JURISPRUDENCE GÉNÉRALE

SUPPLÉMENT AU RÉPERTOIRE

MÉTHODIQUE ET ALPHABÉTIQUE

DE LÉGISLATION,

DE DOCTRINE ET DE JURISPRUDENCE

EN MATIÈRE DE DROIT CIVIL, COMMERCIAL, CRIMINEL, ADMINISTRATIF,
DE DROIT DES GENS ET DE DROIT PUBLIC.

TOME SEPTIÈME

JURISPRUDENCE GÉNÉRALE

SUPPLÉMENT AU RÉPERTOIRE

MÉTHODIQUE ET ALPHABÉTIQUE

DE LÉGISLATION

DE DOCTRINE ET DE JURISPRUDENCE

EN MATIÈRE DE DROIT CIVIL, COMMERCIAL, CRIMINEL, ADMINISTRATIF,
DE DROIT DES GENS ET DE DROIT PUBLIC.

De MM. DALLOZ,

PUBLIÉ SOUS LA DIRECTION DE MM.

Gaston **GRIOLET**
Docteur en droit

Charles **VERGÉ**
Maître des Requêtes au Conseil d'État

Avec le concours de **M. C. KOEHLER**, Docteur en droit

Et la collaboration de plusieurs magistrats et jurisconsultes.

TOME SEPTIÈME

A PARIS

AU BUREAU DE LA JURISPRUDENCE GÉNÉRALE

RUE DE LILLE, N° 19

1891

JURISPRUDENCE GÉNÉRALE

SUPPLÉMENT

AU

RÉPERTOIRE MÉTHODIQUE ET ALPHABÉTIQUE

DE LÉGISLATION, DE DOCTRINE

ET DE JURISPRUDENCE

EFFETS DE COMMERCE. — 1. Le législateur de 1807 n'avait prévu que la lettre de change et le billet à ordre ; à ces deux titres négociables le *Répertoire* a dû ajouter, dans le silence du code de commerce, le mandat, le billet de change, le billet à domicile, le billet au porteur, le billet en marchandises. De plus, le législateur lui-même a réglementé, en dehors des valeurs qui viennent d'être énumérées, deux effets de commerce que l'usage avait introduits, le chèque et le récépissé-warrant. Leur importance a exigé, dans le *Répertoire*, une étude spéciale ; on les trouvera réunis sous le mot *Warrants et chèques*.

Division.

CHAP. 1. — Historique ; Législation ; Droit comparé (n° 2).

CHAP. 2. — De la lettre de change et du billet à ordre (n° 10).

SECT. 1. — Du contrat de change (n° 10).
SECT. 2. — De la forme de la lettre de change et de celle du billet à ordre (n° 14).
ART. 1. — De la forme de la lettre de change (n° 14).
§ 1. — Nécessité de la remise d'un lieu à un autre (n° 16).
§ 2. — Date de la lettre de change (n° 21).
§ 3. — Énonciation de la somme à payer (n° 24).
§ 4. — Mention du nom de celui qui doit payer (n° 25).
§ 5. — Indication de l'époque et du lieu du payement (n° 29).
§ 6. — Expression de la valeur fournie (n° 30).
§ 7. — De l'ordre que doit contenir la lettre de change (n° 42).
§ 8. — Mention du nombre d'exemplaires tirés (n° 45).
§ 9. — Cas où la lettre de change est payable au domicile d'un tiers et où elle est tirée par ordre et pour le compte d'un tiers (n° 46).
§ 10. — Supposition de nom, de qualité, de domicile, de lieu, etc. (n° 47).
§ 11. — Des énonciations facultatives que peut contenir une lettre de change (n° 53).
§ 12. — Des personnes qui ne peuvent faire ou signer des lettres de change (n° 54).
ART. 2. — De la forme du billet à ordre (n° 60).
SECT. 3. — De la provision (n° 72).
ART. 1. — De la provision dans l'intérêt du tireur (n° 72).
ART. 2. — De la provision dans l'intérêt du tiré (n° 96).
ART. 3. — De la provision dans l'intérêt du porteur (n° 102).
SECT. 4. — De l'acceptation (n° 103).
ART. 1. — Des obligations du tireur et des endosseurs, relativement à l'acceptation (n° 103).
ART. 2. — Des droits et des obligations du porteur relativement à l'acceptation (n° 106).
ART. 3. — Obligations du tiré quant à l'acceptation (n° 109).

ART. 4. — Comment l'acceptation doit être donnée (n° 114).
ART. 5. — Des effets de l'acceptation (n° 129).
ART. 6. — Du refus d'acceptation et de ses suites (n° 133).
ART. 7. — De l'acceptation par intervention (n° 135).
SECT. 5. — De l'échéance (n° 139).
SECT. 6. — De l'endossement (n° 146).
ART. 1. — De l'endossement régulier (n° 153).
§ 1. — Formes de l'endossement (n° 153).
§ 2. — Époque à laquelle l'endossement peut être donné (n° 158).
§ 3. — Effets de l'endossement régulier (n° 161).
ART. 2. — De l'endossement irrégulier (n° 173).
§ 1. — Personnes qui peuvent se prévaloir de l'irrégularité (n° 173).
§ 2. — Effets de l'endossement irrégulier (n° 174).
ART. 3. — De l'endossement en blanc (n° 185).
§ 1. — Personnes qui peuvent se prévaloir de l'endossement en blanc (n° 186).
§ 2. — Effets de l'endossement en blanc (n° 187).
SECT. 7. — De la solidarité (n° 200).
SECT. 8. — De l'aval (n° 206).
SECT. 9. — De l'extinction des obligations nées d'une lettre de change ou d'un billet à ordre (n° 224).
ART. 1. — Du payement et du payement par intervention (n° 224).
§ 1. — De celui qui demande le payement (n° 224).
§ 2. — De celui qui doit payer (n° 242).
§ 3. — Du payement en lui-même et de ses effets (n° 244).
§ 4. — Du payement par intervention (n° 253).
ART. 2. — De la novation (n° 256).
ART. 3. — De la remise volontaire (n° 257).
ART. 4. — De la compensation (n° 258).
ART. 5. — De la confusion (n° 261).
SECT. 10. — Des droits et devoirs du porteur et des autres intéressés (n° 262).
ART. 1. — Obligation du porteur relativement à la présentation de l'effet et à la nécessité de protester (n° 262).
ART. 2. — Action du porteur en cas de faillite de l'un des obligés (n° 283).
ART. 3. — Action du porteur contre le tiré (n° 290).
ART. 4. — Action du porteur contre les endosseurs et de celle de ces derniers soit contre les endosseurs antérieurs, soit contre l'accepteur, soit enfin contre le porteur (n° 292).
ART. 5. — Action du porteur et de l'endosseur qui a remboursé contre le tireur (n° 310).
SECT. 11. — Des protêts (n° 313).
ART. 1. — À la requête de qui le protêt doit être fait (n° 314).
ART. 2. — Par qui le protêt doit être fait (n° 315).
ART. 3. — Où le protêt doit être fait (n° 319).
ART. 4. — Énonciations que le protêt doit contenir (n° 326).
ART. 5. — Nullité. — Recours contre l'officier ministériel (n° 330).
SECT. 12. — Du rechange (n° 332).
SECT. 13. — De la prescription (n° 345).

Sect. 14. — Des faux commis dans la confection, l'endosse-
        ment et l'acceptation des lettres de change et
        dans la confection et la transmission des billets
        à ordre (n° 376).
Art. 1. — Faux commis dans la confection du titre (n° 376).
Art. 2. — Faux commis dans la négociation du titre (n° 382).
Art. 3. — Faux commis dans l'acceptation des lettres de
        change (n° 387).
Art. 4. — Faux acquits (n° 388).
Sect. 15. — De la législation applicable aux lettres de change
        et aux billets à ordre considérés par rapport
        aux étrangers (n° 389).

CHAP. 3. — Du billet à domicile (n° 405).

CHAP. 4. — Du mandat (n° 407).

CHAP. 5. — Du billet au porteur (n° 408).

CHAP. 6. — Du simple billet (n° 417).

CHAP. 7. — Du billet de change (n° 419).

CHAP. 8. — Du billet à volonté; Du billet en marchan-
        dises; Des lettres de crédit; Du billet d'hon-
        neur (n° 420).

CHAP. 6. — Des effets de complaisance (n° 421).

CHAP. 10. — Compétence en matière d'effets de commerce
        (n° 425).

Sect. 1. — Compétence sous le rapport de la nature des effets
        négociables (n° 429).
Sect. 2. — Compétence relative aux effets de commerce sous
        le rapport du domicile (n° 432).

CHAP. 1er.—Historique; Législation; Droit comparé

(Rép. n°s 2 à 25).

2. La matière des effets de commerce a été, depuis quarante ans, l'objet d'études approfondies, soit dans des
ouvrages généraux sur le droit commercial, soit dans des
traités spéciaux. Nous citerons parmi les premiers : Lyon-
Caen et Renault, *Précis de droit commercial*, t. 1, 1882, n°s 978
à 1321 ; Boistel, *Cours de droit commercial*, 3e éd., 1884, n°s 706
à 853 ; Alauzet, *Commentaire du code de commerce*, 4e éd.,
1879, t. 4 ; Bravard et Demangeat, *Traité de droit commercial*,
t. 3, 2e éd., 1888 ; Massé, *Le droit commercial dans ses rapports
avec le droit des gens et le droit civil*, 3e éd., 1874, *passim* ; parmi les seconds : Bédarride, *De la lettre de change,
des billets à ordre*, etc., 2e éd., 1877 ; Nouguier, *Des lettres
de change et des effets de commerce*, 4e éd., 1875 ; Dramard,
Traité des effets de complaisance, 1880 ; Brocher, *Etude sur
la lettre de change dans ses rapports avec le droit international privé, Revue de droit international*, 1874, p. 5 et 196 ;
Chrétien, *Etude sur la lettre de change en droit international
privé*, 1884 ; Touzaud, *Des effets de commerce, Etude de législation comparée*, 1881.

3. — I. Législation. — En France, la législation concernant les effets de commerce (V. *Rép.* n°s 2 à 24) n'a subi,
depuis la rédaction du *Répertoire*, que des modifications de
peu d'importance. Une loi fiscale des 5-14 juin 1850 (D. P.
50. 4. 114), relative au timbre des effets de commerce, des
bordereaux de commerce, etc., contient quelques dispositions qui atteignent le fond du droit. Voici ces dispositions :
« Art. 5. Le porteur d'une lettre de change non timbrée ou
non visée pour timbre, conformément aux art. 1er, 2 et 3,
n'aura d'action, en cas de non-acceptation, que contre le
tireur ; en cas d'acceptation, il aura seulement action contre
l'accepteur et contre le tireur, ce dernier ne justifie pas
qu'il y avait provision à l'échéance. — Le porteur de tout
autre effet sujet au timbre et non timbré, ou non visé pour
timbre, conformément aux mêmes articles, n'aura d'action
que contre le souscripteur. — Toutes stipulations contraires
seront nulles. — Art. 8. Toute mention ou convention de
retour sans frais, soit sur le titre, soit en dehors du titre,
sera nulle, si elle est relative à des effets non timbrés ou
non visés pour timbre. — Art. 9. Les dispositions de la
présente loi sont applicables aux lettres de change, effets
souscrits en France et payables hors de France ».

4. L'art. 5 de la loi du 3 mai 1862 (D. P. 62. 4. 43) sur
les délais en matière civile et commerciale dispose : « Les
art. 160 et 166 c. com. seront remplacés par les dispositions
suivantes : — Art. 160. Le porteur d'une lettre de change

tirée du continent et des îles de l'Europe ou de l'Algérie, et
payable dans les possessions européennes de la France ou
dans l'Algérie, soit à vue, soit à un ou plusieurs jours, mois
ou usances de vue, doit en exiger le payement ou l'acceptation dans les trois mois de sa date, sous peine de perdre
son recours sur les endosseurs et même sur le tireur, si celui-
ci a fait provision. — Le délai est de quatre mois pour les
lettres de change tirées des Etats d'Afrique du littoral de la Médi-
ranée et du littoral de la mer Noire sur les possessions européennes de la France, et réciproquement du continent et des
îles de l'Europe sur les établissements français de la Méditerranée et de la mer Noire.—Le délai est de six mois pour
les lettres de change tirées des effets d'Afrique en deçà du cap
de Bonne-Espérance et des Etats d'Amérique en deçà du
cap-Horn, sur les possessions européennes de la France,
et réciproquement du continent et des îles de l'Europe sur
les possessions françaises ou établissements français dans
les Etats d'Afrique en deçà du cap de Bonne-Espérance, et
dans les Etats d'Amérique en deçà du cap Horn. — Le délai
est d'un an, pour les lettres de change tirées de toute autre
partie du monde sur les possessions européennes de la
France, et réciproquement du continent et des îles de l'Europe sur les possessions françaises et les établissements
français dans toute autre partie du monde. — La même
déchéance aura lieu contre le porteur d'une lettre de change
à vue, à un ou plusieurs jours, mois ou usances de vue, tirée
de la France, des possessions ou établissements français et
payable dans les pays étrangers, qui n'en exigera pas le
payement ou l'acceptation dans les délais ci-dessus prescrits pour chacune des distances respectives. Les délais
ci-dessus seront doublés en temps de guerre maritime pour
les pays d'outre-mer. — Les dispositions ci-dessus ne préjudicieront néanmoins pas aux stipulations contraires qui
pourraient intervenir entre le preneur, le tireur et même
les endosseurs. — Art. 166. Les lettres de change tirées de
France et payables hors du territoire continental de la
France en Europe étant protestées, les tireurs et endosseurs
résidant en France seront poursuivis dans les délais ci-après :
— D'un mois pour celles qui étaient payables en Corse ; en
Algérie, dans les îles Britanniques, en Italie, dans le royaume
des Pays-Bas et dans les Etats ou Confédérations limitrophes
de la France ; — De deux mois pour celles qui étaient payables dans les autres Etats, soit de l'Europe, soit du littoral
de la Méditerranée et de celui de la mer Noire ; — De cinq
mois pour celles qui étaient payables hors d'Europe en deçà
des détroits de Malacca et de la Sonde et en deçà du cap
Horn ; — De huit mois pour celles qui étaient payables au
delà des détroits de Malacca et de la Sonde et au delà du
cap Horn. Ces délais seront observés dans les mêmes proportions pour le recours à exercer contre les tireurs et
endosseurs résidant dans les possessions françaises hors
de la France continentale. — Les délais ci-dessus seront
doublés, pour les pays d'outre-mer, en cas de guerre
maritime ».

5. Nous devons signaler, en outre, deux projets de loi dont
l'un tend à modifier la législation applicable aux protêts, et
dont l'autre a pour objet de simplifier les conditions requises
pour la validité de la lettre de change, en supprimant l'obligation de la remise de place en place. Ces deux projets ont
été discutés en première lecture à la Chambre des députés
le 14 juin 1890 (*Journ. off.* du 15 juin 1890). Le projet relatif
aux protêts a été renvoyé à la commission pour l'examen
d'un contre-projet (V. le rapport déposé à la séance du 27
mars 1890 par M. Rouge, *Journ. off.* des 18 et 19 juin 1890,
annexes de la Chambre, n° 501, p. 596 et suiv.). Le projet
relatif à la suppression de l'obligation de remise de place
en place pour la lettre de change, adopté par la Chambre
en deuxième délibération le 24 juin 1890, a été transmis au
Sénat le 30 juin. Le rapport fait au nom de la commission
par M. Marquis a été déposé le 28 juillet (*Journ. off.* du
15 sept. 1890, annexes, p. 283, n° 469), et le Sénat, dans la
séance du 6 août 1890, en a ajourné la discussion à la
prochaine session.

6. — II. Droit comparé. — Le code de 1807 avait été adopté
par l'Europe presque tout entière, mais la loi allemande du
24 nov. 1848 sur le change a donné le signal d'une véritable « révolution » dans le domaine de la législation commerciale (Demangeat sur Bravard, t. 3, p. 11, note). En

réalité, cette loi, en rapprochant la lettre de change du papier-monnaie, n'a fait que consacrer la coutume anglo-américaine. On sait (*Rép.* n° 25, note 1, § 3) qu'il existe, dans le système anglais, deux sortes de lettres de change (*Bills of Exchange*) : 1° l'*inland-bill*, dont les opérations sont limitées au Royaume-Uni ; 2° le *foreign-bill*, qui s'applique au monde entier. Le *foreign-bill*, comme la lettre de change française, est un acte destiné à exécuter un contrat de change, c'est-à-dire à éviter le transport des métaux précieux. C'est dire que la remise de place en place en forme l'élément essentiel. L'*inland-bill*, au contraire, n'est, pour ainsi dire, assujetti à aucune condition : plus de remise obligatoire d'un lieu sur un autre ; plus d'énonciation de valeur fournie ; plus de date ; plus de signature même, pourvu que le nom du tireur soit écrit dans le corps de l'acte, sauf pour les effets dont le montant est inférieur à cinq livres sterling ; en revanche, les lettres qui ne dépassent pas ce dernier chiffre, peuvent être endossées valablement *en blanc*, et être créées *au porteur* (Grants, *Law of Banking and Bankers*; Kent, *Commentaries on american law*; Cf. Colfavru, *Le droit commercial comparé de la France et de l'Angleterre*).

7. Le principe de la loi allemande de 1848 est celui que l'Angleterre applique aux lettres de change tirées et payables dans le Royaume-Uni (*Inland-bills*). Cette loi forme, d'ailleurs, un véritable code de la lettre de change. Préparée pas les publications de nombreux juristes allemands (*Rép.* n° 25, note 1), discutée dans la conférence de Leipzig où étaient réunis les commissaires des trente-sept Etats existant alors en Allemagne, *La loi générale allemande sur les lettres de change* (littéralement : *Règlement universel sur les lettres de change en Allemagne*), elle est devenue la loi de l'empire d'Allemagne; l'Autriche y est également soumise.

Aux termes de la loi allemande, le but originaire de la lettre de change, destinée à procurer l'exécution du contrat de change, et par conséquent à éviter le transport des métaux précieux, ce but n'est plus que secondaire : le caractère de titre de crédit, qu'a toujours aisément revêtu l'instrument appelé lettre de change, devient principal, d'accessoire qu'il était. Dans la loi, il n'est plus trace de cet élément, jadis indispensable, de la remise de place en place. Les conditions essentielles désormais sont, notamment (Art. 4) : « 1° L'énonciation de l'expression de lettre de change (terme sacramentel) ou, si elle est rédigée en langue étrangère, une expression équivalente ; — 2° La somme à payer ; — 3° Le nom de la personne ou de la raison sociale à laquelle ou à l'ordre de laquelle le payement doit être fait ; — 4° L'époque du payement ; — 5° La signature du tireur, avec son nom ou celui de sa raison de commerce ; — 6° La désignation du lieu, du jour, du mois et de l'année où la lettre de change a été tirée ; — 7° Le nom de la personne ou de la raison de commerce qui doit payer ; — 8° L'indication du lieu où doit s'effectuer le payement ; ce lieu sera celui désigné à côté du nom ou de la raison de commerce du tiré, à moins qu'un lieu déterminé n'ait été indiqué pour lieu de payement et de domicile du tiré ». — Une lettre de change à laquelle manque une de ces conditions essentielles ne produit aucune obligation de change (Art. 7).

Ainsi la valeur fournie a disparu, en même temps que la remise d'un lieu sur un autre. D'autre part, la lettre de change peut être créée avec exclusion de la clause à ordre. Enfin, le tireur peut jouer non seulement le rôle de bénéficiaire, mais même celui de tiré : « Le tireur peut également se désigner comme celui sur qui l'on doit tirer, pourvu que le payement doive se faire à un autre lieu que celui où la lettre de change est tirée » (Art. 6). La lettre de change tirée sur soi-même n'offre pas seulement quelque chose de bizarre, en ce qu'on y voit une personne se donner un ordre à elle-même ; il faut reconnaître aussi qu'elle cesse d'assurer au preneur la garantie solidaire d'une seconde personne, distincte du tireur. Aussi la doctrine en France s'est-elle trouvée d'accord avec la jurisprudence pour proscrire un pareil titre (V. *Rép.* n° 72 ; Nouguier, t. 1, n° 82 ; Bravard et Demangeat, t. 3, p. 9). — Comme il résulte de l'art. 6 précité, la remise de place en place est exigée en ce cas. Ce n'est point assurément en vertu d'un principe général, banni de la législation que nous examinons, mais sans doute dans le but particulier de maintenir ici la distinction qui doit exister entre les lettres de change et le

billet à ordre. Toutefois, on ne peut se dissimuler que, si la lettre de change cesse dès lors de se confondre avec le billet ordinaire, c'est pour se confondre avec le billet à domicile (V. *Rép.* n° 900).

Lorsque la clause à ordre est passée sous silence, et que le nom du preneur est seul écrit, le titre n'en est pas moins transmissible par voie d'endossement ; cela tient à la nature de la lettre de change, dont l'un des avantages les plus importants est la transmissibilité par endossement. Telle a été la décision admise dans la discussion de la loi, à la conférence de Leipzig (*Protocolle der Leipziger Wechsel-conferenz*, Heinrich Thöl, p. 13 et suiv.). Il est permis au tireur d'exclure la clause à ordre ; mais il doit le faire en termes exprès : Le preneur peut transporter la lettre de change par endossement. Si cependant le tireur a interdit le transport par ces mots : *non à ordre* ou par une expression équivalente, l'endossement ne peut produire aucun droit de change. — La clause « non à ordre » peut également être insérée dans un endossement. Dans ce cas, son effet se limite à la responsabilité de celui qui l'a écrite ; elle n'empêche pas les endossements postérieurs d'être valables, conformément aux droits de change, vis-à-vis des endosseurs subséquents et du porteur (art. 9). L'endosseur qui interdit le transport par ces mots « non à ordre », ou autre équivalent, est à l'abri de tout recours de la part des endosseurs postérieurs et du porteur (art. 15). — La différence qui résulte de ces dispositions dans les effets de la clause « non à ordre », suivant qu'elle est écrite dans le corps même de la lettre de change, ou seulement dans les endossements, repose sur cette considération que le tireur peut avoir un grand intérêt à ne pas laisser circuler sa signature. C'est lui qui crée le titre ; à lui il appartient de l'émettre suivant les conditions qu'il juge les plus avantageuses à ses affaires, dans les limites fixées par la loi. L'endosseur, au contraire, reçoit le titre et l'aliène : il ne voit pas son crédit exposé aux périls que peut courir le tireur. S'il inscrit la clause non à ordre, c'est qu'il veut sauvegarder sa responsabilité, c'est tout ce qu'il réclame, et c'est tout ce qui peut lui être permis (V. *Protocolle der Leipziger Wechsel-conferenz*, p. 20 et suiv.).

L'endossement doit être écrit sur la lettre de change (Art. 11). Mais il peut être valablement fait en blanc. — Un endossement est valable, lorsque l'endosseur écrit seulement son nom ou celui de sa raison de commerce sur le dos de la lettre de change (Art. 12). — Le blanc peut, d'ailleurs, être rempli par le porteur ; celui-ci peut même endosser la lettre de change sans avoir rempli ce blanc (Art. 13).

Notons la disposition suivante : « Si une lettre de change est endossée après le terme fixé par le protêt faute de payement, le porteur profite de tous les droits résultant de l'acceptation contre le tiré, et peut exercer son recours contre les endosseurs postérieurs au jour du protêt » (Art. 16). C'est là une sage disposition qui accorde législativement une faculté longtemps discutée en France, mais reconnue désormais par une jurisprudence constante (V. *Rép.* n° 407, et *infrà*, n°s 158 et suiv.). Le code hollandais (art. 139) édicte la solution contraire. — Tout ce qui concerne la provision est passé sous silence dans la loi allemande.

8. En *Belgique*, la loi du 20 mai 1872 a profondément modifié le code de commerce de 1807, en ce qui touche la lettre de change. Le système anglais, déjà adopté par l'Allemagne, a également inspiré le législateur belge.

La remise de place en place, cette pierre angulaire du système de 1673 et de 1807, ne figure donc plus en Belgique parmi les conditions essentielles à la création d'une lettre de change. Ce changement dans les choses a amené le législateur à modifier également les expressions. Sans aller jusqu'à supprimer le vieux terme de lettre de change, la loi belge y ajoute une autre dénomination, où tout vestige de *cambium trajectitium* est effacé : « De la lettre de change ou mandat à ordre ». De même que la remise de place en place, la valeur fournie ne compte plus parmi les conditions essentielles de la lettre de change.

Au nombre des prescriptions relatives à la rédaction du titre, telle que l'avait réglementée le code français de 1807, la loi belge a maintenu la nécessité de la clause à ordre. La lettre doit contenir encore le nom de celui « à l'ordre de qui la lettre de change est tirée » (art. 27). Toutefois, le rapporteur de la commission de rédaction a admis expressément que, conformément à la jurisprudence désormais dominante, le nom du preneur pourrait être laissé en blanc, sous la réserve pourtant que la lettre ne deviendrait parfaite qu'autant que le dernier porteur y aurait écrit son nom. De cette façon, et sans endossement, la lettre de change peut circuler « comme titre au porteur ».

La loi belge, de même que la loi allemande, n'a pas cru devoir adopter le système de la lettre de change au porteur, tel qu'il est consacré par la législation anglaise; elle s'est bornée à laisser subsister un usage qui, dans la pensée du législateur, en procure les avantages sans en offrir les dangers.

Des dispositions formelles de la loi du 20 mai 1872 consacrent plusieurs décisions admises par la jurisprudence, mais qu'il était utile de faire entrer dans la loi même; c'est d'abord la validité de l'endossement après échéance; c'est ensuite l'efficacité de l'endossement en ce qui touche les *garanties hypothécaires* affectées au payement de l'effet (art. 26) (V. *Rép.* n° 373). L'endossement doit être daté; il doit contenir la clause à ordre (art. 27); mais il peut aussi être en blanc. Cette dernière innovation était déjà admise par les codes hollandais (art. 113) et russe (art. 314), comme par le droit anglo-américain et la loi allemande de 1848.

Enfin, plus prévoyant que le législateur allemand, le législateur belge a conservé les règles relatives à la *provision*, et les a même étendues et complétées. Placés, en effet, en présence des difficultés relatives à la propriété de la provision et des conséquences de la faillite soit du tireur, soit du tiré vis-à-vis d'elle, les auteurs de la loi du 20 mai 1872 n'ont pas hésité à trancher cette grave question. Le code hollandais de 1838 s'était montré favorable aux créanciers du tireur. « En aucun cas, porte l'art. 110 de ce code, le porteur d'une lettre de change protestée n'a droit sur la provision faite par le tireur chez celui qui qui elle est tirée. Si la lettre de change n'a pas été acceptée, la provision reviendra à la masse en cas de faillite du tireur. Dans le cas d'acceptation, la provision reste au tiré, sauf l'obligation de celui-ci de satisfaire à son acceptation vis-à-vis du tireur ». Tout opposée est la solution adoptée par la loi belge. Aux termes de l'art. 6, « le porteur a un droit exclusif, vis-à-vis des créanciers du tireur, sur la provision existant entre les mains du tiré au moment de l'échéance ». Le législateur s'est inspiré de l'utilité générale et des besoins de la circulation, n'hésitant pas à préférer, en considération d'un si haut intérêt, à la jurisprudence de la cour de cassation belge celle de la cour de cassation française (V. *infrà*, n°° 82 et suiv.).

9. La loi allemande sur le change a servi de modèle à un grand nombre de lois relatives aux effets de commerce. La remise de place en place n'est plus exigée; la lettre de change n'est plus nécessairement destinée à réaliser un transport fictif de numéraire, elle devient surtout une valeur de crédit et de circulation; on a vu qu'en ce moment même, en France, on cherche à lui donner ce caractère (V. *suprà*, n° 5). Nous indiquerons, parmi les lois qui ont subi dans une large mesure l'influence de la législation allemande : 1° la loi hongroise sur le change de 1876, mise en vigueur dans le royaume de Hongrie le 1er janv. 1877 (V. *Annuaire de législation étrangère*, 1877, p. 383, notice de M. Lyon-Caen); 2° le code fédéral suisse des obligations, voté en 1881, et exécutoire depuis le 1er janv. 1883, dont les art. 720-829 ont été calqués, à peu de chose près, sur la loi allemande (V. notice de M. de Riedmatten, *Annuaire de législation étrangère*, 1882, p. 548); 3° la loi du 7 mai 1880 sur le change, commune aux trois Etats scandinaves; cette loi, préparée par des délégations des trois gouvernements, fut adoptée sans modification et promulguée le même jour dans chacun des trois royaumes, pour entrer en vigueur le 1er janv. 1881 (V. *Annuaire de législation étrangère*, 1881, p. 504 et suiv.). Le code de commerce italien, promulgué le 31 oct. 1882 et mis en vigueur le 1er janv. 1883, s'est également inspiré des principes de la loi allemande, dont il reproduit les principales dispositions (art. 251 à 332) (V. pour l'analyse de ce code : *Annuaire de législation étrangère*, 1883, p. 641; et pour le texte : Joan Bohl, *Code de commerce du royaume d'Italie, traduit, commenté et comparé aux principaux codes étrangers et au droit romain*, 1884). — Le code italien a servi de modèle à son tour au code de commerce roumain, promulgué le 16-28 avril et mis en vigueur le 1er-13 sept. 1887 (V. *Annuaire de législation étrangère*, 1888, p. 765 et suiv.). Enfin

le code de commerce espagnol, promulgué le 22 août 1885 et mis en vigueur le 1er janv. 1886 (V. analyse : *Annuaire de législation étrangère*, 1886, p. 298 et suiv.), et le code de commerce portugais de 1888 (V. E. Lehr, *Code de commerce portugais de 1888, traduit et annoté*) ont, de même, appliqué à la lettre de change les principes de la législation allemande.

CHAP. 2. — **De la lettre de change et du billet à ordre** (*Rép.* n°° 26 à 394).

SECT. 1re. — DU CONTRAT DE CHANGE (*Rép.* n°° 27 à 35).

10. Ce contrat a été au *Rép.* n°° 27 et suiv., l'objet d'une étude approfondie. Rappelons seulement qu'il préexiste nécessairement à la lettre de change, qui n'est autre chose que l'instrument destiné à en procurer l'exécution.

11. Le caractère commercial de la lettre de change tient à l'essence même de ce titre et, par suite, ce caractère subsiste même quand le souscripteur n'est pas commerçant; il ne disparaît pas davantage à raison de cette circonstance que la lettre de change aurait été souscrite à l'occasion d'une opération civile de sa nature (V. *Acte de commerce*, n°° 296 et suiv.; — *Rép.* eod. v°, n° 259). — Il en est sain alors même que cette opération aurait été constatée simultanément dans un autre acte de forme non commerciale, notamment dans un acte authentique. Jugé, en ce sens, qu'une lettre de change conserve son caractère commercial, bien qu'elle ait sa cause dans un emprunt que le tireur non commerçant a contracté par acte authentique le jour même de la création de ladite lettre; que, par suite, l'action en payement de cette lettre de change est prescriptible par le laps de cinq années, conformément à l'art. 189 c. com. (Civ. cass. 4 déc. 1878, aff. Bibal, D. P. 79. 1. 14); — Jugé aussi que la prescription de cinq ans est applicable au *billet* souscrit pour cause de remplacement militaire par un non-commerçant au profit d'une compagnie d'assurance, lorsque ce billet, payable chez un tiers à un *domicile* déterminé, implique remise de place en place et constitue un contrat de change (Req. 24 mai 1880, aff. Martin Roche, D. P. 80. 1. 472. Comp. toutefois sur les billets à domicile, *suprà*, v° *Acte de commerce*, n° 308, et *infrà*, n°° 405 et suiv.). — Décidé cependant que l'action en payement d'une lettre de change n'est pas soumise à la prescription de cinq ans, lorsque cette lettre de change ne constitue pas l'obligation elle-même, mais n'est qu'un mode de remboursement d'une dette civile (Civ. cass. 8 mai 1850, aff. Desanie, D. P. 50. 1. 138); dans cette espèce, il est vrai, il s'agissait d'une lettre de change créée, non pas à la même date que l'acte auquel elle se rattachait, mais à une date postérieure; mais cette circonstance ne modifie pas le principe, qui repose tout entier sur l'existence du contrat de change. Aussi faut-il ne considérer comme une décision isolée l'arrêt de 1850, encore qu'il émane de la chambre civile de la cour suprême : l'arrêt du 4 déc. 1878 repose sur cette base inébranlable que, « en droit, hors les cas formellement exceptés par la loi, les lettres de change rédigées et souscrites dans les formes prescrites par l'art. 110 c. com. constituent par elles-mêmes des actes commerciaux, quelle que soit la qualité des souscripteurs et pour quelque cause qu'elles aient été tirées ».

12. Du reste, le contrat de change n'existe pas arbitrairement par la seule volonté des parties; la loi ne le reconnaît et ne l'entoure des privilèges qui s'y rattachent qu'à la condition essentielle d'une remise de fonds d'un lieu sur un autre (*Rép.* n° 64). — Jugé en ce sens que la remise faite à un individu, en échange d'une somme reçue de lui, de timbres de lettres de change signés et endossés en blanc, ne l'autorise point à donner à ces blancs-seings, la forme et le caractère de véritables lettres de change; que les effets ainsi créés par lui ne peuvent être considérés que comme de simples promesses (Montpellier, 3 janv. 1857, aff. Rovira, D. P. 57. 2. 123. — V. cependant dans le sens contraire : Agen, 16 mai 1853, aff. Villeneuve, D. P. 54. 2. 182).

D'autre part, il a été jugé que le contrat de change n'est pas à lui seul un acte de commerce; qu'ainsi lorsqu'il se trouve lié à une lettre de change souscrite par un non-commerçant, laquelle par suite de vice de forme (à défaut de l'une des formalités prescrites par l'art. 110 c. com., par exemple, de l'énonciation de la *valeur fournie*) ne vaut que comme simple promesse, ce contrat ne soumet pas le souscripteur à la juridiction commerciale (Nancy, 5 avr. 1845, aff. Hennequin, D. P. 45. 2. 54. V. *Rép.* n° 125. — V. toutefois: Lyon-Caen et Renault, t. 1, n° 992. Comp. n°ˢ 112 et suiv.; Req. 24 mai 1880, aff. Martin Roche, D. P. 80. 1. 472. Comp. *suprà*, v° *Acte de commerce*, n°ˢ 306 et suiv., et *infrà*, n°ˢ 49, 55 et 405).

13. L'usage commercial autorise le créancier à se rembourser de sa créance au moyen d'une traite émise sans même que le consentement du débiteur ait été préalablement obtenu (V. toutefois, *infrà*, n° 110). Mais, vis-à-vis d'un non-commerçant, il n'en est plus de même. Il a été jugé à cet égard que la lettre de change tirée par un créancier sur son débiteur non-commerçant, sans son autorisation, ne produit pas contre celui-ci tous les effets d'une lettre de change; mais qu'elle vaut à son égard comme cession de créance, au moins après le protêt, qui constitue une signification de la cession; que, d'autre part, le tireur d'une lettre de change émise dans ces conditions est garant du payement envers le porteur à qui il l'a endossée, et peut être régulièrement poursuivi par lui en justice après le protêt (Civ. cass. 10 avr. 1878, aff. Maynier, D. P. 78. 1. 289).

Sect. 2. — De la forme de la lettre de change et de celle du billet a ordre (*Rép.* n°ˢ 36 à 201).

Art. 1ᵉʳ. — *De la forme de la lettre de change* (*Rép.* n°ˢ 37 à 163).

14. Dans la pratique, le non-commerçant qui titre une lettre de change non écrite de sa main fait précéder sa signature du bon et approuvé prévu par l'art. 1326 c. civ. C'est là, ainsi qu'on l'a dit au *Rép.* n° 40, une mesure de prudence; toutefois on décide généralement que cette précaution n'est pas nécessaire, soit que l'on considère l'art. 1326 c. civ. comme inapplicable aux actes de commerce en général (V. en ce sens: Lyon-Caen et Renault, t. 1, n° 1019), soit qu'on l'écarte spécialement en ce qui concerne la lettre de change, par le motif que celle-ci n'est ni un billet, ni une promesse rentrant directement dans les termes de l'article précité, ou encore que la loi commerciale ayant minutieusement réglé les conditions de validité de la lettre de change, on ne saurait soumettre celle-ci à des formalités que n'exige pas cette loi, seule applicable à la matière (V. en ce sens : Bravard et Demangeat, t. 3, p. 73 et suiv.; Alauzet, t. 4, n° 1228; Bédarride, t. 1, n° 44. — *Contrà :* Nouguier, t. 1, n° 90).

15. La lettre de change doit, comme on l'a dit au *Rép.* n° 42, être faite sur papier timbré, ou revêtue des timbres mobiles créés par les lois du 11 juin 1859 (art. 19, D. P. 59. 4. 34) et du 2 juill. 1862 (art. 24, D. P. 62. 4. 60), et par les décrets du 19 févr. 1874 (D. P. 74. 4. 48), et du 8 sept. 1877 (D. P. 77. 4. 70). Mais, ainsi qu'on l'a exposé *ibid.*, le défaut de timbre n'est pas une cause de nullité; il n'entraîne qu'une amende de 6 pour 100 (plus 1/4 en sus à titre de décimes de guerre) dont le souscripteur, le bénéficiaire ou le porteur sont passibles, chacun de leur côté et solidairement, pour le tout (19 févr. 1874, art. 4, D. P. 74. 4. 41) et certaines déchéances édictées par la loi du 5 juin 1850 (V. *suprà*, n° 3), qui seront exposées *infrà*, n°ˢ 283 et 284.

Le tarif des droits de timbre a beaucoup varié. Il est établi aujourd'hui sur les bases suivantes : aux termes de la loi du 5 juin 1850 (art. 1ᵉʳ et 2, D. P. 50. 4. 114), le droit a été fixé à 0 fr. 05 cent. pour les effets de 100 fr. et au-dessous; à 0 fr. 10 cent. pour ceux au-dessus de 100 fr. jusqu'à 200 fr. etc.; à 0 fr. 50 cent. pour ceux au-dessus de 500 jusqu'à 1000 fr., etc. Ce tarif a été porté au double par la loi du 23 août 1871 (art. 2, § 1ᵉʳ, D. P. 71. 4. 54), soit 0 fr. 10 cent., puis augmenté encore de moitié par la loi du 19 févr. 1874 (art. 3, D. P. 74. 4. 41); et enfin ce total, soit 0 fr. 15 cent., a été réduit des deux tiers par la loi du 23 déc. 1878 (art. 1ᵉʳ, D. P. 79. 4. 10), ce qui constitue un retour

pur et simple au tarif de la loi de 1850. Toutefois, une innovation a été introduite, d'abord pour les effets de commerce de 500 fr. à 1000 fr., par la loi du 19 févr. 1874, puis pour tous les effets négociables par la loi du 29 juill. 1881 (art. 5, D. P. 82. 4. 86) ; le tarif est *gradué* de 100 fr. en 100 fr., soit aujourd'hui 0 fr. 05 cent. par 100 fr.

La lettre de change n'est astreinte à la formalité de l'enregistrement que lorsqu'on veut en faire usage en justice ; il en est ainsi de tous les effets négociables (L. 28 févr. 1872, art. 10, D. P. 72. 4. 12. Comp. L. 22 frim. an 7, art. 69).

§ 1ᵉʳ. — *Nécessité de la remise d'un lieu à un autre*
(*Rép.* n°ˢ 45 à 61).

16. Nous n'avons pas à revenir sur l'exigence essentielle du code de 1807, qui veut que la lettre de change soit « tirée d'un lieu sur un autre » (c. com. art. 110). On a suffisamment déterminé au *Rép.* n°ˢ 47 et 49 les circonstances qui constituent la remise d'un lieu sur un autre, notamment en ce qui touche le caractère et la distance des lieux (*Adde:* Demangeat sur Bravard, t. 3, p. 61 ; Alauzet, 2° éd., t. 4, n° 1232; Boistel, 2° éd., n° 717 ; Lyon-Caen et Renault, t. 1, n°ˢ 1036 et suiv.).

17. Il ne suffit point que la remise soit énoncée dans les termes ; elle doit être effective, ainsi qu'on l'a dit au *Rép.* n° 46. Si la remise de place en place était simulée, il n'y aurait pas lettre de change ; ainsi la remise n'existe pas lorsqu'il résulte des circonstances que le payement ne devait pas, dans l'intention des parties, être fait au lieu indiqué dans la lettre de change (Aix, 7 juill. 1871, sous Req. 9 déc. 1872, aff. Trouche, D. P. 73. 1. 238). Mais il suffit qu'effectivement la lettre du payement soit autre que celui où la valeur a été fournie. Ainsi, s'agit-il d'une lettre à l'ordre du tireur lui-même, il suffit que celui-ci l'endosse dans un lieu différent du lieu du payement (Civ. rej. 2 août 1871, aff. Courty, D. P. 72. 1. 115).

18. Certains arrêts ont même admis que la lettre de change à l'ordre du tireur lui-même constitue, indépendamment de l'endossement nécessaire pour en opérer le transport, une remise de place en place, alors qu'elle est tirée d'un lieu sur un autre, et que, par suite, une telle lettre de change est valable, bien que l'endossement soit daté du lieu même où elle doit être acquittée (Nimes, 15 mars 1853, aff. Sauvet, D. P. 54. 5. 285, et les arrêts cités en note) ; toutefois la question est très controversée. D'après la cour de Nimes, il résulte de l'art. 110 c. com. que la lettre de change tirée à l'ordre d'un tiers ; que son existence et sa validité sont indépendantes de l'endossement au profit d'un tiers ; que, par suite, exiger que l'endossement ait lieu dans une place différente de celle du payement serait ajouter aux conditions prescrites par la loi pour la validité de la lettre de change. L'opinion générale des auteurs est, au contraire, que la lettre de change suppose nécessairement trois personnes, le tireur, le tiré et le preneur; qu'elle suppose nécessairement un contrat de change à exécuter entre le tireur et le preneur; qu'elle n'a par suite d'existence, lorsqu'elle a été tirée à l'ordre du tireur, que du jour où l'endossement au profit d'un tiers fait apparaître le preneur; d'où il suit que cet endossement ne peut être fait au lieu du payement (Lyon-Caen et Renault, t. 1, n° 1030; Demangeat sur Bravard, t. 3, p. 42, note 1; Alauzet, t. 4, n°ˢ 1246-1247; Bédarride, t. 1, n°ˢ 56, 57, 102; Nouguier, t. 1, n° 200). Jugé en ce sens qu'une lettre de change à l'ordre du tireur ne peut être valablement endossée par celui-ci au profit du tiré dans le lieu du payement; que dans de telles conditions, en effet, la remise de place en place et l'endossement régulier au profit d'un tiers faisant également défaut, la lettre de change ne peut être considérée que comme simple promesse (Nimes, 23 mai 1855, aff. Bauzon, D. P. 55. 5. 172. Conf. Paris, 13 juin 1864) (1).

---

(1) (de Looz-Corsewaréin C. Reveillac.) — La cour ; — Sur la contrainte par corps ; — Considérant qu'il ne suffit pas pour la validité d'une lettre de change qu'elle soit déclarée payable dans un lieu autre que celui où elle a été créée, surtout quand elle est à l'ordre du tireur lui-même; — Qu'il faut, aux termes de l'art. 110 c. com., qu'elle soit réellement tirée d'un lieu sur un autre; et qu'il n'est pas satisfait à cette formalité, qui est substantielle, quand on l'a négociée que plus tard, en la transmettant à un tiers, non pas dans le lieu même de la création, mais dans le lieu du payement de la lettre de change ; — Considérant qu'on ne saurait voir en ce cas la remise de place en place exigée par la loi; — Considérant, en fait, que s'il résulte des énonciations de la lettre de change dont est procès, qu'elle a été créée à Vincennes, hors

19. D'après un arrêt de la chambre des requêtes, la lettre de change serait régulière, bien que l'endossement de la lettre à l'ordre du tireur ait été effectué au lieu du payement, lorsque la valeur aurait été fournie dans un autre lieu que celui de la valeur du payement (Req. 2 août 1854, aff. Sauvet, D. P. 55. 1. 24. Conf. Nouguier, t. 1, n° 201). Mais on a fait observer avec raison que la « régularité de la lettre de change doit résulter de son contexte et non de circonstances extérieures que les tiers ne peuvent connaître » (Lyon-Caen et Renault, t. 1, n° 1030, p. 551, note 1; Demangeat sur Bravard, t. 3, p. 43, note).

20. On a aussi émis l'opinion que la lettre de change serait parfaite dès que le tiré aurait accepté la lettre à l'ordre du tireur, même avant tout endossement (Rataud, Revue critique, 1866, t. 28, p. 481, 482). Mais on répond qu'il n'y a pas alors contrat de change entre tireur et preneur, qu'il n'y a donc pas lettre de change (Lyon-Caen et Renault, t. 1, p. 551, note 1; Demangeat sur Bravard, t. 3, p. 445, note).

§ 2. — Date de la lettre de change (Rép. n°s 62 à 65).

21. La date est la seconde condition essentielle exigée pour la validité de la lettre de change. Le législateur a voulu éviter les « suppositions de lieu », qui feraient échec à la première condition même, la remise de place en place : aussi avons-nous admis au Rép. n° 62 que la lettre de change suit le sort de la lettre entachée de supposition de lieu, laquelle, aux termes de l'art. 112 c. com., ne vaut que comme *simple promesse.*

22. Contrairement à l'opinion émise au Rép. n° 63, MM. Lyon-Caen et Renault, t. 1, n° 1084, p. 587, note 6, et Bravard et Demangeat, t. 3, p. 148 et suiv., décident que la peine du faux édictée par l'art. 139 c. com. pour l'antidate d'un endossement ne saurait s'appliquer à l'antidate de la lettre de change. M. Bédarride, t. 1, n° 62, conclut à l'application de l'art. 139 c. com. à l'antidate de la lettre de change comme à l'antidate de l'endossement. M. Nouguier admet l'opinion exprimée au *Répertoire* et considère l'antidate de la lettre de change comme un faux, par application de l'art. 147 c. pén.

23. D'après MM. Lyon-Caen et Renault, t. 1, n° 1060, et Demangeat sur Bravard, t. 3, p. 148 et suiv., l'inexactitude de la date n'est pas, en principe, suffisante pour annuler la lettre de change et la faire dégénérer en simple promesse (Comp. cependant : Alauzet, t. 4, n° 1234; Nouguier, t. 1, n° 110. — V. au surplus *infrà*, n°s 47 et suiv.).

§ 3. — Enonciation de la somme à payer (Rép. n°s 66 à 68).

24. C'est la troisième condition prescrite par l'art. 110. La nécessité d'une énonciation précise de la somme à payer est-elle exclusive de la stipulation d'intérêts sans réunion de ces intérêts au capital ? D'ordinaire, les intérêts conventionnels sont ajoutés, par avance, au moment de la création de l'effet, à la somme principale pour laquelle l'effet de commerce est souscrit; cette pratique se justifie par la considération que les intérêts d'une lettre de change ne se servent pas périodiquement, mais que le payement a lieu en une seule fois; elle a été déclarée régulière par la jurisprudence. Mais cette pratique ne saurait être considérée comme obligatoire : les parties peuvent convenir que l'effet de commerce sera productif d'intérêts, sans en faire d'avance le calcul et sans les ajouter au principal, dès lors que, l'échéance étant commune aux intérêts et au capital, la somme totale due en vertu de l'effet est certaine dans son ensemble. C'est ce qu'a décidé la cour de cassation, par arrêt du 5 févr. 1868 (aff. Combarel de Leyval, D. P. 68. 1. 386).

La loi n'exige pas que la somme soit indiquée en toutes lettres, plutôt qu'en chiffres : ordinairement, les deux modes d'indication coexistent sur l'effet; s'il y avait divergence entre les deux indications on devrait s'attacher de préfé-

rence à la somme énoncée en lettres (Bédarride, t. 1, n° 67; Alauzet, t. 4, n° 1235; Boistel, n° 721, note).

§ 4. — Mention du nom de celui qui doit payer (Rép. n°s 69 à 74).

25. Le tiré doit être désigné avec précision, sans pourtant que le nom même soit absolument indispensable, pourvu d'ailleurs qu'il n'y ait pas d'erreur possible (Rép. n° 69; Bédarride, t. 1, n° 69; Nouguier, 4° éd., t. 1, n° 130). Il ne suffirait pas que la lettre de change portât, par exemple, cette mention : « cette traite sera payée à... chez M° X... notaire »; ces mots ne renferment qu'une désignation du domicile où doit avoir lieu le payement, ils ne fournissent pas nécessairement en même temps la désignation de la personne chargée du payement, cette personne pouvant être supposée toute autre que le notaire indiqué chez lequel il n'y a qu'une élection de domicile. Ainsi jugé par arrêt de la cour de Nancy du 8 avr. 1845 (aff. Olive, D. P. 49. 2. 157).

26. Conformément à l'opinion que nous avons soutenue au Rép. n° 72, la doctrine et la jurisprudence s'accordent actuellement à décider que le tireur ne peut se désigner lui-même comme tiré (V. en ce sens : Lyon-Caen et Renault, t. 1, n° 1031; Alauzet, t. 4, n° 1236; Bédarride, t. 1, n° 73; Boistel, n° 719; Bravard et Demangeat, t. 3, p. 37; Nouguier, t. 1, n° 133; Montpellier, 3 févr. 1854, aff. Gilbert, D. P. 55. 2. 114; 4 févr. 1854, aff. S..., D. P. 55. 2. 228). La traite sur le tireur ne vaut que comme billet à domicile (Bédarride, t. 1, n° 73; Bravard et Demangeat, t. 3, p. 37; Alauzet, t. 4, n° 1236; Nouguier, t. 1, n° 133; Lyon-Caen et Renault, t. 1, n° 1031; Agen, 4 févr. 1852, aff. Perrier, D. P. 52. 5. 225).

27. On discute au contraire sur la question de savoir si un négociant peut tirer une lettre de change sur une autre maison de commerce, sur une succursale qu'il possède dans une autre ville et qu'il fait gérer par un tiers. — Dans une première opinion, on considère que le négociant, en agissant ainsi, tire en réalité sur lui-même, qu'il ne fournit qu'une obligation, la sienne, alors qu'il doit fournir l'obligation de deux personnes, la sienne et celle du tiré; on en conclut que la lettre de change n'est point valable comme telle (Lyon-Caen et Renault, t. 1, n° 1031, p. 553, note 1; Alauzet, t. 4, n° 1237; Boistel, n° 719). — D'après un second système, chacun des établissements situés dans une localité différente aurait une individualité propre, distincte, et la lettre de change ne pourrait être invalidée sous prétexte de cumul des qualités du tireur et du tiré (V. Rép. n° 73; Bédarride, t. 1, n° 74).

En tout cas le tireur peut valablement tirer sur son commis, si ce dernier est personnellement son débiteur (Boistel, n° 719). Il a même été jugé qu'un négociant peut tirer sur un de ses préposés ou mandataires une lettre de change à raison des valeurs dont ce dernier aurait à lui rendre compte en exécution de son mandat et affecter ces valeurs à une provision pour garantie de ladite lettre de change (Civ. cass. 20 août 1873, aff. Lespinasse, D. P. 73. 1. 459; Req. 21 mai 1884, aff. Bourjue, D. P. 84. 1. 291. V. dans le même sens : Rép. n° 73; Bédarride, t. 1, n° 75). Toutefois cette solution est critiquée par les auteurs d'après lesquels un négociant ne peut tirer une lettre de change d'une de ses maisons de commerce sur une autre; ces auteurs font remarquer que si, matériellement, la lettre de change tirée sur un commis met en jeu deux personnes, juridiquement ces deux personnes n'en font qu'une, puisque le tiré « n'agit, n'accepte, ne doit payer que comme mandataire de son patron » (Lyon-Caen et Renault, t. 1, n° 1031, p. 553, note 1 *in fine*; Alauzet, t. 4, n° 1237; Nouguier, t. 1, n° 135). — D'après M. Nouguier, t. 1, n° 136, tandis que l'irrégularité résultant de ce que le tireur s'est ostensiblement désigné comme tiré constitue un vice apparent, opposable même aux tiers de bonne foi, ceux-ci ne peuvent se voir opposer l'irrégularité provenant de ce que le tireur a désigné son commis pour tiré.

Paris, le 5 oct. 1862, il en ressort également qu'elle n'a été passée à l'ordre de Reveillac, Grégoire et comp., par le tireur, que le 5 janv. 1863 à Saint-Mandé (Paris); — Considérant que la lettre de change était payable, rue d'Hauteville, 12, à Paris, d'où il suit que la négociation en a été faite dans le lieu même où le payement en devait être effectué; — Considérant qu'ainsi

remise à Paris pour être payée à Paris, ladite lettre de change n'est pas valable et ne pouvait donner lieu à la contrainte par corps contre l'appelant, lequel n'est pas commerçant; — Par ces motifs, infirme en ce que la contrainte par corps a été prononcée.

Du 13 juin 1864.-C. de Paris.-M. Filhon, pr.

28. Nous avons également constaté (*Rép.* nᵒˢ 70 et 71) une divergence entre la jurisprudence et la pratique commerciale au sujet de l'effet souscrit par un non-commerçant, commençant par ces mots : *je payerai*, et réunissant d'ailleurs tous les autres caractères de la lettre de change. Comme on l'a vu *ibid.*, la cour de Bordeaux, par un arrêt du 17 nov. 1843, a admis que les derniers mots : *A monsieur*, etc., qui, dans une lettre de change, indiquent le nom et le domicile du tiré, ne suffisent pas pour établir que l'effet a été tiré sur la personne désignée, ni même que le payement doit être fait à son domicile, alors qu'il commence par ces mots : *je payerai*. Par des arrêts postérieurs, la cour d'Agen, le 4 févr. 1852 (aff. Perrier, D. P. 52. 5. 225), et celle de Montpellier, le 3 févr. 1854 (aff. Gilbert, D. P. 55. 2. 114) ont adopté la même doctrine, en décidant que l'effet souscrit par un non-commerçant, renfermant ces mots : *je payerai* ou *je promets de payer par cette première de change*, ne constitue pas une lettre de change, alors même qu'il contiendrait ces autres expressions : *que passerez sans autre avis... à M.* etc. (V. D. P. 55. 2. 114). La pratique commerciale n'en demeure pas moins contraire à cette interprétation de l'art. 110.

§ 5. — Indication de l'époque et du lieu du payement (*Rép.* nᵒˢ 75 à 78).

29. Nous avons admis au *Rép.* nᵒ 75 que si, dans l'acceptation, une date avait été indiquée pour le payement, cette indication ne suppléerait pas à l'omission faite dans la traite (V. dans le même sens : Bédarride, nᵒ 79; et en sens contraire : Nouguier, nᵒ 151 ; Alauzet, nᵒ 1238).

§ 6. — Expression de la valeur fournie (*Rép.* nᵒˢ 79 à 102).

30. Dans les actes constatant les contrats civils, il n'est point nécessaire que la *cause* des obligations soit exprimée (c. civ. art. 1132) ; la législation commerciale, au contraire, qui est, en principe, moins rigoureuse que la loi civile, s'attache à cette exigence. On a pensé qu'à la suite de la série des endossements dont les lettres de change sont l'objet, il serait fort difficile au dernier porteur de rechercher et d'établir la cause de l'obligation du tireur (V. *Rép.* nᵒ 79).

31. La loi exige (*Rép.* nᵒ 82) qu'il soit dit non seulement qu'il y a eu valeur fournie, mais aussi de quelle nature est cette valeur, ce qui exclut les expressions telles que : *valeur reçue, valeur entendue, valeur entre nous* ou *valeur suivant notre convention de ce jour* (Civ. rej. 14 août 1850, aff.

(1) (Buisson C. Martin et Jullien.) — La cour; — Considérant qu'il s'agit, dans la cause, d'apprécier la valeur légale des trois billets souscrits par Buisson à Jullien et comp., et transmis par cette maison à Martin ; — Considérant que l'art. 188 c. com. détermine les énonciations substantielles du billet à ordre, lequel doit, entre autres mentions, exprimer clairement la valeur fournie, de manière à ne laisser aucun doute sur son origine et sur les effets qu'il peut produire ; — Qu'il résulte du contexte des billets litigieux qu'ils étaient causés, suivant les termes employés par le souscripteur, « valeur en ma lettre de ce jour; » — Qu'une telle indication ne satisfait pas au vœu de la loi, puisqu'elle n'explique ni de quelle manière la valeur a été fournie, ni même s'il a été fourni une valeur quelconque ; — Qu'il faudrait au moins, pour corriger le vague de cette énonciation, joindre au billet à ordre ainsi conçu la lettre qui en précisait le sens et la portée; — Qu'à défaut de mention plus explicite, cette précaution devient obligatoire, à moins que le bénéficiaire ne consente à recevoir, à ses risques et périls, le billet tel quel des mains du souscripteur; — Mais considérant que les billets de la lettre même des billets susdits, insuffisants par leur contexte, avaient une cause illicite; — Qu'il est, d'ailleurs, reconnu par les liquidateurs Jullien et comp. que toutes les opérations traitées entre les maisons Jullien et Buisson n'étaient que des opérations de jeu, car elles étaient faites à terme, pour des quantités considérables, hors de proportion avec les besoins de l'industrie de la maison Jullien, n'ayant jamais été suivies de livraison et toujours réglées par des différences; — Que cette situation n'était ignorée de personne sur la place de Cette, et moins encore de Martin, tiers porteur, proche parent de l'un des membres de la maison Jullien; — Considérant que Martin voudrait en vain se prévaloir de ce que les billets, d'abord simples engagements, ayant été plus tard convertis, par la clause de l'*ordre*, en effets négociables, cette formalité suffirait pour mettre le tiers porteur à l'abri des exceptions opposables, selon lui, au bénéficiaire seulement; — Qu'en effet, la transmission d'un billet à ordre par voie d'endos-

Pothée, D. P. 50. 1. 270) ; ou encore : *valeur en ma lettre de ce jour*. La cour de Montpellier a admis, dans ce dernier cas, que l'effet serait régularisé si « la lettre qui précise le sens et la portée de cette indication était jointe à l'effet » (Montpellier, 13 févr. 1869) (1) ; mais cette décision est isolée. D'après l'espèce sur laquelle a statué cet arrêt, il s'agissait de billets à ordre ; mais il n'y a pas à distinguer, en cette matière, entre le billet à ordre et la lettre de change (V. *infra*, nᵒ 33). — On a, d'ailleurs, constaté au *Rép.* nᵒ 96 que la loi ne prescrit aucune énonciation sacramentelle ; elle admet comme suffisant le terme de *valeur en compte*, ce qui indique d'une manière générale que le tireur porte en déduction, sur son compte avec le preneur, le montant de la lettre.

32. Il est un cas dans lequel on doit considérer comme valable un terme singulièrement vague et général, *valeur en moi-même* (*Rép.* nᵒ 97). Ce terme est, en effet, employé lorsque le tireur crée la lettre à son ordre : une lettre de change ainsi formulée n'est pas irrégulière. Le but du tireur est, en pareille hypothèse, de s'assurer de l'acceptation du tiré : une fois l'acceptation obtenue, la négociation devient plus facile. Ce n'est au surplus que par l'endossement qu'un pareil titre revêt véritablement le caractère de lettre de change, car c'est alors seulement que se rencontre avec le tireur et le tiré la troisième personne nécessaire à l'existence parfaite de la lettre, *le donneur de valeur*. C'est par l'intervention de cette tierce partie que, de simple projet, la lettre devient titre définitif. Jusque-là il n'existait pas de cause, les mots *valeur en moi-même* ne pouvant constater autre chose que l'absence de lien juridique, jusqu'à l'apparition d'un cocontractant. Nous avons cité au *Rép.* nᵒˢ 97 et 109 de nombreux arrêts en ce sens; la jurisprudence n'a fait que consacrer à nouveau cette doctrine (Civ. rej. 31 janv. 1870, aff. Angelin, D. P. 70. 1. 118; 27 nov. 1883, aff. Coussole-Trémont, D. P. 84.1. 464. *Adde* : Alauzet, t. 4, nᵒ 1246; Boistel, nᵒ 732). Il a été jugé aussi que la mention *valeurs en renouvellement de traites antérieures* doit être tenue pour suffisante (Civ. rej. 2 août 1871, aff. Courty, D. P. 72. 1. 115).

33. Tout ce que nous disons de la clause de *valeur fournie* en ce qui concerne la lettre de change doit s'entendre également du billet à ordre, par application de l'art. 187 c. com., ainsi que nous avons eu soin de l'indiquer au *Rép.* nᵒ 80. Il a été jugé que le billet conçu : « Bon pour transport à titre de nantissement » doit être déclaré de nulle valeur au profit du créancier gagiste, s'il n'est justifié d'aucun acte établissant la cause du billet (Req. 2 avr. 1878) (2).

sement n'en transporte la propriété qu'avec les droits et sous les conditions résultant de la teneur même des titres; soit que le tiers porteur l'a reçu est soumis, comme le bénéficiaire, aux exceptions qui s'attachent à la cause même du billet; — Considérant que, les billets litigieux ne contenant pas d'énonciation valable relativement à la cause de l'engagement, soit par insuffisance des termes, soit parce qu'il est établi que le jeu en a été le fondement et le mobile, c'est à tort que les premiers juges ont condamné Buisson à payer au tiers porteur le montant des billets entre les mains de celui-ci, sauf déduction du dividende payé par Jullien et comp., et qu'il y a lieu de réformer; — Par ces motifs, réformant, met à néant le jugement attaqué en ce qu'il a mal à propos condamné Buisson à payer à Martin le montant des trois billets, nuls comme provenant d'une cause illicite; décharge par suite Buisson des condamnations contre lui prononcées; ordonne que les billets litigieux lui seront restitués, etc. Du 13 févr. 1869.-C. de Montpellier, 2ᵉ ch.-MM. Aragon, pr.- de la Baume, 1ᵉʳ av. gén.-Lisbonne, Ferrier et Rouch, av.

(2) (Pérès Gage et Ader C. Aunac et autres.) — La cour d'Agen a rendu, le 6 août 1877, un arrêt ainsi conçu : — « Attendu qu'il est reconnu par toutes parties que Pérès Gage et Ader, banquiers à Auch, sont détenteurs de 50000 fr. d'effets en blanc signés Brethon, de la grosse d'un contrat de cession d'office, en date du 25 mars 1861, consenti par M. Chaudeborde, en faveur de Brethon, et de la grosse d'un contrat de crédit ouvert par Louis Chaudeborde à Brethon le 29 nov. 1864, plus deux bons en blanc; le 1ᵉʳ à la date du 23 sept. 1872, ainsi conçu : « Bon pour transport à titre de nantissement. Signé : L. Chaudeborde », l'autre sans date. « Bon pour action à titre de nantissement. Signé : M. Chaudeborde », qu'ils prétendent avoir reçu dans le courant de l'année 1872, à titre de nantissement, du sieur L. Chaudeborde, alors agent de change à payer ; — Attendu qu'il résulte des faits de la cause que les 50000 fr. d'effets représentent pour 30000 fr. la somme affectée au crédit

34. Il faut donc une *cause* exprimée avec précision. Mais est-il indispensable que cette cause soit elle-même de nature commerciale? Non (V. *suprà*, n° 11).

35. Il suffit, d'ailleurs, pour que la lettre de change conserve son caractère essentiellement commercial, que les causes s'en trouvent justifiées jusqu'à concurrence d'une partie de la somme qui y est énoncée ; à cette condition, le débiteur de la lettre de change reste justiciable du tribunal de commerce et tenu des intérêts au taux commercial, comme aussi il bénéficie de la prescription quinquennale (Civ. rej. 8 mars 1853, aff. Capdeville, D. P. 54. 1. 336).

36. Mais il ne saurait suffire, — sauf ce qui sera rappelé *infrà*, n° 38, par rapport au tiers porteur, — qu'une cause fût énoncée, qu'une valeur fût donnée comme fournie, alors que cette cause serait supposée et qu'en réalité il n'y aurait eu aucune valeur fournie. C'est ainsi que les effets de commerce connus, dans la pratique, sous le nom de *valeurs de complaisance*, étant souvent sans cause, ne peuvent être tenus pour réguliers (Bordeaux, 6 mai 1868, aff. Comptoir d'escompte de Blaye, D. P. 70. 1. 102. V. d'ailleurs, *infrà*, n°s 421 et suiv.). Les tribunaux de commerce peuvent, ainsi que nous l'avons établi au *Rép.* n° 100, se fonder sur des présomptions graves, précises et concordantes, pour décider que la cause mentionnée dans un effet de commerce est fausse, et que les obligations du souscripteur étaient en réalité sans cause (Req. 30 mai 1883, aff. Navarro, D. P. 84. 1. 292).

37. Au surplus, il ne faut pas pousser à l'excès ces règles sur la cause énoncée dans l'effet, qui est toujours fausse. Conformément à ce qui a été dit au *Rép.* n° 131, il a été jugé qu'une lettre de change ne peut pas être annulée par le motif qu'elle énonce une fausse cause, si, d'ailleurs, elle a une cause réelle et licite. Spécialement, la lettre de change, acceptée par le tiré et causée valeur en compte, bien qu'il n'existât aucun compte entre le tireur et le tiré, n'en est pas moins valable, s'il est établi que l'engagement du tiré a pour cause le cautionnement de dettes contractées par le

tireur envers le bénéficiaire de l'effet, aucune disposition de la loi ne s'opposant à ce qu'un cautionnement soit fourni par lettre de change (Req. 16 déc. 1879, aff. Ruffier, D. P. 80. 1. 197).

38. Tout ce qui vient d'être dit au sujet de la fausse cause cesse d'être exact vis-à-vis des endosseurs et des tiers porteurs de bonne foi. On peut rappeler utilement ici, et avec une force plus grande encore, la doctrine formulée par l'arrêt de la cour suprême du 4 déc. 1878, cité *suprà*, n° 11; la lettre de change, en vertu de son principe propre, qui est le contrat de change, existe par elle-même et constitue un acte commercial indépendant, pourvu qu'elle réunisse les conditions essentielles prescrites, notamment la remise d'un lieu sur un autre et l'énonciation de la valeur fournie. Le tiers porteur n'est pas tenu de remonter à la cause et à l'origine de l'effet qui lui est transmis (V. *Rép.* n° 101). Ainsi l'endossement d'un effet causé *valeur en garantie de mon compte*, est régulier et transmet au preneur la saisine du titre : le souscripteur ne peut refuser, à l'échéance, d'en payer le montant au tiers porteur, sous prétexte que le billet n'a pas de cause ; une telle exception, opposable peut-être au bénéficiaire, ne peut être opposée au tiers porteur auquel rien n'a révélé l'existence du vice dont l'effet était entaché (Orléans, 24 juin 1868, aff. Commeauche, D. P. 68. 2. 195). — Bien plus, on doit admettre que la cause illicite même ne peut être opposée au tiers porteur, alors que l'effet de commerce ne révèle par aucune des mentions qu'il s'y trouvent portées le vice dont il est entaché (Bourges, 14 juill. 1865) (1).

39. Mais il en serait autrement en cas de mauvaise foi du tiers porteur, résultant, par exemple, de ce qu'il serait prouvé qu'il connaissait la simulation de l'engagement indiqué comme constituant la valeur fournie, ou qu'il savait que le bénéficiaire était hors d'état de satisfaire à cet engagement lequel, par conséquent, ne serait pas exécuté ; le tiers porteur deviendrait, en pareil cas, passible des exceptions qui seraient opposables au bénéficiaire. C'est ce que

---

ouvert par L. Chaudeborde à Brethon et pour 20000 fr. le prix de l'office acquis par M. Chaudeborde; — Attendu que la désignation spéciale des titres affectés à ce crédit devait, aux termes de l'acte, être faite sur les livres de l'agent de change; qu'aucune justification à cet égard n'est produite au nom des appelants; qu'au contraire, trois créanciers figurent à l'ordre colloqués de ce chef pour des sommes s'élevant à 33000 fr.; qu'ainsi la dette de Brethon envers L. Chaudeborde relativement à ces 30000 fr. cédés en blanc n'est point établie; — Attendu qu'on n'invoque aucune autre créance existant au profit de L. Chaudeborde contre Brethon; — Attendu que les effets représentés par Pérès Gage et Ader ne contiennent aucun assentiment ni désignation quelconque particulière tendant à signaler l'objet de cette transmission à leur profit; qu'on n'invoque aucune correspondance soit pour établir l'existence d'un nantissement, soit pour en déterminer la portée relativement à telles opérations de commerce faites avec L. ou M. Chaudeborde; — Attendu que le bon daté et signé par L. Chaudeborde devenant sans objet par suite de la non-réalisation du crédit, le bon sans date de M. Chaudeborde peut laisser des doutes, ainsi que l'ont reconnu les premiers juges, sur l'époque où il a été souscrit; — Attendu que la simple détention de titres ne saurait conférer à Pérès Gage et Ader le privilège résultant du contrat de nantissement, s'ils n'ont point rempli les formalités exigées par la loi; — Attendu que les effets affectés, d'après eux, pour la somme de 20000 fr., au prix de cession de l'office de notaire, n'ont aucune valeur indépendante du contrat de 1861, qu'ils n'y sont point et ne pouvaient y être mentionnés; que, par conséquent, ils se confondent avec la remise de la grosse de ce titre dans les mains de Pérès Gage et Ader ; — Attendu que la créance de M. Chaudeborde ne pouvait, aux termes de l'art. 91, § 4, c. com., être valablement transmise qu'en remplissant les formalités prescrites par l'art. 2075 c. civ., sans quoi le débiteur Brethon pouvait toujours se libérer conformément aux dispositions de l'art. 1691 ; — Attendu que ces formalités n'ont pas été remplies en temps utile; — Par ces motifs, etc. ». — Pourvoi en cassation par les sieurs Pérès Gage et Ader. — Arrêt.

La cour; — Sur le moyen unique, tiré de la fausse application de l'art. 91, § 4, c. com. : — Sur la première branche : — Attendu qu'il résulte de l'arrêt attaqué que le crédit de 30000 fr. ouvert, le 29 nov. 1864, à Brethon par Louis Chaudeborde, agent de change, n'a pas été réalisé ; — Attendu que l'arrêt déclare, en outre, qu'il résulte des faits de la cause que, sur 50000 fr. d'effets dont les sieurs Pérès Gage et Ader sont détenteurs, 30000 fr. représentent la somme affectée au susdit crédit ; — Que

la désignation spéciale des titres affectés à ce crédit devait, aux termes mêmes de l'acte, être faite sur les livres de l'agent de change, mais qu'aucune justification n'a été produite à cet égard par les consorts Pérès; — Qu'on n'invoque d'ailleurs aucune autre cause de créance au profit de Louis Chaudeborde contre Brethon, qu'on n'invoque même aucune correspondance pour établir l'existence d'un nantissement; qu'ainsi il n'a été justifié par les consorts Pérès d'aucun acte établissant une dette réellement contractée par Brethon envers Louis Chaudeborde; — Attendu qu'il est de principe que nul ne peut transmettre plus de droits qu'il n'en a lui-même, et que les tiers créanciers, à l'encontre desquels les demandeurs en cassation entendent faire valoir le privilège du gage, sont en droit de se prévaloir de la nullité pour défaut de cause des titres de créance invoqués à l'appui de cette prétention ; — Attendu que, dans cet état des faits, en décidant que le bon pour transport à titre de nantissement, signé Louis Chaudeborde, daté du 23 sept. 1872, et remis aux sieurs Pérès Gage et Ader, devenait sans objet par suite de la non-réalisation du crédit et de l'absence de toute dette contractée par Brethon envers Louis Chaudeborde, l'arrêt attaqué n'a pu violer aucun principe de droit;

Sur la deuxième branche (Sans intérêt) :... — Rejette, etc.

Du 2 avr. 1878.-Ch. req.-MM. Bédarrides, pr.-Voisin, rap.-Godelle, av. gén., c. conf.-Carteron, av.

(1) (Regnier C. Fourrier.) — Le sieur Regnier fils avait souscrit à l'ordre du sieur Andrieux un billet de 2000 fr. causé valeur pour prix d'un fonds de pharmacie; le sieur Regnier père avait garanti la signature de son fils. Ce billet ayant été protesté faute de payement à son échéance, le sieur Fourrier, l'un des endosseurs, après l'avoir remboursé au sieur Lehideux, tiers porteur, en a poursuivi le recouvrement contre les sieurs Regnier. Le 24 janv. 1865, jugement du tribunal de commerce de Clamecy qui fait droit à cette demande. — Appel par les sieurs Regnier père et fils, qui se prévalent, notamment, de ce que le billet litigieux était nul comme fondé sur une cause contraire à l'ordre public. — Arrêt.

La cour;... — Considérant que le billet à ordre dont Fourrier poursuit le recouvrement, après l'avoir remboursé à Lehideux, est régulier en la forme, et qu'il ne contient aucune indication de nature à faire craindre qu'une cause illicite, un vice ou une irrégularité quelconque ;... — Par ces motifs ;... — Confirme, etc.

Du 14 juill. 1865.-C. de Bourges, 2e ch.-MM. Bazenerye, pr.-Duponchel, Lesénne (du barreau de Paris), Dufour et Massé, av.

la cour de cassation a décidé par des arrêts rendus notamment à l'égard de tiers porteurs d'effets causés, *pour remplacement militaire*, et qui savaient, en les recevant, que le remplacement n'avait pas été et ne pouvait pas être accompli (Req. 8 déc. 1845, aff. Pyonnier et comp., D. P. 46. 1. 220. V. en outre les arrêts cités au *Rép.* n° 144). A plus forte raison en est-il ainsi, lorsque le tiers porteur d'un effet de commerce dont la cause est frauduleuse, a connu l'existence de la fraude (V. *Rép.* n° 144). — La nullité résultant de ce que l'effet a une cause illicite peut également être opposée au porteur, s'il est établi que celui-ci n'a pu ignorer le vice dont le titre était entaché (Montpellier, 13 févr. 1869, *suprà*, n° 31).

40. Les tribunaux sont souverains pour apprécier, sans encourir la censure de la cour suprême, la bonne foi du tiers porteur; et, aux termes de la jurisprudence de la cour de cassation, « la bonne foi consiste à avoir ignoré le vice résultant de l'absence ou de la fausseté de la cause » (Req. 18 oct. 1886, aff. Brisson, D. P. 87. 1. 340. V. *infrà*, n°s 69, 162, 168 et 431).

41. Maintenant, quelles sont les conséquences du défaut d'indication de la valeur fournie? La loi ne dit pas ici, comme à l'égard *de la supposition de lieu*, notamment, que le titre vaudra comme « simple promesse ». L'acte sera-t-il donc radicalement nul? Non; car si la valeur a été réellement fournie, il serait trop rigoureux de n'accorder au preneur qu'une action en *répétition* de l'indû, en déclarant inexistante la lettre de change. D'ailleurs, un tel système porterait atteinte aux droits des porteurs de bonne foi. Or les droits de ceux-ci sont respectés à ce point qu'on n'hésite pas à les protéger dans le cas même où il n'y aurait pas eu de valeur fournie, et où, par conséquent, l'obligation première du tireur se trouverait dénuée de cause. L'interprétation la plus sage paraît être d'admettre, par argument de l'art. 138 relatif aux endossements irréguliers, qu'à défaut de la clause de valeur fournie, le preneur sera considéré comme simple *mandataire* du tireur. Si la valeur n'a pas été fournie, il est loisible au tireur de révoquer le mandat et de revendiquer le titre dans la faillite du preneur. S'il reconnaît, au contraire, qu'il y a eu prestation de valeur, il tient compte envers le preneur mandataire de la somme touchée pour lui par ce dernier. Dans cette hypothèse, l'endossement qu'aurait passé le preneur sera valable, le preneur l'ayant opéré en sa qualité de mandataire du tireur. — La cour de Nancy, dans un arrêt du 5 avr. 1845 (*Rép.* n° 125), et avec MM. Nouguier, t. 1,

n° 163; Bédarride, t. 1, n° 91; Bravard-Veyrières, t. 3, p. 55, interprètent avec une extrême rigueur la législation de 1807, sur ce point: la lettre de change, faute d'indication de la valeur fournie, perdrait son caractère et ne constituerait plus qu'une simple obligation commerciale ou civile; dans ce dernier cas, elle serait dépouillée de son effet attributif de juridiction commerciale. La solution que nous adoptons est assurément plus conforme à la nature même du titre. « *Payez à un tel* » : que signifient ces paroles? C'est affaire entre le tireur et le preneur. S'il n'y a pas eu de valeur fournie, c'est qu'apparemment le mandat avait pour but unique l'autorisation de toucher. — C'est aussi ce que décident plusieurs arrêts. Jugé qu'une lettre de change n'est point nulle par défaut de mention. de la valeur fournie; que le prêteur qui justifie avoir compté cette valeur a droit, au moins vis-à-vis du tireur, si le tiré ne s'est pas engagé par son acceptation, à la provision qui existe entre les mains de ce dernier au jour de l'échéance (Bordeaux, 16 mai 1849, aff. Croquevielle, D. P. 52. 2. 101). Mais, si le porteur ne justifie pas qu'il ait réellement fourni la valeur, il n'est considéré que comme simple mandataire du tireur, et dès lors il se trouve passible de toutes les exceptions que le tiré pourrait opposer au tireur lui-même (Req. 31 juill. 1878) (1).

§ 7. — De l'ordre que doit contenir la lettre de change
(Rép. n°s 103 à 111).

42. La clause à ordre est déclarée par l'art. 110, au même titre d'ailleurs que la remise de place en place et la valeur fournie, une condition essentielle de la lettre de change. A défaut d'ordre, la lettre de change ne vaudrait que comme simple promesse. Ce point a été suffisamment développé au *Rép.* n°s 104 et suiv. Mais il a été jugé que la clause à ordre ne fait pas obstacle à ce que la lettre de change soit stipulée non négociable jusqu'à l'échéance; qu'une telle déclaration ne porte pas atteinte à la validité de la lettre de change qui pourra, après l'échéance, être négociée sans violation de la loi du commerce (Montpellier, 31 mars 1859, aff. Gayrand, D. P. 59. 5. 140).

43. Conformément à l'opinion soutenue au *Rép.* n° 109, les auteurs décident que la lettre de change à l'ordre du tireur n'est parfaite que du jour où celui-ci endosse l'effet au profit d'un preneur, dont l'intervention est indispensable pour l'existence de la lettre de change; ils en concluent

---

(1) (Comp. *Mercantil Bank C.* Lafon.) — Le 18 juill. 1877, arrêt de la cour de Bordeaux ainsi conçu : — « Attendu qu'aux termes de l'art. 792 du code de l'Uruguay, la lettre de change de 250000 fr. du 2 déc. 1874, tirée de Montevideo par Georges Smith et comp. sur les fils de Lafon gendre, de Bordeaux, est régulière en la forme, mais qu'il résulte des documents de la cause que les preneurs n'ont rien remis au tireur contre valeur de cette traite, et que leur créance de 110000 fr. contre ce dernier a été éteinte par le payement de cinq autres lettres de change s'élevant ensemble à ce chiffre, tirées précédemment sur les intimés et négociées à Aurelio Berro et comp.; — Qu'ainsi ces derniers n'ont jamais été propriétaires du titre commercial qui fait l'objet du procès et dont ils n'ont pas fourni les fonds; — Qu'ils n'ont été en réalité que les mandataires de Smith et comp. et qu'ils n'auraient pas le droit de réclamer personnellement le payement de cette traite aux tirés; — Attendu que l'endossement par lequel Aurelio Berro et comp., premiers porteurs, ont transmis la traite de la société appelante est ainsi conçu : « Payez à l'ordre de *Mercantil Bank*, de la rivière de la Plata, Montevideo, 7 déc. 1874. Signé : Aurelio Berro. »; — Attendu que cet endos ne contenant pas l'indication de la valeur fournie prescrite par les art. 822 et 824 du code susmentionné, à peu près conforme en ce point aux art. 137 et 138 c. com. français, ne vaut, suivant ses dispositions formelles, que comme procuration autorisant le porteur à réclamer le payement du titre et à le faire protester; — Qu'il n'est pas prouvé, pas même allégué par la *Mercantil Bank* qu'elle ait remis à l'endosseur la valeur de la traite ainsi négociée; — Que c'est donc avec raison qu'il a été décidé par le jugement dont est appel, que les intimés peuvent opposer à l'appelante toutes les exceptions dont Smith et comp. eux-mêmes eussent été passibles; — Attendu, d'autre part, que le tribunal, en jugeant que G. Smith et comp. avaient fait un usage abusif de la lettre du 10 octobre et excédé leurs droits, en fournissant une traite de 250000 fr. sur les fils de Lafon, a sainement apprécié les faits de la cause, la situation et le droit des parties, etc. ».

Pourvoi en cassation par la *Mercantil Bank* : 1° Violation des art. 110, 112, 121 et 124 c. com., et des principes en matière de lettres de change, en ce que, tout en reconnaissant que la lettre de change litigieuse était absolument régulière et contenait l'énonciation de la valeur fournie, l'arrêt attaqué a dispensé le tiré reconnu accepteur d'en payer le montant, sous prétexte que la valeur n'en avait réellement pas été fournie par le preneur, comme si, d'une part, le tiré accepteur pouvait être admis à contester les énonciations de cet acte solennel contre le tiers porteur, et comme si, d'autre part, la valeur n'avait pu être fournie par tout autre, ou même avoir été tenue pour fournie; — 2° Violation tout au moins de l'art. 7 de la loi du 20 avr. 1810, et défaut de motifs, en ce que l'on a détruit la foi due aux énonciations de la lettre de change, en se fondant simplement et d'une manière vague sur les documents du procès qu'on se garde bien de faire connaître. — Arrêt.

La cour; — Sur le moyen unique, pris de la violation des art. 110 c. com., 1315 c. civ., et 7 de la loi du 20 avr. 1810 : — Attendu, en fait, et suivant l'arrêt dénoncé, qu'il résulte des documents de la cause que Berro et comp., n'ont reçu la valeur de la lettre de change tirée à leur ordre par Smith, de Montevideo, sur la maison Lafon, de Bordeaux; que l'endossement passé à l'ordre de la *Mercantil Bank*, n'exprimant pas la valeur fournie, n'était qu'une procuration, et qu'ainsi cette lettre, d'après la loi du pays où elle a été créée et endossée, comme d'après les art. 110 et 138 c. com., n'est devenue la propriété ni de Berro et comp., ni de la *Mercantil Bank*, qui n'ont été nantis qu'à titre de mandataires; — Attendu que ces déclarations rentraient dans les attributions exclusives des juges du fait, et que, fondées sur les documents de la cause, elles sont suffisamment motivées; — D'où il suit qu'en décidant de la sorte que les exceptions opposables par le tiré au tireur étaient également opposables à la *Mercantil Bank*, qui réclamait le payement de la lettre, la cour d'appel n'a pu violer aucune loi; — Rejette, etc. Du 31 juill. 1878.-Ch. req.-MM. Bédarrides, pr.-Guillemard rap.-Lacointa, av. gén., c. conf.-Bosviel, av.

(V. conf. *Rép.* n° 110) que le premier endossement ne peut être effectué au lieu désigné pour le payement (V. sur l'état actuel de cette question *supra*, n°s 48 et suiv.).

44. M. Alauzet, t. 4, n° 1247, estime que le premier endossement, bien que faisant corps, en pareil cas, avec la lettre de change sans lui incomplète, conserve sa nature propre et doit, pour être valable, satisfaire aux conditions prescrites par l'art. 137 c. com. (V. dans le même sens : Nîmes, 23 mai 1855, aff. Bauzon, D. P. 55. 5. 172). M. Bédarride, t. 1, n°s 102 et 306, pense, au contraire, conformément à l'opinion soutenue au *Rép.* n° 111, que l'endossement n'est alors que le complément de la lettre de change, que ses énonciations peuvent être complétées par celles de la lettre même ; que notamment, le défaut d'énonciation de la date peut être suppléé par la date de la lettre de change.

§ 8. — Mention du nombre d'exemplaires tirés (*Rép.* n°s 112 à 116).

45. Ainsi que nous l'avons indiqué au *Rép.* n° 112, la faculté de créer des duplicata a pour but, d'une part, de remédier à la perte de l'un des exemplaires, et, d'autre part, de faciliter la négociation de l'effet pendant que l'un des exemplaires est à l'acceptation. Il a été jugé que, lorsqu'une lettre de change est tirée par première et seconde, le mandataire chargé par le tireur de présenter la première à l'acceptation du tiré et de la garder à la disposition du porteur de la seconde, devient dépositaire dans l'intérêt de celui-ci ; que, par suite, il ne peut, sans engager sa responsabilité personnelle, se dessaisir valablement au profit du tireur, et en dehors du tiers porteur, du titre qui fait l'objet du dépôt (Req. 20 mars 1883, aff. Chaulan, D. P. 83. 1. 202). Dans de remarquables conclusions, données dans cette affaire et conformes à la doctrine consacrée par la chambre des requêtes, M. l'avocat général Petiton a mis en lumière les raisons juridiques qui commandent de faire échec, en la matière, aux règles générales sur la révocabilité du mandat et du dépôt ordinaire : « Il paraît impossible, disait ce magistrat, d'admettre l'application de ces règles quand il s'agit du mandat spécial ou du dépôt *sui generis* qui intervient en matière de lettres de change émises par premières et secondes. Quelle est, en effet, dans ce cas, la combinaison qui s'opère, soit en ce qui concerne le tireur, soit en ce qui concerne le dépositaire de la première ? En ce qui concerne le tireur, dès qu'il investit un tiers porteur de la seconde avec promesse de la conservation, par un mandataire, de la première acceptée, il confère à ce tiers porteur, d'une manière irrévocable, la propriété du titre et celle de la provision qui est entre les mains du tiré. Il n'a plus le droit de rien faire, soit par révocation de mandat ou de dépôt quant à la première, soit par aucune autre voie qui puisse directement ou indirectement porter atteinte à la propriété et aux intérêts du porteur devenu son cessionnaire légal et son ayant droit. En ce qui concerne le mandataire auquel est envoyée la première, par cela seul qu'il la reçoit avec mandat de la faire accepter et de la conserver à la disposition exclusive du porteur de la seconde, il est avisé qu'il existe un porteur de cette seconde, c'est-à-dire un cessionnaire définitif du tireur quant à la valeur en question, et, par suite, quant à la première de change. Il sait donc que le déposant n'a plus le droit de révocation qu'il aurait s'il ne s'agissait que de ce mandat et de ce dépôt d'un caractère juridique spécial. Et il n'a pas besoin, pour pouvoir lui résister, d'attendre une manifestation expresse de volonté de la part du porteur ; car, étant donné que le porteur n'a reçu la seconde de change qu'avec la clause formelle que la première, après acceptation, resterait à sa disposition exclusive entre les mains d'un représentant dénommé, il en ressort que l'adhésion virtuelle du porteur, que son intention de profiter de la sécurité qui lui est donnée et sans laquelle l'opération de change ne serait qu'un vain mot, doit être admise de plein droit. Dans un dépôt intervenu en une autre matière, il faudrait sans doute que le tiers désigné pour recevoir la restitution donnât une adhésion formelle à la convention, afin d'avoir à cette restitution un droit irrévocable. Mais ici le tiers, en consentant à recevoir la seconde en raison de ce qui lui était annoncé quant à la première, a suffisamment manifesté qu'il entendait profiter de la stipulation faite pour lui relativement à cette première. Cette manifestation a été clairement portée à la

connaissance du dépositaire, par le contexte même de la première qui indique l'existence d'un tiers porteur comptant sur elle, et par le mécanisme juridique et commercial de l'opération de change avec plusieurs exemplaires du titre. Le mandataire est donc mis par là comme en demeure de résister au mandant ».

§ 9. — Cas où la lettre de change est payable au domicile d'un tiers, et où elle est tirée par ordre et pour le compte d'un tiers (*Rép.* n°s 117 à 122).

46. Nous n'avons rien à ajouter aux explications données au *Répertoire* sur ce point.

§ 10. — Supposition de nom, de qualité, de domicile, de lieu, etc. (*Rép.* n°s 123 à 147).

47. L'art. 112 ne parle que des suppositions de nom, de qualité, de domicile et de lieu (V. *Rép.* n°s 123 et suiv.). Ainsi que nous l'avons fait observer au *Rép.* n° 125, le texte ne s'occupe pas des *omissions*, qui sont suffisamment prévues par l'art. 110.

La jurisprudence paraît assimiler aux vices consistant dans des suppositions celui qui résulte de l'absence d'une *échéance fixe*, en déclarant également qu'en pareil cas l'effet ne constitue qu'une simple promesse (Caen, 14 juin 1876, aff. Regnouf, D. P. 78. 2. 133). Le résultat est, il est vrai, le même dans les deux cas, en ce sens qu'on n'est plus en présence d'une lettre de change, mais d'une obligation civile ou commerciale, suivant le caractère des contractants. Mais ici il s'agit de l'application de l'art. 110, où se trouvent énoncées les conditions sans lesquelles il n'y a pas de lettre de change, et non de l'art. 112 qui vise les énonciations mensongères.

48. Il y a supposition, dans le sens de l'art. 112, lorsque la prétendue lettre de change a été créée sans convention de change, notamment lorsqu'un blanc-seing a été remis par un emprunteur au créancier qui le remplit et lui donne la forme d'une lettre de change. Peu importerait que le créancier, en agissant ainsi, ne fît que se conformer à une convention intervenue entre lui et l'emprunteur ; les conditions prescrites pour la validité de la lettre de change ne feraient pas moins défaut ; le lieu du payement, la date de l'échéance, le nom du tiré ne peuvent être déterminés sans le concours du tireur (V. Lyon-Caen et Renault, t. 1, n° 1057 ; Bravard et Demangeat, t. 3, p. 115 et suiv. ; Montpellier, 3 janv. 1857, aff. Rovira, D. P. 57. 2. 123 ; Agen, 3 févr. 1860, aff. Merle, D. P. 60. 2. 43 ; 29 janv. 1873, aff. Dubernet, D. P. 74. 2. 35. — V. toutefois en sens contraire : Agen, 16 mai 1853, aff. Villeneuve, D. P. 54. 2. 182 ; Bastia, 15 déc. 1858, aff. Ciavaldini, D. P. 59. 2. 143. V. aussi Nouguier, t. 1, n°s 47 et 48).

49. Ainsi qu'on l'a dit au *Rép.* n° 125, de ce qu'une lettre de change est réputée simple promesse quand elle ne renferme pas toutes les énonciations prescrites par l'art. 110, il résulte : 1° que le droit commun reçoit son application dans les termes de l'art. 1326 c. civ., suivant lequel si l'acte n'est écrit en entier de la main du souscripteur, la signature de celui-ci doit être accompagnée d'un « *bon* ou *approuvé* de sa main, et portant en toutes lettres la somme ou la quantité de la chose », à moins que le souscripteur ne soit commerçant ; ou encore, d'après l'interprétation de certains auteurs sur l'art. 1326 c. civ., que l'obligation résultant de l'acte faussement qualifié lettre de change ait un caractère commercial (V. Lyon-Caen et Renault, t. 1, n°s 606, 1049 et 1054) ; — 2° Que la loi civile gouverne également l'exécution du contrat, en ce que les cédants cessent d'être tenus de la solvabilité du débiteur, pour ne plus garantir que l'existence de la créance, conformément aux art. 1693, 1694, 1695 c. civ. ; — 3° Que la prescription applicable n'est plus celle de cinq ans, mais la prescription ordinaire de trente ans (Req. 4 juin 1878, aff. Boutan, D. P. 79. 1. 136). — Il ne subsiste en quelque sorte de la lettre de change que la clause à ordre, c'est-à-dire la faculté de transmission par endossement (V. Civ. cass. 8 mai 1878, aff. Guyonin, D. P. 78. 1. 241). Toutefois, ainsi que nous l'avons soutenu au *Rép.* n° 125, on ne doit pas admettre que la « simple promesse » constitue, dans toute hypothèse, une simple *obliga-

tion civile : il n'y a plus de lettre de change, sans doute ; mais il peut fort bien subsister une obligation commerciale, si l'engagement a été conclu entre commerçants ou constitue, même entre non-commerçants, un acte de commerce (V. Lyon-Caen et Renault, t. 1, n° 1054 ; Nouguier, t. 1, n° 297 ; *Rép.* n° 127. Comp. également : Alauzet, t. 4, n° 1267 ; Bédarride, t. 1, n° 125 ; Boistel, n° 730).

50. Quelques auteurs pensent même que, si la supposition consiste à énoncer des faits inexacts, alors que les faits réels présentent toutes les conditions exigées pour la validité de la lettre de change, on doit considérer la lettre de change comme valable, en dépit des indications mensongères qu'elle contient ; pourquoi, disent-ils, un mensonge inoffensif entraînerait-il la nullité de la lettre de change ? (V. *Rép.* n° 130 ; *Adde :* Garsonnet, *De l'influence de l'abolition de la contrainte par corps sur la législation commerciale*, p. 15, *Extrau de la Revue critique de législation et de jurisprudence*, 1868 ; Ruben de Couder, *Dictionnaire de droit commercial*, t. 5, v° *Lettre de change*, n°s 157 et 158 ; Nouguier, t. 1, n°s 284 et suiv.). Mais on décide, en général, conformément à l'opinion que nous avons soutenue au *Rép. ibid.*, que l'art. 112 c. com. refuse le caractère de lettre de change à la traite contenant une des suppositions qu'il prévoit, par cela seul qu'elle renferme une mention inexacte en ce qui concerne les nom, qualité, domicile ou lieu, et sans distinguer selon le but de la supposition (V. Demangeat sur Bravard, t. 3, p. 120, note 2 ; Bédarride, t. 1, n°s 123 et 124 ; Alauzet, t. 4, n° 1261 ; Lyon-Caen et Renault, t. 1, n° 1055 ; Metz, 1er déc. 1836, *Rép.* n° 125. Comp. encore Boistel, n° 729 ; Bordeaux, 22 juill. 1848, aff. Juhel-Renoy, D. P. 45. 4. 180).

51. La supposition de valeur, comme on l'a exposé au *Rép.* n° 131, ne suffit pas à entraîner la nullité de la lettre de change (Lyon-Caen et Renault, t. 1, n° 1059 ; Demangeat sur Bravard, t. 3, p. 122, note ; Alauzet, t. 4, n° 1239 ; Bédarride, t. 1, n° 118 ; Boistel, n° 731. V. aussi Nouguier, t. 1, n° 286).

52. On a exposé au *Répertoire*, avec tous les développements nécessaires, les principes qui sont applicables en ce qui concerne : 1° les moyens de preuve admissibles pour établir les « suppositions » (*Ibid.*, n°s 132 et suiv.). Il suffit, comme on l'a vu au *Rép.* n° 133, de simples présomptions (V. Lyon-Caen et Renault, t. 1, n° 1053 ; Agen, 29 janv. 1873, aff. Dubernet, D. P. 74. 2. 35) ; 2° la compétence, qui est toujours celle du tribunal de commerce, pour statuer sur le point de savoir s'il y a eu simulation (*Rép.* n° 140. V. aussi Nouguier, t. 1, n° 297. Comp. *suprà*, v° *Compétence commerciale*, n° 69) ; 3° les personnes contre lesquelles la supposition peut être invoquée (*Rép.* n°s 141 et suiv.). L'exception admise au profit du tiers porteur de bonne foi (V. *Rép. ibid.*) n'est pas applicable lorsque le tiers porteur a connu le vice au moment de la négociation (Caen, 22 janv. 1856, aff. Thoniel, D. P. 56. 2. 133 ; Agen, 3 févr. 1860, aff. Merle, D. P. 60. 2. 43. V. également : Nouguier, t. 1, n° 292 ; Lyon-Caen et Renault, t. 1, n° 1056 ; Bravard et Demangeat, t. 3, p. 113 ; Alauzet, t. 4, n° 1262 ; Bédarride, t. 1, n° 128 ; Boistel, n° 729) ; 4° les personnes qui peuvent opposer la simulation (*Rép.* n°s 146 et suiv.) ; au nombre de ces personnes, il faut comprendre même le signataire qui a participé à la simulation (Agen, 3 févr. 1860, précité). MM. Lyon-Caen et Renault, t. 1, n° 1058, estiment, contrairement à l'opinion soutenue au *Rép.* n° 146, que le tiers porteur de bonne foi ne peut se prévaloir de la supposition qu'on ne peut invoquer contre lui. La supposition ne pouvant lui nuire, disent ces auteurs, il ne saurait prétendre en tirer avantage ; il serait inadmissible qu'il pût scinder les effets de la lettre de change pour ne profiter que de ceux qui lui seraient avantageux. Le titre doit produire à son égard tous les effets d'une lettre de change régulière. Au contraire, le tiers porteur qui a eu connaissance de la supposition au moment où il a été nanti de la lettre de change peut se voir opposer la supposition et a droit à son tour de s'en prévaloir s'il y trouve avantage (V. dans le même sens : Alauzet, t. 4, n° 1264. — V. en sens contraire : Ruben de Couder, v° *Lettre de change*, n° 178).

§ 11. — Des énonciations facultatives que peut contenir une lettre de change (*Rép.* n°s 148 à 152).

53. V. *Rép.* n°s 148 et suiv., et *infrà*, n°s 276 et suiv.

§ 12. — Des personnes qui ne peuvent faire ou signer des lettres de change (*Rép.* n°s 153 à 163).

54. Conformément à ce qui a été dit au *Rép.* n° 153, il a été jugé qu'un prodigue ne peut, sans l'assistance de son conseil judiciaire, souscrire valablement une lettre de change (Civ. cass. 1er août 1860, aff. Defresne, D. P. 60. 1. 316. V. conf. Boistel, n° 741 ; Nouguier, t. 1, n° 74 ; Alauzet, t. 4, n° 1270). Mais si la lettre de change souscrite sans assistance du conseil judiciaire est nulle, il peut subsister une obligation civile à la charge du prodigue (V. ce qui a été dit des mineurs : *Rép.* n° 153).

55. La femme mariée non-commerçante doit être autorisée de son mari, conformément au droit commun. Même avec cette autorisation, sa signature apposée sur une lettre de change ne vaut que comme « simple promesse » ; il en est, d'ailleurs, de même de la signature des filles non commerçantes (art. 113). Qu'est-ce à dire ? Nous avons établi au *Rép.* n°s 153 et 950 que ces personnes demeurent soumises à la juridiction commerciale, conformément aux dispositions relatives à la compétence, dès lors qu'il s'agit de lettres de change ou bien de billets à ordre portant en même temps des signatures de négociants. En réalité, le législateur avait voulu les affranchir de la contrainte par corps à l'époque où cette voie d'exécution s'attachait à toute obligation commerciale (V. Paris, 1er juill. 1870, aff. Guimard, D. P. 71. 2. 2). Mais il n'avait aucunement songé à porter atteinte au principe suivant lequel la lettre de change qui ne contient pas de suppositions de noms, de qualités ou de lieux et le billet à ordre qui porte des signatures de négociants gardent, à l'égard de tous ceux qu'ils engagent, leur caractère d'instrument commercial (V. Req. 30 janv. 1849, aff. Bancel, D. P. 49. 1. 58 ; Douai, 24 août 1876, sous Civ. cass. 20 févr. 1878, aff. Lecq, D. P. 78. 1. 217). Ce point de vue est confirmé par la disposition de l'art. 636 c. com. aux termes de laquelle le tribunal de commerce doit renvoyer, dans certains cas, au tribunal civil la connaissance des lettres de change réputées simples promesses aux termes de l'art. 112, tandis que le texte vise en même temps les lettres de change réputées simples promesses aux termes de l'art. 113 (V. Bédarride, t. 1, n° 132. Comp. Boistel, n° 739). C'est ce qui a été jugé le 22 nov. 1809 par la cour de Riom (*Rép.* n° 155) ; il en est de même en matière d'*aval* donné par la femme non-commerçante (Civ. cass. 21 avr. 1869, aff. Artaud, D. P. 69. 1. 407 ; Grenoble, 23 nov. 1870, aff. Artaud, D. P. 71. 2. 173). — Toutefois cette opinion est combattue par certains auteurs, qui attribuent aux expressions employées par l'art. 113 c. com., la signification et la portée qu'ils ont aux mêmes expressions dans l'art. 112 c. com. ; il s'ensuit qu'ils considèrent la femme non commerçante, signataire d'une lettre de change, comme n'étant pas nécessairement justiciable des tribunaux de commerce. L'art. 636 c. com., disent-ils, ne saurait être invoqué, car on devrait plutôt en tirer argument *à simili* ou *à fortiori* qu'argument *à contrario* (Lyon-Caen et Renault, t. 1, n° 1077 ; Alauzet, t. 4, n° 1268 ; Demangeat sur Bravard, t. 3, p. 138, note 1 ; Nouguier, t. 1, n° 65-3°. Comp. Chambéry, 20 mars 1868, aff. Banque de Savoie, D. P. 68. 2. 192. V. au surplus *suprà*, v° *Acte de commerce*, n°s 301 et suiv.). Du reste, pour que la question de compétence puisse se poser, on doit supposer que la femme était autorisée de son mari ; il n'y aurait pas même d'engagement valable, si cette autorisation n'était établie, soit par une énonciation de l'effet, soit par un acte séparé (Trib. com. Marseille, 31 mars 1863, aff. Schleig, D. P. 63. 3. 80 ; *adde :* Req. 10 août 1874) (1).

56. Aux termes d'un arrêt de la cour de cassation du 20 févr. 1878 (aff. Lecq, D. P. 78. 1. 217), il ressort de l'art. 113 c. com. que, quelle que soit la forme sous laquelle

_____

(1) (Maffre C. Rey.) — Le sieur Malafosse ayant souscrit, à l'ordre de François Rey, un billet de la somme de 1000 fr., ce billet passa successivement aux mains des sieurs Drouet et Maffre. Ce dernier le trouva revêtu de l'aval de la dame Aglaé Malafosse, épouse du souscripteur. A l'échéance, le billet fut protesté faute de payement, mais le protêt ne fut pas dénoncé aux

une femme non négociante ou marchande publique s'est engagée, l'exécution des obligations par elle contractées ne peut être poursuivie que par les voies de droit commun ; que, par suite, le porteur d'une lettre de change acceptée par une femme non commerçante n'est pas recevable à pratiquer contre celle-ci, en cas de protêt, la saisie conservatoire autorisée par l'art. 172 c. com.

57. Il a été jugé aussi que l'acceptation apposée par une femme non commerçante sur une lettre de change doit nécessairement être précédée du « bon et approuvé » prescrit par l'art. 1326 c. civ. (Civ. cass. 6 mai 1878, aff. Lecq, D. P. 78, 1. 367). D'après cet arrêt, il résulte de l'art. 113 c. com. que l'engagement résultant pour la femme non commerçante de la signature apposée par elle sur une lettre de change n'est valable qu'autant qu'il réunit les conditions exigées par la loi civile, et que cette signature ne peut entraîner contre elle des conséquences plus graves que l'apposition de sa signature au bas d'un billet quelconque (Comp. dans le même sens : Bédarride, t. 1, n° 131 ; Chambéry, 12 août 1881, aff. Lambert, D. P. 82, 2. 80. — V. toutefois en sens contraire : *Rép.* v° *Obligations*, n° 4112 ; Douai, 16 août 1877, sous Civ. cass. 6 mai 1878, précité ; Lyon-Caen et Renault, t. 1, n° 2077). La pensée de ces derniers auteurs paraît être la suivante : le bon et approuvé sera nécessaire dans l'hypothèse la plus fréquente, c'est-à-dire lorsque l'engagement de la femme constituera une obligation civile, mais il sera inutile si l'engagement de la femme

constitue une obligation commerciale (Comp. *ibid.*, n° 1054, 1077 et 178).

Enfin certains auteurs ont émis l'opinion que la femme non commerçante signataire d'une lettre de change pourrait se prévaloir des effets attachés à ce titre, mais qu'on ne pourrait les invoquer contre elle (V. Bravard, éd. Demangeat, t. 3, p. 128) ; d'où il suit qu'elle pourrait décliner la validité de la signature non précédée du « bon et approuvé » (Labbé, note sur les arrêts de cassation des 20 févr. et 6 mai 1878 ; Civ. cass. 20 févr. 1878, aff. Lecq, D. P. 78. 1. 217, note. V. d'ailleurs au sujet de l'art. 1326 c. civ., *infrà*, v° *Obligations*). Mais on a fait remarquer avec raison que les termes de l'art. 113 c. com. n'autorisent point à distinguer entre les effets de la lettre de change suivant que ces effets seraient favorables ou défavorables à la femme (Lyon-Caen et Renault, t. 1, n° 1077, p. 582, note 1 ; Boistel, n° 739 *in fine*).

58. La femme non commerçante peut souscrire ou accepter valablement des lettres de change, lorsqu'elle agit comme *mandataire* de son mari, qui est alors seul engagé (*Rép.* n° 156). Il a été jugé que, lorsque la femme remplace son mari dans le domicile commercial de celui-ci, elle est censée avoir reçu de lui mandat de l'y représenter ; qu'elle peut donc valablement accepter des lettres de change en son nom (Aix, 10 déc. 1864 (1) ; *Adde :* Req. 2 juin 1886, aff. Delahaye, D. P. 87. 1. 110).

59. Le *mineur* est protégé contre les engagements qu'il prend sous la forme de la lettre de change comme de toute

---

endosseurs dans le délai légal. Le sieur Maffre poursuivit cependant en payement non seulement le sieur Malafosse et sa femme comme signataire de l'aval, mais aussi le sieur Rey, premier endosseur. — Le 26 sept. 1873, le tribunal de commerce de Castres condamna Malafosse au payement du billet, mais rejeta la demande en ce qui concernait la dame Malafosse et le sieur Rey, dans les termes suivants : — « Attendu, en ce qui concerne la validité de l'aval donné par Aglaé Rey, que d'après l'art. 217 c. civ. la femme même non commune ou séparée de biens ne peut donner, aliéner ou hypothéquer sans le concours de son mari dans l'acte ou son consentement par écrit ; — Attendu que le billet à ordre dont Maffre est porteur se trouve revêtu de l'aval de la dame Aglaé Rey, il n'existe sur ce titre aucune énonciation qui prouve que le sieur Malafosse a souscrire cet engagement ; — Attendu que la dame Aglaé Rey, interrogée sur les circonstances dans lesquelles elle se serait obligée, déclare qu'elle se trouvait chez son frère qui était déjà en possession du billet, lorsqu'elle fut invitée par lui à y apposer son aval, ce qu'elle a fait en l'absence et à l'insu de son mari ; — Attendu que cette déclaration de la dame Aglaé Rey n'est nullement contredite par le sieur Maffre, puisqu'il avoue qu'il ignore complètement dans quelles circonstances l'aval a été donné ; — Attendu si, dans certains cas, il a été décidé que, à défaut d'une autorisation expresse, cette autorisation pouvait résulter soit de la preuve testimoniale, soit des circonstances de fait résultant du titre lui-même, il faut reconnaître que rien de semblable n'existe dans la cause, et que, par conséquent, il y a lieu d'annuler l'obligation contractée par la dame Rey, et qu'à ce titre, il serait tenu de la rembourser à Maffre qui en est porteur, si le protêt faute de payement eût été fait le lendemain de l'échéance ; — Mais que, cette formalité n'ayant été remplie que quatre jours après, au mépris de l'art. 168 c. com., déchu de tout droit contre les endosseurs ; — Attendu que Maffre reconnaît avoir encouru cette déchéance, mais qu'il soutient que Rey qui a cédé le billet à ordre par endossement est garant envers tout tiers porteur, non seulement de la sincérité des signatures dont le titre était revêtu, mais encore de la validité des engagements exprimés par ces signatures, de telle sorte, que si la dame Rey fait décider que son aval est nul à défaut de l'autorisation maritale, le sieur François Rey serait responsable de cette nullité ; — Attendu que cette prétention ne saurait être admise, car François Rey répond avec raison qu'il considérait comme valable l'aval souscrit par sa sœur sans l'autorisation de son mari, puisqu'il était dans la même ignorance lorsqu'il a endossé l'effet au profit de Drouet, et qu'en agissant ainsi il n'a trompé ni Drouet, ni aucun de ses endosseurs subséquents, puisque ceux-ci pouvaient reconnaître à la simple inspection du billet que le sieur Malafosse n'avait pas autorisé sa femme à donner son aval ; — Attendu, dès lors, que les conclusions subsidiaires de Maffre doivent être reconnues mal fondées, etc. ».

Pourvoi en cassation par le sieur Maffre, pour violation des art. 1628, 1692, 1693 c. civ., et 142 c. com., en ce que le jugement attaqué a refusé de rendre le premier endosseur d'un billet à ordre responsable vis-à-vis des endosseurs subséquents de la nullité d'un aval apposé au bas de ce billet. — Arrêt.

La Cour ; — Sur le moyen unique tiré de la violation des

art. 1628, 1692, 1693 c. civ., et de l'art. 142 c. com. : — Attendu que le demandeur, porteur d'un billet souscrit par Malafosse à l'ordre de Rey était déchu, aux termes de l'art. 168 c. com., de tous ses droits contre ce dernier, en qualité d'endosseur, faute de protêt dressé dans les délais légaux ; — Que si la dame Malafosse avait apposé sur le billet dont s'agit un aval déclaré nul, sur sa demande, par le motif qu'elle n'avait pas été autorisée à s'engager, il est constaté par le jugement attaqué que Rey était de bonne foi, et que le demandeur n'a pas été trompé sur la valeur de l'aval de la dame Malafosse parce qu'il a pu reconnaître à la simple inspection du titre que Malafosse n'avait pas autorisé sa femme ; — Qu'en déclarant, dans ces circonstances, le demandeur mal fondé dans son recours en garantie contre Rey, le tribunal de commerce de Castres n'a violé aucun des articles ci-dessus visés ; — Rejette, etc.

Du 10 août 1874.-Ch. req.-MM. de Raynal, pr.-Goujet, rap.-Babinet, av. gén., c. conf. de Saint-Malo, av.

(1) (Lamolle C. Roche et comp.) — Le 11 oct. 1864, jugement du tribunal de commerce de Marseille ainsi conçu : — « Attendu que les sieurs Roche, Abram et comp. demandent au sieur Lamolle le montant de cinq lettres de change tirées sur ce dernier par le sieur Pasques, et revêtues chacune de ces mots : *Accepté, Lamolle* ; — Attendu que l'opposant soutient que ce n'est pas lui qui a donné cette acceptation, et que personne n'aurait reçu mandat de lui d'accepter lesdites traites ; que par suite, l'acceptation qui lui est opposée n'étant pas la sienne, et aucune provision n'étant justifiée avoir existé en ses mains au profit du sieur Pasques, il conclut à l'incompétence du tribunal ; — Attendu qu'il est certain et reconnu en fait que la signature au bas de l'acceptation n'est pas celle du sieur Lamolle, mais bien celle de la dame Lamolle, qui aurait signé en l'absence de son mari ; qu'il s'agit de savoir si cette signature engage celui-ci ; — Attendu que les cinq lettres dont s'agit, tirées par le sieur Pasques sur le sieur Lamolle devaient être présentées à son acceptation et par lui acceptées à présentation, ou au plus tard dans les vingt-quatre heures ; que si, à l'époque où la présentation des lettres de change a été successivement faite, le sieur Lamolle se trouvait absent de son domicile commercial, il n'a pas pu ne pas y laisser quelqu'un pour l'y remplacer et répondre au tiers porteur que le sieur Lamolle n'acceptait pas, ou, au contraire pour donner l'acceptation à sa place ; — Que telle devait être nécessairement pour le tiers porteur la situation de la femme Lamolle, qui s'est trouvée dans le domicile commercial du sieur Lamolle pour recevoir les traites ; que l'acceptation donnée par cette personne dans les vingt-quatre heures de la présentation, ainsi que l'exigeait l'art. 125 c. com., était la preuve pour le tiers porteur d'un véritable mandat reçu du tiré, d'autant plus certaine dans l'espèce que c'était précisément la femme de celui-ci qui acceptait et signait ; que tout doute disparaissait à cet égard, d'ailleurs, puisqu'il ne s'agit pas d'une acceptation isolée, mais de cinq acceptations données par la dame Lamolle à différentes dates de présentations et en l'absence de son mari ; qu'en admettant que ce dernier n'ait pas donné expressément mandat à sa femme, le seul fait qu'il se faisait remplacer par cette dernière dans son domicile commercial constituait au profit des tiers de bonne foi un mandat tacite ; — Attendu que le sieur Lamolle se trouve

autre manière, conformément aux principes généraux du droit civil. Mais, ainsi qu'on l'a fait remarquer au *Rép.* n° 156, il ne s'agit ici que des mineurs *non-commerçants*. Il a été jugé que la lésion subie par le mineur dans la souscription d'un effet de commerce constitue un vice intrinsèque, qui peut être opposé même aux tiers de bonne foi (Civ. cass. 19 févr. 1856, aff. Yonnet, D. P. 56. 1. 86. Conf. Lyon-Caen et Renault, t. 1, n° 1071).

Art. 2. — *De la forme du billet à ordre (Rép.* n°ˢ 164 à 201).

60. Les droits de timbre sont les mêmes pour les billets à ordre que pour les lettres de change (V. *suprà,* n° 15. Comp. *Rép.* n° 167).

Les règles sur l'enregistrement sont également les mêmes pour tous les effets négociables (V. *suprà,* n° 15. Comp. *Rép.* n° 168).

61. Ainsi qu'on l'a dit au *Rép.* n° 164, le billet à ordre n'a pas nécessairement un caractère commercial. De là des différences avec la lettre de change, différences que nous avons signalées au *Rép.* n°ˢ 164 et suiv.

62. Le billet à ordre doit être pur et simple; il ne peut être fait sous condition (V. *Rép.* n°ˢ 169 et 359). Il a été jugé cependant que des billets renfermant toutes les énonciations exigées par l'art. 188 c. com. pour la validité des billets à ordre ne perdent pas ce caractère et ne doivent pas être considérés comme de simples promesses, bien qu'ils fassent la réserve d'arrangements antérieurs ou portent qu'ils ne font qu'une seule et même chose avec une délégation consentie par le souscripteur au bénéficiaire et seront nuls si le bénéficiaire touche avant leur échéance le montant de cette délégation, ces mentions n'empêchant pas l'efficacité de la clause à ordre, et ne portant atteinte à aucune des énonciations essentielles à la constitution des billets à ordre (Civ. rej. 11 août 1873, aff. Corbineau, D. P. 74. 1. 82).

63. Nous avons examiné au *Rép.* n° 170 la question de savoir si l'art. 1326 c. civ. est applicable au billet à ordre signé par un non-commerçant. Trois opinions divisent encore les auteurs. M. Alauzet, t. 4, n° 1388, admet, conformément à la doctrine soutenue au *Répertoire,* que la signature apposée sur un billet à ordre doit être précédée du *bon et approuvé,* lorsqu'elle émane d'un non-commerçant et que le billet n'a pas été écrit en entier de sa main (V. Bourges, 21 avr. 1866, aff. Roux, D. P. 66. 2. 120). — D'après un second système, le bon et approuvé est inutile, même si le souscripteur n'est pas commerçant, lorsque le billet a néanmoins un caractère commercial; il ne devient nécessaire qu'au cas où le billet émane d'un non-commerçant et constitue pour lui une obligation civile (Bédarride, t. 2, n° 663; Nouguier, t. 2, n° 1506). — Enfin, dans une troisième opinion, l'on décide que les formes du billet à ordre, étant strictement délimitées par la loi commerciale, ne sauraient être soumises aux règles de droit commun édictées par l'art. 1326 c. civ.; que, par suite, l'art. 1326 c. civ. ne s'applique pas plus au billet civil émané d'un non-commerçant qu'au billet souscrit par un commerçant, ou au billet commercial signé d'un non-commerçant (Lyon-Caen et Renault, t. 1, n° 1291; Bravard et Demangeat, t. 3, p. 528; Boistel, n° 839).

64. Toutefois, M. Demangeat sur Bravard, t. 3, p. 528, note 1, de même que MM. Bédarride, t. 2, n° 664, et Nouguier, t. 2, n° 1500, est d'avis que le bon et approuvé doit toujours précéder la signature apposée par une femme non commerçante sur un billet à ordre (Conf. *Rép.* n° 172). Il a été jugé en ce sens: 1° que l'art. 113 c. com. étant applicable aussi bien aux billets à ordre qu'aux lettres de change, il suit de là que la signature d'une femme non-commerçante, apposée sur un billet à ordre et non précédée d'un *bon pour,* ne vaut qu'à titre de commencement de preuve par écrit; qu'un semblable billet à ordre ne saurait, dès lors, servir de base à une saisie-arrêt, à moins d'être complété par une décision de justice, c'est-à-dire par une ordonnance du président autorisant cette saisie-arrêt (Pau, 13 mars 1888, aff. Baratié, D. P. 89. 2. 135); — 2° Que l'aval donné sur un

billet à ordre par une femme non-commerçante, ne valant que comme simple promesse, est nul s'il n'est accompagné de la mention, écrite de sa main et en toutes lettres, de la somme cautionnée; mais qu'il forme au moins un commencement de preuve par écrit, qui autorise l'admission de présomptions graves, précises et concordantes pour déterminer l'existence et le montant de l'obligation (Chambéry, 12 août 1881, aff. Lambert, D. P. 82. 2. 80. — V. en sens contraire (implicitement): Lyon-Caen et Renault, t. 1, n°ˢ 1291 et 1296).

65. On a dit au *Rép.* n°ˢ 173 et 174 que le billet à ordre est toujours commercial, lorsqu'il sert à effectuer une remise de place en place: cette question fait l'objet d'une vive controverse qui a été examinée *suprà,* v° *Acte de commerce,* n°ˢ 306 et suiv. (Comp. *infrà,* n° 409).

66. Le billet à ordre doit indiquer l'époque du payement (*Rép.* n°ˢ 178 et 179). Jugé, en conséquence, que le billet souscrit à ordre, mais sans échéance fixe, n'est pas un billet à ordre proprement dit; qu'il ne constitue qu'une simple promesse (Caen, 14 juin 1876, aff. Regnouf, D. P. 78. 2. 133). — Sur la transmissibilité d'un pareil titre, V. *infrà,* n° 68.

67. Le billet à ordre doit, ainsi que nous l'avons exprimé au *Rép.* n°ˢ 180 et suiv., mentionner la valeur fournie. La cour de cassation a décidé que le billet à ordre causé pour tel terme de location dû suivant tel bail, exprime suffisamment la valeur fournie et satisfait ainsi à la prescription de l'art. 188 c. com. (Civ. cass. 4 août 1852, aff. Ouizille, D. P. 52. 1. 300). Mais il a été jugé qu'un billet à ordre causé « valeur suivant notre convention de ce jour » n'a que les effets d'une simple promesse, une telle énonciation n'indiquant pas si une valeur a été fournie, ni, en tous cas, de quelle manière elle l'a été (Civ. rej. 14 août 1850, aff. Pothée, D. P. 50. 1. 270).

68. On a soutenu au *Rép.* n°ˢ 183 et suiv. qu'un effet qui n'indique pas la valeur fournie ne peut être transféré par voie d'endossement, mais seulement par cession opérée suivant les règles du droit commun, parce qu'il ne constitue pas un billet à ordre. Il a été jugé, dans le même ordre d'idées : 1° que l'endossement d'un billet souscrit à ordre, mais sans échéance fixe, n'en transfère la propriété que dans les rapports du cédant et du cessionnaire, et non à l'encontre des tiers, à moins qu'il n'ait été signifié au souscripteur ou accepté par lui dans un acte authentique (Caen, 14 juin 1876, aff. Regnouf, D. P. 78. 2. 133); — 2° Que le souscripteur d'un billet à ordre dépourvu de la mention de la valeur fournie, peut opposer au tiers porteur l'inexécution de la convention qui en forme la cause, l'endossement n'ayant, en pareil cas, que le caractère d'une cession ordinaire (Civ. rej. 14 août 1850, aff. Pothée, D. P. 50. 1. 270). Toutefois, la cour de cassation et les auteurs admettent aujourd'hui que tout titre revêtu de la clause à ordre peut être transmis par voie d'endossement même à l'égard des tiers; il s'ensuit que le billet à ordre, irrégulier et ne valant point comme tel, peut néanmoins être régulièrement transféré par endossement, puisque ce mode de transmission ne dépend pas de la nature du titre, mais uniquement de la clause à ordre (V. notamment sur le principe : Civ. cass. 8 mai 1878, aff. Guyonin, D. P. 78. 1. 241, et la note de M. Beudant, *ibid.* V. *infrà,* n° 149; Civ. cass. 7 mai 1879, aff. Regnouf, D. P. 79. 1. 307).

69. On a dit au *Rép.* n° 194 que la fausseté des énonciations contenues dans un billet à ordre ne peut être opposée au tiers porteur de bonne foi. Il a été décidé, conformément à cette opinion, que le défaut de cause d'une obligation contenue dans un effet à ordre avec endossement régulier ne peut être opposé au tiers porteur de bonne foi, qui ne saurait être tenu de rechercher, lors de la négociation à lui faite dudit effet, si la cause licite énoncée au titre est réelle ou fictive (Civ. cass. 29 mars 1887, aff. Tétevuide, D. P. 87. 1. 431. V. au surplus, *infrà,* n°ˢ 162 et suiv.).

70. Nous avons examiné au *Rép.* n°ˢ 196 et suiv. la question de savoir si l'on peut opposer au tiers porteur de bonne

donc réellement engagé par l'acceptation dont les traites sont revêtues et que ses fins en incompétence, fondées uniquement sur la non-existence de cette acceptation, doivent être repoussées; — Par ces motifs, etc. » — Appel par le sieur Lamolle. — Arrêt.

La cour; — Adoptant les motifs des premiers juges; — Confirme, etc.

Du 10 déc. 1864.-C. d'Aix, 4ᵉ ch.-MM. Marquezy, pr.-Tassi et Crémieu, av.

foi d'un billet à ordre les exceptions qui ne ressortent pas du titre même qui lui a été transmis, lorsque, par une vérification ultérieure, il lui eût été possible de connaître l'existence de ces exceptions. Conformément à l'opinion négative que nous avons soutenue (*Rép.* n° 107), il a été jugé que le tiers porteur d'un billet à ordre n'est pas passible, lorsqu'il est de bonne foi, de l'exception des conventions dont le billet révèle l'existence ; qu'ainsi, le sous-locataire qui a souscrit au profit du locataire principal un billet à ordre, avec mention que ce billet a pour cause des termes de location non encore échus, ne peut opposer au tiers porteur de bonne foi l'exception prise de ce qu'il a été obligé de rembourser au propriétaire le montant du loyer en payement duquel le billet a été souscrit, faute par le principal locataire de l'avoir payé lui-même, alors surtout que la circonstance que le bénéficiaire n'était qu'un locataire principal n'a pas été indiquée dans le corps du billet (Civ. cass. 4 août 1852, aff. Ouizille, D. P. 52. 1. 300).

71. Mais il a été décidé que, en cas de vente d'un immeuble dotal dont le prix doit être employé au payement de dépenses de réparations faites à un autre immeuble dotal, l'acquéreur qui a réglé son prix en billets souscrits au profit de la femme peut, lorsque celle-ci les a endossés à un entrepreneur fictif, dans le but de n'exécuter qu'en apparence la condition d'emploi, refuser de se libérer entre les mains du tiers porteur auquel cet entrepreneur a, à son tour, négocié les billets, s'il est constaté que ce tiers porteur avait connaissance de la fraude (Req. 19 mars 1860, aff. Julienne, D. P. 60. 1. 188).

Sect. 3. — De la provision (*Rép.* n°s 202 à 274).

Art. 1er. — *De la provision dans l'intérêt du tireur* (*Rép.* n°s 203 à 259).

72. Ainsi que nous l'avons suffisamment exposé au *Rép.* n°s 203 et 204, c'est le tireur doit, en principe, fournir la provision, de telle sorte que celle-ci existe entre les mains du tiré à l'époque de l'échéance de la lettre de change. Lorsque la lettre de change a été tirée pour compte d'autrui, c'est le donneur d'ordre qui doit faire la provision ; mais les conséquences du défaut de provision rejaillissent dans une large mesure sur le tireur pour compte (V. *Rép.* n°s 236 et suiv., et *infrà*, n°s 91 et suiv.).

73. Conformément à ce que nous avons dit au *Rép.* n° 205, les auteurs s'accordent à décider que, lorsqu'à l'échéance la créance du tireur sur le tiré n'est pas exigible, il n'y a pas provision, en ce sens du moins que le tiré n'est obligé ni d'accepter, ni de payer, et que le porteur négligent conserve son recours contre le tireur (c. com. art. 170) (Lyon-Caen et Renault, t. 1, n° 1109 ; Boistel, n° 771 ; Alauzet, t. 4, n° 1282 ; Bédarride, t. 1, n° 142 ; Paris, 23 févr. 1874, aff. Giros, D. P. 76. 5. 89). Mais si l'on considère la provision comme appartenant au porteur, on doit admettre qu'une créance du tireur sur le tiré, même non exigible à l'échéance, peut être affectée à la garantie de la lettre et constituer la provision au profit du porteur, en ce sens que ce dernier pourra attendre que la dette du tiré soit exigible et faire valoir alors, à l'encontre des créanciers du tireur, un droit exclusif sur les sommes dues par le tiré jusqu'à concurrence du montant de la lettre de change (Alauzet, t. 4, n° 1282 ; Bédarride, t. 1, n°s 142 et 143 ; Lyon-Caen et Renault, t. 1, n° 1109 ; Boistel, n° 771, p. 522, note 4 ; Nouguier, t. 1, n° 408. Conf. Civ. rej. 20 juin 1854, aff. Bourdel-Eude, D. P. 54. 1. 305 ; Besançon, 14 mars 1865, aff. Gérard et comp., D. P. 65. 2. 62). — V. *infrà*, n° 98.

74. Une solution analogue doit être donnée au cas où la dette du tiré envers le tireur, exigible à l'échéance, serait inférieure au montant de la lettre de change. Le tiré ne serait donc tenu ni d'accepter ni de payer ; le tireur ne pourrait prétexter qu'il a fait provision pour repousser l'action du porteur négligent (Arg. art. 116 c. com. : « il y a provision... si le tiré est redevable.., d'une somme au moins égale au montant de la lettre de change ») ; mais le porteur aurait sur cette provision partielle les mêmes droits que sur une provision complète (V. Lyon-Caen et Renault, t. 1, n° 1110 ; Rouen, 1er déc. 1854, aff. Violette et comp., D. P. 55. 2. 121).

75. La provision n'existe qu'autant que les choses destinées à la composer ont été régulièrement mises à la disposition du tiré et que celui-ci est devenu débiteur du tireur. Ainsi les marchandises affectées par le tireur au payement de la lettre de change ne constituent la provision qu'autant que le tiré les a reçues à une époque où le tireur en pouvait valablement disposer ; alors seulement elles se distinguent suffisamment des autres biens du tireur, et le porteur peut faire valoir ses droits sur elles (V. Lyon-Caen et Renault, t. 1, n° 1111 ; Bédarride, t. 1, n° 147 ; Req. 19 janv. 1847, aff. Gouin, D. P. 47. 1. 109, et *Rép.* n° 225). Jugé en ce sens : 1° que le porteur d'une lettre de change ne peut avoir droit sur la provision que lorsqu'elle a été réalisée et existe entre les mains du tiré ; qu'autrement, les valeurs destinées à la provision restent à la disposition du tireur et forment, s'il tombe en faillite, un des éléments de son actif ; que, spécialement, une lettre tirée à l'ordre du tireur lui-même, causée valeur pour compte de l'expédition par tel navire, constate bien l'obligation pour le tireur de faire parvenir les marchandises ou leur valeur entre les mains du tiré, mais ne saisit celui-ci ni de ces marchandises ni de cette valeur, et ne donne sur elles aucun droit au porteur, tant que le tiré ne les a pas reçues effectivement ; qu'il importe peu que le tireur ait touché le prix comme mandataire d'une société en participation dont il faisait partie avec le tiré et un troisième participant ; qu'il n'en résulte pas, en effet, que le tiré ait eu en mains la provision, et que la révocation du mandat par la faillite du tireur ne fait pas que la somme doive être réputée parvenue entre les mains du tiré et le porteur puisse prétendre sur elle aucun droit privatif (Civ. rej. 14 mai 1873, aff. Lafargue, D. P. 73. 1. 428) ; — 2° Que la provision fournie par le tireur au moyen d'une somme qu'un commissionnaire est chargé d'adresser au tiré, sur des marchandises qui lui sont expédiées à cet effet, n'est réputée exister que par l'envoi effectif de cette somme ; qu'en conséquence, la provision est nulle, si cet envoi a eu lieu après la déclaration de faillite du tireur, bien que l'ordre d'envoi soit antérieur à cette déclaration (Civ. rej. 20 mars 1850, aff. Bory, D. P. 50. 1. 103) ; — 3° Que la provision ne peut être acquise au porteur que lorsqu'elle a été régulièrement réalisée aux mains du tiré ; que, par suite, elle ne peut lui être acquise lorsque, d'une part, elle a été réalisée entre les mains du tiré moins de dix jours avant la cessation des payements du tireur, et que, d'autre part, elle a été fournie soit en marchandises, soit pour le payement d'une lettre de change non encore échue (Civ. cass. 24 janv. 1860, aff. Galard-Boré, D. P. 60. 1. 71 ; Civ. rej. 1er févr. 1888, aff. Bellamy et comp., D. P. 88. 1. 213) ; — 4° Que le tiré doit être considéré comme n'ayant pas de provision, quand la prétendue provision consiste dans un billet à ordre souscrit par le tireur à son profit, avec une échéance antérieure à celle de la lettre de change et qu'il n'a point encaissé (Civ. cass. 14 mai 1862, aff. Gouhier, D. P. 62. 1. 238). Il convient d'observer, toutefois, qu'au cas de faillite du tireur, la nullité de la provision réalisée dans les dix jours qui précèdent la cessation de payements du tireur ne peut être invoquée que par la masse des créanciers de la faillite (Req. 27 mars 1878(1). V. dans le même sens : Req. 12 mars 1861, aff. Kann, D. P. 61. 1. 447 ; Ruben de Couder, *Dictionnaire de droit commer-*

---

(1) (Lonersan et comp. *C.* Ozanne et autres.) — La cour ; — Sur le premier moyen, pris de la violation des art. 115 et 116 c. com. : — Attendu que, sans doute, le porteur d'une lettre de change non échue n'a aucun droit sur la provision réalisée dans les dix jours qui précèdent la cessation de payements du tireur ; mais que cette règle, établie dans l'intérêt de la masse de la faillite, ne peut être invoquée que par le syndic ; — Et attendu que, soit en première instance, soit en appel, de Trincaud Latour et comp. ont conclu

à ce que le prix des ventes effectuées par le tiré pour le compte du tireur leur fût attribué jusqu'à concurrence du montant de la lettre de change dont ils étaient porteurs, et que le syndic, quoique régulièrement mis en cause, n'a pris aucune conclusion ; — D'où il suit que l'arrêt attaqué, en donnant raison au porteur, n'a point violé les articles cités ; — Rejette, etc.
Du 27 mars 1878.-Ch. req.-MM. Bédarrides, pr.-Demangeat, rap.-Robinet de Cléry, av. gén., c. conf.-Duboy, av.

cial, *industriel et maritime*, t. 4, vᵒ *Faillite*, nᵒˢ 312 et suiv.; Laroque-Sayssinel, *Faillites et banqueroutes*, t. 1, nᵒˢ 280 et suiv.).

76. Il a été jugé, il est vrai, que le porteur d'une lettre de change auquel a été transmis, par voie d'endossement régulier, le connaissement des marchandises expédiées au tiré pour servir de provision, a, en vertu de cet endossement, un droit exclusif et privilégié sur la provision, quoiqu'elle n'ait jamais existé aux mains du tiré, par suite de son refus d'acceptation de la traite et du chargement à lui adressé (Civ. cass. 15 déc. 1856, aff. Gouin, D. P. 56. 1. 445). Mais cet arrêt n'est pas en contradiction avec la jurisprudence rapportée au numéro précédent, car, s'il reconnaît les droits du porteur bien que la provision n'ait jamais existé aux mains du tiré, c'est uniquement à raison des effets de l'endossement au profit du porteur du connaissement des marchandises destinées à servir de provision. Décidé, en ce sens, que la propriété de marchandises en cours de voyage, étant valablement transmise par voie d'endossement du connaissement de ces marchandises, quand il est à ordre, le porteur d'une lettre de change auquel le connaissement des marchandises expédiées au tiré pour servir de provision a été endossé, est investi, par le fait même, d'un droit de propriété qui, résultant de ce connaissement, est indépendant de la lettre de change et lui appartient, dès lors, même en cas de non-acceptation de cette lettre de change par le tiré (Civ. cass. 17 août 1859, aff. Noël, D. P. 59. 1. 347. Comp. Civ. cass. 24 janv. 1860, aff. Galard-Boré, D. P. 60. 1. 71. V. également : Lyon-Caen et Renault, t. 1, nᵒ 1111, et au surplus *infrà*, nᵒˢ 83 et 84).

77. Dans le cas où il existe un compte courant entre le tireur et le tiré, il a été jugé : 1ᵒ qu'il n'y a provision qu'autant que le tiré se trouve débiteur du tireur, et que l'on ne saurait admettre que tel envoi de marchandises s'applique au payement de telle somme déterminée, s'il n'y a à cet égard, une convention formelle et précise (Lyon, 9 août 1848, aff. Ganneron, D. P. 49. 2. 167. Conf. Alauzet, t. 4, nᵒ 1283); — 2ᵒ Que les lettres de change tirées à la suite d'une ouverture de crédit doivent être portées en compte courant au crédit du créditeur, à la date même de leur acceptation et non point seulement à la date de leur payement ; que, par suite, lorsqu'un mandat stipulé non acceptable est tiré par le crédité sur le créditeur, on est fondé à soutenir qu'il n'a pas provision pour acquitter ce mandat, si, à l'époque de l'échéance, il se trouve créancier du crédité, par suite de l'acceptation à découvert de traites antérieures, portées au débit de celui-ci dans le compte courant, bien qu'elles ne fussent pas encore exigibles lors de l'échéance du mandat ; et que la remise, par le tireur au tiré, d'effets de commerce destinés à être encaissés par ce dernier, pour être portés après rentrée au crédit de ce dernier, sans affectation spéciale au payement de la traite, ne donne pas au porteur de cette traite le droit d'agir contre le tiré qui ne l'a pas acceptée (Colmar, 7 mai 1850, aff. Durrieu, D. P. 53. 2. 229. Comp. *Rép.* nᵒ 268); — 3ᵒ Que lorsqu'il existe un compte courant entre deux banquiers et que le crédité a tiré sur le créditeur des traites, en couverture desquelles il envoie d'autres traites tirées sur des tiers et appuyées par des connaissements de marchandises destinés à être remis aux tirés contre leur acceptation, le créditeur peut refuser d'accepter les traites tirées sur lui, et appliquer au payement du solde de son compte courant, soit le montant des traites à son ordre, si elles sont payées, soit la réalisation du gage ; et que, les bénéficiaires des traites tirées sur le créditeur ne peuvent pas revendiquer comme une provision spéciale leur appartenant après le refus d'acceptation de ce dernier, les marchandises données en nantissement, s'ils n'ont pas préalablement exigé que les connaissements restassent attachés auxdites traites jusqu'à l'acceptation par le tiré (Rouen, 27 nov. 1868 sous Req. 24 mars 1869, aff. Binoche et comp., D. P. 75. 5. 103); — 4ᵒ Que le créditeur qui a autorisé le crédité à tirer sur lui des traites jusqu'à concurrence d'une somme déterminée au delà de laquelle l'envoi préalable d'une provision serait nécessaire, peut, si le découvert fixé est atteint, non seulement ne point accepter les traites dont le tirage n'a point été précédé de la provision stipulée, mais encore en refuser le payement, même pour le cas où, depuis la présentation de ces traites, un envoi de marchandises lui aurait été fait par le tireur ; qu'un tel envoi, étant postérieur aux traites, ne vaut pas comme provision, en présence de la convention qui exigeait que la provision fût préalable à ces traites, et qu'il doit, dès lors, entrer purement et simplement dans le compte courant du créditeur (Req. 11 mars 1862, aff. Poucel et comp., D. P. 62. 1. 342 ; Bédarride, t. 1, nᵒ 148, et *infrà*, nᵒ 85).

78. On a examiné *suprà*, nᵒ 27, la question de savoir si un négociant peut tirer une lettre de change sur un de ses préposés. La chambre des requêtes, qui a admis l'affirmative dans un arrêt du 21 mai 1884 (aff. Bourjuge, D. P. 84. 1. 291), a déclaré, en conséquence de cette solution, que la provision résulte de l'envoi fait en période non suspecte, par le tireur à son préposé, de marchandises que ce dernier a mandat de vendre ; que le fait que la marchandise, une fois parvenue au préposé, se trouve dans des magasins loués personnellement par le tireur, n'empêche pas la provision d'exister, car celle-ci consiste non dans cette marchandise, mais dans la créance éventuelle que le tireur a sur le préposé appelé à rendre compte de la vente dont il est chargé (Comp. la note sous cet arrêt, D. P. 84. 1. 291).

79. Nous avons dit au *Rép.* nᵒ 210 que le tireur doit payer la lettre de change, lorsque le tiré ne l'a pas acquittée à l'échéance, à moins que le porteur ayant négligé de faire constater, en temps utile, le défaut de payement, le tireur n'établisse qu'il y avait provision à l'échéance. Mais le porteur n'est déchu de son recours contre le tireur qu'autant que l'existence de la provision à l'échéance est bien et dûment établie. Décidé que le porteur d'une lettre de change conserve son action contre le tireur, malgré le défaut de protêt faute de payement à l'échéance, si le tireur ne justifie pas qu'il y ait eu provision à cette époque entre les mains du tiré ; que, par suite, en l'absence d'une justification immédiate de la provision, il n'y a pas lieu de prononcer la déchéance du recours du porteur contre le tireur, même avec réserve de tous ses droits à l'égard de ce dernier pour le cas où l'inexistence d'une provision serait ultérieurement établie (Civ. cass. 27 janv. 1863, aff. Beyth, D. P. 1. 15).

Il a été jugé que la provision d'une lettre de change est réputée subsister à l'échéance quoique le tiré, déclaré en faillite quelques jours après cette échéance, se trouvât déjà, lorsque la lettre de change est échue, en état de cessation de payements ; que, par suite, si la lettre de change est restée impayée, le tiers porteur qui ne l'a pas fait protester dans le délai fixé par l'art. 163 c. com. est, à raison de l'existence d'une provision entre les mains du tiré, déchu de son recours non seulement contre les endosseurs, mais encore contre le tireur ; et qu'il en est ainsi, encore qu'il soit articulé que le tireur avait, au jour de l'échéance de cette traite, connaissance de la cessation des payements du tiré, la provision n'en existant pas moins (Req. 30 avr. 1860, aff. Schlumberger et comp., D. P. 60. 1. 259. Comp. *Rép.* nᵒ 210).

80. On a soutenu au *Rép.* nᵒ 214 que, dans le cas où la lettre de change a été stipulée payable au domicile d'un tiers, il suffit au tireur, pour se soustraire aux poursuites du porteur négligent, de prouver l'existence de la provision aux mains du tiré, sans qu'il soit tenu d'établir que cette provision existait au domicile du tiers. Cette opinion est partagée par M. Nouguier, t. 1, nᵒˢ 372 et 429. M. Bédarride, t. 1, nᵒ 155, distingue selon que la désignation du domiciliataire émane de l'accepteur ou du tireur ; dans ce dernier cas, à son avis, le tireur devrait veiller à ce que la provision existât au lieu de payement par lui indiqué ; faute d'établir l'existence de la provision en ce lieu, il demeurerait exposé au recours du porteur négligent ; si, au contraire, le domiciliataire est désigné par l'accepteur, le tireur n'aurait, pour repousser l'action du porteur négligent, qu'à établir l'existence de la provision entre les mains du tiré (V. Lyon-Caen et Renault, t. 1, nᵒ 1271, p. 699, note 4).

81. Le porteur négligent, ainsi qu'on l'a exposé au *Rép.* nᵒ 217, n'est pas déchu de son recours contre le tireur qui a repris la provision. L'art. 171 c. com. dispose, en effet, que le porteur négligent est relevé de la déchéance contre le tireur, même au cas où la provision existait à l'échéance, lorsque cette provision a été reprise par le tireur. La raison en est que le tireur ne doit pas s'enrichir aux dépens du porteur, et que, s'il reprend la provision destinée à l'acquittement de la lettre, il est juste qu'il réponde du payement de celle-ci. Mais il a été jugé avec raison que le porteur d'une lettre de change non protestée faute de payement est déchu de son recours contre le tireur qui prouve qu'il y avait provision à l'échéance, alors même que ce dernier se serait fait payer à la faillite du tiré, aux lieu et place du porteur, alors resté inconnu, le dividende afférent à la lettre de change ; que le tireur est, en pareil cas, simplement comptable de ce dividende envers le porteur (Civ. cass. 3 avr. 1854, aff. Houlé, D. P. 54. 1. 245). Le tireur qui n'a fait que sauvegarder les intérêts du tiers porteur, en retirant de la faillite du tiré une partie de la provision, ne saurait en effet être tenu au delà de la somme recueillie.

82. On a examiné au *Rép.* nos 222 et suiv. l'importante question des droits du porteur sur la provision. Cette question se pose, ainsi qu'on l'a dit *ibid.*, surtout dans le cas où, lors de l'échéance, le tireur est tombé en faillite ; le porteur a-t-il alors un droit exclusif sur la provision existant aux mains du tiré, ou bien cette provision appartient-elle au tireur, en sorte que le porteur soit obligé de subir le concours des créanciers de ce dernier ? — Dans un premier système exposé au *Rép.* no 222, on soutient que la provision appartient au tireur. Outre les arguments indiqués au *Répertoire*, on a fait valoir en ce sens que l'idée d'une cession de créance ou transmission de la propriété de la provision opérée par la simple délivrance de la lettre de change est incompatible avec de nombreuses dispositions du code de commerce, et notamment avec les art. 110, 115, 116, 117, 118, 120, 170, 171, 172 ; que, spécialement, le texte de l'art. 171 c. com. démontre que la propriété de la provision n'est pas même transmise au porteur vis-à-vis du tireur, lorsqu'il suppose que la provision peut se trouver éteinte même après l'échéance, soit par suite d'un payement réel, soit par compensation (V. Delamarre et Le Poitvin, t. 5, nos 258 à 294 ; Motifs, C. cass. Bruxelles, 29 janv. 1846, aff. Sommers, D. P. 46. 2. 229). L'arrêt de la cour de cassation belge admet, toutefois, que le porteur devrait être considéré comme saisi de la propriété de la provision par l'acceptation du tiré. En réalité, l'acceptation du tiré ne peut modifier les droits du porteur sur la provision ; elle n'a qu'un seul effet : c'est de constituer le tiré débiteur personnel et principal de la lettre, indépendamment de l'existence ou de l'inexistence d'une provision ; on ne voit donc pas comment elle changerait la nature des droits du porteur quant à la provision (V. en ce sens : Lyon-Caen et Renault, t. 1, no 1121, p. 645, note. Comp. *Rép.* no 228 et *infrà*, no 86). Ainsi que nous l'avons dit *suprà*, no 8, la loi belge de 1872 a tranché la question dans le sens contraire à l'arrêt précité, en attribuant la provision au tireur.

83. Nous avons fait remarquer au *Rép.* nos 224 et suiv. que, dans le cas où il y a affectation spéciale d'une valeur déterminée au payement d'une lettre de change, personne ne conteste au porteur un droit exclusif sur cette valeur (V. Boistel, no 776). Décidé que le porteur peut faire valoir ce droit exclusif sur la provision spécialement affectée au payement de la lettre de change, quoique la faillite du tireur postérieurement déclarée ait été reportée au jour de cette affectation, si celle-ci a eu lieu en même temps que la remise de la traite et pour garantie d'une dette contractée au moment même où elle a été faite, l'art. 446 c. com. étant alors sans application (Bordeaux, 30 janv. 1861 (1). V. conf. Civ. rej. 20 juin 1854, aff. Bourdel-Eude, D. P. 54. 1. 303).

84. L'affectation spéciale a lieu, sans aucun doute possible,

lorsque le porteur de la lettre de change a reçu, par voie d'endossement régulier, le connaissement des marchandises expédiées au tiré pour servir de provision (V. Civ. cass. 15 déc. 1856, aff. Gouin, D. P. 56. 1. 445 ; 17 août 1859, aff. Noël, D. P. 59. 1. 347 ; 24 janv. 1860, aff. Galard-Boré, D. P. 60. 1. 71 ; Rouen, 27 avr. 1868 sous Req. 24 mars 1869, aff. Binoche et comp., D. P. 73. 5. 103. V. *suprà*, no 76). Jugé également que, lorsque des marchandises expédiées par mer sont, au moment de leur arrivée, laissées pour compte par les acheteurs, le tiers porteur de traites tirées sur ces acheteurs ainsi que des connaissements a, bien que les endossements intervenus en sa faveur soient irréguliers, le droit d'exiger du représentant du tireur qui a vendu les marchandises le versement du prix réalisé par cette vente jusqu'à concurrence du montant des traites, sans que celui-ci puisse, pour s'y soustraire, exciper contre le tiers porteur des comptes qu'il aurait à régler avec le tireur (Aix, 27 janv. 1880, aff. Flugel, D. P. 81. 2. 97).

85. Comme on l'a fait observer au *Rép.* no 225, il est parfois délicat, en dehors de la transmission de connaissement, de déterminer si, dans telle espèce, il y a eu affectation spéciale au payement de la lettre de change. Il a été jugé : 1° que le tireur qui envoie au tiré deux jours avant l'échéance de la lettre de change des valeurs à courte échéance pour une somme légèrement supérieure au montant de la lettre, en lui indiquant à payer à son domicile cette lettre à son échéance, a évidemment fait de cette remise une affectation spéciale (Rouen, 6 janv. 1849, aff. Lehideux, D. P. 51. 2. 104) ; — 2° Qu'il est de principe que la provision existant entre les mains du tiré à l'époque de la souscription de la lettre de change est affectée, dès ce moment, au payement de la traite, de telle sorte que la faillite du tireur n'éteint pas la provision, et qu'il importerait peu que le tiré eût refusé, même après l'avoir d'abord agréée, la marchandise formant ladite provision, surtout si ce refus n'était justifié par aucun motif sérieux et n'avait pas été accepté par le tireur (Dijon, 27 déc. 1871, aff. Constant, D. P. 74. 2. 237. Comp. également : Civ. cass. 20 août 1873, aff. Lespinasse, D. P. 73. 1. 459) ; — 3° Que, dans le cas où il existe un compte courant entre les parties, lorsque le créancier, sur qui ont été tirées par le crédit des traites auxquelles il a promis de faire bon accueil, a reçu « par encontre » du même crédit d'autres traites de même valeur et aux mêmes échéances, ces dernières traites doivent être considérées comme destinées à servir de provision spéciale aux premières (Civ. rej. 4 avr. 1863, aff. Maigre, D. P. 65. 1. 233. Comp. notamment : Lyon, 9 août 1848, cité *suprà*, no 77).

86. Nous avons exposé au *Rép.* nos 226 et suiv. l'opinion d'après laquelle le droit exclusif du porteur sur la provision à l'encontre des créanciers du tireur serait subordonné à l'acceptation de la traite par le tiré (V. en ce sens : C. cass. Belgique, 29 janv. 1846, aff. Sommers, D. P. 46. 2. 229). Nous avons eu occasion de faire observer *suprà*, no 82, à propos de cet arrêt, que l'acceptation a pour effet de rendre le tiré débiteur personnel et principal de la lettre de change, mais qu'il est difficile de lui attribuer une influence quelconque sur les droits du porteur relativement à la provision.

87. La cour de cassation a définitivement consacré le système que nous avons exposé et soutenu au *Rép.* nos 229 et 231, système d'après lequel la provision appartient au porteur ; la majorité des auteurs s'est également ralliée à

---

(1) (Syndic Plumaty C. Garcias). — LA COUR ; — Attendu que la lettre de change tirée de Bordeaux le 29 sept. 1855, par Plumaty et à son ordre, sur Lafaille et Descamps, de Toulouse, et passée le 2 octobre à l'ordre de Garcias, valeur reçue comptant, était expressément affectée sur la facture du même jour relative à des huiles de colza que Plumaty avait expédiées à Lafaille et Descamps ; que le prix de ces huiles, formant la provision de la lettre de change, existait à l'échéance dans les mains des tirés, et appartenait à due concurrence à Garcias, légitime porteur de cette lettre de change ; — Que, cependant, Plumaty étant peu après tombé en faillite, le syndic Minguin a, par jugement du tribunal de commerce de Toulouse du 15 juill. 1858 fait condamner Lafaille et Descamps à lui payer la somme de 2710 fr., prix des huiles susénoncées, et qui servait de provision à la lettre de change, et que cette somme a été, en effet, versée entre les mains du syndic ; — Que, dans ces circonstances, c'est à bon droit que Garcias a assigné ce dernier pour le faire condamner à lui rembourser le montant de la lettre de change dont il s'agit, avec les intérêts de droit ; — Attendu que le syndic objecte qu'un jugement ayant fait remonter l'époque de la cessation des payements du failli au 2 oct. 1855, celui-ci n'a pu, à cette date, établir en faveur de Garcias un privilège sur la valeur de la marchandise expédiée ce même jour à Lafaille et Descamps, et lui faire par là une position meilleure que celle des autres créanciers ; — Mais que, le 2 oct. 1855, Plumaty était encore à la tête de ses affaires ; que Garcias n'était point son créancier pour dette antérieure, et ne l'est devenu que parce qu'il lui a compté le même jour la somme de 1404 fr. 51 cent., en échange de la traite et de la provision qui y était affectée ; que c'est là un acte parfaitement licite, qui ne tombe nullement sous l'application de l'art. 446 c. com., et qu'il ne s'élève, d'ailleurs, aucune présomption, aucun indice de fraude qui puisse l'invalider ; — Confirme, etc.

Du 30 janv. 1861.-C. de Bordeaux.-1re ch.-MM. de la Seiglière, 1er pr.-Peyrot, av. gén.-Laroze et Guimard, av.

cette opinion (V. Lyon-Caen et Renault, t. 1, n⁰ˢ 1123 et suiv.; Boistel, n° 773 ; Alauzet, t. 4, n° 1285 ; Bédarride, t. 1, n⁰ˢ 162 et suiv.; Demangeat sur Bravard, t. 3, p. 463, note 1; Nouguier, t. 1, n° 396). Il a été jugé en ce sens : 1° que le porteur d'une lettre de change a un droit exclusif sur la provision qui existe entre les mains du tiré, même non acceptant, et qui résulte de ce que, lors de l'échéance, celui-ci est débiteur du tireur pour une somme au moins égale au montant de la lettre de change, et qu'il importe peu que le tireur ait donné au tiré l'ordre de ne pas accepter l'effet de commerce et de tenir à sa disposition la somme dont il est débiteur, cet ordre ne pouvant faire disparaître le droit du porteur sur la provision (Civ. cass. 2 juill. 1883, aff. Blacque et comp., D. P. 84. 1. 272) ; — 2° Que le porteur d'une lettre de change est saisi, par le seul fait de l'endossement, de la propriété de la provision existant aux mains du tiré à l'époque de l'échéance (Civ. cass. 19 nov. 1850, aff. Montlovier et Châteauneuf, D. P. 54. 5. 286 ; Rouen, 1ᵉʳ déc. 1854, aff. Violette et comp., D. P. 55. 2. 121) ; — 3° Que le porteur ayant été investi, en recevant la lettre de change, de la créance éventuelle du tireur sur le tiré qui forme la provision, conserve son droit exclusif sur cette créance en cas de faillite ultérieure du tireur, nonobstant la circonstance que la vente des marchandises envoyées au tiré avec mission de les vendre et de rendre compte de la vente n'aurait été réalisée par ce dernier qu'après l'échéance de l'effet et même dans les dix jours précédant la cessation de payement, lorsque l'envoi des marchandises au tiré a ou lieu en période non suspecte (Req. 21 mai 1884, aff. Bourjuge, D. P. 84. 1. 291. Comp. également : Dijon, 27 déc. 1871,

aff. Constant, D. P. 74. 2. 237 ; Civ. cass. 20 août 1873, aff. Lespinasse, D. P. 73. 1. 459) ; — 4° Qu'en cas de concours sur une même provision de porteurs de diverses traites toutes acceptables, émises à des dates différentes et venant à échéance à des dates également différentes, la priorité doit s'établir entre eux d'après la date d'émission des traites, et non d'après la date de leur échéance (Rouen, 15 janv. 1857 (1). Conf. Rouen, 24 avr. 1845, cité au *Rép.* n° 230-6°. Comp. *infrà*, n° 89. V. toutefois : Bédarride, t. 1, n° 165, qui semble admettre même dans ce cas la distribution au marc le franc entre les porteurs) ; — 5° Que le porteur d'une lettre de change non acceptée, qui veut empêcher le tiré de se dessaisir de la provision existant entre ses mains, n'est pas tenu de recourir à la voie de saisie-arrêt ; qu'il lui suffit de signifier au tiré une simple défense de se dessaisir (Req. 1ᵉʳ juin 1858, aff. Joannard, D. P. 58. 1. 387. Comp. Civ. rej. 11 mai 1853, aff. de Lahante, D. P. 53. 1. 142) ; — 6° Que l'endossement d'une lettre de change fait passer au tiers porteur, jusqu'à concurrence de la provision, les garanties accessoires, qui, telles que l'hypothèque, sont attachées à la créance servant de provision, et que, si, sur le montant de cette créance supérieure à la provision, le tireur et le tiers porteur ne peuvent pas être intégralement payés au tiré, le tiers porteur est investi d'un droit de priorité à l'encontre soit du tireur, soit des créanciers du tireur déclaré en faillite postérieurement à l'endossement, l'art. 1252 c. civ. étant inapplicable en pareil cas (Civ. rej. 20 juin 1854, aff. Bourdel-Eude, D. P. 54. 1. 305). L'endossement a réalisé une cession des droits du tireur au porteur, non une subrogation du porteur aux droits du tireur, d'où

---

(1) (Rey C. Muraour.) — LA COUR ; — Attendu que Hugues de Mouans, tombé en faillite le 23 nov. 1855, avait tiré sur le sieur Gautier de Rouen, dans les mains duquel il avait constitué une provision de 9688 fr. 70 cent., six lettres de change à des dates différentes d'émission et d'échéance, s'élevant à 18000 fr., et qui, sur le refus fondé du tiré de les accepter et de les payer, ont été protestées; que devant le premier juge s'est agitée la question de savoir qui, de la faillite du tireur ou des tiers porteurs des traites et des tiers porteurs entre eux, avait droit à la provision qui se trouvait encore exister à l'échéance desdites traites; — Attendu que, par le défaut d'appel des syndics de la faillite contre le jugement qui a repoussé leur prétention, le débat devant la cour se circonscrit entre les porteurs des lettres de change et se ramène dans la question de savoir si c'est la date de l'émission ou celle de l'échéance de chacune d'elles qui doit fixer l'ordre dans lequel elles doivent être payées sur une provision insuffisante ; que pour résoudre cette question il faut déterminer la nature et les effets du contrat de change ; — Attendu que ce contrat, ainsi que son nom l'indique, participe de l'*échange*, contrat *primitif* qui opère, du jour qu'il est intervenu, la transmission des objets échangés dans le domaine des échangistes; que par son assimilation avec l'échange le contrat de change, inventé par le commerce pour la facilité et la sûreté du transport des capitaux d'un lieu dans un autre, opère, comme l'échange, du jour qu'il est formé, la transmission des sommes réciproquement cédées, dans le domaine des contractants; qu'en effet, par ce contrat que constate la lettre de change créée conformément à l'art. 110 c. com., le tireur prend l'engagement *actuel* corrélatif à celui du preneur, de faire trouver à un jour, dans un lieu et chez un tiers désigné, une somme d'argent égale à celle qu'il reçoit en contre-échange; qu'il en résulte évidemment que le preneur est saisi *actuellement* de la somme qu'il reçoit ; qu'il est donc vrai de dire que, dès ce moment, il s'est opéré entre eux une espèce d'échange ou de vente de *sommes d'argent ;* que si la somme que le tireur prend l'engagement de faire trouver reste à sa disposition et à ses risques et périls jusqu'à l'échéance de sa traite, ce n'est pas parce que le droit du preneur n'est pas *actuel*, mais parce que ce n'est qu'à l'époque de l'échéance s'il y a provision, que peut être féconde, par la tradition réelle, son droit *préexistant* à la somme cédée ; que du jour du contrat ce droit n'en réside pas moins *tout entier* à son profit, par la force de la convention dans le contrat de change; que seulement son droit est subordonné à une condition suspensive, l'existence de la provision au jour de l'échéance ; mais cette condition venant à s'accomplir, ce droit, de subordonné dans le principe, devient définitif et rétroagit au jour auquel il a pris naissance (c. nap. art. 1179); que le tireur ne peut donc plus le lui enlever par l'émission postérieure de nouvelles traites ; que, dès lors, c'est la date de création et non celle d'échéance des traites qui fixe le sort des lettres intéressées à prétendre à la provision ; — Attendu que la propriété qui, d'après l'art 136 c. com., se transmet par la voie de l'endossement, n'est autre que celle de l'instrument qualifié lettre de change,

mais bien la valeur représentative du contrat de change qu'elle constate, c'est-à-dire la provision qui se trouvera exister dans les mains du tiré au jour de l'échéance; que le tiers porteur saisi de la lettre de change par un endossement régulier est saisi aussi de la provision qui subsiste à l'échéance; que la propriété de cette provision remonte donc par l'événement de la condition, comme la propriété de la lettre de change, au jour où le contrat de change s'est formé, c'est-à-dire à la date de l'émission et non à celle de l'échéance de cette lettre; que le premier juge l'a reconnu lui-même ; en effet, il n'a pu repousser la prétention des syndics de faire entrer la provision dont s'agit dans la masse de la faillite, ni celle du sieur Fouques d'être payé par concurrence avec le sieur Muraour, dont la traite échéait le même jour, mais était antérieure en date à la sienne, que parce qu'il reconnaissait que le droit des tiers porteurs à la provision avait son principe à la date des traites, et n'avait pu être anéanti par la survenance de la faillite du tireur, ni par la même date d'échéance des traites dont Fouques et Muraour étaient porteurs; que ce n'est donc qu'en ne faisant pas produire à ce principe toutes les conséquences qu'il comportait que le premier juge a décidé qu'entre les tiers porteurs de traites à échéances diverses, c'était la date d'échéance et non celle d'émission qui avait déterminé l'ordre des payements; — Attendu que la lettre de change dont le sieur Rey est porteur a été tirée le 8 oct. 1855, tandis que celle qui se trouve aux mains du sieur Muraour ne l'a été que le 1ᵉʳ novembre suivant ; que la première doit donc être payée avant la seconde; qu'ainsi la provision doit être affectée au payement des lettres de change dont s'agit au procès, dans l'ordre suivant : 1° celle d'Isnard ; 2° celle de Rey, et 3° celle de Muraour, sur qui les fonds manqueraient; d'où suit que le jugement doit être réformé en ce sens; — Par ces motifs, met l'appellation et ce dont est appel au néant ; réformant le jugement rendu par le tribunal de commerce de Rouen, le 7 juillet dernier, et faisant ce qu'il aurait dû faire, juge que c'est la date de l'émission et non celle de l'échéance des traites tirées par Hugues sur le sieur Gautier aux dates des 7, 8 oct., 1ᵉʳ, 5 et 7 nov. 1855 qui doit déterminer l'ordre dans lequel ces traites en principal et accessoires doivent être payées sur la provision qui se trouve aux mains du sieur Gautier; que, conséquemment la lettre de change de 2000 fr. tirée à la date du 8 octobre et dont le sieur Rey est porteur, doit être payée avant celle de 4000 fr., tirée le 1ᵉʳ novembre suivant, et dont Muraour est porteur ; en conséquence, dit que, jusqu'à épuisement de la provision de 9688 fr. 70 cent., et accessoires, les lettres de change dont s'agit seront payées en principal et accessoires dans l'ordre suivant : 1° Isnard de 2973 fr. 79 cent., pour sa lettre du 7 octobre; 2° Rey de 3000 fr. pour la sienne du 8 du même mois, et 3° Muraour à concurrence de ce qui restera de la provision pour sa lettre de 4000 fr. du 1ᵉʳ novembre suivant ; dit qu'en payant dans cet ordre, le sieur Gautier sera bien et valablement libéré.

Du 15 janv. 1857.-C. de Rouen, 2ᵉ ch.-MM. Forestier, pr.-Pinel, av. gén.-Chassan et Deschamps, av.

il résulte que l'art. 1252 c. civ. est sans application (Boistel n° 774).

88. Conformément aux solutions rapportées au *Rép.* n°ˢ 233 et 234, il a été décidé que le porteur de bonne foi d'une lettre de change étant saisi, par le seul fait de l'endossement, de la propriété de la (provision existant aux mains du tiré à l'époque de l'échéance, cette provision doit lui être remise jusqu'à concurrence du montant de la lettre de change, nonobstant la saisie-arrêt dont elle aurait été frappée après l'endossement par les créanciers du tireur, quoique, lors de cette saisie-arrêt, la lettre de change n'ait point encore été acceptée par le tiré (Civ. cass. 19 nov. 1850, aff. Montlovier et Châteauneuf, D. P. 54. 5. 286. V. Lyon-Caen et Renault, t. 1, n° 1128; Boistel, n° 774).

89. Lorsque la lettre de change a été stipulée non acceptable, on considère le tireur comme ayant manifesté l'intention de se réserver pour l'avenir la disposition de la provision, et le porteur comme ayant uniquement suivi la foi du tireur sans s'attacher à la provision : on admet que, lorsqu'une traite est acceptable, le tireur cède, dès le moment de la remise au porteur, ses droits sur la provision, si celle-ci existe à l'échéance, en sorte que la cession; pour être une cession de droits éventuels, n'est pas moins une cession actuelle, tandis que, lorsque la traite est créée non acceptable, la cession n'est pas actuelle, elle ne doit se réaliser qu'à l'époque de l'échéance, si le tiré est redevable à cette époque envers le tireur d'une somme disponible au moins égale au montant de la lettre de change (Lyon-Caen et Renault, t. 1, n° 1127). La jurisprudence en a conclu : 1° que lorsqu'une lettre de change a été stipulée non acceptable, le tireur a, jusqu'à l'échéance, le droit de disposer de la provision existant aux mains du tiré; que, par suite, la provision peut, en pareil cas, être affectée au payement d'autres traites créées postérieurement à cette lettre de change, mais exigibles avant son échéance (Civ. rej. 2 mars 1857, aff. Chénault, D. P. 57. 1. 119. Comp. dans le même sens : Rouen, 11 juin 1838, *Rép.* n° 226); — 2° Que si, en principe, la provision existant au moment de l'échéance entre les mains du tiré appartient de préférence au porteur de la lettre de change première en date, il cesse d'en être ainsi lorsqu'il y a concours entre des traites qui ont été déclarées non susceptibles d'acceptation, et d'autres qui ont été déclarées acceptables et ont donné lieu à un protêt faute d'acceptation; que, dans ce cas, la provision est acquise au porteur de ces dernières (Nîmes, 18 avr. 1855, aff. Duranton, D. P. 55. 2. 215. Comp. sur le concours de divers porteurs : Lyon-Caen et Renault, t. 1, n° 1132; et au cas de lettres acceptables : Rouen, 13 janv. 1857, *supra*, n° 87, sur les conséquences, en pareil cas, de l'acceptation : *infra*, n° 99).

90. Les droits du porteur sur la provision sont subordonnés à la validité de la lettre de change (Lyon-Caen et Renault, t. 1, n° 1127). Jugé, en ce sens, qu'une lettre de change dégénérée en simple promesse par suite d'une supposition de lieu ne rend pas le porteur, vis-à-vis des tiers, et notamment de la faillite du tireur, propriétaire de la provision existant aux mains du tiré (Civ. rej. 27 nov. 1865, aff. Lafontaine, Prévost et comp., D. P. 66. 1. 56 (V. également : C. cass. Belgique, 29 janv. 1846, aff. Sommers, D. P. 46. 2. 229).

91. On a examiné au *Rép.* n°ˢ 236 et suiv. les règles relatives à la provision, lorsque la lettre de change est tirée pour le compte d'un tiers. Nous n'avons que peu de chose à ajouter aux explications qui ont été fournies au *Répertoire.*

92. Conformément à l'opinion soutenue au *Rép.* n° 241, M. Alauzet, t. 4, n° 1278, est d'avis qu'au cas de faillite de l'accepteur et du donneur d'ordres, le tireur pour compte qui a acquitté partiellement la traite dont l'accepteur a payé une fraction ne peut exclure ce dernier de la faillite du donneur d'ordre, jusqu'à ce qu'il soit lui-même remboursé, mais doit concourir avec lui au marc le franc.

93. M. Alauzet approuve de même (t. 4, n° 1279) l'opinion émise au *Rép.* n° 243, d'après laquelle le tireur pour compte peut, en cas de protêt tardif, repousser l'action du porteur en prouvant qu'il y avait à l'échéance provision fournie par le donneur d'ordres, alors même qu'il n'aurait pas indiqué que la lettre de change était tirée pour le compte d'autrui.

94. L'opinion soutenue au *Rép.* n° 247; suivant laquelle le donneur d'ordres n'est pas obligé directement envers le porteur et les endosseurs, a été également adoptée par M. Alauzet, t. 4, n° 1276 (Conf. Nouguier, t. 1, n° 234. — *Contrà :* Persil, *De la lettre de change et du billet à ordre,* p. 72, n° 4).

95. MM. Bédarride, t. 1, n° 159, Lyon-Caen et Renault, t. 1, n° 1117, admettent, conformément à ce qui a été dit au *Rép.* n° 256, que la preuve de l'existence de la provision peut être faite par témoins et par présomptions. Il a été jugé qu'il appartient au juge du fait de déclarer, par une appréciation souveraine, d'après les circonstances de la cause, la correspondance et les livres, que la provision n'a pas été faite (Civ. cass. 27 avr. 1870, aff. d'Escrivan, D. P. 70. 1. 258).

Art. 2. — *De la provision dans l'intérêt du tiré*

(Rép. n°ˢ 260 à 272).

96. On a examiné au *Rép.* n°ˢ 260 et 261 le sens de la disposition de l'art. 117 c. com. aux termes de laquelle « l'acceptation suppose la provision; elle en établit la preuve à l'égard des endosseurs ». Conformément à ce qui a été dit au *Répertoire,* certains auteurs estiment que l'acceptation prouve la provision à l'égard des endosseurs et du tireur, mais non dans les rapports du tiré avec le tireur (Bédarride, t. 1, n° 157; Alauzet, t. 4, n° 1291; Nouguier, t. 1, n° 379). On a fait remarquer, toutefois, que la preuve de la provision à l'égard du porteur et des endosseurs, dont parle l'art. 117 c. com., est complètement inutile. En effet, le tiré accepteur est personnellement obligé envers le porteur, indépendamment de l'existence ou du défaut de provision, par le fait de l'engagement pur et simple qu'il a contracté en apposant son acceptation sur la lettre de change; il ne pourrait donc pas refuser de payer sous prétexte qu'il n'aurait pas de provision entre les mains; le porteur n'a, dès lors, aucun intérêt à établir contre lui l'existence de la provision. Quant aux endosseurs, il leur importe également peu, en cas de non-payement de la lettre de change, qu'il y ait eu ou non provision; car ils peuvent toujours repousser l'action du porteur négligent (c. com. art. 168); le tireur seul est obligé, pour se soustraire au recours du porteur négligent, de prouver l'existence de la provision à l'échéance. Ainsi la disposition de l'art. 117 c. com., d'après laquelle l'acceptation établit la preuve de la provision à l'égard des endosseurs, est dépourvue de toute utilité (V. Lyon-Caen et Renault, t. 1, n° 1114 et suiv.). — Pour donner un sens au premier alinéa de l'article, certains auteurs déclarent que l'acceptation suppose la provision dans les rapports du tiré avec le tireur; on ne doit pas, disent-ils, présumer que le tiré a accepté à découvert; si, après avoir accepté et payé la lettre, il recourt contre le tireur, il devra établir qu'il n'avait point provision; il pourra d'ailleurs faire cette preuve par tous les moyens (V. en ce sens : Lyon-Caen et Renault, t. 1, n° 1115; Boistel, n° 834; Bravard et Demangeat, p. 269, 270 et 474, note 1; Nouguier, t. 1, n°ˢ 359 et 360). « Cette solution, ajoutent M. Lyon-Caen et Renault, *loc. cit.*, n'est pas, il est vrai, très rationnelle. Par la lettre, le tireur donne un mandat au tiré; par l'acceptation, le tiré promet de remplir le mandat. En droit commun, le mandataire n'est pas présumé avoir reçu les sommes nécessaires à la mission qu'il a acceptée. Il n'y a pas de présomptions de ce genre contre celui qui paye pour autrui; pourquoi y en aurait-il une contre celui qui s'oblige pour autrui ? Malgré ces considérations, il nous est difficile de ne pas donner effet à un texte du code, et celui que nous examinons ne nous semble pas susceptible d'un autre sens. » Jugé, conformément à cette opinion, que la disposition de l'art. 117, 1ᵉʳ al., c. com. aux termes de laquelle « l'acceptation de la lettre de change suppose la provision », est générale, et s'applique, non seulement aux rapports du tiré avec les endosseurs, mais encore aux rapports du tiré avec le tireur; en conséquence, le tireur peut invoquer, au regard du tiré, la présomption de provision résultant du fait de l'acceptation de celui-ci, auquel reste toutefois la faculté de faire la preuve contraire (Req. 13 mars 1889, aff. Vernier, D. P. 90. 1. 249).

97. Ainsi qu'on l'a dit au *Rép.* n° 263, le tiré qui n'a pas accepté la lettre de change n'est tenu d'en acquitter le montant à l'échéance qu'autant qu'il y a, à cette époque, provision entre ses mains (Civ. cass. 14 mai 1862, aff. Gouhier, D. P. 62. 1. 238). — Il a été jugé que le tiré n'a pas qualité pour se prévaloir de la nullité de la provision d'une lettre de change, faite dans les dix jours qui ont précédé la cessation des payements du tireur, cette nullité ne pouvant être invoquée que par la masse des créanciers de ce tireur ; que le tiré ne peut, par suite, exciper de cette nullité pour refuser le payement de la lettre de change, d'ailleurs non acceptée par lui, sous le prétexte de défaut d'une provision valable entre ses mains (Req. 12 mars 1861, aff. Kann, D. P. 61. 1. 447).

98. On a dit au *Rép.* n° 267 que le tiré, débiteur du tireur, n'est pas tenu d'acquitter les lettres de change dont l'échéance serait antérieure à la date de l'exigibilité de sa dette (V. *suprà,* n° 73). Il a été décidé, en conséquence, que le tiré non acceptant qui, à l'échéance, se trouvait devoir au tireur une somme au moins égale au montant de la lettre de change, mais non exigible et sans affectation à l'acquit de cette lettre de change, n'est pas tenu au payement envers le porteur qui ne lui a fait signifier aucune opposition ou défense, par le seul effet du protêt; qu'en conséquence, il a pu sans que le porteur de la lettre de change protestée soit fondé à réclamer un droit exclusif sur cette somme devenue exigible, payer avec d'autres lettres de change du tireur (Civ. rej. 11 mai 1853, aff. de Lahante, D. P. 53. 1. 142). D'autre part, comme on l'a vu *suprà,* n° 87-5°, la jurisprudence décide que le porteur d'une lettre de change non acceptée, qui veut empêcher le tiré de se dessaisir de la provision existant entre ses mains, n'est pas tenu de recourir à la voie de la saisie-arrêt; il lui suffit de signifier une simple défense au tiré (Req. 1er juin 1858, aff. Joannard, D. P. 58. 1. 387). De ces solutions on peut dégager l'idée suivante : le tiré qui se trouve, lors de l'échéance, débiteur envers le tireur d'une somme au moins égale au montant de la lettre de change, mais non encore exigible, ne peut être tenu de payer la lettre; le porteur peut, par suite, exercer immédiatement son recours contre les endosseurs et le tireur, mais il peut aussi, s'il le préfère, attendre l'exigibilité de la dette du tiré et faire alors valoir un droit exclusif sur les sommes dues par le tiré (V. *suprà,* n° 73). Il s'ensuit que le tiré peut être tenu de réserver ces sommes pour l'acquittement de la lettre de change, mais comme cette obligation est subordonnée à l'exercice du droit d'option du porteur, elle ne peut peser sur lui qu'autant que le porteur lui a fait connaître son intention d'attendre et d'exercer contre le tiré les droits du tireur dont il est cessionnaire ; cette intention n'a pas besoin d'être manifestée par un saisie-arrêt; mais elle doit résulter d'un acte clair et précis, d'une défense au tiré de se dessaisir de la provision existante entre ses mains ; le protêt n'est pas suffisant, parce qu'il est équivoque; il est le préliminaire naturel du recours du porteur contre les endosseurs et le tireur; il n'indique nullement si le porteur prétend faire valoir ses droits sur les sommes dues par le tiré (V. Lyon-Caen et Renault, t. 1, n° 1130, p. 621, note 2).

99. Le tiré accepteur, personnellement obligé, ne pourrait se dessaisir de la provision qu'à ses risques et périls (V. *Rép.* n° 270); son obligation dérive, en effet, de l'engagement pur et simple qu'il a contracté en apposant son acceptation sur la lettre de change et, par conséquent, n'est point subordonnée à l'existence de la provision entre ses mains. Mais tandis que, en cas de non-acceptation, le tireur conserve jusqu'à l'échéance le droit de reprendre la provision ou d'en changer la destination, lorsqu'elle n'a pas été spécialement affectée au payement de la traite, parce que c'est à l'échéance seulement que la provision doit exister aux mains du tiré, lorsque la lettre a été acceptée, le tiré peut refuser au tireur de lui rendre la provision qu'il a entre ses mains; il a le droit de la conserver, parce que, son acceptation l'ayant irrévocablement engagé, il ne peut être contraint de renoncer à la garantie qui le couvre (V. Lyon-Caen et Renault, t. 1, n°s 1121 et 1123). — De même, le tiré qui a accepté une traite déterminée, et sur qui d'autres traites ont été tirées pour une somme supérieure à celle dont il est redevable envers le tireur, a droit de conserver la provision (sauf le cas d'affectation spéciale) d'abord à la traite par lui acceptée (Lyon-Caen et Renault, t. 1, n° 1132;

Alauzet, t. 4, n° 1284; Bédarride, t. 1, n° 165; Nouguier, t. 1, n° 419). Jugé en ce sens que l'accepteur d'une lettre de change à qui le tireur a adressé pour couverture des effets de commerce affectés également à l'acquittement d'autres échéances le même jour, n'est pas tenu de partager proportionnellement avec le porteur de ces échéances le gage qui lui a été remis; qu'il a le droit de ne se dessaisir qu'après s'être payé intégralement de sa créance (Paris, 31 déc. 1850, aff. Porteu, D. P. 54. 5. 500). L'affectation de ces effets au payement des différentes traites n'étant pas spéciale à telle ou telle traite non acceptée, mais commune à toutes les traites, la solution devait être la même que s'il n'y avait eu aucune affectation; l'accepteur avait donc le droit de se rembourser avant tout autres du montant de son acceptation.

100. On a examiné au *Rép.* n° 271 la question de savoir si le tiré qui n'a pas accepté peut appliquer à ce qui lui est dû personnellement la provision fournie par le tireur, au cas où ce dernier tombe en faillite avant l'échéance; la même question peut se poser, même en dehors du cas de faillite du tireur, dans les mêmes termes : le tiré peut-il se payer sur les fonds envoyés par le tireur, lorsqu'il est créancier de ce dernier? Les mêmes solutions doivent être données. Si le tiré non-accepteur a reçu la provision avec affectation spéciale au payement de la lettre de change, il ne peut l'appliquer au payement de sa créance personnelle. Jugé en ce sens que le tiré à qui une somme a été envoyée à titre de provision, avec affectation spéciale au payement de la traite fournie sur lui, ne peut, à l'encontre des tiers porteurs et endosseurs, bien qu'il n'ait point accepté cette traite, compenser cette somme avec une créance qui lui est personnelle (Rouen, 6 janv. 1849, aff. Lehideux, D. P. 51. 2. 104; Civ. cass. 18 mai 1868, aff. Sémorile, D. P. 68. 1. 323. Conf. Civ. rej. 4 avr. 1865, aff. Maigre, D. P. 65. 4. 233). — A défaut d'affectation spéciale et de convention, le tiré peut, au contraire, se payer sur les fonds envoyés; à plus forte raison en est-il ainsi lorsqu'il peut invoquer soit une convention l'autorisant à se rembourser, soit un droit de gage sur les choses par lui reçues. Décidé, en conséquence : 1° que la provision n'existe au profit du porteur, vis-à-vis du tiré, qu'autant que les valeurs existant aux mains de ce dernier ont été spécialement affectées au payement de cet effet; qu'en conséquence, à défaut de cette affectation spéciale, les valeurs adressées au tiré peuvent être appliquées par celui-ci au solde de son compte avec le tireur, alors même que l'envoi de ces valeurs coïnciderait avec l'avis de traites recommandées à l'accueil du tiré (Rouen, 24 avr. 1845, aff. Rham, D. P. 47. 2. 201. Conf. Lyon, 9 août 1848, aff. Ganneron, D. P. 49. 2. 167, cité *suprà,* n° 77) ; — 2° Que le porteur d'une lettre de change non acceptée n'a d'action contre le tiré que si, à l'échéance, ce dernier a entre les mains une somme libre au moins égale au montant de la lettre de change et appartenant au tireur; que, par suite, le porteur est sans action contre le tiré, s'il est établi que celui-ci n'a reçu des marchandises pour le compte du tireur qu'avec faculté de se rembourser des avances par lui faites sur le montant de ces marchandises (Req. 1er juin 1858, aff. Joannard, D. P. 58. 1. 387); —3° Que le commissionnaire auquel des marchandises ont été expédiées, et dont il a été mis en possession conformément à l'art. 92 c. com., notamment par voie de délivrance du connaissement, a un privilège sur le prix de vente de ces marchandises pour le remboursement des avances par lui faites à l'expéditeur; qu'en conséquence, il a droit à ce prix jusqu'à concurrence de ses avances, à l'exclusion du tiers porteur de la lettre de change tirée sur lui par l'expéditeur, et causée valeur reçue et à porter au compte des marchandises expédiées, alors d'ailleurs qu'il a refusé d'accepter cette lettre de change, le tiers porteur devant s'imputer, en ce cas, d'avoir considéré comme une provision suffisante une valeur affectée au payement d'une créance du tiré (Rouen, 14 févr. 1867, aff. Cahuzac, D. P. 68. 2. 13); — 4° Que le commissionnaire en compte courant avec son commettant a privilège sur le solde de ce compte courant sur les marchandises à lui expédiées par le commettant et dont il a le connaissement entre les mains, alors que rien n'indique qu'il ait consenti à se dessaisir de cette garantie au profit du porteur des lettres de change tirées par le commettant sur le commissionnaire et non acceptées par celui-ci (Civ. rej. 26 nov. 1872, aff. Sallambier, Aubé et comp., D. P. 72. 1. 436. Comp. également *supra*, n°ˢ 77 et 98).

101. La faillite du tiré aura des conséquences différentes sur les droits du porteur selon que la provision consistera en objets déterminés, spécialement affectés au payement de la lettre de change ou en une simple créance du tireur contre le tiré. Dans le premier cas, le tiré n'est que dépositaire de la provision qui peut être revendiquée dans sa faillite par le porteur, cessionnaire du déposant, c'est-à-dire du tireur ; dans le second cas, le porteur ne pourra prétendre qu'à un dividende dans la faillite du tiré, sauf bien entendu son recours contre les garants (Lyon-Caen et Renault, t. 1, n° 1119 ; Boistel, n° 777 ; Alauzet, t. 4, n° 1288 ; Bédarride, t. 1, n° 156).

Art. 3. — De la provision dans l'intérêt du porteur (Rép. n°ˢ 273 et 274).

102. Nous n'avons rien à ajouter sur ce point aux explications du *Répertoire*.

Sect. 4. — De l'acceptation (Rép. n°ˢ 275 à 358).

Art. 1ᵉʳ. — Des obligations du tireur et des endosseurs relativement à l'acceptation (Rép. n°ˢ 276 à 282).

103. Ainsi qu'on l'a exposé au *Rép.* n° 276, le tireur est obligé de procurer au porteur l'acceptation du tiré, et les endosseurs sont garants solidaires de cette obligation. Toutefois l'obligation ainsi qu'il s'agit n'est pas de l'essence de la lettre de change : il y peut être dérogé par convention formelle ; c'est ce qui a lieu lorsque la lettre est stipulée non acceptable (V. Lyon-Caen et Renault, t. 1, n° 1134). Il a été jugé : 1° que la stipulation qu'un effet de commerce ne sera pas présenté à l'acceptation et qu'il n'y aura pas lieu, par suite, à protêt faute d'acceptation, est licite, mais qu'elle ne se présume pas et doit être expresse ; que spécialement, la mention « sans frais » apposée sur un effet de commerce, sans autre explication, n'interdit pas de présenter cet effet à l'acceptation et de dresser protêt en cas de refus d'accepter, cette mention ne se référant qu'au cas de non-payement à l'échéance et ayant seulement pour objet de prévenir les frais auxquels pourrait donner lieu le refus de payement et, par suite, le retour de l'effet (Civ. rej. 6 juin 1853, aff. Ledoyen, D. P. 53. 1. 181) ; — 2° Qu'il ne suffit pas qu'une lettre de change ait été fournie sur papier libre pour qu'elle ne puisse être soumise à l'acceptation (Nîmes, 18 avr. 1853, aff. Duranton, D. P. 55. 2. 215). — V. sur l'effet de cette stipulation quant aux droits du porteur sur la provision *supra*, n° 89.

104. A défaut d'acceptation par le tiré, le porteur a le droit de recourir contre les endosseurs et le tireur à l'effet d'obtenir caution pour le payement à l'échéance ou remboursement immédiat (V. *Rép.* n° 276). — MM. Boistel, n° 794, Lyon-Caen et Renault, t. 1, n° 1055, p. 637, note 5, sont d'avis que les endosseurs et le tireur ne pourraient pas se libérer en fournissant à la place une caution un gage en nantissement suffisant. Ils écartent l'application de l'art. 2041 c. civ., qui permet, en principe, cette substitution de gage à la caution ; ils considèrent les dispositions du code de commerce comme se suffisant à elles-mêmes. Ces dispositions indiquent, en effet, comment la caution devra être suppléée, puisqu'elles déclarent qu'à défaut de caution le porteur devra être remboursé, et elles ne font aucune allusion à l'art. 2041 c. civ. M. Alauzet, t. 4, n° 1300, estime, au contraire, que les garants peuvent se libérer, en versant le montant de la lettre, et des accessoires réclamés à la caisse des dépôts et consignations, conformément à l'art. 2 de l'ordonnance du 3 juill. 1816.

105. A l'exception de M. Nouguier, t. 1, n° 561, les auteurs s'accordent à admettre l'opinion soutenue au *Rép.* n° 280, suivant laquelle le porteur ne peut exiger du tireur et des endosseurs réunis qu'une seule caution pour le payement à l'échéance (V. Lyon-Caen et Renault, t. 1, n° 1055 ; Alauzet, t. 4, n° 1300 ; Demangeat sur Bravard, t. 3, p. 284, 285, note 5 ; Bédarride, t. 1, n° 188). Cette caution, qu'elle soit fournie par le tireur ou par un endosseur, n'est solidaire

qu'avec celui qu'elle a cautionné (c. com. art. 120, § 2). Il en résulte que son engagement n'équivaut pas pour le porteur à l'acceptation par le tiré. Le porteur négligent conserve, en effet, ses droits contre le tiré personnellement obligé, tant que la prescription de l'art. 189 c. com. n'est pas accomplie ; il est déchu au contraire de tout recours contre la caution de l'endosseur et ne peut agir contre la caution du tireur qu'autant qu'il n'y avait pas provision à l'échéance (Lyon-Caen et Renault, t. 1, n° 1158).

Art. 2. — Des droits et des obligations du porteur relativement à l'acceptation (Rép. n°ˢ 283 à 294).

106. Le porteur a, en principe, la faculté de requérir l'acceptation ; il peut, en vertu d'une clause expresse, y être obligé (*Rép.* n°ˢ 283 et 284). Lorsqu'il s'agit d'une lettre payable à un temps de vue, le porteur est tenu de la présenter au tiré, et cette présentation doit nécessairement être constatée, afin de faire courir les délais de vue. Il en est de même dans l'hypothèse de l'art. 123 c. com., lorsque la lettre est payable dans un lieu autre que la résidence du tiré et devant être indiqué par ce dernier. En fait, le porteur, en présentant la lettre, requerra l'acceptation, et l'échéance se trouvera déterminée par la date de l'acceptation ou du protêt faute d'acceptation (c. com. art. 131) ; c'est pourquoi l'on dit, en pareil cas, que le porteur est obligé de requérir l'acceptation. (V. Nouguier, t. 1, n° 464 ; Alauzet, t. 4, n°ˢ 1296 et 1335). Toutefois, ce qui est indispensable pour faire courir les délais, ou indiquer le lieu du payement, ce n'est point l'acceptation, mais la présentation ; aussi a-t-on soutenu que « le tiré pourrait ne pas accepter, mais constater simplement que la lettre lui a été présentée tel jour, de manière à faire courir le délai de vue ou indiquer que le payement aura lieu dans tel endroit », et que le tireur pourrait déclarer non acceptable une lettre payable à tant de jours de vue (Lyon-Caen et Renault, t. 1, n° 1135, p. 624, note 3 ; Bédarride, t. 1, n°ˢ 220 et 270 ; Bravard et Demangeat, t. 3, p. 210 et suiv.).

107. Les délais prescrits pour la présentation des lettres de change à vue ou à délais de vue ont été modifiés par la loi du 3 mai 1862 (D. P. 62. 4. 43). Le nouvel art. 160 c. com. (Comp. *Rép.* n° 283) contient les dispositions suivantes : « Le porteur d'une lettre de change tirée du continent et des îles de l'Europe ou de l'Algérie, et payable dans les possessions européennes de la France ou dans l'Algérie, soit à vue, soit à un ou plusieurs jours, mois ou usances de vue, doit en exiger le payement ou l'acceptation dans les trois mois de sa date, sous peine de perdre son recours sur les endosseurs et même sur le tireur, si celui-ci a fait provision. — Le délai est de quatre mois pour les lettres de change tirées des Etats du littoral de la Méditerranée et du littoral de la mer Noire sur les possessions européennes de la France, et réciproquement du continent et des îles de l'Europe, sur les établissements français de la Méditerranée et de la mer Noire. — Le délai est de six mois pour les lettres de change tirées des Etats d'Afrique en deçà du cap de Bonne-Espérance, et des Etats d'Amérique en deçà du cap Horn sur les possessions européennes de la France, et réciproquement du continent et des îles de l'Europe sur les possessions françaises ou établissements français dans les Etats d'Afrique en deçà du cap de Bonne-Espérance, et dans les Etats d'Amérique en deçà du cap Horn. — Le délai est d'un an pour les lettres de change tirées de toute autre partie du monde sur les possessions européennes de la France, et réciproquement du continent et des îles de l'Europe sur les possessions françaises et les établissements français dans toute autre partie du monde. — La même déchéance aura lieu contre le porteur d'une lettre de change à vue, à un ou plusieurs jours, mois ou usances de vue, tirée de la France, des possessions ou établissements français et payable dans les pays étrangers, qui n'en exigera pas le payement ou l'acceptation dans les délais ci-dessus prescrits pour chacune des distances respectives. Les délais ci-dessus seront doublés en temps de guerre maritime pour les pays d'outre-mer. — Les dispositions ci-dessus ne préjudicieront pas néanmoins aux stipulations contraires qui pourraient intervenir entre le preneur, le tireur et même les endosseurs ».

108. Nous avons examiné au *Rép.* n° 289 la question de

savoir où doit être présentée à l'acceptation la lettre de change payable au domicile d'un tiers, lorsqu'elle indique à la fois le domicile du tiré et le domicile du tiers chargé de payer. Nous avons soutenu que la lettre de change devait alors être présentée à l'acceptation au domicile du tiré ; cette opinion a été adoptée par MM. Lyon-Caen et Renault, t. 1, n° 1137 ; Bravard et Demangeat, t. 3, p. 248 et 249 ; Nouguier, t. 1, n° 474 ; Alauzet, t. 4, n° 1319.

ART. 3. — *Obligations du tiré quant à l'acceptation*
(*Rép.* n°ˢ 295 à 305).

109. Nous avons dit au *Rép.* n° 296 que le tiré peut biffer son acceptation tant qu'il ne s'est pas dessaisi de la lettre de change. Telle est aussi l'opinion de MM. Lyon-Caen et Renault, t. 1, n° 1148 ; Alauzet, t. 4, n° 1330 ; Boistel, n° 785 ; Demangeat sur Bravard, t. 3, p. 251 ; Nouguier, t. 1, n° 551 (Conf. Lyon, 9 août 1848, aff. Ganneron, D. P. 49. 2. 167). M. Bédarride, au contraire, t. 1, n° 183, ne permet au tiré de biffer son acceptation que dans les vingt-quatre heures pendant lesquelles il a droit de garder la lettre de change présentée à son acceptation. Le délai expiré, dit-il, le tiré ne peut être considéré que comme dépositaire de la lettre et tenu par conséquent de la conserver intacte (Comp. *infrà*, n° 125), et s'il ne la rend qu'après l'expiration de ce délai, on en induira qu'il n'a biffé que tardivement son acceptation.

110. La question de savoir si le tiré peut toujours impunément refuser l'acceptation a été examinée au *Rép.* n° 297. Cette question, qui ne se pose que dans le cas où le tiré n'a pas contracté expressément l'engagement d'accepter la lettre de change présente à son acceptation encore quelques difficultés. — Lorsque le tireur et le tiré sont tous deux commerçants et que le tiré est tenu envers ce dernier d'une dette liquide et exigible, ayant un caractère commercial, le tiré peut-il refuser l'acceptation de la traite sans s'exposer à une action en dommages-intérêts de la part du tireur ? La plupart des auteurs répondent affirmativement ; on n'a point le droit, disent-ils, de tirer une lettre de change sur un débiteur sans y être autorisé par ce dernier, car l'obligation résultant de la lettre de change a un caractère rigoureux, et le créancier ne peut aggraver la situation de son débiteur sans le consentement de ce dernier ; le débiteur a donc le droit de refuser l'acceptation, sans encourir aucune responsabilité (V. en ce sens : Alauzet, t. 4, n° 1295 ; Bédarride, t. 1, n° 180 ; Boistel, n° 780 ; Nouguier, t. 1, n° 442). — Dans une autre opinion, on allègue que l'usage du commerce autorise le commerçant créancier à tirer sur le commerçant débiteur à raison d'opérations commerciales ; que les commerçants qui contractent sont censés s'être soumis à cet usage, et qu'ainsi le tireur peut invoquer un engagement tacite du tiré qui obligeait ce dernier à donner son acceptation (V. en ce sens : Lyon-Caen et Renault, t. 1, n° 1153, p. 635, texte et note 4 ; Bravard et Demangeat, t. 3, p. 266 et suiv.).

111. Mais lorsque le tiré n'est point commerçant, les auteurs sont unanimes à déclarer, conformément à l'opinion admise au *Rép.* n° 299, qu'il a le droit de refuser l'acceptation, bien qu'il soit débiteur d'une somme exigible et liquide (V. Lyon-Caen et Renault, t. 1, n° 1153 ; Bravard et Demangeat, t. 3, p. 1863 et suiv. ; Civ. cass. 10 avr. 1878, aff. Maynier, D. P. 78. 1. 289).

112. Bien entendu, le tiré qui refuserait l'acceptation, alors qu'il se serait engagé expressément ou implicitement à la donner, ne pourrait pas être poursuivi en vertu de la lettre de change, mais seulement en dommages-intérêts pour inexécution de son obligation, dans les termes du droit commun ; la promesse d'accepter n'équivaut pas, en effet, à une acceptation (V. Lyon-Caen et Renault, t. 1, n° 1153 ; Ruben de Couder, *Dictionnaire de droit commercial*, v° *Lettre de change*, n° 338).

L'acceptation pouvant être refusée par le débiteur non-commerçant, les frais de protêt seront en pareil cas supportés par le tireur.

113. On a soutenu au *Rép.* n° 303 que le tiré créancier du porteur qui lui présente la lettre à l'acceptation, ne peut se réserver le droit de compenser la lettre de change avec sa créance contre ce porteur, en faisant suivre son accep-

tation de la mention «pour payer à moi-même ». La controverse, toutefois, subsiste encore sur la question de savoir si l'acceptation « pour payer à moi-même » est ou non valable. Certains auteurs, suivant l'opinion de Pothier, admettent la validité de cette acceptation et ne reconnaissent pas au porteur le droit de recourir contre les endosseurs et le tireur ; ils se fondent sur la tradition et sur le silence du code, d'où ils induisent le maintien de la tradition (V. Bédarride, t. 1, n° 230 et suiv. ; Demangeat sur Bravard, t. 3, p. 225, note 4, et 226 ; Comp. Nouguier, t. 1, n° 508). Mais l'opinion admise au *Répertoire* a été adoptée par MM. Lyon-Caen et Renault, t. 1, n° 1141 ; Boistel, n° 788 ; Alauzet, t. 4, n° 1321 : le porteur a droit d'obtenir une acceptation pure et simple qui lui permette de négocier la traite de change jusqu'à l'échéance ; or si le tiré a droit de déclarer qu'il se réserve de compenser la traite avec sa créance contre le porteur qui la présente à l'acceptation, la traite cesse, en réalité, d'être négociable. Il nous paraît, en effet, certain que la mention « accepté pour payer à moi-même » inscrite sur la traite serait opposable au cessionnaire du porteur qui se serait contenté d'une telle acceptation, puisque ce cessionnaire aurait été prévenu par le texte même de la lettre endossée à son nom (V. Bédarride, t. 1, n° 233 ; Nouguier, t. 1, n° 508 ; Lyon-Caen et Renault, t. 1, n° 1141, p. 628, note 4. — V. toutefois en sens contraire : Alauzet, t. 4, n° 1322) ; mais qui donc consentirait alors à prendre une lettre de change payable seulement entre les mains du cédant et par voie de compensation ? M. Alauzet, t. 4, n° 1322, déclare que l'acceptation « pour payer à moi-même » équivaut à un refus d'acceptation et doit être interprétée en ce sens ; c'est pour ce motif qu'il considère le cessionnaire du porteur qui n'a pas fait protester faute d'acceptation la lettre acceptée pour « payer à moi-même » comme ayant droit de requérir le payement de la lettre, sans que le tiré puisse lui opposer la compensation qu'il avait voulu se réserver.

ART. 4. — *Comment l'acceptation doit être donnée*
(*Rép.* n°ˢ 306 à 329).

114. Conformément à l'opinion soutenue au *Rép.* n° 307, les auteurs sont presque unanimes à décider que l'écriture est requise pour l'acceptation *ad solemnitatem*, et non pas seulement *ad probationem* (c. com. art. 122). Il s'ensuit que, faute d'une acceptation écrite, le tiré ne peut être obligé selon les règles de la lettre de change ; la preuve d'une acceptation verbale pourrait sans doute être faite, ainsi que nous l'avons dit au *Répertoire*, mais elle n'aurait pas d'autre effet que d'autoriser une action en dommages-intérêts dans les termes du droit commun (V. Lyon-Caen et Renault, t. 1, n° 1147 ; Bravard et Demangeat, t. 3, p. 235 et suiv. ; Alauzet, t. 4, n° 1307 ; Bédarride, t. 1, n° 208 ; Boistel, n° 781. Comp. Nouguier, t. 1, n°ˢ 477 et 478).

115. On a examiné au *Rép.* n° 308 la question de savoir si le défaut de date de l'acceptation d'une lettre à délai de vue empêche le porteur, qui n'a pas fait protester à l'échéance calculée d'après la date de la lettre, d'exercer son recours contre les garants ou s'il peut prouver la date réelle de l'acceptation. M. Nouguier, t. 1, n° 498, donne au porteur le droit d'établir par tous les moyens la date de l'acceptation. M. Bravard, éd. Demangeat, t. 3, p. 408 et suiv., distingue : si le délai fixé par l'art. 160 est expiré, il applique la déchéance ; si le porteur est encore dans ce délai, bien que la date fixé par la lettre et calculé d'après la date d'émission de cette dernière soit expiré, il l'autorise à présenter de nouveau la lettre au tiré pour faire courir le délai de l'échéance. Enfin MM. Lyon-Caen et Renault, t. 1, n° 1185 ; Bédarride, n° 222, adoptant l'opinion exprimée au *Répertoire*, décident que le porteur est déchu, sans pouvoir faire la preuve de la date de l'acceptation (Comp. Alauzet, t. 4, n° 1309).

116. Ainsi qu'on l'a dit au *Rép.* n° 309, la loi n'exige pas que la somme à payer soit énoncée dans l'acceptation ; mais il est prudent de l'exprimer pour éviter l'altération du montant porté dans le corps de la lettre de change. Le tiré serait tenu, vis-à-vis du porteur de bonne foi qui aurait fourni la somme entière résultant de l'altération commise, à moins qu'il ne fît la preuve de cette altération ; et alors même qu'il parviendrait à faire cette preuve, il pourrait encore se trouver obligé s'il avait à se reprocher une imprudence suffisante pour le constituer en faute (V. Alauzet, t. 3, n° 1408, et Boistel, n° 786). Il a été jugé qu'au cas où l'accepteur n'a pas, dans la formule d'acceptation, mentionné le chiffre auquel il entendait limiter son engagement, aucun recours ne peut être exercé contre lui, même par un tiers porteur de bonne foi, pour la somme que, par une falsification criminelle, le tireur a substituée, avant de négocier l'effet, à celle qui y était primitivement inscrite; et qu'on ne saurait considérer comme une imprudence suffisante pour engager la responsabilité de l'accepteur vis-à-vis des tiers, la circonstance que l'effet présentait des blancs au moment où il a été accepté, à moins que ces blancs ne fussent très apparents; ni celle qu'il aurait accepté un effet inscrit sur une feuille de timbre d'une valeur supérieure à celle qu'impliquait la somme qui y était alors portée, alors surtout que l'accepteur est peu lettré et que le porteur lui-même a commis une imprudence en ne soumettant pas l'effet, avant de l'escompter, à un examen attentif qui lui eût permis de relever des indices de falsification (Nîmes, 19 avr. 1875; aff. Rey et comp., D. P. 76. 2. 210). — En définitive, on voit que la difficulté se résume dans la question de savoir s'il y a eu ou non imprudence de la part du souscripteur, en termes plus précis, s'il y a eu faux ou abus de blanc-seing : dans le premier cas, le souscripteur est indemne, tandis que dans le second il est responsable. Nous empruntons aux conclusions données par M. l'avocat général Petiton à l'occasion d'un arrêt rendu le 20 mars 1882 (aff. Dubois-Plattier, D. P. 82. 1. 245) l'exposé de ces deux principes opposés : « Le premier, c'est que lorsqu'un faux a été commis sur un titre, le tiers dont la bonne foi a été surprise à l'aide de ce faux, et qui a livré une somme d'argent au faussaire, ne peut exercer aucun recours, faire valoir aucune action contre la personne qui, dans le titre falsifié et par suite de la falsification, est apparue comme obligée. Étrangère à l'obligation mensongèrement inscrite dans le titre, et exempte de toute responsabilité quant au fait du faussaire qu'elle n'a facilité par aucune imprudence, cette personne ne peut à aucun point de vue, être tenue à un payement ou à une indemnité vis-à-vis du tiers de bonne foi, qui a été trompé (Toullier, Droit civil français, t. 8, n° 269; Larombière, Théorie et pratique des obligations, t. 1, art. 1165, n° 8; Demolombe, Traité des contrats, t. 6, n° 362). Le second principe, non moins certain, c'est qu'il en est tout autrement quand la fraude commise à l'encontre du tiers de bonne foi l'a été à l'aide d'un abus de blanc-seing. Celui qui appose sa signature au bas ou au dos d'un titre non rempli, et qui remet cet effet signé en blanc à un bénéficiaire infidèle, lequel en abuse par l'inscription d'un chiffre excessif ou par toute autre insertion contraire à ce qui était convenu, a évidemment commis une imprudence caractérisée, celle de confier un blanc-seing à des mains déshonnêtes. Il est impossible que le tiers de bonne foi, auquel ce titre, qui avait toutes les apparences de la sincérité, a été régulièrement négocié, supporte les conséquences de la faute du souscripteur ou de l'avaliseur. Ceux-ci peuvent donc être contraints par le tiers porteur, étranger à la fraude, qui se récupérera ainsi de la somme déboursée par lui au vu et en échange de l'effet (Toullier, op. cit., t. 8, n° 267 et suiv.; Demolombe, op. cit., t. 6, n° 361; Aubry et Rau, Cours de droit civil français, 4° éd., t. 8, § 756; Larombière, op. cit., t. 4, art. 1325, n° 5, art. 1165, n° 7; Rép. v° Obligations, n° 3827; Lyon, 13 avril 1851, aff. Tigaud, D. P. 53. 2. 30; Nancy, 20 janv. 1870, aff. Thirion, D. P. 72. 2. 89; Bordeaux, 20 août 1872, aff. Micheau, D. P. 73. 5. 183). — Il a été jugé en ce sens que l'addition, par le tireur, d'un chiffre et d'une somme au chiffre du bon pour et à la somme portée au corps d'une lettre de change constitue un faux en écriture commerciale, et non un abus de blanc-seing, lorsque cette lettre de change était remplie avant l'acceptation, l'engagement de l'accepteur se trouvant ainsi expressément déterminé avant l'addition faite par le tireur; qu'en conséquence, le tiers porteur ne peut agir contre le titre qu'en payement de la somme qui figurait sur la lettre de change au moment de l'acceptation (Civ. rej. 17 déc. 1884, aff. Bourgeois, D. P. 85. 1. 102). — D'ailleurs, ainsi qu'on l'a dit au Rép. n° 309, l'acceptation donnée par une femme non commerçante sur une lettre de change n'est pas valable, si elle n'est précédée

du bon ou approuvé portant en toutes lettres la somme à payer (Civ. cass. 6 mai 1878, aff. Lecq, D. P. 78. 1. 367). — V. au surplus sur la question de faux, infrà, n°s 376 et suiv.

117. Comme on l'a exposé au Rép. n° 310, le mot « accepté » n'a rien de sacramentel et peut être remplacé par des équivalents (Lyon-Caen et Renault, t. 1, n° 1144; Bédarride, t. 1, n° 213; Boistel, n° 781; Alauzet, t. 4, n° 1307; Nouguier, t. 1, n° 489; Bravard et Demangeat, t. 3, p. 227).

118. Mais l'acceptation ne peut résulter que de termes non équivoques; aussi décide-t-on généralement qu'un « vu » signé par le tiré n'équivaut pas à une acceptation (Rép. n° 311; Lyon-Caen et Renault, t. 1, n° 1044, p. 630, note 2; Bravard et Demangeat, t. 3, p. 228, texte et note 2; Boistel, n° 781; Alauzet, t. 4, n° 1335). M. Bédarride, toutefois, distingue (t. 1, n° 214): le vu signé a-t-il été apposé sur une lettre à délai de vue, il ne le considère pas comme valant acceptation; ce visa a, en effet, sa raison d'être en dehors de toute acceptation, parce qu'il fait courir le délai de vue; le vu signé a-t-il été apposé sur une lettre à échéance fixe, il le considère comme entraînant acceptation, parce qu'autrement il serait dépourvu de toute utilité et de toute signification (Comp. Nouguier, t. 1, n°s 491 et 492).

119. On a dit au Rép. n° 312 que le visa du tiré est insuffisant pour faire courir le délai de vue à l'égard des endosseurs. Rappelons ici que cette doctrine est considérée comme trop rigoureuse par certains auteurs, d'après lesquels au contraire l'acceptation n'est pas nécessaire, et le visa suffit pour faire courir ce délai (V. suprà, n° 106).

120. M. Nouguier, t. 1, n° 490, décide, comme on l'a fait au Rép. n° 314, que la signature du tiré sur la lettre de change ne suffit pas pour constituer l'acceptation. La plupart des auteurs sont d'avis contraire, et estiment que le blanc-seing ainsi donné par le tiré permet au porteur d'inscrire légitimement au-dessus de la signature la mention « accepté » (Lyon-Caen et Renault, t. 1, n° 1144; Boistel, n° 781; Alauzet, t. 4, n° 1307; Bravard et Demangeat, t. 3, p. 229 et 230; Bédarride, t. 1, n° 214).

121. On a admis au Rép. n° 315 et suiv. que l'acceptation peut être donnée par acte séparé (V. en ce sens : Boistel, n° 783; Alauzet, t. 4, n° 1310; Nouguier, t. 1, n° 483; E. Ollivier, Revue pratique de droit français, 1858, t. 5, p. 218 et suiv.). Cette opinion est, toutefois, combattue par plusieurs auteurs, qui font valoir les arguments suivants : à la différence de l'ordonnance de 1673 qui exigeait simplement que les lettres de change fussent acceptées par écrit, l'art. 122 c. com. implique que l'acceptation doit être donnée sur la lettre même; il déclare en effet que « l'acceptation est exprimée par le mot accepté », ce qui ne se comprendrait pas si ce mot accepté ne figurait sur la lettre de change. Cette induction tirée de l'art. 122 c. com. est confirmée par les art. 125 et 174 du même code qui supposent également que l'acceptation doit être donnée sur la lettre. En outre, la lettre de change doit se suffire à elle-même; tous les engagements qui en dérivent doivent résulter de mentions inscrites sur le titre; lorsque la loi permet de déroger à cette règle, elle l'indique expressément, comme le fait l'art. 142 c. com. qui admet l'aval soit sur la lettre, soit par acte séparé; si elle avait voulu autoriser une semblable dérogation pour l'acceptation, elle l'eût nécessairement exprimée; il est, d'ailleurs, facile de comprendre que la faculté donnée pour l'aval, disposition accessoire qui n'est nullement nécessaire à la circulation de la lettre, n'ait pas été accordée en ce qui concerne l'acceptation, qui par cette dernière, à raison de son importance, doive nécessairement figurer sur la lettre. Ce n'est pas à dire cependant que l'acceptation par acte séparé soit dépourvue de tout effet; elle peut engager la responsabilité de celui qui la donne; mais elle est impuissante à mettre à sa charge une obligation soumise aux règles de la lettre de change (Lyon-Caen et Renault, t. 1, n° 1147; Bravard et Demangeat, t. 3, p. 237 et suiv.; Bédarride, t. 1, n°s 215 et suiv.; Massé, t. 4, n°s 2559-2560. Conf. Civ. cass. 16 avr. 1823, et Lyon, 21 août 1827, Rép. n° 318; Caen, 5 mars 1849, aff. Rochat, D. P. 49. 2. 150. Comp. Req. 15 mai 1850, aff. Iselin, D. P. 50. 1. 149; 27 juin 1859, aff. Weikersheim, D. P. 59. 1. 390; Civ. cass. 14 mai 1862, aff. Gouhier, D. P. 62. 1.238, et infrà, n° 124).

122. Mais on a admis également au Rép. n°s 317 et

suiv. qu'une lettre missive adressée *au tireur* ne suffit pas pour constituer l'acceptation au profit *du porteur*. M. Ém. Ollivier (*Revue pratique*, 1858, t. 5, p. 236 et suiv.) est d'un avis contraire. « Pour savoir, dit-il, *loc. cit.*, p. 242, si une lettre écrite par le tiré et déclarant en termes suffisamment clairs qu'il accepte ou qu'il acceptera, peut valoir acceptation et le constituer débiteur personnel du preneur et de ses ayant droits, il faut distinguer : la lettre a-t-elle été écrite avant que la traite ait été créée, qu'elle ait été écrite au tireur, qu'elle l'ait été au preneur, elle ne vaudra pas comme acceptation; elle pourra tout au plus donner ouverture à une action en dommages-intérêts du tireur contre le tiré. A-t-elle été écrite après la création de la traite, elle vaudra acceptation, sans qu'il soit nécessaire de distinguer si elle a été adressée au tireur ou au preneur. »

L'opinion du *Répertoire* est suivie par MM. Nouguier, t. 1, n° 484; Alauzet, t. 4, n° 1311. D'après ce dernier auteur, « il faut bien distinguer la promesse simple d'accepter, faite par le tiré, d'avec une acceptation formelle réalisée par acte séparé, au lieu d'être formulée sur la lettre même; cet acte doit lier celui qui l'a souscrit, non seulement envers le tireur mais aussi envers les tiers porteurs; la promesse pure et simple faite au tireur, au contraire, n'est pas l'équivalent d'une acceptation et n'en peut produire les effets » (Comp. également : Boistel, n° 783. V. aussi les auteurs cités *supra*, n° 121, notamment : Bravard et Demangeat, t. 3, p. 240 et suiv.).

123. Il a été jugé dans le sens de l'opinion soutenue au *Répertoire* : 1° que l'acte séparé ne peut être considéré comme équivalant à une acceptation commerciale, si l'engagement qu'il contient, au lieu d'être pris envers le porteur l'est envers le tireur lui-même, et surtout si cet engagement, au lieu d'être pur et simple, est subordonné à une condition (Lyon, 29 déc. 1863, aff. Sève, D. P. 66. 2. 5); — 2° Qu'une lettre missive du tiré, qui ne contient aucune acceptation ni autorisation de créer des traites, mais indique au tireur de simples échéances de payement, ne constitue pas entre les mains du porteur un titre équivalant à une acceptation (Paris, 7 nov. 1871, aff. Périer, D. P. 72. 2. 68); — 3° Que l'acceptation de la lettre de change ne peut être suppléée, vis-à-vis des tiers, par l'autorisation donnée dans une lettre missive par un individu, de tirer sur lui; que cette autorisation n'oblige point le tiré, alors d'ailleurs qu'il n'est pas prouvé qu'il y a eu provision (Paris, 18 juill. 1849, aff. Hem, D. P. 49. 2. 255); — 4° Qu'il ne suffit pas, pour qu'il y ait acceptation, vis-à-vis du tiers porteur, que le tiré ait, par lettre missive, autorisé le tireur à lui adresser la lettre de change (Paris, 19 mars 1864) (1). — 5° Que ces mots écrits dans une lettre missive du tiré au tireur : « Nous prenons note à présent bonne note de votre mandat de 4356 fr. au 3 novembre prochain, en laissant en circulation le nôtre de 4581 fr. payable fin octobre », ne constituent pas de la part du tiré une acceptation et la reconnaissance d'une provision (Paris, 12 nov. 1860, aff. Gouhier, D. P. 61. 5. 177. Conf. Civ.

cass. 14 mai 1862, aff. Gouhier, D. P. 62. 1. 238); — 6° Que la lettre missive par laquelle le tiré écrit au tireur : « Bonne note est prise de votre disposition sur nous, de... (suit la désignation de la traite), au débit de votre compte », constitue un simple accusé de réception de l'avis de la traite, et non pas une acceptation (Req. 15 mai 1850, aff. Iselin, D. P. 50. 1. 149).

124. Mais il a été décidé que l'engagement par acte séparé peut, dans certains cas, lier le tiré vis-à-vis du tireur aussi bien que vis-à-vis du tireur. Décidé, en ce sens : 1° que celui qui a ouvert un crédit ne peut se refuser à accepter les traites tirées sur lui en vertu de cette ouverture de crédit et à les acquitter à l'échéance ; que le tiers porteur d'une traite, qui en a remis la contre-valeur à l'endosseur sur le vu de la lettre de crédit qui en garantissait le payement, est fondé à demander ce payement au créditeur, alors d'ailleurs que cette traite est conforme aux conditions de l'ouverture de crédit, et que la révocation de l'ouverture de crédit ne peut enlever au porteur des droits acquis avant cette révocation (Rouen, 19 mars 1861, aff. Siordet, D. P. 62. 2. 11); — 2° Que le créditeur sur le crédit qui en est tiré en vertu de l'acte d'ouverture de crédit est obligé envers le tiers porteur, sans qu'il puisse exciper de son refus d'acceptation par suite de la révocation ultérieure du crédit, si le tiers porteur n'a reçu ces traites que sur le vu de la lettre de crédit alors laquelle elles ne formaient qu'une seule et même convention équivalente à une véritable acceptation (Civ. rej. 11 mars 1863, aff. Gœrg et comp., D. P. 63. 1. 194); — 3° Que le tiré qui n'a revêtu la lettre de change d'aucune acceptation n'est pas moins tenu d'en payer le montant au porteur, si cette lettre a été créée sur la demande et dans l'intérêt exclusif du tiré, qui s'est obligé à en rembourser le montant, et si le porteur n'en a fourni et versé les fonds entre les mains de ce dernier que sur la foi de l'engagement pris par lui (Req. 2 déc. 1873, aff. Boissière et Desport, D. P. 74. 5. 184).

125. On a cité au *Rép.* n° 320 un arrêt de la cour de cassation aux termes duquel il suffit que des lettres de change, envoyées par *premières* au tiré, aient été revêtues par lui de son acceptation, et qu'il ait avisé le tireur qu'il les tenait ainsi à la disposition des porteurs des *secondes*, pour qu'il ne lui ait plus été permis de biffer sa signature au préjudice du porteur. La cour suprême a jugé depuis, dans le même sens, que le banquier sur lequel a été tirée une lettre de change, dont la première lui a été envoyée pour la revêtir de son acceptation et la tenir à la disposition des porteurs de la seconde, ne peut, après avoir écrit son acceptation sur la première et n'en avoir donné avis au tireur, biffer sa signature et refuser à l'échéance de payer le tiers porteur (Req. 7 mars 1881, aff. Delpeuch, D. P. 82. 1. 133). — Cette doctrine, conforme à l'opinion de M. Vincens, ainsi qu'on l'a vu au *Rép. loc. cit.*, et à celle de M. Nouguier, t. 1, n° 552 (Comp. Demangeat sur Bravard, t. 3, p. 251, note 3), nous paraît très juridique. En effet, le tireur qui crée une

---

(1) (Scheidig et Bardon *C.* Einstein.) — Le 29 oct. 1862, le tribunal de commerce de la Seine a rendu le jugement suivant : — « Attendu que les demandeurs prétendent n'avoir accepté la négociation des trois lettres de change, objet du litige, que sur le vu de la correspondance d'Einstein, par laquelle ce dernier s'engageait à accepter lesdites valeurs ; — Mais attendu que le 19 août 1861 n'indiquait pas la manière dont Einstein entendait que Chassang devait se couvrir sur lui; que la négociation a été effectuée le 26 suivant, antérieurement même à la réception de la lettre dans laquelle Einstein répondait à Chassang qu'il acceptait ces lettres de change à son débit; que leur confiance a donc été entraînée par aucun fait d'Einstein; d'où il suit qu'il n'existe aucun lien de droit entre eux qui puisse faire accueillir la demande; — Déclare Scheidig et Bardon mal fondés en leur demande contre Einstein, etc. » — Appel par les sieurs Scheidig et Bardon. — Arrêt.

La cour; — Considérant qu'aux termes des art. 115 et 116 c. com., le tiré n'est obligé au payement d'une lettre de change qu'autant qu'il l'a acceptée, ou lorsqu'il y a provision entre ses mains à l'échéance ; — Que l'acceptation, aux termes de l'art. 122, même code, doit être exprimée par écrit, sur la lettre de change même, par le mot : « accepté, » suivi de la signature du tiré ; — Considérant que, s'il est admis que le mode d'acceptation n'exclut pas absolument toute autre manière de s'obliger au payement des lettres de change, un semblable engagement vis-à-vis d'un tiers porteur ne saurait résulter de lettres missives écrites par le tiré au tireur,

l'autorisant à lui adresser lesdites lettres de change ; — Que la promesse, même faite par le tiré au tireur, d'accepter celles qui ont été tirées sur lui, si elle peut donner lieu de la part de ce dernier à une action en dommages-intérêts contre le tiré, en cas de refus de payement sans motifs légitimes, ne peut donner au tiers porteur le droit d'agir contre ce dernier directement, à l'effet de l'assujettir à toutes les suites d'une acceptation proprement dite; — Considérant que, dans l'espèce, la promesse d'accepter les quatre mandats tirés par Chassang ne résulte expressément que des lettres adressées par Einstein, le tiré, audit Chassang, postérieurement à la négociation desdits mandats faite par celui-ci à Scheidig et Bardon ; que cette promesse ne formait point contrat entre le porteur et le tiré ; — Considérant d'ailleurs que c'est avec justes motifs qu'Einstein a refusé le payement des lettres de change qui lui ont été présentées; qu'il est constant, en effet, qu'à l'époque de leur échéance, Einstein n'avait pas reçu provision de Chassang, dont l'insolvabilité n'était plus douteuse ; que des billets à lui remis en couverture étaient impayés, et que par le résultat de son compte définitif, arrêté le 31 déc. 1861, Chassang, loin d'être créancier, était son débiteur de 10929 fr. ; — Adoptant au surplus les motifs qui ont déterminé les premiers juges ;

Par ces motifs, confirme, etc.

Du 19 mars 1864.-C. de Paris, 5e ch.-MM. Filhon, pr.-Da et Casguet, av.

lettre de change s'oblige à garantir aux porteurs l'acceptation du tiré. Une fois qu'il l'a obtenue, ne convient-il pas, pour la facilité et la sécurité des négociations, que ce soit dans l'intérêt de tous ses ayants cause, de tous ceux vis-à-vis desquels il est responsable ? Pourquoi les porteurs seraient-ils astreints à obtenir pour eux du tiré une acceptation nouvelle, quand le tireur l'a obtenue pour la lettre de change elle-même ? Mais, dira-t-on, en présence de plusieurs exemplaires dont le seul qui soit revêtu de l'acceptation n'est pas aux mains du porteur, on doit considérer cette acceptation comme donnée par acte séparé, et par conséquent comme non opposable au tiré dans ses rapports avec tous autres que le tireur : une raison péremptoire s'oppose à cette conclusion. Il faut considérer, en effet, qu'en droit, lorsque le tiré a consenti à garder, à la disposition des possesseurs de la seconde, la première revêtue de son acceptation, il s'est par cela-même constitué dépositaire de cette première. S'il en est ainsi, il est bien certain qu'il doit la rendre intacte, c'est-à-dire revêtue de sa signature d'accepteur, car il n'a pas le droit de modifier l'état du dépôt. Cette solution ne contredit nullement celle que nous avons donnée *suprà*, n° 109, sur la question de savoir si le tiré a le droit de biffer son acceptation tant qu'il n'a pas rendu la lettre de change au porteur. Nous avons dit que le tiré a ce droit, qu'il n'est définitivement lié que lorsqu'il s'est dessaisi du titre ; mais lorsque le tiré donne avis de son acceptation et garde la lettre première à la disposition des porteurs de la seconde, sa déclaration équivaut à un dessaisissement, car, à partir de ce moment, simple dépositaire, il ne peut plus apporter la moindre modification à la lettre dont il est détenteur (Lyon-Caen et Renault, t. 1, n° 1148; Alauzet, t. 4, n° 1329).

126. Est-il besoin de dire que le tiré non-accepteur ne saurait être l'objet de mesures conservatoires ? La jurisprudence a pourtant été appelée à statuer à ce sujet: elle a décidé que le porteur d'une lettre de change protestée faute de payement ne peut, avec la permission du juge, former une saisie conservatoire sur les effets mobiliers de la personne au domicile de laquelle cette lettre de change a été protestée, mais qui ne l'avait point acceptée (Bordeaux, 29 juill. 1857, aff. Emmanuel, D. P. 58. 2. 81).

127. On a suffisamment examiné au *Rép.* n°s 324 et suiv. en quel sens il faut entendre la disposition de la loi aux termes de laquelle l'acceptation ne doit pas être conditionnelle. Mais, si l'acceptation ne peut pas être conditionnelle, rien ne s'oppose à ce qu'un engagement de payer pris par le tiré non accepteur soit subordonné à une condition. Jugé, en ce sens, que la promesse de bon accueil faite dans une lettre missive, par le tiré au tireur d'une traite par ordre et pour le compte d'un tiers, a pu être considérée, d'après les circonstances, comme subordonnée à la condition que ce tiers aurait entre les mains la provision de la traite, et être, en conséquence, déclarée non avenue, si le donneur d'ordre n'a pu la fournir, à raison de son état de faillite; qu'il ne s'applique pas l'art. 124 c. com., d'après lequel l'acceptation d'une lettre de change ne peut être conditionnelle, et que la décision qui déclare que la promesse de bon accueil à ce caractère conditionnel, échappe au contrôle de la cour de cassation (Req. 27 juin 1859, aff. Weiskershein, D. P. 59. 1. 390).

128. L'art. 124 c. com. déclare que l'acceptation peut être restreinte quant à la somme acceptée, et que, dans ce cas, le porteur est tenu de faire protester la lettre de change pour le surplus (V. *Rép.* n° 327). MM. Alauzet, t. 4, n° 1324, et Nouguier, t. 1, n° 505, considèrent le protêt comme obligatoire pour le porteur. MM. Lyon-Caen et Renault, t. 1, n° 1143; Boistel, n° 788, estiment au contraire que le porteur ne peut être contraint de faire le protêt au cas d'acceptation partielle, alors qu'il n'est pas tenu de protester au cas de refus d'acceptation; ils interprètent l'art. 124 c. com. en ce sens que le protêt doit être fait si le porteur veut recourir contre ses garants, et qu'il ne peut être fait que pour le surplus.

ART. 5. — *Des effets de l'acceptation* (*Rép.* n°s 330 à 347).

129. L'acceptation, avons-nous dit au *Rép.* n° 330, rend le tiré débiteur principal de la lettre de change. A défaut

d'acceptation, le tiré n'est pas obligé en vertu du titre. Décidé, en conséquence, que celui qui n'a pas accepté des traites tirées sur lui et qui n'est pas au jour de l'échéance, débiteur du tireur, ne peut être condamné à payer le montant desdites traites aux endosseurs qui en ont fait les fonds et envers lesquels il n'est lié par aucune cause d'obligation (Civ. cass. 5 avr. 1876, aff. Darlès et Marcou, D. P. 76. 1. 200. Comp. *suprà*, n° 111). — Mais, dans le système appliqué par la jurisprudence, la lettre de change entraînant cession au profit du porteur de la créance actuelle ou éventuelle du tireur sur le tiré, le porteur peut faire valoir contre le tiré non accepteur les droits du tireur dont il est cessionnaire. Jugé en ce sens que, si la lettre de change, tirée par un créancier sur son débiteur non commerçant sans son autorisation, ne produit pas contre celui-ci tous les effets d'une lettre de change, elle vaut à son égard comme cession de créance, au moins après la protêt qui constitue une signification de la cession (Civ. cass. 10 avr. 1878, aff. Maynier, D. P. 78. 1. 289. V. conf. Lyon-Caen et Renault, t. 1, n° 1152). Le porteur considéré comme cessionnaire a l'avantage d'éviter le concours des autres créanciers du tireur, concours qu'il devrait subir s'il n'en faisait qu'agir en vertu de l'art. 1166 c. civ. comme le dit M. Nouguier, t. 1, n° 440.

130. On a dit au *Rép.* n° 331 que l'acceptation peut être donnée par un mandataire du tiré qui, en faisant connaître la qualité en laquelle il signe l'acceptation, ne s'oblige pas personnellement et n'oblige que son mandant. Il a été jugé que lorsqu'en acceptant des effets de commerce tirés sur son mari, une femme fait précéder sa signature des mots : « par procuration », cette procuration ne peut s'entendre que d'un pouvoir donné par le tiré à sa femme, qui déclare ainsi avoir mandat d'accepter les traites au nom de son mari (Req. 2 juin 1886, aff. Delahaye, D. P. 87. 1. 110).

131. Le tiré accepteur est, en principe, non recevable à exciper du défaut de provision contre tout autre que le tireur (*Rép.* n°s 260 et suiv.).

Néanmoins, le tiré serait-il obligé de payer au cas où il serait établi que la lettre de change a été créée sans cause, ou que, en d'autres termes, la valeur n'en a pas été fournie au tireur? — On comprend tout d'abord que l'exception prise du défaut de cause de la lettre de change serait sans effet contre les tiers porteurs qui en auraient payé le montant, ou contre ceux auxquels ils auraient transmis leurs droits, et que, par conséquent, le tiré ne pourrait échapper à leur égard aux conséquences de l'acceptation (Civ. cass. 3 févr. 1847, aff. Grange, D. P. 47. 1. 68, et la note; *Rép.* n° 194; et *suprà*, n°s 38, 40). La question ne soulève de difficulté sérieuse qu'à l'encontre du preneur qui n'a pas versé le montant de l'effet, ou de ses cessionnaires qui n'auraient pas payé plus que lui la valeur de cet effet. M. Massé, t. 3, n° 1565, dénie à l'accepteur le droit de discuter contre qui que ce soit les causes de la lettre de change qu'il s'est obligé à payer : cet auteur rappelle lui-même l'opinion opposée d'Ansaldus, *disc.* 10, n° 1, et de Casaregis, *disc.* 152, n° 29, lesquels autorisaient l'accepteur à invoquer l'exception *non numeratæ pecuniæ* contre le preneur ou ses mandataires, et ne le refusant qu'à l'égard des tiers porteurs de bonne foi; mais, à l'encontre de ces autorités, il estime que « le tiré n'a pas à s'occuper des causes pour lesquelles on tire sur lui, ou que, s'il veut s'en occuper, il doit le faire avant d'accepter ». — Cette doctrine nous paraît trop absolue. Sans doute l'accepteur qui a provision ne pourrait exciper du défaut de cause de la lettre de change. Mais quand le tiré oppose l'exception *non numeratæ pecuniæ* pour se soustraire à l'exécution d'une obligation qu'il a contractée sans avoir provision, quel motif juridique pourrait justifier l'action que le porteur qui n'a point fourni de valeur entend exercer contre lui? Il n'y a aucune raison pour permettre à ce porteur d'un titre purement fictif pour lui, comme pour ceux qui le lui ont transmis, de se prévaloir, au préjudice du tiré, d'une acceptation dont les tribunaux n'ont jamais maintenu les effets qu'en faveur d'un créancier sérieux et de bonne foi. Jugé en ce sens que le tiers porteur est passible des exceptions que le tiré accepteur peut opposer au tireur, si la lettre de change est fictive à l'égard de toutes les parties qui y ont figuré (Req. 31 janv. 1849, aff. Langeley, D. P. 49. 1. 134, cité au *Rép.* n° 332. V. *ibid.*). — Comp. *infrà*, n°s 162, 427 et suiv.

132. On a dit au *Rép.* n° 342 que la lettre de change entraînait en principe contrainte par corps contre l'accepteur. Rappelons qu'il ne peut plus être question maintenant de contrainte par corps, depuis l'abolition qui en a été faite par la loi du 22 juill. 1867 (D. P. 67. 4. 75).

ART. 6. — *Du refus d'acceptation et de ses suites*
(Rép. n°ˢ 348 à 350).

133. Le porteur, comme on l'a vu au *Rép.* n° 348, n'est obligé de faire dresser le protêt faute d'acceptation que lorsqu'il est tenu de présenter la lettre de change à l'acceptation. Sur les cas où cette obligation est imposée, V. ce que nous avons dit *Rép.* n° 284, et *suprà*, n° 106.

134. Il a été jugé que le porteur qui a négligé de faire constater par un protêt le refus du tiré d'accepter la lettre de change avant la réception de la provision, est non recevable à former, entre les mains de celui-ci, opposition au payement de nouvelles lettres émises par le tireur en annulation des précédentes lors de l'envoi de cette provision, si ces nouvelles lettres ont été acceptées de bonne foi par le tiré au profit d'un second porteur; qu'en conséquence, le tiré qui aurait refusé, sur une semblable opposition, de payer à l'échéance les lettres de change qu'il a acceptées, devrait le remboursement des frais occasionnés par ce refus (Bordeaux, 16 mai 1849, aff. Croquevielle, D. P. 52. 2. 101).

ART. 7. — *De l'acceptation par intervention*
(Rép. n°ˢ 351 à 358).

135. Ainsi que nous l'avons dit au *Rép.* n° 351, l'acceptation par intervention ne peut se produire qu'autant qu'il est dressé protêt faute d'acceptation ; l'engagement qui serait pris par un tiers de payer la lettre à l'échéance, avant que le protêt eût été fait, serait valable et pourrait être considéré comme une acceptation par intervention (Lyon-Caen et Renault, t. 1, n° 1161 ; Alauzet, t. 4, n° 1331 ; Demangeat sur Bravard, t. 3, p. 290, note 2 ; Bédarride, t. 1, n° 246).—Il a été jugé, toutefois, que celui sur lequel une lettre de change a été tirée par ordre et pour le compte d'un tiers peut, sous la seule condition d'en aviser en temps utile le tireur, l'accepter pour le compte de ce dernier, de manière à pouvoir recourir contre lui en cas de payement à découvert, et que cette sorte d'acceptation par intervention n'est pas assujettie à la formalité d'un protêt préalable, constatant le refus d'acceptation pour le donneur d'ordre (Civ. rej. 11 mai 1868, aff. de Stetten, D. P. 68. 1. 241). Mais cette décision est critiquée par tous les auteurs, il n'y a, en effet, aucune raison pour écarter l'application des art. 126 et 127 c. com., lorsque l'acceptation par intervention est donnée par le tiré pour se réserver un recours contre le tireur pour compte (V. note de M. Beudant sous l'arrêt précité, D. P. 68. 1. 241 ; Lyon-Caen et Renault, t. 1, n° 1161 ; Alauzet, t. 4, n°ˢ 1274 et 1332 ; Demangeat sur Bravard, t. 3, p. 479, 480, note ; Bédarride, t. 1, n°ˢ 240 et suiv. ; Nouguier, t. 1, n°ˢ 475 et 573).

136. Aux termes de l'art. 126 c. com., l'acceptation par intervention est mentionnée dans l'acte de protêt ; elle est signée par l'intervenant (V. *Rép.* n° 351). L'art. 126 n'exprime pas si la signature de l'intervenant doit être donnée sur le protêt ou sur la lettre même. D'après M. Bédarride, t. 1, n° 247, elle devrait se trouver sur le protêt ; suivant MM. Lyon-Caen et Renault, t. 1, n° 1162 ; Bravard et Demangeat, t. 3, p. 292 et 293, la lettre de change doit « se suffire à elle-même pour la preuve de toutes les obligations qui en dérivent » et l'acceptation par intervention, comme l'acceptation ordinaire, doit être inscrite sur la lettre même.

137. On a examiné au *Rép.* n° 354 l'hypothèse où plusieurs personnes s'offriraient à accepter par intervention, et l'on a dit que l'ordre de préférence devrait être réglé de la manière suivante : d'abord la personne désignée pour accepter au besoin, si la lettre de change en indiquait une ; à son défaut, celle qui libérerait le plus d'endosseurs (Arg. art. 159 c. com.) Cette solution est adoptée par M. Alauzet, t. 4, n° 1331. M. Nouguier, t. 1, n° 575, donne toujours la préférence à la personne qui libère le plus d'endosseurs (Comp. le même auteur, t. 1, n° 576 sur le cas où plusieurs personnes procureraient des libérations égales). — Dans une autre opinion, il n'y aurait point lieu de faire un choix, mais simplement d'accepter simultanément toutes les interventions ; le choix, dit-on, est inévitable lorsqu'il s'agit du payement ; il n'est pas nécessaire, lorsqu'il s'agit de l'acceptation ; l'intervenant auquel on donnerait la préférence en appliquant par analogie l'art. 159 c. com., pourrait être tenu de présenter toute garantie au point de vue de la solvabilité, et le porteur exercerait son recours contre les endosseurs et le tireur, tandis qu'un autre intervenant plus solvable pourrait se déterminer à s'abstenir. Pourquoi refuser l'obligation de plusieurs personnes ? Il sera temps de régler entre elles l'ordre de préférence à l'époque du payement (V. en ce sens : Lyon-Caen et Renault, t. 1, n° 1166 ; Demangeat sur Bravard, t. 3, p. 301, note *in fine.* Comp. Boistel, n° 824 ; Bédarride, t. 1, n° 254 ; *Rép.* n° 356).

138. L'intervenant n'est lié envers le porteur d'une manière irrévocable ; il ne serait même pas libéré par l'acceptation postérieure du tiré (Lyon-Caen et Renault, t. 1, n° 1163, p. 642, note 2 ; Alauzet, t. 4, n° 1331) ; ce qui n'empêche point d'ailleurs le porteur d'exercer son recours contre les endosseurs et le tireur. Toutefois, l'on admet, conformément à l'avis exprimé au *Rép.* n° 356, que si les garants actionnés par le porteur justifient que l'intervenant remplit ces conditions de solvabilité exigées d'une caution en matière commerciale, le recours du porteur demeurera sans effet (Lyon-Caen et Renault, t. 1, n° 1164 ; Alauzet, t. 4, n° 1334 ; Bravard et Demangeat, t. 3, p. 302). — Si le porteur se contente de l'engagement de l'intervenant, les endosseurs pourront néanmoins recourir contre le tireur (Lyon-Caen et Renault, t. 1, n° 1165, p. 643, note 1 ; Alauzet, t. 4, n° 1334).

SECT. 5. — DE L'ÉCHÉANCE (*Rép.* n°ˢ 359 à 365).

139. Nous avons relaté au *Rép.* n° 359, les actes législatifs qui, en 1830 et en 1848, à raison des événements politiques survenus à cette époque, *prorogèrent les échéances* des effets de commerce. En même temps que l'échéance était prorogée, et comme conséquence, « les protêts, recours en garantie et prescriptions étaient également suspendus et prorogés » : ce délai fut d'abord de dix jours, puis de cinq jours, aux termes des différents décrets qui se succédèrent en 1848. En outre, un décret du 29 mars de la même année (D. P. 48. 4. 61) prorogea de quinze jours, « jusqu'à ce qu'il en fût autrement ordonné, le délai de quinze jours accordé par l'art. 165 c. com.) aux porteurs d'effets de commerce » pour exercer leur recours par voie de dénonciation de protêt : en définitive, le délai légal était ainsi porté de quinze jours à trente. Cette mesure provisoire ne fut abrogée que par décret du 3 janv. 1849 (D. P. 49. 4. 27).

140. En 1856, à raison d'inondations qui interceptèrent la circulation dans deux départements, deux décrets impériaux, l'un du 2 juin (D. P. 56. 4. 60), pour Vaucluse, le second du 12 du même mois (D. P. 56. 4. 63), pour la Gironde, prorogèrent également de dix jours les échéances des effets de commerce et en même temps les protêts, recours en garantie et prescriptions, dans ces départements.

141. En 1870, la guerre provoqua des mesures analogues. Une loi du 13 août 1870 (D. P. 70. 4. 78) portait prorogation d'un mois ; mais ce délai fut définitivement porté à sept mois par les décrets du gouvernement de la Défense nationale et de la Délégation établie à Tours, puis à Bordeaux (D. P. 70. 4. 87, 96, 102, 108, 115, 128, 131, 136, et D. P. 71. 4. 17), et enfin par la loi du 10 mars 1871 (D. P. 71. 4. 30). Cette dernière disposition législative prorogea, en outre, de dix jours, « par dérogation à l'art. 162. c. com., le délai accordé au porteur pour faire constater le refus de payement » (art. 3). Enfin, la même loi de 1871 décida que « dans les départements occupés en tout ou en partie par les troupes étrangères, conformément à l'art. 3 du traité du 26 février, les tribunaux de commerce pourraient, pendant le cours de l'année 1871, accorder des délais modérés pour le payement des effets de commerce, conformément à l'art. 1244, § 2, c. civ. » (art. 4, § 1ᵉʳ). La loi de 1870 avait exonéré de toute poursuite, « pendant la durée de la guerre, les citoyens appelés au service militaire » (art. 2) ; la loi de 1871 permit aux tribunaux de commerce de toute la France d'accorder des délais de grâce aux souscripteurs d'effets retenus hors de chez eux par le service de l'armée régulière et de l'armée auxiliaire (art. 4, § 2).

La « liquidation de ce passé », suivant l'expression du rapporteur M. Gouin, est à peine réglée par cette loi du 10 mars 1871, que de nouveaux événements rendent nécessaires de nouvelles prorogations : l'insurrection de Paris interrompt toute communication télégraphique et postale de cette ville avec la France ; elle arrête la vie commerciale de Paris et de la France ; enfin les départements envahis ne sont pas évacués, la poste ne fonctionne pas régulièrement. Une loi du 24 mars 1871 (D. P. 71. 4. 31) édicte une prorogation d'un mois et autorise le tribunal de commerce de la Seine à accorder, pendant le cours de l'armée 1871, des délais de grâce. Une autre loi du 26 avr. 1871 (D. P. 71. 4. 32) décide que les effets de commerce *payables dans le département de la Seine*, échus ou à échoir jusqu'au *dixième jour qui suivra le réta-tablissement des services de la poste* entre Paris et les autres parties de la France, ne seront exigibles qu'après ce terme (art. 1er), étend à ces effets de commerce le délai de dix jours accordé pour le protêt par la loi du 10 mars précédent (art. 3), et autorise les tribunaux de commerce à accorder des délais de grâce aux souscripteurs, endosseurs et autres cooligés résidant dans le département de la Seine ou dans les départements envahis (art. 4). — Enfin, la loi du 4 juill. 1871 (D. P. 71. 4. 32) liquide définitivement le passé de 1870 et de 1871, notamment en exigeant que le créancier *avertisse* (pendant le délai de suspension du protêt) ses débiteurs des engagements qu'ils ont à remplir (art. 2) ; elle proroge encore de quatre mois le délai de sept mois accordé par la loi du 10 mars, pour protester les effets de commerce échus ou à échoir jusqu'au 12 juillet suivant. Toutefois, cette disposition ne s'applique qu'aux effets payables dans le département de la Seine ou dans les communes de Sèvres, Meudon, Saint-Cloud (Seine-et-Oise) et créés antérieurement au 31 mai précédent ; pour les effets créés depuis le 31 mai, échus déjà ou venant à échéance avant la promulgation, le protêt devait être fait dans les cinq jours de la promulgation (art. 1er).

142. La législation de 1870-1871 s'est écartée sur un point essentiel des errements antérieurs en matière de prorogation. Jusqu'en 1870, c'était bien *l'échéance* qui était prorogée. Au contraire, aux termes de la loi du 13 août 1870, ce sont les délais dans lesquels doivent être faits les protêts et tous actes concernant les recours, qui étaient prorogés : comme conséquence, les *intérêts* étaient dus depuis l'échéance jusqu'au payement. — Il a été jugé à cet égard : 1° que le souscripteur d'un effet de commerce dont l'échéance avait été successivement prorogée par les lois intervenues à l'occasion de la guerre 1870-1871, devait les intérêts du montant de cet effet jusqu'au jour du payement, dans le cas même où le titre ne lui avait pas été présenté aux époques des échéances primitivement convenues ou fixées par lesdites lois, s'il n'aurait été en mesure de faire le payement à ces époques, si on le lui eût réclamé (Trib. com. Seine, 22 juill. 1871, aff. Rehus, D. P. 72. 3. 68 ; Trib. com. Rouen, 28 juill. 1871, aff. Gaillard et comp., *ibid.*; Trib. com. Nantes, 2 déc. 1871, aff. Dumont, *ibid.*); — 2° Que l'obligation, imposée par les lois de payer les intérêts à partir du jour de l'échéance, s'appliquait qu'aux souscripteurs, tireurs, accepteurs et endosseurs, mais non aux tirés qui n'avaient pas accepté, alors même qu'ils se seraient trouvés, au moment de l'émission, débiteurs de sommes égales au montant des traites fournies sur eux ; que, dès lors, il suffisait au tiré non accepteur d'offrir la restitution de la traite au moment du protêt, pour pouvoir être déclaré libéré ; que c'était au tireur que le porteur de la traite devait, en pareil cas, réclamer les intérêts courus depuis l'échéance (Trib. com. Clermont, 16 juin 1871, aff. Terrasson, D. P. 72. 3. 69) ; — 3° Que les intérêts des effets de commerce dont l'échéance a été successivement prorogée par les lois et décrets rendus à l'occasion de la guerre de 1870-1871 ont couru de plein droit au profit du porteur depuis le jour de l'échéance jusqu'à celui du payement ; qu'il n'est pas nécessaire que l'effet ait été présenté au débiteur, ni qu'une mise en demeure quelconque lui ait été signifiée (Civ. cass. 2 avr. 1873, aff. Calderon, D. P. 73. 1. 335; Nancy, 9 mars 1872, aff. Simon Remy, D. P. 73. 5. 186).

143. Cette législation, à la vérité toute spéciale, et qui s'applique à des circonstances extraordinaires, a fait naître diverses questions intéressantes. — Il a été jugé : 1° que la prorogation de dix jours établie par les décrets de 1848, pour l'échéance des effets de commerce et le délai des protêts, recours en garantie et prescription, s'appliquait aux billets à ordre souscrits par un non-commerçant pour une cause non commerciale (Civ. cass. 28 nov. 1849, aff. Cerf, D. P. 50. 1. 47). En 1871, au cours de la discussion de la loi qui porte la date du 10 mars, M. Dufaure résolut pareille question dans le même sens (D. P. 71. 4. 30) ; — 2° Que les effets échus avant le 13 août 1870 ne profitaient pas du bénéfice des dispositions du décret de ce jour et des lois postérieures qui ont autorisé les tribunaux de commerce à accorder des délais pour le payement (Trib. com. Seine, 30 juin 1871, aff. Constant, D. P. 71. 3. 72) ; — 3° Que les lois et décrets promulgués en France relativement à la prorogation des échéances des effets de commerce étaient opposables aux endosseurs et qu'en conséquence, le défaut de protêt à l'échéance d'un effet prorogé ne faisait pas obstacle au recours du porteur contre les endosseurs étrangers ; qu'il en était ainsi, spécialement, dans le cas où il s'agissait d'une lettre de change tirée à l'étranger sur un Français résidant en France et endossée à l'étranger au profit d'étrangers (C. cass. Turin, 6 mars 1872, aff. Courtot et comp., D. P. 72. 2. 1) ; — 4° Que ces lois et décrets étaient applicables à toute lettre de change payable en France pendant la période qu'ils avaient prévue, alors même qu'elle avait été tirée d'une ville étrangère sur un étranger qui avait seulement élu domicile en France pour le payement ; que, par suite, le protêt fait conformément à ces lois et décrets, postérieurement à l'échéance primitive, était à bon droit opposé au tireur et aux endosseurs étrangers de la lettre de change créée dans ces conditions (Aix, 9 avr. 1872, aff. Agence orientale, D. P. 72. 2. 202) ; — 5° Que les mêmes lois et décrets ont enlevé à ces effets, jusqu'à l'expiration des délais nouveaux, le caractère de dettes exigibles, et, par suite, ont fait obstacle à la compensation entre les sommes que les porteurs auraient pu devoir aux souscripteurs de ces effets et le montant de ces effets eux-mêmes (Trib. com. Marseille, 23 janv. 1871, aff. Paulet, D. P. 72. 3. 87) ; — 6° Que les lois qui, à l'occasion de la guerre de 1870-1871, ont décidé que les délais dans lesquels doivent être faits les protêts et tous les actes concernant les recours seraient prorogés d'un certain temps, pendant lequel le remboursement ne pourrait être demandé aux endosseurs et autres obligés, s'appliquaient au cas de non-acceptation comme au cas de non-payement ; que, dès lors, les tiers porteurs de traites protestées faute d'acceptation n'avaient pu, durant le temps indiqué, actionner valablement le tireur et les endosseurs en présentation d'une caution ou en remboursement des traites non acceptées (Trib. com. Havre, 30 nov. 1870, aff. Larchevêque et Loiret, D. P. 72. 3. 69) ; — 7° Que le vendeur qui, en payement de son prix, a accepté une traite se trouvant, à raison de la date de la souscription, comprise parmi les effets dont l'échéance a été prorogée, a dû s'attendre à se voir opposer par le tiré le bénéfice de cette prorogation, et n'a pu, par suite, exercer aucun recours contre l'acheteur dans le cas où effectivement la traite n'a pas été payée au jour de l'échéance primitive (Trib. com. Marseille, 13 févr. 1871, aff. Moutet, D. P. 72. 3. 69) ; — 8° Que l'endosseur en blanc d'un billet à ordre transmis par endossement régulier à un tiers porteur a pu, sur le recours exercé contre lui par le tiers porteur, faute de payement à l'échéance du souscripteur, invoquer la loi du 10 mars 1871, qui proroge l'exigibilité des effets de commerce échus du 13 nov. 1870 au 12 avr. 1871 en faveur de tous ceux qui sont tenus du payement de ces effets (Civ. cass. 30 déc. 1872, aff. Loiselot, D. P. 73. 1. 102) ; — 9° Que, lorsque le souscripteur d'un billet à ordre a déclaré vouloir user de la prorogation des échéances autorisée par la loi du 10 mars 1871, un endosseur qui avait payé le porteur sans invoquer cette prorogation a pu encore recourir contre un endosseur précédent, à l'expiration du délai prorogé, en faisant le protêt à ce moment (Req. 10 déc. 1872, aff. Vouzelle, D. P. 73. 1. 179) ; — 10° Que le délai de vingt jours accordé par la loi des 4-7 juill. 1871 pour tous les actes concernant les recours pour les effets de commerce protestés antérieurement ou postérieurement à la loi du 13 août 1870, s'appliquait uniquement au porteur qui voulait exercer son recours contre le dernier endosseur ou contre tous les endosseurs collectivement; mais que pour les endosseurs exerçant individuellement des recours les uns contre les autres, de nouveaux délais couraient du lendemain du jour où chacun d'eux avait été cité en justice ou avait remboursé le montant de l'effet protesté, et que ces délais étaient les délais ordinaires de quinzaine établis par les art. 165 et 167 c. com. (Req. 21 janv. 1873, aff. Pourtanel, D. P. 73. 1. 294); — 11° Que la prorogation des délais pour les effets de commerce a profité à l'assuré sur lequel la compagnie a fait traite (Rouen, 12 mars 1873, aff. Comp. le Gresham, D. P. 74. 2. 60).

144. Conformément à la doctrine exposée au Rép. n° 362, il a été jugé que la traite créée le 30 novembre à quatre mois de date échoit le 30 mars, quantième correspondant, de telle sorte que le protêt fait le 1er avril est tardif (Paris, 15 mars 1849, aff. Dauphinot, D. P. 49. 2. 219).

145. On a dit au Rép. n° 363 que l'échéance des effets payables à délai de vue est fixée par la date de l'acceptation ou par celle du protêt faute d'acceptation. Ainsi que nous avons déjà eu occasion de le dire suprà, n° 106, tandis que d'après certains auteurs, l'acceptation ou le protêt faute d'acceptation peuvent seuls déterminer l'échéance (arg. de la lettre des art. 122, 131, 160 c. com.) (V. en ce sens : Alauzet, t. 4, n° 1335; Nouguier, t. 1, n° 464. Comp. toutefois, ibid., t. 1, n° 491), on considère dans une seconde opinion qu'un simple visa sans acceptation apposé par le tiré suffit pour faire courir les délais de vue et fixer la date de l'échéance (Lyon-Caen et Renault, t. 1, n° 1184; Boistel, n° 722; Bravard et Demangeat, t. 3, p. 209, 210; Bédarride, t. 1, n°s 220 et 270). M. Alauzet, t. 4, n° 1335, admet qu'une traite à délai de vue peut être stipulée non acceptable et reconnaît, mais dans ce cas seulement, l'efficacité du visa.

SECT. 6. — DE L'ENDOSSEMENT (Rép. n°s 366 à 380).

146. L'endossement, ainsi que son nom même l'indique, est toujours écrit au dos de la lettre; nous avons dit toutefois au Rép. n° 367 qu'il n'y a là rien de nécessaire et que la validité de l'endossement mis au recto de la lettre ne serait pas douteuse. Tel est aussi l'avis de MM. Lyon-Caen et Renault, t. 1, n° 1083, p. 585, note 5; Boistel, n° 748; Nouguier, t. 1, n° 660; Alauzet, t. 4, n° 1344.

On a examiné au Rép. n° 367 la question de savoir si l'endossement peut être donné par acte séparé. Cette question est fort discutée. A l'appui de la solution affirmative, on allègue que la loi n'édicte aucune prohibition contre un tel endossement, et que, par suite, sa validité doit être admise (V. Alauzet, t. 4, n° 1344; Nouguier, t. 1, n° 666). Dans une seconde opinion, on estime que toutes les obligations dérivant de la lettre de change doivent être constatées sur la lettre même, à moins que la loi n'ait expressément autorisé une dérogation à ce principe; on en conclut que, dans le silence de la loi, les effets de l'endossement inscrit sur la lettre de change ne peuvent être reconnus à l'endossement donné par acte séparé (Lyon-Caen et Renault, t. 1, n° 1083; Boistel, n° 748; Demangeat et Bravard, t. 3, p. 158, note 2). — Les partisans du premier système admettent la validité de l'endossement dressé par un notaire; ceux de la seconde opinion pensent au contraire qu'un tel endossement, n'étant pas donné sur la lettre même, ne peut produire les effets d'un endossement régulier. M. Bédarride, t. 1, n°s 288 et 289, quoique repoussant l'endossement par acte séparé, admet l'endossement notarié; il est d'avis qu'un tel endossement pourrait être fait sur le titre même. MM. Lyon-Caen et Renault, et M. Demangeat, loc. cit., pensent, au contraire, que l'endossement, étant une sorte de vente de la lettre de change, le notaire en devrait garder minute, ce qui exclurait la possibilité d'un endossement notarié sur la lettre même.

147. L'endossement, ainsi que nous l'avons dit au Rép. n° 368, ne peut émaner que du propriétaire de l'effet de commerce. Jugé, en conséquence, que le porteur d'un billet à ordre en vertu d'un endossement régulier en la forme, mais consenti par un individu qui avait soustrait frauduleusement le billet au véritable propriétaire et se l'était passé

à lui-même au moyen d'un faux endossement, n'a pas droit au payement de ce billet, en cas d'opposition de la part de celui auquel le billet a été soustrait; que, dans ce cas, il n'y a pas eu de transmission, le véritable propriétaire n'ayant pu être dessaisi sans un endossement émané de lui-même (Civ. cass. 30 mars 1853, aff. Bécoite, D. P. 53. 1. 92. V. d'ailleurs Rép. n° 870).

148. Ainsi qu'on l'a constaté au Rép. n° 369, la loi ne détermine pas quelles personnes doivent écrire les énonciations de l'art. 137, il importe peu de savoir de quelle main émane l'écriture de l'endossement (Req. 5 nov. 1872, aff. de Néel, D. P. 74. 1. 37).

149. On a examiné au Rép. n° 372 la question de savoir quelles sont les créances susceptibles d'être transmises par voie d'endossement, et l'on a conclu que l'endossement, mode de transfert en dehors du droit commun, n'était applicable qu'aux créances pour lesquelles la loi déclarait son emploi recevable. Cette opinion est suivie par M. Laurent, Principes de droit civil, t. 24, n° 498 (Comp. Vavasseur, Traité des sociétés civiles et commerciales, 3e éd., t. 1, n° 479). Mais une autre théorie, d'après laquelle toute créance pure et simple, civile ou commerciale, est susceptible d'être transférée par voie d'endossement, a rallié les suffrages de presque tous les auteurs et obtenu l'assentiment de la cour suprême. La clause à ordre, ainsi généralisée, peut être insérée par la volonté des parties dans toute obligation pure et simple; la faculté de transmission par endossement avec les conséquences qui en dérivent, faculté indépendante de la nature de l'obligation, est dans tous les cas l'effet de cette clause. Il a été jugé par la chambre civile que les dispositions des art. 1690 et 1691 c. civ., concernant le transport des créances, ne sont pas d'ordre public; qu'il peut y être dérogé, même implicitement, par la convention des parties; qu'en conséquence, on doit considérer comme valable et obligatoire la clause par laquelle le débiteur d'une obligation civile en la forme notariée s'engage à payer au créancier ou à son ordre; et que l'endossement d'une telle obligation a pour effet d'en opérer le transport, non seulement dans les rapports du cédant et du cessionnaire, mais aussi à l'égard du débiteur cédé; que, par suite, celui-ci ne peut payer valablement qu'entre les mains du porteur; que le payement fait aux mains du créancier originaire ou de ses héritiers, postérieurement à l'endossement, n'est pas libératoire (Civ. cass. 8 mai 1878, aff. Guyonin, D. P. 78. 1. 241).— Sous cet arrêt (Ibid.), M. Beudant développe, dans une note remarquable, les motifs sur lesquels s'appuie la doctrine consacrée par la cour souveraine. Après avoir éclairci les origines, tant en ce qui concerne les règles de la cession de créance que le principe de la clause à ordre, et rappelé que la très grande majorité des auteurs a toujours admis que la clause à ordre rentre dans le domaine des libres conventions, M. Beudant fait observer que « la thèse, dans ses termes simples, revient à ceci : les obligations civiles peuvent-elles être stipulées payables à ordre, de manière à être transmissibles? » Et il ajoute aussitôt que « à la question ainsi posée, les principes qui constituent la théorie de l'ordre ainsi que les textes de loi actuellement en vigueur imposent que l'on réponde affirmativement ». En ce qui concerne les principes, il remarque que « l'introduction de l'ordre dans la pratique, au 17e siècle, fut moins une innovation véritable qu'une manière particulière et ingénieuse d'appliquer le droit commun »;... que « l'ordre n'est pas autre chose, de la part du débiteur, que l'acceptation anticipée des cessions que le bénéficiaire fera de la créance », et que, dans notre droit, les conventions légalement formées tiennent lieu de loi à ceux qui les ont faites (c. civ. art. 1134). En ce qui concerne les textes, il suffit de constater que les billets à ordre qui ne portent que des signatures de non-commerçants et n'ont pas pour occasion des opérations de commerce (c. com. art. 636), ou qui n'énoncent pas la valeur fournie (c. com. art. 188), n'en sont pas moins cessibles par endossement (c. com. art. 187), pour établir que la possibilité de cession par endossement, en dehors des prescriptions de l'art. 1690 c. civ., tient uniquement à la forme du titre (c'est-à-dire à la clause à ordre), et non au caractère commercial ou non de la créance (V. en ce sens : Lyon-Caen et Renault, t. 1, n° 1104; Alauzet, t. 4, n° 1342; Bédarride, t. 1, n° 286; Bravard et Demangeat, t. 3, p. 139 et suiv.; Boistel, n°s 746 et 839; Massé, t. 4, n° 2301; Nouguier, t. 1, n°s 602 et 609; Pascaud, *Revue critique*, 1878, p. 705 et suiv.).— La chambre civile a confirmé sa jurisprudence en jugeant que les dispositions des art. 1690 et suiv. c. civ., concernant les transports de créance, ne sont pas d'ordre public; qu'il peut y être dérogé, même implicitement, par la convention des parties; qu'en conséquence, est valable et obligatoire la clause par laquelle le débiteur d'une obligation civile, même sans échéance fixe, s'engage à payer au créancier ou à son ordre, et que l'endossement d'une telle obligation a pour effet d'en opérer le transport, non seulement dans les rapports du cédant et du cessionnaire, mais même à l'encontre des tiers et notamment des créanciers du cédant tombé en faillite (Civ. cass. 7 mai 1879, aff. Regnouf, D. P. 79. 1. 307). — Il a encore été jugé, dans le même sens, que la transmission d'une créance purement civile peut s'opérer par voie d'endossement, si ce mode de cession a été convenu entre les parties, et qu'à partir de l'endossement, le payement ne peut plus être valablement fait au créancier originaire, alors même que les parties auraient stipulé, dans un autre acte constatant la même créance, que le débiteur conserverait le droit de se libérer entre les mains de ce créancier, une telle clause n'étant pas opposable aux tiers du moment qu'il n'en est pas fait mention dans le titre négocié à leur profit (Agen, 27 déc. 1875, sous Civ. cass. 4 déc. 1878, aff. Bibal, D. P. 79. 1. 14).

150. On a présenté au *Rép.* n° 373 les objections que l'on peut faire au système d'après lequel l'endossement d'un titre transmissible par ce procédé, entraîne, au profit du bénéficiaire de l'endossement, transmission des accessoires de la créance cédée, et notamment de l'hypothèque stipulée pour garantie de cette créance. Ce système est aujourd'hui définitivement admis par la jurisprudence et la grande majorité des auteurs; après avoir réservé notre opinion au *Rép.* v° *Effets de commerce*, n° 373, nous l'avons nous-mêmes adopté *ibid.*, v° *Priviléges et hypothéques*, n° 1267 (V. en ce sens: Lyon-Caen et Renault, t. 1, n° 1089; Alauzet, t. 4, n° 1349; Boistel, n° 752; Bédarride, t. 1, n° 317; Demangeat sur Bravard, t. 3, p. 142, note 1; Nouguier, t. 1, n° 715; Sol. impl., Rouen, 9 mai 1854, aff. Fresne, D. P. 54. 2. 247.— *Contrà:* Massé, t. 4, n° 2996).— La loi du 10 déc. 1874 sur l'hypothèque maritime (D. P. 75. 4. 64) a déclaré formellement (art. 12) que « si le titre constitutif de l'hypo-

thèque est à ordre, sa négociation par voie d'endossement emporte la translation du droit hypothécaire ». Cette disposition a été textuellement reproduite par l'art. 12 de la loi du 10 juill. 1885 (D. P. 85. 4. 17) relative à l'hypothèque maritime (V. *supra*, v° *Droit maritime*, n°s 476 et 500).

Il a été jugé en ce sens: 1° que l'endossement d'une lettre de change fait passer au tiers porteur, jusqu'à concurrence de la provision, les garanties accessoires qui, telles que l'hypothèque, sont attachées à la créance servant de provision (Civ. rej. 20 juin 1854, aff. Bourdel-Eude, D. P. 54. 1. 305); — 2° Qu'une hypothèque peut être valablement constituée par une stipulation insérée dans un billet à ordre passé en brevet, et que la cession d'un tel billet par voie d'endossement emporte cession de l'hypothèque (Alger, 7 mai 1870, aff. Tabet et Dubois, D. P. 71. 2. 1); — 3° Que le vendeur non payé d'un office ministériel peut réclamer, sur le prix de revente de cet office encore dû par le second acquéreur, le privilége établi par l'art. 2102-4° c. civ. au profit du vendeur d'effets mobiliers; que l'acceptation, par le vendeur, de billets à ordre causés valeur à valoir sur le prix de la cession d'office n'opère pas novation dans la créance et ne peut, dès lors, faire obstacle à l'exercice du privilége du vendeur; et que, si ces billets ont été passés par le vendeur à l'ordre d'un tiers, le privilége existe au profit du cessionnaire comme au profit du cédant (Metz, 26 janv. 1854, aff. Simon, D. P. 54. 2. 259. Comp. cependant : Paris, 25 févr. 1854, aff. Mac-Mahon et Donnet, D. P. 55. 2. 295); — 4° Que, dans le cas où une hypothèque a été accordée comme garantie du remboursement d'un crédit ouvert, le tiers porteur des traites créées pour parvenir à ce remboursement peut, de son chef, et sans signification au débiteur cédé, réclamer le droit hypothécaire (Colmar, 30 déc. 1850, aff. Just-Detrey, D. P. 54. 2. 145); — 5° Que lorsqu'à raison d'un crédit ouvert par un banquier sous le cautionnement hypothécaire d'un tiers intervenu à l'acte, il a été émis par le crédité des effets que le créditeur a endossés, les porteurs de ces effets sont fondés à réclamer la réalisation du cautionnement hypothécaire, alors même que les effets endossés ne mentionneraient ni le cautionnement ni l'hypothèque (Paris, 6 juin 1850, aff. Revêche, D. P. 51. 2. 181. Conf. Dijon, 5 août 1858) (1); — 6° Que la transmission, par voie d'endossement, d'effets de commerce créés en vertu d'une

---

(1) (Lefebvre et autres *C.* syndic Genot.) — La cour ;... — Au fond — Considérant que, par acte du 23 janv. 1854, Genot a ouvert sur sa maison de banque à Prenleloup et à sa femme un crédit hypothécaire jusqu'à concurrence de la somme de 40000 fr.; qu'il était stipulé que ce crédit serait réalisé par des billets et effets de commerce souscrits ou remis par Prenleloup, qui seraient endossés par Genot, et que ces effets de commerce devaient à leur échéance être acquittés par Prenleloup; qu'il était en outre d'accord entre les parties que lorsque celui-ci ne pourrait pas solder ces effets à leur échéance et que Genot serait obligé de les payer, il lui seraient remplacés par de nouvelles valeurs négociables, de sorte que Genot ne devait être dû que pour un temps très court à découvert d'espèces et ne fournissait réellement à Prenleloup que son cautionnement à une créance garantie par une hypothèque; — Considérant que, dans cette situation des choses, lorsque Prenleloup réalisait le crédit qui lui était ouvert en souscrivant un billet à Genot, celui-ci devenait son créancier en vertu de ce billet ; que tant qu'il en restait détenteur, cette créance était garantie entre ses mains par l'affectation hypothécaire, et que lorsqu'il la cédait par la voie commerciale de l'endossement, il la transmettait aux tiers qui en devenaient propriétaires avec tous ses avantages et ses accessoires ; — Considérant, en effet, qu'il est aujourd'hui de jurisprudence bien établie que la transmission par voie d'endossement d'une créance commerciale transporte, comme une cession civile, les cautionnements et les hypothèques attachés à la créance, alors même que ces accessoires ne sont pas mentionnés dans le billet négocié et que le tiers porteur a pu les ignorer ; — Considérant que s'il en était autrement il faudrait décider que, lors même que la créance subsiste, l'hypothèque stipulée pour sa sûreté peut cependant n'appartenir à personne, puisque le banquier qui a ouvert le crédit, mais qui a cessé d'être créancier par la transmission de son titre, ne pourrait s'en prévaloir, et que le tiers porteur de la créance n'aurait point acquis ce droit hypothécaire dont les effets seraient ainsi anéantis, ce qui limiterait d'une manière fâcheuse les effets du crédit commercial ; — Considérant que la comparution de Genot à l'ordre ouvert sur le prix des biens des mariés Prenleloup et la collocation qu'il a obtenue par le jugement du 15 mai 1857 n'ont rien changé à

cet état de choses; qu'en effet, avant comme après cette collocation, le compte courant existant entre les parties a continué sur les mêmes bases et d'après le même mode d'opération; qu'il résulte des documents produits que les billets souscrits pour la valeur de 40000 fr. qui constituait l'ouverture du crédit, ont été remplacés à leur échéance, et plusieurs fois successives, par des billets nouveaux qui se substituaient aux premiers et que Genot mettait immédiatement dans la circulation; que Genot a positivement reconnu qu'il se regardait pour ces nouveaux billets comme garanti par son affectation hypothécaire, et que, du reste, il ne prétend aucunement être aujourd'hui à découvert en espèces vis-à-vis de Prenleloup, mais seulement être sa caution à l'égard des tiers porteurs; — Considérant qu'il résulte de là que c'est la créance hypothécaire et colloquée, renouvelée par des billets successifs, que Genot a transmise par la voie de l'endossement aux porteurs; que cette créance, en arrivant en leur possession, y est advenue avec tous ses accessoires, soit avec le cautionnement de Genot, soit avec les droits hypothécaires et de collocation qui y étaient inhérents; qu'aujourd'hui les tiers porteurs, en se présentant pour se faire attribuer le bénéfice de la collocation, en recevant le payement de la créance qui leur appartient, et en dégageant par là Genot de ses obligations comme caution, ne font qu'user de leur droit, sans porter préjudice à Genot, qui se trouve par là même affranchi de toutes ses obligations; — Considérant, toutefois, qu'il n'appartient pas au tribunal de commerce d'intervenir dans l'ordre, de statuer sur la délivrance du bordereau et d'ordonner au juge-commissaire de le délivrer au nom des tiers porteurs; qu'il ne peut statuer que sur le résultat et le bénéfice de la collocation, et qu'il suffit du reste aux intérêts des tiers porteurs de décider que la collocation obtenue par Genot, et dont ils peuvent poursuivre les effets comme ses cessionnaires, leur appartiendra exclusivement;

Par ces motifs, vidant le partage et réformant, ordonne que les appelants seront substitués à la faillite Genot pour profiter de la collocation qui lui a été attribuée dans l'ordre ouvert pour la distribution du prix des biens des mariés Prenleloup, etc.

Du 5 août 1858. -C. de Dijon, 3e ch.-MM. Legoux, pr.-Massin, av. gén.

ouverture de crédit garantie par des hypothèques a pour effet de transmettre aux tiers porteurs les droits hypothécaires attachés à la créance, et que les tiers porteurs de ces effets étant tous, au même titre, les ayants cause du cédant, doivent être colloqués au même rang et au marc le franc de leurs créances respectives sur le prix des biens hypothéqués, sans égard à la date des endossements; qu'il en est ainsi, alors même que le créancier créditeur aurait subrogé expressément l'un de ces tiers porteurs, par priorité à lui-même, dans tous les droits hypothécaires résultant pour lui de l'acte de crédit et, spécialement, dans l'hypothèque légale de la femme du crédité (hypothèque à laquelle lui-même avait été subrogé par le même acte de crédit), cette subrogation expresse, même suivie de l'acceptation de la femme, ne pouvant avoir plus d'effet que la subrogation tacite résultant du simple endossement (Colmar, 29 mars 1852, aff. Pflug et comp., D. P. 54. 2. 190); — 7° Que les effets de commerce souscrits par le crédité envers le créditeur, en exécution d'une ouverture de crédit hypothécaire, sont garantis par l'hypothèque originairement constituée, et que cette hypothèque se transmet par l'endossement des traites; qu'au cas où, parmi les effets émis, les uns seraient restés aux mains du créditeur et les autres auraient passé à des tiers porteurs, ceux-ci priment le créditeur dans l'ordre ouvert sur le prix de l'immeuble hypothéqué; et que le droit de priorité doit être reconnu aux tiers porteurs, même dans le cas où la faillite du créditeur aurait mis en son lieu et place la masse de ses créanciers (Toulouse, 18 mars 1885, aff. Castaing, D. P. 86. 2. 204. Conf. Civ. rej. 20 juin 1854 précité); — 8° Que, les tiers porteurs de billets faisant partie d'une créance hypothécaire ont droit, à raison de la garantie due par l'endosseur qui conserve l'autre partie de la créance, de lui être préférés dans la collocation ouverte sur le prix des biens du débiteur commun, et que ce droit de préférence est opposable même à la faillite de l'endosseur; qu'en pareil cas, la masse, ayant cause du failli, ne peut, à ce titre et à cause de la garantie dont elle est elle-même tenue envers les tiers porteurs, mettre obstacle à leur payement en concourant avec eux (Rouen, 9 mai 1854, précité). — Mais il a été décidé que le créancier qui s'est fait consentir une hypothèque attachée seulement à la créance qui sera le résultat en sa faveur de l'ensemble de son opération de crédit ne transmet pas de droit hypothécaire aux tiers auxquels il endosse des billets à lui remis par le crédité et conserve par suite, à l'encontre de ces cessionnaires, un droit exclusif à la garantie hypothécaire pour le seul billet dont il est porteur (Req. 26 déc. 1871, aff. Méguin, D. P. 72. 1. 319).

151. Avant que la doctrine et la jurisprudence ne fussent fixées dans le sens de la transmissibilité des créances civiles par voie d'endossement, et alors, au contraire, que les décisions des cours d'appel citées au *Rép.* n° 374 statuaient en sens opposé, on tournait la difficulté en cumulant avec l'acte constitutif de la créance des billets à ordre. Il est, en effet, permis à un débiteur de fournir à son créancier, indépendamment d'un titre ordinaire, privé ou authentique, un billet à ordre se rattachant à la même cause que ce titre et destiné seulement à rendre la créance négociable par voie de simple endossement; alors, le tiers porteur est valablement saisi de la créance, vis-à-vis du débiteur, par le seul effet de l'endossement : « Attendu, est-il dit notamment dans un arrêt de cassation du 18 mars 1850, que celui qui s'engage par un titre payable à ordre, accepte d'avance pour créancier, non seulement le bénéficiaire ou preneur du billet, mais encore tous ceux qui en deviendront propriétaires par les endossements successifs ». Cet arrêt décide même que, lorsque le créancier, usant de ses deux titres, bien qu'ils fissent double emploi, les a séparément cédés à des personnes distinctes, à savoir, le titre ordinaire, par voie de transport notifié, et l'effet négociable, par voie d'endossement, le porteur du billet est préférable au cessionnaire de l'obligation, nonobstant l'antériorité de la cession, une telle cession constituant une exception non opposable à ce tiers porteur » (Civ. cass. 18 mars 1850, aff. Devèze, D. P. 50. 1. 166).

Mais il a une hypothèse plus délicate sur laquelle la jurisprudence a été appelée à statuer. Ce n'est pas le débiteur qui a remis à son créancier tout à la fois un titre ordi-

naire et un billet à ordre ; le créancier n'a contre son débiteur qu'un seul titre soumis aux règles du droit civil, et c'est lui qui, en cédant ce titre, a cru devoir lui donner une forme négociable, en souscrivant au profit de son cessionnaire des billets à ordre représentatifs de la créance cédée. Toutes les précautions ont d'ailleurs été prises pour conserver à la créance son unité, et le débiteur cédé a été averti, par l'acte de notification, de la substitution d'un titre multiple au titre unique qui existait primitivement. Quel peut être l'effet, par rapport au débiteur, de cette transformation du titre primitif opéré en dehors de sa participation, mais dans un acte de transport à lui régulièrement notifié ? On pourrait soutenir que le débiteur n'est toujours tenu que suivant la nature de son titre ; que, par conséquent, la créance n'est point devenue transmissible par voie d'endossement ; qu'une notification restait nécessaire pour que cette créance pût être ultérieurement cédée à l'encontre du débiteur et des tiers; que, pour les tiers, le seul créancier du débiteur cédé était toujours le premier cessionnaire, qui avait notifié son acte de transport ; que, dès lors, la créance restée dans le patrimoine de ce dernier était demeurée le gage de ses propres créanciers, et que, quant à ceux à qui il avait endossé les billets, ils n'avaient d'action que contre lui, sans droit direct contre le débiteur cédé. La cour de cassation a décidé au contraire que lorsque, pour faciliter la négociation d'un transport, le créancier cédant souscrit au cessionnaire des billets à ordre, avec stipulation, dans l'acte de cession, que tout nouveau transport de l'acte de la créance ne pourra s'opérer qu'au moyen de l'endossement de ces billets, cet endossement saisit les tiers porteurs, non seulement des billets endossés, mais encore de la créance elle-même, à l'encontre du débiteur cédé auquel l'acte de transport a été régulièrement notifié ; qu'il en est ainsi, notamment, quand les billets ont été souscrits « valeur reçue aux causes de l'acte de transport », et signés *ne varietur* par le notaire rédacteur de cet acte; qu'en conséquence, le cessionnaire auquel des billets ont été ainsi souscrits en représentation de la créance à lui cédée, et qui les a endossés, est dessaisi de la créance par l'effet de l'endossement, que les créanciers de sa faillite n'y ont aucun droit (Req. 17 août 1853, aff. Farel, D. P. 54. 1. 41).

Il n'en peut être ainsi, bien entendu, que si l'on se trouve exactement dans les conditions supposées par l'arrêt précité; il est indispensable que le premier transport et l'adoption de la clause à ordre pour les transmissions ultérieures aient été régulièrement notifiés, conformément aux prescriptions du code civil. Jugé en ce sens que, si l'endossement de billets souscrits, avec cette mention qu'ils ne font qu'une seule et même chose avec une délégation antérieurement consentie à l'endosseur, peut faire acquérir à celui au profit duquel l'endossement est fait des droits sur les sommes déléguées, vis-à-vis du cessionnaire et endosseur, il n'en est saisi, à l'égard du tiers, que par la signification au débiteur ou par l'acceptation de celui-ci dans un acte authentique; que, par suite, lorsque ces formalités n'ont pas été remplies, le bénéficiaire de l'endossement ne peut prétendre, vis-à-vis des créanciers de la faillite de l'endosseur, qu'il est devenu propriétaire des sommes déléguées par le seul effet de l'endossement (Req. 23 nov. 1875, aff. Corbineau, D. P. 76. 1. 456).

152. Ainsi qu'on l'a établi au *Rép.* n° 379, le droit commun demeure applicable aux effets de commerce. L'art. 136 c. com., en édictant que la propriété de la lettre de change se transmet par la voie de l'endossement, a eu seulement pour but de mettre à la disposition du porteur de la lettre de change un moyen plus expéditif d'en transférer la propriété. Libre à lui de recourir aux formes réglementées par les art. 1690 et 1691 c. civ. ; il échappera ainsi aux règles spéciales du code de commerce et notamment à ses exigences relatives aux délais à observer; mais, en revanche, il ne bénéficiera pas des avantages de la loi commerciale, spécialement en ce qui concerne la garantie. Toutefois, la garantie pourra être, en pareil cas, l'objet d'une stipulation expresse. Il a été jugé, en ce sens : 1° que la négociation des effets de commerce peut se faire sans endossement, au moyen d'une cession ordinaire et dans les termes du droit commun; que, si une semblable cession n'oblige pas le cédant à la garantie de la solvabilité des débiteurs cédés, du moins, cette garantie peut être stipulée, et que la preuve d'une telle stipulation peut être administrée conformément aux règles ordinaires; que l'action en garantie étant alors exercée, non en vertu d'un endossement, mais en vertu d'une stipulation ajoutée à la cession, n'est pas soumise aux formalités et délais prescrits par l'art. 164 c. com. (Req. 15 déc. 1868, aff. Servoz, D. P. 71. 1. 325); — 2° Que lorsqu'un effet de commerce est transmis au moyen d'une cession ordinaire dans les termes du droit commun, la garantie des débiteurs cédés, qui n'est pas la conséquence d'une telle cession, peut résulter d'un engagement formel, et que, lorsqu'elle est la condition et l'accessoire d'un acte de commerce, elle peut être prouvée par les mêmes moyens que la convention dont elle fait partie; que l'obligation de garantie ainsi contractée par le cédant peut servir de cause légitime à une constitution d'hypothèque par lui stipulée du débiteur garanti; et que cette hypothèque n'est pas atteinte par le renouvellement des effets primitivement émis, alors que ce renouvellement était entré dans les prévisions des parties (Req. 1er févr. 1876, aff. Charnay, D. P. 78. 1. 229).

Il a été jugé aussi que le cessionnaire, même de bonne foi, d'effets de commerce, par voie de transport ordinaire, est passible des exceptions opposables à son cédant, et notamment de l'exception tirée de la cause illicite de ces effets, alors surtout que la cession a eu lieu après protêt des effets cédés, et à une époque où le payement en était déjà poursuivi, avec obligation, pour le cédant, de suivre le litige commencé (Req. 9 juill. 1867, aff. Lestienne, D. P. 68. 1. 72).

Art. 1er. — *De l'endossement régulier* (*Rép.* nos 381 à 446).

§ 1er. — Formes de l'endossement (*Rép.* nos 382 à 406).

153. Ainsi qu'on l'a exposé au *Rép.* nos 382 et suiv. les mentions exigées pour qu'un endossement soit régulier sont : la date, la valeur fournie, le nom de celui à l'ordre de qui il est passé.

154. L'art. 139 c. com. contient une disposition rigoureuse à l'égard de l'antidate des endossements qu'il punit de la peine du faux. On a indiqué au *Rép.* no 386 que cette disposition ne doit pas être entendue strictement. Il a été jugé, dans ce sens, que la sanction édictée par l'art. 139 c. com. contre l'antidate des endossements n'est applicable qu'autant que l'antidate constitue une déclaration frauduleuse, sciemment mensongère, faite en vue de créer des droits inexistants et, par là, de porter préjudice, comme lorsqu'elle a été pratiquée pour attribuer à un endossement, opéré à une époque où l'endosseur avait cessé d'être *in bonis*, une date antérieure à l'événement qui l'a frappé d'incapacité, mais que ce serait détourner contre la pensée de la loi que d'en étendre la disposition à l'antidate qui n'a pas ces caractères (Civ. rej. 21 déc. 1864, aff. de Saint-Phalle, D. P. 65. 1. 30, V. conf. Lyon-Caen et Renault, t. 1, no 1084, p. 587, note 6 ; Boistel, no 750; Alauzet, t. 4, no 1374).

155. La chambre civile a également décidé que la date inexacte ou l'antidate dans les endossements d'effets de commerce ne sont pas assimilées, en principe, à l'absence de date; que cette assimilation ne saurait, en tous cas, être faite, lorsque l'antidate ne présente pas les caractères qui la rendent passible des peines du faux; qu'ainsi, le fait par le porteur d'un effet de commerce, en vertu d'un endossement en blanc, d'en avoir indiqué l'ordre, quand il l'a rempli à son profit, n'enlève pas à l'endossement antidaté son caractère translatif, lorsque l'endossement avait pu être valablement fait à sa date véritable et que, d'ailleurs, aucune fraude n'est établie, ni même alléguée (Civ. rej. 21 déc. 1864, aff. de Saint-Phalle, D. P. 65. 1. 30. V. conf. Boistel, no 750; Lyon-Caen et Renault, t. 1, no 1084).

156. De ce que l'endossement doit indiquer la valeur fournie, il ne résulte pas que cette valeur doive être nécessairement égale au montant de l'effet endossé. C'est ainsi qu'il a été jugé que l'on ne saurait refuser au porteur de billets à ordre le droit de céder ces billets moyennant un prix moindre que le montant de leur valeur nominale, et de conserver au profit du cessionnaire tous les avantages du porteur, lorsque le débiteur ne présente pas les garanties nécessaires pour assurer le payement intégral de la

créance, ou que le recouvrement pourrait en devenir plus difficile ou moins assuré pour l'endosseur que pour le bénéficiaire; que, par conséquent, le souscripteur ne peut être admis à rechercher si la valeur fournie est inférieure à la somme portée au billet, dès qu'il y a transport réel par des endossements réguliers et sérieux et qu'il n'est pas justifié que ces endossements aient été le résultat d'un concert frauduleux pour distraire le demandeur de ses juges naturels (Req. 18 août 1856, aff. Wieldon, D. P. 57. 1. 39). — Sur les mentions « valeur en compte, valeur en garantie », V. *Rép.* nos 420 et suiv., et *infrà*, nos 164 et suiv.

157. Le nom du bénéficiaire de l'endossement est indispensable pour que l'endossement soit régulier et translatif de propriété (*Rép.* no 403). Jugé en ce sens que le porteur d'un effet de commerce en vertu d'un simple acquit ne peut en poursuivre le payement en son nom (Trib. com. Bordeaux, 17 sept. 1847, aff. Vignal, D. P. 47. 4. 182).

§ 2. — *Époque à laquelle l'endossement peut être donné* (*Rép.* nos 407 à 414).

158. Nous avons cité au *Rép.* no 407, les nombreuses décisions judiciaires aux termes desquelles il était déjà admis qu'un effet de commerce est encore transmissible par endossement après son échéance. La jurisprudence de la cour de cassation s'est fixée définitivement dans ce sens. Il a été jugé : 1° que le principe d'après lequel le porteur d'un effet de commerce qui en est devenu propriétaire par un endossement régulier est créancier direct du souscripteur et n'est passible que des exceptions qui lui sont personnelles, principe qui tient à l'essence des effets de commerce, subsiste en cas de transmission par endossement postérieur à l'échéance, et que l'époque de la transmission ne détruit ni ne modifie la nature et les conditions spécialement attachées par la loi au titre transmis (Civ. cass. 22 mars 1853, aff. Michel Jean, D. P. 53. 1. 83; 24 juill. 1855, aff. Chollot, D. P. 55. 1. 288); — 2° Qu'une lettre de change peut être endossée après son échéance, et que le tiers porteur jouit, en vertu de cet endossement, de tous les droits d'un porteur ordinaire ; qu'ainsi un endosseur, même postérieur à l'échéance, ne peut opposer au tiers porteur des exceptions qui ne seraient pas personnelles à ce dernier, et notamment une clause de non-garantie stipulée entre lui et celui dont le tiers porteur tenait l'effet, mais non reproduite dans l'endossement fait au profit de ce dernier; qu'il exciperait vainement du défaut d'observation à son égard des formalités de protêt et de poursuites prescrites par les art. 165 et suiv. c. com., pour se faire assimiler à un cédant ordinaire, la négociation après échéance ne comportant pas l'accomplissement de telles formalités (Civ. rej. 29 août 1854, aff. Gaillard, D. P. 54. 1. 287); — 3° Que l'échéance de la lettre de change ou du billet à ordre ne leur fait pas perdre la qualité d'effets transmissibles par la voie de l'ordre; que la loi n'a point limité cette faculté et les conséquences qui en résultent à la période de temps qui s'écoule du jour de la souscription à celui de l'échéance; qu'ainsi ces effets peuvent être transmis par la voie de l'endossement, avant comme après leur échéance, et que cet endossement, lorsqu'il est sérieux, qu'il n'a pas été le résultat d'une collusion pour distraire le souscripteur de ses juges naturels ou pour l'empêcher de faire valoir une exception contre le cédant, produit le même effet envers le souscripteur que s'il avait eu lieu avant l'échéance (Req. 18 août 1856, aff. Wieldon, D. P. 57. 1. 39).

159. Nous avons combattu cette jurisprudence (*Rép.* no 408) et constaté en même temps qu'elle se trouvait en désaccord avec l'opinion des auteurs, depuis Savary jusqu'à Nouguier (V. Nouguier, t. 1, no 679). Depuis lors, un revirement s'est produit dans la doctrine, et les auteurs se sont, en majorité, ralliés au système de la jurisprudence. La loi, disent-ils, n'exprime nullement que la lettre de change cesse d'exister à l'époque de l'échéance ; le payement seul peut annuler ce titre ; il n'y a point de raison pour que l'échéance en modifie le caractère ; l'effet de la clause à ordre n'est pas limité à l'époque de l'échéance ; par suite, l'endossement, conséquence de cette clause (V. *suprà*, no 158) doit être valable même après cette époque (V. en ce sens : Bédarride, t. 1, nos 296 et suiv.; Boistel, no 751 ; Lyon-Caen et

Renault, t. 1, n° 1094; Bravard et Demangeat, t. 3, p. 152 et suiv.). — M. Alauzet, t. 4, n°s 1350 et 1351, n'admet la validité de l'endossement postérieur à l'échéance qu'à la condition que l'effet endossé n'ait pas été protesté; l'effet protesté n'est plus, à son avis, un effet de commerce, mais une créance litigieuse ordinaire (Comp. *Rép.* n°s 409 et 411). Cette restriction n'est plus généralement admise (V. les auteurs précités).

160. On a dit au *Rép.* n° 410 que la jurisprudence belge paraissait tendre à assimiler, sous certains rapports, les effets de l'endossement postérieur à l'échéance aux effets de l'endossement antérieur à cette époque, mais qu'elle reconnaissait au tiré le droit d'opposer au porteur les exceptions qu'il pouvait invoquer contre l'auteur de l'endossement après échéance. L'art. 26 de la loi belge du 20 mai 1872 a confirmé cette jurisprudence dans les termes suivants : « La propriété d'une lettre de change se transmet par voie d'endossement, même après l'échéance, avec les garanties hypothécaires qui y sont attachées. Toutefois, si l'endossement est postérieur à l'échéance, le tiré pourra opposer au cessionnaire les exceptions qui lui compétaient contre le propriétaire de la lettre au moment où elle est échue » (*Annuaire de législation étrangère*, 1873, p. 395).

§ 3. — Effets de l'endossement régulier (*Rép.* n°s 415 à 446).

161. L'effet principal de l'endossement régulier est de transmettre au cessionnaire la propriété de la traite endossée (c. com. art. 136) (V. *Rép.* n°s 415 et suiv.). — L'endossement peut être donné par un mandataire du propriétaire de la lettre de change (*Rép.* n°s 415 et suiv.); le cédant, en pareil cas, n'est point le mandataire, mais bien le propriétaire de la lettre. Jugé, en ce sens, que lorsque le prix de vente d'un immeuble a été réglé en lettres de change souscrites et endossées à des tiers par l'acheteur, la circonstance que le vendeur par l'intermédiaire duquel s'est opérée la négociation des traites a été autorisé à s'en attribuer la valeur en payement du prix de la vente, ne saurait faire considérer les tiers porteurs comme des cessionnaires du

vendeur, celui-ci n'ayant pas figuré dans la négociation des traites en son nom personnel, mais seulement comme mandataire de l'acheteur (Civ. rej. 22 nov. 1876, aff. Gras, D. P. 77. 1. 113).

162. Ainsi qu'on l'a dit au *Rép.* n° 418, le tiré accepteur ne pourrait opposer au porteur les exceptions qu'il aurait pu faire valoir contre le souscripteur ou contre un précédent endosseur, et, en cas de non-payement par le tiré, le tireur et les endosseurs ne peuvent pas davantage lui opposer les exceptions qu'ils auraient pu invoquer contre ses cédants. Cette règle traditionnelle a été imposée par les besoins de la pratique ; les effets de commerce sont destinés à circuler rapidement et à faire en quelque sorte fonction de monnaie ; il ne faut donc pas que le porteur risque de se voir opposer le passage de ces effets dans les mains de telle ou telle personne ; comme il n'a en réalité pas le temps de s'adresser au débiteur avant d'accepter l'effet, pour s'assurer que ce dernier continuera de reconnaître sa dette après cession faite par telle personne, il est nécessaire qu'il puisse prendre le titre pour ce qu'il est en lui-même, abstraction faite des mains par où il a passé, et, qu'il ait les mêmes droits que s'il avait toujours été seul créancier du débiteur de ce titre (V. Lyon-Caen et Renault, t. 1, n° 1090 ; Alauzet, t. 4, n° 1341 ; Boistel, n°s 755 et suiv.; Demangeat sur Bravard, t. 3, p. 138 et suiv., note). Cependant cette règle fléchit, suivant le droit commun, en cas de fraude. Il a été jugé en ce sens, que les exceptions tirées de la fraude ou du fait personnel de l'endosseur cédant sont opposables au tiers porteur, lorsqu'il est constaté que celui-ci n'a été que l'intermédiaire complaisant de l'endosseur qui avait frauduleusement détourné la traite et n'en avait pas fait les fonds (Req. 19 mars 1878 (1). Comp. Alauzet, t. 4, n° 1341 ; Boistel, n°s 755 et suiv.; Lyon-Caen et Renault, n° 1091. V. également *suprà*, n°s 38 et suiv., 69, et *infrà*, n° 168). — Mais il ne suffirait pas que le porteur eût connu, lors de l'endossement, telle exception opposable au cédant pour que le débiteur fût en droit de lui opposer cette exception. « Le débiteur, disent à ce sujet MM. Lyon-Caen et Renault, t. 1, n° 1091, est tenu directement envers le porteur et doit le payer à

---

(1) (Soc. *The West London Bank C.* Perbost.) — Le 1er mai 1877, arrêt de la cour de Nîmes ainsi conçu : — « Attendu que la société *The West London commercial Bank* poursuit contre Perbost le payement d'une lettre de change de 20000 fr., souscrite par ce dernier au profit de Green, gérant de la Sonora, le 14 avr. 1875, payable le 31 décembre chez Payen à Marseille ; — Attendu qu'il n'est point contesté et qu'il résulte d'ailleurs de la correspondance échangée entre Perbost et Green que ce dernier n'avait pas fait les fonds de cette lettre de change ; qu'elle lui fut remise avec plusieurs autres s'élevant à une somme de 126000 fr. sur la promesse qu'avant le mois de juin cette somme serait comptée à Perbost par Green ; que Green avait trompé Perbost sur son crédit et qu'il avait indûment retenu les valeurs remises par ce dernier malgré ses réclamations réitérées, dès qu'il devint évident, au mois de juillet, que Green qui se disait directeur d'une grande compagnie la Sonora, était dans l'impossibilité absolue de tenir ses engagements ; — Attendu, qu'abusant de la confiance que Perbost avait en lui, Green essaya de réaliser ces valeurs ; qu'il les proposa à plusieurs maisons de banque anglaise qui, avant de les négocier, demandèrent des renseignements et, ayant connu les circonstances dans lesquelles Green était devenu détenteur, les refusèrent ; — Attendu que, dans cet état des faits, trois de ces lettres de change formant ensemble une somme de 60000 fr. furent protestées à Marseille le 3 janvier, au domicile du tiré ; deux dont était porteur un sieur Crémer, la troisième qui avait été endossée à la compagnie *West London* par Green ; — Attendu qu'il a été jugé par le tribunal de commerce de Marseille que Crémer était un tiers porteur de mauvaise foi et qu'il s'était fait le complice de la fraude organisée par Green ; — Attendu que le protêt de la lettre de change, objet du litige, constatait que cette valeur était aux mains de Green par suite d'un détournement frauduleux ; que néanmoins et, sans exercer de recours contre Green, la maison *West London* a actionné Perbost le 20 mai dernier devant le tribunal de Largentière ; — Attendu que toutes les circonstances de la cause démontrent que cette maison n'est pas tiers porteur de bonne foi des titres dont elle réclamait le payement ; qu'il est inadmissible en effet qu'étant donnée la situation personnelle de Green connu sur la place de Londres pour être un agent peu scrupuleux et d'ailleurs sans crédit, *West London Bank* ait fait les fonds d'une valeur souscrite par un inconnu ; que les diverses banques à qui elle avait été présentée avaient eu recours aux renseignements avant de l'accepter et finalement l'avaient refusée ; qu'elle a dû paraître plus que suspecte lorsqu'elle a été

offerte au porteur actuel au mois d'octobre ; qu'il a dû se demander comment Green, à qui elle avait été remise en avril, avait pu la garder dans son portefeuille pendant six mois sans la négocier, alors que ses besoins étaient tels, qu'il n'avait pas pu payer une vieille dette de 500 fr. dont il était tenu envers la maison *West London*, ainsi qu'il résulterait des livres de cette dernière ; que le compte produit à l'appui de sa demande par la maison *West London* loin d'affaiblir la force de ces présomptions, la confirme, car il porte tous les caractères d'un compte non sérieux et uniquement destiné à colorer la demande ; que ce qui démontre mieux que, dans cette affaire, le tiers porteur n'est qu'une personne complaisante, c'est le silence gardé pendant six mois après le protêt tant à l'égard de l'endosseur que des souscripteurs, et la précaution prise, après que le tribunal de Marseille a mis au jour la manœuvre frauduleuse concertée entre Green et Cremer, de porter l'action devant le tribunal de Largentière ; — Attendu que ces faits constituent un ensemble de présomptions graves, précises et concordantes, qui démontrent que la maison *West London Bank* n'est pas un tiers porteur de bonne foi et que c'est mal à propos que le premier juge a accueilli sa demande : qu'elle n'est que l'intermédiaire complaisant de Green, d'où il suit que la lettre de change, objet du litige, étant sans cause, et qu'il y a lieu d'en ordonner la restitution entre les mains de Perbost ; — Par ces motifs, etc. ». — Pourvoi en cassation par la société *The West London Bank*. — Arrêt.

LA COUR ; — Sur le moyen unique, tiré de la violation des art. 136, 137 et 149 c. com., du principe « *locus regit actum* », et de l'art. 7 de la loi du 20 avr. 1810 : — Attendu que, loin de décider, comme le prétend le pourvoi, que le souscripteur d'une lettre de change peut opposer au tiers porteur de bonne foi les exceptions tirées de la fraude ou du fait personnel de l'endosseur cédant, sans établir que le tiers porteur s'y soit associé ou en ait connaissance, l'arrêt attaqué n'a, au contraire, rejeté la demande en payement dirigée par la société *West London Bank* contre Perbost qu'après avoir déclaré que cette société n'était pas tiers porteur de bonne foi de la traite litigieuse, mais contre Perbost qu'après avoir déclaré que cette société n'était pas tiers porteur de bonne foi de la traite litigieuse, qu'elle n'était que l'intermédiaire complaisant de l'endosseur qui l'avait frauduleusement détournée et n'en avait pas fait les fonds ; que le moyen unique manque donc par le fait qui lui sert de base ;

Par ces motifs, rejette, etc.

Du 19 mars 1878.-Ch. req.-MM. Bédarrides, pr.-Lepelletier, rap.-Godelle, av. gén., c. conf.-Housset, av.

moins de prouver, à la charge de ce porteur, non pas seulement qu'il a connu telle ou telle exception dont le débiteur pouvait se prévaloir, mais qu'il s'est rendu complice d'une véritable fraude destinée à obtenir un payement qui autrement aurait pu être refusé » (V. conf. Demangeat sur Bravard, t. 3, note, p. 138 et suiv. — *Contrà :* Bodin, *Revue pratique*, 1858, t. 5, p. 152 et 153).

163. Une intéressante application du principe que le porteur n'est passible que des exceptions qui lui sont personnelles, a été faite au cas où un débiteur avait souscrit cumulativement, pour une même dette, un contrat d'obligation et des billets à ordre; les deux titres ayant été cédés à des personnes différentes, laquelle des deux devait être préférée? — Il a été jugé que, lorsqu'une obligation notariée et un billet à ordre ont été souscrits pour la même cause, et que le créancier, usant de ces deux titres, quoiqu'ils fissent double emploi, les a successivement cédés à des tiers, le porteur du billet est préférable au cessionnaire de l'obligation, nonobstant l'antériorité de la cession, une telle cession constituant une exception non opposable à ce tiers porteur (Civ. cass. 18 mars 1850, aff. Devèze, D. P. 50. 1. 166. V. *suprà*, n° 151). A l'appui de cette décision, la cour fait valoir cette considération que « la transmission par voie d'ordre ou endossement doit produire la circulation facile en vue de laquelle elle a été admise dans le commerce »; elle invoque aussi le principe fondamental de la clause à ordre, que « le débiteur qui s'engage par un titre payable à ordre, *accepte d'avance* pour créanciers non seulement le bénéficiaire ou preneur du billet, mais encore tous ceux qui en deviendront propriétaires par des endossements successifs; et qu'à la différence du cessionnaire d'une créance ordinaire auquel le code civil accorde contre le débiteur autant de droits seulement qu'en avait le cédant qu'il représente, le porteur de l'endossement a pour *débiteur* direct le souscripteur, sans intermédiaire du bénéficiaire et des autres endosseurs, qui ne se représentent pas les uns les autres, mais dont chacun a été, de son chef, créancier du souscripteur. »

164. On a admis au *Rép.* n°s 420 et suiv., que, de même que l'énonciation *valeur en compte* est suffisante comme expression de la valeur fournie dans la lettre de change, aux termes de l'art. 110, cette énonciation suffit pour la régularité de l'endossement : un endos conçu de cette manière est translatif de la propriété de l'effet, sans que l'endosseur puisse, avant de payer, exiger le compte qu'il suppose. Les auteurs se sont ralliés à cette appréciation, malgré l'opinion contraire de M. Pardessus que nous avons citée au *Rép.* n°s 420 et 423, sans l'approuver (V. Bédarride, t. 1, n° 310 ; Demangeat sur Bravard, t. 3, p. 150, note ; Nouguier, t. 1, n° 638).

Il a été jugé en ce sens : 1° qu'un endossement souscrit « valeur en compte » est valable, bien qu'aucun compte n'ait existé entre l'endosseur et le porteur, si, sous cette forme, l'endosseur a entendu se porter garant solidaire du souscripteur (Req. 5 août 1858, aff. Ruinat, D. P. 59. 1. 123) ; — 2° Que l'énonciation « valeur en compte » dans un endossement est suffisante aux yeux de la loi ; qu'elle établit suffisamment le fournissement d'une valeur susceptible de faire acquérir la propriété du billet, soit au moyen d'une compensation entre deux comptes de crédit et de débit, soit même par l'établissement d'un compte dans lequel la valeur négociée serait comprise, soit encore par l'ouverture d'un crédit pur et simple ; que, par suite, un tel endossement étant translatif de propriété, le souscripteur de l'effet ainsi endossé ne peut opposer au cessionnaire les exceptions qu'il aurait eu le droit d'invoquer contre le cédant (Lyon, 4 déc. 1878, sous Req. 14 juill. 1879, aff. Poulet, D. P. 80. 1. 343. Comp. *Rép.* n°s 421 et suiv.).

165. Quelle portée faut-il attribuer à l'énonciation *valeur en garantie* ? Il a été jugé : 1° que l'endossement d'un objet de commerce, avec cette énonciation, opère le transport de la propriété de l'effet, et ne constitue pas un simple nantissement ; que, par suite, la nullité de cet endossement ne pouvait être demandée, même avant la loi du 23 mai 1863 sur le gage commercial, pour inobservation des formalités prescrites par les art. 2074 et 2075 c. civ. (Civ. rej. 31 mars 1863, aff. Coppens et Nypels, D. P. 63. 1. 292.) ; — 2° Que l'endossement d'un billet à ordre causé « valeur en garantie

de mon compte », aussi bien que l'endossement causé « valeur en compte », est régulier et transmet au preneur la saisine du titre (Orléans, 24 juin 1868, aff. Commeauche, D. P. 68. 2. 195. V. conf. Bédarride, t. 1, n° 312 *bis*).

166. On a examiné au *Rép.* n° 430 les conditions requises pour la validité de la mise en gage des titres à ordre. La loi du 23 mai 1863 qui a modifié les règles concernant le gage commercial (D. P. 63. 4. 73) a mis fin à la controverse exposée au *Répertoire*. Aux termes du nouvel art. 91 c. com. « le gage constitué soit par un commerçant, soit par un individu non-commerçant pour un acte de commerce, se constate, à l'égard des tiers comme à l'égard des parties contractantes, conformément aux dispositions de l'art. 109 c com. (V. *infrà*, v° *Nantissement*). — Le gage, à l'égard des valeurs négociables, peut aussi être établi par un endossement régulier, indiquant que les valeurs ont été remises en garantie ». M. Boistel, n° 491, indique les deux formules suivantes comme pouvant être le plus souvent employées : « Payez à l'ordre de M..., à titre de garantie, la somme... valeur reçue comptant ». « Payez à l'ordre de M..., la somme de... valeur en garantie ». — L'endossement visé par le nouvel art. 91 c. com. n'est d'ailleurs pas le seul procédé autorisé pour la remise en gage des valeurs à ordre ; c'est ce qu'indique le mot : *aussi*, employé par la loi. On pourrait recourir aux formes prescrites par le code civil (art. 2075) (V. Lyon-Caen et Renault, t. 1, n° 694), ou même, selon M. Boistel, n° 491, aux formes prévues par l'art. 91, § 1er, c. com., d'où il résulterait que le gage pourrait être valablement constitué par un endossement irrégulier ou en blanc (Comp. Demangeat sur Bravard, t. 2, p. 304).

167. On a dit au *Rép.* n° 433 que l'endossement ne produit tous ses effets que s'il s'applique à des obligations susceptibles d'être transmises par ce procédé. Nous devons rappeler ici que, suivant l'opinion dominante aujourd'hui, l'endossement est le moyen régulier de transmission pour toutes les créances revêtues de la clause à ordre.

168. L'endossement régulier d'un effet de commerce en transmet la propriété, et renferme en même temps la preuve de la sincérité du titre. Mais cette preuve n'est pas inattaquable, et les tiers intéressés sont admis, ainsi qu'on l'a montré au *Rép.* n°s 434 et 435, en établissant le dol, la fraude ou la simulation, à faire tomber la présomption de sincérité qui résulte de l'endos régulier. — Jugé ainsi en ce sens : 1° qu'un endossement régulier en la forme peut être annulé comme frauduleux, sur la demande du souscripteur, alors, notamment, qu'il est établi qu'il a eu pour but, de la part de l'endosseur et du porteur, de soustraire l'effet endossé aux conséquences d'une cession de biens faite quelque temps après par le souscripteur à ses créanciers, et acceptée par l'endosseur, comme s'il était toujours demeuré porteur du billet (Req. 21 févr. 1859, aff. Lecronier, D. P. 59. 1. 416) ; — 2° Que les créanciers saisissants sont admis à prouver que l'endossement au connaissement, régulier en la forme, déguise une fraude concertée entre leur débiteur et le tiers porteur du connaissement (Req. 3 janv. 1872, aff. Simonnet, D. P. 72. 1. 73) ; — 3° Que l'endossement d'une lettre de change, quoique régulier, n'est pas translatif de propriété, s'il résulte des circonstances dans lesquelles il est intervenu, notamment de l'absence de valeur fournie, qu'il n'a pas été sincère et n'a eu pour objet que de faciliter la négociation de l'effet au profit de l'endosseur (Req. 3 août 1876, aff. Porcher, D. P. 77. 1. 311) ; — 4° Que le porteur d'un effet de commerce qui en a connu la cause illicite et a colludé avec celui au profit duquel cet effet a été souscrit, pour s'en procurer le montant en le négociant, peut être condamné, solidairement avec le bénéficiaire de l'effet, à rembourser au souscripteur la somme que ce dernier a été obligé de payer à un porteur ultérieur de bonne foi (Req. 2 févr. 1853, aff. Labau et Rougé, D. P. 53. 1. 57. Comp. *suprà*, n° 162).

169. Une grave question, demeurée douteuse en jurisprudence jusqu'à ces dernières années, était celle de savoir à quel moment s'opérait la translation de propriété par l'endossement ; si cette translation se produisait dans tous les cas au moment même où l'endos était inscrit sur l'effet de commerce, ou si, au contraire, elle avait besoin, pour sa perfection, de la connaissance et de l'acceptation du bénéficiaire de l'endossement. Nous avions, au *Rép.* n° 436, appliqué le principe du droit commun, d'après lequel un contrat n'est parfait que par l'accord des volontés des parties contractantes ; nous avions cité, à l'appui, un arrêt de Nîmes, du 8 mars 1819; deux décisions de la cour suprême nous étaient également favorables, mais seulement d'une manière implicite (Req. 9 janv. 1838, *Rép.* v° *Effets de commerce*, n° 220; Civ. cass. 20 juill. 1846, aff. Goudchaux, D. P. 46. 1. 335). L'opinion contraire avait été adoptée par la cour de Paris, aux termes d'un arrêt du 6 nov. 1838 (*Rép.* v° *Faillite*, n° 311). Enfin, un arrêt de la chambre des requêtes du 7 mars 1882 a tranché la question formellement dans le sens de la doctrine enseignée au *Répertoire*. M. le conseiller Demangeat, dans son rapport, a rappelé que « l'endossement implique et présuppose une cession, c'est-à-dire une convention », qui exige pour sa perfection le concours de deux volontés. La seconde volonté, celle du cessionnaire, ne peut être appelée à se manifester que quand le bénéficiaire éventuel est avisé de la cession. Si, à ce moment, le cédant n'est plus apte à contracter, il ne peut y avoir concours simultané des deux volontés nécessaires (V. également en ce sens la note de M. Labbé sous l'arrêt précité de la chambre des requêtes). Jugé, en conséquence, par cet arrêt que l'endossement d'un effet de commerce ne transfère à celui au profit duquel l'endossement a été consenti, la propriété de cette valeur qu'au moment où elle est

reçue et acceptée par lui; qu'en conséquence, si l'endosseur qui a inscrit son endossement sur un effet de commerce, et l'a expédié au banquier dont il est le débiteur, tombe en faillite avant le moment où l'effet parvient à destination, ce payement en effets de commerce n'est pas intervenu en temps utile, et la valeur dont il s'agit doit être restituée à l'actif de la faillite (Req. 7 mars 1882, aff. Lazard et comp., D. P. 82. 1. 147).

170. Il arrive souvent que l'endossement, même régulier, n'est destiné qu'à constituer le porteur simple mandataire à l'effet de toucher le montant de la valeur. Nous avons étudié au *Rép.* n°s 438 et suiv. les conséquences de la convention intervenue à cette fin entre l'endosseur et le porteur ; mais cette convention demeure particulière et spéciale à ceux-ci, et ne peut être opposée aux tiers. Il a été ainsi jugé que si l'endossement régulier peut ne constituer qu'un mandat dans les rapports des parties entre lesquelles il intervient, les tiers ont toujours le droit, suivant leur intérêt, d'y voir un transport de propriété : dans l'espèce, un syndic a été admis à réclamer au porteur mandataire qui avait accepté la situation d'un tiers porteur la restitution d'une somme payée dans les dix jours qui avaient précédé la faillite du tiré (Req. 1er déc. 1879) (1).

171. On a examiné au *Rép.* n° 441 la question de savoir qu'il n'en saurait être de même du tiers porteur qui fait protester à l'échéance la lettre de change à payer, et en poursuit le recouvrement contre le débiteur ; qu'il rentre alors dans la situation d'un créancier ordinaire, encaissant à ses risques et périls les payements qui peuvent lui être faits, et restant soumis à toutes les conséquences qui peuvent en résulter pour lui, conformément à l'art. 447 c. com. ; — Attendu que le défaut de payement à l'échéance et les poursuites que Roy a exercées contre la Banque territoriale d'Espagne, et notamment la demande en déclaration de faillite formée contre elle, étaient pour lui une preuve suffisante de son insolvabilité ; qu'il ne peut aujourd'hui profiter au détriment des autres créanciers d'une partie de l'actif social ; — Attendu, toutefois, que Roy ne doit être tenu qu'au rapport des sommes encaissées par lui, après l'époque du 4 nov. 1873, fixée par le jugement de ce tribunal comme étant celle de la cessation des payements de la Banque territoriale d'Espagne ; — Attendu que des pièces produites au tribunal il appert que sur les 44895 fr. 05 c. reçus par Roy, 10000 ont été encaissés le 3 nov. 1873 ; que ce payement échappe, à raison de l'époque à laquelle il a été fait, à toute réclamation ; qu'il convient, en conséquence, de limiter à 34895 fr. 05 c. la condamnation à prononcer contre lui ; — Par ces motifs, etc. ». — Sur l'appel formé par le sieur Roy, la cour de Paris, a confirmé, le 18 mars 1879, le jugement du tribunal de commerce de la Seine, en adoptant les motifs des premiers juges.

POURVOI en cassation par le sieur Roy : 1° Violation des art. 1997 c. civ. et 7 de la loi du 20 avr. 1810, et fausse application de l'art. 136 c. com., en ce que l'arrêt attaqué a, sans en donner de motifs, considéré le sieur Roy comme un tiers propriétaire par voie d'endossement des lettres de change dont s'agissait aux débats, alors que le porteur n'était que le mandataire du sieur Masson, et que l'endossement n'avait constitué qu'une procuration ; 2° Violation de l'art. 449 c. com. en ce qu'en admettant que le sieur Roy fût tiers porteur propriétaire des lettres de change dont s'agit, il n'était pas soumis au rapport des sommes qu'il n'avait touchées qu'en cette qualité. — Arrêt.

LA COUR : — Sur le premier moyen pris de la violation des art. 1997 c. civ. et 7 de la loi du 20 avr. 1810, et de la fausse application de l'art. 136 c. com. : — Attendu que les traites dont le montant a été payé à Roy par la Banque territoriale d'Espagne, alors que celle-ci était en état de cessation de payements, avaient été endossées régulièrement par Masson à l'ordre de Roy ; que si l'endossement régulier peut ne constituer qu'un mandat dans les rapports des parties entre lesquelles il intervient, les tiers ont toujours le droit, suivant leur intérêt, d'y voir un transport de propriété ; qu'il s'ensuit que l'arrêt attaqué a fait une juste application de l'art. 136 c. com., en condamnant Roy envers le syndic de la faillite de la Banque territoriale ; — Attendu, d'ailleurs, que cet arrêt, qui adopte les motifs des premiers juges, a suffisamment motivé sa décision et le rejet des conclusions du sieur Roy ;

Sur le deuxième moyen, pris de la violation de l'art. 449 c. com. : — Attendu que le législateur n'a voulu affranchir le tiers porteur de l'obligation du rapport à la faillite que dans le cas où il ne pouvait par un protêt conserver son recours contre ses garants, le payement lui étant offert à l'échéance par le tiré ; mais que, du moment que le tiers porteur n'a été payé qu'après protêt et poursuites, il y a lieu d'appliquer, comme l'a fait justement l'arrêt attaqué, la règle générale de l'art. 447 et non la disposition exceptionnelle de l'art. 449 ; — Rejette, etc.

Du 1er déc. 1879.-Ch. req.-MM. Bédarrides, pr.-Demangeat, rap.-Lacointa, av. gén., c. conf.-Housset, av.

---

(1) (Roy C. Heurtey, syndic de la faillite de la Banque territoriale d'Espagne.) — Le sieur Masson, client du sieur Roy, banquier à Paris, remit, le 2 oct. 1873, à la succursale que possédait le sieur Roy à Madrid, l'ordre suivant : « Je vous ai remis aujourd'hui 30000 fr. de valeurs au 15 courant sur M. Cl. Duvernois, directeur de la Banque territoriale d'Espagne à Paris, et 12500 fr. au 31 courant, de 3e. Je viens vous déclarer qu'en cas de non-payement de ces deux effets, vous aurez à poursuivre M. Cl. Duvernois, que je les ai acceptés, par toutes les voies de droit ; à cet effet je vous garantis tous les frais. Signé Masson ». A l'échéance, les effets ne furent pas payés; mais plus tard, par suite d'arrangements intervenus entre les sieurs Masson et Cl. Duvernois, le sieur Roy encaissa la somme de 44895 fr. 05. La Banque territoriale ayant peu après été déclarée en faillite, le syndic poursuivit le sieur Roy en restitution des sommes par lui touchées. Le 8 janv. 1878, le tribunal de commerce de la Seine a rendu le jugement suivant : — « Attendu qu'en réponse à la demande en rapport à la masse pour une somme de 44895 fr. 05 c., en vertu de l'art. 447 c. com., Roy soutient d'abord qu'il n'aurait été que le mandataire du sieur Masson, tireur ; qu'il n'aurait agi que pour le compte de Masson ; qu'en conséquence, aucune réclamation de ce chef ne saurait être dirigée contre lui ; que, d'ailleurs, fût-il reconnu tiers porteur des lettres de change dont s'agit au débat, aucune action ne saurait, aux termes de l'art. 449 c. com., être intentée contre lui; — Attendu que, pour justifier sa situation de mandataire de Masson, Roy allègue que deux lettres de change tirées par Masson sur la Banque territoriale d'Espagne, une de 30000 fr., échéance du 15 oct. 1873, l'autre de 12500 fr., échéance du 31 octobre, lui auraient été remises à l'encaissement, que la preuve en résulterait de sa correspondance avec Masson; — Attendu que, sans avoir à examiner quelles conventions particulières ont pu intervenir entre Masson et Roy à l'insu des tiers intéressés, il ressort de l'examen des titres que ceux-ci ont été endossés régulièrement à l'ordre de Roy, à la date du 2 oct. 1873 ; — Attendu que cet endossement régulier avait pour résultat de rendre impossible toute discussion de la créance avec le tiré ; que, dès lors, Roy en acceptant la situation apparente d'un tiers porteur sérieux, indiscutable, et en bénéficiant ainsi de tous les avantages accordés aux tiers porteurs régulièrement saisis, ne peut se refuser aujourd'hui à supporter les conséquences de la situation qu'il s'est ainsi volontairement créée à lui-même et qu'il a toujours évité de révéler au tiré; — Attendu, en effet, que toutes les poursuites ont été exercées par lui et en son nom ; que c'est dans ces conditions qu'il a obtenu payement en capital, intérêts et frais, d'une somme de 44895 fr. 05.; qu'à aucun titre donc il ne saurait être considéré comme mandataire de Masson; — Attendu que vainement Roy invoque en sa faveur les termes de l'art. 449 c. com. ; — Attendu qu'en dégageant le tiers porteur d'une demande en rapport, dans le cas où une lettre de change aurait été payée entre les mains après l'époque fixée par le tribunal comme étant celle de la cessation de payements et avant le jugement déclaratif de la faillite, le législateur n'a entendu libérer que le tiers porteur qui reçoit du débiteur à l'échéance et sans poursuites le montant intégral de la lettre de change ; — Attendu que le tiers porteur qui reçoit ainsi à l'échéance le montant du titre n'est pas libre de discuter ce payement, qu'il est tenu de l'accepter ; que, dès lors, faire protester le titre et perdre ainsi tout recours contre ses cédants ; qu'il serait, dans ces conditions, inique de le rendre responsable de la validité d'un payement opéré dans les conditions prévues au contrat ; — Attendu

si l'endosseur peut être admis à établir par témoins que le bénéficiaire de l'endossement, qui se prétend propriétaire de la traite, n'est en réalité que son mandataire. On a rapporté, *ibid.*, un arrêt de cassation aux termes duquel la preuve par témoins serait, en pareil cas, inadmissible, et présenté les objections que soulève cette décision. Ces objections ont prévalu et les auteurs admettent aujourd'hui que la preuve par témoins doit être reçue (V. Lyon-Caen et Renault, t. 1, n° 1100; Alauzet, t. 4, n° 1340; Nouguier, t. 1, n° 726 et suiv. Comp. conf. Req. 10 juin 1835, *Rép.* n° 434-1°).

172. Ainsi qu'on l'a dit au *Rép.* n° 460, le transport des connaissements est assujetti aux mêmes règles que celui des effets de commerce proprement dits. Toutefois, la situation particulière qui se présente en la matière exige que l'on rappelle en peu de mots les principes qui la gouvernent.

Le porteur de la lettre de change tirée par l'expéditeur sur l'acheteur de marchandises en cours de voyage, a pour provision les objets expédiés, ou plus exactement, puisque ces objets sont devenus préalablement la propriété du tiré, le prix à payer par celui-ci après la prise de livraison. Cette prérogative ne peut, en aucune façon, se trouver compromise par le refus du tiré d'accepter la traite; car si, à défaut d'acceptation, le porteur ne peut exercer contre lui aucune poursuite présupposant l'existence d'une obligation personnelle, toujours est-il que le droit sur la provision subsiste tant que cette dernière demeure entre ses mains. Mais cette proposition, exacte lorsque le destinataire prend livraison des marchandises qui lui sont adressées et se constitue définitivement débiteur du prix, l'est-elle encore dans le cas où la cargaison est laissée pour compte? La réponse ne pourrait être que négative si les traites seules se trouvaient aux mains du porteur; car un porteur ne conserve son droit sur la provision, en cas de refus par le tiré d'accepter les effets qui lui sont présentés, qu'autant qu'elle reste entre les mains de ce dernier jusqu'à l'échéance; or, du moment où le tiré laisse pour compte l'envoi que lui adresse le tireur, le prix n'étant pas dû, la provision disparaît. Le porteur n'a alors d'autres ressources que d'exercer contre le souscripteur ou les endosseurs le recours accordé par les art. 118 et 120 c. com. Au contraire, lorsque les connaissements ont été négociés en même temps que les traites, le refus des acheteurs de prendre livraison reste sans influence sur les droits du porteur; l'action sur la provision n'est plus, en effet, subordonnée à la réception des objets par les ayants droit, comme dans l'hypothèse précédente. Les connaissements étant le signe représentatif de la cargaison, celui qui en est régulièrement nanti se trouve, du jour où ils lui sont transmis, investi de la possession légale et exclusive des objets qui le composent, et il en reste possesseur, bien que les marchandises aient été laissées pour compte par les acheteurs.

Il a été jugé en ce sens que, lorsque les marchandises expédiées par mer sont, au moment de leur arrivée, laissées pour compte par les acheteurs, le tiers porteur des lettres tirées sur ces acheteurs ainsi que des connaissements a le droit d'exiger du représentant du tireur qui a vendu les marchandises, le versement du prix réalisé par cette vente jusqu'à concurrence du montant des traites, sans que celui-ci puisse, pour s'y soustraire, exciper contre le tiers porteur des comptes qu'il aurait à régler avec le tireur (Aix, 27 janv. 1880, aff. Flugel, D. P. 81. 2. 97).

Et il importe peu que les endossements effectués en sa faveur soient irréguliers. En effet, le porteur, en vertu d'un endossement irrégulier, est en droit d'exercer, sinon pour son propre compte, du moins pour le compte du cédant, les mêmes prérogatives que celles découlant d'un endossement régulier (V. *infrà*, n°s 174 et suiv.).

Art. 2. — *De l'endossement irrégulier* (*Rép.* n°s 447 à 488).

§ 1er. — Personnes qui peuvent se prévaloir de l'irrégularité (*Rép.* n°s 448 à 450).

173. D'après la doctrine généralement admise aujourd'hui, les tiers peuvent toujours se prévaloir de l'irrégularité de l'endossement et considérer le porteur en vertu de l'endossement irrégulier comme le mandataire de l'endosseur; il s'ensuit notamment : 1° que le débiteur ne doit pas payer

entre les mains du porteur, si l'endossement est tombé en faillite ou en liquidation judiciaire; les pouvoirs du mandataire cessent en effet de plein droit en pareil cas (c. civ. art. 2003); 2° que le tiré ou le souscripteur peut opposer au porteur les exceptions qu'il pourrait opposer à l'endosseur. Dans les rapports de l'endosseur et du bénéficiaire de l'endossement, au contraire, les conséquences de l'irrégularité de l'endossement ne sont pas inévitables; il peut être prouvé, par tous les moyens, que l'endossement n'a pas eu simplement pour effet de constituer le porteur mandataire de l'endosseur (V. Lyon-Caen et Renault, t. 1, n° 1101; Boistel, n° 756; Alauzet, t. 4, n°s 1363 et suiv.; Bédarride, t. 1, n°s 320 et 321; Bravard et Demangeat, t. 3, p. 179 et suiv.; Nouguier, t. 1, n°s 771 et 775. Comp. *Rép.* n° 448). — M. Massé, t. 3, n° 1574, est d'avis que l'art. 138 c. com. n'établit qu'une présomption susceptible d'être combattue *erga omnes* par la preuve contraire (Conf. Bourges, 26 mai 1863, aff. Geisler, D. P. 63. 2. 198. V. au surplus ce qui est dit *infrà*, n°s 174 et suiv., 187 et suiv. relativement aux effets de l'endossement irrégulier et de l'endossement en blanc).

§ 2. — Effets de l'endossement irrégulier (*Rép.* n°s 451 à 463).

174. Aux termes de l'art. 138 c. com., l'endossement irrégulier ne vaut que comme procuration. Mais, en qualité de mandataire de l'endosseur, le porteur peut exercer tous les droits qui appartiennent à ce dernier. Il a donc le droit de recevoir le montant de l'effet, de donner quittance ou décharge à celui qui effectue le payement; de faire, s'il y a lieu, le protêt prescrit par la loi (c. com. art. 119, 153, 173 et suiv.). Mais a-t-il aussi le droit de poursuivre le recouvrement en justice? Cette question a longtemps fait doute. On invoquait, pour la négative, la maxime que *nul en France ne plaide par procureur* (V. *Rép.* n° 436-3°); mais l'affirmative a prévalu, par ce motif que l'endosseur entend évidemment conférer les pouvoirs les plus étendus au porteur et constituer celui-ci, sans aucune intervention de sa part, *procurator in rem suam* (V. *Rép.* n° 459). Toute divergence s'est effacée devant un arrêt de la cour suprême aux termes duquel le porteur d'un billet à ordre en vertu d'un endossement irrégulier a le droit d'en poursuivre le recouvrement en son nom, bien que cet endossement ne vaille que comme procuration; seulement le souscripteur pourra opposer au porteur toutes les exceptions qu'il pourrait opposer à celui qui a fait l'endossement irrégulier au profit de ce porteur (Civ. cass. 24 déc. 1850, aff. Verdier, D. P. 51. 1. 31. Conf. Orléans, 1er févr. 1853, aff. Perrin, D. P. 53. 2. 172; Req. 12 janv. 1869, aff. de Barral, D. P. 72. 1. 125).

175. Ainsi qu'on l'a dit au *Rép.* n° 453 (V. aussi *ibid.* n° 461), le porteur d'un effet de commerce en vertu d'un endossement irrégulier peut en transmettre la propriété au moyen d'un endossement régulier. Telle est du moins l'opinion dominante en doctrine et en jurisprudence. On a invoqué, il est vrai, en sens contraire, la disposition de l'art. 1988 c. civ., aux termes de laquelle le mandataire ne peut aliéner qu'en vertu d'un pouvoir exprès; mais on a répondu que l'effet de commerce étant un titre destiné à être négocié, l'endosseur doit être considéré comme ayant donné au bénéficiaire de l'endossement pouvoir d'aliéner ce titre (V. en ce sens : Lyon-Caen et Renault, t. 1, n° 1097; Bédarride, n° 323; Boistel, n° 760; Bravard et Demangeat, t. 3, p. 174 et 175; Nouguier, t. 1, n° 787; Orléans, 17 déc. 1887, aff. Thérode, D. P. 88. 2. 260).

176. Mais les pouvoirs du bénéficiaire de l'endossement cessent avec son mandat; la révocation, par la faillite de l'endosseur, de la procuration résultant de l'endossement irrégulier fait perdre, en même temps, au porteur le droit de poursuivre le recouvrement et le pouvoir de négocier. Jugé en ce sens : 1° que le porteur d'un effet de commerce en vertu d'un endossement irrégulier donné par un individu dont la faillite vient à être déclarée, n'étant à l'égard des tiers qu'un mandataire dont les pouvoirs cessent par la faillite du mandant, n'a, pas plus que le failli, capacité pour recevoir le payement de cet effet au préjudice de la masse créancière et pour en libérer le débiteur (Civ. cass. 17 déc. 1856, aff. Bellivet, D. P. 57. 1. 41); — 2° Que, en cas de faillite de l'endosseur, la procuration résultant d'un tel endossement étant révoquée, il y a lieu de refuser toute action contre le souscripteur, soit à celui qui a obtenu cet endossement irrégulier ou en blanc, soit à ceux auxquels il a transmis l'effet, même par endossement régulier, après que la faillite de l'endosseur avait mis fin à l'existence de son mandat (Req. 5 janv. 1864, aff. Fenaille et Chatillon, D. P. 64. 1. 140. Conf. Bordeaux, 14 mai 1872, aff. Tourneur, D. P. 74. 2. 10).

177. On a dit au *Rép.* nº 454 que, lorsque le porteur en vertu d'un endossement irrégulier a fourni la valeur de l'effet à son endosseur, que l'opération par suite avait pour objet de transférer la propriété au bénéficiaire et n'a manqué son but qu'à raison d'une irrégularité de forme, ce porteur peut prouver, du moins à l'égard de l'endosseur, qu'il ne devait pas être un simple mandataire de ce dernier, et qu'il doit être considéré, dans ses rapports avec celui-ci, comme légitime propriétaire de l'effet irrégulièrement endossé. La solution contraire serait d'une flagrante iniquité : il est inadmissible, en effet, que l'endosseur qui a touché le prix de l'effet au moment de l'endossement puisse ensuite demander compte au bénéficiaire du payement fait entre les mains de ce dernier. Aussi les auteurs sont-ils unanimes à reconnaître le droit du porteur (V. Lyon-Caen et Renault, t. 1, nº 1101 ; Alauzet, t. 4, nº 1367 ; Boistel, nº 766 ; Bédarride, t. 1, nº 321 ; Bravard et Demangeat, t. 3, p. 179 et suiv. ; Massé, t. 3, nº 1574 ; Nouguier, t. 1, nº 771). — La jurisprudence est dans le même sens. Ainsi il a été jugé que si l'endossement irrégulier ne vaut que comme procuration et n'opère pas le transport du billet à ordre ou de la lettre de change, ce n'est là, *entre l'endosseur et le porteur*, qu'une présomption qui cède à la preuve contraire ; que cette preuve contraire est souverainement appréciée par les juges du fait; qu'il n'est pas nécessaire qu'elle résulte d'actes écrits ; qu'elle peut, notamment, être cherchée dans les interrogatoires sur faits et articles subis par les parties (Req. 14 avr. 1856, aff. Vimard, D. P. 56. 1. 266. V. *Rép.* nº 455).

178. Mais si l'on reconnaît que le tiers porteur d'un effet de commerce en vertu d'un endossement irrégulier peut prouver vis-à-vis de l'auteur de l'endossement ou de ses ayants cause que l'effet lui a été transmis à titre de propriété, la majorité des auteurs décide, au contraire, conformément à l'opinion soutenue au *Rép.* nº 456, qu'il n'est pas recevable à faire cette preuve vis-à-vis des tiers, et, qu'à leur égard, il est nécessairement réputé n'être qu'un simple mandataire (V. en ce sens : Lyon-Caen et Renault, t. 1, nº 1101 ; Alauzet, t. 4, nºˢ 1363 et suiv. ; Bédarride, t. 1, nº 320 ; Boistel, nº 766; Bravard et Demangeat, t. 3, p.179 et suiv. ; Nouguier, t. 1, nº 775).

Il a été jugé en ce sens : 1º que le porteur d'un effet de commerce en vertu d'un endossement irrégulier ou en blanc ne peut agir contre le souscripteur que comme mandataire de son endosseur, et à la charge, par conséquent, de subir les exceptions opposables à ce dernier, telle, par exemple, qu'une exception de compensation, alors même qu'il prouverait qu'il a fourni à son endosseur la valeur du billet (Req. 5 janv. 1864, aff. Fenaille et Chatillon, D. P. 64. 1. 140); — 2º Que le porteur d'un effet de commerce en vertu d'un endossement irrégulier peut sans doute prouver contre son endosseur immédiat qu'il en a réellement fourni la valeur ; mais qu'il ne saurait avoir cette faculté contre le souscripteur de l'effet, qui est un tiers à son égard ; que celui-ci a le droit de le traiter comme un simple mandataire et de lui opposer non seulement les exceptions opposables à l'endosseur, mais même la révocation du mandat par la faillite de ce dernier ; mais que le souscripteur perd ce droit s'il a reconnu le porteur comme le légitime propriétaire, en sollicitant de lui des délais et des renouvellements (Bordeaux, 14 mai 1872, aff. Tourneur, D. P. 74. 2. 10) ; — 3º Que le souscripteur d'un billet dont le payement est réclamé par un individu qui en est porteur en vertu d'un endos irrégulier, et qui doit par suite être réputé simple mandataire du bénéficiaire, ne peut opposer devant la cour de cassation les exceptions et compensations dont il serait en droit de se prévaloir vis-à-vis de ce dernier, s'il a omis de le faire devant les juges du fond ; mais que l'irrégularité de l'endos en vertu duquel un individu se trouve porteur d'un billet à ordre, ne peut plus fournir au souscripteur un prétexte pour en refuser le payement, lorsqu'il a été jugé en

sa présence, contre le bénéficiaire originaire du billet (ou sa succession), que la propriété en a été véritablement transmise audit porteur (Req. 21 févr. 1870, aff. Perrochon, D. P. 70. 1. 364. V. au surplus *infrà*, nº 180).

179. On décide, en général, dans le système que nous venons de rappeler, que la faillite de l'endosseur n'est pas un tiers à l'égard du bénéficiaire de l'endossement; que le bénéficiaire de l'endossement peut prouver à l'encontre de la masse, ayant cause du failli, qu'il a réellement fourni la valeur de l'effet, et qu'il a le droit de le conserver (V. Lyon-Caen et Renault, t. 1, nº 1101, p. 602, note ; Alauzet, t. 4, nº 1368 ; Boistel, nº 767 ; Demangeat sur Bravard, t. 3, p. 183, note; Nouguier, t. 1, nº 777). Jugé, en ce sens, que le tiers porteur d'un effet de commerce, en vertu d'un endossement irrégulier, peut prouver contre les syndics de la faillite de son endosseur direct, aussi bien qu'il le pourrait contre l'endosseur lui-même, qu'il a versé le montant de l'effet entre les mains de cet endosseur, et que, par conséquent, il en est devenu propriétaire (Poitiers, 17 juin 1857, aff. Jaulin Duseutre, D. P. 58. 2. 124 ; Civ. rej. 29 déc. 1858, aff. Guesdon, D. P. 59. 1. 25).

180. D'après une autre opinion, l'art. 138 c. com. n'établit qu'une présomption susceptible d'être détruite *erga omnes* par la preuve contraire. L'endossement, dit-on, a pour objet de transférer la propriété de l'effet endossé : l'ensemble des règles édictées au code de commerce à l'égard des endossements prouve que c'est à ce point de vue que le législateur a considéré l'endossement ; par suite, si l'art. 138 déclare que l'endossement irrégulier n'est qu'une procuration, cette disposition doit être considérée comme exceptionnelle et interprétée restrictivement. Si, malgré le défaut d'énonciation, la valeur a été réellement fournie, la preuve de ce fait doit être autorisée, et l'on doit restituer à l'endossement ses effets naturels et légaux, sans distinction entre les personnes auxquelles s'appliqueraient ses effets (V. Massé, t. 3, nº 1574). Jugé, en ce sens : 1º que le porteur en vertu d'un endossement irrégulier a le droit de prouver contre son endosseur, contre les syndics de la faillite de celui-ci et, à plus forte raison, contre le tiré qui a accepté l'effet, le versement des valeurs et la réalité de la transmission dudit effet, en dehors de l'endossement (Req. 12 janv. 1869, aff. de Barral, D. P. 72. 1. 125) ; — 2º Que le tiers porteur d'un effet de commerce en vertu d'un endossement irrégulier doit être admis à établir par tous les moyens de preuve autorisés en matière commerciale, non seulement à l'égard du cédant, mais aussi contre le débiteur de l'effet (dans l'espèce, le tiré qui l'a accepté), qu'il en a fourni la valeur et acquis la propriété; qu'on invoquerait vainement, pour repousser cette prétention, la présomption écrite en l'art. 138 c. com., aux termes duquel l'endossement irrégulier n'opère point le transport, cette présomption n'étant qu'une présomption simple, laquelle cède à la preuve contraire (Orléans, 17 déc. 1887, aff. Thérode, D. P. 88. 2. 260. Comp. également : Trib. La Châtre, 29 avr. 1869, sous Req. 21 févr. 1870, aff. Perrochon, D. P. 70. 1. 364; et les arrêts rapportés au *Rép.* nº 459).

181. Les conditions prescrites par l'art. 137 c. com. doivent être observées pour que l'endossement d'un connaissement soit translatif de propriété (V. Civ. cass. 25 juill. 1849, aff. Smith, D. P. 53. 1. 187 ; *suprà*, nº 172, et vº *Droit maritime*, nºˢ 972 et 973).

182. De même, le porteur d'un connaissement irrégulier peut, aussi bien qu'en matière de lettre de change, prouver qu'il a fourni la valeur, à l'encontre de l'endosseur direct. Il le pourrait encore vis-à-vis du précédent endosseur lui-même, si celui-ci avait également transmis le connaissement par endossement irrégulier, auquel cas il ne pourrait pas davantage être considéré comme un tiers. Le premier endosseur ayant donné lui-même un endossement irrégulier n'est vis-à-vis de son cessionnaire qu'un simple mandant et, par suite, il doit être considéré comme ayant consenti, d'avance, quant à la négociation de l'effet, à s'identifier avec ce cessionnaire et à subir les conséquences de ses actes. Il a été jugé, en ce sens, que, s'il est vrai que l'endossement d'un connaissement à ordre ne vaut que comme procuration, lorsqu'il ne contient pas toutes les mentions exigées par l'art. 137 c. com., il est non moins certain que le porteur de ce connaissement irrégulier peut toujours prouver, à l'encontre de son endosseur direct, qu'il a fourni la valeur du titre, à l'effet d'en tirer la conséquence que, nonobstant l'irrégularité de l'endossement, la propriété de ce titre lui est acquise, et que le porteur peut également faire cette preuve à l'encontre de celui de qui son endosseur direct avait reçu le connaissement au moyen d'un endossement en blanc; que, dans ce cas, l'endosseur direct n'étant que le mandataire du précédent endosseur, la négociation par lui faite produit contre son mandant les mêmes effets que contre lui-même (Civ. cass. 7 août 1867, aff. Dats et comp., D. P. 67. 1. 327). Jugé aussi que le porteur d'un connaissement en vertu d'un endossement irrégulier peut, par tous les moyens de preuve admis en matière commerciale, établir, non seulement à l'encontre de son endosseur, mais encore à l'encontre des syndics de la faillite de ce dernier, qu'il a réellement fourni la valeur du titre passé à son ordre, et exercer en conséquence, à l'exclusion de cet endosseur et de sa faillite, le privilège de l'art. 93 (ancien) c. com. (Req. 6 déc. 1852, aff. Smith, D. P. 53. 1. 188. — V. au surplus *supra*, v^is *Commissionnaire*, n° 46 ; *Droit maritime*, n° 973).

183. Nous avons rappelé *supra*, n°s 175 et suiv., conformément à ce qui a été dit au *Rép.* n°s 453 et 461, que le porteur en vertu d'un endossement irrégulier, bien qu'il ne soit qu'un simple mandataire de l'endosseur, peut transférer la propriété du titre à un tiers au moyen d'un endossement régulier. Il importe peu que le titre originaire soit lui-même irrégulier. Ainsi, que l'une des énonciations exigées ait été omise; que notamment l'époque du payement n'ait pas été déterminée d'une manière précise, l'effet dégénérera en simple promesse, sans aucun des privilèges établis en faveur des effets de commerce, sauf qu'il sera transmissible par endossement s'il a été revêtu de la clause à ordre. Et il a été jugé qu'il suffit qu'un billet sans échéance fixe soit stipulé à ordre, pour que le bénéficiaire qui l'a mis en circulation devienne responsable du non-payement par le souscripteur, soit envers le porteur du billet en vertu d'un endossement irrégulier, soit envers ceux à qui ce dernier l'a transmis par un endossement régulier (Civ. cass. 14 nov. 1871, aff. Jacquet, D. P. 73. 1. 140).

184. On a dit au *Rép.* n°s 462 et 463 que le bénéficiaire d'un endossement irrégulier qui, après avoir régulièrement négocié l'effet, a dû le rembourser au porteur, est subrogé aux droits de ce dernier. Cette opinion est consacrée maintenant par une jurisprudence constante ainsi qu'on le verra *infra*, n° 199.

Art. 3. — *De l'endossement en blanc* (*Rép.* n°s 464 à 488).

185. Ainsi qu'on l'a dit au *Rép.* n° 464, l'endossement en blanc est un endossement irrégulier ; s'il présente certains caractères spéciaux, la plupart des règles posées dans l'art. 2 concernant l'endossement irrégulier ne lui sont pas moins applicables.

§ 1er. — Personnes qui peuvent se prévaloir de l'endossement en blanc (*Rép.* n°s 465 à 469).

186. La distinction que nous avons indiquée *supra*, n°s 173 et 177 et suiv., quant aux personnes qui peuvent se prévaloir de l'endossement irrégulier doit être appliquée en ce qui concerne les personnes ayant intérêt à se prévaloir de l'endossement en blanc (V. d'ailleurs *Rép.* n°s 465 et suiv., et *infra*, n°s 187 et suiv.).

§ 2. — Effets de l'endossement en blanc (*Rép.* n°s 470 à 488).

187. On a rapporté au *Rép.* n°s 471 et 472 plusieurs arrêts aux termes desquels l'endossement en blanc doit être considéré comme translatif de propriété *erga omnes*, lorsque le bénéficiaire établit qu'il a réellement fourni la valeur. Il convient de rapprocher de ces arrêts les décisions analogues que nous avons citées *supra*, n° 174, à propos de l'endossement irrégulier en général.

188. Mais, conformément à l'opinion exprimée au *Rép.* n° 473, la plupart des auteurs n'autorisent le bénéficiaire de l'endossement en blanc à prouver qu'il a fourni la valeur de l'effet et à s'en dire propriétaire qu'à l'égard de l'auteur de l'endossement ou de ses ayants cause (V. les autorités citées *supra*, n°s 178 et suiv., en ce qui concerne l'endossement irrégulier).

Il a été jugé, en termes généraux, que les juges du fond peuvent s'appuyer sur de simples présomptions pour décider, d'après les circonstances, que le porteur d'un effet endossé en blanc est réellement propriétaire de cet effet (Req. 16 déc. 1879, aff. Ruffier, D. P. 80. 1. 197). Mais le débat ne s'agitait qu'entre l'endosseur et le bénéficiaire de l'endossement. Les termes de l'arrêt, quelque généraux qu'ils paraissent, ne visaient cependant que l'hypothèse soumise à la chambre des requêtes, c'est-à-dire les rapports de l'endosseur et du preneur.

189. Quant aux tiers, dans l'opinion dominante en doctrine et qui est aussi la nôtre, ils ont toujours le droit de traiter le bénéficiaire de l'endossement en blanc comme un simple mandataire de l'endosseur (V. *Rép.* n°s 465 et suiv., 475 et suiv.; *supra*, n°s 173 et 178 et suiv.).

Il a été jugé, en ce sens : 1° que l'endossement en blanc d'une lettre de change n'étant pas translatif de propriété et ne valant que comme procuration, les preuves extrinsèques que le porteur peut invoquer contre l'endosseur pour établir la réalité du transport ne sont pas recevables, lorsque l'irrégularité de l'endossement est opposée par le tiré accepteur; qu'à l'égard de ce dernier, à moins qu'on ne puisse établir à sa charge une reconnaissance ou obligation personnelle, c'est dans l'endossement lui-même que doit se trouver la preuve de la réalité du transport (Req. 17 août 1881, aff. Caralp, D. P. 82. 1. 340); — 2° Que l'endossement en blanc d'un effet de commerce, ne valant que comme procuration, le propriétaire de cet effet peut en exiger la restitution, même du tiers à qui son mandataire l'a transmis par un endossement aussi au blanc, encore que ce tiers offre de prouver qu'il en a réellement fourni la valeur au cédant (Paris, 18 déc. 1850, aff. Humbert, D. P. 54. 5. 284); — 3° Que si, entre l'endosseur et le porteur, la présomption de l'art. 138 c. com. peut céder à la preuve contraire et si, par des preuves extrinsèques, la réalité du transport de propriété de l'effet irrégulièrement endossé peut être établie entre eux, aucune preuve n'est admissible à l'égard des tiers, que celle résultant des termes mêmes de l'endossement; qu'en conséquence, le souscripteur d'un billet à ordre condamné à en payer le montant au porteur par endossement en blanc peut lui opposer, pour la première fois, en appel, les exceptions opposables à l'endosseur, et notamment la compensation résultant de ce qu'il se trouve lui-même créancier de ce dernier; qu'il en est ainsi, alors même que sa créance ne serait née qu'après la signification du jugement de condamnation (Amiens, 26 mars 1851, et Req. 16 déc. 1851, aff. Baudon et comp., D. P. 54. 5. 282. *Adde* : arrêts cités *supra*, n° 178).

Mais il a été jugé, en sens contraire, que l'endossement en blanc ne doit plus être considéré comme une simple procuration et recouvre tous les effets d'un endos régulier, lorsqu'il est établi par la correspondance et par tous autres documents que la transmission ainsi faite a eu pour cause une négociation sérieuse et une créance légitime; que, dans ce cas, le porteur peut exercer tous ses droits, tant contre l'endosseur que contre le souscripteur primitif (Bourges, 26 mai 1863, aff. Geisler, D. P. 63. 2. 198. *Adde* : Arrêts cités *supra*, n° 180).

190. Ainsi que nous l'avons dit au *Rép.* n°s 467 et 477, les créanciers de l'endosseur ne sont pas des tiers à l'égard du bénéficiaire de l'endossement en blanc, et ce dernier peut établir, à leur encontre, la réalité du transport. Jugé en ce sens, et contrairement à l'arrêt de cassation rapporté au *Rép.* n° 467, que le porteur d'une traite en vertu d'un endossement en blanc, qui l'a reçue du souscripteur auquel il a fourni la valeur, a pu être admis à la faillite de celui-ci, sans que l'arrêt qui le décide ainsi doive être réputé avoir attribué à l'endossement en blanc de cette traite un effet translatif de propriété (Civ. rej. 16 juin 1846, aff. Tassel-Godeau, D. P. 46. 1. 378). Mais le porteur d'un billet à ordre en vertu d'un endossement en blanc doit, au regard de la faillite de l'endosseur, justifier qu'il a fourni la valeur de ce billet ; jusque-là, il ne peut être considéré que comme mandataire de cet endosseur (Orléans, 20 févr. 1850, aff. Dutrop-Besnard, D. P. 50. 2. 54. V. aussi les autorités citées *supra*, n° 179).

191. Une solution importante, déjà admise au regard de l'endossement irrégulier proprement dit (V. *supra*, n°s 174 et suiv.) a été appliquée également à l'endossement en blanc (*Rép.* n° 481); la procuration présumée par la loi ne confère pas seulement au porteur le droit de toucher, mais encore celui de poursuivre en son nom le recouvrement de l'effet, et de le négocier par endossement régulier. — D'abord, en ce qui concerne le droit de poursuivre, deux arrêts, l'un de Douai, du 3 août 1814, l'autre de Toulouse, du 28 mai 1825 (*Rép.* n° 481), avaient statué formellement dans le sens de l'affirmative. Depuis, il est vrai, la cour de cassation avait décidé que le porteur d'un effet de commerce en vertu d'un endossement en blanc, est réputé, à l'égard des tiers, simple mandataire de son cédant; que, par suite, il n'a pas le droit de demander le payement de ce billet de son chef et à titre de propriétaire dudit billet, et est passible de toutes les exceptions opposables à son mandant (Civ. cass. 20 août 1845, aff. Henry, D. P. 45. 1. 418. Comp. Civ. cass. 25 juin 1845, aff. Bardet, D. P. 45. 1.-345). Jugé également que le porteur d'un effet de commerce en vertu d'un simple « pour acquit » ne peut en poursuivre le payement en son nom personnel (Trib. com. Bordeaux, 17 sept. 1847, aff. Vignal, D. P. 47. 5. 182). Mais la cour suprême, par des arrêts plus récents, a expressément consacré la doctrine admise pour l'endossement irrégulier proprement dit en décidant que, si l'endossement en blanc d'un effet de commerce ne suffit pas pour transmettre au porteur la propriété du billet, il lui confère le droit d'en poursuivre le remboursement contre le débiteur, à charge seulement de subir les exceptions qui seraient opposables à l'endosseur, dont le porteur n'est alors que le simple mandataire (Civ. rej. 8 avr. 1856, aff. Lafon, D. P. 56. 1. 201; Req. 20 juill. 1864, aff. Bernard-Guyot, D. P. 64. 1. 415).

192. Quant au droit de négocier l'effet endossé en blanc, il dérive, comme le droit de poursuivre le payement, du mandat donné par l'endosseur (V. les autorités *suprà*, n° 175. Comp. *Rép.* n° 479). Il a été jugé en ce sens : 1° que l'endossement en blanc d'une lettre de change ou d'un billet à ordre vaut mandat à l'effet de les négocier et d'en toucher le montant (Civ. rej. 10 mai 1865, aff. Pierret et Baron, D. P. 65. 1. 275); — 2° Que l'endossement en blanc confère à celui qui le reçoit un pouvoir suffisant pour transférer la propriété de l'effet par un endossement régulier; que, dès lors, après plusieurs endos en blanc, il suffit d'un seul endossement régulier pour donner au porteur la propriété inattaquable de l'effet (Req. 14 janv. 1873, aff. Susini de Ruiseco, D. P. 73. 1. 235); — 3° Que si l'endossement en blanc d'une lettre de change ne modifie ni la nature, ni le mode légal de transmission de la propriété et ne fait pas de cet effet un titre au porteur, transmissible de la main à la main pour lequel possession vaudrait titre, il confère mandat d'opérer la négociation, de toucher le montant de la lettre de change et mème de transférer la propriété à un tiers de bonne foi qui en a fourni les fonds (Paris, 25 nov. 1886, aff. Lemonnier, D. P. 87. 2. 110).

193. Lorsque le porteur d'un effet de commerce endossé en blanc a transmis ce titre à un tiers par un endossement régulier, l'auteur de l'endossement en blanc et le bénéficiaire de cet endossement, auteur de l'endossement régulier, sont tous deux obligés envers le porteur et garants du payement à l'échéance (V. conf. *Rép.* n° 480). Ici les règles du mandat ne sont plus applicables; le bénéficiaire de

l'endossement en blanc ne peut pas, comme un mandataire ordinaire, se retrancher derrière l'endosseur, son mandant; la signature par lui apposée sur l'effet de commerce entraîne à sa charge obligation de garantir le payement de l'effet; c'est la règle pour toute personne qui met sa signature sur un titre de ce genre; l'endosseur en blanc est tenu de la même manière et pour la même raison (Comp. conf. Lyon-Caen et Renault, t. 1, n° 1097; Boistel, n° 761; Alauzet, t. 4, n° 1372; Massé, t. 4, n° 2168. Comp. Bédarride, t. 1, n°s 324 et 325. V. toutefois Bravard, t. 3, p. 456; Demangeat sur Bravard, t. 3, p. 180, note 1; et p. 183, note). D'après ce dernier auteur, le tiers porteur en vertu d'un endossement régulier, poursuivant le bénéficiaire qui n'a été saisi que par un endossement irrégulier, pourrait se voir opposer par lui les mêmes exceptions qui appartiendraient à l'auteur de l'endossement irrégulier. — Il a été jugé que le souscripteur et les endosseurs sont obligés par le fait du mandataire auquel ils ont remis la valeur, même avec leur endossement en blanc, lorsque ce mandataire ou ceux qui lui ont été substitués par des endossements en blanc successifs ont transmis, au moyen d'un endossement régulier, la propriété de cette valeur à un tiers porteur, lequel peut alors agir contre tous les signataires du titre (Civ. rej. 10 mai 1865, aff. Pierret et Baron, D. P. 65. 1. 275).

194. Mais le porteur en vertu d'un endossement en blanc n'a mandat de négocier l'effet et ne peut engager la responsabilité de l'endosseur en blanc que dans la limite et les conditions où cet effet a été souscrit. Décidé, en conséquence, que l'endossement en blanc ne confère pas au porteur le droit de proroger l'échéance de l'effet et que, par suite, cette prorogation ne saurait être opposée à l'endosseur (Lyon, 17 juill. 1849, aff. Berthiat, D. P. 54. 5. 284).

195. On a dit au *Rép.* n° 482 que la jurisprudence admettait le droit, pour le porteur d'un effet de commerce en vertu d'un endossement en blanc, de remplir après coup cet endossement lorsqu'il avait fourni la valeur de l'effet (V. en ce sens : Alauzet, t. 4, n° 1360; Lyon-Caen et Renault, t. 1, n° 1102; Bravard et Demangeat, t. 3, p. 175 et suiv.; Boistel, n°s 764 et 765; Nouguier, t. 1, n°s 785 et 786; Bédarride, t. 1, n° 334). Il a été jugé depuis, dans le même sens : 1° que le porteur d'un effet à ordre au moyen d'un endossement en blanc ne valant que comme procuration, puise, dans cette procuration même, le droit de remplir l'ordre à son profit, lorsqu'il a fourni à l'endosseur la valeur de l'effet; que l'ordre ainsi rempli, dès qu'il contient les énonciations requises par l'art. 137 c. com., que, d'un autre côté, il a lieu avant tout événement qui, tels que le décès, la faillite ou la déconfiture de l'endosseur, mettent fin au mandat, a pour conséquence de transformer la procuration dont le porteur est investi en une transmission de l'effet à son profit, et de mettre ce dernier à l'abri des exceptions qui auraient pu être opposées au mandant originaire (Civ. rej. 24 déc. 1864, aff. de Saint-Phalle, D. P. 65. 1. 30); — 2° Que le porteur en vertu d'un endossement en blanc d'une lettre de change dont il a fourni la valeur peut remplir le blanc et se rendre ainsi propriétaire de cette lettre; qu'il importe peu, d'ailleurs, qu'il tienne le titre du souscripteur ou d'un tiers chargé de le négocier (Metz, 5 août 1869) (1); — 3° Que l'endossement en blanc transfère la propriété lorsqu'il a été fait avec l'intention de la transférer, que l'acquéreur en a fourni la valeur et que, d'ailleurs, il a été rempli ultérieurement, con-

(1) (Jacob C. Drouot.) — Les sieurs Hilaire, Drouot et comp. ont été cités, le 10 févr. 1869, devant le tribunal de commerce de la Seine par le sieur Jacob pour voir déclarer éteinte par compensation la créance résultant d'une traite de 3560 fr. souscrite par ce dernier à l'ordre du sieur Hilaire, et endossée par celui-ci à Drouot et comp. Le 12 du même mois, les sieurs Drouot et comp. ont assigné de leur côté, en payement de cette traite, le sieur Jacob devant le tribunal de commerce de Charleville, dans l'arrondissement duquel il était domicilié. — Le sieur Jacob a demandé le renvoi pour cause de litispendance devant le tribunal de la Seine. — Le 24 févr. 1869, le tribunal de Charleville rejeta l'exception comme non justifiée et repoussa dans les termes suivants la prétention du sieur Jacob : — « Attendu que l'endossement au profit de Drouot et comp. exprime toutes les conditions exigées par l'art. 137 c. com., pour que la propriété de la lettre de change soit transportée; — Attendu que vainement Jacob essayerait de se prévaloir de cette circonstance que la traite a été par lui endossée en blanc et qu'après coup les énonciations

requises pour la régularité de l'endossement ont été inscrites au-dessus de sa signature; qu'en effet, la loi n'exige pas que l'endossement soit écrit de la main de celui qui le signe; — Que celui qui a reçu un effet portant endossement en blanc peut le remplir de sa main; — Que la doctrine et la jurisprudence sont d'accord sur ce point; — Attendu que ce principe doit être appliqué aussi bien lorsque le souscripteur de l'effet le négocie par l'entremise d'un courtier, que lorsqu'il négocie directement et par lui-même; — Que la circonstance que la traite souscrite par Jacob aurait été escomptée par Drouot et comp., par l'entremise d'un tiers, n'empêche pas ceux-ci d'en être porteurs sérieux, et ne peut en aucune façon les priver du droit d'en exiger le remboursement... » — Appel par le sieur Jacob. — Arrêt. La cour; — Sur l'exception de litispendance : ... — Par ces motifs, et adoptant au surplus, sur le fond, ceux du jugement; — Confirme, etc. Du 5 août 1869.-C. de Metz, ch. civ.-MM. Limbourg, pr.-Pécheur, subst.-Lambert et Limbourg, av.

formément à l'intention commune des parties (Agen, 1er avr. 1873, aff. Dardy, D. P. 75. 2. 216); — 4° Que le tiers porteur de bonne foi d'un billet à ordre, qui a remis à l'endosseur la valeur de ce billet, a qualité pour en poursuivre le remboursement contre le souscripteur originaire, alors que, d'ailleurs, l'endossement dont il se prévaut est régulier; qu'il importe peu de savoir de quelle main émane l'écriture de l'endossement, du moment qu'entre l'endosseur et le porteur tout s'est passé sans surprise et sans fraude de la part de ce dernier, la loi ne déterminant pas les personnes qui doivent écrire les énonciations prescrites par l'art. 137 c. com. (Req. 5 nov. 1872, aff. de Néel, D. P. 74. 1. 37); — 5° Que les remises en effets de commerce, faites par un endosseur à un banquier, non à titre de mandat ni avec une affectation spéciale, mais en compte courant, ne peuvent être, en cas de faillite du banquier, revendiquées par l'endosseur qui lui en a légalement transféré la propriété; que la propriété de ces effets est transférée, bien que l'endossement ait eu lieu en blanc, du moment que cet endossement est postérieurement rempli par le porteur valablement autorisé et en termes sincère (Rouen, 19 févr. 1877, aff. Corde, D. P. 77. 2. 82).

196. Ainsi qu'on vient de le voir par les arrêts ci-dessus analysés, il est toujours supposé que le porteur a fourni la valeur : c'est à cette seule condition, en effet, nous l'avons dit, supra, n° 188, qu'il peut être considéré comme un cessionnaire régulier, après avoir rempli l'endossement en blanc. On sait déjà (V. supra, n° 192) que le porteur en vertu d'un endossement en blanc peut négocier l'effet par un endossement régulier, et nous rappellerons bientôt, ce qui a été établi au Rép. n° 462 et 488, que le tiers porteur de l'effet, en vertu d'un endossement en blanc qu'il n'a pas rempli, peut en poursuivre le payement même contre les tiers, lorsqu'il a régulièrement négocié cet effet et remboursé ensuite le cessionnaire. La situation est-elle donc identique entre le porteur d'une lettre de change endossée en blanc qui l'a négociée et a remboursé le montant, et le porteur qui a rempli le blanc et ainsi régularisé l'endossement? Non. D'abord il faut bien le remarquer : si le tiers porteur qui a négocié l'effet et remboursé ensuite son cessionnaire, peut réclamer le payement contre les tiers, cela tient à ce qu'il se trouve subrogé aux droits de celui qu'il a remboursé, c'est-à-dire du tiers porteur régulier; c'est en vertu de la subrogation, et non en vertu de l'endossement en blanc, qu'il est recevable à agir de son chef (V. infra, n° 199). En second lieu, par même conséquence, les règles de l'endossement en blanc ne cessent pas de gouverner les rapports de ceux entre lesquels il est intervenu; de telle sorte que celui qui a reçu l'effet en blanc demeure obligé de faire la preuve de la valeur fournie, pour en obtenir le payement même après négociation et remboursement de cet effet. Au contraire, lorsque l'endossement a été régularisé, le porteur ne peut plus être assujetti à une preuve qui ressort de l'endossement lui-même :

c'est à l'endosseur qu'il appartient désormais de démontrer, pour échapper aux effets légaux de son endossement, que la valeur de la traite ne lui a pas été remise. Décidé en ce sens que le porteur d'un effet de commerce peut en poursuivre le payement en son nom, quoique l'endossement en vertu duquel il le détient, d'abord souscrit en blanc, n'ait été rempli à son profit que postérieurement à la remise de l'effet entre ses mains, si, d'ailleurs, il n'est point établi que la signature de l'endosseur lui ait été surprise, ni que la valeur de l'effet ne lui ait pas été fournie; qu'ainsi celui auquel une lettre de change a été endossée en blanc, et qui a ensuite rempli cet endossement à son profit, peut, lorsque l'effet se trouve en sa possession à l'échéance, par suite, notamment, du remboursement qu'il en a fait au porteur auquel il l'avait lui-même négocié régulièrement, en demander le payement à son endosseur, sauf à ce dernier à prouver que l'endossement a été frauduleusement rempli, ou qu'il n'a pas reçu la valeur de cet effet (Req. 10 juill. 1861, aff. Ginet et Jacquier, D. P. 62. 1. 87).

197. Mais, la question de preuve une fois résolue, il est constant qu'il ne suffit pas au porteur de remplir matériellement le blanc de l'endossement, pour transformer la simple procuration qui lui avait été donnée, en un droit de propriété de l'objet. Jugé en ce sens : 1° que l'endossement en blanc d'un effet à ordre ne transfère pas à celui auquel il est remis la propriété du titre; que le preneur ne peut être considéré par les tiers que comme étant, pour la négociation, le mandataire de l'endosseur resté propriétaire de l'effet; qu'en conséquence, le tiers auquel ce preneur remet ledit effet pour en remplir l'endos, et qui le remplit lui-même à son nom avec la mention valeur en compte, ne peut être envisagé comme un tiers porteur de bonne foi vis-à-vis de l'endosseur, alors qu'il n'a jamais rien compté à celui-ci, et n'a eu pour but que de se couvrir d'une créance qu'il avait sur le mandataire personnellement; que, par suite, l'endosseur a le droit de se faire restituer par le tiers l'effet à ordre demeuré entre les mains de celui-ci (Req. 16 juin 1882, aff. Brocheton, D. P. 84. 1. 224. Comp. la note de M. Labbé sur cet arrêt); — 2° Que le porteur d'un billet, portant au dos une signature de complaisance, ne peut recourir contre l'auteur de cette signature, alors qu'il ne lui a fourni aucune valeur, bien qu'il ait fait précéder la signature ainsi donnée en blanc de la formule d'un endossement à son ordre « valeur reçue comptant » (Req. 24 juin 1878) (1).

198. Du reste, l'endossement en blanc ne valant que comme procuration, tant que le blanc n'a pas été rempli, le porteur n'est que mandataire. Or, le mandat finit par le décès, la déconfiture ou la faillite du mandant (V. infra, v° Mandat); dès lors, le porteur ne peut valablement remplir l'ordre à son profit et transformer sa qualité de mandataire de l'endosseur en celle de propriétaire de l'effet, après le décès, la faillite ou la déconfiture de l'endosseur. C'est ce qui a été établi au Rép. n° 486 (V. conf. Lyon-Caen et Renault, t. 1, n° 1102; Demangeat sur Bravard,

(1) (Jeannot C. Maignier.) — Le 25 avr. 1877, la cour de Besançon a rendu un arrêt ainsi conçu : — « Considérant qu'il résulte des faits et documents de la cause que la signature apposée par Maignier au dos du billet à ordre qui sert de base aux poursuites, l'a été en blanc, et que c'est postérieurement que les fils de Lucien Jeannot ayant reçu le billet de Besson, l'un des membres de la société Gercy-Besson et Bernard, souscripteur de l'effet, ont placé, au-dessus de cette signature, au moyen de leur griffe, la formule d'un endossement à leur profit, « causé valeur reçue comptant »; que, si l'on doit admettre que la signature donnée par simple complaisance par Maignier à Besson était destinée à servir à un endossement, il faut reconnaître en même temps que les intimés ne pouvaient remplir cet endossement à leur profit, qu'autant qu'ils auraient fourni à Maignier la valeur du billet; qu'en effet, le porteur du billet à ordre au moyen d'un endossement en blanc, qui ne vaut que comme procuration, peut puiser dans cette procuration même, le droit de remplir l'endossement à son profit, mais seulement à la condition d'avoir fourni à l'endosseur la valeur de l'effet; qu'il est constant que les intimés n'ont fourni aucune valeur à Maignier, avec lequel ils n'ont eu même aucun rapport; que, dès lors, l'endossement est nul, et que les fils de Lucien Jeannot ne sauraient s'en prévaloir pour réclamer à Maignier le payement de la somme portée au billet; — Considérant, en outre, que les intimés ne peuvent être assimilés à des tiers porteurs, pouvant invoquer la régularité de l'endossement qui leur a été présenté, et qu'ils devaient, dès lors, considérer comme sincère; que le billet en litige n'a été revêtu que d'un seul endossement; que les intimés, après l'avoir reçu de Besson, ne l'ont point négocié, mais l'ont gardé dans leur portefeuille, sachant parfaitement dans quelles circonstances il avait été souscrit par Gercy-Besson et Bernard, et endossé par Maignier, que, dès le mois d'octobre 1875, ils connaissaient la situation désespérée de cette société qui était déjà complètement au-dessous de ses affaires; qu'à la date du 14 de ce mois, ils s'étaient fait communiquer par les membres de ladite société leur livre d'inventaires et avaient déclaré ne plus vouloir admettre de renouvellements qu'avec de nouvelles garanties; que, par une correspondance suivie de cette époque à celle du 24 décembre, ils avaient manifesté toutes leurs inquiétudes et réclamé à Besson des signatures d'endosseurs qu'ils savaient ne pouvoir être que des signatures de complaisance; que, dans ces circonstances, on ne saurait admettre que les intimés puissent, à défaut d'un endossement régulier, invoquer un engagement personnel de Maignier vis-à-vis d'eux; que tout démontre que ce dernier n'a nullement entendu prendre un semblable engagement et se porter ainsi garant du payement du billet; qu'ainsi l'action des fils de Lucien Jeannot contre l'appelant est sans fondement; — Par ces motifs, etc. »

Pourvoi en cassation par les sieurs Jeannot fils pour violation des art. 118, 136, 137, 138, 140, 164 et 187 c. com., des art. 112, 141 et suiv. même code, 1998 c. civ., en ce que l'arrêt a décidé que Maignier devait être exonéré de toute obligation à

t. 3, p. 177, note 1; Grenoble, 12 mai 1855, aff. Gaillard, D. P. 55. 2. 306; Dijon, 29 juill. 1862, aff. Danguin, D. P. 62. 2. 185; Civ. rej. 21 déc. 1864, aff. de Saint-Phalle, D. P. 65. 1. 30). Toutefois MM. Bédarride, t. 1, n° 332, et Alauzet, t. 4, n° 1360, sont d'avis que le porteur en vertu d'un endossement en blanc, qui a fourni la valeur de l'effet avant la faillite de l'endosseur, peut, même après la faillite de ce dernier, remplir le blanc à son profit. « Le propriétaire, en remplissant l'endossement, dit M. Alauzet, *loc. cit.*, ne fait que compléter un acte qui lui avait légitimement transmis la propriété de l'effet en échange de valeurs fournies par lui, il ne fait qu'user d'un droit parfaitement acquis, et ne crée pas un acte nouveau; cet acte doit porter la date du jour de la négociation et non la date du jour auquel les blancs qui avaient été laissés ont été remplis. S'il en est ainsi, qu'importent les faits qui ont suivi ce jour de la négociation? Si, au moment où elle a été conclue, les deux parties avaient pouvoir et qualité, quel que soit le jour où l'endossement soit rempli, puisqu'il doit bien en réalité porter la date de la négociation, il doit être valable et produire tous ses effets. » M. Bédarride, *loc. cit.*, conclut que « les débiteurs, tireur, accepteur, endosseurs même contre lesquels on recourra, seront obligés de payer sans pouvoir contester la date et l'efficacité de l'endossement (Comp. Civ. rej. 3 avr. 1848, aff. de Galard, D. P. 48. 1. 82). Cette conclusion n'est rien moins que certaine. La date d'un endossement peut être en effet contestée en cas de fraude, par toute personne intéressée (V. *Rép.* n° 390). Les débiteurs pourront donc établir que la date de l'endossement, antérieure à la faillite de l'endosseur, n'est pas celle du jour où le bénéficiaire a rempli le blanc afin de devenir propriétaire *erga omnes* de l'effet endossé, et qu'au jour où le bénéficiaire a rempli ce blanc, il n'avait plus le droit de changer à leur égard sa qualité de mandataire de l'endosseur en celle de propriétaire de l'effet, le mandat qui l'autorisait à opérer ce changement ayant été révoqué par la faillite de l'endosseur.

199. Il résulte des principes rappelés ci-dessus, que le porteur d'un effet de commerce, en vertu d'un endossement en blanc, ne peut en poursuivre le payement qu'à la charge de subir les exceptions opposables à son auteur. Cette règle cesse d'être applicable lorsque le porteur, après avoir transmis l'effet par un endos régulier, l'a remboursé, sur protêt, au tiers porteur : il est alors subrogé dans les droits de ce dernier contre le souscripteur et les endosseurs; c'est là une véritable subrogation légale; il n'agit donc plus en qualité de mandataire et l'efficacité de l'endossement. Cette doctrine a été admise au *Rép.* n°s 463 et 488; elle est adoptée par plusieurs auteurs et confirmée par une jurisprudence constante (V. Alauzet, t. 4, n° 1373; Bédarride, t. 1, n°s 326 et suiv.; Boistel, n° 761; Caen, 15 févr. 1848, aff. Riant, D. P. 50. 2. 159; Agen, 31 janv. 1851, aff. Baudé, D. P. 51. 2. 148 ; Nîmes, 11 août 1851, aff. Chenard, D. P. 54. 5. 285; Civ. rej. 10 mai 1865, aff. Pierret et Baron, D. P. 65. 1. 275; Req. 14 janv. 1873, aff. Susini de Ruiseco, D. P. 73. 1. 235; 14 juill. 1879, aff. Poulet, D. P. 80. 1. 343. — Comp. toutefois : Bravard et Demangeat, t. 3, p. 456, p. 180, note 1, et p. 183, note).

SECT. 7. — DE LA SOLIDARITÉ (*Rép.* n°s 489 à 499).

200. La solidarité étant un privilège attaché au contrat de change, nous avons montré au *Rép.* n° 489 que les tribunaux n'ont pas à rechercher si les parties ont entendu s'y soumettre ; le fait qu'elles ont signé un effet de commerce suffit pour l'entraîner à leur charge. Mais, il n'en est ainsi que par rapport aux tiers porteurs; entre eux, le souscripteur

et le bénéficiaire peuvent discuter la portée ou même l'existence de l'engagement. Il a été décidé en ce sens, au moins implicitement, par la cour suprême qu'il appartient aux juges du fond de déclarer, par une appréciation souveraine des faits de la cause et de la correspondance des parties, que le tireur d'une lettre de change ne devait pas être engagé envers le bénéficiaire, mais seulement envers les tiers porteurs. Jugé par le même arrêt que, si le tireur qui est ainsi déclaré non obligé envers le bénéficiaire de la lettre de change, a, postérieurement à l'échéance, cautionné et garanti par une hypothèque la dette du tiré accepteur, cet engagement et l'hypothèque ainsi conférée ne peuvent être déclarés sans effet par le motif que le tireur n'était pas primitivement obligé envers le bénéficiaire au payement de la lettre de change ; que ces engagements du tireur sont en effet accessoires, non à la traite qui ne l'oblige pas vis-à-vis du bénéficiaire, mais bien à l'obligation personnelle du tiré (Civ. cass. 10 juin 1872, aff. d'Aubas-Gratiollet, D. P. 72. 1. 262).

201. Contrairement à l'opinion soutenue au *Rép.* n° 490, il a été jugé que la femme mariée qui a souscrit un billet à ordre conjointement avec son mari est obligée au payement solidairement avec lui (Trib. com. Seine, 20 juin 1873, aff. Guibout, D. P. 74. 5. 180. V. en ce sens : Nouguier, t. 1, n° 816 ; Massé, t. 2, n° 1136). Mais il a été décidé, dans le sens de la doctrine enseignée *ibid.*, que l'obligation contractée par la femme mariée conjointement avec son mari ne peut être présumée solidaire, et que la solidarité d'une telle obligation ne saurait résulter de la forme de billet à ordre donnée à l'engagement, alors que ni le mari ni la femme ne sont commerçants et que le billet n'a point été souscrit pour cause commerciale, l'art. 113 c. com. portant que la signature des femmes et des filles non négociantes ou marchandes publiques sur les lettres de change ou billets à ordre ne vaut, à leur égard, que comme simple promesse, c'est-à-dire ne les engage que dans les termes et les conditions du droit commun, du droit civil (Trib. Nantes, 23 juill. 1873, aff. Danton, D. P. 74. 5. 181). MM. Alauzet, t. 4, n° 1382 ; Bédarride, t. 1, n° 344; Bravard et Demangeat, t. 3, p. 249, p. 536, note 2, pensent également que l'art. 113 c. com. doit faire écarter, en pareil cas, la solidarité. Cet article a eu pour but de soustraire les femmes non négociantes ou marchandes publiques aux conséquences rigoureuses de la signature d'effets de commerce ; les soumettre à la solidarité, alors qu'elles ne l'ont pas accepté expressément, conformément à la loi civile, serait précisément leur appliquer une des rigueurs de l'obligation née de la lettre de change ou du billet à ordre. MM. Lyon-Caen et Renault, t. 1, n° 1175, p. 648, note 5, rejettent la solidarité par application de l'art. 113, lorsqu'il s'agit de lettre de change, mais l'admettent, en écartant cet article, lorsqu'il s'agit de billet à ordre (t. 1, n°s 1296, 1297, p. 712, note 3).

202. La solidarité ne résulte point des signatures apposées sur une lettre de change, lorsque celle-ci, ne remplissant pas les conditions exigées par la loi, dégénère en simple promesse. Mais il a été décidé que les juges peuvent prononcer la solidarité entre les signataires d'une lettre de change irrégulière et ne valant que comme simple promesse, en se fondant sur un quasi-délit commis par eux de concert (Req. 9 déc. 1872, aff. Trouche, D. P. 73. 1. 238).

203. Ainsi qu'on l'a dit au *Rép.* n° 491, la solidarité peut être écartée par une stipulation formelle. — Sur les effets de la clause sans garantie, on distingue généralement aujourd'hui, selon que cette clause a été insérée par le tireur ou souscripteur ou bien par un endosseur. Émane-t-elle du souscripteur ou tireur, elle affecte le titre lui-même et dégage tous

l'égard des sieurs Jeannot fils, et n'était tenu envers eux ni comme endosseur, ni comme ayant fait une simple promesse, ni comme mandant, ni comme donneur d'aval. — Arrêt.

LA COUR; — Sur le moyen unique, tiré de la violation des art. 118, 136, 137, 138, 140, 164, 187 c. com., des art. 112, 141 et suiv. du même code, et de l'art. 1998 c. civ. : — Attendu qu'il résulte de l'arrêt attaqué : 1° que Genez, Besson et Bernard ont remis aux fils de Lucien Jeannot un billet souscrit par eux à l'ordre de Maignier et portant au dos la signature de ce dernier; 2° que cette signature était une signature de complaisance; 3° que les fils de Lucien Jeannot le savaient et qu'ils n'ont fourni aucune valeur à Maignier avec lequel ils n'ont eu aucun rapport;

4° enfin, qu'ils ont fait précéder, à l'aide de leur griffe, la signature de Maignier de la formule d'un endossement à leur ordre « causé valeur reçue comptant » et ont gardé l'effet dans leur portefeuille sans le négocier; — Attendu qu'en déclarant dans cet état des faits que Maignier n'était, à aucun titre, obligé envers les fils de Lucien Jeannot, et en rejetant comme sans fondement la demande en payement du billet dirigée contre lui par ces derniers, la cour d'appel de Besançon n'a violé aucun des articles susvisés;

Par ces motifs, rejette, etc.

Du 24 juin 1878.-Ch. req.-MM. Bédarrides, pr.-Petit, rap.-Robinet de Cléry, av. gén., c. conf.-Brugnon, av.

les endosseurs de la responsabilité solidaire à raison de l'insolvabilité du débiteur (Lyon-Caen et Renault, t. 1, n° 1064 ; Bravard et Demangeat, t. 3, p. 82 et suiv.; Alauzet, t. 4, n° 1377 ; Nouguier, t. 1, n°s 268 et 739. — Comp. toutefois Bédarride, t. 1, n° 346) ; a-t-elle été insérée par un endosseur, elle n'a d'effet qu'à l'égard de cet endosseur et ne libère point les autres, à moins que ces derniers ne l'aient reproduite pour leur compte ; en un mot, elle est essentiellement personnelle (V. Lyon-Caen et Renault, t. 1, n° 1093 ; Demangeat sur Bravard, t. 3, p. 168, note 1 ; Alauzet, t. 4, n° 1378 ; Boistel, n° 758. Comp. Bédarride, t. 1, n°s 345 et suiv. ; Nouguier, t. 1, n°s 268 et 739).En tout cas, l'endosseur qui insère la clause de non-garantie ne cesse pas de répondre de l'existence de l'effet transmis et de son fait personnel (Lyon-Caen et Renault, t. 1, n° 1093 ; Demangeat sur Bravard, t. 3, p. 168, note 1 ; Nouguier, t. 1, n° 740 ; Bordeaux, 15 avr. 1853, sous Civ. rej. 29 août 1854, aff. Gaillard, D. P. 54. 1. 287). Il a été jugé: 1° que la négociation à forfait d'un effet de commerce participe du contrat d'assurance, et doit être réglée par les mêmes principes ; que, par suite, est nulle comme assurance sans risque, la négociation à forfait d'une lettre de change, lorsqu'au moment de la cession, le débiteur était déjà insolvable et que le cédant connaissait cette insolvabilité (Aix, 8 janv. 1857, aff. Bonnal, D. P. 67. 2. 223) ; — 2° Que, quoique la cession soit faite sans garantie, le cédant demeure garant de l'existence de la créance cédée au temps du transport, et qu'il est tenu en outre de la garantie de son fait personnel ; que, par suite, lorsqu'une créance a eu pour cause un prix de vente, l'art. 577 c. com. lui attribuant, comme garantie spéciale, le droit de rétention des marchandises vendues et non encore délivrées au failli, droit exclusivement affecté au prix de vente des marchandises retenues et non susceptible d'être exercé pour d'autres créances ayant une origine différente, le cédant est, malgré la clause de non-garantie, responsable envers son cessionnaire de la perte de ce droit de rétention, résultant de ce que, en vertu d'une convention passée entre lui et la faillite de l'acheteur des marchandises, il aurait imputé la valeur de ces marchandises, en les gardant, sur d'autres créances ayant une cause distincte de celle de la créance cédée (Civ. rej. 31 mai 1864, aff. Lafuente et Jullien, D. P. 64. 1. 285).

204. Ainsi qu'on l'a dit au *Rép.* n° 493, le commissionnaire qui, pour envoyer des traites à son commettant, les endosse à l'ordre de ce dernier, devient garant du payement envers les tiers : tout signataire d'un effet de commerce est obligé envers les tiers par le fait de sa signature, quelle que soit la raison qui l'ait déterminé à la donner. Mais dans ses rapports avec le commettant, il n'en est plus de même : ce sont les règles du contrat de commission qui doivent être suivies (V. *Rép.* v° *Commissionnaire*, n°s 274 à 280).

205. Il a été jugé que, à la différence des cautions simples ou solidaires tenues d'un engagement simplement accessoire, le tireur d'une lettre de change contracte envers le porteur et les endosseurs, et ces derniers envers les porteurs et endosseurs subséquents, une obligation principale et solidaire qui n'est point régie par l'art. 2016 c. civ. et qui s'étend à toute la créance en capital, intérêts et accessoires (Civ. rej. 5 août 1889, aff. Lefebvre et comp., D. P. 90. 1. 228. Comp. *Rép.* n°s 495 et suiv.).

Sect. 8. — De l'aval (*Rép.* n°s 500 à 532).

206. L'aval est un cautionnement spécial aux titres à ordre (V. *Rép.* n° 500). Aussi a-t-il été jugé que l'aval apposé par un tiers, sur un billet simple, de payer le montant du billet au bénéficiaire, ne vaut ni comme aval ni comme endossement, encore bien que ledit billet aurait une cause commerciale ; mais qu'il constitue un cautionnement civil, s'il est revêtu d'un « bon ou approuvé », en conformité de l'art. 1326 c. civ. (Bordeaux, 17 juin 1852, aff. de Puységur, D. P. 54. 5. 512). — Mais il a été décidé qu'un aval est valable, bien que celui de qui il émane ait ignoré, lorsqu'il l'a donné, que les fonds n'avaient pas été fournis au moment de la création de la traite, conformément à l'énonciation qu'elle renferme à cet égard, si d'ailleurs cette traite a été souscrite pour une dette sérieuse dont la légiti-

mité n'est pas contestée (Bastia, 6 mars 1855, aff. Lazzarotti, D. P. 55. 2. 303).

207. — I. Formes de l'aval. — Les auteurs reconnaissent, conformément à l'opinion exprimée au *Rép.* n° 501, que l'écriture est indispensable pour qu'il y ait aval; qu'elle est requise *ad solemnitatem* pour l'aval comme pour toute obligation résultant de la lettre de change ; l'engagement verbal de payer l'effet de commerce pour tel ou tel obligé pourrait être valable, il ne serait pas un aval (Lyon-Caen et Renault, t. 1, n° 1169 ; Nouguier, t. 1, n° 846 ; Boistel, n° 796 ; Bravard et Demangeat, t. 3, p. 307 ; Alauzet, t. 4, n° 1385 ; Bédarride, t. 1, n° 357). Mais, ainsi du reste qu'on l'a dit au *Rép.* n° 501, la loi n'exigeant aucune expression particulière, une simple signature suffit. On peut se demander toutefois si la signature constitue alors un aval ou un endossement en blanc. « Si, disent MM. Lyon-Caen et Renault, t. 1, n° 1169, p. 645, note 2, la signature est au recto du titre, auprès de celle du tireur ou de l'accepteur, ce ne peut être qu'un aval ; si elle est au verso, il faut voir s'il y a précédemment un endossement au profit du signataire, cas où celui-ci aurait fait un endossement irrégulier en apposant sa signature ; dans le cas contraire, ce sera un aval » (V. Nouguier, t. 1, n° 850 ; Bravard, t. 3, p. 308 ; Bédarride, t. 1, n° 360 ; *Rép.* n° 521; *infrà*, n° 217). Il a été jugé cependant que la signature apposée au dos d'un billet à ordre par la personne à l'ordre de qui ce billet a été passé peut, d'après les circonstances, être réputée constituer un aval, alors qu'il est constaté que le signataire est intervenu, sans être ni le créancier ni le débiteur d'aucune des parties, dans le but unique de cautionner le souscripteur de l'effet, vis-à-vis du banquier prêteur des fonds (Req. 16 janv. 1888, aff. Ernest Brousse, D. P. 88. 1. 69). Dans l'espèce, le souscripteur avait endossé le billet à la personne qui devait le cautionner ; « il résulte de là, avons-nous dit en note sous cet arrêt (*Ibid.*), que la même signature, au fond, a constitué un aval et obligé le signataire comme avaliseur, et en la forme, a cependant valu comme endossement pour assurer la transmission de propriété de la valeur. Cette dualité doit être acceptée. Il ne faut pas perdre de vue qu'en ce qui concerne les tiers, appelés à voir successivement arriver dans leurs mains une valeur de circulation, la forme ne peut être rétractée ; car ils ont eu le droit de compter sur son efficacité quant à la transmission de la propriété. Ceci n'empêche pas qu'au fond et dans les rapports du signataire avec le porteur au point de vue de l'obligation au payement, le premier ne puisse être considéré comme avaliseur garant, et traité comme tel, puisque c'était là la réalité de l'opération à laquelle il avait consenti. L'arrêt rapporté a permis au porteur de se prévaloir de la signature en question à la fois comme d'un endossement et comme d'un aval ; il a décidé en effet que du fait que ladite signature valait au fond comme aval, le juge tirait à juste titre la conséquence que le signataire était tenu au payement du billet qui avait été protesté contre le souscripteur, bien que la dénonciation du protêt n'eût pas été faite à ce signataire dans les conditions et délais voulus par les art. 165 et 168 c. com., la déchéance que cette irrégularité pourrait entraîner n'étant pas susceptible d'être invoquée par l'avaliseur ». En autorisant le porteur à traiter la même personne à la fois comme endosseur et comme avaliseur, pour invoquer contre elle tantôt l'une, tantôt l'autre de ces qualités, la chambre des requêtes nous semble admettre au moins implicitement que l'aval pourrait être donné pour tel signataire déterminé par une personne déjà obligée au titre ; il est certain cependant qu'une telle solution est en dehors des prévisions de l'art. 142 c. com.

208. Le code de commerce n'exige point que l'aval soit daté. La preuve de sa date peut être faite par tous les moyens (V. Lyon-Caen et Renault, t. 1, n° 1169, p. 645, note 4 ; Alauzet, t. 4, n° 1384). Il a été jugé, à cet égard, qu'en admettant que l'aval qui, sans énoncer une date qui lui soit propre, a été écrit sur un effet de commerce dûment daté, ne doive pas être présumé, au moins jusqu'à preuve contraire, avoir été stipulé et consenti au moment même où cet effet a été créé, et ne doive pas en conséquence, participer à sa date, il suffit qu'il constitue un engagement contracté dans une forme commerciale, et qu'il soit devenu l'un des éléments dont s'est composée la valeur d'un effet de commerce, pour qu'il échappe aux dispositions limitatives de l'art. 1328 c. civ., et pour que sa date, en cas de contestation, puisse être certifiée par tous les moyens de preuve admissibles quand il s'agit de constater des conventions commerciales (Civ. cass. 24 avr. 1869, aff. Artaud, D. P. 69. 1. 407. Conf. Grenoble, 23 nov. 1870, aff. Artaud, D. P. 71. 2. 173).

209. Ainsi qu'on l'a dit au *Rép.* n° 502, en matière d'aval, comme en toute autre, la qualification que les juges du fait ont appliquée à l'engagement et, par suite, la détermination de son caractère et de ses effets légaux, sont soumis à la revision de la cour de cassation. — Jugé que l'engagement par lequel un tiers déclare garantir le payement d'un solde de compte et de dividende n'est point un aval, lors même que, parmi les éléments de ce solde, *éléments de nature diverse*, figureraient des effets de commerce originairement souscrits par le débiteur principal, et qu'il serait déclaré que la caution avait connaissance de cette origine de la dette; qu'en conséquence, doit être cassé l'arrêt qui, en se fondant sur ces motifs, a attribué à un tel engagement le caractère d'un aval par acte séparé (Civ. cass. 31 déc. 1851, aff. Cassanac, D. P. 52. 1. 17).

210. L'aval n'étant soumis en dehors de l'écriture à aucune forme sacramentelle, la jurisprudence admet que l'engagement pris en termes quelconques par un tiers, soit sur un effet de commerce, soit par acte séparé, de garantir le payement de cet effet, constitue un aval qui rend le tiers justiciable du tribunal de commerce (V. *Rép.* n°s 501 et 506 et suiv.). Jugé en ce sens que le cautionnement commercial d'un billet à ordre ne doit pas nécessairement être exprimé par le mot *aval;* que, par exemple, l'aval résulte suffisamment de la signature d'un tiers sur ce billet, précédée des mots *bon pour la somme de...* (Bordeaux, 10 déc. 1850, aff. Chaumet, D. P. 54. 5. 281).

211. L'engagement de rembourser la somme reçue, en cas de non-payement de la traite remise en couverture, équivaut-il à la garantie du payement de cette traite? Peut-on, sans faire violence aux termes d'un pareil engagement, en conclure que son auteur a entendu se soumettre à toutes les conséquences de la commercialité de la lettre de change? Cela nous paraît fort douteux : toutefois l'affirmative a été admise par un arrêt de la cour de Dijon, aux termes duquel celui qui, en recevant une certaine somme pour le compte d'un tiers, a pris l'engagement personnel de la rembourser pour le cas où une lettre de change remise à titre de couverture ne serait pas acquittée à l'échéance, doit être considéré comme un donneur d'aval, alors d'ailleurs que l'acte contenant ledit engagement énonce, avec la traite, sa valeur, son échéance et le nom du tiré; dès lors, il peut être assigné en payement devant la juridiction consulaire (Dijon, 30 janv. 1866, aff. Bochet, D. P. 66. 2. 39). — Mais il a été jugé avec raison que l'acte par lequel un non-commerçant cautionne une dette pour le remboursement de laquelle le débiteur a souscrit des effets de commerce ne constitue pas un aval, si l'objet de cet acte a été de garantir la dette originaire, et non pas d'assurer le payement des effets souscrits entre les mains des tiers porteurs; qu'en conséquence, les tribunaux de commerce ne sont pas compétents pour en connaître (Caen, 17 juin 1873, aff. Colace, D. P. 75. 2. 128).

212. Ainsi qu'on l'a dit au *Rép.* n° 508, l'aval n'a pas besoin d'être accompagné de la formule du «bon ou approuvé»; l'art. 1326 c. civ. est, sauf l'exception mentionnée au *Rép. ibid.*, inapplicable à la matière (V. Lyon-Caen et Renault, t. 1, n°s 1169 et 1171, p. 646, note 1; Bédarride, t. 1, n° 361; Bravard et Demangeat, t. 3, p. 307 et 313, note; Nouguier, t. 1, n° 855). On a soutenu cependant que l'aval par acte séparé par un non-commerçant est soumis aux exigences de l'art. 1326 c. civ. « L'aval donné par acte séparé, dit M. Massé, t. 4, n° 2403, constitue une obligation nouvelle et matériellement distincte de l'obligation principale, avec laquelle il ne se confond sans doute dans l'exécution, mais avec laquelle il ne se confond pas dans sa formation »(Conf. Alauzet, t. 4, n° 1388). MM. Lyon-Caen et Renault répondent que l'aval est un acte de commerce et que l'art. 1326 c. civ. est inapplicable aux actes de commerce (V. *supra*, n° 49, et v° *Acte de commerce*, n° 6).

213. Conformément à l'opinion soutenue au *Rép.* n° 509, il a été jugé que la signature « pour aval », apposée par une femme mariée sur un effet souscrit par son mari n'est valable, même dans ce cas, qu'autant que l'autorisation du mari est établie, soit par une énonciation du billet, soit par acte séparé (Trib. com. Marseille, 31 mars 1863, aff. Schleig, D. P. 63. 3. 80).

Nous avons dit également au *Rép. ibid.* que la femme non commerçante ne peut donner un aval sans suivre les formes de l'art. 1326 c. civ.; elle peut cautionner le signataire d'un effet de commerce, mais son cautionnement ne peut être qu'un cautionnement ordinaire; et la femme mariée ne serait pas relevée de cette incapacité par l'autorisation maritale. Cette opinion est suivie par MM. Lyon-Caen et Renault, t. 1, n° 1168; Alauzet, t. 4, n° 1388; Bravard et Demangeat, t. 3, p. 305; Bédarride, t. 1, n° 361; Nouguier, t. 1, n° 856. — Il a été jugé, toutefois, en sens contraire, que l'aval donné pour le payement d'un effet de commerce par un commerçant, surtout quand il a été apposé sur l'effet, constitue une obligation essentiellement commerciale, alors même qu'il émanerait d'une femme non commerçante (Civ. cass. 21 avr. 1869, aff. Artaud, D. P. 69. 1. 407, et sur renvoi, Grenoble, 23 nov. 1870, D. P. 71. 2. 173. Conf. Boistel, n° 797).

214. L'aval peut être donné, nous l'avons dit au *Rép.* n°s 501 et 503, par acte séparé (Comp. *supra*, v° *Cautionnement*, n° 25); il doit alors déterminer l'effet ou les effets que le donneur d'aval entend garantir (*Rép.* n° 512). Il a été jugé que l'acte par lequel un non-commerçant garantit, jusqu'à concurrence d'une somme déterminée, le remboursement d'effets de commerce déjà souscrits ou négociés, constitue un aval qui rend les billets ainsi garantis n'y soient pas désignés, si cet acte en spécifie la nature commerciale, ainsi que le montant et la durée de la garantie ; et que l'aval donné, par acte séparé, pour des effets de commerce souscrits ou négociés avant une époque fixée, peut être étendu à ceux qui ont été souscrits, sans novation, en renouvellement de ces effets (Req. 22 févr. 1869, aff. Ruphy, D. P. 69. 1. 515. Comp. Civ. cass. 27 août 1867, aff. Cler, D. P. 67. 1. 490). — Décidé, d'autre part, que l'aval de garantie en blanc, donné par acte séparé et pour un usage déterminé, n'entraine pas contre le donneur d'aval non-commerçant la compétence du tribunal de commerce, alors que cet aval a été employé pour un usage différent et abusif (Paris, 15 mars 1872, aff. Vital Clouët, D. P. 73. 2. 24).

215. — II. Effets de l'aval. — On a établi au *Rép.* n°s 515 à 517 que, sous l'empire du code de commerce, le donneur d'aval est tenu solidairement avec le souscripteur du billet ou le tireur de la lettre de change, et dans les mêmes termes s'il s'est engagé pour eux. Il en résulte que la déchéance du porteur dont ces derniers ne profitent pas ne peut pas davantage être invoquée par leur donneur d'aval. Ainsi le garant par aval du souscripteur d'un billet à ordre ne peut se prévaloir du défaut de protêt à l'échéance, ou du défaut de dénonciation du protêt, pour écarter l'action en garantie dirigée contre lui (*Rép.* n° 530; Civ. cass. 16 janv. 1882, aff. Fèvre, D. P. 82. 1. 287; Req. 16 janv. 1888, aff. Ernest Brousse, D. P. 88. 1. 69). A plus forte raison, en est-il ainsi lorsque le porteur était dispensé du protêt (Req. 22 févr. 1869, aff. Ruphy, D. P. 69. 1. 515).

216. La question de savoir si l'aval peut être donné pour des effets futurs, par exemple, pour garantie d'un crédit ouvert à un commerçant, est controversée. Au *Rép.* n°s 519 et 520, nous avons admis la négative, en nous fondant sur le texte de l'art. 142 c. com. qui assimile le donneur d'aval aux tireurs et endosseurs, et par suite semble bien supposer que l'effet existe au moment où l'aval est donné. M. Nouguier a maintenu cette opinion, dans la 4e édition de son ouvrage (n° 858 et 859); c'est aussi celle de M. Bédarride, t. 1, n°s 364 à 367. — Toutefois, l'opinion contraire est soutenue par MM. Demangeat, t. 3, p. 314 et 315; Lyon-Caen et Renault, t. 1, n° 1171, note 4; Alauzet, t. 4, n° 1385. Ces auteurs pensent que l'aval peut s'appliquer à des effets futurs, à condition d'en désigner la nature, de fixer les sommes garanties et le temps assigné aux négociations (Comp. *supra*, n° 214). M. Demangeat, *loc. cit.*, n'exige même point cette condition. Telle est aussi la doctrine consacrée par la cour de cassation. Il a été jugé, en effet, par la cour suprême : 1° qu'en vertu des art. 141, 142 et

187 c. com., le payement de billets à ordre peut être garanti au moyen d'un aval, donné par un acte séparé et pour des billets futurs, et que celui qui a donné cet aval est tenu par les mêmes voies que les souscripteurs et endosseurs de ces effets, mais qu'il n'en est ainsi qu'autant que la nature desdits effets, les sommes garanties et le terme assigné aux négociations sont clairement établis par l'acte d'aval (Civ. cass. 27 août 1867, aff. Cler, D. P. 67. 1. 490); — 2° Que l'aval donné pour des effets de commerce à créer constitue une obligation soumise à une condition suspensive, la création de ces effets, mais parfaitement valable, alors que l'obligation qui en résulte est déterminée dans son étendue et sa durée, et qu'elle s'applique, par exemple, aux seuls effets que le donneur d'aval souscrira lui-même pour le compte du débiteur de ces effets (Req. 11 juill. 1859, aff. Valadier, D. P. 59. 1. 392); — 3° Que l'engagement qu'un non-commerçant prend, dans une lettre, envers un négociant de garantir, jusqu'à concurrence d'une certaine somme, le payement des effets de commerce qui pourront être souscrits par un tiers, constitue une convention commerciale équivalant à un aval donné par anticipation et rend ce commerçant passible de toutes les conséquences dérivant de l'aval (Colmar, 10 mai 1848, aff. Rutter, D. P. 50. 2. 148). Il a même été décidé que l'aval peut être fourni par acte séparé pour des effets futurs et indéterminés, et que la garantie par un tiers de toutes les opérations de banque que fera un négociant avec le garanti, à partir d'une certaine époque, doit être considérée comme un aval de tous les effets dont la circulation deviendra nécessaire pour les rapports commerciaux des deux maisons (Colmar, 4 mai 1864, aff. Hildenbrand, D. P. 64. 2. 230).

217. Nous avons signalé au *Rép.* n° 521 et *suprà*, n° 207, les questions qui peuvent se poser lorsque l'aval ne consiste qu'en une signature apposée sur l'effet. Nous avons exprimé au *Rép.* n° 521 l'avis que, lorsque les endossements ont été successivement donnés en blanc, et que rien n'indique que telle signature ait été donnée pour aval plutôt que pour endossement, cette signature doit être présumée, sauf preuve contraire, constituer un endossement. Cette opinion est approuvée par MM. Bédarride, t. 1, n° 360; Demangeat sur Bravard, t. 3, p. 308, note 1 (V. au surplus, *suprà*, n° 207).

218. Du principe que le donneur d'aval est tenu solidairement et par les mêmes voies que le tireur et les endosseurs, résultent, outre les conséquences déjà indiquées au *Rép.* n° 523 à 526, les suivantes que la jurisprudence a été appelée à déterminer : 1° en disposant que l'aval d'un effet de commerce non timbré ou non visé pour timbre n'a de recours, à défaut d'acceptation de payement, que contre le tireur, la loi entend n'exempter de recours que les simples endosseurs et non les donneurs d'aval, lesquels sont les garants solidaires du tireur; et cela alors surtout qu'il s'agit d'une traite écrite sur un papier d'un timbre inférieur à celui exigé par la loi eu égard au chiffre de la traite (Pau, 14 janv. 1854, aff. Souhès et Bruzeau, D. P. 54. 2. 140); — 2°. Quelle que soit la cause des effets de commerce sur lesquels a été donné un aval, celui de qui émane cet aval ne peut être soumis à des obligations plus étendues que celles qui résultent de la nature d'un tel engagement; en conséquence, celui qui a donné un aval sur un billet à ordre est fondé à repousser par la prescription de cinq ans le recours exercé contre lui par le bénéficiaire, qui a laissé éteindre par cette prescription l'action dérivant du billet, encore bien que ce billet aurait été souscrit en payement d'une dette soumise seulement à la prescription du droit commun (par exemple, d'actions dans une société d'assurance). Il importerait peu également que l'aval eût été renouvelé par acte séparé, avant l'expiration des cinq ans, si ce renouvellement n'avait eu pour but, de la part du donneur d'aval, que de renoncer au bénéfice du défaut de protêt; l'art. 189 c. com. ne serait pas applicable en pareil cas (Paris, 13 mars 1854, aff. Dubrut, D. P. 55. 2. 294); — 3° Le donneur d'aval est tenu au remboursement de la lettre de change à l'égard du tiré qui en a payé le montant sans que la provision ait été faite, ni au moment de l'acceptation, ni au moment du payement, ni même au moment où la condamnation contre le donneur d'aval est prononcée (Civ. rej. 27 avr. 1870, aff. d'Escrivan, D. P. 70. 1. 258); — 4°. Le donneur d'aval poursuivi par le porteur du billet ne peut, à moins de conven-

tion contraire, demander la réalisation préalable du gage donné par l'un des endosseurs (Lyon, 17 mars 1881, aff. Demissieux, D. P. 81. 2. 247).

219. Mais l'art. 142 c. com., après avoir déclaré le donneur d'aval tenu solidairement et par les mêmes voies que le tireur, ajoute : « sauf les conventions différentes des parties ». Cette dernière disposition a été commentée au *Rép.* n° 5. — Une nouvelle application de la règle qu'elle consacre a été faite par un arrêt, aux termes duquel le donneur d'aval qui ne s'est obligé au payement d'un billet à ordre que *jusqu'à l'échéance* est libéré par l'effet du payement opéré au jour fixé, alors même que ce payement serait plus tard annulé comme fait, par exemple, dans les dix jours qui ont précédé la cessation des payements du débiteur (Req. 10 mai 1858, aff. Leroy-Devillers, D. P. 58. 1. 283).

220. Avant l'abolition de la *contrainte par corps* en matière civile et commerciale, il y avait controverse sur le point de savoir si l'aval donné par un non-commerçant sur un effet dont le souscripteur était commerçant et dont la cause était commerciale le rendait passible de la contrainte par corps. L'affirmative, adoptée au *Rép.* n° 527 et 528, était généralement admise aussi bien par les auteurs (Nouguier, t. 1, n° 870 et 871; Demangeat sur Bravard, t. 3, p. 310; Bédarride, t. 1, n° 372), que par la jurisprudence (V. Paris, 11 mai 1850, aff. Boutmy, D. P. 51. 5. 105). Néanmoins, il avait été jugé : 1° que la caution non commerçante qui s'obligeait, même par aval, au payement d'un billet à ordre souscrit entre commerçants, n'était pas passible de la contrainte par corps si elle n'était point intéressée dans l'affaire commerciale ayant garantie (Caen, 24 janv. 1848, aff. Hamel, D. P. 49. 2. 192); — 2° Que l'aval donné par un non-commerçant sur un billet à ordre dont le souscripteur était commerçant, le soumettait à la juridiction du tribunal de commerce, mais ne le rendait pas passible de la contrainte par corps, lorsqu'à son égard le billet n'avait pas une cause commerciale (Bordeaux, 10 déc. 1850, aff. Chaumot, D. P. 54. 5. 280); — 3° Que le cautionnement d'une dette de commerce souscrit par un non-négociant n'est point commercial et, par suite, ne soumettait pas à la contrainte par corps celui de qui il émanait;... alors même qu'il consistait dans un aval donné sur un billet à ordre. (Amiens, 15 juin 1855, aff. Gaudefroy, D. P. 55. 2. 325); — V. toutefois M. Alauzet, n° 1389, qui distingue le cas où l'aval était donné sur la lettre de change, cas auquel il y aurait eu lieu à contrainte par corps, et celui où il était donné par acte séparé ou sur un billet à ordre, et où le non-commerçant aurait été affranchi de cette mesure de rigueur. — La question ne peut plus se poser pour la contrainte par corps abolie par la loi du 22 juill. 1867 (D. P. 67. 4. 75).

221. Il a été jugé que, tout en reconnaissant que ni le souscripteur d'un billet à ordre ni sa caution n'étaient commerçants, et que le billet, à son origine, n'avait pas été souscrit à propos d'opérations de commerce, le juge du fond peut déclarer que la caution, par son aval, est devenue codébitrice du souscripteur, avec solidarité, s'il relève des faits desquels il résulte que le billet a pris le caractère commercial; qu'il en est ainsi, lorsqu'il est établi en fait, d'une part, que la caution, en donnant son aval sous la forme d'un endossement à l'ordre du banquier bailleur des fonds, a eu pour but de faciliter à celui-ci la négociation de cet effet, et, d'autre part, que ce banquier, à son tour, a endossé la valeur à l'ordre de la Banque de France, ces circonstances étant de nature à frapper de commercialité le billet et sa garantie (Req. 16 janv. 1888, aff. Ernest Brousse, D. P. 88. 1. 69). — Il nous semble que la même solution devrait être admise, alors même qu'il s'agirait d'un aval donné pour garantie du payement d'un billet à ordre civil; des art. 142 et 187 c. com. combinés il résulte, à notre avis, que si le donneur d'aval, en pareil cas, n'est pas obligé commercialement (V. *Rép.* n° 508), il est tenu solidairement avec celui pour qui il s'est engagé (Comp. Lyon-Caen et Renault, t. 1, n° 1297; Nouguier, t. 1, n° 830 et 871).

222. Le donneur d'aval est dégagé de toute obligation, lorsqu'il a été induit en erreur sur l'un des éléments essentiels de l'obligation qu'il entendait garantir. Ainsi il a été jugé que celui qui a donné son aval à un effet signé en blanc par le souscripteur n'est pas tenu au payement de cet effet, même vis-à-vis du tiers porteur de bonne foi, s'il est constaté que le billet a été simultanément l'objet d'un abus de blanc-seing ayant eu pour but l'inscription dans le corps du titre du nom d'un bénéficiaire autre que celui qui avait été convenu, et d'un faux consistant dans le changement du nom du souscripteur, afin de faire porter faussement l'aval sur un débiteur principal différent de celui qui avait été réellement cautionné (Req. 20 mars 1882, aff. Dubois-Plattier, D. P. 82. 1. 244).

223. Nous avons exprimé au *Rép.* n° 531 l'avis que l'aval donné après l'échéance ne produit que les effets d'un cautionnement ordinaire. Telle est aussi l'opinion de M. Nouguier, t. 1, n° 857. Un certain nombre d'auteurs décident toutefois que, l'échéance ne modifiant point la nature du titre, l'aval doit être admis avec toutes ses conséquences aussi bien après qu'avant cette époque (Lyon-Caen et Renault, t. 1, n° 1172; Alauzet, t. 4, n° 897; Demangeat sur Bravard, t. 3, p. 316. — Comp. *suprà*, n°ˢ 158 et suiv.).

SECT. 9. — DE L'EXTINCTION DES OBLIGATIONS NÉES D'UNE LETTRE DE CHANGE OU D'UN BILLET A ORDRE (*Rép.* n°ˢ 533 à 612).

ART. 1ᵉʳ. — *Du payement et du payement par intervention* (*Rép.* n°ˢ 534 à 599).

§ 1ᵉʳ. — De celui qui demande le payement (*Rép.* n°ˢ 535 à 559).

224. En vertu du principe qu'on peut faire par un mandataire tout ce qu'on a le droit de faire soi-même, à moins de défense expresse dans la loi, nous avons admis au *Rép.* n° 535 qu'il suffit de justifier d'un mandat donné par lettre, pour pouvoir exiger le payement d'un effet de commerce : nous avons ajouté, toutefois, qu'il est d'usage, en pareil cas, que celui qui paye se fasse remettre, pour la joindre à l'effet, la lettre qui a conféré le mandat. Il faut reconnaître qu'un pareil procédé n'est pas sans danger : c'est aussi ce qui a été constaté au *Rép.* n°ˢ 568, 569, 583 et 584, où l'on a fait remarquer la rigueur de la loi, aux termes de laquelle (c. com. art. 145) « celui qui paye une lettre à son échéance et sans opposition, est (simplement) *présumé* valablement libéré ». Quoi qu'il en soit, la jurisprudence tend à favoriser tout ce qui facilite la circulation des effets de commerce. Il a été jugé, sur le point qui nous occupe, que le tiré qui, de bonne foi, et sans opposition, paye une lettre de change à l'échéance entre les mains du porteur qui avait simplement mandat de la présenter à l'acceptation, est valablement libéré, lors même qu'il ne portait aucun endossement en faveur de ce porteur; et que, s'il y a eu plusieurs mandataires substitués les uns aux autres, les

derniers, qui ont tenu compte à leurs mandants immédiats du montant de la traite, ne peuvent plus être recherchés par le premier mandant (Req. 7 août 1872, aff. Bourgeois et comp., D. P. 74. 5. 182).

225. On a dit au *Rép.* n° 536 que le débiteur d'un effet de commerce ne doit pas payer entre les mains d'un porteur incapable. V. toutefois sur la solution actuellement donnée à cette question, *infrà*, n° 248.

226. Conformément aux principes que nous avons exposés au *Rép.* n°ˢ 535 et 538, il a été jugé que celui qui a souscrit des effets de commerce en représentation de sa dette ne peut se libérer valablement qu'entre les mains des porteurs de ces effets, et que la stipulation, faite dans un acte distinct, que le payement sur le titre primitif ou sur la lettre de change éteindra complètement la dette, ne peut être opposée à des tiers porteurs de bonne foi (Agen, 1ᵉʳ avr.1873, aff. Dardy, D. P. 75. 2. 216. V. *suprà*, n°ˢ 162 et suiv.).

227. On a étudié au *Rép.* n°ˢ 541 à 556 les dispositions du code de commerce destinées à venir en aide au porteur qui perdrait l'effet dont il est propriétaire. Les formalités prescrites par le code de commerce pour le cas où la lettre de change est perdue s'appliquent toutes les fois que le propriétaire se trouve, pour une cause quelconque, dans l'impossibilité de représenter le titre, et notamment dans le cas où le titre a été frauduleusement retenu par le débiteur principal, qui a disparu (Paris, 19 nov. 1866, aff. Allard, D. P. 67. 2. 47). D'autre part, il a été jugé que, dans le cas même où la perte aurait eu lieu par suite d'un fait auquel aurait participé le débiteur du titre (tel que l'envoi du titre par la poste), le payement n'en saurait être obtenu par le tiers porteur qui justifie de son droit de propriété, qu'à la charge de donner caution, conformément à l'art. 151 c. com., à moins que le fait dont il s'agit ne constitue de sa part une faute prouvée ou présumée (Paris, 29 déc. 1868) (1).

228. On discute vivement en doctrine la question de savoir quel est l'effet du payement fait sur l'ordre du juge par le tiré accepteur entre les mains du porteur d'un exemplaire non accepté, qui a fourni caution. Ce payement libère-t-il complètement le tiré, en sorte que le porteur de l'exemplaire accepté, venant ensuite, ne puisse rien lui demander et n'ait de droit que contre la caution, ou bien ce payement laisse-t-il le tiré débiteur envers le porteur de l'exemplaire accepté, sauf recours contre la caution ? En d'autres termes, la caution est-elle fournie dans l'intérêt du porteur de l'exemplaire accepté ou bien dans l'intérêt du tiré demeuré débiteur? Dans un premier système, on soutient que le tiré est libéré et que la caution est fournie dans l'intérêt du porteur, qui n'a d'action que contre elle ; le tiré, dit-on, en payant sur l'ordre du juge, non seulement ne commet

(1) (De Craëcker C. Jullemier.) — Le 27 mai 1868, jugement du tribunal de commerce de la Seine ainsi conçu : — « Sur la demande en restitution des trois traites acceptées, montant ensemble à 48332 fr. 2 c. : — Attendu que Jullemier soutient que ces traites ne sont plus en sa possession ; qu'il les aurait remises à la poste à Brie-Comte-Robert, à l'adresse du représentant du demandeur, à Paris ; que si elles ne lui sont pas parvenues, il ne saurait être responsable de l'erreur commise à la poste ; — Qu'il fait, d'ailleurs, à la barre de les payer après l'accomplissement des formalités exigées par la loi, revêtues de l'acceptation de Jullemier ; — Qu'il y a lieu, dans cette circonstance, en conformité de l'art. 151 c. com., d'en ordonner le payement entre les mains du demandeur, qui a justifié de sa propriété par ses livres, à la charge toutefois, par lui, de donner caution ; — Dit que le demandeur sera tenu de fournir caution bonne et valable caution pour sûreté du payement des lettres de change dont s'agit ; — Dit que cette caution fera sa soumission au greffe de ce tribunal en la manière ordinaire et accoutumée, et icelle faite et signifiée, donne acte à Jullemier de ce qu'il offre de payer lesdites lettres ; — Déclare les offres faites suffisantes ; en conséquence, dit que Jullemier sera tenu de payer à de Craëcker la somme de 48332 fr. 2 c., montant desdites traites, etc. ». — Appel par le sieur de Craëcker. — Arrêt.

LA COUR ; — Considérant, en fait, que les trois traites dont il s'agit, s'élevant ensemble à 48332 fr. 2 c., ont été une première fois envoyées par la poste par de Craëcker à Jullemier, puis renvoyées par la même voie par ledit Jullemier, après avoir été revêtues de son acceptation ; — Que lesdites traites ayant été retournées par de Craëcker pour une régularisation jugée par lui nécessaire, il est allégué par Jullemier, et non sérieusement contesté, que ce dernier les a de nouveau renvoyées à de Craëcker en employant encore, ainsi que l'avait fait de Craëcker lui-même, la voie de la poste ; — Qu'enfin elles paraissent avoir été adirées ou soustraites dans le cours de ce dernier voyage et ne sont point parvenues à leur destination ; — Considérant que, dans ces circonstances, de Craëcker a demandé à Jullemier devant les premiers juges la restitution des trois traites acceptées, et qu'il demande par ses conclusions devant la cour que Jullemier soit tenu de lui en payer le montant, sans remise des titres et sans caution ; — Que Jullemier, au contraire, s'est déclaré prêt à payer le montant des traites, soit que la remise des titres revêtus de son acceptation, soit moyennant caution fournie par de Craëcker conformément à l'art. 151 c. com. ; — Que ces offres de Jullemier ont été reconnues satisfaisantes par la sentence des premiers juges ; — Considérant, en droit, que, si les dispositions des art. 150 et suiv. c. com. paraissent avoir eu plus spécialement en vue le cas de perte d'une lettre de change par le bénéficiaire ou le porteur du titre, elles n'établissent pas moins, dans les garanties et formalités qu'elles prescrivent et qui sont purement conservatoires des droits et intérêts de toutes les parties, une règle générale applicable à tous les cas de perte ; — Que, dans le cas même où la perte aurait eu lieu par suite d'un fait auquel aurait participé le débiteur du titre, il ne pourrait être fait exception à la règle générale qu'autant que ce fait constituerait de sa part une faute prouvée ou présumée ; — Considérant que dans la cause aucune faute ni aucun fait d'imprudence ne peuvent être reprochés à l'intimé ; — Adoptant au surplus les motifs des premiers juges ; — Confirme, etc.
Du 29 déc. 1868.-C. de Paris, 5ᵉ ch.-MM. Sallé, pr.-Descoustures, av. gén.-Delasalle et Saglier, av.

point d'imprudence dont on puisse le rendre responsable, mais encore il obéit à une nécessité à laquelle il ne peut se soustraire ; il est donc juste qu'il soit libéré ; sinon la perte ou le vol de la lettre, événement auquel il est complètement étranger, aurait pour lui cette conséquence fâcheuse de l'exposer aux risques de l'insolvabilité du porteur qu'il a payé sur l'ordre du juge, et de la caution fournie par ce porteur, et même, comme la caution est libérée après trois ans et que le tiré serait tenu pendant cinq ans, de le laisser pendant deux ans en butte aux poursuites du porteur légitime sans aucune garantie contre l'insolvabilité du porteur qu'il a payé. On comprend que, si la caution est fournie dans l'intérêt du porteur de l'exemplaire accepté, elle soit déchargée après trois ans ; l'extrême négligence de ce porteur le rend peu intéressant ; mais si elle était fournie dans l'intérêt du tiré qui est exempt de tout reproche, il serait impossible de justifier la loi d'avoir limité l'engagement de la caution à une période moins longue que celle de l'obligation du tiré (V. en ce sens : Beauregard, *De la perte des lettres de change, Revue critique*, 1878, p. 443 et suiv. *Adde :* Nouguier, t. 1, n° 969. Comp. toutefois n° 971, où cet auteur paraît contredire la solution par lui indiquée au n° 969).

Dans une deuxième opinion, on considère le tiré qui paie sur l'ordre du juge comme tenu encore envers le porteur légitime, et par suite la caution comme une garantie donnée au tiré. On invoque les termes de l'art. 148 c. com., d'après lequel celui qui paie une lettre de change sur. 2°, 3°, etc., sans retirer celle sur laquelle se trouve son acceptation, n'opère point sa libération à l'égard du tiers porteur de son acceptation : on a répondu que cet article n'est pas décisif, car on peut l'entendre comme ne visant que le payement fait sans formalités, et non le payement fait sur ordre du juge. Le tiré, dit-on encore, ne saurait avoir à exiger caution dans l'intérêt du porteur légitime dont il n'est pas mandataire : mais on a fait remarquer que la loi impose à l'occasion l'obligation de fournir caution dans l'intérêt de tiers envers qui on n'est pas lié par aucun lien de droit (V. c. civ. art. 771). — Enfin on se fonde sur l'art. 19, tit. 5, de l'ordonnance de 1673 (V. *Rép.* p. 48), aux termes duquel le payement de la lettre perdue ne devait être fait « qu'en baillant caution de garantir le payement qui en serait fait », et sur l'interprétation qu'en donnaient au 18° siècle les commentateurs de l'ordonnance. D'après cette interprétation (contraire, il est vrai, à celle de Savary, *Parfait négociant*, t. 1, p. 194), la caution garantissait le tiré, et c'est dans le même sens, dit-on, que doit être interprété l'art. 151 c. com., qui correspond à l'art. 19, tit. 5, de l'ordonnance de 1673 ; c'est ainsi qu'il a été entendu par les tribunaux auxquels a été soumis le projet du code de 1807 (V. *Rép.* n°s 548-549; Lyon-Caen et Renault, t. 1, n° 1216; Bravard et Demangeat, t. 3, p. 374 à 377 ; Alauzet, t. 4, n°s 1425 et 1433; Boistel, n° 809, p. 552, note 5 ; Bédarride, t. 2, n° 423).

La question se pose dans les mêmes termes lorsqu'il s'agit du payement fait par le tiré, au cas de perte de l'unique exemplaire de la lettre de change (Comp. les auteurs précités). Seulement si le tiré n'avait pas mis son acceptation sur la lettre perdue, il ne peut être contraint de payer le porteur de cette lettre, et la caution n'a en réalité aucune utilité (V. Boistel, n° 809; Lyon-Caen et Renault, t. 1, n° 1220).

229. D'après certains auteurs, l'expression « ordonnance du juge » employée par les art. 151 et 152 c. com. serait inexacte ; la loi exigerait un jugement du tribunal de commerce (V. en ce sens : Alauzet, t. 4, n° 1425 ; Bédarride, t. 2, n°s 415 et 448; Nouguier, t. 1, n° 959). Dans une autre opinion, on soutient, au contraire, que les termes des art. 151 et 152 c. com. doivent être observés, et qu'il s'agit d'une ordonnance du président (V. Bravard et Demangeat, t. 3, p. 373; Boistel, n° 808 ; Lyon-Caen et Renault, t. 1, n° 1215. Comp. *Rép.* n° 542).

230. L'art. 152 c. com. autorise le porteur à justifier de la propriété de la lettre de change perdue par la production de ses *livres :* nous avons fait remarquer au *Rép.* n° 543 que le non-commerçant ne saurait bénéficier de cette faculté. — MM. Nouguier, t. 1, n°s 966 et 967; Alauzet, t. 4, n° 1426 ; Demangeat sur Bravard, t. 3, p. 377-378, note; Boistel, n° 808, estiment que la loi a prévu exclusivement le cas où le porteur est commerçant, n'admettant pas à son profit

d'autre preuve que celle résultant des livres qu'elle lui a prescrit de tenir ; mais qu'elle a laissé sous l'empire du droit commun ce qui concerne le porteur non-commerçant, lequel peut soumettre aux magistrats tous documents, titres et pièces de nature à éclairer leur religion. — M. Bédarride, t. 2, n° 419, essaie de démontrer, par les travaux préparatoires du code de commerce, que le législateur, en mentionnant la preuve par les livres, a voulu purement et simplement attribuer force probante à leurs énonciations, mais qu'il n'a nullement entendu circonscrire les éléments de preuve dont le tribunal de commerce devra s'entourer (V. conf. Lyon-Caen et Renault, t. 1, n° 1219). — Pour nous, il y a dans la loi une fâcheuse lacune, et nous n'avons pas hésité à reconnaître que le législateur semble avoir perdu de vue que la lettre de change peut être aux mains d'un non-commerçant : mais nous n'en avons pas moins admis, à raison même de l'insuffisance du texte et en nous appuyant aussi sur les déclarations faites au cours des travaux préparatoires, que le juge peut admettre tous les moyens de preuves analogues aux livres, c'est-à-dire résultant de documents écrits, à l'exclusion de la preuve testimoniale ; nous avons, à l'appui de cette solution favorable, cité un arrêt de cassation du 22 mai 1848 (aff. Ducasse, D. P. 49.1.158). — Ces documents écrits devront, d'ailleurs, conformément au droit commun, émaner de celui auquel ils seront opposés. La cour suprême a complété en ce sens la doctrine émise dans l'arrêt ci-dessus rappelé, par une décision aux termes de laquelle la propriété d'un effet de commerce perdu ou volé ne peut être prouvée contre le souscripteur, par celui qui prétend avoir été porteur de cet effet à l'échéance, que par les livres de ce dernier, ou par des actes émanés du débiteur de l'effet. Cette preuve ne résulte pas d'un reçu donné par le prétendu porteur au bénéficiaire de l'effet, un tel acte, étranger au souscripteur à qui on l'oppose, étant sans valeur à son égard (Civ. cass. 24 juin 1863, aff. Jean dit Chéry, D. P. 63. 1. 404).

231. Aux termes de l'art. 153 c. com., « en cas de refus de payement sur la demande formée en vertu des deux articles précédents, le propriétaire de la lettre de charge perdue conserve tous ses droits par un acte de *protestation* ». La loi suppose évidemment, ainsi qu'on l'a montré au n° 544, que le propriétaire de la lettre de change a préalablement demandé « l'ordonnance du juge » prévue par les art. 151 et 152 c. com. Mais qu'arrivera-t-il si l'acte de protestation a été fait sans que la justice ait été saisie? Cet acte sera-t-il valable, ou sera-t-il nul?

On a exposé au *Rép. loc. cit.* les solutions proposées. La plupart des auteurs ont admis la validité de l'acte après Pardessus et Nouguier (cités *ibid.*) (V. Nouguier, 4° éd., n° 960; Alauzet, t. 4, n° 1431; Bédarride, t. 2, n° 428; Demangeat et Bravard, t. 3, p. 379, et la note; Lyon-Caen et Renault, t. 1, n° 1221). Un arrêt de la cour de cassation avait statué dans le même sens (Req. 10 déc. 1828, rapporté au *Rép. ibid.*). Mais la solution contraire, outre l'opinion de M. Horson (cité *ibid.*), avait pour elle un arrêt de cassation du 3 mars 1834 (rapporté *ibid.*), en sens opposé à celui de 1828, et cette jurisprudence a été maintenue. Jugé que l'acte de protestation exigé par l'art. 153 c. com., en cas de perte et de refus de payement d'un effet de commerce, pour la conservation des droits du porteur, est nul, s'il n'a point été précédé de l'*ordonnance du juge*, que le porteur doit obtenir, avant de réclamer le payement de l'effet perdu, en justifiant de sa propriété par ses livres, et en donnant caution (Civ. cass. 1er juill. 1857, aff. Mahieu Delangre, D. P. 57. 1. 307. *Adde :* Paris, 19 nov. 1866, aff. Allard, D. P. 67. 2. 47).

232. Toutefois, nous avions proposé un tempérament à la rigueur de cette interprétation : une exception nous paraissait devoir être admise en cas de *force majeure ;* nous avions déjà pu nous appuyer à cet effet sur un arrêt de la cour de cassation du 17 déc. 1844 (*Rép.* n° 545). Sur ce point, également, la cour suprême a confirmé sa jurisprudence, dans l'arrêt cité ci-dessus, avec cette restriction, toutefois, qu'on ne doit pas considérer comme un cas de force majeure, ayant pu mettre obstacle à l'obtention de l'ordonnance du juge, le seul fait que le porteur de l'effet perdu se trouvait éloigné de son domicile pendant le délai prescrit pour l'acte de protestation, et qu'il n'a pas été, dès lors, possible de produire au juge les livres justificatifs de la propriété de cet effet (Civ. cass. 1er juill. 1857, aff. Mahieu Delangre, D. P. 57. 1. 307; V. aussi Paris, 19 nov. 1866, aff. Allard, D. P. 67. 2. 47).

233. Il a été jugé que la dispense des formalités sur une place s'applique aux formalités prescrites au cas de perte de la lettre de change avant l'échéance, aussi bien qu'aux formalités prescrites au cas de non-payement, aucune distinction ne devant être faite entre ces formalités, qui ont pour but, les unes comme les autres, la conservation du recours du porteur contre les endosseurs (Trib. com. Bayonne, 26 mars 1866, sous Req. 10 mars 1868, aff. Catrix et Coste, D. P. 68. 1. 467). Nous avons fait observer, *loc. cit.*, que cette solution serait exacte s'il suffisait au porteur, en cas de perte de la lettre de change, de faire dresser l'acte de protestation prescrit par l'art. 153 c. com., mais que, dans le système de la cour de cassation auquel nous nous sommes rangés, cette solution ne peut être admise. La cour suprême exige, à peine de nullité de l'acte de protestation, l'ordonnance préalable du juge. Or, disons-nous : « on peut bien admettre que le porteur dispensé de la formalité ordinaire du protêt faute de payement soit également dispensé de l'acte de protestation prescrit par l'art. 153 c. com. au cas où la lettre de change a été perdue. Il y a analogie entre ces deux formalités. Mais pourquoi serait-il dispensé des formalités qui sont prescrites par l'art. 152 et qui doivent précéder l'acte de protestation? Sans ces formalités, la présentation de la lettre de change perdue est impossible... Et le porteur, qui est dispensé seulement du protêt, n'est assurément pas dispensé de l'obligation de présenter la lettre de change à l'échéance. »

234. On a exposé au *Rép.* n° 548 pourquoi le législateur a réduit à trois années la durée de l'obligation que contracte la *caution* fournie par le propriétaire de la lettre de change perdue. Le *dépositaire*, chez lequel l'effet litigieux a été perdu, peut-il être admis à soutenir qu'il ne doit pas être plus longtemps responsable de la perte du billet envers le déposant, que ne l'eût été une caution donnée par ce dernier au débiteur? Il a été jugé, contrairement à cette prétention, et par application des principes généraux relatifs au contrat de dépôt, que le porteur d'un effet négociable perdu, qui a été condamné à fournir des garanties hypothécaires au débiteur, pour le cas où ce dernier aurait à en payer une seconde fois le montant à un autre porteur qui le produirait ultérieurement, a, contre le dépositaire par la faute duquel ce billet a été égaré, un recours qui, dérivant de l'action de dépôt, n'est prescriptible que par *trente ans* : ici ne s'applique pas la prescription triennale de l'art. 155 c. com., spéciale au recours à exercer par le débiteur de l'effet perdu contre la caution que cet article lui permet d'exiger de ce porteur lui-même (Civ. rej. 3 mai 1854, aff. Boulen, D. P. 54. 1. 370).

235. Nous avons admis au *Rép.* n°s 550 et 552 que la

législation édictée au regard des lettres de change perdues s'applique également en cas de perte d'un billet à ordre. Un arrêt de la cour de Paris du 15 déc. 1834 (rapporté au *Rép.* n° 552) en avait ainsi jugé; cette cour a maintenu sa jurisprudence et décidé à nouveau que les dispositions des art. 151, 153 et 155 c. com., relatives au payement des lettres de change perdues, et notamment celle de ces dispositions qui limite à trois ans l'engagement de la caution, sont applicables aux billets à ordre, alors même qu'ils ont été souscrits par des non-commerçants et pour cause non commerciale ; qu'il suffit que le titre soit dans la forme des billets à ordre (Paris, 1er juill. 1864, aff. de la Fressange, D. P. 64. 5. 112). — Cette solution est, d'ailleurs, admise sans difficulté par les auteurs (Nouguier, t. 2, n° 1501 ; Alauzet, t. 4, n° 1433 ; Demangeat sur Bravard, t. 3, p. 540 et 541; Lyon-Caen et Renault, t. 1, n° 1297).

236. Mais il en est autrement des obligations civiles en la forme ordinaire (*Rép.* n° 550).De telle sorte que, si l'engagement civil a revêtu la forme d'un billet à ordre, la durée de l'engagement de la caution est limitée à trois années, bien que le débiteur soit exposé pendant trente ans à la réclamation du véritable propriétaire; tandis que, si l'obligation est en la forme ordinaire, les garanties qu'exigera le débiteur dureront autant que son propre engagement; c'est là une situation assurément conforme aux principes, mais qui méritait d'être signalée (V. Boistel, n° 809). Quoi qu'il en soit, il a été jugé à nouveau que les dispositions du code de commerce relatives à la perte des lettres de change et des billets à ordre sont inapplicables aux titres ayant la forme d'une obligation civile ; qu'en conséquence, le débiteur poursuivi en payement de valeurs qu'il avait données en blanc-seing et qui, dès lors, pouvaient être remplies en la forme d'obligations civiles par celui qui les trouverait, a le droit, si le titre a été perdu, d'exiger une caution qui s'engage pour la durée de trente années (Toulouse, 12 mars 1885, aff. Lacaze, D. P. 86. 2. 104).

237. Dans ces dispositions édictées par les art. 149 et suiv., le législateur n'a visé que la perte d'une lettre de change non échue. Cela résulte tant de la place qu'occupent ces articles dans le code de commerce, que de leur teneur même. La question s'est posée de savoir si ces mêmes dispositions doivent être étendues au cas d'une lettre de change, ayant été présentée à l'échéance et protestée faute de payement, n'a été perdue que postérieurement. Pour qu'il en fût ainsi, il faudrait qu'il y eût analogie parfaite dans les situations; or cette analogie n'existe évidemment pas. Aussi la jurisprudence s'est-elle prononcée dans le sens de la négative. Il a été jugé que les formalités prescrites par les art. 149 et suiv. c. com. pour le cas de perte d'une lettre de change non échue ne sont pas applicables au cas d'une lettre de change qui n'a été perdue qu'après l'échéance et le protêt (Grenoble, 9 août 1864, aff. Dambuyant, D. P. 64. 2. 205. *Adde :* Paris, 20 août 1866) (1).

---

(1) (Aron et comp. *C.* Fuld.) — La cour, — Considérant qu'il est constant, en fait, et qu'il résulte de tous les documents produits, notamment du bordereau des effets remis par Fuld à Aron et comp., et d'une copie régulière de l'acte de protêt, que Fuld a passé le 28 mars 1865 à l'ordre d'Aron et comp. une lettre de change de 17000 reaux, soit 4275 fr. 50 cent., pour lui tirée le 9 du même mois à quatre-vingt-dix jours de date sur Cives et Asnar de Valence, en Espagne ; que cette lettre de change, revêtue de divers endossements successifs, a été protestée faute de payement et remboursée au porteur par Carnuava, qui est intervenu au moment du protêt pour l'honneur de la signature d'Aron et comp. ; — Considérant que, le 6 septembre suivant, Aron et comp. ont notifié à Fuld un compte de retour dûment timbré et enregistré, à eux transmis de Valence par Carnuava, qui avait payé pour leur compte la lettre de change dont s'agit, avec demande de leur en payer le montant, et, comme ils ne représentaient pas la lettre de change, qu'ils déclaraient avoir été perdue depuis le protêt, ils offraient en même temps de fournir une caution suffisante ; — Considérant qu'en réponse à l'action contre lui intentée, Fuld s'est borné à soutenir que la demande était non recevable ; et que le jugement dont est appel, se fondant sur ce que Aron et comp., qui ne représentaient pas le titre qui avait été égaré, ne justifiaient pas avoir rempli les formalités édictées par la loi pour les lettres de change perdues, les a déclarés non recevables, quant à présent, dans leur demande ; — Considérant que Aron et comp. ayant interjeté appel de ce jugement, dont Fuld, de son côté, qui n'en a pas interjeté appel incident, se borne à demander la con-

firmation sans opposer à Aron et comp., par ses conclusions, aucune exception de déchéance, il y a lieu de rechercher, non si Aron et comp. qui justifient d'ailleurs du défaut de payement de la lettre de change à son échéance, sont déchus de tout recours contre le tireur, soit à raison d'une prétendue tardiveté du protêt, soit faute par eux d'avoir exercé leur recours dans le délai imparti par l'art. 166 c. com., mais seulement si les premiers juges les ont avec raison déclarés quant à présent non recevables, faute de justification de l'accomplissement des formalités requises en cas de perte d'une lettre de change ; — Considérant que les formalités prescrites par les art. 151 et suiv. c. com., au cas de perte d'une lettre de change, s'appliquent uniquement au cas où une lettre de change est perdue avant son échéance, et ont pour but de donner au porteur le moyen d'en demander le payement au tiré lors de l'échéance de la lettre, et, s'il y a lieu, de faire constater le défaut de payement de l'effet non représenté ; qu'aucune de ces formalités ne s'applique au cas où une lettre de change n'était pas perdue au jour de son échéance, et a été protestée faute de payement ; que, dans ce cas, celui qui est porteur de la lettre au moment de son échéance, ou qui en est redevenu porteur au moyen d'un remboursement qu'il en a fait, et qui exerce son recours contre le tireur, doit sans doute, s'il ne représente pas la lettre de change qu'il déclare avoir été perdue, justifier de sa propriété, et fournir caution, afin que le tireur ne soit pas exposé à payer deux fois ; mais que, lorsqu'il fait ces justifications, et qu'il offre de fournir caution, le tireur n'a aucun motif légitime de se refuser au payement; — Considérant que, dans l'espèce, il

238. Enfin qu'arriverait-il si la perte du titre était alléguée par le porteur ? En pareil cas, si le souscripteur a payé sans exiger la représentation préalable de l'effet, c'est qu'il l'a bien voulu, et par conséquent le législateur n'avait pas à intervenir ; ou plutôt, il est évident que le souscripteur a posé ses conditions, et dès lors il s'agit d'une convention particulière à interpréter suivant les règles ordinaires. Jugé, en ce sens, que les prescriptions de l'art. 151 c. com., relatives à la perte d'une lettre de change avant l'échéance, ne sont pas applicables au cas où, en vertu d'une convention intervenue entre le porteur d'effets de commerce et un tiers, celui-ci ayant payé lesdits effets sous la condition de remise de tous les titres portant la signature du souscripteur, le porteur déclare ne pouvoir remplir cette condition par suite de la perte des titres ; spécialement, que les juges peuvent ordonner, à titre de garantie, la consignation par le porteur d'une somme représentant le montant des titres, sans avoir préalablement ordonné qu'une caution serait fournie conformément à l'article précité (Req. 22 nov. 1876, aff. Lamotte, Benoist et comp., D. P. 77. 1. 484).

239. On a dit au *Rép.* n° 556 que le propriétaire d'une lettre de change qui a perdu son titre peut en demander un duplicata en s'adressant à son endosseur immédiat, qui lui doit ses bons offices auprès de l'endosseur précédent, et ainsi de suite jusqu'au tireur. Lorsque le tireur a délivré un nouvel exemplaire de la lettre, chacun des endosseurs y rétablit successivement son endossement. On s'est demandé si le tiré accepteur serait tenu de reproduire son acceptation sur le duplicata ; on a soutenu qu'il le devrait faire, si le porteur du duplicata lui offrait caution (Bravard, t. 3, p. 368). Mais on a répondu que le tiré qui apposerait son acceptation sur le duplicata s'exposerait à payer deux fois, le payement pouvant être réclamé par chacune des personnes détenant un exemplaire signé de lui, et qu'on ne saurait exiger qu'il répare, en aggravant sa situation, les conséquences du cas fortuit, peut-être même de la négligence, qui a dépossédé le porteur (Lyon-Caen et Renault, t. 1, n° 1217 ; Demangeat sur Bravard, t. 3, p. 368, note 1).

240. Certains auteurs admettent que le porteur d'un duplicata peut, au moins lorsque l'exemplaire perdu n'avait pas été accepté, requérir le payement sans formalités, comme au cas où il y a plusieurs exemplaires de la lettre de change, dont aucun n'a été accepté (Boistel, n° 807 ; Demangeat sur Bravard, t. 3, p. 370, note). MM. Lyon-Caen et Renault, t. 1, n° 1218 ; Beauregard, *Revue critique*, 1878, p. 453 et 454 ; Bravard, t. 3, p. 369 et 370, pensent au contraire que le payement ne peut être obtenu que sur l'ordre du juge et moyennant caution (Arg. art. 152). Le porteur, disent MM. Lyon-Caen et Renault, *loc. cit.*, n'est pas dans la même situation que s'il y avait eu à l'origine deux exemplaires dont l'un aurait été égaré. Quand plusieurs exemplaires ont été créés, le porteur qui n'en a qu'un a commis une imprudence en n'exigeant point les autres ; mais « le duplicata prouve seulement que le réclamant a été propriétaire de la lettre à un certain moment ; il a pu la céder, et on ne pourra dire à un cessionnaire, comme dans le cas de l'art. 150 c. com., qu'il a été imprudent en ne faisant pas remettre les divers exemplaires de la lettre ».

241. Conformément à l'opinion exprimée au *Rép.* n° 556, MM. Alauzet, t. 4, n° 1432 ; Lyon-Caen et Renault, t. 1, n° 1217, estiment que le duplicata peut être demandé même après l'échéance.

§ 2. — De celui qui doit payer (*Rép.* nos 560 à 572).

242. Il y a toujours une grande imprudence à payer sans avis préalable une traite qui n'est stipulée payable que *suivant avis :* en cas d'erreur, l'inexécution de cette condi-

tion peut constituer le débiteur en faute. C'est ce que décide la jurisprudence, tout en restreignant la responsabilité du tiré au cas de falsification de l'effet : peut-être, au surplus, cette restriction, par elle-même, ne constitue-t-elle qu'une appréciation d'espèce. Quoi qu'il en soit, il a été jugé que le payement d'une lettre de change, payable à présentation et suivant avis, est aux risques du tiré, s'il a eu lieu à présentation et sans avis, mais que le tiré n'est responsable de ce payement que dans le cas où l'effet serait faux ou falsifié ; que le tiré conserve donc, en pareil cas, son recours contre le tireur, s'il est constaté que l'effet provenait bien de ce dernier, quoique ses employés y aient inscrit une somme supérieure à celle qu'il avait l'intention d'y porter, et qui se trouve indiquée sur la lettre d'avis arrivée après le payement ; qu'en admettant même qu'il y ait eu imprudence du tiré à faire le payement sans avis préalable, le tireur doit s'imputer la faute plus grave d'avoir laissé mettre en circulation une traite dont il n'aurait pas reçu la valeur (Paris, 25 juin 1874, aff. Weisweiller et Goldschmidt, D. P. 77. 2. 139).

243. On a dit au *Rép.* n° 567 que l'acquit ne peut être donné que par le propriétaire ou le mandataire chargé de recevoir. Il a été jugé, en conséquence, que le payement d'une lettre de change fait à un tiers, qui n'avait pas reçu du porteur mandat d'en toucher le montant, n'est pas libératoire pour le tireur ; que l'arrêt qui décide, par appréciation des clauses d'un prêt hypothécaire, que le porteur d'une lettre de change créée en exécution de ce contrat ne peut être considéré comme ayant donné mandat à l'un des contractants de recevoir en son nom le payement de cet effet, échappe au contrôle de la cour de cassation ; et que le souscripteur d'une lettre de change, qui en paye le montant au créancier auquel il avait remis cette traite avec autorisation de la négocier, sans exiger de lui la restitution de l'effet, commet une faute lourde, dont les conséquences ne sauraient retomber sur le tiers porteur de bonne foi (Req. 15 juill. 1873, aff. Moliné, D. P. 77. 1. 323).

§ 3. — Du payement en lui-même et de ses effets
(*Rép.* nos 573 à 588).

244. La question de savoir si le débiteur d'un effet de commerce stipulé payable en monnaies étrangères peut contraindre le porteur à accepter des monnaies françaises en lui tenant compte du cours, est toujours controversée (V. *Rép.* n° 573). — D'après certains auteurs, le débiteur ne peut forcer le porteur à recevoir d'autres espèces que celles indiquées sur le titre ; l'art. 143 c. com. commande cette solution, conforme d'ailleurs aux principes ; le débiteur ne peut faire de payement valable que dans les conditions stipulées au contrat ; s'il offre autre chose, ce n'est plus un payement proprement dit qu'il propose, mais une dation en payement, qui ne peut être réalisée sans le consentement du créancier (V. en ce sens : Lyon-Caen et Renault, t. 1, n° 1199 ; Nouguier, t. 1, n° 946). — Dans un second système, on décide, conformément à l'opinion exprimée au *Rép.* n° 573, que le débiteur a le droit d'imposer au porteur le payement en monnaies ayant cours en France, à moins que la stipulation relative au payement en monnaies étrangères ne soit absolument formelle et exclusive de tout autre mode de payement (V. Bédarride, t. 2, n° 384 ; Boistel, n° 799 ; Massé, t. 1, n° 611, t. 4, n° 2125 ; Demangeat sur Bravard, t. 3, p. 324 ; Alauzet, t. 4, n° 1394). Ce dernier auteur pense même que le payement peut être fait en monnaies françaises au pair, sans tenir compte du cours du change. — M. Bravard, t. 3, p. 324, admet qu'en principe le porteur a le droit d'exiger les espèces indiquées ; mais il permet au débiteur d'établir que l'intention des parties, lors de la création du titre, n'avait pas été de faire

---

résulte du protêt, du compte de retour et de la correspondance, que la lettre de change non payée par les tirés, tombés en faillite, remboursée par Carnuava pour le compte d'Aron et comp., a été adressée à ces derniers par Carnuava avec une expédition du protêt et un compte de retour ; que ces pièces n'étant pas parvenues à leur destination, Carnuava a adressé à Aron et comp. une nouvelle expédition du protêt et un nouveau compte de retour ; qu'il résulte de ces documents que Aron et comp. sont redevenus propriétaires de la lettre de change dont s'agit, au moyen du remboursement qui a été fait pour leur

compte, et qu'ils n'ont pas cessé d'en être propriétaires ; que si la perte de la lettre de change peut l'avoir fait passer entre les mains d'un tiers, la caution par eux offerte met Fuld à l'abri du danger d'avoir à la payer deux fois ; qu'en cet état, il n'y avait aucun motif juridique de déclarer Aron et comp. non recevables, soit quant à présent, soit à plus forte raison définitivement, dans leur action ; qu'elle devait au contraire être accueillie ; — Infirme le jugement du tribunal de commerce de la Seine du 17 nov. 1865, etc.
Du 20 août 1866.-C. de Paris, 5e ch.-MM. Massé, pr.-Descoutures, av. gén.-Saglier et Moulin, av.

du payement en telles espèces une obligation rigoureuse (V. Lyon-Caen et Renault, t. 1, n° 1199, p. 660, note 4). Cette solution, en subordonnant à des circonstances extrinsèques les effets de la lettre de change, a le tort d'être en contradiction avec le système général de la loi, d'après lequel, semble-t-il, les titres de ce genre doivent se suffire à eux-mêmes.

245. Ainsi qu'on l'a dit au *Rép.* n° 577, il n'est admis d'opposition au payement d'un effet de commerce qu'en cas de perte du titre ou de faillite du porteur. M. Nouguier, t. 1, n° 932, soutient que l'art. 149 c. com. ne s'applique plus après l'échéance du titre et qu'à ce moment les oppositions peuvent être valablement formées; ce n'est là qu'une conséquence de l'opinion admise par cet auteur sur les effets de l'échéance qui, selon lui, change la nature et le caractère du titre (V. *suprà*, n° 159). — D'après M. Bédarride, t. 2, n° 408, « si le saisissant était créancier du porteur actuel, la saisie-arrêt pratiquée contre celui-ci devrait sortir à effet, en ce sens que le souscripteur ne pourrait le payer au mépris de la saisie... Toutefois le saisi peut toujours s'affranchir de la saisie, en négociant la lettre de change. » MM. Lyon-Caen et Renault, t. 1, n° 1208; Alauzet, t. 4, n° 1419; Boistel, n° 804; Bravard et Demangeat, t. 3, p. 340 et 341, sont d'avis que le souscripteur peut payer malgré toute saisie même sur le porteur actuel, en dehors des cas prévus par l'art. 149 c. com.; le texte de cet article est en effet décisif. D'ailleurs, admettre la validité de la saisie sur le porteur actuel, serait ouvrir la porte, contrairement aux vues du législateur, aux saisies-arrêts de complaisance destinées à retarder le payement, sans donner aucune garantie aux créanciers véritables du porteur actuel, puisque ce dernier aurait un moyen facile d'éluder les effets de la saisie, en endossant son titre au profit d'un tiers.

Il a été jugé : 1° que le tiers porteur d'un billet à ordre, en vertu d'un endossement régulier, a droit au payement de ce billet, nonobstant toute opposition formée entre les mains du souscripteur, pour une cause autre que la perte du billet ou la faillite du porteur, et, par exemple, malgré une saisie-arrêt pratiquée par un créancier de celui au profit duquel le billet a été souscrit; et qu'il en est ainsi, même dans le cas où l'endossement serait postérieur à l'échéance du billet (V. Rép. cass. 21 juill. 1855, aff. Chollot, D. P. 55. 1. 288); — 2° Qu'une saisie-arrêt faite par le créancier du tireur entre les mains du tiré ne peut mettre valablement obstacle à l'acceptation ni au payement par ce dernier, quand la saisie-arrêt est postérieure en date à la création et à l'endossement de la traite; qu'en conséquence, le tiré qui s'est refusé à l'acceptation et au payement de la traite ne peut arguer de ladite saisie-arrêt pour échapper à la responsabilité de ses refus (Req. 20 mai 1885, aff. Waddington, D. P. 86. 1. 82).

246. Les juges ne peuvent accorder de délais de grâce pour le payement de la lettre de change (c. com. art. 157) (V. Rép. n° 578). M. Bédarride a soutenu cependant (t. 1, n° 281, et 2, n° 449) que des délais de grâce peuvent être accordés lorsque le débiteur de la lettre de change est un non-commerçant qui l'a souscrite pour une cause non commerciale. Mais cette opinion méconnaît la disposition de l'art. 157 c. com. dont les termes ne comportent aucune distinction; le législateur a eu en vue non pas la profession du débiteur, mais la forme de la dette par lui contractée; quiconque s'engage par lettre de change renonce à tout délai de grâce (V. en ce sens : Lyon-Caen et Renault, t. 1, n° 1190; Alauzet, t. 4, n° 1435; Nouguier, t. 1, n°s 922 et suiv.; Demangeat sur Bravard, t. 3, p. 337, note). — La même solution doit être donnée pour le billet à ordre (Lyon-Caen et Renault, t. 1, n° 1297; Demangeat sur Bravard, p. 538. V. cependant MM. Alauzet, t. 4, n° 1435; Nouguier, t. 1, n° 927, qui admettent le délai de grâce pour le billet à ordre civil).

247. On a examiné au *Rép.* n° 582 le sens et la portée de l'art. 156 c. com., aux termes duquel « les payements faits à compte sur le montant d'une lettre de change sont à la décharge des tireur et endosseurs. Le porteur est tenu de faire protester la lettre de change pour le surplus ». — On a soutenu que le porteur n'est point tenu d'accepter un payement partiel : cette opinion est suivie par MM. Alauzet, t. 4, n° 1434; Bédarride, t. 2, n° 446; Nouguier, t. 1, n° 912. On

peut citer également en ce sens un arrêt de la chambre civile, qui déclare incidemment « qu'aux termes de l'art. 1244 c. civ., les porteurs d'une lettre de change avaient le droit d'exiger le payement intégral de leur créance et que, faute d'un tel payement, ils étaient fondés à faire protester la lettre de change dont il s'agissait » (Civ. cass. 7 avr. 1856, aff. Cuillé, D. P. 56. 1. 247). Dans un second système, on admet que le porteur ne peut refuser un payement partiel. On tire argument de l'art. 124 c. com. qui autorise l'acceptation partielle; on fait remarquer que le porteur et le tiré ne sont pas seuls intéressés dans la question du payement; si le porteur a droit de refuser le payement partiel offert par le tiré, les endosseurs et le tireur seront tenus d'acquitter le montant intégral de la lettre de change au lieu de n'avoir à payer que l'excédent de la somme totale sur la somme offerte par le tiré, et leur recours contre celui-ci pourra n'être qu'illusoire au moment où ils l'exerceront. Précisément à cause de cette situation, la loi reconnaît, dans l'intérêt des endosseurs et du tireur, la validité de l'acceptation partielle; pourquoi ne pas admettre, pour les mêmes raisons, la validité du payement partiel, alors surtout que les termes de l'art. 156 c. com. semblent le permettre ? Si le tiré a accepté partiellement, il est difficile de ne pas reconnaître la validité du payement partiel jusqu'à concurrence de son acceptation; en offrant la somme pour laquelle il s'est engagé, il offre en réalité de payer toute sa dette, et il semble impossible d'appliquer alors l'art. 1244 c. civ. Si le tiré n'a pas accepté, il n'est pas débiteur, mais l'intérêt des endosseurs et du tireur justifie le payement partiel aussi bien que l'acceptation partielle. Enfin le tiré a-t-il accepté et dût-il être, comme tel, non recevable à payer partiellement s'il était seul en présence du porteur, l'intérêt des endosseurs et du tireur peut encore être considéré comme un motif suffisant d'admettre la validité du payement partiel. On a aussi tiré argument de l'art. 1244 c. civ.; cet article n'admet pas le payement partiel, mais il autorise le juge à accorder des délais; en matière d'effet de commerce, cette dernière disposition n'est pas applicable; la première, ne doit pas l'être davantage (V. Lyon-Caen et Renault, t. 1, n° 1202; Boistel, n° 801; Bravard et Demangeat, t. 3, p. 328 et suiv.).

248. Aux termes de l'art. 1241 c. civ., « le payement fait au créancier n'est point valable s'il était incapable de le recevoir, à moins que le débiteur ne prouve que la chose payée a tourné au profit du créancier ». On a dit au *Rép.* n° 583 que cette disposition est applicable au payement d'un effet de commerce, et telle est aussi l'opinion de MM. Nouguier, t. 1, n° 898; Bédarride, t. 2, n° 378. Mais plusieurs auteurs décident que le débiteur sera libéré, s'il a payé de bonne foi entre les mains du porteur incapable de recevoir. Le débiteur d'un titre à ordre, à la différence d'un débiteur ordinaire, ne connaît pas la personne à qui il doit payer, puisqu'il doit faire son payement au porteur investi par un endossement auquel il est resté étranger et dont il n'a pas été prévenu; on en conclut que le débiteur ne doit pas être tenu de requérir des justifications qui retarderaient son payement; on invoque en ce sens le passage suivant d'un discours de Bérenger au conseil d'Etat (cité par Locré, t. 18, p. 71) : « Il suffit de réserver un recours contre le payeur, en cas de collusion ou de négligence de la part de ce dernier, mais ce n'est là qu'une exception; la règle générale doit être que l'accepteur paye à tout porteur de la lettre de change qui signe son acquit. On détruit tout l'effet des lettres de change et tous leurs avantages si, pour en obtenir le payement, le porteur est forcé de faire intervenir des juges et des notaires » (V. Lyon-Caen et Renault, t. 1, n° 1197; Alauzet, t. 4, n° 1399; Boistel, n° 803; Bravard et Demangeat, t. 3, n° 347 et 348).

249. On a dit au *Rép.* n° 584 qu'en principe la remise au tiré du titre acquitté opère la libération du débiteur. Il a été jugé toutefois qu'entre commerçants et en matière commerciale, la remise volontaire du titre de la créance, et notamment d'un billet à ordre même acquitté, ne fait présumer la libération du débiteur que jusqu'à preuve contraire, laquelle peut être faite par témoins ou résulter de l'examen des livres des parties et de simples présomptions; spécialement, que cette remise laisse subsister l'obligation, lorsqu'il est établi par les livres des parties régulièrement tenus que, quoique volontairement faite, elle ne l'a pas été à titre libératoire, mais seulement par suite de la confiance réciproque qui existait entre ces parties, et à raison du payement de quelques acomptes (Req. 18 août 1852, aff. Morel, D. P. 53. 1. 111).

250. En principe, la remise volontaire du titre original sous seing privé par le créancier au débiteur fait preuve de la libération (c. civ. art. 1282). Mais cette disposition, ainsi que nous l'avons exprimée au *Rép.* n° 585, n'est pas applicable à la lettre en matière d'effets de commerce. Le porteur qui aura remis l'effet non acquitté au débiteur pourra se voir opposer, à titre de présomption, la disposition de l'art. 1282 c. civ. (Comp. cependant: Boistel, n° 800); mais il pourra établir par tous les moyens que la remise n'a pas été faite à titre libératoire (V. en ce sens: Lyon-Caen et Renault, t. 1, n° 1195, p. 658, note 6; Demangeat sur Bravard, t. 3, p. 357, note 3).

251. Aux termes de l'art. 144 c. com., « celui qui paye une lettre de change avant son échéance est responsable de la validité du payement ». Ainsi il engagerait sa responsabilité s'il payait entre les mains d'un incapable (V. Lyon-Caen et Renault, t. 1, n° 1193. Comp. *suprà*, n° 248).

Si, après le payement anticipé et avant l'échéance, le porteur devenait incapable par suite d'interdiction, mariage ou faillite, on se demande si le payeur pourrait être de nouveau poursuivi. — Dans un premier système, on considère que le payement anticipé a privé les tiers des droits qu'ils auraient pu acquérir avant l'échéance, et l'on impose au payeur l'obligation de réparer le préjudice qu'ils éprouvent (V. Nouguier, t. 1, n° 918). — Dans une seconde opinion, on distingue selon qu'il s'agit de faillite ou d'une autre cause d'incapacité; on donne aux syndics le droit de poursuivre le payeur au nom de la masse qui se plaint de ne pouvoir profiter d'un payement dont elle aurait dû bénéficier (Comp. n° 588); on refuse toute action au mari ou au tuteur de l'interdit (V. Bravard et Demangeat, t. 3, p. 338 et 339). — Enfin, dans un troisième système, on applique au payement anticipé d'un effet de commerce les mêmes règles qu'au payement anticipé d'une dette quelconque; on refuse donc, en principe, toute action contre le payeur; le porteur payé par anticipation n'a droit de rien réclamer; le mari ou la masse des créanciers ne sont pas des tiers, mais bien ses ayants cause; un second payement ne pourrait être demandé qu'au cas de faillite que s'il y avait eu fraude et connivence de la part du payeur (c. com. art. 447) (V. Lyon-Caen et Renault, t. 1, n° 1194).

252. L'art. 144 c. com. ne vise que le débiteur d'un effet de commerce. Il a été jugé que les dispositions de cet article ne sont applicables qu'au tiré qui paye avant l'échéance, et non au tiers porteur qui verse les fonds pour devenir ainsi véritable propriétaire de la lettre de change régulièrement endossée à son profit (Paris, 25 nov. 1886, aff. Lemonnier, D. P. 87. 2. 110).

§ 4. — Du payement par intervention (*Rép.* n°⁸ 589 à 599).

253. On a établi au *Rép.* n° 562 que celui qui, par erreur, a payé une lettre de change, peut répéter ce qu'il a versé, conformément aux principes généraux du droit tels qu'ils résultent de l'art. 1377 c. civ. relatif au payement de l'indû (V. Nouguier, t. 1, n° 974; Alauzet, t. 4, n° 1412; Bravard et Demangeat, t. 3, p. 400). De même, le payement par intervention donne lieu au recours accordé par la loi (c. civ. art. 1375) à celui qui a géré l'affaire d'autrui; ainsi, le tiré ou le tiers qui, à défaut du tiré, a payé par intervention, peut exercer ce recours contre le bénéficiaire, si celui-ci devait, à défaut du tireur, fournir la provision. — Jugé en ce sens que le tiers qui a accepté et payé par intervention des traites tirées sur autrui a un recours, non pas seulement contre le tireur, mais encore contre le bénéficiaire de ces traites, s'il est établi que la provision devait être fournie par ce dernier dans l'intérêt exclusif duquel l'opération avait eu lieu, en ce que, par exemple, cette opération avait eu pour but de lui donner le moyen de se procurer, en négociant les valeurs tirées à son profit, des fonds destinés au payement d'une dette qu'il avait envers le tireur

lui-même; que le tiers, auteur du payement par intervention, a, en ce cas, contre le bénéficiaire l'action de gestion d'affaires; et qu'il en est ainsi, alors même que la convention en exécution de laquelle le bénéficiaire des traites s'était engagé envers le tireur à en faire la provision aux mains du tiré, pour l'époque de l'échéance, aurait été résolue entre les deux premiers, si cette résolution est postérieure à l'acceptation et même au payement par intervention, constitutifs de l'acte de gestion d'affaires qui sert de base à l'action du tiré (Req. 15 mars 1865, aff. Malavois, D. P. 65. 1. 371).

254. Du reste, le payement par intervention a pour effet de subroger l'intervenant dans les droits du porteur, ainsi qu'on l'a montré au *Rép.* n°⁸ 590 à 592, à la condition que le payement ait lieu après protêt et qu'il soit constaté dans l'acte ou à la suite de l'acte de protêt. En dehors de ces conditions, formellement exigées par l'art. 158 c. com., le tiers intervenant n'est plus qu'un gérant d'affaires du tiré, et il n'a de recours que contre le tireur et l'accepteur. Il faut remarquer, d'ailleurs, qu'en ce cas l'action est soumise à la prescription ordinaire, et non à celle établie spécialement pour les actions relatives aux lettres de change, et que la juridiction civile est seule compétente. Jugé en ce sens : 1° que le tiers qui solde le montant d'une lettre de change, à la décharge du tiré, mais sans protêt, a contre ce dernier, non l'action du payeur intervenant, prescriptible par cinq ans, mais l'action du gérant d'affaires, soumise à la prescription de trente ans (Civ. cass. 8 juill. 1863, aff. Lemoine, D. P. 63. 1. 304); — 2° Que, lorsqu'une lettre de change protestée est payée par un intervenant, l'intervention doit être mentionnée dans ou à la suite de l'acte de protêt; que, à défaut de cette mention, celui qui a payé l'effet de commerce pour le tireur n'est pas un intervenant, mais un gérant d'affaires; que, par suite, la juridiction commerciale est incompétente pour connaître de son recours contre celui que le payement a libéré (Pau, 14 févr. 1887, aff. Dumec, D. P. 87. 2. 192).

255. On a dit au *Rép.* n° 598 que celui qui a payé par intervention ne peut transmettre la lettre de change par voie d'endossement. Cette solution est admise aussi bien dans le système qui admet la validité des endossements après échéance que dans l'opinion contraire; si, en effet, le payement par intervention peut être considéré, à certains égards, comme un mode de transport plutôt que comme un mode d'extinction du titre, il est certain que le payeur par intervention ne saurait être assimilé, à tous les points de vue, au propriétaire en vertu d'un endossement. Le payement, même par intervention, doit arrêter la circulation du titre; du moment que le titre est acquitté, il n'existe plus comme valeur négociable; il n'y a plus qu'un compte à régler entre les divers intéressés (V. Alauzet, t. 4, n° 1351; Lyon-Caen et Renault, t. 1, n° 1227, p. 676, note 1; Demangeat sur Bravard, t. 3, p. 406, 407). Mais, ainsi que le font remarquer ces derniers auteurs, le payeur par intervention pourrait céder ses droits dans la forme du droit commun.

Art. 2. — De la novation (*Rép.* n°⁸ 600 et 601).

256. Ainsi qu'on l'a dit au *Rép.* n° 600, le renouvellement d'effets de commerce n'entraîne pas, par lui-même, novation. La novation ne se présume pas; elle n'a lieu qu'autant que la volonté de l'opérer résulte clairement de l'acte intervenu. Jugé, en ce sens, que le renouvellement pur et simple d'un effet de commerce, ne portant que sur l'échéance et laissant subsister les conditions primitives de l'engagement, n'entraîne pas novation du titre originaire, surtout si le premier titre est resté entre les mains du créancier, et qu'il ne soit pas établi que ce dernier s'était obligé à en faire remise au débiteur (Besançon, 20 janv. 1863, aff. Renault, D. P. 63. 2. 83. Comp. conf. Req. 22 févr. 1869, aff. Ruphy, D. P. 69. 1. 515. V. au surplus *infrà*, v° *Obligations*).

Art. 3. — De la remise volontaire (*Rép.* n°⁸ 602 à 607).

257. Nous n'avons rien à ajouter aux explications données au *Répertoire* à ce sujet.

Art. 4. — *De la compensation* (*Rép.* n⁰ˢ 608 à 610).

258. On a dit au *Rép.* n⁰ 608 que le débiteur de la lettre de change ne peut opposer au porteur que la compensation dont il bénéficie personnellement contre ce dernier, et non celle qu'il aurait pu faire valoir contre son cédant; il en est de même au surplus de toutes autres exceptions invoquées contre le porteur (V. *suprà*, n⁰ 162). — Comme on l'a vu au *Rép. ibid.*, la compensation s'opère au moment de l'échéance, c'est-à-dire entre dettes exigibles. La jurisprudence a eu à statuer sur le point de savoir si les délais accordés pour le payement des effets de commerce par la loi du 13 août 1870 et par les décrets qui en ont étendu l'application empêchaient la compensation de s'établir, au moment de l'échéance convenue, entre le montant de l'effet et les sommes dont le porteur se trouvait débiteur envers le tiré à ce moment. Le tribunal de commerce de Marseille, considérant à tort que « la volonté du législateur avait été d'accorder une véritable *prorogation d'échéance* » avait logiquement admis l'affirmative; au contraire, la cour d'Aix a décidé que la compensation s'était produite d'elle-même au jour de l'échéance stipulée, sur l'effet, nonobstant la prorogation accordée par la loi pour le payement, par le motif que le délai accordé par la loi du 13 août 1870 et par les décrets qui l'ont successivement modifiée, constituait un simple *délai de grâce* qui, aux termes de l'art. 1292 c. civ., n'empêchait pas la compensation (Aix, 9 mai 1871) (1).

259. On a admis au *Rép.* n⁰ 608 que le souscripteur peut opposer au porteur qui a reçu l'effet par endossement *après l'échéance*, la compensation qui s'était opérée entre lui et le cédant. Nous avons vu toutefois *suprà*, n⁰ˢ 158 et suiv., que l'endossement après échéance est considéré comme régulier par la jurisprudence et la majorité des auteurs. Aussi, par voie de conséquence, la cour suprême a-t-elle admis que le souscripteur d'un billet à ordre n'est pas fondé à opposer au tiers porteur de bonne foi les exceptions et compensations qu'il pourrait faire valoir contre le bénéficiaire, lors même que la transmission par endossement n'aurait eu lieu qu'après l'échéance du billet (Civ. cass. 22 mars 1853, aff. Michel Jean, D. P. 53. 1. 83).

260. Au surplus, il est permis de renoncer, même tacitement, au bénéfice de la compensation légale. Ainsi, le banquier qui escompte les billets souscrits au profit d'un autre banquier, moyennant une retenue de garantie destinée à répondre des effets qui resteraient impayés, est présumé avoir renoncé au bénéfice de la compensation avec les retenues de garantie qu'il a opérées, s'il a produit dans les faillites des coobligés du cédant pour tout le montant des effets impayés, perçu des dividendes et pris part au concordat de ces coobligés (Pau, 27 mai 1869, aff. Astruc, D. P. 71. 1. 100).

Art. 5. — *De la confusion* (*Rép.* n⁰ˢ 611 et 612).

261. Les explications données sur ce point au *Répertoire* n'exigent aucun complément.

Sect. 10. — Des droits et devoirs du porteur et des autres intéressés (*Rép.* n⁰ˢ 613 à 736).

Art. 1ᵉʳ. — *Obligation du porteur relativement à la présentation de l'effet et à la nécessité de protester* (*Rép.* n⁰ˢ 614 à 655).

262. Les délais indiqués au *Rép.* n⁰ 614 pour la présentation des lettres à vue ou à délai de vue ont été modifiés par la loi du 3 mai 1862 (D. P. 62. 4. 43). Ils ont été réduits et varient de trois mois à un an (V. le texte du nouvel art. 160 c. com. *suprà*, n⁰ 4).

263. On a dit au *Rép.* n⁰ 615 que le porteur d'une lettre de change *à vue* doit en exiger le payement ou l'acceptation dans les six mois de sa date (dans les trois mois, depuis la loi de 1862), sauf prolongation de délai pour les valeurs tirées en dehors de l'Europe, conformément à l'art. 160 c. com. Bien que ce texte vise les lettres « tirées du continent et des îles de l'*Europe*, etc. » et « payables dans les possessions *européennes* de la France », il n'en est pas moins applicable au cas où une lettre de change est tirée d'une ville de *France* sur une autre ville de *France*. Bien plus, la disposition qui nous occupe, telle qu'elle avait été

(1) (Jourdan de Gallice C. Paulet.) — Le tribunal de commerce de Marseille a rendu, le 23 janv. 1871, un jugement ainsi conçu : — « Attendu que Paulet d'Arnaud est créancier de Jourdan de Gallice de la somme de 4792 fr. 70 cent., pour solde du prix de marchandises; que Jourdan de Gallice lui oppose en compensation la somme de 4832 fr. 50 cent. que le sieur Paulet d'Arnaud lui devait pour le montant d'une lettre de change à l'échéance du 15 octobre dernier; — Attendu que, d'après la loi du 13 août 1870, les délais pour les protêts et tous actes concernant le recours pour toutes valeurs négociables souscrites avant cette loi ont été prorogés d'un mois; que les délais ont été successivement prorogés par décret des ministres du gouvernement de la Défense nationale; que le décret du 5 nov. 1870, entre autres, dans le but de bien fixer les époques où les payements des effets souscrits jusqu'au 15 octobre dernier pourraient être exigés et pour interpréter au besoin la loi et les décrets précédents, a déclaré que tous les effets, quelle que fût l'époque de leur création après le 15 août, ne seraient exigibles qu'après la guerre, a été modifié par le décret du 14 nov. 1870; qui a ordonné que, jusqu'au 15 décembre prochain, aucun protêt ne pourrait être fait, aucune poursuite exercée pour les effets de commerce souscrits avant le 15 août précédent; que la lettre de change dont se prévaut le défendeur, étant souscrite du 13 juillet dernier, se trouve placée dans la catégorie des effets susénoncés; — Attendu enfin que le décret du 11 janv. 1871 a déclaré proroger définitivement l'échéance à cinq mois pour les effets souscrits avant le 15 août; — Attendu que ce décret est intervenu par interprétation de la loi et des décrets précédents, et qu'il en résulte que la volonté du législateur et du Gouvernement lui-même a été d'accorder une véritable prorogation d'échéance pour les effets dont il s'agit; — Attendu que la demande se trouve introduite devant le tribunal à la date du 13 déc. 1870; que, si le décret du 14 janv. 1871, d'après le défendeur, ne peut avoir d'effet sur la compensation, qui, d'après lui, se serait accomplie antérieurement et au moment même de sa demande, cela ne peut empêcher le tribunal de consulter, tout au moins par dernier décret comme interprétant la volonté et l'intention du législateur; que ce n'est point une simple suspension des poursuites que les décrets et les effets, mais bien une véritable prorogation de l'échéance elle-même que la loi et les décrets auraient eue en vue; que les textes

mêmes de cette loi et de ces décrets fussent-ils applicables seulement aux simples poursuites sans qu'il y ait eu prorogation de l'échéance, il s'ensuivrait encore nécessairement que le sieur Paulet d'Arnaud, devant bénéficier de la faveur de cette suspension, ne pourrait être contraint, soit au jour de l'échéance même, soit au jour de sa demande du 13 décembre dernier, de subir la compensation que lui oppose son débiteur; que la compensation ne peut, en effet, avoir lieu, aux termes de l'art. 1291 c. civ., qu'entre deux dettes également exigibles; que cette exigibilité n'existerait pas pour la lettre de change si l'interprétation donnée par le décret du 11 janv. 1871 est applicable à la cause, puisque, dans ce cas, c'est l'échéance même de l'effet qui par la force de la loi se trouverait prorogée; que l'exigibilité n'existerait pas non plus en cas de simple suspension de poursuites, le porteur de l'effet ne pouvant contraindre son débiteur à payer; que la compensation ne serait qu'un moyen détourné d'atteindre ce but et d'enlever au débiteur le bénéfice des circonstances extraordinaires qui ont amené le législateur à lui accorder; qu'il ne s'agit pas, ici d'un délai de grâce, de la nature de celui qui est prévu par l'art. 1244 c. civ., que les tribunaux peuvent accorder, suivant les cas, et qui n'empêche pas la compensation, aux termes de l'art. 1292 même code; qu'il s'agit d'un délai impératif résultant de lois et décrets, par conséquent d'ordre public, qui ne peut être relevé au débiteur sous prétexte de compensation. » — Appel. — Arrêt.

La cour. — Attendu que l'on doit entendre par délai de grâce celui qui est donné hors des termes de la convention et en considération de la position du débiteur; — Attendu que cette double condition se trouve dans le délai accordé par la loi du 13 août 1870, ainsi que par les décrets qui l'ont successivement modifiée, notamment par celui du 14 novembre de même année, qui régit l'espèce; qu'il importe peu, dès lors, que le délai émane de l'autorité législative, et non de l'autorité judiciaire, soit que ses motifs soient puisés dans des considérations générales plutôt que dans une position individuelle; que ces différences n'altèrent pas le caractère propre du délai; — Infirme, déclare que le solde dû par Jourdan à vue d'arnaud (?) s'est compensé de plein droit avec le montant de la lettre de change échue depuis le 15 octobre précédent, dont il était porteur à la même date, etc.

Du 9 mai 1871. — C. d'Aix, 1ʳᵉ ch. — MM. Poilroux, pr. - Desjardins, 1ᵉʳ av. gén. - Rigaud et J. Crémieu, av.

rédigée à l'origine, ne visait que ce dernier cas. Ce fut le Tribunat qui fit remarquer que la loi devait s'appliquer à toutes les lettres de change tirées de *tous les pays, indistinctement* et payables dans quelque possession française que ce fût : « la lettre de change, faite en pays étranger, ajoutait-il, doit bien être faite suivant les formes usitées dans ce pays; mais quand on vient à l'exécution en France, on doit suivre, à ce sujet, les règles prescrites par les lois françaises, et telle a toujours été la règle jusqu'à présent » (Locré, *Esprit du code de commerce*, t. 1, p. 501). Il fut simplement fait droit à cette observation. Du reste, à l'appui de cette interprétation, conforme à l'esprit aussi bien qu'au texte même de la loi, on a cité au *Rép.* n° 615 un arrêt de cassation du 1er juill. 1845. — Néanmoins, par jugement du 28 juin 1853, le tribunal de commerce de Toulouse décidait que l'art. 160 est inapplicable à des billets tirés de Toulouse ou de France. Mais ce jugement a été cassé par la cour suprême, dont l'arrêt déclare formellement que les art. 160 et 187 c. com. qui déterminent les délais dans lesquels le porteur d'une lettre de change ou d'un billet à ordre payable à vue, doit en exiger le payement, sous peine de perdre son recours, s'appliquent, sans distinction, à tous les effets de commerce tirés du continent et des îles de l'Europe, et payables dans les possessions européennes de la France; que ces articles s'appliquent, en particulier, et même principalement, aux effets tirés de France et payables en France (Civ. cass. 3 janv. 1855, aff. Dulac, D. P. 55. 1. 14).

264. Le porteur doit présenter l'effet à l'échéance (*Rép.* n° 615) et, en cas de non-payement, faire protester le lendemain (*Rép.* n° 616); mais là se bornent ses obligations vis-à-vis du débiteur. — Il a été jugé que le porteur d'un effet de commerce qui en a réclamé le payement le jour de l'échéance, n'est pas tenu, en cas de non-payement, de renouveler sa demande avant le protêt, le lendemain de cette échéance; qu'en conséquence, le visa pour timbre qui doit précéder ce protêt, lorsque le billet n'est pas timbré, peut être requis sans que la demande en payement ait été renouvelée, et que les frais en sont, dès lors, à la charge du débiteur; encore que celui-ci allèguerait que, sur une nouvelle demande, il aurait acquitté le billet dont il a, en effet, versé le montant du protêt (Civ. cass. 20 mai 1851, aff. Barbier et Bizerai, D. P. 51. 1. 172).

265. En principe, avons-nous dit au *Rép.* n° 616, rien ne peut dispenser le porteur de faire constater le refus de payement le lendemain du jour de l'échéance par un protêt. Toutefois, avons-nous ajouté au *Rép.* n°s 628 et suiv.,

les tribunaux peuvent admettre une exception fondée sur la *force majeure* (V. conf. Lyon-Caen et Renault, t. 1, n° 1242; Bravard et Demangeat, t. 3, p. 418; Alauzet, t. 4, n° 1433 et 1454; Bédarride, t. 2, n°s 486 et suiv.; Nouguier, t. 2, n°s 1107 et 1108). En tout cas, le protêt devrait être fait dès que la force majeure qui empêchait de constater le refus de payement aurait disparu. — Les tribunaux, en fait, n'admettent pas facilement l'exception fondée sur la force majeure. Ainsi il a été jugé que le porteur d'un effet de commerce qui n'a pu le faire protester au lieu où il était payable, qu'après les délais légaux, à raison de mesures sanitaires prises par un gouvernement étranger, sans que le commerce en ait été avisé, peut, néanmoins, être déclaré déchu de son recours contre les endosseurs, s'il est constaté que c'est par sa faute qu'il s'est trouvé en présence de cet obstacle à l'accomplissement en temps utile de la formalité du protêt; qu'il y a là une appréciation de l'excuse de force majeure qui ne saurait tomber sous le contrôle de la cour de cassation; et spécialement, que cette déchéance peut être prononcée contre le tiers porteur qui, obligé d'expédier le billet par mer au lieu du payement, a, par négligence ou imprévoyance, attendu, pour le faire parvenir à ce lieu, qu'il ne lui restât plus que le temps strictement nécessaire pour la traversée, sans se préoccuper des éventualités de retard pouvant résulter de l'état de la mer ou de mesures sanitaires dont il devait prévoir la possibilité; que cette constatation de fait, exclusive de la force majeure, est souveraine de la part des juges du fait (Req. 7 juill. 1862, aff. Hambro, D. P. 63. 1. 80).

266. La jurisprudence a été appelée à appliquer les règles relatives à la force majeure dans des espèces fort délicates, compliquées par l'intervention des principes du droit international privé. Il a été jugé que les lois et décrets qui, à raison de la guerre de 1870-1871, ont prorogé les délais de poursuites en matière d'effets de commerce étaient opposables aux endosseurs étrangers, par ce double motif, d'une part, qu'il s'agissait de délais de grâce et que les divers signataires d'effets de commerce sont présumés s'en rapporter à la loi du lieu où doit être fait le payement « pour tout ce qui est de la forme, c'est-à-dire quant au temps et au mode dans lequel le possesseur de la traite en fera constater à l'échéance le défaut éventuel de payement »; d'autre part, que, par suite des dispositions exceptionnelles de ces lois et décrets, il y avait, en force majeure empêchant de dresser protêt (C. cass. Turin, 6 mars 1872, aff. Courtot et comp., D. P. 72. 2. 1; Genève, 25 mars 1872 (1). V. en ce sens note de M. Lyon-Caen sur

---

(1) (X... et comp. C. Société Jouvin et comp.) — LA COUR; — Sur la quatrième question, soit : les intimés étaient-ils, au moment de l'intérêt de leur action, dans le délai utile pour exercer leur recours en garantie ? — En fait : — Considérant que, le 4 juin 1870, la société anonyme de Saxe-Thuringe (Prusse) a tiré sur Arrault, pharmacien à Paris, une lettre de change payable dans cette dernière ville, à trois mois de date; — Que cette lettre de change a été endossée successivement : 1° à Becker et comp. (Allemagne); 2° à Schirner et comp. (Allemagne); 3° à X... et comp., à Genève; 4° à Jouvin et comp., de Grenoble (France); à la Banque de France, qui la fait protester le 8 août 1871, faute de payement; — Que, par exploit du 31 du même mois, les liquidateurs de la société Jouvin et comp., à qui la lettre avait été retournée impayée, ont cité X... et comp., devant le tribunal de commerce de Genève, aux fins d'obtenir le remboursement de la somme portée dans l'effet protesté; — Que X... et comp., ont refusé le payement en se fondant sur la non-recevabilité, sous le rapport de la forme, de l'action en garantie; 2° sur la nullité, à l'égard des endosseurs étrangers, des lois et décrets français, en tant qu'ils prorogent l'échéance primitive de la dette; — En droit : — Considérant que lorsqu'une lettre de change est tirée d'un pays étranger sur un autre, elle revêt un caractère international par les fins qu'elle est appelée à parcourir; — Considérant que, à défaut de toute décision du droit international privé en ce qui concerne la part que chacune de ces législations doit exercer sur la lettre de change et sur le règlement des conflits d'intérêts que leur diversité peut faire naître, il est naturel et nécessaire d'admettre que la volonté des parties, qui en définitive est la loi suprême des conventions, a fait accepter les principes de droit commun comme règles de leur contrat; — Considérant qu'il est de maxime dans le droit des gens : 1° que la forme des actes est régie par la loi du lieu et du moment où chaque acte se passe; 2° que la même règle est applicable à

l'exécution des contrats; 3° que la partie qui a satisfait à ses engagements a le droit de réclamer à l'autre l'accomplissement de ses obligations corrélatives. — Que ces principes suffisent pour apprécier la valeur des deux exceptions soulevées par les appelants;

Sur la première exception : — Considérant que les appelants ont reproché trois vices à la demande, savoir : 1° et 2° ... — 3° le protêt n'a pas été dressé le lendemain de l'échéance indiquée sur l'effet; — Considérant, sur le troisième moyen, que lorsque, à l'échéance prévue par la lettre de change, c'étaient les lois et décrets rendus dès le 13 août 1870 au 15 juill. 1871 qui réglaient en France la forme des protêts; — Que le délai dans lequel un acte doit être fait tient essentiellement à la question de forme; — Qu'il est également reconnu que l'exercice des actions en recours appartient aux lois de procédure, et que ces lois n'ouvrent l'ère de ces actions qu'à dater du jour où le protêt a été levé; — Que, en fait, il n'est pas et ne peut pas être contesté : 1° que le protêt dressé le 5 août 1871 l'a été dans le temps fixé par les lois et décrets précités; 2° que le recours en garantie a été exercé dans le temps prescrit par ces mêmes dispositions, et qu'il ne pouvait même l'être en France avant cette époque; — Qu'il suit de là que toutes les formalités exigées, à peine de déchéance, par les lois appelées à les régir, ont été régulièrement accomplies;

Sur la deuxième exception : — Considérant que les appelants basent leur argumentation sur ce que les lois et décrets n'ont d'autre but et d'autre effet que de proroger l'échéance; que, sous ce rapport, ils violent le contrat et ne peuvent être invoqués contre le tireur et les endosseurs étrangers; — Considérant à cet égard que la lettre de change renferme un contrat principal par lequel le tireur s'engage envers le preneur à faire payer à celui-ci à son ordre une somme déterminée dans un lieu éloigné et convenu entre les parties; — Considérant que, d'après les principes du droit romain, les contrats sont censés faits dans le lieu où est payable la dette dont ils contiennent l'obligation : *contra-*

ces arrêts. — V. en sens contraire un arrêt de la cour supérieure de Leipsig, du 21 févr. 1871, D. P. 72. 2. 1, note).

267. Ainsi qu'on l'a dit au *Rép.* n°s 635 et 636, le porteur ne peut se voir opposer le défaut de protêt par son cédant qui lui a endossé le titre à une époque telle que l'accomplissement des formalités requises était impossible (V. Lyon-Caen et Renault, t. 1, n° 1242, p. 686, note 2; Bravard et Demangeat, t. 3, p. 419 et 420). D'une manière plus générale, l'endosseur qui, par son fait, a rendu impossible pour le porteur l'accomplissement des formalités légales en temps utile, n'est pas recevable à lui opposer de déchéance à raison du défaut de protêt le lendemain de l'échéance. Il a été jugé, en ce sens, que le défaut de protêt d'un billet à ordre ne peut être opposé par l'endosseur dont le fait a rendu le protêt impossible, et qui, par exemple, s'est opposé à tort à ce que le billet déposé, entre les mains d'un tiers, jusqu'à l'accomplissement de certaines conditions, fût remis au créancier, quoique ces conditions eussent été accomplies (Req. 5 août 1858, aff. Ruinat, D. P. 59. 1. 123). Mais le porteur n'est recevable en son recours contre son cédant qu'autant qu'il y a eu impossibilité de faire dresser protêt (Besançon, 4 juin 1859, aff. Mayet, D. P. 59. 2. 125. Comp. *infrà*, n° 284).

268. Le porteur qui s'est trouvé dans l'impossibilité de faire le protêt doit en avertir ses garants en temps utile (*Rép.* n° 637). — Il a été jugé que, si la lettre de change souscrite en France par un prince napolitain, nonobstant un rescrit royal portant interdiction aux princes de la famille régnante de souscrire des lettres de change, et réunissant ainsi toutes les formalités exigées par la loi française, n'a pu être protestée à Naples, où elle était payable, le porteur n'en devait pas moins, à peine de déchéance, dénoncer à son cédant, en France, dans le délai légal, l'impossibilité où il se trouvait de faire protêt; qu'il ne pouvait invoquer la force majeure résultant de cette impossibilité, s'il avait laissé écouler sans poursuites, non pas seulement quelques jours ou quelques semaines, mais un délai de plus de deux ans (Paris, 26 nov. 1850, aff. Jeannisset, D. P. 51. 2. 43).

269. MM. Alauzet, t. 4, n° 1451, et Nouguier, t. 2, n° 1286, sont d'avis, contrairement à l'opinion exprimée au *Rép.*

n° 638, que la formalité du protêt n'est pas obligatoire pour le porteur d'un billet à ordre purement civil. Cette opinion nous paraît absolument condamnée par l'art. 187 c. com. qui déclare applicables au billet à ordre, sans distinguer le billet civil et le billet commercial, les dispositions relatives au payement, au protêt, aux devoirs et droits du porteur (V. Lyon-Caen et Renault, t. 1, n° 1297; Demangeat sur Bravard, t. 3, p. 540 et 541. Comp. également : Boistel, n° 841).

270. Conformément à ce qui a été dit au *Rép.* n° 639, il a été jugé que le porteur d'un billet à ordre n'est pas déchu de son action contre le premier endosseur à défaut d'avoir fait protester le billet à son échéance, si ce prétendu endosseur lui a transmis sciemment un titre faux dans la cause qu'il énonce, souscrit par un prétendu signataire qu'il sait n'avoir jamais pris d'engagement à son égard et dont il ne peut même démontrer l'existence, ce prétendu endosseur n'étant en réalité que le seul souscripteur et l'unique débiteur principal à l'égard du porteur (Orléans, 20 févr. 1850, aff. Dutrop-Besnard, D. P. 50. 2. 54). — On peut également conclure *à contrario* d'un arrêt de la cour de cassation (Req. 10 août 1874, *suprà*, n° 55) que la déchéance pour défaut de protêt en temps utile ne saurait être opposée par l'un des endosseurs au tiers porteur qui n'aurait pas eu connaissance de la nullité dont se trouvait entaché l'engagement d'un des coobligés dont le titre portait la signature au moment de sa négociation par cet endosseur. Dans l'espèce, il s'agissait de l'aval donné par la femme du souscripteur sans l'autorisation de son mari; et, si la déchéance a été jugée applicable au porteur négligent, c'est parce que celui-ci n'avait pu être trompé sur la valeur dudit aval, la seule inspection du titre ayant dû l'avertir que la femme dont il émanait n'était pas autorisée.

271. La déchéance prononcée contre le porteur, à l'égard des endosseurs, par l'art. 168 est applicable même à l'action en garantie de l'*existence*, au moment du transport de la créance résultant de l'effet resté impayé; ici ne s'applique pas l'art. 1693 c. civ. (Colmar, 16 avr. 1844, aff. Roos, D. P. 45. 4. 183). Il en est autrement, toutefois, lorsque la perte de la créance résultant de l'effet cédé, ou la perte des droits qui y sont attachés, ont eu lieu par le

---

xisse unusquisque in eo loco intelligitur in quo ut solveret se obligavit (Dig., L. 21, *de obl. et act.*) ; — Que si des discussions se sont élevées sur le sens plus ou moins absolu de ce principe en matière de lettres de change, toutefois les jurisconsultes de tous les pays, notamment ceux de l'Allemagne, sont d'accord pour reconnaître que les parties, en indiquant le lieu où la traite doit être acquittée, ont entendu prendre avoir pris en considération les lois de ce pays, et avoir soumis à leur empire tout ce qui concerne l'exécution du contrat, et par conséquent le payement et les délais que ces lois peuvent imposer à sa réalisation ; — Que cette soumission est plus qu'une présomption, c'est une nécessité qui s'impose à toutes les parties, même aux tireurs et aux endosseurs étrangers, puisque, dans le cas où il ne se trouverait pas d'intermédiaires nationaux pour demander le payement, ils seraient obligés de venir eux-mêmes le réclamer au lieu désigné et subiraient ainsi forcément les conditions qui lui sont inhérentes ; — Que l'emploi de cet intermédiaire, souvent officieux, ne peut changer les bases de la convention primitive, puisque les endosseurs ne sont que de simples cessionnaires qui prennent et transmettent le contrat tel qu'il a été livré, et par conséquent subissent eux-mêmes les conditions qui lui sont inhérentes ; — Que, s'il est vrai, en thèse de droit international, que les dispositions législatives d'un pays n'ont aucune autorité de commandement à l'étranger, ce principe est inapplicable dans le cas où, comme dans l'espèce, ces dispositions ne sont pas invoquées et n'agissent pas comme lois impératives dans un lieu sur une autre, mais seulement comme lois librement adoptées par les parties pour servir de règle à leurs conventions ; — Qu'il suit donc de toutes ces observations que, en indiquant Paris comme lieu du payement de la lettre de change, le tireur et le preneur ont accepté pour eux et pour tous les endosseurs la législation française, en tout ce qui regarde l'exécution de la convention, et par conséquent se sont soumis d'avance à tous les changements qu'elle pouvait apporter aux dispositions antérieures ; — Que ces prémisses posées, il ne reste plus qu'à rechercher quelle est la législation française sur l'exécution des contrats ; — Considérant, à cet égard, que les principes du droit français, comme ceux admis par la plupart des nations, reconnaissent au législateur le droit de permettre aux parties d'accorder des délais pour le payement et de surseoir aux poursuites, soit que le contrat ait été passé dans le pays, soit qu'il s'agisse d'une obligation contractée à

l'étranger ; — Qu'une concession de ce genre n'a jamais été considérée comme une violation réelle de la convention, mais une simple mesure relevant des principes qui régissent l'exécution des contrats ; — Que la faculté accordée aux juges constitue la règle, et la défense l'exception (argument tiré de l'art. 1244 c. civ., combiné avec les art. 157, 187 c. com.) ; — Qu'au surplus, la défense faite aux tribunaux par les art. 157 et 187 c. com. n'est pas tellement absolue qu'elle ne puisse céder devant les exigences de la force majeure ; — Que cette question a été décidée législativement en France par un avis du conseil d'État rendu le 27 janv. 1814, et que, consacrant la jurisprudence des tribunaux de la cour de Gênes et de la cour de cassation, décide en ces termes : « L'exception de la force majeure est applicable au cas de l'invasion de l'ennemi et des événements de guerre, pour relever le porteur de lettres de change et de billets à ordre de la déchéance prononcée par le code de commerce, à défaut de protêt à l'échéance, et de dénonciation aux tireurs et endosseurs dans les délais », et que l'application, selon les cas et les circonstances, appartient à la prudence des juges ; — Que si le législateur peut accorder et accorde, en effet, aux tribunaux le droit de constater la force majeure et de proroger les échéances dans un cas déterminé, il peut à plus forte raison peut-il l'exercer lui-même, directement par une mesure générale, quand les circonstances qui sollicitent cette mesure s'étendent à tout le territoire ; — Que, du reste, les dispositions de ce genre ne sont pas nouvelles en France, ni particulières à cette nation ; que, en effet, le gouvernement français avait déjà rendu des décrets semblables en 1830 et 1848 ; — Que d'autres nations ont suivi son exemple, notamment l'Italie en 1848, 1859, 1866 et 1870 ; l'Autriche en 1866 ; Berne en 1870 ; la Prusse en 1870 pour l'Alsace-Lorraine ; enfin le gouvernement provisoire du canton de Genève par décret du 12 oct. 1846, prorogeait lui-même l'époque des protêts, ou, ce qui revient au même, l'échéance des effets de commerce ; — Qu'on doit, dès lors, admettre que les nations qui ont adopté ces mesures ont pensé les admettre dans la limite des règles de la justice, et, par conséquent, ont estimé que les principes généraux du droit des gens autorisaient le législateur du royaume d'un pays à proroger, dans certains cas, les délais d'échéance des lettres de change ; — Par ces motifs, confirme le jugement du tribunal de commerce de Genève du 21 déc. 1871.

Du 25 mars 1872. — C. de Genève.

fait personnel de l'endosseur, celui-ci n'étant pas protégé par l'art. 168 contre l'obligation de garantir ses faits personnels (Civ. rej. 31 mai 1864, aff. Lafuente et Jullien, D. P. 64. 1. 285).

272. On a dit au *Rép.* n° 640 que le porteur peut être dispensé de faire le protêt à l'échéance, ou de le dénoncer aux endosseurs précédents; que la convention formée à cet effet peut être prouvée par témoins, conformément au droit commun en matière commerciale, lorsque la dispense est invoquée contre une personne qui a connu cette convention (*Rép.* n° 640), et que la dispense peut n'être que tacite (*Rép.* n° 641), pourvu qu'elle résulte clairement de l'acte d'où on l'induit. Ces règles n'étaient point acceptées sans résistance par les tribunaux ; néanmoins, la cour suprême les avait déjà consacrées. Depuis, la jurisprudence est devenue constante en ce sens. Il a été jugé : 1° que la déchéance prononcée contre l'endosseur par l'art. 169 c. com. n'est pas d'ordre public ; qu'il peut être valablement convenu que cette déchéance n'atteindra pas le porteur qui omettrait de remplir les formalités prescrites pour le cas où l'effet n'est pas payé à l'échéance (Req. 6 févr. 1872, aff. Poyet, D. P. 72. 1. 374; 27 févr. 1877, aff. Salvaire fils, D. P. 78. 1. 110; 8 janv. 1878, aff. Bourut, D. P. 78. 1. 160; Civ. cass. 22 janv. 1879, aff. Benecke, D. P. 79. 1. 427; Lyon, 28 janv. 1881, aff. Baudrand, D. P. 82. 2. 195); et que la dispense stipulée au profit du porteur peut être invoquée par lui alors même que le tireur justifierait que la provision existait à l'échéance entre les mains du tiré (Arrêt précité du 22 janv. 1879); — 2° Que la dispense de protester des effets de commerce, de dénoncer les protêts et d'exercer les poursuites dans les délais légaux peut être établie par un accord tacite aussi bien que par un accord exprès des parties (Req. 10 avr. 1876, aff. Langé, D. P. 76. 1. 341; Paris, 24 août 1877, aff. Agnellet, D. P. 78. 2. 182; Civ. cass. 22 janv. 1879, précité); — 3° Que la dispense de protêt convenue entre l'endosseur et le porteur d'un billet à ordre ou d'une lettre de change peut, comme toutes les conventions en matière commerciale, être prouvée par témoins ou par présomptions (Req. 11 janv. 1859, aff. Moutot-Laporte, D. P. 59. 1. 406); qu'elle peut résulter de circonstances de fait constituant un ensemble de présomptions graves, précises et concordantes (Paris, 24 août 1877, précité). Conf. Req. 11 janv. 1859, précité); que la convention dispensant le porteur d'une lettre de change (ou d'un billet à ordre) de faire dénoncer le protêt, d'exercer un recours dans les délais déterminés par la loi, peut s'induire de la correspondance des parties, du fait qu'aucune déchéance n'a été invoquée par l'endosseur, qui savait néanmoins que le protêt n'avait pas été fait et que le recours n'avait pas été exercé contre le porteur; que l'invitation donnée au porteur par l'endosseur de faire le nécessaire à l'effet de recouvrer le montant de la lettre de change (ou du billet à ordre), peut n'avoir pas, impliqué de la part de l'endosseur l'intention de rendre le porteur responsable du défaut de protêt et de recours (Req. 6 févr. 1872 précité); que l'engagement pris par l'endosseur d'un effet de commerce protesté de rembourser à son cessionnaire la valeur de cet effet implique, au profit de ce dernier, dispense de faire la dénonciation de protêt prescrite par l'art. 165 c. com. (Req. 3 janv. 1848, aff. Seigneurin, D. P. 48. 1. 51); — 4° Qu'il appartient aux juges du fait d'apprécier souverainement les circonstances desquelles peut résulter la convention tacite qui dispense le porteur de se conformer aux prescriptions relatives au protêt, à la dénonciation du protêt, ou au recours dans les délais légaux (Req. 6 févr. 1872; 10 avr. 1876; 27 févr. 1877; 8 janv. 1878, précités); — 5° Qu'il n'est pas nécessaire que la convention contenant dispense du protêt soit authentique ou ait date certaine pour être opposable aux créanciers hypothécaires du crédité, endosseur poursuivi, lorsqu'il est constaté en fait et souverainement par les juges du fond, d'après les termes de l'ouverture de crédit et l'intention des parties, que les effets remis au créditeur ne sont pas les titres de créance de celui-ci, mais seulement un mode d'exécution du contrat et le moyen de prouver la réalisation du crédit (Req. 1er mai 1876, aff. Salabert, D. P. 76. 1. 481); que la convention par laquelle l'endosseur d'une lettre de change dispense le

porteur de la faire protester à l'échéance est un engagement commercial comme la lettre de change qui lui sert de cause; que, en conséquence, cette convention n'est pas soumise aux dispositions de l'art. 1328 c. civ., et peut être établie par de simples présomptions; que, par suite, elle peut être opposée aux tiers, bien qu'elle ne soit prouvée que par un extrait des registres de l'enregistrement; que, lorsqu'un crédit a été ouvert par un banquier à un particulier sous la condition de remise de lettres de change endossées par ce particulier, avec garantie hypothécaire, la convention postérieure par laquelle le créditeur est dispensé du protêt n'est pas une contre-lettre; qu'elle ne modifie pas l'acte d'ouverture de crédit et est opposable aux autres créanciers hypothécaires (Toulouse, 21 juill. 1875, sous Req. 1er mai 1876, aff. Salabert, D. P. 76. 1. 481).

273. Mais il a été décidé : 1° que la dispense de protester et de dénoncer les protêts ne résulte pas de lettres adressées par l'endosseur au porteur, qui ne contiennent que la demande de délais suffisants pour liquider la situation difficile faite à l'endosseur des effets par la faillite du souscripteur, et la prière de n'exercer aucune poursuite dans lesdits délais (Montpellier, 12 juin 1875, sous Req. 10 avr. 1876, aff. Langé, D. P. 76. 1. 341); — 2° Que le défaut de protêt d'une traite remise à l'escompte entraîne déchéance pour le porteur, sans qu'il soit fondé à se prévaloir de ce que, s'agissant d'un effet à courte échéance, il aurait été, d'après l'usage, dispensé de faire le protêt (Paris, 11 juill. 1850, aff. Comptoir d'escompte, D. P. 51. 5. 199); — 3° Que la clause d'un contrat de crédit portant que le crédité, en cas de non-payement des valeurs par lui remises, sera tenu de les rembourser en espèces ou de les remplacer par de nouvelles valeurs dans la huitaine de l'avis qui lui en serait donné par simple lettre, ne dispense pas le créditeur du protêt à l'échéance, mais seulement de la notification du protêt et de la citation en justice dans la quinzaine (Bordeaux, 15 mai 1871, aff. Portes, D. P. 71. 2. 237); — 4° Que le tiers porteur d'un billet à ordre endossé à son profit par une femme non commerçante n'est pas dispensé, à raison des dispositions de l'art. 113 c. com., de l'obligation de faire protester l'effet non payé, pour conserver son recours contre cet endosseur (Chambéry, 20 mars 1868, aff. Banque de Savoie, D. P. 68. 2. 192; Req. 29 déc. 1868, aff. Banque de Savoie, D. P. 78. 1. 217, note. Comp. au surplus ce qui a été dit *suprà*, n°s 55 et suiv., sur la portée de l'engagement des femmes non commerçantes).

274. On a admis au *Rép.* n° 643 avec la cour de cassation, que la dispense de protêt continue à subsister après le renouvellement de l'effet, quand ce renouvellement n'a eu lieu que pour les besoins de la circulation, et que le billet primitif est demeuré entre les mains du porteur. — Jugé, dans le même sens, que la dispense qu'un endosseur a donnée, par acte séparé, au porteur d'effets de commerce, de lui dénoncer les protêts qui seraient dressés en cas de non-payement, s'étend aux effets souscrits en renouvellement des premiers restés non payés, et transmis de nouveau par le même endosseur au même porteur, sans qu'il soit besoin d'une déclaration nouvelle à cet égard (Bruxelles, 2 mars 1850, aff. Preumont, D. P. 52. 2. 108).

Décidé également, que le donneur d'aval ne peut opposer la déchéance tirée du défaut de protêt des effets qu'il a garantis, pour échapper à l'obligation de rembourser ceux souscrits en renouvellement, si le tiers porteur était dispensé du protêt (Req. 22 févr. 1869, aff. Ruphy, D. P. 69. 1. 515).

275. Il nous reste à examiner la portée de diverses formules employées dans la pratique des affaires pour exprimer la dispense dont il s'agit.

276. — I. CLAUSE DE RETOUR SANS FRAIS. — Nous n'avons pas à revenir ici sur les hésitations que la jurisprudence a manifestées tout d'abord en présence de cette mention, alors qu'elle n'est pas signée; tout a été dit sur ce point au *Rép.* n°s 647 et suiv. Toutefois, de nouvelles décisions judiciaires sont venues préciser davantage le sens de la clause dont il s'agit et fixer les limites de son application. — Il a été jugé : 1° que la stipulation qu'un effet de commerce ne sera pas présenté à l'acceptation et qu'il n'y aura pas lieu, par suite, à protêt faute d'acceptation, est licite; mais qu'elle ne se présume pas et doit être expresse et, spécialement, que la mention *sans frais* apposée sur un effet de commerce, sans aucune autre explication, n'interdit pas de présenter cet effet à l'acceptation et de dresser protêt en cas de refus d'accepter; que cette mention ne se réfère qu'au cas de non-payement à l'échéance, et a seulement pour objet de prévenir les frais auxquels pourrait donner lieu ce refus de payement et, par suite, le retour de l'effet; qu'en conséquence, si une lettre de change, portant la mention *sans frais*, a été protestée faute d'acceptation, et que le tiré, tout en offrant, à l'échéance, de payer le montant de l'effet, refuse de rembourser le coût du protêt, c'est à bon droit qu'il est dressé un nouveau protêt pour constater le refus de remboursement des frais du protêt faute d'acceptation, et que, sur le recours du porteur contre le tireur, le coût du second protêt est mis à la charge de celui-ci, aussi bien que le coût du premier (Civ. rej. 6 juin 1853, aff. Ledoyen, D. P. 53. 1. 181); — 2° Que les intérêts d'un effet de commerce, qui, en principe, courent à partir du protêt, sont dûs de plein droit à compter de l'échéance de cet effet, en cas de dispense de protêt, et, par exemple, de mention sur l'effet de la clause *sans frais*; qu'on dirait vainement que, dans ce cas, les intérêts ne sont dus qu'à partir de la demande, conformément à la règle générale de l'art. 1153 c. civ. (Civ. cass. 5 janv. 1864, aff. Bonnard et Vannel, D. P. 64. 1. 40. V. conf. Req. 2 juill. 1856, aff. Dumant, D. P. 57. 1. 41); — 3° Que la clause de *retour sans frais*, insérée dans une lettre de change, dispense le porteur de constater judiciairement le refus de payement et de notifier le protêt dans les délais légaux, mais qu'elle ne le dispense pas de dénoncer aux garants le défaut de payement; qu'il doit leur en donner avis dans un délai opportun, sous peine d'être déchu de l'action en garantie (Lyon, 22 août 1867, aff. Compagnie des mines de la Roche-la-Molière et Firminy, D. P. 67. 2. 225); — 4° Que l'individu qui, ayant reçu une lettre de change à lui cédée par le tireur avec un endos en blanc suivi de la mention *sans frais*, l'a cédée à son tour à un tiers sans renouveler ladite mention, ne peut, dans le cas où la lettre lui est revenue avec des frais de protêt et de compte de retour, demander le remboursement accessoire de ces frais au porteur, lequel n'est tenu, en pareil cas, que de payer le montant de la lettre et les frais de correspondance (Trib. com. Seine, 28 sept. 1869, aff. Gastineau, D. P. 71. 3. 22).

277. — II. Dispense de garantir le retard du protêt. — La stipulation apposée sur un effet de commerce que le porteur ne sera point garant du retard du protêt est valable; mais cette stipulation n'affranchit pas le porteur de l'obligation qui lui est imposée, à peine de déchéance de ses droits, de dénoncer, en temps utile, à son cédant, le défaut de payement de la traite et le protêt qui en a été la suite (Paris, 20 nov. 1852, aff. Conti, D. P. 54. 5. 289).

278. — III. Dispense des formalités. — Il a été jugé que l'acte portant cautionnement d'un effet de commerce, « avec dispense de toute formalité », et déclaration, de la part de la caution, qu'elle considère la dette « comme sienne », entraîne dispense de protêt; que, par suite, les intérêts du montant de l'effet sont dûs par cette caution, à dater de l'échéance même de l'effet, la dispense du protêt ayant pour résultat nécessaire de les faire courir de plein droit (Req. 2 juill. 1856, aff. Dumant, D. P. 57. 1. 41).

279. La dispense de protêt ou de dénonciation de protêt peut-elle viser un effet déterminé, ou bien peut-elle être stipulée pour tous les effets que deux commerçants échangeront ensemble? La jurisprudence a admis la stipulation de la clause dans le sens le plus large. Jugé que la dispense de

dénonciation de protêt convenue entre deux négociants pour tous les effets non payés que ces négociants se remettront réciproquement, est valable; qu'on objecterait vainement qu'une telle dispense n'a de valeur qu'en tant qu'elle s'applique à une traite ou à un billet déterminé; qu'ainsi, deux négociants peuvent convenir que la dénonciation de protêt exigée par la loi sera remplacée entre eux au moyen du renvoi par correspondance, dans le délai de cette dénonciation, des effets non payés; et qu'une telle convention emporte dispense de dénonciation du protêt même à l'égard des effets que le négociant auquel ces effets ont été ainsi renvoyés a refusé de recevoir, l'une des parties ne pouvant, par sa seule volonté, s'affranchir d'une obligation légalement contractée (Req. 17 juin 1856, aff. Cabillaux, D. P. 56. 1. 304).

280. Mais une maison de banque peut-elle valablement stipuler à son profit dans ses tarifs une dispense de garantir les protêts tardifs? Ici, il ne s'agit plus d'une convention entre deux commerçants, mais d'une mesure générale adoptée vis-à-vis du public. La jurisprudence admet l'efficacité de la dispense, lorsque la maison de banque qui entend l'invoquer l'a stipulée pour des cas déterminés, et à la condition que les tarifs aient été connus de ceux auxquels ils sont opposés. — Jugé en ce sens : 1° que la clause des tarifs d'un comptoir d'escompte portant que le comptoir est déchargé de toute garantie de protêts tardifs ou irréguliers, à l'égard des effets en recouvrement qui ne lui ont pas été remis dix jours au moins avant leur échéance, outre le délai nécessaire pour les faire parvenir au lieu de payement, est valable, et que, dès lors, les endosseurs de ces effets ne peuvent exciper contre le comptoir du défaut de protêt en temps utile, alors, d'ailleurs, qu'ils ont connu les tarifs stipulant la dispense de protêt et n'ont pas refusé de les accepter (Civ. cass. 12 juill. 1864, aff. Deguerre, Heuzey et comp., D. P. 64. 1. 376); — 2° Qu'un comptoir d'escompte peut valablement s'affranchir, à l'égard des effets à recouvrer dans certains départements, de la garantie des protêts tardifs ou irréguliers requis par les intermédiaires locaux, que la nature de son mandat l'autorise à se substituer, et que cette clause doit recevoir son application même en cas de faute ou négligence de la part de ces mandataires substitués, si aucune faute personnelle n'est constatée à la charge du comptoir (Civ. cass. 7 nov. 1866, aff. Huc et Cavalier, D. P. 67. 1. 114); — 3° Que celui qui transmet un billet par voie d'endossement à une banque, sachant que les tarifs de cette banque contiennent une disposition qui la dispense de répondre du défaut de protêt en temps utile dans les localités dépourvues d'huissier, peut être considéré comme ayant tacitement accepté cette clause; mais qu'on ne saurait opposer cette clause aux endosseurs antérieurs qui ne l'ont ni acceptée ni connue (Civ. cass. 9 nov. 1870, aff. Worms, D. P. 70. 1. 350); — 4° Que la clause des tarifs d'une maison de banque qui l'affranchit, dans certains cas déterminés, de l'obligation de faire protester dans le délai légal les traites qui lui ont été remises, est licite, et que l'endosseur qui reconnaît avoir reçu, avant la négociation, les tarifs de la maison de banque et les avoir acceptés ne peut se prévaloir de la tardive des protêts pour échapper au recours dirigé contre lui (Agen, 10 août 1872) (1).

281. Toutefois, la jurisprudence n'admet l'application de la clause de dispense de garantie en cas de protêt tardif, insérée dans les tarifs de maisons de banque, qu'autant que le retard du protêt n'est pas imputable au fait personnel de celui qui l'invoque. Ainsi il a été jugé : 1° que la clause

(1) (Solacroup et Dechoc C. Bellamy.) — La cour ; — Sur l'appel interjeté par Solacroup et Dechoc contre Bellamy : — Attendu, en droit, que les art. 161 et suiv. c. com. ne disposent que sur des intérêts privés qui ne touchent en rien aux bonnes mœurs ni à l'ordre public; qu'il peut donc y être dérogé par des conventions particulières, et que ces conventions, aux termes de l'art. 1134 c. civ., doivent tenir lieu de loi à ceux qui les ont librement consenties ou acceptées; — Attendu, en fait, que par une clause expresse de ses tarifs, le Comptoir d'escompte est affranchi de l'obligation de faire protester, dans le délai prescrit par l'art. 162 c. com., les traites payables hors du département qui lui ont été remises moins de douze jours avant leur échéance; — Que les billets à ordre endossés le 20 sept. 1871 par Bellamy, au Comptoir d'escompte, étaient payables le 25 du même mois, à

Frayssac, département du Lot, et qu'ils n'ont été transmis audit comptoir que trois jours avant leur échéance; — Que Bellamy qui reconnaît avoir reçu, avant cette négociation, les tarifs du Comptoir d'escompte et les avoir acceptés, ne peut se prévaloir contre les gérants de ce que les billets à ordre qu'il leur a envoyés tardivement n'ont été protestés que le 2 octobre, pour se faire déclarer déchus de leur recours envers lui, en vertu de l'art. 168 c. com.; — Attendu, d'autre part, que Solacroup et Dechoc ne pourraient être déclarés responsables envers Bellamy, par application de l'art. 1381 c. civ., qu'autant qu'ils lui auraient occasionné un dommage par leur faute personnelle; — Mais qu'aucun fait de cette nature ne leur a été reproché et qu'il n'a pas même été allégué que le retard du protêt ait porté un préjudice quelconque à aucune des parties en cause; — Attendu, en

des tarifs d'une maison de banque, par laquelle elle s'affranchit de toute responsabilité à raison de la tardiveté du protêt pour les effets qui lui sont remis en recouvrement sur certaines localités, n'autorise point cette maison à empêcher, par son fait et dans son intérêt, le protêt en temps utile des effets dont elle s'est chargée; spécialement, que cette clause ne saurait être invoquée dans le cas où la tardiveté du protêt résulte de ce que le banquier à qui l'effet avait été remis en temps opportun a jugé à propos de le conserver, en vue de la bonification des intérêts, jusqu'à une époque voisine de l'échéance (Civ. rej. 1er mai 1872, aff. Comptoir de Mulhouse, D. P. 72. 1. 112); — 2° Que la stipulation des tarifs d'une maison de banque ayant pour objet, dans le cas de réception d'un effet à courte échéance, de réserver tout recours contre le dernier endosseur à défaut de protêt en temps utile, est valable, mais ne dispense pas des diligences à faire pour arriver à l'accomplissement des formalités de présentation de l'effet au débiteur et de protêt le lendemain de l'échéance; que, par suite, si le retard du protêt est la conséquence d'un fait personnel ou d'une négligence, le bénéfice de la convention ne peut plus être invoqué; qu'il en est ainsi surtout lorsque le cessionnaire de l'effet se l'est approprié définitivement en le négociant, après l'échéance, dans une localité autre que le lieu du payement (Besançon, 4 juin 1859, aff. Mayet; D. P. 59. 2. 125. Comp. également dans le même sens : Civ. cass. 7 nov. 1866, cité supra, n° 280).

282. Conformément à ce qui a été dit au Rép. n° 654, il a été jugé : 1° que le porteur d'un effet de commerce reste tenu, malgré la faillite du souscripteur, de remplir les formalités du protêt, s'il veut conserver son recours contre les endosseurs (Req. 27 févr. 1877, aff. Salvaire fils, D. P. 78. 1. 110); — 2° Que le protêt auquel est subordonné le recours du tiers porteur d'un effet de commerce, non payé, contre son endosseur et les endosseurs précédents, est nécessaire même à l'égard des endosseurs postérieurs à la faillite du souscripteur; que le tiers porteur prétendrait vainement que ces endosseurs sont soumis à la garantie de droit commun établie par l'art. 1693 c. civ. (Req. 23 févr. 1858, aff. Gaidan et comp., D. P. 58. 1. 195. Conf. Civ. cass. 7 juin 1859, aff. Ory de Saint-Acheul, D. P. 59. 1. 249).

283. Il y a lieu de mentionner ici les dispositions de la loi du 5 juin 1850 (D. P. 50. 4. 114), qui créent une nouvelle cause de déchéance pour le porteur. Aux termes de l'art. 5 de cette loi : « Le porteur d'une lettre de change non timbrée, ou non visée pour timbre, conformément aux art. 1er, 2 et 3, n'aura d'action, en cas de non-acceptation, que contre le tireur; en cas d'acceptation, il aura seulement action contre l'accepteur et contre le tireur, si ce dernier ne justifie pas qu'il y avait provision à l'échéance. — Le porteur de tout autre effet sujet au timbre et non timbré, ou non visé pour timbre, conformément aux mêmes articles, n'aura d'action que contre le souscripteur. — Toutes stipulations contraires seront nulles. » L'art. 8 ajoute : « Toute mention ou convention de retour sans frais, soit sur le titre, soit en dehors du titre, sera nulle, si elle est relative à des effets non timbrés ou non visés pour timbre. » — Ainsi, le porteur d'un effet de commerce non timbré ou non visé pour timbre est assimilé, ou peu s'en faut, au porteur négligent qui n'a

pas rempli dans les délais voulus les formalités prescrites pour la conservation de son recours contre les endosseurs. Ces dispositions ont pour but de sanctionner énergiquement l'obligation du timbre auquel sont assujettis les effets de commerce; le législateur n'a pas considéré comme suffisante la sanction des amendes pourtant considérables que l'art. 4 de la loi de 1850 met à la charge des contrevenants. Toutefois, la déchéance prononcée contre le porteur pour contravention à la loi sur le timbre a été, avec raison, très vivement critiquée. « Il est très grave, disent MM. Lyon-Caen et Renault, t. 1, n° 1305, que, pour des raisons purement fiscales, le législateur modifie ou annule les conventions licites des parties; il semble encourager le manquement à la foi promise. » (V. également : Bravard et Demangeat, t. 3, p. 488 et suiv.).

284. La loi de 1850 ne parle pas du donneur d'aval; nous en concluons qu'il doit être traité, selon le droit commun, comme le débiteur qu'il a cautionné. Il sera à l'abri de tout recours s'il a cautionné un endosseur d'un effet non timbré; mais s'il a cautionné le tireur, il pourra être poursuivi, en cas de non-acceptation, ou en cas d'acceptation si le tireur ne justifie pas qu'il y avait provision à l'échéance (V. en ce sens : Lyon-Caen et Renault, t. 1, n° 1305, note 2; Demangeat sur Bravard, p. 491, note 1; Civ. rej. 11 févr. 1856) (1). — On a soutenu cependant que les termes de l'art. 5 de la loi de 1850 ne permettent en aucun cas au porteur de poursuivre le donneur d'aval qui bénéficierait toujours de la déchéance, au même titre que les endosseurs (Duvergier, Collection des lois, 1850, p. 243).

Art. 2. — Action du porteur en cas de faillite de l'un des obligés (Rép. nos 656 à 669).

285. On a dit au Rép. nos 658 et 663 que le porteur peut faire protester, au cas de faillite de l'accepteur, avant l'échéance, encore que le jugement déclaratif n'ait pas été rendu, pourvu que l'état de faillite soit notoire. Cette opinion est aussi celle de MM. Nouguier, t. 2, n° 1120; Bédarride, t. 2, n° 488. M. Alauzet, t. 4, n° 1463, exprime toutefois un avis contraire : « l'art. 163, dit-il, ne peut être séparé, quand il s'agit de l'interpréter, de l'art. 444 c. com. qui déclare que c'est le jugement déclaratif de faillite qui, seul, rend exigibles les dettes passives non échues... La faillite existe sans doute par la cessation de payements; le jugement qui la déclare et en fixe l'ouverture ne la crée pas; mais, jusqu'à ce jugement, elle peut être contestée, et, en définitive, le tribunal déclare qu'il n'y avait pas cessation de payements au jour où le protêt avant l'échéance a été fait, que déciderait-on? C'est donc avec raison que l'art. 444 a subordonné l'exigibilité des dettes au jugement déclaratif; jusque-là, le protêt fait par le porteur pourrait donner lieu à des dommages-intérêts; il serait nul et ne devrait pas lui ouvrir de recours (V. au surplus infra, v° Faillite, sur l'art. 444 c. com.).

286. Ainsi qu'on l'a exposé au Rép. n° 659, c'est pour le porteur une simple faculté que de faire protester avant l'échéance au cas de faillite de l'accepteur. — Au reste, le porteur qui a fait protester avant l'échéance n'est pas

---

conséquence, que Solacroup et Dechoc doivent être relevés de la déchéance prononcée à tort contre eux par le jugement dont appel;
Sur les conclusions prises par Bellamy contre Legros et fils : — Attendu que Bellamy était dispensé par ses tarifs de protester dans le délai fixé par l'art. 162 les effets qui lui seraient remis moins de douze jours avant leur échéance; qu'il n'a reçu que le 20 septembre les billets à ordre endossés le même jour à son profit par Legros et fils, et qu'il les a transmis immédiatement au Comptoir d'escompte; — Attendu que Legros et fils, qui avaient connu et accepté les tarifs de Bellamy avant cette négociation, ne peuvent se prévaloir contre lui de ce que ces billets ont été protestés tardivement, puisqu'ils ne lui en ont fait la remise que cinq jours avant leur échéance; — Attendu, d'ailleurs, qu'ils n'ont allégué contre Bellamy aucune faute personnelle pouvant engager sa responsabilité; qu'ils ne justifient même pas que le retard du protêt leur ait occasionné un dommage quelconque; qu'ils ne peuvent donc à aucun titre le faire déclarer déchu à leur égard de tout recours en garantie;... — Par ces motifs; — Condamne Bellamy à garantir Solacroup et Dechoc de

toutes les condamnations prononcées contre eux au profit de Lafargue et Richard; condamne Legros et fils à garantir Bellamy de toutes les condamnations prononcées contre lui, etc.
Du 10 août 1872.-C. d'Agen, ch. civ.

(1) (Soublès et Bruzeau C. Massalet.) — La cour; — Attendu que Soublès et Bruzeau, demandeurs en cassation, ont été condamnés par l'arrêt attaqué (Pau 14 janv. 1854) seulement en qualité de donneurs d'aval; — Attendu que les obligations du donneur d'aval se confondent avec celles du tireur lui-même, dont il est l'image et dont il garantit la solvabilité; qu'il est tenu de la même titre que lui, et se trouve passible des mêmes voies, et soumis comme lui à l'action réservée par l'art. 5 de la loi du 5 juin 1850; — D'où il suit que l'arrêt attaqué, en accueillant l'action de Massalet, porteur de la lettre de change, contre Soublès et Bruzeau, donneurs d'aval, n'a violé ni la loi du 5 juin 1850, ni aucune autre loi;
Par ces motifs, rejette, etc.
Du 11 févr. 1856.-Ch. civ.-MM. Béranger, pr.-Mérilhou, rap.-Sévin, av. gén., c. conf.-Duboy et Marmier, av.

dispensé du protêt faute de payement à l'échéance : c'est ce qu'enseigne M. Alauzet, t. 4, n° 1464, conformément à 'opinion émise au *Rép. loc. cit.*

287. On a dit au *Rép.* n°s 654, 660 et suiv., que le porteur n'est point dispensé du protêt par la faillite du tiré : néanmoins, même dans ce cas, la dispense du protêt est valable (V. *Rép.* n° 665 ; Req. 27 févr. 1877, aff. Salvaire fils et comp., D. P. 78. 1. 110).

288. On a dit au *Rép.* n° 666 que, au cas de faillite de l'accepteur avant l'échéance, le porteur ne peut recourir contre les endosseurs pour exiger d'eux le payement immédiat, mais seulement pour leur demander caution, sauf aux endosseurs à payer immédiatement, s'ils le préfèrent ; le porteur est donc dans la même situation que si le tiré avait refusé d'accepter. Cette opinion est suivie par MM. Demangeat sur Bravard, t. 3, p. 421, note ; Alauzet, t. 4, n° 1465 ; Bédarride, t. 2, n° 484 ; Nouguier, t. 2, n° 1119.

289. Les questions examinées au *Rép.* n° 657, quant à l'interprétation de l'art. 444, 2° al., celles que soulève l'art. 449 c. com. et, en général, les difficultés auxquelles donne lieu la combinaison des principes concernant les effets de commerce et ceux qui régissent la matière des faillites, sont traitées *infrà*, v° *Faillite*.

Art. 3. — *Action du porteur contre le tiré* (*Rép.* n°s 670 à 677).

290. Sur la disposition de l'art. 172, aux termes de aquelle, « indépendamment des formalités prescrites pour l'exercice de l'action en garantie, le porteur d'une lettre de change protestée faute de payement peut, en obtenant la permission du juge, saisir conservatoirement les effets mobiliers du tireur, accepteurs et endosseurs » (V. *infrà*, n° 304).

291. Ainsi qu'on l'a dit au *Rép.* n° 672, le porteur conserve le droit d'agir contre le tiré, ou contre le souscripteur, tant que la prescription quinquennale n'est pas accomplie, sans avoir à remplir aucune formalité. — Jugé, en ce sens, que le protêt, faute de payement d'un billet à ordre, n'est exigé qu'à l'égard des endosseurs ; que ce protêt n'est pas nécessaire à la validité des poursuites en payement dirigées contre le souscripteur ; qu'en conséquence, le souscripteur d'un billet à ordre ne peut se refuser à payer, comme étant frustratoires, les frais de la demande en payement de ce billet, sous prétexte que le défaut de payement n'aurait pas été constaté par un protêt (Req. 2 juill. 1855, aff. Courtet, D. P. 55. 1. 286. V. aussi : Bordeaux, 10 déc. 1850, aff. Chaumet, D. P. 54. 5. 290).

Art. 4. — *Action du porteur contre les endosseurs, et de ces derniers soit contre les endosseurs antérieurs, soit contre l'accepteur, soit enfin contre le porteur* (*Rép.* n°s 678 à 728).

292. L'endosseur d'un effet de commerce n'en est point réputé débiteur envers le porteur, tant que le billet n'est point échu, et qu'il n'y a point eu refus du souscripteur d'en acquitter le montant (Bourges, 7 mars 1845, aff. Peronny et Rigondet, D. P. 46. 2. 250).

Une fois l'échéance arrivée et les formalités remplies, le porteur peut poursuivre individuellement ou collectivement les coobligés, ainsi qu'on l'a dit au *Rép.* n°s 678 et suiv. Nous avons admis (*Rép.* n° 680) l'application en cette matière de l'art. 2037 c. civ., aux termes duquel la caution est déchargée vis-à-vis du créancier, lorsque, par le fait de ce dernier, elle ne peut plus être subrogée à ses droits. MM. Alauzet, t. 4, n° 1469, et Nouguier, t. 2, n° 1209, font une distinction que l'on a été rejetée au *Rép. loc. cit.* : tout en admettant, en principe, l'application de l'art. 2037 c. civ., ils sont d'avis que le porteur peut, sans compromettre ses droits contre ses garants, renoncer aux inscriptions hypothécaires ou autres sûretés « qui n'avaient pas été promises par le contrat de change et n'étaient pas réalisées, lorsque la caution poursuivie avait donné sa garantie ». — La jurisprudence considère l'art. 2037 c. civ. comme inapplicable en la matière (Conf. Demangeat sur Bravard, t. 3, p. 482 et 483, note). Il a été jugé : 1° que le porteur d'un effet de commerce protesté ou dispensé de protêt a le droit, tant que la dette

n'est pas éteinte, de poursuivre, à son choix, le souscripteur ou l'endosseur, et qu'il ne peut, par suite, être déclaré déchu de son action contre l'endosseur, sous le prétexte que le non-payement de l'effet par le souscripteur provient de sa négligence à poursuivre ce dernier (Civ. cass. 31 juill. 1850, aff. Leriche, D. P. 50. 1. 232) ; — 2° Que le porteur d'un billet à ordre ne perd point son recours contre les endosseurs, bien qu'il ait donné mainlevée de l'inscription qu'il avait prise sur les biens du souscripteur en vertu du jugement de condamnation qu'il a obtenu contre lui et qu'il ait ainsi rendu impossible, par son fait, la subrogation des endosseurs (Limoges, 12 févr. 1862, aff. Boyer, D. P. 62. 2. 90).

293. Les délais indiqués au *Rép.* n° 681 pour l'exercice de l'action du porteur contre les endosseurs ont été légèrement modifiés par la loi du 3 mai 1862 (D. P. 62. 4. 43). Le délai est toujours de quinze jours après le protêt, si l'endosseur réside dans la distance de cinq myriamètres du lieu où l'effet de commerce était payable ; mais, si l'endosseur réside à une plus grande distance, l'augmentation de délai, au lieu d'être d'un jour par deux myriamètres et demi excédant les cinq myriamètres, n'est plus que d'un jour par cinq myriamètres ; les fractions de moins de quatre myriamètres ne sont pas comptées ; les fractions de quatre myriamètres et au-dessus augmentent le délai d'un jour entier (art. 165 c. com. et 1033 c. proc. civ. combinés).

Les auteurs paraissent cependant ne pas admettre cette modification de l'art. 165 c. com. par la loi du 3 mai 1862. Ils reproduisent, en effet, purement et simplement l'art. 165 c. com. dont les termes n'ont pas été changés par la loi de 1862 (V. Lyon-Caen et Renault, t. 1, n° 1245 ; Bravard et Demangeat, t. 3, p. 434 ; Alauzet, t. 4, n° 1475 ; Bédarride, t. 2, n° 509 ; Boistel, n° 817 ; Nouguier, t. 2, n° 1092) ; certains d'entre eux discutent même la question de savoir si les fractions moindres que deux myriamètres et demi doivent entraîner augmentation de délais (Demangeat sur Bravard, t. 3, p. 434 ; Alauzet, t. 4, n° 1475 ; Bédarride, t. 2, n° 509 ; Nouguier, t. 2, n° 1093. V. sur cette question et dans le sens de la négative, adoptée par *Rép.* n° 682 : Rouen, 31 déc. 1858, *infrà*, n° 300). Pour nous, il ne saurait être douteux que la disposition du nouvel art. 1033 c. proc. civ. (Loi de 1862) ait entraîné modification de la disposition de l'art. 165 c. com. Si le législateur, en 1862, n'a pas visé expressément les divers articles de loi édictant une augmentation de délai à raison des distances, c'est que, sans doute, il a craint d'en omettre quelques-uns et il a considéré, en tout cas, comme suffisante la disposition, très nette et tout à fait générale, de l'art. 1033 c. proc. civ. nouveau. Cet article déclare, en effet, que l'augmentation de délai sera d'un jour par cinq myriamètres « dans tous les cas prévus en matière civile et commerciale, lorsqu'en vertu de lois, décrets ou ordonnances, il y a lieu d'augmenter un délai à raison des distances ». Et M. Josseau, dans son rapport au Corps législatif, précisait, dans les termes suivants, la portée de cette disposition : « Au surplus, l'amélioration capitale, vraiment importante que renferme le nouvel art. 1033, c'est celle formulée dans le troisième alinéa, ainsi conçu : « Il en sera de même dans tous les cas prévus en matière civile et commerciale, lorsqu'en vertu de lois, décrets et ordonnances, il y a lieu d'augmenter un délai à raison des distances ». — Ainsi désormais l'uniformité est établie non seulement pour les délais de comparution, mais pour tous les actes à l'accomplissement desquels est attaché un délai de distance. Suivant les cas, le délai de distance augmentait d'un jour par deux, par deux et demi, par trois, par cinq myriamètres (V. c. com. art. 165, 201, 582 ; c. civ. art. 677, 691 et 692 nouveaux ; c. civ. art. 2061 et 2185, etc.). Ces inégalités disparaîtront devant l'uniformité de la règle établie par le troisième alinéa du nouvel art. 1033 (Comp. *suprà*, v° *Délai*, n°s 42 et suiv.).

Il est bien évident que le paragraphe 4 de l'art. 1033 c. proc. civ. nouveau a la même portée générale que le paragraphe 3, ce qui met fin à toute discussion quant à l'influence des fractions de distance sur l'augmentation des délais.

294. Les délais indiqués au *Rép.* n° 686, pour les lettres autres que celles tirées de France sur France, ont été abrégés par la loi du 3 mai 1862 (D. P. 62. 4. 43). Aux termes du nouvel art. 166 c. com., « les lettres de change tirées de

France et payables hors du territoire continental de la France en Europe,étant protestées, les tireurs et endosseurs résidant en France seront poursuivis dans les délais ci-après: — D'un mois pour celles qui étaient payables en Corse, en Algérie, dans les Iles-Britanniques, en Italie, dans le royaume des Pays-Bas et dans les Etats ou confédérations limitrophes de la France; — de deux mois pour celles qui étaient payables dans les autres Etats, soit de l'Europe, soit du littoral de la Méditerranée et de celui de la mer Noire; — de cinq mois pour celles qui étaient payables hors d'Europe en deçà des détroits de Malacca et de la Sonde et en deçà du cap Horn; — de huit mois pour celles qui étaient payables au delà des détroits de Malacca et de la Sonde et au delà du cap Horn. Ces délais seront observés dans les mêmes proportions pour le recours à exercer contre les tireurs et endosseurs résidant dans les possessions françaises hors de la France continentale. — Les délais ci-dessus seront doublés, pour les pays d'outremer, en cas de guerre maritime.»

295. La disposition de l'art. 166 c. com. ne saurait, en aucun cas, être appliquée aux lettres tirées de France sur France. Il a été jugé, en ce sens, que le porteur ou endosseur d'une lettre de change tirée de France et payable en France doit exercer son recours contre les endosseurs qui le précèdent, à peine de déchéance, dans les délais fixés par les art. 165 et 167 c. com.; peu importe que cette lettre de change soit été négociée à l'étranger, le recours soit exercé par un endosseur résidant hors du territoire français (Chambéry, 25 nov. 1864) (1).

296. Ainsi que nous l'avons dit au *Rép.* n° 691, la notification du protêt et l'assignation se font par un seul et même acte: la régularité de ce procédé n'est plus contestée (V. Lyon-Caen et Renault, t. 1, n° 1245; Bravard et Demangeat, t. 3, p. 437 et 438; Nouguier, t. 2, n° 1089).

297. Il a été jugé, conformément à ce qui a été dit au *Rép.* n° 693, que la faillite d'un endosseur ne dispense pas le porteur de lui dénoncer le protêt dans la quinzaine; et que, à défaut de cette dénonciation, le porteur est déchu de tout recours contre cet endosseur (Rouen, 14 nov. 1876, aff. Haarbleicher et Schumann, D. P. 78. 5. 212).

298. On a dit au *Rép.* n° 694 que la citation en justice suffit à conserver les droits du porteur, sans que ce dernier soit astreint à suivre l'instance et à prendre jugement. Telle

est aussi l'opinion de MM. Nouguier, t. 2, n° 1105; Lyon-Caen et Renault, t. 1, n° 1247; Alauzet, t. 4, n° 1471. Toutefois, la péremption de l'instance entraînerait extinction de l'action du porteur; la péremption rendrait, en effet, nulle et non avenue l'assignation donnée dans le délai légal, et le porteur se trouverait ainsi déchu faute d'avoir rempli en temps utile les formalités de l'art. 165 c. com. (V. Lyon-Caen et Renault, t. 1, n° 1247; Alauzet, t. 4, n° 1471; Nouguier, t. 2, n° 1105 *bis*).

299. Le délai de quinzaine accordé à l'endosseur par l'art. 167 c. com. pour son recours contre les endosseurs qui le précèdent est le même dans tous les cas (V. *Rép.* n° 698). Jugé que ce délai est unique et ne doit pas être augmenté d'autant de fois quinze jours qu'il y a d'endosseurs intermédiaires entre la personne qui assigne et la personne assignée (Civ. cass. 12 juill. 1852, aff. Allain, D. P. 52. 1. 202).

300. On a examiné au *Rép.* n° 701 l'hypothèse, non prévue par la loi, où il y a eu payement volontaire avant toutes poursuites. Nous avons admis, avec la jurisprudence et la majorité des auteurs, qu'il y a lieu d'assimiler, quant au délai de recours en garantie de l'endosseur qui a payé une lettre de change contre les autres endosseurs et le tireur, le remboursement volontaire de cet effet de commerce à la dénonciation du protêt prescrite par l'art. 165 c. com., et de considérer ce remboursement comme étant le point de départ du délai de quinzaine. Cette opinion est suivie par MM. Lyon-Caen et Renault, t. 1, n° 1260; Bravard et Demangeat, t. 3, p. 484; Alauzet, t. 4, n° 1480; Bédarride, t. 2, n° 515 (Conf. Civ. cass. 12 juill. 1852, aff. Allain, D. P. 52. 1. 202). — Jugé en ce sens que le délai de quinzaine accordé à l'endosseur d'une lettre de change pour exercer son recours contre les autres endosseurs et le tireur court, non du jour du protêt, mais du jour du remboursement effectué entre les mains du porteur ou de l'assignation en payement donnée par celui-ci (Lyon, 28 janv. 1881, aff. Baudrand, D. P. 82. 2. 195). Jugé également que le délai de quinzaine pour le recours de l'endosseur contre les endosseurs précédents ne peut courir, au cas de remboursement volontaire, que du jour de ce remboursement, et que le recours est ouvert sans qu'il soit nécessaire qu'une dénonciation du protêt à l'endosseur ait précédé le remboursement qu'il a fait (Rouen, 31 déc. 1858) (2).

---

(1) (Bleton et Vinay.-C. Burdin.) — La cour; — Attendu que les termes généraux et absolus dans lesquels sont conçus les art. 165 et 168 c. com. ne comportent point la distinction que l'appelant voudrait faire admettre pour le cas où, la lettre de change tirée de France et payable en France ayant été négociée à l'étranger, le recours est exercé par un endosseur résidant hors du territoire français; — Attendu que cette distinction est également contraire à l'esprit de la loi, qui a voulu imprimer une marche rapide à l'expédition des affaires commerciales; — Attendu qu'elle porterait même atteinte aux droits des précédents endosseurs, autres que celui qui a négocié l'effet à l'étranger, lesquels ont dû compter que, après l'expiration des délais fixés par lesdits art. 165 et 168, ils seraient affranchis de toute responsabilité; — Attendu que la disposition exceptionnelle contenue dans l'art. 166 confirme la règle générale, en ne faisant recevoir son application hors du cas qui y est spécialement prévu; — Attendu, d'ailleurs, que le cessionnaire étranger d'un effet créé en France et payable en France ne peut avoir des droits plus étendus que ceux de son cédant, et qu'il doit connaître la législation qui régit la négociation à laquelle il prend part; — Attendu qu'il peut aussi facilement se mettre à l'abri de tous les inconvénients signalés par l'appelant, en prévenant son cessionnaire français que, en cas de protêt à l'échéance, il ait à exercer le recours collectif contre les endosseurs et contre le tireur ou souscripteur; — Par ces motifs, etc.

Du 25 nov. 1864.-C. de Chambéry, 2e ch.-MM. Dupasquier, pr.-Diffre, av. gén.-Arminjon et Parent, av.

(2) (Denize C. Leblond-Bigot.) — La cour; — Attendu que Leblond-Bigot, de Rugles, endosseur de deux billets de 1000 fr. chacun, souscrits par Harel, au profit de Denize, de Caen, payables à Caen les 15 et 25 août 1857, et protestés régulièrement à leur échéance faute de payement, en a remboursé amiablement le montant aux tiers porteurs; — Attendu que le délai de quinzaine pour le recours de chaque endosseur contre les endosseurs précédents ne peut courir que du jour où lui-même a fait l'objet d'une pareille demande, aux termes de l'art. 167 c. com.; ou bien, ce qui est la même chose, à partir du remboursement amiable qu'il a affecté; que ce remboursement dans la quinzaine du protêt suffit pour ouvrir le recours, sans qu'il soit nécessaire

qu'une dénonciation du protêt à l'endosseur ait précédé le remboursement qu'il fait; — Attendu que le billet protesté régulièrement le 17 août a été renvoyé le 27, par le porteur, à Leblond-Bigot, son cédant, qui l'a reçu le 28, et en a porté le montant au crédit de ce porteur; que le recours de Leblond-Bigot contre Denize a été exercé le 14 septembre seulement; c'est-à-dire le dix-septième jour après celui où il avait été ouvert par l'effet du remboursement amiable, et conséquemment en dehors du délai fixé par l'alinéa premier de l'art. 167 c. com.; — Attendu que Leblond-Bigot, dont le domicile est éloigné de plus de cinq myriamètres de celui de Denize, invoque la disposition du deuxième alinéa de l'article précité, et qu'il est fondé à le faire, puisque le recours de chaque endosseur contre les endosseurs précédents s'exerce en droit soi, et qu'en conséquence, il lui appartient ce délai de quinzaine, et celui que comporte la distance entre son domicile et le domicile de son garant; — Attendu que les parties sont en désaccord sur cette distance; que, d'après Leblond-Bigot, elle serait de douze myriamètres en suivant la ligne postale, ou tout au moins de dix myriamètres deux kilomètres en adoptant une route plus courte, tandis que, d'après Denize, elle ne serait que de neuf myriamètres neuf kilomètres par cette dernière route, ou même de neuf myriamètres quatre kilomètres seulement en prenant une direction qui abrège encore davantage; — Attendu que les documents soumis de part et d'autre à la cour ne sont pas décisifs, et que c'est à Leblond-Bigot de justifier l'étendue de l'exception où il prétend se placer; que faute par lui de le faire, l'on est réduit à admettre le calcul présenté par Denize, suivant lequel la distance, supérieure à neuf myriamètres, ne s'élève pas à dix; que de là naît la question de savoir si Leblond-Bigot doit jouir d'une prorogation de délai de deux jours ou d'un seul; qu'en effet, si des neuf myriamètres quatre ou neuf kilomètres l'on déduit les cinq premiers myriamètres pour lesquels il n'est accordé aucun délai, il ne reste plus que quatre myriamètres quatre ou neuf kilomètres à raison desquels le délai est dû;

Attendu que les termes de la loi, « un jour pour deux myriamètres et demi excédant les cinq myriamètres, » ne comportent l'idée d'un jour de délai, qu'autant que la distance supérieure aux cinq myriamètres égale au moins deux myriamètres et demi; que l'on conçoit parfaitement que le législateur n'ait pas tenu

301. On a dit au *Rép.* n° 704 que le porteur d'une lettre de change protestée faute de payement et l'endosseur qui a remboursé peuvent, en obtenant la permission du juge, saisir conservatoirement les effets mobiliers de leurs débiteurs. Mais cette saisie conservatoire ne peut être pratiquée que contre les personnes obligées en vertu de la lettre de change. Ainsi il a été jugé avec raison que le porteur d'une lettre de change protestée faute de payement ne peut former, avec la permission du juge, une saisie conservatoire sur les effets mobiliers de la personne au domicile de laquelle cette lettre de change a été protestée, mais qui ne l'avait point accepté (Bordeaux, 29 juill. 1857, aff. Emmanuel, D. P. 58. 2. 81). — Bien que l'art. 172 c. com. relatif à la saisie conservatoire ne vise expressément que les tireurs, accepteurs et endosseurs, il y aurait lieu d'en appliquer les dispositions aux donneurs d'aval, puisque l'art. 142 c. com. les déclare tenus solidairement et *par les mêmes voies* que les tireur et endosseurs (V. en ce sens: Lyon-Caen et Renault, t. 1, n° 1253). Certains auteurs n'accordent le bénéfice de l'art. 172 c. com. au porteur d'un billet à ordre que si ce billet a une cause commerciale (Alauzet, t. 4, n° 1503 ; Nouguier, t. 2, n° 1132); mais cette distinction ne ressort nullement de l'art. 187 c com. et il y a lieu d'appliquer l'art. 172 c. com. en faveur de tout porteur de billet à ordre (V. Lyon-Caen et Renault, t. 1, n° 1253, p. 691, note 6 ; Bédarride, t. 2, n° 541). Décidé, toutefois, que le porteur d'une lettre de change acceptée par une femme non commerçante n'est pas recevable à pratiquer contre celle-ci, en cas de protêt, la saisie conservatoire autorisée par l'art. 172 c. com. (Civ.cass. 20 févr. 1878, aff. Lecq, D. P. 78. 1. 217). — Sur les effets de l'engagement des femmes non commerçantes par lettre de change, Comp. *suprà*, n° 55 et suiv.

302. Ainsi qu'on l'a dit au *Rép.* n° 705, le porteur qui ne requiert pas payement et ne fait pas protester, en cas de non-payement, dans les délais légaux, est déchu de son recours contre les endosseurs et même contre le tireur qui a fait provision. Mais nous devons rappeler ici que les délais mentionnés au *Rép.* n° 705 pour les lettres à vue ou à délai de vue ont été modifiés par la loi du 3 mai 1862 (D. P. 62. 4. 43). V. pour les délais actuels le nouvel art. 160 c. com. tel qu'il résulte de la loi de 1862, *suprà*, n° 4.

303. On a examiné au *Rép.* n° 706 la question de savoir si le porteur qui a fait protester le lendemain de l'échéance, mais sans avoir présenté le titre et requis le payement le jour de l'échéance, a perdu son recours « contre les endosseurs, lorsqu'il est établi que le payement aurait eu lieu, si la présentation avait été faite à l'échéance ». M. Nouguier, t.2, n° 1076, soutient que le défaut de présentation à l'échéance ne peut entraîner aucune peine à la charge du porteur ; que le jour de l'échéance appartient entier au débiteur est également acquis au créancier. La plupart des auteurs admettent, au contraire, comme on l'a fait au *Rép. loc. cit.*, que le porteur ne peut poursuivre les endosseurs, alors que le défaut de payement par le débiteur est imputable à sa négligence à présenter le titre à l'échéance. Comme le font remarquer MM. Lyon-Caen et Renault, t. 1, n° 1231, p. 679, note 2, il ne s'agit pas ici, à proprement parler, de déchéance. « Quand il y a déchéance, on ne s'inquiète pas du point de savoir si l'omission de la formalité prescrite a ou non causé un dommage » ; or on s'accorde à reconnaître que si le défaut de présentation à l'échéance n'a eu aucune

influence sur le défaut de payement, le protêt dressé en temps utile conserve les droits du porteur; mais il s'agit d'une question de responsabilité ; le porteur dont la négligence à requérir le payement au jour indiqué causerait préjudice aux endosseurs ou au tireur serait tenu de le réparer ; mais le préjudice consisterait précisément dans l'exercice d'un recours inutile, et même impossible, si le porteur avait accompli l'obligation que lui imposait la loi de requérir payement le jour de l'échéance; dès lors, le porteur ne peut exercer ce recours, puisqu'il serait obligé d'en réparer les conséquences (V. également : Boistel, n° 813 ; Alauzet, t. 4, n° 1446).

304. Les parties peuvent toujours renoncer, ainsi qu'on l'a dit au *Rép.* n° 721, à se prévaloir de la déchéance encourue par leur créancier à raison de l'inobservation des formalités du protêt. — Jugé en ce sens que la déchéance résultant de l'omission du protêt est couverte par la reconnaissance de la dette émanée de l'endosseur et de ses héritiers, et qu'elle ne peut plus être invoquée par les créanciers chirographaires de cet endosseur (Bordeaux, 15 mai 1874, aff. Portes, D. P. 74. 2. 237). — Mais la renonciation à l'exception de déchéance, de la part d'un des endosseurs poursuivis en remboursement n'est point opposable aux autres endosseurs en cause, chacun ne pouvant renoncer qu'à son propre droit (Civ. cass. 12 juill. 1852, aff. Allain, D. P. 52. 1. 202).

305. Contrairement à l'opinion soutenue au *Rép.* n° 721, MM. Bravard et Demangeat estiment que l'exception résultant de la déchéance doit être opposée, *in limine litis* (arg. art. 173 c. proc. civ.); mais la plupart des auteurs décident, comme nous l'avons fait, qu'il ne s'agit pas ici d'une exception de nullité et que le moyen tiré de la déchéance peut être invoqué en tout état de cause, tant qu'on n'y a pas renoncé expressément ou tacitement (V. en ce sens: Lyon-Caen et Renault, t. 1, n° 1278 ; Alauzet, t. 4, n° 1484; Bédarride, t. 2, n° 520. Comp. aussi Nouguier, t. 2, n° 1113).

306. Ainsi qu'on l'a dit au *Rép.* n°s 723 et 724, la règle aux termes de laquelle le porteur est, en cas de *force majeure*, dispensé du protêt, s'applique également le protêt et en ce qui concerne le recours contre les endosseurs. Jugé en ce sens que la déchéance prononcée pour défaut de recours contre les endosseurs dans les délais légaux, n'est pas encourue si le retard a pour cause une force majeure, telle que la perte, à la poste, de la lettre de change et du protêt envoyés par le porteur au dernier endosseur (Grenoble, 9 août 1864, aff. Dambuyant, D. P. 64. 2. 205).

307. La question de savoir si l'endosseur qui n'a pas observé les formalités prescrites par les art. 164 et suiv. c. com. pour exercer son recours contre les endosseurs précédents peut invoquer la disposition de l'art. 1251-3° c. civ. et se prétendre légalement subrogé aux droits du porteur, qui a exercé l'action collective contre les endosseurs et le tireur, fait l'objet d'une assez vive controverse. La question ne se pose qu'autant que le porteur a conservé ses droits en accomplissant toutes les formalités exigées par le code de commerce. Jugé en ce sens que, en tout cas, cette subrogation ne saurait être invoquée, alors que le porteur n'avait pas intenté une action collective contre les endosseurs, mais leur avait seulement dénoncé le protêt par une notification collective (Req. 24 mars 1874, aff. Chabanne, D. P. 74. 1. 236). — M. Bravard a soutenu énergiquement que l'endosseur peut invoquer l'art. 1251-3° c. civ. « L'art. 167, dit-il,

---

compte d'une distance moindre, pour laquelle le délai de quinzaine, et au besoin l'augmentation d'un jour par deux myriamètres et demi étaient suffisants ; — Attendu que cette interprétation est en rapport avec toutes les conditions de nos lois de procédure civile ou criminelle, qui n'accordent le délai de distance que par chaque nombre rond, sans jamais admettre les fractions inférieures ou supérieures ; — Attendu que l'art. 165 c. com. n'est que la reproduction de l'art. 13 du tit. 5 de l'ordonnance de 1673 ; qu'en effet, l'ordonnance accordait au cessionnaire de la lettre de change protestée le délai de quinzaine, outre un jour par cinq lieues, quand il y en avait plus de dix de distance, pour recourir contre celui ou ceux de qui il tenait la lettre, et aux termes de l'art. 1er c. nap., cinq myriamètres sont comptés pour dix lieues, et deux myriamètres et demi pour cinq lieues ; qu'ainsi l'identité des deux éléments est bien constante ; que sous l'empire de l'ordonnance, il était reconnu que le porteur devait recourir

dans la quinzaine, s'il n'était demeurant au delà de dix ou quatorze lieues ; car il fallait quinze lieues pour que le porteur eût seize jours pour se pourvoir ; que la décision ne peut pas être différente sous la législation actuelle relative aux lettres de change, législation qui confirme la précédente, disent les orateurs du Gouvernement, sauf un petit nombre de changements, parmi lesquels ils n'en ont point signalé qui concernât le délai du recours ; — Attendu qu'il s'ensuit que Leblond-Bigot, domicilié à plus de sept myriamètres et demi, mais à moins de dix, de l'endroit où la lettre de change était payable, n'ayant exercé son recours que le dix-septième jour, c'est-à-dire que le lendemain de l'expiration du délai utile, doit être déclaré non-recevable ; — Par ces motifs, émendant, déclare Leblond-Bigot déchu de tout recours contre Denize, etc.

Du 31 déc. 1858.-C. de Rouen.-MM. Le Tendre de Tourville, pr.-Moreau, subst.-Lemarcis et Renaudeau d'Arc, av.

fait naître une autre question fort grave et fort importante, soit au point de vue juridique, soit au point de vue pratique. Il exige que l'endosseur, pour conserver son recours contre les endosseurs antérieurs et contre le tireur, agisse contre eux, soit individuellement, soit collectivement, dans le même délai qui est assigné au porteur; qu'il leur fasse une contre-dénonciation du protêt et leur donne une citation en justice. Dès lors, si on applique cette disposition judaïquement, si on prend cet article au pied de la lettre, il est facile de voir quelle multiplicité de citations et de significations, et quelle énormité de frais il en résultera. En effet, s'il y a un tireur et trois endosseurs, par exemple, le porteur fera à chacun de ces quatre obligés une signification du protêt, et il y joindra une citation, puis chaque endosseur en fera de même à l'égard des endosseurs antérieurs et du tireur, de sorte que le tireur ne recevra pas moins de quatre citations, tant de la part du porteur que de la part des endosseurs, et il supportera tous ces frais qui seront énormes. C'est là cependant la marche que l'art. 167 prescrit, au moins dans ses termes. N'y aurait-il donc pas un moyen d'affranchir les obligés de cette multiplicité d'actes judiciaires et de frais qui en résultent, sans compromettre leurs droits et sans nuire à leurs intérêts? Oui, il y en a un, qui déjà s'est fait jour dans la pratique et qui finira, je crois, par prévaloir : quand le porteur a exercé son recours contre tous les obligés, tireur et endosseurs, qu'il leur a signifié le protêt et qu'il les a tous cités collectivement, qu'est-il besoin que chaque endosseur, de son côté, en fasse autant? En payant le porteur, soit avant le jugement, soit après, l'endosseur sera subrogé au porteur par application des art. 1251 c. civ. et 159 c. com., et, dès lors, ses droits seront assurés sans signification ni citation de sa part. Ce ne serait donc qu'autant que le porteur n'aurait pas poursuivi les obligés collectivement, se serait borné à poursuivre l'un d'entre eux, que celui-ci serait tenu, pour conserver son recours contre ses garants, d'agir personnellement contre eux. Cette distinction, sans doute, n'est pas conforme au texte de l'art. 167. Mais elle ne me paraît pas contraire à son esprit; elle satisfait aux exigences de la pratique et peut s'appuyer sur les principes généraux du droit et sur les règles spéciales de la matière » (Bravard et Demangeat, t. 3, p. 485 et 486). — M. Bravard, comme on le voit, reconnaît que la distinction qu'il propose n'est pas conforme au texte de l'art. 167 c. com. M. Demangeat, qui défend la même opinion, corrige cet aveu en déclarant que les deux derniers alinéas de l'art. 167 supposent que l'endosseur a été poursuivi individuellement (op. cit., p. 487 et 488, note).

Le système de MM. Bravard et Demangeat a été adopté par M. Bédarride, t. 2, n° 515 in fine, et par un arrêt de la cour de Paris du 11 févr. 1880 (1). — Contra : Lyon, 27 mai 1869, aff. Maisslat, D. P. 71. 1. 159. Il paraît avoir été inspiré surtout par le désir de réaliser une économie de frais. Mais, ainsi que l'a fort bien fait remarquer M. le conseiller Barafort dans un rapport à la chambre des requêtes (sous Req. 24 mars 1874, précité), ce but n'est pas atteint ; lorsqu'en effet, un endosseur paie volontairement après assignation collective de tous les endosseurs par le porteur, il faut bien que cet endosseur, pour faire connaître le payement par lui opéré et demander le remboursement à ses garants, leur adresse autant d'exploits d'huissier qu'il en veut assigner. D'ailleurs, l'économie de frais fût-elle réalisable, le système de MM. Bravard et Demangeat ne devrait pas moins être

repoussé comme contraire aux dispositions de la loi. Le code de commerce subordonne le recours de l'endosseur qui a payé à l'accomplissement, dans un délai très court, de formalités déterminées. Le rapprochement des art. 164, 167, 169, ne peut laisser de doute sur l'intention du législateur de priver de tout recours l'endosseur qui, après avoir payé, n'agit point rapidement contre ses garants. Aux termes de l'art. 164, « le porteur d'une lettre de change protestée faute de payement peut exercer son action en garantie, ou individuellement contre le tireur et chacun des endosseurs, ou collectivement contre les endosseurs et le tireur. La même faculté existe pour chacun des endosseurs, à l'égard du tireur et des endosseurs qui le précèdent ». L'art. 167 ajoute : « chacun des endosseurs a le droit d'exercer le même recours ou individuellement ou collectivement dans le même délai. A leur égard le délai court du lendemain de la date de la citation en justice ». Enfin l'art. 169 conclut : « les endosseurs sont également déchus de toute action en garantie contre leurs cédants, après les délais ci-dessus prescrits, chacun en ce qui le concerne ». On ne saurait admettre, avec M. Demangeat, que les deux derniers alinéas de l'art. 167 concernent uniquement le cas où l'endosseur a été assigné individuellement ; les termes généraux de ces deux alinéas ne pourraient être ainsi entendus dans un sens restrictif que si le premier alinéa autorisait une distinction ou une restriction ; or le premier alinéa vise précisément le cas où l'endosseur a été atteint par l'action collective du porteur, il est donc impossible de ne pas admettre que les 2e et 3e alinéas de l'art. 167 soient applicables à l'endosseur qui a payé au cas d'action collective du porteur. M. Demangeat allègue, il est vrai, que l'endosseur atteint par un recours collectif n'a pas besoin de mettre en cause ses garants, parce qu'ils y sont déjà, et c'est de là qu'il conclut à l'inutilité des dispositions de l'art. 167, § 2 et 3, pour le cas où le porteur a exercé un recours collectif, et à leur inapplication en pareil cas. Mais nous avons déjà eu l'occasion de présenter la réponse qui doit faire écarter cette argumentation, lorsque nous avons montré que l'endosseur qui paie volontairement, même après action collective du porteur, est bien obligé de faire connaître à ses garants le payement qu'il a fait, s'il veut exercer son recours contre eux, et il ne peut le faire que par exploit d'huissier. C'est donc avec raison que M. Bravard avouait que la distinction par lui proposée n'est point conforme au texte de l'art. 167. Elle n'est pas plus conforme à l'esprit de la loi. Sans doute, le code de commerce admet au profit des endosseurs la subrogation légale établie par l'art. 1251-3° c. civ. pour celui qui paie, étant tenu pour d'autres ou pour d'autres, et ses dispositions, quant au fond du droit, se trouvent ainsi en complète harmonie avec celles de la loi civile; mais, quant aux conditions de forme nécessaires à la conservation de ce bénéfice, la loi commerciale a des exigences propres qu'on ne saurait tenir en échec, en invoquant les termes de la loi civile. Le législateur a voulu que les garants d'un effet de commerce ne puissent être inquiétés à raison de la garantie par eux due, qu'autant qu'ils sont très promptement informés de la situation exacte et des intentions de tous ceux qui peuvent avoir un recours entre eux; l'endosseur qui a payé ne peut, par suite, se fonder sur l'art. 1251-3° c. civ. pour se dispenser d'agir dans les délais fixés par les art. 164 et suiv. c. com. (V. en ce sens : Lyon-Caen et Renault, t. 1, n° 1261; note de M. Renault, sur l'arrêt de la cour de Paris du 11 févr. 1880;

<hr/>

(1) (Belin C. Delcroix.) — Le 28 juin 1877, jugement du tribunal de commerce de la Seine ainsi conçu : — « Attendu que Delcroix réclame à Belin le payement de divers billets dont ce dernier est endosseur ; que Belin, pour résister à cette demande, prétend que Delcroix ne lui aurait pas dénoncé les protêts de ces billets, avec assignation en justice, dans les délais prévus par la loi, et qu'il aurait perdu son recours contre lui ; — Mais attendu que la Banque de France, porteur des titres dont s'agit, fait souscrits dans le courant de 1875, les a fait protester en temps utile faute de payement ; qu'elle a dénoncé les protêts à Belin, bénéficiaire, et partant premier endosseur, dans la quinzaine de la date desdits protêts, et par le même acte l'a assigné en payement des titres ; — Attendu que Delcroix, qui tenait les effets dont s'agit de Belin, les a remboursés à la Banque de France qui avait conservé tous ses recours ; qu'il se trouve ainsi subrogé à cette dernière, et doit profiter de tous les actes faits pour la con-

servation des recours contre tous les obligés aux titres ; qu'en conséquence, Belin, comme endosseur, ne justifiant pas avoir remboursé les titres, doit être obligé à en payer le montant; — Par ces motifs, etc. » — Appel. — Arrêt.

LA COUR; — Adoptant les motifs des premiers juges, et en outre considérant que Belin, mis en demeure par les protêts et l'assignation régulière, ne peut plus opposer de déchéance ; qu'étant tenu de rembourser à Delcroix les sommes qu'il a reçues de lui lors de la négociation des valeurs, il n'éprouve pas préjudice du fait de l'action qui est dirigée contre lui ; — Considérant que sur huit effets dont le payement est demandé, Belin est tireur pour une somme d'ensemble 21800 fr., et qu'il ne fait pas la preuve qu'il y avait provision à l'échéance ; que, par ce motif, il est tenu en vertu de l'art. 170 c. com.; — Confirme.

Du 11 févr. 1880.-C. de Paris, 3e ch.-MM. Hello, f.f. pr.-Manuel, av. gén.-Martini et Lenté, av.

Alauzet, t. 4, n° 1482; Rapport précité de M. le conseiller Barafort, D. P. 74. 1. 236; Lyon, 27 mai 1869, sous Req. 22 juin 1870; aff. Maissiat, Guinet et comp., D. P. 71. 1. 159).

Au reste, la question que l'on vient d'examiner ne se pose qu'autant que le porteur a conservé ses droits en accomplissant les formalités exigées par le code de commerce. — Jugé, en ce sens, que l'endosseur ne peut, dans tous les cas, invoquer la subrogation dans les droits du porteur, alors que celui-ci n'avait pas intenté une action collective contre les endosseurs, mais leur avait seulement dénoncé le protêt par une notification collective (Req. 24 mars 1874, précité).

308. Si l'endosseur qui a encouru la déchéance pour n'avoir pas agi contre le précédent endosseur, son cédant, ne peut se prétendre subrogé légalement dans les droits du porteur qui s'est conformé aux prescriptions légales (V. *suprà*, n° 307); il ne peut davantage se prévaloir d'une subrogation *conventionnelle* que le porteur lui aurait consenti en recevant de lui le payement de l'effet. Cette solution que nous avions admise au *Rép.* n° 725, avec un arrêt de la cour de Bordeaux du 21 déc. 1831, a été, depuis, consacrée par un autre arrêt (Lyon, 27 mai 1869, cité *suprà*, n° 307).

309. L'endosseur ne peut exercer son recours contre ses garants qu'autant qu'il n'a point commis de faute en payant; il doit supporter seul le préjudice résultant d'un payement fait par lui, alors qu'il n'y était pas obligé (V. Lyon-Caen et Renault, t. 1, n° 1262). Décidé, en ce sens, que l'exception de déchéance accordée à l'endosseur d'un effet de commerce faute de poursuites dans les délais prescrits par la loi, est opposable à l'action en garantie exercée contre lui par l'endosseur intermédiaire qui, sans se prévaloir de la déchéance également encourue à son égard, a remboursé le billet (Civ. cass. 12 juill. 1852, aff. Allain, D. P. 52. 1. 202).

Art. 5. — *Action du porteur et de l'endosseur qui a remboursé contre le tireur* (*Rép.* n°ˢ 727 à 736).

310. Ainsi qu'on l'a dit au *Rép.* n° 727, le tireur ne peut opposer la déchéance au porteur négligent que s'il a fait provision, et c'est à lui d'établir l'existence de la provision. Jugé en ce sens que le porteur d'une lettre de change conserve son action contre le tireur, malgré le défaut de protêt faute de payement à l'échéance, si le tireur ne justifie pas qu'il y ait eu provision entre les mains du tiré; que, par suite, en l'absence d'une justification immédiate de la provision, il n'y a pas lieu de prononcer la déchéance du recours du porteur contre le tireur, même avec réserve de

(1) (Letrillard C. Poilièvre.) — Le 4 sept. 1848, une lettre de change de 450 fr. payable le 31 décembre suivant, a été tirée de Nantes par le sieur Poilièvre sur le sieur Lucas, négociant à Carhaix. Le 3 janv. 1849, jugement qui déclare le sieur Lucas en faillite et reporte au 1ᵉʳ déc. 1848 la date de la cessation de ses payements. Le 5 janvier, l'effet est protesté faute de payement. Le sieur Letrillard, endosseur de la lettre de change après en avoir remboursé le montant au porteur, exerce son recours contre le sieur Poilièvre, qui refuse de payer, en se fondant sur ce que le tiré ayant eu provision à l'échéance, le porteur avait encouru la déchéance en ne faisant pas protester l'effet en temps utile. Le 9 janv. 1849, jugement du tribunal de commerce de Nantes ainsi conçu : — « Considérant que le tireur, qui avait eu provision et qui le prouve, est dégagé de toute garantie, lorsque le protêt a été fait tardivement; qu'il n'est pas contesté qu'au jour de l'échéance, le tiré était débiteur de Poilièvre d'une somme bien supérieure au montant de la lettre de change, et que ce fait suffit pour constituer la provision, aux termes de l'art. 116 c. com.; — Considérant qu'en matière de lettre de change, tout est de droit strict; que, pour des fautes légères, on est soumis à des déchéances, souvent rigoureuses; — Considérant qu'aux termes de l'art. 163 c. com., la faillite du tiré ne dispense pas de faire le protêt dans les délais de la loi; — Considérant que, dans l'espèce, la faillite du tiré n'a été déclarée que le 3 janvier, et que si elle a été déclarée à une époque antérieure, il n'en est pas moins vrai qu'il avait encore la libre disposition de ses biens et de ses affaires au moment où la traite est venue à échéance, et que le protêt seul peut prouver, d'une manière absolue, que le payement n'aurait pas eu lieu; — Par ces motifs, déboute le sieur Happe-Létrillard de sa demande. —

Pourvoi en cassation par le sieur Happe-Létrillard, pour violation des art. 117, 170, 443 combinés c. com., et fausse application des art. 116 et 163 du même code, en ce que le jugement attaqué a jugé qu'il y avait provision à l'échéance, bien que le

tous ses droits à l'égard de ce dernier, pour le cas où l'inexistence d'une provision serait ultérieurement établie (Civ. cass. 27 janv. 1863, aff. Beyth et Saffroy, D. P. 63. 1. 15).

311. Nous avons dit au *Rép.* n°ˢ 210 et 727 que le tireur, pour pouvoir opposer la déchéance au porteur négligent, doit établir qu'il y avait provision à l'échéance. On a soutenu cependant qu'il suffit au tireur de prouver qu'il a fait provision (arg. art. 160 c. com.), et que cette provision est parvenue aux mains du tiré, alors même que la provision n'existerait plus à l'échéance par suite de la faillite du tiré. Considérer le tireur comme obligé en pareil cas envers le porteur négligent, a-t-on dit, c'est aller contre l'art. 163 c. com. qui exige le protêt même au cas de faillite du tiré, car c'est rendre le protêt inutile à l'égard du tireur, alors que rien dans le texte de l'art. 163 n'autorise à distinguer, en ce qui concerne la nécessité du protêt, les endosseurs et le tireur (V. en ce sens: Lyon-Caen et Renault, t. 1, n° 1271; Boistel, n° 827). Mais, en réalité, dire que le tireur doit, pour opposer la déchéance au porteur négligent, établir l'existence de la provision à l'échéance, ce n'est point méconnaître la disposition de l'art. 163 c. com., c'est la combiner avec l'art. 170 c. com., lequel déclare en termes formels que « la même déchéance a lieu contre le porteur et les endosseurs, à l'égard du tireur lui-même, si ce dernier justifie qu'il y avait provision à l'échéance de la lettre de change » (Comp. art. 117 et 160 c. com.). L'opinion exprimée au *Répertoire*, d'après laquelle le tireur doit, pour invoquer le bénéfice de l'art. 170 c. com., prouver non seulement qu'il a fait provision, mais encore que la provision existait à l'échéance, est suivie par MM. Demangeat sur Bravard, t. 3, p. 417, note, et p. 444, note; Nouguier, t. 2, n°ˢ 1150 et 1154 (Comp. également: Alauzet, t. 4, n° 1493; Civ. rej. 10 déc. 1851 (1); Civ. cass. 27 janv. 1863, cité *suprà*, n° 310).

En tout cas, le tireur pourrait opposer la déchéance, si la faillite du tiré n'avait été déclarée qu'après l'échéance, alors même que le tiré se serait trouvé déjà, lors de l'échéance, en état de cessation de payements (Lyon-Caen et Renault, t. 1, n° 1271; Demangeat sur Bravard, t. 3, p. 444, 445, note; Nouguier, t. 2, n° 1150; Alauzet, t. 4, n° 1493; Civ. rej. 10 déc. 1851 précité; Req. 30 avr. 1860, aff. Schlumberger, D. P. 60. 1. 259. V. au surplus *suprà*, n° 286).

312. Ainsi qu'on l'a dit au *Rép.* n° 736, le tireur ne peut opposer la déchéance au porteur négligent, bien que la provision existât à l'échéance, si, après cette époque, il a reçu par compte, compensation ou autrement, les fonds destinés

tiré fût en état de faillite ou de cessation de payements, et a par suite déchargé le tireur de la garantie par lui due au porteur, sous prétexte que le protêt avait été fait tardivement. — Arrêt.

LA COUR; — Attendu qu'il est constaté, en fait, par le jugement attaqué que, le 31 déc. 1848, jour de l'échéance de la lettre de change dont il s'agit, Lucas, sur qui elle était tirée par Poilièvre, était redevable, envers ce dernier, d'une somme supérieure à son montant; — Que ce jugement constate, en outre, que la lettre de change ne fut protestée que le 5 janv. 1849, alors que, par un jugement du 3 janvier, la faillite de Lucas avait été déclarée; — Attendu qu'aux termes de l'art. 170 c. com., le porteur et les endosseurs sont déchus de toute action en garantie à l'égard du tireur, si ce dernier justifie qu'il y avait provision à l'échéance de la lettre de change, et que l'art. 116 du même code stipule qu'il y a provision, si l'accepteur de la lettre de change, celui sur qui elle est fournie est redevable au tireur d'une somme au moins égale au montant de la lettre de change; — Attendu que la faillite de Lucas n'a été déclarée que le 3 janvier, et que, quoique l'époque de la cessation des payements ait été fixée par le jugement déclaratif au 1ᵉʳ décembre, Lucas n'en était pas moins, le 31 décembre, à la tête de ses affaires; — Attendu que le protêt fait le 5 janvier a eu lieu tardivement, et ne prouve nullement que la lettre de change n'aurait pas été payée le 31 décembre; que le retard qu'on a mis à faire le protêt constitue une négligence dont le tireur de la lettre de change, qui avait fait provision, ne saurait être victime; — Qu'il suit de là que le jugement attaqué, en relaxant Poilièvre de la demande en remboursement dirigée contre lui, n'a violé aucune loi;

Par ces motifs, rejette, etc. — Du 10 déc. 1851.-Ch. civ.-MM. Portalis, pr.-Feuilhade-Chauvin, rap.-Rouland, av. gén., c. contr.-Hardouin et Bosviel, av.

au payement de la lettre de change (c. com. art. 171). Mais il a été jugé que le porteur d'une lettre de change non protestée faute de payement est déchu de son recours contre le tireur qui prouve qu'il y avait provision à l'échéance, alors même que ce dernier se serait fait payer à la faillite du tiré, aux lieu et place du porteur alors resté inconnu, le dividende afférent à la lettre de change; et que le tireur est simplement comptable de ce dividende envers le porteur (Civ. cass. 3 avr. 1854, aff. Houlé, D. P. 54. 1. 245).

SECT. 11. — DES PROTÊTS (Rép. nos 737 à 777).

313. Ainsi qu'on l'a dit au Rép. n° 737, le protêt est un acte dont les conséquences peuvent être très graves pour le débiteur sur qui il est fait; aussi un arrêt cité au Rép. ibid. a-t-il accordé des dommages-intérêts à un négociant sur qui un protêt avait été fait à tort; et cette solution est approuvée par MM. Lyon-Caen et Renault, t. 1, n° 1232, p. 680, note 2, et Nouguier, t. 2, n° 1220.

ART. 1er. — A la requête de qui le protêt doit être fait (Rép. nos 738 et 739).

314. Le protêt, avons-nous dit, se fait à la requête du porteur, même lorsque ce dernier ne détient l'effet qu'en vertu d'un endossement irrégulier. Cette opinion est suivie par MM. Bravard et Demangeat, t. 3, p. 173 et 421; Lyon-Caen et Renault, t. 1, n° 1234. « Peu importe, disent ces derniers auteurs, que le porteur soit propriétaire de la lettre ou simple mandataire ». Mais, ajoutent-ils, « celui qui ne ferait que détenir matériellement l'effet, sans que son nom y figurât, ne pourrait agir en son nom propre; il n'aurait qu'à faire procéder à la requête du propriétaire de la lettre; la simple détention l'autorise à faire cet acte conservatoire » (Comp. Rép. n° 739).

ART. 2. — Par qui le protêt doit être fait (Rép. nos 740 à 745).

315. On a au Rép. n° 741 que l'art. 2 du décret du 23 mars 1848 a dispensé les officiers ministériels de l'assistance des témoins dans la confection des protêts. Cette disposition n'a pas été abrogée et est considérée comme toujours en vigueur (Lyon-Caen et Renault, t. 1, n° 1235).

316. On a admis au Rép. n° 744 que, lorsque l'effet n'a pas été payé lors de sa présentation, le jour de l'échéance, l'huissier qui se présente, le lendemain, au domicile du débiteur, doit s'abstenir de dresser l'acte de protêt, si le montant de l'effet lui est offert, mais à la condition que le débiteur joigne au principal les frais légitimes, parmi lesquels figurent ceux du déplacement de l'officier ministériel et de l'acte qu'il a lui-même dressé (V. Lyon-Caen et Renault, t. 1, n° 1238). Jugé en ce sens que, en cas de refus de payement d'un effet de commerce, le débiteur qui, le lendemain de l'échéance, veut empêcher le protêt, est tenu d'offrir à l'huissier chargé de dresser cet acte non seulement le payement de l'effet qu'il avait refusé la veille, mais encore le montant des frais auxquels ce refus a donné lieu, c'est-à-dire le coût de la sommation de payer dont le protêt doit être précédé; que, à défaut de ces frais, l'acte de protêt est régulièrement dressé, malgré l'offre de payement de l'effet, et qu'il doit en être tenu compte au tiers porteur par le débiteur de cet effet ou ses endosseurs successifs (Civ. cass. 21 août 1860, aff. Lepage, D. P. 60. 1. 430). — Cet arrêt ne parle que de la sommation de payer, et non du protêt lui-même. L'offre du débiteur devrait-elle comprendre aussi le coût de ce protêt, si l'huissier l'avait préparé à l'avance? L'arrêt, en décidant que le protêt ne devient nécessaire qu'au cas où le débiteur ne ferait pas entrer dans ses offres les émoluments et déboursés dûs jusque-là, décide implicitement que l'offre de ces émoluments et déboursés serait suffisante, et rendrait le protêt inutile. Les frais ne pourraient donc pas en être exigés, nonobstant la rédaction anticipée dont ce protêt aurait été l'objet.

317. Le tiré doit supporter les frais faits par suite de son refus de payer à l'échéance. Mais, ainsi que nous l'avons dit au Rép. n° 744, il ne devrait payer aucuns frais si la

présentation du titre n'avait pas eu lieu à l'échéance, car alors ce ne serait pas lui, mais le porteur qui serait en faute; c'est à ce dernier qu'incomberait dans ce cas le payement des frais (V. dans le même sens : Lyon-Caen et Renault, t. 1, n° 1238, p. 683, note 3; Boistel, n° 816; Nouguier, t. 2, n° 1334).

318. Le tarif établi pour les droits de protêt par le décret du 23 mars 1848 (V. Rép. n° 745) a été modifié par divers actes législatifs. Actuellement les droits sont fixés au taux suivant : Protêt simple, 5 fr. 83 cent.; protêt à deux domiciles ou avec besoin, 7 fr. 43 cent.; protêt de deux effets, 6 fr. 53 cent.; protêt de perquisition, 13 fr. 98 cent.; protêt au parquet, 10 fr. 13 cent.; intervention, 4 fr. 38 cent.; dénonciation de protêt, 7 fr. 43 cent.

ART. 3. — Où le protêt doit être fait (Rép. nos 746 à 766).

319. On a dit au Rép. n° 746 que, lorsqu'une lettre de change est stipulée payable au domicile d'un tiers, le protêt est régulièrement fait au domicile de ce tiers. C'est même là qu'il doit être fait et non au domicile du tiré; l'art. 173 c. com. déclare, en effet, que le protêt doit être fait « au domicile de celui sur qui la lettre de change était payable » (V. Lyon-Caen et Renault, t. 1, n° 1237; Bravard et Demangeat, t. 3, p. 426; Nouguier, t. 2, n° 1313). Nous avons admis au Rép. loc. cit. la même solution à l'égard du billet à ordre ayant une cause commerciale. Quant au billet souscrit par un non-commerçant pour cause purement civile, on a considéré le protêt comme devant être fait au domicile du souscripteur. Cette distinction est rejetée par MM. Demangeat sur Bravard, t. 3, p. 541; Nouguier, t. 2, n° 1314; Lyon-Caen et Renault, t. 1, nos 1237 et 1297).

320. Il a été jugé qu'une simple indication au crayon, sur un effet de commerce, d'un domicile pour le payement, et, par exemple, d'un café d'une ville voisine du lieu du domicile du souscripteur ne saurait constituer la désignation réelle et valable d'un domicile élu, alors d'ailleurs qu'elle n'est pas signée et que rien n'indique l'époque où elle a été écrite; que, par suite, le défaut de protêt à ce prétendu domicile élu est à tort invoqué par les endosseurs comme entraînant la déchéance de tout recours contre eux (Trib. com. Marseille, 30 oct. 1871, aff. Prunet, D. P. 73. 3. 37).

321. Le protêt, ainsi qu'on l'a exprimé au Rép. n° 747, ne peut pas, comme un exploit ordinaire, être indifféremment signifié à personne ou à domicile; il faut qu'il soit signifié à domicile. On entend, d'ailleurs, ici par domicile le lieu où le débiteur a son commerce et où il le paie habituellement, plutôt que le lieu où il demeure réellement (Lyon-Caen et Renault, t. 1, n° 1236). — M. Bédarride, t. 2, n° 574, admet, avec un arrêt de la cour de cassation (Civ. rej. 20 janv. 1835, rapporté au Rép. n° 747), que le protêt signifié au débiteur hors de son domicile peut être considéré comme valable, s'il n'en est résulté aucun préjudice pour les intéressés. MM. Alauzet, t. 4, n° 1505, et Nouguier, t. 2, n° 1305, décident au contraire que le protêt fait hors du domicile est toujours nul (V. conf. Lyon-Caen et Renault, t. 1, n° 1236).

322. Au cas de faillite du tiré ou du souscripteur, MM. Nouguier, t. 2, n° 1309, et Alauzet, t. 4, n° 1506, estiment que le protêt peut être valablement fait soit au domicile du failli, soit au domicile des syndics. Mais on décide généralement que c'est au domicile du tiré ou souscripteur failli que doit avoir lieu le protêt; l'art. 173 c. com. dit en effet, en termes généraux, que cet acte doit être fait « au domicile de celui sur qui la lettre de change était payable », et l'art. 443 c. com. n'autorise pas une solution contraire au cas de faillite; l'art. 443 dispose bien « qu'à partir du jugement déclaratif, toute action mobilière ou immobilière ne pourra être suivie ou intentée que contre les syndics, et qu'il en sera de même de toute voie d'exécution, tant sur les meubles que sur les immeubles »; mais le protêt n'est, en réalité, ni un acte de poursuite, ni un acte d'exécution, c'est un simple acte conservatoire, ayant pour objet de constater le défaut de payement; l'art. 443 c. com. lui est dès lors inapplicable (V. Lyon-Caen et Renault, t. 1, n° 1237; Demangeat sur Bravard, t. 3, p. 428, note, Rép. n° 748).

323. On examine au Rép. n° 755 les difficultés qui se présentent lorsque la traite, étant stipulée payable en une localité autre que celle du domicile du tiré, et dans un lieu à déterminer par ce dernier, celui-ci refuse d'accepter et d'indiquer le lieu du payement. On a exprimé l'avis que le protêt doit, en pareil cas, être fait, après un acte de perquisition, dans la localité où la lettre a été stipulée payable. Cette solution paraît aujourd'hui définitivement acceptée (V. Lyon-Caen et Renault, t. 1, n° 1237; Demangeat sur Bravard, t. 3, p. 427, note; Alauzet, t. 4, n° 1510; Nouguier, t. 2, n° 1317).

324. Du reste, le protêt doit être également fait au domicile des personnes indiquées par la lettre de change pour payer au besoin. — Faut-il aussi protester l'effet au domicile des besoins indiqués, postérieurement à la confection du titre, par les endosseurs eux-mêmes? Nous avons admis l'affirmative au *Rép.* n° 760, avec M. Nouguier, 4° éd., t. 2, n° 1317, et la jurisprudence des tribunaux de commerce, contre plusieurs arrêts, dont deux émanés de la cour de cassation. La cour suprême a confirmé sa jurisprudence par deux arrêts nouveaux, l'un du 29 juill. 1850, (aff. Boussin et Hébert, D. P. 50. 1. 227), l'autre du 71 avr. 1872 (aff. Cousin et comp., D. P. 72. 1. 250); elle a été suivie par Bravard, t. 3, p. 429, qui invoque l'autorité de Pothier, *Traité du contrat de change*, n° 137, et par M. Boistel, n° 815. Mais notre opinion n'a pas cessé d'être adoptée par les tribunaux de commerce; elle a été enseignée par M. Demangeat sur Bravard, *op. cit.*, p. 430, note 1, et par MM. Bédarride, t. 2, n°s 549-552; Lyon-Caen et Renault, t. 1, n° 1237; Nouguier, t. 2, n° 1317. M. Alauzet, t. 4, n° 1507, après avoir présenté certaines considérations dans l'un et l'autre sens, conclut en ces termes : « Quoi qu'il en soit, le parti le plus prudent sera toujours de s'en tenir au texte même de l'article, qui ne fait aucune distinction entre les personnes indiquées au besoin, et de décider, avec l'usage constamment suivi par la pratique commerciale, que la mention, quelle qu'elle soit, mise par un endosseur, devient obligatoire pour tous ceux qui le suivent et le porteur; mais quand il s'agira de prononcer une déchéance, chose toujours peu favorable, nous pensons qu'il faudra s'en tenir à la règle adoptée par la jurisprudence, en présence d'un texte dont le sens est au moins douteux ».

325. En tout cas, le protêt fait au domicile des besoins ne saurait dispenser du protêt qui doit, toujours et avant tout, être fait au domicile du tiré ou souscripteur. Jugé, en ce sens, que le défaut de protêt d'un billet à ordre au domicile du souscripteur fait perdre au porteur son recours contre les endosseurs, alors même que le protêt aurait eu lieu au domicile d'une personne indiquée par l'un des endosseurs, pour payer le billet au besoin, et bien qu'il soit constant que la faillite du souscripteur, avant l'échéance, le mettait dans l'impossibilité de payer (Civ. cass. 7 juin 1859, aff. Ory de Saint-Acheul, D. P. 59. 1. 249).

Art. 4. — *Enonciations que le protêt doit contenir*
(*Rép.* n°s 767 à 775).

326. On a dit au *Rép.* n° 767 que l'acte de protêt doit spécialement contenir la transcription littérale du titre, de l'acceptation, des endossements et des recommandations qui y sont indiquées. Toutefois la cour de cassation, qui admet, ainsi que nous l'avons vu *suprà*, n° 324, l'inutilité du protêt au domicile du besoin indiqué par un endosseur, a décidé que le porteur d'un effet de commerce n'est pas obligé de mentionner la recommandation relative aux besoins indiqués par les endosseurs, dans la copie de l'effet transcrite en tête du protêt (Civ. cass. 17 avr. 1872, aff. Cousin et comp., D. P. 72. 1. 250. — V. en sens contraire sur ce point : Lyon-Caen et Renault, t. 1, n° 1238).— L'art. 174 c. com. ne parle point de la transcription de l'aval. MM. Lyon-Caen et Renault, t. 1, n° 1238, estiment que, s'il ne peut être question de transcrire l'aval donné par acte séparé, on doit, au contraire, transcrire l'aval donné sur le titre.

327. L'huissier chargé de dresser un acte de protêt et de mentionner les motifs du refus de payement, n'a pas mission pour constater l'existence d'obligations nouvelles ou de ratifications consenties par le débiteur. Or un acte n'a d'authenticité à l'égard des faits ou des engagements qui y sont énoncés qu'autant que ces faits ou ces engagements sont attestés par un officier public ayant compétence à cet

égard (V. *Rép.* v° *Obligations*, n°s 3058 et suiv.). — Jugé en ce sens que l'acte de protêt ne fait pas foi des réponses non signées du débiteur, qui contiendraient des engagements autres et plus étendus que ceux résultant de l'effet de commerce protesté, l'huissier chargé simplement par la loi de dresser cet acte et d'y énoncer les motifs du refus de payement, ne pouvant donner force authentique à la constatation de tels engagements; et que, spécialement, la mention, dans le protêt d'une lettre de change tirée sur deux époux mariés sous le régime dotal et acceptée tant par la femme que par le mari, que la femme a refusé d'en payer immédiatement le montant à cause du décès de son mari, mais a déclaré « qu'elle payera et fera plus tard honneur à sa signature » ne peut être opposée à cette femme, si elle ne l'a point signée, et, dès lors, ne peut être invoquée comme emportant de sa part renonciation au droit de ne pouvoir être poursuivie sur ses biens dotaux (Req. 17 nov. 1856, aff. d'Albaret, D. P. 57. 1. 57. Conf. Alauzet, t. 4, n° 1520).

328. Les auteurs s'accordent à reconnaître, ainsi que nous l'avons fait au *Rép.* n° 769, que, parmi les énonciations prescrites pour le protêt par l'art. 174 c. com., il faut distinguer celles qui sont essentielles, dont l'omission entraîne la nullité de l'acte et celles qui sont secondaires et, par suite, peuvent être omises sans que la nullité s'ensuive; que, parmi les formalités essentielles, figurent certainement celles qui constatent la sommation adressée au débiteur de payer l'effet présenté, et le refus de payement (Lyon-Caen et Renault, t. 1, n° 1239; Demangeat sur Bravard, t. 3, p. 424, note; Alauzet, t. 4, n° 1520; Bédarride, t. 2, n° 562; Nouguier, t. 2, n°s 1256 et suiv.).

329. Conformément à ce que nous avons dit au *Rép.* n° 770, il a été jugé que le protêt d'une lettre de change payable en pays étranger doit être fait suivant la forme prescrite par la loi de ce pays (Rouen, 1er déc. 1854, aff. Violette et comp. et Gouin, D. P. 55. 2. 121).

Art. 5. — *Nullité.* — *Recours contre l'officier ministériel*
(*Rép.* n°s 776 et 777).

330. Ainsi qu'on l'a dit au *Rép.* n° 776, lorsque le protêt est nul, le porteur a contre l'officier ministériel qui l'a dressé une action en dommages-intérêts, et cette action doit être portée devant le tribunal civil, car elle n'a rien de commercial (Lyon-Caen et Renault, t. 1, n° 1239; Demangeat sur Bravard, t. 3, p. 424, note; Bédarride, t. 2, n° 566; Nouguier, t. 2, n°s 1322 et 1326). Mais l'officier ministériel n'encourrait aucune responsabilité s'il avait dressé le protêt nul conformément au modèle que lui aurait imposé le porteur; il ne serait pas en faute pour avoir suivi les instructions de ce dernier (Demangeat sur Bravard, t. 3, p. 425, note).

331. On décide également, comme nous l'avons fait au *Rép.* n° 777; que le porteur seul peut exercer l'action en responsabilité contre l'officier ministériel qui a dressé un protêt nul; et que l'endosseur qui aurait payé le porteur, sans exciper de la nullité du protêt, ne serait pas recevable à agir en remboursement contre l'huissier ou le notaire, auteur du protêt (Demangeat sur Bravard, t. 3, p. 425, note; Bédarride, t. 2, n°s 567 et suiv.; Lyon-Caen et Renault, t. 1, n° 1239, p. 684, note 4; Nouguier, t. 2, n° 1325).

Sect. 12. — Du *RECHANGE* (*Rép.* n°s 778 à 805).

332. Nous avons dit au *Rép.* n° 778 qu'un décret du 24 mars 1848 (D. P. 48. 4. 57) a modifié les règles relatives à la retraite et au rechange. Ce décret modifiait *provisoirement* les art. 178 et 179 c. com., ou, pour nous exprimer plus exactement, les remplaçait *provisoirement* par la rédaction suivante : « Art. 178. La retraite comprend, avec le bordereau détaillé et signé du tireur seulement et transcrit au dos du titre : 1° le principal du titre protesté; — 2° Les frais de protêt et de dénonciation s'il y a lieu; — 3° Les intérêts de retard; — 4° La perte de change; — 5° Le timbre de la retraite, qui sera soumise au droit fixe de 0 fr. 35 cent. » Le timbre de la retraite depuis la loi du 5 juin 1850 (art. 1er, D. P. 50. 4. 114) est le même que celui des autres effets de commerce; il est proportionnel. — « Art. 179. Le rechange se règle, pour la France continentale, uniformément comme suit : 1/4 pour cent sur les chefs-lieux de département; —

1/2 pour cent sur les chefs-lieux d'arrondissement; — 3/4 pour cent sur toute autre place; — en aucun cas, il n'y aura lieu à rechange dans le même département. — Les changes étrangers et ceux relatifs aux possessions françaises en dehors du continent seront régis par les usages du commerce. »

La première question que soulèvent actuellement les dispositions de ce décret est celle de savoir si ces dispositions sont encore en vigueur. Le décret du 24 mars 1848 a été très vivement critiqué par M. Demangeat sur Bravard, t. 3, p. 520 et suiv., qui n'y voit « qu'un moyen empirique de venir en aide aux personnes exposées à ce qu'une retraite soit fournie sur elles » contrairement aux principes du droit et même aux notions de la justice naturelle. « C'est, dit-il, une mesure du même genre que celles qui consistent à reculer de quelques jours, en temps de troubles et de révolutions, l'échéance des effets de commerce. De pareilles mesures vont contre le droit : elles ont donc essentiellement une puissance très limitée quant à sa durée. Le droit doit reprendre son empire dès que l'état normal de la société est rétabli. » Le préambule du décret fournit un argument à cette thèse; il est, en effet, conçu dans les termes suivants : « Le gouvernement provisoire; — Considérant les abus du compte de retour qui pèsent sur le commerce, et qui, dans les circonstances actuelles surtout, aggraveraient ses charges, décrète : Provisoirement les art. 178 et 179 c. com. sont modifiés... » M. Demangeat en conclut « que le décret du 24 mars 1848 n'a été en vigueur que pendant la durée des pouvoirs extraordinaires dont le gouvernement provisoire s'est trouvé investi, et que les articles du code de commerce ont repris toute leur force le 4 mai 1848, jour de la réunion de l'Assemblée nationale. » M. Nouguier, t. 2, n° 1366 exprime un avis analogue; M. Bédarride ne mentionne même pas le décret du 24 mars 1848.

D'autres auteurs considèrent, au contraire, le décret de 1848 comme ayant mis fin à de réels abus provenant de l'exagération des comptes de retour et comme n'ayant pas un caractère essentiellement transitoire que le pense M. Demangeat. Ils en concluent que le décret du 24 mars 1848 n'ayant jamais été abrogé, ses dispositions qui avaient force de loi, quoique édictées provisoirement, sont devenues définitives. En pratique elles sont toujours appliquées (V. Lyon-Caen et Renault, t. 1, n° 1256; Alauzet, t. 4, n° 1529; Boistel, n° 822).

333. On a examiné au *Rép.* n° 785 la question de savoir si l'emploi d'une retraite dispense de remplir les formalités prescrites pour conserver le recours en garantie suivant les art. 165 et 168 c. com. La doctrine est unanime à reconnaître que l'emploi de la retraite, simple faculté pour le porteur, ne le dispense nullement de l'obligation d'exercer son recours dans les délais légaux. Si le porteur n'accomplissait point les formalités requises par les art. 165 et 168 c. com., il encourrait la déchéance et devrait supporter tous les frais occasionnés par la retraite impayée. Le porteur peut ou bien exercer en même temps les poursuites contre ses garants et faire retraite, ou bien faire une retraite payable à très bref délai, afin de pouvoir remplir encore les conditions requises par l'art. 165 c. com., si la retraite est impayée (Lyon-Caen et Renault, t. 1, n° 1255; Bravard et Demangeat, t. 3, p. 496; Alauzet, t. 4, n° 1526; Bédarride, t. 2, n° 509 *bis* et 584; Nouguier, t. 2, n° 4346). — Si la retraite est négociée avant toutes poursuites, ce sera, comme nous l'avons dit au *Rép.* n° 785, au preneur subrogé aux droits et devoirs du tireur, de faire les diligences nécessaires pour conserver le recours contre les garants (Conf. Lyon-Caen et Renault, t. 1, n° 1255; Alauzet, t. 4, n° 1526).

334. Lorsque la retraite a été précédée de diligences faites par le porteur et que l'endosseur assigné offre de payer la traite et les frais de poursuites, le porteur, avons-nous dit au *Rép.* n° 787, ne peut exiger que l'endosseur supporte aussi les frais de la retraite. Cette opinion paraît définitivement admise en doctrine (V. Lyon-Caen et Renault, t. 1, n° 1255, p. 692, note 6; Demangeat sur Bravard, t. 3, p. 496; note 1; Alauzet, t. 4, n° 1528).

335. On a examiné au *Rép.* n° 789 et suiv. les difficultés que soulève la question de savoir qui doit supporter les frais de rechange. Quand la retraite est faite directement par le porteur sur le tireur, il n'y a pas de question, le tireur doit subir les frais du rechange; ces frais sont déterminés par le cours du change entre le lieu d'où la retraite est tirée, c'est-à-dire le lieu où la première traite était payable, et celui où cette première traite a été créée (*Rép.* n° 789). Les difficultés naissent lorsque la retraite est faite, soit par le porteur sur un endosseur, soit par un endosseur sur un de ses garants.

336. Le premier point à examiner est de savoir quel rechange le porteur peut exiger de l'endosseur sur qui il fait retraite. On a exposé au *Rép.* n° 792 les divers systèmes qui se sont produits à ce sujet (V. encore Bravard, t. 3, p. 504), et l'on a admis que le porteur peut toujours exiger de l'endosseur le rechange du lieu où la traite était payable sur le lieu où elle avait été négociée par cet endosseur, sans distinguer selon que ce rechange est plus ou moins élevé que celui que le porteur pourrait exiger du tireur s'il faisait retraite directement sur lui; cette opinion est aujourd'hui prédominante (V. Lyon-Caen et Renault, t. 1, n° 1256; Demangeat sur Bravard, t. 3, p. 509 et 510, note; Alauzet, t. 3, n° 1530; Boistel, n° 824; Bédarride, t. 2, n° 591 et 593; Nouguier, t. 2, n° 1350).

337. La seconde question est celle de savoir quel rechange peut exiger l'endosseur qui fait retraite après avoir payé le porteur. M. Boistel, n° 823, estime que l'endosseur n'a pas le droit de faire retraite soit sur un endosseur précédent, soit sur le tireur. — « L'art. 178 ancien c. com., dit-il, n'accorde ce droit qu'au porteur; » cela tient à ce que l'endosseur n'a pas, comme le porteur, un droit absolu à être remboursé à un endroit plutôt qu'à un autre, ni par conséquent à émettre une retraite pour l'escompter sur place; sans doute, s'il était encore porteur, il aurait le droit d'être payé au lieu où la première lettre était payable; mais, en endossant, il a consenti à être payé ailleurs, puisqu'il a reçu la valeur de l'effet au lieu où il a endossé; et maintenant ce n'est pas au lieu d'échéance qu'il demanderait à être payé, c'est à l'endroit où il se trouve; il n'a pour cela aucun droit. » M. Boistel conclut de là que l'endosseur, qui a payé la retraite faite sur lui ne peut porter au compte de retour que le rechange qu'il a payé au porteur, et que ce rechange sera successivement remboursé par tous les garants (Arg. art. 182) : « ce compte de retour est remboursé d'endosseur à endosseur. » — On admet généralement, au contraire, le droit pour l'endosseur qui a remboursé le porteur de faire retraite sur un de ses garants. Mais quel rechange peut-il exiger de celui sur qui il fait retraite? Si c'est contre le tireur, on s'accorde à décider qu'il ne peut exiger que le rechange que le porteur aurait pu réclamer dans le cas où il aurait fait retraite directement sur le tireur (V. *Rép.* n° 795). Mais si l'on suppose que l'endosseur fait retraite sur un précédent endosseur, les avis sont partagés. Suivant les uns, la retraite ne peut comprendre que le rechange qui a été remboursé par l'endosseur au porteur (V. *Rép.* n° 792; Demangeat sur Bravard, t. 3, p. 513, note, p. 515 et suiv.). Dans un autre système, on admet que l'endosseur peut se rembourser le rechange qu'il a dû payer lui-même pour négocier sa retraite (V. Lyon-Caen et Renault, t. 1, n° 1256; t. 2, n° 592 et 593; Alauzet, t. 4, n° 1530).

Le décret de 1848, en fixant à forfait le taux du rechange à 1/4, 1/2 ou 3/4 pour 100 suivant le lieu sur lequel la retraite est fournie, a simplifié les questions que nous venons d'examiner, sans les supprimer. Si, par exemple, une lettre de change a été tirée d'un chef-lieu de département sur un autre chef-lieu de département, puis endossée à un chef-lieu d'arrondissement et ensuite à un chef-lieu de canton, le porteur faisant retraite sur l'endosseur du chef-lieu de canton a droit d'exiger un rechange de 3/4 pour 100. La question se pose de savoir quel rechange peut exiger cet endosseur, s'il fait retraite sur l'endosseur du chef-lieu d'arrondissement. En appliquant les solutions des systèmes précédemment examinés, on constate que, d'après le premier de ces systèmes, il peut exiger le rechange de 3/4 pour 100; d'après le second, il ne peut réclamer que 1/2 pour 100. S'il fait retraite sur le tireur, il ne peut exiger que 1/4 pour 100.

338. Ainsi qu'on l'a exprimé au *Rép.* n° 793, l'endosseur qui a remboursé le porteur sans qu'une retraite ait été fournie sur lui, n'est pas privé du droit de faire lui-même retraite soit sur le tireur, soit sur un des endosseurs qui le précèdent.

Conformément à l'opinion exprimée au *Rép.* n° 794, M. Alauzet, t. 4, n° 1531, est d'avis que l'endosseur en pareil cas ne peut exiger aucun rechange, « parce qu'aux termes de l'art. 183, chaque endosseur doit supporter un rechange ». Toutefois MM. Lyon-Caen et Renault, t. 1, n° 1265, p. 696, note 4, repoussent cette solution en faisant observer que l'art. 183 ne dit pas que chaque endosseur *doit supporter* un rechange, mais *n'en doit supporter qu'un*, ce qui est différent, et que, d'ailleurs, dans le système de M. Alauzet « l'endosseur sur lequel serait tirée la retraite n'en supporterait pas ».

339. On a dit au *Rép.* n°s 796 et 798 que les rechanges ne peuvent être cumulés même au cas où la lettre de change était indiquée payable dans un pays où le cumul des rechanges est autorisé. MM. Alauzet, t. 4, n° 1532, et Nouguier, t. 2, n° 1342, estiment, au contraire, que « c'est la loi en vigueur au lieu du payement qui doit être suivie », et par suite que « lorsqu'une lettre de change est indiquée payable dans un pays où les rechanges peuvent être cumulés, l'endosseur est tenu de supporter plusieurs rechanges, encore que l'endossement ait eu lieu en France, où la loi prohibe les rechanges ».

340. Aux termes de l'art. 184 c. com., les intérêts du capital porté dans une lettre de change ou un billet à ordre courent à partir du protêt (*Rép.* n° 802). — Ils ne peuvent être dus, en principe, tant que le protêt n'a pas été fait. Ainsi il a été jugé que la transmission par voie d'endossement, de billets à ordre souscrits en payement d'une dette antérieure productive d'intérêts, ne confère pas au tiers porteur le droit de réclamer les intérêts, s'ils n'ont pas été stipulés dans les billets ; que ces intérêts ne peuvent courir au profit du tiers porteur que du jour du protêt, conformément à l'art. 184 c. com. (Civ. rej. 13 juin 1853, aff. Simon, D. P. 53. 1. 183). Mais les intérêts d'un effet de commerce qui, en principe, courent à partir du protêt, sont dus de plein droit à compter de l'échéance de cet effet, en cas de dispense de protêt (Req. 2 juill. 1856, aff. Dumant, D. P. 57. 1. 41 ; Civ. cass. 5 janv. 1864, aff. Bonnard et Vannel, D. P. 64. 1. 40).

341. On discute la question de savoir si le protêt tardif fait courir les intérêts. Il a été jugé que les intérêts d'une lettre de change ou d'un billet ne peuvent courir en vertu d'un protêt dressé après le délai imparti par la loi, et ne sont dus, en pareil cas, qu'à dater de la demande en justice (Bourges, 6 mars 1860) (1), et cette solution est approuvée par M. Nouguier, t. 2, n° 1226. On fait remarquer dans une autre opinion que le

protêt tardif n'est pas moins un protêt, bien qu'il ne produise pas tous les effets qui dérivent de cet acte, lorsqu'il a été dressé dans les délais légaux, et l'on conclut à l'application de l'art. 184 c. com., qui fait courir les intérêts du jour du protêt, sans distinguer s'il a ou non été fait dans le délai légal. Jugé en ce sens que les intérêts d'une lettre de change protestée faute de payement courent du jour du protêt, bien qu'il ait été fait tardivement (Bastia, 6 mars 1855, aff. Lazzarotti, D. P. 55. 2. 303. Conf. Lyon-Caen et Renault, t. 1, n° 1248, p. 688, note 3 ; Alauzet, t. 4, n° 1533).

342. Conformément à l'opinion soutenue au *Rép.* n° 805, il a été jugé que, dans le cas de non-payement à l'échéance d'un billet à ordre souscrit par un non-commerçant pour une cause non commerciale, les intérêts ne courent que du jour de la demande en justice, et non pas du jour du protêt (Trib. Nantes, 23 juill. 1873, aff. Danton, D. P. 74. 5. 296. Conf. Alauzet, t. 4, n° 1534). — Mais il a été décidé, en sens contraire, que les intérêts des sommes dues en vertu de billets à ordre, courent, à compter du jour du protêt de ces billets, conformément à l'art. 184 c. com., alors même qu'il s'agit de billets souscrits pour des engagements purement civils (Civ. rej. 5 juill. 1858, aff. Prévost et David, D. P. 58. 1. 413 ; Bourges, 6 mars 1860, *suprà*, n° 341), et cette solution est approuvée par M. Lyon-Caen et Renault, t. 1, n° 1297, p. 713, note 4 ; Massé, t. 3, n° 1693 ; Demangeat sur Bravard, t. 3, p. 543.

343. Aux termes de l'art. 185 c. com., « l'intérêt des frais de protêt, rechange et autres frais légitimes, n'est dû qu'à compter du jour de la demande en justice ». Cette disposition a soulevé quelque difficulté, au cas de retraite. La retraite comprend en effet, depuis le code de commerce, non seulement le principal de la lettre de change, mais encore les frais et le rechange. « Cela étant, dit M. Demangeat sur Bravard, t. 3, p. 498, note, que peuvent signifier les art. 184 et 185 ? J'y vois bien ceci : au principal de la lettre protestée, qui forme le premier élément de la retraite, le porteur peut ajouter, s'il ne trouve pas à négocier la retraite le jour même du protêt, l'intérêt à 6 pour 100 de ce principal à compter du jour, du protêt jusqu'au jour de la négociation, c'est-à-dire jusqu'au jour où il encaisse ce qui lui revient. Mais voilà tout ce que je comprends dans ces deux articles. En effet, de deux choses l'une : ou la retraite sera payée à l'échéance ; et alors il n'y aura plus rien à demander à celui sur qui elle a été tirée ; ou le porteur de la retraite éprouvera un refus de payement, et alors il semble que le

---

(1) (Paignon C. Pajot.) — LA COUR ; — Sur la première question : — Considérant que le billet dont il s'agit, bien que souscrit par des personnes non commerçantes et n'ayant pas eu pour cause un acte de commerce, devait, aux termes de droit et pour le cas d'un protêt qui aurait été régulier, être productif d'intérêts à compter de ce protêt ; qu'il ne s'agit ainsi que de rechercher si le protêt, dans l'espèce, ayant été tardif, peut néanmoins et comme il suit, être fait dans le délai de la loi, servir de point de départ à ces intérêts ; — Considérant, sur cette question, que l'art. 184 c. com., en édictant, par exception au droit commun et sans aucune explication, que les intérêts des lettres de change commenceraient à être dus à partir du protêt faute du payement, s'est, par là même, référé aux dispositions de l'art. 163 du même code, qui a défini ce protêt et déterminé le délai dans lequel le refus de payement devait être constaté ; qu'on ne peut isoler ces deux articles, et que le protêt dont parle l'un est nécessairement celui défini par l'autre ; — Considérant que ce que la loi appelle protêt à l'art. 162 n'est pas une constatation de refus de payement intervenant à une époque quelconque, suivant le bon plaisir ou le caprice du porteur d'une lettre de change ou d'un billet à ordre, mais uniquement, à ce qu'il semble, la constatation de ce refus faite le lendemain de l'échéance ; de telle sorte que le protêt, comme l'entend la loi, se compose de deux éléments, la constatation du refus et le délai dans lequel cette constatation a dû avoir lieu ; — Considérant que ces expressions impératives : « doit être constaté le lendemain... », dont s'est servi le législateur, n'auraient plus de sens et seraient destituées de portée si l'acte fait en dehors d'une prescription aussi formelle pouvait avoir la même conséquence et produire, au profit du porteur, le même effet que si la loi avait été obéie ; qu'on objecte que la disposition de l'art. 162, quant au délai, trouverait une sanction dans la perte faite par le porteur, au cas d'un protêt tardif, du recours qu'il aurait eu, sans cela, contre les endosseurs, et que cette perte de recours doit être le seul résultat de la tardiveté du protêt puisque la loi, s'expliquant à cet égard dans les art. 168 et suiv., n'a rien dit, au contraire, des autres effets attri-

bués par elle au protêt et n'a puni la tardiveté d'aucune autre déchéance ; — Mais considérant que, à la différence des intérêts qui doivent être, pour le porteur, le bénéfice d'un protêt fait à temps utile et le prix de sa diligence, le recours contre les endosseurs n'a pas son principe dans le protêt ; que le protêt, en d'autres termes, ne le fait pas naître et n'est qu'un moyen de le conserver ; d'où il suit que le législateur, n'ayant pas dit que, à la condition seulement d'un protêt fait dans le délai qui était fixé, la garantie solidaire édictée par l'art. 140 pourrait être réclamée, le recours aurait eu lieu, même après un protêt tardif ; qu'ainsi, pour qu'une déchéance existât à cet égard, il était indispensable qu'elle fût prononcée, et que le législateur voulant la créer, l'art. 162 avait besoin, sur ce point, d'être complété par d'autres ; — Considérant qu'il n'en était pas de même pour les intérêts, le rapprochement des art. 184 et 162 indiquant suffisamment que le protêt, tel qu'il a été défini et réglementé par le second de ces articles, pouvait seul les faire courir ; qu'il ne s'agit point ici à proprement parler d'une déchéance et qu'il y a seulement la perte d'un bénéfice, lequel étant attaché à de certaines conditions, ne saurait plus exister dès que ces conditions ne sont pas remplies ; que, bien loin qu'il fût nécessaire, pour empêcher les lendemain de courir à compter d'un protêt tardif, que le législateur exprimât sa volonté sur ce point, comme il l'avait fait pour la perte de la garantie solidaire, c'est le contraire qui paraît vrai, à savoir que, pour qu'un protêt tardif pût encore, après la disposition si explicite de l'art. 162, donner naissance à des intérêts, il aurait fallu que cela fût dit ; qu'il n'y a donc rien à conclure de ce que le législateur, après s'être expliqué dans un cas, n'a rien dit dans l'autre ; — Considérant que, dès lors, les intérêts n'auront pu courir contre la veuve Paignon qu'à compter du 3 mars 1859, jour de la demande en validité des saisies-arrêts et qu'ainsi la cour n'aura point à statuer sur la prescription subsidiairement opposée ;

Par ces motifs, etc.

Du 6 mars 1860.-C. de Bourges, ch. civ.-MM. Corbin, 1er pr.-Malhené, av. gén.-Massé et Servat, av.

montant intégral de cette retraite, comprenant les frais occasionnés au porteur primitif par le défaut de payement de la lettre et le rechange que ce porteur primitif a dû subir, doit porter intérêt dès le jour du protêt et non pas seulement du jour de la citation en justice. » M. Bédarride, t. 2, n° 617, explique l'art. 185 en le considérant comme un encouragement pour le porteur à mener de front la retraite et les poursuites ordinaires, la citation en justice faisant courir les intérêts des frais, qui ne s'ajoutent pas de plein droit à la retraite du jour où celle-ci est émise. (V. dans le même sens : les explications de M. Locré sur l'art. 177, mentionnées au *Rép.* n° 785). Nous avons interprété l'art. 185 (*Rép.* n° 785) comme ne s'appliquant qu'à l'hypothèse où celui qui a remboursé la retraite fournie sur lui recourt contre ses garants ; les intérêts des frais par lui remboursés ne sont pas alors dus de plein droit, mais seulement à compter de la demande en justice (Comp. Demangeat, *loc. cit.*, note *in fine*).

344. En 1874, la question s'est posée de savoir si l'art. 184 devait être rigoureusement appliqué aux effets de commerce au sujet desquels le délai des poursuites avait été prorogé. Il a été jugé que la loi du 13 août 1870 et les décrets qui l'ont suivie avaient fait une exception momentanée aux principes qui ne font courir les intérêts qu'à la suite d'une mise en demeure et d'une constatation de défaut de payement et que, par suite, les intérêts étaient dus à compter du jour de l'échéance (Trib. com. Marseille, 16 mars 1871) (1).

SECT. 13. — DE LA PRESCRIPTION (*Rép.* n°s 806 à 858).

345. On a cité au *Rép.* n° 810 un arrêt de la cour de Montpellier du 21 janv. 1839, qui, par application de l'art. 189 c. com., soumet à la prescription quinquennale l'action de celui qui a acquitté une lettre de change tirée sur lui, sans qu'on lui en eût fait les fonds (V. en ce sens : Garsonnet, *De l'influence de l'abolition de la contrainte par corps sur la législation commerciale*, p. 7, note 12). Il a été jugé, au contraire, que cette action, qui n'a rien de commercial et dérive du contrat de mandat ou du quasi-contrat de gestion d'affaires, ne se prescrit que par trente ans (Riom, 3 mars 1854, aff. Lafont, D. P. 55. 2. 250). Cette dernière solution nous paraît préférable. Les termes de l'art. 189 « toutes actions relatives aux lettres de change, etc., se prescrivent par cinq ans » sont trop larges ; assurément, le législateur n'a pas eu l'intention de soumettre à la prescription de cinq ans toutes les actions qui peuvent naître à l'occasion d'une lettre de change, mais seulement celles qui dérivent directement de la lettre de change. Tel n'est pas le cas pour l'action du tiré qui a payé sans provision ; le recours qu'il exerce a, en effet, sa source non dans la lettre de change, mais, comme le dit la cour de Riom, dans un contrat de mandat ou un quasi-contrat de gestion d'affaires. Il en faudrait dire autant de l'action du tireur qui avait fait provision contre le tiré qui n'a pas payé à l'échéance ; cette action, née de l'inexécution par le tiré du mandat qu'il avait accepté, ne se prescrirait que par trente ans (V. Lyon-Caen et Renault, t. 4, n°s 1281 et 1282; Bravard et Demangeat, t. 3, p. 549 et 550; Boistel, n° 846; Alauzet, t. 4, n° 1552; Nouguier, t. 2, n° 1600; Bédarride, t. 2, n° 725).

Il a encore été jugé, dans le même sens, que le tiers qui solde le montant d'une lettre de change, à la décharge du tiré, mais sans protêt, a, contre ce dernier, non l'action du payeur intervenant, prescriptible par cinq ans, mais l'action du gérant d'affaires, soumise à la prescription de trente ans (Civ. cass. 8 juill. 1863, aff. Lemoine, D. P. 63. 1. 304).

La solution serait contraire si le tireur poursuivait le tiré accepteur, qui n'a pas payé, comme subrogé aux droits du porteur par lui remboursé ; l'action qu'il exercerait alors dériverait de la lettre de change et serait prescriptible par cinq ans. De même, le tiré qui, n'ayant pas provision à l'échéance, aurait accepté par intervention et agirait ensuite contre le tireur comme subrogé aux droits du porteur, exercerait une action dérivant de la lettre de change et pourrait se voir opposer la prescription de cinq ans (V. Bravard et Demangeat, t. 3, p. 549 et 550 ; Lyon-Caen et Renault, t. 4, n° 1282).

346. Il a été décidé que la prescription édictée par l'art. 189 c. com. ne saurait être appliquée à une dette résultant d'un compte de fournitures, alors même que le créancier aurait tiré une traite sur son débiteur, si celui-ci n'ayant pas autorisé la création de cet effet de commerce, n'y ayant pas apposé son acceptation et ayant refusé de la payer à l'échéance, les parties ont annulé la traite pour procéder à un règlement de compte (Req. 8 janv. 1879, aff. Perrière, D. P. 79. 1. 287).

Cette dernière solution est une application de la règle qu'un créancier n'a pas, en général, le droit de faire traite sur son débiteur pour recouvrer sa créance, s'il n'a pas été autorisé par celui-ci expressément ou tacitement. La décision était, dans l'espèce, d'autant moins contestable que la traite avait été annulée d'un commun accord. En admettant même que la lettre de change eût été légitimement émise, il eût été difficile de soutenir que ce fait emportait novation. En tous cas, il fallait évidemment considérer la novation comme non avenue par suite de la suppression de la lettre de change émise.

347. Aux termes de l'art. 189 c. com., la prescription quinquennale s'applique aux actions relatives « à ceux des billets à ordre souscrits par des négociants, marchands ou banquiers, ou pour faits de commerce ». Il a été jugé que la prescription de cinq ans édictée par l'art. 189 c. com. est applicable au billet souscrit pour cause de remplacement militaire par un non-commerçant au profit d'une compagnie d'assurance, lorsque ce billet, payable chez un tiers à un domicile déterminé, implique remise de place en place, et constitue un contrat de change (Req. 24 mai 1880, aff. Martin Roche, D. P. 80. 1. 472. — *Contra* : Demangeat sur Bravard, t. 3, p. 547). Mais les actions dérivant des billets à ordre souscrits par un non-commerçant pour cause non commerciale ne sont soumises qu'à la prescription trentenaire (V. *Rép.* n° 811 et suiv.).

348. Décidé également que la prescription est une exception résultant de la nature de l'obligation ; qu'à ce titre, elle peut être opposée par tous les débiteurs solidaires et que, spécialement, il en est ainsi de la prescription quinquennale en matière de lettres de change et de billets à ordre souscrits par les commerçants ou pour faits de commerce ; que, lorsque le billet à ordre porte des signatures de négociants et de non-négociants, l'exception de prescription est commune à tous les souscripteurs, même aux non-négociants (Civ. cass. 8 déc. 1852, aff. Brulatour, D. P. 53. 1. 80; 28 mai 1866, aff. Wertmuller, D. P. 66. 1. 323. V. conf. Alauzet, t. 4, n° 1564; Bédarride, t. 2, n° 723 ; Nouguier, t. 2, n° 1658. — V. en sens contraire : Bordeaux, 14 févr. 1849, cité au *Rép.* n° 812. V. aussi Trib. com. Seine, 28 déc. 1852, aff. X..., D. P. 53. 3. 24).

349. On a dit au *Rép.* n° 813 que la prescription quinquennale s'applique à tous les billets à ordre souscrits par des commerçants, sans qu'il y ait à distinguer selon qu'ils ont une cause civile ou commerciale, et l'on doit reconnaître que cette solution paraît commandée par l'art. 189 c. com. (V. conf. Bédarride, t. 2, n° 722). Néanmoins, l'opinion contraire prévaut en doctrine. On admet généralement que le billet à ordre souscrit par un commerçant est bien présumé souscrit pour cause commerciale, mais que cette présomption peut être combattue, et que, s'il est démontré que le billet avait une

(1) (Arnaud C. Droche Robin.) — LE TRIBUNAL ; — Attendu que les lois et décrets rendus depuis le commencement de la guerre entre la France et la Prusse ont accordé aux débiteurs des effets de commerce des prorogations de terme et leur ont imposé l'obligation de supporter les intérêts de 1/2 pour 100 par mois à partir des échéances ; — Attendu que ces lois et décrets, en interdisant tout protêt, n'ont prévu aucun mode de présentation des effets ni aucune constatation de l'intention des débiteurs de profiter des prorogations ; qu'ils n'ont pas prévu non plus les cas d'impossibilité de présentation des effets ; — Attendu qu'on doit admettre, par suite, que, pour pourvoir aux nécessités de circonstances exceptionnelles, ces mêmes lois et décrets ont considéré les prorogations de payement comme les cas ordinaires, en fait une exception momentanée aux principes de nos codes, qui ne font courir les intérêts qu'à la suite d'une mise en demeure et d'une constatation de défaut de payement ; — Par ces motifs, etc... Du 16 mars 1871.-Trib. com. Marseille.-MM. Luce, pr.-Paul Senès et Gilly, av.

cause civile, la prescription trentenaire sera seule applicable (Arg. art. 637 et 638 c. com.) (V. en ce sens : Lyon-Caen et Renault, t. 1, nº 1299 ; Demangeat sur Bravard, t. 3, p. 546 ; Alauzet, t. 4, nº 1511 ; Nouguier, t. 2, nº 1655).

350. La prescription quinquennale n'est pas applicable aux lettres de change réputées simples promesses par application de l'art. 112 (Lyon-Caen et Renault, t. 1, nº 1280, p. 703, note 4 ; Bédarride, t. 2, nºˢ 723 et 726 ; Civ. cass. 4 déc. 1878, aff. Bibal, D. P. 79. 1. 14). Décidé, en ce sens, qu'une lettre de change dégénérée en simple obligation civile par supposition du lieu d'où elle est tirée ou du lieu dans lequel elle doit être payée, est soumise à la prescription de trente ans, et non à celle de cinq ans (Agen, 6 mars 1877, sous Req. 4 juin 1878, aff. Boutan, D. P. 79. 1. 136). — En ce qui concerne la lettre de change souscrite par la femme non commerçante, la durée de la prescription dépend de la théorie admise sur l'art. 113 c. com. (V. suprà, nºˢ 55 et suiv.).

351. Conformément à l'opinion soutenue au *Rép.* nº 817, il a été jugé qu'une lettre de change conserve son caractère commercial, bien qu'elle ait sa cause dans un emprunt que le tireur non commerçant a contracté par acte authentique le jour même de la création de ladite lettre ; que, par suite, l'action en payement de cette lettre de change est soumise à la prescription quinquennale édictée par l'art. 189 c. com. (Civ. cass. 4 déc. 1878, aff. Bibal, D. P. 79. 1. 14).

352. Ainsi qu'on l'a dit au *Rép.* nº 821, le délai de la prescription de cinq ans commence à courir le lendemain de l'échéance, qu'il y ait eu ou non protêt (ou le surlendemain, si le lendemain est un jour férié) (Lyon-Caen et Renault, t. 1, nº 1283 ; Nouguier, t. 2, nº 1613 ; Demangeat sur Bravard, t. 3, p. 555 ; Alauzet, t. 1, nº 1553). Jugé en ce sens que la prescription quinquennale à laquelle sont soumises toutes actions relatives aux lettres de change et billets à ordre commerciaux, court à compter du lendemain de l'échéance, sous l'art. 189 c. com., s'entendant non pas du jour où le protêt a été réellement fait, mais de celui où il devait l'être (Civ. cass. 16 nov. 1853, aff. Couderc, D. P. 54. 1. 326).

353. En ce qui concerne les effets payables à vue ou à délai de vue qui n'ont pas été protestés, on a soutenu au *Rép.* nº 822 que la prescription ne doit courir que du lendemain des délais fixés par l'art. 160 c. com. et cette opinion est suivie par MM. Alauzet, t. 4, nº 1553, et Nouguier, t. 2, nº 1611. Dans un autre système, on applique ici le principe général d'après lequel une créance se prescrit dès qu'elle est échue » et on fait courir la prescription du moment où l'effet a pu être présenté, s'il s'agit d'un effet payable à vue, ou de l'expiration du délai de vue, à partir de cette époque, s'il s'agit d'un effet payable à délai de vue (Lyon-Caen et Renault, t. 1, nº 1283 ; Demangeat sur Bravard, t. 3, p. 555 et 556 ; Boistel, nº 847).

354. Quoique l'art. 189 c. com. ne contienne aucune disposition relative aux mineurs et aux interdits, on admet sans difficulté que la prescription quinquennale court contre eux ; on fait remarquer, outre les arguments invoqués en ce sens au *Rép.* nº 823, que l'art. 2278 c. civ. n'admet point de suspension au profit de ces incapables, lorsqu'il s'agit de courtes prescriptions (Conf. Lyon-Caen et Renault, t. 1, nº 1288 ; Demangeat sur Bravard, t. 3, p. 561 ; Alauzet, t. 4, nº 1554 ; Boistel, nº 847).

355. Conformément à la dernière jurisprudence citée au *Rép.* nº 831, il a été jugé de nouveau que la prescription n'est point interrompue par un protêt tardif fait avant l'expiration des cinq années, le protêt ne constituant qu'une simple sommation de payer non interruptive de prescription (Civ. cass. 16 nov. 1853, aff. Couderc, D. P. 54. 1. 326). Mais la saisie conservatoire, autorisée par l'art. 172 c. com., devrait être considérée comme acte interruptif de la prescription (Boistel, nº 850 ; Lyon-Caen et Renault, t. 1, nº 1286, p. 707, note 2).

356. On a dit au *Rép.* nºˢ 824 et 825 que la force majeure peut être une cause de suspension de la prescription. M. Bédarride, t. 2, nº 738, émet sur ce point l'opinion suivante : La force majeure qui peut relever le porteur de l'obligation de dresser protêt dans les délais impartis par la loi (V. suprà, nº 255) entraîne, en pareil cas, recul du point de départ de la prescription, puisque celle-ci a pour point de départ le jour où le protêt a dû être dressé (V. suprà, nº 352) ;

mais lorsque la prescription a commencé à courir, les événements constitutifs de la force majeure, qui empêcheraient le porteur d'agir, ne sauraient avoir pour effet d'en suspendre le cours (V. au surplus *infrà*, vº *Prescription*).

357. Conformément à l'opinion soutenue au *Rép.* nº 829, il a été jugé que l'état de faillite ne suspend point la prescription ; que, par suite, le porteur d'effets de commerce dont le débiteur est tombé en faillite doit, avant l'expiration du délai de cinq ans, faire reconnaître sa créance, sous peine de se voir opposer la prescription (Lyon, 1ᵉʳ févr. 1849, aff. Sadot, D. P. 51. 5. 198. Conf. Lyon-Caen et Renault, t. 1, nº 1288, p. 708, note 3. V. au surplus *infrà*, vº *Prescription*).

358. On a indiqué au *Rép.* nº 832 les effets, au point de vue de la prescription, des poursuites judiciaires qui n'ont pas abouti à un jugement de condamnation. Contrairement à l'opinion exprimée au *Rép. ibid.*, M. Demangeat sur Bravard, t. 3, p. 556 à 558, soutient que la prescription ne peut être opposée au créancier si la péremption de l'instance n'a pas été demandée alors même que cinq années se sont écoulées depuis le dernier acte de procédure. Cet auteur considère l'action intentée dans les délais légaux comme conservant les droits du créancier pendant toute la durée de l'instance. Mais cette opinion nous paraît condamnée à la fois par le texte et l'esprit de la loi. L'art. 189 c. com. déclare formellement que « les actions relatives aux lettres de change, etc., se prescrivent par cinq ans, à compter du jour du protêt, ou *de la dernière poursuite judiciaire, s'il n'y a eu condamnation* ». En outre, il n'est pas douteux que le législateur ait voulu restreindre à un court espace de temps les poursuites relatives aux obligations nées de la lettre de change, et le système que nous combattons permettrait de faire revivre la contestation près de trente ans après le dernier acte de procédure ; enfin ce système a pour effet de soustraire à la prescription quinquennale l'action intentée par le porteur diligent dans les délais légaux ; et ce résultat est certainement peu conforme à l'intention du législateur ; il ne suffit pas que le porteur soit diligent au début, il faut encore qu'il ne tarde pas trop à mener à leur fin les poursuites intentées (V. conf. Lyon-Caen et Renault, t. 1, nº 1285 ; Alauzet, t. 4, nº 1556 ; Boistel, nº 850 ; Nouguier, t. 2, nº 1621 ; Aubry et Rau, *Cours de droit civil français*, t. 2, § 215, texte et note 76, p. 366). — Jugé, en ce sens, que la prescription de cinq ans, en matière de lettre de change ou de billets à ordre, court à compter de la dernière poursuite, s'il n'y a pas eu de condamnation, alors même que l'instance à laquelle appartient le dernier acte de poursuite subsisterait encore, faute de demande en péremption ; que cette instance ne peut être considérée comme un fait permanent de poursuite, légalement interruptif de la prescription (Civ. cass. 24 déc. 1860, aff. Letirand, D. P. 61. 1. 27).

359. Pour tout ce qui n'est pas contraire à l'art. 189 c. com., il faut se référer, en ce qui concerne les interruptions de la prescription, aux dispositions du code civil (V. *Rép.* nº 833). Il a été jugé : 1º que la prescription quinquennale, édictée par l'art. 189 c. com. en matière de lettre de change et de billets à ordre commerciaux, peut être interrompue par une demande en déclaration de faillite émanée du créancier, mais que, si cette demande est rejetée, l'effet interruptif qu'elle avait pu produire momentanément est effacé, conformément à l'art. 2247 c. civ., auquel l'art. 189 c. com. n'a pas dérogé (Civ. cass. 13 janv. 1879, aff. Lévy, D. P. 79. 1. 145) ; — 2º que la prescription quinquennale de l'art. 189 n'est pas interrompue par une action émanée du débiteur, et dans laquelle celui-ci a invoqué, d'une part, la nullité des acceptations par lui données sur les lettres de change dont on lui réclamait le payement, et, d'autre part, la prescription de ces mêmes lettres de change ; et que, dût-on considérer une demande reconventionnelle, formée au cours de cette dernière instance, comme un acte interruptif, en tout cas cette demande ne pourrait, en fait, mettre obstacle à la prescription, alors qu'on ne peut lui assigner d'autre date précise que celle où l'arbitre chargé du litige a déposé son rapport, si cette date est postérieure à l'expiration du délai légal (Même arrêt) ; — 3º Que la prescription de l'action relative à un billet à ordre n'est pas interrompue par l'assignation à fin de payement du montant intégral de ce billet, signifiée au souscripteur à la requête de la veuve du bénéficiaire, alors que celle-ci n'en est propriétaire pour aucune portion, et que l'exploit ne fait point connaître à quel titre agit la demanderesse et n'énonce ni sa qualité de tutrice légale de ses enfants mineurs, ni les noms soit de ces derniers, soit des enfants majeurs, seuls créanciers tiers des uns et les autres du souscripteur, comme héritiers de leur père (Civ. cass. 5 janv. 1881, aff. Felzer, D. P. 81. 1. 73. V. au surplus *infrà*, v° *Prescription*).

360. Il a été jugé que le payement des intérêts faits au créancier soit par le débiteur lui-même, soit par son mandataire, interrompt la prescription de l'action en payement du principal; spécialement, que la prescription quinquennale de l'art. 189 c. com. est interrompue par le payement des intérêts d'une lettre de change effectué entre les mains du porteur par un mandataire du tireur (Req. 15 juill. 1875, aff. Moliné, D. P. 77. 1. 323. Comp. *infrà*, n° 363).

361. On a examiné au *Rép.* n° 835 la question de savoir si les art. 1206 et 2249 c. civ., aux termes desquels l'interpellation faite à l'un des débiteurs solidaires ou sa reconnaissance interrompt la prescription contre tous les autres sont applicables à tous les débiteurs d'un même effet de commerce. Il a été jugé, conformément à l'opinion soutenue au *Répertoire*, que les signataires d'une lettre de change, et notamment le tireur et l'accepteur sont, aux termes de l'art. 140 c. com., codébiteurs solidaires envers le porteur, que, par suite, les poursuites exercées contre l'un d'eux ou la reconnaissance émanée de l'un d'eux interrompent la prescription contre les autres (Paris, 14 déc. 1883 (1). V. aussi Paris, 8 nov. 1855, aff. Philippon, D. P. 56. 2. 152). — Toutefois, l'opinion contraire a prévalu dans la doctrine. Certains auteurs, admettant en principe la distinction entre la solidarité parfaite et la solidarité imparfaite (V. *infra*, v° *Obligations*), considèrent les divers obligés au payement d'un effet de commerce comme soumis à la solidarité imparfaite, et en concluent que l'interruption de la prescription à l'égard de l'un d'eux est dépourvue d'effet à l'égard des autres. On a soutenu, d'autre part, que les dispositions particulières de la loi commerciale en cette matière sont incompatibles avec l'application des art. 1206 et 2249 c. civ.; les art. 165 et suiv. c. com. exigent, en effet, que le porteur, pour conserver son recours contre ses garants, agisse promptement contre eux, et subordonnent la conservation de ses droits contre chaque obligé à l'accomplissement à l'égard de chacun d'eux des formalités qu'ils prescrivent; c'est ainsi qu'aux termes de l'art. 167 c. com., le porteur qui exerce son recours collectivement contre les endosseurs et le tireur jouit, à l'égard de chacun d'eux, d'un délai spécial, variable selon la distance de leur domicile au lieu où devait être fait le payement. Si le législateur oblige le porteur à poursuivre chacun des obligés contre lesquels il entend conserver son recours, s'il ne lui permet pas d'éviter la déchéance contre tous au moyen d'une assignation donnée à un seul, il n'a pu vouloir l'autoriser à interrompre la prescription à l'égard de tous en ne s'adressant qu'à l'un d'eux. Le porteur ne pourrait, sans contradiction, prolonger la durée de son action contre un des obligés par un acte auquel celui-ci serait étranger, alors qu'il lui était impossible de conserver son recours contre lui en n'agissant qu'auprès de ses coobligés (V. en ce sens: Lyon-Caen et Renault, t. 1, n° 1287; Boistel, n° 851, et D. P. 74. 2. 121; Lyon-Caen, note sur l'arrêt précité de la cour de Paris, du 11 déc. 1883 ; Alauzet, t. 4, n° 1558 ; Bravard et Demangeat, t. 3, p. 216 ; Massé, t. 3, n° 2032 ; Aix, 29 mai 1872, aff. Babut frères et comp. D. P. 74. 2. 121 ; Req. 19 mai 1884, aff. Vorbe, D. P. 84. 1. 286). — Une autre opinion consiste à distinguer, suivant la forme de l'acte inter-

ruptif de prescription : la reconnaissance émanée d'un des débiteurs serait opposable à tous, tandis que les effets de la citation en justice seraient limités au débiteur poursuivi (V. en ce sens : Ruben de Couder, *Dictionnaire de droit commercial*, v° *Lettre de change*, n°s 779, 795 et 796; Dutruc, *Dictionnaire du contentieux commercial et industriel*, v° *Lettre de change*, n°s 571 et 572). Mais cette distinction ne saurait être admise; les raisons de décider sont les mêmes, quelle que soit la forme de l'acte interruptif.

362. Il a été jugé, en tout cas, que les souscripteurs d'un billet à ordre étant des codébiteurs solidaires, l'acte qui interrompt la prescription à l'égard de l'un d'eux, l'interrompt à l'égard de tous; qu'en conséquence, le payement des intérêts du billet à ordre par l'un des souscripteurs interrompt la prescription quinquennale de l'art. 189 c. com., non seulement vis-à-vis de celui-ci, mais vis-à-vis de tous les autres souscripteurs dudit billet (Req. 19 mai 1884, cité *suprà*, n° 361). — Cette solution nous paraît à l'abri de toute critique, et la controverse que nous avons exposée *suprà*, n° 361, n'aurait plus ici de raison d'être; les souscripteurs qui s'engagent ensemble, en signant en même temps et en la même qualité de même effet de commerce, doivent être considérés, en effet, à tous points de vue, comme de véritables débiteurs solidaires. En s'engageant de concert vis-à-vis du bénéficiaire du billet, ils ont agi dans un intérêt commun, et se sont rendus codébiteurs d'une dette commune qui doit, dans leurs comptes réciproques, se diviser entre eux. Rien ne fait donc défaut pour que la solidarité soit complète. De plus, on ne peut tirer ici aucun argument du texte de l'art. 167 c. com., lequel est étranger au cas où ce sont des souscripteurs conjoints qui se trouvent en présence (Comp. Bravard et Demangeat, t. 3, p. 249; Massé, t. 3, n°s 1992 et 2032).

363. Ainsi que nous l'avons dit *suprà*, n° 361, il n'y a aucune raison de distinguer, en ce qui concerne l'étendue des effets de l'acte interruptif, entre l'assignation donnée à l'un des débiteurs, et la reconnaissance émanée de l'un d'eux. Les solutions doivent être les mêmes (Comp. *Rép.* n° 838, et *suprà*, n° 360). On peut seulement se demander si tel ou tel acte constitue la reconnaissance interruptive de la prescription. — Il a été jugé que la déclaration d'effets de commerce faite par le souscripteur dans un inventaire auquel assiste celui au profit duquel ils ont été souscrits, constitue dans le sens de l'art. 189 c. com. une reconnaissance de dette interruptive de la prescription quinquennale (Paris, 12 févr. 1853, aff. Vignaud, D. P. 53. 2. 88). — En serait-il de même si le créancier n'avait pas été partie à l'inventaire ? (V. à cet égard : Caen, 19 mars 1850, aff. Painel, D. P. 52. 2. 283, et *infra*, v° *Prescription*). — Jugé, dans le même sens : 1° que la reconnaissance de la dette des intérêts faite par le débiteur de lettres de change dans des lettres missives adressées au créancier entraîne la reconnaissance du capital et suffit pour interrompre la prescription quinquennale de l'art. 189 c. com. (Req. 12 mars 1883, aff. Pompéani, D. P. 84. 1. 114. V. en outre *suprà*, n° 359, et *infrà*, v° *Prescription*); — 2° Que le payement des intérêts d'un effet de commerce peut être considéré comme une reconnaissance de la dette, suffisante pour interrompre la prescription quinquennale (Rouen, 30 avr. 1878, aff. Lemaignen, D. P. 79. 2. 87. Conf. Montpellier, 31 août 1850, aff. Roux, D. P. 51. 2. 180; Agen, 11 août 1853, aff. Cabrié, D. P. 74. 5. 395; Montpellier, 28 juill. 1860, aff. N..., D. P. 60. 2. 203; Req. 15 juill. 1875, aff. Moliné, D. P. 77.1. 323). — 3° Que la prescription quinquennale à laquelle l'art. 189 c. com. soumet les lettres de change et billets à ordre, est interrompue par tous les modes généraux du droit commun, et notamment par le payement des intérêts (Grenoble, 6 févr. 1850, aff.

---

(1) (Prat C. Simondet et comp.) — La cour ; — Considérant que les principes généraux du droit civil doivent être appliqués en matière commerciale, à moins de dispositions formelles contenant dérogation ; — Considérant que l'art. 189 c. com. a seulement déterminé le délai de la prescription en matière de lettre de change, sans que, d'ailleurs, il ait en rien modifié les règles ordinaires de la prescription ; — Considérant que les signataires d'une lettre de change, et notamment le tireur et celui qui l'a acceptée, sont, aux termes de l'art. 140 c. com., codébiteurs solidaires envers le porteur ; — Considérant qu'aux termes des art. 1206 et 2249 c. civ., les poursuites contre l'un des débiteurs

solidaires, ou la reconnaissance de l'un d'eux interrompent la prescription contre les autres ; — Considérant que les lettres dont s'agit au procès ont été tirées par Guérin et comp. et acceptées par Prat que Prat et Guérin et comp. sont donc codébiteurs solidaires, et que la prescription ayant été interrompue à l'égard de ces derniers par la production du porteur Simondet a fait faillite et par la perception de deux dividendes, ne peut être valablement opposée par le sieur Prat ; — Par ces motifs ; — Confirme.

Du 11 déc. 1883.-C. de Paris, 7e ch.-MM. Rémond, pr.-Banaston, subst.-Rambaud et Lalle, av.

Ragotzy, D. P. 53. 2. 56; 19 mai 1865 (1). V. conf. également *suprà*, n° 359).

Mais il a été décidé, d'autre part : 1° qu'on ne peut considérer comme un acte séparé de reconnaissance dans le sens de l'art. 189 c. com., l'acte par lequel le souscripteur d'une lettre de change accorde hypothèque au créancier pour la garantie de cet effet dont il se borne à reproduire la teneur; que, par suite, un tel acte n'est pas interruptif de la prescription de cinq ans (Montpellier, 31 août 1850, précité); — 2° Que la prescription quinquennale de la créance résultant d'un effet de commerce n'est pas interrompue par l'existence d'une lettre missive dans laquelle le souscripteur charge un tiers de demander à son créancier de se contenter, en remplacement de ses obligations commerciales envers lui, d'un cautionnement fixé à une somme déterminée, et le prie de communiquer à ce créancier le modèle du cautionnement : une telle lettre, ne précisant aucune dette, et le tiers auquel elle a été adressée pouvant, d'ailleurs, seul en faire usage, à raison de son caractère de lettre missive, n'a pas la valeur d'une reconnaissance par acte séparé dans le sens de l'art. 189 c. com. (Req. 5 avr. 1853, aff. Laugeiret, D. P. 53. 1. 113); — 3° Que l'on ne peut considérer comme un aveu de non-payement la déclaration faite par le débiteur qu'il a payé l'effet à une personne reconnue sans droit pour en recevoir le montant (Civ. cass. 23 juill. 1878, aff. Daumy, D. P. 79. 5. 148).

364. On a admis au *Rép.* n° 839 que les juges peuvent induire la reconnaissance de la dette des explications fournies dans une comparution personnelle. Jugé, dans le même sens, que la loi ayant laissé à la prudence des juges le soin de déterminer ce qu'il faut entendre par acte séparé de reconnaissance de dette pouvant interrompre la prescription de cinq ans relative aux effets de commerce, ils peuvent voir un tel acte dans un interrogatoire sur faits et articles subi par le débiteur et laissant présumer le non-payement (Nîmes, 9 déc. 1851, aff. Astruc, D. P. 53. 2. 64). Toutefois, sur le pourvoi formé contre cet arrêt, la cour de cassation a décidé que la prescription de cinq ans établie par l'art. 189 c. com. ne cesse d'être opposable et n'est remplacée par la prescription trentenaire, qu'autant qu'il y a eu, conformément à cet article, condamnation ou reconnaissance de la dette par acte séparé; qu'ainsi, les réponses faites par le débiteur d'un effet de commerce, dans un interrogatoire sur faits et articles, n'ont pas la puissance de transformer l'obligation et de changer les conditions de sa prescriptibilité, un tel interrogatoire, quelles qu'aient été les explications données par la partie interrogée, ne pouvant constituer à lui seul et par lui-même un acte séparé dans le sens de l'art. 189. Il en est ainsi surtout lorsqu'au lieu d'y avouer le non-payement, celui qui oppose la prescription a, au contraire, constamment affirmé qu'il s'est libéré (Civ. cass. 16 janv. 1854, aff. Astruc, D. P. 54. 1. 13. V. *infrà*, n° 373).

— La décision eût sans doute été différente si, au lieu de fournir de simples présomptions à l'encontre de la dénéga-

tion du débiteur, l'interrogatoire eût contenu l'aveu même de la dette (V. Civ. cass. 23 août 1813 et 18 janv. 1821, *Rép.* n°° 215, 845). L'aveu judiciaire, en effet, lorsqu'il est précis et formel, constitue une preuve décisive, et l'on ne saurait lui attribuer moins d'effet qu'à celui qui intervient en dehors d'une instance (V. *infrà*, v° *Obligations*).

365. Dans le sens de la doctrine émise au *Rép.* n° 845, il a été jugé que le débiteur d'un billet à ordre qui oppose à l'action du créancier un système de défense impliquant l'aveu du non-payement de ce billet, par exemple, une exception de novation, ne peut subsidiairement invoquer la prescription de cinq ans, établie par l'art. 189 c. com., la prescription dont il s'agit reposant sur une présomption de payement que détruit cet aveu (Req. 7 mars 1866, aff. Boutin, D. P. 66. 1. 298. Comp. dans le même sens : Civ. cass. 23 juill. 1878, aff. Daumy, D. P. 79. 5. 148, et *infrà*, n° 372). En effet, la prescription de cinq ans, comme toute prescription de courte durée, ne peut être utilement invoquée qu'à la charge par le débiteur de prêter serment qu'il a payé, dans le cas où le créancier lui défère ce serment. La reconnaissance formelle ou tacite du non-payement de la dette, étant exclusive de la possibilité pour le débiteur d'affirmer sa libération sous la foi du serment, ne permet pas davantage une exception de prescription qui serait inconciliable avec elle. Or, une telle reconnaissance ne résulte-t-elle pas manifestement du système qui, de la part du débiteur, consiste à soutenir que la créance prescriptible par cinq années a été l'objet d'une novation? Prétendre qu'il y a eu novation, c'est-à-dire transformation de la dette originaire en une dette nouvelle, n'est-ce pas avouer implicitement, mais nécessairement, qu'il n'y a pas eu payement, c'est-à-dire extinction pure et simple de cette dette originaire? (V. dans le sens de l'affirmative : Lyon-Caen et Renault, t. 1, n° 1289; Bédarride, t. 2, n° 751. Comp. également : Alauzet, t. 4, n° 1561, *in fine*). — V. toutefois, en sens contraire, un arrêt de la chambre des requêtes du 5 avr. 1853 (aff. Laugeiret, D. P. 53. 1. 113) qui décide que le souscripteur d'un effet de commerce, en argumentant de la novation, ne doit pas être considéré comme ayant « renoncé par là à se prévaloir de la prescription, nul n'étant présumé renoncer à ses droits. »

366. On a critiqué au *Rép.* n° 846 un arrêt (Req. 2 févr. 1819), aux termes duquel la prescription quinquennale serait empêchée par une *reconnaissance* de la dette *antérieure* à la lettre de change elle-même. Pareille solution a, néanmoins, été donnée depuis par la chambre civile qui a jugé que l'action en payement d'une lettre de change n'est pas soumise à la prescription de cinq ans, lorsque cette lettre de change ne constitue pas la dette elle-même, mais n'est qu'un mode de remboursement d'une dette civile qui, contractée par acte séparé, a été stipulée payable en lettres de change (Civ. cass. 8 mai 1850, aff. Desanie, D. P. 50. 1. 158). Cet arrêt est critiqué par MM. Demangeat sur Bravard, t. 3, p. 553; Lyon-Caen et Renault, t. 1, n° 1000, p. 331, note 4. « Il y avait

---

(1) (Chapre C. Dupré-Latour.) — LA COUR; — Attendu qu'il est établi et non dénié que la veuve Dupré a été admise, le 6 mars 1860, au passif de la faillite Tézier, son débiteur principal, pour le capital de 2000 fr., montant des deux billets dont s'agit, et pour les intérêts courus du 4 févr. au 3 déc. 1859; qu'il est, en outre, établi que le syndic de la faillite avait d'abord refusé d'admettre la créance par le motif que les titres, remontant à 1859, étaient prescrits, et qu'il est soutenu par la veuve Dupré qu'il ne revint de cette première détermination que sur la déclaration de Tézier qu'il était encore débiteur du capital dont il avait exactement payé les intérêts jusqu'à février 1859, ce qu'il justifiait d'ailleurs par des quittances ou des annotations sur ses livres; — Attendu que l'admission du capital de la créance avec une fraction d'annuité d'intérêts fait gravement présumer la payement des annuités antérieures; que, d'un autre côté, il est constant en fait que le syndic a refusé à l'intimée un extrait des livres de la faillite en donnant pour motif ses bonnes relations avec M. Chapre; d'où l'on doit naturellement induire que la communication demandée aurait été compromettante pour la cause des mariés Chapre, parce que, conformément à l'affirmation de la veuve Dupré, les livres mentionnent le payement annuel des intérêts; — Attendu que cette affirmation est d'ailleurs, rendue très vraisemblable par le système de défense des appelants, duquel le tribunal a pensé devoir inférer une reconnaissance de la dette, et par l'abstention dans laquelle ils se sont renfermés devant la

cour sur le fait, soit de l'existence de cette dette, soit du payement des intérêts qui l'aurait conservée, se bornant à soutenir qu'ils y étaient étrangers, qu'ils ne pouvaient l'admettre ni la contester, invoquant l'insuffisance des preuves administrées par l'intimée et la prescription de l'art. 189 c. com., toutefois avec dispense du serment imposé par cet article, serment qui, suivant eux, ne saurait être exigé que des héritiers ou ayants cause du débiteur; — Attendu que ces circonstances, unies à d'autres documents de la cause, forment un ensemble de présomptions graves, précises et concordantes, qui ne laissent aucun doute dans l'esprit de la cour sur le fait articulé du payement annuel par Tézier des intérêts de sa dette, et qui dispensent d'ordonner d'autres justifications; — Attendu que la preuve par présomption est admissible dès l'instant qu'elle a pour objet d'établir l'existence de la créance contre Tézier, commerciale de sa nature; qu'elle le serait même sous un autre point de vue et à raison du commencement de preuve qui dérive du système de défense des appelants; — Attendu que le payement annuel des intérêts constitue, de la part de Tézier, non une renonciation à la prescription acquise, mais des interruptions successives qui ont conservé la créance et réfléchi contre sa caution, aux termes de l'art. 2250 c. nap.;

Par ces motifs, confirme, etc.

Du 19 mai 1865.-C. de Grenoble, 4° ch.-MM. Charmeil, pr.-de Rochefontaine, av. gén.-Louis Michal et Giraud, av.

au profit du créancier, disent ces derniers auteurs, deux droits distincts, bien que ne pouvant être cumulés par lui : s'il se prévalait de la créance née de la lettre de change, cette créance devait être soumise aux règles ordinaires de la lettre de change, encore qu'elle se rattachât à une autre créance » (Comp. cependant : Alauzet, t. 4, n° 1559). Mais la prescription de l'action née de la lettre de change laissait subsister la créance née de l'obligation civile, prescriptible seulement par trente ans (Lyon-Caen et Renault, t. 1, n° 1289).

367. Lorsqu'avant l'accomplissement de la prescription quinquennale la dette a été reconnue par acte séparé, quelle est la durée de la prescription qui commence à courir à dater de l'acte de reconnaissance ? Est-elle de cinq ans ou de trente ans ? La doctrine et la jurisprudence décident en général, conformément à ce que nous avons dit au *Rép.* n° 847, qu'il y a lieu de distinguer, à cet égard, selon la nature de l'acte de reconnaissance. S'il résulte de cet acte que la dette subsiste avec son caractère primitif, le débiteur reste tenu en vertu de la lettre de change, et la prescription qui recommence est la prescription de cinq ans ; il en sera ainsi, par exemple, si le débiteur a payé les intérêts, demandé un délai pour se libérer ou donné un acompte. Si, au contraire, l'acte de reconnaissance implique substitution d'une dette nouvelle à l'ancienne, la prescription trentenaire sera seule applicable. Cette distinction, rationnelle en elle-même, n'est point condamnée par l'art. 189 c. com. Les termes de cet article, en effet, ne sont pas très clairs ; le législateur paraît avoir voulu indiquer deux cas où la prescription de cinq ans fera place à la prescription trentenaire : le premier est le cas où un jugement de condamnation a été prononcé, le second est celui où la dette a été reconnue par acte séparé. Ces termes sont évidemment mal choisis ; la forme de la reconnaissance importe peu ; c'est à l'intention des parties que l'on doit s'attacher ; il semble donc qu'on doive entendre par reconnaissance par acte séparé la reconnaissance par acte impliquant obligation nouvelle ; lorsqu'il s'agira d'un acte de reconnaissance n'impliquant pas obligation nouvelle, on appliquera l'art. 2248 c. civ., aux termes duquel la reconnaissance que fait le débiteur du droit de celui contre qui il prescrit, interrompt la prescription sans en changer la nature (V. en ce sens : Lyon-Caen et Renault, t. 1, n° 1286 ; Bravard et Demangeat, t. 3, p. 554 ; Alauzet, t. 4, n°s 1559 et 1560 ; Boistel, n° 851 ; Bédarride, t. 2, n° 747 ; Nouguier, t. 2, n°s 1630 et suiv.). — Il a été jugé en ce sens que le payement des intérêts d'un effet de commerce, qui peut être considéré comme une reconnaissance de la dette suffisante pour interrompre la prescription quinquennale (V. *supra*, n° 363) n'opère pas novation, et que, par suite, l'interruption de la prescription qui en résulte n'a pas pour effet de substituer à la prescription quinquennale une prescription nouvelle de trente ans (Rouen, 30 avr. 1878, Lemaignen, D. P. 79. 2. 87). — On peut, toutefois, citer en sens contraire un arrêt aux termes duquel la déclaration d'effets de commerce faite par le souscripteur dans un inventaire auquel assiste celui au profit duquel ils ont été souscrits constituant une reconnaissance de la dette, ces effets ne sont susceptibles, à partir du moment où elle a été faite, que de la prescription de trente ans (Paris, 12 févr. 1853, aff. Vignaud, D. P. 53. 2. 88). La cour de Paris admet, dans cet arrêt, que tout acte de reconnaissance a pour effet de substituer la prescription trentenaire à la prescription de cinq ans (Comp. dans le même sens : Trib. Cognac, 24 mars 1848, aff. Frugier, D. P. 51. 1. 17) ; elle décide, en effet, que la prescription n'a lieu que par trente ans dans une espèce où la reconnaissance de la dette, simple aveu de non-payement, n'impliquait nullement novation.

368. En ce qui concerne les effets de l'admission du porteur à la faillite du débiteur (Comp. *Rép.* n° 838), il a été jugé que la prescription quinquennale établie par l'art. 189 c. com. ne peut être opposée au porteur d'effets de commerce dont la créance a été admise au passif de la faillite du souscripteur contradictoirement avec ce dernier ou avec le syndic, cette admission constituant une reconnaissance de la dette par acte séparé au sens de l'art. 189 (Colmar, 29 déc. 1859, aff. Chevalot, D. P. 60. 2. 162 ; Paris, 20 juin 1870, aff. Delphien, D. P. 71. 2. 3). — On considère plus généralement et avec raison, selon nous, l'admission à la faillite comme une simple reconnaissance de la dette,

qui interrompt la prescription quinquennale sans changer la nature de la créance et sans substituer, par conséquent, la prescription trentenaire à celle de cinq ans (V. Lyon-Caen et Renault, t. 1, n° 1286 ; Bravard et Demangeat, t. 3, p. 554 ; Boistel, n° 851, et note sous Aix, 29 mai 1872, aff. Babut, D. P. 74. 2. 121). Il a été jugé, en ce sens, que la reconnaissance de dette par acte séparé qui, en matière de billets à ordre, a pour effet de substituer la prescription trentenaire à la prescription de cinq ans, ne peut résulter que d'un titre nouveau émanant du débiteur et opérant novation (c. com. art. 189) ; qu'ainsi l'admission au passif de la faillite du débiteur d'une créance qui a pour cause un billet à ordre, n'en changeant ni la nature, ni l'origine, n'a pas les caractères d'une reconnaissance de dette par acte séparé, et laisse, dès lors, cette créance sous l'application de la prescription de cinq ans qu'elle frappe seulement d'interruption (Paris, 8 nov. 1855, aff. Philippon, D. P. 56. 2. 152 ; Req. 7 avr. 1857, aff. Carpentier, D. P. 57. 1. 362 ; Civ. cass. 5 janv. 1864, aff. Denambrides, D. P. 64. 1. 41) ; que, par suite, l'action en payement de billet exercée plus de cinq ans après l'époque où les créanciers du failli sont rentrés dans l'exercice de leurs actions individuelles, par suite du refus de concordat et d'une déclaration d'inexcusabilité, doit être écartée comme prescrite (Arrêt précité du 7 avr. 1857).

369. La cour de Paris, dans l'arrêt du 8 nov. 1855, cité *supra*, n° 368, avait décidé que « l'admission d'une créance dans une faillite et le concordat ont pour objet de vérifier et pour résultat de confirmer cette créance sans y rien changer ; que, si elle a pour titre des lettres de change, ces titres conservent toute leur force, tellement que ce n'est qu'en s'appuyant sur eux que le créancier pourrait contraindre le failli à exécuter son concordat », et, par suite, que l'interruption de prescription résultant de ces faits n'avait pas pour objet de substituer la prescription trentenaire à la prescription quinquennale. La même cour a depuis jugé en sens contraire que, si l'admission d'effets de commerce au passif d'une faillite n'a pas pour résultat de substituer la prescription de trente ans à celle de cinq ans, alors que les créanciers constitués en état d'union ont été réintégrés par jugement dans tous leurs droits et actions et que les titres primitifs subsistent dans toute leur force, il en est autrement au cas d'une faillite suivie de concordat ; qu'alors l'admission du créancier au passif de la faillite et le concordat doivent être considérés comme l'expression de la volonté du créancier et du débiteur d'opérer une novation dans les titres primitifs, et que cette novation doit avoir pour effet de réagir sur la nature de la prescription et de faire courir exclusivement la prescription trentenaire (Paris, 20 juin 1870, aff. Delphien, D. P. 71. 2. 3). — V. au surplus sur les effets du concordat *infrà*, v° *Faillite.*

370. Ainsi qu'on l'a dit au *Rép.* n° 850, la présomption de libération résultant de la prescription quinquennale ne peut être combattue par des présomptions contraires (V. en ce sens : Lyon-Caen et Renault, t. 2, n°s 729 et suiv.). — Jugé en ce sens : 1° que l'art. 189 c. com. établit une présomption légale qui dispense de toute preuve celui au profit duquel elle existe, et contre laquelle ne sauraient être invoquées de simples présomptions telles que celles qui sont admises par l'art. 1353 c. civ. (Civ. cass. 18 févr. 1851, aff. Frugier, D. P. 51. 1. 17) ; — 2° Qu'aucune présomption, quelque convaincante qu'elle soit, ne peut être admise contre la présomption légale de payement qui sert de fondement à la prescription quinquennale des effets de commerce ; qu'ainsi, bien que des juges soient persuadés qu'un effet en souffrance, retrouvé dans une liquidation au milieu d'une liasse d'effets de même date, qui tous ont été reconnus par les souscripteurs n'avoir pas été payés, n'a lui-même été l'objet d'aucun payement ni d'aucune demande en payement, cependant ils ne peuvent repousser le moyen de prescription opposé par l'héritier du souscripteur de cet effet ; encore même qu'il ne l'aurait pas invoqué dès le début (Lyon, 19 déc. 1851, aff. Valadon, D. P. 53. 2. 46) ; — 3° Que la prescription de cinq ans à laquelle sont soumises les actions en matière d'effets de commerce ne peut être écartée que dans les cas limitativement déterminés par l'art. 189 c. com. ; qu'ainsi, des présomptions graves, précises et concordantes tendant à établir que l'effet n'a point été payé, et qui résulteraient, par exemple, de la disparition du débiteur, en état d'insolvabilité, avant l'échéance de cet effet, sont insuffisantes pour faire rejeter la prescription quinquennale (Civ. cass. 18 déc. 1830, aff. Redon, D. P. 51. 1. 30); — 4° Que la prescription résultant de l'art. 189 c. com. est fondée sur une présomption légale de payement qui n'admet de preuves contraires que celle résultant d'une condamnation antérieure, de la reconnaissance de la dette ou du refus de serment (Civ. cass. 23 juill. 1878, aff. Daumy, D. P. 79. 5. 148).

371. Des difficultés s'élèvent sur une question assez délicate, qui ne doit pas être confondue avec la précédente. Lorsque la prescription quinquennale est accomplie, le créancier ne peut invoquer de simples présomptions pour détruire l'effet de la prescription et prétendre que le débiteur n'est pas libéré. Mais il peut se faire que la contestation porte sur la question de savoir si la prescription est ou non accomplie, si elle a ou non été interrompue; la preuve de l'interruption de la prescription peut-elle être faite par tous les moyens? Dans un premier système, on ne considère comme interruptive de la prescription que la reconnaissance de dette prouvée par écrit. « Toute reconnaissance autre que celle prouvée par écrit n'interrompt pas la prescription, dit M. Bédarride, t. 2, n° 742; l'offre d'en prouver l'existence devrait donc être écartée. La seule exception que recevrait cette règle serait la preuve que la reconnaissance par écrit a été souscrite par le débiteur, qu'elle a été depuis perdue ou volée. » — Il a été jugé, en ce sens, que la disposition de l'art. 189 c. com., aux termes duquel toutes actions relatives aux effets de commerce se prescrivent par cinq ans à compter du jour du protêt ou de la dernière poursuite juridique, s'il n'y a eu condamnation, ou si la dette n'a été reconnue par acte séparé, ou si le prétendu débiteur n'a refusé de prêter le serment qui lui a été déféré, est absolue et limitative; qu'il s'ensuit qu'à défaut de reconnaissance par acte séparé, la preuve du fait de la reconnaissance ne peut être fournie par témoins, ni la preuve du non-payement tirée de simples présomptions (Civ. cass. 9 mars 1868, aff. Vallas, D. P. 68. 1. 164. Comp. également : Civ. cass. 18 févr. 1851, aff. Frugier, D. P. 51. 1. 17.)

Dans une seconde opinion, qui nous paraît préférable, on admet, au contraire, que l'interruption de prescription peut être prouvée par tous les moyens de preuve admis en matière commerciale (Lyon-Caen et Renault, t. 1, n° 1286; Boistel, n° 851; Demangeat sur Bravard, t. 3, p. 562). C'est en ce sens que la jurisprudence s'est généralement prononcée. — Il a été jugé : 1° que la preuve de la reconnaissance d'une dette résultant d'un billet à ordre commercial peut être faite par témoins (Douai, 22 août 1866) (1); — 2° Que, lorsqu'il s'agit d'une prescription en matière commerciale et spécialement de la prescription opposée à la demande en payement d'une lettre de change, la preuve que les intérêts ont été payés au porteur par un tiers agissant comme mandataire du tireur peut, conformément aux principes généraux sur la preuve en matière commerciale, être faite par témoins ou à l'aide de simples présomptions (Req. 15 juill. 1873, aff. Moliné, D. P. 77. 1. 323); — 3° Que le payement des intérêts d'un effet de commerce présenté comme constituant une reconnaissance de dette, dans le sens de l'art. 189 c. com., peut être prouvé par témoins (Montpellier, 31 août 1830, aff. Roux, D. P. 51. 2. 180. Conf. Montpellier, 28 juill. 1860, aff. N..., D. P. 60. 2. 203; Rouen, 30 avr. 1878, aff. Lemaignen, D. P. 79. 2. 87); ... Ou à l'aide de présomptions, ainsi que par les livres du

débiteur (Arrêt précité du 30 avr. 1878; Grenoble, 19 mai 1865, supra, n° 363).

372. Ainsi qu'on l'a dit au *Rép.* n°s 852 et 853, l'effet libératoire de la prescription quinquennale (basée sur une présomption de payement) cesse si le débiteur, requis par le créancier de prêter serment qu'il n'est plus redevable, refuse ce serment ou avoue l'existence actuelle de la dette (V. Lyon-Caen et Renault, t. 1, n° 1289). — Il a été jugé, en ce sens, que la prescription quinquennale applicable aux lettres de change et billets à ordre, étant fondée sur une présomption de payement, ne peut profiter à celui qui, loin d'affirmer sa libération, offre de payer le principal; et que le débiteur d'un effet de commerce qui renonce, pour le principal, à la prescription quinquennale établie par l'art. 189 c. com., ne peut l'opposer utilement quant aux intérêts, les intérêts étant dus par le seul effet du protêt, dès que la lettre de change est reconnue non prescrite; et que la seule prescription applicable, en pareil cas, à l'égard de ces intérêts, est la prescription particulière établie par l'art. 2277 c. civ. (Civ. cass. 2 janv. 1855, aff. Hérisson, D. P. 55. 1. 13). — V. au surplus sur l'aveu implicite résultant de ce que le débiteur invoque une exception impliquant existence actuelle de la dette, supra, n° 365.

373. On a exprimé au *Rép.* n° 854 l'avis que le porteur d'effets de commerce qui se voit opposer la prescription peut demander l'interrogatoire sur faits et articles, afin de provoquer un aveu de non-payement de la part du débiteur; cette opinion toutefois est repoussée par MM. Alauzet, t. 4, n° 1562; Boistel, n° 851, p. 584, note 6; Bédarride, t. 2, n° 743 (Comp. Civ. cass. 16 janv. 1854, aff. Astruc, D. P. 54. 1. 13).

En tous cas, les auteurs s'accordent à reconnaître que le juge ne pourrait déférer d'office le serment au débiteur qui se prévaut de la prescription (Lyon-Caen et Renault, t. 1, n° 1289, p. 709, note 1; Boistel, n° 851, p. 584, note 6; Alauzet, t. 4, n° 1562; Nouguier, t. 2, n° 1603; Bédarride, t. 2, n° 750).

374. Contrairement à l'opinion soutenue au *Rép.* n° 856, il a été jugé que la prescription établie en matière de lettres de change et de billets à ordre par l'art. 189 c. com. ne peut être opposée par les créanciers du débiteur (Rouen, 1er déc. 1854, aff. Violette et comp., D. P. 55. 2. 121. V. dans le même sens : Boistel, n° 852; Alauzet, t. 4, n° 1563; Nouguier, t. 2, n° 1651). MM. Demangeat sur Bravard, t. 3, p. 563, note 1; Lyon-Caen et Renault, t. 1, n° 1289, p. 709, note 1, ont, au contraire, admis la solution donnée au *Répertoire.* « De ce que les créanciers invoqueront la prescription, disent ces derniers auteurs, cela n'empêchera pas de déférer le serment au débiteur et, s'il refuse de le prêter, le moyen de la prescription sera écarté. »

375. En ce qui concerne la question de savoir d'après quelle législation la prescription doit se régler, lorsqu'il s'agit d'effets de commerce payables dans un pays autre que celui où ils ont été créés, V. *infrà*, n° 398.

SECT. 14. — DES FAUX COMMIS DANS LA CONFECTION, L'ENDOSSE-MENT ET L'ACCEPTATION DES LETTRES DE CHANGE, ET DANS LA CONFECTION ET LA TRANSMISSION DES BILLETS A ORDRE (*Rép.* n°s 859 à 875).

ART. 1er. — *Faux commis dans la confection du titre* (*Rép.* n°s 860 à 869).

376. On a examiné au *Rép.* n° 862 la question de savoir si le tiré qui, après avoir accepté une lettre de change,

___

(1) (Bocquet C. Roche.) — Le tribunal de commerce d'Arras a, le 4 juin 1866, rendu le jugement suivant : — « Attendu que, dans l'espèce, le délai prescrit par l'art. 189 c. com., pour opérer la prescription invoquée, est expiré; qu'il n'y a pas eu de condamnation; qu'il reste à savoir si la dette n'a été reconnue par acte séparé; — Attendu que le billet à ordre dont Roche demande le payement est échu le 1er mai 1859, et est causé valeur en marchandises; — Attendu que le payement d'un billet à ordre est un acte commercial et qu'il peut se prouver par témoins; — Attendu que Roche offre de prouver que Bocquet a reconnu devoir le billet; que notamment en février 1864, il a promis à un huissier de le payer, et qu'à la même époque il s'est mis en rapport avec Me Cossart, notaire, pour créer une obligation hypothécaire sur ses biens personnels, ayant ce billet de 1000 fr. pour cause; que

ces preuves sont pertinentes et admissibles ; — Attendu que si Roche fait sa preuve, il y aurait reconnaissance de la dette par Bocquet par acte séparé que sera formé des dépositions des témoins sainement appréciées ; — Attendu que la comparution des parties en personne est nécessaire aux débats ; — Par ces motifs, ordonne la comparution personnelle des parties à l'audience ; et avant faire droit, tous droits et moyens des parties réservés, admet Roche à prouver, tant par titres que par témoins... ; admet le sieur Bocquet en preuve contraire, etc. ». — Appel par le sieur Bocquet. — Arrêt.

LA COUR; — Adoptant les motifs des premiers juges ; — Confirme, etc.

Du 22 août 1866.-C. de Douai, 1re ch.-MM. Dupont, pr.-Carpentier, 1er av. gén.-Bidard et d'Esclaibes, av.

reconnaît le faux commis dans sa confection, peut refuser de payer. — Cette question est toujours controversée ; la plupart des auteurs déclarent l'acceptation nulle comme « faite sur une fausse cause », et admettent, par suite, le droit pour l'accepteur de refuser le payement (V. Boistel, n° 810 ; Bédarride, t. 2, n° 378 ; Nouguier, t. 1, n° 322). — M. Alauzet, t. 4, n° 1408, décide, au contraire, conformément à l'opinion soutenue au *Répertoire*, que le tiré s'étant obligé par son acceptation envers le porteur ne peut se soustraire à l'obligation de payer. M. Bédarride, t. 2, n° 379, admet cette solution, lorsque la signature fausse est celle d'un être fictif.

377. On discute également la question de savoir si le tiré non accepteur qui a payé le montant du titre entaché de faux, peut exercer une action en répétition contre le porteur aux mains duquel il a effectué le payement. — Contrairement à l'opinion exprimée au *Rép.* n° 863, la majorité des auteurs reconnaît au tiré le droit d'agir en répétition contre le porteur. Le tiré, dit-on, a payé par erreur ce qu'il ne devait à aucun titre ; le droit commun lui donne donc la *condictio indebiti* ; c'est en vain qu'on prétend, pour lui refuser cette action, lui imputer à faute d'avoir fait encourir au porteur la déchéance de l'art. 168 c. com. ; le titre faux n'est pas une lettre de change, et la déchéance de l'art. 168 c. com. est inapplicable ; le porteur, après avoir remboursé le tiré, aura lui-même la *condictio indebiti* contre son cédant, qui agira à son tour contre son endosseur et l'on remontera ainsi jusqu'au faussaire ; celui-ci sera le plus souvent insolvable, la perte retombera ainsi sur son cessionnaire ; mais il est plus équitable de la mettre à la charge de ce dernier, coupable d'avoir accepté trop légèrement le titre d'une personne peu digne de confiance, que de la faire supporter au prétendu tiré qui n'a point de reproche analogue à se faire (V. en ce sens : Boistel, n° 810 ; Alauzet, t. 4, n°s 1406 et 1407 ; Nouguier, t. 1, n° 324). M. Bédarride, t. 2, n° 377, estime au contraire, conformément à l'opinion soutenue au *Répertoire*, que le tiré ne peut agir en remboursement contre le porteur à qui a payé, et qu'il n'a d'autre droit que d'exiger de chacun des endosseurs l'indication de son cédant, afin de pouvoir remonter jusqu'à l'auteur du faux, et sauf à poursuivre son remboursement contre celui qui refuserait de fournir cette indication. Suivant M. Bédarride, *loc. cit.*, et n° 534, le porteur d'un titre faux qui n'a pas exercé son recours contre ses endosseurs dans les délais fixés par la loi n'a jamais d'autre droit que d'exiger des endosseurs le nom de leurs cédants ; il considère, dès lors, que l'obliger à rembourser le tiré serait l'exposer aux risques de l'insolvabilité des endosseurs, et il estime que ces risques doivent être courus plutôt par le tiré qui n'aurait point dû payer sans avis préalable donné par le tireur.

378. La somme portée sur un titre véritable peut avoir été altérée postérieurement à la confection du titre (V. *Rép.* n°s 866 et suiv.). Si, postérieurement à cette altération, le tiré accepte purement et simplement, MM. Alauzet, t. 4, n° 1408, et Nouguier, t. 1, n° 325, estiment qu'il ne peut refuser de payer la somme inscrite sur le titre à l'époque de l'acceptation (Conf. *Rép.* n° 866) Bédarride, t. 2, n° 381). M. Boistel, n° 811, paraît admettre, au contraire, la même solution que s'il s'agit d'un faux dans la confection du titre ; il s'ensuit que, dans son opinion, l'accepteur ne serait tenu de payer au porteur que la somme primitivement portée sur le titre.

379. Dans le cas où l'altération de la somme inscrite sur le titre est postérieure à l'acceptation, M. Bédarride, t. 2, n° 381, est d'avis que l'accepteur ne peut refuser de payer la somme entière au porteur ; on peut lui reprocher, dit-il, de « n'avoir pas rendu toute altération impossible en mentionnant en toutes lettres, dans son acceptation, la somme

pour laquelle elle était donnée » (V. dans le même sens : Nouguier, t. 1, n° 327). M. Alauzet, t. 4, n° 1408, estime au contraire, conformément à l'opinion soutenue au *Rép.* n° 867, que le tiré accepteur n'est tenu de payer que la somme portée sur le titre lors de l'acceptation ; qu'il n'était pas obligé de faire suivre la mention « accepté » de l'énonciation de la somme pour laquelle il s'engageait, et qu'il ne saurait être responsable des falsifications commises (V. au surplus, *suprà*, n° 116).

380. Si le tiré non accepteur a payé une traite dont le montant était falsifié, M. Boistel, n° 811, décide qu'il a le droit de demander au porteur le remboursement de la différence entre la somme primitivement portée au titre et celle qu'il a payée (Comp. dans le même sens : Alauzet, t. 4, n° 1403) ; M. Nouguier, t. 1, n°s 325 et 328, pense, au contraire, que le tiré n'a aucun droit contre le porteur (Comp. également : Bédarride, t. 2, n° 377), qu'il a commis une faute en le payant sans lettre d'avis préalable, et qu'il doit supporter les conséquences de cette faute, à moins cependant que le porteur ne soit cessionnaire immédiat de l'auteur de la falsification.

381. La question de savoir si le tiré, après avoir payé une traite dont le chiffre a été altéré, peut exercer son recours pour le tout contre le tireur, a été examinée au *Rép.* n° 868. On la résout généralement en appliquant l'art. 2000 c. civ. aux termes duquel « le mandant doit indemniser le mandataire des pertes que celui-ci a essuyées à l'occasion de sa gestion, sans imprudence qui lui soit imputable » (V. Nouguier, t. 1, n° 326 ; Bédarride, t. 2, n° 381) ; ou en déclarant le tireur irresponsable en principe, mais en donnant, le cas échéant, au tiré une action fondée sur l'art. 1382 c. civ. (Alauzet, t. 4, n° 1403 ; Boistel, n° 811).

Art. 2. — *Faux commis dans la négociation du titre*
(*Rép.* n°s 870 à 872).

382. Ainsi qu'on l'a dit au *Rép.* n°s 870 et 871, le faux endossement ne saurait transférer le titre, même au profit d'un tiers porteur de bonne foi. Jugé en ce sens que le porteur d'un billet à ordre en vertu d'un endossement régulier en la forme, mais consenti par un individu qui avait soustrait frauduleusement le billet au véritable propriétaire et se l'était passé à lui-même au moyen d'un faux endossement, n'a pas droit au payement de ce billet, en cas d'opposition de la part de celui auquel le billet a été soustrait ; que, dans ce cas, il n'y a pas eu de transmission, le véritable propriétaire n'ayant pu être dessaisi sans un endossement émané de lui-même (Civ. cass. 30 mars 1853, aff. Bécotte, D. P. 53. 1. 92). Le tiré qui payerait, de bonne foi, sans avoir reçu aucune opposition et sans avoir pu soupçonner le faux endossement serait parfaitement libéré (V. Boistel, n° 803 ; Alauzet, t. 4, n° 1401 ; Nouguier, t. 1, n° 339). — M. Boistel, *loc. cit.*, reconnaît au légitime propriétaire dépouillé par suite du faux le droit d'exercer un recours non seulement contre le faussaire, mais aussi contre le porteur indûment payé.

383. Conformément à l'opinion soutenue au *Rép.* n° 871, MM. Boistel, n° 803, et Alauzet, t. 4, n° 1401, décident que le porteur d'un effet de commerce transmis par faux endossement n'a de recours que contre son cédant et les précédents endosseurs jusqu'à l'auteur du faux, mais non contre les endosseurs antérieurs au faux et le tireur.

384. Il a été jugé que le payeur par intervention qui a acquitté une lettre de change pour faire honneur à la signature d'un des endosseurs peut agir en répétition contre le porteur, lorsqu'il découvre que la signature du prétendu endosseur pour qui il entendait intervenir avait été contrefaite (Paris, 25 nov. 1857)(1). — De même, le donneur d'aval

---

(1) (Deforceville et autres C. Bibas et autres.) — Le 2 déc. 1856, jugement du tribunal de commerce de Paris ainsi conçu : — En ce qui touche Bibas : — Attendu qu'après être intervenu pour l'honneur de la signature de Delvaille et comp. au payement d'une traite de 4391 fr. 75 cent., tirée de la Rochelle par Charrier et payable à Paris, le 20 août dernier, chez les sieurs A. Stern et comp., Bibas a reconnu que la signature pour laquelle il était intervenu était déniée par Delvaille et comp. et s'est fait restituer par Lécuyer et comp., porteurs, la somme qu'il leur avait payée ; — Attendu que le remboursement de cet impayé ayant été refusé

à ceux-ci par Dandoy-Maillard, leur cédant, par le motif que l'intervention de Bibas a libéré tous les obligés dont la signature suit celle de Delvaille et comp. Lécuyer et comp., répètent de Bibas la somme qu'ils lui ont restituée ; — Qu'à l'appui de cette prétention et surabondamment au droit qu'ils invoquent, Lécuyer et comp. allèguent que Bibas se serait engagé d'honneur à faire cette restitution dans le cas où leur cédant refuserait leur remboursement ; — Attendu que cet engagement est formellement nié par Bibas, et que Lécuyer et comp. n'en fournissent pas la preuve ; qu'il s'agit donc d'examiner si Bibas doit être tenu à

n'est pas tenu au payement, lorsque son engagement a été obtenu au moyen de faux ou d'abus de blanc-seing, dont le titre avait été l'objet (Req. 20 mars 1882, aff. Dubois-Plattier, D. P. 82. 1. 244, cité *suprà*, n° 116).

385. Il a été décidé, conformément à ce qui a été dit au *Rép.* n° 872, que la circonstance qu'une personne figure comme endosseur sur un effet de commerce par suite d'un abus de blanc-seing ne la met pas à l'abri du recours du porteur de bonne foi, en cas de non-payement de l'effet à l'échéance, s'il y a eu imprudence de la part, non de ce dernier, mais du prétendu endosseur (Lyon, 13 août 1851, aff. Tigaud, D. P. 53. 2. 30 ; Bordeaux, 20 août 1872, aff. Micheau, D. P. 73. 5. 183). — Jugé également que le souscripteur d'un billet à ordre ne peut exciper contre le porteur de ce billet d'un abus de blanc-seing commis par le bénéficiaire ; qu'en conséquence, le tribunal de commerce devant lequel une telle exception est invoquée peut statuer immédiatement sur le fond, sans renvoyer préalablement les parties devant le tribunal civil pour faire vérifier l'écriture du billet litigieux (Nancy, 20 janv. 1870, aff. Thirion, D. P. 72. 2. 89).

386. Mais il a été jugé que l'opposition faite par le véritable propriétaire d'une traite volée et endossée au profit d'un tiers de bonne foi n'autorise pas celui-ci à recourir contre la personne qui par sa négligence a laissé commettre le vol, la transmission frauduleuse de la traite ne pouvant donner naissance à aucun droit contre celui qui a été victime du vol (Aix, 19 juill. 1871 (1). Conf. Nouguier, t. 1, n° 341).

Art. 3. — *Des faux commis dans l'acceptation des lettres de change (Rép. n°* 873 et 874).

387. On a dit au *Rép.* n° 874 que si le tiré dont l'acceptation a été contrefaite a payé néanmoins, il ne peut agir en remboursement contre le porteur. Telle est aussi l'opinion de MM. Bédarride, t. 2, n° 380 ; Alauzet, t. 4, n° 1409 ; Nouguier, t. 1, n° 332. — Ces deux derniers auteurs font

remarquer que le payement peut être considéré comme l'effet non de l'acceptation fausse et par là sans valeur, mais de l'intention du tiré de faire honneur à la signature du tireur. Le tiré pouvait refuser de payer; mais, s'il a payé, il est dans la même situation que s'il avait soldé une traite dépourvue de toute mention d'acceptation : il ne peut donc pas répéter.

Art. 4. — *Des faux acquits (Rép.* n° 875).

388. On a montré au *Répertoire* comment c'est à celui qui veut contester la validité du payement fait à l'échéance sur un faux acquit à prouver la mauvaise foi du débiteur, sa collusion ou sa négligence inexcusable (V. conf. Nouguier, t. 1, n° 337 ; Alauzet, t. 4, n° 1400). — Jugé dans ce sens que le payement d'une lettre de change fait à l'échéance, et en l'absence de toute opposition, à un tiers porteur à qui faussement le nom de la personne à qui elle était adressée, n'en est pas moins régulier et libératoire, s'il a été fait avec les précautions d'usage, telles que demande d'adresse et représentation de la lettre d'envoi, alors, d'ailleurs, que c'est par suite d'imprudences imputables au tireur que ladite lettre de change est tombée entre les mains de l'individu qui en a réclamé abusivement le montant; peu importe que, dans la signature de l'acquit, le tiers porteur ait inexactement reproduit une des lettres du nom par lui usurpé, cette circonstance étant insuffisante pour donner lieu à suspicion (Aix, 25 nov. 1869, aff. Banque de France et Richter-Linder, D. P. 71. 2. 26).

Sect. 15. — De la législation applicable aux lettres de change et aux billets à ordre considérés par rapport aux étrangers (*Rép.* n°s 876 à 894).

389. On a admis au *Rép.* n°s 876, 879 et 880 que les conditions de forme que doivent remplir les effets de commerce sont déterminées par la loi du pays où l'effet a

Du 25 nov. 1857.-C. de Paris, 4e ch.-MM. Poinsot, pr.-Portier, av. gén.-Dutard, Dax, Pinchon et Cartier, av.

(1) (Ricard et Boyer C. Gamot.) — Les sieurs Allatini et comp., porteurs d'une traite tirée sur le sieur Gamot, trésorier-payeur général des Bouches-du-Rhône, par le payeur central du Trésor en Algérie, et payable à dix jours de vue, avaient déposé cette traite dans les bureaux de la recette générale à Marseille. L'effet, ayant été volé, fut négocié après avoir été revêtu d'un visa et de la fausse signature du trésorier-payeur général. Les sieurs Allatini et comp. formèrent opposition au payement de la traite entre les mains du sieur Gamot, qui refusa de la payer à l'échéance. Les sieurs Ricard et Boyer, porteurs de bonne foi, ont alors assigné le sieur Gamot comme responsable du dommage qu'ils éprouvaient par suite du vol dont la traite avait été l'objet dans les bureaux de la recette générale. Le 29 mars 1871, jugement du tribunal de Marseille ainsi conçu : « Attendu que les demandeurs basent sur l'art. 1383 c. civ. leurs fins en condamnation à titre de dommages-intérêts contre le sieur Gamot, qui a qualité, et articulent à l'appui des faits tendant à prouver la négligence et l'imprudence du défendeur ; — Attendu que ces faits sont presque tous constants et reconnus, mais qu'il n'en résulte point la preuve qu'il y a eu négligence ou imprudence de la part du sieur Gamot; que ceux qui peuvent être encore douteux ne sont pas plus concluants que les autres; qu'ainsi il n'y a pas lieu d'ordonner la preuve demandée;—Attendu, d'ailleurs, que lors même qu'il serait établi que la traite de 2000 fr. payée par les demandeurs sur un faux endossement aurait été soustraite dans les bureaux du trésorier-payeur général à la suite d'un acte d'imprudence ou d'une négligence de sa part, il n'en résulterait point que l'action en dommages-intérêts des sieurs Ricard et Boyer fût fondée, car aucun lien de droit, aucune obligation directe n'existe entre les demandeurs et le sieur Gamot, qui a été dépouillé d'une manière frauduleuse, et n'est tenu qu'envers le propriétaire de la traite, auquel il en a payé le montant, tandis que Ricard et Boyer ont été trompés par le faux endossement apposé sur la traite par l'auteur de la soustraction ou son complice, et ne peuvent avoir de recours que contre le faussaire, cette transmission frauduleuse ne pouvant donner naissance à aucun droit contre celui qui a été victime du vol ; — Par ces motifs, etc. ». — Appel par les sieurs Ricard et Boyer. — Arrêt.

La cour ; — Adoptant les motifs des premiers juges ; — Confirme, etc.

Du 19 juill. 1871.-C. d'Aix, 1re ch.-MM. **Fabry**, f. f. pr.-Thourel, proc. gén.-Rigaud et Bouteille, av.

cette restitution ; — Attendu que, par le fait même de son intervention, Bibas entendait acquérir de Lécuyer et comp. un titre contre Delvaille et comp. ; que son intervention ne pouvait donc lui être opposée qu'autant que ce titre serait démontré sérieux à l'égard de Delvaille et comp. ; — Attendu que le contraire résulte de la dénégation de signature faite par eux ; qu'il s'ensuit que, en fait, Lécuyer et comp. n'avaient pas donné à Bibas la contrevaleur de son payement ; qu'on ne saurait opposer à Bibas qu'ayant accompli un fait volontaire, il doit en subir les conséquences, puisque Delvaille et comp., n'étant pas l'auteur de l'erreur, son intervention n'a été que le résultat d'une erreur, et qu'aux termes de la loi, l'erreur ne peut constituer un consentement valable ; que c'est donc par une saine appréciation de fait que Lécuyer et comp. ont désintéressé Bibas, et qu'ils sont aujourd'hui mal fondés en leur demande en restitution contre Bibas ; — Attendu, d'ailleurs, qu'entre les autres obligés en cause, tous les droits sont réservés, Lécuyer et comp. ayant dénoncé le protêt en temps utile à Dandoy-Maillard, leur cédant, et celui-ci à Deforceville, Degove et Poulain ;.... — En ce qui touche les demandes de Lécuyer et comp contre Dandoy-Maillard, Deforceville, Degove et Poulain : — Attendu qu'ils sont endosseurs et se doivent à leur signature ; — Par ces motifs, déclare Lécuyer et comp. mal fondés dans leur demande contre Bibas ; condamne Dandoy-Maillard, Deforceville, etc., à payer à Lécuyer et comp. la somme de 4391 fr. 73 cent., montant du billet dont s'agit, avec les intérêts suivant la loi, etc. » — Appel par les sieurs Deforceville et consorts. — Arrêt.

La cour ; — Considérant qu'il est reconnu par toutes les parties que le payement par intervention opéré par Bibas a été déterminé par une fausse cause, résultant de la supposition erronée que Delvaille, pour lequel il intervenait, était l'auteur de l'endossement souscrit en son nom et de l'indication du besoin qui s'y rapportait ; — Que, suivant les principes du droit commun, tout payement suppose une dette, et que ce qui a été payé sans être dû est sujet à répétition ; — Que l'art. 159 c. com., en attachant au payement par intervention l'effet de libérer soit le tireur, soit les endosseurs subséquents à celui pour qui l'intervention a eu lieu, ne contredit pas le droit de répétition consacré par l'art. 1235 c. nap. ; qu'il suppose, au contraire, un payement légitimement fait et reçu, et une subrogation légale de l'intervenant aux droits du porteur contre les endosseurs qui le précèdent, subrogation qui implique que le payement et les endosseurs, sauf les recours de ceux-ci entre eux, la garantie solidaire de la réalité des endossements qui motivent l'intervention ; — Adoptant, au surplus, les motifs des premiers juges ; — Confirme, etc.

été rédigé, mais qu'en ce qui concerne l'*exécution* des *engagements* qui en dérivent, on doit appliquer les dispositions de la loi du pays où l'effet est payable. Ces principes sont maintenant adoptés par la doctrine et la jurisprudence (V. Lyon-Caen et Renault, t. 1, n°ˢ 1312 et 1318; Bravard et Demangeat, t. 3, p. 32 à 35; Alauzet, t. 4, n° 1251; Nouguier, t. 2, n° 1447). Décidé que les *formes* requises pour la régularité d'un effet de commerce sont déterminées par la loi du pays où il a été souscrit; qu'ainsi un billet à ordre ou promesse de payer souscrit en Angleterre est régulier, bien que le souscripteur, qui ne l'a pas écrit de sa main, n'ait pas fait précéder sa signature d'un « bon ou approuvé », avec indication de la somme énoncée dans le billet, ou que ce billet ait été déclaré payable à l'ordre du souscripteur, sans indication de la personne au profit de laquelle elle était souscrite (Req. 18 août 1856, aff. Wieldon, D. P. 57. 1. 39. V. aussi Bruxelles, 15 févr. 1850, aff. Hussey, D. P. 54. 5. 285). — Quelques difficultés s'élèvent, toutefois, sur certains points.

390. On discute en ce qui concerne la capacité de l'étranger; doit-on déterminer cette capacité d'après la loi française ou d'après la loi étrangère ? On ne fait point difficulté d'appliquer la loi étrangère, lorsque cette solution est favorable aux Français ou qu'est obligé l'étranger, dans le cas, par exemple, où l'étranger serait majeur d'après la loi de son pays, tandis qu'il n'aurait point l'âge requis, pour la majorité, d'après la loi française. Il a été jugé en ce sens que la femme d'un étranger qui a souscrit une lettre de change sans l'autorisation de son mari ne peut refuser de payer cette traite si, d'après sa loi nationale, la femme mariée peut s'engager en cette forme sans autorisation (Paris, 10 juill. 1880, aff. Mayer, *le Droit* du 8 août 1880).

Mais lorsque l'application de la loi étrangère peut être préjudiciable à des Français, les avis sont partagés. On a dit au *Rép.* n°ˢ 877 et 878 qu'en pareil cas, le Français qui aurait cru de bonne foi l'étranger capable pourrait réclamer l'application de la loi française, par exemple, faire considérer comme majeur l'étranger qui, âgé de plus de vingt et un ans au jour de l'engagement, se trouvait néanmoins mineur à cette époque d'après la loi de son pays, envers un Français (V. conf. *Rép.* v° *Lois*, n°ˢ 385 et 401; Alauzet, t. 4, n° 1251). Il a été jugé en ce sens: 1° que la règle suivant laquelle on est réputé connaître la capacité de celui avec qui on contracte ne doit pas être aussi rigoureusement appliquée lorsqu'il s'agit d'un étranger contractant en France, qu'entre Français; qu'ainsi les engagements contractés (sous forme de lettres de change ou billets à ordre) par un étranger, mineur d'après la loi de son pays, envers un Français, notamment pour fournitures à lui faites par ce dernier, peuvent être validés, alors même que l'étranger n'en aurait profité que pour partie, s'il est établi que le Français a agi sans légèreté, sans imprudence et avec bonne foi, dans l'ignorance de l'extranéité de celui à qui il faisait ces fournitures, et dans l'opinion que, majeur suivant la loi française, il était capable de s'obliger (Req. 16 janv. 1861, aff. Lizardi, D. P. 61. 1. 193. V. la note sous cet arrêt *ibid.*) ; — 2° Que l'étranger accepteur de lettres de change ne saurait se soustraire à l'obligation d'en payer le montant en alléguant qu'il était mineur d'après sa loi nationale au jour de l'acceptation, alors que le tiers porteur qui a escompté la signature de cet étranger dans l'ignorance de sa qualité et de la législation qui lui défendait de contracter a agi avec bonne foi et avec le degré de prudence qu'exigeait la nature du contrat (Paris, 10 juin 1879, aff. de Castelfiorite C. Fourgeaud et autres, *Le Droit* du 30 sept. 1879). — Dans une autre opinion, on admet, au contraire, que, de même que les Français à l'étranger sont régis, quant à leur capacité, par la loi française, de même la capacité des étrangers en France doit être déterminée par la loi personnelle de ces derniers, sans qu'il soit permis de déroger à cette règle, quand elle est contraire à l'intérêt d'un Français (V. en ce sens: Lyon-Caen et Renault, t. 1, n° 1311; Nouguier, t. 2, n°ˢ 1413 et suiv.) Ce dernier auteur, t. 2, n° 1418, n'admet de dérogation à la règle que « si le mineur a soigneusement caché son incapacité; si, au moyen d'apparences extérieures, il a fait croire à sa majorité et à un droit qu'il n'avait pas », auquel cas, « dit-il, ces manœuvres

pourront motiver contre lui un jugement de condamnation » (V. au surplus *infrà*, v° *Lois*).

391. Il a été jugé qu'un rescrit royal portant interdiction aux princes de la famille royale de souscrire des lettres de change ne constitue pas un statut personnel ayant pour effet d'annuler les lettres de change souscrites par ces princes hors du territoire du royaume; que ce rescrit n'a cet effet qu'entre les sujets du même Etat (Paris, 26 nov. 1850, aff. Jeannisset, D. P. 51. 2. 43). Cette solution est approuvée par MM. Nouguier, t. 2, n° 1416; Lyon-Caen et Renault, t. 1, n° 1311.

392. On a dit au *Rép.* n°. 879 que si la règle « *locus regit actum* » détermine en principe les formes à suivre pour la rédaction de la lettre de change, il peut être, dans certains cas, dérogé à cette règle; que notamment, un étranger souscrivant une lettre de change au profit d'un de ses compatriotes peut la souscrire valablement dans la forme déterminée par sa loi nationale. Cette solution est approuvée par MM. Demangeat sur Bravard, t. 3, p. 32, note 1 (Conf. loi allemande, § 85, cité par cet auteur, *loc. cit.*); Alauzet, t. 4, n° 1231 (Comp. Fœlix et Demangeat, *Traité de droit international privé*, 4° éd., t. 1, n° 83). MM. Lyon-Caen et Renault, t. 1, n° 1313, p. 723, note 8, s'expriment dans les termes suivants : «... L'acte fait suivant les formes prescrites par la loi du pays où il est passé est certainement valable partout. On s'est demandé si les parties ne pourraient pas se référer à la loi du pays où la lettre est payable. Sans doute, en pareil cas, la lettre sera généralement considérée comme valable dans ce pays, mais il n'est pas certain qu'elle soit considérée comme telle dans le pays d'émission dont les formes n'auront pas été observées » (V. au surplus sur la règle « *locus regit actum* », *infrà*, v° *Lois*).

393. Les auteurs s'accordent à reconnaître, conformément à l'opinion soutenue au *Rép.* n° 882, que la régularité d'un endossement au point de vue de la forme doit être appréciée d'après la loi du pays où s'est produit cet endossement, et non d'après la loi du lieu où doit se faire le payement (V. Lyon-Caen et Renault, t. 1, n° 1313; Alauzet, t. 4, n° 1252; Nouguier, t. 2, n° 1424). — Un arrêt de la cour de Paris admet que la forme des endossements est régie par la loi du lieu du payement de l'effet. « Considérant, dit-en effet, la cour, qu'il s'agit de lettres de change tirées de Bruxelles sur Londres, payables ainsi en Angleterre et soumises à la loi anglaise; — Considérant qu'en supposant que Castique et comp. soient porteurs des lettres de change dont s'agit en vertu d'endossement en blanc, ce mode de transmission de propriété est autorisé par la loi anglaise qui régissait le titre dont s'agit » (Paris, 12 avr. 1850, aff. Castigue, D. P. 50. 2. 148). Mais il a été jugé en sens contraire que les formes requises pour la validité de l'endossement d'un effet de commerce sont régies par la législation du pays où cet endossement a été consenti; qu'en conséquence, l'endossement en blanc des lettres de change d'une valeur supérieure à 5 livres sterling étant valable d'après la loi anglaise, un tel endossement passé en Angleterre a suffi pour opérer la transmission d'un effet excédant cette valeur, payable en France (Rouen, 1er déc. 1854, aff. Violette et comp., D. P. 55. 2. 121; Paris, 20 nov. 1854, aff. Berrieux, D. P. 57. 2. 106; Req. 18 août 1856, aff. Wieldon, D. P. 57. 1. 39). Ce dernier arrêt décide, en outre, qu'un effet de commerce peut être transmis par voie d'endossement même après son échéance (V. *suprà*, n° 158 et suiv.), et que cette règle est applicable à un endossement consenti en pays étranger, s'il est constaté par les juges du fait qu'elle est également en vigueur dans ce pays. Jugé aussi que l'endossement d'un effet de commerce effectué à l'étranger, dans les formes prescrites par la loi étrangère, est valable en France, alors même qu'il serait irrégulier d'après la loi française; qu'il en est ainsi de l'endossement d'une lettre de change qui serait passé en Belgique et qui n'aurait pas été daté, l'absence de date, suivant la loi belge, ne faisant pas obstacle à la validité de l'endos (Paris, 14 déc. 1888, aff. Regnard, D. P. 90. 2. 60).

394. Conformément à l'opinion soutenue au *Rép.* n° 884, MM. Lyon-Caen et Renault, t. 1, n° 1312, et Nouguier, t. 2, n° 1423, décident que l'endossement est régi par la loi du pays où il a lieu, alors même qu'il serait agréé par le preneur en un autre pays. « Dans l'intention de l'endosseur de la lettre, disent MM. Lyon-Caen et Renault, *loc. cit.*, l'acte est achevé quand il l'a signé, et la non-acceptation de son offre par le destinataire ne joue le rôle que d'une condition résolutoire. »

395. Les formes de l'acceptation sont déterminées par la loi du pays où elle est donnée (V. Lyon-Caen et Renault, t. 1, n° 1313; Alauzet, t. 4, n° 1252; Nouguier, t. 2, n° 1422). Quant aux obligations résultant de l'acceptation, MM. Lyon-Caen et Renault, t. 1, n° 1317, sont d'avis qu'elles doivent également être réglées par la loi du pays où elle est intervenue; ces auteurs pensent qu'en principe les obligations de chaque signataire d'un effet de commerce sont déterminées par la loi du pays où chacun d'eux a contracté. M. Nouguier, t. 1, n° 1422, suivant l'opinion exprimée au *Rép.* n° 885, estime, au contraire, que les conséquences de l'acceptation sont déterminées par la loi du pays où l'effet est payable. Dans la pratique, les deux solutions aboutiront le plus souvent aux mêmes résultats; l'acceptation est en effet donnée, la plupart du temps, dans le pays où le payement doit avoir lieu.

396. Ainsi qu'on l'a dit au *Rép.* n° 887, les règles concernant la détermination de l'échéance, le payement, la constatation du défaut de payement, sont relatives à l'exécution; ce sont donc les règles du pays où l'effet est payable qui doivent être appliquées en pareille matière (V. Lyon-Caen et Renault, t. 1, n° 1318; Nouguier, t. 2, n°° 1428 et 1429; Alauzet, t. 4, n° 1253; *Rép.* n° 770). Il a été jugé, en ce sens, que le protêt d'une lettre de change, payable en pays étranger, doit être fait suivant la forme prescrite par la loi de ce pays (Rouen, 1er déc. 1854, aff. Violette et comp., D. P. 55. 2. 121).

397. Il en est de même encore en ce qui concerne l'existence ou l'inexistence de délais de grâce (V. *Rép.* n° 890. Conf. Lyon-Caen et Renault, t. 1, n° 1318; Nouguier, t. 2, n° 1428; V. également p. 726, note 7; C. cass. Turin, 6 mars 1872, aff. Courtot et comp., D. P. 72. 2. 1). — MM. Lyon-Caen et Renault, t. 1, n° 1318, donnent la même solution pour les intérêts moratoires. M. Fiore, *Traité de droit international privé*, n° 353, admet, au contraire, que le porteur ne peut réclamer que des tireurs et tireur que les intérêts fixés par la loi du pays où ceux-ci se sont engagés.

398. On a rapporté au *Rép.* n° 890 un arrêt de la cour de Paris du 29 mars 1836 qui paraît considérer la loi du lieu de payement comme devant déterminer la prescription applicable à la lettre de change (V. en ce sens : Nouguier, t. 2, n° 1433). Décidé aussi que la prescription d'un effet de commerce souscrit et payable à l'étranger se règle par la loi du pays où, d'après la convention, devait se faire le payement (Bordeaux, 26 déc. 1876) (1). (Comp. Nouguier, t. 2, n° 1433; Massé, t. 1, n°° 559 et 560). — Il a été jugé, toutefois, que la durée de la prescription d'un effet de commerce souscrit entre étrangers, dans leur pays, est réglée par la législation de ce pays, quoique le débiteur soit poursuivi en France (Alger, 18 août 1848, aff. Heffner, D. P. 49. 2. 130). MM. Lyon-Caen et Renault, t. 1, n° 1317, appliquent à la prescription la loi du pays où le débiteur s'est engagé (V. au surplus *infrà*, v° *Lois*).

399. Les voies de contrainte qui peuvent être employées sont déterminées par la loi du pays où les poursuites sont exercées (V. Lyon-Caen et Renault, t. 1, n° 1318. Comp. Nouguier, t. 2, n° 1432). Ainsi il a été jugé, avant l'abolition de la contrainte par corps par la loi du 22 juill. 1867 (D. P. 67. 4. 75), que l'arrestation provisoire pouvait être

pratiquée contre un étranger par un Français porteur de bonne foi d'un effet de commerce souscrit entre étrangers (Paris, 12 avr. 1850, aff. Castigue, D. P. 50. 2. 148; Req. 18 août 1856, aff. Wieldon, D. P. 57. 1. 39). Mais, ainsi qu'on l'a dit au *Rép.* n° 890, on ne saurait soumettre un signataire d'un effet de commerce à une voie de contrainte non admise dans le pays où les poursuites sont exercées, sous prétexte que la loi du pays de ce signataire autorise un procédé coercitif (V. Nouguier, t. 2, n° 1432).

400. Des difficultés s'élèvent lorsqu'il s'agit de régler les conditions auxquelles le porteur peut conserver son recours contre les différents signataires de l'effet. D'après M. Nouguier, t. 2, n° 1430, ce recours est subordonné à l'observation des règles édictées par la loi du pays où il s'exerce; MM. Lyon-Caen et Renault, t. 1, n° 1319, paraissent admettre cette solution : « L'art. 166, disent-ils, règle le délai (du recours) en ce qui touche les tireurs et endosseurs résidant en France pour les lettres tirées de France et payables à l'étranger; il ne dit rien du cas inverse, et il semblerait logique de décider que, pour les lettres tirées de l'étranger et payables en France, c'est la loi étrangère qui détermine le délai ». Toutefois, les mêmes auteurs relèvent le défaut d'harmonie qui existe entre ces solutions et celles de l'art. 160 c. com., d'où il résulte que la loi française règle, à peine de déchéance, les délais de présentation des lettres à vue ou délai de vue, soit que ces lettres soient payables en France, soit qu'elles le soient à l'étranger (V. *supra*, n° 106).

401. Si le porteur a été empêché par force majeure de remplir en temps utile les formalités requises pour conserver son recours contre les endosseurs et le tireur, peut-il néanmoins exercer ce recours? D'après MM. Lyon-Caen et Renault, t. 1, n° 1320, la solution dépend pour chacun des garants de la loi du pays où il s'est engagé. Cette loi n'admet-elle point que la force majeure puisse relever le porteur de l'inexécution des formalités, le garant peut alors repousser l'action du porteur, bien que la loi du lieu du payement reconnaisse l'exception tirée de la force majeure (Comp. cependant la note de M. Lyon-Caen sur les arrêts de la cour de cassation de Turin du 6 mars 1872 et de la cour de Genève du 25 mars 1872).

402. On a vu *supra*, n°° 15 et 60, que les effets de commerce sont soumis aux droits de timbre à peine, non seulement d'amende, mais aussi de déchéance (L. 5 juin 1850, art. 5 et 8, *supra*, n° 3). Les dispositions de la loi de 1850 (D. P. 50. 4. 114) s'appliquent non seulement aux effets souscrits et payables en France, mais encore aux effets souscrits à l'étranger et payables en France (art. 3) et aux effets souscrits en France et payables à l'étranger (art. 9). Les effets de commerce tirés de l'étranger et circulant en France ont, en outre, été assujettis aux droits de timbre par la loi du 23 août 1871 (art. 2, D. P. 71. 4. 54). Ces droits sont fixés à 0 fr. 50 cent. par chacun des fractions de 2000 fr. (L. 20 déc. 1872, D. P. 73. 4. 1). — V. au surplus *infrà*, v° *Enregistrement*.

403. On s'est demandé si les tribunaux français doivent tenir compte des lois étrangères qui soumettent les effets de commerce aux droits de timbre. Il est hors de doute que ces tribunaux ne peuvent prononcer d'amende pour contravention à une loi fiscale étrangère; mais si la loi étrangère prononce la nullité de l'engagement rédigé sur papier non timbré (il en est ainsi, notamment, en Angleterre), il semble qu'on doive appliquer la règle « *locus regit actum* » et refuser de reconnaître la validité des effets non timbrés. Sans

---

(1) (Bajon de Pino C. Denis.) — La cour; — Attendu que le billet à ordre dont la veuve de Pino est porteur a été souscrit par Denis à Arica, le 10 janv. 1862; qu'il est causé valeur en marchandises et qu'il était payable dans ladite ville d'Arica dès le 10 juillet de la même année; qu'il s'était écoulé près de treize ans depuis l'échéance de ce billet, lorsque, par exploit du 13 mai 1875, la demanderesse en a réclamé le payement, et que Denis soutient que l'action dont il est l'objet est éteinte par la prescription; — Attendu que les actions personnelles se prescrivent par le temps que fixe la loi du lieu où, d'après la convention, devait se faire le payement; qu'aux termes de l'art. 516 c. com., en vigueur au Pérou, toutes les actions qui dérivent de lettres de change ou de billets à ordre sont éteintes au bout de quatre ans courus depuis leur échéance, si, avant cette époque, il n'a été introduit aucune action judiciaire, que les lettres aient été ou non

protestées; que les premiers juges ont donc avec raison déclaré l'appelante non recevable dans sa demande; qu'elle objecte vainement que la prescription invoquée contre elle aurait été suspendue par la minorité de ses enfants, l'art. 541 du code précité portant textuellement que tous les délais fixés par dispositions spéciales de ce même code, en matière de contrats commerciaux, sont fatals, sans qu'on puisse y puiser le bénéfice de la restitution, aucune cause, ni titre, ni privilége que ce soit; que ces mêmes textes ne permettent pas de faire droit aux conclusions subsidiaires de la dame veuve de Pino et d'astreindre Denis à la prestation du serment réglé par l'art. 189 c. com. français, lui en imposant point au défendeur une semblable obligation; — Par ces motifs, confirme.

Du 26 déc. 1876.-C. de Bordeaux, 2e ch.-MM. Vaucher, pr.-Bourgeois, av. gén.-Bayle, av.

doute, on peut être tenté d'écarter l'application d'une règle qui n'est, en définitive, que la sanction d'une loi fiscale ; mais il n'est pas moins certain que l'obligation d'acquitter les droits de timbre est alors une condition de forme aussi indispensable que celles qui sont dictées par d'autres considérations. M. Demangeat sur Bravard, t. 3, p. 105, s'exprime, à ce sujet, dans les termes suivants : « Si la loi du lieu de l'émission exige le timbre comme condition essentielle de la validité même du titre, le tribunal français devra considérer comme défectueuse en la forme, par conséquent comme nulle, la lettre de change non timbrée. Si, au contraire, le timbre n'était exigé que comme impôt, s'il était indifférent au point de vue de la validité commerciale du titre, le tribunal français n'a pas à s'inquiéter de savoir si cet impôt a ou non été payé » (V. aussi : Lyon-Caen et Renault, t. 1, n° 1313, note 2). Dans le cas où une lettre de change tirée de France sur l'étranger n'aurait pas été timbrée conformément à la loi de 1850, M. Demangeat, t. 3, p. 107, décide également par application de la règle « locus regit actum » que les tribunaux étrangers devraient prononcer les déchéances édictées par les art. 5 et 8 de la loi de 1850 ; MM. Lyon-Caen et Renault, t. 1, n° 1313, paraissent incliner, quoique avec hésitation, vers les mêmes solutions.

404. Sur la compétence des tribunaux français dans le cas où un effet de commerce porte la signature d'étrangers, V. suprà, v° Droits civils, n°⁵ 165 et 211 et suiv.

CHAP. 3. — **Du billet à domicile** (Rép. n°⁵ 895 à 906).

405. Nous avons établi au Rép. n° 895 que le billet à domicile ne doit pas être confondu avec la lettre de change (V. conf. Nouguier, t. 2, n° 1545 ; Agen, 4 févr. 1852 ; aff. Périer, D. P. 52. 5. 225), et nous en avons déduit les conséquences de ce principe (Rép. n°⁵ 900 à 902) ; mais nous avons admis (Rép. n° 899) que cet effet, du moins lorsqu'il a pour objet une remise d'argent d'un lieu sur un autre, est un acte commercial par lui-même, par ce motif que la loi (art. 632) répute acte de commerce entre toutes personnes : « les lettres de change ou remises d'argent faites de place en place ». — Ce second point est vivement controversé. L'état actuel de la question a été exposé supra, v° Acte de commerce, n° 307 à 309. Nous nous bornerons donc ici à résumer le débat. L'affirmative est adoptée, pour ne citer que les auteurs qui ont écrit postérieurement au Répertoire, par MM. Ruben de Couder, Dictionnaire de droit commercial, v° Billet à domicile, n° 7 ; Bédarride, t. 2, n°⁵ 690 et suiv. ; Nouguier, n° 1546. Ce dernier auteur fait, toutefois, une restriction ; il exige que le lieu où est souscrit le billet à domicile et celui où il est payable soient des places de commerce : « A la différence des lettres de change qui sont des actes commerciaux, alors même qu'elles sont simplement tirées d'un lieu sur un autre, dit-il, t. 2, n° 1540, le billet à domicile ne contient le contrat de change qu'à cette condition de partir d'une place de commerce pour aboutir sur une autre.

Le système adopté au Répertoire avait d'abord été consacré par un arrêt de la chambre des requêtes du 4 janv. 1843 (rapporté au Rép. v° Acte de commerce, n° 269). Mais la même chambre de la cour suprême, par un arrêt du 9 juill. 1851 (aff. Ducluzeau, D. P. 51. 1. 183), est revenue sur cette jurisprudence et s'est prononcée dans le sens de la négative par ce motif que les mots de l'art. 632 « ou remises de place en place » ne seraient qu'une explication du mot « lettre de change ». Aux termes de cette décision, le billet à ordre, payable dans un lieu autre que celui où il a été souscrit, n'est pas un acte de commerce, lorsqu'il est souscrit par un non-commerçant. La jurisprudence nouvelle de la chambre des requêtes confirmée par un arrêt de la chambre civile du 21 août 1854 (aff. Bettencourt, D. P. 54. 1. 281). Cette doctrine a été suivie par MM. Alauzet, t. 4, n° 1236 et n° 3000 ; Demangeat sur Bravard, t. 3, p. 38, note ; Boistel, n° 844 ; pour ces auteurs, il n'y a pas commercialité, malgré la remise de place en place, parce que, dans l'intention des parties, il n'y a pas eu contrat de change (Lyon-Caen et Renault, n° 1300. V. également en ce sens : Pau, 28 mai 1859 (1) ; Agen, 4 févr. 1852, aff. Périer, D. P. 52. 5. 226). — Par un nouveau revirement, la chambre des requêtes a décidé, le 24 mai 1880, que le billet à domicile, « bien qu'il ait eu pour cause un engagement civil, est un titre commercial, et qu'en déclarant l'action du porteur prescrite à défaut de justification de poursuites pendant plus de cinq ans, le jugement attaqué n'avait fait qu'une saine application de l'art. 189 c. com. » (aff. Martin-Roche, D. P. 80. 1. 472. V. conf. Rép. n° 905. V. au surplus supra, v° Acte de commerce, n°⁵ 307 à 309).

406. On a dit au Rép. n° 900 que le souscripteur d'un billet à domicile ne pourrait, en cas de protêt tardif, invoquer l'art. 170 c. com. et opposer la déchéance au porteur sous prétexte qu'il aurait envoyé les fonds nécessaires pour le payement au lieu indiqué et à l'échéance. On a cependant prétendu assimiler le souscripteur d'un billet à domicile à un tireur vis-à-vis de la personne au domicile de qui doit avoir lieu le payement (V. Bédarride, t. 2, n° 526 ; Ruben de Couder, Dictionnaire de droit commercial, v° Billet à domicile, n° 15). On a répondu qu'il faudrait plutôt l'assimiler à un accepteur : il est, en effet, débiteur principal, et, dès lors, n'a pas à se prévaloir de l'art. 170. Cette opinion est suivie par MM. Lyon-Caen et Renault, t. 1, n° 1301 ; Alauzet, t. 4, n° 1300 ; Nouguier, t. 2, n° 1550.

CHAP. 4. — **Du mandat** (Rép. n°⁵ 907 à 919).

407. Nous avons admis au Rép. n° 908 que le mandat diffère de la lettre de change : 1° en ce qu'il n'est pas susceptible d'acceptation ; 2° en ce qu'il n'autorise pas le recours du porteur que contre l'endosseur immédiat, son cédant ; 3° en ce qu'il n'est pas soumis à la prescription quinquennale. Les parties, en effet, en substituant le terme de mandat à celui de lettre de change, ont voulu modifier la loi géné-

---

(1) (Daguerre C. Roby et Brie.) — La cour ; — Attendu que le droit commercial est un droit exceptionnel, pour une classe de personnes exerçant une profession déterminée, et en raison d'actes qui constituent ou sont réputés par la loi des opérations de commerce ; que ce droit entraîne des privilèges et des contraintes qui ne sauraient s'appliquer aux conventions purement civiles ; qu'on ne peut étendre ni les compétences, ni la contrainte en dehors des cas déterminés et prévus par le législateur ; — Attendu qu'en fait d'obligation, la loi a réputé actes de commerce, par leur nature, les lettres de change seulement ; que, quant aux billets à ordre, ils empruntent un caractère commercial à la qualité de celui qui les souscrit : s'il n'est pas négociant, le billet demeure une simple obligation privée, qui n'entraîne ni la compétence, ni la contrainte commerciale ; — Attendu, quant au billet à domicile, qu'il n'a point été classé au nombre des actes de commerce ; que, lors de la discussion au conseil d'État sur le projet du code de commerce, ce fut après une discussion approfondie qu'on déclara n'avoir pas à s'en occuper ; que, dès lors, ces billets sont restés dans la classe des obligations ordinaires, et qu'ils ne peuvent entraîner la contrainte par corps qu'autant qu'ils ont pour objet une affaire commerciale ; mais qu'alors c'est l'opération elle-même qui détermine la compétence, et non la forme du billet ; — Attendu que la désignation du lieu où le payement doit être fait ne constitue pas une opération de commerce ; que les obligations sont susceptibles de toutes les conditions, sans pour cela changer de nature ; dans les contrats du prêt, de

vente, rente viagère ou perpétuelle, on impose au débiteur l'obligation de payer dans un lieu déterminé. — Aussi, la remise de place en place ne constitue une opération commerciale qu'autant qu'elle est effectuée par le titre que le législateur a créé dans ce but, par la lettre de change, ou qu'elle est faite entre négociants, dans le cours de leurs relations de crédit. Vainement on argumente du paragraphe final de l'art. 632 c. com. C'est en méconnaître l'esprit, et faire d'un des caractères de la lettre de change la règle de toutes les obligations. La remise de place en place, ou le payement indiqué dans un lieu autre que celui où l'obligation est contractée, est si peu, par lui-même, un acte de commerce, que l'art. 112 c. com. répute simple promesse toute lettre de change contenant supposition ou de domicile des parties, encore qu'il y ait remise de place en place ; — Attendu que la jurisprudence, loin de modifier ces principes, les a au contraire consacrés ; — Attendu que Daguerre n'est point commerçant, qu'il n'a point fait avec Roby une opération commerciale, et que le titre qu'il a souscrit n'est qu'un billet à domicile ; que, dès lors, il n'a souscrit qu'une obligation civile qui ne saurait entraîner la contrainte par corps ; — Infirme les jugements du tribunal de commerce de Bayonne en ce qu'ils prononcent la contrainte par corps contre Daguerre ; déclare que la condamnation contre lui ne sera exécutée que par les voies ordinaires ; maintient pour le surplus, etc.

Du 28 mai 1859.-C. de Pau.-MM. Amilhau, pr.-Lespinasse, av. gén.

ale par une convention particulière. — La jurisprudence tend, au contraire, à confondre le mandat avec la lettre de change. On a rapporté au *Rép.* n°s 909 et 240 un arrêt de la cour de Rouen du 30 juill. 1823, et un arrêt de la cour de cassation du 4 mai 1831, qui sont formels à cet égard. Cette jurisprudence a été confirmée par un arrêt de la cour de Colmar du 16 avr. 1844 (aff. Roos, D. P. 45. 4. 182). Il a été décidé, dans le même sens, que la qualification de *mandat* donné à une valeur de commerce tirée d'un lieu sur un autre et la dispense d'acceptation qui y est exprimée, n'empêchent pas qu'on doive la considérer comme une lettre de change, si elle en remplit toutes les conditions ; que, dès lors, la demande en payement d'une semblable valeur plus de cinq ans après le protêt peut être repoussée par l'exception tirée de la prescription quinquennale (Trib. com. Marseille, 1er avr. 1864, aff. Degousse, D. P. 65. 5. 137). Telle est également l'opinion exprimée par la majorité des auteurs : Nouguier, t. 1, n° 471, et t. 2, n° 1355 ; Alauzet, t. 4, n°s 1297 et 1541 ; Boistel, n° 779 ; Lyon-Caen et Renault, t. 1, n° 1134. — MM. Bravard et Demangeat, t. 3, p. 84 à 86, toutefois, ne considèrent pas l'expression de mandat comme exclusive de la lettre de change, mais ils estiment que le juge devra rechercher le sens que les parties ont attaché à cette expression et ne pas traiter comme lettre de change l'effet qualifié mandat, si les parties n'ont point voulu faire une lettre de change. « Pour qu'il y ait lettre de change, dit M. Demangeat, p. 86, note, il faut quelque chose de plus que l'accomplissement des conditions de forme exigées pour la validité de ce titre ; il faut chez le souscripteur du titre la volonté de créer une lettre de change. J'admets que l'emploi des formes prescrites par l'art. 110 peut faire présumer cette volonté; mais le juge reste libre de reconnaître que, dans l'espèce, elle n'a réellement pas existé. J'exigerais seulement, dans l'intérêt des tiers, que les circonstances sur lesquelles il se fonde pour statuer ainsi résultassent de l'écrit lui-même. Ainsi l'écrit est qualifié mandat, et de plus il exprime que les parties ne sont point des commerçants et que l'opération en elle-même n'avait rien de commercial. En pareil cas, le juge peut très bien reconnaître qu'il n'y a pas de lettre de change, car les tiers n'ont pas dû s'y tromper ».

CHAP. 5. — Du billet au porteur (*Rép.* n°s 920 à 929).

408. Ainsi qu'on l'a rappelé au *Rép.* n° 920, les billets en blanc ayant été interdits par arrêt du Parlement de Paris furent remplacés par des billets au porteur, qui eux-mêmes furent frappés d'interdiction par un édit de 1716, mais pour être rétablis par un nouvel édit en 1721. Ils furent prohibés à nouveau par un décret de la Convention du 8 nov. 1792. La loi du 25 therm. an 3 décida que la prohibition dont ils étaient frappés ne s'appliquerait qu'à ceux qui auraient pour objet de suppléer ou de remplacer le papier-monnaie. Le billet au porteur se distingue du billet de banque en ce qu'il est à échéance fixe ou tout au moins s'il est à vue, en ce qu'il est daté et soumis à prescription, tandis que le billet de banque circule comme de la monnaie et ne se prescrit pas. Il n'a d'ailleurs point d'autre condition à remplir que d'indiquer l'échéance ou la date de son émission, la somme à payer et le lieu du payement (*Rép.* n° 926; Boistel, n° 854). M. Nouguier cependant (t. 2, n° 1566), exige, en outre, qu'il fasse « mention de la manière dont la valeur a été fournie ». — Il a été jugé : 1° que le billet qui n'indique pas le nom de celui à l'ordre duquel il a été souscrit doit être considéré comme le billet au porteur et ne peut être assimilé ni à une lettre de change, ni à un billet à ordre (Agen, 22 juill. 1879, aff. Lagrave, D. P. 80. 2. 136) ; — 2° Que le billet *daté* et, par suite, prescriptible, qui indique la somme à payer *à vue*, mais sans désigner le nom de la personne à qui cette somme doit être payée, doit être considéré comme un billet au porteur, et n'est pas, dès lors, prohibé par la loi; qu'il ne saurait être considéré comme un billet de banque ou du papier-monnaie, lorsqu'il est émis, en exécution d'une convention privée préalable, par un simple particulier dont la personnalité et la solvabilité ne sont connues que dans un cercle restreint, et qu'il n'est pas destiné à suppléer ou à remplacer la monnaie (Pau, 6 avr. 1886, aff. Cols, D. P. 86. 2. 230).

409. Conformément à ce qui a été dit au *Rép.* n° 927, il a été décidé: 1° que les billets au porteur sont cessibles de la main à la main, sans aucune formalité envers le débiteur; que, par suite, le porteur actuel de ce billet, créancier direct du souscripteur, échappe à toutes les exceptions que le souscripteur ou la caution pourrait opposer aux porteurs antérieurs (Pau, 6 avr. 1886, aff. Cols, cité *supra*, n° 408) ; — 2° Que celui aux mains duquel un billet au porteur est arrivé sans fraude peut en compenser le montant avec ce qu'il doit lui-même au souscripteur, tant qu'il n'y a pas eu de saisie-arrêt faite entre ses mains (Civ. cass. 15 janv. 1855, aff. Margotteau, D. P. 55. 1. 5. V. conf. Boistel, n° 854).

410. Jugé également que le reçu remis par un débiteur à son créancier à l'effet de toucher une certaine somme sur un tiers constitue, d'après les usages constants du commerce, une valeur au porteur destinée à circuler de main en main et transmissible par la simple tradition ; qu'ainsi celui qui est porteur au jour de l'échéance d'une valeur de cette nature échappe à toutes les exceptions qui auraient pu être opposées aux porteurs antérieurs et, par conséquent, aux oppositions formées du chef des précédents porteurs ; et que, si le reçu n'est pas payé à l'échéance par celui qui y est énoncé comme devant le payer, le porteur a un recours contre le souscripteur de la même manière que contre le souscripteur de tout effet de commerce (Paris, 2 déc. 1867, aff. Barrois, D. P. 68. 5. 161. Comp. sur la dernière solution donnée par cet arrêt : *Rép.* n° 928).

411. Ainsi qu'on l'a dit au *Rép.* n° 924, la propriété d'un billet au porteur est présumée au profit de celui qui en est possesseur, et la règle de l'art. 2279 c. civ. est applicable à ce genre de titres (Nouguier, t. 2, n° 1567 ; Alauzet, t. 4, n° 1538; Bédarride, t. 2, n° 657 ; Boistel, n° 854). — Il a été jugé en ce sens qu'une lettre de change dégénérée en simple promesse et dans laquelle le nom du bénéficiaire est resté en blanc a tous les caractères d'un billet au porteur et que, par suite, le porteur actuel a seul qualité pour en opérer le recouvrement (Req. 4 juin 1874, aff. Boutan, D.P. 79.1.136).

412. C'est, du reste, en l'absence de tout texte spécial, par les principes généraux que doit être régi le billet au porteur, et non par les règles édictées pour le billet à ordre. — Jugé en ce sens que la cession d'un billet au porteur emporte seulement la garantie de l'existence de la créance, et non celle de la solvabilité du débiteur cédé ; que, à la différence de ce qui a lieu pour le billet à ordre, l'endossement d'un billet au porteur n'engendre pas la solidarité entre les endosseurs vis-à-vis du porteur, et que cet endossement ne saurait davantage être considéré comme la preuve d'un cautionnement accordé, soit au souscripteur, soit à un précédent endosseur, alors, d'ailleurs, qu'en fait, il est impossible de présumer que l'endosseur ait eu l'intention de cautionner (Grenoble, 8 déc. 1883, aff. de Bimard, D. P. 85. 2. 23. V. conf. Boistel, n° 854. Comp. toutefois : Alauzet, t. 4, n° 1538 ; Bédarride, t. 2, n°s 648 et suiv. Ces auteurs considèrent la signature apposée sur un billet au porteur comme emportant garantie du payement).

413. De même, au point de vue de la compétence, si le possesseur d'un billet à ordre peut en poursuivre le souscripteur au besoin devant le tribunal du domicile d'un endosseur, et notamment de celui duquel il tient l'effet, il n'en est pas de même du possesseur d'un billet au porteur : celui-ci ne peut actionner le souscripteur qu'au lieu de son domicile, alors même qu'il agirait en même temps contre l'individu qui lui a transmis le billet (Trib. com. Seine, 31 juill. 1855, aff. Loignon et comp., D. P. 56. 5. 170).

414. En ce qui concerne le point de savoir quelle est la juridiction compétente *ratione materiæ*, il a été dit au *Rép.* n° 923 que cette question dépend de la cause du billet et de la qualité du souscripteur. Les auteurs s'accordent à reconnaître, en effet, que le billet au porteur n'est pas commercial par lui-même (V. conf. Bédarride, t. 2, n°s 653 et 654; Nouguier, t. 2, n° 1575 ; Boistel, n° 854). — Jugé que l'action en payement d'un billet au porteur peut être portée devant le tribunal civil, alors même que ce billet, souscrit par un commerçant pour les besoins de son commerce, a été négocié par l'intermédiaire d'un banquier, si le porteur qui en a fait les fonds n'est pas lui-même commerçant (Agen, 22 juill. 1879, aff. Lagrave, D. P. 80. 2. 136. Comp. v° *Compétence commerciale*, n° 81 ; — *Rép. eod.* v°, n° 238).

415. Contrairement à l'opinion exprimée au *Rép.* n° 925, M. Nouguier, t. 2, n° 1576, estime que le propriétaire d'un billet au porteur ne peut être autorisé à en poursuivre le payement en donnant caution, s'il a perdu son titre. — En ce qui concerne les actions ou obligations au porteur dont il a été question au *Rép.* n° 925, une loi du 15 juin 1872 (D. P. 72. 4. 112) a réglé les conditions auxquelles le propriétaire dépossédé peut obtenir payement (V. à ce sujet *infrà*, v° *Société*).

416. On a dit au *Rép.* n° 929 que les actions qui naissent d'un billet au porteur ne sont pas soumises à la prescription quinquennale, mais à la prescription trentenaire. Tel est aussi l'avis de MM. Bédarride, t. 2, n° 652 ; Nouguier, t. 2, n° 1577 ; Alauzet, t. 4, n° 1538 ; Boistel, n° 854.

CHAP. 6. — Du simple billet (*Rép.* n°s 930 à 936).

417. Le simple billet, étant à personne dénommée, sans clause à ordre, ne peut être transmis par endossement que par rapport au cédant, mais non vis-à-vis des tiers, parmi lesquels il faut ranger le débiteur (*Rép.* n° 931 ; Req. 11 nov. 1851, aff. Ducros, D. P. 51. 1. 313).

418. En ce qui concerne les droits de timbre et d'enregistrement dont il a été fait mention au *Rép.* n° 936, V. *infrà*, v° *Enregistrement*.

CHAP. 7. — Du billet de change (*Rép.* n°s 37 à 939).

419. Contrairement à l'opinion exprimée au *Rép.* n° 939, suivant laquelle les billets de change, constituent toujours des actes de commerce, M. Nouguier maintient dans sa 4e édition (t. 2, n° 1562) la solution que nous avions indiquée au *Rép. loc. cit.* et applique aux billets de change les dispositions relatives aux billets à ordre.

CHAP. 8. — Du billet à volonté ; Du billet en marchandises ; Des lettres de crédit ; Du billet d'honneur (*Rép.* n°s 940 à 943).

420. Nous n'avons rien à ajouter aux explications données au *Répertoire* sur ces divers effets.

CHAP. 9. — Des effets de complaisance.

421. On a traité au *Répertoire* et *suprà*, n°s 30 et suiv., 67 et suiv., de la *cause*, sous le titre « expression de la valeur fournie ». Mais on n'avait à examiner ce point de droit que par voie de commentaire des art. 110 et 112 c. com., qui se réfèrent aux *énonciations* requises pour la validité des effets de commerce. Nous avons rappelé toutefois (*Rép.* n° 131, et *suprà*, n° 36 et suiv.) que, conformément aux principes généraux du droit, s'il n'y a pas de cause ou si la cause est immorale ou illicite, la lettre de change est nulle : tel est le cas des *valeurs de complaisance*, dont il convient d'examiner brièvement les caractères.

422. M. Dramard, *Traité des effets de complaisance*, n° 8, expose comme il suit le mécanisme des valeurs fictives qui nous occupent : « Tantôt le commerçant obéré qui a recours à ce moyen de battre monnaie *simule une créance sur son complaisant*, et il réalise cette créance imaginaire soit au moyen d'une lettre de change qu'il fait traite tirée sur son débiteur fictif, soit au moyen d'un billet souscrit par celui-ci à son ordre. En escomptant ces valeurs chez son banquier, il se procure les fonds dont il a besoin, et *à l'échéance il fait la provision* chez le tiré ou chez le souscripteur. Tantôt au contraire il se *reconnaît fictivement débiteur* de son complaisant et souscrit à son profit un billet à ordre, ou accepte la traite tirée par lui. Le complaisant escompte les effets, en remet les fonds au débiteur fictif, qui, à l'échéance, acquittera les effets. Il arrivera même quelquefois, dans cette dernière hypothèse, que le pseudo-créancier n'aura pas autre chose à faire que de prêter sa signature pour endosser les valeurs ; le sera le débiteur supposé qui les portera lui-même chez son propre banquier, les escomptera en apparence pour le compte du créancier et en touchera le montant. Cette négociation s'effectuera nécessairement, dans ce cas, avec la connivence du banquier ».

423. L'effet de complaisance peut être considéré comme dépourvu de cause ou comme ayant une cause illicite. Supposons qu'un billet à ordre est souscrit par une personne qui ne doit rien au profit d'une autre qui n'en devient bénéficiaire que pour présenter cet effet à l'escompte et transmettre les fonds ainsi obtenus au souscripteur ; on peut dire que ce billet est sans cause ; la cause, en effet, dans une obligation unilatérale à titre onéreux, consiste dans une prestation antérieure fournie à celui qui s'engage par celui envers qui l'engagement est pris, prestation qui est la contre-valeur de l'obligation contractée ; ici, point de prestation de ce genre ; le souscripteur s'oblige envers le preneur, sans lui rien devoir, avant d'avoir rien reçu de lui et sans avoir d'intention libérale à son égard. La cause fait donc défaut. Il en est de même si le souscripteur s'engage afin de permettre au bénéficiaire de présenter le billet à l'escompte pour se procurer de l'argent, à charge par celui-ci de faire les fonds chez le souscripteur à l'échéance ; le souscripteur s'est obligé sans avoir reçu de contre-valeur, sans cause ; en réalité, il n'a promis de payer que sous la condition qu'il n'aurait rien à payer, parce que c'est le preneur qui devait faire les fonds à l'échéance (V. Dramard, n° 12). Il a été jugé, en ce sens, que l'effet de commerce créé dans le but unique d'alimenter une circulation d'effets établie entre le bénéficiaire et l'endosseur est dépourvue de cause et n'engage pas le souscripteur envers l'endosseur (Bordeaux, 6 mars 1868, sous Civ. rej. 17 janv. 1870, aff. Comptoir d'escompte de Blaye, D. P. 70. 1. 102. V. encore : Req. 18 oct. 1886, aff. E. Brisson, D. P. 87. 1. 340).—Le même raisonnement ne peut pas être appliqué à la lettre de change ; la connivence du tireur et du tiré pour donner une apparence sérieuse à une opération fictive n'empêche pas les engagements du tireur, du teneur d'avoir une cause ; l'acceptation du tiré est étrangère à la formation du contrat, à l'émission de la lettre de change ; la cause de l'engagement du tireur est la prestation qu'il reçoit du bénéficiaire, et la cause de la prestation que fournit ce dernier est l'engagement pris par le tireur de lui faire toucher à l'échéance chez le tiré la somme d'argent convenue. D'ailleurs, d'une manière générale, on dit souvent qu'un obligation sans cause ne se comprend guère (V. sur la théorie de la cause *infrà*, v° *Obligations*). Aussi a-t-on été amené à proscrire les effets de complaisance en les considérant, non plus comme obligations sans cause, mais comme obligations dont la cause est illicite. La cause d'une obligation, c'est la raison de l'engagement contracté, le but immédiat pour la poursuite duquel on s'oblige ; c'est la réponse à la question *cur debeatur*. Pour répondre à cette question, on peut se placer à un point de vue plus ou moins large ; lorsqu'il s'agit de la cause illicite, on ne peut faire abstraction du but poursuivi par les parties ; pour faire une opération illicite les parties prendront les apparences d'un acte licite et la fraude ne pourra être déjouée que si l'on recherche sous ces apparences leur but véritable. Ainsi le tireur d'une lettre de change s'oblige à fournir au preneur le payement à l'échéance dans un lieu déterminé, contre la prestation immédiate d'une valeur ; cette prestation est la cause de son obligation, puisque c'est en vue de l'obtenir qu'il a consenti à s'engager ; mais s'il n'a tiré la lettre et ne l'a fait accepter par un complaisant avant négociation que pour faire croire des opérations réelles et se créer ainsi un crédit imaginaire, on doit tenir compte de ces circonstances et considérer que la cause de son obligation n'est plus la prestation d'une valeur destinée à donner le change aux tiers en ce qu'elle devient le point de départ de la circulation d'un effet qui ne correspond à aucune opération sérieuse ; que le but que se propose le tireur est d'induire les tiers en erreur ; que ce but, et par suite, la cause de son obligation est illicite. L'art. 585 c. com. fournit un argument en ce sens : aux termes de cet article, en effet, le failli qui, dans l'intention de retarder sa faillite, s'est livré « à des emprunts, circulation d'effets, ou autres moyens ruineux de se procurer des fonds » doit être déclaré banqueroutier simple (Comp. Dramard, n°s 13 et suiv., 19 et suiv., 28 et suiv. V. *infrà* n° 425). — Il a été jugé en ce sens que la création d'effets de commerce faussement causés en vue de faire croire à un crédit imaginaire et de tromper les tiers sur la situation du tireur et du tiré est contraire à l'ordre public et tombe sous l'application de l'art. 1131 c. civ. (Paris, 16 nov.

1888, aff. Seyboth et comp., D. P. 89. 2. 253). Décidé par le même arrêt que ces effets ne donnant naissance à aucune obligation valable entre le tireur et le tiré, ce dernier ne saurait répéter le montant desdits effets qu'il a volontairement et librement payés (V. toutefois : Dramard, n° 73. Comp. v° *Obligations ;* — *Rép.* eod. v°, n°ˢ 528 et suiv., 550 et suiv.).

424. Il ne faut pas confondre les valeurs de complaisance avec les *valeurs de circulation.* Un commerçant stipule un terme éloigné pour s'acquitter d'une dette légitime : celui qui a livré la marchandise a accordé le long délai qui lui était demandé ; mais comme il avait besoin, pour satisfaire au mouvement de ses affaires, de disposer du montant de la livraison, il a exigé que des valeurs seraient créées et successivement renouvelées aux termes d'usage, qui ne dépassent pas quatre-vingt-dix jours, jusqu'à l'arrivée du terme stipulé dans la convention. Les valeurs qui se succèdent ainsi ont toutes pour cause la convention originaire qui est régulière.

Il arrive souvent, d'ailleurs, que des renouvellements sont accordés par le créancier, sans qu'un terme supérieur à quatre-vingt-dix jours eût été stipulé : c'est alors une concession qu'il fait ; mais, en définitive, le résultat est le même et la situation juridique ne change pas.

425. Les valeurs de complaisance constituent non seulement des valeurs fictives, comme les opérations qu'elles supposent ; mais elles revêtent un caractère immoral, puisqu'elles ont pour but, ainsi que nous l'avons montré, de dissimuler aux yeux des tiers la situation désespérée des commerçants qui y ont recours. Aussi la loi a-t-elle prévu et puni les agissements que révèlent ces prétendues valeurs.

L'art. 585 c. com., nous l'avons dit, déclare banqueroutier simple tout commerçant failli qui, dans l'intention de retarder sa faillite, s'est livré à des emprunts, *circulations d'effets* ou autres moyens ruineux de se procurer des fonds... En effet, le commerçant qui a usé de ces moyens pour se procurer des fonds était en réalité en *état de cessation de payements.* Or la loi devait punir celui qui étant dans cet état ne l'a pas révélé, puisqu'aux termes de l'art. 438, elle a édicté que : « Tout failli sera tenu, *dans les trois jours* de la cessation de ses payements, d'en faire la déclaration au greffe du tribunal de commerce de son domicile » ; obligation sanctionnée formellement par l'art. 586, ainsi conçu : « Pourra être déclaré banqueroutier simple tout commerçant failli qui se trouvera dans l'un des cas suivants :... 4° Si, dans les trois jours de la cessation de ses payements, il n'a pas fait au greffe la déclaration exigée par les art. 438 et 439 ». La condamnation aux peines portées contre la banqueroute simple est facultative contre celui qui *néglige* de déclarer son état de cessation de payements (art. 586) ; elle est obligatoire contre celui qui trompe le public et aggrave sa situation par les « moyens ruineux que procurent les valeurs de complaisance (Comp. Dramard, n°ˢ 19 et suiv. V. *infrà,* v° *Faillite*).

426. Nous supposons qu'il sera justifié que la cause est fausse ; mais à qui incombe le fardeau de la preuve ? Évidemment à celui qui allègue la fausseté de la cause, c'est-à-dire à l'accepteur de la lettre de change, au souscripteur du billet.

Il ne peut pas y avoir de difficulté sur ce point (V. Demolombe, *Traité des contrats,* t. 7, n°ˢ 184 et suiv. ; Dramard, n° 49, et *infrà,* v° *Obligations*). Mais contre qui cette preuve peut-elle être faite ? Peut-elle être admise contre le tiers porteur de bonne foi ? À l'encontre de celui-ci, aucune preuve n'est admissible. Ainsi qu'on l'a montré au *Rép.* n°ˢ 141 et 142, toute personne qui s'oblige par la voie des effets de commerce accepte d'avance pour créanciers non seulement le preneur, mais tous ceux que des endossements postérieurs de la lettre de change rendront propriétaires, c'est-à-dire, en un mot, le public lui-même. La transmission des effets de commerce a lieu sous les seules conditions résultant de la teneur du titre, et, de son irrégularité seule, au point de vue des énonciations légales, découlent les exceptions opposables au porteur, parce que ce sont les seules contre lesquelles le public puisse et doive se prémunir. Dès lors que la lettre de change est régulière en la forme, le cessionnaire est fondé à tenir pour bon et valable le contenu de l'effet, et il ne peut être recher-

ché contre et outre son contenu ; il n'est aucunement tenu d'examiner, au moment de la négociation qui lui est faite, si la cause licite qui s'y trouve exprimée est réelle, ou si les conditions que l'existence du titre peut révéler ont été exécutées (V. Touzaud, *Des effets de commerce,* p. 67 et 68. Comp. toutefois : Dramard, n°ˢ 75 et suiv. ; *Rép.* n°ˢ 194, 196 et suiv., et *suprà,* n°ˢ 38 et suiv., 69, 162 et 168).

427. Mais encore faut-il que le porteur soit de bonne foi : or, très souvent l'engagement fictif du souscripteur a été suggéré par l'escompteur qui exigeait cette signature pour sa garantie ; peut-il être considéré dès lors comme un porteur de bonne foi ? Il a été jugé que la nullité d'une valeur de complaisance peut être opposée au banquier qui, d'après les appréciations souveraines de la juridiction saisie, n'ignorait pas que l'effet escompté par lui énonçait une cause fictive (Req. 18 oct. 1886, aff. E. Brisson, D. P. 87. 1. 340. Comp. *suprà,* n°ˢ 40, 162 et 168).

CHAP. 10. — Compétence en matière d'effets de commerce (*Rép.* n°ˢ 944 à 972).

428. Les questions relatives à la compétence en matière d'effets de commerce ont déjà été examinées *suprà,* v° *Compétence commerciale,* n°ˢ 68 et suiv. ; il n'y a donc lieu d'y revenir que très sommairement.

Sect. 1ʳᵉ. — Compétence sous le rapport de la nature des effets négociables (*Rép.* n°ˢ 945 à 965).

429. On a dit au *Rép.* n° 948 que l'endossement apposé sur une lettre de change, postérieurement à son échéance, ne serait pas susceptible par lui-même d'entraîner en tout cas la compétence du tribunal de commerce. C'est là une conséquence de l'opinion exprimée au *Rép.* n° 408 sur les conditions de la transmission des effets de commerce après leur échéance. Dans l'opinion suivant laquelle cette transmission peut s'opérer à l'égard des tiers par voie d'endossement, on doit admettre, au contraire, que l'endosseur après échéance est, en tout cas, justiciable des tribunaux de commerce (V. *suprà,* n°ˢ 158 et suiv.).

430. La question de savoir si la femme non commerçante est justiciable des tribunaux de commerce à raison de la signature par elle apposée sur une lettre de change a été résolue au *Rép.* n°ˢ 153 et 950 dans le sens de l'affirmative. Cette question est toujours controversée, et la solution qu'on lui donne dépend de la manière dont on interprète l'art. 113 c. com. (V. *suprà,* n°ˢ 55 et suiv.).

431. On a montré au *Rép.* n° 962 à 965 que le mandat, la lettre de crédit, le billet simple, le billet au porteur, ne ressortissent à la juridiction commerciale que lorsqu'ils ont une *cause commerciale.* — En ce qui concerne les billets au porteur, on a rappelé au *Rép.* n° 920 que l'ordonnance de 1721 en déférait la connaissance aux juges consulaires : ce texte a encore été invoqué, comme non abrogé par la législation actuelle ; mais la jurisprudence et la doctrine (*Rép.* n° 923 ; Bédarride, t. 2, n° 653) sont fixées dans le sens de l'incompétence de la juridiction commerciale.

Sect. 2. — Compétence relative aux effets de commerce sous le rapport du domicile (*Rép.* n°ˢ 966 à 972).

432. Conformément à ce qui a été dit au *Rép.* n° 972, il a été jugé que la compétence attribuée en matière d'action en payement d'un effet de commerce, au tribunal du domicile de chacun des endosseurs, soit à l'égard de l'endosseur actionné, soit à l'égard des appelés en garantie, ne s'applique, quant à ces derniers, qu'à ceux qui ont signé l'effet comme souscripteurs, endosseurs ou donneurs d'aval ; qu'en conséquence, le tribunal devant lequel le porteur d'un effet de commerce a poursuivi le payement de cet effet, comme tribunal du domicile de l'un ou de plusieurs des endosseurs, est incompétent pour connaître du recours en garantie formé par l'un de ces endosseurs, et notamment par le bénéficiaire de l'effet de commerce, contre le tiers dont la garantie ne résulterait que d'une convention séparée, et reposerait, par exemple, sur un engagement purement verbal (Civ. cass. 21 juill. 1858, aff. Legeay, D. P. 58. 1. 305).

Table des articles du code de commerce

(Les chiffres précédés de la lettre S renvoient au Supplément; les chiffres précédés de la lettre R renvoient au Répertoire.)

Art. 2. S. 185; R. 156.
—4. R. 172.
—5. R. 172.
—91. S. 166; R. 247.
—92. S. 100; R. 247.
—93. S. 343; R. 460.
—94. S. 343.
—95. R. 160.
—109. S. 166.
—110. S. 12, 16 s., 24, 28, 42, 47, 49, 83 s., 164, 421; R. 36, 47, 66, 79, 110, 123, 131, 184, 375, 390 s., 420, 809, 949, 958.
—111. R. 117 s., 247, 289, 737.
—112. S. 21, 47 s., 55, 421; R. 79, 110, 123 s., 128, 131, 141, 146, 950.
—113. S. 55 s., 64, 201, 273, 350; R. 155, 367, 490, 579, 950.
—114. R. 180, 570.
—115. S. 82; R.

—116.
—130. R. 362, 919.
—131. S. 106, 145; R. 311 s., 689.
—133. R. 362.
—135. R. 615, 622.
—136. S. 152, 161; R. 110, 221, 229, 231, 369, 372 s., 404, 405, 416, 428, 434, 441, 450.
—137. S. 44, 146, 181 s., 195; R. 114, 366 s., 373, 375, 385, 404 s., 434, 441, 458 s.
—138. S. 41, 174; 180, 189; R. 111, 366, 373, 383, 404, 441, 448, 458, 466 s. 475, 477, 480, 488.
—139. S. 22, 154; R. 63, 386, 484.
—140. S. 210, 247, 361; R. 418, 431, 480, 489, 495.
—141. S. 216; R. 500, 524.
—142. S. 121, 207, 216, 219, 301; R. 501, 503, 506, 513, 520, 523 s., 526.

—24, 203, 215, 221, 226, 247.
—116. S. 74, 82; R. 202, 210, 214, 221.
—117. S. 82, 66, 311; R. 210, 215, 216, 221, 245, 260, 844 s., 705.
—118. S. 83, 172; R. 276.
—119. S. 172; R.
—120. S. 82, 105, 172; R. 276, 317, 340, 352, 514, 614, 656.
—121. R. 330 s., 334.
—122. S. 114, 121, 145; R. 306 s., 315 s., 318.
—123. S. 106; R. 214, 289, 970.
—124. S. 127 s., 247; R. 327, 355.
—125. S. 121; R. 293, 295.
—126. S. 135 s.; R. 853.
—127. S. 135; R. 355.
—128. R. 356.
—129. R. 77.

—143. S. 244; R. 573.
—144. S. 251 s.; R. 365, 500, 588, 563, 568, 570, 583, 585, 588, 673.
—146. R. 500.
—147. R. 114, 586.
—148. S. 228; R. 114, 540, 556.
—149. S. 237, 245; R. 221, 220, 541, 577, 573.
—150. S. 240; R. 541, 596, 622.
—151. S. 229, 235, 238; R. 114, 543, 544, 545.
—152. S. 229 s.; R. 233, 240; R. 343 s., 546, 548, 552, 555, 566, 774.
—153. S. 172, 231, 233, 235; R. 544, 554, 774.
—154. R. 537, 536.
—155. S. 234 s.; R. 548.
—156. S. 247; R. 557.
—157. S. 246; R. 360 s., 484, 575 s., 581.

—158. S. 254; R. 358, 562, 589, 596.
—150. S. 295, 307; R. 354, 558, 562, 589 s., 596 s., 599.
—160. S. 4, 115, 145, 362 s., 302, 311, 352, 400; R. 24, 283, 363, 370, 614, 705, 707, 622, 915.
—161. R. 359, 615, 622, 706.
—162. S. 141; R. 304, 616, 622, 626, 638, 642, 656, 672.
—163. S. 79, 311; R. 642, 654, 656, 658 s., 666, 672, 889.
—164. S. 352, 897, R. 497.
—165. S. 207, 272, 293, 295, 333, 363; R. 314, 367, 637, 652, s. 746 s., 749 s.
—173. S. 172, 322; R. 149, 737, 740.
—175. R. 622.

—166. S. 4, 294 s., 400; R. 686 s., 689, 696, 712.
—167. S. 295, 307, 362; R. 414, 681, 689 s., 696, 712.
—168. S. 96, 207, 271, 333, 377; R. 215, 265, 340, 414, 556, 562, 640, 664, 692, 705 s., 708, 710, 728, 785, 863.
—169. S. 272, 300, 307; R. 719, 725.
—170. S. 73, 82, 311, 406; R. 210, 215, 217 s., 255, 414, 672, 708, 727, 822, 900.
—171. S. 81 s., 312; R. 717, 728, 736.
—172. S. 56, 82, 290, 301, 355; R. 704.
—173. S. 172, 322; R. 149, 737, 740.
—174. S. 121, 326, 328; R. 757, 767, 709.
—175. R. 622.

—640, 642, 757, 770.
—176. R. 772 s.
—177. R. 778, 785.
—178. S. 332, 337; R. 778 s., 792, 935.
—179. S. 332, 337; 785, 778, 790 s.
—180. R. 782 s.
—181. R. 782 s., 788, 792, 709, 989.
—182. S. 337; R. 783, 789, 795.
—183. R. 789, 792, 794, 796.
—184. S. 340, 342, 344; R. 502.
—185. S. 341; R. 502.
—186. R. 782, 797.
—187. S. 312, 440; 210, 262, 269, 301; R. 80, 471, s. 475, 873, 397, 420, 431, 500, 579, 638, 802, 906, 958.
—188. S. 55, 149; 755 s., 762, 773.
—189. S. 11, 105, 213, 345 s., 349, 352, 354, 356 s., 362 s., 367 s.,

—371 s., 405; R. 806, 809 s., 818 s., 823, 828, 832, 888 s., 644, 848 s., 853 s., 856.
—197. R. 259.
—281. S. 372.
—238. S. 375.
—438. S. 425.
—439. S. 425.
—443. S. 322.
—444. S. 389.
—R. 656 s., 664, 666.
—447. S. 251.
—460. R. 971.
—542. R. 241.
—585. S. 423, 425.
—586. S. 425.
—631. R. 140, 153, 945.
—682. S. 405; R. 47 s., 153, 173 s., 611, 899, 945, 961.
—636. S. 55, 149; R. 127, 129, 164, 636, 811, 933, 955.
—637. R. 527, 936.
—638. R. 933.

Table sommaire
des matières contenues dans le Supplément et le Répertoire.

(Les chiffres précédés de la lettre S renvoient au Supplément; les chiffres précédés de la lettre R renvoient au Répertoire.)

Acceptation S. 103 s.; R. 275 s.
— caution S. 105; R. 277 s., 280; (solidarité) R. 280.
— date, preuve R. 329.
— définition R. 275.
— dette liquide R. 319.
— domicile, tiers S. 108; R. 289.
— effets S. 129 s.; R. 330 s., (bonne foi) R. 340 s.; (contrainte par corps) S. 132; R. 342; (dation en payement) R. 333; (défaut de provision) S. 131; R. 329; (fraude) R. 332; (irrévocabilité) R. 332, 334 s.; (locataire) R. 338; (mandat spécial) R. 337; (mandataire) S. 130; R. 331; (mineur) R. 341; (novation) R. 323; (obligation de payer) R. 336 s., 343; (provision, présomption) R. 344 s.; (restitution) R. 331; (saisie immobilière) R. 338; (tiré, faillite) R. 330; (tireur, faillite) R. 341.
— endosseurs, obligations S. 103 s.; R. 276.
— formes S. 114 s.; R. 306 s.; (acceptation verbale) R. 306 s.; (acte séparé) R. 121, 123 s.; R. 315 (approbation d'écriture) S. 116; (blanc-seing) S. 116; R. 314 (bonne foi) S. 116; (conditions) S. 127; R.

324 s.; (date) R. 308; (défaut de date) S. 115; R. 308; (domicile, tiers) R. 323; (duplicatas) S. 125; R. 320 s.; (écriture) S. 114; R. 307; (faux) S. 116; (lettre missive) S. 122 s.; R. 316 s.; (messe) S. 122; (signature) R. 306; (signature du tiré) S. 120; R. 314; (somme à payer) S. 116; R. 309; (termes sacramentels) S. 117 s.; R. 119 s.; (visa) S. 119; R. 312.
— intervention S. 135 s.; R. 282, 351 s.; (droits et obligations de l'intervenant) S. 138; R. 356 s.; (effets) R. 352, 356 s.; (formes) R. 353; (notification) R. 355; (pluralité d'intervenants) S. 137; R. 354; (protêt) S. 135; R. 351; (signature) S. 136; R. 354; (tiers) R. 357.
— porteur (délai) S. 106 s., R. 288; (droits) S. 106 s.; (garantie) R. 291 (obligations) S. 106 s.; R. 288 s., 290; (protêt) R. 286; (recours) R. 104, 276; (refus) R. 294; (réquisition) S. 106 s., R. 288 s.; 293; (réquisition, échéance) R. 292; — refus S. 107; R. 297 (commerçant) S. 110; (dommages-

intérêts) S. 111; R. 295, 297 s.; (jugement) R. 350 (non-commerçant) S. 110, 112; R. 299; (notification du protêt) R. 346 (porteur négligent) S. 134; (protêt) S. 138; R. 348 (promesse conditionnelle) R. 325.
— refus, protêt S. 133; R. 348.
— réquisition, modes R. 288.
— restrictions S. 125; R. 327 s.
— tirés (compensation) S. 113; R. 303 (compétence) R. 299, 301; (conditions) R. 303 (double acceptation) R. 305; (mesures conservatoires) R. 126; (motifs) R. 304; (obligations) S. 109 s.; R. 295 s.; (payement à soi-même) R. 303, 326; (protêt) R. 302; (recours) R. 297 s.; (retrait) S. 109; R. 296.
— tireur, obligations S. 108; R. 276.
— tireur pour compte R. 281.
— V. Étranger, Faux, Lettre de change, Porteur, Provision.

Acte de commerce. V. Change.
Actes conservatoires. V. Endossement en blanc, Endossement irrégulier.
Affectation spéciale. V. Provision.
Agent de change. V. Change.

Approbation d'écriture. V. Billet à ordre, Billet simple, Lettre de change.
Arbitrage. V. Change.
Aval S. 206 s., R. 500 s.
— caractères S. 206; R. 500.
— effets S. 218 s., R. 523 s.; (bénéfice de discussion) R. 326; (caution, solidarité) S. 221; (contrainte par corps) S. 220; R. 527 s.; (déchéance) R. 530 (échéance) S. 223; R. 531; (erreur) R. 524 s.; (recours) R. 522; (solidarité) S. 218 s.; R. 523 s.
— formes S. 207 s.; R. 501 s.; (acte séparé) S. 212, 214; R. 501, 503 s., 512; (anticipation) R. 510 s.; (approbation d'écriture) S. 212; R. 508, 510 (aval partiel) R. 514; (cautionnement) S. 210 s.; R. 509; (date) S. 208; (déchéance) S. 213; (date de protêt) R. 516 s.; (donneur d'aval) S. 215; R. 515 s.; (écriture) S. 207; R. 501 (endossement) S. 217; R. 521; (enregistrement) R. 522; (femme mariée) S. 213; R. 509; (femme non commerçante) S. 213; R. 509; (garantie) S.

216; R. 505 s., 519 s.; (qualification) S. 209; R. 502; (signature) S. 207; R. 501, 551; (solidarité) S. 215; R. 515 s.
— V. Endossement régulier.
Aveu. V. Prescription.
Besoin. V. Lettre de change.
Bibliographie. S. 2.
Billet en blanc. V. Billet au porteur.
Billet de change. S. 219; R. 939.
— cause R. 939.
— définition R. 937.
— lettre de change R. 938.
— V. Compétence, Historique.
Billet à domicile S. 405 s.; R. 895 s.
— assignation en garantie R. 906.
— caractères, définition R. 895 s.
— lettre de change S. 212; R. 900 s.
— prescription R. 905.
— protêt tardif, déchéance S. 406; R. 900.
— remise de place, acte commercial S. 405; R. 897 s., 902 s.
— V. Compétence, Historique, Provision.
Billet d'honneur S. 420; R. 943.
Billet en marchandises S. 217; R. 941.
Billet à ordre R. 26.
— acte notarié R. 166.
— approbation d'écritures S. 69 s., R. 170
— caractère commercial

S. 61; R. 164, 181 s.
— cause R. 180 s.
— contrainte par corps R. 174.
— date R. 175.
— définition R. 164.
— échéance, délai R. 171.
— énonciations, fausses S. 69; (preuve) R. 142.
— enregistrement S. 60; R. 168.
— femme non commerçante S. 64; R. 172.
— fille non commerçante R. 172.
— forme S. 60 s.; R. 36, 164 s.
— immeuble dotal S. 71.
— ordre R. 176 s.
— rédaction S. 62 s.; R. 168 s.
— remise de place S. 65; R. 173 s.
— somme à payer R. 175.
— supposition, simple promesse R. 190 s.
— tiers porteur (mandat) R. 200 s.
— tiers porteur, bonne foi S. 69 s.; R. 194 s.; (responsabilité) R. 196 s.
— timbre S. 60; R. 167.
— valeurs en biens fonds R. 196 s.
— V. Compétence, Historique, Provision.
— valeur fournie S. 67 s.; R. 180 s.; (endossement) S. 68; R. 183 s.; (protêt) R. 184; (simple promesse) S. 67.
— valeur reçue comptant R. 191 s.
— valeur reçue à ma satisfaction R. 182.
— V. Compétence, Endossement, Étrangers, Historique.

Lettre de change-valeur fournie, Prescription.
Billet au porteur S. 408 s.; R. 920 s.
— billet de banque S. 408.
— billet en blanc, historique S. 408; R. 920 s.
— billet daté S. 408.
— caractères S. 408; R. 922, 926.
— cessibilité, transmissibilité S. 409 s.; R. 927.
— compétence S. 413 s., 431; R. 923.
— contrainte par corps R. 923.
— endossement, solidarité S. 412.
— payement S. 415 s.; R. 923.
— prescription R. 416; R. 929.
— propriété S. 411; R. 924.
— protêt R. 923.
— V. Compétence, Historique.
Billet simple S. 417 s.; R. 930 s.
— acte commercial R. 933.
— approbation d'écriture R. 930.
— caractères S. 417; R. 930.
— compétence R. 933 s.
— endossement R. 931.
— enregistrement S. 918; R. 936.
— prescription R. 935.
— signataire, faillite R. 932.
— timbre S. 918; R. 936.
— V. Compétence.
Billet à volonté S. 430; R. 940.
Bonne foi. V. Lettre de change.

Caractères R. 1.
Cause. V. Billet à ordre, Lettre de change.
Cause illicite. V. Endossement régulier.
Caution. V. Acceptation, Payement.
Cautionnement. V. Aval.
Change S. 10 s.; R. 27 s.
— acte de commerce S. 12.
— agents de change R. 34, 35.
— arbitrage R. 33.
— billet à domicile R. 35.
— caractères S. 11 s.; R. 27, 31.
— change au pair R. 34.
— cours R. 34.
— diverses espèces R. 30.
— lettre de change R. 35.
— objet R. 31.
— prêt R. 27.
— V. Payement.
Commissionnaire. V. Solidarité.
Compensation S. 258 s.; R. 608 s.
— dettes exigibles S. 258; R. 608.
— porteur, échéance S. 258 s.; R. 609 s.
— renonciation S. 260.
— tiré R. 610.
Compétence S. 428 s.; R. 944 s.
— billet de change R. 961.
— billet à domicile R. 961.
— billet à ordre S. 431; R. 933 s.; (cause commerciale) R. 953 s.; (non-com-

merçant) R. 958 s.; (signature) R. 957 s.
— billet au porteur S. 431; R. 964.
— billet simple S. 431;
— domicile S. 432; R. 956 s.; (assignation) R. 967 s.; (domicile élu) R. 970 s.; (lieu de payement) R. 969; (recours en garantie) R. 972.
— effets négociables S. 429 s.; R. 945 s.; (femme non commerçante) S. 430; R. 950; (lettre de change) S. 929 s.; R. 945 s.
— lettre de change, cause R. 946; (mineurs) R. 951; (non-commerçants, simples promesses) R. 949 s.; (obligation civile) R. 948.
— lettres de crédit S. 431; R. 963.
— mandat S. 431; R. 962.
— V. Billet au porteur, Billet simple, Lettre de change
Compétence commerciale R. 1.
Compte courant. V. Provision.
Compte de retour R. 783 s., 795 s.
— V. Payement.
Condition résolutoire. V. Endossement régulier.
Confusion S. 261; R. 611 s.
— tireur, endosseur S. 611 s.
Connaissement. V. Endossement régulier. Provision.
Contrainte par corps. V. Acceptation, Billet à ordre, Billet au porteur, Etrangers, Lettre de change.
Créances. V. Endossement.
Créanciers. V. Endossement en blanc, Prescription.

Date. V. Acceptation, Aval, Echéance, Endossement régulier, Lettre de change.
Dation en payement. V. Acceptation.
Déchéance. V. Endosseur.
Définition R. 1.
Délai. V. Acceptation, Echéance, Législation, Prescription.
Délai de grâce. V. Etrangers.
Dénonciation. V. Porteur.
Domicile. V. Compétence, Lettre de change, Protêt.
Domiciliataire. V. Lettre de change.
Dommages-intérêts R. 454 s.
— actes conservatoires R. 479.
Don manuel. V. Endossement en blanc.
Duplicata. V. Lettre de change, Payement.

Echéance S. 139 s.; R. 359 s.
— computation S. 144; R. 362.
— date S. 143; R. 363.

— délai R. 360 s.
— échéance incertaine R. 363.
— historique, prorogations S. 139 s.; R. 359.
— jour férié R. 364.
— non-payement, intérêts S. 342; R. 365.
— payement anticipé R. 365.
— prorogation (billets à ordre) S. 143; (compensation) S. 143; (endosseur en blanc) S. 143; (endosseurs étrangers) S. 430; (intérêts) S. 143.
— usance R. 362.
— V. Aval, Billet à ordre, Endossement régulier, Etranger, Porteur.
Ecriture. V. Acceptation, Aval, Lettre de change.
Effets de complaisance S. 421 s.
— bonne foi S. 427.
— caractères S. 421 s., 425.
— cause S. 423.
— faillite, banqueroute S. 424, 425.
— preuve S. 426.
— valeur de circulation S. 424.
Endossement S. 146 s.; R. 1, 366 s.
— acte notarié S. 367.
— acte séparé S. 140; R. 367.
— acte sous seing privé R. 367.
— allonge R. 367.
— billets à ordre S. 151; R. 374.
— caractères S. 146; R. 367.
— cause illicite S. 152.
— créances S. 149; R. 372; (transmissibilité) S. 151; R. 374.
— définition R. 366.
— écriture S. 148; R. 367.
— endossement partiel S. 173; R. 448 s.
— endossements successifs R. 370.
— garantie S. 152; R. 379.
— historique R. 366.
— hypothèque S. 150; R. 373; (aval) R. 389.
— mandataire R. 368.
— privilège S. 150.
— qualité de l'endosseur S. 147; R. 368.
— transmission R. 372 s.; (billets à ordre) R. 375 s., 378; (lettres de change) R. 375 s.
— V. Aval, Billet à ordre, Billet simple, Etrangers, Faux, Lettre de change, Mandat, Novation, Payement, Provision.
Endossement en blanc S. 183 s.; R. 454 s.
— caractères S. 185; R. 464.
— effets S. 187 s.; R. 470 s.; (créanciers) R. 477; (créanciers de l'endosseur) S. 190; R. 467, 477; (date) S. 198; R. 890; (décès du signataire) R. 486; (don manuel) R. 474; (droits du

porteur, mandat) S. 191 s.; R. 479, 480 s.; (échéance) S. 194; (exceptions) R. 481, 483; (faillite) R. 478, 486; (fraude) R. 488; (garantie) R. 480; (mandat) S. 198; R. 486; (payement) S. 196; R. 462, 488; (preuve, présomptions) R. 473; (subrogation) S. 199; R. 453, 488; (suscription postérieure) S. 195 s.; R. 482 s.; (tiers) S. 189; R. 465 s., 475 s.; (translation de propriété) S. 187 s., 197; R. 470 s., 476, 486.
— exceptions R. 467 s.
— qualité pour l'invoquer S. 186; R. 465 s.
— valeur fournie R. 466.
Endossement irrégulier S. 173 s.; R. 477 s.
— actes conservatoires S. 172.
— caractères R. 448.
— définition R. 447.
— effets S. 174 s.; R. 451 s.; (connaissance) S. 181 s.; R. 460; (droits du porteur) S. 174 s.; R. 453 s.; (endosseur, faillite) S. 178 s.; (mandat) R. 452 s.; (preuve) S. 189 s.; R. 459; (procuration) S. 174; R. 451; (subrogation) S. 174; R. 452 s.; (tiers) R. 456 s.; (valeur en recouvrement) R. 453.
— effets, porteur (exceptions) S. 178; R. 457 s.; (faillite) S. 176; (mandat) S. 177 s.; R. 454 s.; (translation de propriété) S. 177 s., 183 s.; R. 453 s.
— qualité pour l'invoquer S. 173; R. 448 s.
— tiers, nullité S. 173; R. 448 s.
Endossement régulier S. 153 s.; R. 381 s.
— date R. 387 s.; (aval) R. 389; (procuration) R. 390; (protêt) R. 389.
— définition R. 381.
— échéance (faillite) R. 413 s.; (hypothèque) R. 409; (protêt) R. 411.
— effets S. 191 s.; R. 415 s.; (bonne foi) R. 446; (cause illicite) S. 168; (condition résolutoire) R. 428; (connaissance) S. 172; R. 460; (exceptions) S. 162; R. 448; (faillite) R. 421; (fraude, simulation) S. 168; R. 416, 434 s.; (gage) S. 166; R. 430; (garantie) R. 431 s.; (obligations cumulatives) S. 163; (preuve, présomption) S. 168; R. 434 s.; 441; (preuve testimoniale, serment) R. 441 s.; (solidarité) R. 431, 433; (suppositions) R. 437; (translation de

propriété) S. 161, 168; R. 415 s.; 436; (valeur en compte) S. 164; R. 430 s.; (valeur en garantie) S. 165; (valeur en marchandises) R. 427.
— effets, mandat S. 161, 170; R. 415 s., 438 s.; (force majeure) R. 441.
— époque S. 158 s.; R. 407 s.
— formes S. 153 s.; R. 362 s.; (antidate) S. 154 s.; R. 386; (bénéficiaire, défaut de nom) R. 403; (date) S. 153; R. 382, 386 s.; (date ut retro) R. 388; (fausse date) S. 155; R. 387; (nom du bénéficiaire) S. 153, 157; R. 382, 403 s.; (omission d'ordre) R. 404 s.; (sanction) R. 385.
— transmissibilité, échéance S. 158 s.; R. 407 s.; (valeur fournie) S. 153, 156; R. 382, 391 s.; (défaut de mention) R. 401; (effet non signé) R. 402; (valeur à lui appartenant) R. 390 s.; (valeur en compte) R. 307; (valeur entendue) R. 395; (valeur au recouvrement) R. 395; (valeur reçue) R. 392 s.; (valeur reçue comptant) R. 396.
Endosseur
— déchéances S. 300 s., 304 s.; R. 721 s.; (incapables) R.726; (refus de payement, protêt) R. 708 s.; (renonciation) R. 721 s.; (subrogation) S.308; R.725.
— droits (porteur, exceptions) R. 734; (saisie conservatoire) R. 704.
— recours (délai) R. 698 s., 702; (ondossour) R. 696; (garantie) S. 309; R. 697, 710 s.; (subrogation) S. 307 s.; R. 725.
— V. Acceptation.
Enregistrement. V. Billet à ordre, Billet simple, Lettre de change.
Etranger
— acceptation, formes S. 395; R. 885.
— billet à ordre S. 389 s.; R. 876 s.
— capacité S. 390; R. 877 s.
— compétence S. 404; R. 894.
— contrainte par corps S. 399; R. 890 s.
— contrat, exécution R. 880 s.
— défaut de payement S. 396; R. 887.
— délais de grâce S. 397; R. 890.
— échéance S. 396; R. 887.
— endossement, formes S. 393 s.; R. 882, 884.
— intérêts moratoires S. 397.
— lettre de change S. 389 s.; R. 876 s.; (prescription) S. 398.

— locus regit actum, dérogation S. 392 R. 879.
— loi réelle S. 389; R. 876, 879 s.
— monnaie R. 890.
— payement S. 396; R. 887.
— porteur, recours S. 400 s.; (force majeure) S. 401.
— princes français S. 391.
— protêt R. 888 s., 893.
— timbre S. 403 s.
Exception. V. Endossement régulier.

Faillite. V. Billet simple, Endossement en blanc, Endossement régulier, Prescription, Provision.
Faux S. 376 s.; R. 859 s.
— confection du titre S. 376 s.; R. 860 s.; (acception) S. 379 s.; R. 860 s.; (altération postérieure) S. 378 s.; R. 866 s.; (caractères) R. 861; (intervention) R.865; (obligation du tiré) R. 860, 868 s.; (porteur de bonne foi) R. 868, 865; (recours) S. 381; R. 866; (refus de payement) S. 376; R. 862; (remboursement) S. 380; R. 863; (répétition) S. 377; R. 862, 868; (signature) R. 860, 865; (vérification d'écritures) R. 864.
— faux acquits S. 388; R. 888.
— lettre de change, acceptation S. 387; R. 873 s.
— négociation du titre S. 382 s.; R. 870 s.; (abus de blanc-seing) S. 384 s.; (donneur d'aval) S. 384; (faux endossement) S. 382 s.; R. 870 s.; (intervention) S. 384; (recours, porteur de bonne foi) S. 385 s.; R. 871.
— V. Lettre de change.
Force majeure. V. Porteur, Prescription.
Fraude. V. Endossement régulier.

Gage. V. Endossement régulier.
Gestion d'affaires. V. Payement, Prescription.

Historique R. 2 s.
— billet de change R. 8, 12.
— billet à domicile R. 13.
— billet à ordre R. 10, 165.
— billet au porteur R. 14.
— bourse R. 15.
— code de commerce (discussion) R. 19 s.; (modifications postérieures) R. 23 s.
— lettre de change R.2 s.; (invention, moyen âge) R. 3 s.; (ordonnances royales) R. 6 s.; (réglementation, ordonnance de 1673) R. 8; (temps anciens) R. 2.

— mandats de change R. 11.
— période révolutionnaire R. 16 s.
Huissier. V. Protêt.
Hypothèque. V. Endossement, Porteur.

Incapables. V Lettre de change, Prescription.
Intérêts. V. Protêt.
Intervention. V. Acceptation, Payement.
Irrévocabilité. V. Acceptation.

Jour férié. V. Echéance.

Législation S. 3 s.
— délai S. 3 s.
— lettre de change S. 5.
— protêts S. 5.
Législations étrangères S. 6 s.; R. 25.
— Allemagne S. 6 s.; R. 25, 46, 941.
— Angleterre S. 7 s.; R. 25, 46, 322, 883, 890.
— Autriche S. 7; R. 25.
— Belgique S. 8, 160 ; R. 410, 917.
— Danemark R. 46, 67.
— Espagne S. 9; R. 25, 576.
— Etats Scandinaves S. 9.
— Etats-Unis S. 8.
— Hollande S. 7 s.; R. 25.
— Hongrie S. 9.
— Italie S. 9; R. 25, 883, 941.
— Portugal S. 9; R. 412.
— Roumanie S. 9.
— Russie S. 8; R. 25.
— Suisse S. 9.
Lettre de change S. 10 s.; R. 26 s.
— acceptation S. 103.
— accepteur R. 37.
— agents de change R. 160.
— approbation d'écriture S. 14; R. 89 s., 157.
— avocats R. 161.
— bénéficiaire R. 37.
— caractère commercial S. 11; R. 40 s.
— cause S. 30, 34 s. ; R. 99 s.; (cause illicite) S. 38; R. 90; (fausse cause) S. 37 s.; (bonne foi) S. 38, 40; R. 101; (mauvaise foi) S. 39.
— contrainte par corps R. 125.
— courtiers R. 160.
— date S. 21 s.; R. 62 s.; (antidate, faux) S. 22; R. 63; (date inexacte) S. 23; (force probante) R. 64 s.; (validité) S. 21; R. 62.
— définition R. 37.
— désignation du tiré S. 25 s.; R. 69 s.
— domicile, payement, tiers S. 46; R. 117.
— domiciliataire R. 117.
— donneur de valeur R. 37.
— duplicata R. 114 s.; (endossements successifs) R. 115.
— ecclésiastiques R. 162.
— écriture R. 38 s.
— endosseurs R. 255, 259.
— énonciations facultatives S. 53; R. 143 s.; (besoin) R. 148 s.; (besoin,

endosseurs) R. 151; (retour sans frais) R. 152.
— enregistrement S. 15; R. 43.
— époque du payement S. 28; R. 75 s.; (date) S. 29; R. 75 s.; (échéance en foire) R. 77; (payement à présentation) R. 76; (u sances de date) R. 77.
— étrangers R. 163.
— exemplaires multiples S. 45; R. 112 s.; (mentions, omissions) R. 114 s.
— femme marchande publique R. 155.
— femme non-commerçante (acceptation) S. 57; (approbation d'écriture) S. 37; (autorisation maritale, simple promesse) S. 55; R. 153 s.; (compétence commerciale) S. 55; R. 153 s.; (mandat) S. 58; (saisie conservatoire) S. 57.
— fille non-commerçante (compétence commerciale) S. 55; R. 153; (simple promesse) S. 55; R. 153 s.
— forme S. 14 s.; R. 36 s.
— incapables S. 54 s.; R. 153 s.
— lettre à domicile R. 117.
— lieu de payement S. 29; R. 75, 78.
— magistrats R. 160.
— mandat R. 159.
— mineur commerçant R. 156.
— mineur non-commerçant S. 59; R. 153, 156.
— omissions R. 125.
— ordre S. 42 s.; R. 103 s.; (défaut d'ordre) S. 42; R. 104 s.; (désignation du preneur) R. 105; (endossement) S. 43 s.; R. 110 s.; (équivalent) R. 107; (ordre d'un tiers) R. 18; (ordre du tireur) S. 43; R. 109 s.; (payement au porteur) R. 106; (perte, protestation) R. 774.
— porteur R. 37; (droits et actions) R. 248 s.
— preneur R. 37.
— prodigue, conseil judiciaire S. 54; R. 153.
— protêt, inscription de faux R. 74.
— remise de place S. 16 s.; R. 45 s.; (acceptation) R. 51 s.; (acte de commerce) R. 48; (caractère) S. 17; (distance) R. 49 s.; (domicile) R. 58 s.; (endossement) R. 53 s.; (payement) R. 51 s.; (simple promesse) R. 61.
— signature R. 40.
— somme à payer (énonciation) S. 24; R. 65 s.; (erreur) R. 67; (intérêts) S. 24; (monnaie étrangère) R. 65.
— suppositions S. 47 s.; R. 123 s.; (caractère) S. 48; (compétence) S. 52; R. 140; (conséquences,

simple promesse) S. 49; R. 125 s.; (mentions inexactes) S. 50; (preuve) S. 52; R. 132 s.; (preuve, simulation) R. 141; (simulation, porteur de bonne foi) S. 52; R. 141 s.; (supposition de domicile) R. 124; (supposition de lieu) R. 124, 125 s.; (supposition de personnes) R. 124; (supposition de qualité) R. 124; (supposition de valeur) S. 51; R. 131.
— timbre S. 15; R. 42.
— tiré R. 37; (échéance) S. 98; R. 267; (exigibilité) R. 267.
— tireur R. 37; (droits et obligations) R. 250 s.
— tireur non-commerçant S. 28; R. 70 s.
— traite au compte d'un tiers R. 120 s.
— traite sur soi-même, billet à domicile S. 26; R. 73.
— traite sur une succursale S. 27; R. 73.
— valeur fournie S. 30 s.; R. 79 s.; (billet à ordre) S. 33; (défaut d'indication) S. 41; R. 81, 102; (donneur de valeur) S. 32; (preuve) S. 100 s.; (valeur en argent) R. 96; (valeur changée) R. 98; (valeur de complaisance) S. 86; (valeur en compte) S. 31; R. 79, 94; (valeur en compte-courant) R. 83, 88; (valeur entendue) S. 31; R. 82, 85 s.; (valeur en espèces) R. 79, 87, 93, 96; (valeur en garantie de mon compte) S. 38; (valeur en ma lettre de ce jour) S. 31; (valeur en marchandises) R. 79, 96, 99; (valeur en moi-même) S. 32; R. 97, 109, 111; (valeur entre nous) S. 31; S. 82, 85; (valeur reçue) S. 31; R. 82 s., 111; (valeur reçue comptant) R. 93, 96; (valeur en renouvellement de traites antérieures) S. 32; (valeur suivant notre convention de ce jour) S. 31; (valeur de toute autre manière) R. 79, 89 s.
— V. Billet de change, Billet à domicile, Compétence, Endossement, Etranger, Faux, Historique, Législation, Prescription.
Lettres de crédit S. 430; R. 942.
— V. Compétence.
Lettre à domicile. V. Lettre de change.
Lettre missive. V. Acceptation.
Loi réelle. V. Etranger.

Mandat S. 407; R. 907 s.
— acte commercial R. 916.

— caractères R. 908.
— définition R. 907.
— dommages-intérêts R. 913.
— lettre de change S. 407; R. 909, 911 s.
— mandat de change R. 909.
— mandat à vue R. 913.
— ordre, endossement R. 911.
— prescription R. 919.
— protêt, recours R. 912 s.
— V. Compétence, Endossement en blanc, Endossement irrégulier, Endossement régulier, Lettre de change.
Mandat de change. V. Historique.
Mandataire. V. Endossement, Payement.
Mauvaise foi. V. Lettre de change.
Minorité. V. Acceptation.
Monnaie. V. Etranger, Payement.

Novation S. 255; R. 600 s.
— endossements, recours R. 601.
— renouvellement R. 600.
— V. Acceptation.

Omissions. V. Lettre de change.
Opposition. V. Payement.
Ordre. V. Lettre de change.

Payement S. 224; R. 534 s.
— acquit S. 243; R. 564 s.; (présomption) R. 583.
— avis préalable S. 242.
— billet à ordre, perte S. 235 s.; R. 550, 552.
— caution S. 228; R. 548 s.
— délai R. 561.
— délai de grâce, échéance S. 246; R. 577 s.
— domicile, besoin R. 559, 572.
— duplicata accepté, perte R. 542.
— duplicata non accepté R. 540.
— endossements intervertis R. 567, 563.
— incapables R. 536.
— intervention S. 253 s.; R. 589 s.; (caractères) R. 597; (co-intervenants, signatures) R. 595; (compte de retour) R. 593; (endossement) S. 255; R. 598; (gestion d'affaires) S. 253 s.; (mandat) R. 594 s.; (protêt) R. 590 s.; (remise du titre) S. 591 s.; (subrogation) S. 254; R. 591.
— mandataire S. 224 ; R. 535.
— monnaies, change R. 574.
— monnaies étrangères, monnaies françaises S. 244; R. 573 s.
— novation R. 558.
— opposition, faillite, saisie S. 245 ; R. 577.
— ordre du juge S. 228 s.; R. 544.

— papier-monnaie R. 576.
— payement partiel S. 247 ; R. 557, 582.
— perte S. 227 s.; R. 541 s.; (c. civ. art. 2279) R. 553; (duplicata) S. 239 s.; R. 556 ; (échéance, jour férié) R. 545; (effet non échu) S. 237; (endossements successifs) R. 556 ; (force majeure) S. 232; R. 545; (obligation civile) S. 236; R. 550; (payement antérieur) S. 238; (prescription) S. 234; R. 548; (preuve) S. 230; R. 549; (preuve, correspondance commerciale) R. 542, 546; (protestation) S. 231 s.; R. 541, 544 s.; (protêt) R. 554.
— porteur, bonne foi S. 226 ; R. 535, 538 s.
— présomption de libération R. 568 s.
— qualité R. 535.
— remise du titre, libération S. 249 s.; R. 584 s.
— répétition, erreur R. 582.
— terme R. 559.
— tiré (insolvabilité) R. 547; (mandataire) (R. 557.
— valeur en compte R. 571.
— validité S. 248; (responsabilité) S. 251; R. 588.
— V. Billet à ordre, Billet au porteur, Etranger, Lettre de change.
Perte. V. Payement.
Porteur
— déchéance (débiteur garant) R. 716 ; (effets) R. 736 ; (incapables) R. 726; (présentation, protêt) S. 300 s. ; R. 705 s.; (protêt, contrainte par corps) R. 735 ; (refus de payement, protêt) R. 708 s., 718; (remise du titre) R. 542.
— devoirs (acceptation) S. 268 ; R. 615 ; (avertissement) S. 268 ; R. 637 ; (déchéance) R. 655 ; (défaut de protêt, déchéance) S. 270 s.; R. 638 s. ; (délai) S. 262 s. ; R. 614 s. ; (délai de grâce) R. 619 s. ; (dispense de la dénonciation) R. 593; (dispense de formalités) S. 278 s., 282 ; (double protêt) R. 625; (échéance) R. 654; (faux) R. 639 s. ; (payement) S. 591 s.; (subrogation) S. 254; R. 591.
— dispense de protêt (conventions particulières) S. 274; R. 640; (endosseurs) R. 644 s.; (faillite) R. 642; (tireur) R. 646 s.
— droits (action en garantie) R. 673, 699 s. ; (anticipation de délai) R.

707 ; (assignation) S. 296 ; R. 691 s.; (caution) S. 292 ; R. 680 ; (citation en justice) S. 298; R. 690, 694, 712 ; (déchéance) R. 668 s. ; (déclaration de faillite) R. 658 (hypothèques) S. 292; (notification du protêt, déchéance) S. 296 ; R. 690, 695, 712, 717 s.; (péremption) S. 298 ; R. 694 ; (remboursement volontaire) S. 290; R. 701, 703 ; (saisie conservatoire) S. 301 ; R. 704.
— endosseurs S. 292 s. ; R. 673 ; (délais) S. 293 s., 299 ; R. 681 s., 686 s., 698 ; (faillite) S. 297; R. 693; (subrogation) R. 733.
— faillite de l'accepteur (caution) S. 288; R. 666 s.; (échéance) R. 659 s. ; (endosseur) R. 657; (protêt) S. 285; R. 656 s., 662 s.
— protêt S. 264 s., 269 ; R. 613 s.; (avertissement amiable) R. 714; (dénonciation) S. 272 s.; R. 629 s.; (dénonciation verbale) R. 713; (échéance) S. 272 s.; R. 617 s., 625 s., 640 s.; (force majeure) S. 265 s., 306 ; R. 628, 633 s., 723 s.; (protêt nul) R. 741 ; (impossibilité) R. 635 s.; (jour férié) R. 626.
— tiré S. 291; R. 670 s.; (acceptation) R. 670; (faillite) R. 677 ; (non-acceptation) R. 673 s. ; (remboursement) R. 674.
— tireur S. 290 ; (déchéance) R. 310; (échéance) S. 311 s. ; R. 727 ; (garantie) R. 731 ; (provision) S. 311 ; R. 727.
— V. Acceptation, Endossement irrégulier, Etranger, Provision.
Preneur. V. Lettre de change.
Prescription S. 343 s.; R. 806 s.
— aveu, serment, prescription trentenaire S. 364 s., 373; R. 835, 845, 854.
— billet à ordre (créanciers) S. 374; R. 859; (rétroactivité) S. 374.
— compte de fournitures S. 346.
— coobligés solidaires, condamnation R. 836.
— interruption S. 359 s.; R. 823; (codébiteurs solidaires) S. 361 s.; R. 835, 839.
— interruption, reconnaissance de dette S. 363 s.; (compurgation personnelle) S. 364; R. 839.
— lettre de change (créanciers) S. 374; R. 856; (prescription trentenaire) R. 814 s.
— loi étrangère S. 374.
— obligation civile, ges-

tion d'affaires *S.* 345; *R.* 810.
— poursuites judiciaires, interruption *S.* 358; *R.* 831 s.
— prescription quinquennale (actes interruptifs) *S.* 363 s.; *R.* 828; (billets à ordre) *S.* 347, 349; *R.* 811 s., 813; (caractère commercial) *S.* 345, 347; *R.* 811 s., 814; (délai, point de départ) *S.* 362 s.; *R.* 821 s.; (effet libératoire, intérêts) *S.* 372; *R.* 832 s.; (incapables) *S.* 354; *R.* 823; (lettre de change) *S.* 350 s.; *R.* 817; (non-commerçants) *R.* 817; (porteur, déchéance) *R.* 807; (porteur, faillite) *S.* 368 s.; *R.* 838; (prorogation d'échéance) *R.* 843; (reconnaissance de dette, acte séparé) *S.* 364, 367; *R.* 838; (reconnaissance de dette antérieure) *S.* 366; *R.* 846; (remplacement militaire) *S.* 347; (renonciation) *R.* 656; (solidarité) *S.* 348; *R.* 812.
— prescription quinquennale, interruption (intérêts) *S.* 359 s.; (lettre missive) *S.* 363; *R.* 839; (preuves, présomptions) *S.* 371; *R.* 840 s.
— prescription quinquennale, présomption de payement *S.* 370 s.; *R.* 850, 852 s.; (aveu, serment, preuve testimoniale) *R.* 852 s.; (duel, fraude) *R.* 851.
— protêt tardif *S.* 355; *R.* 831.
— qualité pour l'opposer *R.* 855, 857.
— reconnaissance de dette (billets) *S.* 368; *R.* 838; (prorogation) *R.* 847 s.
— subrogation *R.* 845.
— suspension (faillite) *R.* 830; (faillite, concordat) *S.* 357; *R.*

829; (force majeure) *S.* 356; *R.* 824 s.; (mort civile) *R.* 828.
— V. Billet à domicile, Billet au porteur, Billet simple, Étranger, Mandat.
Présentation. V. Porteur.
Prêt. V. Change.
Preuve. V. Acceptation, Payement.
Privilège. V. Endossement.
Prorogation
— intérêts *S.* 344.
— V. Échéance.
Protêt *S.* 313 s.; *R.* 737 s.
— définition, caractères *S.* 746 s.; (besoin) *S.* 324 s.; *R.* 760 s.; (caractères) *S.* 321; *R.* 747; (changement) *R.* 749; (commis, domestique, portier) *R.* 751 s.; (dernier domicile, tiers) *R.* 756 s., 765; (domiciles divers) *R.* 323; (faillite) *R.* 755 s.; (faillite) *S.* 322; *R.* 748; (huissier) *S.* 316; *R.* 743 s.; (indication insuffisante) *S.* 320; *R.* 759, 763; (intervention) *R.* 764; (militaire) *R.* 754; (perquisition) *R.* 758; (tiré) *S.* 319; *R.* 746; (voisin) *R.* 753.
— énonciations *R.* 326 s.; *R.* 767 s.; (copie, désignation de la personne) *R.* 772 s.; (énonciations essentielles ou secondaires) *S.* 328; *R.* 769; (équivalent) *R.* 770; (loi étrangère) *S.* 329; *R.* 770; (obligations nouvelles) *S.* 327; (réponses) *R.* 771; (transcription du titre) *S.* 326; *R.* 767.
— enregistrement, timbre *R.* 775.
— équivalent *R.* 623 s,
— heure *R.* 766.
— intérêts *S.* 340; *R.*

802 s.; (protêt tardif) *S.* 341.
— nullité (recours, dommages-intérêts) *S.* 330; *R.* 776; (responsabilité) *S.* 331; *R.* 777.
— officier public *R.* 777.
— qualité *S.* 314; *R.* 738 s.
— refus, constatation *R.* 742 s.
— refus de payement *S.* 316 s.; *R.* 744.
— tarif *S.* 348; *R.* 745.
— témoins, signature *S.* 315; *R.* 741.
— V. Acceptation, Billet à domicile, Billet au porteur, Endossement régulier, Étranger, Législation, Lettre de change, Mandat, Porteur, Provision.
Provision *S.* 92; *R.* 202 s.
— accepteur, faillite *S.* 92; *R.* 241.
— définition *R.* 202.
— donneur d'ordre *S.* 72; (faillite) *S.* 92; *R.* 241; (tiers, obligations) *S.* 96; *R.* 247 s.
— droits du porteur *S.* 82 s., 86 s.; *R.* 211, 222 s.; (acceptation) *S.* 86; (connaissement) *S.* 84 s.; (endossement) *S.* 84, 88; *R.* 233 s.; (non-acceptation) *S.* 89; *R.* 226; (propriété) *S.* 86 s.; *R.* 226 s., 229 s.; (recours arrêt) *S.* 88; *R.* 233 s.; (validité de la lettre de change) *S.* 90.
— droits du tiré *R.* 244; (acceptation) *S.* 99; *R.* 270.
— porteur *S.* 102; *R.* 273 s.; (privilège) *R.* 205.
— somme liquide *R.* 268.
— tiré *S.* 96 s.; *R.* 260 s.; (affectation spéciale) *S.* 100; (connaissement, marchandises) *S.* 100; (débiteur) *R.* 267; (défaut de provi-

sion) *R.* 262; (donneur d'ordre) *R.* 244; (échéance) *S.* 97; *R.* 265; (endosseurs) *S.* 96; (faillite) *S.* 101; *R.* 210 s., 271; (mandat) *R.* 260; (non-acceptation) *S.* 100; *R.* 265, 270; (nullité) *S.* 97; (preuve) *S.* 96; *R.* 260 s., (responsabilité) *R.* 272.
— tireur *S.* 72 s.; *R.* 203 s.; (action en garantie) *R.* 218; (affectation spéciale) *S.* 83 s.; *R.* 213 s., 224 s.; (billet à domicile) *R.* 218; (caractère-courant) *S.* 77, 85; (caractères) *S.* 75; (compte-courant) *S.* 77, 85; (dette liquide) *R.* 207; (donneur d'ordre) *R.* 245 s.; (exigibilité) *S.* 73 s.; *R.* 208; (faillite) *S.* 73, 79 s., 83, 87, 90; *R.* 222 s., 226, 228 s., 251; (marchandises) *S.* 75 s.; *R.* 208; (obligations) *R.* 203; (ouverture de crédit) *S.* 208 s.; (payement, domicile d'un tiers) *S.* 80; *R.* 214; (payement à l'échéance) *S.* 79; (*R.* 210); (porteur négligent) *S.* 80 s.; *R.* 214, 217; (préposé) *R.* 214 s., 256 s.; (propriété) *S.* 85 s.; (responsabilité) *R.* 204; (saisie immobilière) *R.* 245.
— tireur pour compte, (protêt tardif) *S.* 93; *R.* 243; (tiers, obligations) *S.* 91 s.; *R.* 236 s.
Rechange *S.* 332 s.; *R.* 778, 783.
— caractères, définition *R.* 778, 783.
— cumul *S.* 339; *R.* 796, 798.

— droits de l'endosseur *S.* 337; *R.* 792, 795; (retraite) *S.* 338; *R.* 793 s.
— droits du porteur *S.* 336; *R.* 792.
— frais *S.* 335; *R.* 788 s., 792 s.; (intérêts) *R.* 343.
— modifications, décret de 1848 *S.* 333; *R.* 783 s., 790 s.
— rechanges successifs, frais *R.* 789.
— retraite *S.* 332 s.; *R.* 778 s.
— taux à forfait *S.* 337.
Reconnaissance de dette. V. Prescription.
Remboursement. V. Porteur.
Remise de place. V. Billet à ordre, Lettre de change.
Remise volontaire de dette *S.* 257; *R.* 602 s.
— effets *R.* 490.
— tireur, endosseur *R.* 604 s.
Renouvellement. V. Novation.
Responsabilité. V. Protêt.
Retour sans frais *S.* 276; *R.* 152, 647 s.
— dispense de protêt *R.* 647, 650.
— échéance, dommages-intérêts *R.* 650 s.
— effets *S.* 276; *R.* 647 s.
— qualité *R.* 649.
— V. Lettre de change.
Retraite
— abus *R.* 800.
— caractères *R.* 781 s., 786.
— compte détaillé *R.* 783.
— endosseur, frais *S.* 334; *R.* 787.
— historique *R.* 801.
— qualité *R.* 779 s.
— recours en garantie *S.* 333; *R.* 785.
— V. Rechange.
Saisie-arrêt. V. Provision.
Saisie conservatoire. V. Endosseurs, Lettre de change, Porteur.
Saisie immobilière. V. Acceptation, Provision.

Serment. V. Prescription.
Signature. V. Faux, Lettre de change.
Simple promesse. V. Billet à ordre, Lettre de change.
Solidarité *S.* 200 s.; *R.* 489 s.
— caractères *S.* 200; *R.* 489.
— commissionnaire *S.* 204; *R* 493.
— cosignataires *S.* 202.
— droits du porteur *R.* 495.
— endosseurs *R.* 407.
— étendue *R.* 494.
— extinction *R.* 499.
— femme mariée *S.* 201;
— garantie *S.* 203; *R.* 491 s.
— stipulation contraire *S.* 203; *R.* 491.
— tiré *R.* 498.
— tireur *S.* 205.
— V. Acceptation, Billet au porteur, Endossement régulier, Prescription.
Subrogation. V. Endosseurs, Prescription.
Supposition. V. Billet à ordre, Endossement régulier, Lettre de change.
Timbre. V. Billet à ordre, Billet simple, Étranger, Lettre de change, Porteur.
Tiré. V. Acceptation, Lettre de change.
Tireur. V. Acceptation, Provision.
Titre. V. Faux.
Traite. V. Lettre de change.
Usance. V. Échéance.
Valeur. V. Lettre de change.
Valeur de circulation. V. Effets de complaisance.
Valeur de complaisance. V. Effets de complaisance.
Valeur fournie. V. Billet à ordre, Endossement régulier.

Table chronologique des Lois, Arrêts, etc.

1673	1809	1825	1836	17 déc. Req. 232 c.	17 sept. Trib. com. Bordeaux, 157 c., 191 c.	1849	2 mars. Bruxelles. 274 c.
... Ord. 121 c., 228 c.	22 nov. Riom. 55 c.	28 mai. Toulouse. 191 c.	29 mars. Paris. 598 c.	**1845**		3 janv. Décr. 139 c.	18 mars. Civ. 151 c., 163 c.
1716	**1813**	30 juill. Rouen. 407 c.	1er déc. Metz. 50 c.	7 mars. Bourges.	**1848**	6 janv. Rouen. 88 c., 100 c.	19 mars. Caen. 363 c.
... Édit. 408 c.	23 août. Civ. 364 c.	**1827**	**1838**	5 avr. Nancy. 12 c., 41 c.	3 janv. Req. 272 c.	30 janv. Req. 55 c.	20 mars. Civ. 75 c.
1721	**1814**	21 août. Lyon. 121 c.	9 janv. Req. 169 c.	8 avr. Nancy. 25 c.	24 janv. Caen. 220 c.	31 janv. Req. 131 c.	12 avr. Paris. 393 c., 399 c.
... Édit. 408 c., 421 c.	3 août. Douai. 191 c.	**1828**	11 juin. Rouen. 89 c.	24 avr. Rouen. 87 c., 100 c.	15 févr. Caen. 199 c.	1er févr. Lyon. 357 c.	4 mai. Colmar. 77 c.
1792	**1816**	10 déc. Req. 231 c.	6 nov. Paris. 169 c.	25 juin. Civ. 191 c.	23 mars. Décr. 143 c., 315 c., 318 c.	5 mars. Caen. 121 c.	5 mai. Civ. 11 c., 366 c.
8 nov. Décr. 408 c.	3 juill. Ord. 104 c.	**1831**	**1839**	1er juill. Civ. 263 c.	24 mars. Décr. 143 c., 332 c., 387 c.	15 mars. Paris. 144 c.	11 mai. Paris. 220 c., 122 c.
An 3	**1819**	4 mai. Civ. 407 c.	21 janv. Montpellier. 345 c.	22 juill. Bordeaux. 30 c.	24 mars. Trib. Cognac. 370 c.	17 juill. Lyon. 194 c.	15 mai. Req. 121 c.
25 therm. Loi. 408 c.	2 févr. Req. 366 c.	**1834**		20 août. Civ. 191 c.	29 mars. Décr. 189 c., 143 c.	18 juill. Paris. 123 c.	15 juin. Loi. 3 c., 15 c.; 283 c., 284 c., 322 c., 402 c., 403 c.
An 7	8 mars. Nîmes. 169 c.	3 mars. Civ. 231 c.	4 janv. Req. 405 c.	8 déc. Req. 39 c.	**1846**	25 juill. Civ. 131 c.	6 juin. Paris. 150 c.
22 frim. Loi. 15 c.	**1821**	15 déc. Paris. 235 c.	17 nov. Bordeaux. 23 c.	29 janv. C. cass. Belgique. 82 c., 86 c., 90 c.	3 avr. Civ. 198 c., 148 c.	28 nov. Civ. 143 c.	19 juill. Civ. 324 c.
1807	18 janv. Civ. 354 c.	**1835**	**1844**	20 juill. Civ. 190 c., 169 c.	10 mai. Colmar. 216 c.	**1850**	25 juill. Grenoble. 273 c.
... Code. 1 c., 6 c., 8 c., 16 c., 228 c.	**1823**	10 juin. Req. 171 c.	16 avr. Colmar. 271 c., 407 c.	**1847**	22 mai. Req. 230 c., 85 c., 100 c., 109 c.	2 févr. Grenoble. 363 c.	31 juill. Civ. 292 c.
	16 avr. Civ. 121 c.			19 janv. Req. 75 c.	9 août. Alger. 398 c.	15 févr. Bruxelles. 389 c.	14 août. Civ. 31 c., 67 c., 68 c.
				3 févr. Civ. 131 c.	18 août. Lyon. 77 c.	20 févr. Orléans. 190 c., 270 c.	31 août. Montpel-

lier. 263 c.,
371 c.,
19 nov. Civ. 87 c.,
88 c.
26 nov. Paris. 268
c., 391 c.
10 déc. Bordeaux.
210 c., 220 c.,
291 c.
18 déc. Civ. 370 c.
18 déc. Paris. 189
c.
24 avr. Civ. 174 c.
30 déc. Colmar.
150 c.
31 déc. Paris.99 c.

1851
31 janv. Agen. 199
c.
18 févr. Civ. 370
c., 371 c.
26 mars. Amiens.
189 c.
20 mai. Civ. 264 c.
9 juill.Req.405 c
11 août. Nîmes.
199 c.
13 août. Lyon. 116
c., 385 c.
11 nov. Req.417 c.
9 déc. Nîmes. 364
c.
10 déc. Civ. 311.
10 déc. Req. 189 c.
19 déc. Lyon. 370
c.
31 déc. Civ. 209 c.

1852
4 févr. Agen; 20
c., 28 c., 405 c.
29 mars. Colmar.
150 c.
17 juin. Bordeaux.
206 c.
12 juill. Civ. 299
c., 300 c., 304
c.
4 août. Civ. 67 c.,
70 c.
18 août.Req.249 c.
20 nov. Paris, 277
c.
6 déc. Req. 182
c.
8 déc. Civ. 346 c.
28 déc. Trib. com.
Seine. 346 c.

1853
1er févr. Orléans.
174 c.
2 févr.Req.168 c.
12 févr. Paris. 363
c., 307 c.
8 mars. Civ. 35 c.
15 mars. Nîmes.
18 c.
22 mars. Civ. 158
c., 259 c.
30 mars. Civ. 147
c., 382 c.
5 avr. Req. 363
c.
15 avr. Bordeaux.
203 c.
11 mai. Civ. 87 c.,
98 c.
16 mai. Agen. 12
c., 46 c.
6 juin. Civ. 403
c., 276 c.
13 juin. Civ. 340 c.
28 juin. Trib. com.
Toulouse. 253 c.
11 août. Agen. 363
c.
17 août.Req.431 c.
16 nov. Civ. 352 c.,
355 c.

1854
14 janv. Pau. 218 c.

15 janv. Civ. 364
c., 373 c.
26 janv. Metz. 150
c.
3 févr. Montpel-
lier. 26 c., 28 c.
4 févr. Montpel-
lier. 26 c.
25 févr. Paris. 150
c.
3 mars. Riom.
345 c.
13 mars.Paris.218
c.
3 avr. Civ. 81 c.,
312 c.
3 mai. Civ. 234 c.
9 mai. Rouen.
150 c.
20 juin. Civ. 73 c.,
83 c., 87 c., 150
c.

1855
2 janv. Civ.372 c.,
c., 373 c.
15 janv. Civ. 409 c.
6 mars. Bastia.
206 c., 341 c.
18 avr. Nîmes. 89
c., 103 c.
12 mai. Grenoble.
193 c.
23 mai. Nîmes. 18
c., 44 c.
15 juin. Amiens.
220 c.
2 juill.Req.291 c.
12 juill. Civ. 158
c., 245 c.
31 juill. Trib. com.
Seine. 413 c.
8 nov. Paris. 361
c., 368 c., 369 c.

1856
22 janv.Caen.52 c.
11 févr. Civ. 284.
19 févr. Civ. 50 c.
27 févr. Civ. 347 c.
8 avr. Civ. 191 c.
14 avr. Req.177 c.
2 juin.Décr.140 c.
17 juin.Req.279 c.
2 juill.Req.276 c.,
276 c., 340 c.
18 août. Req. 158
c.,158 c.,380 c.,
393 c., 399 c.
15 déc. Civ. 70 c.
17 déc. Civ. 176 c.

1857
3 janv. Montpel-
lier. 12 c., 48 c.
15 janv. Rouen.
87, 89 c.
2 mars. Civ. 89 c.
7 avr. Req. 368 c.
17 juin. Poitiers.
179 c.
27 août. Civ. 231
c., 232 c.
29 juill.Bordeaux.
126 c., 301 c.
25 nov. Paris. 364
c.

1858
23 févr.Req.282 c.
10 mai. Req. 219 c.
1er juin. Req.87 c.,

5 juill. Civ. 342 c.
21 juill. Civ. 432 c.
5 août. Req. 164
c., 367 c.
5 août. Dijon.150.
15 déc. Bastia. 48
c.
29 déc. Civ. 179 c.
31 déc. Rouen. 293
c., 300.

1859
11 janv. Req.272 c.
21 févr. Req. 168 c.
31 mars. Montpel-
lier, 42 c.
28 mai. Pau. 405.
4 juin. Besançon.
207 c., 281 c.
7 juin. Civ.282 c.,
325 c.
11 juin. Loi. 15 c.
27 juin. Req. 121
c.
11 juill.Req.216 c.
17 août. Civ. 76 c.,
84 c.
9 août. Grenoble.
237 c, 306 c.
25 nov. Chambéry.
295.
14 déc. Aix. 58.
21 déc. Civ. 154 c.,
155 c., 195 c.,
198 c.

1865
14 mars. Besan-
çon. 73 c.
15 mars. Req. 253
c.
4 avr. Civ. 85 c.,
100 c.
10 mai.Civ.192 c.,
193 c., 190 c.
19 mai. Grenoble.
363, 371 c.
14 juill. Bourges.
88.
27 nov. Civ. 90 c.
29 déc. Lyon. 123
c.

1866
30 janv. Dijon. 211
c.
7 mars. Req. 365
c.
26 mars. Trib. com.
Bayonne. 233 c.
21 avr. Bourges.
63 c.
28 mai. Civ. 348 c.
20 août. Paris.237.
22 août.Douai.371.
7 nov. Civ. 280
c., 281 c.
19 nov. Paris. 297
c.

1867
8 janv. Aix. 203 c.
14 févr. Rouen.
100 c.
9 juill. Req. 152
c.
22 juill. Loi. 132
c.,220 c., 390 c.
7 août.Civ.182 c.,
216 c.
27 août. Civ. 214
c., 216 c.
2 déc.Paris.410 c.

1868
5 févr. Req. 24
c.
6 mars.Bordeaux.
423 c.
9 mars.Civ.371 c.
10 mars.Req.233 c.
20 mars. Chambé-
ry. 55 c., 278 c.

24 juin. Civ. 230
c.
8 juill. Civ. 254
c., 345 c.

1864
5 janv. Req. 176
c., 176 c.
5 janv. Civ. 276
c.
19 mars. Paris.
123.

1869
12 janv. Req. 174
c., 180 c.
13 févr. Montpel-
lier. 31, 89 c.
22 févr. Req. 214
c., 215 c., 236
c., 274 c.
1er juill. Paris. 235
c., 84 c.
21 avr. Civ. 55 c.,
208 c., 213 c.
20 avr. Trib. la
Châtre. 180 c.
27 mai. Lyon. 307
c., 308 c.
27 mai.Pau.260 c.
28 sept. Trib. com.
Seine. 276 c.
25 nov.Aix. 385 c.

1870
17 janv.Civ.423 c.
20 janv. Nancy.
116 c.,385 c.
31 janv. Civ. 32 c.
21 févr. Req. 178
c., 190 c.
27 avr. Civ. 95 c.,
216 c.
7 mai. Alger. 150
c.
20 juin. Paris. 368
c., 369 c.
22 juin.Req.307 c.
13 août. Loi. 141
c., 143 c., 143
c., 258 c., 344 c.
9 nov. Civ. 280 c.
23 nov. Grenoble.
55 c., 208 c.,
218 c.
30 nov. Trib. com.
Hâvre. 143 c.

1871
23 janv. Trib. com.
Marseille.143 c.
13 févr. Trib.com.
Marseille.143 c.
21 févr. C. supér.
Leipsig. 266 c.
26 févr. Traité.
141 c.
10 mars. Loi. 141
c., 143 c.
16 mars. Trib.
com. Marseille.
344.
24 mars. Loi. 141
c.
26 avr. Loi.141 c.,
9 mai. Aix. 258.
15 mai. Bordeaux.
273 c., 304 c.
16 juin. Trib. com.
Clermont.143 c.
30 juin. Trib. com.
Seine. 148 c.
4 juill. Loi. 141
c., 143 c.
11 août. Aix. 17 c.
14 août. Aix. 386.
23 juill. Trib.com.
Seine. 148 c.
25 juill. Trib. com.
Rouen. 143 c.
2 août. Civ. 17 c.,
32 c.
22 août. Loi. 15 c.,
402 c.

27 avr. Rouen. 77
c.
Marseille.330 c.
7 nov. Paris. 123
c.
11 mai.Civ. 135 c.
18 mai. Civ. 100 c.
24 juin. Orléans.
38 c., 165 c.
26 déc. Req. 152 c.
27 déc. Dijon. 85
c., 87 c.

1872
3 janv. Req. 168
c.
6 févr. Req. 272
c.
6 mars. C. cass.
Turin. 143 c.,
266 c., 397 c.,
401 c.
9 mars. Nancy.
143 c.
15 mars. Paris.
214 c.
25 mars. Genève.
266, 401 c.
9 avr. Aix. 143 c.
17 avr. Civ. 324
c.
1er mai. Civ. 281 c.
14 mai. Bordeaux.
176 c., 178 c.
29 mai. Aix. 361
c.
10 juin. Civ. 200 c.
13 juin. Loi. 415
c.
7 août. Req. 224
c.
10 août. Agen.
280.
20 août.Bordeaux.
116 c., 385 c.
5 nov. Req. 148
c., 195 c.
9 déc. Req. 17
c., 202 c.
30 déc. Req. 143
c.

1873
14 janv. Req. 192
c., 199 c.
24 janv. Req.143 c.
29 janv. Agen. 48
c., 52 c.
30 avr. Rouen. 363
c., 367 c., 371 c.
6 mai. Civ. 57 c.,
116 c.
8 mai. Civ. 49 c.,
08 c., 149 c.
4 juin. Req. 49
c., 350 c., 411
c.
24 juin.Req. 197.
23 juill. Civ. 363
c., 365 c.,370 c.
31 juill. Req. 44.
4 déc. Civ. 11 c.,
88 c., 140 c.
350 c., 351 c.
2 déc. Req. 124 c.

1874
19 févr. Déc. 15 c.
23 févr. Paris.73 c.
24 mars. Req. 307
c.
25 juin. Paris. 241
c.
10 août. Req. 55,
270 c.
10 déc. Loi. 150 c.

1875
19 avr. Nîmes. 116
c.
12 juin. Montpel-
lier. 273 c.

15 juill. Req. 243
c.
c. 371 c.
21 juill. Toulouse.
273 c.
23 nov. Req.151 c.
27 déc. Agen. 149
c.

1876
1er févr. Req. 152
c.
5 avr. Civ. 129 c.
10 avr. Req. 272
c., 273 c.
1er mai. Req. 272
c.
14 juin. Caen. 47
c., 66 c., 68 c.
3 août. Req. 168
c.
24 août. Douai. 55
c.
14 nov. Rouen. 302
c.
22 nov. Req. 238
c.
22 nov. Civ. 161
c.
26 déc. Bordeaux.
398.

1877
19 févr. Rouen.195
c.
27 févr. Req. 272
c., 282 c., 287
c.
6 mars. Agen.380
c.
16 août. Douai. 57
c.
26 août. Paris.272
c.
8 sept. Décr. 15
c.

1878
8 janv. Req. 152
c.
20 févr. Civ. 55 c.,
56 c., 57 c.,301
c.
19 mars. Req. 162.
27 mars. Req. 75.
2 avr. Req. 33.
10 avr. Civ. 13 c.,
111 c., 129 c.
30 avr. Rouen. 363
c., 367 c.,371 c.
6 mai. Civ. 57 c.,
116 c.
8 mai. Civ. 49 c.,
08 c., 149 c.
4 juin. Req. 49
c., 350 c., 411
c.
24 juin.Req. 197.
23 juill. Civ. 363
c., 365 c.,370 c.
31 juill. Req. 44.
4 déc. Civ. 11 c.,
88 c., 140 c.
350 c., 351 c.
23 déc. Loi. 13 c.

1879
8 janv. Req. 346
c.
13 janv. Civ. 359 c.
22 janv. Civ. 272 c.
7 mai. Civ. 68 c.,
149 c.
10 juin. Paris. 390
c.
14 juill. Req. 199
c.
22 juill. Agen. 408
c., 414 c.
1er déc. Req. 170.
16 déc. Req. 87 c.,
186 c.

1880
27 janv. Aix. 84 c.,
172 c.
11 févr. Paris. 307.
24 mai. Req. 11 c.,
12 c., 347 c.,
405 c.
10 juill. Paris. 390
c.

1881
5 janv. Civ. 359 c.
28 janv. Lyon. 272
c., 300 c.
7 mars. Req. 12
c.
17 mars. Lyon.
218 c.
19 juill. Loi. 15 c.
12 août. Chambé-
ry. 57 c., 64 c.
17 août. Req. 189
c.

1882
16 janv. Civ. 215 c.
7 mars. Req. 169
c.
20 mars. Req. 197
c., 222 c.,384 c.
4 juin. Req. 197 c.

1883
12 mars. Req. 363
c.
20 mars. Req.45 c.
2 juill. Civ. 87 c.
17 nov. Civ. 32 c.
3 déc. Grenoble.
412 c.
1 déc. Civ. Req. 361.

1884
19 mai. Req. 361
c., 362 c.
21 mai. Req. 27 c.,
73 c., 37 c.
17 déc. Civ. 116 c.

1885
17 mars. Toulouse.
236 c.
18 mars.Toulouse.
150 c.
20 mai.Req.245 c.
20 juill. Loi.150 c.

1886
6 avr. Pau. 409
c., 409 c.
11 juin.Req. 55 c.,
130 c.
18 oct. Req. 40 c.,
423 c., 427 c.
25 nov. Paris. 192
c., 252.

1887
17 févr. Pau. 254 c.
29 mars. Civ. 69 c.
17 déc. Orléans.
175 c., 180 c.

1888
16 janv. Req. 207
c., 215 c.,221 c.
13 mars. Pau. 64 c.
16 nov. Paris. 423
c.
14 déc. Paris. 393
c.

1889
13 mars.Req.96 c.
5 août. Civ. 205
c.

EFFETS MILITAIRES. — V. *Organisation militaire ;* — *Rép.* eod. v°, n°s 749, 778 et suiv., 875 et suiv.

EFFETS MOBILIERS. — V. *Biens,* n°s 50 et suiv.; — *Rép.* eod. v°, n° 231.

EFFETS PUBLICS. — V. *Bourse de commerce,* n° 58 ; *Trésor public ;* — *Rép.* v°s *Bourse de commerce,* n°s 230 et suiv. ; *Trésor public,* n°s 269 et suiv., 297 et suiv., 1095 et suiv.

EFFET RÉTROACTIF. — V. *Lois ;* — *Rép.* eod. v°, n°s 182 et suiv.

EFFET SUSPENSIF. — Outre les renvois mentionnés au *Répertoire,* V. *Obligations ;* — *Rép.* eod. v°, n°s 1164 et suiv.

EFFRACTION. — V. *Vol et escroquerie ;* — *Rép.* eod. v°, n°s 483 et suiv.

ÉGLISE. — V. *Culte,* n°s 360 et suiv.; — *Rép.* eod. v°, n°s 476 et suiv.
V. aussi *suprà,* v°s *Action possessoire,* n° 92; *Commune,* n°s 323 et suiv.; *Domaine public,* n° 5; *infrà,* v°s *Expropriation pour cause d'utilité publique ; Souveraineté.*

ÉGLISES RÉFORMÉES. — V. *Culte,* n°s 703 et suiv.; — *Rép.* eod. v°, n°s 707 et suiv.

ÉGOUT. — V. *Servitude ; Voirie par terre ;* — *Rép.* v°s *Servitude,* n°s 703 et suiv. ; *Voirie par terre,* n°s 1860 et suiv.

ÉGOUT DES TOITS. — V. *Servitude ;* — *Rép.* eod. v°, n°s 789 et suiv.

ÉGYPTE. — V. *suprà,* v° *Échelles du Levant,* n°s 9 et suiv.

ÉLAGAGE.—V. *Compétence civile des tribunaux de paix ;* n°s 60 et suiv.; *Forêts ;* — *Rép.* v°s *Compétence civile des tribunaux de paix,* n°s 119 et suiv. ; *Forêts,* n°s 780 et suiv.
V. aussi *suprà,* v°s *Eaux,* n° 108; *infrà,* v°s *Réglement administratif ; Servitude ; Usage-usage forestier ; Voirie par terre.*

ÉLECTIONS COMMUNALES OU MUNICIPALES. V. *Commune,* n°s 65 et suiv.; — *Rép.* v° *Organisation administrative,* n°s 874 et suiv.
V. aussi *infrà,* v°s *Fonctionnaire public ; Presse-outrage-publication.*

ÉLECTIONS CONSULAIRES. — V. *Organisation judiciaire ;* — *Rép.* eod. v°, n°s 479 et suiv.

ÉLECTIONS DÉPARTEMENTALES. — V. *Organisation administrative ;* — *Rép.* eod. v°, n°s 470 et suiv.
V. aussi *suprà,* v°s *Conseil d'Etat,* n°s 12, 360, 398 ; *infrà,* v°s *Organisation de l'Algérie ; Organisation des colonies ; Presse-outrage-publication ; Timbre.*

ÉLECTION DE DOMICILE. — V. *suprà,* v° *Domicile élu.*

ÉLECTIONS LÉGISLATIVES. — V. *Droit politique,* n°s 23 et suiv. ; — *Rép.* eod. v°, n°s 55 et suiv.
V. aussi *infrà,* v°s *Organisation de l'Algérie ; Presse-outrage-publication ; Responsabilité.*

ÉLECTION DES PRUDHOMMES. — V. *Prudhomme ;* — *Rép.* eod. v°, n°s 38 et suiv.

ÉLECTIONS SÉNATORIALES. — V. *suprà,* v° *Droit politique,* n°s 585 et suiv.

ÉMANCIPATION. — V. *Minorité-tutelle ;* — *Rép.* eod. v°, n°s 764 et suiv.
V. aussi *suprà,* v° *Commerçant,* n°s 44 et suiv.; *infrà,* v°s *Interdiction-conseil judiciaire ; Intervention ; Obligations ; Privilèges et hypothèques ; Usufruit.*

EMBARGO. — V. *Prises maritimes ;* — *Rép.* v°s *Droit maritime,* n° 1843 ; *Prises maritimes,* n° 210.

EMBARRAS DE LA VOIE PUBLIQUE. — V. *Contravention-contraventions de police,* n°s 72 et suiv.; *Voirie par terre ;* — *Rép.* v°s *Contravention-contraventions de police,* n°s 124 et suiv.; *Voirie par terre,* n°s 1871 et suiv.

EMBAUCHAGE. — V. *Crimes et délits contre la sûreté de l'Etat,* n°s 41 et suiv.; *Organisation militaire ;* — *Rép.* v°s *Crimes et délits contre la sûreté de l'Etat,* n° 127 ; *Organisation militaire,* n°s 754 et suiv.

EMBLÊME. — V. *Presse-outrage-publication ;* — *Rép.* eod. v°, n°s 408 et suiv.

ÉMIGRÉ.

Division.

CHAP. 1. — Historique et législation (n° 1).

CHAP. 2. — Des personnes en état d'émigration (n° 2).

SECT. 1. — Des caractères de l'état d'émigré (n° 2).
SECT. 2. — Des listes d'émigrés (n° 3).
SECT. 3. — Des peines afflictives et infamantes prononcées contre les émigrés et leurs complices (n° 4).
SECT. 4. — De la mort civile des émigrés (n° 5).
ART. 1. — De quelle cause résultait la mort civile des émigrés et de quel temps elle était encourue (n° 5).
ART. 2. — Effets de la mort civile des émigrés (n° 6).

CHAP. 3. — Du séquestre et de la confiscation des biens des émigrés (n° 12).

SECT. 1. — Des effets du séquestre et de la confiscation à l'égard des émigrés (n° 14).
SECT. 2. — Du séquestre et de la confiscation relativement aux débiteurs des émigrés (n° 19).
SECT. 3. — Du séquestre et de la confiscation à l'égard des créanciers des émigrés (n° 20).
SECT. 4. — Du séquestre et de la confiscation relativement aux biens indivis avec des émigrés (n° 25).

CHAP. 4. — Des effets de l'émigration relativement à la famille de l'émigré ; — Incapacités et peines portées contre les parents (n° 26).

CHAP. 5. — De l'amnistie prononcée par le sénatus-consulte du 6 flor. an 10 (n° 27).

SECT. 1. — A quelles personnes, moyennant quelles formalités et depuis quelle époque profite l'amnistie (n° 27).
SECT. 2. — De la remise des droits civils (n° 28).
SECT. 3. — De la remise des biens (n° 31).
ART. 1. — Quels biens ont été remis (n° 31).
ART. 2. — A qui profite la remise des biens (n° 32).

CHAP. 6. — De la restitution ordonnée par la loi du 5 déc. 1814 (n° 33).

SECT. 1. — Quels biens ont été restitués (n° 36).
SECT. 2. — A qui profite la restitution ordonnée par la loi de 1814 (n° 40).
ART. 1. — Des héritiers de l'émigré ou de leurs ayants cause (n° 40).
ART. 2. — Des créanciers des émigrés sous la loi du 5 déc. 1814 (n° 43).

CHAP. 7. — De la loi dite d'indemnité (n° 44).

SECT. 1. — De l'allocation de l'indemnité ; Des biens pour lesquels elle est due et de sa nature (n° 45).
SECT. 2. — Quotité de l'indemnité. — Interposition de personnes. — Bases de la fixation de l'indemnité dans le cas où les biens confisqués ont été acquis par les parents de l'émigré ou par lui (n° 48).
SECT. 3. — Des personnes qui sont admises à l'indemnité (n° 49).
SECT. 4. — Du délai dans lequel l'indemnité doit être réclamée (n° 52).
SECT. 5. — Des formes de la demande et du mode de liquidation de l'indemnité (n° 53).
SECT. 6. — De la commission de liquidation et de ses opérations (n° 54).
SECT. 7. — Des déportés et des condamnés (n° 56).
SECT. 8. — Des biens affectés aux hospices et autres établissements publics et des biens concédés gratuitement (n° 57).
SECT. 9. — Des droits des créanciers relativement à l'indemnité (n° 58).

CHAP. 8. — De la compétence (n° 61).

SECT. 1. — Compétence relativement à la personne et aux biens des émigrés (n° 62).
SECT. 2. — Compétence relativement à l'indemnité (n° 63).

CHAP. 1er. — Historique et législation (*Rép.* nos 2 à 4).

1. Aucun document n'est venu, depuis la publication du *Répertoire*, modifier une législation qui, par la force même des choses, tend à tomber en désuétude et n'offrira bientôt plus qu'un intérêt purement historique. — On peut consulter sur la question des émigrés en général : Merlin, *Questions de droit*, vº *Émigré*, et *Répertoire de jurisprudence*, vis *Émigration*; *Mort civile*, § 2, nos 4 et 5 ; *Questions*, vº *Émigré* ; Teste-Lebeau, *Recueil général des lois et arrêts concernant les émigrés et condamnés révolutionnairement*, 2 vol. in-8º, Paris, 1825 ; Taillandier et Mongalvy, *Code des émigrés, déportés et condamnés révolutionnairement*, 2 vol. in-8º, Paris, 1825. Mentionnons enfin, au point de vue historique, un ouvrage récemment paru : Forneron, *Histoire générale des émigrés, les émigrés et la société française sous Napoléon Ier*, 3 vol. in-8º, Paris, 1884-1890.

CHAP. 2. — Des personnes en état d'émigration
(*Rép.* nos 5 à 94).

Sect. 1re. — Des caractères de l'état d'émigré
(*Rép.* nos 5 à 18).

2. V. *Rép.* nos 5 et suiv.

Sect. 2. — Des listes d'émigrés (*Rép.* nos 19 à 35).

3. V. *Rép.* nos 19 et suiv.

Sect. 3. — Des peines afflictives et infamantes prononcées contre les émigrés et leurs complices (*Rép.* nos 36 à 43).

4. V. *Rép.* nos 36 et suiv.

Sect. 4. — De la mort civile des émigrés
(*Rép.* nos 44 à 94).

Art. 1er. — *De quelle cause résultait la mort civile des émigrés et de quel temps elle était encourue* (*Rép.* nos 45 à 62).

5. Ainsi qu'on l'a dit au *Rép.* nº 45, la loi du 28 mars 1793 (art. 1er) frappait les émigrés de mort civile par le seul fait qu'ils étaient en état d'émigration (*Rép.* nos 5 à 18), c'est-à-dire inscrits sur les listes d'émigrés (*Rép.* nos 19 à 35), et avaient été condamnés comme tels par une décision administrative ou judiciaire (*Rép.* nº 46). Décidé en ce sens que le bannissement prononcé contre les émigrés par la loi du 23 oct. 1792 a eu pour conséquence de les frapper de mort civile : la loi du 28 mars 1793, qui déclare les émigrés morts civilement, exprime un état de choses préexistant, mais ne le crée pas (Req. 29 juill. 1858, aff. Pommier-Lacombe, D.P. 58. 1. 398). — En ce qui concerne la mort civile en elle-même, aujourd'hui abolie par la loi du 31 mai 1854 (D. P. 54. 4. 91), V. *suprà*, vº *Droits civils*, nº 340 et suiv.

Art. 2. — *Effets de la mort civile des émigrés*
(*Rép.* nos 63 à 94).

6. Comme nous l'avons dit au *Rép.* nº 63, le législateur de 1793 avait attaché à la mort civile des émigrés toutes les conséquences qu'elle comportait dans l'ancien droit. Incapable d'exercer la plupart des actes qui ont leur fondement dans le droit civil et assimilé de ce chef aux étrangers, le mort civilement conservait cependant la faculté de faire ceux qui étaient du droit naturel et du droit des gens (*Rép.* nº 65). — Il ne perdait point, d'ailleurs, la qualité de Français. C'est ainsi qu'il a été jugé que les lois rendues contre les émigrés n'ont pas eu pour effet de les priver de la qualité de Français, mais les ont seulement frappés d'une mort civile dont la loi du 5 déc. 1814 les a relevés rétroactivement; et qu'en conséquence, la femme étrangère mariée à un Français émigré est devenue Française par son mariage, et que la validité d'une vente faite entre eux doit, dès lors, être appréciée d'après les règles de la législation française (Req. 19 avr. 1852, aff. de la Roche-Aymon, D.P. 52. 1. 245). Pour perdre la qualité de Français, il fallait de la part de l'émigré un acte qui indiquât

clairement cette intention. Aussi a-t-il été décidé avec raison que l'individu resté en pays étranger, après le délai fixé par les lois sur l'émigration pour rentrer en France, n'est pas censé par cela seul avoir perdu l'esprit de retour, alors surtout qu'il a pris la qualité de Français dans des actes passés dans le pays où il avait fixé sa demeure (Civ. rej. 13 août 1816, *Rép.* vº *Droits civils*, nº 445 et 499. Conf. Req. 27 févr. 1834, *Rép.* vº *Domicile*, nº 46-9º).

7. Le mariage de l'émigré, antérieur à l'émigration, n'était pas dissous par la mort civile (*Rép.* nº 69). Mais il cessait de produire aucun effet civil (*Rép.* nos 74 et suiv.). — Quant au mariage célébré pendant l'émigration, il était nul comme contracté par un mort civilement (Aubry et Rau, *Droit civil français*, 4º éd., t. 5, § 451, p. 7; *Rép.* nos 80 et suiv.).

8. L'émigré était privé du droit d'ester en justice, si ce n'est pour les actes dérivant du droit naturel et du droit des gens (*Rép.* nº 66). Il a été décidé que le jugement rendu par des arbitres contre des émigrés conserve le caractère de jugement par défaut, quoiqu'il ait été rendu contradictoirement (Civ. cass. 22 vent. an 4, *Rép.* vº *Appel civil*, nº 1068). — De même, en ce qui concerne la péremption, il a été jugé qu'à supposer que l'État, aux droits d'un émigré, ait pu faire déclarer la péremption d'instance avant l'expiration des trois années qui ont suivi la radiation de cet émigré, la même faculté ne saurait appartenir à ce dernier, qui n'a pas la jouissance des droits civils (Bruxelles, 30 frim. an 14, cité au *Rép.* vº *Péremption*, nº 41).

9. L'émigré mort civilement et, par conséquent, privé de l'exercice de ses droits civils, ne peut tester. Mais lorsque, rendu plus tard à la vie civile, il a confirmé, même implicitement, le testament par lui fait au cours de son émigration, ce testament doit être validé. C'est ainsi qu'il a été jugé qu'un testament olographe daté d'une époque où le testateur était incapable pour cause d'émigration est valable, si le disposant, devenu pleinement capable de tester, a écrit à la suite de son testament une clause additionnelle qui en règle l'exécution, et a placé sur l'enveloppe ces mots : *Cette enveloppe contient mon testament*. Dans ce cas, le testateur est censé avoir renouvelé ses dispositions à l'époque où il a recouvré sa capacité (Paris, 15 juin 1813, *Rép.* vº *Dispositions entre vifs et testamentaires*, nº 303).

10. Enfin les lois révolutionnaires poursuivaient les émigrés même à l'étranger sur le terrain politique. Un décret du 27 nov. 1792 déclare que la Convention nationale ne reconnaîtra comme envoyé des puissances étrangères aucun émigré, fût-il naturalisé chez la puissance qui l'enverrait, et qu'elle ne souffrira à la suite d'un ambassadeur étranger aucun émigré, sous quelque titre que ce puisse être (*Rép.* p. 425, vº *Agent diplomatique*, nº 32).

11. Quels étaient les effets de la mort civile encourue par les émigrés à l'égard des substitutions dont ils étaient grevés? (*Rép.* nº 85).

La loi du 23 oct. 1792 (*Rép.* p. 424) qui a prononcé le bannissement perpétuel contre les émigrés a-t-elle donné ouverture aux substitutions dont ces émigrés pouvaient être grevés, et, dès lors, ces substitutions ont-elles échappé à l'abolition des substitutions prononcée par la loi postérieure du 14 nov. 1792? (V. le texte de cette loi : *Rép.* vº *Substitution*, nº 13, note). Cette question n'a pas été résolue par la cour de cassation dans son arrêt du 9 juill. 1856 (aff. Pommier-Lacombe, D. P. 56. 1. 402), parce qu'elle constituait à l'appui du pourvoi un moyen nouveau qui n'avait pas été produit devant les premiers juges. Nous serions disposés à adopter l'affirmative. En effet, la mort civile sous la législation révolutionnaire, comme sous l'ancien droit, résultait du bannissement, ainsi qu'il ressort d'ailleurs explicitement des lois des 23 oct. 1792 et 28 mars 1793 (art. 1er) (*Rép.* p. 424 et 428). Or la mort civile, produisant ici les mêmes effets que la mort naturelle (V. *suprà*, nº 6), ouvrait la substitution (Ord. août 1747, art. 24). La substitution dont parle l'arrêt précité a donc été recueillie par les appelés, dès la loi de bannissement du 23 oct. 1792, et n'a pu être atteinte par la loi du 14 novembre suivant (art. 3) applicable aux seules substitutions non encore ouvertes lors de sa promulgation.

Toutefois, il paraîtrait ressortir d'un des motifs de l'arrêt précité du 9 juill. 1856, que les appelés n'ont pas intérêt à se prévaloir de ce que la substitution se serait ouverte par l'effet de la loi du 23 oct. 1792, la loi du 28 mars 1793 (art. 1er), en décrétant que les biens des émigrés sont acquis à la République, ayant ainsi déclaré ouvertes au profit de la nation les substitutions dont les émigrés étaient grevés. — Cette proposition est-elle bien exacte? N'est-il pas permis de dire que la loi de 1793 n'a pu anéantir rétroactivement, alors qu'elle ne s'en était point expliquée d'une manière formelle, l'effet d'une substitution que l'arrêt suppose s'être ouverte avant la loi abolitive des substitutions, cette dernière loi ayant, dans son art. 3, réservé aux appelés le bénéfice des substitutions qu'ils avaient déjà recueillies ou eu le droit de recueillir, lors de sa promulgation? Quoi qu'il en soit, la cour de cassation a, par un arrêt postérieur, confirmé la doctrine qui résultait déjà de son arrêt du 9 juill. 1850, en décidant que les substitutions dont les émigrés étaient grevés ont été ouvertes par l'effet de la mort civile résultant de la loi de bannissement du 23 oct. 1792, et ont ainsi échappé à la loi abolitive des substitutions du 14 novembre suivant; mais qu'elles doivent être déclarées ouvertes au profit de l'Etat, et non au profit des appelés, en vertu de l'art. 3 de la loi du 28 mars 1793, qui porte que « toutes les substitutions dont les émigrés ont été grevés sont ouvertes au profit de la Nation » (Req. 29 juill. 1858, aff. Pommier-Lacombe, D. P. 58. 1. 398). On soutiendrait vainement que l'application de cet article à des substitutions dont le bénéfice était déjà acquis aux appelés comme conséquence de la mort civile de l'émigré, dès la loi de bannissement du 23 oct. 1792, et était, en outre, consacré en leur faveur par la loi du 14 nov. 1792, abolitive des seules substitutions non encore ouvertes, à l'époque de sa promulgation, serait une violation du principe de la non-rétroactivité des lois, la rétroactivité de l'art. 3 de la loi du 28 mars 1793 se trouvant écrite dans cette disposition elle-même (Même arrêt); et cet effet rétroactif n'a pas été détruit par l'art. 12 de la loi du 3 vend. an 4 (Rép. vo Succession, p. 160), qui ne comprend point le décret du 28 mars 1793 parmi les lois dont il reporte les effets au jour de leur publication (Même arrêt). — V. Substitution; — Rép. eod. vo, no 281.

CHAP. 3. — Du séquestre et de la confiscation des biens des émigrés (Rép. nos 95 à 144).

12. Ainsi que nous l'avons vu au Rép. no 95, les biens des émigrés avaient été, sous l'empire des lois révolutionnaires, l'objet de deux mesures principales : 1o le séquestre qui, établi par le décret des 9-12 févr. 1792 (Rép. p. 422), plaçait provisoirement ces biens sous la main de la Nation et la surveillance des corps administratifs; 2o la confiscation, décrétée par la loi du 2 sept. 1792 (Rép. no 98), qui consacre la spoliation définitive.—Toutefois, ces mesures étaient sans effet si elles n'avaient pas été prises pour cause d'émigration, alors même qu'elles se seraient appliquées, en fait, à des émigrés. Ainsi il a été jugé que les lois relatives aux émigrés ne sont pas applicables à un simple séquestre de guerre (Civ. rej. 7 juin 1809, Rép. vo Obligations, no 3031) : « Attendu, dit la cour, qu'il n'est pas justifié qu'il y ait eu aucune apposition de séquestre, ni de confiscation pour raison d'émigration, et qu'un simple séquestre de guerre ne peut être confondu dans ses effets avec les séquestres qui ont eu lieu pour cause de confiscation et, par suite des lois relatives aux émigrés qui ne sont pas applicables à la cause ».

13. Le séquestre et la confiscation qui frappaient les biens des émigrés ne pouvaient être levés qu'avec maintes difficultés, même après que l'ordre eut été rétabli en France. Ainsi la levée du séquestre ne pouvait avoir lieu sans l'autorisation expresse du Gouvernement (Lett. min. 30 fruct. an 10 et 9 brum. an 11, Rép. vo Dépôt-séquestre, no 265-3o). Cette levée une fois obtenue, il fallait encore l'autorisation du ministre des finances pour la restitution aux ayants droit des biens séquestrés (Circ. Régie, 30 fruct. an 10, ibid., no 265-4o).—Mais il a été jugé, en Belgique, que, le séquestre une fois levé, tout prétendant droit à la successes de l'émigré était recevable à intenter contre l'Etat une demande en pétition d'hérédité, sans être tenu de mettre en cause ses cohéritiers, le défendeur étant libre, d'ailleurs, de les appeler au procès, s'il le jugeait opportun (Bruxelles,

17 déc. 1858, aff. Etat belge C. Epoux Van den Berghe de Binckum, Pasicrisie belge, 1859. 2. 153).

SECT. 1re. — DES EFFETS DU SÉQUESTRE ET DE LA CONFISCATION A L'ÉGARD DES ÉMIGRÉS (Rép. nos 98 à 109).

14. La confiscation (Rép. nos 98 et suiv.) prononcée contre les émigrés mettait l'Etat aux lieu et place des propriétaires dépouillés, enlevant à ceux-ci tous les droits et actions qui pouvaient leur compéter auparavant. Elle avait pour effet de frapper de nullité tous les actes translatifs de propriété ou même de simple administration consentis par les émigrés (Rép. no 105). — Mais il a été jugé que des lois qui, dans l'intérêt même des confiscations, avaient défendu de rien payer aux émigrés ou d'en rien recevoir, il ne peut résulter aucune action au profit des émigrés eux-mêmes, quand ils ont payé ce qu'ils devaient ou reçu ce qui leur était dû (Req. 19 mars 1867, aff. Deville C. de Rohan, MM. Bonjean, pr.-Bouchy, rap.-Savary, av. gén., c. conf.-Chambareaud, av.).

15. La confiscation prononcée contre les émigrés s'étendait à tous leurs biens, meubles et immeubles, sans distinction, et notamment aux créances qui pouvaient leur appartenir à l'époque où ils en ont été frappés (Rép. nos 98 et suiv.). Les lois révolutionnaires contenaient, d'ailleurs, des dispositions rigoureuses destinées à assurer le versement, dans les caisses du Domaine, des sommes dues aux émigrés (Rép. nos 116 et suiv.). Décidé, en conséquence, que les droits résultant, au profit d'un émigré, d'une vente immobilière par lui faite avant la promulgation du décret du 9 févr. 1792 (Rép. p. 420), qui a mis sous le séquestre tous les biens des émigrés, ont été soumis à l'application des lois spéciales concernant lesdits biens et aux déchéances prononcées par ces lois (Civ. rej. 2 déc. 1879, aff. Lépine de Ligondès, D. P. 80. 1. 60). Par suite, la restitution du prix de vente, versé par l'acquéreur dans la caisse du séquestre à la suite du décret précité, ne peut être réclamée de l'Etat par les représentants du vendeur (Même arrêt). Dans l'espèce, il n'était pas douteux que le prix de vente dont la restitution était réclamée eût été régulièrement acquis par l'Etat, d'après la législation en vigueur.

16. L'Etat étant, avons-nous dit, par suite du séquestre et de la confiscation, aux lieu et place des anciens propriétaires, il a été jugé que l'acquiescement donné par le Domaine en matière de biens d'émigrés était opposable à ces derniers (Civ. rej. 24 avr. 1826, Rép. vo Acquiescement, nos 159 et 290). La même solution résulte implicitement d'un arrêt du conseil d'Etat qui, interprétant un traité passé, en l'an 9, entre l'Etat et une compagnie concessionnaire de canaux, a déclaré que l'Etat a entendu concéder et a concédé à la compagnie tous les marais situés dans les limites indiquées au traité, connus ou non des parties contractantes, possédés ou non par l'Etat, qui avaient appartenu à un particulier alors inscrit sur la liste des émigrés (Cons. d'Et. 14 mars 1860, aff. d'Uzès, Rec. Cons. d'Etat, p. 229).

17. Les effets du séquestre et de la confiscation ont survécu à la période révolutionnaire et n'ont disparu qu'avec la loi du 5 déc. 1814, relative à la restitution des biens des émigrés (V. infra, nos 33 et suiv.; Rép. p. 472, et nos 205 et suiv.). — Mais, ainsi que l'a décidé la jurisprudence, cette loi, en rendant aux émigrés, à leurs héritiers ou ayants cause, les biens confisqués, n'a aboli les effets de la confiscation que pour l'avenir (Paris, 6 févr. 1854, aff. Saint-Didier, D. P. 54. 2. 177). En conséquence, la dévolution de succession qui en résulte doit être réglé par le code civil, encore qu'il s'agirait d'un émigré dont la succession ordinaire s'était ouverte avant la promulgation de ce code (Même arrêt).—Décidé, dans le même ordre d'idées, en Belgique, que les arrêtés de restitution aux émigrés ou à leurs représentants ou ayants cause de leurs biens séquestrés par le gouvernement français ne leur ont rendu ces biens qu'avec les charges (notamment, les hypothèques) dont ils étaient grevés au moment de la mainmise nationale (C. cass. Belgique, 20 juin 1862, aff. Van den Berghe de Binckum C. Van den Elsken et consorts, Pasicrisie belge, 1862. 1. 338).

18. La prescription, a-t-on dit au Rép. no 104, a couru contre l'émigré, au cas de confiscation, puisqu'il était représenté par l'État, qui avait pris son lieu et place. Si donc l'État avait négligé de prendre les mesures conservatoires nécessaires pour empêcher la prescription de s'accomplir, l'émigré serait déchu de tout droit et ne pourrait invoquer la maxime : *Contrà non valentem agere non currit præscriptio.* C'est ainsi qu'outre les arrêts rapportés au *Rép.* n° 104, il a été jugé qu'en matière de papier-monnaie, la qualité d'émigré, à l'époque de la loi du 16 niv. an 5 (relative au mode de remboursement des obligations contractées pendant la dépréciation du papier-monnaie, *Rép.* v° *Papier-monnaie,* p. 7), n'a pu dispenser le débiteur d'une rente constituée en assignats de faire, dans le délai voulu par cette loi, pour obtenir la réduction de sa dette, d'après l'échelle de dépréciation du papier-monnaie, la soumission d'effectuer sur-le-champ le remboursement de la rente ; la déchéance est acquise et irrévocable (Civ. cass. 10 mai 1820, cité au *Rép.* v° *Papier-monnaie,* n° 49-3°).

Il en serait autrement au cas de séquestre non suivi de confiscation, puisqu'alors l'émigré n'était pas dépouillé définitivement de sa propriété (V. *suprà,* n° 12). Aussi la cour de cassation de Belgique a-t-elle décidé avec raison qu'aucune prescription ne courait pendant le séquestre (C. cass. Belgique, 20 juin 1862, cité *suprà,* n° 17).

SECT. 2. — DU SÉQUESTRE ET DE LA CONFISCATION RELATIVEMENT AUX DÉBITEURS DES ÉMIGRÉS (*Rép.* n°° 110 à 115).

19. V. *Rép.* n°° 110 et suiv.

SECT. 3. — DU SÉQUESTRE ET DE LA CONFISCATION A L'ÉGARD DES CRÉANCIERS DES ÉMIGRÉS (*Rép.* n°° 116 à 140).

20. Les rapports des créanciers de l'émigré avec l'État, tant avant qu'après la loi du 1er flor. an 3 relative aux créances et droits sur les biens nationaux provenant des émigrés (*Rép.* p. 446), ont été examinés au *Rép.* n°° 116 et suiv. Nous avons indiqué (*Rép.* n° 117) les formalités à remplir par les créanciers, à peine de déchéance de leurs droits.

21. La cour suprême, cassant un arrêt de la cour de Paris du 20 déc. 1834, avait décidé, le 10 juin 1844, que les créanciers d'un émigré qui, lors de la liquidation des droits de leur débiteur, n'ont pas réclamé le payement de leur créance, bien qu'ils eussent été légalement mis par l'État en demeure de le faire, ont encouru la déchéance soit envers l'État, soit envers l'émigré remis en possession de ces biens ; et, spécialement, que le payement fait par l'État, en l'acquit d'un émigré, du prix d'un immeuble affecté à un douaire, lors de la présence des bénéficiaires de ce douaire, mais eux dûment appelés et non comparants, est libératoire soit pour l'État, soit pour l'émigré remis ultérieurement en possession de cet immeuble. Cet arrêt, rapporté au *Rép.* n° 118, a renvoyé la cause devant la cour d'Orléans qui, conformément à la décision de la cour suprême, a jugé que, par la publication de la liste générale des émigrés, les créanciers ont été mis en demeure de faire valoir leurs droits auprès de la commission de liquidation créée par l'arrêté du 1er flor. an 3 ; qu'en conséquence, le payement fait par l'État, représentant un émigré, du prix d'un immeuble acquis par cet émigré, et qui était grevé du douaire de la femme et des enfants de son vendeur, est libératoire pour l'émigré, bien que la femme ou les ayants droit au douaire n'aient reçu d'autre avertissement que celui résultant de la publication de la liste des émigrés, et que, malgré les termes de l'acte qui réservaient une somme pour le service éventuel du douaire de la femme, le payement ait été fait par l'État, non

à celle-ci, mais à son mari (Orléans, 20 juill. 1848, aff. d'Aumale, D. P. 49. 2. 27).

22. C'était aux créanciers à se mettre en mesure de remplir les formalités conservatoires de leurs droits. Ainsi, au cas de vente d'un immeuble faite par un émigré avant le décret du 9 févr. 1792 (*Rép.* p. 420), il a été jugé que la responsabilité de l'État n'a pu être engagée parce fait que la somme séquestrée n'aurait pas été employée à payer les créanciers de l'émigré, alors qu'il n'est pas établi que ces créanciers aient fait valoir leurs droits suivant les formes et dans les délais fixés à peine de déchéance (Civ. rej. 2 déc. 1879, cité *suprà,* n° 15).

23. En ce qui concerne les rapports des créanciers de l'émigré tant avec ses coobligés qu'avec l'émigré lui-même, V. *Rép.* n°° 121 et suiv.

24. Nous n'avons rien à ajouter aux explications données au *Rép.* n° 125 et suiv. relativement aux difficultés que fait naître la levée du séquestre en ce qui concerne la *confusion* et la *prescription.* — Bornons-nous, en ce qui touche la *confusion,* à ajouter quelques décisions à celles qui sont rapportées au *Répertoire.* Il a été jugé à cet égard : 1° que l'acquéreur d'un domaine national qui, après son acquisition, a émigré ne peut, après l'amnistie, invoquer le principe de la confusion (opérée par suite de la confiscation) pour se dispenser de payer à la règle le prix de son contrat dont il était débiteur à l'époque de l'émigration, et que l'art. 1300 c. civ. ne saurait trouver ici son application (Cons. d'Ét. 15 janv. 1813, cité au *Rép.* v° *Obligations,* n° 2819) ; 2° Que les rentes établies pour fondation de bourses destinées au soulagement de prêtres pauvres et à l'éducation d'écoliers pauvres ne faisant point partie du domaine de l'État et ayant été conservées aux établissements de bienfaisance, la transmission d'une semblable rente à un hospice pendant l'émigration du débiteur ne peut être critiquée par celui-ci à son retour de l'émigration, et qu'il ne peut, en conséquence, prétendre qu'elle s'est éteinte par confusion entre les mains de l'État (Cons. d'Ét. 22 mai 1813, *Rép.* v° *Rentes constituées,* n° 222). Mais il a été décidé par application de l'art. 1300 c. civ., que la confusion des qualités de créancier et de débiteur éteignant une dette, la rente due par un émigré à une fabrique s'est éteinte, lorsque l'État était à la fois détenteur des biens de cette fabrique et de ceux de la succession de cet émigré (Cons. d'Ét. 23 févr. 1815, *Rép.* v° *Rentes constituées,* n° 221).

SECT. 4. — DU SÉQUESTRE ET DE LA CONFISCATION RELATIVEMENT AUX BIENS INDIVIS AVEC DES ÉMIGRÉS (*Rép.* n°° 141 à 144).

25. V. *Rép.* n°° 141 et suiv.

CHAP. 4. — Des effets de l'émigration relativement à la famille de l'émigré. — Incapacités et peines portées contre les parents (*Rép.* n°° 145 à 154).

26. Nous avons indiqué au *Rép.* n°° 151 et suiv. les incapacités dont étaient frappés les parents de l'émigré. Toutefois, comme on l'a vu au *Rép.* n° 149, le séquestre apposé sur les biens du père d'un émigré ne privait pas celui-là de l'exercice de ses actions. Il en était de même des héritiers de l'émigré : ceux-ci, malgré la mort civile et la confiscation des biens encourue par leur auteur, n'en conservaient pas moins le droit d'accepter sa succession ; et, en conséquence, la prescription de l'action en pétition d'hérédité a couru contre eux, même pendant la durée de la confiscation, au profit d'autres parents, possesseurs de biens de l'émigré qui n'avaient pas été appréhendés par l'État (Trib. Mons, 12 août 1848, et sur appel, Bruxelles, 10 janv. 1852) (1).

---

(1) (Gillion C. Martin.) — Le 12 août 1848, jugement du tribunal civil de Mons, ainsi conçu : — « ...Attendu que la confiscation de biens, qu'a emportée contre le sieur abbé Martin sa condamnation capitale suivie d'exécution n'était pas obstative à ce que ses neveux du nom de Gillion, ou ceux qui les représentaient, acceptassent dans le temps voulu son hérédité, car il n'était pas nécessaire qu'il s'y trouvât quelque chose à prendre par eux pour qu'elle existât dès le jour de sa mort ; c'est ce qu'expriment les lois romaines qui reconnaissent que l'hérédité est la position qu'avait le défunt et qu'est appelée à prendre la personne habile à lui succéder ; que l'hérédité ne suppose pas

qu'il doive y trouver des biens plutôt que des dettes, et qu'elle n'a même besoin de rien pour subsister, telle qu'elle se comprend en droit : *hæreditas etiam sine ullo corpore juris intellectum habet* (Loi 50 ff., *de pet. hæred.*). — Qu'il se voit donc de ce qui précède que les demandeurs n'ont, dans aucun temps, été empêchés de se porter héritiers de l'abbé Martin, et que conséquemment la prescription trentenaire a, malgré la confiscation des biens qu'il avait délaissés, pris son cours le 26 juill. 1794, et s'est accomplie au plus tard, à l'égard de tous les demandeurs, le 13 août 1844 ; — Attendu que l'ordonnance de Louis XVIII, et les lois françaises qui ont eu pour objet l'amélioration du sort

CHAP. 5. — De l'amnistie prononcée par le sénatus-consulte du 6 flor. an 10 (*Rép.* n°ˢ 155 à 204).

SECT. 1ʳᵉ. — A QUELLES PERSONNES, MOYENNANT QUELLES FORMALITÉS ET DEPUIS QUELLE ÉPOQUE PROFITE L'AMNISTIE (*Rép.* n°ˢ 156 à 164).

27. V. *Rép.* n°ˢ 156 et suiv.

SECT. 2. — DE LA REMISE DES DROITS CIVILS (*Rép.* n°ˢ 165 à 174).

28. L'amnistie édictée par le sénatus-consulte du 6 flor. an 10 (*Rép.* p. 468) réintégrait de plein droit, avons-nous vu au *Rép.* n° 165, les émigrés qui en bénéficiaient dans tous leurs droits de citoyen (art. 15). Toutefois cette réintégration n'avait pas d'effet rétroactif et ne s'appliquait pas aux biens de l'émigré, qui ne pouvait les recouvrer, sous certaines réserves (art. 16), que moyennant la production d'un certificat d'amnistie (art. 8). C'est, d'ailleurs, ce qu'avait décidé l'avis du conseil d'État du 26 fruct. an 13 (*Rép.* p. 471). — Jugé à cet égard qu'une distinction doit être faite entre la personne et les biens de l'amnistie ; qu'ainsi, la réintégration dans ses biens est subordonnée à la délivrance de son certificat d'amnistie ; mais que la réintégration dans ses droits civils est indépendante de la délivrance de ce certificat (Civ. rej. 8 déc. 1858, aff. Carrias, D. P. 59. 1. 73).

29. Nous avons examiné au *Rép.* n°ˢ 166 et suiv. la controverse soulevée par la question de savoir quels étaient les effets de l'amnistie relativement au mariage contracté par l'émigré pendant sa mort civile et nous avons incliné vers l'opinion favorable à la validation de ce mariage. Nous en avons conclu que les puissances maritale et paternelle, qui n'étaient que suspendues, renaissaient également par la suite de l'amnistie (*Rép.* n° 169). — Décidé, conformément à cette doctrine, que l'émigré doit être considéré comme ayant recouvré sa puissance maritale à partir de l'époque où il s'est soumis aux conditions qui lui étaient imposées pour jouir du bénéfice de l'amnistie, bien que le certificat d'amnistie ne lui ait point encore été délivré, et que, par suite, la vente que la femme de cet émigré a faite postérieurement de l'un de ses immeubles, sans l'autorisation de son mari, est nulle (Civ. rej. 8 déc. 1858, cité *suprà*, n° 28).

30. L'émigré amnistié et ainsi rayé définitivement de la liste des émigrés par l'effet du sénatus-consulte du 6 flor. an 10 était réintégré, avons-nous dit, dans tous ses droits civils (V. *suprà*, n° 28). — Décidé à cet égard, outre ce qui a été dit au *Rép.* n°ˢ 165 et suiv., que des cohéritiers dont l'un a été éliminé de la liste des émigrés peuvent compromettre sur les difficultés relatives à une succession ouverte en l'an 7, dont le mode de partage a été fixé par un acte du Gouvernement représentant le cohéritier émigré, alors que ces difficultés ne concernent que l'intérêt personnel des compromettants (Req. 17 janv. 1811, *Rép.* v° *Arbitrage*, n° 325). Il est bien entendu que le compromis ne pouvait avoir pour objet, dans ce cas, que la succession telle qu'elle avait été réglée par le Gouvernement, conformément à l'art. 16 du sénatus-consulte du 6 flor. an 10.

SECT. 3. — DE LA REMISE DES BIENS (*Rép.* n°ˢ 175 à 204).

ART. 1ᵉʳ. — *Quels biens ont été remis* (*Rép.* n°ˢ 176 à 192).

31. La question du rétablissement de la communauté conjugale par suite de l'amnistie prononcée par le sénatus-consulte du 6 flor. an 10 a été examinée au *Rép.* n°ˢ 182 et suiv. Elle est traitée également au *Rép.* v° *Contrat de*

mariage, n°ˢ 2093 et 2094, où l'on rapporte un arrêt de la cour de cassation (Civ. rej. 10 août 1842) décidant que l'amnistie ne rétablissait la communauté conjugale des émigrés que pour l'avenir.

ART. 2. — *A qui profite la remise des biens* (*Rép.* n°ˢ 193 à 204).

32. V. *Rép.* n°ˢ 193 et suiv.

CHAP. 6. — De la restitution ordonnée par la loi du 5 déc. 1814 (*Rép.* n°ˢ 205 à 244).

33. La loi de 1814, qui a donné lieu, dans le principe, à de nombreuses et importantes décisions judiciaires insérées au *Répertoire*, est encore aujourd'hui l'objet d'applications qui deviennent, il est vrai, de plus en plus rares.

34. En vertu de l'art. 13 de cette loi (*Rép.* n° 205), une commission spéciale fut établie pour recevoir les réclamations des émigrés et y faire droit. Cette commission a toutes les attributions d'une juridiction contentieuse ; aussi ses décisions doivent-elles mentionner le nom des membres qui y ont participé (Cons. d'Et. 12 août 1879, aff. de Caraman, D. P. 80. 3. 28), conformément aux art. 138 et 141 c. proc. civ. et 36 du décret du 30 mars 1808 (*Rép.* v° *Organisation judiciaire*, p. 1493). Cette mention est indispensable pour constater si les juges étaient en nombre suffisant pour délibérer et s'ils avaient qualité pour siéger. Il suit de là non seulement que cette formalité est substantielle et prescrite à peine de nullité, mais encore qu'elle s'applique à toutes les décisions judiciaires, même à celles qui ne sont pas régies par le code de procédure civile. Toutefois, lorsque cette mention se trouve consignée sur le procès-verbal de la séance et qu'elle a seulement été omise dans l'expédition notifiée à la partie, cette irrégularité ne peut entraîner l'annulation de la décision (Même arrêt).

35. Les pouvoirs de la commission instituée par l'art. 13 de la loi de 1814 sont aussi étendus que ceux des juridictions contentieuses ordinaires. Il a été décidé qu'elle peut faire usage de documents officiels annexés aux budgets et comptes de l'Etat, bien qu'ils n'aient été produits devant elle par aucune des parties en cause (Arrêt du 12 août 1879, cité *suprà*, n° 34). Il est de principe, il est vrai, que le juge ne peut puiser les motifs de sa décision dans des renseignements pris par lui en dehors de l'instruction régulière et contradictoire ; mais les documents officiellement publiés par la puissance publique ne peuvent pas être assimilés à des documents privés que le juge ne pourrait joindre d'office au dossier. Le fait qu'une loi n'aurait pas été invoquée par les parties n'autoriserait pas le juge à statuer comme si cette loi n'existait pas. Les juridictions de tout ordre cherchent en effet journellement des éléments de décision dans les discussions parlementaires qui ont précédé le vote des dispositions à interpréter, dans les circulaires ministérielles, etc.

SECT. 1ʳᵒ. — QUELS BIENS ONT ÉTÉ RESTITUÉS (*Rép.* n°ˢ 206 à 223).

36. La loi du 5 déc. 1814 est venue, avons-nous dit au *Rép.* n°ˢ 205 et 206, compléter le système de réparation inauguré par le sénatus-consulte du 6 flor. an 10, tout en respectant les droits des tiers et en maintenant tout ce qui avait été fait, en vertu des lois sur l'émigration, jusqu'à la publication de la charte constitutionnelle. Suivant M. Duvergier sur Toullier, *Droit civil français*, t. 2, n° 340, cette loi n'a point considéré la remise des biens en nature qu'elle ordon-

des émigrés français et de leurs familles, restent sans influence au présent procès, parce qu'il ne s'agit ici que des prétentions élevées par des parents d'un émigré décédé, sur des sommes ou créances qui, appartenant à la succession et ayant échappé à la confiscation prononcée, se trouvent dans les mains d'autres parents, tandis que ces ordonnances et lois qui ont trait aux biens des émigrés disposent uniquement qu'il serait fait remise à leurs familles des biens confisqués réellement encore détenus par le gouvernement français ou par la caisse d'amortissement ; qu'il est donc évident que les droits des parties sur les biens qui

n'ont jamais été possédés par le gouvernement français n'ont reçu aucune règle de ces dispositions spéciales et restent ainsi soumis aux lois ordinaires ; — Par ces motifs, le tribunal déclare prescrits et éteints, antérieurement à l'année 1846, les droits que pouvaient avoir les demandeurs à la succession du sieur abbé Martin ; déclare, en conséquence, les demandeurs non recevables dans leur action ». — Appel. — Arrêt.

LA COUR ; — Adoptant les motifs du premier juge, met l'appel au néant, etc.

Du 10 janv. 1852.-C. de Bruxelles, 2ᵉ ch.-M. Graaff, av. gén.

naît au profit des émigrés comme une restitution, mais comme une libéralité. Elle n'a point entendu reconnaître et proclamer un droit préexistant qui, dès lors, aurait été compris dans la succession de l'émigré ; elle a créé un droit nouveau, dont la source était un sentiment de bienveillance pour les émigrés et pour leurs familles. C'est ce qui ressort clairement de son art. 1er qui est ainsi conçu : « Sont maintenus et sortiront leur plein et entier effet, soit envers l'Etat, soit envers les tiers, tous jugements et décisions rendus, tous actes passés, tous droits acquis avant la publication de la charte constitutionnelle, et qui seraient fondés sur des lois ou des actes du Gouvernement relatifs à l'émigration ». — Jugé, par application de cet article, que le droit ouvert au profit des appelés à une substitution par l'effet de la loi de bannissement de 1792 ne constitue pas un droit acquis dans le sens de cette loi, en présence de la loi de 1793 qui en a dépouillé ces appelés pour en investir l'Etat (Req. 29 juill. 1858, aff. Pommier-Lacombe, D. P. 58. 1. 398). Par suite, l'Etat, devenu plein propriétaire des biens primitivement frappés de substitution, les a remis, par application du sénatus-consulte du 6 flor. an 10 et de la loi du 5 déc. 1814, à l'émigré qui était grevé de cette substitution, tels qu'il les a reçus lui-même, c'est-à-dire en pleine propriété, et cet émigré s'est, dès lors, trouvé investi, par l'effet de cette remise, de la libre disposition des biens qui en étaient l'objet (Même arrêt).

37. Les biens à restituer aux émigrés et les conditions dans lesquelles devait avoir lieu cette restitution sont énumérés par les art. 2, 4, 5, 6, 7 et 8 de la loi de 1814 ; il en est traité au *Rép.* nos 211 à 216. La conséquence de cette restitution, c'est, ainsi que nous l'avons vu au *Rép.* no 214, que l'Etat, cessant désormais de représenter l'émigré ne pouvait plus intenter ou subir en son nom les actions litigieuses, actives ou passives, ni disposer des biens restitués contre le gré de l'émigré. Outre les arrêts insérés au *Rép. loc. cit.*, sur cette question, il a été décidé qu'un émigré peut revendiquer contre les tiers détenteurs les biens confisqués sur lui, et compris, comme biens non vendus, dans ceux à restituer aux termes de la loi du 5 déc. 1814, quoiqu'il n'ait pas préalablement demandé cette restitution à l'Administration : une telle demande n'est nécessaire que lorsque les biens réclamés sont au pouvoir de l'Etat (Civ. rej. 12 mai 1852, aff. Riquetti de Mirabeau, D. P. 53. 1. 99). — En ce qui concerne les biens affectés aux hospices et dont parle l'art. 8 de la loi de 1814, V. ce qui est dit au *Rép.* vo *Hospices-hôpitaux*, nos 77 et suiv.

38. Aux termes de l'art. 3 de la loi de 1814, « il n'y aura lieu à aucune remise des fruits perçus ; néanmoins les sommes provenant de décomptes faits ou à faire, et les termes échus et non payés, ainsi que les termes à échoir du prix des ventes de biens nationaux provenant d'émigrés, seront perçus par la caisse du domaine, qui en fera la remise aux anciens propriétaires desdits biens, à leurs héritiers ou ayants cause » (*Rép.* nos 217 et 218). — A partir de quel moment l'émigré a-t-il droit aux fruits ? Décidé à cet égard, outre les arrêts insérés au *Rép.* no 216, conformément à la jurisprudence du conseil d'État, que les anciens propriétaires, ou leurs représentants, à qui des biens confisqués pour cause d'émigration ont été restitués en vertu de la loi du 5 déc. 1814, ont droit aux fruits de ces biens à partir du jour de la demande en remise formée par eux, et non pas à compter de la promulgation de la loi de 1814 (Cons. d'Et. 15 févr. 1851, aff. Delpech, D. P. 53. 3. 3). — Il y a lieu de remarquer que cet arrêt, conforme à un avis du comité des finances du conseil d'Etat du 6 mars 1849, a été rendu contrairement aux conclusions du commissaire du Gouvernement qui s'était prononcé pour le dessaisissement absolu de l'Etat, à dater de la promulgation de la loi du 5 déc. 1814, quant aux fruits, comme pour la propriété elle-même (V. dans le même sens : Cormenin, *Droit administratif*, 5e éd., vo *Emigré*, p. 206). — Cette dernière solution a été adoptée par un arrêt postérieur qui a décidé que les anciens propriétaires du canal du Midi auxquels la loi du 5 déc. 1814 (art. 10) (V. *infra*, no 39), a transféré tous les droits qui pouvaient appartenir au domaine extraordinaire sur les actions dont il avait été disposé par le Gouvernement à titre de dotation, mais sous la réserve du droit de retour au profit du domaine dans

des cas déterminés par les actes de concession, reprennent au cas de retour d'une dotation par suite du décès du titulaire sans postérité, leurs droits de propriété à partir du jour où le retour s'est opéré ; qu'en conséquence, ils ont droit à la jouissance des arrérages des actions composant la dotation, à partir de la même époque et non à partir de la demande en remise de ces actions formée devant la commission spéciale instituée pour l'exécution de la loi du 5 déc. 1814 (Cons. d'Et. 6 juill. 1854, aff. Héritiers de Caraman, *Rec. Cons. d'Etat*, p. 619. — V. dans le même sens et dans les mêmes termes, relativement aux anciens propriétaires du canal du Loing : Cons. d'Et. 29 nov. 1855, aff. Héritiers du roi Louis-Philippe, *Rec. Cons. d'Etat*, p. 687). — Décidé enfin que l'art. 3 de la loi du 5 déc. 1814, d'après lequel il n'y a lieu à aucune remise des fruits perçus antérieurement à la demande présentée par les anciens propriétaires dans les formes prescrites par l'art. 10 (V. *infra*, no 39), à l'effet d'obtenir la remise de leurs biens, s'applique aux arrérages des actions affectées aux dépenses de la Légion d'honneur, et qui, d'après l'art. 10, ne devaient être rendues qu'à l'époque où elles cesseraient d'être nécessaires pour pourvoir aux dépenses de l'ordre (Cons. d'Et. 5 juin 1874, aff. Riquet de Caraman, D. P. 75. 3. 36).

39. L'art. 10 de la loi de 1814 est ainsi conçu : « Les actions représentant la valeur des canaux de navigation seront également rendues, savoir : celles qui sont affectées aux dépenses de la Légion d'honneur, à l'époque seulement où, par suite des dispositions de l'ordonnance du 19 juillet dernier (relative à l'organisation et à la dotation de la Légion d'honneur, Duvergier, *Collection des lois*, t. 19, p. 191), ces actions cesseront d'être employées aux mêmes dépenses ; celles qui sont actuellement dans les mains du Gouvernement, aussitôt que la demande en sera faite par ceux qui y auront droit, et celles dont le Gouvernement aurait disposé, soit que la délivrance en ait été faite, soit qu'elle ne l'ait pas été, lorsqu'elles rentreront dans ses mains par l'effet du droit de retour stipulé dans les actes d'aliénation ». Conformément aux dispositions de cet article, il a été jugé que l'époque fixée par l'art. 10 de la loi du 5 déc. 1814, pour la restitution aux ayants droit des actions affectées aux dépenses de la Légion d'honneur, ne peut être considérée comme arrivée que lorsqu'il est reconnu que ces actions ont cessé d'être nécessaires pour couvrir ces dépenses, calculées d'après les bases fixées par l'ordonnance du 19 juill. 1814, sans qu'il y ait à tenir compte, en pareil cas, des dépenses nouvelles qui ont été inscrites au budget de l'Ordre en vertu des actes postérieures (Cons. d'Et. 17 févr. 1869, aff. Riquet de Caraman, D. P. 70. 3. 96. V. dans le même sens : Cons. d'Et. 5 juin 1874, cité *supra*, no 38 ; 1er déc. 1876, aff. d'Orléans, D. P. 77. 3. 14. Conf. par analogie : Cons. d'Et. 7 déc. 1877, aff. Rouxel, D. P. 78. 3. 44).

En ce qui concerne les arrérages des actions dont parle l'art. 10, il a été décidé, dans le même ordre d'idées, que l'époque fixée par l'art. 10 de la loi du 5 déc. 1814 pour la restitution aux ayants droit des actions affectées aux dépenses de la Légion d'honneur, devant être considérée comme arrivée à partir du jour où ces actions ont cessé d'être nécessaires pour couvrir ces dépenses calculées d'après les bases fixées par l'ordonnance du 19 juill. 1814, les arrérages de ces actions doivent être remboursés par la Légion d'honneur à partir de l'année où ses autres ressources auraient suffi à ses dépenses, si des dépenses nouvelles n'avaient pas été inscrites au budget de l'Ordre en vertu des actes postérieurs (Cons. d'Et. 12 août 1879, aff. de Caraman, D. P. 80. 3. 28. Comp. Civ. rej. 19 janv. 1853, même affaire, D. P. 53. 1. 78). — V. au surplus sur ces questions, *infra*, vo *Ordres civils et militaires*.

SECT. 2. — A QUI PROFITE LA RESTITUTION ORDONNÉE PAR LA LOI DE 1814 (*Rép.* nos 224 à 244).

ART. 1er. — *Des héritiers de l'émigré ou de leurs ayants cause* (*Rép.* nos 224 à 231).

40. Est-ce aux héritiers au jour de la loi ou aux héritiers au jour du décès que profite la restitution ordonnée par la loi du 5 déc. 1814 ? — Nous avons soutenu au *Rép.*

n° 225, contrairement à la jurisprudence de la cour de cassation (*Rép.* n°s 226 et 227), que la restitution devait profiter à tous ceux qui étaient héritiers dès le jour du décès. Toutefois, nous devons reconnaître que la cour suprême a persisté dans sa doctrine. C'est ainsi qu'il a été décidé que les biens d'émigrés non aliénés dont la restitution a été ordonnée par la loi du 5 déc. 1814, doivent être attribués à ceux des membres de la famille qui étaient héritiers de l'émigré lors de la promulgation de cette loi, par préférence à ceux qui étaient ses successibles d'après la loi en vigueur lors de son décès (Req. 23 janv. 1855, aff. de Nettancourt, D. P. 55. 1. 116).

41. Mais bien entendu, le parent le plus proche au jour de la promulgation de la loi de 1814 ne peut invoquer le bénéfice de cette loi qu'à la condition d'être capable de succéder à l'émigré. Ainsi il serait sans qualité pour obtenir la remise des biens dont l'Etat s'était emparé, et dont cette loi a ordonné la restitution, s'il n'était ni né ni conçu à l'époque du décès de l'émigré (Paris, 25 juill. 1848, aff. Costa et Sainte-Marie, D. P. 50. 5. 196).

42. La loi de 1814, comme on l'a rappelé *suprà*, n° 36, n'a point eu d'effet rétroactif. Cette non-rétroactivité s'applique tant à l'émigré qu'à ses héritiers. Ceux-ci ne sont donc habiles à réclamer une succession qui lui est échue pendant son émigration, que si l'Etat ne l'avait pas appréhendée avant la loi d'amnistie du 5 déc. 1814 (Paris, 12 déc. 1871, aff. de Saulx-Tavannes, D. P. 54. 5. 294).

ART. 2. — *Des créanciers des émigrés sous la loi du 5 déc. 1814* (*Rép.* n°s 232 à 244).

43. V. *Rép.* n°s 232 et suiv.

CHAP. 7. — De la loi dite d'indemnité
(*Rép.* n°s 245 à 393).

44. La loi du 27 avr. 1825, connue vulgairement sous le nom de *loi du milliard des émigrés*, effaçait les dernières conséquences des lois révolutionnaires relatives aux émigrés, tout en laissant subsister les dispositions capitales de la loi de 1814 (*Rép.* n°s 245 et suiv.). Ainsi que l'a dit fort justement la cour de cassation (Civ. rej. 4 juill. 1825, *Rép.* n°s 227-3° et 246), la loi de 1825 est une loi *spéciale* qui ne s'applique qu'aux biens *vendus*, tandis que celle de 1814 est relative aux biens *rendus*. Comme nous l'avons dit au *Rép.* n° 245, cette loi, aujourd'hui entièrement exécutée, ne donne plus lieu qu'à de rares difficultés. Nous étudierons brièvement celles qui ont pris naissance depuis la publication du *Répertoire*.

SECT. 1re. — DE L'ALLOCATION DE L'INDEMNITÉ ; DES BIENS POUR LESQUELS ELLE EST DUE ET DE SA NATURE (*Rép.* n°s 247 à 272).

45. L'art. 1er de la loi de 1825 parle d'indemnité *due par l'Etat*. On a indiqué au *Rép.* n° 248 les raisons qui ont fait insérer ces expressions dans la loi. Mais s'ensuit-il que cette loi ait un effet rétroactif et que le droit à l'indemnité ait pu devenir considéré comme faisant partie de plein droit du patrimoine de l'émigré ou de ses ayants cause, même antérieurement à 1825 (*Rép.* n° 249)? La négative a été admise avec raison, croyons-nous, par

plusieurs arrêts rapportés au *Rép.* v° *Vente*, n° 1956, desquels il résulte que les conventions relatives à des droits successifs, passées, antérieurement à la loi du 27 avr. 1825, par les héritiers des émigrés dont les biens avaient été confisqués et aliénés, n'ont pu, en l'absence d'une déclaration expresse, comprendre l'indemnité postérieurement accordée par cette loi (Comp. anal. : Douai, 28 juin 1837, *Rép.* v° *Vente*, n° 888). — Cependant il a été décidé, contrairement à cette doctrine, que, bien qu'avant la promulgation de la loi du 27 avr. 1825, l'indemnité à laquelle cette loi donne droit aux émigrés ne constituât pour l'Etat qu'une dette dérivant d'une obligation naturelle, elle n'en faisait pas moins partie du patrimoine de ces émigrés, et que, par suite, elle est tombée dans l'actif de la succession de ceux d'entre eux qui sont décédés antérieurement à la loi précitée du 27 avr. 1825. En conséquence, les héritiers d'un émigré qui ont pris qualité ont été saisis de plein droit, au jour de l'ouverture de la succession, de l'expectative résultant de l'obligation naturelle de l'Etat (Orléans, 5 juill. 1855, aff. de Nettancourt, D. P. 55. 2. 187).

46. Dans la pensée du législateur de 1825, les acquéreurs de biens nationaux ne sont plus désormais grevés d'aucune obligation, même naturelle, envers les anciens propriétaires émigrés qui ont touché l'indemnité (V. sur cette question : Trib. Cherbourg, 15 juill. 1827 ; Aix, 22 avr. 1828, et Nancy, 9 févr. 1829, cités au *Rép.* v° *Obligations*, n°s 1063 et 1064).

47. L'indemnité accordée par la loi de 1825 est-elle mobilière ou immobilière ? Cette question a été amplement examinée au *Rép.* n°s 268 à 272, où l'on a exposé successivement les deux systèmes qui attribuent à l'indemnité, l'un un caractère purement immobilier, l'autre un caractère purement mobilier. — Depuis la publication du *Répertoire*, ce dernier système est celui qui tend à prévaloir dans la jurisprudence. C'est ainsi qu'il a été jugé que, lorsqu'un époux fait donation à son conjoint des valeurs mobilières de communauté, l'indemnité qu'il a touchée comme émigré en vertu de la loi de 1825 se trouve comprise dans cette donation (Caen, 19 nov. 1870)(1). Décidé également que les rentes créées par la loi du 27 avr. 1825, pour être délivrées aux anciens propriétaires d'immeubles confisqués et vendus nationalement, en vertu des lois révolutionnaires, n'ont conservé que jusqu'à leur délivrance le caractère de droits immobiliers en vertu duquel elles devaient être attribuées aux créanciers hypothécaires antérieurs à la confiscation, ou à l'héritier des immeubles : une fois entrées dans le patrimoine de l'indemnitaire ou de ses représentants, elles ont repris le caractère purement mobilier que la loi a assigné à toutes les rentes sur l'Etat l'art. 529 c. civ. (Civ. cass. 27 nov. 1855, aff. Letourneur, D. P. 55. 1. 455). Dans le cas où les rentes ainsi créées auraient été attribuées à l'ayant droit d'un émigré qui, antérieurement, s'était constitué en dot tous ses biens présents et à venir, elles doivent être considérées comme entrées dans son patrimoine dotal à titre de biens mobiliers, quoiqu'à l'époque du contrat de mariage, le droit de cet indemnitaire aux immeubles vendus et confisqués par son auteur fût immobilier : il n'y a pas là d'atteinte au principe de l'immutabilité des conventions matrimoniales ; en conséquence, ces rentes sont réputées comprises dans la donation que le même indemnitaire a faite de tous ses meubles à son conjoint (Même arrêt. V. *Biens*, n° 44 ; — *Rép.* eod. v°, n° 181).

---

(1) (Roulier C. Anfray et autres.) — LA COUR ;... — Sur les deuxième, troisième et quatrième questions, qui sont connexes : — Attendu que, par son contrat de mariage du 3 mai 1807, Barbé avait stipulé qu'il ne faisait pas entrer dans la communauté que les époux établissaient entre eux une rente à lui due par Hervé de Canisy et une indemnité qu'il espérait obtenir de l'Etat pour la suppression d'un emploi de commissaire de police, dont son père avait été pourvu ; — Que, de l'ensemble de ce contrat de mariage, on doit induire que le régime adopté par les époux était celui de la communauté légale modifiée dans le sens des art. 1500 et 1505 c. civ. ; — Attendu, ces préliminaires posés, qu'il résulte de l'art. 7 du contrat de mariage susdaté, que Barbé a réservé à sa famille la nue propriété de la rente de Canisy réalisée par l'art. 1er, et qu'elle constitue une reprise à son profit ; qu'en excluant formellement la rente de Canisy de la donation qu'il faisait, il a, par cela même, déclaré qu'il entendait conserver à ses héritiers, soit ladite rente, soit son capital ; d'où il suit

qu'en ce chef il y a lieu de confirmer le jugement dont est appel ; — Mais, attendu qu'il en est autrement par rapport à l'indemnité que Barbé a reçue comme émigré, en exécution de la loi du 27 avr. 1825 ; — Que cette indemnité n'a été réalisée ni directement, ni indirectement dans le contrat de mariage, pas plus que la rente Loysel, dont Barbé était créancier ; qu'elles ne constituent ni l'une ni l'autre une reprise ; mais que l'une et l'autre étaient mobilières aux termes de l'art. 529 c. civ., puisque l'indemnité des émigrés a consisté dans des rentes 3 p. 100 sur l'Etat, et que ce qui pouvait rester à la mort du mari, soit de la rente Loysel, soit de l'indemnité des émigrés, était compris dans la donation générale des biens meubles que Barbé faisait à la future ;...

Par ces motifs, infirme le jugement rendu par le tribunal civil d'Avranches, le 17 févr. 1870, au chef de l'indemnité que Barbé a reçue de l'Etat, en vertu de la loi du 27 avr. 1825, etc.

Du 19 nov. 1870.-C. de Caen, 2e ch.-MM. Champin, pr.-Tardif de Moidrey, av. gén.-Bertauld et Carel, av.

Sect. 2. — Quotité de l'indemnité. — Interposition de personnes. — Bases de la fixation de l'indemnité dans le cas ou les biens confisqués ont été acquis par les parents de l'émigré ou par lui (*Rép.* n°s 273 à 299).

48. V. *Rép.* n°s 273 et suiv.

Sect. 3. — Des personnes qui sont admises a l'indemnité (*Rép.* n°s 300 à 323).

49. Ce point est nettement déterminé par les art. 4 et 7 combinés de la loi de 1825 qui, ainsi que nous l'avons dit au *Rép.* n° 300, accorde l'indemnité aux *véritables spoliés*, et à ceux-là seuls qui ont conservé la qualité de Français (*Rép.* n°s 301 et suiv.), sans qu'on puisse leur opposer *aucune incapacité* résultant des lois révolutionnaires (*Rép.* n°s 313 et suiv.).

50. Comme on l'a vu au *Rép.* n°s 315 et suiv., le relief prononcé par la loi du 27 avr. 1825 s'applique aussi à la prescription (*Rép.* n°s 315 et suiv.) qui s'est trouvée suspendue en faveur des émigrés ou de leurs ayants cause en vertu de la maxime : *Contrà non valentem agere non currit præscriptio.* C'est là une conséquence de l'art. 7, § 1er, de la loi de 1825, qui dit qu'on ne pourra opposer à l'ancien propriétaire ou à ses ayant cause aucune incapacité résultant des lois révolutionnaires. — Conformément à cette doctrine, il a été jugé, depuis la publication du *Répertoire*, que l'action de l'héritier d'un émigré en restitution de sa part dans l'indemnité accordée par la loi du 27 avr. 1825 n'est soumise à la prescription qu'à partir de la promulgation de cette loi, et non point à partir du décès de l'émigré (Civ. cass. 6 août 1850, aff. Capron, D. P. 52. 1. 56-57 ; 21 janv. 1852, aff. de Nettancourt, *ibid.* ; 9 juin 1852, aff. Martel, D. P. 52. 1. 288). En conséquence, le cohéritier qui a reçu en entier l'indemnité ne peut retenir la part héréditaire du réclamant, sous prétexte que le droit de celui-ci est prescrit, trente ans et plus s'étant écoulés depuis le décès de l'ancien propriétaire (Mêmes arrêts). Il en est ainsi, même au cas où celui qui réclame sa part dans l'indemnité n'a pas pris qualité dans les trente ans à compter de l'ouverture de la succession, tandis qu'au contraire la succession a été acceptée dans ledit délai par l'héritier contre lequel il agit (Sol. impl., Civ. cass. 21 janv. 1852, précité). L'héritier conserve donc pendant trente ans, à compter de la loi de 1825, le droit de réclamer sa part dans l'indemnité, alors même que, par l'effet de la prescription, il aurait perdu, avec sa qualité d'héritier, tous ses autres droits héréditaires. — Cependant il a été jugé, au contraire, sur le renvoi prononcé par l'arrêt de cassation du 21 janv. 1852, que les héritiers qui ont perdu le droit de prendre qualité en laissant passer trente ans depuis l'ouverture de la succession, peuvent voir repousser par la prescription la demande formée par eux contre leurs cohéritiers en restitution de partie de l'indemnité dont il s'agit ; qu'il n'a point été dérogé à ces principes du droit commun par la loi du 27 avr. 1825, qui n'a pas introduit sous ce rapport un droit nouveau ; et, dès lors, c'est à tort qu'on prétendrait que la prescription de la demande en restitution a seulement pour point de départ la promulgation de cette loi (Orléans, 5 juill. 1855, aff. de Nettancourt, D. P. 55. 2. 237.)

51. Mais l'héritier de l'émigré peut-il réclamer des autres successibles sa part d'indemnité, alors même qu'il aurait renoncé à la succession de son auteur ? Cette question, ainsi qu'on l'a vu au *Rép.* n°s 316 et suiv., a été, en général et sauf quelques divergences, résolue négativement, et la même solution a été consacrée par l'arrêt du 9 juin 1852, cité *suprà*, n° 50. — Un autre arrêt (Req. 28 janv. 1856, aff. de Gohr, D. P. 56. 1. 460), a décidé, conformément à celui du 16 mars 1847, cité au *Rép.* n° 319-5°, qu'en tous cas, la renonciation à la succession, non de l'émigré lui-même, mais de son héritier décédé avant la loi de 1825, privait le renonçant de tout droit à l'indemnité.

Sect. 4. — Du délai dans lequel l'indemnité doit être réclamée (*Rép.* n°s 324 à 331).

52. V. *Rép.* n°s 324 et suiv.

Sect. 5. — Des formes de la demande et du mode de liquidation de l'indemnité (*Rép.* n°s 332 à 349).

53. Nous avons indiqué quelles quelles sont les formalités à remplir et les pièces à fournir par l'émigré et ses héritiers pour arriver au payement de l'indemnité de la loi de 1825 (*Rép.* n°s 332 et suiv.). — Au cas où certaines formalités auraient été omises par la faute des agents de l'Etat, celui-ci devrait-il être déclaré responsable ? La question de la responsabilité civile de l'Etat en général a été traitée au *Rép.* v° *Responsabilité*, n°s 638 et suiv., et nous y avons dit que l'Etat était en principe soumis, comme les particuliers, à la réparation du dommage causé par le fait de ses agents dans l'exercice de leurs fonctions. De nombreuses décisions judiciaires sont d'ailleurs intervenues dans ce sens tant avant que depuis la publication du *Répertoire* (V. *infrà*, v° *Responsabilité*). Néanmoins un arrêt a décidé, dans la matière qui nous occupe, que les ayants cause d'un émigré, dont la demande en indemnité, introduite en vertu de la loi du 27 avr. 1825, a été rejetée faute de production des pièces qui auraient pu la faire accueillir, ne sont pas recevables à réclamer de l'Etat la réparation du préjudice que cette décision leur a causé, sous prétexte que le directeur des Domaines, aux mains duquel se trouvaient lesdites pièces, aurait omis de les joindre à la demande (Civ. rej. 2 déc. 1879, aff. Lépine de Ligondès, D. P. 80. 1. 60). — Il convient d'ajouter que, d'après cet arrêt, aucune négligence n'était, en fait, dans la circonstance, imputable aux agents de l'Etat.

Sect. 6. — De la commission de liquidation et de ses opérations (*Rép.* n°s 350 à 361).

54. Comme la commission instituée par la loi du 5 déc. 1814 (art. 13), la commission de liquidation établie par la loi de 1825 a tous les pouvoirs d'une juridiction contentieuse, et ses décisions sont susceptibles de pourvoi devant le conseil d'Etat (Loi de 1825, art. 14; Ord. 1er mai 1825, tit. 6, art. 51, *Rép.* p. 478) (*Rép.* n°s 354 et suiv.). Ce qui a été dit de la commission de la loi de 1814 (V. *suprà*, n°s 34 et suiv.) peut donc s'appliquer ici.

55. Le pourvoi devant le conseil d'Etat, avons-nous dit au *Rép.* n° 355, ne serait pas nécessaire, s'il ne s'agissait que de faire réparer une erreur matérielle ou une omission commise dans une décision de la commission. Mais une question s'est présentée en 1854 devant le conseil d'Etat, qui ne l'a pas résolue dans son arrêt. Mais, dans la même affaire, le conseil d'Etat, statuant au contentieux, a décidé que, lorsque la demande formée par le ministre des finances, au lieu d'avoir pour objet la réparation d'une omission ou la rectification d'une erreur matérielle, tendait à remettre en question une liquidation déjà faite et n'avait pas été introduite dans les délais fixés par l'art. 14 de la loi du 27 avr. 1825 et l'art. 11 du décret du 22 juill. 1806, elle devait être déclarée non recevable (Cons. d'Et. 9 mars 1854, aff. de Narbonne Pelet, *Rec. Cons. d'Etat*, p. 177).

Sect. 7. — Des déportés et des condamnés (*Rép.* n° 362).

56. V. *Rép.* n° 362.

Sect. 8. — Des biens affectés aux hospices et autres établissements publics et des biens concédés gratuitement (*Rép.* n°s 363 et 364).

57. V. *Rép.* n°s 363 et 364, en outre, v° *Hospices-hôpitaux*, n°s 77 et suiv.

Sect. 9. — Des droits des créanciers relativement a l'indemnité (*Rép.* n°s 365 à 393).

58. On a vu au *Rép.* n° 365 que les créanciers peuvent, conformément à l'art. 1166 c. civ., faire valoir les droits de leur débiteur sur l'indemnité de la loi de 1825, qui indique, à cet effet, dans ses art. 18 et 19, une procédure spéciale. Outre les arrêts rapportés à cet égard *ibid.*, n° 365 et suiv., il a été jugé que l'opposition faite par le créancier d'une rente perpétuelle sur l'indemnité d'un émigré a pu, si les arrérages n'étaient pas servis depuis plus de deux ans, être validée jusqu'à concurrence du capital de la rente, encore bien que le créancier n'ait pas préalablement demandé le remboursement de ce capital (Civ. rej. 27 mars 1832, cité au *Rép.* v° *Rentes constituées*, n° 186).

59. Aux termes de l'art. 18 de la loi de 1825, « les créanciers opposants exercent leurs droits suivant le rang des privilèges et hypothèques qu'ils avaient sur les immeubles confisqués ». Le laconisme de cette disposition a donné lieu à des difficultés qui ont été examinées au *Rép.* n°s 380 et suiv. — M. Troplong, *Commentaire du titre des privilèges et hypothèques*, t. 4, n° 890, fait observer qu'elle était d'autant plus nécessaire qu'elle constitue une dérogation aux principes : c'est ainsi qu'en matière d'assurances, on admet généralement que l'indemnité n'appartient pas aux créanciers ayant hypothèque sur l'immeuble incendié, à moins qu'il n'y ait eu subrogation à leur profit (V. *suprà*, v° *Assurances terrestres*, n°s 225 et suiv.).

Une disposition analogue existe en Belgique, où il a été décidé que, si la vente par l'Etat des biens séquestrés a fait perdre aux créanciers inscrits le droit de suite par hypothèque, l'arrêté-loi du 17 avr. 1815 (V. le texte de cet arrêté-loi, *Pasicrisie belge*, 1868. 1. 58) leur a attribué, à défaut des biens eux-mêmes, un droit spécial de suite sur le prix de vente entré dans le trésor public de Belgique (C. cass. Belgique, 20 juin 1862, cité *suprà*, n° 17). — Mais les créanciers hypothécaires d'un émigré qui, en vertu de la législation de 1814 (Arrêtés-lois des 16 et 28 mai, V. le texte de ces arrêtés, *Pasicrisie belge*, 1868, 1. 57) et de 1815, ont été reconnus propriétaires légitimes des sommes entrées dans les caisses de Belgique à titre de prix de vente des biens affectés à leurs créances, ne peuvent exiger de l'Etat belge la bonification de l'intérêt de ces sommes pendant le temps qui s'est écoulé depuis 1815 jusqu'au jour de la restitution (Bruxelles, 11 juin 1866, aff. Veuve Carton, *Pasicrisie belge*, 1866. 2. 241, et sur pourvoi, C. cass. Belgique, 2 août 1867, *ibid.*, 1868. 1. 56).

60. La question de savoir si les créanciers de l'émigré sont relevés, en ce qui touche l'indemnité accordée par la loi de 1825, de la prescription qui a couru contre eux, avant cette loi, est controversée. Nous l'avons examinée au *Rép.* n°s 585 et suiv.

CHAP. 8. — De la compétence (*Rép.* n°s 394 à 414).

61. En ce qui concerne la compétence criminelle, V. les lois des 9 oct. 1792 (*Rép.* p. 424), 28 mars 1793 (art. 74 et suiv.; *Rép.* p. 431), 25 brum. an 3 (tit. 5, *Rép.* p. 445), 19 fruct. an 5 (*Rép.* p. 458) (V. en outre : *Rép.* v^ia *Compétence criminelle*, n° 674; *Conflit*, n° 51).

SECT. 1re. — COMPÉTENCE RELATIVEMENT A LA PERSONNE ET AUX BIENS DES ÉMIGRÉS (*Rép.* n°s 395 à 409).

62. Nous ne reviendrons pas sur ce qui a été dit sur ce point au *Répertoire*, où nous avons exposé les variations successives de la législation à cet égard depuis 1792 jusqu'à 1815. Ainsi qu'on l'a vu, le législateur avait, dans un intérêt politique, déféré aux tribunaux administratifs la plupart des questions qui intéressaient non seulement les biens, mais aussi l'état et la capacité des émigrés (*Rép.* n° 396; Cons. d'Et. 4 sept. 1822, cité au *Rép.* v° *Compétence*, n° 18. V. aussi *Rép.* v° *Compétence administrative*, n°s 140, 141 et 173-3°). — Lorsqu'il s'agit de remboursement de rentes ou de capitaux dus par des émigrés ou à des émigrés, et que ces remboursements ont été faits ou autorisés par l'Etat, l'autorité administrative est compétente, en vertu de la loi du 28 pluv. an 8, puisqu'il s'agit du contentieux des domaines nationaux. Cette question et d'autres qui s'y rattachent ont donné naissance à de nombreuses décisions rapportées au *Rép.* v° *Compétence administrative*, n°s 123 et suiv. — Sur la question de compétence relativement aux biens détenus par les hospices (*Rép.* n°s 407 et suiv.), V. ce qui est dit au *Rép.* v° *Hospices-hôpitaux*, n°s 459 et 460.

SECT. 2. — COMPÉTENCE RELATIVEMENT A L'INDEMNITÉ (*Rép.* n°s 410 à 414).

63. V. *Rép.* n°s 410 et suiv.

Table des articles des lois du 5 déc. 1814 et du 27 avr. 1825.

Loi du 5 déc. 1814								
Art. 1er. S. 36; R. 205 s.	—3. S. 38; R. 217. —4. S. 37; R. 211. —5. S. 37; R. 211. —6. S. 37; R. 211.	—7. S. 37; R. 211. 216. —9. R. 215. —10. S. 29; R. 216. —13. S. 34 s., 54; R. 205.	—14. R. 233, 244. **Loi du 27 avr. 1825** Art. 1er. S. 45; R. 247 s.	—2. R. 273 s. —3. R. 270 s. —4. S. 49; R. 286 —5. R. 209. —7. S. 49 s.; R. 300 s., 311 s.	—8. R. 322 s. —9. R. 335 s. —10. R. 350 s. —11. R. 351. —12. R. 356. —13. R. 356.	—14. S. 54 s.; R. 354. —15. R. 362. —16. R. 363. —17. R. 363 s. —18. S. 58 s.; R. 366 s.	19. S. 58; R. 324 s. —20. R. 324 s. —22. R. 208. —23. R. 307	
—2. S. 37; R. 211, 215.								

Table sommaire

des matières contenues dans le Supplément et le Répertoire.

Amnistie S. 27 s.; R. 155 s.
— effets, dies à quo S. 27; R. 159 s.
— formalités S. 27; R. 158.
— personnes S. 27; R. 156 s.
— remise des biens S. 31 s.; R. 175 s.; (bénéficiaires) S. 32; R. 193 s.; (biens remis) S. 31; R. 176 s.; (communauté conjugale) S. 31; R. 182 s.; (créanciers de l'émigré) R. 200 s.; (exceptions fiscales) R. 188 s.; (héritiers de l'émigré) R. 194 s.; (irrévocabilité des actes) R. 177 s.; (succession) R. 185 s.
— remise des droits civils S. 28 s.; R. 165 s.; (divorce) R. 171; (donation) R. 172; (mariage)

S. 29; R. 165 s.; (rétroactivité) S. 28; (succession) S. 30; R. 165 s., 172; (tierce opposition) R. 173.

Bannissement, V. Mort civile.
Bibliographie S. 1.
Communauté conjugale. V. Amnistie.
Compétence S. 61 s.; R. 394 s.
— biens S. 62; R. 399 s.; (compétence administrative) R. 400 s.; (compétence civile) R. 405 s.
— compétence administrative S. 62; R. 396.
— compétence criminelle S. 63; R. 410 s.; (commission de liquidation) R. 410 s.

— personnes S. 62; R. 395 s.
Confiscation S. 12; R. 98 s.
— abolition S. 17; R. 205 s.
— cause S. 12; R. 95 s.
— créanciers de l'émigré S. 20 s.; R. 116 s.
— débiteur de l'émigré S. 19; R. 110 s.
— droits de l'Etat S. 14, 16; R. 98 s.
— effets R. 105.
— étendue, créances S. 13; R. 98 s., 116
— indivision S. 25; R. 141 s.
— levée S. 13.
— nullité S. 14; R. 195.
— prescription S. 18; R. 104.
— rente foncière R. 129.
V. Séquestre.
Créanciers
— cobillgés S. 23; R. 121 s.
— déclaration, délai, dépôt de titres R. 117 s.

— formalités, déchéance S. 20 s.; R. 117 s.
— liquidation R. 113 s.
— mode de payement R. 116.
— vente immobilière S. 22.

Divorce. V. Amnistie, Mort civile.
Donation. V. Amnistie.
Emigration
— caractères S. 2; R. 5 s.
— famille de l'émigré (incapacités) S. 26;
— parents de l'émigré (incapacités) S. 26;

Fruits. V. Restitution.
Héritiers. V. Indemnité.

Historique R. 2 s.
Hypothèques. V. Restitution.
Indemnité S. 44 s.; R. 245 s.
— allocation S. 45 s.; R. 247 s.
— ayant droit S. 49 s.; R. 300 s. (héritiers) R. 311 s.; (incapacités) R. 313 s.; (prescription) S. 49; R. 315 s.; (qualité de Français) S. 49; R. 301 s.; (renonciation à succession) S. 51; R. 316 s.; (spoliation) S. 49; R. 300.
— biens concédés gratuitement S. 57; R. 863.
— biens confisqués et aliénés R. 256 s.
— biens fonds R. 251 s.
— caractères, rétroactivité S. 45; R. 248 s.

— commission de liquidation (caractères et attributions) S. 54; R. 351 s.; (opérations) S. 54 s.; R. 350 s.; (pourvoi) R. 355.
— demande (déductions) R. 336 s.; (formalités) S. 53; R. 332 s.; (formalités, responsabilité civile de l'Etat) S. 53.
— déportés et condamnés S. 56; R. 362.
— dette de l'Etat S. 45; R. 248 s.
— droits des créanciers S. 58; R. 365 s.; (héritier bénéficiaire) R. 876 s.; (liquidation) S. 865; (opposition, intérêts) R. 371 s.; (opposition, validité) S. 58 s.; R. 365 s.; (prescription) S. 60; R. 585 s.; (privilèges et hypothèques) S.

59.; *R.* 380 s.; (rente sur l'Etat) *R.* 375 s.
— établissements publics *S.* 57; *R.* 363 s.
— fabrique, corporation religieuse *R.* 304.
— fixation *S.* 48; *R.* 275, 292, 295.
— hospices, établissements de bienfaisance *S.* 57; *R.* 363.
— interposition de personnes *S.* 48; *R.* 286 s.
— liquidation *R.* 276 s.; 291, 294 s.;(mode) *S.* 52; *R.* 346 s.
— loi du 27 avr. 1825, caractères *S.* 44; *R.* 245 s.
— nature *S.* 47; *R.* 268
— quotité *S.* 46; *R.* 273 s.
— réclamation, délai *S.* 52; *R.* 324 s.; (cohéritiers) *R.* 325 s.; (déchéance) *R.* 328, 330; (prescription) *R.* 330.
— V. Compétence.

Indivision
— jouissance provisoire *R.* 144.
— partage *R.* 141 s.
— V. Confiscation, Séquestre.

Intérêts. V. Indemnité.

Légion d'honneur. V. Restitution.
Législation *R.* 2 s.
Listes *S.* 3; *R.* 19 s.
— confection *R.* 20 s.
— radiation, élimination *R.* 24 s.

Mariage. V. Amnistie, Mort civile.
Mort civile *S.* 5 s.; *R.* 44 s.
— bannissement *S.* 5.
— cause *S.*6; *R.*45 s.
— effets *S.*6 s.; *R.*63 s.; (action en justice) *S.* 8; *R.* 66; (agent diplomatique) *S.* 10; (aliments) *S.* 6; (arbitrage) *S.* 8; (divorce) *R.* 76 s.; (donation) *S.* 6 (droit naturel et des gens) *S.* 6; *R.* 65; (incapacités) *S.* 6; *R.* 63 s.; (jugement étranger) *R.* 68; (mariage) *S.* 7; *R.* 69, 74 s.; (nationalité *S.* 6; (péremption) *S.* 6; (substitution) *S.* 11; *R.* 85; (succession) *R.* 90 s.; (testament) *S.* 6, 9.
— inscription *R.* 48 s.
— qualité d'émigré *S.* 45 s.
— rétroactivité *R.* 60 s.

Peines *S.* 4; *R.* 36 s.
— afflictives, infamantes *R.* 36 s.
— complicité *R.* 42 s.

Prescription
— *dies à quo R.* 130.
— interruption *R.* 132 s.
— suspension *R.* 138.
— V. Confiscation, Indemnité, Restitution, Séquestre.

Restitution-loi du 5 déc. 1814 *S.* 33 s.; *R.* 205 s.
— bénéficiaire *S.* 40 s.; *R.* 224 s.;(renonciation à succession) *R.* 228.
— biens restitués *S.* 36 s.; *R.* 206 s.; (caractère de la restitution) *S.* 36; *R.* 206 s.; (conditions) *S.* 37; *R.* 211 s.; (*dies à quo*) *R.* 224 s.; (effets) *S.* 37; *R.* 217 ; (exceptions) *R.* 215; (fruits) *S.* 38; *R.* 217 s.; (irrévocabilité des actes) *R.* 209 s.;| (Légion d'honneur) *S.* 39; (prescription) *R.* 223; (prix de vente) *R.* 218; (substitution) *S.* 36.
— commission spéciale, attributions *S.* 33 s.; *R.* 203.
— créanciers *S.* 43; *R.* 232 s.; (dettes antérieures) *R.* 237 s.; (hypothèque) *R.* 240 s.;(recours) *R.* 233 s.; (sursis) *R.* 244.
— héritiers *S.* 40 s.; *R.* 224 s.; (cession de droits successifs) *R.* 229; (contribution aux dettes) *R.* 231; (rétroactivité) *S.* 42.

Rétroactivité. V. Amnistie.

Séquestre *S.* 12 s.; *R.* 95 s.
— abolition *S.* 17; *R.* 205 s.
— cause *S.* 12; *R.* 93 s.
— confusion *S.* 24; *R.* 218 s.
— créanciers de l'émigré *S.* 20 s.; *R.* 116 s.
— débiteurs de l'émigré *S.* 19; *R.* 110 s.
— droits de l'Etat *S.* 14, 16; *R.* 98 s.
— indivision *S.* 25; *R.* 141 s.
— levée *S.* 13.
— prescription *S.* 18, 24; *R.* 125, 130 s.
— saisine *R.* 99.
— vente immobilière *S.* *S.* 42.

Substitution. V. Mort civile, Restitution.
Succession. V. Amnistie, Mort civile.

Testament. V. Mort civile.

Table chronologique des Lois, Arrêts, etc.

1747.. août. Ord. 11 c.
1792. 9 févr.Décr. 12 c., 15 c., 22 c.
—2 sept. Loi. 12 c.
—9 oct. Loi. 61 c.
—23 oct. Loi. 5 c., 11 c., 36 c.
—14 nov. Loi. 11 c.
27 nov. Décr. 10 c.
1793. 28 mars. Loi. 5 c., 6 c., 11 c., 36 c., 61 c.
An 3. 28 brum. Loi. 61 c.
—1er flor. Loi. 20 c.

An 4. 3 vend. Loi. 11 c.
—22 vent. Civ. 8 c.
An 5. 16 niv. Loi. 18 c.
—19 fruct. Loi. 61 c.
An 8. 28 pluv. Loi. 62 c.
An 10. 6 fév. Sén. cons. 28 c., 30 c., 35 c.
—30 fruct. Civ. 13 c.
An 11. 9 brum. Lett. 18 c.
An 13. 20 fruct. Av. Cons. d'Et. 28 c.

An 14. 30 frim. Bruxelles. 8 c.
1806. 22 juill. Décr. 55 c.
1808. 30 mars. Décr. 34 c.
1809. 7juin. Civ. 12 c.
1811. 17 janv. Req. 30 c.
1813. 15 janv. Cons. d'Et. 24 c.
—52 mai, Cons. d'Et. 24 c.
—15 juin. Paris. 9 c.
1814. 19 juill. Civ. 39 c.
—5 déc. Loi. V. Table des articles.

1815. 25 févr. Cons. d'Et. 24 c.
1816. 13 août. Civ. 6 c.
1820. 10 mai. Civ. 18 c.
1822.4 sept.Cons. d'Et. 62 c.
1825. 27 avr. Loi. V. Table des articles.
—1er mai. Ord. 54 c.
1826. 24 avr. Civ. 16 c.
1827. 13 juill. Trib. Cherbourg. 46 c.
1828. 22 avr. Aix. 46 c.
1829. 9 févr. Nancy. 40 c.

1832. 27 mars. Civ. 58 c.
1834. 27 févr. Req. 6 c.
—25 déc. Paris. 21 c.
1837. 28 juin. Douai. 45 c.
1842. 10 août. Civ. 31 c.
1844. 10 juin. Civ. 21 c.
1847. 10 mars. Civ. 40 c.
1848. 20 juill. Orléans. 21 c.
—25 juill. Paris. 41 c.
—12 août. Trib. Mons. 26.
1849. 6 mars. Av. Cons. d'Et. 38 c.

1850. 6 août. Civ. 50 c.
1851. 15 févr. Cons. d'Et. 38 c.
1852. 10 juin. Bruxelles. 26.
—19 janv. Civ.50 c.
—13 mai. Civ. 37 c.
—9 juill. Civ.50 c. 51 c.
1853. 19 janv. Civ. 40 c.
1854. 6 févr. Paris. 17 c.
—9 mars. Cons. d'Et. 55 c.
—31 mai. Loi. 5 c.
1855. 23 janv. Req. 40 c.

—5 juill. Orléans. 45 c., 50 c.
—27 nov. Civ. 47 c.
—59 nov. Cons. d'Et. 38 c.
1856. 28 janv. Req. 51 c.
—9 juill. Req. 11 c.
1858. 39 juill. Req. 5 c., 11 c., 36 c.
1859. 5 déc. Civ.26 c., 29 c.
1860. 14 mars. Bruxelles. 13 c.
1862. 20 juin. C. cass. d'Et. 38 c.
1866. 11 juin. Bruxelles. 59 c.

1867. 19 mars. Req. 14 c.
—2 août. C. cass. Belgique. 59 c.
1869. 17 févr. Cons. d'Et. 39 c.
1870. 19 nov. Caen. 47.
1871. 12 déc. Paris. 42 c.
1874. 5 juin. Cons. d'Et. 38 c., 39 c.
1876. 1er déc. Cons. d'Et. 39 c.
1877. 7 déc. Cons. d'Et. 46 c.
1879. 12 août. Cons. d'Et. 34 c., 35 c., 39 c.
—2 déc. Civ.15 c., 22 c., 53 c.

EMPHYTÉOSE. — V. *infrà,* vo *Louage emphytéotique.*

EMPLOYÉ. — V. *infrà,* vis *Industrie et commerce; Louage d'ouvrage et d'industrie; Patente; Pension; Privilèges et hypothèques.*

EMPOISONNEMENT. — V. *Crimes et délits contre les personnes,* nos 86 et suiv.; *Instruction criminelle;* — *Rép.* vis *Crimes et délits contre les personnes,* nos 94 et suiv.; *Instruction criminelle,* no 3501.

EMPRISONNEMENT. — V. *Peine;* — *Rép.* eod. vo, nos 627 et suiv.

EMPRUNT. — V. *Commune,* nos 1223 et suiv.; *Organisation administrative; Trésor public;* — *Rép.* vis *Commune,* nos 2501 et suiv.; *Organisation administrative,* nos 288, 302, 312, 698 et suiv., 764; *Trésor public,* nos 218 et suiv.
V. aussi *suprà,* vis *Compétence administrative,* no 232; *Conseil d'Etat,* no 139; *Contrat de mariage,* nos 599, 707, 1315; *Culte,* nos 583 et suiv., 667; *infrà,* vis *Enregistrement; Frais et dépens; Hospices-hôpitaux; Interdiction-conseil judiciaire; Mandat; Notaire-notariat; Obligations; Responsabilité; Société; Timbre; Travaux publics; Ville de Paris.*

EMPRUNT A LA GROSSE. — V. *Droit maritime,* nos 1394 et suiv.; — *Rép.* eod. vo, nos 368 et suiv.

ENCHÈRES. — V. *Vente publique d'immeubles; Vente publique de marchandises neuves; Vente publique de meubles;* — *Rép.* vis *Vente publique d'immeubles,* nos 1671 et suiv.; *Vente publique de marchandises neuves,* no 48; *Vente publique de meubles,* nos 10, 80 et suiv.
Sur les entraves aux enchères, V. *Vente publique d'immeubles;* — *Rép.* eod. vo, nos 2215 et suiv.

ENCLAVE. — V. *Servitude;* — *Rép.* eod. vo, nos 816 et suiv.
V. aussi *suprà,* vis *Action possessoire,* nos 62, 135, 189, 191; *Droit rural,* nos 6, 14; *infrà,* vis *Expropriation pour cause d'utilité publique; Forêts; Question préjudicielle; Vente.*

ENCOURAGEMENT SCIENTIFIQUE ET LITTÉRAIRE. — On a parlé au *Rép.* vo *Organisation économique,* no 131, des encouragements donnés par l'Etat, sous forme, soit de distinctions honorifiques, soit de récompenses pécuniaires, à certaines recherches scientifiques, spécialement propres à favoriser les progrès de l'agriculture ou de l'industrie. On complètera *infrà,* eod. vo, les indications qui ont été fournies sur ce point. — En ce qui concerne les encouragements accordés d'une façon générale aux travaux scientifiques et aux ouvrages littéraires, V. *infrà,* vo *Organisation de l'instruction publique.*

ENDIGUEMENT. — V. *Eaux,* nos 78 et suiv.; *Travaux publics;* — *Rép.* vis *Eaux,* nos 92 et suiv.; *Travaux publics,* nos 954 et suiv.

ENDOSSEMENT. — V. outre les renvois mentionnés au *Répertoire, suprà,* vis *Abus de confiance,* no 104; *Assurances terrestres,* no 404; *Effets de commerce,* nos 146 et suiv.; *infrà,* vis *Faux; Nantissement; Vente; Warrants et chèques.*

ENFANT. — 1. Sous la dénomination d'*enfants,* la loi, d'accord en cela avec le langage usuel, comprend les petits-enfants et autres descendants. C'est un point admis aujourd'hui sans discussion tant en doctrine qu'en jurisprudence. C'est ce qu'énonce, d'ailleurs, formellement l'art. 914 c. civ. quand il dit, à propos de la quotité disponible : « Sont compris dans l'article précédent sous le nom d'*enfants* les descendants en quelque degré que ce soit » (V. *Rép.* v° *Dispositions entre vifs et testamentaires*, n° 762). — En matière d'interdiction, l'art. 511 c. civ. relatif au mariage des enfants de l'interdit est également applicable à ses petits-enfants (Aubry et Rau, *Droit civil français*, 4° éd., t. 1, p. 521, § 126; Demolombe, *Cours de code civil*, t. 8, n° 588. V. *Interdiction-conseil judiciaire;* — *Rép.* eod. v°, n° 192). — Il en est de même en matière de contrat de mariage. L'art. 1422 c. civ. n'accorde au mari le droit de disposer entre vifs à titre gratuit des immeubles de la communauté que pour l'établissement des *enfants communs*. De même encore, dans les art. 1555 et 1556 c. civ., qui n'accordent à la femme autorisée de son mari le droit de disposer de ses biens dotaux que pour l'établissement des *enfants qu'elle aurait eus d'un premier mariage antérieur* ou des *enfants communs*, le mot « enfants » comprend tous les descendants (Aubry et Rau, *op. cit.*, t. 5, p. 585, § 537, et la note; Rodière et P. Pont, *Traité du contrat de mariage*, t. 3, n° 1792; Laurent, *Principes de droit civil*, t. 12, n°⁵ 453 et 456; t. 13, n°ˢ 492 et 493. V. *Contrat de mariage*, n°⁵ 412 et 1289; — *Rép.* eod. v°, n°ˢ 1092, 1172 et suiv., et 3580). — La même solution doit être donnée en matière de testaments (V. *Dispositions entre vifs et testamentaires*, n°ˢ 834 et 835 ; — *Rép.* eod. v°, n°ˢ 3452 et suiv.). — Le mot « enfants » employé dans une substitution comprend aussi tous les descendants. C'est la doctrine que l'on a soutenue au *Rép.* v° *Substitution*, n°ˢ 291 et suiv., en commentant l'art. 1048; la question sera, d'ailleurs, examinée de nouveau *infrà*, eod. v°. — Sur le sens du mot « enfants et descendants » en matière de retour conventionnel, V. *suprà*, v° *Dispositions entre vifs et testamentaires*, n° 486, et D. P. 68. 1. 87, note.

2. Bien que, dans la plupart des cas, ainsi que nous venons de l'exposer, le mot *enfants* doive comprendre tous les descendants, le contraire pourrait résulter des circonstances de la cause : il y a là une question de fait. Aussi a-t-il été jugé que l'interprétation donnée par les juges au mot *enfants*, employé dans une convention, échappe au contrôle de la cour de cassation (Req. 19 janv. 1869, aff. Enjalran, D. P. 72. 1. 96). Spécialement, n'est pas susceptible de pourvoi l'arrêt interprétatif de la convention par laquelle le cohéritier, propriétaire d'un étage supérieur, se réserve, tant pour lui que pour ses *enfants*, le droit de passer dans le magasin du rez-de-chaussée échu à un autre héritier, alors que cet arrêt déclare que le droit de passage s'étend, non pas à toutes les personnes habitant avec le stipulant, notamment à ses domestiques et à tous ses enfants et petits-enfants à naître, mais seulement à son gendre et à leurs enfants existant au moment de la convention, tant qu'ils habiteront la maison (Même arrêt). Lorsque l'expression *enfants* est employée, soit dans une convention à titre onéreux, soit dans une convention à titre gratuit, le juge doit consulter avant tout l'intention des parties contractantes, des donateurs ou testateurs, pour en définir le sens et l'étendue.

3. Au point de vue de l'origine, on distingue les enfants légitimes et les enfants naturels (V. *Paternité et filiation ;* — *Rép.* eod. v°, n°ˢ 23 et suiv., 450 et suiv.). — La présomption étant généralement en faveur de la filiation légitime, le mot *enfants* s'entend seulement des enfants légitimes, à moins que le contraire ne résulte explicitement ou implicitement des faits de la cause. C'est ainsi qu'il a été jugé que les mots *sans postérité, sans enfants, sans descendance*, dans le langage ordinaire, comme dans le langage juridique, ne peuvent s'entendre que des enfants légitimes (Bordeaux, 4 déc. 1831, aff. Masson, D. P. 54. 2. 177). Ainsi, lorsqu'il a été stipulé, dans un acte de vente, que la vente serait résolue, au cas où l'acquéreur prédécéderait sans laisser de *postérité* ou *descendant*, la condition doit être réputée accomplie si l'acquéreur est, en effet, décédé avant le vendeur, sans laisser de postérité légitime, bien qu'il laisse un enfant naturel par lui reconnu antérieurement à la vente, mais dont l'existence était ignorée du vendeur (Même arrêt). — Le même principe, antérieurement reconnu par un arrêt de la cour de Douai du 7 juin 1850, cité *suprà*, v° *Dispositions entre vifs et testamentaires*, n° 525, a été postérieurement consacré par un arrêt de la cour de cassation (Civ. rej. 9 août 1854, aff. Lallart, D. P. 54. 1. 263)

qui, à propos du retour légal, décide que le mot *postérité*, dont il est question dans l'art. 717 c. civ., ne doit s'entendre que de la postérité légitime. En conséquence, les ascendants succèdent, à l'exclusion de tous autres, aux choses par eux données à leurs enfants ou descendants, qui se retrouvent en nature dans la succession de ceux-ci, si les ascendants décèdent sans *enfant légitime*, lors même qu'ils laisseraient des enfants naturels reconnus (Même arrêt, et la note. V. dans le même sens : les arrêts cités *suprà*, v° *Dispositions entre vifs et testamentaires*, n°ˢ 834 et 835). Il en serait autrement des enfants adoptifs (V. *Adoption*, n° 51 ; *Succession;* — *Rép.* v° Adoption, n° 205; *Succession*, n° 230). — De même, lorsque l'art. 1098 c. civ. parle, à propos de la quotité disponible entre époux, des *enfants d'un autre lit*, il ne s'agit également que des enfants légitimes (V. *Dispositions entre vifs et testamentaires*, n° 219 ; — *Rép.* eod. v°, n° 869). En ce qui concerne les enfants adoptifs, la question est controversée (V. *suprà*, v° *Adoption*, n° 50).

4. Par *enfants*, avons-nous dit *suprà*, n° 1, il faut entendre tous les descendants. Cependant la loi, pour qui l'état des enfants est favorable, ne saurait, ainsi qu'on l'a dit au *Répertoire*, consacrer cette interprétation, lorsqu'elle deviendrait contraire à leurs intérêts. Aussi est-il décidé par la plupart des auteurs et des arrêts que l'art. 908 c. civ. d'après lequel les enfants naturels ne peuvent, soit par donation entre vifs, soit par testament, rien recevoir au delà de ce qui leur est accordé au titre des *Successions*, ne s'applique point aux descendants légitimes des enfants naturels (V. *Dispositions entre vifs et testamentaires*, n° 536; — *Rép.* eod. v°, n°ˢ 405 et suiv.).

5. Le législateur, avons-nous dit au *Répertoire*, protège l'enfant soit dans les lois civiles, soit dans les lois criminelles, tant au point de vue moral qu'au point de vue physique. — Par ses lois civiles, il réglemente dans son intérêt l'exercice de la puissance paternelle (V. *Paternité et filiation ; Puissance paternelle ; Usufruit légal;* — *Rép.* eisd. vⁱˢ) et le défend au besoin contre les écarts auxquels elle pourrait donner lieu, lorsqu'elle est tombée entre des mains indignes. Tel est le but de la loi du 24 juill. 1889 sur la protection des enfants maltraités ou moralement abandonnés (D. P. 90. 4. 15), qui prononce dans certains cas la déchéance de la puissance paternelle (V. *infra*, vⁱᵉ *Puissance paternelle; Usufruit légal*). — A défaut de père ou de mère, l'enfant est pourvu d'un tuteur qui, sous l'autorité du conseil de famille, prend soin de sa personne, de son éducation et de ses intérêts pécuniaires (V. *Minorité-tutelle-émancipation ; Rép.* eod. v°). — Enfin la loi civile protège l'enfant, c'est-à-dire le mineur de vingt et un ans, contre les conséquences de ses propres engagements, en lui permettant de faire rescinder ceux qu'il aurait contractés seul et qui lui seraient préjudiciables (c. civ. art. 1304 et suiv.) (V. *Obligations; — Rép.* eod. v°, n°ˢ 2849 et suiv.).

6. Au point de vue pénal, la responsabilité de l'enfant est, comme on sait, atténuée dans une large mesure tant qu'il n'a pas atteint sa seizième année (c. pén. art. 66 et suiv.) (V. *Peine; — Rép.* eod. v°, n°ˢ 421 et suiv.). — Il y a lieu de rappeler également la disposition de l'art. 380 c. pén., d'après laquelle le vol commis par des petits-enfants, au préjudice de leurs pères ou mères ou autres ascendants, ne donne lieu qu'à des réparations civiles (V. *Vol; — Rép.* eod. v°, n° 156 et suiv.).

7. Le code pénal contient de nombreuses dispositions protectrices de la personne et de la moralité de l'enfant. Telles sont celles relatives : 1° à l'infanticide (c. pén. art. 300 et 302) (V. *Crimes et délits contre les personnes*, n°ˢ 71 et suiv. ; — *Rép.* eod. v°, n°ˢ 78 et suiv.) ; 2° à l'avortement (c. pén. art. 317) (V. *Avortement*, n°ˢ 13 et suiv. ; — *Rép.* eod. v°, n° 10 et suiv.) ; 3° aux attentats à la pudeur et au viol commis sur les enfants de moins de treize ou quinze ans, selon les cas (c. pén. art. 331 et suiv.) (V. *Attentat aux mœurs*, n°ˢ 26 et suiv., 35 et suiv. ; — *Rép.* eod. v°, n°ˢ 33 et suiv., 52 et suiv.) ; 4° à l'excitation des mineurs à la débauche (c. pén. art. 334 et suiv.) (V. *Attentat aux mœurs*, n°ˢ 62 et suiv. ; — *Rép.* eod. v°, n°ˢ 136 et suiv.) ; 5° aux crimes et délits d'enlèvement, recélé ou suppression d'enfant, de substitution ou supposition de part, d'exposition ou d'abandon d'enfant (c. pén. art. 345 et suiv.) (V. *Crimes et délits contre les personnes*, n°ˢ 353 et suiv., 377 et suiv., 390 et suiv.)

— *Rép.* eod. v°, n°s 244 et suiv., 250 et suiv., 262 et suiv.) ; 6° à l'enlèvement des mineurs (c. pén. art. 354 et suiv.) (V. *Crimes et délits contre les personnes*, n°s 404 et suiv. ; *Rép.* cod. v°, n°s 285 et suiv.). Ajoutons enfin que, lorsqu'il s'agit de sauvegarder la moralité de l'enfant, la cour de cassation n'hésite pas à reconnaître aux tribunaux un certain pouvoir discrétionnaire. C'est ainsi qu'il a été décidé que la cour d'assises a le droit, tout en maintenant la publicité de l'audience, d'exclure une catégorie d'individus (dans l'espèce, des enfants) plus spécialement accessibles à des impressions immorales (Crim. rej. 2 juin 1884, aff. Staff, D. P. 81. 1. 495).

8. Certaines catégories d'enfants ont, en outre, été, de la part du législateur, l'objet de mesures spéciales de protection. — Ainsi une loi du 5 mai 1867 (D. P. 69. 4. 75) complétant les dispositions du décret du 19 janv. 1811 et de celui du 7 avr. 1859 (D. P. 63. 3. 74) est venue réorganiser le service des enfants assistés, tant au point de vue de leur séjour dans les hôpitaux que de leur placement en nourrice dans les campagnes et de la surveillance dont ils doivent être l'objet de la part des inspecteurs de l'assistance publique, inspecteurs dont les cadres et les recrutements sont réglementés par les décrets du 31 janv. 1870 (D. P. 70. 4. 67) et 8 mars 1887 (D. P. 87. 4. 70) (V. *Nourrices ; Secours publics* ; — *Rép.* v°s *Nourrices*, n°s 13 et suiv. ; *Secours publics*, n°s 128 et suiv.). — A côté de cette loi, doit être placée celle du 23 déc. 1874 (D. P. 75. 4. 79) relative à la protection des enfants du premier âge, et en particulier des nourrissons, loi qui a pour but, dit l'art. 1er, de placer d'une façon toute particulière sous la surveillance de l'autorité publique et de commissions locales la vie et la santé des enfants de moins de deux ans placés, moyennant salaire, en nourrice, en sevrage ou en garde hors du domicile de leurs parents. Les dispositions de la loi de 1874 seront examinées *infrà*, v° *Nourrices*.

9. Les ateliers et manufactures, qui emploient un si grand nombre d'enfants, ont attiré aussi l'attention du législateur qui, par la loi du 22 mars 1841, a réglementé et soumis à une surveillance morale et matérielle le travail des enfants dans les établissements industriels (V. *Rép.* v° *Industrie et commerce*, n°s 438 et suiv.). L'inspection créée par la loi de 1841 a été confiée aux ingénieurs des mines par le décret du 7 déc. 1868 (D. P. 69. 4. 16). La loi de 1841 a été remplacée elle-même par celle du 19 mai 1874 (D. P. 74. 4. 88) sur le travail des enfants et des filles mineures employés dans l'industrie, loi qui interdit en principe l'emploi dans les manufactures, fabriques, usines, mines, chantiers et ateliers (art. 1er) des enfants de moins de douze ans, réglemente suivant les âges la durée des heures de travail, défend pour ces enfants tout travail les dimanches et fêtes, confie aux maires la police des ateliers, détermine les conditions sous lesquelles les enfants pourront être employés dans les établissements dangereux ou insalubres, crée un corps d'inspecteurs spéciaux destinés à assurer l'exécution de ses prescriptions. La mise en application de cette loi a fait, depuis sa promulgation, l'objet de plusieurs règlements d'administration publique et donné lieu à de nombreuses décisions de jurisprudence qui seront, ainsi que la loi elle-même, étudiés *infrà*, v°s *Industrie et commerce ; Jour férié ; Manufactures, fabriques et ateliers dangereux, insalubres ou incommodes ; Mines-minières-carrières*.

Tout récemment un projet de loi destiné à réglementer le travail des enfants ainsi que des filles mineures et des femmes dans les manufactures, usines, mines, minières, et carrières, chantiers, ateliers et leurs dépendances, de quelque nature que ce soit (art. 1er) a été voté par le Sénat. Ce projet consiste en substance à diminuer les heures de travail, à n'admettre les enfants dans les établissements industriels qu'à partir d'un certain âge, à leur interdire tout travail de nuit et à leur assurer un jour de repos par semaine. Il a été voté par la Chambre des députés en première délibération.

10. La loi du 19 mai 1874 (V. *suprà*, n° 9) a pour but de protéger l'enfance contre l'abus du travail excessif que lui imposeraient des patrons inhumains. Mais le législateur de 1874 a pensé que son œuvre serait incomplète s'il ne la mettait aussi à l'abri de la cupidité qui la voue parfois, dès l'âge le plus tendre, à des métiers immoraux ou avilissants. Tel est le but de la loi du 7 déc. 1874 (D. P. 74. 4. 55), relative à la protection des enfants employés dans les professions ambulantes. Cette loi, qui défend de faire exécuter par des enfants de moins de seize ans, ou de douze ans, s'ils sont employés par leurs parents, des tours de force périlleux ou des exercices de dislocation, est venue combler heureusement une lacune de notre législation pénale qui, jusqu'alors, était muette sur ce point, et permettait, dit le rapporteur de la loi (D. P. 75. 4. 55, note 1) « ces stipulations mercenaires par lesquelles des parents sans entrailles livraient leurs jeunes enfants à l'exploitation des troupes ambulantes de saltimbanques ou de *directeurs de spectacles forains* ». On étudiera *infrà*, v° *Théâtre-spectacle*, les principales innovations de la loi du 7 déc. 1874.

Table chronologique des Lois, Arrêts, etc.

1811. 19 janv. Décr. 8 c.	1850. 7 juin. Douai. 3 c.	1854. 9 août. Civ. 3 c.	1867. 5 mai. Loi. 8 c.	1869. 19 janv. Req. 2 c.	1874. 19 mai. Loi. 9 c., 10 c. —23 déc. Loi. 8 c.	1887. 8 mars. Décr. 8 c.
1841. 22 mars. Loi. 9 c.	1851. 4 déc. Bordeaux. 3 c.	1859. 7 avr. Décr. 8 c.	1868. 7 déc. Décr. 9 c.	1870. 31 janv. Décr. 8 c.	—7 déc. Loi. 10 c.	1881. 2 juin. Crim. 7 c.	1889. 24 juill. Loi. 5 c.

ENFANT ADULTÉRIN OU INCESTUEUX. — V. *Dispositions entre vifs et testamentaires*, n°s 133 et suiv. ; *Paternité et filiation* ; — *Rép.* eisd. v°s, n°s 705 et suiv.

ENFANT ENLEVÉ, SUPPRIMÉ OU SUPPOSÉ. — V. *Crimes et délits contre les personnes*, n°s 350 et suiv. ; — *Rép.* eod. v°, n°s 244 et suiv.

ENFANT LÉGITIME. — V. *Paternité et filiation* ; — *Rép.* eod. v°, n°s 7 et suiv.

ENFANT NATUREL. — V. *Dispositions entre vifs et testamentaires*, n°s 133 et suiv., 214, 249, 1100 ; *Paternité et filiation* ; — *Rép.* v°s *Dispositions entre vifs et testamentaires*, n°s 858 et suiv. ; *Paternité et filiation*, n°s 391 et suiv.

ENFANT DE TROUPE. — V. *Organisation militaire* ; — *Rép.* eod. v°, n° 851.

ENGAGEMENT THÉÂTRAL. — V. *Théâtre-spectacle* ; — *Rép.* eod. v°, n°s 167 et suiv.

ENGAGEMENT VOLONTAIRE. — V. *Organisation militaire* ; — *Rép.* eod. v°, n°s 478 et suiv.

ENGIN PROHIBÉ. — V. *Chasse*, n°s 638 et suiv. ; *Pêche fluviale* ; *Pêche maritime* ; — *Rép.* v°s *Chasse*, n°s 176, 278 et suiv. ; *Pêche fluviale*, n° 134 et suiv. ; *Pêche maritime*, n° 3.

ENGRAIS. — V. *infrà*, v°s *Manufactures et ateliers dangereux, insalubres et incommodes* ; *Règlement administratif* ; *Vente de substances falsifiées et corrompues*.

ENLÈVEMENT DE GAZON, DE MATÉRIAUX ET DE PIERRES. — V. *Contravention-contraventions de police*, n°s 30 et suiv. — *Rép.* eod. v°, n°s 506 et suiv.

ENLÈVEMENT DE MINEUR. — V. *Crimes et délits contre les personnes*, n°s 404 et suiv. ; — *Rép.* eod. v°, n°s 285 et suiv.

ENQUÊTE.

Division.

CHAP. 1. — Historique et législation. — Droit comparé (n° 1).

CHAP. 2. — Enquête en matière ordinaire (n° 8).

ART. 1. — Du mode de proposer la preuve. — Précision et articulation. — Dénégation ou confession des faits. — Délai (n° 8).

ART. 2. — De l'admission de la preuve. — Faits pertinents et concluants. — Disposition d'office, etc. — Juge d'appel. — Faits nouveaux (n° 15).

Art. 3. — Jugement qui ordonne l'enquête. — Nomination du juge-commissaire. — Délégation du juge. — Interlocutoire (n° 27).

Art. 4. — Contre-enquête (n° 44).

Art. 5. — Délai pour commencer l'enquête et la contre-enquête (n° 48).

§ 1. — Délai de l'enquête ordonnée par un jugement contradictoire (n° 48).

§ 2. — Du cas où le jugement qui ordonne l'enquête a été rendu par défaut (n° 69).

Art. 6. — De l'acte qui constitue le commencement de l'enquête et de la contre-enquête. — Ordonnance du juge (n° 70).

Art. 7. — Assignation à la partie pour être présente à l'audition des témoins, et dénonciation des témoins. — Exploit à avoué. — Délai franc (n° 74).

Art. 8. — Personnes qui peuvent être assignées en témoignage. — Incapacité absolue et relative. — Indignité. — Formes de l'assignation (n° 92).

Art. 9. — De l'assistance des parties à l'audition des témoins et de ses conséquences (n° 101).

Art. 10. — De l'audition des témoins. — De la transcription de leurs dépositions (n° 106).

Art. 11. — Témoins défaillants. — Condamnations. — Impossibilité de comparaître (n° 119).

Art. 12. — Du délai dans lequel l'enquête et la contre-enquête doivent être terminées et de la prorogation de ce délai (n° 123).

Art. 13. — Du procès-verbal. — Mentions (n° 142).

Art. 14. — Des suites de l'enquête et de la contre-enquête (n° 147).

§ 1. — De la levée et de la signification des procès-verbaux et de la procédure pour arriver à l'audience (n° 147).

§ 2. — Des nullités et de leurs conséquences par rapport aux parties, aux témoins, aux juges-commissaires et aux officiers ministériels (n° 150).

§ 3. — Des reproches des témoins (n° 176).

N° 1. — Causes de reproche (n° 176).

N° 2. — Mode de proposition des reproches; Délai (n° 249).

N° 3. — Jugement sur les reproches (n° 257).

N° 4. — Appel (n° 266).

CHAP. 3. — Des enquêtes en matière sommaire et devant les tribunaux de commerce (n° 267).

CHAP. 4. — Enquête devant les justices de paix (n° 299).

CHAP. 1er. — Historique et législation. — Droit comparé (*Rép.* n°s 2 à 32).

1. Par arrêté du 6 nov. 1862, une commission fut instituée au ministère de la justice « pour rechercher les modifications qu'il serait utile d'apporter aux lois, décrets et ordonnances qui règlent la procédure civile devant les cours et tribunaux. » Terminée en 1868 et renvoyée devant le conseil d'État pour un dernier examen, l'œuvre de la commission fut pour partie soumise au Corps législatif; les événements qui survinrent en empêchèrent la discussion et arrêtèrent les travaux. Le projet contenait, en ce qui concerne les enquêtes, les innovations suivantes.

En principe, dans les affaires ordinaires, l'enquête a lieu à l'audience. Dans les causes sujettes à appel, le tribunal peut, suivant les circonstances, ordonner que l'enquête aura lieu devant un juge commissaire. (art. 218). — La contradiction, la confrontation même entre les témoins cités par les deux parties sont autorisées, comme pour les enquêtes faites devant la juridiction répressive. Chaque témoin, porte l'art. 224, après son audition, restera dans l'auditoire jusqu'à la fin de l'enquête, à moins que le tribunal ne lui ait permis ou enjoint d'en sortir. Les témoins pourront être entendus de nouveau et confrontés les uns avec les autres. — Les dispositions du code de procédure relatives aux reproches sont abrogées. Toutes les personnes autres que les parents en ligne directe et le conjoint sont admises comme témoins, à l'exception de celles que la loi ou des décisions judiciaires ont déclarées incapables de témoigner en justice (art. 231). — Le tribunal pourra toujours ordonner que l'enquête, ou seulement les dispositions déclarées nulles soient recommencées. Le projet supprime ainsi la distinction établie par le code de procédure civile (art. 292 et 293) entre les enquêtes déclarées nulles par la faute du juge-commissaire et les enquêtes déclarées nulles par la faute de l'avoué ou par celle de l'huissier.

2. Par décret du 10 juill. 1883, une commission a été instituée au ministère de la justice pour étudier un projet de revision du code de procédure civile. Deux projets de loi portant revision, l'un des tit. 1er à 16 du liv. 2, part. 1re du code de procédure civile, l'autre des tit. 17 à 25 du liv. 2 et du tit. 16 du liv. 5, part. 1re du même code, ont été soumis par le Gouvernement à la Chambre des députés, dans ces dernières années. Le premier a été déposé, au nom de M. Jules Grévy, par M. Demôle, le 19 oct. 1886 (*Journ. off.*, annexe n° 1155) ; le second au nom de M. Carnot, par M. Ferrouillat, le 12 juill. 1888 (*Journ. off.*, annexe n° 2968). Ces projets n'ayant pu être mis en discussion avant l'expiration des pouvoirs de la Chambre, ont été réunis en un seul corps de projet qui a été déposé par M. Thévenet le 6 mars 1890. Il n'a pas été encore soumis à la délibération de la Chambre. En matière d'enquêtes, le projet introduit, avec un certain nombre de modifications accessoires, deux règles nouvelles d'une portée considérable : le choix du tribunal à l'audience ou devant un juge commis; elles auront un caractère éminemment contradictoire, c'est-à-dire que l'enquête et la contre-enquête auront lieu simultanément.

3. « L'expérience, dit l'exposé des motifs, a depuis longtemps établi les heureux résultats des enquêtes faites à l'audience. Le procès-verbal dressé par le juge commissaire indique sans doute avec précision les questions posées aux témoins et leurs réponses; mais il reflète toujours, dans une certaine mesure, l'impression éprouvée par le juge. D'un autre côté, il est impuissant à rendre l'attitude du témoin, l'accent de sa conviction ou ses hésitations, et toutes ces circonstances accessoires qui donnent à une déposition un caractère absolu de vérité ou lui laissent une valeur relative. Si l'enquête, au contraire, peut avoir lieu devant le tribunal, chaque juge sera en mesure de se former une opinion personnelle. L'intérêt de la vérité ne peut qu'y gagner. Nous permettons donc au tribunal de décider si l'enquête aura lieu à l'audience ou devant un juge commissaire (art. 5). En principe, il est à désirer qu'elle puisse avoir lieu à l'audience. Toutefois, il était impossible d'en faire une obligation légale. Dans un certain nombre de cas, le nombre des témoins, la longueur présumée des débats, l'encombrement du rôle du tribunal, seraient un obstacle sérieux à l'expédition des affaires, si toutes les enquêtes devaient être portées à l'audience. Les tribunaux apprécieront. — Il nous a paru aussi qu'il était utile d'introduire dans les enquêtes suivies en matière civile une des règles établies pour les enquêtes faites devant la juridiction répressive, de rendre possible la contradiction, la confrontation même, entre les témoins cités par les deux parties. Le code actuel établit, en quelque sorte, deux enquêtes distinctes successives, l'une à la requête du demandeur, l'autre à la requête du défendeur. Ce formalisme ne peut être conservé. Un tribunal a éprouvé le besoin de s'éclairer sur un point précis, sur des faits qu'il détermine dans son jugement. La réglementation des enquêtes doit avoir pour but unique la découverte de la vérité. Il faut donc laisser au juge toute latitude. Il posera donc toutes les questions dont il sera requis par les parties, ou, d'office, celles qui lui paraîtront utiles. Il fera porter son interrogatoire sur tous les faits admis en preuve ou, s'il le croit nécessaire, sur toutes les circonstances, pourvu qu'il ne s'écarte pas des lignes indiquées par le jugement qui ordonne la preuve, et qu'il n'interroge pas les témoins sur des faits déclarés non pertinents. Au lieu d'avoir deux enquêtes successives, on n'aura plus qu'une seule enquête dans laquelle les témoins des deux parties pourront être confrontés. Le défendeur est prévenu, dès le jugement ordonnant l'enquête, des points sur lesquels elle portera. Il sait immédiatement de quel côté l'attaque sera dirigée contre lui, quels témoins seront produits, par quelles dépositions il pourra répondre. Dès lors, pourquoi maintenir un double formalité qui entraîne un double procès-verbal ? Si, dans un cas exceptionnel, la production de certains témoins par une partie entraînait pour l'autre partie une sorte de surprise, une prorogation d'enquête pourrait toujours être demandée et serait à coup sûr obtenue. Chaque témoin, après son audition, reste présent jusqu'à la fin de l'enquête, à moins que le tribunal ou le juge-commissaire ne lui ait permis ou enjoint de se retirer. Les témoins peuvent être entendus de nouveau et confrontés les uns avec les autres (art. 14). Si tous les témoins cités ne peuvent être entendus le jour fixé, l'enquête est remise à un autre jour sans nouvelle citation (art. 15). Si l'une ou l'autre des parties demande à produire de nouveaux témoins, le tribunal ou le juge-commissaire peut autoriser leur citation au jour qu'ils indiquent. Ils peuvent même d'office ordonner qu'à la requête de la partie qu'ils désignent, citation sera donnée à des témoins non indiqués par les parties (art. 16) ».

A côté de ces innovations considérables, le projet de loi, dans un but d'économie et de simplification des formes, contient plusieurs dispositions nouvelles. L'art. 5 supprime la signification, qui est actuellement faite à avoué, du jugement ordonnant l'enquête. Lorsque cette décision est contradictoire, elle vaut convocation pour les parties. La nécessité de lever et de signifier ces jugements avant dire droit est d'ailleurs supprimée en général, lorsqu'il s'agit de décisions rendues contradictoirement. Ainsi celles qui remplacent en cas d'absence ou d'empêchement le juge commis valent aussi convocation pour les parties. De même, les procès-verbaux d'enquête ne seront pas signifiés. Une copie sera relevée à la requête de la partie la plus diligente, qui devra la communiquer à l'autre partie. Les frais de cette expédition seront à la charge du perdant. Ces mesures nouvelles permettront une diminution de frais assez notable, sans nuire aux intérêts des plaideurs. — Une question délicate se présentait relativement aux pouvoirs du juge-commissaire, lorsque l'enquête n'est pas faite à l'audience. Devait-on lui laisser le droit de statuer sur les incidents qui s'élèvent devant lui? Fallait-il l'obliger à renvoyer les parties devant le tribunal qui statuerait? La première solution a paru préférable. S'il s'élève un incident quelconque, le juge statuera. Un recours pourra être élevé devant le tribunal qui a ordonné l'enquête, mais ce recours ne sera pas suspensif (art. 29). — Toute la théorie du code de procédure civile sur les reproches est supprimée. On cherche avant tout à découvrir la vérité; si l'un des témoins paraît dans des conditions telles que son impartialité puisse être mise en doute, des observations seront faites par l'adversaire; le procès-verbal les relatera, et le tribunal aura à la déposition tel égard que de droit. Il n'a pas paru nécessaire de poser dans la loi des règles précises à cet égard. — Les nullités ont été précisées, et les cas de nullité soigneusement désignés. La disposition de l'art. 293 actuel qui met à la charge de l'avoué ou de l'huissier les frais de l'enquête nulle par leur faute est supprimée. Cette disposition était inutile; elle n'est que l'application du droit commun (c. civ. art. 1383). — Si un ou plusieurs des témoins sont empêchés ou éloignés, le tribunal peut soit commettre l'un de ses membres, soit adresser une commission rogatoire. — Le juge-commissaire peut également adresser une commission rogatoire (art. 21). — L'enquête est nulle, si elle a été faite par un juge autre que celui qui a été désigné par le tribunal. Elle est également nulle, si elle a eu lieu à huis-clos sans que le tribunal l'ait ordonné, si elle a été faite sans que toutes les parties y aient été appelées, si elle a eu lieu à un jour autre que celui fixé par le tribunal ou par le juge-commissaire. Dans les deux derniers cas, la nullité ne peut être opposée par les parties qui ont concouru aux opérations de l'enquête. Si un témoin est incapable ou s'il n'a pas prêté serment, sauf le cas de l'art. 24, sa déposition est nulle (art. 31). — La nullité d'une ou de plusieurs dépositions n'entraîne pas la nullité de l'enquête. Le tribunal peut toujours ordonner que l'enquête annulée ou seulement les dépositions déclarées nulles soient recommencées (art. 32).

4. Depuis la publication du *Répertoire*, les enquêtes n'ont fait l'objet d'aucune étude spéciale. Les principes en cette matière sont exposés dans les traités généraux de procédure civile. Les auteurs que nous aurons le plus fréquemment l'occasion de citer sont : Bioche, *Dictionnaire de procédure civile et commerciale*, 5e éd., t. 3, vo *Enquête*; Boitard, Colmet-Daage et Glasson, *Leçons de procédure civile*, t. 1, nos 469 à 508; Dutruc, *Supplément aux lois de la procédure* de Carré et Chauveau, t. 1, vo *Enquête*; Garsonnet, *Traité théorique et pratique de procédure*, t. 2, p. 480 à 552; Rousseau et Laisney, *Dictionnaire théorique et pratique de procédure civile*, t. 4, vo *Enquête*; *Supplément*, eod. vo).

5. — Droit comparé. — 1o *Allemagne*. — D'après le code de procédure français, la preuve s'administre, en général, devant un juge commis. Le code de procédure civile pour l'empire d'Allemagne, promulgué le 30 janv. 1877, admet le principe contraire. La preuve est administrée devant le tribunal. Elle ne se fait devant un juge commissaire ou un autre tribunal délégué que par exception, dans les cas spécialement prévus. La commission rogatoire, lorsque la preuve doit être administrée devant un autre tribunal ou dans un pays étranger, est délivrée par le président. Le tribunal peut commettre un juge ou un autre tribunal à l'effet de recevoir la preuve testimoniale : 1o lorsqu'il paraît utile, pour arriver à la découverte de la vérité, d'entendre les témoins sur les lieux; 2o si l'enquête devant le tribunal présente des difficultés considérables; 3o lorsque le témoin est empêché de comparaître devant le tribunal; 4o lorsque le témoin demeure à une grande distance du siège du tribunal. La citation des témoins doit être rédigée par le greffier. Elle est signifiée d'office.

Le code allemand rejette le système de l'incapacité, celui de l'exclusion pour cause d'indignité, celui des reproches, de sorte qu'il ne dépend jamais du tribunal ou des parties d'empêcher une personne citée comme témoin de déposer; mais le témoin a le droit ou même le devoir de refuser de déposer dans certains cas (*Code de procédure civile pour l'empire d'Allemagne*, traduit et annoté par Glasson, Lederlin et Dareste, p. 129, note 1). Aux termes de l'art. 348 : peuvent refuser leur témoignage : 1o la personne fiancée à l'une des parties; 2o le conjoint, même après la dissolution du mariage; 3o les parents ou alliés en ligne directe, les parents en ligne collatérale jusqu'au troisième degré, ou les alliés jusqu'au second degré; 4o les ministres du culte pour ce qu'il leur a été confié dans l'exercice de leur mission sacerdotale; 5o les personnes qui, en vertu de leur état, reçoivent la confidence de faits dont le secret est exigé par leur nature ou par une disposition légale. Les personnes désignées sous les nos 4 et 5 ne doivent pas, alors même qu'elles consentent à témoigner, être interrogées sur des faits dont la révélation constituerait une violation manifeste du secret professionnel. — Le témoignage peut encore être refusé dans certains cas prévus par l'art. 349, et notamment si la réponse à faire doit avoir pour conséquence un dommage matériel pour le témoin, ou peut compromettre son honneur. Le témoin qui refuse de déposer est tenu de faire connaître et de rendre vraisemblables, par écrit ou par insertion au procès-verbal, les faits sur lesquels est basé son refus. Le tribunal décide si le refus est fondé en droit. Si le témoin refuse de déposer ou de prêter serment sans indiquer de motif, ou après que le motif qu'il a fait valoir a été déclaré mal fondé par un jugement passé en force de chose jugée, il doit être condamné d'office aux frais occasionnés par son refus ainsi qu'à une amende de 300 marcs au plus, et, pour le cas d'insolvabilité, à un emprisonnement qui ne peut excéder six semaines. En cas de refus réitéré de la part d'un témoin, le tribunal, sur les conclusions de la partie et dans le but de contraindre le témoin à déposer, ordonne son arrestation pour une durée qui ne peut toutefois dépasser celle de l'instance engagée. La prestation de serment peut être renvoyée à la fin de la déposition pour des raisons particulières, notamment lorsqu'il existe des doutes sur son admissibilité; le témoin jure alors qu'il a dit la vérité. Les parties peuvent renoncer au serment du témoin. Les mineurs de seize ans, les personnes qui ont un intérêt direct au procès, celles qui ont le droit de refuser leur témoignage, lorsqu'elles ne se prévalent pas de ce droit, doivent être entendues sans avoir prêté serment.

Chaque témoin doit être entendu séparément et hors la présence des témoins qui n'ont pas encore fait leur déposition. Les témoins dont les dépositions sont contradictoires peuvent être confrontés. Le témoin est interrogé d'abord sur ses nom et prénoms, son âge, sa confession religieuse, son état ou sa profession et son domicile. En cas de besoin, il doit être interpellé sur les circonstances de nature à caractériser la foi qu'il mérite au procès, et notamment sur ses relations avec les parties. Le témoin doit être invité à déposer d'un seul trait sur ce qui est à sa connaissance dans l'objet sur lequel il est interrogé. En cas de besoin, il lui est posé des questions pour éclaircir sa déposition et compléter sa déposition ou rechercher quelle est la source des informations qu'il possède. — Le président doit autoriser, sur leur demande, les membres du tribunal à poser des questions au témoin. Les parties ont le droit de faire poser au témoin les questions qu'elles jugent utiles pour éclaircir l'affaire ou pour se renseigner sur tout ce qui concerne le témoin. Le président peut autoriser les parties à adresser directement des questions au témoin ; il doit accorder cette autorisation à leurs avocats-avoués, si la demande lui en est faite. En cas de doute sur l'admissibilité d'une question, le tribunal statue. Le tribunal saisi du procès peut, s'il le juge utile, ordonner qu'un témoin sera entendu à nouveau. Si un juge, commis ou requis, a refusé, lors de l'enquête, de poser une question soulevée par une partie, le tribunal saisi du procès peut ordonner une nouvelle audition du témoin, pour que cette question lui soit posée. Lors de l'audition nouvelle ou supplémentaire d'un témoin, le juge peut, au lieu de lui faire prêter serment une seconde fois, l'inviter à affirmer seulement la vérité de ses déclarations en s'en référant au serment prêté antérieurement. La partie qui a proposé un témoin peut renoncer à son audition ; mais la partie adverse a le droit d'exiger que le témoin qui a comparu soit entendu ou que son audition soit continuée, si elle a déjà été commencée.

Le juge chargé de l'enquête a le droit, dans le cas où un témoin ne comparaît pas ou refuse de déposer, de lui appliquer certaines peines ; il peut aussi, dans la mesure où la loi le permet, rapporter les pénalités prononcées contre lui, même après que l'enquête est achevée : il peut, de même, statuer provisoirement sur l'admissibilité d'une question et entendre de nouveau le témoin. — Chaque témoin a le droit de réclamer, conformément au tarif, une indemnité pour le temps qui lui a été pris et, en cas de déplacement, le remboursement des frais occasionnés par le voyage et le séjour au lieu de l'enquête.

6. — 2° *Italie.* — Suivant le code de procédure civile italien, l'enquête est sommaire et a lieu à l'audience dans les affaires sommaires. Pour les autres procès, le tribunal a le choix entre l'enquête à l'audience et le renvoi devant un juge commis.

Le tribunal peut donner commission rogatoire au préteur, si la preuve doit se faire ailleurs que dans la localité où il siège, mais dans l'étendue de son ressort. Si la preuve doit avoir lieu dans le ressort d'un autre tribunal, le juge saisi peut déléguer un des juges de ce dernier tribunal ou commettre directement un préteur (art. 208).

Les dispositions sur le délai pour commencer l'enquête, sur l'ordonnance fixant le jour où les témoins devront comparaître, sur la nullité de l'enquête, sont à peu près semblables à celles de notre code de procédure civile. Le code italien, toutefois, met sur la même ligne l'enquête nulle par la faute de l'huissier ou par celle du procureur et l'enquête nulle par la faute du juge ou du greffier. — Il permet l'enquête à *futur* (art. 251). — Les témoins peuvent comparaître volontairement ; on n'est tenu de les assigner que s'ils refusent de venir spontanément. — Les causes d'incapacité résultent de la parenté ou de l'alliance en ligne directe. Les parties ont toujours le droit de proposer les motifs qui peuvent rendre suspectes les dépositions du témoin ; ces motifs doivent être déduits en preuve, d'une manière précise. Quand les motifs de suspicion ne sont pas fondés sur un écrit, le tribunal ne peut admettre la preuve par témoins, s'il n'y a pas un concours de circonstances graves, précises, concordantes... En tous cas, le témoin allégué de suspicion doit être entendu, sauf au tribunal à apprécier la déposition comme de raison. — Les dispositions du code italien relatives à l'audition des témoins sont les mêmes que celles de notre code de procédure civile, sauf de légères différences sans importance. L'indemnité due au témoin est fixée par le tribunal à raison de sa profession, de l'éloignement du domicile, de la durée de l'enquête. La taxe est exécutoire contre la partie qui a cité le témoin (art. 243).

7. — 3° *Suisse.* — D'après la loi judiciaire de Genève, du 15 févr. 1816, modifiée le 5 déc. 1832 (V. Bellot, *Loi sur la procédure civile du canton de Genève*), la preuve est, en principe, administrée à l'audience. Une ordonnance prescrivant l'enquête ayant été rendue, la liste des témoins est remise au greffe trois jours au moins avant l'audience fixée pour l'enquête (art. 179 et suiv.). Les témoins peuvent comparaître volontairement ; on n'est obligé de les assigner

que s'ils refusent de venir spontanément (art. 181). — Le code de Genève a repoussé notre système de reproches, mais il admet les incapacités qui résultent de la parenté ou de l'alliance (art. 188 et suiv.). — Ses dispositions concernant l'audition des témoins ne diffèrent des dispositions du code français que par des détails secondaires. Si le témoin entendu réclame une indemnité, elle est fixée par le tribunal à raison de l'état du témoin, de l'éloignement de son domicile, du temps qu'a duré l'enquête. La taxe est exécutoire contre la partie qui a fait citer le témoin (art. 200).

CHAP. 2. — Enquête en matière ordinaire
(*Rép.* n°s 33 à 587).

ART. 1er. — *Du mode de proposer la preuve.* — *Précision et articulation.* — *Dénégation ou confession des faits.* — *Délai* (*Rép.* n°s 33 à 50).

8. Les faits dont une partie demande à faire preuve doivent être proposés, on l'a dit au *Rép.* n° 34, article par article, brièvement, sans raisonnement et sans question ni moyen de droit. Il a été jugé qu'une demande d'enquête doit être rejetée, lorsqu'elle est conçue en termes vagues et ne présente l'articulation d'aucun fait précis et déterminé, et, notamment, lorsqu'une partie demande à être admise à la preuve par témoins de ses moyens de droit à l'appui de son opposition à un jugement par défaut (Req. 10 févr. 1868, aff. Lubet-Barbon, D. P. 68. 1. 261).

9. La partie qui, dans l'acte d'articulation, a omis quelque fait décisif peut l'articuler dans un acte additionnel, jusqu'au moment où la décision est rendue, à la charge toutefois par le demandeur de supporter les frais qu'il a occasionnés. L'articulation peut même, au lieu d'être signifiée trois jours avant l'audience, être faite sans signification préalable et sur simples conclusions à la barre, sauf le droit, pour l'autre partie, de demander une remise qui lui assure ce délai. Cette doctrine, exposée au *Rép.* n°s 36 et 37, est enseignée par tous les auteurs (Rousseau et Laisney, v° *Enquête*, n°s 40 et 41 ; Bioche, v° *Enquête*, n° 66 ; Garsonnet, t. 2, p. 508 ; Dutruc, t. 1, v° *Enquête*, n° 3, p. 639).

10. Une nouvelle articulation de faits est possible après l'admission de la preuve et l'audition des témoins, si les faits articulés sont postérieurs au jugement. On a encore donné la même solution au *Rép.* n° 38 pour le cas où les faits sont antérieurs au jugement. Cette opinion, adoptée par M. Garsonnet, t. 2, p. 508 ; Rousseau et Laisney, v° *Enquête*, n° 43 ; Dutruc, v° *Enquête*, n° 4, p. 639, est combattue par M. Bioche. « La solution contraire, dit cet auteur (v° *Enquête*, n° 62), nous paraît résulter des termes de l'art. 293 c. proc. civ. ; la loi a voulu ôter aux parties tout prétexte de prolonger la procédure et de multiplier les enquêtes. »

11. Une partie est-elle recevable à demander en appel de faire la preuve de faits qu'elle n'a pas articulés en première instance ? L'affirmative est admise par la jurisprudence et la plupart des auteurs, qui ne font aucune distinction entre les faits antérieurs ou postérieurs au jugement qui a statué sur la demande (*Rép.* n° 39). « La loi, dit M. Demolombe, *Traité du mariage*, t. 2, n° 482, accorde aux juges le libre pouvoir d'ordonner eux-mêmes d'office la preuve des faits qui leur paraîtraient concluants. Il me semble donc que c'est à leur prudence qu'il appartient d'apprécier si la preuve des faits anciens ou des faits nouveaux est ou n'est pas recevable soit après les enquêtes, soit même en appel. Ils prendront en considération les circonstances, la gravité des faits nouvellement produits, leur vraisemblance plus ou moins grande, et les motifs qui ont pu empêcher la partie de les produire plus tôt. Ces motifs peuvent, en effet, être fort légitimes » (V. en ce sens : Aubry et Rau, *Droit civil français*, t. 5, p. 192, § 493, note 13 ; Rousseau et Laisney, v° *Séparation de corps*, n° 154 ; Req. 3 avr. 1865, aff. Burel, D. P. 65. 1. 386. V. aussi v° *Demande nouvelle*, n° 85 ; *Rép.* v°s *Demande nouvelle*, n°s 451 et suiv. ; *Séparation de corps*, n°s 302 et 305).

12. L'adversaire doit, dans les trois jours, dénier ou reconnaître par simple acte de conclusions les faits articulés (c. proc. civ. art. 252). L'aveu ou la dénégation n'est pas indispensable, si l'on entend établir que l'articulation n'est ni pertinente, ni concluante, ni admissible (*Rép.* n° 43 ; Rousseau et Laisney, v° *Enquête*, n° 45).

13. Le délai de trois jours dans lequel les faits doivent être déniés ou reconnus n'est pas prescrit à peine de déchéance. On peut dénier les faits tant que le jugement n'a pas été rendu (*Rép.*, n° 41). « Les mots « dans les trois jours » dit M. Bioche, v° *Enquête*, n° 81, signifient que la partie qui demande à être admise à la preuve ne peut poursuivre l'audience avant l'expiration du quatrième jour » (V. en ce sens, Rousseau et Laisney, v° *Enquête*, n°s 46 et 47; Garsonnet, t. 2, p. 510).

14. Quand des faits ne sont ni déniés, ni contestés, les juges peuvent non seulement les tenir pour constants ou les rejeter, mais encore en ordonner la preuve, si elle est autorisée par la loi. Cette solution est généralement admise par les auteurs (*Rép.* n° 47). « Si le défendeur garde le silence, disent MM. Rousseau et Laisney, v° *Enquête*, n° 50, les faits pourraient être tenus pour avérés, à moins que la cause n'intéresse des tiers, des mineurs ou des interdits, ou l'ordre public. Mais le tribunal n'est jamais obligé de tenir les faits pour avérés et peut, en dépit du silence du défendeur, ordonner l'enquête. » « Lorsque les trois jours se passent sans que le défendeur réponde, dit M. Garsonnet, t. 2, p. 509, c'est au tribunal d'apprécier l'opportunité de l'enquête : il s'abstient généralement de l'ordonner, car le silence du défendeur sur les faits allégués contre lui peut être considéré à bon droit comme un aveu; mais il en est différemment si l'avoué n'a gardé le silence qu'en attendant les instructions de son client, ou si le défendeur représente l'État, un département, une commune, un établissement public, un mineur ou un interdit. Condamner ces personnes sans enquête, après que leur représentant s'est tu sur les allégations portées contre elles, ce serait exposer le jugement à la requête civile, qui leur est ouverte toutes les fois qu'elles n'ont pas été défendues ou qu'elles ne l'ont pas été valablement ; on doit donc, pour peu que les faits soient douteux, exiger que l'adversaire qui les produit en fasse la preuve » (V. en ce sens : Bioche, v° *Enquête*, n° 75; Boitard, Colmet-Daâge et Glasson, t. 1, n° 473, p. 440).

ART. 2. — *De l'admission de la preuve.* — *Faits pertinents et concluants.* — *Disposition d'office, etc.* — *Juge d'appel.* — *Faits nouveaux* (*Rép.* n°s 51 à 71).

15. Comme on l'a vu au *Rép.* n° 51, l'enquête ne doit être ordonnée qu'autant que les faits articulés sont pertinents et admissibles. La question de savoir si cette condition se trouve remplie dépend des circonstances; on ne peut formuler de règle précise à ce sujet. Il a été jugé, notamment, qu'une articulation de faits tendant à établir quelles étaient les ressources des parents de l'un des époux à l'époque du mariage ne peut être considérée comme pertinente à l'effet de prouver l'existence d'une donation qu'ils auraient faite à leur enfant par le contrat de mariage (Angers, 15 mars 1865, aff. Pinson, D. P. 65. 2. 120).

16. L'appréciation de la pertinence et de l'admissibilité des faits dont la preuve est offerte rentre, d'ailleurs, ainsi qu'on l'a exposé au *Rép.* n°s 52 et suiv., dans les attributions exclusives des juges du fond (V. en ce sens : Rousseau et Laisney, v° *Enquête*, n° 13; Bioche, v° *Enquête*, n° 12; Garsonnet, t. 2, p. 509, note 13). De nombreux arrêts ont consacré cette règle et reconnu que la décision qui rejette une demande d'enquête, en se fondant sur ce que les faits articulés ne sont point pertinents ou admissibles, échappe au contrôle de la cour de cassation (V. Req. 22 mars 1852, aff. Chevallier, D. P. 52. 1. 282 ; Civ. rej. 10 nov. 1852, aff. Reynoird, D. P. 52. 1. 307; 30 juill. 1855, aff. Danloux-Dumesnil, D. P. 55. 1. 332; Req. 12 nov. 1856, aff. Monteilhet, D. P. 57. 1. 59; Civ. rej. 5 mai 1858, aff. Caisse commerciale du Loiret, D. P. 58. 1. 209; Req. 13 juin 1864, aff. Amouroux, D. P. 64. 1. 333; 17 mai 1870, aff. Pottier, D. P. 71. 1. 56; 14 févr. 1872, aff. Bourdon, D. P. 72. 1. 250; Civ. rej. 16 févr. 1874, aff. Jaylé, D. P. 74. 1. 197; Civ. cass. 15 mars 1882, aff. Arnould-Drappier, D. P. 83. 1. 374). Mais la décision des juges du fond n'est plus souveraine, lorsque, pour rejeter la preuve, ils se fondent sur des motifs de droit tirés, par exemple, des conséquences juridiques du fait allégué (V. Civ. cass. 10 nov. 1874, aff. Pelletier, D. P. 75. 1. 40;

Boitard, Colmet-Daâge et Glasson, t. 2, n° 785 ; Rousseau et Laisney, v° *Enquête civile*, n° 105; *Enquête*, n° 14). — Il a été jugé que l'admissibilité de faits de suggestion et de captation articulés à l'appui d'une demande en nullité de testament est souverainement appréciée par les juges du fait (Req. 10 janv. 1865; aff. Gay, D. P. 65. 1. 185). Le législateur ne s'est point occupé d'une manière spéciale de suggestion et de la captation, et n'en a point décrit les éléments constitutifs. Les faits invoqués pour justifier qu'un testament est le résultat de la suggestion et de la captation n'étant que des faits de dol et de fraude, il appartient essentiellement au juge du fond d'apprécier le mérite de la preuve offerte ou rapportée. S'il déclare que les faits articulés sont inconcluants et la demande en preuve inadmissible, il ne fait qu'un légitime usage de ses pouvoirs souverains, et sa décision échappe, par cela même, à la censure de la cour de cassation (V. *Dispositions entre vifs et testamentaires*, n°s 83 et suiv.; — *Rép.* eod. v°, n°s 256 et suiv.).

17. En général, il faut que les faits soient positifs; la preuve d'un fait négatif est impossible, à moins qu'il ne contienne en lui-même une affirmation implicite (Bioche, v° *Enquête*, n° 14; Garsonnet, t. 2, p. 509, note 15). — Il a été jugé que la non-présence, à un acte authentique, de plusieurs témoins de cet acte, lors de l'accomplissement de formalités essentielles à sa validité, ne constitue pas un fait négatif, dans le sens légal du mot, si, d'ailleurs, ces formalités sont précisées, et que, dès lors, la preuve en a pu être régulièrement ordonnée (Req. 12 nov. 1856, aff. Monteilhet, D. P. 57. 1. 59).

18. Bien que l'articulation réunisse toutes les conditions voulues, l'enquête n'est pas de droit. Le juge peut refuser de l'ordonner, soit parce qu'il se trouve suffisamment éclairé pour statuer immédiatement, soit parce que la preuve est impossible à administrer, soit parce que les faits articulés, sont, malgré leur pertinence, invraisemblables. Ces principes, exposés au *Rép.* n°s 56 et suiv. et admis par les auteurs (Rousseau et Laisney, v° *Enquête*, n° 24 et suiv.; Bioche, v° *Enquête*, n° 37; Garsonnet, t. 2, p. 509, note 15), ont été confirmés par la jurisprudence. Il a été jugé : 1° qu'il est loisible au juge de ne pas admettre la preuve testimoniale, lorsque le fait offert en preuve ne paraît appuyé d'aucune présomption satisfaisante (Civ. rej. 10 nov. 1852, aff. Reynoird, D. P. 52. 1. 307); — 2° Que la preuve, tant par titres que par témoins, offerte par une partie pour établir, notamment, l'inexistence d'une communauté de biens alléguée par l'autre partie, et qui aurait existé entre elles et leurs auteurs, après la mort du père commun, peut être rejetée, à raison de l'invraisemblance et de l'impossibilité démontrées à l'audience des faits articulés à l'appui de cette offre de preuve, sans qu'une telle décision puisse tomber sous la censure de la cour de cassation (Req. 15 nov. 1853, aff. Vingadassalamodéliar, D. P. 54. 1. 381); — 3° Que les tribunaux ne doivent pas admettre une offre de preuve testimoniale, lorsque les faits qu'on demande à prouver sont frappés d'invraisemblance (Toulouse, 25 juill. 1863, aff. Ginesty, D. P. 63. 2. 139); — 4° Que le juge d'appel n'est pas tenu d'admettre la preuve testimoniale de faits articulés devant lui par des conclusions nouvelles, lorsque ces faits sont démentis par les documents de la cause (Rouen, 24 déc. 1878, aff. Leclerc, Lefebvre et comp., D. P. 79. 2. 175); — 5° Que le juge du fond peut déclarer souverainement que les faits dont l'appelant demandait à faire la preuve sont en contradiction avec les faits constatés dans la cause et refuser, en conséquence, d'admettre cette preuve (Req. 20 janv. 1880, aff. Pillet, D. P. 80. 1. 304); — 6° Qu'en décidant qu'une enquête demandée en appel par l'une des parties est inutile, le juge se livre à une appréciation souveraine des faits, et que l'arrêt qui rejette la demande de ce mode de preuve, en se fondant sur son inutilité, est suffisamment motivé (Req. 21 juill. 1880, aff. Favre, D. P. 81. 1. 201); — 7° Que les juges peuvent écarter des faits articulés à l'appui d'une demande d'enquête, tout en reconnaissant la pertinence de ces faits, lorsqu'ils sont convaincus de l'impossibilité qu'une preuve testimoniale soit rapportée, notamment à raison du long temps écoulé depuis la date des faits articulés et des circonstant faisant envisager avec suspicion la preuve testimoniale offerte (Pau, 27 févr. 1888, aff. Rumeau, D. P. 89. 2. 159). — Mais il a été décidé avec raison que le juge ne doit refuser d'ordonner la preuve des faits dont la pertinence n'est pas contestée, en se fondant sur ce qu'il n'est pas vraisemblable *qu'ils puissent être prouvés par les dépositions de témoins dignes de foi*, quand même il y aurait lieu de contrôler plus tard sévèrement les dépositions de certains témoins, une critique de ce genre étant, quant à présent, prématurée (Rouen, 29 déc. 1875, aff. Durieu, D. P. 77. 2. 1).

19. Les juges ne doivent pas ordonner une enquête qui aurait pour but de dévoiler les secrets de la vie privée d'un tiers. L'application de cette règle a été faite à l'occasion de la clause d'un contrat de louage portant que le preneur aura le droit de rétrocéder le bail à la condition de présenter le sous-locataire au bailleur et de le faire agréer par lui. Une pareille clause ne permet pas à ce dernier de repousser le sous-locataire sans motifs sérieux et légitimes, alors que les lieux donnés à bail servent à l'exploitation d'un fonds de commerce qui ne peut être utilement cédé sans le droit au bail; dès lors, en principe, une enquête peut être ordonnée pour vérifier l'exactitude des faits allégués par le bailleur. Mais il a été jugé que l'offre de preuve ne pourrait être admise, si elle avait pour but et devait avoir pour effet de dévoiler les secrets de la vie privée du sous-locataire, qui est un tiers dans les rapports du locataire et du bailleur (Rouen, 24 janv. 1881, aff. Huvé, D. P. 83. 2. 71).

20. On a exposé au *Rép.* n° 63 (V. aussi *Rép.* v° *Preuve*, n° 66) que le tribunal ne peut rejeter la preuve testimoniale comme superflue et admettre le fait comme constant en vertu de la connaissance que ses membres en auraient personnellement acquise au cours du procès. (V. Rousseau et Laisney, v° *Enquête*, n° 27; Bioche, v° *Enquête*, n° 39; Larombière, *Théorie et pratique des obligations*, t. 4, art. 1316, n° 9, p. 197; Aubry et Rau, *Cours de droit civil français*, t. 8, § 749, p. 151 et suiv.; Demolombe, *Traité des contrats*, t. 6, n° 201; Bastia, 7 févr. 1855, aff. Santucci, D. P. 55. 2. 188).

21. Les faits allégués doivent ne pas être de ceux dont la loi défend la preuve (Bioche, v° *Enquête*, n°s 16 et suiv.). Lorsque la loi écarte la preuve testimoniale, et particulièrement s'il s'agit de prouver un acte juridique dont l'importance pécuniaire excède 150 fr. (c. civ. art. 1341), le juge doit rejeter d'office la preuve, en cas de silence du défendeur. — La question de savoir si le consentement des parties peut lever la prohibition légale est controversée. On invoque principalement, pour la négative, l'origine historique de la règle introduite, en 1566, non seulement contre les subornations de témoins, mais contre la multiplicité des procès. et les termes impératifs des art. 1341 et suiv. c. civ. et 253 et 254 c. proc. civ. (Larombière, t. 5, art. 1347, p. 84 et suiv.; Aubry et Rau, *op. cit.*, t. 8, § 764, p. 295, note 5; Demolombe, *Traité des contrats*, t. 7, n°s 215 et suiv.; Laurent, *Principes de droit civil*, t. 19, n° 397). L'opinion contraire se fonde sur ce que la preuve testimoniale a été limitée surtout dans l'intérêt des parties, et que, dès lors, il doit être permis à une partie de se soustraire au soupçon de mauvaise foi en courant les risques d'une enquête (Rouen, 8 juill. 1874, aff. Boussumier, D. P. 75. 2. 187. V. en ce sens : Rousseau et

Laisney, v° *Enquête*, n°s 15 et suiv.; Bioche, v° *Enquête*, n° 42; Colmet de Santerre, *Cours analytique de code civil*, t. 5, § 325 bis; Boitard, Colmet-Daâge et Glasson, t. 1, p. 491, n° 474 ; *Rép.* v° *Obligations*, n°s 4614 et suiv.).

22. Le tribunal, aux termes de l'art. 254 c. proc. civ., peut ordonner d'office la preuve des faits qui lui paraissent concluants, s'il ne juge pas sa religion suffisamment éclairée et si la loi ne défend pas cette preuve (*Rép.* n° 66. Conf. Rousseau et Laisney, v° *Enquête*, n° 20; Bioche, v° *Enquête*, n° 47; Garsonnet, t. 2, p. 507; Toulouse, 29 févr. 1868, aff. Castex et Jules Duchein, D. P. 68. 2. 87; Angers, 29 mai 1879) (1). Et le pouvoir d'ordonner d'office une enquête est remis à l'appréciation discrétionnaire et spontanée du juge (Civ. rej. 20 avr. 1868, aff. Commune de La Broquère, D. P. 68. 1. 163).

23. Après une première enquête ordonnée sur la demande des parties en cause, et à laquelle il a été régulièrement procédé, les juges peuvent-ils ordonner d'office une seconde enquête portant non seulement sur des faits nouveaux, mais sur les faits mêmes qui ont été l'objet de la première enquête? L'affirmative a été admise avec raison, suivant nous, par la cour de Toulouse, dans un arrêt du 29 févr. 1868 (aff. Castex, D. P. 68. 2. 87). Les pouvoirs accordés aux juges par l'art. 254 c. proc. civ., lit-on dans les motifs de cet arrêt, n'ont d'autre limite, par la volonté de la loi, que leur conscience et l'impérieux besoin de l'éclairer pleinement ; en toutes matières, et surtout en celles qui intéressent directement l'ordre public, il serait regrettable que les juges n'eussent pas le droit et le pouvoir de chercher à suppléer d'office à l'insuffisance des preuves et des éléments de conviction que le débat oral leur aurait fournis. Vainement on objecte l'économie des règles rigoureuses de la procédure civile, les abréviations de délais, les déchéances et les nullités multipliées au titre des enquêtes et qui attestent la défiance dont le législateur a entouré la preuve testimoniale; il est un intérêt supérieur à toutes ces craintes exagérées, c'est celui d'une bonne administration de la justice, dont le principal élément est la conviction éclairée et consciencieuse des juges; l'assimilation que l'on veut faire entre l'intérêt public, dont ils sont les représentants légaux, et l'intérêt privé, qui se débat entre parties, est contraire à l'économie des règles de la procédure et aux principales dispositions du titre des enquêtes. Ainsi, dans l'art. 278, la loi confère aux juges le pouvoir de proroger le délai de l'enquête, tandis que la limite de sa durée est, pour la partie, irrévocablement fixée à huitaine ; de même encore, l'art. 292 permet de recommencer l'enquête ou la déposition déclarée nulle par la faute du juge, tandis que cette nullité est irréparable, lorsque c'est contre la partie qu'elle a été prononcée. Le pouvoir discrétionnaire accordé aux juges par l'art. 254 était consacré par l'ancienne jurisprudence et par le droit romain, qui pose ce principe dans la loi unique au code, *ut quæ desunt advocatis partium judex suppleat* (V. en ce sens Garsonnet, t. 2, p. 544).

24. La question est plus délicate, lorsque l'enquête a été déclarée nulle par la faute de l'avoué ou de l'huissier, par suite de l'inobservation des formalités légales, ou lorsque la partie a encouru la déchéance du droit de faire l'enquête,

---

(1) (Héritiers Voisin C. Touzé). — Le 9 janv. 1879, jugement du tribunal de Saumur ainsi conçu : — « Attendu que l'enquête et la contre-enquête auxquelles il a été procédé en exécution du jugement du 13 juillet dernier ne fournissent que au tribunal des éléments suffisants pour éclairer d'ores et déjà sa religion; que dans les divers documents de la cause et dans les allégations produites au cours des plaidoiries, on trouve la trace de faits dont il est utile de vérifier l'existence (suit l'énumération de ces faits); — Attendu que ces faits n'avaient pas été compris dans l'articulation posée par la demoiselle Touzé; qu'il appartient au juge d'ordonner d'office la preuve de faits nouveaux qui peuvent servir à éclairer sa conscience et les renseignements fournis par les précédentes enquêtes; — Par ces motifs, avant faire droit, ordonne qu'à la diligence de la demoiselle Touzé, il sera fait preuve en la forme ordinaire des enquêtes, etc. » — Appel par les héritiers Voisin. — Arrêt.

La cour; — Considérant que l'art. 254 c. proc. civ., qui permet aux tribunaux d'ordonner d'office la preuve des faits qui leur paraissent concluants, si la loi ne le défend pas, est général et absolu; qu'il ne distingue pas entre le cas où aucune enquête n'a encore eu lieu et celui où il a déjà été procédé à une mesure

d'instruction de ce genre à la requête des parties; que dans la première comme la seconde hypothèse, les magistrats à qui l'art. 4 c. civ. impose l'obligation de juger à peine de déni de justice, doivent pouvoir user sans restriction de tous les moyens qui leur paraissent de nature à éclairer leur religion et à rassurer leur conscience; que si l'art. 293 c. proc. civ. peut faire naître des doutes sur leur droit d'ordonner d'office une seconde enquête, quand cette enquête ne paraît avoir d'autre but que de recommencer la première, déclarée nulle par la faute de l'avoué ou de l'huissier, et qu'elle doit porter précisément sur les mêmes faits, les mêmes raisons de douter n'existent pas quand la seconde enquête prescrite d'office a simplement pour objet de compléter la première, régulière, mais insuffisante, et qu'elle ne doit porter que sur des faits nouveaux; — Considérant que des cinq faits, dont le tribunal a prescrit d'office la preuve par son jugement du 9 juavier dernier, les quatre premiers sont entièrement nouveaux et le cinquième l'est en partie; que ces faits sont, d'ailleurs, pertinents et concluants;

Par ces motifs; — Confirme...

Du 29 mai 1879. - C. d'Angers, ch. civ. - MM. Jac, 1er pr. - Batbedat, av. gén. - Eug. Lelong et Bodin (de Saumur), av.

pour ne l'avoir pas commencée dans les délais. Pour interdire aux tribunaux le droit d'ordonner une seconde enquête d'office, lorsque la première a été annulée par la faute de l'avoué ou de l'huissier, on fait remarquer que les termes de l'art. 293, portant que « l'enquête déclarée nulle par la faute de l'avoué ou de l'huissier ne sera pas recommencée », sont absolus; la loi ne veut pas que l'enquête soit recommencée. Sans doute, l'art. 254 donne au tribunal le droit d'ordonner une enquête d'office, lorsqu'il la croit nécessaire, mais en ajoutant : « si la loi ne le défend pas ». Or, précisément, l'art. 293 contient cette défense en termes impératifs. Il y a plus : la loi s'attache à déterminer les effets de la nullité provenant de la faute de l'avoué ou de l'huissier, et elle accorde à la partie, en termes absolus, une action contre son officier ministériel, à raison du préjudice éprouvé. Or, il est évident que cette action ne devrait pas être admise dans les cas où l'enquête serait recommencée d'office. Mais la loi repousse toute distinction, précisément parce qu'elle n'entend pas reconnaître ce droit au tribunal. Et cette rigueur est facile à comprendre : la sanction de l'art. 293 deviendrait souvent inefficace, si le tribunal avait le droit d'ordonner d'office une enquête, lorsque la loi défend aux parties de demander qu'elle soit recommencée. Les travaux préparatoires du code ne permettent pas non plus la moindre hésitation sur les intentions du législateur. Le rapporteur au Corps législatif a dit formellement que, si l'enquête est nulle par la faute de l'officier ministériel « la vérité ne pourra plus se montrer », c'est-à-dire que la preuve ne pourra pas être faite (Rép. p. 614, note 12. V. en ce sens : Dutruc, v° Enquête, n° 483; Bonnier, Traité des preuves, t. 2, n° 1099; Bioche, v° Enquête, n° 541; Boitard, Colmet Daâge et Glasson, t. 4, n° 508). Dans le sens de cette opinion, il a été jugé que, l'enquête nulle par la faute de l'officier ministériel ne pouvant être recommencée, le tribunal qui prononce cette nullité ne peut pas ordonner d'office une enquête nouvelle sur les mêmes faits (Req. 20 janv. 1863, aff. Robert, D. P. 63. 1. 247; Besançon, 3 déc. 1863, aff. Lépagnez, D. P. 63. 2. 217; Toulouse, 17 août 1865, aff. Commune de Labroquère, D. P. 68. 1. 163; Chambéry, 4 déc. 1874, aff. X..., D. P. 75. 2. 96; Paris, 10 févr. 1883, aff. Guillaume, D. P. 84. 2. 26).

Les arguments invoqués à l'appui de ce système seraient sans aucun doute décisifs, si l'on pouvait établir que le législateur a, tout au moins dans les travaux préparatoires, directement songé à la question dont il s'agit. Mais le contraire est certain. Lorsque la loi dit que l'enquête ne pourra pas être recommencée, elle suppose une nouvelle enquête demandée par la partie. L'ordonnance de 1667 et les commentateurs de cette ordonnance, tout en consacrant les mêmes solutions que le code actuel, n'avaient pas songé au cas où la seconde enquête serait ordonnée d'office par le tribunal. Il est, dès lors, tout naturel que les rédacteurs du code n'y aient pas non plus pensé. Il faut donc reconnaître, au contraire, que l'art. 293 n'apporte aucune restriction à l'art. 254. Sans doute, ce dernier article ne permet au tribunal d'ordonner d'office une enquête qu'autant que la loi ne défend pas la preuve des faits. Mais cette disposition a en vue la théorie générale des preuves et ne vise en aucune façon notre question. Du moment que le législateur n'a pas songé à cette difficulté, le seul moyen de la trancher est de se reporter à son esprit, de chercher dans quelle intention il a édicté la sanction rigoureuse de l'art. 293. Sur ce point, aucun doute ne paraît possible : la loi ne veut pas que l'enquête, nulle par la faute de l'officier ministériel, soit recommencée à la demande de la partie, d'abord pour éviter toute collusion frauduleuse entre le client et son représentant; ensuite pour obliger les officiers ministériels à une rigoureuse exactitude. Ces deux raisons sont nettement données par le rapporteur de la loi. Or, si elles sont excellentes pour justifier l'interdiction faite à la partie de demander une seconde enquête, elles n'ont plus aucune valeur, lorsqu'il s'agit d'une enquête ordonnée par le tribunal. Les abus et les fraudes ne sont pas à craindre de la part d'un tribunal qui ordonne une enquête d'office et la sanction de la loi conserve toute son énergie. Les officiers ministériels ne se hasarderont certainement pas à commettre des nullités dans l'espoir qu'une seconde enquête pourra être ordonnée d'office par le tribunal. Ajoutons qu'il serait bien étrange

que le fait d'un officier ministériel puisse priver le tribunal du droit qui lui appartient d'ordonner des enquêtes d'office. — La même solution s'applique à fortiori, lorsque la partie est déchue du droit de procéder à l'enquête pour ne pas l'avoir commencée dans les délais. On ne saurait, en effet, appliquer à ce cas l'art. 293 c. proc. civ., sans sortir du texte de l'article (Req. 5 nov. 1878, aff. Michau, D. P. 82. 5. 191).

Ce second système a prévalu dans la doctrine et la jurisprudence. « L'art. 254, dit M. Garsonnet, t. 2, p. 544, qui permet au tribunal d'ordonner d'office que la preuve par témoins sera fournie, ne distingue pas, quoi qu'on puisse dire, entre l'hypothèse où une première enquête a été faite et celle où les choses sont encore entières. Je conclus donc de cette disposition conçue dans les termes les plus généraux que le tribunal peut ordonner d'office une seconde enquête : 1° quand la première ne suffit pas pour éclairer sa religion; 2° quand la partie, admise à la faire en, a encouru la déchéance, en laissant expirer les délais fixés par la loi ou par la justice; 3° quand la première enquête est nulle par la faute du juge commissaire, ou même par celle des officiers ministériels qui représentent les parties ». (V. en ce sens: Rousseau et Laisney, v° Enquête, n°s 21 et suiv. et 432; Rodière, Traité de compétence et de procédure en matière civile, 4° éd., t. 1, p. 413). — Quant à la jurisprudence, après avoir résolu diversement la question (V. Rép. n°s 67 et suiv.), elle paraît s'être fixée dans le sens de la seconde opinion. Il a été jugé : 1° que la prohibition faite par l'art. 293 c. proc. civ. de recommencer l'enquête nulle pour vice de forme ne met point obstacle à la faculté que l'art. 254 c. proc. civ. accorde au juge d'ordonner d'office la preuve des faits jugés par lui nécessaires pour éclairer sa religion; que cela est surtout incontestable dans les matières qui intéressent l'ordre public, notamment dans les affaires de séparation de corps ou de question d'état (Nancy, 30 déc. 1860, aff. Bonfils, D. P. 61. 5. 183; Douai, 13 mars 1869, aff. Broutin, D. P. 69. 2. 406); — 2° Que l'enquête déclarée nulle par suite d'une faute de la partie ou de son avoué peut être recommencée d'office sur l'ordre du juge (Trib. Dôle, 3 mai 1882, aff. Roy, D. P. 83. 2. 59); — 3° Que l'art. 293 c. proc. civ., en interdisant de recommencer l'enquête nulle par la faute de l'avoué ou par celle de l'huissier, règle uniquement les droits des parties et leurs rapports avec leurs mandataires, mais qu'il n'entend pas retirer au tribunal le droit qu'il tient de l'art. 254 d'ordonner une enquête d'office (Civ. cass. 18 févr. 1885, aff. Guillaume, D. P. 85. 1. 249). Cet arrêt casse la décision de la cour de Paris du 10 févr. 1883 précitée (V. encore dans le même sens : Amiens, 14 déc. 1852, aff. d'Hédouville, D. P. 54. 2. 9; Bastia, 2 avr. 1855, aff. Viale-Rigo, D. P. 55. 2. 323; Rouen, 11 août 1871, aff. Eudeline, D. P. 72. 5. 175; Trib. Grenoble, 12 juill. 1877, aff. Aymond, Journal des avoués, t. 102, p. 358); — 4° Que l'enquête déclarée nulle par la faute de la partie, pour n'avoir pu être commencée dans le délai de huitaine imparti par l'art. 257 c. proc. civ., peut être recommencée d'office sur l'ordre du tribunal (Bordeaux, 23 août 1850, aff. Larran, D. P. 51. 2. 28; Req. 1er août 1878, aff. Richard, D. P. 79. 5. 183; 5 nov. 1878, précité).

25. Sur la règle qui interdit de recommencer sur la demande de la partie l'enquête nulle par la faute de celle-ci, ou par celle de l'huissier ou de l'avoué (c. proc. civ. art. 293), V. infrà, n°s 467 et suiv.

26. La demande d'enquête se fait toujours au cours d'un procès. L'enquête à futur, abolie par l'ordonnance de 1667 n'a pas été rétablie dans notre droit. Telle est du moins la doctrine généralement enseignée par les auteurs (Rép. n° 451; Rousseau et Laisney, v° Enquête, n° 37; Bioche, v° Enquête, n° 5. — V. toutefois: Boitard, Colmet-Daâge et Glasson, t. 4, p. 487, note 1). « Quelques cours, disent ces auteurs, ont admis avec raison, croyons-nous, les enquêtes à futur. La loi actuelle ne les prohibe pas. Elles peuvent être utiles; et les anciens abus ne peuvent se reproduire, puisque ce n'est plus la chancellerie qui accordera sans contrôle le droit de faire ces sortes d'enquêtes. Ce sont les tribunaux qui décident si elles doivent être admises après débat contradictoire. » La législation italienne, comme on l'a vu suprà, n° 6, admet les enquêtes à futur.

Art. 3. — *Jugement qui ordonne l'enquête.* — *Nomination du juge-commissaire.* — *Délégation du juge.* — *Interlocutoire* (*Rép.* nᵒˢ 72 à 113).

27. — I. Faits a prouver (*Rép.* nᵒˢ 72 à 83). — Le jugement qui prescrit l'enquête doit, aux termes de l'art. 255 c. proc. civ. contenir les faits à prouver. On a dit au *Rép.* nᵒ 72, et ce point n'est pas douteux, que l'omission de l'indication des faits entraîne la nullité du jugement; que cette nullité, d'ailleurs, n'est pas d'ordre public et est couverte par l'assistance des parties à l'enquête. Tous les auteurs admettent ces solutions (V. Bioche, vᵒ *Enquête*, nᵒ 89; Boitard et Colmet-Daàge, t. 1, nᵒ 476; Rodière, *Traité de compétence et de procédure en matière civile*, t. 1, p. 389; Garsonnet, t. 2, p. 511, note 25; Rousseau et Laisney, vᵒ *Enquête*, nᵒˢ 54 et 55. V. aussi en ce sens : Orléans, 23 nov. 1881, aff. Johanet, D. P. 82. 2. 244).

28. Il n'est pas, d'ailleurs, nécessaire que l'énonciation des faits à prouver soit placée dans le dispositif du jugement, si elle se trouve soit dans ses motifs, soit dans une requête littéralement reproduite dans les qualités, soit dans les conclusions ou le point de fait; il suffit qu'on la rencontre dans le jugement, quelle que soit la place qui lui ait été assignée. Mais le vœu de la loi ne serait pas satisfait, si la décision interlocutoire se bornait à se référer, en bloc, pour l'indication des faits admis en preuve, à un acte étranger au jugement, parce qu'à moins d'une relation minutieuse et détaillée, équivalant en ce cas à une énonciation particulière, il est impossible de découvrir, dans cette simple référence, la preuve que le juge a déclaré pertinente et admissible l'articulation de chacun des faits sur lesquels doivent porter l'enquête. Cette doctrine, qui a été exposée au *Rép.* nᵒˢ 74 et suiv., est adoptée par la plupart des auteurs. « Les indications nécessaires, disent MM. Rousseau et Laisney, vᵒ *Enquête*, nᵒ 59, sont fournies soit aux témoins, soit au juge commis, soit à la cour d'appel, du moment qu'elles se trouvent dans une partie quelconque du jugement. La disposition de l'art. 260, qui prescrit de donner copie aux témoins du dispositif du jugement, n'a pas eu, d'ailleurs, pour but d'édicter une nullité, mais de permettre d'économiser les frais en dispensant de signifier le jugement en totalité » (V. dans le même sens: Bioche, vᵒ *Enquête*, nᵒ 96; Garsonnet, t. 2, p. 512; Orléans, 23 nov. 1881, aff. Johanet, D. P. 82. 2. 244).

29. Il a été jugé qu'en cas d'omission des faits à prouver, dans le dispositif du jugement qui ordonne une enquête et dans les motifs, la cour, saisie de l'appel dirigé contre ce jugement pour inobservation de l'art. 255 c. proc. civ., peut le régulariser et le compléter en donnant à la partie qui a offert la preuve, acte des faits par elle articulés en première instance, et n'est pas nécessaire qu'elle procède par voie d'infirmation (Req. 14 juill. 1852, aff. Rouffignac, D. P. 52. 1. 236). — Cette décision s'explique aisément. Le grief disparaissait, dès que la cour d'appel, toutes choses étant encore entières, comblait la lacune que présentait la décision des premiers juges : il n'était pas nécessaire que la cour infirmât, ce qui l'aurait mise dans la nécessité de renvoyer l'exécution de son arrêt devant un tribunal autre que celui qui avait rendu le jugement (c. proc. civ. art. 472); il s'agissait, en effet, plutôt d'une omission à réparer avant qu'elle ait causé aucun grief, que d'une réformation à prononcer dans l'intérêt de l'appelant.

30. Cette décision peut rectifier, par un second jugement, les erreurs commises dans l'indication des faits à prouver. — Nous avons admis au *Rép.* nᵒ 80, que si l'omission de quelques-uns des faits à prouver semble aux parties n'avoir pas été intentionnelle, mais provenir d'un oubli, elles ont le droit de soulever un incident pour inviter le tribunal à compléter cette partie de son jugement. La plupart des auteurs se prononcent en ce sens (V. outre ceux qui ont été cités au *Rép. ibid.*: Garsonnet, t. 2, p. 512; Rousseau et Laisney, vᵒ *Enquête*, nᵒ 64). M. Bioche, vᵒ *Enquête*, nᵒ 98, estime, au contraire, que l'omission de faits emporte de la part du tribunal le rejet de la preuve de ces faits, et que le mal-jugé à cet égard ne peut être réparé que par le moyen de l'appel.

Sur la question de savoir si le jugement qui ordonne l'enquête à l'appui d'une demande en vérification d'écritures doit mentionner les faits à prouver, V. *Vérification d'écritures;* — *Rép.* eod. vᵒ, nᵒ 775.

31. — II. Nomination du juge-commissaire; Étendue de ses pouvoirs (*Rép.* nᵒˢ 84 à 110). — Le jugement qui ne contient pas la nomination du juge-commissaire n'est pas nul; il suffit de le compléter avant que la déchéance soit prononcée (*Rép.* nᵒ 84; Bioche, vᵒ *Enquête*, nᵒ 102; Rousseau et Laisney, vᵒ *Enquête*, nᵒ 66; Boitard, Colmet-Daàge et Glasson, t. 1, nᵒ 477, p. 493). Ordinairement un seul juge est commis pour procéder à l'enquête et à la contre-enquête; mais le tribunal peut en nommer deux, alors surtout que, confiées à un seul magistrat, les enquête et contre-enquête emploieraient un temps considérable (*Rép.* nᵒ 86; Bioche, vᵒ *Enquête*, nᵒ 104; Rousseau et Laisney, vᵒ *Enquête*, nᵒ 71). Il n'est pas indispensable que le juge soit choisi parmi les membres du tribunal qui ont concouru à l'interlocutoire ordonnant l'enquête. Un avocat appelé à siéger dans la cause en remplacement d'un juge est même valablement commis (*Rép.* nᵒ 88; Bioche, vᵒ *Enquête*, nᵒ 103; Rousseau et Laisney, vᵒ *Enquête*, nᵒˢ 67 et 68).

32. On a adopté au *Rép.* nᵒ 91 l'opinion, soutenue par de nombreux auteurs, que le remplacement du juge commis pour procéder à une enquête peut être fait indifféremment soit par une ordonnance du président rendue sur requête, soit par un jugement du tribunal intervenant sur un simple acte (V. outre les auteurs cités *ibid.*: Boitard, Colmet-Daàge et Glasson, t. 1, nᵒ 477, p. 493; Rodière, t. 1, p. 389; Bioche, vᵒ *Enquête*, nᵒ 105; Rousseau et Laisney, vᵒ *Enquête*, nᵒ 75). Ce système s'appuie sur l'art. 110 c. proc. civ., qui charge le président de remplacer le juge-commissaire empêché de présider à l'instruction par écrit. — D'après un autre système, un nouveau jugement est nécessaire, s'il y a lieu de remplacer le juge-commissaire empêché, à moins qu'en le nommant le tribunal n'ait délégué à son président le pouvoir de remplir cette formalité. A défaut de cette délégation, le président n'a pas qualité à l'effet de remplacer le juge-commissaire; l'art. 255 porte que le juge doit être nommé par le tribunal; aucune exception n'a été faite par la loi à cette règle. Telle est l'opinion de M. Garsonnet, t. 2, p. 512, et Chauveau, dans son *Supplément aux lois de la procédure*, la considère comme plus sûre et plus juridique (V. Dutruc, vᵒ *Enquête*, nᵒ 84). C'est en ce sens que la jurisprudence paraît s'être fixée. Il a été jugé qu'en cas d'empêchement du juge-commissaire à l'enquête, il doit être pourvu à son remplacement par jugement du tribunal, et non par ordonnance du président, à peine de nullité, lorsque le jugement ordonnant l'enquête n'a pas conféré à ce magistrat par une disposition expresse le pouvoir de procéder à ce remplacement (Civ. rej. 13 févr. 1850, aff. Guibout, D. P. 81. 1. 124, note; Caen, 5 janv. 1856, aff. Turgot, D. P. 81. 1. 124, note; Trib. Caen, 14 déc. 1874, aff. X..., D. P. 74. 5. 191; Civ. cass. 4 janv. 1881, aff. Ville de Dôle, D. P. 81. 1. 123).

33. Si les témoins sont assez éloignés pour qu'il soit très-coûteux de les déplacer ou s'il est utile que l'enquête soit faite sur les lieux hors du ressort du tribunal, l'enquête peut être faite ou quelques témoins peuvent être entendus, en vertu d'une commission rogatoire, par un juge étranger au tribunal. Cette commission émane du tribunal (*Rép.* nᵒˢ 95 et suiv.). — La disposition de l'art. 255 c. proc. civ. n'est pas impérative. C'est au tribunal saisi d'apprécier s'il y a lieu de procéder au renvoi devant un autre juge. Il peut même le refuser quand les parties le demandent (Rousseau et Laisney, vᵒ *Enquête*, nᵒ 82; Bioche, vᵒ *Enquête*, nᵒ 120).

Une commission rogatoire peut-elle être accordée sur une demande en prorogation d'enquête? On a admis l'affirmative au *Rép.* nᵒ 109. « Si la loi, dit M. Bioche, vᵒ *Enquête*, nᵒ 124, accorde la faculté de demander une prorogation, c'est afin de donner le temps de suppléer par de nouveaux témoignages à ce que présentent de défectueux ceux sur lesquels on aurait d'abord compté; or si les témoins dont les circonstances ont fait sentir la nécessité sont trop éloignés, la partie ne peut être dépouillée du bénéfice de la commission rogatoire. »

34. Le tribunal peut indiquer lui-même un juge, ou même un juge de paix, ou bien autoriser un tribunal qu'il désigne, à nommer, soit un de ses membres, soit un juge de paix. — Il a été jugé qu'un juge suppléant de justice de paix peut également être commis par un tribunal pour procéder à une enquête (Civ. rej. 13 mars 1866, aff. Robert, D. P. 66. 1. 184).

35. On a émis au *Rép.* n° 104 l'opinion, que lorsqu'un tribunal a commis un juge de paix pour faire une enquête, son suppléant peut y procéder en son absence, la commission n'étant pas adressée au juge de paix comme individu, mais comme magistrat, pouvant être remplacé de droit par son suppléant. Tel n'est pas l'avis de M. Bioche. « Si le juge de paix, dit cet auteur, v° *Enquête*, n° 115, doit être nécessairement remplacé par les suppléants dans l'exercice des fonctions qui leur sont attribuées par la loi, il ne doit pas en être de même de celles pour lesquelles les tribunaux l'ont spécialement délégué. Le juge délégué ne peut en déléguer un autre. Le système contraire rendrait illusoire le droit de récusation soumis aux délais de l'art. 383 c. proc. civ. C'est une nullité d'ordre public qui ne peut être couverte par aucun acquiescement » (V. en ce sens : Rousseau et Laisney, v° *Enquête*, n° 92).

36. Chaque tribunal ayant son territoire circonscrit au delà duquel il est incompétent, il en résulte qu'un de ses membres ne peut procéder à une enquête hors de son ressort. Un juge de paix, par exemple, ne peut entendre des témoins hors de son canton. Mais un juge peut être chargé de procéder, par délégation, à une enquête, quoiqu'il ne soit le juge des parties, ni à raison de leur domicile, ni à raison de la situation de l'objet litigieux (*Rép.* n° 95 ; Bioche, v° *Enquête*, n° 111 ; Rousseau et Laisney, v° *Enquête*, n° 88 ; Req. 8 mars 1852, aff. Baillargeaux, D. P. 52. 1. 73).

37. On a exposé au *Rép.* n° 102 que le juge de paix délégué par une cour pour procéder à une enquête doit, à peine de nullité, suivre les formes imposées par la loi au juge duquel il tient ses pouvoirs. Ne remplaçant qu'à raison de l'éloignement des témoins le juge de première instance qui, en cas ordinaire, eût été commis, il est pour ainsi dire subrogé à ses obligations et doit se conformer aux règles qu'il eût dû suivre (Rousseau et Laisney, v° *Enquête*, n° 91 ; Bioche, v° *Enquête*, n° 114).

38. Si les témoins demeurent à l'étranger, et qu'il y ait un consul français dans le lieu de leur résidence, ce fonctionnaire peut être chargé de les entendre. La délégation peut aussi être adressée aux juges naturels du pays par la voie diplomatique, sauf à ces magistrats à ne déférer à cette invitation que s'ils le jugent convenable, et si la loi de leur pays ne renferme relativement aux faits, écrits ou conventions qui sont l'objet de cette mesure aucune prohibition (*Rép.* n° 108. V. aussi en ce sens : Carré et Chauveau, *Lois de la procédure*, t. 2, quest. 988 ter ; Pardessus, *Droit commercial*, n° 1489 ; Fœlix, *Droit international privé*, 3e éd., t. 1, n° 243 ; Garsonnet, t. 2, p. 512, note 33 ; Rousseau et Laisney, v° *Enquête*, n° 94 ; Bioche, v° *Enquête*, n° 119). — Le principe qu'une commission rogatoire peut être donnée à un juge étranger est surtout applicable à l'enquête à faire dans un pays avec lequel existent des traités diplomatiques qui donnent force exécutoire aux décisions respectives de ce pays et de la France, sans toute condition que celle d'une simple légalisation. — Jugé que les tribunaux français sont compétents pour ordonner une enquête en Suisse, dans les formes et suivant les règles fixées par les lois du pays, l'art. 1er du traité du 31 déc. 1828 attribuant force exécutoire en Suisse aux jugements émanés des tribunaux français, et réciproquement, sous la seule condition d'une légalisation par les autorités compétentes de chaque pays (Dijon, 27 janv. 1869, aff. Bernardet, D. P. 69. 2. 106).

39. La commission rogatoire donnée à un juge étranger doit être exécutée selon les formes du pays dans lequel il y est procédé. Il a été jugé que la commission rogatoire adressée par un tribunal français à un juge espagnol est valablement exécutée, bien que la partie n'ait pas été citée pour assister à l'enquête, la loi espagnole n'exigeant pas cette citation pour les enquêtes faites sur commission rogatoire (Pau, 29 avr. 1861, aff. Samities et Ornat, D. P. 62. 2. 75). — M. Fœlix, *op. et loc. cit.*, n° 246, fait observer qu'il y a une distinction à faire entre les dispositions *decisoriæ litis*, c'est-à-dire celles qui tiennent au fond de la cause, et

les dispositions *ordinatoriæ litis*, c'est-à-dire les règles de procédure, telles que celles concernant la manière d'appeler les témoins à l'enquête, les formes et la rédaction du procès-verbal, etc. Quant au fond, le juge commis « doit interroger et entendre les témoins et les parties sur tous les faits articulés dans la commission rogatoire et qui tendent à établir une convention, à moins d'une prohibition expresse contenue dans la loi de son pays, comme, par exemple, si cette loi déclarait contraire à l'ordre public aux bonnes mœurs la convention dont il s'agit d'établir l'existence. Dans le cas où cette loi interdit la preuve testimoniale du fait dont il s'agit, le juge du domicile des témoins les entendra néanmoins sur ces faits, lorsque la loi du lieu où les faits se sont passés admet ledit genre de preuve, conformément aux principes sur les dispositions *decisoriæ litis*. De même, il doit, en recevant le serment des témoins ou des parties, leur imposer la formule établie par les lois du lieu où siège le juge rédacteur de la commission rogatoire, en employant toutes les mesures nécessaires pour arriver à l'application de cette formule. Enfin, en ce qui concerne les dispositions *ordinatoriæ litis*, les formes de la rédaction du procès-verbal, etc., le juge doit observer les lois de son territoire » (V. Frantz Despagnet, *Précis de droit international privé*, p. 243).

40. Les parties ont le droit d'arguer de nullité devant les tribunaux français les enquêtes faites par les juges étrangers sans l'accomplissement des formalités essentielles exigées par la loi du pays. Aux termes de la convention diplomatique conclue entre la France et la Suisse, le 15 juin 1869 (D. P. 70. 4. 6 et suiv.), « les deux Gouvernements s'engagent à faire exécuter dans leurs territoires respectifs les commissions rogatoires décernées par les magistrats des deux pays pour l'instruction des affaires civiles et commerciales... La transmission desdites commissions devra toujours être faite par la voie diplomatique et non autrement ». — Le protocole joint au traité ajoute : « Le Gouvernement français a tenu à conserver le mode actuel de transmission. Il importe, dans son opinion, que les Gouvernements puissent surveiller avec soin l'exécution des mesures sollicitées par la justice étrangère, et qui peuvent n'être point en rapport avec la législation du pays. » La cour de Chambéry a conclu de là qu'on ne peut relever devant les tribunaux français aucun défaut de formalité dans les actes, notamment une enquête, auxquels il a été procédé par un tribunal suisse en vertu d'une commission rogatoire délivrée conformément à la convention diplomatique du 15 juin 1869 ; mais qu'on peut invoquer la nullité résultant de l'omission des formalités préliminaires qui doivent avoir lieu en France, et notamment du défaut de signification à avoué, avant toute audition de témoin, du jugement ordonnant l'enquête (Chambéry, 4 déc. 1874, aff. X..., D. P. 75. 2. 96). — Cette décision n'est pas à l'abri de la critique. Le fait que les gouvernements ont promis de surveiller l'exécution des mesures sollicitées par la justice étrangère, ne saurait affranchir les tribunaux de l'obligation de s'assurer que l'enquête a été faite régulièrement et que les formalités qui en garantissent la sincérité ont été observées.

41. Le code de procédure, comme on l'a exposé au *Rép.* n° 85 et suiv., a limité les pouvoirs du juge-commissaire et, sauf le droit de prononcer une amende contre le témoin défaillant et celui de punir le partie qui interrompt un témoin dans sa déposition, ne lui a conféré aucun pouvoir en dehors de l'instruction proprement dite de la cause ; il lui a même refusé formellement le droit de statuer sur la capacité des témoins (art. 283), sur les reproches (art. 284, 287 et 290), sur les moyens de nullité proposés contre l'enquête (art. 292 et 293) ; en un mot, il a entendu lui interdire de statuer sur tous les incidents contentieux qui pourraient se présenter au cours de son instruction ; mais, ne pouvant pas prévoir tous ces incidents, il s'est borné à viser ceux qui pourront se présenter le plus souvent. L'intention des rédacteurs du code n'est pas douteuse : ils n'ont voulu laisser au juge-commissaire que les pouvoirs strictement nécessaires à l'effet d'entendre les témoins dans le délai fixé par le jugement qui a ordonné l'enquête (art. 206 et 278). Tous les incidents contentieux qui pourront se présenter devront donc être soumis au tribunal ; c'est ainsi que le juge-commissaire doit lui en référer s'il est formé une demande de prorogation. Du moment qu'il s'agit de statuer sur un point contentieux, le tribunal est seul compétent ; il a pu charger un juge d'une mesure d'instruction, mais il lui est interdit de se dessaisir en tout ou en partie du droit de juger, même sur les incidents. — Il a été décidé que le juge-commissaire chargé de procéder à une enquête a, sous le contrôle du tribunal, les pouvoirs nécessaires pour statuer *provisoirement* sur les incidents qui se présentent ; mais qu'il ne peut statuer *définitivement* sur ces incidents ; que les ordonnances qu'il rendrait au lieu et place du tribunal constitueraient un excès de pouvoir et seraient, comme telles, susceptibles d'appel (Civ. cass. 13 mai 1884, aff. Pujol, D. P. 84. 1. 401). Dans l'espèce sur laquelle a statué la cour de cassation, une partie avait demandé, au cours de l'enquête, à être assistée de son avocat, et l'adversaire lui avait contesté ce droit. Le juge-commissaire, saisi par les parties de cet incident contentieux, avait rendu une ordonnance par laquelle, sans trancher la question de savoir si les avocats peuvent assister leurs clients aux enquêtes, il avait décidé que l'enquête étant à peu près achevée, la présence des avocats qui jusqu'alors n'avaient pas assisté aux opérations de l'audition de plus de cent témoins, loin de faciliter l'achèvement de l'enquête, serait de nature, au contraire, à la prolonger indéfiniment, et qu'il en résulterait, par suite, l'impossibilité de terminer l'enquête dans les délais impartis par la loi. Il est incontestable que cette ordonnance était contraire à la loi. Constituait-t-elle, comme l'ont jugé la cour d'appel et la cour de cassation, un excès de pouvoir ? C'est là un point fort délicat (V. à ce sujet la note sur l'arrêt du 13 mai 1884, *ibid.*).

42. Le jugement qui, ordonnant une enquête en matière ordinaire, décide que les témoins seront entendus à l'audience est nul. Mais cette nullité est couverte par l'exécution complète et volontaire du jugement par les parties (Req. 14 déc. 1881, aff. Joachim Fontana, D. P. 84. 5. 212; Bordeaux, 2 mai 1883 (1). V. conf. Rousseau et Laisney, v° *Enquête*, n° 467 ; Boncenne et Bourbeau, *Théorie de la procédure civile*, t. 6, p. 113 ; Garsonnet, t. 2, p. 634, note 24). De même, comme on le verra *infrà*, n° 272, la nullité résultant de ce qu'un jugement, en matière sommaire, ordonne que l'enquête sera faite, non devant le tribunal et à l'audience, mais devant un juge-commissaire, est couverte par l'assistance du défendeur avoué à l'enquête. Elle n'est pas, en effet, ainsi qu'on l'a démontré au *Rép.* n°s 22 et suiv., d'ordre public et, dès lors, elle disparaît à la suite d'un acquiescement exprès ou tacite.

43. Un tribunal ne peut, en autorisant une enquête ordinaire, déclarer que les parties seront déchues du bénéfice du jugement d'admission à preuve, faute par elles de présenter requête au cours d'enquête dans un délai déterminé : ce serait créer arbitrairement une règle de procédure et une déchéance que la loi ne sanctionne pas (Colmar, 24 nov. 1864, aff. Pfeiffer, D. P. 65. 2. 11).

ART. 4. — *Contre-enquête* (Rép. n°s 114 à 122).

44. Aux termes de l'art. 256 c. proc. civ., la preuve contraire est de droit. Le défendeur n'a donc besoin ni d'articuler des faits contraires à son adversaire, ni de demander un jugement (Rousseau et Laisney, v° *Enquête*, n° 51 ; Bioche, v° *Enquête*, n° 51). — On a dit au *Rép.* n° 117 que la contre-enquête doit se borner à démontrer la non-existence des faits allégués par le demandeur. Mais il ne faut pas entendre cette règle d'une façon trop étroite. « La contre-enquête, dit M. Garsonnet, t. 2, p. 514, note 6, peut assurément porter sur les faits qui sont la négation de ceux que l'enquête a pour objet d'établir; mais je vais plus loin et j'admets le défendeur à prouver dans cette contre-enquête les faits qui sont seulement en rapport

avec ceux à raison desquels l'enquête a été ordonnée. Ce qui me décide surtout, c'est, qu'autrement le défendeur à l'enquête ne serait généralement admis à prouver par voie de contre-enquête que des faits négatifs ; or, sans être impossible, la preuve de ces faits est généralement très difficile et, réduite à cela, la contre-enquête n'aurait qu'une utilité très restreinte. » — « Par ces expressions « preuve contraire », dit de son côté M. Bioche, v° *Enquête*, n° 52, la loi n'entend pas des faits qui seraient absolument contraires à chacun de ceux qui auraient été articulés par le demandeur en enquête ; tout fait allégué par celui-ci doit être positif ; or, si le défendeur ne pouvait produire dans sa contre-enquête que des faits contraires à ceux-ci, il se trouverait réduit à des faits négatifs, dont la preuve par témoins est souvent impossible. Il faut interpréter l'art. 256 en ce sens qu'il autorise le défendeur à faire preuve de tous les faits qui prouveraient indirectement la fausseté de ceux allégués par le demandeur, soit par la preuve d'un fait affirmatif opposé, soit par une réunion de circonstances qui conduiraient à ce résultat » (V. aussi Rousseau et Laisney, v° *Enquête*, n° 31; Boitard, Colmet-Daâge et Glasson, t. 1, n° 479, p. 495). — Il a été jugé que, lorsqu'une femme demanderesse en séparation de corps a été admise à prouver par témoins qu'elle a subi de mauvais traitements de la part de son mari, celui-ci peut faire établir également par témoins que les faits articulés par sa femme sont faux; mais il ne serait pas admis à établir dans la contre-enquête que sa femme s'est rendue coupable d'adultère (Trib. Corbeil, 21 déc. 1882, aff. Vignes,-MM. Bernard, pr.-Fossé d'Arcosse, proc. de la Républ.-Ferdeuil, av.).

45. Les faits sur lesquels peut porter la contre-enquête doivent présenter les mêmes caractères que les faits admis en preuve ; le juge-commissaire a le droit, sauf aux parties à saisir le tribunal par voie d'incident, de rejeter de la contre-enquête les faits dont la preuve testimoniale lui paraît impossible, inutile, ou illicite. — Il a été jugé que la règle qu'en toute enquête la preuve contraire est de droit, ne met pas obstacle à ce que l'offre de cette preuve soit rejetée, si, dans l'état des faits de la cause, elle ne peut produire aucun résultat utile. (Req. 12 mars 1850, aff. Maurin, D. P. 50. 5. 198. V. Bioche, v° *Enquête*, n° 54; Garsonnet, t. 2, p. 513).

46. On peut désigner deux juges-commissaires, l'un pour l'enquête, l'autre pour la contre-enquête. En pratique, on n'en nomme qu'un qui a de plein droit qualité pour entendre les témoins du demandeur et du défendeur (Garsonnet, t. 2, p. 515).

47. Si le défendeur a formé lui-même une demande reconventionnelle qui ne puisse être justifiée que par une enquête, il devient demandeur en preuve et doit articuler les faits ; son adversaire a le pouvoir de faire, son tour la preuve contraire (*Rép.* n° 114). Mais, ainsi que le fait remarquer M. Garsonnet, t. 2, p. 513, « de ce qu'une partie a le droit de fournir la preuve testimoniale, il ne résulte pas nécessairement que l'autre ait aussi le droit de faire entendre des témoins. Le créancier poursuivi par témoins une créance de plus de 150 fr., s'il n'a pu s'en procurer une preuve écrite ; le débiteur qui pourra prouver que par écrit le payement de cette somme, si rien ne l'empêchait de s'en faire donner quittance. A l'inverse, le demandeur en revendication devra produire ses titres, si sa propriété est contestée et qu'il n'ait pas possédé assez longtemps pour prescrire, mais le défendeur pourra prouver par témoins les frais de culture ou d'entretien dont il demande le remboursement. Il dépendra donc des circonstances qu'une seule partie soit admise à faire l'enquête, ou qu'elles y soient toutes deux autorisées. On dit alors que l'enquête est respective ». (V. aussi Boitard, Colmet-Daâge et Glasson, t. 1, n° 479, p. 495; Rodière, *Traité de compétence et de procédure en matière civile*, t. 1, p. 389 et 390).

_____

(1) (Fourrier C. Poirier.) — LA COUR ; — Attendu, sur la demande en nullité de procédure qui a précédé le jugement, qu'en admettant même que la demande formée par Poirier ne présentait pas un caractère d'urgence permettant de la considérer et de l'instruire comme sommaire, il est certain que Fourrier a concouru à l'enquête faite à l'audience) sans protestations ni réserves, et

qu'il a fait entendre lui-même plusieurs témoins assignés à sa requête ; que, par cette exécution volontaire, il s'est rendu non recevable à exciper de l'irrégularité dont les enquêtes auraient été d'après lui entachées ;

Par ces motifs, etc.

Du 2 mai 1883.-C. de Bordeaux.-M. Dulamon, pr.

ART. 5. — *Délai pour commencer l'enquête et la contre-enquête*
(*Rép.* n°ˢ 123 à 187).

§ 1ᵉʳ. — Délai de l'enquête ordonnée par un jugement contradictoire (*Rép.* n°ˢ 124 à 178).

48. — I. CAS OU L'ENQUÊTE ET LA CONTRE-ENQUÊTE ONT LIEU
DANS UN RAYON DE MOINS DE CINQ MYRIAMÈTRES (*Rép.* n°ˢ 125 à
151). — Avant la loi du 3 mai 1862 (D. P. 62. 4. 43), on
distinguait suivant que le rayon dans lequel l'enquête avait
lieu était inférieur ou non à trois myriamètres. Cette loi,
qui, modifiant l'art. 1033 c. proc. civ., a porté à cinq
myriamètres la distance nécessaire pour que le délai soit
augmenté, s'étend, suivant l'opinion générale, à tous les
délais de procédure (V. *suprà*, v° *Délai*, n°ˢ 42 et suiv.);
elle s'applique donc en matière d'enquête (Garsonnet, t. 2,
p. 54, note 4; Dutruc, v° *Délai*, n° 28).

49. Le délai fixé par l'art. 257 doit être observé à peine
de nullité, et il n'est pas permis au juge d'accorder un
délai plus long (*Rép.* n°ˢ 125 et suiv.). — Jugé : 1° que
lorsque le juge ordonne qu'une enquête sera faite au lieu
où le jugement est rendu, l'art. 257 c. proc. civ. fixe alors
le délai dans lequel elle doit être commencée, et le juge
contrevient à cet article s'il fixe un délai plus long et,
par exemple, celui de trois mois, cette fixation n'étant
facultative que dans le cas où l'enquête se fait à plus de
trois myriamètres (aujourd'hui, cinq myriamètres) de distance (Nîmes, 16 juill. 1849, aff. Bastide, D. P. 50. 5. 198);
— 2° Que le délai de huitaine fixé par l'art. 257 c. proc.
civ. pour commencer l'enquête, quand elle doit se faire
au lieu même où siège le tribunal, ou dans la distance de
trois myriamètres (aujourd'hui cinq), est de rigueur ; qu'en
conséquence, est nul le jugement qui accorde aux parties
un délai de deux mois (Nancy, 28 juin 1851, aff. Humbert,
D. P. 51. 5. 215) ; — 3° Que la partie qui a obtenu le jugement ordonnant l'enquête doit être déclarée déchue du
bénéfice de ce jugement, si elle a laissé passer les délais
impartis par l'art. 257 c. proc. civ., sans faire procéder pendant ce temps à une autre enquête que celle qui a eu lieu
devant le juge non régulièrement commis (dans l'espèce,
un juge-commissaire nommé par le président, sans délégation expresse lui conférant le pouvoir de remplacer le
juge en cas d'empêchement) (Dijon, 20 mai 1881, aff. Ville
de Dôle, D. P. 83. 2. 58).

Ces principes s'appliquent à la contre-enquête. — Jugé
que la contre-enquête qui n'a pas été commencée dans la
huitaine de la signification du jugement à avoué est nulle,
bien qu'il soit allégué par le défendeur qu'elle n'a eu pour
objet que de réparer l'omission faite par le demandeur
de témoins indiqués par celui-ci dans sa requête (Paris,
13 janv. 1849, aff. Létang, D. P. 49. 2. 139).

50. Toutefois la déchéance cesse d'être encourue, lorsqu'il
y a eu légalement impossibilité de procéder à l'enquête dans
le délai fixé, par exemple, dans le cas où le jugement ne
nomme pas de juge-commissaire ; en pareil cas, le délai ne
court que du jour de la signification du jugement qui a
suppléé à cette imperfection (*Rép.* n° 133 ; Bioche,
v° *Enquête*, n° 146). — Il a été jugé que l'obligation de commencer l'enquête dans la huitaine du jugement qui l'a
ordonnée est inapplicable au cas où le jugement contient une
omission qui rendrait son exécution impossible ; que, spécialement, lorsque le jugement qui prescrit une enquête en
matière de vérification d'écriture a omis d'ordonner le dépôt
au greffe de la pièce à vérifier, l'enquête peut être valablement commencée dans la huitaine de la signification du
jugement ultérieur qui a réparé cette omission ; qu'au surplus,
le fait du défendeur à l'enquête de s'être associé à la
demande tendant à la réparation de l'omission contenue
dans le premier jugement constitue une renonciation implicite à se prévaloir de la déchéance fondée sur l'art. 257 c. proc.
civ. (Req. 5 juill. 1869, aff. Massabuau, D. P. 71. 1. 329). Cette
décision est contestable. En effet, l'art. 257 c. proc. civ. exige
que l'enquête soit commencée dans la huitaine de la signification du jugement qui l'ordonne ; et l'art. 259 explique que ce
commencement consiste dans la délivrance, par le juge-
commissaire, de l'ordonnance autorisant l'assignation des
témoins aux jour et heure indiqués, et dans l'ouverture du
procès-verbal. Or, dans l'espèce, rien n'empêchait l'accom-

plissement de cette formalité dans la huitaine du jugement,
sauf à la partie à faire ordonner, avant le jour fixé pour
l'audition des témoins, le dépôt au greffe de la pièce à
vérifier.

51. La nullité édictée par l'art. 257 est opposable en
tout état de cause, même en appel pour la première fois ;
mais, n'étant pas d'ordre public, elle est couverte si le
défendeur a renoncé expressément ou tacitement à l'invoquer
(Arrêt du 5 juill. 1869, cité *suprà*, n° 50; C. cass. de Belgique, 1ᵉʳ juin 1878, aff. Tourment C. Darimont, *Pasicrisie
belge*, 1878. 1. 277), et si le demandeur, auquel le tribunal
a irrégulièrement accordé un trop long délai, n'en a pas
profité et a commencé l'enquête dans le délai légal (Garsonnet, t. 2, p. 521; note 39; Rousseau et Laisney,
v° *Enquête*, n° 119). — Jugé qu'une enquête commencée
dans le délai légal ne peut être arguée de nullité, sous
prétexte que le jugement qui l'a ordonnée aurait accordé
aux parties, pour la commencer, un délai plus long que
le délai prescrit par la loi (Civ. rej. 30 déc. 1857, aff. Communauté de Picpus, D. P. 58. 1. 22).

52. Le point de départ de la huitaine est la signification
du jugement faite à avoué par le demandeur et, à son défaut,
par le défendeur (*Rép.* n° 131). — Jugé que, lorsque le
demandeur s'abstient de signifier le jugement interlocutoire qui autorise l'enquête par lui demandée, c'est au
défendeur qui veut faire courir les délais à faire lui-même
au demandeur cette signification ; sans cela, il ne pourrait opposer à celui-ci d'autre déchéance que celle résultant de la péremption. Cette signification que doit faire
le défendeur ne saurait être remplacée par la mise en
demeure extrajudiciaire du demandeur d'avoir à signifier
lui-même sur-le-champ le jugement qu'il a obtenu
(Bourges, 19 mars 1851, aff. Leclerc, D. P. 52. 2. 125). —
« L'art. 257 c. proc. civ., disent MM. Rousseau et Laisney,
Supplément alphabétique, p. 185, doit être entendu en ce
sens que la signification du jugement ordonnant l'enquête peut seule faire courir le délai imparti par cet acte,
même contre celui qui l'a fait, contrairement à la règle
que nul ne se forclôt soi-même. Et cette signification fait
courir le délai contre toutes les parties en cause, c'est-à-
dire non seulement contre la partie qui signifie le jugement en vue de faire l'enquête, mais encore contre celle
à qui la signification est faite au point de vue de la contre-
enquête qui lui a été réservée. Les délais courraient également, par suite de cette signification, contre l'appelé en
garantie qui, ayant pris fait et cause, peut avoir à faire
la preuve contraire ». MM. Rousseau et Laisney citent en
ce sens un jugement du tribunal civil de la Seine du
12 mai 1882 (Conf. Boitard, Colmet-Daage et Glasson,
t. 1, n° 481, p. 497).

53. On a émis au *Rép.* n° 127 l'avis que l'enquête ne
peut, à peine de nullité, être commencée avant la signification du jugement qui l'a ordonnée. — Il a été jugé que
l'art. 147 c. proc. civ. suivant lequel les jugements ne peuvent
être exécutés qu'après avoir été signifiés à l'avoué de la
partie, s'applique au jugement qui ordonne une enquête;
que, par suite, l'ordonnance du juge-commissaire qui permet
d'assigner les témoins, et les autres actes d'exécution sont
nuls, si cette ordonnance a été obtenue avant la signification
du jugement (Limoges, 13 mars 1850, aff. Lacour, D. P. 54.
5. 334; Bastia, 2 avr. 1853, aff. Viale-Rigo, D. P. 55.
2. 323. V. en ce sens : Garsonnet, t. 2, p. 515, note 1).
Aux termes de l'art. 147 c. proc. civ., dit l'arrêt du 2 avr.
1853, les jugements ne peuvent, en général, être exécutés
avant d'avoir été signifiés à l'avoué de la partie contre
laquelle ils ont été obtenus et qui, par cela même, étant
intéressée à s'opposer à leur exécution, doit en être, à
l'avance, avertie. Cette disposition soumet indistinctement
à la signification préalable tout jugement qui, par sa nature,
est susceptible d'exécution. Le jugement qui ordonne une
enquête ou une prorogation d'enquête n'est affranchi de la
signification préalable à l'exécution, ni par sa nature propre,
ni par une disposition spéciale de la loi; l'exécution du
jugement consiste dans la confection de l'enquête. L'ordonnance du juge-commissaire à l'effet de citer les témoins
devant lui constitue le commencement de l'enquête ou de
la prorogation d'enquête, suivant les termes de l'art. 259
du code précité. Par suite, l'obtention de cette ordonnance

ne peut être valablement poursuivie qu'après la signification du jugement.

54. On a dit au *Rép.* n° 132 qu'il n'est pas nécessaire, pour faire courir le délai de l'enquête, que la signification du jugement qui l'ordonne vienne d'une partie ayant un intérêt immédiat au résultat de cette enquête. — Il a été jugé que la signification à la partie appelée en garantie dans une instance, du jugement qui, après avoir accueilli l'action principale, ordonne une enquête avant de statuer sur l'action en garantie, fait courir les délais de l'enquête, alors même qu'il l'aurait, non du demandeur en garantie, mais du défendeur principal; qu'il en est surtout ainsi, quand le demandeur en garantie, auquel le jugement a été également signifié, à raison de la condamnation prononcée contre lui au profit du demandeur principal, a manifesté l'intention de profiter de la signification en même temps adressée à l'appelé en garantie, en requérant et obtenant du juge-commissaire le procès-verbal d'ouverture de l'enquête (Civ. cass. 25 nov. 1851, aff. de Sainte-Christie, D. P 54. 1. 400).

55. Les conditions que doit remplir la signification sont indiquées v° *Exploit*, *Rép.* eod. v°, n°⁵ 652 et suiv. (V. aussi *Rép.* n°⁵ 140 et suiv.). Toutefois, certains auteurs estiment que la signification du jugement qui ordonne l'enquête n'est pas un exploit soumis à toutes les exigences de l'art. 61 c. proc. civ.; que ce n'est qu'un acte d'avoué à avoué et que la nullité n'en doit être prononcée que pour omission d'énonciations ou de formalités substantielles (Garsonnet, t. 2, p. 55, note 2; Rousseau et Laisney, v° *Enquête*, n° 103; Bioche, v° *Enquête*, n° 138). La jurisprudence paraît confirmer cette doctrine. — Il a été jugé: 1° que la signification à avoué du jugement qui ordonne l'enquête n'est pas soumise aux règles prescrites pour les ajournements par l'art. 61 c. proc. civ.; qu'il suffit qu'elle renferme l'indication de l'avoué au nom duquel elle est faite, de l'avoué auquel elle est adressée, de la personne à laquelle la copie notifiée a été remise avec énonciation de sa qualité auprès de cet avoué, de la date précise de la signification, du nom et de la qualité de l'officier ministériel par les soins duquel elle a été opérée (Toulouse, 17 août 1864 (ou 1865), aff. Commune de Labroquère, D. P. 68. 1. 163); — 2° Qu'est valable, à l'effet de faire courir les délais dans lesquels une enquête doit être commencée, l'exploit qui contient, outre la copie de l'arrêt qui a ordonné l'enquête et la signification dudit arrêt par un huissier audiencier, sans désignation des parties, un acte d'avoué à avoué dénonçant toutes les parties, et faisant sommation d'avoir à exécuter l'arrêt signifié sous les peines de droit (Civ. rej. 20 avr. 1868, aff. Commune de La Broquère, D. P. 68. 1. 163).

56. Le jugement qui autorise une femme demanderesse en séparation de corps à faire une enquête, et condamne son mari à lui payer une pension et à lui fournir une provision, contient deux décisions distinctes, dont la femme est recevable à poursuivre séparément l'exécution. En conséquence, la signification faite pour arriver à l'obtention du payement de la provision ne fait pas courir les délais de l'enquête, si des réserves ont été faites à cet égard (Paris, 22 juill. 1852, aff. Allard, D. P. 53. 2. 8 ; *Rép.* n° 138).

57. L'opinion émise au *Rép.* n° 145 que le délai de huitaine n'est pas franc, que les jours fériés y sont compris et qu'il n'est pas suspendu pendant le temps des vacations. est adoptée généralement par les auteurs (Garsonnet, t. 2, p. 520, note 3; Rousseau et Laisney, v° *Enquête*, n°⁵ 120 et suiv.; Bioche, v° *Enquête*, n° 140).

58. Le délai de huitaine à partir de la signification à avoué du jugement dans lequel, aux termes de l'art. 257 c. proc. civ., doit être commencée l'enquête, n'est pas suspendu pendant les délais de l'appel. Mais l'appel, qui serait formé avant l'expiration de huitaine, est suspensif et par suite l'enquête à laquelle il a été procédé malgré cet appel est nulle. Il n'en serait autrement que si le tribunal avait, dans l'une des hypothèses prévues par l'art. 135 c. proc. civ., ordonné l'exécution nonobstant appel. Ces principes, exposés au *Rép.* n°⁵ 147 et suiv., sont admis par la doctrine et la jurisprudence (Rousseau et Laisney, v° *Enquête*, n°⁵ 123 et 124; Bioche, n°⁵ 172 et 173; Req. 20 janv. 1863, aff. Robert, D. P. 63. 1. 247; Bruxelles, 13 janv. 1870, aff. Suys C. Clavareau, *Pa-*

sicrisie belge, 1870. 2. 115; 18 janv. 1886, aff. de Nicolaï C. Tordeur, *ibid.*, 1886. 2. 100). — Il a été jugé que, lorsqu'une partie a élevé un certain nombre de difficultés sur la liquidation d'une succession, et qu'elle a demandé en première instance, par l'un de ses chefs de conclusions, que le tribunal reconnût l'existence de dissimulations et de détournements, chargeât l'expert de prendre tous renseignements à cet égard et ordonnât *au besoin* une enquête, l'appel dirigé par cette partie en termes généraux contre la sentence est suspensif, même à l'égard de l'enquête sollicitée par elle, si le tribunal s'est borné à ordonner l'enquête subsidiairement demandée sans statuer sur les conclusions principales touchant l'expertise et la reconnaissance des détournements (Besançon, 3 déc. 1863, aff. Lépagnez, D. P. 63. 2. 217).

59. On s'est demandé si, malgré l'appel du jugement ordonnant l'enquête, il est permis de procéder à l'audition des témoins qu'il y aurait urgence à faire entendre avant la mort, à raison, par exemple, de la crainte d'un décès imminent ou de tout autre événement de nature à mettre obstacle à cette audition. L'affirmative adoptée, pour cas particulier, par quelques arrêts, est enseignée par Carré, *Lois de la procédure*, t. 1, quest. 992; Bonnier, *Traité des preuves*, n°⁵ 167 et 168; Rodière, *Traité de compétence et de procédure*, t. 2, p. 128. Nous ne saurions partager cette opinion, qui se rattache à la grave question des enquêtes d'*examen à futur*, abrogées par l'ordonnance de 1667 (V. *Rép.* n° 151, et *supra*, n° 26).

60. L'enquête faite postérieurement à l'appel signifié, mais antérieurement à la connaissance qui en a été donnée au juge-commissaire et à l'avoué de la partie, est valable (Rousseau et Laisney, *Supplément alphabétique*, v° *Enquête*, p. 186).

61. La jurisprudence a adopté l'opinion émise au *Rép.* n° 153, que les délais pour commencer l'enquête ordonnée par un jugement confirmé par arrêt, ou pour commencer l'enquête ordonnée pour la première fois par une cour et qui doit avoir lieu devant un tribunal de première instance, courent du jour de la signification de l'arrêt à l'avoué du *tribunal de première instance*. Il a été jugé le délai pour commencer l'enquête, lorsqu'il a été suspendu par l'appel du jugement qui ordonnait cette mesure d'instruction, ne reprend son cours qu'à partir de la signification de l'arrêt confirmatif à l'avoué de première instance (Req. 26 févr. 1872, aff. Barthez, D. P. 72. 1. 295; Bruxelles, 18 janv. 1886, aff. de Nicolaï C. Tordeur, *Pasicrisie belge*, 1886. 2. 100). Et lorsque l'enquête ordonnée par une cour doit avoir lieu devant un tribunal de première instance, c'est à l'avoué de cette dernière juridiction que doit être signifié l'arrêt pour faire courir le délai dans lequel l'enquête doit être commencée (Rouen, 9 mars 1870, aff. Baudouin, D. P. 71. 2. 198). Mais la nullité résultant de ce que la signification a été adressée à l'avoué d'appel est couverte par le fait de la partie d'avoir laissé procéder et procédé ellemême à l'enquête sans réserves suffisantes (Même arrêt). — Ces solutions sont admises par les auteurs. « Selon nous, dit M. Bioche, v° *Enquête*, n° 181, la signification de l'arrêt confirmatif à l'avoué d'appel n'a d'autre objet que de lui indiquer que l'instance d'appel n'a plus lieu; que sa mission est terminée; elle ne peut avoir pour but de faire courir un délai pour un acte auquel cet avoué n'est pas chargé de procéder. L'exécution est renvoyée devant le tribunal de première instance. L'avoué qui occupe devant le tribunal pour le défendeur à l'enquête est le véritable mandataire de la partie; il faut qu'il connaisse l'arrêt intervenu; il ne peut le connaître également que par la signification. C'est par la signification seule qu'il est mis en demeure de l'exécuter. Ce n'est pas à la partie de prévenir l'avoué de première instance, mais à celui-ci de prévenir sa partie de ce qu'exige la loi. Si l'arrêt est infirmatif et qu'il ordonne une enquête, ou la cour en retient l'exécution et il n'y a pas de signification à avoué de première instance, ou elle renvoie l'exécution devant un tribunal qu'elle désigne, et tous les motifs de la signification que nous avons constitué devant la première instance reprennent leur empire » (V. en ce sens : Rousseau et Laisney, v° *Enquête*, n°⁵ 129 et suiv., et *Supplément alphabétique*, t. 9, eod. v°, p. 185).

Les mêmes règles s'appliquent au cas où l'appel a eu lieu

au cours de l'audition des témoins. S'il intervient un arrêt confirmatif, il est nécessaire, avant de reprendre l'enquête, de signifier cet arrêt à l'avoué de première instance (*Rép.* n° 159; Dutruc, v° *Enquête*, n° 355; Bioche, v° *Enquête*, n°s 184 et suiv.).

62. On a dit au *Rép.* n° 157 qu'en cas de renonciation à l'appel, la signification du désistement à l'avoué de première instance est indispensable pour faire courir le délai. — Contrairement à cette théorie, adoptée par la plupart des auteurs (V. Bioche, v° *Enquête*, n° 183; Boitard, Colmet-Daâge et Glasson, t. 1, n°s 588 et suiv.; Rousseau et Laisney, v° *Enquête*, n° 133), il a été jugé qu'en cas de désistement de l'appel, les délais de l'enquête reprennent leur cours à partir de ce désistement, sans qu'aucune signification doive être faite soit aux parties, soit à l'avoué de première instance poursuivant l'enquête (Besançon, 3 déc. 1863, aff. Lepagnez, D. P. 63. 2. 217). — V. sur cette question : v° *Désistement*, n°s 45 et suiv. ; — *Rép.* eod. v°, n° 159 et suiv.

63. Il a été jugé que l'avoué qui attend le dernier jour du délai de huitaine imparti par l'art. 257 c. proc. civ., afin de présenter requête au juge commis pour procéder à une enquête, ne commet aucune faute pouvant engager sa responsabilité (Besançon, 26 déc. 1882, aff Roy, D. P. 83. 2. 59). — Cette solution, en règle générale, paraît exacte. Il semble, toutefois, qu'il s'agit ici surtout d'une question de fait, et qu'il peut se présenter telle circonstance où l'avoué pourrait être déclaré en faute s'il avait attendu; non pas seulement jusqu'au dernier jour, mais jusqu'au dernier moment du délai pour exercer son droit. Le juge-commissaire pourrait, à cet instant précis, se trouver absent et dans l'impossibilité de répondre en temps utile à la requête. L'avoué serait alors évidemment responsable des conséquences de sa négligence.

64. — II. Cas où l'enquête et la contre-enquête ont lieu au delà de cinq myriamètres. — Le tribunal, aux termes de l'art. 258 c. proc. civ., fixe lui-même le délai dans lequel doit commencer l'enquête (*Rép.* n°s 162 à 178). — Le point de départ du délai est la signification du jugement. On a émis au *Rép.* n° 172 l'opinion que le tribunal ne pourrait déclarer, sans l'agrément des parties, que le délai courra du jour de la prononciation du jugement. Il a été jugé en ce sens que la disposition du jugement qui ordonne une enquête, portant que le délai accordé pour la faire commencera à courir du jour de la prononciation de ce jugement, ne relève point la partie qui a obtenue de la nécessité de la signification préalable (Bastia, 2 avr. 1855, aff. Viale-Rigo, D. P. 55. 2. 323). — Mais le tribunal peut, bien qu'il y ait avoué en cause, décider que le délai ne courra que de la signification à domicile. Ici ne s'appliquent pas les distinctions établies par l'art. 257 (Bioche, v° *Enquête*, n° 155; Rousseau et Laisney, v° *Enquête*, n° 153).

65. Les juges ont-ils la faculté de défendre que l'enquête soit commencée avant un certain délai? L'affirmative a été admise au *Rép.* n° 176. L'opinion contraire est professée par M. Bioche. « L'art. 258, dit cet auteur, t. 2, p. 507, qui charge le tribunal de fixer le délai dans lequel l'enquête doit être commencée, est muet sur ce point; les délais sont rigoureusement tracés par la loi, il importe d'observer le texte de ses prescriptions, sans les étendre arbitrairement. Mais si l'on accorde cette faculté au tribunal, l'enquête commencée avant l'expiration du terme fixé doit être annulée. »

66. Le jugement qui omet de fixer le délai n'est pas nul, et on ne doit même pas considérer l'enquête comme soumise implicitement quant à son ouverture à l'art. 257. La partie la plus diligente peut demander par simple acte au tribunal de réparer l'omission (*Rép.* n°s 169 et suiv.; Rousseau et Laisney, v° *Enquête*, n°s 148 et 149).

67. L'art. 258 c. proc. civ. ne déclare pas nulle, lorsqu'elle a été commencée tardivement, l'enquête faite à plus de cinq myriamètres du siège du tribunal, mais cette nullité résulte implicitement de la relation intime qui existe entre les art. 257 et 258 (*Rép.* n° 177; Garsonnet, t. 2, p. 324, note 39; Rousseau et Laisney, v° *Enquête*, n° 154; Bioche, v° *Enquête*, n° 153; Boitard, Colmet-Daâge et Glasson, t. 1, n° 503).

68. Le délai fixé par le tribunal s'applique à l'enquête et à la contre-enquête. Toutefois le tribunal peut indiquer un délai spécial pour la contre-enquête, à raison de l'éloignement des témoins qui doivent y être entendus (Garsonnet, t. 2, p. 524, note 40. V. aussi Rousseau et Laisney, v° *Enquête*, n°s 146 et suiv. ; Bioche, v° *Enquête*, n° 158 et suiv.).

§ 2. — Du cas où le jugement qui ordonne l'enquête a été rendu par défaut (*Rép.* n°s 179 à 187).

69. Lorsque le jugement a été rendu par défaut contre avoué, le délai pour ouvrir l'enquête court à partir de la huitaine de la signification du jugement. Ce point ne soulève aucune difficulté (*Rép.* n°s 179 et suiv.). On a exposé au *Rép.* n° 182 les controverses qui se sont élevées au sujet de l'interprétation de l'art. 257 c. proc. civ., pour le cas où le défaut est contre partie. Les auteurs sont généralement d'accord pour admettre qu'en ce cas, le délai pour ouvrir l'enquête court à partir de l'expiration de la huitaine pendant laquelle l'exécution est paralysée. « Quand le défaut est contre partie, disent MM. Rousseau et Laisney, n°s 136 et suiv., l'opposition cesse d'être recevable lorsque le jugement est exécuté; or, l'exécution du jugement qui prescrit l'enquête, c'est l'ouverture de l'enquête; de sorte que l'article semble dire que l'ouverture de l'enquête devra être faite à peine de nullité moins de huit jours après l'ouverture de l'enquête. Il y a dans l'étude de cette difficulté deux points certains à relever d'abord. C'est, d'une part, que l'enquête ne peut être ouverte par l'ordonnance du juge, dans les huit jours qui suivront la signification du jugement, et, d'autre part, qu'elle ne peut plus l'être après l'expiration de six mois à partir du prononcé du jugement, par l'application de l'art. 156, qui déclare non avenus les jugements par défaut contre partie, non exécutés dans les six mois de leur obtention. Mais on peut se demander : 1° si, comme pour le cas de défaut contre avoué, l'enquête devra être ouverte dans les quinze jours de la signification ou s'il suffira de l'ouvrir avant l'expiration du délai de six mois porté par l'art. 156; — 2° Si la partie défaillante pourra former opposition après l'ordonnance du juge qui, selon l'art. 259, constitue le commencement de l'enquête. Quant au délai d'ouverture, l'art. 257 doit, a-t-on dit, s'expliquer historiquement. Les auteurs ont oublié, en le rédigeant, la distinction qu'ils avaient faite eux-mêmes entre le défaut contre avoué et le défaut contre partie. Ils se sont reportés en l'écrivant, au principe de l'ancien droit d'après lequel le délai d'opposition était, dans les deux cas, de huitaine, à partir de la signification; ils ont simplement voulu dire que le délai dans lequel doit ouvrir l'enquête commencera à courir huit jours après la signification. Et, par suite, l'enquête devra toujours, à peine de déchéance, être commencée dans la quinzaine du jugement par défaut. » D'autres auteurs, tout en contredisant ce raisonnement, arrivent à la même doctrine par des arguments différents (V. *Rép.* n° 183. Conf. Bioche, v° *Enquête*, n° 165 et suiv. ; Boitard, Colmet-Daâge et Glasson, t. 1, n° 485). M. Bioche combat cette opinion : « L'art. 257, dit cet auteur, v° *Enquête*, p. 509, dispose d'une manière absolue pour tous les cas où il existe des jugements par défaut susceptibles d'opposition. Il est d'ailleurs inexact de dire que le jugement ordonnant l'enquête n'est pas susceptible d'exécution; en effet, le jugement ordonne à l'ordonnance du juge-commissaire et la faire signifier au défendeur, ce qui constitue une exécution de jugement suffisante pour faire courir le délai de l'enquête. »

Art. 6. — De l'acte qui constitue le commencement de l'enquête et de la contre-enquête. — Ordonnance du juge (*Rép.* n°s 188 à 204).

70. L'opinion émise au *Rép.* n° 190 que l'enquête est censée commencée par la simple délivrance de l'ordonnance du juge-commissaire et qu'il n'est pas nécessaire que le procès-verbal d'audition des témoins soit ouvert au même instant où l'ordonnance a été délivrée, est adoptée par les auteurs. « Quant à ouvrir le procès-verbal de l'enquête au moment même où l'ordonnance est délivrée, dit M. Garsonnet, t. 2, p. 522, l'art. 259 n'en fait pas une obligation rigoureuse au juge-commissaire, et il a le droit d'attendre pour le faire que les premiers témoins puissent être entendus ; cela est, d'ailleurs, sans importance, puisque le commencement de l'enquête ne dépend pas de l'ouverture du procès-verbal » (V. en ce sens : Bioche, v° *Enquête*, n° 201 ; Boncenne, *Théorie de la procédure civile*, t. 4, p. 266 ; Rousseau et Laisney, v° *Enquête*, n° 166).

La loi n'exige pas, on l'a dit au *Rép.* n° 192, que les témoins soient entendus ou même assignés dans la huitaine de la signification ; il suffit qu'ils soient assignés à la date fixée par le juge-commissaire (Garsonnet, t. 2, p. 522 ; Rousseau et Laisney, v° *Enquête*, n° 167).

71. On a émis au *Rép.* n° 198 l'opinion que le juge-commissaire est l'arbitre souverain du délai à accorder pour l'audition des témoins ; que nul recours ne peut être formé contre son ordonnance ; qu'il ne saurait y avoir lieu qu'à la prise à partie, si l'enquête avait été malicieusement renvoyée à une époque évidemment trop éloignée, ou à une demande en prorogation, si le délai fixé était trop court. Cette doctrine est enseignée par M. Bioche, v° *Enquête*, n° 206 : « La décision du juge qui arbitre les délais, dit cet auteur, ne peut être attaquée par opposition devant le tribunal ; il a une compétence particulière ; il exerce, dans certains cas, une juridiction susceptible d'appel. Cette fixation n'est pas un acte contentieux à proprement parler ; elle doit donc rester dans le domaine exclusif du juge chargé de la direction de la procédure » (V. en ce sens : Dutruc, v° *Enquête*, n° 372 ; Garsonnet, t. 2, p. 522).

72. Tant que le délai pour ouvrir l'enquête n'est pas expiré, le juge peut rendre une seconde ordonnance, s'il n'a pas été donné suite à la première, ou s'il lui a été donné une suite irrégulière. Cette théorie, exposée au *Rép.* n° 199, consacrée par la jurisprudence, est adoptée par les auteurs (Rousseau et Laisney, t. 4, v° *Enquête*, n° 172 ; Bioche, v° *Enquête*, n° 207 ; Dutruc, v° *Enquête*, n° 373). — Il a été jugé que le jour fixé par le juge-commissaire chargé de procéder à une enquête, pour l'audition des témoins, peut être changé, tant que cette audition n'est pas commencée (Civ. rej. 13 févr. 1850, aff. Guibout, D. P. 50. 1. 170). — Mais, si le délai pour ouvrir l'enquête est expiré, la déchéance est encourue. Sauf le cas de force majeure, le juge ne peut fixer un nouveau délai (*Rép.* n° 200 et suiv.). Il a été jugé que, lorsque le délai fixé par l'art. 257 c. proc. civ. est expiré, la partie qui n'a pas

fait assigner ses témoins au jour fixé par l'ordonnance ne peut, si elle ne justifie qu'elle en a été empêchée par un cas de force majeure, obtenir une nouvelle ordonnance et faire proroger ainsi l'ouverture de l'enquête (Bourges, 3 avr. 1867 (1). V. en ce sens : Rousseau et Laisney, v° *Enquête*, n° 173 ; Bioche, v° *Enquête*, n° 208).

73. Les formalités exigées par l'art. 259 ne profitent qu'à la partie qui les accomplit. En cas de contre-enquête, le demandeur et le défendeur peuvent, chacun de son côté, obtenir du juge-commissaire une ordonnance qui leur permette d'assigner leurs propres témoins (Boitard, Colmet-Daâge et Glasson, t. 4, n° 487 ; Garsonnet, t. 2, p. 523).

ART. 7. — *Assignation à la partie pour être présente à l'audition des témoins, et dénonciation des témoins. — Exploit à avoué. — Délai franc* (*Rép.* n°s 205 à 251).

74. — I. ASSIGNATION A LA PARTIE (*Rép.* n°s 206 à 238). — Lorsque la partie n'a pas constitué d'avoué, l'assignation est délivrée à son domicile ; si elle a un avoué, elle doit être assignée au domicile de cet avoué. Ce mode d'assignation, dont on a expliqué le but, est prescrit à peine de nullité (*Rép.* n° 206). L'art. 261 est formel et ne comporte aucune exception (Bioche, v° *Enquête*, n°s 213 et suiv. ; Rousseau et Laisney, v° *Enquête*, n°s 176 et suiv. ; Garsonnet, t. 2, p. 516, note 12 ; Boitard, Colmet-Daâge et Glasson, t. 4, n° 490, p. 506). Jugé que l'assignation donnée non pas à l'avoué, mais à la partie qui l'a institué, ou à son domicile, est nulle (Trib. civ. Saint-Flour, 8 mars 1883, aff. Regimhol C. Mijoule). — La nullité d'ailleurs, n'est pas d'ordre public ; c'est une nullité d'exploit, qui peut être couverte par celui qui aurait le droit de l'opposer. Jugé que la nullité de l'exploit d'assignation à fin d'assistance à une enquête, pour défaut de signification au domicile de l'avoué de la partie assignée est couverte par la comparution de cette partie à l'enquête et son consentement à l'audition des témoins, sans protestations ni réserves (Req. 20 nov. 1860, aff. Parrain, D. P. 61. 1. 384. V. en ce sens : Rousseau et Laisney, v° *Enquête*, n° 205).

75. L'assignation doit avoir lieu au domicile de l'avoué, alors même que l'enquête se fait dans un lieu éloigné du tribunal, et en vertu d'une commission rogatoire. — Toutefois, si la partie a constitué avoué dans le lieu où les témoins seront entendus, l'exploit d'assignation doit être remis au domicile de cet avoué (*Rép.* n° 208 ; Bioche,

---

(1) (Néaut C. Néaut.) — Le 7 févr. 1867, jugement du tribunal de Château-Chinon, ainsi conçu : — « Attendu que par ordonnance du 3 janvier dernier, M. le juge-commissaire à l'enquête ordonnée par jugement du 21 sept. 1866 a fixé au 22 du mois de janvier le jour de l'audition des témoins que se proposait de faire entendre Néaut ; — Attendu que Néaut n'a pas fait assigner de témoins pour le jour fixé, mais a présenté requête à M. le juge-commissaire à l'effet d'être autorisé à citer par-devant lui, à tel autre jour qu'il lui plairait fixer, les témoins qu'il se proposait de faire entendre ; — Attendu qu'à l'appui de sa requête, Néaut exposait qu'à raison des circonstances qu'il invoquait, il n'avait pu faire assigner ses témoins au jour fixé par l'ordonnance du 3 janvier ; — Attendu que sur l'opposition formée par la femme Néaut, M. le juge-commissaire a renvoyé les parties par-devant le tribunal, pour être statué sur l'incident qu'il y a lieu d'apprécier ; — Attendu qu'en admettant que la partie qui a négligé de mettre à exécution au jour fixé l'ordonnance rendue par le juge-commissaire puisse en réclamer une nouvelle fixant un nouveau délai pour l'audition de ses témoins, ce n'est que dans le cas où elle justifierait d'un empêchement légitime qui excuserait sa négligence ; — Attendu, en fait, que l'ordonnance du 3 janvier, fixant l'audition des témoins au 22, accordait un délai plus que suffisant ; — Qu'à la vérité, Néaut excipe d'une chute qu'il aurait faite, mais que rien ne justifie son allégation ; — Qu'il ne serait contesté qu'il a été prévenu par son avoué, avant le 9 janvier, du jour fixé pour l'enquête ; que l'intempérie alléguée de la saison n'a pu être un obstacle sérieux, et que la signification du jugement à parties, le 14 janvier, était sans importance pour l'enquête ; que, dans les circonstances de la cause, la prolongation d'un délai n'est pas justifiée ; — Par ces motifs, etc. ». — Appel par le sieur Néaut. — Arrêt.

LA COUR ; — Considérant que par de graves considérations la loi veut que l'enquête soit commencée et parachevée dans des délais strictement déterminés ; que Néaut, le 3 janvier, a requis l'ouverture du procès-verbal de sa contre-enquête et obtenu, en même temps, l'ordonnance du juge, portant permission d'assigner

les témoins au 22 janvier ; qu'il n'a fait aucune diligence et que, le 22 janvier, ledit Néaut, au lieu de produire ses témoins, a demandé par un dire au procès-verbal, et en même temps par une requête, une nouvelle indication de jour pour leur audition ; qu'il ne justifie, d'ailleurs, d'aucune circonstance d'où serait résulté un empêchement de force majeure, soit, de faire citer lesdits témoins, soit pour ceux-ci d'obéir à la citation donnée, et qu'ainsi il y a à examiner s'il peut se faire relever de cette négligence purement gratuite, ou si, au contraire, il n'en résulte pas contre lui une déchéance ; — Considérant que, s'il est licite de se désister d'un acte de procédure, l'effet du désistement est de faire disparaître un fait accompli, de regarder qu'ainsi, en droit comme en fait, c'était, dans l'espèce, à l'égard des témoins comme de la partie adverse, comme si l'appelant avait requis l'ouverture de l'enquête, non le 3 janvier, mais seulement le 22, après le délai légal ; que décider qu'on pourrait arbitrairement, après une première ordonnance non mise à exécution, en solliciter une seconde, serait autorisé implicitement à proroger indéfiniment l'ouverture de l'enquête au mépris de l'art. 257 c. proc. civ., édicté à peine de nullité ; que d'ailleurs tout, dans la loi, s'enchaîne ; que l'enquête n'est ainsi ouverte qu'autant que, en outre de l'ordonnance obtenue, les témoins sont entendus le jour dit, et ce n'est, aux termes de l'art. 278, que lorsqu'ils ont été ainsi entendus, ou tout au moins cités, qu'il est loisible de parachever l'enquête dans la huitaine par l'audition de témoins soit nouveaux, soit précédemment empêchés ; qu'en effet, on ne parachève que ce qui est commencé, et que la faveur accordée par la loi à la diligence de la partie ne peut être étendue au cas de négligence, et de manière à infirmer l'économie de ses dispositions ; — Considérant, d'ailleurs, que les procédures d'enquête et de contre-enquête, bien que coexistant parallèlement, sont distinctes, et que peu importe que la nouvelle ordonnance ait été sollicitée le jour où le juge entendait les témoins de l'enquête ; — Par ces motifs, adoptant, d'ailleurs, ceux donnés par les premiers juges ; — Confirme, etc.

Du 8 avr. 1867. -C. de Bourges, ch. civ. -MM. Hyver, pr. -Chonez, av. gén. -Achet et Devoncourt, av.

v° *Enquête*, n° 216; Garsonnet, v° *Enquête*, t. 2, p. 516, note 12).

76. Lorsque l'enquête est prescrite par une cour d'appel, l'assignation doit être faite chez l'avoué d'appel, à moins que l'enquête n'ait été renvoyée devant un tribunal de première instance (*Rép.* n° 209; Bioche, v° *Enquête*, n° 220; Rousseau et Laisney, v° *Enquête*, n° 177).

77. Bien que l'avoué soit démissionnaire, l'assignation doit encore être faite à son étude. Cette opinion émise au *Rép.*, n°s 212 et suiv. et adoptée par M. Garsonnet, *op. cit.*, t. 2, p. 516, note 12, est combattue par MM. Rousseau et Laisney, v° *Enquête*, n° 178.

78. Le jugement par défaut qui ordonne une enquête doit être réputé exécuté aux termes des art. 159 et 259 c. proc. civ. par l'assignation donnée au défaillant de se présenter à l'enquête en vertu de l'ordonnance du juge-commissaire, et ne peut plus, par suite, être attaqué par la voie de l'opposition (Rousseau et Laisney, *Supplément alphabétique*, v° *Enquête*, p. 186).

79. L'assignation donnée soit au domicile de la partie, soit au domicile de l'avoué, est soumise aux formalités des assignations ordinaires. Elle ne peut être remplacée ni par un acte d'avoué à avoué, ni par une sommation (*Rép.* n° 220; Rousseau et Laisney, v° *Enquête*, n° 181; Bioche, v° *Enquête*, n°s 231 et suiv.; Garsonnet, t. 2, p. 517, note 13).

80. On a enseigné au *Rép.* n° 221 que la désignation du domicile des parties n'est pas indispensable, alors que cette partie a été désignée de telle sorte qu'il n'y ait aucun doute sur son identité. Cette doctrine est adoptée par les auteurs (Rousseau et Laisney, v° *Enquête*, n° 182; Bioche, v° *Enquête*, n° 236). — La mention de la constitution d'avoué est-elle requise à peine de nullité? La négative a été soutenue au *Rép.* n° 222. M. Bioche défend le système contraire, v° *Enquête*, n° 232.

81. Si le même avoué représente plusieurs parties, l'assignation doit être délivrée en autant de copies qu'il y a de parties représentées, lors même que leur intérêt est identique (*Rép.* n°s 223 et suiv.; Carré et Chauveau, *Lois de la procédure*, t. 2, quest. 1018 *ter*; Rousseau et Laisney, *op. cit.*, v° *Enquête*, n° 183; Bioche, *op. cit.*, v° *Enquête*, n° 217).

82. L'assignation doit être signifiée trois jours au moins avant l'audition des témoins. Ces trois jours sont francs (*Rép.* n° 227; Bioche, v° *Enquête*, n° 225; Rousseau et Laisney, v° *Enquête*, n° 185; Garsonnet, t. 2, p. 517). Le délai de trois jours a pour terme *ad quem* le jour fixé pour l'audition des témoins. — *Jugé* que le délai de trois jours avant l'audition des témoins, fixé tant pour l'assignation à la partie que pour la notification des noms des témoins, ne peut avoir pour terme *ad quem* que le jour fixé pour cette audition, et non celui auquel l'enquête commencée aurait été renvoyée (Bourges, 9 févr. 1856, aff. Soupe, D. P. 57. 2. 66).

83. Lorsque la partie à laquelle la signification est faite n'a pas d'avoué, il n'est pas douteux, comme on l'a vu au *Rép.* n° 228 que le délai de trois jours doive être augmenté à raison des distances. — Mais en est-il de même quand cette partie a un avoué? On a exposé au *Rép.* n°s 229 et suiv. les divers systèmes qui se sont produits sur cette question. Quelques décisions isolées ont été rendues dans le sens de l'opinion qui soutient, d'une manière générale, qu'il n'y a pas lieu d'augmenter le délai. Il a été jugé, notamment, par la cour de Riom, que le délai de l'art. 261 ne doit pas être augmenté à raison de la distance entre le domicile de la partie assignée et celui de son avoué (Riom, 13 mars 1855, aff. Arnaud, D. P. 55. 5. 178).

Il est, au contraire, généralement admis que le délai doit toujours être augmenté d'un jour par cinq (anciennement trois) myriamètres de distance, conformément aux règles ordinaires des assignations (Rousseau et Laisney, v° *Enquête*, n° 186; Bioche, v° *Enquête*, n° 226; Garsonnet, t. 2, p. 518; Bourges, 9 févr. 1856, aff. Soupe, D. P. 57. 2. 66). Mais, dans ce système, une autre divergence s'élève. — Suivant certains arrêts, l'augmentation du délai doit être calculée à raison de la distance entre le domicile de la partie assignée et celui de son avoué : il faut, dit-on, que l'avoué ait le temps d'informer son client du jour et du lieu de l'enquête, qu'il puisse se concerter avec lui, le renseigner

sur les témoins qu'il se propose de faire entendre. C'est en réalité à la partie que l'assignation est donnée au domicile de l'avoué constitué. — *Jugé* que le délai de trois jours dont parle l'art. 261 c. proc. civ. doit être augmenté à raison de la distance entre le domicile de la partie assignée et celui de son avoué; et que cette distance doit être calculée de commune à commune ou de clocher à clocher, sans égard au lieu d'habitation de l'avoué et de sa partie (Bordeaux, 17 janv. 1851, aff. Commune du Barp, D. P. 51. 2. 48; Bourges, 5 juill. 1854, aff. Loury, D. P. 55. 5. 178. Conf. Boitard, Colmet-Daage et Glasson, t. 1, p. 506, n° 490, note 3).

Dans un second système, le délai de trois jours accordé à la partie assignée au domicile de son avoué pour être présente à l'audition des témoins doit être augmenté à raison de la distance entre le domicile de cette partie et le lieu où se fait l'enquête (Civ. rej. 23 juin 1852, aff. Moulin-Rochefort, D. P. 52. 1. 184). Certains arrêts décident que le délai de trois jours prescrit par l'art. 261 c. proc. civ., relativement à l'assignation pour paraître à l'enquête, doit être augmenté à raison de la distance entre le domicile *de l'avoué* de la partie assignée et le lieu où doit se faire l'enquête (Bastia, 22 juill. 1857, aff. Pianelli, D. P. 58. 2. 71; Poitiers, 9 mai 1877, aff. Vernandon, D. P. 77. 2. 144). — Cette solution s'appuie sur les motifs suivants. En matière d'enquête, la loi ne se préoccupe nullement du domicile de la partie qui a constitué avoué. Dans le but d'imprimer à la procédure une marche plus rapide, elle donne à la partie un domicile spécial chez l'avoué qui la représente; et les assignations adressées à ce domicile légal sont censées signifiées au domicile même de la partie. L'assignation donnée, conformément à l'art. 261 c. proc. civ., a pour objet de mettre tous les intéressés à même d'assister à l'enquête; la partie qui a constitué avoué ne peut ignorer que la signification du jugement, la sommation d'être présente à l'enquête et la notification de la liste des témoins lui seront faites au domicile de son avoué. Elle a dû, par suite, faire parvenir à ce domicile tous les renseignements nécessaires pour les reproches des témoins et pour les interpellations à leur adresser, ou bien s'y trouver elle-même, si elle le juge plus utile à ses intérêts. L'augmentation de délai que la partie assignée peut légitimement réclamer ne doit point, dès lors, être calculée eu égard à la distance qui sépare son domicile personnel de celui de l'avoué, mais uniquement à celle qui existe entre ce dernier domicile et le lieu où l'enquête doit être faite. Dans l'esprit de l'art. 1033 c. proc. civ., l'augmentation du délai accordé à la partie doit toujours être proportionnelle à la distance entre le lieu de l'assignation et celui de la comparution. Lorsqu'il s'agit d'une enquête, le lieu de la comparution est celui où l'enquête doit être confectionnée (V. en ce sens : Rousseau et Laisney, v° *Enquête*, n° 191).

Enfin, d'après une autre opinion, le délai doit être augmenté, à la fois à raison de la distance entre le domicile de l'avoué du défendeur et le lieu où doit se faire l'enquête, et à raison de la distance entre ce même domicile et celui du défendeur (Garsonnet, t. 2, p. 518). « La première augmentation, dit cet auteur, a lieu pour que l'avoué ait le temps de se présenter à l'enquête; la seconde pour qu'il puisse avertir son client de s'y trouver et recevoir ses instructions » (Comp. Bioche, v° *Enquête*, n° 227; Dutruc, v° *Enquête*, n° 104).

84. Avant la loi du 3 mai 1862, on discutait la question de savoir si le délai pour prévenir la partie devait être doublé. L'affirmative, enseignée au *Rép.* n° 233, et par plusieurs auteurs (Bioche, v° *Enquête*, n° 228; Carré, v° *Enquête*, n° 3413), était repoussée par la jurisprudence. — *Jugé* : 1° à supposer que le délai de trois jours avant l'enquête, dans lequel la partie doit être assignée au domicile de son avoué pour assister à l'enquête, soit susceptible d'être augmenté à raison des distances, cette augmentation ne doit cependant pas être double, sous prétexte qu'il y a lieu à envoi et retour (Poitiers, 1er août 1850, aff. Normand, D. P. 51. 2. 170); — 2° Que le délai de l'art. 261 n'est pas susceptible de la double augmentation de délai applicable au cas où il y a lieu à voyage, ou envoi et retour (Civ. rej. 23 juin 1852, aff. Moulin Rochefort, D. P. 52. 1. 184). — La controverse est sans intérêt depuis la loi du 3 mai 1862, qui a supprimé la dernière disposition de l'art. 1033 c. proc. civ., portant l'augmentation au double en cas de voyage ou envoi et retour (V. *suprà*, v° *Délai*, n° 45).

85. Dans le calcul de l'augmentation du délai, les fractions de moins de quatre myriamètres ne sont pas comptées; les fractions de quatre myriamètres et au-dessus augmentent le délai d'un jour entier (c. proc. civ. art. 1033) (V. *suprà*, v° *Délai*, n° 53).— Jugé que l'art. 1033 c. proc. civ., modifié par la loi du 3 mai 1862, aux termes duquel les fractions de quatre myriamètres et au-dessus augmentent le délai d'un jour entier, ne s'applique qu'aux cas où ces fractions s'ajoutent à l'unité de cinq myriamètres; qu'en conséquence, aucune augmentation ne doit être ajoutée au délai ordinaire de l'assignation pour être présent à une enquête, lorsque la distance entre le lieu de l'ajournement et celui de la comparution, quoiqu'étant supérieure à quatre myriamètres, est néanmoins inférieure à cinq myriamètres (Metz, 18 mai 1870, aff. Jolas, D. P. 70. 2. 194-195).

86. La nullité de l'assignation pour irrégularités dans l'exploit ou inobservation des délais n'étant pas d'ordre public, la partie peut renoncer à s'en prévaloir expressément, ou tacitement, par exemple, en assistant à l'enquête sans protestations ni réserves (*Rép.* n°s 237 et suiv. V. Req. 20 nov. 1860, aff. Parain, D. P. 61. 1. 384; Bordeaux, 7 mars 1873, aff. Lesnier, D. P. 74. 2. 76; Rousseau et Laisney, v° *Enquête*, n° 205; Garsonnet, t. 2, p. 634, note 24). S'il y a des réserves spéciales, la nullité peut être plus tard invoquée, n'est pas couverte (V. *infrà*, n° 105; Bordeaux, 17 janv. 1851, aff. Commune du Barp, D. P. 51. 2. 48; Nîmes, 13 mai 1851, aff. Gonet, D. P. 51. 5. 213; Bourges, 5 juill. 1854, aff. Loury, D. P. 55. 5. 178; Rousseau et Laisney, v° *Enquête*, n° 206; Dutruc, v° *Enquête*, n° 122; Garsonnet, t. 2, p. 634, note 24).

87. Il a été jugé que la nullité de l'assignation signifiée au défendeur pour assister à l'enquête ne peut plus être proposée, lorsque ce défendeur a interjeté appel du jugement qui a ordonné l'enquête, et qu'après l'arrêt confirmatif, il a été réassigné légalement pour assister à l'enquête dont le délai avait été suspendu par l'appel (Douai, 27 mai 1854, *Journal des avoués*, t. 79, p. 557). — Mais cette décision est critiquée par Chauveau (V. Dutruc, v° *Enquête*, n° 126).

88. — II. NOTIFICATION DES NOMS DES TÉMOINS (*Rép.* n°s 239 à 251). — Les noms, professions et demeures des témoins à produire contre une partie doivent lui être signifiés, à peine de nullité. Mais, comme on l'a dit au *Rép.* n° 239, il suffit que la partie ne puisse pas se méprendre sur l'identité des témoins, pour que la notification ne puisse être attaquée. Il importe peu notamment, pourvu que l'identité du témoin soit bien reconnue, qu'une erreur ou omission ait été faite dans l'indication de son prénom ou de sa profession, ou que le canton dans lequel se trouve sa commune ait été désigné d'un nom inexact (Rousseau et Laisney, v° *Enquête*, n° 193; Bioche, v° *Enquête*, n° 236). — Jugé que l'indication des noms, professions et demeures des témoins, prescrite à peine de nullité, dans la notification qui doit être faite à la partie adverse, trois jours au moins avant l'audition, peut être remplacée par des énonciations équivalentes, pourvu qu'il n'y ait pas de doute sur l'identité; que, par exemple, on a pu substituer au nom patronymique d'un témoin, dans la notification, celui sous lequel il est connu dans sa commune, s'il est certain qu'on ait, la partie ne s'y est pas trompée (Nancy, 21 févr. 1874, aff. Ignace, D. P. 75. 2. 186).

89. La notification de la liste ou des listes des témoins (car il peut y en avoir plusieurs) et l'assignation peuvent être faites simultanément ou divisément, mais la notification doit, à peine de nullité, être faite, comme l'assignation à partie, trois jours avant celui qui a été fixé pour l'audition des témoins : le délai indiqué par l'art. 261 c. proc. civ. est nécessairement commun aux deux actes qu'il prescrit. Autrement, et en l'absence de tout délai spécialement réglé pour la notification du nom des témoins, il suffirait qu'elle eût lieu quelques instants avant leur déposition, ce qui est inadmissible. Cette doctrine soutenue au *Rép.* n°s 242 et suiv. est adoptée par les auteurs et la jurisprudence (Rousseau et Laisney, v° *Enquête*, n° 190; Bioche, v° *Enquête*, n° 245; Boitard, Colmet-Daâge et Glasson, t. 1, p. 507, n° 490). Il a été jugé que la notification des noms,

professions et demeures des témoins, prescrite par l'art. 261 c. proc. civ., doit, à peine de nullité, être faite, comme l'assignation à partie, trois jours avant celui qui a été fixé pour l'audition, et non pas seulement avant le jour où chacun des témoins a été entendu (Bordeaux, 7 mars 1873, aff. Lesnier, D. P. 74. 2. 76). —Décidé, toutefois, que les noms, prénoms et demeure des témoins produits dans une enquête ne doivent pas, à peine de nullité, être notifiés trois jours avant la date fixée pour leur audition ; il suffit que la notification ait lieu trois jours avant le jour où ils ont pu être entendus (Bruxelles, 18 janv. 1879, aff. Berckmans C. faillite Bulens, *Pasicrisie belge*, 1879. 2. 229). — Au reste, cette nullité n'étant pas d'ordre public, la partie peut renoncer à s'en prévaloir (Arrêt précité du 7 mars 1873. V. en ce sens : Bourges, 9 févr. 1856, aff. Soupe, D. P. 57. 2. 66).

Le délai doit être augmenté à raison des distances (*Rép.* n° 244; Arrêt précité du 9 févr. 1856). Mais il a été jugé, au contraire, par application de l'art. 285 c. proc. civ. sarde, qui exigeait seulement la notification des noms des témoins au procureur de la partie trois jours au moins avant l'enquête, sans parler d'assignation à la partie, que cet article fixe un délai invariable, non susceptible d'augmentation à raison de la distance entre le domicile du procureur et le lieu de l'enquête (Req. 27 nov. 1861, aff. Pelloux, D. P. 62. 1. 133).

90. Les règles relatives à la forme de l'acte d'assignation, que nous avons indiquées *suprà*, n°s 79 et suiv., s'appliquent à l'acte de notification (*Rép.* n° 247 et suiv.; Garsonnet, t. 2, p. 517, note 51; Rousseau et Laisney, v° *Enquête*, n°s 195 et suiv.).

91. Il a été jugé qu'en cas d'appel du jugement qui, admettant une demande d'enquête, a fixé le jour où elle aurait lieu, si ce moment l'opération n'est pas encore commencée, ce n'est pas trois jours avant le jour ainsi déterminé, que les parties doivent, à peine de déchéance, se notifier réciproquement leurs témoins, mais seulement trois jours avant celui qui, après décision sur l'appel et reprise de l'instance, se trouvera fixé à nouveau pour l'ouverture de l'enquête (Trib. com. Honfleur, 9 janv. 1867, aff. Prétavoine, D. P. 67. 3. 24). — Cette décision se rattache à la jurisprudence d'après laquelle le délai de trois jours indiqué par l'art. 261 c. proc. civ. est prescrit à peine de nullité aussi bien pour ce qui concerne la notification des témoins que pour ce qui est relatif à l'assignation à être présent à l'enquête (V. *suprà*, n°. 82; *Rép.* n°s 242 et suiv.). Mais il n'est pas prudent, croyons-nous, de la fonder sur l'argument de texte accueilli par le jugement précité. Suivant le tribunal, cette indication de l'art. 261, « trois jours avant l'audition », devrait être entendue ainsi : « trois jours avant que l'audition ne se réalise ». Si cela était vrai, on devrait décider, dans le cas de retard apporté à l'audition des témoins par le fait du juge-commissaire, que la notification de ceux-ci, faite moins de trois jours avant celui fixé pour l'ouverture de l'enquête, ne se trouverait plus irrégulière comme tardive; cependant le contraire a été jugé, et avec raison, par la cour de Montpellier le 8 déc. 1841 (*Rép.* n° 245). Et, en effet, la partie qui se présente à l'enquête avec la conviction que le retard apporté à la notification la dispensait de se renseigner sur les témoins notifiés, n'a pas dû s'attendre à ce que le droit à elle acquis d'opposer la nullité commise dépendît des convenances du juge-commissaire. La raison véritablement décisive, dans l'espèce sur laquelle a statué le tribunal de Honfleur, c'est que l'appel interjeté était suspensif. En présence de cet appel, il n'était pas certain que l'enquête aurait lieu ; pourquoi se serait-on occupé, à un tel moment, des préliminaires d'une procédure dont la nécessité était mise en question? Pourquoi notifier des témoins, se renseigner sur les causes de reproches, les citer à comparaître? La fixation du jour de l'ouverture de l'enquête tombant par le fait de l'appel, l'effet que cette fixation devait produire, de faire courir le délai de l'art. 261, tombait également.

Ainsi que l'établit le jugement du 9 janv. 1867, il n'y a pas de comparaison à établir entre le cas sur lequel il a statué et celui où la partie qui a laissé expirer le délai légal dans lequel elle devait ouvrir l'enquête ou la contre-enquête vient à interjeter appel (c. proc. civ. art. 257).

L'appel, cela se comprend, ne peut pas suspendre un délai échu, ni relever d'une déchéance encourue; mais ici rien de pareil; on ne peut donc opposer à la solution du jugement précité la jurisprudence qui décide que l'appel est sans effet relativement à la déchéance accomplie (V. *Rép.* n° 147).

ART. 8. — *Personnes qui peuvent être assignées en témoignage.* — *Incapacité absolue et relative.* — *Indignité.* — *Formes de l'assignation* (*Rép.* n°⁵ 252 à 276).

92. Les indications relatives aux personnes qui peuvent être assignées en témoignage, à l'incapacité et à l'indignité, sont données v° *Témoin; — Rép.* eod. v°, n°⁵ 69 et suiv. (V. aussi *Rép.* n°⁵ 252 et suiv.). — Il a été jugé que le juge-commissaire qui a des doutes sérieux sur l'incapacité d'un témoin dont la qualité est contestée peut recevoir sous toute réserve sa déposition (Req. 13 déc. 1871, aff. Jolas, D. P. 72. 1. 186).

93. On a énuméré au *Rép.* n° 261 les personnes qui sont dispensées de témoigner des faits qu'elles ont appris à titre confidentiel et sous le sceau du secret professionnel. — Il a été jugé : 1° que l'avoué qui affirme n'avoir donné conseil à des parties lors de la rédaction de conventions intervenues entre elles, qu'en qualité d'officier public et non en qualité d'ami, est en droit, bien qu'il s'agisse d'un acte pour lequel son ministère n'était pas exigé, de refuser de déposer sur les faits relatifs à ces conventions (Paris, 5 avr. 1851, aff. Dargère, D. P. 52. 2. 126); — 2° Que la dispense de déposer, reconnue aux membres de l'ordre des avocats, en raison de l'obligation professionnelle du secret, s'applique, par identité de raisons, aux avocats consultants et aux agréés près les tribunaux de commerce; que, par suite, un agréé, licencié en droit, consulté comme avocat et chargé de présenter une défense orale devant le tribunal de commerce, peut refuser son témoignage sur les faits qu'il affirme n'avoir connu que dans le secret du cabinet (Rouen, 17 déc. 1858, aff. Andrieux, D. P. 59. 2. 163); — 3° Que les membres du bureau d'assistance judiciaire ne peuvent être tenus de révéler dans une enquête civile les faits dont ils n'ont eu connaissance qu'en cette qualité (Caen, 18 avr. 1877, aff. Delangle, D. P. 77. 5. 194). — Mais il a été décidé que les agents de l'administration des postes ne rentrent pas dans la catégorie des personnes qui, aux termes de l'art. 378 c. pén., peuvent ne pas être tenues de fournir leur témoignage à la justice (Crim. rej. 14 mars 1885, aff. Rigaud, D. P. 85. 1. 425). A supposer, d'ailleurs, qu'il y ait lieu d'assimiler ces agents aux personnes désignées dans cet article, il est impossible de les investir d'un privilège plus étendu et de les dispenser de déposer sur les faits au sujet desquels ils sont interrogés, par cela seul qu'ils n'ont eu connaissance de ces faits que dans l'exercice de leurs fonctions. Le serment professionnel, qui les oblige à garder et observer fidèlement la foi due au secret des lettres et les règlements généraux de l'administration des postes, a pour objet de protéger les citoyens contre l'indiscrétion et la malveillance; mais l'interdiction faite aux agents de communiquer des pièces ou de donner des renseignements sur les correspondances expédiées ou reçues cède devant l'intérêt et les droits supérieurs de la justice; et la jurisprudence a reconnu aux tribunaux le droit de chercher des éléments de conviction, même dans les lettres saisies à la poste (Ch. réun. rej. 21 nov. 1853, aff. de Coëtlogon, D. P. 53. 1. 279). « Il n'est pas possible, dit le dernier de ces arrêts, d'admettre, sans blesser les principes de la morale et de la raison, que l'administration des postes serve à couvrir de l'impunité des faits punissables et à soustraire un corps de délit aux recherches de la justice ». Si des considérations de cet ordre ont fait fléchir un principe aussi important que celui de l'inviolabilité du secret des lettres, comment autoriser les agents de l'administration des postes à se retrancher derrière leurs obligations professionnelles pour refuser de renseigner la justice, alors même que les faits sur lesquels ils sont interrogés se rattachent à la partie purement administrative de leurs fonctions ? (V. *infrà*, v° *Témoin*).

94. Lorsqu'un des témoins dispensés de témoigner refuse de répondre en invoquant le secret professionnel, le juge-commissaire n'a pas qualité pour le dispenser de déposer.

Il constate dans son procès-verbal les motifs donnés à l'appui du refus, le fait signer par le témoin et, si la partie qui a assigné ce témoin persiste à vouloir le faire entendre, il renvoie les parties devant le tribunal, qui statue sur le mérite de la dispense alléguée (Rousseau et Laisney, v° *Enquête*, n° 236; Bioche, v° *Enquête*, n° 319; Garsonnet, t. 2, p. 506).

95. En ce qui concerne les dispenses particulières et les règles spéciales établies pour certains hauts fonctionnaires, V. *Témoin; — Rép.* eod. v°, n°⁵ 230 et suiv.

96. Chaque partie fait entendre, sur chaque fait, autant de témoins qu'elle juge convenable. Mais, si elle fait entendre sur un même fait plus de cinq témoins, elle ne peut répéter les frais des autres dépositions (*Rép.* n°⁵ 252 et 253). Le juge taxateur doit laisser au compte de la partie : 1° les indemnités des témoins supernuméraires; 2° le coût de leur assignation; 3° une quotité proportionnelle du coût du procès-verbal; 4° les honoraires de vacation et des frais dans la même proportion (Bioche, v° *Enquête*, n° 269; *Rép.* n° 253).

97. Chaque témoin ne peut être entendu qu'une fois dans l'enquête. Mais, comme on l'a indiqué n° 254, les personnes entendues dans l'enquête peuvent être encore entendues dans la contre-enquête. Cette doctrine a été consacrée par la jurisprudence, et elle est enseignée par les auteurs (Bastia, 22 juill. 1857, aff. Pianelli, D. P. 58. 2. 71; Orléans, 22 déc. 1869, aff. Genet, D. P. 70. 2. 168; Rousseau et Laisney, v° *Enquête*, n° 380).

98. Les témoins sont assignés à personne ou à domicile (c. proc. civ. art. 260). — L'assignation des témoins à personne ou à domicile, on l'a indiqué au *Rép.* n° 269, ne peut être suppléée par leur comparution volontaire devant le juge-commissaire. Mais, si la partie adverse consent à l'audition du témoin non assigné, le témoin est entendu. Le juge consigne le consentement sur son procès-verbal, et le fait signer par la partie (Bioche, v° *Enquête*, n° 266). — Jugé aussi que, si la citation est parvenue au témoin, quoiqu'il n'ait pas été assigné à son domicile véritable et s'il comparaît, la nullité est couverte à son égard et à l'égard de la partie à laquelle il a été dénoncé (Bruxelles, 28 nov. 1881, aff. Laroche C. Léonard, *Pasicrisie belge*, 1882. 2. 77).

99. Le délai accordé aux témoins pour comparaître est d'un jour franc, sauf l'augmentation à raison de la distance du lieu où se fait l'enquête (*Rép.* n° 275). Aux termes de la loi du 3 mai 1862 (D. P. 62. 4. 43), l'augmentation de délai à raison des distances n'est plus que d'un jour par cinq myriamètres.

100. Il doit être donné copie à chaque témoin du dispositif du jugement, seulement en ce qui concerne les faits admis, et de l'ordonnance du juge-commissaire : le tout, à peine de nullité des dépositions des témoins envers lesquels les formalités ci-dessus n'auraient pas été observées (V. conf. Bruxelles, 8 août 1884, aff. Laroche C. Léonard, *Pasicrisie belge*, 1882. 2. 77). Aucun équipollent, on l'a enseigné au *Rép.* n° 272, ne peut remplacer le dispositif du jugement. « Il a été jugé, à tort, dit M. Bioche, v° *Enquête*, n° 262, qu'il suffit que les faits aient été détaillés dans la requête présentée au juge et signifiée aux témoins. S'il en était ainsi, il dépendrait de la partie de changer ou modifier dans une requête les dispositions du jugement (V. Rousseau et Laisney, v° *Enquête*, n° 209; Garsonnet, t. 2, p. 519, note 23).

Le dispositif doit être signifié tout entier. On en a tiré au *Rép.* n° 274 cette conséquence que, quelle que soit la partie qui ait assigné, les témoins doivent recevoir copie du dispositif, en ce qui concerne tous les faits admis en preuve, tant pour l'enquête que pour la contre-enquête; qu'est donc nulle l'enquête à laquelle le demandeur a procédé en signifiant aux témoins les faits de l'enquête seulement, et non ceux de la contre-enquête, alors d'ailleurs que le jugement les spécifie. Toutefois, la cour de cassation, contrairement à cette opinion et à une de ses précédentes décisions (V. *Rép.* n° 274), a jugé que lorsque le jugement ou l'arrêt qui ordonne une enquête contient dans son dispositif l'énumération de faits admis comme preuve contraire de ceux sur lesquels porte la preuve directe, il n'est pas nécessaire que cette partie du dispositif soit notifiée aux témoins, une telle énumération étant surabondante. (Req.

24 nov. 1851, aff. Bachelet, D. P. 51. 1. 326. V. conf. Rousseau et Laisney, v° *Enquête*, n° 211). — Cette décision a été vivement critiquée par M. Chauveau, comme incompatible avec les termes généraux de l'art. 260, qui prescrivent de donner copie du dispositif en ce qui concerne les faits admis, sans faire aucune distinction (V. aussi Bioche, v° *Enquête*, n° 260). Dans le sens de la théorie consacrée par la cour de cassation, il a été jugé que les citations à témoins dans lesquelles il n'a été donné copie que de la partie du dispositif du jugement relative aux faits admis pour l'enquête et non de celle relative aux faits admis pour la contre-enquête, ne sont pas nulles si ces derniers faits rentraient exclusivement dans le cercle de la preuve contraire, qui n'exige aucune articulation préalable (Bordeaux, 29 juill. 1856) (1).

ART. 9. — *De l'assistance des parties à l'audition des témoins et de ses conséquences* (*Rép.* n°ˢ 277 à 287).

101. Les parties ont droit d'assister à l'enquête ou de s'y faire représenter par un mandataire. Les avoués étant les représentants de leurs clients, les maîtres des procès peuvent assister à l'enquête comme les parties elles-mêmes (*Rép.* n° 277.) — La partie assignée peut-elle se faire représenter à l'enquête par un mandataire spécial, quand cette partie y est déjà représentée par son avoué? L'affirmative a été admise au *Rép.* n° 279; l'opinion contraire a été adoptée par un arrêt de la chambre des requêtes, qui décide que, l'avoué étant le mandataire légal de la partie qui l'a constitué, l'admission d'un autre mandataire serait sans objet et contraire au vœu de la loi (Req. 9 déc. 1868) (2).

Dans tous les cas, il paraît certain que, lorsque l'avoué ne peut assister à l'enquête, par exemple, parce que l'opération se fait en divers lieux, la partie est absolument libre de se faire représenter par un autre mandataire. L'assistance à l'enquête, on l'a indiqué au *Rép.* n° 280, n'est pas un acte de postulation, rentrant dans les attributions exclusives de l'avoué (Chauveau, v° *Enquête*, n° 1025 *bis*; Bioche, v° *Enquête*, n° 410).

102. Il a été jugé: 1° que lorsqu'une cour a commis un juge de paix pour recevoir une enquête ordonnée par elle, les parties peuvent régulièrement faire choix, pour les assister, d'un avoué près le tribunal de première instance dans le ressort duquel réside le magistrat désigné; que, par suite, c'est à tort qu'on prétendrait faire rejeter de la taxe les frais et honoraires dus à cet avoué, sous prétexte qu'une partie ne peut être assistée pour l'exécution d'un arrêt d'instruction émané de la cour que par un avoué exerçant près celle-ci (Douai, 24 mars 1852, aff. Allart, D. P. 53. 2. 141); — 2° Que lorsqu'une enquête ordonnée en appel est renvoyée par la cour à l'un des juges d'un tribunal du ressort, les parties peuvent régulièrement faire choix pour les assister d'un avoué attaché à ce tribunal; et il y aurait nullité de l'enquête si le juge commis refusait de déférer à un choix ainsi fait, sous prétexte qu'une partie ne peut être assistée, pour l'exécution d'un arrêt émané de la cour, que par un avoué exerçant près celle-ci (Orléans, 19 mars 1853, aff. Stuart, D. P. 54. 2. 8). « Si l'avoué d'appel a seul caractère pour assister aux enquêtes diligentées devant la juridiction supérieure ou l'un de ses membres, dit ce dernier arrêt, il en est autrement dans le cas où la cour se dessaisit, conformément à l'art. 1035 c. proc. civ., de l'exécution de son arrêt, pour

(1) (Époux Larbaudie C. Héritiers Coste.) — LA COUR; — Attendu que les époux Larbaudie demandent que l'enquête à laquelle ont fait procéder les héritiers Coste soit déclarée nulle; — Attendu que les époux Coste prétendent que ces conclusions sont non recevables, en tout cas mal fondées; — Sur la fin de non recevoir: — Attendu que le moyen de nullité a été relevé par les époux Larbaudie dès qu'ils ont eu connaissance des notifications faites aux témoins; qu'en procédant à la contre-enquête avec réserves, ainsi qu'ils l'ont fait, ils n'ont pas élevé contre eux une fin de non-recevoir; qu'ils ne pouvaient se dispenser d'y procéder, dans les délais de la loi; qu'il ne résulte d'aucun acte émané d'eux la renonciation, soit implicite, soit explicite, à se prévaloir de la nullité dont l'enquête serait entachée; — Sur la question de nullité de l'enquête faite par les héritiers Coste: — Attendu que si l'art. 260 c. proc. civ. dispose qu'il sera donné copie, à chaque témoin, du dispositif du jugement qui a ordonné l'enquête en ce qui concerne les faits admis, cette disposition doit se combiner avec cette autre règle, non moins constante, à savoir: que les faits qui rentrent dans le cercle de la contre-enquête n'ont nul besoin d'être cotés, soit dans le jugement qui autorise cette contre-enquête, soit dans les citations aux témoins; — Attendu, dans l'espèce, que si les époux Larbaudie, au lieu de préciser devant le tribunal les faits dont il s'agit, avaient gardé le silence, il eût été impossible de s'opposer à l'audition des témoins sur ces mêmes faits, pourvu qu'il fût constant qu'ils rentraient réellement dans la preuve contraire à celle que les héritiers Coste avaient été autorisés à faire; — Or, attendu qu'il a été décidé, par l'arrêt du 12 juill. 1854, qu'en effet l'articulation dont il s'agit rentrait entièrement dans le cercle de la preuve contraire ouverte aux époux Larbaudie, et que c'est à ce titre seulement que lesdits Larbaudie ont été autorisés à prouver, par témoins, les douze faits par eux articulés; — Attendu que la précaution surabondante qu'avaient prise lesdits Larbaudie de préciser les faits qu'ils se proposaient de prouver, à l'encontre de la preuve offerte par leurs adversaires, et l'arrêt qui a reconnu que ces faits rentraient dans le cercle de la preuve contraire, n'ont pu modifier l'application des principes ci-dessus rappelés; — Qu'ainsi, la signification aux témoins du dispositif de l'arrêt précité n'était point indispensable; — Sur le chef relatif à la récusation de trois témoins prétendus condamnés pour vol: — Attendu, quant au témoin Antoine Farguet, qu'il n'est pas justifié d'une condamnation de cette nature soit intervenue contre lui; — Quant aux deux autres témoins: — Attendu que l'art. 283 c. proc. civ. ne déclare reprochable que le témoin qui a été condamné pour vol; — Attendu qu'au moment où se faisait l'enquête, les deux témoins dont il s'agit n'avaient point subi de condamnation; que le reproche n'était donc pas fondé; que leurs dépositions ne peuvent donc être considérées comme non avenues, sauf à la cour à y avoir tel égard qu'il appartiendra; — Par ces motifs; — Déclare les appelants non recevables, en

tout cas mal fondés, dans leurs conclusions, soit en ce qui concerne la prétendue nullité de l'enquête faite par les héritiers Coste, soit en ce qui concerne la récusation des trois témoins précités; ordonne, en conséquence, que, quant à ce, le jugement attaqué sortira son plein et entier effet.
Du 29 juill. 1856.-C. de Bordeaux, 2° ch.-MM. Troplong, pr.-de Tholouze, subst.-Brochon et de Cordonnier, av.

(2) (Lubineau C. Haye.) — Par jugement en date du 23 juin 1866, le tribunal de Vendôme, ayant à statuer sur la propriété d'une pièce d'eau, qui était revendiquée par le sieur Lubineau et la veuve Haye, avait autorisé celle-ci à faire la preuve de certains faits articulés par elle. Le sieur Lubineau a donné mandat à un sieur Lhérideau de le représenter à l'enquête. Ce dernier s'étant présenté, assisté de l'avoué du sieur Lubineau, la dame Haye s'est opposée à ce qu'il assistât à l'enquête. Le juge-commissaire a rendu l'ordonnance suivante: — « Attendu que Lubineau a été régulièrement assigné dans les délais de la loi; qu'il s'est présenté et a assisté à la visite et à l'application des titres sur les lieux; qu'il nous a donné les renseignements qu'il nous a pu lui demander; qu'au moment de l'appel des témoins, il était encore près du local où devait se faire l'enquête; que, s'il s'est retiré, c'est par mauvaise volonté; qu'aucune cause à nous connue ne l'y forçait; qu'au reste, régulièrement représenté à l'enquête par son mandataire légal, M° Pineau, il n'était nullement nécessaire d'appeler un second mandataire, que permettrait la présence de ce dernier serait contraire à la loi; — Disons que le sieur Lhérideau n'assistera pas à l'enquête. » — Le sieur Lubineau ayant conclu à la nullité de l'enquête, le tribunal de Vendôme a statué en ces termes, le 18 mai 1867: — « Attendu que les avoués sont les représentants légaux des parties; que M° Pineau, avoué de Lubineau, a représenté ce dernier dans l'enquête; que si Lubineau avait le droit d'assister personnellement à cette enquête pour surveiller ses intérêts, il n'aurait pu demander un mandataire spécial que si, l'enquête ayant eu lieu hors du ressort du tribunal de l'avoué, lui, Lubineau, eût été empêché d'y assister; qu'au contraire, l'enquête a été faite dans le ressort du tribunal de Vendôme, auquel est attaché M° Pineau, et que Lubineau n'était pas empêché, puisqu'il a assisté à la visite des lieux qui a précédé immédiatement l'enquête; — Attendu, dès lors, que la demande en nullité n'est pas fondée, etc. — Statuant ensuite au fond, le tribunal déboute Lubineau de sa demande. ». — Sur appel du sieur Lubineau, le 21 mars 1868, la cour d'Orléans confirma la décision du tribunal.
Pourvoi en cassation pour violation des art. 261 et 270 c. proc. civ., 1984 et 1985 c. nap., en ce que l'arrêt attaqué a décidé que la partie assignée à comparaître dans une enquête ne pouvait s'y faire représenter par un mandataire, lorsqu'elle avait un avoué constitué. — Arrêt.
LA COUR; — Attendu qu'il est constaté par l'arrêt attaqué que le demandeur en cassation avait pour avoué constitué M° Pineau, lequel a assisté aux opérations de l'enquête; que si, assigné à y

la confier à un magistrat qu'elle désigne. Le renvoi a pour première conséquence attribution forcée en ce qui touche le greffier et les huissiers. L'avoué qui a instruit le procès, semble, d'autre part, mieux que personne, en position de suivre avec fruit les phases diverses de l'enquête ordinaire. En matière sommaire, lorsque l'enquête est renvoyée à un tribunal entier, les avoués de première instance peuvent, à l'exclusion de tous autres, assister les parties à la barre de leur tribunal; il est rationnel de consacrer leur aptitude dans les enquêtes pour lesquelles un juge est isolément commis, soit à défaut de l'avoué d'appel, soit à raison d'une préférence de la partie, leur ministère est réclamé. L'emploi de ce ministère peut d'autant moins être critiqué, qu'il en résulte une diminution importante dans la taxe des vacations et les frais de voyage; que par là on atteint le but d'économie que le législateur a eu en vue, quand il a permis aux cours et tribunaux de déléguer la réception des enquêtes par eux ordonnées à des magistrats étrangers à leur compagnie. Le système contraire entraînerait de graves et nombreux inconvénients. Exclure du ministère d'assistance les avoués attachés à la juridiction locale, ce serait vouloir, quand l'enquête s'exécute hors du ressort de la cour qui l'a ordonnée, et dans les limites de laquelle se renferme nécessairement le caractère officiel des avoués près ladite cour, que les intérêts des parties cessent d'être protégés par leurs défenseurs légaux. L'inconvénient signalé se produirait d'ailleurs dans les limites mêmes du ressort, lorsque, par l'effet des diverses commissions rogatoires, l'information a lieu, en même temps, à des jours qu'il n'appartient nullement aux parties de fixer, sur des points éloignés de plusieurs départements ressortissants à la même cour.» Mais au cas où l'avoué qui a pouvoir d'occuper pour la partie devant les juges d'appel offrirait d'assister celle-ci pendant l'enquête, le juge commis devrait-il encore avoir égard au choix fait par elle d'un avoué de première instance? En un mot, les avoués de première instance ont-ils seuls à l'exclusion des avoués d'appel, le droit de représenter les parties, ou ont-ils ce droit concurremment avec eux? Un arrêt de la cour de Rennes décide qu'en ce cas, les avoués de première instance ont seuls le droit de représenter les parties (Rennes, 26 déc. 1859, aff. Audrouin, D. P. 60. 2. 113). MM. Rousseau et Laisney, v° Enquête, n° 341, approuvent cette solution, qui est combattue par M. Chauveau (V. Dutruc, v° Enquête, n° 141. — Comp. suprà, v° Avoué, n° 13).

103. Les parties ont le droit de se faire assister par leurs avocats dans les enquêtes devant un juge-commissaire. Cette doctrine, enseignée au Rép. n° 279, est adoptée par les auteurs (Chauveau, op. cit., v° Enquête, n° 1025 bis; Bioche, op. cit., v° Enquête, n° 409; Rousseau et Laisney, v° Enquête, n° 344; Garsonnet, op. cit., t. 2, p. 524).

104. Lorsque le jugement qui ordonne l'enquête a été rendu par défaut faute de comparaître, la partie défaillante peut assister à l'enquête et y proposer des reproches. Cette solution, admise au Rép. n° 281, contrairement à l'opinion de Chauveau, est adoptée par M. Dutruc, v° Enquête, n° 99.

105. La jurisprudence, on l'a indiqué suprà, v° Acquiescement, n° 92 et suiv., décide que l'assistance d'une partie ou de son avoué à l'enquête lui enlève le droit de faire appel du jugement ordonnant l'enquête, si elle n'a fait à cet égard des protestations et réserves. Elle applique les mêmes principes aux nullités de procédure dont la partie a nécessairement connaissance au moment où elle se présente devant le juge-commissaire. Mais, en ce cas, les réserves pour être efficaces, doivent être précises, catégoriques, de manière à mettre la partie qui fait procéder à l'enquête en mesure d'apprécier elle-même la valeur du moyen de nullité et de renoncer immédiatement, s'il y a lieu, à une procédure frustratoire. — Jugé : 1° que la présence à l'enquête ne rend pas une partie non recevable à proposer la nullité dont elle peut être entachée, alors d'ailleurs que cette partie s'est opposée à l'enquête et a demandé acte de son opposition (Bordeaux, 17 janv. 1851, aff. Commune du Barp, D. P.

51. 2. 48); — 2° Que la nullité d'une enquête résultant de ce qu'elle a eu lieu après l'expiration du délai fixé par l'art. 278 c. proc. civ. est couverte par la présence de la partie et de son avoué à l'enquête, même avec des réserves générales d'en demander la nullité; il faut des réserves précises (Nîmes, 13 mai 1851, aff. Gonet, D. P. 51. 5. 215. V. dans le même sens : Amiens, 30 janv. 1850, aff. Notaires de Beauvais, D. P. 51. 5. 6; Bourges, 5 juill. 1854, aff. Loury, D. P. 55. 5. 178; Riom, 13 mars 1855, aff. Arnaud, D. P. 55. 5. 178; Req. 20 nov. 1860, aff. Parain, D. P. 61. 1. 384; Civ. cass. 27 avr. 1864, aff. Communauté du pays de Soule, D. P. 64. 1. 184; Rouen, 9 mars 1870, aff. Baudouin, D. P. 71. 2. 198. V. aussi v° Acquiescement, n° 94; Rép. n°s 285 et suiv., et v° Exceptions, n°s 317 et suiv.; Garsonnet, t. 2, p. 634, note 24; Rousseau et Laisney, v° Enquête, n°s 205 et suiv.).

ART. 10. — De l'audition des témoins. — De la transcription de leurs dépositions (Rép. n°s 288 à 328).

106. — I. LIEU DE L'ENQUÊTE. — V. Rép. n°s 292 et suiv.

107. — II. ASSISTANCE DU GREFFIER; PROCÈS-VERBAL. — V. Rép. n° 294.

108. — III. COMPARUTION ET AUDITION DES TÉMOINS; SERMENT (Rép. n°s 295 à 305). — Chaque témoin avant d'être entendu, déclare ses noms, profession, âge et demeure; s'il est parent ou allié, serviteur ou domestique de l'une des parties (c. proc. civ. art. 262). — D'après la jurisprudence, il suffit que le procès-verbal énonce les noms, profession, âge et demeure des témoins, sans indiquer expressément que c'est d'après la déclaration de ces témoins que la mention a lieu. Cette solution, critiquée au Rép. n° 301 et par M. Chauveau, v° Enquête, n° 1027, est approuvée par MM. Garsonnet, t. 2, p. 534, et Rousseau et Laisney, op. cit., v° Enquête, n° 354.

Les témoins doivent représenter la copie de leur assignation; et le procès-verbal doit mentionner en termes exprès la remise des copies. Ceux qui ne produisent pas cette pièce ne peuvent être entendus qu'avec le consentement exprès de la partie adverse (V. infrà, n°s 142 et suiv.).

109. Ce qui concerne le serment est étudié v° Serment; — Rép. eod. v° (V. aussi infrà, n°s 286, 306 et suiv.).

110. Les peines portées par la loi contre les témoins défaillants sont-elles applicables aux témoins qui comparaissent, mais qui refusent de déposer? La négative a été adoptée au Rép. n° 305. MM. Rousseau et Laisney, v° Enquête, n° 222; Bioche, v° Enquête, n° 313; Boitard, Colmet-Daage et Glasson, t. 1, p. 308, n° 491, soutiennent l'affirmative. Les témoins sont, en réalité, défaillants, dit M. Bioche, puisqu'ils se refusent à l'accomplissement d'une obligation.

111. — IV. MODE DE LA DÉPOSITION (Rép. n° 306 à 313). — On a dit au Rép. n° 307 qu'il n'est pas exigé à peine de nullité que le procès-verbal énonce que les témoins ont déposé sans lire un projet écrit. Cette doctrine enseignée par M. Garsonnet, t. 2, p. 534, et MM. Rousseau et Laisney, v° Enquête, n° 362, est combattue par M. Bioche. «L'art. 275 c. proc. civ., dit cet auteur, v° Enquête, n° 426, exige, à peine de nullité, la mention de l'accomplissement de tout ce qui est prescrit par l'art. 271 sans distinction; c'est une formalité substantielle. »

112. — V. INTERPELLATIONS; QUESTIONS (Rép. n°s 314 à 318). — L'art. 273 c. proc. civ. attribue au juge-commissaire la faculté, et non l'obligation, d'adresser les interpellations requises par les parties aux témoins. Il a été jugé que le refus du juge-commissaire de poser les questions requises par une partie et de consigner dans le procès-verbal les dires de son avoué, n'entraîne pas la nullité de l'enquête, s'il n'a pas eu pour effet de supprimer au moins partiellement le droit de défense (Rouen, 9 mars 1870, aff. Baudouin, D. P. 71. 2. 198. V. dans le même sens : Bordeaux, 3 janv. 1855) (1). L'art. 275 c. proc. civ., en effet, attache la sanction de la nullité à l'inobservation, non pas de toutes les formalités mentionnées de l'art. 273, mais seulement de celles qui sont

comparaître, Lubineau n'a point usé du droit d'y être présent personnellement, il y a été représenté par l'avoué, son mandataire légal; que, dans ces circonstances, l'arrêt n'a violé aucun texte de loi en décidant que l'admission d'un autre mandataire eût été sans objet et contraire au vœu de la loi ; — Rejette, etc.

Du 9 déc. 1868.-Ch. req.-MM. Bonjean, pr.-Tardif, rap.-Savary, av. gén., c. conf.-Bozérian, av.

(1) (Elliès C. Duloran.) — LA COUR; — Attendu que le juge commis pour procéder à l'enquête n'est pas tenu d'adresser aux

impérativement « prescrites » par ledit article. Cependant il ressort de la décision de la cour de Rouen que si le juge, en usant de ses pouvoirs, supprimait la défense d'une des parties ou y portait atteinte, il y aurait lieu, « en vertu d'un principe supérieur aux exigences formelles de la loi », d'annuler l'enquête (Rousseau et Laisney, v° *Enquête*, n° 370).

113. — VI. Rédaction de la déposition. — Les témoins, on l'a dit au *Rép.* n° 319, doivent dicter eux-mêmes leur déposition au greffier. Dans la pratique, c'est le juge-commissaire qui la dicte. « La lecture faite au témoin de la déposition écrite sous la dictée du juge, dit M. Dutruc, v° *Enquête*, n° 297, est une garantie suffisante de la fidélité de la rédaction, et s'en remettre pour cette dictée au témoin lui-même, ce serait s'exposer à un très regrettable défaut de précision et de clarté. »

114. — VII. Lecture de la déposition; Changements; Additions. — V. *Rép.* n° 320.

115. — VIII. Signature de la déposition (*Rép.* n°s 322 à 326). — Lorsque la déposition est achevée et que le juge, le greffier et le témoin ont signé, l'enquête est close et finie à l'égard de ce témoin. Il ne peut plus, sous prétexte d'erreur ou d'oubli, rien ajouter à son témoignage ni le rétracter. Le juge ne peut même pas d'office rappeler le témoin et lui adresser de nouvelles interpellations (*Rép.* n° 322; Bioche, v° *Enquête*, n° 45).

116. La nécessité de la signature du témoin s'applique aux changements et additions; il ne suffit pas de les parapher. Si le témoin n'a pas signé un changement ou une addition, ou l'a seulement paraphé, la déposition reste valable pour le surplus. Ces solutions, indiquées au *Rép.* n°s 322 et suiv., sont adoptées par la plupart des auteurs (Rousseau et Laisney, v° *Enquête*, n° 372 et suiv.; Dutruc, v° *Enquête*, n° 307. — *Contrà* : Bioche, v° *Enquête*, n° 514).

117. — IX. Taxe du témoin. — Les auteurs, conformément à l'opinion émise au *Rép.* n° 327, enseignent que les formalités relatives à la taxe ne sont pas requises à peine de nullité (V. Garsonnet, t. 2, p. 532, note 44; Rousseau et Laisney, v° *Enquête*, n° 376).

Il a été jugé qu'il n'est pas dans le cours de l'instance ouverte sur l'enquête que doit être proposée la demande tendant à faire rejeter de la taxe le coût des dépositions des témoins dépassant le nombre cinq; c'est seulement lors de la taxe des frais que cette demande pourra être faite (Rennes, 9 avr. 1851, aff. Hignard, D. P. 52. 5. 234).

118. — X. Remise et continuation de l'enquête. — V. *Rép.* n° 328.

Art. 11. — *Témoins défaillants.* — *Condamnations.* *Impossibilité de comparaître (Rép.* n°s 329 à 354).

119. La condamnation du témoin défaillant aux dommages-intérêts envers la partie est obligatoire pour le juge-commissaire. C'est la réparation du préjudice que le défaut est présumé lui causer (*Rép.* n° 329). « Cette espèce de forfait, dit M. Garsonnet, t. 2, p. 524, note 16, déroge aux art. 1382 et 1383 c. civ., aux termes desquels les dommages-intérêts ne sont dus qu'à celui qui justifie d'un préjudice éprouvé, mais représentent tout le dommage qui a été la suite immédiate et directe de la faute » (V. aussi Bioche, n° 290; Boitard, Colmet-Daâge et Glasson, t. 1, p. 508, n° 491 ; Rousseau et Laisney, v° *Enquête*, n° 214).

120. Aux termes de l'art. 264, si les témoins réassignés sont encore défaillants, ils seront condamnés par corps à une amende de 100 fr.; le juge-commissaire pourra même décerner contre eux un mandat d'amener. La condamnation ne donne plus lieu à la contrainte par corps supprimée en matière civile par la loi du 22 juill. 1867 (D. P. 67. 4. 75).

121. On a émis au *Rép.* n° 331 l'avis que le témoin défaillant est passible de la condamnation à l'amende et aux

dommages-intérêts, alors même qu'il est âgé de moins de quinze ans; et que les parents du témoin défaillant âgé de moins de quinze ans sont responsables de la condamnation aux dommages-intérêts, mais non de l'amende. M. Bioche estime que les père et mère et tuteurs sont passibles des dommages-intérêts et de l'amende (v° *Enquête*, n° 291).

122. L'appel contre l'ordonnance condamnant le témoin défaillant doit être porté devant la cour, non seulement lorsque le juge-commissaire appartient au tribunal qui a rendu le jugement, mais aussi lorsqu'il est le juge de paix d'un canton situé dans ou hors le ressort du tribunal ayant ordonné l'enquête, ou bien quand c'est un juge domicilié hors du ressort de la cour d'appel à laquelle appartient le tribunal, le juge délégué représentant le tribunal qui le nomme. Cette doctrine, enseignée au *Rép.* n° 335, est généralement professée par les auteurs (V. notamment : Bioche, v° *Enquête*, n° 297).

123. Lorsque la réassignation du témoin défaillant est ordonnée, le procès-verbal indique les jour et heure de l'audition. Dès lors, il n'y a pas nécessité de signifier un ajournement à la partie adverse comparante en personne ou par son avoué ou tout autre mandataire. La réassignation de cette partie n'est même pas prescrite à peine de nullité, lorsqu'elle a fait défaut (*Rép.* n° 339. V. Bioche, v° *Enquête*, n° 302).

124. Si le témoin est éloigné, le juge-commissaire renvoie devant le président du tribunal du lieu, auquel le témoin ou commet un juge (*Rép.* n° 352 et suiv.). — Il a été jugé devant lequel le juge-commissaire a renvoyé l'audition de témoins éloignés peut subdéléguer un juge pour cet objet, même dans le cas où le juge-commissaire a omis de rappeler ce droit de subdélégation (Rennes, 11 mars 1869, aff. Allegret, D. P. 70. 2. 204). L'art. 266, en effet, à la différence de l'art. 1035, consacre le droit de subdélégation. Mais il a été décidé avec raison que lorsque tous les témoins de l'enquête, et non pas seulement quelques-uns, sont trop éloignés, la commission qu'il y a lieu de donner au membre d'un autre tribunal, à l'effet de les entendre, doit émaner, non pas du juge-commissaire primitivement chargé de l'enquête, mais du tribunal entier (Trib. Seine, 17 janv. 1872, aff. Burnaux-Gaucher, D. P. 73. 3. 48). Il ne s'agit plus, en effet, dans cette hypothèse, d'une mesure ayant pour objet d'associer à la mission d'un juge-commissaire, chargé de concentrer entre ses mains tous les éléments d'une enquête, le juge d'un autre tribunal mieux placé pour entendre quelques témoins éloignés; il s'agit, en réalité, de nommer un nouveau juge-commissaire chargé de conduire l'opération de l'enquête dans son ensemble. Pour cela, une nomination par le tribunal entier est, en effet, plus logique qu'une délégation par un juge-commissaire qui, de fait, se trouve dessaisi. Cette interprétation est admise par tous les auteurs (V. *Rép.* n° 98; Dutruc, v° *Enquête*, n° 82). — Mais quel tribunal nommera le nouveau juge-commissaire? D'après l'art. 255 c. proc. civ., il semble que ce ne peut être que le tribunal du lieu où les témoins doivent être entendus, désigné à cet effet par le tribunal saisi de la contestation.

Art. 12. — *Du délai dans lequel l'enquête et la contre-enquête doivent être terminées et de la prorogation de ce délai (Rép.* n°s 355 à 392).

125. Conformément à la !doctrine exposée au *Rép.* n° 202, il a été jugé que la partie qui a produit les témoins dans une enquête peut demander que l'enquête soit continuée pour faire entendre de nouveaux témoins après l'audition des premiers (Trib. Angoulême, 14 janv. 1884, aff. Coutton, D. P. 84. 3. 111. V. en ce sens : Rousseau et Laisney, v° *Enquête*, n° 388).

126. L'enquête, aux termes de l'art. 278 c. proc. civ.,

témoins toutes les interpellations requises par les parties; l'art. 273 c. proc. civ. lui donne le droit d'en apprécier la convenance ; qu'un tel pouvoir est nécessaire pour maintenir l'enquête dans les limites tracées par le jugement qui l'a ordonnée ; qu'autrement elle pourrait s'étendre à des faits sans importance ou dont la preuve aurait été formellement rejetée, et prendre des

développements inutiles et frustratoires ; qu'ainsi, dans l'espèce, le juge-commissaire n'a pas commis un excès de pouvoir par cela seul qu'il a refusé d'adresser aux témoins l'interpellation proposée par Elltes ; — Par ces motifs, etc.
Du 3 janv. 1855.-C. de Bordeaux, 2e ch.-MM. Dégrange-Touzin, pr.-Battler et Lafon, av.

doit être respectivement parachevée dans la huitaine de l'audition des premiers témoins, à peine de nullité, si le jugement qui l'a ordonnée n'a fixé un plus long délai. Le point de départ du délai est le jour où les témoins ont dû être entendus, c'est-à-dire le jour auquel le juge-commissaire a ordonné qu'ils fussent assignés (*Rép.* n° 357; Garsonnet, t. 2, p. 536). « Il ne peut pas dépendre de la partie, disent MM. Boitard, Colmet-Daâge et Glasson, t. 1, p. 515, n° 494, en assignant pour un délai plus reculé que celui que le commissaire avait déterminé, de se donner quatre, cinq ou six jours de plus, délai dans lequel la loi verrait un calcul fait par la partie pour se ménager la facilité de trouver ou de suborner des témoins » (Conf. Bioche, v° *Enquête*, n° 461).

127. Un arrêt de la cour de Rennes décide que, pour l'application de l'art. 278, le délai doit être calculé non compris le jour fixé pour point de départ; qu'ainsi, l'enquête commencée le 3 peut régulièrement n'être close que le 11; peu importe que le juge-commissaire, en déléguant le président d'un autre tribunal pour entendre des témoins éloignés, ait indiqué le 10 comme jour de clôture de l'enquête, une telle indication ne pouvant avoir pour effet de restreindre la durée légale de l'enquête (Rennes, 11 mars 1869, aff. Allegret, D. P. 70. 2. 204; Garsonnet, t. 2, p. 535, note 2; Bioche, v° *Enquête*, n° 460). Le délai de huitaine n'est pas susceptible d'augmentation en raison des distances (*Rép.* n° 360).

128. Les commissions rogatoires décernées par le juge-commissaire pour recevoir les dépositions des témoins éloignés ne constituent pas des enquêtes distinctes. Elles sont une partie de l'enquête principale. Il en résulte que l'audition de ces témoins doit être parachevée dans la huitaine du jour où les premiers témoins ont été entendus par le juge-commissaire. C'est ce qu'enseignent MM. Rousseau et Laisney, *Supplément alphabétique*, p. 190. « Si cette audition, ajoutent-ils, ne peut, par suite d'un cas de force majeure, avoir lieu dans la huitaine, les dépositions reçues après l'expiration de ce délai sont nulles. Mais l'enquête principale n'est point viciée par cette nullité, et une enquête nouvelle peut être autorisée, étant surtout donné qu'une demande de prorogation a été faite en temps utile. » MM. Rousseau et Laisney citent en ce sens un jugement du tribunal civil de Toulouse du 22 janv. 1883.

129. — PROROGATION DE L'ENQUÊTE. — La prorogation d'enquête ne peut avoir lieu que si elle est demandée dans le délai de l'enquête et accordée par le tribunal, aux termes de l'art. 279 (*Rép.* n° 365). Il a été jugé que les délais de l'enquête à laquelle le demandeur en séparation de corps a été autorisé à faire procéder, ne peuvent être prorogés que par décision du tribunal, et non par le seul accord des parties; qu'ainsi, à leur expiration, la déchéance est encourue de plein droit (Amiens, 14 déc. 1852, aff. d'Hédouville, D. P. 54. 2. 9). Et il en serait ainsi, quand bien même le défendeur aurait d'avance renoncé à s'en prévaloir (Même arrêt). Il importe, en effet, comme le ditcet arrêt, que l'autorité du juge intervienne pour empêcher que, par des retards calculés, les parties n'exercent sur les témoins des influences contraires à la manifestation de la vérité; elle est le seul appréciateur des motifs qui peuvent faire autoriser une prorogation d'enquête. Si les parties peuvent renoncer à une nullité acquise, elles ne sauraient d'avance, par une convention, se faire une loi de procédure particulière et renoncer aux règles établies dans l'intérêt de la bonne administra-

tion de la justice (Garsonnet, t. 2, p. 537; Bioche, v° *Enquête*, n° 467). « Mais, dit avec raison M. Garsonnet, *loc. cit.*, note 11, l'art. 257 c. proc. civ. suppose expressément cette condition qu'une partie demande une prorogation. J'en conclus que le tribunal, qui a pu indiquer d'office *a priori* un délai plus long que le délai légal, ne peut proroger d'office celui qu'il a primitivement fixé. Cela n'est pas contradictoire, car le tribunal a pu trouver d'abord insuffisant le temps que l'art. 278 accorde aux parties pour procéder à l'enquête, et leur accorder spontanément un répit dont elles s'empresseront d'user; mais, l'enquête une fois commencée, une prorogation que personne ne demande et dont personne n'est par conséquent, disposé à profiter serait évidemment sans objet. »

130. Pour accorder ou refuser la prorogation, le tribunal jouit d'un pouvoir discrétionnaire dont l'exercice échappe à la censure de la cour suprême (*Rép.* n°* 366 et suiv.; Garsonnet, t. 2, p. 537). — La prorogation peut être ordonnée, lorsqu'elle est nécessitée par la faute de l'avoué ou de l'huissier. Il a été jugé qu'une prorogation d'enquête peut être accordée même pour éviter une nullité de procédure, telle que celle qui devrait se produire, dans le cas où les témoins seraient entendus, au jour fixé pour leur audition, sans que leurs noms eussent été préalablement notifiés, alors que cette notification a été omise par la faute, non de la partie elle-même, mais de l'huissier qui en était chargé (Douai, 16 févr. 1875, aff. Broquet, D. P. 77. 2. 159; Bioche, v° *Enquête*, n° 492). — Mais on admet généralement que la prorogation ne doit pas être accordée lorsque la demande en est motivée par la faute de la partie poursuivante elle-même (*Rép.* n° 368. Conf. Trib. Amiens, 17 mars 1882) (1).

131. La prorogation, on l'a enseigné au *Rép.* n°* 371 et suiv., peut être ordonnée non seulement pour faire entendre tous les témoins cités, mais pour en citer et entendre de nouveaux (Garsonnet, t. 2, p. 538; Rousseau et Laisney, v° *Enquête*, n° 402; Bioche, v° *Enquête*, n° 488). Il a été jugé qu'en cas de prorogation d'une enquête, on peut, alors que le jugement de prorogation ne dit pas le contraire, faire entendre d'autres témoins que ceux qui ont été cités dont l'audition n'a pu avoir lieu (Paris, 25 janv. 1851, aff. Ramon, D. P. 51. 5. 216. V. dans le même sens : Pau, 10 avr. 1878, aff. Barberel, D. P. 79.2. 94).

132. Les témoins déjà entendus peuvent-ils être à nouveau, lorsque la prorogation est accordée? — Cette question, comme on l'a vu au *Rép.* n°* 374 et suiv., a été diversement résolue.

Pour l'affirmative, on fait remarquer qu'aucun texte ne défend de produire, dans la prorogation d'enquête, un témoin déjà entendu dans l'enquête. On ne saurait, d'ailleurs, considérer la circonstance que le témoin a déjà été entendu une première fois comme un motif de reproche; l'art. 283, qui détermine les cas de reproches, est muet sur celui-ci. Son silence est d'autant plus significatif que l'art. 284 qui vient immédiatement après règlemente la procédure en prorogation, et que, dès lors cette cause de reproche devait naturellement se présenter à l'esprit du législateur, lors de la rédaction de l'art. 283. Si l'on ne veut pas considérer la circonstance, objet du litige, comme une cause de reproche, la loi ne contenant aucune prohibition spéciale à l'audition d'un témoin déjà entendu, il est évident que les tribunaux eux-mêmes ne pourront s'empêcher de l'entendre, sauf le droit de souveraine appréciation qui leur appartient, quant à la foi due à cette double dépo-

---

(1) (Roy C. Dame Roy.) — Le tribunal; — En ce qui touche la demande de Roy : — Attendu que Roy a demandé, le 6 mars, dans les délais de sa contre-enquête, l'audition de deux témoins qu'il avait déjà fait entendre le 28 février, et qui, d'après lui devraient déposer d'un fait postérieur à leur première déposition; — Attendu que si, d'après le principe qui ne permet pas d'entendre une seconde fois dans la même enquête ou contre-enquête des témoins déjà entendus, on peut, à la rigueur, à raison de ce qu'ils ne connaissaient pas, le 28 février, lorsqu'ils ont comparu devant M. le juge-enquêteur, un fait qui ne se serait passé qu'après cette comparution, considérer les deux témoins dont il s'agit comme deux témoins nouveaux et les admettre à déposer de ce fait nouveau, il appartient toutefois aux tribunaux d'apprécier si la demande de prorogation de contre-enquête est justifiée par des circonstances graves; — Attendu, en fait, que les témoins de la contre-enquête ont été entendus le 28 février et le 6 mars; que

les sieurs Debray et Lambert ont déposé le 28 février, et que, si le soir même ils ont, à la taverne de la rue des Trois-Cailloux, assisté à une conversation pouvant avoir, dans la pensée de Roy, quelques utilisés au procès, ce dernier est en faute de ne les avoir pas rappelés devant le magistrat enquêteur dans le délai de la contre-enquête, surtout alors que, dans la même délai, il a fait entendre un témoin (le 19e) qui a précisément raconté les propos tenus dans le café; — Que l'audition de ce témoin, rapprochée des documents du procès, diminue d'ailleurs, l'intérêt de la mesure sollicitée par Roy; — Attendu, d'ailleurs, enfin qu'une prorogation d'enquête, ou de contre-enquête ne doit pas être accordée légèrement, et pour permettre à celui qui la demande de couvrir une négligence par lui commise;.... — Par ces motifs; — Déclare Roy mal fondé dans sa demande de prorogation de contre-enquête.... Du 17 mars 1882.-Trib. civ. d'Amiens.-MM. Obry, pr.-Durand, subst.

sition. — La prohibition ne résulte pas plus de l'économie de la loi et de son esprit que de son texte. En effet, cette seconde audition n'est inconciliable ni incompatible avec aucune des formalités requises pour la confection des enquêtes. Le serment prêté de dire la vérité n'exclut pas la possibilité d'une omission involontaire dans la déposition d'un témoin, omission qu'il ne dépendait pas toujours de la partie d'empêcher, au moment de la première déposition, puisqu'elle pouvait ignorer ou l'existence du fait ou la connaissance que le témoin en avait. Il en est de même de la lecture faite au témoin de sa déposition, et de sa déclaration qu'il y persiste. Ces formalités, exigées pour constater que le juge a bien compris et exactement consigné la déposition du témoin, n'excluent en aucune façon la possibilité pour la partie de rappeler de nouveau le témoin devant la justice pour faire compléter sa déclaration, dans le cas où le témoin n'aurait pas rapporté une circonstance qu'il croyait sans importance. — Le système contraire ne se justifie pas davantage par cette considération que les témoins doivent être entendus séparément, à raison du danger qu'il y aurait à ce que les derniers venus fussent instruits des déclarations des autres; car, dans ce système, il faudrait aller jusqu'à proscrire toute communication entre les parties qui assistent aux enquêtes et les témoins, dès l'instant où le premier témoin a été entendu. — Rien dans l'économie de la loi ne s'oppose donc à ce que des témoins une fois entendus soient rappelés devant la justice tant que l'enquête n'est pas clôturée. Son esprit surtout milite en faveur de cette doctrine. S'il est vrai qu'elle se soit montrée défiante à l'encontre de la preuve testimoniale, ce n'est que pour exiger avec rigueur l'accomplissement des formalités qu'elle a cru devoir prescrire; mais ce que la loi a voulu avant tout, c'est la manifestation de la vérité. Tout ce qu'elle n'a pas défendu doit donc être permis, dans un but aussi élevé. Pour refuser d'admettre un témoin déjà entendu à déposer de nouveau, sous la foi du serment, il faudrait déclarer que le témoin était infaillible, que, lors de sa première déposition, il n'a pu se tromper ni dans sa mémoire par ses souvenirs, qu'il n'a pu rien omettre de ce qui pouvait servir à éclairer la conscience des magistrats. Une pareille supposition est absurde et dangereuse.

Cette théorie, malgré la force de l'argument tiré de l'absence d'une disposition légale édictant la prohibition, n'a pas prévalu. Si le code de procédure civile, dit-on, n'a pas de disposition textuelle qui interdise d'entendre une seconde fois un témoin déjà entendu dans une enquête, l'esprit et l'économie de la loi repoussent le système qui admettrait les dépositions de témoins ainsi recueillies. En effet, le témoin, lorsqu'il se présente, prête serment de dire toute la vérité; il est interpellé par le juge-commissaire et par les parties; sa déposition est lue, et, avant de signer, il est invité à déclarer s'il a quelque chose à ajouter ou retrancher; par conséquent, sa déposition close et signée, tout est consommé quant à lui. Un appel nouveau fait à la conscience d'un témoin, plusieurs jours après, et lors d'une prorogation d'enquête, aurait de grave inconvénient, qu'il faciliterait les moyens de séduction et de subornation; qu'il amènerait peut-être une discussion et un débat sur une première déposition déjà recueillie. Accorder à la partie seulement le droit de reprocher le témoin qui déjà aurait été entendu une première fois, ne préviendrait pas les dangers qu'il faut éviter : la déposition serait reçue, et, par suite, lue, commentée, sinon à l'audience, du moins au dehors, de manière à compromettre tout à la fois et la justice, qui serait obligée de se taire sur la déposition, et le caractère de celui qui l'aurait faite, puisque ce témoignage serait écarté comme s'il n'existait pas (Garsonnet, t. 2, p. 538; Bioche, v° *Enquête*, n° 491). Jugé que les témoins entendus dans une enquête ne peuvent être entendus de nouveau dans la prorogation d'enquête : on dirait vainement que la faculté qu'a la partie adverse de reprocher ces témoins suffit pour qu'elle ne puisse s'opposer à cette réaudition (Pau, 27 mai 1857, aff. Claverie, D. P. 58. 2. 57). — Mais il a été décidé que l'on peut entendre dans la même enquête des témoins déjà entendus, pour les interroger sur

un fait qui s'est passé depuis leur première déposition (Trib. Amiens, 17 mars 1882, cité *suprà*, n° 130). — Jugé aussi que le tribunal, après qu'il a été procédé à une enquête, peut fonder sa décision sur des déclarations ou certificats émanés de témoins qui ont été entendus dans cette enquête, et relatifs aux faits sur lesquels lesdits témoins avaient déposé; qu'en tout cas, le moyen tiré de ce que de pareils documents ont servi de base à sa décision n'est pas d'ordre public et ne peut, dès lors, être invoqué pour la première fois devant la cour de cassation (Aix, 25 juin 1877, et Req. 20 nov. 1878, aff. Granier, D. P. 79. 1. 178). Des certificats ou déclarations écrites relatives aux faits de la cause ne constituent pas, en effet, des dépositions proprement dites ; c'est à titre de présomptions qu'ils peuvent servir de base à la conviction du juge, et dès lors, la règle qui interdit l'audition de témoins déjà entendus dans l'enquête ne saurait s'y appliquer.

133. Le droit d'obtenir une prorogation est subordonné à une première audition des témoins. — Ainsi, quand le délai dans lequel une enquête doit être effectuée expire sans qu'elle ait été commencée, le juge ne peut, sur la demande de la partie, accorder un renouvellement de délai pour y faire procéder (*Rép.* n° 377; Garsonnet, t. 2, p. 537; Rousseau et Laisney, v° *Enquête*, n° 400; Bioche, v° *Enquête*, n° 468).

134. La demande de prorogation se formule par une observation sur le procès-verbal (c. proc. civ. art. 280). Toutefois, cette règle n'est pas prescrite à peine de nullité (Besançon, 7 mars 1864, aff. Deschênes, D. P. 64. 2. 48). La demande pourrait aussi être formée dans une requête adressée au président du tribunal, ou par un acte au greffe (*Rép.* n° 381; Rousseau et Laisney, v° *Enquête*, n° 393; Bioche, v° *Enquête*, n° 473).

135. La demande de prorogation doit être faite dans le délai qui s'écoule entre l'ouverture de l'enquête, c'est-à-dire entre le jour de l'obtention de l'ordonnance du juge-commissaire et le dernier jour de la huitaine qui suit l'audition des premiers témoins (*Rép.* n° 377). « Demander la prorogation avant le commencement de l'enquête, dit M. Garsonnet, *op. cit.*, t. 2, p. 537, note 15, ce serait vouloir éluder le délai dans lequel elle doit être commencée. Demander la prorogation après la fin de l'enquête, ce serait solliciter une nouvelle enquête; or chaque affaire ne comporte, en principe, qu'une seule enquête. La prorogation, d'ailleurs, peut être demandée après la clôture du procès-verbal d'enquête, tant que le délai pour la faire n'est pas expiré. » — Décidé que la prorogation doit être nécessairement demandée avant l'expiration des délais d'enquête, et qu'elle ne saurait l'être utilement pour la première fois par des conclusions prises à l'audience (Besançon, 7 mars 1864, cité *suprà*, n° 134).

136. L'art. 280 porte « qu'il ne peut être accordé qu'une prorogation, à peine de nullité ». La doctrine, conformément à l'opinion émise au *Rép.* n° 387, excepte le cas de force majeure. Une seconde prorogation pourrait être accordée, par exemple, si un témoin n'avait pas été touché par l'assignation ou n'avait pu se présenter à temps pour cause de maladie. « Interprétée à la lettre, dit M. Garsonnet, t. 2, p. 538, note 22, la disposition de l'art. 280 serait rigoureuse à l'excès » (Conf. Rousseau et Laisney, v° *Enquête*, n° 412).

137. Aucune disposition de loi ne limite le nombre des témoins nouveaux qui pourront être entendus. Mais le tribunal, qui est libre de refuser la prorogation, a le droit de fixer le nombre des témoins (Rousseau et Laisney, *Supplément alphabétique*, p. 190). — Jugé que l'art. 279 c. proc. civ., d'après lequel les parties peuvent demander prorogation dans le délai fixé pour la confection de l'enquête, est absolu et ne limite pas le nombre des témoins qui pourront être entendus; qu'en pareil cas, il est laissé à la sagesse du juge d'user, dans la mesure qu'il croit convenable, de la faculté que lui donne la loi (Pau, 10 avr. 1878, aff. Barberel, D. P. 79. 2. 91). Décidé, toutefois, que, lorsque la prorogation est reconnue nécessaire, le juge doit laisser toute latitude au demandeur, « qui peut seul faire apprécier le plus ou moins d'utilité qu'il y a dans l'audition de tel ou tel nombre de témoins » (Agen, 14 févr. 1853) (1).

---

(1) (Lapeyrère *C.* Somabère.) — LA COUR; — Attendu, en droit, que l'art. 279 c. proc. civ. ne limite pas le nombre de témoins

qu'on peut faire entendre, dans le cas où le juge pense qu'il y a lieu à prorogation d'enquête; que lorsqu'elle est reconnue néces-

138. La preuve contraire étant de droit, la jurisprudence a admis que la prolongation du délai de l'enquête profite à la partie adverse, même quand elle n'en a pas fait la demande (V. *Rép.* nº 389). — Jugé dans le même sens : 1º que la prorogation d'enquête ne peut être accordée par le tribunal que sous la réserve du droit de la partie adverse de produire, de son côté, de nouveaux témoignages à titre de preuve contraire (Rennes, 11 mars 1869, aff. Allegret, D. P. 70. 2. 204) ; — 2º Que la prorogation d'enquête obtenue par une partie profite à la partie adverse, qui peut aussi faire entendre de nouveaux témoins pendant les délais de la prorogation (Pau, 10 avr. 1878, cité *suprà*, nº 137. *Adde* : Bourges, 27 déc. 1878) (1). — Ajoutons que la déchéance que la partie qui poursuit l'enquête vient à encourir n'a point pour effet d'enlever à l'autre partie le bénéfice de la prorogation relativement à la contre-enquête. Mais la partie qui poursuit l'enquête ne pourrait, au cas où elle a encouru la déchéance du bénéfice de la prorogation, se fonder sur ce principe pour prétendre faire la contre-enquête de la contre-enquête à laquelle son adversaire, non atteint par la même déchéance, a fait procéder (Rousseau et Laisney, vº *Enquête*, nº 410 ; Bastia, 6 août 1855, aff. Casabianca, D. P. 56. 2. 43). Décider autrement serait intervertir les rôles assignés aux parties dès l'origine du procès, et violer l'art. 280 c. proc. civ. qui n'autorise qu'une prorogation.

139. Tout ce qui est relatif à l'instruction de la demande de prorogation est étudié au *Rép.* nos 383 et suiv. (V. aussi Rousseau et Laisney, t. 2, nos 394 et suiv. ; Bioche, vº *Enquête*, nos 478 et suiv.).

140. La prorogation ne peut avoir lieu par voie de référé, lorsque l'enquête est faite par un juge d'un autre tribunal (*Rép.* nº 384). « Lorsqu'un juge d'un autre tribunal, ou un juge de paix, disent MM. Boitard, Colmet-Daâge et Glasson, t. 1, p. 516, nº 495, a été commis pour procéder à l'enquête, le juge de Bordeaux ou le juge de paix, de quelque lieu qu'il soit, procédant à une enquête ordonnée par le tribunal de la Seine, ne peut faire de rapport à l'audience de ce tribunal pour demander la prorogation. Dans ce cas, le juge de paix ou le juge commis devra se borner à mentionner sur son procès-verbal la demande de prorogation formée par l'une des parties, et, sur cette demande, il renverra la partie à se pourvoir et appeler son adversaire, par un simple acte, devant le tribunal qui a ordonné l'enquête, et non pas devant celui auquel il appartient, lui, juge-commissaire de l'enquête. En effet, le juge-commissaire de Bordeaux, commis pour une enquête ordonnée par le tribunal de la Seine, ne donne pas pour cela au tribunal de Bordeaux qualité pour décider s'il y a lieu ou non à la prorogation ; cette question ne peut être raisonnablement soumise qu'au tribunal qui a vraiment mission et possibilité d'apprécier les circonstances donnant matière à l'enquête ».

141. Toute liberté est laissée au tribunal quant à la fixation du nouveau délai. Il n'est pas tenu de le restreindre à huit jours (*Rép.* nº 390 ; Bioche, vº *Enquête*, nº 494). — Le jugement qui ordonne la prorogation doit être signifié avant d'être mis à exécution. Il est susceptible d'appel. Les formes tracées pour l'enquête doivent être observées pour la prorogation, ainsi que les dispositions relatives aux délais (*Rép.* nº 391 ; Rousseau et Laisney, vº *Enquête*, nos 406 et suiv. ;

Garsonnet, t. 2, p. 538 ; Bioche, vº *Enquête*, nº 501). Jugé que l'art. 147 c. proc. civ., suivant lequel les jugements ne peuvent être exécutés qu'après avoir été signifiés à l'avoué de la partie contre laquelle ils ont été rendus, s'applique au jugement qui ordonne une enquête ou une prorogation d'enquête (Bastia, 2 avr. 1855, aff. Viale Rigo, D. P. 55. 2. 323. V. dans le même sens : Limoges, 13 mars 1850, aff. Lacour, D. P. 54. 5. 334).

Art. 13. — *Du procès-verbal.* — *Mentions*
(*Rép.* nos 393 à 408).

142. Le silence gardé par le procès-verbal sur une formalité positive ne saurait être suppléé par une preuve quelconque, soit qu'on la fournisse en dehors du procès-verbal, par interpellation aux témoins ou aux parties, soit même qu'on prétende l'induire de quelques énonciations équivoques du procès-verbal lui-même. Jugé que lorsque, dans un procès-verbal de contre-enquête, aucune mention n'est faite de la prestation de serment des témoins, l'omission de cette formalité substantielle vicie nécessairement la contre-enquête, qui doit être considérée comme nulle ; que le tribunal ne saurait, pour réparer cette omission, admettre sur ce fait une preuve testimoniale ; que le procès-verbal dressé par le juge assisté de son greffier doit contenir en lui-même cette preuve, et mentionner de toutes les formalités prescrites par la loi (Trib. Cosne, 30 juin 1886, aff. Galopin, D. P. 89. 1. 73). Toutefois, ainsi qu'on l'a indiqué au *Rép.* nº 394, la jurisprudence admet que, lorsqu'un procès-verbal d'enquête fournit la preuve de l'observation des formalités prescrites par chacun des articles relatés dans l'art. 275 c. proc. civ., il n'est pas nécessaire, à peine de nullité, de mentionner en termes exprès que les formalités prescrites par ces articles ont été observées (V. en ce sens : Garsonnet, t. 2, p. 535).

143. Les procès-verbaux d'enquête doivent contenir la date des jour et heure, les comparutions ou défauts des parties et témoins, la représentation des assignations, les remises à autres jour et heure, si elles sont ordonnées à peine de nullité. — On a dit au *Rép.* nº 397 que l'art. 269, qui ordonne la représentation au juge-commissaire des assignations aux témoins présents, exige non pas la représentation des originaux et des copies de ces assignations, mais celle des copies seulement. La cour de cassation a confirmé cette doctrine (Civ. rej. 17 avr. 1867, aff. Hospices de Bordeaux, D. P. 67. 1. 267. V. en ce sens : Rousseau et Laisney, vº *Enquête*, nº 355 ; Bioche, vº *Enquête*, nº 453). Les assignations notifiées aux témoins justifient par elles-mêmes, en effet, et indépendamment de la représentation des originaux par l'art. 260, de l'accomplissement des formalités prescrites par l'art. 269, et il est satisfait ainsi, par leur production, au vœu de l'art. 269.

144. On a enseigné au *Rép.* nº 398 que la formalité de la représentation des assignations s'applique également à celles qui ont été signifiées, et que l'omission de cette formalité annulerait l'enquête tout entière. Cette opinion est adoptée par Bioche, vº *Enquête*, nos 412 et suiv.

145. Les auteurs ont adopté l'opinion émise au *Rép.* nº 402, que lorsque, dans une enquête, toutes les formalités ont été observées, et que mention expresse en a été

---

saire ou seulement utile, on doit laisser toute latitude pour la faire, au demandeur, qui peut seul bien apprécier le plus ou moins d'utilité qu'il y a dans l'audition de tel ou tel nombre de témoins ; que l'art. 281 du même code, applicable à l'enquête comme à la contre-enquête, vient aussi à l'appui de cette vérité ; — Attendu, en fait, qu'en accordant aux appelants la prorogation d'enquête par eux sollicitée, les premiers juges ont en quelque sorte rendu illusoire cette prorogation en ne permettant que l'audition des deux témoins qui, quoique assignés, n'avaient point comparu ; qu'ils n'ont même donné aucune raison pour restreindre le nombre des témoins que les appelants demandaient à faire entendre ; — Par ces motifs, annule la décision des premiers juges, en tant qu'elle a limité le nombre des témoins ; autorise les appelants à faire entendre sur la prorogation d'enquête tel nombre de témoins qu'ils estimeront convenable, en sus de ceux dont l'audition a été permise par le jugement dont est appel, etc.
Du 14 févr. 1853.-C. d'Agen, 1re ch.

(1) (Vanneveau C. Foucher-Petit.) — LA COUR ;... — Au fond : —

Attendu qu'il est de principe que la prorogation d'enquête, lorsqu'elle est jugée nécessaire, profite aux deux parties en cause, aussi bien à celle qui l'a obtenue qu'à celle qui ne l'a pas demandée ; qu'il en doit être effectivement ainsi afin de conserver au demandeur comme au défendeur la possibilité de pourvoir à leurs intérêts respectifs ; que par suite le tribunal de Sancerre ne devait pas, ainsi cependant qu'il l'a décidé dans son jugement du 9 avril, se borner à n'accorder prorogation que de la contre-enquête ; que du moment où une prorogation était jugée nécessaire à raison de l'erreur commise par Vanneveau dans son articulation, elle devait porter sur l'enquête entière ; que cela même ce qui paraît avoir été compris par les parties, Foucher ayant demandé une prorogation d'enquête et Vanneveau ayant déclaré s'en rapporter à justice ; que par conséquent, les premiers juges ont à tort refusé de recevoir la déposition des témoins assignés par Vanneveau et dont celui-ci était fondé à demander l'audition ; — Par ces motifs ; — Réforme, etc.
Du 27 déc. 1878.-C. de Bourges, 2e ch.-MM. Chonez, pr.-Devimeux, av. gén.-Lucas et Thiot-Varenne, av.

faite dans le procès-verbal, au fur et à mesure de leur observation, il n'est pas nécessaire, à peine de nullité, qu'il soit fait, à la clôture de ce procès-verbal, une seconde mention générale de l'observation de ces formalités. « Si le procès-verbal mentionne l'observation de chacune des formalités légales, dit M. Garsonnet, t. 2, p. 534, il est inutile de le clore par une mention générale qui rappelle l'accomplissement de toutes ces prescriptions » (V. aussi dans ce sens : Rousseau et Laisney, v° Enquête, n° 382; Bioche, v° Enquête, n° 454). Mais ce dernier auteur, loc. cit., estime : « 1° que chaque mention doit rappeler la nature et l'objet des dispositions de chacun des articles indiqués dans l'art. 275 (sans exprimer toutefois que telle formalité a eu lieu d'après tel article). — Serait insuffisante la seule mention : déclarons que l'enquête a été confectionnée en conformité du code de procédure civile et surtout de l'art. 275 ; — 2° Que la mention doit être faite au fur et à mesure de l'accomplissement de chaque formalité, et pour chaque déposition. C'est le seul moyen d'assurer la stricte observation de la loi. Autrement, à quoi servirait que le juge fît constater, après un long intervalle peut-être, l'observation d'une formalité dont il a probablement perdu le souvenir? On ne manquerait jamais de mettre à la fin du procès-verbal une clause conforme au texte de l'art. 275 c. proc. civ., et cette clause deviendrait de style ».

146. Le procès-verbal est signé, à la fin, par le juge et le greffier et par les parties présentes à l'enquête, par la partie contre laquelle l'enquête est faite comme par celle qui y a fait procéder (Rép. n°s 403 et suiv.; Bioche, v° Enquête, n°s 455 et suiv.; Garsonnet, t. 2, p. 535).

ART. 14. — Des suites de l'enquête et de la contre-enquête
(Rép. n°s 409 à 587).

§ 1er. — De la levée et de la signification des procès-verbaux et de la procédure pour arriver à l'audience (Rép. n°s 410 à 414).

147. Lorsque l'enquête est reçue par un magistrat d'un autre tribunal, le greffier doit envoyer au greffe du tribunal qui a ordonné l'enquête la minute du procès-verbal (Rép. n° 408). Il a été jugé que la minute des procès-verbaux d'une enquête et contre-enquête faite par un juge de paix, délégué par une cour d'appel, doit être déposée au greffe de cette cour; le greffier du juge de paix qui a reçu l'enquête n'a pas le droit de garder cette minute pour en délivrer lui-même des expéditions aux parties intéressées (Nîmes, 10 déc. 1849, aff. Deloutte, D. P. 52. 2. 97).

148. L'art. 286, en prescrivant la signification des procès-verbaux, établit une simple faculté : la partie poursuivante peut donc se borner à produire son enquête, en laissant de côté la contre-enquête ou réciproquement. — Cette interprétation de l'art. 286, donnée au Rép. n° 411, est admise par la jurisprudence et par la plupart des auteurs (V. notamment : Rousseau et Laisney, v° Enquête, n° 416; Bioche, v° Enquête, n° 507). « J'entends par procès-verbaux, dit M. Garsonnet, t. 2, p. 545, ceux de l'audition des témoins par différents juges, car je ne pense pas que la partie qui a obtenu l'enquête soit tenue de signifier le procès-verbal de la contre-enquête, et je crois même que, si elle renonçait à profiter de son enquête pour n'invoquer que les résultats plus favorables de la contre-enquête, il lui suffirait de signifier le procès-verbal de cette dernière. Ce qu'on doit en un mot signifier en poursuivant l'audience, c'est le procès-verbal qui relate les dispositions dont on a le dessein de se servir ». — Il a été jugé que la partie la plus diligente qui, après les délais d'enquête et de contre-enquête, veut poursuivre l'audience, n'est pas tenue de signifier, avec le procès-verbal de son enquête, le procès-verbal de la contre-enquête de la partie adverse (Rouen, 23 mars 1859, aff. Dujardin, D. P. 60. 5. 139. — V. en sens contraire : Boitard, Colmet-Daâge et Glasson, t. 1, p. 517, n° 497).

La partie est même libre de poursuivre l'audience sans faire aucune signification, si elle n'entend pas faire usage des dépositions recueillies soit dans l'enquête, soit dans la contre-enquête (Rép. n° 412; Rousseau et Laisney, v° Enquête, n° 417; Bioche, v° Enquête, n° 506).

Si on admet la théorie que nous soutenons, la signification collective des procès-verbaux d'enquête et de contre-enquête équivaut, à moins de réserves expresses, à une renonciation à se prévaloir des vices de l'enquête adverse. Si, au contraire, la signification est obligatoire, aucune fin de non-recevoir ne peut résulter de la signification (Rép. n° 413; Bioche, v° Enquête, n° 507).

149. Aucun texte n'exige, à peine de nullité de la sentence, que le procès-verbal d'enquête soit mis sous les yeux des juges ou qu'ils en entendent la lecture; il suffit, aux termes de l'art. 286 c. proc. civ., que ce procès-verbal soit expédié et signifié (Req. 5 juill. 1888, aff. Chollet, D. P. 89. 1. 151).

§ 2. — Des nullités et de leurs conséquences par rapport aux parties, aux témoins, aux juges-commissaires et aux officiers ministériels (Rép. n°s 415 à 454).

150. — I. DU JUGEMENT SUR LES NULLITÉS (Rép. n°s 415 à 428). — Aux termes de l'art. 173, toutes les nullités de procédure sont couvertes si elles ne sont proposées avant toute défense au fond (V. Exceptions et fins de non-recevoir; — Rép. eod. v°, n°s 245 et suiv.). En conséquence, il a été jugé que c'est avant d'avoir pris des conclusions au fond que l'on doit opposer contre une enquête un moyen de nullité résultant, par exemple, du défaut d'assignation de l'une des parties en cause pour y être présente (Rennes, 9 avr. 1851, aff. Hignard, D. P. 52. 5. 234; Colmar, 19 juin 1860, aff. Essig, D. P. 62. 2. 27).

151. L'enquête est nulle en totalité ou en partie, selon que la nullité concerne une formalité qui intéresse l'ensemble de l'opération ou seulement une ou plusieurs des dépositions (Rép. n° 422; Bioche, v° Enquête, n° 511). — La nullité résultant de ce qu'une enquête n'a pas été terminée en temps utile frappe-t-elle l'enquête tout entière? Cette question était controversée sous l'ordonnance de 1667. Rodier, sur l'art. 22, tit. 2, de cette ordonnance, enseignait que l'enquête était indivisible et nulle dans son entier. Mais Duparc-Poullain, en rapportant, t. 9, n° 349, l'opinion contraire de Boutaric, sans la contredire, se rangeait implicitement à ce dernier sentiment. — Aujourd'hui beaucoup d'auteurs suivent le sentiment de Duparc-Poullain et n'appliquent, dès lors, la nullité qu'à la continuation d'enquête seulement, sans l'étendre aux dépositions de témoins reçues dans les délais légaux : ils se fondent sur l'art. 294 c. proc. civ., d'après lequel « la nullité d'une ou de plusieurs dépositions de témoins n'entraine pas celle de l'enquête » (V. Pigeau, Procédure civile, t. 1, p. 356; Carré et Chauveau, t. 2, quest. 1088; Favard, Répertoire, t. 2, p. 352, n° 8; Rodière, Traité de compétence et de procédure, t. 2, p. 156). « Il est de principe, disent MM. Boitard, Colmet-Daâge et Glasson, t. 1, n° 494, et l'art. 294 le déclare, que la nullité d'une ou de plusieurs dépositions n'entraine pas celle de l'enquête. Eh bien, il est raisonnable de décider ici que les dépositions reçues après l'expiration du délai ne frappent pas d'invalidité les dépositions reçues en due forme et dans le cours du délai. » La doctrine contraire est enseignée par MM. Rousseau et Laisney, v° Enquête, n° 389. Elle s'appuie sur la disposition de l'art. 278, qui prononce, sans restriction, la nullité de l'enquête non achevée dans la huitaine, et rejette l'argument puisé dans l'art. 294, en faisant remarquer que cet article concerne uniquement le cas où la loi prononce la nullité d'une ou plusieurs dépositions, pour des causes qui leur sont particulières, et reste étranger à l'hypothèse, prévue par l'art. 278, d'une enquête non terminée dans les délais. Il a été jugé en ce sens que la nullité résultant de ce qu'une enquête n'a pas été terminée en temps utile, et notamment dans la huitaine de l'audition des premiers témoins, frappe l'enquête tout entière, et non pas seulement les dépositions reçues tardivement; encore que la partie qui faisait procéder à l'enquête renoncerait à faire entendre de nouveau les témoins qui ont déposé après les délais (Civ. cass. 11 déc. 1850, aff. Chrétien, D. P. 51. 1. 300).

152. L'enquête est divisible ou indivisible, suivant la nature de l'obligation qu'elle a à constater. Si le fait à prouver est divisible, l'enquête, valable à l'égard de l'une des parties, ne peut être annulée vis-à-vis de cette partie, parce qu'elle serait nulle à l'égard des autres (Rép. n° 425). Jugé que la contre-enquête dont la nullité a été prononcée vis-à-vis d'un cohéritier n'est pas moins valable à l'égard des autres, alors d'ailleurs qu'il s'agit de droits divisibles et qu'il y a eu partage (Rennes, 7 juill. 1849, aff. Cadec, D. P. 50. 2. 74. V. dans le même sens : Rennes, 9 avr. 1851, aff. Hignard, D. P. 52. 5. 234; Rousseau et Laisney, v° *Enquête*, n° 422; Garsonnet, t. 2, p. 543). — Quand l'objet de l'enquête est indivisible, elle ne peut être valable à l'égard de l'un et nulle à l'égard de l'autre. Mais il suffit que l'enquête soit valable à l'égard de l'un des coobligés, pour qu'elle puisse être opposée aux autres (*Rép.* n° 423; Rousseau et Laisney, v° *Enquête*, n° 424).

153. En principe, toutes les nullités des actes relatifs à l'enquête peuvent être invoquées par les parties. Cependant, on l'a dit au *Rép.* n° 417, à l'égard des nullités que peuvent contenir les assignations aux témoins, il faut distinguer. Il en est qui sont spéciales à ces derniers et dont les parties ne pourraient exciper; telles sont : l'omission de la date dans la copie de l'assignation donnée à un témoin, l'irrégularité de la remise de la copie. Au contraire, les parties ont intérêt à ce que le dispositif du jugement soit signifié aux témoins et à ce que rien n'en soit omis; elles pourraient donc se prévaloir de l'omission ou de l'irrégularité de cette formalité. Ces principes sont proclamés par tous les auteurs (V. Garsonnet, t. 2, p. 542).

154. Une partie n'est pas recevable à demander la nullité de sa propre enquête (*Rép.* n° 418; Bioche, v° *Enquête*, n° 516).

155. Les nullités de l'enquête sont couvertes, on l'a dit, *suprà*, n° 105 : 1° lorsque la partie a assisté personnellement à l'enquête sans faire ses réserves précises; 2° lorsqu'elle y a assisté par le ministère d'un avoué; 3° lorsqu'elle conclut au fond postérieurement à l'acte entaché de nullité (V. aussi *Rép.* n°s 22 et 285).

La contre-enquête couvre-t-elle les nullités de l'enquête? La négative a été admise au *Rép.* n° 122 (V. sur cette question, v° *Exceptions et fins de non-recevoir; — Rép.* eod. v°, n° 325). — Il a été jugé que la prétendue nullité résultant de ce fait que les citations aux témoins ne contenaient que la partie du dispositif du jugement relatif aux faits admis pour l'enquête et non celle relative aux faits admis pour la contre-enquête n'est pas couverte par la confection de la contre-enquête, à laquelle le défendeur ne peut se dispenser de procéder dans les délais de la loi, s'il ne résulte d'aucun acte émané de lui la renonciation soit implicite, soit explicite, à se prévaloir de la nullité dont l'enquête serait entachée (Bordeaux, 29 juill. 1856, *suprà*, n° 92).

156. Les nullités de la citation aux témoins, nullités que la partie peut ne pas connaître au moment de l'audition des témoins, et les nullités du procès-verbal ne sont pas couvertes par la simple assistance à l'enquête (Bordeaux, 29 juill. 1856, *suprà*, n° 100).

157. M. Garsonnet, t. 2, p. 634, note 24, admet, conformément à la doctrine enseignée au *Rép.* n° 406, que l'on ne couvre pas les nullités d'enquête en signant le procès-verbal.

158. Les nullités d'ordre public ne sont pas susceptibles d'être couvertes et peuvent être opposées en tout état de cause et après une défense au fond, et même d'office par le tribunal. Les nullités d'ordre public sont, en matière d'enquête, celles qui proviennent de l'audition d'un témoin incapable, de l'incompétence *ratione loci* du juge-commissaire, ou de ce que l'enquête a porté sur des faits dont la preuve est interdite. Il faut ajouter le cas où le jugement ordonnant l'enquête manquerait d'une condition essentielle à sa validité (*Rép.* n° 419; Garsonnet, *op. cit.*, t. 2, p. 542). — Jugé : 1° que l'omission, dans une enquête, des formes et mentions prescrites par les art. 254 et 255 c. proc. civ., et le défaut de prestation de serment d'un témoin, en matière civile ou

commerciale, ne constituent pas des nullités d'ordre public; que, par suite, elles sont susceptibles d'être couvertes par le consentement des parties ou l'exécution sans réserve; qu'il en est ainsi de l'audition d'un tiers à l'audience, sans prestation de serment, avec l'assentiment de toutes les parties (Req. 21 avr. 1875, aff. Ferchat, D. P. 75. 1. 488); — 2° Que l'inobservation des délais prescrits par l'art. 261 c. proc. civ. n'est pas une nullité d'ordre public; que, par suite, une partie peut renoncer à s'en prévaloir, notamment en discutant au fond l'enquête, et ne peut la proposer pour la première fois devant la cour de cassation (Req. 29 janv. 1883) (1).

159. Sur les effets de la nullité de l'enquête, V. *Rép.* n°s 426 et suiv.

160. — II. Cas où l'enquête peut être recommencée; Juge-commissaire; Responsabilité (*Rép.* n°s 429 à 444). — La plupart des auteurs, comme on l'a indiqué au *Rép.* n° 436, sont d'avis que l'enquête doit être recommencée aux frais du juge, lorsque la nullité provient de la faute du greffier, le greffier n'étant censé écrire que ce qu'on lui dicte. Dans une espèce où le greffier avait omis de faire mention au procès-verbal de la prestation de serment des témoins, le tribunal civil de Cosne a condamné personnellement le greffier à supporter les frais de la nouvelle enquête (Trib. Cosne, 30 juin 1886, aff. Galopin, D. P. 89. 1. 73). La chambre des requêtes, à qui la décision a été soumise, et qui a rejeté le pourvoi fondé sur la violation des art. 262, 275, 293-et 473 c. proc. civ., et la fausse application de l'art. 292, a posé en principe que « ni le texte ni les motifs présumés de l'art. 293 n'autorisent à étendre au cas d'enquête annulée par la faute du greffier l'interdiction de recommencer, restreinte au cas de faute de l'avoué ou de l'huissier mandataire des parties » (Req. 18 janv. 1887, aff. Galopin, D. P. 89. 1. 73). Cette dernière solution nous paraît juste. Dans le silence de la loi, il semble rationnel d'assimiler à la faute du juge celle du greffier qui fait, comme lui, partie du tribunal (V. *Rép.* v°s *Discipline judiciaire*, n°s 47, 234 et suiv.; *Greffier*, n°s 36 et suiv. Morin, *Discipline des cours et tribunaux*, t. 1, n° 98); d'autre part, les nullités étant de droit étroit, l'annulation doit être, en cas de doute, restreinte à ses moindres conséquences, c'est-à-dire considérée, à moins de disposition légale expresse, comme n'entraînant point l'interdiction de recommencer l'acte annulé. — Quant à la condamnation aux dépens, elle aurait dû, croyons-nous, être prononcée contre le juge. Dans la pratique, le greffier qui assiste le juge-commissaire mentionne de lui-même, et sans qu'elle lui soit dictée, la mention de la prestation de serment des témoins. Mais cet usage, qui n'a d'autre but que de diminuer les longueurs des enquêtes, ne saurait déplacer les responsabilités. Le juge-commissaire doit veiller à l'accomplissement des formalités exigées par la loi, et s'assurer qu'elles sont mentionnées au procès-verbal, avant de signer cette pièce. Il aurait d'ailleurs un recours contre son greffier, si la faute provenait réellement du fait de celui-ci (V. en ce sens : Garsonnet, t. 2, p. 540, note 17; Rousseau et Laisney, v° *Enquête*, p. 431; Bioche, v° *Enquête*, n° 524).

161. Si l'enquête était nulle par le fait du *tribunal* lui-même, elle pourrait aussi être recommencée. Dans cette hypothèse, il y aurait lieu à se pourvoir par voie d'appel, afin d'obtenir la réformation du jugement, réformation qui entraînerait l'anéantissement de l'enquête. Mais alors la nouvelle enquête serait à la charge des parties et non à la charge du tribunal : en général, les juges ne sont pas responsables de leurs sentences; la disposition exceptionnelle de l'art. 292 ne saurait être étendue (*Rép.* n° 438; Garsonnet, t. 2, p. 540, et t. 1, § LVII; Bioche, v° *Enquête*, n° 520 Rousseau et Laisney, v° *Enquête*, n°s 433 et 434; Boitard Colmet-Daâge et Glasson, t. 1, p. 530, note 1, n° 508).

---

(1) (Dumas C. Dumas.) — LA COUR;... — Sur le troisième moyen tiré de la violation de l'art. 261 c. proc. civ., et excès de pouvoirs, en ce que le jugement confirmé par l'arrêt attaqué a été frappé de nullité d'ordre public, le juge enquêteur ayant, par un excès de pouvoir certain, remis l'enquête à une date ultérieure, dans le but unique d'éviter une nullité et de permettre à la partie adverse de recommencer une assignation vicieuse, alors que son ordonnance, fixant jour pour l'enquête et l'audition des témoins de la dame Dumas, avait reçu un commencement d'exécution, et que l'exposant avait demandé acte de sa déclaration et de ses réserves sur la nullité de l'assignation pour inobservation

des délais de l'art. 261 susvisé : — Attendu que ce moyen est fondé sur une prétendue irrégularité de procédure, uniquement relative à l'inobservation de certains délais, et qu'elle ne sert nullement à l'ordre public; que les parties pouvant, dès lors, renoncer à s'en prévaloir, ce qu'elles ont fait en ne la présentant ni en première instance, ni en appel, et en discutant au fond l'enquête; que, dans ces circonstances, le demandeur n'est pas recevable à la produire pour la première fois devant la cour de cassation; — Rejette, etc.
Du 29 janv. 1883.-Ch. req.-MM. Bédarrides, pr.-Féraud-Giraud, rap.-Chévrier, av.gén., c. conf.-Trézel, av.

162. Lorsque la nullité provient à la fois et du juge-commissaire et de l'huissier ou de l'avoué, il n'y a pas lieu d'appliquer l'art. 292 (*Rép.* n° 437; Rousseau et Laisney, v° *Enquête*, n° 444).

163. Le juge contre lequel on conclut à ce que l'enquête soit recommencée à ses frais, peut, s'il n'a pas été récusé, concourir au jugement (Civ. cass. 11 déc. 1850, aff. Chrétien, D. P. 51. 1. 300; Lavielle, *Revue critique*, t. 12, p. 324; Rousseau et Laisney, v° *Enquête*, n° 435).

164. Le tribunal, même dans le cas où l'enquête est nulle par la faute du juge, n'est pas absolument dans l'obligation d'ordonner que l'enquête sera recommencée. Il peut passer outre, s'il reconnaît que la preuve testimoniale est devenue inutile (*Rép.* n° 430; Bioche, v° *Enquête*, n° 532).

165. Il n'est pas indispensable de nommer, pour la nouvelle enquête, un nouveau commissaire; la nomination du même juge ne serait pas une cause de nullité (*Rép.* n° 440; Boitard, Colmet-Daâge et Glasson, t. 1, p. 531; Rousseau et Laisney, v° *Enquête*, n° 438; Bioche, v° *Enquête*, n° 535).

166. On a indiqué au *Rép.* n° 430 et suiv. les nullités dont le juge-commissaire est responsable. — Il a été décidé que le juge qui, sans être muni d'un congé régulier, est absent de son domicile le dernier jour du délai de huitaine, et ne peut, en conséquence, répondre en temps utile à la requête à lui présentée, est en faute et que, dès lors, si l'enquête a été annulée par suite de cette faute, pour n'avoir pas été commencée dans les délais fixés, elle doit être recommencée aux frais du juge (Besançon, 26 déc. 1882, aff. Roy, D. P. 83. 2. 59). Le juge-commissaire, qui, sans congé régulier, est absent de son domicile pendant toute la durée du dernier jour où peut être utilement présentée la requête à fin d'ouverture de l'enquête est, sans doute, en faute et doit, conformément à l'art. 292 c. proc. civ., supporter les frais de l'enquête recommencée, quand la première a été déclarée nulle. C'est là, toutefois, une solution qu'il ne faudrait pas appliquer à toutes les hypothèses, notamment à celle où l'absence du juge aurait été momentanée, et ne se serait pas prolongée pendant toute la durée du dernier jour utile. Un juge ne peut, en effet, se tenir toute la journée à la disposition de plaideurs qui ne viendront peut-être jamais recourir à sa juridiction (Comp. *suprà*, n° 63). — Jugé encore que le juge commis pour procéder à une enquête est en faute, s'il se met, par une absence sans congé, dans l'impossibilité de rendre en temps utile l'ordonnance de citation de témoins qui est réputée constituer le commencement de l'enquête, et que l'arrêt qui constate que cette absence fautive a amené la désignation irrégulière par le président d'un autre juge-commissaire dont le commencement d'enquête a été plus tard annulé pour incompétence, en conclut légitimement que ladite faute est la cause première de l'annulation de l'enquête commencée, et ordonne, en conséquence, à juste titre, que l'enquête sera recommencée aux frais du juge originairement commis (Req. 5 mai 1884, aff. Roy, D. P. 84. 1. 223).

167. L'art. 292 porte que l'enquête sera recommencée. On en conclut généralement que, dans cette nouvelle procédure, qui n'est pas une seconde enquête, mais la reproduction de la première, on ne peut pas faire entendre d'autres témoins que ceux qui ont déposé dans l'enquête annulée, et que, dans le cas où l'on recommence l'enquête, il n'y a pas lieu à faire à nouveau une contre-enquête (*Rép.* n° 443 et suiv.; Bioche, v° *Enquête*, n° 537 et suiv.; Boitard, Colmet-Daâge et Glasson, t. 1, p. 531, n° 508; Garsonnet, t. 2, p. 541; Rousseau et Laisney, v° *Enquête*, n° 440 et suiv.). — Quelques auteurs enseignent que, si le tribunal juge à propos d'entendre de nouveaux témoins, il peut en ordonner l'audition ; seulement elle ne va pas de soi et ne peut avoir lieu qu'en vertu d'un jugement (Bioche, v° *Enquête*, n° 537; Garsonnet, t. 2, p. 544). Cette théorie nous paraît fondée. Le tribunal qui a le droit d'ordonner une seconde enquête, lorsque la première a été annulée par la faute de l'avoué ou de l'huissier, a évidemment le pouvoir, dans l'hypothèse prévue par l'art. 292, d'ordonner l'audition de quelques témoins nouveaux (V. *suprà*, n° 24 et suiv.). Mais il a été jugé avec raison que l'enquête déclarée nulle par la faute du juge-commissaire ne peut porter que sur les faits déjà admis en preuve, et non sur des faits nou-

veaux que la partie voudrait y ajouter (Trib. Dôle, 3 mai 1882, et Besançon, 26 déc. 1882, aff. Roy, D. P. 83. 2. 59).

168. — III. Cas où l'enquête ne peut être recommencée ; Responsabilité des officiers ministériels (*Rép.* n° 445 à 454). — On a donné au *Rép.* n° 445 la raison de la défense faite par l'art. 293 c. proc. civ. de recommencer l'enquête déclarée nulle par la faute de l'avoué, de l'huissier ou de la partie. « Il n'y a pas d'autre exemple, dit M. Garsonnet, *op. cit.*, t. 2, p. 539, d'une procédure qu'il soit défendu de recommencer quand elle est nulle, et que les droits qu'elle a pour but de conserver ne sont pas encore prescrits : j'ai dit que le demandeur dont l'assignation est annulée peut en donner une autre, tant que la prescription n'est pas acquise contre lui; on verra de même que, si la péremption d'instance anéantit tous les actes de la procédure éteinte, elle permet cependant de les recommencer jusqu'à ce qu'il y ait prescription. S'il en est autrement, dans l'espèce d'une enquête déclarée nulle par la faute des officiers ministériels qui représentent les parties, c'est qu'on a craint que, voyant l'enquête prendre une tournure fâcheuse, et voulant se donner le temps de suborner les témoins déjà assignés ou d'en produire de nouveaux, ils n'y commissent quelque erreur intentionnelle pour demander ensuite la nullité de l'enquête et la prolonger en la recommençant. Le juge-commissaire est au-dessus d'un pareil soupçon ; il encourrait même la prise à partie en s'y exposant, et, par conséquent, rien n'empêche de recommencer l'enquête annulée par sa faute. Ajoutons qu'il y aurait une véritable injustice à faire souffrir les parties des erreurs d'un magistrat qu'elles n'ont pas désigné, et qu'il n'y a pas de sévérité excessive à ce qu'elles portent la peine des maladresses d'avoués et d'huissiers qu'elles ont choisis et qui sont, d'ailleurs, responsables envers elles ».

169. On a soutenu au *Rép.* n° 445 l'opinion que la disposition de l'art. 293 n'est pas applicable dans les causes intéressant l'ordre public et l'état des personnes, et, par exemple, au cas d'une demande en séparation de corps. La raison qui en a été donnée, c'est que, dans ces matières, le sort de la preuve ne saurait être compromis par d'irréparables vices de forme, sous l'unique réserve d'un dédommagement pécuniaire ne comportant pas les intérêts qui y sont agités (V. conf. outre les auteurs cités au *Rép. ibid.*: Bonnier, *Traité des preuves*, 3e éd., n° 263; Rodière, *Traité de compétence et de procédure*, 3e éd., t. 1, p. 383; Garsonnet, t. 2, p. 541). De cette doctrine il résulte que, dans une instance en séparation de corps, notamment, l'art. 293 c. proc. civ. ne met point obstacle à ce que la partie demande que l'enquête annulée soit recommencée.

La doctrine contraire, adoptée par la jurisprudence, invoque les termes généraux et absolus de l'art. 293. Là où la loi ne distingue pas, dit-on, le juge ne peut pas distinguer. Le système opposé conduit à cette conséquence que, dans les matières intéressant l'état des personnes, il n'y aurait plus de nullité d'enquête, ce qui est inadmissible, car ces nullités ont pour but d'assurer l'accomplissement des formalités prescrites par la loi, de prévenir les subornations, les faux témoignages, et se rattachent, dès lors, à des considérations d'ordre public du plus grand intérêt. — On objecte qu'en cas de nullité l'art. 293 ouvre un recours en dommages-intérêts contre l'officier ministériel en faute; qu'en matière de séparation de corps, l'intérêt étant moral plutôt que pécuniaire, il n'est pas possible que la partie soit à la fois privée de l'enquête et du recours. Mais en premier lieu la nullité, dès qu'elle existe, fait naître un droit en faveur de la partie adverse, et ce droit ne saurait périr, parce qu'à cause de l'insolvabilité de l'officier ministériel ou de toute autre circonstance, le recours de l'autre partie ne peut s'exercer dans sa plénitude. Tout ce qui se rapporte à ce recours est étranger à la partie qui profite de la nullité. En second lieu, le recours indiqué dans la partie finale de l'art. 293 n'est qu'une référence superflue au principe général édicté par l'art. 1382 c. civ. et une disposition qu'on aurait pu omettre sans inconvénient ne saurait atténuer ni restreindre la prohibition absolue qui fait l'objet, pour ainsi dire exclusif, de l'art. 293. D'ailleurs, à côté de la preuve que peut solliciter la partie, la loi place la preuve que le juge lui-même a le droit de prescrire d'office; et, dans le cas où l'enquête de la partie périt pour cause de nullité, rien ne s'oppose à ce que le juge, s'il a besoin d'éclairer sa religion, use du pouvoir discrétionnaire qui lui est attribué et provoque d'office une nouvelle enquête (V. *suprà*, n° 24, et *infrà*, n° 171. V. en ce sens : Rousseau et Laisney, v° *Enquête*, n° 449). — Conformément à cette opinion, il a été jugé que l'art. 293 c. proc. civ. d'après lequel une enquête déclarée nulle par la faute de l'avoué ou de l'huissier ne peut être recommencée s'applique en matière de séparation de corps comme en toute autre matière (Douai, 13 mars 1869, aff. Broutin, D. P. 69. 2. 106; Rouen, 11 août 1871, aff. Eudeline, D. P. 72. 5. 175. V. aussi Douai, 5 nov. 1860 (1); Chambéry, 4 déc. 1874, aff X..., D. P. 75. 2. 96).

170. La prohibition faite par l'art. 293 de recommencer une enquête nulle pour vice de forme met-elle obstacle à la faculté que l'art. 254 accorde au juge d'ordonner d'office la preuve des faits jugés par lui nécessaires pour éclairer sa religion? La négative a prévalu dans la doctrine et dans la jurisprudence (V. *suprà*, n° 24).

171. La disposition de l'art. 293 est applicable lorsque l'enquête, après avoir été requise prématurément, a ensuite été reprise, et que les témoins ont été entendus de nouveau sur nouvelle ordonnance du juge rendue au temps où elle aurait dû être commencée. — La seconde enquête ainsi faite est nulle, parce qu'elle n'est pas la continuation, mais le renouvellement et la répétition de la première. Il importe peu que le délai accordé par la loi pour faire enquête ne soit pas expiré, l'interdiction de recommencer une enquête déclarée nulle par la faute de l'avoué étant générale et absolue (Rousseau et Laisney, v° *Enquête*, n° 447). — Jugé, conformément à ces principes, qu'une enquête nulle par la faute de l'avoué, en ce que, par exemple, cet officier ministériel l'a requise sans tenir compte de l'effet suspensif de l'appel formé contre le jugement qui l'avait admise, ne peut être recommencée, même en cas de confirmation de ce jugement (Req. 20 janv. 1863, aff. Robert, D. P. 63. 1. 247); — Qu'une enquête requise avant l'époque où il pouvait y être valablement procédé, doit être réputée, non pas seulement continuée, mais recommencée, lorsque, après cette époque, les mêmes témoins ont été entendus sur de nouvelles réquisitions adressées au juge-commissaire à fin de fixation d'un nouveau jour pour leur audition ; que, par suite, cette seconde enquête est nulle comme contraire à la prohibition édictée par l'art. 293 c. proc. civ. (Même arrêt); — Qu'une enquête nulle par la faute de l'avoué ne peut être recommencée, alors même qu'au moment de la nouvelle audition de témoins, le délai pour procéder à cette enquête ne serait pas encore expiré (Même arrêt).

172. La disposition de l'art. 293 c. proc. civ. suivant laquelle l'enquête déclarée nulle par la faute de l'avoué poursuivant ne peut être recommencée, est applicable à la prorogation d'enquête aussi bien qu'à l'enquête primitive (Bastia, 2 avr. 1855, aff. Viale-Argo, D. P. 55. 2. 323).

173. L'interdiction de recommencer l'enquête ne s'applique qu'à la partie qui, par sa faute ou celle de ses mandataires, en a occasionné la nullité. Cette déchéance, notamment, n'atteint pas le garant, resté étranger à l'enquête à laquelle a procédé le garanti, celui-ci n'étant son représentant ou son ayant cause qu'au point de vue des droits découlant du contrat d'où est née la garantie. L'inconvénient qui a préoccupé le législateur en cette matière, c'est-à-dire la possibilité d'une collusion entre l'officier ministériel et son client, n'existe pas du moment que la faculté de demander la nouvelle enquête appartient, non pas au plaideur originaire, mais à une autre partie, qui n'était même pas en cause à l'époque où l'enquête a été annulée (Rousseau et Laisney, v° *Enquête*, n° 446 *bis*). — Jugé que le garant (un vendeur, dans l'espèce) appelé en garantie

après l'annulation par la faute de l'avoué d'une enquête faite à la demande du garanti est recevable à provoquer une nouvelle enquête sur les mêmes faits (Douai, 16 févr. 1878, aff. Lalou, D. P. 78. 2. 160).

174. On a soutenu que la disposition de l'art. 293, édictée dans le but d'assurer la sincérité des témoignages, repose sur des considérations de moralité publique qui ne permettent pas aux parties d'acquiescer à cette disposition, et en conséquence de consentir à ce que l'enquête nulle soit recommencée. Cette théorie ne nous semble pas exacte. L'art. 293 c. proc. civ. défend de recommencer une enquête déclarée nulle par la faute de l'avoué ou par celle de l'huissier. La loi craint en pareil cas, nous l'avons dit, que, par collusion avec l'officier ministériel, la partie qui poursuit l'enquête ne se procure, en y laissant glisser quelque irrégularité de nature à la vicier, le moyen d'en prolonger les délais, et de s'assurer ainsi le temps d'agir sur les témoins, ou d'en chercher de plus favorables. Mais cette prohibition nous paraît avoir été édictée dans l'intérêt privé de la partie contre laquelle l'enquête a été ordonnée. Si donc cette partie consent à ce que l'enquête nulle soit recommencée, on ne voit pas pourquoi elle ne pourrait pas être reprise. Il en est surtout ainsi lorsque la première enquête n'a pas été achevée, et que, d'un commun accord, les parties l'ont tenu pour non avenue, de telle sorte que la nullité n'en a pas même été prononcée; car alors l'enquête n'est pas déclarée nulle, comme le suppose l'art. 293 : elle est seulement abandonnée. — Il va sans dire, au surplus, quant à la nécessité de l'annulation de l'enquête, qu'il ne suffirait pas, pour rendre inapplicable la défense de la renouveler, que celui qui la poursuivie renonçât à s'en prévaloir, afin de prévenir la déclaration de nullité que suppose l'art. 293 ; il ne peut pas, en effet, dépendre de la partie à laquelle cette défense a été faite, d'y échapper par l'abandon volontaire de l'enquête frappée de nullité, et l'autre partie conserverait évidemment le droit d'en provoquer l'annulation, pour profiter du bénéfice de l'art. 293. Il faut donc que l'abandon soit consenti par les deux parties ; proposé par l'une, il doit être accepté par l'autre. Il a été jugé, conformément à cette doctrine et suivie professée par les auteurs (V. notamment : Rousseau et Laisney, v° *Enquête*, n° 451), que l'art. 293 est inapplicable au cas où l'enquête, quoique irrégulière et frappée de nullité, n'a pas été annulée, en ce que, par exemple, la partie qui la poursuivait a renoncé à s'en prévaloir, avec acceptation de l'autre partie; que, légalement, dans le cas où une enquête commencée irrégulièrement, à défaut de signification préalable du jugement qui l'ordonnait, a été ensuite recommencée, la partie contre laquelle elle a été ordonnée ne peut attaquer la nouvelle enquête, lorsque c'est elle qui l'a provoquée, en signifiant elle-même le jugement, et qu'elle a accepté la renonciation de l'autre partie à se prévaloir des dépositions reçues dans la première enquête (Req. 21 juin 1852, aff. Renault, D. P. 53. 1. 171).

175. L'enquête et la contre-enquête sont indépendantes l'une de l'autre; l'irrégularité de la première n'entraîne pas la nullité de la seconde, et réciproquement. Par contre et en vertu du même principe, la nullité de l'une n'est pas couverte par l'irrégularité de l'autre (Garsonnet, t. 2, p. 543, note 45).

§ 3. — Des reproches des témoins (*Rép.* n°s 455 à 587).

N° 1. — *Causes de reproche* (*Rép.* n°s 455 à 544).

176. On a examiné au *Rép.* n°s 456 et suiv. la question très controversée de savoir si l'énumération faite par l'art. 283 c. proc. civ. des causes de reproche contre les

---

(1) (Bois C. Bois). — La cour; — Attendu, en droit, que, suivant les art. 307 c. nap. et 879 c. proc. civ., les demandes en séparation de corps doivent être instruites et jugées comme toute autre action civile; — Attendu que l'art. 293 dispose en termes aussi généraux qu'impératifs et qui excluent toute distinction ; que l'enquête déclarée nulle par la faute de l'officier ministériel ne sera pas recommencée; — Que, d'après l'art. 1029, aucune des nullités prononcées par ce code n'est comminatoire; — Qu'au surplus, même au cas d'annulation de l'enquête, l'intérêt de la

partie demeure toujours sauvegardé par l'art. 254, qui réserve au tribunal la faculté d'ordonner d'office la preuve des faits qui lui paraîtraient concluants; — Attendu, en fait, que, dans les circonstances de la cause, le tribunal a écarté avec raison, comme étant dépourvue de pertinence, l'offre de preuve de l'appelant;

Par ces motifs, confirme, etc.

Du 5 nov. 1860.-C. de Douai, 1re ch.-MM. de Moulon, pr.- Morcrette, 1er av. gén.-Merlin et Duhem, av.

témoins produits dans une enquête est limitative ou simplement énonciative. — La doctrine émise au *Répertoire*, qui considère l'énonciation comme limitative, a été adoptée par quelques cours d'appel (Nancy, 5 déc. 1855, aff. Dequerre, D. P. 56. 2. 163; Paris, 4 nov. 1865, aff. Villars, D. P. 66. 5. 459; Nancy, 21 févr. 1874, aff. Ignace, D. P. 75. 2. 186). Elle est également enseignée par plusieurs auteurs. « Il arrive fréquemment, dit M. Garsonnet, t. 2, p. 501, que, par analogie avec quelqu'un des cas prévus par l'art. 283, ou par argument de l'art. 378 sur la récusation des juges, des témoins sont reprochés pour des causes qui ne sont pas écrites dans la loi. Cette pratique est irrégulière à mon sens : 1° parce que les incapacités sont de droit étroit; 2° parce qu'une énumération minutieuse, comme celle de l'art. 283, n'a de sens qu'autant qu'elle est limitative; 3° parce qu'on ne peut conclure de là récusation d'un juge, qui peut être remplacé, à celle d'un témoin peut-être unique et qu'on ne peut refuser d'entendre sans interdire absolument la preuve testimoniale. Le seul argument que comporte l'interprétation de l'art. 283, c'est l'argument *à fortiori* qu'il serait absurde d'écarter, et les seules causes de reproche qu'on puisse ajouter à l'énumération de cet article, sont celles qui s'imposent à ce point que le législateur se sera cru dispensé de les indiquer. Quand on peut reprocher les parents d'une partie, de peur qu'ils n'altèrent la vérité dans son intérêt, en sera-t-il autrement de la partie elle-même, appelée à témoigner dans sa propre cause et placée ainsi entre le devoir d'être sincère et la crainte de perdre son procès ». « L'énumération de l'art. 283, dit de son côté M. Bioche, v° *Enquête*, n° 378, est limitative comme celle de l'art. 480 en matière de requête civile. Le droit qu'a tout citoyen de paraître en justice ne peut lui être enlevé qu'en vertu d'une disposition expresse de la loi. Lors de la rédaction du code, on n'a eu aucun égard aux observations de différentes cours d'appel, qui proposaient que les reproches fondés sur d'autres causes fussent appréciés par les tribunaux qui pourraient les admettre ou les rejeter. Les juges doivent seulement avoir tel égard que de raison aux moyens propres à faire considérer la déposition du témoin comme peu digne de foi » (V. aussi dans ce sens : Boitard, Colmet-Daâge et Glasson, t. 1, p. 522, n° 501).

Dans un autre système, on considère la liste de l'art. 283 comme purement énonciative et l'on reconnaît au juge le pouvoir d'admettre, en dehors des catégories qu'il énumère, d'autres reproches, fondés soit sur une analogie avec les causes indiquées dans l'art. 283, soit sur un emprunt à l'énumération des causes de récusation des juges, soit même sur les considérations quelconques qui rendent le témoin suspect (V. en ce sens : Dutruc, v° *Enquête*, n° 248; Carré et Chauveau, quest. 107; Rousseau et Laisney, v° *Enquête*, n° 290). Ce système a prévalu dans la jurisprudence. De nombreux arrêts ont décidé que les causes de reproche des témoins énumérées dans l'art. 283 c. proc. civ. ne sont pas strictement limitatives; que les juges du fond peuvent, en dehors des cas spécifiés par cet article, apprécier la valeur des reproches dirigés contre les témoins et écarter leurs dépositions, s'ils les trouvent suspectes, sans que leur décision sur ce point puisse être révisée par la cour de cassation (Bastia, 22 janv. 1850, aff. Guedicelli, D. P. 50. 2. 67; Bordeaux, 10 janv. 1856, aff. Piquet, D. P. 57. 5. 319; Orléans, 12 avr. 1856, aff. Assurances de la Sarthe, D. P. 56. 2. 268; Montpellier, 19 févr. 1856, aff. Beaumevielle, D. P. 56. 2. 237; Req. 4 mai 1863, aff. Laudinat, D. P. 64. 1. 28; Besançon, 21 avr. 1866, aff. Clerc, D. P. 66. 2. 72; Bruxelles, 27 janv. 1868, aff. Fauconnier *C.* Carlier, *Pasicrisie belge*, 1867. 2. 397; Gand, 22 avr. 1868, aff. Bauwens *C.* Vanhoerebeke, *ibid.*, 1868. 2. 347; Req. 17 juin 1873, aff. Commune de Draveil, D. P. 74. 1. 167; 31 juill. 1876, aff. d'Onsembray, D. P. 77. 1. 24; 21 juill. 1880, aff. Favre, D. P. 81. 1. 201; 14 févr. 1881, aff. Gaillot, D. P. 82. 1. 184; 8 mai 1883, aff. Commune d'Angirey, D. P. 83. 1. 393; Nancy, 17 déc. 1885, aff. Stouls, D. P. 86. 2. 280; Pau, 31 mai 1886, aff. Casalongue, D. P. 87. 2. 229). On verra dans les numéros qui suivent les applications que la jurisprudence a faites de cette théorie.

177. On a signalé au *Rép.* n° 252 les différences qui séparent les reproches des incapacités. « Les reproches, disent MM. Rousseau et Laisney, v° *Enquête*, n°* 237 et

suiv., sont motivés par la crainte qu'à raison des rapports dans lesquels il se trouve avec l'une des parties, le témoin reproché ne soit pas dans un état suffisant d'indépendance ou d'impartialité. Les reproches ne doivent pas être confondus avec les incapacités : 1° absolues, qui résultent des condamnations criminelles ou correctionnelles visées par les art. 28, 34 et 43 c. pén., et qui rendent le condamné incapable d'être témoin dans un procès quelconque ; 2° relatives, établies par l'art. 268, qui sont basées sur les liens de famille, et qui empêchent une personne de déposer dans les procès qui intéressent ses plus proches parents et alliés et son conjoint. Les incapacités peuvent être invoquées par l'une ou l'autre partie ; le juge doit refuser d'office d'entendre l'incapable, et, s'il a reçu sa déposition, le tribunal doit d'office en interdire la lecture. Les reproches sont, au contraire, laissés à l'appréciation de la partie intéressée qui peut seule les invoquer et doit, en principe, le faire avant la déposition. »

Il ne faut pas confondre non plus avec les personnes reprochables celles qui sont tenues au secret professionnel. Celles-ci n'en doivent pas moins, si elles sont citées en témoignage, comparaître et même prêter serment de dire la vérité. La partie ne peut pas invoquer contre elles le secret professionnel auquel elles sont tenues, pour les reprocher. Ce secret professionnel crée pour le témoin le droit de ne pas répondre, mais il ne produit aucun autre effet. — Il a été jugé que l'art. 283 c. proc. civ. qui contient l'énumération des personnes reprochables n'est pas applicable aux personnes soumises au secret professionnel ; ces personnes sont seules juges, sous le contrôle du tribunal, du point de savoir si elles peuvent parler, et, en cas de doute, l'intérêt de la partie qui s'oppose à leur audition est suffisamment sauvegardé par l'intervention du juge saisi de la contestation. En conséquence, la partie contre laquelle on veut les faire déposer ne peut pas les reprocher (C. cass. de Belgique, 22 mars 1888, aff. de Ridder, D. P. 89. 2. 196).

178. — I. Parents et alliés (*Rép.* n°* 459 à 471). — L'art. 283, bien qu'il comprenne dans sa généralité les personnes mentionnées dans l'art. 268 comme ne pouvant être assignées, reste applicable seulement, ainsi qu'on l'a fait remarquer au *Rép.* n° 459, aux parents et alliés en ligne collatérale. Ceux-ci peuvent être reprochés, sans distinction, dès que la parenté ou l'alliance entre les deux parties existe au sixième degré ou à un degré plus rapproché. Ainsi il a été jugé que le cousin germain de la grand'mère de l'une des parties en cause peut, au civil, être reproché comme témoin à titre de parent au sixième degré (Metz, 7 janv. 1857, aff. Ladet, D. P. 59. 5. 369).

179. L'art. 283 s'applique aux parents adoptifs et naturels, dans la mesure où la parenté résulte de l'adoption et de la filiation naturelle (V. *Adoption*, n°* 43 et suiv.; — v°* *Adoption*, n°* 174 et suiv.; *Paternité et filiation*, — n°* 657 et suiv.). Le reproche atteint le frère naturel, pourvu que ce dernier soit reconnu, et même le frère adultérin ou incestueux, pourvu que le vice de sa naissance soit constaté par un jugement; mais il ne peut s'étendre au delà du degré de frère ou de sœur (*Rép.* n° 460 ; Bioche, v° *Enquête*, n°* 330 et 331 ; Garsonnet, t. 2, p. 503, note 28).

180. On a émis au *Rép.* n° 463 l'opinion que le témoin parent des deux parties est reprochable comme celui qui n'est parent que de l'une d'elles; et qu'il est également indifférent que le témoin ne soit parent que de la partie contre laquelle il est cité. « Pour soutenir que le témoin, qui est parent des deux parties à égal degré, n'est pas reprochable, on peut, disent MM. Chauveau et Carré, t. 3, quest. 1107 *bis*, ainsi raisonner : « Le législateur, en permettant de reprocher les parents ou alliés de l'une ou de l'autre des parties au degré prohibé, a été mû par le motif qu'il serait à craindre que les liens du sang ou de l'affinité, existant entre le témoin et l'une des parties, ne portassent le témoin à déposer avec partialité dans l'intérêt de son parent; mais ce motif ne peut plus exister lorsque le témoin est tout à la fois parent ou allié des deux parties au même degré, puisque l'une et l'autre doivent lui inspirer un égal intérêt. » Ce raisonnement est spécieux, et ne peut se soutenir devant la généralité des termes de l'art. 283 qui dit, sans distinction « parent ou allié de l'une des parties » ; on conçoit que le législateur ait voulu éviter le danger d'un témoin cherchant également à ménager les deux parties aux dépens de la vérité » (V. aussi M. Dutruc, v° *Enquête*, n° 203). On peut invoquer à l'appui de cette théorie un arrêt de la cour d'Angers, qui sans résoudre expressément la question, déclare qu'en admettant même que l'art. 283 c. proc. civ. ne soit pas applicable au cas où les témoins reprochés sont parents ou alliés des deux parties au lieu de l'être de l'une d'elles seulement, encore faudrait-il qu'ils fussent parents ou alliés des deux parties au même degré, sans quoi la présomption de partialité, sur laquelle paraissent fondées les prescriptions de cet article, subsisterait au moins en partie (Angers, 12 déc. 1882) (1).

181. Tous les auteurs admettent, conformément à la doctrine enseignée au *Rép.* n°[s] 463 et suiv., que le reproche ne peut être tiré de la parenté des témoins entre eux (V. Dutruc, v° *Enquête*, n° 203; Rousseau et Laisney, n° 244; Garsonnet, t. 2, p. 503, note 30). Jugé, en ce sens, que la parenté des témoins entre eux n'est pas une cause légale de reproche (Req. 19 déc. 1866, aff. Favre-Laurent, D. P. 67. 1. 440).

182. Le défendeur, comme on l'a dit au *Rép.* n° 465, ne peut reprocher les témoins du demandeur sous prétexte de parenté ou d'alliance avec les personnes qu'il a assignées en garantie depuis le jugement prescrivant l'enquête. Mais il a été jugé : 1° qu'il peut, lorsqu'il est poursuivi par une caution en déclaration d'extinction de la dette, reprocher les parents ou alliés du débiteur principal (Metz, 22 avr. 1858) (2); — 2° Que le créancier qui intente une action en justice du chef de son débiteur est son représentant légal, et que, dans ce cas, le débiteur est censé être partie dans la cause; que, par suite, les témoins qui sont parents du débiteur au degré prohibé peuvent être reprochés par la partie adverse (Toulouse, 13 févr. 1864, aff. Dransin-Bru, D. P. 65. 2. 63. V. en ce sens : Garsonnet, t. 2, p. 503, note 30).

183. Dans une instance où figure une commune, les parents ou alliés des habitants de cette commune ne sont pas sujets à reproche. Cette solution, exposée au *Rép.* n°[s] 467 et suiv., est enseignée par les auteurs. « La commune, dit M. Bioche, v° *Enquête*, n° 333, est un être moral qui a des intérêts propres et distincts de ceux des individus qui habitent ou sont propriétaires dans son territoire ; l'exercice des droits et des actes de la commune est dans les mains du conseil municipal » (V. en ce sens : Rousseau et Laisney, v° *Enquête*, n° 299; Dutruc, n° 206). « Il en est autrement, dit M. Garsonnet, t. 2, p. 507, note 2, si les habitants de la commune plaident *ut singuli*, à moins qu'ils ne soient assez nombreux pour qu'on doive les considérer

comme un corps commun, auquel cas leurs parents ou alliés ne pourraient pas être reprochés. » La première proposition est exacte ; on a combattu la seconde au *Rép.* n° 470.

184. Les parents du failli, dans une cause intéressant la faillite, sont sujets à reproche. Mais on ne peut pas reprocher les parents et alliés des créanciers d'une faillite estant en justice en la personne du syndic (*Rép.* n° 471 ; Bioche, v° *Enquête*, n° 337; Chauveau et Carré, n° 1107 *ter*; C. cass. Belgique, 17 mai 1883, aff. de Vulder, D. P. 84. 2. 118).

185. La faculté de reprocher un témoin, pour parenté à un degré prohibé, appartient à la partie même qui est parente ou alliée, comme à son adversaire. Ce principe exposé au *Rép.* n° 464, et basé sur les termes généraux de l'art. 283 c. proc. civ., qui ne fait aucune distinction, a été consacré par la jurisprudence. Il a été jugé que le reproche d'un témoin, fondé sur la parenté ou l'alliance de ce témoin avec l'une des parties, peut être proposé même par la partie dont il est parent ou allié (Paris, 22 févr. 1862, aff. Allard, D. P. 62. 5. 317; Bordeaux, 26 déc. 1862, *infrà*, n° 264. V. en ce sens : Rousseau et Laisney, v° *Enquête*, n° 248; Chauveau sur Carré, quest. 1107 *bis*; Bioche, v° *Enquête*, n° 342).

186. Les dispositions de l'art. 283 relatives à la parenté ou l'alliance reçoivent exception en deux cas : 1° en matière de séparation de corps; 2° en matière d'absence. Ces exceptions sont les seules qui doivent être admises (*Rép.* n° 459).

187. — II. HÉRITIER PRÉSOMPTIF OU DONATAIRE (*Rép.* n° 472). — Dans une enquête ouverte au cours d'une instance en nullité d'un legs, un témoin ne peut être reproché soit parce qu'il est l'exécuteur du testament contenant le legs attaqué, s'il n'a pas d'intérêt personnel et direct dans la contestation, soit parce qu'il est lui-même légataire particulier, si la nullité demandée, en la supposant obtenue, ne peut avoir aucun effet à l'égard du legs qui lui a été fait, soit enfin comme subrogé tuteur des enfants du défendeur, si ce dernier loin d'avoir un intérêt opposé à celui de ces enfants, auxquels a été fait le legs attaqué, a au contraire, un intérêt personnel à faire prévaloir leur cause (Dutruc, v° *Enquête*, n° 211).

188. — III. PERSONNE AYANT BU OU MANGÉ AVEC LA PARTIE (*Rép.* n°[s] 473 à 475). — Il a été jugé : 1° que les usages locaux et la circonstance d'une fête patronale ne sauraient mettre à l'abri du reproche le témoin qui, depuis le jugement ordonnant l'enquête, a bu et mangé aux frais de la partie (Nancy, 31 janv. 1874, aff. Commune de Norroy, D. P. 75. 2. 186) ; — 2° Qu'un témoin est reprochable, lorsqu'il a bu et mangé aux frais de la partie, bien que celle-ci n'ait ni bu ni

---

(1) (Frouin C. Touchais.) — LA COUR ; — Considérant qu'aux termes de l'art. 432 c. proc. civ., lorsque les tribunaux de commerce ordonnent la preuve par témoins, il doit y être procédé dans les formes prescrites pour les enquêtes sommaires; que l'art. 413 du même code déclare applicables aux enquêtes sommaires les dispositions du titre 12 des enquêtes relatives aux reproches qui peuvent être proposés par les parties présentes; qu'il résulte de ces textes précis que l'art. 283 doit être appliqué par les tribunaux de commerce aussi bien que par les tribunaux civils; qu'à la vérité, cet article déclare que les personnes dont il énumère les qualités *pourront* être reprochées, mais qu'il est aujourd'hui reconnu par une jurisprudence constante que si ces termes laissent aux parties la faculté de proposer ou de ne pas proposer les reproches, ils ne donnent aux juges la faculté de les admettre ou de les rejeter, et que le devoir de ceux-ci, toutes les fois qu'il s'agit de reproches spécifiés par la loi, se borne à examiner s'ils sont fondés et justifiés, c'est-à-dire s'ils sont écrits dans la loi et si la preuve en est produite; — Considérant, en fait, qu'il n'est pas méconnu que la dame Touchais ne soit la sœur du sieur Michel Frouin, demandeur devant le tribunal de commerce de Saumur, et la tante des frères Frouin, défendeurs; — Considérant qu'il n'est pas davantage contesté que le témoin Touchais ne soit le beau-frère du demandeur et l'oncle par alliance des défendeurs ; — Considérant qu'en admettant, même comme l'ont cru les premiers juges, bien que ce soit fort contestable, que l'art. 283 c. proc. civ. ne soit pas applicable au cas où les témoins reprochés sont parents ou alliés des deux parties au lieu de l'être de l'une d'elles, encore faudrait-il qu'ils fussent parents ou alliés des deux parties au même degré, sans quoi la présomption de partialité, sur laquelle paraissent fondées les prescriptions de cet article, subsisterait au

moins en partie; qu'il n'en est pas ainsi dans l'espèce, puisque les témoins reprochés sont parents ou alliés du demandeur au second degré, tandis qu'ils sont parents ou alliés des défendeurs au troisième degré seulement; — Par ces motifs; — Déclare bien fondés les reproches proposés par les frères Frouin contre les sieur et dame Touchais.

Du 12 déc. 1882.-C. d'Angers, 2e ch.-MM. Bigot, pr.-Chudeau, av. gén.

(2) (Godchaux-Coblentz C. Moyse Franck.) — LA COUR; — Attendu que l'art. 283 c. proc. civ. n'est pas limitatif, et que les tribunaux ont le droit d'admettre toutes les causes de reproches qui leur paraissent frapper d'une suspicion légitime les témoins produits ; — Attendu que la demande de Moyse Franck a pour objet de faire décider que la créance de la veuve Coblentz contre Hertz Franck est éteinte, jusqu'à concurrence de 1400 fr., par un payement qui, fait des deniers du débiteur principal, doit profiter à sa caution ; — Attendu que cette demande intéresse Hertz Franck, non moins que son fils Moyse, et qu'on voit même dans le dispositif du jugement de première instance qui a statué sur le fond que le tribunal a prononcé la libération de Hertz Franck; — Attendu que les deux témoins, Moyse Block et sa femme, sont cousins germains par alliance de Hertz Franck ou de son épouse; que ce lien étroit de parenté ne permet pas que ces deux personnes soient entendues comme témoins dans le procès de leur parent ;

Par ces motifs, réforme le jugement du tribunal, admet les reproches, et ordonne que les dépositions de Moyse Block et de sa femme ne seront pas lues, etc.

Du 22 avr. 1858.-C. de Metz, 1re ch.-MM. Woirhaye, 1er pr.-Salmon, av. gén.-Boulangé et Limbourg, av.

mangé en même temps que ce témoin (Bordeaux, 6 août 1853, *Journal des arrêts de Bordeaux*, 1853, p. 393). Jugé, toutefois, qu'il n'y a pas lieu de reprocher le témoin, qui a bu ou mangé chez la partie et *à ses frais*, mais non *avec elle* (Bruxelles, 19 nov. 1860, aff. de Rheina-Wolbeck *C.* de Tornaco, *Pasicrisie belge*, 1861. 2. 156). — « On peut, dit M. Dutruc, v° *Enquête*, n° 213 et suiv., reprocher les témoins qui ont bu ou mangé avec la partie et à ses frais depuis le jugement ordonnant l'enquête, alors même que la condition et l'honorabilité de ces témoins et les circonstances éloignent toute idée de subornation. Il en est ainsi encore bien, d'une part, que, lorsque l'instance a été introduite et l'enquête ouverte à la requête de plusieurs parties, les témoins n'aient bu ou mangé qu'avec l'une d'elles et à ses frais; et, d'autre part, que le fait se soit passé depuis l'appel du jugement qui a ordonné l'enquête et avant l'arrêt confirmatif de ce jugement ».

189. Le reproche doit être circonstancié ; il ne suffit pas d'articuler le fait ; on doit indiquer le lieu et le jour où il s'est accompli (*Rép.* n° 475 ; Dutruc, v° *Enquête*, n° 215).

190. Le reproche n'est pas admissible, on l'a dit au *Rép.* n° 475, dans le cas où la partie a bu et mangé chez le témoin en qualité de pensionnaire (V. en ce sens : Rousseau et Laisney, v° *Enquête*, n° 251).

191. De même, le reproche n'est pas fondé si le témoin a bu ou mangé *à ses frais*, chez la partie. — Il a été jugé qu'on ne saurait appliquer l'art. 283 au témoin qui a pris un ou plusieurs repas chez la partie, parce qu'il vendangeait pour elle, de telle sorte que la nourriture faisait partie de son salaire, et ne constituait à sa charge ni une obligation, ni une dette de reconnaissance, ni l'indice d'une intimité assez grande pour devenir un embarras ou une gêne dans l'expression de sa pensée (Nancy, 31 janv. 1874, aff. Commune de Norroy, D. P. 75. 2. 186; Garsonnet, t. 2, p. 504, note 38). — Jugé aussi que le témoin qui a bu et mangé aux frais personnels du maire n'est pas pour cela reprochable dans un procès soutenu par ce fonctionnaire au nom de la commune (Arrêt précité du 31 janv. 1874). La partie au procès est la commune, et non le maire ; le témoin n'a donc pas bu et mangé aux frais de la partie, circonstance sans laquelle le reproche manque d'un de ses éléments nécessaires.

192. — IV. Certificat pour le gain du procès (*Rép.* n°s 476 à 493). — On a indiqué au *Rép.* n° 476 quels caractères doit revêtir le certificat pour entraîner le reproche. « On entend par certificat, disent MM. Rousseau et Laisney, v° *Enquête*, n° 253, seulement les attestations données bénévolement et par pure complaisance à la partie par la personne reprochée. » — Il a été jugé que le témoin appelé à déposer dans une instance en nullité de testament pour insanité d'esprit du testateur, ne peut être reproché à raison des certificats qu'il aurait donnés dans une instance antérieure ayant pour objet de faire prononcer l'interdiction du testateur (Colmar, 6 janv. 1863, aff. Meyer, D. P. 65. 2. 62). Les certificats ayant été fournis dans une autre contestation, on ne pouvait les considérer comme ayant été donnés, ainsi que le veut l'art. 283, *sur des faits relatifs* au procès. Toutefois, il a été décidé que le témoignage de celui qui a donné un certificat sur les faits relatifs au procès doit être écarté, non seulement dans la cause en vue de laquelle ce certificat a été donné, mais dans toute autre contestation à laquelle se rapportent les faits dont il s'agit (C. cass. de Belgique, 7 mai 1880, aff. Assurances générales *C.* Comp. d'assur. *la Belgique*, *Pasicrisie belge*, 1880. 1. 137). — Jugé encore qu'une déclaration, un certificat sur les faits du procès délivré, non à l'une des parties, mais sur la demande et dans l'intérêt éventuel d'une personne qui n'est point actuellement dans l'instance, ne peut être une cause de reproche (Trib. Villefranche, 26 août 1863, aff. Mestre, D. P. 64. 2. 83).

193. Pour que le témoin qui a donné un certificat sur le procès soit reprochable, il faut, a-t-on dit au *Rép.* n° 493, que ce certificat porte non seulement sur des faits relatifs au procès, mais encore sur les faits dont la preuve a été ordonnée. M. Bioche, v° *Enquête*, n° 352, partage cet avis. « Les termes de l'art. 283, dit cet auteur, sont généraux et ne font aucune distinction. Mais nous croyons qu'il faut

s'attacher à l'esprit plutôt qu'au texte de cet article, et qu'il n'a d'application qu'au cas où le certificat a été délivré sur les faits mêmes du procès » (V. dans le même sens : Chauveau sur Carré, *Lois de la procédure*, t. 9, quest. 1112 ; Colmet-Daàge, Boitard et Glasson, t. 1, p. 521, n° 500. — *Contra :* Garsonnet, t. 2, p. 504, note 36).

194. Il a été jugé que le témoin appelé à déposer sur deux faits, qui reconnaît avoir donné un certificat sur l'un de ces faits, et non sur l'autre fait, indépendant du premier, n'est reprochable que partiellement et peut être entendu sur le fait étranger au certificat qu'il a délivré (Colmar, 27 janv. 1863, aff. Compagnie d'assurances *l'Urbaine*, D. P. 65. 2. 62). En sens contraire, il a été décidé que le témoin reproché pour avoir donné un certificat sur l'un des faits relatifs à un procès ne peut être admis à déposer sur les faits qui n'ont pas fait l'objet de ce certificat (Bruxelles, 31 mai 1869, aff. Rousseau, D. P. 70. 2. 203). La décision de la cour de Bruxelles s'appuie sur ce motif que pareil certificat est le résultat ou de l'intimité qui existe entre la partie en faveur de laquelle le témoin doit déposer et ce dernier, ou bien de la complaisance de ce dernier, ou enfin de ces deux circonstances à la fois, et que cette situation du témoin vis-à-vis de la partie qui invoque son témoignage rend, aux yeux du législateur, sa déposition suspecte de partialité en faveur de celle-ci ; que, dès lors, il est contraire à la justice d'admettre ce témoin à déposer, même sur les faits qui n'ont pas fait l'objet du certificat.

195. Pour qu'il y ait lieu à reproche, peu importe la forme dans laquelle est donné le certificat ; qu'il soit sous seing privé ou notarié (*Rép.* n° 493) ; il faut seulement qu'il soit *écrit*. Il est certain que, dans la langue juridique aussi bien que dans le langage ordinaire, le mot « certificat » ne s'applique qu'à une déclaration écrite. L'opinion contraire conduirait, d'ailleurs, à des difficultés très graves ; ainsi il faudrait évidemment distinguer entre une déclaration faite verbalement, avec une certaine solennité, devant plusieurs personnes, et un simple propos tenu dans une conversation. Mais où serait la limite ? En interprétant littéralement le texte de l'art. 283 c. proc. civ., on coupe court à ces difficultés. — Jugé en ce sens que l'écriture est de l'essence de tout certificat ; qu'en conséquence, ne peut être reproché le témoin dont les déclarations orales, faites en dehors de l'enquête, n'ont pas été recueillies par écrit (Req. 24 juill. 1871, aff. Capel, D. P. 71. 1. 147). Cette décision n'est pas en contradiction avec un arrêt de la cour de Metz, portant que l'on peut reprocher, comme ayant donné un certificat sur les faits du procès, le témoin qui, ne sachant signer, a apposé une croix au bas d'un tel certificat (Metz, 20 août 1862, aff. Imbs, D. P. 63. 5. 372). Dans ce cas, en effet, la déclaration a été écrite, et même le témoin s'est approprié, autant que cela dépendait de lui, la rédaction entière du certificat.

196. Des lettres écrites depuis l'instance par l'un des témoins aux parties sur les faits du procès peuvent être regardées comme des certificats dans le sens de l'art. 283, et, par suite, faire reprocher le témoin qui les a écrites (*Rép.* n° 477). Cependant il a été jugé : 1° qu'on ne doit pas regarder comme un certificat la lettre missive écrite spontanément par un témoin à une partie, pour lui faire connaître certaines circonstances dont il a gardé le souvenir (Bordeaux, 21 juill. 1851, *Journal des arrêts de Bordeaux*, 1851, p. 339); — 2° Qu'une lettre écrite par un témoin, en réponse à une demande de renseignements que lui avait adressée l'une des parties, en faisant appel à ses souvenirs, n'est pas un certificat dans le sens de l'art. 283 c. proc. civ., lorsque le signataire ne certifie rien et n'énonce que des souvenirs, sans se lier pour le cas où il serait appelé à déposer en justice (Dijon, 21 juill. 1858, aff. Chamfroy, D. P. 58. 2. 168. V. dans le même sens : Bioche, v° *Enquête*, n° 351) ; — 3° Qu'on ne saurait reprocher, comme ayant donné un certificat sur les faits du procès, l'ami commun qui a fourni par écrit des renseignements sous la condition expresse qu'ils seraient communiqués à toutes les parties (Bordeaux, 7 juin 1871, aff. Bourges, D. P. 71. 5. 376).

197. On a émis au *Rép.* n° 493 l'opinion que le reproche contre un témoin, fondé sur ce qu'il aurait souscrit un certificat pour l'une des parties, ne peut être proposé par la partie dans l'intérêt de laquelle le certificat a été donné.

Cette doctrine professée par la plupart des auteurs (V. Garsonnet, t. 2, p. 504, note 37; Rousseau et Laisney, vº *Enquête*, nº 267. — *Contrà :* Bioche, vº *Enquête*, nº 355) a été confirmée par un arrêt de la cour de Douai du 3 août 1854) (1).

198. Ne sont pas reprochables comme ayant donné un certificat :

1º *Les personnes qui ont fait une déclaration en qualité d'experts, de témoins*, etc. Il a été jugé : 1º que les experts chargés par la justice de donner leur avis sur les faits du procès ne sont pas reprochables comme témoins (Douai, 16 juin 1857, aff. N..., *Journal des arrêts de la cour de Douai*, 1857, p. 289) ; — 2º Que l'on ne saurait reprocher, comme ayant donné un certificat sur les faits du procès, une personne appelée à donner des renseignements aux employés d'une compagnie de chemins de fer, relativement à un accident dont ils dressaient procès-verbal (Dijon, 8 mars 1880 (2). — V. en sens contraire : Besançon, 17 févr. 1883, Rousseau et Laisney, *Supplément alphabétique*, p. 188 et 189) ; — 3º Que l'employé d'une compagnie de chemin de fer qui a adressé à cette compagnie un rapport sur un accident dont un particulier a été victime ne peut être assimilé à un témoin ayant donné un certificat sur les faits du procès et, par suite, ne peut être reproché (Chambéry, 5 mai 1876, aff. Pillet, D. P. 79. 5. 403) ; — 4º Que les personnes qui, pour se conformer à un ordre de justice, ont levé un plan de terrains litigieux ou placé des bornes provisoires, et qui ont constaté par écrit l'opération à laquelle elles ont procédé, ne peuvent être considérées comme ayant délivré des certificats relatifs au procès, et que leur témoignage, dès lors, ne peut être écarté (Req. 23 janv. 1877, aff. Magnaschi, D. P. 78. 1. 70). — Le témoignage d'une personne ayant donné un certificat relatif au procès ne peut être écarté qu'autant que ce certificat a été sollicité par l'une des parties en cause, et délivré dans l'intention de favoriser les prétentions de cette partie. Par suite, il n'y a pas lieu à reproche quand l'acte relatif au procès a été dressé par ordre de justice et ne contient qu'une simple constatation de faits destinée à éclairer les juges (Dutruc, vº *Enquête*, nºs 228 et 229. Conf. Rousseau et Laisney, *Supplément alphabétique*, p. 189).

199. — 2º *Les fonctionnaires publics qui ont délivré des extraits de leurs registres relatifs au procès.* — V. Rép. nº 479.

200. — 3º *Les membres des conseils municipaux, des conseils de préfecture, du conseil d'Etat, qui ont délibéré sur le point de savoir s'il y a lieu à autoriser une commune à ester en justice* (Rép. nº 480). — La question a été soulevée principalement en ce qui concerne les conseillers municipaux. La doctrine et la jurisprudence semblent fixées en ce sens que le membre d'un conseil municipal ne peut être reproché comme témoin dans un procès intéressant la commune, alors, du moins, qu'il n'a pas émis, dans les délibérations, une opinion personnelle sur le fait à établir. Il serait reprochable, au contraire, s'il avait personnellement affirmé, dans la délibération ou dans un acte séparé, le fait à prouver, ou s'il avait un intérêt personnel et direct à l'issue du procès (Rousseau et Laisney, vº *Enquête*, nºs 259 et 260 ; Bioche, vº *Enquête*, nº 354). — Il a été jugé : 1º que le conseiller municipal qui a pris part à la délibération autorisant la commune à soutenir un procès ne peut être reproché comme témoin, dans une enquête à laquelle il est procédé au cours de ce procès, comme ayant par cela même délivré un certificat à l'une des parties sur les faits du procès (Douai, 16 mars 1860, aff. Eraux, D. P. 60. 2. 111 ; Req. 12 févr. 1862, aff. Montariol, D. P. 62. 1. 187)... Alors surtout qu'il n'est pas prouvé qu'il ait émis une opinion personnelle relativement aux mêmes faits (Même arrêt du 12 févr. 1862) ; — 2º Que les conseillers municipaux qui ont pris part à la délibération par laquelle une commune sollicite l'autorisation de soutenir un procès ne peuvent être assimilés d'une manière absolue au témoin qui donne un certificat sur les faits relatifs à la contestation ; qu'en conséquence, ils peuvent être entendus comme témoins dans l'enquête à laquelle le procès intenté par la commune a donné lieu, alors qu'il n'apparaît pas qu'ils aient un intérêt direct et personnel à l'issue du procès (Bourges, 4 déc. 1877, aff. Commune de Champallement, D. P. 79. 2. 104) ; — 3º Que les juges du fond ont pu, sans violer l'art. 283 c. proc. civ., écarter, par une appréciation souveraine des circonstances, les dépositions de certains témoins qui, avant de déposer dans un procès relatif à un droit d'affouage, auraient exprimé leur avis, comme conseillers municipaux, dans la délibération du conseil municipal refusant l'affouage à l'adversaire de la commune, bien que cet avis ne puisse être assimilé à un certificat donné sur les faits du procès, en décidant que cet avis suffisait pour démontrer que ces témoins avaient une opinion préconçue sur les faits du procès, et pour enlever, par suite, à leurs déclarations le caractère d'impartialité nécessaire pour qu'elles puissent être admises par la justice (Req. 8 mai 1883, aff. Commune d'Angirey, D. P. 83. 1. 393. — V. aussi le rapport de M. le conseiller Mazeau, sur lequel a été rendu cet arrêt, *ibid.*) ; — 4º Qu'on ne saurait considérer comme un motif suffisant de reproche, dans une instance intéressant une commune, lorsque le témoin n'a qu'un intérêt général, indirect et éloigné à la solution du procès, la qualité d'adjoint au maire, ni celle de conseiller municipal ayant pris part à la délibération qui a autorisé la commune à intervenir au litige (Orléans, 1er juill. 1886, aff. Latouche, D. P. 88. 2. 128). — Mais, dans un sens contraire, il a été jugé que est reprochable le témoin qui, comme membre du conseil municipal, a pris part à une délibération par laquelle une commune

---

(1) (Cochet C. Giret.) — Le sieur Capet ayant été produit comme témoin dans une enquête par le sieur Giret, l'une des parties en cause, les adversaires de ce dernier, les sieurs Cochet et Boucher, ont reproché ce témoin par le motif qu'il avait délivré un certificat sur les faits du procès. Le sieur Giret a soutenu que le reproche n'était pas recevable, par le motif que les sieurs Cochet et Boucher auraient eux-mêmes sollicité le certificat dont il s'agit. La contestation a été soumise à la cour de Douai, devant laquelle l'enquête avait lieu. — Arrêt.

La cour ; — En ce qui touche le reproche adressé au onzième témoin, Constant Capet : — Attendu que la loi n'a pu accorder à l'une des parties le pouvoir d'écarter une déposition par la production d'un certificat qu'elle aurait sollicité, et qu'elle serait libre de produire ou de retirer ; — Attendu que la complaisance ne peut se présumer de la part des témoins qu'au profit de la partie qui a sollicité le certificat, mais que celle-ci ne peut s'en armer pour repousser sa déclaration ; — Rejette ce reproche, etc.

Du 3 août 1854.-C. de Douai, 2º ch.-MM. Danel, pr.-Paul, av. gén.-Ladureau et Talon, av.

(2) (Vitrier C. Compagnie des Dombes.) — Le 17 juin 1879, jugement du tribunal civil de Mâcon, ainsi conçu : — « En ce qui concerne les témoins Florentin et Cretie : — Attendu que ces témoins sont, le premier inspecteur, et le deuxième chef de section de la compagnie des Dombes ; qu'on ne peut les considérer comme domestiques ou serviteurs, et qu'on ne peut non plus les assimiler à des employés ou préposés se trouvant dans un état de subordination qui serait de nature à faire nécessairement suspecter leur sincérité ; — En ce qui concerne le témoin Faucillon : — Attendu que ce témoin est le médecin des employés de la compagnie, résidant à Cluny ou à proximité, et qu'à ce titre il reçoit un traitement annuel de la défenderesse ; que, néanmoins, ce serait tomber dans une exagération évidente que de l'assimiler à un serviteur ou domestique, et de lui appliquer la disposition de l'art. 283 c. proc. civ. ; — En ce qui concerne la femme Bernard : — Attendu qu'il résulte des documents de la cause que ce témoin a été appelé à donner des renseignements sur l'accident dont le demandeur a été victime lors du procès-verbal dressé au moment de l'accident par des agents de la compagnie ; que la déclaration faite par le témoin n'était faite, en réalité, qu'en exécution d'un devoir légal ; qu'elle n'avait rien de volontaire et de spontané, et ne peut, dès lors, être assimilée au certificat dont parle l'art. 283 ; — Attendu que, tout en rejetant les reproches formés par le demandeur, il appartient au tribunal de peser les dépositions des témoins reprochés, et de tenir compte de leur situation personnelle ; — Par ces motifs, etc. ». — Appel. — Arrêt.

La cour ; — Adoptant les motifs des premiers juges ; — Et considérant, en outre, qu'il n'apparaît pas que la responsabilité personnelle des témoins Florentin et Cretie, employés de la compagnie des Dombes, puisse, en aucun cas, être engagée dans le débat ; — Confirme, etc.

Du 8 mars 1880.-C. de Dijon, 3e ch.-MM. Julinet, pr.-Lebon av. gén.-Nourrissat et Dubreuil (du barreau de Lyon), av.

intéressée au procès a été autorisée à ester en justice (Besançon, 21 avr. 1866, aff. Clerc, D. P. 66. 2. 72).

La même théorie s'applique aux membres d'un conseil de fabrique. Il a été jugé que le maire et le curé ne peuvent être reprochés comme témoins dans un procès intéressant une fabrique, à raison de leur qualité de membres du conseil de fabrique (Req. 23 janv. 1877, aff. Magnaschi, D. P. 78. 1. 70).

201. — 4° *Les membres d'un conseil de famille ayant concouru à une délibération portant autorisation d'intenter un procès* (*Rép.* n° 481); à moins qu'ils n'aient attesté dans la délibération ou dans un autre acte, l'existence des faits articulés (V. en ce sens : Trib. Bruxelles, 3 nov. 1879, aff. V... C. F..., *Pasicrisie belge*, 1880. 3. 56; Dutruc, v° *Enquête*, n° 226 ; Bioche, v° *Enquête*, n° 354; Rousseau et Laisney, v° *Enquête*, n° 261). — Cependant il a été jugé que les membres du conseil de famille appelés, conformément à l'art. 892 c. proc. civ., à émettre leur avis sur l'état mental de la personne à interdire, doivent être considérés comme ayant donné, par l'expression de cet avis, un véritable certificat sur l'état de la cause (Nancy, 17 déc. 1885, aff. Stouls, D. P. 86. 2. 280). La cour de Nancy a pensé que les membres du conseil de famille sont, en quelque sorte, engagés par l'avis qu'ils ont émis, et qu'ils ne pourraient se trouver, s'ils étaient appelés à déposer comme témoins au cours de l'enquête, dans les conditions d'indépendance et d'impartialité absolues, justement exigées par la loi, de tous les témoins entendus en justice.

202. — 5° *L'huissier d'une partie qui a instrumenté pour elle dans la cause* (*Rép.* n° 482). — V. en ce sens : Bioche, v° *Enquête*, n° 353.

203. — 6° *L'avoué de la partie* (*Rép.* n° 483). — Il a été jugé que la qualité, chez un témoin, d'avoué de la partie qui le produit, n'est pas par elle-même une cause de reproche ; sauf au juge à avoir seulement tel égard que de raison à la déposition de ce témoin (Nancy, 5 déc. 1855, aff. Dequerre, D. P. 56. 2. 163). Cependant des auteurs admettent que l'avoué a occupé pour une partie en première instance et est appelé en témoignage par cette partie dans une enquête ordonnée par la cour sur l'appel du jugement peut être reproché par la partie adverse (Dutruc, v° *Enquête*, n° 219).

204. — 7° *L'avocat de la partie qui a plaidé dans la cause.* — Les conseils de l'avocat, pas plus que l'assistance de l'avoué, ne peuvent être assimilés en droit au certificat. — Mais les tribunaux peuvent écarter leur témoignage en tant qu'émanant de personnes ayant donné leur avis sur les faits du procès, et ayant un certain intérêt dans l'affaire (V. *Rép.* n° 484; Dutruc, v° *Enquête*, n° 218; Bioche, v° *Enquête*, n° 354). Jugé que le témoin qui a été l'avocat de l'une des parties en cause dans le jugement qui avait ordonné l'enquête peut être reproché en appel (Bastia, 22 janv. 1850, aff. Guedicelli, D. P. 50. 2. 67. V. en ce sens : Gand, 20 mars 1857, *Journal de Belgique*, 1857, p. 777; Bruxelles, 14 nov. 1859, *Journal des avoués*, t. 85, p. 343). — Il a été décidé, en sens contraire : 1° que l'avocat de la partie qui a plaidé dans la cause n'est pas reprochable, sauf aux juges à avoir pour son témoignage tel égard que de raison (Paris, 4 nov. 1854, aff. Villars, D. P. 66. 5. 459) ; — 2° Qu'un témoin ne peut être reproché par le motif qu'il aurait été le conseil, même salarié de l'une des parties (Même arrêt). Ces décisions sont la conséquence du principe admis par la cour, et depuis repoussé par la jurisprudence, que l'énonciation des causes de reproche dans l'art. 283 c. proc. civ. est limitative (V. *suprà*, n° 176).

205. — 8° *Le notaire qui a reçu un acte et les témoins instrumentaires dans une enquête portant sur la validité de cet acte.* — Les dépositions des témoins instrumentaires contre les énonciations de l'acte argué de faux étaient rigoureusement écartées dans l'ancienne jurisprudence. La qualité de témoin instrumentaire ne figure pas au nombre des causes de reproche énumérées par l'art. 283 c. proc. civ.. Aussi la jurisprudence et la doctrine sont-t-elles d'accord, on l'a dit au *Rép.* n° 485 et 493, pour reconnaître que ces témoins peuvent, en cas d'inscription de faux contre l'acte auquel ils ont concouru, être entendus comme témoins dans l'enquête ordonnée. La même décision est donnée et, pour les mêmes motifs, à l'égard de l'officier public rédacteur de l'acte

(V. en ce sens : Bioche, v° *Enquête*, n° 353; Rousseau et Laisney, v° *Enquête*, n° 300; Dutruc, v° *Enquête*, n° 231 ; Garsonnet, t. 2, p. 466, note 2). Toutefois, si le notaire et les témoins instrumentaires ne sont pas reprochables, par le seul fait de leur participation à l'acte et ne doivent pas être assimilés en droit aux témoins qui ont donné un certificat, ils peuvent être reprochés, lorsqu'ils ont un intérêt direct à la solution du procès. — Il a été jugé : 1° qu'un notaire peut, dans une procédure d'inscription de faux dirigée contre un acte reçu par lui, être entendu sur les faits qui se sont passés devant lui, à l'audience, à titre d'éclaircissement, et qu'il est permis aux juges de faire des déclarations de ce notaire l'un des éléments de leur décision, encore qu'elles soient en opposition avec les énonciations de l'acte argué de faux (Req. 26 juin 1854, aff. Geyelin, D. P. 54. 1. 227); — 2° Qu'en matière de faux incident civil, le témoignage de l'officier ministériel (de l'huissier, par exemple) rédacteur de l'acte argué, peut être admis comme moyen de faux..., sauf aux juges à apprécier si la contradiction entre la teneur de l'acte et le témoignage serait le résultat du mensonge ou de la fraude (Nîmes, 15 mai 1855, aff. Ducret, D. P. 55. 2. 221); — 3° Que, dans une enquête par suite d'inscription de faux contre un acte authentique, l'audition des personnes qui ont concouru à cet acte en qualité de témoins instrumentaires est permise, sauf aux tribunaux à avoir tel égard que de raison à leurs dépositions; ces témoins instrumentaires peuvent être entendus, notamment, sur le fait de l'absence de plusieurs d'entre eux, lors de l'accomplissement des formalités essentielles à la validité de l'acte (un testament), malgré la constatation qui y a été faite de leur présence (Req. 12 nov. 1856, aff. Monteilhet, D. P. 57. 1. 59) ; — 4° Que les témoins instrumentaires d'un acte authentique peuvent être entendus dans une enquête ordonnée par suite de la contestation élevée sur la validité de cet acte : ils ne sauraient être assimilés à ceux qui ont donné des certificats sur des faits relatifs au procès (Bastia, 22 juill. 1857, aff. Pianelli, D. P. 58. 2. 71); — 5° Que l'on ne peut reprocher comme témoin le notaire qui a assisté comme mandataire de l'une des parties dans les opérations de l'inventaire d'une succession litigieuse, alors, d'ailleurs, qu'il n'a, depuis l'inventaire, pris aucune part à la direction du procès et qu'il n'est point intéressé dans la cause (Colmar, 14 juill. 1863, aff. Richert, D. P. 63. 5. 372. V. aussi Req. 2 juill. 1866, aff. Maillet, D. P. 66. 1. 430); — 6° Que les témoins instrumentaires d'un acte authentique, par exemple, d'un testament, peuvent être entendus comme témoins dans l'enquête portant sur la fausseté de cet acte (Paris, 31 janv. 1874, aff. Poulin, D. P. 75. 2. 121). Aucun texte ne prononce leur incapacité (Bioche, v° *Enquête*, n° 353); — 7° Que le notaire et les témoins instrumentaires devant lesquels un acte authentique a été passé peuvent être entendus comme témoins dans l'enquête portant sur le dol, la fraude ou la simulation dont cet acte serait entaché, à la charge par le juge de n'accueillir leur déposition qu'avec prudence et circonspection (Gand, 19 juill. 1882, aff. Van Alfaenen, D. P. 83. 2. 200. V. en ce sens : Angers, 8 mars 1855, aff. Sinoir, D. P. 55. 2. 129 ; Gand, 11 août 1854, aff. Van Migro, *Pasicrisie belge*, 1858. 2. 117; 4 mai 1876, *ibid.*, 1876. 2. 405; Trib. Malines, 23 mai 1879, aff. Vermorien, *ibid.*, 1878. 3. 53).

Mais il a été décidé que le notaire qui a rédigé un acte argué de faux, comme ayant été sciemment antidaté, peut être reproché dans l'enquête à laquelle il est procédé à l'effet de constater le faux (Bordeaux, 3 déc. 1857, aff. Boisdon, D. P. 58. 2. 153). Un notaire dont l'acte qu'il a rédigé en cette qualité est argué de faux matériel comme ayant été sciemment antidaté ne saurait être considéré comme pouvant rendre, à propos de cet acte et de sa date, témoignage dans la véritable acception de ce terme, et on ne peut pas avec plus de sécurité le lui demander sur ce point qu'on ne pourrait à cet égard s'en rapporter à la partie elle-même. On peut dire qu'il est le plus sérieusement intéressé à la solution du procès. — Il en serait autrement du notaire rédacteur d'un testament attaqué pour cause d'insanité d'esprit du testateur, et qui serait appelé à déposer comme témoin dans l'enquête, ayant pour objet de prouver cet état de démence. Le notaire qui a déclaré que le testateur dont il a reçu les volontés dernières était sain d'esprit n'a attesté ainsi qu'un fait étranger à l'exercice de ses fonctions. D'une part, sa déclaration ne constitue pas un certificat, dans le sens légal du mot; d'autre part, il n'est pas personnellement intéressé dans le litige; il ne saurait donc être reproché.

206. Il a été jugé que si les témoins instrumentaires d'un acte authentique argué de faux peuvent être admis à déposer contre cet acte, leur témoignage ne saurait cependant suffire, en l'absence de toute autre preuve, pour en faire prononcer la fausseté (Grenoble, 15 juin 1852, aff. Baboulin, D. P. 53. 2. 266). — Cette solution, conforme aux décisions d'un certain nombre de cours d'appel (V. *Rép.* n° 492), ne nous paraît pas juridique. Dès qu'aucune loi ne repousse les témoins instrumentaires, leurs dépositions ne peuvent pas être déclarées suspectes et inefficaces *ipso jure*, par cela seul qu'elles ne sont point accompagnées d'autres circonstances de nature à en démontrer la sincérité. Il ne peut y avoir là pour les tribunaux qu'une appréciation à faire, sauf à eux à y apporter une sévérité plus grande que lorsqu'il s'agit de témoins ordinaires. Le pouvoir d'admettre à déposer les témoins instrumentaires une fois reconnu aux juges, c'est à eux seuls qu'il appartient d'apprécier la portée et les résultats de leurs dépositions, de telle sorte qu'ils peuvent, sur cette déposition unique, et sans le concours d'aucun autre élément de preuve, déclarer la nullité (V. *Faux incident*; — *Rép.* eod. v°, n° 222; Req. 12 nov. 1856, aff. Monteilhet, D. P. 57. 1. 59).

207. — 9° *Le juge qui a pris part au jugement ordonnant l'enquête.* — On a émis au *Rép.* n° 487 l'opinion que les juges de première instance sont incapables d'être entendus comme témoins dans une enquête ordonnée en appel, sur des faits qu'ils ont été appelés à apprécier dans leur jugement; mais qu'ils peuvent être appelés à déposer, comme témoins, sur un fait matériel, postérieur au jugement rendu par eux. Cette doctrine est enseignée par les auteurs (Rousseau et Laisney, v° *Enquête*, n° 307 et 308; Dutruc, v° *Enquête*, n° 265; Bioche, v° *Enquête*, n° 385. V. aussi Trib. civ. d'Orange, 30 janv. 1854, *Journal des arrêts de la cour de Nîmes*, 1854, p. 75).

208. — 10° *Le greffier qui a tenu la plume dans la cause.* — V. *Rép.* n° 488.

209. — 11° *Les témoins déjà entendus dans une précédente enquête; ni les témoins qui, entendus dans l'enquête, sont cités pour déposer dans la contre-enquête* (*Rép.* n° 490). — Il a été jugé: 1° qu'un témoin qui a déposé dans l'enquête peut encore être entendu dans la contre-enquête; l'art. 283 c. proc. civ. n'indiquant point le cas d'une déposition antérieure dans l'enquête, comme constituant un motif de reproche envers le témoin qui serait appelé pour être entendu dans la contre-enquête, et cette déposition ne pouvant être assimilée à un certificat (Bastia, 22 juill. 1857, aff. Pianelli, D. P. 58. 2. 71); — 2° Que les témoins entendus dans l'enquête peuvent être appelés comme témoins dans la contre-enquête : ici ne s'applique pas la prohibition relative au cas de prorogation d'enquête (Orléans, 22 déc. 1869, aff. Genet, D. P. 70. 2. 168; Douai, 15 févr. 1882) (1).

210. — 12° *Les auteurs d'une plainte adressée au préfet du département, à l'effet d'obtenir la réouverture d'une voie publique que le maire a laissé usurper.* — Jugé qu'une telle

plainte ne peut être considérée comme un certificat dans le sens de l'art. 283 c. proc. civ.; que, dès lors, les habitants signataires de cette plainte ne peuvent être reprochés comme témoins dans l'enquête à laquelle donne lieu l'action ultérieurement formée pour usurpation de la voie publique (Colmar, 19 mars 1862, aff. Commune de Walbach, D. P. 62. 5. 316). Ainsi que le dit justement la cour de Colmar, à moins de circonstances particulières, cette plainte ne doit pas être confondue avec les attestations qui ne permettent plus à la justice civile d'avoir confiance dans la sincérité du témoignage de leurs auteurs. La réclamation, dans l'espèce, avait pour but, non pas de certifier, dans une instance qui ne fut engagée que près de deux ans plus tard, des faits favorables aux intérêts communaux, mais de mettre sous la protection de l'autorité administrative supérieure ces intérêts, qui étaient négligés par leur défenseur naturel et légal. — Mais il a été jugé que les causes de reproche des témoins énumérées dans l'art. 283 c. proc. civ. ne sont pas strictement limitatives; qu'en conséquence, les juges du fond ont pu, sans violer cette disposition de loi, écarter, par une appréciation souveraine des circonstances, les dépositions de certains habitants d'une commune qui, dans un procès où elle était partie, avaient signé une pétition dans laquelle son droit était affirmé (Req. 17 juin 1873, aff. Commune de Draveil, D. P. 74. 1. 167). La pétition dont il s'agissait dans cette affaire équivalait à la délivrance d'un certificat; elle ne constituait pas, comme dans l'espèce sur laquelle a statué la cour de Colmar, un simple appel à la protection administrative.

211. — V. SERVITEUR; DOMESTIQUE (*Rép.* n°s 494 à 509). — On a donné au *Rép.* n° 494 la définition du mot *domestique*. « Par *domestique*, dit M. Bioche, v° *Enquête*, n° 538, on entend non seulement les serviteurs à gages, mais encore ceux qui vivent à la même table soit gratuitement, soit à raison des services qu'ils rendent au maître de la maison, pourvu qu'il y ait supériorité et dépendance de l'un envers l'autre. » On doit entendre sous le nom de *domestiques*, d'après MM. Rousseau et Laisney, v° *Enquête*, n° 269, ceux qui, attachés à la personne ou à la maison d'une partie, logés et nourris sous son toit, trouvent dans cet emploi leur moyen d'existence et sont, par suite, dans un lien de dépendance envers la partie.

212. Le reproche tiré de la qualité de domestique de la partie adverse ne peut être invoqué qu'autant que la qualité existe au moment de la déposition. On ne saurait reprocher le témoin qui était encore au service de la partie au moment où l'enquête a été ordonnée, s'il n'y est plus au moment de la déposition, à moins qu'il n'apparaisse que le témoin n'est sorti de la maison de son maître que par suite d'un concert frauduleux. Ces solutions, indiquées au *Rép.* n°s 495 et 496, sont admises par les auteurs (Rousseau et Laisney, v° *Enquête*, n° 279; Dutruc, v° *Enquête*, n° 241. V. aussi Bruxelles, 19 nov. 1860, aff. N..., *Journal des avoués*, t. 87, p. 51). — Il a été jugé qu'un directeur d'une compagnie d'assurances, qui a quitté son emploi au moment où il est appelé comme témoin dans un procès concernant la compagnie, ne peut être reproché comme témoin, s'il n'a un intérêt personnel à la solution de l'affaire (Caen, 7 août 1866) (2).

(1) (Fenin C. Compagnie houillère de Marles.) — Le 17 juin 1881, jugement du tribunal de Béthune ainsi conçu : — « En ce qui concerne l'incident soulevé sur la question de savoir si les dépositions des témoins Laignel et Vresson seront entendues : — Attendu que la loi a formellement désigné les personnes qui ne pourraient pas être entendues comme témoins; qu'elle n'a pas compris dans ce nombre les personnes qui, déjà entendues dans une enquête, seraient assignées pour déposer dans une contre-enquête; que les causes d'incapacité pour les témoins sont de droit étroit, et que l'art. 283 est muet à ce sujet; que du droit, pour les parties, de faire assigner les mêmes témoins, résulte pour elles le droit de les faire entendre; — Par ces motifs, etc. ». — Appel par la dame Fenin. — Arrêt. — LA COUR; — Confirme le jugement en ce qu'il avait déclaré « que les témoins Laignel et Vresson, déjà entendus dans l'enquête, avaient pu être valablement aussi entendus dans la contre-enquête ». Du 15 févr. 1882.-C. de Douai, 1re ch.-MM. Jorel, pr.-Chaloupin, av. gén.-de la Gorce et Dubois, av.

(2) (Comp. *la Providence* C. Lenoir.) — Le 29 mai 1866, le tribunal de commerce des Andelys a rendu le jugement suivant : — « Considérant que Richard a été, il est vrai, directeur de la compagnie d'assurances *la Providence*, mais qu'il est devenu libre depuis plusieurs mois de tout engagement envers cette compagnie; — Que l'on comprendrait jusqu'à un certain point que Lenoir reprochât le témoin dont la déposition pourrait être suspecte à son égard, mais que la compagnie n'a aucun motif pour suspecter cette déposition; — Qu'il n'est nullement établi que Richard ait conféré du procès avec Lenoir; qu'il affirme ne lui avoir jamais parlé depuis l'introduction de l'instance; — Que, dans tous les cas, Richard, directeur de la compagnie, son mandataire, ne saurait être compris dans la nomenclature des personnes reprochables énumérées par l'art. 283 c. proc. civ.; — Par ces motifs, etc. » — Appel par la compagnie *la Providence*. — Arrêt. — LA COUR; — Adoptant les motifs qui ont déterminé les premiers juges; — Confirme, etc. Du 7 août 1866.-C. de Caen, 1re ch.-MM. Massot, 1er pr.-Couvet, av. gén.-Vauquier du Traversain et Lemarcis, av.

213. On doit considérer comme reprochables, en vertu de l'art. 283 c. proc. civ. :

1° *Le jardinier loué à l'année* (*Rép.* n° 497; Rousseau et Laisney, v° *Enquête*, n° 270).

214. — 2° *Le journalier qui travaille habituellement pour l'une des parties* (*Rép.* n° 498). — Il a été jugé que la femme qui fait chaque jour, moyennant un salaire mensuel, le ménage d'une des parties est reprochable, quoiqu'elle ne mange pas avec elle et qu'elle ne loge pas avec elle (Trib. civ. d'Agen, 31 déc. 1853, aff. N..., *Journal de procédure*, 1854, p. 392; Dutruc, v° *Enquête*, n° 234).

215. — 3° *Les gens gagés pour les travaux de la campagne* (*Rép.* n° 499).—Les fermiers au contraire, ne sont pas reprochables (V. *infrà*, n° 227).

216. — 4° *Le gardien attaché à la personne d'un interdit.* — Il a été jugé qui ce gardien peut être assimilé à un serviteur dans le sens de l'art. 283 c. proc. civ. (Rouen, 17 déc. 1866) (1).

217. — 5° *Les commis salariés ou non salariés.* — La jurisprudence a varié sur l'application de l'art. 283 c. proc. civ. aux commis et employés. Elle paraît aujourd'hui fixée en ce sens que les commis ne sont reprochables, en raison de leur seule qualité de commis, que lorsque, par la nature de leurs fonctions, ils sont attachés à la personne où à la maison du patron. S'ils sont, au contraire, uniquement attachés au négoce ou aux bureaux du maître sans lien de vie commune, ils ne se trouvent plus à son égard dans un état de dépendance véritable, et ne peuvent être assimilés aux serviteurs et domestiques dont parle l'art. 283 c. proc. civ. Le juge ne doit donc pas les reprocher, en raison de leur qualité de commis; s'il le faisait, sa décision encourrait la censure de la cour de cassation. Mais il est libre de rejeter leurs témoignages, s'il a des motifs graves de soupçonner leur impartialité, s'il estime qu'ils ont un intérêt à la solution du procès (V. *infrà*, n° 220). — Il a été jugé, contrairement à cette doctrine: 1° qu'on doit regarder comme serviteurs dans le sens de l'art. 283 c. proc. civ., soit les garçons de magasin, soit même les commis d'un ordre plus relevé qui travaillent exclusivement pour l'une des parties (Douai, 20 mai 1847, aff. Jonnart, D. P. 51. 2. 102); — 2° Que le commis à gages est, sous le rapport du salaire, de la continuité du travail, des relations habituelles avec le maître ou patron, surtout de la dépendance, dans la classe des témoins qui peuvent être reprochés, aux termes de l'art. 283 c. proc. civ. (Req. 5 mai 1857, aff. Rousselet, D. P. 57. 1. 301); — 3° Que le teneur de livres d'un commerçant, initié à ce titre au détail et au secret des affaires de son patron, et placé à son égard dans un état de subordination qui le rend assimilable au serviteur, peut, à raison de cette situation, être reproché comme témoin, surtout dans les litiges concernant les affaires commerciales du patron, et notamment dans un procès en règlement de l'indemnité réclamée par celui-ci à une compagnie d'assurances à la suite d'un incendie qui a amené la perte d'une partie de son établissement (Req. 14 déc. 1869, aff. Millot-Robert, D. P. 71. 1. 102). — Décidé, au contraire :

1° qu'on ne doit pas regarder comme serviteur dans le sens de l'art. 283, le commis qui voyage pour une partie en qualité de fondé de pouvoirs, et qui, outre des appointements fixes, a un intérêt dans la maison; que si ce dernier n'a été reproché qu'en qualité de serviteur, et non en raison de son intérêt personnel, sa déposition doit être lue; qu'il en est de même de l'individu placé dans cette maison pour surveiller les opérations dans l'intérêt d'un tiers intéressé (Douai, 20 mai 1847, précité); — 2° Que les commis salariés (d'une maison de commerce) qui ne logent ni ne mangent avec le patron et n'ont avec lui d'autres rapports que ceux résultant de leurs fonctions, ne sauraient être considérés comme serviteurs ou domestiques dans le sens de l'art. 283 c. proc. civ., et peuvent, dès lors, être entendus dans une enquête intéressant leur patron;.. sauf au juge à avoir tel égard que de raison à leur déposition (Douai, 10 août 1854, aff. Hennuyer, D. P. 56. 2. 172); — 3° Que le surveillant général d'une exploitation minière et le chef mineur surveillant, qui ne sont ni logés, ni nourris chez l'exploitant, n'ont pas le caractère de serviteurs ou domestiques dans le sens de l'art. 283 c. civ., et ne peuvent pas, dès lors, être reprochés comme témoins dans une enquête relative à un accident survenu dans la mine (Nancy, 20 juill. 1877, aff. Janin, D. P. 78. 2. 175); — 4° Que le commis salarié, qui n'est pas attaché par la nature de ses fonctions à la personne ou à la maison du patron, n'est pas placé par la loi au nombre des témoins reprochables (Req. 14 déc. 1881, aff. Gaillot, D. P. 82. 1. 184; Rousseau et Laisney, v° *Enquête*, n° 277); — 5° Que l'agent salarié d'une compagnie d'assurances, chargé de solliciter les assurances et de recevoir les primes, ne peut être reproché comme témoin par l'assuré dans une instance pendante entre celui-ci et la compagnie, alors qu'il n'est pas établi que cet employé ait un intérêt personnel dans la cause (Douai, 21 mai 1885) (2).

218. — 6° *Les maîtres ouvriers de fabrique* (*Rép.* n° 502). — Contrairement à l'opinion émise au *Rép.* n° 502, il a été jugé qu'on ne doit pas appliquer l'art. 283 c. proc. civ. à l'ouvrier d'une fabrique et même au chef ouvrier, payé à la journée ou au mois, alors qu'ils sont indépendants et libres d'exercer leur profession chez un autre patron (Trib. Bar-le-Duc, 28 mai 1868, aff. Millot-Robert, D. P. 71. 1. 102. V. en ce sens: Rousseau et Laisney, v° *Enquête*, n° 275).

219. — 7° *Les éclusiers d'un canal par rapport à l'administration qui les emploie.* — V. *Rép.* n° 503.

220. Ne tombent pas sous l'application de l'art. 283 c. proc. civ. et par suite ne sont pas reprochables, en raison de leur seule qualité :

1° *Les employés d'une compagnie de chemin de fer par rapport à cette compagnie.* — La solution contraire a été longtemps admise par la jurisprudence et elle est encore soutenue par quelques auteurs. Les employés d'une compagnie de chemin de fer, dit-on, sont de véritables serviteurs payés par elle, agissant par ses ordres, sous sa dépendance, et pouvant être révoqués *ad nutum*. Dans cette position, ils n'ont

---

(1) (Viger C. Roquelay.) — LA COUR; — Sur les conclusions tendant à faire rejeter le reproche coté contre le trentième témoin de l'enquête directe, et admis par le jugement du 22 nov. 1865 : — Attendu que le gardien attaché à la personne d'un interdit rentre manifestement dans la catégorie des serviteurs déclarés reprochables par l'art. 283 c. proc. civ.; — Que c'est donc avec raison que le reproche proposé contre Delabarre, gardien de Viger fils, a été admis par le jugement dont est appel ;
Par ces motifs, etc.
Du 17 déc. 1866.-C. de Rouen, 1re ch.-MM. Luhucher, pr.-Couvet, av. gén.-Senard (du barreau de Paris) et Lemarcis, av.

(2) (Trannin C. Compagnie d'assurances terrestres *la Providence*.) — Le 11 mars 1885, jugement du tribunal civil d'Arras, ainsi conçu : — « Attendu que le reproche dirigé contre le témoin Roussel n'est fondé sur aucun texte de loi; qu'il y a donc lieu de rechercher s'il est, dès maintenant, établi que ce témoin a un intérêt personnel et direct dans la cause, ou s'il est dans une situation de dépendance qui doit faire suspecter la sincérité de sa déposition ; — Attendu qu'il n'est nullement démontré que Roussel soit l'administrateur de la Compagnie défenderesse; qu'il semble même résulter des explications échangées qu'il est uniquement son agent salarié, chargé de solliciter des assurances et de recevoir les primes; qu'il n'est pas non plus établi qu'il soit son mandataire dans la présente instance ; qu'il a bien comparu, en son nom, devant le magistrat conciliateur pour y déclarer qu'aucune conciliation n'était possible, mais que son mandat paraît avoir pris fin à partir de ce moment; qu'on ne le retrouve pas en la même qualité dans le procès soumis au tribunal; qu'il n'est pas mieux justifié qu'il ait un intérêt personnel au procès; que Trannin lui impute, il est vrai, des agissements frauduleux, mais qu'on ne saurait admettre, comme motif légitime de reproche, une imputation émanée d'un plaideur, et qui pourrait n'avoir pour cause que le désir de faire écarter un témoignage compromettant pour celui-ci; — Attendu, au surplus, que les magistrats ont le devoir de peser avec le plus grand soin les dépositions produites devant eux et de les combiner avec les autres éléments de la cause, en tenant compte de toutes les circonstances qui sont de nature, soit à les confirmer, soit au contraire à diminuer la foi qui leur est due; qu'il ne saurait, dès lors, y avoir inconvénient à autoriser la lecture de la déposition du sieur Roussel; — Par ces motifs ; — Dit que la déposition du sieur Roussel sera lue, etc. » — Appel par le sieur Trannin. — Arrêt.
LA COUR; — Adoptant les motifs des premiers juges ; — Confirme, etc.
Du 21 mai 1885.-C. de Douai, 2e ch.-MM. Duhem, pr.-Fleury, av. gén.-Devimeux et Dubron, av.

pas la liberté et l'indépendance nécessaires chez un homme appelé à déposer en justice. Il est toujours dangereux et pénible de placer un homme entre sa conscience et la crainte de déplaire à celui dont il tient ses moyens d'existence et, dans l'intérêt même de ces employés, il est préférable de ne pas les admettre à déposer dans des procès où leur compagnie est intéressée, et de déclarer que l'art. 283 c. proc. civ. leur est applicable (Rousseau et Laisney, v° *Enquête*, n° 156 ; Bioche, v° *Enquête*, n° 358). En ce sens, il a été jugé : 1° que les employés d'une compagnie de chemin de fer sont, par rapport à elle, de véritables serviteurs dans le sens de l'art. 283 c. proc. civ. et peuvent, par suite, être récusés lorsque la compagnie invoque leur témoignage dans les procès qu'elle soutient contre des tiers (Colmar, 21 juin 1859, aff. Chemin de fer de l'Est *C*. Schwob, D. P. 60. 2. 43 ; Caen, 7 févr. 1861, aff. Chemins de fer de l'Ouest *C*. Hublot, D. P. 61. 2. 231) ; — 2° Que les employés d'une compagnie de chemin de fer, que leurs fonctions mettent sous sa dépendance, peuvent être reprochés comme témoins produits dans une enquête ordonnée sur une action en responsabilité intentée contre cette compagnie : ces employés doivent être assimilés aux serviteurs dont parle l'art. 283 c. proc. civ. (Chambéry, 30 nov. 1866, aff. Chemins de fer Victor-Emmanuel, D. P. 67. 2. 47).

L'opinion contraire considère que les employés de chemin de fer ne sont pas attachés au service de la personne ; qu'ils n'ont pas de rapports ou de relations continuels avec le directeur de la compagnie ; elle en conclut qu'ils ne peuvent être considérés comme des serviteurs ou domestiques dans le sens attribué à ces expressions par l'art. 283 c. proc. civ. Admettre dans les instances liées entre une administration de chemin de fer et des tiers la récusation des employés, ce serait, dit-on, enlever aux compagnies, dans la plupart des cas, la possibilité de faire une preuve testimoniale. Dans les procès en responsabilité intentés à raison d'accidents survenus à la suite d'une manœuvre sur une partie de la voie interdite au public ou dans les chantiers, les seuls témoins qui puissent être produits le plus souvent par les deux parties sont les employés et les ouvriers qui travaillaient avec la victime. Privées du droit de les faire entendre, les compagnies seraient impuissantes, presque toujours, à procéder à la contre-enquête. — Il a été jugé, en ce sens, que les employés d'une compagnie de chemin de fer ne peuvent être assimilés aux serviteurs et domestiques dont parle l'art. 283 c. proc. civ., et que, par suite, ils ne peuvent être reprochés comme témoins dans une instance relative à une action en responsabilité dirigée contre la compagnie ;... sauf aux juges, en examinant leurs dépositions, à apprécier la sincérité de leur témoignage et la confiance qui peut leur être accordée (Chambéry, 5 mai 1876, aff. Pillet, D. P. 79. 5.403 ; Nîmes, 20 août 1877, aff. Bousquet, D. P. 81. 2. 100 ; Civ. cass. 29 déc. 1880, aff. Armand, D. P. 81. 1. 200 ; Besançon, 28 déc. 1880, aff. Maire, D. P. 81. 2. 100). Jugé encore qu'on ne saurait reprocher comme témoins un inspecteur ni un chef de section de chemins de fer, ces agents n'étant pas des serviteurs dans le sens de l'art. 283 c. proc. civ. — Il a été décidé, toutefois, que si l'employé est cité comme témoin par la compagnie elle-même, et si son témoignage ne présente aucun caractère sérieux d'impartialité, le tribunal peut admettre le reproche, sauf à entendre le témoin à titre de renseignement et sans prestation de serment (Aix, 25 févr. 1878, aff. Chemins de fer de Lyon, D. P. 79. 5. 404). Dans ce cas, ce n'est pas en raison de sa qualité seule, et, en droit, que le témoin est reproché ; c'est parce qu'en fait, et par suite des circonstances, son témoignage n'offre pas un caractère sérieux d'impartialité.

221. — 2° *Les cochers de fiacre par rapport à l'administration qui les emploie.* — V. Rép. n° 504.

222. — 3° *Le garde champêtre et les autres fonctionnaires des communes* (Rép. n° 505). — Certains auteurs, notamment MM. Rousseau et Laisney, v° *Enquête*, n° 271, pensent, au contraire, que l'appellation de domestiques et serviteurs s'applique aux gardes champêtres, appariteurs et cantonniers d'une commune ; que ces employés se trouvent, au regard de la commune, dans un état de dépendance tel que leur témoignage est nécessairement suspect. — Conformément à cette opinion, il a été jugé qu'un appariteur de la commune est reprochable dans le procès de celle-ci, comme

appartenant à la catégorie des serviteurs et domestiques ; qu'il en est de même d'un cantonnier communal (Nancy, 31 janv. 1874, aff. Commune de Norroy, D. P. 75. 2. 186). Nous ne saurions partager cet avis. Les fonctionnaires d'une commune ne sont pas attachés à la personne du maire, comme des domestiques le sont à la personne de leur maître ; ils ne vivent ni à sa table, ni sous son toit. Employés de la commune, plutôt que du maire, ils ne sont pas placés à l'égard de ce magistrat dans un état de subordination qui puisse les rendre assimilables à des serviteurs. En ce sens, il a été jugé qu'on ne saurait considérer comme un motif suffisant de reproche, dans une instance intéressant une commune, la qualité d'instituteur ni celle de secrétaire de la mairie rétribué sur les fonds municipaux (Orléans, 1er juill. 1886, aff. Latouche, D. P. 88. 2. 128).

223. — 4° *Les gardes particuliers.* — Le caractère public de leurs fonctions ne permet pas de les assimiler à des domestiques. Cependant si avec l'emploi de garde ils cumulaient celui de serviteur, ils seraient reprochables en raison de cette dernière qualité. — Il a été jugé qu'un garde particulier peut être reproché dans une enquête, lorsqu'il est l'homme de confiance ou le piqueur d'une partie (Req. 31 juill. 1876, aff. d'Onsembray, D. P. 77. 1. 24).

224. — 5° *Les conducteurs des ponts et chaussées et les cantonniers, les agents-voyers dans les procès concernant l'Etat ou le département* (Dutruc, v° *Enquête*, n° 237 ; Rousseau et Laisney, *Supplément alphabétique*, v° *Enquête*, n° 187). — Il a été jugé, en Belgique, que l'on ne peut reprocher, en les assimilant à des serviteurs ou domestiques, les fonctionnaires ou employés de l'Etat dont la position est fixée par des lois ou des règlements d'administration publique (Bruxelles, 18 nov. 1886, aff. Charbonnages de Bray-Maurage et Boussoit, *C*. l'Etat belge, *Pasicrisie belge*, 1887. 2. 99).

225. — 6° *Les clercs de notaire, d'avoué, d'huissier, les secrétaires d'un avocat* (Rép. n° 507 ; Rousseau et Laisney, *op. cit.*, v° *Enquête*, n° 274). — Jugé qu'un clerc de notaire ne peut être assimilé à un serviteur ou domestique, ni, par suite, être récusé comme témoin dans une instance en nullité d'un acte retenu aux minutes du notaire chez lequel il travaille (Agen, 3 déc. 1855, aff. Saint-Hilaire, D. P. 56. 5. 431).

226. — 7° *Les précepteurs des enfants de la partie* (Rép. n° 238 ; Bioche, v° *Enquête*, n° 360). — V. en sens contraire : Boitard, Colmet-Daâge et Glasson, t. 1, p. 521, n° 500.

227. — 8° *Les fermiers ou colons partiaires.* — Ce ne sont évidemment ni des serviteurs ni des domestiques. Il a été jugé : 1° que le fermier de l'une des parties entre lesquelles une enquête a été ordonnée ne peut être reproché comme témoin par l'autre partie, alors d'ailleurs qu'il n'a dans le litige aucun intérêt appréciable (Trib. Saint-Sever, 10 août 1866, aff. Lubet-Barbon, D. P. 68. 1. 261 ; Chambéry, 29 avr. 1868, aff. Dompartin, D. P. 68. 2. 180 ; Gand, 22 avr. 1868, aff. Bauwens *C*. Vanhoorebeke, *Pasicrisie belge*, 1868. 2. 347) ; — 2° Qu'un colon partiaire ne peut être assimilé à un domestique, et, par suite, n'est pas reprochable en vertu de l'art. 283 c. proc. civ. (Bordeaux, 18 févr. 1857, *Journal des arrêts de Bordeaux*, p. 106. V. conf. Dutruc, v° *Enquête*, n° 235). — Mais le juge a évidemment le droit de reprocher le fermier et le colon, s'ils ont un intérêt personnel au succès de la contestation (Rép. n° 543).

228. — 9° *Les ouvriers travaillant à la journée.* — Jugé que l'ouvrier qui n'habite ni ne mange chez le patron pour lequel il travaille ne peut être assimilé aux serviteurs ou domestiques dont parle l'art. 283 c. proc. civ. ; que, dès lors, il ne peut être reproché comme témoin dans une enquête où son patron est partie (Metz, 20 août 1862, aff. Imbs, D. P. 63. 5. 372. V. dans le même sens : Bruxelles, 20 déc. 1855, aff. N..., *Journal des arrêts de la cour de Bruxelles* du 16 mai 1866 ; Douai, 16 juin 1857, *Journal des arrêts de la cour de Douai*, 1857, p. 289 ; Dutruc, v° *Enquête*, n° 235).

229. — VI. Témoin en état d'accusation. — L'acquittement ou l'absolution de l'accusé, on l'a dit au Rép. n° 510, ferait évanouir la cause du reproche, et permettrait de lire à l'audience la déposition qui aurait été reçue alors que le témoin se trouvait en état d'accusation (V. en ce sens : Dutruc, v° *Enquête*, n° 242 ; Bioche, v° *Enquête*, n° 361 ; Rousseau et Laisney, v° *Enquête*, n° 280).

230. — VII. Condamné a une peine afflictive et infamante ou a une peine correctionnelle pour vol (*Rép.* n°ˢ 511 à 513). — Les condamnés aux travaux forcés, à la détention, à la réclusion et au bannissement ne sont pas seulement reprochables; ils sont incapables de donner un témoignage (*Rép.* n° 255). Cette incapacité cesse par la réhabilitation. — La réhabilitation laisse-t-elle subsister la cause de reproche? La question est discutée. MM. Chauveau, v° *Enquête*, n° 244, Bioche, v° *Enquête*, n° 364, et Rousseau et Laisney, v° *Enquête*, n° 283, admettent l'affirmative, qui a été adoptée au *Rép.* n° 511. L'art. 283 c. proc. civ. déclare reprochables les condamnés à une peine afflictive et infamante. Cette disposition n'aurait aucun sens, si elle ne s'appliquait pas aux anciens condamnés qui ont recouvré la *capacité* de déposer; l'art. 283 ne s'attache qu'au fait de la condamnation. Il a été jugé en ce sens que l'individu relevé de l'incapacité de déposer qui résultait pour lui d'une condamnation afflictive et infamante n'en est pas moins reprochable comme témoin en vertu de l'art. 283 c. proc. civ. (Trib. Anvers, 23 juill. 1864, aff. Marchand, D. P. 65. 3. 39). Dans une autre opinion, le condamné qui a été réhabilité n'est ni incapable, ni reprochable (Garsonnet, t. 2, p. 503, note 45; Carré, *op. cit.*, quest. 1120).

En matière correctionnelle, dans les cas prévus par les art. 403, 407 et 410 c. pén., si, conformément à ces articles, les juges ont interdit au coupable, pendant un certain temps, le droit de porter témoignage, il est incapable pendant toute la durée de la peine et reprochable à partir de son expiration; si l'interdiction n'a pas été prononcée, le condamné est toujours reprochable, même après l'expiration de sa peine (*Rép.* n° 511. V. en ce sens, outre les auteurs cités au *Répertoire*: Rousseau et Laisney, v° *Enquête*, n° 283; Bioche, v° *Enquête*, n° 364). M. Garsonnet, t. 2, p. 505, partage, au contraire, l'opinion de Carré, d'après laquelle l'individu condamné à une peine correctionnelle pour vol cesse d'être reprochable à l'expiration de sa peine.

231. Il résulte des expressions de l'art. 283 c. proc. civ. que c'est la nature seule de la *condamnation*, et non celle de l'infraction qui y a donné lieu que l'on doit prendre en considération, avec cette réserve que l'article n'attache l'effet du reproche aux peines correctionnelles qu'au seul cas de la condamnation pour vol. Ainsi il a été jugé, à bon droit, que, bien que l'admission des circonstances atténuantes n'ait pas pour effet de modifier la qualification assignée au fait incriminé, cependant l'individu coupable d'un crime emportant une peine afflictive ou infamante *autre que le vol* n'est pas reprochable comme témoin si, à raison de l'admission des circonstances atténuantes, il n'a été condamné qu'à une peine correctionnelle (Bordeaux, 3 déc. 1857, aff. Boisdon, D. P. 58. 2. 153. V. en ce sens: Dutruc, v° *Enquête*, n° 246; Rousseau et Laisney, v° *Enquête*, n° 282; Bioche, v° *Enquête*, n° 362). — Jugé aussi que, pour que le témoin puisse être reproché, il ne suffit pas qu'il soit poursuivi pour vol; il faut qu'il ait été condamné (Bordeaux, 29 juill. 1856, cité *suprà*, n° 100).

232. Le juge ne peut entendre les condamnés dont parle l'art. 283 c. proc. civ. à titre de simples renseignements et sans prestation de serment. « En effet, dit M. Bioche, v° *Enquête*, n° 363, les simples déclarations ou renseignements pourraient influer sur la décision du juge » (V. en ce sens: Dutruc, *op. cit.*, v° *Enquête*, n° 243).

233. — VIII. Reproches non prévus par l'art. 283 c. proc. civ. (*Rép.* n°ˢ 514 à 543). — La jurisprudence, on l'a dit *suprà*, n° 176, considère l'énumération faite par l'art. 283 c. proc. civ. comme simplement énonciative et reconnaît au juge le droit d'admettre d'autres causes de reproches que celles qui y sont énoncées. Nous indiquerons les principaux cas non spécifiés par la loi dans lesquels le juge admet le reproche, les faits qui motivent sa décision, les considérations sur lesquelles elle s'appuie. Il est, d'ailleurs, important de savoir si le reproche dirigé contre un témoin est fondé sur une des causes directement prévues par l'art. 283 ou s'il repose sur un autre motif. Dans le premier cas, en effet, le tribunal est obligé d'admettre le reproche; s'il méconnaît la loi, et si sa décision est en dernier ressort, elle peut être déférée à la cour de cassation. Au contraire, lorsqu'on se trouve en dehors des causes de reproche indiquées par l'art. 283, le tribunal jouit d'un pouvoir discrétionnaire: il a le droit d'admettre ou de rejeter le reproche proposé, sans que sa décision puisse jamais encourir la censure de la cour de cassation (Req. 2 juill. 1866, aff. Maillet, D. P. 66. 1. 430; 10 mars 1868, aff. Levasseur, D. P. 68. 1. 427). Décidé en ce sens: 1° que le reproche fondé sur l'intérêt personnel d'un témoin dans l'issue du procès, n'étant pas prévu par l'art. 283 c. proc. civ., est abandonné à l'appréciation souveraine des juges du fait (Req. 29 juill. 1873, aff. Lafari, D. P. 74. 1. 263); — 2° Que les juges du fait apprécient souverainement la question de savoir si une partie doit être reprochée comme témoin à raison de l'intérêt qu'elle aurait au débat, et si cet intérêt est de nature à faire suspecter la sincérité de cette partie, et à faire écarter, par suite, son témoignage (Req. 16 juin 1874, aff. Pollet, D. P. 75. 1. 177; 30 déc. 1874, *infrà*, n° 311; 31 juill. 1876, aff. d'Onsembray, D. P. 77. 1. 24; Nancy, 20 juill. 1877, aff. Janin, D. P. 78. 2. 175; Bourges, 4 déc. 1877, aff. Commune de Champallement, D. P. 79. 2. 104).

234. — 1° *Intérêt matériel, direct ou indirect, certain ou incertain et éventuel* (*Rép.* n°ˢ 516 à 532). — Parmi les personnes dont le témoignage peut être soupçonné figurent au premier rang les parties en cause. La loi n'a pas défendu *in terminis* de les assigner, mais il est évident que nul n'a le droit de se créer à soi-même un titre et de puiser un appui dans son propre témoignage. Le code de procédure et le code civil ont déterminé les moyens par lesquels une partie peut être appelée à fournir des informations sur la cause qui l'intéresse: c'est la comparution en personne autorisée par l'art. 159 c. proc. civ.; c'est encore l'interrogatoire sur faits et articles prévu par les art. 324 et suiv. c. proc. civ.; c'est enfin le serment dans les cas déterminés par les art. 1366 et suiv. c. civ. Ces dispositions excluent implicitement le témoignage des parties. D'ailleurs, l'art. 268 c. proc. civ. décide que nul ne peut être assigné comme témoin, s'il est parent ou allié en ligne directe de l'une des parties, ou son conjoint, même divorcé. Cette disposition est l'application pure et simple de la règle qu'une partie ne peut être témoin dans sa propre cause. « L'un des époux, dit Toullier en expliquant les motifs de cette prohibition, ne peut être appelé en témoignage dans une cause où devient la sienne, celle qu'elle intéresse son conjoint: *Nullus idoneus testis in re sua intelligitur* » (*Droit civil français*, t. 5, n° 286). Le reproche est admissible toutes les fois que le témoin est passible de la condamnation à intervenir (*Rép.* n° 514; Rousseau et Laisney, *op. cit.*, v° *Enquête*, n° 292). — Il a été jugé que les parties en cause, bien qu'elles ne soient pas comprises parmi les personnes dont, aux termes de l'art. 283 c. proc. civ., le témoignage est sujet à reproche, ne peuvent être entendues comme témoins dans le procès; que, spécialement, les membres de la commission d'une société de secours mutuels, assignés par un ancien associé qui demande sa réintégration dans la société, ne peuvent déposer comme témoins dans l'enquête qu'ils ont provoquée sur le litige (Req. 21 juill. 1880, aff. Favre, D. P. 81. 1. 201). — Mais il a été jugé que le témoignage d'une personne qui est intervenue au procès par suite, notamment, des attaques dirigées contre elle dans un mémoire publié par l'une des parties, doit être considéré comme gardant toute sa valeur, s'il est antérieur à cette intervention (Req. 2 juill. 1866, aff. Maillet, D. P. 66. 1. 430. V. en ce sens: Rousseau et Laisney, v° *Enquête*, n° 293).— Jugé aussi que lorsque deux instances sont jointes, cette jonction n'a pas pour effet de donner rétroactivement à une personne la qualité de partie dans un procès engagé entre son adversaire et une autre personne, à propos d'une affaire différente; que, par suite, ne peut être considérée comme témoin dans sa propre cause la personne qui déposerait dans celle des deux instances à laquelle, malgré la jonction, elle est étrangère (Req. 16 juin 1874, aff. Pollet, D. P. 75. 1. 177. V. en ce sens: Rousseau et Laisney, v° *Enquête*, n° 294; Req. 30 déc. 1874, *infrà*, n° 311).

235. Le créancier d'un failli ne peut être réputé partie dans l'instance engagée entre le syndic et une autre personne.— Le syndic d'une faillite, lorsqu'il agit contre les tiers, représente non seulement le failli, mais encore la masse des créanciers, et l'on peut même dire que la qualité des créanciers est dominante, dans le cas où il s'agit de poursuivre un recouvrement, puisque les sommes recouvrées profiteront nécessairement aux créanciers et ne profiteront au failli que s'il reste quelque chose après le payement des dettes (Bédarrides, *Des faillites*, t. 1, p. 275; Alauzet, *Cours de droit commercial*, t. 6, n° 2463, p. 103). On pourrait donc soutenir que les créanciers de la faillite sont parties en cause, représentés par le syndic dans les procès intentés pour le recouvrement des créances de la faillite; que, par suite, leur témoignage devrait être repoussé dans de pareilles instances. C'est ce qui a été décidé par deux arrêts déjà anciens, cités au *Rép.* n° 520. Cette solution ne nous paraît pas exacte. « Lorsque le syndic plaide, disent avec raison MM. Carré et Chauveau, *op. cit.*, t. 3, quest. 1107-1° et 3°, ce ne sont pas les créanciers qui plaident en nom ni en fait, c'est seulement la masse. Or, il est de principe que *universitas distat à singulis*; l'être moral qui personnifie la masse d'une part, et chacun de ses membres d'autre part, sont si bien des individus distincts, que leurs intérêts peuvent être en opposition. » En principe, les créanciers du failli ne doivent donc pas être reprochés comme témoins à raison de leur seule qualité de créanciers. Leur témoignage ne peut être repoussé que si leur intérêt direct au procès est prouvé, question sur laquelle le juge du fait statue souverainement (V. en ce sens: Rousseau et Laisney, v° *Enquête*, n° 304; Dutruc, *op. cit.*, v° *Enquête*, n° 256). — Il a été jugé : 1° que le syndic d'une faillite, quand il plaide pour le recouvrement de l'actif, ne plaide pas au nom et pour chacun des créanciers de cette faillite, dont les intérêts peuvent être opposés; qu'il est le représentant de la masse en même temps que du failli, et qu'il agit, non en vertu de mandats individuels, mais en vertu d'un mandat général qu'il tient de la justice et qui est déterminé par la loi; que, par suite, un créancier de la faillite ne peut, à raison de cette seule qualité, être réputé partie dans l'instance engagée entre le syndic et une autre personne; que le juge du fait statue souverainement sur le point de savoir si le reproche dirigé contre un créancier du failli comme témoin dans une enquête, et fondé sur l'intérêt que ce créancier aurait à la demande du syndic, doit être admis ou rejeté (Req. 16 juin 1874, aff. Pollet, D. P. 75. 1. 177); — 2° Que les créanciers d'une faillite ne sont pas reprochables, comme témoins dans les procès intentés par le syndic de la faillite, à moins qu'ils n'aient un intérêt direct à la cause, et que leurs parents ou alliés ne sont pas non plus reprochables à ce titre (C. cass. Belgique, 17 mai 1883, aff. de Vulder, D. P. 84. 2. 118).

236. En principe, comme on l'a indiqué au *Rép.* n° 516, on doit considérer comme une cause de reproche l'intérêt direct et personnel que l'un des témoins peut avoir dans le procès, dans le cas, par exemple, où il est passible de la perte matérielle qui résulterait d'une condamnation favorable à la partie adverse. — Il a été jugé que le courtier de commerce par l'intermédiaire duquel une vente est intervenue, qui a affirmé à l'une des parties l'existence de ladite vente, a un intérêt direct et personnel à ce qu'elle soit reconnue; que, dès lors, il est reprochable comme témoin (Douai, 21 avr. 1879) (1).

237. Les actionnaires d'une société peuvent être reprochés comme témoins dans une contestation intéressant cette société (*Rép.* n° 517). Il a été jugé qu'un associé ne peut être entendu comme témoin dans un procès intéressant la société; qu'il ne saurait, au contraire, être reproché, bien que son associé soit en cause, si le litige ne concerne pas l'association et s'il n'a aucun intérêt personnel à l'issue favorable du procès (Douai, 28 janv. 1853, aff. Dassonville-Bouté, D. P. 55. 5. 179; C. just. civ. Genève, 24 mars 1884) (2). Décidé, d'autre part, que le juge peut, dans une enquête intéressant une compagnie d'assurances mutuelles, rejeter le reproche dirigé contre des membres de cette compagnie à raison de l'intérêt qu'ils auraient au procès, si cet intérêt est trop minime pour faire suspecter la sincérité de leur témoignage..., sauf à avoir à leur déposition tel égard que de raison (Orléans, 12 avr. 1856, aff. Assureurs de la Sarthe, D. P. 56. 2. 268).

238. Il a été jugé que, l'énumération faite par l'art. 283 c. proc. civ. des causes de reproche contre les témoins produits dans une enquête n'étant pas limitative, les juges peuvent admettre d'autres causes de reproche, et, notamment, refuser d'entendre un témoin auquel une promesse d'argent a été faite en vue du procès où son témoignage est invoqué, et qui l'a acceptée (Req. 4 mai 1863, aff. Laudinat, D. P. 64. 1. 28).

239. Les déclarations des témoins puisent leur valeur propre dans l'affirmation de faits qui sont à leur connaissance personnelle, et il importe peu que, sur quelques-uns de ces faits, elles rappellent les assertions d'une partie intéressée au procès. — Il a été jugé qu'encore que les déclarations de témoins entendus dans une enquête reproduisent diverses assertions d'une partie intéressée dont le témoignage est écarté par l'arrêt, on n'en doit pas moins tenir compte de ces déclarations, lorsque les témoins ont déposé de faits qu'ils ont personnellement affirmés (Crim. rej. 5 janv. 1883, aff. Arnould-Drapier, D. P. 83. 1. 366).

240. Les créanciers d'une personne *in bonis* n'ont, en général, aux procès intentés par leur débiteur qu'un intérêt indirect provenant uniquement de ce que le résultat du procès peut être de diminuer l'actif ou d'accroître le passif du débiteur. Une pareille éventualité ne suffit pas pour faire rejeter le témoignage du créancier (*Rép.* n° 524; Rousseau et Laisney, v° *Enquête*, n° 304). — Jugé que les créanciers ne sont pas reprochables comme témoins dans une enquête intéressant leur débiteur; sauf aux juges, dans l'un et l'autre cas, à avoir tel égard que de raison à leurs dépositions (Chambéry, 29 avr. 1868, aff. Dompartin, D. P. 68. 2. 180). — Mais on devrait reprocher dans une distribution par contribution des créanciers intéressés à ce qu'un contredit fût validé (V. Dutruc, *op. cit.*, v° *Enquête*, n° 252).

241. La garantie éventuelle à laquelle un témoin peut être exposé par l'issue du procès où il est appelé en témoignage n'est point une cause suffisante de reproche (*Rép.* n° 521). A plus forte raison, le garant n'est-il pas récusable par la partie même dont il est le garant. — Il a été jugé que, dans un procès en revendication, le demandeur peut faire entendre comme témoin le tiers appelé en garantie

---

(1) (Degand-Santerne C. Morel.) — La cour; — Attendu que la vente dont l'intimé poursuit l'exécution est déniée par l'appelant; — Attendu que, dans l'enquête ordonnée par les premiers juges, l'intimé a fait citer le témoin Broutin, courtier, par l'intermédiaire duquel la vente serait intervenue; — Attendu que Broutin ayant affirmé la vente à l'intimé, a manifestement un intérêt direct et personnel à ce que l'existence de ladite vente soit reconnue, et ne se trouve pas, dès lors, dans les conditions d'impartialité voulues pour fournir un témoignage en justice; — Attendu, par suite, que le reproche formulé contre ce témoin par l'appelant se trouve fondé, et qu'à tort il n'a pas été accueilli par les premiers juges; — Par ces motifs, etc.
Du 21 avr. 1879.-C. de Douai, 1re ch.-MM. Bardon, 1er pr.-Grévin, av. gén.-de Beaulieu et Louis Legrand, av.

(2) (Biancheri C. Berthoud.) — La cour; — Considérant qu'il s'agit de savoir si Paul Peltier peut être entendu comme témoin dans la cause; — Considérant qu'il est établi par les pièces produites qu'à l'époque où se sont faites les affaires qui ont donné lieu au procès, ou tout au moins dans lesdites affaires, Peltier était l'associé de Biancheri; que ce fait résulte notamment: *a)* d'un pouvoir, soit procuration, donné par la maison Michel Biancheri à Champrenaud, procureur-juré à Nyon, aux fins de représenter ladite maison dans une instance relative aux mêmes affaires, lequel pouvoir est signé de Peltier, par procuration de Biancheri; *b)* d'une lettre missive adressée au procureur Champrenaud par Michel Biancheri lui-même, et dans laquelle ce dernier, parlant de Peltier, le désigne ainsi : « M. Peltier, *mon associé* »; — Considérant qu'il résulte de ces pièces que, tout au moins dans l'affaire dont il s'agit, Peltier était considéré par Biancheri lui-même comme un associé et qu'il agissait comme tel; — Considérant, en conséquence, que l'issue du procès relatif à cette même affaire est de nature à procurer gain ou perte à Peltier; que l'y entendre comme témoin, ce serait l'y entendre dans sa propre cause, ce qui n'est pas admissible; — Considérant que l'art. 188 (loi sur la procédure civile) n'a pas compris les associés dans l'énumération des personnes qui, d'une manière générale, ne peuvent pas être entendues comme témoins, c'est qu'en effet ils ne doivent pas y être compris; rien ne s'oppose à ce qu'un associé soit entendu comme-témoin dans la cause de son associé, toutes les fois qu'il ne s'agit pas d'affaires concernant l'association, et que le témoin n'est pas lui-même intéressé dans la cause; ce n'est pas la qualité même d'associé, mais l'intérêt du témoin à l'issue favorable du procès, qui doit faire repousser son témoignage, etc.
Du 24 mars 1884.-C. just. civ. de Genève.-M. Bard, pr.

par le défendeur, sans que celui-ci soit en droit de reprocher ce témoin à raison de l'intérêt personnel qu'il aurait à la contestation, son intérêt étant contraire à la prétention de la partie qui invoque son témoignage (Req. 19 déc. 1866, aff. Favre-Laurent, D. P. 67. 1. 440).

242. Il a été jugé que, dans un procès en nullité de testament pour cause d'insanité d'esprit et de captation, les juges, usant du pouvoir discrétionnaire qui leur appartient lorsqu'il s'agit de causes de reproche non spécifiées par la loi (V. *suprà*, n° 233), peuvent considérer comme non reprochables : 1° le curé d'une paroisse, même au cas où le testament renfermerait un legs fait à la fabrique ou au curé de cette paroisse, si ce dernier legs ne lui est pas fait individuellement; 2° le mari, à raison du legs fait à sa femme de valeurs qui doivent rester propres à cette dernière; 3° la belle-mère de l'un des légataires désignés dans le même testament; 4° enfin le notaire qui a reçu le testament, sans s'arrêter à l'objection tirée de l'intérêt personnel que ce notaire aurait dans la contestation (Req. 2 juill. 1866, aff. Maillet, D. P. 66. 1. 430).

243. L'intérêt du témoin dans la contestation peut être considéré comme n'étant pas une cause suffisante de reproche, sur le motif, par exemple, qu'il s'agit d'un intérêt purement éventuel résultant de ce que le témoin reproché pourrait avoir un procès identique avec l'auteur du reproche (*Rép.* n° 531 ; Req. 10 mars 1868, aff. Levasseur, D. P. 68. 1. 427; Dutruc, v° *Enquête*, n° 254).

244. L'opinion émise au *Rép.* n°s 522 et suiv., suivant laquelle le reproche contre les habitants d'une commune, dans un procès où la commune est partie, n'est admissible que dans le cas où leur intérêt est direct et individuel, parce qu'il s'agit d'un objet dont ils jouissent particulièrement *ut singuli*, mais que ce reproche n'est pas recevable lorsque leur intérêt est indirect ou éloigné, est adoptée par la doctrine et la jurisprudence (V. Dutruc, v° *Enquête*, n° 260; Chauveau sur Carré, v° *Enquête*, quest. 1101 *ter*; Rousseau et Laisney, v° *Enquête*, n° 298; Bioche, v° *Enquête*, n° 335). — Il a été jugé : 1° que les habitants d'une commune peuvent être entendus comme témoins dans une enquête intéressant celle-ci, lorsqu'ils n'ont pas un intérêt direct et personnel à la contestation, comme dans le cas où le litige est relatif à la propriété de terres vaines et vagues revendiquées par la commune (Bordeaux, 10 janv. 1856, aff. Piquet, D. P. 57. 3. 318); — 2° Que les habitants d'une commune ne sont pas reprochables comme témoins, à raison de cette seule qualité, dans les procès intéressant la commune, par exemple, dans une instance en revendication de biens détenus par un particulier, bien que la commune prétend être des biens communaux sur lesquels le défendeur n'aurait que le droit de communer avec les autres habitants : cette cause de reproche, fondée sur l'intérêt personnel des témoins au résultat du litige, n'étant pas énoncée dans l'art. 283 c. proc. civ., est abandonnée au pouvoir d'appréciation discrétionnaire des tribunaux (Req. 19 déc. 1866, aff. Favre-Laurent, D. P. 67. 1. 440); — 3° Qu'on ne saurait considérer comme un motif suffisant de reproche, dans une instance intéressant une commune, la qualité d'habitant de cette commune, lorsque le témoin n'a qu'un intérêt général, indirect et éloigné à la solution du procès; et, notamment, lorsque le procès porte sur le caractère public d'une fontaine dont le témoin est éloigné et lorsque celui-ci habite un village pourvu de puits et de cours d'eau (Orléans, 13 févr. 1885, aff. Commune de Triguères, D. P. 88. 2. 128).

245. — 2° *Intérêt d'affection ou d'animosité* (*Rép.* n°s 533 à 535). — Il a été jugé : 1° qu'il n'y a pas lieu d'écarter le témoin qu'on prétend être en état d'animosité contre une des parties, notamment par suite d'un procès ayant existé contre cette partie et le témoin (Riom, 19 mars 1855, *Journal des arrêts de la cour de Riom* du 29 juill. 1855); — 2° Qu'il ne suffit pas qu'un huissier, actionné en sa qualité comme responsable d'une dette, ait un intérêt moral à produire le témoignage du débiteur, qui peut seul donner des explications sur le payement dont cette dette aurait été l'objet, pour que ce débiteur puisse être reproché comme témoin (Dijon, 22 août 1866, *Journal des huissiers*, t. 50, p. 346; Dutruc, *op. cit.*, v° *Enquête*, n° 258).

246. — 3° *Intérêt d'amour-propre, de défense ou de protection* (*Rép.* n°s 536 à 539). — La jurisprudence, on l'a dit au *Rép.* n° 538, considère la qualité de mandataire en géné-

ral, et notamment celle de mandataire légal, comme une cause de reproche. Le créancier qui intente une action du chef de son débiteur, le maire qui représente la commune partie au procès, sont reprochables (V. Rousseau et Laisney, v° *Enquête*, n° 310; Toulouse, 13 févr. 1864, aff. Dransin-Bru, D. P. 65. 2. 63). — Mais il a été jugé qu'un témoin cité dans un procès intéressant une commune ne peut être reproché à raison de sa qualité de maire de cette commune antérieurement à l'instance, s'il n'est pas établi qu'il ait donné un certificat relatif aux faits du procès (Req. 12 févr. 1862, aff. Montariol, D. P. 62. 1. 187).

247. — 4° *Intérêt résultant du besoin de se ménager l'appui ou les bonnes dispositions de l'une des parties* (*Rép.* n°s 540 à 543). — La qualité du débiteur peut être admise comme cause de reproche, lorsque l'obligation du débiteur est assez considérable, relativement à son état de fortune, pour le placer dans une véritable position de dépendance à l'égard de son créancier (*Rép.* n° 544; Rousseau et Laisney, v° *Enquête*, n° 305; Dutruc, v° *Enquête*, n° 257).

248. — IX. ACTION DES TÉMOINS INJUSTEMENT REPROCHÉS. — V. *Rép.* n° 544.

N° 2. — *Mode de proposition des reproches ; Délai.*

249. On a enseigné au *Rép.* n° 457 qu'une partie n'est pas recevable à reprocher ses propres témoins, parce qu'en les produisant elle renonce à se prévaloir des causes de reproche, à moins cependant que ces causes ne lui aient été inconnues au moment de l'assignation. Cette doctrine est adoptée par les auteurs (Rousseau et Laisney, v° *Enquête*, n° 321; Garsonnet, t. 2, p. 500; Dutruc, *op. cit.*, v° *Enquête*, n° 189 ; Chauveau sur Carré, v° *Enquête*, n° 1061 ; Bioche, v° *Enquête*, n° 320). — Il a été jugé, en ce sens, que la partie qui a appelé des témoins dans l'enquête n'est pas recevable à les reprocher, alors surtout que leur audition par le juge-commissaire a eu lieu sans observation de sa part (Toulouse, 9 déc. 1863, aff. Mestre, D. P. 64. 2. 83).

250. Une partie peut-elle reprocher dans la contre-enquête des témoins qu'elle a fait entendre dans l'enquête? L'affirmative ne nous paraît pas douteuse. Et d'abord la cause de reproche peut être née dans l'intervalle qui sépare l'enquête de la contre-enquête ; tel serait le cas où le témoin aurait bu et mangé depuis sa déposition avec la partie qui fait procéder à la contre-enquête. — La cause de reproche existât-elle antérieurement, on ne saurait prétendre qu'en produisant un témoin dans son enquête la partie a renoncé à user à son égard dans la contre-enquête du droit que confère l'art. 283. L'enquête et la contre-enquête, bien que se rapportant aux mêmes faits, constituent deux opérations distinctes. Le demandeur, d'ailleurs, ignore au moment où il assigne un témoin si son adversaire aura également l'intention de le faire entendre. Peut-être s'il l'avait su, ne l'eût-il pas appelé à l'enquête. Une partie peut avoir un véritable intérêt à reprocher dans la contre-enquête un témoin entendu dans l'enquête. Il est donc juste, en l'absence de toute disposition contraire, de lui permettre l'exercice libre d'un droit qu'elle tient de la loi et auquel elle n'a pas expressément renoncé (V. en ce sens : Limoges, 8 mars 1838, *Rép.* n° 456; Rousseau et Laisney, v° *Enquête*, n° 321).

251. Le juge ne peut, en principe, suppléer d'office le reproche, lors même que l'enquête serait poursuivie par défaut, mais il le doit dans les cas de l'art. 268 c. proc. civ., lorsque le témoin est de ceux que la loi défend d'assigner. Il déclare alors que le témoin ne sera pas entendu. Si l'incapacité est contestée, l'incident est mentionné au procès-verbal pour que le tribunal y statue ultérieurement (Bioche v° *Enquête*, n° 393 ; Rousseau et Laisney, v° *Enquête*, n° 323, Chauveau sur Carré, quest. 1053 ; Garsonnet, t. 2, p. 532).

252. Les reproches sont proposés par la partie ou par son avoué. L'avoué, on l'a dit au *Rép.* n° 549, n'a pas besoin d'un pouvoir spécial pour exercer le reproche, le mandat qui résulte de sa constitution lui suffit. — Les avocats n'ont pas qualité pour proposer des reproches, à moins qu'ils ne soient autorisés par la partie ou par l'avoué (V. en ce sens : Dutruc, v° *Enquête* n° 190; Bioche, v° *Enquête*, n°s 390 et

391; Rousseau et Laisney, v° *Enquête*, n° 319; Garsonnet, t. 2, p. 532).

253. Il a été jugé que la clause d'une police d'assurances portant qu'en cas de sinistre l'assuré sera tenu de justifier à la compagnie, par tous les moyens et documents en son pouvoir, de l'existence et de la nature des objets assurés, ne fait pas obstacle à ce que la compagnie propose contre les témoins produits par l'assuré les reproches admis par la loi (Req. 5 mai 1857, aff. Rousselet, D. P. 57. 1. 301). En disposant ainsi, la police ne fait que s'en référer au droit commun.

254. Les faits qui donnent lieu à des reproches, et qui n'ont point été proposés avant la déposition des témoins, comme le prescrit l'art. 282 c. proc. civ., sont antérieurs ou postérieurs à cette déposition.

Au premier cas, la loi ne les admet qu'autant qu'ils sont justifiés par écrit; elle n'a pas voulu enter enquête sur enquête, ni autoriser des récriminations souvent sans valeur, et qu'on ne propose que parce qu'on n'est pas content de la déposition. Il faut, de plus, d'après certains auteurs, que la partie n'ait pas connu, lors de l'enquête, la cause de reproche; si elle la connaissait, en gardant le silence sur le reproche, elle a tacitement renoncé à l'invoquer (Garsonnet, t. 2, p. 533, note 8). En ce sens, il a été jugé que les reproches contre les témoins appelés par la partie adverse sont tardivement proposés après l'enquête et au moment des plaidoiries, alors même qu'ils seraient établis par écrit, s'il résulte de l'enquête qu'au moment de l'audition des témoins la partie en avait connaissance (Toulouse, 9 déc. 1863, aff. Mestre, D. P. 64. 2. 83). — En sens contraire, il a été jugé qu'une partie peut proposer un reproche fondé sur une condamnation pour vol, justifié par le jugement, après la déposition du témoin, lors même qu'elle connaissait le fait, et avait intentionnellement retardé de formuler son reproche (Trib. Châteauroux, 13 mai 1884, aff. Petissy, D. P. 85. 2. 195). Cette solution nous paraît plus exacte. L'art. 282 admet le reproche justifié par écrit après la déposition du témoin. La partie, en ne le proposant pas devant le juge-commissaire, use d'un droit que lui confère la loi. Son silence ne saurait donc impliquer une renonciation.

Au second cas, c'est-à-dire quand les faits de reproche sont postérieurs, ils ne doivent pas davantage être admis, car on ne peut dire qu'ils ont exercé de l'influence sur le témoignage qui les a précédés. Mais si les faits, bien qu'antérieurs à la déposition, *n'ont pu* être connus que depuis, la preuve sera-t-elle encore inadmissible, en ce que la révélation ne serait point faite par l'art. 282 c. proc. civ. Quelle faute, quelle négligence lui est alors imputable? Aucune, assurément, et la déchéance serait sans cause à son égard. Le système contraire aurait pour conséquence d'encourager chez les témoins des complaisances criminelles, par l'impossibilité absolue où se trouveraient les parties de les prouver. — Cette opinion, toutefois, est combattue par la plupart des auteurs. « Une question délicate, dit M. Garsonnet, t. 2, p. 533, note 8, est de savoir si les

causes de reproche inconnues de la partie avant la déposition du témoin, et non justifiées par écrit, peuvent être invoquées après qu'il a déposé. L'art. 282 me paraît s'y opposer formellement, et cette décision, à coup sûr rigoureuse, s'explique par la crainte qu'a eue le législateur de voir une partie chercher à tout prix, après l'audition d'un témoin qui a déposé contre elle, la preuve d'un reproche de nature à faire écarter cette déposition. J'ajoute que, l'opinion contraire était admise, l'art. 282 : « Aucun reproche ne sera proposé après la déposition, s'il n'est justifié par écrit », n'aurait plus d'application. Il n'a pas trait aux causes de reproches connues avant la déposition qui, même justifiées par écrit, sont non recevables; il faut donc qu'il s'applique à celles qui n'ont été connues qu'après. » « Cette doctrine, dit M. Chauveau, quest. 1100, coupe court à tout abus et en définitive rien n'empêche de tirer parti, lors de la discussion des résultats d'une enquête, des circonstances postérieures qui peuvent infirmer l'autorité de certaines dépositions » (V. dans le même sens : Rousseau et Laisney, v° *Enquête*, n° 327). Il a été jugé que le reproche contre des témoins qui ont déposé n'est plus admissible, s'il n'est pas justifié par écrit, alors même que les faits reprochés consistent en ce que ces témoins auraient bu et·mangé avec l'une des parties le jour de l'enquête, faits que le reprochant n'aurait connus qu'après la déposition (Toulouse, 25 août 1852, aff. Fauré, D. P. 54. 2. 118).

255. On a émis au *Rép.* n° 552 l'opinion qu'il n'est pas nécessaire que la preuve des reproches soit offerte et que la désignation des témoins soit faite avant l'audition du témoin reproché; qu'elles peuvent l'être après cette audition, et tant qu'un jugement n'a pas statué sur ces reproches. Les auteurs se sont généralement prononcés en ce sens (V. Bioche, v° *Enquête*, n° 393; Rousseau et Laisney, v° *Enquête*, n° 324, et *Supplément alphabétique*, p. 189; Bordeaux, 18 nov. 1833, aff. Besse, *Journal des arrêts de Bordeaux*, p. 508). — En ce sens, il a été jugé que les causes de reproche invoquées contre un témoin doivent être précisées devant le juge-commissaire; mais qu'il n'est pas nécessaire, à peine de déchéance, que la preuve des faits allégués à l'appui du reproche soit immédiatement offerte; c'est seulement après l'enquête et devant le tribunal que cette preuve doit être demandée (Paris, 4 nov. 1865, aff. Villars, D. P. 66. 5. 458; Pau, 10 juill. 1872) (1).

256. On entend par reproches *justifiés par écrit*, ceux qui sont prouvés par titre : par exemple, lorsqu'il résulte d'un acte authentique que le témoin qui a déposé est parent de l'une des parties au degré prohibé, ou qu'il a délivré un certificat concernant les faits sur lesquels son témoignage est invoqué (Bioche, v° *Enquête*, n° 398). — Il a été jugé qu'un jugement du tribunal correctionnel portant condamnation pour vol constitue un acte authentique, qui permet de proposer le reproche après la déposition du témoin (Trib. Châteauroux, 13 mai 1884, aff. Petissy, D. P. 85. 2. 195).

N° 3. — *Jugement sur les reproches.*

257. Il n'y a pas obligation, pour les tribunaux, de statuer sur les reproches qui ont été proposés devant le

(1) (Lascalde C. Biscay.) — LA COUR; — Attendu que l'art. 270 c. proc. civ. exige simplement que l'articulation du reproche soit faite avant la déposition des témoins, sans prescrire l'offre de preuve et la désignation des témoins à l'appui; — Que l'art. 287 établit ensuite que le tribunal aura à statuer sur les reproches; — Que, d'après l'ordre chronologique suivi par le législateur, l'art. 289 qui vient ainsi disposer que sur la situation des parties devant le tribunal et non devant le juge-commissaire; — Que cet article parle de l'offre de preuve et de la désignation des témoins sans dire que cette offre de preuve sera faite avant le juge-commissaire; — Que le juge-commissaire n'a pas, en effet, à juger le mérite du reproche, mais simplement à le constater dans son procès-verbal, et qu'en ce qui le concerne, l'offre de preuve est sans objet, puisqu'il n'a pas à l'apprécier; — Que, sans doute, il faut prévenir la témérité des plaideurs qui hasardent des reproches sans moyen de les justifier; qu'il importe donc, pour que les reproches ne soient pas produits légèrement, que les parties aient pris, avant de les soumettre au tribunal, l'engagement d'en établir la vérité par témoins désignés à l'avance; — Mais que, dans ce but, l'offre de preuve n'est point nécessaire devant le

juge-commissaire qui n'a pas à statuer, qu'elle est utile pourvu qu'elle soit faite avant la comparution devant le tribunal qui doit juger; — Qu'à la vérité, l'art. 289, après avoir dit : « Si les reproches proposés avant la déposition ne sont pas justifiés par écrit, la partie est tenu de faire l'offre de preuve et de désigner les témoins, » ajoute ces mots: « autrement elle *n'y sera plus reçue* »; mais que cette dernière disposition n'a pas un sens suffisamment clair pour détruire l'économie des articles qui précèdent l'art. 289 et pour créer une rigoureuse déchéance dont l'utilité ne peut être justifiée; — Que le législateur semble avoir voulu expliquer sa pensée par l'art. 71 du tarif qui fixe un droit pour l'acte d'avoué contenant l'offre de preuve et la désignation des témoins; — Que personne ne prétend qu'une telle notification doive avoir lieu *avant l'enquête* pour être produite au juge-commissaire; qu'elle ne peut donc avoir lieu qu'après l'enquête, c'est-à-dire entre l'enquête et la comparution devant le tribunal; — Attendu, dès lors, que l'offre de preuve faite par la partie de Touzet devant le tribunal n'a pas été tardive; — Par ces motifs, etc.

Du 10 juill. 1872.-C. de Pau, ch. civ.-MM. Daguilhon, 1er pr.-Lespinasse, 1er av. gén.-Forest et Soulé, av.

juge-commissaire et consignés au procès-verbal, mais qui ne sont pas repris dans les conclusions d'audience, parce que ce sont ces conclusions seules qui nécessitent une réponse du juge. Toutefois, on admet généralement que le tribunal peut se regarder comme saisi de l'incident par le procès-verbal de l'enquête et le juger sans conclusions expresses (*Rép.* n° 562).— Il a été décidé : 1° que des reproches articulés dans une enquête, mais sur lesquels aucunes conclusions n'ont été prises devant le tribunal, peuvent être appréciés par le jugement rendu sur le fond : il n'est pas besoin, en ce cas, qu'il soit statué sur les reproches par un jugement distinct (Req. 19 déc. 1866, aff. Favre-Laurent, D. P. 67. 1. 440); — 2° Qu'un tribunal n'est pas obligé de s'expliquer et de statuer sur les reproches qui, dans une enquête qu'il a ordonnée, ont été élevés devant le magistrat commis, lorsque cette partie, à l'audience, ne reproduit pas les reproches et se borne à conclure au fond; alors, d'ailleurs, que rien ne prouve que le jugement ait interdit la lecture des dépositions de ces témoins, comme si le reproche avait été admis (Req. 22 févr. 1882, aff. Lacombe, D. P. 82.1. 120). Il importe peu, dans ce cas, que la partie adverse, appelée à l'audience à conclure au fond, ait, dans la prévision, non réalisée ensuite, que les reproches seraient soutenus, conclu elle-même, sans contradiction, à leur irrecevabilité (Même arrêt). Ce sont là, en effet, des conclusions purement éventuelles, qui devenaient sans objet du moment où l'autre partie, par son silence, renonçait à faire valoir les reproches proposés et se bornait à conclure au fond. La question des reproches ne constituait pas, dès lors, pour la cour un chef de litige, car il n'y a litige à trancher par les magistrats que lorsqu'il y a contradiction accusée entre les deux parties.

Quant au point de savoir si l'absence de conclusions de celui qui avait proposé les reproches implique de sa part renonciation à s'en prévaloir, c'est une question de fait que le tribunal apprécie. En laissant lire, par exemple, à l'audience la déposition du témoin reproché, sans avoir reproduit son reproche sous une forme quelconque, la partie s'expose à passer pour l'avoir renoncé et à se voir condamner sur la déposition d'un témoin reprochable (*Rép.* n°s 561, 563 et suiv.; Garsonnet, v° *Enquête*, p. 545; Bioche, v° *Enquête*, n° 399; Rousseau et Laisney, v° *Enquête*, n° 336. Conf. Chauveau sur Carré, quest. 1126 *bis*). — Décidé, à cet égard : 1° qu'une partie qui a conclu au fond n'est plus recevable à proposer des reproches contre les témoins, bien qu'avant de conclure elle ait énoncé les reproches, mais sans les préciser ni les développer (Rennes, 9 avr. 1851, aff. Hignard, D. P. 52. 5. 530); — 2° Que les reproches proposés contre les témoins, dans une enquête, sont réputés abandonnés lorsque, devant le tribunal et devant la cour, la partie qui les a articulés n'a pas conclu à ce que ces reproches fussent admis, ne s'est pas opposée à la lecture des dépositions des témoins reprochés, et s'est bornée à discuter ces dépositions, eût-elle rappelé les reproches dans sa discussion et déclaré qu'elle y insistait, une telle déclaration ne suppléant pas aux conclusions omises (Req. 19 déc. 1866, aff. Favre-Laurent, D. P. 67. 1. 440).

Il a été jugé, d'autre part, que la partie qui a déclaré faire défaut à une enquête ordonnée par le premier juge n'est pas recevable à reprocher des témoins pour la première fois en appel (Trib. Saint-Sever, 10 août 1866, aff. Lubet, D. P. 68. 1. 261); — Que la partie qui, ayant reproché des témoins devant le juge-commissaire, n'a pas reproduit ses reproches devant le tribunal, n'est pas recevable à demander, pour la première fois en appel, que ces reproches soient admis, alors qu'elle ne s'en est prévalue en aucune manière devant les premiers juges (Amiens, 5 mai 1873, aff. Jules Pollet, D. P. 75. 1. 177). Lorsque les reproches sont présentés pour la première fois en appel, ils constituent une demande nouvelle et, à ce titre, seraient réputés non recevables. D'ailleurs, le silence gardé devant les premiers juges peut, à bon droit, être considéré comme une renonciation à se prévaloir des reproches. — La solution n'est pas la même, lorsque la partie a pris à l'audience des conclusions formelles sur les reproches, et que le fond de la cause étant en état et pouvant être jugé en même temps que l'incident, il a été donné lecture de la déposition du témoin reproché. La lecture de cette déposition, autorisée par le tribunal, ne peut

être regardée comme une renonciation volontaire de la partie aux reproches qu'elle a formulés en temps utile, et sur lesquels le tribunal s'est réservé de statuer. Elle ne fait que subir une injonction contre laquelle il ne lui est pas possible de s'élever; tous ses droits, en pareil cas, doivent lui être réservés; et elle peut reproduire le reproche en appel. — En ce sens, il a été jugé : 1° que la lecture à l'audience de la déposition du témoin reproché, sans protestation ni réserve de la partie qui a élevé le reproche, n'entraîne pas renonciation ni acquiescement de cette partie, lorsque le tribunal statue ultérieurement sur le reproche et sur le fond par un seul et même jugement (Besançon, 21 avr. 1866, aff. Clerc, D. P. 66. 2. 72); — 2° Que lorsqu'une partie a reproché certains témoins et a demandé, par des conclusions formelles, que leurs dépositions ne fussent pas prises en considération, on ne doit pas présumer qu'elle a abandonné les reproches qu'elle a ainsi proposés, parce qu'elle ne s'est pas ensuite opposée à la lecture des dépositions des témoins reprochés (Civ. cass. 16 nov. 1868, aff. Pepay-Cazenave, D. P. 68. 1. 178).

258. Le tribunal prononce sommairement sur les reproches (*Rép.* n° 566). — Mais il a été jugé avec raison que le jugement rendu après une enquête dans laquelle des témoins ont été reprochés a pu ne pas statuer sur le mérite des reproches proposés, lorsqu'il est constaté par le plumitif que ces témoins ont été volontairement retirés du débat (Req. 1er févr. 1870, aff. Roux, D. P. 70. 1. 280).

259. En principe, les juges sont tenus de statuer préalablement sur les causes de reproche. Par exception, lorsque la cause est en état, ils peuvent statuer en même temps sur le reproche et sur le fond. La cause est en état quand les parties ont conclu sur le fond en même temps que sur les reproches (*Rép.* n° 575). « L'art. 288, dit M. Garsonnet, t. 2, p. 286, doit s'entendre en ce sens que la demande principale et l'incident qui s'y joint seront jugés ensemble quand ils seront l'un et l'autre complètement instruits et prêts à recevoir une décision définitive ; qu'il appartiendra au juge, dans le cas contraire, d'apprécier s'il vaut mieux les disjoindre, ou retarder le jugement du fond jusqu'à ce que l'incident puisse être jugé avec lui ». Par cela seul, en effet, que la cause est en état, dans le sens de l'art. 343 c. proc. civ., c'est-à-dire que les conclusions sur le fond et sur les reproches ont été prises, les juges ne sont pas tenus de prononcer sur le tout par un seul jugement. L'art. 288 établit pour eux une simple faculté dont ils peuvent user ou ne pas user, suivant les circonstances (Rousseau et Laisney, v° *Enquête*, n° 332). Il a été jugé : 1° que le jugement, qui admet des reproches dirigés contre plusieurs témoins, peut, si la cause est en état, statuer en même temps au fond, sans qu'il en résulte aucune violation des droits de la défense, l'admission des reproches ayant pour effet d'écarter des éléments de preuve acquis au débat les dépositions des témoins reprochés (Req.19 déc.1849,aff. Deschandeliers, D. P. 50. 1. 234); — 2° Que le juge peut statuer par un même jugement sur les reproches des témoins et sur le fond, lorsque les parties ont conclu contre les reproches des témoins et sur le fond (Civ. cass. 16 nov. 1868, aff. Pepay-Cazenave, D. P. 68. 1. 478); — 3° Que le pouvoir, conféré aux juges statuant sur les reproches élevés contre des témoins produits dans une enquête, de prononcer en même temps sur le fond, si la cause est en état, constitue, pour eux, une simple faculté dont ils peuvent ne pas user sans en donner de motifs, encore que des conclusions formelles aient été prises à cet égard (Req. 4 mai 1863, aff. Laudinat, D. P. 64.1. 28). — La cour, saisie de l'appel d'un *jugement sur les reproches*, ne peut statuer sur l'appel des reproches et sur le fond par un seul et même arrêt; et il ne saurait y avoir lieu, en pareille circonstance, à évocation, l'affaire ne pouvant être en état qu'après l'examen de l'enquête (Nancy, 31 janv. 1874, aff. Commune de Norroy, D. P. 75. 2. 186 ; 21 févr. 1874, aff. Ignace, *ibid.*). Mais lorsque le reproche élevé contre un témoin, et dont la preuve n'est pas offerte, a été rejeté par un jugement de première instance et qu'en appel les conclusions ont conclu sur le reproche et sur le fond, la cour d'appel peut statuer sur le tout par un seul et même jugement (Civ. rej. 11 mars 1874, aff. Jubinal, D. P. 74. 1. 340).

260. Le jugement qui intervient sur les reproches est définitif et susceptible, par conséquent, d'appel dans les deux mois de sa signification. Si l'appel est interjeté, la cause est suspendue jusqu'à ce qu'il ait été vidé. Le tribunal a, d'ailleurs, le droit, après le rejet ou l'admission des reproches, d'ordonner qu'il sera plaidé immédiatement au fond. La partie, avant de plaider au fond, doit faire des réserves, sinon elle serait non recevable à interjeter appel (*Rép.* n°s 570 et suiv.; Dutruc, v° *Enquête*, n° 276). — Il a été jugé :1° que la partie qui exécute, en concluant au fond sans réserve d'appel, un jugement qui a rejeté les reproches par elle proposés contre des témoins, se rend non recevable à interjeter appel de ce jugement. L'exécution du jugement constitue un acquiescement (Colmar, 17 mai 1864, aff. Schœpfert, D. P. 65. 2. 63); — 2° Que le jugement qui statue sur les reproches des témoins n'étant ni préparatoire, ni interlocutoire, l'appel doit en être interjeté immédiatement, et n'est plus recevable si la partie l'a exécuté, sans réserves, en plaidant au fond (Civ. rej. 8 juin 1869, aff. Linarès, D. P. 69. 1. 303).

261. Si les reproches sont admis, la déposition n'est pas lue à l'audience, à peine de nullité du jugement à intervenir (*Rép.* n° 571). « Dans ce cas, dit M. Bioche, v° *Enquête*, n° 400, cette déposition est sans force; on ne peut y ajouter foi; la loi, pour qu'elle ne puisse produire aucune impression sur les juges, leur interdit de s'en faire donner lecture, même sous la restriction de n'y avoir que tel égard que de raison » (V. en ce sens : Paris, 22 févr. 1862, aff. Allard, D. P. 62. 5. 317).

262. On a admis au *Rép.* n° 572 que la partie adverse ne peut, pas plus que celle qui a proposé les témoins dont les reproches ont été admis, faire usage, dans l'intérêt de sa cause, des dépositions écrites de ces témoins. —Cette solution ne saurait évidemment s'étendre aux faits sur lesquels les reproches sont fondés, puisque ces reproches, une fois admis, ne sont pas atteints par la suspicion qui frappe les témoignages. En ce sens, il a été jugé que la défense faite par l'art. 291 c. proc. civ. de lire la déposition du témoin écarté comme reprochable, ne fait pas obstacle à ce que la partie qui a reproché ce témoin en première instance obtienne, devant le juge d'appel, la lecture du reproche qui a été admis, sauf lecture également de la réponse qui a y été faite; qu'il en est ainsi, notamment, lorsque cette partie prétend trouver dans le reproche qu'elle a fait accueillir la preuve de manœuvres organisées pour son adversaire pour suborner ou influencer les témoins (Pau, 16 févr. 1870, aff. Iratçabal, D. P. 70. 2. 174).

263. Le juge-commissaire qui a des doutes sérieux sur l'incapacité d'un témoin dont la qualité est contestée peut recevoir, sous toutes réserves, sa déposition (V. *supra*, n° 92). Il a été jugé que la cour, saisie du point de savoir si le procès-verbal d'enquête doit être expédié ou sans les dépositions contestées, peut également se réserver, lors des débats sur le fond, la faculté de ne pas autoriser, s'il y a lieu, la lecture de ces dépositions (Req. 13 déc. 1871, aff. Jolas, D. P. 72. 1. 186).

264. C'est une question très controversée que de savoir si les reproches énumérés dans l'art. 283 sont obligatoires pour le juge ou si celui-ci peut les écarter, alors même qu'ils aient été proposés par une des parties (*Rép.* n°s 557 et suiv.). — Suivant une première opinion, les reproches énumérés dans l'art. 283 peuvent être admis ou rejetés par le tribunal d'après les circonstances; le juge jouit, en d'autres termes, d'un pouvoir discrétionnaire, de telle sorte qu'il peut ordonner la lecture

de la déposition d'un témoin reproché. On se fonde pour soutenir cette doctrine sur les termes facultatifs de l'art. 283 : « pourront être reprochés ». Mais ces expressions semblent bien plus se rapporter aux parties qu'au juge. Aussi, dans un second système, décide-t-on que les causes de reproche énumérées par l'art. 283 ne sont facultatives que de la part des parties et doivent, si elles sont justifiées, être accueillies par le juge. La jurisprudence semble définitivement fixée dans le sens de cette doctrine, qui est professée par la plupart des auteurs (Garsonnet, t. 2, p. 500, note 15; Bioche, v° *Enquête*, n° 369; Rousseau et Laisney, v° *Enquête*, n° 287). Il faut bien reconnaître qu'elle seule donne à l'énumération de l'art. 283 un sens vraiment sérieux. Il est vrai que la théorie des reproches se concilie difficilement avec le système de preuves consacré par la loi, d'après lequel les juges se déterminent par leur intime conviction. Mais elle n'en doit pas moins être appliquée telle que le législateur a voulu l'établir, et l'on ne saurait en restreindre l'importance par une interprétation plus ou moins forcée ou détournée. L'admission des reproches autres que ceux énumérés dans l'art. 283 est abandonnée, au contraire, au pouvoir discrétionnaire des juges du fait (V. *suprà*, n° 233). — Dans le sens de la première opinion, il a été jugé qu'un reproche, même fondé sur une des causes énumérées dans l'art. 283 c. proc. civ., peut être écarté par le juge qui jouit, à cet égard, d'un pouvoir discrétionnaire (Poitiers, 25 avr. 1850, aff. Fontaine, D. P. 51. 5. 516). Mais, en sens contraire, et conformément à la théorie que nous avons adoptée, il a été décidé : 1° qu'il y a présomption légale de partialité de la part des témoins qui se trouvent dans les cas de reproches énumérés dans l'art. 283 c. proc. civ.; qu'en conséquence, lorsque de tels reproches sont proposés, le juge ne peut se dispenser de les admettre; que l'on argumenterait à tort, pour lui attribuer la faculté de les rejeter, de ces mots de l'art. 291 c. proc. civ. « si les reproches sont admis », lesquels doivent s'entendre simplement du droit qu'a le juge de vérifier si les reproches sont justifiés; qu'on invoquerait aussi vainement l'art. 251 c. proc. civ., pour soutenir que le juge peut écarter le reproche tiré de la parenté, lorsque les témoins contre lesquels il est proposé sont des témoins nécessaires, la dérogation faite au droit commun par cet article en matière de séparation de corps ne pouvant être étendue à d'autres cas (Riom, 29 janv. 1855, aff. Feyfeux, D. P. 56. 2. 257; Nancy, 29 nov. 1855, aff. N..., *ibid.*; Agen, 3 déc. 1855, aff. Saint-Hilaire, *ibid.*); — 2° Que les causes de reproche énumérées dans l'art. 283 c. proc. civ. ne sont facultatives que de la part des parties, et non pour le juge, qui, lorsque ces causes sont justifiées, est tenu de les admettre (Montpellier, 19 nov. 1856, aff. Beaumeville, D. P. 56. 2. 237); — 3° Que les tribunaux ne peuvent se dispenser d'admettre les reproches déterminés par la loi, lorsque la cause en est reconnue exister (Dijon, 21 juill. 1858, aff. Chamfroy, D. P. 58. 2. 168); — 4° Que lorsqu'un témoin est reproché pour l'une des causes énoncées en l'art. 283 c. proc. civ., le pouvoir du tribunal consiste uniquement dans la vérification du fait qui a motivé le reproche; s'il reconnaît le motif du reproche fondé, il est obligé d'écarter la déposition du témoin; il ne peut ordonner la lecture de cette déposition, sauf à y avoir tel égard que de raison (Paris, 22 févr. 1862, aff. Allard, D. P. 62. 5. 317; Bordeaux, 26 déc. 1863 (1); Bruxelles, 28 oct. 1865, aff. Bastin C. Cordier, *Pasicrisie belge*, 1866. 2. 32; — 5° Que le droit du plaideur de faire écarter le témoi-

---

(1) (Audhoin C. Marrionnaud.) — La cour; — Attendu qu'il résulte des dispositions du code de procédure civile, au titre des enquêtes, qu'il est des personnes que la loi, par des considérations de morale publique, interdit d'appeler comme témoins, à savoir, ainsi que le porte l'art. 268 du code, les parents ou alliés en ligne directe de l'une ou de l'autre des parties, défense absolue que le juge ne pourrait enfreindre; — Qu'il n'en est pas de même à l'égard des parents ou alliés en ligne collatérale; que l'art. 283 se borne à déclarer que les parents jusqu'au degré de cousin issu de germains peuvent être reprochés; — Que l'exercice de cette faculté est réglé par l'art. 270, portant que les reproches seront proposés avant la déposition du témoin; — Attendu que, d'après l'art. 284, le témoin doit, il est vrai, nonobstant les reproches, être entendu dans sa déposition; que cela se conçoit, puisque le juge-commissaire n'a pas qualité pour statuer sur des reproches qui ne sont pas toujours aussi faciles à justifier que celui qui

est fondé sur la parenté en ligne directe; que ce droit de vérification n'appartient qu'au tribunal; qu'à tout événement donc, le témoin doit être entendu; mais que de la combinaison de cet article avec l'art. 291, portant que, si le reproche est admis, la déposition du témoin reproché *ne sera pas lue* à l'audience, il résulte évidemment qu'il n'est pas laissé à l'arbitraire du tribunal d'autoriser ou d'empêcher la lecture; — Que, quelque ferme que soit la conscience du juge, il est sage pour lui d'éviter l'impression que pourrait lui faire subir un témoignage déclaré suspect par la loi; — Que lorsque le législateur a cru que les témoins se trouvant dans un cas de légitime reproche pourraient être entendus et leurs dépositions être lues à l'audience, sauf à y avoir tel égard que de raison, il a eu le soin d'en faire l'objet d'une disposition spéciale, comme dans l'art. 251 c. nap., où de telles dispositions sont en quelque sorte nécessaires;

Attendu, enfin, que la loi ne distingue pas le cas où le repro-

gnage de celui qui a donné un certificat sur des faits relatifs au procès est absolu ; l'admission de ce reproche n'est pas subordonnée à l'appréciation du juge (Bruxelles, 31 mai 1869, aff. Rousseau, D. P. 70. 2. 203) ; — 6° Que lorsqu'un témoin entendu en matière civile est reproché pour l'une des causes énoncées en l'art. 283 c. proc. civ., le tribunal ne peut repousser arbitrairement le reproche ; mais qu'il lui appartient de vérifier, en fait, si la cause du reproche existe et se présente dans les conditions prévues par la loi ; que, spécialement, il peut repousser un reproche fondé sur ce que des témoins auraient donné des certificats sur les faits litigieux, alors qu'il n'est pas établi que ces déclarations signées des témoins et d'ailleurs non représentées constituent de véritables certificats sur les faits du procès (Req. 16 nov. 1883, aff. Grobel Simon, D. P. 87. 1. 12. V. en ce sens : Angers, 12 déc. 1882, suprà, n° 180 ; Trib. Châteauroux, 13 mai 1884, aff. Petissy, D. P. 85. 2. 195). — Décidé aussi que lorsqu'un reproche est fondé sur ce que le témoin aurait donné des certificats relatifs au procès, il appartient au juge du fait de décider que ce témoin n'a pas fourni de certificats dans le sens de la loi (Req. 14 déc. 1881, aff. Gaillot, D. P. 82. 1. 184).

265. Le jugement fondé exclusivement sur les résultats d'une enquête illégale ou irrégulière n'est pas entaché de nullité ; il peut seulement être réformé par les voies de recours ordinaires (Req. 5 avr. 1873, aff. Poivey, D. P. 77. 1. 74). Mais si le juge d'appel, sans tenir compte des griefs relevés contre l'enquête faite en première instance, s'appuyait sur cette opération irrégulière pour confirmer la sentence des premiers juges, sa décision n'échapperait pas à la censure de la cour de cassation (V. anal. Civ. cass. 1er juill. 1874, aff. Phélippon, D. P. 74. 1. 334).

Il a été jugé que l'arrêt rendu au pétitoire ne fait pas état d'une enquête intervenue au possessoire et périmée, bien qu'il s'appuie sur le dire de certains témoins qui avaient été entendus dans cette enquête, si ces témoins ont été également entendus dans l'instance pétitoire par des experts investis du mandat de recueillir tous les renseignements oraux, utiles à la manifestation de la vérité (Req. 4 mars 1885, aff. Commune de Revel, D. P. 86. 1. 34). Dans l'espèce, les experts nommés par le juge du pétitoire avaient reçu cette autorisation et en avaient usé. Il importait peu que, parmi les témoins entendus par eux, il y en eût qui avaient précédemment déposé dans une enquête au possessoire périmée. C'était uniquement leur dernier témoignage qui devait être et avait été retenu par l'arrêt attaqué.

N° 4. — Appel.

266. Il a été jugé que la partie qui, sans aucunes réserves, requiert l'ouverture d'une contre-enquête et assiste à une visite des lieux, exécute volontairement le jugement qui a ordonné ces mesures d'instruction et se rend non recevable à en relever l'appel, bien que postérieurement, lors de l'enquête, elle ait fait des réserves générales et de style (Civ. rej. 8 juin 1869, aff. Linarès, D. P. 69. 1. 303). Ces réserves étaient tardives, puisqu'elles n'étaient intervenues qu'après des actes d'exécution volontaire non accompagnées de réserves. — Mais il a été décidé que le fait, pour l'avoué de présenter requête au juge-commissaire et de provoquer l'ordonnance afin d'assigner les témoins de la contre-enquête ne constitue point un acquiescement au jugement interlocutoire ni une exécution volontaire de ce jugement, par ce motif que l'avoué, en agissant ainsi, ne fait que se conformer à une obligation qu'il est tenu d'accomplir dans un délai fatal, à peine de nullité, aux termes des art. 257 et 259 c. proc. civ. ; qu'il en est ainsi surtout lorsqu'avant le jour fixé pour l'enquête, l'avoué a comparu au greffe pour dire qu'il n'y avait lieu à procéder à la contre-enquête et qu'il convenait, dans tous les cas, de surseoir jusqu'à ce qu'il fût statué sur l'appel par lui interjeté (Dijon, 9 nov. 1866, aff. Lorain, D. P. 67. 2. 11.

ches est élevé par une partie contre son propre parent, et le cas où c'est le parent de la partie adverse qui est reproché ; — Que l'art. 283 dispose d'une manière générale que les parents ou alliés de l'une ou l'autre des parties pourront être reprochés ; — Attendu, en fait, qu'il est justifié que le témoin Mignot-Desplan-

V. aussi v° *Acquiescement*, n°s 88 et suiv. ; — *Rép.* eod. v°, n°s 663 et suiv.).

CHAP. 3. — Des enquêtes en matière sommaire et devant les tribunaux de commerce (*Rép.* n°s 588 à 641).

267. — I. ARTICULATION DES FAITS (*Rép.* n°s 593 à 595). — En matière sommaire et dans les enquêtes devant les tribunaux de commerce, la loi n'exige pas que les faits soient préalablement articulés. Il est d'usage de signifier un simple acte de conclusions, afin de mettre l'adversaire à même d'avouer ou de dénier les faits ou de les discuter. — L'opinion émise au *Rép.* n° 593, que la partie adverse n'est pas obligée à dénier les faits par acte, quand même on lui aurait signifié l'articulation, est adoptée par la plupart des auteurs. « Il suffit, pour le défendeur à l'enquête, dit M. Bioche, n° 562, de contester les faits à l'audience, encore bien que l'adversaire ait articulé par acte les faits qu'il demandait à prouver : l'une des parties ne peut, en s'écartant du mode de procéder plus expéditif ou moins coûteux, tracé par l'art. 407, aggraver les obligations de l'adversaire » (V. en ce sens : Rousseau et Laisney, v° *Enquête*, n° 458 ; Garsonnet, t. 2, p. 735 ; Civ. cass. 25 avr. 1876, aff. Coquerel, D. P. 76. 1. 256).

268. Indépendamment des faits articulés par les parties, le tribunal a le droit d'ordonner d'office la preuve de ceux qui lui paraissent utiles à la découverte de la vérité (*Rép.* n° 595 ; Rousseau et Laisney, v° *Enquête*, n° 460).

269. — II. JUGEMENT AUTORISANT L'ENQUÊTE (*Rép.* n° 596).— Le jugement qui ordonne l'enquête doit contenir l'énonciation des faits à prouver (c. proc. civ. art. 407). Les règles que nous avons exposées *suprà*, n°s 27 et suiv., sont applicables en matière sommaire. L'énonciation des faits doit se trouver dans le dispositif ou les motifs du jugement, et ce, bien que la loi ne le dise pas, à peine de nullité. En matière sommaire, devant la juridiction commerciale, les faits cités en preuve peuvent être articulés verbalement; il y a donc des raisons plus impérieuses pour tenir à ce que ces faits soient précisés dans le jugement lui-même. — Jugé en matière commerciale, comme en matière civile, les jugements qui ordonnent une enquête doivent, à peine de nullité, contenir l'énonciation des faits à prouver; qu'en conséquence, est nul le jugement d'un tribunal de commerce qui, dans une contestation soulevée sur une créance entre le syndic d'une faillite et un créancier, ordonne une enquête en se contentant de se référer, sur les faits à vérifier, à un contredit formulé par le syndic lors de la production de la créance (Orléans, 23 nov. 1881, aff. Johanet, D. P. 82. 2. 241. V. conf. Civ. cass. 25 avr. 1876, aff. Coquerel, D. P. 76. 1. 256).

270. Le jugement ordonnant l'enquête doit fixer les jour et heure où les témoins seront entendus à l'audience (art. 407). Il a été jugé que l'indication, dans le jugement du tribunal de commerce qui ordonne une enquête, des jour et heure de l'audition des témoins, n'est pas prescrite à peine de nullité ; que cette fixation peut être faite par un jugement ultérieur (Rennes, 11 juill. 1870, aff. Kervella, D. P. 72. 2. 203). Cette solution, conforme à de précédentes décisions de la cour de cassation (*Rép.* n° 496), nous paraît fort juste. L'art. 407 n'indique pas que cette formalité soit prescrite à peine de nullité et, lorsque l'omission en a été réparée, il n'y a aucune raison de mettre à néant le jugement et de recommencer la procédure. Ce serait, au contraire, aller directement contre le but de cet article, qui a pour objet d'assurer la prompte expédition des affaires. — La fixation du délai pour commencer et parachever l'enquête est laissée à l'appréciation du juge, sans qu'il soit obligé d'observer les règles portées par le code de procédure en matière ordinaire (*Rép.* n°s 596 et 599 ; Rousseau et Laisney, v° *Enquête*, n° 461 ; Bioche, v° *Enquête*, n° 563). Jugé qu'en matière d'enquête sommaire, les délais pour commencer et parachever l'enquête sont abandonnés à l'arbitrage du juge (Civ. rej. 23 juill. 1860, aff. Boulongne, D. P. 60. 1. 332).

ches est parent de Marrionnaud au degré indiqué par l'article précité ; — Met au néant le jugement et admet les reproches proposés contre Mignot-Desplanches, etc.
Du 26 déc. 1862.-C. de Bordeaux, 4e ch.-MM. Troplong, pr.-Foing et Brochon père, av.

271. L'enquête doit nécessairement avoir lieu à l'audience, elle ne peut être renvoyée devant un juge-commissaire. Cette règle ne souffre exception que dans le cas où les témoins sont éloignés ou empêchés et où, conformément à l'art. 412 c. proc. civ., le tribunal commet pour les entendre le juge de paix ou le tribunal de leur résidence. — Dans les premiers temps qui ont suivi la promulgation du code de procédure, la jurisprudence a admis que, dans les enquêtes sommaires, les témoins peuvent être entendus sur les lieux litigieux (*Rép.*, nᵒˢ 21 et 596). L'opinion contraire est aujourd'hui consacrée par de nombreux arrêts et adoptée par les auteurs. La disposition de l'art. 407, qui a pour objet d'assurer la prompte expédition des affaires et de réduire les frais, tient à l'ordre des juridictions et, à ce titre, emporte, quoique la peine de nullité n'y soit pas énoncée, la nullité du jugement qui y a contrevenu, ainsi que de l'enquête qui a été faite en exécution de ce jugement, et des décisions qui peuvent avoir été la suite de ce jugement et de cette enquête (Rousseau et Laisney, vᵒ *Enquête*, nᵒˢ 466 et suiv.; Bioche, *op. cit.*, vᵒ *Enquête*, nᵒ 567; Garsonnet, *op. cit.*, t. 2, p. 735). — Il a été jugé : 1ᵒ qu'en matière sommaire, l'audition de témoins faite, non devant le tribunal et à l'audience, mais devant un juge-commissaire comme en matière ordinaire, est nulle, et que la nullité peut être demandée par la partie qui n'a comparu à cette enquête que sous la réserve d'un pourvoi en cassation contre le jugement par lequel elle a été ordonnée (Civ. cass. 23 juin 1863, aff. Caligny, D. P. 63. 1. 310); — 2ᵒ Qu'en matière sommaire, le jugement autorisant une enquête est nul, s'il ordonne qu'elle soit faite devant un juge-commissaire, au lieu de prescrire qu'il y soit procédé devant le tribunal et à l'audience (Civ. cass. 1ᵉʳ déc. 1880, aff. Perruche, D. P. 81. 1. 124; Req. 30 mars 1885, aff. Commune de Vauconcourt, D. P. 86. 1. 211 ; Civ. cass. 13 avr. 1886, aff. Mathieu, D. P. 86. 5. 192); qu'il en est ainsi, spécialement, lorsqu'une enquête est ordonnée pour une vérification d'écritures dans une procédure sommaire relative à une action personnelle et mobilière d'un intérêt inférieur à 1500 fr. (Arrêt précité du 13 avr. 1886); — 3ᵒ Que les tribunaux de commerce ne peuvent, sans excès de pouvoir, ordonner que l'interrogatoire d'un tiers sur faits articulés aura lieu par un juge commis et en chambre de conseil (Douai, 8 mai 1877, aff. Six, D. P. 79. 2. 213). L'interrogatoire sur faits et articles a pour but d'obtenir un aveu, et, par conséquent, les parties seules peuvent y être soumises (l'art. 324 c. proc. civ. le dit, d'ailleurs, expressément); interroger un tiers sur faits et articles pour obtenir de lui un témoignage serait un moyen d'éluder les principes relatifs à la preuve testimoniale et les formes de l'enquête. L'audition d'un tiers sur des faits articulés ne peut avoir d'autre caractère que celui d'une enquête, et, par conséquent, un tribunal ne peut ordonner qu'elle aura lieu en chambre de conseil, par devant un juge-commissaire (V. aussi Civ. cass. 16 janv. 1884, aff. Commune de Luant, D. P. 84. 5. 213; Civ. rej. 2 févr. 1885, aff. Corbin, D. P. 85. 1. 439).

272. La nullité, d'ailleurs, on l'a enseigné au *Rép.* nᵒ 22, et cette opinion est celle de tous les auteurs, n'est pas une nullité d'ordre public; elle est couverte par un acquiescement exprès ou tacite (Chauveau sur Carré, quest. 1479 *bis*; Boncenne et Bourbeau, *Théorie de la procédure civile*, t. 6, p. 113; Rousseau et Laisney, vᵒ *Enquête*, nᵒ 467; Garsonnet, *op. cit.*, t. 2, p. 735). — Il a été jugé : 1ᵒ que la validité du jugement qui a ordonné qu'une enquête en matière som-

maire aurait lieu devant un juge commis est couverte par l'exécution volontaire résultant de ce que les parties ont fait entendre des témoins ou assisté à leur audition (Req. 29 déc. 1851, aff. Giacomini, D. P. 81. 1. 122, note); — 2ᵒ Qu'en matière sommaire, le jugement autorisant une enquête est nul, s'il ordonne qu'elle soit faite non devant le tribunal et à l'audience, mais devant un juge-commissaire comme en matière ordinaire ; mais que la nullité résultant de ce que le jugement prescrivant une enquête a ordonné qu'elle serait faite, non devant le tribunal à l'audience, mais devant un juge-commissaire, est couverte par l'assistance du défendeur à l'enquête et à la contre-enquête, c'est-à-dire par l'exécution volontaire et complète de la décision entachée de nullité; que l'intérêt du litige étant inférieur à 1500 fr., il n'importe que des réserves d'appel, sans précision d'aucun grief, aient été formulées, au cours de l'enquête, par le défendeur qui a produit ses témoins et reproché ceux de son adversaire (Civ. rej. 2 févr. 1885, aff. Corbin, D. P. 85. 1. 439) ; — 3ᵒ Que cette nullité est couverte si le jugement ordonnant l'enquête est volontairement exécuté par les parties (Req. 30 mars 1885, aff. Commune de Vauconcourt, D. P. 86. 1. 211).

273. La nullité ne serait pas couverte par la comparution de la partie, si cette partie avait fait des réserves formelles avant d'assister à l'enquête. — La jurisprudence, qui s'était prononcée en sens contraire, et avait décidé que la réserve de se pourvoir, contenue dans l'exploit de dénonciation des témoins du demandeur à son adversaire, ne peut prévaloir contre l'exécution complète et volontaire qu'il a donnée à ce jugement en assistant à l'enquête, en produisant des témoins et en en reprochant plusieurs (Req. 29 déc. 1851, aff. Giacomini, D. P. 81. 1. 122, note), a consacré la théorie que nous exposons et qui est enseignée par les auteurs (V. Rousseau et Laisney, *op. cit.*, vᵒ *Enquête*, nᵒ 467) dans l'arrêt du 23 juin 1863 cité *supra*, nᵒ 271). — Jugé, dans le même sens, que l'exécution volontaire, *sans protestation ni réserve*, d'un jugement interlocutoire ordonnant une enquête sommaire rend la partie non recevable à en demander la cassation (Civ. cass. 3 mai 1887, aff. Hornez, D. P. 87. 1. 491).

274. — III. Commission rogatoire (c. proc. civ. art. 412). — V. *Rép.* nᵒ 597.

275. — IV. Commencement et achèvement de l'enquête (*Rép.* nᵒ 598). — Il a été décidé, conformément à la doctrine de l'arrêt de la chambre des requêtes du 9 mars 1819 (*Rép.* nᵒ 639-3ᵒ), que la règle d'après laquelle l'enquête doit être parachevée dans la huitaine à partir de l'audition des premiers témoins ne s'applique pas en matière commerciale (Bruxelles, 18 janv. 1879, aff. Berckmans C. faillite Bulens, *Pasicrisie belge*, 1879. 2. 229).

276. — V. Signification du jugement. — L'opinion émise au *Rép.* nᵒ 599 que, malgré le silence de l'art. 413, le jugement ordonnant une enquête sommaire doit être signifié, même lorsqu'il est contradictoire, est combattue par la plupart des auteurs (V. Garsonnet, t. 2, p. 734, note 9; Rousseau et Laisney, vᵒ *Enquête*, nᵒ 462; Carré et Chauveau, vᵒ *Enquête*, nᵒ 998; Bioche, vᵒ *Enquête*, nᵒ 564). Le système contraire a été aussi adopté par la jurisprudence. Il a été jugé qu'en matière sommaire, la signification du jugement qui ordonne l'enquête n'est pas exigée par la loi (Bordeaux, 11 févr. 1859) (1).

277. — VI. Exécution du jugement; Délai; Suspension. — V. *Rép.* nᵒ 601.

_____

(1) (Chassaing C. Laurent.) — La cour ; — Sur les moyens de nullité proposés contre l'enquête qui a eu lieu devant les premiers juges : — En ce qui concerne le premier moyen, tiré du défaut de signification du jugement du tribunal de Bazas statuant commercialement, du 4 août dernier, lequel a ordonné l'enquête : — Attendu que, de la combinaison des art. 407 et 413 c. proc. civ., il résulte que le jugement qui ordonne l'enquête, en matière sommaire et de commerce, ne doit pas être signifié comme en matière ordinaire; que la loi ne fait aucune mention de l'accomplissement préalable de cette formalité, et qu'elle la remplace, au contraire, par la fixation des jour et heure où les témoins doivent être entendus à l'audience, faite dans le jugement lui-même; que cette suppression de la signification, devenue ainsi inutile, s'explique par le double motif de la célérité dans la marche, de l'économie dans les frais, et que ce qui lève toute espèce de doute à cet égard, c'est l'omission de la signification du jugement qui a ordonné l'enquête, parmi les dispositions que l'art. 413

a limitativement rendues communes aux enquêtes sommaires et aux enquêtes ordinaires; qu'ainsi le premier moyen de nullité doit être repoussé ;

Quant au deuxième moyen :... (Sans intérêt) ;

Quant au troisième moyen, fondé sur l'inobservation des délais pour comparaître à l'enquête, à raison de ce qu'ils auraient dû être doublés, dans l'espèce, d'un jour par trois myriamètres : — Attendu que les délais simples entre la dénonciation des noms de témoins à Chassaing et leur audition ont été observés, puisque cette dénonciation ayant eu lieu le 5 août et l'audition le 11 du même mois, il s'est écoulé trois jours francs outre deux jours à raison des distances entre ces deux époques; — Attendu, en droit, que la prétention de doubler le délai de distance a été repoussée par une jurisprudence très plausible en matière d'enquête sommaire; que dans celle-ci, en effet, il y a élection nécessaire de domicile au lieu où elle se fait, à raison de la juridiction et d'après l'art. 422, et qu'ainsi la partie est réputée domi-

278. — VII. Assignation aux témoins. — Les témoins, aux termes de l'art. 408, sont assignés un jour au moins avant celui de leur audition. — Ce délai est d'un jour franc, et il est susceptible d'augmentation à raison des distances (*Rép.* n° 602; Garsonnet, t. 2, p. 733, note 2; Bioche, v° *Enquête*, n° 565; Rousseau et Laisney, v° *Enquête*, n° 465; Chauveau sur Carré, quest. 1479).

279. — VIII. Dénonciation des noms des témoins; Assignation a partie (*Rép.* n°s 603 à 607). — On a examiné au *Rép.* n°s 603 et suiv. la question de savoir si une assignation doit être donnée à la partie, à peine de nullité. « Les art. 407 et suiv., dit M. Garsonnet, t. 2, p. 734, note 9, ne reproduisent pas l'art. 261, qui prescrit, à peine de nullité, d'assigner le défendeur à l'enquête à l'effet de s'y présenter. Je ne crois donc pas que cette assignation soit requise à peine de nullité en matière sommaire; mais il faut évidemment que le défendeur à l'enquête, qui a le droit d'y assister, soit prévenu du jour et de l'heure où les témoins seront entendus. Une sommation suffira; on pourra même (et ce sera le plus pratique) indiquer ce jour et cette heure dans l'acte même par lequel on signifie les noms des témoins, mais il faudra au moins cela à peine de nullité. »

ciliée en ce lieu; que ce domicile élu est encore bien plus susceptible d'assimilation au domicile réel que celui qu'une partie qui procède en matière d'enquête ordinaire a légalement chez son avoué, où il suffit cependant de l'assigner, dans ce cas, pour être présente à l'enquête, d'après la jurisprudence sus-invoquée, et sans qu'il soit besoin de doubler les délais; que, d'ailleurs, il n'y a pas plus lieu, dans l'espèce de l'enquête sommaire que dans celle de l'enquête ordinaire, à envoi et retour de l'assignation pour être notifiée à un tiers, cas auquel la même jurisprudence a encore sagement restreint le doublement du délai; qu'enfin, lorsqu'il s'agit d'une procédure simple et expéditive, c'est bien l'occasion de refuser d'y appliquer la disposition finale de l'art. 1033, qui ne servirait qu'à la compliquer et à la ralentir; qu'il suit de ces considérations que l'enquête a été régulièrement faite devant le tribunal de Bazas, et que Chassaing est sans motif sérieux pour la critiquer;...

Par ces motifs, sans s'arrêter ni avoir égard aux moyens de nullité proposés par Chassaing contre l'enquête et dans lesquels il est déclaré mal fondé, l'appel au néant, etc.

Du 11 févr. 1859.-C. de Bordeaux, 4e ch.-MM. Boscheron-Desportes, pr.-de Tholouze, av. gén.-Lafon et Méran, av.

(1) (Vincent C. Cartier.) — La cour; — En ce qui touche l'appel des jugements des 4 et 11 févr. 1865, qui ont rejeté l'exception de nullité d'enquête opposée par les frères Vincent: — Attendu qu'en exécution du jugement du 24 janvier, qui avait admis Cartier à faire, à l'audience du 4 février suivant, la preuve par témoins des faits sur lesquels il fondait sa défense à l'action des frères Vincent, et qui a été ensuite prorogée au 11 février, les noms des témoins qu'il se proposait de faire entendre avaient été dénoncés à ces derniers, avec assignation pour être présents à leur audition, par acte signifié le 31 janvier d'abord, puis le 7 février, au greffe du tribunal de commerce, conformément à l'art. 422 c. proc. civ., faute par eux d'avoir élu un domicile à Confolens; — Que le délai de trois jours francs prescrit par les art. 432, 433 et 260 c. proc. civ., entre ces notifications et le jour fixé pour l'enquête, été observé; — Mais que les frères Vincent prétendent que ce délai devait être augmenté, conformément à l'art. 1033, d'un jour par 5 myriamètres de distance entre le lieu où l'enquête devait se faire et leur domicile réel; — Attendu que le domicile élu, particulièrement en matière commerciale, tient complètement la place du domicile réel, auquel il est substitué; que la partie n'a donc droit qu'aux seuls délais que comporte ce domicile, et ne peut réclamer l'augmentation prescrite par l'art. 1033, à raison de la distance de son domicile réel; — Que ce principe doit recevoir une application plus rigoureuse encore lorsqu'il s'agit de l'élection de domicile imposé, pour les instances commerciales, par l'art. 422 c. proc. civ., à toute partie non domiciliée dans le lieu où siège le tribunal de commerce, à défaut de laquelle la loi indique elle-même le greffe du tribunal comme devant tenir lieu du domicile élu, et où toute signification sera valablement faite; que cette mesure a pour objet évident de faciliter la marche de la procédure sommaire pour les affaires de cette nature, et d'arriver à une décision définitive avec toute la célérité qu'elles exigent; que cependant, le but de la loi serait complètement manqué, si chaque signification faite à ce domicile spécial devait comporter des délais supplémentaires à raison de la distance du domicile réel; — Que, dès lors, les frères Vincent n'avaient pas droit aux délais supplémentaires de l'art. 1033 c. proc. civ.; que, partant, la nullité par eux proposée contre l'enquête du 4 février, et contre celle du 11 du

280. La dénonciation des témoins doit avoir lieu trois jours à l'avance, à peine de nullité, avec augmentation à raison des distances. Elle a lieu au domicile de l'avoué en matière civile, et, en matière commerciale, au domicile réel de la partie si elle habite dans le lieu où siège le tribunal, sinon au domicile élu dans ce lieu ou, à défaut, au greffe (*Rép.* n° 607; Rousseau et Laisney, v° *Enquête*, n° 471; Garsonnet, t. 2, p. 733, note 8). — Nous avons indiqué *suprà*, n°s 48 et suiv., les divers systèmes qui se sont produits au sujet du calcul de l'augmentation des distances. Les motifs invoqués s'appliquent aussi bien en matière sommaire qu'en matière ordinaire. Il a été jugé, en ce qui concerne spécialement les affaires commerciales, que le délai de trois jours francs, dans lequel la partie est assignée au domicile élu ou, à défaut d'élection de domicile, au greffe du tribunal de commerce, pour être présente à l'audition des témoins, n'est pas susceptible d'augmentation à raison de la distance entre le lieu où l'enquête doit se faire et le domicile de la partie (Bordeaux, 7 juin 1866 (1); Rennes, 17 déc. 1867 (2). V. aussi Bordeaux, 11 févr. 1859, *suprà*, n° 276).

281. — IV. Audition des témoins; Reproches; Déposi-

même mois, pour inobservation de ces délais, n'était pas fondée, et que c'est avec raison qu'elle a été rejetée par les premiers juges; — Par ces motifs, etc.

Du 7 juin 1866.-C. de Bordeaux, 2e ch.-MM. Gellibert, pr.-Chenou et Ernest de Chancel, av.

(2) (Lucas C. Leferrec.) — La cour; — Considérant que les nullités sont de droit étroit; qu'elles doivent résulter clairement du texte de la loi, et qu'on ne saurait, sous prétexte d'analogie souvent trompeuse, les étendre arbitrairement d'un cas à un autre; — Considérant que l'examen de la procédure spéciale édictée par le législateur pour l'instruction et le jugement des affaires commerciales montre qu'il est surtout et justement préoccupé de la célérité avec laquelle l'intérêt du commerce exige qu'elles soient expédiées; que c'est ainsi que, non content de les dispenser des préliminaires de conciliation et du ministère des avoués, avec les lenteurs que cette intervention entraîne, il a réduit à la dernière limite possible, notamment les délais ordinaires des ajournements et ceux après lesquels les jugements par défaut sont exécutoires à partir de leur signification, ou passé lesquels l'opposition à l'exécution n'est plus recevable; — Qu'en renvoyant, s'il y a lieu de l'entendre des témoins, à procéder dans la forme de ces enquêtes sommaires, le législateur n'a pas évidemment entendu déroger au principe qui dominait à ses yeux la matière, et qu'il suit de là que nulle formalité, nul délai, non expressément prescrits par les dispositions qui règlent ces sortes d'enquêtes, ne sauraient être exigés ou admis; — Considérant qu'aux termes de l'art. 413 c. proc. civ., et à la différence de ce qui doit être observé en matière d'enquête ordinaire, la seule signification à faire à la partie contre laquelle se poursuit une enquête sommaire consiste dans la copie des noms des témoins; — Que si, en matière d'enquête ordinaire, l'art. 261 prescrit de plus d'assigner la partie pour être présente à l'enquête trois jours au moins avant l'audition, c'est que le jour fixé par le juge-commissaire en arrière d'elle ne saurait lui être autrement connu, tandis que, en matière d'enquête sommaire, le jugement qui l'a ordonnée ayant suivant les prescriptions de l'art. 407, fixé le jour et heure où les témoins seront entendus à l'audience, il n'y avait à cet égard rien à faire connaître à la partie, nul ajournement, par conséquent, à prescrire à la partie adverse de lui donner; et que c'est pour cela qu'on renvoyant à l'art. 261, l'art. 413, conséquent avec l'art. 407, n'a ordonné d'autre signification que celle du nom des témoins; — Que voulût-on faire abstraction de l'art. 413 et supportât-on qu'en matière sommaire la partie contre laquelle se poursuit l'enquête dût être comme en matière ordinaire, assignée au jour fixé pour l'audition des témoins, avec augmentation de délai à raison des distances, on n'en saurait conclure la nécessité de transporter cette obligation de l'augmentation du délai à la notification du nom des témoins; — Qu'autre chose, en effet, est l'ajournement à donner à une partie pour être présente à une enquête, autre chose la notification à lui faire des noms des témoins qu'on se propose d'y faire entendre; que l'art. 261 lui-même ne les a pas confondues, et que si, dans la pratique, les deux significations sont faites ordinairement par le même acte, rien ne s'opposerait à ce qu'elles le fussent par deux actes séparés; que cette seule observation montre qu'il n'y a pas lieu de conclure d'un cas à l'autre, et que ce qui pourrait être exigé pour l'un ne le saurait être pour l'autre; — Considérant que c'est surtout en matière commerciale qu'est inadmissible la prétention d'exiger, pour la notification du nom des témoins, une augmentation de délai à raison de la distance du domicile de la partie à laquelle cette notifica-

TIONS (*Rép.* nᵒˢ 608 à 635). — Le tribunal doit entendre les témoins *séparément*; mais l'enquête dans laquelle cette précaution aurait été omise ne serait pas entachée de nullité. — « Le tribunal, dit M. Garsonnet, t. 2, p. 737, entend les témoins comme il veut et dans les conditions qu'il juge les meilleures pour faire prompte et bonne justice » (V. aussi Bioche, vᵒ *Enquête*, nᵒ 569). — Il a été jugé qu'un témoin entendu à l'audience peut être rappelé, même après les conclusions du ministère public, pour fournir des explications à l'appui de sa déposition : il n'y a pas là infraction à l'art. 87 du décret du 30 mars 1808, dont l'observation n'est pas d'ailleurs prescrite à peine de nullité (Req. 19 nov. 1862, aff. Forgemolle, D. P. 63. 1. 170).

282. Au *Rép.* nᵒ 610, on a exprimé l'avis que, dans les enquêtes sommaires faites à l'audience, il doit être statué sur les reproches avant l'audition des témoins reprochés; et que ces témoins ne doivent pas être entendus si les reproches sont admis, au moins lorsque le tribunal doit statuer en dernier ressort. La jurisprudence est fixée en ce sens. Il a été jugé que, dans les enquêtes sommaires, il doit être statué sur les reproches avant l'audition des témoins reprochés, et que ces témoins ne doivent pas être entendus, si les reproches sont admis; qu'en conséquence, l'audition à laquelle il a été procédé en vertu d'un jugement qui, sans apprécier les reproches proposés, a ordonné que les témoins reprochés seraient entendus, nonobstant ces reproches, sauf à avoir tel égard que de raison à leurs dépositions, est nulle, et emporte nullité du jugement rendu d'après le résultat général de l'enquête (Civ. cass. 24 janv. 1853, aff. Aragon, D. P. 53. 1. 31; Angers, 17 avr. 1856, aff. Rouleau, D. P. 56. 5. 177. Conf. Rousseau et Laisney, vᵒ *Enquête*, nᵒ 477); et que le juge ne peut fonder sa décision sur la déposition d'un témoin contre lequel un reproche a été admis (Arrêt précité du 17 avr. 1856). — Toutefois, comme on l'a vu au *Rép.* nᵒ 610, il ne résulte aucune nullité de ce que les témoins ont été entendus avant qu'il fût statué sur les reproches, lorsque, par le jugement définitif, les reproches sont rejetés, et qu'en outre, les faits admis par le tribunal résultaient d'autres dépositions que celles des témoins reprochés.

283. Mais y a-t-il lieu également de ne pas entendre les témoins reprochés, lorsque la cause est susceptible d'appel? Conformément à l'opinion soutenue au *Rép.* nᵒ 611, M. Bioche, vᵒ *Enquête*, nᵒ 576, estime que si l'affaire est en premier ressort, le tribunal doit entendre le témoin reproché, sauf à faire mention du reproche dans le procès-verbal et à n'avoir aucun égard aux déclarations de ce témoin. Cette doctrine n'est pas admise par M. Garsonnet. « On objecte, dit cet auteur, t. 2, p. 736, note 29, que si le jugement est rendu en premier ressort, il est utile de recevoir la déposition du témoin reproché, en vue des cas où il serait matériellement impossible de l'entendre en appel après que le reproche élevé contre lui aurait été définitivement écarté; mais il vaut mieux, je crois, risquer cette complication que d'entendre à l'audience un témoin qui serait justement reproché, et dont la déposition aurait peut-être, malgré cela, une influence décisive sur l'opinion du tribunal ». — La cour de cassation a consacré ce système. Elle a posé en principe, et sans faire aucune distinction, qu'en matière som-

maire, si le reproche est admis par le tribunal, le témoin ne doit pas être entendu (Civ. cass. 24 janv. 1853, cité *supra*, nᵒ 282. V. aussi Req. 30 déc. 1874, *infrà*, nᵒ 311).

284. Les personnes susceptibles d'être reprochées sont les mêmes en matière sommaire et commerciale qu'en matière civile ordinaire (Angers, 12 déc. 1882, *supra*, nᵒ 180; Rousseau et Laisney, *Supplément alphabétique*, p. 187; *Rép.* nᵒ 609).

285. Lorsque le jugement n'est pas susceptible d'appel, on ne dresse pas de procès-verbal de l'enquête. L'art. 410 porte qu'il est seulement fait mention dans le jugement des noms des témoins et du résultat de leurs dépositions. On a dit au *Rép.* nᵒ 617 que cette mention n'est pas prescrite à peine de nullité; qu'il suffit que le jugement dise dans ses motifs qu'il résulte de l'enquête que tel fait a eu lieu. — Il a été jugé que l'insertion détaillée dans un arrêt des résultats d'une enquête sommaire n'est pas prescrite à peine de nullité; qu'il en est de même de la mention que les témoins ont été interpellés sur leur qualité de parent, allié, ou domestique des parties (Req. 14 déc. 1881, aff. Gaillot, D. P. 82. 1. 184). M. Garsonnet approuve cette solution : « Tout ce qu'il faut, en somme, dit cet auteur, t. 2, p. 738, c'est que le jugement soit motivé; et s'il l'est suffisamment par ailleurs, le silence qu'il garde sur l'enquête ne saurait l'empêcher d'être valable » (V. aussi en ce sens : Rousseau et Laisney, vᵒ *Enquête*, nᵒ 484; Bioche, vᵒ *Enquête*, nᵒˢ 572 et suiv.).

286. Les témoins entendus dans les enquêtes sommaires doivent, à peine de nullité, prêter serment de dire la vérité (*Rép.* nᵒ 618). Cette règle, fondée sur le rapprochement des art. 40, 262, 410 et 411 c. proc. civ., est admise par la doctrine et la jurisprudence (V. *Serment*; — *Rép.* eod. vᵒ, nᵒˢ 152 et suiv.).

287. Le procès-verbal dans une cause susceptible d'appel, constitue-t-il une formalité substantielle prescrite à peine de nullité? L'affirmative, adoptée au *Rép.* nᵒ 626, est généralement enseignée par les auteurs et a été consacrée par la jurisprudence. « La formalité du procès-verbal, dit M. Bioche, vᵒ *Enquête*, nᵒ 574, est substantielle; son omission mettrait les juges d'appel dans l'impossibilité d'examiner l'enquête. » — Jugé que la rédaction du procès-verbal d'enquête, dans une cause sommaire susceptible d'appel, constitue une formalité substantielle dont l'omission entraîne la nullité du jugement (Aix, 20 juin 1873, aff. Bérenguier, D. P. 74. 5. 191. V. en ce sens : Rousseau et Laisney, vᵒ *Enquête*, nᵒ 487; Garsonnet, t. 2, p. 738).

288. Le procès-verbal ne peut être remplacé par l'énonciation au jugement du résultat des dépositions, ni par les notes du greffier (*Rép.* nᵒ 626; Rousseau et Laisney, vᵒ *Enquête*, nᵒˢ 489 et 490). Mais il a été jugé que, à défaut de représentation du procès-verbal d'une enquête sommaire, la mention de cette enquête dans le jugement est une présomption légale de l'existence de ce procès-verbal (Caen, 3 mai 1870, aff. Blaizot, D. P. 71. 2. 213). — Dans l'espèce, les intimés, tout en soutenant qu'aucun procès-verbal n'avait été dressé, ne présentaient à l'appui de leur allégation, aucun document de nature à la justifier. Était-ce un motif pour rejeter sans examen l'enquête proposée? Il eût été

---

tion est faite du lieu où ils doivent être entendus; — Qu'en effet, par une disposition exorbitante du droit commun, l'art. 422, édicté précisément en vue d'une enquête possible, impose aux parties non domiciliées au lieu où siège le tribunal, l'élection d'un domicile en ce lieu, sur le plumitif de l'audience, et dispose qu'à défaut de cette élection toutes les significations, même celle du jugement définitif, seront faites valablement au greffe du tribunal; — Que ces dispositions, inspirées, comme toutes les autres, par la nécessité de simplifier et d'abréger les formalités et les délais de la procédure commerciale, sont exclusives de la pensée d'une augmentation de délai à raison du domicile réel, évidemment de nulle considération aux yeux de la loi, qui ne s'en occupe un instant que pour n'en tenir aucun compte et lui en substituer immédiatement une autre; — Que l'obligation d'élire un domicile, au lieu ou siège du tribunal et à défaut d'élection, l'imposition du greffe comme lieu où toute signification sera valablement faite, n'auraient absolument aucun sens si leur effet ne devait pas être l'assimilation de tout point du domicile élu ou imposé au domicile réel, et comme conséquence nécessaire l'exclusion de toute augmentation de délai à raison de

la distance à laquelle ce domicile peut se trouver du siège du tribunal; — Considérant que, dans l'espèce, la notification des témoins que Lucas se proposait de faire entendre à l'audience du 10 juill. 1867, jour précédemment fixé pour leur audition par le tribunal contradictoirement entre parties, seule notification, d'ailleurs exigée, a été faite en bonne forme par ledit Lucas à Leferrec, le 6 juillet, au domicile de celui-ci à Guiscriff, avec un délai de trois jours francs; qu'elle aurait pu évidemment ne lui être faite qu'au greffe du tribunal de Napoléonville mis par une conséquence invincible des prescriptions de l'art. 422, sur la même ligne que son domicile réel, et qu'il ne saurait prétexter cause de grief de ce que le choix du lieu où elle lui a été faite a eu pour effet nécessaire de l'informer plus promptement de ce qu'il avait intérêt à connaître; — Qu'il saurait de la sorte à tort les premiers juges ont déclaré nulle et sans effet l'enquête du 10 juillet édifiée devant eux, et condamné Lucas à tous les frais auxquels elle a donné lieu; — Par ces motifs, réformant, etc.

Du 17 déc. 1867.-C. de Rennes, 3ᵉ ch.-MM. Tasié, pr.-Ramé, av. gén.

facile d'apporter la preuve de l'accomplissement ou de l'inaccomplissement de la formalité prescrite par l'art. 411.

289. Lorsque l'enquête est annulée par suite de l'absence du procès-verbal, les juges d'appel (telle est du moins l'opinion généralement admise) ne sont pas obligés d'ordonner une nouvelle enquête. Ils le font s'ils le jugent utile, mais ils peuvent statuer sans nouvelle enquête, s'ils sont suffisamment éclairés par les documents de la cause, à la seule condition de ne pas fonder leur décision sur l'enquête de première instance (*Rép.* n° 627. V. conf. Rousseau et Laisney, v° *Enquête*, n° 492; Garsonnet, t. 2, p. 739, note 44). — Il a été jugé : 1° que la loi permettant aux juges de recourir aux simples présomptions de l'homme dans tous les cas où la preuve testimoniale est admise, rien ne s'oppose à ce que les témoignages recueillis dans une enquête nulle en la forme soient acceptés comme de simples indices. Mais les juges ne sauraient leur attribuer l'autorité d'une preuve testimoniale régulièrement faite, et, en conséquence, ils doivent avoir le soin d'indiquer à quel titre ils ont fait état de ces témoignages entachés de nullité pour vice de forme (Civ. cass. 26 juin 1889, aff. Campion, D. P. 90. 1. 135. V. aussi Req. 11 juin 1884, aff. Vautrin, D. P. 84. 1. 320); — 2° Que dans le cas où l'enquête dans une cause sommaire susceptible d'appel est annulée par suite de l'absence du procès-verbal, une nouvelle enquête ne doit pas nécessairement être ordonnée par le juge d'appel (Aix, 20 juin 1873, aff. Bérenguier, D. P. 74. 5. 191).

290. En matière commerciale, dans les causes sujettes à appel, les formalités prescrites par l'art. 411 doivent être observées. L'art. 432 c. pr. civ. exige, de plus, que les dépositions soient rédigées par écrit par le greffier et signées par les témoins. L'inobservation de ces dispositions est-elle une cause de nullité? La question est fort délicate. L'art. 432 ne dit pas que les formalités dont il s'agit soient prescrites « à peine de nullité ». Or, dit-on, dans un premier système, aucun acte de procédure ne peut être déclaré nul quand la nullité n'est pas formellement prononcée par la loi, à moins que cette nullité ne résulte de l'omission d'une formalité substantielle. Du reste, pour les enquêtes devant les tribunaux de commerce, il convient d'admettre difficilement les causes de nullité. On décide donc que le défaut de rédaction du procès-verbal dans les causes commerciales sujettes à appel n'entraîne pas la nullité de l'enquête, et autorise seulement la cour à ordonner, s'il y a lieu, une enquête nouvelle, dont les frais peuvent être mis à la charge du greffier qui a omis de rédiger les dépositions des témoins (V. *Rép.* n° 623 ; Rousseau et Laisney, v° *Enquête*, n° 501 ; Garsonnet, *op. cit.*, p. 81). — Il a été jugé, conformément à cette opinion, que la règle qui exige que, dans les enquêtes auxquelles il est procédé devant le tribunal de commerce, si la cause est sujette à appel, chaque témoin signe sa déposition, ou qu'il soit fait mention du refus, n'est pas prescrite à peine de nullité; qu'en tout cas, cette nullité serait couverte par la défense au fond (Colmar, 19 juin 1860, aff. Essig, D. P. 62. 2. 27).

Dans le système contraire, on argumente du texte et de l'esprit de la loi (c. proc. civ. art 432), pour soutenir que le procès-verbal d'enquête constitue une formalité substantielle, que l'absence de ce procès-verbal constitue une violation des art. 411 et 432 c. proc. civ. et doit faire prononcer l'annulation du jugement. Le demandeur en preuve peut exciper de l'irrégularité de l'enquête, puisqu'elle ne procède pas de son fait, mais le fait du juge ou du greffier. — Il a été jugé en ce sens : 1° que dans les causes commerciales sujettes à appel, la signature des témoins sur le procès-verbal d'enquête ou la mention du refus ou de l'impossibilité de signer, est une formalité substantielle et exigée à peine de nullité de l'enquête; que cette nullité peut être proposée même par la partie qui a poursuivi l'enquête; qu'elle peut l'être pour la première fois en appel (Douai, 12 déc. 1834, aff. Platel-Malfait, D. P. 35. 2. 84) ; — 2° Que dans les affaires commerciales sujettes à appel, lorsqu'une enquête est rédigée par le tribunal, le défaut de rédaction d'un procès-verbal constatant la forme et la teneur des dépositions des témoins est une cause de nullité du jugement (Toulouse, 17 janv. 1882, aff. Vidal, D. P. 84. 2. 160).

291. Il a été jugé que la rédaction par écrit des dépositions des témoins entendus devant un tribunal de commerce, dans une cause sujette à appel, n'est pas prescrite à peine de nullité, lorsque ces témoins ont été entendus sur la demande des deux parties, et seulement pour fournir des explications complémentaires : qu'en effet, ce n'est pas là une enquête sommaire (Civ. rej. 31 mars 1884, aff. Montlaur, D. P. 85. 1. 160). — Cette solution est à l'abri de la critique. Pour qu'il y ait lieu de faire l'application de l'art. 432 c. proc. civ., il faut qu'il y ait enquête, c'est-à-dire une mesure ordonnée par un jugement qui précise au moins sommairement les faits à prouver. Or, dans l'espèce, le tribunal s'était uniquement borné à consentir à l'audition de deux témoins désignés par les parties et à la demande de celles-ci.

292. Il n'est pas exigé à peine de nullité que le procès-verbal d'enquête fasse mention de l'âge des témoins. L'art. 432 c. proc. civ. se borne à prescrire que, dans les causes commerciales sujettes à appel, les dépositions des témoins soient recueillies par le greffier et signées par chaque témoin, et dans les enquêtes sommaires, aux formes desquelles cet article renvoie, l'art. 411 exige seulement que le procès-verbal dressé en pareil cas mentionne le serment des témoins, leur déclaration de parenté, d'alliance ou de domesticité, les reproches formulés contre eux et le résultat de leurs dépositions. Nulle part, en ce qui concerne les enquêtes de cette nature, la loi non seulement ne reproduit pas la disposition de l'art. 262 qui, dans les enquêtes ordinaires veut, à peine de nullité, que chaque témoin déclare son âge, mais ne fait même aucune allusion à cette obligation. On ne saurait, d'ailleurs, considérer comme substantielle une mention à laquelle ni l'art. 411, ni l'art. 432 n'ont attaché assez d'importance pour la comprendre parmi celles dont ils ont eu soin d'exiger l'insertion dans le procès-verbal d'enquête. Le législateur a sans doute pensé qu'en des matières où la procédure doit être simple et rapide, la mention du serment ferait suffisamment présumer que les témoins avaient atteint l'âge où ils peuvent être entendus.— Conformément à cette doctrine, il a été jugé que, dans les affaires commerciales sujettes à appel, il n'est pas exigé, à peine de nullité, que le procès-verbal d'enquête fasse mention de l'âge des témoins (Chambéry, 5 mars 1880, aff. Dijoud-Sadoux, D. P. 80. 2. 248).

293. Doit-on considérer comme substantielle la déclaration que les témoins doivent faire, aux termes de l'art. 411, sur le point de savoir s'il existe entre eux et les parties un lien de parenté ou d'alliance ou de domesticité? La négative admise au *Rép.* n° 619, est enseignée par MM. Rousseau et Laisney, v° *Enquête*, n° 495. — Cette opinion est combattue par M. Garsonnet, p. 739, note 46.

La jurisprudence ne s'est pas prononcée formellement sur la question. Mais un arrêt de la chambre des requêtes du 9 déc. 1889 (aff. Commune de Sainte-Euphémie, D. P. 90. 1. 111) a décidé qu'en admettant que l'inobservation de cette formalité soit une cause de nullité, cette nullité n'intéresse pas l'ordre public, et peut, dès lors, être couverte par des défenses au fond (V. *infrà*, n° 306).

294. En cas de commission rogatoire, le procès-verbal est rédigé, non pas comme en matière ordinaire, mais avec les seules formalités indiquées dans les art. 411 et 413. Spécialement, le procès-verbal d'un juge de paix commis en matière sommaire pour recevoir une enquête ne doit contenir que les formalités exigées par l'art. 411 (*Rép.* n° 632). Il n'est pas nécessaire, s'il y a un juge commis, que l'enquête soit parachevée dans la huitaine de l'audition des premiers témoins (*Rép.* n° 633 ; Bioche, v° *Enquête*, n° 579).

295. — X. Prorogation du délai d'audition (*Rép.* n° 636 à 640). — On a examiné au *Rép.* n° 637 et suiv. la question de savoir si la demande en prorogation doit être formée, à peine de déchéance, à l'audience que le tribunal avait désignée pour l'audition des témoins ou si, au contraire, les juges sont libres d'accueillir la demande de prorogation, à quelque époque de l'instance qu'elle soit formée. On a émis l'opinion que si la prorogation du jour indiqué pour l'enquête n'est pas sollicitée à l'audience où il devait y être procédé, les juges ne peuvent accueillir la demande de prorogation qu'à la condition que la partie ne soit coupable ni d'impéritie, ni de négligence. — Mais le système qui attribue au tribunal, sans réserve le droit d'accorder la prorogation, à une époque quelconque et bien que le délai pour faire l'enquête soit expiré, est adopté par plusieurs auteurs et a été consacré par la cour de cassation. « Je crois, dit M. Garsonnet, t. 2, p. 737, note 34, que les parties pourraient demander la prorogation de l'enquête après le jour indiqué pour y procéder, car si le tribunal peut rouvrir l'enquête d'office, il le peut aussi à la demande des parties » (V. dans le même sens : Rousseau et Laisney, v° *Enquête*, n° 481; Bioche, v° *Enquête*, n° 571). — Jugé qu'en matière d'enquête sommaire, les délais pour commencer et parachever l'enquête sont abandonnés à l'arbitrage du juge; qu'ici ne s'appliquent pas les dispositions des art. 278 et 279 c. proc. civ. qui ne régissent que les enquêtes ordinaires; que, par suite, un tribunal de commerce qui, en ordonnant une enquête, a fixé le jour de l'audition des témoins, peut, si cette audition n'a pas eu lieu au jour indiqué, désigner un autre jour, quoiqu'aucune prorogation n'ait été demandée à l'audience à laquelle les témoins devaient être entendus, et que les conclusions à fin d'exécution du jugement ordonnant l'enquête n'aient été reprises qu'ultérieurement (Civ. rej. 23 juill. 1860, aff. Boulongne, D. P. 60. 1. 332). — Mais il a été jugé, en sens contraire, que si, en matière sommaire, le juge a pleine liberté pour proroger le délai, c'est à la condition que la prorogation soit demandée dans le délai accordé pour l'enquête (Gand, 9 avr. 1887, aff. Borré, D. P. 89. 2. 86).

296. L'art. 280 c. proc. civ. qui, en matière d'enquête ordinaire, n'autorise qu'une seule prorogation, n'est pas applicable en matière sommaire et surtout en matière commerciale (Gand, 9 avr. 1887, cité *suprà*, n° 295). L'art. 413 c. proc. civ. qui fait connaître les règles des enquêtes ordinaires qui doivent s'étendre aux enquêtes sommaires, ne comprend pas dans son énumération la disposition de l'art. 280 relative à la prorogation. De plus, l'art. 409 dit que, si une partie demande prorogation, l'incident sera jugé sur-le-champ, mais il ne subordonne ce droit à aucune restriction.

297. Il a été décidé que le jugement ordonnant, en matière sommaire, une prorogation d'enquête est préparatoire, et que, dès lors, l'appel peut être interjeté contre ce jugement en même temps que l'appel du jugement définitif (Bourges, 8 juin 1887, aff. Société générale, D. P. 88. 2. 195. V. *Rép.* n°⁸ 392 et 640).

298. — XI. Des suites de l'enquête. — V. *Rép.* n° 641.

CHAP. 4. — Enquête devant les justices de paix
(*Rép.* n°⁸ 642 à 673).

299. Les règles applicables aux enquêtes faites devant les juges de paix sont précisées par les art. 35 à 40, tit. 7, liv. 1ᵉʳ c. proc. civ. Ces enquêtes ne sont donc pas soumises aux formalités de procédure prescrites par le tit. 12 pour les enquêtes ordonnées par les tribunaux civils et les tribunaux de commerce; mais on doit leur appliquer les dispositions générales qui régissent les enquêtes, telles que le droit de contre-enquête, les causes de reproche, les incapacités de déposer, etc. On ne saurait induire du silence des art. 35 à 40 que les enquêtes ordonnées par les juges de paix échappent à ces règles, qui s'imposent par leur nature, et tiennent de quelque sorte à toutes les juridictions (Rousseau et Laisney, v° *Enquête*, n° 506). « Suivant nous, dit M. Bioche, v° *Enquête*, n° 591, il faut distinguer : les dispositions au titre des enquêtes en matière ordinaire sont les unes substantielles, les autres accessoires; celles-ci ont principalement pour but d'augmenter par certaines formalités les garanties de bonne justice, garanties qui ne sauraient être trop multipliées, lorsque les intérêts sont graves, et qui deviendraient inutiles et dangereuses, lorsque la solution est peu importante. Les autres consacrent des droits qui résultent de la position respective des parties et sont inviolables, quels que soient les circonstances et intérêt de la contestation. Ces dernières formalités sont applicables aux enquêtes sommaires; ainsi, le droit de faire une contre-enquête et de reprocher les témoins existe aussi bien devant le juge de paix que le juge-commissaire, parce que ce double droit est de l'essence même de l'enquête, et que les règles tracées à cet égard dans les art. 252 et suivants doivent nécessairement régir toute espèce d'enquêtes,

et qu'il était inutile de les reproduire dans chaque matière spéciale pour qu'il en fût ainsi. Mais les dispositions accessoires et accidentelles doivent rester étrangères aux matières de la compétence des juges de paix. Sur ce point les art. 34 et suiv. ont réglé d'une manière incomplète des formalités à remplir » (V. Boitard, Colmet-Daâge et Glasson, *op. cit.*, t. 1, p. 717, n° 640).

300. On a enseigné au *Rép.* n° 644 que le juge de paix peut ordonner d'office l'enquête même sans que la contradiction des parties se soit manifestée. M. Bioche, v° *Enquête*, n° 593, se prononce dans le même sens.

301. Aux termes de l'art. 28 c. proc. civ., le jugement doit indiquer le jour, l'heure, le lieu auxquels les témoins seront entendus. — Il a été jugé que le juge de paix qui prescrit une enquête par une sentence rendue contradictoirement et en présence des parties a le droit d'ordonner que cette opération sera immédiatement commencée (Civ. rej. 2 juill. 1872, aff. Lejay, D. P. 74. 1. 398). En effet, rien dans la disposition de l'art. 28, dont l'unique but est d'éviter aux parties les frais d'expédition et de signification du jugement ainsi que des frais de citation, n'implique que l'opération ordonnée par le juge de paix ne doive jamais être immédiate; il suffit, pour remplir le vœu de la loi, que les parties soient bien et dûment averties, et elles le sont nécessairement quand le jugement d'avant faire droit est prononcé en leur présence et après contradiction (V. Rousseau et Laisney, v° *Enquête*, n° 509).

302. Les témoins sont entendus à l'audience, ou chez le juge de paix, ou sur les lieux mêmes (*Rép.* n° 647; Rousseau et Laisney, n° 512).

303. — I. Citation a partie. — V. *Rép.* n°⁸ 649 et 650.

304. — II. Dénonciation des noms des témoins. — La loi, on l'a dit au *Rép.* n° 651, n'a pas prescrit de dénoncer les noms des témoins trois jours à l'avance. On ne saurait donc exiger cette notification (Boitard, Colmet-Daâge et Glasson, t. 1, p. 717, n° 640).

305. — III. Citation des témoins. — V. *Rép.* n° 652.

306. — IV. Audition des témoins; Serment (*Rép.* n°⁸ 653 à 657). — Tous les auteurs sont d'accord pour reconnaître que la déclaration des noms, profession, âge et domicile des témoins, de la parenté, de l'alliance ou de la domesticité, n'a rien de substantiel. L'art. 35 ne dit pas que l'accomplissement de cette formalité est prescrit à peine de nullité (*Rép.* n° 653; Bioche, v° *Enquête*, n° 604). — La jurisprudence n'a pas formellement tranché la question. Mais il a été jugé que, dans les causes sujettes à appel, notamment dans les causes possessoires, le procès-verbal d'enquête dressé par le juge de paix doit mentionner les déclarations des témoins concernant leur parenté, alliance, ou relation de service à gages avec les parties; qu'en admettant que l'inobservation de cette formalité, dans l'enquête d'un juge de paix, soit une cause de nullité, cette nullité n'intéresse pas l'ordre public et peut, dès lors, être couverte par des défenses au fond; qu'en conséquence, lorsque, postérieurement au procès-verbal d'enquête dressé par le juge de paix, il a été plaidé au fond, aucune des parties n'est plus recevable, en appel, à se prévaloir de l'irrégularité dont il s'agit (Civ. rej. 9 déc. 1889, aff. Commune de Sainte-Euphémie, D. P. 90. 1. 111).

307. La question est controversée en ce qui touche le serment. Il est généralement admis que la formalité du serment est substantielle et doit être observée, à peine de nullité, dans les enquêtes faites devant les juges de paix, aussi bien que dans celles qui ont lieu devant les tribunaux civils ou devant les tribunaux de commerce (*Rép.* n° 653. V. *infrà*, v° *Serment*).

308. On a soutenu au *Rép.* n° 656 que, si aucune des parties ne se présente au jour fixé pour l'enquête, le juge ne peut procéder à l'audition des témoins, que la cause soit ou non sujette à appel. La doctrine contraire est généralement enseignée par les auteurs. Ils distinguent : le juge doit procéder à l'audition des témoins, lorsque la cause est sujette à appel, car alors on rédige un procès-verbal d'enquête qui peut être dressé tant en présence qu'en l'absence des parties; dans le cas contraire, le juge est libre de procéder à l'enquête ou de voir dans le défaut du demandeur une renonciation à ses prétentions (V. notamment : Bioche, v° *Enquête*, n° 609).

309. — V. REPROCHES (*Rép.* n°s 658 à 661). — L'opinion émise au *Rép.* n° 658 que les reproches ne doivent être signés que lorsque les causes sont sujettes à appel est adoptée généralement par les auteurs. « La disposition de l'art. 36 c. proc. civ. portant que les reproches doivent être signés par les parties, ne peut s'appliquer, disent MM. Rousseau et Laisney, v° *Enquête*, n° 521, quand le juge de paix statue en dernier ressort, car il n'y a pas de procès-verbal. Il suffit alors que le jugement constate que la partie a allégué tel reproche » (V. en ce sens : Bioche, v° *Enquête*, n° 613).

310. Les causes de reproche sont les mêmes qu'en matière ordinaire (*Rép.* n° 659; Rousseau et Laisney, v° *Enquête*, n° 519; Bioche, v° *Enquête*, n° 610).

311. La question de savoir si l'art. 284 c. proc. civ., aux termes duquel le témoin reproché sera entendu dans sa déposition, est applicable aux enquêtes faites par les juges de paix, est controversée. On a enseigné au *Rép.* n° 660 qu'il y a lieu d'appliquer la distinction admise en matière sommaire et commerciale : le témoin sera entendu, lorsque la cause sera en premier ressort, il ne le sera pas dans le cas contraire. Le système qui déclare l'art. 284 inapplicable aux enquêtes faites par le juge de paix, sans distinction entre les causes jugées par ce magistrat en dernier ressort, et celles dont il n'est appelé à connaître qu'à charge d'appel, est professé par la plupart des auteurs (V. Bioche, *Dictionnaire des juges de paix*, v° *Enquête*, n° 59; Jay, *Traité de la compétence des juges de paix*, n°s 1465 et suiv.; Rousseau et Laisney, v° *Enquête*, n° 522). Il serait inutile, dit-on, et même dangereux d'entendre les témoins, dont les reproches sont admis, car on pourrait craindre que ces dépositions, émanées de témoins que la loi repousse à raison de telles ou telles causes déterminées, n'exerçassent sur l'esprit du juge, quelque effort qu'il fît pour s'y soustraire, une influence que son impartialité aurait peine à effacer. On admet, d'ailleurs, qu'il n'y aurait pas lieu de déclarer nulle la décision du juge de paix qui aurait entendu les témoins reprochés; aucun texte n'autoriserait une pareille rigueur (V. en ce sens : Carré et Chauveau, *Lois de la procédure*, t. 1, quest. 159; Bioche, v° *Enquête*, n° 616). Il a été jugé que dans les causes qui ont lieu devant le juge de paix, le témoin reproché ne doit pas être entendu par le juge du premier degré, quand le reproche est admis par lui; mais qu'il appartient au juge d'appel, en infirmant la décision qui a admis le reproche, de restituer à l'appelant la faculté de faire recueillir la déposition dont il a été indûment privé (Req. 30 déc. 1874) (1). — Jugé encore que les art. 284 et 411 c. proc. civ. ne sont pas applicables aux enquêtes faites par les juges de paix dans les affaires de leur compétence ; et que, par suite, les témoins dont le reproche a été admis

par le juge de paix ne doivent pas être entendus (Req. 31 juill. 1876, aff. d'Onsembray, D. P. 77. 1. 24).

312. — VI. TÉMOINS DÉFAILLANTS. — V. *Rép.* n° 662.

313. — VII. TAXE DES TÉMOINS. — V. *Rép.* n° 663.

314. — VIII. TRANSPORT DU JUGE SUR LES LIEUX. — V. *Rép.* n° 664.

315. — IX. PROCÈS-VERBAL (*Rép.* n°s 665 à 667). — Le greffier doit dresser procès-verbal de l'audition des témoins dans les causes sujettes à appel. L'inobservation des dispositions peut entraîner la nullité du jugement rendu sur l'enquête (*Rép.* n° 665; Bioche, v° *Enquête*, n° 624). — Dans les causes de nature à être jugées en dernier ressort, il n'est pas dressé de procès-verbal. Le juge énonce les noms, profession, âge, etc., des témoins et le résultat *général* des dépositions (*Rép.* n° 666; Bioche, v° *Enquête*, n° 629).

316. — X. JUGEMENT. — V. *Rép.* n° 668.

317. — XI. PROROGATION DU JOUR DE L'ENQUÊTE (*Rép.* n°s 669 à 671). — Les déchéances mentionnées dans les art. 256 et suiv. c. proc. civ. ne sont pas applicables aux preuves testimoniales faites en justice de paix (*Rép.* n° 670). — Il a été jugé, notamment, que l'art. 278 c. proc. civ., qui dispose que l'enquête doit, à peine de nullité, être parachevée dans la huitaine de l'audition du premier témoin, n'est pas applicable aux enquêtes reçues par les juges de paix (Req. 10 févr. 1868, aff. Lubet-Barbon, D. P. 68. 1. 261). Si l'audition des témoins n'est pas terminée au jour fixé, le juge de paix peut accorder une prorogation à la partie qui n'a pu finir son enquête (Rousseau et Laisney, op. cit., v° *Enquête*, n° 525). — Il a été jugé que, lorsqu'un juge de paix a, sur la demande de l'une des parties, ordonné une enquête en réservant la preuve contraire à l'autre partie, et que celle-ci, au lieu d'utiliser cette réserve, a déclaré faire défaut à l'enquête et n'a produit aucun témoin, elle n'est pas recevable à demander, après la clôture du procès-verbal, à être admise à faire entendre des témoins (Arrêt précité du 10 févr. 1868). Décidé aussi que, dans le cas où le juge de paix a ordonné une enquête provoquée par le demandeur et a réservé au défendeur la contre-enquête, pour laquelle il lui a même accordé un sursis, le défendeur, après s'être abstenu de faire entendre des témoins à la date fixée, ne peut être admis en appel, devant le tribunal civil, à procéder à la contre-enquête à laquelle il avait ainsi renoncé en première instance (Req. 17 oct. 1888, aff. Lechartier, D. P. 89. 1. 135). Le principe des deux degrés de juridiction serait lésé, si un défendeur était admis à produire devant le juge d'appel la contre-enquête qu'il a refusé de faire devant le juge du premier degré. Son adversaire serait privé de la possibilité de la discuter et de chercher à la détruire par des preuves réunies dans l'intervalle entre la sentence du juge de paix et l'instance d'appel.

318. — XII. NULLITÉS (*Rép.* n°s 672 à 673). — Les frais de l'enquête déclarée nulle par le fait du juge de paix doivent-

---

(1) (Besançon *C.* de Belenet.) — LA COUR; —, Sur le moyen unique, pris de la violation des art. 261, 262 et suiv., 283, 404 et 411 c. proc. civ., et de la fausse application des art. 284 et suiv. et 291 du même code : — Attendu que si, en matière sommaire et dans l'enquête qui a lieu devant le juge de paix, le témoin reproché ne doit pas être entendu par le juge du premier degré, quand le reproche est admis par lui, il appartient au juge d'appel, en infirmant la décision qui a admis le reproche, de restituer à l'appelant la faculté de faire recueillir la déposition dont il a été indûment privé; — Attendu que le juge de paix de Jussey ayant admis les reproches proposés contre trois témoins et le tribunal de Vesoul les ayant au contraire rejetés, il n'importe point que, dans les motifs de son jugement, il ait méconnu la règle tracée par l'art. 291 c. proc. civ., puisque l'infirmation qu'il prononce de la décision du premier juge sur les reproches rend cette erreur juridique sans aucune influence dans la cause ; — Que la seule question que donne à résoudre le pourvoi des époux Besançon est donc celle de savoir si le jugement dénoncé a contrevenu à la loi en rejetant les reproches proposés contre trois témoins ; — Attendu que ces trois témoins, Félix Piot, fermier de de Belenet, aujourd'hui défendeur éventuel, Félicien Piot et Augustine Piot, fils et fille du même Félix Piot, étaient produits par ledit de Belenet à une enquête ordonnée dans une action en réintégrande, introduite par lui en vertu d'un exploit en date du 4 août 1871, contre la veuve Rousseau, maintenant représentée par les époux Besançon ; — Que le pourvoi soutient que les témoins Félix et Félicien Piot devaient être écartés à titre de parties en cause, et Augustine Piot à raison de sa parenté avec eux ; que,

pour l'établir, il se fonde sur ce que lesdits Piot père et fils avaient été assignés en réintégrande par exploit du 29 avr. 1872, à la requête des époux Besançon, et sur ce que le juge de paix de Jussey avait, le 12 mai 1872, prononcé le renvoi, aux termes de l'art. 171 c. proc. civ., et à raison de la connexité de cette affaire avec l'action en réintégrande intentée par de Belenet contre la veuve Rousseau, action portée devant un autre magistrat en exécution d'un jugement infirmatif du tribunal de Vesoul en date du 31 mars 1872 ; — Mais attendu que ce renvoi ordonné dans une instance distincte à Belenet n'a pu avoir pour effet de faire disparaître les distinctions des deux actions sous le rapport des personnes qui y étaient engagées en qualité de parties ; — Que Félix et Félicien Piot n'étant cités ni comme témoins dans l'action en réintégrande intentée par de Belenet contre la veuve Rousseau, leurs dépositions ne pouvaient être écartées à raison de cette qualité de partie qui ne leur appartenait point ; qu'Augustine Piot ne pouvait davantage être reprochée à raison de sa parenté avec eux ; que le reproche proposé contre ces témoins, en dehors des termes de l'art. 283 c. proc. civ., se bornait donc à l'allégation d'un intérêt de nature à faire suspecter l'impartialité et la sincérité de leur témoignage ; — Attendu que les juges du fond ont un pouvoir souverain pour constater et apprécier l'existence et la portée d'un pareil intérêt ; — Que le jugement dénoncé a donc pu, en usant de ce pouvoir, et sans violer les textes invoqués, déclarer que les motifs des reproches n'étaient pas justifiés, et ordonner que les témoins seraient entendus ; — Rejette, etc.

Du 30 déc. 1874.-Ch. req.-MM. de Raynal, pr.-Connelly, rap.-Babinet, av. gén., c. conf.-Nivard, av.

ils être mis à sa charge? La négative, admise au *Rép.* n° 673 est basée sur ce motif que le juge de paix, lorsqu'il ne fait pas l'enquête en vertu d'une délégation d'un tribunal, agit non comme juge-commissaire, mais comme tribunal, et que les tribunaux sont irresponsables. « La responsabilité de son dol, dit M. Garsonnet, t. 3, p. 19, est la seule qu'il subisse; la prise à partie, les mesures disciplinaires et les peines de la forfaiture sont les seules sanctions qu'il encourt. »

Table des articles du code de procédure civile.

Art. S, R. 652.
—15. R. 668.
—21. R. 658.
—25. R¹. 643.
—28. S. 302; R. 646, 648 s.
—29. R. 652.
—33. R. 664.
—34. R. 642 s.
—35. S. 300, 307; R. 646, 653 s.
—36. S. 310; R. 388, 608, 655 s., 658.
—37. R. 653, 657.
—38. R. 293.
—39. S. 287; R. 588, 621, 622, 665, 667 s.
—40. S. 286 s.; R. 588, 618, 666.
—42. R. 650, 658.
—61. S. 55; R. 220, 285.
—67. R. 641.
—73. R. 281.
—83. R. 93.
—110. S. 32.
—123. R. 171, 415.
—135. S. 58.
—147. S. 83, 171; R. 94, 127, 135;

172, 574, 576, 599.
—150. R. 65, 411.
—155. R. 180.
—156. S. 69; R. 182, 167.
—157. S. 69; R. 180, 182.
—158. S. 69; R. 182.
—159. S. 78, 284.
—173. S. 150; R. 180, 285, 413, 417.
—201. R. 343.
—211. R. 480.
—212. R. 120.
—225. S. 33.
—233. S. 16.
—251. R. 255.
—252. S. 12, 300; R. 34, 36, 41, 114.
—253. S. 21; R. 46, 51, 66.
—254. S. 21 s., 158, 170, 287; R. 66 s., 90.
—255. S. 29, 32, 124, 158, 287; 97, 105 s., 109.
—256. S. 44, 318;

R. 114, 119, 123 s., 177, 182.
—257. S. 24, 49 s., 63 s., 66 s., 69, 79, 90, 129, 266; R. 72, 126 s., 130 s., 135, 149, 153, 157, 161 s., 165, 170, 173, 177, 180 s., 188, 205, 355, 391, 415, 596, 598.
—258. S. 64 s., 87; R. 126, 162, 171, 174 s., 355, 365, 391, 598.
—259. S. 50, 53, 69 s., 78, 266; R. 156, 160, 200, 288, 207.
—260. S. 28, 98, 100, 143; R. 74, 76, 229, 268, 271 s., 274 s., 599.
—261. S. 74. 83 s., 89, 91, 158, 279; R. 135, 205, 207, 212, 227 s., 241 s., 247 s., 277 s., 301, 339, 391, 393, 402, 416, 605, 607.
—262. S. 108, 160,

286 s; 293; R. 205 s., 302, 304, 330, 391, 393, 402 s., 418, 618, 686.
—263. R. 286, 304 s., 329, 331, 333 s., 337, 341, 365, 610, 662, 664.
—264. S. 120; R. 330, 331, 341, 610, 664.
—265. R. 346 s.
—266. S. 41, 124; R. 352, 408, 662
—267. R. 328, 339.
—268. S. 177 s., 234, 261; R. 250 s., 200, 288, 455 s., 459, 661.
—269. S. 143; R. 209, 280, 303 s., 390 s., 603.
—270. R. 277 s., 281, 393, 402, 456, 545 s., 550, 552, 665.
—271. S. 111; R. 303 s., 313, 320, 327, 393, 402.
—272. S. 112; R. 314, 320, 393, 402.

—273. S. 112; R. 204, 312, 315, 318, 322, 393, 402, 405.
—274. R. 294, 324, 327, 393, 405.
—275. S. 111 s., 142, 143, 160; R. 301, 307, 393 s., 402 s, 545.
—276. R. 314.
—277. R. 327, 635.
—278. S. 23, 41, 103, 125 s., 151, 296, 318; R. 70, 177, 199, 202, 250, 328, 338, 355, 357, 365, 371, 378, 387, 204, 363 s., 378, 636.
—280. S. 134, 136, 138, 207; R. 177, 289, 363 s., 381, 385, 387.
—281. R. 252, 602.
—282. S. 254; R. 545 s.
—283. S. 132, 176, 178 s., 185 s.,

191 s., 195 s., 200, 204 s., 209 s., 216 s., 220, 227 s., 230 s., 238, 244, 249, 264; R. 255, 259 s., 267, 288, 455 s., 458 s., 461, 464, 472 s., 476 s., 479 s., 489 s., 492 s., 509 s., 518 s., 531, 535, 543, 557, 559, 585, 639.
—284. S. 41, 132, 312; R. 288, 455, 610.
—285. S. 41, 89, 264; R. 205, 531.
—286. S. 148 s.; R. 410 s., 532.
—257. S. 41, 282; R. 552, 565 s., 665.
—288. S. 259; R. 552, 578 s.
—289. S. 281; R. 551 s.
—290. S. 41; R. 551, 569.
—291. S. 261, 264; R. 507, 574 s.

—292. S. 23, 41, 160 s., 166 s., R. 67, 429 s., 433, 442.
—293. S. 10, 24, 41, 100, 168 s.; R. 433, 445 s., 448 s., 451 s.
—294. S. 151; R. 432.
—293. S. 293.
—324. S. 23, 271; R. 29.
—343. S. 259.
—374. R. 258.
—378. S. 176; R. 263, 486, 514.
—331, 533, 535.
—407. S. 267, 269 s., 379, 296; R. 21, 600, 602.
—409. S. 296 s.; R. 636.
—410. S. 255 s., R. 255, 588, 617 s., 620.
—411. S. 286, 289, 291, 298, 312; R.

611, 618, 621, 623, 626, 632.
—412. S. 271, 274; R. 385, 597, 619.
—413. S. 276, 295 s.; R. 30, 599, 662 s., 605, 609 s., 616, 622, 635, 637, 642.
—422. R. 607.
—432. S. 291 s., R. 588, 622 s., 635, 634.
—472. S. 29; R. 110, 384, 574.
—473. S. 160.
—545. R. 227.
—782. R. 330, 346.
—850. R. 260.
—892. S. 201.
—951. R. 216.
—1030. S. 293 s.;
—1021. R. 451.
—1033. S. 85; R. 228 s., 672.
—1034. R. 339.
—1035. S. 102; R. 95, 97, 106 s., 662.
—1037. R. 144.
—1040. R. 180.
—1041. R. 20.

Table sommaire

des matières contenues dans le Supplément et le Répertoire.

(Les chiffres précédés de la lettre *S* renvoient au Supplément; les chiffres précédés de la lettre *R* renvoient au Répertoire.)

Admissibilité. V. Pertinence.
Agréé. V. Témoins.
Alliance. V. Reproches.
Amende. V. Juge-commissaire.
Appel. V. Délai, Pertinence, Témoins.
Appréciation. V. Pertinence.
Arbitres. V. Juge-commissaire.
Articulation. S. 9 s.; R. 36 s.
— appel S. 11; (pouvoir discrétionnaire) R. 110.
— articulation à l'audience R. 37.
— aveu S. 12; R. 43 s., 47 s.
— délai S. 12 s.; R. 41 s.
— délégation S. 12 s.; R. 43, 45 s., 48.
— divisibilité R. 36 s.
— exception R. 64.
— faits antérieurs, postérieurs R. 38 s.
— précision S. 8; R. 34 s.
— preuve S. 14; R. 47.
Assignation
— acte équivalent R. 217 s.
— appel, avoué S. 76; R. 209.
— assignation à partie S. 74 s.; R. 206 s.
— avoué S. 74 s.; R. 208 s., 213 (copies séparées) S. 81; R. 223 s.
— avoué décidé R. 214 s.
— avoué démissionnaire S. 77; R. 212 s.
— constitution d'avoué S. 80; R. 223.
— date R. 226.

— délai (calcul) R. 236; (fractions) S. 85; (nullité, réserves) S. 86 s.; R. 237 s.
— délai franc S. 82 s.; R. 227 s.; (distances, augmentation) S. 83; R. 228 s., 234 s.; (distances, double augmentation) S. 84; R. 233.
— domicile S. 74, 80; R. 206 s., 221.
— formalités R. 220 s.; (équivalent) S. 79; R. 220.
— jugement par défaut, opposition S. 78.
— lieu S. 74 s.; R. 206 s.
— nullité, appel S. 87.
— présence de la partie R. 205.
— sommation R. 219.
Avocats
— présence S. 103; R. 279.
— V. Témoins.
Avoué
— nullité S. 163; R. 437.
— présence S. 101 s.; R. 277 s., 280.
— V. Assignation, Délai, Témoins.
Certificat. V. Reproches.
Chambres de discipline
— témoins R. 31.
Comparution. V. Témoins.
Comparution à l'audience R. 27 s.
Condamnation. V. Témoins.
Consul. V. Juge-commissaire.

Contre-enquête S. 44 s.; R. 114 s.
— caractère des faits allégués S. 45.
— déchéance R. 120.
— délai S. 48 s.; R. 123 s.; (huitaine) S. 49; R. 125; (pouvoir discrétionnaire) S. 68.
— demande reconventionnelle S. 47; R. 114.
— juge-commissaire 46.
— nullité R. 122.
— objet S. 44; R. 117
— pouvoir discrétionnaire R. 121.
— preuve contraire S. 44; R. 114 s.
— prorogation R. 119.
— suites R. 409 s.
— V. Enquête nouvelle, Matières sommaires, Nullité, Témoins.
Déchéance. V. Nullité.
Définition R. 1.
Délai S. 48 s.; R. 123 s.
— anticipation, nullité R. 127 s.
— appel (confirmation) R. 133 s.; (confirmation, nouveau délai) R. 161; (désistement) S. 125. R. 157; (dies à quo) S. 61; R. 153; (exécution provisoire) R. 151; (signification) S. 61; (signification à avoué) R. 153 s.; (suspension) S. 56; R. 149 s.;

(témoins) S. 59; R. 151, 159.
— audition, premier témoin R. 357.
— avoué (signification) R. 135.
— commission rogatoire R. 170.
— déchéance S. 49 s.; R. 148, 177.
— distance S. 48; (augmentation) R. 360; (pouvoir discrétionnaire) S. 48 s.; R. 162 s., 176.
— enquête par commune renommée R. 126.
— enquête nouvelle R. 441.
— enquête tardive, nullité S. 67.
— exécution du jugement R. 147.
— fin de non-recevoir R. 178.
— fixation, pouvoir discrétionnaire R. 165.
— forclusion R. 177.
— huitaine (dies à quo) S. 52 s., 126 s.; (impossibilité) S. 50; R. 123; (parachèvement de l'enquête) S. 126 s.; R. 355 s.; (pouvoir discrétionnaire) S. 49; (prorogation) S. 126.
— jour férié S. 57; R. 144.
— jugement (omission) S. 65; R. 166 s.; (prononciation) S. 64; R. 172; (signification préalable) S. 53 s. R. 127. 122 s.

— jugement contradictoire S. 48 s.; R. 128 s.
— jugement par défaut S. 69; R. 170 s.; (huissier commis) R. 187; (nullité) R. 184 s.; (quinzaine) S. 69; R. 183; (témoins) R. 183.
— jugement par défaut, opposition R. 180 s.; (appel) R. 186; (défaut contre partie) R. 182 s.
— nullité R. 51.
— prorogation R. 130, 165 s.
— signification (appel en garantie) R. 136; (computation) R. 143; (conditions) S. 55; R. 140 s.; (copie du jugement) R. 139; (irrévocabilité) R. 134; (jugement interlocutoire) R. 142, 175; (provision) R. 138; (séparation de corps) S. 56.
— suspension (constitution de nouvel avoué) R. 146; (reprise d'instance) R. 146 (vacations) R. 145.
— témoins, déposition tardive, déchéance R. 356, 361.
— vérification d'écritures R. 136.
— V. Assignation, Ordonnance de juge, Témoins.
Demande reconventionnelle. V. Contre-enquête.

Distance. V. Assignation.
Divorce. V. Reproches.
Donataire. V. Reproches.
Écriture. V. Reproches.
Enquête de commodo et incommodo R. 32.
Enquête
— contre-enquête R. 1.
Enquête directe R. 1.
Enquête nouvelle
— contre-enquête R. 444. 449.
— perte, destruction R. 449.
— témoins nouveaux R. 448.
— V. Délai, Greffier, Juge - commissaire, Responsabilité.
Enquête respective R. 1.
Failli. V. Reproches.
Faits nouveaux
— pouvoir discrétionnaire, nouvelle enquête, nullité S. 33 s.; R. 267 s.
Faits à prouver S. 27 s.; R. 72 s.
— dispositif du jugement S. 33 s.; R. 74 s.; (appel) S. 29 s. (requête introductive d'instance) R. 78.
— énonciation R. 73, 79.
— jugement, nullité S. 28; R. 72.
— nouveau jugement S. 80.
— omission R. 80 s.
— vérification d'écritures S. 30.

Fonctionnaires. V. Témoins.
Force majeure. V. Ordonnance du juge.

Garantie. V. Officier ministériel.
Greffier
— assistance, procès-verbal S. 107; R. 294.
— enquête nouvelle, responsabilité S. 100; R. 430.

Héritier présomptif. V. Reproches.
Historique R. 2 s.
— ancien droit français (enquêtes à futur, enquêtes par turbe) S. 26; R. 14, 33; (ordonnance de 1667) R. 11 s.; (témoins, reproches) R. 6 s.
— droit romain R. 3.
— moyen âge R. 4 s.
— période révolutionnaire R. 15 s.
Huissier
— nullité S. 162; R. 437.
Huissier-commis. V. Délai.

Jour férié. V. Délai.
Juge-commissaire S. 31 s.; R. 84 s.
— attributions R. 85.
— commission rogatoire S. 33; R. 95 s.; (juge étranger) S. 89 s.; R. 106; (prorogation) S. 33; R. 109.
— compétence territoriale S. 36.
— délégation S. 34; R. 87 s.; (arbitres) R. 106; (consul) S. 38; R. 108; (juge de paix) S. 35; R. 89, 102, 104; (notaires) R. 107.
— double nomination S. 31; R. 86.
— enquête nouvelle S. 160; R. 429 s.; (caractères) S. 107; R. 443 s., (frais) R. 431, 486; (nouveau magistrat) S. 105; R. 440; (responsabilité) S. 160, 162 s.; R. 430, 437.
— juge commis R. 97 s.; (pouvoir discrétionnaire) R. 100 s.
— juge de paix, suppléant R. 104 s.
— juge de paix commis, procédure R. 102 s.
— jugement, signification à avoué R. 94.
— nomination S. 31; R. 84.
— nullité, responsabilité S. 166; R. 430 s.
— pouvoirs (amende) S. 41; (incidents contentieux) S. 41.
— remplacement S. 32; R. 90 s.
— responsabilité, greffier S. 100.
— séparation de corps R. 98.
— V. Contre - enquête, Matières sommaires.
Juge de paix. V. Juge-commissaire.
Jugement
— déchéance S. 43.
— double enquête S. 42.
— V. Délai, Faits à prouver, Justice de paix, Matières sommaires, Nullités, Reproches.

Jugement contradictoire. V. Délai.
Jugement par défaut. V. Délai.
Jugement interlocutoire R. 111 s.
Jugement préparatoire R. 111.
Justice de paix S. 299 s.; R. 642 s.
— citation à partie S. 303; R. 649 s.
— enquête d'office S. 300; R. 644.
— interpellations R. 657.
— jugement S. 316; R. 608; (énonciations) 646.
— jugement contradictoire R. 648.
— nullités S. 318; R. 672.
— parties défaillantes S. 312; R. 656.
— preuve testimoniale R. 654.
— procès-verbal (signification) R. 667; (témoins) S. 315; R. 665 s.
— prorogation R. 317; R. 609 s.; (consentement des parties) R. 671; (preuve testimoniale) R. 670.
— règles spéciales S. 299; R. 642.
— reproches R. 309 s.; R. 658 s.; (audition des témoins) S. 311; R. 660; (causes) S. 310; R. 659; (parenté, alliance) R. 661; (signature) S. 309; R. 658.
— témoins (audition) S. 302, 306, 308; R. 647, 653, 656; (audition séparée) R. 655; (citation) S. 305; R. 652; (dénonciation des noms) S. 304; R. 651; (serment) S. 307; R. 653 s.; (taxe) S. 313; R. 663.
— témoins défaillants S. 314; R. 664.
— transport sur lieux S. 314; R. 604.

Législation
— code de procédure S. 1 s.; R. 17 s.
Législation étrangère
— Allemagne S. 5.
— Italie S. 6, 26.
— Suisse S. 7.
Lieu de l'enquête
— pouvoir discrétionnaire S. 106; R. 292 s.

Mandataire
— présence S. 101; R 278 s.
Matière ordinaire S. 8 s.; R. 13 s.
Matières sommaires S. 267 s.; R. 588 s.
— articulation des faits S. 267 s.; R. 593 s.
— assignation à partie S. 279; R. 603 s.
— assignation à témoins S. 278; R. 602.
— commencement de l'enquête S. 275; R. 598.
— commission rogatoire S. 274; R. 598.
— délai S. 277; R. 601.
— déposition (lecture) R. 624; (rédaction tardive) R. 631; (signature) R. 623.
— enquête à l'audience R. 24 s.

— juge commis, délai R. 633.
— juge-commissaire R. 22 s.
— jugement S. 269 s.; R. 596; (audience) S. 271; R. 596; (date) S. 270; (délai) S. 270; R. 596, 599; (énonciation des faits) S. 269; (exécution) S. 277; R. 601; (interrogatoire sur faits et articles) S. 271; (juge-commissaire) S. 271; R. 596; (nullité) S. 271; (nullité, ratification) S. 272 s.; R. 22; (réserves) S. 273; (signification) S. 276; R. 599; (témoins, audition) S. 271; R. 596; (témoins, énonciation) R. 617; (vérification d'écritures) S. 271.
— justice arbitrale R. 634.
— nullité R. 21 s.
— preuve d'office S. 268; R. 595.
— procès-verbal R. 29 s.; (âge des témoins) S. 293; (appel) S. 285, 287, 289; R. 611, 620 s., 625; (caractères, équivalent) S. 287 s.; R. 626; (commission rogatoire) S. 294; R. 632; (défaut, pouvoir discrétionnaire) S. 289 s.; R. 626 s.; (énonciations) S. 283; R. 621; (enquête nouvelle) R. 627 s.; (parenté, alliance, domesticité) S. 293; R. 619.
— prorogation S. 295 s.; R. 637 s.; (appel) S. 297; R. 302, 640; (contre-enquête) R. 639; (délai) S. 205; R. 636 s.; (délai, déchéance) S. 295; R. 637, 639; (pouvoir discrétionnaire) S. 295; R. 640; (prorogation unique) S. 296.
— règles spéciales R. 588.
— reproches S. 282 s.; (audition) S. 282 s.; R. 610 s.
— serment S. 286; R. 618.
— suites de l'enquête S. 298; R. 641.
— suspension S. 277; R. 601.
— témoins (noms, dénonciation) S. 280; R. 603, 605 s.; (taxe) R. 635.
— témoins, audition R. 605; (audition séparée) S. 281; R. 608; (rappel) S. 271.
— témoins défaillants R. 616.
Mineur. V. Témoins.

Notaire. V. Juge-commissaire.
Notification. V. Témoins.
Nullité S. 150 s.; R. 415 s.
— contre-enquête S. 175.
— déchéance (garantie) S. 173; (prorogation) S. 172.
— caractères S. 16 s.; R. 52 s.
— jugement S. 150 s.; (appel) R. 415 s.; (appel) R. 52 s.

— juge commis, délai R. 420; (cassation) R. 428; (contre-enquête) S. 155; R. 422; (divisibilité) S. 152; R. 425; (droits des parties) S. 154; R. 417 s.; (effets) S. 159; R. 426 s.; (indivisibilité) S. 152; R. 423 s.; (ordre public) S. 158; R. 419; (pouvoir discrétionnaire) R. 427; (ratification) 150; R. 410; (ratification, signature personnelle des faits) S. 157; R. 406; (témoins, assignation) S. 153; R. 417; (témoins, ratification) S. 153; S. 271; R. 596; (témoins, énonciation) R. 617; (vérification d'écritures) S. 271.
— jugement partiel S. 151; R. 422; (délai) S. 151; (dépositions) S. 151; R. 422, 426.
— jugement total S. 151; R. 422.
— officier ministériel (collusion) S. 174; (déchéance) S. 168.
— requête anticipée, avoué S. 171.
— vices de forme S. 170.
— V. Assignation, Justice de paix, Matières sommaires.

Officier ministériel
— faute, responsabilité R. 450.
— fin de non-recevoir, garantie R. 453 s.
— omissions, déchéance R. 448.
— responsabilité S. 168 s.; R. 445 s.; (disposition nulle) R. 451; (divorce) R. 446; (état des personnes) S. 169; R. 445; (frais, dommages-intérêts) R. 445, 452; (ordre public) S. 169; R. 445; (séparation de corps) S. 169; R. 445.
Ordonnance du juge S. 70 s.; R. 188 s.
— commission rogatoire R. 191.
— contre-enquête R. 73.
— délai (nouvelle ordonnance) S. 72; R. 199; (pouvoir discrétionnaire) S. 71; R. 198.
— greffier R. 189.
— heure, jour, nullité R. 195 s.
— irrévocabilité R. 198.
— nouveau délai, force majeure S. 72; R. 200 s.
— pluralité de juges R. 189.
— procès-verbal S. 70 R. 190 s.
— requête R. 188.
— témoins S. 70; R. 192, 200 s.

Parenté. V. Reproches.
Parties
— présence S. 101 s.; R. 277 s.
— V. Témoins.
Partie défaillante
— présence S. 104; R. 281.
— V. Témoins.
Pertinence
— admissibilité S. 15 s.; R. 51 s.; (dénégation) R. 51.
— caractères S. 15 s.; R. 52 s.

— contrat de mariage S. 16.
— faits positifs S. 17.
— pouvoir discrétionnaire R. 52 s.; (appréciation S. 16, 18; (pouvoir discrétionnaire, articulation) S. 18; (preuve d'office) R. 60 s., 60; (preuve, connaissance personnelle des faits) S. 20; R. 63; (preuve impossible) S. 18; R. 61; (preuve par témoins) S. 18; (révélation de secrets) S. 19.
— preuve, enquête à futur R. 58.
— preuve illicite S. 21 s.
Pouvoir discrétionnaire. V. Pertinence.
Préséance
— nullité, fin de non-recevoir S. 105; R. 283.
Présence
— appel, déchéance S. 105; R. 283 s.
Preuve S. 8 s.; R. 34 s.
— V. Articulation, Contre-enquête.
Procès-verbal S. 142 s.; R. 393 s.
— assignations S. 144; R. 397 s.
— communication S. 140, 387.
— comparution, défaut R. 396.
— constitution de nouvel avoué R. 410.
— date S. 143; R. 395.
— équivalent S. 142.
— expédition R. 411.
— formalités, nouvelle mention S. 145; R. 402.
— lecture R. 407.
— levée S. 147 s.; R. 410 s.
— magistrat étranger S. 147; R. 408.
— mentions S. 143; R. 394 s., 402 s.; R. 402.
— remises R. 401.
— reprises d'instance R. 410.
— reproches R. 393.
— signatures S. 146; R. 405 s.
— signification S. 148; R. 410 s.; (contre-enquête) R. 410; (formes) R. 414.
— signification collective R. 413.
— V. Matières sommaires.
Prorogation S. 129 s.; R. 353 s.
— contre-enquête, preuve contraire S. 138; R. 389.
— délai S. 135; R. 377.
— demande (époque, délai) R. 378 s.; (formes) S. 134; (procédure) S. 139.
— jugement interlocutoire, appel R. 376; motifs R. 366 s.; nouveau délai; pouvoir discrétionnaire S. 141; R. 360.
— nouveaux témoins S. 131 s., 137; R. 371 s.
— première audition R. 377.

— référé S. 140; R. 384 s.
— rejet, négligence de la partie R. 367 s.
— seconde prorogation, nullité S. 136; R. 387.
— séparation de corps S. 129.
— témoin, impossibilité de comparaître R. 364.
— témoins déjà entendus R. 374 s.
— tribunal, pouvoir discrétionnaire S. 129 s.; R. 365 s.
— V. Délai, Justice de paix, Matières sommaires.

Remise et continuation de l'enquête S. 118
Repos. V. Reproches.
Reproches S. 176 s.; R. 455 s.
— accusé S. 229; R. 310.
— affection S. 245; R. 538 s.
— alliance (étendue) R. 461 s.; (ligne collatérale) S. 178 s.; R. 469 s.
— animosité S. 245; R. 535.
— avocat R. 587.
— causes non spécifiées R. 560.
— certificat (avocat) S. 204; R. 484; (avoué) S. 203; R. 483; (caractères) S. 192; R. 476; (conseil de famille) S. 201; R. 481; (conseiller d'Etat) S. 200; R. 480; (conseiller municipal) S. 200; R. 480; (conseiller de préfecture) S. 200; R. 480; (définition) S. 198; (étendue) S. 193; R. 493; (experts) S. 198; R. 478; (fonctionnaire public) S. 199; R. 479; (formes, écriture) S. 192; R. 484; (greffier) S. 202; R. 482; (huissier) S. 202; R. 482; (juge) S. 207; R. 487 s.; (lettre missive) S. 196; R. 477; (médecin) R. 478; (notaire) S. 205; R. 477, 485; (plainte) S. 196; R. 477; (plainte partielle) S. 194; (reproche partiel) S. 196; (reproche partiel) S. 194; (reproches, contre-enquête) S. 209; R. 490; (témoins instrumentaires) S. 205 s.; (vol) S. 231; R. 512.
— condamné S. 230 s.; (peine correctionnelle) S. 230; R. 513; (réhabilitation) S. 230; R. 511; (simples renseignements) S. 232; (vol) S. 231; R. 512.
— cousin-germain S. 178.
— débiteur S. 247; R. 541.
— domestique, définition S. 211 s.; R. 494.
— donataire S. 187; R. 472.
— droits des parties R. 458.
— énumération limitative S. 176; R. 456 s.

— héritier présomptif S. 187; R. 472.
— incapacités S. 177; R. 252, 455.
— intérêt communal, habitants S. 244; R. 522 s.
— intérêt éventuel S. 243.
— intérêt indirect S. 242.
— intérêt matériel S. 234 s.; R. 514 s.; (actionnaires) S. 237; R. 517; (associé) S. 237; R. 517 s.; (courtier de commerce) R. 516; (créancier) S. 240; R. 520 s.; (créancier, faillite) S. 535; R. 529; (garantie) S. 241; R. 521; (promesse S. 238; (société de secours mutuels) S. 234.
— intérêt personnel S. 234; R. 514 s., 520, 532.
— jugement (appréciation) R. 578 s.; (audition) R. 555; (caractères) S. 260; (déposition, conclusions nouvelles) R. 562 s.; (déposition, tuteur) S. 261 s.; R. 558 s., 571 s.; (experts) S. 255; (jugement préalable) S. 250; R. 567; (nullité) S. 265; (plaidoirie au fond, jugement unique) R. 574 s.; (pouvoir discrétionnaire) S. 257 s., 264; R. 557 s.; (procédure sommaire) R. 566; (renonciation) S. 501, 554; (réserves) S. 263.
— jugement, appel S. 260, 265 s.; R. 555, 570; (contre-enquête) S. 266; (pouvoir du juge) R. 577.

— mandataire S. 240; R. 538 s.
— mode de proposition S. 249 s.; R. 545 s.; (avocat) S. 252; (avoué) S. 253; R. 549; (caractères) R. 550; (contre-enquête) S. 250; (déposition, faits antérieurs, postérieurs) S. 254; (époque) R. 546 s.; (partie) S. 252; R. 549; (police d'assurances) S. 253; (pouvoir du juge) S. 251; (preuve) S. 255; R. 552.
— parenté (absence) S. 186; R. 459; (commune) S. 183; R. 467 s., 470; (débiteur) S. 182; (divorce) R. 459; (failli) S. 184; R. 471; (faux) R. 459; (ligne collatérale) S. 178 s.; R. 459 s.; (qualité) S. 185; R. 464; (séparation de corps) S. 186; R. 459; (témoin du demandeur) S. 182; R. 465.
— parenté adoptive S. 179; R. 460.
— parenté naturelle S. 179; R. 460.
— parenté des témoins R. 464 s.
— parenté des témoins entre eux S. 181; R. 463 s.
— pouvoir discrétionnaire S. 233; R. 516.
— procès identique R. 531.
— repas (circonstances) S. 188 s.; R. 474; (commensal) S. 188 s.; R. 473 s.; (rédaction) S. 489.
— testament mystique R. 489.
— vérification d'écriture R. 489.
— V. Justice de paix, Matières sommal-

res, Procès-verbal, Témoins.
Responsabilité
— enquête nouvelle S. 150 s.; R. 429 s.; (tribunal) S. 151; R. 438.
— V. Greffier, Juge-commissaire, Officier ministériel.

Secret professionnel S.
V. Témoins.
Séparation de corps.
V. Reproches.
Serment. V. Justice de paix, Matières sommaires, Témoins.
Serviteur. V. Reproches.
Signification. V. Délai.

Témoins
— assignation (appel) R. S. 96; R. 260, 272; (formalités) R. 270.
— assignation erronée R. 296, 298 s.
— audition S. 103; R. 204 s.
— audition unique S. 97; R. 254.
— comparution, déclarations S. 108; R. 205.
— contre-enquête R. 254.
— déclarations, parenté, domesticité R. 302
— délai franc, augmentation S. 90; R. 275.
— dépositions (caractères) R. 309; (déposteur) S. 222; (déposition orale) R. 300 s.; (étranger, interprète) R. 310; (mode) S. 111; R. 306 s.; (rédaction) S. 113; R. 349; (refus) R. 305; (sourd-muet) R. 312.
— déposition, signature S. 115 s.; R. 312

— déposition, Procès-verbal, Témoins.

s.;(additions, changements) R. 323;
(croix) R. 325.
— dispositif du jugement, copies séparées S. 100; R. 271 s.; (notification) S. 100; R. 274.
— enfant R. 265.
— étrangers R. 266.
— femme R. 265.
— incapacité S. 252; R. 252 s.; 256; (parenté) R. 257 s.; (séparation de corps) R. 259 s.
— indignité S. 92; R. 252 s.; (mort civile) R. 255.
— interpellations, but S. 112; R. 312, 314 s., 318.
— juge-commissaire (absence) R. 298; (pouvoir discrétionnaire) S. 93;
— lecture, changements, additions S. 114; R. 313, 320.
— nom, notification S. 88 s.; R. 259 s.
— notification (acte séparé) S. 89; R. 241, 246; (comparution volontaire) R. 351; (délai, appel) S. 91; (délai, augmentation) S. 89; R. 244; (délai franc, nullité) S. 89; R. 242 s.; (formalités) S. 90; R. 247 s.; (formule sacramentelle) R. 250; (identité) S. 83; R. 245.
— partie défaillante R. 296.
— pluralité, frais S. 96; R. 252 s.
— procès-verbal, énonciations R. 301, 308.
— questions S. 112; R. 316 s.
— reproches R. 267.
— secret professionnel

S. 93 s.; R. 261 s.; (agents des postes) S. 93; (assistance judiciaire) S. 93; (avocat) S. 93; R. 261; (avoué) S. 93; R. 261; (fonctionnaires) S. 95; (magistrat) R. 262; (médecin) R. 261; (pouvoir du juge-commissaire) R. 261.
— serment S. 100; R. 304.
— sourd-muet R. 264.
— taxe S. 117; R. 337.
— témoin défaillant, comparution R. 346 s.; (conditions) S. 341; (contrainte par corps) R. 333, 343; (dommages-intérêts) R. 342; (excuses) R. 346 s.; (impossibilité de comparaître) R. 352; (mineur) S. 121; R. 331; (peines) S. 110; R. 305; (réassignation) S. 122; R. 320, 337.
— témoin défaillant, condamnation S. 119; R. 329 s.; (appel) S. 121; R. 335, 351; (exécution provisoire) R. 334, 336; (mandat d'amener) R. 329, 344 s.
— témoins éloignés, commission rogatoire S. 124; R. 352 s.
— V. Délai, Matières sommaires, Reproches.

Tribunaux de commerce. R. 501 s.
— dépositions S. 200 s.
— nullité S. 200.
— V. Matières sommaires.

Table chronologique des Lois, Arrêts, etc.

1667
... Ord. 24 c., 26 c., 59 c., 151 c.

1808
30 mars. Décr. 281 c.

1819
9 mars. Req. 275 c.

1828
31 déc. Traité. 38 c.

1838
8 mars. Limoges. 250 c.

1841
8 déc. Montpellier. 91 c.

1847
20 mai. Douai. 217 c.

1849
13 juin. Paris. 49 c.
7 juill. Rennes. 152 c.

16 juill. Nîmes. 40 c.
10 déc. Nîmes. 147 c.
10 déc. Req. 259 c.

1850
22 janv. Bastia. 176 c., 204 c.
30 janv. Amiens. 105 c.
13 févr. Civ. 32 c., 72 c.
12 mars. Req. 45 c.
13 mars. Limoges. 53 c., 141 c.
1er août. Poitiers. 264 c.
23 août. Bordeaux. 24 c.
11 déc. Civ. 151 c., 163 c.

1851
17 janv. Bordeaux. 83 c., 86 c.
25 janv. Paris. 131 c.
19 mars. Bourges. 52 c.
5 avr. Paris. 93 c., 233 c.
9 avr. Rennes. 150 c., 117 c.
152 c., 257 c.

13 mai. Nîmes. 86 c., 105 c.
28 juin. Nancy. 49 c.
21 juill. Bordeaux. 196 c.
24 nov. Req. 100 c.
25 nov. Civ. 54 c.
29 déc. Req. 273 c., 278 c.

1852
8 mars. Req. 36 c.
22 mars. Req. 16 c.
24 mars. Douai.
15 juin. Grenoble. 206 c.
21 juill. Req. 174 c.
23 juin. Civ. 83 c., 84 c.
14 juill. Req. 89 c.
22 juill. Paris. 56 c.
25 août. Toulouse. 254 c.
10 nov. Civ. 16 c., 18 c.
14 déc. Amiens. 24 c., 129 c.

1853
24 janv. Civ. 262 c., 283 c.
28 janv. Douai. 237 c.
14 févr. Agen. 157.

19 mars. Orléans. 102 c.
6 août. Bordeaux. 188 c.
15 nov. Req. 18 c.
18 nov. Bordeaux. 255 c.
21 nov. Ch. réun. 93 c.
31 déc. Trib. Agen. 214 c.

1854
30 janv. Trib. Orange. 207 c.
27 mai. Douai. 87 c.
26 juin. Req. 205 c.
5 juill. Bourges. 83 c., 86 c., 105 c.
3 août. Douai. 197.
10 août. Douai. 217 c.
11 août. Gand. 205 c.
14 déc. Douai. 290 c.

1855
3 janv. Bordeaux. 176 c., 237 c.
29 janv. Riom. 264 c.
7 févr. Bastia. 20 c.
8 mars. Angers. 205 c.
13 mars. Riom. 83 c., 105 c.

19 mars. Riom. 245 c.

1857
2 avr. Bastia. 24 c., 53 c., 64 c.
15 mai. Nîmes. 205 c.
30 juill. Civ. 16 c.
6 août. Bastia. 138 c.
29 nov. Nancy. 354 c.
3 déc. Agen. 225 c., 264 c.
5 déc. Nancy. 176 c., 203 c.
26 déc. Bruxelles. 228 c.

1856
5 janv. Caen. 32 c.
10 janv. Bordeaux. 5 mai. Civ. 16 c.
21 juill. Dijon. 196 c.
9 févr. Bourges. 82 c., 89 c.
19 févr. Montpellier. 176 c.
12 avr. Orléans. 176 c., 237 c.
17 avr. Angers. 262 c.
29 juill. Bordeaux. 100, 155 c., 156 c., 231 c.
12 nov. Req. 16 c., 17 c., 205 c., 206 c.

7 janv. Metz. 178 c.
18 févr. Bordeaux. 227 c.
20 mars. Gand. 204 c.
5 mai. Req. 217 c., 253 c.
27 mai. Pau. 132 c.
16 juin. Dijon. 198 c., 228 c.
22 juill. Bastia. 83 c., 97 c., 205 c., 209 c.
3 déc. Bordeaux. 205 c., 231 c.
30 déc. Civ. 51 c.

1858
5 janv. Caen. 32 c.
29 avr. Pau. 89 c.
27 nov. Req. 89

1859
12 avr. Orléans. 176 c., 237 c.
17 avr. Angers. 148 c.
24 juin. Colmar. 220 c.
14 nov. Bruxelles. 204 c.
26 déc. Rennes. 102 c.

1860
16 mars. Douai. 200 c.
19 juin. Colmar. 150 c., 200 c.
23 juill. Civ. 270 c., 205 c.
5 nov. Douai. 199.
19 nov. Bruxelles. 188 c., 212 c.
20 nov. Req. 74 c., 55 c., 105 c.
30 déc. Nancy. 24 c.

1861
7 févr. Caen. 202 c.
20 avr. Pau. 89 c.
27 nov. Req. 89

1862
12 févr. Req. 200 c., 246 c.
22 févr. Paris. 185 c., 261 c., 264 c.

1863
6 janv. Colmar. 192 c.
20 janv. Req. 24 c., 58 c.; 171 c.
27 janv. Colmar. 194 c.
4 mai. Req. 176 c., 238 c., 259 c.
23 juin. Civ. 271 c., 273 c.
14 juill. Colmar. 205 c.
21 juill. Toulouse. 18 c.
20 oct. Trib. Villefranche. 192 c.
3 déc. Besançon. 24 c., 58 c., 62 c.

1864
7 mars. Besançon. 134 c., 135 c.
13 févr. Toulouse. 182 c., 246 c.
27 avr. Civ. 105 c.
17 mai. Colmar. 260 c.
13 juin. Req. 16 c.

19 nov. Req. 281 c.
26 déc. Bordeaux. 135 c., 264.

		1870		1877	5 mars. Chambé-	21 déc. Trib. Cor-	18 févr. Civ. 24 c.

23 juill. Trib. An-vers. 230 c.
17 août (ou 1865) 24 c., 35 c.
24 nov. Colmar. 43 c.

1865
10 janv. Req. 16 c.
15 mars. Angers. 15 c.
3 avr. Req. 11 c.
17 août. (ou 1864) Toulouse. V.
17 août. 1864.
28 oct. Bruxelles. 264 c.
4 nov. Paris. 178 c., 204 c., 255 c.

1866
13 mars. Civ. 34 c.
21 avr. Besançon. 176 c., 200 c., 237 c.
7 juin. Bordeaux. 280.
2 juill. Req. 205 c., 233 c., 234 c., 242 c.
7 août. Caen. 242.
10 août. Trib. Saint-Sever. 227 c., 237 c.
22 août. Dijon. 245 c.
9 nov. Dijon. 266 c.
30 nov. Chambéry. 220 c.
17 déc. Rouen. 216.
19 déc. Req. 181 c., 241 c., 244 c., 257 c.

1867
9 janv. Trib. com. Honfleur. 91 c.

3 janv. Bourges. 72.
17 avr. Civ. 143 c.
22 juill. Loi. 120 c.
17 déc. Rennes. 280.

1868
27 janv. Bruxelles. 176 c.
10 févr. Req. 8 c., 317 c.
22 févr. Toulouse. 22 c., 23 c.
10 mars. Req. 233 c., 243 c.
20 avr. Civ. 22 c., 55 c.
29 avr. Gand. 176 c., 227 c. 227 c., 240 c.
28 mai. Trib. Bar-le-Duc. 218 c.
16 nov. Civ. 257 c., 239 c.
9 déc. Req. 101.

1869
27 janv. Dijon. 38 c.
11 mars. Rennes. 124 c., 127 c., c.
13 mars. Douai. 24 c., 169 c.
31 mai. Bruxelles. 194 c., 264 c.
8 juin. Civ. 260 c., 266 c.
15 juin. Conv. 40 c.
5 juill. Req. 50 c., 51 c.
14 déc. Req. 217 c.
22 déc. Orléans. 97 c., 209 c.

1870
13 janv. Bruxel-les. 58 c.
1er févr. Req. 258 c.
16 févr. Pau. 262 c.
9 mars. Rouen. 61 c., 105 c., 112 c.
3 mai. Caen. 288 c.
17 mai. Req. 16 c.
18 mai. Metz. 86 c.
11 juill. Rennes. 270 c.

1871
7 juin. Bordeaux. 196 c.
24 juill. Req. 195 c.
11 août. Rouen. 24 c., 169 c.
13 déc. Req. 92 c., 263 c.
14 déc. Trib. Caen. 82 c.

1872
17 janv. Trib. Seine, 124 c.
14 févr. Req. 16 c.
26 févr. Req. 61 c.
2 juill. Civ. 301 c.
10 juill. Pau. 255.

1873
7 mars. Bordeaux. 86 c., 89 c.
25 mars. Amiens. 257 c.
17 juin. Req. 176 c., 210 c.
20 juin. Aix. 287 c., 289 c.

29 juill. Req. 233 c.

1874
31 janv. Req. 205 c.
31 janv. Nancy. 188 c., 191 c., 222 c., 259 c.
16 févr. Civ. 16 c.
21 févr. Nancy, 88 c., 176 c., 259 c.
29 avr. Req. 265 c.
16 juin. Req. 233 c., 234 c., 235 c.
1er juill. Civ. 263.
8 juill. Rouen. 21 c.
10 nov. Civ. 16 c.
4 déc. Chambéry. 24 c., 40 c., 169 c.
30 déc. Req. 233 c., 235 c., 283 c., 311.

1875
16 févr. Douai. 130 c.
5 avr. Req. 265 c.
21 avr. Req. 158 c.
29 déc. Rouen. 18 c.

1876
25 avr. Civ. 267 c., 269 c.
4 mai. Gand. 205 c.
5 mai. Chambéry. 198 c., 220 c.
31 juill. Req. 176 c., 223 c., 233 c., 311 c.

1877
23 janv. Req. 198 c., 200 c.
18 avr. Caen. 93 c.
8 mai. Douai. 271 c.
9 mai. Poitiers. 83 c.
25 juin. Aix. 133 c.
12 juill. Trib. Gre-noble. 24 c.
20 juill. Nancy. 217 c., 232 c.
20 août. Nîmes. 220 c.
4 déc. Bourges. 200 c., 233 c.

1878
16 févr. Douai.173 c.
25 févr. Aix.220 c.
10 avr. Pau. 131 c., 137 c.,138 c.
1er juin. C. cass. Belgique. 51 c.
1er août. Req. 24 c.
5 nov. Req. 132 c.
20 nov. Req. 132 c.
24 déc. Rouen. 18 c.
27 déc. Bourges. 138.

1879
18 janv. Bruxelles. 89 c., 275 c.
21 avr. Douai. 236.
28 mai. Trib. Ma-lines. 205 c.
29 mai. Angers. 22.
3e nov. Trib. Bru-xelles. 201 c.

1880
20 janv. Req. 18 c.

5 mars. Chambé-ry. 202 c.
8 mars. Dijon. 196.
7 mai. C. cass. Belgique. 192 c.
21 juill. Req. 18 c., 176 c. 234 c.
1er déc. Civ. 271 c.
28 déc. Besançon. 220 c.
29 déc. Civ. 220 c.

1881
4 janv. Civ. 32 c.
24 janv. Rouen. 19 c.
14 févr. Req. 176 c.
20 mai. Dijon. 49 c.
8 août. Bruxelles. 100 c.
23 nov. Orléans. 27 c., 28 c., 260 c.
28 nov. Bruxelles. 08 c.

1882
17 janv. Toulouse. 290 c.
15 févr. Douai.209.
22 févr. Req.257 c.
15 mars. Civ. 16 c.
17 mars. Trib. Amiens. 120, 132 c.
5 mai. Trib. Dôle. 24 c.

1885
2 févr. Civ. 271 c., 272 c.
13 févr. Orléans. 244 c.

21 déc. Trib. Cor-beil. 44 c.
26 déc. Besançon. 63 c., 166 c., 167 c.

1883
5 janv. Crim. 239 c.
22 janv. Trib. Tou-louse. 128 c.
29 janv. Req. 158.
10 févr. Paris. 24 c.
17 févr. Besançon. 198 c.
8 mars. Trib. Saint-Flour. 74 c.
2 mai. Bordeaux. 42.
8 mai. Req. 176 c., 200 c.
17 mai. C. cass. Belgique. 184 c., 235 c.

1884
14 janv. Trib. An-goulême. 125 c.
16 janv. Civ. 271 c.
24 mars. C. just. civ.Genève.237.
31 mars. Civ. 291 c.
5 mai. Req. 166 c.
13 mai. Civ. 41 c.
13 mai. Trib. Châ-teauroux. 254 c., 256 c., 264 c.
11 juin. Req. 289 c.

18 févr. Civ. 24 c.
4 mars. Req. 265 c.
14 mars. Crim. 93 c.
30 mars. Req. 271 c., 273 c.
21 mai. Douai. 217.
10 juill. Décr. 2 c.
16 nov. Req. 264 c.
17 déc. Nancy.176 c., 201 c.

1886
16 janv. Bruxelles. 58 c., 61 c., c.
13 avr. Civ. 271 c.
31 mai. Pau.176 c.
30 juin. Trib. Cos-ne. 142 c., 160 c.
1er juill. Orléans. 200 c., 222 c.
18 nov. Bruxelles. 224 c.

1887
18 janv. Req.160 c.
9 avr. Gand. 205 c.
3 mai. Civ. 273 c.
8 juin. Bourges. 297 c.

1888
5 févr. Pau. 18 c.
22 mars. C. cass. Belgique. 177 c.
5 juill. Req. 149 c.
17 oct. Req. 317 c.

1889
26 juin. Civ. 289 c.
9 déc. Req. 293 c., 306 c.

ENREGISTREMENT. — 1. Sous la rubrique *Enre-gistrement*, le *Répertoire* comprend quatre traités distincts se rapportant, le premier aux *droits d'enregistrement*, le second aux *droits de greffe*, le troisième aux *droits d'hypo-thèque*, le quatrième aux *droits de timbre*. Ces différents traités ont été ainsi réunis, parce que les contributions publiques qu'ils ont pour objet représentent les quatre divi-sions principales des *impôts indirects*, dont la perception est confiée à la direction générale de l'enregistrement et des domaines et que, d'autre part, ces matières, souvent régle-mentées par les mêmes lois, offrent, quoique distinctes, des points de contact et d'analogie qui en rendent le rapproche-ment utile (*Rép.* n° 1). Mais la situation s'est modifiée depuis la publication du *Répertoire*. Et d'abord l'administra-tion de l'enregistrement n'est plus seulement chargée au-jourd'hui des quatre impôts désignés ci-dessus. Elle a, en outre, dans ses attributions la perception d'une taxe nou-velle, très importante, créée par une loi du 29 juin 1872 (D. P. 72. 4. 116), sous la dénomination d'*impôt sur le revenu des valeurs mobilières*. D'un autre côté, si les droits d'enregis-trement, de greffe, d'hypothèque et de timbre ont, comme par le passé, de nombreux points de contact et d'analogie entre eux, la perception de la taxe sur le revenu des valeurs mobilières se fait suivant le même mode et sur les mêmes valeurs que la perception du droit d'enregistrement dit de transmission, qui s'applique aux cessions d'actions et d'o-bligations des sociétés. C'est ce qui a déterminé l'attribution à l'administration de l'enregistrement de la régie de cet impôt, quoiqu'il constitue une taxe *directe*, essentiellement différente, par suite, des droits d'enregistrement, de greffe, d'hypothèque et de timbre. Nous rencontrerons effective-ment, lorsque nous étudierons les règles de la perception établies pour le droit de transmission, beaucoup de déci-sions de la jurisprudence rendues simultanément pour le droit et pour l'impôt sur le revenu des valeurs mobilières. Enfin si la législation concernant les droits de greffe et d'hypothèque est demeurée à peu près ce qu'elle était en 1849, il n'en est pas de même de celle se rapportant au timbre. A la suite des événements politiques de 1848 et de ceux de 1870-1871, une grande extension a été donnée à ce dernier impôt. Différentes lois en ont assuré le payement à l'égard de nombreuses valeurs qui y échappaient aupa-ravant (effets de commerce, actions et obligations des sociétés, obligations négociables des départements, com-munes et établissements publics et compagnies, assurances, lettres de gage, affiches peintes, chèques, warrants, valeurs étrangères de toute nature, quittances, reçus et décharges, marques de fabrique, etc.). Son produit annuel, porté à 29200000 fr. dans le projet de budget présenté en 1847 pour 1848, est évalué dans le budget de 1891 à 160412500 fr. (1). Ces considérations, qui existaient déjà en partie, lors de la publication des derniers volumes du *Répertoire*,

(1) Nous présentons ci-dessous les produits de divers impôts dont l'administration de l'Enregistrement est chargée, tels qu'ils ont été évalués, d'une part, dans le dernier budget de la Royauté de Juillet et, de l'autre, dans le projet de budget présenté pour 1891 (L'Algérie et les colonies ne sont pas comprises dans ces évaluations).

Projet du budget présenté en 1847 :
Enregistrement................. 159042000 }
Droits de greffe................ 5000000 } 166242000 fr.
Droits d'hypothèque........... 2200000 }

Timbre de toute nature....... 29206000 }
Passeports et permis de port } 32106000 fr.
d'armes....................... 2900000 }

Projet de budget présenté pour 1891 :
Droits d'enregistrement, de greffe, d'hypothè-que et perceptions diverses.......... 505322500 fr.
Droits de timbre de toute nature (y compris les passeports et permis de chasse).......... 160412500 fr.

ont déterminé l'introduction dans le tome 42, sous la rubrique *Timbre*, d'un traité spécial de cet impôt qui a fait suite à celui compris dans le t. 22, v° *Enregistrement*. — Par les mêmes motifs, l'impôt du timbre sera l'objet d'un traité spécial dans le *Supplément*. Ainsi tout ce qui se rapporte à cet impôt se trouvera *infrà*, v° *Timbre* (1). Quant à l'impôt sur le revenu des valeurs mobilières, le traité le concernant sera compris comme au *Recueil périodique*, sous la rubrique *Valeurs mobilières (Revenu, Impôt)*.

On ne trouvera donc ici que trois traités supplémentaires correspondant aux trois premiers des quatre traités compris au *Répertoire* sous la rubrique *Enregistrement*. Ces trois traités forment, comme au *Répertoire*, autant de titres, savoir :

TIT. 1. — DES DROITS D'ENREGISTREMENT (n° 2).

TIT. 2. — DES DROITS DE GREFFE (n° 3427).

TIT. 3. — DES DROITS D'HYPOTHÈQUE (n° 3482).

TIT. 1er. — DES DROITS D'ENREGISTREMENT
(Rép. nos 2 à 5848).

2. La formalité de l'enregistrement constituée en 1581, afin de constater la date des actes et d'en assurer la conservation, n'aurait eu que d'excellents résultats, notamment en diminuant le nombre des procès par la publicité donnée à tous les mouvements de la propriété foncière, si, en la créant et, plus tard, en la développant, le législateur ne s'était attaché qu'à lui faire produire tous les effets utiles qu'elle pouvait avoir. Mais, loin de là, le véritable objet de toutes les lois qui ont réglé la perception des droits d'enregistrement, a été, en réalité, de procurer des ressources au Trésor public. Il en est résulté que, loin de diminuer les procès, la formalité de l'enregistrement les multiplie en augmentant le nombre des actes sous seing privé et en forçant les parties à s'envelopper, dans les actes publics, en vue d'échapper à la perception de droits d'enregistrement, de réticences, de précautions et d'obscurités qui deviennent une source intarissable de contestations. Ces critiques étaient déjà exprimées par les meilleurs esprits à l'époque de la publication du *Répertoire* (V. *Rép.* n° 2). Elles se produisent avec bien plus de force aujourd'hui en présence de l'élévation continue des tarifs, non seulement dans leurs quotités, mais, en outre, par l'addition de nouveaux décimes en sus.

3. Aussi l'impôt de l'enregistrement a-t-il été attaqué souvent dans son principe. Nous ne nous arrêterons pas à ces attaques. Il ne saurait être question, dans la situation faite actuellement à la France par les événements, ni de supprimer, ni même de diminuer sensiblement le produit si considérable de l'impôt de l'enregistrement. Si, d'ailleurs, cette contribution prête à la critique sous plus d'un rapport, que de considérations, d'un plus sérieuses, ne peut-on pas invoquer en sa faveur ! La *Jurisprudence générale* appelait l'attention, dans la *Revue bibliographique* du premier cahier de 1875 de son *Recueil périodique*, sur la « puissance de pénétration et d'extension » que, déjà à cette date, « les lois sur l'enregistrement avaient reçue des événements extérieurs ». « C'est à elle principalement, au milieu de nos désastres intérieurs et extérieurs, disions-nous, que le législateur s'est adressé pour ranimer et féconder de plus en plus les sources du revenu public, et, pour l'historien attentif de notre vie politique et administrative, on est surpris des résultats obtenus par le fonctionnement des anciennes et des nouvelles lois sur cette matière. C'est à la fois l'éloge du système envisagé dans son ensemble et la gloire d'une administration qui, par les hautes connaissances de ses membres, par sa probité, par son activité, donne une constante impulsion aux rouages compliqués du système financier dont nous devons l'organisation première aux lois de la Révolution, et surtout à la loi de frimaire an 7 ». Sans doute, comme le dit très bien M. Naquet, *Traité des droits d'enregistre-*

ment, n° 6, « les fraudes sont nombreuses, et c'est un vice; cependant il n'est point dirimant, surtout si l'on tient compte des nécessités budgétaires et si l'on considère qu'il est commun à presque tous les impôts indirects. Enfin, et du moins pour les cas de transmission, il n'est pas vrai que l'impôt soit dû au moment où il est difficile de l'acquitter (Courcelle-Seneuil, *Traité d'économie politique*, t. 11, p. 230 et suiv.; Rau, *Finanzwissenschafte*, p. 138). D'un autre côté, cet impôt a l'avantage de s'adresser plutôt aux riches qu'aux pauvres, de peser sur la fortune et non sur la misère, ce qui lui donne à nos yeux une grande supériorité sur beaucoup d'impôts indirects, sauf à faire des réserves quant au principe de la non-déduction des charges. J'ajoute enfin qu'il est entré dans nos mœurs et qu'il est parfaitement accepté, malgré le chiffre exagéré qu'il atteint en France ». — L'exactitude de ces dernières observations est démontrée par ce fait que la perception des différents impôts recouvrés par l'administration de l'enregistrement, dont le produit annuel s'élève à 720 millions environ, ne donne lieu qu'à une moyenne de 230 à 250 actions judiciaires par an, et encore la plupart de ces actions sont-elles soulevées par l'application des lois nouvelles (Note adm. enreg. sur une proposition de loi déposée à la séance de la Chambre des députés du 8 déc. 1876, par M. Parent).

4. Toutefois, il n'est pas sans intérêt de rappeler l'opinion de Montesquieu sur « un impôt établi dans quelques États sur les diverses clauses des contrats civils ». L'expérience, dit-il, a fait voir qu'un impôt sur le papier sur lequel le contrat doit s'écrire vaudrait beaucoup mieux (*Esprit des lois*, liv. 13, chap. 9). « Il est certain, disent à cet égard les rédacteurs du *Dictionnaire des droits d'enregistrement*, que l'impôt du timbre offre de tout autres facilités de perception et d'application que le droit d'enregistrement. Aussi a-t-il été préféré par presque tous les États en dehors des nations latines. Il n'est pas exact de dire, au moins d'une manière absolue, que l'impôt de l'enregistrement est, de sa nature, plus productif, que celui du timbre ne comporte que des taxations modiques. L'Angleterre perçoit des taxes de timbre de 50 pour 100 des valeurs exprimées dans les contrats. La France retire 30 millions du timbre de 0 fr 10 cent. sur les quittances, alors qu'il eût été impossible d'obtenir sur ces actes des droits d'enregistrement aussi importants. Le jour où un législateur courageux et habile voudra modifier profondément notre législation fiscale, il ne devra pas oublier le conseil de Montesquieu. Ce n'est pas que l'on puisse songer à remplacer complètement en France l'enregistrement par le timbre : on ne rompt pas aussi aisément avec des traditions séculaires ; mais il serait possible et désirable de parvenir à la simplification et à l'allègement du droit d'enregistrement au moyen du développement du droit de timbre » (v° *Enregistrement*, n° 22).

5. On reconnaissait déjà, à l'époque de la publication du *Répertoire*, l'impossibilité de voir disparaître du budget l'impôt de l'enregistrement, qui y figurait alors pour un produit annuel de 139042000 fr. (V. *suprà*, n° 1), et l'on se bornait à exprimer le vœu qu'un dégrèvement, « devenu nécessaire » fût opéré dans cette branche des revenus de l'État, l'élévation exorbitante des droits constituant, pour ainsi dire, le contribuable en guerre avec le fisc et ayant une excitation constante à la fraude qui fait le vide dans les caisses du Trésor et porte une grave atteinte à la morale publique (*Rép.* n° 3). — Ce vœu n'a pas été exaucé. Loin de là, les tarifs en vigueur à l'époque de la publication du *Répertoire*, se trouvent augmentés dans des proportions considérables. En ce qui concerne les droits fixes, le tarif est actuellement, pour le plus grand nombre des actes, triple de ce qu'il était primitivement ; l'augmentation est du double pour d'autres actes, et moitié seulement pour quelques-uns. D'autre part, à l'égard des actes plus importants tels que les contrats de mariage, les partages, les actes de sociétés, etc., au simple droit fixe se trouve substitué un droit gradué de

---

(1) Le *Répertoire* renferme dans le t. 42, 1re part., v° *Transmission (droit de)*, un autre traité spécial qui se rapporte à la perception du droit de transmission édicté par la loi de finances du 23 juin 1857 (art. 6 à 11) et qui représente le droit de mutation dans son application aux cessions d'actions ou d'obligations dans les sociétés, compagnies ou entreprises quelconques, financières, industrielles, commerciales ou civiles. L'existence de ce traité dans le *Répertoire* s'explique par ce fait que celui de l'*Enregistrement* (t. 21 et 22) dans lequel il aurait dû se trouver, a été publié sept ans avant la loi de 1857. Il est traité du *droit de transmission* dans le *Supplément* à la place qui appartient logiquement à cette étude dans la partie se rapportant à la perception du droit de mutation à titre onéreux sur les transmissions mobilières (V. *infrà*, nos 1449 et suiv.).

1 pour 1000. En ce qui concerne les droits proportionnels, ceux applicables aux transmissions mobilières par donation entre-vifs ou par décès ont été portés aux diverses quotités, d'un chiffre supérieur, établies pour les transmissions immobilières de la même espèce. C'est la seule augmentation générale que l'on rencontre dans la législation, pour les droits proportionnels, depuis la publication du *Répertoire*. Mais, ainsi qu'on le verra plus loin, un certain nombre de dispositions ont été édictées dans le but de soumettre régulièrement à ces droits diverses catégories de conventions qui échappaient à peu près complètement à cet impôt (dons manuels, cessions d'actions et d'obligations dans les sociétés, contrats d'assurances, baux verbaux d'immeubles, mutations de fonds de commerce, accroissement entre associés, etc.). Enfin, pour tous les droits d'enregistrement, fixes, gradués ou proportionnels, le simple décime qui s'ajoutait au principal du droit, a été augmenté successivement d'un autre décime, puis d'un demi-décime, en sorte que, du chef des décimes, le tarif principal se trouve actuellement surélevé de 25 pour 100. Le produit annuel de l'impôt de l'enregistrement s'est ainsi élevé graduellement et constamment ; il figure dans les évaluations du budget de 1891, pour 505322500 fr.

6. En regard de ces différentes aggravations d'impôts qui pèsent si lourdement sur la fortune publique, on peut relever quelques lois, en trop petit nombre, votées en vue de venir en aide à certaines catégories de contribuables, soit en suspendant la perception du droit proportionnel (pour les actes concernant les personnes qui ont obtenu le bénéfice de l'assistance judiciaire, et les marchés et traités réputés actes de commerce dont il est fait usage en justice), soit en réduisant sensiblement la quotité de ce droit (pour les échanges de biens ruraux et pour le droit de transmission dans son application aux donations à titre de partage anticipé), soit même en exemptant certains actes de l'impôt (créances des sous-comptoirs de garantie, ventes judiciaires d'immeubles dont le prix n'excède pas 2000 fr.).

7. D'autre part, la réforme de la législation de l'enregistrement a été réclamée à différentes reprises et avec de vives instances ; principalement sur deux points, savoir : 1° le mode de liquidation du droit proportionnel applicable aux mutations de nue propriété et d'usufruit ; 2° le principe de la non-déduction du passif des successions pour la liquidation des droits de mutation par décès.

8. La transmission soit entre vifs à titre gratuit, soit par décès, de l'usufruit et de la nue propriété d'un immeuble à des personnes distinctes, donne lieu à la perception du droit de mutation, pour l'usufruit, sur sa valeur, et pour la nue propriété, sur la valeur de la propriété *entière* ; celui qui recueille la nue propriété acquitte le droit de mutation sur la valeur de cette nue propriété et, en outre, par anticipation, sur la valeur de l'usufruit dont il n'a que l'expectative ; il n'a plus rien à payer lorsque l'usufruit se réunit à sa nue propriété, mais l'avance de l'impôt applicable à la mutation que celle-ci réunion opère constitue une lourde aggravation de l'impôt en lui-même. Comme on le verra *infrà*, n° 2593, deux projets de loi ayant pour objet de modifier la législation sur ce point ont été présentés successivement par le Gouvernement à la Chambre des députés, l'un en 1880, l'autre en 1889.

9. Le principe de la non-déduction du passif des successions pour la liquidation du droit de mutation par décès a été adopté par le législateur de l'an 7, conformément à ce qui avait lieu dans l'ancienne jurisprudence pour la perception du droit de centième denier ; il est défendu par différentes considérations plus spécieuses que réelles (V. *Rép.* n° 4454) ; mais il n'a jamais été accepté par l'opinion publique. Toujours et partout elle l'a combattu comme étant contraire aux notions les plus élémentaires de l'équité (V. Naquet, *Traité des droits d'enregistrement*, n° 1014 ; Demante, *Principes de l'enregistrement*, 3° éd., n° 571 ; *Dictionnaire de l'enregistrement*, v° *Succession*, n°s 1868 et 1869 ; Garnier, *Répertoire général de l'enregistrement*, n° 16694 ; Dubois, *Revue générale*, 1878, p. 227 et suiv.). Aussi a-t-il été successivement répudié par toutes les législations de notre continent, à l'exception seulement de trois : celle de la principauté de Monaco, celle du canton de Zurich, et la nôtre (*Bulletin de statistique publié par le ministère des finances*, août 1888, p. 187). En France, l'abandon du principe a été proposé pour le passif hypothécaire, dès 1819, par une commission officielle instituée au ministère des finances. A partir de 1849, la question a été soulevée et discutée à des époques de plus en plus rapprochées, spécialement en : 1849 (projet de loi de M. Crémieux), 1864 (projet soumis par le Gouvernement au conseil d'Etat), 1869 (pétitions adressées au Sénat, rapport de M. Quentin Bauchard), 1871, 1873, 1874, 1875 et 1877 (projets de MM. Folliet, Méline, Benoist-d'Azy, Sebert, Cherpin et de Gasté), 1876 (commission extraparlementaire sous la présidence du ministre des finances), 1880 (rapport de M. Lelièvre, député) 1883, 1886 et 1887 (propositions de MM. Pieyre, Raoul Duval, Duché, et autres députés), 1888 (projet présenté au nom de la commission du budget de 1888). Cette dernière proposition ayant soulevé de vives objections relativement aux conséquences que son adoption aurait entraînées pour le budget, le Gouvernement institua une nouvelle commission extra-parlementaire sous la présidence de M. le sénateur Boulanger, ancien directeur général de l'administration de l'enregistrement, à l'effet de préparer une solution définitive. La commission a mené très promptement à bonne fin ses travaux et en a présenté le résultat dans un projet de loi qui a été inséré au *Journal officiel* et soumis aux Chambres par un décret du 27 mars 1888 (Annexe, n° 2598, séance du 27 mars 1888, Doc. parlem. p. 543, col. 1 et suiv.). D'après ce projet dont le texte sera rapporté *infrà*, n° 2485, la déduction serait admise pour les dettes liquides, c'est-à-dire, certaines et déterminées, et non soumises à des éventualités, résultant d'actes authentiques, de jugements ou d'actes sous seing privés enregistrés avant l'ouverture de la succession ; elle s'appliquerait à toutes les dettes civiles, à l'exception d'un petit nombre (dettes de ménage, frais funéraires, etc.), mais non aux dettes commerciales, à cause des difficultés que soulèverait leur constatation. La perte qui en résulterait pour le Trésor, est évaluée à 20 ou 25 millions. Elle serait récupérée par différents moyens, spécialement par l'élévation des droits de mutation pour les successions en ligne collatérale et par la perception de ces mêmes droits pour les successions ouvertes en Algérie qui en sont exemptes actuellement. Tel est, dans ses grandes lignes, le projet de loi. Il sera très probablement soumis à la Chambre des députés issue des élections de 1889. Tout porte à croire qu'elle l'adoptera, au moins quant au principe.

10. Dans la période comprise entre la promulgation de la loi organique du 22 frim. an 7 et la publication du *Répertoire*, c'est-à-dire dans la première moitié de ce siècle, l'impôt de l'enregistrement ne donna lieu qu'à un nombre relativement restreint de lois ; mais ces lois particulières se multiplièrent dans une forte proportion à la suite des événements politiques survenus postérieurement, notamment de ceux de 1870-1871. M. Parent, député de la Savoie, constatait, dans l'exposé des motifs à l'appui de la proposition de loi mentionnée *suprà*, n° 3, deux cent dix lois, décrets, etc. sur l'enregistrement en 1874 ! Beaucoup d'autres ont été publiés depuis cette date. Lorsqu'on étudie dans leur ensemble toutes ces lois et tous ces règlements, on reconnaît qu'ils ont eu principalement pour objet d'édicter les mesures nécessaires pour assurer la perception de l'impôt sur des catégories entières de valeurs créées par le développement de la richesse publique et qui échappaient aux dispositions générales de la loi organique. Le législateur s'est attaché, d'autre part, à procurer à l'Administration des armes nouvelles et plus efficaces pour combattre la fraude. Comme on l'a dit en excellents termes, «la science du droit fiscal n'est pas immobile ; il est de son essence de progresser avec les mœurs et les besoins des peuples de manière à s'adapter aux variations du milieu social, aux changements qui se manifestent dans la production et dans la distribution de la richesse. La tradition, quelle que soit son autorité, ne doit pas étouffer l'esprit d'initiative ; elle n'a qu'à le prémunir et à le seconder dans sa marche vers le progrès » (Garnier, *Répertoire périodique de l'enregistrement*, n° 6562).

11. Les lois et les décrets sur l'enregistrement publiés depuis la loi du 22 frim. an 7, se rattachent à cette loi fondamentale, si bien que lorsque nous avons entrepris notre *Code annoté de l'enregistrement*, nous avons pu présenter toute la législation régissant l'impôt codifiée et commentée sur la base de la loi de frimaire, en déterminant, pour chaque texte postérieur à cette loi, celle de ses dispositions à laquelle il se relie et en le plaçant, suivant son objet et son importance, soit à côté de cette disposition pour donner simultanément le commentaire des deux textes, soit en appendice pour le commenter distinctement. L'œuvre du législateur de l'an 7 est donc demeurée debout presque entière et les atteintes qu'elle a subies n'en ont pas altéré les caractères essentiels.

12. Ainsi qu'on l'a dit au *Rép.* n° 4, les droits d'enregistrement étant assis sur les actes et les mutations de la propriété, leur perception est intimement liée à l'application des lois civiles qui régissent ces actes et ces mutations. Le législateur peut à son gré élever ou diminuer le tarif, déterminer le mode suivant lequel les droits édictés seront liquidés, les bureaux où ils seront acquittés, la procédure qui devra être suivie pour en opérer le recouvrement, le délai dans lequel ils seront prescrits, régler en un mot tout ce qui se rapporte à la quotité et au payement de l'impôt; mais il n'est pas en son pouvoir de faire plus. L'exigibilité du droit est toujours subordonnée à la condition que le contrat auquel s'applique ce droit se rencontrera, et c'est d'après les principes du droit civil seulement que l'on peut décider si la convention soumise à la formalité constitue le contrat tarifé.

Aussi Championnière déclarait-il, et avec raison, que « l'établissement d'une perception ne peut être que l'œuvre d'un jurisconsulte, parce que l'application de la loi fiscale n'est qu'une action de la loi civile » (*Dictionnaire, Introduction*, p. 32). « C'est, dit M. Demante, un travail d'analyse qui rappelle assez bien les procédés de la jurisprudence romaine, et il est remarquable que la matière de l'enregistrement prête aujourd'hui plus que toute autre à la méthode sévère et parfois même, je ne le cacherai pas, à la subtilité élégante des Paul et des Papinien. Aussi requiert-elle l'exercice de toutes les facultés du jurisconsulte. Lorsque les règles de la perception découlent exclusivement des lois spéciales, il n'est pas une seule question fiscale qui ne suppose, au préalable, une question d'ordre purement civil; car si la loi fiscale fixe le tarif de l'impôt et en règle la liquidation, le droit civil en détermine l'exigibilité. Dire que l'interprétation de la loi fiscale est étrangère aux principes du droit civil, c'est dire qu'on peut tirer la conséquence d'un raisonnement sans en connaître les prémisses » (*Principes de l'enregistrement*, 3e éd., t. 1, n° 3. Conf. Naquet, *Traité des droits d'enregistrement*, t. 1, n° 18).

13. On a exprimé au *Rép.* n° 5 des regrets sur la négligence dans laquelle était tenue, à l'époque de sa publication, l'étude de l'enregistrement. On ne comptait alors que quelques ouvrages spéciaux: le *Traité des droits d'enregistrement* de MM. Championnière et Rigaud, « un des plus beaux monuments de la doctrine moderne » (V. G. Demante, *Principes de l'enregistrement*, n° 5), mais dont les auteurs ont été souvent entraînés trop loin dans la lutte qu'ils ont généreusement soutenue contre les abus de la fiscalité; puis la deuxième édition du *Dictionnaire des droits d'enregistrement*, œuvre de fonctionnaires de l'Administration et recueil de ses doctrines; le dictionnaire de Roland et Trouillet; celui de Fessard; le code annoté de Masson de Longpré. Et ces ouvrages ne se trouvaient guère qu'entre les mains des hommes spéciaux. Bien peu, parmi les jurisconsultes, étaient versés dans la science du droit fiscal.

14. La situation s'est, depuis lors, sensiblement modifiée. Nous sommes heureux de le constater d'autant plus que la *Jurisprudence générale* a contribué à produire cet heureux mouvement en appelant sans relâche l'attention sur l'importance que présente l'étude du droit fiscal et en faisant à cette étude, dans toutes ses publications, une place proportionnée à cette importance. C'est quelques années après la publication des t. 21 et 22 du *Répertoire*, consacrés à l'*Enregistrement*, que M. Garnier a fait paraître la première édition de son *Répertoire général et raisonné de l'enregistrement* et son *Répertoire périodique*. M. G. Demante, professeur à la faculté de droit de Paris, a écrit à la même époque les *Principes de l'enregistrement en forme de commentaire de la loi du 22 frim. an 7*. L'impulsion donnée par ces publi-

cations à l'étude du droit fiscal fut favorisée par le parti que prit l'administration de l'enregistrement, vers la fin du second Empire, d'insérer intégralement dans ses *Instructions générales* les savants mémoires produits par elle devant la cour de cassation. En 1873, l'Administration publia, par ordre de matières, un code des lois sur l'enregistrement, le timbre et les autres impôts dont la perception lui est confiée. M. Garnier augmenta sensiblement son *Répertoire périodique*, et fit paraître, en 1874, avec des développements considérables, une nouvelle édition de son *Répertoire général*. Le *Journal de l'enregistrement* se transforma complètement et ses rédacteurs publièrent aussi une nouvelle édition du *Dictionnaire des droits d'enregistrement*, qui se distingue des précédents autant par l'esprit nouveau et libéral de l'œuvre que par son étendue. M. Demante donna dans une troisième édition à son commentaire de la loi de l'an 7 une extension notable. Enfin, M. Naquet publia son *Traité des droits d'enregistrement*. A ces ouvrages, qui sont les principaux publiés sur la matière, s'ajoutèrent et s'ajoutent encore, chaque année, de nombreuses et savantes monographies.

15. Une science aussi complexe dans son principe, aussi délicate dans son application, aussi féconde dans ses résultats, que celle du droit fiscal, demandait un enseignement spécial. Nous en faisions l'observation dans l'article déjà cité *suprà*, n° 3, du *Recueil périodique* (1875, 1er cahier, *Revue bibliographique*). « La plupart de nos administrations publiques, ajoutions-nous, préparent le recrutement de leur personnel dans des écoles spéciales; la magistrature et le barreau ont leurs écoles; de même de la médecine, de même de la force publique et de l'armée. Pour elles, le nombre des écoles est varié à l'infini. Les eaux et forêts ont une école préparatoire. Seule, l'administration de l'enregistrement, des domaines et du timbre, est privée de tout enseignement. Nulle part, en France, il n'existe une école où les lois sur l'enregistrement trouvent une chaire et des explications orales. Dans ce nombre infini de facultés de droit, anciennes et nouvelles, qui ne sont pas constituées sur les mêmes bases et avec la même variété d'enseignement, il n'en est pas une ou on ait songé à ouvrir directement ou accessoirement des cours sur la législation de l'enregistrement. » Cette lacune, que signalait également le *Répertoire périodique d'enregistrement* de M. Garnier (art. 4270) a été comblée dans une certaine mesure par la création de cours consacrés à l'enregistrement dans plusieurs facultés de droit : à Lyon, Toulouse, Bordeaux, Nancy, et l'ouverture d'écoles de notariat et d'enregistrement, sous les auspices des chambres de notaires, dans les trois premières de ces villes, puis à Marseille et à Angers.

Division.

CHAP. 1. — Historique et législation (n° 16).

   Sect. 1. — Des droits d'enregistrement et de leur perception (n° 17).

   Sect. 2. — Organisation de l'Administration et attributions (n° 42).

CHAP. 2. — De l'établissement et de l'exigibilité du droit, de sa nature, de son but et de ses diverses espèces. — Règles générales (n° 56).

   Sect. 1. — De la nature et du but du droit d'enregistrement; de ses diverses espèces (n° 57).

   Sect. 2. — Exigibilité du droit. — Règles générales (n° 62).

   Art. 1. — 1re Condition. — Existence prouvée d'une convention prévue par la loi fiscale (n° 66).

      § 1. — Intention des parties (n° 69).

      § 2. — Qualification du contrat (n° 81).

      § 3. — Preuve de l'existence de la convention (n° 93).

      § 4. — Application du tarif; Effet rétroactif (n° 99).

   Art. 2. — 2e Condition. — Nécessité que la convention soit parfaite (n° 109).

      § 1. — Éléments nécessaires à la validité de la convention (n° 109).

      § 2. — Influence de la nullité de la convention sur la perception (n° 115).

      N° 1. — Actes imparfaits (n° 116).

A. — Actes notariés (n° 117).
B. — Actes sous seing privé (n° 120).
N° 2. — Actes entachés d'une nullité (n° 124).
Art. 3. — 3e Condition. — Impossibilité pour le contribuable d'opposer une exception dilatoire ou péremptore (n° 131).
§ 1. — Exception péremptoire (n° 132).
N° 1. — Extinction de la convention (n° 133).
A. — Exécution de la convention (n° 134).
B. — Annulation de la convention (n° 138).
N° 2. — Acquittement antérieur du droit; Règle *non bis in idem* (n° 151).
N° 3. — Prescription du droit (n° 155).
N° 4. — Exemption du droit (n° 157).
§ 2. — Exception dilatoire (n° 160).
CHAP. 3. — Des droits fixes (n° 171).
Sect. 1. — Du droit fixe portant sur les actes dénommés (n° 178).
Art. 1. — Des renonciations (n° 179).
§ 1. — Renonciation à succession (n° 183).
§ 2. — Renonciation aux legs (n° 193).
N° 1. — Forme de la renonciation (n° 193).
N° 2. — Legs conjoint (n° 195).
N° 3. — Renonciation gratuite (n° 196).
N° 4. — Renonciation *in favorem* (n° 199).
N° 5. — Renonciation conditionnelle (n° 200).
N° 6. — Renonciation simulée ou moyennant finance (n° 202).
N° 7. — Renonciation partielle (n° 210).
N° 8. — Acceptation après renonciation (n° 218).
N° 9. — Renonciation tardive (n° 221).
§ 3. — Renonciation à communauté (n° 223).
Art. 2. — Des actes accessoires ou contenant exécution (n° 226).
§ 1. — Dispositions diverses dans un même acte (n° 227).
§ 2. — De l'exécution dans des actes distincts (n° 255).
Art. 3. — De la pluralité des droits (n° 266).
§ 1. — Renonciation et acceptation (n° 267).
§ 2. — Collation d'actes (n° 272).
§ 3. — Connaissement et lettres de voiture (n° 276).
§ 4. — Exploits (n° 278).
§ 5. — Actes d'émancipation (n° 290).
§ 6. — Inventaires de meubles (n° 292).
§ 7. — Procès-verbaux d'arpentage (n° 295).
§ 8. — Délivrance de legs (n° 297).
§ 9. — Acte de dépôt (n° 302).
§ 10. — Mainlevée (n° 307).
§ 11. — Mandat (n° 313).
§ 12. — Ratification (n° 323).
Art. 4. — Des adjudications à la folle enchère quand le prix n'est pas supérieur au prix de la précédente adjudication (n° 327).
Art. 5. — Des résolutions de contrats dans les vingt-quatre heures (n° 331).
Art. 6. — Délivrances de legs (n° 336).
Art. 7. — Dépôts (n° 352).
§ 1. — Dépôts chez les officiers publics (n° 353).
N° 1. — Dépôts de sommes (n° 354).
N° 2. — Dépôts d'actes (n° 358).
§ 2. — Dépôts à la caisse des consignations (n° 362).
§ 3. — Dépôts de sommes chez les particuliers (n° 365).
Art. 8. — Du mandat-procuration (n° 373).
Art. 9. — Des ratifications (n° 385).
§ 1. — Ratification proprement dite (n° 386).
§ 2. — Confirmation (n° 390).
Art. 10. — De la déclaration au profit des prêteurs de fonds de cautionnement (n° 394).
Art. 11. — De la prestation de serment (n° 396).
§ 1. — Fonctionnaires et employés dont la prestation de serment a été tarifée et la quotité du droit. — Exceptions (n° 399).
N° 1. — Officiers ministériels (n° 400).
N° 2. — Employés (n° 402).
N° 3. — Exceptions (n° 407).

§ 2. — Nouveaux serments en cas de changement de fonctions (n° 411).
Art. 12. — De divers actes en matière de faillite (n° 413).
Art. 13. — Ventes de navires et de marchandises avariées (n° 427.).
§ 1. — Ventes de navires (n° 428).
§ 2. — Ventes de débris de navires (n° 441).
§ 3. — Ventes de marchandises avariées (n° 444).
Art. 14. — De divers autres actes expressément soumis au droit fixe (n° 451).
§ 1. — Actes passés à l'étranger ou translatifs de biens situés à l'étranger (n° 452).
§ 2. — Avis de parents (n° 455).
§ 3. — Nomination de tuteur (n° 458).
§ 4. — Tutelle officieuse (n° 459).
§ 5. — Compromis (n° 460).
§ 6. — Déclarations (n° 464).
§ 7. — Désistement (n° 470).
§ 8. — Devis d'ouvrages (n° 475).
§ 9. — Exploits (n° 477).
§ 10. — Titres nouvels (n° 482).
§ 11. — Abandonnements de biens (n° 488).
§ 12. — Recours en cassation et au conseil d'Etat (n° 492).
§ 13. — Actes refaits (n° 497).
§ 14. — Apprentissage (n° 505).
§ 15. — Certificats (n° 508).
§ 16. — Divorce (n° 515).
§ 17. — Lettres de gages des sociétés de crédit foncier (n° 521).
§ 18. — Mainlevée (n° 523).
§ 19. — Marchés et traités réputés actes de commerce (n° 534).
§ 20. — Notoriété (n° 539).
§ 21. — Prorogation de délai (n° 541).
§ 22. — Récépissés et décharges (n° 548).
§ 23. — Reconnaissance d'enfant naturel (n° 558).
§ 24. — Rétractations et révocations (n° 560).
Sect. 2. — Des droits fixes portant sur les contrats innommés (n° 564).
Art. 1. — Acte administratif (n° 565).
Art. 2. — Acte imparfait (n° 566).
Art. 3. — Acte pour lequel la prescription est acquise (n° 574).
Art. 4. — Acte respectueux (n° 575).
Art. 5. — Affectation hypothécaire (n° 576).
Art. 6. — Cession d'actions de société (n° 578).
Art. 7. — Donation non acceptée (n° 579).
Art. 8. — Etats estimatifs (n° 582).
Art. 9. — Licitation (n° 583).
Art. 10. — Prestation de serment (n° 584).
Art. 11. — Prorogation de délai (n° 585).
Art. 12. — Renonciation (n° 586).
Art. 13. — Autres actes soumis au droit fixe comme actes innommés (n° 590).
CHAP. 4. — Des droits proportionnels et des valeurs sur lesquelles ils sont assis (n° 591).
PART. 1. — De l'exigibilité du droit proportionnel et de ses diverses quotités (n° 592).
Sect. 1. — Droits d'obligation et de libération (n° 593).
Art. 1. — Des libérations (n° 593).
§ 1. — Quittances, remboursements ou rachats de rentes et redevances (n° 594).
N° 1. — Que le payement doit être translatif (n° 595).
A. — Actes unilatéraux (n° 596).
1°. — Remises par les mandataires ou les dépositaires (n° 597).
2°. — Décharges données aux comptables (n° 604).
3°. — Délivrance de sommes données ou léguées (n° 605).
4°. — Quittance de dot (n° 607).
5°. — Rapport à succession (n° 609).
B. — Contrats commutatifs (n° 613).
N° 2. — Que la quittance doit être constatée par un acte faisant titre (n° 619).

§ 2. — Actes et écrits portant libération de sommes et valeurs mobilières (n° 640).

N° 1. — Compensation (n° 640).

N° 2. — Confusion (n° 647).

Art. 2. — Des obligations (n° 650).

§ 1. — Obligations principales (n° 651).

N° 1. — Transaction (n° 655).

   A. — Nature de la transaction (n° 655).

   B. — Transaction sur testament (n° 662).

   C. — Transaction sur vente immobilière ; Supplément de prix (n° 666).

   D. — Transaction sur appel de jugement (n° 668).

   E. — Transaction sur pourvoi en cassation (n° 672).

   F. — Transcription hypothécaire (n° 673).

N° 2. — Contrats, billets, promesses de payer et mandats (n° 674).

N° 3. — Arrêté de compte (n° 678).

   A. — Compte de tutelle (n° 678).

   B. — Comptes ; Dépenses (n° 680).

   C. — Compte ; Reliquat (n° 682).

   D. — Règlement en effets de commerce (n° 685).

N° 4. — Reconnaissances (n° 686).

   A. — Procès-verbal d'offres (n° 686).

   B. — Mandat-procuration (n° 689).

   C. — Contrat de mariage (n° 690).

   D. — Testament (n° 691).

   E. — Inventaire (n° 693).

   F. — Partage (n° 697).

   G. — Parties (n° 702).

   H. — Effets de commerce (n° 707).

   I. — Reprises matrimoniales (n° 708).

N° 5. — Prêt ; Du prêt sur nantissement ; Des promesses de prêter et des ouvertures de crédits (n° 712).

   A. — Obligation pour prix de vente mobilière non enregistrée (n° 712).

   B. — Prêt (n° 716).

   C. — Prêt sur dépôt (n° 720).

   D. — Sous-comptoir de garantie et sous-comptoir des entrepreneurs (n° 726).

   E. — Promesse de prêt ; Ouverture de crédit (n° 738).

§ 2. — Obligations accessoires (n° 765).

N° 1. — Cautionnement ; Obligation solidaire ; Cautionnement des comptables (n° 766).

   A. — Tarif (n° 766).

   B. — Cautionnement entre particuliers (n° 767).

   1°. — Obligation solidaire (n° 767).

   2°. — Cautionnement solidaire (n° 778).

   C. — Caractères du cautionnement tarifé par la loi fiscale. Garantie immobilière (n° 780).

   D. — Forme du cautionnement (n° 781).

   E. — Perception du droit (n° 782).

   F. — Cautionnement de comptables (n° 788).

N° 2. — Garantie mobilière ; Dation d'hypothèque ; Gage (n° 791).

   A. — Garantie mobilière (n° 791).

   B. — Dation d'hypothèque (n° 794).

   1°. — Constitution de l'hypothèque par le débiteur (n° 794).

   2°. — Constitution de l'hypothèque par un tiers (n° 795).

   3°. — Hypothèque donnée pour sûreté d'une lettre de change ou d'un billet à ordre (n° 799).

   C. — Gage (n° 800).

N° 3. — Indemnité ; Dommages-intérêts ; Assurances ; Abandonnements (n° 802).

   A. — Indemnité ; Dommages-intérêts (n° 802).

   B. — Assurances (n° 815).

   1°. — Législation actuelle (n° 815).

   2°. — Assurances soumises à la taxe (n° 816).

   3°. — Liquidation de la taxe (n° 822).

   4°. — Payement de la taxe (n° 831).

   5°. — Assurances passées soit par des assureurs étrangers, soit à l'étranger pour des biens français (n° 838).

   a. — Sociétés et assureurs étrangers ayant un établissement ou une succursale en France (n° 839).

   b. — Assurances passées à l'étranger, soit pour des immeubles situés en France, soit pour des biens appartenant à des Français (n° 841).

   c. — Assurances contre l'incendie passées en France pour des immeubles ou objets mobiliers à l'étranger (n° 847).

N° 4. — Novation (n° 849).

   A. — Conversion d'un dépôt en prêt et réciproquement (n° 850).

   B. — Conversion d'un capital exigible en une rente (n° 852).

   C. — Conversion d'une rente en une créance (n° 853).

   D. — Conversion d'une rente en une rente d'une autre nature (n° 854).

   E. — Conversion d'un usufruit en rente viagère (n° 857).

   F. — Substitution d'une dette pure et simple à une obligation conditionnelle et réciproquement (n° 858).

   G. — Changement dans la quotité de la dette (n° 859).

   H. — Changement quant à l'exigibilité de la dette (n° 860).

   I. — Addition de sûretés nouvelles (n° 861).

   J. — Changement dans la forme (n° 862).

   K. — Séparation de patrimoines (n° 865).

N° 5. — Délégations. — Cessions de créances, d'actions, de rentes. — Actes équipollents à cession (n° 866).

   A. — Délégations (n° 867).

   1°. — Délégation de prix dans un contrat (n° 868).

   2°. — Délégation de créances à terme (n° 874).

   3°. — Acceptation de délégation ; Droit fixe (n° 885).

   B. — Cessions (n° 886).

   1°. — Créances (n° 886).

   2°. — Actions ou intérêts dans les compagnies ou sociétés (n° 891).

   3°. — Rentes ; Constitution de rentes (n° 908).

   4°. — Cessions et délégation de rentes (n° 912).

   C. — Actes équipollents à la cession (n° 913).

   1°. — Subrogation (n° 913).

   2°. — Dation en payement (n° 916).

   3°. — Rétrocession (n° 918).

§ 3. — Obligations de faire (n° 919).

N° 1. — Mutations d'office (n° 920).

   A. — Transmissions à titre onéreux (n° 921).

   B. — Transmissions entre vifs à titre gratuit et à cause de mort (n° 923).

   C. — Transmissions par décès (n° 924).

   D. — Minimum de perception (n° 929).

   E. — Insuffisance d'évaluation ; Simulation de prix ; Pénalités (n° 930).

   F. — Création d'office ; Nomination sans présentation ; Suppression de titre d'office (n° 935).

   G. — Restitution des droits (n° 937).

   H. — Non-rétroactivité (n° 943).

N° 2. — Louage d'ouvrage (n° 944).

   A. — Bail d'ouvrage ou d'industrie (n° 945).

   B. — Remplacement militaire (n° 955).

   C. — Brevets d'apprentissage (n° 956).

   D. — Adjudications au rabais et marchés (n° 957).

   1°. — Marchés entre particuliers ; Actes de commerce (n° 958).

   2°. — Marchés administratifs (n° 972).

   a. — Marchés dont le prix est payable par le Trésor public (n° 974).

   b. — Marchés intéressant les administrations locales et les établissements publics (n° 990).

   c. — Cession de marché (n° 1008).

N° 3. — Baux à nourriture et cheptels. — Baux à cheptel et reconnaissance de bestiaux (n° 1009).

   A. — Baux à nourriture de personnes (n° 1009).

   B. — Baux de pâturage et nourriture d'animaux (n° 1014).

Sect. 2. — Des droits de mutation (n° 1016).

Art. 1. — Des mutations secrètes et des présomptions légales (n° 1017).

§ 1. — Considérations générales. — Législation. — Questions transitoires (n° 1019).

§ 2. — Présomptions légales et preuves contraires (n° 1025).

N° 1. — Possession (n° 1027).

N° 2. — Inscription au rôle de la contribution foncière et payements faits d'après ce rôle (n° 1030).

N° 3. — Actes constatant la propriété ou l'usufruit (n° 1035).

   A. — Actes formant titre de la mutation (n° 1036).

   B. — Actes révélant la mutation (n° 1037).

N° 4. — Preuve contraire (n° 1055).

§ 3. — Nature de la mutation présumée (n° 1059).

No 1. — Rétrocession (no 1060).

No 2. — Donation (no 1061).

No 3. — Société (no 1062).

No 4. — Partage (no 1064).

No 5. — Usufruit (no 1065).

No 6. — Bail (no 1066).

No 7. — Vente de fonds de commerce (no 1072).

Art. 2. — Mutations entre vifs à titre onéreux (no 1073).

§ 1. — Des actes translatifs de propriété ou d'usufruit de biens immeubles. — Observations préliminaires (no 1074).

No 1. — Ventes et promesses de ventes d'immeubles (no 1081).

A. — Eléments nécessaires à la perfection de la vente (no 1082).

1o. — Prix (no 1084).

2o. — Chose (no 1090).

3o. — Consentement. — Simple projet et promesse de vente (no 1093).

4o. — Effets de la nullité (no 1105).

B. — Causes suspensives ou exclusives de la perception (no 1109).

1o. — Ventes consommées (no 1110).

2o. — Ventes conditionnelles (no 1111).

No 2. — Adjudications ; Reventes à la folle enchère et adjudication sur surenchère (no 1114).

A. — Adjudication (no 1115).

B. — Revente à la folle enchère (no 1123).

C. — Adjudication sur surenchère (no 1128).

No 3. — Résolutions de contrats et rétrocession de propriété ou d'usufruit d'immeubles (no 1140).

A. — Eléments constitutifs de la résolution (no 1147).

B. — Résolutions susceptibles de produire une convention tarifée (no 1147).

C. — Exception à l'exigibilité du droit proportionnel (no 1154).

1o. — Résolution pour cause de nullité radicale (no 1155).

a. — Droit fixe; Tarif (no 1155).

b. — Forme de la résolution (no 1156).

c. — Définition de la nullité radicale (no 1160).

d. — Causes de nullité radicale (no 1162).

2o. — Résolution pour défaut de payement du prix de la vente (no 1177).

3o. — Résolution pour inexécution des conditions (no 1183).

D. — Quotité du droit proportionnel applicable à la résolution (no 1188).

E. — Contre-lettre (no 1193).

No 4. — Déclarations ou élections de command ou d'ami (no 1194).

A. — Caractères de la déclaration de command (no 1195).

B. — Réserve d'élire (no 1201).

1o. — Ventes volontaires (no 1202).

2o. — Ventes judiciaires (no 1207).

C. — De la déclaration et de ses conditions (no 1211).

1o. — En faveur de quelles personnes peut être faite la déclaration (no 1211).

2o. — A quel titre doit être faite la déclaration (no 1212).

3o. — Formes de la déclaration (no 1213).

4o. — Conditions dans lesquelles doit être renfermée la déclaration (no 1214).

5o. — Délais dans lesquels la déclaration doit être faite (no 1217).

D. — Notification de la déclaration, forme et délais (no 1221).

No 5. — Des partages, des soultes et des licitations (no 1233).

A. — Partage pur et simple (no 1234).

1o. — Tarif (no 1234).

2o. — Biens étrangers (no 1236).

3o. — Existence d'une indivision (no 1237).

4o. — Usufruit et nue propriété (no 1240).

5o. — Justification de la copropriété (no 1245).

6o. — Actes équipollents (no 1252).

7o. — Rapports (no 1256).

8o. — Fruits, revenus et intérêts ajoutés à la masse (no 1260).

9o. — Echange de lots (no 1261).

10o. — Partage partiel (no 1263).

11o. — Partage provisionnel (no 1269).

12o. — Partage de communauté (no 1274).

B. — Partage avec soulte (no 1289).

1o. — Législation (no 1289).

2o. — Partage entre héritiers ou autres copropriétaires (no 1290).

a. — Biens d'origines diverses (no 1291).

b. — Biens étrangers (no 1294).

c. — Charge de dettes (no 1296).

d. — Charge de rente (no 1300).

e. — Cession de droits successifs (no 1301).

f. — Echange (no 1307).

g. — Partage partiel (no 1308).

h. — Dispositions indépendantes (no 1309).

i. — Partage refait (no 1315).

j. — Rapports (no 1317).

k. — Produits ajoutés à la masse (no 1321).

l. — Imputation de soulte (no 1322).

3o. — Partage de communauté (no 1326).

4o. — Partage d'ascendants et partage testamentaire (no 1331).

C. — Partage par licitation (no 1332).

1o. — Tarif (no 1332).

2o. — Adjudication à un étranger (no 1333).

3o. — Licitation partielle (no 1334).

a. — Règle de perception (no 1334).

b. — Production d'un partage (no 1338).

c. — Partage définitif (no 1339).

d. — Partage sujet à homologation (no 1341).

e. — Partage partiel (no 1345).

f. — Enregistrement du partage (no 1346).

g. — Non-restitution du droit (no 1347).

h. — Supplément de droit (no 1349).

i. — Retrait d'indivision (no 1350).

No 6. — Pactes de réméré et retraits (no 1353).

A. — Retrait de réméré (no 1354).

B. — Retrait successoral (no 1362).

§ 2. — Transmissions mobilières ; Ventes, adjudications, résolutions, déclarations de command, partages avec soulte et par licitation, réméré ; Ventes publiques ; Ventes de fonds de commerce et de clientèles ; Droit de transmission (no 1363).

No 1. — Règle de perception (no 1364).

No 2. — Tarif (no 1368).

No 3. — Marchés-ventes (no 1370).

No 4. — Pacte de rachat (no 1376).

No 5. — Partages (no 1377).

No 6. — Ventes (no 1381).

A. — Ventes au poids, au compte ou à la mesure, et autres (no 1382).

B. — Récoltes et coupes de bois (no 1388).

C. — Mines, carrières et tourbières (no 1391).

D. — Bâtiments et constructions (no 1398).

E. — Immeubles par destination (no 1407).

F. — Ventes successives du sol et de la superficie (no 1412).

No 7. — Ventes publiques (no 1416).

A. — Tarif. — Exception. — Vente en gros de marchandises neuves (no 1417).

B. — Ventes dans lesquelles les officiers publics doivent intervenir (no 1427).

C. — De la déclaration (no 1431).

D. — Du procès-verbal et de son enregistrement (no 1437).

E. — Contraventions ; Pénalités (no 1444).

No 8. — Droit de transmission (no 1449).

A. — Valeurs françaises (no 1452).

1o. — Législation (no 1452).

2o. — Exigibilité de l'impôt (no 1455).

3o. — Quotité de l'impôt; Droit de transmission ou taxe annuelle (no 1470).

4o. — Perception de l'impôt (no 1475).

5o. — Payement de l'impôt (no 1488).

B. — Valeurs étrangères (no 1496).

1o. — Législation (no 1496).

2o. — Régime spécial (no 1498).

3o. — Application du système (no 1504).

4o. — Liquidation et payement de la taxe (no 1510).

C. — Dispositions communes (no 1512).

1o. — Contraventions (no 1512).

2o. — Pénalités (no 1515).

3o. — Prescription (no 1518).

N° 9. — Ventes de fonds de commerce et de clientèles (n° 1522).
A. — Législation (n° 1522).
B. — Mutations soumises à la loi du 23 févr. 1872 (n° 1524).
C. — Valeurs assujetties à la loi du 28 févr. 1872 (n° 1536).
D. — Droit au bail (n° 1543).
E. — Marchandises neuves (n° 1547).
F. — Preuve de la mutation (n° 1555).
G. — Perception de l'impôt (n° 1563).
H. — Contrôle de l'Administration, sanctions et pénalités (n° 1566).
§ 3. — Transmission simultanée de meubles et d'immeubles (n° 1570).
N° 1. — Conventions auxquelles s'applique l'art. 9 (n° 1571).
N° 2. — Nature des biens transmis (n° 1577).
N° 3. — Conditions prescrites pour l'application de l'exception (n° 1587).
A. — Estimation par article sans stipulation de prix particulier (n° 1588).
B. — Stipulation de prix particulier sans estimation par article (n° 1590).
C. — Mode de l'estimation (n° 1591).
D. — Estimation par article et stipulation d'un prix particulier dans le contrat (n° 1593).
§ 4. — Transmission de jouissance (n° 1597).
N° 1. — Baux ; Sous-baux ; Cautionnements, cessions, subrogations, rétrocessions de baux (n° 1598).
A. — Considérations générales ; Législation (n° 1598).
B. — Existence prouvée du bail (n° 1606).
1°. — Baux prévus par la loi fiscale (n° 1608).
a. — Baux à durée limitée et baux à durée illimitée (n° 1608).
b. — Baux dont le prix est à la charge de l'Etat (n° 1618).
c. — Locations verbales (n° 1649).
2°. — Baux non expressément tarifés (n° 1650).
C. — Eléments constitutifs de la convention (n° 1654).
1°. — Consentement (n° 1655).
2°. — Chose (n° 1658).
3°. — Prix (n° 1669).
D. — Causes suspensives ou exclusives de la perception (n° 1670).
1°. — Exceptions dilatoires ou effet des conditions (n° 1671).
2°. — Exceptions péremptoires (n° 1672).
E. — Cautionnement de baux ; Sous-baux, cession, subrogation ; Rétrocession (n° 1677).
1°. — Cautionnement de baux (n° 1678).
2°. — Sous-baux, cession, subrogation (n° 1680).
3°. — Rétrocession (n° 1688).
N° 2. — Des engagements d'immeubles. — Antichrèse ; Contrat pignoratif (n° 1690).
§ 5. — Actes translatifs à titre onéreux qui sont l'objet de dispositions exceptionnelles et favorables dans le tarif (n° 1695).
N° 1. — De l'échange (n° 1696).
A. — Législation (n° 1697).
B. — Echange d'immeubles ; Tarif général (n° 1702).
C. — Echange d'immeubles ruraux ; Tarif réduit (n° 1711).
N° 2. — Actes translatifs de biens situés à l'étranger ou dans les colonies (n° 1729).
A. — Législation ; Tarif (n° 1729).
B. — Actes translatifs et autres relatifs à des biens situés à l'étranger (n° 1734).
1°. — Meubles (n° 1735).
2°. — Immeubles (n° 1744).
C. — Biens situés dans les colonies (n° 1752).
1°. — Colonies dans lesquelles l'enregistrement est établi (n° 1753).
2°. — Colonies dans lesquelles l'enregistrement n'est pas établi (n° 1760).
D. — Biens situés en Corse (n° 1763).
N° 3. — Acquisitions faites dans un intérêt public ; Acquisitions et échanges par l'Etat, les départements, les communes et les établissements publics ; Canaux ; Chemins vicinaux ; Domaines nationaux et biens de l'Etat ; Domaines engagés ; Emigrés ; Expropriation pour cause d'utilité publique ; Marais (desséchement) ; Place publique (réédification) (n° 1764).

A. — Acquisitions et échanges par l'Etat, les départements, les communes et les établissements publics (n° 1766).
1°. — Acquisitions et échanges par l'Etat (n° 1766).
2°. — Acquisitions et échanges par les départements, les communes et les établissements publics (n° 1770).
B. — Canaux (n° 1774).
C. — Chemins vicinaux (n° 1775).
D. — Domaines nationaux et biens de l'Etat (n° 1779).
E. — Expropriation pour cause d'utilité publique (n° 1780).
1°. — Législation ; Nature et étendue de l'exemption (n° 1780).
2°. — Contrats auxquels l'exemption est applicable (n° 1785).
a. — Date du contrat ; Restitution des droits (n° 1786).
b. — Forme du contrat (n° 1792).
c. — Nature du contrat (n° 1794).
d. — Objet du contrat (n° 1798).
N° 4. — Contrats de mariage (n° 1803).
A. — Apports des époux. — Stipulation relative au régime (n° 1804).
1°. — Droit gradué (n° 1804).
2°. — Déclaration d'apports (n° 1813).
3°. — Séparation de biens (n° 1814).
4°. — Clauses restrictives de la communauté (n° 1817).
5°. — Clauses extensives de la communauté (n° 1820).
6°. — Clauses modificatives des effets de la communauté (n° 1823).
7°. — Clauses dérogeant au principe du partage par moitié. — Conventions de mariage (n° 1825).
B. — Reconnaissance par le futur d'avoir reçu la dot de la future (n° 1835).
C. — Constitutions dotales (n° 1837).
D. — Actes intervenant pendant la durée du mariage ou à l'occasion de sa dissolution (n° 1847).
1°. — Actes faits pendant la durée de la société conjugale. — Remploi (n° 1848).
2°. — Actes passés à la suite de la dissolution de la société conjugale (n° 1854).
a. — Acceptation ; Renonciation (n° 1854).
b. — Prélèvement des reprises (n° 1856).
E. — Règles particulières de perception (n° 1864).
1°. — Dispositions indépendantes (n° 1864).
2°. — Restitution des droits perçus (n° 1866).
N° 5. — Actes de formation et de dissolution de sociétés (n° 1868).
A. — Actes de société (n° 1869).
1°. — Contrats soumis au droit gradué (n° 1869).
2°. — Conventions inhérentes au contrat de société (n° 1890).
3°. — Dispositions indépendantes du contrat de société (n° 1893).
a. — Avances ou prêt par un associé (n° 1894).
b. — Apport-vente (n° 1895).
c. — Apport consistant en une jouissance (n° 1904).
d. — Traitement du gérant (n° 1906).
e. — Marché (n° 1913).
B. — Actes et mutations intervenus au cours de la société (n° 1918).
1°. — Prorogation de la société (n° 1919).
2°. — Transformation de la société n° 1920).
3°. — Clause d'accroissement avec stipulation de prix (n° 1923).
a. — Retraite d'un associé (n° 1923).
b. — Attribution aux survivants de la part de l'associé prédécédé (n° 1928).
4°. — Clause d'accroissement sans stipulation de prix (n° 1933).
C. — Acte de dissolution de société (n° 1933).
1°. — Tarif (n° 1935).
2°. — Partage (n° 1957).
3°. — Attribution à un associé de biens apportés par un autre (n° 1965).
4°. — Retraite d'un associé (n° 1969).
5°. — Réalisation de clause d'accroissement (n° 1971).
6°. — Cessions entre associés (n° 1973).
N° 6. — Billets à ordre et effets négociables (n° 1975).
A. — Effets considérés comme négociables (n° 1975).
B. — Endossement (n° 1980).
ART. 3. — Mutations entre vifs à titre gratuit (n° 1984).

§ 1. — Donations entre vifs ; Donations avec charges ; Dons manuels (n° 1985).
N° 1. — Tarif (n° 1985).
N° 2. — Existence d'un acte (n° 2002).
   A. — Immeubles ; Fonds de commerce (n° 2004).
   B. — Dons manuels (n° 2006).
   C. — Eléments essentiels (n° 2029).
   1°. — Forme (n° 2029).
   2°. — Acceptation (n° 2032).
   3°. — Effets mobiliers ; Etat estimatif (n° 2036).
N° 3. — Gratuité de la transmission (n° 2038).
   A. — Principe (n° 2038).
   B. — Acquittement d'une obligation civile ou naturelle (n° 2041).
   C. — Donation avec charges (n° 2045).
   1°. — Caractères de la convention (n° 2045).
   2°. — Donation secondaire (n° 2056).
   3°. — Clause de réversibilité. — Rente viagère (n° 2060).
   D. — Droit d'accroissement (n° 2061).
N° 4. — Caractère translatif de la donation ; Remise de dette (n° 2070).
N° 5. — Actualité et irrévocabilité de la transmission (n° 2079).
§ 2. — Donations contractuelles (n° 2094).
N° 1. — Avantages entre époux (n° 2095).
   A. — Donation par contrat de mariage (n° 2096).
   B. — Donation pendant le mariage (n° 2102).
N° 2. — Avantages auxquels des tiers sont parties (n° 2105).
§ 3. — Des démissions de biens ou partage d'ascendant (n° 2116).
N° 1. — Donation entre vifs (n° 2116).
   A. — Tarif (n° 2116).
   B. — Des personnes entre lesquelles doit intervenir le partage d'ascendant (n° 2119).
   C. — Des biens qui doivent faire l'objet du partage et de leur division (n° 2128).
   D. — De la forme et des conditions du partage portant donation (n° 2137).
   E. — Soultes (n° 2141).
   1°. — Sommes payables aux donateurs, aux donataires ou à des tiers (n° 2142).
   2°. — Rapport (n° 2146).
N° 2. — Partage testamentaire (n° 2148).
   A. — Droit gradué (n° 2148).
   B. — Soulte (n° 2152).
Art. 4. — Mutations par décès (n° 2161).
§ 1. — Cas où le droit de mutation par décès est dû et réciproquement (n° 2166).
N° 1. — Successions légitimes (n° 2167).
   A. — Biens recueillis par les hospices (n° 2177).
   B. — Usufruit légal (n° 2168).
   C. — Absence (n° 2169).
   D. — Acceptation (n° 2172).
   E. — Succession vacante (n° 2177).
   F. — Rapports ; Réduction de donation (n° 2180).
   G. — Retour (n° 2183).
   H. — Clause d'accroissement (n° 2185).
   I. — Donation secondaire (n° 2188).
   J. — Clause de réversibilité (n° 2189).
   1°. — Rente viagère (n° 2190).
   2°. — Usufruit (n° 2195).
   3°. — Usufruit successif (n° 2197).
   K. — Succession recueillie dans une autre succession (n° 2201).
N° 2. — Succession testamentaire (n° 2204).
   A. — Enregistrement du testament (n° 2205).
   B. — Enfant naturel (n° 2206).
   C. — Des legs (n° 2210).
   1°. — Legs verbal (n° 2210).
   2°. — Legs à un créancier (n° 2211).
   3°. — Legs à un débiteur (n° 2212).
   4°. — Legs avec charges; Legs secondaire (n° 2213).
   5°. — Legs de la faculté d'acquérir (n° 2217).
   6°. — Legs sous condition (n° 2219).
   7°. — Legs à charge de conserver et de rendre. — Substitution (n° 2222).
   8°. — Legs à l'exécuteur testamentaire (n° 2223).
   9°. — Legs de sommes non existantes dans la succession (n° 2224).

10°. — Legs d'usufruit; Nue propriété; Quotité disponible; Réunion fictive (n° 2227).
11°. — Legs de rentes viagères ou perpétuelles (n° 2234).
12°. — Legs de sommes payables au décès de l'héritier ou du légataire universel (n° 2236).
§ 2. — De la déclaration à fournir par les héritiers et légataires et du délai dans lequel elle doit être faite (n° 2239).
N° 1. — Caractère de la déclaration (n° 2240).
N° 2. — Bureau où la déclaration doit être faite (n° 2243).
   A. — Valeurs françaises (n° 2246).
   B. — Biens situés dans les colonies (n° 2255).
   C. — Biens situés à l'étranger (n° 2259).
   1°. — Immeubles (n° 2261).
   2°. — Biens meubles (n° 2264).
N° 3. — Obligation de souscrire la déclaration (n° 2271).
N° 4. — Forme de la déclaration (n° 2277).
N° 5. — Par quelles personnes doit être souscrite la déclaration (n° 2280).
N° 6. — Délai dans lequel la déclaration doit être souscrite (n° 2287).
N° 7. — Biens à déclarer (n° 2301).
   A. — Propriété apparente (n° 2302).
   B. — Assurances sur la vie (n° 2314).
   C. — Créances (n° 2323).
   D. — Droits éventuels et litigieux. — Biens rentrés dans l'hérédité (n° 2340).
   E. — Partage antérieur à la déclaration de la succession (n° 2343).
   F. — Office (n° 2348).
   G. — Retrait d'indivision (n° 2349).
   H. — Reprises (n° 2350).
Sect. 3. — Droits sur les jugements (n° 2351).
Art. 1. — Droits fixes (n° 2354).
Art. 2. — Droit de condamnation (n° 2361).
Art. 3. — Droit de liquidation (n° 2375).
Art. 4. — Droit de collocation. — Ordre entre créanciers (n° 2380).
Art. 5. — Droit de titre (n° 2384).
PART. 2. — De la liquidation ou des valeurs sur lesquelles le droit proportionnel est assis (n° 2413).
Sect. 1. — De la liquidation lorsque le prix est exprimé (n° 2421).
Art. 1. — Biens meubles ou immeubles par leur nature ; Marchés, échanges, ventes et autres transmissions à titre onéreux ; Transmissions à titre gratuit; Mutation par décès (n° 2422).
§ 1. — Transmissions de propriété à titre onéreux (n° 2423).
N° 1. — Du prix (n° 2424).
N° 2. — Des charges (n° 2439).
N° 3. — Des réserves (n° 2453).
§ 2. — Mutations à titre gratuit et par décès (n° 2464).
N° 1. — Meubles (n° 2465).
N° 2. — Immeubles (n° 2475).
N° 3. — Non-distraction des charges (n° 2485).
Art. 2. — Droits incorporels : libération, quittances; — Obligations de sommes : création et cession de créances, d'actions, de rentes; — Transmissions: servitudes, baux, jouissance, usufruit, réunion d'usufruit à la propriété (n° 2505).
§ 1. — Libérations ; Quittances (n° 2506).
§ 2. — Obligation de sommes (n° 2511).
N° 1. — Créances (n° 2512).
N° 2. — Cautionnement (n° 2516).
N° 3. — Cessions ; Transports (n° 2517).
N° 4. — Prêt ; Ouverture de crédit (n° 2519).
N° 5. — Marchés (n° 2523).
N° 6. — Actions (n° 2530).
N° 7. — Des rentes (n° 2548).
§ 3. — Transmissions (n° 2560).
N° 1. — Usufruit (n° 2561).
   A. — Constitution de l'usufruit (n° 2562).
   B. — Transmission de la nue propriété et de l'usufruit pendant le démembrement (n° 2573).

C. — Réunion de l'usufruit à la nue propriété ou de la nue propriété à l'usufruit (n° 2576).

N° 2. — Droits d'usage et d'habitation ; Servitudes (n° 2596).

N° 3. — Baux (n° 2597).

N° 4. — Engagement d'immeubles (n° 2607).

SECT. 2. — De la liquidation lorsque le prix n'est pas exprimé ou des modes de suppléer au défaut d'indication du prix (n° 2608).

ART. 1. — De la déclaration estimative (n° 2608).

ART. 2. — De l'expertise (n° 2629).

§ 1. — Des cas où l'expertise peut avoir lieu. — Règles générales (n° 2630).

§ 2. — Du mode de l'expertise ; de sa forme et du délai dans lequel la demande doit être introduite (n° 2672).

N° 1. — Délais (n° 2674).

N° 2. — Formes de l'expertise (n° 2676).

N° 3. — Modes de l'expertise (n° 2692).

CHAP. 5. — Des exemptions ; Actes enregistrés en débet; Actes enregistrés gratis; Actes dispensés de l'enregistrement (n° 2705).

SECT. 1. — Actes enregistrés en débet (n° 2706).

SECT. 2. — Actes à enregistrer gratis (n° 2730).

SECT. 3. — Actes exemptés de la formalité (n° 2747).

ART. 1. — Actes affranchis de la formalité en vertu de dispositions postérieures à la loi du 22 frim. an 7 (n° 2747).

ART. 2. — Actes affranchis de la formalité en vertu de la loi du 22 frim. an 7 (n° 2757).

CHAP. 6. — Des délais pour l'enregistrement des actes et déclarations et des peines applicables au défaut d'enregistrement dans les délais, aux omissions, aux fausses estimations et aux contre-lettres (n° 2779).

SECT. 1. — Des délais (n° 2779).

ART. 1. — Actes publics (n° 2780).

ART. 2. — Actes sous seing privé (n° 2801).

ART. 3. — Mutations à titre gratuit et par décès (n° 2818).

ART. 4. — Mutations verbales (n° 2819).

SECT. 2. — Des peines pour défaut d'enregistrement des actes et déclarations dans les délais, et de celles portées relativement aux omissions, aux fausses estimations et aux contre-lettres (n° 2826).

ART. 1. — Des actes (n° 2826).

ART. 2. — Des mutations verbales (n° 2839).

ART. 3. — Des déclarations de successions (n° 2841).

ART. 4. — Des contre-lettres ; Loi du 23 août 1871 (art. 12 et 13); Amende du quart (n° 2876).

ART. 5. — Caractère des pénalités (n° 2897).

CHAP. 7. — Des bureaux où les actes et mutations doivent être enregistrés (n° 2905).

SECT. 1. — Actes notariés (n° 2907).

SECT. 2. — Actes des huissiers et autres ayant pouvoir de faire des exploits, procès-verbaux ou rapports (n° 2908).

SECT. 3. — Actes des greffiers et secrétaires des administrations centrales et municipales (n° 2909).

SECT. 4. — Actes sous seing privé et passés en pays étranger (n° 2910).

SECT. 5. — Mutations verbales (n° 2911).

CHAP. 8. — Du payement des droits et de ceux qui doivent les acquitter (n° 2914).

SECT. 1. — Actes civils ou judiciaires (n° 2920).

ART. 1. — Actes reçus par les officiers publics ou ministériels (n° 2921).

ART. 2. — Actes sous seing privé ou passés à l'étranger (n° 2929).

§ 1. — Rapport des parties entre elles (n° 2930).

§ 2. — Obligations des parties vis-à-vis de l'Administration (n° 2938).

SECT. 2. — Droits de mutation par décès. — Privilège du Trésor (n° 2955).

SECT. 3. — Des obligations imposées aux receveurs relativement au payement des droits (n° 3007).

CHAP. 9. — De l'obligation des notaires, huissiers, greffiers et autres fonctionnaires publics (n° 3012).

SECT. 1. — Actes passés en conséquence d'actes non enregistrés (n° 3012).

SECT. 2. — Répertoires (n° 3033).

SECT. 3. — Communications (n° 3050).

CHAP. 10. — Des droits acquis et des prescriptions (n° 3078).

SECT. 1. — Quand il y a lieu à restitution des droits perçus (n° 3078).

ART. 1. — Perception régulièrement faite (n° 3078).

ART. 2. — Compensation. — Imputation (n° 3112).

ART. 3. — Par qui la restitution peut être demandée (n° 3119).

ART. 4. — Exceptions (n° 3122).

1. — Dérogations apportées au principe (n° 3122).

§ 2. — Ventes judiciaires d'un prix n'excédant pas 2000 fr. (n° 3127).

N° 1. — Historique (n° 3128).

N° 2. — Actes auxquels s'applique la loi du 23 oct. 1884 (n° 3131).

A. — Ventes (n° 3132).

1°. — Caractère de la vente (n° 3133).

2°. — Objet de la vente (n° 3136).

3°. — Prix n'excédant pas 2000 fr. (n° 3138).

4°. — Prix définitif (n° 3153).

B. — Incidents de la vente : subrogation, surenchère, folle enchère (n° 3157).

N° 3. — Droits qui peuvent être restitués (n° 3166).

N° 4. — Procédure (n° 3177).

SECT. 2. — Prescription (n° 3197).

ART. 1. — Des diverses espèces de prescriptions et de leur objet (n° 3204).

§ 1. — De la prescription d'un an (n° 3204).

§ 2. — De la prescription de deux ans (n° 3209).

N° 1. — Droit non perçu sur une disposition particulière dans un acte (n° 3210).

N° 2. — Perception insuffisamment faite (n° 3216).

N° 3. — Fausse évaluation dans une déclaration; Demande d'expertise (n° 3220).

N° 4. — Restitution de droits indûment perçus (n° 3229).

N° 5. — Droits en sus et amendes (n° 3231).

§ 3. — De la prescription de trois ans (aujourd'hui cinq ans) (n° 3238).

§ 4. — De la prescription de cinq ans (aujourd'hui dix ans) (n° 3243).

§ 5. — De la prescription de trente ans (n° 3217).

ART. 2. — Du point de départ et de l'accomplissement des prescriptions (n° 3255).

ART. 3. — Actes interruptifs ou suspensifs de la prescription (n° 3272).

CHAP. 11. — Des poursuites et instances (n° 3284).

SECT. 1. — De la contrainte et de l'opposition (n° 3285).

SECT. 2. — De la compétence (n° 3320).

SECT. 3. — De l'instruction (n° 3333).

ART. 1. — Cas dans lesquels la procédure spéciale établie par la loi de frimaire an 7 est applicable (n° 3333).

ART. 2. — Formes de la procédure spéciale établie par la loi de frimaire an 7 (n° 3341).

SECT. 4. — Des jugements (n° 3365).

SECT. 5. — Des voies à prendre pour attaquer le jugement (n° 3396).

CHAP. 1er. — Historique et législation (*Rép.* n°s 6 à 67).

16. Ce chapitre est divisé au *Rép.* n° 6, en deux sections. La première renferme, sous la rubrique « Des droits d'enregistrement et de leur perception », l'historique de l'impôt de l'enregistrement et l'exposé de la législation s'y rapportant jusqu'en 1848. La seconde présente le tableau de l'organisation générale de l'Administration et des attributions de ses agents. Nous présenterons, de même, dans une première section, l'exposé de la législation de l'enregistrement depuis 1848 ; dans une seconde section, l'organisation actuelle de l'Administration de l'enregistrement et les attributions qui lui ont été conférées.

Sect. 1re. — Des droits d'enregistrement et de leur perception (*Rép.* nos 7 à 47).

17. Le résumé de la législation concernant l'enregistrement, contenu au *Rép.* nos 7 à 45, s'arrête à l'année 1848. Nous le reprenons à cette date pour le poursuivre, par ordre chronologique, en ne mentionnant, comme on l'a fait au *Répertoire*, que les lois et les décrets importants. On trouvera les autres dans le *Supplément*, rapportés et étudiés chacun d'après l'objet de ses dispositions.

18. Aux décrets du Gouvernement provisoire de 1848 visés au *Rép.* n° 45, doivent être ajoutés les suivants :— Décr.23 mars 1848 (D.P.48.4.57) abaissant à 1 fr. le droit d'enregistrement des protêts ; — Décr. 24 mars 1848 (art. 10, D. P. 48. 4. 58) qui autorise l'établissement des sous-comptoirs d'escompte et exempte du droit proportionnel d'enregistrement les actes ayant pour objet de constituer les nantissements à leur profit et d'établir leurs droits comme créanciers (disposition maintenue par la loi du 10 juin 1853, art. 1er, D. P. 53. 4. 117) ; — Décr. 4 juill. 1848 (art. 1er et 6, D. P. 48. 4. 124), qui a étendu aux prêts des sous-comptoirs des entrepreneurs de bâtiments l'immunité du droit proportionnel d'enregistrement établie par le décret du 24 mars 1848 au profit des sous-comptoirs d'escompte.

Puis vinrent : — la loi du 20 févr. 1849 (D. P. 49. 4. 46) mentionnée au *Rép.* n° 3664, qui a édicté sur les immeubles de mainmorte une taxe représentative des droits de mutation entre vifs et par décès ; — la loi du 7 mai 1849 (D. P. 49. 4. 97) sur les majorats et substitutions, qui a soumis au droit de transmission de propriété en ligne directe la mutation par décès d'un majorat de biens particuliers.

19. La loi la plus importante de cette époque est celle du 18 mai 1850 (D. P. 50. 4. 87) qui a assujetti aux règles de la perception concernant les soultes de partage, les donations à titre de partage anticipé et les partages testamentaires (art. 5),... au droit proportionnel de donation, les actes renfermant, soit la déclaration par le donataire ou ses représentants, soit la reconnaissance judiciaire d'un don manuel (art. 6);... aux droits établis pour les successions et donations, les mutations par décès et les transmissions entre vifs à titre gratuit des rentes sur l'Etat, ainsi que les mutations par décès de fonds publics et des actions des compagnies et sociétés d'industrie et de finances étrangers, dépendant d'une succession régie par la loi française, ainsi que les transmissions entre vifs à titre gratuit de ces mêmes valeurs au profit d'un Français (art. 7);... aux diverses quotités de droits établies pour les transmissions d'immeubles, les transmissions de biens meubles à titre gratuit entre vifs et par décès (art. 10). — La même loi a élevé à 2 fr. le moindre droit fixe d'enregistrement pour les actes civils et administratifs (art. 8);... elle a, d'autre part, appliqué à ses dispositions le principe de la non-rétroactivité des lois, par son art. 3 lequel porte que « les actes et mutations qui auront acquis date certaine avant la promulgation de la présente loi, seront régis par les lois antérieures »;... enfin elle a porté de trois à cinq ans la prescription établie pour les droits concernant les omissions de biens dans les déclarations après décès, et pour celle des droits pour les successions non déclarées (art. 11).

20. A la même époque, une loi du 7 août 1850 (art. 9, D. P. 50. 4. 184) a abaissé :... à 50 cent. pour 100 le droit proportionnel de 1 pour 100 établi par l'art. 69, § 3, n° 3, de la loi du 22 frim. an 7, pour les obligations de sommes, les transports de créances, etc.;... à 25 cent. pour 100 le droit de 50 cent. pour 100 établi par l'art. 69, § 2, n° 11, de la même loi pour les actes ou écrits portant libération de sommes ou valeurs mobilières. Les contribuables n'ont pas profité longtemps de cette réduction de taxes. Le tarif primitif a été rétabli, à partir du 1er mars 1855, par une loi du 5 mai 1855 (art. 15, D. P. 55. 4. 70). — Une autre loi du 10 déc. 1850 (art. 4, D. P. 51. 4. 9) a exempté des droits d'enregistrement les actes et jugements ayant pour objet de faciliter le mariage des indigents, la légitimation de leurs enfants naturels et le retrait de ces enfants déposés dans les hospices.

21. C'est à cette époque et afin de procurer au Trésor les ressources nécessitées par la guerre de Crimée, que le législateur ajouta, pour la première fois, un second décime à celui édicté par la loi du 6 prair. an 7. Etabli par une loi du 14 juill. 1855 (art. 5, D. P. 55. 4. 75), ce double décime a été supprimé par la loi du 23 juin 1857 (art 13, D. P. 57. 4. 91). Rétabli en 1862 (L. 2 juill. 1862, art. 14, D. P. 62. 4. 60 ; 13 mai 1863, D. P. 63. 4. 54), il fut réduit de moitié à compter du 1er juill. 1864 (L. 8 juin 1864, art. 13, D. P. 64. 4. 77 ; 8 juill. 1865, art. 3, D. P. 65. 4. 101). Le demi-décime a été maintenu avec certaines restrictions jusqu'aux événements de 1870-1871 (L. 18 juill. 1866, art. 3, D. P. 66. 4. 129 ; 31 juill. 1867, art. 3, D. P. 67. 4. 146 ; 2 août 1868, art. 5, D. P. 68. 4. 112 ; 8 mai 1869, art. 4, D. P. 69. 4. 78 ; 27 juill. 1870, art. 5, D. P. 70. 4. 59). La loi du 23 août 1871 (art. 1er, D. P. 71. 4. 61) a rétabli le second décime et la loi du 30 déc. 1873 (art. 2, D. P. 74. 4. 30) a ajouté à ce second décime un demi-décime. Il en résulte que les droits d'enregistrement sont augmentés actuellement de deux décimes et demi, soit de 25 pour 100.

22. La loi de finances du 23 juin 1857 (art. 6 et suiv., D. P. 57. 4. 91) a abrogé l'exemption d'enregistrement que l'art. 15 de la loi du 5 juin 1850 (D. P. 50. 4. 114) sur le timbre avait établie sur les cessions d'actions dans les sociétés, compagnies ou entreprises de finance, d'industrie ou de commerce, en soumettant ces titres à un droit proportionnel de timbre exigible dès leur émission. Cette même loi de 1857 a établi un droit proportionnel de transmission sur lesdites cessions ainsi que sur les cessions d'obligations des sociétés et a institué un système de perception particulier, afin d'assurer le payement de l'impôt lors de chaque transfert, pour les titres nominatifs, et au moyen d'une taxe payable chaque année, pour les titres au porteur.

23. Deux lois du 28 mai 1858 ont assujetti, l'une les récépissés des marchandises déposées dans les magasins généraux à un droit fixe de 1 fr. (aujourd'hui 1 fr. 50 cent.) (art. 13, D. P. 58. 4. 69), l'autre à un droit proportionnel de 10 cent. par 100 fr. les ventes publiques de marchandises en gros (art. 4, D. P. 58. 4. 75). Cette dernière disposition a été étendue par une loi du 3 juill. 1861 (art. 3, D. P. 61. 4. 106) aux ventes de même nature autorisées ou ordonnées par la justice consulaire.

24. D'après les règles établies par la loi de l'an 7, les parties peuvent en justice de leurs conventions verbales sans les faire enregistrer, lorsqu'elles ne sont pas de celles qui sont soumises à la formalité dans un délai déterminé. Elles n'ont à payer l'impôt que sur le jugement par lequel il est statué. Mais, pour les actes sous seing privé, il n'en peut être fait usage en justice qu'après qu'ils ont été enregistrés. Cet état de choses avait créé de graves difficultés notamment dans les affaires portées devant la justice consulaire. La loi de finances du 11 juin 1859 (art. 22, D. P. 59. 4. 34) eut pour objet d'y mettre un terme en autorisant exceptionnellement l'enregistrement provisoire au droit fixe, des marchés et traités réputés actes de commerce par les art. 632, 633 et 634, n° 1, c. com. faits ou passés sous-signatures privées et portant sur un droit proportionnel sauf perception de ce droit lorsqu'un jugement portant condamnation, collocation, liquidation ou reconnaissance intervient sur ces marchés et traités ou qu'un acte public est fait ou rédigé en conséquence.

La loi de finances du 27 juill. 1870 qui a réduit par son art. 4 (D. P. 70. 4. 59) les droits d'enregistrement applicables aux échanges d'immeubles ruraux, termine la série législative du second Empire.

25. A la suite des événements de 1870-1871, les pouvoirs publics demandèrent à l'enregistrement une notable partie des ressources si considérables qu'il fallut alors créer. De là toute une série de lois dont la première fruit celle du 23 août 1871 (D. P. 71. 4. 54), déjà mentionnée *supra*, n° 21, comme ayant rétabli par son art. 1er la perception du second décime. Cette même loi assujettit aux droits de mutation toutes les transmissions de valeurs mobilières étrangères (art. 4 et 5). — Afin de combattre une fraude qui consistait à déguiser sous forme d'ouvertures de crédits les obligations de sommes pour les soustraire au droit proportionnel, elle autorisa la perception,... sur les actes mêmes d'ouverture de crédit, d'un droit proportionnel de 0 fr. 50 cent. pour 100, sauf imputation de ce droit sur celui exigible lors de la réalisation du crédit,... et, d'autre part, lors de l'inscription des hypothèques garantissant les ouvertures de crédit, du droit d'hypothèque de 1 pour 1000 qui auparavant n'était perçu qu'après constatation de la réalisation du crédit.

26. D'un autre côté, la loi de 1871 atteignit... les contrats d'assurances maritimes ou contre l'incendie qui échappaient auparavant à l'impôt, en les soumettant à une taxe obligatoire et en obligeant les assureurs à percevoir cette taxe pour le Trésor (art. 6 à 10) ;... les baux d'immeubles en obligeant, sous peine d'amende, le bailleur comme le preneur à les soumettre à la formalité dans les trois mois, aussi bien ceux faits verbalement que ceux constatés par écrit (art. 11 et 14). — Enfin elle s'attacha à prévenir les dissimulations de prix de vente en élevant la pénalité au quart de la somme dissimulée (art. 12), en autorisant l'Administration à recourir, pour établir la fraude, à tous les genres de preuves admises par le droit commun et en obligeant tout notaire qui reçoit un acte de vente, d'échange ou de partage, à donner lecture aux parties des dispositions qu'elle a édictées pour cet objet (art. 13 et 14).

27. A la loi du 23 août 1871 succéda celle non moins importante du 28 févr. 1872 (D. P. 72. 4. 12), laquelle... assujettit à un droit gradué de 1 pour 1000 un certain nombre d'actes importants, tels que les actes de société, les contrats de mariage, les partages, qui, sous la législation antérieure, ne supportaient qu'un simple droit fixe (art. 1er, 2 et 3),... augmenta de moitié tous les droits fixes auxquels sont soumis les actes civils, administratifs et judiciaires (art. 4),... soumit au droit proportionnel les procès-verbaux d'ordre amiable et les mutations de propriété de navires, soit totales, soit partielles (art. 5), procès-verbaux et mutations qui, d'après la législation antérieure, ne supportaient que le droit fixe. Les ventes de navires ont été de nouveau exemptées du droit proportionnel par une loi du 29 janv. 1881 (art. 3, D. P. 82. 4. 13) qui a abrogé sur ce point la loi du 28 févr. 1872. — Enfin, ladite loi du 28 févr. 1872 visa les mutations de propriété de fonds de commerce et s'attacha à en assurer l'enregistrement, dans le délai de trois mois, au droit proportionnel de 2 pour 100 établi pour les ventes mobilières, en obligeant les parties à les déclarer dans le délai, lors même qu'elles font l'objet de simples conventions verbales (art. 7 à 9). — Le droit proportionnel fut élevé de 0 fr. 25 cent. à 0 fr. 50 cent. pour 100 pour les lettres de change (art. 10).

28. Le droit de transmission avait été élevé par une loi du 16 sept. 1871 (art. 11, D. P. 71. 4. 93) de 0 fr. 20 cent. à 0 fr. 50 cent. pour les titres nominatifs, de 0 fr. 12 cent. à 0 fr. 15 cent. pour les titres au porteur. Une loi du 30 mars 1872 (art. 1er, D. P. 72. 4. 83) éleva cette dernière taxe de 0 fr. 15 cent. à 0 fr. 25 cent. et autorisa la perception de l'impôt sur la valeur négociée, déduction faite des versements restant à faire sur les titres non entièrement libérés. Une autre loi du 29 juin 1872 établit le tarif de ces droits à 50 cent. pour 100 fr. pour les titres nominatifs et à 20 cent. pour 100 pour les titres au porteur, l'un et l'autre sans décimes (art. 3, D. P. 72. 4. 116), et disposa, d'autre part, que les titres étrangers ne pourraient être cotés, négociés, exposés en vente ou émis en France qu'après avoir été soumis au droit de transmission (art. 4).

29. Une loi du 30 déc. 1873 (art. 2, D. P. 74. 4. 30) ajouta un demi décime aux deux décimes que supportaient déjà les droits d'enregistrement. — Une autre du 19 févr. 1874 (art. 2, D. P. 74. 4. 41) étendit aux actes extrajudiciaires l'augmentation des droits fixes d'enregistrement édictée, comme il est dit suprà, n° 27, par la loi du 28 févr. 1872 (art. 4), pour les actes civils, administratifs et judiciaires.

30. Afin de favoriser la transcription au bureau des hypothèques des donations à titre de partage anticipé, une loi du 21 juin 1875 (art. 1er, D. P. 75. 4. 107) réduisit pour ces actes le droit de transcription de 1 fr. 50 cent. à 50 cent., mais disposa, en même temps, qu'il serait perçu avec le droit de mutation à l'enregistrement de l'acte. — Cette même loi augmenta les droits de mutation perçus sur les transmissions d'immeubles ruraux en disposant qu'ils seraient liquidés sur le revenu multiplié par vingt-cinq et douze et demi

dans tous les cas où ce revenu était multiplié, d'après la législation antérieure, par vingt et par dix (art. 2). — Elle disposa d'un autre côté, que, dans le cas de vente des objets mobiliers dépendant d'une succession, le prix de la vente servirait de base à la perception des droits de mutation par décès qui n'étaient liquidés auparavant que sur la prisée de l'inventaire ou l'estimation des parties de beaucoup inférieures souvent au prix de vente (art. 3). — Enfin elle releva de 2 fr. 50 cent. à 3 fr. 50 cent. pour 100, droit de transcription compris, le droit proportionnel applicable aux échanges autres que ceux ayant pour objet des immeubles ruraux à l'égard desquels elle maintint le tarif de faveur établi par la loi du 27 juill. 1870 (art. 4) (V. suprà, n° 24),... soumit aux droits de mutation toutes sommes, rentes ou émoluments quelconques faisant l'objet d'assurances sur la vie et payés au décès de l'assuré (art. 6),... et disposa que le droit attribué par la loi du 23 août 1871 (art. 22) aux agents de l'enregistrement, de prendre communication des documents existants chez les sociétés, les compagnies d'assurances et tous autres assujettis à leurs vérifications pour qu'ils s'assurent de l'exécution des lois sur le timbre, serait exercé également par eux pour contrôler la perception des droits d'enregistrement (art. 7).

31. L'obligation imposée aux notaires par la loi du 23 août 1871 de donner lecture aux parties, dans les actes de vente, d'échange et de partage, de ses art. 12 et 13 relatifs à la dissimulation du prix de ventes et des soultes d'échanges, s'étendait aux adjudications publiques. Sur les réclamations très vives du notariat, une loi du 3 août 1875 (art. 11, D. P. 76. 4. 45) disposa qu'elle ne leur serait plus applicable.

32. Les chemins de fer exploités par l'Etat, ont été soumis par la loi de finances du 22 déc. 1878 (art. 9, D. P. 79. 4. 10) « en ce qui concerne les droits, taxes et contributions de toute nature, au même régime que les chemins de fer concédés ». — Mais toutes les conventions relatives aux concessions et rétrocessions de chemins de fer d'intérêt local, ainsi que des tramways ou voies ferrées à traction de chevaux ou de moteurs mécaniques qui peuvent être établis ou concédés sur les voies dépendant du domaine public de l'Etat, des départements ou des communes, ainsi que les cahiers de charges annexés, ne sont, aux termes d'une loi du 11 juin 1880 (art. 24 et 39, D. P. 81. 4. 23), passibles que du droit d'un franc.

33. Les sociétés ou associations civiles qui se perpétuent par l'adjonction de nouveaux membres ne sont constituées avec la stipulation qu'en cas de décès ou de retraite d'un associé, sa part accroîtra aux survivants, ne supportaient que le droit de cession d'actions à 50 cent. pour 100 toutes les fois qu'un accroissement s'opérait. De là, une inégalité au point de vue de l'impôt entre ces associations et les sociétés commerciales qui ont une durée limitée et dont les biens rentrent, après leur dissolution, dans le courant de la circulation. La loi du 28 déc. 1880 (art. 4, D. P. 81. 4. 97) eut pour but de mettre fin à cette inégalité en assujettissant au droit de mutation à titre gratuit, entre vifs ou par décès, suivant les circonstances, les accroissements opérés par suite de clauses de réversion dans les sociétés qui admettent l'adjonction de nouveaux membres. — Les dispositions de cette loi ne pouvaient s'appliquer aux associations dont les membres n'ont aucun droit personnel sur le fonds commun, et où, par suite l'accroissement ne peut s'opérer. Il en était ainsi, notamment des congrégations religieuses reconnues. Une loi du 29 déc. 1884 (art. 9, D. P. 85. 4. 38) a mis fin à cette immunité, en disposant que l'impôt de mutation serait payé par toutes les congrégations, communautés et associations religieuses, autorisées ou non autorisées, et soumit ainsi aux droits sans condition tous les accroissements qui s'opèrent dans les sociétés religieuses par suite du décès ou de la retraite d'un associé.

34. La loi du 20 août 1881 relative au code rural (chemins ruraux) renferme une disposition qui étend aux chemins ruraux l'application du droit fixe de 1 fr. 50 cent., établi par la loi du 21 mai 1836 (art. 20. — Rép. n° 3282, et v° Voirie par terre, n° 481) en faveur des actes de toute nature ayant pour objet la construction, l'entretien et la réparation des chemins ruraux (art. 18, D. P. 82. 4. 5).

35. La loi du 5 avr. 1884 (D. P. 84. 4. 25) sur l'organisation municipale contient plusieurs dispositions ayant pour objet d'accorder des exemptions de droits à des actes ou des procédures qui étaient antérieurement soumis à l'impôt. Ces exemptions se rapportent aux élections des maires et des conseillers municipaux.

36. La loi du 27 juill. 1884 (D.P. 84. 4. 97), qui a rétabli le divorce, a rendu leur efficacité aux dispositions de la loi du 28 avr. 1816 qui ont tarifé les actes et jugements en cette matière avant l'abolition du divorce par la loi du 8 mai 1816.

37. En vue de diminuer les frais des ventes judiciaires d'immeubles de peu d'importance, une loi du 23 oct. 1884 (D. P. 85. 4. 9) a autorisé la restitution des droits de timbre, d'enregistrement, de greffe et d'hypothèque perçus sur les actes de la procédure pour les ventes judiciaires dont le prix n'excède pas 2000 fr.

38. Afin de développer la culture du sol, une loi du 3 nov. 1884 (D. P. 85. 4. 17) a accordé une nouvelle réduction de tarif pour les échanges d'immeubles ruraux. Cette loi vise spécialement ceux de ces contrats qui opèrent le rapprochement de parcelles appartenant au même propriétaire et les échanges de biens contigus qui facilitent la reconstitution des terrains trop morcelés.

39. L'Algérie a été assimilée à la France sous différentes réserves et réductions des tarifs pour la perception des droits d'enregistrement (Ord. 19 oct. 1841, *Rép.* n° 46). Un certain nombre de lois et décrets sont intervenus depuis la publication du *Répertoire* pour réglementer cette perception.

La loi du 4 août 1851, relative à la fondation de la Banque algérienne (D. P. 51. 4. 148), a réduit au droit fixe de 2 fr. le droit applicable aux nantissements constitués au profit de cette banque et aux actes ayant pour objet d'établir ses droits comme créancière.

Un décret des 23 avr. 1852-24 janv. 1855 a réduit à 1 fr. le droit fixe applicable aux actes de notoriété destinés à constater les ressources des demandeurs en concession de terres (D. P. 55. 4. 12).

La loi du 26 juill. 1873, relative à l'établissement de la propriété immobilière en Algérie, à sa conservation et à la transmission contractuelle des immeubles et droits immobiliers, dispose que les titres délivrés seront enregistrés au droit fixe de 1 fr. (art. 5, D. P. 74. 4. 4).

Les décrets du 26 août 1881 ont placé les services civils de l'Algérie sous l'autorité directe des ministres compétents, spécialement le service de l'enregistrement sous l'autorité du ministre des finances, qui l'exerce par l'entremise du gouverneur général de l'Algérie. Mais cette délégation ne comprend pas les matières relatives à la perception des droits d'enregistrement ainsi que des amendes de contraventions y relatives. A cet égard, la direction générale de l'enregistrement exerce en Algérie les mêmes attributions que dans la métropole (Décret concernant les attributions déléguées par le ministre des finances au gouverneur général de l'Algérie, art. 2, D. P. 82. 4. 85).

Aux termes d'une loi du 29 juill. 1882 (art. 2, D. P. 83. 4. 48), il est perçu en Algérie, au profit du service de l'assistance publique, un décime en sus du principal tel qu'il est établi et fixé dans la colonie, des impôts et produits dont le recouvrement est confié à l'administration de l'enregistrement et qui, en France, sont passibles de décimes.

Ont été rendus exécutoires en Algérie : la loi du 11 juin 1859 (art. 22, V. *suprà*, n° 24) (Décr. 11 janv. 1860, D. P. 60. 4. 3) ;... la loi du 23 juin 1857 (art. 6 à 11, V. *suprà*, n° 22) (Décr. 26 août 1865, D. P. 65. 4. 137) ;... la loi du 23 août 1871 (V. *suprà*, n° 25) (Décr. 12 déc. 1871, D. P. 72. 4. 1) (1) ;... la loi du 28 févr. 1872 (V. *suprà*, n° 27) (Décr. 23 mars 1872, D. P. 72. 4. 83 ; 22 juin 1872, D. P. 72.4.111) (2) ;... les lois du 27 juill. 1870 (art. 4, V. *suprà*, n° 24) ; 16 sept. 1871 (art. 11, V. *suprà*, n° 28), 30 mars 1872 (art. 1ᵉʳ, V. *suprà*, n° 28) ; 29 juin 1872 (V. *suprà*, n° 28) (Décr. 18 mai 1874, D. P. 75. 4. 8) ;... la loi du 19 févr. 1874 (V. *suprà*, n° 29) Décr. 1ᵉʳ avr. 1874, D. P. 74. 4. 74) ;... la loi du 21 juin 1875 (V. *suprà*, n° 30) (Décr. 8 févr. 1876, D. P. 76. 4. 110) ;... la loi du 3 nov. 1884 (V. *suprà*, n° 38) (Décr. 31 mars 1885, D. P. 85. 4. 80) ;... les lois du 28 déc.

1880 (art. 4) et 29 déc. 1884 (art. 9) (V. *suprà*, n° 33) (Décr. 3 janv. 1887, D. P. 87. 4. 63).

40. Dans les colonies où l'enregistrement est établi, la législation mentionnée au *Rép.* n° 46, concernant la perception des droits d'enregistrement dans ces établissements, a été modifiée et complétée par un certain nombre de décrets. — Une loi du 6 déc. 1850 a exempté des droits de timbre et d'enregistrement les instances en constatation ou rectification des actes de l'état civil concernant les esclaves (art. 2, D. P. 51. 4. 1). — Puis ont été rendus les décrets ci-après sur l'enregistrement :... au Sénégal (Décr. 4 août 1860, D. P. 60. 4. 135 ; 11 févr. 1863, D. P. 63. 4. 11) ;... à l'île de la Réunion (Décr. 7 sept. 1856, D. P. 56. 4. 142 ; 21 sept. 1864, D. P. 64. 4. 116 ; 17 juin 1865, D. P. 65. 4. 123) ;... à la Martinique (Décr. 7 sept. 1856; 21 sept. 1864, D. P. 64. 4. 118 ; 15 oct. 1883, D. P. 84. 4. 76) ;... à la Guadeloupe (Décr. 7 sept. 1856 ; 21 sept. 1864 ; 11 juill. 1882, D. P. 83. 4. 44) ;... à la Guyane (Décr. 27 déc. 1854, D. P. 55. 4. 15 ; 10 mai 1882, D. P. 83. 4. 43 ; 9 juin 1885, D. P. 86. 4. 7).

41. La Corse formant un département français, les lois sur l'enregistrement y sont applicables, comme dans les autres départements, sauf les exceptions établies par des règlements et arrêtés pris en l'an 9 par le conseiller d'Etat Miot, administrateur général de la Corse, en vertu des pleins pouvoirs à lui conférés par la loi du 22 frim. an 9 (*Rép.* n° 46). La cour de cassation a eu à se prononcer dans ces dernières années sur la valeur de ces arrêtés. A la suite d'un savant rapport de M. le conseiller Dupré-Lasale reproduit (D. P. 76. 1. 331), elle a reconnu que lesdits règlements et arrêtés sont restés en vigueur et ont toujours force de loi, attendu qu'ils n'ont jamais été abrogés formellement (Crim. cass. 23 janv. 1875, aff. Costa, D. P. 76. 1. 331).— Comp. *suprà*, vᵒ *Corse*, n° 2.

TABLEAU CHRONOLOGIQUE DE LA LÉGISLATION RELATIVE
À L'ENREGISTREMENT (3).

13-17 mars 1848. — Arrêté du ministre des finances qui accorde un délai d'un mois pour faire enregistrer les actes sous seings privés qui ne l'ont pas été (D. P. 48. 4. 51).

17-20 mars 1848. — Arrêté du ministre des finances qui proroge le délai accordé pour l'enregistrement des billets et effets de commerce (*Bull.*, n° 132).

23-26 mars 1848. — Décret relatif aux protêts. — Art. 1ᵉʳ portant diminution des frais d'enregistrement des protêts (D. P. 48. 4. 57).

24-26 mars 1848. — Décret qui autorise l'établissement de sous-comptoirs de garantie dans les villes où un comptoir d'escompte existera (art. 10 portant que les actes de nantissement au profit des sous-comptoirs de garantie seront enregistrés au droit fixe de 2 fr. 50) (D.P. 48. 4. 58).

24-26 mars 1848. — Décret qui dispense des droits de timbre et d'enregistrement les marchés passés ou à passer par la ville de Paris, pour l'achat de drap et la confection d'uniformes (D. P. 48. 4. 58).

29-31 mars 1848. — Décret relatif à l'exécution du décret du 23 mars 1848 portant diminution des frais de protêt (D. P. 48. 4. 61).

14 avr.-11 mai 1848. — Arrêté relatif à l'enregistrement, sans droits en sus ou amendes, des actes qui n'ont pas été soumis à cette formalité, contrairement aux lois (D. P. 48. 4. 91).

4-11 juill. 1848. — Décret tendant à secourir les différentes industries qui se rattachent au bâtiment, et dérogeant à certaines dispositions du décret du 24 mars 1848 (D. P. 48. 4. 121).

15-23 nov. 1848. — Loi relative aux associations ouvrières. — Art. 1ᵉʳ décidant que les actes relatifs à la constitution des associations ouvrières et aux prêts faits par l'Etat à ces associations seront enregistrés *gratis*, et qu'en cas de constitution d'hypothèque il ne sera payé d'autres frais d'inscription que le salaire du conservateur (D. P. 48. 4. 191).

20-22 févr. 1849. — Loi relative à l'application de l'impôt des mutations aux biens de mainmorte (D. P. 49. 4. 46).

15-18 mars 1849. — Loi électorale (art. 13 portant que tous les actes judiciaires, seront en matière électorale, dispensés de timbre et enregistrés *gratis*) (D. P. 49. 4. 49).

7-11 mai 1849. — Loi sur les majorats et les substitutions. — Art. 7 relatif au droit de transmission par suite du décès d'un majorat de biens particuliers (D. P. 49. 4. 100).

18-22 mai 1850. — Loi portant fixation du budget des recettes de l'année 1850 (art. 5 et suiv. qui : 1° assujettissent

---

(1 et 2) Mais un décret du 22 avr. 1879 (D. P. 79. 4. 55) a disposé que les lois des 23 août 1871 et 28 févr. 1872 ne seraient pas exécutoires en Algérie en ce qui concerne les dispositions relatives aux déclarations de locations verbales.

(3) Nous n'avons pas cru devoir faire figurer dans ce tableau les documents qui ont trait à l'Algérie et aux colonies ; ils seront étudiés *infrà*, vᵗ *Organisation de l'Algérie; Organisation des colonies*.

aux droits proportionnels les soultes dans les partages d'ascendant, les dons manuels, les mutations par décès et les donations des rentes sur l'Etat, ainsi que les mutations par décès des fonds publics et actions industrielles étrangers ; 2° fixent le minimum de tout droit fixe des actes civils et administratifs ; 3° élèvent au taux du droit pour les immeubles le droit de transmission des meubles par donation ou succession ; 4° et portent à cinq et dix ans la prescription de trois et cinq ans pour les omissions dans les déclarations de successions ou pour les successions non déclarées) (D. P. 50. 4. 88).

5-14 juin 1850. — Loi relative au timbre des effets de commerce, des bordereaux de commerce, des actions dans les sociétés, des obligations négociables des départements, communes, établissements publics et compagnies, et des polices d'assurances (art. 14, 15, 27 et 32 décidant que, au moyen de l'établissement d'un droit de timbre proportionnel établi sur les actions des sociétés financières ou industrielles et sur les obligations des départements, communes et établissements publics, leurs cessions seront exemptes de tout droit et de toute formalité d'enregistrement) (D. P. 50. 4. 125, 126 et 127).

18-25 juin 1850. — Loi qui crée, sous la garantie de l'Etat, une caisse de retraites ou rentes viagères pour la vieillesse (art. 11 qui exempte des droits d'enregistrement les certificats, actes de notoriété et autres pièces concernant la caisse des retraites pour la vieillesse) (D. P. 51. 4. 11).

7-14 août 1850. — Loi portant fixation du budget des recettes de l'exercice 1851 (art. 9 qui réduit à 1/2 p. 100 le droit de 1 p. 100 perçu sur les actes dénommés dans l'art. 69, § 3, n° 3, de la loi du 22 frim. an 7, et à 25 cent. p. 100 le droit sur les actes portant libération de sommes ; art. 17 qui fixe les droits à percevoir sur les autorisations accordées aux étrangers d'établir leur domicile en France) (D. P. 50. 4. 185 et 186).

7-14 août 1850. — Loi sur le timbre et l'enregistrement des actes concernant les conseils de prud'hommes (D. P. 50. 4. 186).

10-18 déc. 1850. — Loi ayant pour objet de faciliter le mariage des indigents, la légitimation de leurs enfants naturels et le retrait de ces enfants déposés dans les hospices (art. 4 portant que tous les actes qui y sont relatifs seront enregistrés *gratis*) (D. P. 51. 4. 11).

22-30 janv. 1851. — Loi sur l'assistance judiciaire (art. 14 qui autorise l'enregistrement au débit des actes relatifs à cette assistance) (D. P. 51. 4. 26).

22 févr.-4 mars 1851. — Loi relative aux contrats d'apprentissage (art. 2 fixant le taux du droit d'enregistrement de ces contrats) (D. P. 51. 4. 43).

30 mai-8 juin 1851. — Loi sur la police du roulage et des messageries publiques (art. 19 décidant que les procès-verbaux doivent être enregistrés en débet dans les trois jours, de leur date ou de leur affirmation, à peine de nullité) (D. P. 51. 4. 84).

24 juin-24 juill. 1851. — Loi sur les monts-de-piété (art. 8 qui exempte des droits de timbre et d'enregistrement les obligations, reconnaissances et tous actes concernant l'administration des monts-de-piété) (D. P. 51. 4. 136).

27 déc. 1851-10 janv. 1852. — Décret sur les lignes télégraphiques (art. 11 portant que les procès-verbaux constatant des infractions à la police des lignes télégraphiques seront visés pour timbre et enregistrés en débet) (D. P. 52. 4. 25).

9 janv.-1er févr. 1852. — Décret sur l'exercice de la pêche côtière (art. 21 portant que les citations, actes de procédure et jugements sont dispensés du timbre et enregistrés *gratis*) (D. P. 52. 4. 42).

2-21 févr. 1852. — Décret organique pour l'élection des députés au Corps législatif (art. 34 disposant : 1° que tous actes judiciaires sont, en matière électorale, dispensés de timbre et enregistrés *gratis* ; 2° que les extraits des actes de naissance nécessaires pour établir l'âge des électeurs sont délivrés gratuitement, sur papier libre, à tout réclamant (D. P. 52. 4. 30).

28 févr.-9 avr. 1852. — Décret sur les sociétés de crédit foncier (art. 14 établissant un droit fixe de 10 centimes pour l'enregistrement des lettres de gage) (D. P. 52. 4. 104).

14-16 mars 1852. — Décret relatif à la conversion de rentes 5 p. 100 en rentes 4 1/2 p. 100 (art. 9 décidant que toutes pièces relatives à cette conversion seront visées pour timbre et enregistrées *gratis*) (D. P. 52. 4. 71).

26 mars-6 avr. 1852. — Décret sur les sociétés de secours mutuels (art. 11 décidant que tous actes intéressant les sociétés de secours mutuels approuvées sont exempts des droits de timbre et d'enregistrement) (D. P. 52. 4. 101).

26 mars-6 avr. 1852. — Décret relatif aux rues de Paris (art. 2 portant que l'art. 38 de la loi du 3 mai 1841 sur l'expropriation pour cause d'utilité publique, relatif à l'exemption des droits de timbre, d'enregistrement et de transcription hypothécaire, dans certains cas, est applicable à tous actes et contrats relatifs aux terrains acquis pour la voie publique et par simple mesure de voirie) (D. P. 52. 4. 102).

28 mars-16 avr. 1852. — Décret relatif à la pêche du hareng (art. 14 décidant que les procès-verbaux dressés pour contraventions au présent décret et à ceux qui interviendront

pour son exécution seront visés pour timbre et enregistrés en débet) (D. P. 52. 4. 118).

8-16 juill. 1852. — Loi portant fixation du budget général des dépenses et des recettes de l'exercice 1853 (art. 25 portant que le transfert ou la mutation au grand livre de la dette publique d'une inscription de rente provenant de titulaires décédés ou déclarés absents, ne pourra être effectué que sur la présentation d'un certificat délivré sans frais par le receveur de l'enregistrement, constatant l'acquittement du droit de mutation par décès établi par l'art. 7 de la loi du 18 mai 1850 ; art. 26 qui soumet à la prescription de trente ans les droits de mutation par décès des inscriptions des rentes sur l'Etat, ainsi que les peines encourues pour retard ou omissions dans les déclarations de ces valeurs) (D. P. 52. 4. 185).

25-31 août 1852. — Décret portant règlement sur l'affichage (art. 1er, 2, 8 et 9 relatifs aux déclarations à faire aux bureaux d'enregistrement, au taux du droit d'enregistrement, à la perception et au recouvrement des amendes par l'administration de l'enregistrement) (D. P. 52. 4. 191).

10-15 juin 1853. — Loi relative aux comptoirs et sous-comptoirs d'escompte (art. 1er autorisant la création ou la prorogation de ces établissements avec les droits énoncés aux art. 9 et 10 du décret du 24 mars et à l'art. 2, § 2, du décret du 23 août 1848) (D. P. 53. 4. 117).

10 août-23 sept. 1853. — Décret impérial sur le classement des places de guerre et des postes militaires, et sur les servitudes imposées à la propriété autour des fortifications (art. 28 relatif aux droits de timbre et d'enregistrement des soumissions concernant les servitudes défensives ; art. 40 et 47 relatifs aux droits de timbre et d'enregistrement des procès-verbaux dressés par les gardes du génie) (D. P. 53. 4. 218, 219 et 220).

16 août-14 oct. 1853. — Décret impérial sur la délimitation de la zône frontière, l'organisation et les attributions de la commission mixte des travaux publics (art. 34 et 39 relatifs aux droits de timbre et d'enregistrement des procès-verbaux dressés par les gardes du génie) (D. P. 53. 4. 230).

1er mars-11 avr. 1854. — Décret impérial portant règlement sur l'organisation et le service de la gendarmerie (art. 306, 308, 491 et 492 relatifs au timbre et à l'enregistrement des procès-verbaux) (D. P. 54. 4. 53, 54 et 61).

28 avr. 1854. — Arrêté du ministre des finances contenant règlement pour l'admission au surnumérariat dans l'administration de l'enregistrement, des domaines et du timbre.

22-26 juin 1854. — Loi portant fixation du budget général des dépenses et des recettes de l'exercice 1855 (art. 23 relatif à l'enregistrement des cessions de contrats faites entre les sociétés de crédit foncier) (D. P. 54. 4. 117).

22-26 juin 1854. — Loi qui établit des servitudes autour des magasins à poudre de la guerre et de la marine (art. 4 qui assimile aux gardes du génie les gardes d'artillerie chargés de dresser les procès-verbaux) (D. P. 54. 4. 122) (V. *supra*, Décr. 10 août-23 sept. 1853).

6 nov. 1854-23 juin 1855. — Arrêté des ministres des finances et de la justice relatif à l'enregistrement des actes signifiés par les huissiers (*Code annoté de l'enregistrement*, p. XCI).

23-26 mars 1855. — Loi sur la transcription en matière hypothécaire (art. 12 établissant un droit de 1 fr. pour les actes ou jugements qui en étaient auparavant dispensés) (D. P. 55. 4. 27).

5-15 mai 1855. — Loi portant fixation du budget général des dépenses et des recettes de l'exercice 1856 (art. 15 qui rétablit à leur ancien taux les droits d'obligation et de libération ; art. 16 qui fixe à 5 pour 100 le taux des frais de régie dus à l'administration de l'enregistrement sur le montant des sommes qu'elle recouvre, pour le compte des tiers) (D. P. 55. 4. 71).

9 juill. 1855. — Arrêté du ministre des finances contenant règlement pour l'admission au surnumérariat dans l'administration de l'enregistrement, des domaines et du timbre.

14-15 juill. 1855. — Loi qui autorise l'établissement de divers impôts (art. 5 établissant un double décime à dater de sa promulgation jusqu'au 1er janv. 1858) (D. P. 55. 4. 75).

29 sept.-10 oct. 1855. — Décret impérial qui accorde jusqu'au 1er janv. 1856 pour soumettre au visa pour timbre et à l'enregistrement, sans droits ni sus ou amendes, les actes sous signatures privées, y énoncés (D. P. 55. 4. 99).

21 nov.-15 déc. 1855. — Décret impérial relatif aux recettes faites, au nom et pour le compte de la caisse des dépôts et consignations, par les receveurs de l'enregistrement et des domaines (D. P. 55. 4. 119).

14-22 juill. 1856. — Loi sur la conservation et l'aménagement des sources d'eaux minérales (art. 14 relatif au visa pour timbre et à l'enregistrement en débet des procès-verbaux dressés pour contravention aux lois sur les eaux minérales) (D. P. 56. 4. 91).

17-23 juill. 1856. — Loi relative aux concordats par abandon (portant que le concordat par abandon est assimilé à l'union pour la perception des droits d'enregistrement) (c. com. nouvel art. 541, § 5) (D. P. 56. 4. 144).

21-26 juill. 1856. — Loi concernant les contraventions aux règlements sur les appareils et bateaux à vapeurs (art. 22

décidant que les procès-verbaux relatifs à ces contraventions sont visés pour timbre et enregistrés en débet) (D. P. 56. 4. 119).

6-13 juin 1857. — Loi qui soumet à un droit fixe d'enregistrement les adjudications et marchés de toute nature relatifs au travail dans les prisons (D. P. 57. 4. 80).

23-27 juin 1857. — Loi portant fixation du budget général des dépenses et des recettes de l'exercice 1858 (art. 6 et suiv. établissant un droit de transmission sur les actions et obligations des sociétés ou compagnies françaises et étrangères ; art. 13 qui supprime, à partir de l'exercice 1858, le second décime sur les droits d'enregistrement) (D. P. 57. 4. 91).

23-27 juin 1857. — Loi sur les marques de fabrique et de commerce (art. 4 relatif à la perception d'un droit fixe pour rédaction du procès-verbal de dépôt de chaque marque et le coût de l'expédition, non compris le timbre et l'enregistrement) (D. P. 57. 4. 79).

17-28 juill. 1857. — Décret impérial portant règlement pour l'exécution de la loi du 23 juin 1857 portant fixation du budget de l'exercice 1858, qui établit un droit de transmission sur les actions et obligations des sociétés, compagnies et entreprises françaises ou étrangères (D. P. 57. 4. 111).

28 mai-11 juin 1858. — Loi sur les négociations concernant les marchandises déposées dans les magasins généraux (art. 13 qui statue sur le timbre et l'enregistrement des récépissés, warrants et endossements de marchandises déposées dans les magasins généraux ainsi que sur la communication des registres aux préposés de l'enregistrement) (D. P. 58. 4. 71).

28 mai-11 juin 1858. — Loi sur les ventes publiques de marchandises en gros (art. 4 qui réduit à 10 cent. pour 100 fr. le droit d'enregistrement des ventes publiques de marchandises en gros) (D. P. 58. 4. 76).

26 juill.-11 août 1858. — Décret impérial portant règlement d'administration publique pour l'exécution de la loi du 23 juin 1857 sur les marques de fabrique et de commerce (art. 2, 5 et 6 relatifs au timbre et à l'enregistrement) (D. P. 58. 4. 149).

11-17 juin 1859. — Loi portant fixation du budget général des dépenses et des recettes de l'exercice 1860 (art. 6 qui maintient l'effet de l'art. 13 de la loi de finances du 23 juin 1857 quant à la suppression du second décime pour l'exercice de 1860 ; art. 22 et suiv. permettant l'enregistrement provisoire, au droit fixe, des actes et traités sous seing privé réputés actes de commerce) (D. P. 59. 4. 42 et 45).

24 mars-1er avr. 1860. — Décret impérial qui règle la remise des receveurs de l'enregistrement, du timbre et des domaines (D. P. 60. 4. 29).

13-18 juin 1860. — Décret impérial relatif à la vente du sel, des tabacs, des poudres à feu et du plomb de chasse, à la taxe des lettres, à la perception des contributions directes ou indirectes, des droits d'enregistrement, de timbre, etc., en Savoie et dans l'arrondissement de Nice (art. 5 relatif à la perception des droits d'enregistrement, de timbre, de greffe et d'hypothèque en Savoie et à Nice) (D. P. 60. 4. 69).

18-23 juill. 1860. — Loi sur l'émigration (art. 11 qui ordonne l'enregistrement en débet des procès-verbaux en matière de police sur le transport des émigrants) (D. P. 60. 4. 94).

26-27 juill. 1860. — Loi portant fixation du budget général des dépenses et des recettes de l'exercice 1861 (art. 6 maintenant pour l'exercice 1861 l'effet de l'art. 13 de la loi de finances du 23 juin 1857 ; art. 20 qui exempte de l'enregistrement les registres et les extraits des registres constatant l'inscription des élèves pharmaciens) (D. P. 60. 4. 107 et 108).

17-20 oct. 1860. — Décret impérial qui rend applicables aux départements de la Savoie, de la Haute-Savoie et des Alpes-Maritimes, les lois, ordonnances et décrets concernant le domaine de l'État, les droits d'enregistrement, de greffe et d'hypothèques, etc. (D. P. 60. 4. 133).

28 juin-4 juill. 1861. — Loi portant fixation du budget général des dépenses et des recettes de l'exercice 1862 (art. 6 maintenant pour l'exercice 1862 l'effet de l'art. 13 de la loi de finances du 23 juin 1857 ; art. 17 qui fixe à dix jours le délai pour faire enregistrer les procès-verbaux de ventes publiques de marchandises faites par les courtiers) (D. P. 61. 4. 93).

29 juin-26 juill. 1861. — Décret impérial qui ajoute un troisième paragraphe à l'art. 25 du décret du 12 mars 1859, portant règlement d'administration publique pour l'exécution de la loi du 28 mai 1858 sur les ventes publiques de marchandises en gros (D. P. 61. 4. 111).

3-9 juill. 1861. — Loi sur les ventes publiques de marchandises en gros, autorisées ou ordonnées par la justice consulaire (art. 3 déclarant applicable à ces ventes l'art. 4 de la loi du 28 mai 1858) (D. P. 61. 4. 107).

11-18 janv. 1862. — Décret impérial relatif à la perception du droit de transmission établi sur les actions et obligations des sociétés, compagnies et entreprises étrangères (D. P. 62. 4. 12).

6 févr. 1862. — Décret impérial relatif au transfert d'inscriptions de rentes sur l'État, soumettant les procurations sous signature privée, relatives à ces transferts, au droit minimum d'enregistrement déterminé par la loi (*Code annoté de l'enregistrement*, p. C).

12-13 févr. 1862. — Loi relative à la conversion facultative

de la rente 4 1/2 pour 100, de la rente 4 pour 100 et des obligations trentenaires (art. 10 disposant que les pièces relatives à cette conversion seront visées pour timbre et enregistrées *gratis*) (D. P. 62. 4. 20).

2-3 juill. 1862. — Loi portant fixation du budget général ordinaire des dépenses et des recettes de l'exercice 1863 (art. 14 qui autorise la perception, à partir du 1er juill. 1862 jusqu'à la fin de 1863, d'un nouveau décime sur les produits dont la perception est confiée à la régie de l'enregistrement) (D. P. 62. 4. 66).

2-3 juill. 1862. — Décret impérial concernant la publication des art. 14 et 15 de la loi du 2 juill. 1862 relatifs à l'établissement d'un nouveau décime sur les produits dont la perception est confiée à l'administration de l'enregistrement, etc. (D. P. 62. 4. 71).

13-19 mai 1863. — Loi portant fixation du budget général des dépenses et des recettes ordinaires de l'exercice 1864 (art. 4 qui maintient pour l'exercice 1864 le second décime établi par les lois de finances des 23 juin 1857 et 2 juill. 1862 ; art. 11 qui applique aux obligations des compagnies industrielles ou de finances étrangères les dispositions établies par la loi du 18 mai 1850 relativement aux actions) (D. P. 63. 4. 57 et 58).

30 mai-18 juin 1863. — Décret impérial qui modifie : 1° le tableau annexé à la loi du 28 mai 1858, sur les ventes publiques de marchandises en gros ; 2° le décret du 12 mars 1859, portant règlement d'administration publique pour l'exécution de ladite loi (D. P. 63. 4. 122).

12 juill. 1863-13 avr. 1864. — Décret impérial sur les attributions du directeur général de l'enregistrement, des domaines et du timbre (D. P. 64. 4. 35).

14 nov. 1863. — Arrêté du ministre des finances contenant règlement pour l'admission au surnumérariat dans l'administration de l'enregistrement, des domaines et du timbre (Instr. adm. enreg. 16 nov. 1863, n° 2264).

23 déc. 1863. — Arrêté du ministre des finances, relatif aux empêchements pour cause de parenté ou d'alliance des agents de l'administration de l'enregistrement avec les officiers publics ou ministériels (D. P. 64. 3. 16).

8-9 juin 1864. — Loi sur les suppléments de crédits de l'exercice 1864 (art. 14 réduisant de moitié le second décime établi par la loi de finances du 2 juill. 1862 sur ou les droits et produits perçus par l'enregistrement) (D. P. 64. 4. 77).

8-11 juin 1864. — Loi portant fixation du budget général des dépenses et des recettes de l'exercice 1865 (art. 3 portant qu'il ne sera perçu, pour l'exercice 1865, que moitié du second décime établi par la loi du 2 juill. 1862 sur les droits et produits dont la perception est confiée à la régie de l'enregistrement) (D. P. 64. 4. 92).

11-19 déc. 1864. — Décret impérial relatif à la perception du droit de transmission établi sur les titres des sociétés, compagnies et entreprises étrangères (D. P. 64. 4. 128).

8-17 juill. 1865. — Loi portant fixation du budget général des dépenses et des recettes ordinaires de l'exercice 1866 (art. 3 qui maintient, pour l'exercice 1866, les dispositions du paragraphe 1er de l'art. 3 de la loi du 8 juin 1864, lequel réduit à un demi-décime le second décime établi par la loi du 2 juill. 1862, sur les droits et produits dont la perception est confiée à la régie de l'enregistrement) (D. P. 65. 4. 104).

25 oct.-9 déc. 1865. — Décret impérial qui fixe le minimum et le maximum des remises allouées aux receveurs de l'enregistrement, des domaines et du timbre (D. P. 66. 4. 7).

18-24 juill. 1866. — Loi qui réduit au droit fixe de 1 fr. l'enregistrement et la transcription des actes relatifs au dessèchement des étangs de la Dombes (D. P. 66. 4. 127).

18-25 juill. 1866. — Loi portant fixation du budget général des dépenses et des recettes ordinaires de l'exercice 1867 (art. 3 qui supprime, à partir du 1er janv. 1867, à l'égard des baux et échanges des biens immeubles, des actes énumérés au paragraphe 7, n°s 1, 3, 4, 5 et 6, de l'art. 69 de la loi du 22 frim. an 7, des obligations et libérations hypothécaires, le demi-décime établi par la loi du 8 juin 1864, et le maintient à l'égard de tous autres droits et produits) (D. P. 66. 4. 130).

31 juill.-8 août 1867. — Loi portant fixation du budget général des dépenses et des recettes ordinaires de l'exercice 1868 (art. 3 portant que la perception du demi-décime établi par la loi de finances du 8 juin 1864 (art. 3) continuera d'être effectuée pour 1868 sur les droits et produits recouvrés par l'enregistrement, etc.) (D. P. 66. 4. 147).

11-15 juill. 1868. — Loi portant création de deux caisses d'assurances, l'une au cas de décès et l'autre en cas d'accidents résultant de travaux agricoles et industriels (art. 19 portant que toutes les pièces relatives à l'exécution de la présente loi seront dispensées des droits de timbre et d'enregistrement) (D. P. 68. 4. 102).

2-7 août 1868. — Loi portant fixation du budget général des dépenses et des recettes ordinaires de l'exercice 1869 (art. 3 portant que la perception du demi-décime établi par la loi de finances du 8 juin 1864 (art. 3) continuera d'être effectuée pour 1869 sur les droits et produits recouvrés par l'enregistrement, etc.) (D. P. 68. 4. 143).

8-13 mai 1869. — Loi portant fixation du budget général des dépenses et des recettes ordinaires de l'exercice 1870 (art. 4 portant que la perception du demi-décime établi par la loi de finances du 8 juin 1864 (art. 3) continuera d'être effectuée pour 1870 sur les droits et produits recouvrés par l'enregistrement, etc.) (D. P. 69. 4. 78).

27-30 juill. 1870. — Loi portant fixation du budget général des recettes et des dépenses de l'exercice 1871 (art. 4 contenant des dispositions sur l'enregistrement des échanges d'immeubles ruraux; art. 5 portant que la perception du demi-décime établi par la loi de finances du 8 juin 1864 (art. 3) continuera d'être effectuée pour 1871 sur les droits et produits recouvrés par l'enregistrement, etc.) (D. P. 70. 4. 59).

31 août-1er sept. 1870. — Loi concernant les marchandises déposées dans les magasins généraux (art. 2 relatif aux droits qu'a l'administration de l'enregistrement d'évaluer le cautionnement du concessionnaire d'un magasin général et de prendre hypothèque sur ses biens) (D. P. 70. 4. 82).

23-25 août 1871. — Loi qui établit les augmentations d'impôts et des impôts nouveaux, relatifs à l'enregistrement et au timbre (D. P. 71. 4. 54).

Art. 1er. Les dispositions de l'art. 14 de la loi du 2 juill. 1862, relatives à la perception d'un second décime sur les droits et produits dont le recouvrement est confié à l'administration de l'Enregistrement, sont remises en vigueur.

2. Il est ajouté deux décimes au principal des droits de timbre de toute nature.

Ne sont pas soumis à ces deux décimes :

1o Les effets de commerce spécifiés en l'art. 1er de la loi du 5 juin 1850, dont le tarif, fixé par ledit article et par l'art. 2 de la même loi, est porté au double, ainsi que les effets tirés de l'étranger sur l'étranger, négociés, endossés, acceptés ou acquittés en France, qui sont soumis aux mêmes droits;

2o Les récépissés des chemins de fer, les quittances de produits et revenus délivrées par les comptables de deniers publics, conformément à l'art. 4 de la loi du 8 juill. 1865, les reconnaissances de valeurs cotées, ainsi que les quittances de sommes envoyées par la poste, lesquels seront à l'avenir assujettis à un droit de timbre de 25 centimes ;

3o Les permis de chasse, dont le droit, perçu au profit du Trésor, est élevé de 15 fr. à 30 fr.

Les dispositions de l'art. 7 de la loi du 18 mai 1850, concernant les valeurs mobilières étrangères dépendant des successions régies par la loi française, et les transmissions entre vifs à titre gratuit de ces mêmes valeurs au profit d'un Français, sont étendues aux créances, parts d'intérêts, obligations des villes, établissements publics, et généralement à toutes les valeurs mobilières étrangères, de quelque nature qu'elles soient.

4o Sont assujettis aux droits de mutation par décès, les fonds publics, actions, obligations, parts d'intérêts, créances, et généralement toutes les valeurs mobilières étrangères, de quelque nature qu'elles soient, dépendant de la succession d'un étranger domicilié en France, avec ou sans autorisation.

Il en sera de même des transmissions entre-vifs, à titre gratuit ou à titre onéreux, de ces mêmes valeurs, lorsqu'elles s'opéreront en France.

5. Les actes d'ouverture de crédit sont soumis à un droit proportionnel d'enregistrement de 50 cent. par 100 fr.

La réalisation ultérieure du crédit sera assujettie aux droits fixés par les lois en vigueur, mais il sera tenu compte dans la liquidation du montant du droit payé en exécution du paragraphe 1er du présent article.

Le droit d'hypothèque, fixé à 1 p. 1000 par l'art. 60 de la loi du 28 avr. 1816, sera perçu lors de l'inscription des hypothèques garantissant les ouvertures de crédit.

6. Tout contrat d'assurance maritime ou contre l'incendie, ainsi que toute convention postérieure contenant prolongation de l'assurance, augmentation dans la prime ou le capital assuré, désignation d'une somme en risque ou d'une prime à payer, est soumis à une taxe obligatoire, moyennant le payement de laquelle la formalité de l'enregistrement sera donnée gratis toutes les fois qu'elle sera requise.

La taxe est fixée ainsi qu'il suit, savoir :

1o Pour les assurances maritimes et par chaque contrat, à raison de 50 cent. par 100 fr., décimes compris, du montant des primes et accessoires de la prime.

La perception suivra les sommes de 20 fr. en 20 fr., sans fraction, et la moindre taxe perçue pour chaque contrat sera de 25 cent., décimes compris.

2o Pour les assurances contre l'incendie et annuellement, à raison de 8 p. 100 du montant des primes, ou, en cas d'assurance mutuelle, de 8 p. 100 des cotisations ou des contributions.

La taxe sera perçue d'après les mêmes bases sur les contrats en cours, mais seulement pour le temps restant à courir et sauf recours par les assureurs contre les assurés.

Les contrats de réassurance ne sont pas assujettis à la taxe, à moins que l'assurance primitive, souscrite à l'étranger, n'ait pas été soumise au droit.

7. La taxe fixée par l'article précédent sera perçue, pour le compte du Trésor, par les compagnies, sociétés et tous autres assureurs, courtiers ou notaires, qui auraient rédigé les contrats.

Les répertoires et livres dont la tenue est prescrite par les art. 35, 44, 45 et 47 de la loi du 5 juin 1850, feront mention expresse, pour chaque contrat, du montant des primes ou cotisations exigibles, ainsi que de la taxe payée par les assurés en exécution de l'art. 6 de la présente loi.

Chaque contravention à cette disposition sera passible d'une amende de 10 fr.

Ces dispositions, celles de l'art. 6 et celles des lois des 5 juin 1850 et 2 juill. 1862, sont applicables aux sociétés et assureurs étrangers qui auraient un établissement ou une succursale en France.

8. Les contrats d'assurance passés à l'étranger à l'étranger, pour des immeubles situés en France, ou pour des objets ou valeurs appartenant à des Français, doivent être enregistrés avant toute publicité ou usage en France, à peine d'un droit en sus qui ne peut être inférieur à 50 fr.

Le droit est fixé ainsi qu'il suit :

Pour les assurances contre l'incendie, à raison de 8 fr. par 100 fr. du montant des primes, multiplié par le nombre d'années pour lequel l'assurance a été contractée ;

Pour les assurances maritimes, au taux fixé par l'art. 6 ci-dessus.

9. Les contrats d'assurances contre l'incendie passés en France, pour des immeubles ou objets mobiliers situés à l'étranger, ne sont pas assujettis au payement de la taxe ; mais il ne pourra en être fait aucun usage en France, soit par acte public, soit en justice ou devant toute autre autorité constituée, sans qu'ils aient été préalablement enregistrés. Le droit sera perçu au taux fixé par l'article précédent, mais seulement pour les années restant à courir.

10. Un règlement d'administration publique déterminera le mode de perception et les époques de payement de la taxe établie par l'art. 6 ci-dessus, ainsi que toutes les mesures nécessaires pour assurer l'exécution des art. 6 et 7 de la présente loi. Chaque contravention aux dispositions de ce règlement sera passible d'une amende de 50 francs.

11. Lorsqu'il n'existe pas de convention écrite constatant une mutation de jouissance de biens immeubles, il y est suppléé par des déclarations détaillées et estimatives, dans les trois mois de l'entrée en jouissance.

Si la location est faite suivant l'usage des lieux, la déclaration en contiendra la mention.

Les droits d'enregistrement deviendront exigibles dans les vingt jours qui suivront l'échéance de chaque terme, et la perception en sera continuée jusqu'à ce qu'il ait été déclaré que le bail a cessé ou qu'il a été résilié.

En cas de déclaration insuffisante, il sera fait application des dispositions des art. 19 et 39 de la loi du 22 frim. an 7.

La déclaration doit être faite par le preneur, ou, à son défaut, par le bailleur, ainsi qu'il est dit à l'art. 14 ci-après.

Ne sont pas assujetties à la déclaration les locations verbales ne dépassant pas trois ans, et dont le prix annuel n'excède pas 100 fr. — Toutefois, si le même bailleur a consenti plusieurs locations verbales de cette catégorie, mais dont le prix cumulé excède 100 fr. annuellement, il sera tenu d'en faire la déclaration et d'acquitter personnellement et sans recours les droits d'enregistrement.

Si le prix de location verbale est supérieur à 100 fr., sans excéder 300 fr. annuellement, le bailleur sera également tenu d'en faire la déclaration et d'acquitter les droits exigibles, sauf son recours contre le preneur qui sera dispensé, dans ce cas, de la formalité de la déclaration.

Le droit sera exigible lors de l'enregistrement ou de la déclaration. Toutefois, si le bail est de plus de trois ans et si les parties le requièrent, le montant du droit pourra être fractionné en autant de payements égaux qu'il y aura de périodes triennales dans la durée du bail. Le payement des droits afférents à la première période sera seul acquitté lors de l'enregistrement ou de la déclaration, et celui des périodes subséquentes aura lieu dans le premier mois de l'année qui commencera chaque période.

La dernière disposition du no 2 du paragraphe 3 de l'art. 69 de la loi du 22 frim. an 7, relative aux baux de trois, six ou neuf années, est abrogée.

Les dispositions du présent article ne seront exécutoires qu'à partir du 1er octobre prochain.

12. Toute dissimulation dans le prix d'une vente et dans le prix d'un échange ou d'un partage sera punie d'une amende égale au quart de la somme dissimulée, et payée solidairement par les parties, sauf à la répartir entre elles par égale part.

13. La dissimulation peut être établie par tous les genres de preuves admises par le droit commun. Toutefois, l'Administration ne peut déférer le serment décisoire, et elle ne peut user de la preuve testimoniale que pendant dix ans, à partir de l'enregistrement de l'acte.

L'exploit d'ajournement est donné, soit devant le juge du domicile de l'un des défendeurs, soit devant celui de la situation des biens, au choix de l'Administration.

La cause est portée, suivant l'importance de la réclamation, devant la justice de paix ou devant le tribunal civil. Elle est instruite et jugée comme en matière sommaire ; elle est sujette à appel, s'il y a lieu. Le ministère des avoués n'est pas obligatoire, mais les parties qui n'auraient pas constitué avoué, ou qui ne seraient pas domiciliées dans le lieu où siège la justice de paix ou le tribunal, seront tenues d'y faire élection de domicile, à défaut de quoi, toutes significations seront valablement faites au greffe.

Le notaire qui reçoit un acte de vente, d'échange ou de partage, est tenu de donner lecture aux parties des dispositions du présent article et de celles de l'art. 12 ci-dessus. Mention expresse de cette lecture sera faite dans l'acte, à peine d'une amende de 10 fr.

14. À défaut d'enregistrement ou de déclaration dans les délais fixés par les lois des 22 frim. an 7, 27 vent. an 9, et par l'art. 11 de la présente loi, l'ancien et le nouveau possesseur, le bailleur et le preneur, sont tenus personnellement et sans recours, nonobstant toute stipulation contraire, d'un droit en sus, lequel ne peut être inférieur à 50 fr.

L'ancien possesseur et le bailleur peuvent s'affranchir du droit en sus qui leur est personnellement imposé, ainsi que du versement immédiat des droits simples, en déposant dans un bureau d'enregistrement l'acte constatant la mutation ou à défaut d'acte, en faisant les déclarations prescrites par l'art. 4 de la loi du 27 vent. an 9, et par l'art. 11 de la présente loi.

Outre les délais fixés pour l'enregistrement des actes ou déclarations, un délai d'un mois est accordé à l'ancien possesseur et au bailleur pour faire le dépôt ou les déclarations autorisés par le paragraphe qui précède.

Les dispositions du présent article ne sont pas applicables au preneur dans les cas prévus par les paragraphes 5 et 6 de l'art. 11 ci-dessus.

15. Lorsque, dans les cas prévus par la loi du 22 frim. an 7 et par l'art. 11 de la présente loi, il y a lieu à expertise, et que le prix exprimé ou la valeur déclarée n'excède pas 2000 fr., cette expertise est faite par un seul expert nommé par toutes les parties, ou, en cas de désaccord, par le président du tribunal et sur simple requête.

16. Les tribunaux devant lesquels sont produits des actes non enregistrés doivent, soit sur les réquisitions du ministère public, soit même d'office, ordonner le dépôt au greffe de ces actes, pour être immédiatement soumis à la formalité de l'enregistrement.

Il est donné acte au ministère public de ses réquisitions.

17. Il est accordé un délai de trois mois à compter de la promulgation de la présente loi, pour faire enregistrer sans droits en sus ni amendes, tous les actes sous signatures privées qui, en contravention aux lois sur l'enregistrement, n'auraient pas été soumis à cette formalité.

Le droit ne sera perçu pour les baux ainsi présentés à l'enregistrement que pour le temps restant à courir au jour de la promulgation de la présente loi.

Le même délai de faveur est accordé pour faire la déclaration des biens transmis, soit par décès, soit entre vifs, lorsqu'il n'existera pas de conventions écrites.

Les nouveaux possesseurs qui auraient fait des omissions ou des estimations insuffisantes dans leurs actes ou déclarations sont admis à les réparer sans être soumis à aucune peine, pourvu qu'ils acquittent les droits simples et les frais dans le délai de trois mois.

Les dispositions du paragraphe 1er du présent article sont également applicables aux contraventions aux lois sur le timbre de dimension encourues à raison des actes sous signatures privées qui n'auraient pas été régulièrement timbrés.

Le bénéfice résultant du présent article ne peut être réclamé que pour les contraventions existant au jour de la promulgation de la présente loi.

18. À partir du 1er déc. 1871, sont soumis à un droit de timbre de 10 centimes :

1° Les quittances ou acquits donnés au pied des factures et mémoires, les quittances pures et simples, reçus ou décharges de sommes, titres, valeurs ou objets, et généralement tous les titres, de quelque nature qu'ils soient, signés ou non signés, qui emporteraient libération, reçu ou décharge ;

2° Les chèques, tels qu'ils sont définis par la loi du 14 juin 1865, dont l'art. 7 est et demeure abrogé.

Le droit est dû pour chaque acte, reçu, décharge ou quittance ; il peut être acquitté par l'apposition d'un timbre mobile, à l'exception toutefois du droit sur les chèques, lesquels ne peuvent être remis à celui qui doit en faire usage sans qu'ils aient été préalablement revêtus de l'empreinte du timbre à l'extraordinaire.

Le droit de timbre de 10 centimes n'est applicable qu'aux actes faits sous signatures privées et ne contenant pas de dispositions autres que celles spécifiées au présent article.

19. Une remise de 2 p. 100 sur le timbre est accordée, à titre de déchet, à ceux qui feront timbrer préalablement leurs formules de quittances, reçus ou décharges.

20. Sont seuls exceptés du droit de timbre de dix centimes :

1° Les acquits inscrits sur les chèques, ainsi que sur les lettres de change, billets à ordre et autres effets de commerce assujettis au droit proportionnel ;

2° Les quittances de 10 fr. et au-dessous, quand il ne s'agit pas d'un acompte ou d'une quittance finale sur une plus forte somme ;

3° Les quittances énumérées en l'art. 16 de la loi du 13 brum.

an 7, à l'exception de celles relatives aux traitements et émoluments des fonctionnaires, officiers des armées de terre et de mer, et employés salariés par l'État, les départements, les communes et tous établissements publics ;

4° Les quittances délivrées par les comptables de deniers publics, celles des douanes, des contributions indirectes et des postes qui restent soumises à la législation qui leur est spéciale.

Toutes autres dispositions contraires sont abrogées.

21. Les avertissements donnés aux termes de la loi du 2 mai 1855, avant toute citation, devront être rédigés par le greffier du juge de paix, sur papier non timbré, au timbre de dimension de 50 centimes.

22. Les sociétés, compagnies, assureurs, entrepreneurs de transports et tous autres assujettis aux vérifications des agents de l'Enregistrement par les lois en vigueur sont tenus de représenter auxdits agents leurs livres, registres, titres, pièces de recette, de dépense et de comptabilité, afin qu'ils s'assurent de l'exécution des lois sur le timbre.

Tout refus de communication sera constaté par procès-verbal et puni d'une amende de 100 fr. à 1000 fr.

23. Toute contravention aux dispositions de l'art. 18 sera punie d'une amende de 50 fr. L'amende sera due par chaque acte écrit, quittance, reçu ou décharge, pour lequel le droit de timbre n'aurait pas été acquitté.

Le droit de timbre est à la charge du débiteur ; néanmoins, le créancier qui a donné quittance, reçu ou décharge en contravention aux dispositions de l'art. 18, est tenu personnellement et sans recours, nonobstant toute stipulation contraire, du montant des droits, frais et amendes.

La contravention sera suffisamment établie par la présentation des pièces non timbrées et annexées aux procès-verbaux que les employés de l'Enregistrement, les officiers de police judiciaire, les agents de la force publique, les préposés des douanes, des contributions indirectes et ceux des octrois, sont autorisés à dresser, conformément aux art. 31 et 32 de la loi du 13 brum. an 7. Il leur est attribué un quart des amendes recouvrées.

Les instances seront instruites et jugées selon les formes prescrites par l'art. 76 de la loi du 28 avr. 1816.

24. Un règlement d'administration publique déterminera la forme et les conditions d'emploi des timbres mobiles créés en exécution de la présente loi. Toute infraction aux dispositions de ce règlement sera punie d'une amende de 20 fr.

Sont applicables à ces timbres les dispositions de l'art. 21 de la loi du 11 juin 1859.

Sont considérés comme non timbrés :

1° Les actes, pièces ou écrits sur lesquels le timbre mobile aurait été apposé sans l'accomplissement des conditions prescrites par le règlement d'administration publique, ou sur lesquels aurait été apposé un timbre ayant déjà servi ;

2° Les actes, pièces ou écrits sur lesquels un timbre mobile aurait été apposé en dehors des cas prévus par l'art. 18.

11-16 sept. 1871. — Loi qui abroge les décrets des 22 oct., 3, 22 et 25 nov. 1870 sur la garde nationale mobilisée (art. 3 stipulant le remboursement des droits d'enregistrement perçus par le Trésor sur les emprunts contractés par les départements et les communes pour la garde nationale mobilisée) (D. P. 71. 4. 159).

15 sept.-12 oct. 1871. — Loi relative à la reconstitution des consignations effectuées dans le département de la Seine antérieurement au 31 mars 1871 (art. 6 portant que toutes les pièces relatives à l'exécution de la présente loi sont dispensées des droits de timbre et d'enregistrement) (D. P. 71. 4. 163).

16 sept.-2 oct. 1871. — Loi portant fixation du budget rectificatif de 1871 (art. 11 qui élève le droit de transmission sur les valeurs mobilières) (D. P. 71. 4. 93).

21 nov. 1871. — Arrêté du ministre des finances relatif aux baux sous signatures privées, pour l'exécution de la loi du 25 août 1871 (D. P. 71. 3. 93).

25-26 nov. 1871. — Décret portant règlement d'administration publique relatif à la taxe établie par la loi du 23 août 1871 sur les assurances maritimes et sur les assurances contre l'incendie (D. P. 71. 4. 74).

28-29 févr. 1872. — Loi concernant la perception des droits fixes et de certains droits proportionnels d'enregistrement (D. P. 72. 4. 12).

Art. 1. La quotité du droit fixe d'enregistrement auquel sont assujettis, par la loi du 22 frim. an 7 et par les lois subséquentes, les actes ci-après, sera déterminée ainsi qu'il suit, savoir :

1° Les actes de formation et de prorogation de société, qui ne contiennent ni obligation, ni libération, ni transmission de biens, meubles ou immeubles, entre les associés ou autres personnes, par le montant total des apports mobiliers et immobiliers, déduction faite du passif ;

2° Les actes translatifs de propriété, d'usufruit ou de jouissance de biens immeubles situés en pays étranger ou dans les colonies françaises, dans lesquels le droit d'enregistrement n'est pas établi, par le prix exprimé, ou y ajoutant toutes les charges en capital.

L'art. 4 de la loi du 16 juin 1824 est abrogé.

3° Les actes ou procès-verbaux de vente de marchandises avariées par suite d'événements de mer et de débris de navires naufragés, par le prix exprimé, en y ajoutant toutes les charges en capital ;

4° Les contrats de mariage soumis actuellement au droit fixe de 5 fr., par le montant des apports personnels des futurs époux ;

5° Les partages de biens meubles et immeubles entre copropriétaires, cohéritiers et associés, à quelque titre que ce soit, par le montant de l'actif net partagé ;

6° Les délivrances de legs, par le montant des sommes ou par la valeur des objets légués ;

7° Les consentements à mainlevées totales ou partielles d'hypothèques, par le montant des sommes faisant l'objet de la mainlevée ;

S'il y a seulement réduction de l'inscription, il ne sera perçu qu'un droit de 5 fr. par chaque acte ;

8° Les prorogations de délai pures et simples, par le montant de la créance dont le terme d'exigibilité est prorogé ;

9° Les adjudications et marchés pour constructions, réparations, entretien, approvisionnements et fournitures dont le prix doit être payé directement par le Trésor public, et les cautionnements relatifs à ces adjudications et marchés, par le prix exprimé ou par l'évaluation des objets ;

L'art. 73 de loi du 15 mai 1818 est abrogé ;

10° Les titres nouvels et reconnaissances de rentes dont les actes constitutifs ont été enregistrés, par le capital des rentes.

2. Le taux du droit établi par l'article précédent est fixé ainsi qu'il suit :

A 5 fr. pour les sommes ou valeurs de 5000 fr. et au-dessous, et pour les actes ne contenant aucune énonciation de sommes et valeurs ni dispositions susceptibles d'évaluation ;

A 10 fr. pour les sommes ou valeurs supérieures à 5000 fr., mais n'excédant pas 10000 fr. ;

A 20 fr. pour les sommes ou valeurs supérieures à 10000 fr., mais n'excédant pas 20000 fr. ;

Et ensuite à raison de 20 fr. par chaque somme ou valeur de 20000 fr. ou fraction de 20000 fr.

Si les sommes ou valeurs ne sont pas déterminées dans l'acte, il y sera suppléé conformément à l'art. 16 de la loi du 22 frim. an 7.

3. Si, dans le délai de deux années à partir de l'enregistrement des actes spécifiés en l'art. 1er ci-dessus, la dissimulation des sommes ou valeurs ayant servi de base à la perception du droit est établie par des actes ou écrits émanés des parties ou par des jugements, il sera perçu, indépendamment des droits simples supplémentaires, un droit en sus, lequel ne peut être inférieur à 50 fr.

4. Les divers droits fixes auxquels sont assujettis par les lois en vigueur les actes civils, administratifs ou judiciaires, autres que ceux dénommés en l'art. 1er, sont augmentés de moitié.

Les actes de prestation de serment des gardes des particuliers et des agents salariés par l'État, les départements et les communes, dont le traitement et ses accessoires n'excèdent pas 1500 fr., ne seront soumis qu'à un droit de 3 fr.

5. Sont soumis au droit proportionnel, d'après les tarifs en vigueur :

1° Les ordres, collocations et distributions de sommes, quelle que soit leur forme, et qui ne contiennent ni obligation, ni transport par le débiteur ;

2° Les mutations de propriété de navires, soit totales, soit partielles. Le droit est perçu soit sur l'acte ou le procès-verbal de vente, soit sur la déclaration faite pour obtenir la francisation ou l'immatricule au nom du nouveau possesseur ;

Les art. 36 et 64 de la loi du 21 avr. 1818 sont abrogés.

6. Les obligations imposées au preneur, dans le cas de location verbale, par l'art. 11 de la loi du 23 août 1871, seront accomplies, à l'avenir, par le bailleur, qui sera tenu du payement des droits, sauf son recours contre le preneur.

Néanmoins, les parties restent solidaires pour le recouvrement du droit.

7. Les mutations de propriété, à titre onéreux, de fonds de commerce ou de clientèles sont soumises à un droit d'enregistrement de 2 fr. par 100 fr. Ce droit est perçu sur le prix de la vente de l'achalandage, la cession du droit au bail, et les objets mobiliers ou autres servant à l'exploitation du fonds, à la seule exception des marchandises neuves garnissant le fonds. Ces marchandises ne seront assujetties qu'à un droit de 50 cent. par 100 fr., à condition qu'il sera stipulé pour elles un prix particulier, et qu'elles seront désignées et estimées, article par article, dans le contrat ou dans la déclaration.

8. Les actes sous signatures privées contenant mutation de propriété de fonds de commerce ou de clientèles sont enregistrés dans les trois mois de leur date. — A défaut d'acte constatant la mutation, il y est suppléé par des déclarations détaillées et estimatives faites au bureau de l'enregistrement de la situation du fonds de commerce ou de la clientèle, dans les trois mois de l'entrée en possession.

A défaut d'enregistrement ou de déclaration dans les délais fixés ci-dessus, il sera fait application des dispositions du paragraphe 1er de l'art. 14 de la loi du 23 août 1871. Sont également applicables aux mutations de propriété des fonds de commerce ou de clientèles, les dispositions des paragraphes 2 et 3 dudit article relatives à l'ancien possesseur, et celles des art. 12 et 13 de la même loi concernant les dissimulations dans les prix de vente.

L'insuffisance du prix de vente du fonds de commerce ou des clientèles peut également être constatée par expertise, dans les trois mois de l'enregistrement de l'acte ou de la déclaration de la mutation.

Il sera perçu un droit en sus sur le montant de l'insuffisance, outre les frais d'expertise, s'il y a lieu, et si l'insuffisance excède un huitième.

9. La mutation de propriété des fonds de commerce ou des clientèles est suffisamment établie pour la demande et la poursuite des droits d'enregistrement et des amendes, par les actes ou écrits qui révèlent l'existence de la mutation ou qui sont destinés à la rendre publique, ainsi que par l'inscription aux rôles des contributions du nom du nouveau possesseur, et des payements faits en vertu de ces rôles, sauf preuve contraire.

10. Sont soumis au droit proportionnel de 50 cent. par 100 fr. les lettres de change et tous autres effets négociables, lesquels pourront n'être présentés à l'enregistrement qu'avec les protêts qui en auraient été faits.

Les dispositions de l'art. 50 de la loi du 28 avr. 1816, concernant les lettres de change, sont abrogées.

Il n'est rien innové en ce qui concerne les warrants.

11. Le droit de décharge de 0,10 cent., créé par l'art. 18 de la loi du 23 août 1871, pour constater la remise des objets, sera réuni à la taxe due pour les récépissés et lettres de voiture, qui est fixée ainsi qu'il suit :

Récépissé délivré par les compagnies de chemins de fer (droit de décharge compris), 0,35 cent.

Lettres de voiture (droit de décharge compris), 0,70 cent.

30 mars-24 mai 1872. — Loi relative au droit de transmission sur les titres au porteur, au taux d'abonnement au timbre des lettres de gage et obligations du Crédit foncier, aux droits sur les titres émis par les villes, provinces et établissements publics étrangers (D. P. 72. 4. 83).

24-25 mai 1872. — Décret portant règlement d'administration publique pour l'exécution de la loi du 30 mars 1872, relative aux droits des titres émis par les villes, provinces et corporations étrangères, et par tout établissement public étranger (D. P. 72. 4. 84).

29-30 juin 1872. — Loi relative à un impôt sur le revenu des valeurs mobilières (art. 3 réduisant le taux des droits établis pour la transmission ou la conversion des titres nominatifs et de la taxe à laquelle sont assujettis les titres au porteur ; art. 4 portant que les titres étrangers ne pourront être cotés, négociés, exposés en vente ou émis en France qu'après avoir été soumis au droit de transmission) (D. P. 72. 4. 117 et 118).

26 nov.-4 déc. 1872. — Loi relative à l'emploi des taxes spéciales imposées pour l'organisation des gardes nationales mobilisées, en vertu de la loi du 11 sept. 1871 (D. P. 72. 4. 135).

15-25 mars 1873. — Loi relative à l'exercice du monopole des allumettes chimiques (art. 4 portant que les actes relatifs à l'adjudication de l'exploitation de ce monopole ne sont assujettis pour l'enregistrement qu'au droit fixe de 1 fr. 50 cent.) (D. P. 73. 4. 38).

23-28 août 1873. — Décret concernant les bons de liquidation que la ville de Paris est autorisée à émettre en vertu de la loi du 26 juill. 1873 (art. 2 qui exempte ces bons du payement des droits de transmission et de l'impôt sur le revenu) (D. P. 74. 4. 11).

29-30 déc. 1873. — Loi portant fixation du budget général des dépenses et des recettes de l'exercice 1874 (art. 25 qui substitue les percepteurs aux receveurs de l'enregistrement pour le recouvrement des amendes et des condamnations pécuniaires autres que celles concernant les droits d'enregistrement, de timbre, etc.) (D. P. 74. 4. 29).

30-31 déc. 1873. — Loi qui rétablit des taxes additionnelles aux impôts indirects (art. 2 qui ajoute un demi-décime aux décimes supportés antérieurement par les droits d'enregistrement) (D. P. 74. 4. 31).

19-20 févr. 1874. — Loi portant augmentation de droits d'enregistrement et de timbre (D. P. 74. 4. 41).

20 avr.-21 mai 1874. — Décret relatif à l'enregistrement des actes destinés à constater les conventions à intervenir entre la société de protection des Alsaciens-Lorrains demeurés Français et les colons que ladite société se propose d'installer en Algérie (D. P. 74. 4. 96).

2 juill. 1874. — Arrêté du ministre des finances contenant règlement pour l'admission au surnumérariat dans l'administration de l'enregistrement, des domaines et du timbre.

27 avr. 1875. — Arrêté du ministre des finances contenant règlement pour l'admission au surnumérariat dans l'administration des domaines et du timbre (Instr. adm. enreg. 10 mai 1875, n° 2541).

21-23 juin 1875. — Loi relative à divers droits d'enregistrement (D. P. 75. 4. 107).

3-17 août 1875. — Loi portant fixation du budget général des dépenses et des recettes pour l'exercice 1876 (art. 11 portant que l'obligation imposée aux notaires par la loi du 23 août 1871 de donner lecture aux parties dans les actes de vente, d'échange et de partage des art. 12 et 13 de ladite loi relatifs à la dissimulation du prix cessera de s'appliquer aux adjudications publiques) (D. P. 76. 4. 46).

15-16 déc. 1875. — Décret qui détermine en exécution de l'art. 5 de la loi du 21 juin 1875 relative à divers droits d'enregistrement, le mode d'établissement et de perception de taxe sur les lots et sur les primes de remboursement (D. P. 76. 4. 22).

25 mars-19 mai 1876. — Décret qui règle les remises des receveurs de l'enregistrement, des domaines et du timbre (D. P. 76. 4. 109).

29 juill.-1er août 1876. — Loi relative à l'ouverture, à Paris, d'une exposition internationale universelle en 1878 art. 6 portant que les contrats passés par le ministre de l'agriculture et du commerce, en exécution de la présente loi, sont assujettis au droit fixe de 3 fr.) (D. P. 76. 4. 119).

26-27 mars 1878. — Loi portant fixation du budget des recettes de l'exercice 1878 (art. 6 relatif au payement d'un droit proportionnel de 50 cent. pour 100 fr. pour certaines donations-partages) (D. P. 78. 4. 44).

18-20 déc. 1878. — Loi qui dispense du timbre et de l'enregistrement les actes faits en exécution de la loi sur les réquisitions (L. 3 juill. 1877) (D. P. 79. 4. 9).

22-23 déc. 1878. — Loi portant fixation du budget des recettes de l'exercice 1879 (art. 9 qui soumet les chemins de fer exploités par l'État en ce qui concerne les droits, taxes et contributions de toute nature au même régime que les chemins de fer concédés) (D. P. 79. 4. 12).

29 déc. 1879. — Décret conférant au sous-secrétaire d'État des finances le droit de nommer directement les agents de l'Administration aux emplois dont les titulaires étaient antérieurement désignés par le directeur général (Journal de l'enregistrement, art. 21201).

11-12 juin 1880. — Loi relative aux chemins de fer d'intérêt local et aux tramways (art. 24 portant que toutes les conventions relatives aux concessions et rétrocessions de chemin de fer d'intérêt local, ainsi que les cahiers des charges annexés, ne seront passibles que du droit d'enregistrement fixe de 1 fr.) (D. P. 81. 4. 23).

30-31 juill. 1880. — Loi qui détermine le mode de rachat des ponts à péage (art. 5 portant que les actes de toute nature faits pour le rachat des ponts à péage, en vertu de la présente loi, sont dispensés du timbre et enregistrés gratis) (D. P. 81. 4. 24).

28-29 déc. 1880. — Loi portant fixation du budget des recettes de l'exercice 1881 (art. 4, qui soumet au droit de mutation par décès ou au droit de donation les accroissements opérés, dans certaines sociétés ou associations, par suite de clauses de survie, au profit des membres restants) (D. P. 81. 4. 97).

29-30 janv. 1881. — Loi sur la marine marchande (art. 3 qui abroge l'art. 5, n° 2, de la loi du 28 févr. 1872 et soumet les mutations de propriété des navires à un simple droit fixe de 3 fr.) (D. P. 82. 4. 14).

9-10 avr. 1881. — Loi qui crée une caisse d'épargne postale (art. 20, portant que les imprimés, écrits et actes de toute espèce, nécessaires pour le service de la caisse d'épargne postale, sont exempts des formalités de timbre et d'enregistrement) (D. P. 81. 4. 117).

20-26 août 1881. — Loi relative au code rural (art. 18 portant que les plans, procès-verbaux, certificats, significations, jugements, contrats, marchés, adjudications de travaux, quittances et autres actes ayant pour objet exclusif la construction, l'entretien et la réparation des chemins de fer ruraux seront enregistrés moyennant le droit de 1 fr. 50) (D. P. 82. 4. 5).

7 nov. 1881-25 févr. 1882. — Décret concernant les remises allouées aux receveurs de l'enregistrement, des domaines et du timbre (D. P. 83. 4. 3).

22 déc. 1881. — Décret modifiant celui du 29 déc. 1879 (Instr. adm. enreg. 20 janv. 1882, n° 2662).

8 févr. 1882. — Décret rendant au directeur général de l'enregistrement la nomination aux emplois du *service extérieur*, et attribuant au ministre des finances tout ce qui concerne l'administration centrale.

28 mars 1882. — Arrêté du ministre des finances portant règlement pour l'admission au surnumérariat dans l'administration de l'enregistrement, des domaines et du timbre (Instr. adm. enreg. 4 avr. 1882, n° 2665).

14 janv.-24 mars 1884. — Décret qui fixe le minimum des

remises annuelles des receveurs de l'enregistrement, des domaines et du timbre (D. P. 84. 4. 80).

23-25 oct. 1884. — Loi sur les ventes judiciaires d'immeubles (art. 3 et 4 ordonnant la restitution des droits de timbre, d'enregistrement, de greffe et d'hypothèque applicables aux actes rédigés en exécution de la loi pour parvenir à l'adjudication, dans le cas où le prix de l'adjudication ne dépasse pas 2,000 fr.) (D. P. 85. 4. 12 et 13).

3-4 nov. 1884. — Loi concernant les droits fiscaux à percevoir sur les échanges d'immeubles ruraux (D. P. 85. 4. 17-18).

29-30 déc. 1884. — Loi portant fixation du budget des recettes de l'exercice 1885 (art. 2 relatif au droit de transmission pesant sur les immeubles; art. 9 relatif aux impôts établis par la loi de finances du 28 déc. 1880 sur les sociétés, associations, communautés et congrégations) (D. P. 85. 4. 39).

6-7 juill. 1886. — Loi relative à l'Exposition universelle de 1889 (art. 8 soumettant au droit fixe de 3 fr. les actes passés par le ministre du commerce et de l'industrie en exécution de la présente loi) (D. P. 86. 4. 84).

30-31 mars 1888. — Loi portant fixation du budget général de l'exercice 1888 (art. 8 relatif aux immunités des droits de timbre et d'enregistrement pour les pièces relatives à la caisse des retraites pour la vieillesse) (D. P. 88. 4. 24).

9 mars-3 mai 1889. — Décret qui fixe le minimum des remises des receveurs de l'enregistrement, des domaines et du timbre (D. P. 90. 4. 31).

Sect. 2. — Organisation de l'Administration et attributions (*Rép.* n°s 48 à 67).

42. L'organisation de l'administration de l'enregistrement a subi d'assez nombreuses modifications depuis la publication du *Répertoire*. Néanmoins, elle se présente, dans ses grandes lignes, telle qu'elle était à cette date (*Rép.* n° 57), divisée en administration centrale et en service départemental, la première comprenant un directeur général, des administrateurs, des chefs et sous-chefs, et enfin, depuis 1860, des rédacteurs; — l'administration départementale composée, dans chaque département, d'un directeur, d'agents de contrôle et d'agents de perception.

43. L'organisation que l'ordonnance royale du 17 déc. 1844 (*Rép.* n° 58) avait établie pour l'*administration centrale* a été remaniée à différentes reprises, d'abord, à la suite de la révolution de 1848, par deux arrêtés du ministre des finances des 20 mars et 5 avr. 1848 (Instr. adm. enreg. 21 juill. 1848, n° 1818), plus tard, par un décret du 17 mai 1854 et un arrêté du ministre des finances du 14 juill. 1854 (Instr. adm. enreg. 22 juill. 1854, n° 2009). D'après deux décrets, l'un du 19 janv. 1885, l'autre du 23 avr. 1885, portant règlements d'administration publique pour l'organisation de l'administration centrale du ministère des finances. (D. P. 85. 4. 37 et 80) et par suite des dernières réductions budgétaires, cet important service se trouve actuellement composé d'un directeur général (traitement 25000 fr.); — de trois administrateurs (1re classe 13000 fr., 2e classe 12000 fr.); — de huit chefs (1re classe 10000 fr., 2e classe 9000 fr., 3e classe 8000 fr., 4e classe 7000 fr.); — de douze sous-chefs (1re classe 6000 fr., 2e classe 5500 fr., 3e classe 5000 fr.), — de vingt-deux rédacteurs (1re classe 4500 fr., 2e classe 4000 fr., 3e classe 3500 fr.), — de douze commis principaux (1re classe 4500 fr., 2e classe 4000 fr., 3e classe 3500 fr.) et de douze commis ordinaires (1re classe 3100 fr., 2e classe 2800 fr., 3e classe 2500 fr., 4e classe 2200 fr., 5e classe 1900 fr.).

Les trois administrateurs forment le conseil d'administration dont le directeur général est président (*Rép.* n° 61).

L'Administration centrale comprend deux bureaux placés sous les ordres immédiats du directeur général : le bureau du personnel et le bureau central, plus trois divisions placées chacune sous la direction d'un administrateur (1).

44. Les attributions du directeur général ont été déterminées par un arrêté du troisième jour complémentaire an 9

---

(1) Les attributions sont réparties ainsi qu'il suit :

Bureau du personnel : Organisation de l'Administration, — Préparation du travail pour la nomination aux emplois et l'exécution des arrêtés pris à cet égard par le ministre ou le directeur général ; — Correspondance relative aux emplois de tous grades ; — Travail concernant l'admission des postulants, le concours pour le surnumérariat et l'examen des surnuméraires ; — Dépouillement et vérification des notes périodiques sur le travail

et la conduite des agents dans les départements ; — Formation des listes d'avancement ; — Fixation des cautionnements et de la valeur moyenne des bureaux ; — Prélèvements affectés au service des pensions civiles ; — Renseignements demandés par le ministre sur les dépenses générales de l'Administration ; — Examen et suite des délibérations du conseil d'administration relatives au personnel, aux dépenses, aux pensions de retraite, aux débets, aux créations et suppressions d'emplois, à la réorganisation des bureaux, aux

(*Rép.* n° 60), des ordonnances royales des 25 déc. 1816, 3 janv. 1821 (*Rép.* n°ˢ 56 et 60), 17 déc. 1844 (D. P. 45. 3. 38), et des décrets des 30 déc. 1851 (D. P. 52. 4. 25), 12 juill. 1863 (D. P. 64. 4. 35). Ce dernier décret est ainsi conçu : « Le *directeur général de l'enregistrement, des domaines et du timbre* dirige et surveille, sous l'autorité de notre ministre des finances, les opérations relatives à toutes les parties du service. Il travaille seul avec le ministre. Il correspond seul avec les autorités militaires, administratives, judiciaires et avec les fonctionnaires sous ses ordres. La correspondance lui est adressée. Il a seul le droit de la recevoir et de l'ouvrir. Il peut déléguer sa signature. Il répartit entre les divers bureaux de l'Administration le personnel mis à sa disposition. En cas d'absence, il est remplacé par celui des administrateurs que désigne le ministre. »

La situation de ce haut fonctionnaire doit être appréciée au double point de vue de la perception de l'impôt et de la nomination aux emplois de l'Administration.

Relativement à la perception de l'impôt, cette situation a été établie, récemment, dans les termes ci-après, par le tribunal de la Seine au sujet de désistement d'instances relatives à des impôts réclamés à la société du Crédit foncier. « L'art. 26 de l'ordonnance du 17 déc. 1844 attribue au directeur général de l'enregistrement la direction et la surveillance de toutes les opérations relatives à la perception de l'impôt. Ce fonctionnaire a seul qualité pour appliquer la loi fiscale, soit par lui-même, soit par ses agents, et pour poursuivre le recouvrement des droits ; les contraintes sont délivrées par ses préposés et les instances suivies en son nom. Il est seul partie dans ces instances et seul, par conséquent, il peut y mettre fin par un désistement. Il est, il est vrai, placé sous l'autorité du ministre et celui-ci pourrait, s'il le jugeait bon, lui prescrire de se désister, mais il ne s'ensuit pas que le ministre ait qualité pour faire lui-même un acte juridique rentrant dans les attributions que son subordonné tient de la loi ; un désistement émané du ministre seul serait donc dénué de tout effet légal » (Trib. Seine, 13 juill. 1888 ; 15 févr. 1889, *Répertoire périodique de l'enregistrement*, art. 7120, 7210, 7279).

45. En ce qui concerne la nomination aux emplois, un décret du 29 déc. 1879 avait conféré au sous-secrétaire d'État des finances le droit de nommer directement les agents de l'Administration aux emplois dont les titulaires étaient antérieurement désignés par le directeur général. Un décret du 22 déc. 1881 a modifié celui de 1879. D'après ses dispositions et le tableau qui y est annexé, la nomination des sous-chefs et rédacteurs de l'administration centrale, des sous-inspecteurs et vérificateurs, des receveurs de première classe et des agents de cadres auxiliaires dont le traitement atteint ou excède 3500 fr., demeurait réservée au sous-secrétaire d'État. Le directeur général était chargé de pourvoir, par délégation du ministre et sous le contrôle du sous-secrétaire d'État, à la vacance des autres emplois. Il n'était rien innové en ce qui concerne les nominations attribuées au président de la République (celles du directeur général, des administrateurs, des directeurs dans les départements), et au ministre (celles des chefs de bureaux de l'Administration centrale, des inspecteurs dans les départements et des conservateurs des hypothèques). — Enfin un décret du 8 févr. 1882 a rendu au directeur général « la nomination aux emplois du *service extérieur* portés dans le tableau annexé au décret du 22 déc. 1881 » (art. 1ᵉʳ). Ce même décret porte, en outre : « Art. 2. Les divisions intérieures de l'administration centrale, les attributions de chaque service et les rapports des services entre eux, sont revisés, s'il y a lieu, par les arrêtés ministériels ».

46. Le *service départemental* est toujours divisé, comme à l'époque de la publication du *Répertoire* (n° 62), en agents de contrôle et en agents de perception ; mais l'élévation constante du produit des impôts dont la perception est confiée à l'Administration a amené l'augmentation du nombre des agents de deux catégories ; d'autre part, diverses modifications ont été apportées au service du contrôle, des emplois nouveaux ont été créés. L'administration départementale comprend actuellement, tant en Algérie qu'en France, 92 directeurs (1ʳᵉ classe 12000 fr., 2ᵉ classe 10000 fr., 3ᵉ classe 8000 fr.) ; et, d'autre part, 1° *Agents de contrôle* : 107 inspecteurs (1ʳᵉ classe 6000 fr., 2ᵉ classe 5000 fr.) ; 483 sous-inspecteurs (1ʳᵉ classe 4500 fr. ; 2ᵉ classe 4000 fr., 3ᵉ classe 3500 fr.) ; 108 receveurs-rédacteurs qui remplacent les premiers commis de direction (1ʳᵉ classe 2800 fr., 2ᵉ classe 2400 fr., 3ᵉ classe 2000 fr.) ; 53 receveurs-contrôleurs au traitement de 2000 fr. chargés principalement, dans les villes importantes, de la recherche des droits célés : 139 gardes magasins contrôleurs de comptabilité dont les traitements sont de 4500 fr., 4000 fr., 3500 fr., 3000 fr., 2600 fr., 2300 fr.,

---

secours aux veuves et orphelins d'employés ; — Ouverture des dépêches concernant le personnel et la surveillance générale du service.

Bureau central : Examen des délibérations du conseil d'administration en matière contentieuse ; — Instruction des instances devant la cour de cassation ; — Circulaires et instructions générales ; — Recueil des arrêts et des décisions judiciaires et administratives ; — Budget des recettes et comparaison des produits ; — Projets de lois ou de décrets ; — Renseignements demandés sur les pétitions adressées au Gouvernement ; — Bibliothèque, archives et matériel ; — Affaires réservées par le directeur général ; — Ouverture des dépêches autres que celles concernant le personnel et la surveillance générale du service ; — Registres et impressions timbrés non timbrés, sauf les attributions réservées au service du matériel du ministère des finances ; — Direction du service d'ordre et d'expédition ; — Rapports avec les pays étrangers et les colonies pour la transmission des renvois, renseignements et documents administratifs.

Première division : Surveillance et suite du travail des agents de tous grades dans les départements ; — Examen des opérations de contrôle des employés supérieurs dans les départements ; — Suite à donner aux rapports de l'inspection générale des finances ; — Application de la responsabilité encourue par les receveurs et les employés supérieurs ; — Mesures disciplinaires ; — Débets ; Congés ; — Répartition des sous-inspecteurs sans résidence fixe ; — Questions de discipline soumises par le gouverneur général de l'Algérie et l'Administration de la marine et des colonies ; — Examen des candidatures aux emplois supérieurs des agents de l'Algérie et des colonies.

Droits de timbre ; — Droits de transmission sur les actions et obligations ; — Impôt sur le revenu. — Application des lois des 28 déc. 1880 et 19 déc. 1884, relatives à la taxe sur le revenu et aux droits d'accroissement dans les associations régies par ces deux lois ; — Taxes sur les assurances.

Atelier général du timbre ; — Menues dépenses du timbre dans les départements ; Frais de transport des papiers timbrés et impressions ; — Distributions auxiliaires de papiers timbrés.

Cautionnements en numéraire ; — Cautionnements en immeubles et en rentes des conservateurs des hypothèques.

Frais de bureau des directeurs ; — Créations, suppressions d'emplois et modifications d'attributions ; — Secours ; — Rapports annuels sur les agents en non-activité ; — Pensions de retraite ; — Budget et ordonnancement des dépenses.

Deuxième division : Droits d'enregistrement sur les actes civils publics, les actes sous signatures privées, les actes administratifs, les locations verbales et les cessions de fonds de commerce ; — Droits de sceau ; — Droits d'hypothèque ; — Questions relatives à la perception des salaires des conservateurs, ainsi qu'à l'accomplissement des formalités hypothécaires ; — Contraventions aux lois sur le notariat et à l'art. 67 c. com.

Droits de mutation par décès ; — Actes judiciaires et extrajudiciaires ; — Greffes ; — Assistance judiciaire ; — Amendes de procédure civile ; — Frais de justice.

Troisième division : Domaines de l'État, leur régie, leur conservation, leur affectation aux services publics, leur aliénation ; — Discussion de toutes les questions de propriété concernant l'État ; — Acquisitions et échanges d'immeubles pour le compte de l'État ; — Décomptes d'acquéreurs ; — Lais et relais de la mer ; — Îles et îlots ; — Redevances pour occupations temporaires du domaine public ; — Listes civiles ; — Biens d'Orléans ; — Biens vacants et sans maître ; — Domaines engagés et échangés ; — Baux emphytéotiques ; — Biens des fabriques ; — Domaines congéables ; — Religionnaires fugitifs ; — Biens séquestrés sur les contumax ; — Successions vacantes et successions en déshérence ; — Épaves ; — Rentes et créances dues à l'État ; — Vente du mobilier de l'État et de tous les objets inutiles aux différents ministères ; — Vente des objets déposés dans les greffes ; — Récolements annuels et accidentels des inventaires du mobilier appartenant à l'État ; — Questions de propriété relatives aux bois et forêts de l'État et aux dunes ; — Droits d'usage ; — Cantonnements ; — Recouvrement des produits forestiers ; — Ancien domaine extraordinaire ; — Transmission des majorats et dotations et surveillance des droits de retour au profit de l'État ; — Pension d'aliénés ; — Biens confisqués pour cause d'émigration (L. des 5 déc. 1814 et 27 avr. 1825).

2000 fr., 1800 fr. et 1650 fr. — 2° *Agents chargés de la perception* : 403 conservateurs des hypothèques ; 2893 receveurs (1re classe, remises de 7000 fr. et au-dessus ; 2e classe, remises de 5000 fr. à 7000 fr.; 3e classe remises de 3600 fr. à 5000 fr.; 4e classe remises de 2800 fr. à 3600 fr. ; 5e classe remises de 2000 fr., à 2800 fr.; 6e classe remises de 1800 fr. à 2000 fr.).
— A tous ces agents s'ajoutent plus de 700 surnuméraires, plus un certain nombre d'employés contrôleurs, surveillants, teneurs de livres attachés à l'atelier général du timbre à Paris qui comprend, en outre, un personnel secondaire composé de 8 mécaniciens, de 72 timbreurs et de 96 dames. — D'un autre côté, le papier timbré et les timbres-mobiles sont débités non seulement dans les bureaux d'enregistrement, mais aussi chez tous les débitants de tabac qui sont désignés par le directeur général (Arrêté min. fin. 15 nov. 1864, D. P. 65. 3. 38 ; Circ. min. just. 24 nov. 1864, D. P. 65. 3. 38. note 4. — V. *Code annoté de l'enregistrement*, nos 14992 et suiv.).

47. Chaque directeur reçoit, en sus de son traitement, des *frais de bureaux*, qui varient suivant l'importance des directions. — D'autre part, les inspecteurs et les sous-inspecteurs touchent des *frais de tournées* qui sont de 1000 fr. pour les premiers et de 800 fr. pour les seconds.

Les receveurs sont rémunérés au moyen de *remises proportionnelles* prélevées sur les recettes qu'ils effectuent. Un décret du 23 oct. 1865 (D. P. 66. 4. 7) avait fixé un *maximum* de 12000 fr., pour ces remises ; il a été abrogé par un décret du 7 nov. 1881 (D. P. 83. 4. 3) qui, complétant sur ce point un décret du 25 mars 1876 (D. P. 76. 4. 109), a établi un taux de remises extrêmement réduit pour les recettes supérieures à 2000000 fr. — Le *minimum* des remises qui était, dans le principe, de 400 fr. (Vuarnier, *Traité de manutention*, n° 399), a même été successivement porté à 500 fr. (*ibid.*), 600 fr. (Décr. 23 mai 1810, art. 3, *Rép.* n° 52), 800 fr. (Ord. 8 déc. 1819; Vuarnier, *ibid.*, n° 400), 1000 fr. (L. 8 juill. 1852, 559e *Bull.*, n° 4257), 1200 fr. (Décr. 24 mars 1860, D. P. 60. 4. 29), 1400 fr. (Décr. 25 oct. 1865, D. P. 66. 4. 7), 1600 fr. (Décr. 29 mars 1876, D. P. 76. 4. 109), 1800 fr. (Décr. 14 janv. 1884, D. P. 84. 4. 80). — Un décret du 9 mars 1889 (D. P. 90. 4. 31) porte : « Art. 1er. A partir du 1er janv. 1889, les remises proportionnelles allouées aux receveurs de l'enregistrement, ne pourront descendre au-dessous du minimum affecté à chaque classe de bureau ».

48. L'organisation du service dans les *colonies où l'enregistrement est établi*, n'est plus telle qu'elle est indiquée au *Rép.* n° 63. Comme on l'a vu dans la première section de ce chapitre, l'Algérie qui était placée sous la direction du ministre de la guerre (*Rép. ibid.*), se trouve maintenant, d'après les décrets du 26 août 1881 (D. P. 82. 4. 84), sous l'autorité du ministre des finances qui l'exerce par l'entremise du gouverneur général de l'Algérie, sauf en ce qui concerne la perception de l'impôt pour laquelle le directeur général de l'enregistrement exerce en Algérie les mêmes attributions que dans la métropole (V. *suprà*, n° 39).

Les colonies dans lesquelles l'enregistrement est établi et

qui, par suite, sont assimilées à la France pour la perception de l'impôt (Civ. cass. 14 déc. 1870, aff. Denis, D. P. 71. 1. 86), sont placées sous la direction du ministre de la marine et des colonies. Elles comprennent actuellement : en Afrique, le Sénégal, l'île Bourbon ou de la Réunion, l'île Mayotte et ses dépendances ; — en Asie, les établissements de l'Inde dont Pondichéry est le chef-lieu, la Cochinchine ; — en Amérique, la Martinique, la Guadeloupe, la Guyane ; — en Océanie, la Nouvelle-Calédonie, les îles de la Société (Taïti).

49. Le personnel est composé comme il suit :
Algérie. Un bureau de centralisation du secrétariat général du Gouvernement (1 chef de bureau, 2 sous-chefs, 2 agents détachés) — Trois Directions ; savoir : — 1° Direction d'Alger (1 directeur, 2 inspecteurs, 11 sous-inspecteurs, 5 receveurs-rédacteurs, 1 contrôleur de comptabilité garde magasin du timbre, 4 conservateurs des hypothèques à Alger, Blidah, Tizi-Ouzou, Orléansville, 28 receveurs de bureaux, 3 receveurs sans gestion, 4 surnuméraires). — 2° Direction de Constantine (1 directeur, 2 inspecteurs, 10 sous-inspecteurs, 5 receveurs-rédacteurs, 1 contrôleur de comptabilité garde-magasin du timbre, 7 conservateurs des hypothèques à Constantine, Bône, Philippeville, Sétif, Bougie, Guelma, Batna, 29 receveurs de bureaux, 3 receveurs sans gestion, 3 surnuméraires). — 3° Direction d'Oran (1 directeur, 2 inspecteurs, 9 sous-inspecteurs, 4 receveurs-rédacteurs, 1 commis de comptabilité garde-magasin du timbre, 5 conservateurs des hypothèques à Oran, Mostaganem, Tlemcen, Mascara, Sidi-bel-Abbès, 23 receveurs de bureaux, 3 receveurs sans gestion, 4 surnuméraires).

Afrique. — 1° Le Sénégal (2 receveurs à Saint-Louis) ; — 2° L'île Bourbon ou de la Réunion (2 sous-inspecteurs, 1 receveur-rédacteur, 12 receveurs, 2 surnuméraires). — 3° l'île Mayotte (1 receveur).

Asie. — 1° Inde, Pondichéry (1 receveur) ; — 2° Cochinchine (1 sous-inspecteur, 4 receveurs).

Amérique. — 1° Martinique (2 sous-inspecteurs, 1 receveur-rédacteur, 12 receveurs) ; — 2° Guadeloupe (1 inspecteur, 2 sous-inspecteurs, 14 receveurs) ; — 3° Guyane (3 receveurs, 1 surnuméraire).

Océanie. — 1° Nouvelle-Calédonie (1 sous-inspecteur, 2 receveurs) ; — Taïti (1 receveur).

50. Nul ne peut être admis aux emplois de l'administration de l'enregistrement qu'après avoir été *surnuméraire* (*Rép.* n° 64). De sérieuses garanties d'instruction ont toujours été exigées des candidats au surnumérariat (*Rép.* n° 65). Comme à l'époque de la publication du *Répertoire*, ces candidats doivent, d'après l'ordonnance du 17 déc. 1844 (art. 30), justifier du titre de bachelier ès lettres (ou bien aujourd'hui de celui de bachelier ès sciences complet), et, en outre, subir un examen préalable (*Rép. ibid.*). Les conditions et le programme de cet examen ont été réglés par des arrêtés du ministre des finances des 8 janv. 1846 (D. P. 46. 3. 63), 28 avr. 1854, 9 juill. 1855, 11 nov. 1863, 2 juill. 1874, 27 avr. 1875 et 28 mars 1882. Nous reproduisons ci-dessous ce dernier arrêté (1), qui est actuellement en vigueur. L'instruction

---

(1) 28 mars 1882. — *Arrêté contenant règlement pour l'admission au surnumériat dans l'administration de l'enregistrement, des domaines et du timbre* (Instr. 4 avr. 1882, n° 2665).
Le ministre des finances ; — Vu l'art. 30 de l'ordonnance royale du 17 déc. 1844; — Vu les arrêtés du 8 janv. 1846, 28 avr. 1854, 9 juill. 1855, 11 nov. 1863, 2 juill. 1874 et 27 avr. 1875; — Vu les propositions de M. le directeur général de l'enregistrement, des domaines et du timbre; — Arrête :
Art. 1er. L'admission au surnumériat dans l'administration de l'enregistrement, des domaines et du timbre, aura lieu désormais conformément aux règles ci-après.
2. Nul ne peut être nommé surnuméraire :
1° S'il n'a dix-huit ans accomplis ;
2° Et s'il a plus de vingt-cinq ans au 1er juillet de l'année du concours.
Les candidats ont la faculté de faire inscrire leur demande avant l'âge de dix-huit ans.
3. Tout candidat doit se présenter à la direction du département où il réside et rédiger sa demande d'admission sous les yeux du directeur. Cette demande indique la résidence où le candidat désire faire son stage.
Il produit :
1° Une expédition dûment légalisée de son acte de naissance ;

2° La justification qu'il est pourvu du grade de bachelier ès lettres, ou de celui de bachelier ès sciences complet;
3° Un certificat des autorités locales constatant qu'il jouit de la qualité de Français et qu'il est de bonnes vie et mœurs;
4° Une déclaration du père ou du tuteur du candidat, et, à leur défaut, du candidat lui-même, constatant qu'il peut subvenir aux dépenses du stage et du surnumériat, dans telle résidence que l'Administration croira devoir lui assigner, et fournir un cautionnement de 4000 fr. au moins, lorsqu'il sera nommé receveur.
4. Chaque demande est inscrite à sa date sur un registre à ce destiné. Le directeur recueille des renseignements précis sur la famille du pétitionnaire, la profession, l'honorabilité et la situation de fortune de ses parents. Il s'explique également sur l'éducation, la conduite, la tenue du candidat. Il fait expressément connaître si le candidat a des infirmités, quelle en est la nature et la gravité, et si elles le rendent impropre au service de l'Administration.
Le directeur transmet ces pièces et renseignements, avec son avis motivé, au directeur général qui décide si l'inscription doit, ou non, être maintenue.
5. Les demandes d'admission peuvent être présentées aux directeurs jusqu'au 31 décembre de chaque année.
Celles qui ont lieu après cette époque n'ont d'effet que pour le concours de l'année suivante.

donnée à ce sujet par l'Administration à ses agents, en date du 4 avr. 1882, n° 2665, porte qu'il a été pris en vue d'obtenir une instruction professionnelle plus avancée. Il consacre le rétablissement du stage préparatoire supprimé en 1863, ainsi que l'adoption d'un programme d'examen plus

6. Le candidat dont la demande a été admise est attaché immédiatement à un bureau.

Il travaille assidûment à ce bureau, et il est employé notamment aux opérations qui rentrent dans le programme du concours.

Les épreuves du concours ne mettent pas fin au stage. Il continue après cette époque jusqu'à la nomination au grade de surnuméraire ou à la radiation définitive.

7. Les candidats qui, depuis leur inscription, auraient été appelés sous les drapeaux, soit comme engagés conditionnels, soit comme compris dans la deuxième portion du contingent, peuvent prendre part au concours pour lequel ils s'étaient fait inscrire, à la condition d'avoir accompli un stage effectif de six mois au moins.

8. A une époque qui est fixée, chaque année, par le directeur général, les directeurs adressent à l'Administration (bureau du personnel), avec leur avis motivé, la liste des candidats inscrits dans leur département et qui doivent prendre part au concours.

Le directeur général statue sur l'admissibilité au concours.

L'inaptitude physique peut être une cause d'exclusion.

Le défaut d'assiduité ou la mauvaise conduite entraînent, suivant la gravité des faits, soit l'exclusion, soit, en cas d'admissibilité, un classement inférieur à celui qui résulterait du concours. Ces peines sont prononcées par le conseil d'administration.

9. L'examen est divisé en deux parties ou degrés.

Il comprend une épreuve écrite et une épreuve orale.

Il a lieu conformément aux règles ci-après.

10. Les candidats admis au concours sont convoqués, pour l'examen écrit, devant des comités de premier degré, désignés par le directeur général.

Les épreuves de l'examen écrit ont lieu à la direction, sous la surveillance du directeur ou d'un employé supérieur auquel il est expressément enjoint d'être présent aux opérations pendant toute leur durée.

Le directeur assure l'exécution de ces dispositions.

11. Le programme de l'examen écrit est fixé ainsi qu'il suit :

I. Une page d'écriture faite, sous la dictée, sur papier non réglé, et sans que le candidat puisse en corriger l'orthographe au moyen d'aucun livre ou secours étranger;

II. Etablissement d'un état ou tableau d'après des indications fournies;

III. Opérations d'arithmétique élémentaire;

1° Calculs de droits proportionnels d'enregistrement;

2° Détermination des capitaux de rentes ou autres valeurs et calcul des intérêts;

3° Calcul des fractions et des proportions;

4° Application du système métrique;

IV. Enregistrement d'un acte simple contenant une ou plusieurs dispositions nettement déterminées;

V. Rédaction d'une déclaration de succession composée de biens de différente nature, sans complication de communauté entre époux;

VI. Note sur un sujet se rattachant à l'organisation du service et à la perception des impôts recouvrés par l'Administration.

L'écriture du candidat est appréciée d'après ses épreuves et il est tenu compte de cette appréciation au moyen d'un coefficient fixé par l'art. 26 ci après.

12. Deux jours sont consacrés aux compositions écrites :

Le premier est divisé en deux séances.

1er jour { 1re séance : épreuves n°s 1 et 2.
   { 2e séance : épreuves n°s 3, 4 et 5.

2e jour, une seule séance : épreuve n° 6.

Le temps accordé pour chaque opération est indiqué aux candidats et déterminé ainsi qu'il suit :

Épreuve n° 1. »   { Épreuve n° 4. 30 minutes.
  n° 2. 1 heure. { n° 5. 30 minutes.
  n° 3. 1 heure. { n° 6. 3 heures.

13. Les sujets pour les compositions écrites sont les mêmes pour tous les comités; ils sont transmis par l'Administration centrale et sous enveloppes cachetées aux directeurs. Les enveloppes sont ouvertes par le directeur, en présence de l'employé supérieur chargé de la surveillance, et des candidats, et seulement au fur et à mesure des compositions.

14. Les compositions sont faites en présence de l'employé supérieur chargé de la surveillance, et sur des feuilles fournies par l'Administration et délivrées aux candidats au commencement de chaque opération.

Dès qu'il a reçu une feuille, le candidat doit apposer *très lisiblement* son nom à l'angle droit de cette feuille, qui est ensuite pliée et cachetée, de manière que le nom ne soit pas apparent.

en rapport avec les matières spéciales que les agents de l'Administration doivent posséder. Ce nouveau règlement ne favorise pas, comme le précédent, les candidats qui justifient des deux diplômes de bachelier ès lettres et de bachelier ès sciences, mais il rend plus sensible l'encouragement donné

A l'expiration du temps fixé, les compositions, terminées ou non, sont remises au directeur qui les place sous enveloppes cachetées en présence de l'employé supérieur et des candidats, et les adresse immédiatement à la direction générale.

15. Un procès-verbal dressé à la fin de la dernière séance constate la régularité de l'opération et les incidents qui auraient pu survenir. Le procès-verbal est transmis au directeur général dans un pli séparé.

16. Les opérations écrites sont soumises à l'appréciation d'une commission centrale dont les membres sont désignés par le directeur général.

17. Le pli contenant le nom des candidats n'est ouvert qu'après que le résultat des appréciations a été arrêté pour chaque épreuve.

Ont droit aux points supplémentaires ci-après les candidats qui justifient :

1° D'un diplôme de bachelier en droit......	10 points.
2° D'un diplôme de licencié en droit......	20 points.
3° D'un diplôme de docteur en droit......	40 points.
4° D'un des prix institués dans les facultés de droit	10 points.
de l'État par l'ordonnance du 17 mars 1840 et le	
décret du 27 déc. 1881..........	10 points.

Indépendamment de ceux accordés pour les diplômes.

18. Les fautes graves d'orthographe, une très mauvaise écriture, peuvent motiver l'exclusion du concours.

Cette exclusion peut être prononcée contre les candidats qui n'auraient pas fait l'une des compositions écrites; elle est applicable de droit à ceux qui auraient commis une fraude quelconque.

19. Les candidats exclus du concours, conformément à l'article précédent, et ceux qui ne se trouvent pas classés en rang utile pour être admis à l'examen oral, sont ajournés à l'année suivante ou définitivement rejetés, selon les cas prévus aux art. 8 et 29.

20. Les candidats admis à subir l'examen oral sont convoqués devant un comité de second degré.

Chaque comité de second degré est composé du directeur président, de l'inspecteur, d'un employé supérieur ou d'un receveur.

Un délégué de l'administration centrale prend part aux examens et règle l'ordre et la durée des opérations d'après les instructions du directeur général.

21. Les candidats sont examinés sur chacun des paragraphes suivants :

I. — Droit administratif.

Notions sommaires sur l'organisation des pouvoirs publics :

1° Pouvoir législatif, confection des lois;

2° Pouvoir exécutif;

3° Tribunaux administratifs;

4° Organisation judiciaire en matière civile et commerciale.

II. — Droit civil.

Notions sommaires sur les matières suivantes :

1° Publication, effet et application des lois, code civil, titre préliminaire, art. 1 à 6;

2° Distinction des biens, art. 516 à 543;

3° Propriété, art. 544 à 577;

4° Usufruit, usage et habitation, art. 578 à 636;

5° Successions, art. 711 à 814;

6° Donations et testaments. — Dispositions générales, art. 893 à 919. — Legs, art. 1003 à 1024.

7° Partage anticipé, art. 1075 à 1080.

III. — Impôts.

1° Notions élémentaires sur les impôts en général, leur division en impôts directs et indirects;

2° Impôts dont le recouvrement est confié à l'Administration de l'enregistrement : enregistrement, timbre, greffe, hypothèques, taxe sur le revenu. Caractères particuliers de chacun d'eux; règles générales de leur perception. Lois principales.

IV. — Organisation de l'administration de l'enregistrement.

Organisation de l'Administration de l'enregistrement. — Attributions des agents. — Discipline. — Devoirs des receveurs.

aux études de droit en accordant (art. 17) des points supplémentaires aux candidats qui justifient d'un diplôme de bachelier en droit (10 points), de licencié en droit (20 points), de docteur en droit (40 points), d'un des prix institués dans les facultés de droit de l'Etat par l'ordonnance du 17 mars 1840 et le décret du 27 déc. 1881 (10 points).

51. Aucun surnuméraire ne peut être nommé receveur qu'après avoir été déclaré apte à régir un bureau par un comité d'examen composé du directeur du département, de l'inspecteur ou d'un sous-inspecteur, et d'un receveur. Avant

V. — Manutention.

Notions générales sur la tenue d'un bureau de l'enregistrement. — Enregistrement des actes et déclarations. — Tables, répertoire, renvois, sommiers, registres de recouvrement. — Correspondance.

VI. — Comptabilité.

Notions générales sur la comptabilité d'un bureau de l'enregistrement.
Constatation de ces recettes sur les registres.
Report de ces recettes sur les sommiers spéciaux. — Payement des dépenses. — Etats justificatifs de ces opérations.
22. L'ordre dans lequel les candidats admis à l'examen oral doivent subir cet examen est déterminé par le sort.
La durée de cette épreuve ne doit pas dépasser quarante-cinq minutes.
23. Chaque examinateur formule son appréciation sur chacun des paragraphes du programme, conformément au mode indiqué à l'art. 26 ci-après.
L'ensemble de ces appréciations constitue le résultat de l'épreuve et doit être indiqué séparément pour chaque paragraphe.
Les examinateurs se prononcent dans la même forme, sur l'éducation, l'intelligence et la tenue des candidats.
Il est dressé procès-verbal de l'examen de chaque candidat et de l'appréciation des examinateurs.
24. En cas de difficulté ou de divergence d'appréciations, la commission centrale statue sur le rapport du délégué de l'Administration.
25. Les procès-verbaux de l'examen oral, revêtus de la signature de tous les examinateurs, sont transmis au directeur général, avec les observations particulières du directeur, s'il y a lieu.
26. Afin d'arriver à une appréciation exacte et comparative des candidats, il est attribué, à chacune des épreuves de l'examen écrit, par la commission mentionnée à l'art. 16 ci-dessus, et à chaque paragraphe de l'examen oral, par le comité départemental, une valeur numérique exprimée par des chiffres qui auront respectivement la signification ci-après :
0 néant. — 1 très mal. — 2 mal. — 3, 4, médiocrement. — 5, 6, 7, assez bien. — 8, 9, bien. — 10, très bien.
Les nuances entre ces appréciations pourront être exprimées par des nombres fractionnaires. La valeur relative des épreuves et des paragraphes pour les deux examens sera déterminée par un coefficient indiqué ci-après, qui devra être multiplié par le nombre de points accordés.

Examen écrit.

1º Dictée (orthographe)	4
2º Etat	1
3º Arithmétique	3
4º Enregistrement d'un acte	3
5º Déclaration de succession	3
6º Rédaction d'une note	10
7º Ecriture	2

Examen oral.

1º Droit administratif	3
2º Droit civil	3
3º Impôts	2
4º Organisation de l'Administration	4
5º Manutention	4
6º Comptabilité	4

27. La commission centrale prépare et le directeur général arrête, d'après le résultat des procès-verbaux des deux examens, et sauf application, s'il y a lieu, du dernier alinéa de l'art. 8, le classement par ordre de mérite de tous les candidats.
Le directeur général fait dresser ensuite et soumet à l'approbation du ministre la liste définitive des surnuméraires.
28. Le directeur général fixe, au moment de leur nomination, la résidence des surnuméraires.
29. Sont rayés de la liste des candidats :
1º Les jeunes gens non admis et qui, à raison de leur âge, ne pourraient pas se présenter au concours de l'année suivante;

1872 les surnuméraires subissaient trois examens d'année en année. La durée du stage se trouvant sensiblement diminuée par l'effet de l'application de la loi sur le service militaire, ces deux examens ont été réduits à deux dont l'un est passé un an après la nomination, et l'autre, sur l'avis spécial de l'Administration, quelques mois avant l'époque où le surnuméraire peut être nommé receveur. Nous reproduisons ci-dessous l'instruction donnée par l'Administration de l'enregistrement le 14 août 1883, nº 2685, relativement à ces examens ainsi que les programmes des deux épreuves (1).

2º Ceux que la commission supérieure des aura indiqués comme ne pouvant pas être admis à subir un nouvel examen ;
3º Ceux qui se seront présentés deux fois au concours sans être admis, à moins qu'ils n'aient obtenu le grade de licencié ou de docteur en droit depuis le premier concours, auquel cas ils pourront être admis à concourir une troisième fois.
30. Le nombre des surnuméraires ne peut pas dépasser le cinquième du nombre des bureaux existants et de ceux qui doivent être créés dans le courant de l'exercice.
31. Le présent arrêté sera déposé au bureau chargé du contre-seing pour être notifié à qui de droit.

(1) 14 août 1883. — *Instruction relative aux examens des surnuméraires* (nº 2685).
Le règlement du 28 mars 1882 (Instr. nº 2665), qui a modifié l'arrêté du 27 avr. 1875 (Instr. nº 2511), relatif aux conditions d'admission au surnumérariat, a rendu nécessaire la révision du programme des examens des surnuméraires,
Nombre des examens. — Le nombre de ces examens reste fixé à *deux*, et il n'est apporté aucune modification aux dispositions de l'instruction nº 2569 en ce qui concerne l'époque à laquelle ils doivent être subis.
Programme. — Le programme des examens est transcrit ci-après (V. *Annexe* nº 1.)
L'Administration ayant remarqué que l'instruction des surnuméraires en matière de comptabilité laisse généralement beaucoup à désirer, il a paru nécessaire de revenir aux prescriptions de l'instruction nº 1470, et d'exiger la rédaction d'un bordereau mensuel des recettes et des dépenses (1er *examen, partie écrite, art.* 4).
Cette épreuve devra être faite au vu d'un sommier de dépouillement d'une année vérifiée provenant, autant que possible, d'un bureau où toutes les parties du service sont réunies, et il comprendra *obligatoirement* le report des mois antérieurs. Le sommier sera réintégré au bureau, aussitôt l'examen terminé.
L'art. 5 du premier (*partie écrite*) prescrit la rédaction d'une note ou d'un rapport sur une question de perception ou un sujet tiré des matières de l'examen oral. L'Administration attache beaucoup d'importance aux travaux de rédaction, trop souvent négligés par les jeunes employés. Il est donc de plus grand intérêt pour les surnuméraires de se préparer, par de fréquents exercices, aux épreuves qu'ils auront à subir.
En ce qui concerne les examens oraux, il y aura lieu d'exiger une connaissance plus approfondie des matières pour lesquelles des notions sommaires ont paru suffisantes lors de l'examen d'admission.
L'attention des surnuméraires est appelée tout particulièrement sur l'article 1er du programme du deuxième examen (*partie orale*).
Dans les interrogatoires sur les matières du premier examen, les comités devront s'assurer que les surnuméraires ont complété leur instruction sur les points qui auraient précédemment laissé à désirer.
Mode de notation. — Pour arriver, autant que possible, à une appréciation exacte et comparative des surnuméraires, il est attribué à chacune des épreuves de l'examen écrit, et à chaque paragraphe de l'examen oral, une valeur numérique exprimée par des chiffres qui auront respectivement les significations ci-après :
0 très mal. — 1, mal. — 2, médiocrement. — 3, assez bien. — 4, bien. — 5, très bien.
Les nuances entre ces appréciations pourront être exprimées par des nombres fractionnaires.
Coefficient des épreuves. — La valeur relative des épreuves et des paragraphes, pour les deux examens, sera déterminée par un coefficient, indiqué ci-dessous, qui devra être multiplié par le nombre de points accordés.

PREMIER EXAMEN

1º PARTIE ÉCRITE.

Art. 1er. Enregistrement d'un acte, etc.	3
2. Déclaration d'une succession	3
3. Procès-verbal et contrainte	2
4. Bordereau mensuel	3
5. Rédaction d'une note	5

52. A tous les degrés de la hiérarchie, la condition de justifier de leur capacité par un examen préalable, est imposée à tous les agents de l'Administration pour être appelés à un grade supérieur à celui qu'ils occupent. Les receveurs, receveurs-rédacteurs et receveurs-contrôleurs ne

2º PARTIE ORALE.

Art. 1er. Droit administratif........................ 3
2. Enregistrement.............................. 4
3. Timbre.................................... 3
4. Droits de greffe............................ 1
5. Notariat.................................. 1
6. Ventes publiques de meubles................. 1
7. Code civil................................. 4
8. Comptabilité............................... 4
9. Manutention............................... 4

TROISIÈME PARTIE.

Article unique............................... 4

DEUXIÈME EXAMEN

1º PARTIE ÉCRITE.

Art. 1er. Enregistrement d'actes et jugements........ 3
2. Déclaration d'une succession................. 3
3. Rédaction d'une note....................... 3

2º PARTIE ORALE.

Art. 1er. Question sur le premier examen........... 3
2. Hypothèques................................ 2
3. Code de procédure civile................... 2
4. Code civil................................. 4
5. Code de commerce........................... 2
6. Code forestier............................. 1
7. Domaines.................................. 4
8. Comptabilité............................... 3
9. Manutention............................... 3
10. Economie politique......................... 3

TROISIÈME PARTIE.

Article unique............................... 3

Durée des épreuves. — La disposition de l'instruction nº 2569 qui laisse aux directeurs le soin d'indiquer aux surnuméraires le laps de temps dans lequel ils doivent terminer chacune des épreuves écrites, est abrogée. La durée de ces épreuves est fixée ainsi qu'il suit :

PREMIER EXAMEN

Art. 1er. Enregistrement d'un acte, etc............ 0h 45 m
2. Déclaration d'une succession................ 0 45
3. Procès-verbal et contrainte................. 0 30
4. Bordereau mensuel.......................... 1 00
5. Rédaction d'une note....................... 3 00

DEUXIÈME EXAMEN

Art. 1er. Enregistrement d'actes et jugements...... 2h 30m
2. Déclaration d'une succession................ 1 30
3. Rédaction d'une note....................... 3 00

La durée des épreuves orales reste fixée à *deux heures* par chaque examen (Instr. nº 2569).

Les sujets des épreuves écrites seront choisis avec le plus grand soin, ni trop simples, ni trop compliqués; Les difficultés devront être proportionnées au temps accordé pour les résoudre.

Comité d'examen. — L'art. 1er du règlement du 15 nov. 1834 (Inst. nº 1470) est modifié. Le comité d'examen est composé du directeur, président, de l'inspecteur et d'un employé supérieur ou d'un receveur (receveur ou conservateur).

Surveillance de l'examen. — Le directeur prend les mesures nécessaires pour la surveillance de l'examen écrit.

Grades en droit et prix de faculté. — Afin d'encourager les études de droit, l'arrêté du 28 mars 1882 (art. 17, § 2) a accordé de sérieux avantages aux candidats qui justifient d'un diplôme ou d'un prix de faculté. Il a paru équitable de prendre une mesure analogue pour les surnuméraires qui, durant le cours de leur surnumérariat, fournirai les mêmes justifications.

Toutefois, comme les connaissances juridiques ne sauraient remplacer l'instruction administrative, il n'en sera tenu compte qu'autant que les examens professionnels auront été complètement satisfaisants.

peuvent être admis à l'emploi de sous-inspecteur qu'après avoir fourni un certain nombre d'épreuves écrites, qui sont transmises à l'administration centrale et au vu desquelles celle-ci statue sur l'admission du candidat. — Il en est de même pour les sous-inspecteurs qui sollicitent l'emploi d'ins-

L'Administration se réserve, en conséquence, d'accorder, dans le classement des surnuméraires, les avantages suivants à ceux qui justifieront :

1º D'un diplôme de bachelier en droit...... 20 rangs.
2º D'un diplôme de licencié en droit....... 20 rangs.
3º D'un diplôme de docteur en droit........ 30 rangs.
4º D'un des prix institués dans les facultés de droit de l'Etat par l'ordonnance du 17 mars 1840 et le décr. du 27 déc. 1881. 20 rangs.

indépendamment de ceux accordés pour les diplômes.

Surveillance du travail des surnuméraires. — Les modifications apportées au programme du concours d'admission et à celui des examens du surnumérariat ont pour but de permettre aux surnuméraires d'acquérir, malgré la brièveté de leur stage, les connaissances suffisantes pour gérer un bureau ;

Mais ce résultat ne peut être atteint qu'autant qu'ils travailleront avec zèle à leur instruction et qu'ils trouveront auprès des receveurs et des employés supérieurs une direction soutenue.

L'Administration remet au zèle éclairé des directeurs le soin de prendre, suivant les circonstances, les mesures les plus propres à seconder ses vues. Plusieurs d'entre eux se sont concertés avec les receveurs afin que ceux-ci fassent subir aux surnuméraires des examens mensuels portant, soit sur les matières du programme, soit sur les travaux qui leur sont plus spécialement confiés. Ils se font rendre compte de ces épreuves. D'autres ont cru pouvoir organiser, sous leur présidence ou sous la présidence d'un employé supérieur qui y consent, des conférences périodiques auxquelles les surnuméraires du chef-lieu du département seront appelés et qui peuvent également être suivies par les surnuméraires des autres localités.

Ces mesures sont excellentes et l'Administration ne peut que les encourager, laissant à l'initiative des directeurs le soin d'apprécier si elles sont compatibles avec les nécessités du service dans leur département ou dans les bureaux. Le directeur général saura gré à tous les agents du concours que chacun d'eux apportera à l'instruction des surnuméraires, sous quelque forme qu'il se produise. Il désire, dans tous les cas, être informé des mesures prises par les directeurs.

Compte rendu mensuel. — La note de travail fournie chaque trimestre par les surnuméraires, en exécution de l'instruction nº 1470, est supprimée.

A l'avenir, chaque surnuméraire rendra compte, tous les mois, des travaux auxquels il aura été employé.

Ce compte rendu sera établi sur des formules dont le modèle est ci-joint (*Annexe*, nº 2). Il sera tenu par semaine et non par jour, c'est-à-dire que le surnuméraire y rendra compte en une seule fois de l'ensemble des travaux applicables à la période hebdomadaire écoulée. Il y fera connaître sommairement le nombre et la nature des opérations qui lui auront été confiées, avec des indications suffisantes pour rendre possible la vérification de ce précis. Il le transcrira lui-même sur le registre de correspondance.

Le 15 de chaque mois, le receveur du bureau auquel il sera attaché transmettra au directeur le compte rendu du mois précédent qu'il certifiera et à la suite duquel il s'expliquera sur la conduite, l'assiduité et les progrès de l'instruction du surnuméraire, ainsi que sur l'importance des travaux effectués chaque semaine.

Le directeur classera ces comptes rendus dans le dossier du surnuméraire et les communiquera aux employés supérieurs lors de leurs opérations dans le bureau.

Ces agents de contrôle devront en vérifier les énonciations et s'assurer de leur exactitude par des interrogations et, au besoin, des épreuves faites sous leurs yeux. Ils s'expliqueront, dans tous les cas, au rapport de gestion, sur les soins donnés par le receveur à l'instruction du surnuméraire.

L'Administration attache la plus grande importance à la stricte exécution de ces dispositions.

Stage dans un bureau de canton. — Dans le cas où, par suite de la division du service entre plusieurs bureaux ou de toute autre circonstance, l'instruction d'un surnuméraire ne serait pas suffisamment avancée, le directeur pourra, sur sa demande (*Bureau du personnel*), être autorisé à attacher temporairement ce surnuméraire à un bureau de chef-lieu de canton.

Stage dans les conservations d'hypothèques. — Pour ne pas aggraver les inconvénients résultant de la brièveté du surnumérariat, il est essentiel que la durée du stage dans les conservations d'hypothèques soit réduite au temps strictement nécessaire aux surnuméraires pour se mettre au courant des questions du programme de l'examen en matière hypothécaire.

pecteur. — A l'égard des inspecteurs qui demandent à passer directeurs, il a été arrêté, en 1845, pour plus de garantie dans le choix des candidats et afin d'apprécier d'une manière plus particulière leur capacité et leur aptitude à remplir ces importantes fonctions, qu'aucun inspecteur ne serait pro-

posé pour l'emploi de directeur avant d'avoir travaillé pendant un certain temps à l'administration centrale. Les inspecteurs qui, par leur temps de service et par les notes fournies ou recueillies sur leur compte, paraissent aptes à la direction, reçoivent l'invitation de se rendre à Paris et

Les dispositions des instructions nos 1470, 1827, 2038, 2569 et des circulaires des 14 mai et 27 nov. 1835 sont maintenues en tant qu'elles ne sont pas contraires à la présente.

DISPOSITIONS TRANSITOIRES

Promotions des 15 *janv. et* 31 *déc.* 1881. — Le nouveau programme n'est pas applicable aux surnuméraires de ces promotions.

Promotion du 12 *janv.* 1883. — Les surnuméraires de cette promotion, qui ont contracté l'engagement conditionnel et doivent subir leur premier examen au mois d'octobre prochain, seront examinés et interrogés conformément à l'ancien programme.

Les surnuméraires actuellement sous les drapeaux, ainsi que ceux n'ayant à remplir aucune obligation relative au service militaire, subiront le premier examen conformément au nouveau programme.

Tous les surnuméraires de cette promotion, sans distinction, seront, pour le second examen, soumis aux dispositions du nouveau programme.

Le Conseiller d'Etat, directeur général de l'enregistrement, des domaines et du timbre,

LECLER.

ANNEXE No 1

EXAMENS DES SURNUMÉRAIRES

PROGRAMMES

PREMIER EXAMEN

1º PARTIE ÉCRITE.

Art. 1er. Enregistrement d'un acte et d'un jugement contenant plusieurs dispositions.

2. Déclaration d'une succession composée de biens de différentes natures, échue à plusieurs ordres d'héritiers et soumise à une liquidation de communauté entre époux.

3. Rédaction d'un procès-verbal de contravention et d'une contrainte.

4. Rédaction d'un bordereau mensuel des recettes et des dépenses.

5. Rédaction d'une note ou d'un rapport sur une question de perception ou sur un sujet tiré des matières de l'examen oral (droit civil, enregistrement, timbre, comptabilité, manutention).

2º PARTIE ORALE.

Art. 1er. *Droit administratif :* Organisation des pouvoirs publics. — Pouvoir législatif, confection des lois. — Pouvoir exécutif. — Tribunaux administratifs. — Organisation judiciaire en matière civile et commerciale. — Conseils généraux, conseils d'arrondissement, conseils municipaux.

Impôts : Impôts en général. — Leur division en impôts directs et indirects.

2. *Organisation de l'administration de l'enregistrement :* — Attributions des agents. — Devoirs des receveurs. — Discipline.

Impôt de l'enregistrement : Nature et origine de cet impôt. — Lois qui le régissent actuellement. — Sa division en droits fixes, droits gradués et droits proportionnels. — Principes généraux applicables à chacun d'eux. — Tarif des droits pour toute espèce d'actes et de mutations. — Taxes sur les assurances. — Droits de transmission sur les titres des sociétés, communes, départements et établissements publics.

Impôt direct sur le revenu des valeurs mobilières : Nature, quotité et assiette de cet impôt. — Lois qui le gouvernent. — Règles générales de sa perception.

3. *Timbre :* Nature et origine de cet impôt. — Différentes espèces de timbre : timbre proportionnel, timbre de dimension, timbre spécial (quittances, reçus et décharge, lettres de voitures, récépissés de chemins de fer, connaissements, copies d'exploits, passeports, permis de chasse, etc.). — Modes de perception; débite, timbre mobile, timbre extraordinaire, visa pour timbre; timbre par abonnement. — Affiches de toute nature. — Marques de fabrique. — Lois qui régissent chaque espèce de timbre. — Tarif.

4. *Droits de greffe :* Nature et origine de cet impôt. — Droits dont il se compose : mise au rôle, rédaction et transcription,

expédition. — Mode de perception. — Lois et décrets y relatifs. — Tarif.

5. *Notariat :* Loi du 25 vent. an 11, avec les modifications législatives qu'elle a subies. — Contraventions à relever par les préposés. — Mode de poursuites.

6. *Vente publique de meubles :* Déclaration préalable. — Contraventions. — Mode de les constater.

7. *Code civil :* Liv. 1er, tit. 3, du domicile. — Liv. 2, tit. 1er, de la distinction des biens; — Tit. 2, de la propriété; — Tit. 3, de l'usufruit, de l'usage et de l'habitation. — Liv. 3, tit. 1er, des successions; — tit. 2, des donations entre vifs et des testaments; — tit. 5, du contrat de mariage.

8. *Comptabilité spéciale d'un bureau :* Tenue de la caisse et du registre-carnet. — Comptabilité en matières. — Comptabilité en deniers. — Droits au comptant. — Droits et produits constatés. — Registres de formalité. — Registres à souche. — Dépenses. — Versements. — Opérations de trésorerie. — Fonds de subvention. — Virements. — Avances. — Feuilles, livre et sommier de dépouillement. — Bordereau de recettes et de dépenses par mois. — Comptes d'exercice. — Comptes d'année. — Comptes de clerc à maître. — Responsabilité des comptables.

9. *Manutention :* Sommiers divers. — Consignations. — Recouvrements. — Modes de poursuites suivant la nature des produits. — Responsabilité des receveurs. — Instances. — Renvois. — Tables et répertoires. — Etats périodiques. — Correspondance.

3º PARTIE.

Article unique. — En dehors des matières ci-dessus indiquées, le comité interrogera le surnuméraire sur différents points du service de manière à s'assurer s'il est en état de régir un bureau comme intérimaire.

DEUXIÈME EXAMEN

1º PARTIE ÉCRITE.

Art. 1er. Enregistrement de deux actes et de deux jugements compliqués.

2. Déclaration d'une succession soumise à une liquidation de communauté et présentant des complications.

3. Rédaction d'une note ou d'un rapport sur un droit contesté ou sur une question relative à l'organisation du service.

2º PARTIE ORALE.

Art. 1er. Questions sur des matières du premier examen.

2. *Hypothèques :* Lois sur cette matière. — Registres des formalités hypothécaires. — Répertoire. — Tables. — Registre indicateur. — Droits au profit du Trésor. — Salaires des conservateurs. — Leur responsabilité. — Cautionnements.

3. *Code de procédure civile :* 1re part. liv. 5, tit. 6. — Règles générales sur l'exécution forcée des jugements et actes; — tit. 7, des saisies-arrêts ou oppositions; — tit. 8, des saisies-exécutions; — tit. 9, de la saisie-brandon; — 2e part., liv. 1er, tit. 1er, des offres de payement et de la consignation.

Amendes de procédure civile. — Lois diverses concernant ces amendes.

Assistance judiciaire. — Loi du 22 janv. 1851.

4. *Code civil :* Liv. 3, tit. 3, des contrats et obligations; — tit. 6, de la vente; — tit. 7, de l'échange; — tit. 8, du contrat de louage; — tit. 9, du contrat de société; — tit. 13, des contrats aléatoires; — tit. 18, des privilèges et hypothèques; — tit. 20, de la prescription.

Expropriation pour cause d'utilité publique. — Loi du 3 mai 1841.

5. *Code de commerce :* Liv. 1er, t. 3, des sociétés (avec les modifications résultant des lois postérieures); — tit. 8, de la lettre de change et du billet à ordre. — Des chèques.

6. *Code forestier :* Tit. 1er, du régime forestier; tit. 3, sect. 3, des adjudications des coupes; — sect. 8, des droits d'usage dans les bois de l'Etat.

7. *Domaines :* Lois principales sur cette matière. — Ventes et baux de domaines de l'Etat. — Affectation à un service public. — Redevances pour occupations temporaires du domaine public. — Ventes d'effets mobiliers appartenant à l'Etat. — Ventes des objets déposés dans les greffes. — Recouvrements et modes de poursuites. — Contentieux. — Successions vacantes et en déshérence. — Epaves. — Séquestre et administration des biens des contumax. — Participation des agents du domaine aux ventes de produits forestiers. — Recouvrement de ces produits.

sont occupés pendant quelques mois dans les bureaux de l'Administration. D'après les résultats de l'examen de ces travaux, le conseil d'administration statue sur l'aptitude des inspecteurs admissibles et les classe suivant leurs mérites respectifs, sans égard à la durée des services (V. Vuarnier, *Traité de manutention*, n° 4833).

C'est là un véritable concours. Il en est de même pour les sous-inspecteurs qui sollicitent l'emploi de rédacteur à l'administration centrale. Ils sont appelés à Paris et subissent, dans les bureaux de l'Administration, des épreuves écrites au vu desquelles il est statué d'abord sur leur admission, puis sur le rang dans lequel ceux qui sont admis doivent être appelés.

53. C'est par cet ensemble de mesures sagement combinées, ces épreuves, ces examens, ces concours, qui sont imposés à tous les agents de l'enregistrement, d'abord pour entrer dans la carrière, puis successivement pour parvenir aux emplois supérieurs, que l'administration de l'enregistrement forme un véritable personnel d'élite. Cela fait comprendre les résultats vraiment surprenants, comme chacun sait (V. *suprà*, n°s 25 et suiv.), obtenus par ce personnel à la suite des événements de 1870-1871, ces lois si promptement préparées, malgré toutes les difficultés que présentent ces matières ardues et délicates entre toutes, si vite mises à exécution et si largement productives dès le lendemain de leur promulgation. C'est, à la fois, comme nous l'avons déjà dit (*ibid*), l'éloge du système et de ceux qui l'appliquent avec tant de zèle et de dévouement à la chose publique.

54. D'après des décisions du ministre des finances des 4 déc. 1828 et 11 mars 1830, aucun agent de l'enregistrement, à l'exception des surnuméraires et des premiers commis (aujourd'hui receveurs-rédacteurs) ne peut être placé sous les ordres ou la surveillance de son père, beau-père, oncle, frère et beau-frère. Ces dispositions ont été étendues par un arrêté du même ministre du 23 déc. 1863 (D. P. 64. 3. 16) aux liens de parenté ou d'alliance entre les agents de l'Administration et les officiers publics ou ministériels. Il résulte de cet arrêté qu'aucun agent, parent ou allié, d'un officier public ou ministériel jusqu'au degré de neveu inclusivement, ne peut, à moins qu'il n'ait obtenu une dispense, exercer ses fonctions dans la circonscription où réside cet officier public ou ministériel.

55. Les *attributions* de l'administration de l'enregistrement sont résumées au *Rép.* n° 66. La perception de la taxe de 3 pour 100 sur le revenu des valeurs mobilières y a été ajoutée par la loi du 29 juin 1872 (D. P. 72. 4. 116), qui a créé cet impôt et par le décret du 6 déc. 1872 (D. P. 72. 4. 117) portant règlement d'administration publique pour l'exécution de ladite loi. Le produit de cette taxe évalué, lors de sa création, à 15000000 de fr. (D. P. 72. 4. 118, note 1), figure au budget de 1889 pour 48878000 fr. Bien que la taxe de 3 pour 100 constitue un *impôt direct* essentiellement différent, par suite, des droits d'enregistrement, de timbre, de greffe et d'hypothèque perçus par l'Administration de l'enregistrement qui sont tous des *impôts indirects*, le recouvrement en a été conféré à cette administration en raison des nombreux points de contact et d'analogie que ladite taxe présente avec les droits d'enregistrement.

D'autre part, les percepteurs des contributions directes ont été substitués par une loi du 29 déc. 1873 (art. 25, D. P. 74. 4. 26) aux receveurs de l'enregistrement pour le recou-

vrement des amendes et des condamnations pécuniaires autres que celles concernant les droits d'enregistrement, de timbre, de greffe, d'hypothèque, le notariat et la procédure civile.

CHAP. 2. — De l'établissement et de l'exigibilité du droit, de sa nature, de son objet et de ses diverses espèces (*Rép.* n°s 68 à 294).

56. La loi du 22 frim. an 7 est toujours, telle qu'elle est caractérisée au *Rép.* n° 68, le code des droits d'enregistrement ; son rôle, en cette matière, est semblable à celui qui appartient au code civil pour l'application de la loi commune (V. *suprà*, n° 11). Elle formera, par suite, pour le *Supplément*, comme elle l'a été pour le *Répertoire*, l'objet principal de notre commentaire, sauf, bien entendu, à indiquer, dans les développements, les modifications partielles qu'elle a subies. Conformément à l'ordre suivi au *Répertoire*, nous examinerons dans deux sections distinctes, d'abord, la nature et le but du droit d'enregistrement, ainsi que ses diverses espèces, puis les règles générales pour l'exigibilité du droit d'enregistrement.

Sect. 1re. — De la nature et du but du droit d'enregistrement ; de ses diverses espèces (*Rép.* n°s 69 à 80).

57. La formalité de l'enregistrement s'accomplit par la relation sur des registres tenus par un receveur public, des dispositions contenues dans les actes qui y sont soumis ou des déclarations faites oralement par les parties. Ce mode a été vivement critiqué, surtout dans ces dernières années. On a proposé de substituer à l'analyse faite par le receveur de l'enregistrement le dépôt d'un double de l'acte présenté à la formalité ou de formules constatant les déclarations actuellement faites oralement. Les avis sont partagés sur cette réforme. Préconisée par M. Garnier dans son *Répertoire périodique*, n°s 3804, 3857, 4578, 4911 et 5182 (V. aussi Naquet, n° 1), elle est critiquée par le *Journal de l'enregistrement* au point de vue de la régularité de la perception (art. 19402, 19413 et 22254). « Actuellement, disent les rédacteurs de cette dernière publication, l'analyse des actes oblige le receveur à en pénétrer le sens et à en disséquer toutes les dispositions ; elle est indispensable, lorsque l'acte est compliqué, pour expliquer et justifier les différentes perceptions qui sont faites. Il est à craindre que certains receveurs, lorsque cette analyse ne sera plus nécessaire, ne se contentent d'un examen sommaire et superficiel et que les erreurs de perception ne deviennent ainsi plus fréquentes ».

58. La formalité de l'enregistrement est demeurée ce qu'elle était, avec son double caractère de service public dans l'intérêt des contractants, des tiers, de la société en général, d'une part, et d'autre part, de base à la perception d'un impôt (*Rép.* n° 68). Comme service public, à l'égard des *actes notariés*, elle n'a d'autre utilité que de prévenir les antidates. L'acte non enregistré n'en est pas moins valable. Jugé, conformément aux arrêts cités en ce sens au *Rép.* n° 70, qu'un contrat de mariage n'est pas nul comme acte authentique, parce qu'il n'a pas été enregistré dans le délai prescrit (Bastia, 26 déc. 1849, aff. Blasini, D. P. 50. 2. 71). — La doctrine rapportée au *Rép. ibid.*, suivant laquelle l'enregistrement ne saurait même servir de commencement de preuve par écrit, est généralement admise (Garnier, *Rép. gén. enreg.*, n°s 7699 et 7702 ; *Diction. droits d'enreg.*,

---

8. *Comptabilité* : Notions générales sur la comptabilité publique. — Budget de l'État, des départements et des communes. — Crédits. — Ordonnancement et payement des dépenses. — Oppositions. — Exercices clos et exercices périmés. — Prescriptions et déchéances.

Cour des comptes. — Agence judiciaire du Trésor. — Caisse des dépôts et consignations.

9. Vérifications diverses à opérer par les préposés de l'enregistrement. — Dépôts publics. — Sociétés et compagnies. — Fabriques, séminaires, congrégations autorisées, etc. — Entreprises de transports, etc.

Communications à faire, par les receveurs, des documents de leur bureau. — Administration. — Particuliers.

10. *Économie politique* : Le capital, sa définition ; éléments et variétés du capital, capital de production et capital de consom-

mation. — Le revenu : salaire, rente foncière, rente du capital, profits industriels. — Le crédit, ses formes, ses instruments : banques de dépôts, banques de prêts, banque d'émission et de circulation, monnaie fiduciaire.

Dette publique, flottante et consolidée. — Fonds d'États. — Actions et obligations des sociétés. — Mode de négociation de ces valeurs.

3e PARTIE.

Article unique. — En dehors des matières ci-dessus indiquées, le comité interrogera le surnuméraire sur différents points du service et tout particulièrement sur la manutention et la comptabilité, de manière à s'assurer s'il en est en état de régir un bureau titulaire.

vº *Enregistrement*, nº 98 ; Naquet, t. 1, nº 3. V. *Rép.* vº *Obligations*, nºˢ 4403 et suiv.).

A l'égard des *actes sous seing privé* la formalité leur accorde date certaine vis-à-vis des tiers (*Rép.* nº 73) ; mais c'est du *jour*, et non pas du *moment* où elle est remplie, que l'acte acquiert date certaine. En conséquence, deux actes sous seing privé enregistrés le même jour, ont la même date certaine, bien qu'il y ait eu un intervalle de temps entre les deux enregistrements et qu'ils aient été passés à des dates différentes (Douai, 3 août 1870, aff. Lemaître, D. P. 71. 2. 115). Il a été jugé, d'autre part, que l'extrait de l'enregistrement d'un acte de vente sous seing privé, ne peut suppléer à cet acte lui-même pour prouver la vente contre la prétendu vendeur qui est toujours demeuré en possession de l'immeuble revendiqué, qui a conservé entre ses mains les deux doubles de l'acte et dont le nom a continué à figurer sur la matrice cadastrale (Civ. rej. 28 déc. 1858, aff. Retrouvey, D. P. 59. 1. 470). — En ce qui concerne les *déclarations* que la loi fiscale impose aux parties pour la perception des droits de mutation (*Rép.* nº 74), la cour de cassation de Belgique, par arrêt du 15 déc. 1881 (1), a jugé qu'en constatant sur ses registres le dépôt d'une semblable déclaration, le receveur agit dans le cercle de ses attributions administratives et établit un acte public qui fait foi de ses énonciations.

59. Comme base de la perception de l'impôt, la formalité fait-elle preuve suffisante des faits qu'elle constate, à l'égard des actes sous seing privé, pour autoriser l'Administration à contraindre les parties au payement d'un supplément de droit non perçu à l'enregistrement, lors même qu'elles dénient leurs signatures? La négative résulte de deux jugements rapportés au *Rép.* nº 5190. Le tribunal de Marseille a statué dans le même sens par un jugement du 23 juill. 1863 (*Journ. enreg.*, nº 17713). Mais l'affirmative est soutenue par M. Garnier, *Rép. gén. enreg.*, nº 7699, et le *Dictionnaire des droits d'enregistrement*, vº *Enregistrement*, nº 208, par le motif que les faits relatés sur les registres d'un receveur de l'enregistrement, étant constatés par un fonctionnaire public dans l'exercice de ses fonctions, se trouvent juridiquement établis, si bien que la date de la

formalité forme le point de départ du délai de la prescription pour les suppléments de droits non perçus (L. 22 frim. an 7, art. 1ᵉʳ-1º), et que l'enregistrement suffit à prouver l'existence d'un acte non répertorié (Même loi, art. 49) (V. C. cass. de Belgique, *supra*, nº 58, et les observations de M. l'avocat général). M. Garnier, *loc. cit.*, mentionne en ce sens une solution du 31 janv. 1863, par laquelle l'administration de l'enregistrement a reconnu qu'elle ne serait pas fondée à refuser le remboursement de droits perçus à l'enregistrement d'un acte sous seing privé sous le prétexte que cet enregistrement peut être inexact et que la partie doit préalablement produire l'original de l'acte.

60. L'impôt n'est pas le même pour tous les actes et dans tous les cas. Dans l'économie de la loi du 22 frim. an 7, les droits d'enregistrement se divisaient en droits fixes et droits proportionnels (*Rép.* nº 77). A ces deux catégories la loi du 28 févr. 1872 (D. P. 72. 4. 12) en a ajouté une troisième, celle du *droit gradué* de 1 pour 1000 édicté pour certains actes importants tels que les actes de société, les contrats de mariage, les partages, etc., qui n'étaient assujettis antérieurement qu'à un simple droit fixe. — Relativement à l'établissement de ce droit et au mode suivant lequel il se perçoit, V. *infrà*, nº 174.

61. Les droits d'enregistrement varient, non seulement dans leurs quotités, mais aussi dans leur nature. Sous ce dernier aspect, ils se divisent en *droits d'acte* et *droits de mutation*. Cette distinction, établie par la doctrine, ressort, comme le rappelait le rapporteur de la loi du 23 août 1871 (D. P. 71. 4. 59, nº 25), des dispositions de la loi du 22 frim. an 7. Par le droit d'acte, c'est l'acte lui-même, tel qu'il est, qui demeure l'objet et la cause de la perception; la convention servant seulement à en déterminer la quotité. Par le droit de mutation, c'est la convention elle-même, c'est-à-dire le passage de la propriété d'une main dans une autre, qui est atteinte (*Rép.* nº 79). La perception est attachée au fait même de la mutation, indépendamment du titre destiné à la constater et de l'usage qui en serait fait (Civ. cass. 11 avr. 1854, aff. Bobin, D. P. 54. 1. 192). La distinction des droits d'actes et des droits de mutation, acceptée par

---

(1) (Breux C. Ministre des finances). — Un jugement du tribunal civil de Charleroi du 10 juill. 1879, a été l'objet d'un pourvoi devant la cour de cassation belge pour violation des art. 1315, 1317 et 1319 c. civ. — M. le premier avocat général a présenté les observations suivantes : « Nous vous proposons, Messieurs, d'écarter du débat les art. 1315, 1317 et 1319 c. civ., sur la violation desquels il s'appuie, par le motif qu'ils ne sont pas ici à leur place. En effet, pour objet la preuve des conventions privées ; les parties qui veulent donner à leurs stipulations un caractère authentique sont tenues de s'assister à cette fin d'un officier public. Mais ici, nous ne saurions assez le répéter, l'obligation n'est pas née d'une convention ; c'est du recouvrement d'un impôt qu'il s'agit ; dès lors, le code civil doit être tenu fermé et nous ne pouvons avoir égard qu'aux seules règles du droit public. L'administration des finances poursuit d'autorité, au nom de la puissance publique dont elle est revêtue ; elle ne demande rien au consentement du contribuable ; son droit de créance, elle le puise dans la loi du budget, dont la formule invariable décrète la rentrée des impôts « d'après les lois et les tarifs qui en règlent l'assiette et la perception ». Les actes qu'elle accomplit dans l'exercice de ce mandat participent de son autorité, empruntent sa puissance et revêtent nécessairement un caractère public. S'ils ne sont pas authentiques, dans le sens de l'art. 1317 c. civ., en ce qu'ils ne sont pas l'œuvre d'un officier public, du moins font-ils foi entière de leur contenu *erga omnes*, au même titre que les lois dont ils sont comme la continuation ; c'est encore par l'enregistrement, loi du 22 frim. an 7, que le droit nouveau social qui agit et dispose par l'organe de ses délégués, non comme personne privée, mais comme personne publique, en souverain incontesté. La nation a, par excellence, le droit de commandement et, pour se mouvoir dans le cercle de ses attributions, elle n'a nul besoin du concours d'un officier public, dont la présence n'ajouterait rien à l'autorité de ses résolutions, car il sera toujours vrai de dire avec Loyseau, que : « Les écrits des officiers, chacun au fait de sa charge, sont publics, aussi bien que leurs personnes. *Faciunt per se probationem probatam* » (*Traité des offices*, chap. 5, p. 52, nº 6). Il en résulte que l'Administration a tout pouvoir à l'effet de déterminer les règles à suivre relativement à la mise à exécution de la loi, notamment pour la tenue de ses écritures et registres. Ces formes ont fait l'objet d'instructions spéciales qui ont suivi de près la promulgation de la loi de 1817, et le jugement attaqué vise celles-ci quand il constate que, d'après le registre du rece-

veur, la première déclaration a été déposée le 22 nov. 1876, et non dans la suite, ainsi que le prétend le demandeur. — De tout quoi il ressort que sa décision est d'une rigoureuse conformité avec la loi spéciale qui régit la matière, ainsi qu'avec les actes du pouvoir exécutif qui en assurent l'application et qu'elle ne peut avoir méconnu d'autres dispositions de pur droit civil, complètement étrangères à l'objet en discussion ». — Arrêt.

La cour; — Sur le moyen pris de la violation des art. 1315, 1317, 1319 c. civ. et de l'arrêté royal du 29 janv. 1818, combinés, en ce que le jugement attaqué a donné le caractère d'acte authentique à la mention de la date du dépôt faite par le receveur des droits de succession d'une acte de déclaration dont aucun récépissé n'avait même été fourni ; — Attendu que la définition de l'acte authentique donnée par le code civil ne s'applique, comme l'attestent sa rédaction et la matière dont elle s'occupe, qu'à la preuve des obligations conventionnelles et à celle de leur payement ; qu'elle ne peut donc être invoquée dans les questions qui sont exclusivement du domaine du droit fiscal, lequel est régi par des principes spéciaux ; — Mais attendu qu'un receveur des droits de succession est un fonctionnaire public préposé à la perception d'un impôt ; qu'il est chargé de recevoir les déclarations des intéressés aux termes des lois de 1817 et 1851 ; — Attendu que ces lois soumettent le dépôt de ces déclarations à des délais fatals imposés aux déclarants ; qu'il importe donc, pour l'exécution de ces lois, que la date de ces dépôts soit constatée par des écritures administratives ; que c'est à cette fin qu'une circulaire ministérielle du 18 févr. 1818 a prescrit aux receveurs de tenir un registre où doivent être inscrites brièvement les déclarations reçues et la date de leur remise et de signer ledit registre en l'arrêtant jour par jour ; — Attendu qu'en se conformant à ces prescriptions, le receveur agit dans le cercle de ses attributions administratives et pose ainsi un acte public qui fait foi de ses énonciations ; — Attendu que le droit accordé aux intéressés par l'arrêté royal du 29 janv. 1818 d'exiger un récépissé des déclarations qu'ils déposent n'est qu'une mesure de garantie toute personnelle aux déclarants et n'est point de nature à infirmer le principe de la force probante du registre des dépôts tenu par les receveurs, caractère qu'à bon droit le jugement dénoncé lui a reconnu ;

Par ces motifs, etc.

Du 15 déc. 1881.-C. cass. de Belgique.-MM. de Longé, pr.-Mesdach de ter Kiele, av. gén.-de Mot et Leclercq, av.

M. Garnier, *Rép. gén. enreg.*, n° 341, est critiquée par le
Dictionnaire des droits d'enregistrement, v° *Acte*, n°ˢ 7 et suiv.
et M. Naquet, t. 1, n°ˢ 79 et suiv. Comme l'a fait judicieusement observer M. le professeur Ernest Dubois, en ouvrant
en 1876 le cours de droit fiscal à la faculté de Nancy, elle
est incontestablement exacte, mais elle « a donné lieu à
des controverses et surtout à des malentendus qui sont, en
partie, la faute du législateur, en partie celle des auteurs ».
Ainsi on a dit que les lois postérieures à celle de l'an 7
l'avaient supprimée ou du moins lui avaient enlevé quelque chose de son exactitude. Il n'en est rien : la distinction subsiste et elle est tout aussi exacte aujourd'hui qu'au
lendemain de la loi de frimaire. Ce qui est vrai, c'est que,
depuis l'an 7, il est arrivé plusieurs fois qu'un certain droit
qui était d'acte est devenu droit de mutation. Cela signifie
tout simplement, en langage ordinaire, qu'un droit est
devenu exigible même en l'absence d'un acte écrit, tandis
qu'auparavant il ne l'était pas. Il en a été ainsi, par exemple,
dès l'an 9, pour le droit établi sur les transmissions entre
vifs de propriété ou d'usufruit des biens immeubles ; en
1871, pour celui qui frappe les locations verbales d'immeubles ; en 1872, pour celui qui frappe les ventes de fonds
de commerce.

Sect. 2. — Exigibilité du droit. — Règles générales
(*Rép.* n°ˢ 81 à 294.)

62. La perception des droits d'enregistrement se règle,
comme il est dit *infrà*, n°ˢ 69 et suiv., d'après les dispositions des actes présentés à la formalité, les droits étant
acquis à l'instant même, tels qu'ils résultent des stipulations du contrat. Ce principe, ainsi formulé dans un arrêt
(Civ. cass. 22 avr. 1850, aff. Boury, D. P. 50. 1. 119), conformément à des arrêts antérieurs rapportés au *Rép.* n°ˢ 88,
2453 et 3176, a été confirmé par beaucoup d'autres décisions de la cour de cassation (Civ. cass. 1ᵉʳ juin 1853, aff.
Abat, D. P. 53. 1. 182 ; Civ. rej. 11 déc. 1855, aff. Maydieu,
D. P. 56. 1. 24 ; Civ. cass. 1ᵉʳ févr. 1859, aff. Lemaire,
D. P. 59. 1. 55 ; Civ. rej. 20 août 1867, aff. Legrand, D. P.
67. 1. 337 ; Civ. cass. 21 juin 1869, aff. Olagnier, D. P. 69.
1. 474 ; 22 nov. 1875, aff. Curtil, D. P. 76. 1. 108 ; Req.
13 janv. 1890, aff. Besse, D. P. 90, 1ʳᵉ part.).

Par suite, la perception ne peut être subordonnée à la
réalisation éventuelle de dispositions renvoyées à des actes
ultérieurs (Arrêt précité du 22 avr. 1850). Un tribunal
ne peut, sous prétexte qu'un acte aurait pu être fait de
manière à supporter des droits d'enregistrement moindres,
refuser d'allouer ceux que l'acte comporte ; et, spécialement, lorsqu'un héritier reçoit, tant en meubles qu'en immeubles,
une portion de la succession supérieure à sa quote-part
héréditaire, et s'engage, en conséquence, à payer à ses
cohéritiers ou à leur décharge une somme équivalant à
l'excédent qu'il reçoit, le droit de soulte est dû sur cet excédent, sans qu'il y ait lieu d'examiner si, à l'aide d'autres
combinaisons contractuelles, il n'eût pas été possible de ne
payer qu'un droit fixe (Arrêt précité du 1ᵉʳ juin 1853. Conf.
Trib. Seine, 23 janv. 1857, aff. Juglar, D. P. 57. 3. 28 ; Trib.
Evreux, 23 mars 1887, aff. Griaune, D. P. 89. 3. 32). — Les
droits doivent être perçus... abstraction faite des intentions
secrètes des parties et des simulations non entachées de
fraude auxquelles elles ont pu recourir (Arrêts précités des
1ᵉʳ févr. 1859 et 20 août 1867. Conf. Req. 19 févr. 1883,
aff. Barens, D. P. 83. 1. 399), ... sans égard aux conventions verbales qui auraient modifié la situation légale des
parties telle qu'elle résulte des actes (Arrêt précité du
22 nov. 1875).

63. La règle que la perception des droits d'enregistrement doit être établie sur les actes tels qu'ils sont, se rattache
à un principe qui domine la matière, et suivant lequel l'administration de l'enregistrement est un *tiers* vis-à-vis des
contribuables pour la perception des impôts dont le recouvrement lui est confié (V. *infrà*, n°ˢ 154, 306 et 3192). Ce principe
a été reconnu souvent par la jurisprudence, notamment au
sujet du fait de l'existence d'une société entre les redevables, tantôt invoqué, tantôt dénié par eux, afin de se
soustraire à l'action de l'Administration. Ainsi il a été jugé
que l'Administration doit être admise, comme tout autre
tiers, à prouver l'existence d'une société, afin d'obtenir

payement des droits de timbre et de transmission, ainsi que
des amendes encourues sur les actions émises par cette
société (Req. 23 févr. 1875, aff. Le Bastard, D. P. 76. 1. 370) ;
et, à l'inverse, qu'elle peut se refuser à reconnaître l'existence d'une société qui n'est pas régulièrement constituée
(V. notamment les arrêts des 20 avr. 1807 et 8 juill. 1839,
Rép. n°ˢ 2217, 3529 et 3533. *Adde :* Req. 18 juin 1862, aff.
Carcassonne, D. P. 62. 1. 423 ; Civ. rej. 17 nov. 1857, aff.
de Galliera, D. P. 58. 1. 123 ; Civ. cass. 3 janv. 1865, aff.
Usquin, D. P. 65. 1. 32 ; 14 févr. 1870, aff. Tamboise, D. P.
70. 1. 394 ; Civ. rej. 13 nov. 1872, aff. Teisserenc, D. P. 73.
1. 126, et la note 1 ; 19 janv. 1881, aff. veuve Leblond-
Barette, D. P. 81. 1. 265). Mais l'Administration ne peut
plus contester l'existence d'une société... même constituée
par simple convention verbale, alors qu'elle-même a reconnu
le fait pour l'établissement d'une perception (Civ. rej. 6 mars
1872, aff. Paul, D. P. 72. 1. 169)... et, *a fortiori*, lorsque
la société a été constituée par écrit, quelle que soit la valeur
juridique de l'écrit (V. l'arrêt du 9 mars 1831, *Rép.* n° 3603.
Adde les arrêts précités des 14 févr. 1870 et 6 mars 1872), ...
lors même que l'acte de société n'a pas été publié (Trib. Largentière, 11 oct. 1870, D. P. 73. 5. 220 ; Trib. Valenciennes,
27 déc. 1872, aff. Dutemple, *ibid.*).

64. Le principe que l'administration de l'enregistrement
est un *tiers* vis-à-vis des redevables pour la perception de
l'impôt, a été appliqué dans de nombreux cas par la jurisprudence (*Rép.* n°ˢ 154, 3176, 3192, 5600, 5601 et 5602). A
ce principe, en effet, se rattachent notamment... la règle
suivant laquelle l'Administration a le droit de restituer, pour
établir ses perceptions, le véritable caractère des actes présentés à la formalité, lorsque ce caractère lui paraît autre
que celui indiqué par les parties contractantes (V. *infrà*,
n°ˢ 69 et suiv.) ;... la jurisprudence qui décide que l'appréciation résultant de jugements rendus en dehors de l'Administration, relativement à des conventions privées, ne lui est
pas opposable (V. *infrà*, n°ˢ 78 et suiv.).

65. Les règles générales suivant lesquelles les droits
d'enregistrement doivent être perçus, sont résumées au *Rép.*
n° 81 dans la formule suivante : *L'existence prouvée d'une
convention prévue par la loi fiscale détermine l'exigibilité d'un
droit, pourvu que la convention soit parfaite et que la perception ne soit pas repoussée par une exception dilatoire ou
péremptoire.* Il s'ensuit que l'exigibilité du droit est soumise
à trois conditions distinctes : — 1° L'existence prouvée d'une
convention prévue par la loi fiscale ; — 2° La nécessité que cette
convention soit parfaite ; — 3° L'impossibilité pour le contribuable d'opposer à la Régie une exception qui suspend ou
écarte définitivement la perception du droit.

Art. 1ᵉʳ. — Première condition. — *Existence prouvée d'une*
convention prévue par la loi fiscale (Rép. n°ˢ 84 à 60).

66. Le droit fixe est dû pour tout acte soumis à la formalité, lors même qu'il n'est pas dénommé dans le tarif
(L. 22 frim. an 7, art. 68, § 1ᵉʳ, n° 31) ; mais il en est
autrement du droit proportionnel, dont la seule cause possible est une mention précise parmi les actes ou les
mutations tarifés (*Rép.* n° 84). La jurisprudence a eu
souvent à se prononcer sur ce que doit être cette mention.
Elle a toujours décidé que la règle posée dans l'art. 4 de la
loi organique de l'an 7, suivant laquelle le droit proportionnel
est établi sur les valeurs, aux quotités fixées par l'art. 69 de
la loi, pour les obligations, libérations, condamnations, collocations ou liquidations de sommes et valeurs, et pour toute
transmission de propriété, d'usufruit ou de jouissance, doit
être interprétée en ce sens que l'exigibilité du droit est nécessairement attachée à l'un des faits juridiques énumérés par
la loi et que, lorsque ce fait est constaté, la quotité du droit
se détermine par application de celui des articles du tarif
dans lequel il rentre le mieux par sa nature. « Il n'est point
permis, a dit M. le conseiller Pont, d'étendre un texte fiscal
à des faits non prévus. Cela est vrai sans doute. Toute loi
d'impôt est, comme la loi pénale, *strictissimæ interpretationis*.
Mais il est vrai aussi que, comme la loi pénale, la loi fiscale
s'applique aux actes qui, bien que n'étant pas nommément prévus, rentrent, par leur nature et leur analogie
intime, dans l'une des grandes catégories des actes tarifés »
(D. P. 75. 1. 66, note, 1ʳᵉ col.). L'éminent magistrat s'est

exprimé ainsi dans un rapport sur lequel la cour de cassation a décidé qu'une affectation hypothécaire souscrite pour garantie de la dette d'un tiers, obligeant le constituant qui ne veut pas être dépossédé, à payer la somme garantie, au cas de refus ou d'insolvabilité du débiteur, tombe, dès lors, sous l'application de la règle qui assujettit toute obligation au droit proportionnel, et constituant, par son caractère propre, un véritable cautionnement, rend exigible le droit de 50 cent. pour 100 auquel l'art. 69, § 2, n° 8, assujettit les cautionnements (Civ. cass. 30 juill. 1873, aff. Martin, D. P. 75. 1. 65). « L'acte de constitution d'hypothèque qui n'est pas expressément prévu,... a dit encore M. Pont, dans le rapport précité, tombe sous l'application de la règle d'après laquelle toute obligation est sujette au droit proportionnel (L. 22 frim. an 7, art. 4) et, par son caractère propre, l'obligation dont il s'agit ici, classée parmi les actes transmissifs de sommes, incline évidemment du côté du cautionnement » (loc. cit.). — Il a été jugé, conformément à ces principes, qu'un contrat n'échappe point au droit d'enregistrement, dans le même ordre d'idées, que le louage de service et d'industrie est sujet, non au droit proportionnel de 20 cent. pour 100 établi pour les baux de choses mobilières, mais à celui de 1 p. 100 auquel l'art. 69, § 3, n° 1, tarife les marchés, le louage de service et d'industrie n'étant pas nommément désigné dans le tarif et rentrant, par sa nature et par le but en vue duquel il est fait, dans l'expression générique de marchés (Civ. cass. 31 juill. 1854, aff. Messageries nationales, D. P. 54. 1. 312; 6 févr. 1855, aff. Chemin de fer Paris-Orléans, D. P. 55. 1. 131; Req. 25 nov. 1868, aff. Compagnie transatlantique, D. P. 69. 1. 233). « Attendu, porte l'arrêt du 31 juill. 1854, qu'à la vérité le louage d'ouvrage et d'industrie n'est spécialement mentionné dans aucun texte; mais qu'une convention qui est si importante et si commune, n'a pas été omise dans les tarifs;... que, par sa nature et par le but qu'elle se propose, elle rentre dans la généralité du n° 1, § 3, de l'art. 69 de la loi de frimaire, lequel embrasse les marchés pour objets mobiliers... »

68. L'accomplissement de la première des trois conditions auxquelles est subordonnée l'exigibilité du droit d'enregistrement, l'existence prouvée d'une convention prévue par la loi fiscale, impose au receveur chargé de la perception, l'obligation de rechercher quelle est la convention, dans quelle intention les parties l'ont faite, quelle qualification elle comporte, si son existence est juridiquement prouvée, enfin quelle disposition du tarif lui est applicable (Rép. n° 85). Par suite, le commentaire se divise naturellement, comme il est dit au Rép. ibid., en quatre parties se rapportant, l'une à l'intention des parties, la seconde à la qualification du contrat, la troisième à la preuve de l'existence de la convention, et la quatrième à l'application du tarif.

§ 1er. — Intention des parties (Rép. nos 86 à 95).

69. Les règles d'interprétation des contrats établies par les art. 1156 et suiv. c. civ., doivent être appliquées aussi bien pour déterminer le droit d'enregistrement applicable à une convention que pour régler les effets qu'elle est susceptible de produire en droit civil (Rép. n° 86). Une volonté clairement exprimée doit toujours être respectée; l'intention des parties ne peut jamais être éludée sous le prétexte de la mieux saisir; mais toutes les fois que cette intention se trouve mal exprimée par les termes de l'acte et clairement manifestée, d'ailleurs, en un sens différent, c'est d'après ce sens, qui représente la véritable pensée

commune des parties, que le droit d'enregistrement doit être perçu (Rép. n° 87). En droit fiscal comme en droit civil, c'est une règle générale que ce que font les parties prévaut sur ce qu'elles disent (D. P. 68. 1. 480, note 2). La cour de cassation a proclamé ce principe, en termes nets et catégoriques, dans un grand nombre d'arrêts. L'administration de l'enregistrement, disent ces arrêts, a le droit et même le devoir de rechercher et de constater le véritable caractère des dispositions contenues dans les contrats présentés à la formalité, pour arriver à asseoir d'une manière conforme à la loi les droits d'enregistrement applicables à ces dispositions (Civ. cass. 24 avr. 1854, aff. Charlionnais, D. P. 54. 1. 160; Req. 20 mars 1855, aff. Lochart, D. P. 55. 1. 130; Civ. rej. 9 juill. 1861, aff. Buquet, D. P. 61. 1. 322; Req. 23 août 1871, aff. Taffin, D. P. 71. 1. 340; 5 nov. 1878, aff. Reynier, D. P. 79. 1. 100; Civ. rej. 6 juill. 1880, aff. Compagnie de la Bourboule, D. P. 80. 1. 393; Req. 19 juin 1882, aff. Martenet, D. P. 83. 1. 299; 14 déc. 1885, aff. Lepargneux, D. P. 86. 1. 188; 16 déc. 1885, aff. Esnault de Moulins, D. P. 86. 1. 270; Civ. rej. 5 août 1887, aff. Messimy, D. P. 88. 1. 65). Il appartient aux tribunaux, porte l'arrêt du 5 avr. 1887, de déterminer, spécialement pour la perception des droits d'enregistrement, le véritable caractère des actes, « quelles que soient les expressions dont les parties se sont servies ». Il appartient à l'Administration et à la justice, porte l'arrêt du 6 juill. 1880, « de déterminer et de restituer le caractère légal de l'acte assujetti et la portée des stipulations qu'il contient ».

70. L'Administration use, le plus souvent, du pouvoir qui lui est reconnu en cette matière pour établir le véritable caractère de dispositions à titre gratuit dissimulées sous la forme de conventions à titre onéreux, dans le but de ne payer que le droit d'enregistrement applicable à ces derniers contrats, lequel est toujours moins élevé que celui établi sur les libéralités. Il appartient, dans ce cas, à l'administration de l'enregistrement de prouver, par toutes les voies que la loi fiscale autorise, la simulation qui lui paraît avoir été employée (Arrêt du 9 juill. 1861, cité suprà, n° 69). Une libéralité peut se trouver déguisée sous la forme d'une simple obligation. Jugé que la déclaration faite dans un contrat de mariage que parmi les apports de la future épouse figure une somme à elle due par un oncle qui la reconnaît, en se réservant le droit de se libérer immédiatement après la célébration du mariage, a pu, d'après les circonstances, et notamment d'après la valeur de cette somme comparée à l'âge et à la situation de fortune de la future, être considérée comme une donation, déguisée sous la forme d'une reconnaissance d'obligation et, dès lors, déclarée passible du droit de donation à 6,50 pour 100 et non pas seulement du droit d'obligation à 1 pour 100 (Req. 20 mars 1855, aff. Lochart, D. P. 55. 1. 130). — Toutefois, une donation ne doit pas être présumée aisément. Ainsi, l'acte par lequel un fils reconnaît devoir à ses père et mère un capital déterminé qu'il s'oblige à leur rembourser au décès du premier mourant, jusqu'à concurrence de ses droits en pleine propriété dans la succession de celui-ci, sans intérêts jusque-là, et, pour le surplus, au décès du survivant, également sans intérêts jusqu'à cette époque, doit être considéré, pour l'application du droit d'enregistrement, comme renfermant un simple prêt, et non une libéralité (Trib. Seine, 27 nov. 1875, aff. Lemon, D. P. 77. 3. 54). En effet si, au point de vue des rapports à succession, le prêt fait par un père à son fils ou le payement des dettes de celui-ci est assimilé à une libéralité (V. Rép. v° Succession, nos 1201 et suiv.), il ne s'ensuit pas que la convention puisse être considérée, pour la perception du droit d'enregistrement, comme constituant une donation, si les circonstances ne tendent pas à lui faire attribuer ce caractère.

71. La libéralité se trouve parfois déguisée sous la forme d'une cession à titre onéreux. Ainsi, l'administration de l'enregistrement est fondée à considérer comme une libéralité déguisée et à soumettre en conséquence au droit de donation entre vifs (6,50 pour 100 dans l'espèce), et non seulement au droit de transport de créances (1 pour 100), la cession par une tante âgée de quatre-vingt-trois ans à son neveu et héritier présomptif d'une créance d'un chiffre considérable, moyennant un prix stipulé payé antérieurement à l'acte et hors la présence du notaire rédacteur, alors que ce prix ne s'est pas trouvé dans la déclaration de la succession de la prétendue cédante, quoiqu'elle soit décédée quarante-huit jours seulement après l'acte (Civ. rej. 9 juill. 1861, aff. Buquet, D. P. 61. 1. 322. Conf. Req. 19 juin 1882, aff. Martenet, D. P. 83. 1. 299). De même, l'acte constatant la cession, moyennant des prix payés comptant, de créances importantes, aux héritiers présomptifs du cédant, ne peut être considéré comme sérieux alors qu'il a été passé sept jours avant le décès du cédant, que celui-ci était déjà gravement malade et dans l'impossibilité de signer, et que la somme représentant le prix de la prétendue cession n'a pas été comprise, dans la déclaration de sa succession, au nombre des valeurs composant l'hérédité. Un tel acte doit être interprété comme renfermant une donation simulée de la part du défunt au profit de ses héritiers, surtout si la somme qui en fait l'objet se trouve répartie entre ceux-ci à peu près dans la proportion de leurs droits héréditaires. L'administration de l'enregistrement est fondée, en conséquence, à répéter contre les héritiers la somme représentant la différence entre le droit de cession de créances perçu à l'enregistrement de l'acte et le droit de donation au taux déterminé pour le degré de parenté qui existait entre le défunt et ses héritiers (Trib. Verdun-sur-Meuse, 28 juin 1878, aff. Pagin, D. P. 79. 5. 185. Conf. Trib. Neufchâteau, 25 oct. 1888, aff. Mougin, D. P. 89. 5. 216).

72. Souvent la simulation d'une donation se produit sous la forme d'une *constitution de rente*. Il a été jugé :... que la cession par une veuve à son beau-père, moyennant une rente viagère immédiatement exigible, d'un droit éventuel d'usufruit appartenant à la cédante sur les biens propres de son défunt mari et dont elle ne devait jouir qu'après le décès du cessionnaire usufruitier des mêmes biens, a le caractère d'une libéralité passible du droit de donation entre étrangers à 9 pour 100, et non d'une cession immobilière à titre onéreux sujette au droit de 5,50 pour 100, alors que les biens dont il s'agit sont affermés moyennant un prix de beaucoup inférieur au chiffre de la rente (Req. 23 août 1874, aff. Taffin, D. P. 71. 1. 340);... que deux actes passés le même jour et portant, l'un donation par une sœur au profit de son frère d'un capital de 340000 fr., l'autre constitution d'une rente viagère de 18000 fr. par le frère au profit de la sœur, moyennant l'aliénation par celle-ci d'un capital de 260000 fr., et sous une garantie hypothécaire fixée à 600000 fr., peuvent être interprétés comme en renfermant, en réalité, une donation de 600000 fr. à charge d'une pension viagère de 18000 fr.; en conséquence, le droit de donation entre frères et sœurs à 6,50 pour 100 est dû, dans ce cas, sur 600000 fr., et les parties ne sont pas fondées à prétendre qu'elles ne doivent ce droit de donation que sur 340000 fr., le surplus (260000 fr.) étant passible du droit de constitution de rente à 2 pour 100 (Req. 5 nov. 1878, aff. Reynier, D. P. 79. 1. 100).

73. L'Administration a le droit de restituer le véritable caractère d'un contrat soumis à la formalité, non seulement dans le cas de simulation frauduleuse, mais encore lorsque, soit par erreur, soit pour toute autre cause, les dispositions arrêtées entre les parties se trouvent en opposition avec celles de la loi civile. Il lui appartient de rechercher, pour l'application de l'impôt, quels sont, d'après les règles ordinaires du droit commun, la nature réelle, le caractère et les effets légaux des actes et mutations. Les conventions intervenues entre les contractants ne peuvent prévaloir contre les effets légaux des actes ou mutations et en modifier le caractère à son égard. Ainsi, la transmission d'un objet mobilier doit être soumise au tarif établi pour les mutations mobilières; le tarif des transmissions immobilières ne lui est pas applicable, bien qu'elle ait été considérée comme telle dans l'acte par les parties contractantes, leur erreur ne pouvant avoir pour effet de changer la nature légale de l'objet transmis (Civ. cass. 6 févr. 1860, aff. Dardenne, D. P. 60. 1. 88. Conf. Civ. cass. 14 févr. 1870, aff. Tamboise, D. P. 70. 1. 394; 30 déc. 1873, aff. Ganivet, D. P. 74. 1. 363; Req. 5 nov. 1878, aff. Reynier, D. P. 79. 1. 100; Civ. rej. 6 juill. 1880, aff. Compagnie de la Bourboule, D. P. 80. 1. 393; Req. 14 déc. 1885, aff. Lepargneux, D. P. 86. 1. 188; 16 déc. 1885, aff. Esnault de Moulins, D. P. 86. 1. 270; Civ. rej. 5 avr. (et non août) 1887, aff. Messimy, D. P. 88. 1. 65; Civ. cass. 25 juin 1888, aff.

Elloy, D. P. 89. 1. 209). — Ainsi encore, au cas où des associés ont acquis des immeubles en commun dans des termes et des conditions qui excluent l'idée d'acquisitions faites par la société, le caractère et les effets légaux de ces acquisitions étant ainsi fixé par les actes les constatant et par les lois qui s'y appliquent ne peuvent être modifiés par un partage postérieur, de sorte que si, par ce partage, l'un des associés cède à un autre tous ses droits tant dans la société que dans les immeubles acquis en commun, le tarif exceptionnel de 50 cent. pour 100, applicable à la cession de part sociale, ne peut être étendu à celle relative aux immeubles acquis en commun (Arrêt précité du 14 févr. 1870).

74. L'arrêt du 30 déc. 1873 (cité *suprà*, n° 73) rendu sur le rapport de M. Pont, a fait une application remarquable du principe. L'Administration, porte cette décision, chargée de percevoir le droit de mutation par décès sur les valeurs dépendant des successions, a qualité pour rechercher, en dehors des conventions arrêtées par les parties, si la composition de l'actif porté dans une déclaration de succession est régulière et pour y faire rentrer les valeurs imposables qui n'y auraient pas été comprises par le fait ou la volonté des parties. Spécialement, elle est fondée à réclamer le droit de mutation par décès à raison d'une récompense due à la succession d'une femme commune par le mari survivant, lors même qu'en procédant entre elles au règlement de leurs droits, les parties ont cru pouvoir ne pas en tenir compte, leur convention à cet égard n'étant nullement opposable à l'Administration.

75. Une autre application non moins remarquable du principe a été faite par l'arrêt du 25 juin 1888 (cité *suprà*, n° 73), au sujet d'un capital revenant à la succession d'une femme commune par suite de versements effectués pendant le mariage à la Caisse des retraites pour la vieillesse. La cour a jugé que ce capital devait être compris dans la succession de la femme et assujetti au droit de mutation ouvert par son décès, comme les autres biens propres de la défunte, malgré la renonciation de ses héritiers à la communauté, et quoiqu'il eût été payé au mari sur la production d'un certificat de propriété constatant qu'il lui appartenait en pleine propriété par l'effet de la renonciation, attendu que la législation sur la caisse des retraites pour la vieillesse a, dans son ensemble, dérogé aux règles du droit commun en matière de statut matrimonial et attribué à chacun des époux un droit propre tant sur la rente que sur le capital versé à la caisse pendant le mariage, lorsque ce capital a été réservé.

76. Il appartient à l'Administration de l'enregistrement, porte l'arrêt du 14 déc. 1885 (cité *suprà*, n° 73), de tirer, pour établir ses perceptions, les conséquences des actes produits par les parties et réglant leurs qualités respectives. Ainsi, l'importance d'une donation entre époux faite par contrat de mariage au survivant, de l'usufruit de moitié des biens composant la succession du prémourant doit être déterminée, pour la perception des droits de mutation par décès, d'après l'ensemble des biens de l'époux prédécédé, y compris la dot constituée et payée à l'un des enfants par imputation sur la succession de cet époux, malgré l'allégation des parties que cette constitution dotale représente une aliénation à titre onéreux, attendu « qu'elle est, dans son essence, une disposition à titre gratuit, une libéralité rentrant dans les termes généraux de l'art. 1083 c. civ. ».

77. Il a été jugé, dans le même ordre d'idées, qu'une disposition testamentaire portant que les biens légués devront entrer dans les mains du légataire quittes et nets de tous droits de mutation, et rentrer dans la succession du testateur, en cas de décès du légataire avant sa majorité et sans enfants, présente les caractères, non d'un legs soumis à une condition suspensive, mais d'une substitution fidéicommissaire, qui, au cas de réalisation de la condition prévue, opère transmission de la personne du légataire à celle des héritiers du testateur; que, par suite, il y a lieu, lors de cette transmission, à la perception du droit proportionnel de mutation; que les héritiers qui ont exécuté cette substitution ne peuvent, après son ouverture à leur profit, en demander la nullité pour échapper au droit de mutation, en soutenant que, par l'effet de la nullité de la disposition, ils sont réputés avoir recueilli directement les biens grevés dans la succession du disposant en leur qualité d'héritiers; que l'administration de l'enregistrement a qualité pour soutenir que la disposition testamentaire a le caractère d'une substitution et non celui d'un legs sous condition suspensive, pour en conclure l'existence de deux transmissions successives opérées l'une du testateur au grevé, l'autre du grevé aux appelés, et donnant, dès lors, ouverture à deux droits de mutation, lorsque les héritiers eux-mêmes ont exécuté la disposition comme substitution fidéicommissaire : on objecterait vainement qu'il n'est pas permis à la régie d'interpréter un acte dans un sens qui en entraînerait la nullité, pour en induire la perception d'un droit, sa prétention reposant, au contraire, sur la supposition du maintien de l'acte, tel que l'ont entendu et exécuté les héritiers (Civ. cass. 11 déc. 1860, aff. Giraud, D. P. 61. 1. 25. Conf. Civ. cass. 5 mars 1866, aff. de Neufbourg, D. P. 66. 1. 124). Décidé, de même, que le partage anticipé transcrit au bureau des hypothèques, ayant pour effet d'investir chacun des donataires de la propriété de tous les biens meubles et immeubles à lui attribués, la cession intervenue ultérieurement entre les donataires et qui fait passer au cessionnaire les biens compris dans le lot du cédant, opère une transmission de propriété passible du droit proportionnel d'enregistrement ; alors même qu'il serait exprimé dans l'acte de cession qu'il aurait eu pour but, dans l'intention des parties, de revenir à l'exécution d'une donation préciputaire faite antérieurement au partage, par les donateurs, au profit de l'un des donataires, et qu'il n'aurait pas été tenu compté (Req. 19 févr. 1883, aff. Barens, D. P. 83. 1. 399).

78. Le droit pour l'Administration de rechercher et de constater, afin d'établir la perception des droits d'enregistrement, le véritable caractère des stipulations contenues dans les contrats, est absolu. L'appréciation résultant de *jugements* rendus en dehors d'elle, relativement à des conventions privées, ne lui est pas opposable. Cette appréciation est pour l'Administration *res inter alios acta* (Req. 17 nov. 1847, aff. Guilleminot, D. P. 47. 4. 80; Civ. cass. 12 déc. 1853, aff. Leclerc, D. P. 54. 1. 21 ; Civ. rej. 12 juin 1854, aff. Margat, D. P. 55. 1. 12 ; 17 nov. 1857, aff. de Galliera, D. P. 58. 1. 123 ; Ch. réun. cass. 12 déc. 1865, aff. Muteau, D. P. 65. 1. 457).

Ainsi,... l'Administration peut faire considérer comme propres de la femme des biens adjugés au mari après dissolution de la communauté, nonobstant la décision passée en force de chose jugée qui aurait reconnu à ces biens le caractère d'acquêts de communauté à l'égard des héritiers de la femme, alors que l'Administration n'était pas partie à la décision (Arrêt précité du 17 nov. 1847) ;... le jugement homologatif d'un règlement qui liquide les droits et reprises d'une veuve sur la succession de son mari, rapproché de l'autorité de la chose jugée vis-à-vis de l'Administration qui n'y a pas été partie (Arrêt précité du 12 déc. 1853) ;... une convention peut, sur l'action de l'Administration de l'enregistrement, être qualifiée de promesse de vente, suivie d'exécution, quoiqu'un jugement antérieur passé en force de chose jugée, mais auquel l'Administration n'a pas été partie, ait considéré cette convention comme une simple obligation de faire (Arrêt précité du 12 juin 1854) ;... la dénomination de conventions verbales donnée dans un premier jugement, en l'absence de l'Administration, à des contrats de vente et de cautionnement, n'est point un obstacle à ce qu'un second jugement rendu sur les poursuites de la Régie, (Même arrêt) ;... le jugement qui déclare qu'un immeuble a été acquis par une société verbale contractée entre deux personnes et est devenu, dès lors, leur propriété indivise, ne saurait prévaloir, à l'égard de la Régie qui n'y a point été partie, sur les énonciations d'actes authentiques desquelles il résulte que l'une de ces personnes était seule propriétaire de l'immeuble, que l'autre n'en avait que la simple superficie; par suite, l'adjudication prononcée au profit de ce superficiaire donne ouverture au droit proportionnel de 5 et demi pour 100 sur le prix total de cette adjudication, déduction faite du droit de superficie appartenant à l'adjudicataire, et non pas seulement au droit de parts acquises de 4 pour 100 (Arrêt précité du 17 nov. 1857).

79. Un tribunal a jugé, en sens contraire, que si l'administration de l'enregistrement a incontestablement le droit de déterminer le véritable caractère des actes indépendam-

ment de la qualification qui leur a été donnée, il n'en saurait être ainsi à l'égard des jugements et des arrêts sans porter une véritable atteinte au respect dû aux décisions judiciaires (Trib. Angers, 1er mai 1874, aff. N..., D. P. 75. 5. 192). — Mais cette décision, isolée dans la jurisprudence, ne doit pas être suivie.

80. C'est une question très délicate que celle de savoir comment la perception doit être établie dans le cas où l'acte présenté à l'enregistrement ne révèle pas clairement quelle a été l'intention des parties, lorsqu'il y a doute sur la nature du contrat. L'Administration soutient que, dans ce cas, elle doit percevoir le droit le plus élevé (*Rép.* n° 90). C'est aussi ce qu'enseignent M. Demante, n° 78, et M. Naquet, t. 1, n° 137. Il est dit, au contraire, au *Rép.* n° 93, que c'est le droit le plus faible qui doit être perçu. — Cette opinion nous paraît aujourd'hui trop absolue. La difficulté se rattache à l'application de la règle suivant laquelle c'est la principale des dispositions d'un contrat qui doit servir de base à la perception du droit d'enregistrement. Nous y reviendrons en développant ce principe (V. *infrà*, n°s 86 et suiv.).

§ 2. — Qualification du contrat (*Rép.* n°s 96 à 117).

81. Lorsque l'intention que les parties ont eue en contractant est déterminée, il faut qualifier la convention. En thèse générale, toutes les fois que les parties elles-mêmes l'ont fait, il y a lieu de s'en tenir à la qualification qu'elles ont donnée à leurs accords (*Rép.* n°s 96 et 2845). C'est l'application du principe développé ci-dessus, que les droits d'enregistrement doivent être perçus sur les actes présentés à la formalité tels qu'ils sont, d'après la nature des stipulations qu'ils renferment (V. *supra*, n°s 69 et suiv.).

La qualification donnée au contrat par les parties doit servir de base à la perception du droit d'enregistrement, lors même que les parties tenteraient de revenir sur cette qualification afin de payer un droit moindre que celui qu'elle aurait rendu exigible (*Rép.* n° 99. Conf. Trib. Seine, 29 mars 1854, aff. Marochetti, D. P. 54. 3. 31).

82. Mais la qualification des parties ne peut plus servir de base à la perception, lorsqu'elle ne s'accorde pas avec les dispositions de l'acte et qu'il y a opposition entre le *scriptum* et le *gestum* (*Rép.* n°s 101 et 2846). « Si en principe, dit un arrêt, les parties peuvent revêtir leurs conventions de la forme qui leur agrée, et si la perception des droits d'enregistrement doit s'établir sur la forme extrinsèque et sur les effets légaux des contrats, sans qu'il soit permis à la Régie de se prévaloir des vices dont ils seraient entachés, ni de rechercher les intentions secrètes des parties, il en est autrement lorsque la substance d'un acte aussi bien que ses conséquences nécessaires et immédiates protestent contre la qualification que les contractants lui ont donnée, et qu'il ressort de l'économie de ses dispositions qu'elles ont été combinées en vue de dissimuler une autre nature de contrat qu'on voulait soustraire au droit déterminé par la loi fiscale » (Civ. rej. 20 août 1867, aff. Legrand, D. P. 67. 1. 337). — « La cour de cassation, porte un autre arrêt, a, pour fixer le véritable caractère des conventions et les conséquences légales qui y sont attachées, spécialement au point de vue de l'application des lois sur l'enregistrement, un droit de contrôle dont l'exercice ne saurait être paralysé ni par les qualifications données à ces conventions par les parties, ni par les appréciations des tribunaux ». (Civ. cass. 14 févr. 1870, aff. Tamboise, D. P. 70. 1. 394). — « En droit, suivant les termes d'un troisième arrêt, la perception des droits d'enregistrement se fait, non d'après la qualification donnée aux actes par les parties, mais d'après la nature même et la portée juridique des clauses insérées dans lesdits actes » (Req. 16 déc. 1885, aff. Esnault de Moulins, D. P. 86. 1. 270). — C'est toujours, en définitive, comme il est dit *supra*, n°s 69 et suiv., d'après la nature de la convention que les parties ont conclue dans la réalité des faits, que la perception du droit d'enregistrement doit être réglée.

83. Ces règles doivent être conciliées avec la faculté qui appartient aux redevables, lorsque deux voies s'ouvrent à eux pour atteindre le but qu'ils se proposent, de choisir celle qui donne lieu au droit le moins élevé (*Rép.* n° 105). La jurisprudence a reconnu cette faculté spécialement au sujet de renonciations à communauté et à succession. D'après ses décisions, l'exercice régulier d'une faculté légale ne saurait être considéré comme une fraude à la loi, lors même qu'il aurait pour objet et pour résultat d'affranchir du payement des droits de mutation. — Ainsi, l'héritier qui, succédant à son cohéritier, renonce, du chef de ce dernier, à la succession de l'auteur commun, et recueille ainsi cette succession entière de son propre chef, ne doit néanmoins qu'un seul droit de mutation, car il est censé avoir recueilli directement la part afférente à son cohéritier décédé, et il ne s'est opéré qu'une seule mutation (Civ. rej. 2 mai 1849, aff. Bon de Saint-Quentin, D. P. 49. 1. 132; Trib. Caen, 17 juin 1847, aff. Bernardin de Saint-Quentin, D. P. 47. 3. 208; Trib. Valence, 13 juill. 1853, aff. Maçaire, D. P. 54. 3. 78). — Ainsi encore, la faculté de renoncer à la communauté n'étant, pour les héritiers de la femme comme pour la femme elle-même, subordonnée à aucune restriction, on ne saurait, en aucun cas, voir une fraude dans son exercice régulier; et, dès lors, l'Administration ne peut la critiquer, lors même qu'elle est faite pour éviter le payement de droits de mutation. Spécialement, lorsque les héritiers de la femme ont renoncé à la communauté et que postérieurement le mari, de son côté, a renoncé à la donation de la part de sa femme dans la communauté à lui faite pour le cas de survie, dans son contrat de mariage, le droit de mutation, ne peut être réclamé du mari à raison de cette donation sous le prétexte que les deux renonciations ont été concertées afin d'éviter au mari le payement de ce droit (Civ. cass. 24 avr. 1854, aff. Broyard, D. P. 54. 1. 157). Mais si la renonciation, soit de l'époux survivant à ses avantages matrimoniaux ou à la communauté, soit des héritiers à la succession à laquelle ils sont appelés, est l'exercice d'un droit légal qui ne peut être critiqué, même lorsque la renonciation est faite pour éviter le payement de droits de mutation, c'est à la condition que cette renonciation aura été pure et simple, sans fraude (V. infrà, chap. 3, sect. 1re, art. 1er, § 1er).

C'est sur le même fondement, comme il est dit au Rép. n° 107, que reposent les décisions de la jurisprudence suivant lesquelles la vente séparée du sol et de la superficie d'un bois ne donne pas ouverture au droit de vente immobilière sur le tout, sauf, bien entendu, le cas de fraude (V. infrà, chap. 4, part. 1re, sect. 2, art. 2, § 2).

84. Lorsque les parties n'ont pas qualifié leur convention et que leur acte ne présente ni dans ses termes, ni dans sa forme, aucun secours pour en déterminer la nature, comme cela arrive au cas où de deux obligations corrélatives exprimées chacune peut appartenir à un contrat différent, on doit rechercher la stipulation qui constitue la disposition principale du contrat pour établir sur elle, et sur elle seule, le droit d'enregistrement exigible (Rép. n° 110). Cela ressort de cette règle de perception, établie dans l'art. 10, de la loi du 22 frim. an 7, que, « dans le cas de transmission de biens la quittance donnée ou l'obligation consentie, par le même acte, pour tout ou partie du prix entre les contractants, ne peut être sujette à un droit particulier d'enregistrement », et encore, à contrario, de l'art. 11 de la même loi, aux termes duquel « lorsque, dans un acte quelconque, il y a plusieurs dispositions indépendantes ne dérivant pas nécessairement les unes des autres, il est dû, pour chacune d'elles et selon son espèce, un droit particulier ». Ainsi, lorsqu'en constituant une rente viagère à son fils par contrat de mariage, un père lui impose l'obligation de le laisser jouir, sa vie durant, de ses droits maternels, le droit d'enregistrement doit être établi sur la donation de la rente, disposition principale du contrat; mais il n'en est dû aucun sur l'abandon de l'usufruit des droits maternels, simple disposition accessoire (Civ. rej. 6 janv. 1834, Rép. n° 95. V. dans le même sens : Civ. rej. 19 avr. 1847, aff. d'Ymouville, D. P. 47. 1. 182; Civ. cass. 9 août 1848, aff. de Cessac, D. P. 48. 1. 224; Rép. nos 3753 et 3754. — Adde : Civ. rej. 13 déc. 1853, aff. de Fougères, D. P. 54. 1. 109; Civ. cass. 26 août 1868, aff. Vaslin, D. P. 69. 1. 17, et la note).

Le tribunal de la Seine a jugé en ce sens que la cession par la veuve à l'héritier du mari, moyennant une rente viagère, des droits appartenant à la cédante dans la communauté dissoute, doit être considérée, pour la perception du droit proportionnel d'enregistrement, non comme une constitution de rente viagère passible du droit de 2 pour 100,

mais comme une transmission mobilière à titre onéreux sujette à des droits de mutation différents, selon la nature des objets cédés (Trib. Seine, 22 janv. 1870, aff. Legriel, D. P. 71. 3. 46). Dans l'espèce, ce n'était pas une simple créance qui avait été cédée, c'étaient des droits mobiliers indivis qui portaient à la fois sur des objets mobiliers proprement dits, des créances et des titres au porteur. Il a paru au tribunal que l'intention des parties avait été principalement de liquider la communauté et de sortir de l'indivision, et que, par suite, la disposition dominante du contrat et devant servir de base à la perception du droit proportionnel d'enregistrement, était la cession et non la constitution de rente. Sa décision paraît fondée, eu égard aux circonstances (Ibid. note 3). — On trouve une autre application du principe, qui nous a paru justifiée également, dans un jugement suivant lequel l'acte constatant l'abandon d'une petite quantité d'objets mobiliers de minime valeur, plus de rentes et de créances, moyennant l'engagement contracté par celui au profit de qui cet abandon est fait, de loger, nourrir, entretenir et soigner le cédant jusqu'au décès de celui-ci, doit être considéré, pour la perception du droit d'enregistrement, non comme une cession de créances, de rentes et d'objets mobiliers, mais comme un bail à nourriture à durée illimitée, sujet au droit proportionnel de 2 pour 100 (Trib. Valognes, 10 févr. 1874, aff. Postaire, D. P. 75. 3. 55, et la note).

85. La cour de cassation a décidé que l'acte constatant la vente d'un immeuble et la cession d'une créance, entre les mêmes personnes, moyennant des prix distincts, et la conversion du total de ces prix en une rente viagère, ne doit pas être interprété, pour la perception des droits d'enregistrement, comme renfermant une vente immobilière et une constitution de rente; qu'il n'y a réellement qu'un seul contrat, une transmission de valeurs ne devant donner ouverture qu'à une seule nature de droits dont la quotité seulement varie suivant qu'il s'applique à l'immeuble ou à la créance transportée (Civ. rej. 29 déc. 1868, aff. Dufresne et Roger, D. P. 69. 1. 265). — Cet arrêt rendu, contrairement aux conclusions de M. l'avocat général Blanche rapportées ibid., nous a paru sujet à critique. En effet, le principe du respect dû à l'unité de contrat était sans application dans l'espèce. Le contrat présentait deux dispositions parfaitement distinctes, une vente d'immeubles moyennant une rente viagère et une cession de créances moyennant une autre rente viagère. Chacune d'elles devait être appréciée, pour la perception des droits d'enregistrement, selon sa nature, comme le prescrit l'art. 11 de la loi de l'an 7. Mais l'espèce soulevait une grave difficulté, celle de décider si la cession de la créance consentie moyennant une rente viagère devait être assujettie au droit de 1 fr. pour 100 auquel l'art. 69, § 3, n° 3, de la loi du 22 frim. an 7, assujettit « les transports, cessions et délégations de créances à terme », ou au droit de 2 pour 100 établi par le paragraphe 5, n° 2, du même article de loi, pour les « constitutions de rentes, soit perpétuelles, soit viagères ». Et comme d'après la règle établie ci-dessus, c'est la principale des dispositions d'un contrat qui doit servir de base à la perception du droit d'enregistrement, la question revenait à déterminer si la disposition principale était la cession de la créance ou la constitution de rente (Ibid., note).

86. Comment déterminer, entre deux dispositions corrélatives, quelle est la disposition principale? Les questions de cette nature sont toujours fort délicates. Les travaux des feudistes, qui se sont beaucoup occupés de cette matière, en font preuve. Dans leur embarras de trouver des règles satisfaisantes, ces maîtres, si bien avisés d'ordinaire, en étaient venus à des distinctions plus qu'étranges. « On est étonné, par exemple, disent MM. Championnière et Rigaud, n° 109, de voir un esprit aussi judicieux que Tiraqueau enseigner que, dans un doute absolu, on doit se déterminer pour le contrat le plus noble : actus denominatio semper debet fieri a digniori (Du retrait lignager, § 30, glos. 1, nos 15 et suiv.), appuyer cette doctrine sur des préceptes de médecine et de pharmacie non moins ridicules, et décider que l'échange est plus noble que la vente, au moyen de citations d'Homère, d'Ovide et de Pline le Jeune. Cette étrange ressource d'un savant jurisconsulte est un témoignage manifeste du dénûment complet de règles sûres et de principes efficaces pour qualifier certains actes. » Suivant ces mêmes auteurs, dans toute convention où se rencontre la stipulation d'un prix, c'est la corrélative qui est la principale, attendu que l'argent n'est pas un objet de commerce, mais seulement un moyen de le faire. Ainsi, pour déterminer le droit à percevoir, il faut toujours considérer la chose transmise, et non la somme promise. Lorsque les deux obligations corrélatives consistent également en des choses, il faut rechercher laquelle est représentative d'une valeur et laquelle consiste en un corps certain, et considérer cette dernière comme formant l'objet principal du contrat. Si la stipulation contient obligation de donner comme équivalente d'une obligation de faire, do, ut facias, c'est celle-ci qui caractérise l'acte, comme on le voit dans les marchés, le louage d'ouvrage, etc. (Championnière et Rigaud, nos 106, 107 et 108 ; Rép. no 112). La théorie de MM. Championnière et Rigaud, dit M. Demante, t. 1, no 75, « n'est pas expressément consacrée par la loi, mais elle paraît conforme à son esprit général, et peut être suivie, en beaucoup de cas, comme règle de logique judiciaire » (V. D. P. 69. 1. 265, note).

87. M. Demante, prévoyant le cas où la règle fait défaut et où il y a doute sur la détermination de la stipulation principale, enseigne que, dans ce cas, « l'Administration a le droit et le devoir d'envisager l'opération du côté qui donne lieu à la perception la plus élevée » (V. supra, no 80). Il est enseigné, au contraire, au Rép. no 93, que, lorsqu'il y a incertitude sur la véritable nature du contrat, la convention doit être interprétée dans le sens le plus favorable au contribuable conformément à l'art. 1162 c. civ., et la perception doit être assise, en conséquence, sur la disposition qui donne ouverture au droit le plus faible. Ainsi, dans le cas rapporté ci-dessus, de cession d'une créance moyennant une rente viagère, c'est, suivant MM. Championnière et Rigaud, no 1346, la cession de créance qui est la disposition principale et il n'est pas dû, en conséquence, que le droit de 1 pour 100, « parce que la créance n'est qu'un titre représentatif de l'argent, tandis que la rente consiste dans le payement même de sommes d'argent ». Il a été jugé, au contraire, que la « constitution de rente forme la clause principale et la plus importante de l'acte ; puisqu'elle entraîne l'aliénation du capital, et que, par suite, le droit de 2 pour 100 est dû (Trib. Laon, 26 sept. 1850, D. P. 69. 1. 265, note). Conf. les décisions rapportées au Rép. nos 1819 et 1820). — Cette dernière interprétation nous paraît devoir être suivie. En effet, il est impossible de dire que l'intention commune des parties ait été de constituer une rente plutôt que de céder une créance ou à l'inverse. Leurs intentions ont été nécessairement divergentes. Si l'une a voulu aliéner une créance pour acquérir une rente viagère, par suite, la constitution de rente a été pour celle-ci l'objet le plus important du contrat, l'autre a voulu, au contraire, acquérir une créance au prix d'une rente et, par conséquent, la stipulation principale a été pour elle le transport de la créance. En cet état de choses, la raison déterminante du véritable caractère de la convention au regard de l'impôt ne peut se rencontrer que dans la loi de l'impôt. Les quotités de droits établies par cette loi n'ont pas été fixées arbitrairement. Elles ont été déterminées suivant une progression soigneusement combinée, et c'est d'après leur nature et leurs effets comparés que les différentes classes d'actes et de mutations ont été réparties entre les diverses catégories de droits adoptées par le législateur. Or la constitution de rente se trouvant dans la catégorie des actes sujets au droit de 2 pour 100, tandis que la cession de créance est comprise parmi les conventions passibles du droit de 1 pour 100, il en résulte que, à tort ou à raison, la première a paru aux auteurs de la loi fiscale plus importante que la seconde, et doit être, par suite, préférée à celle-ci, dans le cas de concours entre les deux dispositions, pour la détermination de la stipulation principale au regard de l'impôt. Nous n'entendons nullement établir en règle générale, comme M. G. Demante, que, lorsqu'il y a doute sur la détermination de la disposition principale d'un contrat pour la perception du droit d'enregistrement, cette perception doit être assise sur la stipulation qui donne ouverture au droit le plus élevé ; nous ne disons pas non plus que l'interprétation la plus favorable au contribuable doit prévaloir. La matière se prê-

tant mal aux généralisations, mieux vaut, à notre avis, s'en abstenir. Nous disons seulement que la cession d'une créance moyennant une rente viagère nous paraît, par les raisons exposées ci-dessus, devoir être considérée, pour la perception du droit d'enregistrement, comme une constitution de rente passible du droit de 2 pour 100, et non comme une cession de créance sujette seulement au droit de 1 pour 100. 265, note, et infrà, no 909. Conf. Naquet, t. 1, no 137).

88. Dans tous les cas, il faut en cette matière, écarter les analogies, les lois fiscales présentant essentiellement, par leur nature même, un caractère restrictif (Rép. nos 113 à 117, 4585 et 5243). Le principe a été consacré par de nombreux arrêts de la cour de cassation d'après lesquels, dans l'application des lois spéciales, et notamment en matière d'enregistrement, il n'est pas permis d'étendre un cas à un autre, par voie d'induction ou même d'analogie, la disposition de la loi. Dans les lois de finances, comme dans les lois pénales, ce qui n'est pas prévu, ce qui n'est pas ordonné, est permis et ne peut être exigé. Comme l'a fort bien dit M. l'avocat général Reverchon dans des conclusions reproduites D. P. 72. 1. 89, « que cette stricte application d'un texte précis soit rigoureuse aux cas particulier, nous l'admettons sans peine ; mais, spécialement en matière fiscale, il faut que le juge, administratif ou civil, se conforme et s'assujettisse à ce procédé d'interprétation qui, en définitive, est la garantie commune des contribuables et de l'État et qui, s'il nuit parfois à l'intérêt privé, lui profite fréquemment en dehors même de l'intérêt public et général qui en commande l'observation ».

89. Toutefois, il est de jurisprudence aujourd'hui que, contrairement à ce qui est dit au Rép. no 113, tout acte contenant obligation, libération ou transmission de propriété, d'usufruit ou de jouissance, donne lieu au droit proportionnel, quoiqu'il ne soit pas nommément désigné dans le tarif, et qu'il y a lieu de lui appliquer celui des articles du tarif dans lequel il rentre le mieux d'après sa nature (V. supra, no 66).

90. Le principe que la loi fiscale doit être appliquée strictement, littéralement, a été proclamé encore par la jurisprudence au sujet de l'importance qui pouvait être attachée, dans l'interprétation de la loi, aux déclarations faites dans les exposés des motifs, dans les rapports parlementaires ou dans les discussions du Parlement. Décidé que les opinions exprimées dans les documents de l'espèce ou bien à la tribune, ne peuvent prévaloir contre le texte de la loi (Req. 26 nov. 1873, aff. Comp. générale des Eaux de Paris, D. P. 74. 1. 217 ; Civ. rej. 23 août 1873, aff. Société de la Paperie, D. P. 75. 1. 347, et la note ; Civ. cass. 9 janv. 1877, aff. Société de la galerie Véro-Dodat, D. P. 77. 1. 400).

91. On a cité au Rép. nos 116 et 117, à l'appui du principe, la jurisprudence suivant laquelle le droit proportionnel de collocation n'est pas dû sur l'acte constatant un ordre consensuel, c'est-à-dire par lequel un débiteur établit ce qu'il doit à chacun de ses créanciers et l'ordre dans lequel chacun d'eux sera payé. Le rapprochement offre toujours la même exactitude ; mais, actuellement, une disposition spéciale, l'art. 5-1o de la loi du 28 févr. 1872 soumet au droit proportionnel de collocation les actes de l'espèce (V. infrà, chap. 4, part. 1o, sect. 3, art. 4).

92. Au principe que la loi fiscale n'est pas susceptible d'être étendue par analogie, se rattache cet autre principe, proclamé chaque jour par la jurisprudence, qu'il n'est pas permis de distinguer là où la loi ne distingue pas (Civ. cass. 11 nov. 1822 et 31 déc. 1823, Rép. no 1712 ; Civ. rej. 4 avr. 1827, ibid., no 2912 ; Civ. cass. 1er déc. 1830, ibid., no 2605 ; 10 mars 1846, aff. Magon de la Ville-Huchet, D. P. 46. 1. 146 ; Req. 4 janv. 1865, aff. Talabot, D. P. 65. 1. 208 ; Civ. rej. 23 juin 1869, aff. Mayer-Rheim, et aff. Deforge, D. P. 69. 1. 297 ; Civ. cass. 19 févr. 1873, aff. Ville de Paris, D. P. 73. 1. 449 ; Req. 23 avr. 1877, deux arrêts, aff. Crédit agricole, D. P. 77. 1. 293 ; Civ. cass. 6 juin 1877 (et non 1875), aff. Sapin et Décisy, D. P. 77. 1. 365 ; 10 mars 1879, aff. Frappier et Fleury, D. P. 79. 1. 153 ; 9 avr. 1879, aff. Ville de Paris, D. P. 79. 1. 289 ; 29 avr. 1884, aff. Comp. Mines d'Anzin, D. P. 84. 1. 421 ; Civ. rej. 6 avr. 1887, aff. Maugard, D. P. 87. 1. 503). « Il n'appartient pas aux tribunaux, porte l'arrêt du 1er déc. 1830, de créer des exceptions à la loi. » — « Lorsque le texte de la loi, est-il dit dans l'arrêt du 4 janv. 1865, est général et absolu, son application doit avoir le même caractère. » — Et, aux termes de l'arrêt du 6 avr. 1887, « les lois d'impôt dont le sens est clair et précis, doivent être appliquées à la lettre; il n'est pas permis d'y introduire, sous prétexte d'interprétation, des distinctions qu'elles n'ont pas faites ». — « En matière d'impôts, porte un autre arrêt rendu récemment (Civ. rej. 27 nov. 1889, aff. Institut des Frères des Ecoles chrétiennes, D. P. 90. 1. 180), c'est, avant tout, dans le texte même de la loi qui les établit, qu'il faut chercher quelle a été l'intention du législateur, et les dispositions dans lesquelles il l'a manifestement exprimée, doivent recevoir l'application stricte et littérale que leur teneur commande ». — Toutefois, dans quelques cas, l'administration de l'enregistrement admet, par des considérations d'équité, des tempéraments dans l'application des principes qui régissent l'impôt : à elle seule, porte un arrêt de la cour de cassation, il appartient, selon les cas, de modérer la rigueur des perceptions; en aucune circonstance, les tribunaux ne sauraient, par des considérations d'équité, écarter l'application de la loi (Civ. cass. 24 avr. 1861, aff. d'Hinnisdal, D. P. 61. 1. 222. V. aussi Civ. cass. 5 juill. 1820, *Rép.* n° 3433).

§ 3. — Preuve de l'existence de la convention (*Rép.* n°s 118 à 131).

93. En règle générale, l'impôt de l'enregistrement n'atteint que les conventions écrites : il faut, pour qu'il soit dû, qu'il existe un acte enregistré ou susceptible de l'être, et que l'existence de cet acte soit prouvée. Il appartient à l'administration de l'enregistrement de faire cette preuve (*Rép.* n°s 118, 119 et 120). — Il importe de remarquer que la règle ne s'applique qu'aux actes qui doivent être soumis obligatoirement à l'enregistrement, soit en raison de leur forme (actes authentiques, notariés, judiciaires, extrajudiciaires, administratifs), soit à cause de la nature des conventions qu'ils constatent (transmission de propriété, d'usufruit ou de jouissance d'immeubles, vente de fonds de commerce), soit enfin parce que l'acte, non sujet par lui-même à l'enregistrement, se trouvera soumis obligatoirement à cette formalité par suite de l'usage qui en aura été fait par acte public, en justice ou devant une autorité constituée. Dans ces différents cas, le droit d'enregistrement applicable à la convention se trouvant acquis au Trésor, l'administration de l'enregistrement a intérêt à prouver l'existence de l'acte, afin d'établir ses perceptions. Mais elle n'a aucun intérêt à prouver l'existence d'un acte qui ne rentre pas dans ces différents cas, par exemple, d'un acte sous seing privé constatant un prêt d'argent, parce que, lors même que cette preuve serait faite, elle ne pourrait exiger le payement du droit d'enregistrement applicable. — D'un autre côté, la règle souffre exception à l'égard des mutations, soit d'immeubles, soit de valeurs assimilées : le droit proportionnel qui leur est applicable est exigible, à la différence des droits d'actes, comme il est dit *suprà*, n° 61, par le seul fait de l'existence de la mutation, indépendamment de tout acte la constatant (transmissions de propriété ou d'usufruit d'immeubles, baux d'immeubles, ventes de fonds de commerce). Dans ces différents cas, l'administration de l'enregistrement doit prouver, pour recouvrer l'impôt, l'existence, non plus de l'acte, mais de la mutation.

94. La loi elle-même a établi, pour la demande et la poursuite du droit proportionnel d'enregistrement, des modes spéciaux de preuve de l'existence de la mutation : en ce qui concerne les mutations de propriété ou d'usufruit d'immeubles (L. 22 frim. an 7, art. 12; 27 vent. an 9, art. 4);... les baux d'immeubles (L. 23 août 1871, art. 11 et 14; 28 févr. 1872, art. 6);... les mutations verbales de fonds de commerce (L. 28 févr. 1872, art. 8). Il sera traité de la première catégorie de ces mutations *infrà*, chap. 4, part. 1re, sect. 2, art. 1er, de la seconde catégorie (baux d'immeubles), *infrà*, *ibid.*, art. 2, § 4; de la troisième (mutations verbales de fonds de commerce), *infrà*, *ibid.*, § 2.

95. Le mode suivant lequel l'Administration doit procéder pour prouver l'existence d'un acte ou d'une convention dont elle réclame les droits est exclusif, comme il est dit au *Rép.* n° 122, du serment et de la preuve testimoniale (sauf en des cas exceptionnels, dont nous nous occuperons *infrà*,

chap. 4, part. 2, sect. 2, art. 2) et ne comporte que les présomptions et la preuve littérale (c. civ. art. 1316). Il a été précisé par la jurisprudence de la cour de cassation. D'après ses décisions, l'Administration doit être admise à faire la preuve de l'existence de l'acte ou de la mutation par tous les moyens de droit commun compatibles avec la procédure spéciale à la matière, en d'autres termes, par tous les moyens qui peuvent être produits conformément au mode établi par la loi fiscale, c'est-à-dire par écrit (V. D. P. 84. 1. 239, note). Cela a été reconnu pour la constatation de l'existence... soit d'une contre-lettre ayant pour objet une augmentation du prix stipulé dans un acte enregistré (*Rép.* n° 5066; Req. 29 déc. 1857, aff. Yvonnet, D. P. 58. 1. 133. V. aussi Civ. cass. 22 déc. 1858, aff. Chauveau, D. P. 59. 1. 228);... soit d'un acte, à l'effet d'en obtenir communication de la part du détenteur, lorsque ce détenteur est assujetti aux vérifications des agents de l'enregistrement, spécialement lorsque l'acte est entre les mains d'une société (Civ. rej. 29 déc. 1879, trois arrêts, aff. Lanne, 1re espèce, D. P. 80. 1. 73; 30 déc. 1879, aff. Lemesle et Lanne, 2e espèce, *ibid.*);... soit d'un écrit formant titre d'un contrat d'assurance dont il a été fait usage dans un acte public et dont l'existence a été dissimulée (Civ. cass. 22 avr. 1850, aff. Geoffroy, D. P. 50. 1. 192; 7 janv. 1851, aff. Berrurier, D. P. 51. 1. 38; 5 avr. 1854, aff. Robinet, D. P. 54. 1. 148).

96. La mention d'un acte sous seing privé dans un acte authentique rend obligatoire l'enregistrement de l'acte sous seing privé énoncé toutes les fois qu'elle suffit à prouver l'existence de cet acte (L. 22 frim. an 7, art. 42). Mais elle ne contient pas toujours suffisamment en elle-même cette preuve. La cour de cassation s'est prononcée sur ce point au sujet de mentions, d'actes sous seing privé dans les partages. Comme on le verra *infrà*, chap. 4, part. 1re, sect. 1re, art. 2, § 1er, n° 4, les actes sous seing privé non enregistrés peuvent être énoncés et mentionnés sans contravention, soit dans les inventaires, soit dans les liquidations et partages, parce que, dans ce cas, la mention n'est que conservatoire et déclarative des droits qui peuvent exister, et nullement constitutive ou récognitive de ces droits; il en est autrement lorsque les mentions sont faites en présence des débiteurs, des titres qui en reconnaissent l'existence et la validité, spécialement lorsque ces titres sont émanés de l'un des héritiers copartageants : dans ce cas, l'existence du titre sous seing privé est prouvée par l'usage qui en est fait en présence du débiteur, dans l'acte authentique de partage, et le droit d'enregistrement applicable est dû. Mais, suivant la jurisprudence, pour qu'il en soit ainsi, il faut, comme condition première et de rigueur, que l'acte sous seing privé non enregistré soit produit à la liquidation, ou bien qu'il y soit expressément mentionné ou, tout au moins, que l'on puisse relever dans le procès-verbal de cette liquidation, une énonciation qui s'y réfère nécessairement : il ne suffit pas de l'énonciation de la substance de la convention, même après description de l'acte dans l'inventaire qui a précédé la liquidation, alors que le procès-verbal n'en parle de l'acte ni directement, ni par voie de relation (Civ. cass. 19 avr. 1864, aff. de Pardieu, D. P. 64. 1. 175; Ch. réun. cass. 27 mai 1867, même affaire, D. P. 67. 1. 204).

97. La mention d'une convention non enregistrée, lors même qu'elle est présentée comme simplement verbale, dans un acte authentique, rend exigible le droit d'enregistrement applicable à la convention énoncée toutes les fois qu'elle peut former titre pour les parties contractantes. Il en est ainsi souvent, comme on le verra plus loin (V. *infrà*, chap. 9, sect. 1re).

98. Nous ne nous occupons ici que de la preuve que l'administration de l'enregistrement peut avoir à fournir de l'existence des actes et mutations soumis obligatoirement à l'enregistrement et soustraits à la formalité, pour le recouvrement des droits dus à raison de ces actes et mutations. Elle est appelée souvent à prouver pour la perception de droits d'enregistrement la réalité d'autres faits qui déterminent l'exigibilité de ces droits, notamment : ... le véritable caractère d'un contrat soumis à la formalité, spécialement d'un acte portant renonciation à la communauté ou bien à une succession, à une donation ou à un legs, lorsque la renonciation n'est pas pure et simple (V. *suprà*, n°s 81 et suiv.); ... la réalisation d'une ouverture de crédit

(V. *infrà*, chap. 4, part. 1re, sect. 1re, art. 2, § 1er, no 5) ; ... l'existence dans une hérédité de biens soustraits à la perception du droit de mutation par décès, soit que les parties n'aient point souscrit la déclaration prescrite, soit qu'elles l'aient souscrite en omettant d'y comprendre des biens sur lesquels la réclamation du droit de mutation est faite (V. *infrà*, chap. 4, part. 1re, sect. 2, art. 4, § 1er) ; ... les déclarations de dons manuels (V. *infrà*, chap. 4, part. 1er, sect. 2, art. 3, § 1er) ; ... la dissimulation de soultes dans les partages (V. *ibid.*, art. 2, § 1er, no 5) ; ... l'existence d'une société sur les titres de laquelle l'Administration réclame les droits de timbre et de transmission (V. *suprà*, no 63) ; ... l'insuffisance présumée du revenu attribué, afin de servir de base à la perception de l'impôt sur des immeubles transmis, soit entre-vifs à titre gratuit, soit par décès (V. *infrà*, chap. 4, part. 2, sect. 2, art. 2) ; ... une dissimulation... dans le prix d'une vente immobilière,... dans la soulte d'un échange ou d'un partage d'immeubles (V. *ibid.*),... dans le prix d'une vente de fonds de commerce ou de clientèle (V. *infrà*, chap. 4, part. 1re, sect. 2, art. 2, § 2),... dans les sommes ou valeurs devant servir de base à la perception du droit gradué sur les actes auxquels ce droit est applicable (V. *infrà*, nos 105 et suiv),... dans la déclaration estimative souscrite par les parties au pied d'un acte ou d'un jugement, pour la perception du droit proportionnel sur les sommes et valeurs non déterminées (V. *infrà*, chap. 4, part. 2, sect. 1re, art. 2).

Des dispositions spéciales présentant un caractère particulier de rigueur ont été édictées pour les dissimulations, soit de prix de ventes d'immeubles ou de fonds de commerce et de clientèle, soit de soultes de partage (L. 23 août 1871, art. 12 et 13 ; 28 févr. 1872, art. 8). La dissimulation peut être établie par tous les genres de preuves admises par le droit commun. Toutefois l'Administration ne peut déférer le serment décisoire et ne peut user de la preuve testimoniale que pendant dix ans à partir de l'enregistrement de l'acte. Ces dispositions nouvelles, dues à l'initiative parlementaire, sont demeurées sans résultat. « L'Administration, est-il dit dans un document législatif publié quelques années après la loi du 23 août 1871, a mis en pratique les mesures répressives votées par la Chambre, mais ses efforts sont demeurés infructueux » (D. P. 75. 4. 107, note *b*), Les art. 12 et 13 de la loi du 23 août 1871 sont restés en vigueur... et sans application, d'autant plus que le système de preuve résultant de ces dispositions est entièrement facultatif pour l'Administration et qu'elle conserve, par suite, le droit de constater les dissimulations en usant de tous les autres genres de preuves que lui fournit la législation fiscale.

§ 4. — Application du tarif ; Effet rétroactif (*Rép.* nos 132 à 160).

99. Il est établi au *Rép.* nos 133 à 145, d'après le dernier état de la jurisprudence à l'époque de sa publication, que le principe de la non-rétroactivité des lois régit la loi fiscale de la même manière qu'il domine la loi civile, et qu'il doit recevoir, à l'occasion de la première, toute l'application dont il est susceptible par rapport à la seconde. Il en est de même aujourd'hui. Les lois postérieures à la publication du *Répertoire* ont toutes respecté le principe de la non-rétroactivité des lois, soit dans la mesure déterminée par une formule spéciale, comme la loi du 18 mai 1850 portant que « les actes et mutations qui auront acquis date certaine avant la promulgation de la présente loi seront régis par les lois antérieures » (art. 19), soit d'une manière générale, comme les lois des 5 mai et 14 juill. 1855, 23 juin 1857, 2 juill. 1862, 13 mai 1863, etc..., soit en gardant le silence sur ce point comme la loi du 28 févr. 1872.

On ne trouve, dans toute la législation fiscale postérieure à la publication du *Répertoire*, qu'une seule dérogation formelle au principe introduite, en faveur des contribuables, dans les dispositions de la loi de finances du 11 juin 1859 (D. P. 59. 4. 34) concernant l'enregistrement provisoire au droit fixe des marchés et traités sous signature privée, réputés actes de commerce. Suivant l'art. 11 de cette loi « les dispositions qui précèdent seront appliquées aux marchés et traités sur lesquels des demandes en justice ont été formées antérieurement à la présente loi et qui n'auraient pas encore été enregistrés. Néanmoins, il ne sera perçu que les droits simples si lesdits marchés et traités sont soumis à la formalité de l'enregistrement dans le mois de la promulgation de la présente loi ou, au plus tard, en même temps que le jugement, s'il est rendu avant l'expiration de ce mois ».

100. Le principe de la non-rétroactivité des lois n'est applicable qu'aux dispositions de lois introductives d'un droit nouveau, et non à celles qui, simplement interprétatives, déterminent le sens d'une ancienne loi controversée. La cour de cassation l'a reconnu expressément dans différentes décisions (V. notamment : Civ. cass. 29 août 1865, aff. Véron, D. P. 65. 1. 331). — La législation du timbre contient une loi interprétative qui a été provoquée (L. 30 mars 1872, art. 2, D. P. 72. 4. 84) au sujet de la taxe d'abonnement pour les actions dans les sociétés (V. *infrà*, vo *Timbre*).

101. Le principe de la non-rétroactivité des lois ne s'appliquant qu'au fond du droit, les lois de *procédure* et de *compétence* sont obligatoires dès le jour de leur promulgation (Civ. cass. 23 mars 1868, aff. Syndicat du canal d'irrigation de Beaucaire, D. P. 68. 1. 254. Conf. en matière criminelle : Crim. 10 janv. 1873, D. P. 74. 5. 311 ; Crim. règl. jug. 11 déc. 1873, aff. Ahmed-ould-Djaba, D. P. 74. 4. 181). Il en est ainsi en droit fiscal comme en droit civil et en droit criminel. Le tribunal de la Seine et la cour de cassation l'ont reconnu en décidant que l'administration de l'enregistrement, étant autorisée par l'art. 7 de la loi du 21 juin 1875 à prendre communication des livres et pièces de comptabilité des sociétés, compagnies d'assurances, entrepreneurs de transports, etc., afin de s'assurer de l'exécution des lois sur l'enregistrement, peut, sans porter atteinte au principe de la non-rétroactivité des lois, user de cette faculté pour constater l'exigibilité d'un droit d'enregistrement ouvert *antérieurement* à ladite loi du 21 juin 1875, spécialement pour établir la réalisation d'une ouverture de crédit et, par suite, l'exigibilité du droit proportionnel d'obligation (Trib. Seine, 2 mars 1877, aff. Crédit agricole et Mahieu, D. P. 77. 3. 94, et sur pourvoi, Req. 26 juill. 1877, D. P. 78. 1. 104). Comme l'enseignent MM. Aubry et Rau, *Droit civil français*, 4o éd., t. 1, § 30, p. 78, note 66, « s'il est vrai de dire que les droits acquis du créancier se trouveraient compromis par l'application d'une loi nouvelle qui le privérait d'un moyen de preuve autorisé par la loi en vigueur au moment où sa créance a pris naissance, on ne peut pas dire, à l'inverse, que l'admission d'un moyen de preuve autorisé par une loi nouvelle porte atteinte aux droits du débiteur. L'espérance que ce dernier peut avoir conçue, sous la législation antérieure, de se trouver à l'abri de toute recherche, par l'impossibilité où serait le créancier d'établir l'existence de sa créance conformément à cette législation, n'a aucun des caractères du droit acquis et l'on reste, dès lors, sous l'empire du principe de l'application immédiate des lois nouvelles qui domine notre matière » (V. les observations de M. le conseiller rapporteur Dareste, D. P. 78. 1. 104. V. aussi la distinction faite devant le tribunal de la Seine par l'administration de l'enregistrement entre la preuve d'une convention ou d'un fait (*decisorium litis*) et la procédure de la preuve (*ordinatorium litis*), D. P. 77. 3. 94, note 3).

102. Il résulte des règles dont l'exposé précède que l'application du tarif doit être faite, pour les *droits de mutation*, conformément à la loi en vigueur au moment où le droit s'est *ouvert* et a été, par suite, acquis au Trésor. La cour de cassation a établi cette règle par cinq arrêts du 4 févr. 1834 (*Rép.* no 140), et depuis elle l'a toujours appliquée (*Rép.* nos 141 et suiv.). Ainsi, elle a décidé que le second décime édicté sur les droits d'enregistrement par la loi du 14 juill. 1855 et supprimé par celle du 23 juin 1857 (art. 13), devait être perçu pour tous les produits ouverts jusqu'à la promulgation de la loi du 23 juin 1857, quelle que fût la date du recouvrement ; qu'il était donc applicable aux droits de mutation ouverts antérieurement à cette loi, mais acquittés postérieurement (Trib. Seine, 27 août 1858, aff. Hamel, D. P. 58. 3. 62, et sur pourvoi, Req. 26 juill. 1859, D. P. 59. 1. 465). « Il est de principe, porte cet arrêt, que les droits de mutation sont régis par la loi en vigueur au moment où la transmission est opérée » (V. *Rép.* no 160).

103. Il a été jugé, dans le même ordre d'idées : 1o que

les droits d'enregistrement, spécialement ceux de soulte et les décimes dont est passible un partage testamentaire, doivent être liquidés conformément aux lois en vigueur au décès du testateur, et non d'après. celle sous l'empire de laquelle le partage a acquis date certaine (Trib. Coutances, 27 mai 1857, aff. de Cahouet, D.P.57.3.79) ; — 2° Que l'usufruit légué à une personne pour en jouir au cas où elle survivrait à un premier usufruitier institué par le même testament, doit être déclaré et le droit de mutation liquidé d'après la législation existante au décès du testateur, non d'après celle en vigueur au décès du premier usufruitier (Trib. Seine, 6 juin 1851, 6 févr. 1855 et 15 févr. 1856 ; Trib. Havre, 25 juill. 1832, D. P. 71. 1. 313, note. V. *Rép.* n° 151) ; — 3° Que le droit à percevoir sur le legs de sommes soumis à une condition suspensive est exigible, lors de la réalisation de cette condition, d'après le tarif en vigueur au décès du testateur, mais qu'à l'égard du legs *de eo quod superverit*, le droit à payer par le second institué au moment de la réalisation de la condition ne] doit être perçu que sur les choses telles qu'il les recueille et d'après leur valeur au moment où elles lui sont transmises, et non telles qu'elles étaient primitivement à l'ouverture de la succession du testateur (Sol. adm. enreg. 18 janv. 1864, D. P. 67. 5. 175) ; — 4° Que le principe de la non-rétroactivité des lois s'applique à la loi du 23 août 1871 sur l'enregistrement ; et que, en conséquence, les dispositions de cette loi qui se rapportent aux mutations immobilières ne peuvent recevoir leur application en ce qui concerne les transmissions opérées antérieurement à sa promulgation et non déclarées par les parties, pour la perception du droit proportionnel de mutation (Trib. Guingamp, 11 mars 1873, aff. A..., D. P. 73. 5. 213). Et l'administration de l'enregistrement a reconnu elle-même que, dans ce dernier cas, la *pénalité* applicable est celle établie par la législation antérieure à la loi du 23 août 1871, et non celle plus élevée édictée par cette loi (Sol. adm. enreg. 22 et 31 mai 1877, D. P. 77. 3. 96).

104. A l'égard des *droits d'actes*, la règle est, suivant l'administration de l'enregistrement et la jurisprudence de la cour de cassation, la même que pour les droits de mutation. Comme l'expriment les arrêts du 4 févr. 1834 (*Rép.* n° 140), « la liquidation du droit de mutation, de même que celle de tous les autres impôts, doit être faite conformément à la loi vivante à l'époque où le droit s'est ouvert et a été acquis au fisc ». Il faut donc distinguer entre les actes pour lesquels le droit d'enregistrement est ouvert et acquis et ceux à l'égard desquels il ne l'est pas. La première catégorie comprend les actes qui, soit en raison de leur forme (actes authentiques, notariés, judiciaires, extrajudiciaires, administratifs), soit par la nature des dispositions qu'ils renferment (transmission immobilière, mutation entre vifs de fonds de commerce) sont soumis à l'enregistrement dans un délai déterminé : le tarif applicable est celui en vigueur à la date, *certaine ou non*, de l'acte ; mais, pour les actes de la seconde catégorie comprenant ceux qui ne sont pas sujets à l'enregistrement dans un délai déterminé, le tarif applicable est celui en vigueur au moment où l'enregistrement de l'acte est devenu obligatoire soit par sa présentation à la formalité, soit par l'usage qui en a été fait en justice, par acte public ou devant une autorité constituée, que la date de l'acte soit ou ne soit pas certaine.

105. La mise à exécution de la loi du 28 févr. 1872, qui a édicté le droit gradué d'enregistrement, a donné lieu à de nombreuses applications de ces règles. Il a été décidé que tout acte dont l'enregistrement n'était pas obligatoire dans un délai déterminé, doit subir le nouveau tarif édicté par la loi du 28 févr. 1872, quelle que soit la date, certaine ou non, de cet acte (Sol. adm. enreg. 21 mars 1872, D. P.

73. 5. 214). Ainsi un acte sous seings privés de société fait le 26 févr. 1872 et présenté à l'enregistrement le 9 mars, est passible du droit gradué : il tombe sous l'application du tarif en vigueur au moment où il est enregistré (Sol. adm. enreg. 4 mai et 28 sept. 1872, *ibid.*) ;... Le bail à colonage ou à moitié fruits devant être considéré comme une association, l'acte sous seing privé constatant une telle convention rentre dans la catégorie des actes non sujets à l'enregistrement dans un délai déterminé ; en conséquence, cet acte donne lieu, s'il est présenté à la formalité, à la perception du droit gradué, lors même qu'il porte une date antérieure à la loi qui a établi ce droit (Sol. adm. enreg. 12 avr. 1873, D. P. 73. 3. 102) ;... Mais un acte sous seing privé antérieur à la loi du 28 févr. 1872, n'ayant pas date certaine et contenant : 1° partage anticipé par un père à ses enfants ; 2° partage entre ces derniers des biens donnés et de la succession de leur mère, n'est pas sujet au droit gradué. La disposition relative au partage ne peut pas être isolée de la donation d'ascendant qui est translative. Il n'est dû que le droit fixe de 5 fr., outre le droit proportionnel de donation (Sol. adm. enreg. 14 sept. 1872, D. P. 73. 5. 214) ;... Le droit gradué est exigible sur le partage sous seing privé, *sans soulte*, ayant date certaine antérieure au 28 février et déposé chez un notaire le 20 avr. 1872 (Sol. adm. enreg. 8 août 1872, *ibid.*) ;... Un partage fait sans soulte antérieurement à la loi de 1872, comprenant des immeubles situés en France et d'autres situés dans la Moselle allemande, et présenté à l'enregistrement après la loi, doit être considéré comme ne comprenant que des biens français, parce que les immeubles situés dans la Moselle ont acquitté, avant la cession de ce département, le droit de mutation par décès dont ils sont passibles (1). Fait sans soulte et n'étant pas sujet à l'enregistrement dans un délai déterminé, il tombe sous l'application de la loi en vigueur au moment de son enregistrement, et il est passible du droit gradué sur le total des biens partagés, sans distraction (Délib. adm. enreg. 13 août 1872, D. P. 73. 5. 222) ;... Le droit gradué est exigible sur un partage notarié du 28 février 1872 qui n'a été approuvé par les parties qu'après la promulgation de la loi du même jour (Sol. adm. enreg. 7 juin 1872, D. P. 73. 5. 223) ;... Le partage de succession auquel des mineurs sont intéressés, étant sujet à l'homologation du tribunal ne constituant, dès lors, qu'un simple projet qui ne devient définitif que lorsqu'il a été revêtu de la sanction judiciaire, donne lieu à la perception du droit gradué sur le jugement d'homologation, lorsque ce jugement est intervenu postérieurement à la loi du 28 févr. 1872 qui a assujetti les partages à ce nouvel impôt, bien que l'acte ait été passé et approuvé par les parties antérieurement à ladite loi (Trib. Bordeaux, 25 mars 1874, D. P. 74. 5. 216) ;... Le droit gradué est dû sur l'acte de dépôt d'une délibération *postérieure* à la loi du 28 févr. 1872, approuvant des statuts sociaux fixés *antérieurement* à cette loi, parce que c'est sur cet acte qu'avant la même loi aurait été perçu le droit fixe que le droit gradué remplace. La délibération fixant les statuts est, avant la délibération approbative, un simple projet qui, en cas d'enregistrement, n'opère que le droit fixe applicable aux actes innommés (actuellement 3 fr.) (Sol. adm. enreg. 8 août 1872, D. P. 73. 5. 226) ;... La date non certaine d'un acte sous seing privé de vente de fonds de commerce, antérieur à la loi du 28 févr. 1872, n'est pas opposable à la demande des droits de la mutation basée sur des faits postérieurs à cette *loi*, et établissant que la prise de possession a été postérieure aussi (Sol. adm. enreg. 23 avr. 1873, D. P. 73. 5. 233. V. Instr. adm. enreg. 29 févr. 1872, n° 2433, chap. 4, D. P. 72. 3. 94). En règle générale, les actes sous seing privé de vente de fonds de commerce, d'une date *antérieure* à la loi du 28 févr.

---

(1) D'après une règle établie par la jurisprudence et que nous étudierons dans la partie du *Supplément* où il sera traité du partage, chap. 4, part. 1re, sect. 2, art. 2, § 1er, n° 5, lorsqu'un partage comprend des immeubles situés, les uns en France, les autres à l'étranger, il est fait abstraction de ces derniers biens pour la perception du droit à établir, et les biens français seuls répartis inégalement, le droit proportionnel de soulte est dû de ce chef, sans égard aux compensations attribuées en biens étrangers aux copartageants qui ont reçu moins que leur parts dans les biens français. Cette règle n'a pas été appliquée dans l'espèce qui a donné lieu à la délibération du 13 août 1872, parce que les biens situés dans la Moselle allemande ayant supporté le droit de mutation par décès avant l'annexion de ce pays à l'Allemagne, ont été considérés, pour la perception, comme biens français. — Comme nous le verrons également *loc. cit.*, la cour de cassation a décidé que, dans ce même cas de partage comprenant à la fois des immeubles français et des immeubles étrangers, le droit gradué est dû pour ces derniers immeubles comme pour les premiers, ainsi que l'a décidé la délibération sus-énoncée du 13 août 1872.

1872, tombent sous l'application de cette loi, à moins qu'ils ne contiennent, outre la vente, des dispositions sujettes à l'enregistrement dans un délai déterminé, ou qu'il ne soit constant, en fait, que la mutation a précédé la loi. Ainsi, un acte sous seing privé contenant à la fois vente de fonds de commerce et cession de bail, faisant foi de sa date pour la cession sujette à la formalité dans les trois mois, doit également en faire foi pour la vente, attendu qu'on ne saurait scinder cette date, l'accepter à l'égard de la cession et la rejeter quant à la vente, et que la loi prescrit de l'accepter en ce qui concerne la cession. De même, l'inscription de l'acquéreur sur le rôle des patentes à une époque *antérieure* à la loi du 28 févr. 1872, peut rendre certaine la date, également antérieure à la loi, de l'acte sous seing privé de vente (Sol. adm. enreg. 19 avr. 1873, D. P. 73. 3. 233).

106. La cour de cassation a jugé, dans le même sens, que l'acte portant augmentation du capital d'une société, donne lieu au droit gradué sur la somme dont le capital est augmenté; spécialement, que la perception du droit gradué d'enregistrement sur l'acte notarié constatant la souscription à des actions nouvelles d'une société, ne donne pas un effet rétroactif à la loi qui a établi cette taxe, lorsque l'acte a été passé postérieurement à sa promulgation, encore bien que l'émission des actions ait été autorisée par une assemblée d'actionnaires tenue antérieurement (Trib. Seine, 17 avr. 1873, D. P. 73. 5. 210), et sur pourvoi, Req. 19 janv. 1876, aff. Banque franco-égyptienne, D. P. 76. 1. 184) ;... que les droits d'enregistrement doivent être perçus conformément à la loi en vigueur à l'époque où ils se sont ouverts et ont été, par suite, acquis au Trésor; qu'en conséquence, les droits de mutation et les droits des actes assujettis à l'enregistrement dans un délai déterminé, sont perçus d'après le tarif existant au moment du décès ou de la rédaction de l'acte ; que les droits des actes qui ne sont pas soumis à la formalité dans un délai fixé par la loi, sont déterminés par le tarif en vigueur au moment où leur enregistrement devient obligatoire par suite de l'usage qui en est fait, alors même qu'ils auraient acquis date certaine à une époque antérieure, sous l'empire d'un tarif plus favorable ; et que, spécialement, le droit gradué de 1 pour 1000 auquel l'art. 1er-5o de la loi du 28 févr. 1872 assujettit les partages que la législation antérieure ne soumettait qu'à un simple droit fixe, est applicable au partage sous seings privés d'immeubles fait sans soulte ni retour et présenté à la formalité sous l'empire du tarif de 1872, encore bien que l'acte ait acquis date certaine par le décès de l'un des signataires, antérieurement à la promulgation de ce tarif (Civ. cass. 26 juin 1878, aff. de Verninac, D. P. 78. 1. 426).

107. La question a encore été décidée en ce sens au sujet d'un acte authentique passé à l'étranger et renfermant une donation mobilière, devenu sujet à l'enregistrement en France par suite de la mention qui en avait été faite dans un acte public à une époque où les dispositions de l'espèce étaient passibles du droit proportionnel, tandis que, suivant la législation en vigueur à la date de l'acte, il n'eût été dû qu'un simple droit fixe. La cour de cassation s'est prononcée en faveur de la perception du droit proportionnel, attendu que les actes passés à l'étranger et faisant soumis à l'enregistrement que le jour où il en est fait usage en France, n'existent légalement pour le fisc qu'à compter de ce jour et que les droits dont ils sont soumis, ne s'ouvrant qu'à ce moment, doivent être liquidés conformément au tarif alors en vigueur (Civ. cass. 31 janv. 1876, aff. Whetnall, D. P. 76. 1. 209. — V. aussi *Rép.* nos 157 et 159).

108. Toutefois, il a été décidé, d'autre part, que le droit de titre n'est pas exigible sur un jugement rendu en Savoie, postérieurement à l'établissement des droits d'enregistrement dans ce pays, pour une demande et à l'occasion d'actes d'une date antérieure et qui, d'après la loi sarde, étaient exempts de tout droit proportionnel d'insinuation ou d'enregistrement; que le droit proportionnel ne pourrait être perçu sur les actes ou le jugement sans porter atteinte au principe de la non-rétroactivité (Civ. rej. 26 déc. 1863, aff. Perravex, D. P. 66. 1. 136).

Art. 2. — Deuxième condition. — *Nécessité que la convention soit parfaite (Rép. nos 161 à 241).*

§ 1er. — Éléments nécessaires à la validité de la convention (*Rép.* nos 161 à 208).

109. Une convention n'existant que par la réunion des divers éléments nécessaires à sa perfection, le droit proportionnel ne lui est applicable qu'autant qu'elle est parfaite (*Rép.* no 161). Quatre conditions sont nécessaires pour la perfection d'une convention : le consentement de la partie qui s'oblige, sa capacité de contracter, un objet certain qui forme la matière de l'engagement, une cause licite dans l'obligation (*Rép.* no 162). En conséquence, lorsque la preuve régulière et complète d'une convention résulte d'un ensemble d'actes, le droit proportionnel n'est et ne peut être perçu que sur l'acte final dans lequel viennent se réunir et se confondre tous les éléments juridiques antérieurs nécessaires à la formation du contrat (Civ. cass. 15 mai 1860, aff. Ville du Havre, D. P. 60. 1. 313).

110. En ce qui concerne le *consentement*, il a été jugé, conformément à un arrêt rapporté au *Rép.* no 166, que le procès-verbal constatant une *offre* de livrer à un prix indiqué comme convenu ne peut être assimilé à un titre de vente donnant lieu à la perception du droit proportionnel, alors que ce prix est précisément contesté par l'autre partie, qui pour ce motif refuse l'offre de livraison (Trib. Seine, 29 juill. 1859, aff. Dianaud, D. P. 60. 3. 8. Conf. Trib. Seine, 19 avr. 1856, *ibid.*, note). Comme le disent les rédacteurs du *Dictionnaire des droits d'enregistrement*, « le refus des offres prouve tout au moins qu'il n'y a pas entre les parties accord, soit sur le fait de la vente, soit sur ses conditions, notamment sur le prix. Dans ces termes, l'aveu de l'acquéreur semble dépourvu de valeur quant au fait de la vente. Les énonciations du procès-verbal d'offres, en effet, sont indivisibles, et de son ensemble il résulte que la vente ne s'est point effectuée ou du moins n'est pas parfaite. Il paraît donc difficile de l'assujettir au droit qui est établi sur les ventes » (vo *Offres réelles*, no 23).

111. L'obligation souscrite par un *mandataire* rend le droit proportionnel exigible comme si le mandant lui-même avait stipulé (*Rép.* no 178), à moins que ce droit n'ait été perçu sur l'acte constatant le mandat; on verra plus loin, en effet, que l'acte par lequel une personne donne mandat à un tiers de reconnaître, par acte authentique, qu'elle est débitrice envers un individu désigné, d'une somme déterminée à titre de prêt, constitue une reconnaissance de dette passible du droit proportionnel (*Rép.* no 579).

Le *prête-nom* n'est pas une sorte de mandataire ; comme le mandataire, il agit pour autrui ; seulement il agit en son nom personnel. Lorsqu'une vente a été faite à un prête-nom, l'acte par lequel il reconnaît avoir acquis pour un tiers, est passible d'un droit proportionnel (*Rép.* no 2363. V. *infrà*, chap. 4, part. 1re, sect. 2, art. 1er).

112. Aux principes exposés dans le *Rép.* nos 176 et suiv. relativement aux *stipulations pour autrui*, se rattache un arrêt cité au *Rép.* no 2332, suivant lequel la vente d'un immeuble par le propriétaire qui n'en a qu'une part indivise, en se portant fort, pour le surplus, pour ses copropriétaires indivis, est immédiatement translative et donne ouverture au droit de mutation (Civ. cass. 9 nov. 1847, aff. Lanquetin, D. P. 47. 4. 473, no 3). — Jugé, de même, que l'acte par lequel une partie acquiert un immeuble au nom et au profit d'un tiers, présente les caractères d'une vente faite à cette partie elle-même, et non au tiers désigné, lorsque c'est elle qui a payé de ses deniers personnels le prix d'acquisition, et qu'en outre il a été déclaré dans l'acte, que le tiers ne profiterait de la vente que sous certaines conditions, par exemple qu'à la charge d'élever sur l'immeuble une salle d'asile et de payer une rente viagère à la partie qui a fait l'acquisition ; que, par suite, l'acceptation par le tiers, au bénéfice de l'acquisition, sous les charges qui lui sont imposées, constitue une seconde transmission de propriété, passible d'un nouveau droit de mutation, proportionnel au montant des charges stipulées (Civ. cass. 5 mai 1857, aff. Ville de Dinan, D. P. 57. 1. 250).

113. Relativement à la *capacité de la partie qui s'oblige*, le principe est que le droit de la convention est exigible, lors même que la partie qui s'oblige est légalement incapable de contracter, la nullité qui en résulte étant simplement relative (*Rép.* n° 197). C'est la mission de l'Administration de percevoir les droits d'enregistrement, sans rechercher quelle pourrait être, en dehors des applications de la loi fiscale, la valeur obligatoire de l'acte qui lui est soumis (Req. 20 févr. 1865, aff. de Truchis, D. P. 65.1.220). Elle n'a point qualité pour discuter la validité des actes qui lui sont présentés. Elle doit, sauf le cas de fraude ou de simulation, les admettre tels qu'ils se présentent avec leurs caractères et leurs effets apparents (Trib. Lyon, 4 févr. 1854, aff. de Murinais, D. P. 54. 5. 306 ; Civ. rej. 15 févr. 1854, aff. Boudent, D. P. 54. 1. 51. V. Req. 7 déc. 1880, aff. Gilbert dit Cassagnes, D. P. 87. 1. 339, et la note). — Ainsi, la déclaration d'un don manuel par une femme mariée autorise la perception du droit proportionnel de donation sur l'acte la renfermant, encore bien que la femme ait agi sans l'assistance ni l'autorisation de son mari (Trib. Argentan, 7 mai 1873, et sur pourvoi, Sol. impl., Req. 6 août 1874, aff. Violette, D. P. 75. 1. 120, et la note).

114. L'*objet de l'obligation* doit être évidemment désigné dans le contrat pour que celui-ci soit soumis au droit proportionnel d'enregistrement (*Rép.* n° 201). Cet objet peut consister dans une chose *future*. Il est enseigné au *Rép. ibid.* que la vente d'une maison ou d'une construction quelconque, que le vendeur se propose de bâtir, ne se réalise pas avant que la maison soit terminée et, par suite, ne donne lieu au droit proportionnel qu'à cette époque, si bien que ce droit n'est jamais perçu lorsque la maison n'est pas construite. Cette opinion nous a paru devoir être abandonnée. En effet, la perception des droits d'enregistrement doit être réglée d'après les dispositions exprimées dans les actes tels qu'ils sont présentés à la formalité. Or, lorsqu'il résulte des dispositions d'un contrat portant vente d'une maison à construire, que les parties ont entendu traiter d'une construction entièrement achevée en la considérant comme telle, quoiqu'elle ne le fût pas, quoiqu'elle ne fût pas même commencée peut-être, on ne peut exiger de l'administration de l'enregistrement qu'elle soit plus scrupuleuse que les intéressés eux-mêmes, qu'elle ait à se préoccuper de savoir si la construction sera ou ne sera. point achevée et qu'elle suspende la perception du droit de mutation jusqu'à ce qu'elle soit fixée sur ce point. La cour de cassation a jugé en ce sens que lorsque, dans un contrat d'échange, l'une des parties s'est obligée à livrer, dans un délai déterminé, à l'état de complet achèvement, des constructions commencées à la date de l'acte sur des terrains donnés par elle en échange, le revenu à déclarer, pour la liquidation du droit proportionnel, doit porter sur la valeur intégrale des constructions au moment où elles seront livrées complétement achevées, et non pas seulement sur la valeur de celles existant à la date de l'acte (Civ. cass. 21 juin 1869, aff. Olagnier, D. P. 69. 1. 474. Conf. Trib. Seine, 21 juill. 1865, aff. Lenormand, D. P. 66. 3. 15; Garnier, *Rép. gén. enreg.*, n° 17763; Trib. Bressuire, 12 déc. 1876, et Trib. Issoudun, 15 janv. 1878, Garnier, *Rép. pér. enreg.*, n° 4940 et 5467). — V. *infrà*, n° 1090.

§ 2. — Influence de la nullité de la convention sur la perception (*Rép.* n° 208 à 241).

115. Cette matière est dominée par le principe que la validité ou la non-validité des actes est indifférente pour la perception des droits d'enregistrement. « La loi, porte un arrêt de la cour de cassation, ne reconnaît pas de nullités de plein droit ; les nullités fussent-elles absolues, les actes qu'elles vicient n'en conservent pas moins tous leurs effets tant qu'ils n'ont point été annulés, soit sur la demande des parties intéressées, soit, dans certains cas, par les tribunaux prononçant d'office ou sur les réquisitions des fonctionnaires investis du droit de leur dénoncer ces actes dans un intérêt général et d'ordre public. Ce droit n'a pas été confié à la régie de l'enregistrement; dans la sphère de ses attributions toutes spéciales, sa mission se borne au recouvrement de l'impôt qu'elle est chargée de percevoir; il ne lui appartient pas, sauf le cas de fraude ou de simulation, de rechercher la valeur obliga-

toire des actes qui, en dehors des applications de la loi fiscale dont elle doit assurer l'exécution, ne sont pas soumis à son contrôle; la Régie a toujours repoussé, et avec raison, la prétention élevée par les contribuables de soustraire les actes, sous prétexte de leur nullité, aux perceptions qui doivent les frapper » (Civ. rej. 15 févr. 1854, aff. Boudent, D.P.54.1.51). Le principe ainsi établi par la cour de cassation, relativement à la validité des conventions, est général et s'applique également à la validité des actes qui les constatent. Il y a lieu, comme il est dit au *Rép.* n° 209, à une double distinction, l'une touchant en quelque sorte à la forme, entre les *actes parfaits* et les actes *imparfaits*, l'autre, plus particulière au fond, entre les actes *essentiellement nuls* et les actes *simplement annulables.*

N° 1. — *Actes imparfaits (Rép.* n° 211 à 223).

116. Le droit d'enregistrement atteint les actes parfaits dans la forme, encore qu'ils soient annulables quant au fond: il ne doit pas être perçu sur les actes imparfaits (*Rép.* n° 209). La jurisprudence ne s'est pas toujours conformée exactement à cette règle (*Rép.* n° 210). Comme le *Répertoire* l'a fait, nous distinguerons entre les actes *notariés* et les actes *sous seing privé.*

A. — Actes notariés (*Rép.* n° 212 à 215).

117. L'acte notarié resté imparfait par suite de l'absence de l'une des *signatures essentielles* pour sa perfection n'est pas sujet à l'enregistrement (*Rép.* n° 212); par suite, le notaire rédacteur qui l'a fait enregistrer néanmoins ne peut répéter contre les parties le remboursement des droits qu'il a payés (Req. 8 janv. 1866, aff. Allaire, D. P. 66. 1. 105). — Le procès-verbal d'adjudication d'immeuble dressé par un *notaire commis en justice* et qui n'est pas revêtu de sa signature n'a aucune valeur, même comme acte sous seing privé; le notaire commis remplissant un office judiciaire, le procès-verbal non signé de lui est, comme un jugement qui présenterait la même irrégularité, sans aucune valeur; par suite, un tel acte ne saurait même donner ouverture au droit proportionnel (Sol. adm. enreg. 20 mars 1866, D. P. 67. 5. 165).

118. Mais si la signature qui fait défaut n'était nécessaire que pour donner à l'acte la forme authentique, il pourra valoir comme acte sous seing privé (*Rép.* n° 214). Ainsi, l'acte constatant une vente immobilière, signé par les parties et le notaire rédacteur, mais non par le notaire en second, est nul comme acte authentique; mais il vaut comme acte sous seing privé et doit, dès lors, être enregistré dans les trois mois de sa date (Trib. Agen, 24 juin 1876, *Journal de l'enregistrement*, art. 20303. V. *Rép.* n° 218). Jugé, de même, que l'acte de vente par-devant notaire qui ne porte ni date, ni signature des témoins et du notaire rédacteur, mais est cependant signé par l'acheteur et celui des vendeurs qui seul a déclaré savoir signer, n'en établit pas moins la transmission de la propriété et, à ce titre, donne ouverture au droit proportionnel, alors surtout qu'il contient mention d'un payement à compte sur le prix (Trib. Lourdes, 13 mars 1855, aff. Gassiot, D. P. 55. 3. 40). — Il a été décidé que si, dans ce dernier cas, c'est une réquisition des parties elles-mêmes que le notaire a laissé l'acte imparfait en n'y apposant pas sa signature, cet acte n'est pas de nature à être soumis à l'enregistrement, encore bien que le discord des parties ne soit survenu qu'après leurs signatures (Trib. Espalion, 19 août 1847, aff. R..., D. P. 48. 5. 300). Mais cette décision est trop absolue. Ici doit s'appliquer la distinction, que nous retrouverons bien souvent, entre les actes soumis à l'enregistrement dans un délai déterminé et ceux pour lesquels la formalité n'est pas obligatoire. L'acte sur lequel il a été statué par le tribunal d'Espalion, rentrait dans la première catégorie comprenant les transmissions immobilières et les ventes de fonds de commerce ; par suite, le droit d'enregistrement avait été acquis au Trésor dès le moment où l'acte s'était trouvé complet comme acte sous seing privé.

Il a été jugé qu'un notaire n'est pas tenu de soumettre à l'enregistrement dans le délai de la loi un acte signé par les parties contractantes, mais non par lui, encore bien qu'il ait inscrit cet acte sur son répertoire (Trib. Châteauroux, 10 août 1857, aff. Rue, D. P. 58. 3. 8). Sans doute, l'inscription de l'acte au répertoire peut, même dans ce cas, être le résultat d'une erreur (*Rép.* n° 215); mais, comme le dit M. Garnier, c'est un indice très grave contre le notaire, car on n'est obligé de répertorier que les actes complets (*Rép. gén. enreg.*, n° 736-5°). Au reste, tout en écartant la réclamation de l'amende de retard, le jugement du tribunal de Châteauroux reconnaît que le notaire peut être poursuivi disciplinairement et même tenu à des dommages-intérêts envers les parties.

119. En ce qui concerne les actes notariés portant *plusieurs dates*, V. *infrà*, chap. 6, sect. 1°.

B. — Actes sous seing privé (*Rép.* n° 216 à 225).

120. Il est enseigné au *Rép.* n° 220 et 221 que le défaut de signature rendant imparfait l'acte sous seing privé, l'exigibilité du droit d'enregistrement de la convention se trouve par cela même écartée; que, notamment, l'acte sous seing privé portant vente d'immeuble ne donne pas ouverture au droit, alors qu'il est signé seulement de l'acquéreur. Il a été jugé, en ce sens, que l'acte de vente d'un immeuble, écrit et signé seulement par l'individu qui s'y désigne comme acquéreur, ne peut, quoique portant la mention *fait double* et quoique trouvé en la possession du propriétaire nommé comme vendeur, être considéré que comme un simple projet, insuffisant pour justifier la demande de droits de mutation, s'il n'a reçu aucune exécution et si le prétendu vendeur est resté en possession de l'immeuble, qu'il a dû, par exemple, soumettre à un partage (Trib. Mortagne, 12 mai 1863, aff. Ozanne, D. P. 66. 3. 22); — Que, de même, la demande du droit d'enregistrement ne serait pas susceptible d'être admise, la mutation n'étant pas suffisamment établie, au cas où l'acte sous seing privé, signé de l'une des parties seulement, se trouverait au nombre des papiers d'un notaire décédé ou en fuite, dans un dossier au nom de l'autre partie (Trib. Lille, 23 janv. 1864, aff. Melle, D. P. 64. 3. 103).

121. La jurisprudence décide que l'acte sous seing privé constatant une convention synallagmatique, spécialement la cession d'une part d'intérêt dans une société, peut être frappé du droit d'enregistrement, quoique signé par l'une des parties seulement, alors qu'il est présenté à la formalité, « attendu, porte cet arrêt, que l'acte a été volontairement présenté à la formalité de l'enregistrement avec la signature d'Oppenheim; qu'il offre les caractères extérieurs d'une convention entre lui et la femme David, ce qui suffit, au point de vue de la loi fiscale, pour qu'Oppenheim, signataire de cet acte, soit passible des droits qui peuvent résulter de la convention qui s'y trouve libellée » (Civ. rej. 23 mai 1853, aff. Oppenheim, D. P. 53. 1. 337). — Cette décision paraît bien fondée. L'imperfection de l'acte soumis à la formalité ne fait pas obstacle à la perception des droits, lorsque ces droits sont acquittés volontairement (Conf. Garnier, *Rép. gén. enreg.*, n° 740-6°).

122. Mais lorsque c'est l'Administration qui réclame les droits sur un acte synallagmatique sous seing privé signé d'une seule des parties, il lui incombe de prouver que la convention constatée par cet acte a été réalisée. Elle doit être admise à faire cette preuve par tous les moyens de droit commun compatibles avec la procédure spéciale à la matière, c'est-à-dire par tous les moyens qui peuvent être tirés des circonstances, spécialement d'actes enregistrés et produits conformément au mode établi par la loi fiscale, c'est-à-dire par écrit (V. *suprà*, n° 95). Elle ne peut guère tirer parti de l'acte signé de l'une des parties que lorsqu'elle le trouve en possession de l'autre. Comme l'exprime le jugement du tribunal de Lille du 23 janv. 1864 (cité *suprà*, n° 120): « S'il n'est pas indispensable que la signature des contractants se trouve sur chacun des originaux et si, dans la rédaction d'un contrat synallagmatique, le vœu de la loi est suffisamment rempli par l'échange entre les parties de leurs signatures réciproques, c'est à la condition qu'un pareil acte soit entre les mains de celui dont il ne porte pas la signature et qu'il en soit fait usage; sinon, il faudrait conclure que toute convention en projet, portant la signature d'une des parties, est parfaite par cela seul qu'elle porte la

mention qu'elle a été faite en double, ce qui est inadmissible ».

123. L'acte imparfait ne donne lieu qu'au droit fixe établi pour les actes innommés (V. *infrà*, n° 364 et suiv.).

Relativement aux cas dans lesquels les actes imparfaits doivent être enregistrés dans un délai déterminé, V. *infrà*, chap. 6, sect. 1°; ... aux cas dans lesquels les actes authentiques imparfaits doivent être inscrits au répertoire de l'officier ministériel qui les a rédigés, V. *infrà*, chap. 9, sect. 2.

N° 2. — Actes entachés d'une nullité (*Rép.* n° 226 à 241).

124. Il est enseigné au *Répertoire* que, pour la perception des droits d'enregistrement, il faut distinguer entre les actes entachés d'une nullité purement *relative*, par suite de laquelle ils sont soumis à une cause qui peut les faire annuler, et les actes entachés d'une nullité *radicale ou absolue* et qui sont sans existence légale; que la nullité relative ne fait pas obstacle à la perception du droit d'enregistrement, tandis que la nullité radicale ne permet pas de le percevoir, la base indispensable pour son assiette faisant défaut en pareil cas (*Rép.* n° 226 et suiv., 240). — La doctrine et la jurisprudence s'accordent aujourd'hui à repousser cette distinction et à reconnaître que l'acte entaché d'une nullité radicale est sujet au droit d'enregistrement applicable à la convention qu'il constate, aussi bien que l'acte entaché d'une nullité simplement relative. M. Demante, qui avait admis la distinction dans la première édition de son ouvrage, l'a abandonnée dans celles qui l'ont suivie (3e éd., t. 1, n° 50). M. Garnier, *Rép. gén. enreg.*, n° 11847, le *Dictionnaire des droits d'enregistrement*, v° *Nullité*, n° 143; M. Naquet, t. 1, n° 95, enseignent également qu'aucune distinction ne peut être admise, pour la perception des droits d'enregistrement, entre les deux natures de nullité. — Quant à la jurisprudence, la cour de cassation avait déjà établi le même principe dans différents arrêts à l'époque de la publication du *Répertoire* (*Rép.* n° 236); elle l'a confirmé dans les termes les plus explicites par l'arrêt du 15 févr. 1854, cité *suprà*, n° 115, et rendu au sujet de l'exécution d'un legs contenant une substitution prohibée; depuis lors, elle l'a toujours affirmé très formellement. « La seule existence des actes, portent plusieurs de ses arrêts conçus dans les mêmes termes, suffit pour donner ouverture au droit d'enregistrement, encore bien qu'ils puissent être annulés pour un vice absolu et d'ordre public; la perception se règle d'après leur nature et leur teneur; le receveur n'a pas mission de contrôler et d'apprécier leur efficacité légale, mais seulement d'assurer le recouvrement de l'impôt » (Req. 27 déc. 1876, aff. Ville de Paris, D. P. 77. 1. 363). Deux arrêts ont été rendus récemment dans le même sens (Req. 7 déc. 1886, aff. Gilbert dit Cassagnes, D. P. 87. 1. 339; 13 janv. 1890, aff. Besse, D. P. 91, 1re part. Conf. Civ. cass. 11 déc. 1860, aff. Giraud, D. P. 61. 1. 25; 15 mai 1861, aff. Mancel, D. P. 61. 1. 225; 5 mars 1866, aff. de Neufbourg, D. P. 66. 1. 123; Req. 30 mars 1868, aff. Prudhomme, D. P. 69. 1. 106; Civ. cass. 16 mars 1869, aff. Simon, D. P. 69. 1. 247; 26 mars 1873, aff. Simon, D. P. 74. 1. 139; 14 déc. 1881, aff. Beert, D. P. 82. 1. 289; Civ. rej. 19 janv. 1885, aff. Radenac et comp., D. P. 85. 1. 321).

125. Les considérations qui militent en faveur de cette doctrine sont résumées par M. Naquet, t. 1, n° 95, dans les termes suivants : « Ce système, dit le savant professeur, se fonde principalement sur cette idée que les receveurs de l'enregistrement n'ont pas été institués pour apprécier la valeur des contrats entre les parties; leur seule mission consiste à rendre un service public aux citoyens en assurant la date et la conservation des actes sur les registres et à servir d'intermédiaire au Trésor pour le recouvrement de l'impôt. S'il en est ainsi, comme il n'est pas besoin, pour assurer la conservation des actes ni pour faire rentrer l'impôt, de rechercher si les opérations présentées à l'enregistrement sont nulles ou valables entre les parties, cette appréciation excède leur pouvoir. Ils auront, sans doute, presque toujours, à se livrer à un examen attentif des clauses et stipulations des contrats pour en discerner le caractère, puisque la quotité des droits varie suivant le caractère même des faits imposés, mais cet examen est bien différent de celui qu'ils seraient obligés de faire pour apprécier la validité ou la nullité des actes; car, dans ce second cas, il ne suffirait plus de consulter l'écrit et de l'interpréter d'après les règles du droit, il faudrait tenir compte de circonstances diverses que l'acte révèle rarement, telles que l'incapacité, le dol, la violence, etc. Ce serait, pour les agents du fisc, une source de difficultés inouïes et pour la solution desquelles ils n'auraient pas les éléments nécessaires. Les auraient-ils même, qu'il paraîtrait excessif de leur constituer juges des questions de droit les plus ardues et des considérations de fait les plus délicates ».

126. En outre, d'après M. Naquet, on peut appuyer cette doctrine sur la filiation historique de l'art. 60 de la loi de frimaire qui prohibe la restitution de « *tout droit d'enregistrement perçu régulièrement* », alors que, dans l'ancien droit, en cas d'annulation du contrat après la formalité, les droits de contrôle qui correspondaient à nos droits fixes n'étaient jamais restitués, tandis que le droit de centième denier, qui correspondait aux droits proportionnels actuels, était remboursé. La prohibition de l'art. 60 s'applique aussi bien à un acte entaché de nullité radicale qu'à celui entaché simplement de nullité relative. « L'intention du législateur a été d'éviter toute distinction et de poser une règle claire, parce qu'elle est absolue » (*Ibid.*).

L'argument le plus grave invoqué en faveur de l'opinion contraire est tiré de ce que l'impôt ne doit être perçu que sur les faits juridiques prévus et tarifés par la loi. Or ces faits n'existent pas, lorsqu'ils sont entachés d'un vice absolu qui en a empêché la formation. Il n'y a plus ni vente, ni donation, ni échange, mais un acte sans valeur, qui ne supporte aucune qualification juridique (*Rép.* n° 240). « Sans doute, répond M. Naquet, t. 1, n° 96, l'acte nul n'existe pas, mais il existe dans sa forme et présente les apparences de tel ou tel contrat déterminé; or il est clair que si la loi s'attache, ainsi qu'elle l'a fait, au fait apparent, on ne peut objecter que ce fait est inexistant; car il a une existence fictive qui suffit au point de vue fiscal. »

127. Depuis comme avant la publication du *Répertoire*, la jurisprudence a fait application du principe dans des cas très nombreux. Ainsi il a été jugé : 1° que lorsque le mandat donné dans un partage de succession par les copartageants à l'un d'eux, de recouvrer toutes les créances de l'hérédité, est constitué dans des conditions telles qu'il présente tous les caractères d'un véritable transport de créances, le droit proportionnel est dû, encore bien qu'au nombre des copartageants du prétendu mandataire se trouve un *mineur*, « attendu que la Régie n'avait pas à rechercher dans quelle mesure la cession pouvait lier le mineur Borie, l'un des héritiers cédants » (Req. 5 juill. 1870, aff. Borie, D. P. 71. 1. 84); — 2° Que l'*incapacité de la femme mariée* qui acquiert sans y être autorisée par son mari ou par justice ne met point obstacle à la perception du droit proportionnel sur l'acte de vente, et que l'annulation en justice ne rend point restituable le droit régulièrement perçu (Civ. cass. 23 avr. 1845, *Rép.* n° 5351; Ch. réun. cass. 18 févr. 1854, aff. de Lescure, D. P. 54. 1. 112); — 3° Que la cession pure et simple d'une concession de chemin de fer à une société soumise à l'autorisation du Gouvernement, est sujette au droit proportionnel, lors même que la société cessionnaire n'a pas encore été autorisée par le Gouvernement (Civ. rej. 15 mai 1861, aff. Mancel, D. P. 61. 1. 225. Conf. Civ. rej. 19 janv. 1885, aff. Radenac et comp., D. P. 85. 1. 321); — 4° Que la ville qui a été condamnée, par jugement arbitral, à payer une indemnité à une compagnie, en raison de la suppression d'un privilège exploité par cette dernière dans l'enceinte municipale, est débitrice du droit d'enregistrement applicable à ce jugement; qu'elle ne peut, en conséquence, lorsque la compagnie a payé ce droit sur les poursuites de l'administration de l'enregistrement, se soustraire à l'obligation de le lui rembourser, en excipant de la nullité absolue qui entacherait le jugement par suite de l'incapacité où elle était de compromettre, alors surtout que ledit jugement a été approuvé par l'autorité administrative et exécuté par la ville (Req. 27 déc. 1876, aff. Ville de Paris C. Comp. gén. des voitures, D. P. 77. 1. 363); — 5° Que le droit proportionnel applicable à une *donation mutuelle entre époux* par un *même acte* est dû, malgré la nullité dont la libéralité se trouve entachée comme contraire à l'art. 1097 c. civ. (Civ. cass. 8 août 1853,

aff. Madiona, D. P. 53. 1. 251-252; Civ. rej. 14 nov. 1865, aff. Dauthuille, D. P. 66. 1. 111; Req. 30 mars 1868, aff. Prudhomme, D. P. 69. 1. 106; Civ. cass. 26 juill. 1869, aff. veuve Vigneron, aff. veuve Verrier, et aff. héritiers Gehin, D. P. 69.1.476),... alors surtout que la libéralité a reçu son exécution (Arrêt précité du 8 août 1853); — 6° Que la nullité dont est entaché l'acte portant *cession d'un remède secret*, ne peut soustraire cet acte à la perception du droit proportionnel d'enregistrement, lorsqu'il y est soumis à la formalité (Arrêts précités des 16 mars 1869 et 26 mars 1873, cités *suprà*, n° 124); — 7° Que le droit proportionnel perçu sur une vente immobilière ne peut être restitué, encore bien que cette vente ait été annulée comme ayant eu pour objet des biens qui, à l'époque où elle a eu lieu, se trouvaient sous le coup d'une *saisie* transcrite conformément à l'art. 686 c. proc. civ. (Civ. cass. 18 nov. 1863, aff. Rattier, D. P. 63. 1. 450). — Il a cependant été décidé que le jugement constatant que, dans le temps écoulé entre la transcription d'une saisie et l'adjudication survenue à la suite de cette saisie, l'immeuble a été l'objet d'une vente amiable, ne donne pas lieu, de ce chef, au droit d'enregistrement de vente immobilière, la vente dont il s'agit n'ayant pu, en raison de sa nullité radicale et absolue, opérer transmission de la propriété (Trib. Yssingeaux, 9 mai 1876, aff. Vial, D. P. 77. 3. 93). Mais il est douteux que la transcription de la saisie ait réellement pour effet de dépouiller le débiteur saisi de son droit de propriété. On admet, au contraire, généralement, qu'il conserve, même après la transcription de la saisie, la faculté d'hypothéquer l'immeuble (V. *Vente publique d'immeubles*; — *Rép.* eod. v°, n°s 642, 665 et suiv.). Dans cet ordre d'idées, la vente opérée après la transcription de la saisie ne serait pas radicalement nulle; elle serait, dès lors, sujette au droit proportionnel d'enregistrement (V. en ce sens: Req. 5 août 1828, *Rép.* n° 230-3°). — Il a encore été jugé que la nullité d'un acte sous seing privé de vente immobilière, résultant du défaut de mention audit acte du nombre des originaux qui en ont été dressés, fait obstacle, alors surtout que la vente n'a pas été exécutée, à la réclamation des droits simple et en sus d'enregistrement, bien que l'acte ait été déposé au bureau de l'enregistrement par le vendeur, conformément à l'art. 14 de la loi du 23 août 1871, afin de s'exonérer du droit en sus à sa charge et provisoirement du payement du droit simple (Trib. civ. de Saint-Gaudens, 2 juill. 1888, aff. Bétis, D. P. 89. 3. 104). Mais ce jugement est en opposition avec la jurisprudence rappelée ci-dessus.

128. Il a encore été fait application de ce principe à des dispositions nulles comme entachées de *substitution prohibée*. Il a été jugé, à cet égard : 1° que, dans le cas où un légataire universel a acquitté, sans les contester, des legs particuliers mis à sa charge, l'Administration ne peut prétendre que, ces legs étant nuls comme entachés de *substitution*, les biens qui ont fait l'objet n'ont pas cessé d'être la propriété du légataire universel, que, par suite, il est débiteur du droit de mutation sur leur valeur, plus d'un droit en sus pour ne les avoir pas compris dans sa déclaration, et que la délivrance consentie par lui a opéré, au profit des légataires particuliers, une véritable libéralité à raison de laquelle le droit proportionnel de donation est dû (Civ. cass. 15 févr. 1854, cité *suprà*, n° 113. Conf. Trib. Lyon, 4 févr. 1854, cité *ibid.*); — 2° Que la condition de substitution apposée à un legs au profit des enfants à naître du légataire, bien qu'elle soit nulle aux termes de l'art. 896 c. civ., n'en donne pas moins lieu à la perception du droit de transcription lors de la présentation du testament à l'enregistrement, le receveur n'ayant pas à se préoccuper de savoir si cette nullité pouvait être invoquée; et que, dans le cas où la perception de ce droit a été omise au moment de l'enregistrement, elle peut encore être exigée, nonobstant la convention intervenue depuis entre le bénéficiaire du legs et le légataire universel dans l'acte de délivrance traditionnelle du legs, que la condition de substitution serait tenue pour non existante (Trib. Dreux, 9 mai 1855, aff. Badier, D. P. 55. 5. 185); — 3° Que la clause d'un testament portant legs d'immeubles à un mineur sous la condition que les biens légués rentreront dans l'hérédité si le légataire vient à mourir sans enfants avant la majorité, constitue une substitution prohibée; que si elle a été néanmoins exécutée pendant la vie du mineur légataire, le retour, après son décès, à la succession du testateur des biens légués opère une nouvelle transmission passible du droit de mutation et que les héritiers du testateur ne peuvent se soustraire au payement de ce droit en excipant de la nullité du legs pour cause de substitution (Arrêts des 11 déc. 1860 et 5 mars 1866, cités *supra*, n° 124).

129. Le principe que la nullité dont un acte peut être entaché ne fait pas obstacle à la perception du droit d'enregistrement a été encore appliqué :... aux démissions de biens par acte sous seing privé (*Rép.* n° 237. V. *infrà*, chap. 4, part. 1re, sect. 2, art. 3, § 3);... à la vente de la chose d'autrui (*Rép.* n° 237. V. *ibid.*, art. 2, § 1er, n° 1);... aux jugements rendus par un tribunal incompétent (*Rép.* n° 237-5°. V. *infrà*, chap. 4, part. 1re, sect. 3, art. 1er).

130. Relativement à la question, très délicate, de savoir si un acte peut être soumis au droit proportionnel d'enregistrement, alors qu'il a été annulé avant d'être présenté à la formalité, V. *infrà*, n°s 138 et suiv.

Art. 3. — Troisième condition. — *Impossibilité pour le contribuable d'opposer une exception dilatoire ou péremptoire* (Rép. n°s 242 à 294).

131. Les exceptions dont il s'agit ici ont pour effet, soit de suspendre l'exigibilité du droit lorsque la convention n'est pas actuelle, soit de la repousser définitivement lorsqu'elle a déjà subi l'impôt ou n'est plus dans le cas de le subir. Dans ce dernier cas, l'exception est *péremptoire ;* dans le premier, elle n'est que *dilatoire* (*Rép.* n° 242).

§ 1er. — Exception péremptoire (Rép. n°s 243 à 263).

132. L'exception péremptoire a deux causes distinctes : l'*extinction* de la convention, l'*acquittement antérieur du droit* auquel la convention est tarifée (n° 243). Elle peut être opposée également lorsque le droit applicable à la convention est *prescrit*, ou bien lorsque la convention ou la mutation est *exempte* de tout droit. Nous examinerons successivement ces différents cas.

N° 1. — *Extinction de la convention.*

133. L'extinction d'une convention peut se produire de deux manières : par l'effet de l'*exécution* de ses dispositions, ou par suite de l'*annulation* de la convention.

A. — Exécution de la convention.

134. Il est enseigné au *Répertoire* que le droit proportionnel d'enregistrement n'est dû sur un acte qu'autant que cet acte forme par lui-même titre de la convention qu'il constate (*Rép.* n° 123); qu'il ne saurait donc être perçu sur l'acte qui, en mentionnant une convention, en constate l'inexistence ou, ce qui est la même chose, l'extinction, un tel acte ne pouvant être considéré comme formant le titre de la convention (*Rép.* n°s 240, 244 et suiv.). Cette doctrine est critiquée comme étant trop absolue par M. Garnier, *Rép. gén. enreg.*, n° 11196, et par le *Dictionnaire des droits d'enregistrement*, v° *Marché*, n° 147. Peu importe, disent-ils en substance, le moment où l'écrit est rédigé, car, même après son exécution, un contrat peut servir à fonder des actions en responsabilité ou en dommages-intérêts, à faire courir certaines prescriptions, à assurer, en un mot, la possession paisible des objets livrés ou la garantie des engagements accomplis. Dès que cet écrit renferme les éléments essentiels de la convention et en constitue le titre, le droit applicable à ce titre est dû. Ainsi la quittance du prix d'un engagement est passible du droit de la convention, lorsqu'elle représente le véritable titre du droit et est destinée à le remplacer. C'est une question d'interprétation d'acte. — L'opinion exprimée au *Rép. loc. cit.*, que l'acte constatant l'extinction d'une convention ne donne pas lieu au droit applicable à cette convention, est motivée sur ce qu'un tel acte ne forme pas le titre de la convention. Il s'ensuit que le droit de la convention est dû, lorsque l'acte qui en constate l'exécution est susceptible du droit. C'est ce qu'enseignent avec raison M. Garnier et le *Dictionnaire des droits d'enregistrement*, *loc. cit.*; c'est aussi ce qui est dit au *Répertoire*, au sujet

des quittances souscrites pour prix de remplacement militaire (*Rép.* n° 1964) ou de vente mobilière (*Rép.* n° 2808).

135. La question de savoir si un acte forme titre de la convention dont il constate l'exécution, et si, par suite, il rend exigible le droit d'enregistrement applicable à cette convention, est toute d'interprétation. Il faut, pour que la solution affirmative soit adoptée, que l'acte manifeste clairement la volonté des parties de se constituer un véritable titre de leurs accords. Cela ne doit pas être admis aisément, surtout à l'égard des simples quittances unilatérales. Il a été jugé que le droit de marché de 1 pour 100, et non celui de libération à 50 cent. pour 100, est applicable à la quittance donnée par un entrepreneur d'une somme *à valoir* sur le prix de travaux de grosses réparations à un immeuble (Trib. Rennes, 21 janv. 1864, aff. Billet, D. P. 64. 3. 101). Mais il a été décidé, en sens contraire, que c'est le droit de libération, et non celui de marché, qui est dû sur la quittance notariée, donnée par un architecte ou un entrepreneur, du prix de travaux, alors qu'elle ne fait pas nécessairement supposer l'existence d'un écrit et ne peut en tenir lieu, notamment pour assurer au propriétaire le bénéfice de la garantie décennale (Trib. Havre, 28 déc. 1864, aff. de Pourtalès, D. P. 65. 3. 59).

136. Ainsi, la règle que l'acte constatant l'extinction d'une convention, ne rend pas exigible le droit d'enregistrement applicable à cette convention, souffre une première exception dans le cas où l'acte constitue réellement pour les parties un titre. Elle en souffre une seconde à l'égard des conventions dont les droits étaient acquis antérieurement au Trésor, soit en raison de leur objet (transmissions immobilières, mutations de fonds de commerce) (*Rép.* n° 246), soit en raison de la forme de l'acte les constatant (actes authentiques, notariés, administratifs, judiciaires ou extra-judiciaires), soit enfin, à l'égard des actes sous seing privé, en raison de l'usage qui en a été fait en justice, par acte public ou devant une autorité constituée. — Il a été jugé, dans cet ordre d'idées, que l'acte intervenu à la suite d'une vente immobilière faite à la mesure et constatant à la fois la mensuration définitive du terrain vendu et le payement du prix total, donne lieu, indépendamment du droit de quittance, à un supplément de droit de vente sur la portion du prix se rapportant au supplément de contenance reconnu (Trib. Marseille, 29 août 1871, Garnier, *Rép. pér. enreg.*, n° 3502). Dans ce cas, en effet, le supplément de droit de vente était acquis au Trésor, dès le jour de la vente; le recouvrement en était seulement resté suspendu jusqu'au jour où l'exigibilité en devait être constaté par la mensuration à établir ; cette constatation se trouvant dans l'acte de quittance du prix de la vente, donnait lieu au supplément de droit de vente, et la perception de ce supplément devait être opérée indépendamment de celle du droit de libération. — De même, l'acte constatant le payement de l'indemnité stipulée au profit des confrères du titulaire d'un office de notaire, en raison de la translation d'une résidence rurale au chef-lieu de l'arrondissement autorisée par décret avec élévation de classe et augmentation de cautionnement, donne lieu à la fois à la perception du droit de cession d'office à 2 pour 100 par application des art. 10 et 12, § 2, de la loi du 25 juin 1841 et du droit de libération à 50 cent. pour 100 à raison de la quittance (Trib. Dax, 13 janv. 1886, aff. Saintorens, D. P. 88. 3. 23), parce que le droit de 2 pour 100 avait été acquis au Trésor dès le jour où le décret autorisant la translation avait été rendu, par le seul fait de la signature de ce décret. — De même encore, le droit proportionnel auquel donne lieu un marché sous seing privé pour construction de chemin de fer, étant acquis au Trésor le jour où son enregistrement devient obligatoire par suite de l'usage qui en est fait dans un acte public, est encore bien que le contrat ne puisse recevoir son exécution par l'effet d'une décision administrative (Civ. rej. 19 janv. 1885, aff. Radenac et comp., D. P. 85. 1. 321). L'espèce se distinguait des précédentes en ce que la convention n'avait pas été acceptée comme dans celles-ci ; il était établi, au contraire, qu'elle ne pouvait pas l'être par suite d'un fait étranger aux parties ; la perception du droit proportionnel qui lui était applicable, a été maintenue néanmoins, parce que ce droit était acquis antérieurement au Trésor.

137. Tel est le cas également pour les conventions *sous* *condition suspensive.* L'acte constatant la réalisation de la condition et l'exécution de la convention donne lieu à deux droits proportionnels, l'un, applicable à la convention, devenu exigible et acquis au Trésor par l'accomplissement de la condition, l'autre, applicable à la disposition constatant l'exécution de la convention, d'après la nature de cette disposition. — Ainsi, le droit d'obligation perçu sur un acte constatant la réalisation d'une ouverture de crédit, par un tiers substitué au créditeur, est indépendant du droit antérieurement exigé sur l'acte de délégation consenti à ce tiers, pour la garantie tant du crédit que d'une créance plus étendue qu'il avait alors contre le même crédité : une telle délégation, quoique se rattachant, en partie, à l'acte d'ouverture de crédit, n'en constitue pas moins, en ce cas, une convention distincte et séparée, passible d'un droit particulier qui ne saurait être imputé sur le droit perçu par suite de la réalisation du crédit (Civ. cass. 26 déc. 1866, aff. Prungnat, D. P. 67. 1. 165). — De même, l'acte constatant le payement du montant d'un crédit ouvert par acte antérieur, par le créditeur aux créanciers du crédité, donne ouverture à deux droits proportionnels, l'un pour la réalisation du crédit, l'autre pour la libération du même crédité envers ses créanciers (Trib. Seine, 18 mai 1888, Garnier, *Rép. pér. enreg.*, art. 7078). De même encore, l'acte constatant la réalisation d'un prêt conditionnel fait par le Crédit foncier et l'intervention d'un tiers créancier hypothécaire qui, désintéressé avec les fonds empruntés, donne quittance et mainlevée sans subrogation, est passible, en outre du droit proportionnel d'obligation sur le montant de l'emprunt, d'un droit proportionnel de libération sur la somme payée (Civ. cass. 28 mars 1887, aff. du Bosc de Peyran, D. P. 88. 1. 173).

Une semblable application du principe a été faite au sujet d'un bail notarié par un entrepreneur à une ville, pour un temps déterminé, de différentes écoles à construire sur des terrains non encore acquis, consenti sous la condition que la ville serait autorisée, avant une date fixe, à accepter, et, d'autre part, promesse de vente moyennant un prix fixé à forfait par école et stipulation que les terrains seraient acquis soit au nom de l'entrepreneur, soit au nom de la ville. Jugé que cette convention constitue un marché conditionnel, qu'elle se réalise et donne, par suite, ouverture au droit proportionnel d'enregistrement, dès le jour où la ville dûment autorisée fait connaître son intention de devenir propriétaire au prix fixé des terrains achetés et des écoles y érigées ; qu'à défaut de perception du droit sur l'acte renfermant ladite déclaration, ce droit est exigible sur la quittance notariée constatant le payement par la ville du prix des écoles, indépendamment du droit de libération à 50 cent. p. 100 dû pour la quittance, « l'obligation n'étant pas créée et éteinte en même temps » (Req. 26 janv. 1885, aff. Ville de Roubaix et Société des écoles, D. P. 85. 1. 323, et la note. V. *Diction. droits d'enreg.*, v° *Quittance*, n°s 174 et suiv.).

B. — Annulation de la convention.

138. Nous rencontrons ici l'une des plus graves difficultés que présente le droit fiscal, la question de savoir si le droit d'enregistrement applicable à une convention peut être exigé, alors que cette convention se trouve annulée avant qu'il ait été acquitté. Non seulement la doctrine et la jurisprudence, mais les auteurs entre eux, sont divisés sur la solution qu'elle comporte. Chacun soutient un système particulier.

Dans l'ancien droit, la difficulté ne pouvait se produire, attendu qu'il était généralement admis que l'annulation d'une convention *ab initio* donnait lieu à la restitution des droits réels, tels que les lods et le centième denier, auxquels cette convention avait pu être assujettie, et ne permettait plus de percevoir ces droits lorsqu'ils n'avaient pas été acquittés (Bosquet, *Dictionnaire raisonné des domaines*, éd. 1762, v^is *Nullité*, § 1er et 2, et *Résolution de contrats*, n°s 3 et 5 ; Boutaric, *Traité des droits seigneuriaux*, p. 193 ; D'Argentré, *de Laudimiis*, § 17 ; Pothier, *Traité des fiefs*, part. 1, chap. 5). « C'est le sentiment commun de tous les docteurs, disait Pocquet de Livonières, p. 204, que d'un contrat *nul ou annulé* il n'est dû aucun droit de lods et ventes, parce que ce qui est nul ne peut produire aucun effet et est mis au rang des choses qui ne sont avenues. »

— La législation actuelle ne présente aucune disposition se rapportant directement à la question. A la vérité l'administration de l'enregistrement soutient que, si l'art. 60 de la loi de frimaire, qui prohibe la restitution de tout droit d'enregistrement régulièrement perçu, étant placé sous le titre *Des droits acquis*, se rapporte plus spécialement dans sa formule aux droits *perçus*, « il s'applique à tous les droits acquis sans exception », ot par conséquent à ceux non encore *perçus* comme à ceux *perçus*. Mais cette argumentation n'est pas fondée. Comme le dit très bien M. Demante, t. 1, n° 44-I et 50-XVI, une disposition déjà en soi rigoureuse à l'excès ne peut être étendue dans son application au delà du cas qu'elle prévoit expressément, et ce cas étant seulement celui où le droit a été perçu, elle doit être considérée comme tout à fait étrangère à l'exigibilité des droits *non encore perçus*. Nous ajoutons, avec l'Administration elle-même, qu'il n'est pas possible de soutenir, d'une manière générale et absolue, que les droits dus et les droits perçus sont placés sur la même ligne (Sol. adm. enreg. 9 nov. 1855, D. P. 57. 3. 12). — La loi étant muette sur la question, c'est d'après les principes généraux du droit fiscal qu'elle doit être résolue (D. P. 74. 1. 137, note).

139. La doctrine enseigne généralement que l'annulation d'un contrat avant qu'il ait été enregistré, ne permet pas de percevoir, lorsqu'il est soumis à la formalité, les droits qui lui auraient été applicables si la nullité n'en avait pas été prononcée. « C'est, disent MM. Championnière et Rigaud, un très ancien principe de notre droit public français, que toutes les fois qu'une loi établit un impôt sur un contrat, sa disposition ne s'applique qu'à un contrat régulier, valable et productif de tous les effets que le droit civil attache aux conventions qu'il sanctionne » (*Traité des droits d'enregistrement*, n° 233). La loi du 22 frimaire, ajoutent-ils, ne contient « rien qui fasse supposer que le législateur ait entendu s'écarter d'une règle si constamment reconnue » (*Ibid.*, n° 235). Ces auteurs invoquent, à l'appui de leur opinion, les art. 34 et 40 de la loi de frimaire qui, en déclarant nuls l'exploit non enregistré dans le délai, la contre-lettre portant augmentation du prix d'une vente immobilière, assujettissent ces actes à la perception, non pas des droits applicables, mais seulement des pénalités (*Ibid.*, n°s 236 et 237), et, d'autre part, l'art. 68, § 3, n° 7, de la même loi, qui soumet au droit fixe seulement « les jugements portant résolution de contrat ou de clause de contrat pour cause de nullité radicale », ainsi que l'avis du conseil d'État du 18 oct. 1808, qui ordonne la restitution du droit perçu sur les adjudications judiciaires annulées par les voies légales (*Ibid.*, n°s 238 et 239).

Suivant M. Demante, [t. 1, n° 50, dans tous les cas où la nullité est rendue manifeste antérieurement, soit au payement effectif, soit à la condamnation au payement du droit sur l'acte annulé, il n'existe plus alors, quant à ce droit, ni cause, ni base de perception. — « Cette observation, dit-il, est générale et embrasse même les cas de nullité relative. Vainement on opposerait que, dans ces cas, l'acte a eu une véritable existence aux yeux de la loi, et que les droits seraient par là même irrévocablement acquis au Trésor. Une fois la nullité prononcée, le contrat *fingitur retro nullus ;* l'art. 60 fait obstacle à l'effet rétroactif, seulement en ce qui concerne la restitution de l'impôt perçu. A tout autre égard, nous pensons que, la loi fiscale n'ayant pas dérogé aux principes généraux du droit civil, ces principes conservent leur empire ». Or, suivant le même auteur, la disposition précitée du tarif qui n'assujettit qu'au simple droit fixe le jugement prononçant une résolution de contrat pour cause de nullité radicale, doit être étendue à tout jugement, même d'expédient, de quelque tribunal que ce soit, et bien plus aux conventions entre parties, toutes les fois que la résolution est prononcée pour nullité radicale, *ex causa primæva et antiqua*, sauf le droit, pour l'Administration, de prouver la fraude (t. 1, n°s 52 à 59). Il s'ensuit que, dans l'opinion de M. Demante, la résolution du contrat avant son enregistrement ne permet pas de percevoir le droit d'enregistrement toutes les fois qu'elle est prononcée, même à l'amiable, pour cause de nullité radicale. « Entendez par là, dit-il, le vice qui existait dès le principe, au moment de la formation du contrat, comme l'absence d'une formalité substantielle (c. civ. art. 931), la violence ou le dol (c. civ.

art. 1117), la fraude (c. civ. art. 1167), et non celui qui provient de circonstances ultérieures comme est, par exemple, l'ingratitude du donataire » (t. 1, n° 53).

140. M. Garnier, *Rép. pér. enreg.*, n° 3785, et *Rép. gén. enreg.*, n° 14450, et M. Naquet, t. 1, n°s 122 et 123, enseignent que l'annulation d'un contrat non enregistré fait obstacle à la perception du droit applicable, toutes les fois qu'elle a été prononcée *judiciairement*. M. Naquet résume très bien les considérations invoquées à l'appui de ce système. « Il n'est pas exact, dit-il, que les motifs qui ont inspiré l'art. 60 aient la même force quand il s'agit de droits non perçus que quand il s'agit de droits non recouvrés. On a voulu que l'impôt fût exigible sur les actes nuls, parce que la nullité n'est point apparente. On a refusé la restitution quand la nullité était ensuite prononcée, parce qu'il fallait éviter la fraude, et aussi afin de donner plus de stabilité au budget en écartant, par avance, toute diminution des ressources acquises. Dans l'hypothèse où l'on suppose au contraire, la nullité de l'acte est devenue apparente par l'effet d'une décision judiciaire qui l'annule; il n'y a pas de fraude à craindre, à cause de l'intervention des tribunaux. En outre, les nécessités budgétaires disparaissent par cela même qu'il est question de droits non recouvrés, qui ne sont pas comptés parmi les ressources de l'Etat et ne peuvent avoir été utilisés » (*loc. cit.*). Mais, ajoute le même auteur, quand la convention a été annulée simplement par une convention des parties, « il m'est difficile de refuser alors le droit à la perception, car l'Administration peut s'en tenir à l'apparence du premier acte, et on ne peut pas lui imposer l'obligation d'apprécier si la nullité déclarée existait ou n'existait pas, ce qu'elle serait pourtant obligée de faire dans le système opposé pour déterminer si elle est liée par la seconde convention ou non » (*loc. cit.*).

141. Les rédacteurs du *Dictionnaire des droits d'enregistrement* estiment que, « en général l'annulation par jugement semble seule pouvoir être opposée à la demande des droits non perçus » (V. *Restitution*, n° 397). « Nous rejetterions même, disent-ils, un jugement d'expédient » (*Ibid.*). Mais deux exceptions leur paraissent devoir être admises, l'une pour les actes susceptibles d'être considérés comme *inexistants*, parce que l'un des éléments essentiels à leur perfection manque absolument ou que les formes solennelles auxquelles ils sont soumis n'ont pas été observées, pourvu toutefois que la cause qui rend l'acte inexistant s'y manifeste d'une manière évidente, comme dans le cas, soit d'une vente faite sans prix ou qui aurait pour objet une succession non ouverte, ou bien encore un immeuble qui n'existerait pas, soit d'une constitution de rente viagère au profit d'une personne décédée (*Ibid.*, et v° *Résolution*, n°s 99, 116, 119). Une autre exception leur paraît devoir être admise « pour le cas où la nullité dont l'acte est entaché, résulte d'un fait dont l'existence ne peut être contestée. Telle serait l'hypothèse de la révocation d'une donation pour cause de survenance d'enfant, auquel cas l'acte est annulé de plein droit et n'est pas susceptible de confirmation » (*Ibid.*, v° *Restitution*, n° 398).

142. Jusque dans ces derniers temps, la cour de cassation s'est constamment prononcée dans le sens de la perception du droit proportionnel sur l'acte annulé, même judiciairement et quelle que soit la cause de l'annulation (*Rép.* n°s 220-1°, 230, 233, 234, 237-3°, 489, 490, 2401 et 2581. — V. le résumé de cette jurisprudence dans une note sous l'arrêt du 26 mars 1873, aff. Simon, D. P. 74. 1. 137, cité *infrà*, n° 144). La jurisprudence n'offre qu'une seule dérogation au sujet des ventes suivies de *surenchère* et d'adjudication au profit de tiers. Il a été décidé, en effet, que le cas et en raison de l'effet résolutoire inhérent à l'adjudication sur surenchère, le premier acquéreur ne peut plus être poursuivi en payement ni du droit simple applicable à son acquisition, ni du droit en sus encouru faute par lui d'avoir effectué ce payement dans le délai de la loi (Civ. cass. 23 févr. 1820, *Rép.* n° 2412); que la Régie n'est pas recevable à requérir contre lui l'expertise pour insuffisance présumée du prix stipulé dans le contrat résolu (Civ. cass. 10 févr. 1852, aff. Fournier d'Arthel, D. P. 52. 1. 57), ni même à poursuivre sa demande en homologation du rapport des experts et en payement des droits sur l'insuffisance constatée, bien que l'expertise ait eu lieu et que la demande

de la Régie en homologation du rapport ait été introduite avant l'adjudication sur surenchère (Civ. rej. 15 mars 1854, aff. Prudent, D. P. 54. 1. 115; 29 août 1854, aff. Barral, D. P. 54. 1. 281). Encore cette doctrine est-elle vivement contestée (V. D. P. 52. 1. 57, note, et D. P. 54. 1. 115, note. V. aussi un article de M. Pont, dans la *Revue de jurisprudence*, 1852, p. 108 et suiv.).

143. La cour de cassation a persisté dans la règle par elle établie en décidant : 1° qu'en cas de revente sur *folle enchère* moyennant un prix inférieur à celui de la première adjudication, la différence entre les deux prix demeure passible du droit proportionnel de mutation, lequel doit être supporté par le fol enchérisseur (Civ. cass. 24 août 1853, aff. Pupat, D. P. 53. 1. 231); — 2° Que le droit proportionnel auquel donne lieu un marché sous seing privé pour construction d'un chemin de fer est acquis au Trésor le jour où son enregistrement devient obligatoire par suite de l'usage qui en est fait dans un acte public et doit, dès lors, être acquitté, alors même que le contrat ne peut recevoir son exécution à raison d'une décision administrative subordonnant l'approbation de l'entreprise par l'autorité à la condition qu'un marché sur série de prix sera substitué à celui conclu à forfait, cet événement ultérieur, non prévu par les contractants, ne pouvant enlever au Trésor son droit à la perception de l'impôt (Civ. rej. 19 janv. 1885, aff. Radenac et comp., D. P. 85. 1. 321). — V. *suprà*, n° 136.

144. Toutefois, la règle n'a été admise dans deux autres arrêts, rendus sur rapports de M. P. Pont, que sous des réserves qui doivent être signalées. Aux termes de l'une de ces décisions intervenue au sujet d'une cession de remède secret, même dans le cas où la convention résolutoire affectant une convention était réalisée au jour où cette convention est soumise à l'enregistrement, la perception du droit proportionnel applicable au contrat d'après sa nature, n'en est pas moins régulière, *à défaut de toute indication susceptible de faire connaître légalement la résolution de l'acte* (Civ. cass. 26 mars 1873, aff. Simon, D. P. 74. 1. 137). — D'après l'autre arrêt, le droit proportionnel de vente applicable à la clause d'un acte de société constatant un apport immobilier à la charge par la société d'acquitter le passif grevant cet apport, étant acquis au Trésor par le seul fait de l'existence de l'acte, si un supplément de droit se trouve dû par suite de la perception établie à l'enregistrement dudit acte, l'action en recouvrement de ce supplément ne peut être « arrêtée sur le fondement d'une nullité qui n'étant, d'ailleurs, ni légalement constatée, ni judiciairement établie, n'était pas opposable à l'Administration » (Civ. cass. 14 déc. 1881, aff. Beert, D. P. 82. 1. 289). — Ces deux décisions semblaient manifester une tendance de la cour à modifier sa jurisprudence dans le sens de l'opinion soutenue par MM. Garnier et Naquet, et le *Dictionnaire des droits d'enregistrement* (V. *suprà*, n° 140).

145. Ce revirement s'est opéré par un récent arrêt de la chambre civile. Aux termes de cette importante décision, l'art. 60 de la loi de frimaire prohibant seulement la restitution de tout droit d'enregistrement régulièrement perçu, « il résulte de là que les droits *dus* et les droits *perçus* ne sont pas placés sur la même ligne par le texte de la loi », et que la disposition dont il s'agit « est tout à fait étrangère aux règles relatives à l'exigibilité des droits dus, mais non encore perçus. Dès lors, l'obligation de payer les droits dus au Trésor public se trouve, conformément au droit commun, subordonnée à la condition résolutoire qu'il ne soit pas justifié, avant la perception, que le contrat qui les motive, aux termes de la loi fiscale, a cessé d'exister par suite d'une annulation prononcée en justice. Si cette preuve est fournie, l'obligation née au profit du Trésor public se trouvant anéantie à partir de l'instant même où elle avait commencé, la perception ne peut plus être exigée à moins toutefois que, avant l'annulation, ne soit intervenu contre le débiteur de l'impôt un jugement de condamnation à payement passé en force de chose jugée, lequel ferait obstacle à l'effet rétroactif de la condition résolutoire, comme aux termes de l'art. 60 de la loi du 22 frim. an 7, y fait obstacle la payement effectué » (Civ. cass. 28 janv. 1890, aff. Hirou et Maxence, D. P. 90. 1. 177. V. les conclusions de M. l'avocat général Desjardins, *ibid.*).

146. Cette décision est d'autant plus remarquable qu'elle est intervenue, non point au sujet d'un droit de mutation exigible à raison du fait d'une transmission de propriété, d'usufruit ou de jouissance, mais au sujet d'un droit proportionnel de donation réclamé sur une déclaration de don manuel contenue dans un interrogatoire sur faits et articles, c'est-à-dire au sujet d'un droit d'acte dont la perception est fondée, par exception au droit commun, aux termes de l'art. 6 de la loi du 18 mai 1850, non sur le fait de l'existence du don manuel, mais sur le fait distinct et nettement caractérisé de la déclaration de ce don par le donataire dans un acte (Civ. cass. 28 nov. 1859, aff. Culmet, D. P. 59. 1. 510 ; Civ. rej. 28 nov. 1859, aff. Dubouys de Pravier, D. P. 59. 1. 512. V. infrà, chap. 4, part. 1re, sect. 2, art. 3, § 1er). La cour n'a tenu aucun compte de cette circonstance. Elle a jugé qu'elle n'était pas de nature à modifier la solution. Suivant les termes mêmes de sa décision, si le droit proportionnel est dû par cela seul que le don manuel a été déclaré ou reconnu judiciairement dans un acte suffisant pour établir, au point de vue de la loi fiscale et au regard du donataire, la transmission mobilière, sans qu'il soit nécessaire que cet acte constitue un titre juridique établissant un lien de droit entre le donateur et le donataire, encore faut-il que la transmission mobilière soit susceptible de se réaliser. Si elle est rendue impossible par l'effet de l'annulation du don manuel, le fait générateur de l'exigibilité faisant défaut, l'impôt n'a plus de base et dès lors ne peut plus être perçu. — S'il est interdit à l'Administration de chercher ailleurs que dans la déclaration du donataire ou dans la reconnaissance judiciaire du don manuel, la preuve de l'existence de ce don, il ne s'ensuit pas que le contribuable ne puisse établir par les voies légales le fait de l'annulation par justice, qui le fait échapper à la perception non effectuée (Arrêt du 28 janv. 1890, cité suprà, n° 145).

Une décision aussi nette, aussi catégorique, sera sans doute prise dorénavant pour règle. Il sera reconnu, en conséquence, que le droit d'enregistrement, quel qu'il soit, droit d'acte ou droit de mutation, applicable à une convention, ne peut être exigé lorsque cette convention a cessé d'exister par suite d'une annulation prononcée en justice, à moins que, avant l'annulation, il ne soit intervenu contre le débiteur de l'impôt, un jugement de condamnation à payement passé au droit de la chose jugée.

147. Les tribunaux repoussent généralement la perception du droit sur l'acte annulé. Ainsi a-t-il été jugé : 1° que le droit de cession mobilière non perçu sur l'acte par lequel le survivant des époux, usant d'une faculté stipulée dans le contrat de mariage, déclare conserver l'industrie commerciale existant dans la communauté au décès du premier mourant, en s'obligeant à payer à l'héritier de celui-ci le prix de sa portion de cette industrie, ne peut plus être exigé après que cet héritier a renoncé à la communauté (Trib. Seine, 4 juin 1856, aff. Laperche, D. P. 57. 3. 13); — 2° Que toute mention dans un procès-verbal de non-conciliation, autre que celle du défaut d'accord entre les parties, étant abusive et dépourvue de force probante, l'énonciation de la déclaration, par le donataire, d'un don manuel ne rend pas exigible le droit proportionnel de donation, alors surtout que l'existence de ce don est formellement niée par la partie adverse; que, dans tous les cas, le droit proportionnel ne peut pas être exigé, lorsqu'il n'a pas été perçu à l'enregistrement du procès-verbal et que la déclaration a été rétractée (Trib. Tournon, 11 janv. 1876, aff. Ducoin, D. P. 78. 3. 22);... Que l'annulation d'un acte judiciairement prononcée pour vice radical, par exemple, d'un acte constatant la vente d'un remède secret, rend la Régie non recevable à réclamer les droits auxquels cet acte donnerait lieu et qu'elle n'a pas perçus lors de son enregistrement; qu'il en est ainsi, alors même que la perception desdits droits n'a pas eu lieu par le dol des parties qui avaient dissimulé une portion du prix, et bien que, par une soumission antérieure au jugement d'annulation, elles eussent pris l'engagement de payer lesdits droits (Trib. Seine, 29 août 1877, aff. Disgratoulet, D. P. 77. 3. 92). — Et, suivant différents jugements analysés dans le Dictionnaire des droits d'enregistrement, v° Restitution, n° 387, la même décision a été appliquée à... une adjudication judiciaire annulée (Trib. Condom, 8 janv. 1857);... une contre-lettre sous seing privé portant cession d'immeubles annulée en justice (Trib. Vassy, 17 mars 1857);... une ces-

sion de brevet d'invention annulée (Trib. Seine, 27 juin 1857);... un don manuel réduit en justice (Trib. Auxerre, 29 août 1857);... un acte reconnu sans valeur (Trib. Lyon, 22 nov. 1862).

148. L'administration de l'enregistrement elle-même a reconnu, par la solution du 9 nov. 1855 citée suprà, n° 138, qu'à défaut de perception, à l'enregistrement d'un acte de vente immobilière, d'un droit proportionnel de cautionnement auquel cet acte donnait lieu, ce droit ne peut plus être exigé, lorsque l'acte a été annulé en justice (V. aussi dans ce sens : les conclusions de M. le procureur général P. Fabre rapportées D. P. 70. 1. 225). Mais elle a abandonné cette doctrine et elle soutient aujourd'hui que le droit d'enregistrement, applicable à une convention, étant acquis au Trésor dès le jour où la formalité est obligatoire pour cette convention, soit immédiatement, soit dans un délai déterminé, est exigible, alors même que la convention a été annulée; même en justice, avant qu'il ait été recouvré. D'où il suit que, si la convention annulée ne se trouvait pas soumise à l'enregistrement dans un délai déterminé, le droit applicable à cette convention d'après sa nature, n'ayant été acquis au Trésor à aucun moment, ne saurait être perçu (V. note développée sur Civ. cass. 26 mars 1873, aff. Simon, D. P. 74. 1. 137).

149. En résumé, cinq systèmes sont en présence. Suivant l'un, l'annulation du contrat avant le payement du droit proportionnel qui lui est applicable, qu'elle soit prononcée judiciairement ou qu'elle résulte d'une convention des parties, ne permet, en aucun cas, de percevoir le droit (V. suprà, n° 139). — Dans un autre système, il n'en est ainsi qu'autant que l'annulation a lieu pour cause de nullité radicale (Ibid.). — Un troisième système, laissant de côté la cause et s'en tenant à la forme, exige que l'annulation soit prononcée judiciairement (V. suprà, n° 140). — D'après un quatrième système, l'annulation par jugement, autre toutefois qu'un jugement d'expédient, est opposable dans tous les cas à la demande des droits non perçus, mais l'annulation par convention des parties n'est susceptible d'être admise que pour les actes qui doivent être considérés comme non existants ou qui sont entachés d'une nullité résultant d'un fait dont l'existence ne peut être contestée (V. suprà, n° 141). — Enfin, dans un cinquième système, l'annulation de la convention ne fait pas obstacle à la perception du droit d'enregistrement toutes les fois que ce droit était acquis antérieurement au Trésor, parce que l'acte constatant le contrat, en raison de sa forme (acte authentique, notarié, judiciaire, extrajudiciaire, administratif) ou de l'usage qui en a été fait en justice ou dans un acte public, s'il est sous seing privé, soit le contrat lui-même, en raison de son objet (transmission immobilière, mutation de fonds de commerce), était soumis à l'enregistrement dans un délai déterminé (V. suprà, n° 142).

150. Le silence de la loi explique ce grand nombre d'opinions divergentes. Leur rapprochement démontre, au reste, qu'elles reviennent toutes à décider si l'annulation d'un contrat fait obstacle à la perception du droit proportionnel, applicable à ce contrat, lors même que ce droit était acquis antérieurement au Trésor. On soutient l'affirmative dans les quatre premiers systèmes : sans restriction, dans le premier ; avec des restrictions plus ou moins étendues dans les trois autres : la négative est le fondement du cinquième système.

Il nous semble que l'opinion enseignée par M. Demante, t. 1, n° 139, doit être préférée comme étant seule conforme aux principes. Toutes les fois qu'un contrat est annulé pour nullité radicale ex causa primæva et antiqua, disons-nous avec le savant professeur, il n'est pas possible qu'il soit soumis au droit proportionnel, car fingitur retro nullus et il n'existe plus alors ni cause, ni base de perception. Et il en est ainsi aussi bien lorsque le contrat est résolu par convention des parties que lorsque la résolution est prononcée judiciairement, sauf, bien entendu, le droit pour l'Administration de prouver la fraude en usant, à cet effet, de tous les modes de preuve admis par le droit commun autres que la preuve testimoniale, même de simples présomptions basées sur des actes écrits ou des faits constants et reconnus au procès.

Il n'y a pas à distinguer entre l'annulation par convention

des parties et l'annulation judiciaire, parce que cette distinction ne se trouve pas dans la loi. Il peut être à regretter pour le Trésor public qu'une simple convention des parties puisse le priver, en annulant une convention antérieure, du droit qui lui était applicable ; mais là dessus c'est au pouvoir législatif seul d'aviser. Quel que soit le préjudice dont le Trésor peut être menacé, il importe avant tout que les principes soient respectés, car, comme le disait naguère un éminent magistrat (V. suprà, n° 145), c'est la garantie commune des contribuables et de l'Etat, et l'intérêt public et général en commande l'observation (D. P. 90. 1. 177, note).

N° 2. — Acquittement antérieur du droit. — Règle Non bis in idem.

151. Toute convention ou mutation qui a été assujettie au droit d'enregistrement ne peut y être soumise une seconde fois, quand même elle est répétée dans un acte nouveau (Rép. n°s 249 et suiv. et 409), cela n'étant ni dans le texte, ni dans l'esprit de la loi (Av. Cons. d'Et. 10 sept. 1808, Rép. n° 250). — De là, deux conséquences : la convention peut être reproduite indéfiniment, sans jamais donner lieu à une nouvelle perception de l'impôt (Rép. n°s 251 et suiv.); en second lieu, le fait qu'elle a supporté l'impôt en affranchit toutes les dispositions qui dépendent de cette convention et en dérivent nécessairement (Rép. n°s 253 et suiv.). — La loi de frimaire elle-même a consacré le principe dans plusieurs de ses dispositions (V. Rép. n°s 251 et 253).

152. Il a été jugé, par application de ce principe, que, lorsque des condamnations successives sont prononcées, pour la même dette et pour la même somme, par plusieurs jugements successifs contre des débiteurs solidaires, il n'y a pas lieu de percevoir le droit proportionnel sur chaque jugement : il suffit que ce droit ait été perçu sur le premier jugement (Trib. Seine, 11 nov. 1859, D. P. 71. 5. 145-146, n° 37, note. V. Rép. n°s 4271 et suiv.). — Mais, suivant l'administration de l'enregistrement, le jugement qui, après payement par l'un des débiteurs solidaires de la totalité de la dette, condamne, sur l'action récursoire intentée par lui à son codébiteur, celui-ci au remboursement de la part lui incombant, donne lieu au droit proportionnel de condamnation, encore bien que ce droit ait été perçu sur la créance entière à l'enregistrement d'un jugement antérieur rendu entre le créancier et les deux débiteurs et qui avait reconnu l'existence de cette créance (Sol. adm. enreg. 26 oct. 1869, aff. Huart, D. P. 71. 5. 145-146), attendu qu'il s'agit de deux condamnations bien distinctes prononcées par deux jugements successifs au profit de personnes différentes et que chacune des actions intentées a nécessité une intervention spéciale de la justice.

153. Le principe a été appliqué au cas où, à la suite d'une vente immobilière avec faculté réservée à un tiers de prendre le marché pour son compte dans un délai déterminé à peine de déchéance, un arrêt relève le tiers de cette déchéance, attendu que les manœuvres frauduleuses de l'acheteur l'avaient empêché d'agir en temps utile. Il a été jugé que l'arrêt n'avait pas donné lieu au droit de mutation, attendu que ce droit avait été déjà perçu sur l'acte de vente et que, comme il ne s'était opéré qu'une mutation, le droit ne pouvait être perçu deux fois (Civ. cass. 4 juin 1866, aff. Dupuis, D. P. 66. 1. 328. V. Rép. n° 2356). — Décidé, de même, que, lorsqu'un bail a été enregistré deux fois au droit proportionnel sur les demandes successives du propriétaire et du locataire, l'une des deux droits est sujet à restitution, la même mutation ne devant supporter l'impôt qu'une seule fois (Sol. adm. enreg. 2 juill. 1872, D. P. 73. 5. 202).

154. Mais, pour que la règle non bis in idem soit applicable, il faut que la convention ou mutation soit exactement la même que celle assujettie antérieurement à l'impôt et que cet impôt soit également le même. Ainsi, le payement de la taxe annuelle des biens de mainmorte de 70 centimes par franc du principal de la contribution foncière (L. 20 févr. 1849, D. P. 49. 4. 46; 30 mars 1872, art. 5, D. P. 72. 4. 83), à la charge des sociétés anonymes à raison des immeubles qu'elles possèdent, représentant les droits de transmission entre vifs et par décès de ces immeubles, n'affranchit pas les actions de la société, dans la proportion pour laquelle

ces actions représentent l'actif immobilier, des droits de mutation exigibles des actionnaires en cas de transmission entre vifs à titre gratuit ou par décès (Trib. Seine, 20 août 1858, aff. Mainbourg, D. P. 59. 3. 32; Trib. Carcassonne, 10 janv. 1860, aff. Cuin, D. P. 61. 3. 23).

N° 3. — Prescription du droit.

155. La prescription acquise au redevable pour les droits d'enregistrement d'un acte ou d'une mutation équivaut au payement de ces droits. Elle opère le même effet que le payement : les actes et les mutations dont le droit est prescrit sont considérés comme enregistrés (Rép. n°s 5540 et suiv. — Adde : Civ. rej. 19 avr. 1809, Rép. n° 4547; Civ. cass. 31 juill. 1815, Rép. n° 5641). — Ainsi... au cas où, dans un acte de société, des coassociés se sont obligés à payer le prix encore dû de l'immeuble apporté par l'un d'eux pour toute la portion excédant l'apport de cet associé, la stipulation opère une transmission de propriété passible du droit proportionnel de mutation ; mais, si le droit n'est pas perçu à l'enregistrement de l'acte de société ou réclamé dans les deux ans, la prescription est acquise et il ne peut plus être exigé sur l'acte ultérieur de partage de la société par lequel les portions de l'immeuble sont attribuées à des associés autres que celui qui en avait fait l'apport (Civ. cass. 5 janv. 1853, aff. de Prémorvand, D. P. 53. 1. 73) ;... Lorsqu'il s'est écoulé plus de trente ans depuis l'entrée en possession de l'acquéreur d'un immeuble manifestée par l'inscription de son nom au rôle de la contribution foncière et par le payement de l'impôt, l'action en recouvrement des droits simples et en sus de la mutation est prescrite (Civ. cass. 7 mai 1836, aff. Chapouille, D. P. 56. 1. 221. Conf. Civ. [rej. 21 févr. 1833, aff. Bégenne-Lamotte, D. P. 53. 1. 129; Rép. n° 5597)... La prescription est acquise aux parties pour le droit proportionnel applicable à une déclaration de don manuel, lorsqu'il s'est écoulé plus de deux ans depuis l'enregistrement de l'acte la renfermant ; en conséquence, le droit ne peut plus être exigé sur l'acte postérieur reproduisant la déclaration (Trib. Seine, 7 mai 1870, aff. Grosjean, D. P. 70. 3. 98).

156. Lorsque l'acte dont les droits sont prescrits est présenté à la formalité, il ne donne lieu qu'au droit fixe de 3 fr., établi pour les actes innommés (V. infrà, chap. 3, sect. 2). Nous aurons à revenir plus loin sur cette question, comme le Répertoire, en traitant de la prescription (V. infrà, chap. 10, sect. 1re).

N° 4. — Exemption du droit.

157. Suivant les termes mêmes d'une solution de l'Administration, « c'est un point de doctrine et de jurisprudence constantes qu'en matière fiscale l'exemption équivaut au payement » (Sol. adm. enreg. 24 juill. 1882, D. P. 84. 3. 56). Une telle exemption, dit la cour de cassation, « doit avoir les mêmes effets que le payement lui-même » (Civ. cass. 14 janv. 1829, Rép. n° 4126). Si donc une convention ou une mutation exempte du droit d'enregistrement se trouve soumise à la formalité, le droit lui serait applicable ne peut être perçu. Ainsi, lorsqu'en vertu d'une convention matrimoniale l'époux survivant a droit à l'usufruit de la part du prédécédé dans les biens de leur communauté et qu'en outre, il a été institué, par le testament de ce dernier, légataire d'un quart en propriété et un quart en usufruit, il ne doit le droit de mutation par décès, ce qui concerne les biens grevés de l'usufruit lui provenant de la convention de mariage, que sur la valeur de la nue propriété, c'est-à-dire sur moitié de la valeur entière des biens, l'usufruit lui provenant de la convention matrimoniale étant exempt de tout droit (Trib. Seine, 24 avr. 1869, aff. Seillière, D. P. 69. 3. 72). — Ce jugement a été cassé par un arrêt qui a décidé que, dans l'espèce, la clause du contrat de mariage constituait une donation entre époux passible du droit de mutation au décès du prémourant (Civ. cass. 7 déc. 1870, aff. Seillière, D. P. 71. 1. 153); mais il n'en a pas moins conservé son autorité quant à l'application qu'il a faite du principe que l'exemption du droit équivalant au payement, fait obstacle à la perception de l'impôt sur l'acte constatant la convention ou la mutation affranchie. — Décidé, de même, que les mutations par décès étant affranchies de l'impôt en Algérie et l'exemption du droit équivalant au payement, celui qui a recueilli, par l'effet d'un décès, une nue propriété dans la colonie, est dans la même situation que s'il avait payé à ce moment, comme en France, le droit de mutation à la fois sur la valeur de la nue propriété et sur celle de l'usufruit; que, par suite, il ne doit aucun impôt en raison de la mutation qui s'opère lorsque l'usufruit se réunit dans ses mains à la nue propriété (Solution précitée du 24 juill. 1882).

158. L'acte ou le jugement constatant un *effet propre de la loi*, c'est-à-dire un effet qui se produit entre les parties par la seule force de la loi, ne rend pas exigible le droit à la perception duquel cet effet donnerait lieu s'il était produit par convention des parties (*Rép.* n°s 1172 et suiv., 1184 et suiv., 2819, 3439 et suiv., 4342 et suiv., et 4398). — Cette règle a été appliquée principalement en matière de libération... par compensation légale (V. *infrà*, chap. 4, part. 1re, sect. 1re, art. 1er, § 2, n° 1),... confusion (V. *ibid.*, n° 2) ou prescription (V. *infrà*, chap. 10, sect. 3);... et en matière de subrogation (V. *infrà*, chap. 4, part. 1re, sect. 1re, art. 2, n° 5).

L'Administration a fait application du principe au sujet de la perception des droits d'hypothèque. Elle a décidé que les intérêts échus d'un prix de vente d'immeuble étant conservés par la loi elle-même, et non par l'inscription de la créance au bureau des hypothèques, le droit d'inscription à 1 pour 1000 fr. ne leur est pas applicable, attendu que « les effets purement légaux d'une obligation ou d'une formalité ne peuvent donner ouverture à une perception particulière » (Sol. adm. enreg. 6 févr. 1886, D. P. 89. 3. 16. Conf. Sol. adm. enreg. 28 janv. 1867, D. P. 68. 3. 19 ; 20 mars 1854, *ibid.*, note).

159. Mais lorsque la convention exemptée se trouve accompagnée, dans l'acte qui la mentionne, de stipulations donnant ouverture par elles-mêmes au droit proportionnel, ce droit est dû. Ainsi, l'exemption du droit d'enregistrement établie par l'art. 70, § 3, de la loi du 22 frim. an 7, en faveur des transferts de rentes sur l'État, n'affranchit pas du droit proportionnel l'acte constatant un semblable transfert, lorsque cet acte renferme des stipulations donnant par elles-mêmes ouverture au droit proportionnel, comme si, pour prix d'un transfert, le cessionnaire transmet au cédant un immeuble ou lui constitue une rente perpétuelle ou viagère (Civ. cass. 7 nov. 1826, *Rép.* n°s 4941 et 4943); et, de même, si le prix du transfert est stipulé payable à terme avec intérêts et garanti par une hypothèque sous réserve, au profit du cédant, d'exiger, à l'époque, le payement du prix ou une rente d'égale valeur (Civ. cass. 29 juin 1835, Ch. réun. cass. 24 avr. 1839, Civ. cass. 5 mai 1840, *Rép.* n°s 4942 et 4944).

§ 2. — Exception dilatoire (*Rép.* n°s 264 à 294).

160. Parmi les modalités diverses qui peuvent affecter les conventions, il n'en est qu'une, la condition, qui soit réellement une cause de suspension pour l'engagement, en droit civil, et conséquemment, en droit fiscal, pour la perception du droit d'enregistrement (*Rép.* n° 272). Les conditions sont *suspensives* ou *résolutoires* (c. civ. art. 1184) ; suspensives ou résolutoires, elles sont *casuelles, potestatives* ou *mixtes* (c. civ. art. 1169 et suiv.) (*Rép. ibid.*), enfin la condition peut être *expresse* ou *tacite* (*ibid.*).

161. La condition résolutoire « ne suspend point l'exécution de l'obligation; elle oblige seulement le créancier à restituer ce qu'il a reçu dans le cas où l'événement prévu par la condition arrive » (c. civ. art. 1183). Il s'ensuit qu'elle n'opère pas l'exception dilatoire et ne fait pas obstacle à la perception actuelle, immédiate, du droit de la convention (*Rép.* n° 273). Ainsi, l'acte constatant la communication d'un secret médical et la cession, à des conditions déterminées, des médicaments à employer pour son exploitation, avec faculté pour les deux parties de résilier le traité dans certains cas, constitue une convention soumise à une condition résolutoire, et non à une condition suspensive, par conséquent actuelle et parfaite dès l'origine et sujette, lorsqu'elle est présentée à l'enregistrement, au droit proportionnel (Civ. cass. 26 mars 1873, aff. Simon, D. P. 74. 1. 137). — De même, la cession de droits successifs immobiliers consentie moyennant une somme payée comptant et une autre stipulée productive d'intérêt, mais payable seulement en cas de survie du vendeur à l'acquéreur et à ses descendants, doit être considérée, quant à cette seconde portion du prix, comme faite sous une condition résolutoire et non sous une condition suspensive, et donne lieu, en conséquence, à la perception du droit proportionnel d'enregistrement sur la totalité des deux sommes, lors même que les parties ont évalué, dans l'acte, le prix de la vente à un chiffre inférieur (Trib. Seine, 8 juin 1872, aff. de Puységur, D. P. 73. 5. 231).

162. La condition *suspensive* a pour effet de suspendre la convention elle-même qui y est soumise. La convention n'existe pas *pendente conditione ;* elle ne saurait donc être soumise au droit d'enregistrement tant que la condition n'est pas accomplie (*Rép.* n° 277). Mais quand la condition suspensive s'accomplit, elle réagit jusqu'au jour même de la convention originaire pour lui conférer dès ce moment toute sa validité et ses effets légaux. Il n'est pas besoin qu'il intervienne entre les parties un nouvel instrument de leurs stipulations réciproques. L'acte primitif en devient le titre, comme si l'obligation avait toujours été pure et simple (*Rép.* n° 293).

M. Garnier est d'avis qu'en raison des inconvénients que ce système produit pour la perception de l'impôt, les actes soumis à une condition suspensive devraient être soumis au droit proportionnel, sauf restitution de ce droit, lorsque la condition viendrait à défaillir. « Il n'y aurait, dit-il, lésion pour personne. Les droits du trésor seraient assurés, car aucune convention dont la condition se serait accomplie, n'échapperait à l'impôt, ce qui a très rarement lieu aujourd'hui. D'autre part, les parties qui auraient, pour sauvegarder leurs intérêts, un moyen infaillible, celui de la preuve, que le Trésor ne possède que d'une manière tout à fait inefficace pour garantir les siens, les parties, disons-nous, seraient complètement désintéressées par la restitution en justifiant de la non-réalisation de la condition. La règle du droit proportionnel deviendrait ainsi un hommage rendu au principe de l'égale répartition de l'impôt » (*Rép. gén.* n° 4915. V. aussi Naquet, t. 1, n° 100). — Telle n'est pas l'opinion des rédacteurs du *Dictionnaire des droits d'enregistrement:* « Nous ne saurions nous élever trop énergiquement, disent-ils, contre le système d'une fiscalité outrée, qui établirait une contradiction entre la loi civile et la loi de l'impôt; il serait également contraire à la règle fondamentale de l'art. 4 de la loi de frimaire ; cet article, en établissant le droit proportionnel sur les obligations, les libérations, les mutations, etc., ne permet pas de percevoir l'impôt sur des actes qui ne constatent encore ni obligation, ni libération, ni mutation: enfin, en percevant immédiatement le droit, l'on entraverait toutes les conventions conditionnelles; on nuirait à la liberté de transactions fort utiles et qui contribuent d'une manière notable au développement de la fortune publique ; on nuirait également au Trésor public » (v° *Condition*, n° 74). — Ces judicieuses observations nous paraissent concluantes. Nous nous y associons entièrement.

163. Quoi qu'il en soit, le législateur et la pratique sont entrés, pour quelques conventions, dans la voie indiquée par M. Garnier. — Ainsi la loi du 25 mai 1841 (art. 14) autorise la perception immédiate du droit proportionnel sur tout traité portant cession d'office, encore qu'il soit soumis à la condition que le Gouvernement agréera le nouveau titulaire, sauf restitution lorsque la nomination n'a pas lieu (V. *infrà*, chap. 4, part. 1re, sect. 1re, art. 3, § 3, n° 1). — La loi du 23 août 1871 (art. 5) assujettit les actes d'ouverture de crédit à la moitié du droit proportionnel, encore bien que leur effet soit soumis à la réalisation du crédit, et, d'autre part, elle soumet l'inscription des hypothèques garantissant l'ouverture du crédit au droit d'hypothèque de 1 pour 1000, sans autoriser la restitution de ces droits dans le cas de non-réalisation du crédit (V. *ibid.*, § 1er, n° 5.) — D'autre part, l'usage s'est introduit, pour les contrats de mariage, de percevoir, à l'enregistrement de l'acte, les droits auxquels donnent lieu ses différentes dispositions, encore bien que le contrat soit soumis de plein droit à la condition de la célébration du mariage ; mais ces droits sont restitués, lorsqu'il est établi que cette célébration n'a pas eu lieu (*Rép.* n°s 285, 2428, 3518 et 5404). — Enfin les prêts du Crédit foncier font l'objet de deux actes : l'un, constatant le prêt consenti sous la condition suspensive que l'immeuble affecté sera affranchi de privilège et d'hypothèque, ne donne lieu qu'au droit fixe; l'autre, réalisant le prêt, rend exigible le droit proportionnel (Décis. min. fin. 20 août 1852; Instr. adm. enreg., 11 juill. 1853, n° 1968). — L'inscription hypothécaire est prise à la suite du premier de ces actes et avant le second; elle ne donne pas légalement ouverture au droit d'hypothèque de 1 pour 1000, puisque son effet est subordonné à l'accomplissement de la condition; mais, comme la non-réalisation du prêt ne se produit que par exception, l'usage s'est établi de percevoir le droit, sauf restitution lorsque le prêt n'est pas réalisé (Sol. adm. enreg. 27 juill. 1863 et 5 avr. 1870, Diction. droits d'enreg., v° Crédit foncier, n° 43).

164. Il est fait souvent application de la règle de la non-exigibilité du droit proportionnel sur les conventions soumises à une condition suspensive (V. les décisions rapportées au Rép. n°s 278 et suiv.). Jugé encore que la clause d'un contrat de mariage par laquelle le père et mère de l'un des futurs époux s'engagent à les loger, les nourrir et les entretenir, et, en cas de séparation, à leur fournir des objets et un capital déterminé, est sujette au droit proportionnel sur la disposition qui produit un effet immédiat, c'est-à-dire sur l'obligation de loger, nourrir et entretenir; le droit ne saurait être perçu sur la libéralité consentie pour le cas de séparation, attendu qu'elle est subordonnée à un événement futur et incertain et n'opère pas, dès lors, un dessaisissement actuel (Sol. adm. enreg. 7 déc. 1868, D. P. 74. 3. 197-198. V. Rép. n°s 291 et 2339). — Il en est de même au cas où c'est la jouissance d'une maison que les père et mère doivent fournir en cas de cessation de vie commune (Sol. adm. enreg. 11 août 1869, D. P. 74. 3. 198; 19 janv. 1872, ibid.; 1er avr. 1873, ibid.).

165. Il est souvent stipulé dans le cahier des charges d'une adjudication qu'elle n'opérera effet qu'autant que les droits d'enregistrement auront été consignés par l'adjudicataire dans un délai déterminé. L'Administration a longtemps soutenu que cette condition était résolutoire et non suspensive. Elle alléguait qu'il n'y a pas, en ce cas, incertitude dans le sens de l'art. 1181 c. civ., la condition ne portant que sur l'exécution du contrat; que l'art. 1184 fait voir une condition résolutoire du défaut d'accomplissement de l'engagement, qu'il soit ou non involontaire; qu'enfin la vente est parfaite par le consentement (c. civ. art. 1593) et que les parties ne peuvent pas plus subordonner l'existence du contrat au payement des frais qu'au payement du prix proprement dit. Cette doctrine, combattue au Rép. n°s 281 et 2388, a été définitivement écartée par un arrêt de la cour de cassation, aux termes duquel la clause du cahier des charges d'une adjudication portant que l'adjudication sera réputée non avenue, faute par l'adjudicataire de consigner les droits d'enregistrement le jour même de l'adjudication ou le lendemain avant midi, a le caractère d'une condition suspensive, et non résolutoire; que, par suite, l'adjudication, en cas de non-exécution de cette clause doit être considérée comme n'ayant pas eu un seul moment d'existence et, dès lors, n'est pas passible du droit proportionnel (Civ. rej. 9 juill. 1835, aff. Pénot, D. P. 35. 1. 306).

166. La stipulation dans l'acte sous seing privé constatant une vente immobilière, qu'il en sera passé acte devant notaire, n'a point pour effet, par elle-même, de suspendre la vente. Il faut que la perfection du contrat soit subordonnée à l'acte public à intervenir, ou bien que cela résulte d'une clause expresse de l'acte sous seing privé, ou bien, tout au moins, que les circonstances démontrent clairement que telle a été l'intention des parties. C'est ce qu'enseignait déjà Pothier: « La convention, disait-il, qu'il sera passé acte devant notaire, d'un marché ne fait pas, par elle-même, dépendre de cet acte la perfection du marché. Il faut qu'il paraisse que l'intention des parties, en faisant cette convention, a été de l'en faire dépendre » (Traité des obligations, n° 11). La doctrine et la jurisprudence s'accordent à le reconnaître aussi aujourd'hui (Rép. n° 2327. V. aussi Vente; — Rép. eod. v°, n° 320). Ainsi, une vente immobilière par acte sous seing privé ne peut être considérée comme un simple projet ni comme soumise à une condition suspensive par cela seul qu'il est énoncé dans l'acte que le prix sera payé le jour de la réalisation de la convention par acte public; cette stipulation n'empêche pas que la vente ne soit parfaite et, par conséquent, que le droit proportionnel soit

exigible (Req. 10 mars 1868, aff. Coste, D. P. 69. 1. 143). — De même, la mutation de propriété résultant d'un jugement qui constate l'exercice régulier par un locataire de la faculté d'achat stipulée à son profit dans le bail, moyennant un prix déterminé, pour l'immeuble loué, et ordonne qu'il soit passé acte de la vente dans le mois de sa signification, n'est point subordonnée à la passation de l'acte public de vente à intervenir; elle est actuelle et sujette, en conséquence, au droit proportionnel à l'enregistrement du jugement (Civ. cass. 25 mars 1872, aff. Compagnie immobilière, D. P. 72. 1. 314. Observ. conf. ibid., note). — Mais la promesse de vente doit être considérée comme faite sous condition suspensive, lorsqu'elle est subordonnée à la passation d'un acte notarié et au payement comptant d'une partie du prix. En conséquence, la perception du droit proportionnel doit être suspendue, en pareil cas, jusqu'à la réalisation de la condition (Civ. cass. 6 mai 1863, aff. Gerry, D. P. 63. 1. 215). — La cour d'Angers s'est prononcée dans le même sens, par un arrêt entre particuliers, au sujet d'un acte sous seing privé, dans lequel il avait été stipulé que l'acquéreur n'entrerait en propriété et jouissance des biens vendus qu'à compter du jour de la passation de l'acte authentique et que le prix consisterait pour partie en une rente viagère payable à compter de la même époque. Décidé que si le vendeur vient à décéder avant la réalisation de la vente, en la forme authentique, l'acquéreur ne peut exiger cette réalisation des héritiers, la stipulation relative à la rente viagère étant subordonnée à une condition suspensive dont le décès du vendeur rend l'accomplissement impossible (Angers, 15 févr. 1866, aff. Hamel, D. P. 66. 2. 89).

167. La vente est considérée comme faite sous condition suspensive : ... lorsque l'acquéreur s'est réservé de l'accepter ou d'y renoncer pendant un certain délai (3 ans), « durant lequel les présentes conventions demeureront suspendues », alors même que l'ensemble des clauses de l'acte impliquerait une translation immédiate de propriété, la stipulation ci-dessus énoncée réagissant sur toutes les clauses de la vente et les subordonnant à la réalisation de la condition exprimée (Civ. rej. 4 janv. 1858, aff. Roy de l'Ecluse, D. P. 58. 1. 37);... lorsqu'elle a été faite à des conditions et moyennant un prix déterminé, avec stipulation que les parties seront tenues respectivement de se prévenir, avant une époque fixée, de leurs intentions définitives et que celle qui refusera d'exécuter l'engagement payera, à titre de dédit, une somme indiquée (Sol. adm. enreg. 4 nov. 1874, D. P. 76. 3. 32). — Mais la cession de concession d'un chemin de fer donne lieu à la perception immédiate du droit proportionnel, lorsqu'elle a été faite sans condition, encore bien que l'autorisation gouvernementale, nécessaire pour la validité de la convention, n'ait point encore été accordée (Civ. rej. 15 mai 1854, aff. Mancel, D. P. 61. 1. 225).

168. La simple promesse de vente contenue, au profit du preneur, dans un bail, pour l'immeuble loué, ne donne pas lieu à la perception du droit proportionnel de vente, encore bien que le prix de l'aliénation et les conditions de payement y soient indiqués (Civ. rej. 13 janv. 1869, aff. d'Armaillé, D. P. 69. 1. 295; Sol. adm. enreg. 13 mai 1869, D. P. 70. 5. 153-154). — Il a même été décidé que la cession par le preneur, en même temps que ses droits au bail, du bénéfice de la promesse de vente y stipulée à un prix déterminé, n'emporte pas, de ce dernier chef, transmission de propriété et ne donne pas lieu au droit proportionnel, la promesse de vente étant conditionnelle et demeurant telle entre les mains du cessionnaire (Même solution du 13 mai 1869; Civ. rej. 4 févr. 1873, aff. Lecomte, D. P. 74. 1. 121; Civ. cass. 5 févr. 1889, aff. Société civile des terrains de Cannes et du Cannet, D. P. 89. 1. 200). Mais nous reviendrons plus loin, lorsque nous traiterons de la vente, sur cette doctrine, qui ne nous paraît pas pouvoir être admise.

169. La condition accomplie a un effet rétroactif au jour auquel l'engagement a été contracté (c. civ. art. 1179). Il s'ensuit que, comme il est dit supra, n° 162, l'événement de la condition a pour résultat de rendre la convention pure et simple de conditionnelle qu'elle était tout d'abord et, par conséquent, de placer le titre de la convention dans l'acte même la constatant (*Rép.* n° 293). Ce principe a été contesté, mais il est aujourd'hui consacré par la jurisprudence et par la doctrine. À l'arrêt de la cour de cassation rapporté au *Rép. ibid.*, et qui l'a proclamé, s'ajoute un autre arrêt de la chambre des requêtes du 11 nov. 1845, aff. Ville de Saint-Quentin, D. P. 46. 1. 348) (V. aussi les conclusions de M. l'avocat général Blanche reproduites D. P. 72. 1. 104, 1re col.; Championnière et Rigaud, n° 696; Demante, t. 1, n° 33; Naquet, t. 1, n° 99). — Il suit de là que la perception doit être établie d'après le tarif en vigueur à la date où l'acte s'est trouvé assujetti à l'enregistrement dans un délai déterminé, et non à celle du jour où la condition s'est accomplie. Nous reviendrons sur ce point important notamment, lorsque nous nous occuperons des *ouvertures de crédits* et de la perceptions des *décimes*.

170. L'accomplissement de la condition suspensive rendant exigible le droit de la convention primitive tel qu'il aurait été perçu si elle avait été pure et simple, et ce droit étant dû sur ladite convention, il s'ensuit qu'il doit être acquitté, lors même que la convention ne peut plus recevoir son exécution. Cela a été reconnu par un arrêt de la cour de cassation au sujet d'un marché de construction de chemin de fer à forfait subordonné à l'obtention de la concession, et qui n'avait pu recevoir son exécution par suite d'une décision de l'autorité administrative prohibant les marchés à forfait et exigeant un marché sur séries de prix. La condition s'étant accomplie, le droit proportionnel a été réclamé et la cour en a sanctionné la perception, sans égard à ce que le marché auquel s'appliquait ce droit ne pouvait plus recevoir son exécution (Civ. rej. 19 janv. 1883, aff. Radenac et comp., D. P. 83. 1. 321).

CHAP. 3. — Des droits fixes (*Rép.* n°s 295 à 836).

171. La base de la perception des droits fixes se trouve toujours, comme il est dit au *Rép.* n° 295, dans l'art. 3 de la loi du 22 frim. an 7 suivant lequel « le droit fixe s'applique aux actes soit civils, soit judiciaires, soit extrajudiciaires, qui ne contiennent ni obligation, ni libération, ni condamnation de collocation ou liquidation de sommes et valeurs, ni transmission de propriété d'usufruit ou de jouissance de biens meubles et immeubles ». Toutefois, cet impôt n'est plus entièrement ce qu'il était à l'époque de la publication du *Répertoire*. D'une part, les droits fixes ont été successivement augmentés de deux manières, par l'élévation des tarifs et par l'addition au décime de guerre édicté par la loi du 6 prair. an 7 (*Rép.* n° 29) d'un autre décime, puis d'un demi-décime en sus. D'un autre côté, au droit fixe simple a été substitué, pour certaines catégories d'actes, un droit gradué de 1 p. 1000. Nous présenterons quelques éclaircissements sur ces modifications apportées à la loi fondamentale de l'an 7.

172. Le tarif édicté par cette loi a été remanié trois fois dans son ensemble : une première fois, à la suite des événements de 1814 et de 1815, par la loi du 28 avr. 1816 (*Rép.* n° 298); une seconde fois, après la révolution de 1848, par la loi du 18 mai 1850; une troisième fois, à la suite des événements de 1870-1871, par les lois de 1872 et de 1873. Ces remaniements ont toujours eu pour objet d'élever les droits. La loi du 18 mai 1850 a porté à 2 fr. « le moindre droit fixe d'enregistrement pour les *actes civils et administratifs* » (art. 8, D. P. 50. 4. 87). La loi du 28 févr. 1872 a augmenté de moitié « les divers droits fixes auxquels sont assujettis par les lois en vigueur les *actes civils, administratifs ou judiciaires* » (art. 1, D. P. 72. 4. 16). Enfin cette augmentation de moitié a été étendue aux *actes extrajudiciaires* par la loi du 19 févr. 1874 (D. P. 74. 4. 41). Par l'effet de cette dernière disposition, l'augmentation s'est trouvée étendue à tous les actes sujets aux droits fixes d'enregistrement.

173. Le *Répertoire* ne s'est occupé du *décime* simple qui s'ajoutait, lors de sa publication, aux droits d'enregistrement que pour viser (n° 29), dans l'exposé de la législation de l'enregistrement, la loi du 6 prair. an 7 qui l'a établi. On conçoit, en effet, que cette simple addition n'ait donné lieu à aucune difficulté. Mais le décime édicté par la loi de prairial a été augmenté une première fois, en 1853, d'un double décime (L. 14 juill. 1855, art. 5, D. P. 55. 4. 73) qui a été supprimé en 1857 (L. 23 juin 1857, art. 13, D. P. 57. 4. 91),

rétabli en 1862 (L. 2 juill. 1862, art. 14, D. P. 62. 4. 71; 13 mai 1863, D. P. 63. 4. 54), réduit de moitié à compter du 1er juill. 1864 (L. 8 juin 1864, art. 13, D. P. 64. 4. 77; 8 juin 1864, art. 3, D. P. 64. 4. 89; 8 juill. 1865, art. 3, D. P. 65. 4. 104). Ce demi-décime a été maintenu en sus du premier décime, avec certaines restrictions, jusqu'aux événements de 1870-1871 (L. 18 juill. 1866, art. 3, D. P. 66. 4. 130; 31 juill. 1867, art. 3, D. P. 67. 4. 147; 2 août 1868, art. 5, D. P. 68. 4. 113; 8 mai 1869, art. 4, D. P. 69. 4. 78; 27 juill. 1870, art. 5, D. P. 70. 4. 59).

Une loi du 23 août 1871 a remis en vigueur « les dispositions de l'art. 14 de la loi du 2 juill. 1862 relatives à la perception d'un second décime sur les droits et produits dont le recouvrement est confié à l'administration de l'enregistrement » (L. 23 (et non 25) août 1871, art. 1er, D. P. 71. 4. 61; Instr. adm. enreg. 25 août 1871, n° 2413, D. P. 71. 3. 49). En dernier lieu, la loi du 30 déc. 1873 « a ajouté aux impôts et produits de toute nature déjà soumis aux décimes par les lois en vigueur, 5 pour 100 du principal pour les impôts et produits dont le principal seul est déterminé par la loi ainsi que pour les amendes et condamnations judiciaires » (L. 30 déc. 1873, art. 2, D. P. 74. 4. 30).

De la combinaison de cette dernière disposition avec la législation qui l'a précédée, il résulte que les droits d'enregistrement sont actuellement augmentés de deux décimes et demi, soit de 25 p. 100.

174. Enfin, un *droit gradué* de 1 p. 1000 qui, comme le fait observer M. Naquet, t. 1, p. 5, note 3, n'est qu'une variété de droit proportionnel, bien que le législateur le considère comme une espèce du genre *droit fixe*, a été substitué par la loi précitée du 28 févr. 1872 (art. 1, 2 et 3), pour certains actes, aux droits fixes qui leur étaient applicables. Ces actes sont les actes de société, les actes translatifs d'immeubles à l'étranger ou dans les colonies dans lesquelles le droit d'enregistrement n'est pas établi, les ventes de marchandises avariées par suite d'événements de mer ou de débris de navires naufragés, les contrats de mariage, les partages, les délivrances de legs, les mainlevées, les prorogations de délai, les marchés dont le prix est payé directement par le Trésor, et les titres nouvels.

L'administration de l'enregistrement explique comme suit cette innovation dans l'instruction qu'elle a donnée à ses agents pour l'exécution de la loi : « Les actes qui ne constatent ni transmission, ni transformation de valeurs, étaient soumis, par la loi du 22 frim. an 7 et par les lois subséquentes, à des droits fixes dont le taux variait suivant le degré d'utilité des conventions. On a fait remarquer que cette tarification reposait sur une simple présomption, et qu'il était préférable, sans dénaturer le caractère du droit fixe, d'en régler le taux en tenant compte, du moins pour certains actes, et de leur importance réelle et de l'intérêt pécuniaire qui s'y attachait. — Un projet rédigé dans cet ordre d'idées avait été soumis en mars 1864 au conseil d'État et adopté par lui. Au droit fixe proprement dit, on avait substitué, sous le nom de *droit fixe gradué*, un droit spécial participant à la fois du droit fixe et du droit proportionnel, sans se confondre néanmoins avec l'un ou l'autre de ces deux droits. — La loi nouvelle consacre ce principe. — Elle divise les droits fixes en deux grandes catégories : *droits fixes gradués et droits fixes proprement dits.* — Dans la première catégorie, elle classe certains actes, dont l'importance peut être mesurée par l'énonciation des sommes ou valeurs que ces actes constatent et mettent en évidence. — Dans la deuxième catégorie, elle range tous les actes dont l'importance ne peut pas toujours être appréciée par ce procédé, et qui, en conséquence, restent assujettis aux droits fixes proprement dits.

Il y a lieu de remarquer que la création du droit gradué ne constitue qu'une modification de tarif et non pas une modification de principes. Ainsi, au droit fixe auquel donnaient lieu les actes énumérés dans l'art. 1er, il est substitué un droit fixe gradué. Mais tous les autres droits proportionnels, dont la perception découle de la législation et de la jurisprudence, continueront d'être exigibles comme par le passé. Pour la fixation des taux, la loi établit de grandes divisions et elle applique à chacune de ces divisions un droit unique. — Ce droit est fixé en principal : — A 5 fr. pour les sommes ou valeurs de 5000 fr. et au-dessous, et pour les actes ne contenant aucune énonciation de sommes et valeurs, ni dispositions susceptibles d'évaluation; — à 10 fr. pour les sommes ou valeurs supérieures à 5000 fr., mais n'excédant pas 10000 fr.; — à 20 fr. pour les sommes ou valeurs supérieures à 10000 fr., mais n'excédant pas 20000 fr.; — Et ensuite à raison de 20 fr. par chaque somme et valeur de 5000 fr. ou fraction de 20000 fr. » (Instr. adm. enreg. 29 févr. 1872, n° 2433, D. P. 72. 3. 13).

175. Les caractères du droit gradué d'enregistrement, créé par la loi du 28 févr. 1872, ont été nettement déterminés par la jurisprudence. D'après ses solutions, la loi de 1872 n'a pas créé un impôt de nature nouvelle soumis à des règles de perception différentes de celles applicables au droit fixe que supportaient, avant l'établissement du droit gradué, les actes assujettis à ce droit ; elle a purement et simplement changé la quotité du droit fixe selon l'importance de la somme énoncée dans l'acte, sans aucune modification aux conditions d'exigibilité ni aux règles de perception de l'impôt (Civ. cass. 22 août 1876, aff. Braine, D. P. 76. 1. 470; 26 juin 1878, aff. de Verninac, D. P. 78. 1. 426; Req. 3 mars 1884, aff. consorts Bermond, D. P. 84. 1. 422). Comme le droit fixe auquel il a été substitué, le droit gradué ne représente que le salaire de la formalité (Même arrêt du 3 mars 1884).

176. Le chapitre « des *droits fixes* » est divisé au *Répertoire* en deux sections ayant pour objet : l'une, les *actes expressément dénommés* dans le tarif, l'autre, les *actes innommés* (*Rép.* n° 298). Nous suivrons le même ordre.

177. Nous indiquerons, pour chacun des actes dont nous nous occuperons, le taux du droit fixe qui lui est actuellement applicable. Il y aura toujours lieu d'ajouter à ce taux, d'après ce qui a été dit *supra*, n° 173, deux décimes et demi par franc pour connaître le coût véritable de la formalité.

Sect. 1re. — Du droit fixe portant sur les actes dénommés
(*Rép.* n°s 299 à 796).

178. Il est traité, sous cette rubrique, au *Rép.* n° 299, d'un certain nombre seulement des actes dénommés dans le tarif. Les autres actes tarifés ont été, quelques-uns laissés de côté comme ne donnant lieu à aucune difficulté, d'autres étudiés au chapitre suivant consacré aux droits proportionnels. Cette dernière catégorie comprend les actes tels que les décharges, les actes de société, les transactions, les contrats de mariage, etc. qui, tout en étant tarifés au simple droit fixe pour leurs dispositions constitutives, donnent lieu, en même temps, à la perception de droits proportionnels sur d'autres dispositions qu'ils renferment habituellement. Nous suivrons le même ordre. Toutefois, on trouvera, à l'art. 10, où il est traité des différents actes qui n'ont pas été l'objet de commentaires spéciaux, plusieurs paragraphes nouveaux consacrés, les uns à des actes (actes refaits, certificats, etc.) qui ont donné lieu à un certain nombre de solutions administratives ou judiciaires depuis la publication du *Répertoire*, les autres à d'autres actes (actes en matière de divorce, lettres de gage du crédit foncier, marchés et traités réputés actes de commerce) qui, depuis cette même publication, ont fait l'objet de dispositions législatives spéciales; d'autres enfin à des actes (mainlevées et prorogations de délai) qui sont soumis actuellement au droit gradué.

Art. 1er. — Des renonciations (*Rép.* n°s 300 à 363).

179. La loi du 22 frim. an 7 ne tarife spécialement (art. 68, § 1er, n° 1, et § 2, n° 6) que les renonciations à succession, legs ou communauté. Par suite, toute renonciation pure et simple ou tout autre acte analogue qui ne peut être considéré comme un désistement de succession, de legs ou de communauté, rentre dans la deuxième catégorie des actes sujets au droit fixe comprenant les actes *innommés* (*Rép.* n° 301). — Suivant l'ordre adopté au *Répertoire*, nous ne nous occuperons ici que des renonciations à succession, legs ou communauté. A l'égard des autres renonciations, qui rentrent dans la catégorie des actes innommés, il en sera question plus loin (V. *infrà*, n°s 586 et suiv.).

180. Sous le rapport du tarif, les renonciations à succession, legs ou communauté, se distinguent aujourd'hui,

comme à l'époque de la publication du *Répertoire*, suivant qu'elles sont ou ne sont pas faites en justice (*Rép.* n° 301). Pour celles faites autrement qu'en justice, le droit est actuellement de 3 fr. (L. 22 frim. an 7, art. 68, § 1er, n° 1; 18 mai 1850, art. 8; 28 févr. 1872, art. 4); pour les renonciations par acte fait ou passé au greffe du tribunal, il est de 4 fr. 50 cent. (L. 22 frim. an 7, art. 68, § 2, n° 6; 28 avr. 1816, art. 44, n° 10; 28 févr. 1872, art. 4).

181. Deux principes dominent cette matière. D'une part, la renonciation que la loi fiscale tarife au droit fixe et qui dispense le renonçant du payement du droit de mutation par décès, doit être pure et simple (V. *infrà*, n° 186 et suiv.). D'un autre côté, la renonciation à une succession, à un legs ou à la communauté, qui ne peut être critiquée par l'administration de l'enregistrement, lors même qu'elle est faite pour éviter le payement de droits de mutation. On ne saurait, en aucun cas, voir une fraude dans l'exercice régulier d'une faculté légale (Civ. rej. 2 mai 1849, aff. Bon de Saint-Quentin, D. P. 49. 1. 132; Civ. cass. 24 avr. 1834, aff. Broyard, D. P. 34. 1. 157; Req. 27 mars 1855, aff. Bouffet, D. P. 35. 1. 67. V. *infrà*, n°s 187, 209 et 223).

182. Les renonciations à succession, legs ou communauté, doivent être examinées, en droit fiscal, à un double point de vue : sous le rapport de la quotité du droit d'enregistrement dont la renonciation est passible, et relativement à l'effet qu'elle peut produire pour la perception du droit proportionnel de mutation exigible en raison de l'ouverture de la succession à laquelle se rapporte la renonciation. Est-elle pure et simple, elle ne donne lieu qu'au droit fixe et, d'autre part, décharge le renonçant du payement du droit de mutation par décès sur l'avantage qu'il aurait recueilli. Mais si la renonciation n'est pas pure et simple, elle peut être considérée comme translative de propriété et donner lieu, à ce titre, à la perception d'un droit proportionnel de mutation entre vifs (V. *infrà*, n° 186), sans que le renonçant soit dispensé du payement du droit de mutation par décès. Il y a donc une étroite connexité entre la détermination du droit d'enregistrement auquel la faveur de renonciation donne lieu, et la détermination de l'effet que cet acte peut produire pour la perception du droit de mutation par décès. C'est pourquoi les renonciations à succession, legs ou communauté, ont été étudiées sous ce double rapport au *Répertoire*, à l'occasion de la perception du droit fixe. Nous ferons de même, sauf à introduire tous les renvois qui pourront être utiles dans la partie du *Supplément* où il sera traité du payement des droits de mutation par décès.

§ 1er. — Renonciation à succession (*Rép.* n°s 302 à 331).

183. Il est traité au *Rép.* n° 306 de la forme dans laquelle doit être faite une renonciation à succession pour produire effet relativement à la perception des droits de mutation par décès. Il y est enseigné que, la renonciation à une succession ne pouvant, aux termes de l'art. 784 c. civ., être faite qu'au greffe du tribunal, toute renonciation à succession faite dans une autre forme, spécialement par *acte notarié*, n'a de force qu'entre les parties et ne peut être opposée aux tiers. L'héritier prétendu renonçant est donc encore héritier et, tant qu'il ne justifie pas d'une renonciation régulière, il peut être poursuivi à fin de payement des droits de mutation par décès (Conf. Demante, t. 2, n° 843; Trib. Avranches, 28 déc. 1855, Garnier, *Rép. gén. enreg.*, n° 13966). Cette interprétation est incontestablement exacte. Néanmoins, l'administration de l'enregistrement, se conformant à deux anciennes décisions ministérielles des 20 avr. et ~ mai 1808 (*Rép.* n° 305), s'abstient de réclamer les droits de mutation par décès à l'héritier qui a renoncé à la succession par acte notarié. Le *Dictionnaire des droits d'enregistrement* explique de la manière suivante sa détermination sur ce point : « L'Administration exercerait dans un intérêt purement fiscal un droit trop rigoureux en forçant le renonçant par acte notarié à renouveler sa renonciation au greffe pour échapper au droit de mutation par décès. D'un autre côté, si elle considérait comme non avenue, relativement à la perception des droits de mutation par décès, la renonciation par acte notarié, dans un acte de liquidation et partage, par exemple, pourrait-elle percevoir les droits de mutation à

titre gratuit sur l'attribution qui serait faite par cet acte aux
cohéritiers acceptants, comme conséquence de la renonciation ? Évidemment non ; la renonciation notariée est
valable entre les parties contractantes ; l'accroissement au
profit des cohéritiers, la dévolution aux héritiers du degré
subséquent, en sont les conséquences légales et nécessaires
et n'opèrent aucune transmission du renonçant aux acceptants. D'où ce résultat contradictoire que l'Administration
considérerait comme non avenue, relativement à la perception des droits de mutation par décès, la renonciation faite
dans un acte notarié et serait obligée de tenir cette renonciation comme produisant tous ses effets légaux relativement
aux droits de mutation entre vifs exigibles sur ce même
acte » (Diction. droits d'enreg., v° Renonciation, n° 167).

184. Mais encore faut-il que la renonciation soit faite
par acte notarié. Un simple *acte sous seing privé* unilatéral
serait tout à fait insuffisant. L'Administration le repousserait
comme dépourvu de toute valeur juridique (Sol. adm. enreg.
27 mars 1878, Diction. droits d'enreg., v° Renonciation, n° 168).
Elle repousse également la renonciation contenue dans
une déclaration souscrite au bureau de l'enregistrement
pour le payement des droits de mutation par décès (Sol.
adm. enreg. 20 févr. 1873, ibid.). Mais, suivant les rédacteurs du Dictionnaire précité, si la renonciation était contenue dans un acte synallagmatique, par exemple dans un
acte de liquidation et partage auquel elle servirait de
base, il n'y a aucune raison sérieuse pour que l'Administration la considère comme non avenue (Ibid.). Il nous
semble aussi que, dans ce cas particulier, la renonciation
étant nécessairement acceptée pour la perception des
droits d'enregistrement sur l'acte de liquidation et de partage, doit être également, bien que contenue dans un
acte sous seings privés, pour la perception des droits de
mutation par décès.

185. Si, après sa renonciation à la succession, le renonçant fait acte d'héritier, soit en disposant des biens de l'hérédité, soit en prenant le titre ou la qualité d'héritier, de deux
choses l'une : ou bien sa renonciation sera considérée
comme non avenue et il aura, dans ce cas, à payer le droit
de mutation par décès ; ou bien il sera admis qu'il n'y a pas
eu révocation de la renonciation et alors, si le renonçant a
disposé d'une partie des biens héréditaires, il devra le droit
de mutation à titre onéreux à raison de la transmission à
son profit des parts de ses cohéritiers dans ces biens (Rép.
n° 309). Cette dernière interprétation nous a paru plus
exacte que la première (Ibid.). Mais celle-ci est généralement adoptée, comme on le verra ci-après au paragraphe concernant les renonciations à legs (V. infrà, n°s 218 et suiv.),
la question s'étant produite surtout à l'occasion de renonciations à des donations, legs, ou avantages matrimoniaux.
— Sur le cas inverse, où l'héritier renonce, après avoir
accepté, soit expressément, soit tacitement la succession,
V. infrà, n° 194.

186. La renonciation que la loi fiscale tarife au droit
fixe et qui dispense le renonçant du payement du droit de
mutation par décès, doit être *pure et simple.* Il faut, pour
qu'elle ait ce caractère, que l'accroissement qui en résulte se
fasse selon les règles déterminées par la loi. Si le renonçant
y change quelque chose, il fait acte d'héritier et il opère
une transmission ; sa renonciation n'est plus pure et simple.
Tel est le principe (Rép. n°s 310, 316). La renonciation n'est
pas pure et simple et, partant, elle opère transmission,
donne ouverture, à ce titre, au droit proportionnel de mutation entre vifs et ne dispense pas le renonçant du payement du droit de mutation par décès lorsqu'elle est faite,
soit *moyennant un prix* (Rép. n° 312), soit *au profit de cohéritiers* (Rép. n° 315), ou bien encore lorsqu'elle est *partielle*
(Rép. n° 320), *conditionnelle* (Rép. n° 322), *prématurée* (Rép.
n° 325), ou *tardive* (Rép. n° 326).

187. La renonciation soit de l'époux survivant à ses
avantages matrimoniaux ou à la communauté, soit des héritiers à la succession à laquelle ils sont appelés, est l'exercice
d'un droit légal qui ne peut être critiqué par la Régie,
même lorsque la renonciation est faite pour éviter le payement
de droits de mutation par décès, pourvu toutefois qu'elle soit
pure et simple, sans aucune stipulation de nature à en faire
un acte à titre onéreux (Req. 27 mars 1855, aff. Boufflet,
D. P. 55. 4. 67). Ainsi, lorsqu'un héritier trouve, dans une

succession à laquelle il est appelé, une autre succession
recueillie par son auteur et pour laquelle le droit de mutation n'a pas été acquitté, il peut échapper au payement de
ce droit en renonçant, du chef du premier héritier, à la succession échue à celui-ci. Et si, appelé lui-même à cette
succession, il se trouve la recueillir tout entière par sa renonciation, il ne doit néanmoins qu'un seul droit de mutation,
car il est censé avoir recueilli directement la part afférente à
son cohéritier décédé, et il ne s'est opéré qu'une seule mutation (Civ. rej. 2 mai 1849, cité suprà, n° 181. Conf. Trib.
Valence, 13 juill. 1853, aff. Macaire, D. P. 54. 3. 78).
Mais si ce second héritier a stipulé en qualité d'héritier de
son cohéritier, postérieurement à sa renonciation, dans un
acte d'échange d'immeubles, il apparaît alors que la renonciation n'a été que fictive, et elle ne fait pas obstacle à
la réclamation du droit de mutation par décès. Spécialement, la renonciation, du chef d'un enfant décédé sans
avoir accepté la succession de sa mère, à cette même succession, ne dispense pas les héritiers de l'enfant de comprendre dans leur déclaration la part qui lui revenait dans
la succession maternelle, lorsque, postérieurement à leur
renonciation, ils ont stipulé en qualité d'héritiers de l'enfant
dans un acte d'échange d'immeubles, en leur qualité d'héritiers de l'enfant,
dans un acte d'échange d'im-
meubles, en leur qualité d'héritiers de l'enfant (Req. 17 janv.
1866, aff. Galoy, D. P. 66. 1. 207; Instr. adm. enreg. 19 déc.
1866, n° 2348, § 1er). — V. aussi infrà, n° 205.

188. Le droit d'enregistrement applicable à une renonciation qui n'est plus pure et simple se règle d'après la
nature du contrat (V. D. P. 73. 1. 429, note).

189. L'héritier échappe, par sa renonciation valablement
faite, à l'obligation d'acquitter le droit de mutation par
décès ; mais si, dans ce cas, il a résisté à l'action de l'Administration et fait notifier divers actes, il est tenu des frais
exposés jusqu'à sa renonciation (Trib. Nice, 28 août 1871,
aff. Mille, D. P. 73. 3. 217).

190. Il a été expliqué au Rép. n° 326 qu'une renonciation tardive, c'est-à-dire intervenant après une acceptation
maintenue, ne permettait pas d'échapper au payement du
droit de mutation par décès. Décidé, spécialement, que les
héritiers d'un enfant mineur ne peuvent renoncer de son
chef à une succession recueillie par lui, alors que du vivant
du mineur son tuteur a fait un acte impliquant acceptation
de cette hérédité (Trib. Vienne, 18 mars 1880, aff. Dumoulin,
D. P. 81. 5. 173).

191. On s'est demandé si le fait par un héritier naturel
de renoncer à se prévaloir des vices de forme dont est
entaché un testament instituant à son préjudice un légataire
universel, n'équivalait pas à une véritable renonciation à
la succession, puisque, la nullité de ce testament prononcée,
cet héritier naturel retrouvait tous ses droits dans la succession du testateur. Résolue dans le sens de l'affirmative,
cette question soulevait celle de savoir si on se trouvait en
présence d'une renonciation pure et simple, ou d'une renonciation fictive ne faisant pas obstacle à la perception du
droit proportionnel de mutation par décès. Il a été jugé que
cette renonciation à se prévaloir d'un vice de forme devait
être considérée, pour la perception du droit d'enregistrement,
sauf le cas de fraude, comme n'étant que l'exécution d'une
obligation naturelle (c. civ. art. 1235 et 1340), non comme
renfermant une cession ou donation donnant lieu au droit
proportionnel sur la portion des biens de la succession
recueillie par le légataire universel au delà de celle que lui
assignait sa vocation héréditaire ;... alors même que le
renonçant a ajouté qu'il entendait qu'au cas où le testament
serait annulé, son adhésion profitât, non à la masse de
l'hérédité, mais au légataire universel, et que postérieurement le testament a été annulé par l'autorité judiciaire
(Trib. Nantes, 19 août 1879, aff. Le Lieur de la Ville-sur-
Arce, D. P. 80. 5. 172). L'administration de l'enregistrement
a acquiescé à ce jugement par une solution rapportée dans
le Journal de l'enregistrement, art. 21336.

192. L'acceptation sous bénéfice d'inventaire produit,
vis-à-vis de la régie, les mêmes effets que l'acceptation pure
et simple ; par suite, la renonciation ultérieure de l'héritier
ne dispense pas de faire la déclaration et d'acquitter les
droits de mutation (Trib. Seine, 18 janv. 1861, aff. Artus,
D. P. 61. 3. 48 ; Trib. Cognac, 24 févr. 1868, aff. N..., D. P.
68. 5. 179 ; Trib. Lille, 27 nov. 1874, aff. Catelle, D. P. 75.
5. 204 ; Trib. Seine, 13 févr. 1875, aff. X..., ibid.).

§ 2. — Renonciation aux legs (*Rép.* n°s 332 à 350).

N° 1. — *Forme de la renonciation.*

193. A la différence de la renonciation à succession qui, suivant la disposition expresse de l'art. 784 c. civ., « ne peut plus être faite qu'au greffe du tribunal » (V. *suprà*, n° 183), la renonciation à un legs peut être constatée sous telle forme qu'il plaît au bénéficiaire d'adopter, et notamment soit par acte du greffe, soit par acte notarié (*Rép.* n° 332). En effet, la règle de l'art. 784 c. civ., n'étant qu'une règle de forme, n'est pas de nature à être étendue d'un cas à un autre, et la loi civile n'a nulle part déterminé la forme de la renonciation à un legs. Ainsi la cour de Toulouse a jugé, le 20 janv. 1881, que la renonciation à un legs universel peut être faite par acte sous seing privé (Garnier, *Rép. gén. enreg.*, art. 5828).

194. En droit fiscal, la jurisprudence décide que la renonciation, par acte notarié, à un legs, dispense le légataire du payement du droit de mutation par décès (Trib. Toulouse, 9 févr. 1858, aff. Leblanc, D. P. 60. 1. 118; Trib. Muret, 26 févr. 1858, aff. Leblanc, *ibid.*; Trib. Langres, 4 déc. 1872, et sur pourvoi, Civ. rej. 8 juill. 1874, aff. Petit-jean, D. P. 74. 1. 457). Il s'agissait, dans l'arrêt du 8 juill. 1874, d'un *legs* d'usufruit. La même décision a été adoptée au sujet d'une *donation* d'usufruit *entre époux*, par un autre arrêt aux termes duquel la renonciation à une institution contractuelle n'est pas soumise à la déclaration au greffe prescrite par l'art. 784 c. civ., cet article ne s'appliquant qu'aux renonciations à succession, surtout quand il s'agit d'une institution d'usufruit (Civ. cass. 24 nov. 1857, aff. Hirou, D. P. 57. 1. 425). En conséquence, le droit de mutation par décès n'est pas exigible sur la donation, faite par un époux à son conjoint, de l'usufruit de partie des biens qu'il laissera à son décès si, lors de ce décès, le donataire y renonce sans fraude, même par simple acte notarié, et, dans ce cas, l'acte notarié constatant la renonciation n'est sujet qu'au droit fixe (Même arrêt). — Cette dernière solution n'est que la conséquence de la renonciation. En effet, toute la question, dans les cas de l'espèce, se résume à savoir si la renonciation est régulière et non frauduleuse. Ce point résolu, il n'y a plus de litige. Si la renonciation est reconnue régulière et sans fraude, le droit fixe est nécessairement seul applicable. Si elle est frauduleuse, le droit exigible est déterminé par la nature de la convention faite, en réalité, sous cette forme par les parties.

N° 2. — *Legs conjoint.*

195. L'accroissement qui a lieu entre légataires conjoints dans le cas prévu par les art. 1044 et 1045 c. civ., n'opère pas mutation et ne donne conséquemment pas ouverture au droit proportionnel de mutation, alors même qu'il se produit par suite de la renonciation de l'un des légataires au bénéfice du legs commun (*Rép.* n° 334). Ainsi, dans le cas de legs d'un usufruit au profit de deux époux pour en jouir leur vie durant jusqu'au décès du survivant d'eux, si l'un des époux renonce au legs, le bénéfice de ce legs se trouve acquis pour la totalité à l'autre époux qui, le tenant du testateur directement, doit le droit de mutation par décès au taux déterminé sur son degré de parenté avec lui (Trib. Pithiviers, 7 janv. 1869, Garnier, *Rép. pér. enreg.*, art. 3505), mais ne doit rien pour le bénéfice que lui a procuré la renonciation de son conjoint. Si, dans le même cas, le mari, après le décès du testateur, a agi dans différents actes, tant pour lui-même que pour sa femme, comme étant l'un et l'autre légataires de l'usufruit, cette prise de qualité ne permet plus au mari de renoncer pour lui-même, mais elle ne fait pas obstacle à la renonciation de la femme. Si cette renonciation a lieu, elle produit tous ses effets. Le mari recueillant la totalité de l'usufruit doit le droit de mutation par décès sur sa valeur entière (Trib. Castelsarrazin, 27 déc. 1856, *Diction. droits d'enreg.*, v° *Renonciation*, n° 317). Toutefois, s'il ne peut plus renoncer de son propre chef au legs, il peut le répudier du chef de sa femme, quant à l'accroissement que la renonciation de celle-ci lui a procuré. Il en est ainsi surtout lorsque cette renonciation et la décharge donnée au mari par le légataire

de la nue propriété ont précédé la déclaration souscrite pour le payement des droits de mutation par décès (Même jugement).

N° 3. — *Renonciation gratuite.*

196. Pour les legs comme pour les successions (V. *suprà*, n° 182), la renonciation ne produit les effets dont elle est susceptible en droit fiscal, qu'autant qu'elle est pure et simple (*Rép.* n° 336). De là nécessité de rechercher, comme dans le cas de succession, de quelle manière la perception doit être établie dans les hypothèses diverses de renonciations *gratuites, au profit de personnes désignées, conditionnelles, simulées* ou *moyennant finance, partielles*, ou *tardives*.

197. La renonciation *gratuite, au profit de tous les ayants droit*, n'opère que le droit fixe et dispense le renonçant du payement du droit de mutation par décès (*Rép.* n° 337). Il a été jugé, en ce sens, que la renonciation, par le légataire de l'usufruit de la totalité de la succession, au bénéfice de son legs, l'exonère du payement du droit de mutation, lors même que ce légataire a déclaré, dans l'acte, renoncer en faveur des mineurs propriétaires (Trib. Langres, 4 déc. 1872, et sur pourvoi, Sol. impl. Civ. rej. 8 juill. 1874, aff. Petit-jean, D. P. 74. 1. 457). C'est aussi ce qu'enseigne M. Demante, t. 1, n° 334 : « Une pareille renonciation ne constitue pas une transmission. Les cohéritiers qui recueillent la part vacante ne la tiennent pas de la libéralité du renonçant. Chacun d'eux prend ce qui lui revient en vertu de son droit propre d'accroissement ou de dévolution (c. civ. art. 785 et 786). La cause au profit des cohéritiers est explétive ; elle témoigne surabondamment de la cause impulsive de l'opération, mais elle n'en change pas le caractère ; l'acte subsiste comme renonciation pure et simple » (Conf. Garnier, *Rép. gén. enreg.*, n° 13980 ; *Diction. droits d'enreg.*, v° *Renonciation*, n° 350).

198. Il en est autrement lorsque le renonçant a manifesté la *volonté* de faire une *libéralité*. Dans ce cas, le droit proportionnel applicable à cette libéralité et celui de mutation par décès sont exigibles (*Rép.* n° 339). Ainsi, la renonciation d'une veuve, dans le contrat de mariage de son fils unique et en faveur du mariage, à un legs d'usufruit fait à son profit par son mari, ne la dispense pas du payement du droit de mutation par décès sur la valeur de l'usufruit légué, attendu que cette stipulation faite dans de tels termes au moment du mariage ne pouvait être considérée que comme une donation *propter nuptias* emportant acceptation et rendant inefficace une renonciation postérieure faite au greffe (Trib. Lyon, 27 mars 1858, *Diction. droits d'enreg.*, v° *Renonciation*, n° 358).

N° 4. — *Renonciation in favorem.*

199. La renonciation, même gratuite, faite *au profit de quelques-uns* seulement de ceux qui, dans le cas d'une renonciation sans réserve, auraient recueilli tous les biens légués, implique acceptation du legs et transmission des biens qui en étaient l'objet ; elle rend, par suite, exigible le droit proportionnel de donation (*Rép.* n° 340). En droit civil, une jurisprudence constante considère également les renonciations de l'espèce comme constituant de véritables libéralités (Amiens, 24 janv. 1856, aff. Marguerit, D. P. 57. 2. 24; Civ. cass. 15 mai 1866, aff. Dernis, D. P. 66. 1. 250; Toulouse, 17 juin 1867, aff. Rodière, D. P. 67. 2. 101; Civ. cass. 12 mai 1875, aff. de Papus, D. P. 75. 1. 343; Req. 1er mai 1876, aff. Fabre, D. P. 76. 1. 433; Civ. rej. 29 janv. 1877, aff. Ravard, D. P. 77. 1. 105; Toulouse, 31 déc. 1883, aff. Touzac D. P. 84. 2. 81; Limoges, 19 févr. 1884, aff. Tailharda, D. P. 84. 2. 209, et sur pourvoi, Civ. rej. 27 oct. 1886, D. P. 87. 1. 129). Il a été jugé, en matière fiscale, conformément à cette jurisprudence, que le légataire universel qui, après envoi en possession de son legs, renonce à une portion de ce legs au profit d'un héritier non réservataire, demeure, malgré sa renonciation, soumis au droit de mutation par décès sur l'intégralité du legs. Il en est ainsi encore que la renonciation ait été faite au profit de la mère naturelle du défunt, les père et mère naturels n'ayant pas droit à une réserve dans la succession de leur enfant

(Civ. cass. 5 juin 1861, aff. Muteau, D. P. 61. 1. 229 ; Ch. réun. cass. 12 déc. 1865, même affaire, D. P. 65. 1. 457).

N° 5. — *Renonciation conditionnelle*.

200. Toutes les fois que le légataire ou donataire reçoit le *prix de sa renonciation* au legs ou à la donation, cette renonciation emporte acceptation et ne dispense pas le renonçant du payement du droit de mutation par décès. Il en est de même de la *renonciation conditionnelle*, qui participe toujours plus ou moins de la renonciation *aliquo dato* ou *mediante pecunia*, comme cela est démontré dans une dissertation qui se trouve au *Répertoire* sous les n°s 322 et 323 et que les rédacteurs du *Dictionnaire des droits d'enregistrement* ont reproduite en y adhérant (v° *Renonciation*, n° 361). M. Garnier y a adhéré également (*Rép. gén. enreg.*, art. 14001). Ce dernier auteur cite une solution de l'administration de l'enregistrement, du 25 août 1865, rendue dans le même sens, et aux termes de laquelle la renonciation par une veuve au legs d'usufruit fait à son profit par son mari prédécédé, emporte acceptation du legs, lorsqu'elle est faite sous la condition que le préciput attribué à son fils sera respecté par les autres enfants, et oblige, par suite, la veuve au payement du droit de mutation sur l'usufruit à elle légué (*Ibid.*).

201. La transaction contenant renonciation, moyennant finance, à un legs conditionnel, constitue une acceptation de ce legs par aliénation et autorise, par suite, l'Administration à réclamer le droit de mutation, lorsque la réalisation de la condition vient donner ouverture au legs (Trib. Nîmes, 30 août 1859, aff. de Meynier, D. P., 59. 3. 86).

N° 6. — *Renonciation simulée ou moyennant finance*.

202. Renoncer à un legs moyennant finance, c'est aliéner ce legs au profit d'un autre ; l'acte constatant la renonciation n'est pas, quelle que soit la qualification qui lui ait été donnée, autre chose qu'une vente de droits successifs emportant acceptation. En conséquence, cet acte donne ouverture par lui-même au droit proportionnel ; dans tous les cas, il ne dispense pas le renonçant du payement du droit de mutation par décès sur l'objet légué (*Rép.* n° 341). Les stipulations de prix se font dans des conditions qui varient beaucoup. Elles ne sont presque jamais ouvertement exprimées ; le plus souvent les parties les tiennent secrètes. Dans d'autres cas, le renonçant stipule à son profit, comme condition de sa renonciation, des avantages équivalents à ceux qu'il a répudiés. Le légataire ou donataire ne renonce qu'après s'être assuré ces avantages ; ou bien ils lui sont attribués, soit le même jour que sa renonciation, mais par acte distinct, soit par acte passé quelques jours après sa renonciation. Il appartient à l'administration de l'enregistrement d'apprécier, d'après les circonstances de chaque affaire, si elles présentent des présomptions graves, précises et concordantes (c. civ. art. 1353), impliquant que la renonciation qualifiée pure et simple a été, en réalité, un acte à titre onéreux. Les questions de l'espèce se résument toujours en un point de fait, à savoir si les avantages assurés au renonçant peuvent être considérés, d'après leur nature, leur importance, les circonstances dans lesquelles ils ont été stipulés, comme le prix de la renonciation. Il est impossible, par suite, de formuler une règle générale. Lorsque l'administration de l'enregistrement intente des poursuites à l'égard d'une renonciation qu'elle prétend n'être pas pure et simple, quoique qualifiée telle, les parties intéressées opposent aux présomptions sur lesquelles son action est fondée les faits et circonstances qui peuvent les infirmer. Les tribunaux décident souverainement. Nous présentons ci-après l'état actuel de la jurisprudence sur la question.

203. Lorsque dans l'acte même renfermant la renonciation ou dans un acte passé quelques jours, soit avant, soit après, le renonçant s'assure des avantages égaux à ceux qu'il a répudiés, il y a présomption que la renonciation n'est que simulée et, par suite, elle ne fait pas obstacle à la perception du droit de mutation par décès sur l'objet légué ou donné. Ainsi, la renonciation à un legs de l'usufruit d'une maison et d'une rente viagère de 200 fr., doit

être considérée comme simulée lorsque, *le même jour*, l'héritier constitue au renonçant une rente viagère de 150 fr., moyennant un prix de 1500 fr. payé comptant et lui cède, d'autre part, l'usufruit de la maison au prix de 330 fr. également payé comptant (Trib. Châtellerault, 10 févr. 1859, Garnier, *Rép. gén. enreg.*, art. 13983. V. dans le même sens : Trib. Seine, 25 juill. 1850 ; Trib. Alençon, 18 nov. 1850 ; Trib. Nogent-le-Rotrou, 19 août 1854 ; Trib. Saint-Yrieix, 17 janv. 1855 ; Trib. Rocroi, 13 mars 1857 ; Trib. Sens, 24 juill. 1863, *ibid.; Diction. droits d'enreg.*, v° *Renonciation*, n°s 237 et 242). — De même, l'époux qui, après renonciation au legs que son conjoint lui a fait de la quotité disponible, se fait, le même jour, consentir un usufruit sur les biens de celui-ci, comme condition, par exemple, du partage anticipé qu'il fait de ses propres biens aux enfants communs, est réputé n'avoir fait qu'une renonciation simulée, et doit, par suite, le droit proportionnel pour le legs dont il profite en réalité (Trib. Abbeville, 7 juin 1853, aff. Duchaussoy, D. P. 54. 3. 5). — Il en est de même encore de la renonciation par la veuve à la communauté ainsi qu'à une donation à elle faite par son mari, lorsqu'elle en reçoit le prix dans une rente viagère au montant de ses droits comme commune et comme donataire : « Attendu que le chiffre élevé de cette rente et les précautions inusitées pour en assurer le service et en garantir le capital ne permettent pas de la considérer comme une simple pension alimentaire accordée en exécution de l'art. 205 c. civ. » (Req. 27 mars 1855, aff. Bouffet, D. P. 55. 1. 67). — La renonciation, par le conjoint survivant, aux gains de survie résultant de son contrat de mariage, notamment à une donation d'usufruit, laisse subsister l'exigibilité du droit de mutation, lorsque le donataire s'est réservé le même usufruit dans le compte de tutelle de l'un de ses enfants et en a fait l'abandon en faveur d'un autre enfant, dans le contrat de mariage de ce dernier (Civ. rej. 17 août 1863, aff. Mauvoisin, D. P. 63. 1. 474). — Lorsqu'une veuve, légataire de l'usufruit du mobilier et d'immeubles de son mari prédécédé, y renonce par acte au greffe et fait ensuite à ses enfants une donation comme condition de laquelle ceux-ci lui abandonnent la jouissance des mêmes biens, qu'à la suite de cette donation les enfants ont déclaré, sur l'acte testamentaire resté secret, que le legs devait être tenu pour exécuté, et que le testament est ultérieurement soumis à l'enregistrement, le tribunal peut considérer, par appréciation des faits, la donation comme une combinaison frauduleuse tendant à dissimuler le legs et à soustraire le bénéficiaire au droit de mutation ; par suite, ce droit est dû malgré la renonciation (Req. 18 juill. 1860, aff. Gavoty, D. P. 61. 1. 62).

204. Dans le cas où un époux survivant, après avoir, par un premier acte, fait le partage anticipé de ses biens entre ses enfants, moyennant une rente viagère de beaucoup supérieure au revenu de ces mêmes biens, déclare, par un autre acte passé le même jour, renoncer purement et simplement à l'usufruit lui appartenant sur les biens de son conjoint, cette prétendue renonciation doit être considérée comme une véritable cession de l'usufruit, dont une partie de la rente viagère forme le prix. Par suite, il y a lieu à la perception du droit de mutation à titre onéreux pour la cession de l'usufruit, et à un droit de mutation par décès à raison de l'ouverture de ce même usufruit (Trib. Coutances, 4 avr. 1857, aff. Raisin, D. P. 57. 3. 87). — De même, la renonciation par un mari en faveur des héritiers de sa femme, à l'usufruit immobilier dont celle-ci lui avait fait donation par contrat de mariage, constitue une cession immobilière passible des droits de mutation et de transcription, lorsqu'il résulte des clauses de l'acte que cette renonciation a eu lieu moyennant l'abandon que, de leur côté, les héritiers de la femme ont fait au mari des reprises de leur auteur (Req. 9 mars 1852, aff. de Beauvoir, D. P. 52. 1. 107). L'instance dans laquelle est intervenu cet arrêt n'a eu pour objet que le payement des droits de mutation à titre onéreux dus sur la renonciation ; mais la solution qu'il consacre implique que, malgré cette renonciation, le mari devait, en outre, le droit de mutation par décès sur l'usufruit qui en avait fait l'objet.

205. La transaction intervenue après annulation, par jugement frappé d'appel, de la légitimation d'un enfant naturel, et constatant la renonciation d'un héritier collatéral à ses droits et prétentions moyennant une somme déterminée, ne dispense pas cet héritier du payement du droit de mutation par décès sur sa part dans l'hérédité, telle qu'elle lui revenait d'après le jugement (Trib. Villefranche (Haute-Garonne), 19 déc. 1883, aff. Rey, D. P. 84. 5. 223).

206. Ce n'est pas à dire que, dans tous les cas où certains avantages sont attribués au légataire renonçant par ceux-là mêmes auxquels la renonciation profite, ces avantages doivent être considérés comme le prix de sa renonciation et que, par suite, le droit de mutation par décès soit dû par le légataire malgré sa renonciation. Tout dépend des circonstances, notamment du rapport existant entre l'importance de la donation faite par le légataire et l'importance du legs répudié (*Rép.* nº 342). Ainsi la renonciation, par le mari survivant, à la donation faite à son profit par sa femme dans leur contrat de mariage, de l'usufruit des biens délaissés par celle-ci, doit être considérée comme pure et simple et dispense, en conséquence, le renonçant du payement du droit de mutation par décès, encore bien qu'en donnant ses biens, à titre de partage anticipé, à ses enfants, par acte du même jour, il leur ait imposé la condition de le laisser jouir, sa vie durant, des biens de sa femme (Trib. Saint-Quentin, 1er juill. 1846, *Rép.* nº 834. Conf. Trib. Saumur, 9 avr. 1859, Garnier, *Rép. pér. enreg.*, art. 7016; Trib. Nancy, 17 févr. 1862, *ibid.*; Trib. Senlis, 20 janv. 1863, *ibid.*; Trib. des Andelys, 21 déc. 1869, *ibid.*; Trib. Abbeville, 23 mars 1875, *ibid.*; Trib. Mantes, 26 avr. 1879, aff. Oriot, D. P. 79. 3. 71; Trib. Melun, 29 févr. 1884 (1); Trib. Prades, 14 déc. 1887, Garnier, *Rép. pér. enreg.*, art. 7016). Le jugement précité du tribunal de Melun présente les différentes considérations qui peuvent être invoquées dans les cas de l'espèce, pour faire admettre que la renonciation est demeurée pure et simple.

207. La fraude est moins présumable, et l'acte qui efface ou atténue les effets de la renonciation est plus aisément considéré comme sérieux, toutes les fois qu'il renferme constitution de pension alimentaire. Ainsi il a été jugé que, bien que la renonciation d'un époux à l'usufruit qui lui a

été légué par son conjoint coïncide avec l'acte par lequel les enfants lui constituent une pension alimentaire, il ne s'ensuit pas que la renonciation a été simulée, et qu'elle a pour prix réellement une rente viagère (Trib. Dieppe, 9 févr. 1848, aff. B... D. P. 48. 5. 169. V. l'arrêt du 27 mars 1855, cité *suprà*, nº 203). Toutefois, nous ne croyons pas que cette décision, rendue dans des circonstances paraissant exclure toute corrélation entre la renonciation de l'époux et la constitution de rente faite à son profit, puisse être érigée en règle générale (V. sur un point analogue : Trib. Seine, 18 avr. 1857, aff. Lepère, D. P. 57. 3. 69).

208. Mais s'il y a une réelle disproportion entre la valeur des avantages auxquels on a renoncé et l'importance de ceux assurés au renonçant, si ceux-ci sont sensiblement supérieurs aux premiers, les tribunaux s'accordent généralement à considérer alors la renonciation comme simulée et n'étant pas, dès lors, de nature à produire effet pour le payement du droit de mutation par décès. Ainsi la renonciation, par une veuve, à un usufruit à elle légué par son mari, doit être considérée comme frauduleuse et ne dispense point, par suite, la veuve du payement du droit de mutation par décès entre époux, lorsque le même usufruit lui est attribué comme condition d'une donation à titre de partage anticipé de ses biens et que les charges imposées par elle aux donataires sont, par leur importance, hors de proportion avec la valeur des biens dont elle leur fait l'abandon (Trib. Mamers, 29 déc. 1884, aff. Fouquet, D. P. 85. 5. 219. Conf. Trib. Forcalquier, 24 nov. 1887, Garnier, *Rép. pér. enreg.*, art. 6991; Trib. Prades, 14 déc. 1887, *ibid.*, art. 7016; Trib. Rouen, 1er mai 1888, *ibid.*, art. 7098).

209. Ici, comme dans toute cette matière (V. *suprà*, nº 181), s'applique le principe que la renonciation à une succession, à un legs, à une donation ou à la communauté, est l'exercice d'un droit légal qui ne peut être critiqué par l'Administration, toutes les fois qu'elle est pure et simple, lors même qu'elle a lieu en vue d'éviter le payement de droits de mutation. Ainsi, après renonciation des légataires universels d'une femme à la communauté, le mari déclare renoncer, de son côté, pour s'en tenir à ses droits propres, à la donation, en cas de survie, que sa femme lui avait faite

---

(1)(Administration de l'enregistrement C. Houdet.)—Le tribunal ; — Attendu que Pierre Houdet a laissé pour héritiers ses six enfants et sa femme, tant comme partaire de la communauté que comme donataire de l'universalité de ses biens en usufruit, aux termes de son contrat de mariage, reçu par Verpy, notaire à Mormant, le 19 mai 1829, et d'un acte reçu par Controt, notaire au même lieu, le 26 janv. 1873, confirmant la donation ci-dessus énoncée, et spécifiant qu'au cas de réclamation des héritiers réservataires, l'émolument de la donation serait réduit à un quart en pleine propriété et à un quart en usufruit ; — Attendu que, par acte reçu par Bertrand, notaire à Mormant, le 27 juin 1880, la dame veuve Houdet a renoncé aux donations précitées, et que, par acte en date du même jour, reçu par le même notaire, elle a consenti à ses enfants, seuls héritiers de son mari, une donation portant partage anticipé tant de ses biens propres que de sa part dans la communauté, et partage conventionnel de la succession du sieur Houdet, avec rétention, au profit de la dame Houdet, de l'usufruit des biens partagés par elle, et à charge par les donataires de lui abandonner l'usufruit des biens par eux recueillis dans la succession de leur père, et les fruits, intérêts et arrérages desdits biens, depuis l'ouverture de la succession ; — Attendu que l'administration de l'enregistrement, demandant la validité de la contrainte décernée, soutient que la renonciation faite par la dame Houdet aux donations à elle adressées par son mari, est entachée de fraude à l'égard du Trésor, par le motif qu'elle n'est pas pure et simple, et que toute renonciation qui n'est pas pure et simple doit être tenue pour frauduleuse à l'égard du Trésor ; qu'en l'espèce, à l'aide des stipulations de la donation-partage consentie le jour même de la renonciation à la succession de son mari, la dame veuve Houdet s'est assuré l'émolument entier de la succession à laquelle elle avait renoncé ; — Attendu qu'il a été répondu, au nom de la dame veuve Houdet, qu'il est de principe, en droit fiscal, que le fraude, lorsque deux voies s'ouvrent devant lui pour atteindre un but déterminé, de choisir celle qui l'expose à la perception la moins forte ; que la fraude, d'ailleurs, ne se présume pas et doit être prouvée, ce que l'Administration a cherché en vain à faire à l'aide d'une prétendue présomption qui n'est point écrite dans la loi ; que la renonciation faite par la dame veuve Houdet aux donations à elle adressées par son mari et la donation-partage qui l'a suivie constituent, dans leur ensemble, un véritable contrat à titre onéreux, parfaitement licite, et, dans l'espèce, répondant à des intérêts très sérieux et

très supérieurs à l'intérêt fiscal engagé ; — En droit : — Attendu que la fraude ne se présume pas en dehors d'une disposition de loi spéciale ; qu'il n'est nulle part écrit dans la loi que les renonciations à titre onéreux doivent être tenues pour frauduleuses, *a priori*, à l'égard du Trésor ; — Sans s'arrêter ce motif ; — Attendu que l'administration de l'enregistrement reconnaît elle-même, pour être de principe en droit fiscal, qu'au cas où le redevable a deux voies légales pour arriver à un but déterminé, il a le droit de choisir celle qui l'expose à la perception la moins élevée ; — Attendu qu'il y a, par suite, surtout lieu à rechercher si la combinaison adoptée par la dame veuve Houdet est licite, et si elle a pour but principal d'éviter le payement d'un impôt ; — Attendu que c'est à l'administration de l'enregistrement à rapporter cette double preuve, la fraude ne se présumant pas ; — En fait : — Attendu qu'il résulte de l'examen des actes incriminés que toute l'économie se résume en ceci : que la dame veuve Houdet a abandonné la nue propriété de ses propres et de la communauté en échange de l'usufruit universel des biens laissés par son mari ; — Attendu qu'il résulte des documents de la cause qu'en évaluant, selon l'usage reçu par l'administration de l'enregistrement, l'usufruit à la moitié de la valeur de la pleine propriété, sans tenir compte de la circonstance que la dame veuve Houdet est d'un âge très avancé, il se trouve que ladite dame Houdet a reçu un équivalent de ce qu'elle a concédé ; — Attendu que la donation-partage procure aux légataires la dame veuve Houdet l'avantage d'augmenter son revenu dans un, proportion nécessaire, en conservant le capital à ses enfants, et, pour les enfants Houdet, de leur conférer des droits divis actuels et irrévocables sur un capital double de celui auquel ils avaient droit moyennant un léger sacrifice en revenu ; — Attendu qu'il résulte de cet examen que le contrat intervenu correspond à des intérêts sérieux, supérieurs à l'intérêt fiscal engagé ; que ce contrat est licite, quoique innommé au code civil ; qu'il n'est autre, en effet, que celui-ci désigné autrefois sous le nom de contrat *do ut des*; — Attendu que, par suite, l'administration de l'enregistrement n'a pas rapporté la preuve à sa charge, à savoir que les actes incriminés étaient illicites et faits dans le but d'éviter un impôt ; — Par ces motifs ; — Déclare la dame veuve Houdet bien fondée dans son opposition à la contrainte décernée le 17 nov. 1881 ; — Annule cette contrainte ; — Dit que le droit réclamé n'est pas dû, etc.
Du 29 févr. 1884.-Trib. civ. de Melun.

par contrat de mariage, de sa part dans la communauté. Cette renonciation étant l'exercice d'une faculté et la conséquence légitime de la situation faite au mari par la renonciation des légataires, ne peut être critiquée, bien qu'elle ait pour résultat d'affranchir le mari renonçant du droit de mutation auquel il eût été soumis si la moitié de la communauté lui était dévolue du chef de sa femme (Civ. cass. 24 avr. 1854, aff. Broyard, D. P. 54. 1. 157).

N° 7. — Renonciation partielle.

210. A l'égard des *renonciations partielles*, il faut, pour déterminer les effets qu'elles sont susceptibles de produire en droit fiscal en ce qui concerne les legs distinguer entre les diverses dispositions de cette nature, c'est-à-dire entre les *legs universels*, les legs *à titre universel* et les legs *particuliers*.

211. Pas plus que l'héritier, le *légataire universel* ne peut renoncer partiellement à son legs. Il est successeur du défunt *in universum jus*, le continuateur de sa personne comme l'héritier lui-même, avec les mêmes droits et les mêmes charges; sa qualité est indivisible. S'il accepte pour partie, il est réputé avoir accepté pour le tout (*Rép.* n° 346. V. D. P. 74. 1. 457, note). — Jugé que l'acte de dernière volonté par lequel un testateur institue conjointement et avec droit d'accroissement quatre légataires universels « suivant le mode indiqué par lui », à savoir que le quart attribué en nue propriété à chacun d'eux sera affecté à l'usufruit d'un autre desdits légataires et réciproquement, ne contient point deux legs distincts, l'un, universel, portant sur la nue propriété seulement, l'autre, à titre universel, portant sur l'usufruit : il ne contient qu'un seul legs, *universel* et *indivisible*, lequel embrasse tous les biens dont le testateur a pu disposer. En conséquence, lorsque les légataires institués ont déclaré accepter sous bénéfice d'inventaire « le legs universel, aux termes du testament » et que, sur leur demande formée sans distinction ni restriction, le tribunal a ordonné que délivrance leur serait faite « dudit legs universel pour, par eux, le recueillir suivant le mode indiqué dans le testament, lequel serait exécuté suivant sa forme et teneur », les légataires se trouvent saisis de tout ce qui leur a été légué; ils ne peuvent, dès lors, en renonçant ultérieurement à l'usufruit, se dispenser de payer, en outre du droit de mutation sur vingt fois le produit des biens pour la transmission de la nue propriété, pareil droit sur dix fois ce même produit pour la transmission de l'usufruit (Civ. cass. 18 nov. 1851, aff. Colbert et de Galard, D. P. 51. 1. 305; Civ. rej. 18 nov. 1851, aff. Colbert, *ibid.*). — M. Garnier cite, dans le même sens, deux jugements desquels il résulte que la renonciation d'un légataire universel à l'usufruit d'une succession dont la nue propriété a été léguée à titre particulier à un tiers, ne le dispense pas du payement du droit de mutation par décès sur la valeur de cet usufruit (Trib. Saint-Omer, 15 mars 1845, et Trib. Bordeaux, 23 janv. 1849, Garnier, *Rép. gén. enreg.*, art. 13993).

212. La situation du *légataire à titre universel* est, en droit fiscal du moins et au point de vue qui nous occupe, la même que celle du légataire universel. Ils sont considérés l'un et l'autre comme continuant la personne du défunt, ce qui les assimile à l'héritier et leur fait appliquer la règle que la qualité d'héritier est indivisible (*Rép.* n° 346; Civ. cass. 13 août 1851, aff. Toussaint de Gérard, D. P. 51. 1. 151, et les notes). Une renonciation partielle du légataire à titre universel emporte acceptation pour le tout et peut donner lieu à la perception d'un droit proportionnel particulier sur la partie du legs abandonnée par le bénéficiaire, sans le dispenser du payement du droit de mutation par décès sur cette portion comme sur le surplus (*Rép.* n° 347; Conf. Trib. Seine, 18 avr. 1857, aff. Lepère, D. P. 57. 3. 69). — Mais, à la différence du légataire universel, le légataire à titre universel peut être appelé à recueillir diverses libéralités dans la même succession : soit un legs particulier avec son legs à titre universel, soit deux legs à titre universel. Dans ce cas, il a certainement la faculté de répudier l'une de ces dispositions pour s'en tenir à l'autre toutes les fois qu'elles ne sont indivisibles ni en fait, ni par la volonté du testateur; sa renonciation le dispense du payement du droit de mutation par décès pour la disposition répudiée. Jugé en

effet, que, lorsque le bénéficiaire de deux legs ayant pour objet, l'un l'usufruit des immeubles du défunt, l'autre la pleine propriété de son mobilier, répudie le premier et accepte le second, l'usufruit restant alors dans la succession légitime, sa renonciation le dispense du payement du droit de mutation sur la valeur de cet usufruit (Civ. cass. 5 mai 1856, aff. Guilbert, D. P. 56. 1. 218) : « Attendu, porte cet arrêt, que les deux legs étant distincts, le légataire à titre universel n'aurait été tenu de les accepter tous deux qu'autant qu'ils auraient été indivisibles; mais qu'ils n'étaient indivisibles, ni en fait, puisqu'ils s'appliquaient tous deux à des choses séparées et de nature différente; ni par la volonté de la testatrice qui n'avait imposé à cet égard aucune autre obligation au légataire que celle de payer la totalité des charges de la succession (obligation qui a été remplie par le légataire) laquelle ne suffisait pas pour établir entre deux dispositions distinctes le lien d'indivisibilité; qu'ainsi le légataire a pu accepter l'un de ces legs et répudier l'autre; et que, par suite de cette répudiation, n'ayant été, ni de fait, ni de droit, saisi de l'usufruit des immeubles, il ne s'était opéré à son profit aucune mutation qui puisse donner lieu à la perception du droit d'enregistrement pour cet usufruit ». — Jugé, dans le même sens, que le legs fait à un époux par son conjoint d'un quart en propriété et d'un quart en usufruit de ses biens, formant deux libéralités distinctes, qui ne sont indivisibles ni dans leur objet, ni dans l'intention du testateur, le bénéficiaire peut ne l'accepter que pour le quart en propriété et y renoncer pour le quart en usufruit; que son acceptation ainsi limitée doit servir de base à la perception du droit de mutation par décès à sa charge, et que l'administration de l'enregistrement n'est pas fondée à lui réclamer ce droit sur le quart en usufruit, attendu qu'il n'a jamais été usufruitier d'aucune partie des biens de son conjoint (Trib. Seine 19 déc. 1874, aff. Thuré, D. P. 76. 5. 202-203; Trib. Valenciennes, 18 déc. 1879, aff. Gando, D. P. 80. 5. 170.)

213. Mais, dès que l'objet auquel il a été renoncé et l'autre partie du legs ne sont pas essentiellement divisibles, la renonciation ne peut être partielle. Ainsi, jugé que la réduction par un mari survivant, à la moitié en usufruit seulement, de la donation à lui faite par sa femme prédécédée d'un quart en propriété et d'un quart en usufruit des biens qu'elle délaisserait, emporte acceptation de la libéralité telle qu'elle a été faite (c. civ. art. 778 et 784), et qu'en conséquence, l'attribution aux enfants, dans le partage de la succession de leur mère, pour les remplir du quart en nue propriété leur revenant par l'effet de la renonciation de leur père, donne ouverture au droit proportionnel de donation (Trib. Marseille, 13 juill. 1886, aff. Corradi, D. P. 86. 3. 103. Observ. conf. *ibid.*, note).

214. En ce qui concerne le *légataire particulier*, l'administration de l'enregistrement a, depuis de longues années, établi en principe que, toute renonciation partielle, soit à un legs, soit à une donation, emporte acceptation du legs entier ou de la donation entière, lorsqu'elle n'a point pour cause la réduction à la quotité disponible; que, en conséquence, si la renonciation est acceptée par les héritiers du testateur ou du donateur, elle a le caractère d'une libéralité sujette au droit proportionnel et ne dispense pas le légataire du payement du droit de mutation par décès sur l'intégralité du legs ou de la donation. Les tribunaux se sont généralement prononcés en ce sens jusqu'à l'arrêt du 8 juill. 1874 cité *infrà*, n° 216. Ils décidaient que le testament, titre du légataire, étant *un*, ne pouvait être scindé par lui au regard du fisc; que l'acceptation d'un legs est indivisible et que, spécialement, le légataire de l'usufruit de la totalité de la succession doit être considéré comme ayant accepté son legs pour le tout et acquitter, par suite, le droit de mutation par décès sur l'intégralité de l'usufruit, lorsqu'il a renoncé soit à la moitié de cet usufruit (Trib. Seine, 18 avr. 1857, aff. Lepère, D. P. 57. 3. 69), soit aux trois quarts (Trib. Tulle, 13 déc. 1852), soit seulement pour un immeuble échu à des héritiers réservataires ou non réservataires (Trib. Gray, 22 août 1851. V. aussi *Rép.* n° 345, et D. P. 74. 1. 457, note 2; Civ. cass. 10 nov. 1847, aff. Duponchet, D. P. 47. 1. 243).

215. Suivant une autre opinion, le légataire particulier n'étant qu'un simple successeur aux biens et necontinuant pas la personne du défunt, ses droits sur la succession ne doivent être envisagés que par rapport aux biens, et l'on ne voit pas, dès lors, pourquoi il ne pourrait accepter ou renoncer partiellement, lorsque la chose léguée est indivisible et que le testateur n'a point manifesté une intention opposée (*Rép.* n° 344). Cette double réserve, dit-on, garantit tous les droits. De deux choses l'une : ou la renonciation partielle est conciliable avec la nature de la chose léguée et avec les intentions manifestées par le testateur et, dans ce cas, l'acceptation ainsi limitée doit servir de base à la perception du droit de mutation par décès ; ou bien la renonciation partielle est inconciliable avec la nature de la chose léguée et avec les intentions présumées du testateur et alors il faut regarder l'acceptation comme nulle et inefficace pour le tout, car le légataire particulier qui a déclaré n'accepter que pour une partie, doit être considéré, non comme ayant accepté, mais comme ayant renoncé pour la totalité (*Rép.* n°s 3558, et 3559). Si, malgré l'indivisibilité du legs et la volonté exprimée par le testateur, la renonciation partielle s'exécute, le droit de mutation doit être nécessairement payé pour la mutation opérée au profit du légataire et l'administration de l'enregistrement est fondée à le réclamer sur l'intégralité du legs (V. D. P. 74. 1. 457, notes 2 et 3).

216. La cour de cassation s'est prononcée dans le sens de ce dernier système par un arrêt intervenu au sujet d'un legs de l'usufruit de tous les biens du testateur autres que ceux dont il avait disposé. Par un jugement présentant une discussion approfondie de la question, très controversée en doctrine et en jurisprudence, de savoir si le legs universel de l'usufruit constitue un simple legs particulier, le tribunal de Langres s'est prononcé pour l'affirmative (Trib. Langres, 4 déc. 1872, aff. Petitjean, D. P. 74. 1. 457). Sur le pourvoi formé contre cette décision, la cour de cassation l'a confirmée implicitement en jugeant, comme l'avait fait le tribunal de Langres, que le légataire, appelé par le testament à recueillir la propriété d'un mobilier désigné et l'usufruit de tous les autres biens du testateur, peut n'accepter que le legs du mobilier et partie du legs d'usufruit ; que s'il accepte dans ces termes en ajoutant que, quant à l'usufruit de tous les biens autres que ceux dont il entend garder la jouissance, il y renonce en faveur des nu-propriétaires, cette acceptation, ainsi limitée, doit servir de base à la perception du droit de mutation par décès (Civ. rej. 8 juill. 1874, D. P. 74. 1. 457. V. *Diction. droits d'enreg.*, v° *Renonciation*, n° 333).

217. L'administration de l'enregistrement n'a pas cru devoir prendre l'arrêt du 8 juill. 1874 pour règle. La question a été, par suite, portée de nouveau devant les tribunaux. Mais tous se sont prononcés dans le sens de l'arrêt de la cour de cassation, en d'autres termes, se sont accordés à reconnaître que, en ce qui concerne les legs particuliers, la renonciation partielle est de droit et doit servir de base pour la perception des droits de mutation par décès, toutes les fois que l'objet légué n'est indivisible ni par sa nature, ni par la volonté du testateur. Il en a été décidé ainsi pour :... le legs de l'usufruit de tous les biens de la succession (Trib. Hazebrouck, 30 août 1878, Garnier, *Rép. pér. enreg.*, art. 5085; Trib. Tours, 28 janv. 1879, *ibid.*, art. 5345; Trib. Beauvais, 24 févr. 1880, *ibid.*, art. 5632);... le legs à titre universel d'un quart en propriété et d'un quart en usufruit (Trib. Valenciennes, 18 déc. 1879, aff. Gando, D. P. 80. 5. 170; Garnier, *Rép. pér. enreg.*, art. 5464);... la donation par contrat de mariage, à l'époux survivant, des meubles et de l'usufruit de moitié des immeubles de l'époux prédécédé (Trib. Saint-Malo, 24 avr. 1880, *ibid.*, art. 5632).

N° 8. — *Acceptation après renonciation.*

218. Si, après avoir renoncé au legs u a à la donation, le bénéficiaire de ce legs ou de cette donation fait acte d'acceptation, soit en disposant des biens qui font l'objet de la libéralité, soit en prenant dans un acte le titre et la qualité d'héritier, il est tenu, malgré sa renonciation, au payement du droit de mutation par décès (*Rép.* n° 349). Spécialement, la renonciation, par le conjoint survivant, aux gains de survie résultant de son contrat de mariage, notamment à une donation en usufruit, laisse subsister l'exigibilité du droit de mutation, lorsque, postérieurement, le donataire s'est réservé ce même usufruit dans le compte de tutelle de

l'un de ses enfants et en a fait l'abandon en faveur d'un autre enfant dans le contrat de mariage de ce dernier (Civ. rej. 17 août 1863, aff. de Mauvoisin, D. P. 63. 1. 474). Jugé, dans le même sens, que la renonciation, par une veuve, à la donation universelle en usufruit faite à son profit par son mari, doit être considérée comme frauduleuse et, par suite, ne fait pas obstacle à la réclamation du droit de mutation par décès entre époux sur la valeur de l'usufruit, lorsque, postérieurement, la veuve a affermé en son nom personnel des immeubles propres au défunt (Trib. Mayenne, 13 févr. 1884, aff. Pivette, D. P. 84. 5. 222).

219. Suivant différentes décisions rapportées par les rédacteurs du *Dictionnaire des droits d'enregistrement*, ont été considérées comme frauduleuses et ne dispensant pas du payement des droits de mutation par décès, des renonciations suivies d'actes dans lesquels le prétendu renonçant avait pris la qualité d'usufruitier (Sol. adm. enreg. 31 août 1871);... spécialement dans une quittance (Sol. adm. enreg. 19 avr. et 15 sept. 1873 ; Trib. Montauban, 13 mai 1874);... dans une vente (Trib. Béziers, 26 déc. 1876);... dans un cahier des charges et dans un procès-verbal d'adjudication (Trib. Vendôme, 10 avr. 1877. V. toutefois, Trib. Loches, 16 sept. 1876);... dans un échange (Sol. adm. enreg. 10 sept. 1877);... dans un partage (Sol. adm. enreg. 15 avr. 1878, *Diction. droits d'enreg.*, n° 210).

220. Mais il en est différemment lorsque la prise de qualité a été le résultat d'une erreur. Alors la renonciation conserve toute sa force, et l'exonération du droit de mutation par décès demeure acquise. C'est ce qui a été décidé par un arrêt aux termes duquel le légataire qui a renoncé à son legs ne peut être considéré comme l'ayant ultérieurement accepté que par l'effet d'actes authentiques ou privés émanés de lui. Spécialement, la preuve de l'acceptation ne résulte pas du fait par le légataire de s'être laissé qualifier de légataire *par des tiers* dans des instances où il avait le droit de figurer comme exécuteur testamentaire et où il n'a pris dans ses propres actes que cette dernière qualité (c. civ. art. 778 et 1043) (Civ. cass. 13 mars 1860, aff. Leblanc, D. P. 60. 1. 118; Civ. rej. 13 mars 1860, aff. Leblanc, *ibid.* Conf. Civ. rej. 7 août 1855, aff. de Saint-Albin, D. P. 55. 1. 448, et la note).

N° 9. — *Renonciation tardive.*

221. Le legs une fois accepté, il n'y a plus de répudiation possible : *semel hæres, semper hæres*. Dès lors, si une renonciation intervient, elle est tardive, inopérante et donne lieu, lorsqu'elle est acceptée, au droit de mutation entre vifs et, dans tous les cas, ne fait pas obstacle à la perception du droit de mutation par décès (*Rép.* n° 349). Ainsi, la qualité de légataire, prise dans une procuration authentique contenant pouvoir de gérer les biens dépendant du legs, emporte acceptation de ce legs et ne permet plus au légataire d'y renoncer, même avant que le mandat ait reçu son exécution; par suite, le légataire est tenu, nonobstant sa renonciation, au payement du droit de mutation par décès (Civ. cass. 4 avr. 1849, aff. Mouchel, D. P. 49. 1. 125). Il a été jugé, dans le même sens, que la renonciation à un legs universel d'usufruit accepté précédemment ne pouvait porter atteinte aux droits de mutation acquis au Trésor par suite de l'acceptation : « Attendu que par l'effet de ces dispositions, autorisations, acceptations et jugement de délivrance, les mineurs de Colbert et de Galard ont été, de droit et de fait, saisis du legs universel à leur profit, dans les termes mêmes du testament et avec le mode de répartition, quant à la nue propriété et quant à l'usufruit; qu'il établissait entre eux, et que la conséquence de cette saisine est que les droits acquis au Trésor public par les dispositions du testament, n'ont pu être affectés ni diminués par l'effet des actes ultérieurs de renonciation » (Civ. cass. 18 nov. 1851; aff. Colbert et de Galard, D. P. 51. 1. 305). — Aux termes d'un autre arrêt de la cour de cassation, l'acceptation par l'époux survivant d'un gain de survie établi à son profit dans son contrat de mariage, résulte suffisamment du concours de cet époux au bail que les héritiers de l'époux prédécédé ont fait d'un immeuble compris dans ce gain de survie, si la faculté d'y renoncer n'y a pas été réservée, un tel concours ne pouvant pas être considéré comme un simple acte conservatoire. Par suite, le droit de mutation est dû sur le montant de ce gain de survie ainsi tacitement accepté, nonobstant la renonciation ultérieure de l'époux donataire (Req. 7 mars 1855, aff. Caudron, D. P. 55. 1. 408.) Pareillement, l'héritier institué légataire de l'usufruit d'une quotité de la succession, qui a figuré dans une instance formée par un de ses colégataires en partage de l'hérédité selon les droits des parties résultant du testament, et qui a déclaré adhérer à cette demande comme usufruitier, a accepté expressément, par cette adhésion et cette prise de qualité, le legs fait en sa faveur (c. civ. art. 778, 779, 783 et 784). Il ne peut plus, dès lors, en y renonçant, échapper au payement du droit de mutation et il doit l'impôt sur la totalité du legs. Vainement alléguerait-il, pour ne pas l'acquitter sur une portion du legs, avoir recueilli cette portion en sa qualité d'héritier, alors que le testateur, ayant disposé de tous ses biens, leur dévolution s'est opérée conformément à sa volonté et non suivant les dispositions de la loi (Req. 1er juill. 1874, aff. Ferrier, D. P. 75. 1. 39. Conf. Trib. Mortagne, 22 mai 1885, Garnier, *Rép. pér. enreg.*, art. 6534; Trib. Havre, 10 déc. 1885, *ibid.*, art. 6671; Trib. Villefranche, 3 août 1888, *ibid.*, art. 7230).

222. Mais, dans le cas dont nous nous occupons où la renonciation est intervenue après acceptation, comme dans le cas contraire où c'est l'acceptation du legs qui s'est produite après renonciation du bénéficiaire, il faut que l'acceptation résulte formellement des actes invoqués comme la constatant (V. à cet égard ce qui est dit *supra*, n° 220).

§ 3. — Renonciation à communauté (*Rép.* n°s 351 à 363).

223. La faculté de renoncer à la communauté n'est, pour les héritiers de la femme comme pour la femme elle-même, subordonnée à aucune restriction; on ne saurait donc voir une fraude dans son exercice régulier ; par suite, l'administration de l'enregistrement ne peut la critiquer, même lorsqu'elle est faite pour éviter le payement de droits de mutation. C'est là, comme nous l'avons dit *supra*, n° 181, un principe général qui domine toute la matière des renonciations à succession, legs ou communauté. La cour de cassation l'a consacré dans les mêmes termes, en ce qui concerne la communauté, par un arrêt du 24 avr. 1854 (Civ. cass. aff. Broyard, D. P. 54. 1. 157). Et l'administration de l'enregistrement en a reconnu l'exactitude dans une instruction générale du 23 févr. 1873, n° 2465, § 8. — Il a été décidé, spécialement, par l'arrêt précité du 24 avr. 1854, que, dans le cas où le mari, seul maître de la communauté par la renonciation des légataires universels de la femme, déclare renoncer de son côté, pour s'en tenir à ses droits propres, à la donation, en cas de prédécès, que sa femme lui avait faite par contrat de mariage, de sa part dans la communauté, cette renonciation, dont le résultat est de l'affranchir du droit de mutation auquel il eût été soumis si la moitié de la communauté lui était dévolue du chef de sa femme, ne cesse pas, pour cela, d'être l'exercice d'une faculté et la conséquence légitime de la situation faite au mari par la renonciation des légataires.

224. Mais, pour la communauté comme pour les successions et les legs, il n'en est ainsi qu'autant que la renonciation est pure et simple et sans aucune stipulation de nature à en faire un acte à titre onéreux. Ainsi la renonciation, de la part de la femme, à ses avantages matrimoniaux ou à la communauté, est passible d'un droit de mutation lorsqu'elle est accompagnée ou suivie de stipulations qui en font un acte à titre onéreux, et, par exemple, lorsque l'héritier du mari, enfant de la renonçante, s'est obligé envers elle, quelques jours après, à lui fournir une rente viagère qui, à raison tant de sa quotité que des sûretés prises pour en assurer le payement, ne peut être considérée comme une simple pension alimentaire (Req. 27 mars 1855, aff. Bouffet, D. P. 55. 1. 67). — De même, la renonciation de l'héritier de la femme à la société d'acquêts qui a existé entre elle et son mari survivant, ne dispense pas l'héritier renonçant du payement du droit de mutation par décès sur la part de la défunte dans ladite société, lorsqu'il est établi par un acte sous seing privé et un jugement intervenu entre lui et le mari, que la renonciation a été faite moyennant une rente viagère (Sol. impl., Req. 31 déc. 1872, aff. marquis d'Albon, D. P. 73. 1. 429. V. dans le même sens, en matière de successions et de

legs, les arrêts des 18 juill. 1860 et 17 janv. 1866, rapportés *supra*, n°s 187 et 203).

225. La faculté de renoncer à la communauté ne peut être exercée par le mari, même au nom de la femme, comme son héritier testamentaire (*Rép.* n° 363). — Cette doctrine, déjà consacrée par deux arrêts de la cour de cassation rapportés au *Rép.* n° 363, a été confirmée par un autre arrêt de la même cour (Req. 26 nov. 1849, aff. Nicolas, D. P. 50. 1. 91), puis par de nombreux jugements des tribunaux, spécialement par le tribunal civil de Lyon le 21 mars 1865 (aff. Velard, D. P. 65. 3. 48). Aux termes de cette dernière décision, le mari, dans le cas où il est légataire universel de sa femme prédécédée, ne peut valablement, du chef de celle-ci, renoncer à la communauté (c. civ. art. 1453 et 1456) ; par suite, c'est en vain qu'il se prévaudrait d'une telle renonciation pour prétendre excepter de la déclaration de la succession testamentaire les biens formant l'actif de la communauté (Conf. Trib. Tours, 8 mars 1847; Trib. Seine, 7 déc. 1848; 22 févr. 1849, Garnier, *Rép. gén. enreg.*, n° 13976). — L'arrêt précité du 26 nov. 1849 établit la doctrine, sur le point dont il s'agit, dans les termes suivants : « Attendu, en droit, que le mari administrateur nécessaire et unique de la communauté est indéfiniment responsable des faits de sa gestion ; que c'est en vue de préserver la femme de toute perte dans cette gestion que les art. 1453 et suiv. c. civ. lui donnent la faculté de renoncer à la communauté ; d'où il suit que ce droit est exclusivement accordé à la femme et ne peut, dans aucun cas, appartenir au mari ; attendu, il est vrai, que, dans l'espèce, le mari prétend exercer la renonciation en sa qualité de légataire universel de sa femme, mais que l'héritière à réserve de celle-ci ayant elle-même renoncé à la communauté, le mari s'est trouvé seul investi de la totalité des droits, dans l'impossibilité légale de faire faire contradictoirement l'inventaire exigé de la femme ou de ses représentants par l'art. 1456 ; — Attendu, d'un autre côté, que l'art. 1454 interdit la faculté de renoncer à la femme qui s'est immiscée dans les affaires de la communauté, nouvelle preuve que le mari qui fait bien plus que s'immiscer, puisqu'il administre d'une manière absolue, ne saurait invoquer, pour se soustraire aux conséquences forcées de cette administration, le titre de représentant de sa femme ; — Attendu, d'ailleurs, que le procès s'agite entre le mari et la régie de l'enregistrement et qu'en décidant que la renonciation du mari ne pouvait produire aucun effet civil et n'avait eu évidemment d'autre but que de frustrer les droits du trésor, le jugement attaqué, loin d'avoir violé la loi, en a fait, au contraire, une juste application ».

Art. 2. — Des actes accessoires ou contenant exécution (*Rép.* n°s 364 à 410).

226. C'est, comme on l'a vu *supra*, n° 151, une règle fondamentale en matière d'enregistrement que la même convention ne peut donner ouverture qu'à un seul droit, que la perception de ce droit doit être établie sur la disposition principale du contrat, et qu'elle affranchit de l'impôt toutes les dispositions accessoires qui n'en sont que l'exécution ou la conséquence (*Rép.* n° 364). Ces dispositions accessoires peuvent, soit être contenues dans l'acte même qui renferme la disposition principale, soit se rencontrer dans d'autres actes postérieurs. La matière se divise ainsi naturellement, comme au *Répertoire*, en deux parties, suivant que les dispositions accessoires d'une convention sont contenues dans un même acte (*Rép.* n°s 368 et suiv.), ou se rencontrent dans un acte postérieur à celui constatant la convention (*Rép.* n°s 392 et suiv.).

§ 1er. — Dispositions diverses dans un même acte (*Rép.* n°s 368 à 392).

227. La règle de perception qui vient d'être rappelée s'induit des dispositions des art. 10 et 11 de la loi de frimaire an 7 suivant lesquels, d'une part, aucun droit particulier n'est dû, « dans le cas de transmission de biens (sur) la quittance donnée ou l'obligation consentie par le même acte pour tout ou partie du prix » (art. 10), et, d'autre part, les dispositions d'un même acte donnent lieu à des droits particuliers, lorsqu'elles sont « indépendantes » et ne dérivent pas « nécessairement les unes des autres » (art. 11) (*Rép.* n° 368).

Il est dit au *Rép.* n° 369, que, pour juger si telle ou telle clause d'un acte doit, ou non être assujettie à un droit particulier, la règle la plus certaine est de se demander si, pour produire son effet, la clause aurait besoin d'être rédigée dans un acte séparé. — La jurisprudence a confirmé cette règle. Un arrêt de la cour de cassation porte « que, par induction de ce texte (de l'art. 11 de la loi du 22 frim. an 7), il est admis que, quand diverses dispositions comprises dans un même acte sont dépendantes et dérivent nécessairement les unes des autres, il ne doit être perçu qu'un seul droit, celui de la convention principale ; mais que l'induction ne saurait être étendue au delà des termes que suppose l'art. 10 de la loi précitée dans le cas qu'il propose pour exemple ; d'où il suit que, pour soustraire à la pluralité de droits édictés par l'art. 11 les dispositions diverses d'un même acte, il faut, non pas seulement que ces dispositions aient été liées entre elles dans l'intention des parties contractantes, mais que, prises abstractivement, elles concourent ensemble à la formation d'un contrat principal et en constituent les éléments corrélatifs et nécessaires (Civ. rej. 24 août 1872 (et non 1871), aff. de Renneville, D. P. 73. 1. 81). La chambre des requêtes a fait application de ce principe dans un arrêt du 15 nov. 1875, comme l'exprime le rapport de M. le conseiller Tardif sur lequel cet arrêt a été rendu (aff. de Chabot et de Guerry, D. P. 76. 1. 127, et la note). Et la chambre civile l'a confirmé par un autre arrêt, qui reproduit les termes mêmes de celui du 24 août 1872 (Civ. cass. 28 mars 1887, aff. du Bosc de Peyran, D. P. 88. 1. 173. Conf. Civ. rej. 5 févr. 1889, aff. Comp. gén. des Eaux, D. P. 89. 1. 198. — V. *infrà*, n°s 232 et 246).

228. Ainsi, pour que l'acte renfermant des dispositions diverses donne lieu à un droit particulier d'enregistrement en outre de celui applicable à la convention principale, il faut que les dispositions assujetties à ce droit particulier se détachent assez de la convention principale pour pouvoir être considérées comme un contrat différent (D. P. 73. 1. 81, note). La loi de frimaire an 7 donne elle-même un exemple de l'application de la règle en disposant, par son art. 10, que, dans le cas de transmission de biens, la quittance donnée ou l'obligation consentie dans le même acte, pour tout ou partie du prix, entre les contractants, ne peut être sujette à un droit spécial d'enregistrement. Pour qu'il en soit ainsi, il faut que le contrat de vente ne présente qu'un véritable échange entre le vendeur et l'acheteur livrant, l'un la chose vendue, l'autre le prix qu'il en donne. L'application de la règle ne peut avoir lieu que dans les limites posées par l'art. 10. Si donc, dans le cas visé par cet article, les créanciers du vendeur interviennent pour toucher la somme stipulée entre celui-ci et l'acquéreur, l'acte constatant la transmission présente de ce chef une disposition particulière de laquelle il résulte la libération du vendeur à l'égard de ses créanciers. La quittance du prix ne formant pas avec la transmission de la chose vendue un seul et même contrat, un droit particulier est exigible indépendamment de celui applicable à la vente (V. D. P. 88. 1. 173, note. — V. aussi *Rép.* n° 910).

229. Cette doctrine est critiquée par le *Dictionnaire des droits d'enregistrement*. Suivant les auteurs de cet ouvrage, l'art. 10 de la loi de frimaire an 7 indique seulement l'esprit général dans lequel l'art. 11 doit être interprété. « Sans renfermer le cercle des dispositions dépendantes dans les étroites limites que trace l'art. 10, il faut considérer comme indépendantes les dispositions qui, d'après la nature des choses et abstraction faite des intentions des parties, ne se rattachent pas l'une à l'autre par un lien nécessaire ; il faut admettre comme dépendantes du contrat uniquement les dispositions qui sont nécessaires à sa perfection et qui ressortent de sa nature même. En d'autres termes, les dispositions sont indépendantes lorsque l'une n'a besoin de l'autre « ni pour sa perfection intrinsèque, ni pour son exécution, et quand celle-ci n'est qu'un accident relativement à celle-là (Civ. cass. 6 déc. 1847, aff. Capon, D. P. 47. 4. 215, n° 43) » (*Ibid.*, v° *Acte contenant plusieurs dispositions*, n°s 5 et 6).

M. Demante, t. 1, n°s 67 et 69, enseigne, dans le même sens, « que l'art. 11 consacre virtuellement et *à contrario* un principe beaucoup plus étendu que celui qui pourrait être établi par induction des exemples cités en l'art. 10, et que ce principe tend à soumettre à un impôt unique l'opération mélangée de deux ou plusieurs contrats, lorsque ces contrats divers se combinent en un seul tout... Les exemples fournis par l'art. 10 ne sont pas limitatifs et la théorie des dispositions dépendantes repose sur le principe beaucoup plus large qui s'induit *a contrario* des termes de l'art. 11 ».

230. Au contraire, M. Naquet se range à la théorie enseignée au *Répertoire* et consacrée par la cour de cassation. « Pour mon compte, dit-il, t. 1, n° 135, et après y avoir longtemps réfléchi, je me range, sans restriction, à l'opinion de la cour de cassation. On a beau le contester, la seule lecture des textes démontre que le rapport établi une étroite corrélation entre l'art. 10 et l'art. 11. Il est d'ailleurs logique d'établir l'impôt d'après le caractère juridique des contrats, et non d'après l'intention des parties ; il ne s'agit point de savoir ce que les parties ont voulu faire, mais ce qu'elles ont fait. J'ajoute que, si on repousse la formule de l'art. 11, on tombe dans l'arbitraire pour en trouver une autre, comme le prouve la divergence même des auteurs qui adoptent un autre système. — J'admets donc que les dispositions ne sont dépendantes que si elles sont de l'essence de la convention principale et en constituent des éléments corrélatifs et nécessaires ». — Telle est aussi l'opinion de M. Garnier, *Rép. gén. enreg.*, n° 541.

Malgré tous ces commentaires, dirons-nous, avec ce dernier auteur (*loc. cit.*), il faut encore reconnaître qu'il est fort difficile en cette matière de poser une règle assez précise pour embrasser tous les cas et servir de formule aux nombreuses applications de la pratique. Les tribunaux ont ici un pouvoir d'appréciation considérable, et c'est pour cela précisément que les discussions sur l'art. 11 sont aussi fréquentes et aussi peu définies.

Le principe ainsi établi, il y a lieu d'examiner les applications qui en ont été faites. Leur nombre est beaucoup trop considérable pour que nous puissions les rassembler ici. On les trouvera au *Supplément*, comme au *Répertoire*, dans les différentes parties auxquelles ces décisions se rapportent. Nous n'en présenterons que quelques-unes qui nous ont paru de nature à faire ressortir le principe.

231. L'application du principe aux *traités* passés, sous le second Empire, pour les grands *travaux de voirie* exécutés à Paris et dans les grandes villes, a donné lieu à de vifs débats. Par ces traités, des entrepreneurs s'engageaient, moyennant un prix unique déterminé par chaque mètre de terrain livré à la voie publique, non seulement à exécuter suivant un plan déterminé, d'une part, les travaux de viabilité et de démolition nécessaires pour l'ouverture des nouvelles voies publiques, et, d'autre part, ceux de construction de bâtiments sur les terrains en bordure, mais encore à régler à leurs risques et périls les indemnités d'expropriation qui seraient dues et à faire les avances nécessaires. La cour de cassation ne vit d'abord dans ces stipulations qu'un traité unique constituant un marché pour construction (Req. 12 nov. 1838, *Rép.* n° 2003 ; Civ. rej. 17 juin 1857, aff. Ardoin, D. P. 57. 1. 243). Puis elle revint sur cette interprétation et considéra les traités comme « des actes complexes renfermant plusieurs dispositions distinctes et de nature différente ». Elle décida, en conséquence, que, pour la perception du droit d'enregistrement, il y avait lieu de distinguer entre les diverses dispositions du contrat ; — que celles par lesquelles les entrepreneurs s'étaient engagés à faire les travaux nécessaires à l'ouverture des nouvelles voies publiques et à édifier à l'alignement des constructions dans un délai et dans les conditions déterminées, constituaient un marché pour constructions ; — mais que, pour celles qui obligeaient les entrepreneurs à faire seuls, à leurs frais, risques et périls, l'acquisition à l'amiable ou par la voie de l'expropriation, de tous les immeubles situés dans le périmètre des travaux, y compris ceux en dehors de l'alignement des rues nouvelles à livrer, à un prix fixé d'avance, l'emplacement nécessaire à ces opérations, et à faire toutes les avances de fonds, elles ne participaient en rien de la nature du marché dans le sens légal de ce mot et se distinguaient du traité tant par leur importance que par leur objet spécial ; qu'en conséquence, la loi fiscale devait être appliquée à chacune suivant son espèce (Civ. rej.

15 juin 1869, aff. Société Leroy, Sourdis et comp.; et aff. Société immobilière de Paris et aff. Société immobilière anglo-française, D. P. 69. 1. 457, et sur renvoi, Trib. Versailles, 30 août 1870, aff. Société immobilière anglo-française, D. P. 71. 3. 46; Civ. rej. 29 avr. 1872, aff. Heullant, D. P. 72. 1. 309; Civ. cass. 29 avr. 1872, aff. Petit-Berlié, *ibid.*; 25 juin 1873, aff. Mahieu et Pauchet, et aff. Petit et comp., D. P. 74. 1. 30). — Nous avons critiqué cette doctrine dans des observations développées à la suite des arrêts de 1869 (D. P. 69. 1. 457, note 3). Les chambres réunies de la cour la repoussèrent et décidèrent, en audience solennelle, que le traité en litige constituait un *contrat unique* dont les dispositions étaient dépendantes et en corrélation nécessaire, que le caractère de ce contrat était celui d'un marché administratif, et que, par suite, il ne donnait lieu qu'à un seul droit d'enregistrement, qui était celui de 1 pour 100 (Ch. réun. rej. 12 juill. 1875, aff. Petit et comp., D. P. 75. 1. 341. Conf. conclusions de M. le premier avocat général Blanche, D. P. 72. 1. 310).

232. La cour de cassation a confirmé, tout récemment, cette jurisprudence en statuant sur un traité portant concession par une ville à une compagnie, pour un temps déterminé, du privilège exclusif de conduire et de distribuer, en percevant tous les produits de l'entreprise, les eaux nécessaires aux besoins publics et privés, à la condition d'exécuter différents travaux spécifiés, de fournir quotidiennement à la ville, moyennant une redevance déterminée, l'eau nécessaire aux services publics, et de lui remettre en bon état d'entretien, à l'expiration de la concession, tous ces établissements et accessoires. La cour a jugé que ce traité « est un contrat unique dont les différentes dispositions sont dépendantes les unes des autres et reliées entre elles par une corrélation nécessaire, et que c'est à tort que le jugement attaqué y avait distingué un marché de travaux publics et un marché de fournitures » (Civ. rej. 5 févr. 1889, aff. Compagnie générale des eaux, D. P. 89. 1. 198; 20 mai 1890, aff. Compagnie générale des eaux de Saint-Nazaire et Ville de Saint-Nazaire, D. P. 90. 1. 349).

233. Des débats non moins vifs se sont produits au sujet d'autres applications du même principe, spécialement aux *libéralités secondaires* résultant des charges imposées au donataire dans un acte de donation entre vifs, ainsi qu'aux *clauses de réversibilité* stipulées au profit de tiers relativement à l'*usufruit* réservé ou à la *rente viagère* constituée, soit dans un acte de donation entre-vifs, soit dans un acte de vente.

234. La stipulation, dans un acte de donation entre vifs, d'une charge imposée au donataire en faveur d'un tiers, constitue une disposition distincte de la donation, une *libéralité secondaire* au profit du tiers désigné; mais comme, en définitive, le donateur ne se dépouille que de ce qui fait l'objet de la donation principale et que la charge imposée au donataire n'est qu'une condition de cette donation, le droit n'est dû que sur cette donation et il n'en doit être perçu aucun sur la stipulation de la charge (V. *Rép.* nᵒˢ 3755 et suiv.). C'est l'application du principe posé dans l'avis du conseil d'État du 2-10 sept. 1808, qu'il n'est, ni dans le texte, ni dans l'esprit de la loi, que le même objet soit assujetti à deux droits de mutation (*Rép.* nᵒ 501). L'Administration admet qu'il en est ainsi lorsque c'est au profit d'une personne dénommée dans l'acte de donation que la libéralité secondaire est stipulée. « Si, dit-elle, la donation est faite à la charge de payer une somme à une personne désignée, qui se trouve ainsi saisie du jour de la donation, quoique la somme ne soit payable qu'au décès du donateur, il y a donation secondaire exempte du droit de donation par application de l'avis du conseil d'État du 2-10 sept. 1808 » (Sol. adm. enreg. 13 févr. 1866, aff. Michon, D. P. 70. 1. 52. Conf. Trib. Morlaix, 16 févr. 1877, aff. Teurnier, D. P. 78. 5. 231).

235. Mais il lui a paru que cela ne peut plus être admis, et que la libéralité secondaire donne lieu à une perception particulière, toutes les fois qu'elle est *subordonnée à la survie du bénéficiaire* au donateur. Elle a établi cette théorie en s'appuyant principalement sur la distinction fondamentale que, d'après l'interprétation sanctionnée par la jurisprudence, le législateur a établie, pour la perception de l'impôt, entre les donations entre vifs, d'une part, et, de l'autre, les

testaments et tous autres actes de libéralité qui ne contiennent que des dispositions soumises à l'événement du décès, en d'autres termes, entre la transmission actuelle et définitive des objets donnés, sujette au droit proportionnel de donation entre vifs sur l'acte même de donation, et la transmission éventuelle et subordonnée à l'événement du décès de l'une des parties, sujette au droit de mutation par décès lorsque l'événement se produit (V. *Rép.* nᵒˢ 3861, 3868 et 3869). Elle soutient donc que toutes les fois que la libéralité secondaire est subordonnée à la condition de survie du bénéficiaire au donateur, elle constitue une disposition indépendante de la donation et opère, à l'événement, une nouvelle transmission qui donne lieu au droit de mutation par décès (V. D. P. 72. 1. 105, note).

La jurisprudence a sanctionné cette théorie. Il a été jugé, en effet : 1ᵒ que la clause d'une donation entre vifs qui charge le donataire de payer de ses deniers une somme d'argent *aux héritiers du donateur à la mort de ce dernier* constitue une disposition indépendante de la donation et renferme au profit des héritiers désignés une transmission par décès passible du droit proportionnel, lors du décès du donateur, quoique le donataire ait acquitté le droit de donation entre vifs sur l'intégralité de la donation; que l'avis du conseil d'État des 2-10 sept. 1808 n'est pas applicable à ce cas, cet avis ne concernant que le payement des droits dus concurremment et pour une même transmission (Civ. cass. 21 mars 1860, aff. Amory, D. P. 60. 1. 141. V. aussi Sol. adm. enreg. 13 févr. 1866, citée *supra*, nᵒ 234); — 2ᵒ Que la donation entre vifs à charge par le donataire de payer, au décès du donateur, une somme déterminée *à un tiers désigné, s'il lui survit*, opère deux transmissions successives, l'une entre vifs par décès donnant ouverture séparément à des droits de mutation dont les époques et les conditions d'exigibilité sont différentes; que, en conséquence, indépendamment du droit de transmission entre vifs à titre gratuit perçu, à l'enregistrement de la donation, sur l'intégralité des biens donnés, il est dû, au décès du donateur, lorsque le donataire secondaire lui survit, un droit de mutation par décès sur la somme recueillie par ce dernier (Civ. cass. 5 mars 1872, aff. Brocard, D. P. 72. 1. 104. — *Contra* : Trib. Bar-sur-Seine, 8 juill. 1869, D. P. 70. 3. 52, cassé par l'arrêt du 5 mars 1872); — 3ᵒ Que la clause d'un acte de donation entre vifs imposant au donataire la charge de payer une somme déterminée, un an après le décès du donateur et de sa femme, à des tiers dénommés, et, en cas de prédécès de ceux-ci, à leurs héritiers directs, constitue une donation secondaire, éventuelle, subordonnée à la condition de survie des bénéficiaires au donateur, et donne ouverture, à ce titre, à un droit fixe particulier à l'enregistrement de l'acte de donation, et, lorsqu'elle se réalise par le décès du donateur et de sa femme, à un droit proportionnel de mutation, indépendamment de celui acquitté pour la donation principale, sans aucune déduction ni imputation (Trib. Saint-Gaudens, 25 juin 1884, aff. Cizos, D. P. 86. 5. 201).

236. Il a été longtemps de règle que la *clause de réversibilité* stipulée pour une *rente viagère* dans l'acte constitutif de cette rente, au profit d'un tiers, sous la condition de survie de ce tiers au disposant, ne constitue pas une disposition indépendante de la constitution de rente, disposition principale du contrat, et, par suite, ne donne pas lieu au droit de mutation par décès lorsque la reversion s'opère (*Rép.* nᵒˢ 3759, 4045 et 4071. — *Adde* : Civ. cass. 19 août 1857, aff. Garnier de Silly, D. P. 57. 1. 330);... alors surtout que la clause de réversibilité a été stipulée au profit de la femme dans l'acte de vente par le mari, d'immeubles à lui propres, pour la rente viagère formant le prix de la vente (Civ. rej. 29 janv. 1850, aff. Mordilla, D. P. 50. 1. 85; 10 mai 1854, aff. de Chieza, D. P. 54. 1. 224);... soit que, dans ce dernier cas, la vente ait été consentie solidairement par les deux époux (Arrêt précité du 10 mai 1854);... soit qu'elle ait été consentie sans stipulation de solidarité entre les époux (Arrêt précité du 19 août 1857). — Cette jurisprudence a été infirmée virtuellement par l'arrêt du 21 mars 1860, cité au numéro précédent. Elle a été détruite par un arrêt solennel des chambres réunies de la cour de cassation rendu dans l'affaire même qui a donné lieu à l'arrêt de la chambre civile du 19 août 1857. Il a été jugé par cet arrêt solennel que la clause d'un acte de vente portant que la rente viagère stipulée comme prix de la vente sera réversible en totalité sur la tête d'un *tiers* présent, mais « sans qualité pour intervenir au contrat de vente », forme une disposition distincte et indépendante de cet acte, et donne lieu au droit de mutation par décès, lorsque la réversion s'opère par le prédécès du vendeur (Ch. réun. rej. 23 déc. 1862, aff. Gontard, D. P. 63. 1. 64). — La jurisprudence est maintenant fixée en ce sens (Civ. rej. 11 mars 1863, aff. Carlier, D. P. 63. 1. 63 ; 15 mai 1866, aff. Ménard, D. P. 66. 1. 201 ; Civ. cass. 23 juill. 1866, aff. Maendlen, D. P. 66. 1. 327 ; Civ. rej. 26 janv. 1870, aff. Margelin, D. P. 70. 1. 160). — Il s'ensuit que, dans le cas dont il s'agit, la clause de réversibilité donne lieu à un droit fixe particulier de donation éventuelle à l'enregistrement du contrat la renfermant.

237. Mais la solution est différente, lorsque la réversion de la rente viagère a été stipulée, non plus au profit d'un *tiers* , mais au profit de l'une des *parties contractantes* dans la convention par laquelle la rente a été constituée ; la clause de réversibilité ne présente plus, dans ce cas, le caractère de libéralité donnant lieu au droit de mutation à raison de la réversion de la rente. Cette importante distinction ressort du texte même de l'arrêt des chambres réunies du 23 déc. 1862 cité *suprà*, n° 236 : la décision de la cour est, en effet, fondée principalement sur la circonstance que, dans l'espèce, le bénéficiaire de la clause de réversibilité était « sans qualité pour intervenir au contrat de vente » (V. D. P. 69. 3. 47, note). — La jurisprudence est fixée en ce sens. Jugé, en effet... qu'au cas d'aliénation par *deux époux de capitaux et d'immeubles dépendant de leur communauté*, moyennant une rente viagère constituée sur la tête de l'un et de l'autre et stipulée non réductible au décès du prémourant, la clause de réversibilité constitue, non plus une donation réciproque et éventuelle de la moitié de la rente au profit du survivant, mais un élément du prix, et que, par conséquent, l'époux survivant ne doit pas le droit de mutation au décès de son conjoint à raison de l'avantage que la réversion de la rente lui procure (Civ. rej. 15 mai 1866, aff. Ménard, D. P. 66. 1. 201. V. *Rép.* n° 4046) ; — Que lorsque deux *copropriétaires* vendent à un tiers une *chose indivise* entre eux par portions égales, moyennant une rente viagère payable pendant leur vie, moitié à l'un, moitié à l'autre, le survivant tient son droit à la totalité de la rente, non d'une libéralité qui lui aurait été faite par le prédécédé, mais de sa propre stipulation, et ne doit, en conséquence, aucun droit de mutation par décès à raison de la réversibilité opérée à son profit (Trib. Besançon, 26 juill. 1867, aff. Siruguet, D. P. 69. 3. 47, et, sur pourvoi, Civ. rej. 26 janv. 1870, D. P. 70. 1. 160).

Comme on le verra *infrà*, chap. 4, part. 1re, art. 4, en traitant des *mutations par décès*, dans le cas où la rente viagère a été stipulée lors de l'aliénation de deux époux de biens communs, l'époux survivant doit une *récompense* à la communauté ; cette récompense, « représentée par le capital de la rente », doit être comprise, dans la déclaration de la succession de l'époux prédécédé, au nombre des valeurs actives de la communauté, et la moitié appartenant à l'hérédité est passible du droit de mutation par décès.

238. La cour de cassation a toujours admis que la *clause de réversibilité* stipulée, dans un acte de vente ou de donation, pour l'*usufruit* des biens vendus ou donnés, constitue une disposition indépendante de la donation ou de la vente et donne lieu, par suite, à la perception d'un droit particulier à l'enregistrement de ce contrat et au droit de mutation par décès sur la valeur de l'usufruit, lorsque la réversion s'opère (*Rép.* n°s 4038 et suiv.). La jurisprudence de la cour était en opposition sur ce point avec celle qu'elle avait adoptée en sens contraire à l'égard des clauses de réversibilité stipulées sur des *rentes viagères* (V. *suprà*, n° 236). Il y a, en effet, identité dans les deux cas (V. conf. Av. Cons. d'Et. 17 avr. 1886, *infrà*, n° 244). Mais l'arrêt des chambres réunies du 23 déc. 1862 (V. *suprà*, n° 236) a fait cesser ce désaccord.

239. Les arrêts intervenus postérieurement à la publication du *Répertoire*, au sujet de clauses de réversibilité d'usufruit, ont confirmé la jurisprudence antérieure de la cour. Jugé, en effet : que lorsque deux époux ont *vendu* conjointement et solidairement des immeubles propres à chacun

d'eux avec réserve d'usufruit et réversibilité stipulées au profit du dernier mourant, cette clause de réversibilité constitue une disposition indépendante à raison de laquelle le droit de mutation est dû, au décès du prédécédé, la clause de réversibilité opérant alors mutation au profit du survivant (Civ. cass. 8 août 1853, aff. Madiona, D. P. 53. 1. 252) ; — Que, de même, la disposition par laquelle, en faisant *donation à titre de partage anticipé* de leurs biens à leurs enfants, des père et mère s'en réservent l'usufruit à leur profit jusqu'au décès de l'un d'eux, constitue une donation éventuelle entre époux à raison de laquelle le droit de mutation est dû, au décès du prémourant, sur la valeur de l'usufruit des biens donnés par lui (Civ. cass. 31 août 1853, aff. Herrenschmidt, D. P. 53. 1. 252 ; 30 janv. 1856, aff. Forest, D. P. 56. 1. 92 ; Req. 6 mai 1857, aff. Mallet, D. P. 57. 1. 298 ; Civ. cass. 26 juill. 1869, aff. Vigneron, D. P. 69. 1. 476),... lors même que la donation ne comprend que des *biens de communauté* (Req. 6 mai 1857, précité ; Civ. cass. 24 janv. 1860, aff. Hervieu, D. P. 60. 1. 73 ; Civ. rej. 14 nov. 1865, aff. Dauthuille, D. P. 66. 1. 111 ; Sol. adm. enreg. 30 juin 1855 ; Instr. adm. enreg. 1857, n° 2114, § 10 ; *Diction. droits d'enreg.*, v° *Réversion*, n° 49) ;... quand bien même, dans ce cas, chaque époux, en se réservant l'usufruit de sa moitié dans les biens donnés, aurait stipulé, comme condition de sa donation, que, au cas où il survivrait à son conjoint, l'usufruit des biens donnés par celui-ci lui serait délaissé par les donataires après s'être réuni sur la tête de ces derniers à la nue propriété durant un nombre déterminé de jours (Arrêts précités des 14 nov. 1865 et 26 juill. 1869).

240. Ces dernières stipulations ont été considérées par l'arrêt du 14 nov. 1865, cité *suprà*, n° 239, comme ne présentant « rien de sérieux » ; la cour a jugé que le tribunal avait « qualifiées avec raison de combinaisons suggérées pour dissimuler une véritable donation mutuelle et éventuelle entre les donateurs ». — « A la vérité, porte l'arrêt du 26 juill. 1869, cité *suprà*, n° 239, les donateurs, au lieu de se réserver l'usufruit des biens pour eux et le survivant d'eux, ont stipulé chacun personnellement la réserve de l'usufruit des biens par lui donnés et imposé aux donataires l'obligation de le laisser jouir, pendant sa vie, de la part du prémourant ; mais ce n'a été là qu'un moyen détourné, ou, comme l'exprime le jugement attaqué lui-même, un circuit fait pour assurer au survivant la jouissance de la totalité des immeubles et, par conséquent, de ceux du prémourant aussi bien que des siens propres ; cette combinaison, imaginée en vue de dissimuler la pensée véritable de l'acte, n'en saurait changer les dispositions, et, en réalité, la stipulation par laquelle chacun des époux s'était, avec le consentement tacite de l'autre, réservé, en cas de survie, l'usufruit de la part du prémourant, avait constitué, dans leur intention commune, une donation mutuelle et éventuelle qui ne peut être considérée comme une dépendance et une condition de la donation par eux faite aux enfants communs. »

241. On a vu *suprà*, n°s 236 et 237, que la clause de réversibilité, lorsqu'elle se rapporte à une *rente viagère* stipulée au profit du survivant des époux donateurs dans un acte portant donation à titre de partage anticipé de biens dépendant de leur communauté, n'est pas considérée comme une disposition indépendante de la donation et de nature à donner lieu à un droit quelconque d'enregistrement. Au contraire, lorsque la même cas, lorsque la clause de réversibilité est stipulée pour l'*usufruit* des biens donnés, elle constitue, d'après la cour de cassation, une disposition indépendante de la donation, qui a le caractère d'une donation éventuelle entre époux et donne ouverture sur l'acte de donation au droit fixe et, lors de sa réalisation, au droit proportionnel de mutation par décès. — L'arrêt du 24 janv. 1860 cité *suprà*, n° 239, motive comme suit l'interprétation consacrée par la cour dans ce dernier cas. La disposition, porte cet arrêt, « faite en vertu de la faculté ouverte par l'art. 949 c. civ., est entièrement indépendante de la première (la donation à titre de partage anticipé) et ne peut en être considérée comme la simple condition ; comme la première, elle émane directement des époux Hervieu, sans qu'il soit possible de la rattacher par un lien quelconque à une disposition des héritiers Hervieu ; ceux-ci, en effet, n'ayant pas été saisis de l'usufruit des biens qui leur étaient donnés en nue propriété, étaient par là même dans l'impossibilité absolue d'en disposer à aucun titre et sous un mode quelconque ; il suit de là que les deux dispositions avaient un objet et un but parfaitement distincts et que chacune d'elles reposant, dès lors, sur des éléments qui lui étaient propres, était par là même assujettie au droit de mutation qui s'y référait spécialement ».

242. Dans une discussion approfondie de la question, M. Garnier soutient « que quand, en l'absence de toute dissimulation frauduleuse, la réserve d'usufruit est le résultat d'une condition imposée aux donataires, aucun droit ne saurait être perçu ». A la vérité, la clause de réversibilité doit être interprétée plutôt dans le sens d'une libéralité réciproque que dans celui d'une charge imposée aux donataires par le survivant des donateurs. « La cour de cassation a sans doute considéré que la nature du droit d'usufruit ne se prêtait pas aussi facilement que la rente à une stipulation intéressée entre le donateur et ses enfants »; mais ses arrêts ne décident point qu'en aucun cas l'attribution de l'usufruit ne peut être le résultat d'une charge de la libéralité du disposant. Une pareille doctrine ne serait pas juridique. Il est loisible à un donateur d'imposer aux donataires la charge de le laisser jouir, quand le moment sera venu, d'un usufruit qui doit nécessairement tomber dans leurs mains. Bien que constituant un droit réel, l'usufruit peut passer d'une tête sur une autre sans acquitter le droit de mutation. Un père peut, comme condition d'une donation principale qu'il fait à ses enfants, stipuler que les donataires le laisseront jouir des biens de la mère prédécédée; cette stipulation ne donne lien à aucun droit particulier (Civ. rej. 6 janv. 1834, *Rép.* n° 95 et 110; 13 déc. 1853, aff. de Fougères, D. P. 54. 1. 109). En interprétant la clause comme ne constituant qu'une simple charge, l'acte ne contient pas un pacte sur la succession future du prémourant, prohibé par l'art. 1130 c. civ., car l'usufruit qui en fait l'objet ne dépendra jamais de la succession du prémourant, puisque les enfants nus propriétaires l'obtiendront par la consolidation et en vertu des dispositions de la loi. Enfin cette même interprétation est conforme à la règle de l'art. 1157 c. civ. suivant laquelle un contrat doit être entendu dans le sens de sa validité plutôt que de sa nullité, tandis que l'interprétation dans le sens de libéralité mutuelle et réciproque est contraire à cette règle (Garnier, *Rép. gén. enreg.*, n° 6904). — Nous n'hésitons pas à reconnaître, disent les rédacteurs du *Dictionnaire des droits d'enregistrement*, que ces considérations sont fondées ; mais la jurisprudence qui, à raison surtout des liens qui les unissent, a jugé qu'en stipulant la réversibilité, les donateurs avaient agi dans une pensée de libéralité réciproque, nous paraît avoir fait une exacte interprétation de l'intention des parties. En général et sauf des

circonstances exceptionnelles difficiles à prévoir, la réversibilité, dans la réalité des faits, constitue une donation mutuelle et réciproque (v° *Réversion*, n° 85).

243. Il semble cependant impossible d'admettre que, dans le cas dont il s'agit, la clause de réversibilité de l'usufruit constitue toujours, nécessairement et absolument, une libéralité mutuelle et réciproque entre époux. Les arguments invoqués par M. Garnier à l'appui de l'interprétation de la clause dans le sens d'une simple charge de la donation, sont de nature à être pris en sérieuse considération. Cette interprétation n'est repoussée, en somme, par la cour de cassation que parce que les époux donateurs sont présumés, en raison des liens qui les unissent et de la nature de l'usufruit, avoir voulu, dans la réalité des faits, se faire une donation mutuelle et réciproque. En vain ont-ils manifesté dans les termes les plus nets, les plus précis, les plus explicites, comme dans les affaires qui ont donné lieu aux arrêts des 14 nov. 1865 et 26 juill. 1869, qu'ils entendaient n'imposer aux donataires qu'une simple charge de leur donation, la cour de cassation estime qu'il y a dans leur pensée de libéralité réciproque. Elle ne voit dans leurs stipulations que des « combinaisons suggérées pour éviter une véritable donation » (Arrêt du 14 nov. 1865, cité *suprà*, n° 239), « imaginées en vue de dissimuler la véritable pensée de l'acte » (Arrêt du 26 juill. 1869, cité *ibid.*). Cependant les stipulations dont il s'agit étant parfaitement licites, la cour aurait pu tout aussi bien les admettre telles qu'elles se présentaient et y voir l'exercice de la faculté qui appartient aux redevables, comme elle l'a reconnu maintes fois elle-même, lorsque deux voies s'ouvrent à eux pour atteindre le but qu'ils se proposent, de choisir celle qui donne lieu au droit le moins élevé (V. *suprà*, n° 83). Il est bien vraisemblable qu'en se prononçant dans ce sens elle aurait fait une interprétation plus exacte de la véritable pensée des parties et que ses décisions auraient mieux répondu à la réalité des faits.

244. Au surplus, la question étant de déterminer quelle a été la véritable intention des parties, n'est pas de celles qui comportent une solution absolue. Cette appréciation, en effet, dépend nécessairement des circonstances de chaque affaire. On conçoit, notamment, que le rapport existant entre la valeur des biens donnés par l'époux qui recueille le bénéfice de la clause de réversibilité et la valeur de l'usufruit que cet époux s'est attribué sur les biens de son conjoint prédécédé, soit, pour les tribunaux, un important élément d'appréciation (V. Trib. Cherbourg, 26 août 1884, aff. Alexandre, D. P. 85. 5. 218, et la note). Il est dans cet ordre d'idées qu'a été rendu un avis du conseil d'Etat du 17 avr. 1886 (1) sur une pétition de M° Renault, notaire à Châteaudun, transmise au conseil par le garde des sceaux

---

(1) Le conseil d'État qui, sur le renvoi ordonné par M. le garde des sceaux, ministre de la justice, a pris connaissance d'une pétition de M° Renault, notaire à Châteaudun, transmise à son département par la commission de la Chambre des députés qui en était saisie; — Ladite pétition tendant à faire affranchir de la prohibition de l'art. 1097 c. civ. les clauses par lesquelles les père et mère, dans les partages autorisés par l'art. 1075, se réservent, comme condition du partage, soit un usufruit, soit une rente viagère intégralement réversible sur la tête du survivant d'entre eux; — Considérant que l'art. 1097 c. civ. dispose que les époux ne peuvent se faire, pendant le mariage, aucune donation mutuelle par un seul et même acte et interdit, ainsi, pour ces libéralités, les formes contractuelles, impliquant chez elles une présomption de dépendance réciproque, n'est que la conséquence et la sanction de l'art. 1096 aux termes duquel toute donation faite entre époux au cours du mariage, est et demeure constamment révocable; — Qu'ainsi, réduite à elle-même, la proposition soumise à l'examen du Conseil serait sans effet utile, puisqu'elle laisserait sous le coup d'une révocabilité constante les clauses mêmes dont elle a en vue d'assurer le libre effet; — Qu'il y a lieu, par suite, de joindre ces deux articles dans l'examen de la modification législative proposée et d'examiner s'il convient ou non de soustraire les stipulations d'usufruit ou de rente viagère dont il s'agit, non seulement à l'action de l'art. 1097, mais encore à celle de l'art. 1096, avec lequel l'art. 1097 est en étroite connexité ;

En ce qui touche l'usufruit : — Considérant que, dans l'esprit de la pétition, l'exception proposée serait accordée, sans distinction, à toutes les réserves d'usufruit que les époux, auteurs d'une donation-partage, peuvent stipuler, dans l'acte, à leur profit commun ; — Qu'il s'agirait, dès lors, d'assurer la libre insertion dans les actes de cette nature, avec l'irrévocabilité qui leur appartient, non seulement de réserves partielles n'affectant que d'une manière restreinte la jouissance des biens mis en partage, mais encore de celles qui pourraient s'étendre jusqu'à la jouissance totale de ces mêmes biens ;

Considérant que ni le caractère ni la légitimité de ces réserves ne sauraient être identiques dans les deux cas ; — Que lorsque deux époux, dans la distribution de leur patrimoine, non contents de se réserver, chacun de son côté, vis-à-vis des enfants entre lesquels ils les partagent, la jouissance respective des biens conjointement donnés, stipulent encore à leur profit mutuel la réversibilité de cette jouissance d'une tête sur l'autre, le bénéfice de l'acte de partage tourne entièrement en leur faveur ; — Qu'en effet, dans cette hypothèse, la donation-partage, en ne conférant aux enfants que la nue propriété d'un héritage dont ils avaient l'expectative légale en propriété pleine, retarde encore à leur préjudice le terme normal de la consolidation de cette même propriété entre leurs mains ; — Qu'il est impossible alors de ne pas voir dans la clause en vertu de laquelle cette prolongation de jouissance s'opère au profit du survivant des donateurs, une libéralité mutuelle et réciproque entre époux, tombant, sous le droit actuel, sous le coup des art. 1096 et 1097 c. civ., et légitimement atteinte par ces deux articles à raison de son caractère excessif ; — Qu'en pareil cas l'exception proposée à la règle de ces articles n'aurait d'autre effet, à l'égard des actes autorisés par l'art. 1075, que de fausser leur caractère même, et en y laissant prédominer l'intérêt des époux donateurs sur l'intérêt et les droits des enfants ; — Que, toutes les fois qu'au contraire, l'usufruit réservé n'étant assis que sur une partie des biens mis en partage,

sur renvoi de la Chambre des députés et tendant à faire affranchir de la prohibition de l'art. 1097 c. civ. les clauses par lesquelles les père et mère, dans les partages autorisés par l'art. 1075, se réservent, comme condition du partage, soit un usufruit, soit une rente viagère intégralement réversible sur la tête du survivant d'eux. D'après cet avis, le Conseil d'Etat assimile complètement la réversibilité d'usufruit à celle stipulée pour une rente viagère et estime que la *réversibilité d'usufruit* constitue une libéralité mutuelle et réciproque entre époux, lorsqu'elle porte sur la totalité des biens donnés, mais « que, toutes les fois qu'au contraire, l'usufruit réservé n'étant assis que sur une partie des biens mis en partage, la valeur en reste inférieure à la part de jouissance que les époux s'abstiennent de retenir, la réserve d'usufruit, dans son ensemble, se résout à une charge alimentaire que légitime le sacrifice fait aux enfants par les époux; qu'ainsi restreinte, la clause de réversibilité ne présente plus d'une libéralité entre époux que les apparences »; — et, en ce qui touche les *rentes viagères*, que la clause de reversibilité « se résout en une double constitution de rente par chaque époux à son profit propre et au profit de l'autre tout à la fois; que ces nouvelles clauses *présentent tous les caractères des premières* (celles relatives à l'usufruit) et doivent être tenues, comme elles, pour des libéralités réciproques ou pour de simples charges du partage, suivant leur importance au regard des biens distribués ».

245. Les tribunaux sont partagés sur la question. — Les jugements ci-après ont interprété la clause comme constituant une disposition indépendante, une donation éventuelle, mutuelle et réciproque entre époux : Trib. Nogent-le-Rotrou, 24 juin 1848 (aff. A..., D. P. 48. 5. 145); Trib. Châlon-sur-Saône, 7 nov. 1848 (*Diction. droits d'enreg.*, v° *Réversion*, n° 46); Trib. Nevers, 26 déc. 1848 (*Ibid.*); Trib. Montauban, 6 avr. 1852 (*Ibid.*); Trib. Hazebrouck, 8 mai 1852 (*Ibid.*); Trib. Evreux, 16 févr. 1857 (*Ibid.*); Trib. Sedan, 4 août 1858 (*Ibid.*); Trib. Saint-Quentin, 9 août 1861 (*Ibid.*); Trib. Chinon, 5 mars 1864 (*Ibid.*); Trib. des Andelys, 19 août 1874 (*Journ. enreg.*, art. 20304); Trib. Seine, 1er févr. 1878 (Garnier, *Rép. pér. enreg.*, art. 5024); Trib. Saint-Quentin, 16 juill. 1879 (*Journ. enreg.*, art. 21612); Trib. Dieppe, 5 août 1880 (Garnier, *Rép. pér. enreg.*, art. 5685); Trib. Cherbourg, 26 août 1884 (D. P. 85. 5. 218); Trib. Châlon-sur-Saône, 1er déc. 1885 (Garnier, *Rép. pér. enreg.*, art. 6604).

Au contraire, la clause de réversibilité a été interprétée par les décisions ci-après comme une simple charge de donation ne donnant ouverture à aucun droit particulier (Trib. Péronne, 11 févr. 1857, *Diction. droits d'enreg.*, *loc. cit.*; Trib. Mortagne, 29 août 1861, *ibid.*; Trib. Rambouillet, 23 déc. 1863, *ibid.*; Trib. Seine, 13 juin 1868, *ibid.*; Trib. Bayeux, 12 mars 1869, aff. Lecoq, D. P. 70. 5. 151).

246. La règle que les stipulations accessoires d'un contrat ne donnent lieu à la perception de droits particuliers d'enregistrement qu'autant qu'elles constituent des dispositions indépendantes et ne dérivant pas nécessairement de la disposition principale, peut trouver son application dans tous les actes et jugements. Nous signalerons quelques-unes des décisions de la jurisprudence qui l'ont appliquée à des contrats de diverses natures.

L'arrêt du 21 août 1872, cité *suprà*, n° 227, qui a formulé le principe, a décidé, spécialement, que la clause d'un contrat de mariage par laquelle les père et mère de la future, après lui avoir constitué en dot, sous réserve de l'usufruit, un immeuble situé à l'étranger, s'engagent à lui servir une pension viagère pour lui tenir lieu de l'usufruit réservé, renferme deux libéralités distinctes par la nature des choses données aussi bien que par les règles propres à chacune d'elles, et sujettes, en conséquence, chacune au droit d'enregistrement qui lui est applicable selon son espèce. La doctrine de cet arrêt ne s'accorde pas avec celle d'arrêts antérieurs de la cour (*Rép.* n° 3743) qui ont décidé que la donation à titre de partage anticipé par une veuve, de ses biens à ses enfants, sous réserve de l'usufruit à la condition qu'elle jouirait, comme usufruitière, des biens de la succession de son mari, à charge de payer des rentes viagères à ses enfants, ne donnait lieu, à raison de ces dernières stipulations, à aucun droit particulier en outre de celui perçu sur la donation à titre de partage. Mais comme, dans l'espèce de l'arrêt du 21 août 1872, la donation principale n'avait été assujettie qu'au droit fixe parce qu'elle se rapportait à des biens situés à l'étranger, la décision de la cour se trouve conforme à la jurisprudence analysée *suprà*, n° 159, suivant laquelle l'exemption du droit d'enregistrement applicable à un acte ne fait pas obstacle à la perception du droit proportionnel sur les dispositions accessoires de la convention qu'il constate, lorsqu'elles y donnent lieu (D. P. 73. 1. 81, note). — Il a été jugé... : 1° spécialement par l'arrêt du 15 nov. 1875 (V. *suprà*, n° 227) que l'acte portant donation, à titre de partage anticipé, par des père et mère à un de leurs enfants, de la totalité d'un immeuble, à charge de payer une soulte à un autre enfant, et constatant, en outre, la libération de la soulte, partie en espèces ou par voie de compensation, le surplus au moyen de l'abandon au donataire, créancier de la soulte, d'immeubles appartenant en propre au donataire débiteur, donne lieu à des perceptions distinctes, les dispositions relatives au règlement de la soulte étant entièrement indépendantes de celles renfermant la donation; — 2° Que l'acte portant donation entre vifs d'immeubles et, d'autre part, en exécution de l'une des dispositions de la libéralité, partage en trois lots de ces immeubles entre les donataires, à charge par l'un des lots de soultes au profit des deux autres, renferme deux dispositions distinctes, une donation entre vifs et un partage avec soultes, et donne lieu, en conséquence, en outre du droit proportionnel de donation, au droit de mutation à titre onéreux sur le montant des soultes stipulées, alors surtout qu'il est dit que le partage a eu lieu avec la garantie de droit, que chacun des copartageants a accepté le lot à lui échu et a consenti aux autres tout dessaisissement de propriété, et que, en outre, une inscription de privilège de copartageant a été prise au bureau des hypothèques pour sûreté des soultes

---

la valeur en reste inférieure à la part de jouissance que les époux s'abstiennent de retenir, la réserve d'usufruit dans son ensemble, se résout en une charge alimentaire, que légitime le sacrifice fait aux enfants par les époux; — Qu'ainsi restreinte, la clause de réversibilité ne présente plus d'une libéralité entre époux que les apparences et qu'elle échappe alors, même dans le droit actuel et sans qu'il soit nécessaire d'en modifier les termes, à l'art. 1097 et à l'art. 1096 tout à la fois;

Considérant qu'il n'appartient qu'aux tribunaux de reconnaître sur chaque espèce, d'après l'ensemble des dispositions du partage et en tenant compte de l'importance respective des avantages que les époux y concèdent et de ceux qu'ils s'attribuent, les cas où les deux articles s'appliquent et ceux où ils ne s'appliquent pas;

En ce qui touche les rentes viagères : — Considérant que la clause par laquelle les époux, auteurs d'une donation-partage, obligent les bénéficiaires du partage à leur servir une rente viagère réversible sur la tête du survivant, se résout en une double constitution de rente pour chaque époux, à son profit propre et au profit de l'autre tout à la fois; — Que, dès lors, ces nouvelles clauses, au point de vue où la pétition se place, présentent tous les caractères des premières et doivent être tenues, comme elles, pour des libéralités réciproques ou pour de simples charges du partage, suivant leur importance au regard des biens distribués;

Considérant, toutefois, qu'aux termes de l'art. 1973 c. civ., les rentes viagères constituées au profit d'un tiers, même lorsqu'elles affectent le caractère de libéralités, ne sont pas assujetties aux formes prescrites pour les donations; — Qu'il semblerait, dès lors, que la prohibition de l'art. 1097 ne les atteint dans aucun cas, et que, pour ces nouvelles clauses, la pétition fût sans objet;

Mais, considérant qu'au sens de l'art. 1973 les *formes prescrites pour les donations* ne sont autres que les règles générales qui sont inscrites, dans le code civil, au chap. 4 du titre *Des donations*; — Que, d'autre part, les libéralités consenties par un époux au profit de l'autre, dans les conditions de l'art. 1973, ne sont évidemment pas affranchies, faute d'une dispense spéciale qui n'est formulée nulle part, du principe de révocabilité de l'art. 1096, dont la protection n'est jamais plus nécessaire que dans le cas d'aliénation en viager;

Considérant qu'ainsi les solutions données, sous les distinctions faites, s'appliquent aux réversibilités de rentes viagères comme aux réversibilités d'usufruit;

Est d'avis :

Qu'il y a lieu de répondre à la question posée dans le sens des observations qui précèdent.

Cet avis a été délibéré et adopté par le conseil d'Etat, dans ses séances des 15 et 17 avr. 1886.

Du 17 avr. 1886.-Avis Cons. d'Et.-MM. Ed. Laferrière, vice-pr.; Paul Dupré, rap.

(Trib. Evreux, 23 mars 1887, aff. Griaune, D. P. 89. 3. 32, et la note); — 3° Que la clause d'un contrat de mariage portant constitution en dot à la future, par sa mère, d'une somme d'argent payable à terme avec intérêts, et remise en antichrèse, par la donatrice à la donataire, de maisons pour en percevoir les loyers et compenser jusqu'à due concurrence le montant de ces loyers avec les intérêts de la dot, doit être considérée, pour la perception des droits d'enregistrement, comme renfermant deux dispositions indépendantes : une donation mobilière passible du droit de 1 fr. 25 cent. pour 100, et une antichrèse sujette au droit de 2 pour 100 (Trib. Seine, 6 mars 1869, aff. Godin, D. P. 70. 3. 101); — 4° Que la clause d'un contrat de mariage portant constitution en dot au futur, par ses père et mère, de la nue propriété d'un immeuble, plus d'une rente viagère pour lui tenir lieu de la jouissance de cet immeuble, donne lieu au droit proportionnel à la fois sur la valeur de la nue propriété de l'immeuble et sur le capital de la rente (Trib. Douai, 18 janv. 1877, aff. Davaine, D. P. 77. 5. 199); — 5° Que la donation à titre de partage anticipé dans laquelle, en se réservant l'usufruit des biens donnés et en stipulant, d'autre part, que les enfants donataires le laisseront jouir, sa vie durant, des biens de son conjoint prédécédé, l'ascendant donateur s'engage à leur servir une rente viagère pour les indemniser, donne lieu au droit proportionnel, non seulement sur la valeur des biens abandonnés en nue propriété, mais aussi sur le capital au denier dix de la rente viagère (Trib. Angoulème, 4 août 1873, aff. Delombre, D. P. 74. 5. 249).

247. Pour l'application de la règle à la donation simultanée, par deux époux à leur enfant commun, d'immeubles du mari et des reprises de la femme hypothéquées sur ces immeubles, V. infrà, chap. 4, part. 1re, sect. 2, art. 3, § 1er, n° 4.

248. La question est souvent soulevée au sujet des dispositions accessoires contenues dans les contrats de vente, de bail, de société, etc. Sont considérées comme dispositions dépendantes de la vente et ne donnant pas lieu, par conséquent, à la perception d'aucun droit particulier d'enregistrement :... la déclaration, dans l'acte de vente d'un fonds de commerce, que le prix sera compensé à due concurrence avec une somme qui était due par le vendeur à l'acheteur (Sol. adm. enreg. 24 sept. 1868, D. P. 69. 3. 96);... la déclaration par l'acquéreur, dans un acte de vente, que l'acquisition est faite en remploi de ses biens propres aliénés (Sol. adm. enreg. 10 sept. 1873, D. P. 74. 3. 56, et la note. Conf. Sol. adm. enreg. (Belgique) 9 mai 1854, D. P. 54. 3. 80);... l'acceptation par la femme, dans l'acte constatant une acquisition d'immeuble par son mari, de cet immeuble pour remploi de sa dot (Même solution du 10 sept. 1873. Conf. Rép.

n° 3472);... la renonciation par la femme à son hypothèque légale sur l'immeuble vendu, dans l'acte de vente par deux époux solidairement d'un immeuble propre au mari (Sol. adm. enreg. 2 mai 1868, D. P. 68. 5. 172); ... la reconnaissance, dans l'acte authentique constatant le dépôt en l'étude du notaire rédacteur d'un acte sous seing privé constatant une vente de fonds de commerce, par les déposants, de leurs signatures apposées sur l'acte sous seing privé déposé (Sol. adm. enreg. 28 janv. 1869, D. P. 69. 5. 154);... la stipulation dans l'acte de cession, par une compagnie, de son droit aux produits d'un chemin de fer construit ou concédé par l'Etat, que la cession comprend également le solde d'un emprunt non encore employé, à charge par la compagnie cessionnaire de rembourser le montant de cet emprunt (Civ. cass. 15 mai 1861, aff. Mancel, D. P. 61. 1. 225);... la clause d'une vente publique de récoltes à terme portant que le prix sera payé aux mains et en l'étude du notaire rédacteur (Sol. adm. enreg. 20 avr. 1865, D. P. 65. 3. 48. V. Rép. n° 375).

249. Au contraire, sont considérées comme dispositions indépendantes de la vente et donnant lieu, en conséquence, à la perception de droits particuliers d'enregistrement :... la disposition d'un acte de vente immobilière portant quittance par le notaire rédacteur à l'acquéreur, en déduction du prix de la vente, du montant des frais laissés par une stipulation de l'acte à la charge du vendeur, la somme ainsi payée étant en dehors du prix de la vente et la quittance étant donnée par une personne étrangère au contrat (Trib. Limoges, 29 juin 1849, aff. Brigeuil, D. P. 49. 5. 173);... l'intervention, dans l'acte de quittance du prix d'une vente d'immeuble, des frères et sœurs de l'acquéreur, pour reconnaître que la somme payée provient d'épargnes et des gains personnels de ce dernier (Sol. adm. enreg. 12 août 1870, D. P. 73. 5. 225);... la stipulation, dans l'acte de vente de la nue propriété et de l'usufruit d'un immeuble à des personnes distinctes avec clause de solidarité entre elles pour le payement du prix, que l'acquéreur de la nue propriété contribuera à ce payement pour le principal et pour ce qui excédera 3 pour 100 sur les intérêts; que, de son côté, l'acquéreur de l'usufruit payera cet intérêt de 3 pour 100 pour son usufruit d'abord, au vendeur, puis, après que celui-ci aura été désintéressé, à l'acquéreur de la nue propriété, cette stipulation constituant une disposition distincte de la vente et passible du droit de constitution de rente à 2 pour 100 (Req. 26 juin 1855)(1);... la disposition d'un acte de cession d'office moyennant un prix déterminé, portant donation d'une partie de ce prix (Civ. cass. 6 déc. 1847, aff. Capon, D.P. 47. 4. 215; Req. 22 janv. 1866, aff. Véricel, D. P. 66. 1. 232).

---

(1) (De la Tour du Pin et consorts C. Enregistrement.) Le 24 févr. 1855, jugement du tribunal civil de la Seine, ainsi conçu : — « Attendu qu'aux termes de l'art. 11 de la loi du 22 frim. an 7, lorsque, dans un acte quelconque, soit civil, soit judiciaire, il y a plusieurs dispositions indépendantes ou ne dérivant pas nécessairement les unes des autres, il est dû, pour chacune d'elles et selon son espèce, un droit particulier dont la quotité est déterminée par l'article de ladite loi dans lequel la disposition se trouve classée ou auquel elle se rapporte; — Attendu que, par l'acte notarié du 20 janv. 1852, les époux Mallet ont vendu à Chilly au comte de la Tour du Pin Chambly pour l'usufruit, pendant sa vie, et à David Louis, David Luc, Farran, de Souvigny et baron de Patural pour la nue propriété, avec réunion de l'usufruit au décès du comte de la Tour du Pin Chambly, moyennant le prix unique de 450000 fr., que les acquéreurs se sont obligés solidairement de payer aux vendeurs, savoir : 50000 fr. après les formalités de la transcription à remplir dans le délai d'un mois; 75000 fr. après celles de purge légale à remplir dans le délai de quatre mois; 100000 fr. le 10 mars 1853, et les 225000 fr. de surplus le 10 mars 1856, avec intérêts à 5 pour 100; qu'à la fin dudit acte, et à la suite des conventions qui concernent les vendeurs, il est dit, sous le titre de : Conventions particulières entre le comte de la Tour du Pin et ses coacquéreurs, que les acquéreurs de la nue propriété contribueront au payement du prix pour le principal et pour tout ce qui excédera 3 pour 100 sur les intérêts, et le comte de la Tour du Pin pour les 3 pour 100 d'intérêts de surplus; et que ces 3 pour 100 d'intérêt étant la représentation de l'usufruit de de la Tour du Pin, il est entendu que ce dernier continuera de les servir entre les mains de ces coacquéreurs, au fur et à mesure des payements qu'ils auront faits aux vendeurs; — Qu'il résulte évidemment de ces dernières stipulations une disposition indépendante du contrat de vente, et qui constitue un contrat particulier entre l'acquéreur

de l'usufruit et les acquéreurs de la nue propriété, d'après lequel ceux-ci payent pour lui aux vendeurs une somme représentant dans le prix la valeur de son usufruit, et doivent, en retour, recevoir de lui, pendant sa vie, une somme d'intérêts annuels déterminée au lieu du capital avancé; que cette stipulation sui generis réunit tous les caractères d'une constitution de rente viagère, suivant les art. 1909, 1918 et 1968 c. nap., encore bien que les mots constitution de rente viagère ne s'y trouvent pas employés; qu'on y retrouve, en effet, les deux conditions essentielles et constitutives de ce contrat, l'aliénation à fonds perdu du capital avancé par les acquéreurs de la nue propriété pour le payement de la portion du prix qui se réfère à l'usufruit acquis par de la Tour du Pin, et qui était nécessairement sa charge personnelle, et l'alea résultant de ce que, suivant le temps plus ou moins long pendant lequel les arrérages ou annuités fixés seront servis, les bailleurs de fonds pourront, prélèvement fait des intérêts ordinaires, rentrer dans l'intégralité de ces fonds ou seulement dans une partie, ou, au contraire, dans une somme supérieure; qu'on ne saurait dire qu'il n'y a pas d'alea, parce que, si les acquéreurs de la nue propriété doivent être privés des annuités ou arrérages dus à la mort de la Tour du Pin, usufruitier, ils doivent retrouver, à l'instant même, en retour, la jouissance de l'immeuble; — Qu'en effet, cette entrée en jouissance est la conséquence propre et ordinaire de toute acquisition de nue propriété lorsque l'usufruit vient à s'éteindre, et qu'elle ne fera pas dans l'espèce que les acquéreurs de la nue propriété, qui n'avaient qu'à payer le prix de cette nue propriété, ne se trouvent avoir en moins dans leur fortune, et avoir perdu la somme avancée à l'usufruitier pour le payement de son usufruit, si celui-ci vient à décéder à une époque voisine du contrat; — Qu'il est vrai que, dans l'espèce, la durée de la rente viagère est établie, non pas sur la tête du créancier de la rente comme il se pratique communément, mais sur celle du débiteur; mais qu'il n'est aucu-

250. La disposition d'un acte de *bail* constatant la remise par les preneurs au bailleur, à titre de cautionnement, d'une somme d'argent, avec stipulation que les intérêts seront déduits chaque année des fermages et la somme elle-même employée au payement des derniers termes du bail, constitue une disposition accessoire et dépendante du bail et, par suite, ne donne lieu à aucun droit particulier d'enregistrement (Sol. adm. enreg. 20 oct. 1868, D. P. 69. 5. 149). — Mais l'obligation, prise par l'entrepreneur, dans le bail par adjudication du service des pompes funèbres et des inhumations d'une ville, de faire, à un prix déterminé et stipulé payable par la ville, le transport des corps des décédés, constitue, non une condition, mais une disposition distincte du bail, et donne lieu, en conséquence, à un droit particulier qui est celui de louage de services (Civ. rej. 28 avr. 1856, aff. Vafiard, D. P. 56. 1. 202). — La clause de la même adjudication qui oblige l'adjudicataire à prendre tout le matériel employé par l'entrepreneur sortant lequel est tenu, par son cahier des charges, de le céder, constitue une disposition distincte de cette adjudication et passible du droit de vente mobilière, encore bien que le cahier des charges impose à l'adjudicataire l'obligation de conserver ce matériel pendant toute la durée du marché et de le transmettre, à l'expiration du bail, à son successeur ou, dans tous les cas, à la ville au prix d'estimation (Même arrêt du 28 avr. 1856; Civ. rej. 4 août 1869, aff. Ch. Laffitte, D. P. 70. 1. 36).

251. Dans le cas d'emprunt et de payement, par le même acte, au moyen des deniers empruntés, d'une dette existant au profit d'un tiers, avec *subrogation* de ce nouveau prêteur dans tous les droits du créancier désintéressé, le contrat ne présente, en réalité, qu'une cession de créance, un véritable échange entre le nouveau prêteur et le créancier désintéressé, le premier livrant ses fonds, le second lui transmettant ses droits avec les hypothèques et autres garanties qui y étaient attachées. Le payement est l'accomplissement d'une condition sans laquelle l'emprunt n'aurait pas été consenti et, par suite, un élément de la subrogation comme l'emprunt. Il s'ensuit que l'acte donne lieu seulement au droit d'obligation à 1 pour 100 pour l'emprunt, et non, en outre, au droit de libération à 50 cent. pour 100 à raison de la libération du débiteur vis-à-vis de son créancier primitif (Trib. Lyon, 11 janv. 1857, aff. Ducruet, D. P. 57. 3. 68; Civ. cass. 19 janv. 1858, aff. Trépagne, et aff. Peyronnat, D. P. 58. 1. 26 et 28. V. *Rép.* n° 979). — Mais l'acte constatant la réalisation d'un prêt par le Crédit foncier par l'intervention d'un créancier hypothécaire qui, désintéressé avec les fonds empruntés, donne quittance et mainlevée sans subrogation, est passible, outre le droit proportionnel d'obligation sur le montant de l'emprunt, du droit proportionnel de libération sur la somme payée (Civ. cass. 28 mars 1887, aff. du Bosc de Peyron, D. P. 88. 1. 173).

Cette décision paraît fondée. En effet, le payement ayant été effectué sans subrogation, l'acte présentait deux opérations tout à fait distinctes, un emprunt, d'une part, un payement, de l'autre, qui n'ont pu être combinées dans l'intention des parties et qui, n'étant pas liées juridiquement entre elles, ne pouvaient être considérées comme ne formant qu'une seule convention (V. *ibid.* note).

252. La prorogation de délai consentie, dans un acte de transport de créance, par le cessionnaire au débiteur, ou stipulée à la suite d'une quittance avec subrogation dans le cas prévu par l'art. 1250-1° c. civ., constitue une disposition indépendante du transport ou de la quittance subrogative et donne lieu, par suite, au droit gradué. Mais il n'en est pas de même, dans le cas prévu par la deuxième disposition dudit art. 1250 c. civ., de la prorogation consentie par le nouveau créancier (V. *infrà*, n°s 541 et suiv.).

253. Dans les *jugements* qui interviennent au sujet de billets à ordre non payés à l'échéance, la condamnation principale au profit du porteur et les condamnations secondaires au profit de chacun des endosseurs sont des dispositions dérivant nécessairement les unes des autres; en conséquence, le jugement ne donne ouverture qu'à un seul droit d'enregistrement (Sol. adm. enreg. 23 mai 1845; Instr. adm. enreg. 30 déc. 1845, n° 1743, § 4, D. P. 76. 1. 490, note). — L'Administration s'écarta de cette doctrine en réclamant un droit particulier d'enregistrement sur des condamnations récursoires prononcées par jugement en même temps que la condamnation principale. Mais cette réclamation fut repoussée par la cour de cassation. Jugé, en effet, que lorsque, dans le cas de perte ou de livraison tardive de marchandises transportées successivement par plusieurs compagnies de chemins de fer, un jugement, statuant à la fois sur les actions principales et sur les actions en garantie, toutes confondues dans la même instance, prononce, outre la condamnation principale, des condamnations récursoires, ces dernières, dérivant de la condamnation principale, ne donnent pas lieu à un droit particulier d'enregistrement (Civ. cass. 28 juin 1876, aff. Chemin de fer du Nord (deux arrêts), D. P. 76. 1. 490; Civ. rej. 28 juin 1876, même affaire, *ibid.*). L'Administration a décidé, à la suite de cet arrêt, que sa doctrine serait prise par ses agents pour règle de perception (Délib. 15-16 sept. 1876; Instr. adm. enreg. 12 oct. 1876, n° 2562, § 3, *ibid.*, note).

254. Relativement aux clauses dépendantes ou indépendantes qui peuvent se rencontrer dans d'autres actes et au sujet desquelles la question de savoir si ces clauses donnent lieu à des droits particuliers d'enregistrement a été soulevée, V. pour : ... les *avis de parents, infrà,* n°s 455 et suiv.; les *compromis, infrà,* n°s 460 et suiv.; ... les *déclarations, infrà,* n°s 464 et suiv.; ... les *titres nouvels, infrà,* n°s 482 et suiv.; ... ... les *abandonnements de biens, infrà,* n°s 488 et suiv.; ... les *mainlevées, infrà,* n°s 523 et suiv.; ... les *notoriétés, infrà,*

---

nement nécessaire que cette durée repose sur la tête du créancier, puisque la loi elle-même prend soin d'établir (c. nap. art. 1971) qu'elle peut reposer sur la tête d'un tiers qui n'en jouit pas, et qu'aucun motif ne saurait s'opposer à ce qu'elle soit assise sur celle du débiteur lui-même; qu'il est évident qu'au point de vue du droit les conditions essentielles et constitutives du contrat se retrouvent également, dans ce cas, pleines et entières, et qu'au point de vue des considérations morales, le contrat laisse encore moins à désirer, puisque le débiteur de la rente lui-même est intéressé à la payer le plus longtemps possible ; — Qu'on ne saurait objecter avec plus de raison que les arrérages ou annuités que doit servir de la Tour du Pin étant la représentation de la valeur de l'usufruit, le payement de ces arrérages n'est autre chose qu'un mode de payement de son prix formant une disposition dépendante de la vente; que ce raisonnement est juste, quant aux intérêts qu'il paye ou aura à payer aux vendeurs ; mais qu'il cesse de l'être quant aux arrérages ou annuités qu'il paye ou aura à payer à ses coacquéreurs qui sont ses vendeurs, auxquels il ne doit rien à ce titre, et dont il n'est débiteur qu'en vertu d'une convention particulière intervenue entre eux et lui à l'occasion de la vente, mais qui n'est point la vente, et forme une disposition tout à fait distincte et indépendante ; — Qu'ainsi, c'est avec raison et, conformément aux prescriptions de l'art. 11 précité de la loi de frim. an 7, que la Régie, indépendamment des droits de mutation auxquels donnait lieu la vente de la terre de Chilly, réclame sur la disposition particulière dont s'agit le droit de 2 pour 100 dont les constitutions de rentes perpétuelles ou viagères sont frappées par l'art. 69, § 5, n° 2; même loi ». — Pourvoi en

cassation : 1° violation de l'art. 11 de la loi du 22 frim. an 7; 2° violation de l'art. 69, § 5, n° 2, de la même loi. — Arrêt.
LA COUR ; — Attendu, sur le premier moyen, en droit, que, suivant l'art. 11 de la loi du 22 frim. an 7, lorsqu'un contrat offre plusieurs dispositions distinctes, indépendantes, et ne dérivant pas les unes des autres, il est dû au Trésor, pour chacune de ces dispositions et suivant sa nature, un droit particulier d'enregistrement ; — Attendu, en fait, que la convention spéciale qui, dans l'acte du 20 janv. 1852, a pour objet de régler le mode de payement du prix de la vente, en ce qui concerne l'usufruit, constitue une stipulation distincte de la vente, étrangère aux vendeurs et exclusivement relative aux acquéreurs, et rentrant, dès lors, sous l'application de l'art. 11 de la loi du 22 frim. an 7 ; Attendu, sur le deuxième moyen, que la convention par laquelle l'acquéreur de l'usufruit s'oblige à payer, sa vie durant, une somme annuelle de 13500 fr. à l'acquéreur de la nue propriété, qui, de son côté, consent à payer seul au vendeur l'intégralité du prix de vente, constitue un contrat de rente viagère *sui generis*, dans lequel se rencontrent les caractères imprimés à ces sortes de contrats par les art. 1709, 1710 et 1768 c. nap., à savoir: l'aliénation à fonds perdu de la partie du prix de la vente payée par l'acquéreur de la nue propriété, applicable à la valeur de l'usufruit, service *incertain* quand à sa durée ; — Et que, pour avoir décidé que cette constitution de rente viagère devait payer un droit de 2 pour 100, le jugement attaqué, loin d'avoir violé la loi, en a fait une juste application ; — Rejette.
Du 26 juin 1855.-Ch. req.

nᵒˢ 539 et suiv.;... les *prorogations de délais*, *infrà*, nᵒˢ 541 et suiv.;... les *actes respectueux*, *infrà*, nᵒ 575;... les *renonciations*, *infrà*, nᵒˢ 586 et suiv.;... les *actes de partage*, *infrà*, chap. 4, part. 1ʳᵉ, sect. 2, art. 2, § 1ᵉʳ, nᵒ 5;... les *contrats de mariage*, *ibid.*, art. 2, § 5, nᵒ 4;... les *actes de société*, *ibid.*, art. 2, § 5, nᵒ 5.

§ 2. — De l'exécution dans des actes distincts (*Rép.* nᵒˢ 393 à 410).

255. L'art. 68, § 1ᵉʳ, nᵒ 6, de la loi du 22 frim. an 7 soumet au droit fixe de 1 fr. (aujourd'hui 3 fr.) « les actes qui ne contiennent que l'exécution, le complément et la consommation d'actes antérieurs enregistrés ». — Un acte est l'exécution d'un autre, lorsque l'opération qu'il constate n'est, en définitive, que la conséquence légale du premier; il cesse d'être l'exécution de l'acte antérieur, lorsqu'il engendre une obligation, crée un droit, est, en un mot, le titre d'une convention. Dans ce dernier cas, il y a lieu à la perception du droit applicable à la nouvelle convention (*Rép.* nᵒˢ 263 et 395).

Cette doctrine a été confirmée par un arrêt de la cour de cassation. Aux termes de cette décision, « il ne suffit pas, pour qu'un acte soit enregistré au droit fixe comme acte de complément, qu'il ne contienne aucun élément étranger aux obligations dérivant de l'acte antérieur; qu'il n'y ait eu ni novation, ni substitution d'une dette à une autre; un nouveau droit proportionnel est dû si ces deux actes, quoique relatifs aux mêmes engagements, ont fourni les titres de deux obligations distinctes devant produire des effets différents sous le rapport du mode de payement des intérêts de la somme due et de la prescription des actions qui en découlent » (Civ. cass. 23 mai 1854, aff. Bourgaud, D. P. 54. 1. 195).

256. La jurisprudence a fait de nombreuses applications de cette règle. — Jugé que l'acte par lequel le bailleur accorde au preneur une *réduction des loyers* à échoir suivant bail authentique, et, d'autre part, un délai pour l'acquittement de partie des loyers échus stipulés payables avec intérêts, ne renferme ni arrêté de compte, ni reconnaissance de dette nouvelle, ni novation, et ne donne point lieu, en conséquence, à la perception du droit proportionnel d'obligation; il n'est sujet qu'au droit fixe applicable aux actes de complément (Trib. Cusset, 8 juin 1871, aff. V..., D. P. 73. 5. 206). Toutefois, il est admis généralement que le droit proportionnel de libération est dû sur l'acte portant réduction du prix d'un bail en cours d'exécution (*Rép.* nᵒ 3118; *Diction. droits d'enreg.*, vⁱˢ *Acceptation*, nᵒ 22; *Bail*, nᵒ 173; Garnier, *Rép. gén. enreg.*, nᵒ 243);... que l'acte par lequel le créancier d'une *rente viagère* consent à en réduire le chiffre, à titre de transaction, afin d'assurer à l'avenir le payement intégral et exact des arrérages de la rente (Civ. rej. 28 févr. 1870, aff. Lemesle, D. P. 70. 1. 417). — Mais, d'autre part, la cour de cassation a jugé, dans le même sens que le tribunal de Cusset, que l'acte par lequel une ville qui a concédé, moyennant une redevance annuelle et pour un temps déterminé, le droit exclusif de faire circuler, avec stationnement sur la voie publique, des omnibus, réduit le chiffre de la redevance en imposant au concessionnaire l'obligation d'abaisser le tarif des places et de renoncer à diverses réclamations, ne peut être considéré ni comme renfermant une acceptation ou remise de dette, passible du droit proportionnel de libération à 50 cent. pour 100, ni comme constituant la rétrocession ou résiliation de bail soumise au droit de 20 pour 100. Il n'est qu'un simple acte de complément, passible seulement du droit fixe (Civ. cass. 22 juin 1870, aff. Compagnie lyonnaise des Omnibus, D. P. 70. 1. 399).

L'acte par lequel une compagnie de chemin de fer cède et transporte des subventions à échoir à son profit à une société, en payement de travaux de constructions faits par celle-ci en exécution d'un traité portant que le prix serait acquitté en espèces, ne peut être considéré comme un simple acte de complément et d'exécution de ce traité et comme ne donnant ouverture à ce titre qu'au droit fixe; c'est un véritable transport de créances passible du droit proportionnel (Req. 25 févr. 1874, aff. Compagnie Fives-Lille, D. P. 74. 1. 376). — Au contraire, l'échange, entre cohéritiers, de lots d'immeubles qui leur avaient été attribués par un partage, ne doit être considéré que comme une suite et un

complément du partage et n'est, à ce titre, passible que du droit fixe, lorsqu'il a été prévu dans l'acte de partage dont il formait une des conditions (Req. 20 avr. 1869, aff. de Courson, D. P. 70. 1. 65). Si donc, dans l'espèce de l'arrêt du 25 févr. 1874, l'abandon des subventions avait été stipulé dans le traité primitif passé entre les deux compagnies, l'acte par lequel cet abandon a été réalisé n'aurait été considéré que comme un simple acte d'exécution et de complément passible du droit fixe seulement (V. D. P. 74. 1. 376, note).

257. La règle que les actes de complément et d'exécution ne sont sujets qu'au droit fixe a été appliquée à l'acte constatant le règlement entre époux des *reprises de la femme*. Il est de jurisprudence que, sous quelque régime que le mariage ait été contracté, les actes constatant la *reconnaissance* par le mari de sommes reçues pour le compte de sa femme ne sont pas assujettis au droit proportionnel d'obligation, et ceux par lesquels le mari ou ses héritiers opèrent le *remboursement* de ces mêmes sommes ne sont pas soumis au droit proportionnel de libération (*Rép.* nᵒˢ 1179, 1294 et 1302). « En droit, porte un arrêt de la cour de cassation, vis-à-vis de sa femme, le mari, quel que soit le régime adopté par les époux, n'est, quant aux biens qu'elle s'est réservés comme propres par son contrat de mariage, qu'un administrateur; ainsi, lorsqu'à la dissolution de la communauté il lui remet le montant de ses reprises et apports, il ne fait que l'exonérer envers elle du mandat qu'il en avait reçu; d'où il suit que l'acte constatant cette remise ne renferme qu'une simple décharge de mandant à mandataire, passible du droit fixe » (Civ. rej. 30 janv. 1866, aff. Ducruet, D. P. 66. 1. 74). — Jugé, spécialement, que la reconnaissance par le mari, des sommes dont il est comptable envers sa femme, comme administrateur des biens paraphernaux de celle-ci, n'est que l'exécution d'une obligation préexistante dérivant d'un mandat exprès ou tacite et, par suite, n'est passible que d'un droit fixe (Civ. cass. 16 juill. 1855, aff. Decornis, D. P. 55. 1. 306);... Et que la déclaration, dans l'acte d'acquisition par une femme à titre d'emploi de ses fonds dotaux, que le prix a été payé des deniers du mari et que celui-ci s'en couvrira sur les premiers fonds revenant à sa femme, n'est que l'exécution du mandat légal ou tacite qui obligeait le mari à assurer l'emploi des fonds dotaux ne peut, en conséquence, être considérée, malgré la participation de la femme au contrat, comme constituant une obligation ou délégation passible du droit proportionnel de 1 pour 100 (Civ. cass. 3 mai 1864, aff. Brest, D. P. 64. 1. 170).

Nous aurons à revenir plus loin sur cette importante question, en traitant des *décharges* et du principe de la *non-distraction des charges* pour la perception des droits de *mutation par décès*.

258. L'Administration a admis, par des délibérations rapportées au *Rép.* nᵒ 3764, que l'acte constatant la *dispense de rapport* pour l'objet d'une donation faite antérieurement en avancement d'hoirie, n'est passible que du droit fixe comme acte de complément. C'est aussi ce qu'enseignent le *Dictionnaire des droits d'enregistrement*, vᵒ *Acte de complément*, nᵒ 10-5ᵒ, et M. Garnier, *Rép. gén. enreg.*, nᵒˢ 513 *bis* et 523). Mais l'Administration a fait juger depuis que la dispense de rapport à la succession du père commun, consentie par des enfants au profit de l'un d'eux relativement à une somme reçue par celui-ci en avancement d'hoirie, constitue une libéralité passible du droit proportionnel de donation (Trib. Neufchatel, 27 août 1857, aff. Gorré, D. P. 58. 3. 8; Trib. Seine, 21 juill. 1866, aff. Dreyss, D. P. 68. 5. 172).

259. L'acte par lequel des enfants modifient le *partage testamentaire* fait entre eux par leur mère ne peut être considéré comme le complément de ce partage, puisque les enfants ont substitué leur volonté à celle de leur mère; en conséquence, le nouveau partage est sujet aux divers droits auxquels ses dispositions donnent lieu (Trib. Cosne, 28 août 1850, *Jour. enreg.*, art. 15578). Il en est de même de l'acte par lequel des enfants, tout en déclarant qu'ils entendent respecter les volontés exprimées par leur père défunt dans son testament contenant partage de ses biens entre eux, avec attribution par préciput aux fils de la quotité disponible, procèdent à un nouveau partage par portions égales, les fils renonçant à l'attribution à eux faite par préciput; cet acte ne peut être considéré comme ne constatant que l'exécution pure et simple des dispositions du testament (Req. 23 juill. 1873, aff. prince Stirbey, D. P. 74. 1. 260). — Mais, lorsqu'un père a fait entre ses enfants un partage testamentaire de ses biens avec déclaration qu'il entendait le faire par portions égales, l'acte par lequel, après son décès, les enfants procèdent à un nouveau partage avec stipulation d'une soulte à la charge de l'un d'eux, afin de réparer une erreur d'estimation involontairement commise par le père et de rétablir ainsi entre eux l'égalité qui formait sa pensée dominante, doit être considéré comme une simple exécution du testament, alors qu'il maintient les attributions du partage testamentaire (Civ. cass. 29 nov. 1854, aff. Dubois de Montulé, D. P. 55. 1. 70).

260. Sur la questions de avoir si l'arrêté de *compte de tutelle* constatant un reliquat actif non payé donne lieu au droit proportionnel d'obligation à 1 pour 100, ou n'est sujet qu'au droit fixe établi pour les actes de complément et d'exécution, alors surtout que le reliquat se trouve déjà constaté à la charge du rendant compte, par des actes antérieurs enregistrés, V. *infrà*, n°s 677 et suiv.

261. L'acte constatant une affectation hypothécaire souscrite par le débiteur pour la garantie du remboursement d'une obligation contractée par un acte antérieur n'est sujet qu'au droit fixe établi pour les actes de complément. Nous étudierons cette question, lorsque nous nous occuperons de la perception du droit proportionnel de libération (V. *infrà*, n°s 794 et suiv.)

262. L'affectation hypothécaire consentie par le vendeur à l'acquéreur postérieurement à l'acte de vente, en exécution d'une promesse faite dans cette acte, ne donne lieu qu'au droit fixe comme acte d'exécution et de complément (*Rép.* n° 804).

263. Lorsque, postérieurement à une *vente* et dans le but de rectifier une erreur commise dans la désignation des biens vendus qui se trouvaient ne pas appartenir au vendeur, celui-ci indique, dans un nouvel acte, les immeubles transmis réellement, cet acte ne constitue qu'un acte de complément et d'exécution et n'est passible, en conséquence, que du droit fixe. En effet, le vendeur n'a voulu et entendu vendre que les immeubles lui appartenant; l'acheteur, de son côté, n'a entendu acheter que ces immeubles; ceux désignés dans l'acte de vente, n'ont été indiqués que par suite d'une erreur matérielle et d'une confusion (Trib. Soissons, 21 juin 1854, et Délib. adm. enreg. 10-13 oct. 1854 portant acquiescement à ce jugement, *Diction. droits d'enreg.*, v° *Acte de complément*, n° 17).

264. On ne peut considérer comme un simple acte de complément:... l'acte qui a pour objet de transformer une *obligation commerciale* en une obligation civile ou d'ajouter, même sans novation, aux garanties de la première, celles attachées à la seconde (Civ. cass. 14 nov. 1849, aff. Juin, D. P. 50. 1. 26);... ni l'acte par lequel les signataires ou endosseurs de *billets à ordre* substituent une obligation hypothécaire à la dette purement commerciale résultant de ces billets (Req. 5 avr. 1854, aff. Roger, D. P. 54. 1. 269). En conséquence, le droit proportionnel d'obligation à 1 pour 100 est dû dans ces deux cas.

265. Le procès-verbal d'*ordre*, pris dans son ensemble, n'est sujet qu'au droit fixe de 50 cent. pour 100 sur le montant des collocations arrêtées par le juge-commissaire. Ainsi, aucun droit particulier n'est dû:... sur la collocation en sous-ordre obtenue par un créancier du créancier colloqué, lorsqu'elle est faite dans le procès-verbal d'ordre lui-même (Sol. adm. enreg. 24 mai 1860, D. P. 60. 3. 86);... ni sur la disposition d'un procès-verbal de collocation modificative, portant que l'avoué des acquéreurs dénommés à l'ordre n'a aucune opposition à faire et qu'il dispense les créanciers de toute notification, cette disposition constituant un simple dire (Sol. adm. enreg. 16 nov. 1867, D. P. 68. 3. 46).

Art. 3. — *De la pluralité des droits* (*Rép.* n°s 411 à 472).

266. On a étudié *suprà*, n°s 227 et suiv., les règles qui doivent être suivies, pour la perception des droits d'enregistrement, dans le cas où même acte renferme des dispositions distinctes, indépendantes les unes des autres;

nous arrivons maintenant avec le *Rép.* n°s 411 et suiv., au cas où la même disposition donne lieu à la perception de droits multiples, soit qu'elle fasse l'objet unique de l'acte soumis à la formalité, soit qu'elle se trouve renfermée avec d'autres dans cet acte.

Le nombre des contractants, la diversité des faits constatés, ne suffisent pas pour qu'une même disposition donne lieu à plusieurs droits : il faut que, par suite des différentes qualités du des divers intérêts des contractants, elle soit subdivise en autant de dispositions propres et indépendantes qu'il y a de parties (*Rép.* n°s 411 et 414). Cette règle s'induit de diverses dispositions de la loi fiscale se rapportant à certains actes que nous allons examiner successivement dans l'ordre suivi au *Répertoire*.

§ 1er. — Renonciation et acceptation (*Rép.* n°s 415 à 419).

267. En soumettant au droit fixe de 1 fr. (aujourd'hui 3 fr.) les *renonciations* à succession, legs ou communautés ainsi que les *acceptations*, la loi de frimaire dispose (art. 68, § 1, n°s 1 et 2) qu'il sera perçu un droit par chaque renonçant ou acceptant pour chaque succession. — Ainsi, il est dû autant de droits qu'il y a d'*acceptants*, majeurs ou mineurs (*Rép.* n° 415). Cela s'applique à l'acceptation de communauté comme à l'acceptation de succession. En effet, disent les rédacteurs du *Dictionnaire des droits d'enregistrement*, le droit d'option est divisible; si la femme ne peut pas l'exercer divisiblement, c'est qu'il n'est pas possible qu'une même personne soit à la fois acceptante et renonçante, de même qu'il n'est pas permis à un débiteur de s'acquitter partiellement de sa dette, bien que la dette soit divisible. Mais, comme chaque héritier peut accepter la communauté ou y renoncer (c. civ. art. 1475), le principe de l'indivisibilité de l'action n'existe plus; l'acceptation de chaque héritier est indépendante de l'acceptation de son cohéritier (v° *Acceptation*, n° 16). — Mais l'acceptation, par l'héritier de la femme, de la communauté et de la succession, ne donne lieu qu'à un seul droit, car elle ne saurait être divisée; l'acceptation de la communauté implique l'acceptation de la succession; il s'agit d'un seul intérêt, pour les acceptants (Sol. adm. enreg. 6 juill. 1867, Garnier, *Rép. gén. enreg.*, n° 215-2°). — Il a même été décidé que si, par le même acte, l'héritier d'une femme commune accepte la succession et renonce à la communauté, il n'est dû qu'un seul droit (Sol. adm. enreg. 24 avr. 1851, Garnier, *ibid.*, n° 13963-3°). Mais, suivant une opinion exprimée au *Journal de l'enregistrement*, art. 15280-1° il y a lieu, en ce cas, à l'application de la règle de la pluralité des droits, et il en est dû deux (V. Garnier, *ibid.*, n° 215-2°).

268. A l'égard des *renonciations*, la pluralité des droits n'est pas applicable au cas où la renonciation est faite par les héritiers de l'héritier à une succession dévolue à ce dernier décédé sans avoir pris qualité. Cela résulte d'une solution de l'administration belge du 19 déc. 1885 rapportée dans le *Répertoire périodique de l'enregistrement* de M. Garnier (art. 6773). D'après cette solution, l'acte par lequel trois enfants, agissant comme héritiers de leur père, renoncent, du chef de celui-ci, à la succession de son oncle, n'est passible que d'un seul droit fixe.

269. V. pour l'application de la règle de la pluralité des droits aux acceptations de transports ou délégations de créances à terme, *infrà*, chap. 4, part. 1re, sect. 1re, art. 2, §2, n° 5.

270. Il est enseigné au *Rép.* n° 416 que la *procuration* donnée par plusieurs héritiers ou légataires, à l'effet d'accepter ou de répudier une succession ou un legs, ne saurait être assimilée pour la perception du droit d'enregistrement, à l'acte même d'acceptation ou de renonciation; que, comme acte commun et fait dans un intérêt unique, la procuration ne donne jamais lieu qu'à un seul droit. — Mais l'administration de l'enregistrement a établi, en thèse générale, que, si la procuration donnée par plusieurs héritiers pour *accepter* purement et simplement ou sous bénéfice d'inventaire une succession ne donne lieu qu'à un seul droit, parce que, dans ce cas, les héritiers agissent dans un but commun, celle qui est donnée, soit pour *renoncer* à une succession, soit pour l'*accepter* ou y *renoncer*, est sujette à autant de droits qu'il y a de mandants, attendu que la faculté de renoncer est individuelle, que les mandants n'agissent pas dans un intérêt commun et que l'acte présente ainsi plusieurs dispositions indépendantes les unes des autres (Sol. adm. enreg. 31 oct. 1851, Garnier, *Rép. gén. enreg.*, n° 11109-4°). — Les rédacteurs du *Dictionnaire du notariat* critiquent cette doctrine. La faculté d'accepter une succession, disent-ils, est aussi individuelle que celle d'y renoncer. Lorsque tous les héritiers ou plusieurs héritiers donnent de concert pouvoir, soit pour accepter la succession, soit pour l'accepter ou y renoncer, ils agissent dans un intérêt qui leur est commun ; il n'est donc dû, dans l'un et l'autre cas, qu'un seul droit. Il n'y aurait lieu à la pluralité des droits que si, par la même procuration, les uns donnaient pouvoir d'accepter la succession et les autres d'y renoncer. Dans cette hypothèse, il serait dû un droit particulier, non pour chaque héritier, mais pour chaque *groupe* d'héritiers acceptants ou renonçants (v° *Procuration*, n° 74). — Cette distinction paraît mieux fondée que la doctrine établie par l'Administration. Quoi qu'il en soit, il a été jugé, conformément à cette doctrine, que la pluralité des droits est applicable à la procuration donnée par plusieurs héritiers à un tiers : ... soit pour accepter une succession ou pour y renoncer (Trib. Tarbes, 9 juill. 1873, Garnier, *Rép. gén. enreg.*, art. 11109-4°) ; ... soit seulement à l'effet de renoncer (Trib. Hazebrouck, 30 mars 1878, aff. Leroy, D. P. 79. 3. 30). — Mais il n'est dû qu'un seul droit pour le pouvoir, donné par un mari, tant en son nom personnel que comme autorisant sa femme et en sa qualité de tuteur de ses enfants mineurs, à l'effet de renoncer tant à la communauté qu'à la succession de leur fils et frère (Même jugement du 30 mars 1878), ... et de même pour le pouvoir donné par une veuve à l'effet de renoncer, au nom de ses enfants mineurs dont elle est la tutrice légale, à la succession de leur père (Sol. adm. enreg.11 juill. 1885, D. P. 86. 3. 63). Comme l'exprime cette dernière solution, la tutrice, audit cas, stipule seule dans la limite des pouvoirs qu'elle tient de la loi et du conseil de famille (c. civ. art. 461). Il n'y a, dès lors, qu'une mandante qui délègue à un tiers le soin de la remplacer pour une opération déterminée.

271. V. *infrà*, n°s 313 et suiv., d'autres applications de la règle de la pluralité des droits aux mandats ou procurations.

§ 2. — Collation d'actes (*Rép.* n°s 420 et 421).

272. Chaque acte, pièce ou extrait forme, dans la collation, une disposition indépendante et donne lieu, en conséquence, à un droit particulier (L. 22 frim. an 7, art. 68, § 1er, n° 18) (*Rép.* n° 420). Ce droit fixé à 1 fr. par la loi de frimaire, est actuellement de 3 fr. pour les collations par acte civil ou administratif (L. 18 mai 1850, art. 8 ; 28 févr. 1872, art. 4), et de 1 fr. 50 cent. pour les collations par acte judiciaire (L. 28 févr. 1872, art. 4).

273. La disposition du tarif concernant les collations d'actes et pièces ne s'applique qu'aux collations d'actes faits par des officiers publics dans les cas prévus par la loi sur la procédure : elle ne s'étend pas à la copie d'un acte sous seing privé certifiée par l'une des parties (Motifs, Sol. adm. enreg. 22 mai 1874, D. P. 75. 5. 182).

274. Les copies collationnées des contrats translatifs de propriété, faites par les *avoués* pour être déposées au greffe dans le cas de purge d'hypothèques légales, ne jouissent pas de l'exemption de l'enregistrement admise par l'art. 8 de la loi du 22 frim. an 7 à l'égard des extraits, copies ou expéditions des actes qui doivent être enregistrés sur les minutes ou originaux, mais rentre sous l'application de l'art. 68, § 1, n° 18, de la même loi, qui soumet au droit fixe d'un franc les collations d'actes ou pièces, par quelques officiers publics qu'elles soient faites (Sol. adm. enreg. 2 août 1856, D. P. 57. 3. 41). Ces copies étant faites par les avoués et destinées à l'accomplissement d'une procédure judiciaire, doivent être tarifées comme actes judiciaires (Même solution), c'est-à-dire au droit de 1 fr. 50 cent.

275. C'est ce même droit de 1 fr. 50 cent. qui est applicable aux copies collationnées faites par les *huissiers*, ces copies constituant des actes judiciaires (Sol. adm. enreg. 30 déc. 1857 ; Instr. adm. enreg., n° 1903, Garnier, *Rép. gén. enreg.*, n° 5600-3° ; *Diction. droits d'enreg.*, v° *Copie*, n° 26).

§ 3. — Connaissements et lettres de voiture (*Rép.* n° 422).

276. Le tarif est actuellement de 4 fr. 50 cent. pour les *connaissements* (L. 22 frim. an 7, art. 68, § 1er, n° 20 ; 28 avr. 1816, art. 44, n° 6 ; 28 févr. 1872, art. 4), — et de 2 fr. pour les *lettres de voiture* (mêmes lois de l'an 7 et de 1872 ; L. 18 mai 1850, art. 8).

277. La loi de frimaire an 7 disposant expressément que le *connaissement* donne lieu à la perception d'autant de droits qu'il y a de personnes à qui les envois sont faits, il s'ensuit qu'en cas de groupage il est dû autant de droits fixes qu'il y a de destinataires indiqués sur le connaissement, bien qu'il n'y ait qu'un seul consignataire (*Diction. droits d'enreg.*, v° *Marine marchande*, n° 124).

§ 4. — Exploits (*Rép.* n°s 423 à 440).

278. Aux termes de l'art. 68, § 1er, n° 30, de la loi du 22 frim. an 7, il est « dû un droit pour chaque demandeur ou défendeur, en quelque nombre qu'ils soient, dans le même acte, excepté les copropriétaires et cohéritiers, les parents réunis, les cointéressés, les débiteurs ou créanciers associés ou solidaires, les séquestres, les experts et les témoins, qui ne seront comptés que pour une seule et même personne, soit en demandant, soit en défendant ». Cette disposition n'a pas porté atteinte à la règle fondamentale de l'unité de perception pour un même acte (*Rép.* n° 424). D'après son économie, le nombre des demandeurs doit être multiplié par celui des défendeurs pour déterminer le nombre des droits à percevoir, lorsqu'aucune des exceptions n'est opposable (*Rép.* n° 425). L'application des exceptions a soulevé des difficultés.

279. Celle établie pour les *copropriétaires* est applicable à l'exploit par lequel les coacquéreurs solidaires d'un immeuble font notifier, après partage de l'immeuble entre eux, leur contrat aux créanciers inscrits (*Rép.* n° 427). En effet, le partage effectué n'empêche pas la solidarité de subsister pour l'exécution du contrat. Par ce même motif, comme le font observer les rédacteurs du *Dictionnaire des droits d'enregistrement*, v° *Exploit*, n° 114, les acquéreurs ne doivent compter que pour une seule personne, lorsqu'ils sont actionnés, après le partage, soit par le vendeur ou ses créanciers, à raison d'une nullité dont le contrat d'acquisition se trouve entaché, soit par des tiers, en revendication de l'objet vendu.

280. Il n'est dû qu'un seul droit sur l'exploit par lequel le cessionnaire de plusieurs créances ayant appartenu à des personnes différentes fait signifier la cession aux débiteurs, la perception se réglant d'après le nombre des demandeurs et des défendeurs, et non d'après le nombre des titres signifiés (*Diction. droits d'enreg.*, v° *Exploit*, n° 130). — Mais il y a lieu à la pluralité des droits sur l'exploit par lequel des créanciers dont les titres sont distincts font signifier à une compagnie d'assurances la délégation de l'indemnité éventuellement due à leur débiteur (Sol. adm. enreg. 25 mars 1870, *ibid.*, n° 131).

281. La principale difficulté de cette matière se rapporte au sens et à la portée de l'exception que la loi fiscale a établie en faveur des *cointéressés*. Suivant un avis du conseil d'État des 16-31 mars 1824, cette expression doit s'entendre seulement des individus *ayant un seul et même intérêt par sa nature indivisible* (*Rép.* n° 429). Elle ne pourrait donc pas être invoquée par toute réunion de parties agissant en même but et élevant des prétentions identiques : il faudrait qu'il y eût entre ces parties, non seulement *identité d'intérêts*, mais encore *communauté d'intérêts* (*Ibid.*). — Cela est trop rigoureux. Les personnes agissant pour l'exercice d'une action ayant le même but doivent être considérées comme cointéressées, bien que leurs droits soient distincts et divisibles (*Rép.* n° 431). La loi était interprétée en ce dernier sens par la jurisprudence à l'époque de la publication du *Répertoire* (*Ibid.*). La jurisprudence a confirmé cette interprétation. « L'expression *cointéressés*, porte un arrêt de la chambre des requêtes du 12 janv. 1869, implique l'idée de communauté, non celle d'identité d'intérêts ; plusieurs personnes, bien qu'ayant des droits distincts, peuvent agir et ont souvent un commun intérêt à faire un acte qui profite également à tous, quelle que soit la diversité de nature ou d'origine des droits qu'il s'agit de protéger (Req. 12 janv. 1869, aff. Steffenson et autres, D. P. 69. 1. 248. V. les observations de M. le conseiller du Molin, sur le rapport duquel l'arrêt a été rendu, *ibid.*).

282. La loi n'ayant pas déterminé les caractères auxquels la qualité de coïntéressés doit se reconnaître, il n'est pas possible de poser un principe absolu; il s'ensuit que, comme l'exprime un arrêt (Civ. réj. 11 janv. 1842, *Rép.* n° 433), il appartient aux tribunaux de rechercher, « dans les actes, dans les faits et dans toutes les circonstances de la cause, si les parties qui réclament cette exception, doivent ou non être considérées comme des coïntéressés dans le sens de la loi » (*Rép.* n° 434). L'Administration a appliqué la doctrine consacrée par l'arrêt cité *suprà*, n° 281, à différents cas rapportés au *Rép.* n° 435, et a admis de même l'application de l'exception :... à l'exploit par lequel plusieurs membres d'une société d'assurances mutuelles signifient à la société qu'ils n'en veulent plus faire partie (Sol. adm. enreg. 12 août 1856, Garnier, *Rép. gén. enreg.*, v° *Exploit*, n° 8624-8°);... à la signification faite, à la requête de plusieurs associés, au gérant de la société, afin de dissolution de l'entreprise (Sol. adm. enreg. 9 déc. 1858, *ibid.*, n° 8624-9°);... à l'assignation en police correctionnelle pour des parties civiles, contre divers coauteurs ou complices du même délit, afin d'obtenir des dommages-intérêts (Sol. adm. enreg. 26 oct. 1852, *ibid.*, n° 8624-10°).

283. Doivent être considérés comme coïntéressés des ouvriers briquetiers travaillant à la même table, qui poursuivent ensemble leur patron, afin d'obtenir le payement de ce qui est dû à chacun d'eux, « attendu que, dans la fabrication des briques, ce qu'on appelle une *table* exige le concours de plusieurs travaillant qui sont intéressés à ce qu'il y ait entre eux unité de volonté, d'activité, de bonne entente, afin que, sous ces divers rapports, les facultés de l'un ne soient pas paralysées par des causes personnelles aux autres; qu'ils sont donc un intérêt commun à traiter conjointement avec celui qui leur offre la mise en mouvement d'une table à fabrication » (Sol. adm. enreg. (Belgique) 20 mars 1868. *Diction. droits d'enreg.*, v° *Exploit*, n° 171). — Nous pensons, avec les rédacteurs du *Dictionnaire des droits d'enregistrement, loc. cit.*, que cette doctrine doit être étendue à tous les cas où plusieurs ouvriers s'unissent pour exécuter une même tâche dont le prix unique doit se répartir entre eux. Mais la pluralité doit être appliquée, lorsque les ouvriers n'ont pas formé entre eux une entreprise commencée. Ainsi, les artistes d'un théâtre qui, pour obtenir le payement de leurs appointements, font saisir-arrêter conjointement la subvention due par une municipalité à leur directeur, ne sont pas coïntéressés; le but poursuivi n'est pas commun; chacun aurait pu agir séparément pour faire valoir des droits absolument distincts (Sol. adm. enreg. 22 mars 1867, *ibid.*, n° 172).

284. Aux termes d'un jugement, on ne peut considérer comme coïntéressés « ceux qui, soit en demandant, soit en défendant, alors même qu'il y aurait unité de procédure, ne représentent que des intérêts individuels, par exemple, les créanciers hypothécaires à qui l'on fait des notifications à fin de purge, les débiteurs à qui l'on fait signifier une cession de créances, les acquéreurs (non solidaires) actionnés en délaissement de leurs acquisitions. En effet, si ces créanciers, débiteurs, acquéreurs, ont des intérêts semblables, ils n'ont pas, du moins, un intérêt commun, chaque créancier n'ayant à sauvegarder que sa propre créance, chaque acquéreur n'ayant à défendre que sa propre acquisition » (Trib. Nérac, 18 août 1868, aff. Chemin de fer du Midi, D. P. 70. 3. 75). — Spécialement, l'exploit par lequel le concessionnaire d'un canal fait signifier aux riverains auxquels des indemnités ont été allouées par un arrêté du conseil de préfecture, à raison des dommages causés à leurs propriétés par des infiltrations des eaux du canal, l'ordonnance de soit-communiqué rendue sur le pourvoi formé par lui contre cet arrêté, est sujet à autant de droits fixes d'enregistrement qu'il y a de riverains, ces propriétaires ne pouvant être considérés comme coïntéressés dans le sens de la loi fiscale (Même jugement).

285. L'application de l'exception admise en faveur des coïntéressés a été longtemps discutée à l'égard de l'exploit par lequel des acquéreurs ou adjudicataires non solidaires

font signifier leur contrat à des créanciers inscrits, afin de purge des hypothèques grevant les immeubles vendus. L'Administration a d'abord admis que la notification étant faite au nom collectif des acquéreurs ou adjudicataires, on ne devait les compter que pour une seule personne et ne percevoir, par suite, qu'un nombre de droits égal à celui des créanciers inscrits (*Rép.* n° 436). Mais elle a soutenu plus tard que, chaque acquéreur ou adjudicataire n'étant obligé que jusqu'à concurrence du prix de son lot, la notification donnait lieu à autant de droits qu'il se trouvait d'adjudicataires et de créanciers multipliés les uns par les autres (*Rép.* n° 437). La jurisprudence s'est définitivement fixée dans ce dernier sens (Civ. cass. 17 juin 1851, aff. Grenet, D. P. 51. 1. 237; 2 août 1853, aff. Fortier, D. P. 53. 1. 304; Ch. réun. cass. 25 juin 1855, aff. Grenet, D. P. 55. 1. 291). — V. Garnier, *Rép. gén. enreg.*, n° 8629; *Diction. droits d'enreg.*, v° *Exploit*, n°s 186 et 187; Instr. adm. enreg. 15 déc. 1855, n° 2054, § 4.

286. Mais si les créanciers inscrits ne peuvent être considérés comme coïntéressés lorsque notification leur est faite par l'acquéreur de son contrat afin de purge des hypothèques, il n'en est pas de même du cas où ces créanciers se réunissent pour faire notifier aux autres créanciers inscrits la sommation de produire à l'ordre. Ils doivent alors être considérés comme coïntéressés, au même titre que les créanciers poursuivant une demande en séparation de patrimoine, à l'égard desquels l'exception a été reconnue applicable (Req. 2 juin 1832, *Rép.* n° 432). La question ayant été soulevée, l'Administration objecta que la sommation de produire à un ordre tendait à la discussion d'un droit individuel et au payement d'obligations distinctes. Mais cet argument fut écarté par un jugement du tribunal de Remiremont confirmé, sur pourvoi, par l'arrêt de la chambre des requêtes du 12 janv. 1869, cité *suprà*, n° 281. « Sans doute, a dit M. le conseiller du Molin, dans le rapport sur lequel cet arrêt a été rendu, l'identité d'intérêts ne suppose pas toujours la communauté d'intérêts. Mais des personnes qui agissent dans un même exploit pour l'exercice d'une action ayant le même but, bien que leurs droits soient distincts et divisibles, peuvent être considérées comme des coïntéressés dans le sens d'un seul droit fixe; et il nous semble qu'en le décidant ainsi pour une procédure en séparation de patrimoine, la chambre des requêtes le préjugeait grandement pour une procédure d'ordre. — Est-ce que l'ordre, comme la saisie, n'a pas un but commun à tous les créanciers, et n'est pas à cet aspect une procédure entre coïntéressés? Que chacun y soit pour sa créance et y agisse pour son intérêt propre dans le règlement des créances entre elles, et que sous le rapport la procédure soit divisible, nous l'admettons ; mais, en tant que procédure spéciale pour arriver à la distribution du même prix entre tous les ayants droit, l'ordre est une opération commune, sinon indivisible, et doit être assimilé au partage, car, dans l'un comme dans l'autre, il s'agit d'appeler tous les coïntéressés à venir exercer leurs droits particuliers sur une masse commune. — Et puisque la sommation faite par un seul créancier à tous les autres de produire dans l'ordre ouvert aurait le même effet que celle faite par plusieurs, il faut bien reconnaître qu'il existe ici un intérêt commun, et qu'il n'y a pas plus de raison que dans la saisie pour la pluralité des droits. Les chambres réunies, dans l'espèce d'une association d'acquéreurs pour arriver à la purge (V. *suprà*, n° 285), n'ont pas infirmé l'autorité doctrinale de l'arrêt de la chambre des requêtes du 2 juin 1832 ; elles ont simplement décidé que la communauté de droit ou d'action ne pouvait résulter de cela seul que les créanciers étaient inscrits pour des créances distinctes sur les mêmes immeubles. Ce n'est pas la soumettre à la pluralité des droits des créanciers réunis dans la sommation pour reproduire à l'ordre. » — La cour a décidé, conformément à ces observations, que les créanciers qui, dans un ordre ouvert sur le prix d'immeubles vendus par expropriation, se réunissent afin de faire, par un seul exploit, sommation de produire aux autres créanciers inscrits, agissent dans un intérêt commun et sont, dès lors, coïntéressés, et que en conséquence, il n'est dû qu'un droit fixe à l'enregistrement de l'exploit (Arrêt précité du 12 janv. 1869).

287. M. Garnier critique cette décision et exprime l'opinion que, dans le cas dont il s'agit, la pluralité des droits doit être appliquée aux créanciers demandeurs ainsi qu'aux créanciers sommés, attendu que le caractère de l'intervention des premiers ne change pas par cela seul qu'ils prennent le rôle de demandeurs et qu'ils se réunissent afin de faire aux défaillants les sommations prescrites ; que le *coïntérêt* ne dépend pas de la volonté des parties et que des créanciers dont les droits sont distincts ne peuvent devenir solidaires ni indivis par cela seul qu'ils les exercent simultanément (*Rép. pér. enreg.*, n° 2739 ; *Rép. gén. enreg.*, n° 8631). — Ces critiques ne paraissent point fondées. En effet, pour que les créanciers demandeurs ou défendeurs dans un exploit ne soient comptés que pour une seule et même personne, il faut qu'ils soient solidaires, associés ou coïntéressés. Aucun lien de cette nature n'existe entre les créanciers auxquels il est fait sommation de produire à un ordre ; mais la situation de ceux à la requête desquels cette sommation a été signifiée est loin d'être la même. Le rôle des premiers est purement passif, chacun d'eux reçoit isolément sommation de produire ; au contraire, le rôle des créanciers réunis pour faire cette sommation est actif, ils agissent en commun, dans un but commun, dans un intérêt commun. Sans doute leur réunion ne les rend point solidaires, mais elle les fait associés et coïntéressés pour l'objet qu'ils poursuivent. Peu importe qu'en dehors de cet objet leurs intérêts soient distincts, s'il y a communauté d'intérêts entre eux sur ce point. Il s'agit de déterminer les droits d'enregistrement à percevoir sur un exploit signifié à des créanciers à la requête d'autres créanciers. Cette détermination doit être faite d'après le contenu de l'exploit, suivant le rôle qu'y jouent les créanciers demandeurs et les créanciers défendeurs. Sont-ils, les uns et les autres, solidaires, associés ou coïntéressés dans ce rôle ? Voilà toute la question. Or M. le conseiller du Molin, dans son rapport, et la cour de cassation dans son arrêt, établissent nettement qu'ils sont coïntéressés (V. D. P. 69. 1. 248, note).

Les rédacteurs du *Dictionnaire des droits d'enregistrement* approuvent, comme nous, la décision de la cour. Ce qui, disent-ils, la justifie complètement, « c'est que la signification aurait produit absolument le même effet à l'égard des créanciers qui l'ont reçue, quand bien même elle aurait été donnée à la requête d'un seul des quatre créanciers qui l'avaient requise. La procédure aurait eu le même résultat, et, d'un autre côté, les trois autres créanciers requérants n'avaient aucun besoin d'y figurer, puisqu'ils pouvaient parfaitement produire à l'ordre sans en avoir été sommés et sans avoir sommé eux-mêmes leurs contradicteurs » (v° *Exploit*, n° 190).

288. C'est seulement pour les actes d'huissiers que le nombre des parties détermine le nombre des droits (*Rép.* n° 439). Ainsi, l'acte notarié constatant la dispense, par des créanciers hypothécaires aux acquéreurs des immeubles de leur débiteur, des notifications et formalités prescrites pour la purge des hypothèques, et leur renonciation à l'exercice du droit de surenchérir, est sujet à un nombre de droits fixes d'enregistrement qui doit être déterminé par le nombre des créanciers, et non par le produit de ce nombre par celui des acquéreurs (Sol. adm. enreg. 25 oct. 1869, D. P. 71. 5. 157).

289. Les procès-verbaux de saisie-exécution donnent lieu, lorsqu'un gardien est établi, à deux droits, l'un pour la signification au saisi, l'autre pour la remise au gardien d'une copie du procès-verbal (*Rép.* n° 440). Mais le procès-verbal de saisie-brandon constatant que le garde champêtre a été établi gardien, et que copie du procès-verbal lui a été délivrée, ne donne lieu qu'à un droit, attendu que la désignation du garde champêtre pour gardien est de droit dans ce cas (Délib. adm. enreg. 14-17 févr. 1854 ; Instr. adm. enreg. 28 avr. 1854, D. P. 55. 5. 190).

§ 5. — Actes d'émancipation (*Rép.* n° 441).

290. L'acte d'émancipation donne lieu à un droit distinct « par chaque émancipé » (L. 22 frim. an 7, art. 68, § 4, n° 2). — Le tarif qui était, d'après cette disposition, de 5 fr. a été successivement élevé à 10 fr. (L. 19 juill. 1845, art. 5), puis à 15 fr. (L. 28 févr. 1872, art. 4).

291. L'Administration a décidé, de prime abord, qu'un

seul droit est exigible sur le procès-verbal d'émancipation qui contient en même temps nomination d'un curateur aux causes (*Rép.* n° 374). Puis elle a établi... que la nomination d'un curateur spécial donne ouverture à un droit particulier (Décis. min. fin. 20 juin 1809 et Instr. adm. enreg. 34 août 1809, n° 499, § 3, D. P. 70. 3. 75, note) ;... que le procès-verbal constatant à la fois l'émancipation d'un enfant par la mère survivante et la nomination d'un curateur à cet enfant par le conseil de famille, doit être considéré comme contenant deux dispositions distinctes et être assujetti, en conséquence, à deux droits (Sol. adm. enreg. 18 mai 1869, aff. Jacquot, D. P. 70. 3. 75). — Cette décision ne paraît pas fondée. La nomination d'un curateur est la conséquence de l'émancipation : il s'ensuit que, lorsqu'elle se trouve contenue dans le même acte, elle ne doit pas donner lieu à un droit distinct (V. *ibid.*, note). Tel est aussi le sentiment de M. Garnier, *Rép. gén. enreg.*, n° 7476). — Les rédacteurs du *Dictionnaire des droits d'enregistrement* approuvent, au contraire, la solution du 18 mai 1869, parce que, dans l'espèce, l'émancipation avait été faite par le père, tandis que le curateur avait été nommé par le conseil de famille, et que, dès lors, il y avait deux actes ou tout au moins un acte contenant deux parties distinctes émanées de personnes différentes (v° *Emancipation*, n° 18). — Quoi qu'il en soit, d'après une solution du 15 sept. 1871 (*Ibid.*, n° 19), le procès-verbal portant émancipation d'un mineur par le conseil de famille et nomination d'un curateur, ne contient qu'une seule disposition passible du droit fixe de 15 fr. — Et l'Administration admet que, lorsque plusieurs mineurs sont émancipés par le même acte et qu'un curateur spécial est nommé pour chacun d'eux, il n'est dû, indépendamment d'autant de droits que de mineurs émancipés, qu'un seul droit pour la nomination des différents curateurs (Sol. adm. enreg. 29 oct. 1873, *ibid.*, n° 20).

§ 6. — Inventaire de meubles (*Rép.* n° 442 à 447).

292. Il est dû un droit de 2 fr. (aujourd'hui 3 fr. L. 28 févr. 1872, art. 4) par chaque vacation (L. 22 frim. an 7, art. 68, § 2-1°). — Un notaire peut donner aux vacations d'un inventaire une durée de quatre heures pour la perception du droit d'enregistrement et une durée de trois heures pour le calcul de ses honoraires (*Rép.* n° 446, 447) ; mais il manque à ses devoirs professionnels et encourt une peine disciplinaire si, en vue de réduire le montant des droits, il déclare avoir employé un nombre de vacations inférieur à celui qu'il a employé réellement (Trib. Bourges, 16 juin 1876, *Diction. droits d'enreg.*, v° *Inventaire*, n° 11).

293. Les déclarations, dans les inventaires, de dettes actives ou passives donnent-elles ouverture à un droit particulier ? (V. *infrà*, n°s 694 et suiv.).

294. Les déclarations de dons manuels dans les inventaires donnent-elles lieu au droit proportionnel de donation ? (V. *infrà*, chap. 4, part. 1re, sect. 2, art. 3, § 1er, n° 2, B).

§ 7. — Procès-verbaux d'arpentage (*Rép.* n°s 448 à 450).

295. Les procès-verbaux d'arpentage sont passibles du droit fixe de 3 fr. (L. 28 avr. 1816, art. 43, n° 16 ; 28 févr. 1872, art. 4). Ils sont soumis, relativement à la pluralité des droits, aux mêmes règles que les procès-verbaux de bornage.

296. Le procès-verbal de bornage dressé à la requête d'un seul propriétaire, n'opère qu'un seul droit, quel que soit le nombre des adhésions qu'il constate de la part de propriétaires riverains qui l'ont signé (*Rép.* n° 449). En effet, comme l'exprime une solution de l'Administration elle-même, d'après l'art. 646 c. nap., tout propriétaire peut obliger son voisin au bornage de leurs propriétés, et ce bornage se fait à frais communs. Il résulte de cette disposition que le bornage est une opération contradictoire, nécessitant, pour être complète et définitive, l'intervention des propriétaires riverains. Le procès-verbal de bornage est donc un acte commun à tous ceux qui le signent et l'approuvent à raison de la contiguïté de leurs propriétés. Cet acte, dès lors, n'est passible que d'un seul droit, lorsque, comme dans l'espèce, il est fait à la requête d'une seule personne, quel que soit le nombre des propriétaires riverains qui concourent à l'opération (Sol. adm. enreg. 16 janv. 1866, D. P. 67. 3. 64).

Il faudrait donc, pour qu'un procès-verbal d'arpentage ou de bornage donnât lieu à la pluralité des droits, qu'il fût procédé à l'opération à la requête de différentes personnes ayant des propriétés distinctes, isolées les unes des autres (Conf. *Diction. droits d'enreg.*, v° *Arpentage*, n° 8; Garnier, *Rép. gén. enreg.*, n°ˢ 293 *bis* et 3220).

§ 8. — Délivrance de legs (*Rép.* n°ˢ 451 à 453).

297. Le droit fixe applicable aux délivrances de legs, qui était primitivement de 1 fr., a été porté d'abord à 2 fr. (L. 18 mai 1850, art. 8), puis transformé en droit gradué de 1 pour 1000 (L. 28 févr. 1872, art. 1ᵉʳ, n° 6). L'acte constatant la délivrance de plusieurs legs distincts donne lieu à autant de droits qu'il y a de legs (*Rép.* n°ˢ 451 et 880). De même, il est dû un droit *gradué* particulier par chaque légataire (Instr. adm. enreg. 29 févr. 1872, n° 2433, chap. 1ᵉʳ, § 1ᵉʳ, n° 6, D. P. 72. 3. 13; Sol. adm. enreg. 15 févr. 1879, Garnier, *Rép. pér. enreg.*, art. 5428). — Mais l'héritier institué légataire d'une quotité inférieure à sa part héréditaire, n'ayant pas de délivrance à demander, aucun droit n'est exigible, en ce qui le concerne, à l'enregistrement de l'acte par lequel les ayants droit donnent leur consentement à l'exécution du testament (Même solution du 15 févr. 1879).

298. Il est enseigné au *Rép.* n° 453, que l'acte contenant la délivrance, par l'héritier de plusieurs personnes, de legs de sommes d'argent faits par les mêmes individu, ne donne lieu qu'à un seul droit. Telle est également l'opinion de M. Rolland de Villargues, *Répertoire du notariat*, v° *Délivrance de legs*, n° 70, et du *Dictionnaire du notariat*, eod. v°, n° 85. — M. Garnier cite, dans le même sens, une décision de l'administration de l'enregistrement de Belgique du 30 juin 1858, motivée sur ce qu'à défaut de contestations sur la validité des legs, l'héritier ne pouvait se dispenser de les délivrer en une fois au légataire et qu'à ce point de vue, la rédaction d'un seul acte, contenant une disposition unique ou plusieurs dispositions dépendantes, était dans la situation juridique des parties (*Rép. gén. enreg.*, n° 6138). Mais cet auteur est, au contraire, d'avis qu'il y a lieu, audit cas, de percevoir autant de droits qu'il y a de legs distincts. En effet, dit-il, les legs ayant été faits par plusieurs personnes différentes, leur délivrance forme une disposition indépendante pour chaque legs, de sorte que chaque délivrance aurait pu faire l'objet d'un acte séparé et, ajoute-t-il, cela est si vrai que, parmi ces legs, les uns auraient pu être sujets à litige, et les autres à l'abri de toute discussion (*Ibid.*). Tel est également le sentiment des rédacteurs du *Dictionnaire des droits d'enregistrement*, v° *Délivrance de legs*, n° 167.

299. La délivrance d'un legs d'une somme déterminée fait aux cinq cents plus pauvres habitants d'une commune, ne donne lieu qu'à un seul droit. En effet, il n'y a pas cinq cents legs, mais un seul legs collectif (Garnier, *Rép. gén. enreg.*, n° 6139). Puis, ajoutent les rédacteurs du *Dictionnaire des droits d'enregistrement*, v° *Délivrance de legs*, n° 166, le bureau de bienfaisance ayant seul qualité pour recevoir la somme léguée et la distribuer était le véritable, le seul légataire.

300. Il ne peut être perçu deux droits gradués pour la délivrance d'un seul et même legs. Spécialement, lorsqu'il intervient entre un légataire universel et les légataires particuliers, relativement à l'exécution d'un testament, deux actes successifs, qui constatent, le premier, reconnaissance par le légataire universel de la qualité des légataires particuliers et leur mise en possession légale, le second, livraison matérielle aux légataires particuliers des objets de leurs legs, le droit gradué est exigible sur le premier acte qui constitue, d'après le code civil (art. 1004, 1005, 1011, 1014), la délivrance des legs et qui produit les résultats attachés à cette délivrance, tels que le droit aux fruits et les intérêts. Mais le second acte a le caractère d'une décharge et donne lieu à autant de droits fixes de 3 fr. qu'il y a de légataires particuliers qui y concourent (Délib. adm. enreg. 12-15 juill. 1872, D. P. 73. 5. 217).

301. Pour la détermination du droit d'enregistrement

auquel donne lieu la délivrance de legs, V. *infrà*, n°ˢ 336 et suiv.

§ 9. — Acte de dépôt (*Rép.* n°ˢ 454 à 459).

302. Il est enseigné au *Rép.* n° 456, qu'un dépôt de pièces étant un fait essentiellement unique et indivisible, quel que soit le nombre de personnes qui concourent à l'acte de dépôt ou qui y ont intérêt, et que, d'autre part, la disposition du tarif qui s'y applique (L. 22 frim. an 7, art. 68, § 1ᵉʳ-26°) n'exprimant pas qu'il y a lieu à la pluralité des droits quand le dépôt est fait par plusieurs ou dans l'intérêt de plusieurs, l'acte de dépôt ne doit jamais donner lieu qu'à la perception d'un droit unique. Mais la jurisprudence s'est prononcée dans le sens de l'application de la règle de la pluralité des droits à l'acte de dépôt. Aux termes d'un arrêt de la cour de cassation, « lorsque l'acte portant dépôt concerne plusieurs personnes ayant chacune un intérêt distinct et séparé, cet acte collectif se divise nécessairement en autant de parties qu'il y a d'individus intéressés audit acte et qui en profitent personnellement; l'acte de dépôt, dans ce cas, est assujetti à autant de droits qu'il y a de personnes intéressés » (Civ. cass. 30 mars 1852, aff. Desjardins, D. P. 52. 1. 110). Ainsi, d'après la doctrine de cet arrêt, la règle de la pluralité des droits est applicable aux actes de dépôt et le nombre de droits à percevoir est déterminé, non par le nombre des actes déposés, mais par le nombre des intérêts distincts qui sont en jeu.

303. Il avait été déjà établi, en ce sens, par une délibération de l'administration de l'enregistrement du 8 mars 1833 (*Rép.* n° 454), que le dépôt d'une procuration donnée par différentes personnes ayant chacune un intérêt distinct, donne lieu à autant de droits qu'il y a de personnes intéressées. Cependant, l'Administration a décidé, en sens contraire, que le dépôt d'une procuration donnée par plusieurs, n'est sujet qu'à un seul droit, attendu que l'acte déposé formait plutôt un titre pour le mandataire à l'égard de ses mandants qu'au profit de ces derniers (Sol. adm. enreg. 8 avr. 1869, D. P. 69. 3. 94). M. Garnier considère cette solution comme une simple décision d'espèce qui ne porte pas atteinte au principe de la pluralité des droits. Le dépôt d'une procuration, dit-il, profite autant au mandataire qu'au mandant, car il a intérêt à constater l'existence du pouvoir afin de réclamer, le cas échéant, au mandant, le remboursement des avances et, au besoin, les dommages-intérêts qui résultent de la gestion. Par conséquent, si un mandant a plusieurs personnes non solidaires un pouvoir d'agir séparément, soit pour la même affaire, soit pour des affaires distinctes, le dépôt de cette procuration est passible de plusieurs droits (*Rép. gén. enreg.*, n° 6240-5°). Nous pensons, avec les rédacteurs du *Dictionnaire des droits d'enregistrement*, v° *Dépôt d'actes*, n° 84, que la solution du 8 avr. 1869 ne peut être considérée comme une décision d'espèce, et qu'elle est inconciliable avec la doctrine qui a prévalu pour la perception des droits sur les actes de dépôt intéressant des personnes distinctes. — Cette doctrine a été confirmée par une solution de l'administration de l'enregistrement de Belgique, aux termes de laquelle l'acte constatant le dépôt dans les minutes d'un notaire, de quatre procurations données, l'une par sept héritiers, à l'effet d'accepter une succession purement et simplement ou sous bénéfice d'inventaire, les trois autres par trois héritiers, simplement afin de recueillir la succession, est passible de huit droits fixes, attendu que les intérêts en jeu, distincts à l'égard des sept premiers mandants, sont communs pour les autres (Sol. adm. enreg. (Belgique), 29 janv. 1879, Garnier, *Rép. gén. enreg.*, art. 5264).

304. Lorsque l'acte constatant un dépôt au rang des minutes d'un notaire n'indique aucune réquisition émanée des parties intéressées, celles-ci ne sont pas nécessairement présumées avoir donné au notaire le mandat de l'effectuer, et, par suite, il n'y a pas lieu de percevoir autant de droits qu'il y a de parties non solidaires bénéficiant du dépôt (Trib. Carcassonne, 22 avr. 1863, aff. Serny, D. P. 63. 3. 87). En admettant que, dans l'espèce, il n'était dû qu'un seul droit, parce qu'il n'apparaissait nullement que des intérêts distincts fussent en jeu, le tribunal de Carcassonne s'est conformé à la règle consacrée par l'arrêt du 30 mars 1852 cité *supra*, n° 302. Remarquons à ce sujet qu'il est souvent très difficile de distinguer si plusieurs personnes sont intéressées, et si, par suite, il y a lieu à la pluralité des droits lorsque le dépôt émane d'un tiers qui ne fait pas connaître sa qualité, ou qu'il est effectué par le notaire sans en l'absence de tout requérant, comme dans l'espèce du jugement du tribunal de Carcassonne.

305. Le *Répertoire* (n° 457) mentionne différents jugements d'après lesquels le dépôt au greffe du tribunal civil, pour la purge des hypothèques, d'un procès-verbal d'adjudication à plusieurs acquéreurs non solidaires, ne donne lieu qu'à un seul droit, mais la doctrine contraire a été adoptée par l'arrêt du 30 mars 1852, cité *supra*, n° 302, aux termes duquel le dépôt, en ce cas, profitant distinctement à tous les acquéreurs au nom desquels il est fait, donne lieu à autant de droits qu'il y a d'acquéreurs. — Il en serait de même au cas où le dépôt serait fait en l'étude d'un notaire. Jugé, en effet, que le dépôt en l'étude d'un notaire par le clerc de cet officier public, des pièces de la purge des hypothèques légales des immeubles vendus, suivant deux procès-verbaux d'adjudication, à douze acquéreurs distincts, donne lieu à douze droits fixés (Trib. Bernay, 7 févr. 1881) (1).

306. Mais il y a lieu de ne percevoir qu'un seul droit fixe d'enregistrement sur le certificat dans lequel le greffier constate le dépôt au greffe, par un seul et même acte, et pour parvenir à la purge des hypothèques, de la copie collationnée de plusieurs contrats de vente au profit d'acquéreurs distincts (Sol. adm. enreg. 5 mars 1866, D. P. 67. 3. 95). Cette solution a repoussé, par les considérations ci-après, l'application à l'espèce de la doctrine de l'arrêt du 30 mars 1852, cité *supra*, n° 302 : « Dans l'affaire qui a donné lieu à l'arrêt du 30 mars 1852, le déposant stipulait pour chacun des acquéreurs. Dans l'espèce, le greffier ne stipule pour aucune des parties ; il se borne à constater un fait unique et indivisible, le dépôt d'une pièce au greffe. On n'y pourrait voir plusieurs dispositions indépendantes ou ne dérivant pas les unes des autres ».

§ 10. — Mainlevée (*Rép.* n°s 458 et 459).

307. Assujettie d'abord au droit fixe de 1 fr., élevé à 2 fr. en 1816 (*Rép.* n° 458), la mainlevée d'hypothèque est soumise actuellement au droit gradué de 1 pour 1000, auquel se substitue « un droit de 5 fr. par chaque acte », lorsqu' « il y a seulement réduction de l'inscription » (L. 28 févr. 1872, art. 1er-7°).

La question s'est élevée de savoir si cette dernière disposition a dérogé à la règle de la pluralité des droits, si la *réduction d'hypothèque* consentie, dans un seul et même acte, par plusieurs créanciers ayant des intérêts distincts, rend exigible un nombre de droits fixes égal à celui des créanciers qui donnent ce consentement. Il a été décidé par un jugement du tribunal d'Angoulême confirmé, sur pourvoi, par la cour de cassation (Req. 30 avr. 1877, aff. Perronnet et autres, D. P. 77. 1. 361), que la loi de 1872 doit être entendue en ce sens que, lorsqu'il y a plusieurs réductions de diverses inscriptions par des créanciers distincts, le droit fixe de 5 fr. est dû sur chaque réduction, bien que le tout soit constaté par un seul titre, l'écrit contenant alors, non pas un seul, mais plusieurs actes de réduction d'inscriptions (Conf. Trib. Dunkerque, 9 mars 1877, aff. Passé, D. P. 77. 5. 201).

Les considérations qui ont déterminé la décision de la cour de cassation sont, d'après le rapport sur lequel son arrêt a été rendu, que, avant la loi de 1872, on percevait sans difficulté, dans le cas dont il s'agit, autant de droits fixes qu'il y avait de consentements distincts à réduction d'hypothèque ; qu'il n'est pas entré dans la pensée du législateur de 1872 de modifier cette règle de perception ; que les déclarations par lesquelles le rapporteur de ladite loi a exprimé la volonté arrêtée de respecter entièrement l'économie de la loi de l'an 7 (D. P. 72. 4. 15, 3e col.), de maintenir le droit fixe ancien dans le cas de réduction du gage hypothécaire (D. P. 72. 4. 17, 2e col.), en témoignent, et que le texte de la loi de 1872 n'abroge ni expressément ni tacitement le principe posé par l'art. 11 de la loi de frimaire : réduction de l'inscription, dit-il, et non réduction de plusieurs inscriptions plus ou moins nombreuses. La forme de la phrase indique que le mot *acte* est pris, non dans le sens général d'écrit, d'*instrumentum*, mais dans la signification spéciale que lui donne les mots *réduction de l'inscription* qui le précèdent.

Cette interprétation semble contestable. En effet, avant 1872, le droit était de 2 fr. Le texte primitif de la loi du 28 févr. 1872 assujettissait au droit gradué de 1 pour 1000 tous les consentements à mainlevées totales ou partielles d'hypothèque, sans distinction. On y ajouta, la veille du vote de la loi (Séance du 26 févr. 1872, *Journ. off.* du 27, p. 1395 et 1396), la disposition portant que, s'il y a seulement réduction de l'inscription, il ne sera perçu qu'un droit fixe de 5 fr. En l'absence de toute indication sur les motifs qui ont déterminé l'introduction, ne doit-on pas admettre que la pensée du législateur a été de régler, d'une manière spéciale, la perception pour un cas digne de son intérêt, d'élever le tarif en écartant, pour ce cas particulier, l'application de la règle de la pluralité des droits ? Cette interprétation ne doit-elle pas prévaloir, surtout en présence du texte qui dispose impérativement que « s'il y a seulement réduction de l'inscription, il ne sera perçu qu'un droit de 5 fr. par chaque acte ». Ce texte n'est pas ambigu. Il exprime formellement que tout acte portant réduction d'hypothèque doit être enregistré moyennant un droit de 5 fr. Peu importe, dès lors, que la réduction ait été consentie dans un seul acte par plusieurs créanciers. La perception n'en doit pas moins être restreinte, dans ce cas, à un seul droit de 5 fr., car la loi ne fait aucune distinction, et il n'est pas permis de distinguer là où elle ne distingue pas (V. D. P. 77. 1. 361, note).

308. Quoi qu'il en soit, la doctrine de l'arrêt du 30 avr. 1877 cité *supra*, n° 307, confirme celle du jugement du tribunal de Corbeil du 3 juin 1836 rapporté au *Rép.* n° 459, et suivant lequel la mainlevée par plusieurs mineurs de l'inscription prise contre leur tuteur pour sûreté de leur hypothèque légale, est passible de la pluralité des droits, chaque mineur ayant un droit personnel à l'inscription.

309. La règle de la pluralité des droits est-elle applicable au cas où, à la suite d'une vente par un débiteur à plusieurs acquéreurs, de partie des immeubles grevés d'hypothèques, les *créanciers inscrits* donnent mainlevée partielle de leurs inscriptions en ce qu'elles grèvent les immeubles vendus ? L'Administration a soutenu l'affirmative dans une solution du 3 août 1868 (aff. Foillard, D. P. 70. 3. 51), mais le tribunal d'Issoudun s'est prononcé dans le sens de la négative par un jugement du 27 juill. 1869 (aff. Gérard, *ibid.*) Cette dernière solution nous paraît devoir être préférée. En effet, l'application de la règle de la pluralité des droits à l'espèce est motivée sur cette considération que la mainlevée a pro-

---

(1) (Anquetin.) — Le tribunal · — Attendu que l'art. 68, § 1er, n° 26, de la loi du 22 frim. an 7 soumet au droit fixe de 1 fr. élevé à 2 fr. par la loi du 28 avr. 1816 et porté à 3 fr. par la loi du 28 févr. 1872 le dépôt d'actes et pièces chez les officiers publics ; — Attendu que lorsque l'acte constate le dépôt au rang des minutes d'une de pièces d'une purge remplie sur les immeubles vendus à divers acquéreurs non solidaires, cet acte collectif se divise nécessairement en autant de parties qu'il y a d'acquéreurs parce qu'ils ont tous un intérêt personnel et particulier ; — Attendu que, dans ce cas, l'acte de dépôt tombe sous l'application de l'art. 11 de la loi du 22 frim. an 7 qui porte que : lorsque dans un acte quelconque, soit civil, soit judiciaire, il y a plusieurs dispositions indépendantes ou ne dérivant pas nécessairement les unes des autres, il est dû pour chacune d'elles un droit particulier ; — Attendu, en fait, que l'acte du 17 oct.

1878 constate le dépôt des pièces de la purge des hypothèques légales grevant les immeubles vendus suivant deux procès-verbaux d'adjudication, des 1er et 5 août, et 25 nov. 1877, à douze acquéreurs distincts ; — Attendu que Anquetin, clerc de Me Gelée, notaire, n'avait aucun intérêt personnel au dépôt des pièces de purge ; qu'il a agi dans l'intérêt des acquéreurs, seuls intéressés, et en vertu d'un mandat tacite ; — Attendu que la preuve de ce mandat résulte de l'ensemble des circonstances et notamment de ce que le notaire rédacteur de l'acte est habituellement chargé par les parties de faire le nécessaire pour la purge des hypothèques et ses suites ; — Attendu, d'ailleurs, que la clause de l'acte de dépôt qui met les frais à la charge des acquéreurs ne se comprendrait pas si Anquetin n'avait pas agi comme leur mandataire ; — Par ces motifs, etc
Du 7 févr. 1881.-Trib. civ. de Bernay.

fité directement aux acquéreurs, en les dispensant de remplir les formalités prescrites pour la purge de l'hypothèque. Il est incontestable que, lorsque les immeubles hypothéqués ont été vendus par le débiteur, la mainlevée de l'hypothèque profite aux acquéreurs et lève l'obstacle qui ne leur permettait pas de se libérer. Mais ce n'est là que l'un des effets que la mainlevée produit indirectement, et non pas directement. Or si le nombre de droits fixes d'enregistrement applicable à un acte de mainlevée devait être déterminé par le nombre de personnes auxquelles la mainlevée peut profiter ainsi, il en résulterait que, dans le cas où les immeubles hypothéqués auraient fait l'objet de plusieurs ventes, il faudrait régler la perception d'après le nombre, non seulement des détenteurs des immeubles à la date de la mainlevée, mais encore des acquéreurs entre les mains desquels ces immeubles auraient passé, avant de leur être livrés, depuis la première vente consentie par le débiteur. Il n'y aurait pour ainsi dire plus de limites à la pluralité des droits. Il faut reconnaître, avec le tribunal d'Issoudun, que, dans le cas en question, il n'y a pas lieu d'avoir égard, pour la perception du droit d'enregistrement sur l'acte de mainlevée d'inscription hypothécaire, aux détenteurs entre les mains desquels les immeubles peuvent se trouver à la date de la mainlevée, lors même qu'ils sont dénommés dans l'acte. En somme, cet acte ne contient qu'une seule disposition, le consentement à la radiation des inscriptions ; ce consentement est donné dans l'intérêt unique du débiteur, afin de lui permettre de recevoir des acquéreurs les prix des ventes ; c'est au débiteur seul que la mainlevée profite *directement*. Il n'y a qu'un seul acte ne contenant qu'une seule disposition et ne profitant directement qu'à une seule personne : il ne peut être dû qu'un seul droit (V. *ibid.* note).

310. D'après différentes décisions de l'Administration, la *renonciation* de la femme à son *hypothèque légale* sur les immeubles vendus par son mari à différentes personnes, donne lieu à autant de droits fixes qu'il y a d'acquéreurs distincts, attendu que, la femme étant incapable de renoncer à son hypothèque légale dans l'intérêt direct de son mari (c. civ. art. 2144), la mainlevée qu'elle donne est présumée avoir été consentie au profit des acquéreurs (Délib. adm. enreg. 31 janv. 1844; Sol. adm. enreg. 29 juill. 1854, 3 déc. 1856, 12 janv. 1863, 10 août 1869, *Diction. droits d'enreg.*, v° *Mainlevée*, n° 108).

311. L'Administration paraît avoir abandonné la doctrine qu'elle soutenait dans les deux cas dont nous venons de nous occuper. C'est, du moins, ce qui ressort d'une solution du 3 août 1874 (1) par laquelle il a été décidé, en termes généraux, que la mainlevée par un créancier de son inscription en ce qu'elle grève des immeubles vendus à différents acquéreurs, ne donne ouverture qu'à un seul droit fixe de 5 fr. comme constituant une réduction pure et simple d'hypothèque.

312. Il y a également simple réduction d'hypothèque au cas de *transfert d'hypothèque*, c'est-à-dire lorsque le créancier donne mainlevée de son hypothèque et que, par le même acte, une nouvelle affectation hypothécaire est consentie à son profit. Il n'est donc dû, dans ce cas, que le droit fixe de 5 fr. L'Administration s'est prononcée en ce sens par différentes solutions des 24 janv. et 28 sept. 1874, 22 mars 1875 (D. P. 80. 5. 167. Conf. *Diction. droits d'enreg.*, v° *Mainlevée*, n° 81).

§ 11. — Mandat (*Rép.* n° 460 à 463).

313. Nous avons déjà étudié *suprà*, n° 270 et suiv., les solutions que détermine l'application de la règle de la pluralité des droits aux mandats ou procurations donnés à

l'effet d'accepter une succession ou d'y renoncer. Nous en venons maintenant, avec le *Répertoire* (n° 460 à 463), aux applications que la règle a reçues, en dehors de ce cas spécial, pour les mandats ou procurations.

314. Le tarif primitivement fixé à 1 fr., puis porté à 2 fr. (*Rép.* n° 460), est actuellement de 3 fr. (L. 28 févr. 1872, art. 4).

315. La loi de frimaire an 7 (art. 68, § 1er-36e) ayant édicté le droit purement et simplement sans mention du nombre des mandants ni de la pluralité de droits, on a soutenu au *Rép.* n° 461 que cette règle de perception ne s'applique pas à la procuration ; que, quel que soit le nombre des mandants, il n'est dû qu'un droit unique, et l'on a rapporté des décisions condamnant la prétention émise par l'Administration, de percevoir, dans ce cas, autant de droits qu'il y a de mandants (*Ibid.* n° 462 et 463). Mais l'opinion contraire a prévalu. On applique au mandat-procuration la doctrine établie au sujet des actes de dépôt par l'arrêt de la cour de cassation du 30 mars 1852 (V. *suprà*, n° 302) et suivant laquelle, lorsque la procuration concerne plusieurs personnes ayant chacune un intérêt distinct et séparé, elle se divise en autant de dispositions indépendantes qu'il y a d'intéressés, et il est dû autant de droits (*Diction. droits d'enreg.*, v° *Mandat*, n° 62 ; Garnier, *Rép. gén. enreg.*, n° 11103).

316. Ainsi, le mandat conféré par une seule personne à *plusieurs mandataires* donne lieu à autant de droits qu'il y a de mandataires, lorsqu'il leur confère le pouvoir d'agir séparément (Sol. adm. enreg. 12 janv. 1863, Garnier, *Rép. gén. enreg.*, n° 11103) ; ... notamment pour représenter le mandant dans des actes d'administration et de disposition de ses propriétés, si les mandataires ne sont pas obligés d'agir conjointement (Sol. adm. enreg. (Belgique) 29 mai 1866, *ibid.*) ; ... et encore si le mandat comprend des opérations distinctes que chaque mandataire pourra faire séparément, par exemple, le pouvoir de vendre et celui de toucher (Sol. adm. enreg. 12 mai 1873, *ibid.* Conf. *Diction. droits d'enreg.*, v° *Mandat*, n° 64).

Mais la règle de la pluralité des droits ne serait pas applicable, en ce même cas, si les mandataires n'étaient autorisés à agir que conjointement, et, *à fortiori*, lorsqu'ils se sont engagés solidairement vis-à-vis du mandant à remplir leur mandat. Comme le font observer avec juste raison les rédacteurs du *Dictionnaire des droits d'enregistrement*, « l'unité de contrat résulte ici de l'unité d'intention chez le mandant. Il ne se forme qu'un lien unique entre lui et le dernier et les personnes qu'il a choisies pour le représenter. Il n'y a, en un mot, qu'un seul mandat reposant à la fois sur plusieurs têtes. Un seul droit est donc exigible » (*loc. cit.*).

317. La règle est la même lorsqu'il s'agit d'une procuration donnée par *plusieurs mandants*. La pluralité des droits est ou n'est pas applicable, suivant que les mandants ont ou n'ont pas des intérêts distincts. — Ainsi, la pluralité des droits est applicable, d'après un jugement du tribunal de Tours du 1er juin 1861, rapporté par M. Garnier, *Rép. gén. enreg.*, n° 11104-4°, à la procuration donnée à un tiers par plusieurs créanciers à l'effet de, pour eux concourir à tous traités, surveiller toutes les opérations ayant pour but la réalisation de l'actif et la répartition entre les créanciers des sommes provenant de la communauté : « Attendu que les neuf créanciers avaient des droits distincts et qu'il n'appert aucunement que les mandants fussent, au moment de la rédaction de l'acte, coïntéressés en vertu, soit de leur qualité, soit de leur titre ». — De même, la procuration donnée par plusieurs créanciers ayant des titres et des droits distincts, à un seul mandataire, pour les représenter à l'acte de liquidation et partage de la communauté de conjoints, leurs débiteurs, est passible d'au-

---

(1) La loi du 28 févr. 1872 a tarifé distinctement (art. 1er, n° 7), d'une part, « les consentements à mainlevée totale ou partielle d'hypothèques », c'est-à-dire (Instr. 2433, p. 5) « la mainlevée du montant total ou partiel de la créance inscrite », et d'autre part, « la réduction d'hypothèques », qui consiste (même instruction) dans la « réduction du gage, soit judiciairement, soit volontairement », et qui est sormise à un droit de 5 fr. par chaque acte. — Dans l'espèce, il n'y a pas réduction d'hypothèque, puisque la créance pour sûreté de laquelle l'hypothèque est prise reste la même ; il y a seulement réduction d'hypothèque. Or il est bien évident que cette réduction, consentie par un seul

créancier, constitue une disposition unique, quel que soit le nombre des parcelles d'immeubles dégrevées, et qu'elles aient ou non cessé d'appartenir au débiteur, puisque ce créancier se borne, en définitive, à désigner ceux des biens de son débiteur qui demeureront affectés à la garantie de sa créance. Considérée à ce point de vue, pour la perception du droit spécial établi par l'art. 1er, n° 7, de la loi du 28 févr. 1872, la réduction d'hypothèque ne peut, dans ces conditions, donner lieu qu'à un seul droit. — La réclamation du notaire est donc fondée.

Du 3 août 1874.-Solut. adm. enreg.

tant de droits particuliers qu'il y a de mandants (Trib. Saint-Malo, 29 nov. 1856, *Dictionnaire du notariat*, v° *Procuration*, n° 69).

318. Il a été décidé, dans le même sens, par une solution de l'administration de l'enregistrement de Belgique du 28 mai 1869, que la disposition d'un bail d'immeubles par laquelle les bailleurs chargent l'un d'eux d'en recevoir le prix, donne lieu à autant de droits qu'il y a de bailleurs non mandataires (D. P. 72. 5. 189-38°). — Mais cette décision ne paraît pas susceptible d'être admise. Dans les cas de l'espèce, en effet, le mandat constitue une disposition dépendante du contrat de bail et ne donne lieu, par suite, à aucun droit particulier. L'Administration française s'est prononcée en ce sens par deux solutions, l'une du 19 mars 1831 (*Rép.* n° 375) et l'autre du 12 sept. 1866. Il a été reconnu, par cette dernière décision, que la clause d'un contrat de vente portant que le prix sera versé entre les mains de l'un des vendeurs ne donne lieu à aucun droit particulier (D. P. 72. 5. 189-38°, note).

319. Il n'est dû qu'un seul droit sur la procuration donnée par plusieurs actionnaires d'une société à un seul mandataire à l'effet :... de délibérer sur des intérêts communs (Sol. adm. enreg. (Belgique) 15 déc. 1876, *Diction. droits d'enreg.*, v° *Mandat*, n° 74);... ou de les représenter en justice et d'agir contre les gérants et les membres du conseil de surveillance (Sol. adm. enreg. 20 févr. 1868, *ibid.*).

320. On a discuté la question de savoir si la pluralité des droits est applicable à la procuration donnée conjointement par *le mari et la femme* à l'effet de vendre des biens personnels à chacun d'eux. L'Administration s'est d'abord prononcée pour l'affirmative dans une solution dont les motifs sont que les époux, même sous le régime de la communauté, ont des droits distincts en ce qui concerne leurs immeubles propres, que le consentement de la femme à l'aliénation est l'expression d'un droit *sui generis* entièrement étranger au droit que le mari possède lui-même sur ses biens, et que, dès lors, les pouvoirs d'aliéner donnés dans le même acte, par le mari et la femme, présentent, non pas une connexion nécessaire, mais bien le concours accidentel de deux volontés (Sol. adm. enreg. 15 avr. 1862, D. P. 65. 3. 85, note). Mais cette argumentation n'était que spécieuse et l'Administration elle-même ne tarda pas à l'abandonner. Elle se prononça nettement, en effet, pour la négative dans une solution du 16 mai 1864. « Il n'y a de dispositions indépendantes, porte cette décision, que celles qui, dans un acte, ayant l'intérêt particulier d'un individu, de telle manière que la disposition qui le concerne n'est pas en rapport nécessaire avec celle qui concerne les autres individus dont il est question dans l'acte. — ... Les mandants ne doivent compter que pour une seule personne toutes les fois qu'ils sont associés, solidaires ou coïntéressés. — Or le mari et la femme sont associés, car le mariage n'est autre chose qu'une société formée entre eux. De plus, ils sont coïntéressés. En effet, leurs intérêts sont tellement connexes qu'il est impossible de les isoler, même dans les affaires qui les concernent l'un et l'autre personnellement. Les intérêts du mari et de la femme se fondent intimement pendant le mariage, et tout fait qui profite ou nuit à l'un d'eux doit nécessairement profiter ou nuire à son conjoint. Il faut donc reconnaître que, dans la procuration de l'espèce, le mari et la femme ont agi comme associés ou coïntéressés; d'où il suit que cet acte n'est passible que d'un seul droit » (D. P. 65. 3. 85. Conf. Garnier, *Rép. gén. enreg.*, n° 11111; *Diction. droits d'enreg.*, v° *Mandat*, n° 95).

321. A plus forte raison, la règle de la pluralité des droits n'est-elle pas applicable, en principe, à la procuration donnée par *un seul mandant* à un *mandataire unique* pour une affaire spécifiée. L'Administration elle-même l'a reconnu, par une solution du 19 nov. 1881 (Garnier, *Rép. pér. enreg.*, art. 5911), au sujet de procurations données à l'effet de vendre ou acheter des valeurs négociables à la Bourse, avec pouvoir de remettre le produit de la vente ou les titres acquis, soit à un tiers nominativement désigné, soit à la caisse du Trésor public pour le compte du trésorier général du département, et avec déclaration que cette remise ou que ce versement vaudra pleine et entière décharge au mandataire. « Il est de l'essence de

la procuration, porte cette solution, que le mandataire puisse traiter avec d'autres personnes, et la désignation de ces personnes ne saurait avoir le caractère d'un mandat qui leur serait donné. »

322. Quel que soit le nombre des mandats donnés, il n'en est pas moins vrai que l'acte de reddition de compte et de décharge passé ensuite ne contient qu'un contrat unique entre les deux parties, et il suit de là que ce contrat n'est sujet qu'à un seul droit fixe d'enregistrement. Ainsi, l'acte par lequel une partie donne décharge à un notaire du produit de deux adjudications mobilières, faites à sa requête par cet officier public, n'est passible que d'un seul droit et non de deux, bien que ces adjudications aient été faites à des dates différentes et pour l'exécution de mandats distincts (Sol. adm. enreg. 7 déc. 1859 et 20 nov. 1865, D. P. 65. 3. 13).

§ 12. — Ratification (*Rép.* n°ˢ 464 à 472).

323. Le droit édicté à 1 fr. par la loi de frimaire an 7, a été porté à 2 fr. par celle du 18 mai 1850 (art. 8), puis à 3 fr. par la loi du 28 févr. 1872 (art. 4).

324. La loi étant muette relativement à l'application de la règle de la pluralité des droits aux ratifications, on s'est demandé si la perception doit être établie en raison du nombre des personnes qui donnent la ratification ou bien en raison du nombre des actes ratifiés.

Il est enseigné au *Rép.* n° 465, que, lorsqu'un seul acte est ratifié, un seul contrat est établi, dès qu'un seul droit, quel que soit le *nombre de ceux qui ratifient* ou des mandataires qui ont stipulé, qu'il y a unité de contrat, qu'il ne saurait y avoir pluralité de droits. — Cette doctrine, pour la ratification comme pour le mandat (V. *suprà*, n° 315), n'est pas suivie dans la pratique, et l'on applique celle de l'arrêt du 30 mars 1832 (V. *suprà*, n° 302) suivant laquelle il est dû autant de droits qu'il y a d'intérêts distincts en jeu. « L'unité de contrat, enseigne M. Garnier, n'empêche pas la divisibilité des intérêts, et, puisque la règle générale de l'art. 11 est admise, comment elle fait abstraction de l'unité de l'acte pour concevoir autant de stipulations divises qu'il y a de parties non coïntéressées, on doit en conclure que, si l'intérêt des ratifiants est distinct, il y a, à l'égard de chacun, des ratifications partielles passibles d'un droit » (*Rép. gén. enreg.*, n° 11597. Conf. *Diction. d'enreg.*, v° *Ratification*, n° 32). L'administration de l'enregistrement a décidé, en ce sens, que la ratification d'un *bail de chasse* consenti au même preneur par le mandataire de plusieurs bailleurs donne ouverture à autant de droits qu'il y a de bailleurs ratifiants (Sol. adm. enreg. 16 août 1866, *ibid.*). — Et il a été jugé, dans le même sens, que la ratification, par des créanciers ayant des intérêts distincts, d'une *obligation de sommes*, donne lieu à autant de droits qu'il y a de créanciers : « Attendu que sept prêteurs, prêtant chacun une somme distincte, ont concouru à fournir les 21000 fr. dont il s'agit ; que, par conséquent, il s'agit de sept dispositions distinctes contenues dans le même acte ; que, dès lors, la ratification, quoique faite par un seul acte, équivaut à sept ratifications distinctes se référant aux sept emprunts qu'il s'est agi de confirmer; qu'il s'ensuit que sept droits fixes étaient dus » (Trib. Lille, 5 nov. 1886, Garnier, *Rép. pér. enreg.*, art. 6761).

325. Lorsque la ratification s'applique à *plusieurs actes*, elle se divise nécessairement entre chacun des actes ratifiés et, dès lors, la règle de la pluralité des droits est applicable. Cela est démontré au *Rép.* n° 470, et a été reconnu par un arrêt (Civ. cass. 20 févr. 1839, *Rép.* n° 471). La jurisprudence est fixée en ce sens. Ainsi, il a été décidé : ... que, lorsqu'en donnant décharge d'un mandat donné pour la vente en détail d'un domaine, le propriétaire ratifie les ventes partielles faites par le mandataire, l'acte est passible, indépendamment du droit de décharge, d'autant de droits fixes de ratification qu'il y a de ventes ratifiées (Trib. Marseille, 12 mai 1859, aff. Giloux, D. P. 60. 3. 62); ... que la ratification par le mandant de la mainlevée, donnée par le mandataire qui avait excédé ses pouvoirs, d'inscriptions d'office prises contre différents acquéreurs, est passible, comme la mainlevée, d'autant de droits fixes d'enregistrement qu'il y a d'acquéreurs non solidaires (Sol. adm. enreg. 26 nov. 1869, D. P. 71. 3. 20. — V. toutefois en sens contraire dans ce dernier cas : Trib. Doullens, 21 oct. 1870, aff. Trogneux, D. P. 72. 3. 86).

326. Pour l'application de la règle de la pluralité des droits aux recours en cassation ou au conseil d'Etat, V. *infrà*, nos 494 et suiv.

Art. 4. — *Des adjudications à la folle enchère quand le prix n'est pas supérieur au prix de la précédente adjudication* (*Rép.* nos 473 à 478).

327. Comme on l'a fait observer au *Rép.* n° 475, la loi de frimaire tarife différemment les adjudications à la folle enchère, suivant que le prix n'est pas ou est supérieur au prix de la précédente adjudication. Les adjudications dont le prix excède le prix de la première vente donnent lieu au droit proportionnel et, en conséquence, seront étudiées, comme au *Répertoire*, plus loin au chap. 4, part. 1re, sect. 2, art. 2, § 1er, n° 2. Il n'est question ici que des premières, de celles dont le prix n'est pas supérieur à celui de la vente primitive. L'art. 68, § 1er, n° 8, de la loi de l'an 7 les soumettait à un droit fixe de 1 fr., qui fut élevé à 3 fr. (*Rép.* n° 476) et qui est actuellement de 4 fr. 50 cent., d'après la disposition générale de l'art. 4 de la loi du 28 févr. 1872.

328. Suivant une solution de l'Administration rapportée au *Rép.* n° 477, la disposition dont il s'agit de la loi fiscale, étant conçue en termes absolus, s'applique lorsque la revente sur folle enchère a lieu, non pas seulement après adjudication *en justice*, mais aussi *après* adjudication *volontaire* devant notaire et même après une *vente amiable* renfermant une clause de folle enchère. Cela a toujours été admis dans la pratique (*Diction. droits d'enreg.*, v° *Adjudication*, n° 149 ; Garnier, *Rép. gén. enreg.*, n° 1757). Toutefois, dans un cas de ce genre, un jugement du tribunal de Tarascon du 11 nov. 1858 (Garnier, *Rép. pér. enreg.*, art. 1105) a sanctionné la perception du droit proportionnel au sujet d'une adjudication au profit d'un tiers, sur poursuites en expropriation par les créanciers du vendeur à défaut de payement par l'acquéreur de son prix, « attendu qu'il ne peut y avoir de folle enchère légalement passible du droit fixe qu'après enchères préalables ensuite d'une vente judiciaire ».

329. L'exemption du droit proportionnel est acquise à l'adjudication sur folle enchère, lors même que le premier acquéreur est entré en jouissance et a payé une partie de son prix (Civ. cass. 10 déc. 1822, *Rép.* n° 478) ; ... sauf, bien entendu, le cas de fraude (Même arrêt). Ainsi, l'adjudication sur folle enchère serait passible du droit proportionnel, s'il était établi que l'annulation de l'adjudication a été le résultat d'une revente secrète (Trib. Seine, 9 mai 1831, *Journ. enreg.*, art. 15204). Ainsi encore, le jugement duquel il résulte qu'une adjudication sur folle enchère n'a pas été sérieuse, qu'elle est intervenue en exécution d'une convention sous seing privé demeurée secrète, par laquelle le premier acquéreur s'était engagé à se laisser poursuivre et le second avait promis de porter le prix de l'adjudication à un chiffre déterminé, constate que la mutation opérée a été une véritable revente ; par suite, le droit proportionnel est dû sur l'intégralité du prix de l'adjudication sur folle enchère (Trib. Seine, 20 juill. 1877, et sur pourvoi, Req. 21 janv. 1878, aff. Deboisse et autres, D. P. 78. 1. 197. Conf. note, *ibid.*).

330. Dans le cas dont nous nous occupons, la revente sur folle enchère n'affranchit pas le premier acquéreur de la nécessité de l'enregistrement de son titre dans le délai de la loi et, par suite, non seulement il doit acquitter le droit de mutation sur l'excédent du prix de la première adjudication sur celui de la seconde, mais encore il peut être poursuivi en payement du double droit de la première adjudication, s'il ne l'a pas fait enregistrer en temps utile (V. *infrà*, chap. 4, part. 1re, sect. 2, art. 2, § 1er, n° 2).

Art. 5. — *Des résolutions de contrats dans les vingt-quatre heures* (*Rép.* nos 479 à 490).

331. Les résolutions de contrats font l'objet de différentes dispositions de la législation fiscale qui sont rappelées au *Rép.* n° 479. Il n'est question, dans l'article susvisé

du *Répertoire* et, par suite, nous ne nous occuperons ici que des résolutions de contrats dans les vingt-quatre heures, c'est-à-dire du commentaire de cette disposition du tarif de la loi de frimaire an 7 (art. 68, § 1er-40°) qui assujettit au droit fixe de 1 fr. « les résiliements purs et simples faits par actes authentiques dans les vingt-quatre heures des actes résiliés ».

Le droit a été élevé successivement à 2 fr. (L. 28 avr. 1816, art. 43-2°), puis à 3 fr. (L. 28 févr. 1872, art. 4).

332. C'est par une exception de faveur que les résolutions de contrats sont affranchies du droit proportionnel (*Rép.* nos 481 et 482). D'après le texte de la loi, l'application de cette exception est subordonnée à la triple condition que la résiliation soit faite dans les vingt-quatre heures de l'acte résilié, qu'elle ait lieu par acte authentique et qu'elle soit pure et simple (*Rép.* n° 483).

La réunion de ces trois conditions est nécessaire pour que la résiliation ne soit sujette qu'au droit fixe. Ainsi, le résiliement d'un bail est sujet au droit proportionnel, lorsqu'il n'a été fait ni dans la forme, ni dans le délai prescrits (Civ. cass. 12 oct. 1808, *Rép.* n° 2257).

333. Il est enseigné au *Rép.* n° 487, que c'est sans doute en raison du danger des antidates que la loi exige la forme authentique ; que, par suite, dans les cas où le danger des antidates est manifestement écarté, comme lorsque le résiliement par acte sous seing privé est présenté à l'enregistrement ou qu'il acquiert date certaine de toute autre manière avant l'expiration de délai de vingt-quatre heures, il n'y a plus de motif pour lui refuser l'avantage accordé au résiliement par acte authentique. — M. Garnier, *Rép. gén. enreg.*, n° 14335, et le *Dictionnaire des droits d'enregistrement*, v° *Résolution*, n° 64, repoussent cette opinion. « Nous sommes, dit M. Garnier, en présence d'une disposition qui existe *contra rationem juris* ; aussi pensons-nous que son texte doit être appliqué dans la rigueur de ses termes. » L'observation est exacte.

334. On a combattu au *Rép.* n° 485 l'opinion exprimée par le *Journal de l'enregistrement*, art. 1144, que l'acte de résiliement d'un partage anticipé, même fait après l'expiration du délai de vingt-quatre heures, n'est sujet qu'au droit fixe, lorsqu'un des copartageants a protesté dans ce délai, par acte d'huissier, contre le partage. M. Garnier, *Rép. gén. enreg.*, n° 14338, repousse également cette doctrine ; et les rédacteurs du *Dictionnaire des droits d'enregistrement*, v° *Résolution*, n° 66, l'ont abandonnée.

335. La plus grave difficulté que présente cette matière se rapporte à l'enregistrement de *l'acte résilié*. On a soutenu au *Rép.* n° 490, contrairement à un arrêt (Civ. cass. 9 avr. 1844), que l'exemption du droit proportionnel établie en faveur de l'acte de résiliement, lorsqu'il est fait dans les conditions déterminées par la loi, s'étend à l'acte résilié. Tel est aussi le sentiment de M. Demante, t. 1, n° 151 et suiv. « Les parties, dit cet auteur, pourraient certainement, au moyen d'une clause expresse, se réserver la faculté de résilier le contrat par un accord mutuel. Cette clause devrait être considérée comme une condition résolutoire opérant un effet rétroactif au préjudice des tiers (c. civ. art. 1179, 1183, 2125). Or, en présence des habitudes de la pratique alimentées par la disposition de la loi fiscale, je pense qu'on peut aller plus loin et, dans le silence de l'acte, considérer tout résiliement dans les vingt-quatre heures comme opéré en vertu d'une condition résolutoire implicite. C'est une déduction de la règle *non videtur factum, quod non durat factum*. Cette règle proclamée par notre ancienne jurisprudence, est raisonnable : elle est conforme à l'intention présumée des contractants ; il y a lieu de l'appliquer au droit moderne... Pour nous, considérant le résiliement dans les vingt-quatre heures comme procédant d'une condition résolutoire implicite, nous devons faire ici l'application des principes généraux de la théorie des conditions. Nous avons établi : 1° que lorsqu'à l'événement de la condition résolutoire le droit proportionnel n'est pas encore perçu sur l'acte résolu, il n'y a plus, quant à ce droit, ni cause, ni base de perception ; 2° que tout au moins cette proposition doit être admise lorsque la résolution arrive dans le délai légal de l'enregistrement. Il s'ensuit, dans l'espèce, que l'acte résilié encourt seulement un droit fixe comme acte innomé ». — Nous avons adopté *suprà*, nos 149 et suiv., la même doctrine au sujet des contrats annulés avant d'avoir été enregistrés. L'opinion contraire suivant laquelle l'exemption n'est pas applicable à l'acte résilié et cet acte demeure sujet, malgré sa résiliation, au droit proportionnel, est soutenue par M. Garnier, *Rép. pér. enr. g.*, n° 14340 ; le *Dictionnaire des droits d'enregistrement*, v° *Résolution*, n° 71, et M. Naquet, t. 1, n° 324.

Art. 6. — *Délivrances de legs* (*Rép.* n°ˢ 491 à 506).

336. Les délivrances de legs ont été soumises primitivement à un droit fixe de 1 fr. (L. 22 frim. an 7, art. 68, §1ᵉʳ-25°) qui a été élevé à 2 fr. (L. 18 mai 1850, art. 8), puis transformé en droit gradué de 1 pour 1000 (L. 28 févr. 1872, art. 1ᵉʳ, n° 6).

337. La délivrance de legs a, jusqu'à un certain point, le caractère libératoire. Si, néanmoins, elle n'est point assujettie au droit proportionnel, c'est que l'héritier qui l'opère, ne donne rien *de suo* et ne fait qu'accomplir un mandat (*Rép.* n° 491). Par suite, tout acte constituant une délivrance de legs, quelle que soit la nature du legs, quel que soit son objet (*Rép.* n° 499), échappe au droit proportionnel. Il en est ainsi, même pour un *legs verbal* (*Rép.* n° 492). Cependant il a été décidé, en sens contraire, que l'engagement pris, dans un acte de partage, par des légataires préciputaires, de payer conformément à l'ordre verbal du défunt, une indemnité à leurs cohéritiers qui l'acceptent, donne ouverture au droit proportionnel de donation (Trib. Agen, 11 févr. 1847, aff. D..., D. P. 48. 5. 146). Mais un arrêt de la cour de cassation a fixé la jurisprudence dans le sens de la perception du droit fixe seulement, au cas dont il s'agit. Aux termes de cette décision, la délivrance d'un legs verbal constitue, de la part de l'héritier ou du légataire universel qui l'a consentie malgré la nullité du legs, l'acquit d'une obligation naturelle, et non une donation entre vifs; par suite, elle est passible, non du droit proportionnel de mutation, mais seulement du droit fixe, alors, d'ailleurs, qu'elle est exempte de toute fraude tendant à dissimuler, au préjudice du Trésor, un mode quelconque de disposition directe du légataire universel au profit d'un tiers (Civ. rej. 19 déc. 1860, aff. Chassaing, D. P. 61. 1. 17). Il a été jugé de même, en droit civil, que, bien que nul, le legs verbal n'en donne pas moins naissance à une obligation naturelle, et peut servir de cause à une obligation civile valable (Req. 20 nov. 1876, aff, Servain, D. P. 78. 1. 376).

338. L'Administration, disent les rédacteurs du *Dictionnaire des droits d'enregistrement*, a fait de nombreuses applications de la doctrine de l'arrêt du 19 déc. 1860 (cité *suprà*, n° 337). L'assertion des parties relativement à l'existence d'un legs verbal doit être rejetée toutes les fois qu'il y a suspicion de fraude. Mais, lorsque la bonne foi des parties paraît évidente et que, d'après les circonstances, rien ne permet de leur supposer l'intention de frustrer les droits du Trésor, il y a lieu de liquider les droits de mutation par décès et ceux de l'acte de délivrance, tout comme si le legs fait verbalement, était contenu dans un testament régulier. En définitive, le principe de l'arrêt étant admis, tout dépend des circonstances (*Diction. droits d'enreg.*, v° *Délivrance de legs*, n° 64). — Ainsi, l'Administration n'a réclamé que le droit gradué, pour délivrance de legs verbal, sur l'excédent d'attribution résultant d'une disposition de partage de communauté et de succession dans laquelle une action industrielle, consistant en une fraction de deniers des mines d'Anzin, avait été abandonnée à l'un des enfants héritiers pour une somme inférieure à sa valeur, afin de rétablir, conformément à la volonté du père de famille décédé, l'égalité entre ses enfants. Un jugement du tribunal de la Seine du 7 mars 1879, rendu au sujet de cette réclamation, porte « que l'Administration, si elle s'en fût tenue à la rigueur des principes, aurait pu soutenir, non sans raison, que l'abandon fait à P.-C. Périer par son frère et sa sœur, constituait de leur part une véritable libéralité donnant ouverture à un droit plus élevé que ceux réclamés ; qu'en se fondant sur les déclarations des parties relativement au désir manifesté par le sieur Casimir Périer d'établir l'égalité entre ses trois enfants, pour admettre l'existence d'un legs verbal et hors part de toute la portion que

le défunt possédait dans la plus-value dont s'agit, elle a fait preuve d'une modération qui peut heurter certains principes élémentaires du droit civil, mais que le contribuable ne saurait être admis à critiquer, puisqu'elle lui est favorable ». Ce jugement a été confirmé, sur pourvoi, par la chambre des requêtes le 9 févr. 1880 (aff. Casimir Périer, D. P. 80. 1. 313) (V. dans le même sens : Req. 16 févr. 1874, aff. Dumoitier, D. P. 74. 1. 365).

339. En pareil cas, avons-nous dit, tout dépend des circonstances. — Spécialement, lorsqu'un partage intervenu entre les enfants après le décès du père de famille modifie sensiblement les dispositions faites par ce dernier dans son testament, il ne pourra évidemment pas être considéré comme l'exécution de ce testament, alors même qu'il y serait dit que, par les nouvelles dispositions arrêtées entre eux, les enfants ont voulu réaliser les volontés de leur père. Ainsi la cour de cassation a décidé, avec raison suivant nous, que l'acte par lequel des enfants, tout en déclarant qu'ils entendent respecter les volontés exprimées par leur père défunt dans son testament contenant partage de ses biens entre eux avec attribution, par préciput, aux fils de la quotité disponible, procèdent à un nouveau partage par portions égales, les fils renonçant à l'attribution à eux faite par préciput, ne peut être considéré comme constatant seulement l'exécution pure et simple des dispositions du testament; qu'en conséquence, si, la succession comprenant des biens tant en France qu'à l'étranger, l'un des cohéritiers reçoit en biens français plus que sa part dans ces biens, cette attribution n'est pas une simple délivrance de legs passible du droit fixe d'enregistrement, encore bien qu'elle n'ait fait que reproduire l'une des dispositions du testament ; l'excédent de la part héréditaire de l'attributaire dans les biens français, compensé, quant aux autres lots, par des biens étrangers, doit être considéré comme transmis à titre onéreux, et le droit proportionnel de soulte est dû à raison de cette mutation (Req. 23 juill. 1873, aff. Prince Stirbey, D. P. 74. 1. 260). — Au contraire, c'est d'une simple délivrance de legs qu'il s'agit et il n'est dû, par suite, que le droit gradué d'enregistrement, dans le cas d'exécution d'un testament malgré les vices de forme qui rendent ses dispositions annulables. Jugé, dans ce sens, que la renonciation par l'héritier naturel à se prévaloir des vices de forme dont est entaché le testament instituant à son préjudice un légataire universel doit être considérée, quant à la perception du droit d'enregistrement, sauf le cas de fraude, comme n'étant que l'exécution d'une obligation naturelle (c. civ. art. 1235 et 1340), et non comme renfermant une cession ou donation donnant lieu au droit proportionnel sur la portion des biens de la succession recueillie par le légataire universel au delà de celle que lui assignait sa vocation héréditaire;... alors même que le renonçant a ajouté qu'il entendait qu'au cas où le testament serait annulé, son adhésion profitât, non à la masse de l'hérédité, mais au légataire universel, et que postérieurement le testament a été annulé par l'autorité judiciaire (Trib. Nantes, 19 août 1879, aff. Le Licur de la Ville-sur-Arce, D. P. 80. 5. 173). — Ce jugement, auquel l'administration de l'enregistrement a acquiescé, paraît conforme à la doctrine des arrêts des 19 déc. 1860 (cité *suprà*, n° 337) ; 23 juill. 1873 (précité); 6 févr. 1874 et 9 févr. 1880 (cités *suprà*, n° 338).

340. Le *Répertoire* (n° 493) mentionne une délibération du 27 mai 1836 d'après laquelle, lorsqu'après une donation par contrat de mariage d'une *somme déterminée* à prendre sur les biens que le donateur laissera à son décès, celui-ci dispose, par testament, que le donataire aura la *faculté* de prendre un *immeuble de sa succession* pour lui tenir lieu de la somme à lui donnée, l'acte constatant la remise par l'héritier du donateur au donataire d'un immeuble de l'hérédité, n'est sujet, comme simple délivrance de legs, qu'au droit fixe. Le *Dictionnaire des droits d'enregistrement*, v° *Délivrance de legs*, n° 157, rapporte une solution semblable de l'administration de l'enregistrement rendue le 16 juill. 1867 au sujet de la donation d'une somme déterminée payable au décès du donateur et du legs d'un immeuble, d'une valeur supérieure, fait postérieurement et en remplacement à charge de compter l'excédent à la succession.

Il y est décidé que l'acte constatant l'exécution de ces dispositions par la délivrance de l'immeuble constitue une délivrance de legs pure et simple qui ne donne lieu qu'au droit fixe (aujourd'hui droit gradué).

Mais il en serait différemment si des biens, objets mobiliers, créances ou immeubles, de la succession, étaient abandonnés par l'héritier au *légataire d'une somme d'argent* en payement de cette somme. L'acte constatant cet abandon, constituerait , non plus une simple délivrance de legs passible du droit fixe gradué, mais une dation en payement passible du droit proportionnel. Ainsi, jugé que le légataire auquel le testateur fait don d'une somme à prélever, en espèces, sur les plus clairs des biens de sa succession, n'est pas réputé copropriétaire des valeurs héréditaires ; par suite, l'abandon qui lui est fait, en payement de son legs, de créances et d'immeubles de la succession, donne lieu à la perception du droit proportionnel de transmission (Trib. Evreux, 14 juin 1861, aff. Bourdon, D. P. 62. 3. 7). — V. *infrà*, chap. 4, part. 1re, sect. 1re, art. 2, § 2, n° 5.

341. La perception à établir sur la délivrance de legs, lorsque c'est la chose, meuble ou immeuble, de l'héritier ou d'un légataire principal qui fait l'objet d'un legs secondaire, est vivement controversée. L'Administration a admis, par une délibération du 20 sept. 1850 (D. P. 74. 5. 202, note), qu'il n'est le cas, que le droit fixe de délivrance de legs. Puis elle a soutenu et fait juger que le droit proportionnel de donation était dû (Trib. Lyon, 18 août 1863, *ibid.*). Enfin elle soutient aujourd'hui que c'est le droit proportionnel de vente qui doit être perçu. Cette dernière prétention a été admise par deux jugements des tribunaux de Toulouse du 9 janv. 1862 (*ibid.*), et d'Orthez du 28 janv. 1873 (*ibid*). — Nous soutenons qu'il n'est dû que le droit gradué de délivrance de legs. En effet, dans les cas de l'espèce, le légataire secondaire tient directement du testateur la chose qu'il reçoit (*Rép.* v° *Dispositions entre vifs et testamentaires*, n° 3533). La jurisprudence de la cour de cassation l'a reconnu, en droit fiscal, pour le règlement des droits de mutation par décès, au cas où le légataire d'un immeuble est chargé d'acquitter un legs en argent. Ainsi qu'elle l'a décidé (Civ. cass. 30 mars 1858, aff. Labarthe, D. P. 58. 1. 151), le Trésor est désintéressé, en ce cas, par le payement du droit de mutation sur la valeur de l'immeuble déterminée d'après les règles établies par la loi fiscale. Il en doit être de même au cas où c'est un objet, autre qu'une somme d'argent, que le légataire est chargé de remettre à un tiers désigné. Peu importe que cet objet soit un immeuble ou un meuble, le principe est le même dans les deux cas. Le Trésor est désintéressé par le payement du droit proportionnel de mutation sur l'objet du legs principal, et la délivrance de legs secondaire n'est qu'une délivrance de legs ordinaire, à laquelle le droit proportionnel ne saurait être appliqué (V. D. P. 74. 5. 202, note). Tel est l'avis de tous les recueils spéciaux (Garnier, *Rép. pér. enreg.*, art. 3725 ; *Journ. enreg.*, art. 17533 et 17803 ; *Journal des notaires*, art. 17604, 18035 et 20925 ; *Journal du notariat*, n°s 2765 et 2766. — *Adde :* Garnier, *Rép. gén. enreg.*, n°s 6154 et suiv. ; *Diction. droits d'enreg.*, v° *Délivrance de legs*, n° 73).

342. Mais si un légataire universel abandonne un immeuble lui appartenant personnellement en payement d'un legs particulier de somme d'argent, cet abandon constitue, non plus une simple délivrance de legs, mais une dation en payement ; dès lors, le droit proportionnel de vente à 5 fr. 50 pour 100 est dû, encore bien que le légataire universel aurait la faculté de se libérer du legs soit en argent, soit en délaissant l'immeuble en question (Trib. Avignon, 24 mai 1887, aff. de Villèle, D. P. 89. 3. 54). — Cette décision nous paraît justifiée. Dans ce cas, en effet, c'est une somme d'argent qui fait l'objet du legs et qui, conséquemment, est transmise au légataire particulier par l'effet du testament et en vertu de l'art. 1014 c. civ. ; la faculté, accordée par le testament au légataire universel, de se libérer par l'abandon d'un immeuble lui appartenant, ne modifie en rien l'effet légal produit par la disposition faite en faveur du légataire particulier. La réalisation de l'abandon par la tradition de l'immeuble ne modifie pas davantage cet état de choses. Le légataire particulier, simple créancier de la succession pour le montant

de son legs, devient propriétaire de l'immeuble du légataire universel par la volonté de celui-ci, et non par celle du testateur comme dans le cas examiné *suprà*, n° 341. L'abandon qui lui est fait opérant vente, à titre de dation en payement, est passible du droit proportionnel de 5 fr. 50 cent. pour 100 (V. *ibid.*, note).

343. La *soulte* stipulée dans un *partage testamentaire* et comprise dans le lot d'un des enfants est, en quelque sorte, léguée à cet enfant, lors même que la somme ne se trouve pas en nature dans le patrimoine du testateur. En conséquence, l'acte par lequel, postérieurement au décès de ce dernier, cette soulte est payée à l'attributaire par celui de ses cohéritiers qui en a été chargé n'est que le complément du partage et constitue une simple délivrance de legs passible du droit gradué, et non un payement proprement dit donnant lieu au droit proportionnel de libération (Sol. adm. enreg. 7 avr. 1868, D. P. 69. 3. 8. V. dans le même sens : Trib. Vigan, 22 janv. 1836, *Rép.* n° 496).

344. Le remboursement du *capital* d'une *rente* léguée avec faculté d'en exiger le service *ou* le capital, n'est passible, comme délivrance de legs, que du droit gradué (*Rép.* n° 495). Mais, si c'est pour se libérer d'un legs pur et simple de rente que l'héritier verse au légataire le capital de cette rente, il n'exécute plus alors le mandat que lui avait donné le testateur, il se décharge d'une obligation ; c'est un débiteur qui se libère, et le droit proportionnel de libération est dû (Trib. Mâcon, 26 nov. 1847, *Journ. enreg.*, art. 14443).

345. Ce qui rend exigible le droit gradué de délivrance de legs, ce n'est pas la tradition effective au légataire de l'objet qui lui a été légué, mais bien le consentement donné, par l'héritier investi de la saisine, à ce que le légataire ait la jouissance légale de l'objet, c'est-à-dire le droit aux fruits et aux intérêts. Or, dans le cas de legs pur et simple de *rente viagère*, à défaut d'acte spécial exprimant ce consentement, il résulte de l'acte constatant le payement du premier terme de la rente. Le droit gradué de délivrance de legs est donc dû, à l'enregistrement de cet acte, sur le capital de la rente (Sol. adm. enreg. 19 août 1876, aff. de Sereys, D. P. 78. 5. 231). Et les actes ultérieurs établissant le payement des autres termes échus postérieurement ne donnent lieu qu'au droit fixe de 3 fr. pour décharge (Même solution). — Bien plus, l'Administration admet que, dans le cas où le montant du droit fixe de décharge se trouve supérieur au droit proportionnel de libération à 50 cent. pour 100, c'est ce dernier droit qui doit être perçu (Sol. adm. enreg. 28 juin 1878, Garnier, *Rép. gén. enreg.*, art. 5126).

346. Il était déjà formellement reconnu à l'époque de la publication du *Répertoire* (n°s 497 et suiv.), que la délivrance d'un *legs de somme* d'argent ne donne lieu qu'au droit fixe, *lors même que la somme ne se trouve pas en nature dans la succession.* La jurisprudence postérieure a pleinement confirmé cette doctrine. Ainsi il a été décidé au sujet de legs particuliers de sommes d'argent payables, d'après le testament, au décès du légataire universel sans intérêts jusqu'à cette époque, que l'acte constatant le payement, après le décès du légataire universel, des sommes léguées ne renferme qu'une simple délivrance de legs passible du droit fixe, et non du droit proportionnel de libération (Civ. rej. 25 juin 1862, aff. Garnier, D. P. 62. 1. 370). Le principe a été affirmé dans la discussion de la loi du 28 févr. 1872, qui a assujetti, par son art. 1er-7°, les délivrances de legs au droit gradué (D. P. 72. 4. 17, 1re col., et note *a*).

347. Lorsque c'est en exécution d'une *institution contractuelle* que le payement est fait après le décès du disposant par l'héritier ou le légataire universel à l'institué, il importe de déterminer, pour la perception du droit d'enregistrement sur l'acte constatant le payement, quel est le caractère de cet acte. Aux termes d'une solution du 19 juin 1848 (D. P. 49. 3. 47 ; *Rép.* n° 3870), fondée sur ce que la loi de l'impôt et la jurisprudence ont constamment assimilé les donations par contrat de mariage, faites sous condition de survie, dans les termes de l'art. 1082 c. civ., aux legs par testament, c'est d'une délivrance de legs qu'il s'agit, et l'acte doit être tarifé en conséquence. Par suite, ce serait actuellement le droit gradué de 1 pour 1000 qui serait dû. Il n'en est pas ainsi. A la mort de l'instituant et dans le cas de survie de l'institué, celui-ci est saisi de plein droit de tous les biens, droits et actions, faisant l'objet de la disposition faite à son profit; il n'est pas tenu, comme le légataire particulier, de demander la délivrance aux héritiers à réserve (*Rép.* v° *Dispositions entre vifs et testamentaires*, n° 2106). Il s'ensuit que le consentement donné par ces derniers à l'exécution de la disposition, constitue une simple *décharge* et ne donne lieu, en conséquence, qu'au droit fixe de 3 fr. L'Administration l'a reconnu formellement par différentes solutions des 11 avr., 5 oct. 1873, 18 févr. et 24 juill. 1874 mentionnées dans le *Dictionnaire des droits d'enregistrement*, v° *Délivrance de legs*, n° 101.

348. Comme nous l'avons établi *suprà*, n°s 115 et suiv., la validité ou l'invalidité d'une disposition est indifférente pour la perception des droits d'enregistrement. La jurisprudence a fait l'application de ce principe aux délivrances de legs, en décidant que, lorsqu'un légataire universel a acquitté, sans les contester, des *legs particuliers* mis à sa charge, et qui étaient tous *entachés de substitution*, l'Administration n'est pas fondée à arguer de cette nullité, quelque radicale et absolue qu'elle soit, pour soutenir que les biens délivrés en payement desdits legs, n'ont pas cessé d'être la propriété du légataire universel et que, par suite, la délivrance consentie par lui a opéré, au profit des légataires particuliers, une transmission à titre gratuit passible du droit de donation. Il n'est dû que le droit fixe de délivrance de legs (Civ. rej. 15 févr. 1854, aff. Boudent, D. P. 54. 1.51).

349. L'Administration a soutenu que le droit fixe gradué d'enregistrement établi sur les délivrances de legs est exigible sur tout acte qui, sous quelque forme que ce soit, tend à mettre le légataire en possession effective de l'objet légué, sans qu'il y ait à distinguer ni entre les legs universels et les legs particuliers, ni entre la délivrance de legs à l'amiable et l'envoi en possession par justice (Sol. adm. enreg. 28 juill. 1873, D. P. 3. 32). Il a été décidé, conformément à cette doctrine, que le droit gradué est dû spécialement sur l'ordonnance du président du tribunal portant envoi en possession d'un légataire universel institué par un testament olographe, lors même que ce légataire a été saisi de plein droit par le décès, à défaut d'héritiers à réserve (Trib. Hazebrouck, 15 sept. 1873, aff. X..., D. P. 74. 3. 32). — Mais il a été jugé, en sens contraire, que le droit gradué auquel sont assujetties les délivrances de legs ne s'applique pas à l'ordonnance du président du tribunal portant envoi en possession d'un légataire universel institué par testament olographe ou mystique, et saisi de plein droit à défaut d'héritiers à réserve (Trib. Montluçon, 28 mai 1874; Nantua, 18 juin 1874, D. P. 74. 3. 203). Cette dernière solution nous paraît préférable. En effet, simple formalité judiciaire pour donner, sans le concours des héritiers, au testament olographe ou mystique contenant un legs universel, le caractère de publicité qui lui manque, l'exécution parée qu'il n'avait pas, l'envoi en possession n'a ici rien de commun avec la délivrance. Le légataire universel est, en ce cas, saisi de plein droit, sans être tenu de demander la délivrance (c. civ. art. 1006 et 1008). Loin de pouvoir être assimilés l'un à l'autre, les deux actes s'excluent réciproquement. Ils se distinguent encore par leurs effets. La délivrance est nécessaire pour faire courir les fruits et intérêts au profit du légataire obligé à la demander (c. civ. art. 1014); le légataire universel, saisi de plein droit, fait siens les fruits de l'hérédité à partir du décès, nonobstant l'envoi en possession (Merlin, *Questions de droit*, v° *Testament*, § 19). L'administration de l'enregistrement et le tribunal d'Hazebrouck ont donc donné à la loi une extension qu'elle ne comporte pas en appliquant le droit gradué à un cas où l'ordonnance d'envoi en possession n'est rien moins qu'une délivrance de legs. Telle est l'opinion exprimée sur la question par les recueils spéciaux (Garnier, *Rép. pér. enreg.*, art. 3573, § 10; *Journal des notaires et des avocats*, n°s 20358, 20590 et 20819; *Contrôleur de l'enregistrement*, art. 15042; *Journ. enreg.*, art. 19262; *Revue du notariat*, art. 4340) (D. P. 74. 3. 32, note).

La cour de cassation s'est prononcée en ce sens par un arrêt qui a cassé le jugement du tribunal d'Hazebrouck, et déclaré que l'art. 1er de la loi du 28 févr. 1872, qui a soustrait certains actes déterminés, spécialement les délivrances de legs, au droit fixe ordinaire d'enregistrement,

pour les soumettre au droit gradué, est une disposition exceptionnelle et par conséquent limitative; que, spécialement, cet article ne s'applique pas à l'ordonnance qui envoie en possession le légataire universel institué par testament olographe ou mystique, et saisi de plein droit à défaut d'héritier à réserve : une ordonnance ne constituant pas, dans ce cas, une délivrance de legs (Civ. cass. 24 févr. 1875, aff. Becuwe, D. P. 75. 1. 213). — En repoussant l'application du droit gradué au cas spécial d'envoi en possession, par ordonnance du président du tribunal, d'un légataire universel institué par testament olographe ou mystique et saisi de plein droit à défaut d'héritier à réserve, la cour semble avoir admis implicitement la perception du droit gradué dans les autres cas d'envoi en possession par justice. Cette solution s'induit, en effet, de ce passage de l'arrêt : « ...s'il est permis de comprendre sous cette dénomination (de délivrance de legs) tous actes volontaires ou judiciaires, quelque qualification qu'ils reçoivent dans la pratique, dont l'effet est de déplacer la saisine et de conférer le droit aux fruits de la chose léguée » .... — L'arrêt du 24 févr. 1875 a été transmis par l'administration de l'enregistrement à ses agents dans une instruction générale du 27 avr. 1875, n° 2509, § 8, afin qu'il soit « pris pour règle ». « Les receveurs, porte cette instruction, s'abstiendront, en conséquence, de percevoir le droit gradué sur les ordonnances d'envoi en possession de la nature de celle qui faisait l'objet du litige ; mais ils percevront ce droit sur tous actes, volontaires ou judiciaires, qui, sans avoir reçu la qualification expresse de délivrance de legs, auraient cependant pour effet, selon les termes de l'arrêt, « de déplacer la saisine et de conférer le droit aux fruits de la chose léguée » (D. P. 75.1. 213, note).

350. Dans tous les cas, si l'art. 1er-6° de la loi du 28 févr. 1872 atteint, outre les délivrances proprement dites, les *envois en possession*, un acte ne peut tomber sous le coup de cette disposition qu'autant qu'il se rapporte à un *legs*. Ainsi, l'ordonnance qui, par suite de la renonciation de tous les héritiers d'une femme décédée *intestat*, envoie en possession de la succession de cette femme son enfant naturel reconnu, n'est sujette au droit gradué, mais seulement au droit fixe (Sol. adm. enreg. 17 nov. 1874, aff. D..., D. P. 76. 5. 196).

351. Pour l'application de la règle de la pluralité des droits aux délivrances de legs, V. *suprà*, n°s 297 et suiv.

Art. 7. — *Dépôts* (*Rép.* n°s 507 à 559).

352. La loi fiscale prévoit et tarife distinctement les dépôts, selon qu'ils ont lieu chez les *officiers publics*, à la *caisse des consignations* ou chez des *particuliers* (*Rép.* n° 509).

§ 1er. — Dépôts chez les officiers publics (*Rép.* n°s 510 à 542).

353. Les dépôts chez les *officiers publics* font l'objet dans la loi du 22 frim. an 7 de deux dispositions distinctes se rapportant l'une aux dépôts de *sommes*, l'autre aux dépôts d'*actes* (*Rép.* n° 510).

N° 1. — *Dépôts de sommes* (*Rép.* n°s 511 à 533).

354. « Les dépôts et consignations de sommes et effets mobiliers chez des officiers publics, lorsqu'ils n'opèrent pas la libération des déposants, et les décharges qu'en donnent les déposants ou leurs héritiers lorsque la remise des objets déposés leur est faite », sont tarifés par l'art. 68, § 1, n° 27 de la loi de frimaire au droit de 1 fr. Ce droit a été élevé d'abord à 2 fr. (L. 28 avr. 1816, art. 43, n° 11), et, en dernier lieu, à 3 fr. (L. 28 févr. 1872, art. 4).

355. L'Administration a soutenu que le dépôt de sommes entre les mains d'un officier public doit, pour ne donner lieu qu'au droit fixe, être constaté par un *acte authentique* de cet officier; que, lorsque le dépôt est constaté par un *acte sous seing privé*, il doit être considéré comme fait, non plus à l'officier public, mais au particulier, et être assujetti, à ce titre, au droit proportionnel d'obligation à 1 pour 100 par application de l'art. 69, § 3, n° 3, de la loi du 22 frim. an 7, qui tarife à ce droit « les reconnaissances de dépôts de sommes chez des particuliers ». Il est dit au *Rép.* n° 553 que cette distinction paraissait susceptible d'être admise. Mais la cour de cassation l'a repoussée en déclarant mal fondée la demande du droit proportionnel au sujet de la mention, dans un acte notarié de partage, d'un dépôt de sommes fait, *sans titre*, par le défunt, entre les mains du notaire rédacteur : « Attendu que M° Mas, en sa qualité de notaire, est officier public; qu'il est énoncé que la somme de 6000 fr. a été déposée en son étude par ledit Pierre-Joseph Lamblin ; qu'aucune disposition de la loi n'exige, pour l'application du droit fixe à la remise de la somme déposée, que le dépôt soit justifié par acte en forme ; qu'aucune pièce n'est produite, aucun indice même n'est allégué pour établir que M° Mas avait reçu le dépôt de la somme de 6000 fr. comme simple particulier, non comme notaire et en son étude, ainsi qu'il l'a déclaré en l'acte de liquidation et de partage » (Civ. cass. 26 févr. 1850, aff. Lamblin, D. P. 50. 1. 245). — Peu importe donc que le dépôt de sommes fait à un officier public soit constaté par acte authentique ou par acte sous seing privé. Dans un cas comme dans l'autre, le droit fixe est seul exigible.

La mention, dans un inventaire, parmi les valeurs actives de la succession, d'une somme déposée au nom du défunt chez le notaire rédacteur, ne donne pas lieu au droit proportionnel d'obligation, encore qu'il soit dit que cette somme est « remboursable à une époque déterminée aux intérêts de 5 pour 100 » (Sol. adm. enreg. 5 déc. 1867, D. P. 68. 3. 38).

356. La loi visant les dépôts de sommes chez des officiers publics, sa disposition s'applique, non seulement aux notaires, mais encore aux avoués, aux avocats au conseil d'Etat et à la cour de cassation, aux huissiers, aux agents de change, aux commissaires priseurs, aux courtiers, aux consuls, aux trésoriers-payeurs généraux, aux trésoriers des caisses d'épargne (*Rép.* n°s 513 et suiv., 855 et 856, et v° *Officiers publics-officiers ministériels*, n°s 1 et suiv.). — Mais les trésoriers-payeurs généraux agissant comme de simples particuliers, et non plus en leur qualité d'officiers publics, lorsqu'ils font des opérations qui ne rentrent pas dans leurs fonctions, spécialement lorsqu'ils reçoivent des fonds en *compte courant ;* dès lors, en ce cas, la disposition de loi dont nous nous occupons ne leur est plus applicable. Ainsi, d'après un jugement dont nous avons approuvé la doctrine, ce n'est pas le simple droit fixe applicable aux *décharges* de sommes déposées chez des officiers publics, c'est le droit proportionnel de quittance qui est dû sur l'acte notarié portant décharge à un trésorier-payeur général, par un particulier, de fonds versés en compte courant dans la caisse de la trésorerie (Trib. Versailles, 6 avr. 1869, aff. Portalis, D. P. 74. 5. 221, et la note. V. aussi D. P. 70. 3. 99, note).

357. Quant à la remise effectuée par le dépositaire, elle ne donne lieu qu'au droit fixe de décharge, toutes les fois qu'elle constitue réellement l'exécution du dépôt (*Rép.* n° 522). La cour de cassation l'a reconnu en décidant par l'arrêt du 26 févr. 1850, cité *suprà*, n° 355, que la disposition d'un partage de succession constatant la remise par le notaire rédacteur aux héritiers, d'une somme d'argent qui lui avait été déposée par le défunt, donne lieu, non au droit proportionnel de quittance, mais seulement au droit fixe de décharge de dépôt à un officier public.

Au contraire, la remise par le dépositaire, des fonds qui ont été déposés, peut donner lieu, soit au droit proportionnel d'obligation, soit au droit proportionnel de quittance, lorsqu'elle est faite à d'autres que le déposant (*Rép.* n°s 522 et suiv.).

N° 2. — *Dépôts d'actes* (*Rép.* n°s 534 à 542).

358. La législation fiscale tarife distinctement les dépôts d'actes et pièces, selon qu'ils sont faits volontairement chez les *officiers publics* ou obligatoirement dans les *greffes*. — Pour les dépôts d'actes et pièces chez les *officiers publics*, le droit a d'abord été fixé à 1 fr. par l'art. 68, § 1er, n° 23, de la loi de frimaire, puis porté à 2 fr. (L. 28 avr. 1816, art. 43, n° 10) (*Rép.* n° 536). Il est actuellement de 3 fr. (L. 28 févr. 1872, art. 4). — A l'égard des dépôts faits obligatoirement dans les *greffes*, le taux du droit diffère suivant la juridiction (*Rép.* n° 537). Il est aujourd'hui de : 1 fr. 50 cent. pour les tribunaux de paix (L. 22 frim. an 7, art 68, § 1er, n°s 46 et 51 ; 28 févr. 1872, art. 4) ; — 1 fr. 50 cent. pour les tribunaux de simple police, ceux de police correctionnelle et les cours criminelles (L. 22 frim. an 7, art. 68, § 1er, n° 48 ; 28 févr. 1872, art. 4) ; — 4 fr. 50 cent. pour les tribunaux civils et de commerce (L. 28 avr. 1816, art. 44, n° 10 ; 28 févr. 1872, art. 4) ; — 7 fr. 50 cent. pour les cours d'appel (L. 28 avr. 1816, art. 45, n° 6 ; 28 févr. 1872, art. 4).

Les règles de perception sont les mêmes, quelle que soit la nature du dépôt d'actes, qu'il soit effectué volontairement chez un officier public ou obligatoirement dans un greffe.

359. Les principales difficultés qui se sont produites pour l'enregistrement des dépôts d'actes et de pièces, ne sont pas traitées au *Répertoire* sous la rubrique ci-dessus. Elles se rapportent à l'application :... du principe suivant lequel tout acte donne lieu à autant de droits particuliers d'enregistrement qu'il renferme de dispositions distinctes et indépendantes (V. *suprà*, n°s 227 et suiv.) ; — de la règle de la pluralité des droits (V. *suprà*, n°s 266 et suiv.) ; — de cette autre règle qui interdit aux notaires, greffiers, etc., de recevoir aucun acte en dépôt, s'il n'a été préalablement enregistré, et sans dresser acte du dépôt. Cette dernière partie de la matière sera traitée dans le *Supplément* comme au *Répertoire* sous le chap. 9, sect. 1re, consacré aux *Actes passés en conséquence d'actes non enregistrés*.

360. Sous la rubrique ci-dessus, il n'est traité au *Répertoire* que de l'application que comportent les dispositions du tarif concernant les dépôts d'actes et de pièces. — Il y est établi que, lorsqu'il est rédigé au dépôt d'un *testament olographe* par le testateur dans l'étude d'un notaire, cet acte est passible du droit fixe de 2fr. (*Rép.* n° 539) (actuellement 3 fr.) auquel sont soumis les dépôts d'actes et de pièces chez les officiers publics. — Il a été reconnu que le droit de 3 fr. (aujourd'hui 4 fr. 50 cent.), édicté pour les dépôts d'actes et de pièces dans les greffes des tribunaux civils, est applicable au procès-verbal constatant l'ouverture d'un testament olographe et la remise de cet acte par le président au notaire commis qui en a pris charge pour le mettre au rang de ses minutes, et que ledit procès-verbal ne donne lieu à aucun autre droit (Sol. adm. enreg. 28 mars 1850, *Journal des notaires*, art. 14016; Garnier, *Rép. gén. enreg.*, n° 6287-1°).

361. D'après un arrêt (Civ. cass. 16 févr. 1824, *Rép.* n° 541), le droit de 2 fr. (aujourd'hui 3 fr.) établi pour les dépôts d'actes et de pièces chez les officiers publics, serait applicable au *récépissé* délivré par le secrétaire d'une *chambre de notaires*, pour constater le dépôt d'un extrait de mariage ou de jugement de séparation de biens. Mais, par une délibération postérieure du 10 mai 1832 (*Rép.* n° 542), l'Administration elle-même a reconnu que les chambres des notaires constituant des établissements publics, les récépissés ou certificats en question seraient exempts de l'enregistrement comme ne rentrant pas dans les catégories de ceux des actes des établissements publics qui sont limitativement assujettis au timbre et à l'enregistrement par les art. 78 et 80 de la loi du 15 mai 1818. Le *Dictionnaire des droits d'enregistrement* mentionne (v° *Chambre de discipline*, n° 30) une solution du 30 juill. 1870 par laquelle l'Administration revenant à la doctrine de l'arrêt du 16 févr. 1824, aurait reconnu que le droit fixe de 3 fr. était applicable. Mais qu'il en soit, en dernier lieu, l'Administration s'est nettement prononcée, par une solution du 30 déc. 1879 [1], dans le sens de

---

(1) L'Administration continue à soutenir que les chambres de discipline des notaires ou des avoués ont le caractère d'établissements publics, dans le sens de la loi du 15 mai 1818 (Instr. 2603, § 1er). Il y a donc lieu d'appliquer aux certificats délivrés par les secrétaires de ces chambres, pour constater la remise des extraits des contrats de mariage des commerçants, les dispositions des art. 78 et 80 de cette loi. — En conséquence, si ces certificats peuvent être considérés comme tenant lieu de l'extrait ou de l'expédition de l'acte de dépôt rédigé sur le registre de la chambre (Instr. 1303, § 11), ils doivent être rédigés sur le papier timbré servant aux expéditions (L. 15 mai 1818, art. 80) ; mais, comme toutes les expéditions des actes administratifs, ils sont exempts d'enregistrement. — Si le certificat, dans les conditions où il a été délivré, n'a pas le caractère d'une expédition ou d'un extrait

sa délibération précitée du 10 mai 1832. Elle a reconnu que, si les certificats peuvent être considérés comme tenant lieu de l'extrait ou de l'expédition de l'acte de dépôt rédigé sur le registre de la chambre, ils sont exempts d'enregistrement comme toutes les expéditions des actes administratifs, et que, s'ils n'ont pas le caractère d'expéditions ou d'extraits, ils ne sont sujets à l'enregistrement que dans les cas prévus par l'art. 23 de la loi du 22 frim. an 7, c'est-à-dire lorsqu'il en est fait usage en justice, dans un acte public ou devant une autorité constituée.

§ 2. — *Dépôts à la caisse des consignations* (*Rép.* nos 543 à 550).

362. Les reconnaissances délivrées par les préposés de la caisse des dépôts et consignations pour les sommes déposées ont été tarifées dans le principe au droit fixe de 1 fr. (*Rép.* nos 544 et 546). Ce droit a été porté à 2 fr. par la loi du 18 mai 1850 (art. 8). Il est actuellement de 3 fr. (L. 28 févr. 1872, art. 4).

363. La détermination du véritable caractère de ces reconnaissances, pour l'application du droit d'enregistrement, est controversée. Suivant une opinion, la caisse des dépôts et consignations étant un établissement régi et administré pour le compte de l'État, les actes qu'elle fait ont le caractère d'actes administratifs comme étant émanés d'un établissement public. A ce titre, ils sont exempts de l'enregistrement, attendu qu'ils ne rentrent dans aucune des catégories des actes administratifs assujettis limitativement à cet impôt (L. 15 mai 1818, art. 78 et 80). Par conséquent, un notaire peut faire usage dans ses actes des récépissés délivrés par la caisse des dépôts et consignations, sans les faire enregistrer (*Dictionnaire du notariat*, v° *Acte notarié*, n° 737; Garnier, *Rép. gén. enreg.*, n° 1275; Sol. adm. enreg. 3 févr. 1849, *ibid.*). Au contraire, dans une autre opinion, les récépissés en question doivent être considérés, non comme des actes administratifs, car la caisse des dépôts et consignations n'exerce qu'une gestion purement privée, mais bien comme de simples actes sous seing privé et, par suite, il n'en peut être fait usage par acte public sans qu'ils soient enregistrés (Trib. Amiens, 24 févr. 1842; Trib. Montauban, 19 déc. 1863; Sol. adm. enreg. 5 juill. 1873, *Diction. droits d'enreg.*, vis *Acte passé en conséquence d'un autre*, n° 148; *Caisse des dépôts et consignations*, n° 38).

364. Les actes portant purement et simplement quittance et décharge, de la part des parties prenantes, au profit de la caisse des dépôts et consignations, sont exempts de l'enregistrement, soit que les décharges aient été données par les déposants eux-mêmes ou leurs héritiers, soit qu'elles aient été données par les créanciers des déposants ou de leurs héritiers (*Rép.* nos 390, 857, 4897, et v° *Ordre entre créanciers*, n° 1226); mais s'il est inséré dans l'acte une stipulation particulière, indépendante de la décharge et étrangère à la caisse des dépôts et consignations, le droit applicable à cette stipulation est dû. Ainsi le droit proportionnel de quittance est exigible, indépendamment du droit fixe de décharge, sur l'acte portant décharge à la caisse des dépôts et consignations d'un prix de vente déposé par l'acquéreur, lorsque cet acte contient en même temps, mainlevée par le créancier qui reçoit des inscriptions grevant l'immeuble (*Rép.* nos 549 et 4197). Et l'acquéreur est tenu d'acquitter ce droit, encore bien qu'il soit demeuré étranger à l'acte (Trib. Versailles, 8 juin 1847, *Rép.* n° 964). — Jugé, dans le même sens, que l'acte par lequel un créancier hypothécaire reconnaît avoir reçu de la caisse des consignations le montant du bordereau de collocation délivré à son profit sur le prix versé par l'adjudicataire des immeubles hypothéqués vendus sur saisie immobilière, et donne mainlevée de son inscription, est sujet au droit proportionnel de libération (Trib. Bourg, 16 févr. 1869, aff. Lagrange, D. P. 71. 3. 5. Observ. conf. *ibid.*, note 1). — De même, le droit proportionnel de quittance est dû sur l'acte aux termes duquel des créanciers ayant privilège de second ordre sur le cautionnement d'un comptable et un autre créancier qui a formé opposition à la remise de ce

cautionnement, donnent quittance, en présence du comptable, du montant dudit cautionnement déposé par le Trésor à la caisse des consignations et consentent à la mainlevée de l'inscription du privilège et de l'opposition (Même jugement. Conf. D. P. *ibid.*, note 2; *Diction. droits d'enreg.*, v° *Caisse des dépôts et consignations*, n° 47; Garnier, *Rép. gén. enreg.*, n° 3292-3°).

§ 3. — *Dépôt de sommes chez les particuliers* (*Rép.* nos 551 à 559).

365. La loi fiscale, dans le but d'empêcher qu'un prêt ne fût déguisé sous forme de dépôt, a tarifé « les reconnaissances de dépôt de sommes chez des particuliers » au droit proportionnel de 1 pour 100 (L. 22 frim. an 7, art. 69, § 3, n° 3) que le prêt rend exigible (*Rép.* n° 551).

366. La doctrine a généralement adopté l'opinion enseignée au *Rép.* n° 552, contrairement à celle soutenue par MM. Championnière et Rigaud, qu'en présence du texte formel de la loi il n'est pas possible d'admettre que le dépôt de sommes chez des particuliers échappe au droit proportionnel, même lorsqu'il est établi qu'il constitue réellement un simple dépôt et ne dissimule pas un prêt (Demante, n° 406; Garnier, *Rép. gén. enreg.*, n° 6229; *Diction. droits d'enreg.*, v° *Dépôt*, n° 33).

367. D'après une distinction faite par l'Administration, le dépôt fait chez un notaire ne pouvait être considéré comme fait à l'officier public et n'était, à ce titre, passible du droit fixe qu'autant qu'il était constaté par acte authentique; il devait être considéré comme fait, non plus à l'officier public, mais à l'homme privé, et était sujet, par suite, au droit proportionnel, toutes les fois qu'il était établi par acte sous seing privé (*Rép.* n° 553). Mais la cour de cassation a décidé que, quelle que soit la forme employée pour constater le contrat, qu'elle soit authentique ou simplement sous seing privé, le dépôt n'opère que le droit fixe dès qu'il a été fait à un officier public (V. *supra*, n° 355). — Il a été fait application de la doctrine de cette décision par une solution de l'administration de l'enregistrement du 8 sept. 1864 mentionnée par M. Garnier, *Rép. gén. enreg.*, n° 6234-1°, et aux termes de laquelle le droit proportionnel n'est pas dû sur le dépôt d'une somme remise à un notaire, sans acte authentique, pour garantir le payement d'un billet déclaré perdu.

368. Lorsque le dépôt est effectué pour garantir l'exécution d'un contrat, le payement d'une obligation, il constitue un gage et ne donne pas lieu au droit proportionnel (Conf. Naquet, t. 2, n° 546; Garnier, *Rép. gén. enreg.*, n° 6229; *Diction. droits d'enreg.*, v° *Dépôt*, n° 45). C'est donc avec raison qu'il a été décidé, par l'Administration belge, que la disposition d'un acte d'obligation constatant le dépôt de la somme empruntée entre les mains d'un tiers chargé de la remettre à l'emprunteur après l'exécution de certaines conditions, n'est pas passible du droit proportionnel, attendu qu'il s'agit uniquement de garantir le prêteur contre l'inexécution de l'une des clauses de l'acte. Il n'est dû qu'un droit fixe de mandat pour le pouvoir conféré au tiers intervenant (Sol. adm. enreg. (Belgique), 6 août 1870, Garnier, *Rép. gén. enreg.*, n° 6229-1°). — Cette décision nous paraît très exacte et, conséquemment, nous repoussons, comme dénuée de fondement, la solution contraire résultant d'un jugement du tribunal de la Seine du 5 juin 1850 (*Ibid.*) suivant lequel le droit d'obligation serait exigible sur la somme remise, d'après l'une des conditions d'un contrat, à un clerc du notaire rédacteur, en sa simple qualité de clerc, comme garantie de l'exécution de la convention.

369. Mais si celui auquel le dépôt est fait, est autorisé expressément ou implicitement à se servir de la somme déposée, s'il en paie l'intérêt, le droit proportionnel est dû. Cela résulte d'un jugement du tribunal de la Seine du 25 juin 1845 (aff. d'Aligre, D. P. 45. 4. 227), aux termes duquel le dépôt, à titre de garantie, par le preneur entre les mains du bailleur, d'une somme remboursable à la fin du bail, donne ouverture au droit de 1 pour 100, lorsqu'il est

(Instr. 1132, § 3), il est assujetti au timbre d'après la dimension du papier employé, puisqu'il ne constitue pas une minute proprement dite (Civ. rej. 2 juin 1875, aff. Ville de Paris, D. P.

75. 1. 432); mais il n'est sujet à l'enregistrement que dans les cas prévus par l'art. 23 de la loi du 22 frim. an 7.
Du 30 déc. 1879.-Sol. adm. enreg.

stipulé que le bailleur en payera l'intérêt, « attendu que la remise de cette somme ne peut être assimilée à un gage, puisque le gagiste ne peut disposer du gage, tandis que le bailleur peut disposer de la somme, qu'il en paye les intérêts ».

370. Il n'y a *dépôt*, dans le sens légal du mot, qu'autant que la conservation de la chose a été le but principal de la remise de cette chose. Si la remise est faite pour une autre fin, ce n'est plus un dépôt, c'est un autre contrat, bien que celui qui a reçu la chose soit obligé de la restituer (*Rép.* v° *Dépôt*, n° 8). Cet autre contrat constitue un *mandat*, lorsqu'il consiste à faire quelque chose pour autrui. Le mandat diffère donc du dépôt en ce qu'il en résulte une obligation de faire au profit du mandant à la charge du mandataire, tandis que, dans le contrat de dépôt, en général, le dépositaire n'est obligé à aucun fait et n'a qu'à garder la chose du déposant (*Ibid.*, n° 9, et v° *Mandat*, n° 17). — Ainsi, dans l'espèce de la solution du 6 août 1870 (rapportée *supra*, n° 368), il a été décidé à bon droit que l'acte litigieux constatait un simple mandat passible seulement du droit fixe, et non un dépôt de somme sujet au droit proportionnel, parce que le dépositaire avait été chargé de remettre à l'emprunteur la somme empruntée, après l'exécution de certaines conditions. — Et il a été jugé, en sens inverse, avec non moins de raison, que le certificat délivré par le représentant d'un établissement de crédit, attestant le versement dans la caisse de cet établissement, par les souscripteurs des actions d'une société, du premier quart du montant de ces actions, conformément aux indications fournies par les fondateurs de la société, constatait un dépôt de sommes chez un particulier et donnait lieu, à ce titre, au droit proportionnel de 1 p. 100, alors que rien dans les termes du certificat n'impliquait l'existence d'un mandat exprès ou tacite (Trib.-Lyon, 29 janv. 1885, et sur pourvoi, Civ. rej. 29 juin 1887, aff. Fornier, D. P. 88. 1. 270).

371. La reconnaissance de dépôt de sommes chez des particuliers étant considérée par la loi fiscale comme un véritable prêt et assujettie, à ce titre, au droit de 1 p. 100, les décharges qui en sont données ont le caractère libératoire et donnent lieu conséquemment au droit de quittance à 50 cent. p. 100 (*Rép.* n° 554). Cela est admis généralement en doctrine (Naquet, t. 3, p. 75; Garnier, *Rép. gén.*, n° 5805; *Diction. droits d'enreg.*, v° *Décharge*, n° 75).

372. Mais le droit proportionnel n'est applicable qu'aux reconnaissances de dépôts de *sommes*. Il s'ensuit qu'il n'est dû que le droit fixe pour les dépôts d'*objets mobiliers* (*Rép.* n° 558). Il en est ainsi quelle que soit la nature des objets déposés, aussi bien pour des biens incorporels, titres de créances, valeurs industrielles, titres au porteur, que pour des meubles (*Diction. droits d'enreg.*, v°⁵ *Décharge*, n° 78; *Dépôt*, n° 72; Garnier, *Rép. gén. enreg.*, art. 5805-1° et 6233). — La même distinction doit être observée pour la *décharge* du dépôt. Elle ne donne lieu, comme le dépôt lui-même, qu'au droit fixe toutes les fois qu'il ne s'agit pas de sommes d'argent. Le tribunal de la Seine a très bien décidé, par application de ces principes, que l'acte constatant à la fois la restitution par un établissement de crédit, de titres au porteur qui lui avaient été remis en dépôt, et le remboursement d'intérêts et de dividendes que l'établissement avait touchés pour le titulaire et dont il était débiteur en compte courant, ne donne lieu qu'au droit fixe de décharge pour la restitution des titres (Trib. Seine, 12 déc. 1868, D. P. 70. 3. 99, note). D'après ce même jugement, le droit proportionnel de libération à 50 cent. p. 100 est dû, en ce cas, pour le payement des intérêts et dividendes. — Il sera traité plus loin, lorsque nous nous occuperons de la perception du droit de libération, de l'exigibilité du droit de quittance dans les cas de l'espèce (V. *infrà*, n°⁵ 597 et suiv.).

Art. 8. — *Du mandat-procuration* (*Rép.* n°⁵ 560 à 615).

373. Le droit qui était primitivement de 1 fr. (L. 22 frim. an 7, art. 68, § 1ᵉʳ, n° 36), a été élevé à 2 fr. (L. 28 avr. 1816, art. 45, n° 17) (*Rép.* n° 562), puis à 3 fr. (L. 28 févr. 1872, art. 4).

374. Toutes les clauses qui tiennent à la nature du mandat-procuration, engagement pris par le mandant, obligations contractées par le mandataire, sont nécessairement comprises dans la dénomination du tarif et ne peuvent donner lieu à un droit particulier (*Rép.* n°⁵ 563 et suiv.). D'autre part, pour que le droit édicté soit exigible, il faut qu'il s'agisse du contrat que l'art. 1984 c. civ. qualifie « mandat ou procuration ». Une simple *recommandation* ou *invitation* ne produisant pas les effets du mandat ne donnerait pas lieu à la perception du droit (*Rép.* n°⁵ 569 et 570). Cependant le tribunal de la Seine a considéré comme constituant un mandat-procuration passible du droit fixe établi pour ce contrat l'inscription au dos d'un billet non négociable, d'un ordre de payer, daté et signé, sans indication d'une valeur fournie, ainsi conçu : « Payez capital et intérêts à un tel, porteur du présent » (Trib. Seine, 9 mars 1861, aff. Pécharmon-Devèze, D. F. 61. 3. 03).

375. Lorsque le mandat est contenu dans un acte et fait l'objet de l'une de ses dispositions, il donne ou ne donne pas lieu à un droit particulier d'enregistrement, selon qu'il constitue une convention distincte, indépendante de celle qui fait l'objet principal du contrat, ou bien qu'il est la suite et une conséquence obligée de la convention (*Rép.* n° 571). Ainsi, un droit particulier est dû :... sur la clause d'un bail donnant au preneur le pouvoir d'ester en justice pour le bailleur sur les actions possessoires. Ce n'est pas là, en effet, une disposition dérivant nécessairement du bail. Le preneur n'est obligé qu'à prévenir le propriétaire des usurpations commises sur le fonds (c. civ. art. 1768); il n'aurait pas en qualité pour exercer l'action possessoire (c. proc. civ. art. 23), si le pouvoir ne lui en avait pas été conféré spécialement (*Diction. droits d'enreg.*, v° *Mandat*, n° 42);... sur la clause d'un acte de partage entre cohéritiers conférant mandat à l'un d'eux de recouvrer des créances litigieuses (Trib. Fontenay, 27 juill. 1877, *Journ. enreg.*, art. 20690);... ou bien portant abandon à l'un des héritiers, en sus de sa part, de créances exigibles pour en employer le montant au payement des dettes de l'hérédité (Délib. adm. enreg. 4 avr. 1834, *Rép.* n° 1757). Toutefois le tribunal du Mans a jugé, le 9 oct. 1862 (Garnier, *Rép. pér. enreg.*, art. 1688), qu'aucun droit particulier n'est dû en ce cas, attendu que le pouvoir est le complément indispensable de la liquidation (*Contrà* : Garnier, *Rép. gén. enreg.*, n° 12423);... sur la clause d'un contrat de vente par un père et ses enfants, d'immeubles appartenant à ces derniers, aux termes de laquelle les intérêts du prix doivent être touchés par le père et le capital est stipulé payable, après son décès, aux enfants (Trib. Versailles, 20 juill. 1870 aff. Gohin, D. P. 72. 5. 207);... sur l'acte de notoriété renfermant une procuration (Sol. adm. enreg., 12 janv. 1863, *Diction. droits d'enreg.*, *loc. cit.*, n° 60).

376. Mais aucun droit particulier est n'exigible :... sur la clause d'un contrat de mariage portant pouvoir au mari de vendre les immeubles dotaux de la future (*Rép.* n° 3370);... sur les pouvoirs, en général, donnés dans le contrat de mariage et dont l'effet doit durer autant que l'association conjugale, spécialement, sur les pouvoirs conférés par la future au futur, soit pour faire rentrer et reconnaître ses biens dotaux, soit pour gérer, administrer et même aliéner ses biens paraphernaux (Délib. adm. enreg. 12 oct. 1850, *Diction. droits d'enreg.*, v° *Mandat*, n° 46 et suiv.);... sur le pouvoir de publier donné dans un acte de société au porteur de la grosse (Sol. adm. enreg. 5 juin 1865, *ibid.*, n° 53. — Conf. *Rép.* n° 565);... sur la disposition d'un procès-verbal de vente publique de meubles qui oblige les adjudicataires à se libérer entre les mains de l'officier public chargé de la vente (Sol. adm. enreg. 20 avr. 1865, D. P. 65. 3. 48);... lors même, dans ce dernier cas, que les parties auraient déchargé l'officier public de toute responsabilité (Trib. Etampes, 8 janv. 1861; Sol. adm. enreg. 17 mai 1861, Garnier, *Rép. pér. enreg.*, n° 1540);... sur la disposition d'un acte de vente portant que le prix sera versé entre les mains de l'un des vendeurs (*Rép.* n° 572. Conf. Sol. adm. enreg. 12 sept. 1866, *Journ. enreg.*, art. 18360).

377. Le mandat doit être soigneusement distingué de la convention qu'il a pour objet (*Rép.* n° 574). Le pouvoir de prêter, de payer ou de vendre, ne peut être confondu avec l'obligation, la quittance ou la vente, car il n'annonce que l'intention de contracter (*Ibid.*). Mais si l'une de ces conventions se trouve dissimulée sous la forme d'un mandat-procuration, il appartient à l'Administration de restituer à l'acte son véritable caractère, pour établir la perception du droit d'enregistrement. C'est là, comme nous l'avons établi, *suprà*, n°ˢ 69 et suiv., un principe général. Il s'applique au mandat-procuration comme à toutes autres conventions. — Jugé que le mandat donné dans un partage de succession, par les copartageants à l'un d'eux, de recouvrer toutes les créances de l'hérédité, sans distinction entre celles comprises dans le lot du mandataire et celles attribuées aux mandants, constitue un véritable *transport de créances* passible du droit proportionnel de 1 pour 100 sur le montant de ces dernières, alors qu'il est irrévocable, que le prétendu mandataire est dispensé de rendre compte, que les frais de poursuites sont mis à sa charge, et qu'il est obligé du payer à ses cohéritiers, avec intérêts à 5 pour 100, le total des créances à eux attribuées, quel que soit le chiffre de ses recouvrements (Req. 5 juill. 1870, aff. Borie, D. P. 71. 1. 84). Jugé de même, que le pouvoir conféré à un tiers dans un partage, avec dispense de rendre compte et interdiction au mandant de révoquer le mandat, à l'effet de recevoir une somme due à ce dernier et d'acquitter à sa décharge une dette de même somme, donne ouverture au droit proportionnel de délégation, la dispense de rendre compte étant exclusive de l'idée de mandat (Trib. Toulouse, 26 juill. 1850, *Diction. droits d'enreg.*, v° *Mandat*, n° 151).

378. Mais le mandat donné par l'acquéreur pour faire une *élection de command* au profit d'un tiers désigné n'est pas sujet au droit proportionnel lorsque la notification n'est pas faite dans le délai (*Rép.* n° 578). Nous avons soutenu cette doctrine en combattant une délibération contraire de l'administration de l'enregistrement (*Ibid.*). Notre opinion a été adoptée par le *Dictionnaire des droits d'enregistrement*, v° *Command (déclaration de)*, n° 155 ; M. Garnier, *Rép. gén. enreg.*, n° 3906 ; le *Dictionnaire du notariat*, v° *Procuration*, n° 117. Comme on l'a fait observer au *Rép. ibid.*, la procuration pour élire command ne peut remplacer la déclaration ni en produire l'effet. Elle n'opère pas la mutation et ne donne pas ouverture au droit proportionnel, d'autant plus que le consentement de l'acquéreur fait défaut.

Au contraire, la procuration pour passer *obligation* d'une somme déterminée au profit d'une personne désignée, donne lieu au droit proportionnel d'obligation (*Rép.* n° 579) : « Attendu, porte un jugement du tribunal de Château-Thierry du 29 nov. 1878, que l'art. 69, § 3, n° 3 de la loi du 22 frim. an 7 tarife au droit de 1 pour 100 les contrats, promesses de payer, arrêtés de compte, billets, mandats, les reconnaissances et tous autres actes ou écrits qui contiendront obligation de sommes ; que le législateur, par cette énumération, a voulu atteindre tout écrit pouvant faire preuve d'une dette, quelle que fût la forme qui lui eût été donnée, et que c'est dans ce but qu'il est servi des termes génériques de reconnaissances, actes ou écrits, après avoir énuméré les différents contrats pouvant engendrer une obligation ; — Attendu que, dans l'acte dont il s'agit, la femme Daage donne pouvoir de la reconnaître débitrice de la somme de 13588 fr. montant d'un arrêté de compte ; qu'il y a donc un aveu formel de sa part, d'un compte arrêté préalablement au dressé de sa procuration ; qu'il n'y a donc pas, ainsi qu'on le soutient, un projet d'obligation devant être réalisé par son mandataire, mais bien une obligation antérieure et parfaite dont elle veut assurer l'exécution au moyen de sa procuration » (Garnier, *Rép. pér. enreg.*, n° 5255. Conf. *Dict. droits d'enrég.*, v° *Mandat*, n° 156 ; Garnier, *Rép. pér. enreg.*, n° 11133 ; *Dictionnaire du notariat*, v° *Procuration*, n° 97). — Toutefois, un jugement du tribunal de la Seine du 22 janv. 1859 (*Journal du notariat*, art. 16549) a repoussé, dans une espèce semblable, la perception du droit proportionnel. Mais cette décision motivée, en substance, sur ce que dans le cas dont il s'agit, l'aveu n'a pas été accepté et peut être révoqué, ne paraît pas pouvoir être suivie en présence de la disposition de loi invoquée par le jugement du tribunal de Château-Thierry qui assujettit au droit proportionnel, en termes généraux, toute reconnaissance de dette.

379. Le mandat de donner *quittance* est passible du droit proportionnel de libération à 50 cent. pour 100 (*Rép.* n° 580). Cela résulte d'un jugement du tribunal de la Seine du 21 janv. 1865 : « Attendu, porte ce jugement, qu'aux termes de la loi du 22 frim. an 7 il est dû un droit de 50 cent. pour 100 sur tous actes ou écrits portant libération de

sommes ou valeurs mobilières ; que, d'un autre côté, pour qu'un droit puisse être perçu sur une obligation ou une libération, il n'est pas nécessaire que l'acte présenté à la formalité, ait directement pour objet de constater l'obligation ou la libération ; qu'il suffit qu'il en établisse l'existence et puisse servir de titre aux parties » (Garnier, *Rép. pér. enreg.*, art. 2101. Conf. *Diction. droits d'enreg.*, v° *Mandat*, n° 160 ; Garnier, *Rép. gén. enreg.*, n° 11135). — Mais, d'après le même jugement du 21 janv. 1865, si la créance appartient divisément à plusieurs personnes et que le mandat n'est donné que par l'une d'elles, le droit de quittance n'est dû que sur la part du mandant.

380. Une procuration pour *vendre* peut, à raison des termes dans lesquels elle est rédigée, donner ouverture au droit proportionnel de mutation (*Rép.* n° 582). Le mandat de vendre peut être considéré comme déguisant lui-même une vente soumise au droit de mutation, s'il a été convenu que le prétendu mandataire vendra, moyennant une somme déterminée, dont il se porte garant, ainsi que des intérêts, avec obligation d'en fournir le complément et droit d'en garder l'excédent, selon que le prix obtenu sera inférieur ou supérieur à cette somme (Req. 11 déc. 1855, aff. Foursan, D. P. 56. 1. 303. V. *Rép.* n° 595). — Jugé de même, que le droit proportionnel de vente est exigible :... sur l'acte par lequel le propriétaire d'immeubles confère à un tiers le mandat irrévocable de lui procurer, avant une date fixée, un ou plusieurs acquéreurs à un prix déterminé, alors que le propriétaire, d'après les stipulations de l'acte, s'est dessaisi, en faveur du prétendu mandataire, de tous ses droits et avantages inhérents à la propriété, sans même se réserver le droit de contrôler ses actes (Bruxelles, 25 mars 1870, *Diction. droits d'enreg.*, v° *Mandat*, n° 172 ; Garnier, *Rép. gén. enreg.*, n° 11137-4°) ;... sur la procuration par laquelle le propriétaire d'un immeuble charge un tiers d'en faire la vente moyennant un prix déterminé qui, dans tous les cas, devra être payé par le prétendu mandataire (Trib. Quimperlé, 24 juill. 1871, Garnier, *Rép. pér. enreg.*, art. 3720 ; *Rép. gén. enreg.*, n° 11137-15°) ;... lorsque, dans ce dernier cas, le prix fixé a été stipulé productif d'intérêts à compter du jour de l'acte et que le prétendu mandataire s'est engagé à demeurer lui-même acquéreur aux mêmes conditions, avec stipulation qu'il profitera seul de l'excédant de prix, s'il y en a un (Bruxelles, 15 juin et 10 août 1867, 30 avr. 1869, Garnier, *Rép. gén. enreg.*, n°ˢ 1137-12° et 13° ; *Diction. droits d'enreg.*, v° *Mandat*, n° 173).

Mais l'acte par lequel un père remet à son fils une somme déterminée et des bestiaux qu'il pourra vendre tel prix à employer au payement des dettes contractées solidairement entre eux n'est pas une vente ni une obligation ; c'est un simple mandat (Trib. Limoux, 17 nov. 1856, Garnier, *Rép. gén. enreg.*, n° 11137-2-7°. V. *Rép.* n° 589 et suiv.).

381. Le *mandat salarié* ne cesse pas nécessairement d'être un mandat ; mais, par la stipulation d'un salaire, il acquiert la plus grande affinité avec d'autres contrats tels que le louage d'ouvrage ou le marché (*Rép.* n° 597). En pareil cas, pour déterminer le caractère de la convention, il faut se demander si celui qui doit faire la chose agira ou non en son nom, et si la convention pourra être arrêtée dans son exécution au gré de celui pour lequel la chose sera faite. Si la révocation est possible, et si celui qui agit n'use pas de sa capacité personnelle, la convention sera un mandat ; elle sera un contrat de louage, si la révocation n'est pas possible et si celui qui agit fait la chose de son chef et en son nom personnel (*Rép.* n° 598). La même doctrine est enseignée par M. Garnier (*Rép. gén. enreg.*, n° 11147). Lorsque, dit-il, il y a bail d'ouvrage ou d'industrie, le droit proportionnel de 1 pour 100 est exigible, car les actes qui font faire celui qui met son travail, son industrie ou son talent au service d'un autre, lui restent toujours *personnels*. Lorsque, au contraire, le contrat est considéré comme un mandat, il n'est dû que le droit fixe de 3 fr. applicable aux procurations et pouvoirs pour agir ne contenant aucune stipulation ni clause donnant lieu au droit proportionnel. « Dira-t-on que le salaire attribué au mandataire constitue la stipulation donnant lieu au droit proportionnel dont parle l'art. 48, n° 17, de la loi de 1816, nous répondrons que ces termes de la loi ne peuvent s'appliquer qu'aux clauses étrangères à la nature du contrat, mais le salaire promis au mandataire pour le récompenser de ses soins et peines fait partie du contrat d'après l'art. 1986 c. civ. qui reconnaît le mandat salarié. Dès lors, cette clause, comme toutes celles qui sont du même ordre, se trouve nécessairement comprise dans la détermination du droit fixe établi pour le contrat ».

382. L'administration de l'enregistrement n'admet pas cette distinction. Elle assimile le mandat salarié au louage d'industrie et lui applique le droit proportionnel de 1 pour 100. Les rédacteurs du *Dictionnaire des droits d'enregistrement* se sont prononcés dans le même sens. « La stipulation d'un salaire, disent-ils, ne serait pas san. doute un motif suffisant pour exiger le droit proportionnel, si la loi s'était bornée à tarifer simplement les procurations au droit de 3 fr., puisque cette stipulation constitue, en effet, une disposition dépendante de la procuration. Mais cette conclusion cesse d'être exacte en présence de la réserve faite par le législateur. Celui-ci n'ayant tarifé au droit fixe que les procurations pures et simples, on ne peut étendre le bénéfice de cette disposition aux actes qui, s'ils constituent bien réellement des procurations, ne sont pas des procurations pures et simples, et contiennent, au contraire, des clauses qui, par leur nature propre, sont assujetties au droit proportionnel » (v° *Mandat*, n° 131). — Telle est également l'opinion de M. Demante, t. 1, n° 366-IV, et de M. Naquet, t. 2, n° 569.

Nous rapporterons *infrà*, chap. 4, part. 1ʳᵉ, sect. 1ʳᵉ, art. 2, § 3, n° 2, en traitant du louage d'ouvrage et d'industrie, les décisions intervenues sur la question.

383. Les déclarations faites par les déposants des caisses d'épargne, en cas de dépôt des quittances à souches ou bulletins de dépôt (Décr. 23 août 1875, art. 5), et qui sont passées devant notaire, doivent être enregistrées au droit fixe de 3 fr. (L. 28 avr. 1816, art. 43, n° 9; 28 févr. 1872, art. 4), conformément à la règle consacrée, en matière de procurations données à fin de retrait de sommes, par une décision ministérielle du 11 oct. 1834 (Instr. adm. enreg. 31 juill. 1835, n° 1490, § 11 ; *Rép.* n° 612)(Instr. adm. enreg. n° 2528 ; 11 oct. 1875, n° 2528, D. P. 76. 5. 195. V. *Rép.* n° 612).

384. Pour l'application de la règle de la pluralité des droits au mandat, V. *supràa*, nᵒˢ 313 et suiv.

Art. 9. — *Des ratifications (Rép.* nᵒˢ 616 à 644).

385. Il y a deux sortes de ratifications : celle par laquelle une personne approuve ce qui a été fait en son nom, et celle par laquelle une personne approuve un contrat ou un acte auquel elle a concouru ou a été appelée et qui est susceptible d'être attaqué pour des vices réels ou apparents. La première de ces conventions constitue la ratification proprement dite ; la seconde n'est qu'une confirmation (*Rép.* n° 616).

§ 1ᵉʳ. — Ratification proprement dite (*Rép.* nᵒˢ 617 à 632).

386. Le droit fixe primitivement de 1 fr. (L. 22 frim. an 7, art. 68, § 1ᵉʳ, n° 38), a été successivement élevé à 2 fr. (L. 18 mai 1850, art. 8), puis à 3 fr. (L. 28 févr. 1872, art. 4).

387. Si la ratification ne donne lieu qu'au droit fixe, c'est qu'elle ne forme qu'un seul et même contrat avec l'acte ratifié, qu'elle n'est qu'une sorte de complément ou un engagement préexistant (*Rép.* n° 618). Ainsi la ratification par une congrégation religieuse d'une acquisition immobilière faite en son nom par des congréganistes n'est sujette qu'au droit fixe (V. D. P. 81. 1. 171, note). Cela a été reconnu par une solution de l'administration de l'enregistrement du 4 mars 1876 mentionnée dans le *Dictionnaire des droits d'enregistrement*, v° *Ratification*, n° 15. Et même, d'après le *Journal de l'enregistrement*, n° 21419, l'Administration aurait reconnu que le droit fixe est seul exigible sur la ratification donnée par les représentants d'un *établissement public*, alors même que l'acquisition aurait été faite avant la reconnaissance légale de cet établissement (V. D. P. 81. 1. 171, note). Mais si une acquisition immobilière est faite, non plus au nom de la congrégation, mais par plusieurs de ses membres conjointement et solidairement à titre de pacte

tontinier, la propriété repose sur la tête de ces acquéreurs et, conséquemment, si l'un d'eux décède avant que l'acquisition ait été déclarée faite au nom de la congrégation et acceptée par celle-ci, le droit de mutation par décès est dû sur la part de propriété du défunt, lors même que la congrégation aurait formé, avant son décès, la demande à l'effet d'être autorisée à accepter la rétrocession (Req. 26 juill. 1880, aff. Vanier, D. P. 81. 1. 170). Cette décision paraît justifiée, bien que rigoureuse, car la déclaration de rétrocession ne pouvait produire effet tant qu'elle n'avait pas été acceptée par la congrégation dûment autorisée (*Ibid.* note. V. le rapport de M. le conseiller Voisin reproduit *ibid.*).

388. Lorsque celui pour lequel il a été stipulé par un *mandataire* ou un *porte fort*, intervient dans l'acte même pour ratifier la stipulation, sa ratification forme l'un des éléments du contrat et se confond avec ses autres dispositions ; elle ne donne lieu, par suite, à aucun droit particulier. M. Garnier cite une solution de l'Administration du 3 mars 1859 rendue dans ce sens (*Rép. gén. enreg.*, n° 13595-1°. Conf. *Diction. droits d'enreg.*, v° *Ratification*, n° 23).

L'Administration a décidé, par une solution du 29 mars 1842, que, dans le cas où, avant la clôture d'un procès-verbal d'adjudication d'immeubles en détail faite par le mandataire du vendeur, celui-ci intervient et ratifie les adjudications partielles, il est dû autant de droits fixes qu'il y a d'acquéreurs non solidaires. Mais cette décision n'est pas fondée. Le vendeur, étant intervenu au procès-verbal d'adjudication avant sa clôture, a donné son consentement à la vente. Ce consentement, étant de l'essence du contrat, ne peut être assujetti à aucun droit particulier (V. en ce sens : *Diction. du notariat*, v° *Ratification*, n° 91 ; *Diction. droits d'enreg.*, v° *Ratification*, n° 24 ; Garnier, *Rép. gén. enreg.*, n° 13595).

389. Pour l'application de la règle de la pluralité des droits aux actes de ratification, V. *supràa*, nᵒˢ 323 et suiv.

§ 2. — Confirmation (*Rép.* nᵒˢ 633 à 644).

390. La confirmation est relative aux actes nuls auxquels la partie a personnellement concouru ou a été appelée (*Rép.* n° 633). C'est une espèce de ratification. En règle générale, les actes entachés d'une nullité relative sont seuls susceptibles de confirmation. Ceux dont les vices sont tels qu'ils atteignent l'essence même de la convention ne peuvent jamais acquérir aucune valeur (*Rép.* n° 634). La nullité dont un contrat est entaché ne faisant pas obstacle à la perception du droit d'enregistrement applicable à ce contrat (V. *supràa*, nᵒˢ 115 et suiv.), l'acte portant confirmation de ce contrat ne rend exigible que le droit fixe de ratification (*Rép.* n° 635). Mais si la confirmation n'est pas pure et simple, si elle contient des dispositions nouvelles, ces dispositions donnent lieu au droit qui lui est propre (*Rép.* n° 637). Ainsi, lorsque la *vente* des biens d'une *femme mariée*, faite par son mari, alors qu'elle était encore mineure, est ratifiée moyennant une somme par la femme devenue majeure, cette somme est passible du droit de libération à 50 cent. pour 100, si l'acte en constate le payement (*Ibid.*), et du droit d'obligation à 1 pour 100, si elle est stipulée payable à terme (Trib. Dax, 29 juin 1855, *Rép. gén. enreg.*, n° 17845). — Lorsque, dans le cas de l'espèce, la somme stipulée peut être considérée comme constituant un supplément de prix, la stipulation donne lieu au droit proportionnel de vente, ainsi que nous le verrons plus loin en traitant de la *transaction* (V. *infrà*, nᵒˢ 655 et suiv.).

391. Dans le cas de vente de *biens d'autrui*, l'acte par lequel le véritable propriétaire confirme la vente, reçoit une partie du prix et stipule que le surplus sera payable entre ses mains, ne donne pas lieu au droit de vente. Cela résulte d'une solution de l'administration de l'enregistrement du 14 oct. 1852, que le *Dictionnaire des droits d'enregistrement*, v° *Ratification*, n° 62, rapporte dans les termes suivants : Le contrat ne constitue alors qu'une ratification pure et simple par le véritable propriétaire de la vente consentie par un tiers. Le premier acte n'avait pas été annulé ; il subsistait, quoique susceptible d'annulation. La confirmation qui lui a été donnée dans les termes prévus par l'art. 1338 c. civ., n'a pu opérer que la consolidation d'une seule et même mutation, et dès lors elle ne pouvait donner ouverture à un second droit de transmission. Toutefois, la somme à retenir n'est pas le droit fixe, mais le droit proportionnel de quittance sur la somme dont l'acte constate le payement entre les mains du ratifiant.

392. Deux autres solutions de l'administration de l'enregistrement, des 17 janv. 1850 et 14 nov. 1858 rapportées par M. Garnier, *Rép. gén. enreg.*, n° 17845, ont décidé, dans le même sens, que la confirmation par une veuve, moyennant une somme déterminée, de la vente d'un de ses immeubles *dotaux*, faite pendant le mariage, ne donne lieu qu'au droit d'obligation ou de quittance, selon que la somme est stipulée payable à terme ou est payée.

393. Mais la ratification, moyennant une somme d'argent stipulée payable à titre de transaction à forfait sur procès, d'une *vente* mobilière attaquée pour cause de *vilité de prix*, donne lieu au droit proportionnel de vente à 2 pour 100 sur la somme stipulée, « attendu qu'évidemment, par son origine et par son but, une créance ainsi constituée est un supplément de prix » (Civ. rej. 11 juill. 1853, aff. Giraudeau, D. P. 53. 1. 303).

ART. 10. — *De la déclaration au profit des prêteurs de fonds de cautionnement (Rép.* n°⁵ 645 *à* 652).

394. Le droit fixé à 1 fr. par l'art. 3 du décret du 22 déc. 1812 (*Rép.* n° 646), a été successivement élevé d'abord à 2 fr. (L. 18 mai 1850, art. 8); puis à 3 fr. (L. 28 févr. 1872, art. 4).

395. L'art. 3 du décret du 22 déc. 1812, qui dispose que les déclarations de privilège de second ordre sur les cautionnements seront enregistrées au droit fixe, n'est applicable qu'aux actes qui sont conformes au modèle annexé à ce décret; elles doivent contenir la déclaration par le titulaire que le cautionnement appartient à la personne qu'il désigne, et son consentement à ce qu'elle acquière ce privilège; elles doivent, en outre, être exclusivement relatives à ce cautionnement et à ce privilège (Req. 26 juill. 1875, aff. Finlay, Campbell et comp., D. P. 75. 1. 462). — Il n'en est pas ainsi de l'acte par lequel, sans qu'il soit même question de privilège de second ordre, le titulaire d'un cautionnement fourni en rentes sur l'Etat se reconnaît débiteur envers un tiers des somme employées à l'acquisition des rentes, et, d'autre part, délègue et transporte à ce tiers, outre lesdites rentes, diverses créances (Même arrêt). Dans ce cas, l'effet des délégations et transports consentis pour assurer le remboursement des fonds prêtés au cas où le cautionnement serait retiré ou restitué, étant subordonné à une condition et excluant par là même une libération actuelle et définitive, c'est le droit proportionnel d'obligation, et non celui de quittance, qui est dû (Même arrêt). La perception devant être établie, non sur les délégations et transports consentis, mais sur l'obligation constatée dans l'acte, l'exemption établie en faveur des cessions de rentes sur l'Etat n'est pas applicable (Même arrêt).

ART. 11. — *De la prestation de serment (Rép.* n°⁵ 653 *à* 719).

396. La législation fiscale divise, pour la perception du droit d'enregistrement, les actes de prestation de serment en deux catégories. — Antérieurement à 1872, ces deux catégories comprenaient, l'une les prestations de serment des greffiers et huissiers des justices de paix, gardes des douanes, gardes forestiers, gardes champêtres, gardes des barrières, préposés de l'octroi; la seconde, les greffiers et huissiers autres que ceux des justices de paix, les notaires, les avoués, les avocats, les trésoriers-payeurs généraux, caissiers du Trésor et autres comptables directement justiciables de la cour des comptes. Les actes donnaient lieu, pour la première catégorie, au droit de 3 fr. (L. 22 frim. an 7, art. 68, § 3, n° 3), pour la seconde, au droit de 15 fr. (Même loi, art. 68, § 6, n° 4) (*Rép.* n°⁵ 655, 689 et 693). La classification ainsi établie a soulevé de nombreuses difficultés qui sont provenues, notamment, de ce que de tous les agents salariés par les services départementaux et communaux, la loi ne visait nommément que les gardes champêtres, et, d'autre part, de ce qu'en dehors des gardes des

douanes et des forêts, elle tarifait les prestations de serment de tous les employés de l'Etat au droit de 15 fr. lequel était véritablement excessif pour nombre de petits employés. Afin de couper court à ces difficultés, la loi du 28 févr. 1872, tout en maintenant la tarification établie par la législation antérieure et sauf augmentation de moitié pour les deux droits, a disposé (art. 4) que « les actes de prestation de serment des gardes des particuliers et des agents salariés par l'Etat, les départements et les communes, dont le traitement et les accessoires n'excèdent pas 1500 fr., ne seront soumis qu'à un droit de 3 fr. » lequel est, en réalité, de 4 fr. 50 cent., le même article de loi comprenant une première disposition qui augmente de moitié tous les droits fixes d'enregistrement (Instr. adm. enreg. 29 févr. 1872, n° 2433, chap. 1er, § 2, D. P. 72. 3. 13). Il s'ensuit que les gardes des particuliers et les agents salariés par l'Etat, les départements et les communes ne supportent l'ancien droit de 15fr. qui s'élève actuellement à 22 fr. 50 cent., que lorsqu'ils reçoivent un traitement supérieur à 1500 fr. (Même instruction).

397. Toute prestation de serment ne rentrant ni dans l'une ni dans l'autre des deux catégories établies par la loi n'est sujette qu'au droit applicable aux *actes innommés* (*Rép.* n°⁵ 663 et 664) lequel est aujourd'hui de 3 fr., lorsqu'il s'agit d'un *acte civil ou administratif* (L. 22 frim. an 7, art. 68, § 1er-51°; 18 mai 1850, art. 8; 28 févr. 1872, art. 4) (*Rép.* n° 813),... de 4 fr. 50 cent., lorqu'il s'agit d'un acte *judiciaire* (Mêmes dispositions des lois de l'an 7 et de 1872).

398. Nous traiterons, dans deux paragraphes successifs, comme on l'a fait au *Rép.* n° 660 : 1° des divers fonctionnaires, employés ou officiers ministériels dont la prestation de serment a été tarifée, de la quotité du droit et des exceptions; 2° de nouveaux serments en cas de changement de fonctions.

§ 1er. — Fonctionnaires et employés dont la prestation de serment a été tarifée et de la quotité du droit. — Exceptions (*Rép.* n°⁵ 661 *à* 705).

399. On traitera distinctement, de même qu'au *Répertoire* (n° 661) des prestations de serment des officiers ministériels, de celles des employés et, en dernier lieu, des exceptions.

N° 1. — *Officiers ministériels (Rép.* n°⁵ 663 *à* 682).

400. L'instruction de l'administration de l'enregistrement du 29 févr. 1872, n° 2433, que nous avons déjà citée *suprà*, n° 396, porte, relativement à l'application aux officiers ministériels de l'art. 4 concernant les prestations de serment : « Il n'est rien innové en ce qui concerne les prestations de serment des notaires, greffiers, huissiers, etc.; mais la quotité des droits auxquels ces prestations de serment sont assujetties, sera augmentée de moitié ». Les solutions rapportées au *Répertoire* pour les prestations de serment des avoués et avocats (n°⁵ 662 et suiv.), greffiers (n° 672), huissiers (n° 678) et notaires (n° 682), ont donc conservé toute leur force, sauf seulement en ce point qu'il faut substituer au droit de 1 fr. celui de 3 fr., à celui de 3 fr. le taux de 4 fr. 50 cent., et enfin au droit de 15 fr. celui de 22 fr. 50 cent.

401. Le droit de 4 fr. 50 cent., applicable à la prestation de serment des greffiers des juges de paix, ne l'est pas à l'égard de celle d'un individu accepté pour remplacer un greffier en cas d'empêchement : cette dernière rentre dans la catégorie des actes judiciaires innommés et ne donne lieu, à ce titre, qu'au droit de 1 fr. (aujourd'hui 1 fr. 50 cent.) (*Rép.* n° 673. — V. *suprà*, n° 397). — S'il s'agissait d'un commis-greffier temporaire devant le tribunal civil, le droit serait de 3 fr. (aujourd'hui 4 fr. 50 cent.) (Sol. adm. enreg. 8 oct. 1867, Garnier, *Rép. gén. enreg.*, art. 14962-5°).

S'il s'agissait, non plus d'un commis-greffier *temporaire*, mais d'un commis-greffier *adjoint* dont l'exercice ne serait pas limité, le droit serait de 15 fr. (aujourd'hui 22 fr. 50 cent.) (Trib. Saint-Malo, 17 août 1848, et Trib. Mans, 31 janv. 1851, *Journ. enreg.*, art. 14560 et 15159-5°; Garnier, *Rép. gén. enreg.*, *loc. cit.*).

Il en est ainsi depuis comme avant la loi du 28 févr. 1872, la disposition de cette loi relative aux prestations de serment ne se rapportant qu'aux employés de l'Etat, des départements et des communes, et non aux greffiers qui sont des officiers publics, ni au commis-greffier adjoint qui ne touche de traitement que du greffier en chef (Trib. Angoulême, 12 août 1873, Garnier, *Rép. pér. enreg.*, art. 3701).

N° 2. — *Employés* (*Rép.* n°ˢ 683 à 701).

402. Il faut, pour que la prestation de serment des agents salariés par l'Etat, les départements et les communes, ne donne lieu qu'au droit de 4 fr. 50 cent., que « le traitement et ses *accessoires* n'excédent pas 1500 fr. ». Le législateur n'a pas spécifié ce que l'on doit entendre par accessoires d'un traitement. Il s'en est référé sur ce point aux définitions du droit commun. Or les indemnités, gratifications et autres allocations accordées par l'Etat aux fonctionnaires ou employés, sont considérées comme des *accessoires* des appointements fixes (*Rép.* v° *Traitement*, n° 171). D'un autre côté, le texte de l'art. 4 de la loi du 28 févr. 1872 ne comporte aucune distinction entre les diverses sortes d'allocations qu'un agent peut recevoir en sus de son traitement ordinaire. Par ces motifs, il a été reconnu qu'on doit considérer comme accessoires des traitements, les *frais de tournée* du contrôleur des contributions directes, les *gratifications* et *indemnités de déplacement* accordées aux employés des contributions indirectes, et même les *frais d'aide et de loyer* alloués à certains agents des postes, bien que cette allocation ne soit que le remboursement d'une dépense. Cela résulte d'une solution de l'administration de l'enregistrement du 4 oct. 1883 (*Rép. pér. enreg.*, art. 6249), qui a étendu spécialement la même doctrine aux *frais d'habillement et de déplacement* alloués à un chef surveillant des lignes télégraphiques.

403. La loi du 28 févr. 1872 a rendu sans objet toutes les décisions, rapportées au *Répertoire*, qui étaient intervenues pour déterminer la quotité du droit d'enregistrement applicable aux prestations de serment des gardes des douanes (n° 684), des gardes forestiers (n° 685), des agents champêtres (n° 686), des agents des contributions directes (n° 689), de ceux des contributions indirectes (n° 690), de ceux de l'enregistrement et des domaines (n° 691), de ceux des forêts (n° 693), des préposés des octrois (n° 695), des agents des ponts et chaussées (n° 697), de ceux des postes (n° 698), des employés des prisons (n° 700), des vétérinaires (n° 701). Il n'y a plus aujourd'hui, pour l'application du tarif, que deux catégories d'agents, ceux qui reçoivent un traitement n'excédant pas 1500 fr. : pour lesquels le droit d'enregistrement est de 4 fr. 50 cent., et ceux qui reçoivent un traitement supérieur à 1500 fr., à l'égard desquels le droit est de 22 fr. 50 cent.

Ainsi les actes constatant la prestation de serment des surveillants des lignes télégraphiques avaient été assujettis au droit de 3 fr. par assimilation à ceux des gardes forestiers, champêtres, etc. (Décis. min. fin. 3 févr. 1855, D. P. 55. 3. 56). Aujourd'hui, ces actes sont passibles du droit de 4 fr. 50 cent. ou de celui de 22 fr. 50 cent. selon que le traitement de l'agent n'excède pas ou excède 1500 fr.

404. La loi de 1872 ne vise que les agents de l'Etat, des départements et des communes : elle ne s'est pas occupée de ceux des *établissements publics*. M. Garnier, *Rép. gén. enreg.*, n° 14925, est d'avis qu'elle leur est néanmoins applicable. Il est impossible d'admettre, dit-il, qu'elle ait entendu les exclure. Il y a même raison de décider. Les difficultés que le législateur a voulu supprimer existaient autrefois pour ces agents comme pour ceux de l'Etat, des départements et des communes. D'ailleurs, il serait inadmissible que la loi qui applique la règle nouvelle aux gardes particuliers, ait laissé de côté des fonctionnaires tels que ceux qui sont attachés aux établissements publics. Elle a parlé des départements et des communes par voie démonstrative. Il faut étendre ses dispositions aux établissements publics. — Cette doctrine paraît pouvoir être admise. Elle est, d'ailleurs, favorable aux contribuables qui, comme les receveurs des hospices, supportaient le droit de 15 fr. (aujourd'hui 22 fr. 50 cent.) toutes les fois que leur traitement excédait 500 fr. (*Rép.* n° 694), puisque, sous l'empire de la loi actuelle, ils n'ont plus à payer ce droit que lorsque leur traitement excède 1500 fr., et n'ont à payer que le droit de 4 fr. 50 cent., dès que le traitement ne dépasse pas ce chiffre.

405. Suivant une solution de l'administration de l'enregistrement, les *débitants de tabacs qui ne sont pas en même temps receveurs-buralistes* ont toujours été considérés comme exerçant une sorte de commerce plutôt que comme des agents salariés par l'Etat, et le bénéfice qu'ils réalisent n'a pas le caractère d'un traitement. Le droit à percevoir sur leur prestation de serment n'est pas tarifé par la deuxième disposition de l'art. 4 de la loi du 28 févr. 1872 et doit être actuellement fixé à 1 fr. 50 cent. par application de l'art. 68 § 1ᵉʳ, n°ˢ 47 et 51 de la loi du 22 frim. an 7, modifié par la première disposition de l'art. 4 de la loi du 28 févr. 1872 (Sol. adm. enreg. 26 mars 1879, Garnier, *Rép. pér. enreg.*, art. 5205). — Cependant il est généralement admis que les débitants de tabac ne sont que de simples préposés de l'Administration et ne peuvent être réputés commerçants qu'autant qu'ils font des achats et reventes d'objets autres que le tabac, d'une importance assez grande pour constituer un commerce distinct (V. *suprà*, v° *Acte de commerce*, n°ˢ 58 et suiv.).

406. Les *débitants-entreposeurs de poudres à feu* sont assimilés aux débitants de tabac, leurs fonctions étant les mêmes. Ils se bornent à servir d'intermédiaires intéressés entre l'Administration et le public sans exercer, comme le débitant buraliste, une véritable délégation de l'autorité supérieure par la rédaction d'actes ou la délivrance de pièces caractérisant l'exercice d'une fonction publique (Sol. adm. enreg. 5 avr. 1879, Garnier, *Rép. pér. enreg.*, art. 5205). Le droit à percevoir sur la prestation de serment est donc, pour le débitant entreposeur de poudre comme pour le débitant de tabac qui n'est pas buraliste, celui de 1 fr. 50 cent.

N° 3. — *Exceptions* (*Rép.* n°ˢ 702 à 705).

407. La perception du droit de 4 fr. 50 cent. ou de celui de 22 fr. 50 cent. est la règle pour les prestations de serment. Mais il en est qui sont tarifées exceptionnellement à un taux moindre (*Rép.* n°ˢ 702 et 703), d'autres qui sont enregistrées *gratis* (*Rép.* n° 704), d'autres enfin qui sont *exemptes* de la formalité (*Rép.* n° 705).

408. Les prestations de serment qui supportent un droit moindre que celui ordinaire de 4 fr. 50 cent. ou de 22 fr. 50 cent. sont celles qui, ne rentrant ni dans l'une ni dans l'autre des deux catégories établies par la loi fiscale, sont tarifées, comme actes innommés, au droit de 3 fr. ou à celui de 1 fr. 50 cent., selon que la prestation est faite par acte civil ou administratif, ou qu'elle a lieu par acte judiciaire. On a donné au *Rép.* n° 703 l'énumération des prestations de serment qui rentrent dans ce cas (V. *suprà*, n° 397).

409. La détermination du droit applicable, sous la législation nouvelle, aux *gardes-messiers* et aux *gardes-ventes*, a fait difficulté. Ce droit n'était que de 1 fr. sous la législation antérieure à 1872 (*Rép.* n° 704). On a prétendu que l'art. 4 de la loi du 28 févr. 1872 est applicable à ces agents et que, par suite, leur prestation de serment donne lieu au droit de 4 fr. 50 cent., attendu qu'ils rentrent dans la catégorie des *gardes particuliers* visés nommément par la loi de 1872, qu'aucune distinction ne peut être admise entre les diverses espèces de gardes particuliers, la loi frappant le genre d'un droit unique en dehors de toute considération d'espèce, que les gardes-messiers et gardes-ventes étant proposés par le maire de la commune à l'agrément de l'autorité et payés par les propriétaires intéressés, participent, eu égard à leur origine, de la nature de la garde champêtre et rentrent, eu égard au traitement qu'ils reçoivent, dans la catégorie des gardes particuliers. Mais cette solution n'était pas fondée. La loi de 1872, comme celle du 22 frim. an 7, n'atteint que les prestations de serment des agents qui exercent un emploi et touchent un traitement. Or il n'en est pas ainsi des gardes-messiers ni des gardes-ventes. Ce sont des gens de bonne volonté, des habitants d'une commune, propriétaires eux-mêmes dans la commune, qui, pour la garde des récoltes, viennent en aide au garde-champêtre dans un intérêt commun, dont la mission est, en réalité, gratuite, car on ne peut considérer comme un traitement l'allocation qui leur est faite à titre de gratification. L'Administration a reconnu, par ces considérations, que leur prestation de serment n'est passible, comme acte judiciaire innommé, que du droit de 1 fr. 50 cent. (Sol. adm. enreg. 1er sept. 1875) (1).

410. Le *Répertoire* contient au n° 704 l'indication des différentes prestations de serment qui *s'enregistrent gratis*, et au n° 705 l'indication de celles qui sont *exemptes* de la formalité.

§ 2. — Nouveaux serments en cas de changement de fonctions (*Rép.* nos 706 à 719).

411. Le changement de *fonctions* (*Rép.* n° 706) peut donner lieu à une nouvelle prestation de serment et, par suite, à la perception d'un nouveau droit d'enregistrement. Il n'y a ni serment nouveau à prêter, ni droit nouveau à payer en cas de simple changement de *grade*, c'est-à-dire lorsqu'un agent dont le salaire n'excédait pas 1500 fr. reçoit, par suite d'élévation de classe ou autrement, sans changer de fonctions, un salaire supérieur. On a prétendu que, dans ce cas, l'art. 4 de la loi du 28 févr. 1872 ne recevait pas l'exécution qui devait lui être donnée. Il résulte de cette disposition, a-t-on dit, qu'aucun agent salarié par l'Etat, les départements ou les communes, ne devrait arriver à une fonction dont les émoluments dépasseraient 1500 fr., sans avoir payé, pour la prestation de serment, le droit fixe maximum. Il n'en est pas ainsi cependant dans un grand nombre de cas, tantôt parce que les agents à traitement fixe qui ont prêté serment à un moment où ce traitement était inférieur à 1500 fr. passent à un traitement supérieur sans prêter un serment nouveau lorsqu'ils ne changent que de grade, tantôt parce que les agents rétribués au moyen de remises variables n'acquittent à l'origine que le droit de 3 fr., sous prétexte que les remises sont en moyenne inférieures à 1500 fr. et ne payent aucun droit nouveau quand elles augmentent, parce qu'en l'état actuel des choses cette augmentation n'entraîne pas la nécessité de prêter un nouveau serment. Pour obvier à cet inconvénient, on a demandé : 1° que le droit maximum établi pour les prestations de serment fût perçu lors de l'enregistrement du premier serment prêté par un agent investi d'une fonction susceptible d'être immédiatement ou ultérieurement rétribuée par un salaire supérieur à 1500 fr. ; 2° ou qu'un nouveau serment fût exigé de tout agent qui, n'ayant supporté que le droit de 4 fr. 50 cent. pour sa première prestation, obtiendrait un traitement excédant 1500 fr. (accessoires compris). — Ces propositions ont été écartées, comme étant en opposition avec la pensée dans laquelle a été votée la loi de 1872, laquelle a été de ménager les faibles ressources d'agents peu rétribués par leur premier traitement et dont la situation ne s'améliore que lentement ; la seconde, parce qu'elle aurait soulevé de grandes difficultés dans l'application (Décis. min. fin. 13 juill. 1873, Garnier, *Rép. pér. enreg.*, art. 3768). Ainsi tout

agent qui, ayant prêté serment à une époque où l'émolument de son emploi n'excédait pas 1500 fr., a payé seulement le droit de 4 fr. 50 c., n'a ni à prêter un nouveau serment, ni à payer le droit de 22 fr. 50 cent., lorsque son salaire vient à excéder 1500 fr., soit par suite d'un simple changement de grade, soit par suite de l'augmentation des remises qui lui sont allouées.

412. Les *renouvellements* de serment ne donnent pas lieu au droit spécial établi pour les prestations de serment : ils ne sont passibles que du droit applicable aux actes innommés. Cela a été reconnu pour les avoués et les avocats (*Rép.* nos 667 et 668) et appliqué aux fonctionnaires obligés de prêter un nouveau serment à la suite d'un changement de résidence (*Rép.* n° 707), spécialement :... à un percepteur des contributions directes (Sol. adm. enreg. 2 nov. 1881, Garnier, *Rép. pér. enreg.*, art. 5830) ;... à des facteurs des postes changeant de tournées (Sol. adm. enreg. 1er oct. 1873, *ibid.*) ;... à des inspecteurs des poids et mesures (Sol. adm. enreg. 11 nov. 1880, *ibid.*).

ART. 12. — *De divers actes en matière de faillite* (*Rép.* nos 720 à 742).

413. Le tarif est actuellement fixé comme il suit pour les actes en matière de faillite :

Bilan, 3 fr. (L. 22 frim. an 7, art. 68, § 1er, n° 13 ; 18 mai 1850, art. 8 ; 28 févr. 1872, art. 4) (*Rép.* n° 721).

Actes passés au greffe des tribunaux de commerce portant dépôt de bilans, 4 fr. 50 cent. (L. 22 frim. an 7, art. 68, § 2, n° 4 ; 28 avr. 1816, art. 44, n° 10 ; 28 févr. 1872, art. 4) (*Rép.* n° 723).

Unions et directions de créanciers, 4 fr. 50 cent. (L. 22 frim. an 7, art. 68, § 3, n° 6 ; 28 févr. 1872, art. 4) (*Rép.* n° 724).

Procès-verbaux d'apposition, de reconnaissance et de levée de scellés, inventaires, 3 fr. (L. 22 frim. an 7, art. 68, § 2, nos 1 et 3 ; 24 mai 1834, art. 11 ; 28 févr. 1872, art. 4) (*Rép.* n° 726).

Procès-verbaux d'affirmations de créances, 4 fr. 50 cent. (L. 22 frim. an 7, art. 68, § 3, n° 7 ; 28 avr. 1816, art. 44, n° 10 ; 24 mai 1834, art. 13 ; 28 févr. 1872, art. 4) (*Rép.* n° 728).

Ventes de meubles et objets mobiliers, 50 cent. p. 100 (L. 22 frim. an 7, art. 69, § 5, n° 1 ; 24 mai 1834, art. 12) (*Rép.* n° 730).

Ventes aux enchères publiques, en gros, de marchandises neuves, *auxquelles il est procédé dans les conditions déterminées par les lois des 28 mai 1858, 3 juill. 1861 et 23 mai 1863*, 10 cent. p. 100 (L. 28 mai 1858, art. 4 ; 3 juill. 1861, art. 3 ; 23 mai 1863, art. 93) (*Rép.* vo *Ventes publiques de marchandises neuves*, nos 19 et 26).

Concordats ou atermoiements, 4 fr. 50 cent. (L. 24 mai 1834,

---

(1) La loi du 22 frim. an 7, art. 68, § 3, n° 3, a tarifé au droit fixe de 3 fr. les prestations de serment des greffiers et huissiers, des juges de paix, des gardes des douanes, des gardes forestiers et des gardes champêtres. La loi du 27 vent. an 9, art. 14, § 2, a appliqué ce tarif aux gardes de barrières, et une ordonnance royale du 9 déc. 1814, art. 58, l'a également rendu applicable aux préposés de l'octroi. — Les agents de l'Etat ou des communes dont la prestation de serment est ainsi tarifée, sont, comme on le voit, des agents exerçant des *fonctions permanentes* et touchant un *traitement annuel*. — Sous l'empire de la loi de l'an 7 et par application des textes précités, il a été reconnu et décidé que les prestations de serment des *gardes-messiers*, nommés dans les communes rurales à l'approche des récoltes, ne sont assujetties qu'au droit fixe de 1 fr. (Décis. min. fin., Rép. n° 703). — Les motifs de ces décisions sont que la loi de l'enregistrement ne tarife au droit de 3 fr. que les prestations de serment des gardes forestiers et gardes champêtres, et que les gardes-messiers et les facteurs ou gardes-ventes, dont les fonctions sont *temporaires*, ne peuvent être rangés dans cette classe ; mais que la prestation de serment d'un individu nommé par un particulier pour garder ses terres et ses bois moyennant un *traitement annuel*, est sujette au droit de 3 fr. — La loi du 28 févr. 1872 ne paraît pas avoir modifié cet état de choses. — Cette loi porte, art. 4 : « Les prestations de serment des gardes des particuliers et des agents salariés par l'Etat, les départements et les communes, dont le *traitement et ses accessoires* n'excèdent pas 1500 fr., ne sont soumises qu'à un droit de 3 fr. — Il n'est pas possible de se méprendre sur le sens et la portée de cette disposition. — Evidemment la loi de 1872, comme celle du 22 frimaire, n'atteint que

les prestations de serment des agents de l'Etat, des départements et des communes, qui exercent un *emploi* et qui touchent un *traitement*, et elle confirme l'interprétation qui avait été faite de la loi de l'an 7 en ce qui concerne les serments des *gardes particuliers*, en soumettant ces prestations de serment à l'impôt ; puis, pour déterminer la quotité du droit fixe applicable aux prestations de serment, elle prend pour base le montant du traitement alloué aux gardes des particuliers, soit aux agents de l'Etat, des départements et des communes, et elle dispose que ce droit ne sera que de 3 fr. pour les agents dont le *traitement et les accessoires* n'excèdent pas 1500 fr. — Or, les gardes-messiers n'exercent aucun emploi et ne touchent pas de traitement. Ce sont des gens de bonne volonté, des habitants d'une commune, propriétaires eux-mêmes dans la commune, qui pour la garde des récoltes viennent en aide au garde champêtre dans un intérêt commun. Leur mission est purement gratuite, car il est impossible de considérer comme un traitement la gratification de 10 ou 15 fr. qui est allouée à quelques-uns d'entre eux, après que les vendanges ou récoltes sont terminées. — Le serment de ces gardes-messiers n'est donc pas du nombre de ceux prévus et tarifés par les lois de l'an 7 et de 1872 ; et les motifs de la décision précitée du ministre des finances sont parfaitement applicables aujourd'hui, comme à l'époque où cette décision est intervenue. Il s'agit, en effet, d'actes non dénommés au tarif et tombant sous l'application de l'art. 68, § n° 51, de la loi du 22 frim. an 7. — La discussion de la loi de 1872 ne contient d'ailleurs absolument rien de contraire à cette solution.

Du 1er sept. 1875.-Solut. adm. enreg.

art. 14; 17 juill. 1856 ; 28 févr. 1872, art. 4) (*Rép.* n° 732).
Quittances de répartition, 3 fr. (L. 24 mai 1834, art. 15 ;
28 févr. 1872, art. 4) (*Rép.* n° 739).

414. L'acte de *dépôt du bilan* au greffe du tribunal de
commerce est passible, outre le droit d'enregistrement,
d'un droit de greffe de rédaction et de transcription
(L. 25 vent. an 7, art. 5) (*Rép.* n° 5873).

415. Conformément au jugement du tribunal d'Argentan
du 11 août 1838 rapporté au *Rép.* n° 725, il a été décidé que
le droit fixe établi pour les *unions et directions de créanciers*
est applicable, non seulement en matière de faillite, mais
aussi lorsqu'il n'y a pas eu déclaration de faillite (Trib.
Toulon, 28 avr. 1864, D. P. 74. 5. 192; Garnier, *Rép.
gén. enreg.*, art. 2089). L'art. 68, § 3, n° 6, de la loi du
22 frim. an 7, porte ce jugement, « est général et s'applique
soit au cas où le débiteur étant tombé en faillite, le contrat
intervenu entre le débiteur et les créanciers a été précédé
des formalités prévues par les art. 507 et suiv. c. com., soit
au cas où le contrat constitue une cession de biens régie
par les art. 1269 et suiv. c. nap.; c'est ce que suppose le
paragraphe 4, n° 1, dudit article qui prévoit le cas où
intervient un abandonnement de biens volontaire ou forcé
pour être vendus en direction, c'est-à-dire où une union
de créanciers se constitue pour liquider et réaliser des
biens qui font l'objet d'un abandonnement volontaire ou
forcé ; l'art. 14 de la loi du 24 mai 1834, en soumettant au
droit fixe de 3 fr. les concordats ou atermoiements consentis
conformément aux art. 507 et suiv. c. com., quelle que soit
la somme que le failli s'oblige de payer, et l'article unique
de la loi du 17 juill. 1856, en tarifant au même droit les
concordats par abandon total ou partiel de l'actif du failli,
n'ont point aboli l'art. 68 de la loi du 22 frim. an 7, qui prévoit le cas où l'union des créanciers s'établit, soit à la suite
d'une faillite, soit à la suite d'un simple abandonnement ».
Pour le cas où un concordat est intervenu entre le failli et
ses créanciers, V. *infra*, n° 421.

416. Lorsque les créanciers déposent entre les mains du
syndic d'une faillite leurs titres pour qu'ils soient vérifiés,
il leur en est délivré par le greffier un *récépissé* qui est
exempt d'enregistrement (*Rép.* v° *Faillite*, n° 573). Il a paru
que, par suite, ce récépissé était également exempt de
timbre (*Ibid.*). Cette dernière opinion est critiquée par
M. Garnier, *Rép. gén. enreg.*, n° 8853, et le *Dictionnaire des
droits d'enregistrement*, v° *Faillite*, n° 71. Le récépissé leur
paraît devoir être timbré par application des principes généraux de la loi du 13 brum. an 7, sur le timbre. Il est vrai
que l'art. 11 *in fine* de cette loi soumet au timbre de dimension généralement tous actes ou écrits de nature à faire
titre. Il en est ainsi du récépissé en question. On peut donc
admettre qu'il soit passible du timbre; mais, comme le fait
observer le *Dictionnaire des droits d'enregistrement, loc.
cit.*, puisqu'il est exempt de l'enregistrement comme ne
constituant qu'une simple pièce privée, n'ayant pas le
caractère d'un acte du ministère du greffier, il y a lieu d'en
conclure qu'il n'est sujet qu'au timbre de 10 cent, auquel la
loi du 23 août 1871 (art. 18) soumet les quittances et les
récépissés.

417. Il a été décidé que le *procès-verbal de vérification et
d'affirmation* des créances donne lieu à deux droits de 4 fr.
50 cent, attendu que les deux formalités, bien que corrélatives, sont distinctes, que la vérification émane des syndics,
du juge-commissaire, et, en cas de contestation, du tribunal
et de la cour d'appel (c. com. art. 493, 494, 498 et suiv.);
que l'affirmation est, au contraire un acte spécial et individuel du créancier, qui doit intervenir au plus tard dans la
huitaine de la vérification (c. com. art. 497) (Sol. adm.
enreg. 21 avr. 1865, *Journ. enreg.*, art. 18040). — M. Garnier est d'un avis contraire. L'affirmation de la créance,
dit-il, est aussi bien dans l'intérêt commun des créanciers
que la vérification. Ce n'est pas dans son intérêt que le
créancier vient, par une formalité qui présente de l'analogie avec le serment décisoire, attester que sa créance est
sincère et véritable ; c'est sans contredit dans l'intérêt
commun des créanciers. La vérification et l'affirmation sont
deux formalités corrélatives, conduisant au même but. Dès
lors, lorsqu'elles se trouvent renfermées dans le même acte,
elles ne doivent donner ouverture qu'à un seul droit (*Rép.
gén. enreg.*, n° 8857).

418. Mais la règle de la pluralité des droits n'est pas
applicable au *jugement* qui statue sur les contestations relatives à la vérification des créances. Spécialement, le jugement qui renferme une déclaration d'incompétence en ce
qui concerne six créanciers d'une faillite, admission de dix-
sept créanciers et une disposition préparatoire pour un
dernier créancier, n'est sujet qu'à un seul droit (Sol. adm.
enreg. (Belgique) 23 oct. 1875, *Rép. pér. enreg.*, art. 4317).

419. Aux termes de la loi du 24 mai 1834, art. 13, les
procès-verbaux d'affirmation de créances, dressés en exécution de l'art. 507 de l'ancien code de commerce, article auquel correspond l'art. 497 du nouveau, ne sont assujettis
qu'à un seul droit fixe de 3 fr., quel que soit le nombre des
déclarations affirmatives. L'immunité écrite dans cette disposition s'appliquant à toutes les déclarations affirmatives que
doit résumer et réfléchir le procès-verbal de vérification,
étend nécessairement aussi son effet aux titres individuels
des créanciers qui, n'étant pas précédemment enregistrés,
doivent être énoncés dans ce procès-verbal comme étant
justificatifs des droits des créanciers. Ce principe, comprenant évidemment les jugements qui seraient confirmatifs de
certaines créances au sujet desquelles se seraient élevées
des contestations depuis l'ouverture de la faillite et l'appel
des créanciers à la vérification et à l'affirmation des créances,
régit aussi les transactions qui seraient intervenues depuis
la faillite entre ces créanciers et le syndic agissant en vertu
de l'art. 487 c. com., à l'effet de fixer les sommes pour lesquelles ils devront être admis à prendre part à l'actif de la
faillite, après vérification et affirmation de leurs créances.
Par ces considérations, il a été jugé que la transaction intervenue entre le syndic d'une faillite et des créanciers de cette
faillite, après production à la faillite et demande d'admission au passif, qui détermine les sommes pour lesquelles
ces créanciers seront admis, ne donne pas ouverture au
droit d'obligation sur le montant desdites créances, quoiqu'elles ne soient pas établies par titres enregistrés (Civ. rej.
1er févr. 1865, aff. Féquant, D. P. 65. 1. 54).

420. Les *ventes*, soit aux enchères publiques, soit à
l'amiable, des *effets et marchandises des faillis*, faites par les
syndics en vertu de l'art. 492 c. com., ne sont sujettes
qu'au tarif réduit de 50 cent. pour 100 (*Rép.* n° 730). Cette
réduction de tarif s'applique :... aux ventes de récoltes (Sol.
adm. enreg. 2 mai 1859, Garnier, *Rép. gén. enreg.*,
n° 8847);... aux cessions de créances (Délib. adm. enreg.
2 oct. 1837, *ibid.*) ;... aux ventes de navires (Naquet,
t. 1, n° 265);... à la vente d'un fonds de commerce (Sol.
adm. enreg. 6 sept. 1872, D. P. 73. 5. 232; Trib. Lorient,
29 mai 1878, Garnier, *Rép. pér. enreg.*, art. 5052). — Il en
est ainsi depuis comme avant la loi du 28 févr. 1872, car
cette loi n'a pas dérogé à l'art. 12 de la loi du 24 mai 1834
(Même solution du 6 sept. 1872, et même jugement du
29 mai 1878. Conf Naquet, t. 1, n° 253 et 369).
Mais la réduction du droit ne s'applique pas :... aux ventes
consenties volontairement par le failli avant la déclaration
de faillite, sans les formalités prescrites par l'art. 486 c. com.,
encore bien qu'elles soient faites après la cessation de ses
payements (Trib. Rouen, 23 mars 1883, Garnier, *Rép. pér.
enreg.*, art. 6232; *Journ. enreg.*, art. 22285);... ni aux
ventes faites après le concordat soit par le failli, soit par ses
créanciers (Déc. min. fin. (Belgique) 11 mai 1863, *Diction.
droits d'enreg.*, v° *Faillite*, n° 63. Conf. *Rép.* n° 731).

421. La loi du 24 mai 1834 (art. 14) n'assujettit le *concordat* qu'au droit fixe, « quelle que soit la somme que le
failli s'oblige de payer » (*Rép.* n° 732). Il est dit au *Rép.
ibid.*, que, lors même que la convention passée entre un
failli et ses créanciers serait annulée d'après les dispositions
des art. 507 et suiv. c. com., le bénéfice de la loi de 1834 lui
est néanmoins applicable, attendu que son annulation ne
la fait pas valoir comme obligation ordinaire. Il en est ainsi,
comme on l'a vu *suprà*, n° 415, pour les unions de créanciers. Le droit fixe s'applique lors même qu'il n'y a pas
eu déclaration de faillite. Mais, pour les concordats, la
doctrine et la jurisprudence se prononcent en sens contraire. Se fondant sur ce que les dispositions de la loi de
1834 étant tout à fait exceptionnelles doivent, à ce titre,
être limitativement appliquées, et que, d'autre part,
ladite loi ne vise que « les concordats ou atermoiements consentis conformément aux art. 519 (aujourd'hui

507) et suiv. c. com. », elles décident que le droit fixe établi par la loi de 1834 ne s'applique qu'aux concordats intervenus après déclaration de faillite (Trib. Gien, 5 juin 1849, aff. Chanteloube, D. P. 49. 5. 146; Trib. Seine, 13 déc. 1851, *Journ. enreg.*, art. 15671-2; Trib. Lille, 20 avr. 1861, *ibid.*, art. 17320; Trib. Reims, 14 mars 1877, *ibid.*, art. 20560; *Diction. droits d'enreg.*, v° *Atermoiement*, nos 35 et suiv.; Demante, n° 548-IV; Garnier, *Rép. gén. enreg.*, art. 8863). D'où la conséquence que l'arrangement intervenu entre un débiteur et ses créanciers sans que le débiteur ait été déclaré en faillite et en dehors des conditions prévues par le code de commerce pour les concordats, est sujet au droit proportionnel de 50 cent. p. 100 auquel la loi du 22 frim. an 7 assujettit « les atermoiements entre débiteurs et créanciers » « sur les sommes que le débiteur s'oblige de payer » (art. 69, § 2, n° 4). Ainsi, il a été jugé que l'acte par lequel un débiteur non failli fournit une caution et obtient de ses créanciers un délai pour sa libération constitue un atermoiement passible du droit proportionnel de 50 cent. p. 100, et non un concordat soumis à un simple droit fixe (Jugement précité du 14 mars 1877). — V. *Rép.* n° 733.

422. Le *concordat amiable* se distingue du concordat proprement dit consenti dans les conditions et avec l'accomplissement des formalités prévues par le code de commerce. C'est un contrat ordinaire, valable dans les termes du droit commun à l'égard seulement des parties contractantes (Boistel, *Précis de droit commercial*, 2° éd., n° 1067; Demante, t. 2, n° 548-V). Comme on l'a vu *suprà*, n° 421, les dispositions spéciales de la loi du 24 mai 1834 ne lui sont pas applicables. — Par cela même que le concordat amiable rentre dans les contrats de droit commun, le droit d'enregistrement devra lui être appliqué d'après la loi commune. Il donnera lieu au droit de 50 cent. p. 100, si l'obligation contractée peut être considérée comme un atermoiement, au droit de 1 p. 100, si elle n'a pas ce caractère, au droit de vente sur la valeur des biens abandonnés, à celui de libération sur la remise de l'excédant des créances sur cette valeur, au droit fixe de 3 fr. pour le mandat conféré au commissaire chargé de réaliser l'actif abandonné.

M. Demante, *loc. cit.*, s'est demandé comment l'on distinguerait l'obligation que produit le concordat amiable de l'obligation de sommes ordinaire passible du droit de 1 p. 100. « Le discernement, dit-il, est délicat et dépend beaucoup de l'appréciation des circonstances du fait. Il faut voir si les créanciers ont agi, non pas par esprit de pure libéralité, ce qui constituerait une donation, non pas à titre de transaction, ce qui supposerait un droit litigieux, mais s'ils ont été mus par leur intérêt propre, remettant une partie de leurs créances pour sauver le surplus. Dans ces limites, le contrat d'atermoiement peut intervenir, non seulement après la déclaration de faillite, mais indépendamment de l'état de faillite; il pourrait donc être passé par un débiteur non-commerçant » (V. aussi Garnier, *Rép. gén. enreg.*, nos 8858, 8874 *bis* et 8879; Naquet, t. 2, n° 699).

423. Il a été jugé que l'acte d'atermoiement passé entre un débiteur commerçant non déclaré en faillite et ses créanciers, et par lequel ces derniers, sans lui faire aucune remise sur leurs créances, lui accordent un délai pour se libérer, est passible, non du droit d'obligation à 1 p. 100, ni du droit fixe établi par l'art. 14 de la loi du 24 mai 1834, mais du droit proportionnel de 50 cent. p. 100 auquel l'art. 69, § 2, n° 4, de la loi du 22 frim. an 7, assujettit les atermoiements (Trib. Gien, 5 juin 1849, aff. Chanteloube, D. P. 49. 5. 146). Et ce droit est dû sur la valeur de toutes les créances reconnues dans l'acte, sans distinction entre celles résultant d'actes enregistrés et celles constatées par des actes non enregistrés ou verbalement contractées (Même jugement); que la transaction intervenue entre le syndic d'une faillite et un créancier du la faillite et par laquelle ce dernier fait remise d'une partie de sa créance, ne rentre dans aucune des exceptions établies pour la perception du droit d'enregistrement sur les actes en matière de faillite, et doit être assujettie, en conséquence, au droit ordinaire qui lui est applicable, d'après sa nature (Trib. Lyon, 31 déc. 1851, Garnier, *Rép. gén. enreg.*, n° 8883).

424. Le *concordat par abandon d'actif*, fait conformément

à l'art. 541 c. com. nouveau (L. 17 juill. 1856, D. P. 56. 4. 114), par lequel le failli obtient sa libération en abandonnant tout ou partie de son actif à ses créanciers qui le réalisent par l'intermédiaire de syndics ou commissaires, a été assimilé par la loi du 17 juill. 1856, pour la perception du droit d'enregistrement, au contrat d'union. Il est donc sujet, comme ce contrat, au droit fixe de 4 fr. 50 cent.

Pour les abandonnables de biens, soit volontaires, soit forcés, pour être vendus en direction, V. *infrà*, nos 488 et suiv.

425. A la suite de la révolution de 1848, un décret du 22 août 1848 autorisa la conclusion de concordats amiables entre les commerçants que les événements politiques avaient mis dans l'obligation de suspendre leurs payements. Suivant une décision du ministre des finances du 10 oct. 1848, la réduction des droits établie par la loi du 24 mai 1834, était applicable à ces concordats (*Rép.* n° 742). Le décret du 22 août 1848 a été abrogé par une loi des 12-17 nov. 1849 (D. P. 49. 4. 156); mais des dispositions semblables ont été édictées, à la suite de la guerre de 1870-1871, par un décret du gouvernement de la Défense nationale du 7 sept. 1870 (D. P. 70. 4. 87), dont les effets ont été successivement prorogés jusqu'au 13 mars 1872 par les lois des 22 avr.-9 mai 1871 (D. P. 71. 4. 51), 9-15 sept. 1871 (D. P. 71. 4. 158) et 19-23 déc. 1871 (D. P. 71.4. 167). La décision ministérielle du 10 oct. 1848 s'applique aux actes faits en exécution du décret de 1870.

426. Les *quittances de répartition* données par les créanciers au syndic ou au caissier de la faillite ne sont sujettes qu'au droit fixe, quel que soit le nombre des émargements sur les états de répartition (*Rép.* n° 739). Ce droit était de 2 fr.; il est aujourd'hui de 3 fr. (L. 28 févr. 1872, art. 4).

Art. 13. — *Ventes de navires et de marchandises avariées*
(*Rép.* nos 743 à 758).

427. Il est traité au *Répertoire*, sous cette rubrique, simultanément des ventes de navires, de débris de navires naufragés et de marchandises avariées. Mais, depuis la publication du *Répertoire*, ces ventes ont fait l'objet de différentes dispositions législatives. Par l'effet de ces dispositions elles ne se trouvent plus soumises, comme autrefois, à la même règle de perception. Il y a, dès lors, intérêt à les distinguer. Nous traiterons de chacune d'elles sous un numéro distinct.

§ 1er. — Ventes de navires.

428. Les ventes de navires, soumises au droit proportionnel de 2 pour 100, comme les autres ventes mobilières, par la loi du 22 frim. an 7, en ont été affranchies par la loi du 21 avr. 1818 (art. 64) qui les a tarifées au droit fixe de 1 fr. (*Rép.* n° 743). La loi du 28 févr. 1872 les a replacées sous l'empire du droit commun par son art. 5, ainsi conçu : « Sont soumis au droit proportionnel, d'après les tarifs en vigueur... 2° les mutations de propriété de navires, soit totales, soit partielles. Le droit est perçu soit sur l'acte ou le procès-verbal de vente, soit sur la déclaration faite pour obtenir la francisation ou l'immatricule au nom du nouveau possesseur. Les art.... et 64 de la loi du 21 avr. 1818 sont abrogés ». — Cette disposition de loi a été abrogée, à son tour, par l'art. 3 d'une loi du 29 janv. 1881 (D. P. 82. 4. 13) sur la marine marchande, en ces termes : « Les actes ou procès-verbaux constatant les mutations de propriété de navires, soit totales, soit partielles, ne seront passibles à l'enregistrement que du droit fixe de 3 fr. L'art. 5, n° 2, de la loi du 28 févr. 1872 est abrogé en ce qu'il a de contraire à la présente disposition ». — Les ventes de navires sont donc actuellement soumises, pour la perception du droit d'enregistrement, au même régime que celui sous lequel elles étaient placées à l'époque de la publication du *Répertoire*. Aujourd'hui comme alors, elles ne donnent lieu qu'à un simple droit fixe. La quotité seulement de ce droit est différente. Il était de 1 fr. Il est maintenant de 3 fr.

La loi du 29 janv. 1881 a rendu tout l'intérêt qu'elles présentaient aux décisions rapportées au *Rép.* nos 744 à 753; 1305 et 1454, intervenues pour l'application de la loi du 21 avr. 1818.

429. La loi du 28 févr. 1872 n'a pas seulement effacé l'exemption du droit proportionnel que la loi du 21 avr. 1818 avait établie pour les ventes de navires; elle a fait plus : afin d'assurer la perception du droit proportionnel et d'établir une égalité parfaite entre les acquisitions de navires faites à l'étranger et celles faites en France, elle a établi qu'à défaut d'acte le droit serait perçu sur la déclaration faite en douane ou à l'inscription maritime pour obtenir la francisation ou l'immatricule au nom du nouveau possesseur. C'est là une dérogation aux principes généraux de la matière d'après lesquels, comme nous l'avons rappelé en traitant des règles générales (V. suprà, n° 61), le droit proportionnel de vente mobilière constituant un simple droit d'acte, n'est exigible que lorsqu'un acte faisant titre de la mutation est soumis à l'enregistrement (D. P. 74. 3. 85; Rapport sur la loi du 28 févr. 1872, D. P. 72. 4. 14, n° 20; Instr. adm. enreg. 29 févr. 1872, n° 2433, chap. 2, D.P. 72. 3. 13).

430. L'Administration a même soutenu que, la loi de 1872 assujettissant au droit proportionnel toute mutation de propriété de navire, soit totale, soit partielle, à quelque titre qu'elle pût s'opérer, le droit était exigible par le seul fait de l'existence de la mutation (Instr. adm. enreg. 10 mai 1872, n° 2444, D. P. 73. 3. 163; Sol. adm. enreg. 31 oct. 1873, D. P. 74. 3. 85). Nous avons combattu cette doctrine en opposant, notamment, que la loi de 1872 n'a autorisé la perception du droit proportionnel que sur l'acte de vente ou, tout au moins, la déclaration d'une vente de navire souscrite pour obtenir la francisation ou l'immatricule au nom du nouveau possesseur (D.P. 74. 3. 85, note). L'Administration, abandonnant ses prétentions, a reconnu que le droit ne pouvait être perçu que sur l'acte de vente ou la déclaration de francisation et que, spécialement, il n'était pas dû sur la déclaration souscrite en douane à la suite de la vente d'un navire français à des étrangers, pour la défrancisation de ce navire (Sol. adm. enreg. 17 oct. 1876, D. P. 77. 3. 54. Conf. Trib. Havre, 1er mars 1876, aff. X..., D. P. 76. 5. 204).

Bien que ces décisions ne soient plus applicables aujourd'hui, les ventes de navires ne donnant lieu, d'après la loi du 29 janv. 1881, qu'à un simple droit fixe, elles présentent encore de l'intérêt en ce qu'elles manifestent l'interprétation donnée par l'Administration à la disposition dont il s'agit de la loi du 28 févr. 1872 et que, comme on va le voir, cette disposition n'a été abrogée qu'en ce qu'elle a de contraire à l'art. 3 de la loi du 29 janv. 1881.

431. Il est établi, dans l'instruction générale donnée par l'Administration à ses agents pour l'exécution de la loi du 28 févr. 1872, que l'art. 5, n° 2, visant « les mutations de propriété de navires, soit totales, soit partielles », s'applique non seulement aux mutations à titre onéreux comme la vente, l'échange, etc., mais aussi à toutes les autres mutations, quelle qu'en soit la nature, et, par suite, non seulement au droit de vente à 2 pour 100, mais encore aux droits de mutation, soit entre vifs à titre gratuit, soit par décès (Instr. adm. enreg. 29 févr. 1872, n° 2433, chap. 2, D. P.

---

(1) Une loi du 29 janv. 1881, promulguée le lendemain (Journ. off. 30 janv., n° 29), sur la marine marchande, renferme un article ainsi conçu : « Art. 3. Les actes ou procès-verbaux constatant les mutations de propriété des navires, soit totales, soit partielles, ne seront passibles à l'enregistrement que du droit fixe de 3 fr. L'art. 5, n° 2, de la loi du 28 févr. 1872 est abrogé en ce qu'il a de contraire à la présente disposition. » Cet article a pour but de faire cesser la perception du droit proportionnel qui était exigible, d'après les tarifs en vigueur, en vertu de la loi du 28 févr. 1872, sur les actes et procès-verbaux constatant les mutations de propriété de navires. Il y a lieu d'en étendre également l'application, par identité de motifs, aux mutations verbales. Mais les transmissions prévues par la loi nouvelle sont exclusivement celles qui s'opèrent à titre onéreux. Les immunités fiscales accordées aux mutations de navire n'ont jamais été appliquées aux donations ni aux successions. Ces mutations restent, par conséquent, assujetties aux tarifs ordinaires. — L'art. 3 précité ayant abrogé l'art. 5, n° 2, de la loi du 28 févr. 1872, en ce qu'il a de contraire aux dispositions nouvelles, il en résulte qu'à l'égard des mutations prévues par la loi du 28 févr. 1872, toutes les mesures prescrites par l'instruction n° 2444 pour assurer le recouvrement de l'impôt deviennent sans objet. Ces mutations rentrent purement et simplement sous le régime auquel elles étaient assujetties avant la loi du 28 févr. 1872. Mais les dispositions concernant les mutations opérées à titre de donation ou de succession restent en vigueur et continueront à être observées. — En conséquence, lorsque le

---

72. 3. 13). L'Administration a affirmé de nouveau cette interprétation dans son instruction du 10 févr. 1881, n° 2647, pour l'exécution de la loi du 29 janv. 1881. Les principales dispositions de cette instruction sont analysées D. P. 82. 5. 199. Nous en reproduisons néanmoins ci-dessous le texte intégral en raison de l'importance qu'il présente (1). Il en résulte que les agents de l'enregistrement doivent réclamer le droit proportionnel de donation sur la déclaration souscrite en douane pour obtenir la francisation ou l'immatricule du navire au nom du nouveau possesseur, toutes les fois qu'il résulte de cette déclaration que ce nouveau possesseur a acquis le navire par donation. C'est pour les donations, comme ceci était pour les ventes, ainsi que nous l'avons dit suprà, n° 429, une dérogation aux principes généraux de la matière; car le droit proportionnel de donation n'est, comme celui de vente, un droit d'acte qui, en principe, n'est exigible qu'autant qu'un acte faisant titre de la donation entre les parties, est présenté à la formalité, ce qui n'est pas évidemment pour la déclaration souscrite par le nouveau possesseur, afin d'obtenir la francisation ou l'immatriculation d'un navire.

432. Une telle dérogation ne doit pas être admise aisément. Cependant elle est acceptée par le Dictionnaire des droits d'enregistrement, v° Navire, n° 39 et 45, et par M. Demante. « La loi de 1872, dit ce dernier auteur, t. 1, n° 265-II, soumet aux tarifs en vigueur les mutations de propriété. Ce terme comprend tout titre quelconque, soit onéreux, soit gratuit. Quant aux tarifs, cette large compréhension est explétive; il n'était pas besoin, par exemple, de soumettre au droit proportionnel les donations qui n'en avaient jamais été exemptes. Mais, quant à l'assiette de la perception, la disposition de la loi nouvelle est efficace puisqu'elle déroge au droit commun. » — M. Naquet, t. 1, n° 269, est, au contraire, d'avis que ni la loi de 1872, ni celle de 1881 ne sont applicables aux mutations de navires, soit entre vifs à titre gratuit, soit par décès. Ces mutations, selon le savant professeur, « doivent être imposées comme des donations ou des successions mobilières; et au taux établi pour les donations ou successions. Le droit ne sera exigible que dans les cas où il le devient en matière de transmission gratuite ». — Le Journal des notaires et des avocats estime que les deux lois de 1872 et de 1881, étant conçues en termes généraux, s'appliquent aux mutations à titre gratuit aussi bien qu'aux mutations à titre onéreux, mais il suffit que les premières, comme les secondes, ne seraient passibles aujourd'hui que du droit fixe de 3 fr. La loi de 1881, dit ce recueil, « ne limite pas la perception du droit fixe de 3 fr. aux actes et procès-verbaux de ventes ou aux mutations à titre onéreux de navires ou de portions de navires. Elle dispose au sujet de tous actes et procès-verbaux constatant les mutations de propriétés de navires ou de portions de navires. On ne peut, sans violer le texte même de cette loi, en restreindre

nouveau possesseur requerra la francisation ou l'immatricule du navire, l'agent des douanes adressera au receveur de l'enregistrement de sa résidence la déclaration ou l'un des doubles de la déclaration souscrite à cet effet, ainsi que les actes et documents qui peuvent l'accompagner. Le receveur de l'enregistrement examinera immédiatement si elle résulte d'une donation ou d'une mutation par décès, ou si elle procède d'un contrat à titre onéreux. Dans les premiers cas, le payement des droits exigibles sera opéré et constaté au moyen des mesures relatives à l'exécution de la loi du 28 févr. 1872 et indiquées par l'instruction, n° 2444. Lorsque la mutation aura été consentie à titre onéreux, le receveur de l'enregistrement renverra aussitôt les pièces au receveur des douanes, avec un certificat attestant qu'il n'y a pas lieu à l'application de la loi du 28 févr. 1872, et il sera donné suite à la francisation ou à l'immatricule. — Ces dispositions ont été concertées avec l'Administration des douanes, qui donnera des instructions conformes à ses agents. — L'art. 3 de la loi du 29 janv. 1881 ne prononce l'abrogation de l'art. 5, n° 2, de la loi du 28 févr. 1872 qu'en ce qui concerne l'enregistrement des mutations de propriété de navires. Il maintient, par conséquent, l'abrogation édictée par cette dernière loi, de l'art. 36 de la loi du 21 avr. 1818 relatif aux procès-verbaux de vente de marchandises avariées par suite d'événements de mer. Ces procès-verbaux restent soumis au droit gradué établi par l'art. 1er, n° 3, de la loi du 28 févr. 1872.
— Du 10 févr. 1881-Instr. adm. enreg., n° 2647.

l'application aux seuls actes constatant des mutations à titre onéreux, et exclure de son bénéfice les actes constatant des mutations à titre gratuit » (art. 22473).

433. Cette dernière interprétation a, tout au moins, le mérite d'être logique. Il n'en est-pas de même de celle que l'administration de l'enregistrement veut faire prévaloir. D'après les instructions mentionnées *suprà*, nᵒˢ 430 et 431, les deux lois de 1872 et de 1881, bien que conçues dans les mêmes termes, doivent être interprétées, la première comme s'appliquant aux transmissions à titre gratuit aussi bien qu'aux mutations à titre onéreux, la seconde comme ne visant que ces dernières. Cette doctrine est peut-être conforme à l'intention qu'a eue le législateur, mais elle ne s'accorde ni avec les textes, ni avec les principes. Il est de toute évidence que les deux lois, étant conçues dans les mêmes termes, doivent être interprétées l'une et l'autre de la même manière. De deux choses, l'une. Ou bien la loi de 1872 vise les deux sortes de mutations, et alors il faut admettre nécessairement, avec le *Journal des notaires et des avocats*, qu'il en est de même de celle de 1881, et que, par suite, les mutations à titre onéreux, comme celles à titre gratuit, ne sont sujettes qu'au droit fixe de 3 fr. Ou bien les deux lois de 1872 et de 1881 doivent être interprétées, malgré la généralité de leurs textes, comme ne visant, de même que la législation antérieure, que les mutations à titre onéreux, et il faut en conclure, avec M. Naquet, que, dans le cas de donation, le droit proportionnel ne sera pas exigible sur la déclaration souscrite pour la francisation ou l'immatricule du navire et qu'il ne pourra être perçu, conformément aux principes généraux de la matière, qu'autant qu'un acte faisant titre de la mutation sera présenté à la formalité. Cette dernière doctrine nous paraît devoir être préférée comme s'accordant, mieux avec la première avec la pensée du législateur qui a été certainement de ne pas étendre aux mutations entre vifs à titre gratuit, pas plus qu'aux mutations par décès, l'exemption du droit proportionnel.

434. L'exemption du droit proportionnel, établie par la loi de 1818, s'appliquait aux ventes de *navires étrangers* (*Rép.* nᵒ 744). La loi de 1872 appliquait à ces ventes le droit proportionnel de 2 pour 100, soit qu'elles fussent faites *en France*, soit qu'elles fussent faites *à l'étranger* (Rapport de la commission, nᵒ 20, D. P. 72.4.14; Circ. min. aff. étrang. 20 juill. 1875, D. P. 75. 5. 204; Instr. adm. enreg. 14 sept. 1875, nᵒ 2523, *ibid.*; Trib. Nantes, 3 mai 1875, aff. Gaillard-Briand, D. P. 76. 3. 40, et la note). En abrogeant la loi de 1872, la loi de 1881 a fait revivre l'exemption établie par celle de 1818 pour toutes les ventes de navires étrangers.

435. Il a été reconnu qu'en raison de la généralité des termes de la loi de 1818, l'exemption qu'elle a établie s'applique, *quels que soient la dénomination et le tonnage du navire* vendu et la *qualité du vendeur* (*Rép.* nᵒ 745); elle s'étend, par suite:... à la vente des bateaux faisant le *service des rivières* (*Rép.* nᵒ 746);... à la vente des navires non destinés au commerce, tels que *yachts* de plaisance, *bateaux-écoles* (*Diction. droits d'enreg.*, vᵒ *Navire*, nᵒ 55). Mais l'exemption ne s'applique pas aux bateaux qui ne sont pas destinés à l'usage de la navigation, tels que :... les *bateaux-lavoirs* (*Rép.* nᵒ 746) ;... les *bateaux dragueurs* (Trib. Seine, 4 juin 1851, *Journ. enreg.*, art. 15242) « attendu, porte ce jugement, que l'art. 64 de la loi du 21 avr. 1818 n'ayant été promulgué que pour favoriser le commerce, ne doit profiter qu'aux navires ou bateaux affectés au transport des personnes et des marchandises, que l'objet dont Deschamps s'est rendu adjudicataire est, nonobstant le nom qui lui a été donné, une machine destinée uniquement à nettoyer ou à creuser le lit des fleuves ou des canaux et les bassins des ports; que le bateau n'est qu'un des éléments qui entrent dans la construction de la machine » ;... les *radeaux*, qui sont bien moins des bateaux proprement dits qu'un assemblage de pièces de bois destinées à être détachées et vendues aussitôt arrivées à destination (Garnier, *Rép. gén. enreg.*, art. 11660-1ᵒ; *Diction. droits d'enreg.*, vᵒ *Navire*, nᵒ 56).

436. Suivant une délibération de l'Administration, l'exemption du droit proportionnel ne s'applique pas au *cautionnement* stipulé pour le payement du prix d'une vente de navire (*Rép.* nᵒ 747). Mais, comme d'après l'art. 69, § 2, nᵒ 8, de la loi de 22 frim. an 7, le droit de cautionnement

ne doit jamais excéder celui dû pour la disposition principale, ce droit ne peut aujourd'hui, en aucun cas, être supérieur à 3 fr. pour le cautionnement d'un prix de vente de navire (Conf. *Diction. droits d'enreg.*, vᵒ *Navire*, nᵒ 80).

437. Lorsqu'une vente comprend à la fois un *navire* et des *immeubles*, la perception doit être établie d'après la règle formulée dans l'art. 9 de la loi du 22 frim. an 7. Le droit de vente immobilière à 5 fr. 50 cent. pour 100 est perçu sur la totalité du prix exprimé, s'il n'a pas été stipulé un prix particulier pour chaque nature des biens vendus et si, dans le cas où la vente comprendrait plusieurs navires, ils n'ont pas été estimés article par article (*Rép.* nᵒ 749). Mais si cette estimation se trouve dans l'acte et si, d'autre part, il y est stipulé des prix distincts pour les navires et pour l'immeuble, le droit de 5 fr. 50 cent. n'est dû que sur le prix de l'immeuble, et la vente des navires ne donne lieu qu'au droit fixe de 3 fr., quand bien même les deux prix auraient été convertis dans le contrat en une rente viagère unique (Civ. rej. 29 déc. 1868, aff. Dufresne et Roger, D. P. 69. 1. 265. Conf. Garnier, *Rép. gén. enreg.*, nᵒ 11663; *Diction. droits d'enreg.*, vᵒ *Navire*, nᵒ 68 et suiv.).

438. La vente *verbale* d'un navire ne donne lieu qu'au droit fixe établi par la loi de 1881. L'Administration le reconnaît expressément dans l'instruction du 10 févr. 1881, nᵒ 2647, *suprà*, nᵒ 431. Il en était ainsi sous la loi de 1818 (*Rép.* nᵒ 752-2ᵒ).

439. Il a été décidé que la vente d'un navire moyennant une rente viagère, donne lieu au droit proportionnel de 2 pour 100 pour constitution de rente (*Rép.* nᵒ 753). Cette solution paraît erronée. Ici s'applique l'art. 10 de la loi du 22 frim. an 7, suivant lequel, « dans le cas de transmission de biens, la quittance donnée ou l'obligation consentie par le même acte pour tout ou partie du prix entre les contractants, ne peut être sujette à un droit particulier d'enregistrement ». Or, soit que le prix soit stipulé payable à terme, soit qu'il consiste en une rente viagère, la question est la même. Aucun droit n'est dû de ce chef. La perception doit être établie sur la vente, qui forme évidemment la disposition principale du contrat. Et comme cette vente n'est, par sa nature, sujette qu'au droit fixe de 3 fr., ce droit seul est dû (Conf. *Dictionnaire du notariat*, vᵒ *Vente de navire*, nᵒ 31 ; *Diction. droits d'enreg.*, vᵒ *Navire*, nᵒˢ 66 et 79).

440. L'acte portant vente de bateaux, dont le prix est *compensé* avec pareille somme due pour prix d'une vente antérieure de coupes de bois faite verbalement au vendeur par l'acquéreur, donne lieu au droit de vente mobilière à 2 pour 100, attendu que l'acte constate une vente de coupes de bois et que chacune des deux ventes peut être considérée comme une disposition principale (*Rép.* nᵒ 753). Mais si, dans l'acte même de vente d'un navire, le prix est compensé avec une créance due par le vendeur à l'acquéreur, le droit proportionnel de libération à 50 cent. pour 100 n'est pas dû, par les considérations exprimées *suprà*, nᵒ 439 (Conf. *Dictionnaire du notariat*, vᵒ *Vente de navire*, nᵒ 30 ; *Diction. droits d'enreg.*, vᵒ *Navire*, nᵒ 76).

§ 2. — Ventes de débris de navires.

441. Les ventes de débris de navires étaient assujetties au droit proportionnel de 2 pour 100 par l'art. 69, nᵒ 1, de la loi du 22 frim. an 7, qui soumet à ce droit toutes les ventes d'objets mobiliers. L'exemption du droit proportionnel établie par l'art. 64 de la loi du 21 avr. 1818 sur « les actes ou procès-verbaux constatant les ventes de navires, soit *totales*, soit *partielles*, » leur a été reconnue applicable. Il a été décidé que les ventes de débris de navires naufragés rentrent dans la classe des ventes *partielles* des bâtiments de mer et ne sont sujettes, à ce titre, qu'au droit fixe de 1 fr. (Décis. min. fin. 2 mars 1821, Instr. adm. enreg. nᵒ 978, § 3). Un arrêt de la cour de cassation confirme implicitement cette interprétation (Civ. cass. 31 mars 1847, aff. Malingre, D. P. 47. 1. 154, et *Rép.* nᵒ 748).

La loi du 28 févr. 1872 (art. 1ᵉʳ, nᵒ 3) a soumis au droit gradué de 1 pour 1000 « les actes ou procès-verbaux de vente de marchandises avariées par suite d'événements de mer et de débris de navires naufragés ». Le rapport de la commission du budget contient à ce sujet le passage suivant : « La loi de douanes du 21 avr. 1818 a tarifé au droit fixe les actes ou procès-verbaux de marchandises avariées par suite d'événements de mer et de débris de navires naufragés. Ces actes étaient assujettis au droit proportionnel par la loi du 22 frim. an 7. On conçoit les raisons d'humanité qui ont motivé cette immunité. Le projet maintient la faveur dans une certaine limite en n'appliquant pas le droit proportionnel ; mais il substitue au droit fixe le droit gradué dont la quotité sera déterminée par le prix de la vente » (D. P. 72. 4. 13, n° 7).

La même loi du 28 févr. 1872 a, par son art. 5, également rapporté *suprà*, n° 428, assujetti au droit proportionnel ordinaire les mutations de propriété de navires, soit totales, soit partielles, et abrogé l'art. 64 de la loi du 21 avr. 1818. Mais cette disposition de la loi de 1872 a été abrogée à son tour par l'art. 3 de la loi du 29 janv. 1881, qui n'a assujetti les mêmes mutations totales ou partielles de navires qu'au droit fixe de 3 fr. L'abrogation de la loi de 1872 ne s'étendant pas à l'art. 1er, n° 3, de cette loi qui assujettit au droit gradué les ventes de marchandises avariées par suite d'événements de mer et de débris de navires naufragés, ces ventes demeurent assujetties à ce droit. On s'explique difficilement qu'il en soit ainsi, alors que, comme nous l'avons vu *suprà*, n° 428, les ventes de navires ne sont soumises qu'au droit fixe de 3 fr.

442. L'exemption du droit proportionnel établie pour les ventes de débris de navires ne s'applique qu'à la première vente. Les ventes subséquentes de ces objets sont assujetties au droit proportionnel ordinaire de 2 pour 100 (Civ. cass. 31 mars 1847, cité *suprà*, n° 441).

443. Le droit gradué sont assujetties les ventes de débris de navires naufragés, constituant un tarif de faveur (Instr. adm. enreg. 29 févr. 1872, n° 2433, chap. 1er, n° 3, D. P. 72. 3. 13), le droit proportionnel de 2 pour 100 en vigueur avant la loi du 21 avr. 1818, abrogée par celle du 28 févr. 1872 (V. *suprà*, n° 428), doit être appliqué toutes les fois que ce droit est inférieur au droit gradué (Sol. adm. enreg. 28 août 1888, *Rép. pér. enreg.*, art. 7335).

§ 3. — Ventes de marchandises avariées.

444. La loi du 21 avr. 1818 sur les douanes a autorisé, par ses art. 56 et 64, l'enregistrement au droit fixe des procès-verbaux constatant la vente de marchandises avariées par suite d'événements de mer (*Rép.* n° 734). Il a été reconnu, par une décision du 2 mars 1821, que ces dispositions étaient applicables aux procès-verbaux de l'espèce rédigés par les commissaires de la marine (Instr. adm. enreg. n° 978, § 3). Aux termes d'une autre décision du ministre des finances du 21 avr. 1856, toute vente de marchandises avariées doit jouir de l'exemption du droit proportionnel, alors même que, le propriétaire et la provenance de ces objets étant inconnus, ils seraient vendus comme épaves au nom de l'administration de la marine (Instr. adm. enreg. 23 juin 1856, n° 2073. § 3).

445. Une loi sur les douanes, du 16 mai 1863, a abrogé, par son art. 21 (D. P. 63. 4. 63), « le bénéfice de la réfaction des droits résultant des art. 51 à 59 de la loi du 21 avr. 1818 ». Par suite de cette abrogation, les ventes de marchandises avariées sont rentrées, quelle que fût leur origine ou la cause de l'avarie, dans le droit commun. Elles se sont trouvées assujetties au droit proportionnel de 2 pour 100 pour les ventes ordinaires (L. 22 frim. an 7, art. 69, § 5, n° 1), ou à celui de 1 pour 100, lorsque les ventes avaient lieu en gros dans les conditions et avec les formalités prescrites par les lois des 28 mai 1858 (art. 4, D. P. 58. 4. 75) et 5 juill. 1861 (D. P. 61. 4. 106) et par les décrets des 12 mars 1859 (D. P. 59. 4. 20) et 30 mai 1863 (D. P. 63. 4. 122) (Instr. adm. enreg. 2 janv. 1866, n° 2327).

446. La loi du 28 févr. 1872 a soumis, par son art. 1er, § 3, au droit gradué de 1 pour 1000, les ventes de marchandises avariées par suite d'événements de mer en même temps que les ventes de débris de navires naufragés (V. *suprà*, n° 441 ; Instr. adm. enreg. 29 févr. 1872, n° 2433, § 1er, n° 3, D. P. 72. 3. 13).

447. L'art. 3 de la loi du 29 janv. 1881, qui a substitué un simple droit fixe de 3 fr. au droit proportionnel auquel la loi de 1872 assujettissait les mutations de propriété de navires, n'ayant prononcé l'abrogation de ladite loi de 1872

qu'en ce qui concerne ces mutations, a maintenu la disposition de cette loi qui a abrogé l'art. 56 de la loi du 21 avr. 1818 relatif aux procès-verbaux de vente de marchandises avariées par suite d'événements de mer. Ces procès-verbaux restent, par conséquent, soumis au droit gradué de 1 pour 1000 (Instr. adm. enreg. 10 févr. 1881, n° 2647, D. P. 82. 5. 199, n° 40. V. *suprà*, n° 431, note, le texte de cette instruction).

Les décisions rapportées au *Rép.* n°s 755 et suiv., intervenues pour l'application de la loi de 1818 à l'égard des ventes de marchandises avariées, ont conservé, depuis la loi de 1872, tout l'intérêt qu'elles présentaient avant cette loi.

L'exception qu'elles visent s'entend toujours de l'affranchissement du droit proportionnel, mais avec substitution du droit gradué de 1 pour 1000 au droit fixe de 1 fr.

448. Depuis comme avant la loi de 1872, l'exemption du droit proportionnel n'est applicable qu'aux ventes faites par les courtiers de commerce ou autres officiers publics sous la surveillance ou placées sous la direction des commissaires de la marine (Instr. adm. enreg. n°s 830 et 978, § 3). Les ventes *amiables* sont donc soumises au droit proportionnel de 2 pour 100 (*Diction. droits d'enreg.*, v° *Vente publique de meubles*, n° 248 ; Garnier, *Rép. gén. enreg.*, n° 1687 ; Naquet, t. 1, n° 370).

449. On décidait, sous la législation antérieure à la loi du 28 févr. 1872, que, le droit fixe ayant été établi à titre de faveur par la loi du 21 avr. 1818, on devait percevoir le droit proportionnel toutes les fois que, par suite du peu d'importance du prix, ce dernier droit se trouvait inférieur au droit fixe de 1 fr. porté à 2 fr. par la loi du 18 mai 1850 (Instr. adm. enreg. 23 juin 1856, n° 2073, § 3). Or, comme il est dit *suprà*, n° 445, les ventes de marchandises qui se font en gros ne supportant qu'un droit de 10 cent. pour 100 fr. Ce droit peut être inférieur au droit gradué de 1 pour 1000. Il n'en doit pas moins être perçu en ce cas, comme autrefois le droit proportionnel de 2 pour 100, lorsqu'il se trouvait inférieur au droit fixe. M. Garnier est d'un avis contraire (*Rép. gén. enreg.*, n° 1684-4°) ; mais tous les autres auteurs qui ont examiné la difficulté se prononcent dans le même sens que nous (Naquet, t. 1, n° 370 ; Demante, t. 1, n° 265 ; *Diction. droits d'enreg.*, v° *Vente publique de meubles*, n° 250). « L'intention du législateur, dit M. Aubertin, *Explication des lois des 28 févr.* 1872 *et* 30 *mars* 1872, p. 29, a été bien certainement de remplacer le droit fixe par un droit gradué, mais non de transformer un droit proportionnel en un droit gradué, et, dans le silence de la loi, on ne doit pas réclamer le bénéfice d'un texte qui n'est pas formellement abrogé. »

450. Les procès-verbaux de *destruction* de marchandises avariées ne sont pas visés par la loi de 1872, qui ne s'est occupée que des procès-verbaux de *vente*. Ils restent, par suite, soumis au droit fixe établi par la loi du 21 avr. 1818, qui les désigne nommément dans son art. 56 (Garnier, *Rép. gén. enreg.*, n° 1689 ; *Diction. droits d'enreg.*, v° *Vente publique de meubles*, n° 251 ; Naquet, t. 1, n° 371 ; Demante, t. 1, n° 265).

Art. 14. — *De divers autres actes expressément soumis au droit fixe* (Rép. n°s 759 à 796).

451. On a réuni au *Répertoire* sous cette rubrique le commentaire des dispositions de lois réglant la perception du droit d'enregistrement pour un certain nombre d'actes expressément soumis au droit fixe, qui n'ont donné lieu qu'à des développements très restreints, soit qu'il en ait été traité dans d'autres parties de l'ouvrage, soit que l'acte n'ait pas comporté des développements plus étendus. Nous traiterons, pour plus de clarté, de chacun de ces actes dont il s'agit sous un paragraphe distinct.

A la suite des actes visés au *Répertoire*, nous étudierons d'autres actes tarifés également au droit fixe, les uns par des dispositions spéciales postérieures à sa publication, les autres par la législation en cours à cette époque. Ces derniers feront l'objet d'études spéciales en raison des solutions auxquelles la perception du droit a donné lieu, en ce qui les concerne, depuis que le *Répertoire* a paru.

§ 1er. — Actes passés à l'étranger ou translatifs de biens situés à l'étranger (*Rép.* n° 760 à 762).

452. La perception du droit d'enregistrement sur les actes passés à l'étranger et sur les transmissions de biens situés à l'étranger, est réglée par un certain nombre de textes épars dans la législation et dont la combinaison, toujours laborieuse, soulève trop souvent de sérieuses difficultés. Le *Répertoire* (n°s 760 à 762) mentionne ceux de ces textes qui se trouvent dans les lois votées jusqu'à sa publication. À cette date, d'après la loi du 16 juin 1824, art. 4, les *actes translatifs de biens immeubles* situés soit en *pays étranger*, soit dans les *colonies françaises* où le droit d'enregistrement n'est pas établi, n'étaient soumis qu'au droit fixe de 10 fr.

À la suite de la Révolution de 1848, une loi du 18 mai 1850 soumit « aux droits établis pour les successions ou donations » les « *mutations par décès* de fonds publics et d'actions des compagnies ou sociétés d'industrie et de finance étrangères dépendant d'une succession régie par la loi française et les *transmissions entre vifs à titre gratuit* de ces mêmes valeurs au profit d'un Français » (D. P. 50. 4. 87). Cette disposition a été successivement étendue:.., « aux obligations des compagnies ou sociétés d'industrie et de finance étrangères » (L. 13 mai 1863, art. 11, D. P. 63. 4. 58);... « aux créances, parts d'intérêt, obligations des villes, établissements publics, et généralement à toutes les valeurs mobilières étrangères, de quelque nature qu'elles soient » (L. 23 août 1871, art. 3, D. P. 71. 4. 54).

453. D'un autre côté, l'art. 4 de cette dernière loi a assujetti « aux droits de mutation par décès les fonds publics, actions, obligations, parts d'intérêts, créances, et généralement toutes les valeurs mobilières étrangères, de quelque nature qu'elles soient, dépendant de la succession d'un étranger domicilié en France, avec ou sans autorisation ». Le même article de loi contient une seconde disposition ainsi conçue : « Il en sera de même des *transmissions à titre gratuit* ou *à titre onéreux* de ces mêmes valeurs, lorsqu'elles s'opéreront en France ».

Enfin la loi du 28 févr. 1872 assujettit au droit fixe gradué de 1 pour 1000 « les *actes translatifs de propriété, d'usufruit* ou de *jouissance* de *biens immeubles*, situés en pays *étranger* ou dans les *colonies françaises* dans lesquelles le droit d'enregistrement n'est pas établi » (art. 1er-2°, D. P. 72. 4. 16). Cette disposition déclare, en outre, abrogé l'art. 4 de la loi du 16 juin 1824.

454. Tel est l'état actuel de la législation. Comme au *Répertoire*, nous nous bornons à en présenter ici l'exposé. On en trouvera le commentaire dans la première partie du chapitre suivant, sect. 2, art. 2, § 5, n° 2.

En somme, les actes translatifs de biens étrangers sont soumis aujourd'hui, comme à l'époque de la publication du *Répertoire*, au droit fixe. Mais la situation est profondément modifiée sous deux rapports. D'une part, le bénéfice de l'enregistrement au droit fixe s'appliquait autrefois même aux transmissions de valeurs mobilières (*Rép.* n° 3237); aujourd'hui ces transmissions sont assujetties au droit proportionnel par les art. 3 et 4 de la loi du 23 août 1871. D'un autre côté, au droit fixe de 10 fr., établi en 1824 pour les transmissions immobilières, a été substitué un autre droit fixe d'une nature toute différente, qualifié par la loi et par la jurisprudence droit fixe gradué, mais qui, se percevant proportionnellement aux valeurs à raison de 1 pour 1000, offre de grandes affinités avec le droit proportionnel.

§ 2. — Avis de parents (*Rép.* n°s 763 à 765).

455. Les avis de parents « autres que ceux contenant nomination de tuteurs et de curateurs » ont été successivement tarifés à 1 fr. (L. 22 frim. an 7, art. 68, § 1er, n° 11), puis à 2 fr. (L. 28 avr. 1816, art. 43, n° 4), puis à 4 fr. (L. 19 juill. 1845, art. 5) (*Rép.* n° 763), et enfin à 6 fr. (L. 28 févr. 1872, art. 4).

456. C'est la réunion des différentes dispositions arrêtées dans l'intérêt du mineur qui constitue l'avis de parents tarifé. Il s'ensuit que, quel que soit le nombre de ces dispositions, il n'est dû qu'un seul droit. Aux décisions rapportées au *Rép.* n°s 764 et suiv., qui ont consacré cette règle, s'ajoute une

solution aux termes de laquelle la délibération d'un conseil de famille portant nomination d'un subrogé tuteur et autorisation au tuteur d'accepter une succession ne donne pas lieu à deux droits d'enregistrement ; les deux dispositions se rapportant à l'intérêt du mineur, il n'est dû qu'un seul droit (Sol. adm. enreg. 8 janv. 1877, D. P. 77. 5. 195).

L'Administration nous paraît s'être écartée de cette règle de perception en décidant que la délibération d'un conseil de famille contenant nomination d'un tuteur et autorisant ce tuteur à accepter une succession échue au mineur contient deux dispositions distinctes et donne lieu, en conséquence, à deux droits (Sol. adm. enreg. 20 juin 1850, Garnier, *Rép. gén. enreg.*, n° 2468 ; *Diction. droits d'enreg.*, v° *Avis de parents*, n° 29). L'autorisation donnée pour l'acceptation de la succession intéressait le mineur, comme la nomination du tuteur. Les deux dispositions se confondaient, en ce sens que l'intérêt du mineur les avait déterminées l'une comme l'autre. Il n'était donc dû qu'un seul droit.

457. L'avis de parents peut donner lieu au droit proportionnel, lorsqu'il renferme une disposition passible de ce droit ; mais, pour qu'il en soit ainsi, il ne suffit pas que l'avis de parents autorise cette convention, il faut qu'il la réalise et en forme le titre (*Rép.* n° 765). Ainsi l'avis de parents homologué par le tribunal et autorisant la veuve tutrice à conserver un fonds de commerce appartenant à ses enfants, ne donne pas lieu au droit de vente à 2 pour 100, attendu que la délibération, même homologuée, ne constitue pas la vente et qu'elle n'a d'autre effet que d'en autoriser la réalisation (Sol. adm. enreg. 15 mai 1866, Garnier, *Rép. pér. enreg.*, n° 2843).

§ 3. — Nomination de tuteur (*Rép.* n°s 706 à 768).

458. Les procès-verbaux de nomination de tuteurs et curateurs, assujettis par la loi de frimaire à un droit plus élevé que les autres avis de parents, leur ont été assimilés par l'art. 5 de la loi du 19 juill. 1845, et sont aujourd'hui, comme eux (V. *suprà*, n° 455), soumis au droit de 6 fr.

§ 4. — Tutelle officieuse (*Rép.* n° 769).

459. Les actes de tutelle officieuse ont été tarifés d'abord au droit fixe de 50 fr. (L. 28 avr. 1816, art. 48-1°) (*Rép.* n° 769). Ce droit est aujourd'hui de 75 fr. (L. 28 févr. 1872, art. 4).

§ 5. — Compromis (*Rép.* n° 770).

460. Les « compromis qui ne contiennent aucune obligation de sommes et valeurs donnant lieu au droit proportionnel » ont été d'abord tarifés au droit de 1 fr. (L. 22 frim. an 7, art. 68, § 1er, n° 19). Elevé à 3 fr. par la loi du 28 avr. 1816, art. 44, n° 2, ce droit est aujourd'hui de 4 fr. 50 cent., quel que soit l'acte constatant le compromis, que ce soit un acte civil, judiciaire (L. 28 févr. 1872, art. 4) ou extrajudiciaire (L. 19 févr. 1874, art. 2).

461. Ce droit de 4 fr. 50 cent. ne s'applique qu'au compromis proprement dit, il ne s'étend pas à la *nomination d'experts*, qui est tarifée, savoir : pour les experts nommés *hors jugement*, quel que soit l'acte, civil, judiciaire ou extrajudiciaire, à 3 fr. (L. 28 avr. 1816, art. 43, n° 15 ; 28 févr. 1872, art. 4 ; 19 févr. 1874, art. 2) ; — pour ceux nommés *par jugement*, savoir : à 1 fr. 50 cent. pour les *justices de p six* (L. 22 frim. an 7, art. 68, § 1er, n° 46 ; 28 févr. 1872, art. 4) ; 4 fr. 50 cent. pour les *tribunaux de première instance* (L. 22 frim. an 7, art. 68, § 2, n° 6 ; 28 avr. 1816, art. 44, n° 10 ; 28 févr. 1872, art. 4) ; 7 fr. 50 cent. pour les *cours d'appel* (L. 22 frim. an 7, § 3, n° 7 ; 28 avr. 1816, art. 45, n° 5 ; 28 févr. 1872, art. 4).

462. La *clause compromissoire*, par laquelle il est stipulé dans un contrat que les difficultés qui pourront s'élever relativement à son exécution (V. *suprà*, v° *Arbitrage*, n°s 51 et suiv.), seront jugées par des arbitres, est nulle lorsqu'elle ne fait connaître ni l'objet du litige, ni les noms des arbitres (c. proc. civ. art. 1006) (Req. 15 juill. 1879, aff. Comp. l'*Abeille*, D. P. 80. 1. 106; 22 mars 1880, aff. Comp. d'assur. contre l'incendie le *Soleil*, D. P. 80. 1. 342). La nullité d'une stipulation ne fait pas obstacle à la perception du droit d'enregistrement qui lui est applicable (V. *suprà*, n° 115). Mais la clause compromissoire ne désignant, ni les objets en litige, ni les noms des arbitres, ne peut être considérée par cela même comme un compromis. On ne lui appliquera donc pas le droit de 4 fr. 50 cent. auquel cette convention donne lieu, mais seulement celui de 3 fr. établi pour les actes innommés (Conf. Garnier, *Rép. gén. enreg.*, n° 4749). — Il en serait autrement si les arbitres étaient désignés. La clause pourrait être considérée, dans ce cas, comme constituant un véritable compromis, et le droit de 4 fr. 50 cent. serait applicable (*Ibid.*, n° 4750).

463. Mais le compromis stipulé dans un contrat, relativement à son exécution, peut-il être considéré comme une clause indépendante et donnant lieu, à ce titre, à un droit particulier? L'affirmative a été admise par un jugement du tribunal de Nantes du 21 août 1843, rapporté au *Rép.* n° 3574, au sujet d'un compromis stipulé dans l'acte constitutif d'une société civile. Il nous semble, au contraire, que le compromis stipulé dans une convention doit être considéré comme l'une des conditions essentielles de cette convention et que, par suite, il ne donne pas lieu à un droit particulier d'enregistrement (Conf. *Dictionnaire du notariat*, v° *Compromis*, n° 80; Garnier, *Rép. gén. enreg.*, n° 4750). Nous estimons, par suite, dénué de fondement un jugement du tribunal de Pontivy du 1er févr. 1882 qui a considéré comme une disposition indépendante sujette au droit de 4 fr. 50 cent. la clause d'un marché par laquelle les parties avaient nommé des arbitres pour régler les contestations qui pourraient s'élever entre elles relativement à l'exécution de leur convention (Garnier, *Rép. pér. enreg.*, n° 5925).

§ 6. — Déclarations (*Rép.* n°s 771 à 773).

464. Le droit de 1 fr., auquel la loi du 22 frim. an 7 (art. 68, § 1er, n° 23) assujettissait « les déclarations pures et simples en matière civile » a été successivement élevé à 2 fr. (L. 28 avr. 1816, art. 43, n° 9), puis à 3 fr. (L. 28 févr. 1872, art. 4).

Certaines déclarations énumérées au *Rép.* n° 771, n'avaient pas été atteintes par l'élévation résultant de la loi de 1816; mais l'art. 8 de la loi du 18 mai 1850 ayant porté à 2 fr. le droit fixe applicable aux actes civils et administratifs, à l'exception seulement des certificats de vie et de résidence, les déclarations dont il s'agit ont été assujetties, comme toutes les autres, au droit de 2 fr. que la loi de 1872 a élevé à 3 fr.

Toutefois, les déclarations faites au greffe en matière criminelle, correctionnelle ou de police, n'ayant été atteintes ni par la loi de 1816 qui ne vise que les déclarations en matière civile et de commerce, ni par celle de 1850 qui ne s'applique qu'aux actes civils et administratifs, sont demeurées sujettes au droit de 1 fr. jusqu'à la loi de 1872 qui a porté, par son art. 4, ce droit à 1 fr. 50 cent.

465. La disposition de loi dont il s'agit ne vise que les déclarations « pures et simples » (*Rép.* n° 772). Le droit qu'elle a établi ne s'applique donc qu'aux déclarations qui sont telles. Quant à celles présentant un caractère différent, le droit d'enregistrement qui leur est applicable est déterminé par la nature du contrat que constate la déclaration (*Rép.* n° 773).

466. Une déclaration donne lieu à la perception de plusieurs droits, lorsqu'elle contient des dispositions indépendantes les unes des autres. Ainsi, la déclaration, par le mandataire de différents créanciers de l'Etat, de la nature de la créance de chacun d'eux, renferme autant de déclarations distinctes qu'il y a de créanciers et est sujette, par suite, à autant de droits (*Journ. enreg.*, n° 6290; *Diction. droits d'enreg.*, v° *Déclaration*, n° 47; Garnier, *Rép. gén. enreg.*, n° 5906). Mais la déclaration par plusieurs personnes qu'elles ont employé utilement un spécifique, avec autorisation à l'inventeur de se servir de leur déclaration, n'étant donnée que dans l'intérêt de ce dernier, n'est passible que d'un seul droit (*Journ. enreg.*, n° 15209-5°; *Diction. droits d'enreg.*, *loc. cit.*, n° 50; Garnier, *ibid.*). De même, la pluralité des droits n'est pas applicable à l'acte notarié par lequel une personne déclare avoir vendu à l'amiable à plusieurs acheteurs non présents, moyennant des prix déterminés, différents objets mobiliers, attendu que si chaque acquéreur

a un intérêt distinct, l'acte ne contient qu'une seule déclaration faite par un seul déclarant et dans son seul intérêt (*Journ. enreg.*, n° 17915; *Diction. droits d'enreg.*, *loc. cit.*, n° 48; Garnier, *ibid.*).

467. La déclaration par l'acquéreur, dans un acte de vente, que l'acquisition est faite en *remploi* de ses biens propres aliénés, est une disposition dépendante de la vente et ne donne pas lieu à un droit particulier (V. *suprà*, n° 248). — Il en est de même de la déclaration par laquelle la femme accepte, dans l'acte constatant une acquisition d'immeuble par son mari, cet immeuble pour remploi de sa dot (V. *ibid.*, et *Rép.* n° 772).

468. La déclaration de *cessation de fonctions*, faite au greffe du tribunal par un officier public à l'effet de retirer son cautionnement, est passible du droit de 2 fr. (aujourd'hui 3 fr.), et non de celui de 3 fr. (aujourd'hui 4 fr. 50 cent.) (Sol. adm. enreg. 30 sept. 1845, D. P. 46. 3. 132).

469. Pour les déclarations … au profit des *préteurs de fonds de cautionnement*, V. *suprà*, n° 395; … souscrites par des membres de *communautés religieuses* et révélant que des acquisitions immobilières, faites en leur nom personnel, l'ont été, en réalité, pour leur communauté et de ses deniers, V. *infrà*, chap. 4, sect. 2, art. 3, § 1er; … de *dons manuels*, V. *ibid.*; … dans les inventaires et partages, V. *infrà*, n°s 694 et suiv.; … de tiers saisis, V. *Rép.* n° 131.

§ 7. — Désistements (*Rép.* n°s 774 à 778).

470. Les « désistements purs et simples » étaient assujettis au droit de 1 fr. (L. 22 frim. an 7, art. 68, § 1er, n° 28). Ce droit a été successivement élevé à 2 fr. (L. 28 avr. 1816, art. 43, n° 12), puis à 3 fr. (L. 28 févr. 1872, art. 4).

L'exploit portant désistement d'un appel devant une cour d'appel est sujet, non au droit de 4 fr. 50 cent. applicable aux exploits signifiés dans les procédures devant les cours d'appel (L. 28 avr. 1816, art. 44, n° 7; 19 févr. 1874, art. 2), mais seulement dans les procédures devant les tribunaux de première instance (L. 28 avr. 1816, art. 43, n° 3; 19 févr. 1874, art. 2), attendu que l'instance en appel n'est pas encore liée.

471. Le désistement pur et simple, par le cessionnaire d'une créance, de la signification du transport de cette créance, ne peut être assimilé à une rétrocession : l'acte qui le contient n'est pas sujet qu'au droit fixe de 2 fr. (aujourd'hui 3 fr.) (Trib. Seine, 5 mai 1847, aff. L..., D. P. 48. 5. 168. — *Contrà* : Trib. Seine, 5 avr. 1843 et 7 août 1844, *ibid.*, note).

472. Le désistement, selon M. Demante, t. 2, n° 845, ne cesse pas d'être pur et simple, bien qu'il contienne soumission expresse aux obligations qui résultent de plein droit d'un pareil acte, notamment la soumission de payer les frais de la procédure. Toutefois, si le montant des frais est déterminé par les parties, il y a lieu de percevoir le droit de 50 cent. pour 100 à titre d'indemnité. Si les parties recourent aux formalités prévues par l'art. 402 c. proc. civ., le droit proportionnel est encouru à titre de liquidation judiciaire. — Cette doctrine paraît exacte (Conf. *Diction. droits d'enreg.*, v° *Désistement*, n° 27; Garnier, *Rép. gén. enreg.*, n° 6346-3°).

473. Il est enseigné au *Rép.* n° 777 que l'acte par lequel un créancier déclare se désister de tous ses droits de privilège, action résolutoire et autres, donne lieu non au droit proportionnel de libération, mais seulement au droit fixe établi pour les désistements; que le droit proportionnel n'est dû que dans le cas où la libération des débiteurs est formellement exprimée dans l'acte. Mais, comme nous le verrons en traitant des libérations (V. *infrà*, n° 629 et suiv.), la jurisprudence s'est fixée dans le sens de la perception du droit proportionnel sur l'acte de désistement, lors même que la libération du débiteur n'y est pas formellement exprimée. Cela résulte spécialement d'un arrêt (Civ. cass. 6 nov. 1871, aff. Bourré, D. P. 71. 1. 315).

474. La perception du droit d'enregistrement sur les actes de désistement rédigés et signifiés conformément à l'art. 402 c. proc. civ., a soulevé des difficultés. Suivant un système, la disposition dont il s'agit du code de procédure implique nécessairement l'existence de deux actes distincts passibles, chacun selon son espèce, d'un droit particulier, d'où la conséquence que le désistement doit être enregistré avant d'être signifié. Dans une autre opinion, le désistement et la signification sont considérés comme ne formant qu'un seul et même acte, et il n'est dû que le droit établi pour les significations faites d'avoué à avoué. Enfin, d'après un troisième système, deux droits sont dus, l'un pour le désistement, l'autre pour la signification, mais on s'abstient d'exiger l'amende encourue à défaut d'enregistrement préalable du désistement. — Le premier mode d'opérer, porte une instruction de l'administration de l'enregistrement, est seul conforme à la loi et aux principes. Il n'en est pas des désistements prévus par l'art. 402 c. proc. civ. comme des actes de la procédure ordinaire du ministère des avoués qui n'ont de valeur et ne produisent d'effet que par la signification qui en est faite. Ces désistements, émanant des parties et signés d'elles, ont une existence et des effets complètement indépendants de la signification. Ils doivent donc être enregistrés séparément comme actes sous signature privée, et, aux termes des art. 23 et 42 de la loi du 22 frim. an 7, les huissiers ne peuvent, sous peine d'amende, en faire la signification avant qu'ils aient été revêtus de cette formalité (Sol. adm. enreg. 30 déc. 1853; Instr. adm. enreg. 21 févr. 1854, n° 1988).

§ 8. — Devis d'ouvrages (*Rép.* n°s 778 et 779).

475. Les « devis d'ouvrages et entreprises qui ne contiennent aucune obligation de somme et valeur, ou quittance », ont été tarifés au droit fixe de 1 fr. (L. 22 frim. an 7, art. 68, § 1er, n° 29) (*Rép.* n° 778). Ce droit a été élevé d'abord à 2 fr. (L. 18 mai 1850, art. 8), puis à 3 fr. (L. 28 févr. 1872, art. 4).
Mais le devis concernant les travaux à exécuter sur les *chemins vicinaux*, ne donnent lieu, par application du tarif spécial établi pour ces chemins (L. 21 mai 1836, art. 10), qu'au droit de 1 fr., porté à 1 fr. 50 cent. par l'art. 4 de la loi du 28 févr. 1872 (Décis. min. fin. 8 juin 1872, D. P. 73. 3. 78 ; L. 20 août 1881, art. 18, D. P. 82. 4. 5).

476. La perception du droit auquel est tarifé le devis d'ouvrage, ne soulève de difficultés que lorsque le devis constitue un acte administratif, c'est-à-dire lorsqu'il s'agit de devis, cahiers de charges et autres actes préliminaires rédigés dans l'intérêt de l'État, des départements, des communes et des établissements publics. En principe, tous ces actes, lorsqu'ils émanent d'un fonctionnaire de l'ordre administratif et qu'ils sont considérés isolément du procès-verbal d'adjudication ou de marché, constituent de simples documents d'administration intérieure et doivent, à ce titre, profiter de l'exemption du timbre et de l'enregistrement que l'art. 80 de la loi du 15 mai 1818 accorde, d'une manière générale et absolue, aux actes administratifs autres que ceux désignés dans l'art. 78 de la même loi. Mais, en fait, cette exemption n'existe réellement que pour les actes concernant l'État (*Diction. droits d'enreg.*, v° *Devis*, n°s 13 et suiv.). Les départements, les communes et les établissements publics sont assimilés aux particuliers pour l'exécution des lois sur le timbre et sur l'enregistrement, en sorte que les devis, plans, cahiers de charges, procès-verbaux d'estimation, rapports et autres actes sous seing privé dressés dans leur intérêt par des ingénieurs, des architectes ou de simples particuliers, doivent être écrits sur papier timbré et enregistrés avant d'être produits pour l'adjudication (*Ibid.*, n° 58.)
Ainsi, les plans des lieux, dessins des ouvrages d'art, profils en long et en travers, dressés par les agents du service vicinal préalablement aux adjudications de travaux à exécuter sur les chemins vicinaux, doivent être soumis au timbre et à l'enregistrement, le cahier des charges et conditions générales assujettissant l'entrepreneur, en pareil cas, à « se conformer strictement aux plans, profils, tracés, ordres de service et aux types et modèles qui lui sont donnés pour l'exécution des travaux », et les plans, dessins et profils dont il s'agit formant, dès lors, en ce qui concerne les détails d'exécution, l'un des éléments du contrat entre l'Administration et l'entrepreneur. — Mais les avant-métrés, destinés à préciser les dimensions, les surfaces, les cubes et les poids des travaux de terrassements, qui servent, avec les bordereaux de prix, à la confection des détails estimatifs,

paraissent n'intéresser que l'Administration, et doivent, à ce titre, être considérés comme exempts du timbre sur la minute et de l'enregistrement tant sur la minute que sur l'expédition. — Seules, les expéditions qui peuvent en être délivrées à l'entrepreneur, sont soumises à l'impôt du timbre (L. 15 mai 1818, art. 80) (Décis. min. fin. 10 août 1882, D. P. 84. 5. 215-216).

§ 9. — Exploits (*Rép.* n°s 780 à 784).

477. La loi du 22 frim. an 7 (art. 68, § 1er-30°) avait assujetti tous les exploits à un même droit de 1 fr. (*Rép.* n°s 780 et 784). Les lois survenues depuis les ont soumis à des droits dont le taux varie suivant l'objet de l'exploit et la juridiction à laquelle il se rapporte. Le tarif se trouve réglé actuellement comme suit :
Exploits et autres actes du ministère des huissiers qui ne peuvent donner lieu au droit proportionnel, à l'exception : 1° des exploits relatifs aux procédures devant les juges de paix, les prud'hommes, les cours d'appel, la cour de cassation et le conseil d'État. jusques et y compris les significations des jugements et arrêts définitifs; 2° des déclarations d'appel ou de recours en cassation; 3° des significations d'avoué à avoué; 4° et des exploits ayant pour objet le recouvrement des contributions directes ou indirectes, publiques ou locales, 2 fr. (L. 28 avr. 1816, art. 43, n° 13) ; 3 fr. (L. 19 févr. 1874, art. 2).
Exploits relatifs aux procédures *en matière civile devant les juges de paix*, jusques et y compris les significations des jugements définitifs, 1 fr. 50 cent. (L. 19 juill. 1845, art. 5); 2 fr. 25 cent (L. 19 févr. 1874, art. 2).
Assignations et tous autres exploits *devant les prud'hommes* 50 cent. (L. 28 avr. 1816, art. 44-2°); 75 cent. (L. 19 févr. 1874, art. 2). — La formalité est donnée *en débet* (L. 7 août 1850, art. 1er).
Exploits et autres actes du ministère des huissiers relatifs aux procédures *devant les cours d'appel*, jusques et y compris les significations des arrêts définitifs, à l'exception des déclarations d'appel et des significations d'avoué à avoué, 3 fr. (L. 28 avr. 1816, art. 44, n° 7); 4 fr. 50 cent. (L. 19 févr. 1874, art. 2).
Exploits et autres actes du ministère des huissiers relatifs aux procédures *devant la cour de cassation* et *le conseil d'État*, jusques et y compris les significations des arrêts définitifs, le premier acte de recours excepté, 5 fr. (L. 28 avr. 1816, art. 45, n° 1); 7 fr. 50 cent. (L. 19 févr. 1874, art. 2).
Déclarations et significations d'*appel des jugements des juges de paix* aux tribunaux civils, 5 fr. (L. 28 avr. 1816, art. 68, § 4, n° 3); 7 fr. 50 cent. (L. 19 févr. 1874, art. 2).
Déclarations et significations d'*appel des jugements des tribunaux civils, de commerce* et d'*arbitrage*, 10 fr. (L. 22 frim. an 7, art. 68, § 5); 15 fr. (L. 19 févr. 1874, art. 2).
Recours en cassation, 15 fr. (L. 22 frim. an 7, art. 68, § 6, n° 3; Arrêté 21 pluv. an 11, art. 1er); 25 fr. (L. 28 avr. 1816, art. 47, n° 1); 37 fr. 50 cent. (L. 19 févr. 1874, art. 2).
Recours au conseil d'État, 25 fr. (L. 28 avr. 1816, art. 47, n° 1); 37 fr. 50 cent. (L. 19 févr. 1874, art. 2).
Significations d'avoué *devant les tribunaux de première instance*, 25 cent. (L. 27 vent. an 9, art. 13); 50 cent. (L. 28 avr. 1816, art. 41-1°); 75 cent. (L. 19 févr. 1874, art. 2); *devant les cours d'appel*, 25 cent. (L. 27 vent. an 9, art. 13); 1 fr. (L. 28 avr. 1816, art. 42); 1 fr. 50 cent. (L. 19 févr. 1874, art. 2).
Significations d'avocat à avocat *devant la cour de cassation et le conseil d'État*, 3 fr. (L. 28 avr. 1816, art. 44, n° 11); 4 fr. 50 cent. (L. 19 févr. 1874, art. 2).
Exploits pour le recouvrement des *contributions publiques* et de toutes autres sommes dues à l'État, ainsi que des contributions locales, lorsqu'il s'agit de côtes, droits et créances, non excédant la somme de 100 fr., *gratis* (L. 16 juin 1824, art. 6) ;... excédant 100 fr., 1 fr. 50 cent. (L. 19 févr. 1874, art. 2).
Exploits en matière de *simple police* et en matière *correctionnelle* ou *criminelle*, 1 fr. (L. 22 frim. an 7, art. 68, § 1er, n° 48), 1 fr. 50 cent. (L. 19 févr. 1874, art. 2).
Protêts et dénonciation de protêts, 2 fr. (L. 28 avr. 1816, art. 42, n° 13), 1 fr. (Décr. 23 mars 1848, art. 1er); 1 fr. 50 cent. (L. 19 févr. 1874, art. 2).

478. La formalité est donnée :... en *débet*, lorsque les exploits sont faits à la requête du ministère public (L. 22 frim. an 7, art. 70, § 1er, n° 2);..., *gratis* pour les actes des huissiers et des gendarmes concernant la police générale et de sûreté et la vindicte publique (Mêmes loi et article, § 2, n° 3).

Sont *exempts* de la formalité tous les autres actes, procès-verbaux et jugements concernant la police générale et de sûreté et la vindicte publique (Mêmes loi et article, § 3, n° 9).

479. Pour l'application de la *règle de la pluralité des droits* aux exploits, V. *suprà*, n°s 278 et suiv.

480. Comme tous les autres actes, les exploits donnent lieu au droit proportionnel toutes les fois qu'ils sont susceptibles d'être considérés comme formant le titre d'une obligation, d'une libération ou d'une mutation. Cela résulte du texte même de la loi de l'an 7, lequel ne soumet au droit fixe que les exploits « qui ne peuvent donner lieu au droit proportionnel ». On trouvera au chapitre suivant, dans lequel il est traité des droits proportionnels, les règles et les décisions se rapportant à l'application de ces droits aux exploits. La question se produit spécialement pour les exploits contenant des offres réelles (V. *infrà*, n°s 686 et suiv.). Quant aux procès-verbaux ou exploits d'offres réelles ne donnant pas lieu au droit proportionnel, ils sont passibles du droit de 3 fr., qui est aujourd'hui au tarif ordinaire pour les actes de l'espèce.

481. Les protêts faits par les notaires sont passibles du droit fixe de 1 fr., aujourd'hui de 1 fr. 50 cent., comme ceux des huissiers, en vertu du décret du 23 mars 1848 (Délib. adm. enreg. 2 juill. 1850, Garnier, *Rép. gén. enreg.*, art. 13236. V. aussi *Rép.* n° 114). La question s'était élevée de savoir si le droit de 2 fr. (aujourd'hui 3 fr.), minimum établi pour les actes notariés comme pour tous les actes civils et administratifs, ne devait pas leur être appliqué. L'Administration l'a résolue négativement avec raison, car les protêts faits par les notaires sont assimilés complètement à ceux des huissiers. Les notaires sont tenus, comme les huissiers, à peine de destitution, dépens, dommages-intérêts envers les parties, d'inscrire en entier les protêts qu'ils font, jour par jour et par ordre de dates, sur un registre particulier coté, paraphé et tenu dans les formes prescrites pour les répertoires (c. com. art. 176).

§ 10. — Titre nouvel (*Rép.* n°s 785 à 792).

482. La loi du 22 frim. an 7 (art. 68, § 1er, n° 44) n'assujettissait qu'au droit fixe de 1 fr. « les titres nouvels ou reconnaissances de rentes dont les contrats sont justifiés en forme » (*Rép.* n° 785). Le droit avait été porté à 2 fr. par la loi du 28 avr. 1816 (art. 44, n° 5). Il a été transformé en un droit gradué de 1 p. 1000 par la loi du 28 févr. 1872 (art. 1er-10°). « Les titres nouvels, ou reconnaissances de rentes, porte à ce sujet le rapport de la commission, ne constituent pas une nouvelle mutation. Mais, ne devenant nécessaire qu'à l'expiration d'une période de trente ans, pour prévenir la prescription, le législateur peut, sans excès, percevoir une partie du droit primitif en même temps qu'un nouveau titre devient obligatoire pour confirmer et assurer tous les droits du créancier » (D.P. 72. 4. 14, n° 14).

Le droit gradué se perçoit alors sur « le capital des rentes ».

483. Les lois de l'an 7 et de 1816 visaient les titres nouvels ou reconnaissances de rentes *dont les contrats étaient justifiés;* la loi de 1872 porte « les titres nouvels et reconnaissances de rentes *dont les actes constitutifs ont été enregistrés* ». Malgré la différence d'expression, dit M. Garnier, *Rép. gén. enreg.*, n° 17344, l'idée est la même. La loi de l'an 7 parlait de contrats justifiés en forme, pour comprendre les contrats anciens rédigés par actes authentiques dans des pays où le contrôle n'était pas établi et qui, par conséquent, n'étaient pas enregistrés. La loi de 1872 a pu revenir à l'expression « dont les actes constitutifs ont été enregistrés » parce que, d'une part, les contrats anciens antérieurs au contrôle ont dû donner lieu, depuis l'établissement de l'enregistrement, à un titre nouvel qui est lui-même enregistré et que, d'autre part, il est admis aujourd'hui que l'exemption d'enregistrement équivaut à l'enregistrement même (V. *suprà*, n° 157). Il en résulte que les titres nouvels de contrats anciens non contrôlés sont assujettis au droit gradué comme

s'ils avaient été enregistrés (Garnier, *Rép. gén. enreg.*, n° 17344. Conf. *Diction. droits d'enreg.*, v° *Titre nouvel*, n° 12; Demante, t. 2, n° 450, note 2; Naquet, t. 3, n° 1136. V. dans le même sens : Délib. adm. enreg. 25 juill. 1806, *Rép.* n° 787).

484. La loi de frimaire an 7 disait : « Titres nouvels *ou* reconnaissances de rentes ». Les lois de 1816 et de 1872 disent « titres nouvels *et* reconnaissances de rentes ». Cette variante n'est d'aucune conséquence (Demante, *loc. cit.*, note 1).

485. Ce sont les titres de *rentes* que la loi de 1872 assujettit au droit gradué ; les titres nouvels de *créances* n'y sont donc pas soumis, car en matière fiscale tout est de rigueur ; on percevra seulement sur ces titres le droit fixe de 3 fr., exigible sur les actes innommés (Naquet, t. 3, n° 1137).

486. Il n'est dû qu'un seul droit, bien que le titre nouvel énonce plusieurs parties de rentes, s'il n'y a qu'un seul débiteur et qu'un seul créancier (*Rép.* n° 794). Mais s'il y a plusieurs créanciers, il est dû autant de droits qu'il y a de créanciers (Garnier, *Rép. gén. enreg.*, n° 17346). — Dans tous les cas il n'est dû qu'un seul droit gradué, si les débiteurs qui passent titre nouvel sont solidaires pour le payement de la rente (*Ibid.*).

487. Les cessions et autres stipulations dont la rente aurait fait l'objet entre la date de sa constitution et celle de son renouvellement, sont sans influence sur la perception à laquelle donne lieu le titre nouvel, car c'est d'après les clauses et dispositions constitutives du titre originaire que cette perception doit se régler (*Diction. droits d'enreg.*, v° *Titre nouvel*, n° 17 ; Garnier, *Rép. gén. enreg.*, n° 17354). Puis, la reconnaissance faite par le débiteur dans les termes du titre nouvel, exclut toute idée de novation. En effet, la dette résultant du titre renouvelé continue de subsister au lieu d'être éteinte et remplacée par une dette nouvelle. En conséquence, la circonstance que le bénéficiaire d'un titre nouvel n'est pas le créancier primitif ou son héritier, et qu'aucun acte n'établit ses droits sur la créance, n'autorise pas la perception du droit proportionnel (Sol. adm. enreg. (Belgique), 21 juill. 1854, Garnier, *Rép. pér. enreg.*, art. 227).

Toutefois, il a été jugé que la vente faite moyennant une rente perpétuelle payable par l'acheteur au vendeur ou, si celui-ci le juge à propos, entre les mains d'un précédent propriétaire auquel cette rente était due par le vendeur, n'a pas opéré de délégation, alors surtout que le précédent propriétaire a refusé d'accepter le nouveau débiteur ; que, par conséquent, le titre nouvel aux termes duquel l'acquéreur s'oblige, du consentement de son vendeur, à payer directement la rente au propriétaire originaire, contient une obligation nouvelle de servir la rente et donne lieu, par suite, au droit de 2 pour 100 (Trib. Rouen, 29 juill. 1874, *Diction. droits d'enreg., loc. cit.*, n° 17).

§ 11. — Abandonnement de biens (*Rép.* n°s 793 et 794).

488. Les « abandonnements de biens, soit volontaires, soit forcés, pour être vendus en direction », ont été tarifés par la loi du 22 frim. an 7, art. 68, § 4, n° 1, au droit de 5 fr. (*Rép.* n° 793). — Ce droit a été porté à 7 fr. 50 cent. par la loi du 28 févr. 1872 (art. 4)

489. Nous avons vu déjà, en traitant des différents actes qui peuvent se produire en matière de faillite (V. *suprà*, n°s 413 et suiv.), une sorte d'abandonnement, celui qui a lieu lorsqu'intervient entre un failli et ses créanciers le concordat par abandon total ou partiel de l'actif du premier, prévu par la loi du 17 juill. 1856 (D. P. 56. 4. 114). Ce concordat produit les mêmes effets que les autres concordats ; il est annulé ou résolu de la même manière ; il ne peut avoir lieu qu'après déclaration de faillite ; la loi de 1856 l'assimile, pour la perception du droit d'enregistrement, aux unions et directions de créanciers qui sont tarifées au droit de 4 fr. 50 cent. (V. *suprà*, n° 424). L'abandonnement proprement dit n'exige pas la réunion des conditions nécessaires pour la formation du concordat : il est tarifé à 7 fr. 50 cent.

490. L'abandon volontaire de ses biens fait par un débiteur à ses créanciers, pour s'en distribuer le prix jusqu'à concurrence de leurs créances, n'opère point transmission de propriété et n'est, par suite, sujet qu'au droit fixe, alors qu'il a été expressément stipulé dans l'acte que les créanciers seraient saisis des droits que leur eût conféré un abandon judiciaire, la cession judiciaire ne conférant point la propriété aux créanciers et leur donnant seulement le droit d'administrer et de faire vendre les biens à leur profit (c. civ. art. 1269) (Trib. Wassy, 25 août 1848, aff. H..., D. P. 48. 5. 138). — Jugé, de même, que les abandonnements volontaires ou forcés de biens pour être vendus en direction et le prix en être distribué au marc le franc entre les créanciers, conservent leur caractère de mandat pour vendre, et, dès lors, sont passibles du droit fixe établi par l'art. 68, § 4, de la loi du 22 frim. an 7, alors même que l'acte d'abandonnement aurait été qualifié d'acte de cession, et qu'il y aurait été dit que les créanciers font à leur débiteur « remise pure et simple, entière et définitive, du montant de leurs créances » (Civ. rej. 15 avr. 1857, aff. Perducet, D. P. 57. 1. 160). On dirait vainement qu'une semblable convention n'implique pas seulement l'existence d'un mandat pour vendre, mais opère en faveur de créanciers une véritable transmission de propriété entraînant la libération immédiate du débiteur, et donnant lieu, dès lors, à la perception du droit proportionnel (Même arrêt).

491. L'Administration a soutenu que, lorsque les créanciers auxquels l'abandon est fait, accordent au débiteur la remise intégrale de leurs créances, quelle que puisse être la somme à provenir de la vente des biens abandonnés, le droit proportionnel de libération est dû sur la portion des créances qui, d'après la déclaration des parties, excéderait la valeur des biens abandonnés. Cette prétention n'était pas fondée. La loi soumettant les abandonnements au droit fixe sous la seule condition que les biens soient vendus en direction, la remise par les créanciers de la totalité de leurs créances est corrélative à l'abandon ; ces deux dispositions se lient entre elles, dérivent l'une de l'autre, et forment, par leur réunion, un seul et même contrat soumis, par sa nature, au droit fixe. Cela résulte de l'arrêt aux termes duquel l'abandonnement de biens à vendre en direction, dans l'intérêt des créanciers de l'auteur de cet abandonnement, moyennant la remise faite par ces derniers de la totalité de leurs créances, est passible du droit fixe, même pour la partie des créances qui excède la valeur des objets abandonnés : la disposition de l'acte relative à la remise de cet excédant, étant corrélative à l'abandonnement, ne peut être frappée du droit distinct de libération (Arrêt du 15 avr. 1857, cité *suprà*, n° 490). Il a encore été jugé, dans le même sens, que l'acte qualifié concordat amiable, portant constitution, entre un négociant et ses créanciers chirographaires, d'une société en nom collectif pour le premier, en commandite quant aux créanciers qui font apport de leurs créances, pour ladite société réaliser tout l'actif du négociant et traiter d'opérations de banque et d'escompte, ne donne pas lieu au droit proportionnel sur le montant des créances dues par le négociant ; le droit fixe applicable aux contrats d'abandonnement est seul exigible (Trib. Toulon, 28 avr. 1864, D. P. 74. 5. 192).

§ 12. — Recours en cassation et au conseil d'Etat
(*Rép.* n°s 795 et 796).

492. La loi de frimaire an 7, (art. 68, § 6-3°) a tarifé au droit de 15 fr. « le premier acte de recours au tribunal de cassation, soit par requête, mémoire ou déclaration, en matière civile, de police ou correctionnelle ». Le droit a été élevé à 25 fr. par la loi du 24 avr. 1816 (art. 47, n° 1), puis à 37 fr. 50 cent. (L. 28 févr. 1872, art. 8 ; 19 févr. 1874, art. 2) (V. *suprà*, n° 477).

493. Le droit de 37 fr. 50 cent. n'est exigible que sur le premier acte de recours. Les autres exploits signifiés au cours de la procédure devant la cour de cassation ou le conseil d'Etat, ne sont sujets qu'au droit de 7 fr. 50 cent. (Instr. adm. enreg. 2 oct. 1858, n° 2132, § 1er).

494. La règle de la pluralité des droits n'est point applicable aux recours ni aux exploits signifiés dans les procédures devant la cour de cassation ou le conseil d'Etat.

À l'égard des recours et des procédures devant la cour de cassation, l'application d'un droit unique, soit qu'il y ait plusieurs demandeurs, soit qu'il y ait plusieurs défendeurs, n'est que l'application de la règle générale formulée, pour les exploits, dans l'art. 68, § 1er, n° 30 de la loi du 22 frim.

an 7, suivant laquelle les coïntéressés ne comptent que pour une seule personne. En effet, demandeurs et défendeurs sont toujours coïntéressés dans une instance en cassation à raison du but unique et commun qu'ils poursuivent les uns et les autres : la cassation ou le maintien de la décision attaquée (*Diction. droits d'enreg.*, v° *Recours*, n° 3).

Pour les recours et les procédures devant le conseil d'Etat, la perception d'un droit unique résulte de l'art. 48 du décret du 22 juill. 1806 contenant règlement sur les affaires contentieuses portées au conseil d'Etat, lequel porte : « Les écritures des parties signées par les avocats au conseil, seront sur papier timbré. Les pièces par elles produites ne seront point sujettes au droit d'enregistrement, à l'exception des exploits d'huissiers pour chacun desquels il sera perçu un droit fixe de 1 fr. ». — Cette disposition n'ayant établi, *sans distinction*, qu'un droit d'enregistrement de 1 fr. fixe sur les exploits de notification et les actes de recours au conseil n'ayant pas été tarifés ni n'ayant pu l'être par la loi du 22 frim. an 7, ils ne sont passibles que du droit de 1 fr. (Décis. min. fin. 30 juin 1807 ; Instr. adm. enreg. 22 févr. 1808, n° 366). Ce serait étendre l'art. 48 du décret que de ne pas se borner à la perception d'un seul droit et d'exiger, à raison du nombre des demandeurs ou des défendeurs, plusieurs droits sur le même exploit (Même instruction du 22 févr. 1808).

La question a été résolue en ce sens à différentes reprises par l'Administration (*Diction. droits d'enreg.*, *loc. cit.*). Elle a décidé, spécialement, que le pourvoi formé devant le conseil d'Etat, au nom de plusieurs pères de famille, contre une décision d'un conseil général qui avait supprimé du budget départemental l'allocation destinée au payement des bourses dont leurs fils étaient titulaires, a un caractère d'intérêt commun et collectif qui doit faire écarter l'application de la pluralité des droits (Sol. admenreg. 1er juill. 1873, *Journ. enreg.*, art. 21796).

495. Le conseil d'Etat est fréquemment appelé à examiner, soit si un pourvoi qui lui est soumis pouvait ou non être présenté sans frais, soit si plusieurs intéressés étaient tenus de présenter des requêtes distinctes soumises chacune au timbre et à l'enregistrement. Il ne lui appartient de statuer sur ces questions qu'au point de vue de la recevabilité des pourvois ou de l'adjudication des frais qui peuvent être mis à la charge de la partie qui succombe. Les décisions qu'il rend ainsi ne peuvent être opposées au fisc, elles ne lient nullement les tribunaux (V. D. P. 74. 3. 23, note). Décidé, spécialement, que c'est à l'autorité judiciaire qu'il appartient de statuer sur les difficultés relatives à la perception des droits d'enregistrement des pourvois au conseil d'Etat (Cons. d'Et. 8 août 1873, aff. Escolle, *ibid.*).

496. Les recours au conseil d'Etat sont exemptés, tantôt à la fois du timbre et de l'enregistrement, tantôt de l'enregistrement seulement, dans un certain nombre de cas qui sont énumérés *suprà*, v° *Conseil d'Etat*, n°s 339 et 340.

§ 13. — Actes refaits.

497. La loi du 22 frim. an 7, art. 68, § 1er, n° 7, tarifait au droit fixe de 1 fr. « les actes refaits pour une cause de nullité ou autre motif, sans aucun changement qui ajoute aux objets des conventions ou à leur valeur ». Ce droit a été porté à 2 fr. (L. 28 avr. 1816, art. 43, n° 3), puis à 3 fr. (L. 28 févr. 1872, art. 4)

498. La disposition de loi relative aux actes refaits n'est que l'expression du principe général suivant lequel toute convention qui a subi le droit dans un acte, ne peut plus, dans un nouvel acte, donner ouverture à ce même droit (*Rép.* n° 409). Les actes auxquels cette disposition s'applique, porte un arrêt de la cour de cassation, ne peuvent s'entendre que de ceux qui interviennent d'un commun accord entre les parties à l'effet de rectifier, sans rien ajouter aux objets des conventions ou à leur valeur, des actes irréguliers ou insuffisants qu'ils sont destinés à remplacer (Civ. cass. 15 déc. 1869, aff. Rostand, D. P. 70. 1. 366).

499. De ce que la disposition de loi dont nous nous occupons, n'est que la conséquence de la règle *non bis in idem*, d'après laquelle l'impôt n'est jamais dû qu'une seule fois pour le même fait, on a conclu que le droit fixe édicté par cette disposition n'est applicable qu'autant que l'acte primitif a été assujetti au droit proportionnel et qu'elle ne l'est pas lorsque cet acte n'a supporté que le droit fixe. Cette opinion est motivée sur ce que le droit proportionnel n'est dû qu'une seule fois, quel que soit le nombre d'actes constatant la convention qui y a donné lieu, tandis que le droit fixe, ne représentant que le salaire de la formalité, doit être perçu autant de fois qu'il y a d'actes, alors même que ces actes sont relatifs à la même déclaration ou à la même convention (Garnier, *Rép. gén. enreg.*, n° 1035). L'Administration, revenant sur la doctrine qu'elle avait établie dans une délibération du 2 déc. 1831 (*Rép.* n° 409), a décidé que le droit fixe établi pour les actes refaits s'applique limitativement aux actes passibles du droit proportionnel, qu'elle ne régit pas, notamment, les actes extrajudiciaires, que les exploits refaits sont passibles du droit auquel ils sont tarifés d'après leur nature, ce droit n'étant jamais que le salaire de la formalité (Sol adm. enreg. 15 mai 1854 et 12 mars 1869, Garnier, *loc. cit.*). Le *Dictionnaire des droits d'enregistrement* soutient, mais faiblement, la même théorie. « On peut soutenir, dit-il, que le législateur n'a voulu établir le droit fixe de 1 fr. (3 fr.) que pour les actes passibles du droit proportionnel, et non pour les actes sujets au droit fixe » (v° *Acte refait*, n° 5). — M. Naquet combat cette doctrine (t. 1, n° 142) et enseigne que le texte de la loi ne faisant aucune distinction, aucune réserve, et étant aussi général que possible, le droit fixe que ce texte a édicté s'applique même si l'écrit que l'acte reproduit en le régularisant a été soumis soit à un droit fixe plus élevé, soit au droit proportionnel (*loc. cit.*). C'est là certainement, suivant nous, la véritable interprétation que comporte la disposition de loi en question. L'erreur de la doctrine contraire est plus sensible aujourd'hui qu'elle ne l'était avant la substitution, pour certains actes tels que les partages, les actes de société, les contrats de mariage et autres, au droit fixe de 5 fr. qu'ils supportaient auparavant, d'un droit fixe gradué de 1 pour 1000. Comment admettre qu'un acte de partage, par exemple, refait dans les conditions prescrites, soit assujetti, comme salaire de la formalité, au même droit gradué que l'acte primitif, alors que ce droit s'élèvera à plusieurs milliers de francs. Évidemment cela ne se peut. L'Administration le reconnaîtra sans doute.

500. La loi vise les actes refaits pour cause de nullité ou autre motif. Il faut donc, pour que le tarif édicté par sa disposition, soit applicable, qu'il existe un acte irrégulier et que cet acte ait supporté le droit de la convention qu'il constate. Autrement, en effet, il n'y aurait aucun motif pour décharger de ce droit l'acte nouveau. — Ainsi, des billets à ordre enregistrés sont, à défaut de la mention « bon » ou approuvé » (c. civ. art. 1326), destitués de force probante ; un jugement entre les parties constate cette nullité, mais, reconnaissant que la dette est réelle, condamne le débiteur à la payer ; ce jugement ne sera passible, en outre du droit de condamnation, que du droit fixe de 3 fr. applicable aux actes refaits (Sol. adm. enreg. 25 nov. 1876, *Rép. pér. enreg.*, art. 4693). — De même, si le débiteur a voulu réparer le vice de forme dont les billets à ordre étaient entachés, l'acte public qui aurait été dressé à cet effet serait rentré dans la catégorie des actes refaits (Même solution). — Ainsi encore, l'acquéreur d'immeubles saisis qui, sur les poursuites ultérieures, se rend adjudicataire des mêmes biens, n'a pas à payer de nouveau le droit proportionnel sur l'adjudication (*Rép.* n° 405), à moins, bien entendu, que le prix n'excède celui de la vente amiable, cas auquel le droit proportionnel serait dû sur l'excédent.

501. Si la convention primitive a été annulée, l'acte qui la rétablit n'est-il sujet néanmoins qu'au droit fixe comme acte refait? L'affirmative est enseignée au *Rép.* n° 827. Mais il a été jugé, en sens contraire, que l'exemption accordée aux actes refaits ne saurait être étendue à un jugement d'adjudication de biens mis aux enchères sur saisie, après annulation judiciairement prononcée, d'une vente amiable dont ils avaient été l'objet ; qu'une telle adjudication, dans laquelle les parties intéressées ne sont pas les mêmes et qui ne participent aucunement de la nature des conventions volontaires, n'a évidemment pour but de refaire le contrat annulé, puisqu'elle peut avoir pour résultat d'en changer les conditions pécuniaires et même de le détruire complète-

ment en attribuant la propriété des biens à un autre que celui qui les avait acquis amiablement ; que, si c'est ce dernier qui se rend adjudicataire, il acquiesce ainsi au jugement d'annulation de sa précédente acquisition ; qu'il s'opère une nouvelle mutation distincte, indépendante de la première, et passible, de même que celle-ci, du droit proportionnel (Civ. cass. 15 déc. 1869, aff. Rostand, D. P. 70. 1. 366). — Jugé, de même, ... que l'acquéreur dépossédé par suite de la rescision de la vente pour cause de lésion, se rend adjudicataire des mêmes biens, cette adjudication, donne lieu au droit proportionnel et ne peut être rangée dans la catégorie des actes refaits (Trib. Seine, 30 août 1854, aff. de Galliera, D. P. 55.3. 11) ;... que dans le cas où, postérieurement à la résolution, par jugement, d'une donation à titre de partage anticipé, la vente consentie par l'un des donataires, d'un immeuble qui lui avait été attribué, est maintenue et confirmée par les héritiers de ce donataire, l'acte constatant cette confirmation n'est pas un acte refait, mais une vente nouvelle passible du droit proportionnel (Trib. Largentière, 15 janv. 1875, aff. M° Lichière, D. P. 75. 5. 181).

502. Mais, pour que cette jurisprudence soit applicable, il faut que la convention primitive ait été annulée soit par les parties, soit par justice. Tant que l'annulation n'a pas eu lieu, la convention peut être rétablie, et l'acte refait ne peut avoir que la preuve radicale que puisse être la nullité dont était entachée la convention ; en effet, la loi ne reconnaît pas de nullité de plein droit ; les nullités, fussent-elles absolues, les actes qu'elles vicient n'en conservent pas moins leurs effets tant qu'ils n'ont pas été annulés en justice (Civ. rej. 15 févr. 1854, aff. Boudent, D. P. 54. 1. 51. V. *suprà*, n° 115 et suiv.). Par application de ces principes et conformément à une délibération du 16 févr. 1827 (*Rép.* n° 829), l'Administration a décidé que lorsque, par suite de la révocation de plein droit d'une donation par la survenance d'un enfant du donateur, celui-ci abandonne de nouveau, par acte en forme, aux mêmes prix et conditions de la vente, les immeubles donnés, à un tiers qui les a acquis du donataire avant l'événement de la révocation, cet acte n'est sujet qu'au droit fixe de 2 fr. (aujourd'hui 3 fr.) comme acte refait pour cause de nullité (Sol. adm. enreg. 6 mai 1861, *Journal des notaires*, art. 17439).

503. D'autre part, il faut, pour que l'acte refait tombe sous l'application de la loi fiscale qui ne l'assujettit qu'au droit fixe, que cet acte reproduise la convention irrégulière « sans aucun changement ou ajoute aux objets des conventions ou à leur valeur » (V. *suprà*, n° 498). Ainsi, dans le cas où c'est un partage qui est refait, il faut que les attributions soient exactement les mêmes dans les deux actes ; l'attribution à l'un des copartageants de tout ou partie des biens qui avaient été compris dans le lot d'un autre copartageant, ferait perdre à l'acte le bénéfice de l'enregistrement au droit fixe ; il serait considéré comme renfermant un échange sujet au droit proportionnel (Trib. Toulouse, 21 août 1862, *Journ. enreg.*, art. 17551).

504. Lorsqu'un cautionnement, assujetti au droit proportionnel à l'enregistrement de l'acte le constatant, est annulé pour vice de forme ou autrement, le nouveau cautionnement fait entre les mêmes personnes et dans les mêmes conditions, ne donne pas lieu à un nouveau droit proportionnel ; il n'est dû que le droit fixe établi pour les actes refaits (*Rép.* n°s 1443 et 1444).

§ 14. — Apprentissage.

505. La loi de frimaire an 7 vise, dans deux de ses dispositions, les brevets d'apprentissage. — Dans l'une, elle tarife (art. 68, § 1er, n° 14) au droit fixe de 1 fr. « les brevets d'apprentissage qui ne contiennent ni obligation de sommes et valeurs mobilières, ni quittance ». Ce droit a été d'abord élevé à 2 fr. par la disposition générale de la loi du 18 mai 1850 (art. 8), puis réduit à 1 fr. par une loi spéciale du 22 févr. 1851 (art. 1er, D. P. 51. 4. 43), et enfin porté à 1 fr. 50 cent. par suite de l'augmentation de moitié pour tous les droits fixes applicables aux actes civils et administratifs, résultant de l'art. 4 de la loi du 28 févr. 1872. — Dans la seconde de ses dispositions relatives au brevet d'apprentissage, la loi de frimaire tarife ces contrats au droit proportionnel de 50 cent. pour 100,lorsqu'ils contiennent « stipulation de sommes ou valeurs mobilières, payées ou non » (art. 69, § 2, n° 7) (*Rép.* n° 1965).

La loi de 1851 a modifié celle de frimaire en disposant, par son art. 2, que le contrat d'apprentissage serait « soumis, pour l'enregistrement, au droit fixe de 1 fr., *lors même qu'il contiendrait des obligations de sommes ou valeurs mobilières, ou des quittances* ». Il suit de cette disposition que le droit fixe est maintenant seul dû, dans tous les cas, même dans celui prévu par l'art. 69, § 2, n°7, de la loi de frimaire (Instr. adm. enreg. 20 mars 1851, n° 1878).

506. « Le contrat d'apprentissage, porte l'art. 1er de la loi du 22 févr. 1851, est celui par lequel un fabricant, un chef d'atelier ou un ouvrier s'oblige à enseigner la pratique de sa profession à une autre personne qui s'oblige, en retour, à travailler pour lui, le tout à des conditions et pendant un temps convenus ». On s'est demandé si l'acte par lequel la supérieure d'une communauté, directrice d'un *ouvroir*, s'oblige à prendre une mineure en apprentissage jusqu'à l'âge de vingt et un ans moyennant l'engagement, pris par le tuteur de l'enfant, qu'elle consacrera tout son temps à l'ouvroir et payera, en outre, une indemnité annuelle, constitue le contrat d'apprentissage prévu par la loi de 1851 et ne donne lieu, à ce titre, qu'au droit fixe de 1 fr. (aujourd'hui 1 fr. 50 cent.). On objectait que la supérieure d'une communauté comme celle dont il s'agissait, n'est ni fabricant, ni chef d'atelier, ni ouvrier, mais une maîtresse de pension, et que, d'après la définition contenue dans la loi de 1851, le contrat d'apprentissage visé par son texte, est celui passé avec un fabricant, un chef d'atelier ou un ouvrier. Mais, outre que, dans l'espèce, le contrat était qualifié deux fois d'apprentissage par les parties, il présentait tous les caractères de cette convention. L'Administration a décidé, par ces motifs, que la loi de 1851 lui était applicable et qu'il n'était dû, en conséquence, que le droit fixe de 1 fr. (aujourd'hui 1 fr. 50 cent.) (Sol. adm. enreg. 19 sept. 1871, Garnier, *Rép. gén. enreg.*, n° 2227; *Diction. droits d'enreg.*, v° *Apprentissage*, n° 5).

507. Ce droit de 1 fr. 50 cent. est également applicable à la résolution d'un contrat d'apprentissage, le droit à percevoir sur la résiliation ou la résolution d'un contrat étant généralement le même que celui perçu sur le contrat (Garnier, *Rép. gén. enreg.*, n° 2227; *Diction. droits d'enreg.*, v° *Apprentissage*, n° 7).

§ 15. — Certificats.

508. La loi du 22 frim. an 7 (art. 68, § 1er, n° 17), tarifait au droit fixe de 1 fr. « les certificats *purs et simples*, ceux de vie par chaque individu, et ceux de résidence ». Ce droit a été porté, pour les certificats purs et simples :... 1° par *actes civils*, d'abord à 2 fr. (L. 18 mai 1850, art. 8), puis à 3 fr. (L. 28 févr. 1872, art. 4) ;... 2° par *actes judiciaires*, à 1 fr. 50 (L. 28 févr. 1872, art. 4).

On ne s'occupera ici que des certificats autres que ceux qui sont exempts de l'enregistrement, tels que, dans certains cas, les *certificats de propriété*, ceux *de vie* ou *de résidence*. Le *Répertoire* a traité de ces catégories spéciales de certificats au chapitre 5 concernant les *Exemptions*. Nous ferons de même.

509. Les certificats d'*imprimeurs*, constatant des insertions dans les journaux, sont passibles du droit fixe de 2 fr. (aujourd'hui 3 fr.) ou de celui de 1 fr. (aujourd'hui 1 fr. 50 cent.), suivant le caractère, soit civil ou administratif soit judiciaire ou extrajudiciaire, des actes à la perfection desquels ils concourent et dont ils ne sont que l'accessoire (Instr. adm. enreg. 14 janv. 1852, n° 1903). — Les certificats d'imprimeurs relatifs aux ventes en matière de faillites et de ventes judiciaires, sont, comme actes judiciaires, passibles du droit fixe de 1 fr. (aujourd'hui 1 fr. 50 cent.) (Décis. min. fin. 31 déc. 1851 ; Instruction précitée, n° 1903). — Le droit de 1 fr. 50 cent. est applicable aux certificats relatifs à la publication d'une vente ordonnée par le tribunal et renvoyée devant un notaire, Si, en effet, l'acte rédigé par cet officier public ne perd pas le caractère d'acte notarié, en ce sens qu'il est assujetti aux formes prescrites par la loi du 25 vent. an 11 et aux obligations édictées par la loi du 22 frim. an 7, la vente, c'est-à-dire l'ensemble des opérations

auxquelles elle donne lieu et dont fait partie le certificat relatif aux publications, a le caractère d'une vente judiciaire ; car, ordonnée par un jugement, elle est précédée et le plus souvent suivie des formalités établies pour les adjudications auxquelles il est procédé à la barre même du tribunal (Sol. adm. enreg. 6 juill. 1874, *Journ. enreg.*, art. 19498).

510. Mais le certificat d'un imprimeur apposé sur un journal ne peut avoir, par lui-même, le caractère ni d'un acte judiciaire, ni d'un acte extrajudiciaire, attendu que l'imprimeur d'un journal ne saurait être considéré comme un officier public, même lorsqu'il fait une insertion prescrite par la loi. Un certificat de cette nature ne doit donc être qualifié d'acte judiciaire et tarifé comme tel qu'autant qu'il se rattache à une procédure judiciaire. Or il ne semble pas possible de considérer la procédure de la purge des hypothèques légales comme étant toujours, et d'une manière absolue, une procédure judiciaire, puisque souvent elle ne soulève pas de contestation, ne se rattache à aucune instance, ne comporte pas l'intervention des magistrats, et que, si des avoués la dirigent habituellement, elle ne rentre pas néanmoins dans leurs attributions exclusives (Req. 31 mars 1840, *Rép.* v° *Privilèges et hypothèques*, n° 2237 ; Limoges, 9 avr. 1845, *ibid.*, n° 2238 ; Chauveau et Godoffre, *Commentaire du tarif*, 2° éd., t. 2, p. 538, n° 4561 ; Bioche, *Dictionnaire de procédure*, v° *Purge légale*, n° 20). Dès lors, dans le cas où la purge s'opère à la suite d'une vente volontaire et en dehors de toute instance, c'est le tarif de 3 fr., et non celui de 1 fr. 50 cent., qui doit être appliqué aux certificats d'imprimeur (Sol. adm. enreg. 14 déc. 1879, D. P. 80. 3. 104).

511. Les certificats délivrés par les greffiers des tribunaux civils, constatant les renseignements contenus dans les *casiers judiciaires*, sont exempts de l'enregistrement d'après l'art. 70 de la loi du 22 frim. an 7, lorsqu'ils sont remis à des magistrats ou à des administrations publiques dans l'intérêt exclusif de l'Etat ou de la justice et qu'il y est fait mention de cette destination. Mais ces certificats sont sujets au droit fixe de 1 fr. (aujourd'hui 1 fr. 50 cent.) toutes les fois qu'ils ne remplissent pas les conditions nécessaires pour l'application de l'exemption ou qu'ils sont délivrés à des particuliers (Décis. min. fin. et just. 27 nov.-6 déc. 1852, Instr. adm. enreg. 10 mars 1853, n° 1957).

512. Le certificat que les greffiers des tribunaux de commerce sont tenus de délivrer à l'administration des postes, pour en obtenir la remise aux syndics de faillites des lettres adressées aux faillis, est sujet à l'enregistrement d'après les termes formels de l'art. 7 de la loi du 22 frim. an 7 qui désigne, parmi les actes judiciaires sujets à l'enregistrement, « les certificats de toute nature » (Décis. min. fin. 7 août 1882, D. P. 84. 5. 215).

513. Le certificat du greffier du tribunal constatant le dépôt au greffe, par un seul et même acte, de la copie collationnée de plusieurs contrats de vente au profit d'acquéreurs distincts, n'est sujet qu'à un seul droit fixe d'enregistrement. En effet, le greffier ne stipule pour aucune des parties ; il se borne à constater un fait unique et indivisible, le dépôt d'une pièce au greffe. On n'y pourrait voir plusieurs dispositions indépendantes ou ne dérivant pas les unes des autres (Sol. adm. enreg. 5 mars 1866, *Journal des notaires*, art. 18957. Conf. Garnier, *Rép. gén. enreg.*, n° 3566).

514. Les certificats de stage, capacité ou moralité, délivrés par les *chambres de discipline* des notaires, avoués, huissiers, commissaires-priseurs, sont aux intéressés, mais aux tiers, ne sont sujets à l'enregistrement que lorsqu'il en est fait usage devant une autorité administrative ou judiciaire. Ainsi, les certificats délivrés aux commissaires-priseurs et aux huissiers, en vertu du décret du 24 mars 1809, pour obtenir le remboursement de leurs cautionnements, doivent être enregistrés au droit fixe de 2 fr. (aujourd'hui 3 fr.) avant d'être remis au directeur de la dette inscrite à l'appui de la demande en remboursement (Garnier, *Rép. gén. enreg.*, n° 3554). — Mais les certificats de dépôt aux chambres de discipline des notaires et des avoués, des *contrats de mariage des commerçants*, sont sujets au droit de 2 fr. (aujourd'hui 3 fr.), le dépôt n'étant ni la suite ni l'exécution d'un acte judiciaire, mais une formalité prescrite dans l'intérêt public et qui n'a nullement le caractère judiciaire (Sol. adm. enreg. 19 janv. 1867, Garnier, *Rép. gén. enreg.*, n° 3738). — Au contraire, le certificat de dépôt d'un *jugement d'interdiction ou de séparation de biens*, étant la conséquence du jugement, ne donne lieu qu'au droit de 1 fr. 50 cent. (*Ibid.*).

§ 16. — Divorce.

515. Supprimé par la loi du 8 mai 1816, le divorce a été rétabli par celle du 27 juill. 1884 (D. P. 84. 4. 97). V. *suprà*, v° *Divorce et séparation de corps*, n° 12.

La perception des droits d'enregistrement sur les actes et procédures en matière de divorce fut réglée par différentes dispositions des lois du 22 frim. an 7 et 28 avr. 1816 qui, comme l'administration de l'enregistrement l'a fait observer dans l'instruction générale rapportée *infrà*, n° 516, n'ont jamais été abrogées. — La loi du 22 frim. an 7, promulguée sous le régime établi en matière de divorce par la loi du 20 sept. 1792 (V. *Rép.* v° *Séparation de corps et divorce*, p. 887) et, par conséquent, à une époque où la procédure était suivie entièrement devant l'officier de l'état civil, n'a visé, par suite, que les actes de cette procédure. Elle a tarifé : ... au droit de 2 fr. « les expéditions des ordonnances et procès-verbaux des officiers publics de l'état civil contenant indication du jour ou prorogation de délai pour la tenue des assemblées préliminaires au mariage ou à divorce » (art. 68, § 2, n° 8) ;... au droit de 15 fr. « les actes de divorce » (art. 68, § 6, n° 1). — La loi du 28 avr. 1816, promulguée sous l'empire du code civil et, par conséquent, alors que la procédure s'accomplissait devant l'autorité judiciaire, a tarifé :... au droit de 5 fr. « les actes et jugements interlocutoires ou préparatoires des divorces » (art. 45, n° 8) ;... au droit de 50 fr. « les jugements de première instance admettant une adoption ou prononçant un divorce » (art. 48, n° 2) ;... au droit de 100 fr. « les arrêts de cour d'appel qui prononceront définitivement sur une demande en divorce ; s'il n'y a pas d'appel, ce droit sera perçu sur l'acte de l'officier de l'état civil » (art. 49, n° 2).

516. L'administration de l'enregistrement a réglé dans les termes suivants la perception des droits sur les actes de la procédure et les décisions judiciaires qui peuvent intervenir sous la loi actuelle du 27 juill. 1884 : « La législation fiscale a établi des tarifs particuliers sur certains actes relatifs au divorce. Elle a notamment assujetti : 1° au droit fixe de 5 fr., les actes et jugements interlocutoires ou préparatoires des divorces (L. 28 avr. 1816, art. 45, n° 8) ; 2° au droit de 50 fr., les jugements de première instance prononçant un divorce (Même loi, art. 48, n° 2) ; 3° au droit de 100 fr., les arrêts de cour d'appel qui prononcent définitivement sur une demande en divorce (Même loi, art. 49, n° 2). Ces dispositions qui précèdent n'ont jamais été abrogées. Elles sont restées sans exécution pendant tout le temps que le divorce a été aboli (L. 8 mai 1816). Mais elles reprennent de plein droit leur efficacité par le fait de son rétablissement (L. 27 juill. 1884, promulguée le 29 au *Journal officiel*). Elles doivent être, par conséquent, appliquées à partir de cette dernière date, avec la modification de tarif résultant de l'art. 4 de la loi du 28 févr. 1872. D'après la loi du 27 juill. 1884, le divorce doit être admis par un jugement ou par un arrêt et être prononcé par l'officier de l'état civil (c. civ. art. 258 et 264). Aux termes de l'art. 49, § 2, de la loi du 28 avr. 1816, lorsqu'il n'y a pas appel du jugement de première instance prononçant sur la demande en divorce, le droit fixe de 100 fr. (élevé à 150 fr.) est dû sur l'acte de l'officier de l'état civil. La perception est établie, suivant l'art. 7 de la loi du 22 frim. an 7, sur l'expédition de l'acte de divorce (Instr. n° 758, § 2), de la même manière que pour les expéditions des actes de l'état civil portant légitimation et reconnaissance d'enfants naturels (L. 28 avr. 1816, art. 43, n° 22, et art. 45, n° 7). On rappelle, à cet égard, que le droit n'est perçu que sur la première expédition, lors de sa délivrance aux intéressés ; que l'officier de l'état civil doit, sa responsabilité personnelle, indiquer en marge de la minute la formalité donnée à la première expédition ; et qu'il doit faire la même indication dans les expéditions ultérieures, à défaut de quoi, le droit d'enregistrement devient exigible sur les expéditions dépourvues de la mention de la formalité » (Instr. adm. enreg. 5 août 1884, n° 1884, D. P. 84. 5. 217-218). — Il résulte de cette instruction que les droits d'enregistrement des actes relatifs au divorce

sont, en principal, de 7 fr. 50 cent. pour les jugements interlocutoires ou préparatoires, de 75 fr. pour les jugements de première instance prononçant un divorce, et de 150 fr. pour les arrêts de cour d'appel statuant définitivement sur une demande de divorce. Ce dernier droit, d'après la disposition expresse de l'art. 49, § 2, de la loi du 28 avr. 1816, est dû, lors même qu'il n'y a pas d'appel du jugement de première instance prononçant le divorce, et se perçoit, au dit cas, sur l'expédition de l'acte de l'officier de l'état civil (*Ibid.*, note).

517. Dans le cas où un époux admis au bénéfice de l'assistance judiciaire a obtenu le divorce, la délivrance de la première expédition de l'acte de l'état civil constatant le divorce (c. civ. art. 258 et 264), ne donne lieu à la perception au comptant du droit fixe de 150 fr. dû sur cet acte, lorsqu'il n'y a pas eu appel du jugement prononçant sur la demande de divorce (Sol. adm. enreg. 8 juin 1885, D. P. 85. 5. 211). En effet, le bénéfice de la loi du 22 janv. 1851 sur l'assistance judiciaire qui autorise l'enregistrement *en débet*, sauf recouvrement ultérieur lorsqu'il y a lieu, des actes faits à la requête de l'assisté ou produits par lui (art. 14), s'applique à tous les actes de la procédure qui ont pour but de faire acquérir à l'assisté un titre définitif de sa créance ou de son droit ; la délivrance de l'expédition de la déclaration par laquelle l'officier de l'état civil prononce le divorce étant le complément nécessaire et indispensable de cette déclaration, doit, par suite, profiter des immunités accordées par la loi de 1851 (*Ibid.*, note).

518. Le bénéfice du visa pour timbre et de l'enregistrement *gratis* établi, en termes généraux, pour les actes et pièces nécessaires au mariage des indigents, est applicable à tous actes et extraits des registres de l'état civil qui doivent être produits en pareil cas, spécialement à la première expédition d'un acte de divorce réclamée par un français indigent afin de se remarier à l'étranger (Décis. min. fin. 9 mai 1885, D. P. 86. 3. 120).

519. Les certificats de non pourvoi délivrés par le greffier de la cour de cassation en exécution de l'art. 263 c. civ., doivent être rédigés sur papier timbré, inscrits au répertoire et soumis à l'enregistrement dans les vingt jours de leur date. Ils sont sujets au droit de 1 fr. 50 cent. en principal, plus à un droit de greffe de 4 fr. 50 cent. (Décis. min. fin. 5 déc. 1884, *Journ. enreg.*, n° 22534).

520. L'art. 45, n° 8, de la loi du 28 avr. 1816 qui tarife au droit de 5 fr. (aujourd'hui 7 fr. 50 cent.) « les actes et jugements interlocutoires et préparatoires des divorces », vise spécialement les actes qui sont l'œuvre des tribunaux, les actes judiciaires proprement dits, tels que les jugements d'avant faire droit, préparatoires ou interlocutoires, les ordonnances, les procès-verbaux d'enquête, de comparution, les interrogatoires, etc... et enfin les différentes mesures d'instruction que comporte la procédure de divorce (c. civ. art. 237 à 240, 244 à 249, 250, 255, 259)... A l'exclusion notamment, des actes d'huissiers, des certificats délivrés par les chambres des avoués et des notaires, des certificats d'insertion dans les journaux, des actes du greffe, etc., qui restent soumis au droit commun, et rentrent, suivant leur objet et d'après la juridiction devant laquelle ils sont dressés, dans les diverses catégories du tarif général (Sol. adm. enreg. 27 juin 1887, D. P. 89. 3. 111).

§ 17. — Lettres de gage des sociétés de crédit foncier.

521. Les sociétés de crédit foncier, organisées en France par un décret du 28 févr. 1852 (D. P. 52. 4. 102) (V. aussi Décr. 6 juill. 1854, D. P. 54. 4. 135 ; *Rép.* v° *Sociétés de crédit foncier*, n° 99), émettent, en représentation de leurs prêts, sans jamais en excéder le montant, des lettres de gage ou obligations. Comme le disait M. Gouin dans la discussion du budget de 1852, ces lettres de gage ne sont que la monnaie de l'acte de prêt qui est soumis au droit proportionnel d'enregistrement ; il n'eût pas été équitable, dès lors, de les assujettir à ce même droit (*Rép. loc. cit.*, n° 100). Aussi le décret de 28 févr. 1852 ne les taxa-t-il, par le dernier alinéa de son art. 14, qu'à un simple droit fixe de 10 cent.

522. La question s'est élevée de savoir si l'augmentation de moitié établie par l'art. 4 de la loi du 28 févr. 1872 pour « les divers droits fixes auxquels sont assujettis par les lois en vigueur les actes civils, administratifs ou judiciaires » s'appliquait à ce droit de 10 cent. La société du crédit foncier de France a soutenu la négative en se fondant sur différentes considérations tirées de l'organisation particulière des sociétés de crédit foncier, de leurs conditions propres d'existence, de la nature des lettres de gage (V. conclusions de M. l'avocat général Chévrier, D. P. 84. 1. 177). Mais la cour de cassation a décidé que le décret de 1852 qualifiant de droit fixe la taxe qu'il a édictée et le caractère de cette taxe ayant été ainsi déterminé par le législateur lui-même, l'augmentation établie par l'art. 4 de la loi du 28 févr. 1872, en termes généraux, absolus et ne permettant aucune distinction, pour les divers droits fixes applicables aux actes civils, administratifs et judiciaires, lui est applicable (Req. 15 janv. 1884, aff. Crédit foncier, D. P. 84. 1. 177). Le droit est donc actuellement de 15 cent. (Conf. Trib. Seine, 15 févr. 1889, aff. Crédit foncier, D. P. 89. 5. 220; Naquet, t. 3, n° 1083; Demante, t. 2, p. 532; Garnier, Rép. pér. enreg., art. 6296; Journ. enreg., art. 22257).

§ 18. — Mainlevée.

523. Nous avons étudié déjà suprà, n°ˢ 307 et suiv., les mainlevées, spécialement les mainlevées d'hypothèques, au point de vue de l'application de la règle de la pluralité des droits. Nous nous en occuperons encore, lorsque nous traiterons du droit proportionnel de libération auquel la mainlevée donne ouverture dans certains cas (V. infrà, n°ˢ 593 et suiv.). Il ne sera question ici que des actes qui donnent lieu à la perception du droit établi pour les mainlevées.

Avant la loi du 28 févr. 1872, ce droit était celui édicté par la loi du 22 frim. an 7 (art. 68, § 1er, n° 21) pour « les consentements purs et simples », la mainlevée n'étant qu'un consentement donné par la partie qui a requis l'inscription ou formé l'opposition (Rép. n° 458). Etabli par la loi de frimaire au taux de 1 fr., le droit de consentement a été porté à 2 fr. (L. 28 avr. 1816, art. 43, n° 7), puis à 3 fr. (L. 28 févr. 1872, art. 4).

Ce droit de 3 fr. se perçoit sur tous les consentements autres que ceux à mainlevée d'hypothèque, spécialement sur les mainlevées d'opposition. Mais, pour « les consentements à mainlevées totales ou partielles d'hypothèques, la loi du 28 févr. 1872 l'a transformé en un droit gradué de 1 p. 1000 sur « le montant des sommes faisant l'objet de la mainlevée » (art. 1er-7°). La même disposition porte, en outre, que, « s'il y a seulement réduction de l'inscription, il ne sera perçu qu'un droit de 5 fr. par chaque acte ».

524. Le rapport de la commission qui a préparé la loi de 1872, justifie dans les termes suivants l'application du droit gradué aux mainlevées d'hypothèque : « Le projet assujettit également au droit gradué les consentements à mainlevées totales ou partielles d'hypothèque, les subrogations ou antériorités hypothécaires (1). Ces actes ont, en effet, plus ou moins d'importance selon le montant des sommes qui font l'objet de la mainlevée ou de la cession d'antériorité. Il est donc juste que la taxe ne soit pas invariable pour tous ces actes. On a même soutenu que les mainlevées devraient être assujetties au droit proportionnel de quittance, car elles font présumer le payement. Il arrive, en effet, souvent que le créancier donne quittance sous signatures privées sur le titre ou autrement et accorde ensuite mainlevée par acte public pour éviter le payement du droit proportionnel. Généralement, le créancier ne donne mainlevée que lorsqu'il a reçu la somme qui lui était due. Le projet ne va pas jusque-là. Il établit seulement une taxe graduée beaucoup moins élevée que la taxe proportionnelle. La commission a approuvé cette disposition » (D. P. 72. 4. 13, n° 11).

525. L'instruction donnée aux agents de l'enregistrement pour l'exécution de la loi de 1872, contient à l'égard des mainlevées d'hypothèques, les dispositions suivantes : « n° 7, Mainlevées. — La loi nouvelle comprend, sous ce numéro, deux dispositions distinctes. — Dans le premier paragraphe, elle prévoit les mainlevées totales ou partielles d'hypothèques, c'est-à-dire la mainlevée du montant total ou partiel de la créance inscrite ; en conséquence, c'est sur la somme faisant

l'objet de la mainlevée que le droit gradué est assis. — Dans le second paragraphe (ajouté postérieurement à la rédaction du rapport), la loi prévoit le cas de réduction du gage, soit judiciairement (c. civ. art. 2161), soit volontairement. Dans ce cas, la créance pour sûreté de laquelle l'hypothèque est prise restant la même, il y a lieu à la perception, non d'un droit gradué, mais bien d'un droit fixe qui s'élève à 5 fr. par chaque acte. Il est de jurisprudence que la mainlevée donnée à la suite d'un acte de quittance, ne donne pas lieu à un droit particulier et que le droit proportionnel de libération est seul exigible. Cette jurisprudence reste applicable au droit gradué. Ce sera, d'ailleurs un allégement de l'impôt en faveur des petits actes » (Instr. adm. enreg. 29 févr. 1872, n° 2433, D. P. 72. 3. 14).

526. Comme le porte l'instruction que nous venons de reproduire, l'acte contenant à la fois quittance et mainlevée ne donne pas lieu à un droit particulier pour la mainlevée. Ainsi, jugé que l'acte par lequel le crédi-rentier donne quittance sans réserve du dernier terme des arrérages d'une rente viagère et consent mainlevée totale de l'inscription hypothécaire prise en garantie, ne donne pas lieu au droit gradué en outre du droit proportionnel de libération (Trib. Mans, 9 mars 1883, aff. Ropiquet, D. P. 84. 5. 228).

527. On a agité la question de savoir si l'acte ne contenant que mainlevée, soit qu'une quittance ait été enregistrée antérieurement, soit qu'il n'y ait pas de quittance, donne lieu au droit gradué. Il a été soutenu qu'il n'est dû audit cas que le droit de consentement à 3 fr. La question présente de l'intérêt, les actes de l'espèce se produisant journellement dans la pratique et le minimum du droit gradué étant de 5 fr. (L. 28 févr. 1872, art. 2). L'Administration a décidé que le droit gradué est dû, attendu que la loi qui l'a établi ne faisant aucune distinction, s'applique, dans sa généralité à toute mainlevée, que la mainlevée consentie dans un acte spécial doit donner ouverture au droit spécial qui lui est propre, et que, d'autre part, le droit gradué qui atteint le consentement à mainlevée, est entièrement distinct du droit proportionnel qui frappe la libération (Sol. adm. enreg. 31 juill. 1872, D. P. 75. 3. 40). — Décidé, spécialement, que le droit gradué est exigible sur l'acte contenant mainlevée par trois créanciers de trois inscriptions prises à leur profit contre le même débiteur, alors même que la libération de celui-ci résulterait d'un acte de quittance antérieur soumis au droit proportionnel de 50 cent. p. 100 fr. (Sol. adm. enreg. 7 juin et 31 juill. 1872, D. P. 73. 5. 214).

Cette doctrine paraît justifiée. Sans doute, la mainlevée consentie par acte distinct et postérieur à la quittance rentre dans la catégorie générale des actes de complément ; mais, du moment où, par sa nature spéciale, cet acte de complément se trouve appartenir aussi à une classe particulière d'actes qui est frappée d'un droit spécial d'enregistrement, comment soutenir que c'est la taxe établie pour les actes de complément, en général, qui doit être perçue, et non celle spéciale établie pour les actes spéciaux de la nature de celui en question? Et quant aux arguments tirés de la discussion de la loi, on a perdu de vue, parmi les déclarations du rapporteur, celle-ci : « Nous n'avons pas voulu aller jusque-là (frapper toutes les mainlevées du droit proportionnel de libération) ; nous avons dit : dans les trois quarts des cas, quand il y a mainlevée, il y a payement. Mais il est possible que cela ne se présente pas ; et alors nous avons dit : examinons seulement l'importance de l'acte en lui-même sans nous préoccuper de la présomption de payement, qui en est le plus souvent la conséquence, et nous avons établi ce droit, que nous croyons modéré... » (D. P. 72. 4. 17, 2° col.; D. P. 75. 3. 40, note). Différents tribunaux se sont prononcés dans le même sens (Trib. Arras, 21 août 1873, D. P. 73. 5. 214; Trib. Carcassonne, 17 août 1874, Journal de l'enregistrement, art. 19609; Trib. Béziers, 9 févr. 1876, ibid., art. 20125; Conf. Diction. droits d'enreg., v° Mainlevée, n° 84; Garnier, Rép. pér. enreg., art. 3447, 3389, 3917 et 4301; Naquet, t. 3, n° 1118).

528. La cour de cassation a confirmé cette doctrine en décidant que le droit gradué a été substitué purement et simplement au droit fixe qui se percevait précédemment

_____

(1) L'art. 1er du projet de loi comprenait, au nombre des actes assujettis au droit gradué, les subrogations et les cessions d'anté-

riorité d'hypothèques. Cette disposition a été supprimée (D. P. 72. 4. 17, note 3).

sur les mainlevées, sans aucune modification aux conditions d'exigibilité du droit ou aux règles de la perception; qu'il doit être perçu, par suite, comme le droit fixe aurait dû l'être, d'après les lois antérieures à celle du 28 févr. 1872, dès que l'acte soumis à la formalité contient, de la part du créancier, le désistement qui est l'élément constitutif de la mainlevée d'hypothèque; que, spécialement, il est dû sur l'acte portant mainlevée, avec désistement de privilège et d'action résolutoire, de l'inscription d'office prise contre un acquéreur évincé par l'effet d'une surenchère suivie de réadjudication de l'immeuble au profit du surenchérisseur (Civ. cass. 22 août 1876, aff. Braine, D. P. 76. 1. 470). — Le jugement du tribunal d'Arras du 23 déc. 1874, cassé par cet arrêt, avait décidé que l'acte était sujet, non au droit gradué, mais seulement au droit fixe de 3 fr. de consentement, attendu que la première adjudication ayant été mise à néant par la surenchère, et la propriété remontant, pour le deuxième adjudicataire, au jour de la première vente, l'inscription prise d'office lors de cette première vente ne garantissait réellement aucune créance, le premier acquéreur étant censé n'avoir jamais dû de prix; qu'une créance inexistante ne saurait servir de base à un droit gradué (Ibid.). D'après la décision de la cour de cassation, l'inefficacité de l'inscription dont il est donné mainlevée est indifférente pour la perception du droit gradué.

L'Administration a décidé, dans le même sens, que le droit gradué est dû :... sur la mainlevée de l'inscription d'office prise à tort par le conservateur (des hypothèques) lors de la transcription d'un acte de vente consentie par le payement du prix comptant (Sol. adm. enreg. 27 août 1873, Journ. enreg., art. 20138, § 6; Diction. droits d'enreg., v° Mainlevée, n° 16);... lors même que la mainlevée est donnée pour une inscription prise en vertu d'un crédit déclaré, dans l'acte, non réalisé (Sol. adm. enreg. 16 mai 1873, D. P. 74. 3. 28. Conf. Trib. Charleville, 10 juill. 1874, aff. X..., D. P. 75. 5. 195)... Et, audit cas d'ouverture de crédit, le droit gradué doit être perçu sur la totalité de la somme pour laquelle a été prise l'inscription hypothécaire dont il est donné mainlevée, alors même que le crédit n'est réalisé qu'en partie (Trib. Seine, 25 avr. 1884, aff. Maincque de Saint-Senoch, D. P. 85.3.56).

529. D'après la doctrine établie par les décisions de l'exposé précède, le droit gradué est dû, lors même que la mainlevée d'inscription hypothécaire se rapporte à une créance éventuelle. Cette interprétation s'appuie sur le texte de la loi qui ne fait effectivement aucune distinction (D. P. 74. 3. 28, note). Elle est admise par M. Naquet, t. 3, n° 1121. Toutefois, l'Administration reconnaît que la mainlevée de l'inscription prise par le Crédit foncier en vertu de l'acte conditionnel de prêt, n'est pas assujettie au droit gradué, lorsqu'elle est accordée dans l'acte constatant que le prêt projeté ne sera pas réalisé (Sol. adm. enreg. 19 mars et 6 juin 1873, Journ. enreg., art. 19639; Diction. droits d'enreg., v° Mainlevée, n°s 21 et 79).

530. Lorsque c'est la mainlevée elle-même qui est soumise à une condition suspensive, elle ne peut donner lieu à un droit gradué. Il a été jugé qu'il n'est dû dans ce cas que le droit fixe de 3 fr. établi pour les actes innommés (Trib. Seine, 12 déc. 1874, aff. Chemin de fer du Nord, D. P. 75. 5. 195). Cependant les actes soumis au droit gradué ne sont pas, par cela même, des actes innommés. Lorsqu'un acte est soumis à une condition suspensive, il faut lui appliquer le droit fixe de 3 fr. que la loi du 28 févr. 1872 a établi dans son art. 2, pour tous les actes qui, soumis au droit gradué, ne contiennent aucune énonciation de sommes ou valeurs (Ibid., note).

531. Les quittances de contributions, droits, créances quelconques dus au Trésor étant exemptes de l'enregistrement (L. 22 frim. an 7, art. 70, § 3, n° 5) et les actes qui, exempts de la formalité, y sont soumis à raison de ce qu'ils ont été passés devant notaire, n'étant passibles que du moindre droit fixe, l'acte notarié constatant le payement d'une créance due à l'Etat et la mainlevée de l'inscription prise pour garantie de cette créance, ne peut donner lieu au droit gradué. Il n'est dû que le droit fixe, attendu que la mainlevée est la suite de la quittance et qu'un acte exempt de la formalité ne peut être frappé d'un droit plus fort que celui qui eût été exigible, s'il n'eût pas été exempté de l'enregistrement (Sol. adm. enreg. 25 juill. 1876, D. P. 78. 3. 8).

532. Du texte comme de l'esprit de la loi du 28 févr. 1872, il résulte que les mainlevées ordonnées par justice échappent au droit gradué et ne donnent lieu qu'au droit fixe, comme cela a été reconnu lors de la discussion de la loi (Trib. Seine, 29 juill. 1876, aff. X..., D. P. 76. 5. 201. — Adde : Discussion, L. 28 févr. 1872, D. P. 72. 4. 17, 2e col. in fine). — « Le texte (de la loi), dit M. Naquet, t. 3, n° 1119, se réfère aux consentements à mainlevée et on ne peut pas raisonnablement soutenir qu'il y a consentement lorsque la mainlevée est ordonnée par justice » (Conf. Demante, t. 2, n° 542-IV; Diction. droits d'enreg., v° Mainlevée, n° 9. — Contrà : Garnier, Rép. gén. enreg., n° 10984).

533. La loi du 28 févr. 1872 n'a pas dérogé au principe de la non-rétroactivité des lois. En conséquence, le droit gradué n'est pas exigible sur la mainlevée d'une inscription dont la radiation avait été autorisée avant la loi du 28 févr. 1872 par des actes enregistrés ; cette dernière mainlevée n'est, en effet, qu'un acte de complément n'ayant aucune somme pour objet, puisque le désistement hypothécaire résultait d'actes antérieurs (Sol. adm. enreg. 12 nov. 1872, D. P. 73. 5. 215).

§ 19. — Marchés et traités réputés actes de commerce.

534. Une loi du 11 juin 1859 (art. 22, D. P. 59. 4. 45) a autorisé l'enregistrement provisoire « moyennant un droit fixe de 2 fr. (aujourd'hui 3 fr., L. 28 févr. 1872, art. 4) et les autres droits fixes auxquels leurs dispositions peuvent donner ouverture d'après les lois en vigueur », des « marchés et traités réputés actes de commerce par les art. 632, 633 et 634, n° 1, c. com., faits ou passés sous signatures privées et donnant lieu au droit proportionnel suivant l'art. 69, § 3, n° 1, et § 5, n° 1, de la loi du 22 frim. an 7 ». Ces deux dispositions visent, d'une part, « les adjudications au rabais et marchés pour constructions, réparations et entretien, et tous autres objets mobiliers susceptibles d'estimation, faits entre particuliers, qui ne contiendront ni vente, ni promesse de livrer des marchandises, denrées ou autres objets mobiliers » (§ 3, n° 1), et, d'autre part, « les adjudications, ventes, reventes, cessions, rétrocessions, marchés, traités, et tous autres actes, soit civils, soit judiciaires, translatifs de propriété à titre onéreux, de meubles, récoltes de l'année sur pied, coupes de bois taillis et de hautes futaies, et autres objets mobiliers généralement quelconques » (§ 5, n° 1).

535. Le bénéfice de l'enregistrement provisoire au droit fixe par application de l'art. 22, L. 11 juin 1859, s'applique: ...aux marchés dans lesquels une seule des parties a fait acte de commerce (Trib. Seine 29 nov. 1861, aff. Jacquelin, D. P. 62. 3. 16; Civ. rej. 5 juin 1867, aff. Branicki, D. P. 67. 1. 491);... spécialement à l'acte sous seings privés portant cession, par un non-commerçant à une société commerciale, d'un procédé chimique pour l'éclairage (Même jugement, 29 nov. 1861);... au marché sous signatures privées passé entre un propriétaire et un entrepreneur de travaux pour la construction d'un mur et la fourniture par l'entrepreneur des matériaux qui devront entrer dans la construction de ce mur, un semblable traité devant être réputé commercial à l'égard de l'entrepreneur (Même arrêt du 5 juin 1867);... à l'acte sous signatures privées par lequel sont réglés les appointements d'un employé d'une maison de commerce (Trib. Seine, 21 août 1869, aff. Delage et Clochez, D. P. 70. 5. 135);... à la clause de l'acte sous signatures privées constitutif d'une société commerciale par laquelle un traitement est alloué au gérant (Sol. adm. enreg. 21 oct. 1869, D. P. 71. 3. 45), lorsque le gérant est pris en dehors des associés, car toutes les fois que c'est l'un des associés qui est chargé de la gérance dela société, la stipulation faite à cet égard dans l'acte de la société forme une des dispositions accessoires de cet acte et ne donne lieu à aucun droit particulier d'enregistrement (Ibid., note. V. infrà, chap. 4, part. 1re, sect. 2, art. 2, § 5, n° 5) ;... à la vente d'un fonds d'hôtel meublé à un individu qui l'achète pour le revendre et dans un but de spéculation (Req. 29 mai 1865, D. P. 69. 1. 430, note) ;... à l'acte sous seings privés portant cession d'un journal politique et littéraire appartenant à une société en commandite, ayant notamment pour but l'exploitation des annonces et réclames, et qui avait été acquis par un banquier en vue d'en faire apport à une société constituée pour l'exploitation du journal (Civ. cass. 23 mai 1870, aff. Mirès, D. P. 70. 5. 135-136) ;... aux marchés passés entre un entrepreneur et une compagnie de chemins de fer pour l'exécution d'une ligne concédée (Req. 12 janv. 1869, aff. Chotard, D. P. 69. 1. 430; 27 juill. 1875, aff. Comp. Fives-Lille, D. P. 75. 1. 458) ;... aux marchés passés par l'administration des chemins de fer de l'État, lorsqu'ils réunissent les conditions voulues pour que le bénéfice de l'art. 22 de la loi du 11 juin 1859 leur soit applicable, les chemins de fer exploités par l'État étant soumis par la loi de finances du 22 déc. 1878 (art. 9, D. P. 79. 4. 10), en ce qui concerne les droits, taxes et contributions de toute nature, au même régime que les chemins de fer concédés aux compagnies (Instr. adm. enreg. 28 déc. 1878, n° 2611, D. P. 79. 5. 198);... au marché renfermé dans l'acte constitutif d'une société commerciale anonyme établie pour l'exploitation d'une fabrique de sucre, et par lequel un cultivateur s'engage à fournir des betteraves à cette société, ledit marché constituant, à l'égard de cette dernière, un achat pour revendre (Trib. Valenciennes, 18 juin 1884; D. P. 86. 5. 193).

536. Mais le bénéfice de l'art. 22 de la loi du 11 juin 1859 n'est admis que pour les actes qui réunissent les conditions prévues par cette disposition. Ainsi l'enregistrement provisoire au droit fixe n'est applicable :... ni à un acte *notarié* (Trib. Seine, 24 mars 1865, aff. de Lareinty, D. P. 66. 3. 102);... ni à l'acte sous signatures privées qui a été *déposé* par les parties *chez un notaire*, pour être mis au rang de ses minutes (Trib. Seine, 24 août 1867, aff. Muller, D. P. 67. 3. 95);... ni aux actes administratifs (Civ. rej. 19 nov. 1867, aff. Compagnie du marché du Temple, D. P. 67. 1. 451; Civ. cass. 28 janv. 1868, aff. Petin, Gaudet et comp., D. P. 68. 1. 100; Civ. rej. 4 août 1869, aff. Ch. Lafflûte, D. P. 70. 1. 36; 20 nov. 1870, aff. Vallée, D. P. 70. 5. 145; Trib. Montreuil, 24 mars 1876, *Journ. enreg.*, art. 20439; Trib. La Roche-sur-Yon, 8 avr. 1878, *ibid.*, art. 20808) ;... spécialement,... au traité ou marché fait, dans la forme d'un acte public administratif, entre une commune et un entrepreneur de travaux, bien que ce traité constitue, au moins de la part de l'entrepreneur, un acte de commerce. — Doit être considéré comme un acte public administratif, au point de vue spécial des lois fiscales : le marché passé avec le maire d'une commune, à la suite de délibérations prises par le conseil municipal, de la soumission de l'entrepreneur et d'un décret portant autorisation de conclure le marché (Même arrêt du 19 nov. 1867) ;... à l'acte approuvé par le préfet, par lequel les administrateurs d'un hospice ont concédé à un particulier le droit exclusif d'extraire de la tourbe dans toute l'étendue d'un domaine appartenant à l'hospice (Même arrêt du 28 janv. 1868) ;... à l'adjudication de l'entreprise d'un service public (lits militaires), dont le cahier des charges oblige l'adjudicataire à payer à l'entrepreneur sortant le prix du matériel de l'entreprise (Même arrêt du 4 août 1869).

537. Ne peuvent être, non plus, admis à l'enregistrement provisoire au droit fixe par application de l'art. 22 de la loi du 11 juin 1859 :... les actes *unilatéraux*, tels que *billets* et *effets* réputés actes de commerce par les art. 632 et suiv. c. com. (Circ. dir. gén. enreg. 18 juin 1859, D. P. 59. 3. 71) ;... l'acte par lequel, à la suite de la dissolution d'une société, les anciens associés abandonnent à l'un d'eux leurs parts dans les valeurs mobilières qui composaient le fonds social, à charge d'acquitter le passif (Civ. rej. 16 avr. 1872, aff. Lagard, D. P. 72. 1. 174. Conf. Trib. Toulon, 23 janv. 1867, D. P. 72. 1. 174, note ; Trib. Mantes, 6 juill. 1867, *ibid.*; Trib. Seine, 28 avr. 1869, *ibid.*) ;... les actes contenant cession pour un associé ou son héritier, de ses droits dans une société de commerce (Trib. Toulon, 23 janv. 1867, aff. N..., D. P. 68. 3. 22-23; Trib. Mantes, 6 juill. 1867, aff. Saint-Yves, *ibid.*) ;... l'acte sous signatures privées portant cession du droit d'exploiter une mine (Trib. Valence, 25 juin 1884, Garnier, *Rép. pér. enreg.*, art. 6392) ;... les contrats d'assurances (Trib. Valenciennes, 17 févr. 1868, aff. France industrielle, D. P. 89. 5. 211-212);... les marchés *verbaux* (Trib. Seine, 25 févr. 1865, aff. Dagniault, D. P. 66. 3. 45; Trib. Clermont (Oise), 13 févr. 1878, *Journ. enreg.*, art. 20752).

538. L'art. 22 de la loi du 11 juin 1859 porte que « les droits proportionnels seront perçus, lorsqu'un jugement por-

tant condamnation, liquidation, collocation ou reconnaissance, interviendra sur ces marchés et traités ou qu'un acte public sera fait ou rédigé en conséquence, mais seulement sur la partie du prix ou des sommes faisant l'objet, soit de la condamnation, liquidation, collocation ou reconnaissance, soit des dispositions de l'acte public ». Le commentaire de ce paragraphe se trouvera *infrà*, n° 969 et sect. 3, art. 5.

§ 20. — Notoriétés.

539. Les actes de notoriété étaient tarifés au droit de 1 fr. par l'art. 68, § 1er, n° 5, de la loi du 22 frim. an 7. Ce droit a été élevé à 2 fr. (L. 28 avr. 1816, art. 43, n° 2), puis à 3 fr. (L. 28 févr. 1872, art. 4).

Les actes de notoriété passés devant les juges de paix et destinés à constater les ressources des demandeurs en concession de terres en Algérie, ont été tarifés exceptionnellement à 1 fr. par un décret du 23 avr. 1852 (art. 2, D. P. 55. 4. 12) (Instr. adm. enreg. 19 oct. 1855, n° 2049, § 1er; 16 janv. 1857, n° 2088, § 1er). Ce droit est aujourd'hui de 1 fr. 50 cent. par suite de l'augmentation de moitié édictée pour tous les actes civils, administratifs et judiciaires, par la disposition précitée de la loi du 28 févr. 1872.

Comme nous le verrons plus loin, lorsque nous traiterons des exemptions (V. *infrà*, chap. 5), la dispense du droit d'enregistrement a été accordée pour un certain nombre d'actes de notoriété concernant la rectification des registres de l'état civil, les indigents, les militaires et leurs veuves, les sociétés de secours mutuels, les caisses de retraites pour la vieillesse, etc.

540. En principe, toutes les fois que les faits constatés dans un *acte de notoriété* se rapportent à des personnes ayant un intérêt commun, telles que cohéritiers, copropriétaires, coassociés, il n'est dû qu'un seul droit, lors même que plusieurs faits sont établis, et que ces faits se rapportent à des personnes diverses. — Ainsi, l'acte de notoriété constatant : 1° le décès des père et mère; 2° l'existence de leurs enfants et leurs droits d'héritiers, n'est sujet qu'à un seul droit (Délib. adm. enreg. 22 févr. 1833, D. P. 74. 5. 214, n° 73, note). — De même, l'acte de notoriété constatant les droits de cohéritiers appelés à recueillir indivisément plusieurs successions, ne donne lieu qu'à un seul droit d'enregistrement (Sol. adm. enreg. 10 juin 1869, *ibid.*). — Au contraire, l'acte de notoriété dressé à l'effet de réparer une omission sur les registres de l'état civil concernant la date de naissance de deux frères, donne lieu à deux droits. Dans ce cas, en effet, deux faits indépendants l'un de l'autre sont attestés, et leur attestation a pour cause, non un intérêt collectif et indivisible, mais un intérêt particulier personnel à chacun des deux frères (Sol. adm. enreg. 13 déc. 1825, *ibid.*, note).

§ 21. — Prorogation de délai.

541. Avant 1872, l'acte portant prorogation de délai était tarifé comme acte innommé (Rép. n°s 817, 818, 1643 et 1510). L'art. 1er-8° de la loi du 28 févr. 1872 ayant soumis au droit fixe gradué de 1 pour 1000 « les prorogations de délai pures et simples » sur « le montant de la créance dont le terme d'exigibilité est prorogé », c'est aujourd'hui ce droit gradué qui est perçu dans tous les cas où s'appliquait auparavant le droit fixe.

L'assujettissement des prorogations de délais au droit gradué est justifié comme suit dans le rapport de la commission législative qui a préparé la loi du 28 févr. 1872 : « Les prorogations de délais ne produisent pas, à la vérité, des mutations de valeurs, mais elles contiennent des engagements dont l'importance varie à raison du montant des créances dont le terme d'exigibilité est prorogé. Ces actes paraissent donc de nature à pouvoir donner lieu à la perception de droits variables » (D. P. 72. 4. 13, n° 12).

542. La loi ayant tarifé au droit gradué les prorogations de délai pures et simples sans distinction, ni relativement à la forme, ni quant à la nature de l'acte constatant la prorogation de délai, ce droit est applicable aussi bien aux actes sous seing privé qu'aux actes authentiques, aux actes judiciaires qu'aux actes civils (V. Civ. cass. 24 févr. 1875, aff. Becuwe, D. P. 75. 1. 213). Ainsi, *l'acte sous seing* *privé* constatant une prorogation de délai, est passible du droit gradué (Garnier, *Rép. gén. enreg.*, n° 13217). — D'autre part, lorsqu'un jugement, tout en repoussant l'opposition formée par un débiteur au commandement qui lui a été signifié par son créancier, lui accorde un délai pour se libérer, le droit gradué est dû, à l'enregistrement du jugement, en raison de cette prorogation de délai, « attendu que la loi ne distingue pas entre le délai de grâce et le délai conventionnel, et qu'en matière de droit étroit, comme en matière fiscale, les juges ne peuvent établir de distinction là où la loi n'en fait pas;... que le sort de la prorogation judiciaire est le même que celui de la prorogation conventionnelle; que le débiteur se trouve dans les mêmes conditions dans l'un comme dans l'autre cas; que c'est toujours une augmentation de délai dont il profite et qui tend à faciliter sa libération » (Trib. Orange, 19 déc. 1878, aff. Ducros, D. P. 80. 3. 8; Garnier, *Rép. pér. enreg.*, art. 5226; Sol. adm. enreg. 30 sept. 1873, *ibid.*, art. 3715). — Toutefois, le droit gradué n'est dû que sur les actes qui autrefois étaient passibles d'un droit fixe. De même que, avant la loi de 1872, les jugements qui, après condamnation, accordaient un délai, ne donnaient pas lieu à un droit fixe particulier pour ce délai (Sol. adm. enreg. 8 mai 1830), de même on doit admettre aujourd'hui que le droit gradué n'est pas dû dans ce cas. Ce droit n'est exigible qu'autant que le jugement ne contient qu'une prorogation de délai sans condamnation, le droit gradué remplaçant alors le droit fixe de jugement (Sol. adm. enreg. 11 mai 1874, Garnier, *Rép. gén. enreg.*, n° 13218-1°).

543. La prorogation de délai n'est assujettie au droit d'enregistrement qu'autant qu'elle fait l'objet de la disposition principale ou de l'une des dispositions principales de l'acte la renfermant. Si elle n'est stipulée qu'accessoirement, comme l'une des conditions de la disposition principale de l'acte, elle n'est plus qu'une disposition dépendante et ne donne lieu à aucun droit particulier. Il en est ainsi de la prorogation de délai consentie comme l'une des conditions d'un cautionnement souscrit par un tiers afin d'obtenir l'abandon de poursuites de saisie immobilière exercées contre un débiteur (Sol. adm. enreg. 10 mars 1874, Garnier, *Rép. pér. enreg.*, art. 3987. Conf. Garnier, *Rép. gén. enreg.*, n° 13221).

544. La question de savoir si un droit particulier d'enregistrement est dû pour la prorogation de délai accordée, dans un acte de *transport de créance*, par le cessionnaire au débiteur, a été controversée. Deux jugements ont été rendus dans le sens de la négative par le tribunal de Lyon, les 25 févr. 1858 (aff. d'Aubarède, D. P. 58. 3. 55) et 2 mars 1860 (aff. Ducruet, D. P. 63. 3. 45). L'administration de l'enregistrement soutient, au contraire, que la prorogation de délai constitue, dans ce cas, une disposition indépendante du transport et donne lieu, par suite, à un droit particulier (Instr. adm. enreg. 28 janv. 1861, n° 2187, § 6, D. P. 61. 3. 46; Sol. adm. enreg. 27 nov. 1860, *ibid.*; 17 sept. 1873, D. P. 73. 3. 8). Et deux jugements (Trib. Rambouillet, 17 févr. 1856, D. P. 61. 3. 46; Trib. Lyon, 29 août 1862, aff. Ducruet, D. P. 63. 3. 46) se sont prononcés dans le même sens.

Mais s'il s'agissait d'un prêt fait *verbalement* ou dont le titre ne serait pas enregistré, la prorogation de délai, avec acceptation par le débiteur, donnerait lieu au droit proportionnel de 1 pour 100, parce que l'intervention du débiteur constituerait une reconnaissance de dette; dès lors, la prorogation de délai ne formerait plus qu'une disposition accessoire et ne donnerait lieu à aucun droit particulier, d'après la doctrine établie au numéro précédent (Conf. *Dictionnaire du notariat*, v° *Prorogation de délai*, n° 5; Garnier, *Rép. gén. enreg.*, n° 13223).

545. L'exigibilité d'un droit particulier pour la prorogation de délai consentie à la suite d'une *quittance subrogative*, a été contestée. L'administration de l'enregistrement soutient que, dans ce cas, comme dans celui de cession de créance, la prorogation de délai constitue une disposition tout à fait indépendante de la subrogation. Elle a décidé, spécialement, que l'acte contenant quittance avec subrogation et prorogation de délai par le créancier subrogé, est passible du droit gradué à raison de la prorogation, cette disposition étant indépendante de la subrogation (Sol.

adm. enreg. 7 juin, 17 juill. et 23 sept. 1872, D. P. 73. 5. 224);... que le droit gradué est applicable également, indépendamment du droit proportionnel dû pour la subrogation, à la prorogation de délai que, dans le cas prévu par l'art. 1250-1° c. civ., le tiers subrogé aux droits, actions et privilèges du créancier qu'il a désintéressé accorde au débiteur pour le remboursement de la dette (Sol. adm. enreg. 17 sept. 1873, D. P. 75. 3. 8). Cette doctrine a été admise par des jugements des tribunaux de Bordeaux le 2 août 1879 (Garnier, *Rép. pér. enreg.*, n° 5427); et de Lyon, le 8 mai 1885 (*ibid.*, n° 6537). — Mais la stipulation d'un délai pour le remboursement de l'emprunt contracté dans les conditions prévues par l'art. 1250-2° c. civ., avec emploi immédiat des deniers prêtés en payement d'un premier créancier et subrogation du prêteur dans tous les droits de ce créancier, constitue une disposition essentiellement dépendante du contrat de prêt et ne donne lieu, par suite, à aucun droit particulier d'enregistrement (Même solution 17 sept. 1873. Conf. Trib. Grenoble, 17 févr. 1877, aff. Didier, D. P. 78. 3. 40).

546. Les décrets des 24 mars 1848 (art. 10, D. P. 48. 4. 58) et 4 juill. 1848 (art. 6, D. P. 48. 4. 121) n'assujettissant exceptionnellement qu'à un simple droit fixe d'enregistrement de 2 fr. 20 cent. tous actes ayant pour objet de constituer des nantissements au profit des sous-comptoirs des entrepreneurs, par voie de transport ou autrement; et établir leurs droits comme créanciers, on a soutenu que cette disposition s'appliquait à la prorogation de délai consentie par un sous-comptoir pour le remboursement d'un crédit réalisé, et que, par suite, cette prorogation n'était pas sujette au droit gradué. Mais la jurisprudence a repoussé cette interprétation. Elle a décidé que le droit gradué était applicable à la prorogation de délai, attendu que, ne constituant ni un nantissement, ni un acte ayant pour objet d'établir les droits du sous-comptoir comme créancier, elle ne rentrait pas dans les termes des décrets, et qu'un tel acte avait toujours été régi par le droit commun quant à la perception fiscale (Trib. Seine, 29 mars 1873, aff. Sous-Comptoir des entrepreneurs, D. P. 75. 3. 7; Civ. rej. 24 févr. 1875, aff. Liquidation de la Société immobilière, D. P. 75. 1. 371. Conf. Délib. adm. enreg. 23-27 juill. 1872, D. P. 73. 5. 224).

547. La stipulation, dans le *partage* d'une succession, d'un terme pour le payement d'un *rapport* de dot mis à la charge de l'un des héritiers, constitue une prorogation de délai et donne lieu, par suite, au droit gradué (Trib. Seine, 9 août 1878, aff. des Acres de l'Aigle, D. P. 79. 3. 24. Conf. Trib. Gaillac, 9 mai 1877, *ibid.*, note).

§ 22. — Récépissés et décharges.

548. La loi du 22 frim. an 7 assujettit, par son art. 68, § 1er, n° 22, « les décharges également pures et simples et les récépissés de pièces » au droit de 1 fr., qui a été porté à 2 fr. (L. 28 avr. 1816, n° 8), puis à 3 fr. (L. 28 févr. 1872, art. 4).

549. Une loi spéciale a assujetti au droit de 1 fr. les récépissés de marchandises déposées dans les magasins généraux (L. 28 mai 1858, art. 13, D. P. 58. 4. 76). Ce droit a été porté à 1 fr. 50 cent. par la disposition générale de l'art. 4 de la loi du 28 févr. 1872.

550. Les récépissés donnés par les *avoués* dans les cas prévus par les art. 106 et 189 c. proc. civ., pour les pièces qui leur sont communiquées, ne constituent point des actes judiciaires et ne sont sujets à l'enregistrement que dans le cas où il en est fait usage en justice, par acte public ou devant une autorité constituée (Instr. adm. enreg. 4 juill. 1809, n° 436, § 14 et 18).

551. Le récépissé délivré par le greffier du tribunal de commerce aux créanciers d'une faillite, pour les titres qu'ils déposent entre les mains du syndic afin qu'ils soient vérifiés, est exempt d'enregistrement (V. *suprà*, n° 416).

552. Pour les récépissés ou reconnaissances de sommes déposées chez des particuliers, V. *suprà*, n°s 363 et suiv.

553. Pour les récépissés délivrés par les secrétaires des chambres de notaires, V. *suprà*, n° 361.

554. Les récépissés que délivrent les compagnies de chemins de fer pour les objets et marchandises déposés dans leurs bureaux afin d'en opérer le transport, constituent chacun un véritable titre de contrat intervenu entre l'expéditeur et la compagnie. Le récépissé n'est assujetti à l'enregistrement que lorsqu'il en est fait usage en justice, par acte public ou devant une autorité constituée. Comme acte de commerce, il n'est assujetti provisoirement qu'au droit fixe; le droit proportionnel deviendrait exigible si le marché était reconnu et consacré par un jugement (*Diction. droits d'enreg.*, v° *Récépissé*, n° 42). V. *suprà*, n°s 534 et suiv.

555. La décharge est, comme la quittance, un acte libératoire qui a pour effet d'éteindre l'obligation de celui qui est déchargé; mais elle diffère de la quittance en ce que celle-ci suppose une aliénation, une transmission de deniers, tandis que la décharge est une libération sans aliénation (*Rép.* n°s 845 et 867). On conçoit par là que les difficultés auxquelles donne lieu la perception du droit d'enregistrement, en cette matière, se rapportent principalement à la question de savoir si le droit proportionnel de quittance à 50 cent. p. 100 est ou non applicable. Elles sont étudiées *infrà*, n°s 593 et suiv., où il est traité spécialement des « libérations » et des décharges données... par le *mandant au mandataire* (V. *infrà*, n°s 596 et suiv.);... aux *comptables, tuteurs, curateurs et autres administrateurs légaux* (V. *infrà*, n° 604);... au sujet de *sommes données et léguées* (V. *infrà*, n°s 605 et suiv.);... au sujet de *deniers dotaux* (V. *infrà*, n°s 607 et suiv.).

556. La remise effectuée par le *dépositaire* ne donne lieu qu'au droit fixe de décharge toutes les fois qu'elle constitue réellement l'exécution du dépôt (V. *suprà*, n° 357).

557. Les décharges données à la caisse des dépôts et consignations sont exemptes d'enregistrement toutes les fois qu'elles sont pures et simples (V. sur ce point *suprà*, n° 364).

§ 23. — Reconnaissance d'enfant naturel.

558. Les actes de l'état civil sont exempts de la formalité de l'enregistrement (L. 22 frim. an 7, art. 70, § 3, n° 8). Mais, s'ils contiennent la reconnaissance d'enfants naturels, ils sont passibles, de ce chef, d'un droit fixe d'enregistrement de 2 fr. (aujourd'hui 3 fr. L. 28 févr. 1872, art. 4) toutes les fois que la reconnaissance a lieu « par acte de célébration de mariage » (L. 28 avr. 1816, art. 43, § 22);... et de 5 fr. (aujourd'hui 7 fr. 50 cent., L. 28 févr. 1872, art. 4), lorsque la reconnaissance est faite « autrement que par acte de mariage » (L. 28 avr. 1816, art. 45, § 7). — La formalité est remplie sur l'expédition de l'acte de l'état civil (L. 22 frim. an 7, art. 7).

559. Le droit fixe de 5 fr. (aujourd'hui 7 fr. 50 cent.) s'applique à toute reconnaissance d'enfant naturel qui se trouve renfermée dans un acte soumis à la formalité. Mais, pour qu'il soit exigible, il faut que la reconnaissance soit spéciale, formelle, irrécusable, qu'elle soit exprimée positivement et qu'elle fasse l'objet de l'acte ou d'une disposition de l'acte. Si la doctrine et la jurisprudence admettent qu'un enfant naturel est suffisamment reconnu lorsqu'il a pris cette qualité dans un acte public et que l'individu désigné comme père naturel a approuvé et signé le contrat, si, par suite, une semblable déclaration peut être invoquée pour établir la filiation de l'enfant, il n'en résulte pas qu'elle constitue la reconnaissance tarifée. En effet, une déclaration de cette nature, quoique susceptible, dans certains cas, de produire les effets de la reconnaissance elle-même, ne présente jamais que le caractère d'une simple énonciation. L'administration de l'enregistrement a décidé, en ce sens, que le droit fixe de 5 fr. (aujourd'hui 7 fr. 50 cent.) établi pour les reconnaissances d'enfants naturels, n'est pas dû sur le contrat de mariage dans lequel le futur est désigné comme fils naturel d'une personne dénommée au contrat et assistant son fils (Sol. adm. enreg. 22 juill. 1868, D. P. 69. 5. 169).

§ 24. — Rétractations et révocations.

560. Les « rétractations et révocations » étaient tarifées au droit fixe de 1 fr. par la loi du 22 frim. an 7 (art. 68, § 1er, n° 41). Ce droit a été élevé successivement à 2 fr. (L. 28 avr. 1816, art. 43, n° 24), puis à 3 fr. (L. 28 févr. 1872, art. 4).

561. La révocation d'un *mandat*, d'une *procuration*, donne lieu au droit de 3 fr.; mais lorsque la révocation est exprimée dans la procuration donnée à un nouveau manda-

taire, elle forme une disposition dépendante et dérivant nécessairement de la nouvelle procuration; par suite, elle ne donne pas lieu à la perception d'un droit particulier (*Dictionnaire du notariat*, v° *Révocation de mandat*, n° 25; *Diction. droits d'enreg.*, v° *Révocation*, n° 8).

562. La révocation d'une *donation entre vifs* acceptée donne lieu au droit proportionnel, lorsque la révocation est elle-même acceptée (*Rép.* n° 2528); mais la révocation d'une donation entre vifs ou d'une donation éventuelle non acceptée n'est passible que du droit fixe (*Diction. droits d'enreg.*, v° *Révocation*, n° 4).

563. L'acte notarié portant révocation de *testament*, doit être rangé dans la catégorie des testaments et n'est, par suite, sujet à l'enregistrement que dans les trois mois du décès du testateur (L. 22 frim. an 7, art. 20 et 24) (V. *Rép.* n°s 4974 et suiv.); mais c'est le tarif spécial établi pour les rétractations et révocations (droit fixe de 3 fr.), et non celui édicté pour les testaments (droit fixe de 7 fr. 50 cent.) qui est applicable aux actes de l'espèce (Sol. adm. enreg. 29 déc. 1879, D. P. 80. 3. 47). — Suivant M. Garnier, *Rép. gén. enreg.*, n°s 17053 et 17081, la révocation du testament a le caractère d'un testament ordinaire renfermant une disposition directe de biens, et cela suffit pour que le tarif concernant les testaments lui soit appliqué. Mais la loi fiscale renfermant une disposition qui tarife spécialement au droit de 3 fr. les rétractations et révocations, il semble que, comme l'Administration l'a décidé par la solution ci-dessus, c'est ce droit qui doit être perçu sur l'acte portant simplement révocation de testament (*Ibid.*, note).

Sect. 2. — Des droits fixes portant sur les contrats innommés (*Rép.* n°s 797 à 836).

564. Dans le sens de la loi fiscale, les contrats innommés sont ceux qui n'ont pas été tarifés spécialement (*Rép.* n° 797). Le principe de la loi, en cette matière, est consacré dans le paragraphe 1er de l'art. 68 de la loi du 22 frim. an 7 qui, après avoir visé dans des dispositions spéciales, les actes sujets au droit fixe de 1 fr., ajoute, par une dernière disposition (n° 51) : « Et généralement tous actes civils, judiciaires ou extrajudiciaires, qui ne se trouvent dénommés dans aucun des paragraphes suivants ni dans aucun autre article de la présente et qui ne peuvent donner lieu au droit proportionnel » — Ce droit de 1 fr. a été élevé, pour les actes *civils*, d'abord à 2 fr. (L. 18 mai 1850, art. 8), puis à 3 fr. (L. 28 févr. 1872, art. 4). Il a été porté à 1 fr. 50 cent. pour les actes *judiciaires* (L. 28 févr. 1872, art. 4) et pour les actes *extrajudiciaires* (L. 19 févr. 1874, art. 2).

« Le taux du droit, dit M. Demante, t. 1, n° 68, a été augmenté, des distinctions ont été introduites, mais le principe a toujours subsisté : tout acte, soit civil, soit judiciaire, soit extrajudiciaire, s'il ne rentre dans aucune autre catégorie du tarif, subit un droit fixe comme acte innommé » (Conf. Naquet, t. 1, n° 68).

Art. 1er. — Acte administratif (*Rép.* n° 799).

565. Les actes administratifs autres que ceux désignés dans l'art. 78 de la loi du 15 mai 1818, c'est-à-dire qui n'opèrent pas mutation de propriété, d'usufruit ou de jouissance, et qui ne contiennent ni adjudication ou marché, ni cautionnement relatif à ces actes, sont exempts de l'enregistrement (même loi, art. 80). Il est dit au *Rép.* n° 799 que, si les actes de cette catégorie sont soumis à la formalité, ils doivent être tarifés comme actes innommés. Telle est également l'opinion de M. Garnier, *Rép. gén. enreg.*, n° 746, qui cite dans le même sens un article du *Journal de l'enregistrement* (art. 19949).

Suivant M. Naquet, t. 1, n° 68, « la règle de l'art. 68, § 1er, n° 51, reçoit une exception à l'égard des actes administratifs, qui ne peuvent être imposés que s'ils sont individuellement prévus par la loi ». Cet auteur explique plus loin que les actes doivent être classés en actes civils et administratifs, que l'exigibilité de l'impôt est subordonnée, relativement aux actes administratifs, à la disposition d'un texte précis. De là « une différence notable entre les deux catégories d'actes » : les actes administratifs ne donneraient ouverture à l'impôt que s'ils étaient directement imposés par la loi, tandis que les actes civils en seraient passibles, quoique innommés. Cette règle devait être admise, à mon sens, même avant la loi du 15 mai 1818. Elle se justifiait par la combinaison de l'art. 3 et de l'art. 68, § 1er, n° 51, de la loi de frimaire. L'art. 3 qui édicte le principe général ne vise, en effet, que les actes civils, judiciaires ou extra-judiciaires, et l'art. 68, § 1er, n° 51, n'impose, en qualité d'actes innommés, que les mêmes actes. Il semble donc que les actes administratifs ne sont passibles d'un droit que si ce droit a été spécialement établi par un texte distinct ». De l'exemption prononcée par l'art. 80 de la loi du 15 mai 1818 en faveur des actes administratifs autres que ceux visés dans l'art. 78, « il résulte qu'un droit fixe ne peut être exigible à l'égard d'un acte administratif de ce genre que si cet acte y a été expressément et déterminément soumis par un texte de loi » (*Ibid.* n° 1080. Conf. Demante, t. 1, n° 20). Ni l'art. 3 ni l'art. 68, § 1er, n° 51, de la loi de frimaire an 7 ne mentionnent, il est vrai, les actes administratifs ; ils ne visent, l'un et l'autre, que les actes civils, judiciaires ou extrajudiciaires ; d'autre part, comme nous l'avons vu ci-dessus, tout acte administratif ne rentrant pas dans les conventions expressément et limitativement désignées par l'art. 78 de la loi du 15 mai 1818, est exempt de l'enregistrement d'après la disposition formelle de l'art. 80 de la même loi. S'ensuit-il que, si un acte de cette nature, ou tout autre acte également exempt de l'enregistrement, est soumis à la formalité, cette formalité doive être remplie sans perception d'aucun droit? Ni M. Naquet, ni M. Demante n'ont traité la question même, mais la théorie qu'ils ont établie, implique, ce semble, que, dans leur opinion, elle doit être résolue affirmativement. Or cela ne paraît pas pouvoir être admis. Le droit fixe étant le salaire de la formalité, sa perception est la conséquence obligée de l'accomplissement de cette formalité. Sur quelle disposition de loi pourrait-on se fonder pour exiger que l'acte soit enregistré sans perception d'aucun droit? Nous n'en voyons aucune qui puisse être invoquée à l'appui d'une semblable prétention. Alléguera-t-on que l'acte est exempt de l'enregistrement? Eh bien ! dira le receveur, ne le faites pas enregistrer. Insistera-t-on, en disant que l'acte ne rentre dans aucune des dispositions du tarif? Aussi, répondra le receveur, ne lui appliquerai-je que le droit établi pour les actes non tarifés. Mais je percevrai ce droit, parce qu'il est le prix de la formalité même. « Tout écrit, disent les rédacteurs du *Dictionnaire des droits d'enregistrement*, est susceptible d'enregistrement, et nous entendons par ces mots « tout écrit » non seulement les actes de la vie civile ou même les actes imparfaits, mais encore tout corps d'écriture, quel qu'il soit, manuscrit ou même imprimé ». Ainsi, un citoyen peut avoir intérêt à établir qu'une pièce quelconque existait à telle ou telle époque et à lui faire acquérir date certaine. Peu importe que cette pièce ne porte aucune signature et paraisse n'avoir aucun caractère juridique : l'intérêt de la personne qui la présente à la formalité suffit pour que cette formalité ne puisse être refusée ; elle doit avoir lieu moyennant la perception du droit des actes innommés (v° *Enregistrement*, n° 51).

Art. 2. — *Acte imparfait* (*Rép.* nos 800 et 801).

566. Nous avons déjà traité de l'enregistrement des actes imparfaits, lorsque nous avons étudié les règles générales de la perception (V. *suprà*, nos 116 et suiv.). Nous nous en occuperons encore plus loin, pour déterminer les cas dans lesquels ces actes doivent être enregistrés dans un délai déterminé (V. *infrà*, chap. 6, sect. 1) et dans quels cas ceux en forme authentique sont sujets à l'inscription au répertoire de l'officier ministériel rédacteur (V. *infrà*, chap. 9, sect. 2). Il n'est question ici que des actes imparfaits qui donnent lieu au droit fixe établi pour les actes innommés.

567. L'acte notarié imparfait faute de signature, oblige de la partie qui s'oblige, lorsque la convention est unilatérale, soit de l'une des parties contractantes pour les contrats synallagmatiques, n'a pas d'existence ; ce n'est qu'un projet d'acte. Si, par suite, il est présenté à l'enregistrement, il ne peut être assujetti qu'au droit fixe établi pour les actes innommés (*Rép.* n° 800. Conf. Naquet, n° 1086, t. 3, p. 73 ;

Demante, t. 1, n° 48 ; Garnier, *Rép. gén. enreg.*, n° 731 ; *Diction. droits d'enreg.*, v° *Acte imparfait*, n° 6). Et si, dans ce cas, le droit proportionnel a été perçu à l'enregistrement de l'acte, ce droit est sujet à restitution (Trib. La Roche-sur-Yon, 23 avr. 1865, Garnier, *Rép. pér. enreg.*, art. 2308. Conf. Trib. Rennes, 14 mars 1865, *ibid.*, art. 2090 ; Garnier, *Rép. gén. enreg.*, n° 734).

568. L'acte portant vente d'immeuble, signé des parties, ou contenant la mention qu'elles ne savent pas signer, mais non revêtu de la signature du notaire ou de celles, soit du notaire en second, soit des témoins instrumentaires, ne vaut que comme acte sous seing privé, aux termes de l'art. 68 de la loi du 25 vent. an 11. Ce n'est plus simplement le droit fixe établi pour les actes innommés qui est applicable à un tel acte, puisque, s'il ne peut valoir comme acte authentique, il subsiste comme acte sous seing privé : il donne lieu au droit proportionnel (V. Trib. Espalion, 19 août 1847 ; Trib. Lourdes, 13 mars 1855, *suprà*, n° 118). La question de savoir s'il doit être enregistré dans le délai dix ou quinze jours fixé pour les actes notariés, ou dans celui de trois mois déterminé pour les actes sous signatures privés translatifs d'immeubles, est controversée. Elle sera examinée chap. 6, sect. 1re. — Mais le procès-verbal d'adjudication d'immeubles dressé par un *notaire commis* par justice ne vaut même pas comme acte sous seing privé, lorsqu'il n'est pas revêtu de la signature du notaire, encore bien qu'il soit signé par le vendeur et par l'adjudicataire. Par suite, le droit proportionnel ne peut lui être appliqué. En effet, l'adjudication non signée du notaire commis ne forme pas un contrat et n'a aucune valeur, même comme acte sous seing privé. Le notaire commis remplit un office purement judiciaire ; il est le délégué du tribunal ; comme le juge, il donne acte aux parties de leurs déclarations, reçoit leurs dires, constate leurs aveux, et, en exprimant son avis sur les contestations, il fait acte de juridiction contentieuse ; le procès-verbal non signé est donc, comme un jugement qui présenterait la même irrégularité, sans aucune valeur (Sol. adm. enreg. 20 mars 1866, D.P. 67, 5. 165).

569. L'acte constatant une convention soumise à une *condition suspensive* ne donne pas lieu au droit applicable à cette convention : il n'est sujet qu'au droit fixe établi pour les actes innommés, et le droit de la convention ne devient exigible que lorsque la condition s'est réalisée (V. *suprà*, n° 162. Conf. Demante, t. 1, n° 32 ; *Diction. droits d'enreg.*, v° *Condition*, n° 75). Il en était ainsi pour les actes d'*ouverture de crédit* avant que la loi du 23 août 1871 (art. 5) les eût assujettis exceptionnellement à un droit proportionnel de 50 cent. pour 100. — Il est fait journellement application du principe aux prêts effectués par le *Crédit foncier*. D'après les statuts de cet établissement, son conseil d'administration, lorsqu'il est fixé sur la solidité du gage offert, passe avec l'emprunteur un acte conditionnel de prêt, en vertu duquel il fait prendre une inscription hypothécaire. Il procède ensuite aux formalités de purge prescrites, et, après leur accomplissement, un acte, dressé à la suite de l'acte conditionnel, constate l'annulation du projet de prêt ou la réalisation définitive, suivant qu'il s'est ou non révélé une inscription hypothécaire ou un droit réel grevant l'immeuble hypothéqué et suivant que cette inscription ou ce droit réel n'a pu être anéanti ou l'a été. Le droit proportionnel n'étant exigible que lorsque le prêt a été consommé, on ne serait pas fondé à le percevoir sur le contrat conditionnel qui n'emporte pas obligation de sommes dans le sens des art. 4 et 69, § 3, n°3, de la loi du 22 frim. an 7. Ce contrat, soit comme acte innommé, soit à cause de la condition suspensive à laquelle il est soumis, tombe sous l'application des art. 3 et 68, § 1er, n° 51, de la même loi et n'est passible que du droit fixe de 2 fr. (aujourd'hui 3 fr.) (Instr. adm. enreg. 11 juill. 1853, n° 1968; Rép. v° *Sociétés de crédit foncier*, n° 55).

570. Il en est de même pour les *prêts faits à l'industrie* en vertu de la loi du 1er août 1860 (D. P. 60. 4. 120). Ces prêts donnent lieu à la rédaction de deux actes : l'un est passé au lieu du domicile de l'emprunteur et contient affectation hypothécaire ou tous autres engagements nécessaires pour assurer le remboursement de la somme qui doit être prêtée ; l'autre est souscrit à Paris et constate la réalisation du prêt. Le premier de ces actes est sujet au droit fixe ; le droit proportionnel est dû sur le second (Décis. 4 juin 1861 ; Instr. adm. enreg. 13 janv. 1863, n° 2241, § 3). Le droit fixe applicable au premier acte est celui établi pour les actes innommés.

571. Tous les actes soumis à une condition suspensive tombent sous l'application de la règle, quelle que soit la forme de l'acte, quelle que soit sa nature, quel que soit le droit fixe, gradué ou proportionnel, applicable à la convention qu'il constate. Ainsi, l'acte constatant la constitution sous condition suspensive d'une société ne donne lieu, tant que la condition à laquelle son effet est subordonné n'est pas accompli, qu'au droit fixe établi pour les contrats innommés ; le droit gradué n'est exigible qu'à l'événement de la condition (Demante, t. 1, n° 37).

572. Les contrats de mariage étant soumis à la condition suspensive de la célébration du mariage, ne devraient être enregistrés qu'au droit fixe établi pour les contrats innommés, sauf réclamation, après la célébration, des droits applicables aux dispositions du contrat. Il n'en est pas ainsi. Tous les droits auxquels donnent lieu les différentes dispositions du contrat sont perçus dès qu'il est présenté à l'enregistrement ; mais l'Administration les restitue en cas de non célébration du mariage ; elle retient seulement alors le droit fixe, ce droit représentant le salaire de la formalité (*Rép.* n° 2428). — Sous la loi de l'an 7, le droit retenu était celui de 5 fr. auquel l'art. 68, § 3-1°, de la loi de frimaire tarifait les contrats de mariage avant que la loi du 28 févr. 1872 les eût soumis au droit gradué (*Rép.* n° 2428, 3518 et 5404). C'était un abus. En effet, le droit qui devait être retenu n'était pas le droit spécial de 5 fr. établi pour les contrats de mariage, puisque, par suite du non-accomplissement de la condition suspensive, l'acte n'avait jamais été un contrat de mariage et était demeuré un simple projet ; c'était le droit fixe de 2 fr. (aujourd'hui 3 fr.) applicable aux actes innommés. La question a été soulevée au lendemain de la promulgation de la loi du 28 févr. 1872 qui a soumis au droit gradué les contrats de mariage. Ce droit gradué ayant été substitué purement et simplement à l'ancien droit fixe de 5 fr. (V. *supra*, n° 175) devait être retenu, en cas de non-célébration du mariage, comme l'était le droit de 5 fr. Mais comment faire admettre qu'un droit qui est presque toujours d'une somme importante et qui s'élève souvent à plusieurs milliers de francs, soit considéré comme n'étant que le salaire de la formalité ? L'Administration a senti l'impossibilité de soutenir une pareille prétention. Elle a reconnu que le seul droit à retenir, en cas de non-célébration du mariage, est celui établi pour les actes innommés (Délib. adm. enreg. 3 sept. 1872, D. P. 73. 5. 208).

573. La vente conditionnelle, n'opérant pas transmission, ne donne pas lieu au droit proportionnel ; ce droit n'est exigible qu'à l'évènement de la condition. Comme elle n'est pas tarifée en tant que vente conditionnelle, l'acte qui la constate rentre, par cela seul, dans la disposition générale du tarif concernant les actes innommés (Demante, t. 1, n° 32). Cela n'a jamais été contesté. Les difficultés qui se produisent, dans les cas de l'espèce, se rapportent à la question de savoir si le fait auquel la vente est soumise constitue une condition suspensive de nature à faire obstacle à la perception immédiate du droit proportionnel. Tels sont les cas où il est stipulé, dans un acte sous seing privé de vente immobilière, que la vente sera réalisée par acte authentique, — où un jugement, tout en reconnaissant que la vente s'est opérée, ordonne qu'il en sera passé acte devant notaire, — où un acte notarié de vente d'immeuble contient la stipulation que la vente ne produira effet qu'autant que l'acquéreur aura déposé le montant des frais entre les mains du notaire rédacteur, — et autres semblables. Nous étudierons ces difficultés au chapitre suivant, lorsque nous traiterons de la vente (V. *infrà*, n° 1111 et suiv.).

Art. 3. — *Acte pour lequel la prescription du droit est acquise.*

574. Il est fait mention au *Rép.* n° 801 d'un arrêt de la cour de cassation du 24 juin 1828 duquel il résulte que la

production en justice d'un acte dont les droits sont prescrits, n'autorise pas la perception de ces droits, la prescription du droit équivalant à payement, et qu'il n'est dû, en ce cas, que le droit fixe applicable aux actes innommés. Cette question a été traitée *supra*, n° 155 et suiv. Nous le retrouverons plus loin, lorsque nous traiterons de la prescription (V. *infrà*, chap. 10, sect. 3).

Art. 4. — *Acte respectueux* (Rép. n° 802 et 803).

575. Il est enseigné au *Rép.* n° 803, qu'il n'est dû qu'un seul droit pour la réquisition et la notification de l'acte respectueux, attendu qu'elles ne constituent qu'un seul procès-verbal en deux vacations. L'Administration a décidé que, bien que rédigés le même jour sur la même feuille, l'acte respectueux et le procès-verbal de notification doivent faire l'objet de la perception de deux droits distincts, s'ils ont été datés, clôturés et signés séparément (c. civ. art. 151 et 154) ; que c'est seulement dans le cas où il a été procédé aux deux actes sans désemparer et devant les mêmes témoins, qu'un droit unique doit être perçu (Sol. adm. enreg. 8 août 1867, D. P. 67. 3. 93. Conf. *Diction. droits d'enreg.*, v° *Acte respectueux*, n° 12 ; Garnier, *Rép. gén. enreg.*, n° 1484). Sur la question de savoir si deux actes sont nécessaires, V. *Mariage* ; — *Rép.* eod. v°, n° 152 et suiv.

Art. 5. — *Affectation hypothécaire* (Rép. n° 804).

576. L'affectation hypothécaire consentie par un tiers donne lieu, comme nous le verrons plus loin en traitant des cautionnements (V. *infrà*, n° 766 et suiv.), au droit proportionnel de cautionnement. Mais si l'affectation hypothécaire consentie par un tiers est soumise à une condition suspensive, elle ne donne lieu alors, comme toute convention conditionnelle, ainsi que nous l'avons vu *supra*, n° 162 et suiv., qu'au droit fixe établi pour les contrats innommés. Tel est le cas où l'hypothèque est donnée par un tiers... non seulement pour le capital d'une obligation, mais aussi pour les frais d'exécution, la dette, en ce qui concerne ces frais, n'étant pas certaine (*Journ. enreg.*, art. 15130-2°) ;... pour garantie d'une ouverture de crédit, la dette n'étant pas non plus certaine tant que le crédit n'est pas réalisé (*Ibid.*, art. 16691-1°). Et, dans ce dernier cas, la solution est exacte depuis comme avant la loi du 23 août 1871 ; car si l'art. 5 de cette loi a autorisé la perception d'un droit de 50 cent. pour 100 à l'enregistrement de l'ouverture du crédit et du droit d'hypothèque à 1 pour 1000 sur l'inscription prise au bureau des hypothèques, soit que le crédit ait été réalisé, soit qu'il ne l'ait pas été, cette disposition exceptionnelle n'a pas modifié le caractère de la convention (Conf. *Diction. droits d'enreg.*, v° *Affectation hypothécaire*, n° 34).

577. Il a été fait application de cette doctrine à une affectation hypothécaire consentie par le directeur d'une agence d'une société de crédit, dans le traité passé entre cette société et lui, pour la garantie de sa gestion. Le droit proportionnel de cautionnement était réclamé sur le montant du traitement alloué pour toute la durée de la gestion. Il a été jugé que l'affectation hypothécaire, ayant été consentie pour les sommes dont l'agent pourrait se trouver comptable ou débiteur envers la société par suite de ses opérations, était purement éventuelle ou débitaire et n'avait pu donner lieu, dès lors, qu'au droit fixe (Trib. Strasbourg, 27 nov. 1869, aff. Jundt, D. P. 70. 3. 100. V. *Rép.* n° 1463). — La même solution a été admise dans un cas où l'affectation hypothécaire avait été consentie, non plus par l'agent de la gestion duquel il s'agissait, mais par un tiers. Jugé que l'affectation hypothécaire consentie à concurrence d'une somme déterminée, par une mère comme caution de son fils, pour raison tant des sommes que des dommages-intérêts dont il pourrait se trouver tenu, en sa qualité de directeur d'une compagnie d'assurances, au sujet de sa gestion ainsi que de ses faits et actes personnels, n'était passible que du droit fixe, attendu que l'obligation garantie présentait un caractère essentiellement conditionnel (Trib. Seine, 18 nov. 1887) (1).

(1) (La *Garantie agricole*.) — Le tribunal ; — Attendu que, par   délibération du conseil général de la *Garantie agricole*, société

: Art. 6. — *Cession d'actions de société.*

578. L'acte notarié qui constate la cession d'actions d'une société ne donne lieu qu'au droit fixe de 3 fr. établi pour les actes innommés, le droit de transmission auquel cette cession est assujettie en vertu de la loi du 23 juin 1857, se percevant en dehors de l'acte, suivant un mode spécial (V. en ce sens : Trib. Seine, 25 août 1858, aff. Mainbourg, D. P. 59. 3. 32; 23 juin 1860, aff. Demoutry, D. P. 60. 3. 61; Req. 12 févr. 1861, aff. Fiurne, D. P. 61. 1. 221. Conf. Sol. adm. enreg. 20 mai 1868, *Diction. droits d'enreg.*, v° *Actions*, n° 171).

Art. 7. — *Donation non acceptée (Rép. n°s 808 et 809).*

579. Le *Répertoire* mentionne (n° 809) un jugement du tribunal de Saint-Dié du 20 août 1836, duquel il résulte que la donation entre vifs faite à un établissement public ne doit être enregistrée qu'au droit fixe, alors même acte innommé, lors même qu'elle a été acceptée provisoirement dans l'acte par les administrateurs de l'établissement et que ces derniers ont été autorisés, par ordonnance royale postérieure, à accepter définitivement. D'après ce jugement, le droit proportionnel ne peut être exigé tant que la donation n'a pas été acceptée expressément et définitivement. Cela est toujours exact; mais, comme on va le voir, une exception y a été apportée en ce qui concerne les départements, les communes, les hospices et les bureaux de bienfaisance. Avant de nous occuper de ces exceptions, nous établirons les conséquences qui se dégagent du principe.

Le droit proportionnel ne s'ouvrant qu'au jour de l'acceptation définitive, c'est d'après le tarif en vigueur à cette date qu'il doit être perçu, et non d'après celui qui était applicable au jour de l'acceptation provisoire (Trib. Pontoise, 14 juill. 1853, *Journ. enreg.*, art. 15720). Et si la donation a pour objet des rentes sur l'Etat ou d'autres valeurs cotées à la Bourse, le droit proportionnel se liquide d'après le cours de la Bourse au jour de l'acceptation définitive (Sol. adm. enreg. 27 févr. 1855, Garnier, *Rép. gén. enreg.*, n° 6588-1°). Remarquons, en passant, qu'il en est différemment pour les legs, que le droit de l'établissement public légataire est réputé s'ouvrir au jour du décès, et non à celui où il est autorisé à accepter, et que le tarif applicable, est, conséquemment, celui en vigueur lors du décès (V. *Rép.* n° 140).

580. Une seconde conséquence du principe que le droit proportionnel applicable à une donation entre vifs faite à un établissement public s'ouvre seulement au jour où elle est acceptée définitivement, c'est que, pour les donations mobilières qui ne sont assujetties qu'à un simple *droit d'acte*, ce droit ne sera jamais exigible s'il n'intervient, à la suite de l'autorisation d'accepter donnée à l'établissement donataire par l'autorité supérieure, aucun acte pour constater son acceptation définitive, ou bien, si l'acte cons-

tatant cette acceptation, n'est pas soumis à l'enregistrement. En effet, comme nous l'avons vu *suprà*, n° 62, le droit d'acte ne peut être perçu que lorsque l'acte qui y donne lieu est présenté à la formalité.

Cependant il a été décidé, en sens contraire, par une solution de l'administration de l'enregistrement du 21 oct. 1868, que le droit proportionnel applicable à une donation entre vifs de rentes sur l'Etat faite à une *fabrique* d'église et acceptée provisoirement dans l'acte notarié constatant la libéralité, était devenu exigible par suite de l'autorisation d'accepter et de l'immatriculation de la rente au nom de la fabrique donataire, attendu que, d'une part, la nullité des conventions est indifférente pour la perception du droit d'enregistrement et que, d'autre part, dans l'espèce, la donation avait été exécutée. Mais cette décision est dénuée de fondement et en opposition avec les principes de la perception. Une donation non acceptée représente, non pas une convention entachée de nullité, mais une convention inexistante, un simple projet de convention, qui ne peut, en aucun cas, donner lieu au droit proportionnel. D'un autre côté, le fait de l'exécution de la donation est sans intérêt au point de vue de la perception d'un droit d'acte, comme celui dont il s'agit ici. Il n'y a donc pas lieu de s'arrêter à la solution du 21 oct. 1868. Telle est aussi l'opinion de M. Garnier, *Rép. gén. enreg.*, n° 7809, et du *Dictionnaire des droits d'enregistrement*, v° *Etablissement public*, n°s 114 et 115.

581. Nous en venons maintenant à l'exception dont nous avons parlé concernant les *départements*, les *communes*, les *hospices* et les *bureaux de bienfaisance*. Comme l'explique une circulaire du ministre de l'intérieur du 11 juill. 1839 (*Rép.* v° *Commune*, t. 10, p. 303, note 1), elle a été introduite dans la législation, par dérogation à l'art. 910 c. civ., en vue « d'empêcher la caducité des donations dans le cas où le donateur viendrait à décéder pendant le temps qui s'écoule entre l'acceptation provisoire du maire et l'acte qui autorise la commune à accepter définitivement la libéralité ». A cet effet, il a été disposé, pour les communes, que le maire pourrait toujours, à titre conservatoire, accepter les dons et legs en vertu de la délibération du conseil municipal que l'ordonnance royale ou l'arrêté préfectoral qui interviendrait ensuite, aurait « effet du jour de cette acceptation » (L. 18 juill. 1837, art. 48, *Rép. ibid.*, t. 9, p. 275, t. 10, p. 302, n° 2409. V. rapport de M. Vivien, *ibid.*, t. 9, p. 272, n° 267). « Mais, porte la circulaire précitée du 11 juill. 1839, pour que le bénéfice de la loi nouvelle, sur ce point, ne puisse pas être contesté aux communes, il importe que leur acceptation provisoire ait lieu dans les formes solennelles prescrites par le code civil, c'est-à-dire que le maire accepte la donation, soit dans l'acte même qui la constitue, soit par un acte séparé, également authentique, et que, dans ce dernier cas, l'acceptation soit notifiée au donateur, conformément à l'art. 932 c. civ. »

---

d'assurances mutuelles contre la grêle, en date du 19 déc. 1883, enregistrée le 11 janv. 1884, au droit fixe de 3 fr., Alfred Chauvelot a été nommé directeur de ladite société : — Que l'art. 50 des statuts de la *Garantie agricole* imposait au directeur l'obligation de fournir, pour sûreté de sa gestion, un cautionnement en immeubles ou en rentes sur l'Etat, dont le chiffre serait fixé par le conseil d'administration ; — Qu'une délibération de ce conseil, ayant fixé le chiffre de ce cautionnement à 12000 fr., Alfred Chauvelot et la dame Chauvelot, sa mère, ont, par acte notarié des 11 et 12 juin 1884, hypothéqué solidairement entre eux au profit de la société, jusqu'à concurrence de cette somme, un immeuble leur appartenant par indivis ; — Que, par le même acte, la dame Chauvelot a déclaré se constituer, jusqu'à concurrence de la même somme, caution hypothécaire de son fils, pour raison tant des sommes que des dommages-intérêts dont il pourrait se trouver tenu envers les tiers, au sujet de sa gestion et des faits et actes personnels, en sa qualité de directeur ; — Que cet acte a été enregistré, le 21 juin 1884, moyennant le payement de deux droits fixes de 3 fr. en principal ; — Attendu que l'administration de l'enregistrement considère cette perception comme insuffisante, en ce que le cautionnement fourni par la dame Chauvelot, était, suivant elle, passible du droit de 50 cent. pour 100 établi par l'art. 69, § 2, n° 3, de la loi du 22 frim. an 7, sur les cautionnements de sommes ou objets mobiliers ; qu'elle réclame, en conséquence, à la *Garantie agricole*, le payement d'un supplément de droits de 746 fr. 25 cent. ; — Attendu que, suivant les termes formels de l'article invoqué, le droit de 50 cent. pour 100

ne peut excéder celui de la disposition que le cautionnement a pour objet ; que le cautionnement souscrit par la dame Chauvelot ne garantissait pas, comme le soutient à tort la Régie, l'exécution dans son ensemble du mandat salarié ou du contrat de louage de services intervenu entre la société et Chauvelot fils, lequel aurait été, suivant la prétention de la Régie, passible du droit de 1 pour 100 aujourd'hui prescrit; que cette exécution ne comportait aucune garantie particulière, chacune des parties étant restée libre de rompre le contrat ; que le cautionnement avait, dès lors, uniquement pour objet, comme l'indique d'ailleurs la rédaction de l'acte des 11 et 12 juin 1884, l'obligation qui, aux termes des art. 1992 et 1993 c. civ., incombait à Chauvelot fils, comme à tout mandataire, de répondre de son dol ou de sa faute et de rendre compte de sa gestion ; que cette obligation présentait un caractère essentiellement conditionnel, et qu'elle aurait, à ce titre, échappé à la perception du droit proportionnel, alors même qu'elle aurait été consacrée par une convention qui ne se rencontre pas, d'ailleurs, dans l'espèce ; que ce droit ne pouvait devenir exigible qu'à l'événement de la condition, c'est-à-dire lors de l'apurement des comptes de gestion de Chauvelot fils ou du règlement des dommages causés par lui soit à la société, soit aux tiers ; que l'exigibilité du droit proportionnel afférent au cautionnement était, par conséquent, suspendue jusqu'au même moment, et qu'en conséquence, la perception du droit fixe a été régulière et suffisante ;

Par ces motifs, etc.

Du 18 nov. 1887.-Trib. civ. de la Seine.

- La nouvelle loi du 5 avr. 1884, sur l'organisation municipale, a reproduit cette disposition dans son art. 113 (D. P.
84. 4. 25. V. *supra*, v° *Commune*, n° 1196). L'art. 53 de la
loi du 10 août 1871 (D. P. 71. 4. 128) l'a reproduite
pour les donations faites aux départements, et l'art. 11
de la loi du 7 août 1851 (D. P. 51. 4. 454), pour celles
faites aux établissements charitables.

De là, deux conséquences au point de vue de la perception
du droit d'enregistrement. C'est le tarif en vigueur au jour
de l'acceptation provisoire qui doit être appliqué puisque,
par suite de l'effet rétroactif attribué à l'autorisation du
Gouvernement, la donation produit « effet du jour de cette
acceptation ». D'un autre côté, l'effet de la donation se
produisant dès que l'autorisation d'accepter a été accordée,
le droit proportionnel est exigible par le seul fait de cette
autorisation (Décis. min. fin. 9 avr. 1860; Instr. adm. enreg.
12 sept. 1860, n° 2181, § 1er, D. P. 74. 5. 197).

Art. 8. — *États estimatifs* (Rép. n°s 810 et 811).

582. En dehors des deux cas mentionnés au *Rép.* n°s 810
et 811, où des états estimatifs sont dressés, il en est d'autres
dans lesquels de semblables états doivent être produits. —
Ainsi, aux termes de l'art. 9 de la loi du 22 frim. an 7,
l'acte translatif de propriété ou d'usufruit de meubles et
d'immeubles donne lieu au droit de vente sur la totalité du
prix au taux réglé pour les immeubles, à moins qu'il ne
soit stipulé un prix particulier pour les objets mobiliers et
qu'ils ne soient désignés et estimés article par article dans
le contrat. Cette condition, comme il est dit au *Rép.* n° 2992,
peut être remplie par l'annexe d'un état estimatif à l'acte de
vente. Cet état estimatif est alors sujet au droit établi pour
les actes innommés. — L'art. 27 de la même loi de frimaire
impose aux héritiers et légataires l'obligation de produire, à
défaut d'inventaire, à l'appui de la déclaration qu'ils doivent
souscrire pour la perception des droits de mutation, un état
estimatif, article par article, des biens meubles dépendant
de la succession. Cet état est exempt d'enregistrement.

Art. 9. — *Licitation* (Rép. n° 812).

583. Il est enseigné au *Rép.* n° 812 que l'adjudication
par laquelle plusieurs des colicitants sont déclarés acquéreurs
de lots n'excédant pas leurs parts dans les biens licités, donne
lieu, non pas, comme le prétend l'administration de l'enregistrement (*Rép.* n° 2754), au droit de partage, mais seulement
au droit établi pour les actes innommés. La question présente un plus grand intérêt depuis que la loi du 28 févr. 1872
a assujetti les partages au droit gradué de 1 p. 1000. La
solution que nous avons adoptée est soutenue par le *Dictionnaire du notariat*, v° *Licitation*, n° 220, et M. Garnier,
Rép. gén. enreg., n° 10841).

Art. 10. — *Prestation de serment* (Rép. n° 813).

584. Les prestations de serment donnent lieu, dans certains cas, au droit établi pour les actes innommés (V. sur
ce point, *supra*, n° 397).

Art. 11. — *Prorogation de délai* (Rép. n°s 817 et 818).

585. Les prorogations de délai, étant actuellement soumises au droit gradué de 1 p. 1000, ont été étudiées dans la
section précédente, avec les actes expressément tarifés
(V. *supra*, n°s 541 et suiv.).

Art. 12. — *Renonciation* (Rép. n°s 819 à 836).

586. Nous avons étudié *supra*, n°s 179 et suiv., les renonciations à succession, legs ou communauté. Comme nous
l'avons dit alors, la loi du 22 frim. an 7, ne tarife que ces
sortes de renonciations, d'où il suit que toute renonciation
pure et simple ou tout autre acte analogue qui ne peut être
considéré comme un désistement de succession, de legs ou
de communauté, rentre dans la catégorie des actes innommés (*Rép.* n° 819).

Lorsqu'à la suite de la renonciation intervient une accep-

tation, il peut se former, sur la renonciation ainsi acceptée,
un contrat qui, s'il est translatif, donne lieu au droit proportionnel, soit que les droits auxquels il est renoncé dérivent
de contrats, soit qu'ils dérivent de jugements (*Rép.* n°s 820
et suiv.).

587. Relativement à la renonciation : ... au bénéfice d'un
jugement prononçant l'annulation d'un contrat, par celui au
profit duquel cette annulation avait été prononcée (*Rép.*
n° 827), V. *infra*, n°s 669 et suiv. ; ... par le donateur au
bénéfice de la révocation de la donation, pour survenance
d'enfant (*Rép.* n° 829), V. *supra*, n° 502.

588. La renonciation de la femme à son hypothèque
légale n'opère que le droit fixe. Si elle est faite dans
l'acte même de vente, elle ne donne lieu à aucun droit,
lorsque la femme est covenderesse, mais elle est sujette à
un droit fixe, lorsque la femme n'intervient à l'acte de
vente que pour cet objet.

D'après une solution de l'administration de l'enregistrement
du 29 août 1877 rapportée dans le *Dictionnaire des droits
d'enregistrement*, v° *Renonciation*, n° 146, « lorsqu'un
immeuble de communauté a été vendu par le mari seul et
que, dans la quittance du prix, la femme s'oblige solidairement avec son mari à la garantie, et, par suite, se désiste de
son hypothèque légale sur l'immeuble vendu, mais en faveur
de l'acquéreur seul, cette renonciation ne donne pas ouverture à un droit fixe particulier. L'obligation contractée par
la femme est, en effet, une condition et une disposition
corrélative du payement effectué par l'acquéreur ; elle n'est
donc sujette à aucun droit particulier d'enregistrement,
indépendamment du droit de quittance ».

589. La constitution d'une servitude moyennant un prix,
donne ouverture au droit proportionnel de vente immobilière
à 5 fr. 50 cent. pour 100 sur le prix stipulé. Cette solution
admise au *Rép.* n° 836 n'est pas contestable et, comme on
le verra *infra*, n° 1076, elle a été consacrée par la jurisprudence de la cour de cassation. — Mais il est dit au *Rép. ibid.*
qu'il n'en est pas de même de la renonciation à une servitude, attendu qu'une servitude à laquelle on renonce est
une servitude éteinte et que, si le droit est éteint, on ne
voit pas comment l'acte qui en produit l'extinction pourrait être translatif. Cette doctrine, toutefois, est contestée
et, dans une autre opinion, on soutient que l'abandon d'une
servitude opère une transmission de droit réel, que le droit
réel de servitude passe du propriétaire du fonds dominant
au propriétaire du fonds servant où ce droit s'éteint, que
le propriétaire de ce dernier fonds acquiert un avantage
immobilier qui procure à son fonds une plus-value, et que
le droit proportionnel de vente immobilière est exigible
sur la valeur de cet avantage (*Diction. droits d'enreg.*,
v° *Servitudes*, n° 102; Garnier, *Rép. gén. enreg.*, n°s 15024
et 17609; Demante, t. 1, n° 290 *in fine*).

Art. 13. — *Autres actes soumis au droit fixe comme actes innommés.*

590. Le *Répertoire* mentionne, en dehors de cette section,
d'autres applications du droit fixe établi pour les actes
innommés, qui ont été faites : 1° à l'adjudication préparatoire, en cas de vente judiciaire, lorsqu'elle était en usage
antérieurement à la loi du 2 juin 1841 qui l'a supprimée
(*Rép.* n° 2387) ; ... 2° Aux concessions, soit temporaires, soit
perpétuelles, de terrains pour sépultures dans les cimetières,
ces concessions n'impliquant transmission ni de propriété,
ni d'usufruit, ni de jouissance (*Rép.* n° 3091) ; ... 3° Au contrat
de mariage passé après la célébration du mariage (*Rép.*
n° 3360) ; ... 4° Au contrat de mariage rédigé sous signatures
privées (*Rép.* n° 3361) ; ... 5° Aux simples promesses de mariage, alors même qu'elles sont faites par acte notarié (*Rép.*
n° 3359) ; ... 6° Aux déclarations d'appel des jugements de
police correctionnelle (*Rép.* n° 4871) ; ... 7° Aux déclarations
d'apports constatés au cours du mariage, par des époux qui
s'étaient mariés sans contrat (*Rép.* n° 3362) ; ... 8° Aux dépôts
chez les particuliers d'objets mobiliers autres que l'argent
monnoyé ou des valeurs ayant cours en cette qualité (*Rép.*
n°s 355 et suiv. V. *supra*, n° 372) ; ... 9° A la donation sous
condition suspensive, lorsque ce n'est pas à la survie du
donateur que la libéralité est subordonnée (*Rép.* n° 3809) ; ...
10° Aux procès-verbaux d'ordres amiables faits par le juge-

commissaire conformément à la loi du 21 mai 1858 (*Rép.* n°ˢ 116 et 117 ; Trib. Seine, 25 janv. 1862, aff. de Delmar, D. P. 62. 3. 20, et sur pourvoi, Req. 9 mars 1863, D. P. 63. 1. 186; Trib. Reims, 5 sept. 1862, aff. Bourgogne, D. P. 62. 3. 78 ; Instr. adm. enreg. 28 avr. 1863, n° 2244, § 5, *Rép.* v° *Ordre*, n° 1172; Sol. adm. enreg. 21 juin 1864, D. P. 65. 3. 85; 2 nov. 1867, D. P. 68. 3. 86). — Les procès-verbaux d'ordres amiables sont actuellement assujettis au droit proportionnel de 50 cent. pour 100 par application de l'art. 69, § 2, n° 9, de la loi du 22 frim. an 7, et de l'art. 5, § 1ᵉʳ, de la loi du 28 févr. 1872 qui a « soumis au droit proportionnel d'après les tarifs en vigueur : 1° les ordres, collocations et distributions de sommes, quelle que soit leur forme, et qui ne contiennent ni obligation, ni transport par le débiteur » (V. Rapport, D. P. 72. 4. 14, n° 9 ; Instr. adm. enreg. 29 févr. 1872, n° 2433, chap. 2, D. P. 72. 3. 13) ;... 11° Au partage provisionnel, mais seulement lorsqu'il est fait entre majeurs (*Rép.* n° 2662) ;... 12° Au partage sujet à l'homologation du tribunal par suite de la présence de mineurs au nombre des copartageants (*Rép.* n° 2663) ;... 13° Au prêt à usage ou commodat (*Rép.* n° 1317);... 14° A l'acte par lequel le vendeur à réméré renonce purement et simplement à la faculté de rachat qu'il s'était réservée, ainsi qu'à l'acte par lequel, postérieurement à cette renonciation, l'acquéreur à réméré rend au vendeur la faculté de rachat (*Rép.* n° 834) ;... 15° A l'acte par lequel des époux séparés judiciairement se replacent sous la loi de leur pacte matrimonial (*Rép.* n°ˢ 3371 et 3388).

CHAP. 4. — Des droits proportionnels et des valeurs sur lesquelles ils sont assis (*Rép.* n°ˢ 837 à 4844).

591. Avant de commencer l'étude des droits proportionnels, on a insisté au *Rép.* n°ˢ 837 à 839, sur la distinction profonde existant entre ces droits et les droits fixes. Ils ne sont pas seulement, comme ces derniers, a-t-on dit, le salaire de la formalité : ils sont de plus, une contribution assise sur les valeurs, et c'est cette contribution qui constitue, à vrai dire, l'impôt de l'enregistrement. — Il en est ainsi aujourd'hui comme à l'époque de la publication du *Répertoire*. La distinction entre les droits fixes et les droits proportionnels est toujours profonde; mais l'introduction dans la législation d'un élément nouveau, du *droit gradué* que la loi du 28 févr. 1872 a substitué, pour certains actes, au droit fixe et qui se perçoit, comme le droit proportionnel, sur les valeurs (V. *supra*, n°ˢ 174 et suiv.), a fait perdre à la distinction primitive sa parfaite netteté.

A la perception de chaque droit proportionnel liquidé d'après la quotité déterminée par le tarif, s'ajoutent actuellement deux décimes et demi. Nous avons rapporté au sujet des droits fixes les dispositions de lois qui ont établi ces décimes, V. *supra*, n° 173.

Comme au *Répertoire*, ce chapitre comprendra deux parties distinctes qui auront pour objet, l'une, l'*exigibilité du droit proportionnel* et la *détermination de sa quotité*, l'autre, sa *liquidation*, c'est-à-dire le mode suivant lequel il doit être perçu.

PART. 1ʳᵉ. — DE L'EXIGIBILITÉ DU DROIT PROPORTIONNEL ET DE SES DIVERSES QUOTITÉS (*Rép.* n°ˢ 840 à 4366).

592. La perception du droit proportionnel a toujours pour base l'art. 4 de la loi du 22 frim. an 7, suivant lequel ce droit « est établi pour les obligations, libérations, condamnations, collocations ou liquidations de sommes et valeurs, et pour toute transmission de propriété, d'usufruit ou de jouissance de biens meubles et immeubles, soit entre vifs, soit par décès » (*Rép.* n° 840). D'après cette disposition, le droit proportionnel s'applique toutes les fois qu'une chose quelconque est mise en mouvement et change de main, soit par l'effet des obligations ou des libérations, soit par l'effet des mutations, soit par l'effet des jugements (*Rép.* n° 841). De la trois sections distinctes dans lesquelles il a été traité successivement, au *Répertoire* : 1° des *libérations* et des *obligations*; 2° des *mutations*; 3° des *jugements et arrêts*.

ART. 1ᵉʳ. — *Des libérations* (*Rép.* n°ˢ 843 à 1037).

593. Le tarif est toujours celui de 50 cent. p. 100, fixé par l'art. 69, § 2, n° 11, de la loi du 22 frim. an 7. — Il est à noter qu'une loi du 7 août 1850 avait réduit le droit de libération à 0 fr. 25 cent. pour 100; une autre loi du 5 mai 1855 (art. 15) a remis en vigueur le tarif de la loi de frimaire. La disposition précitée de la loi de frimaire an 7, vise « les quittances, remboursements ou rachats de rentes et redevances de toute nature, les retraits exercés en vertu de réméré, par actes publics, dans les délais stipulés, ou faits sous signature privée, et présentés à l'enregistrement avant l'expiration de ces délais, et tous autres actes et écrits portant libération de sommes et valeurs mobilières ». En raison de l'intime liaison existant entre les retraits de réméré et les ventes à réméré, cette disposition a été étudiée en ce qui concerne lesdits retraits, à l'art. 2 de la section suivante (*Rép.* n° 843). En conséquence, il n'est question ici que : 1° des quittances, remboursements et rachats de rentes ; 2° des autres actes et écrits portant libération de sommes et valeurs mobilières.

§ 1ᵉʳ. — Quittances, remboursements ou rachats de rentes et redevances (*Rép.* n°ˢ 844 à 1007).

594. Nous examinerons les deux conditions indiquées au *Rép.* n° 846. Pour que le droit de libération soit exigible il faut : 1° que le payement soit translatif; 2° qu'il soit constaté par un acte formant *titre* de la libération.

N° 1. — *Que le payement doit être translatif* (*Rép.* n°ˢ 847 à 926).

595. Le droit proportionnel de libération s'applique aux *remboursements de rentes* (*Rép.* n°ˢ 848 et suiv.). Lorsque nous nous occuperons de la liquidation de ce droit dans la 2ᵉ partie de ce chapitre (sect. 1ʳᵉ, art. 2), nous verrons que, suivant une règle établie par l'art. 14, n°ˢ 7, 8 et 9 de la loi du 22 frim. an 7, il se perçoit sur le capital constitué et aliéné ou, à défaut, sur le capital évalué au denier vingt ou au denier dix, selon qu'il s'agit d'une rente perpétuelle ou d'une rente viagère, quel que soit le prix stipulé pour l'amortissement. C'est là un forfait légal qui s'impose aussi bien au Trésor qu'aux contribuables. Il s'ensuit que, lorsqu'une somme supérieure est versée pour l'amortissement, aucun droit n'est dû sur l'excédant, ni droit de donation, ni droit de quittance (Civ. rej. 20 juin 1870, aff. Pigault de Beaupré, D. P. 70. 1. 395; Trib. Nîmes, 2 mars 1884, aff. Douot, D. P. 82. 3. 8; Trib. Lille, 15 févr. 1884, aff. Lenglart, D. P. 84. 5. 229). Afin de mettre autant que possible de l'ordre et de la clarté dans cette matière qui est fort compliquée, les applications et les conséquences du principe, que le payement doit être translatif, ont été étudiées au *Rép.* n° 851, d'abord en ce qui concerne les actes unilatéraux, et ensuite relativement aux contrats commutatifs.

A. — *Actes unilatéraux* (*Rép.* n°ˢ 852 à 905).

596. Il a été traité au *Rép.* n° 852, sous cette rubrique, des remises effectuées par les mandataires ou les dépositaires — des décharges données aux comptables, — de la délivrance des sommes données entre vifs, — des quittances de dots, — des rapports à succession.

1°. — *Remises par les mandataires ou les dépositaires* (*Rép.* n°ˢ 853 à 870).

597. Les remises de sommes et valeurs faites par un mandataire à son mandant sont passibles, non du droit proportionnel de quittance, mais seulement du droit fixe de décharge, parce qu'elles n'impliquent pas transmission de la propriété des deniers (*Rép.* n°ˢ 853 et suiv.). Nous avons signalé plusieurs applications que la jurisprudence a faites de cette règle à l'occasion de la restitution par le mari des reprises de sa femme (*Rép.* n°ˢ 866 et 892). Le mari étant, en effet, administrateur des biens de sa femme, il s'ensuit que, lorsqu'il les restitue, il n'y a pas payement translatif et par conséquent pas de droit proportionnel de libération exigible. La jurisprudence est aujourd'hui absolument fixée en ce sens; un jugement du tribunal civil de Riom, longuement motivé, en date du 17 déc. 1863 (aff. N..., D. P. 65. 3. 95.), avait statué ainsi au sujet de la restitution de la dot en argent d'une femme dotale; un arrêt de la chambre civile de la cour de cassation du 30 janv. 1866, rendu au sujet des reprises et apports d'une femme mariée sous le régime de la communauté réduite aux acquêts, a décidé que la même solution devait être suivie, quel que soit le régime matrimonial adopté : « Attendu, en droit, que vis-à-vis de sa femme, le mari, quel que soit le régime matrimonial adopté par les époux, n'est, quant aux biens qu'elle s'est réservés comme propres par son contrat de mariage, qu'un administrateur; — Qu'ainsi lorsqu'à la dissolution de la communauté, il lui remet le montant de ses reprises et apports, il ne fait que s'exonérer envers elle du mandat qu'il en avait reçu; d'où il suit qu'en décidant, dans l'espèce, que l'acte qui constatait cette remise ne renfermait qu'une simple décharge de mandant à mandataire, passible du droit fixe, le jugement attaqué, loin de violer la loi, n'en a fait qu'une juste application » (aff. Ducruet, D. P. 66. 1. 73. V. dans le même sens : Trib. Lyon, 29 août 1862, aff. Ducruet, D. P. 63. 3. 46. V. également : D. P. 70. 1. 153, note).

L'administration de l'enregistrement a acquiescé à la doctrine de cet arrêt et a prescrit à ses agents de la prendre pour règle (Instr. adm. enreg. 28 nov. 1867, n° 2355, § 1er).

598. Nous avons vu, en traitant des actes d'exécution et de complément (V. *suprà*, n° 257), que, par application du même principe que l'acte constatant, sous quelque régime que le mariage ait été contracté, la reconnaissance par le mari de sommes reçues pour le compte de sa femme, est sujet seulement au droit fixe et non au droit proportionnel d'obligation. La même solution a été admise à l'occasion d'un acte constatant, entre les héritiers du mari et de la femme, la restitution à ceux-ci des reprises de la femme, dont le mari avait gardé l'usufruit en vertu d'une clause du contrat du mariage (Trib. Bourg, 2 mai 1865, aff. Bottex, D. P. 66. 3. 76).

599. L'arrêt du 30 janv. 1866, cité *suprà*, n° 597, présente un vif intérêt, non seulement parce qu'il a définitivement tranché la question sur laquelle il a statué, la non-exigibilité du droit proportionnel sur l'acte constatant la restitution par le mari des reprises de la femme, mais, en outre, par les applications que la doctrine qu'il a consacrée est susceptible de recevoir. Ainsi, notamment, si le mari n'est qu'un simple administrateur des biens dont la femme doit exercer la reprise, ne s'ensuit-il pas que ces biens doivent être distraits de l'actif de la succession pour la perception des droits de mutation auxquels un décès a donné ouverture ? Cette importante question sera étudiée dans la seconde partie du présent chapitre, sect. 1re, art. 1er, § 1er, n° 3, lorsqu'on s'occupera du principe de la non-distraction des charges.

600. C'est d'après la même doctrine qu'il a été décidé que le droit fixe est seul exigible sur la restitution des reprises et apports de l'un des époux, lorsque le contrat de mariage stipule que la totalité de la communauté appartiendra à l'époux survivant, sauf aux héritiers de l'époux prédécédé à faire la reprise des apports et capitaux tombés dans la communauté du chef de leur auteur (Civ. rej. 12 févr. 1867, aff. Baffos, D. P. 67. 1. 157). Mais il n'en serait pas de même, et le droit proportionnel de libération serait exigible, si le contrat de mariage attribuait au survivant la totalité de la communauté, y compris même les valeurs provenant du prédécédé, avec obligation de payer en argent les reprises de ce dernier. Les héritiers du défunt ne seraient plus alors que de simples créanciers ; les sommes dues leur seraient versées en l'acquit d'une dette et donneraient par

conséquent ouverture au droit proportionnel de quittance. Un arrêt de la chambre des requêtes du 7 avr. 1862 (aff. Bizouard-Macaire, D. P. 62. 1. 329) s'est prononcé implicitement en ce sens.

601. Il est enseigné au *Rép.* n° 866, que la règle établie ci-dessus est applicable à tout acte constituant une décharge de mandat, lors même que le mandat ne résulterait pas d'un acte enregistré, lors même qu'il s'agirait d'un *mandat verbal*. Il en est ainsi toutes les fois que la décharge donnée se rapporte à un véritable mandat. Comme le dit très bien M. Garnier, toute la difficulté, dans les cas de l'espèce, consiste à apprécier si, en fait, celui qui verse les deniers, les avait encaissés pour le compte de celui à qui il en a fait la remise. S'il n'est justifié ni d'un mandat exprès ou verbal, ni d'un quasi-contrat de gestion d'affaires, le payement constitue une véritable libération passible du droit de 50 cent. pour 100 (*Rép. gén. enreg.*, n° 5784). Le même auteur enseigne qu'en principe, celui qui reçoit des deniers appartenant à autrui est réputé, à moins de preuve contraire, avoir fait une affaire personnelle, qu'il s'est constitué le débiteur direct du créancier et que, dès lors, le payement constitue une libération passible du droit proportionnel de 50 cent. pour 100 (*Ibid.* Conf. *Diction. droits d'enreg.*, v° *Décharge*, n°s 14 et suiv.). — Un arrêt de la cour de cassation a statué dans le même sens en sanctionnant la perception du droit proportionnel sur un acte constatant le payement à un tiers de sommes reçues pour son compte, à défaut de justification de l'existence du mandat invoqué (Civ. rej. 9 mai 1864) (1). Il importe de ne pas perdre de vue qu'en cette matière la question se résume toujours en un point de fait, à savoir si un mandat a été constitué. La solution dépend donc des circonstances de chaque affaire. Les parties font valoir les présomptions qui peuvent être invoquées comme établissant l'existence du mandat; l'Administration expose les moyens par lesquels la présomption lui semble pouvoir être combattue ; le juge décide souverainement.

602. Si la remise faite par le mandataire au mandant ne donne lieu généralement qu'au droit fixe de décharge, il en est autrement lorsqu'elle présente le caractère translatif : dans ce cas, le droit proportionnel de libération à 50 cent. pour 100 est dû. Nous en avons vu un exemple, lorsque nous avons étudié les dépôts. Nous avons rapporté un jugement du tribunal de Versailles du 6 avr. 1869 qui a sanctionné la perception du droit de 50 cent. pour 100 sur l'acte notarié portant décharge à un trésorier payeur général par un particulier de fonds versés en compte courant dans la caisse de la Trésorerie (V. *suprà*, n° 356). Il a été décidé, dans le même sens, que l'acte par lequel le titulaire d'un compte courant ouvert par le Crédit foncier, reconnaît en avoir reçu le reliquat, est passible du droit de libération à 50 cent. pour 100, et non pas seulement du droit fixe de décharge (Trib. Seine, 11 déc. 1869, aff. Petit, D. P. 70. 3. 99);... que l'acte constatant la restitution, par un établissement de crédit, de titres au porteur qui lui avaient été remis en dépôt, et le remboursement d'intérêts et de dividendes que l'établissement avait touchés pour le titulaire et dont il était débiteur en compte courant, donne lieu au droit de quittance à 50 cent. pour 100 sur les intérêts et dividendes remboursés et au droit fixe de décharge pour la restitution des titres (Trib. Seine, 12 déc. 1868, D. P. 70. 3. 99, note).

603. Pour les remises faites par les *dépositaires*, V. *suprà*, n°s 352 et suiv., 357.

2°. — *Décharges données aux comptables* (Rép. n°s 871 à 880).

604. La règle établie pour les remises faites par le mandataire au mandant, s'applique aux décharges données aux comptables, tuteurs, curateurs et autres administrateurs légaux (*Rép.* n°s 871 et suiv.). Mais, pour que la décharge demeure soumise au droit fixe, il faut que le mandataire ou

_____

(1) (Tamboise C. Enregistrement.) — LA COUR ;... (V. D. P. 64. 1. 233) ;... — Sur le 5e moyen : — Attendu que pour faire décider qu'il y avait lieu à un droit fixe de décharge et non à un droit de quittance pour le payement de 13670 fr. 53 cent. fait par Julie Tamboise à son frère Constant, il aurait fallu qu'il fût établi que ce payement était l'exécution pure et simple d'un acte antérieur, dans l'espèce, d'un mandat, mais que l'existence de ce mandat

n'a point été prouvée ; que dans cet état des faits, le tribunal n'a pu violer l'art. 68, § 1er, n° 22, de la loi du 22 frim. an 7 et n'a fait qu'une juste application de l'art. 69, § 2, n° 11, même loi ;

Par ces motifs, rejette.

Du 9 mai 1864.-Ch. civ.-MM. Troplong, 1er pr.-Quénault, rap.-Blanche, av. gén., c. conf.-Leroux et Moutard-Martin, av.

le dépositaire n'ait pas changé de qualité. S'il a employé à son usage personnel les deniers du mandant ou de la tutelle, il en doit l'intérêt (c. civ. art. 455, 456 et 1996), et le droit proportionnel est exigible sur la décharge qui lui est donnée (*Rép.* n° 878). Toutefois, comme le payement des intérêts, dans ce cas, est la peine de la négligence du mandataire ou du tuteur, il ne modifie pas son caractère. Par cette considération, il est admis que si, dans un compte de tutelle, l'oyant fait remise à son tuteur des intérêts qui seraient dus pour défaut d'emploi des capitaux, aucun droit particulier n'est exigible, car, si le tuteur pouvait être rendu responsable des intérêts, il n'était pas tenu formellement de les payer, puisqu'il ne les avait pas touchés (*Journ. enreg.*, art. 12475-3 ; Garnier, *Rép. gén. enreg.*, n° 4773) ;... et, de même, que si l'oyant décharge son tuteur de la responsabilité encourue par ce dernier pour avoir laissé périr une créance due par un insolvable, cette disposition ne donne lieu à aucun droit proportionnel d'acceptation ou de quittance (Sol. adm. enreg. 21 janv. 1867, Garnier, *ibid.*).

3°. — Délivrance de sommes données ou léguées (Rép. n°s 881 à 686).

605. La quittance de la somme donnée, lorsqu'elle a lieu dans l'acte même de donation, n'est passible d'aucun droit d'enregistrement (*Rép.* n°s 881 et suiv.). Mais lorsque le donateur retient la chose donnée par devers lui, et stipule qu'elle sera payable à un terme fixé, la question est plus délicate. Nous avons soutenu que, même dans ce cas, le payement fait à l'échéance de la somme donnée n'est pas passible du droit proportionnel de libération, parce que le donataire était devenu immédiatement propriétaire par le fait de la donation acceptée. — La cour de cassation n'a pas ratifié cette théorie ; elle a décidé, par un arrêt de la chambre civile, en date du 10 mars 1851 (aff. de Nédonchel, D. P. 51. 1. 112), que la donation d'une somme d'argent exigible au décès du donateur, qui s'en réserve la jouissance pendant sa vie, constitue, en faveur du donataire, une créance contre la succession du donateur ; en conséquence, l'acte qui constate le payement de la somme donnée est une quittance soumise au droit proportionnel de 50 cent. pour 100 fr., et non une simple décharge passible du droit fixe. — Cette décision semble conforme au principe du droit civil : sans doute, la donation doit conférer un droit actuel au donataire ; mais quelle est la nature de ce droit ? est-ce un droit de propriété ou un droit de créance ? Toute la question est là ; elle doit se résoudre, à notre avis, par une distinction : si la donation porte sur un corps certain, le donataire est immédiatement propriétaire (c. civ. art. 938) ; si elle porte sur une somme d'argent ou une chose déterminée seulement quant à son espèce, la donation rend seulement le donataire créancier ; il n'a qu'une action personnelle contre le donateur ou ses héritiers, et, par conséquent, lorsque le payement est effectué, l'acte qui le constate est une quittance et le droit de libération est exigible.

On a opposé à cette perception la jurisprudence suivant laquelle les sommes d'argent données entre vifs, et non payées au décès du donateur, doivent, comme nous le verrons au décès du donateur, dans la 2e partie du présent chapitre, être déduites de sa succession pour la perception du droit de mutation ouvert par son décès. Mais, comme le fait observer M. Garnier, *Rép. gén. enreg.*, n° 13277, c'était exagérer la fiction sur laquelle repose la doctrine de l'arrêt du 10 mars 1851. Le tribunal de Lyon, saisi de la difficulté, a maintenu, avec raison, la perception du droit proportionnel de libération, par un jugement du 18 mai 1864 : « Attendu que c'est mal à propos que le demandeur, confondant deux matières distinctes, croit pouvoir tirer avantage de la décision qui retranche de la masse successorale à soumettre au droit de mutation, les sommes données qui n'ont pas été payées par le défunt, mais qui ont acquitté, lors du contrat, le droit de transmission ; que cette décision se justifie, en effet, par des considérations tout à fait étrangères à la nature du payement même de la somme donnée » (Garnier, *Rép. pér. enreg.*, art. 2100).

606. Pour la détermination du droit d'enregistrement auquel donnent lieu les délivrances de legs, V. *suprà*, n°s 336 et suiv.

4°. — Quittance de dot (Rép. n°s 887 à 895).

607. La reconnaissance énoncée dans le contrat de mariage, de la part du futur, d'avoir reçu la dot apportée par la future, ne donne pas ouverture à un droit particulier (L. 22 frim. an 7, art. 68, § 3, n° 1) ; mais, lorsque la dot est stipulée payable à terme, l'acte par lequel il en est donné ultérieurement quittance, est sujet au droit proportionnel de 50 cent. pour 100 (*Rép.* n°s 887 et suiv., 895). — Toutefois si, d'après les termes du contrat de mariage, le donateur était libéré et ne conservait la dot que comme mandataire ou dépositaire, l'acte par lequel il la payerait ne serait plus qu'une simple décharge passible seulement du droit fixe, comme toute remise par le mandataire au mandant (V. *suprà*, n° 257. V. aussi *Rép.* n° 890). La question s'est produite dans une espèce où le contrat de mariage portait que le constituant avait retenu la dot pour en faire emploi dans le délai de deux mois en titres mobiliers à son choix, et qu'il serait « libéré par la décharge de la future épouse assistée de son mari ». Ce dernier et sa femme avaient, par acte ultérieur, « reconnu avoir reçu du donateur diverses valeurs mobilières immatriculées au nom de la dame Coulomb en représentation de la donation à elle faite et déclaré le sieur Blanc quitte et *libéré* à raison de ladite donation ». Il a été décidé, par jugement du tribunal d'Alais du 22 févr. 1887, que ce dernier acte était passible du droit de quittance à 50 cent. pour 100, attendu que le contrat de mariage n'avait conféré à la donataire qu'un simple droit de créance et que les termes employés excluaient toute idée de mandat ou de dépôt (Garnier, *Rép. pér. enreg.*, art. 6864). Cette décision nous paraît avoir interprété exactement les actes litigieux. Le contrat de mariage ne constatait pas la libération du donateur. Cette libération n'avait été opérée que par l'acte ultérieur de quittance. Cela justifiait la perception du droit proportionnel à l'enregistrement de ce dernier acte. — Mais la déclaration par le mari, dans un acte d'acquisition en remploi au profit de sa femme, que les deniers employés à cette acquisition proviennent de la dot constituée à sa femme et stipulée payable à terme, n'autorise pas la perception du droit proportionnel de quittance sur le montant de la dot, alors surtout que le débiteur de la dot n'était pas présent (Sol. adm. enreg. 21 janv. 1869, D. P. 74. 5. 221). — Et il a été jugé, d'autre part, que l'acte par lequel le mari reçoit le prix de vente d'un bien dotal avec déclaration que ce prix doit, en vertu d'une délégation à lui consentie par la femme, être appliqué au payement d'une de ses créances contre cette dernière, n'opère pas la libération de la femme en l'absence d'une liquidation qui ne peut régulièrement intervenir qu'après dissolution du mariage ou séparation de biens et, par suite, ne donne pas lieu au droit de quittance (Trib. Seine, 21 mars 1849, aff. Miramon, D. P. 49. 5. 161).

608. Quant aux actes constatant le *règlement entre époux des reprises de la femme*, nous avons vu *suprà*, n° 257, en traitant de l'application du droit fixe aux actes d'exécution ou de complément, que l'acte par lequel le mari ou ses héritiers remboursent les reprises de la femme ne renferme qu'une simple décharge de mandant à mandataire et n'est sujet qu'au droit fixe.

Mais il n'en est ainsi qu'autant que la restitution s'opère en nature. S'il est fait abandon à la femme de biens propres au mari, cet abandon opère cession ou dation en payement et donne lieu, à ce titre, au droit proportionnel. Jugé, en effet, que l'acte par lequel les héritiers du mari cèdent à la veuve des créances propres au mari, afin de la remplir de valeurs apportées par elle en dot et qui ne se sont pas retrouvées en nature au décès du mari, donne ouverture au droit proportionnel de 1 pour 100, indépendamment du droit de mutation par décès sur les créances abandonnées (Trib. Seine, 9 juill. 1870) (1).

---

(1) (Révilliod.) — Le tribunal ; — Attendu qu'il résulte du contrat de mariage passé à Genève le 21 mai 1810, que les époux Révilliod, domiciliés dans cette ville, ont déclaré adopter le

régime dotal sans société d'acquêts et sans communauté ; — Attendu que, dans l'acte contenant liquidation et partage des biens composant la succession de Révilliod, les reprises de la

5°. — Rapport à succession (Rép. n°ˢ 896 à 905).

609. Le principe que nous avons posé (*Rép.* n° 896), d'après lequel l'acte par lequel des cohéritiers constatent le rapport fait par l'un d'eux à la succession, de sommes reçues du *de cujus* n'est pas passible du droit proportionnel de quittance, avait été consacré par une jurisprudence que nous avons rapportée : l'administration de l'enregistrement y a complètement adhéré, de telle sorte que la question ne saurait plus être contestée aujourd'hui.

Nous nous bornerons à mentionner différentes solutions de l'Administration, dont l'une a statué sur le rapport effectué dans un partage d'ascendant d'une somme *donnée* (Sol. adm. enreg. 21 janv. 1870, D. P. 71. 3. 20), et dont les autres sont relatives à la disposition d'un acte de partage constatant le rapport par l'un des héritiers de sommes *prêtées* par le défunt (Sol. adm. enreg. 26 nov. 1868, D. P. 69. 5. 167; 10 juin 1869, D. P. 74. 5. 216). — Qu'il s'agisse de sommes données ou de sommes prêtées, la solution est la même : l'acte constatant le rapport n'est pas passible du droit de quittance.

610. Nous avons vu précédemment, en traitant du mandat-procuration, que le *mandat de donner quittance* est passible du droit de libération à 50 cent. (V. *suprà*, n° 379).

611. Nous avons vu également ci-dessus, en traitant des *dépôts à la caisse des consignations*, dans quels cas les actes portant *quittance et décharge* au profit de cet établissement, donnent lieu au droit de quittance à 50 cent. pour 100 (V. *suprà*, n°ˢ 362 et suiv.).

612. Relativement à la perception du droit de quittance sur les actes portant *acceptilation* ou *remise de dette*, V. *infrà*, sect. 2, art. 3, § 1ᵉʳ, n° 4.

B. — Contrats commutatifs (*Rép.* n°ˢ 906 à 926).

613. Lorsque la loi fiscale tarife un contrat commutatif, le droit qu'elle édicte s'applique aux deux conventions de l'acte et les embrasse toutes les deux (*Rép.* n° 906). Nous avons déjà établi ce principe dans l'étude que nous avons faite de la perception du droit d'enregistrement sur les actes contenant des dispositions diverses (V. *suprà*, n°ˢ 227 et suiv.). On a vu que, d'après l'art. 10 de la loi du 22 frim. an 7, aucun droit particulier d'enregistrement n'est dû « dans le cas de transmission de biens, sur la quittance donnée ou l'obligation consentie par le même acte pour tout ou partie du prix ». — Si l'obligation ou le payement du prix convenu est une disposition dépendante de la vente, il en est de même de la libération de la dette en payement de laquelle une cession est faite. Lors donc que le prix de la vente d'un fonds de commerce a été déclaré, dans l'acte même de vente, compensé à due concurrence avec une somme qui était due par le vendeur à l'acheteur, le droit de libération à 50 cent. pour 100 n'est pas dû à raison de cette compensation (Sol. adm. enreg. 24 sept. 1868, D. P. 69. 3. 96).

614. Il a été reconnu, par application du principe, que le payement du prix d'un bail constaté dans l'acte même du bail, ne donne ouverture à aucun droit (*Rép.* n° 914). Décidé, dans le même sens, que la disposition d'un acte de bail

constatant la remise, par les preneurs au bailleur, d'une somme d'argent à titre de cautionnement, avec stipulation que les intérêts seront déduits chaque année des fermages et la somme elle-même employée au payement des derniers termes du bail, ne donne lieu non plus à aucun droit particulier (Sol. adm. enreg. 20 oct. 1868, D. P. 69. 5. 149).

Mais il a été jugé que l'obligation contractée par une société anonyme au profit de plusieurs associés individuellement, dans l'acte constitutif de la société, est réputée née à la date de cet acte, et non à celle du décret d'approbation, d'où il résulte que, s'il est fait mention du payement de cette obligation dans l'acte du décret d'approbation, il y a lieu à la perception du droit d'obligation à 1 pour 100 sur l'acte de société et de celui de libération à 50 cent. pour 100 sur l'acte de dépôt, l'obligation n'étant pas créée et éteinte en même temps (Req. 23 mai 1859, aff. Compagnie parisienne du gaz, D. P. 59. 1. 464).

615. Si le payement constaté dans l'acte même de la vente est fait, non au vendeur, mais à un tiers intervenu au contrat, spécialement à un créancier, le principe n'est plus applicable et le droit de quittance est dû à raison de la libération du vendeur à l'égard de ce tiers (*Rép.* n° 910). Il a été jugé, dans le même sens, que la disposition d'un acte de vente, immobilière portant quittance par le notaire rédacteur à l'acquéreur, en déduction du prix de la vente, du montant des frais laissés par une stipulation de l'acte à la charge du vendeur, donne lieu au droit de libération à 50 cent. pour 100 (Trib. Limoges, 29 juin 1849, aff. Brigeuil, D. P. 49. 5. 173).

616. La question s'est élevée de savoir si la renonciation par le preneur au bénéfice de la promesse de vente de l'immeuble loué, stipulée à son profit dans l'acte de bail, moyennant un prix déterminé, donne lieu au droit de quittance à 50 cent. pour 100, l'acte ayant pour effet de libérer le bailleur de son obligation, ou bien au droit proportionnel de mutation de 5 fr. 50 cent. pour 100. Un arrêt de rejet de la chambre civile de la cour de cassation du 4 févr. 1873 (aff. Leconte, D. P. 74. 1. 121) a décidé que l'acte de renonciation n'était passible que du droit de quittance. Cette question se rattache intimement à celle de savoir si la cession d'une promesse de vente est passible du droit proportionnel de mutation immobilière; nous l'examinerons, avec tous les développements qu'elle comporte, lorsque nous étudierons, dans la section suivante (art. 2, § 1ᵉʳ, n° 1) concernant la perception des droits de mutation, les promesses de vente.

617. On a signalé au *Rép.* n° 922 diverses questions qui se sont élevées au sujet du droit auquel doivent être assujetties les quittances relatives à certains actes ou contrats exemptés du droit proportionnel, ou frappés par la loi d'un droit moindre que celui auquel ils seraient soumis par leur nature. L'exemption spécifiée pour les contrats doit-elle être étendue aux quittances? Une question analogue s'est élevée à l'occasion des quittances délivrées par le sous-comptoir des entrepreneurs.

L'art. 10 du décret du 24 mars 1848 et l'art. 6 du décret du 4 juillet suivant ne soumettent qu'au droit fixe de 2 fr. 50 cent. l'enregistrement des actes établissant les créances du sous-comptoir des entrepreneurs de bâtiments contre les

veuve ont été fixées à la somme de 749280 fr. 05 cent. ; que, pour remplir ladite veuve de partie de cette somme, il lui a été abandonné deux créances propres à son mari, formant un total de 280000 fr., et figurant à la masse active de la succession ; — Attendu que, par suite de l'accomplissement des formalités, il a été perçu un droit de mutation proportionnel au montant des créances susénoncées, mais que les héritiers ont refusé de payer le droit de cession faite à la veuve, et s'opposent à l'exécution de la contrainte ayant ce droit pour objet, en même temps qu'ils réclament la restitution du droit de mutation par eux antérieurement acquitté ; — Attendu que les motifs développés dans l'exploit d'opposition se réduisent à prétendre que les sommes sur lesquelles l'impôt a été perçu ou est réclamé par la Régie, n'ont jamais été la propriété du défunt, qui est censé n'en avoir eu que l'usufruit, et que dès lors aucune mutation, soit du père aux enfants, soit des enfants à la veuve, ne s'étant opérée, rien, dans l'espèce, ne donne ouverture au droit proportionnel ; — Attendu que le système des opposants ne pourrait être accueilli que si la dot apportée par la femme se trouvait en nature dans la succession du mari, et avait pu être purement et simplement restituée

à la veuve dans l'état où l'apport avait été fait ; que, loin d'en être ainsi dans l'espèce, il est, au contraire, établi que la dot servant de base aux reprises, avait été confondue avec les biens du mari, et que la femme, pour en recouvrer la valeur, n'avait qu'une créance pure et simple, dont le remboursement lui a été fait par un abandon de créances propres à son débiteur et comprises dans l'actif de la succession de ce dernier ; — Attendu que cette circonstance, résultant de l'acte liquidatif, ne laisse aucun doute sur le droit de propriété qu'avait le *de cujus* à l'égard des créances abandonnées, dont par son décès a passé à ses héritiers, et dont la veuve n'a pu être investie à son tour, par l'acte liquidatif, qu'à titre de cession ou de dation en payement ; — Attendu, dès lors, que les créances dont il s'agit, faisant partie de l'actif héréditaire délaissé par Révilliod, ont subi à bon droit la perception de l'impôt de mutation par décès, et que la cession faite au profit de la veuve de ces mêmes créances, emportant transmission de propriété, donnait ouverture au droit proportionnel de 1 pour 100 justement réclamé par l'Administration; — Par ces motifs, etc.

Du 9 juill. 1870.-Trib. civ. de la Seine.

entrepreneurs auxquels des crédits ont été ouverts : la même faveur devait-elle être étendue aux actes constatant la libération des entrepreneurs ? Le tribunal civil de la Seine devant lequel la question fut portée l'avait pensé : il se fondait sur ce motif que la faveur du décret embrassait l'opération entière du prêt hypothécaire, dont la quittance n'est que le complément ; mais la cour de cassation, par un arrêt de rejet de la chambre civile du 11 mars 1863 (aff. Sous-Comptoir des entrepreneurs, D. P. 63. 1. 124), n'a pas admis cette théorie : le décret de 1848, suivant elle, n'établit une faveur que pour les actes constitutifs de créances ; il ne saurait être étendu aux actes libératoires qui restent soumis au droit commun et, par conséquent, passibles du droit proportionnel de quittance.

618. Mais ce droit n'est pas exigible sur l'acte par lequel le directeur d'un sous-comptoir déclare restreindre à une somme déterminée l'effet d'une hypothèque garantissant un crédit d'une somme supérieure et réserver l'hypothèque pour ce qui reste ainsi du au sous-comptoir, sans faire connaître la somme jusqu'à concurrence de laquelle il avait été usé de crédit. Une telle déclaration présente les caractères d'un acte constitutif de créance, et non d'un acte de libération. L'exemption du droit proportionnel lui est donc applicable. L'acte n'est passible que du droit fixe établi par le décret de 1848 (Arrêt du 11 mars 1863, cité *suprà*, n° 617).

N° 2. — *Que la quittance doit être constatée par un acte faisant titre de la libération* (Rép. n°s 927 à 1007).

619. Comme nous l'avons vu *suprà*, n°s 109 et suiv., lorsque nous avons étudié les règles générales de la perception, une convention ne donne lieu au droit proportionnel d'enregistrement qu'autant qu'elle est parfaite. En ce qui concerne les quittances, il faut, pour que le droit proportionnel de 50 cent. pour 100 soit dû, que l'acte ou l'écrit forme titre de la libération (Rép. n° 927 et suiv.). La loi soumet à ce droit non seulement les actes, mais aussi les écrits (Rép. n° 930), c'est-à-dire les lettres missives (Ibid. n° 931), les livres de commerce (Ibid. n° 932), les registres et papiers domestiques (Ibid. n° 935), l'écriture mise à la suite, en marge ou au dos d'un titre par le créancier, cette écriture, aux termes de l'art. 1332 c. civ. faisant « foi, quoique non signée ni datée par lui, lorsqu'elle tend à établir la libération du débiteur (Rép. n° 936). — Il est enseigné au *Répertoire* que, dans ce dernier cas, la libération du débiteur n'étant établie qu'autant que l'écriture est invoquée par lui, le droit proportionnel n'est dû également qu'autant que cette condition se trouve remplie (Ibid.). M. Garnier critique notre opinion et fait observer que le préposé à la perception des droits d'enregistrement doit apprécier par les formes extérieures l'écriture qui lui est présentée, soit par le créancier, soit par le débiteur, qu'il ne connaît pas et dont il n'est pas appelé à constater l'identité ; que ce sont ces formes seules qui sont destinées à former sa conviction ; que si donc l'écrit qu'on lui présente, bien que pouvant faire foi de la libération du débiteur, suivant qu'il se trouve dans l'une ou l'autre des hypothèses prévues par l'art. 1332, n'est pas signé par le créancier, il ne doit y voir qu'une note informe ou tout au plus qu'un projet d'acte qui, dans aucune hypothèse, ne peut rendre exigible le droit proportionnel de quittance (Rép. gén. enreg., n° 13312). Le même auteur mentionne, à l'appui de cette doctrine, une solution de l'administration du 25 nov. 1850 qu'il analyse ainsi : « spécialement, un mémoire de fournisseur faisant mention du payement d'un acompte ne devrait être assujetti au droit de quittance que s'il était accepté par le débiteur ou annexé à un acte qui doit lui être notifié, seul cas où il peut faire titre» (Ibid.).

620. Pour qu'un acte contenant quittance forme titre de la libération, il est nécessaire que le débiteur et le créancier y soient parties : ce principe, formulé au Rép. n°s 938 et suiv., a été consacré par la jurisprudence, notamment à l'occasion de sommes mentionnées, dans un acte de partage entre cohéritiers, comme ayant été touchées de divers débiteurs qui n'ont pas figuré dans l'acte (Rép. n° 942). Une nouvelle application de ce principe a été faite par la cour de cassation (Civ. cass. 17 juill. 1854, aff. Avenel, D. P. 54. 1. 314) : il s'agissait également, dans l'espèce, de payements mentionnés

dans un acte de partage entre cohéritiers. Le notaire rédacteur de l'acte se trouvait être en même temps débiteur de la communauté ayant existé entre les époux et dissoute par le décès du mari ; chargé de procéder au partage tant de la communauté que de la succession du mari, le notaire avait établi, pour déterminer la somme à partager, le compte des recettes faites par la veuve depuis l'ouverture de la succession ; au nombre de ces recettes se trouvaient des sommes importantes dues et payées par le notaire. La mention de ces payements faits dans un acte notarié n'était-elle pas libératoire ? Le tribunal de première instance des Andelys, saisi de l'affaire, l'avait pensé ; il avait décidé, en conséquence, que l'acte de partage était passible du droit proportionnel de libération. Pour décider ainsi, il s'était appuyé sur cette considération que si, par impossible, les héritiers venaient à méconnaître le payement fait par le notaire et mentionné dans l'acte, celui-ci ne manquerait pas de réclamer et d'obtenir de la justice l'autorisation de compulser ses minutes, et il invoquerait l'acte de partage comme preuve de sa libération. La cour de cassation n'a pas admis, et avec raison, cette argumentation ; elle a cassé le jugement du tribunal des Andelys en s'appuyant sur ce que la mention des sommes dues et payées par le notaire rédacteur avait été faite dans le but de constater les forces de la succession, et non pour conférer au notaire un titre libératoire. Cette décision confirme le principe que nous rappelions tout à l'heure, à savoir qu'un acte ne fait foi qu'entre les parties contractantes. Un notaire qui reçoit un acte comme officier public, n'y est pas partie. Sans doute, en cas de contestation, le notaire aurait invoqué l'acte de partage, mais il n'aurait pu l'invoquer comme titre de libération. La distinction peut paraître subtile ; elle n'est, en définitive, que la conséquence et la consécration de ce principe de bon sens qu'un acte ne peut faire preuve qu'entre les parties contractantes.

621. Supposons qu'au lieu d'un payement émané de tiers débiteurs de la succession, il s'agisse de la constatation, dans l'acte de partage, du payement d'une soulte par un cohéritier. La solution sera la même, mais pour un autre motif que celui énoncé plus haut. Et, en effet, le partage est fait entre les cohéritiers, et, s'il constate le payement d'une soulte par l'un d'eux, l'acte de partage forme à son profit titre de libération. Cependant l'Administration a reconnu avec raison que le droit proportionnel de quittance ne serait pas exigible, par application de la théorie des dispositions dépendantes formulée par l'art. 10 de la loi du 22 frim. an 7. — La solution de l'Administration du 7 avr. 1868 (D. P. 69. 3. 8), qui a décidé en ce sens, statuait sur un testament-partage, le testateur ayant lui-même imposé la soulte à l'un des héritiers ; l'Administration n'a pas voulu percevoir le droit de quittance sur l'acte par lequel les héritiers consentaient au partage déterminé par le testament, et constataient le payement de la soulte. — Il y aurait lieu, à fortiori, d'admettre la même solution, dans le cas où, au lieu d'un partage testamentaire, il s'agirait d'un partage effectué par les héritiers eux-mêmes.

622. Par application du principe qu'il faut un acte formant titre pour rendre exigible le droit de quittance, il a été décidé que l'acte par lequel le mari reçoit le prix de vente d'un bien dotal avec déclaration que ce prix doit, en vertu d'une délégation à lui consentie par la femme, être appliqué au payement d'une de ses créances contre cette dernière, n'opère pas libération de la femme en l'absence d'une liquidation qui ne peut régulièrement intervenir qu'après la dissolution du mariage ou séparation de biens ; qu'il n'est donc pas passible du droit de quittance (Trib. Seine, 21 mars 1849, aff. Miramon, D. P. 49. 5. 161).

623. De même, l'Administration a reconnu que la déclaration par le mari dans un acte d'acquisition en remploi au profit de la femme, que les deniers employés à cette acquisition proviennent de la *dot* constituée à la femme avec stipulation de payement à terme, n'autorise pas la perception du droit proportionnel de quittance sur le montant de la dot, alors surtout que le débiteur de la dot n'était pas présent (Sol. adm. enreg. 21 janv. 1869, D. P. 74. 5. 221).

624. Une difficulté s'est élevée au sujet d'un acte notarié mentionnant des payements constatés par des *mandats administratifs ;* ces actes sont, aux termes des art. 78 et 80 de la loi de finances du 15 mai 1818, exemptés du droit d'enregistrement. Un entrepreneur de travaux, ayant effectué des travaux pour le compte d'une ville, avait reçu divers acomptes réglés au moyen de mandats administratifs; pour le reliquat, une transaction était intervenue par-devant notaire; cet acte consentait à la ville bonne et valable quittance pour solde et, par suite du payement des acomptes, reconnaissait la ville complètement quitte envers l'entrepreneur ou ses représentants. — Il y avait une double question à trancher: d'abord, une question de liquidation du droit: l'acte constatant que des payements avaient été effectués antérieurement et donnant quittance pour solde, le droit proportionnel de libération devait-il être liquidé sur le total de la somme payée et des acomptes versés antérieurement ou sur la somme seulement versée pour solde? C'est, dans ce cas, sur le total des sommes dont le débiteur est libéré que le droit de quittance est dû, comme on le verra dans la 2e partie du présent chapitre, où l'on s'occupera de la liquidation du droit proportionnel. — La seconde question était relative à l'exigibilité: les acomptes ayant été payés au moyen de mandats administratifs, l'acte notarié qui les mentionnait était-il passible du droit proportionnel de libération? Du côté du contribuable, on soutenait que, les mandats administratifs étant exempts de l'enregistrement, la mention de ces mandats dans un acte notarié ne saurait rendre exigible le droit proportionnel; l'administration de l'enregistrement objectait que l'exemption, établie par la loi de 1848 en faveur des actes administratifs, était attachée à la forme de l'acte administratif et ne devait pas être étendue à un acte soumis à l'enregistrement et relatant les payements effectués par les mandats. La question fut portée devant le tribunal civil de Roanne qui, par un jugement du 26 déc. 1877, donna tort à l'administration de l'enregistrement; un pourvoi fut élevé contre ce jugement, et la cour de cassation par un arrêt en date du 8 nov. 1880 (aff. Ville de Roanne, D. P. 81. 1. 226), annula le jugement, mais pour vice de forme, et sans statuer sur la question d'exigibilité du droit proportionnel de libération. Le tribunal de Saint-Étienne, devant lequel l'affaire fut renvoyée, donna gain de cause à l'administration sur un jugement en date du 17 juill. 1883 (aff. Ville de Roanne, D. P. 83. 5. 244).

625. En présence de ces jugements contradictoires, quelle solution faut-il adopter? Nous pensons que le droit proportionnel de libération n'était pas dû sur l'acte notarié constatant le payement par mandats administratifs: la ville avait été, en effet, valablement libérée par ces mandats, qui formaient pour elle le titre de libération: l'acte notarié lui était absolument inutile pour prouver sa libération. Et d'ailleurs l'exemption établie en faveur des actes administratifs ne serait-elle pas illusoire, si la mention de ces actes dans un contrat rendait exigible le droit d'enregistrement? Nous pensons, en conséquence, que la solution du tribunal de Roanne, qui se prononce pour la non-exigibilité du droit d'enregistrement, doit être maintenue.

626. Il a été décidé, toutefois, en sens contraire, par un jugement de tribunal de Corbeil du 13 mai 1880, que l'exemption de timbre et d'enregistrement établie en faveur des actes administratifs, ne peut être étendue aux actes reçus par les notaires, lors même qu'ils y intéressent une commune; que, spécialement, l'acte notarié constatant un prêt contracté par une commune ou un payement effectué de ses deniers, est sujet au droit proportionnel comme les actes de même nature passés entre particuliers (aff. commune de Brunoy, D. P. 81. 3. 55). La question reste donc controversée.

627. Nous avons posé ce principe au Rép. no 957, que la *mainlevée* d'une inscription hypothécaire n'est passible du droit proportionnel de quittance que lorsque la libération du débiteur est expressément énoncée dans l'acte. Il en est ainsi, par exemple, aux termes d'un jugement, de l'acte par lequel le maire d'une commune, à ce autorisé par arrêté du préfet, consent devant notaire la mainlevée de l'inscription prise contre l'acquéreur de biens communaux, lorsque l'autorisation préfectorale mentionnée dans cet acte et faisant corps avec lui, constate formellement que l'acquéreur a payé son prix, et ne laisse ainsi aucun doute sur la libération de celui-ci (Trib. Rennes, 4 mai 1868, aff. Richelot, D. P. 68. 3. 78). — Cette décision paraît juridique: c'était bien l'acte rédigé sur la déclaration du maire, représentant de la commune venderesse, qui formait le titre de

la libération de l'acquéreur, et non pas l'arrêté d'autorisation émané du préfet, qui, d'ailleurs, était dispensé de l'enregistrement en qualité d'acte administratif. — Il en serait autrement s'il s'agissait de la mainlevée d'une hypothèque prise au profit du département (V. à cet égard: Sollier, *Dictionnaire de l'enregistrement et du timbre*, no 612-2°). — Dans ces différents cas, la mainlevée donnée à la suite de l'acte de quittance, n'opère pas un droit particulier: le droit proportionnel de libération est seul exigible, alors même qu'il est inférieur au minimum de 5 fr. établi pour le droit fixe (Sol. adm. enreg. 21 mars 1872, D. P. 73. 5. 215).

628. Au contraire, lorsque la mainlevée n'énonce pas expressément la libération du débiteur, elle n'est pas passible du droit de quittance. C'est ainsi qu'il a été décidé: 1° que l'acte contenant mainlevée pure et simple d'une inscription hypothécaire dans lequel le créancier se désiste « de tous droits d'hypothèque et de privilège, et de toutes actions, » ne donne pas lieu néanmoins à la perception du droit de quittance, s'il ne paraît pas que, dans le désistement annoncé en de tels termes, le déclarant ait entendu comprendre son droit de créancier (Trib. Seine, 25 juill. 1863, aff. Merland-Maufreyère, D. P. 64. 3. 16); — 2° Que l'acte contenant mainlevée définitive d'une inscription hypothécaire, dans lequel, sans mention aucune du titre constitutif de l'inscription ni de la cause sur laquelle elle est fondée, il est dit que le créancier « déclare donner mainlevée et consentir la radiation définitive, *avec désistement de tous droits d'hypothèque et autres*, d'une inscription faite à son profit... », ne prouve pas l'extinction de l'hypothèque, et non celle de l'obligation originaire, et par suite n'est pas passible du droit de quittance (Trib. Cognac, 4 janv. 1865, aff. Martin, D. P. 67. 5. 178).

629. Depuis ces différents jugements, la jurisprudence s'est modifiée dans un sens plus rigoureux; elle déclare le droit de quittance exigible, alors même que la libération ne serait pas expressément constatée dans l'acte de mainlevée. — Ainsi un jugement du tribunal de Reims du 5 juin 1867 (aff. Deuil, D. P. 68. 3. 22) a décidé que l'acte par lequel le créancier déclare se *désister* de tout droit résultant à son profit de l'acte d'obligation et donner mainlevée de l'inscription hypothécaire prise en conséquence, est passible du droit de quittance; dans cette espèce, il faut cependant reconnaître qu'il y avait de sérieux motifs pour percevoir le droit proportionnel sur l'acte de mainlevée: le créancier déclarait se désister de tout droit résultant de l'acte d'obligation; ce désistement formel équivalait à une quittance expresse. — S'il n'y avait que ce jugement, on ne pourrait pas dire que la jurisprudence a fait échec au principe que nous avons posé au *Répertoire*, et que nous rappelions tout à l'heure.

630. Mais la cour de cassation a été beaucoup plus loin dans cette voie par un arrêt de la chambre civile du 6 nov. 1871 (aff. Bourré, D. P. 74. 1. 315), rendu en sens contraire du jugement du tribunal civil de Cognac cité *suprà*, no 628. L'espèce était à peu près identique: dans l'acte de mainlevée, un vendeur, en donnant son consentement à la radiation de l'inscription d'office de son privilège, déclarait se désister de tous droits d'hypothèque, privilège, action résolutoire *et autres*. La cour de cassation a décidé que cet acte de mainlevée était passible du droit proportionnel. Vainement objectait-on contre la mainlevée que l'adjonction des mots « et autres » n'était qu'une superfluité sans portée et sans conséquence, une précaution inutile et surabondante; que d'ailleurs l'acte de mainlevée, tel qu'il était rédigé, ne faisait pas preuve de la libération du débiteur, qu'il ne pourrait être invoqué que comme commencement de preuve par écrit (Civ. rej. 17 juill. 1820 et Paris, 16 août 1838, *Rép.* vo *Obligations*, no 4853; Larombière, *Théorie et pratique des obligations sur l'art.* 1347, no 31).

Ces objections avaient touché le tribunal de Bressuire, qui avait annulé la contrainte par jugement du 10 août 1869 (D. P. 71. 1. 315). La cour de cassation a cassé ce jugement par les motifs suivants: elle rappelle d'abord la clause de l'acte de mainlevée, puis ajoute: « Attendu que les vendeurs et leurs concessionnaires ont pris soin d'énumérer tous les droits réels qu'ils pouvaient avoir sur les immeubles aliénés, et ont néanmoins ajouté *et autres*; qu'il en résulte nécessairement qu'ils ont entendu renoncer à tous les droits qu'ils pouvaient avoir contre leur débiteur; — Attendu que l'acte du 22 déc. 1866, ayant ainsi le caractère d'un titre libératoire, se trouvait dès lors soumis à la perception d'un droit proportionnel ». Ce qui a décidé la cour suprême, c'est qu'en effet les vendeurs avaient énuméré dans l'acte tous les droits réels dontils se désistaient: l'adjonction du mot *et autres* ne pouvait donc s'entendre que du droit de créance. Il n'en est pas moins vrai que la libération était prouvée que par induction; il n'y a pas là une libération expresse, un acte formant titre, et, par conséquent, nous ne croyons pas que le droit proportionnel de quittance eût dû être perçu sur un acte de mainlevée conçu en de pareils termes.

631. La jurisprudence a néanmoins persévéré dans cette interprétation rigoureuse : ainsi un jugement du tribunal civil de Caen du 1er mars 1877 (aff. Mannoury, D. P. 78. 5. 237) a décidé que l'acte par lequel, en donnant mainlevée de l'inscription prise à son profit, le cessionnaire d'une créance déclare se désister de tous droits d'hypothèque *et autres*, constitue pour les débiteurs un acte libératoire et donne lieu à ce titre, au droit proportionnel de 50 cent. pour 100.

632. La même doctrine a été appliquée par un jugement du tribunal civil du Mans en date du 9 mars 1883 (aff. Ropiquet, D. P. 84. 5. 228); il s'agissait, dans l'espèce, d'un acte portant quittance, *sans réserve*, du dernier terme échu d'une rente viagère en mainlevée pure et simple de l'hypothèque consentie pour garantie du service de cette rente. Or il est de doctrine et de jurisprudence que la quittance du dernier terme échu d'une rente viagère emporte présomption du payement des arrérages antérieurs (*Rép.* v° *Obligations*, n°s 4850 et 5015-2°. V. aussi *ibid.*, n°s 1811 et 2592). L'acte dont il s'agissait emportait une présomption du payement de la rente; le jugement décide, en conséquence, qu'il est passible du droit de quittance.

633. Comme on le voit, d'après l'exposé que nous venons de faire de la jurisprudence, celle-ci se montre assez rigoureuse au sujet de la perception exigible sur un acte de mainlevée : cet acte, qui, d'après la loi du 28 févr. 1872, n'est assujetti qu'au droit gradué, sera souvent passible du droit de quittance. En principe, il faudrait qu'il formât titre de la libération; mais on a vu que les décisions judiciaires ne sont pas très difficiles sur les conditions à exiger d'un acte de mainlevée pour qu'il forme titre : il a suffi dans certains cas que l'acte de mainlevée emportât présomption de libération. A notre avis, c'est aller beaucoup trop loin, et cette jurisprudence, si elle s'accentuait dans ce sens rigoureux, n'irait rien moins qu'à supprimer la perception du droit gradué sur l'acte de mainlevée. Il est clair, en effet, que l'acte de mainlevée suppose dans la plupart des cas la libération du débiteur. Si l'on se contente d'une simple présomption, il faudra donc percevoir le droit de quittance dans tous les cas : c'est aller contre la volonté du législateur qui, en établissant un droit spécial pour les mainlevées, a manifesté clairement son intention de soustraire les actes de cette nature à la perception du droit proportionnel.

La jurisprudence ne pousse pas, d'ailleurs, sa doctrine jusqu'à ces extrêmes limites : ainsi un jugement du tribunal de Tonnerre du 15 avr. 1875 (D. P. 75. 5. 195) a décidé que la mainlevée de l'hypothèque prise pour garantie d'une créance stipulée remboursable « soit au prêteur, soit au porteur de la grosse de l'obligation » ne donne pas lieu au droit proportionnel de quittance par cela seul qu'elle renferme la mention « que la grosse de l'obligation, après avoir été bâtonnée par le notaire soussigné, est demeurée ci-jointe après que dessus il en a été fait mention ». Il eût été, en effet, exorbitant de percevoir le droit proportionnel de quittance sur une semblable mainlevée; elle n'emportait en aucune façon libération, puisque l'obligation était stipulée remboursable « soit au prêteur, soit au porteur de la grosse ».

634. Le payement fait par un *tiers* qui n'est pas subrogé dans la dette libère le débiteur envers le créancier et donne, par conséquent, lieu à la perception du droit de quittance (*Rép.* n° 974). On a indiqué, au *Répertoire*, les applications faites de ce principe par plusieurs arrêts de la cour de cassation à l'occasion de ventes notariées. L'acte par lequel le notaire déclare qu'il opère le versement du prix dans les mains du vendeur ou l'acquit ou pour le compte de l'acquéreur est considéré comme libératoire au profit de

ce dernier, et passible du droit de quittance; la même solution a été admise par le tribunal civil de la Seine le 10 mars 1865 (aff. Grandmange, D. P. 66. 3. 100) au sujet de la décharge donnée à un mandataire de sommes que celui-ci déclare avoir touchées au nom du mandant de divers débiteurs désignés. — Cette décharge profitait, en effet, non seulement aux mandataires, mais encore aux débiteurs qui lui avaient versé des fonds pour le compte des créanciers, ses mandants, d'autant plus que les comptes détaillés et détaillés desdits débiteurs étaient restés annexés à l'acte, avec mention de l'approbation des mandants.

635. C'est par application de la même idée que le tribunal de Versailles a reconnu passible du droit de quittance l'acte contenant décharge d'un prix de vente déposé à la caisse des consignations, avec mainlevée des inscriptions qui grevaient l'immeuble vendu (Trib. Versailles, 8 juin 1847, aff. H..., D. P. 48. 5. 141).

Le même jugement décide que l'acte est également passible du droit de décharge. Cette solution, qui a été adoptée par plusieurs jugements, nous paraît contestable. En général, la décharge n'étant lorsqu'elle est intervenue dans les circonstances indiquées, qu'une conséquence de la libération, ne donne lieu à aucun droit. Cependant M. Garnier se montre favorable à la doctrine suivie sur ce point par les tribunaux civils. Il considère que la décharge « s'applique à un ordre de faits entièrement distincts de la libération du débiteur, et que, par conséquent, elle constitue une disposition indépendante passible d'un droit particulier » (*Rép. pér. enreg.*, art. 2131. V. sur les dispositions diverses dans un même acte, *suprà*, n°s 227 et suiv.).

636. Lorsque le payement, effectué par un tiers, donne lieu à la subrogation, de quel droit d'enregistrement est-il passible? Nous avons dit (*Rép.* n° 978) que l'Administration percevait le droit proportionnel d'obligation de 1 p. 100, si l'acte intervenu présentait le caractère d'un transport de créance; une délibération de l'Administration du 28 déc. 1832, citée au *Rép. ibid.*, a décidé qu'il en était ainsi lorsqu'un tiers non intéressé paye et se fait immédiatement subroger aux droits du créancier, du consentement du débiteur; un acte intervenu dans de pareilles conditions fait présumer un prêt avec une convention tacite de subrogation (V. Trib. Béziers, 11 mai 1858, aff. Fuzier, D. P. 59. 3. 7). — Mais un acte portant subrogation ne peut donner lieu à la fois à la perception du droit d'obligation et du droit de quittance; cette proposition a été consacrée par une solution de l'Administration, rapportée au *Rép.* n° 979. Elle a depuis été confirmée par deux arrêts de la chambre civile de la cour de cassation du 19 janv. 1858 (aff. Trépagne, et aff. Peyronnat, D. P. 58. 1. 26 et 28), qui, cassant les décisions antérieurement rendues, ont décidé que la subrogation, opérée par le débiteur au profit du tiers qui lui prête les deniers nécessaires au payement, donne lieu au droit proportionnel de transport sur l'acte d'emprunt dressé entre ce débiteur et ce tiers, conformément à l'art. 1250, n° 2, c. civ., mais ne donne pas ouverture au droit de quittance sur la quittance délivrée, selon les termes du même article, par le créancier (V. dans le même sens : Championnière et Rigaud, n° 1249).

637. Le droit de quittance est dû, au contraire, lorsqu'un tiers intéressé dans la dette l'acquitte et se trouve ainsi subrogé par la seule force de la loi : c'est donc en général au droit de quittance et non au droit d'obligation que donnera lieu la subrogation légale (*Rép.* n°s 980 et 987).

On a examiné l'application de ce principe au *Rép.* n°s 981 et suiv., en passant en revue les différents cas de subrogation légale, prévus par l'art. 1251 c. civ.

638. Une difficulté a donné lieu à d'importants arrêts de la cour de cassation s'est élevée au sujet d'une hypothèse rentrant dans le troisième des cas de subrogation légale énumérés par l'art. 1251 (*Rép.* n°s 998 et suiv.). Un acquéreur d'immeubles stipule, dans son acte d'acquisition, la faculté d'élire command « en *restant responsable solidairement avec lui* du payement du prix de la présente vente ». L'acquéreur fait élection de command; l'acte porte ensuite que, pour s'affranchir de la solidarité à laquelle il est tenu envers ses commands, l'acquéreur a payé le prix de vente de ses deniers personnels, et est par conséquent subrogé de plein droit, conformément à l'art. 1251 c. civ., dans tous les droits, privilèges et hypothèques pouvant dériver du contrat de vente. Outre le droit proportionnel de vente, qui fut perçu sans difficulté sur cet acte, l'Administration voulut percevoir le droit proportionnel d'obligation à raison de l'avance faite par l'acquéreur pour le compte de ses commands ; la cour de cassation, par arrêts de la chambre civile des 10 juin 1845 (aff. Rolloy, et aff. Périer, D. P. 45. 1. 315), et 16 nov. 1846 (aff. Rolloy, et aff. Périer, D. P. 47. 1. 43), donna gain de cause à l'Administration. Cette solution est très juridique et n'infirme en aucune façon le principe que la subrogation légale est seulement passible du droit de quittance. La cour de cassation a, en effet, reconnu qu'il y avait dans l'espèce une véritable subrogation conventionnelle ; la clause de solidarité était simulée, ainsi que toutes les autres, afin de cacher le prêt consenti par l'acquéreur en faveur de ses commands.

639. Mais il n'est dû que le droit proportionnel de libération à 50 cent. p. 100 sur la disposition d'un jugement de subrogation de *saisie immobilière* donnant acte au premier créancier saisissant de la déclaration par lui faite qu'il a été désintéressé et qu'il consent à la subrogation (Trib. Clermont-Ferrand, 8 août 1870, aff. Combarel, D. P. 72. 5. 188).

§ 2. — Actes et écrits portant libération de sommes et valeurs mobilières (*Rép.* n°s 1008 à 1037).

N° 1. — *Compensation* (*Rép.* n°s 1016 à 1032).

640. La compensation légale opérant de plein droit et par le seul effet de la loi, il s'ensuit que l'acte qui la constate ne forme pas titre de libération et ne doit pas être assujetti au droit proportionnel de libération. Telle est l'opinion que nous avons défendue au *Rép.* n°s 1016 et suiv. Elle est enseignée également par M. Demante, t. 1, n° 537, le *Dictionnaire des droits d'enregistrement*, v° *Compensation*, n° 77, et M. Naquet, t. 1, n°s 153 et 154. La jurisprudence s'est longtemps montrée hésitante sur cette question. On a cité au *Rép. ibid.* des jugements rendus dans les deux sens ; la controverse a, depuis lors, continué et le tribunal de la Seine a décidé, par jugement du 28 mai 1856 (aff. Riant, D. P. 56. 3. 65), que la disposition d'un jugement qui déclare que la compensation s'est opérée de plein droit entre deux dettes résultant même de titres enregistrés ne donne lieu à la perception du droit de quittance ; le tribunal civil de Valenciennes s'est prononcé dans le même sens par jugement du 17 janv. 1866 (aff. Lutheroth, D. P. 66. 3. 96).

641. Mais un revirement s'est produit en faveur de la solution qui nous paraît être la seule conforme aux principes du droit en matière de compensation légale : le tribunal de la Seine revenait sur sa jurisprudence par un jugement du 6 janv. 1865 (aff. Bing, D. P. 66. 3. 93), et il a été suivi par le tribunal de Loudéac le 18 août 1866 (aff. Blivet, D. P. 68. 3. 40). La cour de cassation a admis cette doctrine par un arrêt de sa chambre des requêtes du 16 mai 1870 (aff. Poursine, D. P. 70. 1. 400) : « Attendu que le droit de 50 cent. par 100 fr. établi par l'art. 69, § 2, n° 11, de la loi du 22 frim. an 7, sur les quittances, actes et écrits portant libération de sommes ou valeurs mobilières, ne saurait être étendu à la simple déclaration par laquelle un jugement constate des faits desquels est résulté une compensation ayant opéré de plein droit, même à l'insu des parties, l'extinction des deux créances ; — Attendu que tel était le caractère du jugement rendu par le tribunal de Narbonne le 13 avr. 1869 ; que ce jugement n'opérait pas libération ; qu'il se bornait à constater les faits qui, antérieurement et indépendamment de la volonté des parties, par la seule force de la loi, avaient éteint par compensation la créance dont le sieur Biscaye réclamait le payement des dames Poursine ; d'où suit qu'en ordonnant la restitution du droit de 50 cent. p. 100 fr. perçu sur le jugement du 13 avr. 1869, le jugement attaqué n'a fait qu'une juste application de la loi ».

Il est à noter que cet arrêt est intervenu à l'occasion d'une compensation légale constatée par un jugement : la même solution nous paraît devoir être admise, lorsque la compensation est constatée par un acte écrit intervenu entre les parties : c'est d'ailleurs sur un acte de cette nature qu'est intervenu le jugement précité du tribunal de Loudéac (V. en ce sens : Trib. Seine, 10 févr. 1871, aff. Crédit foncier, D. P. 73. 3. 225).

642. La chambre civile de la cour de cassation nous semble, d'ailleurs, avoir admis implicitement cette doctrine ; elle a statué sur une opération dont on s'est occupé au *Rép.* n°s 1020 et suiv. ; il s'agit d'ordres amiables intervenus à la suite du payement, par un acquéreur d'immeuble, des créanciers inscrits de son vendeur. L'Administration avait elle-même reconnu que l'acte par lequel un acquéreur paye le prix de vente aux créanciers inscrits de son vendeur ne donnait lieu qu'à un seul droit proportionnel de quittance, bien qu'il opérât double libération (*Rép.* n° 1030). — Mais elle a soutenu que si, après le payement effectué par l'acquéreur aux créanciers inscrits, intervient un procès-verbal d'ordre amiable qui constate ce payement et mentionne la compensation qui en résulte à l'égard de la créance du vendeur en payement du prix d'immeuble, un second droit de libération deviendrait exigible. Ainsi, d'après le système de l'Administration, deux droits proportionnels devraient être perçus : le premier sur la libération résultant des payements effectués par l'acquéreur aux créanciers inscrits ; le second sur la libération qui résulte du même payement, mais par voie de compensation, de l'acquéreur vis-à-vis du vendeur.

643. La chambre civile de la cour de cassation n'a pas ratifié cette prétention ; elle a décidé que l'acquéreur avait satisfait à la loi en acquittant le droit proportionnel de quittance sur l'acte constatant les payements qu'il avait effectués aux créanciers inscrits et que, dès lors, il ne pouvait plus être recherché pour raison d'un nouveau droit à propos de la constatation, dans le procès-verbal de distribution amiable de son prix, de la compensation que les payements faits aux créanciers inscrits avaient précédemment opérée entre les créances par lui remboursées et les créances des vendeurs et sa dette envers ces derniers (Civ. cass. 5 janv. 1869, aff. Delestang, D. P. 69. 1. 252). — Bien que cet arrêt ne dise pas expressément que l'acte qui constate une compensation légale soit affranchi du droit de quittance, il nous paraît admettre implicitement cette théorie, puisqu'il décide que le droit de quittance n'est pas dû sur l'ordre amiable constatant une compensation légale, par ce motif que cette compensation avait été précédemment opérée par les payements faits aux créanciers inscrits. Il est bien certain que, dans l'espèce, la quittance délivrée par les créanciers inscrits ne constatait pas la compensation, mais que celle-ci avait eu lieu de plein droit, par le seul effet de la loi. L'administration de l'enregistrement persiste à soutenir que l'acte constatant une libération par compensation légale donne lieu au droit proportionnel de quittance (Instr. adm. enreg. 25 sept. 1885, n° 2718, § 3-II). M. Garnier le soutient également (*Rép. gén. enreg.*, n° 4616 ; *Rép. pér. enreg.*, art. 6469). Mais, comme on le voit par ce qui précède, la jurisprudence tend de plus en plus à se fixer dans le sens contraire.

644. Si l'acte ou le jugement qui constate une compensation légale n'est pas passible du droit de libération, il en est autrement de la compensation conventionnelle. Lorsque deux dettes ne réunissent pas les conditions exigées par l'art. 1290 c. civ. pour être compensées de plein droit, la convention qui interviendra entre les parties à cet effet formera bien le titre de la libération : on ne pourra pas dire, dans ce cas, que la libération résulte de la loi ; elle résultera de la convention intervenue qui sera, en conséquence, passible du droit proportionnel de quittance. — Il y a même deux libérations, mais qui sont réciproquement la conséquence l'une de l'autre et, par conséquent, un seul droit devra être perçu sur le même montant compensé.

645. Ces principes ont été consacrés par la cour de cassation. La question s'est produite devant elle par suite de la réclamation du droit proportionnel de libération sur un règlement par acte notarié du prix d'un immeuble adjugé à un créancier inscrit, constatant que les parties avaient établi une compensation à due concurrence entre le prix de l'adjudication et la créance de l'adjudicataire. La cour a décidé que le droit de quittance était applicable à cette compensation, attendu qu'elle ne résultait ni de la loi, ni d'un acte antérieur enregistré, que la libération avait été opérée par les stipulations arrêtées entre les parties, en d'autres termes, parce qu'il s'agissait d'une compensation conventionnelle (Civ. cass. 14 mars 1854, aff. Viel, D. P. 54. 1. 132 ; 25 mars 1885, aff. veuve Basquin, D. P. 86. 1. 31). — Dans ce même cas, un jugement du tribunal de la Seine du 8 avr. 1837 (*Rép.* n° 1018) avait repoussé la perception du droit proportionnel de quittance par le motif que le règlement en litige n'avait fait que déclarer le fait antérieur de la compensation légalement opérée en vertu de l'art. 1289 c. civ. La cour de cassation a jugé, par les deux arrêts précités, que le règlement amiable intervenu n'avait pas seulement constaté la compensation, mais qu'il l'avait opérée, attendu que les deux créances ne réunissaient pas les conditions exigées pour une compensation légale, l'exigibilité de l'une ou de l'autre étant subordonnée au règlement amiable ou judiciaire à intervenir pour établir l'ordre dans lequel le prix de l'adjudication serait réparti entre les créanciers hypothécaires inscrits.

Il a encore été jugé, dans le même sens, que lorsqu'à la la suite d'une adjudication d'immeubles dépendant d'une succession au profit d'un créancier de celle-ci, moyennant un prix convenu aux termes du cahier des charges, et dont une partie doit être payée à lui-même, les créanciers déclarent cet adjudicataire libéré de son prix par compensation, l'acte contenant cette déclaration donne lieu à un droit de libération de 50 cent. pour 100 fr. (Trib. Lyon, 6 mars 1863) (1). — Il est, en effet, de jurisprudence que, tant que l'ordre n'a pas été arrêté définitivement, aucune compensation ne peut avoir lieu entre le prix dû par l'acquéreur et la créance lui appartenant sur le vendeur (V. *Obligations ; — Rép.* v°, n°s 2637-4°; Civ. cass. 27 janv. 1885, aff. Manceau, D. P. 85. 1. 373).

646. Notons, pour terminer sur la compensation, que lorsque le prix de la vente a été déclaré, dans l'acte même de vente, compensé jusqu'à due concurrence avec une somme qui était due par le vendeur à l'acheteur, il n'y a pas lieu de percevoir un droit de libération à raison de cette compensation : l'Administration l'a elle-même reconnu par une solution du 24 sept. 1868 (D. P. 69. 3. 96); elle n'a fait là qu'une application pure et simple de la théorie des dispositions dépendantes; la quittance d'un prix de vente dans le contrat, ne donnant pas lieu à la perception de l'impôt, il n'est pas dû non plus à raison de la compensation, alors même qu'elle serait conventionnelle (V. *Rép.* n°s 906 et suiv.).

N° 2. — *Confusion* (*Rép.* n°s 1033 à 1036).

647. Pour la même raison que la compensation légale, l'acte qui constate l'extinction d'une dette par confusion ne doit pas être assujetti au droit de quittance (*Rép.* n°s 1033 et suiv.). La chambre civile de la cour de cassation a consacré cette doctrine en décidant que, lorsqu'à la suite de la dissolution d'une société par actions formée pour l'exploitation d'un immeuble, une société nouvelle également formée par actions, entre des actionnaires de l'ancienne, pour l'acquisition et l'exploitation de ce même immeuble, s'en est rendue adjudicataire et a été, d'après ses statuts, subrogée aux droits de ses membres dans le prix, cette société confond dans sa personne les deux qualités de créancière et de débitrice pour la portion du prix d'adjudication représentant les actions de l'ancienne société dont il lui a été fait apport;

par suite, l'acte par lequel elle acquitte ce prix, ne donne lieu au droit de libération à 50 cent. pour 100 que sur la fraction excédant celle pour laquelle la confusion s'est opérée (Civ. cass. 3 févr. 1868, aff. Saint-Salvi, D. P. 68. 1.225).

648. Mais il faut qu'il y ait réellement confusion, c'est-à-dire extinction d'une dette par le concours des qualités de créancier et de débiteur dans la même personne; ainsi, il a été décidé que l'adjudication prononcée au profit d'un créancier inscrit sur l'immeuble vendu ne produisait pas libération de l'adjudication par voie de confusion (Civ. cass. 25 mars 1885, cité *suprà*, n° 645). Dans cette espèce, il y avait deux créances distinctes : celle résultant d'un prêt hypothécaire, et celle consistant dans le prix d'adjudication; la confusion n'avait donc pu avoir lieu, et c'est avec raison que la cour de cassation a considéré que le règlement amiable intervenu entre les intéressés et constatant la libération de l'adjudicataire, était passible du droit de libération.

649. D'ailleurs, lorsqu'un acte, au lieu de constater une confusion préexistante, l'opère par lui-même, il en résulte une libération produite par la volonté des parties et qui est passible du droit de quittance (*Rép.* n° 1036). — Ainsi, il a été reconnu que le droit serait exigible sur l'adjudication d'une créance aux enchères publiques, lorsque c'est le débiteur lui-même qui s'est rendu adjudicataire : si le prix est inférieur au capital nominal de la créance, le droit proportionnel doit être perçu sur la différence (Trib. Seine, 2 janv. 1875, aff. Leroy, D. P. 76. 5. 207).

Art. 2. — *Des obligations* (*Rép.* n°s 1038 à 2047).

650. D'après l'art. 4 de la loi de frimaire an 7, le terme *obligation*, dans le sens de la loi fiscale, ne s'entend que des conventions qui ne contiennent ni libération, ni transmission de propriété, d'usufruit ou de jouissance (*Rép.* n° 1038). Le *Répertoire* a distingué trois espèces d'obligations, savoir : 1° les *obligations principales* énumérées, pour la plupart, dans l'art. 69, § 3, n° 3, de la loi de frimaire an 7 et tarifées au droit de 1 pour 100 ; 2° les *obligations accessoires*, c'est-à-dire ces conventions qui ne se forment pas à cause d'elles-mêmes et qui se divisent en conventions ajoutées à quelqu'autre dont elles dépendent, comme la *novation*, et en sûretés, comme le *cautionnement*, les *garanties mobilières*, et les *indemnités*; 3° les *obligations de faire* spécialement tarifées par la loi, comme les *adjudications au rabais*, les *marchés*, les *brevets d'apprentissage* et autres espèces de *louage d'ouvrage*, les *baux à nourriture*, les *mutations d'office*. Chaque espèce d'obligations a été traitée distinctement et subdivisée en autant de numéros qu'il s'est trouvé d'obligations susceptibles de développements spéciaux.

§ 1er. — Obligations principales (*Rép.* n°s 1041 à 1370).

651. Le droit d'obligation de sommes est un droit d'acte qui, par suite, ne peut être perçu qu'autant que l'obligation est constatée par acte et que cet acte est présenté à l'enregistrement (*Rép.* n° 1041). Relativement à l'exigibilité du droit, la *forme* de l'acte est indifférente; mais il faut qu'il

---

(1) (Bonin.) — Le tribunal ; — Attendu qu'Etienne Bonin s'est rendu adjudicataire, le 11 avr. 1857, au prix de 101000 fr., de divers immeubles dépendant de la succession de Jean Bonin, étant précédemment créancier de cette succession d'une somme de 70000 fr., que sur la somme de 101000 fr., celle de 70000 fr. était stipulée payable à lui-même, Etienne Bonin, dans les dix jours de l'adjudication ; — Attendu que par acte reçu par Me Coste, notaire à Lyon, le 6 mars 1862, les héritiers de Jean Bonin ont déclaré Etienne Bonin libéré de la somme de 70000 fr., par suite de la réunion sur sa tête de la qualité de débiteur et de créancier, d'où était résultée la confusion ; — Attendu que l'enregistrement ayant perçu, sur l'acte du 6 mars 1862, un droit de quittance de 50 cent. par 100 fr., Etienne Bonin réclame aujourd'hui la restitution d'une somme de 385 fr. selon lui indûment perçue ; qu'il soutient que l'acte qui constate une libération par confusion ne saurait être soumis à un droit d'enregistrement, et qu'en supposant qu'il n'y ait pas confusion, mais compensation légale, il n'y aurait pas lieu davantage à la perception d'un droit ; — Attendu qu'il y a bien, dans l'espèce, non pas confusion, mais compensation; que la confusion ne suppose qu'une personne et une seule dette, par exemple l'héritier débiteur du défunt et devenant, par le fait de l'héritage, son propre

créancier; qu'il n'en est pas ainsi en ce qui concerne Etienne Bonin; qu'antérieurement à l'adjudication, il était créancier de la succession de Jean Bonin d'une somme de 70000 fr., que sur l'adjudication, il est devenu débiteur de la succession de 101000 fr.; qu'il en résulte qu'il y avait deux personnes, Etienne Bonin et la succession, et en même temps deux obligations ; que si Etienne Bonin a été déclaré libéré de 70000 fr., c'était la conséquence d'une compensation qui s'est opérée jusqu'à concurrence, et non d'une confusion ; — Attendu que la compensation légale est un mode de libération dont la constatation par acte ne saurait être exemptée du droit de quittance ; que les dispositions de l'art. 69, § 2, n° 11, de la loi du 22 frim. an 7 ne font aucune distinction sur les causes de la libération ; — Attendu que l'acte du 6 mars 1862 a eu pour but de constater la compensation qui s'est opérée, d'en fixer les éléments, d'en former le titre ; qu'il rentrait, dès lors, dans la catégorie des quittances ou tous autres actes portant libération de sommes et valeurs mobilières soumis à un droit d'enregistrement de 50 cent. par 100 fr.;

Par ces motifs, dit et prononce qu'Etienne Bonin est mal fondé dans sa demande en restitution de la somme de 385 fr., etc.

Du 6 mars 1863.-Trib. civ. de Lyon.

présente tous les éléments essentiels à son existence légale (*Rép.* n° 1042) et qu'il constate une obligation *civile* (*Rép.* n° 1043); l'obligation purement *morale* ne rendrait pas exigible le droit proportionnel (*Ibid.*). C'est, d'ailleurs, par une appréciation exacte des circonstances que l'on arrive à reconnaître si les parties ont entendu donner à leur convention la force obligatoire. Ainsi, la procuration donnée à un tiers à l'effet de reconnaître par acte authentique une obligation de sommes, peut donner lieu au droit proportionnel (*Rép.* n° 1044. V. *infrà*, n° 689).

652. Les règles générales tracées dans l'exposé des principes généraux (V. *suprà*, n°s 62 et suiv.), s'appliquent à la perception du droit proportionnel d'obligation. Ainsi, il est exigible, bien que la *cause* de l'obligation ne soit pas exprimée (*Rép.* n° 1045); mais il ne l'est pas, lorsqu'elle est subordonnée à une condition suspensive (*Rép.* n° 1046. V. *suprà*, n°s 162 et suiv.) : il ne le devient, en ce cas, que lorsque la condition est accomplie. — V. *infrà*, n°s 738 et suiv., ce qui est dit concernant les *promesses de prêts* et spécialement les *ouvertures de crédits*.

653. Le droit d'obligation n'est pas dû toutes les fois que, pour une cause quelconque, l'obligation reconnue se trouve éteinte, soit que l'on fasse enregistrer la quittance en même temps que l'acte d'obligation, soit que l'obligation s'éteigne par dation en payement ou compensation (*Rép.* n° 1048).

654. Ces observations générales faites, nous abordons avec le *Répertoire* les différentes conventions spécialement tarifées.

N° 1. — *Transaction* (*Rép.* n°s 1049 à 1120).

A. — Nature de la transaction.

655. Ainsi qu'on l'a vu au *Rép.* n° 1050, la loi fiscale renferme deux dispositions distinctes en ce qui concerne les transactions : l'une (L. 22 frim. an 7, art. 68, § 1er) les assujettit au droit fixe, lorsqu'elles ne contiennent aucune stipulation de somme et valeur, ni dispositions soumises à un plus fort droit d'enregistrement. Ce droit, qui était de 1 fr. d'après la loi précitée, a été porté successivement à 3 fr. par la loi du 28 avr. 1816 (art. 43, n° 8), et à 4 fr. 50 cent. par suite de l'art. 4 de la loi du 28 févr. 1872, qui a augmenté de moitié tous les droits fixes auxquels sont assujettis les actes civils, administratifs et judiciaires. L'autre disposition est celle de l'art. 69, § 3-3°, de la même loi de frimaire an 7, qui soumet au droit proportionnel de 1 pour 100 les transactions contenant obligation de sommes sans libéralité et sans que l'obligation soit le prix d'une transmission de meubles ou d'immeubles.

656. Nous avons exposé en détail, au *Rép.* n°s 1057 et suiv., la grave controverse qui s'est élevée sur la nature de la transaction. — La doctrine presque unanime des auteurs soutient que la transaction est, en principe, un acte purement déclaratif, qu'elle ne fait que constater des droits préexistants, et qu'en conséquence elle ne doit être assujettie qu'au droit fixe établi par la loi du 22 frim. an 7; que ce n'est qu'exceptionnellement que la transaction peut être translative et par suite donner ouverture au droit proportionnel, par exemple, dans le cas où l'une des parties, pour rester en possession de l'objet litigieux, abandonne à l'autre partie une chose lui appartenant en bien propre (V. *Rép.* n° 1082; D. P. 65. 1. 457, note; D. P. 78. 1. 303, note 2; Demante, t. 1, n°s 319 et suiv., et *Appendice*, p. 529 et suiv.). Si ce système avait prévalu, la perception du droit proportionnel sur une transaction n'aurait eu lieu que très rarement.

657. Mais l'administration de l'enregistrement a toujours énergiquement combattu ce système et soutenu que le droit proportionnel doit être perçu sur une transaction, lorsqu'elle a opéré « quelque changement dans l'état de la possession, dans les droits *apparents* des parties ». Elle prétend ainsi faire revivre la jurisprudence du centième denier, d'après laquelle les droits de mutation étaient perçus sur le changement de main.

658. Nous avons cité (*Rép.* n° 1076) divers arrêts de la cour de cassation qui ont donné raison à l'Administration. Malgré ces arrêts, le débat a continué; la jurisprudence a persévéré dans son système (Trib. Vervins, 7 déc. 1860, aff. Loncle, D. P. 61. 3. 86; Civ. cass. 5 juin 1861, aff. Muteau, D. P. 61. 1. 227; Civ. rej. 30 août 1864, aff. Barjaud, D. P.

64. 1. 350). — L'arrêt de 1861 renvoya l'affaire sur laquelle il a statué devant le tribunal de Châlon, qui persista à juger contrairement à la cour de cassation. Le débat fut alors porté devant les chambres réunies de la cour de cassation, qui rendirent le 12 déc. 1863, sur les conclusions conformes de M. le procureur général Delangle, un important arrêt mettant fin à cette longue controverse et fixant définitivement la perception dans le sens des prétentions de l'administration de l'enregistrement (V. le texte de l'arrêt et les conclusions de M. Delangle dans lesquelles sont exposées avec une grande vigueur d'argumentation toutes les considérations qui peuvent être invoquées à l'appui de cette doctrine, D. P. 65. 1. 457).

La question se présentait dans les circonstances suivantes : un sieur Duthey était décédé, après avoir, par testament olographe, institué une dame Bohet pour sa légataire universelle. La dame Muteau, mère naturelle du défunt, prétendit avoir des droits dans la succession de son fils, soit en qualité d'héritière à réserve, soit par suite de la nullité du testament pour cause de suggestion. La légataire universelle obtint son envoi en possession, sauf mise en séquestre de la succession. C'est alors qu'une transaction intervint entre les parties, dans les termes suivants : « conformément aux dispositions de l'art. 1004 c. nap., la dame Muteau dûment autorisée de son mari, fait délivrance à la dame Bohet, pour la remplir de son legs, de la moitié de la succession de Lucien Duthey. Elle conserve l'autre moitié comme héritière de son fils ». Lorsque cette transaction fut présentée à l'enregistrement, le receveur la considéra comme renfermant la transmission par la dame Bohet à la dame Muteau de la moitié de la succession et il perçut sur cette moitié le droit de mutation à titre gratuit de 9 pour 100. Puis, lors de la déclaration de la succession, il perçut le même droit sur la totalité de l'hérédité qui, selon lui, avait passé tout entière à la dame Bohet par l'effet du testament. — L'arrêt des chambres réunies a décidé, en premier lieu, que le droit de mutation par décès était dû, la légataire universelle ayant été régulièrement envoyée en possession. Relativement à la perception que comportait la transaction, il sanctionne celle du droit de mutation, mais, confirmant sur ce point, l'arrêt précité du 5 juin 1861, il décide que le caractère de la transaction étant exclusif de celui de libéralité, le droit de vente à 5 fr. 30 pour 100 devait être substitué à celui de donation à 9 pour 100 qui avait été perçu. Cette importante décision est ainsi conçue : « Attendu que la dame Muteau ayant demandé en justice la nullité du testament, la transaction du 12 mai 1858, par laquelle, mettant fin au procès, les parties ont partagé la succession, a opéré de la part de la dame Bohet au profit de la dame Muteau une véritable transmission, par conséquent, une nouvelle mutation passible elle-même d'un nouveau droit; — Attendu, en effet, que si, aux termes de l'art. 2052 c. nap., les transactions ont entre les parties l'autorité de la chose jugée en dernier ressort, et si, à ce titre, elles ont en général un caractère simplement déclaratif, il n'en est pas nécessairement de même vis-à-vis de l'administration de l'enregistrement; que cela résulte des termes mêmes de l'art. 68, § 1er, n° 43, de la loi du 22 frim. an 7, qui n'accorde la faveur du droit fixe qu'aux transactions ne contenant aucune stipulation de sommes et valeurs, ni disposition soumise à un plus fort droit d'enregistrement; — Attendu, dès lors, qu'il y a lieu d'examiner si la transaction dont s'agit au procès ne contient pas une disposition soumise au droit proportionnel; — Attendu que la transaction du 13 mai 1858, par laquelle les dames Bohet et Muteau se sont partagé la succession de Lucien Duthey, a été un contrat commutatif par lequel l'une des parties s'est volontairement dessaisie d'une portion des biens de la succession dont elle était légalement investie, et l'autre a renoncé à poursuivre l'annulation de la disposition testamentaire; que cette transaction, loin de l'anéantir, a consolidé le testament, puisqu'elle en a conservé le principe, et, en partie, maintenu les effets, et qu'en stipulant, en outre de la part de la légataire universelle, l'abandon d'une partie des biens légués, elle a été essentiellement translative de propriété; sans qu'il y ait lieu d'examiner la question de savoir si le droit d'une transaction, reconnu dans la transaction par la dame Bohet à la dame Muteau peut ou non être opposé à l'administration de l'enregistrement; —

Attendu, en effet, que ce droit n'ayant pu dans tous les cas conférer à la dame Muteau qu'un quart dans les biens de la succession, il y a toujours eu pour le surplus transmission de la légataire universelle à la mère naturelle et ouverture au droit proportionnel d'enregistrement; — Attendu en conséquence, qu'en renvoyant les dames Bohet et Muteau des demandes à elles faites par l'administration de l'enregistrement et tendant au payement du droit proportionnel : 1° de 9 pour 100 sur la totalité de la succession de Lucien Duthey, recueillie par la dame Bohet; 2° de 5 fr. 50 pour 100 pour transmission à titre onéreux de la dame Bohet à la dame Muteau de partie des biens de ladite succession, le jugement attaqué a expressément violé les articles ci-dessus visés; par ces motifs, casse, etc. »

659. Ainsi, d'après la cour de cassation, si, au point de vue du droit civil, la transaction a en général un effet simplement déclaratif, il n'en est pas de même au point de vue fiscal. Nous avouons ne pas bien comprendre cette opposition entre le droit fiscal et le droit civil. Le droit civil est le droit commun et il est applicable aussi bien à l'Administration de l'enregistrement qu'aux particuliers. Lorsqu'il s'agit de déterminer la nature d'un contrat, c'est bien au droit civil qu'il faut avoir recours. — Sans doute si la loi fiscale contient une dérogation à la loi civile, il faudra s'y conformer : mais où trouver, dans notre matière, cette dérogation? La cour suprême paraît vouloir la faire résulter de l'art. 68 de la loi de frimaire an 7; il nous semble qu'au contraire cet article ne fait que consacrer en matière fiscale le principe admis par la loi civile sur la nature de la transaction : c'est, en effet, parce qu'en droit civil la transaction est en général un contrat purement déclaratif que la loi fiscale la tarife en principe au droit fixe. Il y a donc, ce semble, conformité absolue entre la loi civile et la loi fiscale.

660. Mais il est inutile de rouvrir la discussion sur la nature de la transaction; cette discussion, que l'on trouvera analysée en détail au *Répertoire*, n'a plus aujourd'hui qu'un intérêt purement doctrinal. On pourra consulter un article inséré dans la *Revue critique*, t. 28, p. 289 et suiv., dans lequel M. le conseiller Pont réfute cette théorie et combat l'arrêt des chambres réunies (V. aussi la note développée sur l'arrêt D. P. 65. 1. 457).

661. En pratique, il faut admettre que la transaction, au point de vue fiscal, sera presque toujours translative et soumise au droit proportionnel, puisque la cour de cassation a consacré la thèse de l'Administration, d'après laquelle le simple changement dans les droits apparents des parties suffit pour motiver la perception du droit proportionnel. Divers arrêts rendus depuis l'arrêt de 1865 n'ont amené aucun revirement de jurisprudence (V. Civ. cass. 30 janv. 1866, aff. Loncle, D. P. 66. 1. 72; 11 avr. 1866, aff. de Marzy, D. P. 66. 1. 151 ; 24 juin 1868, aff. Teysseyre, D. P. 68. 1. 439). L'arrêt du 11 avr. 1866 est, notamment, rédigé en des termes qui ne laissent aucun doute sur la consécration, par la cour suprême, de la doctrine de l'Administration sur les changements dans les droits apparents des parties : « Il y a lieu de considérer comme translative, au point de

vue de l'impôt, et passible à ce titre du droit proportionnel, toute transaction par l'effet de laquelle la propriété ou partie de la propriété en litige est attribuée à celui, qui, d'après la loi ou *les titres ostensibles, n'était pas le possesseur ou le propriétaire apparent...* ».

Il a été jugé, dans le sens de cette doctrine, que lorsqu'à la suite d'une demande en nullité d'un partage anticipé opéré depuis plusieurs années, il intervient une transaction par laquelle un immeuble compris dans le lot d'un des copartageants est attribué à un autre à titre de nouveau partage, cette transaction donne ouverture au droit de vente (Trib. Tulle, 11 févr. 1865) (1).

B. — Transaction sur testament.

662. Les conséquences de la doctrine admise par la jurisprudence sur la nature de la transaction ont été principalement appliquées à des transactions intervenues en matière de testaments. Nous avons analysé *suprà*, n° 658, l'espèce sur laquelle la cour de cassation a statué par son arrêt de 1861 et celui des chambres réunies de 1865. L'arrêt du 30 janv. 1866, cité *suprà*, n° 661, a statué sur une espèce analogue : un légataire universel se trouvait en présence d'un héritier non réservataire qui contestait la validité du testament : le légataire avait accepté le legs et avait été envoyé en possession; la transaction intervient ensuite; la cour décide que l'abandon, fait à titre de transaction par le légataire universel, d'une partie de l'hérédité à l'héritier légitime, constitue une mutation de propriété passible du droit proportionnel. Mais, de même que les arrêts des 5 juin 1861 et 12 déc. 1865, cités *suprà*, n° 658, l'arrêt de 1866 décide que c'est le droit de mutation à titre onéreux, et non le droit de mutation à titre gratuit, qui doit être perçu, encore que le légataire ait abandonné tout un legs sans stipulation de prix. Cette dernière solution se justifie aisément : il est clair que le légataire qui transige en abandonnant tout ou partie de son legs, agit ainsi, non par esprit de libéralité, mais pour éviter un procès qu'il juge d'avance ne pas lui être favorable. Il est à noter que l'abandon était fait par un héritier non réservataire; s'il avait eu lieu au profit d'un héritier réservataire, le droit de mutation n'aurait pu être exigé que pour la portion de la succession excédant les limites de la réserve (V. la note sur l'arrêt des chambres réunies du 12 déc. 1865, D. P. 65. 1. 457).

663. L'espèce de l'arrêt du 11 avr. 1866, cité *suprà*, n° 661, était un peu différente : au lieu d'un héritier ou d'un légataire, il y avait deux légataires en présence, l'un institué par un testament révocatoire, l'autre par un testament révoqué : le litige portait sur la validité des testaments; une transaction intervient d'après laquelle le nouveau légataire restreint, au profit de l'ancien, les droits qu'il tenait du testament révocatoire, non judiciairement annulé. Cette transaction renfermait un dessaisissement de propriété, qui donnait ouverture au droit proportionnel, car le testament révocatoire, n'ayant pas été annulé judiciairement, formait titre de propriété et de possession entre les mains du léga-

(1) (Bernis.) — Le tribunal ; — Attendu que les époux Bernis ont fait opposition à une contrainte contre eux décernée par le receveur de l'enregistrement, le 15 avr. 1864, tendant au payement d'une somme de 1204 fr. 50 cent., à prélever à titre de supplément de droits sur un acte passé, le 27 juin 1862, devant Boyer-Chaumard, notaire à Uzerche, entre eux e t le sieur Laroche-Villechenoux leur frère et beau-frère, par lequel le sieur Laroche-Villechenoux a cédé à la dame Bernis, sa sœur, un domaine dit de la Terrasse, d'une valeur de 22000 fr., qui lui avait été attribué par son père dans un partage anticipé du 14 août 1852 ; — Attendu que cette opposition a été motivée sur ce que l'acte dont il s'agit aurait été passé entre les contractants en vue d'un partage portant attribution des biens émanés des auteurs communs, et destiné à remplacer ou compléter un acte de partage antérieurement passé entre les mêmes, devant Morange, en 1831, et dont l'insuffisance et la nullité étaient conventionnellement et d'un commun accord reconnues entre les parties ; — Attendu qu'il est incontestable que les époux Bernis avaient introduit devant le tribunal de Tulle une instance aux fins de faire prononcer la nullité du partage de 1851, et que c'est après de longues plaidoiries, des hésitations prolongées sur cette instance, que les parties ont transigé sur les difficultés sérieuses qui étaient soulevées à l'encontre du maintien de leur premier traité de famille ; qu'à cet égard, leurs

affirmations sont de la plus entière bonne foi, et de nature à motiver le plus sérieux intérêt sur l'examen de leurs prétentions ; — Attendu que, toutefois, la demande de l'Administration se base sur un texte formel, qui veut la perception d'un droit de mutation sur chaque transmission de propriété ; qu'il est incontestable que, par l'effet de partage de 1831, le domaine de la Terrasse a été constamment possédé par Laroche-Villechenoux ; que la propriété a fait impression sur sa tête ; qu'il en a fait les fruits siens ; qu'il a pu, au regard des tiers, la grever de servitudes d'hypothèque et d'aliénation ; qu'il n'est intervenu aucun jugement déclarant cette prise et ce maintien de propriété entaché d'un vice radical ; que, dès lors, il faut reconnaître que l'acte de 1862, qui a transmis cette propriété aux époux Bernis, n'a point réagi sur le passé, a réglé ses conditions à venir, et a en réalité consacré une transmission nouvelle que la loi a frappée d'un droit nouveau ; — Attendu qu'il n'y a point à rechercher si, dans la réalité, les vices dénoncés constituaient une nullité radicale dont l'acte de 1851 aurait été entaché, puisque, dans la réalité, cette nullité n'a point été prononcée judiciairement;

Par ces motifs, sans s'arrêter à l'opposition faite à l'administration de l'enregistrement à donner suite à l'exercice de la contrainte.

Du 11 févr. 1865.-Trib. de Tulle.

taire qu'il instituait : ce légataire, en abandonnant tout ou partie de ses droits au légataire institué par le testament révoqué, opérait un changement dans les droits apparents des parties, et rendait ainsi exigible le droit proportionnel.

664. C'est encore par application de la même théorie que la chambre civile de la cour de cassation a décidé, par son arrêt du 24 juin 1868 cité *suprà*, n° 661, que la transaction par laquelle un cohéritier renonce à suivre sur la demande en rescision qu'il a formée contre un partage d'ascendant, moyennant l'abandon de certains immeubles qui avaient été attribués à son adversaire par ledit partage, renferme une transmission passible du droit proportionnel.

665. Il ne résulte pas, d'ailleurs, de la doctrine consacrée par l'arrêt des chambres réunies du 12 déc. 1865 (V. *suprà*, n° 658) que la transaction soit, en principe, toujours passible du droit proportionnel; elle conservera, même en matière fiscale, l'effet purement déclaratif qui lui appartient en droit commun, lorsque ni l'une ni l'autre des parties ne pourra être réputée investie, d'après la loi ou les titres ostensibles, du droit de propriété ou de créance sur lequel cette transaction est intervenue. Mais il faut reconnaître que ce cas se présentera bien rarement. Cela n'a rien d'étonnant : lorsqu'une transaction intervient, il y a presque toujours un changement dans la situation des parties en cause : chacune abandonne quelque chose pour garder le surplus, et l'on ne comprend même pas qu'une transaction puisse confirmer purement et simplement un état de choses existant ; il est, au contraire, de l'essence même de la transaction de supposer des concessions réciproques (V. Aubry et Rau, *Droit civil français*, 4ᵉ éd., t. 4, § 418, p. 657); la loi romaine avait déjà exprimé cette idée : *transactio nulla dato, vel retento seu promisso, minime procedit* (L. 38, C. *de transact.* 2. 4). Ainsi le système suivi par la cour de cassation ne laisse presqu'aucune place à l'application du droit fixe; l'art. 68, § 1ᵉʳ, n° 45, de la loi de frimaire an 7 devient lettre morte. Cette observation est même un des meilleurs arguments à opposer à ce système.

C. — Transaction sur vente immobilière. — Supplément de prix.

666. Malgré cette jurisprudence sur la nature de la transaction, les principes que nous avons développés au *Répertoire* sur les caractères distinctifs de la transaction restent vrais (*Rép.* nᵒˢ 1094 et suiv.). Comme on l'a dit (*Rép.* n° 1098), il ne faut pas s'attacher à la qualification donnée par les parties à leur convention, mais à la nature même de cette convention. Aussi est-ce avec raison qu'un arrêt de la cour de cassation a décidé qu'une vente immobilière, dissimulée sous le nom de transaction, encourrait néanmoins le droit proportionnel de 5 fr. 50 cent. pour 100 (Req. 10 févr. 1857, aff. Hospices et bureau de bienfaisance de Valenciennes, D. P. 57. 1. 254). — Ainsi l'acte par lequel le bureau de bienfaisance d'une ville a renoncé, en faveur de l'administration des hospices, à ses droits sur les immeubles d'une ancienne aumône générale de cette ville, moyennant une rente, qui a été déclarée pouvoir être l'équivalent du revenu net de ces biens, et une autre rente dont le payement a été stipulé reportable aux années suivantes, si les recettes en pots de vin que devaient faire les hospices étaient insuffisantes, constitue non une transaction, bien qu'il ait été ainsi qualifié, mais une vente, et est, dès lors, soumis au droit proportionnel d'enregistrement de 5 fr. 50 cent. pour 100 (Même arrêt).

667. La distinction entre la transaction et le supplément de prix est souvent délicate (*Rép.* nᵒˢ 1105 et suiv.). Spécialement, lorsqu'il s'agit d'une transaction intervenue entre un acquéreur et un vendeur sur une action en nullité dirigée par le second contre le premier, doit-on considérer la somme dont l'acte constate le payement par l'acquéreur, comme un supplément de prix passible du droit de vente? Les auteurs du *Dictionnaire des droits d'enregistrement*, vᵒ *Transaction*, nᵒˢ 161, 171 et 193, proposent une distinction très rationnelle : si l'action en nullité est motivée sur la vilité du prix, la somme payée par l'acquéreur pour rester en possession doit être considérée comme un véritable supplément de prix ; si, au contraire, l'action en nullité est fondée sur toute autre cause, comme l'incapacité des parties,

par exemple, la transaction ne donne plus lieu à la perception du droit de vente. Dans ce cas, en effet, elle n'opère aucun changement dans la propriété apparente et n'ajoute rien aux droits réels que l'acquéreur tenait déjà du contrat de vente; elle ne lui transmet pas l'action en nullité qui appartenait au vendeur, car son objet est précisément d'anéantir cette action ; elle est purement extinctive. C'est le droit d'obligation à 1 pour 100 ou celui de libération à 50 cent. pour 100 qui est dû, selon que la somme stipulée est payable à terme ou payée comptant (Conf. Garnier, *Rép. gén. enreg.*, n° 17402). Un arrêt de la cour de cassation a décidé, dans le sens des observations qui précèdent, que la transaction intervenue sur une demande en nullité d'une vente mobilière pour cause de vilité du prix, et par laquelle le vendeur consentait à ratifier la vente par lui attaquée, moyennant une somme que l'acheteur s'obligeait à lui payer à titre de transaction à forfait, avait pour effet de constituer un supplément de prix passible du droit proportionnel de 2 fr. pour 100 établi pour les transmissions de propriétés mobilières. « Attendu, porte cet arrêt, qu'évidemment par son origine et par son but, une créance ainsi constituée est un supplément de prix » (Civ. rej. 11 juill. 1853, aff. Giraudeau, D. P. 53. 1. 303).

D. — Transaction sur appel de jugement.

668. Le système auquel la cour de cassation s'est arrêtée pour déterminer la nature de la transaction au point de vue de l'application du droit d'enregistrement a donné naissance à une controverse : étant donné que le changement dans les droits apparents des parties suffit pour rendre exigible le droit proportionnel, à quelles circonstances faudra-t-il s'attacher pour savoir si ce changement a eu lieu? quelle partie devra être considérée comme investie de droits apparents? La difficulté s'est présentée notamment en matière de transactions *sur appel*.

Lorsqu'une transaction intervient sur l'appel d'un jugement, ce jugement doit-il être considéré, pour apprécier le caractère de la convention et établir par ses dispositions la perception du droit d'enregistrement, comme déterminant, malgré l'appel dont il est frappé, les droits apparents des parties? On a indiqué (*Rép.* n° 1119) deux arrêts de la cour de cassation du 2 janv. 1844 et du 21 août 1848, qui ont décidé qu'il fallait s'en tenir à la situation faite aux parties en cause par les dispositions du jugement frappé d'appel.

669. Mais un arrêt de la chambre civile du 16 avr. 1866 (aff. Grisar, D. P. 66. 1. 175) a été rendu dans le sens contraire. La cour a considéré que l'appel avait pour effet de remettre tout en question et que le jugement, étant pour ainsi dire annulé, ne pouvait plus déterminer même les droits apparents des parties. Il s'agissait, dans l'espèce, d'une transaction qui, sur l'appel d'un jugement portant condamnation au payement d'une somme de 94000 fr., avait réduit à 40000 fr. la créance objet du litige. L'administration de l'enregistrement prétendait que cette transaction renfermait une véritable remise de dette et réclamait le droit proportionnel de libération sur la différence des deux sommes, soit sur 54000 fr. La cour de cassation décida qu'il ne fallait pas s'attacher, pour déterminer les droits apparents des parties, au jugement frappé d'appel, « que cette fixation (de la créance litigieuse à 40000 fr.), en l'absence de toute fraude même alléguée, constituait, non une remise de dette de la dette, mais une véritable convention transactionnelle ayant entre les parties l'autorité de la chose jugée en dernier ressort et de laquelle ne résultait aucune stipulation de somme ou valeur ni disposition soumise à un plus fort droit d'enregistrement que le droit fixe auquel les transactions sont ordinairement assujetties par l'art. 68, § 1ᵉʳ, n° 45, de la loi du 22 frim. an 7, et l'art. 44 de la loi du 28 avr. 1816 ».

Un jugement du tribunal de Clermont (Oise), du 12 mars 1875 (aff. Delbonnel), a décidé, dans le même sens, que la transaction intervenue sur l'appel d'un jugement annulant des ventes immobilières, et par laquelle le légataire universel du vendeur, au profit duquel l'annulation avait été prononcée, renonçait au bénéfice du jugement et ratifiait les ventes moyennant payement, par les acquéreurs, des prix stipulés et des intérêts de ces prix, n'opérait aucune mutation et ne donnait pas conséquemment ouverture au droit proportionnel, « attendu que le jugement frappé d'appel remettait en question l'objet du litige et que les parties ont pu transiger ; que la transaction efface tout ce qui a eu lieu antérieurement et toutes les conséquences du jugement frappé d'appel ; que la transaction est déclarative des droits des parties et non translative de propriété ; que, ratifiant tous droits existants, elle ne peut donner ouverture à un droit de mutation ».

670. La doctrine de l'arrêt du 16 avr. 1866 et du jugement du tribunal de Clermont, cités *suprà*, n° 669, était en opposition directe avec celle consacrée par la jurisprudence pour l'application des droits d'enregistrement aux transactions. Elle portait, d'autre part, atteinte au principe suivant lequel les agents chargés de la perception de ces droits, ne sont pas juges de la validité des actes soumis à la formalité. Il était à présumer, par suite, que les décisions dont il s'agit resteraient isolées. C'est ce qui arriva. La cour de cassation est revenue à sa première jurisprudence par deux arrêts, l'un de la chambre civile du 19 août 1868 (aff. Triomphe, D. P. 68. 1. 400) et l'autre de la chambre des requêtes du 13 févr. 1878 (aff. Chevallay, D. P. 78. 1. 305), et il y a lieu de penser que ces deux décisions, intervenues à dix ans d'intervalle, consacrent une jurisprudence définitive. — Cette solution, avons-nous dit, nous paraît conforme aux principes qui régissent les effets de l'appel. L'appel anéantit-il le jugement, comme l'avait proclamé l'arrêt de 1866 ? non : le jugement ne peut être anéanti que par un arrêt infirmatif de la cour d'appel ou par un arrêt de cassation ; l'acte d'appel ne saurait produire des effets aussi graves ; il suspend seulement l'exécution ; il ne saurait anéantir les conséquences légales du jugement (V. sur les effets de l'appel : v° *Appel civil;* — *Rép.* eod. v°, n°s 1165 et suiv.). — C'est donc avec raison que l'administration de l'enregistrement s'attache au jugement frappé d'appel pour déterminer les droits apparents des parties et les changements que la transaction peut y apporter (V. la note à la suite de l'arrêt du 13 févr. 1878).

671. Ce principe a été appliqué dans les espèces suivantes : 1° une succession est ouverte : le légataire universel est envoyé en possession par jugement ; l'héritier légitime non réservataire introduit une demande en nullité du legs universel pour cause de captation et d'insanité d'esprit, et interjette appel du jugement qui a envoyé le légataire universel en possession. Une transaction intervient alors, par laquelle le légataire abandonne à l'héritier une partie des biens légués. Il a été décidé que le légataire universel ne pouvait réclamer la restitution des droits de mutation par décès qu'il avait payés sur la portion de biens abandonnée par lui à l'héritier légitime, et que la transaction était translative de propriété, par conséquent, passible du droit proportionnel (Civ. cass. 19 août 1868, cité *suprà*, n° 670) ; — 2° Il s'agit du legs d'usufruit d'un immeuble : un jugement ordonnant la délivrance de ce legs est frappé d'appel ; le légataire, par voie de transaction, renonce à son legs et au bénéfice du jugement ; la transaction est translative et passible du droit proportionnel (Trib. Seine, 27 juill. 1877, aff. Laroze, D. P. 77. 3. 79) ; — 3° Un jugement annule un legs universel : le légataire qui avait été envoyé en possession fait appel ; une transaction intervient, par laquelle l'héritier légitime, renonçant au bénéfice du jugement, abandonne l'hérédité au légataire universel moyennant une somme d'argent ; cette transaction est translative et donne ouverture au droit proportionnel de vente (Civ. 13 févr. 1878, cité *suprà*, n° 670).

Dans toutes ces espèces, le jugement, bien que frappé d'appel, a été considéré comme déterminant les droits apparents des parties, et le droit proportionnel a été reconnu applicable en raison des changements apportés par la transaction aux droits ainsi fixés.

E. — Transaction sur pourvoi en cassation.

672. Il est clair que ce que nous disons de la transaction sur appel est encore plus vrai de la transaction sur un pourvoi en cassation ; l'effet du pourvoi est beaucoup moins grave que celui de l'appel ; l'arrêt ou le jugement, contre lequel un pourvoi aura été élevé déterminera donc les droits apparents des parties (V. en ce sens : Civ. rej. 29 avr. 1850, aff. de Larochejacquelein, D. P. 50. 1. 284).

F. — Transcription hypothécaire.

673. Une question intéressante a été soulevée, au sujet de la transaction, depuis la loi du 23 mars 1855 sur la transcription en matière hypothécaire. Cette question sera étudiée *infrà*, v° *Transcription hypothécaire*.

N° 2. — *Contrats, billets, promesses de payer et mandats* (*Rép.* n°s 1121 à 1144).

674. Sous les dénominations de contrats, billets, promesses de payer et mandats, la loi fiscale vise des conventions qui ne diffèrent entre elles que par leur forme respective (*Rép.* n° 1121).

675. Le *billet* soumis par la loi de frimaire an 7 au droit de 1 pour 100, est celui qui contient obligation de sommes. La disposition du tarif (art. 69, § 3, n° 3) exceptant de l'application de ce droit les obligations qui ont pour cause la transmission de choses mobilières, l'administration de l'enregistrement en a conclu que le droit applicable à ces transmissions est celui de 2 pour 100 auquel le même article assujettit, par son paragraphe 5, n° 1, les ventes mobilières (*Rép.* n° 1132). Mais cette même administration reconnaît aujourd'hui que le droit de 2 pour 100 ne peut être perçu qu'autant que l'écrit peut être considéré comme formant réellement le titre de la convention (V. *infrà*, n°s 712 et suiv.).

676. La *promesse de payer*, en raison de son identité avec le billet, semblait ne devoir rendre le droit proportionnel d'obligation à 1 pour 100 exigible que sur les actes constatant ou donnant lieu de supposer qu'une somme d'argent a été livrée : le droit ne paraissait pas pouvoir être appliqué à la promesse de payer une somme qu'on n'a pas reçue ou qu'on ne doit pas recevoir (*Rép.* n° 1137). Mais cette appréciation n'a pas été suivie par la jurisprudence. Les différentes décisions rapportées sur ce point au *Rép.* n°s 1138 à 1141 ont été confirmées par la cour de cassation dans une espèce où il était allégué précisément que l'obligation de sommes tarifée au droit proportionnel par la loi fiscale, ne peut s'entendre que de l'obligation du débiteur, c'est-à-dire de l'obligation de rendre les sommes prêtées, que l'obligation du créancier ou promesse de prêter, insuffisante par elle-même pour donner ouverture au droit proportionnel, n'en devient passible qu'autant que la promesse se trouve réalisée par le versement effectif des fonds promis. La cour n'a pas pris cette théorie en considération. L'acte qui lui était soumis portait que le montant d'un crédit, ouvert précédemment avec affectation hypothécaire, serait versé entre les mains du crédité et de ses créanciers, à des époques fixes et par fractions déterminées. Elle a jugé que cet acte « contenait, de la part des parties, une obligation ferme et irrévocable ; qu'il constituait, non une ouverture de crédit facultative, mais bien un engagement synallagmatique ayant le caractère de prêt, et était conséquemment assujetti au droit proportionnel édicté par la loi du 22 frim. an 7 » (Civ. rej. 5 mars 1873, aff. Merton et Tarin, D. P. 73. 1. 312). Ainsi, il n'est nullement nécessaire que les fonds d'un prêt soient versés effectivement pour que le droit proportionnel d'obligation soit exigible : il suffit que les parties soient liées l'une envers l'autre, sans condition, en d'autres termes, que l'obligation soit actuelle et définitive, comme l'était celle sur laquelle il a été statué par l'arrêt (V. la note sur cette décision, *ibid.*).

677. La promesse de payer contenue dans une procuration donne-t-elle lieu à la perception du droit proportionnel d'obligation? (V. *infrà*, n° 689).

N° 3. — *Arrêté de compte* (*Rép.* n°s 1145 à 1204).

A. — Compte de tutelle.

678. Lorsqu'un arrêté de compte constate un reliquat à la charge de l'une des parties, le droit proportionnel d'obligation est, en principe, exigible sur ce reliquat, à moins qu'il ne soit immédiatement payé, auquel cas l'arrêté de compte pourrait être passible, suivant les cas, du droit fixe de décharge ou du droit proportionnel de libération de 0 fr. 50 cent. pour 100 (*Rép.* n° 1151. V. *suprà*, n°s 597 et suiv.). En matière de compte de tutelle, si le payement du reliquat est constaté par l'arrêté, il n'est dû que le droit fixe de décharge, parce qu'avant cet arrêté le tuteur n'a pas été débiteur, mais simple dépositaire comptable. Nous avons rapporté en ce sens une instruction générale de l'administration de l'enregistrement (*Rép.* n° 1153).

679. Il en serait autrement, et le droit d'obligation serait dû sur l'arrêté d'un compte de tutelle, si le reliquat n'était pas immédiatement soldé ; dans ce cas, le tuteur, de simple dépositaire, deviendrait débiteur, et l'arrêté constatant sa dette serait passible du droit proportionnel d'obligation ; de plus, la quittance ultérieure de ce reliquat donnerait ouverture au droit proportionnel d'arrêté de 50 cent. pour 100 (Sol. adm. enreg. 9 juill. 1870) (1). Le droit d'obligation est dû, dans le cas dont il s'agit, encore bien que le reliquat représente une somme attribuée à la mineure, en présence de son subrogé tuteur, par un acte notarié antérieur, contenant liquidation et partage de la succession de son père (Trib. Seine, 15 juill. 1887, aff. Perron, D. P. 89. 5. 214).

B. — Compte ; Dépenses.

680. L'art. 537 c. proc. civ. exempte de l'enregistrement certaines quittances produites comme *pièces justificatives d'un compte* (*Rép.* n° 1164). Cette immunité, qui existait déjà dans l'ancien droit (Arrêts du conseil des 17 juin 1730 et 22 juill. 1738, *Rép.* v° *Compte*, n° 13) et qui a été introduite dans le code de procédure sur les observations du Tribunat (*Ibid.*), constitue une exception qui, si elle s'applique, comme le porte une décision des ministres de la justice et des finances du 22 sept. 1807, aux comptes rendus à l'amiable ou devant notaire comme à ceux rendus en justice, doit être restreinte aux pièces de la nature de celles qu'elle vise (V. D. P. 77. 1. 175, note). Elle ne saurait être étendue à des actes servant de base à une action en justice, et qui ont été produits, non comme pièces justificatives d'un compte dans le sens de l'art. 537 c. proc. civ., mais à l'appui des prétentions respectives des parties, alors même que la situation des parties en instance aurait été déterminée sous forme de règlement de compte, surtout si les pièces avaient été produites pour justifier une demande en payement du prix de travaux ou pour défendre à cette action (Civ. cass. 7 févr. 1877, aff. Société des hauts fourneaux de la Franche-Comté, D. P. 77. 1. 175). — Il a été décidé, dans le même sens, par un arrêt de la chambre civile de la cour de cassation du 26 juill. 1886 (aff. Sandino, D. P. 86. 1.445), que l'exemption d'enregistrement accordée par l'art. 537 c. proc. civ. aux quittances produites comme pièces justificatives d'un compte, ayant seulement pour objet de ne pas entraver les redditions de comptes, ne pouvait être étendue aux quittances et pièces justificatives produites à l'appui d'un litige engagé et poursuivi sous la forme d'un règlement de compte et tendant à la restitution par l'une des parties à l'autre, de partie du prix de travaux effectués (Comp. *Rép.* n° 949).

681. Mais de ce que les pièces justificatives d'un compte sont exemptes d'enregistrement, il ne s'ensuit pas qu'elles

soient dispensées du timbre ; elles doivent donc être produites sur papier timbré (*Rép.* v° *Compte*, n° 117 ; D. P. 77. 1. 175, note).

C. — Compte ; Reliquat.

682. Le droit proportionnel d'obligation ne serait pas exigible sur un arrêté de compte qui ne serait que l'exécution et le complément d'actes antérieurs enregistrés, formant le titre de la dette, à moins que cet arrêté n'opérât novation (*Rép.* n°s 1170 et suiv.). Comme conséquence de ces principes, nous avons dit que, lorsqu'il intervient, entre un propriétaire et un fermier, un acte par lequel le premier, après avoir donné quittance de partie des termes échus, consent une prorogation pour le payement de ce qui reste dû et stipule des intérêts, cette dernière clause ne donne pas ouverture au droit proportionnel d'arrêté de compte (*Rép.* n° 1185) ; en effet, elle n'opère pas novation, et la dette des fermages qui subsistent est une conséquence du bail enregistré.

Un arrêt de la chambre civile du 23 mai 1854 (aff. Bourgaud, D. P. 54. 1. 193) a décidé que le règlement entre un propriétaire et son fermier, par lequel celui-ci se reconnaissait débiteur, pour *fermages échus*, d'une certaine somme qu'il s'engageait à payer avec intérêts, constituait, alors même qu'il ne contiendrait point de novation quant au principal de la créance, un arrêté de compte passible du droit proportionnel de 1 pour 100, et non point une simple exécution d'actes antérieurs enregistrés (V. dans le même sens : Trib. Confolens, 16 juill. 1887, aff. François Peyraud, D. P. 88. 5. 208). — La cour s'est fondée sur ce que le bail et l'arrêté de compte, bien que relatifs aux mêmes engagements, et n'opérant ni novation, ni substitution d'une dette à l'autre, avaient néanmoins formé les titres de deux obligations distinctes, devant produire des effets différents, sous le rapport du mode de payement, des intérêts de la somme due et de la prescription des actions qui en découlaient. Cette décision nous paraît contraire aux principes de la matière : dans l'espèce, l'arrêté de compte intervenu entre le propriétaire et le fermier ne formait pas le titre de l'obligation de celui-ci, car l'obligation de payer les fermages résultait du bail enregistré ; l'arrêté de compte n'était donc que l'exécution, le complément d'un acte antérieur enregistré, et ne devait, par conséquent, être assujetti qu'au droit fixe, conformément à l'art. 68, § 1er, n° 6, de la loi du 22 frim. an 7 (V. en ce sens : Demante, 3e éd., t. 1, n° 409).

Au reste, la question est toujours controversée. Ainsi, un jugement du tribunal de Sancerre du 14 déc. 1887 (aff. Cournier, D. P. 89. 5. 214) a décidé que l'arrêté de compte de tutelle constatant, au profit de l'oyant, un reliquat à la charge du tuteur, donne ouverture, non au droit proportionnel, mais seulement au droit fixe comme acte de complément, cet arrêté ne contenant pas novation et n'étant que le complément et l'exécution du mandat qu'en sa qualité de tuteur légal de son fils, le rendant tenait de la loi. « Le mandat légal, comme le mandat conventionnel, dit

---

(1) Par un acte sous seing privé du 12 févr. 1860, enregistré le 20 du même mois, la demoiselle Coblentz a approuvé le compte de tutelle qui lui a été rendu par le sieur Aron, et le reliquat fixé à 3641 fr. 07 cent. devait être remis à la demoiselle Coblentz à sa première demande. — Cependant le payement de cette somme n'a été effectué que les 6 et 11 nov. 1868, aux termes d'un acte notarié qui contient, en outre, une nouvelle approbation du compte de tutelle du sieur Aron, ainsi qu'une décharge par la demoiselle Coblentz des titres et pièces qui étaient demeurés en la possession de son ancien tuteur. — On a perçu, pour l'enregistrement de cet acte, outre un droit fixe de 2 fr. pour décharge de pièces, un droit proportionnel de libération à 50 cent. pour 100 sur 3641 fr. 07 cent. — Le notaire demande la restitution de ce droit. — Cette réclamation ne peut être accueillie. En effet, si l'instruction 1236, § 2, porte, d'une part, que lorsque le payement du reliquat de compte est constaté par l'arrêté définitif, il n'est dû sur l'acte que le droit fixe de décharge, il y est aussi expressément reconnu, d'autre part, que le droit proportionnel de quittance devrait être perçu si le payement était postérieur à l'arrêté de compte. — Vainement on objecte que l'acte du 12 févr. 1860 n'a opéré aucune novation dans l'obligation dont le sieur Aron était tenu envers son ex-pupille, en sa qualité de tuteur, pour le payement du reliquat. En tarifant à

1 pour 100 les reliquats de compte, l'art. 69, § 3, n° 3, de la loi de frimaire ne fait aucune distinction ; ce droit s'applique aussi bien, dès lors, aux comptes arrêtés sans novation convenue entre les parties qu'à ceux qui substituent une obligation nouvelle à celle qui résulte de la loi même, pour le tuteur, de payer le reliquat dont il est comptable. Il suffit que ce reliquat ne soit pas soldé immédiatement après l'arrêté de compte pour que le droit proportionnel soit exigible. L'exigibilité de ce droit se justifie, d'ailleurs, d'après les principes généraux qui régissent la perception de l'impôt. En effet, le compte de tutelle une fois arrêté et approuvé, ce que doit l'ex-tuteur n'est plus un compte, c'est un reliquat ; il n'a plus de qualité légale pour conserver entre ses mains les deniers de son pupille, et, s'il les garde ou si on les lui laisse, ce n'est plus comme tuteur ou comme mandataire qu'il les détient, c'est comme dépositaire ou débiteur, c'est en vertu d'une convention qui, ayant pour objet une somme d'argent, est passible du droit proportionnel. L'acte ultérieur qui constate ensuite le payement du reliquat ou la remise de la somme demeurée en dépôt entre les mains de l'ex-tuteur, est également sujet à un nouveau droit proportionnel, celui de libération, à raison du mouvement de valeurs qui s'opère par la remise des deniers passant d'une main dans une autre.

Du 9 juill. 1870.-Sol. adm. enreg.

le tribunal, crée des obligations et particulièrement l'obligation de rendre compte et de payer le reliquat en dérive naturellement; si la reconnaissance contenue dans l'arrêté de compte fixe le montant de la dette dont l'exécuteur demeure reliquataire, cette dette est préexistante à l'arrêté et a pour origine et fondement un titre antérieur qui n'est autre que le mandat tutélaire; il suit de là que la constatation du reliquat, que celui-ci soit ou non payé immédiatement, ne peut être considérée que comme un acte d'exécution tarifé au droit fixé par le n° 6, § 1er, art. 68, de la loi du 22 frim. an 7 ». — L'administration de l'enregistrement a autorisé, par une solution du 7 mars 1888, l'exécution de ce jugement, mais sous toutes réserves (Garnier, *Rép. pér. enreg.*, art. 7124).

683. Lorsque c'est l'oyant compte qui est constitué débiteur du reliquat par suite d'avances faites par le rendant compte, nous avons dit que l'arrêté est passible du droit proportionnel d'obligation (*Rép.* n° 1199) : c'est en ce sens que s'est prononcé un jugement du tribunal civil de la Seine du 13 janv. 1865 (aff. Guichard, D. P. 66. 3. 22), qui a décidé que, lorsqu'un compte de tutelle constitue le tuteur créancier du mineur pour sommes payées en l'acquit de ce dernier, il y a lieu de percevoir le droit proportionnel d'obligation de 1 pour 100 sur le montant de ces sommes.

684. Mais le droit d'obligation ne serait pas exigible, si les sommes payées pour le pupille l'avaient été pour obtenir la subrogation légale dans les droits d'hypothèque des créanciers de celui-ci; en ce cas, le payement doit être réputé fait en vue de la subrogation légale, bien que le tuteur ait déclaré dans l'acte payer tant en son nom personnel que comme tuteur, s'il est d'ailleurs établi, par les énonciations du même acte, que c'est avec ses propres deniers qu'il a fait le payement (Jugement du 13 janv. 1865, cité *suprà*, n° 683).

D. — Règlement en effets de commerce.

685. Que décider si le reliquat est réglé en effets de commerce souscrits par la partie débitrice de ce reliquat? La question a été controversée. Pour soutenir que le droit n'est pas dû, on a dit que l'art. 69, § 2, n° 6, de la loi de frimaire an 7 n'assujettit les effets de commerce qu'à un droit de 50 cent.; que 100, et que ce droit n'est exigible qu'en cas de protêt; or, a-t-on ajouté, lorsque le reliquat d'un compte est réglé en effets de commerce, ces effets forment titre de l'obligation, et l'on ne doit, par conséquent, pas percevoir le droit d'obligation sur l'arrêté de compte; autrement, en effet, on arriverait à payer deux fois pour la même opération, d'abord sur le relevé de compte, puis sur le titre proprement dit, sur les billets, en cas de protêt, ce qui serait contraire à la règle *Non bis in idem* (Comp. *Rép.* n°s 1649 et 1519 et suiv.). La cour de cassation (Req. 19 févr. 1883, aff. Barens, D. P. 83. 1. 399) a repoussé cette théorie ; elle a décidé que le droit d'obligation est dû sur le reliquat de l'arrêté de compte, bien qu'il ait été réglé en effets de commerce. — Cette décision nous paraît fondée : on se trouvait en présence d'un arrêté de compte, constituant l'une des parties débitrice de l'autre; la souscription des effets de commerce par le débiteur du reliquat ne pouvait être considérée comme opérant payement, car le débiteur du reliquat restait débiteur en qualité de garant des effets souscrits par lui. La seule question qui s'élevait était de savoir quel était le titre de la dette : l'arrêté de compte ou les billets? Il nous semble que, dans l'espèce, l'arrêté formait titre, puisqu'il stipulait des intérêts; les effets, au contraire, n'étaient pas productifs d'intérêts; ils avaient été souscrits uniquement dans le but de proroger l'échéance de la dette (Comp. Ch. réun. cass. 8 avr. 1839, *Rép.* n° 1531). — Il a été jugé, dans le même sens, que l'arrêté de compte donne lieu au droit proportionnel d'obligation sur le reliquat, encore bien que le débiteur l'ait réglé tant en valeurs commerciales souscrites par lui à diverses échéances qu'en prenant à sa charge une dette due à une société dont il est membre par son propre créancier (Trib. Seine, 5 févr. 1876, aff. de Jean, D. P. 79. 1. 453). — V. aussi la jurisprudence d'après laquelle l'affectation hypothécaire souscrite en garantie du payement d'effets de commerce, est passible du droit proportionnel d'obligation comme renfermant une reconnaissance de dette et stipulant des obligations civiles distinctes et nouvelles, *infrà*, n° 799.

N° 4. — *Reconnaissances* (*Rép.* n°s 1205 à 1302).

A. — Procès-verbal d'offres.

686. Nous avons posé ce principe que le droit d'obligation n'est pas exigible sur une déclaration de dette non acceptée par le créancier (*Rép.* n° 1215), et nous avons dit que la loi de frimaire consacre une conséquence de ce principe, en disposant, dans son art. 68, § 1er, n° 30, que les *offres* ne formant pas titre et non acceptées ne sont passibles que du droit fixe (*Rép.* n° 1218). Mais l'administration de l'enregistrement n'a pas admis cette théorie ; elle a fait la distinction suivante : si la somme, qui a fait l'objet d'offres non acceptées, est due en vertu d'un titre enregistré, l'art. 68 de la loi de frimaire an 7 sera applicable, et les offres ne seront passibles que du droit fixe; dans le cas contraire, il y aura lieu de percevoir le droit proportionnel d'obligation (*Rép.* n° 1219).

Plusieurs jugements, rapportés au *Rép.* n°s 1220 et suiv., ont donné gain de cause à l'Administration. — Depuis lors, un jugement du tribunal de la Seine du 15 juin 1883 (aff. Boucicaut, D. P. 84. 3. 128) a statué dans le même sens. Cette doctrine est enseignée par M. Garnier, *Rép. gén. enreg.*, n° 12116 ; cet auteur invoque, à l'appui de son opinion, un arrêt de la cour de cassation rendu sur une question d'interruption de la prescription, portant : « que si le débiteur qui a fait des offres non acceptées a le droit de les retirer et d'en annuler l'effet, il y a lieu cependant de constater que la reconnaissance de la dette, dérivant nécessairement de ces offres, continuera de subsister ; qu'une telle reconnaissance n'a pas, comme les offres, besoin d'être acceptée pour produire son effet, parce qu'elle ne constitue pas une convention, mais un simple aveu » (Req. 30 janv. 1865, aff. Gibouin, D. P. 65. 1. 235. V. D. P. 84. 3. 128, note sur le jugement du 15 juin 1883 précité).

687. Nous avons dit (*Rép.* n° 1222) que l'art. 1261 c. civ. contredisait ce système ; cet article permet, en effet, au débiteur de rétracter ses offres tant qu'elles n'ont pas été acceptées ; le créancier ne peut donc se faire un titre de l'exploit qui les contient, quoiqu'il renferme un aveu de la dette, ainsi que la cour de cassation l'a justement fait remarquer. Cet exploit peut tout au plus former un commencement de preuve par écrit. Il s'ensuit que le droit fixe nous paraît seul devoir être exigé sur les offres non acceptées. L'arrêt de la cour de cassation cité *suprà*, n° 686, ne nous paraît pas absolument décisif, parce qu'il a statué sur une question différente ; mais nous devons reconnaître que la plupart des jugements intervenus en cette matière sont favorables à la thèse de l'Administration. Ainsi celui du tribunal de la Seine de 1883, cité *suprà*, n° 686, a décidé que le procès-verbal d'offres réelles en remboursement d'un prêt verbal, contenant la reconnaissance d'une obligation préexistante non constatée par un titre enregistré, est passible du droit proportionnel d'obligation, encore bien que les offres aient été refusées comme faites en dehors des conditions du prêt, et que la somme ait été versée à la caisse des dépôts et consignations. — De même, suivant un autre jugement plus récent encore, l'exploit constatant des offres réelles non acceptées, faites par un héritier à son cohéritier, de la part revenant à ce dernier dans une somme d'argent dépendant de l'hoirie et dont le premier se reconnaît détenteur, donne lieu au droit proportionnel d'obligation, attendu que « les offres faites par le demandeur (Cresp) dans son procès-verbal du 20 avr. 1883, bien que non acceptées par la dame Seytre, sa sœur, constituent une véritable reconnaissance de dette, qui a créé, au profit de cette dernière, un titre réel dont elle a le droit de se prévaloir et de poursuivre l'exécution contre son frère qu'elle pourra ainsi contraindre à lui remettre la somme dont il s'est reconnu détenteur » (Trib. Grasse, 11 août 1884, *Rép. pér. enreg.*, art. 6401).

688. Il a même été décidé qu'un procès-verbal d'offres réelles pour prix de diverses fournitures, constatant le refus du créancier motivé sur l'insuffisance des offres, faisant titre d'une vente mobilière jusqu'à concurrence de la somme offerte, donnait lieu au droit proportionnel de vente mobilière sur cette somme (Sol adm. enreg. 26 févr. 1882, D. P. 82. 5. 200). — M. Garnier approuve cette décision rapportée dans son *Répertoire périodique de l'enregistrement*, art. 5900, et cite, dans son *Répertoire général de l'enregistrement*, n° 12118, deux autres solutions antérieures, des 30 janv. 1855 et 13 nov. 1856 rendues dans le même sens. Ces décisions peuvent être admises par la raison qu'en refusant les offres *pour cause d'insuffisance*, l'acheteur avait reconnu l'existence de la vente. Mais, comme le fait observer avec raison M. Garnier, *loc. cit.*, dans le cas où les offres faites pour prix de vente de marchandises, sont refusées purement et simplement, sans indication du motif du refus, le droit proportionnel de vente ne peut pas être perçu, attendu que l'exploit d'offres en constatant plus, dans ce cas, l'accord des deux parties contractantes, ne forme pas titre de la vente.

B. — Mandat-procuration.

689. Une question analogue s'est élevée à l'occasion du *mandat-procuration*. On s'est demandé si le droit proportionnel d'obligation est exigible sur un acte par lequel une personne donne mandat à un tiers de reconnaître, par acte authentique, qu'elle est débitrice, envers un individu désigné, d'une somme déterminée reçue à titre de prêt. Nous avons signalé cette difficulté (*Rép.* n°s 579 et 1043), et noté des décisions rendues en sens divers. — Deux jugements ont, depuis, été rendus sur cette question, et ils ont statué dans le sens de l'exigibilité du droit proportionnel (Trib. Beauvais, 4 avr. 1865, aff. Lecouteulx, D. P. 67. 3. 48 ; Trib. Château-Thierry, 28 nov. 1878) (1). Cette perception peut être contestée. Le mandat donné à un tiers de reconnaître une dette n'est, pas plus que des offres non acceptées, une reconnaissance proprement dite ; de même que les offres, le mandat peut être révoqué, et c'est pour cette raison qu'on ne peut dire qu'il forme titre. Le tribunal de la Seine a jugé en ce sens, le 22 janv. 1859, que la procuration contenant pouvoir de reconnaître le mandant débiteur d'une somme déterminée au profit d'un tiers désigné et de constituer une hypothèque pour sûreté de cette dette, ne donne pas lieu au droit proportionnel d'obligation (*Journal des notaires*, art. 16349). Les rédacteurs du *Journal des notaires et des avocats* approuvent cette décision, mais M. Garnier la combat. L'acceptation du créancier, dit ce dernier auteur, n'est pas nécessaire pour la perception du droit proportionnel sur les obligations unilatérales. Et quant à la possibilité d'une révocation du mandat, c'est là un évènement ultérieur sans influence sur la perception à établir au jour où l'acte est présenté à l'enregistrement (*Rép.* n° 11133. V. dans le même sens : *Diction. droits d'enreg.*, v° *Mandat*, n° 156).

C. — Contrat de mariage.

690. Relativement aux *contrats de mariage*, les déclarations de dettes qu'ils peuvent contenir ne sont pas assujetties au droit d'enregistrement, lorsqu'elles sont faites en l'absence du créancier (*Rép.* n° 1232). En ce sens, il a été décidé que la déclaration faite par l'un des futurs dans son contrat de mariage, qu'il est débiteur d'une somme déterminée envers un individu dénommé, mais non présent au contrat, ne donnait ouverture à aucun droit d'enregistrement (Sol. adm. enreg. 23 juin 1845, D. P. 45. 4. 215) ; que la déclaration contenue dans un contrat de mariage, que les apports du futur sont grevés d'un passif dont l'importance est désignée, ne donnait pas ouverture au droit d'obligation, lorsque les créanciers n'étaient pas présents au contrat (Trib. Rambouillet, 6 août 1847, aff. B..., D. P. 48. 5. 140).

D. — Testament.

691. En ce qui concerne les reconnaissances de dettes

faites dans un *testament*, nous avons dit que l'Administration les soumettait au droit proportionnel d'obligation, et nous avons combattu cette solution (*Rép.* n°s 1242 et suiv.). L'Administration a maintenu sa prétention par différentes solutions des .. mai 1872, .. juill. 1876, .. juill. 1883, 22 sept. 1880, mentionnées dans le *Dictionnaire des droits d'enregistrement*, v° *Testament*, n° 177. Un jugement du tribunal de Lyon, en date du 13 avr. 1874, a décidé, en ce sens, que le droit proportionnel d'obligation était dû sur la disposition d'un testament par laquelle le *de cujus* avait chargé l'un de ses légataires particuliers « de servir à une ancienne domestique une rente de 300 fr. qui lui était due suivant titre régulier : « Attendu, porte ce jugement, que la reconnaissance de dette contenue dans un testament constitue, de la part du testateur, l'aveu d'une dette antérieure ; que cet aveu dont on doit présumer la sincérité, indique l'intention d'assurer le payement et procure au créancier l'une des preuves les plus irréfragables qu'il puisse invoquer ; que, dès lors, au point de vue fiscal, ces déclarations sont équivalentes aux promesses de payer ou reconnaissances qui, d'après les termes de l'art. 69, § 3, n° 3, de la loi du 22 frim. an 7, sont soumises au droit proportionnel ».

692. Un arrêt (Civ. cass. 28 avr. 1856, aff. Coste-Foron, D. P. 56. 1. 212) a été rendu conformément à la thèse de l'Administration ; il décide que l'acte portant reconnaissance d'une dette, et trouvé après la mort de son auteur dans les papiers du défunt, joint, par exemple, à son testament, peut être frappé du droit d'obligation, s'il est soumis volontairement à l'enregistrement. — Cette espèce est un peu différente de celle qui a été prévue au *Répertoire* : la reconnaissance de la dette ne résultait pas des termes mêmes du testament ; elle résultait d'un acte séparé joint au testament ; mais il y avait, nous semble-t-il, même raison de décider que le droit d'obligation n'était pas exigible. En effet, cette reconnaissance ne formait pas titre de la dette, puisqu'elle se trouvait entre les mains du débiteur ; le créancier ne pouvait donc s'en prévaloir ; ce n'était qu'un simple projet sans force obligatoire. La cour de cassation a cependant décidé que le droit proportionnel avait été régulièrement perçu, en s'appuyant sur ce que l'acte soumis à la formalité renfermait toutes les conditions extérieures nécessaires à l'existence matérielle du titre (Comp. *Rép.* n°s 227 et suiv.).

E. — Inventaires.

693. Relativement aux *inventaires* et *actes de même nature*, il existe une disposition spéciale dans la loi du primaire an 7 ; l'art. 68, § 2, n° 1, porte, en effet, que les inventaires de meubles, objets mobiliers, titres et papiers, ne donnent lieu qu'à la perception du droit fixe par chaque vacation. Un arrêté du directoire exécutif du 22 vent. an 7 décide que les actes sous seing privé peuvent être inventoriés sans avoir été soumis préalablement à la formalité de l'enregistrement. Que décider quand l'inventaire mentionne l'existence d'une dette non constatée par écrit ?

694. D'après une décision du ministre des finances du 30 flor. an 11 et une instruction de l'administration de l'enregistrement du 3 fruct. an 13, n° 290, § 18 (*Rép.* n° 1223), les déclarations de dettes passives dans les inventaires sont exemptes de l'impôt, mais celles pour lesquelles les héritiers, présents à l'inventaire, se reconnaissent personnellement débiteurs envers la succession, sont passibles du droit proportionnel d'obligation. Le tribunal des Andelys a adopté cette dernière solution dans un jugement du 8 févr. 1839 ; sa décision a été cassée par un arrêt (Civ. cass. 24 mars 1862, aff. Guesnier, D. P. 62. 1. 217) portant que, « en droit, les inventaires de meubles, objets mobiliers, titres et papiers,

---

(1) (Daage.) — LE TRIBUNAL ; — Attendu que l'art. 69, § 3, n° 3, de la loi du 22 frim. an 7, tarife au droit de 1 pour 100 les contrats, transactions, promesses de payer, arrêtés de compte, billets, mandats et tous autres actes ou écrits qui contiendront obligations de sommes ; — Que le législateur, par cette énumération, a voulu atteindre tout écrit pouvant faire preuve d'une dette, quelle que soit la forme qui lui eût été donnée, et que c'est dans ce but qu'il s'est servi des termes génériques, reconnaissances, actes ou écrits, après avoir énuméré les différents contrats pouvant engendrer une obligation ; — Attendu que, dans l'acte

dont s'agit, la femme Daage donne pouvoir de la reconnaître débitrice d'une somme de 13388 fr. 35 cent., montant d'un arrêté de compte ; — Qu'il y a donc eu aveu formel de sa part d'un compte arrêté préalablement au dressé de sa procuration ; — Qu'il n'y a donc pas, ainsi qu'elle le soutient, un projet d'obligation devant être réalisé par son mandataire, mais bien une obligation antérieure et parfaite dont elle veut assurer l'exécution au moyen de la procuration ;

Par ces motifs, etc.

Du 28 nov. 1878.–Trib. civ. de Château-Thierry.

ne donnent lieu, suivant cet article (L. 22 frim. an 7, art. 68, § 2, n° 1), qu'à la perception d'un droit fixe par chaque vacation ; que quand, aux termes de l'arrêté d'1 directoire exécutif du 22 vent. an 7, les actes sous seing privé peuvent être inventoriés sans avoir été soumis préalablement à la formalité de l'enregistrement, la même exemption doit, à plus forte raison, s'appliquer aux déclarations et reconnaissances qui sont faites et acceptées dans un inventaire par les parties intéressées en vue de constater les forces et les charges d'une succession ou d'une communauté ». — La cour de cassation s'était déjà prononcée dans le même sens par une ancienne décision (Civ. rej. 22 mars 1814, *Rép.* n° 1266). Néanmoins, l'Administration n'a accepté cette doctrine que sous réserves. Aux termes d'une solution du 4 juill. 1868 (**D. P. 70. 5. 154**), « malgré cette jurisprudence, elle soutient toujours qu'il y a lieu de percevoir le droit de reconnaissance de dette sur les déclarations faites dans les inventaires, quand les termes dans lesquels elles sont conçues leur attribuent le caractère d'un aveu formel destiné à fournir au créancier un titre de son obligation. Mais il faut pour cela que l'intention des parties soit manifeste, puisqu'il est de la nature des indications réunies dans l'inventaire de produire un simple effet déclaratif ». Cette réserve ne paraît pas de nature à être appliquée fréquemment dans la pratique. En effet, l'inscription de la déclaration de dette dans l'inventaire se justifiera toujours, lors même qu'elle aura le caractère d'un aveu formel, par la nécessité de constater les forces et charges de l'hérédité, et cette considération fera, dans tous les cas, obstacle à la perception du droit proportionnel (D. P. 70.5. 154, note). L'exactitude de cette observation est clairement démontrée par les faits de l'espèce qui a donné lieu à l'arrêt précité du 24 mars 1862. Il s'agissait de la déclaration, dans l'inventaire d'une communauté et de la succession du mari, par la veuve, qu'une dette considérable contractée par elle et le défunt l'avait été en réalité pour deux de leurs enfants. « Cette déclaration, porte l'arrêt, a été à l'instant confirmée par ces derniers qui ont reconnu qu'ils n'avaient fait engager leurs père et mère que par suite de l'impossibilité où ils étaient eux-mêmes de fournir des garanties hypothécaires pour les sommes par eux empruntées, en sorte qu'en réalité leurs parents n'étaient, vis-à-vis d'eux, que les cautions de la dette dont le remboursement, en principal, intérêts et accessoires, serait leur affaire personnelle. » C'était là une reconnaissance de dette aussi catégorique que possible. La cour n'en a pas moins repoussé la perception du droit proportionnel d'obligation, attendu que la confirmation par les enfants de la déclaration de leur mère « était la constatation nécessaire d'un des éléments de la liquidation à faire ultérieurement entre la veuve et les héritiers de son mari ; que la mention dans l'inventaire n'était donc soumise à aucun droit particulier d'enregistrement ».

695. A plus forte raison, le droit d'obligation n'est-il pas exigible, lorsque la créance mentionnée dans un inventaire est due par le notaire rédacteur de cet acte. Il en a été décidé ainsi au sujet de la mention, au nombre des valeurs actives de la succession inventoriée, d'une somme déposée au nom du défunt chez le notaire rédacteur, stipulée remboursable à une époque déterminée avec intérêt à 5 pour 100 l'an. « D'une part, en effet, la loi n'a pas soumis au droit proportionnel les dépôts de sommes chez les officiers publics. D'autre part, l'énonciation dont il s'agit est nécessaire pour établir l'importance de la succession ; elle forme ainsi un élément essentiel de l'inventaire. Enfin, le notaire n'étant point partie à l'acte, la mention du dépôt fait en son étude n'a pu établir un lien de droit entre lui et les parties ; or cette circonstance suffit pour exclure la perception d'un droit d'obligation » (Sol. adm. enreg. 5 déc. 1867, D. P. 68. 3. 38. V. dans le même sens : Civ. cass. 17 juill. 1854, aff. Avenel, D. P. 54. 1. 314).

696. Il a été décidé de même :... que la déclaration faite par un tuteur, dans l'inventaire d'une succession échue à son pupille, que, par suite d'un arrêté de compte, il est débiteur d'une somme d'argent, envers cette succession n'est pas passible du droit d'obligation (Délib. adm. enreg. 9 janv. 1831, D. P. 51. 3. 48) ;... Et que les sommes déclarées dans un inventaire après décès, par la veuve du défunt comme étant dues à la succession par un héritier présent, ne donnaient pas ouverture au droit proportionnel d'obligation,

surtout lorsque des réserves générales ont été faites à la fin de l'inventaire contre les énonciations qu'il renferme (Sol. adm. enreg. 4 juill. 1868, D. P. 70. 5. 154).

F. — Partage.

697. L'administration de l'enregistrement a contesté que le principe établi par cette jurisprudence, à l'égard des inventaires, fût applicable aux partages. Elle a tenté de faire admettre que les déclarations ou reconnaissances de dettes contenues dans les partages étaient sujettes au droit proportionnel d'obligation comme pouvant, avec bien plus de raison que pour celles contenues dans les inventaires, être invoquées par les créanciers et constituer pour eux de véritables titres de créances, sauf restitution du droit au cas de justification de l'existence d'un titre enregistré (*Rép.* n° 1224). La jurisprudence a repoussé cette prétention. Elle a établi, en principe, que la simple énonciation dans un acte de partage, de sommes payées ou dues par les copartageants à des *tiers* ou par ceux-ci aux copartageants, ne peut, sans l'intervention de ces tiers, constituer à leur égard un titre d'obligation ni, par suite, donner lieu au droit proportionnel (*Rép.* n° 1226).

698. Il en est autrement au cas où le créancier et le débiteur se trouvent être l'un et l'autre parties au partage. Cet acte forme alors réellement titre de la dette, et le droit proportionnel est exigible. Jugé en ce sens :... que la déclaration par laquelle, dans l'acte de partage d'une succession, un des cohéritiers se reconnaît débiteur envers le défunt de tout ou partie du prix d'une vente de meubles, donne ouverture au droit de 2 pour 100 sur ce prix, une telle déclaration étant de nature à faire titre entre les parties (Trib. Tours, 19 août 1864, aff. Chereau, D. P. 65. 3. 15). Dans l'espèce, il ne s'agissait pas du droit d'obligation, mais du droit de vente mobilière : la difficulté était la même ; et le tribunal, pour justifier la perception du droit d'enregistrement, s'est appuyé sur ce que l'énonciation faite dans le partage formait titre ;... — Que la mention, dans le partage d'une succession échue à une femme mariée, d'une créance due verbalement au défunt par le mari de cette femme, et qui est comprise dans le lot de celle-ci, donne lieu à la perception du droit proportionnel d'obligation sur cette créance à l'enregistrement de l'acte, lorsque le débiteur y a figuré en son nom personnel et non pas seulement pour assister et autoriser sa femme (Trib. Grenoble, 13 mars 1869, aff. Laffont et Martin, D. P. 70. 3. 53). Ici encore la perception était justifiée, d'après le jugement, parce que l'acte de partage contenait une véritable reconnaissance de dette de la part du mari, qui avait figuré à l'acte comme partie (V. *ibid.*, note). — De même, le droit d'obligation est dû :... sur la clause d'un partage de succession par laquelle des héritiers se reconnaissent débiteurs, envers le mari de leur cohéritière, d'une somme déterminée représentant le reliquat du compte, présenté par lui, de sa gestion des biens de l'hoirie (Trib. Seine, 5 juill. 1873, Garnier, *Rép. pér. enreg.*, art. 3808) ;... sur la disposition d'un partage de communauté portant reconnaissance par les héritiers de payements effectués par la veuve, et ses deniers, de dettes de la communauté (Trib. Roanne, 26 déc. 1877, *ibid.*, art. 4874. Conf. Trib. Nogent-le-Rotrou, 4 mai 1877, *Journ. enreg.*, art. 20636) ; sur la disposition d'un partage de succession par laquelle une somme remise en dépôt par le défunt à l'un des héritiers est attribuée, en partie, à un copartageant autre que le dépositaire (Trib. Lons-le-Saunier, 13 août 1885, Garnier, *Rép. pér. enreg.*, art. 6606).

699. Mais le droit d'obligation n'est pas dû lorsque la reconnaissance de dette résulte de l'une des opérations essentielles du partage. Toutes les dépendances nécessaires d'un partage se confondent et forment, dans leur ensemble, l'acte tarifé actuellement d'un droit gradué de 1 pour 1000 (L. 28 févr. 1872, art. 1er-5°). Aucune d'elles ne peut, dès lors, être assujettie à un autre droit. Il en est ainsi, notamment, des comptes que les copartageants peuvent se devoir et qui, d'après l'art. 828 c. civ., font partie du partage. Spécialement, lorsqu'une veuve qui a administré la succession de son mari et la communauté rend compte de cette administration incidemment au partage, et qu'en remboursement du solde qui lui est dû, le prix de valeur de la masse à réaliser au nom de tous les intéressés lui est délégué, ce n'est là qu'une opération dérivant du partage et qui, se confondant avec lui, ne donne pas lieu à un droit particulier d'enregistrement (Civ. rej. 23 mars 1853, aff. de Loynes d'Auteroche, D. P. 53. 1. 102).

700. Il n'est pas toujours aisé de discerner si le compte d'administration compris dans un partage en constitue une des opérations essentielles ou doit être considéré comme une disposition indépendante. Ainsi, la doctrine de l'arrêt du 23 mars 1853, cité suprà n° 699, approuvée par M. Garnier, *Rép. gén. enreg.*, art. 12464-5°, est critiquée par les auteurs du *Dictionnaire des droits d'enregistrement*, v° *Partage-licitation*, n° 351. — Il s'agissait de comptes dans la plupart des espèces dans lesquelles sont intervenus les jugements cités suprà, n° 698, qui ont sanctionné la perception du droit d'obligation. Au contraire, cette perception n'a pas été admise sur la disposition d'un partage de succession par laquelle l'un des héritiers nommé par jugement administrateur et liquidateur d'une société commerciale, qui avait existé entre le *de cujus* et ses enfants, avait été constitué débiteur envers ses frères d'une somme déterminée pour reliquat de son compte, encore bien que cette somme fût attribuée à ses cohéritiers par le procès-verbal de tirage au sort (Trib. Fontenay, 27 juill. 1877, aff. Labbé, D. P. 79. 5. 192). Cette dernière décision se concilie difficilement avec les jugements des tribunaux de Tours, Grenoble, et autres cités suprà, n° 698.

En résumé, il semble que, si le compte d'administration compris dans un partage ne donne pas lieu à un droit particulier d'enregistrement, parce qu'il constitue un des éléments essentiels du partage, les dispositions arrêtées entre les parties pour le règlement du solde justifient la perception du droit d'obligation à 1 pour 100 sur le montant, toutes les fois qu'elles impliquent reconnaissance de dette, parce que, comme le dit très bien un jugement, elles confèrent au créancier un titre qu'il n'avait pas auparavant (Trib. Nogent-sur-Seine, 17 juill. 1873, Garnier, *Rép. pér. enreg.*, art. 3716, et *Rép. gén. enreg.*, n° 12464; *Diction. droits d'enreg.*, v° *Partage-licitation*, n° 351).

701. Le rapport par un héritier, dans un partage de succession, d'une somme à lui prêtée par le défunt constitue, au même titre que le rapport de sommes données, un des éléments essentiels du partage, une disposition dépendante, et, par suite, ne donne pas lieu à la perception du droit proportionnel de libération, bien qu'il opère, vis-à-vis des autres héritiers, la libération de celui qui l'effectue (V. suprà, n° 609). Lorsqu'un semblable rapport est attribué à l'héritier débiteur, il ne peut donner lieu au droit d'obligation, puisque la dette se trouve éteinte; mais s'il est attribué à un autre et stipulé payable à terme, la jurisprudence décide que le droit d'obligation est dû (Garnier, *Rép. gén. enreg.*, n° 12444). Jugé, de même... que si la créance est réservée pour le payement du passif et demeure indivise entre les héritiers, le droit d'obligation est exigible sur la part qui n'est pas éteinte par confusion (Trib. Seine, 19 déc. 1874, Garnier, *Rép. pér. enreg.*, n° 4092);... Que l'attribution, dans un partage de succession, de sommes dues au défunt par des héritiers, sans titre enregistré, aux héritiers débiteurs en nue propriété et à la veuve en usufruit sans stipulation d'intérêts, ne donne pas lieu au droit proportionnel d'obligation (Trib. Havre, 31 mai 1889, aff. Toussaint, D. P. 90. 3. 40. Conf. Trib. Seine, 5 févr. 1864, Garnier, *Rép. gén. enreg.*, n° 12446).

G. — Parties.

702. Il ne suffit pas, pour que le droit proportionnel soit dû, à raison de la reconnaissance de dette contenue dans un acte, que le créancier et le débiteur soient présents à cet acte. Il est, en effet, des cas où, malgré la présence de l'un et de l'autre, le droit proportionnel d'obligation n'est pas exigible sur la reconnaissance de dette : si, par exemple, ils n'ont pas eu l'intention de donner un titre à l'obligation (*Rép.* n° 1255), ou bien encore s'ils n'ont pas été parties dans la convention.

(1) La *reconnaissance*, tarifée au droit de 1 pour 100 par l'art. 69, § 3, n° 3, de la loi du 22 frim. an 7, est, comme l'obligation de sommes à laquelle elle est assimilée, un acte unilatéral produisant

703. Ainsi l'Administration a elle-même reconnu que le contrat de mariage par lequel la future, encore mineure, se constituait en dot le reliquat de son compte de tutelle non encore rendu, reliquat évalué à 60000 fr. par le tuteur intervenant, avec offre de la part de celui-ci de garder pendant un temps déterminé, à partir de l'arrêté du compte de tutelle, cette somme de 60000 fr., sur celle dont il serait définitivement reliquataire, en payant l'intérêt annuel de ce capital, ne donnait pas ouverture au droit d'obligation de 1 pour 100 (Délib. adm. enreg. 10 nov. 1846, D. P. 47. 3. 175). — Cette solution est justifiée : le tuteur n'avait pas encore rendu ses comptes ; il n'était pas encore débiteur du reliquat ; la déclaration estimative du montant de ce reliquat n'était qu'une évaluation ne pouvant rendre exigible le droit proportionnel d'obligation ; l'offre de retenir, sur le montant du reliquat, une somme de 60000 fr. et d'en servir les intérêts n'était qu'une proposition non acceptée et, par conséquent sans force obligatoire.

704. De même, il a été décidé que la mention, dans un contrat de mariage, de l'apport par la future épouse d'une somme qu'elle déclarait lui être due par son père, sans énonciation de titre enregistré, ne donnait pas lieu à la perception d'un droit d'obligation, bien que le père eût assisté au contrat, s'il n'y avait figuré qu'en qualité de témoin honoraire (Trib. Verdun, 4 juill. 1865, aff. Lucas, D. P. 67. 3. 6). — La question était assez délicate : la déclaration de dette émanait, il est vrai, du créancier, mais le débiteur intervenait et signait le contrat ; ne pouvait-on induire de sa présence et de sa signature la reconnaissance de la dette ? Le tribunal ne l'a pas pensé et nous estimons qu'il a bien jugé : le père débiteur ne figurait en effet à l'acte qu'*honoris causa*; sa fille était majeure et pouvait contracter seule ; il ne faisait aucune libéralité, on ne pouvait donc pas le considérer comme partie au contrat : la déclaration de dette, émanée de la future créancière ne formait donc pas titre contre son père débiteur et ne donnait pas, en conséquence, ouverture au droit proportionnel de dette (V. toutefois, en sens contraire : Trib. Hazebrouck, 23 févr. 1860, Garnier, *Rép. gén. enreg.*, n° 5203-1°), et un arrêt (Angers, 18 juill. 1873, aff. Lucas, D. P. 74. 2. 112), rendu en matière civile dans le sens de l'attribution à la déclaration du caractère d'obligation faisant titre.

705. De même, la mention, dans le partage d'une succession échue pour partie à une femme mariée, d'une créance due également à l'hérédité par le mari de cette femme, et l'attribution de cette créance avec les autres valeurs aux héritiers, ne suffisent pas pour qu'il y ait reconnaissance de dette et pour que le droit proportionnel d'obligation soit exigible, si les deux époux ont été représentés au partage par un mandataire qui n'a pas reçu mission de reconnaître la dette et n'avait été constitué que pour habiliter sa femme (Trib. Louhans, 31 août 1877, aff. Peroin, D. P. 78. 5. 240).

706. Par application des mêmes principes, il a été décidé qu'une délibération des actionnaires d'une société réunis en assemblée générale, autorisant le gérant à émettre des obligations pour éteindre le passif social et spécialement une dette envers un banquier dénommé, et en outre à conférer à ce banquier une affectation hypothécaire, ne justifie pas la réclamation du droit proportionnel d'obligation pour reconnaissance de dette sur la créance qui y est énoncée, alors qu'elle n'indique même pas le montant de cette dette, que le créancier n'y a figuré que comme actionnaire, et qu'il n'y a pas eu présentation volontaire de l'acte à la formalité (Trib. Saint-Quentin, 13 juin 1877, aff. Société Vivien et comp., D. P. 79. 5. 193). L'administration de l'enregistrement a acquiescé à ce jugement par une solution du 13 oct. 1877 (1).

H. — Effets de commerce.

707. On s'est demandé si la reconnaissance d'une dette est passible du droit proportionnel, lorsque des effets de commerce ont été souscrits en représentation de cette dette (V. dans le sens de l'affirmative : Trib. Seine, 20 juill. 1877,

tous ses effets sans l'acceptation du créancier (V. Instr. 2389, § 6, p. 49). L'écrit qui la renferme donne incontestablement ouverture, lors de sa présentation à l'enregistrement, au droit propor-

aff. Deboisse, Pinguet, Martin, D. P. 78. 1. 197). — Cette solution est conforme à une jurisprudence constante, rapportée au *Rép.* n°ˢ 1519 et suiv., et 1649 et suiv., à propos de la novation (Comp. une question analogue, étudiée *suprà*, n° 685, à propos de l'arrêté de compte).

I. — Reprises matrimoniales.

708. Nous avons dit (*Rép.* n° 1293) que les reconnaissances faites par le mari, alors même qu'elles porteraient sur des sommes non déterminées par le contrat de mariage, n'étaient que l'exécution du mandat qu'il avait reçu, soit du contrat, soit de la loi, et que par conséquent elles n'étaient pas passibles du droit proportionnel. — L'administration de l'enregistrement paraît avoir contesté cette doctrine, lorsqu'il s'agit d'une reconnaissance par le mari d'avoir reçu des biens paraphernaux (*Rép.* n° 1302). Mais nous avons soutenu que les art. 1577 et 1578 c. civ. ne permettaient pas de faire la distinction proposée par l'Administration entre les biens paraphernaux et les biens dotaux; la cour de cassation a, en effet, repoussé cette distinction par un arrêt de sa chambre civile en date du 16 juill. 1855 (aff. Decornis, D. P. 55. 1. 306), qui a décidé que la reconnaissance faite par le mari des sommes dont il est comptable envers sa femme, comme administrateur des biens paraphernaux de celle-ci,

n'était que l'exécution d'une obligation préexistante dérivant d'un mandat exprès ou tacite et, par suite, n'était passible que d'un droit fixe.

709. De même, la déclaration, dans une cession faite à une femme mariée, à titre d'emploi de ses fonds dotaux, que le prix de cette cession est payé des deniers du mari qui s'en couvrira sur les premiers fonds revenant à sa femme, constate l'un des éléments du compte d'administration du mari obligé d'assurer les fonds dotaux de la femme, et ne peut être considérée, même quand elle a eu lieu en présence de la femme intervenant à l'acte pour accepter l'emploi, comme constitutive d'une obligation avec délégation, donnant lieu au droit de 1 p. 100 sur la somme prétendue prêtée et déléguée (Civ. cass. 3 mai 1864, aff. Brest, D. P. 64. 1. 170). On ne pouvait voir, en effet, dans l'acte intervenu entre les époux, que l'exécution du mandat légal ou tacite qui obligeait le mari à assurer l'emploi des fonds dotaux de sa femme : tel est le motif sur lequel la cour de cassation s'est justement fondée pour repousser la perception du droit d'obligation, bien qu'il fût constaté que les deniers, servant à payer l'acquisition à titre d'emploi, appartenaient au mari. C'était, en réalité, une avance, faite par le mari à sa femme; mais cette avance n'était que l'exécution du mandat qu'il avait reçu du contrat de mariage ou de la loi.

710. La solution serait différente si, parmi les sommes

tionnel. C'est la perception qui est opérée sans difficulté sur les billets simples, à ordre ou autres titres émanés du débiteur seul et ayant pour objet de constater l'obligation. Mais pour que le tarif des reconnaissances soit applicable, il est nécessaire que la déclaration du débiteur ait le caractère d'une véritable obligation, c'est-à-dire qu'elle ait été faite dans le but d'avouer la dette et de conférer au créancier le titre qui lui manquait. Toutes les fois que la mention de la dette a un objet différent, toutes les fois qu'elle n'est pas déterminée par l'intérêt direct du créancier, mais par la nécessité où se trouve le débiteur d'établir sa situation juridique ou en vue d'une opération spéciale à laquelle il participe à l'exclusion de ce créancier, la déclaration de la dette n'a plus, de plein droit, le caractère de l'obligation passible du droit de 1 pour 100. Elle rentre dans la catégorie des énonciations pures et simples, servant uniquement de commencement de preuve par écrit, dans le sens de l'art. 1320 c. civ. — La jurisprudence de la cour de cassation a tracé sur ce point certaines règles pour distinguer la reconnaissance proprement dite de la mention incidente. Elle a reconnu que si la déclaration de dette est contenue dans un inventaire, dans un partage, dans une donation ou dans tout autre acte qui la rendait nécessaire pour le règlement des intérêts des parties, elle ne revêt le caractère d'une reconnaissance assujettie au droit proportionnel que si les créanciers sont présents au contrat (Civ. rej. 22 mars 1814, 16 mars 1825; Req. 7 nov. 1826, 25 avr. 1827, 21 juin 1832, *Rép.* n°ˢ 1266, 942, 1227, 1691 et 1693; 24 mars 1862, aff. Guesnier, D. P. 62. 1. 207; Demante, t. 1, n° 411. V. également : Req. 4 avr. 1849, aff. Dautrive, D. P. 49. 1. 107; Civ. cass. 26 févr. 1850, aff. Lamblin, D. P. 50. 1. 245; Req. 28 mars 1859, aff. Weill, D. P. 59. 1. 370). — Le motif de cette jurisprudence est facile à saisir. — Lorsque le débiteur est en présence du créancier et que celui-ci ne figure dans le contrat en qualité de partie, la reconnaissance de la dette ne peut procéder que d'une volonté réfléchie; elle forme au profit du créancier un titre dont il peut se prévaloir en requérant l'expédition de l'acte ou en produisant l'original resté entre ses mains. La situation est alors la même que si le débiteur avait souscrit directement une promesse de payer ou un billet simple. — Mais il en est différemment lorsque le créancier ne figure pas dans l'acte, car la déclaration du débiteur manque alors de l'élément caractéristique de l'aveu proprement dit, qui est la volonté directe de constater l'obligation au profit du créancier; d'un autre côté, ce créancier, ne participant pas à l'acte, ne saurait en poursuivre l'exécution. — Quoi qu'il en soit, d'ailleurs, la distinction est très nettement établie par la cour, et elle l'a affirmée par une série d'arrêts trop nombreux pour qu'on puisse la contredire avec succès. — Ces principes étant posés, il est facile d'en faire l'application à la cause. — Dans quel acte se trouve la reconnaissance par la société Vivien de sa dette envers les banquiers Quentin ? — C'est dans une délibération prise par l'assemblée générale de la société, en séance extraordinaire, afin de pourvoir aux moyens d'assurer la marche de l'entreprise. Le crédit de la société était épuisé. Il devenait urgent d'exposer aux actionnaires la situation déplorable des affaires et de leur demander de nouveaux sacrifices. L'assemblée a dû nécessairement pourvoir, dans ces conditions, au règlement du passif social. Elle l'a fait, d'une part, en autorisant un emprunt par voie d'obligations, d'autre part, en prenant des mesures pour donner des garanties à certains créanciers. Elle a arrêté, notamment, qu'il convenait d'affecter désormais une partie des

bénéfices au payement de la créance des banquiers Quentin, et elle a indiqué l'ordre dans lequel auraient lieu les affectations hypothécaires à conférer soit aux obligataires nouveaux, soit aux banquiers, sur les immeubles sociaux. — Ces deux dispositions étaient incontestablement nécessitées par l'objet même de la réunion. Il fallait que l'assemblée générale donnât au gérant les indications et les ordres relatifs au règlement du passif dont la charge menaçait l'existence de l'entreprise. Mais peut-on dire qu'en le faisant la société a eu l'intention de conférer aux banquiers Quentin un titre écrit de leur obligation ? On ne le pense pas, l'objet de la délibération était autre. Les actionnaires se préoccupaient avant tout de faire marcher leur entreprise, et ils n'ont parlé du passif que comme d'un élément du compte général de la société. — Il est difficile de ne pas appliquer à cette situation la règle admise par la cour pour les inventaires, les partages et les autres actes déclaratifs de la même nature. Les créanciers Quentin n'étaient pas parties dans la délibération. La mention de leur créance doit être considérée comme une simple énonciation, n'ayant ni pour but, ni pour effet de leur conférer un titre contre la société. — Deux motifs particuliers semblent justifier encore cette conclusion. — Le premier, c'est que le montant de la dette n'a jamais été indiqué. Or, cette indétermination du chiffre de la créance, si elle ne s'oppose pas à la perception du droit proportionnel lorsque le caractère du titre est constant (Civ. rej. 21 févr. 1838, *Rép.* n° 1386; Instr. n° 1577-14), a du moins pour résultat d'amoindrir considérablement le caractère utile de la reconnaissance. On ne comprendrait pas que la société ait voulu réellement fournir un titre à ses prêteurs, elle n'ait pas pris soin d'exprimer le montant de la créance. Cette omission semble bien démontrer que, dans la pensée des parties, le rappel de la dette a eu lieu uniquement pour ordre et comme une énonciation incidente de l'acte. — Le second motif est tiré de la nature même du document dans lequel se trouve la déclaration de dette. C'est une délibération d'assemblée générale d'actionnaires, c'est-à-dire un acte d'ordre intérieur, se référant d'une manière exclusive aux agissements intimes de la société. De tels documents, pour remplir leur but, doivent contenir sur toutes les affaires sociales des renseignements analogues à ceux qui sont insérés dans un inventaire ou dans un compte. Ils sont, de plus, par essence, destinés à rester confidentiels. La société ne prend une délibération que pour elle-même et dans son intérêt. Il est contraire à la nature des choses qu'elle y fasse entrer des stipulations avec les tiers et destinées à leur faire titre. La jurisprudence répugnerait certainement à attribuer à ces documents le caractère d'actes civils ordinaires, et le droit ne se déterminerait sans doute à en faire résulter une reconnaissance obligatoire en faveur des créanciers que si l'intention de la société était affirmée d'une matière indiscutable. — Ces considérations paraissent justifier au fond la doctrine du tribunal de Saint-Quentin. — Mais il est manifeste que le tribunal est tombé dans l'erreur en ajoutant, comme motifs de sa décision : 1° que la délibération n'avait pas été présentée à l'enregistrement pour la disposition relative à la reconnaissance de dette, et 2° que l'assemblée générale n'avait pas le droit de contracter des emprunts au nom de la société.

Il suffit de faire remarquer, sur le premier point, que l'enregistrement est un formalité indivisible, ne pouvant être scindée et s'appliquant par conséquent à toutes les dispositions de l'acte (Req. 7 nov. 1821, Civ. cass. 19 nov. 1834, 23 févr. 1836, *Rép.*

paraphernales qui sont l'objet d'une reconnaissance par le mari, il en était que le mari déclarerait avoir reçues de la main à la main, à titre de prêt, pour les employer à ses besoins et à ses affaires : la déclaration de ce prêt constituerait, de la part du mari, une obligation indépendante de celles auxquelles il pourrait être tenu en sa qualité de mari, et elle serait, dès lors, soumise au droit d'obligation (Arrêt du 16 juill. 1855, cité *suprà*, n° 708). Ici, en effet, la situation est toute différente de celle des cas précédents. Ce n'est plus le mari qui fait une avance à sa femme, ce n'est pas le mari qui reçoit des fonds appartenant à sa femme en exécution des conventions matrimoniales; il y a un véritable prêt intervenu entre les époux, au profit du mari, et l'on ne peut soutenir que ce prêt soit la conséquence ou l'exécution du contrat de mariage.

Dans le même sens, il a été décidé que le prêt hypothécaire fait par une femme mariée sous le régime dotal avec société d'acquêts à son mari, de deniers provenant de la dot, donnait lieu au droit proportionnel de 1 p. 100 (Sol. adm. enreg. 5 janv. 1883, D. P. 83. 3. 127).

711. La jurisprudence décide, dans le même ordre d'idées, que le mari n'étant, quel que soit le régime adopté par les époux, qu'un administrateur quant aux biens que la femme s'est réservés propres, l'acte constatant, à la dissolution de la communauté, la remise à la femme de ses reprises et apports, ne renferme qu'une simple décharge de mandant à mandataire, passible d'un simple droit fixe, et non du droit proportionnel de libéraion (Civ. rej. 30 janv. 1866, cité *suprà*, n° 257).

N° 5. — *Du prêt ; Du prêt sur nantissement ; Des promesses de prêter et des ouvertures de crédit* (Rép. n°s 1303 à 1370).

A. — Obligation pour prix de vente mobilière non enregistrée.

712. La loi du 22 frim. an 7 assujettit, par son art. 69, § 3-3°, au droit proportionnel d'obligation à 1 pour 100 « tous actes ou écrits qui contiendront obligation de sommes sans libéralité et sans que l'obligation soit le prix d'une transmission de meubles ou d'immeubles non enregistrée ». Cette disposition vise directement le prêt, mais elle n'atteint que cette convention (*Rép.* n° 1303); la restriction qu'elle renferme exclut l'idée qu'elle soit applicable aux contrats unilatéraux autres que le prêt ni à une obligation de sommes dérivant d'un contrat synallagmatique (*Ibid.* n°s 1304 et 1307). L'administration de l'enregistrement en a conclu que l'obligation de somme exprimant qu'elle a été souscrite pour prix d'une vente mobilière non enregistrée, donne lieu, non au droit d'obligation à 1 pour 100, mais au droit de vente à 2 pour 100 (*Ibid.* n° 1304). La question a été très discutée dans ces dernières années. — Suivant un premier système, le droit proportionnel de vente ne peut être perçu que sur un acte formant le titre même de la convention. L'une des conditions essentielles de la perception de ce droit, c'est que l'obligation de l'acheteur soit acceptée par le vendeur. Si celui-ci ne comparaît pas à l'acte ou s'il refuse d'y donner son assentiment, il n'y a plus de titre de vente, puisque le consentement de l'une des parties fait défaut et, dès lors, la perception du droit de 2 pour 100 ne se justifie à aucun point de vue. La reconnaissance de l'acquéreur, bien que la cause en soit indiquée et procède d'une vente mobilière, ne donne ouverture qu'au droit d'obligation à 1 pour 100 (Garnier, *Rép. gén. enreg.*, n° 11931, et *Rép. pér. enreg.*, art. 6438). M. Garnier cite, à l'appui de son opinion, différents jugements rendus au sujet de mentions, dans des actes de partage, de ventes mobilières non enregistrées, consenties par le défunt à ses héritiers. Les uns ont repoussé la perception du droit de 2 pour 100, parce que la mention de la vente ne leur a pas paru suffisante pour conférer aux déclarations des parties la valeur d'un titre (Trib. Seine, 9 mai 1857, et Trib. Tours, 1er sept. 1849, *loc. cit.*). D'autres ont admis cette perception en se fondant sur ce que l'énonciation faite dans le partage pouvait être considérée comme constituant un titre de la mutation (Trib. Chartres, 2 mai

n°s 5139 et 5068; Instr. n°s 1481-1 et 1528-5), et sur le second, que le tribunal a été mis diamétralement en opposition avec la jurisprudence d'après laquelle le droit d'emprunter au nom de la société et de conférer l'hypothèque sur ses biens appartient à l'assemblée des actionnaires à l'exclusion du gérant (Req. 21 avr.

1857, *ibid.* ; Trib. Tours, 19 août 1864, aff. Chereau, D. P. 65. 3. 15; Trib. Pontoise, 24 janv. 1856, Garnier, *loc. cit.*).

713. D'après un autre système, l'obligation causée pour prix d'une vente mobilière donne lieu au droit de 2 fr. pour 100 toutes les fois que l'acte indique les conditions principales de la vente, car il n'en faut pas plus pour permettre au vendeur d'exercer son privilège à défaut de payement du prix, conformément à l'art. 2102 c. civ., sur les objets restés en la possession de l'acheteur. La reconnaissance de l'acheteur prouve qu'une vente a été conclue entre lui et le vendeur. Son aveu est un titre indéniable de la convention. C'est un acte destiné à fournir au vendeur la preuve de la vente et à lui permettre d'en poursuivre l'exécution. Cela justifie la perception du droit de 2 fr. pour 100, d'autant plus qu'il résulte du texte de la loi que ce droit est exigible dès que l'obligation a pour cause une vente mobilière, encore bien que la reconnaissance qui en est faite soit unilatérale et ne constate ni la présence ni le consentement du vendeur (*Diction. droits d'enreg.*, v° *Obligation*, n°s 163 et 164).

714. L'Administration de l'enregistrement a soutenu, pendant de longues années, la règle établie par ses premières décisions ; puis elle s'est déterminée à l'abandonner et à ne percevoir le droit de 2 fr. pour 100 que lorsque l'obligation constitue réellement le titre de la vente. Cela résulte de deux récentes solutions des 19 oct. 1883 et 22 déc. 1887 (D.P. 88. 3. 120), motivées principalement sur cette considération que, le consentement du vendeur faisant défaut, l'acheteur ayant seul participé à l'écrit, cet écrit ne renferme pas les éléments suffisants pour constituer le titre de la transmission.

715. En résumé, le système de M. Garnier est conforme au principe fondamental de la matière, suivant lequel le droit proportionnel édicté pour une nature de contrats, ne peut être perçu sur un acte qu'autant que cet acte forme un titre complet de la convention (V. *suprà*, n°s 109 et suiv.); mais il aboutit à la perception du droit d'obligation sur le billet causé pour prix de vente mobilière, alors que le texte ci-dessus rapporté de la loi fiscale semble prohiber cette perception. Au contraire, dans le système du *Dictionnaire des droits d'enregistrement*, cette prohibition est respectée, mais c'est au détriment du principe, puisque le droit proportionnel de vente mobilière est appliqué à un acte qui, souscrit par l'acheteur seul, ne fait pas titre de la convention. La solution qui doit prévaloir n'apparaît pas clairement. Il semble, toutefois, que, dans le doute, il faut s'en tenir au principe. Le système de M. Garnier paraît, pour cette raison, préférable. Tel est actuellement le sentiment de l'administration de l'enregistrement, d'après les deux solutions précitées.

B. — Prêt (Rép. n°s 1311 à 1340).

716. On distingue, en droit civil, deux espèces de prêt : le *prêt à usage* ou *commodat* et le *prêt de consommation* (Rép. n° 1311).

Le *prêt à usage* n'ayant pas été tarifé par la loi fiscale et ne pouvant être assimilé ni à un bail, ni à une vente, ni à une donation, ni à une obligation de sommes, les droits qui sont propres à ces diverses conventions ne lui sont pas applicables : il rentre, dès lors, dans la catégorie des actes innommés soumis au droit fixe de 1 fr. (actuellement 3 fr.) par l'art. 68, § 1er, n° 51, de la loi du 22 frim. an 7 (*Rép.* n° 1317). Telle est l'opinion exprimée dans le *Dictionnaire des droits d'enregistrement*, v° *Obligation*, n° 246. — M. Garnier estime, au contraire, que, sans méconnaître la différence qui existe entre le prêt à usage et la donation, l'on doit accorder que ce contrat attribue gratuitement à une personne la jouissance de choses qui appartiennent à une autre et que, s'il ne dégénère pas précisément en une donation proprement dite, il contient au moins une transmission de jouissance présentant les caractères d'une libéralité et donnant lieu, par suite, au droit proportionnel de donation sur l'évaluation à faire par les parties du bénéfice à retirer de la jouissance concédée (*Rép.*

1841, *Rép.* v° *Société*, n° 1297; Civ. cass. 22 janv. 1867, aff. Caisse générale des assurances agricoles, D. P. 67. 1. 168 ; Req. 27 janv. 1868, aff. Poupillier, D. P. 69. 1. 410 ; 8 nov. 1869, aff. Jouart, D. P. 72. 1. 195).

Du 13 oct. 1877.-Sol. adm. enreg.

gén. enreg., n°ˢ 11950 et 11931). Cette théorie paraît trop absolue. Pour que la perception du droit de donation soit admise sur un prêt à usage, il faut qu'il constitue une véritable libéralité. Il en est ainsi, lorsque, par exemple, la convention attribue à l'emprunteur les fruits et revenus produits par la chose pendant la durée du commodat. Alors, en effet, comme l'enseigne M. Pont, *Petits contrats*, n° 67, « ce n'est plus un prêt pur et simple, c'est un contrat mélangé de prêt et de donation » (V. aussi *Diction. droits d'enreg.*, *loc. cit.*, n° 247). Mais, en dehors de ce cas, lorsque le prêt concède simplement à l'emprunteur la jouissance de la chose prêtée, le droit de donation ne lui est pas applicable, parce qu'il ne constitue pas une véritable donation ; il n'est sujet qu'au droit fixe.

Il en serait autrement, toutefois, si les dispositions de l'acte exprimaient formellement que l'intention du prêteur a été, en concédant la jouissance de la chose prêtée, de faire une libéralité à l'emprunteur. Dans ce cas encore, le droit proportionnel de donation serait exigible (V. en ce sens : Garnier, *Rép. gén. enreg.*, n° 11951; *Diction. droits d'enreg.*, *loc. cit.*, n° 249; *Dictionnaire du notariat*, v° *Prêt*, n° 11).

717. Le *prêt de consommation*, entraînant nécessairement une obligation de sommes, tombe directement sous l'application du droit de 1 pour 100 édicté par l'art. 69, § 3, n° 3, de la loi de frimaire an 7; mais, comme cette disposition ne vise, dans son texte, que les obligations de sommes, on en a conclu qu'elle n'est pas applicable aux obligations ayant pour objet autre chose que l'argent. Il est démontré au *Rép.* n° 1318 que si, dans ce cas, le prêt de consommation ne constitue pas une obligation de sommes, il constitue une obligation de *valeurs*, et que cela suffit pour que le droit de 1 pour 100 soit exigible. Cette opinion a été généralement adoptée. Les rédacteurs du *Dictionnaire des droits d'enregistrement* ont manifesté notre démonstration y adhérant (v° *Obligation*, n° 230). M. Demante, t. 1, n° 401, M. Naquet, t. 2, n° 534, et M. Garnier, *Rép. gén. enreg.*, n° 11947, se sont prononcés dans le même sens. « L'omission, dit M. Demante, *loc. cit.*, de ce dernier mot (valeurs) dans la disposition fondamentale de l'art. 69, § 3, n° 3, est étrange; la pratique le supplée et, à considérer la loi dans son ensemble, quoique en matière stricte, cette solution ne me paraît pas sortir des limites d'une interprétation raisonnable. »

718. Il s'ensuit que, lorsqu'un prêt, réalisé sous forme de billets de commerce, de lettres de change, etc., vient à être constaté dans un acte formant titre, cet acte est passible du droit proportionnel d'obligation de 1 pour 100. Nous avons déjà étudié les questions analogues au sujet de l'arrêté de compte et des reconnaissances, *supra*, n°ˢ 682, 685 et 687, et nous avons renvoyé au *Rép.* n°ˢ 1519 et suiv. et 1649 et suiv. Il a été jugé, dans le même sens, que l'acte énonçant que des valeurs sont remises en nantissement pour sûreté du prêt d'une certaine somme rend exigible la perception sur cette somme du droit d'obligation, alors même qu'il y est expliqué qu'elle a formé l'objet d'une lettre de change souscrite le même jour (Trib. Seine, 30 janv. 1863, aff. Barincon, D. P. 65. 3. 37).

719. Mais la solution serait différente pour les prêts contractés par les départements, communes, établissements publics et compagnies et réalisés sous forme d'obligations négociables soumises au droit proportionnel de 1 pour 100 par l'art. 27 de la loi du 5 juin 1850. Ce droit de timbre tient lieu du droit d'enregistrement : cela résultait de l'art. 15 de la loi du 5 juin 1850, rendu applicable aux obligations négociables par l'art. 32 de la même loi. Or, la loi du 23 juin 1857 qui a créé le droit de transmission a bien abrogé l'art. 15 de la loi de 1850, mais l'art. 32 n'a pas été abrogé expressément : l'exemption relative aux transmissions d'obligations a sans doute disparu, mais celle relative à l'émission subsiste : le rapporteur de la loi de 1857 l'a dit en propres termes : « Il est hors de doute que la loi de 1850 a entendu par un seul droit (le droit de timbre proportionnel) atteindre deux ordres de faits : l'émission, c'est-à-dire de naître et de circuler, puis la circulation elle-même ». — La jurisprudence a reconnu sans difficulté le droit de timbre proportionnel, auquel sont assujetties les obligations des départements, communes, établissements publics et compagnies par l'art. 27 de la loi du 5 juin 1850, représente le droit proportionnel d'enregistrement applicable à l'emprunt, et que ce dernier droit

ne doit pas, en conséquence, être perçu sur l'acte d'emprunt : « Attendu, porte un arrêt du 16 avr. 1866, que, de la discussion de la loi de 1850 et de ce qui est dit dans son art. 15, il résulte que l'intention du législateur a été, non de créer un impôt nouveau, mais de donner une forme nouvelle au droit d'enregistrement de 1 pour 100 établi sur les emprunts par les lois antérieures » (Req. 16 avr. 1866, aff. Ville de Mont-de-Marsan, D. P. 66. 1. 340. Conf. Civ. cass. 15 mai 1860, aff. Ville du Havre, D. P. 60. 1. 313; 27 mai 1862, aff. Préfet de la Seine, D. P. 62. 1. 236. V. dans le même sens : Demante, t. 2, n° 515).

C. — Prêt sur dépôt.

720. Par dérogation à l'art. 69, § 3, n° 3, de la loi de frimaire an 7, une loi du 8 sept. 1830 tarife au droit fixe de 2 fr. (aujourd'hui 3 fr., L. 28 févr. 1872, art. 4) les actes de prêts sur dépôts ou consignations de marchandises, etc., dans le cas prévu par l'art. 95 c. com. (*Rép.* n° 1320). Dans une pensée de faveur pour le commerce également, un décret des 23-26 août 1848 a disposé, dans son art. 1er, que le récépissé à l'ordre du prêteur sur marchandises, en vertu du décret du 24 mars 1848 (D. P. 48. 4. 55) et de l'arrêté du ministre des finances du 26 mars 1848 (D. P. 48. 3. 42), serait passible d'un droit fixe de 1 fr. (aujourd'hui 1 fr. 50 cent., L. 28 févr. 1872, art. 4) pour tout droit d'enregistrement. Le décret et l'arrêté des 24 et 26 mars 1848 ont été abrogés par la loi du 28 mai 1858, sur les négociations concernant les marchandises déposées dans les magasins généraux (art. 15, D. P. 58. 4. 69); l'art. 13 de cette loi porte que les récépissés sont timbrés et ne donnent lieu pour l'enregistrement qu'à un droit fixe de 1 fr. (aujourd'hui 1 fr. 50 cent., L. 28 févr. 1872, art. 4).

721. La loi du 8 sept. 1830, toujours en vigueur, a donné lieu à un certain nombre de décisions judiciaires, qui ont mis fin, au moins dans la pratique, à plusieurs des controverses signalées au *Répertoire*. — Ainsi, d'après une instruction de l'administration de l'enregistrement du 10 sept. 1830 (*Rép.* n° 1328), rendue par application de ladite loi, l'exemption du droit proportionnel d'obligation établie en faveur des prêts sur dépôt de marchandises, fonds publics ou actions, ne s'applique qu'autant que le contrat conserve son caractère de prêt sur dépôt; dès que la convention présente un autre caractère, le droit proportionnel devient exigible. Par suite, lorsqu'après un acte de prêt sur dépôt, l'emprunteur affecte des immeubles par garantie de sa dette, cette affectation hypothécaire change la nature du prêt, qui devient alors une obligation ordinaire et donne conséquemment ouverture au droit proportionnel sur l'acte qui le constate. La chambre des requêtes de la cour de cassation a, par un arrêt en date du 1er déc. 1868 (aff. Sous-Comptoir du commerce et de l'industrie, D. P. 69. 1. 133), confirmé la doctrine de cette instruction; elle a décidé que la créance résultant d'un acte d'ouverture de crédit était passible du droit de 1 pour 100 sur le montant des sommes versées au crédité, encore qu'une partie de cette créance fût garantie par un nantissement en marchandises, si, en outre, elle était également garantie pour le tout par une hypothèque sur les immeubles du crédité. — Cette solution est critiquée au *Rép. loc. cit.*; il est bien difficile d'admettre que l'adjonction d'une sûreté hypothécaire à un nantissement ait pour effet de rendre applicable le droit proportionnel d'obligation; on comprendrait cette solution si le droit était annulé et remplacé par l'hypothèque; mais, du moment que le nantissement subsiste à côté de l'hypothèque, on se trouve toujours en présence d'un prêt sur dépôt, et l'exemption de la loi de 1830 nous paraît devoir être appliquée.

722. On s'est demandé si l'exemption de la loi de 1830 était applicable à la créance résultant d'une opération de report. Cette opération consiste en une vente au comptant, avec rachat à terme de valeurs de bourse, de la part de l'une des parties et, de la part de l'autre, en un achat au comptant avec revente à terme de ces mêmes valeurs; elle diffère absolument du prêt. La cour de cassation l'a reconnu par un arrêt de la chambre des requêtes du 3 févr. 1862 (aff. Demollon, D. P. 62. 1. 163), rendu en matière civile. Il en résulte que l'immunité du droit proportionnel d'enregistrement établie en faveur des actes de prêts sur dépôt d'actions industrielles n'est point applicable à la créance résultant d'une opération de report, et notamment au jugement portant condamnation au remboursement d'avances faites, sous forme de reports, par une société commerciale à un négociant, sur nantissement d'actions de cette société (Req. 19 janv. 1870, aff. Société néerlandaise, D. P. 70. 1. 393). Cet arrêt décide que le jugement est passible du droit proportionnel d'obligation de 1 pour 100 sur le montant des avances. On a contesté dans la note sous cet arrêt; cette solution on a soutenu que le droit de transmission établi par la loi du 23 juin 1857 serait plutôt exigible ; nous aurons à examiner la question, lorsque nous traiterons du *Droit de transmission* (V. *infrà*, sect. 2, art. 2, § 2, n° 8).

723. L'exemption édictée par la loi du 8 sept. 1830 vise les prêts sur dépôts de *marchandises*. Peut--on considérer un navire comme une marchandise, et le prêt sur dépôt d'un navire bénéficie-t-il de l'application du droit fixe? On a cité au *Rép.* n° 1336 un jugement dans le sens de l'affirmative. L'administration de l'enregistrement a persisté à soutenir que le droit proportionnel d'obligation était exigible ; mais le tribunal civil de la Seine, par un jugement du 14 juin 1854 (aff. de Routaunay, D. P. 55. 3. 5), et la chambre civile de la cour de cassation, le 26 mai 1857 (même affaire, D. P. 57. 1. 246), ont condamné cette prétention. — L'arrêt de la chambre civile répond parfaitement à l'objection qu'un navire ne peut être considéré comme une marchandise : « Attendu que la loi du 8 sept. 1830 dispose que les actes de prêt sur dépôt ou consignation de marchandises, fonds publics français, et actions des compagnies d'industrie ou de finance, dans les cas prévus par l'art. 95 c. com., seront admis à l'enregistrement moyennant le droit fixe de 2 fr. ; — Attendu que le but de cette loi a été de donner aux fabricants, aux commerçants et aux banquiers, des moyens étendus et faciles de crédit, en leur permettant d'emprunter sans frais sur la consignation ou le nantissement des valeurs qui font l'objet habituel de leurs spéculations respectives ; — Attendu, dès lors, que le mot *marchandise*, dans le sens de cette loi, s'étend à toute valeur mobilière qui fait la matière du commerce de celui auquel elle appartient ; Attendu que l'art. 632 c. com. répute actes de commerce tous achats de denrées et marchandises pour les revendre, soit en nature, soit après les avoir mises en œuvre, ou même pour en louer simplement l'usage, ainsi que toute entreprise de transport par terre et par eau ; de quoi il résulte qu'un navire, encore bien qu'il ait été acheté ou construit pour être affrété, plutôt que pour être revendu, n'en est pas moins, dans le sens de la loi, la marchandise de l'armateur ou entrepreneur de transports maritimes ; qu'en conséquence, si le commerçant emprunte en mettant ce navire en gage, l'acte qui constate un tel emprunt doit jouir de l'immunité accordée par la loi de 1830, et n'être passible que d'un simple droit fixe ».

724. La loi du 8 sept. 1830 ne distingue pas entre le cas où le prêt et le dépôt sont simultanés et celui où le dépôt est fait pour sûreté d'une avance préexistante, renouvelée et continuée à la condition du dépôt; cette solution, admise par M. Demante, t. 2, n° 525-III, a été confirmée par deux arrêts de la chambre civile de la cour de cassation (Civ. cass. 26 mai 1857, cité *suprà*, n° 723; 14 avr. 1875, aff. Société Parent, Schaken et comp., D. P. 75. 1. 473). — La question nous paraît donc tranchée, malgré une décision en sens contraire du tribunal civil de la Seine, du 6 juin 1862 (aff. Cuisinier, D. P. 62. 3. 88) (Comp. *Rép.* n° 1338).

Ainsi, lorsque deux lettres échangées entre commerçants et renfermant, l'une la reconnaissance de la dette et l'offre d'un nantissement en valeurs industrielles pour partie, l'autre l'acceptation du créancier, sont présentées simultanément à l'enregistrement, le droit proportionnel applicable à la reconnaissance de dette n'est exigible que sur la portion restante, distraction faite de celle pour laquelle le nantissement a été constitué. La perception ne peut être établie dans ce cas sur chaque lettre distinctement ; elles constituent un ensemble indivisible, dont la teneur et les effets ne peuvent être scindés, un acte unique d'un seul et même contexte (Arrêt du 14 avr. 1875 précité. — Comp. Civ. cass. 26 mars 1873, aff. Simon, D. P. 74. 1. 137, note 1).

725. Lorsque, à raison d'un prêt sur dépôt d'actions industrielles, il n'a été perçu, conformément à la loi du 8 sept. 1830, qu'un droit fixe, le retrait ultérieur de ces actions par l'emprunteur, sans que sa libération soit établie, transforme-t-il le prêt sur dépôt originaire, en un prêt pur et simple, et rend-il exigible le droit proportionnel d'obligation? Dans le sens de la négative, on a dit que, si l'art. 60 de la loi de frimaire an 7 décide que tout droit régulièrement perçu ne pourra être restitué, quels que soient les événements ultérieurs, on devait admettre *a contario* que tout droit régulièrement perçu ne pourra être augmenté : mais c'est là, il faut en convenir, beaucoup plus une considération d'équité qu'une raison de droit. On a soutenu, et cet argument nous paraît des plus sérieux, que le retrait de tout ou partie du gage n'est pas l'exécution du contrat originaire du prêt sur dépôt. La cour de cassation n'a pas admis cette doctrine ; elle a décidé que le retrait ultérieur du dépôt par l'emprunteur, sans qu'il soit justifié de sa libération, transformait le prêt originaire sur dépôt de titre en une obligation nouvelle, prêt pur et simple, passible du droit d'obligation (Civ. cass. 14 janv. 1852, aff. Bareau, D. P. 52. 1. 26).

D. — Sous-comptoir de garantie et sous-comptoir des entrepreneurs.

726. Un décret du 24 mars 1848 (D. P. 48. 4. 58) a créé des *sous-comptoirs de garantie* pour servir d'intermédiaires entre l'industrie, le commerce et l'agriculture, d'une part, et les comptoirs nationaux d'escompte, de l'autre (art. 1er). Leur but est de « procurer aux commerçants, industriels, et agriculteurs, soit par engagement direct, soit par aval, soit par endossement, l'escompte de leur titres et effets de commerce auprès du comptoir principal, moyennant des sûretés données aux sous-comptoirs par voie de nantissement sur marchandises, récépissés des magasins de dépôt, titres et autres valeurs » (art. 4).

L'art. 10 de ce décret est ainsi conçu : « Tous actes qui auront pour objet de constituer les nantissements au profit des sous-comptoirs, par voie de transport ou autrement, et d'établir leurs droits comme créanciers, seront enregistrés au droit fixe de 2 fr. 20 cent. ».

Ce décret étendait l'application de la loi de 1830, puisqu'il concernait sans aucun doute les emprunteurs même non-commerçants (Décis. min. fin. 15 déc. 1853, Instr. n° 1987; Demante, t. 1, n° 526). Il est toujours en vigueur, confirmé par une loi du 10 juin 1853 (D. P. 53. 4. 117). — Notons que le droit fixe de 2 fr. 20 cent. comprenait les décimes; le droit était donc de 2 fr. en principal; il est aujourd'hui de 3 fr. 75 cent., décimes compris (L. 28 févr. 1872, art. 4; 19 févr. 1874, art. 2).

727. On a essayé de soutenir que l'exemption du droit proportionnel, établie par l'art. 10 du décret du 24 mars 1848, s'appliquait aux prêts consentis sur hypothèque ; il n'y a pas de raison, prétendait-on, pour distinguer les opérations d'escompte garanties par des sûretés hypothécaires, de celles auxquelles serait attaché un nantissement purement mobilier. Les unes et les autres étant permises à ces établissements, elles ont droit à la même protection. Cette doctrine n'a pas été admise. Les comptoirs et sous-comptoirs d'escompte sont des institutions de crédit mobilier; l'art. 4 du décret ne parle que du nantissement sur marchandises, titres et autres valeurs; l'exemption du droit proportionnel est donc limitée aux prêts garantis purement mobilières; et la meilleure preuve en est qu'il a fallu un décret spécial pour permettre aux sous-comptoirs des entrepreneurs de bâtiments de prêter sur garanties immobilières (Décr. 4 juill. 1848, D. P. 48. 4. 124). C'est donc avec raison que la cour de cassation a décidé que l'exemption du droit proportionnel résultant de l'art. 10 du décret du 24 mars 1848, au profit des sous-comptoirs de garantie, ne pouvait être étendue aux prêts consentis sur hypothèque (Civ. rej. 31 août 1858, aff. David, D. P. 58. 1. 361). Mais il a été jugé, en sens contraire, que l'effet à ordre souscrit à un sous-comptoir par un commerçant auquel a été accordé un crédit moyennant affectation hypothécaire, et que le sous-comptoir, pour la réalisation du crédit, endossait au comptoir national, n'était passible que du droit fixe de 2 fr. (Trib. Seine, 5 mai 1860, aff. Thuileux, D. P. 60. 3. 72).

728. Il a été décidé également que l'exemption établie par l'art. 10 ne concernait que les sous-comptoirs de garantie et n'était pas applicable aux actes passés avec les comptoirs d'escompte (Arrêt du 31 août 1858 cité *suprà*, n° 727). Il avait auparavant été jugé que les sous-comptoirs de garantie avaient une existence distincte de celle des comptoirs nationaux d'escompte, établis par un décret du 7 mars 1848 (Civ. cass. 27 janv. 1858, aff. Comptoir d'escompte, D. P. 58. 1. 63); l'arrêt du 31 août de la même année consacre le même principe et en tire cette conséquence que l'exemption du droit proportionnel, édictée par le décret du 24 mars 1848 en faveur des sous-comptoirs de garantie, ne peut être étendue aux comptoirs d'escompte.

729. Il est clair que si les prêts sur hypothèque consentis par les sous-comptoirs ne sont pas exempts du droit d'enregistrement, ils le sont encore bien moins du droit d'inscription hypothécaire (Trib. Seine, 13 juin 1868, aff. Sous-Comptoir des entrepreneurs, D. P. 68. 3. 78).

730. Il a été jugé que l'exemption du droit proportionnel ne s'appliquait pas non plus à l'acte constatant une prorogation de délai consentie par un sous-comptoir pour le remboursement de sommes dues par suite de la réalisation totale ou partielle de crédits ouverts par cet établissement; cet acte est, en conséquence, sujet au droit gradué auquel sont assujetties les prorogations de délai (Civ. rej. 24 févr. 1875, aff. Liquidation de la Société immobilière, D. P. 75. 1. 374).

731. Nous avons dit *suprà*, n° 727, qu'une dérogation avait été apportée au décret du 24 mars 1848 par un décret du 4 juillet de la même année (D. P. 48. 4. 121). Les entrepreneurs de bâtiments n'ayant pas de marchandises à donner en nantissement, le décret du 4 juillet a autorisé les *sous-comptoirs des entrepreneurs de bâtiments* « à prêter sur garanties mobilières et immobilières de toute nature, soit par voie de transport, de dépôt ou de nantissement, pour les garanties mobilières, soit par voie d'hypothèque ou de privilège conformément à l'art. 2103 c. civ., pour les garanties immobilières ». L'art. 6 de ce décret maintient toutes les autres dispositions du décret du 24 mars qui ne sont pas contraires à ses dispositions, et étend, par conséquent, au profit du sous-comptoir des entrepreneurs de bâtiments l'immunité du droit proportionnel établie par l'art. 10 du décret précédent.

732. La question s'est élevée de savoir si cette immunité est applicable indistinctement à tous les prêts consentis par le sous-comptoir des entrepreneurs, ou si elle était subordonnée à la condition que l'argent prêté serait employé exclusivement à des travaux de construction. Il est à remarquer que l'art. 10 du décret du 24 mars 1848, rendu applicable au sous-comptoir des entrepreneurs par l'art. 6 du décret du 4 juill. 1848, ne fait aucune distinction : tous actes constituant les sous-comptoirs créanciers sont affranchis du droit proportionnel. Pour soutenir qu'il n'y avait exemption du droit proportionnel que lorsque l'argent prêté était employé exclusivement à des travaux de construction, on s'est appuyé sur l'exposé des motifs du décret du 4 juill. 1848, présenté dans la séance du 3 juillet par M. Goudchaux, ministre des finances; on y lit, en effet, le passage suivant : « Le comptoir national surveillera les opérations du sous-comptoir, afin que les crédits ne soient ouverts que pour des constructions nouvelles et *non à liquider le passé* ». — Mais, par ces derniers mots, le ministre a seulement entendu dire qu'en aucun cas les prêts ne devraient être faits sur des constructions achevées, et qu'ils devraient toujours avoir pour objet des constructions nouvelles. Et cela se comprend : le législateur avait en vue, à cette époque, la reprise des travaux de construction, il voulait ainsi fournir du travail aux ouvriers : les constructions terminées ne remplissaient pas le but poursuivi. Mais comment admettre que le sous-comptoir des entrepreneurs ne puisse prêter des fonds que sous la condition qu'ils soient *exclusivement* employés à des travaux de construction ? Le législateur n'a pu vouloir refuser du crédit à cette classe nombreuse d'entrepreneurs qui achètent des terrains pour leur propre compte et y construisent des maisons qu'ils vendent ensuite. Or ces entrepreneurs ont besoin d'emprunter, non seulement pour les travaux de construction, mais aussi pour acheter des terrains, pour désintéresser les créanciers inscrits et privilégiés sur l'immeuble. Faudra-

t-il donc que le sous-comptoir refuse un crédit à cette catégorie d'entrepreneurs qui en somme constitue la majorité ? Le législateur n'a pu vouloir cela, et la preuve, c'est que le décret du 4 juill. 1848 prévoit expressément que le sous-comptoir sera subrogé dans les privilèges établis conformément à l'art. 2103 c. civ., c'est-à-dire, non pas seulement dans le privilège attribué aux architectes et entrepreneurs, mais encore dans les autres privilèges reconnus par le même article, et en première ligne dans celui du vendeur sur l'immeuble vendu. Il nous paraît donc qu'il n'y a aucune distinction à faire, que l'exemption du droit proportionnel s'applique aussi bien au prêt fait à un propriétaire entrepreneur construisant sur son propre terrain qu'à ceux faits aux entrepreneurs constructeurs sur le terrain d'autrui, et que, par conséquent, la déclaration dans l'acte de prêt, qu'une partie de la somme prêtée sera employée pour l'extinction du privilège du vendeur au payement du prix du terrain sur lequel les constructions seront élevées, ne fait pas perdre à l'acte son caractère, ni le bénéfice de l'enregistrement au droit fixe (V. en ce sens : Trib. Lyon, 15 mai 1868, aff. Sous-comptoir des entrepreneurs, D. P. 69. 3. 32. V. également D. P. 70. 1. 337, note, où cette doctrine est développée avec beaucoup de force).

Mais la cour de cassation, se fondant probablement sur l'exposé des motifs que nous avons rappelé, a décidé, par deux arrêts, que l'exemption du droit proportionnel d'enregistrement, établie pour les actes de prêts sur garanties mobilières et immobilières de toute nature faits par le sous-comptoir des entrepreneurs, était subordonnée à la condition que les fonds empruntés seraient exclusivement employés en travaux de construction (Civ. cass. 29 nov. 1869, aff. Sous-comptoir des entrepreneurs, D. P. 70. 1. 337; Civ. rej. 28 juin 1870, aff. Comte, *ibid.* V. dans le même sens : Trib. Seine, 29 juill. 1874, aff. Sous-comptoir des entrepreneurs, D. P. 71. 3. 95). En conséquence, ces arrêts ont décidé que, lorsqu'il a été stipulé, dans un acte d'ouverture de crédit, par le sous-comptoir que l'emprunt serait employé partie au payement du prix d'un terrain et le surplus à l'achèvement de constructions commencées sur ce terrain, l'acte constatant la réalisation du crédit et l'emploi de la somme conformément aux stipulations des parties, donnait lieu à la perception du droit d'obligation de 1 p. 100 sur la portion affectée au payement du prix du terrain. — Cependant, sur le pourvoi élevé contre le jugement du tribunal de la Seine du 29 juill. 1874, a été rendu un arrêt du 16 avr. 1873 (aff. Sous-comptoir des entrepreneurs, D. P. 73. 1. 309), par lequel la chambre civile nous paraît être revenue sur l'interprétation rigoureuse donnée par ses précédentes décisions aux art. 10 et 6 des décrets des 24 mars et 4 juill. 1848; cet arrêt décide que l'exemption du droit proportionnel est applicable aux prêts faits à quiconque développe, favorise ou facilite l'industrie du bâtiment et, par conséquent, au propriétaire constructeur sur son propre terrain aussi bien qu'à l'entrepreneur constructeur sur le terrain d'autrui. Il est vrai que, dans l'espèce, les prêts avaient pour objet uniquement le payement des travaux de construction; mais les considérants de l'arrêt nous paraissent impliquer un revirement sur les arrêts précédents et une tendance vers la doctrine plus libérale que nous avons adoptée.

733. L'arrêt du 16 avr. 1873 cité *suprà*, n° 732, a statué d'une façon spéciale sur une autre question soulevée par l'application du décret du 4 juill. 1848; on s'est, en effet, demandé si l'exemption du droit proportionnel est applicable quelle que soit la qualité des emprunteurs. L'administration de l'enregistrement a soutenu que les prêts faits par le sous-comptoir des entrepreneurs ne pouvaient profiter de la faveur de l'enregistrement au droit fixe qu'autant qu'ils étaient faits à des entrepreneurs constructeurs ou autres commerçants expressément désignés et se rattachant à l'industrie du bâtiment. Mais la jurisprudence a repoussé avec raison cette prétention, et décidé que l'immunité était applicable quelle que fût la qualité des emprunteurs; nous l'avions déjà dit à propos des sous-comptoirs de garantie, et cela a été expressément jugé par plusieurs jugements et arrêts qui ont admis que l'exemption du droit proportionnel était applicable au propriétaire constructeur sur son propre terrain aussi bien qu'à l'entrepreneur constructeur sur le terrain d'autrui (Trib. Lyon, 15 mai 1868, cité *suprà*, n° 732; Trib. Seine, 29 juill. 1871, *ibid.*; Civ. cass. 16 avr. 1873, *ibid.*).

734. Mais l'exemption ne concerne que les actes établissant les créances du sous-comptoir des entrepreneurs contre les entrepreneurs auxquels des crédits ont été ouverts; elle ne saurait être étendue aux actes constatant la libération de ces entrepreneurs; ces actes sont assujettis au droit proportionnel de quittance (Civ. rej. 11 mars 1863, aff. Sous-comptoir des entrepreneurs, D. P. 63. 1. 124). L'acte par lequel le directeur du sous-comptoir déclare restreindre à une somme déterminée l'effet d'une hypothèque garantissant un crédit d'une somme supérieure et réserver l'hypothèque pour ce qui reste ainsi dû au sous-comptoir, sans faire connaître la somme à concurrence de laquelle il avait été usé du crédit, présente les caractères d'un acte constitutif de créance, et non d'un acte de libération; il est, dès lors, passible seulement du droit fixe établi par le décret de 1848 (Même arrêt).

735. Une loi du 26 mai 1860 (D. P. 60. 4. 60) a substitué la société du Crédit foncier au Comptoir d'escompte de Paris, pour toutes les opérations qu'il était autorisé à effectuer avec le Sous-comptoir des entrepreneurs de bâtiments par les décrets des 24 mars et 4 juill. 1848. D'après un décret du 4 juin 1860 (D. P. 60. 4. 72), les demandes de crédit ne peuvent être accueillies par le sous-comptoir que lorsqu'elles ont été approuvées par le Crédit foncier. C'est sous l'empire de cette législation qu'il a été décidé qu'un acte par lequel la société du Crédit foncier reconnaissait avoir reçu du bénéficiaire d'un crédit ouvert par le sous-comptoir des entrepreneurs le dépôt d'une somme directement versée pour la réalisation du nantissement prescrit par les statuts, n'était passible que du droit fixe de 2 fr. et non du droit proportionnel de dépôt de somme (Trib. Seine, 13 mai 1865, aff. Harel, D. P. 65. 3. 76). A raison des rapports existant entre le Crédit foncier et le Sous-comptoir des entrepreneurs, on peut, en effet, considérer le dépôt fait dans la caisse du premier établissement comme étant fait dans la caisse même du sous-comptoir; c'est le motif sur lequel s'est appuyé le tribunal pour repousser la perception du droit proportionnel de dépôt de somme.

736. Les exceptions étant de droit étroit, il a été décidé que l'exemption du droit proportionnel par les décrets des 24 mars et 4 juill. 1848 en faveur des prêts consentis par le sous-comptoir des entrepreneurs ne portant que sur les droits d'enregistrement, ne peut être étendue au droit proportionnel d'hypothèque dû sur une inscription hypothécaire prise au profit du sous-comptoir, relativement à un crédit ouvert sur hypothèque par cet établissement et réalisé (Civ. rej. 19 janv. 1869, aff. Sous-comptoir des entrepreneurs, D. P. 69. 1. 155; Trib. Seine, 13 juin 1868, aff. Sous-comptoir des entrepreneurs, D. P. 68. 3. 78; 15 janv. 1870, D. P. 72. 5. 204).

737. Signalons encore deux exemptions du droit proportionnel, relatives aux prêts sur dépôt : 1° celle qui résulte de l'art. 8 de la loi du 24 juin 1851 sur les monts-de-piété (D. P. 51. 4. 136); 2° celle qui résulte de l'art. 9 de la loi du 4 août 1851, sur la fondation d'une banque en Algérie (D. P. 51. 4. 148).

E. — Promesse de prêt; Ouverture de crédit (*Rép.* n°⁵ 1341 à 1870).

738. En droit romain, le prêt étant un contrat réel, la promesse de prêter n'était pas obligatoire (*Rép.* n° 1342); c'était un simple pacte, *nuda pactio*; comme le fait observer avec raison M. Demante, 3ᵉ éd., t. 1, n° 397, la promesse de prêter pouvait être obligatoire si la convention était revêtue des formules solennelles de la stipulation. En droit français, la promesse de prêter constitue un contrat obligatoire formant un engagement réciproque (*Rép.* n° 1343). L'administration de l'enregistrement a conclu, dans le principe, qu'elle donne lieu, par elle-même, au droit d'obligation à 1 p. 100. C'était une erreur manifeste. La promesse de prêter ou l'ouverture de crédit n'étant qu'un droit conditionnel, ne peut, en principe, être assujettie à la perception du droit proportionnel : c'est l'application pure et simple de la théorie de la condition suspensive; le droit fixe établi pour les actes innommés (V. *supra*, n° 569) lui est seul applicable; le droit proportionnel n'est exigible que lorsque la réalisation du crédit est juridiquement établie (*Rép.* n° 1348).

En ce qui concerne les *prêts du Crédit foncier*, V. *supra*, n° 163.

739. On a dit au *Rép.* n° 1355 qu'il n'y avait aucune différence à faire, au point de vue de la perception du droit proportionnel, entre la promesse de prêter et l'ouverture de crédit; signalons, en ce sens, un jugement du tribunal civil de la Seine du 18 juill. 1863 (aff. Julin, D. P. 64. 3. 14).

De même, la clause d'un acte de société par laquelle l'un des associés crédite l'autre, à titre de prêt sans intérêt et avec stipulation de remboursement dans un temps déterminé, d'une somme représentant l'apport de ce dernier, constitue, alors même que cette somme serait déduite de la mise sociale de l'associé créditeur consistant en meubles et en immeubles, une simple promesse de prêt soumise aux droits établis pour promesse de prêt, et non pas une cession de partie de l'actif social sujette au droit de cession mobilière et immobilière; peu importe qu'il soit convenu qu'au cas de décès de l'un des associés, le survivant aura la faculté de garder pour son compte personnel l'actif entier de la société, l'attribution du fonds social qui en résulte au profit de l'un comme de l'autre des associés ne devant avoir effet que lors de la dissolution de la société (Civ. cass. 3 avr. 1854, aff. Soyer-Vasseur, D. P. 54. 1. 151).

Enfin l'Administration elle-même ne contestait plus le principe de la non-exigibilité du droit proportionnel sur les actes d'ouverture de crédit; elle avait décidé que l'acte de prêt passé même une société de crédit foncier et l'emprunteur, en vertu duquel une inscription hypothécaire a été prise par la société, et dont la réalisation définitive est subordonnée à la non-révélation, après l'accomplissement des formalités de purge, d'une inscription hypothécaire ou d'un droit réel grevant l'immeuble hypothéqué, n'est passible, soit comme acte innommé, soit à cause de la condition suspensive à laquelle le prêt est soumis, que du droit fixe de 2 fr. : le droit proportionnel ne peut être perçu que sur l'acte qui constate la réalisation du prêt (Décis. min. 20 août 1852; Instr. 11 juill. 1853, D. P. 53. 3. 47).

740. Le principe était donc constant, lorsqu'est intervenue la loi du 23 août 1871 qui, dans son art. 5, a assujetti les actes d'ouverture de crédit à un droit proportionnel de 50 cent. pour 100 (*supra*, p. 160); cette loi a eu pour but principal de réprimer une fraude des plus faciles qui consistait à déguiser un prêt pur et simple sous l'apparence d'une ouverture de crédit : « l'expérience démontre, porte l'exposé des motifs, qu'il y a très peu d'ouvertures de crédit qui ne soient pas suivies de réalisation, et qu'en général ces actes ne servent qu'à dissimuler de véritables prêts et à fournir le moyen d'échapper au payement des taxes fiscales. La jurisprudence civile ayant, en outre, reconnu que les effets de l'hypothèque qui garantit une ouverture de crédit remontent, non à l'époque de la réalisation, mais à la date même de l'ouverture de crédit, ces sortes de conventions se sont multipliées, et le Trésor en éprouve un préjudice considérable ». — Ainsi le législateur ne conteste pas la légitimité du principe de la non-exigibilité du droit proportionnel sur l'ouverture de crédit; il approuve même la jurisprudence qui a consacré ce principe; mais il se trouve amené à y apporter une grave dérogation par suite des nécessités budgétaires et dans le but de faire cesser des fraudes trop faciles. — Ces raisons sont suffisamment sérieuses pour motiver la loi nouvelle; il était inutile d'en ajouter d'autres, et de dire, comme l'ont fait les rédacteurs de l'exposé des motifs et du rapport de la commission du budget, que la perception se justifiait, en outre, par « l'avantage juridique » que l'ouverture de crédit procurait immédiatement aux parties, et par son effet obligatoire; l'ouverture de crédit n'est qu'un contrat soumis à une condition suspensive; elle échappe donc, par sa nature même, à la perception du droit proportionnel. Les nécessités budgétaires, la répression de la fraude, tels sont les motifs qui justifient l'art. 5 de la loi du 23 août 1871.

741. Cet article est ainsi conçu : « Les actes d'ouverture de crédit sont soumis à un droit proportionnel de 50 cent. pour 100 fr. — La réalisation ultérieure du crédit sera assujettie aux droits fixés par les lois en vigueur, mais il sera tenu compte, dans la liquidation, du montant du droit payé en exécution du paragraphe 1ᵉʳ du présent article. Le droit d'hypothèque fixé à 1 pour 1000 par l'art. 60 de la loi du

28 avr. 1816 sera perçu lors de l'inscription des hypothèques garantissant les ouvertures de crédit » (D. P. 71. 4. 61). Dans le système établi par cette disposition, la perception du droit proportionnel d'obligation à 1 pour 100 est fractionnée pour les ouvertures de crédit. Le droit est perçu, la moitié sur l'acte constatant l'ouverture de crédit et l'autre moitié lorsque la réalisation du crédit est prouvée. Il y a donc toujours intérêt, pour le Trésor, à ce que cette preuve soit faite, afin de faire rentrer dans ses caisses, non plus l'impôt tout entier, comme par le passé, mais la moitié. Par suite, les nombreuses décisions intervenues avant la loi de 1871 sur la détermination des conditions dans lesquelles la réalisation du crédit est suffisamment établie pour la réclamation du droit proportionnel, ont conservé toute leur importance doctrinale.

742. Il est à remarquer que l'art. 5 de la loi de 1871 ne vise expressément que l'ouverture de crédit; il en résulte que le prêt conditionnel reste sous l'empire de la législation antérieure et n'est, par conséquent, soumis à la perception du droit proportionnel d'obligation, que lors de l'accomplissement de la condition : c'est ce que fait observer M. Demante, t. 1, n° 399; il en serait ainsi des actes de prêts conditionnels consentis par le Crédit foncier. L'instruction de l'Administration, n° 1968, en date du 11 juill. 1853, que nous avons citée *suprà*, n° 739, continue donc de leur être applicable.

743. Pour que le droit de 50 cent. pour 100 établi par la loi de 1871 soit exigible, il faut que l'on se trouve en présence d'une véritable ouverture de crédit; c'est-à-dire d'une promesse de prêter soumise à la volonté de l'emprunteur.

Ainsi ne peut être considéré comme constituant un acte d'ouverture de crédit l'acte par lequel les administrateurs d'une société s'obligent à revêtir de leur endossement, jusqu'à concurrence d'une somme déterminée, des traites émises par la société, et reçoivent des créances à titre de nantissement pour garantie du remboursement des sommes qu'ils pourraient payer par suite de ces endossements, avec faculté de faire cesser ou de réduire leurs engagements aussitôt que bon leur semblerait (Trib. Epinal, 12 avr. 1877, aff. Compagnie des chemins de fer des Vosges, D. P. 78. 3. 39); cette convention ne renfermait, en réalité, qu'une promesse de cautionnement pour sûreté du remboursement d'obligations qui n'existaient pas encore; c'est avec raison que le tribunal a refusé de lui attribuer le caractère d'ouverture de crédit et de l'assujettir au droit de 50 cent. pour 100 (*Ibid.*, note 7).

744. En sens inverse, si un acte, au lieu de constituer une ouverture de crédit, était un prêt pur et simple, le droit d'obligation de 1 fr. pour 100 serait immédiatement exigible. Ainsi l'acte par lequel un associé commanditaire, menacé d'une action en payement solidaire des dettes sociales pour immixtion dans la société, s'engage à verser à la masse des créanciers, avec garantie hypothécaire et intérêts, une somme remboursable sur le prix de vente des immeubles de la société, constitue une véritable obligation soumise au droit d'obligation, et non une simple promesse de prêt passible du droit fixe d'ouverture de crédit (Civ. cass. 7 nov. 1859, aff. Maillard, D. P. 59. 1. 493).

745. De même, l'acte constatant que le montant d'un crédit précédemment ouvert par l'une des parties au profit de l'autre, avec affectation hypothécaire, sera versé entre les mains du crédité et de ses créanciers à des époques fixes et par fractions déterminées, renferme une obligation ferme et irrévocable, un engagement synallagmatique ayant le caractère de prêt, et rend exigibles, en conséquence, le droit proportionnel d'obligation à 1 fr. pour 100 lors de l'enregistrement de l'acte, plus le droit proportionnel d'hypothèque à 1 pour 100 sur l'inscription prise au bureau des hypothèques, en vertu de l'acte d'ouverture de crédit (Civ. rej. 5 mars 1873, aff. Merton et Tarin, D. P. 73. 1. 312). — Cette décision est parfaitement justifiée : il n'y avait pas, dans l'espèce, une ouverture de crédit proprement dite, c'est-à-dire un prêt facultatif pour le crédité, qui peut, suivant sa volonté, réaliser ou ne pas réaliser l'ouverture de crédit : il s'agissait d'une obligation « ferme et irrévocable », soumise, il est vrai, à des termes déterminés, mais non pas à une condition suspensive comme dans le cas d'ouverture de crédit (*Ibid.*, note 1).

746. Mais il faut voir une ouverture de crédit, et non une obligation ferme, dans l'engagement contracté par une personne de fournir des fonds à une autre, alors que celle-ci s'est réservé la faculté de ne réclamer la somme que dans la mesure de ses besoins, et que le crédité a pris des engagements pour se libérer à des termes déterminés (Trib. Clermont (Oise), 14 févr. 1879) (1).

747. On a dit au Rép. n°s 1357 et suiv. que ce n'est pas la promesse de prêter ou l'acte d'ouverture de crédit qui, par suite de l'effet rétroactif de la réalisation, doit servir de base à la perception; que c'est l'acte même qui constate la réalisation; d'où cette conséquence qu'il est nécessaire que la preuve de la réalisation résulte d'un acte formant titre (*Rép.* n°s 1357 et suiv.). Nous devons reconnaître que cette

---

(1) (Duc et duchesse de Montmorency et Macron.) — Le tribunal ; — Attendu que, le 25 juin 1875, M. Macron, receveur de rentes à Amiens, et le duc et la duchesse de Montmorency ont réalisé devant Me Blanche, notaire à Clermont, un acte contenant, notamment, les conventions suivantes : — M. Macron ouvre à M. le duc et à Me la duchesse de Montmorency un crédit de la somme de 180000 fr. qui pourra être ultérieurement porté à 200000 fr. par les intérêts non payés et par tous les accessoires. Les 180000 fr. montant de la présente ouverture de crédit seront fournis par M. Macron à M. le duc et Me la duchesse de Montmorency : 90000 fr. avant le 15 juill. 1875, et les autres 90000 fr., à raison de 10000 fr. par quinzaine, à partir dudit jour 15 juillet. La durée du crédit, qui sera de quatre années à partir du 15 juillet, pourra être prorogée d'un commun accord. — Le duc et la duchesse de Montmorency ne seront pas tenus d'user de la totalité du crédit ; ils pourront effectuer telles remises que bon leur semblera sur les sommes déjà versées et ensuite reprendre les sommes dont ils auraient besoin, mais par sommes partielles de 10000 fr. — Le duc et la duchesse de Montmorency s'obligent à verser tous les trois mois à Macron une somme de 4000 fr. à des époques fixées ; — Attendu que cet acte ayant été soumis à l'enregistrement le 26 du même mois, il a été perçu une somme de 900 fr., représentant, pour les 180000 fr., le droit de 0 fr. 50 pour 100 comme ouverture de crédit ; — Attendu que l'Administration, pensant que l'ensemble des conventions dudit acte renfermait, non une ouverture de crédit, mais un prêt actuel réalisable à terme seulement, a décerné, le 18 juin 1877, contre Macron, le duc et la duchesse de Montmorency, une contrainte signifiée le 21 du même mois pour la somme de 1125 fr., représentant la différence entre le droit d'ouverture de crédit de 50 cent. pour 100 et le droit de prêt de 1 pour 100 plus les décimes ; — Attendu que, par acte du 29 dudit mois, Macron, le duc et la duchesse de Montmorency ont formé opposition à cette contrainte en alléguant que l'acte en question était une véritable ouverture de crédit, et non un prêt à terme ;

Attendu que, pour déterminer quel est le droit qui doit être perçu sur l'acte du 25 juin, il suffit de préciser quelle est la nature de cet acte ; — Attendu qu'en la forme l'acte en question est conçu comme une véritable ouverture de crédit ; — Au fond : — Attendu qu'en prenant la définition de l'ouverture de crédit donnée dans son mémoire par l'administration de l'enregistrement, il en ressort que l'acte du 25 juin en a tous les caractères ; — Que Macron s'y est engagé à fournir une somme qui ne pourra dépasser, comme avances à faire, 180000 fr. dans les délais déterminés, et que le duc et la duchesse de Montmorency se sont réservé la faculté d'user de cette somme en totalité ou en partie dans la mesure de leurs besoins ; — Qu'en conséquence, Macron ne peut les contraindre à la recevoir en tout ou en partie, tandis qu'ils peuvent toujours l'obliger à la leur fournir à quelque époque que ce soit au durée de l'acte, en respectant les termes imposés ; — Attendu, en outre, que les crédités peuvent, à leur gré, rembourser tout ou partie des sommes prises sur le crédit et les reprendre dans l'ordre et à mesure de leurs besoins ; — Attendu que cette faculté pour le duc et la duchesse de Montmorency d'user du crédit qui leur est ouvert pendant quatre années est exclusive des conditions établissant un prêt ferme ayant pour comptant ou à terme, mais à tous les caractères d'ouverture de crédit ; — Attendu que l'administration de l'enregistrement n'apporte aucune preuve que le duc et la duchesse de Montmorency aient usé du crédit qui fait l'objet de l'acte ; — Attendu que le payement à faire tous les trois mois de la somme de 4000 fr. se rattache plus à une ouverture de crédit qu'à un prêt à terme ; qu'il ne devrait avoir lieu qu'autant que les époux de Montmorency auraient usé du crédit dans une proportion correspondante ; — Attendu que les délais fixés pour le versement des 90 premiers mille francs et des 90 autres ont été stipulés pour permettre à Macron de recevoir les fonds nécessaires ; que l'insertion de ces délais audit acte ne peut en changer la nature ; — Par ces motifs, etc.

Du 14 févr. 1879.-Trib. civ. de Clermont (Oise).

manière de voir a été condamnée par la jurisprudence. Il est aujourd'hui admis que l'ouverture de crédit n'est autre chose qu'un prêt conditionnel qui devient passible du droit proportionnel lors de la réalisation du crédit, cette réalisation produisant l'effet d'une condition accomplie; que l'ouverture de crédit devient donc rétroactivement passible du droit proportionnel d'obligation; qu'il n'est donc pas nécessaire que la réalisation soit prouvée par un acte écrit formant titre entre les parties. Cette doctrine concorde avec l'opinion généralement admise aujourd'hui, que l'hypothèque, garantissant une ouverture de crédit, prend rang à dater de son inscription et non pas seulement du jour des avances faites au crédité (V. *Priviléges et hypothèques*; *Rép.* eod. v°, nᵒˢ 1320 et suiv.).

748. Il est également de jurisprudence constante que le fait de la réalisation du crédit peut être prouvé par l'administration de l'enregistrement à l'aide du rapprochement de tous actes émanés des parties contractantes dont elle a eu connaissance par la présentation à la formalité (Req. 31 déc. 1862, aff. Compagnie parisienne du gaz, D. P. 63. 1. 217; Trib. Seine, 24 mars 1865, aff. Frambelle, D. P. 66. 3. 54; 3 févr. 1866, aff. Lefaure, *ibid.* ; Req. 16 août 1866, aff. Lefaure, D. P. 66. 1. 400). C'est par application de cette doctrine qu'il a été décidé que la mention, dans une quittance, du remboursement d'une somme à valoir sur une créance plus importante, autorise le juge à ordonner une instruction pour arriver à la connaissance de cette créance, à l'effet de déterminer la somme qui doit être frappée du droit d'obligation : cette décision n'est pas contraire à la règle qui, en matière fiscale, ne frappe les obligations du droit proportionnel que sur la preuve écrite des conventions donnant lieu à ces droits, le juge se bornant, en pareil cas, à exiger la constatation du chiffre d'une créance restée indéterminée dans l'acte présenté à l'enregistrement (Civ. rej. 31 août 1858, aff. David, D. P. 58. 1. 361).

De même, il a été jugé que la constatation, faite incidemment dans un acte, de la réalisation d'une ouverture de crédit, avait le caractère d'une disposition particulière de cet acte et donnait lieu à la perception du droit d'obligation au moment même de l'enregistrement de l'acte qui la renferme (Civ. rej. 18 févr. 1857, aff. Pagny, D. P. 57. 1. 90).

749. Il a encore été jugé, dans le même ordre d'idées, que lorsque l'acte renfermant les statuts d'une société anonyme constituée sous la réserve de l'approbation du Gouvernement, constate une obligation contractée par cette société, cette obligation est réputée née à la date de cet acte, et non à celle du décret d'approbation, d'où il résulte que, si la mention du payement de l'obligation n'est faite que dans l'acte de dépôt du décret d'approbation, il y a lieu à la perception, non seulement du droit de quittance, mais encore du droit d'obligation, l'acte d'obligation étant, en ce cas, réputé antérieur à l'acte de libération (Req. 31 mars 1859, aff. Compagnie parisienne du gaz, D. P. 59. 1. 464).

750. L'arrêt de la cour de cassation du 31 déc. 1862, cité *suprà*, n° 748, a décidé de même que la preuve de la réalisation de crédit pouvait résulter d'un nouvel acte d'ouverture de crédit, postérieur à l'époque fixée pour la réalisation du premier, et portant maintien de sûretés hypothécaires affectées au remboursement de ce premier crédit. — Nous avons approuvé au *Rép.* n° 1359 une décision rendue dans le même sens (V. également : Trib. Seine, 11 févr. 1865, aff. Lefaure, D. P. 66. 3. 54).

751. On a critiqué au *Rép.* n° 1361 une décision judiciaire qui a admis que la réalisation d'un crédit était suffisamment établie, à l'égard de l'administration de l'enregistrement, par la mention, dans le bilan déposé par le crédité tombé en faillite, de sommes qui lui avaient été avancées par le créancier. Un jugement du tribunal civil de la Seine du 18 janv. 1868 (aff. Sous-comptoir du commerce, D. P. 68. 5. 170) a persisté dans le sens de la doctrine que nous avons combattue, en se fondant sur ce que, le bilan ayant été dressé à l'aide de livres et papiers du failli, la déclaration relative à la réalisation du crédité avait la même valeur que si elle émanait du failli lui-même. — Ce jugement a été confirmé par un arrêt de la chambre des requêtes de la cour de cassation en date du 1ᵉʳ déc. 1868 (aff. Sous-comptoir du commerce et de l'industrie, D. P. 69. 1. 133).

752. La preuve de la réalisation du crédit peut résulter d'un jugement constatant que des billets ont été souscrits pour le montant du crédit; et on prétendrait en vain faire imputer, sur le droit proportionnel d'obligation, celui de 50 cent. pour 100 perçu lors de l'enregistrement des billets (Trib. Seine, 22 mars 1848, aff. D..., D. P. 48. 5. 141. Conf. *Rép.* n° 1368 et suiv.).

Il a été jugé que la preuve peut résulter encore d'encaissements atteignant ou dépassant le montant du crédit, et opérés par le créancier en vertu des délégations à lui faites sur des tiers. Il n'importe que les sommes ainsi encaissées aient été portées dans un compte-courant existant entre les parties, le crédit n'en étant pas moins réputé réalisé jusqu'à concurrence de ces sommes, même avant la clôture et la balance du compte, sauf preuve contraire. Telle est la solution d'un arrêt de la chambre civile du 23 janv. 1867 (aff. Caron, D. P. 67. 1. 164). — Le jugement attaqué n'avait pas admis cette doctrine; il se fondait sur ce que l'encaissement n'était pas nécessairement réputé avoir pour objet le remboursement d'avances faites par le créancier : il pouvait constituer entre les mains de celui-ci une simple garantie; la preuve de la réalisation du crédit ne pourrait résulter que de la clôture du compte-courant.

La doctrine de l'arrêt de 1867 a été confirmée par un arrêt de la chambre civile de la cour de cassation du 15 juill. 1868 (aff. époux Floquet, D. P. 68. 1. 450) qui a décidé que la convention d'ouverture de crédit par laquelle un banquier s'engageait envers un tiers à lui fournir des fonds soit sous forme de prêt, soit sous forme d'escompte, au fur et à mesure de ses besoins, jusqu'à concurrence d'une somme déterminée, devait être comprise parmi les obligations soumises au droit proportionnel de 1 pour 100, et qu'en conséquence, aussitôt que l'accomplissement de la condition suspensive de la réalisation était légalement établi, le droit proportionnel devenait exigible et devait être liquidé comme il l'aurait été si l'obligation avait été pure et simple à l'origine, alors même que la forme du compte-courant aurait été convenue entre le créancier et le crédité pour constater leur situation respective; on prétendrait vainement que le droit proportionnel ne devrait être perçu que sur le reliquat du compte-courant. — Ainsi il résulte de ces arrêts que le droit ne devient pas exigible seulement lors de la clôture du compte-courant; il est exigible dès que l'Administration a connaissance des remises faites par le créancier au crédité et sur le total de ces remises (V. dans le même sens : Trib. Marseille, 8 juin 1886, aff. Gastaud, D. P. 87. 3. 14). Il est bien certain, d'ailleurs, que, si le montant des remises faites par le créancier dépassait la somme fixée par l'ouverture du crédit, le droit proportionnel ne devrait cependant être perçu que sur cette dernière somme, car l'excédent des remises du créancier peut avoir été compensé par des remises faites de son côté par le crédité; de plus, en vertu de la rétroactivité de la condition, c'est l'acte même d'ouverture de crédit qui devient passible du droit proportionnel, et on ne saurait percevoir un droit plus élevé que celui résultant de la somme fixée dans cet acte. Telle est également l'opinion des rédacteurs du *Journal de l'enregistrement*, art. 22734.

753. Il y a encore, d'après un arrêt, preuve suffisante de la réalisation d'une ouverture de crédit, lorsqu'un crédit ouvert au profit d'une société consiste uniquement dans l'engagement souscrit par le créancier de procurer le placement d'obligations émises par la société crédité, et que des déclarations du gérant de cette société au bureau du timbre, pour la perception du timbre, constatent que la totalité a été souscrite (Req. 19 janv. 1869, aff. Société de la rive gauche, D. P. 69. 1. 353); mais il ne s'agissait, dans l'espèce, que de la perception du droit proportionnel d'inscription hypothécaire; l'administration de l'enregistrement n'avait pas réclamé le droit proportionnel d'obligation, parce que le crédit était réalisé par la négociation d'obligations de la Société, passibles du droit de timbre proportionnel, qui, ainsi que nous l'avons dit *suprà*, n° 719, tient lieu du droit d'enregistrement.

754. Jugé, de même, que, lorsqu'il a été stipulé, dans un acte d'ouverture de crédit, que les fonds seraient fournis au moyen de l'émission d'obligations par le créancier et au fur et à mesure de la négociation de ces obligations; que les versements seraient effectués contre des mandats ou lettres d'avis du crédit, et que celui-ci devrait employer les sommes versées au payement du prix et à l'exploitation d'un domaine désigné acquis par lui en pays étranger, la réalisation du crédit est suffisamment établie, pour la perception du droit proportionnel d'enregistrement, par la déclaration, dans l'acte d'acquisition du domaine étranger, passé le même jour, que le prix a été payé au vendeur, ainsi que par l'abonnement souscrit par le créditeur dans le même temps, pour le payement du droit de timbre sur la totalité des obligations qu'il devait émettre en représentation du crédit, alors surtout que cette émission n'a pu être faite que contre la remise de mandats du crédité. Et la perception ne peut être écartée, dans ce cas, par le motif que la garantie hypothécaire affectée à l'exécution des engagements du crédité, est assise sur un immeuble situé dans un pays étranger (Civ. rej. 15 nov. 1869, aff. Carion et Caron, D. P. 70. 1. 340). Il y avait bien, dans l'espèce, preuve suffisante de la réalisation du crédit; mais l'exigibilité du droit proportionnel était cependant contestable parce qu'il s'agissait, ainsi que dans l'espèce rapportée *suprà*, n° 753, d'un crédit réalisé par la négociation d'obligations négociables soumises à la remise de timbre proportionnel : il est vrai qu'à la différence de l'espèce précédente, les obligations avaient été émises non par l'emprunteur, mais par le prêteur (*Ibid.*, note 1).

755. Il y a preuve suffisante de la réalisation, lorsqu'un crédit réalisable en espèces et matériaux, ayant été ouvert pour la construction d'une maison, avec constitution d'hypothèque au profit du créditeur sur le terrain destiné à recevoir cette construction, il est constaté que les constructions sont achevées et qu'un second crédit a été ouvert déclaré primé par le premier (Req. 16 août 1866, aff. Lefaure et Michau, D. P. 66. 1. 400) ;… ou lorsqu'après l'expiration du délai accordé pour la réalisation du crédit, le créditeur a, dans un acte par lequel il consent l'abandon de ses droits et inscriptions sur l'une des maisons du crédité, déclaré les réserver expressément sur d'autres immeubles de celui-ci (Trib. Seine, 24 mars 1865, aff. Frambelle, D. P. 66. 3. 54) ;… ou encore lorsque, également après l'expiration du même délai, le créditeur a, dans un acte contenant cession de son rang hypothécaire à un tiers sur la demande du crédité, stipulé qu'il lui serait donné d'autres garanties complémentaires (Trib. Seine, 3 févr. 1866, aff. Lefaure, D. P. 66. 3. 54).

756. De plus, la réalisation peut être prouvée par des actes émanés des parties contractantes, et constatés par des registres ou autres documents publics dont l'Administration est autorisée à prendre communication (Civ. rej. 28 déc. 1864, aff. Périer, D. P. 65. 1. 71). Ainsi, elle peut résulter : des déclarations faites par les parties devant un arbitre rapporteur chargé, à l'occasion d'une contestation engagée devant le tribunal de commerce, d'établir leurs comptes respectifs, alors même que le jugement portant nomination de cet arbitre, aurait été annulé pour incompétence, le procès-verbal produit par l'Administration n'en conservant pas moins le caractère d'un document public de nature à être invoqué comme preuve de faits dont il renferme la constatation (Même arrêt. Conf. Trib. Seine, 4 févr. 1881, aff. Cohen, *Journ. enreg.*, art. 22067) ;… d'un procès-verbal d'ordre portant attribution au créancier, sur le prix des immeubles du crédité, du montant intégral du crédit ouvert à ce dernier, alors surtout qu'il a été signifié aux parties sans opposition de leur part (Req. 9 mai 1881, aff. Lemoine, D. P. 82. 1. 81).

757. Mais la preuve de la réalisation ne saurait résulter d'une sommation faite par le créancier au crédité à l'effet de reconnaître cette réalisation devant notaire, surtout si le crédité a introduit une instance pour faire décider que le crédit n'a pas été réalisé (V. en sens contraire : Trib. Seine, 22 mars 1862, aff. Chamidet, D. P. 63. 3. 56) ;… ni d'une saisie pratiquée à la requête du créancier, si le procès-verbal ne contient aucune déclaration offrant quelque certitude (Trib. Seine, 17 août 1867, aff. Cochery, D. P. 67. 5. 168). — La revendication par le créancier contre d'autres créanciers du crédité, d'une garantie qui lui avait été cédée éventuellement et à laquelle il prétend avoir un droit acquis comme créancier de plus forte somme, prouve suffisamment que le crédit a été réalisé au moins en partie, et justifie, par suite, la prétention de l'administration de l'enregistrement de percevoir le droit proportionnel devenu exigible ; mais, à défaut de preuve d'une réalisation totale du crédit, il y a lieu

de réserver au créancier le droit de passer une déclaration régulière de la somme jusqu'à concurrence de laquelle le crédit a été réalisé, sans que ladite somme à déclarer puisse être inférieure au montant de la garantie revendiquée, et à peine par le redevable, en cas de non-déclaration, d'être contraint au payement du droit sur la somme totale (Trib. Seine, 10 (ou 18) févr. 1866, aff. Gélis-Didot, D. P. 66. 3. 103).

758. La réalisation d'un crédit résulte suffisamment, pour la réclamation du droit proportionnel d'enregistrement, du fait, de la part du créancier, d'avoir opéré, en vertu de délégations faites à son profit par le crédité dans l'acte même de crédit, des encaissements successifs atteignant ou excédant le montant de ce crédit. Il importe peu que le créancier ait été autorisé, par les dispositions de l'acte de crédit, à toucher, même avant d'avoir fait aucune avance, des mandats délivrés sur des caisses publiques au nom du crédité et remis par lui en nantissement au créancier (Ch. réun. cass. 16 janv. 1872, aff. Verley et Caron, D. P. 72. 1. 103. Comp. l'arrêt du 23 janv. 1867, cité *suprà*, n° 752).

Jugé, de même, que la réalisation d'un crédit est suffisamment établie pour la demande du droit proportionnel d'obligation, lorsque le crédit ayant été ouvert par un établissement financier (Crédit foncier) à un entrepreneur de travaux publics, et celui-ci ayant cédé et transporté, à titre de garantie, les annuités d'une subvention à lui allouée, les mandats délivrés en payement de ces annuités et acquittés, sont revêtus de la mention « bon à payer » souscrite par l'établissement créditeur, et que, d'un autre côté, ce même établissement a reçu directement et encaissé une portion importante de la subvention en principal et intérêts (Trib. Seine, 6 mars 1873, aff. Société Petit, D. P. 75. 3. 186). — Dans le même sens, il a été décidé que le jugement entre parties constatant l'exécution partielle de travaux de construction en vue desquels un crédit a été ouvert à l'entrepreneur, et, d'autre part, le versement, entre les mains de ce dernier par le créditeur, de sommes déterminées, prouve la réalisation du crédit jusqu'à concurrence de ces sommes, et autorise, en conséquence, la réclamation du droit proportionnel d'enregistrement sur le total des versements effectués ; le crédité allèguerait vainement que ces versements se rapportent à d'autres crédits ouverts à des tiers cessionnaires et qu'ils lui ont été faits comme mandataire de ces tiers, si ces assertions étaient démenties par les faits, notamment par le rapprochement de la date des cessions et de celle à laquelle les constructions ont été élevées ; vainement encore le crédité exciperait-il d'accords verbaux entre ses cessionnaires et lui, remontant à une date antérieure aux actes de cession et dont ces actes n'auraient été que la régularisation, de tels accords n'étant pas opposables à l'administration de l'enregistrement (Civ. cass. 22 nov. 1875, aff. Curtil, Rabattu et Pierquin, D. P. 76. 1. 108).

759. Les actes d'ouverture et de réalisation de crédit passés *en pays étranger*, devant être enregistrés lorsqu'il en est fait usage en justice, la constatation de l'existence de ces actes dans un jugement rendu par un tribunal français qui les a pris pour base de sa décision, autorise la réclamation du droit proportionnel d'enregistrement qui leur est applicable ; et l'on n'est pas fondé à opposer que ces actes avaient été annulés avant leur production en justice, s'il qu'ils n'avaient jamais eu que le caractère de simples projets, alors que le contraire résulte des faits de la cause (Req. 12 déc. 1877, aff. d'Erlanger et comp., D. P. 78. 1. 178).

760. Une loi du 21 juin 1875 a, dans son article 7, autorisé l'administration de l'enregistrement à se faire représenter les livres et pièces de comptabilité des sociétés, pour s'assurer de l'exécution des lois sur le timbre et l'enregistrement. Il a été décidé que cette loi a eu en vue, non seulement les taxes créées par ladite loi, mais aussi celles établies par la législation antérieure (Req. 13 nov. 1877, aff. Crédit foncier, et aff. Crédit agricole, D. P. 78. 1. 104; 8 nov. 1876, aff. Comp. *la France*, D. P. 77. 1. 167). Il résulte de ces arrêts que l'administration de l'enregistrement peut se faire représenter les pièces de comptabilité d'une société pour y chercher la preuve de la réalisation d'une ouverture de crédit. Mais le peut-elle encore, si la réalisation du crédit est antérieure à la promulgation de la

loi du 21 juin 1875? C'est une question transitoire, que la cour de cassation a tranchée en faveur de l'Administration; elle a décidé que l'Administration pouvait, sans porter atteinte au principe de la non-rétroactivité des lois, user de ce droit de communication pour établir la réalisation des crédits et réclamer le droit proportionnel exigible par ce fait, lors même que la réalisation se serait opérée avant la loi de 1875 (Req. 13 nov. 1877 précité. Conf. Trib. Seine, 2 mars 1877, aff. Crédit agricole et Mahieu, D. P. 77. 3. 94).
— Cette solution entraînait les conséquences les plus graves : les droits simples d'enregistrement ne se prescrivant que par trente ans, l'Administration, forte de ces arrêts, allait pouvoir rechercher dans les archives des sociétés les preuves des crédits réalisés à une époque bien antérieure à la loi de 1875. Mais une décision du ministre des finances en date du 16 janv. 1878 a enjoint aux agents de l'enregistrement de ne pas percevoir le droit d'obligation, à l'aide de documents communiqués en vertu de la loi de 1875, sur des crédits réalisés antérieurement à cette loi (Instr. adm. enreg. 24 janv. 1878) (1).

761. Il a été jugé que le droit à percevoir sur la réalisation d'un crédit est, non plus le droit proportionnel d'obligation à 1 p. 100, mais le droit de vente mobilière à 2 p. 100, lorsque le crédit a été réalisé en fournitures de matériaux et de marchandises (Trib. Seine, 11 févr. 1865, aff. Lefaure, D. P. 66. 3. 54; 24 mars 1865, aff. de Lareinty, D. P. 66. 3. 102; 31 mars 1865, aff. Lestienne et Regnault, ibid.).
— Cette solution est contestable : un prêt de consommation peut avoir pour objet d'autres choses que de l'argent; il n'en constitue pas moins un prêt (V. Rép. n° 1318).

762. L'acte qui constate l'ouverture de crédit peut, s'il contient d'autres conventions, donner lieu, indépendamment des droits d'obligation, aux droits particuliers dont ces conventions sont passibles; ainsi il a été décidé que l'acte constatant à la fois la réalisation d'un crédit ouvert par acte antérieur au droit fixe et le remboursement par le crédité au créancier des avances faites par celui-ci, donnait lieu à la perception du droit proportionnel d'obligation, et du droit proportionnel de quittance (Trib. Seine, 23 janv. 1869, aff. Mouton, D. P. 74. 5. 196).

763. Lorsqu'à la suite d'un jugement déboutant l'Administration d'une demande en payement du droit proportionnel sur la réalisation d'une ouverture de crédit, comme étant insuffisamment justifiée, l'Administration intente une action nouvelle fondée sur des documents nouveaux, les parties peuvent-elles opposer l'exception de la chose jugée? Cette question n'est pas spéciale à l'ouverture de crédit : elle doit être résolue par les principes généraux qui ont été exposés suprà, v° Chose jugée, n°s 119 et suiv. C'est par application de ces principes qu'il a été décidé que, lorsqu'à la suite d'un jugement constatant la réalisation d'un crédit et partant l'exigibilité du droit proportionnel d'obligation, mais seulement pour une portion du crédit, et non pour la totalité, comme le prétendait l'Administration, celle-ci forme une nouvelle réclamation tendant au payement du droit sur le surplus du crédit, l'exception de la chose jugée lui est opposable, alors surtout que les documents invoqués par elle à l'appui de sa nouvelle réclamation étaient à sa disposition lorsqu'elle a formé la pre-

mière, et que le jugement rendu sur celle-ci et auquel elle a acquiescé ne contient aucune réserve à son profit pour la constatation ultérieure de la réalisation du surplus du crédit (Trib. Seine, 6 mars 1875, aff. Société Petit, D. P. 75. 5. 191).

764. Il s'est élevé une question délicate relativement à la prescription applicable à la perception des droits sur la réalisation d'une ouverture de crédit. Est-ce la prescription biennale ou la prescription trentenaire? Il est intervenu sur cette question plusieurs décisions que l'on examinera en traitant de la prescription (V. infrà, chap. 10, sect. 2).

§ 2. — Obligations accessoires (Rép. n°s 1371 à 1892).

765. Il est traité au Répertoire, sous ce titre, des conventions autres que celles qui subsistent et se soutiennent pour ainsi dire par elles-mêmes. Ces conventions, comme on l'a dit suprà, n° 650, sont désignées, les unes, comme le cautionnement, la garantie, l'indemnité, sous la dénomination de sûretés; les autres, telles que la novation, la subrogation, etc., sous le nom de conventions ajoutées : elles sont accessoires en ce sens qu'elles sont comme des dépendances d'une obligation préexistante et qu'elles ne se font pas généralement à cause d'elles-mêmes (Rép. n° 1371).

N° 1. — Cautionnement: Obligation solidaire; Cautionnement des comptables (Rép. n°s 1372 à 1472).

A. — Tarif (Rép. n°s 1373 à 1376).

766. La loi du 22 frim. an 7 assujettit, par son art. 69, § 2, n° 8, au droit proportionnel de 50 cent. pour 100 « les cautionnements de sommes et objets mobiliers, les garanties mobilières et les indemnités de même nature »; mais, dans différents cas signalés au Rép. n° 1375, le cautionnement n'est passible que d'un simple droit fixe; ce droit qui était d'abord de 1 fr., puis de 2 fr., est aujourd'hui de 3 fr. (L. 18 mai 1850, art. 8; 28 févr. 1872, art. 4). — L'art. 73 de la loi du 13 mai 1818, qui tarifait au droit de 1 fr. (élevé à 2 fr. par la disposition générale de l'art. 8 de la loi du 18 mai 1850) les cautionnements d'adjudications et marchés dont le prix doit être payé par le Trésor public, a été abrogé par l'art. 1er-9° de la loi du 28 févr. 1872; ces cautionnements sont aujourd'hui passibles du droit gradué de 1 pour 1000 tel qu'il est fixé par l'art. 2 de la même loi.

B. — Cautionnement entre particuliers (Rép. n°s 1377 à 1458).

1°. — Obligation solidaire.

767. L'obligé solidaire, étant tenu principalement, ne peut être pour ce motif considéré comme caution; quel que soit le nombre des obligés solidaires, il n'y a qu'une seule obligation et il n'est dû qu'un seul droit proportionnel (Rép. n° 1380). « Conséquemment, fait observer à ce sujet M. Demante, t. 2, n° 458, l'obligation solidaire la mieux assurée de toutes par l'intervention de deux ou plusieurs obligés principaux ne subit qu'un seul droit proportionnel; l'obligation munie de l'intervention accessoire d'une

(1) « Les arrêts de la cour de cassation du 13 nov. 1877, conformes, en principe, à deux arrêts antérieurs des 8 nov. 1876 et 23 avr. 1877 (Instr. n°s 2570, § 1er, et 2575, § 3), font ressortir le caractère général et absolu du droit d'investigation que les art. 22 de la loi du 23 août 1871 et 7 de la loi du 21 juin 1875 ont accordé à l'Administration, en ce qui concerne les documents énumérés dans le premier de ces articles. — Il résulte spécialement de ces arrêts que l'Administration est fondée à invoquer, pour établir la réalisation des crédits et, partant, l'exigibilité des droits proportionnels d'enregistrement, tous les documents prévus par l'art. 7 de la loi du 21 juin 1875, alors même que ces documents remonteraient, comme l'ouverture et la réalisation des crédits, à une époque antérieure à la promulgation de la loi précitée. — A ce point de vue particulier, l'application de la jurisprudence pourrait produire, en certains cas, des résultats très rigoureux pour les compagnies. Elle les exposerait, en effet, à payer, au sujet d'opérations terminées depuis longtemps, des sommes dont il leur serait souvent impossible de récupérer le montant sur les crédits, par suite de décès, d'absence ou d'insolvabilité de ces derniers. — Pour éviter

ces inconvénients, le ministre a décidé, le 16 janv. 1878, sur la proposition du directeur général, que les agents s'abstiendront de relever, au vu des documents mentionnés dans l'art. 7 de la loi du 21 juin 1875 et datés antérieurs à la promulgation de cette loi, les droits relatifs à des crédits ouverts et réalisés avant la même époque. Les demandes qui auraient été faites dans ces conditions devront être abandonnées. — Le directeur général rappelle aux agents de tous grades que le droit de vérification conféré à l'Administration doit être exercé avec une très grande prudence. Les investigations indispensables pour assurer le recouvrement de l'impôt seront restreintes dans des limites aussi rigoureuses que possible, et il convient de ne pas les multiplier sans nécessité. Les directeurs auront à surveiller plus spécialement cette partie du service; ils ne négligeront rien pour éviter tout froissement, et ils tiendront la main à ce que les employés sous leurs ordres apportent dans leurs recherches la réserve et la modération compatibles avec les intérêts du Trésor; en cas de difficultés, ils devront en référer à l'Administration. »
Du 24 janv. 1878.-Instr. adm. enreg., n° 2591.

caution en subit deux. C'est là peut-être une anomalie, au point de vue des règles économiques de l'impôt, mais c'est une déduction exacte des principes du droit civil ». — Conformément à ce principe, il a été décidé que l'engagement solidaire pris par un associé commanditaire et la société dont il est membre, de payer à une précédente société une somme qu'il lui doit personnellement, avec la clause que cet associé n'agit que comme caution, en son nom personnel et sans entendre s'immiscer en aucune manière dans la gestion des affaires de la société avec laquelle il s'oblige, ne donne ouverture qu'au droit d'obligation, et n'est point passible en même temps du droit de cautionnement (Civ. cass. 7 nov. 1859, aff. Maillard, D. P. 59. 1. 493). — L'arrêt constate que la clause, d'après laquelle l'associé n'agissait que comme caution, n'avait d'autre but que de prévenir les dangers de l'immixtion dans la nouvelle société ; mais, en réalité, l'acte soumis à la formalité ne permettait pas de considérer l'associé commanditaire comme une simple caution, ni à l'encontre des créanciers, ni envers ses coobligés ; c'est donc justement qu'il décide que le droit de cautionnement n'est pas dû.

768. Il a toujours été admis sans difficulté que l'obligation solidaire ne donne pas lieu au droit de cautionnement, en outre de celui d'obligation, lorsque les débiteurs ont des parts *égales* dans la dette ; il n'en est pas de même du cas où la dette se partage *inégalement* entre les débiteurs (*Rép.* n° 1382). Il est dit au *Rép.* n° 1386 que, quelque minime que soit la portion déterminée de l'un des emprunteurs, l'obligation ne cessant pas d'être purement solidaire, ne donne pas lieu au droit de cautionnement. Mais la cour de cassation, confirmant sur ce point sa jurisprudence antérieure (*Ibid.*), a décidé implicitement (Civ. cass. 3 janv. 1865, aff. Comp. Usquin, D. P. 65. 1, 32) que l'inégalité de parts dans la dette peut justifier la perception du droit de cautionnement, lorsque l'un ou quelques-uns des débiteurs sont sans intérêt ou bien n'ont qu'un intérêt insignifiant et illusoire qui, en réalité, dissimule un cautionnement. Ce même arrêt a jugé, spécialement, que la stipulation, dans le cahier des charges d'une licitation que, si l'adjudication est prononcée au profit de plusieurs personnes, le prix en sera dû solidairement par chacune d'elles, ne constitue pas une disposition indépendante de l'adjudication et passible du droit de cautionnement. Il n'était même pas allégué, dans l'espèce, que l'un ou plusieurs des adjudicataires fussent sans intérêt dans l'adjudication, ou n'y aient eu qu'un intérêt insignifiant et illusoire, qui pourrait dissimuler un cautionnement sous une obligation solidaire ; le droit de cautionnement ne pouvait donc être perçu, rien ne prouvant que l'obligation solidaire fût contractée dans l'intérêt exclusif d'un ou plusieurs des coobligés. — Il a été jugé, dans une espèce qui se présentait dans des circonstances analogues que, lorsqu'à la suite de l'acquisition solidaire d'un immeuble par deux personnes, la presque totalité de l'immeuble se trouve attribuée à l'un des acquéreurs par un partage entre eux, le droit de cautionnement est dû sur ce qui excède la part de l'attributaire dans le prix de l'immeuble (Trib. Marseille, 21 févr. 1858, *Journ. enreg.*, art. 18674).

769. L'administration de l'enregistrement a acquiescé à la doctrine de l'arrêt du 3 janv. 1865 cité *suprà*, n° 768. Cet arrêt, porte une instruction de cette administration du 22 déc. 1865, n° 2325, § 1er, « sera pris pour règle (Délib. adm. enreg. 21-26 avr. 1865). Pour en faire une juste application, les agents examineront avec soin les actes présentés à l'enregistrement à l'effet d'apprécier l'importance de l'intérêt que les coobligés pourront avoir dans l'obligation. Si cet intérêt est insignifiant et illusoire, l'obligation solidaire contiendra deux dispositions distinctes : une obligation et un cautionnement passibles chacun d'un droit particulier conformément à la jurisprudence que l'arrêt nouveau ne fait que confirmer. Si, au contraire, l'intérêt est réel, l'obligation solidaire sera unique et aucun droit de cautionnement ne devra être perçu ». D'autres solutions de la même administration du 12 août 1865, 13 sept. 1867, 23 août 1871, ont confirmé cette instruction et établi en principe que le droit de cautionnement ne doit être perçu sur une obligation solidaire qu'autant qu'il est prouvé que l'emprunt profite

exclusivement à un seul ou à quelques-uns des débiteurs (V. *Diction. droits d'enreg.*, v° *Cautionnement*, n° 79).

770. D'après la jurisprudence de la cour de cassation et les décisions de l'administration de l'enregistrement citées *suprà*, n° 769, le droit de cautionnement est dû dans le cas prévu par l'art. 1216 c. civ. où l'un ou plusieurs des débiteurs solidaires n'ont *aucun intérêt dans la dette*. « S'il s'agissait pour laquelle la dette a été contractée solidairement, porte ledit article, ne concernait que l'un des obligés solidaires, celui-ci serait tenu de toute la dette vis-à-vis des autres codébiteurs qui ne seraient considérés, par rapport à lui, que comme ses cautions » (*Rép.* n°s 1387 et 1388). La perception du droit de cautionnement, dans ce cas, a été admise par différents jugements (Trib. Seine, 22 janv. 1876, aff. Trouillet, D. P. 76. 5. 195 ; Trib. Evreux, 10 mai 1878, *Rép. pér. enreg.*, art. 5110) ; mais elle est vivement combattue par les auteurs. « En principe, à mon avis, dit M. Demante, il faut appliquer les règles de la solidarité et ne percevoir qu'un seul droit proportionnel. Le débiteur solidaire qui n'a aucun intérêt personnel dans l'affaire n'en est pas moins, vis-à-vis du créancier, considéré comme tenu personnellement et principalement. Cette circonstance est exclusive du cautionnement lequel implique l'idée d'une personne tenue accessoirement de la dette d'autrui et s'engageant comme telle envers le créancier » (*Principes de l'enregistrement*, t. 2, n° 459). M. Garnier s'est prononcé dans le même sens (*Rép. gén. enreg.*, n° 3413). Un jugement du tribunal de Nancy du 26 déc. 1883, rapporté *infrà*, n° 773, a décidé également en ce sens que la déclaration faite par l'un des débiteurs solidaires dans un acte postérieur à celui constatant la dette, spécialement dans un inventaire, qu'il n'a touché aucune partie des fonds empruntés et que la dette a été contractée exclusivement dans l'intérêt de ses codébiteurs, ne justifie pas la réclamation du droit de cautionnement sur l'obligation solidaire.

771. De toutes ces solutions qui se contredisent, il y a lieu de conclure qu'il faut ne se prononcer qu'avec beaucoup de prudence sur les questions de cette nature et se tenir en défiance contre les systèmes trop absolus. C'est aux tribunaux, est-il dit au *Rép.* n° 1389, qu'il appartient d'apprécier, eu égard aux circonstances, l'intention réelle des parties et, soit de laisser à l'acte soumis à leur appréciation, le caractère qu'elles lui ont donné, s'il leur apparaît que tel est bien le véritable contrat qu'elles ont fait, soit de substituer, s'ils découvrent une intention de fraude, la convention simulée la convention réelle. Nous ne pouvons mieux faire que de répéter l'observation.

772. Il a été décidé que l'acte par lequel le tiers détenteur d'un immeuble hypothéqué à la garantie du payement d'une créance, s'oblige personnellement à effectuer ce payement à l'échéance et renonce, en conséquence, au droit de délaisser l'immeuble, renferme un véritable cautionnement sujet au droit de 50 cent. pour 100 (Sol. adm. enreg. 15 janv. 1869, D. P. 69. 3. 56 et 71. 3. 44). L'exigibilité de ce droit, dans l'espèce, paraît très contestable. C'était, en effet, le tiers détenteur de l'immeuble hypothéqué à la garantie du payement de la dette, qui s'était obligé personnellement envers le créancier, était incontestablement intéressé à ce que ce payement fût effectué puisqu'il aurait été évincé s'il n'avait pas eu lieu. Or, d'après la doctrine même de l'administration de l'enregistrement elle-même (V. Instr. adm. enreg. 22 déc. 1865, n° 2325, § 1er, *suprà*, n° 769), le droit de cautionnement n'est pas dû toutes les fois que chacun des débiteurs solidaires a un « intérêt réel » dans la dette. Cette perception n'était donc pas justifiée dans l'espèce (V. *loc. cit.*, notes).

773. La preuve de l'intérêt exclusif de l'un des coobligés peut résulter d'une clause expresse de l'acte ou des circonstances de la cause. Ainsi, spécialement, au cas où une mère emprunte solidairement avec ses enfants une somme d'argent pour leur constituer des dots, l'intervention des enfants à l'acte d'emprunt n'ayant d'autre objet que de garantir aux créanciers le remboursement du prêt, cet acte fournit par lui-même la preuve que les enfants sont cautionné la dette contractée par leur mère et, dès lors, le droit de cautionnement est dû (Trib. Seine, 22 janv. 1876, cité *suprà*, n° 770. — V. en sens contraire : *Rép.* n° 1387).

Cette preuve peut résulter d'un acte ultérieur; mais comme le droit de cautionnement est un droit d'acte qui n'est exigible que lorsqu'il y a un écrit présenté à la formalité, il ne pourrait être perçu que si l'acte ultérieur prouvait que l'obligation solidaire renfermait un cautionnement, ou bien formait titre entre les parties d'un contrat de cette nature. Ainsi l'acte par lequel le créancier d'une dette contractée solidairement par deux personnes renonce à la solidarité à l'égard de l'un des débiteurs et s'engage à ne le poursuivre qu'après discussion préalable de l'autre débiteur, constituant un véritable cautionnement de la part du débiteur déchargé de la solidarité, donne lieu au droit de cautionnement à 50 cent. pour 100 (Trib. Auxerre, 15 déc. 1858, *Rép. pér. enreg.*, art. 1139). Mais lorsqu'un acte renfermant une obligation solidaire a été soumis à la formalité et que le droit proportionnel d'obligation a été perçu, il a été jugé que l'Administration ne peut exiger le droit de cautionnement, alors même qu'elle prouverait, par les énonciations d'un acte ultérieur, d'un inventaire, par exemple, qu'un seul des coobligés a touché la somme empruntée (Trib. Nancy, 26 déc. 1883) (1). Cette décision paraît justifiée.

774. Suivant une jurisprudence administrative rapportée au *Rép.* n° 1396, qui ne s'est établie qu'après une vive controverse, et sur un avis du conseil d'État du 27 juin 1832, les obligations solidaires contractées par deux époux ne sont pas passibles, malgré l'art. 1431 c. civ., du droit de cautionnement. Une solution du 18 juin 1860 (D. P. 64. 3. 90), reproduisant le principe que l'engagement solidaire contracté par une femme mariée à l'occasion d'une acquisition du mari, est affranchi du droit de cautionnement, en a fait application dans un cas où l'engagement de la femme avait été souscrit postérieurement au contrat: la solution constate, de plus, que, dans l'espèce, la femme était appelée à profiter de l'acquisition, l'immeuble acquis tombant dans la communauté.

De même, il a été jugé que la garantie de la femme du cessionnaire, commune en biens, fournie dans le traité d'acquisition d'un office, a le caractère d'un engagement solidaire ne donnant pas ouverture au droit de cautionnement (Trib. Rouen, 27 mai 1847, aff. R..., D. P. 48. 5. 155).

775. L'Administration de l'enregistrement admet aujourd'hui que ni l'obligation solidaire contractée par deux époux, ni le cautionnement, simple ou même solidaire, consenti par la femme, ne donnent, en aucun cas, ouverture au droit de cautionnement. Ainsi il a été décidé que le cautionnement fourni par la femme ne donne ouverture à ce droit, ni au cas où il est solidaire et fourni par acte séparé, comme il est dit *supra*, n° 774 (Sol. adm. enreg. 18 juin

1860, citée *ibid.*; 26 mars 1872, *Diction. droits d'enreg.*, v° *Cautionnement*, n° 85), ni au cas où il est non solidaire (Sol. adm. enreg. 26 juill. 1870, *ibid.*), ni au cas où la femme cautionne tout à la fois l'engagement de la société dont son mari est gérant responsable et son mari lui-même tenu des engagements sociaux (Sol. adm. enreg. 15 juill. 1870, *ibid.*), ni au cas où la femme en secondes noces garantit le payement de la dot constituée par le mari à son enfant du premier lit (Sol. adm. enreg. 12 août 1865). Mais l'opinion, enseignée au *Rép.* n°ˢ 1398 et suiv., que cette jurisprudence peut être étendue, dans son application, à d'autres personnes qu'à des époux, n'a pas été admise par la jurisprudence. Il a été, en effet, jugé que lorsque, dans une vente d'immeubles, un tiers étranger à la propriété a figuré en qualité de covendeur, il y a lieu, si sa présence au contrat ne peut s'expliquer que par l'intention des parties de donner une garantie à l'acquéreur, de percevoir le droit de cautionnement en sus des droits de vente (Trib. Havre, 22 mars 1855, aff. Letellier, D. P. 55. 3. 40. Conf. Civ. cass. 17 mai 1841, *Rép.* n° 1570. — V. en sens contraire: *Rép.* n° 1400; Trib. Seine, 18 déc. 1844, aff. A..., D. P. 46. 4. 236).

776. Dans le même sens, il a été décidé que la vente par une femme d'un immeuble dotal, dans laquelle l'héritier présomptif de la venderesse intervient comme covendeur solidaire et en vue de garantir l'acquéreur contre toutes causes d'éviction, contient, du chef de cette intervention, un cautionnement et donne ouverture au droit proportionnel de 50 cent. pour 100 indépendamment du droit de vente (Trib. Dax, 7 juill. 1885, *Journ. enreg.*, art. 22758). Cette solution n'est que la conséquence de la jurisprudence rapportée *suprà*, n° 768, et suivant laquelle l'obligation solidaire contractée dans l'intérêt exclusif de l'un des coobligés contient en réalité un cautionnement, ainsi que le dit expressément l'art. 1216 c. civ., et donne lieu au droit de cautionnement; les décisions administratives citées *suprà*, n° 775, n'ont fait d'exception qu'en faveur des époux, et cette exception doit être restreinte dans ces limites.

777. Les mêmes principes ont fait exiger le droit de cautionnement à l'égard d'un adjudicataire qui, après avoir déclaré command, reste, en vertu du cahier des charges, solidairement obligé au payement du prix et à l'accomplissement des clauses de l'adjudication (Civ. rej. 20 août 1850, aff. Baron, D. P. 50. 1. 279. V. également les décisions citées *infrà*, n°ˢ 778 et suiv.).

2°. — Cautionnement solidaire.

778. La caution solidaire est tenue pour obligée principalement, et « l'effet de son engagement se règle par les

---

(1) (Clavé.) — Les époux Robert Jacquot et sa dame Emile Clavé ont emprunté au sieur Gérard, par acte notarié, une somme de 12000 fr. qu'ils se sont obligés à rembourser solidairement. Lesdits Robert Jacquot et la dame Clavé, devenue veuve, ont encore emprunté au sieur Gérard, par un autre acte notarié postérieur, une somme de 6000 fr. aussi remboursable solidairement. Les deux contrats ont été assujettis, lors de l'enregistrement, au droit proportionnel de 1 pour 100. L'inventaire dressé après le décès du sieur Clavé, le 26 août 1882, a donné lieu de constater que les époux Robert avaient seuls touché le montant total des deux emprunts. Cet acte contenait, en effet, la déclaration suivante émanée de la dame Clavé: « Quant aux 18000 fr. provenant des deux emprunts, ils ont été, conformément du reste à leur destination, touchés par M. et Mᵐᵉ Robert pour les besoins du commerce de fabricant de robinets qu'ils exploitent à Nancy ». L'Administration se fondant sur les dispositions de l'art. 1216 c. civ, a réclamé à la dame Clavé le droit de cautionnement à 50 cent. pour 100. — Opposition à la contrainte. — Jugement.

LE TRIBUNAL. — Attendu qu'il résulte de l'art. 68, § 2, de la loi du 22 frim. an 7 et de l'arrêté du 22 vent. an 7, que les inventaires ne donnent lieu qu'à la perception d'un droit fixe, et que les actes sous seing privé et, par conséquent, les déclarations verbales peuvent y être relatés sans donner lieu à la perception d'un droit d'enregistrement, quand lesdits actes et déclarations sont mentionnés dans l'unique but de constater les fins et charges d'une communauté et d'une succession; — Attendu que la déclaration de la veuve Clavé, portant que les deux emprunts de 18000 fr. avaient été touchés conformément à leur destination par les époux Robert, a été faite dans l'unique but de ne pas laisser grever la succession et la communauté Clavé d'une dette qui leur était étrangère; — Que cette déclaration était donc la

constatation nécessaire d'un des éléments de la liquidation à faire ultérieurement entre la veuve et les héritiers Clavé et que, dès lors, sa mention dans l'inventaire ne pouvait donner lieu à aucun droit d'enregistrement; — Attendu, il est vrai, que l'administration de l'enregistrement prétend se servir de ladite déclaration, non pour percevoir un droit proportionnel sur l'inventaire, mais pour restituer à des actes antérieurs leur véritable caractère, que les parties avaient dissimulé pour éviter la perception d'un droit de cautionnement; — Attendu, néanmoins, que si l'Administration est fondée à prouver par toutes les voies légales la fraude et la dissimulation employées pour éviter la perception d'un droit, on ne saurait, sans violer l'art. 68 précité, tirer la preuve de cette dissimulation d'une déclaration qui, par elle-même, est exempte de tout droit proportionnel; — Que, d'ailleurs, la déclaration faite par la veuve Clavé, hors la présence des époux Robert, ne peut, par elle seule, suffire à prouver que lesdits époux Robert sont seuls débiteurs des emprunts ci-dessus énoncés et que les époux Clavé n'y ont figuré que comme cautions; — Que, d'autre part, l'art. 1216 c. civ. ne contient qu'une fiction légale qui n'a d'effet qu'entre les coobligés solidaires, sans qu'il y ait aucun contrat entre les codébiteurs et les créanciers dont l'acceptation est cependant un élément indispensable pour constituer un cautionnement; — Qu'en réalité, la déclaration, qui n'a, du reste, qu'un caractère unilatéral et pourrait être contredite par les époux Robert, prouverait uniquement qu'à l'époque de ces emprunts, il est intervenu entre les emprunteurs un arrangement de famille concernant l'emploi et la destination des fonds empruntés; mais qu'on ne peut, à aucun point de vue, y trouver la preuve que le créancier, bailleur des fonds, a prêté à des débiteurs principaux garantis par deux cautions;...

Par ces motifs, etc.
Du 26 déc. 1883.-Trib. civ. de Nancy.

principes qui ont été établis pour les dettes solidaires » (c. civ. art. 2021). Il a paru, par suite, que cet engagement ne constitue pas l'obligation accessoire qui caractérise le cautionnement et ne rend pas exigible le droit de cautionnement (*Rép.*, n° 1402). C'est aussi ce qu'enseignent MM. Championnière et Rigaud. « Le cautionnement solidaire, disent-ils, n° 1464, n'a du cautionnement que le nom; en réalité c'est une obligation solidaire, et non pas un cautionnement; en conséquence, il n'existe véritablement qu'une seule obligation, qui est la principale et à laquelle sont assujettis deux débiteurs; dès lors, un droit de cautionnement n'est pas exigible. » Mais cette opinion n'a pas prévalu. M. Pont l'a abandonnée après l'avoir soutenue. « Les auteurs, dit-il, dans son *Traité du cautionnement*, n°ˢ 162 à 165, les auteurs, en s'appuyant sur un avis du conseil d'Etat du 27 juin 1832 statuant dans le cas où une femme se porte caution solidaire de son mari (V. *supra*, n° 775), n'ont vu, en général, dans un tel engagement qu'une obligation solidaire. Et nous-même nous avons partagé cet avis. Toutefois, en y regardant de plus près, nous croyons qu'une pareille obligation, malgré les différences notables par lesquelles elle se distingue du cautionnement, n'en conserve pas moins le caractère de ce contrat ; c'est toujours une obligation accessoire et distincte ; à ce titre, elle rend exigible un droit particulier, indépendant de celui de l'obligation principale. » — *C'est toujours une obligation accessoire et distincte :* telle paraît être la raison déterminante qui justifie la perception du droit de cautionnement dans le cas dont il s'agit. Comme le dit fort bien M. Garnier, de ce que la caution a consenti à se constituer solidaire, elle n'en a pas moins contracté une obligation purement secondaire, car avant tout elle n'est que caution, et c'est accessoirement au contrat de cautionnement que vient se joindre la solidarité (*Rép. gén. enreg.*, n° 3411. V. dans le même sens : *Diction. droits d'enreg.*, v° *Cautionnement*, n° 62).

779. Le cautionnement conserve donc, lors même qu'il est contracté solidairement, son caractère propre et ne peut être confondu avec l'obligation principale. La conséquence est qu'il donne lieu au droit de cautionnement; mais il s'ensuit aussi qu'aucun autre droit ne saurait être substitué à celui-là. La logique le veut ainsi. Nous pensons, par suite, ne pas devoir persister dans l'opinion exprimée au *Rép.* n° 1428, que le cautionnement donne lieu, non plus seulement au droit de cautionnement à 50 cent. pour 100, mais au droit d'obligation à 1 pour 100, lorsqu'il est souscrit en l'absence du débiteur principal, que la dette n'est pas établie par titre enregistré et que la caution a renoncé au bénéfice de discussion. Divers jugements, il est vrai, ont sanctionné la perception du droit d'obligation dans ce cas (Trib. Seine, 4 juin 1858, *Journal des notaires*, art. 16320) et, *a fortiori*, dans celui où le cautionnement a été contracté solidairement, la clause de solidarité emportant la renonciation virtuelle au bénéfice de discussion (Trib. Rennes, 5 mai 1850; Trib. Nantes, 22 juill. 1850; Trib. Saintes, 1ᵉʳ août 1850; Trib. Saint-Quentin, 20 août 1851; Trib. Mulhouse, 15 nov. 1861, *Journ. enreg.*, art. 14958, 15000-3°, 15059, 15276 et 1647). D'après l'art. 2021 c. civ., porte le jugement du tribunal de la Seine du 4 juin 1858, si la caution n'est engagée envers le créancier à le payer qu'à défaut du débiteur qui doit être préalablement discuté entre les biens, il en est autrement quand la caution a renoncé au bénéfice de discussion ou s'est obligée solidairement; alors le créancier peut (art. 1202 et 1203) s'adresser, à son choix, soit au débiteur originaire, soit à celui qui s'est engagé à la même chose; la dette primitive ne se trouvant constatée par aucun acte antérieur enregistré, la clause est passible du droit d'obligation à 1 pour 100. Suivant le jugement précité du tribunal de Mulhouse, le cautionnement perd ce caractère, lorsqu'il est contracté solidairement avec le débiteur principal et que l'obligation primitive n'est pas représentée; dans ce cas, l'engagement de la caution à l'égard du créancier devient lui-même une obligation principale dont les effets sont régis par les principes établis pour les dettes solidaires. Telle est aussi l'opinion de M. Garnier, *Rép. gén. enreg.*, n° 3408. — Cette doctrine est vivement discutée par les rédacteurs du *Journal des notaires et des avocats*. Les différences qui distinguent, en droit civil, l'obligation solidaire et le cautionnement solidaire, sont, disent-ils, assez nom-

breuses et importantes pour qu'on ne puisse les confondre. Chacun de ces engagements a son caractère et ses effets propres, et la loi fiscale tarifant à des droits différents l'obligation et le cautionnement, ce serait méconnaître l'économie de cette loi que d'appliquer au cautionnement, même solidaire, qui n'est qu'une espèce de cautionnement, le droit établi pour les obligations. Peu importe que l'obligation principale soit ou non enregistrée : cette circonstance, purement accidentelle, ne change pas la nature du cautionnement et ne fait pas que celui qui s'est simplement engagé comme caution, même solidaire, doive être considéré et traité comme obligé du débiteur principal (art. 17556). Ajoutons, avec le *Dictionnaire des droits d'enregistrement*, v° *Cautionnement*, n° 93, que le cautionnement, même solidaire, n'étant qu'une obligation accessoire, n'a aucune valeur si l'obligation principale n'existe pas; qu'il ne constitue aucun droit au profit du créancier qui n'aurait pas un titre d'obligation, et que, comme il ne peut ainsi suppléer au titre de la créance, il n'opère pas le droit de 1 pour 100.

C. — Caractères du cautionnement tarifé par la loi fiscale. — Garantie immobilière.

780. C'est le cautionnement mobilier qui est passible du droit de 50 cent. p. 100. Nous avons cité une décision de l'Administration qui a fait application de ce principe à une obligation contenant affectation hypothécaire d'un immeuble grevé d'usufruit, et de laquelle il résultait consentement de l'usufruitier à ce que le créancier exerçât son droit d'hypothèque sans que le droit d'usufruit pût lui être opposé. L'Administration avait admis que cette disposition n'était pas passible du droit de cautionnement (*Rép.* n° 1444). Mais il a été jugé, en sens contraire, que, dans un acte de constitution d'hypothèque sur un immeuble dont l'empruteur ne possède que la nue propriété, la clause par laquelle l'usufruitier déclare renoncer à son droit vis-à-vis du prêteur renferme, non une renonciation à usufruit, ni une cession de rang d'hypothèque, mais un véritable cautionnement de somme mobilière donnant lieu à la perception du droit de 50 cent. p. 100 (Trib. Bernay, 24 avr. 1861, aff. Lecarpentier de Sainte-Opportune, D. P. 62. 3. 70. Conf. Trib. Clermont-Ferrand, 29 mai 1855, aff. Maymat, D. P. 55. 3. 74; Trib. Tarascon, 30 juill. 1873, et sur pourvoi, Req. 3 févr. 1874 (arrêt d'admission); Instr. adm. enreg. 25 juill. 1874, n° 2487, § 2). — Il a été jugé, de même, qu'il y a cautionnement passible du droit de 50 cent. p. 100, lorsque l'emprunteur, en donnant une hypothèque sur un immeuble dont il n'est que copropriétaire, l'a fait avec le consentement de celui ou de ceux qui sont lesquels il a la propriété de l'immeuble (Trib. Seine, 29 nov. 1861, aff. Amoudru, D. P. 62. 3. 15, et la note). — Nous avons objecté contre ce système que le consentement du copropriétaire, ou la renonciation de l'usufruitier, constitue sans doute une garantie pour le créancier, mais que cette garantie est immobilière et qu'elle doit échapper, par ce motif, à la perception du droit de cautionnement. La cour de cassation paraît se prononcer contre la doctrine que nous avons développée : par un arrêt de la chambre civile en date du 30 juill. 1873 (aff. Martin, D. P. 75. 1. 65), elle a décidé que l'affectation hypothécaire consentie par un tiers non intéressé à la dette, rentre dans la classe des actes spécialement tarifés sous la dénomination de garantie ou cautionnement au droit proportionnel de 50 cent. p. 100. Cet arrêt ne fait que confirmer une jurisprudence déjà établie et rapportée au *Rép.* n°ˢ 1316 et suiv. (V. *infrà*, n°ˢ 794 et suiv.).

D. — Forme du cautionnement.

781. Ni l'origine du cautionnement, ni le mode suivant lequel il est procédé à sa réception, ne peuvent influer sur la perception du droit d'enregistrement (*Rép.* n° 1424). Le cautionnement judiciaire, fourni dans les formes établies par les art. 517 et suiv. c. proc. civ., est, aussi bien que le cautionnement conventionnel, soumis au droit proportionnel (*Rép.* n° 1425). En ce sens, il a été jugé que l'acte de cautionnement souscrit conformément à la disposition d'un jugement, ordonnant sous cette condition l'exécution provisoire des condamnations qu'il prononce, donne lieu à la perception du droit de cautionnement (Req. 19 janv. 1870, aff. Société Néerlandaise, D. P. 70. 1. 393). On objectait, dans l'espèce, que le cautionnement était conditionnel, puisque les parties n'en étaient tenues qu'afin d'obtenir l'exécution provisoire; la cour ne s'est pas arrêtée à cette objection, par le motif que le cautionnement « procurait immédiatement à la partie. qui avait obtenu la condamnation, l'avantage de la faire exécuter provisoirement ».

Suivant la règle établie par la loi fiscale elle-même dans la disposition que nous commentons, à savoir que le droit de cautionnement ne doit jamais excéder celui perçu sur l'obligation principale (V. infra, n° 784), le cautionnement judiciaire ne peut être soumis au droit proportionnel de 50 cent. p. 100 qu'autant que le jugement a subi lui-même un droit de cette quotité. Si le jugement n'a été enregistré qu'au droit fixe, le cautionnement ne donne lieu également qu'au droit fixe (Sol. adm. enreg. 18 juin 1869, Garnier, Rép. gén. enreg., n°3455-1°; Diction. droits d'enreg., v° Cautionnement, n° 158).

E. — Perception du droit.

782. Le cautionnement engendrant une obligation nouvelle qui vient s'adjoindre à une obligation existante, le droit auquel il donne lieu doit être perçu indépendamment de celui de l'obligation principale (Rép. n° 1442). Ainsi, lorsqu'il est stipulé, dans un contrat de bail à ferme, que le fermier n'entrera en jouissance qu'à l'expiration d'un bail antérieur qui doit se prolonger pendant plusieurs années, qu'il encaissera, les fermages de ce bail, et que le père et mère du nouveau fermier se sont portés cautions de l'exécution de toutes les clauses du contrat, le droit de cautionnement à 50 cent. p. 100 est dû indépendamment du droit de transport de créance à 1 p. 100 sur le montant des loyers à échoir (Trib. Seine, 20 nov. 1869, aff. Guyon, D. P. 72. 5. 177).

783. Mais ce droit n'est exigible qu'autant que le cautionnement forme une disposition réellement indépendante; par suite, il n'y a pas lieu à un droit particulier, lorsqu'il est de la nature du contrat et en fait partie (Rép. n° 1442). Nous avions fait application de cette règle au cas où un adjudicataire qui se réserve d'élire command, s'engage dans l'acte même d'adjudication comme caution de l'exécution des obligations du command (V. en ce sens : Trib. Seine, 18 déc. 1844, aff. A..., D. P. 46. 4. 236 ; 14 avr. 1846, aff. Périer, D. P. 46. 4. 235). Toutefois la jurisprudence s'est prononcée en sens contraire : elle considère le cautionnement, bien que résultant d'une clause du cahier des charges, comme une disposition indépendante passible du droit proportionnel; elle décide, en conséquence, que, lorsqu'après avoir déclaré command, l'adjudicataire reste, en vertu du cahier des charges, solidairement obligé au payement du prix et à l'accomplissement des clauses de l'adjudication, cette solidarité constitue un cautionnement soumis au droit proportionnel (Trib. Saint-Quentin, 20 juin 1849, aff. Prache, D. P. 49. 3. 154 ; Civ. rej. 20 août 1850, aff. Baron, D. P. 50. 1. 279 ; Civ. cass. 10 nov. 1858, aff. Colombet, D. P. 58. 1. 461). — Comp. Rép. n° 2590).

784. Le droit à percevoir sur le cautionnement ne doit pas excéder celui de l'obligation principale (Rép. n° 1440). La difficulté, en cette matière, est de savoir si la règle s'applique, non seulement au cas où la convention principale est sujette à un droit proportionnel d'un taux inférieur à celui établi pour le cautionnement, mais aussi lorsque cette convention n'est passible que du droit fixe ou même est exempte de tout droit (Rép. n° 1447). — Ainsi, l'art. 68, § 3-1°, de la loi du 22 frim. an 7, qui tarife au droit fixe (remplacé actuellement par le droit gradué de 1 pour 1000, V. supra, n° 174) « les contrats de mariage qui ne contiennent d'autres dispositions que des déclarations, de la part des futurs, de ce qu'ils apportent eux-mêmes en mariage et se constituent sans aucune stipulation avantageuse entre eux », ajoute : « La reconnaissance y énoncée de la part du futur, d'avoir reçu la dot apportée par la future, ne donne pas lieu à un droit particulier ». Cela étant, il nous a paru que le cautionnement souscrit, dans le contrat de mariage, par le père du futur ou un tiers intervenant, de l'obligation du futur de rembourser la dot, est exempt de tout droit comme la reconnaissance à laquelle il s'applique, d'après la règle que le droit de cautionnement ne peut excéder celui perçu

sur l'obligation principale (Rép. nos 1435, 1456 et 1483). La question est vivement controversée.

Notre opinion a été adoptée par M. Garnier, Rép. pér. enreg., art. 5214, et Rép. gén. enreg., n° 3465 ; mais elle est combattue dans le Dictionnaire des droits d'enregistrement, v° Cautionnement, n° 191.

785. Suivant un autre système, et d'après la disposition précitée de la loi fiscale, la reconnaissance par le futur, dans un contrat de mariage, d'avoir reçu la dot de la future, ne donne lieu à aucun droit particulier, c'est que cette reconnaissance fait partie intégrante du contrat de mariage; dès lors, « on peut considérer qu'elle est, non pas exempte de droit, mais atteinte par le droit fixe qui frappe le contrat » (Demante, t. 2, n° 464). Dans cet ordre d'idées, le cautionnement par le père du futur ou un tiers intervenant, de l'obligation du futur de rembourser la dot, ne serait plus complètement affranchi du droit d'enregistrement; mais ce droit qui n'aurait pu excéder, avant la loi du 28 févr. 1872, le droit fixe de 5 fr. auquel le contrat de mariage était alors assujetti, ne pourrait aujourd'hui dépasser le droit gradué de 1 pour 1000 édicté par ladite loi de 1872 (V. en ce sens : Trib. Pamiers, 21 févr. 1856, Garnier, Rép. pér. enreg., art. 2344). — Cette interprétation ne paraît pas pouvoir être admise. Ainsi que le fait justement observer M. Garnier, Rép. gén. enreg., n° 3465, on perd de vue, quand on allègue que la reconnaissance par le futur d'avoir reçu la dot de la future rentre dans les dispositions constitutives du contrat de mariage et dont l'ensemble est assujetti au droit gradué de 1 pour 1000 remplaçant l'ancien droit fixe, que, d'après une disposition expresse de la loi fiscale, cette reconnaissance « ne donne pas lieu à un droit particulier ». Le cautionnement qui s'applique à une obligation expressément affranchie de l'impôt ne saurait lui-même y être soumis.

Quoi qu'il en soit, l'administration de l'enregistrement persiste à percevoir le droit de cautionnement dans le cas dont il s'agit (Sol. adm. enreg. 17 déc. 1855, 23 févr. 1856, 22 mai 1863, 30 juill. 1865; Garnier, loc. cit.). — Il y a lieu de faire observer que ce droit ne peut excéder le droit gradué de 1 pour 1000, non pas tel qu'il est perçu d'après l'art. 1er. 4° de la loi de 1872 sur « le montant net des apports personnels des futurs époux », mais calculé seulement sur la valeur garantie par le cautionnement.

Il a été décidé, suivant la doctrine que nous avons soutenue, que l'acte par lequel un père se porte caution des apports de sa belle-fille, conformément à l'une des clauses du contrat de mariage de son fils, n'est pas sujet au droit de cautionnement (Trib. Grenoble, 17 mars 1847, aff. de la Marre, D. P. 47. 3. 175; Trib. Brive, 20 août 1878, Garnier, Rép. pér. enreg., art. 5214. V. dans le même sens : Sol. adm. enreg. 30 avr. 1844, D. P. 45. 3. 35).

786. Le principe que le droit sur le cautionnement ne peut excéder le droit dû sur l'obligation principale a donné lieu à une difficulté en matière de transmission d'office. L'acte de cession d'un office, contenant cautionnement d'un tiers pour garantie du payement du prix, est présenté à la formalité avant que l'ordonnance de nomination du successeur ait été rendue; le receveur perçoit le droit fixe, salaire de la formalité, plus le droit de cautionnement à 50 cent. pour 100. L'ordonnance de nomination est ensuite rendue, et, sur l'expédition qui lui est présentée, le receveur perçoit le droit proportionnel établi par l'art. 34 de la loi du 21 avr. 1832 (aujourd'hui L. 25 juin 1841). On a prétendu que le droit de cautionnement ne pouvait excéder le droit principal, qui était, dans l'espèce, le droit fixe, salaire de la formalité, et que le receveur n'avait pas à se préoccuper du droit qui pouvait être ultérieurement perçu sur l'ordonnance de nomination. Mais la cour de cassation, par arrêt de sa chambre civile du 31 mars 1847 (aff. Vraye, D. P. 47. 1. 152), a repoussé cette prétention par le motif que le droit proportionnel dû en cas de transmission d'office affecte, non pas l'ordonnance de nomination, mais la mutation même de l'office, et que cette ordonnance ne constitue que le traité de cession qu'une seule et même preuve de la transmission de l'office, pour laquelle est dû le droit proportionnel qui devient exigible sur la présentation de l'ordonnance : il était donc inexact de soutenir que le droit de cautionnement ne pouvait excéder le droit, salaire de la formalité, perçu lors de l'enregistrement du traité de cession; en réalité, le droit de cautionnement ne devait pas dépasser le droit proportionnel de mutation d'office qui était le véritable droit principal.

787. Une question analogue s'est produite au sujet des marchés de commerce qui, d'après l'art. 22 de la loi du 11 juin 1859, sont provisoirement enregistrés au droit fixe. L'administration de l'enregistrement a soutenu que le droit proportionnel de cautionnement est exigible sur l'acte sous seing privé constatant un marché commercial et renfermant un cautionnement souscrit pour garantir l'exécution de ce marché, attendu que les marchés de commerce ne sont pas dispensés du droit proportionnel de cautionnement, mais bénéficient seulement d'un sursis de faveur qui ne peut être étendu à une disposition indépendante comme un cautionnement (Sol. adm. enreg. 26 juill. 1873, analysée en note sur un jugement rapporté D. P. 76. 3. 16. V. dans le même sens : Garnier, *Rép. gén. enreg.*, n° 4214, et *Rép. pér. enreg.*, art. 4017). Mais le tribunal civil de la Seine a repoussé cette interprétation, en se fondant sur la règle que le droit de cautionnement ne peut excéder le droit principal ; or la loi de 1859, en tarifant au droit fixe les marchés de commerce, « a virtuellement réduit au même taux le droit exigible pour les cautionnements destinés à garantir l'exécution desdits marchés » (Trib. Seine, 26 déc. 1874, aff. Société Bulfa, D. P. 76. 3. 16). — Cette solution, contraire à celle de l'espèce précédente, nous paraît fondée. La situation n'est pas la même ; ici le droit principal est bien un droit fixe. Il est inexact de prétendre, comme l'a fait l'Administration, que la loi de 1859 n'a établi qu'une dispense provisoire du droit d'enregistrement ; cette loi a substitué la perception du droit fixe à celle du droit proportionnel, et la preuve en est qu'il est fort possible qu'un marché de commerce ne soit jamais passible du droit proportionnel. La loi de 1859 a, en effet, subordonné la perception de ce droit à la condition qu'un jugement ou un acte public intervienne relativement auxdits marchés ; il peut très bien arriver que cette condition ne soit pas remplie, et, dans ce cas, le marché de commerce n'étant assujetti qu'au droit fixe, le droit de cautionnement doit être renfermé dans les limites de ce droit fixe (*Ibid.*, note. V. dans le même sens: *Diction. droits d'enreg.*, v° *Cautionnement*, n° 497).

F. — Cautionnement de comptables (*Rép.* n°⁸ 1459 à 1472).

788. La disposition de la loi fiscale qui a établi le droit de cautionnement à 50 cent. pour 100, porte *in fine* qu' « il ne sera perçu qu'un demi-droit pour les cautionnements envers la République ». Il a toujours été reconnu que ce demi-droit n'atteint en aucune manière le cautionnement en *numéraire* que le comptable fournit lui-même pour garantie de sa gestion (*Rép.* n° 1461). Mais, d'après un arrêt de la cour de cassation (*Ibid.* n° 1462), il s'applique aux cautionnements immobiliers que les comptables publics fournissent eux-mêmes et, à plus forte raison, à ceux de même espèce qui sont fournis des tiers. Le tribunal de Lyon a rendu un jugement en ce sens, le 25 févr. 1858 (aff. d'Anbarède, D. P. 58. 3. 55). Cette doctrine est approuvée par M. Demante, t. 2, n° 469.

789. La même solution a été appliquée aux cautionnements immobiliers fournis par les comptables d'administrations particulières, avec cette différence que c'était le droit entier de cautionnement à 50 cent. pour 100, et non le demi-droit, qui était perçu (*Rép.* n° 1463) ; mais il a été jugé que le droit proportionnel de cautionnement n'est pas dû à raison de l'affectation hypothécaire souscrite par le directeur de l'agence d'une société de crédit dans un traité passé entre lui et cette société pour garantie envers elle de sa gestion (Trib. Strasbourg, 27 nov. 1869, aff. Jundt, D. P. 70. 3. 100). Cette décision paraît fondée ; comment admettre, en effet, que le cautionnement en immeubles des comptables d'administrations particulières soit passible du droit ou du demi-droit de cautionnement, en présence d'une jurisprudence d'où il résulte que l'affectation hypothécaire souscrite par un débiteur dans l'acte postérieur à l'obligation, ne donne pas lieu au droit de cautionnement, lorsque même que l'hypothèque n'a point été promise dans l'acte constitutif de la dette (D. P. 70. 3. 100, note. V. *infra*, n° 794). Il s'ensuit, ce semble, que la perception du droit de caution-

nement ne peut être admise que dans le cas où l'immeuble affecté à la garantie de la gestion du comptable appartient à un tiers (V. une observation conforme : *Rép.* n° 1463, et *infrà*, n° 795, au sujet de la *dation d'hypothèque*).

790. On a dit au *Rép.* n° 1466 que le bénéfice du demi-droit ne peut être invoqué que par les comptables publics (*Rép.* n° 1466). — Il a été jugé que les receveurs municipaux, étant soumis aux mêmes règlements que les comptables envers l'Etat, ne doivent, comme ceux-ci, sur l'acte qui réalise leur cautionnement, que le droit de 25 cent. pour 100, et non celui de 50 cent. (Trib. Lyon, 25 févr. 1858, cité *suprà*, n° 788).

N° 2. — *Garantie mobilière; Dation d'hypothèque; Gage*
(*Rép.* n°⁸ 1473 à 1544).

A. — Garantie mobilière (*Rép.* n°⁸ 1473 à 1490).

791. « Les garanties mobilières », tarifées par la loi du 22 frim. an 7 (art. 69, § 2-8°) au droit proportionnel de 50 cent. p. 100, ne sont les garanties de droit qui sont la conséquence légale d'une convention entre les parties contractantes, lors même qu'elles sont surabondamment stipulées dans le contrat (*Rép.* n° 1474), ni la garantie conventionnelle, — soit qu'elle résulte des dispositions du contrat même, soit qu'elle fasse l'objet d'un acte postérieur, — par laquelle les parties modifient les effets de la garantie légale (*Rép.* n°⁸ 1475 et suiv.). Ce que la loi fiscale a voulu atteindre, c'est la convention par laquelle un *tiers*, étranger à l'obligation principale, intervient et s'engage à en maintenir l'exécution. Cette théorie, développée au *Rép.* n° 1480, est critiquée par les rédacteurs du *Dictionnaire des droits d'enregistrement*. Elle est, disent-ils « exacte, mais trop exclusive ». Incontestablement, ajoutent-ils, la garantie donnée par un tiers est le type ; mais il peut se faire que l'obligé principal consente à fournir une garantie à laquelle il n'était nullement tenu. Dans ce cas, il sort des limites dans lesquelles son contrat l'autorisait à se renfermer, et assume, en garantissant ce qu'il n'avait point à garantir, un engagement nouveau, assimilable en tous points à celui qu'un tiers pourrait contracter. La garantie personnelle nouvelle qu'il accorde, en dehors des stipulations originaires et de leur effet normal, constitue un contrat donnant lieu à une ouverture au droit de 50 cent. p. 100 (v° *Garantie*, n°⁸ 5, 6, 38 et suiv.). — Cette opinion ne paraît pas fondée. Comme il est dit ci-dessus, toute garantie, soit légale, soit conventionnelle, soit stipulée dans le contrat, soit accordée par acte postérieur, ne donne pas lieu au droit proportionnel dès qu'elle se rattache à un contrat qui a été soumis à ce droit et qu'elle est souscrite par l'une des parties contractantes. Si elle est stipulée dans le contrat, elle en représente une disposition dépendante, affranchie, à ce titre, de tout droit d'enregistrement par l'art. 11 de la loi de frimaire. Les rédacteurs du *Dictionnaire des droits d'enregistrement* reconnaissent eux-mêmes (*loc. cit.*). Le fait qu'elle est accordée par acte séparé n'en modifie pas le caractère. C'est toujours une stipulation se rattachant étroitement au contrat principal et qu'elle complète. L'acte la constatant ne donne ouverture qu'au droit fixe auquel sont assujettis « les actes qui ne contiennent que l'exécution, le *complément* et la consommation d'actes antérieurs enregistrés » (V. *suprà*, n°⁸ 255 et suiv.).

792. Le principe rappelé *suprà*, n° 791, que les garanties de droit, étant la conséquence légale de la convention, ne donnent pas lieu à un droit particulier d'enregistrement, a été appliqué par un arrêt de la cour de cassation au sujet d'une vente immobilière. Un jugement du tribunal de la Seine du 4 janv. 1854 avait admis la perception d'un droit particulier de cautionnement à raison de la participation à la vente, comme covendeur, d'un précédent propriétaire. La cour a repoussé cette perception. « La garantie du vendeur, porte son arrêt, n'est pas un cautionnement : elle dérive virtuellement de la nature du contrat de vente et ses dispositions de la loi qui règle les effets de ce contrat ; on ne saurait donc, sauf le cas de fraude à la loi fiscale, rendre une telle garantie passible d'un droit proportionnel de cautionnement distinct du droit proportionnel déjà attaché à la mutation par vente » (Civ. cass. 23 avr. 1856, aff. Ponsard, D. P. 56. 1. 161). Et l'on doit considérer comme simplement astreint à la garantie du vendeur le précédent propriétaire de l'immeuble vendu, qui concourt à la vente à raison d'un danger d'éviction existant de son chef. Ainsi, en cas de vente d'un immeuble dont le vendeur était propriétaire en vertu d'une donation non transcrite, le donateur qui participe à la vente, afin de garantir l'acheteur contre l'éviction pouvant résulter de ce défaut de transcription, doit être réputé covendeur, et, dès lors, son concours à l'acte de vente ne rend pas exigible le droit de cautionnement (Même arrêt). Il est à noter, en effet, dans l'espèce, que le tiers qui intervenait à l'acte de vente, ne s'était pas dessaisi de la chose *erga omnes*, et qu'il pouvait figurer dans l'acte comme un véritable vendeur; la garantie à laquelle il s'obligeait était donc une conséquence du contrat et ne devait pas encourir le droit proportionnel de 50 cent. p. 100 (V. dans le même sens : Sol. adm. enreg. 15 févr. 1866, D. P. 66. 5. 164).

793. De même, la clause par laquelle le vendeur d'un immeuble affermé sans bail écrit stipule que le fermier sera conservé pendant un temps déterminé et déclare garantir l'exact payement des fermages, ne peut, en ce qu'elle est de l'essence du contrat de vente, donner lieu à la perception d'un droit particulier (Sol. adm. enreg. 8 juill. 1867, D. P. 68. 3. 45).

B. — Dation d'hypothèque (*Rép.* n°s 1491 à 1532).

1°. — *Constitution de l'hypothèque par le débiteur* (*Rép.* n°s 1494 à 1511).

794. L'affectation hypothécaire consentie par le débiteur, même dans un acte postérieur à l'obligation, ne donne jamais ouverture au droit proportionnel de 50 cent. pour 100, ni à titre de cautionnement, ni à titre de garantie mobilière, parce qu'elle dérive nécessairement de l'obligation et qu'elle n'en est que l'exécution (*Rép.* n°s 1506 et suiv.). L'application de ce principe a été faite par un jugement du tribunal de Marseille en date du 5 oct. 1855 (aff. d'Albertas, D. P. 56. 3. 19). Cette décision a repoussé la perception du droit de cautionnement sur un acte renfermant une dation d'hypothèque consentie par le souscripteur d'effets de commerce aux endosseurs, en vue d'assurer le recours de ceux-ci sur ses immeubles par préférence à ses autres créanciers, pour le cas où le cautionnement donné par eux sous la forme de l'endossement se réaliserait.

2°. — *Constitution de l'hypothèque par un tiers* (*Rép.* n°s 1512 à 1518).

795. Suivant une opinion, le droit de cautionnement n'est pas plus exigible dans le cas où l'affectation hypothécaire est souscrite par un tiers que dans celui où elle est consentie par le débiteur lui-même, attendu, notamment, que la concession d'hypothèque ne se trouve visée dans aucune disposition de la loi fiscale (*Rép.* n°s 1517 et 1518 ; D. P. 75. 1. 65, note). La cour de cassation a repoussé cette interprétation et s'est prononcée nettement dans le sens de la perception du droit : « Attendu que l'acte de constitution d'hypothèque consenti par un tiers sur les immeubles qui lui appartiennent, emporte, pour le constituant qui ne veut pas être dépossédé, obligation de payer la somme garantie si le débiteur refuse de s'acquitter ou est en état d'insolvabilité ; qu'il tombe dès lors sous l'application de la règle d'après laquelle toute obligation est sujette au droit proportionnel et que, par son caractère propre, il rentre dans la classe des actes spécialement tarifés par la loi fiscale sous la dénomination de garanties ou de cautionnements » (Civ. cass. 30 juill. 1873, cité *suprà*, n° 780). Le tribunal de Gap dont le jugement, en date du 6 mars 1872 (*ibid.*), a été cassé par cet arrêt, était motivé principalement sur le principe qu'il n'est pas permis d'étendre un texte fiscal à des faits non prévus. « Cela est vrai, sans doute, a dit à ce sujet M. le conseiller Pont sur le rapport duquel l'arrêt a été rendu. Toute loi d'impôt est, comme la loi pénale, *strictissimæ interpretationis*. Mais il est vrai aussi que, comme la loi pénale, la loi fiscale s'applique aux actes qui, bien que n'étant pas nommément prévus, rentrent, par leur nature et par leur analogie intime, dans l'une des grandes catégories des actes tarifés. Or l'acte de constitution d'hypothèque qui n'est pas expressément prévu... tombe sous l'application de la règle d'après laquelle toute obligation est sujette au droit proportionnel (L. 22 frim. an 7, art. 4) et, par son caractère propre, l'obligation dont il s'agit ici, classée parmi les

actes transmissifs de sommes, incline évidemment du côté du cautionnement » (D. P. 75. 1. 65, note).

Quoi qu'il en soit, l'arrêt du 30 juill. 1873 peut être considéré comme ayant résolu définitivement la question, d'autant plus que la doctrine qu'il a consacrée avait déjà été sanctionnée par des décisions antérieures de la cour de cassation (*Rép.* n° 1516. Conf. Trib. Clermont-Ferrand, 29 mai 1855 et Trib. Seine, 29 nov. 1861, cités *suprà*, n° 780).

796. Il a été décidé, de même... que l'hypothèque consentie par un tiers sur un usufruit immobilier, pour sûreté d'une obligation contractée par autrui, constitue un cautionnement passible du droit de 50 cent. pour 100, et qu'il en est spécialement ainsi de la stipulation par laquelle, intervenant dans un contrat de prêt dans lequel les emprunteurs affectent hypothécairement, pour sûreté de leur obligation, un immeuble qui ne leur appartient qu'en nue-propriété, l'usufruitier déclarait consentir à ce que l'hypothèque frappât sur la propriété entière (Trib. Clermont-Ferrand, 29 mai 1855, cité *suprà*, n° 780) ;... Que lorsqu'un commerçant, ayant un associé commanditaire, fait une acquisition dans son intérêt personnel, la clause par laquelle, du consentement du commanditaire, il hypothèque en garantie du prix un immeuble de la société, donne lieu, sans préjudice du droit de vente, à la perception du droit de cautionnement de 50 cent. pour 100 (Trib. Seine, 29 nov. 1861, cité *suprà*, n° 780).Il en serait autrement si le débiteur avait agi sans le concours de son associé et avait entendu accorder une affectation hypothécaire sur l'immeuble en tant seulement qu'il lui appartenait pour partie et qu'il pouvait éventuellement lui être attribué plus tard en entier ; dans ce cas, c'est sa propre chose qu'il aurait entendu exclusivement engager et le droit de cautionnement ne saurait être perçu (V. la note 1 sous le jugement précité, D. P. 62. 3. 16).

797. L'affectation hypothécaire ne donne lieu qu'au droit fixe lorsque la dette qu'elle garantit est conditionnelle. Il en est ainsi de celle se rapportant à une ouverture de crédit ou de celle consentie pour sûreté, non seulement du capital, mais des intérêts à échoir, des frais d'exécution, etc. (*Journ. enreg.*, art. 15150-2, 16691-1 ; *Diction. droits d'enreg.*, v° *Affectation hypothécaire*, n°s 33 et 34). De même, l'affectation hypothécaire consentie à concurrence d'une somme déterminée, par une mère comme caution de son fils, pour raison tant des sommes que des dommages-intérêts dont il pourrait se trouver tenu en sa qualité de directeur d'une compagnie d'assurances, au sujet de sa gestion ainsi que de ses faits et actes personnels, n'est passible que du droit fixe d'enregistrement (Trib. Seine, 18 nov. 1887, aff. Chauvelot, D. P. 89. 5. 212).

798. L'Administration a décidé que le droit proportionnel de 50 cent. pour 100 était également dû sur l'acte par lequel le tiers détenteur d'un immeuble hypothéqué à la garantie du payement d'une créance, se reconnaît personnellement débiteur de cette créance envers le créancier, renonce en conséquence au droit de délaisser l'immeuble et s'oblige à payer à l'échéance (Sol. adm. enreg. 15 janv. 1869, D. P. 69. 3. 56 et 74. 3. 44). On objectait, à l'encontre de la perception, que l'engagement pris par le tiers détenteur n'était que la constatation d'une situation créée par la loi ; mais il est à noter que le tiers détenteur d'un immeuble hypothéqué n'est obligé qu'hypothécairement et que, dans l'espèce, il avait souscrit un engagement personnel, avec renonciation au droit de délaissement, ce qui était de nature à motiver la perception du droit de cautionnement ou garantie mobilière. On objectait encore, et cette objection nous paraît plus grave, que l'obligation solidaire ne donne pas lieu à la perception du droit de cautionnement, à moins que la dette n'ait été contractée que dans l'intérêt exclusif de l'un des débiteurs ; or, dans l'espèce, le tiers détenteur était intéressé personnellement au payement de la dette, puisqu'il était tenu hypothécairement. Ces objections n'ont pas été admises par l'administration de l'enregistrement.

3°. — *Hypothèque donnée pour sûreté d'une lettre de change ou d'un billet à ordre* (*Rép.* n°s 1519 à 1532).

799. D'après la jurisprudence, l'affectation hypothécaire donnée pour sûreté du payement d'une lettre de change ou d'un *billet à ordre*, n'opère pas la novation telle qu'elle est définie par le code civil, mais constitue une obligation dis-

tincte et entraîne, à ce titre, la perception du droit proportionnel d'obligation de 1 pour 100 (*Rép.* n°⁵ 1523 et suiv.).
Il a été décidé, en ce sens, que l'acte par lequel le souscripteur d'effets de commerce confère aux tiers qui ont endossé les effets ou les ont garantis par des avals une hypothèque sur ses immeubles, pour leur assurer le remboursement de leurs avances dans le cas où, à défaut du débiteur, ils seraient obligés de payer les effets en tout ou en partie, est passible du droit proportionnel d'enregistrement de 1 pour 100, comme contenant une reconnaissance de dette et comme stipulant des obligations civiles distinctes et nouvelles (Civ. cass. 23 mai 1869, aff. Marty, D. P. 69. 1. 429). Le droit de 1 pour 100 est encore dû, bien que le souscripteur des effets ait déclaré dans l'acte son intention de ne créer un titre à personne et de ne pas dispenser les tiers porteurs de la production de leurs titres (Même arrêt). — Jugé encore que l'acte par lequel les signataires ou endosseurs de billets à ordre substituent une obligation hypothécaire à la dette purement commerciale résultant de ces billets, est passible du droit d'obligation (Req. 5 avr. 1854, aff. Roger, D. P. 54. 1. 269). Et lorsque des constitutions d'hypothèque ont été consenties pour sûreté de ces billets sur des immeubles distincts par des débiteurs et au profit de créanciers différents, chacun des actes qui renferment ces affectations hypothécaires est passible du droit d'obligation, quoique tous aient pour objet de garantir le payement des mêmes billets (Même arrêt).

C. — Gage (*Rép.* n°⁵ 1533 à 1544).

800. Lorsque le gage est fourni par le débiteur, soit dans l'acte même d'obligation, soit par acte postérieur, il ne donne jamais lieu au droit proportionnel, parce que la stipulation n'est que la conséquence de l'obligation principale (*Rép.* n°⁵ 1533, 1536 et 1539). Mais, lorsqu'il est constitué par un tiers étranger à l'obligation principale, il engendre une obligation réelle qui n'existait pas auparavant, et, comme cet engagement est pour le créancier une véritable garantie mobilière, le gage donne lieu au droit proportionnel de 50 cent. pour 100, auquel sont assujetties les « garanties mobilières » (*Rép.* n° 1540). Il en est donc, au point de vue du droit d'enregistrement, du gage comme de l'affectation hypothécaire, d'après la jurisprudence actuellement établie et rapportée *suprà*, n°⁵ 794 et suiv.
MM. Championnière et Rigaud ont soutenu que, même fourni par un tiers, le gage ne donne pas lieu au droit proportionnel de 50 cent. pour 100 établi pour les garanties mobilières. Cette opinion a été combattue dans une dissertation insérée au *Rép.* n° 1544, et que M. Garnier, *Rép. gén. enreg.*, n° 9058, note, ainsi que les rédacteurs du *Dictionnaire des droits d'enregistrement*, v° *Nantissement ou gage*, n° 42, ont reproduite en y adhérant. M. Demante, t. 2, n° 478, s'est prononcé dans le même sens, en motivant son opinion par des considérations qui résument très bien la discussion. « Le mot de garantie, a-t-il dit, pris très compréhensif; il embrasse toutes les sûretés accessoires de l'obligation principale. En ce sens, le cautionnement lui-même est une espèce de garantie; or, il est dans l'esprit de la loi fiscale de passer de l'espèce au genre, et, après avoir tarifé sous son nom propre chacune des conventions les plus usuelles, d'englober sous une dénomination plus large toutes les conventions voisines. Il s'agit donc ici des garanties qui ne rentrent pas directement sous les acceptions diverses du mot *cautionnement*. Mais la loi dit, non sans intention assurément, les garanties *mobilières*. Qu'est-ce à dire? A quoi reconnaître le caractère mobilier de la garantie? A prendre les mots dans leur sens élémentaire et pratique, une garantie *mobilière* est celle qui consiste dans l'affectation d'une chose mobilière à la sûreté d'une obligation principale. L'exemple le plus simple d'une telle garantie, c'est le nantissement d'une chose mobilière, corporelle ou incorporelle, autrement dit le contrat de gage (c. civ. art. 2073 et 2075). »
801. Depuis que les principes suivant lesquels le droit d'enregistrement doit être appliqué au contrat de gage ont été nettement établis, la jurisprudence fiscale n'a pas été appelée à s'occuper de ce contrat.

N° 3. — *Indemnité; Dommages-intérêts; Assurances; Abandonnements* (*Rép.* n°⁵ 1545 à 1585).

A. — Indemnités; Dommages-intérêts (*Rép.* n°⁵ 1554 à 1570).

802. L'indemnité mobilière tarifée au droit de 50 cent. pour 100 par l'art. 69, § 2, n° 8, de la loi du 22 frim. an 7, s'entend de ce qui est donné en dédommagement à une personne comme l'équivalent d'une perte qu'elle a soufferte, d'un risque qu'elle a couru, d'un dommage qu'elle a éprouvé (*Rép.* n° 1546). C'est une convention particulière qui ne saurait être confondue, par exemple, avec la stipulation du prix dans un contrat de vente (*Rép.* n° 1547). Il y a indemnité toutes les fois que la somme ou l'objet promis ne constitue pas un prix de vente (*Ibid.*). Ainsi, les contructions élevées sur le terrain d'autrui sont immeubles entre les mains du constructeur et, par suite, lorsqu'il les cède à un tiers, le prix stipulé constitue un prix de vente immobilière sujet au droit de 5 fr. 50 cent. pour 100 (V. *infrà*, n°⁵ 1401 et suiv.). Mais c'est le droit d'indemnité à 50 cent. pour 100, et non plus le droit de vente à 5 fr. 50, qui est dû sur l'acte constatant le payement, à l'expiration d'un bail, par le propriétaire au fermier, d'une indemnité pour la valeur de constructions élevées par ce dernier sur les terrains loués (Trib. Compiègne, 20 mai 1869, aff. Gruet, D. P. 70. 3. 100-101). Dans ce cas, en effet, le bail ayant pris fin, le propriétaire du sol a le droit de retenir les constructions en payant une indemnité ou d'en exiger la démolition (c. civ. art. 555). Le fermier ne peut plus prétendre qu'à une simple indemnité. Lorsque le propriétaire opte pour la conservation des bâtiments, l'indemnité qu'il paye ne peut être considérée comme un prix de vente (*Ibid.*, note).
803. L'indemnité que tarife la loi fiscale est une convention particulière qui n'existe qu'autant que l'acte qui la contient n'est pas susceptible de recevoir une autre qualification (*Rép.* n° 1549). Il n'est pas toujours facile de déterminer le véritable caractère d'une disposition portant stipulation d'une indemnité. La difficulté s'est produite au sujet de la clause d'un *acte de société* attribuant au *gérant* une indemnité pour *frais de déplacement et dépenses préliminaires* à la constitution de la société. L'administration de l'enregistrement a soutenu et un jugement du tribunal de Sedan du 11 déc. 1867 (aff. Lemmens, D. P. 68. 3. 106) a décidé que l'allocation, n'ayant pas eu pour but de réparer un préjudice actuel ou futur, et représentant la rémunération d'un service rendu à la société, était le prix d'un louage d'ouvrage et donnait lieu au droit de 1 pour 100 (V. *infrà*, n° 1907). Mais la cour de cassation a repoussé cette interprétation et jugé que « cette indemnité ne pouvait constituer, dans tous les cas, que le remboursement d'avances que le gérant a faites par le gérant et n'était de nature à donner lieu, sinon, qu'à la perception d'un droit proportionnel de 50 cent. pour 100, conformément à la disposition » concernant les stipulations d'indemnités mobilières (Civ. cass. 29 nov. 1869, aff. Lemmens, et aff. Sucrerie de Douzy, D. P. 70. 4. 270).
Il y a plus. Le droit proportionnel d'indemnité ne paraît pas plus dû dans le cas dont il s'agit que celui de louage d'industrie. En réalité, la stipulation d'un acte de société allouant une indemnité au gérant en remboursement de ses frais et dépenses pour la constitution de la société ne donne lieu à aucun droit particulier d'enregistrement. En effet, les deux arrêts précités du 29 nov. 1869 ont résolu négativement la question, longtemps controversée, de savoir si la clause d'un acte de société qui alloue un traitement à l'associé chargé de la gérance, constitue une disposition indépendante du contrat de société. Il s'ensuit que cette clause ne donne pas lieu à un droit particulier d'enregistrement (V. *infrà*, n°⁵ 1911 et suiv.). Or, ainsi que l'administration de l'enregistrement elle-même le dit dans une instruction du 19 oct. 1872, n° 2456, § 1ᵉʳ, par laquelle elle a transmis à ses agents pour leur servir de règle, les deux arrêts en question, les avances faites par le gérant pour arriver à l'organisation de l'entreprise « sont le résultat des soins et des démarches qu'il s'est imposés, avant sa nomination régulière, dans l'intérêt de la société. Elles sont, par conséquent, le salaire de sa gestion, comme le traitement fixe qui lui est alloué par le contrat social » (p. 18). Il suit de cette assimilation, comme

le font remarquer les rédacteurs du *Dictionnaire des droits d'enregistrement*, v° *Société*, n° 635, que, puisqu'il a été définitivement jugé que la stipulation relative au traitement alloué au gérant de la société, ne donne lieu à aucun droit particulier d'enregistrement, la même solution doit être admise à l'égard de la disposition attribuant à ce même gérant une indemnité pour les frais et dépenses exposés de ses deniers, afin d'arriver à la constitution de la société, les deux stipulations rentrant l'une et l'autre, au même titre, dans les dispositions dépendantes du contrat social.

804. Les rédacteurs du *Dictionnaire des droits d'enregistrement*, v° *Société*, n° 635, estiment que la situation serait la même et que, par suite, la même solution devrait être admise au cas où les avances ayant été faites par un *associé* autre que le gérant, l'indemnité serait stipulée au profit de cet associé. Cela nous paraît ne pouvoir faire difficulté.

805. Nous avons signalé au *Rép.* n°s 1550 et suiv. la distinction qui doit être faite, au point de vue de la loi fiscale, entre l'indemnité soumise au droit de 50 cent. pour 100 et les dommages-intérêts passibles du droit de 2 pour 100 (*Rép.* n°s 1550 et suiv.). — Mais quel est le principe de cette distinction? Nous avons dit que l'indemnité est le remboursement d'une avance, d'une dépense, la récompense d'un avantage que l'on a procuré; les dommages-intérêts sont, au contraire, la réparation d'un préjudice que l'on a causé volontairement, la réparation de l'inexécution d'une convention, d'un délit ou d'un quasi-délit (*Rép.* n° 1551). Cette doctrine a été généralement acceptée et a longtemps servi de règle pour l'application du droit proportionnel. En ce sens, il a été décidé que le jugement portant condamnation d'un notaire à désintéresser une personne de la perte qu'il lui a causée par un mauvais placement, était sujet au droit proportionnel d'enregistrement de 2 pour 100 applicable aux condamnations à des dommages-intérêts, et non à celui d'indemnité soumise au droit de 50 cent. pour 100 (Trib. Lyon, 3 avr. 1873, aff. Pajot, D. P. 74. 3. 48).

La cour de cassation avait d'abord consacré, par plusieurs arrêts, une doctrine plus restrictive; le caractère des dommages-intérêts, d'après cette doctrine, était de faire entrer à titre de réparation dans le patrimoine de la partie lésée une valeur qui n'y existait pas et que le juge arbitre d'après les circonstances : ils sont à considérer, à ce point de vue, comme constituant des acquisitions mobilières; au contraire, les indemnités mobilières, même judiciaires, loin de créer une valeur nouvelle, rétablissent une valeur préexistante par remplacement, à titre de restitution, dans le patrimoine de l'indemnitaire, de la chose ou du droit dont celui-ci a subi la perte. En un mot, les dommages-intérêts constituent des acquisitions mobilières à titre de réparation; l'indemnité représente le rétablissement d'une valeur préexistante. Tels étaient à peu près les termes de la distinction consacrée par les arrêts de la chambre civile du 28 mars 1870 (aff. Peulvé, D. P. 70. 1. 396), et du 28 août 1872 (aff. Zirnité, D. P. 72. 1. 418). Cette doctrine s'appuyait principalement sur un passage de l'exposé des motifs de la loi du 27 vent. an 9, qui a élevé à 2 p. 100 les dommages-intérêts en matière civile que la loi de frimaire n'avait taxés qu'à 50 cent. p. 100. « La loi de frimaire, disait M. le comte Duchâtel au Corps législatif, a assujetti les dommages-intérêts en matière criminelle, correctionnelle et de police, à 2 p. 100, et elle a laissé, sans doute par erreur, ceux qui se prononcent en matière civile soumis seulement au droit de 50 cent. p. 100. Il n'existe aucun raison morale ni politique de maintenir cette distinction. D'ailleurs, la quotité du droit des acquisitions mobilières est de 2 p. 100. *On peut considérer les dommages-intérêts comme acquisitions mobilières.* »

806. Conformément à cette doctrine, il a été décidé que le jugement qui, statuant sur une demande en réparation du préjudice causé au propriétaire d'un navire par la perte de ce navire coulé en mer par suite d'abordage, condamnait le capitaine et l'armateur du navire avec lequel l'abordage avait eu lieu, à payer une somme pour la valeur du navire perdu, plus une autre somme représentant le frêt de ce navire, donnait lieu au droit proportionnel d'enregistrement de 2 p. 100 pour dommages-intérêts sur la seconde somme et seulement au droit de 50 p. 100 pour indemnité mobilière sur la première (Civ. rej. 28 mars 1870, cité *suprà*, n° 805). Décidé, dans le même sens, que la condamnation,

par jugement, des administrateurs d'une société, à rembourser à un particulier qui a souscrit des actions de cette société, le montant de sa souscription, présente le caractère d'une indemnité, et n'est, en conséquence, passible que du droit de 50 cent. p. 100 fr. (Civ. cass. 28 août 1872, *suprà*, n° 805). Et, en effet, dans l'espèce, les administrateurs de la société avaient été condamnés à rembourser à l'actionnaire le montant des actions par lui souscrites; cette condamnation avait donc le caractère d'une restitution, et c'est à ce titre que la cour décide que le droit d'indemnité mobilière de 50 cent. p. 100 sera perçu, et non le droit de dommages-intérêts de 2 p. 100. Cet arrêt casse un jugement du tribunal de la Seine, rendu en sens contraire le 2 avr. 1870 (D. P. 71. 5. 144).

De même, il a été jugé que la condamnation prononcée par jugement contre un locataire, pour réparation du préjudice causé par l'incendie des immeubles loués, doit être considérée, non comme des dommages-intérêts proprement dits, mais comme une véritable indemnité mobilière qui n'est que la consécration d'une clause librement consentie, en même temps que l'application d'un principe général résultant d'un texte de loi. Elle est passible, en conséquence, non du droit de 2 p. 100 pour dommages-intérêts, mais de celui de 50 cent. p. 100, spécialement applicable aux indemnités mobilières (Trib. Seine, 26 juin 1869, aff. Société mutuelle, D. P. 69. 5. 164).

807. Mais la question ayant été discutée en audience solennelle, toutes chambres réunies, la cour de cassation a adopté une nouvelle théorie, de laquelle il résulte, d'une part, que le tarif relatif aux indemnités ne s'applique qu'à celles « stipulées accessoirement à un contrat » ce qui exclut les indemnités judiciaires, et d'autre part, qu'une condamnation a le caractère de dommages-intérêts et est passible du droit de 2 p. 100 toutes les fois qu'elle représente la réparation d'un préjudice causé par une faute (Ch. réun. rej. 23 juin 1875, aff. Zirnité, D. P. 75. 1. 421. V. dans le même sens : Civ. cass. 28 juin 1876, aff. Compagnie du Chemin de fer du Nord, D. P. 76. 1. 490). — D'après cette nouvelle doctrine, qui se rapproche sensiblement de celle soutenue au *Répertoire*, « c'est la cause de la convention, c'est-à-dire le titre du créancier, qu'il faut considérer, quel que soit l'effet de cette convention sur le patrimoine. » Ce sont les expressions de M. le premier avocat général Bédarrides, qui a donné ses conclusions dans l'affaire soumise aux chambres réunies. Il est inexact de soutenir que les dommages-intérêts font entrer une valeur nouvelle dans le patrimoine du créancier; ils ne l'enrichissent pas, ils n'ont d'autre effet que de réparer un dommage causé, « de remplacer dans le patrimoine une valeur préexistante ». Il n'y a donc, au point de vue de l'effet produit sur le patrimoine, aucune distinction à faire entre les indemnités et les dommages-intérêts. — Quant à l'argument tiré des paroles prononcées par M. Duchâtel au Corps législatif au sujet de la loi du 27 vent. an 9, et tiré d'une assimilation prétendue entre les dommages-intérêts et les acquisitions mobilières, M. le premier avocat général fait remarquer que ces paroles ont été prononcées au sujet de la loi du 27 vent. an 9, et il ajoute ; « La loi du 22 frim. an 7 soumettait déjà les dommages-intérêts en matière criminelle au droit proportionnel de 2 p. 100 (art. 69, § 5, n° 8). Quel motif aurait déterminé cette décision? Le législateur de l'an 7 ne l'a pas dit, et on ne saurait aller le chercher dans une loi postérieure de deux ans, ni induire l'assimilation avec les acquisitions mobilières de ce que les deux articles sont soumis au même tarif (art. 69, § 5, n°s 1 et 8), car le même paragraphe comprend aux n°s 3 et 5, les échanges d'immeubles et les engagements de biens immeubles qui ne sauraient être assimilés à des acquisitions mobilières ». Ainsi, les dommages-intérêts supposent l'existence d'une faute, et le droit de 2 p. 100 devient exigible, soit que la faute résulte d'un délit ou quasi-délit (Arrêt précité du 23 juin 1875), soit qu'elle résulte de l'inexécution d'un contrat (Arrêt précité du 28 juin 1876) ; le tarif de 50 cent. p. 100 n'est applicable qu'aux indemnités conventionnelles stipulées accessoirement à un contrat.

808. Il a été jugé, conformément à cette nouvelle distinction :... 1° que la condamnation par jugement des administrateurs d'une société à rembourser le montant de sa souscription à l'actionnaire qui, abusé par leurs manœuvres, a souscrit des actions nouvelles de cette société, dépréciées très peu de temps après, ayant pour objet la réparation d'une faute en vertu de l'art. 1382 c. civ., présente le caractère d'une condamnation à des dommages-intérêts et est, en conséquence, passible du droit de 2 p. 100 (Arrêt du 23 juin 1875, cité *suprà*, n° 807. Conf. Civ. rej. 20 nov. 1889, aff. Danet, D. P. 90. 1. 201). L'arrêt du 23 juin 1875 a statué en sens contraire de l'arrêt du 28 août 1872, cité *suprà*, n° 806, qui fut rendu sur la même affaire : c'est à la suite du renvoi prononcé par ce dernier arrêt que la cause fut portée devant les chambres réunies de la cour de cassation ; ... 2° Que le fait par une compagnie de chemin de fer, d'avoir égaré ou livré tardivement des marchandises qu'elle avait été chargée de transporter, impliquant inexécution de la convention de transport dans le sens des art. 1146 et suiv. c. civ., et constituant une faute imputable à la compagnie, les sommes allouées comme représentant la valeur ou le prix des marchandises ont le caractère de dommages-intérêts ; en conséquence, le jugement qui condamne la compagnie de chemin de fer à les payer, donne lieu au droit proportionnel d'enregistrement à 2 p. 100 établi pour les dommages-intérêts, et non à celui d'indemnité à 50 cent. p. 100 (Civ. cass. 28 juin 1876, cité *suprà*, n° 807) ; ... 3° Que la condamnation pécuniaire prononcée contre un mandataire à raison de la négligence intentionnelle apportée par lui dans l'exécution du mandat dont il avait été chargé, et du préjudice éprouvé par le mandant, a le caractère de dommages-intérêts et donne lieu, par suite, au droit de 2 p. 100 (Trib. Seine, 25 mars 1876, aff. Marcq-Argence, D. P. 76. 3. 198).

809. Il a été jugé, par un arrêt antérieur à l'arrêt des chambres réunies, mais dont la solution nous paraît conforme à la doctrine actuelle de la cour de cassation, que le jugement qui condamne un gouvernement étranger à payer à une compagnie de transports une somme déterminée en réparation du préjudice éprouvé par elle par suite de l'inexécution du traité passé pour le transport de troupes par mer, donnait lieu à la perception du droit de 2 p. 100 pour condamnation à des dommages-intérêts, sur la somme allouée (Req. 23 nov. 1868, aff. Compagnie Transatlantique, D. P. 69. 1. 233) ; ... que, de même, lorsqu'une personne ayant fait usage d'une fausse procuration, a obtenu d'un notaire le versement d'une somme remise à celui-ci pour être prêtée au prétendu mandant, et que le notaire a été obligé d'indemniser le prêteur, le jugement qui condamne le faussaire à rembourser au notaire la somme que celui-ci a payée contient une condamnation à des dommages-intérêts passible du droit de 2 p. 100, alors surtout qu'il est établi que la somme escroquée n'est pas restée aux mains du condamné, qui a seulement servi d'intermédiaire, mais

a été remise à un complice (Trib. Rouen, 7 mai 1885, *Journ. enreg.*, art. 22524).

810. Mais c'est le droit d'indemnité mobilière à 50 cent. pour 100 qui est dû sur la convention par laquelle les parties règlent entre elles, à la suite de la résiliation d'un bail contenant promesse de vente, l'indemnité due au bailleur en raison de l'inexécution du contrat (Trib. Seine, 16 juill. 1886, *infrà*, n° 814). Bien que l'indemnité ait pour objet, en pareil cas, la réparation du préjudice causé par l'inexécution du contrat, le droit de 50 cent. pour 100 est seul exigible, parce qu'il s'agit d'une indemnité conventionnelle stipulée accessoirement dans un contrat de résiliation de bail.

Il a été décidé, dans le même sens, que le droit de 50 cent. pour 100 est également dû, et non celui de 2 pour 100, sur les sommes qu'un caissier infidèle est condamné à payer, en principal et intérêts courus du jour de la demande, pour déficit de caisse (Trib. Havre, 13 mars 1879) (1).

811. On a dit au *Rép.* n° 1554 que, dans le cas où l'engagement de payer une indemnité a été pris par un acte civil, on pourrait voir dans cet acte l'obligation de sommes que la loi a tarifée à 1 pour 100. M. Garnier, *Rép. pér. enreg.*, art. 2382, pense que cette solution est générale et que le droit de 1 pour 100 ne devrait être perçu que s'il y avait eu reconnaissance de dette et transaction en vue d'éviter un procès : dans les autres cas, le droit de 50 cent. pour 100 serait exigible. C'est en ce sens que l'administration de l'enregistrement s'est à plusieurs reprises prononcée, à l'occasion des indemnités payées par un patron à la suite d'un accident dont un de ses ouvriers a été victime ; elle a décidé que l'engagement qu'un propriétaire de mines a pris de servir une rente temporaire à la famille d'un ouvrier tué dans un puits d'extraction, en faisant constater qu'aucune faute ne pouvait lui être imputée à raison de cet accident, n'était passible que du droit de 50 cent. pour 100, et non du droit de donation ou du droit d'obligation (Sol. adm. enreg. 21 nov. 1866, D. P. 67. 3. 95).

Dans le même sens, l'Administration a décidé que l'acte constatant le payement, par une compagnie de chemin de fer, à la veuve d'un de ses employés tué à son service, d'une somme d'argent à titre de secours purement gracieux, et par lequel la veuve reconnaît que l'accident, ayant été occasionné par la seule imprudence de la victime, ne pouvait entraîner aucune responsabilité pour la compagnie, et déclare, d'autre part, renoncer formellement, en tant que de besoin, à exercer aucune action contre celle-ci, donne lieu à la perception du droit d'indemnité à 50 cent. pour 100 sur la somme payée, et non du droit de donation entre étrangers à 9 pour 100 (Sol. adm. enreg. 22 févr. 1869, D. P. 71. 3. 6).

812. Mais, par une solution antérieure aux deux solutions

---

(1) (Breckenridge.) — Le tribunal ; — Attendu que, par jugement du tribunal de commerce du Havre en date du 4 déc. 1876, Goueslin, mandataire de Breckenridge, a été condamné, en sadite qualité, à payer à ce dernier : 1° la somme de 58883 fr. 57 cent., qu'il lui devait par valeur de déficit de caisse et détournements par lui faits dans l'exercice de ses fonctions de commis ; 2° celle de 6000 fr., pour indemnité, perte d'intérêts sur le capital, et divers préjudices accessoires ; 3° les intérêts à partir du jour de la demande ; 4° les dépens taxés à 17 fr. 40 cent. ; — Attendu que l'Administration de l'enregistrement, considérant la condamnation au payement des trois premières sommes comme une condamnation à des dommages-intérêts, a, par application de l'art. 69, § 3, n° 8, de la loi du 22 frim. an 9, perçu un droit de 2 p. 100 sur icelles ; que Breckenridge soutient, au contraire, que cette condamnation ayant pour objet une restitution de somme passible dès lors du droit de 50 cent. p. 100 édicté par le n° 8 du paragraphe 3 de l'art. 69 de la loi du 22 frim. an 7, et demande, en conséquence, la restitution d'une somme de 1218 fr. 53 cent. perçue en trop par l'Administration de l'enregistrement, avec intérêts tels que de droit ; — Attendu qu'il est certain, en droit, que la condamnation à des dommages-intérêts prononcée par les tribunaux est passible d'un droit de 2 p. 100 ; mais qu'il s'agit précisément d'examiner si, dans l'espèce, le tribunal se trouve en présence d'une condamnation de cette nature ; — Or, attendu, d'abord, en ce qui concerne la condamnation au payement des 58883 fr. 57 cent., que Goueslin était débiteur de cette somme vis-à-vis de son mandant en exécution du contrat de mandat qui a existé entre lui et Breckenridge ; que c'est en se fondant sur ce contrat que le tribunal de commerce a condamné Goueslin au payement des 58883 fr. 57 cent. dont s'agit ; que l'on se trouve donc en présence d'une

condamnation ordonnant une véritable restitution, passible du droit de 50 cent. p. 100, par application du texte invoqué par Breckenridge, qui décide que les jugements portant condamnation, collocation ou liquidation de sommes et valeurs mobilières, intérêts et dépens, entre particuliers, sont soumis au droit de 50 cent. p. 100 ; que la prétention de l'enregistrement aurait été insoutenable si Goueslin n'avait pas été l'objet de poursuites criminelles, et que poursuites ne sauraient changer le caractère de la condamnation prononcée par le tribunal de commerce ; — Attendu, d'ailleurs, que l'argent est une chose fongible ; que le mandataire, comme l'emprunteur, n'est pas tenu de représenter en nature les deniers mêmes qu'il a reçus, mais seulement de restituer même valeur en argent ; que si le système de l'Administration de l'enregistrement pouvait triompher, on arriverait à cette conséquence inadmissible que le jugement qui condamne l'emprunteur à restituer la somme qui lui a été prêtée et qu'il a employée à ses besoins, en faisant entraîner une condamnation à des dommages-intérêts ; — Attendu, par suite, que ce n'est qu'en méconnaissant les principes de la matière et en donnant une application erronée à la jurisprudence de la cour suprême que l'enregistrement a perçu sur la somme dont s'agit le droit de 2 p. 100 ; que Breckenridge est donc en droit d'obtenir la restitution de la différence existant entre la somme qu'il a payée à l'enregistrement à raison de 2 p. 100 sur les 58883 fr. 57 cent. et celle qu'il était obligé de payer à raison de 50 cent. p. 100 sur les mêmes 58883 fr. 57 cent. ; — Attendu, par les motifs ci-dessus édictés, que la même solution est applicable en ce qui concerne la condamnation aux intérêts du jour de la demande jusqu'à celui du jugement du tribunal de commerce...

Du 13 mars 1879.-Trib. civ. du Havre.

précédentes, l'Administration avait décidé que le droit de constitution de rente à titre onéreux, de 2 pour 100, était exigible sur la constitution de rente viagère faite par une compagnie en faveur de la veuve d'un de ses employés tué à son service, moyennant quoi la veuve déclarait renoncer à l'exercice de toute action contre la compagnie (Sol. adm. enreg. 3 mars 1862, D. P. 62. 3. 62). Cette solution a été suivie par un jugement du tribunal de Montluçon en date du 31 août 1883 (aff. Compagnie du chemin de fer d'Orléans, D. P. 84. 5. 230-231), qui a admis que la constitution par une compagnie de chemin de fer à un de ses ouvriers, à titre de transaction et de réparation du préjudice à lui causé par un accident qui l'a rendu impropre à tout service actif, d'une rente viagère reversible pour moitié sur la tête de sa femme, moyennant leur renonciation par l'un et par l'autre à toute réclamation ultérieure à raison de l'accident, donne lieu au droit proportionnel de 2 pour 100 établi sur les constitutions de rentes viagères, et non pas seulement à celui d'indemnité ou de libération de 50 cent. pour 100.

813. La loi de frimaire tarife au droit de 50 cent. pour 100, aussi bien la promesse d'indemnité que le contrat et la dation d'indemnité (*Rép.* n°s 1563 et suiv.). Comme le dit M. Demante, t. 2, n° 493, « pour la perception du droit proportionnel, la loi tarife l'indemnité et non la promesse d'indemnité. Toutes les fois donc que l'indemnité est déterminée ou susceptible d'estimation, il importe peu que les sommes ou valeurs soient, ou non, payées comptant ». Cette doctrine est confirmée par la jurisprudence qui a sanctionné la perception du droit d'indemnité,… sur le traité par lequel une ville s'engage.à payer une subvention à un directeur de théâtre (Civ. cass. 16 nov. 1847, aff. Toussaint, D. P. 47. 1. 372. Conf. Trib. Marseille, 12 août 1875, Garnier, *Rép. pér. enreg.*, art. 4476) ;… sur la disposition d'un acte de société stipulant qu'une indemnité déterminée sera payée à l'associé chargé de la gérance, à titre de remboursement d'avances faites de ses deniers pour la constitution de la société (Arrêt du 29 nov. 1869, cité *suprà*, n° 803).

814. L'administration de l'enregistrement, s'en tenant littéralement à la décision résultant de l'arrêt des chambres réunies de la cour de cassation du 23 juin 1875 (V. *suprà*, n° 807) suivant laquelle le droit d'indemnité n'est applicable qu'aux indemnités « stipulées accessoirement à un contrat », a soutenu que ce droit n'est pas susceptible d'être étendu à l'indemnité consentie à la suite de l'inexécution d'une convention, et que, par suite, c'est le droit d'obligation à 1 pour 100 qui est exigible dans ce cas. Cette prétention s'est produite au sujet d'une indemnité stipulée payable à terme, par le bailleur, dans un acte de résiliation de bail. Le jugement du tribunal de la Seine du 16 juill. 1886, cité *suprà*, n° 810, l'a repoussée : « Attendu, porte ce jugement, que l'Administration se fonde sur ce que le paragraphe 2, n° 8, de l'art. 69, ne serait applicable qu'aux indemnités ayant le caractère d'une garantie conventionnelle stipulée accessoirement au contrat principal ; mais que l'indemnité stipulée dans le contrat de résiliation du bail et comme condition de cette résiliation, a manifestement ce caractère, puisqu'elle tend à assurer au bailleur l'équivalent des avantages, auxquels il renonce ». Ce motif est exact. D'un autre côté, le texte de la loi fiscale ne comporte nullement la distinction que l'Administration a tenté d'établir dans son application. Cette application doit être étendue à toutes les conventions d'indemnités, attendu que la disposition dont il s'agit les vise toutes indistinctement et qu'il est, dès lors, sans intérêt, au point de vue de la perception, qu'il s'agisse d'une indemnité réglée en réparation du préjudice souffert par l'un des contractants ou d'une indemnité stipulée en prévision du tort qu'un fait prévu, tel que l'inexécution du contrat, pourrait causer à l'une des parties.

B. — Assurances (Rép. n°s 1571 à 1579).

1°. — Législation actuelle.

815. La loi organique de l'enregistrement n'avait soumis les contrats d'assurance de toute nature à l'impôt qu'autant qu'il en était fait un usage public ou que les parties les présentaient volontairement à la formalité ; quelques modifications avaient été apportées à cette législation par les lois des 28 avr. 1816 (art. 51, n° 2) et 16 juin 1824, art. 5), mais elles n'avaient pas enlevé au droit d'enregistrement en cette matière le caractère de droit d'acte (V. *Rép.* n°s 1571 et suiv.). La loi du 23 août 1871, dans ses art. 6 et 7, a complètement modifié la législation fiscale en vigueur sur les contrats d'assurance ; elle a transformé le droit d'acte qui n'était exigible que dans certains cas déterminés en une taxe obligatoire. — Mais cette taxe n'est applicable qu'aux *assurances maritimes* et aux *assurances contre l'incendie* ; c'est ce qui résulte de l'art. 6 de la loi du 23 août 1871 (D. P. 71. 4. 62). — Nous étudierons successivement quelles sont les assurances soumises à la taxe, sur quelles valeurs cette taxe est établie, et les règles relatives à son recouvrement. Nous parlerons, en dernier lieu, des assurances passées par des assureurs étrangers, ou en pays étrangers pour des biens situés en France, ou en France pour des biens situés à l'étranger.

2°. — Assurances soumises à la taxe:

816. Les assurances soumises à la taxe sont, avons-nous dit, les *assurances maritimes* et *contre l'incendie*. — Par conséquent, les autres assurances, sur la vie, contre la grêle, les accidents, l'épizootie, restent soumises à la législation antérieure ; les contrats qui les constatent ne sont assujettis à l'enregistrement que dans des cas déterminés : usage public, présentation volontaire à la formalité ; ils acquittent alors le droit fixé par la loi du 28 avr. 1816 (art. 51, n° 2) de 1 pour 100 en temps de paix, et de 50 cent. pour 100 en temps de guerre. — L'exposé des motifs de la loi du 23 août 1871 est formel sur ce point : « Il nous a paru tout d'abord que certaines assurances, soit à raison de l'objet auquel elles s'appliquent, soit à raison des risques qu'elles courent, et dont la probabilité n'a point encore acquis un degré de certitude suffisant, il nous a paru, disons-nous, que certaines assurances doivent rester placées sous le régime fiscal actuel. Telles sont, par exemple, les assurances sur la vie, contre la grêle, la gelée, l'inondation, l'épizootie et pour les objets transportés sur les fleuves et canaux. C'est sur les assurances contre l'incendie (quelle qu'en soit la cause) et sur les assurances maritimes qu'il nous a paru juste d'établir des droits nouveaux ». — Conformément à ces principes, l'administration de l'enregistrement a admis que les actes d'adhésion aux sociétés mutuelles contre les risques de guerre et d'émeute, échappaient à l'application de la taxe annuelle obligatoire, à laquelle sont assujetties les assurances contre l'incendie, les cotisations payées par les adhérents étant le prix d'un risque de guerre indéterminé, et non d'un risque d'incendie spécialement déterminé (Sol. adm. enreg. 25 nov. 1871, D.P. 73. 5. 196).

Il a été jugé, d'autre part, que le droit proportionnel de 1 pour 100 applicable à un contrat d'assurance contre les accidents doit être perçu sur le montant cumulé des primes stipulées pour toute la durée de l'assurance, encore bien que le contrat renferme une clause de résiliation facultative, de deux années en deux années, moyennant un avertissement donné trois mois à l'avance par lettre chargée (Trib. Valenciennes, 17 févr. 1888, aff. *France industrielle*, D.P. 89.5. 211).

817. A l'égard des *assurances contre l'incendie*, la loi ne comporte aucune exception. « La disposition très générale de l'art. 6 de la loi du 23 août 1871, porte un arrêt de la cour de cassation, soumet à l'impôt *tout* contrat d'assurance contre l'incendie ». Il a été décidé, spécialement, par cet arrêt, que l'établissement qui garantit un secours en cas d'incendie, dans certaines proportions et sous des conditions déterminées, à ceux qui contribuent à son actif par un don, ou par un versement de somme sous forme de quête annuelle, a tous les caractères d'une caisse d'assurances, et que cet établissement est, en conséquence, assujetti à la taxe établie par l'art. 6 de la loi du 23 août 1871, alors même qu'il accomplirait un acte de pure bienfaisance envers quelques incendiés de catégories déterminées, qui ne versent aucune somme (Civ. rej. 11 févr. 1880, aff. Caisse des incendiés de la Marne, D. P. 80. 1. 113). Et la taxe est due, quelle que soit *la forme* du contrat d'assurance, et alors même que ce contrat ne serait constaté que par les quittances délivrées aux assurés par des agents administratifs : l'exemption des droits d'enregistrement accordée par les n°s 5 et 7 de l'art. 70 de la loi du 22 frim. an 7 aux quittances des contributions, droits et créances payés aux administrations publiques, ne saurait avoir pour effet de soustraire les opérations de la caisse de secours pour les incendiés au payement d'une taxe dont l'objet est le contrat même d'assurance, et non la libération de l'assuré (Même arrêt). On soutenait que l'établissement en question faisait œuvre de bienfaisance, mais n'assurait aucun risque et que, par conséquent, la loi de 1871 n'était pas applicable. — La cour de cassation n'a pas admis ce système; elle s'est appuyée sur les termes généraux de l'art. 6 de la loi de 1871, qui frappe « tout contrat d'assurances »; elle a considéré que le versement obtenu au moyen d'une quête avait le caractère et les effets du payement d'une prime ou d'une cotisation d'assurance ; il était constaté, de plus, que cet établissement payait le droit de timbre établi par la loi du 5 juin 1850; or la taxe de la loi de 1871 repose sur les mêmes bases que le droit de timbre. L'art. 37 de la loi de 1850 vise expressément les caisses départementales d'assurances; il n'est donc pas téméraire de conclure que ces établissements sont également assujettis au payement de la taxe de la loi de 1871. — Un incident de la discussion de la loi de 1871 vient encore corroborer cette conclusion : deux députés, MM. Paulin Gillon et de Lamberterie, désirant soustraire les caisses départementales d'assurances à la taxe, avaient proposé un amendement en ce sens; mais, sur l'observation du ministre des finances que, si l'on acceptait cette proposition, ce serait la suppression de la loi des assurances dans les départements où l'on fait ces opérations, l'amendement fût rejeté (Séance du 17 août 1871). — Les caisses départementales rentrent donc dans les termes de la loi de 1871, et l'arrêt précité de 1880 nous paraît avoir sainement interprété l'art. 6 de cette loi.

818. Cette disposition assujettit les *assurances mutuelles contre l'incendie*, comme les assurances à prime, à la taxe annuelle. Suivant l'administration de l'enregistrement, l'art. 6 de la loi du 23 août 1871 ne régit que les adhésions à une association mutuelle ; et la convention d'assurance mutuelle ne profite pas de la gratuité dont jouissent, moyennant le payement de la taxe de 8 fr. pour 100, les polices d'assurances. L'acte qui crée l'association, dit-elle, contient autre chose que l'assurance ; il fixe les bases d'organisation, le mode d'administration, les statuts, désigne les membres du conseil, contient attribution de juridiction. A ce titre, indépendamment de la taxe à 8 fr. pour 100 sur le montant des cotisations, cet acte est passible du droit fixe de 3 fr. comme acte innommé (Sol. adm. enreg. 27 mai 1874, D. P. 74. 5. 192-193). M. Demante, t. 2, n° 529, trouve cette doctrine trop absolue et n'admet la perception du droit fixe des actes innommés que lorsque le fondateur aurait déclaré que l'entreprise de mutualité existerait seulement à partir du moment où on aura recueilli un certain nombre d'adhésions ; si cette condition n'existe pas, la constitution d'une assurance mutuelle résulte des actes d'adhésion ; les stipulations relatives à l'organisation et à l'administration ne sont que des dispositions dépendantes du contrat d'assurance et ne sont passibles que de la taxe annuelle.

819. En ce qui concerne les *assurances maritimes*, la loi est non moins compréhensive que pour les assurances contre l'incendie. « Les expressions générales et absolues dont le législateur s'est servi, porte un arrêt de la cour de cassation, dans l'art. 6 de la loi du 23 août 1871, ne laissent aucun doute sur la volonté qu'a eue de soumettre à cette taxe tous les contrats d'assurances dont les répertoires prescrits par l'art. 7 présentent l'ensemble. Cette généralité d'application de l'impôt ressort non moins nettement de la combinaison des dispositions de l'art. 7 avec celles de l'art. 8. Il résulte du rapprochement de ces textes de loi que *tous* les contrats d'assurances maritimes passés par des assureurs français en France ou hors de France doivent être mentionnés sur les répertoires en vue précisément de leur assujettissement à la taxe » (Civ. rej. 5 févr. 1884, aff. Comp. d'assur. *la Réunion*, D. P. 84. 1. 348). Peu importe la forme du titre, peu importe même son existence. Il n'y a pas lieu

d'y avoir égard pour la perception de l'impôt. Ce n'est pas le titre que la loi atteint; lors même que, par impossible, il n'en existerait pas, la taxe n'en serait pas moins due (V. D. P. 84. 1. 348, note).

820. Le dernier alinéa de l'art. 6 de la loi du 23 août 1871 dispense formellement de la taxe les *contrats de réassurances :* « Les contrats de réassurances ne sont pas assujettis à la taxe, à moins que l'assurance primitive, souscrite à l'étranger, n'ait pas été soumise au droit ». Cette disposition s'applique aussi bien aux assurances maritimes qu'aux assurances contre l'incendie. Quant aux contrats d'assurances passés à l'étranger pour des objets situés en France, ou passés en France par des assureurs étrangers, nous nous en occuperons en analysant les art. 8 et 9 de la loi de 1871. L'exemption établie pour les réassurances est expliquée de la manière suivante dans le rapport sur lequel la loi de 1871 a été votée : « Bien que, par le contrat de réassurance, la compagnie cède une fraction de son assurance à une ou plusieurs autres compagnies ou que celles-ci fassent la cession, à leur tour, d'une partie des risques réassurés, il n'y a jamais qu'un seul capital assuré, qu'une seule prime. Un seul impôt doit être perçu » (Rapport de M. Mathieu Bodet, n° 21, D. P. 71. 4. 58, 3° col.).

Mais, en ce qui concerne les assurances maritimes, les polices de réassurances doivent faire mention expresse de la date et du numéro de la police primitive ainsi que du nom du navire et de l'assureur primitif. Ces indications sont inscrites sur le répertoire tenu par le réassureur. L'assureur primitif inscrit également en marge de son répertoire la date et le numéro de la police de réassurance et le nom du réassureur (Décr. 25 nov. 1871, art. 2, 4° al., D. P. 71. 4. 74).

821. L'art. 6 porte que, moyennant le payement de la taxe qu'il établit, les polices d'assurances maritimes et contre l'incendie seront enregistrées gratis. L'Administration a décidé, par application de cette disposition, que, contrairement à ce qui a lieu pour les assurances maritimes, les polices d'assurances contre l'incendie doivent être enregistrées gratis pour les primes échues avant la promulgation de la loi comme pour les primes à échoir postérieurement (Sol. adm. enreg. 16 avr. 1872, D. P. 73. 5. 198). — Nous ne savons sur quoi repose cette distinction entre les polices d'assurances maritimes et contre l'incendie, puisqu'elles sont toutes deux soumises à une taxe équivalente : sans doute, la taxe sur les assurances contre l'incendie est annuelle, et la taxe sur les assurances maritimes frappe chaque contrat, mais toutes deux sont soumises à une taxe obligatoire, moyennant le payement de laquelle, porte en termes formels l'alinéa 1er de l'art. 6, « la formalité de l'enregistrement sera donnée gratis toutes les fois qu'elle sera requise ».

C'est par application de cette disposition que l'Administration a décidé que les officiers publics qui veulent faire usage des polices et contrats d'assurances soumises à la taxe, sont dispensés de les faire enregistrer préalablement, comme le prescrivent les art. 23 et 42 de la loi du 22 frim. an 7, et, en outre, de l'obligation qui leur est imposée par l'art. 49 de la loi du 5 juin 1850 sur le timbre, pour le cas où un titre énoncé dans un acte public ne doit pas être représenté à l'enregistrement de cet acte, de déclarer, dans l'acte énonciatif, si l'acte énoncé est revêtu du timbre prescrit et de mentionner le droit du timbre payé (Instr. adm. enreg. 19 oct. 1872, D. P. 73. 3. 79).

De même, les copies des polices d'assurances assujetties à la taxe établie sur l'art. 6 de la loi du 23 août 1871 sont exemptes de l'enregistrement (Sol. adm. enreg. 22 mai 1874, D. P. 75. 5. 182).

L'Administration a admis que, moyennant le payement de la taxe obligatoire, les contrats d'assurances et les avenants qui s'y rattachent, de quelque espèce qu'ils soient (sauf ceux contenant prolongation de l'assurance, augmentation dans la prime ou du capital assuré), demeuraient affranchis du droit d'enregistrement quand ils sont présentés à la formalité (Sol. adm. enreg. 19 sept. 1872, D. P. 73. 5. 196. Comp. Naquet, t. 2, n° 683).

3°. — Liquidation de la taxe.

822. La taxe établie par l'art. 6 de la loi du 23 août 1871 est ainsi fixée : 1° « pour les *assurances maritimes*, et par chaque contrat, à raison de 50 cent. pour 100 fr., décimes compris, du montant des primes et accessoires de la prime. La perception suivra les sommes de 20 fr. en 20 fr. sans fraction, et la moindre taxe pour chaque contrat sera de 25 cent. décimes compris ». Ce tarif de 50 cent. pour 100 fr. a été porté à 52 cent. par l'art. 2 de la loi du 30 déc. 1873 ainsi conçu : « Il est ajouté aux impôts et produits de toute nature 4 fr. pour 100 du droit total actuel sur les taxes dont la quotité fixée par la loi comprend à la fois le principal et les décimes » (D.P. 74. 4. 30) ; — 2° Pour les *assurances contre l'incendie*, la taxe est fixée annuellement « à raison de 8 fr. pour 100 du montant des primes, ou, en cas d'assurance mutuelle, de 8 fr. pour 100 des cotisations et contributions ». Ainsi, pour les assurances maritimes, de même que pour les assurances contre l'incendie, c'est la prime qui est la base de l'impôt.

823. Relativement aux assurances contre l'incendie, la détermination de la base sur laquelle la taxe serait établie donna lieu à une vive discussion. Deux systèmes étaient en présence : d'après l'un, la taxe devait être établie sur la prime, d'après l'autre sur le capital assuré. En faveur du premier, on allègue que la prime est l'objet du contrat, qu'elle est, de plus, proportionnelle au risque et, par conséquent, à l'importance du capital assuré ; en faveur du second système, on fait valoir qu'une pauvre maison peut courir plus de risques qu'une maison opulente, qu'établir la taxe sur la prime c'est augmenter une charge peut-être déjà trop lourde. Ainsi qu'on l'a vu, le système qui établit la taxe sur le montant de la prime a fini par triompher ; il a au moins l'avantage de mettre la taxe sur les assurances contre l'incendie en harmonie avec celle sur les assurances maritimes.

824. Le vote de la loi n'a pas mis fin à la controverse. Loin de là, les difficultés et les réclamations de toute nature soulevées par son application sont telles, spécialement en ce qui concerne les assurances maritimes, que suivant le *Dictionnaire des droits d'enregistrement*, v° *Assurances*, n° 176, il est douteux que la taxe obligatoire établie sur ces contrats soit longtemps maintenue. M. Bernard (Doubs), membre de la Chambre des députés, et plusieurs de ses collègues ont déposé un projet de loi tendant à ce que l'art. 6 de la loi du 23 août 1871 soit modifié en ce sens que le droit serait perçu sur le capital assuré, soit pour les assurances maritimes, soit pour les assurances contre l'incendie, et fixé à 7 cent. pour 1000 fr. décimes compris (V. l'exposé des motifs de ce projet de loi *Journ. off.* du 2 mars 1880). Une discussion s'est engagée au sujet de cette proposition, dans la séance de la Chambre du 11 juill. 1881, lors de la discussion du budget des recettes de l'exercice 1882, sur un amendement déposé par M. Bernard et tendant au même objet. Cet amendement a été retiré sur l'observation du ministère des finances qu'en raison de l'importance de la question, il était préférable d'attendre, pour la discuter, le dépôt du rapport sur le projet de loi mentionné ci-dessus. Depuis lors, la question ne paraît pas avoir été soulevée.

825. A l'égard des *assurances contre l'incendie*, l'art. 5 du décret du 25 nov. 1871, rendu en exécution de la loi du 23 août 1871 (D. P. 71. 4. 74), développant le principe posé par l'art. 6 de cette dernière loi, porte que la taxe est établie sur l'*intégralité* des primes, cotisations ou contributions, constatées dans les écritures des compagnies, sociétés et assureurs. La cour de cassation en a conclu qu'aucune déduction ne pouvait être admise, même pour les sommes acquittées au moyen d'un prélèvement sur les fonds de réserve de la société et que, par suite, n'ont pas été réclamés aux assurés (Civ. rej. 18 févr. 1879, aff. Comp. l'*Ancienne Mutuelle immobilière*, D. P. 79. 1. 362). Il y a droit acquis au Trésor, dit l'arrêt, dès que le fait générateur de l'impôt, à savoir l'établissement des cotisations, s'est produit ; peu importe que les assurés n'aient rien à payer à la caisse sociale, et que les compagnies prennent les cotisations à leur charge ; ce sont là des actes d'administration et de comptabilité intérieure, qui n'ont aucune influence sur la perception ; du moment que le contrat d'assurance existe, l'impôt est dû, quelle que soit la personne qui acquitte la prime ou la cotisation. Mais si la délibération de la compagnie, qui affecte une partie des fonds de réserve à l'acquittement des cotisations et contributions, était intervenue avant que le montant en fût définitivement arrêté, et si le

chiffre de ces cotisations et contributions avait été réduit d'autant, la taxe n'eût été exigible, nous semble-t-il, que sur les sommes dont le payement aurait été imposé réellement aux assurés.

826. L'administration de l'enregistrement interprète d'une façon très large les termes de l'art. 5 du décret du 25 nov. 1871 : elle décide que la taxe doit être perçue sur toutes les sommes qui, sous quelque dénomination que ce soit, prime, accessoire de prime, contribution, cotisation, frais de perception, profitent aux compagnies ; ainsi il n'y a pas lieu de déduire le traitement fixe ou proportionnel des agents, lorsqu'il fait partie des frais généraux d'administration dont les assurés ne sont pas libres de s'affranchir (Sol. adm. enreg. 17 sept. 1872, D. P. 73. 5. 199).

827. Le principe que la taxe doit être établie sur l'intégralité des primes, cotisations ou contributions, n'est pas absolu. Le législateur a admis lui-même différentes déductions à opérer pour le calcul de la taxe (V. *infrà*, n° 828). D'un autre côté, cet impôt ne devant atteindre que les sommes qui forment, sous une dénomination quelconque, le prix du risque couvert par l'assureur, on déduit la somme perçue pour l'abonnement au timbre et comprise dans la cotisation ou contribution ; seulement, il est clair que cette déduction ne peut avoir pour objet que la somme réellement encaissée par le trésor, c'est-à-dire, avec les décimes, 0,036 par 1000 fr. de valeurs assurées et non 0,04 cent. par 1000 fr. que les compagnies réclament des assurés (Sol. adm. enreg. 8 sept. 1872, D. P. 73. 5. 197),

828. Ne sont pas non plus comprises dans les primes ou cotisations soumises à la taxe : 1° les sommes fixes payées au moment de la rédaction des contrats pour coût de la police ou pour prix de la plaque à apposer sur les bâtiments assurés ; — 2° La commission payée aux agents de certaines compagnies par les assurés qui usent de la faculté, accordée par dérogation aux statuts, de se libérer ailleurs qu'au siège de la société, si cette commission n'entre pas dans la caisse de la société et si elle profite directement aux agents intermédiaires (Instr. adm. enreg. 2 déc. 1871, n° 2425, § 2, D. P. 73. 5. 197).

Mais il a été jugé, en matière d'assurances à primes, que, les compagnies d'assurances contre l'incendie étant personnellement obligées, sous peine d'amende à leur charge, d'acquitter les droits de timbre et d'enregistrement établis sur les contrats d'assurances par les lois du 5 juin 1850 et du 23 août 1871, les frais qui résultent pour elles de la perception de ces taxes s'ajoutaient de plein droit aux dépenses que nécessite l'administration des affaires sociales, et qu'en l'absence de toute disposition spéciale de la loi en autorisant la répétition contre les débiteurs de l'impôt, ils devaient être supportés par la société ; si les compagnies stipulent dans les polices que les assurés payeront annuellement une somme déterminée pour remboursement de ces frais de perception, cette stipulation librement acceptée fait la loi des parties ; mais, ayant pour effet de faire supporter par les assurés une charge personnelle à la compagnie, elle constitue un supplément de prime passible de la taxe (Civ. rej. 29 déc. 1875, aff. Comp. d'*Assurances générales*, D. P. 76. 1. 110). Une solution analogue avait été consacrée en matière de timbre (Comp. Req. 23 mai 1853, aff. Société l'*Équitable*, D. P. 53. 1. 148).

829. En matière d'assurances contre l'incendie, la taxe est due au trésor sur le montant cumulé des primes, cotisations ou contributions annuelles. Le principe de la perception de 20 fr. en 20 fr. ne s'applique pas dans ce cas, attendu que l'art. 6 de la loi du 23 août 1871 n'a affirmé ce principe que pour les assurances maritimes et ne l'a pas répété en ce qui concerne les assurances contre l'incendie (Sol. adm. enreg. 7 nov. 1871, D. P. 73. 5. 197 ; Instr. adm. enreg. 2 déc. 1871, n° 2425, D. P. 73. 5. 197).

830. L'art. 6 de la loi du 23 août 1871, après avoir posé le principe de la nouvelle taxe et indiqué le tarif, continue ainsi : « La taxe sera perçue d'après les mêmes bases sur les *contrats en cours*, mais seulement pour le temps restant à courir, et sauf recours par les assureurs contre les assurés ». Cette disposition doit être entendue en ce sens que toutes les primes ou cotisations échues antérieurement à l'époque de la mise à exécution de la loi échappent à la taxe, et que toutes les primes et cotisations échues postérieurement, sont intégralement passibles de la taxe. La date de l'échéance de la prime est la seule chose à laquelle il y ait lieu de s'arrêter, d'après la combinaison des art. 5 et 9 du règlement du 25 nov. 1871 (Sol. adm. enreg. 21 mars 1872, D. P. 73. 5. 197). La loi n'a eu d'autre but que d'éviter tout effet rétroactif.

4°. — Payement de la taxe.

831. Le mode de recouvrement de la taxe est réglé par les art. 7 et 10 de la loi du 23 août 1871. L'art. 7 est ainsi conçu : « la taxe fixée par l'article précédent sera perçue, pour le compte du Trésor, par les compagnies, sociétés et tous autres assureurs, courtiers ou notaires, qui auraient rédigé les contrats. Les répertoires et livres dont la tenue est prescrite par les art. 35, 44, 45 et 47 de la loi du 5 juin 1850 feront mention expresse, pour chaque contrat, du montant des primes ou cotisations exigibles, ainsi que de la taxe payée par les assurés en exécution de l'art. 6 de la présente loi. Chaque contravention à cette disposition sera passible d'une amende de 10 fr. » L'art. 10 renvoie, pour la détermination du mode de perception et des époques de payement de la taxe, à un règlement d'administration publique, et punit toute contravention aux dispositions de ce règlement d'une amende de 50 fr. ; ce règlement a été promulgué le 25 nov. 1871 (D. P. 71. 4. 74).

832. En ce qui concerne les *assurances maritimes*, tous les détails d'exécution sont réglementés dans les quatre premiers articles du décret du 25 nov. 1871. Si un contrat d'assurances maritimes est souscrit par plusieurs sociétés, compagnies ou assureurs, le montant intégral de la taxe est perçu par le premier signataire, désigné sous le nom d'*apériteur* de la police ; toutes les parties restent néanmoins tenues solidairement du payement des droits (Art. 1er).

« Les polices provisoires et les polices flottantes ne donnent pas lieu au payement immédiat de la taxe ; mais cette taxe est perçue au moment de la signature de la police définitive, connue sous le nom de police d'*aliment, avenant, application* ou sous toute autre dénomination que ce soit ; à cet effet les polices, avenants ou applications contiennent la mention expresse de la date, du numéro de la police provisoire ou flottante, ainsi que du nom de l'assuré et du navire ». (Art. 2).

L'art. 3 fixe les époques du payement de la taxe. Le versement du montant des taxes perçues par les courtiers, notaires, sociétés, compagnies ou tous autres assureurs, a lieu dans les dix premiers jours qui suivent l'expiration de chaque trimestre et au moment du dépôt des livres et répertoires assujettis au visa trimestriel du receveur de l'enregistrement. Il est déposé à l'appui du versement un relevé, article par article, de toutes les polices souscrites pendant le trimestre précédent ; ce relevé est totalisé, arrêté et certifié ; il comprend dans des colonnes distinctes : le numéro d'ordre du livre ou du répertoire, le numéro de la police, sa date, les noms de l'assuré, du navire, le montant des capitaux assurés, de la prime et de la taxe perçue. Les polices provisoires, les polices flottantes, et les polices de réassurance non sujettes à la taxe sont portées au relevé, mais pour mémoire seulement (Art. 3). Le dernier alinéa de cet article contient une disposition transitoire : par exception, le premier versement comprendra les taxes afférentes aux polices souscrites depuis la promulgation de la loi du 23 août 1871, jusques et y compris le 31 décembre suivant.

Des mentions devront être faites aux livres et répertoires dont la tenue est prescrite par le code de commerce et la loi du 5 juin 1850 sur le timbre ; ces mentions sont réglementées de la façon suivante par le décret du 25 nov. 1871. Pour les polices provisoires et les polices flottantes d'assurances maritimes, il doit être fait mention de la date et du numéro de la police, ainsi que du nom de l'assuré et de celui du navire sur le livre ou registre que les courtiers ou notaires doivent tenir en exécution de l'art. 84 c. com. et de l'art. 47 de la loi du 5 juin 1850, ainsi que sur le répertoire tenu par les compagnies, sociétés ou assureurs, conformément aux art. 44 et 45 de la loi précitée (Décr. 25 nov. 1871, art. 2). Les polices de réassurances doivent aussi faire mention expresse de la date et du numéro de la police primitive, ainsi que des noms du navire et de l'assureur primitif.

Ces indications sont inscrites sur le répertoire tenu par le réassureur. L'assureur primitif inscrit également, en marge de son répertoire, la date et le numéro de la police de réassurance et le nom du réassureur (Même article).

« Les polices souscrites sans intermédiaire de courtiers ou de notaires sont inscrites, avec mention de la taxe perçue, au répertoire des compagnies, sociétés et assureurs. La taxe afférente aux polices concernant plusieurs assureurs est inscrite pour son montant intégral sur le répertoire du premier signataire ou apériteur, avec indication du nom des autres assureurs qui ont souscrit la police commune. Cette police figure, en outre, au répertoire de chacun de ces assureurs, mais seulement pour mémoire. Les polices de réassurances, lorsqu'elles sont exemptes de taxe, sont également inscrites pour mémoire avec les annotations marginales prescrites par le dernier alinéa de l'art. 2. Les polices provisoires et les polices flottantes sont inscrites au répertoire à l'encre rouge » (Décr. 25 nov. 1871, art. 4).

833. Les mesures relatives au recouvrement de la taxe sur les *assurances contre l'incendie* sont réglées par les art. 5, 6, 7, 8 et 9 du décret du 25 nov. 1871. L'art. 5, que nous avons déjà commenté (V. *suprà*, n° 826), porte que la taxe est due sur l'intégralité des primes ; il y a lieu de déduire : 1° les primes, cotisations ou contributions relatives à des immeubles ou objets mobiliers situés à l'étranger ; on comprendra la raison de cette déduction, lorsque nous aurons expliqué les dispositions relatives aux assurances contractées à l'étranger ou à l'occasion de biens situés à l'étranger (L. 23 août 1871, art. 8 et 9) (V. *infrà*, n° 838) ; 2° celles perçues pour réassurances, à moins que l'assurance primitive souscrite à l'étranger n'ait pas été soumise à la taxe ; 3° les primes, cotisations ou contributions que les sociétés, compagnies et assureurs, justifieraient n'avoir pas recouvrées par suite de la résiliation ou de l'annulation des contrats (Décr. 25 nov. 1871, art. 5). — Le même article ajoute qu'il sera ouvert, dans les écritures des sociétés, compagnies et assureurs, un compte spécial à chacune des différentes natures de primes, cotisations ou contributions énumérées aux trois paragraphes précédents.

834. L'art. 6 du décret du 25 nov. 1871 fixe les époques de payement : « le payement de la taxe est effectué, pour chaque trimestre, avant le dixième jour du troisième mois du trimestre suivant, au bureau de l'enregistrement du siège des sociétés ou compagnies ou du domicile de l'assureur. Toutefois, pour les sociétés d'assurances mutuelles, lesquelles le montant des cotisations annuelles est, d'après les statuts, exigible par avance le 1er janvier de chaque année, le payement de la taxe afférente aux contrats existants à cette époque est effectué par quart et dans les dix jours qui suivent l'expiration de chaque trimestre » (Art. 6). — Il a été jugé que la faculté accordée aux compagnies d'assurances mutuelles de s'acquitter que par quart, dans les dix jours qui suivent l'expiration de chaque trimestre, la taxe annuelle d'enregistrement sur les cotisations annuelles payées par avance au premier jour de l'année sociale, ne s'applique pas aux cotisations que les assurés payent, en outre, à la fin de chaque exercice, pour leur part contributive dans les sinistres ; le payement de la taxe sur ces dernières cotisations, doit être effectué, conformément à la règle générale, à laquelle il n'y a pas d'exception, avant le dixième jour du troisième mois du trimestre qui suit celui où elles sont échues (Req. 14 févr. 1876, aff. Comp. *la Rouennaise*, D. P. 76. 1. 274).

835. Chaque année, après la clôture des écritures relatives à l'exercice précédent, et au plus tard le 31 mai, il est procédé par toutes les compagnies, sociétés ou assureurs, à une liquidation générale de la taxe due pour l'exercice entier. — Si de cette liquidation il résulte un complément au profit du Trésor, il est immédiatement acquitté. Dans le cas contraire, l'excédent versé est imputé sur l'exercice courant (Décr. 25 nov. 1871, art. 7).

« A l'appui des versements prescrits par l'art. 7, les sociétés, compagnies et assureurs remettent au receveur de l'enregistrement un état certifié conforme à leurs écritures commerciales et indiquant : 1° le montant des primes, cotisations échues pendant le trimestre et provenant des exercices antérieurs ; 2° le montant des primes, cotisations ou contributions échues provenant des souscriptions nouvelles ; 3° les déductions à opérer en exécution de l'art. 5 ; il est ouvert une colonne spéciale à chaque nature de déduction; 4° le montant des primes, cotisations ou contributions assujetties à la taxe. — Pour opérer la liquidation générale prévue par l'art. 7, les sociétés, compagnies et assureurs remettent au receveur de l'enregistrement, avec la balance des comptes ouverts à leur grand livre, un état récapitulatif de la totalité des opérations de l'année précédente. Cet état dûment certifié est vérifié au siège social par les agents de l'Administration, auxquels sont représentés, à toute réquisition, tous livres, registres, polices, avenants et autres documents, quelle que soit d'ailleurs leur date » (Décr. 25 nov. 1871, art. 8).

836. La taxe à inscrire par l'assureur sur son répertoire est celle perçue pour le compte du Trésor, sans y ajouter ce que les compagnies perçoivent en sus à titre de frais de perception (Sol. adm. enreg. 17 sept. 1872, D. P. 73. 5. 198). — Et les compagnies n'ont de recours contre les assurés que pour la taxe réellement payée. La prétention de réclamer 10 pour 100 au lieu de 9 fr. 60 cent. pour 100 (8 pour 100 et les deux décimes) n'a pas de base légale. Les opinions favorables à cette prétention, qui ont été émises au sein de la commission de la loi du 23 août 1871, sont des opinions personnelles qui n'ont pas trouvé place dans le rapport de la commission (Sol. adm. enreg. 6 sept. 1872, D. P. 73. 5. 198).

La mention sur le répertoire n'est faite que pour les contrats d'assurances passés sous l'empire de la loi du 23 août 1871, ou qui, passés antérieurement à l'époque de la mise à exécution de cette loi, se trouvaient encore dans le délai de six mois imparti pour l'inscription au répertoire par l'art. 35 de la loi du 5 juin 1850 (Lett. com. adm. enreg. 28 mars 1872, n° 26, D. P. 73. 5. 198). — En ce qui concerne spécialement les sociétés d'assurances mutuelles, où les cotisations annuelles qui tiennent lieu des primes annuelles dues dans les autres assurances sont nécessairement variables et éventuelles, en ce sens qu'elles dépendent du nombre et de l'étendue des sinistres, ainsi que du nombre et de l'importance des propriétés assurées, la mention de la cotisation et de la taxe en regard de chaque police ne peut être opérée qu'après l'expiration de l'année sociale, ce qui implique, pour cette mention, un délai de un an à partir de la souscription de chaque contrat. Il est entendu, d'ailleurs, que, soit qu'il s'agisse d'assurances à primes fixes, soit qu'il s'agisse d'assurances mutuelles, la mention au répertoire, une fois faite au regard de chaque police, n'a pas besoin d'être renouvelée à chaque échéance (Même lettre).

837. L'art. 9 du décret du 25 nov. 1871 édicte une disposition transitoire : « La taxe due pour la période écoulée depuis le jour où la loi du 23 août 1871 est devenue exécutoire, jusques et y compris le 31 déc. 1871, sera liquidée conformément au dernier paragraphe de l'art. 8, et au plus tard le 31 mai 1872. — Il ne sera pas tenu compte des encaissements ou annulations de primes, cotisations ou contributions échues antérieurement à la promulgation de la loi précitée ». On a soutenu que l'art. 10 de la loi du 23 août 1871, s'étant référé à un règlement d'administration publique (intervenu le 25 nov. 1871) pour déterminer le mode de perception, les époques du payement ainsi que les mesures nécessaires afin d'assurer son exécution, avait ainsi dérogé au principe général que les lois doivent être exécutées du moment où leur promulgation est réputée connue, et que, par conséquent, la taxe n'était due qu'à partir de la promulgation du règlement d'administration publique. Mais cette prétention a été repoussée ; rien ne prouve que le législateur ait voulu déroger à un principe généralement suivi; la loi s'est contentée de renvoyer au règlement pour les détails d'exécution, et le décret du 25 nov. 1871 dit lui-même expressément dans son art. 9 que la taxe est due du jour de la promulgation de la loi (Sol. adm. enreg. 10 juin 1872 et Trib. Seine, 5 avr. 1873, aff. Comp. l'*Abeille*, D. P. 73. 5. 195, et sur pourvoi, Req. 8 déc. 1873, D. P. 74. 1. 144).

5°. — *Assurances passées soit par des assureurs étrangers, soit à l'étranger pour des biens français.*

838. Cette matière est réglementée par le dernier alinéa de l'art. 7, les art. 8 et 9 de la loi du 23 août 1871, et l'art. 10 du décret du 25 nov. 1871.

Ces textes ont établi, pour la perception de l'impôt, trois catégories distinctes, savoir : 1° les « sociétés et assureurs étrangers qui auraient un établissement ou une succursale en France ». L'art. 7 *in fine* de la loi du 23 août 1871 porte que ses dispositions, celles de l'art. 6 et celles des lois des 5 juin 1850 et 2 juill. 1862, leur sont applicables; 2° les « assurances passées à l'étranger pour des immeubles situés en France ou pour des objets ou valeurs appartenant à des Français ». Les contrats, porte l'art. 8, « doivent être enregistrés avant toute publicité ou usage en France, à peine d'un droit en sus qui ne pourra être inférieur à 50 fr. »; 3° enfin « les contrats d'assurances contre l'incendie passés en France pour des immeubles ou objets mobiliers situés à l'étranger, ne sont pas assujettis au payement de la taxe; mais il ne pourra en être fait aucun usage en France, soit par acte public, soit en justice, ou devant toute autre autorité constituée, sans qu'ils aient été préalablement enregistrés. Le droit sera perçu au taux fixé par l'article précédent, mais seulement pour les années restant à courir » (L. 23 août 1871, art. 9). — Nous examinerons successivement quelles sont les règles applicables à chacune de ces catégories de contrats d'assurances.

a. — Sociétés et assureurs étrangers ayant un établissement ou une succursale en France.

839. Ces sociétés et assureurs sont assujettis aux mêmes droits et obligations que les assureurs français (Instr. adm. enreg. 25 août 1871, n° 2413, § 4, D. P. 71. 3. 50, 3° col. ; Rapport de la commission du budget, n° 23, D. P. 71. 4. 59), et soumis, par suite : 1° aux dispositions de la loi du 5 juin 1850 en ce qui concerne : les déclarations à faire en vertu des art. 34, 43 et 45 de cette loi (au bureau de l'enregistrement) sous peine de l'amende de 1000 fr. prononcée par les art. 34 et 43; la tenue des répertoires et livres et le visa sous peine de l'amende soit de 10 fr., soit de 50 fr. prononcée par les art. 35, 46 et 47 de la loi du 5 juin 1850;... aux dispositions des lois des 5 juin 1850 et 2 juill. 1862 en ce qui concerne le timbre des polices;... aux dispositions tant des art. 6 et 7 de la loi du 23 août 1871 que du décret du 25 nov. 1871 (Instr. adm. enreg. 2 déc. 1871, n° 2425, § 3).

Ils doivent en outre, « avant toute opération ou déclaration, faire agréer par l'administration de l'enregistrement un représentant français, personnellement responsable des droits et amendes » (Décr. 25 nov. 1871, art. 10). Les compagnies, sociétés et assureurs étrangers établis en France au moment de la promulgation du décret du 25 nov. 1871, ont dû faire agréer ce représentant avant le 1er janv. 1872 (*Ibid.*).

840. L'administration de l'enregistrement a décidé qu'une compagnie étrangère de réassurance, ayant une agence en France doit faire agréer un représentant responsable, quoiqu'elle ait résolu de liquider son agence. Les dispositions de l'art. 10 du décret ne comportent, en effet, aucune distinction (Sol. adm. enreg. 23 févr. 1872, D. P. 73. 5. 195).

Les compagnies étrangères d'assurances contre l'incendie qui refusent de faire agréer un représentant responsable, sont passibles de l'amende encourue de ce chef (L. 23 août 1871, art. 10), et doivent, en outre, être déclarées déchues du bénéfice de l'abonnement au timbre qui aurait pu leur être accordé sous l'empire de la loi du 5 juin 1850 (Sol. adm. enreg. 24 janv. 1873, D. P. 73. 5. 195).

Lors même que les agences entretenues en France par une même société étrangère sont indépendantes les unes des autres pour ne relever que du siège social établi à l'étranger, un seul représentant responsable peut suffire, s'il a entendu s'engager et s'est effectivement engagé pour toutes les opérations de la société sur le territoire français. — S'il n'a pas pris cet engagement, chaque agence doit particulièrement satisfaire aux obligations de l'art. 10 du décret du 25 nov. 1871, sans quoi le Trésor se trouverait dépourvu de garantie (Sol. adm. enreg. 2 août 1873, D. P. 73. 5. 195).

L'engagement des représentants responsables des compagnies étrangères doit contenir l'obligation pure et simple d'acquitter les droits et les amendes (Sol. adm. enreg. 26 mars 1872, D. P. 73. 5. 195).

b. — Assurances passées à l'étranger, soit pour des immeubles situés en France,
soit pour des biens appartenant à des Français.

841. Il s'agit ici, comme dans la catégorie précédente, des
deux sortes d'assurances visées par la loi fiscale, des assurances maritimes et des assurances contre l'incendie. Aux
termes de l'art. 8 de la loi du 23 août 1871, « les contrats
d'assurance passés à l'étranger, pour des immeubles situés
en France ou pour des objets ou valeurs appartenant à des
Français, doivent être enregistrés avec toute publicité ou
usage en France, à peine d'un droit en sus qui ne peut être
inférieur à 50 fr. Le droit est fixé ainsi qu'il suit: pour les
assurances contre l'incendie à raison de 8 p. 100 du montant des primes multiplié par le nombre d'années pour lequel
l'assurance a été contractée; pour les assurances maritimes
au taux fixé par l'art. 6 ci-dessus », c'est-à-dire à 32 cent.
p. 100 fr., décimes compris, du montant des primes et des
accessoires (V. *suprà*, n° 822).

842. La disposition dont il s'agit de la loi de 1871 a
donné lieu à de vifs débats.

En premier lieu, la question s'est élevée de savoir si la
règle qu'elle a établie pour les assurances contractées à
l'étranger au sujet de biens situés en France ou d'objets ou
valeurs appartenant à des Français, et suivant laquelle ces
contrats doivent être enregistrés seulement « avant toute
publicité ou usage en France », est applicable aux contrats
d'assurances passés à l'étranger par des compagnies et assureurs *français*. La difficulté est sérieuse, et la discussion présente un grand intérêt pour les compagnies et assureurs
français qui font des opérations d'assurances à l'étranger.
Si, en effet, l'art. 8 de la loi du 23 août 1871 ne leur est
point applicable, ils sont soumis aux mêmes droits et obligations que pour les opérations qu'ils peuvent faire en France:
déclarations au bureau de l'enregistrement, tenue des répertoires, livres, visa, timbres des polices, payement obligatoire
de la taxe de 32 cent. p. 100 sur chaque contrat d'assurance
maritime, de celle de 8 p. 100 du montant des primes, cotisations ou contributions, annuellement pour les assurances
contre l'incendie (V. *suprà*, n°s 831 et suiv.). Si, au contraire, cet art. 8 leur est applicable, leurs obligations sont
de beaucoup moins lourdes : ils n'ont plus à soumettre leurs
contrats d'assurances à l'enregistrement que dans le cas
seulement de publicité ou d'usage desdits actes en France.

843. L'administration de l'enregistrement soutient que
l'art. 8 de la loi de 1871 est exclusivement applicable aux
compagnies et assureurs étrangers, et que les compagnies
et assureurs français qui font des opérations à l'étranger
sont soumis pour ces opérations aux mêmes taxes et aux
mêmes obligations que pour celles faites en France. L'art. 6
de la loi, dit-elle, atteint, par les termes généraux et absolus
dans lesquels il est conçu, *tous* les contrats d'assurances soit
maritimes, soit contre l'incendie, abstraction faite du titre,
quelle que soit sa forme, quel que soit aussi le lieu où le
contrat est passé. Il importe peu que la police soit souscrite
en France ou à l'étranger : c'est l'assureur qui est directe-

ment atteint à raison des opérations qu'il accomplit et des
primes qu'il encaisse. Il suffit qu'il soit établi en France
pour que tous les contrats qu'il passe et qui figurent dans
ses écritures soient passibles de la taxe. L'art. 8, selon
l'Administration, ne constitue pas une exception à la règle
générale posée par l'art. 6, mais une application, sous une
forme différente, aux compagnies étrangères opérant sur des
risques français, des obligations imposées aux sociétés
françaises. Si un mode spécial de perception a été établi
pour les assurances étrangères, ce n'est point parce qu'elles
sont contractées à l'étranger, c'est que, l'assureur étant à
l'étranger et ne pouvant, dès lors, être atteint directement,
la loi n'avait pas d'autre voie que celle qu'elle a employée
pour réaliser l'assimilation entre les assureurs français et
les assureurs étrangers (Sol. adm. enreg. 15 sept. 1872, D. P.
73. 5. 197. V. D. P. 84. 1. 348, notes 4 et 5).

Le tribunal de la Seine, par jugement du 4 juin 1880 et,
sur le pourvoi formé contre cette décision, la cour de cassation ont sanctionné cette interprétation : « Attendu, porte
l'arrêt, que les expressions générales et absolues dont le
législateur s'est servi dans l'art. 6 de la loi du 23 août 1871
qui pose le principe de la nouvelle taxe à percevoir sur les
contrats d'assurances, ne laissent aucun doute sur la volonté
qu'il a eue de soumettre à cette taxe tous les contrats d'assurances dont les répertoires prescrits par l'art. 7 présentent
l'ensemble ; — Que cette généralité d'application de l'impôt
ressort non moins nettement de la combinaison des dispositions de l'art. 7 avec celles de l'art. 8 ; — Qu'il résulte du rapprochement de ces textes de loi que tous les contrats d'assurances maritimes passés par des assureurs français en
France ou hors de France doivent être mentionnés sur les
répertoires susénoncés en vue précisément de leur assujettissement à la taxe, et que, par suite, dans l'art. 8, les mots :
« contrats passés à l'étranger », ne s'appliquent qu'aux
polices souscrites à l'étranger par des assureurs étrangers
n'ayant pas un établissement ou une succursale en France »
(Civ. rej. 5 févr. 1884, aff. Comp. d'assurances *la Réunion*,
D. P. 84. 1. 348).

844. L'arrêt du 5 févr. 1884, cité *suprà*, n° 843, n'a pas
mis fin au débat. Le tribunal de la Seine, revenant sur
l'interprétation qu'il avait admise tout d'abord par le jugement du 4 juin 1880, cité *suprà*, quoique cette interprétation ait été sanctionnée par la cour de cassation, a
décidé récemment, en sens contraire, que les contrats
d'assurances maritimes passés et réalisés à l'étranger par
les agents d'une compagnie française établis à l'étranger,
ne sont pas passibles de la taxe édictée par l'art. 6 de la
loi du 23 août 1871 et ne doivent pas figurer sur le répertoire de la compagnie, alors surtout que les agents ont
agi en vertu d'une délégation générale de la compagnie et
que les polices ne portent pas les signatures de ses représentants (Trib. Seine, 13 avr. 1888) (1). Ce jugement,
motivé avec soin, est critiqué par le *Journal de l'enregistrement*, art. 23063, et M. Garnier, *Rép. pér. enreg.*,
art. 7128. Cependant les motifs qu'y sont développés sont

(1) (Comp. d'assur. *la Foncière*.) — Le tribunal ; — Attendu
que la société *la Foncière* s'est constituée suivant acte reçu par
Dufour, notaire à Paris, le 27 août 1880 ; qu'elle a pour objet,
aux termes de l'art. 5 de ses statuts, l'assurance des risques de
transport par terre, des risques de navigation maritime ; que,
d'après l'art. 8, ses opérations s'étendent à toute la France et
peuvent également s'étendre aux colonies et à l'étranger ; que le
siège social a été fixé à Paris, mais que la société s'est réservé,
par l'art. 3 des mêmes statuts, la faculté d'établir des succursales partout où elle en reconnaîtra l'opportunité ; — Attendu
que ladite compagnie a, en conséquence, établi dans un grand
nombre de places étrangères, des succursales ou agences dans
lesquelles elle est représentée par des agents ayant les pouvoirs
les plus étendus à l'effet de contracter en son nom toutes assurances, de signer les polices, de percevoir les primes, de régler
les sinistres et de payer les indemnités, d'exercer toutes actions
judiciaires, etc. ;
Attendu qu'en procédant aux vérifications autorisées par l'art. 7
de la loi du 11 juin 1875, les préposés de l'administration de
l'enregistrement ont constaté que ces agences ont réalisé, de
1880 à 1884, dans les localités où elles ont été établies, de nombreux contrats d'assurances maritimes à l'occasion desquels il a
été payé des primes évaluées à 8 millions de francs ;
Attendu que l'Administration de l'enregistrement soutient que,
bien que passés à l'étranger, ces contrats sont passibles de la

taxe établie par l'art. 6 de la loi du 23 août 1871, et qu'à ce
titre ils auraient dû figurer sur le répertoire tenu à Paris par la
compagnie *la Foncière*, en exécution de l'art. 7 de la même loi ;
— Attendu, quant à ce dernier point, que ledit art. 7, lequel
s'applique tout à la fois aux assurances terrestres et aux assurances maritimes, se réfère purement et simplement, quant à la
tenue des répertoires, aux règles établies par les art. 35, 44, 45
et 47 de la loi du 5 juin 1850, relatives au timbre des assurances ;
— Que ces règles diffèrent suivant qu'il s'agit d'assurances terrestres ou d'assurances maritimes ; — Que, pour les premières,
qui, dans la pratique, sont généralement souscrites par les compagnies d'assurances elles-mêmes, sur la proposition d'agents
servant d'intermédiaires officieux entre l'assureur et les assurés,
l'art. 36 oblige les sociétés, compagnies et assureurs, à avoir, au
siège de leur établissement, un répertoire unique et central où
sont portées, dans les six mois de leur date, toutes les assurances
faites soit directement, soit par leurs agents ; que c'est également
au siège de leur établissement que la représentation des polices
peut être exigée par les préposés de la Régie ; — Qu'il en est
tout autrement des assurances maritimes pour lesquelles les
usages du commerce n'exigent pas la signature sociale ; qu'aux
termes de l'art. 44, les répertoires qui concernent ces assurances
sont tenus, non pas au siège de l'établissement, comme pour les
assureurs terrestres, mais au siège de chacune des agences, et
dont la création doit, pour ce motif, faire l'objet d'une déclara-

de nature à être pris en considération. N'est-il pas vrai, en effet, comme le dit le tribunal de la Seine, que l'art. 8 de la loi du 23 août 1871 s'occupe de contrats passés à l'étranger et ne distingue pas si ces contrats émanent des compagnies françaises ou étrangères ? Interpréter cette disposition, comme l'a fait la cour de cassation, en ne l'appliquant qu'aux assureurs étrangers, et soumettre à la taxe les assurances passées à l'étranger par des compagnies françaises, n'est-ce pas contraire au principe de la territorialité de l'impôt, que l'art. 8 avait justement pour but de respecter en disposant que les contrats d'assurance passés à l'étranger pour des objets situés en France ou pour objets ou valeurs appartenant à des Français ne seraient enregistrés qu'avant toute publicité en usage en France ?

Il a été décidé que les contrats de réassurances passés en France pour les objets placés dans les sections étrangères du palais de l'Exposition universelle de 1878 et assurés à des compagnies étrangères étaient passibles de la taxe (Décis. min. fin. 24 juill. 1877) (1).

845. Une autre question a été soulevée à propos de l'art. 8. Que faut-il entendre par cette publicité et cet usage en France, auxquels la loi subordonne la nécessité de l'enregistrement ? S'agit-il de l'usage tel qu'il est déterminé par l'art. 23 de la loi du 22 frim. au 7 ? Faudra-t-il qu'un contrat d'assurance passé à l'étranger ait été énoncé dans un acte public ou produit en justice pour qu'il soit passible de l'enregistrement ? La cour de cassation a décidé que ces conditions n'étaient pas nécessaires et que les contrats d'assu-

---

tion spéciale, aux termes de l'art. 43 ; que les polices doivent y être portées dans les trois jours de leur date ; qu'enfin, la représentation ne peut en être exigée qu'au siège de ces agences ;

Attendu que ces différences ont encore été accentuées par les dispositions du décret du 25 nov. 1871, qui ont adapté cette organisation à la perception de la taxe d'enregistrement ; qu'en ce qui concerne les assurances contre l'incendie, ces dispositions impliquent dans leur ensemble la centralisation des contrats dans les écritures tenues au siège de l'entreprise et la liquidation annuelle de l'impôt sur l'ensemble de ses opérations, abstraction faite du lieu où chaque police a été réalisée et de la personne qui l'a réalisée ; qu'au contraire, pour les assurances maritimes, le décret exige que la perception de la taxe soit faite au moment de la signature de la police par celui-là même qui l'a signée, agent, courtier, ou notaire ; qu'il impose la mention au répertoire et le versement au Trésor dans des délais tels que l'exécution de ses prescriptions serait matériellement impossible à une compagnie d'assurances pour les contrats souscrits par des agents éloignés ;

Attendu que la compagnie *la Foncière* s'est conformée à ces prescriptions ; — Qu'elle tient à Paris, siège de son établissement, un répertoire où figurent, pour la perception des droits de timbre, toutes les assurances terrestres (risques de transport par terre ou de navigation intérieure) qu'elle fait, soit directement, soit par ses agences, et, pour la perception cumulative des droits de timbre et d'enregistrement, les assurances maritimes qu'elle fait directement ; — Qu'à défaut d'une prescription légale lui imposant d'autres obligations, elle ne saurait être tenue d'y porter également les assurances de cette dernière catégorie faites à l'étranger et réalisées par les agents auxquels elle a donné à cet effet une délégation générale ; — Que cette obligation ne lui incomberait que si elle signait elle-même les polices, comme le font certaines compagnies d'assurances maritimes, sur la proposition d'agents réduits, comme ceux des compagnies d'assurances terrestres, au rôle d'intermédiaires, les polices pouvant, dans ce cas, être réputées faites directement ;

Attendu que la Régie n'établissant pas qu'il en ait été ainsi des assurances réalisées par les agences étrangères de la *Foncière*, il s'ensuit qu'elle relève à tort contre celle-ci une prétendue infraction à l'art. 7 de la loi de 1871 ; — Attendu qu'elle n'est pas mieux fondée à invoquer l'article de la même loi comme ayant soumis à la taxe toutes les assurances souscrites, même à l'étranger, indépendamment de leur inscription au répertoire ; que si cet article vise, d'une manière générale, toutes les polices d'assurances, il n'en résulte pas qu'il ait dérogé à la règle de la territorialité de l'impôt ; que les exceptions à cette règle de droit public et international ne peuvent être suppléées ; que si l'intention du législateur avait été de s'en écarter, il s'en fût formellement expliqué ; qu'un texte précis était d'autant plus nécessaire, d'ailleurs, que les polices d'assurances souscrites à l'étranger n'étaient pas soumises à l'enregistrement qu'en cas d'usage dans un acte public ou en justice, conformément aux art. 23 de la loi du 22 frim. an 7 et 58 de la loi du 28 avr. 1816 ;

Attendu que, loin de déroger à la règle dont il s'agit, l'art. 6 la rappelle expressément dans sa disposition finale portant que les contrats de réassurance ne sont pas assujettis à la taxe, à moins que l'assurance primitive, souscrite à l'étranger, n'ait pas été soumise au droit ; qu'il indique clairement par là que, dans la pensée du législateur, cette catégorie d'assurances échappe, en principe et par la force même des choses, à tout impôt ; — Que la même règle est formellement consacrée par l'art. 8 aux termes duquel les assurances faites à l'étranger pour des immeubles situés en France ou pour des objets ou valeurs appartenant à des Français, doivent être enregistrées avant toute publicité ou usage en France, ce qui exclut la perception de l'impôt pour celles qui ne reçoivent dans ce pays ni publicité ni usage ; — Attendu que cet article statue dans les termes les moins équivoques et les plus généraux ; — Que, pour soutenir, comme le fait la Régie, qu'il s'applique exclusivement, malgré la généralité de sa formule, aux assurances souscrites par des assureurs étrangers, il faut ajouter au texte et suppléer arbitrairement une

distinction qui n'y est pas écrite ; — Qu'il n'est pas exact que le législateur ait voulu, comme le soutient encore la Régie, atteindre, sous la forme d'un droit d'enregistrement établi sur les contrats, les primes qui tombent dans la caisse des compagnies d'assurances fonctionnant sous la protection de la loi française ; — Que la loi de 1871 n'est pas spéciale aux compagnies d'assurances ; — Qu'elle s'applique à toutes les assurances, qu'elles soient souscrites par des compagnies, par des assureurs particuliers, par des courtiers ou par des notaires ; — Qu'encore moins peut-on admettre que la taxe est imposée personnellement aux assureurs, sans recours contre les assurés ; que la loi dit tout le contraire ; — Qu'elle indique, dans les termes les moins équivoques, que la taxe n'est pas la dette de l'assureur, mais celle de l'assuré ; que l'assureur ne fait que la percevoir pour le compte du Trésor, dont les art. 1er de la loi, 1er, 3 et 4 du décret le constituent agent ; — Qu'aucune distinction n'est faite, sous ce rapport, entre les compagnies, les assureurs particuliers, les courtiers et les notaires, soumis à des obligations identiques ; — Qu'enfin, si la taxe est calculée sur la prime, elle n'est pas prélevée sur cette prime, mais perçue cumulativement avec elle ; — Qu'il s'agit donc, en réalité, d'un impôt établi sur le contrat et payable par l'assuré ; que l'on conçevrait, dès lors, difficilement à quel titre la loi fiscale française atteindrait des étrangers qui contractent à l'étranger en dehors du cas où leurs engagements comporteraient une exécution quelconque en France ;

Attendu que vainement la Régie invoque à l'appui de sa prétention la jurisprudence d'après laquelle le chiffre de toutes les assurances faites en pays étranger devrait être compris dans les bases de l'abonnement à forfait souscrit par une compagnie d'assurances pour le calcul des droits de timbre ; que cette jurisprudence est exclusivement applicable aux assurances terrestres avec ou sans l'intermédiaire d'agents, souscrites par les compagnies elles-mêmes, comme les art. 33 et 37 de la loi de 1850 dont elle est l'application ; qu'elle ne saurait, par les motifs déduits plus haut, être étendue aux assurances maritimes réalisées par les agences des compagnies ;

Attendu enfin que la Régie n'est pas mieux fondée à prétendre que les assurances étrangères devraient être soumises à la taxe comme entrant au même titre que les assurances françaises dans les opérations et dans les bénéfices des compagnies ; que la loi de 1871 n'a pas pour objet d'atteindre les bénéfices des compagnies, comme l'a fait plus tard la loi de 1872 sur le revenu des valeurs mobilières ; qu'elle n'a eu d'autre but que de remplacer le droit proportionnel d'enregistrement établi sur les assurances maritimes et payable seulement en cas d'usage en justice, par une taxe plus modérée, mais exigible dès la signature du contrat ; que pas plus que le droit d'enregistrement lui-même, la taxe ne peut être exigée sur des contrats qui, par là même qu'ils sont passés à l'étranger et ne comportent aucune exécution en France, échappent à l'action de la loi française ;

Attendu enfin qu'il importe peu que les primes perçues par les agences de la compagnie constituent un des éléments de la comptabilité tenue en France, au siège social ; que les mentions que peuvent renfermer, à cet égard, les écritures sociales ne sauraient équivaloir à la publicité ou à l'usage en France, auxquels l'art. 8 de la loi subordonne l'enregistrement de contrats d'assurances passés à l'étranger ;

Par ces motifs...,

Du 13 avr. 1888.–Trib. civ. de la Seine.

(1) La loi du 23 août 1871 assujettit à la taxe, sans aucune distinction, tous les contrats d'assurance. Elles n'en excepte que les polices passées en France pour des immeubles ou des objets mobiliers situés à l'étranger. Or, il paraît incontestable que les objets qui seront placés, pendant la durée de l'Exposition, dans les locaux affectés aux exposants étrangers, et qui y seront envoyés par eux de leurs pays, ne pourront pas être considérés comme situés à l'étranger, le terrain de l'Exposition étant un terrain français, qui restera soumis à la législation générale du pays. D'un autre côté, il résulte du dernier paragraphe de l'art. 6 de la loi que les contrats de réassurance ne sont exempts de

rances passés à l'étranger pour des biens situés en France, devant être enregistrés avant toute publicité ou usage en France, sont sujets à la formalité dès qu'il en a été fait un usage quelconque, spécialement, par le seul fait de leur énonciation dans une police souscrite en France, et non pas seulement lorsqu'il en est fait usage en France par acte public, en justice ou devant toute autre autorité constituée (Req. 19 janv. 1876, aff. Maurice, D. P. 76. 1. 222). On verra *infrà*, n° 847, qu'il n'en est pas de même pour les contrats d'assurances contre l'incendie passés en France pour des immeubles ou objets situés à l'étranger; l'art. 9 de la loi n'exige l'enregistrement que lorsque le contrat est énoncé dans un acte public ou produit en justice. D'où vient cette différence entre l'art. 8 et l'art. 9, et pourquoi l'art. 8 exige-t-il l'enregistrement des contrats d'assurances passés à l'étranger, dès qu'il en est fait un usage quelconque en France? M. le conseiller Tardif, rapporteur dans l'affaire qui a donné lieu à l'arrêt précité de 1876, s'en est expliqué en ces termes : « Sans les moyens d'atteindre les assurances faites à l'étranger pour des biens situés en France, il serait facile de les soustraire à la taxe, qui aurait été vainement déclarée obligatoire. Il en résulterait pour les sociétés d'assurances étrangères un véritable privilège vis-à-vis des sociétés françaises qui, soumises à l'impôt, ne pourraient offrir aux assurés des conditions aussi avantageuses que les sociétés étrangères; de là aussi double préjudice pour les sociétés françaises et pour les intérêts du Trésor que l'art. 8 de la loi a voulu au contraire sauvegarder » (V. D. P. 76. 1. 223, note; L. 23 août 1871, Exposé des motifs, § 2, n° 13, D. P. 71. 4. 55; Rapport de la commission, § 9, n° 23, D. P. 71. 4. 58).

846. En ce sens, l'Administration a décidé que les déclarations des propriétaires assurés, produites devant les caisses des prises des gens de mer et des invalides, doivent être timbrées et enregistrées. Quant aux polices d'assurances, il n'est pas nécessaire qu'elles soient effectivement enregistrées, lorsqu'elles ont été souscrites postérieurement à la loi du 23 août 1871 (Décis. min. fin. 24 mars 1873, D. P. 73. 5. 196).

c. — Assurances contre l'incendie passées en France pour des immeubles ou objets mobiliers à l'étranger.

847. L'art. 9 de la loi du 23 août 1871 traite des contrats d'assurances contre l'incendie seulement passés en France, mais relatifs à des biens situés à l'étranger. Il est ainsi conçu : « Les contrats d'assurance contre l'incendie passés en France pour des immeubles ou objets mobiliers situés à l'étranger ne sont pas assujettis au payement de la taxe; mais il ne pourra en être fait aucun usage en France soit par acte public, soit en justice ou devant toute autre autorité constituée, sans qu'ils aient été préalablement enregistrés. Le droit sera perçu au taux fixé par l'article précédent, mais seulement pour les années restant à courir ». — Nous avons indiqué *suprà*, n° 838, la différence existant, au point de vue de l'exigibilité du droit, entre l'art. 8 et l'art. 9.

848. L'Administration a décidé que l'art. 9 n'était pas applicable aux polices souscrites en France pour garantir des biens situés en Algérie; ces biens sont considérés, au point de vue de la perception, comme situés en France, et les assurances qui les concernent sont assujetties à la taxe obligatoire (Sol. adm. enreg. 27 août 1873, D. P. 73. 5. 199). La loi du 23 août 1871 ayant été déclarée exécutoire en Algérie à dater du 1ᵉʳ janv. 1872 par un décret du 12 déc. 1871 (D. P. 72. 4. 1), les contrats d'assurances contre l'incendie passés en Algérie pour des biens qui y sont situés, sont soumis à la taxe; mais seulement au taux de 4 pour 100, moitié du tarif de la métropole et sans décimes. Cela résulte de la combinaison des art. 6 et 7 de la loi du 23 août 1871, 6 du règlement du 25 nov. 1871, avec une ordonnance royale du 19 oct. 1841 qui a rendu exécutoires en Algérie,

sauf différentes exceptions et modifications, les lois, décrets et ordonnances régissant en France les droits d'enregistrement, de greffe et d'hypothèque (*Rép.* n° 46. V. *infrà*, vᵒ *Organisation de l'Algérie*).

N° 4. — *Novation* (*Rép.* nᵒˢ 1586 à 1658).

849. D'après les principes du droit civil, la novation a lieu par substitution, soit de dette, soit de créancier, soit de débiteur (c. civ. art. 1271). Ces deux dernières sortes de novations rentrent dans une dénomination spéciale du tarif, les *délégations* et les *cessions de créances*, dont il est parlé *infrà*, nᵒˢ 866 et suiv. Quant à la novation par substitution de dette, la loi fiscale ne s'en est pas occupée; cette novation n'en rend pas moins exigible un droit proportionnel, celui de la convention qui *est substituée* à la première. La difficulté est de décider si la convention constitue une obligation nouvelle, passible d'un nouveau droit proportionnel (*Rép.* n° 1587).

Les développements donnés à cette matière dans le *Répertoire* se divisent comme suit : 1° conversion d'un dépôt en prêt et réciproquement (nᵒˢ 1589 et suiv.); 2° conversion d'un capital exigible en une rente (nᵒˢ 1594 et suiv.); 3° conversion d'une rente en une créance (nᵒˢ 1601 et suiv.); 4° conversion d'une rente en une rente d'une autre nature (nᵒˢ 1614 et suiv.); 5° conversion d'un usufruit en rente viagère (nᵒˢ 1620 et suiv.); 6° substitution d'une dette pure et simple à une obligation conditionnelle et réciproquement (nᵒˢ 1637 et suiv.); 7° changement dans la quotité de la dette (nᵒˢ 1623 et suiv.); 8° changement quant à l'exigibilité de la dette (nᵒˢ 1640 et suiv.); 9° addition de sûretés nouvelles (n° 1644); 10° changement dans la forme (nᵒˢ 1645 et suiv.); 11° novation en cas de séparation de patrimoines (n° 1652); 12° novation par l'intervention d'un tiers (nᵒˢ 1653 et suiv.).

A. — Conversion d'un dépôt en prêt et réciproquement (*Rép.* nᵒˢ 1589 à 1593)

850. La conversion d'un dépôt en prêt ou d'un prêt en dépôt opère novation et donne ouverture, par suite, à un nouveau droit proportionnel, indépendamment de celui perçu sur la première convention (*Rép.* n° 1590 et suiv.). La doctrine exposée sur ce point au *Répertoire*, contrairement à celle enseignée par MM. Championnière et Rigaud, t. 2, n° 978, a été adoptée par M. Garnier, *Rép. gén. enreg.*, n° 11797, et M. Boulanger, *Étude sur la novation en matière d'enregistrement*, n° 11 et suiv. Les rédacteurs du *Dictionnaire des droits d'enregistrement* ont reproduit (vᵒ *Novation*, n° 88) notre discussion en y adhérant. « Ces motifs, ont-ils dit, nous paraissent péremptoires. Il importe peu que la loi confonde le prêt et le dépôt de sommes dans la même disposition pour les assujettir au même tarif. Il n'en résulte pas qu'elle la confonde au point de vue de leur caractère respectif et des effets attachés à chacun d'eux. Ces deux contrats se distinguent nettement l'un de l'autre et quand les obligations qui dérivent du prêt remplacent chez l'obligé celles qui résultent d'un dépôt ou réciproquement, il est rigoureusement exact de dire qu'un contrat nouveau s'est substitué à l'ancien et a fourni ainsi une nouvelle cause à la perception. »

851. Mais, suivant les rédacteurs du *Dictionnaire des droits d'enregistrement*, vᵒ *Novation*, n° 91, et comme M. Larombière l'enseigne (*Théorie et pratique des obligations*, art. 1273, n° 10) en réfutant la doctrine de Toullier sur ce point (*Droit civil français*, t. 7, nᵒˢ 279 et 280), l'acte par lequel le créancier déclare laisser, à titre de dépôt, la somme qui lui est due, entre les mains du débiteur, pour y être tenue à la disposition des opposants et être payée à qui par justice il sera ordonné, n'opère pas novation et ne donne conséquemment pas lieu à un nouveau droit proportionnel. Telle est aussi notre opinion.

la taxe que lorsque les contrats primitifs y ont été eux-mêmes soumis. — Dans ces conditions, si les assurances primitives souscrites à l'étranger n'ont pas été soumises à la taxe, il est certain que les réassurances faites par les compagnies françaises seront passibles de l'impôt. — Il n'en pourrait être autrement que s'il existait dans des conventions diplomatiques des dispositions contraires faisant la loi des nationaux. Mais, d'après les renseigne-

ments fournis par le département des affaires étrangères, les diverses expositions universelles successivement ouvertes, soit en France, soit dans les autres pays, n'ont jamais été l'objet de conventions diplomatiques : il n'y a jamais eu qu'un échange de correspondance avec les gouvernements étrangers. Du 24 juill. 1877.-Décis. min. fin.

B. — Conversion d'un capital exigible en une rente (*Rép.* n°s 1594 à 1600).

852. La conversion d'un capital exigible en une rente, soit viagère, soit perpétuelle, opère novation et donne ouverture au droit proportionnel de 2 pour 100 pour constitution de rente (*Rép.* n°s 1595 et 1596). Mais il n'y a pas novation si la rente est constituée par le même acte que la créance (*Rép.* n° 1597). Il en est ainsi, spécialement, au cas où le prix de la vente d'un immeuble est converti en une rente dans l'acte même de vente (*Rép.* n° 1599). Dans ces deux cas de conversion d'un capital ou d'un prix de vente d'immeuble en rente, un seul droit proportionnel est dû : celui de constitution de rente dans le premier, celui de transmission immobilière dans le second (*Ibid.*). Ces solutions ont été adoptées par la doctrine, comme règles de la perception de l'impôt dans les cas dont il s'agit (Boulanger, *op. cit.*, n° 64; Garnier, *Rép. gén. enreg.*, n°s 11802 et suiv.; *Diction. droits d'enreg.*, n°s 113 et suiv.).

C. — Conversion d'une rente en une créance (*Rép.* n°s 1601 à 1613).

853. Il n'y a pas novation lorsque c'est une rente perpétuelle qui est convertie ; mais la substitution d'une créance à une rente viagère opère novation (*Rép.* n°s 1601 et 1611). Dans ce dernier cas, par suite, le droit d'obligation est dû (*Ibid.*). De même que dans le cas qui précède (V. *suprà*, n° 852), ces solutions ont été admises comme devant servir de règles de perception (Boulanger, *op. cit.*, n°s 50 et suiv., 56 ; *Diction. droits d'enreg.*, v° *Novation*, n°s 118 et suiv., 141 et suiv.; Garnier, *Rép. gén. enreg.*, n°s 11804 et suiv., 11808 et suiv.). — Le principe que la conversion d'une rente *perpétuelle* en une créance n'opère pas novation et ne donne conséquemment pas lieu au droit proportionnel, a été appliqué, en Belgique, par deux jugements (Trib. Liège, 20 déc. 1854 ; Trib. Anvers, 16 janv. 1855), et une solution de l'administration belge du 7 févr. 1874 (Garnier, *loc. cit.*).

D. — Conversion d'une rente en une rente d'une autre nature (*Rép.* n°s 1614 à 1640).

854. On a reconnu, avons-nous dit au *Rép.* n°s 1614 et 1615, que la conversion d'une rente viagère en une rente perpétuelle ou *vice versa*, n'opère pas une novation donnant ouverture au droit proportionnel. Toutefois, avons-nous ajouté, l'Administration aurait pu argumenter, dans l'espèce, de la rigueur du droit et l'on ne peut méconnaître qu'elle s'est montrée facile dans son appréciation (*Rép.* n° 1615). Conformément à cette observation, M. Garnier, *Rép. gén. enreg.*, n° 11812, le *Dictionnaire des droits d'enregistrement*, v° *Novation*, n° 167, M. Boulanger, *op. cit.*, n° 58, enseignent qu'il y a novation dans le cas dont il s'agit et que, par suite, le droit proportionnel de constitution de rente est dû. C'est aussi ce qui a été décidé par une délibération de l'administration belge du 24 nov. 1856 (1), dans laquelle on trouve résumées les considérations qui justifient la perception du droit proportionnel dans le cas en question et qui contient, en outre, la réfutation de la doctrine contraire d'un arrêt de la cour de cassation du 5 déc. 1827 (*Rép.* n° 1615).

855. Si c'est, non plus une rente, mais l'*obligation de nourrir, loger, etc.*, qui est convertie en une pension annuelle ou bien en une rente viagère, ou réciproquement, y a-t-il novation ? Nous avons soutenu la négative par le motif que, dans les cas de l'espèce, il y a changement, non dans la cause de l'obligation, mais dans le mode de payement (*Rép.* n°s 1616 et 1618). Toutefois, nous avons rapporté différentes décisions rendues dans le sens contraire (*Ibid.*). Ces décisions ont été confirmées par d'autres auxquelles la question a donné lieu, et qui ont sanctionné la perception du droit de constitution de rente à 2 pour 100 dans le cas de conversion en une pension annuelle de la charge, imposée par le testament au légataire universel, de loger et nourrir un parent désigné (Trib. Lille, 21 juin 1861, aff. Dutilleul, D. P. 61. 3. 71). De même, dans le cas de conversion en une rente viagère d'une obligation de nourrir (Trib. Limoux, 17 nov. 1857, Garnier, *Rép. gén. enreg.*, n° 11815), et, à l'inverse, dans le cas de conversion d'une rente viagère en l'obligation contractée par le débi-rentier de loger et nourrir le crédi-rentier (Trib. Blois, 31 déc. 1878, *Journ. enreg.*, n° 21654).

856. Mais, il importe de le remarquer, dans toutes ces hypothèses, c'est le droit de 20 cent. pour 100 établi pour les baux à nourriture à durée limitée (L. 16 juin 1824, art. 1er), et non plus celui de 2 pour 100, qui serait exigible si la pension était constituée à titre alimentaire, ainsi que M. Garnier le fait observer (*Rép. gén. enreg.*, n° 11814).

E. — Conversion d'un usufruit en rente viagère (*Rép.* n°s 1616 à 1622).

857. Il n'y a point novation dans ce cas, mais bien cession d'usufruit. La matière se rattache à celle des réunions d'usufruit à la nue propriété qui est traitée au *Rép.* n°s 4534 et suiv., 4556 et suiv.

F. — Substitution d'une dette pure et simple à une obligation conditionnelle et réciproquement (*Rép.* n°s 1637 à 1639).

858. La substitution, dans ce cas, ne fait pas nécessairement preuve de la novation : un nouveau droit proportionnel n'est exigible qu'autant que les parties y ont manifestement exprimé la volonté de nover (*Rép.* n° 1637). En formulant ce principe, nous avons ajouté que si, par exemple, la première dette est soumise à une condition suspensive non encore accomplie au moment où le second acte est passé, celui-ci, fût-il pur et simple, n'en est pas moins soumis à la même condition, attendu que l'existence de ce second acte, c'est-à-dire de l'obligation qu'il constate, est subordonnée à l'existence de la première dette que la nouvelle doit éteindre et, par conséquent, à la condition qui devait réaliser celle-ci (*Rép.* n° 1638). Un jugement du tribunal de la Seine du 10 févr. 1866 a décidé, en ce sens, que la cession d'une créance due sous condition suspensive moyennant une rente viagère immédiatement exigible, ne donne pas ouverture au droit de 2 p. 100. Mais, à la suite de l'admission par un arrêt de la chambre des requêtes du 31 déc. 1867, du pourvoi formé par l'Administration contre le jugement précité, les parties ont renoncé au bénéfice de cette décision (Instr. adm. enreg. 5 sept. 1868, n° 2368, § 2). — M. Garnier, *Rép. gén. enreg.*, n° 11828, critique, en s'appuyant sur une dissertation de Marcadé l'opinion rappelée ci-dessus exprimée au *Rép. loc. cit.* On doit reconnaître que, comme le dit Marcadé, *Explication du code civil*, 5e éd., t. 4, n° 755 *in fine*, il n'y a et ne peut y avoir, dans le cas de l'espèce, qu'une question d'intention. Cela est vrai pour la perception du droit d'enregistrement aussi bien qu'en droit civil. Tout se résume donc à

---

(1) Considérant que la dette d'une rente perpétuelle de 225 fr. et celle d'une rente viagère de 250 fr. sont deux dettes complètement différentes; qu'indépendamment de l'absence de tout rapport entre les deux rentes considérées en elles-mêmes, à l'état d'obligations pures et simples, elles se distinguent encore essentiellement l'une de l'autre par les éventualités qui s'attachent à leurs natures respectives; qu'ainsi, bien que le débi-rentier ne soit, de part ni d'autre, débiteur d'un capital, il y a cette différence entre les deux rentes que le débiteur de l'une peut la racheter, et que dans les conditions données le capital peut devenir exigible, tandis que le débiteur de l'autre n'a pas le droit de rachat (c. civ. art. 1979) et qu'il ne peut être forcé à rembourser (c. civ. art. 1978); — Considérant que la cour de cassation de France, par arrêt du 5 déc. 1827 (*Rép.* n° 1615), a jugé que la conversion d'une rente perpétuelle de 180 fr. en une rente viagère de 300 fr. n'avait été entre les sous parties qu'un arrangement amiable qu'aucune loi ne frappe d'un droit proportionnel; mais que cette décision, qui n'est pas autrement motivée, ne peut avoir qu'une faible autorité de doctrine; qu'il est à croire que la cour elle-même reculerait devant les conséquences de son arrêt, si un particulier qui avait cautionné la rente perpétuelle de 180 fr. était poursuivi, à défaut du débiteur principal, en payement de la rente viagère de 300 fr. substituée à l'autre; qu'en effet, pour être fidèle au système de la cour, on devrait refuser au défendeur l'application de l'art. 1281 c. civ., d'après lequel la novation opérée à l'égard du débiteur principal libère les cautions, et le condamner à payer une rente complètement étrangère à son engagement.

Du 24 nov. 1856.-Sol. adm. enreg. (Belgique).

déterminer quelle a été l'intention des parties. Si une obligation véritablement pure et simple est substituée à une dette conditionnelle, le droit proportionnel est dû. Mais si l'obligation nouvelle est subordonnée, soit à la condition non réalisée à laquelle l'effet de la première obligation était suspendu, soit à toute autre condition, le droit n'est pas exigible, quand bien même l'obligation aurait été qualifiée inexactement pure et simple ; il le deviendra seulement au moment où la réalisation de la condition rendra l'obligation actuelle.

G. — Changement dans la quotité de la dette (*Rép.* n°ˢ 1628 à 1636).

859. En règle générale, avons-nous dit au *Rép.* n° 1634, le droit proportionnel est exigible à raison d'intérêts échus et reconnus, dans le cas où ils sont capitalisés pour en faire une dette nouvelle substituée à celle qui dérive du contrat primitif et qui demeure éteinte. Mais si les parties se bornent à reconnaître le montant des intérêts échus sans en nover la dette, le droit n'est pas dû, car l'obligation de les payer résulte de l'acte qui contient l'engagement principal et qui a été soumis au droit. — Cette distinction est repoussée par M. Demante. « Reconnaître, dit-il, t. 1, n° 404, des intérêts échus par un acte spécial, c'est, dans le langage usuel, les *capitaliser;* ce nouveau capital est lui-même susceptible de produire des intérêts nouveaux. On doit donc considérer l'acte en question comme une obligation de somme ayant pour objet un capital, et c'est avec raison, suivant moi, que la pratique s'est établie en ce sens » Les rédacteurs du *Dictionnaire des droits d'enregistrement* estiment également que toute reconnaissance d'une somme déterminée pour intérêts échus donne lieu au droit proportionnel d'obligation (v° *Intérêts,* n° 25). La cour de cassation s'est prononcée dans le même sens, en sanctionnant la perception du droit d'obligation sur le règlement entre un propriétaire et son fermier, par lequel celui-ci s'était reconnu débiteur, pour *fermages échus* et dus en vertu d'un bail enregistré, d'une somme déterminée qu'il s'était engagé à payer avec intérêts (Civ. cass. 23 mai 1854, aff. Bourgaud, D. P. 54. 1. 195).

H. — Changement quant à l'exigibilité de la dette (*Rép.* n°ˢ 1640 à 1643).

860. Le changement dans le terme de l'obligation n'opère pas novation (*Rép.* n° 1640). Cependant il a été jugé que, lorsqu'à la suite d'adjudication sur expropriation poursuivie à la requête du Crédit foncier à défaut de payement des annuités d'un prêt fait par cette société, l'adjudicataire tenu par son cahier des charges de payer immédiatement au Crédit foncier la totalité de sa créance, en principal et accessoires, obtient de cet établissement de ne se libérer que par annuités dans les termes qui avaient été stipulés pour le débiteur exproprié, l'acte constatant cet accord opère novation et constitue une obligation nouvelle à raison de laquelle le droit proportionnel d'enregistrement est exigible (Trib. Périgueux, 25 août.1876, aff. Gasson, D. P. 76. 5. 205). — La jurisprudence est fixée en ce sens par de nombreux jugements (Trib. Tulle, 21 nov. 1876 ; 25 janv. 1877 ; 25 juill. 1878 (1); Trib. Clermont, 28 mai 1877 et Trib. Trévoux, 23 févr. 1886, Garnier, *Rép. pér. enreg.,* n°ˢ 4689, 4736,

-----

(1) (Virey.) — Le tribunal; — Attendu que Virey s'est rendu adjudicataire d'immeubles situés dans l'arrondissement de Mâcon; que, à la suite d'un ordre suivi sur le prix de cette adjudication, des bordereaux de collocation ont été délivrés aux créanciers inscrits parmi lesquels se trouvait le Crédit foncier de France; que, par des payements partiels, Virey a réduit la créance résultant, pour le Crédit foncier, de son bordereau de collocation à la somme ronde de 200000 fr.; — Attendu que, en cet état de choses, Virey et la dame Léontine Déjardin, son épouse, ont sollicité et obtenu du Crédit foncier le maintien en leur faveur, jusqu'à concurrence de la somme de 200000 fr., du prêt fait par cette société au précédent propriétaire des immeubles acquis par Virey; qu'ils se sont, en conséquence, obligés solidairement, aux termes d'un acte reçu par Second, notaire à Paris, le 10 déc. 1874, au remboursement de ces 200000 fr. au moyen de trente-sept annuités de 13320 fr. 30 cent. chacune, avec affectation d'hypothèque spéciale et les clauses et conditions habituelles aux prêts faits par le Crédit foncier; — Attendu que le contrat ainsi intervenu entre les conjoints Virey et le Crédit foncier a eu pour résultat de libérer Virey des conditions dans lesquelles il

5051, 5113 et 6657). Il est à remarquer que, dans les cas de l'espèce, il n'y a pas seulement une simple modification dans le terme de l'obligation : le mode de payement est complètement transformé, et la créance elle-même est convertie, de créance immédiatement exigible, en une créance produisant intérêts et remboursable par annuités.

I. — Addition de sûretés nouvelles (*Rép.* n° 1644).

861. L'acte par lequel le débiteur ajoute à sa première obligation une sûreté destinée à en garantir le payement n'opère pas novation et ne donne, conséquemment, pas lieu au droit proportionnel (*Rép.* n° 1644). Il en est ainsi, comme le fait observer M. Garnier, de l'addition d'une *clause pénale* à l'obligation. Si donc je dois 10000 fr. par un acte enregistré et que, par un second acte, je m'oblige à payer à mon créancier 1000 fr. au cas où je ne le rembourserais pas à l'expiration du terme stipulé, cette seconde obligation n'engendre pas le droit proportionnel, car elle n'est qu'éventuelle (*Rép. gén. enreg.,* n° 11824).

J. — Changement dans la forme (*Rép.* n°ˢ 1645 à 1651).

862. En principe, le changement qui ne porte que sur la forme de l'obligation, n'opère pas novation et ne rend, dès lors, pas exigible un nouveau droit proportionnel (*Rép.* n° 1645). Pour qu'il y ait novation, dès ce cas, il faut que la volonté de la part des parties de nover se révèle des circonstances. Il en est ainsi dans le cas de transformation d'une dette commerciale en une obligation civile (*Rép.* n° 1650). La jurisprudence rapportée en ce sens au *Rép. loc. cit.,* et d'après laquelle le droit proportionnel d'obligation est exigible audit cas, a été confirmée par un arrêt aux termes duquel un acte qui a pour objet de transformer une obligation commerciale en une obligation civile, ou d'ajouter, même sans novation, aux garanties de la première celles attachées à la seconde, est passible du droit de 1 p. 100; spécialement, l'acte par lequel des billets à ordre sont déposés en l'étude d'un notaire, dans le but de conférer au créancier un titre exécutoire et de l'affranchir de la prescription quinquennale, constitue non seulement un complément ou la consommation de la convention primitive, mais un titre d'une nature différente, qui donne ouverture au droit proportionnel d'obligation (Civ. cass. 14 nov. 1849, aff. Juin, D. P. 50. 1. 26). De même, lorsque la dette résulte d'effets de commerce se trouve constatée, même accessoirement, dans un acte autre que les billets primitifs, cette constatation donne ouverture au droit d'obligation; il en est ainsi, notamment, quand le souscripteur des effets a, par acte sous seing privé, consenti au bénéficiaire, à titre de garantie de la dette, la cession de tous ses droits au bail dont il est le preneur (Trib. Seine, 27 févr. 1864, aff. Richardière, D. P. 65. 3. 16).

A ces décisions se rattache la jurisprudence rapportée *supra,* n° 799, suivant laquelle l'acte constatant une affectation hypothécaire consenti pour sûreté de payement d'une *lettre de change* ou d'un *billet à ordre,* est sujet au droit proportionnel d'obligation à 1 p. 100.

863. Mais, pour qu'il en soit ainsi en pareil cas, il faut que

était tenu en sa qualité d'adjudicataire; qu'un engagement de payer des sommes successives, composées chacune d'une portion du capital et d'intérêts calculés suivant un mode déterminé, a remplacé l'obligation de solder un bordereau de collocation exigible immédiatement dans son entier; que le recouvrement de ce bordereau pouvait être poursuivi par voie rapide de la folle enchère, tandis que les annuités aujourd'hui dues sont recouvrables suivant le mode de procédure spéciale édictée par la législation relative au Crédit foncier; qu'ainsi, depuis le contrat du 10 déc. 1874, la nature de la créance du Crédit foncier sur Virey et les conséquences juridiques qui s'y rattachent ne sont plus les mêmes; qu'une dette ayant pour cause un prêt d'argent a été substituée à une autre dette qui avait pour cause un prix de vente et qui est éteinte; qu'il suit, aux termes du paragraphe 5 de l'art. 1271 c. civ., qu'il y a novation et que, par voie de conséquence, c'est à juste titre que l'administration de l'enregistrement réclame le droit proportionnel de 1 p. 100 sur le montant de l'obligation nouvellement contractée.

Par ces motifs, etc.

Du 25 juill. 1878.-Trib. civ. de la Seine.

la reconnaissance du débiteur, contenue dans l'acte civil, soit formelle et constitue réellement pour le créancier un titre nouveau dont il puisse se prévaloir. Un jugement du tribunal de Nevers du 8 mars 1864 a repoussé avec raison l'application du droit proportionnel à un acte par lequel le souscripteur de billets de commerce, dans le but d'en garantir le payement à une personne qui les avait revêtus de son aval, lui avait donné des marchandises en nantissement. Dans ce cas, en effet, comme le remarque M. Garnier, *Rép. gén. enreg.*, n° 11825, le souscripteur ne s'était pas engagé envers le bénéficiaire des effets, il avait seulement fourni un gage au donneur d'aval pour assurer le remboursement des avances que ce dernier pouvait se trouver obligé de faire.

864. D'un autre côté, il faut que le titre, dans sa forme nouvelle, soit sujet à l'impôt. Si, au contraire, il en était exempt précisément en raison de cette forme, le droit proportionnel ne pourrait être exigé. Ainsi, la disposition du traité passé entre une ville et une compagnie concessionnaire de l'exécution de travaux publics, constatant l'émission par la compagnie de *bons de délégation* qui ont obligé la ville vis-à-vis des porteurs de ces bons et l'ont libérée, vis-à-vis des concessionnaires, du montant de la subvention promise, ne donne ouverture ni au droit proportionnel de libération ni à celui d'obligation, bien que constituant la novation prévue et définie par le paragraphe 3 de l'art. 1271 c. civ., les bons constituant des effets de commerce et n'étant, à ce titre, sujets au droit d'enregistrement que dans le cas où ils sont protestés (Trib. Seine, 7 août 1869, aff. Hunebelle et Legrand, D. P. 70. 3. 27). — V. *infrà*, n° 1978.

K. — Séparation de patrimoines (Rép. n° 1652).

865. Lorsque l'héritier s'oblige personnellement, par un nouvel acte, envers un créancier de la succession, et que celui-ci renonce au droit de demander la séparation des patrimoines, il n'y a point, à proprement parler, de nouvelle dette et, par suite, l'obligation contractée par l'héritier ne donne point ouverture à un nouveau droit proportionnel (*Rép.* n° 1652). La doctrine est fixée en ce sens (Garnier, *Rép. gén. enreg.*, n° 11833; *Diction. droits d'enreg.*, v° *Novation*, n° 107).

N° 5. — Délégations. — Cession de créances, d'actions, de rentes. — Actes équipollents à cession (Rép. n°° 1659 à 1892).

866. Le *Répertoire* a traité, dans le présent numéro, de ces espèces de novations qui ont lieu, soit lorsque, pour s'acquitter de l'obligation qu'il avait contractée envers un créancier, le débiteur lui en donne un autre pour le payer à sa place, soit lorsque, par l'effet d'un nouvel engagement, un nouveau créancier est substitué à l'ancien envers lequel le débiteur se trouve déchargé (*Rép.* n° 1659). La loi de frimaire an 7 (art. 69, § 3, n° 3) soumet au droit de 1 fr. pour 100 « les transports, cessions et délégations de créances à terme ». Ces expressions *transports et cessions* sont synonymes : elles se rapportent à une même convention, qui n'est autre chose que la vente appliquée aux droits incorporels. Les trois dénominations de la loi fiscale se réduisent donc à deux : les *délégations* et les *cessions* (*Rép.* n° 1060). Mais il y a des conventions équipollentes dont la plupart, sous une dénomination différente, contiennent réellement, suivant l'occurrence, une cession ou une délégation, et qui tombent, à ce titre, sous l'application de la disposition précitée de la loi de frimaire, savoir : la *rétrocession*, la *dation en payement*, l'*indication de payement*, la *subrogation conventionnelle*. Ces diverses conventions formeront, comme au *Répertoire*, avec les *délégations* et les *cessions*, l'objet du présent numéro (*Rép.* n° 1060).

A. — Délégations (Rép. n°° 1661 à 1726).

867. L'art. 69, § 3, n° 3, de la loi du 22 frim. an 7 tarife au droit de 1 fr. pour 100 « les transports, cessions et délégations de créances à termes ; les délégations de prix stipulées dans un contrat pour acquitter des créances à terme envers un tiers, sans énonciation de titre enregistré, sauf, pour ce cas, la restitution dans le délai prescrit, s'il est justifié d'un titre précédemment enregistré ». Cette disposition vise deux

espèces de délégations : 1° la délégation de prix stipulée dans un contrat pour acquitter des créances à terme envers des tiers ; 2° la délégation de créances à terme. Chacune de ces espèces de délégations a ses règles particulières (*Rép.* n° 1661).

1°. — Délégation de prix dans un contrat (Rép. n°° 1662 à 1695).

868. Les délégations de prix stipulées dans un contrat sont affranchies du droit proportionnel toutes les fois qu'elles se rapportent à des dettes résultant de titres enregistrés. C'est là une application du principe établi par les art. 10 et 11 de la loi de frimaire an 7, et suivant lequel tout acte dont les dispositions sont dépendantes et dérivent nécessairement les unes des autres, ne donne lieu qu'à un seul droit d'enregistrement. En effet, la délégation de prix stipulée dans un contrat forme une disposition constitutive et une partie intégrante de ce contrat.

869. La règle posée à l'égard de ces sortes de délégations est applicable à *toute espèce* de contrat (*Rép.* n° 1662). « Cette large acception, dit M. Demante, t. 1, n° 431, est consacrée ici par la loi de frimaire qui parle, d'une façon générale, des délégations de prix stipulées dans un contrat ». Ainsi, la règle est applicable à la clause d'un *bail* obligeant le fermier à payer des dettes du bailleur (Trib. Marseille, 23 avr. 1858, Garnier, *Rép. gén. enreg.*, n° 6048).

870. La délégation de prix dans un contrat donne lieu au droit proportionnel, lorsqu'elle se rapporte à des dettes non établies par titres enregistrés ; mais il y a lieu à restitution du droit, toutes les fois qu'il est prouvé que les dettes sont constatées par actes revêtus de la formalité. D'un autre côté, la délégation ne donne pas ouverture au droit proportionnel, lorsqu'elle n'est pas de nature à faire titre au créancier, spécialement lorsqu'elle se rencontre dans certains actes tels qu'une donation, un partage d'ascendant, une cession de droits successifs, etc., et présente, en raison de la nature particulière de ces contrats, un caractère simplement énonciatif (*Rép.* n°° 1226 et suiv.).

Ce n'est pas, en effet, sur la délégation elle-même que la loi fiscale a établi le droit proportionnel, mais bien sur le titre de la créance en payement de laquelle la délégation est faite, et, à raison de la reconnaissance du droit qu'elle suppose (*Rép.* n°° 1664 et 1671). Ce principe, contesté d'abord par l'Administration, est depuis longtemps reconnu comme constant. Le *Dictionnaire des droits d'enregistrement*, v° *Délégation*, n° 213, cite en ce sens une solution de l'administration de l'enregistrement du 18 avr. 1873, aux termes de laquelle il n'y a pas lieu de percevoir le droit de délégation sur la clause d'une adjudication qui charge l'adjudicataire de payer les honoraires de l'avoué, le titre de ce dernier se trouvant dans les actes de la procédure enregistrés et dans la loi.

Si, comme dans l'espèce de cette solution, le titre du créancier se trouve dans la loi, il n'est plus nécessaire, pour que le droit de délégation ne soit pas perçu, que la créance soit constatée par acte enregistré. D'une part, en effet, suivant un principe consacré par de nombreuses décisions de la jurisprudence, l'acte ou le jugement constatant un effet propre de la loi, c'est-à-dire un effet qui se produit entre les parties par la seule force de la loi, ne rend pas exigible le droit à la perception duquel cet effet donnerait lieu s'il résultait d'une convention entre parties (V. *suprà*, n° 158). D'un autre côté, il est également de principe qu'en matière d'impôt, l'exemption équivaut à payement et doit conséquemment produire les mêmes effets qu'aurait eus le payement lui-même (V. *suprà*, n° 157).

871. Le droit s'appliquant à la reconnaissance de dette, l'acceptation du créancier est indifférente au point de vue de son exigibilité (*Rép.* n° 1673). La jurisprudence tend à se fixer en ce sens (Trib. Valence, 5 juin 1862, et Trib. Issoudun, 31 juill. 1872, *Diction. droits d'enreg.*, v° *Délégation*, n° 195 ; Garnier, *Rép. gén. enreg.*, n° 6045 ; Trib. Clermont (Oise) 19 juin 1885, Garnier, *Rép. pér. enreg.*, art. 6366).

872. L'affranchissement du droit proportionnel résultant de la loi fiscale pour « les délégations de prix stipulées dans un contrat » en faveur de créanciers porteurs de titres enregistrés, n'est acquis qu'autant que la délégation est expresse, actuelle, en un mot complète dans le contrat (*Rép.* n⁰ˢ 1678 et 1685); la simple énonciation de l'intention de déléguer ultérieurement, ne constituerait pas la délégation et, par suite, sa réalisation rendrait le droit proportionnel exigible (*Ibid.*). — La délégation expresse et formelle du prix d'une vente immobilière, dans l'acte la constatant, *en faveur des créanciers inscrits du vendeur*, constitue la délégation affranchie du droit proportionnel (*Rép.* n° 1683). L'Administration de l'enregistrement a confirmé cette doctrine par trois solutions des 19 janv. 1872, 9 sept. et 26 déc. 1873 mentionnées dans le *Dictionnaire des droits d'enregistrement*, v° *Délégation*, n° 309. Dans l'espèce de celle du 19 janv. 1872, l'acte de vente portait que l'acquéreur verserait son prix entre les mains des créanciers hypothécaires des vendeurs qu'il était chargé de désintéresser à due concurrence. L'Administration a décidé que l'acte ultérieur par lequel le prix avait été distribué entre les créanciers inscrits, ne donnait pas lieu au droit proportionnel, le contrat de vente portant délégation expresse et formelle de ce prix en faveur des créanciers, et le règlement intervenu ensuite n'étant que l'exécution et le complément de cette délégation.

873. Mais s'il est stipulé, non plus dans un contrat de vente, mais dans un cahier des charges dressé à la suite d'une saisie immobilière, par l'avoué du saisissant, afin de parvenir à l'adjudication des biens saisis, que le prix sera payable à la partie saisie ou aux créanciers inscrits, cette stipulation peut-elle être considérée comme emportant délégation? L'administration de l'enregistrement s'est d'abord prononcée pour l'affirmative (Sol. adm. enreg. 17 mars 1865, *Diction. droits d'enreg.*, v° *Délégation*, n° 325), mais elle est revenue sur cette interprétation et a résolu négativement la question par deux autres solutions des 27 janv. et 14 juill. 1874 (*Ibid.*, n⁰ˢ 326 et 327). La clause du cahier des charges, porte en substance la dernière de ces décisions, exprime que l'acquéreur payera son prix, non d'après une délégation, mais conformément à la loi et selon ce qui serait ordonné par justice. Aucune délégation n'y était possible, cet acte étant dressé à la requête du saisissant et ne pouvant dès lors déléguer le prix aux créanciers inscrits, c'est-à-dire principalement au saisissant lui-même. L'Administration a conclu que l'acte ultérieur qui autorise le créancier inscrit à toucher directement de l'adjudicataire, à fournir quittance et à donner mainlevée de l'inscription d'office, ne peut pas être considéré sous ce rapport, comme ne contenant que le complément et l'exécution du cahier des charges, et que, dès lors, il donne lieu au droit de délégation à 1 pour 100. Cette solution paraît fondée dans le cas spécial dont il s'agit.

2°. — *Délégation de créances à terme* (*Rép.* n⁰ˢ 1696 à 1726).

874. Indépendamment de la disposition rappelée *suprà*, n° 866, qui assujettit au droit proportionnel de 1 pour 100 « les transports, cessions et délégations de créances à terme », la loi de frimaire an 7 en contient une autre qui a établi le droit fixe de 1 fr. (aujourd'hui 3 fr.) sur « les acceptations de transports ou délégations de créances à terme, faites par actes séparés, lorsque le droit proportionnel a été acquitté pour le transport ou la délégation; — et celles qui se font dans les actes mêmes de cession de créances aussi à terme » (art. 68, § 1ᵉʳ, n° 3). — L'application de ces deux dispositions soulève beaucoup de difficultés. On distingue quatre cas, savoir : 1° celui où la délégation est parfaite par le concours à l'acte des trois parties intéressées : le débiteur délégant, le créancier délégataire, et le débiteur délégué; 2° le cas où la délégation est imparfaite, soit qu'elle ait été stipulée entre le débiteur délégant et le créancier délégataire en l'absence du débiteur délégué; 3° soit que la convention soit intervenue entre les deux débiteurs, le délégant et le délégué, en dehors du créancier délégataire; 4° soit enfin que le débiteur délégant ait agi seul, sans le concours ni du créancier délégataire, ni du débiteur délégué.

875. Lorsque la délégation est parfaite, les trois parties intéressées ayant concouru à l'acte, elle opère une espèce de novation par laquelle l'ancien débiteur, pour s'acquitter envers son créancier, lui présente une tierce personne qui s'oblige à sa place. C'est le cas même prévu par la loi fiscale.

Le droit proportionnel est exigible (*Rép.* n⁰ˢ 1696 et 1699), quelle que soit l'origine de la dette, qu'elle résulte d'un prêt, d'une vente, d'un échange ou d'un partage avec soulte, d'un legs, etc. La loi ne faisant aucune distinction entre les différentes causes de la dette, toute délégation de créance, même d'un prix de vente, donne lieu au droit proportionnel dès que l'exemption établie en faveur des délégations de prix stipulées dans un contrat, ne lui est pas applicable (Garnier, *Rép. gén. enreg.*, n° 6069; *Diction. droits d'enreg.*, v° *Délégation*, n° 73).

876. Si la délégation a été stipulée entre le débiteur délégant et le créancier délégataire, en l'absence du débiteur délégué, elle est imparfaite et n'opère plus novation, mais une cession et transport. L'acceptation du débiteur délégué peut être suppléée par une signification. Le droit proportionnel est dû (*Rép.* n° 1703; Demante, 2ᵉ éd., t. 1, n° 426; Garnier, *Rép. gén. enreg.*, n° 6071; *Diction. droits d'enreg.* v° *Délégation*, n° 78).

877. Le droit proportionnel est-il applicable au cas où la convention a été passée entre le délégant et le délégué en l'absence du délégataire? Le défaut de consentement de ce dernier ne permet de considérer cette convention ni comme une véritable délégation, ni comme une cession. Cependant la jurisprudence de la cour de cassation admet la perception du droit proportionnel dans ce cas, par le motif que la combinaison des dispositions rappelées ci-dessus des art. 68 et 69 de la loi de frimaire an 7, il résulte que le législateur a compris, dans les termes de l'art. 69, § 3, n° 3, les délégations non acceptées, comme celles qui le sont, et que, s'il est vrai de dire qu'une délégation non encore acceptée par le délégataire n'est pas parfaite en ce sens qu'elle n'opère pas une véritable novation de la créance, il n'est pas moins vrai qu'une telle délégation emporte d'ores et déjà, de la part du délégant, un dessaisissement, un transport, au profit du délégataire de sa créance sur le débiteur délégué, transport qui peut, sans aucune acceptation écrite, recevoir sa pleine et entière exécution (*Rép.* n° 1712). La question a été résolue dans le même sens par les tribunaux (Trib. Marseille, 14 mars 1850, 23 juill. et 14 août 1863; Trib. Seine, 26 févr. 1859; Trib. Semur, 1ᵉʳ avr. 1863; Trib. Tours, 13 févr. 1864; Trib. Issoudun, 31 juill. 1872; Trib. Bruxelles, 23 (ou 27) avr. 1873, *Diction. droits d'enreg.*, v° *Délégation*, n° 87).

M. Garnier admet aussi la perception du droit proportionnel dans le cas dont il s'agit, tout en reconnaissant que les motifs exprimés dans les décisions de la jurisprudence ne sont pas à l'abri de la critique, car, tant que le créancier n'a pas accepté, il ne s'opère aucun dessaisissement à son profit. « Mais, dit-il, quand je conviens avec mon débiteur qu'il vous payera la somme qu'il me doit, j'agis à la fois dans votre intérêt, pour vous libérer envers vous, et en votre nom, pour vous procurer un nouveau débiteur. Cette opération rentre directement sous l'application de l'art. 1121 c. civ. Il suffit à la validité actuelle de l'engagement que vous ayez un intérêt dans la convention. Or, la délégation, tout imparfaite qu'elle est, confère néanmoins au créancier des droits sérieux : interruption de la prescription, faculté de poursuivre en justice la répétition de la somme due, même sans le représentation du titre originaire, etc. Ainsi, en considérant la clause comme une stipulation pour autrui, on arrive à ustifier la perception du droit proportionnel » (*Rép. gén. enreg.*, n° 6072).

Suivant le *Dictionnaire des droits d'enregistrement, ibid.*, n° 83, cette argumentation n'est pas fondée, attendu que, si le tiers pour lequel on stipule dans les termes de l'art. 1121 trouve certains avantages dans l'offre qui lui est faite, il n'y a pas délégation tant que le délégataire n'a pas accepté; mais la perception du droit proportionnel doit être admise dans le cas en question, parce qu'en tarifant à ce droit les délégations de créances sans distinguer entre celles acceptées par le délégataire et celles qui ne le sont pas, et en soumettant, d'autre part, à un droit fixe particulier l'acceptation de la délégation dans l'acte même qui la constate, acceptation qui doit nécessairement être entendue de celle du créancier délégataire, et non de celle du débiteur délégué, le législateur a manifesté clairement la volonté que le droit proportionnel fût perçu sur les délégations, même lorsqu'elles ne sont pas acceptées, et que, par conséquent, elles n'opèrent pas transport de la créance (*loc. cit.*, n° 86).

Nous discutons *infrà*, n°s 879 et suiv., la question en même temps que celle qui se réfère au quatrième cas dont il nous reste à parler.

878. Dans le quatrième et dernier cas, le débiteur délégant agit seul, sans le concours ni du créancier délégataire, ni du débiteur délégué. Il est enseigné au *Rép.* n°s 1704 et suiv. que, même dans ce cas, la perception du droit proportionnel doit être admise par les différentes considérations qui justifient cette même perception au cas où le délégué concourt à l'acte de délégation (V. *suprà*, n° 877). Telle est aussi la doctrine résultant des décisions de la jurisprudence mentionnées *ibid.*

879. M. Garnier et le *Dictionnaire des droits d'enregistrement* s'accordent à critiquer cette doctrine. L'un et l'autre soutiennent que la perception du droit proportionnel ne peut être admise dans le cas dont il s'agit. La proposition du délégant, dit le premier, n'est qu'une indication de payement ou un mandat passible du droit fixe tant que le délégué ou le délégataire ne l'a pas acceptée. On ne saurait comprendre qu'un droit de transmission puisse être perçu sur un acte qui ne peut rien transmettre, pas plus que l'on puisse exiger un droit de vente sur la simple promesse du vendeur (Garnier, *Rép. gén. enreg.*, n° 6074). Pour que le droit proportionnel soit dû, dit le *Dictionnaire des droits d'enregistrement*, il faut qu'il y ait délégation tout au moins imparfaite, c'est-à-dire un contrat qui exige le concours de deux volontés, ce qui n'existe pas lorsque l'acte émane du seul délégant. Rien ne prouve que le législateur ait voulu frapper de l'impôt proportionnel un acte émané d'une seule partie, un acte qui ne contient, dès lors, pas une délégation, même imparfaite (v° *Délégation*, n°s 92 et 93).

880. Cette doctrine nous paraît devoir être préférée à celle enseignée au *Répertoire*. En effet, l'argument exprimé, en faveur de la perception du droit proportionnel, dans les arrêts de la cour de cassation, à savoir que la délégation souscrite par le délégant sans le concours du délégataire, emporte d'ores et déjà au profit de ce dernier, de la part du délégant, un dessaisissement, un transport, qui peut recevoir, sans aucune acceptation écrite, sa pleine et entière exécution soulève de très sérieuses objections. Comme le fait très bien observer M. Demante, t. 2, n° 628, il y a si peu dessaisissement au profit du délégataire que jusqu'à son acceptation le projet de délégation peut être révoqué (c. civ. art. 1121). Le véritable motif des décisions de la jurisprudence est que, si le droit proportionnel n'était perçu sur les délégations qu'autant qu'elles seraient acceptées par le créancier délégataire, ces conventions ne se rencontreraient pour ainsi dire jamais dans la pratique avec cette acceptation et échapperaient, par suite, au droit proportionnel au détriment du Trésor public. Mais, si graves et si sérieuses qu'elles soient au point de vue financier et administratif, ces considérations sont, au point de vue juridique, absolument sans valeur. Le juge n'a pas à se préoccuper des conséquences de ses décisions, soit pour les contribuables, soit pour le Trésor. Il n'importe, lisons-nous dans un arrêt de la cour de cassation, que le droit applicable à une stipulation soit disproportionnel à la valeur de la chose qui en fait l'objet, le devoir des juges étant, surtout en matière fiscale, de se renfermer dans la disposition de la loi (Civ. rej. 26 avr. 1836, *Rép.* n° 1900). Or, si le juge doit appliquer sans hésitation la loi, lors même que l'impôt qu'elle prescrit de percevoir se trouve exagéré, il ne doit pas hésiter davantage à l'appliquer, lorsqu'elle est favorable au contribuable. Cela est de toute justice et de toute évidence. La cour de cassation a proclamé maintes fois, dans de nombreux arrêts, que la loi fiscale a un caractère essentiellement restrictif, qu'aucun droit d'enregistrement ne peut être perçu qu'en vertu d'une disposition expresse de la loi, qu'il faut, pour que l'impôt soit exigible sur une convention, que cette convention soit l'une de celles que la loi a tarifées (*Rép.* n°s 13 et suiv.). Ce principe est fondamental en la matière. Cependant les décisions de la cour dans le cas dont nous nous occupons s'en écartent complètement, car elles appliquent le droit proportionnel de 1 pour 100 établi sur les délégations de créances à des stipulations qui, étant émanées du délégant seul, n'ont, certainement pas,

à défaut d'acceptation du délégataire, le caractère de délégation.

Vainement allègue-t-on que la disposition de loi dont il s'agit atteint les délégations non acceptées aussi bien que celles acceptées, que cela résulte de ce que son texte ne fait aucune distinction et de ce qu'une autre disposition soumet à un droit fixe particulier les acceptations de délégations de créances qui se font dans les actes mêmes de délégation. Ces arguments ne semblent pas fondés. La loi est conçue en termes généraux, mais elle détermine nettement les contrats qu'elle entend soumettre à l'impôt. Ces contrats sont ceux portant délégation de créances. Donc, pour qu'elle soit applicable à une convention, il faut que cette convention renferme une délégation de créances. Or la déclaration, par le délégant seul, qu'il délègue à son créancier des créances appartenant à lui délégant sur un tiers, ne peut en aucun cas être considérée, à défaut d'acceptation du délégataire, comme constituant une délégation. Le droit proportionnel établi pour les délégations ne peut donc lui être appliqué. Quant à l'argument tiré de ce que l'acceptation de la délégation est soumise à un droit fixe particulier, lors même qu'elle se trouve dans l'acte de délégation, il faut admettre, pour comprendre l'effet que l'on dit en résulter, que l'acceptation tarifée est celle du créancier délégataire, et non celle du débiteur délégué. Or, dirons-nous encore avec M. Demante, t. 1, n° 427, les antécédents historiques de la loi du 22 frim. an 7, l'économie de ses dispositions, notamment le rapprochement établi par elle entre les transports, cessions et délégations, concourent à démontrer que la partie dont l'acceptation n'est pas considérée comme essentielle à la perfection de l'opération et est assujettie, par suite, à un droit fixe particulier, lorsqu'elle se rencontre dans l'acte de délégation, c'est, non pas le créancier délégataire, mais bien le débiteur délégué.

881. La jurisprudence de la cour de cassation s'était d'abord fixée dans le sens que nous soutenons par différentes décisions rendues dans les années qui ont suivi la promulgation de la loi de frimaire. Ces décisions ont repoussé la perception du droit proportionnel sur la délégation de créances souscrites par le délégant seul. « Attendu, porte l'une d'elles, que la délégation mentionnée dans l'acte du 1er vendém. an 6, n'a point été acceptée, que ce n'est qu'une indication de payement qui ne forme ni novation, ni obligation » (Req. 17 frim. an 8, *Rép.* n°s 1706 et suiv.). Comme il est dit *suprà*, n° 880, la cour est revenue plus tard sur cette interprétation, mais les derniers des arrêts par lesquels elle a sanctionné la perception du droit proportionnel dans le cas dont il s'agit, remontent à 1839, c'est-à-dire à plus de cinquante ans. La doctrine et la jurisprudence ont fait d'énormes progrès, en matière fiscale, pendant ce demi-siècle. Les travaux des jurisconsultes qui, à la suite de Championnière, se sont occupés spécialement de commenter les lois de l'enregistrement, ont déterminé, d'après les principes du droit civil, le véritable sens et la portée de beaucoup de dispositions que la jurisprudence, sous l'influence de la doctrine étrangère à la science du droit, comme dans le cas dont nous nous occupons, avaient interprétées dans un sens trop favorable au fisc. La cour suprême a été ainsi amenée peu à peu à modifier, dans un grand nombre de cas, ses décisions premières, et à les mettre en rapport avec les principes. Peut-être en sera-t-il de même relativement au point traité ci-dessus, lorsque la question sera portée de nouveau devant la cour.

882. D'après la doctrine que nous adoptons, il n'y a aucune distinction à faire entre les délégations dans lesquelles le délégant a agi seul et celles où il a stipulé avec le concours du débiteur délégué. Dans un cas comme dans l'autre, la convention ne peut constituer une délégation, à défaut d'acceptation du délégataire, et, par suite, le droit proportionnel de délégation n'est pas exigible. M. Garnier et le *Dictionnaire des droits d'enregistrement*, nous paraissent n'être pas conséquents avec eux-mêmes en admettant cette perception, alors qu'ils la repoussent sur les actes dans lesquels le créancier délégant agit seul (V. *suprà*, n° 879).

883. Les délégations de créances à terme sont souvent présentées dans les actes sous la qualification d'*ordres amiables* en vue de n'avoir à supporter qu'une perception inférieure au droit de 1 fr. pour 100 (V. *infrà*, sect. 3). La jurisprudence a souvent appliqué ce droit de 1 fr. pour 100 à des actes qualifiés improprement « ordres amiables » (*Rép.* n°ˢ 1715 et suiv., et vᵒ *Ordre*, n° 78-2° et 3°).

Dans le même sens, il a été jugé que l'acte par lequel un débiteur distribue entre un certain nombre de ses créanciers, en l'absence des autres, le prix de plusieurs de ses immeubles aliénés par des actes antérieurs, en indiquant à chacun des créanciers l'acquéreur qui devra les payer, n'est point, quoiqu'il ait été qualifié ainsi, un ordre amiable, lequel ne serait soumis qu'au droit fixe de 2 fr. (L. 22 frim. an 7, art. 3 et 68, § 1ᵉʳ, n° 6); c'est un acte de délégation de créances à terme soumis, à ce titre et pour les acceptations qu'il contient, aux droits proportionnels fixés par les art. 69, § 3, n° 3 et 68, § 1ᵉʳ, n° 3, de la même loi. De ce que l'administration n'aurait pas le droit d'attaquer cet acte, pour n'avoir pas été fait entre tous les créanciers, droit qui n'appartient en effet qu'à ceux des créanciers qui n'y ont pas adhéré, il ne s'ensuit pas qu'elle ne puisse pas rechercher le véritable caractère du contrat, pour déterminer à quelle classe de conventions il appartient et quelles sont la nature et la quotité du droit auquel il est soumis (Civ. cass. 24 avr. 1854, aff. Charlionnais, D. P. 54. 1. 160. Conf. *Rép.* n° 1713). La distinction entre l'ordre amiable et la délégation est, d'ailleurs, assez délicate ; la base de cette distinction consiste en ce que l'ordre n'est que déclaratif, tandis que la délégation est attributive (V. *Rép. loc. cit.*). L'arrêt précité est conforme à des décisions antérieures de la cour de cassation.

884. L'intérêt qu'il y a à distinguer l'ordre amiable de la délégation résultait, au moment de la publication du *Répertoire*, de ce que l'ordre amiable n'était assujetti qu'au droit fixe de 1 fr., tandis que la délégation était soumise et est encore soumise au droit proportionnel de 1 p. 100; une loi du 21 mai 1858 réglementa l'ordre amiable, mais elle le laissa soumis à la perception du droit fixe de 1 fr. (Trib. Reims, 5 sept. 1862, aff. Bourgogne, D. P. 62. 3. 78; Sol. adm. enreg. 21 juin 1864, D. P. 65. 3. 85; 2 nov. 1867, D. P. 68. 3. 86). Depuis, la loi du 28 févr. 1872, dans son art. 5, n° 1, a assujetti les ordres amiables au droit proportionnel qui leur était applicable c'est-à-dire au droit de collocation ou de liquidation à 50 cent. p. 100; l'intérêt de la distinction entre les délégations et les ordres amiables a donc diminué, mais il n'a pas disparu, et les principes, consacrés par la jurisprudence rapportée au *Répertoire*, sur cette distinction, doivent continuer de recevoir, aujourd'hui encore, leur application.

3°. — *Acceptation de délégation; Droit fixe.*

885. Le contrat de délégation se forme entre le débiteur délégant et, soit le débiteur délégué, soit le créancier délégataire. Dans tous les cas, ce contrat suppose la réunion de deux volontés. Par conséquent, lorsque les trois parties sont en présence, le droit fixe établi par l'art. 68, § 1ᵉʳ, n° 3, de la loi du 22 frim. an 7, ne peut être exigé que sur l'acceptation du créancier délégataire ou sur celle du débiteur délégué, mais non sur toutes deux à la fois. Or, d'après la définition même de la délégation, il est clair que le contrat se forme principalement entre le débiteur délégant et le débiteur délégué qui s'oblige à sa place. D'où il suit que l'acceptation du créancier délégataire est seule passible du droit fixe (V. *Rép.* n° 1710). Dès lors, c'est à tort que, pour l'enregistrement d'un contrat contenant délégation à trente-deux créanciers, pour un débiteur, d'une somme à prendre sur celle à lui due par trois autres personnes, on prétendrait qu'il est dû, non pas trente-deux, mais quatre-vingt-seize droits fixes, à raison de l'acceptation par chacun des trois débiteurs délégués, de la délégation déjà acceptée par les trente-deux créanciers (Sol. adm. enreg. 4 mars 1864, D. P. 67. 5. 172).

D'après une autre solution de l'Administration, le droit fixe ne peut être exigé sur les deux acceptations du débiteur délégué et du créancier délégataire, même quand toutes les parties sont en présence ; il n'est dû que sur l'une d'elles, parce que le contrat de délégation suppose, comme tous les autres contrats, le concours de deux volontés. Ainsi, l'acte d'emprunt contenant délégation, à titre de garantie, de l'indemnité qui serait due à l'emprunteur en cas d'incen-

die de l'immeuble affecté hypothécairement à la garantie de l'emprunt, ne donne lieu, lorsque la compagnie d'assurances déléguée n'est pas intervenue à l'acte, à aucun droit fixe d'acceptation, indépendamment du droit proportionnel (Sol. adm. enreg. 16 févr. 1870, *Diction. droits d'enreg.*, vᵒ *Acceptation*, n° 36).

Il résulte de ces décisions que, pour que le droit fixe d'acceptation soit dû à l'enregistrement de l'acte de délégation, indépendamment du droit proportionnel, il faut que le délégant, le débiteur délégué et le créancier délégataire aient été tous parties audit acte.

B. — *Cessions* (*Rép.* n°ˢ 1727 à 1854).

1°. — *Créances* (*Rép.* n°ˢ 1728 à 1768).

886. — I. Droit proportionnel. — La cession d'une créance peut avoir lieu par voie d'échange. La disposition du tarif s'appliquant à tous les transports à titre onéreux, il en résulte que la cession d'une créance à titre d'échange contre une autre créance appartenant au cessionnaire, donne lieu à la perception du droit de 1 pour 100 (*Rép.* n° 1732). En ce sens, il a été jugé qu'on devait voir, dans une convention portant cession de créance moyennant une rente viagère, un simple transport de créance passible du droit de 1 pour 100, plutôt qu'une constitution de rente viagère sujette au droit de 2 pour 100, alors que les créances cédées sont d'un recouvrement fort incertain, que le cédant est octogénaire et til d'affection avec le cessionnaire, et que la vente a été constituée à un taux excessivement minime en égard au capital nominal des créances (2000 fr. de rente pour un capital de 51339 fr. 70 cent.) (Trib. Bordeaux, 19 août 1874, D. P. 75. 3. 243. Conf. *Rép.* n° 1813).

Comme on l'a dit au *Rép.* n° 1733, la chose qui doit faire l'objet de la cession est la créance à terme. — Il a été jugé que le droit proportionnel de transport de créances à 1 pour 100, et non celui de vente immobilière à 5 fr. 50 cent. pour 100, ou celui de vente mobilière à 2 fr. pour 100, est dû sur la disposition d'un acte de vente immobilière par laquelle le vendeur cède à l'acquéreur ses droits sur les bestiaux et ustensiles existant dans la propriété, moyennant un prix égal à l'estimation qui en a été faite dans le bail de l'immeuble consenti, sous la condition pour le fermier de rendre les bestiaux et ustensiles à l'expiration du bail ou d'en payer l'estimation (Trib. Vannes, 25 avr. 1872, aff. Corvoisier, D. P. 73. 3. 62). Et en effet, le droit cédé par le vendeur consistait bien dans une créance résultant du bail de la propriété aliénée, sur les bestiaux et ustensiles qui s'y trouvaient, c'est-à-dire dans le droit d'exiger, à l'expiration du bail, les objets mêmes ou leur estimation, au choix du fermier.

887. La cession d'une créance soumise à une condition suspensive est également passible du droit de 1 pour 100 mais ce droit ne devient exigible que si la condition se réalise (*Rép.* n° 1738). Il en est ainsi d'une délégation ou cession de loyers (*Rép.* n° 1739). Cependant, il a été jugé que la disposition d'un bail à ferme portant que le fermier n'entrera en jouissance qu'à l'expiration d'un bail antérieur qui doit se prolonger pendant plusieurs années, et encaissera les fermages de ce bail, constitue, non une cession de bail, mais un transport de loyers à échoir passible du droit de transport de créances de 1 pour 100 (Trib. Seine, 20 nov. 1869, aff. Guyon, D. P. 72. 5. 177-178).

Quoi qu'il en soit, l'acte par lequel une compagnie de chemin de fer cède et transporte des subventions à échoir à son profit à une société en payement de travaux de constructions exécutés par celle-ci qui s'y était engagée par traité portant que le prix serait acquitté en espèces, ne peut être considéré comme un simple acte de complément et d'exécution de ce traité, et comme ne donnant ouverture à ce titre qu'au droit fixe. Il constitue un véritable transport de créance passible du droit proportionnel de 1 pour 100 (Req. 25 févr. 1874, aff. Compagnie de Fives-Lille, D. P. 74. 1. 376). Pour que la cession au sujet de laquelle cet arrêt est intervenu ne fût passible que d'un simple droit fixe comme acte d'exécution et de complément, ainsi que le prétendait le demandeur en cassation, il aurait fallu que l'abandon des subventions eût été stipulé formellement dans le traité primitif passé entre les deux sociétés. Cette circonstance ne se rencontrant pas dans l'espèce, la cession litigieuse se présentait comme une stipulation entièrement distincte de la première convention et sujette, dès lors, au droit proportionnel qui lui était applicable d'après sa nature (V. *ibid.* note; Req. 20 avr. 1869, aff. de Courson, D. P. 70. 1. 65). D'autre part, la créance résultant de subventions à échéances fixes paraît beaucoup plus certaine et déterminée qu'une créance de loyers à échoir. C'est donc avec raison que la cour de cassation a sanctionné la perception du droit proportionnel sur la cession litigieuse.

888. Pour que le droit proportionnel soit exigible, il faut que la convention de cession de créance ait pour effet de dessaisir le cédant et de saisir le cessionnaire, car la cession, comme la vente, suppose une transmission de propriété (*Rép.* n° 1753). — On s'est demandé si la disposition d'un acte d'acquisition d'immeubles au profit d'une femme mariée sous le régime de la communauté réduite aux acquêts portant que le prix en a été payé avec des deniers personnels au mari et que celui-ci a été désintéressé par la cession de créances appartenant à la femme, donne lieu au droit de 1 pour 100. On soutenait qu'il n'y avait pas lieu à la perception du droit proportionnel, parce que les deniers qui avaient servi à payer le prix de l'acquisition ne pouvaient être propres au mari, malgré sa déclaration, les deniers appropriés tombant forcément dans la communauté usufruitière, sauf le droit de reprise des époux. On en concluait que les avances faites par le mari à la femme avec de tels deniers la constituant débitrice envers la communauté, et non pas envers son mari, c'était dans l'intérêt de la communauté créancière, et comme administrateur des biens de sa femme, que le mari était investi du droit de poursuivre les débiteurs de celle-ci pour obtenir le remboursement de la somme avancée, et non pas en vertu d'une cession à lui personnellement consentie, et qui eût été passible du droit proportionnel. Mais la cour de cassation n'a pas admis ce système : elle a décidé que le contrat de mariage intervenu entre les époux, stipulant le régime dotal avec la clause d'une société d'acquêts, permettait à l'époux de posséder des deniers propres et personnels : or le payement des acquisitions faites par la femme en remploi du prix de ses biens dotaux aliénés avait été opéré par le mari avec ses deniers personnels, et la femme, pour obtenir son mari du montant de cette avance, l'avait délégué à toucher pareille somme des divers acquéreurs de ses biens dotaux ; cette délégation constituait une véritable cession de droits, un transport de créances passible du droit proportionnel de 1 pour 100 (Req. 16 juill. 1849, aff. d'Houdetot, D. P. 49. 1. 174).

889. Pour établir la distinction entre la constitution de gage et la cession de créances, il faut, avons-nous dit, s'inspirer plus du sens et de l'esprit de l'acte que de ses termes mêmes ; ainsi la faculté accordée au gagiste de toucher le montant d'une créance donnée en gage ne suffit pas pour faire perdre à l'acte le caractère de nantissement (*Rép.* n° 1765 et suiv.). — Il a été jugé cependant que la cession par l'endosseur de lettres de change protestées, à un créancier hypothécaire du souscripteur, constituait un transport, et non un simple nantissement, lorsqu'elle était accompagnée de l'autorisation de en toucher le montant (Trib. Seine, 30 avr. 1847, aff. O..., D. P. 48. 5. 168). — Décidé dans le même sens qu'une cession de créances, bien que déclarée faite à titre de nantissement, donnait ouverture au droit proportionnel de 1 pour 100, si elle conférait au cessionnaire le droit de toucher directement les créances cédées (Trib. Seine, 24 août 1867, aff. Lyon-Allemand, D. P. 67. 3. 87).

890. — II. Droit fixe; Acceptation de transport. — On a vu *suprà*, n° 885, que, dans le cas de délégation, lorsque le délégant, le débiteur délégué et le créancier délégataire sont parties à l'acte de délégation, il est dû un droit fixe pour l'acceptation de la délégation. En est-il de même dans le cas de transport de créances? La difficulté provient de ce que la loi du 22 frim. an 7, après avoir tarifé au droit fixe de 1 fr. (aujourd'hui 3 fr.) « les acceptations de transports ou délégations de créances à terme, faites par actes séparés », a ajouté : « et celles qui se font dans

les actes mêmes de délégation de créances, aussi à terme » (art. 68, § 1er, n° 3). Il a paru que si cette dernière disposition ne mentionne pas, comme la première, les acceptations de transport, c'était là une simple omission à laquelle on pouvait suppléer dans la pratique (*Rép.* n° 1760). Mais les tribunaux en ont décidé autrement. Ils ont jugé que la seconde disposition de l'art. 68, § 1er, n° 3, de la loi de frimaire parlant uniquement de l'acceptation de l'acte même de *délégation* de créances à terme, ne doit pas s'appliquer aux acceptations de *transport*; qu'en conséquence, au cas de cession de créance avec intervention du débiteur, l'acceptation du transport par celui-ci dans l'acte même de cession ne donne lieu à aucun droit particulier (Trib. Lyon, 2 mars 1860, aff. Ducruet, D. P. 63. 3. 45. Conf. Trib. Lyon, 25 févr. 1858, et Trib. Rambouillet, 17 févr. 1860, *Rép. pér. enreg.*, art. 1023 et 1312). L'Administration a adhéré à cette interprétation en transmettant à ses agents le jugement du tribunal de Rambouillet et en leur prescrivant de le prendre pour règle (Sol. adm. enreg. 27 nov. 1860, D. P. 61. 3. 46; Instr. adm. enreg. 28 janv. 1861, n° 2187, § 6).

2°. — *Actions ou intérêts dans les compagnies ou sociétés*
(*Rép.* n°s 1769 à 1797).

891. Pour toutes les sociétés, compagnies ou entreprises, françaises ou étrangères, financières, industrielles, commerciales ou civiles, dont le *capital* est *constitué par actions et obligations*, une loi du 23 juin 1857 a substitué au droit de cession de 50 cent. pour 100, établi par l'art. 69, § 2, n° 6, de la loi de frimaire an 7, un *droit spécial de transmission*, et a édicté, pour la perception de ce droit, des règles particulières. — Il s'ensuit que les dispositions de l'art. 69, § 2, n° 6, de la loi de frimaire an 7, qui soumettait au droit de 50 cent. pour 100 « les cessions d'actions et coupons d'actions mobilières de compagnies et sociétés d'actionnaires », ne peut être appliquée aujourd'hui qu'aux *cessions de parts dans les sociétés qui ne sont pas divisées par actions*.

Il n'est question ici que de ces dernières cessions. Le *droit de transmission* fera l'objet d'une étude particulière qui trouvera naturellement sa place dans le paragraphe consacré aux *Transmissions mobilières à titre onéreux* (V. *infrà*, sect. 2, art. 2, § 2, n°s 1449 et suiv.).

892. La disposition de la loi de frimaire an 7 a donné naissance à une grave controverse. L'Administration de l'enregistrement a soutenu que le tarif de 50 cent. pour 100 n'est applicable qu'aux *actions* proprement dites, et que les cessions d'*intérêts* sont passibles du droit de vente mobilière de 2 pour 100 (*Rép.* n° 1778). La jurisprudence n'a pas admis cette prétention ; elle a décidé que le droit de 50 cent. pour 100 est exigible indistinctement sur les cessions de parts dans les sociétés dont le capital est fractionné en quotités de valeurs égales, assimilables à des actions, quelle que soit la dénomination sous laquelle les fractionnements du capital aient été désignés (*Rép.* n° 1783). — Toutefois, le tribunal de Toulon par un jugement du 11 févr. 1862 (aff. Époux Brest, D. P. 64. 1. 170), le tribunal de la Seine, par plusieurs jugements des 22 mars 1849 (aff. Vaillant, D. P. 49. 5. 169), 27 nov. 1863 (aff. Parent, D. P. 66. 1. 119) et 21 janv. 1865 (aff. Stevens, D. P. 67. 1. 118) ont décidé que les cessions de parts dans les sociétés dont le capital n'est pas divisé par actions, étaient passibles du droit de 2 pour 100. La cour de cassation s'est même prononcée dans ce sens par différents arrêts (*Rép.* n°s 1787 et suiv. *Adde* : Civ. rej. 23 mai 1853, aff. Oppenheim, D. P. 53. 1. 337; Civ. cass. 6 févr. 1860, aff. Dardenne, D. P. 60. 1. 88).

893. Mais il a été jugé depuis par de nombreux arrêts, dont un des chambres réunies, que la disposition qui ne soumet qu'au droit de 50 cent. pour 100 les cessions d'actions dans les sociétés, constitue une exception à la règle qui frappe de 2 pour 100 les ventes ou cessions d'objets mobiliers; que cette exception s'applique d'une manière générale à toutes les divisions d'un capital social, quelle qu'en soit la dénomination, pourvu que leur transmission puisse avoir lieu en faisant abstraction des meubles et des immeubles appartenant aux sociétés et compagnies, et d'autre part à toutes les sociétés, sous quelque forme qu'elles soient constituées, la loi n'ayant fait à cet égard aucune distinction. — Peu importe que la propriété dont la cession est ainsi favorisée ne soit point constatée au profit de chacun des associés par des titres distincts, séparés de l'acte social, nominatifs ou au porteur, et ne puisse être cédée que par des actes particuliers, au lieu de pouvoir l'être soit par voie d'endossement ou de transfert, soit par une simple tradition manuelle : il suffit, pour l'application de la modération du droit, qu'elle résulte de l'acte constitutif de la société, qu'elle soit meuble dans le sens de l'art. 529 c. civ., et qu'elle soit négociable à un titre quelconque (Civ. cass. 3 mai 1864, aff. Brest, D. P. 64. 1. 170; 7 mars 1866, aff. Parent, D. P. 66. 1. 119; 6 févr. 1867, aff. Stevens, D. P. 67. 1. 118; 16 nov. 1868, aff. Sommier, D. P. 69. 1. 76; Ch. réun. cass. 29 déc. 1868, aff. Parent, D. P. 69. 1. 73; Civ. cass. 15 mars 1869, aff. Delloye-Lelièvre, D. P. 69. 1. 507; 14 févr. 1870, aff. Tamboise, D. P. 70. 1. 394; 27 juill. 1870, aff. Hovelacque, D. P. 70. 1. 413; 17 août 1870, aff. Vitali, D. P. 71. 1. 150; 4 déc. 1871, aff. Blin, D. P. 71. 1. 339; Civ. rej. 6 mars 1872, aff. Paul, D. P. 72. 1. 169; Req. 15 avr 1872, aff. Liévin, et aff. Roy, D. P. 72. 1. 322). « Attendu, porte l'arrêt des chambres réunies, que la disposition de l'art. 69, § 2, n° 6, de la loi de frimaire an 7, qui réduit à 50 cent. pour 100 fr. le droit proportionnel à percevoir sur les cessions d'actions et coupons d'actions des compagnies et sociétés d'actionnaires, n'est pas limitée dans son texte aux actions proprement dites, négociables et transmissibles par ordre ou par endossement; que, dans son esprit, elle ne comporte pas davantage cette restriction; qu'en effet, elle a eu pour but de favoriser le commerce et l'industrie en facilitant la circulation des fonds qui y sont engagés, et que, dans cet ordre d'idées, on doit admettre qu'elle s'étend aux cessions de parts d'intérêt dans une société, même alors que ces parts sont fixées dans des proportions inégales, sans fractionnement du fonds social, sans création de titres spéciaux, et qu'elles ne sont transmissibles que dans les termes du droit commun; que, pour qu'elles profitent de la modération du droit, il suffit que les parts d'intérêt cédées soient des fractions du capital social, divisées de telle sorte que leur transmission puisse s'opérer sans qu'il soit porté atteinte à l'intégrité des ressources mobilières ou immobilières de la société. »

La doctrine est divisée sur la question (V. dans le sens des arrêts précités : Demasure, *Traité du régime fiscal des sociétés*, n° 70; Naquet, t. 2, n° 649. — V. en sens contraire : Demante, t. 2, n°ˢ 508 et suiv.; Beudant, D. P. 69. 1. 73, note).

D'après le système qui a prévalu dans la jurisprudence, la loi de frimaire emploie le mot *action* dans un sens générique pour désigner toute espèce de part dans une société ; la disposition du tarif réduit de 50 cent. pour 100 doit profiter aussi bien aux parts d'intérêts dans les sociétés dont le capital n'est pas divisé par actions qu'aux actions proprement dites des sociétés anonymes et des sociétés en commandite par actions.

Conformément à cette jurisprudence, il a été jugé que les cessions de parts ou portions d'intérêts dans une société industrielle, déclarées transmissibles seulement suivant les formes tracées par l'art. 1690 c. civ., et avec l'agrément de l'assemblée générale des actionnaires, sont passibles du droit de 50 cent. pour 100 (Civ. cass. 3 mai 1864 et 6 févr. 1867 précités);... encore bien que la société fût en nom collectif, et que le capital social, non divisé en actions, fût inégalement réparti entre les associés (Civ. cass. 7 mars 1866, 16 nov. 1868, Ch. réun. cass. 29 déc. 1868, précités); ... ou que la cession n'ait au pour objet que des fractions de part sociales (Civ. cass. 15 mars 1869, précité).

De même, lorsque, après formation d'une société en nom collectif entre un certain nombre de personnes, à un capital déterminé, est survenue dans un acte ultérieur l'adhésion d'autres personnes, dont les apports répartis des anciens membres proportionnellement à leurs mises non encore réalisées, et sans augmentation du capital social, amène la diminution de la part de chacun d'eux, cet acte ultérieur doit être considéré comme renfermant, non une nouvelle société, mais une simple cession de parts sociales par les anciens membres aux nouveaux, cession passible du droit proportionnel de 50 cent. pour 100 (Civ. cass. 7 mars 1866 et

17 août 1870, précités). — Décidé, dans le même sens, que l'acte par lequel un associé contracte, pour l'exploitation de sa part d'intérêt, une sous-société avec abandon de fraction de cette part à ses sous-associés moyennant une somme à verser par ceux-ci non dans la sous-société, mais en son acquit, à la société principale, renferme, quant à ces fractions, une cession de part au profit des sous-associés, et, par suite, donne lieu à la perception du droit proportionnel de transmission de parts entre associés; et que, dans le cas où, après l'expiration et le rétablissement de la société principale, la même sous-société est également reconstituée, le nouvel abandon fait par l'associé principal aux mêmes sous-associés est également passible du droit proportionnel, lequel, s'il y a eu excédant de prix, doit être calculé sur la totalité du prix stipulé, sans déduction de celui versé lors de la première convention, les sous-associés étrangers à la société principale étant réputés avoir acquis une seconde fois les fractions de la part de leur cédant (Civ. cass. 15 mars 1869 précité. Conf. Civ. cass. 6 déc. 1865, aff. Delloye-Lelièvre, et aff. Poupinel, D. P. 66. 1. 23). Il y a, en effet, transmission de biens toutes les fois qu'au lieu d'être fait purement et simplement, moyennant une part des droits sociaux, l'apport d'un associé est fait moyennant un équivalent (Conf. *Rép.* n°ˢ 3563 et suiv.).

894. La cession de parts, *qui s'opère par le décès* d'un associé au profit de ses coassociés, au cas où il a été stipulé, dans l'acte de société, que la société ne sera pas dissoute par la mort de l'un ou de plusieurs des associés et que les survivants deviendront propriétaires exclusifs du fonds social, à la charge de payer le passif et de rembourser aux héritiers de l'associé décédé les sommes lui revenant, est également passible du droit de 50 cent. pour 100 (Civ. cass. 4 déc. 1871, cité *suprà*, n° 893. Conf. Req. 15 avr. 1872, cité *suprà*, n° 893).

895. L'arrêt des chambres réunies et les arrêts qui l'ont suivi (V. *suprà*, n° 893) ont statué à l'occasion de *sociétés commerciales*; ils sont fondés principalement sur cette considération que la modération du tarif de 50 cent. pour 100 avait été édictée par la loi de frimaire en faveur du commerce et de l'industrie. Ce motif faisant défaut pour les *sociétés civiles*, on s'est demandé si les cessions de parts dans ces sortes de sociétés doivent bénéficier du tarif réduit et exceptionnel de 50 cent. pour 100, ou être assujetties au droit ordinaire de vente mobilière à 2 fr. pour 100. — La jurisprudence a hésité sur cette question. La chambre des requêtes s'est d'abord prononcée pour la perception du droit de 2 fr. pour 100 (Req. 24 nov. 1869, aff. Hospice des aliénés de Privas, D. P. 70. 1. 269) en décidant que, lorsqu'il a été stipulé dans l'acte constitutif d'une société civile, sans terme déterminé, pour l'établissement et la gestion d'un hospice d'aliénés, que la société sera à vie pour chaque associé et continuera d'exister entre les survivants sans que, en aucun cas, le membre qui cessera d'en faire partie ou ses héritiers puissent rien prétendre, ni de ses apports, ni de ses profits dans la société, il s'opère, au moment du décès ou de la retraite de chaque associé, une mutation à raison de laquelle le droit proportionnel d'enregistrement est dû sur la valeur de son apport et de sa part dans les bénéfices; ce droit doit être perçu au taux de 2 fr. pour 100 établi pour les cessions d'actions ou parts négociables dans les sociétés de commerce ou d'industrie (V. dans le même sens : Trib. Châteaubriant, 15 juin 1875, aff. Trappistes de Melleray, D. P. 75. 5. 211). Mais cette jurisprudence n'a pas prévalu ; il a été reconnu que la disposition de la loi du 22 frim. an 7 qui réduit à 50 cent. par 100 fr. le droit de mutation à percevoir sur les cessions d'actions ou coupons d'actions mobilières des compagnies et des sociétés d'actionnaires, peut être invoquée par les sociétés civiles, aussi bien que par les sociétés de commerce et d'industrie, et doit profiter à toutes les divisions du capital social, quelle qu'en soit la dénomination, pourvu que la transmission puisse avoir lieu abstraction faite des meubles et immeubles appartenant à la société; ainsi le droit de 50 centimes, et non le tarif ordinaire de 2 fr. pour 100 établi pour les cessions à titre onéreux des valeurs mobilières, doit être appliqué à la mutation qui, dans une société universelle de biens présents et de gains, s'opère, en vertu d'un pacte aléatoire, par la réalisation d'un événement prévu dans l'acte constitutif, spécialement par voie d'accroissement aux membres restant dans la société de la part de ceux qui se retirent ou qui prédécèdent (Civ. cass. 14 nov. 1877, aff. Félix Bernard, abbé de Meilleray, D. P. 78. 1. 5. V. dans le même sens : Trib. Dreux, 19 janv. 1875, aff. Trappistines de Bourg-le-Sec, D. P. 75. 5. 211 ; Trib. Seine, 13 mars 1875, ibid.). L'arrêt précité du 14 nov. 1877 reconnaît que le législateur a pu avoir principalement en vue et pour objet les sociétés commerciales; mais les termes généraux de l'art. 69, § 2, n° 6, de la loi de frimaire an 7 ne permettent pas d'exclure les sociétés civiles : « Attendu, ajoute-t-il, qu'il résulte des termes dans lesquels est établie la modération du tarif par la disposition précitée, que cette disposition peut être invoquée par toutes les sociétés en quelque forme qu'elles soient constituées, et doit profiter à toutes les divisions du capital social, quelle qu'en soit la dénomination pourvu que la transmission puisse avoir lieu en faisant abstraction des meubles et immeubles appartenant à la société ». Ainsi peu importe que la société soit civile ou commerciale ; il suffit que la part sociale constitue un bien meuble, que la cession s'opère dans les conditions de l'art. 529 c. civ., pour que le droit de 50 cent. pour 100 soit applicable. Il est à noter que cette solution concorde avec la tendance qu'a la jurisprudence, à considérer, au moins dans certains cas, les sociétés civiles comme douées de la personnalité morale.

896. Que décider à l'égard d'une *société verbale?* Les cessions de parts dans une telle société bénéficient-elles du tarif de 50 cent. p. 100? La négative a été jugée avec raison : un acte écrit est nécessaire pour prouver l'existence d'une société (c. civ. art. 1834); il résulte d'ailleurs de la jurisprudence que l'allégation de mise en société ne peut, à défaut de preuve écrite, être opposée à la perception des droits d'enregistrement (*Rép.* n°ˢ 2217 et 3320. V. *infrà*, n° 898 et suiv.). — C'est en ce sens que la cour de cassation a décidé que lorsque, au cours d'une société constituée par un père entre ses enfants, comme condition d'une donation, les biens donnés ainsi que les fruits à en provenir, les associés ont acquis en commun des immeubles, on ne doit pas considérer ces immeubles comme faisant partie de l'actif social; en conséquence, si l'un des associés cède à un autre tous ses droits tant dans l'actif social que dans les immeubles acquis en commun, le tarif de 50 cent. p. 100 applicable à la cession de part sociale ne peut être étendu à celle relative aux immeubles acquis conjointement (Civ. cass. 14 févr. 1870, aff. Tamboise, D. P. 70. 1. 394). On alléguait, dans l'espèce, que, si les immeubles acquis en commun par les associés ne faisaient point partie de l'actif de la société, ils devaient être considérés comme appartenant à une seconde société formée tacitement entre les acquéreurs par le fait même de l'acquisition en commun; la cour a repoussé avec raison cette allégation et jugé «qu'à défaut de la preuve écrite de la mise en société des acquisitions, il n'en était résulté pour les acquéreurs conjoints qu'un état d'indivision ou de communauté ».

897. Mais si l'allégation de mise en société est acceptée dans la procédure par l'administration de l'enregistrement, les tribunaux devront considérer l'existence de la société comme légalement prouvée, et le droit de 50 cent. p. 100 sera seul exigible. Ainsi, il a été jugé que la cession entre associés de parts dans une société constituée pour l'achat et la construction d'immeubles, constitue une simple cession de part sociale passible du droit de 50 cent. p. 100 fr., et non une cession immobilière assujettie au droit de 5 fr. 50 cent. p. 100, encore bien que l'association n'ait été formée que verbalement et que tous les comptes sociaux fussent apurés à la date de la cession, si, d'une part, l'exis-

tence de l'association est reconnue par l'administration de l'enregistrement et si, d'autre part, la proportion pour laquelle chaque associé participerait au partage n'étant point déterminée au jour où la cession a été constatée, la société existait encore à cette date (Civ. rej. 6 mars 1872, aff. Paul, D. P. 72. 1. 169).

898. De même que la société verbale ou de fait n'a pas d'existence légale, de même l'*association en participation* ne constitue pas un être moral distinct de la personne des participants. C'est donc avec raison qu'il a été jugé que l'acte passé entre deux individus qui avaient constitué entre eux, suivant acte sous seings privés tenu secret, une association en participation pour l'acquisition d'immeubles, et constatant la cession à son coassocié, par celui qui avait fait les acquisitions en son nom personnel et avait ainsi seul la propriété ostensible de tous les droits du cédant dans l'actif social, est passible du droit proportionnel de vente immobilière à 5 fr. 50 cent. p. 100, et non pas seulement de celui de 50 cent. p. 100, applicable aux cessions d'actions ou de parts d'intérêt dans les sociétés. Et, à défaut d'une estimation individuelle des créances et autres objets mobiliers compris dans l'actif social ou de la stipulation d'un prix particulier pour les créances, le droit de vente immobilière est dû sur la totalité de l'actif de la société cédée (Civ. rej. 13 nov. 1872, aff. Teisserenc, D. P. 73. 1. 126).

899. Il a été statué différemment sur la question par deux arrêts de la cour de cassation. L'un a décidé que la société en participation ne pouvant être divisée en actions négociables, la cession de part dans une telle association doit être assujettie au droit de vente mobilière à 2 p. 100 (Civ. cass. 12 juill. 1842, *Rép.* n° 1788). Il a été jugé, par le second arrêt, que le tarif réduit de 50 cent. p. 100 est applicable à une cession de cette nature (Civ. cass. 6 févr. 1867, aff. Stevens, D. P. 67. 1. 118). Mais ces décisions s'expliquent par les circonstances dans lesquelles elles ont été rendues. Les sociétés dont il s'agissait n'étaient nullement occultes; leur existence n'était pas contestée. Elles avaient chacune une raison sociale, un gérant, et se trouvaient ainsi constituées dans des conditions telles qu'elles pouvaient être considérées autrement que de simples associations en participation. Il n'y a point lieu, par suite, d'opposer les deux arrêts précités des 12 juill. 1842 et 6 févr. 1867 à celui du 13 nov. 1872 cité *suprà*, n° 898.

900. Ainsi, pour que le droit de 50 cent. p. 100 soit applicable, il faut qu'il existe une société. Il a été jugé avec raison : que, lorsqu'une concession de mine est exploitée en commun par ceux auxquels elle appartient, sans être mise en société, la cession par l'un des communistes de ses droits dans la concession est sujette, non au droit de cession de part d'intérêt, mais à celui de vente immobilière (Trib. Seine, 31 mars 1863, aff. Lemaire, D. P. 66. 3. 16);... que la constitution d'une société civile ne saurait résulter d'une *acquisition* immobilière faite en commun avec *clause d'accroissement*, c'est-à-dire avec stipulation que les coacquéreurs jouiront ensemble leur vie durant, que les parts des associés prémourants accroîtront aux survivants, et que le dernier de ceux-ci sera propriétaire exclusif de la totalité de l'immeuble. Les acquisitions faites dans ces circonstances ne constituent qu'un simple état d'indivision. Par suite, chaque mutation est passible du droit de mutation immobilière (Trib. Bordeaux, 20 août 1878, *Journ. enreg.*, art. 20919; Trib. Lourdes, 10 juin 1880 (1). Conf. Req. 7 févr. 1872, aff. Jalaber, D. P. 72. 1. 109).

901. La loi fiscale de l'an 7 ne distingue pas entre les cessions *à titre onéreux* et les cessions *à titre gratuit;* le droit à percevoir dans les deux cas devrait donc être celui

___

(1) (Dames de l'Immaculée-Conception.) — Le tribunal ; — Attendu que l'association formée par les dames de l'Immaculée-Conception pour acquérir des consorts Dupont les immeubles dont il s'agit en l'acte du 31 déc. 1873 ne constitue pas un contrat de société, car les deux caractères essentiels de toute société lui font défaut : l'intention de réaliser des bénéfices appréciables en argent, et le partage des bénéfices réalisés, comme but final ; — Que cette association ne constitue pas davantage une association tontinière formant une personne juridique, puisqu'elle n'est pas autorisée comme telle par le Gouvernement, conformément à l'avis du conseil d'État du 1er avr. 1809 ; — Qu'ainsi la part de chacune des associées dans la chose commune n'est pas mobi-

lière par la détermination de la loi, par application de l'art. 529 c. civ. ; — Attendu, dès lors, qu'au décès de chacune des dames associées, et en vertu de la réversibilité stipulée dans l'acte du 31 déc. 1873, il s'opère au profit des dames survivantes une mutation à titre onéreux de la part acquise à la défunte dans les immeubles indivis ; — Que c'est donc à bon droit que l'Administration de l'enregistrement applique à la mutation qui s'est opérée aux décès d'Eugénie Ducombs et de Jeanne Abadie le droit de 5 fr. 50 cent. p. 100 en vertu de l'art. 69, § 7, de la loi du 22 frim. an 7 et de l'art. 54 de la loi du 28 avr. 1816 ;

Par ces motifs, etc.

Du 10 juin 1880.-Trib. civ. de Lourdes.

de 50 cent. pour 100 (*Rép.* n° 1792). Mais il a été jugé, en sens contraire, que les cessions d'actions mobilières des compagnies et sociétés d'actionnaires ne sont passibles du droit de 50 cent. pour 100 que lorsqu'elles ont lieu *à titre onéreux;* si elles sont faites *à titre gratuit,* et notamment par voie de donations entre vifs, elles sont soumises au droit déterminé pour les mutations entre vifs à titre gratuit (Trib. Valenciennes, 16 juin 1857, aff. Norman, D. P. 57. 3. 78, et sur pourvoi, Civ. rej. 23 mai 1859, D. P. 59. 1. 215). — La cour de cassation s'appuie sur ce motif que la loi du 22 frim. an 7 a toujours distingué avec soin, pour la fixation des droits d'enregistrement, entre les transmissions à titre onéreux et les transmissions à titre gratuit. La nécessité de cette distinction, dit l'arrêt, « résultait de la base même adoptée pour la perception des droits, calculés, dans le premier cas, d'après la nature de la chose transmise, dans le second, d'après le degré de parenté des parties ».

902. Lorsque la société est dissoute et que l'être moral a disparu, il y a indivision entre les anciens associés, et les cessions qui s'opèrent soit au profit d'un ou de plusieurs de ces anciens associés, soit au profit de tiers, deviennent passibles des droits d'enregistrement d'après la nature des biens (*Rép.* n° 1795). Par application de ce principe, il a été jugé... que lorsqu'après dissolution de la société établie pour l'exploitation d'une mine, l'actif social a été adjugé sur licitation à plusieurs des anciens associés, la transmission qui leur a été ainsi faite, des parts de leurs coassociés dans la concession, donne lieu au droit de mutation immobilière (Civ. rej. 3 janv. 1865, aff. Usquin, D. P. 65. 1. 32); ... que la cession simultanée à un associé de toutes les parts de ses coassociés, opérant de plein droit, à l'instant même où elle a lieu, la dissolution de la société, et l'être moral cessant dès lors d'exister, c'est la propriété des biens mêmes composant le fonds social qui se trouve ainsi directement acquise par le cessionnaire; en conséquence, le droit proportionnel d'enregistrement applicable est, non celui de 50 cent. pour 100 établi pour les cessions d'actions, mais le droit de mutation à titre onéreux, déterminé d'après la nature des biens et valeurs qui appartenaient à la société dissoute (Civ. cass. 7 févr. 1881, aff. Mary, D. P. 81. 1. 267. Conf. Req. 7 févr. 1853, aff. Thomas, D. P. 53. 1. 33. V. aussi les arrêts cités *infrà*, n°s 903 et suiv.).

903. Mais à quel moment l'être moral disparait-il? Ce n'est pas, dans la plupart des cas, au moment même où la société est dissoute. Il est aujourd'hui admis que la dissolution d'une société ne l'empêche pas de subsister comme personne civile pendant sa liquidation (Civ. cass. 9 mai 1864, aff. Tamboise, D. P. 64. 1. 232 ; Req. 29 mai 1865, aff. Bigot-Duval, D. P. 65. 1. 380 ; Civ. rej. 3 févr. 1868, aff. Saint-Salvi, D. P. 70. 1. 225 ; 22 déc. 1868, aff. Delmas, D. P. 69. 1. 136; 23 mai 1870, aff. Société du canal de la Sensée, D. P. 70. 1. 415; Civ. cass. 21 déc. 1887, aff. Monnier, D. P. 88. 1. 389). Mais c'est une question délicate que de déterminer le moment précis auquel l'être moral représenté par une société prend fin. Il est impossible de fixer à cet égard une règle absolue; c'est une pure question de fait dont la solution dépend entièrement des circonstances. Nous ne pouvons donc que signaler les décisions de la jurisprudence.

904. Il a été jugé que lorsque, dans l'acte constitutif d'une société formée entre deux individus, il a été stipulé qu'en cas de décès de l'un d'eux, la société serait dissoute de plein droit et que tout l'actif social appartiendrait au survivant à la charge de payer le passif et de rembourser aux héritiers du prédécédé la somme lui revenant d'après le dernier inventaire, sans qu'ils puissent demander le partage, la réalisation de l'éventualité prévue opère, non seulement la dissolution de la société, mais encore l'extinction immédiate de l'être moral, et rend exigible le droit proportionnel de cession mobilière sur le montant de la mise sociale du défunt comme sur sa part dans les bénéfices sociaux (Civ. rej. 1er mars 1875, aff. Wustemberg, D. P. 75. 1. 369 ; 11 janv. 1875, aff. Reine, D. P. 75. 1. 116; Req. 7 févr. 1872, aff. Jalaber, D. P. 72. 1. 109).

Le tarif de faveur de 50 cent. pour 100 n'est pas applicable toutes les fois que, comme cela se présentait dans l'espèce de l'arrêt précité du 1er mars 1875, la dissolution de la société se produit dans des conditions exclusives de tout partage. En ce cas, les cessions de droits d'associés qui interviennent à la suite ou par l'effet de la dissolution, ont pour objet, non plus des parts sociales, mais les droits auxquels les cédants peuvent prétendre dans les biens de toute nature composant le fonds social. Par suite, la quotité du droit de mutation est déterminée d'après la nature des biens qui appartenaient à la société dissoute (Civ. rej. 8 nov. 1864, aff. Anceaux, D. P. 64. 1. 473; Req. 7 févr. 1872, précité; Civ. cass. 7 févr. 1881, aff. Mary, D. P. 81. 1. 267). Il en est ainsi, spécialement, au cas où l'acte de société porte que, au décès de l'un des associés, la société sera dissoute et le survivant deviendra seul propriétaire de tous les biens de l'association à charge d'en payer les dettes, le tout à forfait et à ses risques et périls (Arrêt précité du 11 janv. 1875). — De même, dans le cas où une société, formée entre deux associés, doit être dissoute par le décès de l'un d'eux, la stipulation aux termes de laquelle le survivant est appelé à devenir propriétaire exclusif de l'actif social et comptable du passif, moyennant le payement aux héritiers du prédécédé de la balance du compte de celui-ci, opère, quand le décès prévu se produit, une transmission à titre onéreux de la part que le défunt possédait dans tous les biens et valeurs dépendant de la société; cette transmission donne lieu au droit proportionnel sur le prix de la transmission augmenté des charges, et eu égard à la nature des biens transmis (Req. 22 juin 1885, aff. Dupont, D. P. 86. 1. 267).

905. Décidé dans le même sens: 1° que l'acte par lequel l'un des anciens membres d'une société dissoute, qui avait été constituée pour l'exploitation d'un immeuble, cède aux autres les actions qui lui appartenaient, doit être considéré comme renfermant, non une simple cession d'actions passible du droit de 50 cent. pour 100, mais une vente de droits immobiliers sujette au droit de 5 fr. 50 cent. p. 100 (Civ. rej. 22 déc. 1868, aff. Delmas, D.P. 69. 1. 136); — 2° Que la convention d'après laquelle, à l'expiration du terme fixé pour la durée d'une société en commandite, cette société doit être continuée avec un tiers qui s'oblige à fournir moitié de la commandite en remboursant, dans cette proportion, l'associé qui l'a fournie entièrement à la première société, renferme une cession de valeurs qui ne permet pas de la considérer, pour la perception du droit d'enregistrement, comme un acte de société pur et simple, et qu'un droit proportionnel soit dû à raison de cette cession; que ladite convention ayant pour objet, non point une cession de part dans un capital social, mais une cession d'objets mobiliers, est passible du droit de 2 pour 100 établi pour les ventes et cessions à titre onéreux d'objets mobiliers, et non pas seulement de celui de 50 cent. pour 100 applicable spécialement aux cessions d'actions de sociétés (Civ. rej. 17 févr. 1869, aff. Richon, Montané et Hugues, D. P. 69. 1. 358); — 3° Que la stipulation, dans un acte de société par lequel des frères et sœurs mettent en commun leurs biens, que les parts de ceux qui mourront les premiers appartiendront aux survivants, de telle sorte que celui qui restera le dernier sera seul propriétaire de tous les biens, donne lieu, lors de chaque décès, à la perception du droit proportionnel de mutation à titre onéreux; que le décès de l'avant-dernier des associés entraînant nécessairement la dissolution de la société, le droit est dû par le dernier survivant, non au taux de 50 cent. pour 100 spécialement applicable aux cessions de parts d'intérêts dans les sociétés, mais à celui établi pour les mutations à titre onéreux, et qui varie suivant la nature des biens transmis (Req. 7 févr. 1872, aff. Jalaber, D. P. 72. 1. 109).

906. Au contraire, c'est le droit de 50 cent. pour 100, qui est exigible lorsque l'acte de société porte qu'au décès de l'un des associés la société continuera de subsister entre les sociétaires survivants, qui pourront se libérer entre les héritiers de l'associé prédécédé du montant des droits du défunt à fixer par un inventaire; le droit de mutation auquel donne lieu la réalisation de la clause doit être perçu, non d'après la nature diverse des valeurs de la société, mais sur la part sociale du défunt, abstraction faite de ces valeurs, l'associé prédécédé n'étant point, en l'absence d'une disposition de la société, réputé copropriétaire des biens ou valeurs appartenant à la société (Req. 7 févr. 1866, aff. Masson, D. P. 66. 1. 329).

Décidé, dans le même sens, que l'acte constatant, après dissolution, par un autre acte du même jour, d'une société formée pour l'exploitation d'une charge d'agent de change, la constitution d'une société nouvelle pour le même objet et la même durée, au même capital divisé en un même nombre de parts d'intérêts, sans autres modifications que l'absence de l'un des anciens associés et l'admission d'un nouveau qui verse le montant de son apport dans la caisse sociale, est susceptible d'être interprété comme démontrant que la société première n'a pas cessé d'exister et renfermant une cession de part sociale au profit du nouvel associé, passible du droit proportionnel de 50 cent. pour 100 sur la somme versée par lui (Req. 15 avr. 1872, aff. Liévin, D. P. 72. 1. 322). — De même, au cas où, l'acte de société portant qu'elle sera dissoute par la mort de l'un des associés, à l'égard de ses héritiers, et que les associés survivants seront admis à prendre sa part, et où, cet événement s'étant réalisé, les associés survivants, après avoir constaté, dans un premier acte, la dissolution de l'association, ont constitué, par un autre acte du même jour, une société nouvelle dans laquelle ils ont pris la place du défunt en ajoutant sa part aux leurs, il n'y a, en réalité, ni dissolution, ni liquidation de la première société, et le second acte, constatant la réalisation de la promesse de vente contenue dans l'acte primitif de société, est passible du droit proportionnel de 50 cent. pour 100 sur la somme versée en représentation de la part d'intérêt de l'associé décédé (Req. 15 avr. 1872, aff. Roy, D. P. 72. 1. 323).

907. La même doctrine a été appliquée dans une espèce où il avait été stipulé dans l'acte de société que, lorsqu'elle prendrait fin, un seul ou deux des associés pourraient la proroger et acquérir le fonds social en payant à l'associé ou aux associés sortants leurs parts évaluées par experts. L'un des associés étant tombé en faillite, une nouvelle société avait été constituée entre les autres associés, et il avait été fait apport à cette société de la part du failli dans les biens de l'ancienne association alors en liquidation. Il a été jugé que cet ensemble de faits prouvait la réalisation de la cession et que cette cession, ayant pour objet une part dans une société dissoute, mais non liquidée, le tarif de faveur de 50 cent. pour 100 était applicable (Civ. cass. 21 déc. 1887, cité *suprà*, n° 903).

3°. — *Rentes ; Constitutions de rentes* (Rép. n°ˢ 1796 à 1830).

908. L'acte par lequel des particuliers s'engagent à servir à une fabrique une rente perpétuelle ou à lui verser un capital suffisant pour l'acquisition d'une rente sur l'Etat, à la condition que la fabrique fera célébrer chaque année un nombre déterminé de messes à leur intention, donne-t-il lieu au droit de constitution de rente de 2 pour 100? La question est controversée (*Rép.* n° 1810). Ce contrat est considéré tantôt comme donation, tantôt comme marché ou louage d'ouvrage, tantôt comme constitution de rente (V. dans ce dernier sens : Trib. Mirecourt, 3 août 1867, aff. Fabrique de Saint-Balemont, D. P. 68. 3. 20 ; Trib. Châteauroux, 7 août 1872, D. P. 74. 5. 201. — Comp. Sol. adm. enreg. 13 févr. 1867, D. P. 68. 3. 20 ; *Rép.* n°ˢ 3668 et suiv.).

909. On s'est demandé si la cession d'une créance moyennant une rente est passible du droit de 1 pour 100 auquel l'art. 69, § 3, n° 3, de la loi de frimaire an 7, assujettit les transports de créance, ou du droit de 2 pour 100 établi par l'art. 69, § 5, n° 2, pour les constitutions de rente soit perpétuelles, soit viagères. V. dans le même sens l'interprétation, a-t-on dit au *Rép.* n° 1813. Il s'agit de déterminer quelle est la disposition principale du contrat. La question a été examinée *suprà*, n°ˢ 84 et suiv., lorsqu'il a été traité des règles générales de la perception. Il a été dit, *loc. cit.* n° 87, que c'est la constitution de rente qui est la disposition principale et que, par conséquent, le droit de 2 pour 100 est exigible (V. dans le même sens : les décisions rapportées au *Rép.* n°ˢ 1819 et 1820) par ce motif que la constitution de rente a paru aux auteurs de la loi fiscale, plus importante que la cession de créance, puisqu'ils ont tarifé

la première à 2 pour 100 et la seconde à 1 pour 100 ; dans le cas de concours des deux dispositions, il faut donc préférer la constitution de rente pour la détermination de la stipulation principale au regard de l'impôt. — La cour de cassation a jugé, en sens contraire, que l'acte constatant la vente d'un immeuble et la cession d'une créance, entre les mêmes personnes, moyennant des prix distincts et conversion du total de ces prix en une rente viagère, ne doit pas être interprétée, pour la perception des droits d'enregistrement comme renfermant une vente immobilière et une constitution de rente. Il n'y a réellement qu'un seul contrat, une transmission de valeurs ne devant donner ouverture qu'à une seule nature de droit, dont la quotité seulement varie suivant qu'il s'applique à l'immeuble ou à la créance transportée (Civ. rej. 29 déc. 1868, aff. Dufresne et Roger, D. P. 69. 1. 265). Ainsi, dans l'espèce, la cour considère comme dispositions principales la vente d'immeuble et la cession de créance : la constitution de rente ne représente que le prix des transmissions de valeurs qui font l'objet principal du contrat. — Un jugement du tribunal civil de Bordeaux du 19 août 1874 (D. P. 75. 5. 213) a suivi l'opinion que nous avons soutenue au *Rép.* n° 1813 ; il décide que le caractère de la convention portant cession de créances moyennant une rente viagère doit être apprécié d'après les circonstances et les faits pour la perception du droit proportionnel d'enregistrement ; on doit y voir un simple transport de créances passible du droit de 1 pour 100 plutôt qu'une constitution de rente viagère sujette au droit de 2 pour 100, alors que les créances cédées sont d'un recouvrement fort incertain, que le cédant était octogénaire et lié d'affection avec le cessionnaire, et que la rente a été constituée à un taux excessivement minime eu égard au capital nominal des créances (2600 fr. de rente pour un capital de 51339 fr. 70 cent.). — Un arrêt de la chambre des requêtes du 23 août 1871 (aff. Taffin, D. P. 71. 1. 340) a jugé également qu'il s'agissait d'une question d'interprétation, lorsqu'elle a décidé que la cession par une veuve à son beau-père, moyennant une rente viagère immédiatement exigible, d'un droit éventuel d'usufruit appartenant à la cédante sur les biens propres de son défunt mari, pour n'en jouir qu'après le décès du cessionnaire usufruitier des mêmes biens en vertu d'un titre antérieur, a le caractère d'une libéralité et non d'une cession à titre onéreux, alors surtout que les biens dont il s'agit sont affermés pour un prix de beaucoup inférieur au chiffre de la rente ; qu'en conséquence, le droit proportionnel d'enregistrement exigible est celui de donation entre étrangers à 9 pour 100, et non celui de cession immobilière à 5 fr. 50 cent. pour 100.

910. Ainsi qu'on l'a dit au *Rép.* n° 1828, les caractères essentiels de la rente viagère sont d'impliquer l'aliénation absolue du capital, et de constituer un contrat aléatoire. Il a été jugé que la constitution d'une rente viagère moyennant l'abandon actuel d'une somme déterminée ne change pas de caractère, dans le cas où la jouissance de cette rente, subordonnée à la condition de survie de la personne à qui elle est promise, ne doit commencer qu'au décès de celui qui en est débiteur ; par suite, c'est à tort qu'un pareil contrat a été soumis à la perception du droit de donation (Trib. Grasse, 18 juill. 1864, aff. Bonniard, D. P. 65. 3. 58).

911. Si, en recevant une somme, une partie s'engage à payer une rente au-dessous du taux légal de l'intérêt de l'argent, la convention manque de caractère aléatoire et doit être considérée comme une donation sous réserve de la jouissance pendant le temps que dure la rente (*Rép.* n° 1829). Il a même été jugé que la constitution d'une rente viagère moyennant un capital dont l'acte constate le payement peut être considérée pour la perception du droit d'enregistrement comme une libéralité donnant ouverture au droit proportionnel, lorsque la rente ne représente que l'intérêt au taux légal du capital aliéné, et que d'un autre côté le crédi-rentier est âgé et parent du débiteur (Req. 21 mai 1860, aff. Beillard, D. P. 60. 1. 312 ; Trib. Versailles, 30 juin 1870, aff. Jouannin, D. P. 71. 5. 142 ; Trib. La Réole, 12 nov. 1873) (1).

(1) (Chollet.) — Le tribunal ; — Attendu que la somme de 4000 fr. immédiatement remise aux constituants pouvait et devait produire sans difficulté des intérêts suffisants pour faire   face aux charges qui leur étaient imposées ; qu'en réalité, ils ne donnaient rien, ne s'engageaient à rien, ne couraient aucun risque, et bénéficiaient dans tous les cas de la nue propriété de la

4°. — *Cessions et délégations de rentes* (*Rép.* n°° 1831 à 1854).

912. Lorsqu'une créance est déléguée pour servir une rente, c'est le droit de délégation de créance à 1 fr. pour 100, et non celui de délégation de rente à 2 fr. pour 100 qui est dû (*Rép.* n° 1840). Cependant on a rapporté au *Rép.* n° 1841 des décisions rendues en sens contraire. Il a été jugé, conformément à l'opinion que nous avons soutenue :... que l'engagement contracté par un débiteur, afin de se libérer envers son créancier, de servir des rentes dont ce dernier était tenu, doit être considéré comme une délégation de sommes soumise au droit de 1 fr. pour 100, lorsque la créance du délégant n'est point établie par acte enregistré, et non comme une délégation de rentes sujette au droit de 2 fr. 100 (Trib. civ. Seine, 13 janv. 1866, aff. d'Esteumel);... Que la délégation faite pour le service d'une rente n'opère, ni une délégation de rente passible du droit proportionnel d'enregistrement à 2 fr. pour 100, ni une constitution de rente sujette au même droit ; c'est une simple délégation de créance qui ne doit être soumise, à ce titre, qu'au droit de 1 fr. pour 100 (Trib. Nontron, 2 juin 1880, aff. Bonneaud, D. P. 81. 3. 86). Pour appliquer le tarif, on doit considérer l'objet de la délégation ; or, dans l'espèce, l'objet donné en payement de rente était une créance ; c'est donc le droit de 1 fr. pour 100 qui devait être perçu, comme l'a décidé le tribunal de Nontron.

C. — Actes équipollents à la cession (*Rép.* n°° 1855 à 1892).

1°. — *Subrogation* (*Rép.* n°° 1856 à 1875).

913. On a dit au *Rép.* n° 1858 que, lorsque le créancier payé par un tiers transmettait à ce dernier tous ses droits, actions, privilèges ou hypothèques, il y avait une véritable cession de créance passible du droit de 1 fr. pour 100. Ainsi l'acte d'adjudication dans lequel l'adjudicataire, autorisé à élire command à la condition qu'il restera solidairement responsable du prix payé, après l'exercice de cette faculté et en l'acquit de l'acheteur, le prix de l'adjudication au vendeur, en se laissant subroger à ses droits, donne ouverture au droit proportionnel de 1 fr. pour 100 pour transport de créance, indépendamment de celui exigible pour l'adjudication (Civ. cass. 16 nov. 1846, aff. Gloria, D. P. 47. 1. 44. Conf. *Rép.* n° 1860).

914. Lorsque la subrogation conventionnelle est consentie par le débiteur qui emprunte pour payer son créancier, le droit de 1 pour 100 est exigible, si l'emprunt et la subrogation ont eu lieu dans le même acte (*Rép.* n° 1871). Ainsi l'acte constatant tout à la fois l'emprunt au moyen duquel le débiteur paye son créancier et la subrogation du prêteur dans les droits de celui-ci, donne ouverture au droit d'obligation ou de transport des créances à raison de l'emprunt (Trib. Seine, 29 août 1857, aff. Legrand, D. P. 58. 3. 38 ; Civ. cass. 19 janv. 1858, aff. Trépagne, D. P. 58. 1. 26-28). Il a été jugé que le droit de 1 fr. pour 100 était exigible dû quand, dans l'acte constatant un payement fait par un tiers non intéressé, il est dit que c'est à la demande et en présence du débiteur que le payement a eu lieu, une telle énonciation faisant présumer un prêt avec convention tacite de subrogation (Trib. Béziers, 11 mai 1858, aff. Fuzier, D. P. 59. 3. 7).

915. Mais le droit de 1 fr. pour 100 est seul exigible ; on ne pourrait y ajouter le droit de quittance à 50 cent. pour 100 (*Rép.* n° 1871). Ainsi l'acte constatant tout à la fois l'emprunt au moyen duquel un débiteur paye son créancier et la subrogation du prêteur dans les droits de celui-ci, donne ouverture qu'à un droit d'obligation pour l'emprunt, et non point en outre à un droit de quittance pour la libération du débiteur vis-à-vis de son créancier primitif (Trib. Lyon, 11 janv. 1857, aff. Ducruet, D. P. 57. 3. 68 ; Civ. cass. 19 janv. 1858, cité *suprà*, n° 914. — V. en sens contraire : Trib. Seine, 29 août 1857, cité *suprà*, n° 914).

2°. — *Dation en payement* (*Rép.* n°° 1876 à 1879).

916. La dation en payement se confond avec la vente par rapport à la nature et à la formation de la convention et donne lieu au même droit, lequel est de 1 fr. pour 100, lorsqu'il s'agit de droits incorporels comme ceux dont nous nous occupons, c'est-à-dire de transport de créances (L. 22 frim. an 7, art. 69, § 3, n° 3) (*Rép.* n° 1876), de 2 fr. pour 100 ou de 5 fr. 50 cent. pour 100, selon que l'objet donné en payement est un meuble ou un immeuble. Il a été fait application du principe, en ce qui concerne les droits incorporels, dans un arrêt de la cour de cassation que nous avons déjà cité, lorsque nous avons traité de l'application des droits fixes en ce qui concerne les actes d'exécution ou de complément (V. *suprà*, n° 256). Aux termes de cette décision, l'acte par lequel une compagnie de chemins de fer cède et transporte des subventions à échoir à son profit, à une société, en payement de travaux de construction faits par celle-ci en exécution d'un traité portant que le prix serait acquitté en espèces, ne peut être considéré comme un simple acte de complément et d'exécution de ce traité : c'est un véritable transport de créances passible du droit proportionnel de 1 pour 100 (Req. 25 févr. 1874, aff. Comp. Fives-Lille, D. P. 74. 1. 376). — Il a été jugé, dans le même sens, que l'abandonnement à un père, par les héritiers de son fils, de créances de la succession, pour le désintéresser des droits résultant à son profit d'une clause de retour stipulée par lui en faisant donation à son fils, par contrat de mariage, d'une somme d'argent, constitue une dation en payement donnant lieu au droit proportionnel, dont la quotité est déterminée selon la nature des valeurs abandonnées (Trib. Seine, 4 avr. 1884, aff. Quéhan, *Journ. enreg.*, art. 22341).

917. La perception du droit proportionnel de dation en payement a donné lieu à une décision de la cour de cassation sur une importante question de droit civil, neuve en jurisprudence et controversée dans la doctrine. Il s'agissait de savoir si l'art. 917 c. civ. qui accorde à l'héritier réservataire en présence d'un donataire d'usufruit ou de rente viagère excédant la quotité disponible, l'option d'exécuter la libéralité ou d'abandonner la propriété du disponible, était applicable à une libéralité entre époux réglée par l'art. 1094 c. civ. et ayant pour objet une rente viagère. Il est généralement admis que, lorsque la libéralité faite au conjoint a pour objet un usufruit, l'art. 917 ne peut être appliqué (V. *Dispositions entre vifs et testamentaires*, n°° 196 et suiv. ; — *Rép. eod.* v°, n° 823 ; Bordeaux, 22 juill. 1867, aff. Lavaud, D. P. 68. 2. 148, et la note). Mais on s'est demandé s'il en était de même lorsqu'il s'agit de libéralités consistant en une rente viagère, et plusieurs auteurs ont soutenu que ce cas n'étant pas réglé expressément par l'art. 1094, il y avait lieu de recourir à l'art. 917 qui le prévoit (V. *Rép. loc. cit.*, n° 823). Mais l'opinion contraire, soutenue par Troplong, a été adoptée par les auteurs les plus récents (V. *suprà*, v° *Dispositions entre vifs et testamentaires*, n° 196), et c'est en ce sens que s'est prononcée la cour de cassation. Elle a considéré la rente viagère comme une « valeur qui, par sa nature, rentre dans celle des quotités que l'art. 1094 fixe en jouissance ». Il lui a paru que le recours « au procédé de l'art. 917 » ne pouvait être admis, par la raison qu'« il aurait pour effet, soit l'exécution de la disposition, ce qui procurerait à l'époux gratifié un avantage supérieur à celui que l'art. 1094 permet de lui accorder, soit la transformation en perpétuel d'une libéralité faite en viager, ce qui serait s'écarter de la volonté du donateur et, en changeant l'objet de la donation, méconnaître les pensées de prudence et les considérations morales et domestiques qui ont pu déterminer son choix dans l'alternative établie par lui ». En d'autres termes, la cour assimile la libéralité en rente viagère à la libéralité en usufruit. Elle estime qu'en établissant des disponibles, l'un en propriété, l'autre en usufruit, le législateur a entendu que toutes les libéralités faites en propriété

---

somme de 4000 fr. versée par les crédi-rentiers ; que s'ils ne s'engageaient en rien, ne donnaient rien, ne couraient aucun aléa, en retour du bénéfice qui leur était conféré, il résulte des termes mêmes du contrat qu'il s'agissait, non pas d'un contrat à titre onéreux, mais d'une libéralité ; qu'on ne peut pas en douter quand on remarque que les crédi-rentiers avaient bien plus de

soixante-dix ans, et que la convention ne s'expliquerait même pas si les constituants n'étaient les héritiers des époux Pierre Chollet, leur oncle ; — Attendu que, cette base une fois admise, l'exactitude de la perception n'est l'objet d'aucune critique ; — Par ces motifs...

Du 12 nov. 1873.-Trib. civ. de La Réole.

s'imputeraient sur le disponible en propriété ou perpétuel, et que toutes celles ayant le caractère de dispositions viagères s'imputeraient sur le disponible en jouissance ou viager, et, que, d'autre part, c'est dans cet ordre d'idées que le testateur ou donateur qui fait une libéralité excessive en rente viagère au profit de son conjoint, doit être considéré comme ayant agi. Aux termes de son arrêt, la disposition de l'art. 917 c. civ. suivant laquelle l'hé.itier réservataire, en présence d'une libéralité excessive en jouissance ou viager, a l'option de l'exécuter ou d'abandonner la propriété de la quotité disponible, n'est pas applicable au cas où le législateur a pris lui-même le soin de déterminer la quotité disponible en jouissance, spécialement au cas réglé par l'art. 1094 c. civ. concernant le disponible entre époux. Lorsqu'un époux a donné à son conjoint une valeur qui, par sa nature, rentre dans celles des deux quotités que l'art. 1094 fixe en jouissance, l'héritier réservataire n'a pas d'option à faire : il ne peut, si la disposition est excessive, que la faire réduire à la mesure du disponible en jouissance, tel qu'il est déterminé par la loi. En conséquence, l'abandon que l'héritier de l'époux prédécédé fait au conjoint survivant. pour le remplir d'une donation en rente viagère excédant la quotité disponible réglée par l'art. 1094 c. civ., de la pleine propriété du quart de la succession représentant la quotité disponible réglée par l'art. 913, ne saurait être considéré comme l'exercice de la faculté légale consacrée par l'art. 917, et constitue une dation en payement passible d'un droit proportionnel d'enregistrement dont la quotité est déterminée suivant la nature des choses abandonnées.(Civ. rej. 10 mars 1873, aff. de Beaurepaire, D. P. 74. 1. 9, et la note. V. dans le même sens : les conclusions de M. le premier avocat général Blanche rapportées *ibid.*; Trib. Seine, 12 août 1871, D. P. 72. 3. 28, jugement confirmé par l'arrêt précité).

3°. — *Rétrocession* (*Rép.* nos 1883 à 1892).

918. Il ne peut y avoir lieu à rétrocession que s'il y a eu antérieurement une transmission véritable (*Rép.* n° 1888). Ainsi, lorsque, dans un acte de prêt, il a été cédé par l'emprunteur au prêteur, à titre de nantissement, une créance à terme, l'acte postérieur par lequel le prêteur déclare renoncer purement et simplement au transport en garantie, ne constitue pas une rétrocession de créance passible du droit de 1 p. 100 (Trib. Seine, 12 juill. 1854, aff. Frère, D. P. 54. 3. 82).

§ 3. — Obligations de faire (*Rép.* nos 1893 à 2047).

919. Il est traité au *Répertoire*, sous ce titre, des obligations qui consistent dans un fait matériel, c'est-à-dire : 1° des mutations d'offices; 2° du louage d'ouvrage dans lequel rentrent notamment les adjudications et marchés; 3° enfin des baux à nourriture. Le louage de choses, qui constitue aussi une obligation de faire, ayant pour résultat de transmettre une jouissance, a été étudié avec les *Transmissions à titre onéreux de propriété, d'usufruit et de jouissance* (*Rép.* n° 1893. V. *infrà*, nos 1598 et suiv.).

N° 1. — *Mutations d'offices* (*Rép.* nos 1894 à 1959).]

920. Les art. 6 à 14 de la loi de finances du 25 juin 1841 ont établi un système particulier pour la perception du droit proportionnel d'enregistrement sur les transmissions d'offices (*Rép.* n° 1901). Ces transmissions étant subordonnées à la condition que le Gouvernement agréera le cessionnaire ne sauraient être assujetties au droit proportionnel, suivant les règles du droit fiscal, que lorsque cette condition est remplie. Afin d'assurer le payement de l'impôt, la loi de 1841 a prescrit de percevoir exceptionnellement le droit sur le traité, sauf restitution toutes les fois que la transmission n'est pas suivie d'effet; d'autre part, elle a rendu obligatoire la production, auparavant facultative, à l'appui de la demande de nomination, du traité de cession enregistré. Ce système, dit M. Demante, t. 1, n° 39, « simplifie et assure la perception; il serait à désirer que le législateur en généralisât l'application ».
La loi de 1841 a établi des règles particulières pour les différents modes de transmission des offices, suivant que la mutation a lieu « à titre onéreux » (art. 6 et 7), « par suite de disposition gratuite entre vifs ou à cause de mort » (art. 8), par suite du décès du titulaire de l'office (art. 9). En outre, d'après ses dispositions, le droit qu'elle a établi est dû «en cas de création nouvelle de charges ou offices ou en cas de nomination de nouveaux titulaires sans présentation par suite de destitution ou par tout autre motif » (art. 12), « en cas de suppression d'un titre d'office, lorsqu'à défaut de traité l'ordonnance qui prononcera l'extinction, fixera une indemnité à payer au titulaire de l'office supprimé ou à ses héritiers » (art. 13).

A. — Transmissions à titre onéreux.

921. Le droit est « de 2 pour 100 du prix exprimé dans l'acte de cession et du capital des charges qui pourront ajouter au prix ». Il est exigible sur le prix total de la cession de l'office, de la clientèle, des minutes, répertoires, recouvrements et autres objets en dépendant (*Rép.* n° 1906). Mais si la cession n'est qu'éventuelle en ce qui concerne les recouvrements, le droit n'est pas dû sur le montant de ces créances. Ainsi la *vente* d'un office d'agent de change moyennant un prix dans lequel ne se trouvent compris ni le cautionnement versé par le vendeur, ni ses droits dans le fonds commun de la compagnie, les parties s'étant réservé de traiter ultérieurement sur ces deux points et d'en référer au besoin pour l'estimation à la chambre syndicale, ne donne pas lieu au droit proportionnel sur le montant du cautionnement et des droits dans le fonds commun ; le droit n'est exigible qu'autant que la réalisation ultérieure de la cession de ces deux objets sera prouvée (Trib. Seine, 7 févr. 1855, *Diction. droits d'enreg.*, v° *Office*, n° 116).
922. Lorsque des traités de mutations d'offices contiennent des dispositions particulières, mais indépendantes de la transmission, le droit dont la cession même est frappée par la loi du 25 juin 1841 n'affranchit pas les dispositions indépendantes du droit proportionnel qui leur est applicable selon leur nature (*Rép.* n° 1908). Ainsi, la cession d'un office de notaire faite par un père à son fils moyennant une somme déterminée, avec donation par le cédant et par sa femme au profit du cessionnaire de partie du prix, donne ouverture, en outre du droit de cession sur le prix de l'office, au droit de donation sur la portion de ce prix qui fait l'objet de la donation (Req. 22 janv. 1866, aff. Véricel, D. P. 66. 1. 232. Conf. *Rép.* n° 1909). — Le droit de cession, d'après un jugement, doit être perçu sur la totalité du prix de la cession, et le droit de donation sur la portion de ce prix qui fait l'objet de la donation (Trib. Lyon, 13 juill. 1864, aff. Véricel, D. P. 65. 3. 13). Mais cette dernière solution est contestable. Dans l'espèce, il n'y avait qu'une simple transmission à titre gratuit pour les deux cinquièmes, à titre onéreux pour les trois autres. Diviser l'opération pour en conclure qu'il y a, en ce qui concerne les deux cinquièmes cédés à titre gratuit, acquisition tout à la fois de l'office et d'une partie du prix, et qu'ainsi deux droits de mutation sont dûs sur la transmission de la même fraction, c'est faire porter la perception de l'un de ces droits sur une opération purement fictive.

B. — Transmissions entre vifs à titre gratuit et à cause de mort.

923. L'art. 8 de la loi de 1841 dispose que, dans ce cas, « les droits établis pour les donations de biens meubles par les lois existantes, seront perçus sur l'acte ou écrit constatant la libéralité d'après une évaluation en capital » (*Rép.* n° 1912). La donation d'un office est soumise, de même que la cession à titre onéreux, à la condition suspensive de la nomination du donataire par le Gouvernement; mais, pour la donation comme pour la cession, cette condition ne fait pas obstacle à l'exigibilité du droit proportionnel. Ainsi ce droit a été perçu sur l'acte par lequel un père avait fait donation à son fils de son office de greffier sous réserve de l'usufruit et de l'exercice de cette charge jusqu'à son décès. Il a paru que la donation était actuelle, et que la condition apposée à sa réalisation n'était pas d'une autre nature que celle qui pèse sur tous les traités de cession d'office (Sol. adm. enreg. 28 nov. 1853 et 7 juin 1861, Garnier, *Rép. gén. enreg.*, n° 12060).

G. — Transmissions par décès.

924. L'office transmis par le décès du titulaire doit être compris dans la déclaration que ses héritiers sont tenus de souscrire pour la perception des droits de mutation (*Rép.* n° 1914). Il en est ainsi alors même que le défunt est décédé après sa nomination à l'office, mais avant d'avoir prêté serment (Trib. Troyes, 4 déc. 1872, aff. Héritiers Cazelles, D. P. 73. 5. 221).

925. En ce qui concerne les offices dont le titulaire est marié sous le régime de la communauté, les difficultés qui peuvent se produire, audit cas, pour la perception du droit de mutation ouvert par le décès de l'un des époux, doivent être résolues d'après le principe, constant en doctrine et en jurisprudence, que les offices constituent des biens meubles (*Rép.* v^{ts} *Biens*, n° 212; *Office*, n° 32).

Sous le régime de la communauté légale, la valeur vénale de l'office dont le titulaire était pourvu au jour du mariage fait donc partie de la communauté. Il en est de même au cas où le mari est pourvu de l'office au cours de la communauté (V. *suprà*, v° *Contrat de mariage*, n° 196). Toutefois, l'office est propre au mari, lorsqu'il lui a été donné ou légué soit pendant, soit avant le mariage, à la condition qu'il n'entrera pas dans la communauté. Jugé, spécialement, que l'office acquis par un mari commun en biens, de son père, moyennant un prix stipulé payable au décès du cédant, constitue un propre du mari et ne doit pas, en conséquence, lorsque la femme décède la première, être compris pour moitié dans la déclaration souscrite pour le payement des droits de mutation à la charge de ses héritiers, alors qu'il a été stipulé dans le contrat que l'office ne tomberait pas dans la communauté (Trib. Rennes, 7 août 1883, aff. Ravenel, D. P. 84. 5. 222). Il résultait, en outre, des circonstances, dans l'espèce de ce jugement, que la cession représentait une véritable libéralité à titre d'avancement d'hoirie. D'autre part, le contrat de mariage excluait de la communauté et réservait comme propres aux époux les biens qui pourraient leur provenir de successions, legs, donations, avancements d'hoirie ou autrement.

926. Sous le régime de la communauté réduite aux acquêts, l'office appartenant au mari au jour du mariage lui demeure propre. Jugé, en ce sens, que l'office de notaire auquel le titulaire a été nommé antérieurement à son mariage contracté sous le régime de la communauté réduite aux acquêts, constitue non un acquêt, mais un propre du mari, bien que ce dernier n'ait prêté serment et versé son cautionnement que postérieurement, et que, lors du mariage, il ne se soit pas constitué son office et n'en ait point fait constater l'existence par inventaire, ni par état en forme; en conséquence, cet office doit être compris, pour l'intégralité de sa valeur, dans la déclaration de la succession du mari et dans la liquidation des droits de mutation ouverts par son décès (Trib. Jonzac, 29 déc. 1868, aff. Eymery, D. P. 70. 3. 29).

927. La *plus-value* acquise par un office au cours du mariage du titulaire auquel il est propre, appartient-elle au mari ou à la communauté? La doctrine et la jurisprudence s'accordent à reconnaître que, lorsqu'elle est due à l'augmentation générale de la valeur des offices ou à quelque autre cause accidentelle, étrangère au travail et à l'industrie du mari, la plus-value lui appartient et que, en conséquence, l'office doit être soumis pour sa valeur intégrale aux droits de mutation auxquels le décès du mari a donné ouverture (Trib. Jonzac, 29 déc. 1868, aff. Eymery, D. P. 70. 3. 29; Trib. Mamers, 26 mai 1874, aff. Veuve Péan, D. P. 74. 3. 104; Trib. Laon, 18 mars 1875, aff. Brucelle, D. P. 75. 5. 205; Conf. Sol. adm. enreg.4 août 1879; Trib. Lille, 11 déc. 1885. Garnier, *Rép. pér. enreg.*, n°s 5833 et 6672. V. *suprà*, v° *Contrat de mariage*, n° 197).

Lorsque l'office a été vendu au cours de la communauté, la succession du mari a droit d'exercer la reprise de l'intégralité du prix de la cession, et le droit de mutation à la charge des héritiers du mari est dû sur l'intégralité du prix (Trib. Laon, 18 mars 1875 précité).

928. Mais la question de savoir à qui du mari auquel l'office est propre, ou de la communauté, appartient la plus-value, lorsqu'elle est due au travail et à l'industrie du mari, est très controversée (V *suprà*, v° *Contrat de mariage*,

n° 954). Suivant un système, elle appartient à la communauté, comme tous les autres fruits provenant du travail du mari (*Rép.* v° *Contrat de mariage*, n° 2591. V. dans le même sens : les jugements du 26 mai 1874 et du 18 mars 1875, cités *suprà*, n° 927). L'opinion contraire, d'après laquelle la plus-value appartient exclusivement au mari, comme dans le cas où elle est due à des causes générales, est plus généralement admise. Elle est soutenue dans une décision du ministre des finances, du 31 oct. 1881 (V. *Rép. pér. enreg.*, n° 5876). « Sans doute, porte cette décision, d'après l'art. 1498 c. civ., la communauté a droit à tous les gains et produits provenant de l'industrie des époux. Mais par *gains*, il faut entendre des valeurs nouvelles complètement distinctes de l'objet qui les a produites, que la communauté puisse encaisser ou réaliser. Ainsi, les produits d'un office sont les sommes que le titulaire peut gagner en le gérant, ce sont ces sommes seules qui tombent dans la communauté ou leurs dégradations. » Dans l'ancien droit, Lebrun professait déjà cette opinion (*Traité de la communauté*, p. 74, éd. 1755) bien que partagée par la plupart des jurisconsultes modernes (Tessier, *De la communauté*, n° 99; Rolland de Villargues, *Répertoire du notariat*, v° *Office*, n° 86; *Dictionnaire du notariat*, v° *Office*, n° 528; Duranton, t. 14, n° 130; Aubry et Rau, *Droit civil français*, 4° éd., t. 5, § 511, note 8, et p. 449, note 7; Rodière et Pont, *Du contrat de mariage*, t. 2, n° 1283). Ces principes ne sont que l'application de l'art. 1470 aux termes duquel les époux, à la dissolution de la communauté, reprennent leurs biens propres avec leurs augmentations ou leurs dégradations ». — Cette décision sert de règle aux agents de l'enregistrement pour la perception des droits de mutation par décès.

D. — Minimum de perception.

929. D'après l'art. 10 de la loi de 1841, le droit d'enregistrement ne peut jamais, dans les différents cas de transmission prévus par les dispositions susénoncées, être inférieur au dixième du cautionnement (*Rép.* n° 1918). L'Administration a soutenu que cette disposition, bien que restreinte dans son texte aux différents cas de transmission réglés par les art. 7, 8 et 9 de la loi; c'est-à-dire aux transmissions entre vifs à titre onéreux ou gratuit, et aux transmissions par décès, devait être étendue au cas de suppression d'un titre d'office avec indemnité au profit du titulaire ou de ses héritiers (*Rép.* n°s 1918 et 1926). C'était évidemment donner à la disposition dont il s'agit une extension qu'elle ne comporte pas, d'autant que l'art. 13 de la loi, qui règle la perception du droit sur les indemnités pour suppression de titres, ne reproduit pas la disposition de l'art. 10 relative au minimum. L'Administration a fini par le reconnaître, et la solution qu'elle a donnée sur cet objet a été transmise à ses agents, afin de leur servir de règle de perception, par une instruction générale du 19 oct. 1855 (n° 2049, § 2). Ainsi le traité ou le décret relatif à une suppression d'office donne lieu à la perception du droit de 2 pour 100 (art. 13 de la loi); mais le minimum fixé par l'art. 10 de la loi de 1841 n'est pas applicable (Sol. adm. enreg. 7 août 1855, D. P. 55. 5. 188).

E. — Insuffisance d'évaluation; Simulation de prix; Pénalités.

930. En cas d'insuffisance de l'évaluation donnée à un office transmis, soit entre vifs à titre gratuit, soit par décès, ou de simulation du prix exprimé dans un traité de cession d'office, il est perçu, à titre d'amende, un droit en sus de celui dû sur la différence de prix ou d'évaluation (art. 11); mais, pour que ce droit en sus soit encouru, il faut que l'insuffisance ou la simulation soit « établie d'après des actes émanés des parties ou de l'autorité administrative ou judiciaire » (*Rép.* n° 1919). — Jugé, par application de cette disposition, que la simulation d'un prix porté dans un traité de cession d'office est suffisamment établie, pour la réclamation des droits simple et en sus d'enregistrement :... par l'aveu du cessionnaire contenu dans l'inventaire fait après le décès du cédant et faisant connaître la portion du prix qui a été dissimulée (Trib. Abbeville, 7 mai 1853, *Journal des notaires*, art. 15230);... par un jugement constatant la simulation de prix (Trib. Rethel, 13 août 1858, aff. Chappe, D. P. 59. 3. 8; Trib. Seine, 27 juill. 1867, *Journal des notaires*, art. 19116)..., pourvu que, comme le fait observer avec raison le *Dictionnaire des droits d'enregistrement*, v° *Office*, n° 177 *bis*, le jugement forme entre les parties titre de la simulation; car, dans le cas contraire, il ne constituerait qu'un élément de preuve et ne pourrait servir de base à la perception des droits.

931. Il est enseigné au *Rép.* n° 1919 que la *contre-lettre* ayant pour objet une augmentation du prix exprimé dans un traité de cession d'office, doit être soumise seulement à un droit simple et à un droit en sus par application de l'art. 11 de la loi de 1841, et non pas au triple droit auquel l'art. 40 de la loi du 22 frim. an 7 assujettit toute contre-lettre sous signature privée ayant pour objet une augmentation du prix stipulé dans un acte (*Rép.* n° 1919). L'administration de l'enregistrement a d'abord soutenu que la pénalité du triple droit était applicable audit cas (*Ibid.*), mais cette prétention a été repoussée par plusieurs jugements (Trib. Seine, 8 août 1850 et 17 juin 1852; Trib. Troyes, 28 janv. 1852, *Journal des notaires*, art. 14196 et 14660). A la suite de ces décisions, l'Administration a soumis la question à un nouvel examen et elle a reconnu que la loi de 1841, ayant réglementé tout ce qui concerne la perception du droit d'enregistrement établi sur les transmissions d'offices, « est aujourd'hui le code de la matière », que l'art. 11 punissant d'un seul droit en sus les simulations de prix établies d'après « des actes émanés des parties », cette expression générale comprend les contre-lettres comme tous autres actes; qu'on ne saurait donc appliquer à ces contre-lettres une autre peine que celle prononcée par ledit article (Instr. adm. enreg. 22 févr. 1854, n° 1989, D. P. 54. 3. 56).

932. Le double droit dont est passible le supplément de prix secrètement stipulé dans la vente d'un office est exigible, en raison de son caractère répressif, même dans le cas où la dette de ce supplément de prix est déclarée nulle pour cause de simulation (Trib. Rethel, 13 août 1858, cité *suprà*, n° 930). C'est ce qu'avait également jugé, sous l'empire de la loi du 22 frim. an 7, et par application de l'art. 40 de ladite loi, un arrêt de cassation du 12 nov. 1811 (*Rép.* n° 5661).

933. Le fait qu'un office dont le titulaire est décédé a été cédé par ses héritiers peu de temps après la déclaration de la succession pour un prix notablement supérieur à l'évaluation donnée à cet office dans ladite déclaration, prouve l'insuffisance de cette évaluation et rend exigible les droits simples et en sus sur un complément d'évaluation qui doit être déterminé suivant les circonstances (Trib. Largentière, 20 août 1873, aff. Lieutier, D. P. 74. 3. 55-56). — Avant la loi du 25 juin 1841, la régie reconnaissait qu'elle ne pouvait critiquer l'estimation des parties; mais l'art. 11 de cette loi ne laisse aucun doute sur le droit de contrôle de l'administration de l'enregistrement (*Rép.* n°s 1918 et suiv.).

934. D'après l'art. 11 (dernier alinéa) les parties, leurs héritiers ou ayants cause sont solidaires pour le payement de l'*amende du double droit*. Il a été décidé que la même solidarité existe pour le payement du *droit simple* (Req. 28 juill. 1868, aff. Lesourd, D. P. 69. 1. 108). Cette solution doit être admise au cas où, la simulation de prix ou l'insuffisance d'évaluation étant constatée par un acte émané des parties, le droit simple et le droit en sus sont perçus sur cet acte. Il est, en effet, de jurisprudence que les droits d'enregistrement dont un acte est passible peuvent être réclamés à toutes les parties qui y ont figuré (*Rép.* n° 5136. V. *infrà*, chap. 8). Mais il en est différemment lorsque, comme cela s'est rencontré dans l'espèce qui a donné lieu à l'arrêt du 28 juill. 1868, la fraude est constatée par un jugement entre les parties. Suivant la jurisprudence de la cour de cassation, le payement des droits d'enregistrement des jugements ne peut être poursuivi que contre celles des parties qui profitent des condamnations qui y sont prononcées (Civ. cass. 9 avr. 1861, aff. Barjaud, D. P. 61. 1. 147; 21 juin 1865, aff. Grezel, D. P. 65. 1. 378). D'après cette règle, le payement du droit simple, exigible par suite de la simulation de prix ou de l'insuffisance d'évaluation constatée par jugement entre les parties, en matière de transmission d'office, ne peut être poursuivi que contre celle des parties

au profit de laquelle le jugement a été rendu (D. P. 69. 1. 108, note).

935. Dans le cas de création d'office ou de nomination sans présentation, par suite de destitution ou par tout autre motif, le droit d'enregistrement est de 20 pour 100 du montant du cautionnement; mais si le nouveau titulaire paye une somme déterminée pour la valeur de l'office, le droit est perçu au taux de 2 pour 100 sur cette somme, sauf application du minimum du dixième du cautionnement (L. 25 juin 1841, art. 12). En cas de suppression d'un office, le droit de 2 pour 100 est dû sur l'indemnité payée au titulaire ou à ses héritiers (art. 13).

936. S'appuyant sur la doctrine d'un arrêt de la cour de cassation (Req. 15 mai 1848, *Rép.* n° 1927), l'administration de l'enregistrement soutient que la création dont parle l'art. 12 de la loi de 1841, ne consiste pas seulement dans l'établissement d'un nouvel office, mais encore dans la translation qui a pour effet, en déplaçant le siège d'un office, d'en élever la classe et, en même temps, de créer une nouvelle étude dans le ressort plus étendu où l'officier ministériel déplacé pourra désormais exercer ses fonctions; elle conclut de là que le droit de transmission est dû dans ce cas (Sol. adm. enreg. 22 sept. 1882, Garnier, *Rép. pér. enreg.*, art. 6076. Conf. Garnier, *Rép. gén. enreg.*, n° 12079; *Diction. droits d'enreg.*, v° *Office*, n° 169; D. P. 88. 3. 23, note).

Il a été jugé, en ce sens, que la translation d'un office de notaire d'une résidence rurale au chef-lieu de l'arrondissement, autorisée par décret, avec élévation de classe et augmentation de cautionnement, à charge par le titulaire de payer à ses confrères une indemnité déterminée, donne lieu au droit de 2 pour 100 sur le montant de cette indemnité, sauf application du minimum de perception fixé au dixième du cautionnement (Trib. Dax, 13 janv. 1886, aff. Saintorens, D. P. 88. 3. 23. Conf. Trib. Lille, 16 août 1886, *Journ. enreg.*, art. 22737). — Mais, dans une espèce semblable, sauf en ce point seulement qu'aucune indemnité n'avait été mise à la charge du titulaire de l'office transféré, un jugement du tribunal de Ribérac, du 1er avr. 1884 a décidé que le droit de transmission n'était pas dû, attendu que l'art. 12 de la loi de 1841 ne peut être appliqué audit cas que par analogie et n'a été même admis en matière fiscale (Garnier, *Rép. pér. enreg.*, art. 6320; D. P. 88. 3. 23, note).

937. D'après une délibération mentionnée dans le *Journal de l'enregistrement*, art. 22639, par laquelle l'administration de l'enregistrement a autorisé l'exécution du jugement du tribunal de Ribérac, cité *suprà*, n° 936, cette administration reconnaît actuellement que le droit de transmission n'est pas dû, dans le cas en question, toutes les fois que l'officier ministériel déplacé n'est pas astreint au payement d'une indemnité envers ses confrères; mais elle persiste à soutenir que, dans le cas contraire, le droit est exigible sur le montant de l'indemnité mise à la charge du titulaire de l'office transféré, la stipulation de cette indemnité démontrant qu'une valeur nouvelle a été créée par le décret qui a prescrit le transfert et que, comme c'est moins le titre nu de l'office que sa valeur vénale que la loi a voulu atteindre, il est conforme à son esprit que cette valeur soit assujettie à l'impôt (V. D. P. 88. 3. 23, note). — La distinction faite par l'Administration est contestable. Les motifs qui ne permettent pas d'admettre la perception de l'impôt lorsque la translation de l'office a lieu sans payement d'indemnité, paraissent pouvoir être invoqués avec non moins de force au cas où une indemnité est stipulée. Dans ce dernier cas, aussi bien que dans le premier, il s'agit d'étendre l'application de la loi fiscale, par analogie, d'un cas prévu à un autre cas non prévu, ce qui est contraire au caractère spécial et restrictif de cette loi (V. D. P. 88. 3. 23, note).

938. Les droits perçus seront sujets à restitution, porte l'art. 14 de la loi de 1841, toutes les fois que la transmis-

sion n'aura été suivie d'aucun effet (*Rép.* n°ˢ 1931 [et suiv.).
En présence des termes généraux et absolus de cette disposition, la distinction que l'administration de l'enregistrement faisait, antérieurement à la loi de 1841, entre le cas où la nomination était refusée par le Gouvernement et celui où elle n'avait pas lieu par suite d'un fait imputable aux parties, accordant la restitution dans le premier cas, la refusant dans le second, ne peut plus être admise aujourd'hui. Conformément à l'opinion enseignée au *Rép.* n° 1933, l'Administration l'a reconnu en décidant, par différentes solutions des 26 sept. 1851, 17 mars 1856, 10 août 1861, que la restitution est obligatoire toutes les fois que la transmission d'office n'est pas suivie d'effet, pour quelque cause que ce soit (Garnier, *Rép. gén. enreg.*, n° 12081 ; *Diction. droits d'enreg.*, v° Office, n° 194).

Mais, toutes les fois que le traité de cession est suivi de la nomination du cessionnaire, il est parfait, sans qu'il soit besoin d'attendre la prestation de serment du nouveau titulaire. En conséquence, le droit de mutation perçu sur le traité n'est pas sujet à restitution, quoique le nouveau titulaire ait été déclaré déchu du bénéfice de l'ordonnance de nomination, faute d'avoir prêté serment dans les deux mois de sa nomination (Civ. cass. 29 janv. 1851, aff. Sain, D. P. 51. 1. 96). En effet, on ne peut dire dans ce cas que la cession n'a produit aucun effet, puisqu'elle a été suivie d'une nomination. Il a été décidé, dans le même sens, que le décès du cessionnaire d'un office après sa nomination, mais avant d'avoir prêté serment, ne rend pas restituable le droit proportionnel perçu à l'enregistrement du traité (Trib. Troyes, 20 mars 1872, aff. Cazelles, D. P. 73. 5. 221. V. dans le même sens : Trib. Vendôme, 30 juill. 1847, aff. G..., D. P. 48. 5. 161. — V. en sens contraire : Trib. Alençon, 22 janv. 1844, aff. Dubuisson, D.P.45.4.230 ; Trib. Lyon, 26 juill. 1849, aff. Sain, D. P. 50. 3. 47, jugement cassé par l'arrêt précité du 29 janv. 1851).

939. Après avoir prescrit la restitution du droit d'enregistrement perçu à l'occasion d'une transmission d'office, toutes les fois que cette transmission n'est suivie d'aucun effet, l'art. 14 de la loi de 1841 dispose que, « s'il y a lieu à *réduction du prix*, tout ce qui aura été perçu sur l'excédent sera également restitué ». — La question s'est élevée de savoir si cette disposition se rapporte aux réductions résultant de jugements entre les parties postérieurs à la nomination, comme à celles imposées par le Gouvernement avant la nomination. Jugé qu'au cas où le prix d'un office est réduit par une décision judiciaire postérieurement à la nomination du titulaire, le droit proportionnel d'enregistrement perçu sur la différence entre le prix stipulé et le prix réduit, est restituable par application de l'art. 14 de la loi de 1841 ; c'est dans cette loi, et non dans celle du 22 frim. an 7, qu'il convient de chercher s'il y a lieu à la restitution du droit proportionnel (Trib. Confolens, 28 août 1875, aff. X..., D. P. 76. 5. 205).

L'Administration de l'enregistrement s'est prononcée dans le même sens par une solution motivée sur les termes généraux et absolus de l'art. 14 de la loi du 25 juin 1841. On doit reconnaître, porte cette décision, « qu'il y a lieu à réduction et, par suite, à restitution, non seulement quand l'autorité, au moment d'agréer le candidat, impose l'abaissement du prix, mais encore lorsque la nomination ayant été obtenue, l'autorité judiciaire reconnaît que l'acquéreur a été victime d'un dol caché au Gouvernement. Dans les deux cas il y a même motif de décider » (Sol. adm. enreg. 15 sept. 1883, D. P. 85. 3. 23).

940. Mais que décider si la réduction a lieu par suite d'un accord entre les parties? Il a paru au tribunal de Cambrai qu'il n'y avait pas lieu alors à restitution (Trib. Cambrai, 18 déc. 1867, aff. Carlier, D. P. 70. 3. 31). Le tribunal de Saint-Jean-d'Angely a décidé, au contraire, que dans ce cas, comme dans celui où la réduction a été imposée par la chancellerie, il y a lieu à la restitution du droit proportionnel perçu sur la portion réduite (Trib. Saint-Jean-d'Angely, 3 déc. 1868, aff. X..., D. P. 70. 3. 31). Cette dernière solution nous paraît la vraie, puisque l'art. 14 de la loi de 1841 pose le principe de la restitution en cas de réduction d'un prix, sans distinguer si la réduction a été volontaire ou imposée (*Ibid.*, note 1. V. dans le même sens : Garnier, *Rép. gén. enreg.*, n° 12082 ; *Diction. droits d'enreg.*, v° !

Office, n°ˢ 196 et suiv.; *Dictionnaire du notariat*, v° *Office*, n° 805).

D'après le *Dictionnaire des droits d'enregistrement, loc. cit.*, n° 199, l'administration de l'enregistrement persiste à soutenir le premier système; mais elle ne considère pas une réduction comme volontaire que par cela seul qu'elle se produit à l'appui d'observations émanant du parquet, et non de la chancellerie, lorsque ces observations sont présentées sous la forme d'un avis officieux plutôt que d'une injonction impérative (Sol. adm. enreg. 23 janv. 1880, *loc. cit.*).

941. Si la cession d'un office dépendant d'une succession est *postérieure* à la déclaration de cette succession, la réduction opérée par le Gouvernement dans le prix stipulé ne peut avoir d'effet sur l'estimation donnée à l'office dans la déclaration, puisqu'elle ne rétroagit pas à une époque antérieure à cette déclaration (Civ. cass. enreg. 16 oct. 1867, D. P. 68. 3. 45). Le principe d'après lequel les droits d'enregistrement régulièrement perçus ne sont pas restituables, quels que soient les événements ultérieurs (L. 22 frim. an 7, art. 60), s'oppose, dans ce cas, à la restitution du droit de mutation perçu sur la déclaration de la succession. Jugé, en ce sens, qu'il n'y a pas lieu à restitution au cas où l'office dépendant d'une succession est vendu, postérieurement à la déclaration de cette succession, à un prix inférieur à l'estimation qui lui a été donnée dans cette déclaration conformément à celle portée dans l'inventaire notarié de l'hérédité (Trib. Bordeaux, 20 nov. 1848, *Journal des notaires*, art. 13601).

Mais si la cession de l'office est *antérieure* à la déclaration de la succession, et si le prix de la cession énoncé dans cette déclaration comme représentant la valeur de l'office est ultérieurement réduit par l'autorité, ce prix est censé n'avoir jamais été que la somme fixée par le Gouvernement ; par suite, les héritiers doivent être considérés comme ayant compris dans la déclaration une valeur ne faisant pas réellement partie de la succession, circonstance qui autorise la restitution des droits perçus en trop (Même solution du 16 oct. 1867).

942. La demande en restitution doit être faite, conformément à l'art. 61 de la loi de frimaire an 7, dans le délai de deux ans à compter du jour de l'enregistrement du traité : l'art. 14 de la loi de 1841 le rappelle (*Rép.* n° 1935). Ce délai est de rigueur : il a été jugé que le délai dans lequel doit être demandée la restitution des droits d'enregistrement d'un traité de cession d'office de notaire qui n'a pas été suivi d'effet, parce que l'office a été supprimé postérieurement par le Gouvernement, court à partir du jour de l'enregistrement du traité, et non à compter de la date du décret de suppression (Trib. Grenoble, 20 août 1869, aff. Espié, D. P. 71. 5. 160-161). — Il a été décidé également que la prescription biennale de la demande en restitution du droit de mutation perçu sur un traité de cession d'office dont le prix, diminué par le Gouvernement, ne se trouve passible de ce droit que jusqu'à concurrence du prix réduit, court à compter du premier traité sur lequel a été perçu le droit, et non à partir du second traité modifié selon les exigences de l'autorité (Civ. cass. 22 mars 1859, aff. Tourneur, D. P. 59. 1. 112. — V. en sens contraire : Trib. Senlis, 30 juill. 1856, aff. Tourneur, D. P. 58. 3. 24).

H. — Non-rétroactivité.

943. La loi de 1841 a donné lieu à quelques difficultés transitoires au point de vue de la rétroactivité, difficultés qui ne présentent plus guère d'intérêt. La jurisprudence avait admis qu'il ne fallait pas considérer la nomination du cessionnaire d'un office comme consommant la cession et fixant la date à laquelle l'exigibilité de l'impôt a pris naissance, et qu'en conséquence les traités passés avant la loi de 1841 et produits devant l'autorité compétente antérieurement à sa promulgation, ne sont pas régis par cette loi, bien que la nomination soit postérieure (*Rép.* n° 1939). — Une question analogue s'est produite au sujet de l'établissement d'un nouveau décime, et le tribunal de la Seine a rendu un jugement en date du 12 juin 1863 (aff. Koller, D. P. 64. 3. 7), dont la doctrine nous paraît conforme à celle de la jurisprudence rapportée au *Répertoire ;* il a décidé que la cession d'office consentie, par acte sous seings privés, antérieurement à l'établissement d'un nouveau décime, est passible de ce droit, si l'acte est présenté à l'enregistrement seulement après la promulgation de la loi qui en a ordonné la perception; si l'acte avait été présenté à l'enregistrement avant la promulgation, le décime nouveau n'aurait pas été dû, alors même que la nomination ne serait intervenue qu'après.

Citons en dernier lieu un arrêt de la cour de cassation (Civ. cass. 11 juill. 1853, aff. de Boussois, D. P. 53. 1. 234) qui a décidé que les cessions d'offices ministériels étaient, sous l'empire de la loi de frimaire, soumises au droit proportionnel de 2 pour 100 comme ventes de meubles, et non au droit de 1 pour 100 pour obligation de sommes : ce droit de 2 pour 100 est dû, alors même que le traité de cession, devenu plus tard l'objet d'une demande judiciaire sur laquelle une condamnation est intervenue, remonte à une époque à laquelle il était de jurisprudence pour l'Administration que le droit de 1 pour 100 était seul dû.

N° 2. — Louage d'ouvrage (Rép. n° 1940 à 2009).

944. Il est traité au *Rép.* n° 1940, sous ce titre, de différentes conventions qui rentrent dans le louage d'ouvrage, et qui sont : le *bail d'ouvrage ou d'industrie*, le *remplacement militaire*, les *brevets d'apprentissage* et enfin les *marchés*. Ces derniers contrats ont été classés en trois catégories : 1° marchés *entre particuliers*; 2° marchés dont le prix est *payable par le Trésor public*; 3° marchés *intéressant les administrations locales*.

A. — Bail d'ouvrage ou d'industrie (Rép. n° 1941 à 1. 50)

945. Nous avons signalé (*Rép.* n° 1942) la controverse qui s'était élevée sur le tarif applicable au louage d'ouvrage ou d'industrie : on a soutenu que ce contrat, n'étant pas prévu par la loi fiscale, devait être assujetti au droit fixe comme acte innommé; dans une autre opinion, le louage d'ouvrage était considéré comme rentrant dans la dénomination générale de *baux à loyer* dont se sert la loi fiscale, et était, en conséquence, passible du droit de bail à 20 cent. pour 100. La jurisprudence est aujourd'hui fixée dans le sens de l'application au louage d'ouvrage ou d'industrie du droit de 1 fr. pour 100 établi sur les marchés par l'art. 69, § 3, n° 1, de la loi de frimaire an 7 (Civ. cass. 31 juill. 1854, aff. Messageries nationales, D. P. 54. 1. 312; 6 févr. 1855, aff. Chemin de fer de Paris à Orléans, D. P. 55. 1. 131 ; Civ. rej. 25 juin 1877, aff. Compagnie des pompes funèbres d'Angers, D. P. 77. 1. 364). « Attendu, porte l'arrêt de 1854, que l'art. 69, § 1, n° 1 et 2 ; § 2, n° 5, et § 3, n° 2, de la loi du 22 frim. an 7, assujettit nommément les baux qu'il énumère à des droits différents, selon les choses auxquelles lesdits actes s'appliquent; — Qu'à la vérité le louage d'ouvrage et d'industrie n'est spécialement mentionné dans aucun texte de cette loi ; mais qu'une convention qui est si importante et si commune n'a pu être omise dans les tarifs; qu'elle opère la location du travail et non pas la location des choses mobilières à l'aide desquelles le travail s'exerce; que, par sa nature et par le but qu'elle se propose, elle rentre dans la généralité de la disposition du n° 1 du même paragraphe 3, lequel embrasse les marchés pour objets mobiliers qui sont faits entre particuliers, qui ne contiennent ni vente, ni promesse de livrer des marchandises ou autres objets mobiliers; — Attendu que l'art. 1er de la loi du 16 juin 1824 qui abaisse à 20 cent. le droit à percevoir précise les baux à l'espèce desquels la réduction est applicable en les désignant de la même manière qu'ils le sont au paragraphe 1er, n° 1 et 2 ; § 2, n° 5, et § 3, n° 2, de l'art. 69 précité de la loi du 22 frim. an 7 ; — Que cet art. 1er ne mentionne pas d'autre acte que lesdits baux, et que, par conséquent, il n'a aucun trait aux actes compris au n° 1 du même paragraphe 3 ».

Il n'y a donc pas d'intérêt à distinguer le louage d'ouvrage ou d'industrie du marché entre particuliers : ces conventions sont soumises au même tarif de 1 fr. pour 100. — M. Demante, 3e éd., t. 1, n° 365, n'admet pas cette assimilation : d'après cet auteur, l'art. 69, § 3, n° 1, de la loi de frimaire ne vise que le marché d'entreprise, le marché des entrepreneurs, et ne

saurait être appliqué au louage de service de l'ouvrier; mais si l'on n'admet pas cette assimilation au point de vue fiscal, la difficulté est grande de savoir quel est le tarif applicable au louage de service. — M. Naquet, t. 2, n° 568, justifie la jurisprudence par des considérations historiques ; il admet que le louage d'industrie est compris dans les termes généraux de l'art. 69, § 3, n° 1, et doit être assujetti au droit de 1 fr. pour 100 établi pour les marchés.

946. Conformément à cette doctrine, il a été jugé que les actes portant louage d'ouvrage ou d'industrie, et notamment la convention par laquelle une compagnie de chemin de fer s'oblige à transporter jusqu'à une époque déterminée et pour un certain prix les voitures d'un entrepreneur de transports (les messageries nationales) sont assujettis au droit de 1 fr. pour 100 applicable aux marchés qui ne contiennent ni vente ni promesse de livrer des marchandises ou autres objets mobiliers, et non au droit de 20 cent. pour 100 fr. exigible, aux termes de l'art. 1er de la loi du 16 juin 1824, sur les baux de choses mobilières (Arrêt du 31 juill. 1854 cité *suprà*, n° 945); — Jugé, dans le même sens, que le contrat de louage ou d'industrie, et notamment le marché fait par une compagnie de chemin de fer pour le transport, pendant un certain temps, des marchandises appartenant à un particulier, est soumis au droit de 1 fr. pour 100 établi par l'art. 69, § 3, de la loi du 22 frim. an 7, et non au droit de 20 cent. pour 100 fr., exclusivement applicable aux baux à ferme ou à loyer (Arrêt du 6 févr. 1855 cité *suprà*, n° 945). De même, le traité administratif par lequel un entrepreneur de pompes funèbres s'engage, pour un temps déterminé, à faire, sous la surveillance de l'administration des fabriques, le service des enterrements, exhumations, réinhumations et autres cérémonies funéraires, constitue, non un bail par l'administration des fabriques du privilège que lui confère le décret du 23 prair. an 12, ni une simple location de choses mobilières de la part de l'entrepreneur, mais un marché dans les termes de l'art. 1787 c. civ., comprenant à la fois le louage de services et la fourniture de la matière, et passible, en conséquence, du droit proportionnel d'enregistrement à 1 fr. pour 100 sur les revenus concédés à l'entrepreneur (Arrêt du 25 juin 1877, cité *suprà*, n° 945).

947. Dans les espèces précédentes, les conventions intervenues pour le transport de voitures ou de marchandises, ou pour le service des pompes funèbres, pouvaient, à la rigueur, être qualifiées de marchés d'entreprises; les décisions qui vont être analysées ont statué sur le louage de service proprement dit, celui de l'ouvrier, par exemple : un jugement du tribunal de la Seine du 31 janv. 1855 (aff. Gineston, D. P. 55. 3. 24) a décidé que les actes portant louage d'ouvrage ou d'industrie (et notamment la convention par laquelle un ouvrier s'engage à travailler de son état, dans un établissement industriel, pendant un temps et à un chiffre de salaire déterminés), sont assujettis au droit de 1 fr. pour 100, applicable aux marchés qui ne contiennent ni vente ni promesse de livrer des marchandises ou autres objets mobiliers, et non au droit de 20 cent. pour 100 fr. exigible, aux termes de l'art. 1er de la loi du 16 juin 1824, sur les baux des choses mobilières. La même perception a été appliquée : 1° au traité relatif aux engagements contractés par un artiste avec un directeur de théâtre (V. *infrà*, v° *Théâtre-spectacle*) ; — 2° au traité conclu avec le propriétaire d'un journal pour le fermage des annonces et à la cession que le fermier fait de son traité à un tiers (Trib. Seine, 14 mars 1855, aff. Directeurs du théâtre du Palais-Royal, D. P. 55. 3. 93 ; 10 août 1855, aff. Fèvre, *ibid.*) ;... à l'acte constatant l'engagement de s'occuper, pendant un temps déterminé, des annonces d'un journal moyennant une portion du produit brut (Trib. Seine, 6 févr. 1880, Garnier, *Rép. pér. enreg.*, art. 5736); — 3° Au contrat par lequel des enfants déclarent s'obliger à donner des soins à une fabrique exploitée par leur père ou leur mère, sous la condition qu'ils seront entretenus et recevront annuellement une certaine somme pendant la durée du traité (Trib. Lille, 17 nov. 1855, D. P. 55. 5. 186) ; — 4° A l'engagement souscrit envers un industriel de lui fournir, au moyen de l'eau prise dans un fleuve, la force motrice nécessaire pour le fonctionnement de son usine (Trib. Gex, 25 févr. 1874, aff. Gaillard et Sigorn, D. P. 74. 5. 194). Si l'eau, au lieu d'être employée comme force motrice, devait être consommée, il y aurait marché de fournitures passible du droit de 2 fr. pour 100 (V. Req. 26 nov. 1873, aff. Compagnie des Eaux de Paris, D. P. 74. 1. 217, note).

948. La question s'est présentée d'une façon assez délicate dans les circonstances suivantes : un contrat qualifié de charte-partie intervient entre une compagnie de transports maritimes et un gouvernement; il a pour objet la location, moyennant un prix convenu, de tout ou partie d'un navire pour un usage déterminé, par exemple, pour la pêche, la course, le transport de passagers ou de marchandises (c. com. art. 273) (*Rép.* v° *Droit maritime*, n° 802). Ce contrat n'est par lui-même passible que du droit de bail de chose mobilière à 20 cent. pour 100; mais, dans l'espèce, la compagnie de transports maritimes n'avait pas seulement mis à la disposition d'un gouvernement, elle s'était également obligée à effectuer le transport par mer de volontaires : cet engagement donnait au contrat le caractère de louage de service, et le droit de 1 fr. pour 100 a été reconnu exigible (Req. 25 nov. 1868, aff. Compagnie transatlantique, D. P. 69. 1. 233. Observ. conf. *ibid.*, note). Et un pareil traité, bien que passé à l'étranger entre un gouvernement étranger et une compagnie française, pour le transport de volontaires étrangers d'un port étranger à un autre port également étranger, est passible des mêmes droits d'enregistrement que s'il avait été souscrit en France pour y recevoir son exécution, lorsqu'il y est produit en justice (V. *suprà*, n°s 432 et suiv., et *infrà*, n° 1737).

949. Mais si, au point de vue fiscal, la distinction précédemment établie entre le louage d'industrie et le marché a perdu tout intérêt, il n'en est pas de même de la distinction entre le *marché-louage* et le *marché-vente*, le premier étant passible du droit de 1 fr. pour 100, le second du droit de 2 fr. pour 100. — En ce qui concerne la perception de ce dernier droit sur les *marchés-ventes*, V. *infrà*, même chapitre, sect. 2, art. 2, § 2.

950. Il n'est pas toujours facile de distinguer le louage de choses ou d'ouvrage du marché-vente. La question s'est produite au sujet des contrats portant concession par une ville à des particuliers du droit d'enlever et de recueillir les *boues, vidanges, et immondices de ses rues et places*. La cour de cassation a décidé que ces contrats constituent, suivant leurs stipulations, des louages d'ouvrages ou de choses, mais non des marchés-ventes, qu'ils en donnent lieu, par suite, qu'au droit de marché à 1 fr. p. 100. Elle a posé à cet égard les principes suivants : si l'adjudication a pour objet, en faveur de l'adjudicataire, la rémunération de son travail ou de son industrie au moyen d'un salaire à payer par la caisse municipale, elle offre le caractère du louage d'ouvrage défini par l'art. 1710 c. civ. et se classe dans la catégorie des marchés régis par les art. 1787 et suiv. du même code, et par l'art. 69, § 2, n° 3, de la loi du 22 frim. an 7 en matière fiscale. Lorsque, au lieu de louage un salaire, l'adjudicataire, en considération des produits et émoluments à réaliser successivement dans l'exploitation, s'engage lui-même à payer une redevance périodique pendant la durée de sa concession, le caractère dominant de la convention est celui du louage de choses qui ne permet pas de le confondre avec une vente mobilière; elle s'en distingue en ce que l'effet de la vente est de transférer définitivement à l'acheteur, sans la nécessité du travail et de son industrie, la propriété d'une chose ou d'un droit moyennant un prix représentatif de sa valeur, tandis que l'effet du louage est de conférer temporairement au preneur la jouissance seulement de la chose ou du droit loué moyennant des prestations en rapport avec la durée de cette jouissance ou, en d'autres termes, la faculté de recueillir les fruits et produits qu'il acquiert jour par jour de l'exploitation de cette chose ou de ce droit. Or, à la différence de la vente, la convention dont il s'agit a pour objet, non l'obligation de livrer, en retour d'un prix, des boues et immondices qui, n'appartenant à personne, ne sont susceptibles d'appropriation et ensuite de vente, que par l'occupation, mais seulement l'obligation de faire jouir l'adjudicataire, pendant un temps limité et à la charge d'une redevance périodique, du droit exclusif de circuler à certaines heures, avec ses voitures et ses agents, dans les rues et places de la ville, pour réunir et enlever les boues et immondices qui, par le résultat de ce travail quotidien et au fur et à mesure de cette occupation,

deviennent successivement sa chose » (Civ. cass. 28 nov. 1860, aff. Ville de Reims, et aff. Salle, D. P. 61. 1. 39. — V. en sens contraire : *Diction. droits d'enreg.*, v° *Marché*, n° 52; Trib. Dunkerque, 31 juill. 1857, aff. Belle, D. P. 57. 3. 80).

951. L'administration de l'enregistrement a reconnu que le marché-louage n'est pas exclusif de certaines fournitures à faire par l'entrepreneur; elle a notamment admis, conformément, d'ailleurs, au texte de la loi fiscale, que les marchés pour constructions ne sont passibles que du droit de 1 p. 100 (*Rép.* n° 1976). Mais si c'est la matière qui prédomine dans la convention, le droit de vente mobilière de 3 p. 100 peut être exigible (*Rép.* n° 1977) ; ce droit a été perçu avec raison sur un jugement ordonnant l'exécution d'un marché fait pour la construction et la livraison de machines (Trib. Seine, 23 févr. 1848, aff. C..., D. P. 48. 3. 154).

952. Pour que le droit du marché soit exigible, il faut un acte qui soit le titre de la convention (*Rép.* n° 1); nous avons dit, en conséquence, que le droit de 1 p. 100 n'était pas exigible sur la quittance d'une somme payée pour la construction d'une maison. Conformément à cette opinion, il a été jugé que la quittance qu'un architecte ou un entrepreneur donne devant notaire d'une somme à valoir sur ce qui lui revient pour des travaux en cours d'exécution (tels que des travaux de grosses réparations à un immeuble dotal), ne fait pas nécessairement supposer l'existence d'un marché par écrit et ne peut tenir lieu d'un tel acte, notamment pour assurer au propriétaire le bénéfice de la garantie décennale; par suite, c'est à tort que l'administration de l'enregistrement réclamerait, en pareil cas, le droit de marché de 1 p. 100 au lieu du droit de quittance de 50 cent. p. 100 (Trib. Havre, 28 déc. 1864, aff. de Pourtalès, D. P. 65. 3. 59. — V. en sens contraire : Trib. Rouen, 21 janv. 1864, aff. Billet, D. P. 64. 3. 101).

Décidé aussi que la clause d'un acte constitutif d'une société anonyme, par laquelle l'associé qui a fait l'apport de la concession dont l'exploitation doit être l'objet de l'association, s'est réservé de prendre dans un délai déterminé l'entreprise à forfait moyennant un prix spécifié, ne renferme qu'une simple promesse unilatérale faite par la société ; elle ne constitue pas un marché conditionnel soumis au droit proportionnel d'enregistrement à 1 p. 100, lorsqu'il est établi qu'elle a été réalisée (Trib. Seine, 22 juill. 1876, aff. Compagnie des tramways de la Seine, D. P. 77. 3. 96).

953. De même, le marché passé sous une *condition suspensive* ne devient passible du droit proportionnel que lorsque la condition est accomplie. — Il a été jugé que le marché par lequel un entrepreneur s'engage à construire à forfait une ligne de chemin de fer dans le cas où celui avec lequel il traite en serait déclaré concessionnaire, devient parfait par l'accomplissement de la condition unique à laquelle il était subordonné et est passible, dès lors, du droit proportionnel que comporte la nature de son objet (Civ. rej. 19 janv. 1885, aff. Radenac et comp., D. P. 85. 1. 324). — On soutenait que le marché était soumis à la double condition : 1° que la concession de la ligne serait accordée ; 2° que cette concession n'imposerait aucune charge incompatible avec le marché : or, disait-on, la concession a bien été accordée, mais à la charge par le concessionnaire d'en faire apport à une société anonyme, sous l'approbation du Gouvernement, et le Gouvernement a refusé d'approuver l'apport à une société anonyme, parce qu'il s'agissait d'un marché à forfait ; le concessionnaire a dû modifier le marché primitif ; les conditions auxquelles ce marché était soumis n'étaient donc pas réalisées. La cour de cassation a, néanmoins, déclaré le droit proportionnel exigible par ce motif que le marché n'était soumis qu'à la condition de l'obtention de la concession, et que cette concession ayant été obtenue, la condition s'était réalisée (V. Observations en ce sens dans la note sous l'arrêt précité du 19 janv. 1885).

954. Nous avons dit que le marché pouvait être *cédé* et donnait lieu au droit de 2 p. 100 établi par l'art. 69, § 5-1°, de la loi de frimaire (*Rép.* n° 1990). En ce sens, il a été décidé que la cession des droits et avantages résultant d'un traité passé avec une ville pour l'éclairage de cette ville et de ses habitants constituait une cession mobilière, donnait lieu à ce titre au droit proportionnel de 2 p. 100 (Civ. cass.

40

8 mai 1882, aff. *Crédit lyonnais* et Chardenet, D. P. 82. 1. 425. V. *infrà*, n° 1008).

B. — Remplacement militaire (*Rép.* n°s 1951 à 1964).

955. Nous nous sommes occupés (*Rép.* n°s 1951 à 1965) du contrat de *remplacement militaire;* la loi sur le recrutement du 27 juill. 1872 (D. P. 72. 4. 47) a supprimé le remplacement, et ce contrat est devenu sans objet; les décisions judiciaires qui ont pu se produire depuis la publication du *Répertoire*, sont donc aujourd'hui sans intérêt.

C. — Brevets d'apprentissage (*Rép.* n°s 1965 à 1967.)

956. Les dispositions de la loi de frimaire relatives au contrat d'apprentissage étaient renfermées dans l'art. 68, § 1er, n° 14, qui tarifait au droit fixe les brevets d'apprentissage ne contenant ni obligation de sommes et valeurs mobilières, ni quittance; dans le cas contraire, ce contrat était tarifé à 50 cent. p. 100 par l'art. 69, § 2, n° 7 (*Rép.* n°s 1965 et suiv.). — Ces dispositions ont été abrogées par la loi du 22 févr. 1851 relative aux contrats d'apprentissage, qui, dans son art. 2, soumet l'acte d'apprentissage pour l'enregistrement au droit fixe de 1 franc, lors même qu'il contiendrait des obligations de sommes ou de valeurs mobilières, ou des quittances (D. P. 51. 4. 43). Le brevet d'apprentissage est donc actuellement soumis au droit fixe, lors même qu'il contient des stipulations de sommes ou valeurs mobilières; ce droit a été augmenté de moitié par la disposition générale de l'art. 4 de la loi du 28 févr. 1872; il s'élève donc à 1 fr. 50 cent.

D. — Adjudications au rabais et marchés (*Rép.* n° 1968 à 2003).

957. Dans le tarif général qu'elle a établi, la loi du 22 frim. an 7, a fait une distinction entre les marchés entre particuliers et les marchés administratifs, c'est-à-dire ceux dont le prix est à la charge, soit du Trésor, soit des départements ou communes, soit enfin des établissements publics. Elle a favorisé les marchés administratifs sous un double rapport, d'une part, en les soumettant à un droit de 50 cent. pour 100 (art. 69, § 2-3°), alors qu'elle assujettissait les marchés entre particuliers à celui de 1 pour 100 (art. 69, § 3-1°), et, d'autre part, en étendant la perception du tarif de faveur, non seulement aux marchés proprement dits, c'est-à-dire aux conventions constituant le *marché-louage*, mais encore aux marchés pour « approvisionnements et fournitures », c'est-à-dire aux *marchés-ventes*, à des conventions constituant de véritables ventes mobilières. Actuellement, pour les marchés *entre particuliers*, la situation est demeurée telle qu'elle a été établie par la loi de frimaire, sauf seulement pour les marchés réputés actes de commerce qui, dans certains cas, sont enregistrés provisoirement au droit fixe (V. *suprà*, n°s 534 et suiv.). Quant aux marchés *administratifs*, il n'y a plus de tarif spécial pour ceux dont le prix est payable par le Trésor (V. *infrà*, n°s 974 et suiv.); ceux intéressant les départements, les communes et les établissements publics sont assujettis au même droit que les marchés entre particuliers; mais l'extension du tarif de faveur aux marchés qui constituent de véritables ventes mobilières, est demeurée acquise à tous les marchés administratifs indistinctement, lorsque le prix est stipulé payable par le département, la commune ou l'établissement public (V. *infrà*, n° 992).

1°. — Marchés entre particuliers; Actes de commerce (*Rép.* n°s 1973 à 1991).

958. Cette matière se trouve traitée *suprà*, n°s 944 et suiv., par suite de l'assimilation que la jurisprudence a établie, pour la perception des droits d'enregistrement, entre le louage d'ouvrage et le marché. Il ressort des développements dans lesquels nous sommes entrés que le marché entre particuliers se trouve toujours soumis au droit proportionnel de 1 pour 100 auquel il a été assujetti par la loi du 22 frim. an 7 (art. 69, § 3-1°), que la perception de ce droit de 1 pour 100 est restreinte aux marchés proprement dits « pour constructions, réparations et entretiens et tous autres objets mobi-

liers susceptibles d'estimation, faits entre particuliers, qui ne contiennent ni vente, ni promesse de livrer des marchandises, denrées ou autres objets mobiliers », en d'autres termes, aux *marchés-louages*, à l'exclusion des *marchés-ventes* qui, opérant une transmission mobilière, donnent lieu au droit de 2 pour 100 auquel l'art. 69, § 5, n° 1, assujettit toutes les transmissions de cette nature à titre onéreux.

Il nous reste à commenter une disposition exceptionnelle, introduite dans la législation fiscale postérieurement à la publication du *Répertoire*, et se rapportant aux *marchés et traités réputés actes de commerce.*

959. La loi de finances de 1860 est venue apporter une modification au tarif applicable aux marchés entre particuliers qui constituent des actes de commerce. Cette loi a eu pour but de remédier aux inconvénients résultant de la législation en vigueur : les marchés les plus considérables sont, la plupart du temps, passés par actes sous seings privés ; si une contestation, de l'importance la plus minime, s'élevait à l'occasion de ces marchés, et qu'il fût nécessaire de produire l'acte en justice, il fallait, conformément à l'art. 23 de la loi du 22 frim. an 7, soumettre, avant toute demande, le marché à la formalité de l'enregistrement et acquitter tous les droits, sans exception, auxquels ses dispositions pouvaient donner ouverture. Les parties se trouvaient ainsi dans l'obligation de payer des droits d'enregistrement proportionnels souvent très élevés, et pouvant dépasser la valeur même du litige. Cet état de choses était d'autant moins tolérable que les plaideurs qui se bornaient à arguer d'une simple convention verbale, n'avaient, d'après l'art. 69, § 2, n° 9, de ladite loi de frimaire, à payer le droit proportionnel de titre que sur la partie de leur convention reconnue par la justice. Qu'arrivait-il? C'est que les parties s'abstenaient de produire leurs titres; d'où résultait un double conséquence fâcheuse : 1° une perte pour le Trésor; 2° une gêne pour la bonne administration de la justice, le tribunal n'étant pas éclairé par la production du titre (V. D. P. 80. 3. 82, note 5 et 6). — C'est dans le but de remédier à cet état de choses que fut insérée dans la loi de finances du 11 juin 1859 (D. P. 59. 4. 45, note 3, 4 et 5) la disposition suivante qui forme l'art. 22, ainsi conçu : « Les marchés et traités réputés actes de commerce par les art. 632, 633 et 634, n° 1, c. com., faits ou passés sous signature privée, et donnant lieu au droit proportionnel suivant l'art. 69, § 3, n° 1, et § 5, n° 1, de la loi du 22 frim. an 7, seront enregistrés provisoirement moyennant un droit fixe de 2 fr. et les autres droits fixes auxquels leurs dispositions peuvent donner ouverture d'après les lois en vigueur. Les droits proportionnels édictés par ledit article seront perçus, lorsqu'un jugement portant condamnation, liquidation, collocation ou reconnaissance, interviendra sur ces marchés ou traités, ou qu'un acte public sera fait ou rédigé en conséquence, mais seulement sur la partie du prix ou des sommes faisant l'objet soit de la condamnation, liquidation, collocation ou reconnaissance, soit des dispositions de l'acte public ». Notons que le droit fixe de 2 fr. se trouve élevé à 3 fr. par la disposition générale de l'art. 4 de la loi du 28 févr. 1872.

960. Cette disposition doit être rapprochée de celle qui, dans la loi du 22 frim. an 7, se rapporte à la perception du droit de titre sur les jugements (art. 69, § 2, n° 9) et qui est ainsi conçue : « Lorsqu'une condamnation sera rendue sur une demande non établie par un titre enregistré et susceptible de l'être, le droit auquel l'objet de la demande aurait donné lieu, s'il avait été convenu par acte public, sera perçu indépendamment du droit dû pour l'acte ou le jugement qui aura prononcé la condamnation » (V. *infrà*, même chapitre, sect. 3, art. 2). Bien que les deux textes ne soient pas exactement les mêmes, il est constant que le législateur de 1859 a voulu purement et simplement étendre aux actes de commerce la règle de perception établie, dans la loi du 22 frim. an 7, pour la perception du droit de titre sur les jugements. Cela ressort nettement de l'exposé des motifs de la loi de 1859. « Le projet, y est-il dit, étend au cas où un acte écrit est produit devant la justice la règle que la loi et la jurisprudence avaient établie pour le cas moins favorable où les parties n'invoquaient que des conventions verbales » (*Moniteur* du 19 mai 1859, *Supplément*, p. 1, n° 119. V. aussi le rapport de la commission et les discussions au Corps législatif, *Moniteur* du 26 mai 1859). Il suit de là que les règles établies pour la perception du droit de titre sur les jugements, sont applicables à celle du droit proportionnel sur les marchés commerciaux. La difficulté est la même dans les deux cas. Il s'agit toujours de savoir quel a été « l'objet de la demande » et, par suite, de la décision du tribunal.

961. Suivant l'art. 22 de la loi du 11 juin 1859, le droit proportionnel applicable aux marchés commerciaux enregistrés provisoirement au droit fixe, devient exigible dans deux cas, savoir, lorsqu'un jugement portant condamnation collocation, liquidation ou reconnaissance intervient sur ces marchés, et, d'autre part, lorsqu'un acte public est fait ou rédigé en conséquence. Il n'est question ici que de ce dernier cas. On s'occupera du premier lorsqu'on étudiera les règles qui régissent la perception du droit de titre sur les jugements (V. *infrà*, sect. 3).

962. En étudiant *suprà*, n°ˢ 534 et suiv., les règles de perception du droit fixe applicables aux marchés et traités réputés acte de commerce, on a rapporté les décisions de la jurisprudence qui ont déterminé les cas dans lesquels ce droit fixe doit être perçu et ceux dans lesquels il ne peut l'être et où, par suite, la convention reste soumise au droit commun. Il n'y a pas lieu d'y revenir. Nous rappellerons seulement les principales solutions survenues sur ce point.

Il a été décidé que le bénéfice de l'enregistrement provisoire au droit fixe est applicable :... au marché ou traité dans lequel *une seule des parties* a fait acte de commerce (V. *suprà*, n° 535),... spécialement, à l'acte portant règlement des *appointements* d'un employé de commerce ou du tiers chargé de la *gérance* d'une *société* commerciale (V. *ibid.*);... à la vente d'un *fonds d'hôtel meublé* (V. *ibid.*);... à la cession d'un *journal* (V. *ibid.*);... aux marchés passés pour la construction d'un *chemin de fer* (V. *ibid.*);... au marché passé dans l'acte constitutif d'une société commerciale établie pour l'exploitation d'une fabrique de sucre et par lequel un cultivateur s'engage à fournir des betteraves à cette société (V. *ibid.*).

Au contraire, ne sont pas susceptibles d'être enregistrés provisoirement au droit fixe par application de l'art. 22 de la loi du 11 juin 1859,... les *actes notariés* (V. *suprà*, n° 536); ... les actes sous signatures privées *déposés chez un notaire* pour être mis au rang de ses minutes (V. *ibid.*);... les *actes administratifs* (V. *ibid.*);... les *actes unilatéraux* tels que *billets* et *effets* (V. *suprà*, n° 537);... les cessions de *parts sociales* (V. *ibid.*);... la cession du droit d'exploiter une *mine* (V. *ibid.*) ; ... les contrats d'*assurances* (V. *ibid.*);... les marchés *verbaux* (V. *ibid.*).

En résumé, trois conditions sont nécessaires pour que l'enregistrement provisoire au droit fixe par application de l'art. 22 de la loi du 11 juin 1859 soit admis; il faut :... 1° qu'il s'agisse d'actes de commerce, mais il importe peu que l'acte soit commercial à l'égard d'une seule des parties; — 2° Que ces actes soient passés sous signature privée : d'où exclusion du bénéfice de la loi pour les actes authentiques, passés devant notaires ou en la forme administrative; — 3° Que ces actes soient des marchés ou traités donnant lieu au droit proportionnel suivant l'art. 69, § 3, n° 1, et § 5, n° 1, de la loi de frimaire an 7 ; d'où exclusion du bénéfice de la loi pour les marchés administratifs, les actes unilatéraux, tels que billets à ordre ou effets de commerce.

963. La loi fiscale a établi elle-même que le droit proportionnel de cautionnement ne doit jamais excéder celui perçu pour la disposition principale (V. *suprà*, n° 784). On a soutenu que, d'après ce principe, le droit applicable au *cautionnement* d'une *obligation* constatée par acte de commerce, doit être le même que celui perçu sur cet acte, c'est-à-dire le droit fixe de 3 fr., et non le droit proportionnel de cautionnement à 50 cent. pour 100. L'Administration de l'enregistrement a décidé, au contraire, que c'est le droit de 50 cent. pour 100 qui doit être perçu, attendu que l'acte de commerce n'est pas dispensé du droit, qu'il profite seulement d'un sursis de faveur, et qu'il suffit que ce sursis n'ait pas été accordé par la loi du 11 juin 1859 au cautionnement pour que ce dernier contrat reste sous l'empire de la règle générale (Sol. adm. enreg. 26 juill. 1873, Garnier, *Rép. gén. enreg.*, n° 4214). Tel est aussi le sentiment de M. Garnier, *ibid.*, et *Rép. pér. enreg.*, art. 4017.

Cependant il a été jugé que le cautionnement d'un mar-

ché commercial doit être enregistré au droit fixe comme ce marché lui-même (Trib. Seine, 26 déc. 1874, aff. Société Bwlfa, D. P. 76. 3. 16).

964. Nous avons maintenant à déterminer à quel moment le droit proportionnel devient exigible sur les actes enregistrés provisoirement au droit fixe, et comment il doit être perçu. L'art. 22 de la loi du 11 juin 1859 pose ainsi le principe : « Les droits proportionnels édictés par ledit article (L. 22 frim. an 7, art. 69, § 3, n° 1, et § 5, n° 1) seront perçus lorsqu'un jugement portant condamnation, liquidation, collocation ou reconnaissance, interviendra sur ces marchés ou traités, ou qu'un acte public sera fait ou rédigé en conséquence, mais seulement sur la partie du prix ou des sommes faisant l'objet soit de la condamnation, liquidation, collocation ou reconnaissance, soit des dispositions de l'acte public ». Cette disposition, a dit un éminent magistrat, ne fait pas dépendre l'exigibilité du droit proportionnel du cas où l'acte public contient liquidation ou reconnaissance des sommes restant dues : elle se borne à dire que le droit proportionnel sera perçu sur les marchés, lorsque l'acte public sera fait ou rédigé en conséquence. Elle n'exige pas davantage que les signatures dont ces marchés sont revêtus soient reconnues et qu'ils acquièrent eux-mêmes l'authenticité; l'acte public dont elle parle ne doit pas nécessairement les remplacer. Ce serait s'éloigner de la lettre et de l'esprit de la loi de 1859 que de subordonner l'exigibilité du droit proportionnel à la transformation de l'acte privé en acte public. Un acte fait en conséquence n'a pas nécessairement pour objet de remplacer celui qui y a donné lieu. Ces mots impliquent même l'existence de deux actes, quoiqu'ils se rattachent l'un à l'autre (V. rapport de M. le conseiller Tardif, D. P. 75. 1. 458, note).

965. Ainsi le marché sous seing privé réputé acte de commerce et enregistré provisoirement, à ce titre, au droit fixe donne lieu au droit proportionnel, lorsqu'il est déposé dans les minutes d'un notaire suivant acte public, et qu'il est, en outre, analysé dans un autre traité qui, fait d'abord sous seing privé, a reçu la forme authentique après dépôt dans l'étude du même notaire et reconnaissance des signatures (Trib. 17 mars 1875, aff. Société des débarcadères de Cadix, D. P. 75. 1. 328). — Il a été jugé, dans le même sens, que l'acte sous signatures privées déposé aux minutes d'un notaire, par lequel des créances sont déléguées à un entrepreneur, afin de lui assurer plus complètement le payement des sommes qui pourront lui être dues pour l'exécution d'un marché constaté par acte sous seing privé enregistré provisoirement au droit fixe comme acte de commerce, rend exigible le droit proportionnel de marché de 1 pour 100 applicable à ce dernier acte, mais seulement sur la portion du prix correspondant au total des créances déléguées (Req. 27 juill. 1875, aff. Société Fives-Lille, D. P. 75. 1. 458).

C'est encore dans le même ordre d'idées qu'il a été jugé :... que la sentence arbitrale qui, intervient au sujet de contestations portant sur le règlement du prix d'un marché, arrête ce prix après vérification de l'ensemble des comptes existant entre les parties, donne lieu au droit proportionnel de marché, ainsi qu'à celui de liquidation, sur l'intégralité du prix, et non pas seulement sur le solde, bien qu'elle constate le payement antérieur à l'entrepreneur de la 'plus grande partie de la somme lui revenant (Trib. Seine, 15 janv. 1876, aff. Chemin de fer d'Orléans, D. P. 78. 3. 6);... — Que le jugement intervenu sur les contestations au sujet du payement du prix d'un marché commercial, prix définitivement arrêté par un accord antérieur entre les parties, donne à cet accord la force exécutoire et au marché une authenticité qui constitue la reconnaissance, à raison de laquelle le droit proportionnel de titre, dont le marché avait d'abord été affranchi, devient exigible en vertu de l'art. 22 de la loi du 11 juin 1859;... Encore bien que la validité de contrat n'ait pas été mise en cause et que le juge n'ait pas été appelé à fournir au demandeur un titre exécutoire contre le défendeur, la loi de 1859 ne faisant aucune distinction entre les traités reconnus et ceux contestés, et son application devant s'étendre à tout acte public qui énonce ou met en évidence une convention des parties en cause (Trib. Orléans, 1ᵉʳ déc. 1886, aff. Duguet, D. P. 87. 5. 194).

966. Mais la simple énonciation d'un marché sous seing

privé dans un acte public suffit-elle pour faire encourir le droit proportionnel?

Suivant une opinion, la loi de 1859 ne fait aucune distinction entre les reconnaissances implicites ou explicites, entre les conventions commerciales rappelées par simple mention ou par énonciation directe : il suffit, pour rendre exigible le droit proportionnel, qu'un acte public ait mis en évidence la convention des parties de manière à prévenir toute contestation future sur son contenu et sa teneur (*Journ. enreg.*, art. 21116 ; D. P. 80. 3. 82, notes 5 et 6). Cette interprétation nous paraît donner à la loi de 1859 une extension qu'elle ne comporte pas. Une simple mention de l'acte de commerce n'est pas suffisante pour rendre le droit proportionnel exigible, surtout si elle a été faite sans utilité pour les parties et si elle n'est pas susceptible de produire aucun effet juridique. Il faut, suivant les termes de la loi, que l'acte public soit « passé en conséquence », qu'il présente quelque utilité pour les parties : aussi approuvons-nous un jugement du tribunal de Versailles, qui a décidé que la simple énonciation, dans un acte authentique, d'un acte de commerce sous seing privé enregistré provisoirement au droit fixe, ne suffit pas pour rendre exigible le droit proportionnel applicable, alors qu'elle a été faite sans utilité réelle pour les parties et qu'elle est demeurée sans efficacité juridique ; le droit proportionnel n'est dû, en ce cas, qu'autant que l'acte sous seing privé a été produit pour appuyer une prétention, faire reconnaître et constater un droit (Trib. Versailles, 25 févr. 1879, aff. Fournier, D. P. 80. 3. 82).

967. Une remarquable application de cette doctrine a été faite récemment au sujet de la perception établie sur l'acte constatant le dépôt aux minutes d'un notaire, d'un marché commercial enregistré provisoirement au droit fixe. Il a été jugé, d'une part, qu'un semblable dépôt ayant généralement pour effet de conférer à l'acte qui en est l'objet le bénéfice de l'authenticité, le droit proportionnel demeuré en suspens devient exigible, alors surtout que l'acte notarié contient délégation, en garantie d'une ouverture de crédit, des sommes dues au délégant en vertu du marché, une pareille délégation constituant l'usage prévu par la loi de 1859, bien qu'elle soit conditionnelle et n'émane que de l'une des parties qui ont figuré au marché (Trib. Seine, 16 avr. 1886, Garnier, *Rép. pér. enreg.*, art. 6687. V. Trib. Seine, 24 août 1867, *supra*, n° 536) ; d'autre part, que lorsque des marchés commerciaux sous seing privé ont été apportés à une société anonyme constituée également par acte sous seing privé, la déclaration faite devant notaire pour constater la souscription et le versement du capital social, conformément aux prescriptions de l'art. 1er de la loi du 24 juill. 1867, ne peut être considérée comme passée en conséquence des marchés ; que l'annexe des statuts à cette déclaration et leur dépôt au greffe, effectués en conformité de ladite loi de 1867, n'ont pas pour effet de conférer l'authenticité à l'acte qui les contient ; que, nonobstant cette annexe et ce dépôt, l'acte constitutif de la société conserve son caractère d'acte sous seing privé et que, par conséquent, le droit proportionnel applicable aux marchés commerciaux n'est pas exigible (Trib. Valenciennes, 18 juin 1884, D. P. 86. 5. 193. Conf. Trib. Lille, 25 févr. 1887) (1). L'Administration de l'enregistrement a autorisé l'exécution de ce dernier jugement par une solution du 28 avr. 1887 (2), qui a établi une distinction entre le cas où le dépôt, ayant été fait par toutes les parties, implique leur

(1) (Société du gaz des gares d'Amiens, Boulogne, etc.) — Le TRIBUNAL ; — Attendu que, par acte sous seing privé du 15 juin 1883, Descamps a formé une société anonyme dite Société du gaz des gares d'Amiens, de Boulogne-sur-Mer, de Fourmies et de Laroche, dans laquelle il a fait apport, notamment, de six traités commerciaux relatifs à des fournitures de gaz, et qui ont été enregistrés provisoirement au droit fixe de 3 fr., par application de la loi du 11 juin 1859 ; — Attendu que, pour satisfaire aux prescriptions réglementaires de la loi du 24 juill. 1867, Zègre, l'un des fondateurs, a déclaré la souscription et le versement du montant des actions dans un acte passé devant Collette, de Seclin, du 17 juin 1883, auquel a été annexé l'un des doubles des statuts, et a, en outre, effectué, le 3 juillet suivant, les dépôts aux greffes de la justice de paix et du tribunal de commerce du siège social, des exemplaires de ces mêmes statuts ; — Attendu que, d'après la prétention de l'Administration, ces acte notarié et dépôts doivent être réputés faits en conséquence des traités commerciaux susvisés, et, par suite, les droits proportionnels restés en suspens sont devenus exigibles en vertu de l'art. 22, 2e al., de la loi du 11 juin 1859 ; — Mais, attendu que si ces traités ont été la cause déterminante de l'association dont ils forment l'un des principaux éléments, il n'est pas exact qu'ils aient exercé aucune influence sur l'accomplissement des formalités requises pour la régularisation de la société ; — Que, quelle que soit l'extension que l'on donne à cette locution « actes faits en conséquence », il n'est pas possible d'y comprendre des actes que ne rattache entre eux aucun lien juridique et qui sont même complètement indépendants des autres, puisque les dépôts aux greffes et l'acte notarié ne sont aucunement subordonnés aux mentions insérées dans les statuts sociaux ; — Attendu que l'Administration n'est pas mieux fondée à prétendre que, par suite de leur annexion soit à l'acte notarié, soit aux dépôts, les statuts sociaux seraient devenus authentiques ;

Attendu que, d'après l'art. 21 de la loi du 24 juill. 1867, les sociétés anonymes peuvent être formées par un acte sous seing privé fait en double original ; — Que Descamps et les coassociés ont usé de cette faculté en rédigeant les statuts de leur association dans un acte sous seing privé, et qu'il n'est pas admissible que, en se conformant à certaines formalités prescrites par cette même loi dans l'intérêt des tiers, ils aient perdu le bénéfice d'un droit qui leur a été formellement reconnu ; — Que la vérité est que l'acte de société, par son annexion obligatoire aux dépôts et à l'acte notarié, n'a pas perdu le caractère qu'il a plu aux parties de lui donner ; — Qu'il s'ensuit que la contrainte n'est pas fondée ; — Par ces motifs...

Du 25 févr. 1887.-Trib. civ. de Lille.

(2) La solution de l'Administration est ainsi conçue :

« Des marchés, ayant le caractère d'actes de commerce, ont été passés avec différentes villes par un entrepreneur. Ce dernier a constitué une société en vue de leur exploitation et il a fait apport à l'association des droits que ces actes lui conféraient. L'acte de société a été rédigé dans la forme sous seing privé ; mais, comme il s'agissait d'une société anonyme, l'un des fondateurs a dû faire, par acte notarié, la déclaration constatant la souscription et le versement du montant total des actions ; l'acte sous seing privé contenant les statuts a été annexé à l'acte public, le tout en exécution de l'art. 1er de la loi du 24 juill. 1867. Enfin des exemplaires des statuts ont été déposés au greffe du tribunal de commerce de la Seine et au greffe de la justice de paix de Trélon (Nord). Il a été dressé acte des dépôts. — L'Administration a soutenu devant le tribunal de Lille que les marchés sous seing privé ayant servi de base à la rédaction des statuts, lesquels avaient eux-mêmes été annexés à un acte notarié et déposés au greffe, le droit proportionnel auquel ils donnaient ouverture, était devenu exigible en vertu de l'art. 22, 2e al., de la loi du 11 juin 1859. — Sa thèse se fondait : 1° sur ce que les marchés ayant été apportés dans la société et formant ainsi un des éléments de l'acte dressé pour constater les apports, la déclaration notariée de versement qui a été passée en conséquence de l'acte de société, a été, par cela même, passée également en vertu des traités ; 2° sur ce que l'annexe d'un acte sous seing privé à un acte notarié, ou son dépôt par acte public, ont pour effet de lui conférer l'authenticité, d'où il résulte, dans l'espèce, que l'acte de société ayant, malgré sa forme première, revêtu, par suite de son annexe ou de son dépôt, le caractère d'un acte public, il y a eu réellement un acte public en conséquence des marchés. — Ces propositions donnent lieu à diverses objections : 1° la déclaration de souscription des actions et de versement du capital, qui est imposée aux fondateurs d'une société anonyme par les art. 1er et 24 de la loi du 24 juill. 1867, a une portée très limitée. Elle sert uniquement à assurer, dans un intérêt d'ordre public, la régularité et la sincérité des opérations relatives à la constitution du capital social. Sans doute, elle est faite en conséquence de l'acte de société, puisque sans cet acte elle n'aurait pas d'objet. Mais il serait excessif de prétendre, si des actes antérieurs aux statuts ont arrêté des conventions qui ont servi de base à ces statuts, qu'elle est passée en conséquence de ces actes. Elle est, en effet, par son but et son utilité, complètement indépendante de ces actes et n'a avec eux qu'un rapport lointain et tout à fait indirect. La thèse qui a été soutenue devant le tribunal permettrait à l'Administration d'étendre l'obligation édictée par l'art. 23 de la loi de frimaire an 7 à toute une série d'actes sous seing privé qui, de conséquence en conséquence et par une filière ininterrompue, aboutiraient à la rédaction d'un acte public. — Il est fort douteux qu'une pareille prétention puisse être admise et qu'on soit fondé à soutenir que la disposition de la loi relative à l'usage des actes sous seing privé s'étend à un usage aussi indirect. La déclaration notariée, dans l'espèce, ne faisant pas un usage direct et immédiat des marchés sous seing privé, qu'elle ne rappelle ni par leurs dates ni par leur contenu, ni explicitement ni implicitement, ne saurait, ce semble, suffire à rendre leur enregistrement obligatoire. — 2° Le second motif

consentement unanime à attribuer à l'acte déposé tous les effets qui s'attachent à l'acte authentique et contient une reconnaissance implicite des conventions contenues dans l'acte sous seing privé, et le cas où le dépôt n'est fait que par l'une ou quelques-unes des parties dans un intérêt personnel, ou lorsqu'il est fait dans un but spécial qui ne permet pas de le considérer comme impliquant la volonté des déposants de donner la forme authentique à leurs accords. L'Administration reconnaît que, si le droit proportionnel est exigible dans le premier cas, il ne l'est pas dans le second. Cette décision nous paraît avoir fait une judicieuse application des principes qui régissent la matière.

968. Dans les espèces qui ont donné lieu aux deux jugements des 18 juin 1884 et 25 févr. 1887, cités *suprà*, n° 967, les marchés commerciaux avaient fait l'objet d'apports à une société constituée par acte sous seing privé. Il a été reconnu que le droit proportionnel n'était pas exigible sur l'acte constatant le dépôt aux minutes d'un notaire de l'acte sous seing privé avec annexe des marchés commerciaux. La solution eût été différente si l'apport des marchés commerciaux avait été fait dans un acte authentique constatant la constitution de la société. Ce cas tombe, en effet, directement sous l'application de la loi du 22 juin 1859. Aussi a-t-il été jugé que l'acte notarié constatant l'apport à une société d'un [marché sous seing privé a pour objet de transmettre à la société les droits résultant de la convention des parties et présente, par cela même, le caractère d'acte passé en conséquence ou en vertu de cette convention ; d'où il suit qu'il rend exigible le droit proportionnel qui lui est applicable (Civ. rej. 19 janv. 1885, aff. Radenac et comp., D. P. 85. 1. 324. Conf. Civ. cass. 8 mai 1882, aff. Crédit lyonnais et Chardenet, D. P. 82. 1. 425).

969. Ainsi fixés sur les conditions nécessaires pour que le droit proportionnel soit exigible, il nous reste à déterminer comment il doit être perçu. Suivant une opinion, lorsqu'il résulte des dispositions de l'acte public passé en conséquence d'un marché de commerce enregistré provisoirement au droit fixe, qu'une partie du prix a été payée, le droit proportionnel n'atteint pas ce qui a été acquitté (V. rapport de M. le conseiller Tardif, D. P. 75. 1. 328, note). Cette doctrine nous paraît formulée en termes trop absolus. En effet, lorsqu'on étudiera les règles concernant la perception du droit proportionnel sur les jugements rendus au sujet de marchés commerciaux enregistrés provisoirement au droit fixe (V. *infrà*, sect. 3), on verra qu'il est de règle que le jugement constituant un titre légal pour les parties dans la mesure de ce qu'il déclare obligatoire entre elles, c'est dans cette même mesure qu'il donne ouverture au droit proportionnel applicable aux marchés commerciaux, d'où la conséquence que, lorsque les contestations portent sur l'ensemble des comptes, que le tribunal a dû opérer une liquidation complète du marché et que ce marché a été tout entier et dans chacune de ses parties, l'objet de son examen et de sa décision, le droit proportionnel est

dû sur l'intégralité du prix stipulé, encore bien qu'il ait été payé en partie avant l'instance. La même doctrine est applicable au cas où le droit proportionnel est exigible par suite de la rédaction d'un acte notarié en conséquence du marché commercial.

970. Les art. 23 et 24 de la loi du 11 juin 1859 s'occupent également des marchés réputés actes de commerce ; l'art. 23 est ainsi conçu : « Dans le cas prévu par l'art. 57 de la loi du 28 avr. 1816, le double droit dû en vertu de cet article sera réglé conformément aux dispositions de l'art. 22 de la présente loi, et pourra être perçu lors de l'enregistrement du jugement ». Cet article vise le cas où une demande en justice ou une sommation n'aurait pas énoncé le titre d'un marché ou traité, et où ce titre viendrait à être produit en cours d'instance : le double droit encouru sera réglé conformément à l'art. 22 de la loi de 1859.

971. L'art. 24 de la loi de 1859 contient une disposition transitoire, sans intérêt aujourd'hui, et dont il suffira de rappeler les termes : « Les dispositions qui précèdent, dit cet article, seront appliquées aux marchés et traités sur lesquels des demandes en justice ont été formées antérieurement à la présente loi, et qui n'auraient pas encore été enregistrées. Néanmoins, il ne sera perçu que les droits simples, si lesdits marchés et traités sont soumis à la formalité de l'enregistrement dans le mois de la promulgation de la présente loi, ou, au plus tard, en même temps que le jugement, s'il est rendu avant l'expiration de ce mois ».

2°. — *Marchés administratifs* (Rép. n° 1992 à 2003).

972. Les marchés administratifs sont les marchés dont le prix est payable soit par le Trésor, soit par les administrations locales (départements et communes), soit enfin par les établissements publics. La loi du 22 frim. an 7 les soumettait tous indistinctement au même régime lequel, comme il est dit *suprà*, n° 957, se distinguait par un tarif de faveur qui leur était exceptionnellement applicable et s'étendait aux marchés administratifs pour « approvisionnements et fournitures » qui constituent de véritables ventes mobilières (V. *infrà*, n° 980, 992). Sous la législation en vigueur actuellement, les marchés administratifs dont le prix est payable par le Trésor, se trouvent soumis à un tarif particulier, les autres supportent le même droit que les marchés entre particuliers. En conséquence, nous traiterons distinctement des marchés dont le prix est payable par le Trésor, et, ensuite, des autres, c'est-à-dire des marchés administratifs dont le prix est payable par les départements, les communes et les établissements publics.

973. Un vif débat s'est engagé sur la nature de la convention constituant le marché administratif. Il est né de la différence de rédaction entre les lois des 22 frim. an 7 (art. 69, § 2-3°), 28 avr. 1816 (art. 51-3°), 15 mai 1818 (art. 73), qui ont déterminé les droits applicables aux marchés administratifs et qui toutes visent seulement les « mar-

---

invoqué devant le tribunal ne peut non plus être considéré comme décisif. — Il est de règle, en effet, que le dépôt d'un acte sous seing privé dans l'étude d'un notaire, ou son annexe à un acte notarié, ont pour conséquence de conférer à cet acte le caractère de l'authenticité (V. Larombière, t. 4, art. 1317, n° 40 ; P. Pont, *Des privilèges et hypothèques*, t. 2, n° 661 ; Aubry et Rau, t. 8, § 755, p. 200 ; Req. 6 avr. 1809 et 25 févr. 1824, Civ. rej. 11 juill. 1815, *Rép.* v° *Privilèges et hypothèques*, n° 1243, 1247 et 1245 ; 27 mars 1821 ; Civ. rej. 15 févr. 1832, *Rép. ibid.*, n° 1244 ; Req. 7 nov. 1843, cité au *Rép.* n° 2583 ; Req. 17 mars 1875, aff. Société des ports de Cadix, D. P. 75. 1. 328 ; 27 juill. 1875, aff. Comp. Fives-Lille, D. P. 75. 1. 458). Mais les auteurs sont unanimes à reconnaître, et il résulte de la jurisprudence que cette règle s'applique spécialement au cas où le dépôt a été fait par toutes les parties, parce qu'alors il implique le consentement de leur part à attribuer à l'acte sous seing privé tous les effets qui s'attachent à l'acte authentique, et qu'il contient une reconnaissance implicite, dans la forme authentique, des conventions contenues dans l'acte (V. les auteurs précités, notamment : P. Pont, t. 2, n° 661). Son application est bien plus douteuse lorsque le dépôt n'est fait que par l'une ou quelques-unes des parties, dans un intérêt personnel, ou lorsqu'il est fait dans un intérêt spécial, qui ne permet pas de le considérer comme impliquant, de la part des déposants, la volonté de reconnaître authentiquement les conventions

passées entre eux. — En conséquence, lorsque le dépôt d'un acte sous seing privé n'a lieu, comme dans l'espèce, que dans un intérêt de publicité à l'égard des tiers, et pour se conformer sur ce point à une prescription de la loi, il ne semble pas qu'on puisse lui attribuer l'effet de rendre authentique l'acte sous seing privé qui en est l'objet. S'il en était autrement, on ne comprendrait pas que la loi de 1867 eût expressément autorisé la forme des actes sous seing privé pour la constitution d'une société anonyme, puisqu'en fait et par le résultat du dépôt rendu obligatoire, il n'y aurait ainsi aucune différence entre l'acte passé dans la forme sous seing privé et l'acte rédigé par un notaire. — D'après ces considérations, on peut soutenir, semble-t-il, que l'annexe des statuts à la déclaration notariée de souscription du capital, de même que leur dépôt au greffe, constituent de simples formalités d'ordre, demeurant sans influence sur le caractère de l'acte passé entre les parties. Malgré cette annexe et ce dépôt, l'acte constitutif de la société conserve son caractère d'acte sous seing privé, s'il a été passé dans cette forme, et, par conséquent, l'usage qui est fait dans cet acte de conventions antérieures, passées également sous seing privé, ne semble pas devoir permettre à l'Administration d'exiger les droits de ces conventions, conformément à l'art. 23 de la loi du 22 frim an 7, soit de l'art. 22 de la loi du 11 juin 1859 ».

Du 28 avr. 1887.-Sol. adm. enreg.

chés *pour constructions, réparations, entretien, approvision-*
nements et fournitures », et l'art. 78 de cette dernière loi du
15 mai 1818 qui assujettit à l'enregistrement dans les vingt
jours « les actes des autorités administratives et des établissements publics portant transmission de propriété, d'usufruit et de jouissance, les adjudications ou *marchés de toute*
nature, aux enchères, au rabais ou sur soumission ». La
question s'est élevée de savoir si ces mots « marchés de
toute nature » dudit art. 78 doivent être expliqués par
ceux employés dans l'art. 73 de la même loi ainsi que dans
les dispositions précitées des lois de l'an 7 et de 1816, et s'entendre seulement des marchés proprement dits, c'est-à-dire
de ceux passés pour constructions, réparations et entretien,
ou s'ils doivent être interprétés comme désignant, non
seulement les conventions de cette nature, mais aussi celles
auxquelles la dénomination de marché, détournée de sa
signification propre, peut être appliquée indirectement. —
L'administration de l'enregistrement, s'attachant à cette dernière interprétation, éleva la prétention d'appliquer le droit
de marché à certains contrats, tels que les emprunts des
départements et des communes, qui n'ont avec cette nature
de contrat qu'un rapport éloigné. La jurisprudence n'admit
pas cette doctrine et décida que, dans l'interprétation de
l'art. 78 de la loi de 1818 comme de l'art. 73 de cette loi et
des dispositions précitées des lois de l'an 7 et de 1816, le
mot *marché* doit être entendu avec le sens restreint et déterminé qui lui appartient et, par conséquent, avec la signification spéciale que lui donnent l'art. 73 de la loi de 1818
et les lois de l'an 7 et de 1816 (V. sur la question :
D. P. 69. 1. 457, note 1; Conclusions de M. le premier avocat général Blanche, D. P. 72. 1. 310; D. P. 74. 1. 217,
note 1). — V. *infrà*, nᵒˢ 996 et suiv.

a. — Marchés dont le prix est payable par le Trésor public
(Rép. nᵒˢ 1992 à 1997).

974. La loi du 22 frim. an 7 (art. 69, § 2-3º) assujettissait
indistinctement au droit proportionnel de 50 cent. pour 100,
porté à 1 fr. pour 100 par la loi du 28 avr. 1816 (art. 51, nº 3),
les adjudications et marchés dont le prix doit être payé soit
par le Trésor, soit par les administrations centrales et municipales ou les établissements publics. La loi du 15 mai 1818
réduisit, par son art. 73, au droit fixe de 1 fr., porté à 2 fr.
par la loi du 18 mai 1850 (art. 8), le droit applicable aux
adjudications et marchés dont le prix doit être payé *directe-*
ment ou indirectement par le Trésor, où comprenait les
marchés concernant les *départements* (*Rép.* nº 1996). Les
marchés administratifs se trouvèrent ainsi classés, pour la
perception du droit d'enregistrement, en deux catégories
comprenant, l'une les marchés à la charge du Trésor ou des
départements, passibles du droit fixe seulement, l'autre les
marchés des communes et des établissements publics, passibles du droit proportionnel. La loi du 28 févr. 1872 a
modifié cet état de choses à l'égard des marchés concernant
l'État et les départements. Elle a assujetti, par son art. 1ᵉʳ-
9º, au droit gradué de 1 pour 1000 sur le prix exprimé ou
sur l'évaluation des objets, les adjudications et marchés
pour constructions, réparations, entretien, approvisionnements et fournitures dont le prix doit être payé *directe-*
ment par le Trésor public ainsi que les cautionnements
relatifs à ces adjudications et marchés. Par la même
disposition, elle a abrogé l'art. 73 de la loi de 1818, ce
qui a eu pour effet de replacer les marchés des départements sous l'application de l'art. 51, nº 3, de la loi de 1816.
On est revenu ainsi à peu près complètement à la règle
uniforme que le législateur de l'an 7 avait établie pour les
marchés administratifs. Il n'y a plus entre eux qu'une
différence dans le taux de l'impôt : il est de 1 pour 1000 en
ce qui concerne les marchés de l'État, de 1 pour 100 quant
à ceux des départements, des communes et des établissements publics (V. D. P. 73. 3. 64, note 3). — Nous ne
nous occupons ici que des marchés de l'État. Pour ceux des
départements, des communes et des établissements publics,
V. *infrà*, nº 990 et suiv.

975. L'établissement du nouveau tarif pour les marchés
de l'État est expliqué comme suit dans le rapport de la commission qui a préparé la loi de 1872 : « Les adjudications et
marchés pour constructions et fournitures dont le prix doit

être payé directement par le Trésor public, et les cautionnements relatifs à ces actes, sont assujettis à un droit proportionnel par la loi du 22 frim. an 7. La loi du 15 mai 1818
les en a affranchis, parce qu'on a pensé que le droit d'enregistrement étant toujours payé par celui pour le compte
duquel l'ouvrage ou la fourniture sont faits, puisque l'entrepreneur ou fournisseur en tient compte dans son marché, la
perception de ce droit n'avait aucun intérêt. Le motif qui a
dicté la disposition de la loi de 1818 est exact en théorie,
mais, en fait, il arrive le plus souvent que les adjudicataires
ne tiennent aucun compte du droit d'enregistrement à payer,
surtout quand ce droit ne représente pas une grosse somme.
Il est vraisemblable, dans tous les cas, qu'un droit aussi
faible que celui qui est proposé par le projet de loi (1 fr.
pour 1000 fr.), n'exercera le plus souvent aucune
influence sur le prix des marchés. C'est la considération qui
a déterminé la commission à l'adopter » (D. P. 72. 4. 13,
3º col., nº 13). — La même explication se retrouve dans
l'instruction donnée par l'administration de l'enregistrement
à ses agents pour l'exécution de la loi du 28 févr. 1872
(Instr. adm. enreg. 29 févr. 1872, nº 2433, § 1ᵉʳ, nº 9, D. P.
72. 3. 13).

976. La loi de 1872, porte l'instruction nº 2433, citée
suprà, nº 975, de l'administration de l'enregistrement,
n'a pas seulement abrogé l'art. 73 de la loi de 1818; elle
« consacre, en outre, virtuellement une autre innovation,
à savoir que les marchés dont le prix n'est pas payé
directement par le Trésor public, sont assujettis, ainsi
que leurs cautionnements, au droit proportionnel. En
conséquence, toutes les difficultés d'interprétation auxquelles avait donné lieu l'introduction, dans la loi de 1818,
du mot *indirectement* se trouvent aplanies » (D. P. 72.
3. 13). En effet, d'après la loi de 1818, le droit fixe était
applicable dès que le prix du marché devait être payé
« *directement ou indirectement* par le Trésor ». La loi de
1872 a effacé cette distinction en n'exemptant du droit
proportionnel pour les soumettre au droit gradué que les
marchés « dont le prix doit être payé *directement* par le
Trésor public ».

977. D'un autre côté, le droit gradué n'est pas applicable à tous les marchés *passés par l'État*, mais seulement à
ceux dont *le prix est à la charge de l'État*. Ainsi, il a été
reconnu que c'est, non pas ce droit, mais le droit proportionnel de 1 pour 100, qui est dû sur des marchés passés
par les ingénieurs de l'État comme étant chargés de l'administration du séquestre sous lequel un décret avait placé
une ligne de chemin de fer. En effet, « l'administration des
ponts et chaussées n'agit pas, dans l'espèce, au nom de
l'État : elle agit au nom, et en quelque sorte comme *nego-*
tiorum gestor, de la compagnie concessionnaire. Or il est
certain que, si les marchés en question avaient été passés
par cette compagnie, la perception du droit de 1 pour 100
n'eût souffert aucune difficulté. La circonstance qu'ils sont
passés par le séquestre pour le compte de la compagnie ne
peut pas avoir pour effet de modifier la quotité de l'impôt
exigible » (Décis. min. fin. 28 oct. 1874, Garnier, *Rép. pér.*
enreg., nº 5035). Une semblable décision, appuyée sur les
mêmes motifs, a été rendue dans une espèce où c'était
un canal qui avait été placé sous le séquestre (Décis. min.
fin. 3 août 1876, *ibid.*).

Il a été jugé, dans le même sens, que l'adjudication, par
l'administration de la guerre, de travaux militaires à exécuter sous la direction du service du génie, est passible, non
du droit gradué, mais du droit proportionnel de 1 pour 100,
si le prix du marché doit être payé intégralement par la
ville dans l'enceinte de laquelle les travaux sont exécutés
(Trib. Cambrai, 5 août 1887, Garnier, *Rép. pér. enreg.*, art.
6964).

978. La loi du 28 févr. 1872 a soumis les *cautionnements*
relatifs aux adjudications et marchés dont le prix doit être
payé par le Trésor, au même droit gradué qu'elle a édicté
pour ces adjudications et marchés (Garnier, *Rép. pér.*
enreg., art. 6964). Le texte même de la loi démontre qu'elle
a eu en vue les cautions personnelles, et non les cautionnements en argent fournis par les adjudicataires. En
conséquence, l'acte constatant un marché dont le prix doit
être payé par l'État et un cautionnement de ce marché par un
tiers, donne lieu à deux droits gradués applicables l'un au

marché, l'autre au cautionnement (Trib. Seine, 8 déc. 1876) (1).

979. Le *minimum* du droit gradué étant de 5 fr. en principal, les marchés dont le prix doit être payé par le Trésor public et les cautionnements y relatifs sont soumis aux droits proportionnels de 1 p. 100 pour le marché et de 50 cent. pour 100 pour cautionnements, lorsque chacun de ces droits ne s'élève pas à 5 fr. en principal. Conformément à l'art. 3 de la loi du 27 vent. an 9, la perception ne peut jamais être inférieure à 25 cent. au principal (Décis. min. fin. 25 août 1876, et Instr. adm. enreg. 15 sept. 1876, n° 2559, D. P. 77. 3. 56).

980. Comme il est dit *suprà*, n° 974, la loi de 1872 a maintenu l'exemption du droit proportionnel établie par la législation antérieure en faveur des marchés à la charge du Trésor, mais elle a substitué le droit gradué de 1 pour 1000 au droit fixe qui était applicable à ces conventions, et, d'un autre côté, elle a restreint l'exemption du droit proportionnel aux « adjudications et marchés pour constructions, réparations, entretien, *approvisionnements et fournitures*, dont le prix doit être payé *directement* par le Trésor public ». Il s'ensuit, d'une part, comme nous l'avons fait déjà observer, que l'exemption n'est plus applicable aux marchés dont le prix doit être payé *indirectement* par le Trésor, et aussi, d'autre part, que, pour l'application du droit gradué, comme autrefois pour l'application du droit fixe (*Rép.* n° 1992), il n'y a pas lieu de distinguer entre le marché qui opère un simple louage et celui qui constitue une vente mobilière, entre le *marché-louage* et le *marché-vente*. L'exemption est applicable aux deux catégories de marchés. En reproduisant littéralement le texte de la législation antérieure, la loi de 1872 a

maintenu la dérogation résultant de ce texte en faveur des marchés administratifs, à la règle générale suivant laquelle tout acte constatant une vente mobilière est passible du droit proportionnel de 2 fr. pour 100. Rappelons que cette dérogation n'a pas été étendue aux marchés *entre particuliers;* ceux constatant une vente mobilière supportent le droit de 2 pour 100 (V. *suprà*, n° 957).

981. Ayant ainsi déterminé le sens et la portée de la législation nouvelle en ce qui concerne les marchés à la charge du Trésor public, il nous sera facile de reconnaître les applications dont cette législation est susceptible. Spécialement, il est de toute évidence que les marchés passés par les administrations de la *guerre* et de la *marine* ne sont passibles que du droit gradué, comme ils n'étaient soumis, sous la législation antérieure, qu'au droit fixe (Décis. min. fin. 30 sept. 1830, 9 janv. 1830; Instr. adm. enreg. n°s 1347, § 10, 1845).

982. De même, l'adjudication de *services maritimes postaux* n'est sujette qu'au droit gradué, attendu qu'elle constitue un marché de transports pour le compte de l'État, dont le prix doit être payé directement par le Trésor public (Décis. min. fin. 8 sept. 1879) (2). Et le droit gradué est dû, porte cette décision, encore bien qu'il ait été stipulé au cahier des charges que l'adjudication serait enregistrée au droit fixe de 2 fr., une disposition législative pouvant seule affranchir la convention du droit d'enregistrement qui lui est applicable d'après sa nature. L'adjudicataire doit donc payer le droit gradué, sauf son recours contre l'État.

983. De même encore, le droit gradué est applicable aux marchés passés par l'*administration des forêts*, soit pour l'exécution de travaux d'amélioration dans les forêts de

---

(1) (Candas.) — Le tribunal; — Attendu que Candas, adjudicataire de travaux du service du génie du fort de Saint-Cyr et de la batterie des Chênes, a, pour obéir aux prescriptions de l'art. 4 du cahier des charges, présenté pour caution Dubiano, qui s'est engagé, conjointement et solidairement avec lui, à l'entière exécution du marché; — Que, lors de l'enregistrement du procès-verbal d'adjudication, la régie a perçu, à raison du marché, sur 760000 fr., évaluation provisoire des travaux, 760 fr.; et à raison du cautionnement une seconde somme de 760 fr., ensemble, avec les décimes, 1900 fr.; — Que les sommes versées à l'adjudicataire, en vertu du marché, s'étant en réalité élevées à 2140953 fr. 41 cent., la régie a réclamé à Candas une perception complémentaire de 2160 fr. pour le marché et de somme égale pour le cautionnement; — Qu'en principe, Candas n'élève pas de contestation à l'égard du droit de marché; — Que, pour le droit de cautionnement, au contraire, il prétend qu'il n'est dû que sur le cautionnement en argent fourni par l'adjudicataire; —Que s'il pouvait être légitimement réclamé sur l'étendue de l'engagement de la caution personnelle, le tarif de 1 fr. pour 1000 fr., établi par la loi de 1872, se trouverait porté à 2 fr. pour 1000 fr., puisque, pour les marchés de l'État, la caution personnelle est de style, et qu'au surplus Rubiano serait non une « caution », mais un « engagé solidaire »; — Attendu qu'aux termes de l'art. 69, § 2, n°s 3 et 8, la loi de frimaire an 7 soumettait à deux droits proportionnels distincts les marchés dont le prix devait être payé par le trésor et les cautionnements; — Que, sous l'empire et en vertu de l'art. 73 de la loi du 15 mai 1818, qui avait substitué, en cette matière, le droit fixe au droit proportionnel, on percevait un double droit fixe pour les marchés de l'espèce et les cautionnements relatifs à ces marchés; — Que le législateur de 1872, en transformant le droit gradué a, comme ses devanciers, distingué et frappé séparément l'adjudication et l'intervention de la caution; — Que, d'ailleurs, le texte même de l'art. 1, n° 9, de la loi de 1872, qui détermine la quotité du droit auquel il soumet les cautionnements, par le prix exprimé et l'évaluation des objets, démontre qu'il a en vue les cautions personnelles, non les cautionnements en argent fournis par les adjudicataires; — Que, d'autre part, la solidarité dans l'obligation n'est pas exclusive du cautionnement, et qu'il est constant que la dette, solidairement contractée par Candas et Rubiano, l'a été dans l'intérêt unique du premier; — Qu'enfin si Candas a versé au ministère de la guerre, tant pour les frais de l'adjudication que pour les droits d'enregistrement, de timbre et d'expédition, la somme de 2400 fr., la régie n'a reçu, en acquit des droits d'enregistrement, que celle de 1900 fr.; — Par ces motifs, etc.
Du 8 déc. 1876.-Trib. civ. de la Seine.

(2) En thèse générale, d'après l'art. 78 de la loi du 15 mai 1818, les marchés de toute nature, passés dans la forme administrative, doivent être enregistrés dans le délai de vingt jours, conformément aux lois existantes. D'un autre côté, la cour de cassation a décidé que les louages d'industrie, et spécialement les marchés

de transports, sont sujets aux droits établis pour la généralité des marchés (Instr. gén. 2033, § 6). Or, l'adjudication dont il s'agit aurait le caractère d'un marché de transports pour le compte de l'État, et, dès lors, cette adjudication devrait être assujettie au droit gradué d'enregistrement de 1 p. 1000 par application de l'art. 1er, n° 9, de la loi du 28 févr. 1872. Au cas particulier, la disposition du cahier des charges de l'adjudication, portant que l'entrepreneur ne sera tenu de payer que le droit fixe de 2 fr. pour l'enregistrement sur son marché, ne saurait mettre obstacle, par elle-même, en l'absence de toute disposition législative consacrant cette exception, à la perception du droit exigible en vertu de la législation sur la matière. En effet, la loi fondamentale sur l'enregistrement du 22 frim. an 7 défend, d'une manière expresse, par ses art. 28 et 59, à toute autorité publique, aussi bien qu'à la Régie et à ses employés, toute remise ou modération des droits légalement établis, et d'en atténuer ou différer le payement pour quelque motif que ce soit. Cette règle absolue, rappelée dès l'année 1808 par le ministre des finances aux préfets (Instr. gén. 405, § 2), a été confirmée, en matière d'actes de concessions de chemins de fer d'intérêt local, par une décision ministérielle du 12 août 1872, rendue pour le département du Pas-de-Calais, et portant que, du moment où l'approbation du cahier des charges de ces concessions est laissée au chef de l'État par l'art. 2 de la loi du 27 juill. 1870, cette approbation n'équivaut pas à une disposition législative, et que, dès lors, la clause dérogative insérée au cahier des charges, dans les cahiers des charges, au sujet des droits d'enregistrement, doit être considérée comme non avenue. Il est utile d'ajouter qu'une telle clause dérogative insérée dans le cahier des charges au sujet du droit d'enregistrement, non seulement serait sans influence sur la perception à faire en vertu de la loi spéciale, mais encore que cette clause constituerait une sorte d'engagement envers l'entrepreneur, et qu'elle exposerait l'État à une action en recours de la part de ce dernier. Ce recours s'est produit avec succès, au sujet d'une affaire concernant le service de la guerre, et dans laquelle, à près que la cour venait maintenu le jugement qui condamnait l'entrepreneur à payer le droit proportionnel d'enregistrement, nonobstant la clause du cahier des charges réduisant ce droit à la somme fixe de 2 fr. (affaire des lits militaires, arrêt du 4 août 1869; Instr. gén. 2393, § 8, n° 1), le conseil d'État décida, le 13 juill. 1870, sur le recours de l'adjudicataire, que celui-ci était fondé à demander au ministre de la guerre le remboursement de la différence entre le droit fixe et guerre le remboursement (aff. Laffitte, *Rec. Cons. d'Et.*, p. 887). Il y a lieu de remarquer, de plus, que, dans tous les cas, le moindre droit fixe d'enregistrement pour les actes civils et administratifs, qui était de 1 fr. aux termes de l'art. 68, § 1, n° 31, de la loi du 22 frim. an 7, a été porté à 2 fr. par l'art. 8 de la loi du 18 mai 1850, et que cette loi est aujourd'hui de 3 fr. en principal, par suite de la surtaxe résultant de l'art. 4 de la loi du 28 févr. 1872.
Du 8 sept. 1879.-Décis. min. fin.

l'Etat, soit pour d'autres objets, sauf application du droit proportionnel tant aux marchés qu'aux actes de cautionnement et aux certificats de cautions, lorsque ce droit proportionnel se trouve inférieur au droit gradué (Décis. min. fin. 1er déc. 1856, 10 juill. 1857, Instr. adm. enreg., nos 2089 et 2106, § 3). — V. supra, n° 979, et infrà, v° Forêts.

984. Le droit gradué est également applicable aux marchés passés par le *service des ponts et chaussées.* Comme il est dit ci-dessus, il en serait autrement pour les marchés passés par des ingénieurs des ponts etchaussées, non plus en leur qualité proprement dite, mais comme chargés de l'administration du séquestre d'une ligne de chemin de fer ou d'un canal (V. supra, n° 977).

985. Les *chemins de fer exploités par l'Etat* sont soumis, d'après la loi de finances du 22 déc. 1878 (art. 9), en ce qui concerne les droits, taxes et contributions de toute nature, au même régime que les chemins de fer *concédés* aux compagnies; il en résulte que toutes les dispositions de lois sur l'enregistrement leur sont applicables; il en résulte également que les marchés, dont le prix est à la charge de l'administration des chemins de fer de l'Etat, doivent être considérés comme des marchés entre particuliers et ne bénéficient pas, en conséquence, de l'exemption du droit proportionnel, ni de l'application du droit gradué (Instr. adm. enreg. 28 déc. 1878, D. P. 79. 5. 198, D. P. 80. 3. 47, note 4). Mais il n'en est ainsi, suivant le texte même de la loi du 22 déc. 1878, que pour les chemins de fer *exploités.* A l'égard de ceux en construction et qui n'ont pas été concédés, les marchés sont passibles du droit gradué de 1 p. 1000 comme tous ceux qui sont à la charge de l'Etat. Décidé, en ce sens, que les marchés se rapportant à une ligne qui n'est pas encore en exploitation et qui est construite par le service des travaux publics pour être remise ultérieurement, soit à l'administration des chemins de fer de l'Etat, soit à une compagnie concessionnaire, sont passibles du droit gradué d'enregistrement à 1 p. 1000 (Décis. min. fin. 26 avr. 1879, D. P. 80. 3. 47; Sol. adm. enreg. 8 déc. 1879, D. P. 80. 3. 104).

986. La détermination du droit d'enregistrement applicable aux marchés administratifs concernant les *lycées,* a soulevé des difficultés. Il a été décidé, en premier lieu, que le droit proportionnel leur était applicable, attendu que les lycées, bien que dépendant de l'Université, sont des établissements régis pour le compte de l'Etat, qu'ils ont des revenus particuliers et une comptabilité spéciale; que si, enfin, une somme fixe est votée annuellement au profit des lycées, à titre de subvention, il en est de cette subvention comme de celles qui sont payées par l'Etat à d'autres établissements d'utilité publique (Décis. min. fin. 2 mars 1854; Instr. adm. enreg. 24 mars 1854, n° 1991. V. infrà, v° *Organisation de l'instruction publique*). Le tribunal de Périgueux s'est prononcé dans le sens contraire par un jugement du 17 mai 1856 motivé, en substance, sur ce que si les ressources d'un lycée laissaient un déficit dans sa caisse, l'établissement ne pourrait faire défaut à ses engagements et l'Etat devrait nécessairement payer le déficit. Le tribunal en a conclu que les marchés concernant les lycées devaient être considérés comme étant à la charge du Trésor et que, par suite, l'exemption du droit proportionnel leur était applicable. Et le ministre des finances, revenant sur l'interprétation qu'il avait adoptée tout d'abord, a adopté celle du tribunal de Périgueux et a décidé, le 22 avr. 1858, que le jugement du 17 mai 1856 serait pris pour règle (Instr. adm. enreg. 11 juin 1858, n° 2123, § 1er) (1). Ainsi, les marchés administratifs concernant les lycées, qui n'étaient soumis avant la loi de 1872 qu'au droit fixe, ne supportent actuellement que le droit gradué (Circ. min. instr. publ. 27 juill. 1872, Garnier, *Rép. pér. enreg.*, n° 3661).

Jugé que les marchés de travaux passés pour la construction d'un lycée, entreprise par l'Etat sur un emplacement abandonné à cet effet par une ville qui s'est obligée, en outre, à fournir une subvention déterminée, ne sont passibles que du droit gradué, alors même que l'adjudication a eu lieu devant le maire et que le prix des travaux est payé à la c isse du receveur municipal (Trib. Bayonne, 12 juin 1877, *Journ. enreg.*, n° 21387).

987. Le législateur a formulé lui-même certaines règles générales pour la perception des droits d'enregistrement; la doctrine et la jurisprudence en ont dégagé d'autres de l'interprétation de la loi. Ces différentes règles sont applicables aux marchés dont le prix est à la charge du Trésor comme à toutes autres conventions. Il en est ainsi, spécialement, du principe établi par l'art. 11 de la loi du 22 frim. an 7, suivant lequel, lorsqu'il y a dans un acte plusieurs dispositions indépendantes ne dérivant pas nécessairement les unes des autres il est dû, pour chacune d'elles et selon son espèce, un droit particulier. Jugé, en ce sens, que l'exemption du droit proportionnel établie pour les marchés dont le prix est à la charge de l'Etat, ne s'étend pas à la disposition du cahier des charges de l'adjudication d'un service public (lits militaires) qui oblige l'adjudicataire à reprendre le matériel de l'entreprise et à en payer le prix, à dire d'experts, à son prédécesseur, bien que ce matériel ait été fourni originairement à l'Etat et que l'entrepreneur sortant fût tenu, d'après les dispositions de son cahier des charges,

---

(1) En exécution de la décision du 2 mars 1854 (Instr. n° 1991) qui a reconnu que le droit proportionnel était exigible sur les marchés passés avec les lycées, il a été demandé un droit de 1 p. 100 pour l'enregistrement d'une adjudication de fournitures à faire au lycée de Périgueux. — Une instance s'est engagée devant le tribunal de cette ville, qui, par le jugement suivant du 17 mai 1856, a déclaré la demande non fondée : « Attendu que, s'il est vrai que la loi du 22 frim. an 7 (art. 69) et celle du 28 avr. 1816 (art. 51) assujettissent les marchés pour fournitures à des établissements publics, au droit proportionnel d'enregistrement, la loi du 15 mai 1818 (art. 73), dispense de ce droit les marchés de fournitures dont le prix peut être payé directement ou indirectement par l'Etat; — Attendu qu'il s'agit, dans l'espèce, de savoir si le prix des fournitures faites au lycée rentre dans le cas prévu par cet article; — Attendu qu'aux termes de l'art. 72 de la loi du 15 mars 1850, les lycées sont fondés *et entretenus* par l'Etat, par opposition aux collèges communaux qui, aux termes du même article, sont fondés et entretenus par les communes et peuvent être seulement subventionnés par l'Etat; que la subvention, facultative pour ces derniers, ne l'est évidemment pas pour les premiers; — Attendu que c'est mal à propos que les fonds alloués chaque année par l'Etat sont appelés de ce titre de subvention; que c'est une allocation fixée d'après les besoins prévus du lycée, qui doit nécessairement augmenter avec ses besoins; qu'il ne peut être douteux que si les ressources du lycée laissaient un déficit dans sa caisse, l'établissement ne pourrait faire défaut à ses engagements, et que l'Etat devrait nécessairement payer le déficit; — Attendu que, si l'Etat est libre de fonder ou de ne pas fonder un lycée, il n'est pas libre, quand il l'a fondé, de ne pas pourvoir à ses besoins; que l'allocation qu'il lui paye n'est donc pas une libéralité, mais le résultat d'un engagement pris lors de la fondation de l'établissement; — Attendu que si les lycées ont pour principales ressources les

sommes payées par les élèves, il n'en est pas moins vrai que l'Etat doit pourvoir à tout l'excédent des dépenses; qu'il est, dès lors, intéressé à ce que les marchés faits pour les lycées le soient aux meilleures conditions possibles, puisque la subvention ou allocation, étant réglée d'après les besoins des lycées, sera d'autant moins forte que ces besoins seront moins grands; qu'il n'est donc pas exact de dire que le droit d'enregistrement à payer pour les marchés des lycées ne peut avoir aucune influence sur la subvention payée par l'Etat, et que, dès lors, les motifs qui ont dicté l'art. 73 de la loi du 15 mai 1818 sont inapplicables; — Attendu que, s'il est vrai que les économies faites par les lycées ne rentrent pas dans les caisses de l'Etat, il n'en est pas moins vrai qu'elles lui profitent, d'abord, parce qu'elles permettent de réduire l'allocation annuelle, et ensuite parce qu'en définitive ce qui appartient aux lycées appartient à l'Etat, qui, s'ils viennent à être dissous, reprend tout ce qu'ils possèdent; — Attendu que si les lycées ont une comptabilité spéciale, il en est de même de chacune des administrations qui dépendent de l'Etat; que ce n'est donc pas un motif de les considérer comme ne dépendant pas de lui; que leurs comptables, comme tous leurs fonctionnaires, sont nommés par le Gouvernement... »

Ces motifs ayant paru concluants, S. Exc. le ministre des finances a décidé, le 22 avr. 1858, que le jugement du 17 mai 1856 sera pris pour règle. — En conséquence, les receveurs ne percevront plus, sur les adjudications et marchés passés pour le compte des lycées, que le droit fixe de 2 fr. (L. 18 mai 1850, art. 8), et s'il est stipulé un cautionnement dans les actes de l'espèce, ils exigeront un second droit fixe, mais ils ne perdront pas de vue le droit proportionnel de 1 fr. pour 100 et celui de 50 cent. p. 100 sont seuls dus, lorsque chacun de ces droits ne s'élève pas à 2 fr. 50.

Du 11 juin 1858.-Instr. adm. enreg, n° 2123, § 1er.

de le conserver pendant toute la durée de son exploitation et de le transmettre à l'expiration, soit à un successeur, soit à l'Etat (Civ. rej. 4 août 1869, aff. Ch. Laffitte, D. P. 70. 1. 36; 23 nov. 1870, aff. Vallée, D. P. 70. 5. 145-146). Notons que cette décision aurait encore plus de raison d'être aujourd'hui que sous l'empire de la loi de 1848, puisque ladite loi exemptait du droit proportionnel les marchés dont le prix devait être payé directement ou *indirectement* par le Trésor public, tandis que la loi de 1872 restreint l'exemption aux seuls marchés dont le prix doit être payé *directement* par le Trésor public. — Jugé, dans le même sens, que la disposition d'un marché administratif passé avec le département de la guerre pour la fourniture du pain de troupe, et d'après laquelle les farines composant l'approvisionnement doivent être remises, conformément aux stipulations du cahier des charges, par l'entrepreneur sortant à son successeur, est passible, lors de la réalisation de la cession, du droit de vente de 2 p. 100 (Trib. Orléans, 5 déc. 1882) (1).

988. Il est souvent stipulé dans les marchés administratifs que le prix qu'en partie par le Trésor public, le surplus étant à la charge d'un département, d'une commune, d'un établissement public ou de particuliers. La

perception à établir dans ce cas a soulevé de nombreuses difficultés. La cour de cassation a admis, dans le principe, que l'exemption du droit proportionnel était applicable aux marchés de l'espèce pour l'intégralité du prix stipulé (*Rép.* n° 1997). Cette décision était contestable : l'exemption du droit proportionnel doit être appliquée limitativement, comme toutes les exceptions. D'autre part, le marché dont le prix est stipulé payable partie par le Trésor public, sous forme de subvention ou autrement, partie par un tiers, se décompose, au point de vue de la perception du droit d'enregistrement, en deux dispositions distinctes à chacune desquelles le droit doit être appliqué, suivant sa nature. La cour de cassation l'a reconnu et, revenant sur l'interprétation qu'elle avait admise de prime abord, elle a décidé que, lorsque le prix d'une adjudication ou d'un marché de travaux publics doit être payé partie par l'Etat, partie par une commune, l'exemption du droit proportionnel n'est applicable que pour la première portion du prix (Civ. rej.. 17 juin 1857, aff. Ardoin, D. P. 57. 1. 243 ; Trib. Seine, 21 juill. 1860, aff. Ville de Paris, D. P. 60. 3. 63, et sur pourvoi, Req. 1er juill. 1861, D. P. 61. 1. 427; Trib. Angers, 7 juill. 1855, aff. Boissard, D. P. 55. 3. 95; Trib. Grenoble, 16 juill. 1880 (2); Trib. Bourg, 7 juin 1887, Garnier, *Rép. pér. enreg.*, art. 6925).

---

(1) (Morisseau.) — Le tribunal ; — Attendu que par acte administratif du 1er déc. 1880, le sieur Morisseau s'est obligé à exécuter depuis le 1er janv. 1881 jusqu'au 31 décembre suivant le service des fournitures de pain de troupe déterminé par le cahier des charges général pour l'entreprise de fourniture et de fabrication de pain de troupe, avec soumission, de sa part, de toutes les clauses, conditions et réserves qui s'y trouvaient exprimées ; — Que l'art. 14 de ce cahier des charges dispose notamment : « que lors de l'expiration d'un marché, les farines composant l'approvisionnement sont remises par l'entrepreneur sortant à son successeur qui est tenu de les reprendre pour son propre compte... ; que les opérations de remise et de reprise des farines sont constatées par procès-verbal du sous-intendant que signe chacun des entrepreneurs, que l'entrepreneur sortant est remboursé par l'Administration militaire des farines qu'il a cédées à celle-ci ou remises à son successeur ; — Que l'entrepreneur entrant en service remboursera à l'Administration militaire, d'après le prix résultant des fixations de son marché, la valeur des farines qu'il a reçues de son prédécesseur » ; — Que l'art. 12 du même cahier des charges affecte l'approvisionnement dont s'agit à titre de nantissement et par privilège à la garantie des intérêts de l'Etat ; — Attendu que la remise de l'approvisionnement précité a été faite le 1er janv. 1881 par l'entrepreneur sortant ; — Attendu que, de l'ensemble de ces dispositions, il résulte que les marchés précités constituent une vente véritable ; — Qu'en effet, les clauses du cahier des charges, auxquelles l'entrepreneur entrant s'est soumis, l'obligent à prendre livraison de l'approvisionnement de farines laissées par le prédécesseur ; — Attendu que le procès-verbal qui constate l'opération de remise et de reprise dudit approvisionnement et qui est signé par Morisseau, a pour conséquence de faire passer en ses mains les choses livrées qu'il prend pour son propre compte et à ses risques et périls, ainsi que l'y oblige le cahier des charges pendant toute la durée de son marché ; — Attendu que toutes les conditions nécessaires pour la perfection de la vente se rencontrent dans le traité souscrit par Morisseau : le consentement et la chose livrée qui fait l'objet de la vente, et le prix de cette chose ; — Attendu que si l'art. 12 dudit cahier des charges affecte à titre de nantissement et à la garantie des droits de l'Etat les approvisionnements qui font l'objet de ladite vente, cette affectation, bien que restrictive du droit de disposer qui appartient à Morisseau, n'en est cependant pas destructive ; — Attendu dès lors que la transmission de propriété qui s'est faite donne lieu à la perception du droit proportionnel de 2 fr. p. 100 et à un droit fixe de 3 fr., par application des art. 11, 69, § 3, n° 1, de la loi du 22 frim. an 7 ; 8 de la loi du 18 mai 1850 et 4 de la loi du 28 févr. 1872...

Du 5 déc. 1882.-Trib. civ. d'Orléans.

(2) (Bachelier.) — Le tribunal ; — Attendu que, par convention du 19 avr. 1877, M. le préfet de l'Isère, agissant au nom du département, a concédé au sieur Bachelier, constructeur de travaux de chemin de fer, pour une période de 99 ans, la construction et l'exploitation du chemin de fer de Lyon à Saint-Genix-d'Aoste, situé dans le département de l'Isère ; que le sieur Bachelier s'est engagé à exécuter ce chemin de fer à ses périls et risques moyennant une subvention de 525000 fr. payable 300000 fr. par le département, et 225000 fr. par les communes et divers intéressés souscripteurs ; qu'il a, en outre, stipulé qu'en cas de subvention de l'Etat, elle appartiendrait au concessionnaire, à l'exception toutefois d'une somme de 75000 fr.

qui serait acquise au département ; que cette convention a été enregistrée le 25 du même mois à Grenoble, au droit fixe de 3 fr. outre les décimes ; — Attendu qu'un décret du président de la République du 14 août suivant a déclaré d'utilité publique l'établissement du chemin de fer dont s'agit, et en même temps, accordé au département une subvention de 150000 fr. ; — Attendu que la convention du 19 avril, dont l'exécution était subordonnée au décret déclaratif d'utilité publique, étant ainsi devenue définitive, l'administration des domaines a réclamé les droits proportionnels et gradués qu'elle prétendait être dus en vertu de l'art. 69, § 2, n° 3, de la loi du 22 frim. an 7, de l'art. 51, n° 3, de la loi du 28 avr. 1816, et de l'art. 1er, n° 9, de celle du 9 févr. 1872 ; qu'en l'absence d'une évaluation faite par M. Bachelier de la valeur des travaux concédés, elle les a estimés elle-même à 3 millions et, basant sur ce chiffre les droits qu'elle soutenait devoir être payés, a demandé au concessionnaire une somme de 35817 fr. 50 cent., ainsi liquidée : droit gradué sur la subvention de l'Etat de 150000 fr. : 150 fr. ; — Droit de 1 p. 100 sur la valeur des travaux, déduction faite de la subvention de l'Etat, 28300 fr. Total, 28660 fr. — Décimes, 7165 fr. Total, 35825 fr. — Droits fixes perçus, 7 fr. 50. — Reste 35817 fr. 50 ; — Attendu que le sieur Bachelier n'ayant pas satisfait à cette réclamation ni fourni aucune évaluation des travaux concédés, l'administration lui a fait signifier, le 19 juin 1879, une contrainte à laquelle il a formé opposition par exploit du 5 août suivant avec assignation devant le tribunal civil de Grenoble pour y faire statuer ; — Attendu que l'art. 69, § 2, n° 3, de la loi du 22 frim. an 7 soumet à un droit proportionnel de 50 cent. p. 100 fr. les adjudications au rabais et marchés pour constructions, réparations, dont le prix doit être payé par le Trésor ou par les administrations centrales et municipales ou par les établissements publics ; que cet article ajoute que le droit est dû sur la totalité du prix ; — Attendu que l'art. 51 de la loi du 28 avr. 1816, en élevant le droit à 1 fr. p. 100 fr., reproduit les mêmes dispositions, en déclarant sujets à ce droit les adjudications au rabais et marchés pour construction dont le prix doit être payé par le Trésor ou par les établissements, ou les administrations locales ; — Attendu qu'il n'est pas douteux que ces dispositions sont applicables à la convention du 19 avr. 1877, qui, par ses termes et son esprit, ne peut être considérée que comme un marché aux termes duquel le sieur Bachelier qui s'est qualifié de constructeur de travaux de chemin de fer, s'engage à exécuter la partie du chemin de fer de Lyon à Saint-Genix d'Aoste comprise dans le département de l'Isère, moyennant une subvention déterminée et la concession qui lui est faite de l'exploitation de cette ligne pendant une période également déterminée, c'est bien pour le département et à son profit que doivent être exécutés les travaux dont s'agit, sauf le droit d'exploitation temporairement réservé au sieur Bachelier ; — Attendu qu'à la vérité, sous l'empire de la loi du 15 mai 1848, qui exonérait du droit proportionnel les marchés dont le prix était supportable par l'Etat, on a pu considérer que les prix à la charge des départements étant indirectement supportés par l'Etat ne devaient pas être assujettis au droit proportionnel ; mais qu'une pareille interprétation est aujourd'hui inadmissible en présence des termes de la loi du 28 févr. 1872 ; qu'en effet, cette loi, dans son art. 1er, a abrogé l'art. 73 de la loi de 1848, et n'a établi seulement au profit du Trésor l'application d'un droit gradué de peu d'importance, laissant ainsi les droits des départements soumis à la règle générale, c'est-à-dire assujettis au droit proportionnel par la loi de 1816 ;

Attendu que, dans un système subsidiaire, le sieur Bachelier

989. Cette solution s'applique, alors même qu'il s'agit de travaux de grande voirie qui, par leur nature, sont à la charge de l'État. Spécialement, le traité passé pour l'établissement d'une voie de communication dans la ville de Paris, moyennant une somme à payer en partie par l'Etat et en partie par cette ville, est passible, sur la somme mise à la charge de la ville, du droit proportionnel de 1 pour 100 (Arrêt du 17 juin 1857, cité *suprà*, n° 988). — Ainsi, la condition mise par cet arrêt, pour qu'il y ait exemption du droit proportionnel, est que la somme payée sorte des caisses du Trésor; et il faut reconnaître que cette interprétation est conforme aux termes de la loi qui n'exempte du droit proportionnel que les marchés « dont le prix doit être payé par le Trésor public ».

De même, les marchés passés par la ville de Paris pour l'entretien de ses rues, et, par exemple, les baux des terrains pris par elle à location pour le dépôt des matériaux destinés à l'entretien de son pavé, ne sont exemptés du droit proportionnel que pour la moitié à la charge de l'Etat; ils sont soumis au droit de 1 pour 100 jusqu'à concurrence de la moitié à payer par la ville (Trib. Seine, 21 juill. 1860, aff. Ville de Paris, D. P. 60. 3. 63, et sur pourvoi, Req. 1er juill. 1861, D. P. 61. 1. 427).

Jugé, dans le même sens, que les marchés relatifs au premier pavage des rues nouvellement ouvertes dans la ville de Paris, ne jouissent pas de l'exemption du droit proportionnel établie pour les adjudications et marchés dont le prix doit être payé par le trésor de l'Etat, les dépenses de ce premier pavage étant à la charge exclusive de la ville de Paris, laquelle ne reçoit de subvention de l'Etat que pour l'entretien et non pour les frais de premier pavage des rues et autres voies publiques (Civ. rej. 24 nov. 1858, aff. Ville de Paris, et aff. Magnin, D. P. 58. 1. 444). — Cette exemption du droit proportionnel ne s'applique pas non plus aux marchés relatifs à l'établissement et même à l'entretien des trottoirs, les dépenses d'établissement n'étant pas supportées par l'État, mais se trouvant réparties par la loi du 7 juin 1845, entre les communes et les propriétaires riverains, sans qu'il apparaisse que cette règle doive faire exception à l'égard des trottoirs de la ville de Paris, et les dépenses d'entretien constituant des dépenses purement locales et municipales auxquelles n'est point assujettie la subvention allouée à la ville de Paris par le Trésor, pour les seuls frais d'entretien des chaussées ou du pavé proprement dit (Même arrêt).

b. — Marchés intéressant les administrations locales et les établissements publics (Rép. n° 1998 à 2003).

990. Les marchés administratifs dont on s'occupe sous cette rubrique comprennent tous ceux dont le prix n'est pas payable directement par le Trésor public, c'est-à-dire les marchés passés par les départements, les communes et les établissements publics. Tous sont assujettis au droit proportionnel de 1 pour 100 par l'art. 51, n° 3, de la loi du 28 avr. 1816 (V. *suprà*, n° 974).

L'application de ce droit aux marchés dont le prix est à la charge du *département* a fait difficulté. Les marchés de cette catégorie étaient passibles, avant la loi du 28 févr. 1872, du droit fixe établi par l'art. 73 de la loi de 1818; l'abrogation de cet article par la loi de 1872 a replacé les marchés de cette catégorie sous l'application de l'art. 51, n° 3, de la loi du 28 avr. 1816, qui les soumet au droit proportionnel de 1 pour 100 comme ceux des communes. Cette solution résulte de l'absence dans la loi de 1872 du mot « indirectement », qui existait dans l'art. 73 de la loi de 1818, et qui avait permis de faire profiter les départements de l'exemption du droit proportionnel applicable, aux termes de cet article, aux marchés dont le prix devait être payé directement ou indirectement par le Trésor public. Cependant, on a soutenu que la loi de 1872 n'ayant statué que pour les marchés dont le prix est payé *directement* par le Trésor, n'avait abrogé la loi de 1818 que pour cette catégorie de marchés; que cette dernière loi était demeurée en vigueur pour les marchés dont le prix est payé *indirectement* par le Trésor, c'est-à-dire pour les marchés départementaux; que, par suite, depuis comme avant la loi de 1872, ces marchés n'étaient passibles que du droit fixe. Mais cette interprétation a été repoussée d'abord par une décision du ministre des finances du 8 juin 1872 (D. P. 73. 3. 64, et la note), puis par un arrêt (Civ. cass. 16 août 1873, aff. Département d'Ille et Vilaine, D. P. 75. 1. 428) qui a résolu définitivement la question dans le sens de la perception du droit proportionnel (Conf. D. P. 73. 3. 64, note 5) : « Attendu, dit cet important arrêt, que la loi fiscale, sans distinguer, pour l'application du droit d'enregistrement, entre les marchés de l'Etat, ceux des administrations centrales et municipales et ceux des établissements publics, les a soumis tous à un droit proportionnel qui, fixé à 50 cent. pour 100 fr. par l'art. 69, § 2, n° 3, de la loi du 22 frim. an 7, a été porté à 1 fr. par 100 fr. par l'art. 51 de la loi du 28 avr. 1816; — Que l'uniformité de la taxe, en ce qui concerne les divers marchés administratifs, a été rompue ultérieurement par l'art. 73 de la loi de finances du 15 mai 1818, lequel, par une exception introduite en faveur des marchés dont le prix doit être payé directement ou indirectement par le Trésor royal, avait réduit à un simple droit fixe le droit proportionnel auquel ces marchés avaient été assujettis jusque-là; — Mais que cette disposition qui abrogeait virtuellement, par rapport aux marchés de l'État, la taxe établie par les lois antérieures, a été abrogée elle-même dans toutes ses parties par l'art. 1er, n° 9, de la loi du 28 févr. 1872, qui, d'une part, substitue au droit fixe invariable un droit fixe gradué suivant l'importance des sommes ou valeurs pour les marchés dont le prix doit être payé directement par le Trésor public, et, d'autre part, déclare expressément, par une disposition distincte, que l'art. 73 de la loi du 15 mai 1818 est abrogé; — Qu'il suit de là que ce dernier article ne saurait plus être invoqué pour régler la perception du droit d'enregistrement, en ce qui concerne les marchés administratifs en général; — Que c'est, dès lors, à tort que le jugement attaqué, en se fondant sur ce que l'art. 1er, n° 9, de la loi du 28 févr. 1872, ne vise dans sa première disposition que les marchés dont le prix doit être payé directement par le Trésor public, a supposé que l'art. 73 de la loi de 1818 reste en vigueur à l'égard des marchés dont le prix serait indirectement à la charge du Trésor public, spécialement à l'égard des marchés départementaux; — Qu'en effet, si le législateur de 1872 n'a pas introduit dans la loi nouvelle l'expression *indirectement*, à la faveur de laquelle une exception, établie pour les marchés de l'Etat, avait été

---

soutient que les droits proportionnels et gradués ne doivent être perçus que sur les subventions accordées et sur l'évaluation à faire des bénéfices pouvant résulter de l'exploitation qui lui est concédée, mais non sur l'évaluation des travaux à effectuer; — Attendu que les subventions et le droit d'exploitation concédé sont la représentation du prix du marché; qu'aucune difficulté ne s'élève en ce qui concerne les subventions, et qu'il s'agit seulement de rechercher quelles règles doivent être suivies pour l'évaluation du droit d'exploitation; — Attendu, sur ce point, que l'art. 14, n° 4, de la loi du 22 frim. an 7 dispose que la valeur du marché doit être déterminée, en l'absence du prix, par l'évaluation des objets qui en seront susceptibles; que ces termes indiquent clairement que c'est sur les choses matérielles et susceptibles d'une estimation immédiate que doit être faite l'évaluation ordonnée; que le législateur a évidemment voulu, pour le cas où le prix d'un marché n'était pas exprimé en argent, établir une base certaine de perception et se prémunir ainsi contre les évaluations arbitraires qui pourraient être faites et dont le contrôle serait toujours impossible; que donner une autre interprétation à cet article serait en rendre l'application illusoire, les bénéfices à venir étant nécessairement éventuels et incertains et échappant, dès lors, à toute évaluation; que c'est donc sur les travaux à exécuter que doit s'opérer la perception; qu'ils sont, dans l'espèce, les seuls objets représentant le prix et susceptibles d'une estimation dont le contrôle et la discussion puissent reposer sur des bases certaines; — Attendu que ce mode de perception ne saurait être équitablement critiqué par le sieur Bachelier; qu'étant soumis par les conditions de son contrat à l'entretien des travaux qu'il doit exécuter, et à remettre en bon état le chemin de fer avec tous les objets immobiliers qui en dépendent et en sont l'accessoire, ces travaux représenteront, à l'expiration de la concession, une valeur égale à celle qu'ils auront lors de leur achèvement; — Attendu que l'art. 16 de la loi du 22 frim. an 7 soumet le sieur Bachelier à faire une déclaration estimative, et qu'il y a lieu de lui indulger un délai à cet effet;

Par ces motifs, etc.

Du 16 juill. 1880.-Trib. civ. de Grenoble.

étendue aux marchés des départements, il en résulte seulement qu'il n'a pas entendu admettre entre ces marchés une assimilation qui, expliquée sous l'empire de la loi de 1818 par la situation dépendante du département, d'après l'organisation politique et administrative de l'époque, n'aurait plus été justifiée après que, par l'effet des lois de 1866 et de 1871 sur les conseils généraux et leurs attributions, le département, désormais affranchi, était définitivement reconnu comme personne juridique; — Qu'on n'en saurait donc induire que l'art. 73 de la loi du 15 mai 1818, frappé d'abrogation, même en ce qui concerne les marchés de l'Etat, par la substitution du droit gradué au simple droit fixe, n'est pas abrogé par rapport aux marchés des départements, et que le contraire résulte nécessairement de la disposition finale de l'art. 1er de la loi du 28 févr. 1872, laquelle, en prononçant en termes exprès et absolus l'abrogation dudit art. 73, enlève à ces marchés le bénéfice de l'exception dont ils jouissaient par application de cet article et en replace l'enregistrement sous l'empire de l'art. 51, n° 3, de la loi du 28 avr. 1816, par lequel ils étaient régis jusqu'à la loi de 1818, comme et avec les marchés des autres administrations locales et des établissements publics. »

991. De même que pour les marchés entre particuliers (Rép. n° 1983), le droit proportionnel auquel peut donner ouverture un marché administratif sur soumissions est un droit d'acte et n'est, en conséquence, exigible que sur un écrit dressé en vue de faire preuve et faisant titre de la convention. Ainsi la production, par l'administration de l'enregistrement, de lettres missives constatant l'engagement pris par des commerçants de faire, moyennant des prix et pendant un temps déterminés, des fournitures à un établissement municipal, ne justifie pas la réclamation du droit proportionnel applicable à la convention, lors même que l'Administration établit, au moyen de la comptabilité de l'établissement, que les engagements contractés par les parties ont reçu leur exécution (Trib. Seine, 10 avr. 1875, aff. Picard, D. P. 75. 5. 197).

992. Comme les marchés à la charge du Trésor, ceux dont le prix est à la charge des départements, des communes et des établissements publics, ne supportent que le droit de 1 fr. pour 100, lors même que la convention constitue une véritable vente mobilière (Rép. n° 1998. V. supra, n° 980). Cela résulte du texte même de la loi, ainsi que nous l'avons fait observer ibid., et l'administration de l'enregistrement l'a reconnu formellement. « Il est à remarquer, porte une de ses instructions, que le tarif de 1 fr. pour 100 s'applique à tous les marchés pour constructions, réparations et entretien, de même qu'aux marchés pour approvisionnement et fournitures, et que, vis-à-vis de ces derniers qui sont de véritables ventes, la perception du droit de 1 fr. pour 100 constitue une exception de faveur » (Instr. adm. enreg. 25 juin 1872, n° 2480, § 2).

993. Mais cette exception édictée en vue de favoriser le crédit et le travail nationaux, ne saurait être invoquée par les administrations locales étrangères qui n'ont pas le même titre à l'intérêt du législateur français et ne peuvent équitablement être traitées en France, au point de vue de l'impôt, avec autant de faveur que les nationaux. Il s'ensuit que tout marché de fournitures dont le prix doit être payé soit par une administration locale étrangère, soit par un établissement public étranger, est passible, lorsqu'il est soumis à l'enregistrement en France, du droit proportionnel de vente mobilière à 2 fr. pour 100. Jugé, en conséquence, que ce droit, et non celui de 1 fr. pour 100, est applicable à un traité passé à l'étranger entre une société française et une ville étrangère pour l'éclairage de cette ville (Trib. Lyon, 18 juin 1879, aff. Crédit Lyonnais, D. P. 80. 3. 32, et sur pourvoi, Civ. rej. 8 mai 1882, D. P. 82. 1. 425. Observ. conf. ibid.).

Peu importe que le marché ait été passé en France ou à l'étranger : la solution est la même (Ibid., note).

994. L'acte portant bail, pour un temps déterminé, à une commune de constructions que le bailleur s'oblige à élever pour des usages municipaux sur un terrain appartenant à la commune, moyennant un loyer fixé à 6 un quart et 6 et demi pour 100 du prix total des travaux à effectuer et, d'autre part, engagement par la commune d'acquérir les constructions avant l'expiration du bail, moyennant le remboursement intégral du prix des travaux, renferme un marché pour constructions passible du droit proportionnel de 1 fr. pour 100 (Trib. Seine, 9 juill. 1870, aff. Préfet de la Seine, D. P. 71. 3. 44, et sur pourvoi, Req. 28 janv. 1873, D. P. 73. 1. 307). — On soutenait vainement qu'il s'agissait, dans l'espèce, de baux passibles du droit de 20 cent. pour 100 : le but des parties était l'acquisition par la ville d'établissements à construire sur ses propres terrains et destinés à des ouvrages municipaux; c'était donc de marchés pour constructions qu'il s'agissait, et c'est avec raison que le droit proportionnel de 1 fr. pour 100 a été perçu (Ibid., notes).

Il a été jugé, dans le même sens, que le bail notarié consenti par une ville, pour un temps déterminé, de différentes écoles à construire sur des terrains non encore acquis, constitue un véritable marché conditionnel, alors qu'il a été conclu sous la condition que la ville sera autorisée, avant une date fixe, à accepter, et, d'autre part, avec promesse de vente moyennant un prix fixé à forfait par école, et stipulation que les terrains seraient acquis soit au nom de l'entrepreneur, soit au nom de la ville. Cette convention se réalise et donne, par suite, ouverture au droit proportionnel d'enregistrement, dès le jour où la ville, dûment autorisée, fait connaître son intention de devenir propriétaire, au prix fixe des terrains achetés et des écoles y érigées pour son compte (Req. 26 janv. 1885, aff. Ville de Roubaix, D. P. 85. 1. 323). Et, dans ce cas, le droit proportionnel de marché se perçoit sur la totalité du prix stipulé sans déduction de la valeur des terrains acquis au nom de la ville, le traité constituant dans son ensemble un contrat unique par la nature et l'objet des diverses opérations qui y ont été prévues, comme d'après la commune intention des parties (Même arrêt. Observ. conf. ibid., note 5).

De même, constitue un marché de travaux, et non un bail, l'acte par lequel un entrepreneur s'engage à établir pour le compte d'une ville, moyennant une somme convenue, les installations nécessaires pour la tenue d'un concours régional, au moyen d'un matériel dont il est et dont il reste propriétaire (Trib. Tarbes, 3 mars 1886, Journ. enreg., art. 22656).

995. Les marchés pour travaux publics et notamment pour travaux de voirie ont donné lieu à de graves difficultés; on en a déjà parlé au Rép. n° 2003, où l'on a rapporté un arrêt de la cour de cassation (Req. 12 nov. 1838) décidant que le traité par lequel un concessionnaire de travaux publics est subrogé à l'Administration à l'effet de procéder à l'expropriation pour cause d'utilité publique des terrains nécessaires à l'exécution de ces travaux n'est pas réputé être intervenu en vertu de la loi du 3 mai 1841, et, dès lors, ne jouit pas de l'exemption de droits écrite dans l'art. 58 de cette loi. Cette doctrine a été confirmée par plusieurs arrêts qui ont jugé que le traité par lequel une ville se substitue des particuliers pour toutes les opérations auxquelles pourra donner lieu l'exécution de travaux déclarés d'utilité publique, ne peut être considéré comme une suite nécessaire de l'expropriation, et que, par conséquent, l'exemption des droits de timbre et d'enregistrement établie pour tous les actes faits en vertu de la loi sur l'expropriation ne lui est point applicable (Civ. rej. 17 juin 1857, aff. Ardoin, D. P. 57. 1. 243; 15 juin 1869, aff. Société Leroy, Sourdis et comp., aff. Société immobilière de Paris et aff. Société immobilière anglo-française, D. P. 69. 1. 457; 29 avr. 1872, aff. Heullant, D. P. 72. 1. 309; Civ. cass. 29 avr. 1872, aff. Petit-Berlié, ibid.; Trib. Seine, 7 août 1869, aff. Hunehelle et Legrand, D. P. 70. 3. 27). Mais la disposition du traité par laquelle une ville abandonne aux concessionnaires les immeubles et les matériaux qu'elle avait acquis dans le périmètre des travaux, constitue un acte d'exécution du décret déclaratif d'utilité publique, fait en vertu de la loi sur l'expropriation et exempt, à ce titre, de tout droit d'enregistrement (Mêmes décisions).

996. La plus grande difficulté qui se soit élevée en cette matière est celle de savoir ce qu'il faut entendre par juste marchés. — On a vu, au sujet des marchés entre particuliers, que la jurisprudence avait admis une interprétation très large, puisqu'elle a fait rentrer le louage d'industrie dans le même tarif que les marchés entre particuliers; faut-il admettre également cette interprétation pour les marchés intéressant les administrations locales et les établissements publics? La question s'est posée dans les circonstances suivantes : un concessionnaire de travaux publics est chargé à la fois des travaux de percements de nouvelles voies publiques et, en même temps, de l'acquisition de terrains nécessaires à ces travaux soit à l'amiable, soit par expropriation ; faut-il distinguer, dans la subvention qui lui est allouée, entre la portion applicable à l'exécution des travaux et celle applicable à l'acquisition des terrains ? Le droit de marché doit-il porter sur l'intégralité de la subvention ou seulement sur la stipulation relative à l'exécution des travaux, qui, seule, constitue un marché?

La jurisprudence a été très divisée sur cette question : la difficulté réside dans l'interprétation des termes de l'art. 78 de la loi du 15 mai 1818. Cette loi a eu principalement pour but de mettre un terme aux difficultés soulevées entre l'administration de l'enregistrement et l'administration locale ; « demeurent assujettis, porte l'art. 78, au timbre et à l'enregistrement dans le délai de vingt jours, conformément aux lois existantes : 1° les actes des autorités administratives et des établissements publics portant transmission de propriété, d'usufruit et de jouissance ; les *adjudications ou marchés de toute nature*, aux enchères, sur rabais et sur soumissions... »'. Malgré les termes si généraux de cette disposition, on a soutenu que la loi sur l'enregistrement ne visait, sous la dénomination de marchés, que les marchés pour *constructions, réparations et entretien;* ces mots se retrouvent, en effet, dans l'art. 73 de la même loi aujourd'hui abrogée, et ils figurent encore dans l'art. 1er-9° de la loi du 28 févr. 1872. On ajoutait que, si l'art. 78 parlait de marchés de *toute nature*, ces mots, expliqués par ceux qui suivent, ne se référaient qu'aux formes, et non à la substance même de la convention. Il faut donc, concluait-on, interpréter le mot *marché* dans le sens où il a été pris par la loi fiscale, c'est-à-dire, dans le sens de marchés pour constructions, réparations et entretien.

997. Cette interprétation a longtemps prévalu. Ainsi il a été jugé que les dispositions d'un contrat par lesquelles une compagnie s'engage à faire les travaux nécessaires à l'établissement de nouvelles voies publiques, et à édifier, à l'alignement, des constructions, dans un délai et des conditions déterminés, présentent les caractères d'un véritable marché de la nature de ceux que, sous la dénomination de marchés pour constructions, réparations et entretien, la loi fiscale assujettit au droit proportionnel de 1 pour 100 ; mais que les stipulations qui obligent la compagnie à faire seule, à ses frais, risques et périls, l'acquisition à l'amiable ou par la voie de l'expropriation, de tous les immeubles situés dans le périmètre des travaux, y compris des immeubles en dehors de l'alignement des voies nouvelles, et à livrer à la ville, moyennant un prix fixé à l'avance, l'emplacement nécessaire à ces opérations, plus à faire toutes les avances de fonds, ne participent en rien de la nature du marché dans le sens légal de ce mot ; que, ces dispositions se distinguant du traité par leur objet spécial, la loi fiscale doit leur être appliquée à chacune suivant son espèce ; qu'en conséquence, si une subvention, calculée à un taux déterminé par mètre de terrain livré à la voie publique, est attribuée par la ville à la compagnie à forfait, en retour de ses engagements sans distinction, cette subvention ne peut être considérée, au moins dans sa totalité, comme le prix d'un marché, ni assujettie, par suite, au droit de 1 pour 100 sur la somme qui en forme le montant ; il y a lieu de déterminer, au moyen d'une estimation ou d'une ventilation, la portion représentant le prix du marché (Civ. cass. 15 juin 1869, cité *suprà*, n° 995 ; Trib. Versailles, 30 août 1870, aff Société anglo-française, D. P. 71. 3. 46). Jugé, dans le même sens, que, si un traité intervenu entre une ville et des concessionnaires de travaux oblige ceux-ci, non seulement à exécuter des travaux de viabilité et à édifier à l'alignement des nouvelles voies des constructions dans des délais et des conditions déterminés, mais encore à acquérir à leurs frais et risques les immeubles compris dans le périmètre des travaux, à livrer à la ville le sol affecté à la voie publique, moyennant un prix fixé à forfait pour chaque mètre superficiel, et à faire l'avance des sommes nécessaires pour les besoins de l'entreprise, il y a lieu de distinguer

entre ces diverses dispositions pour la perception des droits d'enregistrement : les premières, relatives à l'exécution des travaux de viabilité et à l'édification des constructions, présentent les caractères d'un véritable marché passible du droit proportionnel de 1 pour 100 ; les autres dispositions, ne dépendant ni ne dérivant nécessairement des premières, mais s'en distinguant et s'en détachant pour conserver leurs caractères propres et leur nature particulière, la loi fiscale doit leur être appliquée, à chacune suivant son espèce ; en conséquence, le droit de marché à 1 pour 100 doit être perçu, non sur la totalité de la subvention à la charge de la ville, mais seulement sur la portion suivant qui se rapporte à l'exécution des travaux de viabilité et à l'édification de constructions (Civ. rej. 29 avr. 1872, cité *supra*, n° 995. Conf. Civ. cass. 25 juin 1873, aff. Mahieu et Pauchet, aff. Perrichont, aff. Robin, aff. Lescanne-Perdoux, aff. Petit, et aff. Société Petit et comp., D. P. 74. 1. 30).

998. Cette doctrine a été abandonnée : on a fini par admettre que la disposition de la loi de 1818 est générale et s'applique à tous les marchés intéressant les administrations locales, qu'elle ne doit pas être restreinte aux marchés pour constructions, réparations et entretien : l'art. 78 de cette loi vise, en effet, tous les marchés « de toute nature » ; cette expression est aussi générale que possible, et il ne faut pas distinguer là où une loi ne distingue pas. Vainement on a soutenu que, par *marchés de toute nature*, le législateur voulait dire : *marchés de toute forme;* M. le premier avocat général Blanche, dans ses conclusions sur l'arrêt de 1872 (D. P. 72. 1. 310), a parfaitement réfuté cet argument : « ces expressions (marchés de toute nature), a-t-il éminent magistrat, ne signifient assurément pas *les marchés de toute forme*, ou ceux de l'*espèce mentionnée* dans l'art. 73 de la même loi. Elles comprennent tous les actes qui, d'après le droit commun, ont le caractère de marché. Ces expressions reçoivent du surplus du texte de l'art. 78 la valeur qui leur appartient, puisque ce texte énumère toutes les formes de marché, telles que l'*enchère*, le *rabais* et la *soumission*. Il n'aurait pu, sans une redondance incompréhensible et un pléonasme que n'admet pas le langage législatif, après avoir rappelé les marchés de toutes formes, répéter à deux lignes de distance que ces actes étaient assujettis au droit proportionnel, lorsqu'ils avaient lieu *au rabais, aux enchères* ou *sur soumission* ». Ajoutons que c'est contrairement à ces conclusions de M. le premier avocat général Blanche que fut rendu l'arrêt de 1872. — Malgré ces deux arrêts de 1869 et de 1872, cités *suprà*, n° 995, l'opinion contraire a prévalu, et l'on a fini par admettre qu'un traité intervenu entre une ville et des entrepreneurs pour l'exécution de travaux et l'acquisition des immeubles nécessaires constitue un tout indivisible, passible du droit de marché à 1 pour 100 sur le montant du prix exprimé (V. en ce sens : Observ., D. P. 69. 1. 457, note 3 ; Garnier, *Rép. pér. enreg.*, n° 2968 ; Naquet, t. 2, n° 575).

Deux jugements du tribunal de la Seine s'étaient déjà prononcés en ce sens (Trib. Seine, 7 août 1869, aff. Hunebelle et Legrand, D. P. 70. 3. 27 ; 2 avr. 1870, aff. Peretmère, D. P. 72. 3. 23). Plus tard, les chambres réunies de la cour de cassation mirent fin à la controverse par deux arrêts du 12 juill. 1875 (aff. Petit et comp., D. P. 75. 1. 341) rendus sur les conclusions conformes de M. le premier avocat général Bédarrides (*Ibid.*). Aux termes de ces arrêts, la loi fiscale, assujettissant au timbre et à l'enregistrement dans le délai de vingt jours les marchés « de toute nature » passés par les autorités administratives ou par les établissements publics, atteint par ces expressions générales tous les marchés administratifs passés dans l'intérêt des communes, quels qu'en soient l'objet et la forme; spécialement, le traité passé pour l'ouverture de nouvelles voies publiques dans une ville, et par lequel, moyennant un prix unique fixé à une somme déterminée par chaque mètre de terrain livré à la voie publique, des entrepreneurs s'engagent, non seulement à exécuter des travaux de viabilité, de démolition, de construction de bâtiments, suivant un plan déterminé, sur les terrains en bordure, mais encore à régler à leurs risques et périls les indemnités d'expropriation qui seront dues et à faire les avances nécessaires, constitue un contrat unique dont les dispositions sont dépendantes et en corrélation nécessaire, et qui, par suite, .ic donne lieu qu'à un seul droit d'enregistrement; ce contrat est un marché administratif passible du droit proportionnel de 1 pour 100 sur la subvention allouée par la ville. « Attendu, en droit, portent lesdits arrêts, que l'art. 78 de la loi du 15 mai 1818 dispose que les adjudications ou marchés de toute nature, au rabais, aux enchères ou sur soumissions, passés par les autorités administratives, ou par les établissements publics, demeurent assujettis au timbre et à l'enregistrement sur la minute dans le délai de vingt jours, conformément aux lois existantes; — Attendu que ces expressions « marchés de toute nature », destinées par le législateur de 1818 à déterminer sur ce point particulier le sens des lois antérieures et à faire cesser les difficultés que leur interprétation avait fait naître entre la Régie et les administrations locales, comprennent, par leur généralité, tous les marchés administratifs passés dans l'intérêt des communes, quels qu'en soient l'objet ou la forme ; — Que leur portée, quant à ces marchés, n'est limitée ni par la disposition de l'art. 80 de la même loi qui exempte de tous droits d'enregistrement tous les actes, arrêtés et décisions des autorités administratives non dénommées dans l'art. 78, ni par l'énumération contenue dans l'art. 51 de la loi du 28 avr. 1816, auquel ledit art. 78 ne se réfère que pour la quotité du droit ».

999. Mais il ne faut pas non plus étendre outre mesure l'expression de *marché*. Ainsi l'administration de l'enregistrement a vainement soutenu que les emprunts des communes et autres établissements publics devaient être assimilés aux marchés, et qu'en conséquence, ils devaient, être enregistrés, conformément à l'art. 78 de la loi de 1818, dans le délai de vingt jours ; mais cette prétention a été repoussée par plusieurs arrêts de la cour de cassation (Civ. cass. 15 mai 1860, aff. Ville du Havre, D. P. 60. 1. 313; 15 juin 1869, cité *suprà*, n° 995). Le marché est, en effet, une convention par laquelle un entrepreneur s'engage à faire un ouvrage ou une fourniture; mais il est impossible de comprendre dans cette expression un emprunt contracté par une commune. C'est donc avec raison qu'il a été jugé que les emprunts contractés par une commune au moyen de souscriptions particulières directement versées dans la caisse municipale constitue la délivrance d'obligations nominatives ou au porteur, ont le caractère de prêts purs et simples, et non celui de marchés sur soumissions (Arrêt précité du 15 mai 1860).

1000. On s'est demandé quel est le caractère des *traités de concession d'eau*, intervenus entre les administrations départementales ou communales, ou les établissements publics et des particuliers. On a soutenu que ces traités sont passibles du droit de bail à 20 cent. pour 100. Dans le sens de cette perception, on faisait valoir une déclaration faite en 1867 au Corps législatif par le commissaire du Gouvernement, qui amena le retrait d'un amendement à la loi de finances de 1868. Ce fonctionnaire prit, en effet, que les contrats d'abonnement que font les propriétaires arrosants avec les compagnies concessionnaires de canaux d'irrigation, n'étaient point assujettis au droit de vente mobilière de 2 pour 100, comme on l'avait cru, mais étaient assimilés aux baux à ferme et soumis, à ce titre, au droit de 20 cent. pour 100 (*Moniteur* du 24 juill. 1867, p. 999. V. D. P. 74. 1. 217, note). — Mais cette prétention fut justement repoussée par la cour de cassation, qui décida que l'engagement par une société de fournir, à un prix et pendant un temps déterminés, à un établissement public, l'eau nécessaire à ses besoins, et de supporter les dépenses d'installation et d'entretien des appareils qui devront être employés, constitue un marché pour fournitures soumis au droit proportionnel d'enregistrement de 1 pour 100, nonobstant la déclaration faite au Corps législatif par le commissaire du Gouvernement, d'après laquelle les contrats d'abonnement faits par les propriétaires arrosants avec les concessionnaires de travaux d'irrigation, ne donneraient lieu qu'au droit de 20 cent. pour 100 fr., cette déclaration n'ayant pu modifier la loi et s'appliquant, d'ailleurs, à des concessions d'eau d'une autre nature (Req. 26 nov. 1873, aff. Compagnie des eaux de Paris, D. P. 74. 1. 217. Observ. conf. *ibid.*).

1001. La question s'est reproduite. On a allégué, cette fois, à l'appui de la perception du droit de bail à 20 cent.

pour 100, que des concessions d'eau faites par une ville à des habitants de la cité répugnent à toute assimilation avec un contrat translatif de propriété, attendu que ce qui est accordé au concessionnaire, ce n'est pas l'eau dont il partage la copropriété avec tous les habitants de la ville, mais simplement le droit de la recevoir dans l'enceinte de sa propriété. En consentant la concession, ajoutait-on, l'administration municipale joue un rôle de porteur d'eau; elle fait payer l'avantage qu'elle procure au concessionnaire en amenant l'eau chez lui et le droit qu'elle lui accorde d'user, dans un intérêt privé, des aménagements généraux qu'elle a établis dans un but d'utilité publique. On en concluait que le traité de concession d'eau ne constitue, en réalité, ni une vente ni un marché de fournitures, puisqu'il n'y a pas d'objet dont la propriété est transférée d'une partie à l'autre; que c'est une obligation *sui generis*, un contrat innommé, qui ne rentre précisément dans la définition d'aucun contrat; que le contrat de louage est celui dont il s'éloigne le moins; que, s'il n'en a pas tous les caractères, il s'en rapproche singulièrement. — Cette argumentation a été admise par un jugement du tribunal de Dijon du 27 août 1877 ; mais la cour de cassation l'a repoussée en annulant cette décision (Civ. cass. 22 nov. 1880, aff. Ville de Dijon, D. P. 81. 1. 169). Se fondant principalement sur cette considération que l'eau concédée, superflue pour les services publics, est susceptible d'alimenter une propriété privée par la commune et que, livrée au domicile du concessionnaire et mise à sa disposition, elle devient la propriété de celui-ci, la cour suprême a décidé que le contrat par lequel une ville s'engage à fournir à des particuliers à domicile, pendant un temps déterminé et moyennant une redevance annuelle, une certaine quantité d'eau provenant d'une source appartenant à la commune, est un acte administratif de la nature de ceux qui sont assujettis à l'enregistrement dans un délai déterminé ; une telle concession ne constitue ni un bail, ni un louage d'industrie; son véritable caractère est celui de marché de fournitures, et c'est, en conséquence, le droit proportionnel établi pour les conventions de cette nature qui lui est applicable (Même arrêt).

Cette solution est conforme à la jurisprudence de la cour en matière civile. Elle a décidé, en effet, que les eaux qui alimentent les fontaines publiques d'une ville font partie du domaine public municipal et sont, dès lors, inaliénables et imprescriptibles à la satisfaction des besoins communaux et les eaux superflues et surabondantes (Civ. cass. 20 août 1861, aff. Commune de Tourvès, D. P. 61. 1. 385, et la note; Req. 4 juin 1866, aff. Flamenq, D. P. 67. 1. 34), mais que la ville a le droit de disposer, moyennant redevances, des eaux surabondantes; qu'en consentant la concession de ces eaux, elle n'agit point comme pouvoir administratif proprement dit exerçant une part de la puissance publique, « mais bien comme disposant d'une partie de son domaine » (Arrêt précité du 4 juin 1866; Civ. rej. 15 mai 1872, aff. Ville de Carpentras, D.P.72. 1. 178. Conf. Req. 17 avr. 1866, aff. Motte, D. P. 66. 1. 350. V. D. P. 81. 1. 169, note).

1002. Aussi, le débat s'étant engagé de nouveau, la cour de cassation a-t-elle pleinement confirmé la doctrine résultant des décisions susénoncées en décidant que la concession par une ville à un particulier, pour un temps et moyennant une redevance déterminés, d'une certaine quantité d'eau provenant des réservoirs municipaux et livrable à domicile, ne constitue ni un bail, ni un louage d'industrie, ni un mode de répartition de fruits communaux : c'est un véritable marché de fournitures passible, à ce titre, du droit proportionnel d'enregistrement à 2 pour 100 (Req. 31 juill. 1883, aff. Ville de Dijon, D. P. 84. 1. 245).

La perception du droit de 2 pour 100 était justifiée, dans l'espèce qui a donné lieu à cet arrêt, parce qu'il s'agissait d'un marché entre une commune et un particulier, dont le prix était à la charge de ce dernier ; mais si le prix du marché avait été à la charge de la ville, le droit de 1 pour 100 eût été applicable, car, ainsi que nous l'avons dit, il n'y a pas lieu de distinguer, pour les marchés dont le prix est à la charge des administrations locales et les établissements publics, entre le marché vente et le marché louage (*Rép.* n° 1998; *suprà*, n°s 980, 992). La loi tarife, en effet, expressément les marchés de fournitures à 1 pour 100 toutes les fois que le prix doit être supporté par un département, une commune ou un établissement public.

1003. Lorsqu'une concession d'eau emporte transmission d'un droit réel et immobilier, le droit de vente immobilière à 5 fr. 50 cent. p. 100 est dû (V. *infrà*, n° 1076).

1004. Il a été jugé que le traité par lequel une ville concède à un entrepreneur, pour une durée déterminée, le privilège exclusif de conduire et distribuer les eaux, à l'effet de satisfaire aux besoins publics et particuliers, sous la condition que tous les établissements se rattachant à la conduite des eaux seraient, à l'expiration de la concession, réunis sans aucune redevance à la ville, et aux termes duquel la ville abandonne à l'entrepreneur, pour toute la durée de la concession, la jouissance d'une source, moyennant une redevance, est un contrat unique dont les différentes dispositions sont dépendantes les unes des autres et reliées entre elles par une corrélation nécessaire. Ce traité donne lieu au droit proportionnel de marché à 1 p. 100 sur la totalité du prix exprimé consistant, non seulement dans la redevance annuelle dûment capitalisée à la charge de la ville pour l'eau qui doit lui être fournie, mais aussi dans l'avantage résultant pour la compagnie, du privilège à elle concédé, représenté par l'évaluation des travaux qui lui sont imposés (Civ. rej. 5 févr. 1889, aff. Comp. gén. des eaux, D. P. 89. 1. 198; 20 mai 1890, aff. Comp. gén. des eaux de Saint-Nazaire, D. P. 90. 1. 349). — Décidé aussi que l'acte par lequel un entrepreneur s'engage envers une ville, en retour de la concession à longue durée de l'exploitation d'un *abattoir*, à élever cet abattoir sur un terrain qu'il devra acquérir, de ses deniers, de la ville elle-même, et à en abandonner la propriété à celle-ci à l'expiration de sa concession, constitue un marché sujet au droit de 1 pour 100, et non une vente immobilière passible du droit de 5 fr. 50 cent. pour 100 ;... Encore bien qu'il y soit dit « que l'entrepreneur fait dès aujourd'hui à la ville l'abandon gratuit de l'abattoir et de ses dépendances pour ladite ville en jouir en toute propriété et comme de chose lui appartenant après les cinquante années de la concession, le tout libre d'engagement et d'hypothèques quelconques » (Trib. Arras, 1er déc. 1886, aff. Ville de Bapaume, D. P. 89. 5. 221). Une solution de l'Administration de l'enregistrement du 3 mars 1887 a autorisé l'exécution de ce jugement.

1005. Il a encore été décidé que, lorsque la durée pour laquelle a été conclu un marché de fournitures périodiques (de gaz d'éclairage, par exemple) passé au profit d'une administration locale ou d'un établissement public, n'est pas mentionnée dans l'acte, mais a été indiquée seulement, lors de l'enregistrement, pour servir de base à la perception du droit, il y a présomption, si les fournitures sont continuées au delà du terme déclaré, qu'elles le sont en exécution du marché toujours subsistant, lequel est alors réputé avoir été conclu pour un temps illimité, et cela, encore bien qu'il serait allégué que la continuation des fournitures est l'exécution d'un second traité fait verbalement; que, par suite, un droit nouveau est exigible pour chaque prolongation de durée, constatée par la Régie postérieurement au temps auquel se réfèrent les droits perçus; et ce droit, n'ayant pas le caractère d'un *supplément de droit* réclamé par suite d'erreur ou insuffisance dans la perception première, n'est pas soumis à la prescription biennale (Trib. Rouen, 25 mai 1853, aff. Cauchie, D. P. 55. 3. 75).

D'autre part, l'acte administratif par lequel un particulier s'engage envers une commune à faire exécuter à ses frais des travaux de réparation à l'église de la localité constitue un contrat commutatif, et non une libéralité à laquelle on puisse appliquer le droit proportionnel de donation, lorsqu'il est établi que le contractant s'est obligé tant afin de venir au secours de la commune que pour sa propre satisfaction, afin de faire célébrer plus souvent la messe dans l'intérêt de sa famille (Trib. Mamers, 2 févr. 1875, aff. de Mailly-Chalon, D. P. 75. 3. 188. Conf., dans le même sens, en matière civile : Req. 14 avr. 1863, aff. Bardet, D. P. 63. 1. 402). Ce contrat, contenant obligation d'exécuter des travaux, constitue un marché passible du droit de 1 p. 100.

1006. Le traité passé entre une ville et un directeur de théâtre, par lequel celui-ci s'engage à exploiter un théâtre municipal sous diverses charges et conditions et moyennant une subvention annuelle, constitue un marché passible du droit de 1 p. 100 (Trib. Amiens, 24 juill. 1886, *Journal de l'enregistrement*, art. 22809). — Un arrêt de la cour de cassation du 16 nov. 1847 (aff. syndic Toussaint, D. P. 47. 1. 372) avait décidé qu'un pareil traité n'était passible que du droit d'indemnité à 50 cent. p. 100. — L'interprétation du tribunal d'Amiens nous paraît plus exacte : c'est, dans le cas dont il s'agit, un véritable contrat de louage d'industrie qui intervient entre l'administration municipale et le directeur de théâtre : l'objet principal du contrat réside dans le talent et les aptitudes du directeur; les conventions accessoires ou secondaires ne sauraient lui enlever ce caractère.

V. aussi *suprà*, n° 950, les arrêts du 28 nov. 1860, qui ont décidé que les marchés passés entre une administration municipale et des particuliers pour l'enlèvement des boues, vidanges et immondices des rues et places de la ville, sont sujets au droit de marché à 1 p. 100.

1007. La perception du droit d'enregistrement sur les marchés intéressant les *établissements publics* a donné lieu à la question de savoir à quels caractères se reconnaît un établissement public. Le débat s'est élevé au sujet d'un marché de travaux passé par une *chambre de commerce*. Comme l'a très bien dit devant la cour de cassation dans des conclusions reproduites *in extenso* (D. P. 85. 1. 397), M. le conseiller Voisin, rapporteur dans l'espèce, la solution dépendait uniquement du point de savoir si une chambre de commerce est un établissement public au sens doctrinal de l'expression. Dans l'affirmative, le marché devait, comme acte administratif, être enregistré dans les vingt jours, et le droit proportionnel de 1 p. 100 était exigible. Mais si une chambre de commerce n'est qu'un *établissement d'utilité publique*, le marché litigieux passé entre elle et un entrepreneur devait être considéré comme intervenu entre particuliers; dès lors, il n'était sujet à l'enregistrement que dans le cas où il en serait fait usage, et il devait être enregistré provisoirement au droit fixe par application de l'art. 22 de la loi du 11 juin 1859. L'éminent magistrat a démontré que les chambres de commerce constituent de véritables établissements publics et que, en conséquence, les marchés contractés par elles, doivent être enregistrés dans les vingt jours de leur date, comme actes administratifs, au droit proportionnel de 1 p. 100. La cour de cassation s'est prononcée dans le même sens : « Attendu que la chambre de commerce de Bordeaux a agi en sa qualité d'établissement public; qu'il importe peu que le décret du 3 sept. 1851 (art. 19) déclare seulement les chambres de commerce établissements d'utilité publique si, en leur donnant une organisation qui les rattache de la façon la plus intime à l'organisation administrative de la France, il a clairement manifesté son intention de créer en elles de véritables établissements publics; — Attendu qu'il ressort, en effet, des dispositions combinées des art. 11, 12, 15, 16 et 17 dudit décret que l'autorité gouvernementale intervient directement dans la gestion des chambres de commerce et que celles-ci se trouvent ainsi directement rattachées d'une façon intime à l'organisation administrative de la France, ce qui est le caractère distinctif des établissements publics » (Req. 28 oct. 1885, aff. Cazentre, D. P. 85. 1. 397).

1008. La jurisprudence rapportée au *Rép.* n°s 2004 et suiv., et d'après laquelle la cession, par un entrepreneur, des droits résultant à son profit d'un marché contracté par lui constitue une vente mobilière sujette au droit de 2 pour 100, a été confirmée par deux arrêts qui ont jugé : 1° que la cession par une compagnie de *chemins de fer* des droits résultant à son profit de la concession qui lui a été faite, donne lieu au droit de vente mobilière à 2 pour 100, lesdits droits étant limités aux produits de l'exploitation du chemin de fer qui, étant une dépendance du domaine public, ne peut être la propriété du concessionnaire (Civ. cass. 15 mai 1861, aff. Mancel, D. P. 61. 1. 225); — 2° que la cession des droits et avantages résultant d'un traité passé avec une ville pour l'éclairage de ses rues et places et de ses habitants, constitue une cession mobilière passible du droit de 2 pour 100 (Civ. rej. 8 mai 1882, aff. Crédit lyonnais et Chardenet, D. P. 82. 1. 425).

N° 3. — *Baux à nourriture et cheptels* (*Rép.* n°s 2010 à 2047).

A. — Baux à nourriture de personnes (*Rép.* n°s 2011 à 2036).

1009. Le tarif des baux à nourriture de personnes est de 20 cent. pour 100, lorsque la durée du bail est limitée; il est de 2 pour 100, lorsque la durée est illimitée (*Rép.* n° 2014). — Une dépêche du ministre des finances du 5 janv. 1874(1) a admis que les baux à nourriture de personnes d'une durée indéterminée ne sont assujettis qu'au droit de 20 cent. pour 100. Si ces baux sont faits avec faculté réciproque pour les deux parties de les résilier à l'expiration de chaque période triennale, le droit n'est dû, au moment de l'enregistrement, que sur le prix de la première période, sauf recouvrement ultérieur des droits aférents aux périodes subséquentes. Au contraire, le droit est dû sur l'évaluation totale du prix à payer pendant toute la durée présumée du bail, si l'une des parties seule a la faculté de résilier (Même décision). — C'est l'application, par analogie, aux baux à nourriture des personnes des dispositions de la loi de 1871 concernant les baux de biens immobiliers.

1010. On a dit au *Rép.* n° 2025 que la convention par laquelle une religieuse est admise dans une communauté moyennant l'apport d'une somme déterminée constituait un bail à nourriture à vie, et non une société. La question a été cependant controversée. Ainsi il a été décidé que l'obligation consentie par une religieuse, à son entrée en religion, de payer pendant sa vie, à la communauté, une somme déterminée pour logement, nourriture et entretien, selon les règles de l'ordre, est sujette au droit fixe applicable aux actes de société, et non pas au droit de bail à vie (Trib. Mauriac, 21 juill. 1847, aff. N..., D. P. 48. 5. 134); et l'administration de l'enregistrement avait admis cette doctrine dans une solution du 19 mars 1851 (D. P. 51. 3. 48). — Mais les véritables principes ont été rétablis par la cour de cassation, qui a décidé, par un arrêt de la chambre civile en date du 7 nov. 1855 (aff. Delmas, D. P. 55. 1. 436), que l'engagement pris par une religieuse, lors de son admission dans une congrégation de femmes, de payer une certaine somme à la supérieure de cette congrégation, emporte une mutation de propriété passible du droit de bail à nourriture, et ne peut être considéré comme un apport en société, soumis à un simple droit fixe (V. dans le même sens : Limoges, 8 mars 1848, aff. R..., D. P. 48. 5. 135; Trib. Figeac, 14 déc. 1855, D. P. 56. 5. 181). Cet arrêt se fonde très justement sur ce motif « qu'il résulte des dispositions de la loi du 24 mai 1825 qu'une communauté religieuse légalement constituée n'est pas une société civile, que c'est un corps de mainmorte indépendant des personnes qui en font partie ; que celles-ci ne peuvent demander ni la dissolution de la communauté, ni le partage des biens qui appartiennent à la congrégation, et qu'en cas d'extinction de la congrégation, elles n'ont droit à aucune portion de ces biens, mais à une simple pension alimentaire ». Cette doctrine est approuvée par M. Demante, t. 1, n° 378.

1011. La convention a également le caractère de bail à nourriture quand la personne qui s'engage à nourrir, reçoit en équivalent une valeur mobilière ou une créance (*Rép.* n°s 2026 et 2027). Il a été jugé, en ce sens, que l'acte constatant l'abandon d'une petite quantité d'objets mobiliers de minime valeur, plus de rentes et de créances, moyennant l'engagement contracté par celui au profit de qui cet abandon est fait, de loger, nourrir, entretenir et soigner le cédant jusqu'au décès de celui-ci, doit être considéré, pour la perception du droit d'enregistrement, non comme une

cession de créances, de rentes et d'objets mobiliers, mais comme un bail à nourriture à durée illimitée sujet au droit proportionnel de 2 pour 100 (Trib. Valognes, 10 févr. 1874, aff. Postaire, D. P. 75. 3. 55). — Jugé, dans le même sens, que la clause d'un contrat de mariage, portant que le futur versera son apport entre les mains de son beau-père, qui en sera chargé sur ses biens, et que, de son côté, le beau-père logera et nourrira les nouveaux époux, auxquels il ne payera aucun intérêt, doit être considérée comme renfermant seulement un bail à nourriture à durée illimitée, passible du droit de 2 pour 100 sur un capital formé par dix fois l'intérêt annuel ; on soutiendrait à tort qu'une pareille convention se décompose en un prêt et un bail à nourriture (Trib. Mauriac, 1er déc. 1866, aff. Laurichesse, D. P. 67. 3. 86).

1012. L'*obligation alimentaire* reconnue et sanctionnée par la loi civile. dans certains cas (c. civ. art. 205, 304), peut être accomplie volontairement ou imposée par décision de justice (*Rép.* n° 2018). L'Administration reconnaît que, dans ce dernier cas, le droit de titre n'est pas dû sur le jugement, attendu que le titre de celui qui obtient la pension alimentaire se trouve dans la loi (*Rép.* n° 2019). Mais elle soutient qu'à l'égard des actes volontaires, une distinction doit être faite ; que. si l'acte ne contient que la déclaration par les débiteurs qu'ils se soumettent à remplir les obligations que la loi leur impose, mais sans détermination de sommes, il n'est dû que le droit fixe de 1 fr. (aujourd'hui 3 fr.); que si l'acte contient l'obligation d'acquitter annuellement une somme convenue pour tenir lieu des aliments, il doit être alors considéré comme bail à nourriture et assujetti au droit de 20 cent. pour 100 (*Rép.* n° 2020). Il est démontré au *Rép. ibid.* que c'est là une véritable. anomalie, que, soit que les aliments aient été déterminés par une convention amiable, soit qu'ils aient été fixés par jugement, le titre du créancier étant dans la loi, et que par suite le droit proportionnel ne doit pas plus être perçu dans un cas que dans l'autre. Telle est également l'opinion de M. Naquet. « La convention, dit très bien cet auteur, t. 1, n° 155, ne crée pas l'obligation; elle constitue seulement une sorte de liquidation amiable et comme un acte de complément et d'exécution tarifé au simple droit fixe par l'art. 68, § 1er, n° 6. »

1013. Quoi qu'il en soit, l'acte constituant une pension alimentaire est assimilé au bail à nourriture, lorsque la pension doit être servie en argent ou au moyen des prestations indiquées en l'art. 211 c. civ. (*Rép.* n° 2030). Il est passible du droit ordinaire de donation, lorsque la pension doit être acquittée au moyen de l'abandon d'un immeuble ou d'un usufruit immobilier (Trib. Chalon-sur-Saône, 18 déc. 1856, aff. Charmont, D. P. 57. 3. 39). — Jugé, dans le même sens, que l'acte qualifié donation entre vifs actuelle et irrévocable, portant abandon par un père à son fils d'un droit d'usage et d'habitation pour servir au donataire de pension alimentaire, donne lieu au droit proportionnel de donation, et non pas seulement à celui établi pour les constitutions de pensions alimentaires (Trib. Seine, 5 févr. 1880, aff. Clergniet-Ruelle, D. P. 81. 5. 168. V. *infrà*, sect. 2, art. 3, § 1er).

B. — Baux de pâturage et nourriture d'animaux. — Baux à cheptel et reconnaissance de bestiaux (*Rép.* n°s 2037 à 2047).

1014. Notons tout d'abord que les dispositions de la loi de 1871 qui seront étudiées dans la section 2 du présent chapitre, art. 2, § 4, sont applicables aux baux de pâturage.

---

(1) Par dépêche du 19 octobre dernier, Monsieur votre prédécesseur m'a fait l'honneur de me demander quel est le droit d'enregistrement à percevoir sur deux traités passés par M. le préfet du Morbihan, l'un avec l'administration des hospices de Vannes, pour la nourriture, des femmes aliénées, moyennant 94 cent. par journée et par personne, l'autre avec le directeur de l'asile de Lehon, pour le traitement des hommes aliénés, moyennant une pension annuelle de 365 fr. par personne. — Ces traités constituent l'un et l'autre, monsieur le duc et cher collègue, des baux pour nourriture de personnes à durée illimitée, assujettis par l'art. 69, § 2, n° 5, de la loi du 22 frim. an 7, à un droit de 25 cent. p. 100 que l'art. 1er du 16 juin 1824 a réduit à 20 cent. p. 100. Ce droit devra être calculé d'après une évaluation approximative du prix, souscrite au pied de l'acte, confor-

mément à l'art. 16 de la loi du 22 frim. an 7. — J'ajoute que les hospices et le département ayant réciproquement la faculté de résilier, à l'expiration de la première période. triennale, la convention relative aux femmes aliénées, la perception des droits à 20 cent. p. 100 et à p. 100 exigibles sur cet acte, ne devra porter que sur l'évaluation des prix afférents à cette première période, sauf réclamation ultérieure des droits qui deviendraient exigibles en cas d'exécution du bail et du marché pendant les périodes subséquentes. — Il n'en saurait être de même en ce qui concerne le traité avec l'asile. Lehon, que le département seul a la faculté de résilier à la fin de chaque année.

Du 5 janv. 1874.-Dépêche du ministre des finances au ministre de l'intérieur.

On a dit au *Rép.* n° 2041 que le bail à cheptel simple (c. civ. art. 1804) ne comportait pas ordinairement de stipulation de prix (*Rép.* n° 2041); cependant l'art. 1er de la loi du 16 juin 1824 dit que le droit sera perçu sur le prix cumulé de toutes les années; il y a lieu, avons-nous dit, de s'en tenir, dans ce cas, à la loi de l'an 7, dont l'art. 69, § 1er-2°, porte que le droit sera perçu, à défaut de prix exprimé dans l'acte, « d'après l'évaluation qui sera faite du bétail. » Il a été jugé, en ce sens, qu'à défaut de stipulation de prix en argent dans un bail à cheptel simple, le droit proportionnel d'enregistrement à 20 cent. pour 100 doit être liquidé sur la valeur du bétail déterminée ou à déterminer par une évaluation, sans avoir égard à la déclaration du revenu annuel présumé, faite par les parties dans l'acte pour la perception du droit d'enregistrement (Trib. Angoulême, 1er avr. 1857, aff. Société *le Cheptel*, D. P. 57. 3. 66; Trib. Bergerac, 3 mai 1870, aff. Roche, D. P. 71. 3. 66).

1015. Dans le cheptel de fer, c'est-à-dire le cheptel donné par le propriétaire au fermier, le fermier doit, à l'expiration du bail, rendre les bestiaux qu'il a reçus; mais, d'après l'art. 1826 c. civ., il a droit à l'excédent. S'il laisse cet excédent au bailleur moyennant un prix, quel droit sera exigible ? Le tribunal de Guéret a résolu cette question par une distinction : s'il s'agit d'un excédent en valeur, c'est-à-dire si les bestiaux reçus ont augmenté de valeur sans augmenter en nombre, la somme remise par le bailleur en représentation de cet excédent est une indemnité passible du droit d'indemnité de 50 pour 100. Si, au contraire, l'excédent provient de l'augmentation du nombre des bestiaux, comme le fermier aurait le droit de les emmener, s'il les laisse au bailleur moyennant une somme d'argent, il y a vente passible du droit de 2 pour 100 (Trib. Guéret, 21 mai 1878, *Journal de l'enregistrement*, art. 20941).

S'il était convenu qu'à la fin du bail le preneur garderait les bestiaux moyennant payement du prix, il y aurait vente (*Rép.* n° 2045). Mais le droit proportionnel de vente n'est dû à l'enregistrement du bail qu'autant qu'il stipule formellement que le fermier gardera, à l'expiration de sa jouissance, le cheptel à lui fourni par le bailleur. Si le bail attribuait seulement au fermier la faculté de devenir propriétaire du cheptel, il n'y aurait plus vente, mais simple promesse de vente, et le droit proportionnel ne serait pas exigible (*Rép.* n° 2045). Les rédacteurs du *Dictionnaire des droits d'enregistrement* s'expriment dans le même sens (v° *Bail à cheptel*, n° 18).

Le même ouvrage rapporte une décision de l'administration de l'enregistrement de laquelle il résulte que le droit proportionnel de vente à 2 pour 200 n'est pas dû sur la clause d'un bail portant que le bailleur livre au fermier un capital en bestiaux évalué à... dont le fermier s'oblige à lui tenir compte à sa sortie, soit en argent, soit en bestiaux. Il ne s'agit, en effet, dans cette clause que de l'estimation prévue par l'art. 1805 c. civ., estimation qui, ayant seulement pour effet de taxer la perte ou le profit qui pourra se trouver à l'expiration du bail, ne transporte pas la propriété du cheptel au preneur (Sol. adm. enreg. 22 nov. 1872, *loc. cit.*, n° 36).

SECT. 2. — DES DROITS DE MUTATION (*Rép.* n°s 2048 à 4259).

1016. Les droits de mutation qui font l'objet de la présente section, représentent la partie considérable de l'impôt de l'enregistrement. La matière est très complexe. Elle est divisée (V. *Rép.* n° 2048) en quatre articles se rapportant, le premier aux mutations secrètes et aux présomptions légales d'après lesquelles l'existence peut en être prouvée, les trois autres aux mutations dont l'existence n'est pas contestée, lesquelles se divisent en mutations entre vifs à titre onéreux (art. 2), mutations entre vifs à titre gratuit (art. 3), mutations par décès (art. 4).

ART. 1er. — *Des mutations secrètes et des présomptions légales* (*Rép.* n°s 2049 à 2261).

1017. Lorsqu'une mutation d'immeuble a lieu tacitement ou verbalement, ou qu'elle est constatée par un acte sous seing privé que les parties ne produisent pas et dont elles nient même l'existence, l'Administration ne peut récla-

mer le droit d'enregistrement qu'en établissant l'existence soit de la transmission, soit de l'acte sous seing privé la constatant (*Rép.* n° 2050). A cet effet, le législateur a établi certaines présomptions qui, lorsqu'elles sont admises, font considérer la mutation comme établie suffisamment, sauf la preuve contraire réservée aux redevables. D'un autre côté, la preuve de l'existence de la mutation faite, il reste à en déterminer la nature pour la perception du droit, qui varie suivant qu'il s'agit d'une transmission à titre onéreux ou d'une transmission à titre gratuit. Par suite, la matière sera divisée, comme au *Répertoire*, en trois paragraphes distincts se rapportant l'un à la législation, l'autre aux présomptions légales et aux preuves contraires, le troisième à la nature de la mutation.

1018. La *déclaration* que le nouveau possesseur doit souscrire au bureau de l'enregistrement, en cas de mutation immobilière par convention verbale, est une formalité de rigueur semblable à celle imposée aux héritiers, légataires ou donataires, pour la perception des droits de mutation par décès, et qui, étant prescrite, comme celle-ci, afin d'assurer le payement de l'impôt, ne peut être suppléée par des offres ou quelque autre acte équivalent. Elle doit être remplie dans tous les cas, même dans celui de vente conditionnelle, lorsque le droit de mutation est devenu exigible par l'évènement de la condition (V. *infrà*, n° 1024). Elle est imposée à l'ancien possesseur, comme au nouveau possesseur, et sous les mêmes sanctions, toutes les fois que ce dernier n'a pas satisfait à la loi dans le délai fixé (V. *infrà*, n° 1022). Il a été jugé, à cet égard, qu'une lettre adressée à un directeur de l'enregistrement par le vendeur d'un immeuble, à l'effet de faire connaître à ce fonctionnaire l'existence d'un acte sous seing privé constatant la vente, ne dégage pas le vendeur de l'obligation, qui lui est imposée personnellement, de souscrire au bureau de l'enregistrement une déclaration détaillée et estimative de la mutation (Civ. rej. 19 oct. 1886, aff. Fachon, D. P. 87. 1. 127). — V. *Rép.* n° 4665.

§ 1er. — Considérations générales. — Législation. — Questions transitoires (*Rép.* n°s 2051 à 2061).

1019. A l'époque de la publication du *Répertoire*, les art. 12 et 13 de la loi du 22 frim. an 7 et l'art. 4 de la loi du 27 vent. an 9 constituaient la législation en vigueur concernant l'enregistrement des mutations de propriété, d'usufruit ou de jouissance d'immeubles. D'après leurs dispositions, toute mutation de propriété ou d'usufruit, même par simple convention verbale, devait être soumise à l'impôt dans le délai de trois mois à peine d'un simple droit en sus à la charge de l'acquéreur. Il en était de même des mutations de jouissance, c'est-à-dire des *baux*, mais seulement lorsqu'ils étaient constatés par *écrit*. Les simples *locations verbales* échappaient donc à l'impôt (*Rép.* n°s 2060 et 2061). Par suite, il n'a été traité au *Répertoire*, dans le présent article consacré aux *mutations secrètes*, que des mutations de la propriété ou de l'usufruit d'immeubles.

A la suite des évènements de 1870-1871, la nécessité de créer sans retard des ressources considérables amena le législateur à compléter et à étendre les lois de l'an 7 et de l'an 9 par des dispositions nouvelles.

1020. Le double principe posé au *Rép.* n° 2061, qu'il n'est question dans l'art. 12 de la loi de frimaire que des mutations immobilières et que sa disposition n'est applicable qu'à celles de ces mutations qui ont pour objet la propriété ou l'usufruit, a subi d'importantes modifications, que l'on se bornera à signaler ici et que l'on étudiera en détail dans les parties du *Supplément* qui les concernent d'une façon spéciale. — Nous avons dit : 1° que la règle de l'art. 12 de la loi de frimaire an 7 ne s'applique pas aux transmissions de meubles; — 2° Que les locations verbales ou mutations de jouissance ne pouvaient donner lieu, à la différence des mutations de propriété et d'usufruit de biens immeubles, à aucune recherche de la part de l'administration de l'enregistrement.

Le premier principe n'est plus exact aujourd'hui : la loi du 28 févr. 1872 (D. P. 72. 4. 12) y a apporté une dérogation importante, en assimilant les mutations de fonds de commerce aux mutations de biens immeubles sous tous les rapports en ce qui concerne la perception du droit d'enregistrement (obligation de soumettre la mutation à la formalité dans un délai déterminé, lors même qu'elle a eu lieu par simple convention verbale, mode de prouver l'existence de la mutation, mode de payement de l'impôt, contrôle de l'Administration, sanctions et pénalités, L. 28 févr. 1872, art. 7, 8 et 9).

Le projet de loi du Gouvernement allait même plus loin : il assujettissait les mutations de fonds de commerce au droit de 4 pour 100 établi pour les mutations à titre onéreux de biens immeubles ; la commission de l'Assemblée nationale n'admit pas cette proposition ; le tarif des ventes mobilières à 2 pour 100 fut maintenu pour les fonds de commerce (art. 7 de la loi) ; mais, sauf sur ce seul point, l'assimilation fut établie complètement (V. Rapport, D. P. 72. 4. 14, nᵒˢ 22 et suiv.). — Il n'est, par suite, plus vrai aujourd'hui de dire que la règle établie pour des mutations secrètes ne s'applique qu'aux immeubles : elle s'applique également aux fonds de commerce, qui sont des biens meubles.

1021. Le second principe posé au *Répertoire*, d'après lequel les transmissions verbales de jouissance d'immeubles échappaient à l'impôt, a été supprimé par la loi du 23 août 1871 (art. 11, D. P. 71. 4. 66). Déjà, sous l'empire de la loi de frimaire an 7, on avait soutenu, en s'appuyant sur l'art. 13 de cette loi, que les locations verbales étaient soumises à la formalité de l'enregistrement ; mais la loi du 27 vent. an 9, dans son art. 4, avait interprété les dispositions des art. 12 et 13 de la loi de frimaire an 7, et il en résultait que l'enregistrement obligatoire dans un délai de rigueur n'était applicable qu'aux mutations de propriété et d'usufruit de biens immeubles (*Rép.* nᵒ 120). — La loi du 23 août 1871 a apporté à cette législation une modification considérable en assimilant les mutations de jouissance aux mutations de propriété et d'usufruit. M. Mathieu-Bodet, rapporteur de la commission du budget, a justifié cette innovation importante, en disant qu'elle n'était qu'un retour aux principes de la loi de frimaire qui avaient été méconnus par la loi du 27 vent. an 9. La loi de frimaire paraît, en effet, mettre sur le même pied les mutations de propriété, d'usufruit et de jouissance, et le rapporteur s'appuie sur la distinction des droits d'actes et de mutation : « la loi de frimaire, dit-il, a consacré expressément cette distinction : elle établit un droit d'acte sur les actes contenant obligation, libération, etc., et un droit de mutation pour les transmissions de propriété, d'usufruit ou de jouissance des biens immeubles. C'est le fait de la mutation de la propriété, de l'usufruit ou de la jouissance, qui rend le droit exigible. Aussi l'enregistrement de l'acte sous signature privée, dans le cas de vente, de constitution d'usufruit, ou de bail n'est pas facultatif. Les parties sont tenues de soumettre l'acte à cette formalité dans un délai de trois mois, sous peine d'un double droit » (Rapport, D. P. 71. 4. 59).

1022. Cette même loi du 23 août 1871 (art. 11 et 14) a introduit dans la législation une autre innovation fort importante aussi, en vue d'assurer le payement de l'impôt pour les mutations de propriété, d'usufruit et de jouissance d'immeubles.

Dans le système des lois de l'an 7 et de l'an 9, l'ancien possesseur n'avait jamais eu à supporter aucun droit ni aucune amende ; il n'avait, par suite, aucun intérêt à veiller à l'exécution des lois fiscales. La disposition ci-dessus rapportée de la loi de 1871 a eu pour but de modifier cet état de choses et d'intéresser l'ancien possesseur au payement de l'impôt en lui imposant, à peine d'amende, l'obligation de mettre l'Administration à même d'exercer des poursuites au cas où l'acquéreur n'aurait pas satisfait à la loi dans le délai de trois mois (V. Exposé des motifs de la loi, D. P. 71. 4. 54, nᵒ 18), et de déposer à cet effet l'acte constatant la mutation dans un bureau d'enregistrement, ou, à défaut d'acte, d'y faire la déclaration prescrite. Elle a organisé un système de pénalité double infligée à l'acquéreur et au vendeur, lorsque tous deux ont méconnu les prescriptions de la loi du 27 vent. an 9 ou qu'ils n'ont pas présenté en temps utile à l'enregistrement l'acte constatant la mutation (Instr. adm. enreg. 25 août 1871, nᵒ 2413, D. P. 71. 3. 49). Un délai supplémentaire d'un mois est accordé au vendeur pour accomplir l'obligation que l'acquéreur a négligé d'observer. Passé

ce délai, la mutation est passible de trois droits, le droit simple et deux droits en sus à la charge, l'un de l'acquéreur, l'autre du vendeur. Les peines sont personnelles. Il n'y a de solidarité que pour le payement du droit simple (Même instruction, § 5, nᵒ 3, D. P. 71. 3. 51).

A l'égard des baux écrits, les mêmes obligations ont été imposées au bailleur par les art. 11 et 14 de la loi du 23 août 1871. Pour les locations verbales, le preneur avait été assujetti par ladite loi aux mêmes obligations que l'acquéreur. D'après son art. 11, tout locataire en vertu d'un bail verbal dont le prix excédait 300 fr. était tenu de déclarer sa location et d'acquitter les droits à l'expiration de chaque terme. Mais il a été reconnu que, les obligations imposées aux locataires étant souvent très onéreuses, on pouvait, sans léser aucun droit légitime, charger les bailleurs de faire les déclarations et d'acquitter les droits, sauf leur recours. Cette modification a été consacrée par l'art. 6 de la loi du 28 févr. 1872, ainsi conçu : « Les obligations imposées au preneur dans le cas de location verbale, par l'art. 11 de la loi du 23 août 1871, seront accomplies à l'avenir par le bailleur, qui sera tenu au payement des droits, sauf son recours contre le preneur. Néanmoins, les parties restent solidaires pour le recouvrement du droit simple » (Instr. adm. enreg. 29 févr. 1872, nᵒ 2433, chap. 3, D. P. 72. 3. 15).

Les mutations de propriété de fonds de commerce ou de clientèles sont soumises, relativement aux obligations imposées aux parties pour le payement de l'impôt, au même régime que les mutations de propriété ou d'usufruit d'immeubles constatées par écrit ou par conventions verbales, les mutations de jouissance d'immeubles, lorsqu'elles sont constatées par écrit. Les peines pour défaut d'enregistrement ou de déclaration sont celles édictées par l'art. 14, § 1ᵉʳ, de la loi du 23 août 1871. L'ancien possesseur conserve la faculté de s'affranchir, au moyen d'une déclaration ou du dépôt des actes (Même loi, art. 14, § 2 et 3), de l'avance des droits simples et du payement des droits en sus exigibles à raison des ventes que le nouveau possesseur n'aurait ni déclarées, ni fait enregistrer (Instr. adm. enreg. 29 févr. 1872, nᵒ 2433, chap. 4, D. P. 72. 3. 15. V. L. 28 févr. 1872, art. 8 et 9 mentionnés *suprà*, nᵒ 1020).

1023. En résumé, plus de distinction, quant aux immeubles, entre les mutations de la propriété ou de l'usufruit et les mutations de jouissance. — Enregistrement obligatoire pour toutes dans un délai de rigueur, lors même qu'elles s'opèrent sans acte, par simple convention verbale. — Obligation pour l'ancien possesseur, à l'égard de toutes les mutations de la propriété ou de l'usufruit indistinctement, et pour le bailleur, quant aux baux écrits, de veiller à ce que l'impôt soit acquitté et, lorsqu'il n'est pas dans le délai de la loi, de révéler la mutation à l'Administration, afin de la mettre à même d'exercer des poursuites, le tout sous peine d'un droit en sus à sa charge personnelle, indépendamment de celui encouru par l'acquéreur ou le preneur. — Obligation pour le bailleur, en ce qui concerne les locations verbales, de payer lui-même l'impôt, sauf son recours contre le preneur. — Enfin extension aux mutations de propriété de fonds de commerce et de clientèles des prescriptions établies, relativement au payement de l'impôt, pour les mutations de propriété ou d'usufruit d'immeubles. Voilà l'œuvre du législateur de 1871-1872. Tel est l'état actuel de la législation.

1024. D'après les dispositions de l'art. 12 de la loi de frimaire an 7 et de l'art. 4 de la loi du 27 vent. an 9, toute mutation verbale de propriété et d'usufruit d'immeubles, doit être assujettie à l'enregistrement dans le délai de trois mois (*Rép.* nᵒ 2060). — L'application de ce principe aux ventes *conditionnelles* a été et est encore controversée. La controverse porte sur le point de savoir si le nouveau possesseur au profit duquel se réalise, par l'avènement de la condition, une mutation immobilière, résultant d'un acte enregistré antérieurement, est tenu, lorsque l'événement n'est pas constaté par un acte soumis à la formalité, d'en faire la déclaration dans le délai de la loi. On soutient, dans une opinion, que n'y est pas obligé, attendu que la loi de frimaire n'assujettit à l'enregistrement obligatoire dans un délai de rigueur que les actes sous seing privé portant transmission d'immeubles, que l'art. 38 de cette loi n'a édicté la pénalité du double droit, à défaut d'enregistrement délai de la loi, que pour ces mêmes actes, et que la règle n'a été étendue par la loi du 27 vent. an 9 qu'aux mutations verbales. La vente conditionnelle, dit-on, devenue parfaite par l'avènement de la condition, ne rentre ni dans l'une ni dans l'autre de ces deux catégories. Comment admettre, dès lors, que les prescriptions résultant des dispositions précitées lui soient applicables, alors surtout que ces dispositions édictent une pénalité? (D. P. 72. 1. 201, note. Conf. Trib. Seine, 9 mai 1868, *ibid.* V. dans le même sens : Garnier, *Rép. gén. enreg.*, n° 4954). — La cour de cassation n'a pas admis ce système et, fidèle au principe d'après lequel le droit de mutation immobilière est attaché au fait même de la mutation, indépendamment de tout titre destiné à la constater, principe qu'elle avait déjà établi dans une précédente décision (Civ. cass. 11 avr. 1854, aff. Robin, D. P. 54. 1. 192), elle a décidé que, lorsqu'il s'agit d'une vente conditionnelle qui tient son caractère et ses effets définitifs de l'événement de la condition, le nouveau possesseur est tenu, sous la sanction établie par la loi, de porter dans le délai prescrit cet événement à la connaissance de l'Administration, soit en soumettant à la formalité l'acte le constatant, soit en souscrivant une déclaration spéciale : le fait de l'existence d'un acte constatant la vente et enregistré à sa date avant la réalisation de la condition ne le dispense pas de cette obligation (Civ. rej. 6 mars 1872, aff. Coudrin, D. P. 72. 1. 201. Conf. Trib. Lyon, 25 mai 1841, Trib. Termonde, 4 mars 1859 et Trib. Chartres, 30 juill. 1869, *ibid.*; Trib. Le Mans, 27 août 1869, *ibid.*, note; Trib. Nantes, 17 janv. 1871, *ibid.*). — Toute mutation de propriété, porte un arrêt, doit être enregistrée dans les trois mois de l'entrée en possession et, à défaut d'acte, il doit y être suppléé dans le même délai par une déclaration estimative, à peine d'un droit en sus; cette disposition s'applique à une mutation conditionnelle d'immeubles qui, sous la même sanction, doit être déclarée à la Régie dans les trois mois de sa réalisation ultérieure (Req. 16 août 1875, aff. Charmiot-Aventurier, D. P. 76. 1. 213). Il ne peut être suppléé à la déclaration par un acte qui nie l'existence de la mutation et, par suite, cet acte n'empêche pas que le droit en sus soit encouru à défaut de déclaration dans le délai de la loi (Même arrêt). Cette doctrine, si elle ne résulte pas expressément du texte de la loi, nous paraît bien être dans son esprit (V. en ce sens : Championnière et Rigaud, t. 4, n° 3818).

Ainsi toute mutation immobilière, de quelque manière qu'elle soit constatée, de quelque façon qu'elle se réalise, doit être déclarée à l'administration de l'enregistrement dans le délai de la loi.

§ 2. — Présomptions légales et preuves contraires (*Rép.* n°s 2063 à 2227).

1025. Suivant un arrêt, l'existence d'une mutation secrète peut être établie, pour la perception du droit d'enregistrement, par tous les moyens et genres de preuve autorisés par le droit commun (Req. 16 déc. 1856, aff. Lavaysse, D. P. 57. 1. 158). Mais cette décision est excessive. La preuve de la mutation ne peut être établie ni par témoins, ni au moyen du serment. Cela résulte de nombreux arrêts postérieurs par lesquels la cour de cassation a reconnu, en thèse générale, au sujet des droits de mutation par décès, que la preuve testimoniale et la procédure qu'elle comporte, sont incompatibles avec l'économie de la loi fiscale et avec les formes prescrites en cette matière (Civ. cass. 29 févr. 1860, aff. Charotte, D. P. 60. 1. 139; 19 mars 1862, aff. Heurat, D. P. 62. 1. 223. Conf. *Rép.* n° 9146). Les seules preuves à la disposition de l'Administration, pour établir l'existence d'une mutation demeurée secrète, sont donc aujourd'hui, comme à l'époque de la publication du *Répertoire* (n° 2062), les présomptions légales de l'art. 12 de la loi de frimaire, savoir : 1° la possession; 2° l'inscription au rôle des contributions et les payements faits en conséquence; 3° les actes constatant la propriété ou l'usufruit objet de la transmission dissimulée.

1026. Bien qu'il eût peut-être été plus logique, depuis la loi de 1871, de nous occuper dans ce paragraphe des mutations de jouissance ainsi que de mutations de propriété et d'usufruit, nous suivrons, néanmoins, l'ordre adopté au

Répertoire, et nous ne nous occuperons que des mutations d'usufruit et de propriété. Nous renverrons donc l'explication des principes posés par la loi de 1871 sur les mutations de jouissance à l'art. 2 de la présente section (§ 4, n° 1), dans lequel nous traiterons des *baux* (V. *infrà*, n°s 1597 et suiv.). — Notons seulement que les principes développés à l'occasion de mutations de propriété et d'usufruit de biens immeubles, sont également applicables, depuis la loi du 28 févr. 1872, aux mutations de fonds de commerce.

N° 1. — *Possession* (*Rép.* n°s 2063 à 2079).

1027. Lorsque la mutation s'est opérée en vertu d'une convention verbale, en d'autres termes, lorsque l'existence d'un acte écrit ne peut être prouvée par l'Administration, la prise de possession est-elle une condition préalable de la demande du droit, et, dès lors, est-ce à partir seulement de cette prise de possession que court le délai de l'enregistrement ou de la déclaration? La question a longtemps été controversée, et l'on a rapporté les termes de cette controverse (*Rép.* n°s 2065 et suiv.). On a dit également que la cour de cassation s'était prononcée dans le sens de la perception, sans exiger la condition que l'Administration prouvât l'entrée en possession de l'acquéreur (*Rép.* n°s 2069 et suiv.). Elle a, depuis, persisté dans cette opinion, et un arrêt de la chambre civile du 16 nov. 1870 (aff. Gérold, D. P. 71. 1. 154) a posé en principe, d'une manière générale, que toute mutation entre vifs d'immeubles à titre onéreux doit être soumise à la formalité et au droit proportionnel d'enregistrement dans les trois mois du jour où elle a été consentie, encore bien que l'acquéreur n'ait pas été mis en possession de la chose vendue.

1028. Conformément à ce principe, il a été jugé que le droit simple et le double droit sont exigibles sur une vente verbale par cela seul qu'un acte quelconque (particulièrement, un jugement passé en force de chose jugée) en fait remonter l'existence à plus de trois mois, sans qu'il soit nécessaire que la prise de possession soit établie (Trib. Napoléon-Vendée, 3 avr. 1857, aff. Duroussy, D. P. 58. 3. 23); que le jugement constatant qu'une semblable mutation s'est opérée entre les parties depuis plus de trois mois donnait lieu à la perception du double droit (Arrêt du 16 nov. 1870, cité *suprà*, n° 1027).

1029. En est-il de même lorsque la preuve de la mutation secrète résulte, non plus d'un acte écrit ou d'un jugement la constatant, mais seulement de l'une des présomptions légales par l'art. 12 de la loi de frimaire an 7? La jurisprudence l'admet, contrairement à la doctrine exposée au *Rép.* n°s 2063 et suiv. Ainsi, il a été jugé que l'individu désigné comme acquéreur d'un immeuble dans une transaction administrative à laquelle il a concouru et dans une correspondance s'y rattachant pouvait être poursuivi en payement du droit proportionnel, encore bien qu'il alléguerait n'avoir jamais été en possession et qu'il se prévaudrait d'une vente par acte public, faite directement par son prétendu vendeur à d'autres individus actuellement possesseurs des mêmes terrains (Civ. rej. 16 déc. 1856, aff. Lavaysse de Châteaubourg, D. P. 57. 1. 158). Jugé, de même : 1° que la mutation d'un immeuble est suffisamment établie, pour la perception du droit, par l'inscription du nom du nouveau possesseur au rôle de la contribution foncière et les payements par lui faits d'après ce rôle; la présomption légale qui en résulte, susceptible sans doute de preuve contraire, fait foi par elle-même, si cette preuve contraire n'est pas administrée, sans qu'il soit nécessaire que la régie prouve, en outre, la prise de possession effective de la part du propriétaire apparent (Civ. cass. 31 janv. 1855, aff. Birabeau, D. P. 55. 1. 421);—2° Qu'une mutation d'immeubles, non soumise à la formalité de l'enregistrement dans les délais légaux, est passible du double droit, encore que l'acquéreur n'ait pas pris possession des immeubles vendus, et que même il ne les ait achetés que pour les revendre à des tiers envers lesquels le vendeur, demeuré en possession de ces immeubles, s'est engagé à passer directement acte authentique des ventes faites à ceux-ci par son propre acquéreur (Req. 11 juill. 1865, aff. Lonvergne, D. P. 65. 1. 446). — Ainsi, d'après l'opinion qui a prévalu, la prise de possession effective d'un immeuble n'est pas une condition nécessaire pour rendre l'impôt exigible. Sans doute, le texte de la loi de frimaire an 7 semble subordonner la perception à cette condition ; mais la cour de cassation, s'inspirant plutôt des principes du code civil, d'après lequel la vente est parfaite par le simple consentement, considère que la loi de frimaire a, en parlant du nouveau possesseur, voulu parler du nouveau propriétaire. Il faut reconnaître, avec tous les auteurs, que ce système a l'avantage d'écarter les difficultés relatives aux questions de possession. M. Demante, t. 1, n° 87, l'a justifiée encore par une autre considération pratique : « Il n'y a guère, dit cet auteur, relativement aux transmissions immobilières, de véritables conventions verbales. Quand une partie argumente en justice de conventions verbales, elle a effectivement dans son dossier le texte d'une convention écrite, et l'adversaire, qui a par devers lui le double de l'acte sous seing privé, avoue la convention qui serait aisément prouvée contre lui, en cas de déni. Rien n'est donc plus facile que de dissimuler l'existence d'un acte sous seing privé. La jurisprudence déjoue cet artifice et fait remonter la mutation à sa véritable cause, la convention originaire, dégagée de tout fait extérieur de possession » (Comp. Naquet, t. 1, n° 211).

N° 2. — *Inscription au rôle de la contribution foncière et payements faits d'après ce rôle* (*Rép.* n°s 2080 à 2123).

1030. L'inscription au rôle de la contribution foncière ne forme pas, à elle seule, une preuve de mutation : ce qui la complète, c'est le payement des impositions, lorsqu'il concorde avec cette inscription. Le concours de deux circonstances est nécessaire pour constituer la présomption légale ; nous l'avions déjà dit au *Rép.* n° 2082, et cette doctrine, établie par plusieurs arrêts, a continué d'être suivie sans difficulté (Civ. cass. 21 févr. 1854, aff. Fourchon, D. P. 54. 1. 124). Mais lorsque ces deux conditions sont établies, il y a présomption légale de mutation de propriété et le droit proportionnel est exigible (*Rép.* n° 2085). Sans doute cette présomption peut être combattue par des preuves contraires ; mais elle conserve sa force tant que ces preuves ne sont pas administrées. Ainsi que nous l'avons établi au numéro précédent, l'administration de l'enregistrement n'a pas, en outre, à la preuve de la prise de possession réelle par le nouvel acquéreur (Civ. cass. 31 janv. 1853, aff. Birabeau, D. P. 53. 1. 121).

1031. L'inscription d'un seul des héritiers au rôle de la contribution foncière et le payement de l'impôt par cet héritier pour la totalité d'un domaine dépendant de la succession prouvent l'existence d'une mutation accomplie entre cet héritier et ses cohéritiers, alors surtout que le payement a passé des baux également pour le domaine entier. Mais comme ces faits font supposer, non pas une mutation de la totalité du domaine, mais une simple cessation d'indivision, par l'effet d'un partage provisoire ou définitif, le droit de mutation n'est dû, en ce cas, que pour la portion de cet immeuble qui serait reconnue excéder la part virile du cohéritier (Civ. cass. 6 mai 1856, aff. Jobard-Dumesnil Marigny, D. P. 56. 1. 220. Comp. *Rép.* n° 2100). La présomption légale de mutation, dit cet arrêt, est sans application au cas où les faits, loin d'impliquer l'idée d'une transmission, s'expliquent au contraire par un fait préexistant de partage ou partage ou définitif entre cohéritiers ou copropriétaires, qui avaient auparavant une possession indivise. — De même, lorsqu'un immeuble acquis indivisément par deux frères est ensuite inscrit au rôle sous le nom de l'un d'eux qui, en outre, a seul payé l'impôt, il y a présomption d'une mutation à son profit de la part de son frère, alors même que les quittances délivrées par le percepteur ne désigneraient le nouveau possesseur que sous son nom de famille, ce qui pourrait la faire confondre avec son frère (Civ. rej. 3 mars 1851, aff. Blandinières, D. P. 51. 1. 20). — Il a été jugé que la preuve qu'un immeuble acquis par des religieuses en leur nom personnel a été secrètement transmis par elles à la communauté, résulte suffisamment, pour la justification de la demande des droits de mutation, de ce que la communauté, inscrite au rôle comme propriétaire, acquitte l'impôt foncier et l'impôt de mainmorte, et de ce que l'immeuble a été affecté à une œuvre de bien-

faisance à laquelle les religieuses figurant dans l'acquisition primitive sont restées étrangères (Trib. Avallon, 6 avr. 1864, aff. Sœurs de la Providence, D. P. 64. 3. 102). Ainsi qu'on l'a fait observer dans la note sur ce jugement (D. P. *ibid.*), les faits de la cause semblaient plutôt indiquer qu'il n'y avait eu qu'une seule mutation et que les religieuses, figurant dans l'acte en qualité d'acquéreurs, avaient agi comme personnes interposées pour le compte de la communauté, qui était incapable d'acquérir.

1032. Il a même été décidé que l'inscription d'un nouveau possesseur au rôle de la contribution foncière, et le payement de l'impôt d'après ce rôle, prouvent légalement, pour l'administration de l'enregistrement, qu'une mutation s'est opérée relativement aux immeubles inscrits, et justifient, en conséquence, la réclamation du droit de mutation, lors même qu'il est constaté par des décisions judiciaires entre parties qu'aucune mutation réelle ne s'est effectuée, ces décisions établissant, tout au moins, l'existence d'un changement dans la propriété apparente (Civ. rej. 21 août 1876, aff. Ordre des Dominicains, D. P. 77. 1. 15). — Cette décision confirme le principe déjà formulé dans différents arrêts antérieurs (Civ. cass. 7 févr. 1838, *Rép.* n° 2565) et consacré de nouveau en termes explicites par un autre arrêt postérieur (Civ. rej. 11 avr. 1877, aff. Martelet, D. P. 77. 1. 199), que *le droit de mutation se perçoit d'après la propriété apparente.* Il s'ensuit que tout acte ou jugement qui, en dehors des conditions légales d'une déclaration de command, a pour effet de substituer dans le titre d'acquisition le nom d'un tiers à celui de l'acquéreur, opère un déplacement du droit de propriété constitué par ce titre et donne lieu au droit proportionnel de mutation (V. Civ. cass. 9 avr. 1866, aff. Moundy, D. P. 66. 1. 245). Nous aurons l'occasion de revenir sur cette règle en traitant des déclarations de command (V. *infrà,* n°s 1194 et suiv.). La jurisprudence en a fait de fréquentes applications spécialement à la perception des droits de mutation par décès (V. Arrêt précité du 11 avr. 1877) ; aux actes de transaction (Civ. cass. 24 juin 1868, aff. Teysseyre, D. P. 68. 1. 439, et la note) ; au cas d'acquisition faite par un prête-nom (Arrêt précité du 7 févr. 1838).

Le principe en question n'est lui-même que l'application de cet autre principe plus général, que l'enregistrement est un tiers, vis-à-vis des parties signataires d'un acte, pour la perception des droits auxquels cet acte donne ouverture (V. D. P. 77. 1. 199, note. V. aussi *supra,* n° 63).

1033. L'inscription au rôle, lors même qu'elle est irrégulière, a été jugée suffisante, mais il n'en est plus ainsi quand elle est le résultat d'une erreur (*Rép.* n° 2108). — Jugé que l'inscription du nom du nouveau possesseur d'un immeuble au rôle de la contribution foncière, et les payements faits par lui d'après ce rôle, sont insuffisants pour établir l'existence d'une mutation secrète, passible du droit proportionnel, lorsqu'il est démontré que la cause de la prétendue mutation, telle qu'elle est énoncée sur le rôle, est le résultat d'une erreur des préposés, consistant, par exemple, en ce que la transmission y est indiquée comme ayant eu lieu suivant un acte de vente passé à une certaine date et reçu par un notaire désigné, alors que nulle trace de cet acte n'a été trouvée ni sous la date indiquée, ni sous une autre date, ni dans les minutes du notaire nommé, ni dans celles d'aucun autre notaire (Civ. cass. 21 févr. 1854, aff. Fourchon, D. P. 54. 1. 124. Comp. *Rép.* n° 2117). — Il en est de même s'il est démontré que l'inscription a été faite sans la participation du nouvel inscrit, qu'elle est le résultat d'une erreur commise par les agents des contributions qui, le voyant cultiver et administrer seul tous les immeubles indivis avec ses sœurs, l'ont considéré comme seul et unique propriétaire, et qu'en fait il n'a agi de tout temps et n'a payé les impôts que comme chef et directeur d'une association de fait existant entre lui et ses sœurs (Trib. Clamecy, 12 juill. 1853, *Diction. droits d'enreg.,* v° *Mutation,* n° 213) ; ... et encore au cas où l'inscription au rôle du prétendu nouveau possesseur est antérieure à l'époque à laquelle a pu s'effectuer la mutation dont les droits sont réclamés : « Attendu que l'inscription de Louis-Emmanuel Galtier à raison de la totalité des immeubles remontant à 1833, avait précédé le décès de Joseph Galtier arrivé le 24 avr. 1834 et, par conséquent, l'ouverture du droit de propriété d'une partie en faveur de l'épouse Negré qui n'arrive à ces immeubles qu'en succédant à Joseph Galtier; que dès lors, l'inscription au rôle a nécessairement une tout autre cause que la conséquence d'une transmission encore impossible par l'épouse Negré à Louis-Emmanuel Galtier; que cette inscription ne peut donc être invoquée par l'Administration; que le payement de l'impôt, résultat forcé de l'inscription, ne peut pas être plus concluant que l'inscription elle-même » (*Ibid.*, n° 214).

1034. La présomption légale n'est complète qu'autant que le nouveau possesseur a été inscrit au rôle de la contribution foncière et qu'il a effectué « des payements d'après ce rôle ». Il faut que le nouveau possesseur ait fait les payements sciemment (*Rép.* n° 2117) et qu'il en ait effectué plusieurs. Un seul ne suffirait pas. « La loi, dit très bien M. Naquet, t. 1, n° 212, parle des payements, d'où il semblerait résulter que plusieurs payements doivent avoir été effectués, et ce n'est point ainsi qu'on interprète généralement le texte. On estime qu'un seul payement suffit (V. Garnier, *Rép. gén. enreg.*, n° 11486). J'ai quelque peine à violenter ainsi la lettre de la loi et je crois plus juridique d'exiger au moins deux payements. On s'explique, d'ailleurs, la nécessité de plusieurs payements par ce motif que la présomption légale a plus de force dans ce cas que dans le cas où il y en a un seul. » M. Demante qui avait d'abord enseigné dans les deux premières éditions de son ouvrage qu'un seul payement était suffisant a reconnu, dans la troisième édition, qu'il en devait être effectué au moins deux, attendu que, « quant au premier, le contribuable qui se dit imposé indûment a pu l'opérer comme contraint et forcé, car c'est la condition préalable de sa réclamation » (t. 1, n° 89).

N° 3. — Actes constatant la propriété ou l'usufruit
(Rép. n°s 2124 à 2200).

1035. Tout acte des stipulations duquel résulte une mutation de propriété ou d'usufruit d'immeubles non enregistrée donne lieu à la perception du droit applicable à cette mutation. Tantôt l'acte forme le titre même de la mutation, tantôt ses dispositions la font seulement supposer. De là, une division de la matière qui se trouve, en fait, au *Rép.* n°s 2124 à 2140 pour la première partie, et 2141 et suiv. pour la deuxième, et que, pour plus de clarté, nous établissons ici sous deux paragraphes distincts, l'un pour les actes formant titre de la mutation, l'autre pour les actes qui la révèlent par leurs dispositions.

A. — Actes formant titre de la mutation.

1036. La seule existence d'une mutation de propriété ou d'usufruit d'immeuble, rend exigible le droit d'enregistrement applicable à cette mutation. A plus forte raison, ce droit est-il dû lorsque la mutation est constatée par un acte. Aucune allégation des parties ne peut alors les dégager de l'obligation de payer l'impôt (*Rép.* n° 2149). C'est une

application du principe général que l'administration est un *tiers* vis-à-vis des parties signataires d'un acte pour la perception des droits d'enregistrement de cet acte (V. *supra*, n° 63). Ainsi la découverte, dans l'étude d'un notaire en fuite, d'un acte sous seing privé non enregistré portant vente d'immeuble moyennant un prix supérieur à celui exprimé dans l'acte notarié par lequel la même vente a été réalisée quelques jours après, autorise la réclamation du droit simple et du droit en sus sur la différence entre les deux prix, alors que la conversion de l'acte privé en acte authentique ne formait pas une condition de la validité de la vente (Req. 13 janv. 1852, aff. Facon, D. P. 52. 1. 305. Conf. Req. 10 mars 1868, aff. Coste, D. P. 69. 1. 145, et la note. V. *Rép.* n°s 2328 et suiv.). — Et il a été jugé que, lorsqu'un acte sous seing privé portant vente d'immeuble a été trouvé chez un notaire au cours de l'inventaire de ses minutes et a été mentionné dans le procès-verbal, les parties ne peuvent opposer à la réclamation du droit de mutation que la vente n'était pas sérieuse ni que l'acte a été remis au notaire à titre purement confidentiel (Civ. cass. 11 avr. 1854, aff. Robin, D. P. 54. 1. 192); — Qu'un acquéreur n'est pas fondé à refuser d'acquitter les droits d'enregistrement d'un acte sous seing privé de vente immobilière sous prétexte de contestation sur la validité de cet acte..., alors que l'enregistrement dudit acte a été ordonné par jugement et que le dépôt en a été effectué au greffe (Trib. Bagnères, 16 nov. 1874, aff. Sénac, D. P. 75. 5. 216; *Journ. enreg.*, art. 20025. Comp. *Rép.* n°s 220, 229, 2133, 2183 et 2326. V. aussi Trib. Saverne, 3 févr. 1865) (1).

B. — Actes révélant la mutation.

1037. L'art. 12 de la loi de frim. an 7, en autorisant le juge à trouver la présomption d'une mutation secrète dans tous actes supposant la qualité de propriétaire ou d'usufruitier, laisse aux tribunaux un large pouvoir d'appréciation; sa disposition est purement énonciative et non point limitative; c'est là un principe constant, reconnu par la doctrine et consacré par la jurisprudence (*Rép.* n°s 2124 et suiv.). — « Suivant un procédé qui lui est familier, dit à cet égard M. Demante, t. 1, n° 90, le rédacteur de la loi de frimaire commence par énoncer des exemples et formule, en terminant, le principe général. Il est donc certain que les exemples cités n'ont rien de limitatif et, bien qu'ils soient pris parmi les actes civils, la preuve de la possession pourrait aussi bien résulter d'actes judiciaires ou extrajudiciaires. En somme, la poursuite du droit de mutation est autorisée par tout acte instrumentaire constatant la prétention du nouveau possesseur à la propriété ou à l'usufruit du fonds (Conf. Naquet, t. 1, n° 213; *Diction. droits d'enreg.*, v° *Mutation*, n° 253; Garnier, *Rép. gén. enreg.*, n°s 11474 et 11520).

Conformément aux nombreux arrêts rapportés en ce sens au *Rép.* n°s 2124 à 2129, il a été jugé que la preuve d'une mutation secrète d'immeubles peut être établie par tout acte de nature à constater la transmission de la propriété (Req. 18 avr. 1855, aff. Chevalier, D. P. 55. 1. 205); que la disposition de la loi fiscale suivant laquelle une transmission

<hr>

(1) (Laurent C. Enregistrement). — Par acte sous seing privé, en date du 24 déc. 1862, M. Matter, agissant tant en son nom personnel que pour Marie Mésol, son épouse, vendit au sieur Laurent plusieurs immeubles, pour un prix de 2700 fr. payable aux créanciers hypothécaires des vendeurs. Les intérêts du prix devaient commencer à courir un mois après la passation de l'acte, et l'acquéreur devait jouir en toute propriété des dits immeubles, à dater de la rédaction de l'acte, qui renfermait, en outre, cette clause : « Les présentes devant être converties en actes notariés, les vendeurs s'obligent de se présenter à toute réquisition devant les notaires qui leur seront désignés par M. Laurent pour signer ces ventes notariées, *soit au profit de M. Laurent, soit au profit de toutes personnes*, sous peine de payer les droits et doubles droits d'enregistrement des présentes ». — La vente fut ratifiée par la dame Matter le 27 déc. 1862, mais ne fut pas présentée dans les trois mois à l'enregistrement. Au cours d'une instance entre les vendeurs et l'acquéreur, l'avoué de Matter produisit l'acte sous seing privé au bureau du receveur de l'enregistrement qui décerna contre Laurent une contrainte en payement du droit et du double droit. — Celui-ci y fit opposition, alléguant que, l'acte invoqué n'étant qu'une vente imparfaite, aucun droit de mutation

ne pouvait être exigible; qu'en tous cas, c'était à Matter à payer s'il était dû quelque chose. — Jugement.

Le Tribunal ; — Attendu que la vente constatée par l'acte sous seing privé du 24 déc. 1862 est parfaite par le consentement des parties sur la chose et sur le prix ; que son efficacité, loin d'être subordonnée à la condition suspensive de la rédaction d'un acte notarié, était, au contraire, immédiate ; qu'en effet, ce contrat dispose que Laurent devait jouir, faire jouir et disposer en toute propriété des biens vendus, à partir du jour de sa création, et que, par contre, il devait les intérêts du prix depuis la même époque ; — Que la clause qui imposait aux vendeurs l'obligation de se présenter devant tel notaire qui leur serait désigné par Laurent pour signer un acte authentique, soit à son profit, soit au nom de toute personne, sous peine de payer les droits et doubles droits exigibles, avait été insérée dans le but de soustraire au droit de mutation une vente intermédiaire ; que cette stipulation ne peut modifier le droit incontestable de la régie de réclamer à l'acquéreur, aussi bien qu'aux vendeurs, le payement du droit encouru pour une mutation dont la preuve est établie ; Par ces motifs, etc.

Du 3 févr. 1865.-Trib. civ. de Saverne.

secrète de propriété immobilière peut être établie par tout acte de nature à constater la mutation, étant purement énonciative, permet au juge d'admettre la preuve de la mutation secrète, quelle que soit la nature de l'acte qui la fournit (Req. 10 févr. 1875, aff. Caire, D. P. 75. 1. 268). Le même principe a été encore plus récemment consacré par un arrêt de la cour de cassation (Req. 3 déc. 1878, aff. Union des gaz, D. P. 79. 1. 156) qui a décidé que la preuve d'une mutation secrète de propriété d'immeubles peut être établie par de simples présomptions. Suivant un autre arrêt de la même cour, la preuve d'une mutation d'immeubles peut être faite par la régie de l'enregistrement au moyen d'actes extra-judiciaires soumis à la formalité de l'enregistrement par le vendeur, l'acquéreur ou leurs représentants. Spécialement, les actes extrajudiciaires présentés à la formalité qui constatent, d'une part, la sommation faite au vendeur de passer acte authentique de ventes que l'auteur de la sommation a opérées en son nom à des personnes désignées, en vertu de conventions verbales intervenues entre lui et le vendeur, et, d'autre part, la réponse de ce dernier qu'il ne passera l'acte qui lui est demandé que s'il est payé, avant un certain délai, du prix fixé dans les conventions invoquées, font preuve, pour la perception du droit de mutation, de l'existence, au profit du requérant, des ventes dont le prix lui est ainsi réclamé, et par suite desquelles ont eu lieu les aliénations que le vendeur est sommé de réaliser dans la forme authentique (Req. 11 juill. 1865, aff. Lonvergne, D. P. 65. 1. 446).

1038. Ainsi tout acte, quelle qu'en soit la forme, quelle qu'en soit la nature, qui révèle une mutation de propriété ou d'usufruit d'immeuble, autorise la perception du droit applicable à cette mutation. La jurisprudence rapportée au *Rép.* n°s 2148 et suiv. présente de nombreuses applications de ce principe faites à des actes de toute espèce. Il en est de même des décisions intervenues depuis.

1039. — I. Mandat-procuration. — Le *mandat* de vendre peut n'être qu'une vente déguisée (*Rép.* n°s 582 et suiv., 2143 et suiv., 2159 et 2160). Ainsi il peut être considéré comme déguisant lui-même une vente soumise au droit de mutation, s'il a été convenu que le prétendu mandataire vendra moyennant une somme déterminée dont il se porte garant, ainsi que des intérêts, avec obligation d'en fournir le complément et droit d'en garder l'excédant, selon que le prix obtenu sera inférieur ou supérieur à cette somme (Req. 11 déc. 1855, aff. Foursan, D. P. 56. 1. 305) ;... alors surtout qu'à la proposition résultant du mandat se joint un aveu de l'acquéreur dans un interrogatoire sur faits et articles (Req. 10 févr. 1875, aff. Caire, D. P. 75. 1. 268).

1040. La jurisprudence belge reconnaît également le caractère de vente à l'acte par lequel un prétendu mandataire s'oblige envers le propriétaire d'immeubles, d'une part, à lui procurer, dans un délai déterminé, un ou plusieurs acquéreurs moyennant un prix fixé avec intérêts et, d'autre part, à prendre pour son compte les biens qui ne seraient par vendus (Bruxelles, 15 juin et 10 août 1867, 30 avr. et 29 juill. 1869, Garnier, *Rép. gén. enreg.*, n° 11117) ;... alors que les diverses stipulations de l'acte ont pour effet de dessaisir le propriétaire de tous les droits et avantages inhérents à la propriété, pour les transmettre au prétendu mandataire sous réserve du droit de contrôler les actes et de révoquer ses pouvoirs (Bruxelles, 25 mars 1870, *ibid.*).

Il a été jugé, dans le même sens, que la procuration par laquelle le propriétaire d'un immeuble charge un tiers de le vendre à un prix déterminé pour lui, dans tous les cas, payer de ses deniers sans avoir à rendre compte, et avec la stipulation que le mandat ne pourra être révoqué avant un délai de huit mois, constitue une véritable vente au profit du prétendu mandataire et donne lieu, par suite, au droit de vente à 5 fr. 50 cent. pour 100 (Trib. Quimperlé, 24 juill. 1871, *Rép. pér. enreg.*, art. 3720).

1041. — II. Vente. — La vente d'un immeuble par un autre que le propriétaire fait présumer une mutation intermédiaire et donne lieu, par suite, à la perception du droit applicable à cette mutation (*Rép.* n°s 2149 et 2152). Si c'est un immeuble acquis en commun par plusieurs qui est vendu en totalité par un seul en son nom personnel, il y a présomption qu'il a acquis secrètement les parts des autres communistes, et le droit est dû pour cette mutation (*Rép.* n° 2153). Il a été jugé, dans le même sens, que le tiers dans lequel le mari, après le décès de sa femme, agit comme seul propriétaire d'un immeuble dépendant de la communauté qui avait existé entre lui et sa femme, établit, au regard du fisc, que le mari s'est rendu acquéreur de la moitié revenant à la femme, et donne ouverture au droit proportionnel de mutation, à moins qu'il ne soit justifié d'une renonciation valable à la communauté (Civ. cass. 13 févr. 1850, aff. Allotte, D. P. 50. 1. 79 ; Ch. réun. cass. 18 juill. 1853, même affaire, D. P. 53. 1. 290). — L'acte dans lequel le mari avait agi comme seul propriétaire était un acte de vente ; la question la plus grave de cette affaire, qui a donné lieu à deux arrêts de la cour de cassation, dont un des chambres réunies, se rattachait à la prescription du droit de renoncer à la communauté. Dès lors que la cour de cassation décidait que cette renonciation n'avait pu être valablement faite, il en résultait qu'à un moment donné il avait existé une indivision entre les héritiers de la femme et le mari : si donc le mari agissait ensuite comme seul propriétaire de l'immeuble, c'est qu'il y avait une mutation secrète de la part des héritiers de la femme au profit du mari, et l'Administration était autorisée à percevoir le droit de mutation.

1042. La convention par laquelle l'une des parties s'engage à se rendre adjudicataire d'un immeuble et à le revendre à l'autre partie ou à un tiers désigné par elle, opère transmission de propriété lors de l'exercice de cette faculté d'option. Si la revente est faite à un tiers, la propriété de l'immeuble revendu est réputée lui avoir été transmise directement par l'adjudicataire. Par suite, le droit de mutation n'est exigible que sur cette revente. Il ne saurait être réclamé un autre droit pour une prétendue mutation intermédiaire au profit de la partie avec laquelle l'adjudicataire avait traité (Civ. rej. 4 mai 1863, aff. Depierris-Peyrouilh, D. P. 63. 1. 188).

1043. — III. Transactions et baux (*Rép.* n°s 2164 à 2171). —La présomption de propriété peut également résulter de transactions et de baux (*Rép.* n° 2164). Ainsi, lorsqu'un individu agissant, pour une acquisition d'immeuble, comme prête-nom de son père, a été constitué acquéreur apparent faute d'avoir déclaré command dans le délai, l'administration qui, après avoir perçu, à raison de cet acte, un droit de mutation immobilière, est fondée à réclamer la perception d'un second droit pour transmission du fils au père, si elle prouve que ce dernier a fait acte de propriétaire en louant l'immeuble en son nom personnel, en réclamant les loyers en justice et en consentant des transactions (Trib. Seine, 11 févr. 1865, aff. Jouannaud, D. P. 67. 5. 176. V. Req. 16 déc. 1856, aff. Lavaysse de Châteaubourg, D. P. 57. 1. 158).

1044. Le bail, avons-nous dit *suprà*, n° 1043, est, avec la transaction, au nombre des actes visés par l'art. 12 de la loi de frimaire an 7, comme faisant preuve que le bailleur a acquis l'immeuble loué et doit, par suite, payer l'impôt à raison de la mutation déduite à son profit s'il n'a pas fait. Aux arrêts rapportés au *Rép.* n°s 2166 et suiv. qui se sont prononcés en ce sens, *Adde :* Civ. rej. 23 nov. 1853 (1). — Il a été jugé, de même, que le bail notarié d'un immeuble par celui qui l'avait aliéné antérieurement prouve suffisamment que l'immeuble lui a été rétrocédé et justifie, par suite, la demande du droit proportionnel à raison de cette rétrocession (Trib. Châteauroux, 28 févr. 1851, *Journal de l'enregistrement*, art. 15151) ;... que le bail notarié d'un immeuble autorise la réclamation du droit de mutation pour la transmission de propriété opérée au profit du bailleur, lorsqu'elle n'a pas été soumise à l'impôt, alors

---

(1) (Aubert). — La cour :... — Sur le quatrième moyen : — Attendu qu'en décidant, dans les faits de la cause, que la mutation alléguée était prouvée par les bulletins de mutation dressés sur la déclaration d'Honoré Aubert et, de plus, par le bail que celui-ci a consenti par acte public, dans le cours de la même année, le jugement attaqué n'a violé aucune loi ; — Par ces motifs, rejette.

Du 23 nov. 1853.-Ch. civ.-MM. Troplong, 1er pr.-Delapalme, rap.-Vaïsse, av. gén., c. conf.-de Saint-Malo et Moutard-Martin, av.

surtout que cette présomption est confirmée par le legs que ce même bailleur a fait de l'immeuble (Trib. Avignon, 12 févr. 1831, *ibid.*).

1045. La déclaration présentée en exécution de l'art. 11 de la loi du 23 août 1871, pour la perception du droit d'enregistrement sur une location verbale d'immeuble, doit, d'après la loi du 28 févr. 1872 (art. 6), être souscrite par le propriétaire. Elle constitue donc un aveu qui lui est opposable et peut être invoquée, si la mutation opérée à son profit n'a pas été enregistrée, comme preuve de cette mutation pour la perception du droit proportionnel ; mais elle n'a que la valeur d'une présomption au même titre que celle résultant des baux, transactions et autres actes visés dans l'art. 12 de la loi de frimaire. Par suite, elle peut être combattue par la preuve contraire. Les tribunaux apprécient les faits invoqués de part et d'autre et décident souverainement. Ainsi il a été jugé que la déclaration d'une location verbale souscrite par le propriétaire ne constitue pas une preuve de la transmission de la propriété au profit du déclarant, suffisante pour la demande du droit d'enregistrement applicable à cette transmission, alors que d'ailleurs il résultait des circonstances que le déclarant a agi comme *negotiorum gestor* du véritable propriétaire, et non comme étant lui-même propriétaire (Trib. Lectoure, 3 août 1876, aff. Molas de Frans, D. P. 78. 3. 240).

1046 Il a été jugé, au contraire, que la déclaration de location verbale souscrite par un nouveau possesseur constituait une preuve suffisante de la mutation de l'immeuble opérée à son· profit et autorisait, en conséquence, la demande du droit proportionnel pour cette mutation, alors qu'elle était confirmée par l'inscription du déclarant au rôle de la contribution foncière et par une saisie opérée à sa requête sur un locataire (Trib. Seine, 6 juill. 1877, *Rép. pér. enreg.*, art. 4837).

1047. — IV. Acte de partage (*Rép.* n°s 2177 à 2181). — Un acte de partage fait présumer que les copartageants sont copropriétaires des biens qui font l'objet du partage (*Rép.* n° 2177). Ainsi l'administration de l'enregistrement est fondée à soutenir que ceux de ces biens pour lesquels la copropriété n'est pas établie ont été acquis par une mutation demeurée secrète, et à réclamer en conséquence le droit simple et le droit en sus de mutation à titre onéreux pour cette transmission, sauf toutefois la preuve contraire (Trib. Ruffec, 31 mai 1869, aff. Couturier, D. P. 74. 3. 211).
Mais il a été décidé que le partage entre quatre frères et sœurs des biens de leurs père et mère communs, dans lequel se trouve comprise la part d'un autre frère aliéné non interdit, ne prouve pas la transmission de cette part au profit des copartageants et n'autorise pas la réclamation du droit de cette prétendue transmission (Délib. adm. enreg. 14 mars 1818, D. P. 74. 3. 211, note).

1048. Lorsque, sur la déclaration insérée dans un acte qu'une acquisition d'immeuble a été faite à titre de partage, l'administration de l'enregistrement prétend qu'à défaut de production de l'acte de partage, l'acquisition doit être réputée avoir eu lieu à titre de vente et frappée du droit de 5 et demi pour 100, le juge peut valider la contrainte, sauf à augmenter ou diminuer, au vu de l'acte qui sera présenté ou de la déclaration qui sera faite ultérieurement, sans que sa décision, qui n'est que provisoire, puisse être critiquée comme ayant admis une présomption de mutation ne reposant sur aucune disposition de la loi (Civ. rej. 18 août 1852, aff. de Rigny, D. P. 52. 1. 235).

1049. Le droit de mutation a été perçu à l'occasion d'actes de partage dans les cas suivants, où il a été décidé : 1° que l'acte par lequel deux associés, hors la présence de leurs coassociés et avant que la société ait pris fin, se partagent des biens meubles et immeubles faisant partie de l'actif social, ne peut être considéré comme un véritable partage, encore bien que cette qualification lui ait été donnée ; que l'administration de l'enregistrement peut s'appuyer sur cet acte pour établir qu'un immeuble acquis par la société et dont il a attribué l'entière propriété et jouissance à l'un des contractants, a fait l'objet d'une mutation secrète consentie au profit de cet associé par la société qui, seule propriétaire de l'immeuble, avait seule le droit d'en disposer (Req. 9 août 1875, aff. Aynard, D. P. 75.1.456) ; — 2° Que le nouveau partage qui attribue

des immeubles à l'un des copartageants, lequel n'avait eu que des meubles d'après un partage antérieur, donne ouverture au droit de mutation, bien que les parties qualifient le premier partage de provisoire (Trib. Angers, 30 déc. 1847, aff. B..., D. P. 48. 5.470) ; — 3° Que la mention, dans un partage de communauté et de succession, que des valeurs consistant en argent comptant, créances et immeubles, ont été abandonnées manuellement, pendant le mariage, à la veuve par des personnes désignées constitue, quant aux deniers comptants et aux créances, une déclaration de dons manuels passible du droit proportionnel de donation mobilière, et, quant aux immeubles, la révélation d'une mutation verbale entre vifs à titre gratuit, à raison de laquelle les droits simples et en sus de donation immobilière sont dus sous la déduction du droit acquitté sur les mêmes biens lors de la déclaration de la succession des donateurs (Req. 15 févr. 1870, aff. veuve Sellier, D. P. 70. 1. 365).

1050. — V. Société. — L'apport en société d'un immeuble fait supposer, comme la vente, une mutation de propriété de cet immeuble au profit de celui qui en fait l'apport. Il a été jugé, à cet égard, que la déclaration d'une partie, dans un acte, qu'elle est propriétaire d'immeubles qui lui ont été transmis par la tradition d'actions industrielles, fait présumer l'existence à son profit d'une mutation secrète passible du droit d'enregistrement, alors même que la société dont dépendaient ces immeubles serait encore en liquidation, la possession d'actions industrielles dans une société non liquidée n'étant pas incompatible avec une transmission effective de propriété, et la perception du droit devant, en pareil cas, être maintenue, quel que soit le résultat de la liquidation (Civ. rej. 25 août 1852, aff. de Boissy, D. P. 52. 1. 230). — On objectait que la mention litigieuse démontrait uniquement l'existence d'une cession d'actions, mais qu'elle n'impliquait en aucune façon transmission des immeubles dépendant de la société. Mais il avait été admis déjà par la cour de cassation que la cession d'actions d'une société peut · équivaloir, même avant le partage, à la transmission du fonds social, notamment dans le cas où toutes les actions ont été cédées (V. Civ. cass. 5 janv. 1848, aff. Puissant, D. P. 48. 1. 57 ; *Rép.* n° 1796). Il n'y a donc pas incompatibilité, dit l'arrêt, entre l'existence actuelle d'une société et la transmission de propriété du fonds social, et la preuve de cette transmission a été considérée comme résultant suffisamment, dans l'espèce, de la déclaration· de la partie se disant propriétaire des immeubles dépendant auparavant de la société.

1051. Il a été jugé, dans le même sens :... 1° que l'acte par lequel l'une des parties déclare vendre et l'autre acheter des biens meubles et immeubles moyennant un prix payable éventuellement en actions d'une société industrielle à former entre les parties et à laquelle devaient être apportés les biens vendus, constitue une vente passible du droit de mutation, et non un apport social soumis au droit fixe (aujourd'hui droit gradué), si l'existence n'en était point subordonnée à la formation de cette société (Civ. cass. 11 mai 1859, aff. Lapeyrouse, D. P. 59. 1. 215) ; — 2° Qu'un tribunal peut déclarer que la dissolution d'une société et la transmission de ses biens remontent à une époque antérieure à celle constatée dans un acte enregistré, et appliquer, en conséquence, le droit en sus à raison de ce que la mutation n'a pas été déclarée dans le délai légal, en se fondant sur un ensemble d'indices résultant de divers actes dans lesquels le nouveau possesseur, devenu propriétaire de toutes les actions de la société, a pris la qualité de propriétaire de ses biens (Req. 3 déc. 1878, aff. Union des gaz, D. P. 79. 1. 156. Conf. *Rép.* n° 5019) ; — 3° Que le jugement constatant l'existence d'une association en participation entre l'adjudicataire d'un immeuble et une autre personne pour l'acquisition et la revente des immeubles adjugés et déclarant, en conséquence, que l'un et l'autre en sont copropriétaires, fait preuve d'une mutation de propriété entre les deux associés et donne, par suite, ouverture· de ce·chef, au droit de vente immobilière (Trib. Seine, 20 avr. 1866, aff. Millaud et Paignon) ; — 4° Que l'acte en vertu duquel un immeuble adjugé à une seule personne a été plus tard déclaré, par jugement, appartenir à plusieurs, ne peut être opposé à la Régie, s'il n'a point une date certaine antérieure à l'adjudication. L'adjudicataire de cet immeuble doit donc être réputé n'en avoir transmis la copropriété à ceux qui en ont été ainsi déclarés copropriétaires que postérieurement à l'adjudication; cette transmission de copropriété est passible du droit de mutation. Spécialement, lorsqu'un jugement déclare qu'un immeuble adjugé à une seule personne, sous le simple cautionnement solidaire d'une autre, a été, dans la réalité, adjugé à ces deux personnes, associées à l'opération en vertu d'une société verbale antérieure, cette société, si elle n'a pas date certaine, est réputée, quant à la régie, ne s'être formée qu'après l'adjudication, et, dès lors, l'attribution de la moitié de cet immeuble faite au coassocié, à l'époque du partage de l'actif social, est passible du droit proportionnel de mutation (Civ. cass. 26 nov. 1855, aff. Purelle, D. P. 55. 1. 456); — 5° Que le jugement qui déclare qu'un immeuble vendu par acte notarié à une seule personne a été, dans la réalité, acquis en commun par celle-ci avec un autre individu en vertu d'une convention de société antérieure, mais n'ayant pas date certaine, autorise la Régie à actionner ce dernier en payement de droits de mutation, la présomption étant à son égard qu'il n'est devenu copropriétaire qu'en vertu d'une convention tenue secrète (Trib. Seine 28 juill. 1860, aff. Maurice, D. P. 60. 3. 87).

1052. — VI. Déclarations. — Les déclarations faites par les parties elles-mêmes dans les actes publics, celles qu'elles souscrivent, dans différents cas, pour la perception de l'impôt, révèlent souvent des mutations à l'égard desquelles le droit proportionnel n'a pas été acquitté (*Rép.* n° 2182). Parmi les déclarations souscrites pour l'acquittement de l'impôt, se trouvent les *déclarations de successions* (*Rép.* n° 2183 à 2185)

et, en outre, aujourd'hui les déclarations de *locations verbales*, comme on l'a vu *suprà*, n° 1021 et 1022. Les déclarations faites par les parties dans les actes constituent des aveux. C'est l'un des moyens, à la fois les plus fréquents et les plus sûrs, pour les agents de l'enregistrement, de constater les mutations soustraites à l'impôt.

1053. Nous verrons, lorsque nous nous occuperons des *transmissions mobilières* (V. *infrà*, n° 1412 et suiv.), que, dans le cas de ventes successives du *sol* et de la *superficie* d'un bois, le droit est dû au taux de 5 fr. 50 cent. pour 100 établi pour les ventes immobilières, sur le prix de la superficie comme sur celui du sol, toutes les fois qu'il est établi qu'il ne s'est opéré qu'une seule vente et que les parties n'en ont simulé deux que pour ne payer que le droit de vente mobilière à 2 pour 100 sur la vente de la superficie. Il arrive fréquemment que, dans le même but, les redevables ne soumettent à l'enregistrement que l'acte constatant la vente du sol. L'administration est fondée alors à invoquer les présomptions de l'art. 12 de la loi de frimaire pour établir que la vente a compris également la superficie et réclamer, en conséquence, le droit de 5 fr. 50 cent. pour 100 sur le prix stipulé de ce chef, sans préjudice des droits en sus encourus. Jugé, en ce sens, que, lorsqu'un acte portant vente seulement du sol d'une forêt a été présenté à l'enregistrement, l'Administration est autorisée à établir que la vente a compris, en outre, la superficie de la forêt et à réclamer par suite, le droit simple et deux droits en sus sur le prix se rapportant à cette superficie; que cette preuve peut résulter de l'inscription de l'acquéreur au rôle de la contribution foncière et des payements par lui faits de l'impôt pour l'ensemble de la forêt, sol et superficie, et en outre, de ce qu'il s'est attribué, dans maintes circonstances, le titre de propriétaire de la forêt (Trib. Saint-Dié, 3 août 1881) (1).

---

(1) (Sponne et consorts). — Le tribunal ; — Attendu qu'il résulte des termes combinés de l'art. 4 de la loi du 27 vent. an 9, 22 et 38 de la loi du 22 frim. an 7, que toute transmission de propriété ou d'usufruit doit, dans les trois mois de sa date, s'il y a eu acte de transmission, être soumise à la formalité de l'enregistrement ; qu'elle doit, en l'absence d'acte, faire l'objet de déclarations détaillées et estimatives dans les trois mois de l'entrée en possession, sous peine d'un double droit, et ce, alors même que les nouveaux possesseurs prétendraient qu'il n'existe pas de conventions écrites entre eux et les précédents propriétaires ou usufruitiers ; — Attendu qu'il résulte également des termes de l'art. 14 de la loi du 23 août 1871 qu'à défaut d'enregistrement ou de déclaration dans les délais fixés par l'art. 18 de ladite loi, et par les lois des 22 frim. an 7 et 27 vent. an 9, l'ancien et le nouveau propriétaire, le bailleur et le preneur, sont tenus personnellement et sans recours, nonobstant toute stipulation contraire, d'un droit en sus, lequel ne peut être inférieur à 50 fr. ; — Attendu, en fait, que les défendeurs n'ont pas, en conformité des articles ci-dessus visés et dans les délais impartis par la loi, fait de déclaration relativement à la transmission de la superficie de la forêt de Lauterupt, qui a fait l'objet de la vente du 29 déc. 1876 ;

En ce qui concerne la mutation de ladite superficie : — Attendu que les termes de l'art. 12 de la loi du 22 frim. an 7 sont formels; qu'il en résulte clairement que la mutation d'un immeuble en propriété ou en usufruit se trouve suffisamment établie pour la demande du droit d'enregistrement et la poursuite du payement contre le nouveau possesseur, soit par l'inscription de son nom au rôle de la contribution foncière et des payements par lui faits d'après ce rôle, soit par des baux par lui passés, soit enfin par des transactions ou autres actes constatant sa propriété ou son usufruit ; — Attendu, en droit, que ces principes ne sont pas sérieusement contestés par les défendeurs ; que ces derniers se bornent à prétendre que l'acte de vente du 29 déc. 1876 n'a porté que sur le fonds de la forêt de Lauterupt ; qu'en conséquence, ils ne pouvaient être tenus, quant à la superficie, aux déclarations prescrites par l'art. 4 de la loi du 27 vent. an 9 ; — Qu'en ces circonstances, toute la question consiste à savoir si la vente du 29 déc. 1876 a, ainsi que le prétend l'Administration, porté sur la superficie comme sur le fonds de la forêt, et si les réserves insérées dans l'acte n'ont, en réalité, servi qu'à dissimuler une mutation secrète de la propriété et, par suite, du prix réel de la vente; — Attendu, en fait, qu'il résulte des divers documents de la cause que Sponne et consorts, inscrits purement et simplement au rôle de 1877, à la place du sieur Fouilhouze, ont payé en 1878, sans contestation, la contribution foncière montant à 1088 fr. 69 et applicable à la forêt prise dans son ensemble, sol et superficie ; — Que, dans maintes circonstances, ils se sont attribué eux-mêmes ou laissé attribuer sans protestation le titre de propriétaires de la forêt de Lauterupt, notam-

ment: 1° lors de la réclamation relative à la patente que l'administration des contributions directes leur a imposée en 1878 ; 2° lors du procès intenté en 1877 par la commune de Laveline, dans une lettre à la sous-préfecture de Saint-Dié, en date du 2 février, et dans un acte de nomination d'expert du 15 du même mois; 3° enfin, lors de l'instance engagée par eux en 1877, contre un sieur Florent, de Laveline ; — En vain les sieurs Sponne et consorts se retranchent-ils derrière la remise au sieur Fouilhouze d'un chèque de 138000 fr., à la date du 30 sept. 1875, et viennent-ils exciper d'une convention en date de la même année, aux termes de laquelle ledit Fouilhouze, tout en se réservant personnellement certaines coupes, les aurait autorisés à se rendre acquéreurs de la superficie, selon leurs convenances et leurs besoins, partie des bois de la forêt de Lauterupt, alléguant qu'ils n'ont, en décembre 1876, consommé l'achat du fonds, alors presque entièrement dépouillé de sa superficie, que sous la réserve indiquée et dans le but de s'assurer à l'avenir la propriété pour l'exploitation des coupes à marquer ; — Que rien ne prouve, en effet, s'il y a eu convention, que cette dernière ait été conclue dans les termes et l'esprit qu'on lui attribue ; que tout semble indiquer, au contraire, que le versement des 138000 fr. a dû se référer au payement de partie du sol et de la superficie dans les mesures lesquelles les parties semblaient être tombées d'accord dès 1875 ; d'où il suit que la vente du 29 décembre n'aurait été, en quelque sorte, que la consécration et la suite de la convention de 1875, et que les réserves dont elle a été l'objet ont dû avoir une importance plus considérable que ne semblent le reconnaître les défendeurs ; que tout dans les circonstances de la cause semble indiquer, au contraire, que, en exécution de quelque traité secret, les réserves figurant au profit de la 29 décembre n'ont été stipulées que pour éviter aux acquéreurs le payement d'un droit de mutation à titre onéreux sur la valeur de la superficie cédée; — Qu'en effet, depuis 1876, le sieur Fouilhouze n'a plus, comme les années précédentes, procédé à la vente aux enchères publiques de ses coupes ; qu'au contraire, les sieurs Sponne et consorts ont, depuis cette époque, exploité sur une vaste échelle et fait procéder, à leur propre requête, à des ventes de bois ; que notamment, à la date du 25 oct. 1877, ils ont laissé vendre sans protestations, par le sieur André fils, leur associé, des bois de sapin provenant de la forêt de Lauterupt et que ce dernier déclarait être leur propriété commune; — Que si, depuis l'année 1876, et même bien postérieurement, en 1878 (septembre), après les premières protestations de l'Administration, le sieur Fouilhouze a, à différentes reprises, notamment aux dates des 24 oct. 1878, 26 juin et 6 nov. 1879, fait faire, à sa requête, certaines ventes des mêmes bois, c'était uniquement dans le but d'induire en erreur l'Administration et de se préparer un argument pour l'avenir ;

En ce qui touche le caractère de la mutation : — Attendu qu'aux termes de l'art. 521 c. civ., les coupes ordinaires de bois

1054. — VII. Aveux (*Rép.* n°s 2186 à 2193). — Judiciaire ou extrajudiciaire, l'aveu des parties a été considéré par la jurisprudence comme une présomption de mutation suffisante pour autoriser la perception du droit (*Rép.* n° 2186). Ainsi il a été jugé que la preuve d'une mutation de propriété résultait suffisamment : ... 1° des aveux faits par les parties en justice, lorsqu'il en résulte que la vente est constatée par un acte sous seing privé non enregistré, encore bien que, relativement au même immeuble, il soit intervenu depuis cet acte entre les parties un bail emphytéotique, qui a été enregistré au droit de bail, tandis qu'il aurait dû l'être au droit de vente (Civ. cass. 1er fév. 1859, aff. Lemaire, D. P. 59. 1. 55);... 2° De la production d'un rapport d'expert homologué, constatant les bénéfices produits par des reventes en détail d'un immeuble faites au profit commun de celui qui en était ostensiblement l'unique propriétaire et de celui auquel une portion en appartenait secrètement, ou des aveux de ce dernier, intervenus, par exemple, sur des poursuites disciplinaires dirigées contre lui comme notaire, pour avoir dressé les actes de revente, quoiqu'à raison de son droit de copropriété, il y fût personnellement intéressé (Req. 18 avr. 1855, aff. Chevalier, D. P. 55. 1. 203);... 3° De la désignation d'un individu comme acquéreur d'un immeuble dans une transaction administrative à laquelle il a concouru, et dans une correspondance s'y rattachant, encore bien que l'acquéreur alléguerait n'avoir jamais été en possession, et qu'il se prévaudrait d'une vente par acte public, faite directement par son prétendu vendeur à d'autres individus actuellement possesseurs du même immeuble (Req. 16 déc. 1856, aff. Lavaysse de Châteaubourg, D. P. 57. 1. 158);... 4° D'un aveu formel de l'acquéreur... devant les *arbitres* et constaté par eux (Req. 15 févr. 1860) (1);... dans un *interrogatoire sur faits et articles* (Req. 10 févr. 1875, aff. Caire, D. P. 75. 1. 268);... dans son *testament* et par lequel il se reconnaît débiteur du prix envers le vendeur (Trib. Bagnères, 25 juill. 1877, aff. Duplan, *Journ. enreg.*, art. 20519);... 5° De l'*action* exercée contre un locataire par un individu se disant propriétaire de l'immeuble en vertu d'une vente verbale, alors même qu'à l'audience le demandeur aurait rétracté la déclaration indiquant sa qualité de propriétaire, sauf le cas où il y

aurait preuve que la déclaration était le résultat d'une erreur de fait (Trib. Châlons-sur-Marne, 16 mars 1860, aff. Mathieu-Bailla, D. P. 61. 3. 40).

N° 4. — *Preuve contraire* (*Rép.* n°s 2201 à 2227).

1055. L'art. 12 de la loi du 22 frim. an 7 n'exclut pas la preuve contraire aux présomptions qu'il établit : la jurisprudence l'admet, pourvu que la preuve soit certaine (*Rép.* n°s 2202 et suiv.). Les faits énumérés dans l'art. 12 n'impliquent l'existence d'une mutation secrète donnant ouverture au droit proportionnel, que s'ils supposent nécessairement qu'une transmission d'immeuble a eu lieu, entre l'ancien possesseur et le nouveau, en propriété ou en usufruit, à titre onéreux ou à titre gratuit(Civ. cass. 6 mai 1856, aff. Jobard, D. P. 56. 1.220). La loi fiscale serait sans application, si les faits s'expliquaient en dehors de toute idée d'une semblable transmission, par exemple, par un partage antérieur, provisoire ou définitif, entre cohéritiers ou copropriétaires, qui avaient auparavant une possession indivise (Même arrêt). Ainsi, en principe, l'administration de l'enregistrement est fondée à soutenir que ceux des biens faisant l'objet d'un partage, pour lesquels la copropriété n'est pas établie, ont été acquis par une mutation demeurée secrète, et à réclamer, en conséquence, le droit en sus de mutation à titre onéreux pour cette transmission; mais sa réclamation n'est pas susceptible d'être admise, s'il est prouvé qu'en réalité cette mutation ne s'est pas opérée. Il en est ainsi au cas où, dans l'acte même de partage des biens d'une personne incapable entre ses frères et sœurs, il est dit expressément que « les comparants, seuls héritiers présomptifs de leur sœur, voulant éviter les frais et désagréments de l'interdiction de cette dernière, que son état de sourde-muette rend incapable, ont voulu procéder par anticipation au partage de sa succession, promettant sur l'honneur, attendu l'impossibilité d'un engagement régulier, d'exécuter et respecter ledit partage », alors surtout que ces affirmations ne sont pas contredites par l'administration de l'enregistrement (Trib. Ruffec, 31 mai 1869, aff. Couturier, D. P. 74. 5. 211). — De même, comme on l'a vu *suprà*, n° 1052, si la déclaration souscrite en exécution de l'art. 11 de la loi du

taillis ou de futaie ne deviennent meubles qu'au fur et à mesure que les arbres sont abattus ; — Que, toutefois, cette disposition conçue en termes trop absolus a été modifiée par la jurisprudence, en ce sens qu'il suffit que des clauses et conditions insérées dans le contrat de vente, ressorta clairement et de manière à ne permettre aucun doute, l'intention de l'acquéreur d'en faire la coupe et l'exploitation dans un délai fixé par l'acte même, pour que la vente soit dès l'instant où elle est consentie et au point de vue de la perception des droits d'enregistrement, considérée comme mobilière (Trib. Beauvais, 12 mai 1834 ; Trib. Pontarlier, 19 mai 1841 ; Trib. Limoges, 18 mars 1874 ; Trib. Saint-Dié, 18 juin 1853, Garnier, *Rép. pér. enreg.*, n° 4443) ; — Qu'il résulte de ce principe que quand l'acte est muet à l'égard de l'exploitation de la superficie vendue en même temps que le fonds, ou que cette superficie, quoique comprise dans la vente, n'est pas mentionnée au contrat, c'est le droit de 5 fr. 50 cent. p. 100 qui est exigible sur la valeur entière de la propriété, sans distinction entre le sol et ses productions, et que, par voie de conséquence, la mutation de la superficie tombe sous l'application des art. 12 de la loi du 22 frim. an 7, 4 de celle du 27 vent. an 9 et 14 de celle du 23 août 1871, qui sont relatifs aux transmissions verbales de biens immeubles (Trib. Compiègne, 15 janv. 1838 ; Trib. Wissembourg, 28 août 1839 ; Trib Belfort, 28 déc. 1849) ; — En l'espèce actuelle, si, à la vérité, l'acte du 29 déc. 1876 ne fait mention que du fonds de la forêt de Lauterupt et de la portion la moins importante de la superficie, il n'en est pas moins établi d'une manière certaine par les documents de la cause que la vente, consentie par le sieur Fouilhouze aux sieurs Sponne et consorts, s'appliquait à sa propriété tout entière, y compris les coupes sur pied ; d'un autre côté, si les acquéreurs paraissent avoir exploité une grande partie du bois ayant une valeur marchande, ils n'y étaient, il faut le reconnaître, obligés par aucune clause du contrat, et c'est dans leur propre et unique intérêt qu'ils se sont décidés à le faire. Il s'ensuit donc, par voie de conséquence, que la mutation qui s'est opérée à leur profit a pour le tout le caractère d'une transmission de biens immeubles, et que les dispositions législatives visées dans la contrainte leur sont applicables ;

En ce qui concerne le chiffre de 400000 fr. auquel l'Administration évalue la valeur de la superficie qui a fait l'objet de la réserve du 29 déc. 1876 : — Attendu que l'administration de

l'enregistrement s'est, pour fixer la base de son estimation, entourée de tous renseignements utiles, et qu'elle a par devers elle des données suffisantes pour arbitrer d'une manière équitable la valeur de la superficie soustraite aux droits; — Attendu qu'au surplus il est de jurisprudence et par application des principes posés en l'art. 27 de la loi du 22 frim. an 7, que lorsque la contrainte est décernée pour le payement de droits dont la liquidation est subordonnée à une déclaration des parties, notamment dans le cas de mutation entre vifs d'immeubles, le montant de ces droits doit être fixé par appréciation dans la contrainte, sauf à augmenter ou à diminuer ultérieurement, suivant la déclaration que les parties sont tenues de faire (Civ. cass. 27 mars 1811, *Rép.* n° 4655; Civ. rej. 18 janv. 1871, aff. Duval, D. P. 71. 1. 18); qu'en conséquence, l'Administration a procédé sagement et comme c'était son droit; — Qu'elle n'avait pas davantage à recourir à l'avis d'une expertise, puisqu'il s'agissait en l'espèce, non pas d'une insuffisance ou d'une diminution de prix, mais bien d'une mutation tacite de propriété; qu'en ces circonstances, c'était, non pas l'art. 17 de la loi de frimaire qui était applicable, mais bien l'art. 4 de la loi du 27 vent. an 9; que les sieurs Sponne et consorts n'ont, du reste, qu'à s'imputer l'exagération du prix dont ils se plaignent aujourd'hui ; qu'il ne dépendait que d'eux de fixer invariablement la base du droit par une déclaration exacte et détaillée, conformément aux prescriptions de l'art. 16 de la loi du 22 frim. an 7;

Par ces motifs, etc.
Du 3 août 1881.-Trib. civ. de Saint-Dié.

(1) (Hardy.) — La cour ;... — Attendu qu'il est établi, en fait, par l'arrêt attaqué que Hardy a déclaré devant un des arbitres nommés pour prononcer sur les difficultés qui s'étaient élevées entre Mésanges et lui, qu'il avait acheté le domaine de la Prestimonie et que Mésanges lui avait offert 3000 fr. de bénéfice pour participer à cette acquisition ; que l'avis de l'arbitre devant lequel est consigné cet aveu, constituant ou pouvant constituer un des éléments de la sentence arbitrale, doit être mis au rang des actes que la loi du 22 frim. an 7 considère comme constatant, par rapport à la perception du droit d'enregistrement, la mutation de propriété ;

Par ces motifs, rejette, etc.
Du 15 févr. 1860.-Ch. req.

23 août 1871, pour la perception du droit d'enregistrement sur une location verbale d'immeuble, constitue une présomption que le déclarant a acquis la propriété de l'immeuble et autorise la demande du droit d'enregistrement applicable à cette transmission, cette présomption tombe s'il résulte des circonstances que le déclarant a agi comme *negotiorum gestor* du véritable propriétaire, et non comme étant lui-même propriétaire (Trib. Lectoure, 3 août 1876, aff. Molas de Frans, D. P. 78. 5. 240).

1056. Mais la présomption légale résultant de l'art. 12 ne peut être écartée par des actes sous seing privé qui n'ont pas acquis date certaine antérieurement aux poursuites (*Rép.* n° 2216). Ainsi, lorsqu'un immeuble, adjugé primitivement à une seule personne, a été plus tard déclaré par jugement appartenir à plusieurs, les parties ne peuvent se prévaloir d'une prétendue convention verbale qui aurait créé entre elles, antérieurement à l'adjudication, une association pour l'acquisition de l'immeuble; en conséquence, ceux qui en ont été ainsi déclarés copropriétaires doivent être considérés comme n'ayant acquis cette copropriété que postérieurement à l'adjudication, et cette transmission est passible d'un droit de mutation (Civ. cass. 26 nov. 1855, aff. Purelle, D. P. 55. 1. 456). — De même, lorsqu'un jugement déclare qu'un immeuble a été acquis par une société verbale contractée entre deux personnes et est devenu, dès lors, leur propriété indivise, ce jugement ne pouvant prévaloir, à l'égard de l'Administration qui n'y a point été partie, sur des actes authentiques établissant que l'une de ces personnes était seule propriétaire du sol et que l'autre n'en avait que la superficie, l'adjudication de l'intégralité de l'immeuble prononcée au profit du superficiaire donne lieu au droit de vente à 5 fr. 50 cent. pour 100 sur le prix, déduction faite de la part afférente à la valeur de la superficie qui appartenait à l'adjudicataire (Civ. rej. 17 nov. 1857, aff. de Galliera, D. P. 58. 1. 123).

1057. Si la présomption établie par l'art. 12 cède devant la preuve contraire, elle prévaut contre des présomptions ou de simples allégations (*Rép.* n°⁵ 2208 et 2221). Ainsi, dans le cas de mutation secrète d'un immeuble, la valeur des constructions existantes sur cet immeuble doit être comprise dans le prix de la vente pour la liquidation des droits proportionnels simple et en sus de mutation, à moins qu'il ne soit établi que la mutation dissimulée remonte à une date antérieure à l'élévation de ces constructions. Cette preuve ne peut être faite au moyen de simples présomptions (Bruxelles, 3 avr. 1882, aff. C. E. et Ch. Bara et consorts, D. P. 83. 5. 249).

1058. Cependant il a été jugé que le tribunal saisi d'une demande en payement de droits sur une mutation de fonds de commerce établie au moyen des présomptions autorisées par l'art. 9 de la loi du 28 févr. 1872, est fondé à nommer des experts pour vérifier l'exactitude des allégations des parties qui prétendent que le fonds de commerce dont il s'agit ne représente pas de valeur pouvant faire l'objet d'une cession, et qu'en fait les fonds de même nature, d'après les usages locaux, ne sont pas susceptibles d'être cédés (Trib. Gien, 26 juin 1883, *Journal de l'enregistrement*, art. 22462). La doctrine de cette décision serait applicable, si elle était susceptible d'être admise, aux mutations secrètes d'immeubles, car, ainsi que nous l'avons établi *supra*, n° 1022, la loi du 28 févr. 1872 a assimilé complètement, en ce qui concerne la preuve de l'existence de la convention, les mutations de propriété de fonds de commerce ou de clientèles aux mutations de propriété ou d'usufruit d'immeubles. Mais, bien qu'un arrêt de la cour de cassation (Civ. rej. 4 juin 1867, aff. Jolibois, D. P. 67. 1. 248) puisse être invoqué à l'appui du jugement du tribunal de Gien, sa décision soulève de graves critiques, ainsi qu'on le verra plus loin, lorsque nous nous occuperons des partages et des moyens de preuves qui peuvent être admis pour la justification de la copropriété des biens partagés (V. *infrà*, n°⁵ 1245 et suiv.).

§ 3. — Nature de la mutation présumée (*Rép.* n°⁵ 2228 à 2261).

1059. Lorsque la mutation soustraite à l'impôt est reconnue existante, il reste à en préciser la nature et l'objet, pour déterminer la quotité du droit à percevoir. Cette détermination se fait d'après la déclaration des parties, sauf le droit de contrôle de l'Administration (*Rép.* n° 2228). En formant sa demande, elle liquide le droit qui lui paraît applicable, d'après les circonstances de chaque affaire. Les parties ont alors l'alternative de payer le droit réclamé ou d'établir que la mutation accomplie a été d'une nature différente de celle supposée par l'Administration, ce qui, lorsque la déclaration qu'elles souscrivent à cet effet n'est pas démontrée frauduleuse, entraîne une nouvelle et définitive liquidation de l'impôt.

N° 1. — *Rétrocession* (*Rép.* n°⁵ 2230 à 2237).

1060. Ainsi, toutes les fois que, postérieurement à une vente ou à une donation, le vendeur ou le donateur vend l'immeuble même qui a fait l'objet de la vente ou de la donation, il y a preuve d'une rétrocession demeurée secrète et c'est, en conséquence, le droit de rétrocession que l'Administration réclame. La jurisprudence a sanctionné cette doctrine par de nombreuses décisions rapportées au *Rép.* n°⁵ 2230 et suiv.; et elle a été confirmée par des jugements des tribunaux d'Arcis-sur-Aube du 30 déc. 1838, de Gaillac, du 16 août 1864, de Langres, 9 juin 1886 (Garnier, *Rép. pér. enreg.*, n°⁵ 1253, 1979-6 et 6813).

N° 2. — *Donation* (*Rép.* n°⁵ 2238 à 2244).

1061. Il importe peu, au point de vue de l'exigibilité du droit de mutation, que la transmission se soit opérée à titre onéreux ou à titre gratuit. Le droit est dû dans tous les cas, dès que l'existence de la mutation est prouvée. Le nouveau possesseur ne peut exciper de ce que son titre n'est qu'une donation verbale, pour en conclure que ce titre, inefficace en droit civil, doit par cela même exclure l'exigibilité du droit (*Rép.* n° 2238). Comme le dit très bien M. Demante, t. 1, n° 94: « la non-représentation de l'acte n'en prouve pas la non-existence; or la loi a voulu prévenir l'abus des actes écrits et non représentés. Le texte de l'art. 4 de la loi de ventôse est général pour toutes les mutations entre vifs et doit être appliqué, suivant les circonstances, aux mutations à titre gratuit » (Conf. Garnier, *Rép. gén. enreg.*, n° 11465; *Diction. droits d'enreg.*, v° *Mutation*, n° 128).

La jurisprudence est depuis longtemps fixée en ce sens (*Rép.* n°⁵ 2240 et suiv.). Jugé, de même, que la mention, dans un partage de communauté et de succession, que des immeubles ont été donnés verbalement, pendant la mariage, à la veuve par des personnes désignées, confirme la révélation d'une mutation verbale entre vifs à titre gratuit de ces immeubles, à raison de laquelle le droit simple et le droit en sus de donation immobilière sont dus (Req. 15 févr. 1870, aff. veuve Sellier, D. P. 70. 1. 365). Le rapport de M. le conseiller Tardif, sur lequel cet arrêt a été rendu, résume très bien les principes qui régissent cette matière. Le savant magistrat s'est exprimé ainsi : « Le pourvoi dit et répète qu'il n'existe dans la cause aucune de présomptions légales que la loi du 22 frim. an 7 a admises comme faisant preuve d'une transmission immobilière, que la dame Sellier n'a pas été inscrite sur le rôle de la contribution foncière. Mais l'art. 12 de cette loi n'a pas renfermé dans des limites aussi étroites le droit et les moyens pour la Régie de rechercher des mutations faites et pour les tribunaux d'en admettre la preuve. Il dit, en effet, que la mutation sera établie par tous actes constatant la propriété du nouveau possesseur. Il appartient ainsi aux tribunaux, lorsqu'on produit des actes qui ne font pas le titre même de la mutation, mais qui la font supposer, d'en apprécier le mérite et de juger jusqu'à quel point ils sont suffisants pour prouver la transmission qu'ils décèlent. Et il importe peu que le titre soit une donation verbale. L'art. 4 de la loi du 27 vent. an 9 déclare, en effet, le droit exigible lorsque les nouveaux possesseurs prétendraient qu'il n'existe pas de conventions écrites entre eux et les précédents propriétaires. La loi suppose que la mutation s'est opérée; dès lors, tout ce qui est nécessaire à son existence se rencontre; l'art. 4 n'a pas d'autre but que de dispenser la Régie de rapporter le titre d'où résulterait la mutation ».

N° 3. — *Société* (*Rép.* n° 2245).

1062. Les actes de société étaient tarifés par la loi du 22 frim. an 7 (art. 68, § 3-4°) à un simple droit fixe. Ils sont soumis actuellement par la loi du 28 févr. 1872 (art. 1er) à un droit gradué de 1 pour 1000. Ce droit gradué a été substitué purement et simplement à l'ancien droit fixe. C'est, comme ce dernier, un droit d'acte (V. *supra*, n°s 174 et suiv.). Il s'ensuit qu'il n'est exigible que lorsqu'un acte constatant la formation de la société est présenté à l'enregistrement, ou lorsqu'une mention renfermée dans un acte enregistré fait titre de l'association. En dehors de ces deux cas, l'Administration serait sans action pour réclamer le droit gradué. La distinction faite à cet égard au *Rép.* n° 2245, entre le cas où les mises sociales consistent en meubles et celui où elles consistent en immeubles ne doit pas être maintenue, car, dans l'un comme dans l'autre, la constitution pure et simple de la société ne donne lieu qu'au droit gradué qui, nous l'avons dit, n'est qu'un simple droit d'acte.

1063. Mais, bien entendu, si les dispositions mentionnées dans un acte enregistré se rapportent à la constitution d'une société faisaient supposer qu'une mutation de propriété ou d'usufruit d'immeuble s'est opérée, l'art. 12 de la loi de frimaire an 7 serait applicable, et le droit dû à raison de la mutation supposée serait exigible, si l'existence de cette mutation était prouvée par l'un des modes que ledit article a établis.

N° 4. — *Partage* (*Rép.* n°s 2246 à 2252).

1064. Il en est des actes de partage comme des actes de société. Le droit gradué auquel ils sont soumis actuellement par la loi du 28 févr. 1872 (art. 1er) a été substitué purement et simplement au droit fixe auquel ils étaient assujettis par la loi de frimaire an 7 (art. 68, § 3-2°). C'est un simple droit d'acte, il ne peut être perçu que lorsqu'un acte constatant le partage est présenté à l'enregistrement ou lorsqu'un acte enregistré renferme une mention faisant titre du partage (*Rép.* n° 2247). Ainsi, lorsqu'il est établi que la possession exclusive par un cohéritier de l'un des immeubles de la succession, se rattache à une simple cessation d'indivision par l'effet d'un partage provisoire ou définitif, les faits invoqués par l'Administration comme manifestant cette possession ne prouvent nullement l'existence d'une mutation, si ce n'est toutefois pour ce qui serait reconnu excéder la part virile du possesseur (Civ. cass. 6 mai 1856, aff. Jobard-Dumesnil Marigny, D. P. 56. 1. 220).

Il en est autrement, lorsque le partage est fait avec soulte. Comme, dans ce cas, relativement à la perception des droits d'enregistrement, le partage est translatif, l'existence seule du fait ou de la convention donne lieu à la réclamation du droit proportionnel (*Rép.* n° 2709. V. *infrà*, n° 1290).

N° 5. — *Usufruit* (*Rép.* n°s 2253 à 2255).

1065. Les mutations de l'usufruit sont assimilées par les lois de l'an 7 et de l'an 9 aux mutations de la propriété. Il s'ensuit que toutes les règles établies pour ces dernières sont applicables aux premières (*Rép.* n° 2253). C'est la déclaration des parties qui, sauf le droit de contrôle de l'Administration toujours réservé, détermine si la transmission constatée a pour objet l'usufruit ou la propriété, et le droit est perçu en conséquence (*Rép.* n° 2255). Il en est ainsi le plus souvent, car ni l'inscription au rôle de la contribution, ni les actes qui ont révélé la mutation, ne font connaître, dans la plupart des cas, son objet.

N° 6. — *Bail* (*Rép.* n°s 2256 à 2261).

1066. Dans le principe, il a été décidé que, pour les mutations de *jouissance* d'immeubles à titre de bail, de même que pour les mutations de propriété ou d'usufruit, le droit proportionnel était exigible dès que la mutation était prouvée, sans que l'Administration eût à justifier d'un acte la constatant (*Rép.* n° 2257). Puis, il a été jugé à la suite de la promulgation de l'art. 4 de la loi du 27 vent. an 9 qui assujettit à l'enregistrement dans un délai déterminé, à peine

d'un droit en sus, les mutations par conventions verbales, de *propriété* ou d'*usufruit* d'immeubles, que, par cela même il en était différemment pour les mutations de *jouissance*, et que l'art. 13 de la loi de frimaire qui autorise la demande du droit proportionnel de bail, lorsque l'existence de la convention est établie, doit être interprété comme ne s'appliquant qu'au cas où cette convention est constatée *par écrit* (*Rép.* n°s 120 et 2259). Il en résultait que les mutations verbales de jouissance de biens immeubles échappaient légalement à la perception du droit d'enregistrement et qu'*en fait*, les mutations écrites y échappaient aussi la plupart du temps. Ainsi il a été jugé, sous l'empire de cette jurisprudence, que les locations verbales ne sont pas sujettes au droit d'enregistrement, lors même que leur existence vient à être révélée par les énonciations d'actes qui mentionnent les conventions y relatives; que la déclaration dans un acte authentique, tel que le cahier des charges relatives à la vente d'un immeuble, de la durée et du chiffre du loyer d'un bail désigné comme location verbale, ne suffit pas, par elle-même, pour faire présumer l'existence d'un bail écrit non enregistré (Trib. Seine, 9 janv. 1858, aff. Chaves, D. P. 58. 3. 63).

1067. L'administration de l'enregistrement était autorisée à prouver l'existence d'un acte de bail au moyen des présomptions édictées par l'art. 13 de la loi du 22 frim. an 7 (*Rép.* n°s 2256 et suiv.). Décidé, par application de cet article : 1° que, lorsqu'il paraît établi qu'un bail authentique, rédigé postérieurement à l'entrée en jouissance (par exemple, trois ans après), n'est qu'une rédaction nouvelle et en forme notariée d'un bail sous seing privé qui n'a pas été soumis à l'enregistrement dans le délai, l'Administration est fondée à percevoir le double droit de bail. Peu importe que les parties aient désigné ce bail antérieur comme verbal (Trib. Chalon-sur-Saône, 4 juill. 1861, aff. Desfontaines, D. P. 62. 3. 8); — 2° Que, lorsqu'un bail d'immeubles est énoncé comme verbal dans un acte authentique, l'administration de l'enregistrement peut établir, à l'aide des circonstances et des termes de l'énonciation, que ce bail est en réalité un bail écrit, et réclamer, en conséquence, le droit proportionnel de bail à 20 cent. pour 100, plus le double droit encouru, à défaut d'enregistrement de l'acte dans les trois mois de sa date (Req. 28 juill. 1869, aff. Lasne, D. P. 69. 1. 503); — 3° Que, lorsqu'il est fait mention, tant dans les qualités d'un jugement que dans un procès-verbal d'expertise, d'un bail verbal consenti pour neuf années à partir d'une époque désignée, moyennant un fermage très élevé également énoncé, pour une propriété d'une contenance considérable indiquée aussi, et qu'il est dit, en outre, qu'un état des lieux a été dressé lors de l'entrée en jouissance du fermier, il résulte de ces énonciations que le bail prétendu verbal est écrit, et que, en conséquence, les droits d'enregistrement de ce bail sont dus (Req. 11 janv. 1870, aff. Lecomte, D. P. 70. 5. 136); — 4° Que, lorsqu'un bail d'immeubles dont il est fait apport à une société est énoncé comme verbal dans l'acte constitutif de cette société, l'administration de l'enregistrement peut établir, en se fondant sur les termes de l'énonciation, que ce bail est, en réalité, un bail écrit, et réclamer, en conséquence, le droit proportionnel de bail à 20 cent. pour 100, plus le double droit encouru à défaut d'enregistrement de l'acte dans les trois mois de sa date (Civ. rej. 18 janv. 1871, aff. Duval, D. P. 71. 1. 18).

1068. Tel était l'état de la jurisprudence avant la promulgation de la loi du 23 août 1871. L'objet de cette loi a été « de rendre aux principes posés dans la loi de frimaire, et notamment dans l'art. 13, toute leur efficacité. L'art. 11 divisé en huit paragraphes forme en quelque sorte un code complet de la matière, dont la sanction se trouve dans l'art. 14. En principe, et, à défaut d'un bail écrit constatant une mutation de jouissance de biens immeubles, il y aura suppléé, ainsi que l'art. 4 de la loi du 27 vent. an 9 l'a exigé pour les ventes verbales, par des déclarations détaillées et estimatives dans les trois mois de l'entrée en jouissance (§ 1er) » (Instr. adm. enreg. 25 août 1871, n° 2413, § 5, D. P. 71. 3. 49).

Les *locations verbales* étant ainsi assimilées aux locations écrites, il en résulte que l'art. 13 de la loi du 22 frim. an 7 s'applique aux unes comme aux autres, et que, conformément à cette disposition, une location verbale d'immeuble est suffisamment établie, pour la demande et la poursuite du droit proportionnel, par les actes qui la font connaître, ou par des payements de contributions imposées aux fermiers, locataires et détenteurs temporaires.

1069. Ainsi, la preuve d'une location verbale peut résulter du payement de la contribution mobilière ou locative, comme de celui de la contribution foncière, l'art. 13 de la loi de frimaire ne faisant aucune distinction (Sol. adm. enreg. 13 févr. 1872, D. P. 73. 5. 203). — Jugé, dans le même sens : 1° que l'existence d'une location verbale de domaines ruraux est suffisamment établie, pour la demande des droits et amendes d'enregistrement, en vertu des art. 13 de la loi du 22 frim. an 7, 11 de la loi du 23 août 1871, et 6 de la loi du 28 févr. 1872, par un certificat du percepteur des contributions directes et un extrait du rôle de ces contributions établissant que, pendant plusieurs années, un tiers a payé la cote mobilière comme habitant, en qualité de fermier, la maison de ferme, et a effectué en nature, également en qualité de fermier, les prestations imposées au propriétaire des domaines (Trib. Aurillac, 12 juin 1875, D. P. 75. 5. 185) ; — 2° Qu'il y a présomption légale de bail dans le fait, par le locataire, de continuer d'habiter la maison louée et de payer les contributions imposées aux fermiers et locataires au bureau dans le ressort duquel se trouve l'immeuble loué, alors qu'il n'y possède, ni à titre de propriété, ni à titre de jouissance, aucun autre immeuble (Trib. Muret, 28 août 1877, *Journ. enreg.*, art. 20799. Conf. Trib. Gourdon, 6 mars 1879, *ibid.*, art. 21089) ; — 3° Que, lorsque des baux soumis à l'enregistrement contiennent cette mention : « tout le temps d'occupation antérieure ayant été réglé et annulé », l'Administration est fondée à soutenir que ladite mention constitue l'aveu que les immeubles étaient loués antérieurement aux dates d'entrée en jouissance indiquées dans les baux, et à réclamer, en conséquence, le droit de bail sur la jouissance antérieure, alors surtout que les locataires étaient, pendant le même temps, imposés au rôle des patentes (Trib. Mayenne, 17 nov. 1875, *Journ. enreg.*, art. 19987. Conf. Trib. Nancy, 20 mai 1884, *ibid.*, art. 22535).

1070. Pour les mutations de jouissance comme pour les mutations de propriété ou d'usufruit, les présomptions de la loi ne sont admises comme établissant la mutation que sauf preuve contraire. Mais de simples énonciations des parties ne sont pas suffisantes pour constituer cette preuve. Cela a été reconnu par les jugements des tribunaux de Muret du 28 août 1877, de Gourdon du 6 mars 1879, et de Nancy du 20 mai 1884, cités *suprà*, n° 1069. Aux termes de ce dernier jugement, la présomption légale n'est pas détruite par l'allégation d'une prétendue société qui aurait existé entre le possesseur et le propriétaire de l'immeuble.

1071. Relativement à la *déclaration* qui doit être souscrite pour la perception du droit proportionnel dû à raison des *locations verbales* d'immeuble, V. *infrà*, n°⁸ 1619 et suiv., où il est traité de ces transmissions.

N° 7. — *Vente de fonds de commerce.*

1072. Comme nous l'avons dit *suprà*, n° 1022, le législateur de 1872 a assimilé les mutations de fonds de commerce et de clientèles aux mutations de propriété ou d'usufruit d'immeubles, non seulement en ce qui concerne l'exigibilité du droit proportionnel, mais aussi pour la preuve de l'existence de la mutation. Par suite, les règles établies pour la constatation des mutations secrètes d'immeubles au moyen des présomptions légales résultant, soit d'actes révélant la mutation, soit de l'inscription du nouveau possesseur au rôle des contributions et des payements de l'impôt, sont entièrement applicables aux mutations de fonds de commerce et de clientèle. Toutefois, pour ces dernières mutations, le législateur de 1872 a ajouté aux présomptions de la loi de l'an 7, une autre nature de présomptions résultant d'un écrit se rapportant à la mutation, « et qui sont destinés à la rendre publique ».

En raison de la spécialité de cette matière, elle sera comprise dans l'étude que nous consacrerons plus loin aux ventes de fonds de commerce et de clientèles (V. *infrà*, n°⁸ 1555 et suiv.).

Art. 2. — *Mutations entre vifs à titre onéreux.*
(*Rép.* n°⁸ 2262 à 3645).

1073. Bien que restreint aux mutations entre vifs à titre onéreux, le présent article présente encore une très vaste matière. Elle a été, et sera également ici divisée, par les motifs indiqués au *Rép.* n° 2262, en cinq paragraphes, dans lesquels il sera successivement traité : 1° des transmissions immobilières en propriété ou en usufruit ; 2° des transmissions mobilières ; 3° des transmissions de meubles et d'immeubles par le même acte ; 4° des transmissions de jouissance ; 5° enfin des actes translatifs qui sont l'objet de dispositions exceptionnelles et favorables dans le tarif (échanges, actes translatifs de biens situés à l'étranger, acquisitions faites dans un intérêt public, contrats de mariage, sociétés, billets à ordre).

§ 1er. — Des actes translatifs de propriété ou d'usufruit de biens immeubles. — Observations préliminaires (*Rép.* n°⁸ 2263 à 2278).

1074. Le *Répertoire* (n° 2263) contient, sous ce titre, l'historique de la formation du droit d'enregistrement de 5 fr. 50 cent. pour 100 (qui comprend le droit de mutation et le droit de transcription) applicables aux actes visés dans l'art. 69, § 7, n° 1, de la loi du 22 frim. an 7, c'est-à-dire aux « adjudications, ventes, reventes, cessions, rétrocessions, et tous autres actes civils et judiciaires translatifs de propriété ou d'usufruit de biens immeubles à titre onéreux ». Il y est traité ensuite de l'étendue que comporte l'application de ce droit (*Rép.* n° 2265).

1075. Le droit de 5 fr. 50 cent. pour 100 est dû pour les ventes de l'*usufruit* (*Rép.* n° 2266), ainsi que pour les cessions de droits d'usage et d'habitation (*Rép.* n° 2267). Il a été décidé en ce sens qu'encore bien que le droit d'habitation ne doive être ni cédé, ni loué (c. civ. art. 634), l'acte portant cession d'une partie de cette nature, n'en conservant pas moins ses effets tant que l'annulation n'en a pas été prononcée par l'autorité judiciaire, constitue une cession immobilière et donne lieu, à ce titre, au droit proportionnel de vente immobilière (Trib. Avesnes, 18 déc. 1874, aff. Bonge, D. P. 75. 5. 244).

1076. La concession d'une servitude est également passible du droit de mutation (*Rép.* n° 2269). Ainsi, il a été jugé que l'autorisation donnée moyennant un prix, par le propriétaire d'un fonds au propriétaire voisin, de conserver sur le mur mitoyen un four non conforme aux prescriptions de l'art. 674 c. civ., constitue, entre les parties, la cession valable d'un droit réel ; que cette convention est, dès lors, passible des droits établis par la loi du 22 frim. an 7, sur les cessions immobilières (Req. 4 févr. 1885, aff. Marbouty, D. P. 85. 1. 320).

1077. On a vu que les concessions d'eaux ne donnent lieu qu'au droit de vente mobilière à 2 pour 100 (V. *suprà*, n°⁸ 1000 et suiv.) ; mais, de même que les concessions de servitudes, elles sont passibles du droit de 5 fr. 50 cent. pour 100, lorsqu'elles opèrent transmission d'un droit réel et foncier (*Rép.* n° 2270). Cependant on a contesté qu'une concession d'eau puisse être passible du droit de mutation immobilière, et il a même été jugé que la vente que le propriétaire d'un immeuble fait, cumulativement avec celle de cet immeuble, du droit qui lui a été concédé par l'État de dériver dans un canal d'irrigation les eaux d'une rivière non navigable ni flottable, et d'exproprier les terrains nécessaires pour l'établissement de ce canal, constitue une simple transmission mobilière, passible du droit de 2 pour 100, et non une transmission immobilière ; qu'on prétendrait à tort, pour attribuer ce dernier caractère à une telle vente, que le droit qu'elle transmet à l'acquéreur d'exproprier les terrains à traverser pour l'établissement du canal, doit être assimilé à une action en revendication d'immeuble ; ou que la concession qu'elle a pour objet implique la cession d'une servitude (Trib. Seine, 7 mars 1857, aff. Dussard, D. P. 57. 3. 78).

1078. Une distinction doit être faite, comme on l'a dit au *Rép.* n° 2270, entre les concessions d'eau pour une durée illimitée qui emportent mutation d'un droit immobilier, et la concession d'eau à titre purement précaire. Mais, comme nous l'avons fait observer *ibid.*, la concession d'eau présente le caractère de transmission immobilière passible du droit de mutation de 5 fr. 50 cent. pour 100 toutes les fois qu'elle transmet au concessionnaire un droit réel et foncier. Et il en est ainsi, lors même que la concession a été faite pour une durée déterminée. La cour de cassation a décidé, en ce sens, que la transmission, moyennant un prix convenu, des droits résultant de diverses concessions de canaux d'irrigation, doit être considérée, pour la perception du droit d'enregistrement, comme une vente immobilière, et non comme une vente mobilière, alors surtout que les concessions comprennent, d'après les décrets qui les ont faites, la propriété même des canaux pendant un temps fixé, et que les concessionnaires primitifs ont hypothéqué et donné en antichrèse leurs droits (Civ. rej. 1er avr. 1884, aff. Compagnie générale de canaux et de travaux publics, D. P. 84. 1. 345, et la note).

De même, la concession d'un canal d'irrigation par l'Etat à une compagnie, avec stipulation que ce canal appartiendra, d'abord, pendant les cinquante premières années de l'exploitation, à la compagnie, puis, à perpétuité, à la ville sur le territoire de laquelle il doit être construit, investit la compagnie concessionnaire d'un véritable droit de propriété sur le canal. En conséquence, la cession, par ladite compagnie, de son droit à la concession du canal, constitue une cession immobilière passible du droit proportionnel de vente à 5 fr. 50 cent. pour 100 (Civ. rej. 3 févr. 1886, aff. Société lyonnaise des eaux et de l'éclairage, D. P. 86. 1. 190). Décidé, dans le même sens, que l'apport à une société, pour un temps déterminé, de la concession de canaux d'irrigation accordée à perpétuité par l'Etat à ceux qui font l'apport, constitue une disposition indépendante qui opère vente, lorsqu'il est fait à la charge par la société d'acquitter les dettes grevant les biens apportés ; les droits des concessionnaires étant immobiliers, le droit proportionnel exigible est celui de vente immobilière à 5 fr. 50 cent. pour 100, et non celui de vente mobilière à 2 fr. pour 100 (Trib. Seine, 23 août 1873, aff. Compagnie générale des canaux, D. P. 75. 5. 210).

1079. Ces différentes décisions nous paraissent juridiques. En effet, les canaux d'irrigation, lors même qu'ils sont dérivés d'une rivière navigable, ne dépendent pas du domaine public et sont susceptibles d'être possédés privativement (V. *suprà*, v° *Eaux*, n°s 152 et suiv. — *Adde :* Cons. d'Et. 28 mai 1880, aff. Yvert, de Preigne, Rougier et Ministre des travaux publics, D. P. 81. 3. 23-24, et note 5). Bien que créés dans un intérêt public, ils tombent dans le domaine privé de celui auquel ils sont concédés et deviennent sa propriété particulière. Sans doute, ce droit de propriété n'est pas absolu en ce sens qu'à raison de la destination publique et perpétuelle à laquelle ils sont affectés, ces canaux demeurent grevés, à perpétuité aussi, de la servitude de rester en cet état et sont soumis à certaines lois de surveillance et de police ; mais le concessionnaire a tous les autres attributs de la propriété privée ; par suite, il peut faire tous les actes de propriété que les canaux comportent, et notamment les donner en antichrèse ou par voie d'hypothèque ou d'antichrèse, car son droit, qu'il porte à la fois sur la propriété et la jouissance ou simplement sur la jouissance, constitue un droit réel immobilier (D. P. 84. 1. 345, note). Mais la cession aux riverains d'un canal d'irrigation, par la compagnie concessionnaire, du droit de prendre l'eau nécessaire à l'arrosement de leurs propriétés, ne donne lieu qu'au droit de bail à 20 cent. pour 100, alors qu'elle est faite pour une durée limitée et à titre de bail (Sol. adm. enreg. 8 mai 1876, D. P. 77. 5. 195. Conf. *Rép.* n° 3093).

1080. La situation des chemins de fer est toute différente de celle des canaux d'irrigation. Les chemins de fer construits ou concédés par l'Etat font partie de la grande voirie et sont, à ce titre, une dépendance du domaine public. Le droit des compagnies concessionnaires est limité aux produits et distinct de la propriété des chemins immédiatement acquise à l'Etat ; leur jouissance, quelles qu'en soient l'importance et la durée, n'a jamais les caractères d'un usufruit, d'un emphytéose ou de tout autre droit analogue, emportant un démembrement de la propriété publique contraire aux principes qui en assurent la conservation et l'intégrité (V. *Voirie par chemin de fer* ; — *Rép. eod.* v°, n° 184 et suiv.).

Aussi a-t-il été jugé que, les chemins de fer construits ou concédés par l'Etat étant une dépendance du domaine public et ne pouvant, dès lors, appartenir aux compagnies concessionnaires qui n'en ont que l'exploitation, le droit de la compagnie, limité aux produits du chemin, constitue un droit purement mobilier, dont la cession est soumise au droit de mutation mobilière (Civ. cass. 15 mai 1861, aff. Mancel, D. P. 61. 1. 225).

1081. Cette importante matière a été divisée au *Répertoire* en deux parties se rapportant, l'une aux éléments nécessaires à la perfection de la vente (*Rép.* n° 2280), la seconde aux clauses suspensives ou exclusives de la perception (*Rép.* n° 2360). Il a été traité distinctement, dans la première partie, du prix (*Rép.* n° 2286), de la chose (*Rép.* n° 2309), du consentement (*Rép.* n° 2322), enfin des effets de la nullité (*Rép.* n° 2349), et, dans la seconde partie, des ventes consommées (*Rép.* n° 2361) et des ventes conditionnelles (*Rép.* n° 2364). Pour plus de clarté, nous indiquerons ces divisions et subdivisions par des titres distincts.

A. — Eléments nécessaires à la perfection de la vente (*Rép.* n°s 2280 à 2359).

1082. En droit fiscal comme en droit civil, la vente n'est parfaite que par la réunion de ces trois conditions : 1° un prix que l'acquéreur s'oblige à payer ; 2° une chose dont le vendeur s'oblige à transférer la propriété ; 3° un consentement sérieux et certain de part et d'autre (*Rép.* n°s 2280 et 2281). Ces trois éléments essentiels de la vente se rencontrent, d'ailleurs, dans tout contrat commutatif (*Rép.* n° 2282).

1083. Comme on l'a vu au *Rép.* n° 2283, la vente présente de grandes analogies avec la *dation en payement.* Aussi le droit de vente est-il applicable à la dation en payement. Sa quotité se détermine d'après la nature de l'objet transmis : 1 fr. pour 100, si c'est une créance (L. 22 frim. an 7, art. 69, § 3, n° 3) ; 2 fr. pour 100, si c'est un objet mobilier (Même loi, art. 69, § 5, n° 1) ; 5 fr. 50 pour 100, si c'est un immeuble. « On pourrait observer, dit à ce sujet M. Naquet, t. 1, n° 373, que l'opération est complexe, qu'elle comporte une libération et une transmission, et que, la libération jouant le rôle de disposition principale et la transmission celui de disposition dépendante et accessoire, c'est le droit de libération qui est seul exigible. Mais ce serait là une erreur. L'intention des parties a été surtout de transmettre la propriété, la libération du débiteur n'a été que la raison d'être et la cause de cette transmission. C'est ce que décidaient, d'ailleurs, unanimement les anciens feudistes, et ce qui est admis sans difficulté de nos jours » (Conf. Garnier, *Rép. gén. enreg.*, n° 5760 ; *Diction. droits d'enreg.*, v° *Dation en payement*, n° 42 et 43). Ainsi, jugé que l'acte par lequel une compagnie de chemin de fer cède et transporte des subventions à échoir à son profit à une société, en payement de travaux de constructions exécutés par celle-ci qui s'y était engagée par traité portant que le prix serait acquitté en espèces, ne peut être considéré comme un simple acte de complément et d'exécution de ce traité passible du droit fixe seulement, mais constitue un véritable transport de créances donnant lieu au droit proportionnel de 1 fr. pour 100 (Req. 25 févr. 1874, aff. Compagnie de Fives-Lille, D. P. 74. 1. 376. V. dans le même sens les différents arrêts rapportés au *Rép.* n°s 504, 1877 et 3495-1°).

Comme la créance forme le prix dans la dation en payement et que son importance est déterminée en droit fiscal (L. 22 frim. an 7, art. 14-2°) par sa valeur nominale, l'Administration de l'enregistrement soutient qu'en principe c'est sur cette valeur nominale que doit être perçu le droit proportionnel, fût-elle même supérieure à la valeur de l'objet transmis. Nous ne faisons que mentionner ici cette difficulté. Nous la traiterons, lorsque nous nous occuperons de la liquidation du droit proportionnel, dans la 2e partie du présent chapitre (sect. 1re, art. 1er).

1°. — *Prix* (Rép. n°s 2286 à 2308).

1084. L'indication du prix est nécessaire à l'existence d'un acte de vente, et partant, à la perception du droit proportionnel (*Rép.* n° 2286). Mais le prix peut consister en valeurs autres que l'argent monnayé, par exemple, en objets mobiliers, en marchandises, en droits incorporels mobiliers. Le droit n'en est pas moins exigible au taux de 5 fr. 50 cent. pour 100 (*Rép.* n°s 2288 et 3208. Conf. Civ. cass. 14 mai 1823, *Rép.* n° 4405). — L'obligation contractée par l'acquéreur de loger, nourrir et entretenir le vendeur ou un tiers, constitue un véritable prix : dans ce cas, le droit de vente est exigible sur l'importance des prestations évaluée par les parties. De même, l'administration de l'enregistrement a décidé que la cession d'un immeuble moyennant l'obligation souscrite par l'acquéreur, d'entretenir un chemin, donne ouverture au droit de 5 fr. 50 cent. pour 100 sur la valeur de cet entretien à déclarer par les parties (Sol. adm. enreg. 3 mars 1859, Garnier, *Rép. gén. enreg.*, n° 17680). Jugé aussi que la vente immobilière faite moyennant l'obligation imposée à l'acquéreur d'exécuter des travaux donne lieu au droit de 5 fr. 50 cent. pour 100 sur la valeur des travaux à exécuter, déterminée par une déclaration estimative des parties, souscrite conformément à l'art. 16 de la loi du 22 frim. an 7 (Trib. Arbois, 24 mai 1877, Garnier, *Rép. pér. enreg.*, art. 4783).

1085. Le prix doit être sérieux et certain (*Rép.* n° 2292). Le prix *sérieux* est celui qui peut être regardé comme l'équivalent de la chose vendue (*Rép.* n°s 2293 à 2295). Le prix *certain* est celui qui est parfaitement déterminé ou du moins aisément déterminable (*Ibid.* n° 2296). Il peut être subordonné à de certaines appréciations, et même à de certaines éventualités (*Ibid.* n° 2298). Ainsi, la vente immobilière consentie moyennant un prix déterminé, dont partie payée comptant et avec conversion du surplus en un capital éventuel porté au double de la somme et productif d'intérêts, mais stipulé payable seulement en cas de survie du vendeur à l'acquéreur et à sa descendance légitime, donne lieu au droit de 5 fr. 50 cent. pour 100, non pas seulement sur le prix stipulé, mais sur le total de la somme payée comptant et de celle payable éventuellement (Civ. rej. 5 nov. 1873, aff. de Puységur, D. P. 74. 1. 107. Conf. Req. 30 avr. 1839, *Rép.* n° 4393; 29 juill. 1868, aff. Acloque, D. P. 69. 1. 147 ; 2 janv. 1872, aff. Calmels, D. P. 72. 1. 89; 9 avr. 1872, aff. veuve Chaumont, D. P. 72. 1. 215).

Le prix peut être laissé à l'arbitrage d'un tiers (c. civ. art. 1592). Dans ce cas, la vente est faite sous condition suspensive (*Rép.* n° 2302). En conséquence, l'acte qui la constate doit être enregistré au droit fixe, et le droit proportionnel n'est exigible que lorsque la condition s'est accomplie. — L'Administration a contesté pendant longtemps que la vente, dans ce cas, soit conditionnelle. Elle a soutenu que le droit proportionnel était exigible à l'enregistrement de l'acte constatant la vente quoique le prix n'ait pas été déterminé par l'expert désigné à cet effet. Mais l'opinion contraire, soutenue au *Rép. loc. cit.*, a définitivement prévalu dans la doctrine et aussi dans la jurisprudence, comme le démontre l'arrêt de la cour de cassation du 19 mars 1850 cité *infrà*, n° 1086 (Garnier, *Rép. gén. enreg.*, n° 17692; *Diction. droits d'enreg.*, v° *Vente*, n° 633 ; Naquet, t. 1, n° 316; Demante, t. 1, n° 435).

1086. Si les parties ont entendu que la transmission s'opérât *hic et nunc*, et si, tout en laissant la détermination du prix à l'arbitrage d'un tiers, elles ont pris des mesures pour que l'estimation fût faite dans tous les cas, il y a vente actuelle passible immédiatement du droit de mutation immobilière (*Rép.* n° 2305). Il a été jugé, en ce sens, que la vente faite moyennant un prix dont la fixation est laissée à l'arbitrage, non pas de tiers déterminés, mais d'experts à nommer par les parties ou, à leur défaut, par le juge de paix, emporte mutation immédiate, et est, dès lors, passible du droit proportionnel sur la valeur déclarée lors de l'enregistrement de l'acte authentique qui constate cette vente (un contrat de mariage) ; ici ne s'applique pas l'art. 1592 c. civ.; et le défaut de désignation du prix, par suite de la renonciation ultérieure des parties à la vente, ne donne pas lieu à la restitution du droit (Civ. cass. 19 mars 1850, aff. Lebret, D. P. 50. 1. 86. Conf. Req. 14 mai 1866, aff. Tachet, D. P. 66. 1. 352).

En résumé, comme le dit très bien M. Naquet, t. 1, n° 317, « il peut se faire que les parties, au lieu de nommer des experts, déclarent que le prix sera fixé par les experts qui seront plus tard désignés. Il faut alors rechercher si elles ont entendu que les experts ne pourraient être choisis que d'un commun accord ou si elles ont entendu permettre aux tribunaux de les désigner à leur défaut. Dans la première hypothèse, il n'y a point de vente, car il dépend des parties d'empêcher le contrat de se former, et le droit proportionnel suspendu jusqu'au jour de la désignation. Dans la seconde, au contraire, la vente s'est formée, car il est certain que le prix sera réglé; le droit proportionnel devient donc exigible. Je ne saurais admettre, avec M. Demante, que le contrat est en suspens, parce que le tribunal peut se refuser à nommer des experts. Je ne reconnais pas ce droit au tribunal ; il commettrait un déni de justice, s'il refusait de procéder à cette nomination ».

1087. Aucun doute n'est possible, et la vente doit certainement être considérée comme actuelle, définitive et passible du droit proportionnel, lorsqu'en même temps qu'elles ont laissé la détermination du prix à l'arbitrage d'un tiers dans un délai fixé, les parties ont exécuté le contrat par la tradition de l'immeuble. Ainsi, jugé que la vente immobilière consentie moyennant un prix à fixer par experts dans la quinzaine, n'est pas subordonnée à une condition suspensive, et donne lieu, en conséquence, à la perception immédiate du droit proportionnel d'enregistrement sur le prix évalué par une déclaration estimative des parties, alors surtout que l'acquéreur était déjà en possession à la date du contrat (Trib. Seine, 30 janv. 1885, aff. Demachy, D. P. 86. 3. 32).

1088. Suivant le jugement du 30 janv. 1885, cité *suprà*, n° 1087, le droit perçu audit cas n'est restituable pour aucune partie, lors même que l'estimation des experts se trouve être inférieure à l'évaluation souscrite pour la perception à l'enregistrement de l'acte. — Cette décision rigoureuse est justifiée en droit, parce que, dans l'espèce, la vente était parfaite et que la perception avait été régulièrement établie. Mais, comme il s'agissait d'une erreur de fait, la restitution aurait pu être accordée par équité, comme cela a lieu dans beaucoup de cas du même genre, ainsi qu'on le verra lorsque nous traiterons des *restitutions*, au chap. 10, sect. 1re (V. D. P. 86.3. 32, note. V. aussi *Diction. droits d'enreg.*, v° *Vente*, n° 645).

1089. Quel est le tarif applicable à la vente dont le prix est laissé à l'arbitrage d'un tiers ? Est-ce celui en vigueur à la date de la vente ou celui existant à la date de l'estimation du tiers? La question présente de l'intérêt, lorsque le tarif a été modifié dans l'intervalle. Suivant le *Dictionnaire des droits d'enregistrement*, v° *Vente*, n° 640, l'estimation des experts doit être faite d'après la valeur des biens au jour de la convention, et non de l'estimation, et il en doit être de même pour l'application du tarif. M. Demante, t. 1, n° 135-II, enseigne, dans le même sens, que, la convention originaire étant considérée comme vente conditionnelle, il faut appliquer la théorie ordinaire des conditions et percevoir d'après le tarif en vigueur au jour du contrat. Au contraire, suivant M. Naquet, t. 1, n° 316, « il faut se placer au moment de la fixation du prix, car jusque-là il n'y a pas vente. M. Demante enseigne le contraire en se basant sur l'effet rétroactif de la condition qui doit faire considérer la vente comme existante dès le premier jour. Mais cette opinion me semble condamnée par le principe que la condition consiste dans un élément accidentel du contrat, tandis qu'ici la nomination de l'expert est un élément essentiel. M. Demante, il est vrai, prétend que le législateur a traité la clause que j'examine comme une condition, bien qu'elle n'en soit pas une. Mais c'est là une pure affirmation contredite même par l'art. 1592 c. civ. qui déclare la vente inexistante si l'estimation n'est pas réalisée ». — Ces dernières observations n'entraînent point notre conviction. Nous inclinons à penser, avec le *Dictionnaire des droits d'enregistrement* et M. Demante, que, la vente étant subordonnée à la condition de la détermination du prix par experts désigné, c'est sur la convention originaire et d'après le tarif en vigueur à sa date que, par suite de l'effet rétroactif de la condition, la perception doit être établie à l'événement de la condition.

2°. — *Chose* (*Rép.* n°ˢ 2309 à 2321).

1090. Il n'y a point de vente sans une chose qui en soit l'objet, et il faut encore que cette chose soit déterminée (*Rép.* n° 2309). En droit fiscal, l'indétermination de la chose exclut l'exigibilité du droit (*Ibid.* n° 2310).

L'objet de la vente peut être déterminé, quoiqu'il n'existe pas encore. On reconnaît, en droit civil, que les *choses futures* peuvent être aliénées comme les choses éventuelles (*Rép.* v° *Vente*, n°ˢ 537 et suiv., 1658 et suiv.). En droit fiscal, si la vente est subordonnée à la condition que la chose future existera, elle est soumise à une condition suspensive, et le droit proportionnel n'est exigible qu'à l'événement de la condition. Mais lorsqu'il résulte des dispositions du contrat portant vente d'une chose future, par exemple, d'une maison à construire, que les parties ont entendu traiter d'une construction entièrement achevée, en la considérant comme telle, quoiqu'elle ne le fût pas, la vente est parfaite et le droit proportionnel est dû ; car, ainsi que le dit très bien M. Naquet, t. 1, n° 320, « la vente est actuelle, quoique aléatoire » (Conf. Garnier, *Rép. gén. enreg.*, n° 17763; *Diction. droits d'enreg.*, v° *Vente*, n° 372). — La jurisprudence est d'accord sur ce point avec la doctrine. Il a été jugé, en effet, que la vente d'un terrain sur lequel des constructions sont commencées et doivent être complétées ultérieurement, est passible du droit de vente immobilière sur la totalité du prix (Trib. Seine, 21 juill. 1865, aff. Lenormand, D. P. 66.3.15);... que lorsque, dans un contrat d'échange, l'une des parties s'est obligée à livrer, dans un délai déterminé, à l'état de complet achèvement, des constructions commencées sur les terrains donnés par elle en échange, la perception doit être établie sur la base du revenu de la valeur intégrale des constructions telles qu'elles se trouveront lorsqu'elles seront complètement achevées (Civ. cass. 21 juin 1869, aff. Olagnier, D. P. 69. 1. 474). — V. *suprà*, n° 114.

1091. Lorsqu'un immeuble est vendu, soit avec indication de la contenance et à raison de tant la mesure (c. civ. art. 1617 et 1618) (*Rép.* n° 2315), soit, non à raison de tant la mesure, mais avec indication de la contenance (c. civ. art. 1619) (*Rép.* n° 2316), soit avec indication d'une contenance accompagnée d'une expression formelle de volonté de n'être point tenu à la garantie à raison de la contenance indiquée (*Rép.* n° 2317), la vente est parfaite et donne lieu à la perception immédiate du droit proportionnel. Au contraire, si la vente a pour objet, non un immeuble déterminé, mais un certain nombre de mesures à prendre dans tel domaine, dans tel champ, à tant la mesure (*Rép.* n° 2318), ou bien un immeuble déterminé sans indication de la contenance totale et à raison de tant la mesure (*Rép.* n° 2319), la vente est imparfaite et n'acquerra sa perfection que lorsque le mesurage aura été effectué; par suite, le droit proportionnel ne devient exigible qu'au jour où la convention est complète par l'effet du mesurage; mais le mesurage, qui a pour résultat de déterminer l'immeuble, produit un effet rétroactif qui, comme s'il s'agissait d'une condition, fait remonter la vente au jour du contrat, et, en conséquence, le droit est perçu par l'acte même qui le constate (*Rép.* n° 2320). Ces diverses solutions sont également données par M. Garnier aux questions dont il s'agit (*Rép. gén. enreg.*, n°ˢ 17764 et suiv.). — Il a été jugé, dans le cas qui fait l'objet de la première hypothèse, que la vente d'un immeuble avec indication d'une contenance approximative, moyennant un prix fixé par tant l'hectare, est parfaite et donne ouverture au droit proportionnel à l'enregistrement de l'acte qui la constate (Trib. Lombez, 2 déc. 1887, *Rép. pér. enreg.*, art. 7066).

1092. Lorsque, dans ces mêmes cas, le droit a été perçu et que le mesurage révèle un excédant dans la mesure indiquée et détermine, par suite, une réduction du prix, le droit proportionnel perçu sur la portion du prix réduite est restituable (*Rép.* n° 2321). V. *infrà*, chap. 10, sect. 1re, où il sera traité des cas où il y a lieu à la restitution des droits perçus.

3°. — *Consentement.* — *Simple projet et promesse de vente*
(*Rép.* n°ˢ 2322 à 2348).

1093. Il a été traité au *Répertoire* comme au *Supplément*,

dans le chap. 2, sect. 2 (n°ˢ 109 et suiv.), où ont été étudiées les règles générales de la perception, du consentement comme élément essentiel de la perfection des conventions. Le *Répertoire* (n° 2322) s'est occupé ici de certaines applications particulières qui font ressortir le caractère du consentement dans la vente. — Il faut, pour qu'il y ait vente, la réunion des deux consentements, du vendeur à transférer la propriété, de l'acquéreur à payer le prix convenu (*Rép.* n° 2323). Par suite, un simple projet de vente non exécuté ne doit pas être soumis au droit proportionnel (*Rép.* n°ˢ 2323 et suiv.). Il a, cependant, été jugé qu'un acte de vente peut, quoique signé par l'une des parties seulement, être frappé du droit d'enregistrement, dès qu'il est présenté volontairement à la formalité (Civ. rej. 23 mai 1853, aff. Oppenheim, D. P. 53. 1. 337). Mais cette décision est contestable. M. Naquet, t. 1, n° 303, note, la considère comme étant « en contradiction flagrante avec le principe qu'on ne peut percevoir régulièrement l'impôt sur des actes imparfaits ».

1094. Il arrive souvent qu'après s'être entendues verbalement ou par écrit sur les clauses et les conditions de la vente, les parties conviennent d'en passer acte authentique. La question de savoir si l'acte sous seing privé constatant une pareille convention est, comme vente, soumis au droit de mutation ou en est affranchi comme ne constituant qu'un simple projet de vente, a été étudiée au *Rép.* n° 2327 et suiv. Il y a été établi que cette question doit se résoudre par une distinction ; que si l'acte sous seing privé contient un engagement formel et immédiat, il est passible du droit de mutation; que si, au contraire, la convention qu'il constate est subordonnée à la rédaction d'un acte public, ce n'est plus qu'un simple projet n'emportant pas mutation.

1095. Ainsi il a été jugé que la promesse de vente subordonnée à la passation d'un acte notarié et au payement d'un acompte fixé sur le prix est soumise à une condition suspensive, et non pas à une condition résolutoire; que, par suite, c'est seulement à l'époque de l'accomplissement de cette condition, qu'une telle promesse donne ouverture au droit proportionnel de mutation. Il en est ainsi même en cas de prise de possession par l'acheteur avant l'évènement de la condition (Civ. cass. 6 mai 1863, aff. Gerry, D. P. 63. 1. 215). — Dans ce cas, la vente n'étant parfaite qu'au moment où, par l'acceptation du bénéficiaire de la promesse de vente, se produit le concours des deux volontés, cette acceptation n'a pas d'effet rétroactif remontant au jour où la promesse a été consentie. Il s'ensuit que, de même que c'est au moment de l'acceptation de la promesse que le droit proportionnel devient exigible, de même c'est à ce moment qu'il faut se placer pour apprécier la valeur vénale de l'immeuble qui doit servir de base à la perception du droit (Req. 10 mars 1886, aff. Société civile des terrains de Cannes, D. P. 87. 1. 261). Et si, dans ce même cas, l'acceptation est faite par un tiers auquel avait été cédé le bénéfice de la promesse, le droit, quel qu'il soit (V. *infrà*, n° 1104), perçu à raison de cette cession, ne peut être déduit de celui de vente à 5 fr. 50 cent. p. 100, exigible sur la transmission de propriété résultant de l'acceptation, attendu qu'il y a là deux contrats différents par leur nature et par leur objet, qui ne sont pas passés entre les mêmes parties et qui doivent être tarifés distinctement (Même arrêt. — V. *ibid.* rapport de M. le conseiller Voisin).

1096. D'autre part, il a été décidé à bon droit :... que l'acte privé dressé pour constater la vente d'un immeuble et converti quelques jours après en acte notarié, demeure distinct de ce dernier acte et conserve son existence propre lorsque la conversion de cet acte en acte authentique, quoique convenue entre les parties, ne formait pas une condition de validité de la vente; que, en conséquence, le prix stipulé dans l'acte privé est plus élevé que celui fixé dans l'acte notarié, la différence entre les deux prix est passible du droit de mutation... et du double droit, en cas de non-enregistrement de cet acte privé dans les délais (Req. 13 janv. 1852, aff. Facon, D. P. 52.1.305); — Que lorsqu'à la suite de la vente d'un domaine en deux parties, par deux actes authentiques, à des acquéreurs différents, l'Administration découvre un acte sous seing privé portant une date antérieure et contenant vente du domaine entier à l'un des acquéreurs, elle peut être fondée à conclure du rapprochement des trois actes qu'une double mutation s'est opérée pour la portion du domaine cédée à l'autre acquéreur, et à réclamer, en conséquence, le droit simple et le double droit de vente immobilière à 5 fr. 50 cent. p. 100 sur la différence entre le prix stipulé dans l'acte sous seing privé et celui porté dans l'acte authentique concernant le premier acquéreur (Req. 10 mars 1868, aff. Coste, D. P. 69. 1. 145). — Il a été reconnu, en thèse générale, par le même arrêt, que la vente immobilière consentie par acte sous seing privé ne peut être considérée comme un simple projet, ni comme soumise à une condition suspensive, par cela seul qu'il est énoncé dans l'acte que le prix sera payé le jour de la réalisation de la convention par acte public : cette stipulation n'empêche pas que la vente ne soit parfaite. L'espèce de l'arrêt présentait cette circonstance particulière, que l'immeuble vendu primitivement par acte sous seing privé à une seule personne avait été vendu une seconde fois par deux actes authentiques, en deux portions distinctes, l'une à celui qui avait été désigné comme acquéreur dans l'acte sous seing privé, l'autre à un tiers. Les prix stipulés dans les deux actes authentiques étaient, réunis, inférieurs à celui porté dans l'acte sous seing privé. La cour a admis que ce dernier acte était, « non un simple projet, mais une vente parfaite », et que le vendeur n'avait figuré comme tel dans l'acte authentique par lequel une portion de l'immeuble avait été aliénée à un sous-acquéreur, que pour éviter le payement des droits de la mutation accomplie pour cette portion au profit de l'acquéreur principal. Elle a sanctionné, en conséquence, la réclamation du droit simple et du droit en sus sur la différence entre le prix porté dans l'acte sous seing privé et celui stipulé dans l'acte authentique concernant l'acquéreur principal.

1097. Jugé, dans le même sens, que la mutation de propriété résultant d'un jugement qui constate l'exercice régulier, par un locataire, de la faculté d'achat stipulée à son profit dans le bail, moyennant un prix déterminé pour l'immeuble loué, et ordonne qu'il soit passé acte de la vente dans le mois de sa signification, n'est point subordonnée à la passation de l'acte public de vente à intervenir ; elle est actuelle, et, en conséquence, le droit proportionnel de vente à 5 fr. 50 cent. pour 100 est dû, à l'enregistrement du jugement, sur le prix stipulé (Civ. cass. 25 mars 1872, aff. Compagnie immobilière, D. P. 72. 1. 314) ; — Que l'acte sous seing privé constatant une vente d'immeubles est passible, sauf à tenir compte des droits déjà perçus, du droit simple et du droit en sus, alors même que la vente aurait été réalisée par un acte authentique exprimant un prix inférieur (Trib. Montpellier, 30 mars 1874, Journ. enreg., art. 19976). Ce jugement constate que la transmission s'était opérée par l'acte sous seing privé, et que l'acte authentique intervenu ensuite avait eu pour but de dissimuler le prix réel de la vente ; le droit de mutation devait donc être perçu sur le prix exprimé dans l'acte sous seing privé, qui avait opéré la mutation de propriété (Conf. Trib. Seine, 6 juill. 1876, 22 juill. 1876, 1er juill. 1881, Rép. pér. enreg., art. 3985, 4720 et 5816).

1098. De même que le simple projet, la promesse de vente n'est, par rapport à la vente, qu'un commencement de contrat ; toutefois, elle diffère du simple projet en ce qu'elle est par elle-même un contrat parfait et distinct (c. civ. art. 1589). La question de savoir si ce contrat donne lieu au droit proportionnel de vente dépend des circonstances. Les solutions qu'elle comporte, diffèrent selon que la promesse de vente a été, ou non, acceptée, qu'elle est, ou non, accompagnée de l'engagement d'acheter contracté par celui au profit de qui elle a été faite (Rép. nos 2334 et 2335).

1099. La promesse non acceptée, la simple pollicitatio, ne peut évidemment donner ouverture au droit proportionnel (Rép. n° 2336). Ainsi, il a été jugé que le droit proportionnel perçu sur une promesse de vente, est restituable, lorsque cette promesse a été rétractée avant l'acceptation de l'acheteur, encore bien qu'un jugement, infirmé, d'ailleurs, sur appel, en ait ordonné l'exécution (Civ. rej. 16 mai 1849, Rép. n° 170).

1100. La promesse acceptée opère un lien de droit, un contrat unilatéral, mais non la transmission de la propriété ; elle ne donne point lieu, en effet, au droit proportionnel (Rép. n° 2337). C'est ce qu'exprime un arrêt intervenu au sujet d'une promesse de vente stipulée dans un bail, au profit du preneur, pour l'immeuble qui en était l'objet : « L'obligation résultant, à la charge du bailleur, de cette promesse simplement unilatérale de vente, était subordonnée à la condition de l'acceptation par le preneur ; elle ne pouvait, dès lors, donner ouverture à un droit proportionnel » (Civ. rej. 13 mai 1869, aff. d'Armaillé, D. P. 69. 1. 295). Il en est ainsi encore bien que les parties aient arrêté dans l'acte de bail le prix de l'immeuble et les conditions de payement de ce prix (Sol. adm. enreg. 13 mai 1869, D. P. 70. 5. 153-154). Jugé, de même, que la promesse contenue dans un contrat de mariage, par laquelle le père et mère de la future s'obligent à lui céder leur exploitation rurale dans un délai déterminé et moyennant un prix à fixer par experts choisis et nommés d'office, ne donne pas ouverture au droit proportionnel, si l'engagement d'acheter de la part des futurs n'est pas formellement exprimé (Trib. Senlis, 4 mai 1875, Journal de l'enregistrement, art. 20538).

1101. La promesse unilatérale de vente n'emporte pas exigibilité du droit proportionnel, alors même qu'elle est accompagnée d'une clause pénale (Rép. n° 2340). L'Administration l'a elle-même reconnu en décidant que la promesse de vendre à des conditions et moyennant un prix déterminés, avec stipulation que les parties seront tenues respectivement de se prévenir, avant une époque fixée, de leurs intentions définitives, et que celle qui refusera d'exécuter l'engagement, payera, à titre de dédit, une somme indiquée, ne donne lieu, lors même qu'elle a été acceptée par l'acquéreur, qu'au droit fixe d'enregistrement (Sol. adm. enreg. 4 nov. 1874, D. P. 76. 3. 32).

1102. On doit placer sur la même ligne que la promesse unilatérale de vendre, la promesse unilatérale d'acheter, la promesse de ne pas vendre à un autre que celui qui fait la stipulation, ou bien enfin la promesse de préférence en faveur d'une personne, s'il arrive qu'on prenne le parti de vendre. Aucune de ces stipulations n'étant immédiatement translative, ne donne ouverture au droit proportionnel (Rép. n° 2342. Conf. Garnier, Rép. gén. enreg., nos 17663, 17664 et 17675 ; Diction. droits d'enreg., v° Vente, n° 902 ; Demante, t. 1, n° 128 ; Naquet, t. 1, n° 310, note 2). — Et comme le font observer MM. Demante et Naquet, loc. cit., on ne pourrait non plus réclamer le droit d'obligation à 1 pour 100 en alléguant l'obligation contractée par l'acheteur de payer le prix stipulé, car cet engagement est purement éventuel. Le seul droit d'enregistrement exigible est celui de 3 fr. établi pour les actes innommés.

1103. Lorsque la promesse est synallagmatique, c'est-à-dire lorsque la promesse de vendre est suivie d'une acceptation accompagnée elle-même de la promesse d'acheter, elle vaut vente (c. civ. art. 1589), et le droit proportionnel est dû (Rép. n° 2343). Ainsi, il a été jugé : 1° que le bail dans lequel le locataire s'engage à laisser l'immeuble en toute propriété au preneur à l'expiration du contrat, moyennant un prix fixé d'avance, est considéré avec raison comme une vente à terme déguisée rendant exigible le droit de mutation, si le locateur s'y réserve, pour le cas où le preneur ne profiterait pas de la promesse, la faculté de faire vendre l'immeuble aux enchères avec droit de faire supporter à celui-ci la différence en moins dans le prix obtenu (Trib. Cambrai, 14 mars 1855, aff. Pluchart, D. P. 55. 3. 55) ; — 2° Que le jugement constatant, entre les parties, une promesse de vente équivalant à vente, avec cautionnement d'un tiers au profit des acquéreurs, donne lieu à la perception du droit de vente (Civ. rej. 12 juin 1854, aff. Margat, D. P. 55. 1. 12) ; — 3° Que l'acte portant bail pour un temps déterminé, à une commune, de constructions que le bailleur s'oblige à élever pour des usages municipaux sur un terrain lui appartenant, moyennant un loyer fixé proportionnellement au prix des travaux à exécuter, et, d'autre part, engagement par la commune d'acquérir le terrain et les constructions avant l'expiration du bail, à un prix arrêté, renferme une vente immobilière passible du droit proportionnel de vente (Trib. Seine, 9 juill. 1870, aff. Ville de Paris, D. P. 71. 3. 44, et sur pourvoi, Req. 28 janv. 1873, D. P. 73. 1. 307) ; — 4° Que le bail dans lequel il a été stipulé que le preneur pourra, pendant sa durée, acquérir à un prix déterminé l'immeuble loué, et que cette acquisition deviendra obligatoire pour lui six mois avant l'expiration du bail, renferme une vente à terme, et non sous condition suspensive, et donne lieu, par suite, au droit proportionnel de vente à 5 fr. 50 cent. pour 100 (Trib. Compiègne, 4 avr. 1883, *Journal de l'enregistrement*, art. 22263).

1104. Une vive controverse s'est produite au sujet de la quotité du droit proportionnel d'enregistrement applicable à la cession du bénéfice résultant d'une promesse de vente d'immeubles. La question s'est présentée surtout à l'occasion des promesses de vente, stipulées si souvent dans les baux. Suivant une opinion, la cession de ces promesses donne lieu au droit de vente immobilière. Le droit résultant pour le créancier d'une obligation, sous condition suspensive, dit-on, constitue un bien dont il peut disposer, mais qui, au moment où il prend naissance, n'a pas une valeur appréciable : c'est pour ce motif qu'il échappe à l'impôt. Mais si ce droit vient à être cédé moyennant un prix, l'appréciation de cette valeur repose sur une base certaine, et l'impôt devient exigible. Or cette promesse de vente, lorsqu'elle se rapporte à un immeuble, a pour objet de procurer la propriété de cet immeuble : elle rentre donc dans la classe des biens déclarés immeubles par l'art. 526 c. civ., et la cession de cette promesse fait encourir le droit de mutation immobilière. Le droit résultant pour le bénéficiaire une action, qui, se rapportant à un immeuble, rentre elle-même dans la classe des biens déclarés immeubles, la cession de cette action constitue une transmission immobilière passible du droit de vente immobilière à 5 fr. 50 cent. pour 100; et le droit est dû au taux sur la totalité du prix stipulé, quoiqu'il se rapporte à la fois au droit au bail et à la promesse de vente de l'immeuble, alors qu'aucune distinction n'a été faite dans la stipulation (Trib. Grasse, 28 févr. 1883, aff. Société civile des terrains de Cannes et du Cannet, D. P. 85. 3. 79; D. P. 69. 1. 295, note; D. P. 74. 1. 121, note. Conf. Garnier, *Rép. gén. enreg.*, n° 1580; *Diction. droits d'enreg.*, v° *Vente*, n° 937).

La solution contraire prédomine en jurisprudence. La promesse unilatérale de vente, dit-on dans ce système, n'est qu'une vente sous condition suspensive ; si cette promesse, comme tout contrat sous condition suspensive, échappe au droit proportionnel, il doit en être de même de la cession qui en est faite, car cette cession ne modifie pas la nature du droit cédé ; ce droit est transmis au cessionnaire tel qu'il existait dans le patrimoine du cédant. Il est inexact de prétendre que la promesse de vente est affranchie de l'impôt à cause de la difficulté d'appréciation de la valeur. Le motif de l'exemption, c'est le caractère conditionnel du contrat : si la promesse est cédée, le caractère conditionnel n'en subsiste pas moins, et l'exemption du droit proportionnel doit s'appliquer (Trib. Seine, 23 mars 1867, et sur pourvoi, Civ. rej. 13 janv. 1869, aff. d'Armaillé, D. P. 69. 1. 295; 4 févr. 1873, aff. Leconte, D. P. 74. 1. 121; Civ. cass. 5 févr. 1889, aff. Société des terrains de Cannes et de Cannet, D. P. 89. 1. 200; Trib. Seine, 2 mai 1884, aff. Crespin, D. P. 85. 3. 79. Conf. Naquet, t. 1, n° 158). Dans le sens de cette doctrine, il a été jugé, spécialement : que l'engagement pris par le bailleur, dans un contrat de bail, de céder au preneur à un prix déterminé, l'immeuble loué, étant subordonné à l'acceptation du preneur, partant conditionnel, et demeurant tel entre les mains de celui auquel le bénéfice en est transmis par cession de bail, cette transmission ne peut, pas plus que la promesse de vente elle-même, servir de base à la perception d'un droit proportionnel particulier d'enregistrement (Arrêt précité du 13 janv. 1869); — Que la cession, moyennant un prix déterminé, du bénéfice pouvant résulter de la stipulation, contenue dans un bail d'immeuble, d'une promesse de vente à un prix fixé avec clause pénale en cas d'inexécution, n'est sujette, à raison du caractère conditionnel de la promesse de vente, qu'au droit fixe d'enregistrement (Jugement précité du 2 mai 1884). — Décidé aussi que la renonciation, par le preneur, à se prévaloir d'une promesse de vente stipulée à son profit dans le bail pour l'immeuble loué, avec détermination du prix auquel il pourrait se rendre acquéreur, n'ayant pour effet que de délier le bailleur d'une obligation personnelle, et étant, en conséquence, simplement libératoire, et non translative de propriété, ne donne pas lieu à la perception du droit proportionnel de

vente immobilière, encore bien que, dans l'acte même constatant la renonciation, le bailleur ait consenti, de son côté, à une réduction de loyer (Arrêt précité du 4 févr. 1873. Conf. Trib. Lille, 15 déc. 1870, aff. Lecomte, D. P. 71. 5. 159).

4°. — Effets de la nullité (*Rép.* n°⁵ 2349 à 2359).

1105. Les effets que la nullité des contrats peut produire pour la perception des droits d'enregistrement ont déjà été étudiés ci-dessus au *Supplément*, comme au *Répertoire*, dans la partie consacrée aux règles générales (V. *suprà*, n°⁵ 115 et suiv.). Le *Répertoire* ne s'est occupé que de certaines applications particulières au contrat de vente et spécialement de la vente de la chose d'autrui (*Rép.* n°⁵ 2349 et suiv.).

À cet égard, il a été établi *ibid.* n° 2352, que la vente est régulière et donne lieu au droit proportionnel, lorsque la chose est vendue par un tiers qui a agi comme *mandataire*, *porte-fort* ou *vendeur solidaire*. Il a été jugé, en ce sens, que le contrat par lequel l'un des propriétaires d'un immeuble cède, à titre d'échange, sans aucune réserve, cet immeuble, tant en son nom personnel que comme se portant fort pour son copropriétaire, est définitif, et non soumis à une condition suspensive, et donne ouverture, en conséquence, aux droits proportionnels, alors même que, quelques jours après l'acte et en exécution de l'une de ses clauses, il a été procédé, entre les parties, à un arpentage d'après lequel une soulte stipulée a été augmentée sensiblement (Req. 18 janv. 1881, aff. Jouteux, D. P. 81. 1. 361. V. rapport de M. le conseiller Voisin, *ibid.* V. aussi, dans le même sens : Garnier, *Rép. gén. enreg.*, n° 15460 et suiv.; *Rép. pér. enreg.*, n°⁵ 2512, 2539. — V. en sens contraire : Demante, t. 1, n° 255; *Diction. droits d'enreg.*, v° *Stipulation pour autrui*, n° 70).

1106. D'un autre côté, la vente d'un immeuble, lorsque rien ne décèle le défaut du droit du vendeur, fait présumer que cet immeuble lui a été transmis secrètement par le précédent propriétaire, et si cette présomption n'est pas détruite par la preuve contraire, le droit de mutation est dû à raison de la transmission ainsi révélée (*Rép.* n° 2353), ainsi que nous l'avons déjà établi en traitant des mutations secrètes, *suprà*, n° 1041.

1107. Mais s'il résulte explicitement ou implicitement des dispositions de l'acte de vente que la chose n'appartient réellement pas au vendeur qui n'a pris, d'ailleurs, ni la qualité de mandataire, ni celle de porte-fort, ni celle de vendeur solidaire, il s'agit, dès lors, en réalité, de la vente de la chose d'autrui et, dans la rigueur des principes, la convention ne donne pas lieu au droit proportionnel (*Rép.* n°⁵ 2354, 2357). M. Garnier estime, au contraire, que, même dans ce cas, le droit proportionnel est dû, attendu que les effets de la vente offrent alors avec l'engagement du porte-fort une parfaite similitude (*Rép. gén. enreg.*, n° 17839; *Rép. pér. enreg.*, art. 2512). Mais notre opinion est partagée par les auteurs du *Dictionnaire des droits d'enregistrement*, v° *Nullité*, n° 115, et par M. Demante. « La vente de la chose d'autrui, dit cet auteur, t. 1, n° 253, n'a rien qui répugne à la raison, car on peut s'obliger licitement à faire avoir à une personne la chose qu'on n'a pas encore, mais qu'on espère acquérir. Une pareille convention est surtout fréquente dans le commerce à l'égard des objets mobiliers, mais, d'après les idées qui ont prévalu en droit français ; cette convention n'est pas qualifiée vente proprement dite ; les interprètes de la loi fiscale l'appellent un marché-vente. Nul doute qu'une pareille convention ne soit aussi bien valable en fait d'immeubles. Seulement, comme elle ne constitue pas une vente proprement dite et n'est pas d'ailleurs actuellement translative de propriété, c'est un acte innommé soumis au droit fixe de 3 fr. »

1108. Le droit proportionnel, non exigible à l'enregistrement de l'acte portant vente de la chose d'autrui, le devient lorsque le véritable propriétaire de l'immeuble vendu ratifie la vente. Seulement, comme, en ce cas, c'est la ratification qui donne son efficacité à la mutation, c'est au jour où elle intervient que le droit devient exigible (*Rép.* n° 2358). Il s'ensuit que c'est sur la valeur vénale de l'immeuble à ce jour, et non à celui de la vente, que l'impôt est dû.

B. — *Causes suspensives ou exclusives de la perception* (*Rép.* n°s 2360 à 2381).

1109. Il s'agit ici de l'application, particulièrement à la vente, des exceptions péremptoires et dilatoires que nous avons examinées en exposant les règles générales de la perception des droits d'enregistrement et qui excluent ou tiennent en suspens cette perception (V. *suprà*, n°s 131 et suiv.). L'application des exceptions dont il s'agit à la vente se rapporte, notamment, pour l'exception péremptoire, aux ventes *consommées*, et pour l'exception dilatoire, aux ventes *conditionnelles*.

1°. — *Ventes consommées* (*Rép.* n°s 2361 à 2363).

1110. Il est établi au *Rép.* n° 2361, que si, en thèse générale, le droit proportionnel ne peut plus être perçu dans deux hypothèses, lorsque la convention est éteinte et lorsque le droit a déjà été acquitté (V. *suprà*, n° 132), cette règle comporte une certaine réserve dans son application à la vente. La première cause d'exception avons-nous dit, ne peut se produire en matière de vente (*Rép.* n° 2362). La seconde, au contraire, lui est applicable. La règle *Non bis in idem* est vraie pour la vente aussi bien que pour tout autre contrat (*Rép.* n° 2363). La vente, comme toute convention, ne peut être assujettie deux fois au droit d'enregistrement (*Rép.* n° 2363). Ainsi, en cas de vente d'un immeuble avec la faculté réservée à un tiers de prendre la vente pour son compte dans un délai déterminé, à peine de déchéance, l'arrêt qui relève le tiers de cette déchéance sur le motif, par exemple, que les manœuvres frauduleuses de l'acheteur l'avaient empêché de manifester sa volonté en temps utile, ne donne pas ouverture à un nouveau droit de mutation. En conséquence, lorsque, après le délai fixé pour l'exercice de la faculté d'acquisition dont il s'agit, l'acheteur a payé le droit de mutation, dans l'opinion qu'il était devenu propriétaire définitif, le tiers qui lui a été substitué, est réputé libéré par le jugement, et le nouveau droit perçu sur lui par la régie est sujet à restitution au profit de ce tiers ou de l'acheteur qui, n'ayant acquitté à sa décharge, peut le répéter du chef de son débiteur (Civ. cass. 4 juin 1866, aff. Dupuis, D. P. 66. 1. 327). La difficulté provenait, dans l'espèce, de ce que le tiers avait laissé passer le délai sans manifester l'intention de se rendre acquéreur; mais le jugement intervenu avait justement eu pour but de relever l'acquéreur de la déchéance, et de constater qu'une seule mutation avait eu lieu : les choses s'étaient donc passées comme si l'acquéreur avait pris parti dans le délai convenu, et, dans ce cas, il était bien certain qu'une seule mutation s'était opérée et qu'un seul droit était dû.

2°. — *Ventes conditionnelles* (*Rép.* n°s 2364 à 2381).

1111. Les effets produits par la stipulation d'une condition sur la perception du droit ne sont pas, en matière de vente, différents de ce qu'ils sont pour toutes autres conventions. Cela ressort de ce qui a été exposé dans l'étude des règles générales au chap. 2, sect. 2 (*Rép.* n°s 242 et suiv. V. *suprà*, n°s 160 et suiv.). La seule difficulté est de distinguer la condition suspensive de la condition résolutoire. La distinction présente un grand intérêt, car la condition suspensive tenant en suspens l'existence même de la convention, la vente subordonnée à une telle condition n'est sujette qu'au droit fixe; le droit proportionnel ne devient exigible qu'au moment où la condition se réalise. Au contraire, la condition résolutoire « ne suspend point l'exécution de l'obligation » (c. civ. art. 1183), et, par suite, ne fait pas obstacle à la perception du droit proportionnel. Ces principes sont forts simples ; mais, comme cela est dit au *Rép.* n° 2368, l'application n'en est pas toujours aisée. Nous présentons ici différentes décisions qui ont statué particulièrement sur ce point.

1112. Il a été reconnu que la convention avait été consentie sous *condition suspensive* dans les espèces ci-après, où il a été jugé : 1° que la clause d'un jugement d'adjudication portant que l'adjudication sera réputée non avenue, faute par l'adjudicataire de consigner les droits

d'enregistrement le jour même de l'adjudication ou le lendemain avant midi, a le caractère, non d'une condition résolutoire, mais d'une condition suspensive ; par suite, l'adjudication doit, en cas de non-exécution de cette clause, être considérée comme n'ayant pas eu un seul moment d'existence, et, dès lors, n'est pas passible du droit proportionnel (Civ. cass. 9 juill. 1855, aff. Pénot, D. P. 55. 1. 308) ; — 2° Que la vente d'un immeuble faite sous la réserve en faveur de l'acheteur de l'accepter ou d'y renoncer pendant un certain délai (trois ans), durant lequel la convention demeurera suspendue, constitue une vente sous condition suspensive, et ne peut donner lieu, dès lors, à la perception du droit proportionnel qu'après l'accomplissement de cette condition ; il en est ainsi, alors même que l'ensemble des clauses de l'acte impliquerait l'existence d'une translation immédiate de propriété, la stipulation que les conventions qu'il renferme demeureront suspendues jusqu'à l'accomplissement de la condition exprimée, réagissant sur toutes les clauses de la vente et les subordonnant à la réalisation de cette condition (Civ. rej. 4 janv. 1858, aff. Roy de l'Ecluse, D. P. 58. 1. 37) ; — 3° Que la clause par laquelle l'acheteur d'un immeuble se réserve de visiter cet immeuble dans un certain délai « pour maintenir la convention ou l'annuler », soumet la vente à une condition suspensive, dont l'existence met obstacle à la perception du droit proportionnel de mutation jusqu'à l'accomplissement de cette condition ; en conséquence, ce droit n'est pas dû si l'acheteur, après avoir visité l'immeuble, déclare refuser sa sanction au contrat (Trib. Marseille, 11 août 1851, aff. Peller, D. P. 52. 3. 16); — 4° Que la promesse de vente subordonnée à la passation d'un acte notarié et au payement comptant d'une partie du prix, doit être considérée comme soumise à une condition suspensive, et non pas à une condition résolutoire ; par suite, c'est seulement à l'époque de l'accomplissement de cette condition qu'une telle promesse donne ouverture au droit proportionnel de mutation ; et il en est ainsi, même en cas de prise de possession par l'acheteur avant l'évènement de la condition (Civ. cass. 6 mai 1863, aff. Gerry, D. P. 63. 1. 215. Conf. *Rép.* n° 2374).

1113. Au contraire, dans les espèces ci-après, la vente a été considérée comme soumise à une *condition résolutoire* et sujette, en conséquence, à la perception immédiate du droit proportionnel. C'est ce qui a été jugé au sujet de vente volontaire d'un domaine aux enchères publiques et en plusieurs lots, dans le cahier des charges de laquelle il était stipulé que le vendeur se réservait le droit de résoudre les adjudications partielles dans le cas, notamment, où il se présenterait un acquéreur pour l'adjudication en bloc, fixée à une époque ultérieure, et, d'autre part, que les adjudicataires seraient propriétaires par le seul fait de l'adjudication et entreraient en jouissance à partir de cette époque. En conséquence, chaque adjudication partielle opère une mutation donnant lieu à la perception du droit proportionnel d'enregistrement, et ce droit ne peut être restitué au cas où le vendeur, usant de la faculté qu'il s'était réservée, déclare plus tard les adjudications partielles résolues par suite d'une adjudication en bloc du domaine (Trib. Dijon, 23 juill. 1855, aff. Gallois, D. P. 56. 3. 19) ; ... Jugé, de même, que la cession de la concession d'un chemin de fer donne lieu à la perception immédiate du droit proportionnel d'enregistrement, lorsqu'elle a été faite sans condition, encore bien que l'autorisation gouvernementale, nécessaire pour la validité de la convention, n'ait point encore été accordée (Civ. cass. 15 mai 1861, aff. Mancel, D. P. 61. 1. 225) ; ... Que l'incapacité d'acquérir sans l'autorisation du Gouvernement ne peut être opposée par une communauté religieuse à la poursuite dirigée contre elle en payement des droits dus pour une mutation d'immeuble effectuée secrètement à son profit (Trib. Avallon, 6 avr. 1864, aff. Sœurs de la Providence, D. P. 64. 3. 102. Conf. *Rép.* n° 2091) ; ... Que l'acte dans lequel il est stipulé que la vente sera considérée comme nulle dans le cas où l'acquéreur ne se mariera pas avec une personne déterminée, est soumise à une simple condition résolutoire et que, par suite, la non-réalisation de cette condition ne saurait autoriser la restitution du droit proportionnel perçu lors de l'enregistrement de la vente, alors surtout que partie du prix a été payée comptant par l'acquéreur qui est entré immédiatement en jouissance (Trib. Reims, 2 déc. 1874, *Journ. enreg.*, art. 20022).

N° 2. — *Adjudications; Reventes à la folle enchère et adjudication sur surenchère* (*Rép.* n°s 2382 à 2421).

1114. L'adjudication, qu'elle soit volontaire ou qu'elle ait lieu sur expropriation forcée, est placée sur la même ligne que la vente en ce qui concerne la quotité du droit d'enregistrement; elle est soumise, comme la vente, au droit de 5 fr. 50 pour 100 (V. *supra*, n° 1074). Les règles générales d'exigibilité exposées pour la vente lui sont donc applicables en thèse générale. Mais certaines adjudications se distinguent par la forme et un caractère particulier. C'est de ces adjudications que le *Répertoire* s'est occupé ici en traitant successivement de l'*adjudication* en général, de la *revente sur folle enchère*, et des *adjudications à la suite de surenchère* (*Rép.* n° 2382).

A. — Adjudication (*Rép.* n°s 2383 à 2393).

1115. L'adjudication doit-elle être revêtue de la signature des parties pour donner lieu au droit proportionnel? A cet égard, il faut distinguer entre les adjudications volontaires et les adjudications judiciaires, entre les adjudications faites en justice et les adjudications devant notaire (*Rép.* n° 2383). L'adjudication forcée faite en justice ayant le caractère de jugement, le droit est exigible indépendamment des signatures du vendeur et de l'acquéreur (*Rép.* n° 2384). Au contraire, à l'égard de l'adjudication volontaire faite devant notaire, les signatures du vendeur et de l'acquéreur sont nécessaires pour rendre le droit proportionnel exigible (*Rép.* n° 2384).

1116. Mais l'adjudication forcée, attribuée à un notaire par un renvoi du tribunal, ne cesse pas d'être judiciaire : la signature des parties n'est pas, dans ce cas, nécessaire pour rendre exigible le droit proportionnel, car l'acte est parfait sans la signature des parties (*Rép.* n° 2386. Conf. *Diction. droits d'enreg.*, v° *Adjudication*, n° 74). M. Garnier incline à penser que le droit proportionnel n'est pas exigible sur une adjudication devant notaire commis en justice, demeurée imparfaite faute de signature de l'adjudicataire (*Rép. gén. enreg.*, n° 1742). Mais il ajoute, en citant l'opinion que nous avons exprimée, qu'elle peut se justifier par l'arrêt du 24 janv. 1814, cité au *Rép. ibid.*

1117. Quoi qu'il en soit, le droit proportionnel de vente ne peut être perçu sur le procès-verbal d'adjudication d'immeubles qui a été dressé par un notaire commis par justice, mais qui n'est pas revêtu de sa signature, encore bien qu'il soit signé par le vendeur et par l'adjudicataire (Sol. adm. enreg. 20 mars 1866, D. P. 67. 5. 165). Le notaire commis remplit un office judiciaire : son procès-verbal non signé est comme un jugement non signé par le juge, c'est-à-dire sans valeur.

Il n'en serait pas de même d'une vente ordinaire passée devant notaire : l'absence de la signature de ce dernier n'a d'autre effet que d'enlever à l'acte le caractère authentique ; mais la vente est valable si les parties ont signé, et le droit proportionnel est exigible (Trib. Lourdes, 13 mars 1855, aff. Gassiot, D. P. 55. 3. 40).

1118. L'adjudication que la loi fiscale a voulu atteindre, et qu'elle a soumise au droit proportionnel, est celle qui dépouille le propriétaire d'une manière définitive et irrévocable (*Rép.* n° 2387). De là, différentes conséquences. En premier lieu, de même que dans la vente ordinaire, la condition suspensive empêche la perception du droit proportionnel sur une adjudication qui en est affectée (*Rép.* n° 2388), la condition résolutoire, au contraire, n'a pas d'influence sur la perception; et il a été jugé que lorsque, par le cahier des charges d'une vente volontaire et en plusieurs lots d'un domaine aux enchères, le vendeur s'est réservé le droit de résoudre les adjudications partielles, s'il se présentait un acquéreur pour l'adjudication en bloc fixée à une époque ultérieure, une pareille clause renfermait une condition résolutoire, et non une condition suspensive, alors surtout

qu'il a été dit que les adjudicataires seraient propriétaires par le seul fait de l'adjudication et entreraient de suite en jouissance ; en conséquence, chaque adjudication partielle opère une mutation donnant lieu à la perception du droit proportionnel (Trib. Dijon, 23 juill. 1855, cité *supra*, n° 1113).

1119. Il est enseigné au *Rép.* n° 2388 que la clause d'un cahier des charges d'après laquelle l'adjudication ne sortira effet et n'opérera transmission de la propriété qu'autant que les droits d'enregistrement seront consignés par l'adjudicataire dans un délai déterminé, faisant dépendre la mutation d'un événement futur et incertain, est par cela même suspensive et exclut, par suite, la perception du droit proportionnel. Cette doctrine a été confirmée par l'arrêt de la cour de cassation du 9 juill. 1855, cité *supra*, n° 1112, aux termes duquel la clause d'un cahier des charges portant que l'adjudication sera non avenue faute par l'adjudicataire de consigner les droits d'enregistrement le jour même de l'adjudication ou le lendemain avant midi, a le caractère, non d'une condition résolutoire, mais d'une condition suspensive. Par suite, en cas de non-exécution de la clause, l'adjudication doit être considérée comme n'ayant pas eu un seul moment d'existence et, dès lors, n'est point passible du droit proportionnel.

Cet arrêt a été rendu au sujet d'une adjudication *volontaire* ; il a résolu la question pour les adjudications de l'espèce. Mais cette doctrine peut-elle être admise pour les *ventes judiciaires*? « Nous pensons, dit à cet égard M. Demante, t. 1, n° 196, que la question peut être tranchée d'une façon générale et que, dans le cas proposé, le droit de mutation n'est pas encouru, même si l'on regarde la condition comme résolutoire. En effet, la résolution venant à s'opérer avant le payement de l'impôt, il n'existe plus, à raison de l'acte résolu, ni cause, ni base de perception. En vertu de cette considération, notre doctrine est applicable, non seulement aux adjudications volontaires (ce qui est l'hypothèse de l'arrêt précité), mais aussi bien aux ventes judiciaires. Dans les ventes de cette nature, on peut douter que la clause dont il s'agit puisse être considérée comme suspensive, car la loi règle impérativement les délais de la procédure et le moment précis où la mutation s'opère ». — M. Garnier, *Rép. gén. enreg.*, n° 1609, qui, comme nous l'avons dit *supra*, n° 140, soutient que l'annulation d'un contrat ne fait obstacle à la perception du droit d'enregistrement qui lui est applicable qu'autant qu'elle a été prononcée judiciairement, estime qu'il en est ainsi au cas dont il s'agit. « Il nous paraît difficile, dit cet auteur, de décider de même pour une simple résolution, que l'événement de la condition n'empêche pas le contrat d'avoir existé et d'avoir produit ses effets. L'impôt a donc été régulièrement exigible ». Comme on l'a vu *supra*, n° 150, nous estimons que l'annulation même volontaire, d'un contrat, exclut la perception du droit d'enregistrement auquel il pouvait être assujetti. Nous partageons, par suite, l'opinion exprimée par M. Demante sur le point dont il s'agit.

1120. L'observation faite *supra*, n° 1118, que l'adjudication tarifée au droit proportionnel est celle qui dépouille le propriétaire, est importante dans tous les cas où l'adjudication implique une possession continuée, en ce sens qu'elle est faite en faveur d'une personne ayant déjà des droits de propriété. L'adjudication ne donne pas lieu alors au droit proportionnel, parce qu'il n'y a réellement pas dépossession (*Rép.* n° 2389). Il en est ainsi de l'adjudication, prononcée au profit de l'héritier bénéficiaire, des biens de la succession (*Ibid.* n° 2390).

1121. La même solution s'applique à l'adjudication faite au profit de l'acquéreur dans le cas où, faute d'avoir fait transcrire, il est exproprié par les créanciers du vendeur (*Rép.* n° 2391). Il n'y a, dans ce cas, qu'une seule mutation et, comme le droit applicable à cette mutation a été perçu à l'enregistrement de la vente amiable, il ne peut être exigé de nouveau, si ce n'est pour l'excédent du prix, lorsqu'il est supérieur à celui de la vente (*Ibid.* V. D. P. 70. 1. 366, note). Mais si, après avoir été dessaisi par l'annulation judiciaire de la vente amiable faite à son profit, l'acquéreur se rend adjudicataire du même immeuble, il acquiesce au jugement qui a annulé sa précédente acquisition. L'immeuble ne peut lui revenir que par une mutation nouvelle, distincte et indépendante de la première, et passible, comme celle-ci, du droit proportionnel (V. même note, D. P. 70. 1. 366).

La jurisprudence a pleinement confirmé cette doctrine. Jugé, en effet, ... que, lorsqu'une vente ayant été déclarée nulle comme faite en fraude des droits des créanciers du vendeur, l'acquéreur se rend ensuite adjudicataire, sur expropriation forcée, des biens qui en étaient l'objet, le droit proportionnel perçu sur la vente n'est pas imputable sur celui auquel l'adjudication donne lieu (Req. 5 déc. 1866, aff. Basset, D. P. 67. 1. 103); — Que le jugement d'adjudication de biens mis aux enchères sur saisie, après annulation judiciairement prononcée d'une vente amiable dont ils avaient été l'objet, opère une nouvelle mutation passible d'un nouveau droit proportionnel d'enregistrement, alors même que l'adjudicataire n'est autre que celui qui avait d'abord acquis les biens à l'amiable. On ne peut appliquer à ce cas la disposition du tarif qui n'assujettit qu'au droit fixe les actes refaits pour cause de nullité ou autres motifs, ni admettre l'imputation du droit perçu lors de l'enregistrement de la vente amiable sur le droit applicable à l'adjudication (Civ. cass. 15 déc. 1869, aff. Rostand, D. P. 70. 1. 366).

1122. Une disposition de la législation nouvelle démontre que, si l'adjudication volontaire devant notaire et la vente amiable sont soumises au même droit d'enregistrement, l'adjudication n'en conserve pas moins, au point de vue de l'impôt, le caractère spécial que lui donnent les enchères publiques. Comme on l'établira plus loin au chap. 6, sect. 2, où il a été question des peines, la loi du 23 août 1871 (art. 12 et 13) a édicté une pénalité exceptionnellement élevée et une procédure nouvelle pour la répression des dissimulations dans les prix de vente ou dans les soultes de partage ou d'échange d'immeubles. En même temps, elle a enjoint à tout notaire qui reçoit un acte de vente, d'échange ou de partage, de donner lecture aux parties de celles de ses dispositions qui se rapportent à cet objet et de faire mention expresse de cette lecture dans l'acte, le tout afin d'avertir les parties des conséquences d'une dissimulation (Instr. adm. enreg. 23 août 1871, n° 2413, § 5, n° 2, D. P. 71. 3. 51). L'application de ces dispositions a soulevé des difficultés pour les adjudications devant notaire. L'administration de l'enregistrement a reconnu qu'elles ne s'appliquent pas aux adjudications d'immeubles faites par un *notaire commis en justice* (Instr. adm. enreg. 9 mars 1872, n° 2434, § 9, D. P. 72. 3. 85). Mais elle a soutenu, et les tribunaux de première instance ont été unanimes à reconnaître, que lesdites dispositions s'appliquent aux adjudications *volontaires* d'immeubles faites par les notaires (Même instruction, n° 2434, § 9; Sol. adm. enreg. 6 juill. 1872, D. P. 73. 3. 104; Trib. Arras, 21 janv. 1873, aff. Braine, D. P. 73. 3. 104; Trib. Joigny, 9 juill. 1874, D. P. 74. 5. 192; Trib. Semur, 30 avr. 1873; Trib. Verdun, 9 juill. 1873; Trib. La Rochelle, 9 juill. 1873; Trib. Mantes, 30 août 1873; Trib. Charleville, 18 déc. 1873; Trib. Avesnes, 9 janv. 1874; Trib. Grasse, 21 janv. 1874; Trib. Versailles, 17 févr. 1874; Trib. Seine, 16 mai 1874; Trib. Meaux, 20 mai 1874. D. P. 74. 5. 192, n° 3, note. — *Contra :* Délib. ch. not. Versailles, 6 févr. 1872, D. P. 72. 3. 85, note). La question était pendante devant la cour de cassation lorsque la loi du 3 août 1875 (art. 11) a mis fin au débat, conformément aux vœux du Notariat, en disposant que l'obligation *cesserait* de s'appliquer aux *adjudications publiques* (V. D. P. 76. 4. 46 et la note. — Sur les circonstances dans lesquelles le projet de loi a été présenté, V. D. P. 75. 4. 107, note 6).

B. — Revente à la folle enchère (*Rép.* n°s 2394 à 2407).

1123. La loi fiscale reconnaît que la revente à la folle enchère et la première adjudication ne forment qu'une seule mutation effective, passible d'un seul droit proportionnel. La revente, si le prix n'excède pas celui de la première adjudication, n'est passible que d'un droit fixe (V. *suprà*, n°s 327 et suiv.); s'il est supérieur, le droit proportionnel est dû, mais seulement sur l'excédent (L. 22 frim. an 7, art. 69, § 7, n° 1) (*Rép.* n° 2395). D'ailleurs, le droit de contrôle de l'Administration pour le cas de fraude est toujours réservé.

Ainsi, le jugement duquel il résulte qu'une adjudication sur folle enchère n'a pas été sérieuse, qu'elle est intervenue en exécution d'une convention sous seing privé demeurée secrète, par laquelle le premier acquéreur s'était engagé à se laisser poursuivre et le second avait promis de porter le prix de l'adjudication à un chiffre déterminé, constate que la mutation opérée a été une véritable revente; dès lors, le droit proportionnel d'enregistrement doit être liquidé sur l'intégralité du prix stipulé, et non pas seulement, comme pour les adjudications par suite de folle enchère, sur la différence entre ce prix et celui de la vente primitive; et le droit en sus est dû à raison du défaut d'enregistrement de la convention dans le délai de trois mois, ce délai courant du jour même où la transmission de propriété s'est opérée, c'est-à-dire de la date de la convention, et non pas seulement du jour de l'entrée en possession du nouvel acquéreur (Req. 21 janv. 1878, aff. Deboisse, Pinguet et Martin, D. P. 78. 1. 197).

1124. Si le prix de la première adjudication est supérieur à celui de la revente sur folle enchère, on a dit au *Rép.* n° 2401 qu'un droit est dû sur la différence par le premier adjudicataire. Cette solution, qui avait été consacrée par plusieurs arrêts, a encore été confirmée par la cour de cassation (Civ. cass. 24 août 1853, aff. Pupat, D. P. 53. 1. 231). La première adjudication est, en effet, subordonnée à une condition résolutoire, mais elle a son existence propre, et l'adjudication sur folle enchère n'a pas pour effet de libérer le fol enchérisseur des droits d'enregistrement (*Rép. ibid.*).

1125. Il résulte de la doctrine consacrée par l'arrêt du 24 août 1853, cité *suprà*, n° 1124, que le fol enchérisseur qui n'a pas fait enregistrer dans le délai son adjudication est tenu personnellement, non seulement de la différence entre le droit simple dû sur cette adjudication et le droit de la seconde adjudication; mais en outre de la totalité du droit en sus encouru à défaut d'enregistrement de son adjudication dans le délai (Conf. Trib. Tarbes, 25 mai 1852; Trib. Carcassonne, 7 févr. 1887, *Journ. enreg.*, art. 15700 et 22860). « Les solutions, dit M. Demante, t. 1, n° 193, découlent des principes ci-dessus posés : la revente sur folle enchère résout la propriété de l'acquéreur primitif, mais non ses obligations. Ce qui a été décidé, pour son obligation quant au prix, doit être aussi bien décidé pour son obligation quant à l'impôt accessoire du prix. Tout cela est sévère, mais exact. »

1126. Lorsque le fol enchérisseur est un colicitant et n'a payé, à ce titre, que le droit de 4 pour 100 seulement sur la part acquise, l'adjudication au profit d'un étranger donne lieu au droit de 5 fr. 50 cent. pour 100 sur la totalité du prix, sauf imputation du droit perçu sur la première vente (*Rép.* n° 2404. Conf. Demante, t. 1, n° 204; Garnier, *Rép. gén. enreg.*, n° 1765; Demante, t. 1, n° 204).

1127. Il est enseigné au *Rép.* n° 2405 que, si le prix d'une aliénation consentie par un fol enchérisseur est touché par l'adjudicataire sur folle enchère, la quittance souscrite par lui équivaut à une ratification et, dès lors, donne lieu, non à un nouveau droit de mutation, mais seulement au droit fixe. L'administration de l'enregistrement a adhéré à cette opinion par une solution que le *Dictionnaire des droits d'enregistrement*, v° *Adjudication*, n° 151, rapporte dans les termes suivants : « L'adjudicataire sur folle enchère a revendu, moyennant 1200 fr., au tiers acquéreur, le même immeuble que ce tiers avait acheté moyennant 900 fr. du fol enchérisseur. La vente consentie par l'adjudicataire définitif au tiers acquéreur, n'est que la ratification, moyennant un supplément de prix de 300 fr., de celle consentie à ce dernier par le fol enchérisseur; elle ne donne donc ouverture au droit proportionnel que sur 300 fr. (Sol. adm. enreg. 2 juill. 1872).

C. — Adjudication sur surenchère (*Rép.* n°s 2408 à 2420).

1128. La loi fiscale assujettit à un droit fixe qui est actuellement de 4 fr. 50 cent. (L. 22 frim. an 7, art. 68, § 2, n° 6; 28 avr. 1816, art. 44, n° 10; 28 févr. 1872, art. 4) l'acte passé au greffe du tribunal civil portant surenchère; mais son tarif ne contient aucune disposition concernant la mutation résultant de la surenchère. On applique, par analogie, à cette mutation la disposition concernant la revente sur *folle enchère* (V. *suprà*, n° 1123, *Rép.* n° 2408); et, comme l'adjudication à la suite de surenchère, de même que la revente sur folle enchère, ne forme avec la première vente qu'une mutation effective, les deux ne donnent lieu qu'à un droit unique (*Rép.* n° 2409). Toutefois, il faut, pour qu'il en soit ainsi, que la surenchère rentre dans l'un des cas où la loi civile l'autorise. Si elle se produisait en dehors de ces cas, l'adjudication à laquelle elle donnerait lieu opérerait une mutation nouvelle et serait passible d'un nouveau droit proportionnel.

1129. La question s'est élevée de savoir si les surenchères qui se produisent *à la suite de ventes sur folle enchère*, soit celle du *sixième* que toutes personnes indistinctement peuvent former (c. proc. civ. art. 708), soit la surenchère du *dixième* permise seulement par l'art. 2185 c. civ., aux créanciers inscrits, rentrent dans les cas où la loi civile autorise la surenchère. A l'égard de cette dernière, la jurisprudence civile tend à se fixer dans le sens de l'admissibilité de la surenchère (Bordeaux, 23 juill. 1861, aff. Lunel, D. P. 62. 2. 126, et sur pourvoi, Civ. rej. 6 juill. 1864, D. P. 64. 1. 279, et la note. V. aussi *infrà*, v° *Surenchère*). Mais, pour la surenchère du sixième, la question paraît devoir être résolue négativement (*Rép.* v° *Ordre entre créanciers*, n° 1383; Req. 14 mars 1870, aff. Halgaud, D. P. 70. 1. 328; Metz, 6 févr. 1867, aff. Fickinger, D. P. 67. 2. 44; Bourges, 8 avr. 1873, aff. Demoiselle Hervier, D. P. 74. 2. 144. V. aussi l'arrêt précité du 6 juill. 1864).

1130. Il s'ensuit que, dans le cas où une surenchère du *sixième* est formée après une vente sur folle enchère, ce n'est pas d'une véritable surenchère qu'il s'agit; elle n'a pas pour effet de résoudre l'adjudication qui l'a précédée, elle constitue une vente nouvelle et donne conséquemment ouverture à un nouveau droit (V. D. P. 81. 1. 405, note). La jurisprudence est fixée en ce sens par un arrêt aux termes duquel la surenchère du sixième n'étant pas admise par la loi, après une revente sur folle enchère, ne peut produire l'effet propre de la surenchère qui est de résoudre par la seule force de la loi l'adjudication qui l'a précédée; en conséquence, l'adjudication judiciaire prononcée à la suite d'une telle surenchère ne peut se réaliser et transmettre la propriété que par le libre consentement des parties; il s'en-

suit que le droit proportionnel d'enregistrement, ainsi que le droit de greffe, sont dus sur la totalité du prix, et non pas seulement, comme dans le cas de surenchère légale, sur la différence entre ce prix et celui de la vente à la suite de laquelle a été formée la surenchère (Civ. cass. 26 avr. 1881, aff. Geffroy, D. P. 81. 1. 405. Conf. Trib. Mortain, 11 déc. 1885, *Journal de l'enregistrement*, art. 22597. V. dans le même sens, en matière civile: Civ. cass. 24 juill. 1882, aff. Brun et Pagne, D. P. 83. 1. 256).

1131. Il n'en est pas de même pour la surenchère du *dixième* ouverte aux créanciers hypothécaires; la jurisprudence, en matière civile, s'est prononcée dans le sens de l'admissibilité comme il est dit *suprà*, n° 1129. Toutefois, l'administration de l'enregistrement a statué dans le sens contraire par une solution du 3 sept. 1877 (*Journal de l'enregistrement*, art. 20629; *Rép. pér. enreg.*, art. 5041), rendue au sujet d'une adjudication à la suite de surenchère du dixième formée après une revente sur folle enchère, et validée par jugement rendu en présence et du consentement de toutes les parties intéressées. Cette solution est motivée sur ce que l'adjudication sur folle enchère « demeure définitive et ne peut être suivie de surenchère, quand même l'adjudication sur folle enchère n'aurait pas été précédée d'une première surenchère ». Cette doctrine excluait la distinction établie, pour le cas dont il s'agit, entre la surenchère du sixième et celle du dixième. Elle était excessive. L'administration ne l'a pas maintenue. Elle a reconnu, par une autre solution postérieure, que la surenchère du dixième est autorisée par la loi en faveur des créanciers inscrits, après une revente sur folle enchère, à la condition, toutefois, qu'il s'agisse d'une adjudication volontaire et que les créanciers n'aient pas été mis en demeure de surenchérir avant la revente. Elle en a conclu que, dans ce cas, il y a lieu de combiner les trois actes, pour les assujettir à un droit unique de mutation (Sol. adm. enreg. 26 avr. 1882) (1).

1132. Ainsi, dans le cas d'adjudication sur surenchère, il n'y a, en réalité, qu'une seule mutation, il n'est dû qu'un seul droit tant pour la vente frappée de surenchère que pour l'adjudication qui a lieu sur la surenchère. En thèse générale, ce droit est à la charge du dernier adjudicataire; mais

---

(1) Un jugement rendu par le tribunal de Beaune à la requête du sieur Fillion, le 28 févr. 1879, a ordonné la licitation d'immeubles indivis par égales parts entre le requérant et cinq autres personnes. Par acte passé le 6 avr. 1879, devant un notaire commis, les cinq copropriétaires du sieur Fillion se sont rendus conjointement adjudicataires des biens dont il s'agit, au prix de 55100 fr. Le droit de mutation à 4 p. 100 a été perçu, le 9 avril, sur 9183 fr. 33 formant le sixième de cette somme, et le droit de transcription à 1 fr. 50 p. 100 sur le prix intégral. — Faute par les acquéreurs d'avoir rempli les conditions fixées par le cahier des charges, les immeubles ont été revendus sur folle enchère, le 3 avr. 1880, au sieur Michot, moyennant le prix de 40938 fr. 96. Le 10 du même mois, les droits de transmission et de rédaction ont été perçus sur les cinq sixièmes de ladite somme, soit sur 34116 fr. 78. — Suivant exploit signifié le 15 juin, le sieur Vollot, créancier inscrit, après avoir reçu le 4 juin notification de la revente, a déclaré surenchérir d'un dixième. Par jugement du 24 juillet, le tribunal a validé la surenchère et adjugé les biens au sieur Bullier, non colicitant, au prix total de 49469 fr. 15. Sur ce chiffre il a été perçu, le 12 août, un droit de 5 fr. 50 p. 100 pour vente, outre le droit de rédaction. — Dans une pétition, en date du 4 juin dernier, le sieur Bullier, acquéreur définitif, soutient que les actes d'adjudication du 6 avr. 1879, 3 avr., 24 juill. 1880, opèrent une mutation unique, et, par suite, que lors de l'enregistrement du dernier jugement, il convenait de tenir compte des droits payés sur les deux premiers actes. Il sollicite, en conséquence, la restitution des sommes formant excédent d'après ce mode de liquidation. — Vous faites observer qu'aux termes d'un arrêt de la cour de cassation du 6 juill. 1864 (aff. Lunel, D. P. 64. 1. 279), les créanciers inscrits sont admis à former, dans les quarante jours, la surenchère d'un dixième (c. civ. art. 2185), même après revente sur folle enchère, toutes les fois que l'immeuble a fait l'objet d'une aliénation volontaire; et vous pensez que cette jurisprudence s'applique à toutes les ventes judiciaires qui n'ont pas lieu par voie d'expropriation forcée (Instr. n° 2656, 2, *à contrario* R. P. 5537.). — Votre opinion paraît fondée. — Dans le cas d'adjudication volontaire, les créanciers inscrits ne sont pas appelés à la procédure, comme en matière d'expropriation forcée (c. proc. civ. art. 692), pour empêcher l'aliénation de l'immeuble hypothéqué au-dessous de sa juste valeur. Ils peuvent même ignorer la vente; et, par suite,

ils ne sauraient perdre (lors même que l'immeuble est revendu sur folle enchère) la faculté de surenchérir, conséquence de leur hypothèque, sans avoir été mis en demeure de l'exercer par la notification du contrat, conformément à l'art. 2185 c. civ. (Aubry et Rau, 3e éd., t. 3, p. 301, note 14; P. Pont, *Privilèges et hypothèques*, 1450; Paris, 10 mai 1834, *Rép.* v° *Surenchère*, n° 27; Dijon, 7 mars 1855, aff. Chauffray, D. P. 55. 2. 127; Bordeaux, 23 juill. 1861, aff. Lunel, D. P. 62. 2. 126, et sur pourvoi, Civ. cass. 6 juill. 1864, D. P. 64. 1. 279). — Cependant le cas spécial de revente sur folle enchère, cette règle pourrait souffrir exception, et les créanciers ne seraient plus fondés à surenchérir du dixième, s'ils avaient reçu notification de la première adjudication. On ne saurait dire, en effet, dans cette hypothèse, que les créanciers sont restés étrangers à la procédure (Conf. conclusions de M. le premier avocat général de Raynal, sous Civ. rej. 21 juill. 1863, aff. Poinsel, D. P. 63. 1. 340). — D'après ces considérations, pour que la surenchère du dixième soit autorisée par la loi en faveur des créanciers inscrits, après une revente sur folle enchère, deux conditions paraissent nécessaires : 1° qu'il s'agisse d'une adjudication volontaire, et 2° que les créanciers n'aient pas été mis en demeure de surenchérir avant la revente. — Ces conditions se trouvent réunies dans l'espèce actuelle. 1° L'adjudication prononcée le 6 avr. 1879, à la requête du sieur Fillion, est une vente par licitation, et « ces ventes, quoique judiciaires, sont considérées comme volontaires » (Conf. Civ. 24 nov. 1821, *Rép.* v° *Privilèges et hypothèques*, n° 2200). Le même caractère appartient à la revente du 3 avr. 1880. « Les adjudications sur poursuite de folle enchère en matière de licitation, celles de biens de mineurs et de biens dépendant des successions bénéficiaires, sont réputées ventes volontaires, quoique faites en justice (M. Moreau); 2° puisque l'adjudication du 6 avril a été tranchée au profit de cinq colicitants du sieur Fillion, la purge était évidemment inutile, les acquéreurs ne pouvant purger contre eux-mêmes, et les hypothèques consenties par Fillion seul se trouvant résolues de plein droit (c. civ. art. 883.) Il n'y avait donc pas lieu de notifier le jugement aux créanciers, et rien n'indique que cette notification ait été effectuée. — C'est donc avec raison que l'adjudicataire sur folle enchère a fait notifier le procès-verbal de revente, pour mettre les créanciers inscrits en demeure de surenchérir (c. civ. art. 2185); et la surenchère formée par le sieur Vollot, à la suite de cette notification, était évidem-

sa perception soulève des difficultés pour l'examen desquelles il a été distingué au *Rép* n° 2410, entre le cas où le premier acquéreur a payé le droit et celui où il n'a pas effectué ce payement, entre le cas où le premier acquéreur a conservé la propriété en se portant adjudicataire sur la surenchère et celui où il est dépossédé par le surenchérisseur ou toute autre personne, au profit de qui l'adjudication sur surenchère est prononcée.

1133. Le *Répertoire* (n° 2411) s'est occupé d'abord du cas où le premier acquéreur n'a pas acquitté le droit au moment où son titre est frappé de surenchère. Il y est dit que, dans la rigueur des principes, la condition résolutoire dont ce titre se trouve affecté par l'effet de la surenchère, ne fait pas obstacle à la perception, en sorte que, si le premier acquéreur a encouru la pénalité du double droit, soit pour avoir dissimulé dans l'acte de vente une partie du prix, soit pour n'avoir pas fait enregistrer cet acte dans le délai, il demeure débiteur de ce double droit, malgré la surenchère. Mais, a-t-on ajouté (*Ibid.* n° 2412), il en est autrement et aucune action ne peut plus être exercée contre lui, sous forme rapport, que l'Administration, ainsi que l'a décidé un arrêt (Civ. cass. 23 févr. 1820, *Rép.* n° 2412), si, comme cela peut se produire en matière d'expropriation forcée, *il est dépossédé* par l'adjudication sur surenchère *avant l'expiration du délai* de vingt jours dans lequel la première adjudication aurait dû être soumise à la formalité. « On pourrait accorder », est-il dit encore, « que, lorsque l'adjudication sur surenchère n'a été consommée qu'*après l'expiration de ce délai*, la première vente ayant eu, pendant vingt jours, un effet possible, l'adjudicataire peut être tenu d'acquitter le droit » (*Ibid.*). Ce dernier point que le *Répertoire* n'accordait qu'avec tant d'hésitation, ne paraît pas pouvoir être maintenu.

1134. La surenchère ne dépouille point l'acquéreur : il reste propriétaire jusqu'au moment de l'adjudication (*Rép.* n° 2411). Dans la rigueur des principes, le droit proportionnel simple pourrait, par suite, lui être réclamé, quoique l'adjudication à son profit soit frappée de surenchère, pourvu que la présente à l'enregistrement dans le délai. Mais l'Administration considérant que, d'après les dispositions de la loi du 2 juin 1841, la surenchère ne peut pas être rétractée et que le surenchérisseur est déclaré adjudicataire, s'il ne se présente pas d'enchérisseur, reconnaît que, dans le cas dont il s'agit, c'est-à-dire lorsque l'adjudication frappée de surenchère est présentée à l'enregistrement *dans le délai*, elle n'est passible que du droit fixe (Sol. adm. enreg. 28 sept. 1850, 10 juin 1853, 14 nov. 1857, 24 juin 1858, 31 janv. 1867, Garnier, *Rép. gén. enreg.*, n° 1778; *Dictionn. droits d'enreg.*, v° *Adjudication*, n° 189). « Le motif de ces décisions, dit M. Garnier, *loc. cit.*, est que, lorsque la surenchère précède l'enregistrement de la vente, le nouveau propriétaire, par suite de la connexité des deux actes, n'a plus qu'un titre atteint dans son principe qui, ne transmettant aucune propriété, ne peut plus être considéré que comme une adjudication préparatoire ». « Dans la subtilité des principes, fait justement observer à cet égard M. Demante, ce motif pourrait être contesté, mais, au fond, le résultat se justifie *benigniter* par des considérations d'utilité pratique » (t. 1, n° 205). « Il n'y a pas, d'ailleurs, dit de son côté M. Naquet, de motif juridique à donner en ce sens et ceux que l'on a allégués n'ont pas de valeur » (t. 1, n° 339).

1135. Quoi qu'il en soit, puisque l'adjudication frappée de surenchère n'est passible que du droit fixe lorsqu'elle est présentée à l'enregistrement *dans le délai*, puisque, si elle est soumise à la formalité *après l'expiration du délai*, le double droit encouru ne peut être que le double droit fixe, et non le droit en sus proportionnel (Garnier, *Rép. gén. enreg.*, n° 1779; *Diction. droits d'enreg.*, v° *Adjudication*, n° 190).

Toutefois, suivant les mêmes auteurs, il n'en est ainsi qu'autant que la surenchère a été formée *avant* l'expiration du délai de vingt jours dans lequel la première adju-

dication devait être enregistrée, comme cela a lieu en matière de saisie immobilière où l'acte de surenchère doit être souscrit dans le délai de huitaine (o. proc. civ. art. 708). Si la surenchère n'a lieu qu'*après* l'expiration du délai de l'enregistrement, le double droit proportionnel est encouru et la survenance postérieure de la surenchère n'en décharge pas l'adjudicataire (Conf. M. Naquet, t. 1, n° 340).

1136. Ces solutions nous paraissent infirmées par la doctrine de trois arrêts de la cour de cassation rendus au sujet du double droit encouru en cas de simulation de prix présumée ou même constatée dans la première adjudication. Suivant la première de ces décisions, lorsqu'une vente d'immeubles a été suivie de surenchère et d'adjudication au profit d'un tiers, l'Administration n'est pas recevable à demander l'expertise pour la constatation de l'insuffisance présumée du prix stipulé dans le premier contrat (Civ. cass. 10 févr. 1852, aff. Fournier d'Arthel, D. P. 52. 1. 57). Le second arrêt a jugé qu'en cas d'adjudication sur surenchère, la première vente est réputée non avenue et ne peut plus servir de base à aucune action de la régie contre l'acquéreur primitif; qu'en conséquence, cet acquéreur ne peut être poursuivi en payement du double droit pour dissimulation de prix dans son contrat d'acquisition; et qu'il en est ainsi même au cas où la demande en expertise formée par l'Administration pour établir cette dissimulation de prix, a précédé la surenchère et où l'adjudication n'a eu lieu qu'au cours de l'instance en homologation du rapport des experts; que seulement, dans ce cas, l'acquéreur primitif doit être condamné aux frais de l'expertise (Civ. cass. 15 mars 1854, aff. Prudent, D. P. 54. 1. 115; Civ. rej. 29 août 1854, aff. Barral, D. P. 54. 1. 281). « L'adjudication (sur surenchère), porte l'arrêt du 15 mars 1854, a eu pour résultat de résoudre la première vente et de faire passer la propriété de l'immeuble surenchéri du vendeur originaire à l'adjudicataire; elle a opéré ainsi la vraie mutation passible du droit d'enregistrement et déterminé le prix réel sur lequel la perception devait avoir lieu; d'où il suit que, par l'effet résolutoire inhérent à cette adjudication, *la première vente devant être réputée comme non avenue, elle ne pouvait plus servir de base à aucune action en faveur de la Régie, quant à la perception du droit, contre l'acquéreur primitif* ».

La doctrine de ces arrêts est parfaitement applicable au double droit, fixe ou proportionnel, encouru par l'adjudicataire surenchéri à défaut d'enregistrement de son titre dans le délai de la loi. En effet, les décisions de la cour ne visent pas seulement le double droit exigible dans le cas sur lequel elles ont statué, c'est-à-dire pour suite de simulation de prix; elles établissent, en thèse générale, que, par l'effet résolutoire inhérent à l'adjudication sur surenchère, la première vente doit être réputée comme non avenue et ne peut plus servir de base à *aucune* action de l'Administration contre l'acquéreur primitif. Cela est clair et ne prête à aucune équivoque. Cela nous paraît aussi juridique. Comment justifierait-on une distinction entre le double droit édicté à défaut d'enregistrement dans le délai de la loi et celui applicable en cas de simulation de prix? Dira-t-on que le premier est exigible *ipso facto*, tandis que le second ne l'est que lorsque la simulation du prix est constatée par une expertise? L'argument ne porterait pas. La procédure nécessaire, dans le second cas, pour la constatation de la contravention, en raison de la nature de cette contravention, n'empêche pas qu'elle ne soit de la même nature que celle résultant du défaut d'enregistrement dans le délai.

La doctrine dont il s'agit a soulevé des objections qui sont exposées dans les notes sous les arrêts (*loc. cit.*), mais l'Administration a transmis ces arrêts à ses agents pour leur servir de règle de perception (Instr. adm. enreg. 10 févr. 1852, n° 1920, § 5; 12 mars 1856, n° 2060, § 3).

Ainsi dans tous les cas, sans exception, où la surenchère est suivie d'adjudication au profit, soit du surenchérisseur, soit d'un tiers, aucune action ne peut être exercée contre l'acquéreur primitif, ni pour le payement du droit

ment de celles autorisées par la loi. — Par ces motifs, il faut considérer, au point de vue de la perception, comme opérant une seule mutation, l'adjudication sur surenchère (24 juill. 1880) et la revente sur folle enchère (3 avr. 1880, Instr. n°s 1844, § 3, 1920, § 5, 2656, § 2) ; et, comme cette dernière s'identifie elle-même

avec la première adjudication (6 avr. 1879) (L. 22 frim. an 7, art. 69, § 7, n° 1), j'adopte votre proposition de combiner les trois actes, pour les assujettir à un droit de transmission.

Du 26 avr. 1882.-Sol. adm. enreg.

simple, ce droit étant dû par l'adjudicataire sur surenchère, ni pour droit en sus, fixe ou proportionnel, soit pour simulation du prix, soit pour défaut d'enregistrement de son titre dans le délai.

1137. Bien que la première adjudication soit effacée par la surenchère, néanmoins, si les droits ont été perçus sur la première, ils ne sont pas sujets à restitution par l'effet de l'événement ultérieur de la surenchère (*Rép.* n° 2415). Ainsi lorsque, par suite d'une surenchère, des immeubles indivis ont été adjugés à l'un des copropriétaires, les droits perçus sur la première adjudication faite à un étranger ne sont pas sujets à restitution pour l'excédent sur ceux dont la seconde adjudication est passible (Trib. Pontoise, 1er févr. 1873, aff. Harmand et Fournier, D. P. 73. 5. 226).

1138. Il est démontré au *Rép.* n° 2417 que, comme l'a décidé un arrêt de la cour de cassation du 3 juill. 1849, cité *ibid.*, si l'acquéreur ou le donataire demeure lui-même adjudicataire sur la surenchère, un supplément de droit est exigible. M. Demante, t. 1, n° 210, est d'un avis contraire. « Sauf en ce qui concerne les créanciers hypothécaires, dit-il, le contrat primitif subsiste et demeure toujours le titre de la propriété de l'acquéreur. Quant à la différence, elle est remboursable par le vendeur (c. civ. art. 2161). Cela est encore plus frappant au cas où le contrat primitif est une donation. Nonobstant l'adjudication provoquée par les créanciers hypothécaires, l'adjudicataire continue à posséder *pro donato*. Son titre demeure révocable pour ingratitude ou survenance d'enfants, réductible en cas d'excès de la quotité disponible, etc. Aussi, l'art. 2189 c. civ., statuant sur l'hypothèse, décide-t-il expressément : « L'acquéreur ou le donataire qui conserve l'immeuble mis aux enchères, en se rendant dernier enchérisseur, n'est pas tenu de faire transcrire le jugement d'adjudication ». Pourquoi cela ? C'est que l'acheteur ou le donataire qui *conserve* l'immeuble mis aux enchères, ne pouvant acquérir à nouveau la propriété qui est déjà sienne, l'adjudication, en ce cas, n'est pas un acte translatif. De toutes ces considérations, il paraît résulter que le droit proportionnel de mutation n'est pas exigible sur la différence en question. Cependant la pratique est contraire ». Nous persistons à penser que la pratique est justifiée, car, ainsi qu'il est dit au *Rép. loc. cit.*, l'adjudication sur surenchère fait connaître la valeur véritable de l'immeuble, et c'est sur cette valeur que l'impôt est dû (Conf. Naquet, t. 1, n° 341).

1139. Dans le cas où des immeubles adjugés antérieurement à une loi établissant la perception d'un second décime sur les droits d'enregistrement, sont adjugés de nouveau par suite de surenchère après la promulgation de cette loi, on s'est demandé si le second décime devait être perçu sur l'excédent du prix donné par la surenchère ou sur le prix total. Le tribunal de la Seine, par un jugement en date du 22 août 1863 (aff. Fontenillat, D. P. 64. 3. 7) a décidé que le second décime ne devait porter que sur l'excédent de prix résultant de la surenchère.

N° 3. — *Résolutions de contrats et rétrocession de propriété ou d'usufruit d'immeubles* (*Rép.* n°s 2421 à 2538).

1140. Les résolutions de contrats sont tarifées à un simple droit fixe, lorsqu'elles se produisent dans certaines conditions qui se rapportent aux causes de la résolution. Elles ont été étudiées sous ce rapport, *supra*, n°s 331 et suiv. En dehors de ces cas exceptionnels, la résolution d'un contrat translatif de propriété donne ouverture au droit proportionnel, car elle renferme une nouvelle mutation, une rétrocession de la chose transmise, et la loi de l'an 7 (art. 69, § 7, n° 1) tarife, sous le nom de *rétrocession*, la résolution d'une vente au même droit proportionnel que la vente elle-même (*Rép.* n° 2422). En thèse générale, la résolution d'un contrat donne ouverture au droit proportionnel toutes les fois qu'elle produit une convention expressément tarifée. Mais, indépendamment des exceptions mentionnés ci-dessus, cette règle en comporte d'autres qui se rattachent aux éléments constitutifs de la résolution et à la nature du contrat résilié. Pour déterminer les cas dans lesquels la résolution est translative et donne ouverture au droit proportionnel, et ceux dans lesquels elle n'opère qu'un simple droit fixe, il convient de l'étudier, comme on l'a fait au

Répertoire (V. n° 2423), d'abord, dans ses *éléments constitutifs*, puis dans son *effet* et dans sa *cause* (*Rép.* n° 2423).

A. — Éléments constitutifs de la résolution (*Rép.* n°s 2424 à 2442).

1141. En principe, un acte ne contient une résolution véritable, donnant lieu au droit proportionnel, qu'autant qu'il y a un contrat formé à résoudre (*Rép.* n° 2424). Mais il faut prendre garde aux circonstances dans lesquelles une convention est suspendue par une condition, la résolution qui a lieu avant l'accomplissement de cette condition, les choses étant encore entières, ne donne pas ouverture au droit proportionnel (*Rép.* n° 2426). Ainsi, la convention portant engagement par l'une des parties de se rendre adjudicataire d'un immeuble et de le revendre à l'autre partie, soit à un tiers désigné par elle, n'emporte une nouvelle transmission de propriété que lors de l'exercice de cette faculté d'option, et, dès lors, s'il y a option pour la revente à un tiers, la propriété de l'immeuble revendu est réputée lui avoir été directement transmise par l'adjudicataire, sans avoir jamais reposé sur la tête de la partie qui l'a désigné; en conséquence, il n'y a pas lieu de percevoir deux droits de mutation, l'un sur une prétendue translation de propriété qui, après l'adjudication prononcée au profit de l'auteur de la promesse de revente, se serait opérée de plein droit, par l'effet de cette promesse, en faveur de la partie à laquelle la revente a été promise, l'autre sur celle accomplie en faveur du tiers à qui la revente a été faite : le droit de mutation n'est exigible que sur cette dernière revente (Civ. rej. 4 mai 1863, aff. Depierris-Peyrouilh, D. P. 63. 1. 188).

1142. A plus forte raison, le droit proportionnel n'est-il pas dû lorsque c'est la résolution elle-même qui est soumise à une condition suspensive (*Rép.* n° 2429). La résolution d'une vente, prononcée faute par l'acquéreur de justifier du payement de son prix, comporte, par elle-même, la condition suspensive que l'acquéreur fera la justification dans le délai, et le droit proportionnel n'est pas actuellement exigible (*Rép.* n° 2431). Ainsi, le jugement disposant qu'une vente immobilière sera résolue à défaut par l'acquéreur de payer, dans la quinzaine de la signification de la décision, la somme restant due par lui sur son prix, ne donne lieu qu'au droit fixe par le motif que la résolution est conditionnelle (Civ. cass. 15 mai 1866, aff. Roubo, D. P. 66. 1. 216. Conf. Trib. Brive, 23 janv. 1850, Trib. Saverne, 10 avr. 1851, Trib. Bayeux, 25 août 1855, *Journ. enreg.*, art. 15052 et 15245; Garnier, *Rép. gén. enreg.*, n° 14291). — Mais, s'il est constaté ultérieurement que l'acquéreur ne s'est pas libéré, la résolution se trouvant accomplie, la demande du droit proportionnel de mutation est justifiée, et cette demande est soumise, non à la prescription de deux ans, mais à celle de trente ans (Mêmes jugements).

1143. Du principe posé *suprà*, n° 1141, qu'un acte ne peut contenir une résolution véritable, susceptible de donner ouverture à un droit proportionnel, qu'autant qu'il y a un contrat formé à résoudre, dérivent de nombreuses conséquences. Il en résulte, notamment, que toutes les fois que l'annihilation du contrat a lieu par suite de l'exercice du droit d'un tiers, lorsque, par exemple, elle se produit entre l'une des parties contractantes et un tiers qui ne fait qu'user de l'exercice de ses droits, il n'y a pas résolution proprement dite (*Rép.* n° 2436). Il a été jugé, à cet égard, conformément aux décisions rapportées au *Rép. ibid.*, que l'acte par lequel l'acquéreur auquel un tiers a vendu et livré, en se portant fort, la chose d'autrui, déclare, sur le refus de ratifier exprimé par le propriétaire, faire abandon pur et simple de la chose à celui-ci, n'est, au fond, qu'une simple reconnaissance de la nullité de la vente, et, par suite, le donne pas lieu, lorsque la sincérité de ses énonciations n'est point contestée, à la perception du droit de rétrocession. Il en est ainsi, spécialement, du cas où un mineur devenu majeur est remis en possession, par l'acquéreur auquel il a fait connaître son refus de ratifier, d'un sien immeuble vendu sans autorisation par son tuteur (Trib. Douai, 31 août 1854, aff. Lingrand, D. P. 55. 3. 14). L'Administration a acquiescé aux motifs de ce jugement par une délibération du 17 nov. 1854 (Garnier, *Rép. gén. enreg.*, n° 14330). Elle a fait application du principe, dans une espèce semblable, par une solution du 22 janv. 1838 (*Ibid.*, et *Rép. pér. enreg.*, n° 1294).

1144. Il a été décidé que l'acte constatant le refus d'une femme mariée de ratifier la vente consentie, pendant sa minorité, par son mari, d'un immeuble à elle propre, sous promesse de sa ratification à sa majorité, et, d'autre part, la résiliation pure et simple de cette vente, n'est passible que du droit fixe d'enregistrement (Sol. adm. enreg. 14 nov. 1868, D. P. 69. 3. 78). D'un autre côté, il a été jugé que, lorsqu'un enfant majeur, agissant tant en son nom personnel qu'au nom de ses frères et sœurs encore mineurs, reprend, en restituant le prix et les frais d'acte, des immeubles que leur mère, décédée depuis, avait vendus sous promesse de ratification par ses enfants, tous mineurs alors, à l'époque de leur majorité, le droit proportionnel de rétrocession à 5 fr. 50 cent. pour 100 est dû (Trib. Bergerac, 19 févr. 1868, aff. Besson, *ibid.*). Ces deux décisions ne sont pas contradictoires. Il existait entre les deux espèces qui y ont donné lieu une nuance sensible. Dans la première, le droit proportionnel n'était point dû, parce que la transmission de propriété promise par le contrat de vente ne s'étant point réalisée à défaut de consentement du propriétaire, la résiliation de ce contrat n'avait pu opérer une nouvelle transmission de propriété. Au contraire, dans la seconde espèce, le droit proportionnel était dû, parce que les enfants de la venderesse, étant devenus ses héritiers, étaient tenus, comme tels, des obligations qu'elle avait contractées vis-à-vis de l'acquéreur, et dénués, par suite, de toute action à l'effet de l'évincer. L'acquéreur était propriétaire à leur égard, et, dès lors, la résiliation du contrat qui lui avait donné cette qualité ne pouvait avoir lieu sans opérer une nouvelle transmission de propriété, et sans donner lieu, en conséquence, à un nouveau droit proportionnel. C'est ce que le jugement du tribunal de Bergerac fait très bien ressortir (V. *ibid.*, note).

1145. Toutes les décisions citées *suprà*, n°s 1143 et 1144, se rapportent à la question de savoir si l'annihilation de la vente de la chose d'autrui donne lieu au droit proportionnel. Cette question ne peut se produire que pour les annulations *volontaires*, car, ainsi que cela est établi *infrà*, n°s 1157 et suiv., l'annulation *judiciaire* n'est possible que du droit fixe par application d'une disposition du tarif qui n'assujettit qu'à ce droit le jugement portant résolution de contrat pour cause de nullité radicale. — Suivant M. Naquet, t. 1, n° 113, le droit proportionnel est exigible sur la reconnaissance volontaire de la nullité de la vente de la chose d'autrui. « La première, dit cet auteur, est nulle, mais, cette nullité n'étant pas apparente, ne doit pas être prise en considération par les receveurs, puisque la vente, quoique nulle, est parfaite au regard du fisc. Par suite, l'acheteur est devenu propriétaire et lorsqu'il reconnaît, par un acte, que la chose qu'il a acquise appartient à un tiers, il y a une véritable rétrocession ou revente au profit de ce tiers. Cet acte implique, en effet, vis-à-vis du fisc, que la propriété qui résidait sur la tête de l'acheteur, a passé sur la tête du tiers désigné comme propriétaire » Cette opinion nous paraît une application erronée du principe que le droit de mutation se perçoit d'après la propriété apparente. D'après cette règle, comme on l'a déjà vu *suprà*, n°s 1032 et suiv., tout acte ou jugement qui, en dehors des conditions légales d'une déclaration de command, a pour effet de substituer, dans le titre d'acquisition, le nom d'un tiers à celui de l'acquéreur, opère déplacement du droit de propriété constitué par ce titre et donne lieu au droit proportionnel de mutation. Il en est ainsi, notamment, dans le cas d'acquisition par un prête-nom. L'acte ou le jugement qui constate que l'acquisition a été faite en réalité pour une autre personne opère une mutation nouvelle, passible du droit proportionnel, car, ainsi que le dit très bien M. Naquet, « il ne serait pas exact de prétendre qu'il y a une seule mutation, puisque le propriétaire actuel n'a pas été saisi de la propriété dès l'origine » (*Ibid.* t. 1, n° 219). Au contraire, dans le cas d'annulation volontaire de la vente du bien d'autrui, il n'y a ni deux mutations, ni même une seule; il n'y en a aucune. D'après les principes qui régissent la perception du droit d'enregistrement, la vente du bien d'autrui peut être assujettie au droit proportionnel, et ce droit n'est pas restituable. Mais, pour qu'il soit établi, dans ce cas, même au regard du fisc, qu'une semblable vente a opéré une mutation de propriété,

alors que son annulation prouve précisément le contraire. Le véritable propriétaire au profit duquel l'annulation a lieu ne peut, à aucun titre, être considéré comme un nouveau possesseur; en effet, il n'acquiert rien, il ne fait que conserver ce qu'il possédait déjà. Il s'ensuit que l'acte constatant l'annulation ne peut être assujetti au droit proportionnel, ainsi que l'Administration elle-même le reconnaît par les décisions citées *suprà*, n°s 1143 et 1144, et telle est également la doctrine enseignée par M. Garnier, *Rép. gén. enreg.*, n° 14330, et le *Dictionnaire de droits d'enregistrement*, v° .*Résolution*, n° 162.

1146. L'annihilation du contrat dérive encore de droits appartenant à des tiers, et il n'y a point, par suite, résolution, dans la convention par laquelle les créanciers font rentrer dans la masse les biens vendus, soit par un *failli* (*Rép.* n° 2438), soit par un débiteur *saisi* postérieurement à la transcription de la saisie (*Rép.* n° 2439). L'Administration l'a reconnu, en décidant que le jugement portant résolution de ventes consenties par un failli, dans le cas prévu par l'art. 447 c. com., ne donne pas ouverture au droit proportionnel (Sol. adm. enreg. 11 juill. 1865, *Diction. droits d'enreg.*, v° *Résolution*, n° 12).

B. — Résolutions susceptibles de produire une convention tarifée
(*Rép.* n°s 2443 à 2454).

1147. La résolution de toute espèce de contrat translatif de propriété immobilière constitue une nouvelle mutation au profit du propriétaire originaire. C'est là précisément la convention que la loi fiscale tarife sous le nom de « rétrocession » (*Rép.* n° 2444). — La résolution d'une promesse de vente constitue une convention tarifée. Quant à la quotité du droit applicable à cette convention, sa détermination soulève les mêmes difficultés que se sont produites et que nous avons exposées *suprà*, n°s 1104 et suiv., relativement au droit applicable à la cession du bénéfice résultant d'une promesse de vente d'immeubles, les uns soutenant que c'est le droit de vente à 5 fr. 50 cent. pour 100 qui est dû, les autres décidant qu'en raison du caractère conditionnel de la promesse de vente, la cession ne donne lieu qu'au droit fixe. La cour de cassation qui s'est prononcée dans ce dernier sens décide, de même, que la renonciation par le preneur à la promesse de vente stipulée à son profit dans le bail pour l'immeuble loué, avec détermination du prix auquel il pourrait se rendre acquéreur, n'ayant pour effet que de délier le bailleur d'une obligation personnelle, et étant, en conséquence, simplement libératoire, et non translative de propriété, donne lieu à la perception du droit proportionnel de libération à 50 cent. pour 100, et non au droit de vente immobilière à 5 fr. 50 cent. pour 100, encore bien que le bailleur ait consenti, de son côté, dans l'acte constatant la renonciation, à une réduction de loyer (Civ. rej. 4 févr. 1873, aff. Leconte, D. P. 74. 1. 124).

1148. La résolution d'un *échange* constitue :... un nouvel échange toutes les fois que chacun des échangistes reprend l'immeuble qu'il avait primitivement abandonné ;... une vente si l'un des échangistes, en rentrant en possession de l'objet par lui cédé, conserve la propriété des biens qui lui ont été attribués en contre-échange. Dans le premier cas, c'est le droit d'échange d'immeubles à 3 fr. 50 cent. pour 100 qui est dû; dans le second, c'est le droit de vente à 5 fr. 50 cent. pour 100 (*Rép.* n° 2447). M. Demante a soutenu, dans la première édition de son ouvrage, que le droit devait être perçu au taux de 4 fr. pour 100, attendu que la résolution d'un échange ne constitue pas un nouvel échange. Mais cet auteur a reconnu, dans la troisième édition, que c'est le droit d'échange qui est exigible dans le cas où la résolution de l'échange amène le retour des deux fonds dans la main de chacun des propriétaires primitifs. « Dans ce cas, dit-il, t. 1, n° 318, c'est comme un second échange qui neutralise le premier. » M. Demante ajoute que, dans tous les autres cas, spécialement dans le cas d'éviction, le droit de 4 fr. pour 100 est dû. — Il a été jugé, en ce sens, que le jugement qui prononce la résolution d'un échange d'immeubles sur la demande du copermutant évincé à la suite d'une surenchère formée par un créancier inscrit, est passible du droit proportionnel de 4 fr. pour 100 par application de l'art. 69, § 7, n° 1, de la loi du 22 frim. an 7 et non du droit fixe établi par l'art. 68, § 3, n° 7, de la même loi sur les jugements portant résolution de contrat pour cause de nullité radicale (Civ. cass. 24 déc. 1877, aff. Lagorio, D. P. 78. 1. 353, et la note) ; — Que la résolution d'un échange ne peut opérer un nouvel échange que si elle rétablit les parties dans leurs biens respectivement transmis; que, spécialement le jugement qui, d'une part, prononce la résolution d'un échange postérieurement à l'aliénation, par l'un des échangistes, de partie des biens qu'il avait reçus, après saisie par ses créanciers et vente judiciaire de ceux qu'il avait cédés par l'échange, et qui, d'autre part, ordonne la rentrée de l'autre échangiste en possession de ses biens non aliénés, opère, de ce dernier chef, une transmission de propriété sujette au droit de 4 fr. pour 100 (Req. 23 mars 1881, aff. de Méritens-Villeneuve, D. P. 81. 1. 365).

1149. La renonciation à une *succession*, à un *legs*, à une *communauté*, est translative de propriété et opère une résolution passible du droit proportionnel, toutes les fois qu'elle intervient après acceptation de la succession, du legs, de la communauté (*Rép.* n° 2447), comme cela est établi (*suprà*, n°ˢ 191 et suiv., 221 et suiv.).

1150. Il en est de même pour la renonciation à une *donation*. Si la donation n'a pas encore été acceptée lorsqu'elle intervient, elle n'opère qu'un simple droit fixe (*Rép.* n° 2448). Mais la renonciation à une donation acceptée, opère une rétrocession de propriété et donne ouverture au droit proportionnel (*Rép.* n° 2449). Cela a déjà été établi au chapitre précédent concernant les droits fixes (V. *supra*, n°ˢ 579 et suiv.).

1151. L'application du droit se fait de la même manière dans le cas de donation par contrat de mariage, lorsque la donation a pour objet des biens présents. La répudiation, acceptée par le donateur, est translative et donne lieu au droit proportionnel (*Rép.* n° 2450). Ainsi, l'acte constatant le remboursement par un fils à sa mère d'une somme qu'il avait reçue d'elle en avancement d'hoirie renferme une véritable libéralité et donne lieu, à ce titre, au droit proportionnel de donation (Trib. Nice, 5 janv. 1875, aff. Gilly, D. P. 75. 5. 189. Conf. Trib. Dreux, 28 mai 1852 et Trib. Rouen, 10 juin 1857, *ibid.*).

1152. Mais les donations par contrat de mariage qui ont pour objet des biens présents et à venir, comme des donations entre époux pendant le mariage qui sont toujours révocables, ne transmettent pas la propriété et confèrent seulement une expectative ; il s'ensuit que la renonciation du donataire, même après la mort du donateur, n'est point translative et n'opère que le droit fixe (*Rép.* n° 2451).

Cette solution est contestée à l'égard des donations entre époux pendant le mariage qui ont pour objet des biens *présents*. La cour de cassation a décidé qu'une donation faite pendant le mariage, par un époux à son conjoint, de biens dont celui-ci prend immédiatement possession, emporte,

quoique révocable, transmission immédiate des biens donnés sous la condition résolutoire de la révocation et donne lieu, en conséquence, à la perception immédiate du droit proportionnel (Civ. cass. 31 août 1853, aff. de Castellane, D. P. 53. 1. 288). — Suivant M. Garnier, *Rép. gén. enreg.*, n°ˢ 6739 et 14312, et le *Dictionnaire des droits d'enregistrement*, v° *Novation*, n° 1095, il en résulte que la révocation d'une semblable donation fait revenir la propriété des biens donnés entre les mains de l'époux donateur et donne lieu au droit proportionnel lequel est exigible indépendamment de l'acquiescement et du concours de l'époux donataire et doit se percevoir au taux établi pour les transmissions à titre gratuit, la rétrocession procédant de la seule volonté du donateur, qui n'a rien à payer en compensation au donataire. Le *Dictionnaire des droits d'enregistrement, loc. cit.*, mentionne, à l'appui de cette opinion, une solution de l'Administration de l'enregistrement du 17 mai 1872. — Mais l'Administration a reconnu postérieurement que la transmission opérée par la donation entre époux pendant le mariage de biens présents, étant soumise à révocation, est purement précaire ; l'accomplissement de la condition constitue, non une nouvelle transmission, mais une simple résolution de la même nature que celle résultant, soit du retour conventionnel, soit du retrait de réméré, et, conséquemment, ne donne pas plus que celle-ci ouverture au droit proportionnel de mutation (Sol. adm. enreg. 27 oct. 1877) (1).

1153. La résolution d'un contrat translatif d'usufruit opère-t-elle une rétrocession passible du droit proportionnel? La question est discutée au *Rép.* n° 2454. Il y est établi que la réunion de l'usufruit à la nue propriété sur la tête du nu-propriétaire, quelle que soit l'origine de son droit, n'est pas translative; qu'il y a, dans ce cas, extinction et nullement transmission de l'usufruit. L'Administration soutient, au contraire, que la réunion opère une transmission à raison de laquelle le droit proportionnel est dû et que, toutes les fois que ce droit n'a pas été perçu par anticipation au moment où le démembrement s'est opéré, il y a lieu de le percevoir sur la convention qui rend au nu-propriétaire l'usufruit. M. Garnier s'est prononcé dans ce dernier sens (*Rép. gén. enreg.*, n° 14323). Il a été statué, dans le même sens, par le tribunal de la Seine, au sujet de la renonciation par une mère à l'usufruit dont ses enfants lui avaient fait donation, des biens qui leur étaient échus par le décès de leur père (Trib. Seine, 17 juin 1881) (2).

C. — Exceptions à l'exigibilité du droit proportionnel (*Rép.* n°ˢ 2455 à 2538).

1154. La résolution translative de propriété échappe néanmoins au droit proportionnel dans trois cas que la loi fiscale a déterminés et qui sont : les résiliements purs et simples dans les vingt-quatre heures et les résolutions judiciaires, soit pour nullité radicale, soit pour défaut de payement

---

(1) Aux termes d'un acte notarié du 6 janv. 1875, le sieur B... avait fait donation entre vifs à sa femme, présente et acceptante de divers immeubles d'un revenu de 87 fr. 50 cent. en se réservant expressément, toutefois, la faculté de révoquer cette donation, conformément à l'art. 1096 c. civ. — Par un second acte du 10 janv. 1877, le sieur B... a usé de ce droit, et a déclaré révoquer purement et simplement la donation dont il s'agit. — Il a été perçu sur ce dernier acte un droit proportionnel de transmission à titre gratuit entre époux, dont les parties demandent la restitution sous la retenue du droit fixe de 3 fr. — Cette demande paraît devoir être accueillie. — L'art. 68, § 1ᵉʳ, n° 41, de la loi du 22 frim. an 7 tarife, en effet, spécialement au droit fixe de 1 fr. (aujourd'hui 3 fr.) les rétractations et révocations, sans distinguer entre celles qui sont relatives soit à des testaments, soit à des donations entre époux, soit à d'autres actes ou contrats. Ce droit fixe doit donc être seul appliqué aux révocations de donations faites entre époux durant le mariage. La perception d'un droit proportionnel soit de donation, soit de transmission à titre onéreux, ne se justifierait d'autant moins, dans l'espèce, que la révocation, ayant eu lieu hors la présence de la donataire, manque ainsi d'un élément essentiel pour constituer un contrat synallagmatique de donation, de cession ou de rétrocession.

A la vérité, la donation entre époux durant le mariage peut être considérée, pour la perception, comme opérant une transmission actuelle de propriété, passible, au moment de la formalité, du droit proportionnel (Civ. cass. 31 août 1853, aff. de Castellane, D. P. 53. 1. 288; Instr. n° 2010, § 4); droit qui a été,

en effet, perçu sur l'acte du 6 janv. 1875. Mais cette transmission n'est point définitive ; elle est, au contraire, soumise à une condition de révocation (c. civ. art. 1096) qui la rend purement précaire, et, à ce point de vue, l'accomplissement de la condition constitue, non une nouvelle transmission, mais une simple résolution de même nature que celle qui résulte de l'exercice soit du droit de retour conventionnel, soit du retrait de réméré. La résolution opérée par la révocation de la donation ne saurait donc pas plus être passible du droit proportionnel de transmission que ne l'est la résolution qui procède du retrait de réméré ou de l'exercice du droit de retour conventionnel.

Du 27 oct. 1877.-Sol. adm. enreg.

(2) (Veuve Binoche.) — Le tribunal ;... — Sur les caractères de la renonciation de la veuve Binoche à son usufruit : — Attendu que la veuve Binoche, en acceptant la donation d'usufruit à elle faite par ses enfants, a acquis une propriété irrévocable ; — Que la rétrocession par elle consentie au profit des donateurs a opéré une mutation nouvelle sujette au droit proportionnel de donation ; — Que la rétrocession d'une donation acceptée ne peut être considérée comme une renonciation pure et simple à cette libéralité ; — Qu'en effet, le donataire acceptant est devenu propriétaire de la chose donnée, et qu'en y renonçant, il en dispose irrévocablement à titre de donateur, en se dépouillant de sa propriété au profit d'un nouveau donataire, dont l'acceptation est nécessaire pour parfaire la donation ; — Que, d'ailleurs, l'art. 68, n° 1, de la loi de frimaire an 7 n'a tarifé au droit fixe que les abstentions, répudiations et renonciations à successions, legs

du prix de la vente (*Rép.* n° 2455). Il a été traité *suprà*, n°° 331 et suiv., de la première de ces trois classes d'exception; il est question ici des deux autres.

1°. — *Résolution pour cause de nullité radicale* (*Rép.* n°° 2456 à 2503).

a. — Droit fixe; Tarif.

1155. La loi de frimaire an 7 (art. 68, § 3, n° 7) tarife au droit fixe de 3 fr. les jugements des tribunaux civils rendus en première instance ou sur appel, portant résolution de contrat ou de clause de contrat pour cause de nullité radicale (*Rép.* n° 2436). Ce droit a été élevé: 1° à 5 fr. (L. 28 avr. 1816, art. 45, n° 5), puis à 7 fr. (L. 28 févr. 1872, art. 4) pour les jugements des tribunaux civils prononçant sur l'appel des juges de paix et ceux desdits tribunaux et des tribunaux de commerce ou d'arbitres, rendus en premier ressort; — 2° à 10 fr. (L. 28 avr. 1816, art. 46, n°° 1 et 2), puis à 15 fr. (L. 28 févr. 1872, art. 4), pour ... les jugements rendus en dernier ressort par les tribunaux de commerce ou les arbitres, d'après le consentement des parties, lorsque la matière ne comportait pas le dernier ressort, ... les arrêts définitifs des cours d'appel.

b. — Forme de la résolution.

1156. La loi parle limitativement des nullités radicales, et par là elle distingue virtuellement, entre ces diverses *causes* de résolution, celles qui s'attachent à la *substance* même de l'acte pour en opérer l'annulation, celles qui ne sont qu'*accidentelles* et ne sont que des causes de *résiliation*. Dans le premier cas, la résolution, étant moins un contrat nouveau que l'anéantissement du premier, ne donne lieu qu'au droit fixe. Dans le second, la résolution, n'empêchant pas que l'acte résolu n'ait pas une existence légale, opère une rétrocession à raison de laquelle le droit proportionnel est dû (*Rép.* n° 2456). — A cette première distinction, fondée sur la *cause* de la résolution, la jurisprudence en a ajouté d'autres qu'elle rattache à la *forme* dans laquelle la résolution se produit. La loi fiscale ne parlant que des jugements des tribunaux civils, elle a décidé que l'exemption du droit proportionnel ne s'appliquait pas aux jugements des *tribunaux de commerce et d'arbitrage* portant résolution de contrat pour cause de nullité radicale (*Rép.* n° 2457). Mais cette distinction n'a pas été admise (*Rép.* n° 2458). Elle était, dit M. Garnier, sans motif sérieux, car on ne voit pas la raison qui aurait fait refuser aux décisions des tribunaux de commerce et d'arbitrage le privilège accordé à celles des tribunaux civils (*Rép. gén. enreg.*, n° 14343. Conf. *Diction. droits d'enreg.*, v° *Résolution*, n° 86).

Mais, pour les uns comme pour les autres, il faut que la

résolution soit prononcée par une sentence complète. Aussi ne pouvons-nous donner notre adhésion à un jugement qui a décidé que l'exemption du droit proportionnel était applicable à un partage refait, avec changement dans les attributions, sur la demande en rescision du partage primitif, alors que les arbitres nommés n'avaient pas rédigé la sentence qui devait prononcer cette rescision (Trib. Bagnères, 13 juin 1871) (1).

1157. La jurisprudence décide que l'exemption du droit proportionnel établie en faveur du jugement prononçant la résolution d'un contrat pour cause de nullité radicale ne s'étend pas aux résolutions *volontaires* (*Rép.* n° 2459), spécialement au *procès-verbal de conciliation* dressé par un juge de paix, constatant une résolution de contrat, attendu que ce procès-verbal constitue, non une décision judiciaire, mais une convention des parties (*Rép.* n° 2460), et qu'il en est ainsi lors même que la sentence du juge de paix a été rendue sur prorogation de compétence (*Rép.* n° 2461). — M. Garnier estime que cette jurisprudence est fondée, attendu que les résolutions ainsi prononcées sont volontaires (*Rép. gén. enreg.*, n°° 14344 et 14345). Les rédacteurs du *Dictionnaire des droits d'enregistrement* l'approuvent également, mais seulement pour les procès-verbaux de conciliation. A l'égard des sentences rendues par les juges de paix sur prorogation de compétence, ils sont d'avis que l'exemption leur est applicable, par les motifs qui en ont fait admettre l'application aux jugements des arbitres. On ne peut confondre, disent-ils, deux choses aussi distinctes que le consentement à être jugé par un tribunal incompétent et le consentement à résolution (v° *Résolution*, n° 88). Cette opinion nous paraît justifiée.

1158. Dans le même ordre d'idées, la jurisprudence décide que l'exemption du droit proportionnel n'est pas applicable au *jugement d'expédient* portant résolution sur le consentement des parties (*Rép.* n° 2463). Il a été jugé, conformément à cette jurisprudence: — 1° Qu'un jugement d'expédient portant résiliation, sous prétexte de nullité radicale, d'un acte translatif de propriété, est soumis au droit proportionnel, comme contrat judiciaire de rétrocession; ce droit est dû, notamment, sur un jugement passé d'accord entre les parties, ayant l'intention de résoudre volontairement un acte de vente en le faisant considérer comme un acte de donation frappé de révocation pour survenance d'enfant (Req. 7 févr. 1854, aff. de Chavannes, D. P. 54. 1. 75); — 2° Que le jugement qui, sur le motif qu'une vente à réméré déguisait un contrat pignoratif, maintient dans la propriété de l'immeuble le vendeur demeuré, du reste, en possession, opère une mutation sujette au droit proportionnel de mutation (Trib. Constantine, 24 févr. 1865) (2); — 3° Que le jugement contradictoire qui donne acte à une partie de sa renoncia-

---

(1) (N... C. Enregistrement.) — Le tribunal ; — Attendu, en ce qui concerne le droit de vente à 5 fr. 50 cent pour 100 exigé à raison de l'acte du 3 févr. 1870, que cet acte n'était que la consécration d'une véritable décision judiciaire ; que les parties, en effet, étaient en instance devant le tribunal, sur une demande en rescision du partage du 4 févr. 1863 ; que le tribunal avait nommé des experts qui avaient constaté la lésion ; que ces experts avaient été nommés arbitres par compromis du 10 janv. 1870, retenu par M° Dumoret, notaire à Bagnères ; que par leur décision, ils allaient annuler le partage du 4 févr. 1863 ; qu'ils en donnèrent connaissance aux parties, et que celles-ci, au lieu de laisser rédiger et déposer la sentence au greffe, aimèrent mieux y acquiescer par le nouveau partage du 3 févr. 1870 ; — Attendu que tous ces faits sont constatés par les divers documents de la cause, et même par le mémoire de l'administration de l'enregistrement ; — Attendu qu'en admettant, en droit, que lorsqu'un premier partage est annulé autrement que par une décision judiciaire, et qu'une valeur attribuée par le premier partage à un cohéritier est attribuée à un autre par le second partage, le droit de vente est dû au fisc, il n'y aurait pas lieu d'appliquer ce principe à l'espèce actuelle ; qu'en effet, le second partage, celui du 3 févr. 1870, n'était qu'une véritable décision judiciaire ; que la forme

n'y faisait rien et qu'il importe peu que cette décision se soit produite sous la forme d'une sentence arbitrale ou sous celle d'un acte retenu par le notaire ; — Que le droit de vente n'est donc pas dû ; — Par ces motifs, etc.

Du 13 juin 1871.-Trib. de Bagnères.-MM. Tailbade, pr.-Riquoir, subst.

(2) (Kalfa et Zaffran.) — Le tribunal ; — Attendu que par acte reçu M° Vigneau, notaire à Constantine, le 17 oct. 1856, le kalife Ali-ben-Bahamd a vendu aux sieurs Kalfa-Allouche et Nessim-Zaffran une propriété sise dans le quartier Chabet-el-Kram, moyennant le prix de 13720 fr., et une rente perpétuelle et annuelle de 300 fr. ; — Attendu que la vente avait eu lieu à réméré ; que le délai de réméré était de trois ans ; mais qu'il fut prorogé verbalement jusqu'au 17 oct. 1858 ; — Attendu que le vendeur n'usant pas de cette faculté de réméré, et ne voulant pas, toutefois, délaisser l'immeuble vendu, les acquéreurs l'assignèrent devant le tribunal pour obtenir leur mise en possession ; — Attendu que par jugement du 8 juill. 1863, le tribunal déclara la vente du 17 oct. 1856 n'était, de l'aveu même des parties, qu'un prêt déguisé et condamna le kalife à restituer le prix de l'obligation et les intérêts depuis le 17 oct. 1858 ; — Attendu que lors de l'enregistrement de ce jugement, le receveur ne perçut que les droits proportionnels de condamnation ; — Attendu que plus tard l'Administration revint sur cette perception, et prétendit que le droit proportionnel de rétrocession immobilière était dû sur l'obligation ; qu'en conséquence, les parties redevaient un supplément de droit de 363 fr., solde, déduction faite des droits payés, de la somme de 426 fr. et 20 cent., à laquelle elle liquida sa perception définitive ; — Attendu qu'une

tion à une donation, et ordonne que les biens donnés seront compris dans la communauté dont ils dépendaient lors de la donation, est passible du droit proportionnel (Civ. rej. 2 août 1859, aff. Knoderer, D. P. 59. 1. 309. Conf. Trib. Hazebrouck, 15 mai 1880, Trib. Nice, 12 mai 1887, Garnier, *Rép. pér. enreg.*, art. 5691 et 6998); — 4° Que le jugement qui prononce la résolution d'une vente pour déficit de contenance doit être considéré comme un jugement d'expédient, lorsque demandeurs et défendeurs ont été représentés par le même avoué et que les défendeurs se sont bornés à s'en rapporter à justice; par suite, ce jugement est passible du droit de mutation sur la valeur des immeubles au moment de la résolution (Trib. Lille, 17 août 1878, *Journ. enreg.*, art. 21181).

1159. Toute la jurisprudence dont l'exposé précède repose sur ce fondement que la résolution consentie *volontairement* pour cause de nullité radicale opère rétrocession et donne lieu au droit proportionnel. La doctrine contraire, suivant laquelle la résolution volontaire n'est passible que d'un simple droit fixe, est enseignée au *Rép.* n° 2464. Telle est aussi l'opinion soutenue par MM. Championnière et Rigaud, t. 1, n°ˢ 356 et suiv., et M. Demante, t. 1, n° 55. « En consentant à la rentrée du vendeur, enseigne M. Demante, en acquiesçant à ses prétentions ou en transigeant sur elles, l'acheteur reconnaît en celui-ci un droit préexistant; il ne lui confère pas un droit nouveau. Pour être conventionnel, l'acte dont il s'agit reste, de sa nature, purement déclaratif. »

Au contraire, M. Garnier, *Rép. gén. enreg.*, n° 14325, le *Dictionnaire des droits d'enregistrement*, v° *Résolution*, n° 79, et M. Naquet, t. 1, n° 119, ont adhéré à l'interprétation consacrée par la jurisprudence, c'est-à-dire à la perception du droit proportionnel. « Dès l'instant que la loi, dit M. Naquet, *loc. cit.*, n'exonère que les jugements portant résolution de contrat pour cause de nullité radicale, elle ne dispense de l'impôt ni le jugement qui porte résolution ordinaire du contrat, ni, à plus forte raison, l'acte civil qui constate cette résolution. Je dis : ni à plus forte raison, parce que l'acte civil présente toujours des dangers de fraude qui n'existent pas quand un jugement intervient, et que, s'il y avait place pour une distinction, ce serait en faveur du jugement. » Les rédacteurs du *Dictionnaire des droits d'enregistrement*, *loc. cit.*, font à ce sujet les observations suivantes : « Il est sans doute regrettable que la loi force ainsi l'acquéreur qui reconnaît le vice de son titre à subir un procès au lieu de consentir une résolution amiable, si les parties veulent s'exonérer d'un second droit de mutation. Il est encore fâcheux que ce second droit de mutation dû au cas de résolution volontaire atteigne le plus fréquemment les incapables qui voudront rentrer dans la propriété de biens aliénés lorsque les formes protectrices auront été observées. Ces graves inconvénients sont la conséquence du but que le législateur de l'an 7 s'est principalement proposé, de prévenir, autant que possible, la fraude, même par des mesures draconiennes ».

c. — Définition de la nullité radicale.

1160. Il importe maintenant de préciser ce que la loi fiscale entend par *nullité radicale*. Le *Répertoire* (n° 2472) a établi sur ce point la règle suivante : Il y a lieu de regarder comme nullités radicales, non seulement celles qui, affectant l'acte dans son essence, l'empêchent d'exister,

mais encore celles dont la cause existait dès la naissance du contrat qu'elle frappait dans sa source, *a radice*. Par conséquent, un contrat est radicalement nul, non seulement lorsqu'il manque de quelques-unes de ses conditions constitutives, mais encore lorsqu'il est entaché d'erreur, de violence ou de dol, ou lorsqu'il émane de personnes incapables. Il ne faut donc pas confondre, en cette matière, la nullité *radicale* avec la nullité *absolue* qui peut être invoquée même par les tiers et qui est ainsi dénommée dans la doctrine par opposition avec la nullité *relative* qui ne peut être invoquée que par les contractants. Toute nullité *absolue* est *radicale*, mais, à l'inverse, toute nullité *radicale* n'est pas *absolue*. Ainsi, les nullités qui proviennent de la qualité des personnes, de l'erreur, de la violence, du dol, sont *relatives*; elles n'en sont pas moins *radicales* en ce qu'elles vicient le contrat dans sa source; par suite, la disposition de l'art. 68, § 3, n° 7, de la loi de frimaire leur est applicable.

M. Garnier, *Rép. gén. enreg.*, n° 14349, a critiqué cette doctrine. Suivant cet auteur, le mot *radicale* ne peut s'entendre que des nullités *absolues*, et non des nullités *relatives*. « Si, dit-il, les mots nullité *radicale* ne signifiaient pas, dans la pensée du législateur, nullité *absolue*, ils n'auraient aucun sens, car toutes les nullités sont radicales en ce qu'elles remontent toutes à la racine du contrat, et alors il suffirait de dire que les jugements prononçant des résolutions pour cause de nullité, sont sujets au droit fixe. L'addition du mot *radicale* révèle chez le législateur une pensée différente. Il a voulu opposer la nullité *radicale* à une autre nullité dont la constatation judiciaire doit produire un résultat différent. Or, cette autre nullité ne se rencontre que dans la nullité *relative*». — Cette opinion est demeurée isolée dans la doctrine. Le *Dictionnaire des droits d'enregistrement*, v° *Résolution*, n° 123; M. Demante, t. 1, n° 58; M. Naquet, t. 1, n° 108, enseignent la même doctrine que celle exposée au *Répertoire*, laquelle avait été adoptée également par MM. Championnière et Rigaud, t. 1, n° 443. « Le législateur, dit très bien M. Naquet, *loc. cit.*, n'oppose pas deux classes de nullités l'une à l'autre, mais deux classes de résolutions : celles qui découlent d'une nullité proprement dite et celles qui dérivent d'une autre cause. Je reconnais qu'il était inutile de dire *nullités radicales*, il aurait suffi de parler des nullités sans épithète ; mais on a voulu préciser, afin d'éviter toute confusion et d'exclure les résolutions qui ont pour cause un fait postérieur au contrat. Peut-être bien, d'ailleurs, que si le texte ne se servait pas des expressions *nullités radicales*, on aurait pu le soutenir, en le rapprochant de certains passages de nos anciens auteurs, que les résolutions proprement dites étaient affranchies du droit proportionnel. Il faut donc écarter, sans hésiter, l'objection »

1161. La jurisprudence de la cour de cassation décide également que la nullité radicale dont parle la loi fiscale doit s'entendre aussi bien des nullités relatives que des nullités absolues. Suivant un arrêt 13 vend. an 10, auquel le *Répertoire* (n° 2472) a emprunté la définition de la nullité radicale, la disposition de l'art. 68, § 3, n° 7 de la loi de frimaire an 7 ne s'applique qu'aux nullités qui donnent lieu de supposer qu'il n'y a pas eu de contrat, telles que l'erreur, le dol, la violence, l'incapacité des parties et autres semblables, mais non au défaut d'exécution des obligations contractées. Au sens de la loi fiscale, porte un arrêt plus récent, « la nullité radicale s'entend, non de toute nullité *absolue ou relative* qui rétroagit au jour de la formation du

***

contraints en payement de cette somme de 363 fr. a été signifiée, le 17 déc. 1864, aux sieurs Kalfa et Zaffran, qui, le 23 du même mois, y ont fait opposition ; — Attendu que leur opposition est motivée sur ce que le jugement du 8 juill. 1863 reconnaît que l'acte du 17 oct. 1856, au lieu d'être vente à réméré, ne constituait qu'un contrat pignoratif, ne pouvant plus tard donner lieu à aucune rétrocession ; — Mais attendu qu'aux termes de la loi du 22 frim. an 7, les transmissions de propriété de biens immeubles sont assujetties au droit proportionnel, et que la rentrée en possession des vendeurs à réméré après l'expiration dudit réméré constitue une véritable rétrocession passible du droit proportionnel ; — Attendu que vainement on soutient que, dans l'espèce, il ne s'agit pas d'une vente à réméré, mais d'un contrat pignoratif dont l'existence a été reconnue par ce tribunal ; — Attendu, en effet, que la perception du droit d'enregistre-

ment d'un acte ou d'un jugement doit être réglée par la nature de cet acte ou de ce jugement, et par l'effet que la loi leur attribue ; que, s'il appartient aux tribunaux, quant il s'agit de contestations entre les parties contractantes, de rechercher quelle est la véritable signification et la valeur de leur contrat, il ne s'ensuit pas pour cela que leurs décisions soient opposables à l'administration de l'enregistrement pour qui est bien fondée à percevoir le droit d'après la substance des actes et leur forme intrinsèque ; — Attendu, au reste, qu'il ne s'agit pas, dans l'espèce, d'un acte entaché d'une nullité radicale et absolue, mais d'un acte simulé qu'il dépend de la volonté des parties de maintenir ; d'où la conséquence que la résolution de ce contrat opère une véritable rétrocession au profit du vendeur ;

Par ces motifs, etc.

Du 24 févr. 1865.-Trib. civ. de Constantine.

contrat, mais uniquement de la nullité qui donne lieu de supposer qu'il n'y a pas eu de contrat, qui affecte la convention dans son essence même, et par conséquent dans un caractère obligatoire » (Civ. cass. 26 avr. 1882, aff. Garde, D. P. 83. 1. 22. Conf. Civ. cass. 24 déc. 1877, aff. Lagorio, D. P. 78. 1. 353).

d. — Causes de nullité radicale.

1162. Après avoir établi ce qu'en thèse générale on doit entendre par nullité radicale, le *Répertoire* a étudié successivement les causes principales auxquelles peuvent être ramenées les nullités des contrats, savoir : l'*incapacité* des parties, l'*erreur*, la *violence*, le *dol*, la *lésion*.

1163. L'incapacité des parties figure au premier rang des nullités radicales. Tout contrat passé par une des personnes que la loi civile déclare incapables de contracter (mineurs, interdits, femmes mariées, etc.) est atteint d'une nullité dont la cause existe dès sa naissance; par suite, le jugement qui en prononce la résolution n'est sujet qu'au droit fixe (*Rép.* n° 2473). — Il en est ainsi, soit que le contrat soit consenti par l'incapable lui-même, soit qu'il émane d'une personne agissant comme son représentant, mari, tuteur, etc.... C'est ce qui résulte d'une solution de l'administration de l'enregistrement du 14 nov. 1868 citée, *supra*, n° 1144, aux termes de laquelle, dans le cas de vente par le mari seul, d'un propre de sa femme, sous promesse de ratification par cette dernière, l'acte volontaire par lequel le mari déclare, du consentement de l'acquéreur, résilier le contrat par suite du refus de la femme de ratifier, n'est sujet qu'au droit fixe. La même doctrine a été appliquée par l'Administration au cas de vente d'un immeuble *dotal*. Lorsque cet immeuble a été vendu par le mari sans autorisation et sans mandat de sa femme, et que cette dernière a refusé la ratification, la résiliation volontaire du contrat n'opère pas rétrocession et n'est pas sujette au droit proportionnel; si le mari s'oblige à rembourser la partie du prix qu'il a reçu comptant, le droit d'obligation à 1 pour 100 est exigible sur la somme (Sol. adm. enreg. .. sept. 1875, *Diction. droits d'enreg.*, v° *Résolution*, n° 130. Conf. *Rép.* n° 2476).

Il a été jugé, toutefois, que les obligations contractées par le mineur n'étant point frappées d'une nullité absolue, mais seulement sujettes à rescision pour cause de lésion, la vente consentie à un mineur est réellement translative de propriété au profit de celui-ci, et que, par suite, la résolution de cette vente opérant une nouvelle mutation, est passible du droit proportionnel d'enregistrement. Et ce droit peut être réclamé au mineur aussi bien qu'à son vendeur (Trib. Péronne, 30 janv. 1857, aff. Ducauroix, D. P. 57. 3. 42). Mais il est à noter qu'il s'agissait, dans l'espèce, d'une résolution volontaire, et non pas d'une résolution judiciaire, et l'on a vu (*supra*, n° 1157) que la jurisprudence n'applique le bénéfice de l'art. 68 de la loi de frimaire an 7 qu'aux *jugements* portant résolution.

1164. L'*erreur* constitue une nullité radicale. En effet, elle vicie le consentement et l'anéantit dans son principe même (c. civ. art. 1109) (*Rép.* n° 2479). Néanmoins, il faut distinguer entre les erreurs *de droit* et les erreurs *de fait*. A l'égard des premières, la question ne comporte ni distinction, ni controverse : il y a nullité radicale (*Rép.* n° 2480), alors, du moins, que l'erreur est la cause déterminante de l'acte juridique (*Rép.* v° *Obligations*, n°s 152 et suiv.). S'il s'agit d'une erreur *de fait*, cette erreur peut porter ou sur la *nature du contrat*, ou sur le *motif*, ou sur la *personne*, ou sur l'*objet*.

1165. L'erreur qui porte sur la *nature du contrat* empêche toute obligation. Il y a encore nullité radicale. Sous ce rapport, le *Répertoire* (n° 2481) a combattu la doctrine d'un arrêt (Req. 24 janv. 1844) qui a considéré comme exigible le droit proportionnel de rétrocession sur un jugement portant résolution d'un échange en faveur d'un mandant qui avait donné pouvoir à son mandataire de vendre, et non d'échanger (*Rép.* n°s 232, 2478 et 2481). Cette décision est également critiquée par M. Garnier, *Rép. gén. enreg.*, n° 14370-4 et le *Dictionnaire des droits d'enregistrement*, v° *Résolution*, n° 171. Et, suivant les rédacteurs de ce dernier ouvrage (*loc. cit.*, n° 172), la cour de cassation peut paraître, jusqu'à un certain point, avoir aban-

donné la doctrine de l'arrêt du 24 janv. 1844, en décidant plus tard (Req. 14 mars 1849, aff. Pouget-Raynaud, D. P. 49. 5. 168) qu'en cas de vente par un mandataire postérieurement à la révocation de son mandat, le droit proportionnel est régulièrement perçu sur le jugement qui prononce la résolution de cette vente, non par suite de la nullité résultant du défaut de pouvoir du mandataire, mais pour non-payement du prix par l'acquéreur.

1166. L'erreur sur le *motif* constitue une nullité radicale, lorsqu'elle porte sur le motif déterminant, mais non lorsqu'elle porte seulement sur un motif accessoire (*Rép.* n° 2482).

1167. De même, l'erreur sur la *personne* est une cause de nullité radicale, lorsqu'elle est en droit de nature à entraîner la nullité de la convention, mais non lorsqu'elle est sans importance et laisse subsister le lien de droit (*Rép.* n° 2483).

1168. Enfin l'erreur sur l'*objet* annule également le contrat toutes les fois qu'elle porte sur la substance de la chose qui en fait l'objet (c. civ. art. 1110) (*Rép.* n° 2484). Ainsi, lorsqu'un établissement de commerce cédé ne remplit pas la condition stipulée au contrat et sans laquelle l'acquéreur n'aurait pas contracté, le consentement de l'une des parties se trouve vicié par une erreur portant sur la substance même de la chose vendue. Il y a nullité radicale. La résolution judiciaire du contrat ne donne lieu qu'au droit fixe (Trib. Seine, 21 juill. 1882, *Journal de l'enregistrement*, art. 22073).

1169. Il peut y avoir, de même, nullité radicale au cas où l'erreur porte sur la *matière de la chose*, si cette matière en forme la substance (*Rép.* n° 2485). Mais il en est autrement si l'erreur tombe sur la *dénomination de la chose*, ou même sur ses *qualités accidentelles*, par exemple, la bonté d'un livre, la solidité ou le teint d'une étoffe (*Rép.* n° 2486). — Si la chose a un *vice rédhibitoire* qui la rend impropre à l'usage auquel elle est destinée, la nullité est radicale (*Ibid.*). La doctrine exposée sur ce dernier point au *Répertoire* a été reproduite dans une solution de l'Administration du 7 juill. 1864, qui l'a appliquée en décidant qu'il n'était dû que le droit fixe sur la résolution d'une vente de matières textiles, alors que la mise en teinture avait démontré que les matières contenaient un mélange de qualité opéré à la filature et inconnu des acheteurs (Garnier, *Rép. pér. enreg.*, art. 1947; *Rép. gén. enreg.*, art. 14372-1).

1170. L'erreur semble devoir être considérée comme cause de nullité radicale au cas où l'immeuble vendu présente une différence d'un vingtième en plus de la mesure exprimée au contrat, et où l'acquéreur, usant de l'alternative que lui accorde l'art. 1620 c. civ. entre la faculté de se désister ou de payer un supplément de prix, opte pour le premier parti. Le *Répertoire* (n° 2487) cite en ce sens une solution de l'Administration du 1er oct. 1825. L'Administration applique aujourd'hui le droit proportionnel aux jugements qui prononcent la résolution pour *excédent de contenance* (Sol. adm. enreg. 30 sept. 1875) ou *pour défaut de contenance* (*Diction. droits d'enreg.*, v° *Résolution*, n° 490).

1171. La *violence*, attaquant le consentement lui-même (c. civ. art. 1112), constitue une nullité radicale (*Rép.* n° 2488). Conf. Garnier, *Rép. gén. enreg.*, n° 14375 ; *Diction. droits d'enreg.*, v° *Résolution*, n° 198; Demante, t. 1, n° 237).

1172. Le *dol* qui amène à donner son consentement au moyen de manœuvres frauduleuses par lesquelles il est trompé produit également une nullité radicale (*Rép.* n° 2489. Conf. Garnier, *Rép. gén. enreg.*, n° 14376; *Diction. droits d'enreg.*, v° *Résolution*, n° 199; Demante, t. 1, n° 238).

1173. Le dol se distingue de la *fraude* ou *simulation* qui consiste à violer les lois en trompant les magistrats ou les tiers par la forme des actes. La résolution fondée sur la fraude ou la simulation semble, au premier abord, comme celle fondée sur le dol, produire une nullité radicale (*Rép.* n° 2490). Mais cela ne peut être admis d'une manière absolue. D'après la jurisprudence, il ne peut y avoir nullité radicale dans le cas où la simulation suppose un *changement spontané de la volonté* des parties (*Rép.* n° 2491); au contraire, lorsque la simulation a pour objet de *frauder la loi ou les droits des tiers*, elle produit une nullité radicale (*Rép.* n° 2496).

La jurisprudence est demeurée fixée en ce sens sur ce dernier point. Elle repose toujours sur ce fondement établi dans l'arrêt des chambres réunies du 29 déc. 1821 (*Rép.* n° 2495) « que la simulation volontaire d'une vente, lorsqu'elle n'est employée ni pour éluder une incapacité établie par la loi, ni pour donner une couleur légale à un acte prohibé, lorsqu'enfin elle n'est accompagnée d'aucune fraude contre l'ordre public, les bonnes mœurs ou les droits des tiers, ne forme pas, par elle-même, un vice emportant la nullité radicale et absolue d'un acte que les parties ont voulu et pu consentir et qu'il ne dépend que d'elles de maintenir ».

1174. C'est en se fondant sur cette doctrine, reproduite littéralement dans ses motifs, qu'un jugement a décidé qu'en cas d'annulation d'une vente pour cause de simulation, il y a lieu de percevoir le droit de rétrocession, surtout que la vente a reçu son exécution par l'engagement qu'a accepté le vendeur, de prendre à sa charge une inscription judiciaire requise contre l'acquéreur à l'époque où il était propriétaire apparent (Trib. Seine, 29 nov. 1861, aff. Ravechet, D. P. 62. 3. 21). Et il a été jugé de même : 1° que la contre-lettre constatant qu'une vente et, par exemple, une vente mobilière, antérieurement consentie, n'était pas sérieuse, donne ouverture au droit de rétrocession (Req. 20 juill. 1859, aff. Chaveton, D. P. 59. 1. 324. Conf. *Rép.* n° 2493) ; — 2° Que, la simulation simple ne constituant pas une cause de nullité radicale, le jugement qui annule comme simulée une vente immobilière, opère un changement dans la propriété apparente des parties, et donne ouverture par là même au droit de mutation (Civ. cass. 26 avr. 1882, aff. Garde, D. P. 83. 1. 22).

1175. Au contraire, conformément à la doctrine de l'arrêt solennel du 29 déc. 1821 (V. *suprà*, n° 1173) et à la jurisprudence rapportée au *Rép.* n° 2496 et suiv., il a été décidé que le jugement qui prononce la résolution d'une vente comme étant de nature à frustrer les héritiers réservataires de tout ou partie de leur légitime, n'est sujet qu'au droit fixe, « attendu que la réserve est d'ordre public, que le père de famille ne saurait y porter atteinte ni directement, ni indirectement, et que tous les actes de nature à frustrer les héritiers réservataires de tout ou partie de leur légitime, sont essentiellement prohibés par la loi; qu'ainsi, sous ce rapport, les ventes annulées étaient entachées d'un vice radical » (Trib. Seine, 3 juin 1859, *Journ. enreg.*, art. 16998). — L'administration de l'enregistrement a décidé, dans le même sens, que la résolution d'une vente d'immeubles motivée sur ce qu'elle n'a eu pour but que de colorer une remise de billets et de lui donner une cause apparente, l'acquéreur n'ayant d'ailleurs rien payé sur le prix, n'opère que le droit fixe comme fondée sur une nullité radicale (Sol. adm. enreg. 29 sept. 1875, *Diction. droits d'enreg.*, v° *Résolution*, n° 220). — Jugé également que le

vente d'immeubles faite pour soustraire ces immeubles à la mainmise légale des créanciers du vendeur, étant radicalement nulle comme infectée d'une simulation commise en fraude des droits des tiers, le jugement qui en prononce la résolution n'est passible que du droit fixe (Trib. Lyon, 17 déc. 1880) (1).

1176. La *lésion* infecte le contrat d'un vice qui en attaque la substance. Elle constitue donc une nullité radicale (*Rép.* n° 2497). La doctrine est unanime à le reconnaître (Demante, t. 1, n° 247 ; Naquet, t. 1, n° 109 ; *Diction. droits d'enreg.*, v° *Résolution*, n° 231. V. Garnier, *Rép. pér. enreg.*, art. 3216 *in fine*). Mais la cour de cassation a toujours décidé, dans le sens contraire, que la lésion n'est pas une cause de nullité radicale et que, par suite, le jugement prononçant la résolution d'une vente pour lésion opère une rétrocession et est sujet au droit proportionnel. Les arrêts rapportés sur ce point au *Rép. loc. cit.* ont été confirmés par ceux intervenus depuis sa publication. — Ainsi il a été jugé :... que la disposition du tarif de l'impôt de l'enregistrement qui n'assujettit qu'au droit fixe les résolutions de contrats pour cause de nullité radicale, n'est point applicable au jugement prononçant la rescision d'une vente immobilière pour lésion ; ce jugement est, en conséquence, passible du droit proportionnel de mutation immobilière à 4 p. 100 (Civ. cass. 11 janv. 1871, aff. Déchaux, D. P. 71. 1. 9) ;... Que le jugement portant rescision, pour cause de lésion, d'une cession de droits successifs mobiliers et immobiliers, opère une mutation de propriété soumise au droit proportionnel de rétrocession. Le payement par le cessionnaire, à la suite de ce jugement, afin de conserver les biens cédés, d'un supplément de prix représentant la lésion subie par le cédant, constitue un événement ultérieur qui ne rend pas restituable le droit proportionnel perçu à l'enregistrement du jugement (Req. 27 févr. 1872, aff. Durand, D. P. 72. 1. 83. Conf. Trib. Montbrison, 15 mai 1879, *Rép. pér. enreg.*, art. 5257).

Mais la résolution, pour cause de lésion, d'un partage d'ascendant, laissant subsister la donation faite aux enfants par leur ascendant, et n'obligeant les copartageants qu'à effectuer le rapport pour le partage à nouveau des biens qu'ils ont reçus, n'opère pas par elle-même transmission de propriété et ne donne pas ouverture au droit de rétrocession (Trib. Saint-Sever, 20 févr. 1885) (2).

2°. — Résolution pour défaut de payement du prix de la vente (Rép. n° 2504 à 2523).

1177. La loi de frimaire an 7 n'avait tarifé au droit fixe que les jugements portant résolution de contrat pour nullité radicale. L'art. 12 de la loi du 27 vent. an 9 a étendu cette disposition de la loi de frimaire aux « jugements portant résolution de contrats de vente pour défaut de paye-

(1) (Chagny C. Enreg.). — LE TRIBUNAL ; — Attendu que le jugement du 20 juill. 1877 constate que Dominique Chagny a vendu par acte notarié du 31 janv. 1862 à son beau-frère Toussaint Passaud une propriété composée de maison d'habitation, cour, jardin, pavillon dans le jardin ; que les stipulations de cette vente relatives au pavillon et au jardin ont eu pour cause un concert frauduleux organisé entre les parties à l'acte, en vue de soustraire les ressources de Dominique Chagny aux poursuites de ses créanciers ; que ce dernier est resté en possession du pavillon et du jardin qu'il a occupés gratuitement jusqu'à une époque voisine de sa mort, et dont après son décès, son fils Toussaint Chagny a constamment perçu les locations ; — Attendu que, par suite de ces faits, le jugement déclare l'acte de vente simulé, en ce qui concerne le pavillon et le jardin ; dit, en conséquence, que ces deux immeubles sont une dépendance de la succession de Dominique Chagny, et qu'il sera procédé à leur licitation à la diligence du demandeur au procès, c'est-à-dire du syndic de la faillite Toussaint-Chagny ; — Attendu qu'il résulte de cette décision que le pavillon et le jardin n'ont jamais été vendus ; qu'ils ont été compris fictivement et frauduleusement dans une vente qui ne s'appliquait réellement qu'aux autres immeubles y désignés ; qu'il n'y avait pas lieu, par conséquent, à prononcer la rétrocession du pavillon et du jardin, mais seulement à déclarer, comme l'a fait le tribunal, la vente simulée en ce qui les concerne ; d'où il suit que la Régie ne peut réclamer le droit de rétrocession ; — Attendu que la vente simulée est frappée au plus haut degré du vice absolu que le droit fiscal appelle une nullité radicale, puisqu'elle est affectée dans le principe même

de son existence ; — Attendu qu'il ressort de la combinaison des art. 68, § 3, n° 7, de la loi du 22 frim. an 7, 12 de la loi du 27 vent. an 9, 38 et 45 de la loi du 28 avr. 1816, 4 de la loi du 28 février 1872, que les jugements des tribunaux civils rendus en première instance ou en appel, portant résolution de contrat ou de clause de contrat pour cause de nullité radicale, sont passibles non d'un droit proportionnel, mais seulement du droit fixe de 7 fr. 50 cent. ; — Attendu que le jugement du 20 juill. 1877, auquel figuraient un syndic de faillite et deux mineurs, contient l'exposé exact et sincère des faits de la cause et en déduit la conséquence juridique ; qu'il n'a nullement le caractère d'un expédient destiné, par un accord frauduleux des parties, à dissimuler, au préjudice de la Régie, un contrat judiciaire opérant une rétrocession d'immeubles sous l'apparence d'une décision prononçant une résolution de vente pour cause de nullité radicale ; — Par ces motifs, etc.
Du 17 déc. 1880.-Trib. civ. de Lyon.

(2) (Castéra.) — LE TRIBUNAL ; — Attendu qu'il convient d'examiner la question principale que soulèvent tant la contrainte que l'opposition, et qui consiste dans le point de savoir si le jugement qui, sans autres dispositions, prononce la résolution, pour cause de lésion de plus du quart, d'une donation à titre de partage anticipé et ordonne un nouveau partage, opère une mutation de propriété donnant ouverture à des droits proportionnels ; — Attendu, à cet égard, qu'il est, sans doute de principe que toute mutation de propriété donne ouverture à un droit proportionnel, et qu'il y a mutation de propriété toutes les fois que la propriété

ment quelconque sur le prix de l'acquisition, lorsque l'acquéreur ne sera point entré en jouissance » (*Rép.* n° 2505).

Le droit fixe applicable aux jugements de l'espèce, étant le même que celui auquel sont assujettis les jugements prononçant la résolution de contrats pour nullité radicale, se perçoit d'après les distinctions établies *suprà*, n°s 1156 et suiv.

1178. Il est établi au *Rép.* n° 2506, que le bénéfice du droit fixe accordé aux jugements portant résolution de vente pour défaut de payement du prix, doit être étendu aux résolutions consenties *volontairement.* La question est la même que pour les résolutions qui se produisent par suite de nullité radicale. Elle a été examinée ci-dessus pour ces dernières (V. *suprà*, n° 1157). Nous ne pouvons que nous référer à ce qui a été dit.

Ajoutons, toutefois, que la doctrine trouve une raison particulière de limiter le bénéfice du droit fixe aux jugements, dans ce fait que l'art. 12 de la loi de l'an 9 est en contradiction avec les principes du code civil, qui ne font pas dépendre l'acquisition de la propriété du fait de l'entrée en jouissance ni du payement du prix. « Il s'ensuit, dit M. Demante, t. 1, n° 181, une conséquence pratique fort grave : c'est que l'art. 12 de la loi de ventôse doit sans doute être appliqué dans sa lettre ; mais, puisqu'il subsiste aujourd'hui *contra rationem juris*, il ne saurait tirer à conséquence et doit être strictement renfermé dans le cas qu'il prévoit. Nous nous garderons donc d'appliquer à la résolution d'une donation, d'un louage ou de tout autre contrat, une disposition toute spéciale aux *jugements portant résolution de contrats de vente* ». V. aussi *ibid.* n° 183. Conf. *Diction. droits d'enreg.*, v° *Résolution*, n° 243 ; Garnier, *Rép. gén. enreg.*, n° 14406 ; Naquet, t. 1, n° 115).

1179. La loi de l'an 9 subordonne l'exemption du droit proportionnel à la réunion de deux conditions : défaut de payement quelconque sur le prix et possession non encore prise par l'acquéreur.

1180. En premier lieu, la loi exige qu'aucun payement *quelconque* n'ait été effectué sur le prix. Il s'ensuit qu'elle ne serait pas applicable au cas de payement d'une fraction du prix, d'un acompte, des intérêts (*Rép.* n° 2511), ni au cas d'extinction de la dette du prix par un mode autre que le payement, tel qu'une novation, une compensation (*Rép.* n° 2513. Conf. Garnier, *Rép. gén. enreg.*, n°s 14409 et suiv. ; *Diction. droits d'enreg.*, v° *Résolution*, n° 272 ; Naquet, t. 1, n° 115). — Ainsi, le jugement qui prononce la résolution d'une vente mobilière moyennant un prix payé en partie est sujet au droit proportionnel de 2 pour 100 (Trib. Carcassonne, 9 févr. 1869, *Rép. pér. enreg.*, art. 2932. V. Trib. Seine, 24 août 1867, *infrà*, n° 1181).

Mais il en serait autrement si l'acquéreur s'était borné à garantir le payement au moyen de gages ou d'une caution (*Rép.* n° 2514. Conf. Garnier, *Rép. gén. enreg.*, n° 14412 ; *Diction. droits d'enreg.*, v° *Résolution*, n° 276).

1181. La seconde condition à laquelle l'exemption du droit proportionnel est subordonnée est que « l'acquéreur ne sera point entré en jouissance ». La loi a en vue la tradition *réelle*, et non la tradition *feinte* telle que celle résultant virtuellement du contrat même comme de la simple énonciation que l'acquéreur entrera en jouissance le jour même du contrat (*Rép.* n°s 2516 et 2517. Conf. *Diction. droits d'enreg.*, v° *Résolution*, n° 284 ; Garnier, *Rép. gén. enreg.*, n° 14423 ; Naquet, t. 1, n° 115).

L'entrée en jouissance est suffisamment prouvé... lorsque le contrat constate que l'acquéreur a été mis immédiatement en possession et que le jugement prononçant la résolution le condamne à déguerpir faute de payement du prix dans un délai déterminé (Req. 14 mars 1849, cité *suprà*, n° 1165) ;... lorsque l'acquéreur s'était obligé à payer l'intérêt du prix à partir d'une certaine époque, car il est réputé par cela même avoir eu la disposition et la jouissance de l'immeuble vendu depuis cette époque (Trib. Seine, 15 déc. 1865) (1) ;... lorsque l'entrée en jouissance de l'acquéreur est prouvée par une disposition du jugement qui autorise

---

passe d'une tête sur une autre ; — Mais, attendu que la rescision, pour cause de lésion de plus du quart, d'une donation à titre de partage anticipé, ne transporte pas, par son seul effet, la propriété des biens donnés sur d'autres têtes que celles des donataires ; — Que saisis par la donation-partage de tous les biens donnés, et ce à titre d'avancement d'hoirie, à titre de succession anticipée, les enfants donataires, loin d'être dessaisis par le jugement prononçant la rescision, demeurent saisis, à titre d'héritiers, de ces mêmes biens sous l'obligation de procéder à un nouveau partage ; — Que l'annulation de la donation-partage maintient ainsi et nécessairement les enfants dans leur propriété préexistante et consolide même leur titre, ainsi que l'a déclaré et décidé la cour suprême dans son arrêt du 5 juill. 1820 ; — Qu'il importe peu que les apportionnements effectués par la donation-partage disparaissent par suite de la rescision et que les biens donnés soient, comme indivis, soumis à un nouveau partage, parce que le jugement qui prononce la rescision et ordonne, par voie de conséquence, un nouveau partage, oblige uniquement ou par son seul effet les enfants apportionnés à reconstituer la masse partageable à l'aide des biens qu'ils ont reçus et qui formaient leurs lots ; — Qu'une pareille obligation implique, non une mutation de propriété, mais, ainsi que l'enseigne M. Demolombe, t. 6, *Des donations*, n°s 234 et suiv., un simple rapport, le rapport des avancements d'hoirie détenus par les enfants, parce que le partage d'ascendants entre vifs ne constitue qu'un ensemble d'avancements d'hoirie dispensés du rapport si le partage est maintenu, soumis au rapport si le partage est rescindé ; — Que le rapport, ainsi que le suppose l'Administration dans la liquidation établie pour les droits à percevoir, ne se fait pas exclusivement, pour chaque enfant, de la part qu'il n'amende pas héréditairement dans l'immeuble par lui détenu, mais bien, au contraire, de la totalité de cet immeuble, sous la réserve, pour cet enfant, suivant les éventualités du partage, de droit de retirer aussitôt après cet immeuble en totalité ou en partie ou de se lotir à l'aide d'autres valeurs héréditaires ; — Qu'il est certain, en droit fiscal, que les rapports en nature ou en numéraire de biens régulièrement transmis à titre gratuit d'avancement d'hoirie, ne donnent lieu à la perception d'aucun droit proportionnel, et ce alors même que le bien rapporté par un enfant tomberait, par suite du partage, mais sans soulte, dans le lot d'un autre enfant ; — Qu'il est, dans tous les cas, incontestable que la mutation de propriété que pourrait engendrer le rapport ne saurait résulter que du partage lui-même et ne saurait être opérée par un jugement ordonnant le partage ; — Attendu, dès lors, que c'est à tort que l'administration de l'enregistrement considère comme ayant opéré de plein droit une

rétrocession, un jugement qui n'impose à des enfants régulièrement saisis que l'obligation de rapporter en nature à la masse d'une succession des immeubles à eux donnés à titre d'avancement d'hoirie, par eux détenus à ce titre et par eux conservés comme héritiers jusqu'au jour où un nouveau partage légalement opéré les aura dessaisis ; — Attendu que cette solution s'impose d'autant plus au tribunal qu'il est constant que les enfants Castéra ont payé, en 1871, le droit de mutation qui pouvait leur incomber et que jusqu'à ce jour l'Administration de l'enregistrement n'a jamais réclamé ni perçu sur les jugements prononçant la rescision de partages d'ascendants le droit de mutation ou de rétrocession qu'elle réclame aujourd'hui, ce que démontrent et les recherches faites au greffe, et les diverses perceptions irrégulièrement opérées dans cette cause, et encore l'absence de toute décision judiciaire sur la question à juger ; — Que cette solution, du reste, n'est contredite par aucun des nombreux arrêts cités par l'Administration, arrêts qui s'appliquent tous à des résolutions ou à des rescisions de ventes ou encore à des révocations de donations prononcées au profit et sur la demande des donateurs, et dont aucun ne s'applique à la rescision d'un partage d'ascendant ; — Attendu que la solution qui résulte des considérations ci-dessus déduites dispense le tribunal de l'examen de tous les moyens subsidiaires, et notamment du moyen pris tant de la nullité radicale que de la prescription...

Du 20 févr. 1885.-Trib. civ. de Saint-Sever.

(1) (Lemoult C. Enreg.) — LE TRIBUNAL ; — Attendu qu'il résulte des termes de l'art. 12 de la loi du 27 vent. an 9 que les jugements portant résolution de contrats de vente pour cause de non-payement du prix donnent lieu à la perception du droit proportionnel si une fraction du prix a été payée ou si l'acquéreur est entré en jouissance ; qu'il faut donc, pour que le droit fixe soit seul exigible, que les obligations synallagmatiques acceptées par les parties soient restées absolument inexécutées, et notamment que le vendeur n'ait pas opéré la délivrance de l'objet vendu, en le mettant à la libre disposition de l'acquéreur ; — Attendu que, lors de la vente de vente intervenu entre Lemoult et les époux Desfaux, ces derniers s'étaient obligés à payer les intérêts de leur prix à compter du 1er oct. 1863, ce qui implique que, depuis cette époque, ils pouvaient disposer de l'immeuble ; que l'obligation du vendeur, quant à la délivrance, était subordonnée à aucun délai ; et que, sur la demande qui a été introduite par lui contre son acquéreur et dans laquelle il alléguait l'inexécution, par ce dernier, des clauses du contrat, il n'a pas même été prétendu qu'il n'avait pas lui-même satisfait à ses

le vendeur à l'expulser (Trib. Seine, 24 août 1867 (1); Garnier, *Rép. pér. enreg.*, art. 2673);... lorsque l'acquéreur a joui pendant un an du fonds de commerce qui avait fait l'objet de la vente (Trib. Seine, 26 janv. 1867, aff. Crésoli, Garnier, *Rép. pér. enreg.*, art. 2418). De même, le jugement prononçant la résolution d'une vente immobilière consentie sous réserve de l'usufruit donne lieu au droit proportionnel, lorsque la vente a été exécutée par l'inscription de l'acquéreur au rôle de la contribution foncière (Trib. Neufchâtel, 27 août 1874, D. P. 75. 5. 193). — A plus forte raison, en est-il ainsi au cas où l'acquéreur a vendu ou bien affermé les immeubles (Trib. Nantes, 6 juill. 1850, *Journ. enreg.*, art. 15052-1. V. Civ. cass. 13 déc. 1823, *Rép.* n° 2510).

1182. Il est dit au *Rép.* n° 2522 que le droit exigible sur le jugement prononçant la résolution d'une vente immobilière pour défaut de payement du prix, est celui de vente à 5 fr. 50 cent. pour 100, et non pas seulement celui de mutation à 4 fr. pour 100, mais qu'il n'en est ainsi que lorsque la résolution est prononcée au profit du vendeur (*Rép.* n° 6001. V. *infrà*, n° 1191). — L'acte ou le jugement par lequel la résolution de la vente est prononcée au profit du vendeur lui-même, soit pour lésion, soit pour défaut de payement du prix, même lorsque l'acquéreur est entré en jouissance, opérant de plein droit l'extinction des privilèges et hypothèques consentis par l'acquéreur, n'est pas de nature à être transcrit et ne donne pas lieu au droit proportionnel de transcription à 1 fr. 50 cent. en outre de celui de mutation à 4 fr. pour 100, qui est seul exigible (*Rép.* n° 6051).

3°. — Résolution pour inexécution des conditions (Rép. n° 2524 et 2525).

1183. La résolution de la vente pour non-payement du prix, n'étant assujettie qu'au droit fixe, et cette résolution ayant pour cause, au fond, l'inexécution des conditions du contrat, la question s'est élevée de savoir si toute résolution de convention résultant de l'événement d'une condition résolutoire ne donne lieu, de même, qu'au droit fixe (*Rép.* n° 2524). « Le point de savoir, disent à ce sujet les rédacteurs du *Dictionnaire des droits d'enregistrement*, si la résolution résultant de l'événement d'une condition résolutoire stipulée dans un contrat, opère le droit proportionnel, que cette résolution soit constatée par un acte amiable, qu'elle soit constatée par un jugement, ou qu'elle soit exécutée sans acte, est une des plus difficiles de la matière, déjà si difficile, des résolutions. L'Administration ne paraît pas même avoir une doctrine bien arrêtée sur ce point » (v° *Résolution*, n° 299).

1184. En ce qui concerne les conditions résolutoires qui opèrent de plein droit, il est généralement admis que la résolution ne donne lieu qu'au droit fixe. Ainsi, l'acte volontaire ou le jugement constatant la révocation d'une donation pour survenance d'enfant n'est sujet qu'au droit fixe (*Rép.* n° 2525; Garnier, *Rép. gén. enreg.*, n° 14394; *Diction. droits d'enreg.*, v° *Résolution*, n° 309; Demante, t. 1, n° 593. — V. toutefois, en sens contraire : Naquet, t. 2, n° 424).

1185. A l'égard des conditions résolutoires qui n'opèrent pas de plein droit et sont sous-entendues, la question est très discutée. MM. Championnière et Rigaud, t. 1, n° 464, et M. Demante, t. 1, n° 42, estiment que, dans ce cas, le droit proportionnel n'est pas applicable, même à la résolution volontaire. « Le vendeur ou le donateur, dit M. Demante, restauré dans son domaine, n'y vient pas comme successeur de l'acheteur ou du donataire dont le titre est résolu ; il y rentre par l'énergie d'un droit antérieur *ex causa primæva et antiqua*, sans acquitter un droit de mutation » (*loc. cit.*). — Le *Dictionnaire des droits d'enregistrement*, v° *Résolution*, n° 306, adhère à cette doctrine, mais elle ne lui paraît applicable « que dans les cas où la condition inhérente au contrat serait indépendante de la volonté des parties et, bien entendu, qu'autant qu'elle ne pourrait pas être considérée comme une charge ou condition imposée à l'acquéreur ».

Suivant M. Garnier, le droit proportionnel est dû quand il s'agit d'une condition résolutoire non exprimée dans le contrat primitif et volontairement reconnue par les parties. Mais, lorsque l'inexécution est constatée par jugement ou que la résolution volontaire procède de l'accomplissement d'une condition formellement exprimée dans le contrat antérieur, il faut distinguer : si la résolution convenue n'est pas constatée par acte, l'Administration ne peut poursuivre le vendeur comme nouveau possesseur en vertu de l'art. 4 de la loi de ventôse an 9, car, restauré *ex causa primæva et antiqua*, il n'est pas le successeur de l'acheteur, il n'est pas nouveau possesseur ; mais, quand la résolution fait l'objet d'un acte ou d'un jugement présenté à la formalité, on n'a plus à examiner si l'on peut appliquer les règles particulières des mutations verbales, mais si l'acte ou le jugement ne tombe pas sous l'empire d'un tarif formel de la loi commune, et, comme le cas ne rentre dans aucun de ceux limitativement prévus, dans lesquels il n'y a lieu, d'après les dispositions de la loi fiscale, qu'à la perception du droit fixe, il doit le droit proportionnel est dû par application de l'art. 69, § 7, n° 1, de la loi de frimaire an 7, qui tarife à ce droit, en termes généraux, les ventes, reventes, cessions et rétrocessions (*Rép. gén. enreg.*, n° 14449). — Enfin, M. Naquet, t. 1, n° 117 à 119, est d'avis que, dans tous les cas de résolution opérée en exécution d'une condition résolutoire, autres que ceux rentrant dans les exceptions prévues par la loi fiscale, le droit proportionnel est dû. La loi, suivant cet auteur, « en disant que les résolutions pour cause de nullité radicale, sont affranchies du droit proportionnel, indique bien que les autres résolutions sont soumises à ce droit, et cela est si vrai que, quand le législateur a voulu exempter du droit proportionnel quelques-unes de ces autres résolutions, il a édicté un texte spécial ».

1186. La jurisprudence de la cour de cassation est dans le sens de la perception du droit proportionnel (*Rép.* n° 2565 et 2567). Cette jurisprudence a été confirmée par un arrêt aux termes duquel l'acte portant résiliation d'une donation à titre de partage anticipé, dans l'intérêt et pour l'utilité réciproque de chacune des parties, à raison des difficultés auxquelles aurait donné lieu l'exécution des dispositions de cette donation, présente, encore bien qu'aucun prix n'ait été stipulé, les caractères juridiques d'un contrat intéressé ou commutatif ; en conséquence, la rétrocession qu'il constate est passible du droit proportionnel de transmission auquel sont tarifés les actes translatifs à titre onéreux (Civ. cass. 24 août 1869, aff. dame Dubernat, D. P. 70. 1. 35. V. aussi Civ. cass. 24 déc. 1877, cité *suprà*, n° 1148).

Toutefois, il a été décidé par un autre arrêt que, lorsqu'en procédant au partage des successions de leurs père et mère,

---

(1) (Ricau C. Enreg.). — Le tribunal ; — Attendu que l'art. 68, § 3, n° 7, de la loi du 22 frim. an 7 et l'art. 12 de la loi du 27 vent. an 9 n'assujettissent qu'au droit fixe d'enregistrement les jugements portant résolution de contrats, ce n'est qu'autant que la résolution est prononcée pour cause de nullité radicale, ou pour défaut de payement quelconque sur le prix de l'acquisition, lorsque l'acquéreur n'est pas entré en jouissance ; — Attendu que ces deux articles renferment une exception au

propres obligations ; — Attendu, dans ces circonstances, qu'il est certain qu'au moment où intervenait le jugement de résolution, c'est-à-dire un an après la vente, les époux Desfaux avaient depuis longtemps la jouissance que comportaient la nature de l'immeuble et le but qu'ils s'étaient proposé en se rendant acquéreurs ; — Déclare Lemoult mal fondé en sa demande, etc.

Du 13 déc. 1865.-Trib. civ. de la Seine.

principe général posé par l'art. 4 de la loi du 22 frim. an 7, qui assujettit au droit proportionnel toute transmission de biens, cette exception est, par sa nature, de droit étroit ; qu'il s'ensuit que les conditions auxquelles elle est subordonnée doivent être rigoureusement remplies ; — Attendu que l'une de ces conditions, le défaut complet de payement du prix d'acquisition, se trouve bien dans le jugement du 29 août 1866, qui prononce la résolution de la vente consentie par la veuve Ricau aux époux Valienne, mais qu'une autre condition, le défaut d'entrée en jouissance par l'acquéreur, ne s'y rencontre pas ; qu'il est constant, en effet, que les époux Valienne avaient pris possession des lieux qui faisaient l'objet de ladite vente, puisque le jugement dont il s'agit autorise la veuve Ricau à les expulser et à rentrer dans la possession de son terrain ; — Que c'est bon à bon droit que le droit proportionnel a été réclamé ; — Par ces motifs, etc.

Du 24 août 1867.-Trib. civ. de la Seine.

des enfants ont attribué, conformément à un vœu exprimé par la mère dans son testament, un immeuble à l'un d'eux pour une valeur déterminée et à la condition de le céder dans un délai fixé, pour cette même valeur, à un autre des copartageants, s'il en faisait la demande, l'acte constatant la réalisation de cette éventualité ne doit pas être considéré, à raison de l'échange d'attributions qui en fait l'objet, comme renfermant une mutation immobilière à titre onéreux passible du droit de 1 fr. 50 cent. pour 100 (Req. 20 avr. 1869, aff. de Courson, D. P. 70. 1. 65). — Ainsi qu'on l'a observé dans la note sur cette décision (Ibid.), elle n'est certainement pas en harmonie avec la jurisprudence antérieure, et la portée doctrinale en est, d'ailleurs, infirmée par les deux arrêts postérieurs susénoncés des 24 août 1869 et 24 déc. 1877, dans lesquels la cour est revenue à l'interprétation consacrée, sur le point dont il s'agit, par toutes ses autres décisions. Telle est aussi l'opinion de M. Garnier, Rép. gén. enreg., n° 14449, et celle de M. Naquet, t. 1, n° 118.

1187. Le jugement qui prononce la résolution d'une donation immobilière pour *cause d'ingratitude*, est sujet au droit proportionnel de vente à 5 fr. 50 cent., attendu que cette révocation ne procède pas d'une nullité radicale, puisqu'elle laisse subsister les droits réels conférés aux tiers par le donataire (c. civ. art. 958) et qu'elle opère au profit du donateur une véritable mutation (Sol. adm. enreg. 18 juill. 1876, D. P. 78. 3. 8. Conf. Garnier, Rép. gén. enreg., n° 14393; Diction. droits d'enreg., v° Résolution, n° 258). — D'autre part, le jugement qui prononce la révocation d'un legs pour inexécution des conditions opère une rétrocession de la propriété des biens légués et, par suite, donne ouverture au droit proportionnel (Trib. Avignon, 10 déc. 1888, aff. Cartier, D. P. 90. 3. 48).

D. — Quotité du droit proportionnel applicable à la résolution
(Rép. n° 2529 à 2534).

1188. L'Administration a soutenu que la résolution doit subir le même droit proportionnel que celui perçu sur la convention résolue (Rép. n° 2529). Mais cela ne peut être admis en thèse générale. La loi fiscale n'ayant pas tarifé nommément la résolution et s'étant bornée, comme nous l'avons vu suprà, n° 1140, à la soumettre à un simple droit fixe dans certains cas déterminés, on en conclut que la résolution qui se produit en dehors de ces cas donne lieu au droit proportionnel ; mais la détermination de ce droit ne peut être faite que d'après le caractère que présente la résolution et d'après les effets qui en résultent suivant la loi civile. Cette doctrine est, du reste, généralement admise (Garnier, Rép. gén. enreg., n° 14295).

1189. Ainsi, pour les mutations à titre onéreux, la résolution *volontaire* d'une vente ou d'un échange ne donne lieu au droit proportionnel de vente à 5 fr. 50 cent. pour 100 ou d'échange à 3 fr. 50 cent. pour 100 que si elle produit une vente nouvelle ou un nouvel échange (Conf. Rép. n° 6042 et 6051. V. suprà, n° 1140).

1190. Il n'en est pas de même de la résolution *judiciaire*. Lorsque le jugement prononçant la résolution d'une vente donne lieu au droit proportionnel, ce droit ne peut être celui de vente à 5 fr. 50 cent. pour 100, parce que le jugement ne constitue pas une vente. Il n'est dû, en ce cas, que le droit de *mutation* à 4 pour 100 par application de l'art. 69, § 7, n° 1, de la loi de frimaire. Le droit de *transcription* à 1 fr. 50 cent. ne peut être ajouté à ce droit pour le motif que les privilèges et hypothèques consentis par l'acquéreur disparaissant de plein droit par l'effet de la résolution (c. civ. art. 2125), le jugement n'est pas de nature à être transcrit. Cela est si vrai que l'art. 4 de la loi du 23 mars 1855 exige seulement qu'il soit mentionné en marge de la transcription de la vente, et non transcrit (Garnier, Rép. gén. enreg., n° 14445; Naquet, t. 1, n° 116. Conf. Rép. n° 6001 et 6051).

1191. Mais l'Administration soutient et la cour de cassation décide que, lorsque c'est, non au profit du *vendeur* lui-même, mais au profit d'un *tiers cessionnaire* subrogé à ses droits, que le jugement prononce la résolution de la vente, l'immeuble passant des mains du vendeur dans celles du tiers cessionnaire, le jugement opère une mutation nouvelle de propriété, est, dès lors, de nature à être transcrit et donne lieu, en conséquence, non plus seulement du droit

de mutation à 4 pour 100, mais au droit de vente à 5 fr. 50 cent. pour 100 (Comp. suprà, n° 1182). La cour de cassation s'est encore prononcée en ce sens par un arrêt aux termes duquel le jugement qui prononce la résolution d'une vente d'immeubles, non au profit du vendeur, mais en faveur d'un tiers subrogé à ses droits, est sujet à la transcription comme opérant une mutation nouvelle et donne lieu, par suite, au droit de transcription à 1 fr. 50 cent. pour 100, outre celui de mutation à 4 fr. pour 100 (Civ. cass. 6 mars 1855, aff. Merle du Bourg, D. P. 55. 1. 83). — V. suprà, n° 1182.

1192. La distinction faite pour les mutations à titre onéreux, doit être faite également pour les *transmissions à titre gratuit*. La résolution, purement volontaire, d'une donation constitue elle-même une libéralité et donne lieu, par suite, à la perception d'un nouveau droit de donation (Rép. n° 2530). Mais lorsque la résolution est *forcée*, le caractère de la mutation étant, en ce cas, celui d'une transmission à titre onéreux, le droit proportionnel est dû au taux établi pour les mutations à titre onéreux, c'est-à-dire à 4 fr. pour 100 (Rép. n° 2531 et 2532). Ainsi, la renonciation par une mère à l'usufruit dont ses enfants lui avaient fait donation, des biens qui leur étaient échus par le décès de leur père, donne lieu au droit proportionnel de donation (Trib. Seine, 17 juin 1881, suprà, n° 1153). Mais, d'après une solution de l'Administration du 16 janv. 1875 (Diction. droits d'enreg., v° Résolution, n° 255), quand la résolution n'est pas entièrement spontanée et n'a pas exclusivement pour cause l'utilité de l'une des parties, elle perd le caractère de libéralité et doit être assujettie au droit de mutation à titre onéreux. C'est ce que dit également l'arrêt du 24 août 1869 (V. suprà, n° 1186) rendu au sujet d'un acte portant résiliation d'une donation à titre de partage anticipé dans l'intérêt et pour l'utilité réciproque de chacune des parties (V. aussi dans le même sens : Sol. adm. enreg. 18 juill. 1876, citée suprà, n° 1187).

La révocation par le donateur d'une donation entre époux ne donne ouverture qu'au droit fixe, lors même que la donation ayant pour objet des biens présents et étant actuelle avait été assujettie au droit proportionnel (V. suprà, n° 1152).

E. — Contre-lettre (Rép. n° 2535 à 2538).

1193. On a dit au Rép. n° 2536 que la contre-lettre qui a pour but de déclarer que la convention originaire n'était pas sérieuse, renferme les éléments d'une véritable rétrocession et, en conséquence, ouverture au droit proportionnel. Cette doctrine a été confirmée par un arrêt de la chambre des requêtes du 20 juill. 1859 (aff. Chaveton, D. P. 59. 1. 324), aux termes duquel la contre-lettre constatant qu'une vente authentique n'était pas sérieuse, doit être considérée comme un acte de rétrocession et donne lieu à ce titre au droit proportionnel : « Attendu, porte cet arrêt, qu'au regard des tiers et aussi de la Régie, l'acte authentique du 23 décembre constitue une vente à l'occasion de laquelle les droits ont été légalement perçus ; que cet état de choses n'a changé que par la révélation de la contre-lettre du 30 décembre dont l'effet a été de faire rentrer entre les mains du vendeur les effets mobiliers par lui transmis à un tiers ; que, par conséquent, ce dernier acte, dit contre-lettre, ayant produit cette rétrocession, était passible des droits attachés à cette nature de contrat ». Cette décision a été rendue au sujet d'une vente mobilière, mais sa doctrine est susceptible d'être étendue aux ventes immobilières. Elle n'est, en effet, qu'une application du principe, que nous avons eu déjà souvent l'occasion de rappeler, que le droit de mutation se perçoit d'après la propriété apparente,

N° 4. — Déclarations ou élections de command ou d'ami (Rép. n° 2539 à 2618).

1194. La déclaration de command donne lieu à un droit fixe ou à un droit proportionnel, selon qu'elle réunit ou non les conditions auxquelles la loi fiscale a subordonné, en ce qui la concerne, la faveur du droit fixe (Rép. n° 2540). Ce droit fixe est aujourd'hui de 4 fr. 50 cent. (L. 22 frim. an 7, art. 68, § 1er, n° 24; 28 avr. 1816, art. 44, n° 3; 28 févr. 1872, art. 4). Le droit proportionnel est le droit de vente à 5 fr. 50 cent. pour 100.

La loi fiscale subordonne l'application du droit fixe à la déclaration de command à trois conditions. Il faut : 1° que la faculté en ait été réservée dans le contrat de vente; 2° que la déclaration soit faite dans les vingt-quatre heures; 3° qu'elle soit notifiée dans le même délai. Le *Répertoire* a examiné successivement les *caractères de la convention*, la *réserve d'élire*, la *déclaration* et ses *conditions*, la *notification*, sa *forme* et les *délais*.

A. — Caractères de la déclaration de command (*Rép.* n°s 2541 à 2557).

1195. Le système des commands repose sur une double supposition, celle d'un mandat fictif et celle d'une stipulation pour autrui. Cette double supposition est indispensable pour expliquer les effets de la déclaration de command en droit fiscal (*Rép.* n°s 2541 et 2542, et v° *Vente*, n°s 213 et suiv. Conf. Garnier, *Rép. gén. enreg.*, n° 3876-2°). A la suite de l'acquisition, l'acheteur souscrit une déclaration de *command*, s'il a été *commandé*, c'est-à-dire si un tiers lui a donné mandat, ou bien fait une *élection d'ami*, si aucun mandat ne lui a été conféré. Il n'y a aujourd'hui aucun intérêt à distinguer la déclaration de command de l'élection d'ami, les deux actes produisant les mêmes effets. Dans la pratique, les deux locutions sont employées l'une pour l'autre. — La propriété ne pouvant demeurer un seul instant sans maître, l'acheteur est, dans tous les cas, propriétaire du fonds dans l'intervalle qui sépare l'acquisition de la déclaration de command ou de l'élection d'ami avec acceptation du command ou ami; mais il disparaît complètement dès que la déclaration de command est régulièrement faite; le command est considéré comme ayant contracté directement avec le vendeur et comme propriétaire *ab initio*. La doctrine des auteurs en conclut que, dans la réalité des faits, la déclaration de command opère une véritable mutation, au moins dans la propriété apparente; que, d'après le principe suivant lequel le droit de mutation se perçoit sur la propriété apparente, la transmission opérée par la déclaration de command devrait donner ouverture à un nouveau droit proportionnel, et que, si ce droit n'est pas perçu, c'est par l'effet d'une exception de faveur. « On peut dire, enseigne M. Naquet, t. 1, n° 343, que la règle fiscale constitue une dérogation au droit commun. Cette dérogation s'explique par les motifs que le commandé ne joue qu'un rôle d'intermédiaire et que la propriété de la chose vendue passe sur sa tête sans y résider. Il y a, à ce point de vue, quelque analogie entre la théorie du command et celle du résiliement dans les vingt-quatre heures. C'est, en effet, parce que la propriété ne se fixe pas définitivement sur la tête de l'acquéreur, au cas de résiliement dans les vingt-quatre heures, que le droit proportionnel n'est pas perçu sur l'acte de résiliement; et c'est pour la même raison qu'il n'est pas exigible au cas d'élection de command (V. aussi *Diction. droits d'enreg.*, v° *Command* (déclaration de), n°s 10 et 11).

1196. Du principe que, jusqu'à ce que la déclaration de command ait été acceptée, le commandé est propriétaire du fonds et est personnellement engagé, résultent diverses conséquences. En premier lieu, jusqu'à l'acceptation du command, le commandé est débiteur du prix et des droits d'enregistrement (*Rép.* n° 2543); s'il souscrit la déclaration en dehors des conditions prescrites pour qu'elle ne soit sujette qu'au droit fixe, le nouveau droit proportionnel auquel la déclaration donne lieu en ce cas, ne pourra être réclamé que lorsque le command aura accepté (*Ibid.* Conf. Garnier, *Rép. gén. enreg.*, n° 3892; *Diction. droits d'enreg.*, v° *Command* (déclaration de), n° 12; Naquet, t. 1, n° 350). — Après une première déclaration non acceptée, le commandé pourra en souscrire une seconde, et cette seconde déclaration ne sera sujette qu'au droit fixe, si elle réunit les conditions prescrites (*Rép.* n° 2544; Garnier, *loc. cit.*; *Diction. droits d'enreg.*, *loc. cit.*, n° 48; Demante, t. 1, n° 227). — L'Administration a décidé, en ce sens, sur ce dernier point, qu'après une première déclaration partielle portant que le surplus des biens est pour son compte, l'acquéreur peut faire une seconde déclaration pour les biens qu'il s'était réservés d'abord, sans qu'il y ait ouverture au droit de vente (Sol. adm. enreg... oct. 1873, *Diction. droits d'enreg.*, *loc. cit.*).

D'autre part, celui qui a enchéri ou qui a été partie présente au contrat de vente peut être déclaré command (*Rép.* n° 2545. Conf. Garnier, *Rép. gén. enreg.*, n° 3888; *Diction. droits d'enreg.*, *loc. cit.*, n° 64). — En cas de vente d'un fonds en plusieurs lots, l'acquéreur d'un lot peut valablement déclarer pour son command l'acquéreur d'un autre lot (Demante, *loc. cit.*).

1197. Du principe qu'après une déclaration acceptée le command est réputé propriétaire *ab initio*, il résulte que l'adjudication et la vente, la déclaration et l'acceptation, ne sont considérées que comme un même acte (*Rép.* n° 2546). De là cette conséquence que l'art. 41 de la loi de frimaire an 7 qui interdit aux notaires, à peine d'amende, de faire aucun acte en vertu d'un autre acte avant que ce dernier ait été enregistré, n'est pas applicable à la déclaration du command (*Ibid.* V. *infrà*, chap. 9, sect. 1re), et cette autre conséquence que, si la déclaration de command est faite au profit du vendeur lui-même, aucun droit proportionnel n'est dû, ni sur le contrat, ni sur la déclaration, parce qu'en réalité aucune mutation ne s'est opérée (Garnier, *Rép. gén. enreg.*, n° 3895; *Diction. droits d'enreg.*, v° *Command*, n° 65). Il en est ainsi, notamment, au cas où l'adjudicataire, déclaré par l'avoué enchérisseur à la suite d'une adjudication sur saisie-immobilière, élit pour command le débiteur saisi, car celui-ci doit être considéré comme ayant toujours conservé la propriété de l'immeuble (Trib. Seine, 20 août 1851, *ibid.*).

1198. Il est enseigné au *Rép.* n°s 2550 et 2551 que, si le droit proportionnel est dû sur la déclaration de command souscrite en dehors des conditions prescrites pour qu'elle ne soit sujette qu'au droit fixe, ce n'est pas à titre de peine; c'est parce que la déclaration est considérée comme faisant présumer une mutation secrète, d'où il suit que, cette mutation n'existant qu'à l'état de présomption, les parties doivent être admises à la détruire par la preuve contraire, comme cela a lieu pour les présomptions légales établies par l'art. 12 de la loi de frimaire an 7 en matière de mutation secrète de propriété ou d'usufruit d'immeubles (V. *suprà*, n°s 1056 et suiv.). Ainsi, dans le cas où il serait établi qu'une déclaration de command faite ou notifiée hors délai est sincère et ne cache pas une mutation, il ne serait dû que le droit fixe. — M. Garnier, qui avait aussi considéré cette doctrine comme « la plus rationnelle », n'a pas persisté dans cette opinion. Suivant un jugement du tribunal d'Abbeville du 23 janv. 1842 (*Jour. enreg.*, art. 12942) : « Il ne s'agit pas ici d'une présomption légale susceptible d'être détruite par la preuve contraire; il s'agit uniquement de l'inobservation d'une formalité indispensable à remplir pour la perception du droit fixe; dès lors, il n'est pas utile d'examiner la bonne foi des parties, ni la sincérité de la date donnée à la déclaration de command par le notaire ». L'analogie entre la déclaration de command et la mutation secrète, dit M. Garnier, pour expliquer son changement d'opinion, n'est qu'apparente. « La déclaration de command, en effet, a été renfermée par des textes spéciaux dans des limites précises en dehors desquelles elle perd absolument son caractère. Le défaut d'accomplissement des conditions imposées constitue donc, non seulement une présomption légale de transmission, mais fait perdre à la convention le bénéfice d'une dispense que la loi a rigoureusement subordonnée à des faits prévus; il n'y a plus et il ne peut plus y avoir de déclaration de command. Or, dans ce cas, les art. 68, § 5, n° 4, et 69, § 7, n° 3, sont positifs : le droit de transmission est exigible. En matière de mutation secrète où ces textes n'existent pas, on a pu, par conséquent, admettre les parties à détruire par les preuves contraires les présomptions légales invoquées contre elles, sans qu'il en découle aucune règle semblable pour les élections de command » (*Rép. gén. enreg.*, n° 3890. Conf. *Diction. droits d'enreg.*, v° *Command*, n° 30).

« La loi, dit dans le même sens M. Demante, t. 1, n°s 218 et 219, remplace par des conditions d'une constatation facile, d'une vérification presque matérielle, les principes beaucoup plus déliés sur lesquels l'ancienne jurisprudence fondait la théorie de la déclaration de command. Moyennant l'accomplissement strict de ces trois conditions, droit fixe; une seule venant à manquer, droit proportionnel. Voilà l'économie de la loi. — On ne saurait donc aujourd'hui, par aucune espèce de preuve, exonérer du droit de mutation une déclaration tardive. »

Cette doctrine se résume dans l'interprétation stricte et littérale de la loi. Elle paraît devoir être préférée à celle enseignée au *Répertoire* d'après l'intention présumée du législateur.

1199. La déclaration de command faite en dehors des conditions prescrites pour qu'elle ne soit passible que du droit fixe, est sujette, comme revente, au droit proportionnel de 5 fr. 50 cent., pour 100 (*Rép.* n° 2554. Conf. *Diction. droits d'enreg.*, v° *Command*, n° 142; Garnier, *Rép. pér. enreg.*, n° 3882; Trib. Marseille, 19 févr. 1858, aff. Hilaire, D. P. 58. 3. 54; Trib. Lectoure, 8 avr. 1864, aff. Ricard, D. P. 65. 3. 38).

Il en est ainsi, audit cas de déclaration de command irrégulière, lors même que la déclaration est faite au profit d'un colicitant dans l'adjudication primitive, parce que ce colicitant était devenu étranger par l'effet de l'adjudication prononcée au profit du commandé. Mais, si la déclaration de command est souscrite dans les formes et les délais prescrits pour qu'elle ne donne lieu qu'au droit fixe, au profit d'un colicitant, la suite d'une vente par licitation, le droit proportionnel n'est dû qu'au taux de 4 fr. pour 100, et seulement sur la portion du prix afférente aux parts acquises, comme on le verra, lorsque nous étudierons les règles de perception concernant les partages et licitations (*infrà*, n°s 1364 et suiv.).

1200. Le système des commands se rattachant à la stipulation pour autrui (V. *suprà*, n° 1195) peut se combiner, non pas seulement avec la vente, mais avec toute espèce de convention, spécialement avec la cession de rente ou de créance, le bail, le marché (*Rép.* n° 2556). Cela est généralement admis (*Diction. droits d'enreg.*, v° *Command*, n°s 23 et suiv.; Garnier, *Rép. gén. enreg.* n°s 3886 et 3887); mais l'accord n'existe plus sur la question de savoir si les conditions rigoureuses auxquelles la loi fiscale subordonne la perception du droit fixe sur la déclaration de command souscrite à la suite d'une vente doivent être remplies également pour que la déclaration souscrite à la suite d'un autre contrat ne soit sujette qu'au droit fixe. La négative est enseignée au *Rép. loc. cit.*, sur le fondement que la déclaration de command souscrite en dehors des conditions prescrites n'est assujettie au droit proportionnel que parce qu'elle est présumée déguiser une mutation secrète. Mais M. Garnier, *loc. cit.*, et le *Dictionnaire des droits d'enregistrement, loc. cit.*, estiment, au contraire, que les règles sont les mêmes, quelle que soit la nature du contrat auquel se rattache la déclaration de command. M. Garnier cite (*ibid.*), en ce sens, une solution de l'administration de l'enregistrement du 18 juin 1861, confirmée par un jugement du tribunal de Pontoise du 27 févr. 1862, aux termes duquel le droit proportionnel de 1 pour 100 est dû sur la déclaration faite par le cessionnaire d'une créance que le transport consenti à son profit a eu lieu au profit d'un tiers command élu, présent et acceptant, alors qu'aucune réserve n'a été stipulée dans le contrat.

[B. — Réserve d'élire (*Rép.* n°s 2558 à 2577).]

1201. La réserve d'élire est prescrite d'une manière absolue (*Rép.* n° 2559). Elle doit être insérée « dans l'acte d'adjudication ou le contrat de vente », dans les ventes volontaires comme dans celles qui sont faites en justice (*Rép.* n° 2560).

1°. — *Ventes volontaires.*

1202. Il est enseigné au *Rép.* n°s 2561 et suiv. que l'exigibilité du droit proportionnel sur la déclaration de command étant fondée sur une présomption de mutation secrète susceptible de céder à la preuve contraire, si les parties établissent, spécialement, au moyen d'une procuration authentique ou ayant date certaine, que, nonobstant le silence gardé dans le contrat de vente, l'acquisition a été faite par l'acquéreur pour une autre personne, la déclaration de command n'est sujette qu'au droit fixe. Mais, comme nous l'avons dit *suprà*, n° 1198, la doctrine soutenue au *Répertoire*, relativement à l'exigibilité du droit proportionnel

sur les déclarations de command, ne saurait être suivie. La loi doit être interprétée, non d'après son esprit présumé, mais littéralement et strictement. Il s'ensuit, en ce qui concerne la réserve d'élire, qu'il ne peut être suppléé à cette condition, ni par une procuration authentique, ni autrement, et que, lorsqu'elle n'est pas remplie, lorsque la réserve d'élire command n'a pas été stipulée dans le contrat de vente, la déclaration de command donne lieu au droit proportionnel.

« On ne saurait aujourd'hui, dit en ce sens M. Demante, t. 1, n° 219, par aucune espèce de preuve, exonérer du droit de mutation une déclaration tardive; on ne le pourrait notamment en justifiant d'une procuration ayant date certaine antérieurement à la vente. Que résulterait-il de cette circonstance? Que le rapport obligatoire des parties serait régi par les principes du contrat de mandat; la remise du fonds par l'acquéreur à son mandant ne serait pas une revente; par suite, il ne serait dû à celui-ci aucune garantie par son mandataire. Mais il ne suit pas de là qu'il n'y aurait pas mutation, car il n'implique nullement que la propriété ait effectivement reposé sur la tête du mandataire, et que ce dernier pour obéir à son mandat, en opère la translation. D'ailleurs, indépendamment de toute autre considération, le texte de la loi est formel. »

1203. La cour de cassation s'est toujours prononcée en ce sens (V. les arrêts rapportés au *Rép.* n°s 2565, 2566 et 2567). Et il a été jugé depuis : 1° que le jugement qui déclare que l'adjudicataire d'un immeuble n'a été que le prête-nom d'un tiers tombé en état de faillite et que, en conséquence, la propriété de l'immeuble appartient à la faillite, opère, au regard de la Régie, une seconde transmission à raison de laquelle un nouveau droit proportionnel de mutation est dû (Req. 22 févr. 1869, aff. Syndics de la faillite Leclerc, D. P. 69. 1. 359); — 2° Que le droit de mutation se perçoit d'après la propriété apparente et que, spécialement, l'immeuble acquis au nom et pour le compte d'une personne désignée qui en a conservé la possession jusqu'à son décès, doit être compris par ses représentants au nombre des valeurs dépendant de sa succession pour la perception du droit de mutation par décès (Civ. rej. 11 avr. 1877, aff. Martelet, D. P. 77. 1. 199); — 3° Que le jugement qui condamne un héritier à rapporter à la succession un immeuble dont il s'est rendu adjudicataire du vivant du défunt, et à l'aide de deniers fournis par celui-ci, mais dont l'origine avait été dissimulée dans le but de faire fraude aux droits des autres héritiers, emporte au profit de la succession une mutation de propriété passible du droit proportionnel, la substitution d'un adjudicataire à un autre ne pouvant s'opérer sans déplacement de propriété que dans les conditions légales d'une déclaration de command (Civ. cass. 9 avr. 1866, aff. Moundy, D. P. 66. 1. 245). Cette dernière décision a été critiquée (V. *ibid.*, note). On a fait observer que si l'on comprend qu'une substitution d'adjudicataire, faite volontairement entre les parties, donne lieu au droit proportionnel, il n'en est pas de même lorsque cette substitution résulte d'un jugement rendu contre la volonté de l'adjudicataire apparent.

Conformément à cette jurisprudence, il a encore été jugé que l'acte par lequel une partie acquiert un immeuble au nom d'un tiers constitue une vente faite à cette partie elle-même, lorsque c'est elle qui a payé de ses deniers personnels le prix d'acquisition, et qu'en outre, il a été déclaré, dans l'acte, que le tiers ne profiterait de la vente que sous certaines conditions, par exemple, d'élever sur l'immeuble une salle d'asile et de payer une rente à la partie qui a fait l'acquisition; par suite, l'acceptation par le tiers du bénéfice de l'acquisition, sous les charges imposées, entraîne une seconde transmission de propriété passible d'un nouveau droit de mutation proportionnel au montant des charges imposées (Civ. cass. 5 mai 1857, aff. Ville de Dinan, D. P. 57. 1. 250).

1204. Il ne peut donc être suppléé à la réserve d'élire, au moyen d'actes antérieurs dans lesquels cette intention serait exprimée. Ainsi le droit proportionnel est dû sur la déclaration de command, défaut de réserve dans l'acte de vente, bien que ce dernier acte n'ait été rédigé qu'après une sommation à la requête de l'acheteur, portant déclaration de command, par cet acheteur au profit d'un tiers désigné (Trib. Strasbourg, 17 janv. 1849, *Journ. enreg.*, art. 14860).

1205. La réserve d'élire peut être stipulée soit dans le cahier des charges, soit dans le procès-verbal d'adjudication, ces deux actes se rattachant étroitement l'un à l'autre. Lors donc qu'elle a été stipulée dans le cahier des charges, il n'est pas nécessaire qu'elle soit reproduite dans le procès-verbal d'adjudication (Garnier, *Rép. gén. enreg.*, n° 3896; *Diction. droits d'enreg.*, v° *Command*, n° 82; Demante, t. 1, n° 222. V. *infrà*, n° 1209).

1206. Mais il n'est pas nécessaire que la réserve d'élire soit stipulée dans le contrat de vente, lorsque la déclaration de command est faite dans ce contrat même (*Rép.* n° 2568). Dans ce cas, d'après la doctrine d'un arrêt (Req. 11 janv. 1847, *Rép.* n° 2569), la déclaration de command devrait être notifiée à l'Administration dans les vingt-quatre heures pour qu'elle ne fût pas assujettie au droit proportionnel. Mais cette doctrine, d'une rigueur excessive, est depuis longtemps abandonnée. L'Administration elle-même a reconnu par de nombreuses solutions que, lorsque la déclaration de command est faite dans le contrat même de vente, il n'est point nécessaire que la réserve d'élire command ait été stipulée, ni que la déclaration de command soit notifiée au receveur de l'enregistrement dans les vingt-quatre heures (Sol. adm. enreg. 15 avr. 1864, D. P. 67. 5. 169; 7 nov. 1868, D. P. 69. 3. 96. Conf. Trib. Seine, 24 avr. 1846, aff. Périer, D. P. 46. 4. 235; Garnier, *Rép. gén. enreg.*, n° 3901; *Diction. droits d'enreg.*, v° *Command*, n°s 78 et 103).

2°. — *Ventes judiciaires.*

1207. Les ventes judiciaires présentent, en ce qui concerne la réserve d'élire command, quelques particularités indiquées au *Rép.* n° 2571 et suiv. L'avoué, dernier enchérisseur, est présumé mandataire et ne pas acquérir pour lui-même; il n'a pas besoin de se réserver la faculté d'élire command dans le procès-verbal d'adjudication, cette faculté lui appartenant de droit (c. proc. civ. art. 706) (*Rép.* n° 2573). Mais, pour que l'adjudicataire déclaré par l'avoué soit lui-même la faculté est stipulée dans le procès-verbal d'adjudication : il ne suffirait pas qu'elle fût faite dans la déclaration d'adjudicataire (*Rép.* n°s 2574 et 2575. Conf. Trib. Mâcon, 22 août 1851, *Journ. enreg.*, art. 15342; Garnier, *Rép. gén. enreg.*, n° 3951; *Diction. droits d'enreg.*, v° *Command*, n° 214). — Il a été jugé, en sens contraire, que l'adjudication prononcée au profit d'un avoué n'est réputée consommée que par l'effet de la déclaration du nom de l'adjudicataire et de l'acceptation de ce dernier à fournir dans les trois jours de cette adjudication; que, en conséquence, c'est seulement dans l'acte qui fait connaître le nom et cette acceptation que l'adjudicataire, ou son avoué pour lui, est tenu de se réserver la faculté d'élire command (Civ. cass. 1er fév. 1854, aff. Foucet de Montailleur, D. P. 54. 1. 72).

Cette décision est critiquée. L'Administration ne l'a pas prise pour règle; et c'est avec raison, suivant M. Garnier. « Il n'est pas exact, dit-il, que l'adjudication soit imparfaite pendant le délai de trois jours accordé à l'avoué pour faire sa déclaration. Le contrat est, au contraire, complet et définitif, puisqu'il y a consentement sur la chose et sur le prix et que le vendeur est irrévocablement dessaisi. C'est l'acheteur seul qui est encore provisoire; mais, dès que la dénonciation sera faite, son droit remontera au jour de l'adjudication » (*Rép. gén. enreg.*, loc. cit.).

1208. A défaut de déclaration de l'acquéreur dans le délai de trois jours, l'avoué est adjudicataire en son nom personnel (c. proc. civ. art. 707). Il n'a pas, en cette qualité, la faculté de déclarer command dans les vingt-quatre heures qui suivent le troisième jour (V. *infrà*, n° 1218).

1209. De même que dans les ventes volontaires (V. *suprà*, n° 1205), il est indifférent que la faculté d'élire soit réservée dans le cahier des charges ou dans le procès-verbal d'adjudication, ces deux actes se rattachant étroitement l'un à l'autre (*Rép.* n° 2576. Conf. *Diction. droits d'enreg.*, v° *Command*, n° 82; Garnier, *Rép. gén. enreg.*, n° 3954; Trib. Marseille, 19 févr. 1858, aff. Hilaire, D. P. 58. 3. 54-55; Trib. Vendôme, 12 juill. 1862, Garnier, *ibid.*). — Mais,

lorsqu'à la suite d'une adjudication, demeurée sans résultat et prononcée sur un cahier des charges portant la réserve d'élire command, il est dressé, pour une seconde enchère, un cahier des charges différent du premier, ce nouveau cahier des charges doit contenir la réserve d'élire command, et, s'il ne la renferme pas, la déclaration donne lieu au droit proportionnel (Sol. adm. enreg. 11 mars 1868 et 23 mai 1870, *Diction. droits d'enreg.*, v° *Command*, n° 82), lors même que l'omission de la réserve d'élire a été le résultat d'une erreur matérielle (Sol. adm. enreg... juill. 1871, *ibid.*).

1210. Les dérogations résultant du code de procédure civile aux règles établies par la loi fiscale en matière de déclaration de command s'appliquent aux ventes qui ont lieu devant un notaire commis par justice, comme à celles auxquelles il est procédé à la barre du tribunal (*Rép.* n°s 2577 et 2601). Ainsi, dans les premières aussi bien que dans les secondes, il n'est pas nécessaire que la réserve d'élire command soit stipulée; d'autre part, l'avoué n'a pas à faire une déclaration de command dans les vingt-quatre heures, mais une déclaration d'adjudicataire dans les trois jours (V. *Diction. droits d'enreg.*; v° *Command*, n° 217; Garnier, *Rép. gén. enreg.*, n° 3948; Demante, t. 1, n° 233).

C. — De la déclaration et de ses conditions (*Rép.* n°s 578 à 2618).

1°. — *En faveur de quelles personnes peut être faite a déclaration* (*Rép.* n° 2579).

1211. On a dit au *Rép.* n° 2579 qu'il était nécessaire que le command fût capable de contracter au moment de l'adjudication, et qu'il ne suffisait pas qu'il fût capable au moment de la déclaration. Mais cette opinion n'a pas été suivie ni par la doctrine, ni par la jurisprudence. L'une et l'autre s'accordent à reconnaître qu'il suffit que le command ne soit pas incapable au moment de la déclaration (Garnier, *Rép. gén. enreg.*, n° 3878; Championnière et Rigaud, t. 3, n°s 1918 et 1921; Demante, t. 1, n° 223). La déclaration de command ne repose pas, en effet, uniquement sur l'idée de mandat; elle participe également, par sa nature, de la gestion d'affaires et de la stipulation pour autrui; il en résulte qu'il n'est pas nécessaire que le command soit capable au moment de l'adjudication. — Conformément à cette doctrine, il a été décidé que la faculté d'élire command peut être exercée au profit d'une société dont l'existence n'est devenue certaine par l'enregistrement de l'acte qui l'a constituée postérieurement à l'adjudication, cette faculté n'impliquant pas nécessairement un mandat d'acheter donné à l'adjudicataire par la personne en faveur de laquelle intervient la déclaration de command, et n'étant pas, dès lors, subordonnée à l'existence juridique de cette personne à l'époque même de cette adjudication; en conséquence, la déclaration de command faite dans le délai légal, au profit d'une société n'existant pas encore à l'époque de l'adjudication, investit directement de la propriété de l'immeuble qui en est l'objet, non pas chacun des associés acceptants pris individuellement et pour des portions égales, mais la société elle-même; et si, en exécution du pacte social, les parts respectives des associés ont été fixées inégalement dans un acte ultérieur, ce mode de répartition ne saurait entraîner entre les associés une mutation passible du droit proportionnel de mutation (Civ. cass. 4 déc. 1865, aff. Wagon-Fleurquin, D. P. 66. 1. 135).

L'Administration de l'enregistrement s'est elle-même rangée à cette opinion, en décidant qu'il est sans intérêt, au point de vue de la perception du droit d'enregistrement, que le command élu ait ou n'ait pas la capacité de contracter au jour de l'adjudication, pourvu qu'il jouisse de ses droits au moment de son acceptation. Ainsi, la déclaration de command souscrite dans les conditions déterminées par la loi fiscale, au profit d'un établissement public, est régulière et ne donne pas lieu, par suite, à un nouveau droit proportionnel de mutation, quand l'autorisation d'acquérir n'ait été accordée que plus tard à l'établissement (Sol. adm. enreg. 26 mars 1884, D. P. 85. 3. 119).

2°. — *A quel titre doit être faite la déclaration* (*Rép.* n°s 2580 à 2582).

1212. La déclaration doit être gratuite, pure et simple. Si l'acquéreur reçoit quelque chose de son command, le droit proportionnel est dû (*Rép.* n° 2580). Ainsi, la déclaration donne lieu au droit proportionnel... lorsque le déclarant grève l'immeuble vendu d'une servitude à son profit ou dégrève sa propriété d'une servitude dont elle était grevée à l'égard de cet immeuble (Trib. Seine, 30 juill. 1856, et Trib. Nivelles (Belgique), 29 juin 1865, *Journ. enreg.*, art. 16382 et 18084) ;... s'il oblige le command à ouvrir une rue sur le terrain acheté ou sur un autre terrain voisin (Trib. Versailles, 26 mai 1864, *ibid.*, art. 17956), ou à démolir des constructions élevées sur un terrain appartenant au command (Trib. Dieppe, 31 juill. 1861, *ibid.*, art. 17345). — Conf. *Diction. droits d'enreg.*, v° *Command*, n° 57 ; Garnier, *Rép. gén. enreg.*, n° 3916.

Il en est de même si la déclaration de command est souscrite pour une partie seulement de l'immeuble acquis, et si la portion qui en fait l'objet demeure au command dans des conditions plus avantageuses que celles stipulées dans le contrat. Spécialement, la déclaration de command donne lieu au droit proportionnel lorsque l'acquéreur, qui élit command pour partie seulement du terrain qu'il a acquis, demeure seul chargé de l'obligation imposée par le contrat de vente, de construire une maison (Trib. Seine, 3 juill. 1857, *Journ. enreg.*, art. 16591 ; *Diction. droits d'enreg.*, *loc. cit.*).

3°. — *Formes de la déclaration* (*Rép.* n°ˢ 2583 et 2584).

1213. Il est enseigné au *Répertoire* que la déclaration, devant être notifiée à l'Administration dans les vingt-quatre heures, peut être faite par *acte sous seing privé*, encore bien que la loi parle expressément d'une déclaration par *acte public* (*Rép.* n° 2583). — L'opinion contraire a prévalu dans la doctrine et dans la jurisprudence (Trib. Marseille, 19 févr. 1838, aff. Hilaire, D. P. 58. 3. 54-55 ; Garnier, *Rép. gén. enreg.*, n° 3902 ; *Diction. droits d'enreg.*, v° *Command*, n° 86). « Le but de la loi, dit à cet égard M. Demante, t. 1, n° 222, serait atteint tout aussi bien par un acte sous seing privé, puisque cet acte, devant être notifié dans les vingt-quatre heures, acquerrait par cela même nécessairement date certaine avant l'expiration de ce délai fatal. Mais il est difficile de raisonner contre une disposition réglementaire qui dépend de l'arbitraire du législateur. »

4°. — *Conditions dans lesquelles doit être renfermée la déclaration* (*Rép.* n°ˢ 2585 à 2596).

1214. La déclaration de command doit, pour être affranchie du droit proportionnel, être la substitution pure et simple d'une personne à une autre, sans aucune modification dans les droits ou obligations résultant de l'acte de vente (*Rép.* n° 2585). Ainsi la déclaration de command dans laquelle sont changés les termes de payement fixés par l'adjudication, est assimilée à une revente et donne ouverture à un nouveau droit proportionnel (Trib. Rodez, 16 mars 1848, aff. R..., D. P. 48. 5. 142. Conf. *Rép.* n° 2586). — V. les

jugements analysés *suprà*, n° 1212, et d'après lesquels la déclaration donne lieu au droit proportionnel toutes les fois qu'elle n'est pas purement gratuite et que l'acquéreur s'est réservé un bénéfice.

1215. Mais une jurisprudence constante décide que la déclaration de command faite par l'acquéreur qui demeure garant solidaire du prix envers le vendeur implique non une double mutation, mais un cautionnement qui rend exigible le droit proportionnel de cautionnement, indépendamment du droit de mutation (*Rép.* n° 2590). Ainsi, il a été jugé que l'adjudicataire d'un immeuble qui, en vertu du cahier des charges, demeure, en cas de déclaration de command, solidairement obligé avec celui qu'il s'est substitué, doit être considéré comme une caution de ce dernier, et non pas comme un cobligé ; en conséquence, le droit proportionnel de cautionnement a été reconnu exigible sur la convention par laquelle cette obligation avait été stipulée (Civ. cass. 28 déc. 1847, aff. Lagondeix, D. P. 47. 4. 206 ; Civ. rej. 20 août 1850, aff. Baron, D. P. 50. 1. 279 ; Civ. cass. 10 nov. 1858, aff. Colombet, D. P. 58. 1. 462).

La jurisprudence belge décide, en sens contraire, que, dans ce cas, le droit proportionnel de cautionnement n'est pas dû (C. cass. de Belgique, 30 juin 1881) (1).

1216. L'adjudicataire peut séparer les meubles des immeubles, le fonds et la superficie, et les diviser entre ses commands ; cette faculté lui a été réservée par le contrat de vente, elle peut être opposée à l'Administration ; sinon, le droit de mutation immobilière serait perçu sur la totalité du prix de vente (*Rép.* n° 2595). Jugé en ce sens, lorsqu'il a été stipulé, dans l'acte de vente d'une forêt, que l'acquéreur, tout en restant garant solidaire du payement du prix avec les personnes qu'il se substituerait, aurait la faculté de déclarer command pour la superficie d'un certain nombre de coupes au profit d'un individu désigné, à un prix et sous des conditions déterminées, et que cette déclaration de command a été faite, la vente du sol étant distincte de celle de la superficie, cette dernière ne donne lieu qu'au droit proportionnel dû pour les ventes de meubles (Trib. Seine, 26 févr. 1876, aff. Guyot, D. P. 76. 5. 215). — V. *infrà*, n°ˢ 1412 et suiv.

5°. — *Délais dans lesquels la déclaration doit être faite* (*Rép.* n°ˢ 2597 à 2605)

1217. Pour les *ventes volontaires*, la déclaration de command doit être faite dans les vingt-quatre heures (*Rép.* n° 2597). Il a été jugé la nécessité de faire la déclaration de command dans les vingt-quatre heures de l'adjudication, pour n'avoir à subir que le payement d'un droit fixe, s'applique même au cas d'adjudication de biens communaux ; on estimerait à tort que la déclaration peut être utilement faite, pour ce dernier cas, dans les vingt-quatre heures qui suivent la réception de l'approbation préfectorale. Par suite, la déclaration de command pour laquelle l'adjudicataire a attendu cette approbation est passible, comme nouvelle transmission de l'immeuble, du droit proportionnel de 5 fr.

(1) (X...) — La cour ; ... — Attendu que si, d'après le droit commun, l'adjudicataire, en cas de déclaration de command dûment notifiée à l'Administration, doit être considéré comme un simple intermédiaire n'ayant aucune obligation envers le vendeur, ce principe n'a rien d'absolu, comme les dispositions de l'art. 709 c. proc. civ. et de l'art. 47 de la loi du 15 août 1854 le prouvent, et n'est pas un obstacle aux stipulations dérogatoires qu'il conviendrait aux parties de faire, en vue de retenir l'adjudicataire commandé, à titre d'obligé envers le vendeur, dans les proportions et sous les conditions à déterminer par l'acte ; — Que, notamment, il peut être convenu ou que l'adjudicataire commandé sera caution du command, ou même qu'il gardera par rapport au vendeur la qualité d'acquéreur, tenu, comme tel, conjointement ou solidairement avec le command, de toutes les suites de la vente ; — Attendu que, dans cette dernière hypothèse, qui est celle du procès, l'adjudicataire commandé est, à l'égard du vendeur, débiteur, avec le command, d'une seule et même obligation principale en vertu d'un titre unique, le contrat de vente ; — Attendu que l'on objecterait vainement que l'adjudicataire commandé, auquel le bien vendu n'est transmis, ni en tout, ni en partie, et qui, par suite, n'a aucun intérêt à la vente, ne saurait valablement assumer la qualité et les obligations d'un acquéreur ; — Attendu, en effet, que les obligations consenties par l'adjudicataire commandé au profit du vendeur, n'ont point leur cause dans l'intérêt qu'il pourrait avoir à la vente, mais bien dans les obligations corréla-

tives du vendeur ; — Qu'aussi l'art. 1216 c. civ. visant le cas où, comme dans l'espèce, l'affaire pour laquelle une dette a été contractée solidairement, ne concerne que les cobligés solidaires, a bien soin de ne donner que par rapport à celui-ci le rôle de cautions aux divers coobligés, en leur laissant la qualité d'obligés principaux, en ce qui concerne le créancier ; — Attendu, d'autre part, que la transmission effective du droit réel de propriété à l'acquéreur n'étant que la conséquence et l'exécution du contrat de vente, et non point l'un de ses éléments essentiels, les obligations personnelles de l'acquéreur et du vendeur, l'un à l'égard de l'autre, à raison de la vente, subsistent indépendamment ou à défaut de cette transmission ; — Attendu que des considérations qui précèdent il suit qu'à l'égard du command, les droits du fisc sont épuisés par la perception de l'impôt proportionnel sur le montant de l'adjudication et du droit fixe qui frappe les déclarations de command ; qu'ainsi, en refusant de soumettre, en outre, les défendeurs au droit proportionnel prévu par l'art. 69, § 2, n° 8, de la loi du 22 frim. an 7, du chef de cautionnement de somme, le jugement attaqué n'a pas contrevenu à cet article, pas plus qu'aux autres dispositions légales invoquées par le demandeur ;

Par ces motifs, rejette.

Du 30 juin 1881.-C. cass. de Belgique, 1ʳᵉ ch.-MM. de Longé, 1ᵉʳ pr.-Van Berchem, rap.-Mélot, av. gén., c. conf.-Leclercq, de Becker et Vanderghœgen, av.

50 cent. pour 100 fr. (Trib. Lectoure, 8 avr. 1864, aff. Ricard, D. P. 65. 3. 38).

1218. En ce qui concerne les *adjudications judiciaires*, l'avoué dernier enchérisseur a trois jours pour déclarer un adjudicataire (*Rép.* n° 2600). Si la réserve d'élire command a été stipulée, dans le procès-verbal d'adjudication, au profit de l'adjudicataire qui serait déclaré (V. *suprà*, n° 1207), il a vingt-quatre heures pour déclarer command. En ce cas, le délai de vingt-quatre heures court du jour de la déclaration d'adjudicataire, et non pas du jour de l'adjudication (Civ. cass. 1er févr. 1854, aff. Foncet de Montailleur, D. P. 54. 1. 72; *Rép.* n°s 2573 et 2574).

1219. La déclaration de l'avoué dernier enchérisseur doit renfermer l'acceptation de celui au profit de qui elle est faite ou bien être complétée par l'annexion d'un pouvoir écrit donné par lui. Les avoués ne se conforment pas toujours exactement à ces prescriptions. Parfois ils se présentent aux enchères sans pouvoir écrit. Ils contreviennent alors aux règles disciplinaires de leur profession et engagent leur responsabilité personnelle. Si une déclaration régulière, renfermant l'acceptation de l'adjudicataire ou appuyée d'un pouvoir écrit, n'est pas produite, l'avoué est réputé adjudicataire et il n'a pas la ressource de déclarer command (V. D. P. 86. 3. 8, note 8). Ainsi, il a été jugé que l'avoué dernier enchérisseur qui a omis de déclarer l'acquéreur et de fournir son acceptation dans le délai de trois jours, est réputé adjudicataire en son nom, et le contrat doit être alors considéré comme ayant reçu sa perfection au moment de l'adjudication. En conséquence, toute déclaration d'adjudicataire faite par un avoué après l'expiration du délai de trois jours, auquel ne peut s'ajouter aucun autre délai, et alors que la propriété de l'immeuble acquis est définitivement ·fixée sur sa tête par l'effet de la loi, opère nécessairement une seconde transmission passible d'un nouveau droit proportionnel de mutation (Civ. cass. 3 déc. 1884, aff. Vezin, D. P. 85. 1. 110; Trib. Seine, 4 mai 1877, aff. Lescot, D. P. 77. 5. 195). L'administration de l'enregistrement a décidé, dans le même sens, que l'avoué, dernier enchérisseur, qui ne fournit pas, dans les trois jours de l'adjudication, l'acceptation de l'adjudicataire pour lequel il a enchéri, ne représente pas le pouvoir écrit qui doit être annexé à la minute de sa déclaration, et déclare avoir agi en vertu d'un mandat verbal, doit être réputé adjudicataire personnel avec toutes les conséquences qui en découlent, notamment au regard de l'impôt (Instr. adm. enreg. 25 sept. 1885, n° 2718, § 11, D. P. 86. 3. 8).

Ces décisions sont fondées. On ne peut admettre la thèse contraire du jugement cassé par l'arrêt précité du 3 déc. 1884, et suivant laquelle l'avoué, dernier enchérisseur, qui n'a fait connaître son mandant qu'après l'expiration du délai de trois jours, est réputé adjudicataire en son nom et peut, à ce titre, faire dans les vingt-quatre heures, si l'acte d'adjudication lui en réserve le droit, une élection de command soumise seulement au droit fixe d'enregistrement (Trib. Saint-Nazaire, 28 avr. 1882, aff. Vezin, D. P. 83. 3. 16). Tel serait, suivant le *Dictionnaire du notariat*, v° *Déclaration de command*, n° 93, l'usage suivi à Paris; mais, est-il ajouté dans cet ouvrage, la question est susceptible de controverse. Cette opinion n'est pas suivie par la doctrine (V. Naquet, t. 1, n° 355; Garnier, *Rép. gén. enreg.*, n° 3951). L'avoué ne peut être, en effet, assimilé à un adjudicataire ordinaire qui peut élire command dans les vingt-quatre heures, si l'acte d'adjudication lui réserve cette faculté; l'avoué qui est resté trois jours sans désigner le client pour lequel il est censé avoir agi, s'est conduit en qualité d'avoué. S'il reste adjudicataire, c'est par l'effet d'une sorte de peine que la loi lui inflige pour sa négligence; il n'est pas dans les mêmes conditions que celles d'un adjudicataire ordinaire, et ne peut, en conséquence, élire command. Si on lui accordait ce droit, on prolongerait, en réalité, de vingt-quatre heures le délai de trois jours que la loi a fixé pour la déclaration d'adjudicataire : ce serait aller contre le texte de la loi. Aussi pensons-nous que la théorie du tribunal de Saint-Nazaire ne doit pas être admise, et qu'elle a été repoussée justement par les auteurs et par la cour de cassation.

1220. Lorsqu'il s'agit d'une vente judiciaire et que le dernier jour du délai est un jour férié, faut-il en tenir compte dans la supputation du délai? L'avoué pourra-t-il

déclarer adjudicataire le quatrième jour? On a dit au *Rép.* n° 2605 que l'art. 707 c. proc. civ. disposait en termes absolus, sans distinguer s'il y a ou non des jours fériés dans le délai qu'il a fixé. La question a de nouveau été controversée à la suite des modifications introduites dans l'art. 1033 c. proc. civ. par la loi du 3 mai 1862; cette loi a inséré dans le texte de l'art. 1033 la disposition suivante : « Si le dernier jour du délai est un jour férié, le délai sera prorogé au lendemain ». — Cette disposition est-elle applicable au délai prévu par l'art. 708 c. proc. civ.? Telle est la question qui s'est posée. Plusieurs décisions se sont prononcées dans le sens de la prorogation du délai, si le dernier jour est un jour férié (V. Trib. Castres, 9 avr. 1876, aff. Lacointa, D. P. 77. 5. 197; Trib. Rochechouart, 14 août 1880, aff. Mège, D. P. 81.3.48; Trib. du Mans, 9 déc. 1881, aff. Hémon, D. P. 82. 3. 47). Mais la cour de cassation a consacré la doctrine contraire qui était celle admise avant la promulgation de la loi du 3 mai 1862; elle a décidé que le délai dans lequel l'avoué, dernier enchérisseur, doit désigner la personne pour laquelle il s'est porté adjudicataire, reste fixé à trois jours, bien que le dernier jour soit férié; ici ne s'applique pas la disposition de l'art. 1033 c. proc. civ. (modifié par la loi du 3 mai 1862) qui, lorsque le dernier jour du délai est un jour férié, proroge le délai au lendemain. En conséquence, la déclaration faite par l'avoué, dans le cas dont il s'agit, le quatrième jour seulement après l'adjudication, opère transmission de propriété et donne lieu au payement d'un nouveau droit de mutation (Civ. cass. 4 avr. 1881, aff. Donnay, D. P. 81. 1. 364; 31 déc. 1883, aff. Hémon, D. P. 84. 1. 179. V. également : Trib. Espalion, 30 sept. 1876, aff. de Roquefeuil, D. P. 77. 5. 196; Trib. Vitry-le-François, 8 févr. 1877, *Journ. enreg.*, art. 20521. V. Req. 14 janv. 1878, aff. Maillet et du Plessis, D. P. 78. 1. 321). Dans l'espèce de l'arrêt du 31 déc. 1883, la déclaration d'adjudicataire avait été faite par l'avoué, dernier enchérisseur, dans une adjudication devant notaire commis par justice à la suite d'une saisie immobilière. — La cour de cassation s'appuie sur ce motif que la disposition de l'art. 707 c. proc. civ. se suffit à elle-même, que l'art. 1033 lui est étranger, et qu'il ne concerne que les ajournements, citations, sommations et autres actes faits à personne ou à domicile.

D. — Notification de la déclaration, forme et délais (*Rép.* n°s 2606 à 2616).

1221. Non seulement la déclaration de command doit être faite dans les vingt-quatre heures de l'adjudication ou du contrat, mais, de plus, elle doit être notifiée dans le même délai. C'est la troisième condition à laquelle l'art. 68, § 1er, n° 24, de la loi de frimaire an 7 subordonne la perception du droit fixe (*Rép.* n° 2606, 2614 et 2615). Cette condition n'étant pas imposée par le code de procédure civile, la notification de la déclaration d'adjudicataire n'est pas nécessaire pour les ventes *judiciaires* (*Rép.* n° 2608). Il ne s'agit donc ici que des ventes ou adjudications *volontaires*.

1222. Pour les adjudications de *biens nationaux*, la notification doit être faite, comme la déclaration de command, dans les trois jours de l'adjudication (L. 26 vend. an 7, art. 11) (*Rép.* n°s 2609 et 2616). Mais lorsqu'une déclaration de command reçue en la forme administrative, avec le concours d'un préposé de l'enregistrement, porte une date utile, cette date doit être tenue pour certaine pour l'Administration; par suite, les parties sont dispensées de faire enregistrer ou notifier cette déclaration dans les trois jours de la vente (Décis. min. fin. 21 janv. 1857; Instr. adm. enreg. 24 févr. 1857, n° 2092). Il en est de même, lorsque la déclaration est faite dans le contexte même du procès-verbal d'adjudication, en présence d'un employé de l'Administration (Trib. Rodez, 5 juin 1856, *Journ. enreg.*, art. 16385; Garnier, *Rép. gén. enreg.*, n° 3969).

1223. C'est à l'Administration que doit être notifiée la déclaration de command (*Rép.* n° 2610). « Remarquons, dit M. Demante, t. 1, n° 222, le surcroît de précaution exigé par la loi. La signature de l'officier public qui reçoit la déclaration ne suffit pas ici pour lui conférer date certaine vis-à-vis de l'Administration. La loi pourvoit ainsi à ce que le notaire ou le greffier ne se prête pas, par une coupable complaisance, à une antidate que la brièveté du délai eût rendue facile et sans contrôle. D'un autre côté, il eût été trop sévère d'exiger l'enregistrement de la déclaration dans les vingt-quatre heures, parce que les bureaux sont fermés pendant une partie du temps où court ce délai fatal. De là, la faculté offerte aux parties de faire au receveur notification par huissier de la déclaration. »

1224. En thèse générale, la notification doit être faite au receveur qui doit enregistrer le contrat. Mais, lorsqu'un notaire qui a reçu une déclaration de command se trouve trop éloigné du bureau où ses actes doivent être enregistrés, pour notifier la déclaration au receveur avant l'expiration des vingt-quatre heures, tel qu'un notaire de chef-lieu de cour d'appel qui a le droit d'instrumenter dans tout le ressort de la cour, la notification peut être faite régulièrement au receveur du bureau dans l'arrondissement duquel l'acte a été passé. C'est, en pareil cas, le seul moyen légal de remplir le vœu de la loi (Délib. adm. enreg. 8 mai 1841, *Dictionnaire du notariat*, v° *Déclaration de command*, n° 62 ; *Diction. droits d'enreg.*, v° *Command*, n° 08 ; Garnier, *Rép. gén. enreg.*, n° 3936). — Suivant les rédacteurs du *Dictionnaire du notariat*, *loc. cit.*, il en doit être de même à l'égard d'un notaire de canton ou d'arrondissement appelé à rédiger une déclaration de command dans une commune éloignée de sa résidence et plus voisine du bureau d'enregistrement d'un autre canton ou même d'un autre arrondissement, car la loi dit simplement que la déclaration de command sera *notifiée dans les vingt-quatre heures de l'adjudication ou du contrat*, sans indiquer ni la forme de la notification, ni le préposé ou le fonctionnaire à qui elle doit être faite.

1225. Dans ce même cas, la notification par acte d'huissier peut-elle être remplacée par l'enregistrement effectif de la déclaration de command à un bureau autre que celui de la résidence du notaire ? L'affirmative est certaine, lorsque le receveur de ce bureau consent à enregistrer la déclaration pour tenir lieu de la notification, quoiqu'il ne soit pas compétent. Mais il est plus prudent, en pareil cas, de recourir à la notication par huissier (Conf. M. Garnier, *Rép. gén. enreg.*, n° 3936 ; *Dictionnaire du notariat*, v° *Déclaration de command*, n° 62).

1226. La notification ne peut être suppléée par des *équipollents*, ni par la présentation au visa du receveur de l'enregistrement du répertoire du notaire sur lequel est inscrite la déclaration de command, ni même par la présentation de la déclaration elle-même à l'enregistrement, avec consignation du droit (*Rép.* n° 2611). La notification par huissier ou l'enregistrement *effectif* de la déclaration de command dans les vingt-quatre heures de l'adjudication ou du contrat, peut *seule* tenir lieu de la perception du droit fixe sur cette déclaration (*Rép.* n° 2612). Telle est aussi la doctrine suivie par l'administration belge. Décidé, en effet, d'une part, que le visa du répertoire sur lequel se trouve inscrite la déclaration de command, ne peut remplacer la notification (Sol. adm. belge, 27 mars 1874, *Répertoire périodique de l'enregistrement*, art. 3993) ; — et, d'autre part, qu'une déclaration de command est passible du droit proportionnel, quoiqu'elle ait été rédigée dans la forme prescrite et en temps utile, le lendemain de l'adjudication, et que, de plus, l'adjudicataire ait fait connaître au receveur de l'enregistrement par exploit signifié ce même jour, qu'il avait acquis pour un command dénommé dans l'exploit, si la déclaration n'est enregistrée que le jour suivant (Décis. min. fin. (Belgique) 17 août 1869, aff. X..., D. P. 70. 5. 139-140. Conf. Demante, t. 1, n° 222 ; Naquet, t. 1, n° 348).

1227. Pour les adjudications de *biens nationaux*, la notification doit être faite par exploit d'huissier (*Rép.* n° 2613). Mais elle n'est pas nécessaire, lorsque la déclaration a été faite dans un acte auquel un agent de l'Administration, agissant en cette qualité, a été présent (V. *suprà*, n° 1221).

1228. Le délai de vingt-quatre heures, dans lequel la notification doit être faite à partir de l'acte de vente, doit être calculé de *hord ad horam*. Si donc l'acte de vente est daté avant midi, la déclaration de command doit être faite et notifiée le lendemain avant midi (Favard, *Répertoire*, v° *Déclaration de command*, n° 2 ; *Dictionnaire du notariat*, eod. v°, n° 49 ; Naquet, t. 1, n° 348 ; Garnier, *Rép. gén. enreg.*, n° 3930).

1229. Si le contrat de vente n'indique pas l'heure à laquelle il a été signé, le délai comprend toute la journée

du lendemain ; car, tant qu'il y a possibilité d'admettre que le délai n'est pas expiré, les parties doivent jouir du bénéfice de la loi (Championnière et Rigaud, *Traité*, n°ˢ 336 et 1991). C'est d'ailleurs à l'Administration à établir que la déclaration est tardive. Elle a décidé, en ce sens, que le droit fixe est seul exigible sur la déclaration de command notifiée plus de vingt-quatre heures après l'heure indiquée en tête du procès-verbal d'adjudication de divers immeubles, comme étant celle du commencement des opérations, lorsque rien ne fait connaître l'heure de la clôture, sauf le droit réservé à l'Administration d'établir que la vente a été faite en réalité plus de vingt-quatre heures avant le moment où la déclaration a été notifiée ou enregistrée (Sol. adm. enreg. 12 juin et 17 déc. 1856, *Diction. droits d'enreg.*, v° *Command*, n° 126 ; Garnier, *Rép. gén. enreg.*, n° 3930).

1230. Lorsque la déclaration de command est faite dans le contrat même de vente, il n'est pas nécessaire qu'elle soit notifiée (V. *suprà*, n° 1206).

1231. Il est juste, avons-nous dit (*Rép.* n° 2618), de réserver aux parties la preuve que la notification de la déclaration a eu lieu dans le délai de la loi. Il a été jugé en ce sens que les parties sont admissibles à prouver, tant par titres que par témoins, qu'une déclaration de command, enregistrée hors du délai, a été déposée en temps utile au bureau de l'enregistrement ; qu'elles peuvent, en conséquence, poursuivre sur ce fondement, contre le receveur, le remboursement du droit proportionnel acquitté (Trib. Gap, 28 janv. 1879, aff. Amat et Reynaud, D. P. 80. 3. 119 ; Grenoble, 5 août 1881, *Journ. enreg.*, art. 21792).

1232. Il en est de même pour les déclarations d'adjudicataires. Ainsi, lorsque le droit proportionnel est réclamé sur une déclaration d'adjudicataire souscrite hors délai, l'avoué et la partie sont fondés à demander à prouver, par la voie de l'inscription de faux, que la date de l'acte est inexacte et que la déclaration a été réellement faite en temps utile (Trib. Chambéry, 11 juin 1889, aff. Brun et Bellemin, D. P. 90. 3. 64). — Et, en ce cas, l'Administration n'est pas fondée à opposer que la procédure de faux est incompatible avec les formes spéciales établies en matière d'enregistrement (Même jugement).

N° 5. — *Des partages, des soultes et des licitations*
(*Rép.* n°ˢ 2619 à 2755).

1233. L'indivision est *volontaire*, lorsqu'elle procède du consentement de ceux qui possèdent ou jouissent en commun, ainsi que cela a lieu dans les sociétés. Elle est *forcée*, lorsqu'elle existe par suite d'un fait indépendant de la volonté des parties, comme dans le cas de succession. Le partage, dans le cas d'indivision *volontaire*, a été étudié au *Rép.* n°ˢ 3524 et suiv. en même temps que les actes de formation ou de dissolution des sociétés. Il n'est question ici que du partage dans le cas d'indivision *forcée*. Comme au *Rév.* n° 2620, la matière sera divisée en trois parties comprenant : l'une le partage *pur et simple*, la seconde le partage *avec soulte*, la troisième le partage *par licitation*, et l'on ne s'occupera que de la perception du *droit d'enregistrement*. L'étude du *droit de transcription*, dans son application au partage, se trouvera, comme au *Répertoire*, au tit. 2 spécial aux *droits d'hypothèque*.

A. — *Partage pur et simple* (*Rép.* n°ˢ 2621 à 2710).

1°. — *Tarif*.

1234. Le partage pur et simple ne donnant lieu qu'au droit fixe aurait dû, de même que les autres actes qui ne sont assujettis qu'à ce droit, être étudié au chapitre précédent. Si le partage a été classé au *Répertoire* parmi les actes qui donnent ouverture au droit proportionnel de mutation à titre onéreux, c'est que ce droit lui est applicable, lorsqu'il a lieu avec soulte ou par licitation, et parfois, lors même qu'il est pur et simple, au cas où il se produit en dehors des conditions auxquelles la loi subordonne l'application du droit fixe. On a procédé ainsi, afin de ne pas scinder la matière (*Rép.* n° 2621).

1235. La loi fiscale a considéré le partage comme se référant à des actes antérieurs dont il n'est que le complément et l'exécution et comme étant, dès lors, purement *déclaratif*. C'est par ce motif qu'elle l'a soumis à un simple droit fixe, porté d'abord à 3 fr. (L. 22 frim. an 7, art. 68, § 3, n° 2), puis à 5 fr. (L. 28 avr. 1816, art. 45-3°). — Ce droit fixe a été transformé en un droit gradué de 1 p. 1000 qui se perçoit sur le « montant de l'actif net partagé. » (L. 28 févr. 1872, art. 1er-5°, D. P. 72. 4. 12.)

Le rapporteur de la loi de 1872 explique ainsi cette innovation: Les partages « ne sont pas considérés, en droit, comme translatifs de propriété; ils ne sont que déclaratifs. Cependant, c'est le partage qui a pour effet de faire cesser l'indivision dans chaque parcelle de la chose commune, et de créer, sur chaque lot, la propriété personnelle de chaque copartageant. Il est donc tout naturel que le droit d'enregistrement varie dans une certaine limite, à raison de l'importance de l'actif net partagé ». (Rapport § 1, n° 9, D. P. 72. 4. 13). Ainsi, le rapporteur le reconnaît, ce principe du caractère déclaratif du partage n'est pas modifié: il reste en vigueur avec toutes les conséquences qui en résultent. L'art. 1er de la loi du 28 févr. 1872 porte: « la quotité du droit fixe auquel sont assujettis par la loi du 22 frim. an 7 et par les lois subséquentes les actes ci-après, sera déterminée ainsi qu'il suit, savoir : — ... 5° les partages de biens meubles et immeubles entre copropriétaires, cohéritiers et coassociés, à quelque titre que ce soit, par le montant de l'actif net partagé. — Art. 2 : « Le taux du droit établi par l'article précédent est fixé ainsi qu'il suit : à cinq francs pour les sommes ou valeurs de cinq mille et au-dessous, et pour les actes ne contenant aucune énonciation de sommes et valeurs, ni dispositions susceptibles d'évaluation; à dix francs pour les sommes ou valeurs supérieures à cinq mille, mais n'excédant pas dix mille francs ; à vingt francs pour les sommes ou valeurs supérieures à dix mille, mais n'excédant pas vingt mille francs ; et ensuite à raison de vingt francs par chaque somme ou valeur de vingt mille francs ou fraction de vingt mille francs. — Si les sommes et valeurs ne sont pas déterminées dans l'acte, il y sera suppléé conformément à l'art. 16 de la loi du 22 frim. an 7 ».

Comme on l'a déjà dit *suprà*, n° 174, le droit gradué a été substitué purement et simplement au droit fixe sans aucune modification aux conditions d'exigibilité de ce droit ni aux règles de sa perception.

2°. — Biens étrangers.

1236. Il a été contesté que le droit gradué ait été substitué purement et simplement au droit de partage comprenant des biens situés en France et à l'étranger. Fallait-il, pour la perception du droit gradué sur le partage, tenir compte ou faire abstraction des biens situés à l'étranger? On a dit que le principe de la territorialité de l'impôt s'opposait à ce que le droit proportionnel fût perçu sur des biens situés à l'étranger (V. *infrà*, n° 1294 et suiv.), et qu'il devait en être de même du droit gradué, droit d'une nature mixte, intermédiaire entre le droit proportionnel et le droit fixe. La cour de cassation n'a pas admis ce système : elle a décidé qu'en assujettissant les partages au droit gradué, la loi du 28 févr. 1872 n'avait pas créé un impôt de nature nouvelle, soumis à des règles différentes de celles applicables à l'ancien droit fixe ; la loi de 1872 a purement et simplement modifié la quotité de ce droit selon l'importance de la somme énoncée dans l'acte ; par suite, le droit gradué, ne représentant que le salaire de la formalité et étant dû, en ce qui concerne les partages, « sur le montant de l'actif net partagé », doit être perçu sur tous les biens de la succession, sans distinction entre ceux situés en France et ceux situés à l'étranger, et sans autre distraction que celle des dettes, et de la portion assujettie au droit de soulte (Req. 3 mars 1884, aff. Bermond, D. P. 84. 1.422; Trib. Avesnes, 1er avr. 1882, aff. Pirmez, D. P. 84. 3. 40, et sur pourvoi, Civ. rej. 11 août 1884, D. P. 85. 1. 169, et la note. Conf. Garnier, *Rép. gén. enreg.*, n° 12326).

3°. — Existence d'une indivision.

1237. Aux termes de la loi fiscale, le droit fixe, aujourd'hui droit gradué, s'applique aux partages, « à quelque titre que ce soit, pourvu qu'il en soit justifié ». Deux conditions sont donc nécessaires pour l'application du droit fixe de partage: l'existence d'une indivision, la justification du titre de copropriété (*Rép.* n° 2622).

1238. Il ne suffit pas qu'une indivision ait existé, il faut qu'elle soit encore existante. Si elle a cessé par l'effet d'une *confusion*, les biens qui en étaient l'objet ne peuvent plus être partagés (*Rép.* n° 2623). Il a été jugé, sur ce point, qu'une créance de la succession se trouvant éteinte par la confusion, ne doit pas entrer dans la composition de la masse à partager ; que celui des héritiers qui reçoit plus que sa part dans les biens héréditaires, ne peut pas déduire sur l'excédent, pour diminuer d'autant le retour dont il est tenu, ses droits dans cette créance éteinte ; que c'est abstraction faite de ladite créance que la masse à partager doit être composée et qu'on doit calculer les soultes pour la perception du droit proportionnel (Civ. rej. 23 mars 1853, aff. de Loynes d'Auteroche, D. P. 53. 1. 102); — Que, de même, lorsque, dans un partage, entre deux enfants, des biens de leurs père et mère, tous les immeubles sont attribués à l'un, et que l'autre reçoit les reprises de la mère dont celle-ci avait fait donation antérieurement à l'un et à l'autre, cette dernière valeur, s'étant éteinte par confusion, doit être éliminée du partage pour la liquidation du droit de soulte (Trib. Moissac, 24 févr. 1874, *Journ. enreg.*, art. 19417. Conf. Trib. Châteaudun, 16 août 1850, aff. de Loynes d'Auteroche, D. P. 53. 1. 102; Orléans, 22 juill. 1856, *Journ. enreg.*, art. 16387).

1239. Aux termes d'un jugement, lorsqu'à la suite d'un compte de tutelle fixant le reliquat dû par le tuteur et immédiatement versé par lui, il est constaté que ce reliquat est retiré, pour une partie, par le tuteur en qualité d'héritier à réserve du mineur, et, pour le produit, par d'autres héritiers qui donnent décharge au tuteur, ces dispositions, qui ne sont pas dépendantes l'une de l'autre, prouvent l'intention de sortir de l'indivision relativement à la somme composant le reliquat du compte de tutelle, et l'acte est, en conséquence, passible du droit gradué (Trib. Orléans, 16 mars 1880, *Journal de l'enregistrement*, art. 21374). Mais cette décision ne nous paraît pas devoir être approuvée; l'art. 1220 c. civ. porte que les créances héréditaires se divisent de plein droit : les héritiers du mineur en donnant une décharge, relativement à leurs parts, au tuteur, n'ont pas fait un partage, puisqu'on ne peut partager que ce qui est indivis.

4°. — Usufruit et nue-propriété.

1240. Il n'y a pas indivision entre l'*usufruit et la nue-propriété*. Par conséquent, l'acte qui attribue l'usufruit au nu-propriétaire et réciproquement, n'est pas un partage ; c'est un échange (*Rép.* V. n° 2624). Cela est si difficile, lorsque l'usufruitier n'a que son droit d'usufruit et le nu-propriétaire sa nue propriété. Dès que leurs droits sont transformés, l'acte qui opère cette transformation, ne peut être considéré comme un simple partage. « Il n'y a pas indivision, porte un arrêt de la cour de cassation, entre le nu propriétaire et l'usufruitier d'un même objet, chacun d'eux possédant une chose distincte dont il peut user et disposer complètement sans le concours de l'autre; l'acte par lequel ils conviennent de transformer, l'un sa nue-propriété, l'autre son usufruit, en une portion de la pleine propriété, n'est point un partage ayant les effets rétroactifs de l'art. 883 c. civ. ; un tel acte constitue un échange » (Civ. cass. 4 août 1869, aff. Guillaume, D. P. 70. 1. 37).

1241. La question est plus délicate, lorsqu'il y a *indivision de propriété et de jouissance*, lorsque, par exemple, le partage a lieu entre l'époux survivant à la fois commun en biens et donataire ou légataire, soit d'un quart en propriété et d'un quart en usufruit, soit de la moitié en usufruit des biens de son conjoint prédécédé, et les héritiers de ce dernier. La jurisprudence décide que, dans ce cas, l'attribution faite en toute propriété à l'époux survivant pour le remplir de tous ses droits tant en propriété qu'en usufruit, doit être considérée comme faite à titre de partage. Il s'ensuit que l'acte qui constate cette attribution n'est sujet qu'au droit fixe, aujourd'hui au droit gradué. Cela résulte de la doctrine de deux arrêts des 16 juin 1824 et 8 août 1836 (*Rép.* nos 2625 et 2626). Il a été jugé, dans le même sens, que l'acte par lequel les héritiers de la femme prédécédée abandonnent au mari survivant une fraction en toute propriété de la succession pour lui tenir lieu de la donation d'un quart en propriété et d'un quart en usufruit à lui faite par la défunte, doit être considéré comme un partage pur et simple (Civ. cass. 4 janv. 1865, aff. de Chasseloup-Laubat, D. P. 65. 1. 35).

1242. Plus délicate encore est la question, lorsqu'il y a indivision, non plus de propriété et de jouissance, mais seulement *de propriété* ou *de jouissance.* L'acte qui fait cesser cette indivision dans les attributions en pleine propriété, peut-il être considéré comme un simple partage? Le tribunal de la Seine a jugé, dans le sens de l'affirmative, le 7 févr. 1867 (aff. Guillaume, D. P. 68. 5. 188 et D. P. 70. 1. 37, note), que l'acte de liquidation de la communauté ayant existé entre deux époux et de la succession de la femme prédécédée, portant attribution en pleine propriété de valeurs de la communauté au mari survivant pour la remplir de ses droits comme légataire de l'usufruit de tous les biens de la succession, constitue un simple partage, alors que la succession ne comprenant que les apports de la défunte tombés dans la communauté, et sa part dans les bénéfices communs, l'indivision qui n'existait pas pour l'usufruit se rencontrait pour la nue-propriété. Ce jugement a été cassé par l'arrêt du 4 août 1869, cité *suprà,* n° 1240, qui a jugé que l'acte litigieux constituait un échange, et non un partage ; mais cet arrêt, motivé uniquement sur le principe qu'il n'y a pas indivision entre l'usufruitier et le nu-propriétaire, n'a pas répondu à ce considérant du jugement du tribunal de la Seine qu'il y avait indivision, dans l'espèce, pour la nue propriété, et que l'acte litigieux, ayant fait cesser cette indivision, constituait un partage. Ce point a été discuté dans les conclusions de M. le premier avocat général Blanche, sur lesquelles l'arrêt du 4 août 1869 a été rendu. L'éminent magistrat a émis l'avis que l'indivision existant pour la nue propriété seulement ne suffisait pas pour faire attribuer à l'acte le caractère de partage. « Il importe peu, a-t-il dit, que l'usufruitier soit, en outre, saisi d'une portion de la nue propriété. Cette circonstance peut bien le constituer en état d'indivision avec les autres détenteurs de la nue propriété, mais elle reste étrangère à la jouissance qui en est légalement séparée et ne peut pas plus l'entraîner dans la communauté que l'indivision d'un immeuble possédé par deux propriétaires, ne peut réagir sur un autre immeuble exclusivement possédé par l'un d'eux » (D. P. 70. 1. 37, note). Cette opinion a été adoptée dans la note sur l'arrêt du 4 août 1869, *ibid.* V. *Rép.* vo *Succession,* nos 1503 et suiv., 1527 et suiv. et 2137 ; Civ. rej. 24 juin 1863, aff. Balihaut-Utarre, D. P. 63. 1. 285).

Les arrêts susénoncés ont été rendus, non au sujet de la nature du droit d'enregistrement applicable aux actes sur lesquels ils ont statué, mais sur le point de savoir si ces actes devaient, comme partages, servir de base à la perception des droits de mutation par décès, point qui sera traité plus loin au paragraphe 2, art. 4, de la présente section. Au fond la difficulté était la même. Il s'agissait de décider si l'acte constituait un partage. Les solutions intervenues pour la perception du droit de mutation par décès, ont toute leur valeur pour la détermination du droit d'enregistrement applicable à l'acte.

1243. Dans tous les cas, l'acte ne peut plus être considéré comme un simple partage, lorsque l'un des copartageants est rempli de ses droits par l'attribution de valeurs prises en dehors de la masse commune. Jugé, en effet, que l'acte qualifié règlement amiable et à forfait, par lequel une femme séparée de corps abandonne à son mari ses droits indéterminés dans la communauté, moyennant une rente viagère pour le service de laquelle il est stipulé qu'une inscription de rente sur l'Etat sera fournie et inscrite à son nom pour l'usufruit, constitue une cession passible du droit proportionnel, et non un partage sujet seulement au droit gradué, alors surtout qu'il n'est pas justifié que la communauté comprenait des rentes sur l'Etat de l'importance de la rente promise (Req. 4 juill. 1876, aff. Gougis, D. P. 77. 1. 39). Dans cette hypothèse, ce qui a motivé la perception du droit de mutation, c'est que la rente, dont l'usufruit était attribué à la femme en échange de l'abandon de ses droits dans la

communauté, ne faisait pas partie des biens de ladite communauté, c'est-à-dire des biens à partager. La rente promise à la femme n'était donc autre chose que le prix de la cession de ses droits dans l'actif de la communauté, et le droit proportionnel était en conséquence exigible.

1244. L'acte par lequel un immeuble commun est attribué à *l'un pour l'usufruit, à l'autre pour la nue-propriété,* constitue réellement un partage, une division de la chose, et ne donne lieu qu'au droit fixe (*Rép.* n° 2625) (aujourd'hui droit gradué). « Le mode de lotissement, dit un arrêt de la cour de cassation, qui, dans une société dissoute par le décès du mari, donne à la veuve l'usufruit et au fils la nue-propriété de tous les biens, n'enlève pas au partage son caractère essentiellement déclaratif et n'autorise, dès lors, que la perception du droit fixe » (Req. 20 nov. 1866, aff. Lautru, D. P. 67. 1. 103), aujourd'hui du droit gradué.

5°. — Justification de la copropriété.

1245. Le partage n'est soumis au droit fixe que lorsque les droits respectifs des copropriétaires, dont il fait cesser l'état d'indivision, étaient antérieurement reconnus et déterminés. Par suite, si ces droits sont contestés dans leur existence ou dans leur quotité, le jugement qui en opère la liquidation, afin d'arriver notamment à la répartition, entre les divers copropriétaires, d'une indemnité d'expropriation, est passible du droit proportionnel établi pour les jugements portant *liquidation* de sommes ou valeurs (Civ. cass. 16 avr. 1856, aff. Préfet d'Alger, D. P. 56. 1. 156).

1246. Il ne suffit pas qu'il y ait indivision, pour que le partage ne donne lieu qu'au droit fixe ; il faut, encore, qu'il soit justifié du titre de copropriété. La preuve est à la charge des copartageants, car ce sont eux qui réclament l'application du droit fixe (*Rép.* n° 2630). Elle doit porter sur un double point : le droit des copartageants, et l'existence dans la masse commune des biens qui font l'objet du partage (*Rép.* n° 2631). En ce qui concerne le droit des copartageants, la preuve résulte de la loi elle-même, soit de la convention qui a établi l'indivision (*Rép.* n° 2632).

En ce qui concerne les biens, il est dit au *Répertoire* que les reconnaissances et déclarations des parties dans l'acte de partage sont, par elles-mêmes, des justifications suffisantes, et que l'Administration doit s'y arrêter (*Rép.* nos 2633 et 2635). La même doctrine est soutenue dans le *Dictionnaire du notariat,* vo *Partage,* n° 215. Mais il est généralement reconnu que l'Administration a le droit de contester l'exactitude des déclarations des parties relativement à l'existence des biens compris dans le partage, attendu que ce droit serait fournir à la fraude les plus grandes facilités (V. D. P. 86. 2. 281, note; Garnier, *Rép. gén. enreg.,* n° 12348 *bis; Diction. droits d'enreg.,* vo *Partage,* n° 100). La jurisprudence est fixée en ce sens par de nombreuses décisions rapportées au *Rép. loc. cit.* et *infrà,* n° 1247. En définitive, comme on l'a dit, la question se réduit presque toujours à un point de fait. La Régie, lorsqu'elle prétend que les énonciations du partage sont simulées et ont eu pour but de déguiser des soultes, invoque des présomptions basées sur des circonstances de famille, de fortune, de position des parties, soit entre elles, soit vis-à-vis de l'auteur de la succession ; à ces présomptions, les copartageants opposent d'autres faits ou circonstances tendant à établir l'existence réelle des valeurs dans la masse partagée ; les juges apprécient (*Dictionnaire du notariat, loc. cit.,* n° 721. V. aussi D. P. 86. 2. 281, note).

1247. Relativement au *mode* suivant lequel la preuve dont il s'agit doit être faite, l'Administration a essayé de soutenir que la preuve doit être faite *par écrit* (*Rép.* n° 2633). Nous avons combattu cette prétention. En effet, la loi n'exige nullement la preuve littérale : il suffit par conséquent d'une justification par toute voie légale; les tribunaux peuvent accueillir les déclarations des parties, si elles leur paraissent sincères (*Ibid.* n° 2634). Cette doctrine est implicitement confirmée par un arrêt de la cour de cassation qui décide qu'un acte de partage est passible du droit proportionnel, et non pas du droit fixe, lorsqu'il résulte du rapprochement de cet acte avec d'autres actes invoqués par la Régie de l'enregistrement, que l'un des copartageants a reçu dans son lot des valeurs qui ne faisaient pas partie de l'actif à partager, et formaient ainsi le prix de la vente ou cession de sa part dans cet actif (Req. 13 mai 1862, aff. Gaupillat, D. P. 62. 1. 421). La cour rappelle bien dans son arrêt qu'en matière de partage, il doit être justifié de la propriété des choses partagées, mais elle ne parle pas de l'obligation prétendue d'une justification par écrit. Si l'arrêt se prononce pour la perception du droit proportionnel, c'est qu'il a paru à la cour résulter de l'acte soumis à la formalité, non pas un partage, mais un acte de vente. Ce caractère était contesté par les parties, mais nous ne prétendons pas que les déclarations des parties fassent pleine foi : l'Administration a le droit de les discuter (V. suprà, n° 1246); dans l'espèce, les déclarations des parties étaient contredites par différents actes émanés d'elles.

1248. La justification du titre de copropriété peut être faite par toute voie légale, avons-nous dit (Rép. ibid.). La cour de cassation a confirmé cette doctrine en décidant que la preuve que des biens compris dans un partage sont réellement la propriété commune des copartageants, preuve nécessaire pour que l'acte de partage soit enregistré au droit fixe, peut être faite à l'aide de la vérification par experts des livres, registres et autres documents écrits à fournir par les parties (Civ. rej. 4 juin 1867, aff. Jolibois, D. P. 67. 1. 218, et la note). — Ainsi, d'après cet arrêt, une expertise peut être ordonnée à l'effet de démontrer les droits de copropriété des copartageants : l'Administration s'y opposait en prétendant que la loi de frimaire n'autorise l'expertise que dans certains cas déterminés; mais l'arrêt répond à cette objection que, s'il est exact que la loi de frimaire n'autorise l'Administration à user de l'expertise que dans des cas spécifiés, cette loi n'apporte aucune restriction au droit pour les parties de justifier de leur titre de copropriété de biens qui ont fait l'objet d'un partage. L'expertise peut donc être employée, car ce n'est pas celle dont il est parlé dans la loi de frimaire, mais l'expertise de droit commun, telle qu'elle est réglementée dans le code de procédure.

Le tribunal de Dôle a également ordonné la vérification par experts des livres d'une société, dans le but de s'éclairer sur l'existence et la quotité des valeurs indivises figurant dans un partage (Trib. Dôle, 24 mai 1876, Journ. enreg., art. 20117).

M. Garnier fait observer avec raison que si l'expertise est admise comme moyen de preuve de la copropriété des biens compris dans un partage, il en doit être de même dans tous les cas où les redevables sont admis à faire des justifications dont la loi n'a pas réglé le mode, spécialement pour constater l'existence des récompenses ou des reprises figurant dans une liquidation de communauté ou dans une déclaration de succession, pour établir la valeur de biens donnés, alors que l'importance des charges imposées au donataire ferait suspecter la sincérité de la donation et la fait considérer comme dissimulant une vente (Rép. gén. enreg., art. 12350).

Le Dictionnaire des droits d'enregistrement, v° Partage, n° 104, repousse l'expertise en pareille matière, comme étant « absolument en dehors des prévisions et des volontés du législateur ». Les mêmes motifs qui ont fait rejeter la preuve testimoniale s'opposent à l'admission de l'expertise. De même que la commune renommée, l'enquête, la notoriété publique, la descente sur les lieux, etc., l'expertise doit être considérée comme une de ces mesures inquisitoriales qui porteraient le trouble et l'inquiétude dans les familles. Ce ne serait, en effet, rien autre chose qu'une sorte d'enquête ex æquo et bono, par le ministère d'experts, devant lesquels les parties produiraient nécessairement leurs explications orales.

Ces critiques nous paraissent fondées. En présence des nombreuses décisions de la cour de cassation qui sont intervenues, depuis l'arrêt précité du 4 juin 1867, sur la question, c'est-à-dire sur les moyens de preuves qui peuvent être employés tant par l'Administration que par les contribuables, en matière d'enregistrement (V. suprà, n°s 93 et suiv.), nous inclinons à penser que si la question sur laquelle il a été statué par ledit arrêt, était soumise de nouveau à la cour, elle ne maintiendrait pas la doctrine de cette décision.

1249. La perception que doit subir un acte de partage n'est limitée au droit fixe que lorsque les parties qui y ont concouru justifient, non seulement de leur qualité de cohé-

ritières ou de communistes, mais encore de l'origine de la propriété des biens partagés; si, pour une portion de ces biens, les parties ne peuvent produire aucune justification soit à l'aide des registres et papiers de famille, soit à l'aide de présomptions précises et concordantes, celle qui a reçu dans son lot, en valeurs soumises au partage, au delà de la part qui lui revenait, est tenue au payement d'un droit de soulte (Trib. Toulon, 30 mai 1865, aff. Marquand, D. P. 66. 3. 46). Jugé, de même, que la mention, dans un partage et dans la composition de l'un des lots, du prix de l'un des immeubles de l'indivision vendu antérieurement au comptant, donne ouverture au droit de soulte, lorsqu'il est établi que ce prix avait été distribué entre les copropriétaires à l'époque de la vente (Trib. Mortagne, 1er avr. 1870, D . P. 72. 5. 202).

1250. Mais suffit-il aux parties de justifier de leur titre de propriété? Ne faut-il pas, en outre, qu'elles justifient qu'elles avaient droit dans l'immeuble commun à des parts égales ou inégales, suivant que le partage aura été opéré également ou inégalement? En d'autres termes, ne faut-il pas présumer, à moins de preuve contraire, que les parties ont des droits égaux dans le bien commun, de telle sorte que, si le partage a lieu par parts inégales, le droit de soulte doive être perçu? Il en a été décidé ainsi par un arrêt (Civ. cass. 2 mai 1808, Rép. n° 3531). Mais il a été jugé, en sens contraire, que l'acte par lequel deux individus déterminent la proportion respective pour laquelle chacun d'eux sera propriétaire d'immeubles acquis précédemment par eux conjointement et solidairement, sous la réserve de cette détermination, ne donne lieu qu'au droit fixe d'enregistrement, encore bien que les parts fixées soient inégales (Trib. Toulouse, 15 mars 1870, aff. Besset et Labit, D. P. 72. 3. 86. Comp. Civ. cass. 4 déc. 1865, aff. Wagon-Fleurquin, D. P. 66. 1. 135). Il est à noter que, dans l'espèce du jugement précité, l'acquisition en commun avait été faite sous la réserve de déterminer ultérieurement la part respective des parties dans le bien commun.

La cour de cassation de Belgique, par un arrêt du 4 mars 1886 (aff. Van Vooren, D. P. 86. 2. 281, et la note), s'est montrée plus explicite en décidant que la disposition de la loi d'enregistrement qui n'assujettit qu'au droit fixe les partages entre copropriétaires à quelque titre que ce soit, pourvu qu'il en soit justifié, oblige les copartageants à justifier, non de la part revenant à chacun d'eux dans les biens communs, mais seulement de leur qualité de copropriétaires; et que, spécialement, le partage de biens acquis en commun se rattachant intimement par son effet rétroactif à l'acquisition primitive, n'est sujet qu'au droit fixe, lors même qu'il constate une répartition inégale de biens communs.

L'administration de l'enregistrement décide, au contraire, conformément à la doctrine de l'arrêt susénoncé du 2 mai 1808, que les coacquéreurs sont censés, jusqu'à preuve contraire, avoir acheté par portions égales : si donc, postérieurement à l'acquisition, le bien acquis est réparti en portions inégales, il y a ouverture au droit de soulte, alors même que, par un acte antérieur à la vente, mais n'ayant pas date certaine, les parties seraient convenues de faire l'acquisition dans les proportions mêmes que le partage ultérieur a déterminées (Sol. adm. enreg. 29 déc. 1874, Trib. Chartres, 1er août 1873, et Trib. Tarbes, 28 avr. 1874, Journal de l'enregistrement, art. 19685 et 21072).

1251. Ainsi, d'après la jurisprudence française, l'acquisition faite en commun purement et simplement, sans détermination de parts et sans aucune réserve pour l'établissement ultérieur de cette détermination, donne à chaque acquéreur un droit égal à la chose acquise, de telle sorte que si le partage lui attribue plus ou moins, il y a transmission de propriété pour la différence et le droit proportionnel de mutation est dû. Au contraire, suivant la jurisprudence belge, le partage se reliant intimement, par son effet rétroactif, à l'acquisition faite en commun, détermine simplement les parts pour lesquelles cette acquisition a été opérée et, conservant, dès lors, son caractère d'acte déclaratif, de quelque manière que la répartition soit faite, également ou non, ne constate, même dans le cas de répartition inégale, aucune transmission de propriété et ne donne pas lieu, dès lors, au droit proportionnel. En d'autres termes, la jurisprudence belge n'admet pas cette présomption, sur laquelle repose la jurisprudence française, que l'acquisition faite en commun, sans autre explication, donne un droit égal à chaque acquéreur sur la chose acquise. — La règle à suivre, en pareil cas, se trouve entre ces deux systèmes. C'est celle formulée dans l'art. 1853 c. civ., suivant lequel, « lorsque l'acte de société ne détermine point la part de chaque associé dans les bénéfices ou pertes, la part de chacun est en proportion de sa mise dans le fonds de la société ». Toutefois, la volonté des parties fait loi, et, s'il résulte des faits et des circonstances qu'elles ont entendu établir entre elles une égalité absolue, la règle fléchit devant cette démonstration (*Rép.* v° *Société*, n° 392). Il en est ainsi dans le cas d'acquisition en commun, comme dans les autres cas. La volonté des parties, telle qu'elle se dégage des circonstances, doit être suivie pour la détermination de la part de chaque coacquéreur dans le bien commun. Mais, si les circonstances ne fournissent aucune indication sur ce point, et si la chose commune est partagée inégalement, il y a lieu d'admettre, ce semble, avec la jurisprudence belge, que cette répartition, ne détruisant en rien l'effet purement déclaratif du partage, n'est pas de nature à justifier la perception du droit proportionnel de mutation, et que, dès lors, le partage n'est sujet qu'au droit gradué.

6°. — Actes équipollents.

1252. Le droit fixe gradué est applicable, non pas seulement à l'acte portant la dénomination de partage, mais à tout acte qui, suivant l'expression de l'art. 888 c. civ., « a pour objet de faire cesser l'indivision entre cohéritiers, encore qu'il soit qualifié de vente, d'échange, de transaction, ou de toute autre manière » (*Rép.* n° 2636). Mais il faut, pour que le droit gradué soit exigible, que l'acte soit un partage ou un acte équipollent. On ne pourrait donc le percevoir... ni sur une liquidation qui se bornerait à établir les droits des parties et à régler leurs comptes respectifs, sans partager les biens indivis entre eux (Sol. adm. enreg. 4 janv. 1873, Garnier, *Rép. gén. enreg.*, n° 12318), ... ni sur l'acte par lequel des cohéritiers se bornent à donner quittance d'une somme dépendant de la succession (Sol. adm. enreg. sept. 1873, *ibid.*) ... Mais il serait exigible sur l'énonciation d'un acte constatant que les cohéritiers se sont partagé le mobilier; et il devrait être perçu, en ce cas, sur la valeur attribuée au mobilier par une déclaration estimative des parties (Sol. adm. enreg... janv. 1873, *ibid.*)

1253. Pour qu'il y ait partage, il faut que l'acte qui met fin à l'indivision soit fait à titre onéreux. En effet, l'art. 888 c. civ. accorde l'action en rescision pour cause de lésion de plus du quart en cas de partage inégal; cette action suppose un contrat à titre onéreux, car la lésion ne peut se produire dans un acte à titre gratuit (Naquet, t. 1, n° 405). La convention par laquelle un cohéritier fait donation de ses droits héréditaires à son cohéritier ne peut donc être considérée comme un simple partage sujet au droit fixe. Ainsi jugé que le droit proportionnel de donation, et non le droit fixe de partage, est dû sur l'acte, qualifié partage, par lequel le mari survivant, de concert avec un enfant précédemment doté du vivant de la mère, abandonne à un autre enfant, pour l'égaliser, des biens de la communauté, alors qu'il résulte de la liquidation de communauté établie dans la déclaration de la succession de la mère, souscrite pour le payement des droits de mutation, que tous les biens communs ont été absorbés par les reprises du mari. Le droit proportionnel est dû, en ce cas, au taux exceptionnel de 1 pour 100 établi pour les donations à titre de partage (Req. 16 févr. 1874, aff. Dumoitiez, D. P. 74. 1. 365. V. *infrà*, n° 1288). En effet, tous les biens de la communauté revenant au mari par suite de l'exercice de ses reprises, l'abandon fait par lui d'une partie des biens communs à l'un de ses enfants équivalait à une véritable libéralité. — De même, il a été jugé que les bénéfices résultant d'une association formée entre un successible et son auteur ne peuvent, si l'association n'a pas été constatée par acte authentique conformément à l'art. 854 c. civ., être l'objet d'un partage régulier et loyal; en conséquence, l'acte portant fixation de la portion revenant dans ces bénéfices à l'associé successible, et qui la lui attribue avec dispense de rapport, présente les caractères d'une véritable

donation et est soumis au droit proportionnel. — Et il en est ainsi, alors même que les autres successibles seraient intervenus à l'acte, si leur concours à cet acte, loin d'impliquer de leur part reconnaissance de l'association et du caractère réellement social des bénéfices partagés, a démontré l'existence de la libéralité, en ce que, par exemple, ces autres successibles y ont eux-mêmes obtenu, à l'égard de sommes à eux antérieurement données, une dispense de rapport, qui, rapprochée de celle accordée à l'associé successible, ne constituent pas tous le partage pur et simple, mais, dans la pensée de l'auteur commun, il y avait libéralité pour tous ses héritiers indistinctement (Req. 31 juill. 1855, aff. Lemaître-Lavotte, D. P. 55. 1. 286).

1254. Les actes à titre onéreux intervenus avant tout partage entre copropriétaires ou cohéritiers, sont soumis à la fiction de l'art. 883 c. civ. ; mais, s'ils impliquent tous l'idée de partage, ils ne constituent pas tous le partage pur et simple (*Rép.* n° 2639). Il en est ainsi pour les *cessions de droits successifs* dont nous nous occuperons plus loin en traitant du *partage par licitation* (V. *infrà*, n°s 1332 et suiv.).

La question s'est produite au sujet du *cantonnement* d'usage forestier. Lorsque les partages n'étaient assujettis qu'à un simple droit fixe, l'Administration décidait que le cantonnement donnait lieu au droit fixe (Sol. adm. enreg. 17 févr. 1831, 9-13 mars, 10-16 août 1849, 30 mai 1859, 21 mai 1860. V. aussi Nancy, 25 févr. 1860, aff. Drappier, D. P. 60. 2. 123, note; *Rép.* v° *Usage forestier*, n° 523). Cette solution était acceptée sans difficulté. Mais la transformation, par la loi du 28 févr. 1872, de l'ancien droit fixe de partage en un droit gradué de 1 pour 1000, a modifié la situation. L'application, au cantonnement, de ce droit qui se perçoit sur « le montant de l'actif net partagé », serait le plus souvent fort lourd pour les actes de cantonnement. L'Administration a tenté de faire admettre cette application. Elle a soutenu que l'opération du cantonnement en matière forestière présentait les caractères du partage et devait par conséquent être assujetti au droit gradué. Mais cette prétention a été repoussée, et il a été jugé que l'usage forestier ne constituant pas, quelqu'étendu qu'il puisse être, une copropriété du fonds, le cantonnement ne devait pas être considéré comme un partage; qu'il en est ainsi en droit fiscal comme en droit civil, et que, par suite, le cantonnement ne peut être assujetti au droit gradué (Trib. Foix, 30 août 1876, aff. Commune de Bélesta, D. P. 77. 3. 62. Conf. Naquet, t. 3, n° 1108). Cette solution est conforme à celle qui a prévalu en droit civil (*Rép.* v° *Usage forestier*, n°s 489 et 490). Il s'ensuit, il est vrai, que le cantonnement doit être considéré comme translatif de propriété et comme donnant lieu, à ce titre, au droit proportionnel de mutation, tout au moins à celui du 3 fr. 50 cent. pour 100 établi pour les échanges. Cela est assurément excessif, eu égard à la nature de la convention et à la faveur qui s'y attache. Mais cette considération ne justifierait pas une solution contraire aux principes. Le législateur seul peut, en pareil cas, porter remède à la loi commune en y apportant une exception (D. P. 77. 3. 62, note).

1255. Le droit gradué, auquel les partages sont assujettis, est dû sur l'acte notarié passé entre une veuve et ses enfants, constatant qu'une rente sur l'État leur appartient, dans des proportions indiquées, comme dépendant de la communauté de biens qui a existé entre la veuve et son défunt mari, et portant réquisition au notaire rédacteur de leur délivrer un certificat de propriété, à l'effet de faire immatriculer cette rente à leurs noms, chacun pour sa part (Trib. Charleville, 25 mars 1886, aff. Hazard, D. P. 86. 5. 203). Mais on ne peut considérer comme équivalant à un partage, passible du droit gradué, ni le certificat de propriété tendant à obtenir deux titres de rente distincts au nom de deux copropriétaires dont les parts sur un titre unique sont déterminées par l'immatricule, ni la décharge de nouveaux titres donnée par les ayants droit (Sol. adm. enreg. 4 août 1874, *Diction. droits d'enreg.*, v° *Partage*, n° 135). — Dans la première espèce, les parties étaient intervenues à l'acte notarié déterminant leurs parts respectives du titre de rente; le droit gradué nous paraît donc avoir été légitimement perçu. Mais c'est avec raison que cette perception n'a pas été admise dans la seconde espèce, qui a donné lieu à la solution du 4 août 1874, attendu que la division du titre primitif de rente avait été faite sans le concours des parties intéressées.

7°. — Rapports.

1256. Le droit gradué a été substitué purement et simplement au droit fixe sans aucune modification aux conditions d'exigibilité de ce droit, ni aux règles de sa perception; il est dû « sur le montant de l'actif net partagé », c'est-à-dire sur la masse formée de la réunion de tous les biens de la succession, déduction faite seulement du passif et des biens soumis au droit proportionnel de soulte. La jurisprudence en a conclu, ainsi qu'on l'a vu *suprà*, n° 1236, que pour les partages comprenant des biens français et étrangers; il doit être perçu sur ces derniers biens comme sur les premiers. Il s'ensuit qu'il est dû également sur les biens donnés en avancement d'hoirie et qui sont rapportés par les donataires à la masse. Cela a été reconnu sans difficulté à l'égard des rapports *en nature;* mais il n'en a pas été de même pour les rapports *fictifs,* qui sont faits *en moins prenant.* On a contesté l'exigibilité du droit gradué sur les valeurs rapportées suivant ce mode. Pour ces valeurs, a-t-on dit, le rapport à la masse n'a point réellement pour effet de les comprendre parmi les biens qui sont partagés effectivement, car elles ne sortent pas des mains des donataires; leur réunion à la masse des biens existant au décès n'est qu'apparente et purement fictive (*Journal des notaires*, art. 20320 ; *Journal du notariat* du 11 juin 1873. V. D. P. 74. 3. 29, note 1). L'Administration de l'enregistrement a soutenu que le droit gradué doit être perçu indistinctement sur tous les biens rapportés par les cohéritiers à la masse, soit qu'il s'agisse de valeurs rapportées réellement, soit qu'il s'agisse de valeurs rapportées fictivement et attribuées au cohéritier qui a fait le rapport (Sol. adm. enreg. 27 sept. 1872, D. P. 74. 3. 29). La cour de cassation s'est prononcée nettement dans ce sens par deux arrêts fortement motivés. Le rapport, portent ces décisions, qu'il se fasse en nature ou en moins prenant, a pour but et pour résultat de faire rentrer d'une manière effective, à l'égard des copartageants, la chose qui en forme l'objet ou la valeur qui la représente, dans la masse des biens indivis à partager. Leur réintégration dans la masse successorale, telle qu'elle résulte de la nature même du rapport, est formellement établie par les art. 828, 829, 830 et 831 c. civ., 976 et 978 c. proc. civ., qui, en réglant les opérations du partage, ne séparent point la formation de la masse générale et la composition des lots, des rapports, fournissements et prélèvements à faire par chacun des copartageants. Si, dans le cas de rapport en moins prenant, l'héritier qui en est tenu conserve la chose qu'il devait rapporter, il n'en demeure saisi que par l'attribution que lui en fait la loi, par imputation sur sa part héréditaire. A l'obligation qui lui est alors imposée de rapporter à ses cohéritiers les autres biens, correspond le droit des cohéritiers à qui le rapport est dû, de prélever une portion égale sur la masse de la succession. Ces valeurs, ainsi précomptées, d'une part, et prélevées, de l'autre, concourent également à former l'ensemble des biens soumis au partage. D'où il suit que le droit gradué, établi sur le montant de l'actif net partagé, doit être liquidé d'après la valeur tant des biens rapportés à la masse, que des biens existants (Civ. rej. 15 mars 1875, aff. Merlin, D. P. 75. 1. 212). La question doit être considérée comme définitivement tranchée dans ce sens, d'autant plus que la jurisprudence était fixée en ce sens sous la législation antérieure à l'an 7 que la loi du 28 févr. 1872 n'a fait que rétablir, comme l'a fait remarquer le rapporteur de la loi (§ 1er-4°, n° 8, D. P. 72. 4. 13), en assujettissant au droit gradué certains actes tels que les contrats de mariage, les partages (Décis. Cons. 13 juin 1723 et 18 oct. 1738, Bosquet, *Dictionnaire des domaines*, v° *Partage*, § 2, édit. de 1762; D. P. 75. 1. 212, note. V. aussi *Rép.* n° 3352). — Ajoutons que l'arrêt du 15 mars 1875 n'est autre chose que l'application à la perception du droit gradué de la doctrine qui sert, depuis longtemps, de base à la perception du droit de soulte d'après deux arrêts (Civ. rej. 11 déc. 1855 et 27 avr. 1858, V. *infrà*, n° 1317).

1257. Le droit gradué, étant dû sur les rapports en moins prenant, se perçoit sur leur montant, dès qu'il est fait mention des rapports dans le partage, de quelque manière que soit faite cette mention, lors même ... qu'il y est simplement déclaré que, les dots étant égales, il n'y a pas lieu au rapport des avancements d'hoirie, qu'ils ne figurent ni dans la composition de la masse, ni dans la formation des lots (Sol. adm. enreg. 21 juill. 1872 et 20 sept. 1873 ; Trib. Seine, 5 déc. 1874, *Diction. droits d'enreg.*, v° *Partage*, n° 122); qu'il a été déclaré dans le partage que les héritiers se sont réglés entre eux relativement à ces rapports (Trib. Caen, 23 juill. 1880, *Rép. pér. enreg.*, art. 5709; Trib. Sedan, 6 août 1885, aff. de Montagnac, D. P. 86. 5. 203).

1258. Il a été jugé, dans le même sens, que lorsque, dans le partage de la succession de leur mère, des enfants, après avoir établi l'actif de la succession qu'ils partagent par égales parts, déclarent que le quart précipitaire légué à l'un deux se compense avec les frais d'éducation et d'établissement faits par la défunte dans l'intérêt de ce dernier, le montant de ces frais doit être ajouté aux autres valeurs partagées pour la liquidation du droit gradué (Trib. Gap, 18 déc. 1885, *Journal de l'enregistrement*, art. 22592).

1259. Il est de règle que le rapport, dans le partage d'une succession, par l'un des héritiers, de sommes à lui prêtées par le défunt, ne donne pas lieu au droit proportionnel de quittance à 50 cent. pour 100 (Sol. adm. enreg. 26 nov. 1868, D. P. 69. 5. 167-168 ; 10 juin 1869, D. P. 74. 5. 216). — V. *suprà*, n°s 609 et 701.

8°. — Fruits, revenus et intérêts ajoutés à la masse.

1260. Il a été définitivement reconnu, après une longue controverse, que les fruits, revenus et intérêts produits par les biens héréditaires et qui sont ajoutés à la masse à partager doivent être considérés, pour la perception du droit de soulte, comme dépendant de l'hérédité (V. *infrà*, n° 1321). Il s'ensuit qu'ils doivent être également soumis au droit gradué. C'est ce qui a été décidé par un jugement du tribunal de Gaillac du 9 mai 1877, au sujet d'intérêts de créances de l'hérédité et de rapports, attendu, porte cette décision, que le droit gradué est dû sur « le montant de l'actif net partagé » et que l'actif d'une succession à partager comprend, non seulement les biens existant en nature, le capital des créances et l'entier montant des rapports dont il fait compte pour chacun des cohéritiers, mais aussi l'intérêt des créances et de ces mêmes rapports, lorsque cet intérêt est déterminé dans l'acte de partage lui-même, qu'il est compris dans l'actif et ajouté à la masse.

9°. — Echange de lots.

1261. Les conventions entre cohéritiers, sous la forme et la dénomination d'échange, constituent de véritables partages et ne donnent lieu, à ce titre, qu'au droit gradué, toutes les fois qu'elles interviennent pendant la durée de l'indivision (*Rép.* n° 2641). Il en serait de même de l'échange de lots entre cohéritiers qui aurait lieu dans le partage même, s'il s'y trouvait avant la signature des parties, car il ne représenterait alors que l'une des dispositions du partage (Conf. *Diction. droits d'enreg.*, v° *Partage*, n° 347). Mais l'échange entre cohéritiers de lots qui leur avaient été attribués antérieurement par un partage consommé, opère une aliénation, comme si ces parties n'eussent pas possédé indivisément, et donne lieu à la perception du droit proportionnel d'échange (*Rép.* n° 2641). Ainsi le nouveau partage qui attribue des immeubles à l'un des copartageants, lequel n'avait eu que des meubles d'après un partage antérieur, donne ouverture au droit de mutation, bien que les parties qualifient le premier partage de provisoire (Trib. Angers, 30 déc. 1847, aff. B..., D. P. 48. 5. 170).

Il a été jugé, dans le même ordre d'idées, que la disposition par laquelle un testateur, après avoir déclaré que sa fortune serait partagée entre ses héritiers légitimes conformément à leurs droits, a exprimé qu'il voulait que le lot de l'un d'eux fût pris dans des immeubles désignés, constitue non un simple allotissement, mais un véritable legs qui investit le bénéficiaire, dès le jour du décès, des biens à lui attribués (Civ. cass. 13 déc. 1876, aff. Héritiers de la maréchale Vaillant, D. P. 77. 1. 172. Conf. *Rép.* v° *Dispositions entre vifs et testamentaires*, n°s 3936 et suiv. En conséquence, si, dans le partage, cet héritier laisse attribuer partie de ces immeubles à un autre et consent à recevoir en échange des valeurs mobilières de l'hérédité, cette attribution constitue une cession immobilière qui donne lieu au droit de mutation à titre onéreux sur le prix représenté par les valeurs mobilières cédées en échange (Même arrêt). — De même, si, malgré la volonté formellement exprimée par le testateur, que le lot de certains de ses héritiers soit composé exclusivement d'immeubles désignés, le partage de la succession attribue à ces héritiers des valeurs mobilières et une partie seulement des biens désignés, le surplus étant compris dans le lot d'autres héritiers, ces dispositions opèrent une transmission immobilière passible du droit de mutation sur la différence entre l'émolument héréditaire des héritiers visés dans le testament et la part prise par eux dans les biens que le défunt leur avait attribués spécialement (Trib. Seine, 27 févr. 1875, aff. Héritiers de la maréchale Vaillant, D. P. 75. 5. 206).

1262. Mais si l'échange, entre cohéritiers, de lots d'immeubles que leur avait attribués un partage complet, définitif et sans condition, de la succession, constitue une mutation passible du droit proportionnel, cet échange n'est plus qu'une suite ou un complément du partage, et n'est sujet, comme lui, qu'au droit fixe, lorsqu'il a été prévu dans l'acte de partage dont il formait une des conditions. Spécialement, lorsqu'en procédant au partage des successions de leurs père et mère, des enfants ont attribué, conformément à un vœu exprimé par la mère dans son testament, un immeuble à l'un d'eux pour une valeur déterminée et à la condition de le céder, dans un délai fixé, pour cette même valeur, à un autre des copartageants, s'il en faisait la demande, l'excédant de la réalisation de cette éventualité ne doit pas être considéré, à raison de l'échange d'attributions qui en fait l'objet, comme renfermant une mutation immobilière à titre onéreux passible du droit de 5 fr. 50 cent. pour 100. On ne saurait non plus attribuer le caractère de soulte, passible du droit proportionnel, à la somme dont ledit acte constate le payement par l'enfant auquel l'immeuble est délaissé définitivement, alors que cet enfant a pu la fournir en valeurs de la succession, au moyen des attributions à lui faites par le partage (Req. 20 avr. 1869, aff. de Courson, D. P. 70. 1. 65, et la note. V. aussi les arrêts analysés *infrà*, n° 1315).

10°. — Partage partiel.

1263. Le partage est souvent précédé d'actes *préparatoires* ou *préliminaires*. Les règles qui régissent les partages eux-mêmes sont applicables à ces actes (*Rép.* n° 2645). Le *Dictionnaire des droits d'enregistrement* cite en ce sens une décision qu'il analyse comme suit : « L'acte par lequel il est convenu entre les héritiers que l'un d'eux rapportera une somme déterminée au lieu de rapporter un immeuble donné en avancement d'hoirie, lors du partage de la succession du donateur décédé, n'est passible que du droit fixe de 3 fr. On ne peut considérer cet acte comme un partage partiel sujet au droit gradué et au droit de soulte que l'excédant de la part virile du donataire dans la somme à rapporter » (Sol. adm. enreg... sept. 1870, *Diction. droits d'enreg.*, v° *Partage*, n° 150 *bis*).

1264. Souvent encore, avant le partage définitif, les cohéritiers procèdent à un *partage partiel* par lequel ils font cesser l'indivision soit pour une partie seulement des biens, soit pour un seul d'entre eux (*Rép.* n° 2546).

Dans le premier cas, c'est-à-dire lorsque l'acte a pour objet de diviser seulement une partie des biens communs, cet acte constitue certainement un partage (*Rép.* n° 2647 : l'Administration le elle-même reconnu. Bien qu'elle soutienne que ce partage est sans effet pour le règlement du droit proportionnel sur les parts acquises par licitation (on examinera plus loin la question à ce point de vue) (V. *infrà*, n° 1345), elle admet cependant que le partage partiel conserve son caractère de partage pour l'application du droit d'enregistrement et, en conséquence, ne donne lieu qu'au droit gradué, si, d'ailleurs, il ne contient aucune stipulation de soulte (Sol. adm. enreg. 20 oct. 1873, D. P. 75. 5. 207). — Elle a décidé, de même, que le partage de succession portant attribution d'un tiers des biens de l'hérédité aux représentants d'un héritier décédé, et des deux autres tiers aux deux autres héritiers indivisément, donne lieu à la

perception du droit gradué d'enregistrement sur la valeur de la totalité des biens (Sol. adm. enreg. 16 juin 1873, D. P. 74. 3. 30). Le partage ultérieur, entre les deux héritiers demeurés dans l'indivision, des biens à eux attribués par le premier acte, donne lieu de nouveau à la perception du droit gradué sur la valeur des biens qui en sont l'objet (Même solution. V. aussi : Trib. Chartres, 22 déc. 1876, *infrà*, n° 1273).

Mais, comme on le verra *infrà*, n° 1266, pour que le partage partiel restreint à une seule portion des biens indivis ne donne lieu qu'au droit gradué, il faut qu'il renferme en lui-même la preuve que l'hérédité possède des valeurs suffisantes pour fournir à chacun des cohéritiers de celui qui reçoit l'immeuble objet du partage un lot égal.

1265. Dans le second cas, c'est-à-dire quand le partage partiel a pour objet de faire cesser l'indivision à l'égard de l'un ou de plusieurs des copartageants, il est enseigné au *Rép.* n° 2649, que c'est encore d'un simple partage purement déclaratif qu'il s'agit et que, par suite, l'acte ne devrait être passible que du droit applicable au partage, mais que la jurisprudence constante de la cour de cassation lui applique le droit de vente à 5 fr. 50 cent. pour 100 (*Rép.* n°s 2650 à 2655). Il a été ajouté que l'idée de vente résulte de ce que l'indivision ne cesse pas à l'égard de tous les copropriétaires par l'effet de l'acte préparatoire qui dépouille l'un d'eux, que, par conséquent, l'idée de partage doit dominer toutes les fois que l'acte intervient entre tous les copropriétaires ou encore quand l'indivision cesse à l'égard de tous, bien que ce soit par l'effet de plusieurs actes successifs, et non pas d'un seul et même acte (*Rép.* n° 2656). Cette distinction a été confirmée par la jurisprudence qui s'est établie depuis la publication du *Répertoire*. En effet, suivant ses décisions, le droit de vente immobilière à 5 fr. 50 cent. pour 100, et non pas seulement celui de soulte à 4 pour 100, est applicable à l'acte portant cession par un héritier à ses deux cohéritiers, conjointement et indivisément, de tous ses droits successifs mobiliers et immobiliers aux risques et périls des cessionnaires (Civ. rej. 7 août 1855, aff. de Saint-Albin, D. P. 55. 1. 448. Conf. en matière civile : Req. 29 mars 1854, aff. Chabrier-Delassalle, D. P. 54. 1. 331 ; Civ. cass. 22 nov. 1854, aff. Gérard, D. P. 54. 1. 421) ; mais c'est le droit de soulte, et non plus le droit de vente, qui est dû sur l'acte par lequel un héritier se rend cessionnaire des droits successifs de tous ses cohéritiers, à ses risques et périls, et à charge d'acquitter toutes les dettes de la succession, encore bien que le cessionnaire, ayant traité à ses risques et périls, soit à couvert de toute recherche pour cause de lésion, l'action en rescision pour lésion n'étant pas essentiellement attachée aux actes de partage (Civ. cass. 30 mai 1854, aff. Dubois, D. P. 54. 1. 327).

Toutefois, bien que faisant cesser l'indivision, et présentant ainsi le caractère d'un véritable partage, le contrat donne lieu au droit de vente à 5 fr. 50 cent. pour 100, si les parties ont exprimé la volonté de faire une vente avec ses conséquences. Il en est ainsi de l'acte par lequel des héritiers cèdent à leur cohéritier (ou aux héritiers de celui-ci) leurs droits dans la succession de leur auteur commun, encore bien que cet acte porte qu'il a pour objet de faire cesser l'indivision, si, par la forme d'un contrat de vente, et si, au fond, d'une part, il contient réserve expresse, au profit des vendeurs, tant du privilège attaché à leur qualité de vendeurs que de l'action résolutoire, et que, d'autre part, les vendeurs n'aient garanti que leur qualité d'héritiers, ce qui exclut la garantie dont les copartageants sont tenus aux termes de l'art. 884 c. civ. (Req. 29 juill. 1857, aff. Denjoy, D. P. 57. 1. 443. V. aussi *Rép.* v° *Transcription hypothécaire*, n° 706).

1266. Les règles suivant lesquelles l'impôt doit être appliqué aux partages partiels ont été formulées nettement par la jurisprudence de la cour de cassation. Ses décisions sont fondées sur le principe que la perception des droits d'enregistrement se règle d'après les actes présentés à la formalité et que les droits sont acquis au Trésor à l'instant même, tels qu'ils ressortent des stipulations du contrat, sans pouvoir être subordonnés à la réalisation éventuelle de dispositions renvoyées à des actes ultérieurs. Il s'ensuit que, pour être affranchi du droit de soulte, tout acte de partage doit porter en lui-même la preuve de l'égalité des lots entre copartageants; que, s'il établit une inégalité, il y a lieu de percevoir le droit de soulte, nonobstant le rétablissement possible de l'égalité par un acte postérieur, et que, si le partage ne porte que sur une partie des biens indivis, celui qui reçoit dans les biens partagés une portion supérieure à sa part héréditaire dans ces biens, doit le droit proportionnel de soulte sur l'excédent de ses attributions.(Req. 12 nov. 1844, aff. Roger, D. P. 45. 1. 32. Civ. cass. 29 avr. 1845, aff. Verny, D. P. 45. 1. 257; 19 nov. 1845, Rép. n° 2655; 22 avr. 1850, aff. Boury, D. P. 50. 1. 119). — Ainsi l'attribution faite entre cohéritiers, au plus offrant, d'un immeuble de l'hérédité constitue, non une licitation passible du droit proportionnel, encore bien que l'opération ait été ainsi qualifiée par les parties elles-mêmes, mais un partage partiel en nature, par voie de lotissement amiable, sujet au droit fixe (aujourd'hui droit gradué) seulement, alors que la valeur de l'immeuble est inférieure à la part revenant à l'attributaire dans tous les immeubles de l'hérédité, d'après les résultats, consignés dans l'acte, d'une expertise, et que l'attributaire a fait abandon, au profit de ses copartageants, de ses droits dans les autres biens communs (Civ. cass. 12 juill. 1870, aff. Brame, D. P. 71. 1. 17). — Il a été jugé aussi que le prélèvement en immeubles qu'un enfant fait dans la succession paternelle (ou maternelle) pour égaliser son lot avec ceux de ses frères et sœurs, auxquels le père (ou la mère) avait fait des donations en avancement d'hoirie qu'ils ne rapportent qu'en moins prenant, ne donne pas lieu au droit proportionnel (Trib. Saint-Étienne, 10 déc. 1856, aff. Canet, D. P. 57. 3. 68). En effet, comme le remarque M. Garnier, Rép. gén. enreg., n° 12386-3°, les lotissements faits antérieurement doivent nécessairement être pris en considération lorsque les parties procèdent au partage définitif; car tout autre mode d'opérer, au lieu d'établir l'égalité, la détruirait complètement.

1267. Cependant l'Administration a décidé que l'acte par lequel, sous la dénomination inexacte de partage, l'un des ayants droit à une succession se fait d'avance consentir l'attribution de certaines valeurs avec réserve, pour ses cohéritiers, d'en prélever l'équivalent lors de la division de l'hérédité, est, au fond, un simple lotissement qui ne donne lieu qu'au droit fixe (aujourd'hui droit gradué), et non au droit proportionnel de soulte (Sol. adm. enreg. 29 août 1853, D. P. 54. 3. 22). Mais, d'après la doctrine à laquelle l'Administration s'est arrêtée depuis longtemps et qui a prévalu dans la jurisprudence, le droit de soulte serait exigible en pareil cas s'il n'était pas établi que l'hérédité comprend des biens suffisants pour assurer des lotissements égaux aux cohéritiers non lotis. Là se trouve, comme il est dit au numéro qui précède, la raison déterminante de la perception. Ainsi, la clause d'un contrat de mariage par laquelle le père du futur et deux de ses enfants majeurs, agissant tant en leur nom qu'au nom d'un troisième enfant encore mineur, abandonnent au futur, leur fils et frère, à titre de lotissement provisoire et avant partage de la succession maternelle, divers immeubles évalués 6500 fr. sans stipulation de soulte, ne donne pas lieu au droit proportionnel lorsqu'il résulte de la déclaration de la succession souscrite pour le payement du droit de mutation par décès, que l'actif de l'hérédité échue par égales parts aux quatre enfants dépasse 26000 francs, et que, par suite, le lot attribué au futur n'excède pas sa part dans la masse indivise (Sol. adm. enreg. 18 sept. 1871, Diction. droits d'enreg., v° Partage, n° 204). Il n'est pas nécessaire, d'ailleurs, que la justification résulte de l'acte lui-même; elle peut être établie au moyen d'autres documents (Sol. adm. enreg. 30 juill. 1872, ibid. Conf. Sol. adm. enreg. 28 avr. 1864, 22 déc. 1868, 25 juin 1870, 10 mai 1873, .. avr. 1876, .. juin 1876, ibid., n°s 204 et 205).

1268. Telle est la règle établie par l'Administration et que la jurisprudence a sanctionnée pour l'application du droit d'enregistrement au partage partiel. Elle n'échappe point à toute critique (V. Rép. n° 2708); mais, admise depuis de longues années dans la pratique, elle doit être considérée comme définitivement établie, d'autant plus que la doctrine sur laquelle elle est fondée se rattache à celle qui a prévalu pour la perception du droit proportionnel sur les licitations (V. infrà, n° 1345).

11°. — Partage provisionnel.

1269. Le partage est provisionnel dans deux cas : 1° lorsque, fait entre majeurs, il ne porte que sur la jouissance des biens indivis; 2° lorsque, fait entre majeurs et mineurs, toutes les formalités prescrites par la loi à l'égard de ces derniers n'ont pas été remplies (c. civ. art. 466 et 840) (Rép. n° 2662). — Il est enseigné au Rép. loc. cit. que, dans le premier cas, l'acte, n'ayant de partage que le nom et impliquant une simple attribution en vue de diviser les produits et revenus en attendant le partage réel et définitif, donne lieu, non au droit fixe de partage (aujourd'hui droit gradué), mais seulement au droit fixe établi pour les actes innommés (V. suprà, n°s 564 et suiv.). Telle est également l'opinion de M. Naquet, t. 1, n° 413. Mais M. Garnier, Rép. gén. enreg., n°s 10369 et 12371-1° et le Dictionnaire des droits d'enregistrement, v° Partage, n° 146 ter, estiment, au contraire, que l'acte, produisant les effets d'un partage, tout au moins à l'égard des fruits et revenus, donne lieu au droit gradué. — Quoi qu'il en soit, il est reconnu par tous que, dans le second cas, lorsque le partage est provisionnel en raison de la présence de mineurs et par suite de l'inobservation des formalités prescrites à leur égard, comme il est définitif en ce qui concerne les majeurs, le droit gradué lui est applicable (Rép. loc. cit.; Garnier, loc. cit.; Diction. droits d'enreg., loc. cit.; Naquet, loc. cit).

1270. Pour décider si un partage a ou non le caractère provisionnel, l'Administration doit apprécier la nature et la portée juridique des clauses de l'acte soumis à la formalité; elle n'est pas obligée de tenir compte de la qualification donnée par les parties. Ainsi, l'acte constatant le partage, entre deux sœurs, de la succession de leur mère, puis la donation entre vifs, sans autre réserve que celle de l'usufruit, par l'une des deux sœurs, religieuse, à l'autre, de tous les immeubles compris au lot de la donatrice, doit être considéré comme renfermant des dispositions définitives passibles, à ce titre, la première du droit gradué d'enregistrement, et la seconde du droit proportionnel de donation..., encore bien que cet acte ait été qualifié de partage éventuel et que les deux sœurs aient déclaré vouloir exécuter un testament de leur mère qui restreignait la part de l'héritière religieuse à l'usufruit de divers immeubles de l'hérédité, sous la condition qu'elle reprendrait tous ses droits et partagerait avec sa sœur au cas où elle rentrerait dans le monde (Trib. Mayenne, 17 janv. 1884, et sur pourvoi, Req. 16 déc. 1885, aff. Esnault de Moulins, D. P. 86. 1. 270). Si les parties n'avaient fait qu'exécuter la disposition du testament qui leur prescrivait d'opérer un partage provisionnel, le droit gradué et le droit proportionnel n'auraient pas été perçus; mais elles avaient modifié les attributions qui avaient été fixées par le testament; le tribunal et la cour de cassation ont vu, dans cette modification, la pensée de régler définitivement la succession, et leur décision paraît avoir exactement interprété les actes dont il s'agissait (Ibid, note).

1271. Le partage entre majeurs et mineurs, devant être homologué, ne devient définitif qu'au moment de l'homologation. Faut-il en conclure que, tant qu'il n'a pas été homologué, ce partage ne doit être considéré que comme un simple projet passible seulement du droit fixe applicable aux actes innommés, et que le droit gradué, ainsi que les droits proportionnels de soulte auxquels il peut donner lieu, ne sont dus que lorsque l'homologation est intervenue, comme cela est enseigné au Rép. n° 2663? Ou bien faut-il admettre que le droit gradué et les droits de soulte sont exigibles à l'enregistrement du partage, quoiqu'il soit sujet à homologation? La question présente un grand intérêt pour les contribuables et pour le Trésor; pour les premiers, car, si les droits sont perçus à l'enregistrement du partage, ils ne seront pas restitués, lorsque le travail du notaire rédacteur sera modifié par le tribunal, l'art. 60 de la loi de frimaire an 7 interdisant la restitution de tout droit d'enregistrement régulièrement perçu, « quels que soient les événements ultérieurs »; pour le Trésor, parce que, si la perception des droits est suspendue jusqu'à l'homologation, on s'abstiendra le plus souvent de provoquer cette homologation, précisément pour éviter le payement des droits (D. P. 81. 1. 85, note). — La question divise les tribunaux. Les uns, se fondant sur ce que le partage entre majeurs et mineurs, approuvé par toutes les parties, est définitif à l'égard des majeurs, et invoquant, d'autre part, le principe suivant lequel la validité ou l'invalidité d'un acte est indifférente pour la perception des droits d'enregistrement, se prononcent pour la perception des droits à l'enregistrement du partage. Ainsi, il a été jugé que, bien que simplement provisionnel, le partage entre majeur et mineur donne lieu à la perception des droits qui lui sont applicables, à l'enregistrement de l'acte le constatant ; l'exigibilité de ces droits n'est pas suspendue jusqu'à l'homologation (Trib. La Rochelle, 9 août 1876, aff. Martineau, D. P. 77. 5. 205. Conf. Trib. Roanne, 26 déc. 1877, Garnier, *Rép. pér.* enreg., n° 4874 ; *Rép. gén.* enreg., n° 10369). Mais la cour de cassation s'est prononcée, conformément à la doctrine soutenue au *Répertoire*, dans le sens de la perception du droit gradué et des droits de soulte seulement sur le jugement d'homologation. Jugé, en effet, que le partage de communauté et de succession entre majeurs et mineurs, devant être fait en justice et étant nécessairement soumis à l'homologation du tribunal qui a tout pouvoir pour le reviser et le modifier, n'a qu'un caractère provisionnel et ne devient définitif que par l'effet de l'homologation, alors surtout que plusieurs des copartageants se sont réservé le droit de le combattre en homologation. C'est, en conséquence, dans ce cas, le jugement homologatif qui rend exigible le droit gradué d'enregistrement applicable au partage et c'est sur ledit jugement que ce droit doit être perçu (Req. 19 juill. 1880, aff. Parrot, D. P. 81. 1. 85. V. le rapport de M. le conseiller Voisin, et la note, *ibid.*). Dans l'espèce, plusieurs des copartageants s'étaient réservé le droit de combattre le partage lors de l'homologation ; mais l'arrêt s'est prononcé, en termes absolus, pour le caractère provisionnel du partage soumis à l'homologation. — Cette doctrine nous semble, d'ailleurs, conforme à la jurisprudence qui décide que la licitation est assujettie au droit proportionnel, si elle n'est pas accompagnée d'un partage définitif attribuant au colicitant adjudicataire la totalité de son prix, et qui ne considère pas comme ayant un caractère définitif le partage intervenu entre majeurs et mineurs, soumis à l'homologation du tribunal (Civ. Civ. cass. 22 juill. 1872, aff. Brault, D. P. 72. 1. 420. V. *infrà*, n° 1339). Si ce partage n'a pas un caractère définitif, et comme tel, ne peut dispenser de la licitation du droit proportionnel, il ne saurait être passible du droit gradué. — C'est d'ailleurs en ce sens que s'est prononcé, d'une façon formelle, le rapport de M. le conseiller Voisin dans l'affaire qui a donné lieu à l'arrêt précité de la chambre des requêtes du 19 juill. 1880 (V. dans le même sens : Trib. Clamecy, 25 août 1865, aff. Enfert, D. P. 66. 3. 38 ; Trib. Seine, 23 févr. 1873, aff. Merlin, Garnier, *Rép. pér.* enreg., art. 3650 ; Trib. Amiens, 19 mars 1875, *Journ.* enreg., art. 19880 ; Trib. Châlons-sur-Marne, 4 févr. 1876, Garnier, *Rép. pér.* enreg., art. 4421 ; Trib. Saint-Etienne, 24 mai 1875, *ibid.*, art. 4383). L'Administration de l'enregistrement a adhéré à cette jurisprudence, qui doit être considérée dès lors comme règle définitive de perception dans le cas dont s'agit. « Dans l'état actuel de la jurisprudence, porte une instruction de cette administration du 30 août 1881, n° 2654, les partages dont l'effet entre les contractants est subordonné à l'homologation de la justice, soit en vertu d'une clause expresse de l'acte, soit par application des dispositions de la loi (c. civ. art. 466 et 840 ; c. proc. civ. art. 984), constituent de simples projets dont l'enregistrement doit avoir lieu au tarif des actes innommés. Les droits des dispositions du partage donnent ouverture, ne deviennent exigibles que lorsque cet acte est homologué. Ils sont dus sur le jugement qui renferme l'homologation du tribunal qui réalise le partage » (Req. 19 juill. 1880 précité; Instr. adm. enreg. 29 oct. 1881, n° 2641, § 4).

1272. Cette jurisprudence étant admise, il est facile de

résoudre une question transitoire qu'a soulevée l'application de la loi du 28 févr. 1872. Un partage est préparé par un notaire entre majeurs et mineurs antérieurement à la loi de 1872. Mais le jugement d'homologation n'a été rendu que postérieurement à l'homologation de cette loi. Le partage est-il passible du droit fixe de 5 fr., auquel la législation antérieure à 1872 assujettissait les partages, ou du droit gradué ? Nous estimons que c'est le droit gradué qui est exigible, sans qu'on puisse objecter que cette solution fait produire à la loi un effet rétroactif. C'est, en effet, le jugement d'homologation qui donne ouverture au droit de partage, et, comme ce jugement est postérieur à la loi, le droit Saint-Etienne, 24 mai 1875 et Trib. Châlons-sur-Marne, 4 févr. 1876, *Journ.* enreg., art. 20126 et 20188). Un jugement du tribunal de Gourdon du 20 juill. 1875 avait été rendu dans le sens contraire ; mais ce jugement a été cassé. Les droits d'enregistrement, porte l'arrêt de cassation, doivent être perçus conformément à la loi en vigueur à l'époque où ils se sont ouverts et ont été, par suite, acquis au Trésor (V. *supra*, n° 102). En conséquence, les droits de mutation et les droits des actes assujettis à l'enregistrement dans un délai déterminé sont perçus d'après le tarif existant au moment du décès ou de la rédaction de l'acte ; et les droits des actes qui ne sont pas soumis à la formalité dans un délai fixé par la loi sont déterminés par le tarif en vigueur au moment où leur enregistrement devient obligatoire par suite de l'usage qui en est fait, alors même qu'ils auraient acquis date certaine à une époque antérieure, sous l'empire d'un tarif plus favorable. Spécialement, le droit gradué de 1 pour 1000 auquel l'art. 1er-5° de la loi du 28 févr. 1872 assujettit les partages, que la législation antérieure ne soumettait qu'à un simple droit fixe, est applicable au partage sous seings privés d'immeubles fait sans soulte ni retour et présenté à la formalité sous l'empire du tarif de 1872, encore bien que l'acte ait acquis date certaine par le décès de l'un des signataires antérieurement à la promulgation de ce tarif (Civ. cass. 26 juin 1878, aff. de Verninac, D. P. 78. 1. 426. V. dans le même sens : Civ. cass. 31 janv. 1876, aff. Whettnall, D. P. 76. 1. 209).

1273. La règle que le droit gradué applicable au partage, ainsi que les droits de soulte auxquels il peut donner lieu, ne sont exigibles que lorsqu'il est homologué et doivent être perçus sur le jugement d'homologation, ne soulève aucune difficulté, lorsque ce jugement est complet et définitif et qu'il contient, comme cela arrive souvent, le tirage au sort des lots. Mais la question de savoir comment la perception doit être établie au cas où le jugement d'homologation renvoie les parties devant le notaire pour le tirage des lots, est controversée. Suivant un système, les droits n'en doivent pas moins être perçus sur le jugement d'homologation ; le procès-verbal que dresse ensuite le notaire pour constater le tirage des lots, n'est que le complément du jugement d'homologation et n'est passible, à ce titre, que du droit fixe établi pour les actes de complément (*Rép.* n° 2663). Jugé en ce sens que le droit gradué applicable à un partage dressé par un notaire commis en justice, et qui n'a pas été approuvé par les parties, est exigible dès que le jugement d'homologation a été rendu, encore bien qu'il doive être procédé par acte ultérieur au tirage au sort des lots (Trib. Avignon, 17 déc. 1874, D. P. 5. 206). Mais il a été jugé, en sens contraire, que c'est seulement, dans ce cas, l'acte constatant, postérieurement au jugement d'homologation, le tirage au sort des lots qui rend le droit gradué exigible (Trib. Montdidier, 28 mai 1875, D. P. 75. 5. 206). Ce dernier système est généralement adopté (Sol. adm. enreg. 17 sept. 1873, Garnier, *Rép. pér.* enreg., art. 3728 ; Trib. Chartres, 22 déc. 1876 (1) ; Garnier, *Rép. gén.* enreg., n° 10369 ; *Diction. droits d'enreg.*, v° *Partage*, n° 145).

---

(1) (Ronceret.) — Le tribunal ; — Attendu que, par acte notarié, la veuve Ronceret a fait le partage anticipé à ses cinq enfants, de certaines valeurs, à la charge par les donataires de procéder immédiatement en sa présence au partage des valeurs données et des immeubles ruraux dépendant de la succession, du sieur Ronceret, leur père ; — Attendu que le notaire, en conséquence, a procédé ledit jour à la composition de la masse partageable et à la formation des lots, et qu'à la fin de son travail est inséré un

dire suivant lequel les donataires conviennent d'ajourner le tirage au sort des lots tels qu'ils sont établis, jusqu'au décès de la dame Ronceret donatrice ; — Que, malgré ces dispositions, et dans l'intérêt de Marie Ronceret femme Perrot, l'une des donataires, il a été, en présence de la donatrice et de tous ses enfants, procédé au tirage au sort du lot la concernant, suivant procès-verbaux du notaire Pelletier, en date du 28 déc. 1873 ; — Qu'enfin, à la date du 26 juillet suivant, les autres enfants Ronceret, reconnaissant

12°. — Partage de communauté.

1274. Les règles de perception établies pour les partages ordinaires, s'appliquent aux partages de communauté. Toutefois, la perception des droits d'enregistrement sur ces partages a soulevé différentes questions spéciales. Les difficultés se sont produites principalement au sujet des prélèvements exercés par les époux sur les biens de la communauté.

1275. Aucune n'est survenue au sujet des *reprises en nature.* La disposition d'un partage de communauté constatant la remise aux époux ou à leurs représentants, des objets qui se retrouvent en nature et dont ils ont le droit d'opérer la reprise, est inhérente à la nature du partage et ne peut, en conséquence, donner lieu à aucun droit particulier. Les objets ainsi prélevés se trouvent en dehors de l'actif de communauté à partager : ils ne peuvent donc être soumis au droit gradué (Conf. Garnier, *Rép. gén. enreg.*, nº 12502; *Diction. droits d'enreg.*, vº *Partage-licitation*, nº 127).

1276. Mais un vif débat s'est engagé au sujet des *reprises en deniers*, sur la question de savoir si le prélèvement de ces reprises sur les biens de la communauté constitue une opération de partage et donne lieu au droit gradué sur la valeur des biens prélevés, ou si les reprises en deniers représentent une dette dont la déduction doit être opérée pour la perception de ce droit qui n'est dû que sur « le montant de l'actif net partagé ». La solution de cette importante difficulté dépend de la nature du droit de prélèvement appartenant aux époux pour les reprises qu'ils ont l'un et l'autre à exercer sur la communauté, c'est-à-dire à la question de savoir si c'est à titre de propriétaires ou seulement à titre de créanciers qu'ils ont opéré les prélèvements de leurs reprises. La grave controverse qui s'est agitée à ce sujet dans la doctrine et dans la jurisprudence a été déjà exposée *suprà*, vº *Contrat de mariage*, nºˢ 836 et suiv. Nous nous bornerons, par suite, à résumer ici les résolutions intervenues.

En droit civil, la jurisprudence est fixée en ce sens que les reprises en deniers que les époux peuvent avoir à opérer sur les biens communs, soit que la femme accepte la communauté, soit qu'elle y renonce, s'exercent en vertu d'un droit de créance purement mobilier, et non en vertu d'un droit de propriété, lors même que les prélèvements s'effec-

tuent sur les immeubles de la communauté et aussi bien, en ce qui concerne la femme, à l'égard du mari ou de ses représentants qu'à l'égard des créanciers (Ch. réun. rej. 16 janv. 1858, aff. Moinet, D. P. 58. 1. 5; Req. 2 juin 1862, aff. Bertout, D. P. 62. 1. 420; Civ. rej. 18 févr. 1867, aff. Morain, D. P. 67. 1. 61; 20 juill. 1869, aff. Janvier et Verge, D. P. 69. 1. 497; Civ. cass. 6 juill. 1870, aff. Petit, D. P. 71. 1. 116; Req. 7 juill. 1874, aff. Berment, D. P. 75. 1. 57).

En droit fiscal, il a été décidé que, dans le cas d'acceptation de la communauté, les prélèvements opérés avant le partage, constituent une simple opération de liquidation destinée à dégager la consistance de la masse à partager, n'impliquant aucune transmission de propriété de l'un des conjoints à l'autre, et ne pouvant, dès lors, donner ouverture au droit proportionnel de mutation (Civ. cass. 3 août 1858, aff. Villet, aff. Raucher, aff. Legoux, aff. Debès, et aff. Gallot, D. P. 58. 1. 310-311; 13 déc. 1864, aff. d'Houdemare, D. P. 65. 1. 17; Civ. rej. 12 févr. 1867, aff. veuve Baffos, D. P. 67. 1. 157. V. *Rép.* nº 3497), mais que, dans le cas de renonciation de la femme à la communauté, l'attribution qui lui est faite de biens communs en payement de ses reprises opère, comme si le mari lui avait abandonné ses biens personnels, une vente passible du droit proportionnel (Arrêts précités du 3 août 1858; Civ. cass. 24 août 1858, aff. Leleu, et aff. Letourneur, D. P. 58. 1. 350; 24 déc. 1860, aff. Boulaye, D. P. 61. 1. 23; Req. 26 févr. 1868, aff. Laurent, D. P. 68. 1. 431; Civ. cass. 30 nov. 1869, aff. Esnault, D. P. 70. 1. 157; *Rép.* nºˢ 3495 et 4457). — Il résulte de l'ensemble de ces dernières décisions qu'en principe, au cas d'acceptation de la communauté, la femme qui exerce des reprises sur les biens communs agit dans la double qualité de créancière et de commune; qu'elle se paye avec des biens sur lesquels elle ne peut, sans doute, réclamer un droit de préférence vis-à-vis des autres créanciers de la communauté, mais dont elle n'est pas moins copropriétaire par indivis avec son mari ou ceux qui le représentent; qu'en conséquence, les prélèvements qu'elle exerce sont l'une des opérations du partage.

D'après un autre arrêt, quel que soit le mode de prélèvement exercé par la femme, soit qu'il s'effectue par l'attribution de certaines valeurs de la communauté, soit qu'il s'opère par le payement d'une somme d'argent prise en dehors de la masse, le prélèvement n'est, dans l'un et l'autre cas, qu'un règlement entre époux et une opération de

qu'il était de leur intérêt de connaître leurs lots, ont, avec l'assentiment de leur mère, procédé à leur tour, par le ministère du même notaire, au tirage au sort des lots restant à attribuer; — Attendu que l'administration de l'enregistrement a, par voie de contrainte décernée le 31 déc. 1875, réclamé aux enfants Ronceret une somme de 283 fr. 10 cent. lui restant due sur celle de 443 fr. 92 cent., montant des droits de soulte et établis par la loi du 28 févr. 1872 sur les partages de biens meubles ou immeubles entre copropriétaires, cohéritiers et coassociés, à quelque titre que ce soit; — Que la régie soutient : 1° que le droit gradué ne doit pas être perçu sur l'acte de donation entre partage du 24 mars 1873 qui ne contient que la composition des lots, mais seulement sur le procès-verbal de tirage au sort, qui, seul, met véritablement fin à l'indivision en attribuant à chaque communiste une portion de la chose indivise; 2° que, dans l'espèce, deux tirages au sort successifs ayant eu lieu, le droit gradué est exigible sur ces deux actes; 3° que le droit, en ce qui concerne le premier tirage, doit être calculé sur toute la masse partageable, c'est-à-dire aussi bien sur les immeubles faisant partie de la donation maternelle que sur ceux provenant de la succession du père décédé, en ce qui concerne le second tirage sur les 4/5 des mêmes biens;

Sur le premier point : — Attendu qu'il est de toute évidence que les droits d'enregistrement ne peuvent être exigibles que quand les lots sont connus, c'est-à-dire quand le tirage au sort, prévu dans le projet de partage, a été accompli; que l'art. 68, § 3, nº 2, de la loi du 22 frim. an 7 ne peut laisser de doute sur cette question; qu'après avoir soumis les partages à un droit fixe, actuellement remplacé par le droit gradué, il ajoute : s'il y a retour, le droit sur ce qui en sera l'objet sera perçu au taux réglé pour les ventes; qu'il est clair qu'il ne saurait y avoir de soulte ou de retour quand le nouveau possesseur n'est pas connu, et que c'est le tirage au sort qui, seul, le fait connaître; que, par conséquent, au point de vue du règlement des droits d'enregistrement, l'acte qui renferme simplement la liquidation de la masse et la composition des lots n'est qu'un acte préparatoire du partage sur lequel la régie ne peut

pas plus percevoir le droit gradué, qu'elle ne pourrait percevoir le droit de soulte à raison des inégalités d'attributions proposées;

Sur le deuxième point : — Attendu que le premier tirage du 28 déc. 1873 constitue un partage, tant au profit de celui qui a reçu sa part qu'à l'égard des autres héritiers qui, sortis vis-à-vis de l'indivision entre eux, en sont sortis vis-à-vis de l'héritier qui est définitivement loti; que ce partage a eu lieu avec le concours de tous les cohéritiers qui sont liés par le même contrat; qu'il a porté sur toute la masse partageable puisqu'il en fait deux parts, une pour la demoiselle Ronceret, attributaire du troisième lot, l'autre demeurant indivise entre les quatre cohéritiers restant; que, par conséquent, l'administration de l'enregistrement a été fondée à exiger le droit gradué sur ce partage en le calculant sur toute la masse partageable; — Attendu, d'autre part, que par l'effet du premier tirage, les quatre indivisaires ne sont plus des cohéritiers ou des codonataires possédant indivisément un ou plusieurs immeubles provenant de la succession ou de la donation, mais des communistes qui possèdent les mêmes immeubles à titre nouveau, sous d'autres conditions et dans d'autres proportions, de telle sorte que le tirage au sort qu'ils font entre eux, le 26 juill. 1874, constitue un nouveau partage passible du droit gradué sur l'actif net qu'ils se partagent à cette époque;

Sur le troisième point : — Attendu qu'en exécution d'une des conditions de la donation de leur mère, les enfants Ronceret ont formé une seule masse des valeurs à partager, comprenant les biens donnés et les biens de succession; que devenus, par l'effet de la donation, propriétaires indivis des biens donnés, ils avaient le droit et même l'obligation de comprendre, dans un seul et même partage, tous les biens dont ils étaient propriétaires, à quelque titre que ce fût, sans en distinguer l'origine; que les biens maternels faisant partie du partage fait par acte postérieur à la donation devaient être nécessairement soumis au droit gradué, et que c'est avec raison que l'Administration a ajouté leur valeur approximative à celle des biens paternels pour le calcul du droit;

Par ces motifs, etc.
Du 22 déc. 1876.-Trib. civ. Chartres.

liquidation qui n'implique point transmission de propriété (Civ. cass. 13 déc. 1864, précité. V. en matière civile : Req. 7 juill. 1874, précité).

1277. On voit par là que la solution qui a prévalu dans la jurisprudence en matière civile, et celle constamment admise en matière fiscale, ne s'accordent pas; qu'au simple droit de créance accordé à la femme en droit civil s'ajoute, en matière fiscale, un droit de copropriété indivise avec le mari ou ses représentants sur les biens de la communauté. La pratique est constante sur ce dernier point. Ainsi, dans les déclarations souscrites pour le payement des droits de mutation par décès, au cas où il s'agit de la succession d'un époux commun en biens, les reprises des deux époux sont toujours distraites de l'actif de la communauté pour la détermination de la valeur imposable, quoique cette détermination doive être faite sans distraction des charges, comme on le verra plus loin (*Rép.* n° 4258).

1278. Ce désaccord ne se rencontre pas en Belgique. Il y est de principe que les reprises des époux sur les biens de la communauté constituent de simples créances, et ce principe est appliqué, aussi bien en matière fiscale qu'en droit civil, avec toutes les conséquences qu'il comporte. De ce que les reprises des époux constituent une créance purement mobilière, la jurisprudence belge conclut que cette créance représente une simple dette de la communauté, et que l'attribution de biens communs en payement de cette dette doit être considérée comme une *datio in solutum*, une acquisition de part sujette au droit proportionnel de mutation établi sur les *parts et portions acquises* de biens indivis et les *retours de partages* (C. cass. Belgique, 13 avr. 1867, D. P. 83. 2. 201, note; Gand, 24 juill. 1883, aff. Morel, D. P. 83. 2. 201-203). — Comme nous l'avons fait observer dans la note sous l'arrêt de la cour de Gand (*loc. cit.*), il faut reconnaître que l'interprétation consacrée par la jurisprudence belge a, sur celle qui a prévalu en France, tout au moins le double avantage de la clarté et de la logique. Le système français soulève, sous ce rapport, différentes objections, et ces objections ne sont pas réfutées dans les arrêts qui l'ont établi (V. note sous les arrêts du 3 août 1858, D. P. 58. 1. 310).

1279. Quoi qu'il en soit, une jurisprudence constante décidant, en droit fiscal, que la femme qui a accepté la communauté et qui exerce ses reprises sur les biens qui la composent agit en la double qualité de créancière et de commune, qu'elle est copropriétaire par indivis des biens de la communauté avec son mari ou ceux qui la représentent, la question s'est élevée de savoir si les prélèvements que les époux exercent sur ces biens pour leurs reprises respectives, constituent un partage et donnent lieu, à ce titre, au droit gradué. Cette question s'est produite dans la jurisprudence sous différents aspects.

1280. A peine la loi de 1872 était-elle mise à exécution, on s'est demandé si le droit gradué applicable au partage d'une communauté entre époux acceptée par la femme, devait être perçu sur les prélèvements opérés par les époux pour leurs reprises. — La négative a été soutenue sur ce fondement que, d'après l'arrêt des chambres réunies de la cour de cassation du 16 janv. 1858 (V. *suprà*, n° 1276), c'est à titre de créancier que chaque époux prélève le prix de ses propres aliénés, soit les indemnités qui lui sont dues par la communauté. L'actif de la communauté, a-t-on ajouté, se compose de tout ce qui reste; c'est cet actif qui seul est soumis au droit gradué. Le droit gradué n'étant exigible, d'après la loi, que « sur le montant de l'actif net partagé », les prélèvements effectués pour les reprises des époux, ne doivent pas plus être soumis à ce droit que celui acquis aux époux par le payement du passif (*Journal des notaires*, art. 20560; *Journal du notariat*, 25 juin 1873; D. P. 74. 3. 29, note). — On a opposé que si la femme acceptante n'a pas, d'après l'arrêt du 16 janv. 1858, au regard des créanciers, un droit privé et exclusif de propriété sur les biens, de la communauté pour le prélèvement de ses reprises, elle n'en a pas moins un droit de copropriété sur ces biens, conjointement avec son mari ou les représentants de son mari; que cela résulte des arrêts du 3 août 1858 (V. *suprà*, n° 1276); que la disposition d'un règlement entre époux qui détermine les biens de la communauté sur lesquels s'exerce le prélèvement des reprises des époux, est de la nature et de l'essence même du partage

avec lequel elle se confond; qu'on doit la considérer comme en faisant une partie intégrante; que, par suite, le droit gradué est dû sur les prélèvements opérés pour les reprises des époux, aussi bien que sur ceux qu'ils effectuent pour leurs bénéfices (Délib. adm. enreg. 14-15 mars 1873, D. P. 74. 3. 29-30). Cette dernière solution a été généralement adoptée (Trib. Boulogne, 29 juill. 1875, D. P. 75. 5. 205; Trib. Bordeaux, 26 août 1878; Trib. Chaumont, 11 mai 1887, aff. cons. Renard, D. P. 88. 5. 218; Trib. Lille, 4 févr. 1888, aff. Descamps, D. P. 89. 5. 224; Sol. adm. enreg. 23 juin 1880, Garnier, *Rép. pér. enreg.*, art. 4182, 5075, 6934 et 7086; Garnier, *Rép. gén. enreg.*, n° 12518; *Diction. droits d'enreg.*, v° *Partage*, n° 125).

1281. Cependant il a été jugé que l'acte constatant l'attribution par les héritiers du mari prédécédé à la veuve, en exécution d'une clause du contrat de mariage, de la *totalité de la communauté* après prélèvement, au profit de la succession du mari, du montant des apports et capitaux tombés de son chef dans la communauté, ne constitue point un partage sujet au droit gradué (Trib. Seine, 10 janv. 1874, aff. Nolleval, D. P. 75. 3. 80). — Cette décision paraît contestable. En effet, les héritiers du mari prédécédé n'étaient pas demeurés en dehors du règlement de la communauté; ils y étaient intervenus et y avaient participé dans une certaine mesure pour prélever sur les biens communs les reprises de leur auteur. Or la cour de cassation décide que, dans ce cas, le survivant ne doit pas être considéré comme seul propriétaire de toute la communauté, que l'attribution à lui faite par le contrat de mariage ne lui assure que la propriété des bénéfices communs, « mais ne lui confère aucun droit de propriété sur les apports et capitaux provenant du chef de l'époux prédécédé, lesquels adviennent aux héritiers de celui-ci directement en passant de sa tête sur la leur »; que ces héritiers retirent ces apports et capitaux de la communauté, « non pas en vertu d'une convention nouvelle, mais en exécution et par la force du contrat de mariage ». Elle en conclut que l'abandon de partie de la communauté aux héritiers du défunt pour les reprises de celui-ci, n'opère point une mutation passible du droit proportionnel (Civ. rej. 12 févr. 1867, aff. Baffos, D. P. 67. 1. 157). Si cet abandon n'est pas translatif, il est déclaratif. Il présente, dès lors, tous les caractères d'un partage et donne lieu, à ce titre, au droit gradué (D. P. 75. 3. 80, note. Conf. Garnier, *Rép. gén. enreg.*).

1282. Si c'est en payement de ses reprises en deniers que la *totalité* de la communauté est attribuée à la femme acceptante, cette attribution pourra-t-elle être considérée comme un partage et le droit gradué sera-t-il dû? Un jugement du tribunal de Lyon du 5 déc. 1879, aff. Marilhat (D. P. 80. 5. 165), a statué négativement sur ce point. Cette décision nous a paru fondée. En effet, tout partage indique la division d'une chose commune et cette qualification ne peut être donnée à la convention par laquelle la totalité des acquêts est attribuée à la femme acceptante en payement de ses reprises (*Ibid.*, note). — Le *Dictionnaire des droits d'enregistrement*, v° *Partage*, n° 126, et M. Naquet, t. 3, n° 1108, critiquent le jugement du tribunal de Lyon. « Il est reconnu que la femme commune, dit M. Naquet, qui accepte la communauté, prélève ses reprises d'une façon copartageante vis-à-vis de son mari. S'il en est ainsi, la circonstance que les reprises absorbent la communauté, ne change pas le caractère de l'opération. Il y a toujours partage dans la mesure des prélèvements, puisque le droit de copropriété de la femme se transforme en un droit de pleine propriété. L'Administration a cependant adopté la doctrine du jugement de Lyon. Elle admet aujourd'hui qu'il n'y a point de partage, quand l'un des époux prend tout et l'autre rien. »

1283. Si la femme reçoit en *deniers comptants* le payement de ses reprises, comme elle est en droit de l'exiger d'après l'arrêt du 13 déc. 1864 (V. *suprà*, n° 1276), l'acte constatant le payement ne peut certainement pas être considéré comme un partage sujet au droit gradué. Il ne donne lieu qu'au droit fixe de décharge, comme nous l'avons vu au chapitre précédent lorsque nous avons étudié les actes d'exécution et de complément (V. *suprà*, n° 257 et suiv.).

1284. Il en est de même si la femme reçoit en payement de ses reprises des *biens situés à l'étranger*. Il a été jugé, en effet,... qu'un pareil prélèvement, à quelque titre qu'il s'exerce,

est un acte préparatoire de partage et ne doit pas être confondu avec le partage auquel il reste étranger ; qu'il ne peut,
dès lors, avoir aucune influence sur les droits auxquels le
partage peut donner ouverture (Civ. rej. 15 déc. 1858, aff.
Niay, D. P. 59. 1. 16) ; ... Que l'attribution, dans un partage
de communauté, de biens en nature à la veuve, pour la
remplir de ses reprises, consistant en valeurs étrangères
passibles des droits de mutation en France, présente le
caractère d'une simple opération de partage, et ne donne pas
lieu au droit de soulte (Trib. civ. Seine, 22 févr. 1873) (1).
Ces décisions sont intervenues au sujet de la perception du droit de soulte, mais leur doctrine est applicable
également au droit gradué (V. *infrà*, § 5, n°s 2 et suiv.).

1285. Remarquons que les difficultés auxquelles donne
lieu la perception du droit gradué au cas où, comme dans
les espèces dans lesquelles sont intervenues toutes les décisions que l'on vient de citer, la femme a *accepté la communauté*, ne peuvent se produire lorsqu'elle y a *renoncé*. Sa
renonciation lui faisant perdre absolument tout droit sur les
biens communs qui appartiennent alors exclusivement au
mari (V. *suprà*, n° 1276), son droit n'est plus qu'une créance
ordinaire dont la distraction est obligatoire pour la perception du droit gradué sur le partage (D. P. 74. 3. 29, note
in fine).

1286. A plus forte raison, en est-il ainsi lorsque les
époux sont mariés sous un *régime exclusif de communauté*,
et encore au cas où, sous le régime de communauté et alors
que la femme a accepté, ses reprises sont prélevées sur les
biens personnels du mari par suite de l'*insuffisance des
acquêts*. Dans ces différents cas, la raison de décider est
la même ; le droit gradué ne peut être perçu sur les prélèvements opérés par la femme dans le partage de la succession de son mari, parce qu'ils s'appliquent à une dette
et que le droit gradué n'est dû que sur le « montant de
l'actif *net* partagé ».

1287. On a vu *suprà*, n°s 1256 et suiv., que, d'après la
doctrine qui a définitivement prévalu, les *rapports* faits à
une succession, de quelque manière qu'ils s'opèrent, soit
en nature, soit en moins prenant, soit réels, soit fictifs,
opèrent la réintégration des biens qui en sont l'objet dans
la masse à partager et que, par suite, le droit gradué est
dû sur ces biens. L'Administration a décidé que la même
doctrine doit être appliquée aux rapports faits, dans un partage de communauté, en exécution des art. 1468 et 1469
c. civ., à titre d'*indemnité* ou de *récompense* pour des dots
constituées personnellement par l'époux prédécédé avec des
deniers de la communauté ; que le droit gradué est dû sur
ces rapports qui ont absolument le même caractère que
ceux faits entre cohéritiers (Sol. adm. enreg. 27 sept. 1872,
D. P. 74. 3. 29). Cette solution paraît juridique. En effet, les
rapports en question constituent de véritables créances de
la communauté qui font partie de son actif aussi bien que
toutes autres créances dues par des tiers (*Ibid.*), note.
V. dans le même sens : Sol. adm. enreg., 26 avr. 1867,
D. P. 69. 3. 8, et *infrà*, n° 1317).

Mais le droit gradué n'est dû sur les rapports de cette nature
qu'autant qu'ils sont mentionnés dans le partage. S'il n'y
figurent pas, l'Administration ne serait certainement pas
fondée à les y introduire d'office pour la perception de l'impôt.
C'est ce qui a été décidé avec raison par un jugement du
tribunal de Nogent-le-Rotrou du 4 mai 1877, motivé notamment sur ce que les « héritiers Massiot qui sont tous majeurs
et maîtres de leurs droits avaient incontestablement la
faculté de ne pas exiger de la dame veuve Massiot la restitution à la communauté, à titre de récompense, des sommes

représentant la partie des dots qui n'a pas été rapportée ».

1288. Au partage de communauté, comme à toute autre
convention, s'applique le principe suivant lequel le droit
d'enregistrement se perçoit d'après le véritable caractère des
contrats (V. *suprà*, n° 69). Ainsi, le droit proportionnel de
donation, et non pas seulement le droit gradué dû pour les
partages, est exigible sur l'acte, qualifié partage, par lequel
le mari survivant, de concert avec un enfant doté précédemment, du vivant de la mère, abandonne des biens de la
communauté à un autre enfant pour l'égaliser, alors qu'il
résulte de la liquidation de communauté établie dans la
déclaration de la succession de la mère souscrite pour le
payement du droit de mutation, que tous les biens communs ont été absorbés par les reprises du mari (Req. 16 févr.
1874, cité *suprà*, n° 1253).

B. — Partage avec soulte (Rép. n°s 2668 à 2716).

1°. — Législation.

1289. La loi du 22 frim. an 7 (art. 69) assujettit les
soultes de partage au droit proportionnel de mutation à
50 cent., 1 fr. ou 2 pour 100 pour les biens meubles (§ 5,
n° 7), à 4 pour 100 pour les immeubles (§ 7, n° 5). Il n'est
question ici que de ce dernier droit (*Rép.* n° 2665).

A l'époque de la publication du *Répertoire*, la question de
savoir si ce droit était applicable aux soultes stipulées dans
les partages d'ascendants et les partages testamentaires,
était vivement controversée par suite de ce qu'en assujettissant ces partages aux mêmes droits que les successions en
ligne directe, l'art. 3 de la loi du 16 juin 1824 ne leur avait
pas appliqué les droits proportionnels établis pour les
soultes de partages entre cohéritiers. Dans cet état de la
législation, la jurisprudence repoussait la perception du
droit proportionnel sur les soultes stipulées dans les partages d'ascendants et dans les partages testamentaires. — Il
était anormal que ces soultes ne fussent pas assujetties à
l'impôt, alors que celles stipulées dans les partages entre
héritiers l'étaient, puisque les partages d'ascendants ne font
qu'opérer par anticipation ce que constatent ces derniers
partages, la dévolution de la succession de l'ascendant donateur. La loi de finances du 18 (et non 15) mai 1850 (D. P.
50. 4. 87) a mis fin à cette anomalie par son art. 5 ainsi
conçu : « Conformément à l'art. 3 de la loi du 16 juin 1824,
les donations portant partage, faites par actes entre vifs
par le père et mère ou autres ascendants, ne donneront
ouverture qu'aux droits établis pour les successions en ligne
directe ; mais les règles de perception concernant les soultes
de partage leur seront applicables ainsi qu'aux partages
testamentaires également autorisés par les art. 1075 et 1076
c. civ. ». — Par l'effet de cette disposition, les solutions
auxquelles a donné lieu la perception du droit de soulte sur
les partages entre cohéritiers et copropriétaires, se sont
trouvées applicables aux partages d'ascendants et aux partages testamentaires.

Nous n'avons donc pas à nous occuper de la question qui
a été traitée ici, en premier lieu (*Rép.* n° 2669 à 2682),
de savoir si le droit proportionnel est applicable aux soultes
stipulées dans les partages d'ascendants et les partages testamentaires, puisque cette question a été tranchée législativement dans le sens de l'affirmative. Nous réservons, d'autre
part, l'étude des questions que cette application du
droit de soulte a soulevées. Elle trouvera naturellement
sa place dans l'étude du droit de soulte qui sera consacrée
aux *partages d'ascendants* (V. *infrà*, n°s 2140 et suiv.).

---

(1) (Odier C. Enreg.) — Le tribunal ; — Attendu que la Régie
prétend que les reprises de la femme Odier, en tant qu'elles proviennent de valeurs mobilières par elle recueillies en Hollande
dans la succession de son père, doivent être considérées comme
non avenues au regard de l'Administration ; — Attendu que la
femme Odier reprend l'actif de la communauté par voie de prélèvement et à titre de propriétaire en vertu de l'art. 1470 c. civ. ;
qu'un pareil prélèvement est affranchi de tout droit de mutation,
soit que l'acte d'où il dérive ait ou non donné lieu au payement
de droits antérieurs ; — Attendu que vainement la Régie invoque
la jurisprudence établie en matière de succession composée de
biens français et étrangers ; que, d'une part, il s'agit dans l'espèce de la liquidation d'une communauté exclusivement compo-

sée de valeurs françaises ; que, d'autre part, tandis que cette
jurisprudence se fonde sur ce que les biens sis à l'étranger échappent à l'impôt, les valeurs mobilières recueillies par la femme
Odier, et en partie aliénées au cours du mariage, sont de celles
dont les lois du 18 mai 1850 et du 3 mai 1863 soumisés aux
droits établis pour les successions ou donations ; qu'enfin, si la
femme Odier était morte avant son mari, la Régie n'aurait pas
hésité à percevoir lesdits droits, tant sur celles de ces valeurs
qu'elle a conservées que sur l'intégralité de leur travail qui sera
consacrée une juste réciprocité, la Régie doit souffrir aujourd'hui l'imputation sur l'actif commun de ces mêmes reprises, dont elle ne conteste pas la sincérité ; — Par ces motifs, etc.

Du 22 févr. 1873.-Trib. civ. de la Seine.

2°. — Partage entre héritiers ou autres copropriétaires.

1290. En thèse générale, et au point de vue du droit civil, le partage est purement déclaratif, lors même qu'il est fait avec soulte (c. civ. art. 883) (*Rép.* n° 2667). Mais, relativement au droit d'enregistrement, la fiction de l'art. 883 ne s'applique pas au partage avec soulte; la loi fiscale assujettit la soulte au droit proportionnel, parce qu'elle la considère comme représentant le prix d'une transmission. C'est cette transmission que la loi a voulu atteindre. Il s'ensuit que le droit proportionnel est exigible toutes les fois qu'il y a transmission, le partage eût-il lieu verbalement (V. *suprà*, n° 1018), que la soulte est reçue à titre de payement, qu'elle représente le prix de l'acquisition d'un excédent; qu'au contraire, le droit proportionnel n'est pas dû, lorsque les principes et les circonstances ne permettent pas de reconnaître qu'une mutation s'est opérée et que la soulte en représente le prix (*Rép.* n°s 2667 et suiv. et 2683).

a. — Biens d'origines diverses.

1291. L'administration de l'enregistrement soutient que, lorsqu'un partage comprend des biens d'origines diverses et que les biens de chaque origine sont répartis inégalement, le droit de soulte est dû; que, dans ce cas, il y a autant de partages que de biens d'origines différentes, et que la perception du droit d'enregistrement doit être établie sur chacun de ces partages isolément. — La question s'est produite, d'abord à l'occasion des partages d'ascendants dans lesquels les donataires avaient confondu avec les biens qui leur étaient donnés d'autres biens indivis entre eux et leur provenant, soit de la succession de l'ascendant prédécédé, soit de toute autre origine (*Rép.* n°s 2676 et suiv.). Avant que l'art. 5 de la loi du 18 mai 1850 eût étendu aux donations à titre de partage anticipé les règles de perception concernant les partages, l'Administration prétendait que l'on devait distinguer entre le partage des biens *donnés* et le partage des autres biens; que le droit proportionnel n'était pas exigible pour les soultes se rapportant aux biens donnés; mais que le partage des autres biens devait être considéré isolément pour la perception à établir, et que le droit de soulte était exigible, lors même qu'aucun retour n'était stipulé, si les biens n'étaient pas également répartis entre les copartageants (V. D. P. 72. 3. 37, note 1-2). Cette prétention a donné lieu à la jurisprudence rapportée au *Rép.* n°s 2672, 2674, 2678, 2679 à 2681 (*Adde :* Civ. cass. 21 juill. 1851, aff. Brothier, D. P. 51. 1. 204. V. aussi la note précitée D. P. 72. 3. 37). La distinction mentionnée ci-dessus ne peut plus être faite et, par suite, la jurisprudence intervenue sur ce point n'est plus susceptible de recevoir son application, depuis que l'art. 5 de la loi du 18 mai 1850 a assimilé, pour la perception du droit de soulte, les partages d'ascendants aux partages entre héritiers. Mais la doctrine qu'elle a établie subsiste.

1292. Le débat se présente aujourd'hui d'une façon générale. L'administration de l'enregistrement persiste à soutenir qu'il faut tenir compte de l'origine des biens partagés et qu'alors même qu'aucune soulte n'est stipulée, le droit proportionnel est dû néanmoins si les divers biens sont répartis inégalement entre les cohéritiers. Cette prétention a même été sanctionnée par un jugement du tribunal de Montmédy du 28 mai 1857 et un jugement du tribunal de Saint-Quentin du 20 juin 1862 (D. P. 72. 3. 37, note 1 et 2).

La jurisprudence belge est fixée également en ce sens. Elle décide... que le partage de biens d'origines diverses, par exemple, de biens dépendant d'une succession et de ceux d'une société, donne lieu au droit de soulte, lorsque chaque

valeur n'est pas également répartie et que l'inégalité dans les attributions des biens héréditaires est compensée par des lotissements de biens sociaux (Trib. Louvain, 14 mars 1871, Garnier, *Rép. gén. enreg.*, art. 12339); qu'il en est de même du partage dans lequel des copropriétaires ont compris un immeuble acquis à titre singulier et des meubles dépendant d'une société qui existait entre eux (Trib. Gand, 17 déc. 1872, et sur appel, Gand, 10 janv. 1874, *ibid.*);... que, pour la perception du droit d'enregistrement sur un partage comprenant des biens d'origines diverses, chacune de ces masses indivises doit être considérée isolément (Gand, 7 févr. 1878) (1).

1293. Il paraît cependant impossible d'admettre cette doctrine. Comme l'exprime un des arrêts qui ont établi la jurisprudence mentionnée *suprà*, n° 1291, le partage ne contient la stipulation d'aucune soulte, lorsque l'existence d'une inégalité réelle ou d'une plus-value dans un ou plusieurs des lots, relativement à la masse totale des biens partagés, n'est pas prouvée. « Aucune loi ne porte que, lorsque des cohéritiers ou copropriétaires procèdent ou font procéder au partage de biens de diverses origines, tous indivis entre eux, ils doivent, relativement à l'administration de l'enregistrement, être considérés comme ayant fait ou fait faire autant de partages différents qu'il y a d'origines différentes de biens et, dès lors, payer le droit de soulte sur ce que chacun d'eux a de plus que les autres, en biens de telle ou telle origine » (Civ. rej. 6 mars 1844, *Rép.* n° 2677). Cette doctrine, établie au sujet des partages d'ascendant, s'applique à tous les partages indistinctement. Elle repose sur le principe qu'il n'est pas permis de faire une distinction là où la loi ne distingue pas. L'origine des biens n'est pas à considérer dans un partage. La loi n'exige qu'une chose, à savoir qu'il soit justifié du titre de propriété, à quelque titre que ce soit. Lorsque cette justification est fournie et qu'il n'est stipulé aucune soulte, le droit proportionnel n'est pas exigible; le droit gradué doit seul être perçu (V. D. P. 72. 3. 37, notes 1 et 2. Conf. Garnier, *Rép. gén. enreg.*, n° 12339; *Diction. droits d'enreg.*, v° *Partage-licitation*, n° 163).

b. — Biens étrangers.

1294. Le partage donne lieu au droit de soulte, lorsqu'il comprend des biens situés, partie en France, partie à l'étranger, et que les biens français sont répartis inégalement, alors même que cette inégalité se trouve compensée par des attributions faites sur les biens étrangers, la perception du droit proportionnel devant être établie, abstraction de ces derniers biens, par application du principe que la loi de l'impôt n'a d'action que sur le territoire qu'elle régit. On a vu *suprà*, n° 1236, que le droit gradué, ayant été substitué purement et simplement au droit fixe, est dû sur les biens étrangers comme sur les biens français. En ce qui concerne le droit de soulte, la question a été traitée au *Rép.* n° 3241, avec toutes celles se rapportant aux *actes translatifs de biens situés à l'étranger.* On y reviendra *infrà*, n°s 1744 et suiv.

1295. Les biens *acquis en France par un étranger* sans déclaration de command ou d'emploi au profit de sa femme lui appartiennent intégralement, quelle que soit l'origine des deniers qui ont servi à les acquérir, lorsque telle est la loi qui régit l'association des deux époux. En conséquence, si, dans le partage de la succession de cet étranger, ils sont attribués ensemble à la veuve, cette attribution opère en sa faveur un déplacement du droit de propriété et donne, par suite, ouverture au droit proportionnel de mutation à titre onéreux pour la quotité excédant sa part héréditaire, sans égard à la déclaration faite par les parties dans l'acte

(1) (X...) — La cour ; — Attendu qu'ainsi, qu'il a été décidé par cette cour, en date du 10 janv. 1874, une indivision est la possession en commun d'une chose ou d'un corps de biens ayant une origine commune et dont la propriété n'est pas divisée ; qu'un partage est le moyen de faire cesser cette indivision ; que, par suite, il y a autant de partages qu'il y a de masses distinctes ; que s'il n'y a pas à craindre que les droits du fisc soient lésés par le partage unique de plusieurs masses, lorsque les indivisions sont forcées, comme celles qui naissent de l'ouverture d'une succession, il en est autrement en cas de réunion de plusieurs indivisions volontaires ; que cette distinction essentielle entre les

indivisions forcées et les indivisions volontaires faisait un devoir à l'Administration, en ce qui concerne les partages d'indivisions de cette dernière nature, de ne pas user de tolérance et de s'en tenir au sens strictement juridique des termes *partage* et *indivision*, pour éviter que le principe de l'effet déclaratif reconnu par la loi fiscale ne conduisit, dans l'application, à des résultats dépassant la volonté même du législateur ; que cette doctrine a été consacrée par arrêt de notre cour de cassation en date du 29 avr. 1875 ;...

Par ces motifs, etc.

Du 7 févr. 1878. C. de Gand.

que l'acquisition a été faite pour le compte de la veuve et de ses propres deniers (Civ. rej. 5 déc. 1871, aff. Potocki, D. P. 72. 1. 110). Mais, pour les partages portant sur des biens situés en France et en *Algérie*, les droits, notamment celui des soulte, doivent être perçus comme si tous les biens étaient situés en France (Sol. adm. enreg. 13 avr. 1863). Cette décision est conforme au principe que les colonies françaises où l'enregistrement est établi, doivent être considérées, pour la perception de l'impôt, comme faisant partie intégrante du sol national (Civ. cass. 14 déc. 1870, aff. Denis, D. P. 71. 1. 86).

c. — Charge de dettes.

1296. On a vu déjà *supra*, n° 375, que la disposition d'un acte de partage qui attribue à l'un des héritiers, en sus de sa part, des créances indivises exigibles, pour en employer le montant en payement des dettes de l'hérédité, ne constitue qu'un simple mandat passible d'un simple droit fixe. Il a été jugé, pareillement, que la clause d'un partage par laquelle le mari survivant est chargé par les héritiers de sa femme d'administrer jusqu'à son décès, sauf révocation, les capitaux à eux attribués, de leur tenir compte des intérêts fixés à forfait, d'en poursuivre le remboursement et même de garantir le payement des capitaux à ses mandants, constitue un simple mandat passible du droit fixe, et non une cession de créance sujette au droit proportionnel (Trib. Lure, 22 mai 1869, aff. T..., D. P. 72. 5. 201). — Au contraire, le mandat donné dans un partage de succession, par les copartageants à l'un d'eux, de recouvrer toutes les créances de l'hérédité sans distinction entre celles comprises dans le lot du mandataire et celles attribuées aux mandants, constitue un véritable transport de créances passible du droit de soulte à 1 fr. pour 100 sur le montant de ces dernières, lorsqu'il est irrévocable, que le prétendu mandataire est dispensé de rendre compte, que les frais de poursuites sont mis à sa charge, et est chargé de payer à ses cohéritiers, avec intérêts à 5 fr. pour 100, le total des créances à eux attribuées, quel que soit le chiffre de ses recouvrements (Req. 5 juill. 1870, aff. Borie, D. P. 71. 1. 84).

1297. Le principe est constant. Chaque héritier étant saisi d'une portion égale des biens de l'hoirie à la charge de payer une part correspondante du passif, le partage qui attribue à plusieurs cohéritiers une portion plus considérable des biens, sous la condition de payer une plus forte partie des dettes hypothécaires ou non hypothécaires, opère entre eux et l'héritier qui se trouve ainsi déchargé de l'obligation de payer sa part du passif une cession dont le prix est représenté par cette part et à raison de laquelle le droit proportionnel de soulte est dû (*Rép.* n° 2685; Req. 3 mars 1884, aff. Bermond, D. P. 84. 1. 422). Il s'agissait, dans l'espèce de l'arrêt qu'on vient de citer, de dettes hypothécaires. On opposait à la perception du droit de soulte que la règle susénoncée, sur laquelle reposait cette perception, ne pouvait être appliquée, attendu que l'obligation de payer la dette hypothécaire résultant de la loi, les héritiers étant tenus des dettes hypothécaires pour le tout. Mais, ainsi que l'a fait observer M. le conseiller rapporteur (D. P. 84. 1. 422, note 3), cette argumentation confondait des choses absolument distinctes : sans doute, l'héritier dans le lot duquel se trouve un immeuble grevé d'une dette [est tenu hypothécairement pour le tout; il n'en n'est pas moins vrai qu'à l'égard de ses cohéritiers, il ne doit, en définitive, que sa part virile dans la dette ; la convention qui l'oblige à payer définitivement et sans recours possible, toute la dette dont l'immeuble est grevé constitue la stipulation d'une soulte et est, en conséquence, passible du droit proportionnel (Conf. Trib. Nice, 28 mai 1883, *Journ. enreg.*, art. 22138).

1298. Lorsqu'une créance de la succession se trouve éteinte par confusion, elle ne doit pas entrer dans la composition de la masse à partager. Dès lors, s'il est attribué par le partage à l'un des héritiers plus que sa part dans les biens de l'hérédité, à charge par lui de payer une portion de la créance éteinte à ses cohéritiers, cette attribution doit être considérée comme renfermant une soulte passible du droit proportionnel (Civ. rej. 23 mars 1853, aff. de Loynes d'Auteroche, D. P. 53. 1. 102). De même, la disposition

d'un partage de succession par laquelle l'un des héritiers s'oblige à payer à son cohéritier une somme donnée à celui-ci en avancement d'hoirie par le défunt et non payée au décès, constitue une soulte passible du droit proportionnel (Trib. Tournon, 17 mars 1869, aff. Caillet, D. P. 72. 5. 200). Par suite de l'effet du rapport, la créance de l'héritier donataire s'est trouvée éteinte, et la disposition du partage qui met à la charge de l'un des héritiers cette créance éteinte constitue une véritable soulte.

1299. Les valeurs laissées indivises pour l'acquit du solde du passif de la succession sont virtuellement attribuées à ceux des héritiers qui n'ont pas reçu par les abandonnements les valeurs nécessaires à l'acquit de leur part virile dans le passif, à l'exclusion de l'héritier qui a, au contraire, reçu un lot excédant sa part dans l'actif brut et sa part dans le passif. Il s'ensuit que, pour le calcul du droit de soulte dû par ce dernier héritier, il n'y a pas lieu d'ajouter au lot qui lui a été attribué sa part dans les valeurs laissées indivises pour l'acquit du solde du passif (Civ. cass. 1er avr. 1868, aff. Malézieu, D. P. 68. 1. 258).

d. — Charge de rente.

1300. Lorsque le copartageant avantagé dans le partage compense l'excédent au moyen d'une constitution de rente, le droit de soulte est dû sur le capital de la rente (*Rép.* n° 2690). Ainsi, la charge imposée à l'un des copartageants de payer une rente à l'autre pour rétablir l'inégalité résultant de ce que le lot de ce dernier, égal en capital à celui de son copartageant, est grevé d'un usufruit, est passible du droit de soulte (Civ. cass. 24 juill. 1851, aff. Brothier, D. P. 51. 1. 201).

e. — Cession de droits successifs.

1301. Les dispositions de la loi fiscale qui régissent le partage avec soulte ne s'appliquent pas seulement aux conventions qui reçoivent des parties la qualification même de partage : elles s'étendent encore à tous les actes qui, sous la dénomination de vente, d'échange ou sous toute autre dénomination, ont pour effet ou pour objet de faire cesser l'indivision (*Rép.* n° 2693). Relativement à la cession de droits successifs, si elle a pour résultat de faire cesser l'indivision, elle équivaut à un véritable partage avec soulte (*Rép.* n°s 2694 et suiv.), comme nous l'avons établi ci-dessus, lorsque nous avons étudié les règles de perception en ce qui concerne le partage partiel (V. *supra*, n° 1265).

1302. De ce que la cession de droits successifs dont l'effet est de mettre fin à l'indivision, constitue un véritable partage avec soulte, il résulte que les règles de perception concernant les partages doivent lui être appliquées, notamment celle posée, comme on le verra plus loin, par une décision ministérielle du 25 nov. 1806 (V. *Rép.* n°s 588 et 590), suivant laquelle la soulte doit être imputée, pour la perception du droit proportionnel, de la manière la plus favorable au contribuable, d'abord sur les valeurs qui, comme les rentes sur l'État, sont exemptes de l'impôt, puis sur les créances qui ne supportent que le droit de 1 pour 100, ensuite sur les meubles qui sont assujettis à celui de 2 pour 100, enfin sur les immeubles qui sont tarifés à 4 pour 100 (V. *infra*, n°s 1322 et suiv.).

Ce point est contesté. L'Administration de l'enregistrement a soutenu que la règle dont il s'agit n'est pas applicable aux cessions de droits successifs, lors même qu'elles ont pour effet de mettre fin à l'indivision, attendu que le cessionnaire est censé acquérir la portion des cédants et que, cette portion s'étendant à la totalité des biens indivis, l'acquéreur est investi d'une part proportionnelle dans chaque espèce de biens. « Quand il s'agit, porte une solution de l'Administration du 20 août 1871, non plus d'un partage avec soulte, mais d'une cession de droits successifs, il n'est plus possible de dire, à défaut de toute attribution préalable, que la somme payée par le cessionnaire représente la transmission de telle ou telle valeur formant la propriété exclusive des cédants et de régler le tarif suivant la nature de ces valeurs. Le cédant ne peut transmettre, en effet, que ce qu'il possède en réalité, c'est-à-dire sa part virile dans chacune des valeurs indivises et non plus un objet déterminé sur lequel une attribution de partage aurait concentré et fixé les droits héréditaires » (Conf. Garnier, *Rép. gén. enreg.*, n° 7015 ; *Rép. pér. enreg.*, art. 4914 ; Trib. Seine, 8 févr. 1878, *ibid.*).

1303. Mais l'Administration paraît avoir abandonné cette doctrine, en décidant récemment que la cession de droits successifs qui met fin à l'indivision doit être considérée, pour la perception, comme un partage, et qu'il y a lieu de lui appliquer, par suite, la règle suivant laquelle, pour la perception du droit proportionnel sur les soultes de partage, la soulte doit être imputée de préférence sur les valeurs qui donnent ouverture au droit le moins élevé (Sol. adm. enreg. 16 août 1883, D. P. 84.5. 225). — Cette solution nous paraît devoir être considérée comme constatant l'adhésion définitive de l'Administration à la doctrine que nous soutenons, d'autant plus qu'elle mentionne une solution antérieure rendue, dans le même sens, à la date du 2 avr. 1881, et que ces deux solutions sont intervenues à la suite de jugements qui ont décidé, en termes formels, que la règle d'imputation établie pour les soultes de partage est applicable à la cession de droits successifs toutes les fois qu'elle a pour effet de mettre fin à l'indivision (Trib. Compiègne, 30 janv. 1878, aff. Bride et Tétrel, D. P. 78. 3. 48 ; Trib. Oloron, 14 janv. 1880, aff. Lacue, D. P. 81. 3. 14). — Ajoutons que cette doctrine est soutenue par le *Dictionnaire des droits d'enregistrement*, v° *Droits successifs (cession de)*, n°s 108 et 109 ; le *Journal de l'enregistrement*, art. 20862 et 21304, le *Journal des notaires*, art. 21148, observations, § 4, p. 215 et 216, le *Journal du notariat*, du 21 nov. 1877.

1304. De là, cette conséquence importante que la cession de droits successifs qui fait cesser l'indivision ne tombe pas sous l'application de l'art. 9 de la loi de frimaire an 7, suivant lequel tout acte translatif de meubles et d'immeubles donne lieu au droit de vente immobilière sur la totalité du prix, lorsqu'il n'est pas stipulé de prix particulier pour les meubles et qu'ils ne sont pas, en outre, désignés et estimés article par article dans le contrat. Cela sera démontré au paragraphe dans lequel il est traité des *transmissions simultanées de meubles et d'immeubles* (V. *infrà*, n°s 1570 et suiv.).

1305. La détermination du montant de la soulte pour la perception du droit proportionnel donne lieu à des difficultés à l'égard des cessions de droits successifs qui ont lieu, moyennant une somme déterminée, en sus des constitutions dotales faites aux uns sont payées par le précipitataire (*Rép.* n°s 2697 et suiv.). Les conventions de cette espèce se rencontrent souvent dans un certain nombre de départements du midi de la France. Elles ont lieu en vue de faire passer le patrimoine immobilier de la famille sur la tête de l'aîné des enfants mâles. A cet effet, les père et mère disposent par préciput à son profit de toute la quotité disponible ; d'autre part, ils constituent à leurs autres enfants des dots en argent qui sont payées par le précipitataire ; celui-ci acquiert, lors du partage des successions des père et mère, les parts de ses cohéritiers, et précompte sur le prix de ces cessions les sommes dont il a fait l'avance. Le caractère et les effets des payements effectués dans ces conditions, se déterminent, pour la perception du droit de soulte, d'après les circonstances.

Lorsqu'ils ont lieu *après le décès des père et mère donateurs*, ils ne peuvent pas se rapporter aux constitutions dotales. En effet, ces libéralités, à défaut d'exécution du vivant des donateurs, se sont trouvées résolues par le décès de l'un et de l'autre. Les payements effectués après ce décès, par le frère aîné à ses cohéritiers, sont alors des avances, et si ceux qui les reçoivent abandonnent jusqu'à due concurrence leurs droits héréditaires, cet abandon constitue une cession passible du droit proportionnel (Civ. cass. 7 janv. 1850, aff. Martin et Sauclière, D. P. 89. 1. 129, note).

La situation est la même, lorsque les constitutions dotales sont payées *du vivant des père et mère donateurs, sans intention de les libérer*, par exemple, lorsque les payements sont faits avec subrogation. En effet, dans cette hypothèse, les donations demeurent non exécutées, et elles sont résolues par le décès des donateurs. Le frère aîné qui a payé les dots se trouve créancier de ses frères et sœurs qui les ont reçues. Si ceux-ci lui font abandon de leurs droits héréditaires pour se libérer, cet abandon constitue, comme dans

le cas où les constitutions dotales sont payées après le décès des donateurs, une cession passible du droit proportionnel.

Mais la situation est toute différente au cas où le frère aîné paye les constitutions dotales de ses frères et sœurs *du vivant et en l'acquit des père et mère donateurs*. Dans ce cas, ceux-ci sont libérés vis-à-vis des enfants dotés, mais ils se trouvent débiteurs de leur fils aîné qui a fait l'avance des dots. A leur décès, le fils aîné se trouve créancier de leurs successions. Si, lors du partage, l'actif héréditaire lui est abandonné tout entier moyennant qu'il paye à ses frères et sœurs de sommes déterminées en sus des constitutions dotales, il acquiert les parts de ses frères et sœurs dans les biens partagés ; le prix de cette acquisition est représenté tant par les sommes qu'il leur paye que par l'excédent de la part à sa charge, comme héritier, dans la dette des constitutions dotales ; le droit de soulte est dû sur les sommes payées, plus sur le montant des parts que les enfants dotés auraient dû supporter dans ladite dette des constitutions dotales.

Il y a, par suite, un intérêt sérieux à déterminer, dans les cas de l'espèce, si les payements effectués par le fils aîné sur les constitutions dotales, ont été faits en l'acquit et du vivant des donateurs et ont eu pour résultat de les libérer vis-à-vis des enfants dotés, ou bien s'ils ont été faits à ces derniers à titre d'avances, soit du vivant des donateurs, soit après leur décès. Dans le premier cas, le fils aîné qui a effectué les payements, est créancier, de ce chef, des successions de ses père et mère ; comme héritier, il supporte une part de la dette dans la proportion de ses droits héréditaires ; il n'a à répéter contre ses frères et ses sœurs que l'excédent ; si ceux-ci lui abandonnent en payement leurs droits dans l'hérédité, le droit de soulte est dû, mais seulement sur ledit excédent. Dans le second cas, lorsque le fils aîné a avancé simplement à ses frères et sœurs leurs constitutions dotales, c'est d'eux, et non plus des successions des père et mère donateurs, qu'il est créancier ; dès lors, si les frères et sœurs lui abandonnent en payement leurs droits héréditaires, le droit proportionnel est dû sur l'intégralité des constitutions dotales.

1306. La question s'est produite récemment, devant la cour de cassation, au sujet d'un partage notarié des successions des père et mère donateurs, constatant la cession au fils aîné, par ses deux sœurs, des droits de ces dernières dans les immeubles dépendant desdites successions, moyennant un prix déterminé, plus l'abandon des constitutions dotales payées, portait l'acte, en l'acquit et du vivant des père et mère, aux échéances stipulées dans les contrats de mariage, par le fils aîné à ses deux sœurs. Le débat portait sur le point de savoir si la simple mention, dans ledit partage notarié, du payement des constitutions dotales avait été effectué par le fils aîné, en l'acquit et du vivant des donateurs, pouvait être considérée comme établissant réellement le fait. La cour s'est prononcée pour l'affirmative uniquement par ce motif que la mention litigieuse, étant contenue dans un acte authentique, devait, par cela seul, être considérée comme exacte, du moment où le contraire n'était pas prouvé (Civ. cass. 4 déc. 1888, aff. Sudre, D. P. 89. 1. 129). — Cette décision paraît contestable. En effet, elle ne s'accorde pas avec l'art. 68, § 3-2°, de la loi du 22 frim. an 7, qui subordonne l'application d'un simple droit fixe (aujourd'hui droit gradué) au partage, à la condition « qu'il soit justifié » de la copropriété des biens qui en font l'objet (V. *suprà*, n° 1245). Or, dans l'espèce, la question litigieuse revenait précisément à savoir si les dots avaient pu être comprises dans la masse héréditaire à partager. C'était aux parties à en justifier et cette justification ne résultait pas suffisamment de l'allégation affirmative contenue sur ce point dans le partage (V. *ibid.*, note).

f. — **Echange.**

1307. De même que la cession de droits successifs, l'échange qui intervient entre cohéritiers ou copropriétaires, est assimilé au partage quand il a pour effet de faire cesser l'indivision, et, dès lors, les règles de perception établies pour le droit de soulte lui sont applicables (*Rép.* n°s 2702 et 2703).

g. — Partage partiel.

1308. En principe, il en est du partage partiel comme du partage définitif : il doit porter en lui-même la preuve de l'égalité des lots relativement à l'immeuble partagé ; s'il manifeste une inégalité, le droit de soulte est exigible, encore bien qu'il soit stipulé dans l'acte que l'égalité sera rétablie au moyen de compensations à opérer sur les biens restés indivis (*Rép.* n°ˢ 2704 à 2708. V. *suprà*, n°ˢ 1263 et suiv.).

h. — Dispositions indépendantes

1309. La stipulation de soulte ne donne ouverture qu'à un seul droit ; mais ce droit se perçoit indépendamment du droit gradué applicable au partage, qui donne lieu, en outre, lorsqu'il contient des dispositions indépendantes, aux droits particuliers d'enregistrement que ces dispositions rendent exigibles (*Rép.* n° 2712), conformément à la règle générale établie *suprà*, n° 228 et suiv.

Ainsi, le *droit d'obligation* est exigible sur la disposition d'un partage de succession constatant qu'un reliquat est dû à la veuve, par la succession du mari, pour indemnités de deuil et de nourriture ainsi que pour avances, sauf déduction de la portion dont la veuve fait confusion en sa personne (Trib. Nogent-le-Rotrou, 4 mai 1877, *Journ. enreg.*, art. 20636. Conf. Trib. Roanne, 26 déc. 1877 ; *Diction. droits d'enreg.*, v° *Partage*, n° 350). — De même, si un héritier reçoit une valeur héréditaire en payement de sa créance personnelle sur le défunt, il y a *dation en payement*, et le droit proportionnel est dû sur la part des autres héritiers dans l'objet abandonné (Trib. Bagnères, 22 mars 1855 ; Trib. Angoulême, 23 mars 1877 ; Trib. Marseille, 24 mai 1879, *ibid.*, n° 335).

Mais la clause d'un partage constatant le payement, par un héritier adjudicataire d'un immeuble de la succession, de partie de son prix à celui de ses cohéritiers auquel il en avait été fait attribution par le même acte, constitue une disposition dépendante du partage et ne donne lieu, à ce titre, à aucun droit particulier d'enregistrement (Sol. adm. enreg. 29 janv. 1866, D. P. 67. 5. 179).

1310. Il a été jugé que le prélèvement par un cohéritier auquel le rapport est dû, à raison de la donation d'actions industrielles faite à ses cohéritiers par le défunt, ne peut s'exercer que jusqu'à concurrence d'une valeur égale à celle des objets donnés au moment de la donation, alors même qu'il s'agit de corps certains semblables entre eux, dont les uns ont été donnés et les autres se trouvent dans la succession ; qu'en conséquence, l'attribution, dans le partage de la communauté et de la succession paternelle, à l'enfant auquel le rapport est dû, d'un objet de la communauté (dans l'espèce, une fraction de denier des mines d'Anzin) semblable à ceux donnés à son frère et à sa sœur par les père et mère, y compris la plus-value acquise par cet objet depuis lors, constitue, de la part de la mère, une donation de la moitié qui lui revenait dans cette plus-value, et, de la part des cohéritiers de l'enfant qui exerce le prélèvement, un abandon purement gratuit de leurs parts dans l'autre moitié (Req. 9 févr. 1880, aff. Casimir Périer, D. P. 80. 1. 313). Le droit proportionnel de donation en ligne directe est dû à raison de la donation de la mère, et non le droit de soulte, aucune soulte n'ayant été stipulée. — Et l'abandon consenti par les cohéritiers de l'enfant qui exerce le prélèvement doit être considéré comme une délivrance de legs verbal et assujetti, en conséquence, au droit gradué indépendamment du droit proportionnel de mutation par décès en ligne directe, sur ce qui en fait l'objet (Même arrêt). — Il est généralement admis que l'art. 868 c. civ. suivant lequel le rapport du mobilier se fait en moins prenant sur le pied de la valeur de l'objet donné lors de la donation s'applique aux meubles incorporels tels que les créances, rentes, actions industrielles, etc., comme aux meubles corporels (*Rép.* v° *Succession*, n° 1303). Mais, suivant M. Demolombe, il en est autrement et le rapport doit se faire en nature, lorsque telle a été la volonté du donateur (*Des successions*, t. 4, n° 552). Or, dans l'espèce de l'arrêt, le donateur avait exprimé en termes formels le vœu que l'égalité fût autant que possible maintenue entre ses trois enfants. Dans cet état de choses, si l'exception enseignée

par M. Demolombe avait été invoquée devant la cour et admise par elle, la solution aurait été différente. Il aurait été reconnu qu'en réglant leurs droits respectifs sur la base du rapport en nature des valeurs industrielles données, les parties s'étaient conformées à la loi ; que, dès lors, aucune mutation ne s'était opérée et qu'aucun droit proportionnel n'était dû.

1311. La stipulation, dans un partage de succession, d'un terme pour le payement d'un rapport de dot dû par l'un des héritiers, constitue une prorogation de délai et donne lieu, à ce titre, au droit gradué (Trib. Seine, 9 août 1878, aff. Des Acres de l'Aigle, D. P. 79. 3. 24. Conf. Trib. Gaillac, 9 mai 1877, *ibid.*, note).

1312. Il est enseigné au *Rép.* n° 2713 que le partage ne donne lieu qu'à un seul droit, quel que soit le nombre des successions partagées. L'Administration l'a reconnu par une solution du 10 juin 1869 (Garnier, *Rép. pér. enreg.*, art. 3092). Les partages étant assujettis aujourd'hui par la loi du 28 févr. 1872 au droit gradué de 1 p. 1000 sur « le montant de l'actif net partagé », ce droit est dû sur le total de la masse indivise, déduction faite du passif, sans égard aux origines des différentes indivisions auxquelles il est mis fin par le partage. — Mais si le partage a pour objet des successions dévolues à des héritiers différents, le droit gradué doit être calculé distinctement sur l'actif net de chaque succession (Sol. adm. enreg. .. févr. 1875, *Diction. droits d'enreg.*, v° *Partage-licitation*, n° 131).

1313. Au cas où le partage comprenant des biens d'origines diverses, les biens de chaque origine, considérés distinctement, se trouvent inégalement répartis, l'Administration de l'enregistrement soutient que le droit de soulte est dû ; mais, comme nous l'avons démontré ci-dessus, cette prétention est dénuée de fondement (V. *suprà*, n° 1291).

1314. Il est fait mention au *Rép.* n° 2713 d'une autre prétention de l'Administration d'après laquelle, lorsqu'un partage d'ascendant comprend, non seulement les biens donnés, mais, en outre, ceux dépendant de la succession d'un ascendant prédécédé, un droit particulier est dû, en outre du droit proportionnel de donation, à raison du partage des biens ajoutés à ceux donnés. Nous verrons plus loin, lorsque nous traiterons spécialement des partages d'ascendants (V. *infrà*, n° 2129), qu'elle persiste dans cette prétention et qu'elle perçoit aujourd'hui le droit gradué dans le cas en question.

i. — Partage refait.

1315. Il est enseigné au *Rép.* n° 2715 que le partage refait, même après son annulation, ne donne lieu au droit proportionnel qu'autant qu'il renferme des stipulations nouvelles de soultes. — Cette doctrine n'a pas été admise par la jurisprudence. D'après ses décisions, comme on l'a vu déjà en étudiant la disposition du tarif qui assujettit à un simple droit fixe « les actes refaits pour cause de nullité ou autre motif, sans aucun changement qui ajoute aux objets des conventions ou à leur valeur » (L. 22 frim. an 7, art. 68, § 1ᵉʳ, n° 7) ; ce droit n'est applicable qu'autant que l'acte refait subsiste ; s'il a été annulé, le nouvel acte est passible des droits auxquels sont assujetties les dispositions qu'il renferme (V. *suprà*, n°ˢ 497 et suiv., et, spécialement, les jugements des tribunaux de Largentière, du 15 janv. 1875, et de Toulouse, du 21 août 1862, cités *ibid.*, n°ˢ 501 et 503).

Ainsi, lorsque, sur une demande en rescision d'un partage anticipé, l'un des copartageants abandonne, à titre de transaction, l'un des immeubles compris dans son lot, à un de ses copartageants, cet abandon qui modifie les attributions résultant d'une convention parfaite, a le caractère d'une transmission et donne lieu au droit de vente à 5 fr. 50 cent. pour 100 (Civ. cass. 24 juin 1868, aff. Teysseyre, D. P. 68. 1. 439). — De même, le jugement qui, statuant sur la demande en rescision d'un partage pour lésion, donne acte aux parties de l'offre faite par l'une d'elles, de payer un supplément de part et condamne cette partie au payement de la somme offerte, donne lieu au droit de soulte sur cette somme (Trib. Orléans, 4 avr. 1876, aff. de Ravel, D. P. 77. 5. 205). — De même encore, l'attribution, dans un partage de succession, à l'un des héritiers d'immeubles légués par le défunt à un autre auquel des valeurs mobilières de l'hérédité sont abandonnées en échange, opère une cession immobilière passible du droit proportionnel de soulte à 4 pour 100 sur le prix représenté par les valeurs mobilières cédées (Civ. rej. 13 déc. 1876, aff. Héritiers de la maréchale Vaillant, D. P. 77. 1. 173). — Pareillement, la convention qui, postérieurement à un partage anticipé, fait passer à l'un des donataires un immeuble compris dans le lot d'une autre, opère une transmission de propriété passible du droit proportionnel, alors même qu'il est exprimé dans l'acte qu'il a eu pour but, dans l'intention des parties, de revenir à l'exécution d'une donation préciputaire faite antérieurement au partage, par les ascendants donateurs à l'un des donataires et dont il n'aurait pas été tenu compte (Req. 19 févr. 1883, aff. Guillaume Barens, D. P. 83. 1. 399. V. aussi Req. 20 avr. 1869, D. P. 70. 1. 65, cité *suprà*, n° 1262).

1316. L'acte par lequel des enfants, tout en déclarant qu'ils entendent respecter les volontés exprimées par leur père défunt dans son testament contenant partage de ses biens entre eux avec attribution par préciput aux fils de la quotité disponible, procèdent à un nouveau partage par portions égales, les fils renonçant à l'attribution à eux faite par préciput, ne peut être considéré comme ne constatant que l'exécution pure et simple des dispositions du testament. En conséquence, si l'un des cohéritiers reçoit plus que sa part, il y a soulte passible du droit proportionnel (Req. 23 juill. 1873, aff. Stirbey, D. P. 74. 1. 260).

i. — Rapports.

1317. Lorsque des biens précédemment donnés sont rapportés à la masse ou sont l'objet d'une réduction, le rapport ou la réduction n'opère aucune soulte, soit que le résultat du partage ait pour effet d'attribuer les biens à celui qui a fait le rapport ou subi la réduction, soit que lesdits biens soient attribués à un autre (*Rép.* n° 2716). Cette doctrine a été sanctionnée par deux arrêts rendus au sujet de rapports faits dans un partage d'ascendants (Civ. rej. 11 déc. 1855 et 27 avr. 1858. V. *infrà*, n° 2146); elle est applicable, d'après le second de ces arrêts, lors même qu'un terme a été stipulé pour le payement des sommes rapportées. La raison en est, comme le portent en subtance les deux décisions, que, lorsqu'au lieu de payer des soultes avec leurs propres fonds, les héritiers remettent les sommes qui ne leur ont été données qu'en avancement d'hoirie, et que ces sommes ainsi rapportées sont réunies à la masse, entrent dans le partage et servent à égaliser les lots, chacun des héritiers, prenant une part égale, tient tout du défunt et rien de ses cohéritiers.

Antérieurement aux deux arrêts précités, l'Administration de l'enregistrement avait elle-même décidé que le rapport fait par le donataire d'une somme d'argent qu'il avait reçue en avancement d'hoirie, pour prendre des immeubles dans la succession, ne donne pas ouverture à un droit de soulte (Délib. adm. enreg. 30 juin 1846, D. P. 46. 3. 186). Conformément à la doctrine des arrêts des 11 déc. 1855 et 27 avr. 1858, il a été jugé que le partage par lequel deux cohéritiers, après avoir fait à la succession de leur auteur le rapport en argent de sommes à eux constituées en dot par celui-ci, s'attribuent, dans les proportions inégales, les immeubles qu'il a délaissés, à la charge par celui d'entre eux qui reçoit un lot supérieur à ses droits, de payer la différence à l'autre, ne donne pas ouverture au droit de soulte, alors même que l'un reçoit un excédent de lot à la charge par celui-ci de payer à l'autre le montant de son rapport, c'est-à-dire sur une valeur héréditaire. — On objecterait en vain que le rapport de l'argent donné ne peut se faire qu'en moins prenant, et que, par suite, la dot rapportée en numéraire ne fait réellement pas partie des biens partagés. Vainement aussi l'on prétendrait que, l'obligation de rapporter ayant constitué une dette pour chacun des deux héritiers, ces deux dettes, devenues exigibles par l'acceptation de la succession, dont l'effet remonte à l'époque du décès, se sont trouvées à ce moment éteintes de plein droit par compensation jusqu'à due concurrence, et que, par suite, on n'a pu faire revivre dans le partage ultérieur celle des dots rapportées dont le chiffre reçu était le moins élevé (Trib. Seine, 23 janv. 1857, aff. Juglar, D. P. 57. 3. 28).

1318. La doctrine des deux arrêts des 11 déc. 1855 et

27 avr. 1858 (V. *infrà*, n° 2146), sert, depuis qu'ils ont été rendus, de règle de perception et a été adoptée par les auteurs (*Diction. droits d'enreg.*, v° *Partage-licitation*, n° 376; Garnier, *Rép. gén. enreg.*, n° 12436. V. aussi M. Naquet, t. 1, n° 419).

Mais elle n'est plus applicable, quand il est formellement exprimé dans l'acte de partage que l'héritier qui a fait le rapport d'une somme d'argent a été chargé de payer à ses cohéritiers, non cette somme, mais une soulte. Spécialement, lorsque, dans un acte de partage de succession, des sommes d'argent rapportées par des héritiers à qui elles avaient été données du vivant de leur père, sont comprises dans les lots de ces héritiers eux-mêmes à charge de payer des soultes à leurs cohéritiers, le droit de soulte est exigible, la perception devant être réglée d'après les stipulations des actes, sans qu'il y ait à examiner si des droits auraient pu être évités par d'autres combinaisons (Civ. cass. 1er juin 1853, aff. Abat, D. P. 53. 1. 182). Cet arrêt prouve, ainsi que le font observer avec toute raison les rédacteurs du *Dictionnaire du notariat*, combien il importe qu'en rédigeant leurs actes, les notaires se rendent compte des droits d'enregistrement auxquels ils peuvent donner ouverture. Dans l'espèce, la perception des droits de soulte eût été évitée si, au lieu d'attribuer aux lots de partage les sommes dont ils étaient débiteurs envers la succession et de les charger de payer des soultes aux autres héritiers, on eût divisé ces sommes entre les héritiers et formé des lots égaux (*Dictionnaire du notariat*, v° *Partage*, n° 810).

1319. La question s'est élevée de savoir si la doctrine des arrêts de 1855 et de 1858 (V. *suprà*, n° 1317), est applicable au cas où, dans l'acte de partage de la succession paternelle, les enfants font rapport *fictivement* de sommes égales d'argent à eux données du vivant de leur père, qui se compensent l'une par l'autre et que chacun d'eux retient. Il a été jugé, dans le sens de la négative, que, lorsque tous les cohéritiers se trouvent avoir à se faire le rapport de sommes égales au montant de l'avancement d'hoirie que chacun a reçu, ces sommes sont, par le fait, en dehors du partage, l'opération du rapport fictif étant à leur égard inutile; en sorte que si, dans la division des autres valeurs de la succession, l'un des cohéritiers reçoit un excédent de lot à la charge de payer une certaine somme à ses cohéritiers, l'obligation de ce payement ne peut être considérée comme l'effet d'un rapport qui n'a pas lieu, mais bien comme une obligation de soulte donnant lieu au droit proportionnel (Trib. Beauvais, 14 févr. 1853, aff. Fessart, D. P. 55. 3. 55. V. aussi Civ. rej. 23 mars 1853, cité *suprà*, n° 1298 ; Trib. Seine, 31 août 1854, *Journ. enreg.*, art. 15940).

Mais ces décisions se trouvent infirmées par un arrêt (Civ. rej. 15 mars 1875, cité *suprà*, n° 1256), qui a jugé que le droit gradué est dû sur tous les biens rapportés à la masse, aussi bien sur les rapports faits en moins prenant que sur ceux opérés en nature, par le motif que les premiers aussi bien que les derniers « concourent également à former l'ensemble des biens soumis au partage ». Ce qui est vrai pour la perception du droit gradué doit l'être également pour la perception du droit de soulte. Donc, que les rapports soient réels ou fictifs, qu'ils aient pour objet des sommes égales ou des sommes inégales, la situation est entièrement la même, la doctrine des arrêts de 1855 et de 1858 est applicable; le droit de soulte ne peut être exigé sur la somme mise à la charge de l'un des héritiers, dès que cette somme n'excède pas celle dont il fait le rapport. Ladite somme doit être considérée comme devant être employée en payement de la soulte, suivant la règle que, pour la perception du droit proportionnel, la soulte s'impute de la manière la plus favorable aux contribuables. Le *Dictionnaire des droits d'enregistrement*, v° *Partage*, n°s 399 et 400, cite deux solutions de l'Administration, des 25 sept. 1874 et 13 mars 1875, rendues en ce sens.

1320. On s'est demandé si la doctrine des arrêts des 11 déc. 1855 et 27 avr. 1858 (V. *infrà*, n° 2146) doit être restreinte au cas où l'avancement d'hoirie a pour objet une chose de quantité, *res quantitatis*, ou si elle doit être étendue au cas où l'objet donné est un *corps certain* et où le rapport est fait en argent. — Suivant une opinion, lorsque c'est un corps certain qui a été donné, il faut, pour que le droit de soulte ne soit point exigible; que ce corps certain ait été rapporté lui-même à la masse pour être compris dans l'un des lots. Si le rapport a lieu en argent, de telle sorte que le lot insuffisant soit complété au moyen d'une somme représentative de la chose donnée, et non au moyen de cette chose elle-même, le droit de soulte est dû, car il ne s'agit plus là d'une chose donnée, mais d'une somme payée par le donataire de ses deniers personnels pour conserver, en vertu du partage, ce qui lui a été donné (V. D. P. 58. 1. 206, note). Mais cette doctrine ne doit pas être suivie. La jurisprudence repousse la perception du droit de soulte dans le cas dont il s'agit, et l'Administration elle-même a reconnu qu'il n'est pas exigible.

Ainsi jugé que, lorsque c'est un immeuble qui a été donné et que cet immeuble a été aliéné, le rapport fait en numéraire par le donataire ne donne pas ouverture au droit de soulte, lors même que, dans le partage, cette somme est attribuée à un autre cohéritier, attendu que, si le donataire qui a aliéné l'immeuble à lui donné en avancement d'hoirie est dispensé de le rapporter en nature, il reste comptable, vis-à-vis de ses cohéritiers, de la valeur de cet immeuble à l'époque de l'ouverture de la succession; que, par suite, cette valeur fait partie de la masse indivise et partageable, que l'art. 860 c. civ. n'a pas eu pour but d'imposer aux cohéritiers un mode d'obligation de partage ou de lotissement qui pourrait, dans certaines circonstances, être contraire à leurs véritables intérêts, mais de faciliter la transmission des biens et d'en consolider la propriété sur la tête des tiers détenteurs (Trib. Villeneuve-sur-Lot, 6 juin 1856, Journ. enreg., art. 16374). Jugé, de même, que le droit de soulte n'est pas dû, lorsque l'immeuble donné n'a pas été aliéné, que l'enfant donataire le conserve en faisant le rapport en argent et qu'il lui est attribué, pour le remplir de ses droits héréditaires, d'autres immeubles de l'hérédité (Trib. Seine, 20 août 1858, aff. femme Thibout, Garnier, Rép. pér. enreg., art. 1070).

Et l'Administration elle-même a décidé... que le donataire d'un office étant tenu de rapporter, non la charge elle-même, mais le montant de l'estimation de cette charge, le versement à la masse de la somme représentant cette estimation, constitue le rapport en nature de l'objet donné et ne donne pas lieu au droit de soulte (Sol. adm. enreg. 18 sept. 1860, Diction. d'enreg., v° Rapport à succession, n° 388); ... qu'on doit tenir compte, pour la liquidation du droit de soulte sur un partage, des rapports opérés réellement, alors même que tous les copartageants auraient reçu des avancements d'hoirie de même importance ou que l'un d'eux rapporterait en argent au lieu de l'immeuble qui lui a été constitué en dot au lieu de rapporter l'immeuble lui-même (Sol. adm. enreg. 4 oct. 1882, Journ. enreg., art. 22074).

k. — Produits ajoutés à la masse.

1321. Les fruits perçus par l'un des héritiers sur les immeubles héréditaires depuis l'ouverture de la succession, constituant, non une dette personnelle de cet héritier envers ses cohéritiers, mais une dépendance de l'hérédité même, peuvent, lors du partage, être mis entièrement dans l'un des lots, sans donner lieu à la perception d'un droit de soulte (Trib. Seine, 27 août 1856, aff. Cadot, D. P. 57. 3. 44). La question a été longtemps controversée, et différents jugements ont été rendus dans le sens de la perception du droit de soulte (Trib. Saint-Mihiel, 4 déc. 1844, Rép. n° 2826 ; Trib. Seine, 10 avr. 1850). Mais la solution résultant du jugement susénoncé du 27 août 1856 a définitivement prévalu (Conf. Garnier, Rép. gén. enreg., n° 12355; Diction. droits d'enreg., v°° Partage-licitation, n° 167; Rapport, n° 366).

l. — Imputation de la soulte.

1322. Les droits de soulte doivent être imputés, conformément à l'art. 1256 c. civ., de la manière la plus avantageuse au contribuable, en sorte que, si le lot chargé de soulte est composé de valeurs diverses, par exemple, de rentes sur l'Etat dont la transmission est exempte de l'impôt, de créances, d'objets mobiliers et d'immeubles dont la cession donne lieu à des droits différents, 1 fr. pour 100 pour les

créances, 2 fr. pour 100 pour les meubles, 4 fr. pour 100 pour les immeubles, la soulte s'impute, pour la perception du droit proportionnel, d'abord sur les valeurs exemptes, puis successivement sur celles passibles des droits de 1 fr. et 2 fr. pour 100, et, en dernier lieu, sur les immeubles qui sont sujets au droit de 4 fr. pour 100. C'est là une règle générale établie par une décision ministérielle du 25 nov. 1806 rapportée dans une instruction de l'Administration du 22 sept. 1807, n° 342 (Rép. n° 2964), confirmée par la doctrine d'un arrêt de la cour de cassation (Civ. rej. 6 mars 1843, Rép. n° 2705), et qui est toujours observée.

1323. L'art. 9 de la loi du 22 frim. an 7, suivant lequel les actes translatifs de meubles et d'immeubles donnent lieu au droit de vente immobilière sur la totalité du prix, lorsqu'il n'est pas stipulé un prix particulier pour les meubles et qu'ils ne sont pas en outre, désignés et estimés, article par article, n'est pas applicable aux soultes de partage (V. infrà, n° 1573).

1324. Comme nous l'avons établi en traitant de la cession de droits successifs (V. supra, n° 1302), l'Administration reconnaît aujourd'hui que le principe établi par la décision ministérielle du 25 nov. 1806 concernant l'imputation de la soulte pour la perception du droit proportionnel, est applicable à la cession de droits successifs, toutes les fois qu'elle a pour effet de mettre fin à l'indivision (V. supra, n° 1304). Il s'ensuit que, dans ce cas, la cession de droits successifs ne tombe pas sous l'application de l'art. 9 de la loi du 22 frim. an 7, suivant lequel tout acte translatif de meubles et d'immeubles donne lieu au droit de vente immobilière à 5 fr. 50 cent. pour 100 sur la totalité du prix, à moins qu'il ne soit stipulé un prix particulier pour les meubles et qu'ils ne soient désignés et estimés, article par article, dans le contrat. Cela sera démontré au paragraphe où il est traité des transmissions simultanées de meubles et d'immeubles (V. infrà, n°° 1570 et suiv.).

1325. Le jugement qui, statuant sur la demande en rescision d'un partage pour cause de lésion de plus du quart, donne acte aux parties de l'offre faite par l'une d'elles de payer un supplément de part, et condamne cette partie à l'acquittement de la somme offerte, donne lieu au droit proportionnel de soulte sur le montant de ladite somme. Ce droit doit être liquidé d'après la nature des biens compris dans le lot dont l'attributaire est tenu d'acquitter le supplément de part (Trib. Orléans, 4 avr. 1876, aff. de Ravel, D. P. 77. 5. 205).

3°. — Partage de communauté.

1326. Pour le droit de soulte comme pour le droit gradué, les règles de perception établies au sujet des partages ordinaires sont applicables au partage de communauté (V. supra, n° 1274). Ainsi, toutes les fois que des attributions sont faites à l'un des copartageants au delà de sa charge de payer les dettes, le droit de soulte est dû (Rép. n°° 2685 et 2686-3°. V. supra, n° 1296). Spécialement, l'attribution faite à l'un des époux, notamment à la femme, de valeurs excédant sa part dans la communauté, donne lieu à la perception d'un droit de soulte sur l'excédent, bien que la somme stipulée à titre de retour doive être payée, non à l'autre époux ou à ses héritiers, mais en leur acquit aux créanciers de la communauté (Civ. cass. 13 août 1850, aff. Cabanis, D. P. 50. 1. 266).

1327. Lorsque le partage constate l'attribution de biens de la communauté à l'un des enfants en payement d'une dette de l'un des époux, il y a, non plus soulte, mais dation en payement, et la stipulation donne lieu au droit proportionnel de mutation. Ainsi, lorsqu'une veuve, qui a administré la succession de son mari et la communauté ayant existé entre eux, rend compte de cette administration incidemment au partage, et qu'en remboursement du solde qui lui est dû, des valeurs dépendantes des biens à partager lui sont assignées, ce n'est là qu'une opération dérivant du partage et qui se confond avec lui : il n'est point dû de droit particulier. Il en est de même de ce qui est attribué à la veuve en payement des frais funéraires et de ce dont elle a fait l'avance. Mais si, ayant constitué une dot à sa fille conjointement et solidairement avec son mari, la veuve, lors du partage, prend sur les biens de la communauté de quoi acquitter la part de cette dot qui est à sa charge, c'est là une opération indépendante du partage et qui doit être soumise à un droit distinct (Civ. rej. 23 mars 1853, cité suprà, n° 1298). En effet, la dot était une dette, non de la communauté, mais personnelle à chacun des époux.

La stipulation, dans l'acte de liquidation d'une communauté de biens entre deux époux et de la succession du mari prédécédé, que la veuve aura la jouissance, pendant sa vie, des biens délaissés par son mari, à la charge de payer une pension annuelle à chacun de ses enfants, constitue, non un simple mandat passible seulement du droit fixe d'enregistrement, mais une cession d'usufruit passible du droit proportionnel de mutation à titre onéreux (Trib. Termonde (Belgique), 14 août 1869, aff. de Wauthier, D. P. 71. 3. 19). Les conventions de cette nature se rencontrent fréquemment dans les contrats de mariage. Pour la perception du droit d'enregistrement qui leur est applicable, V. infrà, n°s 1846 et suiv.

1328. L'acte de liquidation de la communauté ayant existé entre deux époux et de la succession de la femme prédécédée, portant attribution en pleine propriété de valeurs de la communauté au mari survivant pour le remplir de ses droits comme légataire de l'usufruit de tous les biens de la succession, est un véritable partage qui échappe à la perception du droit de soulte, lorsque la succession ne comprend que les apports de la de cujus tombés dans la communauté et sa part dans les bénéfices communs (Trib. Seine, 7 févr. 1867, aff. Guillaume, D. P. 68. 5. 188).

1329. La règle suivant laquelle dans le partage de biens situés, les uns en France, les autres à l'étranger, un ou plusieurs copartageants sont lotis en biens français au delà de leurs parts dans ces biens, l'excédent, bien que compensé, pour les autres lots, par des biens étrangers, doit être considéré comme une soulte sujette au droit proportionnel, n'est pas applicable au prélèvement opéré, dans le partage d'une succession et d'une communauté entre époux, des reprises de l'époux survivant sur les biens situés à l'étranger. Ce prélèvement n'étant qu'une opération préparatoire au partage, ne donne lieu au droit de soulte (V Civ. rej. 15 déc. 1858, et Trib. Seine, 22 févr. 1873, cités suprà, n° 1284).

1330. En ce qui concerne les disposition des partages de communauté se rapportant aux prélèvements exercés sur les biens communs, pour les reprises des époux, V. infrà, n°s 1856 et suiv.

4°. — Partage d'ascendants et partage testamentaire.

1331. Ainsi que nous l'avons dit suprà, n° 1289, l'étude des questions soulevées par l'application du droit proportionnel aux soultes stipulées dans les partages d'ascendants et les partages testamentaires, se trouvera dans la partie du Supplément qui sera consacrée à cette catégorie de partages (V. infrà, n°s 2140 et suiv.).

C. — Partage par licitation (Rép. n°s 2717 à 2755).

1°. — Tarif.

1332. La licitation est toujours soumise au droit proportionnel de 2 p. 100 (L. 22 frim. an 7, art. 69, § 5, n° 6) ou à celui de 4 p. 100 (Même article, § 7, n° 4), selon qu'elle s'applique à des biens meubles ou à des immeubles, et ce droit se perçoit sur « les parts et portions acquises » (Rép. n° 2717). Ajoutons que, le tarif ne renfermant pas d'autres dispositions spéciales aux licitations, on applique à celles qui ont pour objet des valeurs incorporelles, les dispositions régissant les mutations de ces valeurs, c'est-à-dire le droit de 1 pour 100 (Même article 3, n° 3) ou celui de 50 cent. pour 100 (Même article, § 2, n° 6), selon qu'il s'agit de créances ou d'actions de société.

Rappelons aussi qu'il n'est question ici, comme on l'a dit suprà, n° 1232, que du droit d'enregistrement et que les difficultés si nombreuses et si graves soulevées pour la perception du droit de transcription sur les licitations qui ont pour objet des immeubles seront étudiées, comme au Répertoire, au tit. 3 concernant les droits d'hypothèque.

2°. — Adjudication à un étranger.

1333. L'adjudication d'immeubles sur licitation au profit d'un colicitant ne donne lieu au droit proportionnel de 4 pour 100 que pour les parts acquises, soit que la licitation ait lieu entre héritiers ou autres copropriétaires seulement (Rép. n° 2722), soit qu'elle ait lieu avec le concours d'étrangers admis à enchérir (Rép. n° 2723). Mais si, dans ce dernier cas, c'est un étranger qui demeure adjudicataire, il y a vente, et le droit proportionnel est dû à 5 fr. 50 cent. pour 100 sur l'intégralité du prix (Rép. n° 2724). Si l'étranger adjudicataire déclare command au profit d'un colicitant, le droit n'est dû par celui-ci que pour les parts acquises, comme s'il s'était rendu directement adjudicataire (Rép. n° 2725). A plus forte raison, en est-il ainsi lorsque c'est un avoué qui a enchéri et qui déclare pour adjudicataire un colicitant (Civ. cass. 6 juill. 1853, aff. Alquier, D. P. 53. 1. 295).

Lorsqu'un immeuble vendu sur licitation est adjugé pour une portion indivise à l'un des colicitants et pour le surplus à un étranger, le colicitant adjudicataire est réputé, en l'absence de tout acte de partage, avoir acquis les parts de ses colicitants dans la portion à lui adjugée et avoir conservé ses droits sur le prix de celle vendue à l'étranger ; en conséquence, le droit proportionnel est dû par lui sur ce qui excède sa part dans la portion de l'immeuble dont il s'est rendu adjudicataire et non pas seulement sur ce qui excède sa part dans la totalité de l'immeuble (Même arrêt du 6 juill. 1853). — Il en est autrement si l'acquisition a été faite conjointement et indivisément. Le colicitant qui s'est porté adjudicataire conjointement avec un tiers ne doit le droit que sur ce dont la part à lui attribuée excède celle qu'il possédait, de telle sorte que, si sa part est demeurée la même, il ne doit aucun droit (Trib. Grenoble, 27 août 1863, aff. Eyraud, D. P. 64. 3. 15).

3°. — Licitation partielle.

a. — Règle de perception.

1334. Une longue controverse s'est produite au sujet du mode suivant lequel la perception doit être établie sur les licitations partielles. Il arrive fréquemment qu'une succession ou copropriété quelconque comprend plusieurs biens indivis ; un seul est licité : faut-il considérer l'acquisition opérée par l'un des colicitants, abstraction faite de ses droits dans les autres biens composant l'indivision, et lui faire payer le droit proportionnel sur les parts acquises qui excèdent sa part dans le bien licité? Ou bien faut-il, au contraire, considérant la licitation comme une opération dépendante du partage, ne tenir compte que de la part virile du colicitant adjudicataire dans l'ensemble des biens indivis, et ne lui faire payer le droit proportionnel que si l'immeuble acquis par licitation dépasse ladite part virile? Nous avons rapporté au Rép. n°s 2737 et 2745 un certain nombre d'arrêts qui ont statué, conformément à la doctrine soutenue par l'administration de l'enregistrement, dans le sens de la perception du droit proportionnel sur les parts acquises dans l'immeuble licité, abstraction faite des autres immeubles dépendant de l'indivision. Nous avons critiqué cette jurisprudence (Rép. n°s 2741 et suiv.) ; elle nous a paru contraire aux principes. La licitation n'étant qu'une opération de partage ne devrait, par conséquent, pas être considérée isolément : il est injuste de prétendre que le droit est dû sur les parts acquises, en ne considérant que le droit de l'adjudicataire dans le bien licité ; car il n'y a, en réalité, parts acquises pour l'adjudicataire colicitant que si le bien licité dépasse ses droits, sa part virile dans l'hérédité ou l'indivision. — Aussi, malgré l'autorité des arrêts que nous avons énumérés et analysés au Répertoire, a-t-on continué à résister à une perception abusive. Mais, ainsi que nous l'avons dit, la jurisprudence était trop fortement engagée dans la voie qu'elle avait suivie pour l'abandonner et adopter la doctrine que nous considérons, avec beaucoup d'autres auteurs, comme seule fondée sur les véritables principes. D'autres arrêts sont encore venus consacrer et confirmer la perception que nous avons critiquée. Un arrêt des chambres réunies, notamment, a décidé que le cohéritier qui, avant partage, se rend adjudicataire sur licitation d'un immeuble dépendant de la succession, est passible du droit de 4 pour 100 déterminé par l'art. 69, § 7, n° 4, sur tout ce qui excède sa part dans le prix d'adjudication de cet immeuble, isolément considéré, et non pas seulement sa part dans les biens composant la masse entière de la succession. Il en est ainsi même au cas où le même acte d'adjudication comprend d'autres immeubles adjugés soit à d'autres cohéritiers, soit à des tiers. Le cohéritier adjudicataire ne peut être affranchi du payement du droit proportionnel sur ce qui excède sa part dans le prix de l'immeuble qui lui a été adjugé, qu'en présentant à l'enregistrement, en même temps que le procès-verbal d'adjudication, un acte de partage qui fasse entrer cet excédent dans son lot (Ch. réun. cass. 6 nov. 1851, aff. Sirot, D. P. 51. 1. 314. V. dans le même sens : Civ. cass. 20 avr. 1853, aff. Ekel-Bissardon, D. P. 53. 1. 139; 6 juill. 1853, aff. Alquier, D. P. 53. 1. 295; 5 mars 1855, aff. dame de Châteaubourg, D. P. 55. 1. 95; Civ. rej. 8 août 1855, aff. Séguin, D. P. 55. 1. 357).

1335. Il en est ainsi, alors même que le cohéritier adjudicataire aurait exprimé l'intention, dans sa déclaration de command, d'imputer la totalité du prix de l'adjudication sur sa part héréditaire établie dans un acte de liquidation par lui représenté (Civ. cass. 5 mars 1855, cité *suprà*, n° 1334). Dans l'espèce, on rencontrait : 1° l'intention exprimée par l'adjudicataire dans sa déclaration de command d'imputer le prix d'adjudication sur sa part héréditaire; 2° un acte de liquidation contenant évaluation des droits héréditaires du colicitant, et démontrant que le prix d'adjudication ne dépassait pas sa part virile dans l'hérédité. La cour de cassation a trouvé que ces documents étaient insuffisants et ne pouvaient tenir lieu d'une attribution définitive, faite par acte de partage présenté à l'enregistrement en même temps que la licitation.

1336. La règle s'applique aussi bien aux licitations *ordonnées en justice* qu'aux licitations *volontaires* (*Rép.* n° 2734). Spécialement, lorsque, dans une licitation entre majeurs et mineurs, des cohéritiers se rendent adjudicataires des immeubles licités, le droit de soulte n'est perçu sur ce qui excède la part virile de chaque héritier dans l'immeuble qui lui est adjugé, encore que, en pareil cas, la licitation soit un préalable obligé du partage (Civ. cass. 30 mai 1866, aff. Durand, D. P. 66. 1. 210).

1337. Une exception avait été admise pour le cas où la licitation partielle a pour objet *plusieurs immeubles adjugés par le même procès-verbal à différents copropriétaires*. Il avait paru que, dans ce cas, le droit ne devait être perçu sur le prix de chaque adjudication que déduction faite de la part de l'adjudicataire, non pas seulement dans le prix de l'immeuble à lui adjugé, mais dans le total des prix réunis de tous les immeubles licités (*Rép.* n° 2735). Déjà, cette exception avait été repoussée par trois arrêts des 22 avr. et 18 août 1845 (*Ibid.*). Elle l'a été également, comme on l'a vu ci-dessus, par l'arrêt des chambres réunies du 6 nov. 1851 et les décisions intervenues postérieurement (V. *suprà*, n° 1334). Il a été statué, dans le même sens, par un jugement du tribunal d'Hazebrouck du 4 août 1877 (Garnier, *Rép. pér. enreg.*, art. 4898). — Mais le tribunal de Rouen, a jugé dans le sens contraire que, lorsqu'une adjudication a été prononcée conjointement au profit de plusieurs colicitants, qui, à la suite d'une déclaration de command, ont immédiatement procédé au partage des biens adjugés, il y a lieu, pour le calcul du droit proportionnel, de déduire, des parts acquises, la part virile de chacun des adjudicataires dans l'ensemble des biens vendus, et non pas seulement la part virile de chacun d'eux dans son lot (Trib. Rouen, 22 févr. 1877, *Journ. enreg.*, art. 20550). L'Administration a exécuté ce jugement en raison de circonstances particulières. Il a paru, dit le *Journal de l'enregistrement*, en rapportant cette décision, que la question de savoir si la propriété indivise résultant des termes du procès-verbal d'adjudication avait fait impression sur la tête des adjudicataires, était surtout une question de fait, et que l'appréciation des circonstances, à laquelle le tribunal s'était livré, n'était pas de nature à être soumise avec chance de succès au contrôle de la cour de cassation.

b. — Production d'un partage.

1338. *En l'absence d'un acte de partage*, dit la cour suprême. Cela indique que sa jurisprudence est limitée, dans son application, au seul cas où la licitation précède le partage, qu'elle n'est pas applicable, lorsque les deux actes sont faits en même temps ou, tout au moins, présentés simultanément à la formalité (*Rép.* n° 2736). Dans ce dernier cas, les deux actes sont considérés comme formant un tout indivisible, et le partage sert de base à la perception du droit proportionnel, de telle sorte que, si le prix de l'adjudication se trouve compris en totalité dans les attributions du colicitant adjudicataire, celui-ci n'a rien à payer (*Rép.* n° 2737). C'est ce qu'exprime un jugement du tribunal civil de Rennes, aux termes duquel lorsque, après un règlement évaluant par avance les parts à faire dans une succession, un héritier acquiert, sur licitation, un immeuble en dépendant, avec déclaration que sa valeur devra être imputée sur son lot, il ne doit de droit proportionnel que sur ce qui excède ses droits, non dans l'immeuble licité, mais dans la masse même de la succession, la licitation ayant ici le caractère d'un acte d'exécution d'un partage; par suite, si le prix d'adjudication est évidemment inférieur à la part du colicitant adjudicataire dans la masse objet du partage provisoire, il n'est pas dû de droit proportionnel...; mais simplement un droit fixe de partage (aujourd'hui droit gradué) (Trib. Rennes, 21 févr. 1853, aff. de Châteaubourg, D. P. 54. 3. 39).

c. — Partage définitif.

1339. Ce point résolu, la controverse s'est reproduite relativement aux conditions que doit réunir le partage pour servir de base à la perception du droit proportionnel à l'enregistrement de l'adjudication sur licitation prononcée au profit d'un colicitant. Déjà, à l'époque de la publication du *Répertoire*, il résultait de différents arrêts de la cour de cassation que ce devait être un partage *définitif* (*Rép.* n° 2740). Cette doctrine a été confirmée par les décisions intervenues postérieurement, spécialement par un arrêt des chambres réunies du 12 mai 1870, rendu sur les conclusions conformes de M. le procureur général Paul Fabre, qui sont reproduites avec l'arrêt D. P. 70. 1. 225. « Lorsque, porte cette importante décision, le jugement d'adjudication est présenté à la formalité de l'enregistrement simultanément avec le partage qui attribue à l'héritier adjudicataire, pour le remplir de ses droits, l'excédent de sa part dans le prix, il n'y a lieu qu'à la perception du droit fixe auquel sont soumis les partages entre copropriétaires, parce que la licitation est alors considérée comme un acte d'exécution du partage et se confond dans une seule et même opération; mais la condition expresse de cette perception est qu'aux termes de la loi il soit justifié du partage, que, par conséquent, il soit produit un acte définitif et obligatoire pour toutes les parties; en effet, s'il n'a pas ce caractère, l'exemption du droit proportionnel qui n'est attaché qu'aux partages réels, ne saurait être étendue à un acte qui serait susceptible de modifications » (Ch. réun. cass. 12 mai 1870, aff. veuve Durand, D. P. 70. 1. 225. Conf. Civ. cass. 31 janv. 1860, aff. Pouret-Bretteville, D. P. 60. 1. 82; Civ. cass. 30 mai 1866, aff. Durand, D. P. 66. 1. 210; 20 déc. 1869. aff. Laplatte, D. P. 70. 1. 183; Civ. rej. 22 juill. 1872, aff. Bizouard, D. P. 72. 1. 420; Trib. Valenciennes, 6 août 1874, D. P. 75. 5. 194).

1340. Mais que faut-il entendre par *partage définitif?* Tout d'abord, il est clair que, si les parties attribuent elles-mêmes au partage un caractère *provisoire*, il n'y aura pas lieu de tenir compte pour la perception du droit proportionnel, encore bien que ce règlement provisoire soit soumis à l'enregistrement en même temps que la licitation. — Pour que le partage présenté à l'enregistrement ait un caractère définitif, il faut, si le partage est volontaire, qu'il soit approuvé par toutes les parties. Ainsi le droit proportionnel est exigible, nonobstant la production d'un acte de liquidation émané d'un notaire commis pour procéder au partage, mais contenant, de la part des héritiers, la réserve de l'approuver ou de le contester ultérieurement, et non encore approuvé ni homologué lors de l'enregistrement de l'adjudication (Arrêts des 31 janv. 1860 et 12 mai 1870, cités *suprà*, n° 1339).

d. — Partage sujet à homologation.

1341. La question s'est élevée de savoir si un partage, dans lequel figure un *mineur* et qui doit, par conséquent, être *homologué* par le tribunal, peut être considéré comme définitif, pour la perception du droit d'enregistrement, alors qu'il n'a pas encore reçu l'homologation (*Rép.* n° 2745). — Cette question est grave et a donné lieu à de nombreuses et importantes décisions judiciaires. Dans les deux sens, on fait valoir de sérieux arguments. L'administration de l'enregistrement soutient que le partage dans lequel figure un mineur n'est pas définitif tant qu'il n'a pas été homologué par la justice. Elle invoque les principes du droit civil tels qu'ils résultent des art. 466 et 840 c. civ. : le partage dans lequel un mineur est intéressé ne sera, dit la loi, que *provisionnel* si les formalités prescrites n'ont pas été observées ; l'homologation du tribunal est une des formalités essentielles du partage intervenu entre majeurs et mineurs ». Le partage non homologué n'est donc que provisionnel ; tout le monde est d'accord pour dire que cette expression signifie que le partage ne vaut que comme partage de jouissance ; le fonds reste indivis et un tel partage ne saurait, en conséquence, produire les effets d'un partage définitif. Il est difficile de réfuter juridiquement cette argumentation ; vainement on a dit que le partage provisionnel était un partage portant sur le fonds, puisque les majeurs étaient liés et que les mineurs pouvaient le ratifier ; il n'en est pas moins vrai que le partage effectué entre majeurs et mineurs et non revêtu de l'homologation n'est qu'un partage de jouissance, ou plutôt ne vaut que comme partage de jouissance. Ce partage n'a pas de caractère définitif, et ne peut, par conséquent, dispenser la licitation du droit proportionnel sur les parts acquises. — On a objecté aussi que le sytème de l'Administration de l'enregistrement avait des conséquences désastreuses pour les mineurs. Il leur sera, en effet, impossible de produire en même temps que la licitation un acte de partage revêtu de la formalité de l'homologation : le jugement d'adjudication doit être enregistré dans les vingt jours de la date, et ce délai sera tout à fait insuffisant pour dresser l'acte de partage et obtenir l'homologation du tribunal. Qu'en résultera-t-il ? c'est que, si le mineur se rend adjudicataire, il n'y aura pas moyen d'éviter le payement du droit proportionnel ou, si l'on veut éviter cette éventualité coûteuse, il faudra rester dans l'indivision et attendre la majorité du mineur pour procéder à la licitation. Ces considérations sont des plus graves, mais elles sont impuissantes contre la loi : il arrive, en cette matière comme en beaucoup d'autres, que les précautions prises par le législateur pour protéger les incapables se retournent contre eux. C'est ce qu'a reconnu M. le procureur général Paul Fabre dans des conclusions développées au sujet de l'affaire qui a donné lieu à l'arrêt des chambres réunies du 12 mai 1870, cité *suprà*, n° 1339 (V. ces conclusions : D. P. 70. 1. 225). Ce magistrat reconnaissait que la loi était mauvaise ; il ajoutait qu'on songeait à l'améliorer ; nous ignorons si l'on y songe encore aujourd'hui ; nous ne pouvons constater qu'une chose, c'est que la loi est restée la même, et que l'abus qu'on a signalé subsiste encore.

1342. La jurisprudence a consacré, par de nombreuses décisions, le système de l'Administration de l'enregistrement. Elle décide que le partage auquel des mineurs sont intéressés n'étant que provisionnel à leur égard, bien qu'il ait été accepté par leurs représentants, tant qu'il n'a pas été homologué du tribunal, ne fait pas obstacle à la perception du droit proportionnel sur l'adjudication faite à un héritier, bien qu'il ait été présenté à l'enregistrement en même temps et qu'il contienne attribution à l'héritier adjudicataire de la totalité de son prix (Civ. cass. 30 mai 1866, cité *suprà*, n° 1339 ; 20 déc. 1869, *ibid.*; Ch. réun. cass. 12 mai 1870, *ibid.*). — Il a été jugé, dans le même sens, que le partage de communauté et de succession présenté à l'enregistrement en même temps que l'adjudication des immeubles de ces communauté et succession doit être pris pour base de la perception du droit proportionnel de mutation

sur les adjudications faites à des colicitants, lorsqu'il est définitif ; mais il n'a pas le caractère de partage définitif, quand, soumis à l'homologation du tribunal à raison de l'état de l'un des héritiers, *mineur émancipé*, il est présenté avant l'homologation ; dans ce cas, il n'y a pas lieu d'y avoir égard pour la perception du droit de mutation (Civ. rej. 22 juill. 1872, aff. Bizouard, D. P. 72. 1. 420). Ainsi, dès qu'un mineur est intéressé à un partage, ce partage n'a le caractère définitif que lorsqu'il est homologué ; tant que cette formalité n'est pas remplie, le partage n'a qu'un caractère provisoire ; par conséquent, peu importe qu'il soit présenté à l'enregistrement en même temps que la licitation : il n'y a pas à en tenir compte pour la perception du droit proportionnel.

1343. Il ne suffirait pas, pour que le partage dans lequel des mineurs sont parties fût considéré comme définitif, qu'il eût été approuvé par les majeurs et par un tiers ou des copartageants majeurs *se portant fort* pour les mineurs, car il pourrait, malgré cette approbation, être modifié ultérieurement ; un tel partage ne serait donc pas opposable à l'Administration. M. le procureur général Paul Fabre a mis ce point en lumière dans les conclusions rappelées au numéro précédent. « Le contribuable, a dit l'éminent magistrat, a d'autres justifications à faire pour se faire exempter de l'impôt que pour le payer. Quand je viens demander à la Régie d'enregistrer une vente annulable au fond, la Régie (qui n'a pas le droit de me refuser la formalité) prend l'acte, en interroge les stipulations, en détermine le caractère en conséquence, et le taxe comme s'il était valable, quand il n'est qu'annulable, et comme acte innommé, quand il n'est qu'inexistant. Mais de ce que j'ai le droit d'obtenir l'enregistrement, même d'un acte annulable, à la seule condition de payer la taxe qu'il devrait s'il était valable, ce n'est pas à dire que je puisse me servir de cet acte nul pour en soustraire d'autres à la taxe dont ils sont de plein droit redevables. Il n'y a là aucune inconséquence ; un partage n'a besoin que d'être apparent pour être taxé ; il a besoin d'être réel et d'assurer à chaque partie un droit absolu à la propriété de son lot pour constituer le partage de l'art. 68 (de la loi du 22 frim. an 7) et exempter d'autres actes. Il serait, sans cela, bien commode de fabriquer un prétendu partage qui ne lierait personne et qui ne servirait uniquement, moyennant le payement de son droit fixe de 5 fr., qu'à exempter les jugements antérieurs d'adjudication » (D. P. 70. 1. 228). Ainsi, dans le cas dont il s'agit, le partage ne pourrait, malgré l'acceptation faite au nom des mineurs, servir de base à la perception du droit proportionnel sur l'adjudication prononcée au profit d'un des copartageants.

1344. Il a été décidé, par analogie avec ce qui a été jugé pour les mineurs, qu'un partage ne peut être considéré comme définitif et obligatoire pour les parties, encore bien qu'elles soient toutes majeures, lorsqu'elles y ont exprimé la volonté de subordonner son exécution à l'homologation du tribunal ; en conséquence, le droit proportionnel de mutation doit être perçu, dans ce cas, sur l'adjudication, sans égard au partage (Trib. Valenciennes, 6 août 1874, cité *suprà*, n° 1339. Comp. Civ. cass. 31 janv. 1860, aff. Pouret-Bretteville, D. P. 60. 1. 82). — Il y a, en effet, même raison de décider pour le partage fait entre majeurs, mais soumis par la volonté de ceux-ci à l'homologation du tribunal, que pour le partage, où figure un mineur, soumis par la volonté de la loi à la même formalité. Le fait par des majeurs, capables et maîtres de leurs droits, de subordonner un partage opéré entre eux à l'homologation de la justice, prouve leur intention de ne considérer ce partage que comme un projet qui ne deviendra définitif que lorsqu'il aura été revêtu de l'homologation.

Il a été jugé, d'autre part, et dans le même esprit, qu'il est nécessaire, pour qu'un partage soit définitif, qu'il fasse à chacun sa part et assure aux ayants droit respectivement la propriété absolue et incommutable de leurs lots, sans qu'il soit besoin de recourir à un règlement ultérieur,... spécialement, qu'un partage de communauté consistant en lotissements faits en bloc, l'un aux héritiers de la femme, l'autre aux héritiers du mari, sans subdivision par têtes, ne peut produire les effets d'un partage complet, achevé et définitif, et procurer aux parties l'exemption du droit proportionnel (Trib. la Flèche, 5 juill. 1876, *Journ. enreg.*, art. 20539).

e. — Partage partiel.

1345. La question s'est élevée de savoir si un partage *partiel* peut être considéré comme définitif et comme devant, à ce titre, servir de base à la perception du droit proportionnel sur l'adjudication prononcée au profit d'un colicitant. L'Administration soutient la négative (Sol. adm. enreg. 20 oct. 1873, D. P. 75. 5. 207) et le tribunal d'Argentan s'est prononcé, dans le même sens, par un jugement du 5 déc. 1871 (D. P. 73. 5. 223). Mais cette doctrine est généralement repoussée et elle ne paraît pas, en effet, susceptible d'être admise. Un partage partiel peut être définitif, lorsque les parties en ont manifesté la volonté, puisqu'il peut faire cesser l'indivision relativement à tous les objets qu'il comprend. Si le partage ne comprend pas toutes les valeurs indivises, a-t-on objecté, il est impossible d'établir que la valeur de l'immeuble dont un colicitant s'est rendu adjudicataire excède ou n'excède pas la valeur de sa portion héréditaire dans l'ensemble des biens de la succession ou de l'indivision. A cette objection, il est facile de répondre que, si les copartageants ont assigné au partage partiel un caractère définitif, c'est qu'ils se sont assurés que les attributions résultant de ce partage ne dépassaient pas les droits de chacun d'eux dans la masse indivise, sinon, ils n'auraient pas fait un partage définitif. Dès que le partage règle sans éventualité les droits des parties sur le prix de la licitation, c'est-à-dire sans que les attributions puissent être modifiées par des actes ultérieurs, qu'il soit partiel ou général, il doit être considéré comme définitif et, dès lors, servir de base à la perception du droit proportionnel sur l'adjudication prononcée au profit d'un colicitant, lorsqu'il est présenté en même temps que cette adjudication à la formalité (D. P. 73. 5. 223, note). Les tribunaux se sont prononcés généralement en ce sens (Trib. Saint-Lo, 18 déc. 1874, aff. Derguenne, D. P. 75. 3. 80; Trib. Seine, 27 juill. 1877, aff. Scheidecker, D. P. 78. 5. 235; Trib. Bayeux, 14 août 1878, *Rép. pér. enreg.*, art. 5305; Trib. Dijon, 7 déc. 1885, aff. Cons. de Blic, D. P. 88. 5. 214). Telle est aussi la doctrine enseignée par MM. Naquet, t. 1, n° 429; Garnier, *Rép. gén. enreg.*, n° 10831; et le *Dictionnaire des droits d'enregistrement*, v° *Partage-licitation*, n° 252 (V. aussi D. P. 70. 1. 225, note).

Mais il en serait autrement et le partage partiel ne pourrait être considéré comme définitif, ni servir de base à la perception sur la licitation, s'il contenait des réserves concernant les droits respectifs des copartageants, spécialement au sujet de la quotité disponible (Trib. Epernay, 10 déc. 1880, aff. Wollaston, D. P. 82. 3. 7).

f. — Enregistrement du partage.

1346. L'art. 41 de la loi du 22 frim. an 7 interdit aux notaires, à peine d'amende, de rédiger un acte en vertu d'un autre acte tant que ce dernier n'a pas été enregistré (V. *infra*, chap. 9, sect. 1re). D'après cette disposition, le partage authentique ne pourrait être rédigé qu'après l'enregistrement de la licitation notariée. Mais, dit M. Garnier, il s'agit ici d'un de ces actes urgents auxquels la loi cesse de s'appliquer. La cour de cassation le reconnaît implicitement dans ses arrêts du 30 mai 1866 et 12 mai 1870 (V. *supra*, n° 1339), puisqu'elle déclare que l'on peut obtenir l'homologation du partage dans le délai accordé pour l'enregistrement de l'adjudication, ce qui suppose évidemment la possibilité de recevoir le partage avant que la licitation soit enregistrée (*Rép. gén. enreg.*, n° 10823). Au surplus, l'Administration elle-même décide que, si le partage est reçu par un autre notaire que celui devant lequel la licitation a eu lieu et que le premier ait quinze jours pour faire enregistrer ses actes, on doit l'accepter pour base de la liquidation des droits avant son enregistrement, quand il est présenté au bureau avec la liquidation à laquelle il se rapporte (Sol. adm. enreg. 13 mai 1857, *ibid.*, n° 10824. Conf. *Diction. droits d'enreg.*, v° *Partage-licitation*, n° 256).

g. — Non-restitution du droit.

1347. La jurisprudence décidant que le droit proportionnel doit être calculé sur ce qui excède les droits du coli-

citant adjudicataire dans le bien licité, sans tenir compte de sa part virile dans la masse indivise, il s'ensuit que le partage qui intervient après la licitation, ne saurait donner lieu à la restitution des droits perçus, lors même qu'il place la totalité du prix de la licitation dans le lot de l'adjudicataire. En effet, le partage doit alors être considéré comme un événement ultérieur qui, suivant l'art. 60 de la loi du 22 frim. an 7 (V. *infra*, chap. 10, sect. 1re), ne peut avoir aucune influence sur une perception régulièrement faite. Déjà, à l'époque de la publication du *Répertoire*, la jurisprudence était fixée en ce sens (n°s 2746 et suiv.). Cette doctrine se trouve pleinement confirmée par celle des arrêts intervenus depuis lors. Il résulte, spécialement, de celui des chambres réunies du 12 mai 1870, cité *supra*, n° 1339, que l'homologation du partage après l'enregistrement de la licitation au droit proportionnel, ne rend pas ce droit restituable.

1348. Comme nous l'avons vu en traitant des règles générales (V. *supra*, n°s 138 et suiv.), l'Administration soutient que le principe de la non-restitution des droits régulièrement perçus, établi par l'art. 60 de la loi de frimaire an 7, s'applique, non seulement aux droits acquittés, mais aussi aux droits dus sur un acte et non perçus à l'enregistrement. Elle en conclut que ces droits supplémentaires peuvent être réclamés alors même qu'il est justifié de l'annulation de la convention à laquelle ils s'appliquent. Ainsi, elle prétend que le droit non perçu par erreur à l'enregistrement d'une adjudication sur licitation, peut être réclamé lors même que, d'après les attributions contenues dans un acte de partage intervenu postérieurement, ce droit ne se trouve plus exigible; cette prétention a été repoussée par un jugement du tribunal de Lille du 25 juin 1884 (aff. Devienne, D. P. 82. 3. 39). Elle est combattue également par M. Garnier, *Rép. gén. enreg.*, n° 10836. Il y a lieu de croire qu'elle ne sera pas reproduite en présence d'un arrêt récent de la cour de cassation qui a déclaré formellement « que les droits dus et les droits perçus ne sont pas placés sur la même ligne par le texte de la loi, puisque ce sont seulement les droits perçus, c'est-à-dire effectivement reçus, dont cette disposition (l'art. 60 de la loi de frimaire an 7) assure la fixité en les mettant à l'abri des événements ultérieurs, et qu'elle est tout à fait étrangère aux règles relatives à l'exigibilité des droits dus, mais non encore perçus; que, dès lors, l'obligation de payer les droits dus au Trésor public se trouve, conformément au droit commun, subordonnée à la condition résolutoire qu'il ne soit pas justifié, avant la perception, que le contrat qui les motive, aux termes de la loi fiscale, a cessé d'exister par suite d'une annulation prononcée en justice » (Civ. cass. 28 janv. 1890, aff. Hirou et Maxence, D. P. 90. 1. 177). Cet arrêt n'admet la non-restitution du droit que lorsque l'annulation du contrat a été prononcée en justice; mais, comme nous l'avons fait observer, sa doctrine est applicable, lors même que l'annulation résulte, comme dans l'espèce du jugement susénoncé du tribunal de Lille, d'une convention des parties, pourvu que la fraude ne puisse être suspectée (V. nos observations sur ce point, *supra*, n° 150).

h. — Supplément de droit.

1349. Le partage intervenu postérieurement à la licitation ne peut justifier la restitution du droit proportionnel perçu à l'enregistrement de cette licitation, lors même qu'il en attribue le prix au colicitant adjudicataire, soit pour la totalité, soit pour une part plus élevée que celle à laquelle ses droits ont été liquidés par le receveur. Dans le cas où la situation inverse se produit, c'est-à-dire lorsque le partage postérieur à la licitation n'attribue au colicitant adjudicataire qu'une part du prix inférieur à celle à laquelle ses droits ont été arrêtés pour la perception du droit proportionnel, un supplément de droit est-il dû sur la différence ? Ainsi, à l'enregistrement de la licitation, les droits de l'adjudicataire sur le prix, montant à 100000 fr., ont été liquidés à 1/2, soit 50000 fr., et, par suite, le droit proportionnel a été perçu sur l'autre moitié. Un partage postérieur fixe définitivement la part de l'adjudicataire dans ledit prix à 40000 fr. Un supplément de droit est-il dû sur la différence entre l'excédent de cette somme, soit 60000 fr., et celle de 50000 fr.

sur laquelle la perception a été établie, c'est-à-dire sur 10000 fr. ? La question est controversée.

A l'appui de l'exigibilité du supplément de droit, on allègue que, si la restitution n'a pas lieu, dans le cas où le partage la justifierait, c'est qu'une disposition spéciale interdit absolument toute restitution des droits d'enregistrement régulièrement perçus ; qu'il ne s'ensuit nullement que l'Administration ne puisse se prévaloir de l'événement ultérieur du partage pour rectifier une perception insuffisante ; qu'une perception régulière n'est définitive que vis-à-vis du contribuable ; qu'elle ne l'est jamais à l'égard du Trésor ; que la prescription seule fait obstacle à l'action du Trésor ; que le partage postérieur à la licitation fixe rétroactivement l'étendue des parts acquises, que les deux actes se confondent et que, si le partage détermine une valeur imposable supérieure à celle qui a été soumise au droit, un supplément de droit est dû sur la différence. On invoque, à l'appui de cette opinion, la jurisprudence suivant laquelle un supplément de droit est exigible pour les marchés, toutes les fois que le règlement définitif du prix est supérieur à l'évaluation qui en a été faite à l'enregistrement de la convention (Civ. rej. 4 avr. 1864, aff. Joly, D. P. 64. 1. 298 ; Req. 18 juill. 1870, aff. Compagnie parisienne du gaz, D. P. 71. 1. 157 ; Civ. cass. 25 juin 1873, aff. Perrichont, D. P. 74. 1. 30 ; Req. 29 déc. 1875, aff. Fortin-Hermann, D. P. 76. 1. 126 ; 1er août 1878, aff. Catil, D. P. 78. 1. 457). On se prévaut surtout de ce que, lorsque le partage de communauté, intervenu postérieurement à la déclaration de la succession de l'époux prédécédé, attribue à ses héritiers, dans les biens communs, une part excédant la moitié sur laquelle ils ont acquitté le droit de mutation, un supplément de droit est exigible sur la différence (Civ. cass. 5 mars 1883, aff. Fergon, D. P. 83. 1. 396, et la note). L'Administration a soutenu la prétention dont il s'agit dans une solution du 15 déc. 1883 (Journ. enreg., art. 22328) (Conf. Garnier, Rép. gén. enreg., n° 10837 ; Rép. pér. enreg., art. 6505).

Au soutien de l'opinion contraire, on fait observer que la perception faite sur une licitation ne peut être modifiée ultérieurement par un partage et donner lieu à un supplément de droit. En effet, dit-on, le partage et la licitation sont deux actes distincts ; ils ne peuvent avoir d'influence l'un sur l'autre qu'autant que le partage est présenté à l'enregistrement en même temps que la licitation. Le partage produit postérieurement ne peut donner lieu à la restitution des droits perçus sur la licitation, lors même qu'il en résulte que l'adjudication faite au colicitant ne dépassait pas sa part virile. Si d'une juste réciprocité qu'il n'y a point non plus d'influence sur la licitation pour donner lieu à un supplément de droit. Puisque les particuliers n'ont pas le droit d'invoquer contre l'Administration l'effet rétroactif du partage, on ne peut admettre que l'Administration ait le droit de l'invoquer contre eux. Le tribunal de la Seine s'est prononcé en ce sens par un jugement du 6 mai 1885 (Journ. enreg., art. 22496). — Tout en reconnaissant la force des arguments invoqués à l'appui de la demande d'un supplément de droit, les rédacteurs du Journal de l'enregistrement critiquent cette prétention, selon eux excessive, l'Administration, en la soutenant, appliquant à son profit exclusif une théorie de droit civil ainsi exacte, mais en même temps, très subtile (Journ. enreg., art. 22328). L'Administration s'est pas pourvue contre le jugement du tribunal de la Seine et paraît avoir abandonné sa prétention (V. Journ. enreg., art. 22496).

i. — Retrait d'indivision.

1350. L'art. 1408 c. civ. a établi, en règle générale, dans un premier alinéa, que l'acquisition faite pendant le mariage de portion d'un immeuble dont l'un des époux était propriétaire par indivis, ne forme point un conquêt. Le même article dispose, dans un second alinéa, que, dans le cas où le mari deviendrait seul et en son nom personnel, acquéreur ou adjudicataire de portion ou de totalité d'un immeuble appartenant par indivis à la femme, celle-ci, lors de la dissolution de la communauté, a le choix, ou d'abandonner l'effet de la communauté, ou de retirer l'immeuble. Cette dernière disposition a fait naître la question de savoir si, dans le cas qu'elle prévoit, la portion d'im-

meuble acquise devient la propriété de la communauté sous la condition résolutoire du retrait que la loi accorde à la femme la faculté d'exercer à la dissolution de la communauté ; ou bien si, au contraire, la portion acquise devient, par le seul fait de l'acquisition, propre à la femme comme celle qu'elle possédait déjà, sauf son droit d'abandon à la communauté à l'époque de sa dissolution. La solution de cette difficulté divise les auteurs et la jurisprudence (V. D. P. 79. 3. 111, note ; D. P. 86. 1. 249, note).

En matière civile, la cour de cassation a posé en principe (Civ. rej. 17 févr. 1886, aff. Commune de Bazas, D. P. 86. 1. 249), qu'audit cas le mari doit être réputé avoir agi pour le compte et dans l'intérêt de sa femme, tant que cette dernière n'a pas manifesté, en exerçant le droit d'option que la loi lui accorde, la volonté d'abandonner à la communauté la portion acquise (V. observ. conf. D. P. 79. 3. 111, note. V. supra, v° Contrat de mariage, n°s 260 et suiv.).

En droit fiscal, l'Administration a soutenu, jusque dans ces dernières années, pour la perception du droit de mutation, soit entre vifs, soit par décès, la doctrine contraire. Mais elle a abandonné cette interprétation à la suite de l'arrêt susénoncé du 17 févr. 1886, et a formellement adopté la doctrine de cette décision pour règle de perception, déclarant « en accepter toutes les conséquences au point de vue de la perception des droits » (Sol. adm. enreg., 4 sept. 1886, D. P. 88. 3. 79). — En conséquence, l'acquisition faite par le mari en son nom personnel, au cours de la communauté, de parts indivises d'un immeuble dont le surplus appartient à sa femme, étant considérée comme faite pour le compte de celle-ci, constitue une licitation lorsqu'elle fait cesser l'indivision et donne lieu, à ce titre, au droit de 4 fr. pour 100, et non à celui de 5 fr. 50 cent. pour 100 applicable aux ventes immobilières (Même solution. Conf. Trib. Nérac, 10 mars 1869, aff. Lescouzères, D. P. 70. 3. 113 ; Trib. Reims, 31 oct. 1855 et Trib. Altkirch, 10 déc. 1857, ibid. note). Et, par suite, si l'acquisition comprend la totalité de l'immeuble, le droit de 4 pour 100 n'est exigible que sur les parts acquises, déduction faite de la portion du prix applicable à la part précédemment indivise de la femme (Même jugement du 10 mars 1869).

1351. Il a été jugé, dans le même sens, que lorsqu'une licitation entre le mari survivant et les héritiers de la femme, le mari est devenu propriétaire de la totalité d'un immeuble dont il avait acquis une portion pendant la communauté, et qui appartenait, pour le surplus, à sa femme à titre successif, cette licitation constitue, en réalité, une vente sujette au droit de 5 fr. 50 cent. pour 100 (Civ. cass. 9 janv. 1854, aff. Limousin, D. P. 54. 1. 34), quoique l'option appartenant, audit cas, aux héritiers de la femme, d'abandonner l'immeuble à la communauté ou de le retirer en remboursant à la communauté le prix de l'acquisition, n'ait pas encore été exercée (Même arrêt).

1352. La cour de cassation s'est engagée plus loin, dans cette voie en décidant que, dans le cas où l'acquisition d'une ou de plusieurs parts d'un immeuble appartenant par indivis à un époux commun en biens, est faite par l'époux lui-même, mais par une société dont il est membre, la portion ainsi acquise appartient exclusivement à la société, tant qu'elle dure, et n'est par suite pour l'époux associé, ni un propre, ni un conquêt ; qu'en conséquence, l'autre époux doit être considéré n'ayant jamais eu aucun droit sur cet immeuble, si la communauté se trouve dissoute au moment de la dissolution, et que l'adjudication qui lui en est faite est impossible ; que le droit de mutation calculé sans déduction doit être comme (Civ. rej. 22 nov. 1853, aff. Blezh, D. P. 53. 1. 344). La doctrine de cet arrêt paraît se mouvoir être admise. En effet la communauté conjugale n'avait dans la société un intérêt qui s'est converti, à la dissolution de l'association, en droit de copropriété sur tous les biens composant l'actif social. La part du mari dans l'acquisition faite par la société appartenant à la communauté, la veuve adjudicataire ne devrait, comme commune en biens avec son mari, le droit de mutation que sur moitié de cette part (V. D. P. 85. 3. 72).

La question s'étant reproduite, il a été jugé, dans le sens de ces observations, d'abord par le tribunal de Lyon, le

4 avr. 1884 (aff. Satre, D. P. 85. 3. 72), puis, sur le pourvoi formé contre ce jugement (Civ. rej. 12 févr. 1890, aff. Satre, D. P. 90. 1. 204) que l'adjudication des immeubles d'une société en nom collectif, à la suite de sa dissolution et après le décès de la femme d'un associé marié sous le régime de la communauté, lorsqu'elle est prononcée au profit de cet associé, donne lieu au droit proportionnel sur le prix, déduction faite de sa part, mais non de celle des représentants de sa femme.

N° 6. — Pactes de réméré et retraits (Rép. n°s 2756 à 2800)

1353. Il est traité au *Répertoire* sous ce titre, de la *vente à réméré* (n°s 2757 à 2761), du *retrait de réméré* (n°s 2762 à 2793), du *retrait successoral* (n°s 2794 à 2798), du retrait *litigieux* (n° 2799), enfin du retrait exercé par le vendeur, ce a autorisé, de la chose vendue sur tout acquéreur (n° 2800). Nous n'avons rien à ajouter à ce qui a été dit au *Répertoire* sur ces deux derniers cas de retrait.

A. — Retrait de réméré.

1354. La vente à réméré opère une mutation actuelle sous condition résolutoire et donne lieu, par suite, au droit ordinaire de vente à 5 fr. 50 cent. pour 100 (*Rép.* n° 2757). Le retrait de réméré ne donne ouverture qu'au droit de libération à 50 cent. pour 100, lorsqu'il est fait dans le délai stipulé (L. 22 frim. an 7, art. 69, § 2, n° 11) (*Rép.* n° 2762). Dans ce cas, le contrat primitif est considéré comme un prêt à la sûreté duquel l'immeuble était engagé (*Ibid.*). « Ce système, dit M. Demante, se justifie mieux par des considérations d'économie sociale que par des arguments de pur droit civil. La position des vendeurs à réméré est digne de grande faveur. En réalité, la vente à réméré, c'est le crédit foncier à l'état rudimentaire. Le vendeur est un emprunteur, l'acheteur un prêteur à gros intérêts. Ce contrat est surtout usité dans les campagnes par les petits propriétaires. Il serait équitable de le dégrever par mesure législative... » (t. 1, n° 174. V. aussi Naquet, t. 1, n° 327).

1355. La loi n'a rien prescrit relativement à la *forme* dans laquelle le retrait doit être exercé : il peut donc avoir lieu, par acte authentique ou privé, verbalement ou par voie d'action (*Rép.* n° 2768).

En ce qui concerne les actes sous seing privé, l'art. 69, § 2, n° 11, de la loi du 22 frim. an 7 n'appliquant le droit de 50 cent. pour 100 qu'aux « retraits exercés en vertu de réméré par actes publics, dans les délais stipulés, ou faits sous signature privée, et présentés à l'enregistrement avant l'expiration de ces délais », la question s'est élevée de savoir si l'application du tarif de 50 cent. pour 100 est limitée aux actes enregistrés avant l'expiration du délai ou si elle doit être étendue à tous ceux qui ont acquis en temps utile date certaine d'une autre manière, c'est-à-dire par le décès de l'un des contractants ou l'énonciation de l'acte dans un acte public (c. civ. art. 1328). Cette dernière interprétation a été soutenue au *Rép. loc. cit.* contrairement à celle enseignée dans le *Dictionnaire des droits d'enregistrement,* 2e éd. ; mais cette dernière doctrine a été abandonnée dans la 3e éd. de cet ouvrage, il y est reconnu formellement que, dès que l'acte sous seing privé par lequel le retrait est exercé a acquis date certaine d'une façon quelconque avant l'expiration du délai, le droit de 50 cent. pour 100 est applicable (*Diction. droits d'enreg.,* v° *Réméré,* n° 77). La doctrine est aujourd'hui unanime sur ce point (Garnier, *Rép. gén. enreg.,* n° 13872 ; Demante, t. 1, n° 172 ; Naquet, t. 1, n° 331).

1356. En thèse générale, le retrait est exercé par le vendeur. S'il est exercé par un cessionnaire du vendeur, il donne lieu au droit de vente à 5 fr. 50 cent. pour 100, car ce cessionnaire ne peut devenir propriétaire de l'immeuble retrayé qu'en acquittant l'impôt (*Rép.* n° 2774). Mais, est-il ajouté au *Répertoire,* s'il a été perçu sur l'acte de cession un droit anticipé de mutation comme tendant à l'acquisition d'un immeuble, le cessionnaire ne doit plus, pour le rachat, que le droit de libération à 50 cent. pour 100, parce qu'il prend la place du vendeur et que la même mutation ne peut être assujettie à deux droits (*Ibid.*). Quelques éclaircissements sont nécessaires sur ce dernier point.

1357. La faculté de réméré constitue entre les mains du vendeur un droit qu'il peut céder à prix d'argent. S'il consent cette cession *au profit de l'acquéreur* lui-même, le prix stipulé représente le complément au prix de la vente à réméré et le droit de 5 fr. 50 cent. pour 100 est dû (M. Demante, t. 1, n° 296 ; Naquet, t. 1, n° 334).

1358. Si la cession est faite *au profit d'un tiers,* le droit de 5 fr. 50 cent. est également dû, suivant une solution de l'Administration du 28 févr. 1866 (Garnier, *Rép. gén. enreg.,* n° 13854-2°), mais seulement sur le prix de la cession, et non pas, en outre, sur le prix stipulé dans l'acte de vente à réméré pour le rachat, car le cessionnaire de la faculté de rachat est entièrement libre d'exercer ou non le réméré, et le payement du prix stipulé pour le rachat est la condition de l'exercice de cette faculté, non une charge devant être ajoutée au prix de la cession (Demante, t. 1, n° 296). Si cependant le droit de 5 fr. 50 cent. pour 100 avait été perçu à l'enregistrement de la cession sur le prix stipulé pour le rachat, il est clair que, lorsque le cessionnaire exercerait le retrait de réméré, il n'aurait pas à l'acquitter une seconde fois. C'est l'hypothèse prévue au *Répertoire.*

1359. M. Naquet, t. 1, n° 334, nie que, dans le cas de cession par le vendeur de la faculté de rachat à un tiers, le droit de 5 fr. 50 cent. soit dû sur le prix stipulé. « Il n'est dû, dit-il, qu'un droit fixe. Quel est, en effet, le caractère du droit que cède le vendeur ? C'est un droit de propriété sous condition suspensive. Or, puisque la vente d'une chose sous condition suspensive n'est pas tarifée au droit proportionnel, comment pourrait-on exiger ce droit sur la transmission postérieure qui se produit ? Je suis plein propriétaire et je vends sous condition suspensive. L'acquéreur ne doit point l'impôt de mutation ! Mais cet acquéreur transmet le droit qu'il a acheté ; à quel titre imposerait-on cette seconde transmission quand la première est exemptée ? » On peut invoquer, à l'appui de cette opinion, la jurisprudence de la cour de cassation suivant laquelle le droit de 5 fr. 50 cent. n'est pas dû sur le prix stipulé pour la cession du droit résultant d'une promesse de vente d'immeuble (V. *suprà,* n° 1104). Mais, comme on l'a vu *ibid.,* nous soutenons, avec toute la doctrine, que les cessions de l'espèce, ayant pour objet un droit immobilier, donnent lieu au droit de 5 fr. 50 cent. pour 100 sur le prix stipulé. Il nous paraît y avoir lieu de reconnaître, par analogie, que la perception de ce droit sur la cession de la faculté de réméré est justifiée. M. Naquet admet cette perception, lorsque c'est à l'acquéreur lui-même que la cession de la faculté de rachat est faite, parce qu'elle représente le complément du prix de la vente à réméré. Or, il y a même raison de décider pour le cas où la cession est faite à un tiers. Si, en effet, ce tiers paye une certaine somme pour acquérir la faculté de rachat, c'est certainement qu'il estime que cette somme et celle qu'il lui faudra débourser pour exercer le retrait n'excèdent pas réunies la valeur vénale de l'immeuble.

Aussi considérons-nous comme justifiée une solution de l'Administration aux termes de laquelle si le même individu achète simultanément, du vendeur la faculté de rachat, et de l'acquéreur sa propriété, moyennant des prix distincts, le droit proportionnel de cession est exigible sur les deux prix, puisque chacun d'eux correspond à l'aliénation d'un objet parfaitement distinct (Sol. adm. enreg. 4 mai 1854, Garnier, *Rép. gén. enreg.,* n° 13854), et que, ajoutons-nous, leur réunion représente la valeur vénale de l'immeuble.

1360. Le retrait exercé par un créancier du vendeur, au nom de celui-ci, en vertu et dans les termes de l'art. 2066 c. civ., ne donne pas ouverture au droit de mutation (*Rép.* n° 2777). Mais, comme cela est enseigné au *Rép. ibid.,* et ainsi que l'a décidé le tribunal de Blois au jugement du 23 janv. 1868, ce droit est dû au taux de 5 fr. 50 cent. pour 100 si, au lieu d'agir en vertu de l'art. 1166 et pour le compte de son débiteur, le créancier exerce le retrait pour son compte personnel, en vertu d'une convention particulière passée entre lui et ce dernier (*Diction. droits d'enreg.,* v° *Réméré,* n° 88 ; Garnier, *Rép. gén. enreg.,* n° 13878).

1361. Il a été jugé que la clause par laquelle les coacquéreurs d'un immeuble prennent l'engagement de rester dans l'indivision pendant cinq ans, et de ne pas vendre cet immeuble à d'autres qu'au vendeur, durant cette période, constitue un pacte de préférence, et non un pacte de réméré. Par suite, le droit proportionnel de rétrocession a été exigé sur l'acte constatant le rachat opéré par le vendeur (Trib. Bernay, 13 juill. 1881, *Journ. enreg.*, art. 22260). En effet, comme l'exprime ce jugement, « la clause en question, ne donne pas au vendeur le droit de reprendre sa chose par l'effet de sa seule volonté, ni indépendamment de tout consentement de la part de l'acquéreur » ; il n'y avait donc pas de condition résolutoire affectant le contrat de vente ; les coacquéreurs étaient libres de rétrocéder ou de ne pas rétrocéder au vendeur la propriété de la chose vendue.

B. — Retrait successoral.

1362. Le retrait successoral ne donne ouverture qu'au droit de 50 cent. pour 100 ; mais il faut qu'il s'agisse d'un retrait successoral véritable. L'acte constituerait une cession dans le cas où l'on reconnaîtrait que, le cessionnaire n'ayant pas eu droit d'intervenir au partage, les héritiers n'avaient aucun intérêt à exercer le retrait (*Rép.* n° 2798). Ainsi lorsqu'au décès d'une veuve, les héritiers du mari se trouvant, pour les besoins de certaines conventions, appelés par moitié au partage de la succession, il arrive qu'un de ces héritiers ait cédé ses droits successifs à un tiers, la rétrocession qui est faite par celui-ci à un des héritiers de la femme, est passible du droit proportionnel exigible sur les transports ordinaires, le retrait successoral ne pouvant avoir lieu qu'entre cohéritiers (Trib. Rambouillet, 11 mai 1855, aff. Morisot, D. P. 55. 3. 55).

§ 2. — *Transmissions mobilières; Ventes, adjudications, résolutions, déclarations de command, partages avec soulte et par licitation, réméré; Ventes publiques; Ventes de fonds de commerce et de clientèles; Droit de transmission* (*Rép.* n°s 2801 à 2960).

1363. Le *Répertoire* ne s'est point occupé ici du caractère distinctif et des éléments de perfection des conventions renfermant une *transmission mobilière*. Les règles étant, sous ce rapport, les mêmes pour les conventions que pour celles portant transmission *immobilière*, il s'est référé au précédent paragraphe. Il a été traité, sous la rubrique ci-dessus, des questions se rapportant spécialement aux transmissions mobilières et concernant les règles de perception du tarif et de certaines conventions qui donnent lieu, en tant que se rapportant à des meubles, à des observations particulières (*Rép.* n° 2801).

Depuis la publication du *Répertoire*, le législateur a réglé, par des lois spéciales, la perception du droit proportionnel à l'égard de deux espèces de transmissions mobilières : les cessions d'actions et d'obligations des sociétés, compagnies ou entreprises françaises et étrangères, financières, industrielles, commerciales ou civiles, ainsi que celles des obligations des départements, communes et établissements publics, que la loi du 23 juin 1857 et d'autres, postérieures, ont assujetties à un droit qu'elle a créé sous le titre *de droit de transmission* et qui se perçoit suivant un mode spécial, les *ventes de fonds de commerce et de clientèles* que la loi du 28 févr. 1872 a assujetties à l'impôt dans un délai déterminé, lors même qu'elles ont lieu par simple convention verbale. Nous traiterons, dans des divisions particulières, de ces deux espèces de transmissions.

N° 1. — Règle de perception.

1364. Les transmissions mobilières sont assujetties, comme les transmissions immobilières, au droit proportionnel de mutation ; mais il y a, quant à la perception de ce droit, cette différence essentielle entre les deux natures de transmissions, que l'impôt est dû, pour celles se rapportant à des immeubles, par le seul fait de l'existence de la mutation, tandis que, pour les transmissions mobilières, il ne représente qu'un simple *droit d'acte* et n'est exigible que lorsqu'un acte formant titre est présenté à la formalité. Toutefois, purement facultative à l'égard des actes sous seing privé, la formalité devient obligatoire pour ceux de ces actes dont il est fait usage en justice ou devant un officier public (*Rép.* n° 5195); elle est encore obligatoire... en premier

lieu, lorsque la transmission mobilière se trouve constatée par *acte authentique* ou dans un *jugement*, parce que les actes authentiques et les jugements y sont assujettis dans un délai déterminé, à peine d'amende (*Rép.* n°s 4963 et suiv.); en second lieu, pour les transmissions mobilières qui s'opèrent *par décès*, parce que les héritiers, donataires et légataires sont tenus de les déclarer, pour la perception de l'impôt, également dans un délai déterminé (*Ibid.*). Ce n'est point par exception que les transmissions mobilières sont soumises dans ces différents cas au prélèvement du droit proportionnel, c'est par l'effet des dispositions générales de la loi constitutive de l'impôt, parce que, d'après ces dispositions, la formalité est obligatoire et qu'elle ne peut jamais être remplie que moyennant payement du droit applicable à la convention qui y est soumise.

Mais deux véritables exceptions ont été apportées à la loi fiscale sur ce point. L'une résulte de la création du *droit de transmission* dont il est question *suprà*, n° 1363. La perception de cet impôt a été organisée spécialement de telle sorte qu'il est perçu à chaque mutation des titres. L'autre exception a été introduite dans la législation, à la suite des événements de 1870-1871, par les art. 7, 8 et 9 de la loi du 28 févr. 1872. Cette loi a assimilé aux transmissions immobilières, relativement à l'exigibilité du droit proportionnel et à la preuve de la transmission, les *mutations de propriété de fonds de commerce et de clientèles*, en disposant que le droit proportionnel applicable à ces mutations serait acquitté lors même qu'elles ont lieu par simple convention verbale, dans un délai déterminé, et ce sous les mêmes sanctions que celles édictées pour les transmissions immobilières. Nous avons déjà mentionné cette grave innovation, lorsque nous avons étudié ces dernières mutations (V. *suprà*, n°s 1020 et suiv.). Nous placerons à la fin du présent paragraphe le commentaire des dispositions concernant les *ventes de fonds de commerce et de clientèles* (V. *infrà*, n°s 1522 et suiv.).

1365. Par suite de la législation nouvelle concernant la perception du droit proportionnel sur les mutations de propriété de fonds de commerce et de clientèles et qui assurent l'assujettissement de toutes les mutations de l'espèce à l'impôt dans un délai déterminé, les solutions rapportées au *Rép.* n° 2805 concernant l'exigibilité du droit sur les *déclarations d'apports contenues dans les contrats de mariage*, ne peuvent plus être appliquées aux déclarations révélant une vente de fonds de commerce ou de clientèle ; mais elles présentent la même importance doctrinale que par le passé dans tous les cas où elles se rapportent à une vente de meubles autres que les fonds de commerce et les clientèles. Il résulte de ces décisions que la déclaration d'apport par le futur d'un objet mobilier qui lui a été vendu, moyennant un prix déterminé, ne peut être assujettie au droit proportionnel de vente mobilière, parce que, émanée de l'une seulement des parties, elle ne forme pas titre de la convention. M. Garnier s'est prononcé dans le même sens (*Rép. gén. enreg.*, n° 5206). Cet auteur mentionne une solution de l'administration de l'enregistrement du 23 janv. 1857 qui a repoussé également la perception du droit proportionnel de vente mobilière sur une déclaration d'apport révélant une transmission de cette nature opérée au profit du futur, quoiqu'elle ait été faite en présence du vendeur qui avait signé le contrat en qualité de témoin honoraire (*Ibid.*).

1366. À l'égard de la *reconnaissance* de sommes causée pour *prix de vente d'objets mobiliers*, il est enseigné au *Rép.* n° 2805 qu'elle ne donne pas lieu au droit proportionnel de mutation, lorsqu'elle est étrangère au vendeur, c'est-à-dire lorsqu'elle ne forme pas titre. La question de savoir si c'est le droit d'obligation à 1 fr. pour 100 ou celui de vente mobilière à 2 fr. pour 100 qui est applicable dans ce cas, a été longtemps discutée. Comme nous l'avons vu *suprà*, n° 714, l'Administration de l'enregistrement reconnaît aujourd'hui qu'il n'est dû que le droit d'obligation à 1 fr. pour 100, à moins que la reconnaissance ne soit susceptible d'être considérée comme formant le titre même de la vente, cas auquel le droit de vente à 2 fr. pour 100 lui est applicable (Sol. adm. enreg. 22 déc. 1887, D. P. 88. 3. 120). Il a été jugé, en ce sens, que la disposition d'un partage de succession par laquelle un des cohéritiers se reconnaît débiteur envers le défunt de tout ou partie du prix d'une vente de meubles non constatée par acte enregistré donne lieu au droit de 2 fr. pour 100 sur le prix de cette vente, attendu qu'une telle déclaration est de nature à faire titre entre les parties (Trib. Tours, 19 août 1864, aff. Chereau, D. P. 65. 3. 16).

1367. L'acte sous seing privé portant cession de valeurs mobilières, présenté volontairement à la formalité de l'enregistrement, donne lieu au droit proportionnel, encore bien qu'il ne soit revêtu que de la signature du cédant (Civ. rej. 23 mai 1853, aff. Oppenheim, D. P. 53. 1. 337. V. *suprà*, n°ˢ 116 et suiv.).

N° 2. — *Tarif.*

1368. Les dispositions de la loi du 22 frim. an 7 (art. 69, § 5) qui tarifent au droit proportionnel de 2 pour 100 les actes translatifs de propriété à titre onéreux de meubles et autres objets mobiliers généralement quelconques (n° 1), les adjudications à la folle enchère de biens meubles (*ibid.*), les élections ou déclarations de command ou d'ami sur adjudication ou contrat de vente de biens meubles (n° 4), les parts et portions acquises par licitation de biens meubles indivis (n° 6), les retours de partages de biens meubles (n° 7), sont rapportées au *Rép.* n° 2811.

Ce tarif comporte diverses exceptions. Nous avons vu déjà, lorsque nous avons étudié les règles de la perception des droits fixes, deux de ces exceptions concernant, l'une les *ventes de meubles, marchandises neuves et objets mobiliers* auxquels il est procédé après déclaration de faillite (V. *suprà*, n°ˢ 413 et suiv.), l'autre les *ventes de navires, de débris de navires* et de *marchandises avariées* (V. *suprà*, n°ˢ 427 et suiv.).

Nous verrons le cas plus loin, lorsque nous nous occuperons des *ventes publiques*, une troisième exception se rapportant aux *ventes aux enchères, en gros, de marchandises neuves* (V. *infrà*, n°ˢ 1416 et suiv.).

En étudiant l'application des droits aux marchés, nous avons constaté, d'une part, que, par une faveur spéciale établie au profit des *marchés administratifs* comprenant, non seulement les marchés dont le prix est supporté par le Trésor public, mais encore ceux à la charge des départements, des communes et des établissements publics, le droit proportionnel est de 1 pour 100, lors même qu'il s'agit d'un marché de fournitures, c'est-à-dire, en réalité, d'une vente mobilière (V. *suprà*, n° 972); d'autre part, que, pour les marchés entre particuliers, d'après une disposition spéciale (L. 11 juin 1859, art. 22), ceux de ces marchés et traités qui sont faits sous signatures privées, et réputés *actes de commerce*, sont enregistrés *provisoirement* au droit fixe et ne sont sujets au droit proportionnel que lorsqu'un jugement intervient sur ces actes ou qu'un acte public est fait ou rédigé en conséquence (V. *suprà*, n°ˢ 957 et suiv.).

1369. Les lois qui ont constitué le *droit de transmission* applicable aux cessions d'actions et d'obligations des sociétés etc. (V. *suprà*, n° 1363), ont établi un tarif et un mode spécial également de perception (V. *infrà*, n°ˢ 1449 et suiv.). La loi du 28 févr. 1872 qui a assujetti à l'enregistrement dans les trois mois de leur date, lors même qu'elles ont lieu verbalement, les *mutations de propriété à titre onéreux de fonds de commerce ou de clientèle*, a laissé ces mutations sous l'application du droit ordinaire de 2 pour 100 (art. 7); mais elle a disposé que les « *marchandises neuves garnissant le fonds* ne seront assujetties qu'à un droit de 50 cent. pour 100, à condition qu'il sera stipulé, pour elles un prix particulier et qu'elles seront désignées et estimées, article par article, dans le contrat ou dans la déclaration. » (*Ibid.*)

Enfin les ventes auxquelles il est procédé par l'Administration des *monts-de-piété* sont exemptes d'enregistrement (L. 24 juin 1851, art. 8, D. P. 51. 4. 134).

N° 3. — *Marchés-ventes* (Rép. n°ˢ 2814 à 2819).

1370. Nous avons établi ci-dessus, lorsque nous avons étudié les règles de perception applicables aux marchés (V. *suprà*, n°ˢ 956 et suiv.), que ces règles diffèrent suivant qu'il s'agit des marchés *entre particuliers* (V. *ibid.*, n°ˢ 957 et suiv.) ou des marchés *administratifs* (V. *ibid.*, n°ˢ 972 et suiv.), que le droit de 1 pour 100 auquel sont assujettis les premiers, ne s'applique qu'aux marchés-

louages, à l'exclusion des *marchés-ventes* qui, opérant une transmission mobilière, donnent lieu au droit de 2 pour 100 (V. *ibid.*, n° 957), que les marchés *administratifs*, par une exception de faveur, aussi bien ceux constituant des marchés-ventes que ceux qui ne sont que de simples marchés-louages, ne sont assujettis qu'au droit proportionnel de 1 pour 100; qu'il n'en est ainsi, toutefois, l'exception étant établie seulement en faveur du département, des communes et des établissements publics, que pour les marchés dont le prix est à leur charge, qu'à l'égard de ceux dont le prix est stipulé à leur profit, l'exception cesse d'être applicable et le droit de 2 pour 100 est dû conformément à la règle générale.

Il n'est question ici que des marchés-ventes donnant lieu au droit proportionnel de 2 pour 100, c'est-à-dire des marchés privés passés entre particuliers seulement, et des marchés administratifs, lorsque le prix est payable par le particulier qui a contracté avec un département, une commune, ou un établissement public.

1371. Le marché-vente se confond avec la vente quant au but qui, dans les deux conventions, est la transmission d'une chose moyennant un prix; mais il s'en distingue, notamment, en ce qu'on ne peut vendre actuellement que ce qui est actuel, parce qu'il n'y a pas de vente sans transmission immédiate de la propriété, tandis que, dans le marché, il suffit que les choses qui en font l'objet soient déterminées quant à leur espèce, parce qu'il n'est pas de l'essence de cette convention d'opérer actuellement la transmission (*Rép.* n° 2817). D'où la conséquence, en droit fiscal, qu'un acte qui, considéré comme vente, pourrait ne pas donner ouverture au droit proportionnel, justifie, considéré comme marché, cette perception (*Rép.* n° 2818). « Le marché, dit également M. Naquet, t. 1, n° 357, n'est autre chose qu'une vente non translative de propriété : c'est une convention par laquelle on s'oblige à livrer, moyennant un prix, une certaine quantité de choses ou d'objets mobiliers quelconques. Ainsi les deux conventions se rapprochent en ce que, dans chacune, l'acheteur veut acquérir la propriété d'une chose, mais elles diffèrent l'une de l'autre, en ce que, dans la vente, la transmission est le but direct et immédiat du contrat, tandis que, dans le marché, elle n'est que le but médiat ou indirect. Sous une autre forme, la vente est un contrat translatif de propriété, le marché un contrat productif d'obligations. — Le marché est tarifé à 2 pour 100, comme la vente, mais il faut le distinguer du louage qui, dans un certain cas, est dénommé de la même façon; le marché-louage n'est, en effet, soumis qu'à un impôt de 1 pour 100. Le *marché-vente* suppose l'obligation de transférer la propriété de fournitures et de marchandises pour un prix, tandis que le *marché-louage* n'a pour but que la confection d'un ouvrage qui peut être même une construction. »

1372. Nous avons déjà rencontré différentes conventions au sujet desquelles l'application du droit de 2 pour 100 établi pour les marchés-ventes a été discutée. Ainsi, nous avons vu :... que les marchés passés entre les administrations départementales et municipales ou les établissements publics et les particuliers pour l'*enlèvement des boues, vidanges et immondices* des rues et places de la ville, constituent des marchés-louages passibles du droit de 1 pour 100, et non des marchés-ventes sujets au droit de 2 pour 100 (V. *suprà*, n° 950);... que le traité portant cession des droits résultant d'une *concession de chemin de fer* ne donne lieu qu'au droit proportionnel de 2 pour 100, attendu que les chemins de fer construits ou concédés par l'Etat, sont une dépendance du domaine public, et que les compagnies concessionnaires n'en ont que l'exploitation (V. *suprà*, n° 1008);... que les marchés passés entre les administrations départementales et communales ou les établissements publics, portant *concession d'eaux*, sont de véritables marchés-ventes passibles du droit de 2 pour 100, lorsque le prix est à la charge de particuliers, et de celui de 1 pour 100, lorsque le prix doit être supporté par le département, la commune ou l'établissement public (V. *suprà*, n°ˢ 1000 et suiv.);... que, toutefois, les *concessions d'eaux* donnent ouverture au droit de vente immobilière à 5 fr. 50 cent. pour 100, lorsqu'elles emportent transmission d'un droit réel et immobilier (V. *suprà*, n° 1077);... que la convention entre particuliers qui a pour objet une fourniture d'eau, spécialement lorsque celui qui souscrit l'en-

gagement doit ne livrer l'eau qu'après l'avoir captée, travaillée, clarifiée, filtrée, constitue un marché-vente passible du droit de 2 pour 100; mais que si l'objet du contrat n'est plus l'eau elle-même pour être conservée et consommée, mais la force motrice résultant de son emploi momentané dans des conditions déterminées, emploi obtenu par suite de l'exécution de travaux spéciaux d'aménagement, le contrat constitue un simple bail d'ouvrage et d'industrie (V. *suprà*, n° 947);
... que la transmission, moyennant un prix déterminé, des droits résultant de diverses *concessions de canaux d'irrigation*, doit être considérée, pour la perception du droit d'enregistrement, comme vente immobilière et non comme vente mobilière, alors que les concessions comprennent, d'après les décrets qui les ont faites, la propriété même des canaux pendant un temps fixé, et que les concessionnaires primitifs ont hypothéqué et donné leurs droits en antichrèse (V. *suprà*, n° 1078); ... que la cession aux riverains d'un canal d'irrigation, par la compagnie concessionnaire, du droit de prendre l'eau nécessaire à l'arrosement de leurs propriétés ne donne lieu qu'au droit de bail à 20 cent. pour 100, alors qu'elle est faite pour une durée limitée et à titre de bail (V. *suprà*, n° 1079).

1373. Il a encore été décidé : 1° que la convention par laquelle des *planteurs* s'engagent envers une société formée pour l'exploitation d'une usine à sucre et de laquelle tous ne sont pas membres, à livrer à cette société, pendant un certain nombre d'années, toutes les cannes produites par leurs habitations, moyennant un prix fixé par un tarif, ne peut, bien que relative à des récoltes futures, être considérée comme une vente sous condition suspensive; elle est par elle-même et immédiatement productive d'obligations et constitue un marché-vente, passible à ce titre du droit proportionnel (Civ. cass. 20 avr. 1870, aff. Jonque et autres, D. P. 70. 1. 397); — 2° Que la disposition du cahier des charges de l'adjudication d'un service public (*lits militaires*) qui oblige l'adjudicataire à reprendre pour son compte, à titre de cession définitive et au prix qui sera fixé par experts, les objets mobiliers employés dans ce service par l'entrepreneur sortant, lequel est tenu par son cahier des charges de les céder, a été considérée à bon droit comme opérant mutation de propriété du matériel ainsi transmis et donna lieu, en conséquence, au droit proportionnel de 2 pour 100 pour vente mobilière, encore bien que le cahier des charges impose à l'adjudicataire l'obligation de conserver ce matériel pendant toute la durée du marché, et de le transmettre à l'expiration soit à un successeur, soit à l'Etat (Civ. rej. 4 août 1869, aff. Ch. Laffitte, D. P. 70. 1. 36. V. dans le même sens : Civ. rej. 23 nov. 1870, aff. Vallée, D. P. 70. 5. 145); — 3° Que la *concession d'un péage* moyennant la construction d'un pont tend, au point de vue de la perception du droit d'enregistrement, un marché conférant au concessionnaire un droit mobilier, et que, par suite, le transport que le concessionnaire fait à un tiers du droit d'exploiter le péage constitue, s'il comprend sans réserve toutes les années qui restent à courir, non une cession de bail, mais une vente de droits mobiliers (Trib. Bergerac, 7 juin 1867, aff. hér. G..., D.P. 68. 3. 39; Trib. Seine, 6 janv. 1865, aff. Brunet, D. P. 66. 3. 38. Comp. *Rép.* n° 3095).

1374. Du principe posé *suprà*, n° 1371, que le marché-vente est productif d'obligations et non translatif de propriété, il suit que la *résolution judiciaire ou même volontaire* de ce contrat avant son exécution, n'opérant pas transmission de propriété, ne donne pas lieu au droit proportionnel (*Rép.* n° 2819). C'est là un point constant (Conf. *Diction. droits d'enreg.*, v° *Marché*, n° 287; Garnier, *Rép. gén. enreg.*, n° 11253; Demante, t. 1, n° 282; Naquet, t. 1, n° 362.

Il en serait autrement si le marché-vente avait été exécuté. Dans ce cas, la propriété aurait été acquise à l'acheteur et la résolution du contrat opérerait une nouvelle transmission qui donnerait lieu au droit proportionnel. Cependant, il a été jugé que lorsque des entrepreneurs, après avoir exécuté un marché par lequel ils s'étaient engagés à construire un abattoir pour une ville, abandonnent à cette ville le droit qui leur avait été concédé d'exploiter l'abattoir à leur profit pendant soixante ans, cette renonciation n'opère pas une transmission et ne donne pas lieu, par suite, au droit de 2 pour 100, attendu que la ville devance seulement l'époque à laquelle l'exploitation de l'abattoir devait lui revenir, et qu'elle ne

fait aucune acquisition (Trib. Seine, 16 mai 1858, *Journ. enreg.*, art. 18678; Garnier, *Rép. pér. enreg.*, art. 2768). — V. observations dans le sens de la perception du droit de 2 pour 100, motivées sur ce que la ville était rentrée dans la propriété du privilège qu'elle avait aliéné, de percevoir les taxes municipales et que, par suite, la renonciation des entrepreneurs avait opéré à son profit une mutation (Garnier, *Rép. gén. enreg.*, *ibid.*; *Diction. droits d'enreg.*, *loc. cit.*, n° 290).

1375. La *cession*, par un entrepreneur, des droits résultant à son profit d'un marché contracté par lui, constitue une vente mobilière sujette au droit de 2 pour 100 (V. *suprà*, n° 1008).

N° 4. — *Pacte de rachat* (*Rép.* n° 2820).

1376. La faculté de rachat peut être stipulée dans les ventes de meubles aussi bien que dans les ventes d'immeubles. Les règles de perception sont les mêmes dans les deux cas : la quotité du droit seule varie; il est ... de 2 pour 100, au lieu de 5 fr. 50 cent. pour 100, sur la vente et aussi sur le retrait, lorsqu'il n'est pas exercé dans le délai; ... de 50 cent. pour 100, lorsqu'il a lieu dans le délai, qu'il s'agisse d'une vente mobilière ou d'une vente immobilière (*Rép.* n° 2820). Ainsi le retrait à réméré d'une *créance* donne lieu au droit de libération à 50 cent. pour 100, lorsqu'il est exercé dans le délai (Délib. adm. enreg. 7 janv. 1826, *Dictionn. droits d'enreg.*, v° *Réméré*, n° 57), et au droit de transport de créance à 1 pour 100, lorsqu'il est opéré après l'expiration du délai (Trib. Rethel, 28 déc. 1848, *ibid.*).

N° 5. — *Partages* (*Rép.* n°s 2821 à 2834).

1377. Pour l'application du droit gradué comme avant l'établissement de ce nouvel impôt, pour la perception du droit fixe (*Rép.* n° 2821), il n'y a aucune distinction à faire entre les partages de biens meubles et ceux d'immeubles. Les règles de perception sont les mêmes. L'art. 1er-5° de la loi du 28 févr. 1872 soumet indistinctement au droit gradué sur « le montant de l'actif net partagé », « les partages de biens meubles et immeubles entre copropriétaires, cohéritiers et coassociés, à quelque titre que ce soit ».

Comme cela est établi *suprà*, n° 1289, les retours de partages de biens meubles, ainsi que les parts et portions de ces mêmes biens acquises par licitation, donnent lieu au droit de 2 pour 100.

1378. En ce qui concerne les *partages avec soulte*, il est enseigné au *Rép.* n° 2825, que, lorsque le copartageant mieux loti reçoit en *créances* l'excédent d'attributions, le droit proportionnel est dû au lieu de 1 pour 100, et non à celui de 2 pour 100. C'est là une application de la règle générale suivant laquelle les soultes s'imputent, pour la perception du droit proportionnel, de la manière la plus favorable au contribuable, sur les valeurs qui donnent ouverture au droit le moins élevé, d'abord sur celles qui sont affranchies de l'impôt, telles que les rentes sur l'Etat (*Rép.* n° 4926), lorsqu'il s'en trouve dans le lot chargé de soulte, puis sur les créances, ensuite sur les meubles et capitaux de rentes sur les particuliers, enfin sur les immeubles, et le droit proportionnel est perçu au taux fixé pour les différentes natures de biens (*Rép.* n° 2964. V. *suprà*, n° 1322).

1379. La question de savoir si les *fruits, revenus et intérêts* produits par les biens de l'hérédité et qui sont ajoutés à la masse à partager, doivent être considérés, pour la perception du droit de soulte, comme dépendant de l'hérédité, a été longtemps controversée. Mais l'affirmative a définitivement prévalu, conformément à l'opinion enseignée au *Rép.* n° 2826, ainsi que nous l'avons vu *suprà*, n° 1321.

1380. A l'égard du *partage par licitation* de biens meubles, l'administration de l'enregistrement soutient qu'une distinction doit être faite pour la perception du droit proportionnel. Suivant elle, toutes les fois que la vente se fait par lots ou articles et qu'il est rédigé un simple procès-verbal que les acheteurs ne signent jamais, il y a *vente à l'encan* proprement dite, et, dès lors, le droit proportionnel doit être perçu, conformément à l'art. 6 de la loi du 22 pluv. an 7 qui régit spécialement les ventes publiques de meubles, « sur le montant des sommes que contiendra cumulativement le procès-verbal », sans déduction aucune du prix des objets achetés par les vendeurs. Lorsqu'il s'agit d'un *fonds de commerce* ou de tout autre *objet de grande valeur et impartageable* que les cohéritiers ou copropriétaires indivis font vendre en forme de licitation, la perception doit être établie conformément à la loi de frimaire an 7 et, par suite, en ce qui concerne les objets acquis par des colicitants, seulement sur les parts et portions acquises. Cette distinction a été admise par un arrêt de la cour de cassation (Civ. cass. 9 mai 1832, *Rép.* n° 2832). Elle a été combattue au *Rép.* n° 2833. Le tribunal de la Seine s'est prononcé récemment dans le sens de la doctrine que nous avions soutenue par un jugement du 10 juin 1887 (aff. le *Tattersall français*, D. P. 89. 3. 55). Un arrêt de la cour de cassation de Belgique, du 4 janv. 1866 (*Journal des notaires*, art. 13218), avait déjà été rendu dans le même sens.

N° 6. — Ventes (*Rép.* nᵒˢ 2835 à 2914).

1381. Il est traité au *Répertoire* sous ce titre de questions particulières soulevées pour l'application du droit proportionnel de vente mobilière à 2 pour 100 à certaines ventes, par suite de leur caractère spécial. A ces ventes s'ajoutent aujourd'hui, en raison de la situation exceptionnelle que la législation nouvelle leur a faite, pour la perception de l'impôt, les ventes de fonds de commerce et de clientèles.

A. — Ventes au poids, au compte ou à la mesure, et autres (*Rép.* nᵒˢ 2836 à 2842).

1382. Lorsque des marchandises sont *vendues au poids, au compte ou à la mesure,* la vente n'est point parfaite tant que les choses vendues n'ont pas été pesées, comptées ou mesurées (c. civ. art. 1585) ; il s'ensuit que la perception du droit proportionnel doit être suspendue jusqu'à l'accomplissement de cette opération (*Rép.* n° 2836), à moins que la vente, quoique faite à la mesure, ne porte sur un objet certain et déterminé, cas auquel le droit proportionnel serait dû à l'enregistrement de l'acte (*Ibid.* n° 2837). M. Demante, t. 1, n° 264, a critiqué cette opinion en se fondant sur ce que la loi fiscale tarife au droit proportionnel de vente à 2 pour 100 non seulement la vente elle-même, mais aussi le marchévente, quoiqu'il n'opère pas transmission de la propriété et qu'il ne soit que productif d'obligations (V. *supra,* n° 1371). « Pour l'exigibilité du droit de 2 pour 100, a dit le savant professeur, il n'est donc pas nécessaire qu'il y ait vente proprement dite, ni même qu'il y ait convention actuellement translative ; il suffit qu'il y ait marché-vente. Ainsi, malgré l'opinion contraire de MM. Dalloz (*Rép.* n° 2836), je ne vois nulle difficulté pour régler la perception dans l'hypothèse prévue par l'art. 1585 c. civ. La vente n'est point parfaite, elle est subordonnée à la vérification du poids, du compte ou de la mesure. Il n'y aurait donc pas lieu à la perception du droit proportionnel, si la vente seule était imposée. Mais la convention prévue par le code, présentant tous les éléments du marché-vente, encourt immédiatement le droit de 2 pour 100 » (Conf. *Diction. droits d'enreg.,* vᵢˢ *Marché,* n° 99 ; *Vente,* nᵒˢ 877 et 878).

1383. La *vente à l'essai* et la vente des choses qui doivent *être goûtées* sont faites sous condition suspensive et ne donnent lieu, par suite, au droit proportionnel que lorsque la condition est accomplie par l'événement de la condition, dans le premier cas, par la dégustation et l'agrément de l'acheteur, dans le second (*Rép.* n° 2840). Mais, pour qu'il en soit ainsi, il faut que l'effet de la convention soit réellement en suspens. On a prétendu que tel était le caractère d'une cession, moyennant un prix déterminé, d'un fonds de boulangerie, parce qu'il avait été stipulé dans l'acte que les vendeurs garantissaient à l'acquéreur, pour les quinze premiers jours qui suivraient son entrée en possession, un emploi journalier, en cuisson et vente de pain, de quatre sacs de farine du poids net de 175 kilog. par sac. On alléguait que cette clause caractérisait une vente à l'essai contractée sous condition suspensive dans les termes de l'art. 1588 c. civ., et que, par suite, le droit proportionnel ne deviendrait exigible que lorsque l'acquéreur aurait accepté la vente. Cette

interprétation n'a pas été admise. Il a été jugé que la condition d'essai ne résultait pas des termes de l'acte, que la clause de garantie n'avait pour objet que de déterminer la nature spéciale de la chose vendue qui consistait, d'après la commune intention des parties, dans un fonds de boulangerie fournissant une cuisson et une vente certaines, proportionnées au prix convenu ; que le contrat présentait donc tous les caractères d'une vente parfaite et qu'il avait été soumis avec juste raison au droit proportionnel (Trib. Seine, 21 juill. 1882, Garnier, *Rép. pér. enreg.,* n° 6064).

1384. Le droit proportionnel de 2 pour 100 a été aussi reconnu exigible sur ... la déclaration par laquelle, dans l'acte de partage d'une succession, un des cohéritiers se reconnaît débiteur envers le défunt de tout ou partie du prix d'une vente de meubles non constatée par acte enregistré, une telle déclaration étant de nature à faire titre entre les parties (Trib. Tours, 19 août 1864, aff. Chereau, D. P. 65. 3. 16) ;... la convention aux termes de laquelle des objets mobiliers soumis à un usufruit doivent être conservés par l'usufruitier à la charge, par ses héritiers, d'en payer l'estimation au nu propriétaire à l'extinction de l'usufruit (Civ. cass. 30 nov. 1869, aff. Esnault, D. P. 70. 1. 157) ;... la cession de la gérance d'un journal (Trib. Seine, 17 déc. 1858, aff. Mirès, D. P. 59. 3. 69) ;... l'obligation souscrite par un bijoutier, au profit d'une maison de commerce, pour avances faites en matière d'or et d'argent (Trib. Seine, 1ᵉʳ déc. 1848, aff. V..., D. P. 49. 5. 174) ;... le procèsverbal d'offres réelles pour prix de diverses fournitures, constatant le refus du créancier motivé sur l'insuffisance des offres (Sol. adm. enreg. 26 févr. 1882, D. P. 82. 5. 200).

Il a encore été jugé que, lorsque le mari a réglé lui-même, dans son testament, le montant des reprises de sa femme, et autorisé son légataire universel à le lui payer en argent, la femme, en acceptant cette disposition testamentaire, est réputée consentir à une mobilisation de son droit de reprises, et que la cession, qu'elle en fait ultérieurement, n'est plus, dès lors, passible que d'un droit de mutation mobilière, sans qu'il y ait à rechercher quelle nature de biens aurait été soumise à ces prélèvements, si elle les eût exercés en la forme ordinaire (Trib. Brives, 23 mars 1852, aff. Faussard, D. P. 54. 3. 15).

1385. Une exemption d'enregistrement a été établie en faveur des ventes de poissons de mer faites publiquement au marché (Décis. min. fin. 3 prair. an 7 et 8 prair. an 8). Il a été décidé que cette exemption n'est point applicable au traité passé en adjudication publique au bureau de l'inscription maritime, et par lequel un individu s'engage, envers la communauté des pêcheurs de la localité, à payer à un prix déterminé toutes les huîtres qu'ils recueilleront pendant une saison; ce traité a été déclaré passible du droit de vente mobilière de 2 pour 100 (Trib. Havre, 20 juin 1867, aff. Martin, D. P. 67. 3. 79, et sur pourvoi, Req. 23 juill. 1868, D. P. 68. 5. 175. — V. en sens contraire : D. P. 67. 3. 79, note 6).

1386. Il est quelquefois délicat de distinguer une vente d'un contrat de bail. Il a été jugé, à cet égard : 1° que la concession par une ville à des particuliers, pour un temps déterminé, de l'*exploitation d'une voirie municipale et des matières* qui y seront apportées successivement par les agents de la ville, donne lieu au droit de bail sur la portion du prix applicable à la jouissance de l'immeuble, et au droit de vente mobilière sur la portion se rapportant aux matières à livrer par la ville aux concessionnaires (Trib. Seine, 18 juin 1880, aff. Muller et Bilange, D. P. 81. 5. 166) ; — 2° Que la cession du droit d'exploiter un *brevet* dans une localité déterminée et jusqu'à son extinction, quoique qualifiée par les parties de bail résiliable à la volonté du cessionnaire seulement, et consentie moyennant une redevance annuelle, est avec raison considérée comme vente passible du droit proportionnel de 2 pour 100 (Trib. Bazas, 5 juill. 1859, aff. Matha, D. P. 60. 3. 62).

Mais, d'autre part, la cour de cassation a décidé que l'acte portant bail d'une *machine à vapeur* pour un temps et moyennant un loyer déterminés, avec la stipulation, sous la rubrique « promesse de vente », que l'acquéreur pourrait acquérir cette machine pendant tout le cours du bail moyennant un prix arrêté, constitue, non une vente mobilière à terme passible du droit de 2 pour 100, mais un simple louage accompagné d'une vente conditionnelle et sujet seulement au droit de bail à 20 cent. pour 100 (Civ. cass. 22 févr. 1887, aff. Société de matériel agricole, D. P. 87. 1. 500). Dans l'espèce, la convention qualifiée par les parties bail avec promesse de vente, réservait au preneur la faculté de se rendre acquéreur de la machine louée moyennant un prix qui représentait le montant des loyers cumulés pour toute la durée du bail ; elle lui accordait le droit de se libérer à l'avance d'un ou de plusieurs termes avec escompte ; elle portait, d'autre part, que la machine serait assurée contre l'incendie et que l'indemnité allouée, en cas de sinistre, serait touchée par le bailleur « en déduction ou jusqu'à concurrence de ce qui lui serait dû sur le prix du fermage ». En présence de cet ensemble de circonstances, le tribunal de Bourges, par jugement du 5 juin 1884 (*Ibid.*), avait interprété la convention comme constituant une vente à terme passible du droit de 2 pour 100. La cour de cassation a annulé ce jugement et décidé qu'aucune des clauses de la convention n'étant incompatible avec la qualification de bail accompagné d'une promesse de vente, que les parties lui avaient donnée, ce caractère devait lui être attribué (*Ibid.*, note).

1387. La cession du droit d'exploiter le *péage* d'un pont doit-elle être considérée, pour la perception du droit d'enregistrement, comme une vente mobilière ou comme une simple cession de bail? (V. sur cette question, *infrà*, n° 1668).

B. — Récoltes et coupes de bois (*Rép.* n°ˢ 2843 à 2862).

1388. En soumettant au droit de 2 pour 100 « les *ventes des récoltes de l'année sur pied, coupes de bois taillis et de haute futaie* », l'art. 69, § 5-1° de la loi du 22 frim. an 7 a consacré la fiction du droit civil suivant laquelle, dans le cas de vente sur pied, les fruits et produits de la terre prennent la qualité de meubles, avant même d'être coupés ou abattus (*Rép.* n° 2843). La difficulté est ici de distinguer la vente du bail (*Ibid.* n° 2844). D'après la jurisprudence, il y a vente quand le contrat est translatif de propriété (*Ibid.* n° 2847) et que la transmission qu'il opère est limitée à la récolte sur pied (*Rép.* n° 2848). Aux décisions rapportées au *Rép.* n°ˢ 2849 et suiv. qui ont établi cette règle s'ajoutent les suivantes, desquelles il résulte : 1° que l'acte, même qualifié bail, par lequel un individu se fait consentir la jouissance d'un fonds ensemencé, seulement pour le trimestre durant lequel se font les récoltes, constitue une véritable vente de récoltes, passible du droit de 2 pour 100, alors surtout que le bailleur s'y réserve la faculté de labourer avant l'expiration du bail (Trib. Lyon, 20 janv. 1855, aff. N..., D. P. 55. 3. 14); — 2° Que l'acte qualifié bail à ferme, par lequel un propriétaire cède aux enchères, à l'époque du mois de juillet, et pour la durée de l'année courante seulement, les fruits et produits de sa terre, sous la condition d'abandonner les biens aussitôt après la récolte, et de s'abstenir de tout acte d'exploitation, n'est, au fond, qu'une vente de récolte sur pied, en sorte qu'il y a lieu, non seulement d'approuver la perception du droit de 2 pour 100, relatif aux ventes de meubles, mais encore de condamner le notaire à défaut de déclaration préalable de cette vente, à l'amende portée en l'art. 12 de la loi du 22 pluv. an 7 (Trib. Altkirch, 7 déc. 1854, aff. Risacher, D. P. 55. 3. 50); — 3° Qu'il y a vente mobilière passible du droit proportionnel de 2 pour 100, et non louage sujet au droit de 20 cent. pour 100, dans l'adjudication pour trois, six ou neuf années, du droit de récolter, pendant quelques mois de chaque année, un produit (l'alfa) de

la terre, alors que tous les droits inhérents à la propriété et à la jouissance du sol sont formellement réservés aux propriétaires du fonds, ainsi que la faculté de louer à des tiers les enclaves cultivées, et même le droit de récolter pour eux-mêmes autant qu'ils voudront du produit mis en adjudication, pour en disposer comme bon leur semblera (Civ. cass. 5 mai 1875, aff. Pujade, D. P. 75. 1. 368) ; — 4° Que l'acte qualifié bail par adjudication de prairies pour un temps déterminé, à la charge par les preneurs de ne pouvoir faire paître leurs bestiaux dans les prés loués, est une vente mobilière passible du droit de 2 pour 100 (Trib. Paimbœuf, 4 juin 1876, *Journ. enreg.*, art. 20069). — Il a été jugé, de même, en matière civile, qu'il y a vente mobilière, et non pas seulement bail, lorsque, d'après le cahier des charges de l'adjudication de récolte d'herbes excrues sur des terres, l'adjudicataire n'a aucun droit de jouissance de ces terres, et que les herbes doivent être enlevées, non par le fauchage, mais par la dépaissance (Civ. rej. 13 déc. 1858, aff. Notaires de Caen, D. P. 59. 1. 22).

1389. Le louage se distingue de la vente notamment en ce que, pour recueillir les produits de la chose louée, le preneur doit exercer son travail et son industrie ; il n'acquiert pas les fruits par le seul résultat de la convention : il faut, en outre, qu'il les fasse naître par ses soins. Spécialement, la convention portant concession, à titre de bail à ferme, du droit de récolter, pendant neuf ans, la haute herbe d'un pré, alors que le propriétaire se réserve les arbres et les bois morts et que le payement de l'impôt foncier n'est pas mis à la charge du preneur, constitue une vente de récoltes sujette au droit de 2 pour 100, attendu que ce qui est concédé, c'est uniquement la récolte annuelle et la haute herbe, fruit naturel du pré, dont la production n'exige ni travail, ni industrie (Sol. adm. enreg. 26 avr. 1888, *Rép. pér. enreg.*, art. 7295).

Au contraire, il y a bail lorsque le contrat comprend non seulement la récolte, mais encore une certaine jouissance, pendant un temps déterminé, du sol auquel la récolte est adhérente (*Rép.* n°ˢ 2847 et suiv.). Ainsi, l'acte par lequel on concède le droit d'exploiter des chênes-lièges pendant douze ans, moyennant un prix une fois payé, constitue un bail à ferme (Sol. adm. enreg. 12 juill. 1876) (1). Toutefois, il a été décidé, en matière civile, que la convention par laquelle un propriétaire concède le droit de récolter pendant un certain nombre d'années, un produit particulier d'un terrain dont il se réserve la jouissance et l'usage direct, constitue une vente mobilière, et non un louage, alors même que les parties auraient qualifié cette convention de louage; que, spécialement, la convention par laquelle le propriétaire d'une terre plantée de chênes-lièges, loue le produit de l'écorce de ces chênes et la coupe des chênes zéens existants sur la terre, sous la réserve expresse de la jouissance du sol soit pour y habiter, soit pour le cultiver ou y faire paître ses troupeaux, constitue, malgré la qualification qui lui a été donnée par les parties, une vente mobilière (Req. 25 janv. 1886, aff. Sgraire ben Hassein ben Otsman, D. P. 86. 1. 441).

1390. Par rapport aux *coupes de bois*, il y a *bail* dans la convention qui attribue au cessionnaire la jouissance de la totalité du sol forestier, et *vente* dans celle dont l'attribution est limitée expressément à l'exploitation de la coupe (*Rép.* n° 2854). Ainsi, il a été jugé que le droit proportionnel de vente mobilière à 2 fr. pour 100, et non celui de bail à 20 cent. pour 100, est applicable à l'acte portant bail pour un certain nombre d'années d'un bois divisé en coupes,

_____

(1) On doit reconnaître les caractères du bail à ferme, et non ceux de la vente, dans la convention du 6 juill. 1874, par laquelle la dame R... et le sieur C... ont loué et affermé au sieur G..., pour douze ans, moyennant un prix applicable à toute la durée du bail, tous les chênes-lièges existant sur leurs propriétés dans la commune des Adrets. — La cour de cassation a décidé, il est vrai, par un arrêt du 5 mai 1875 (aff. Pujade, D. P. 75. 1. 368), que l'on doit regarder, non comme un bail, mais comme une vente d'objets mobiliers, le contrat contenant adjudication du droit d'exploiter l'alfa pendant trois, six ou neuf ans ; mais, dans l'affaire soumise à la cour, toutes les circonstances concouraient à ne conférer à l'adjudicataire que le droit d'enlever chaque année, à l'époque convenue et moyennant le prix stipulé, les produits du sol qui avaient fait l'objet de l'adjudication ; tandis que, dans l'espèce de la conven-

tion du 6 juill. 1874, ce qui a été transmis au preneur, ce n'est pas seulement le droit de récolter le liège, mais bien aussi la jouissance de l'arbre, ce qui implique dans une certaine mesure la jouissance du sol. Il est à remarquer, d'ailleurs, que l'alfa est une plante sauvage, qui, se reproduisant naturellement, n'exige aucune culture, tandis qu'il en est autrement du liège dont la production exige une culture spéciale, notamment le *démasclage*. Les conditions d'exploitation de l'un et de l'autre de ces produits diffèrent donc essentiellement, et cette différence permet de dire que la solution du 11 oct. 1858, rendue spécialement en matière de chênes-lièges, n'est nullement inconciliable avec l'arrêt du 5 mai 1875. — La perception du droit de bail qui a été faite sur l'acte du 6 juill. 1874 doit être maintenue.
Du 12 juill. 1876.-Sol. adm. enreg.

moyennant un prix annuel déterminé, à la charge, par le preneur, de se conformer exactement à l'aménagement établi, et avec stipulation qu'il ne pourra réclamer aucune diminution de fermage pour les places vagues et vides (Req. 23 mars 1870, aff. d'Hardivilliers, D. P. 70. 5. 166). Au contraire, le bail d'une usine métallurgique et de la coupe à faire annuellement sur une certaine quantité de bois taillis, moyennant un prix déterminé pour l'usine, et un prix à fixer chaque année par experts pour les bois, n'est passible que du droit de bail à 20 cent. par 100 fr. sur le tout (Trib. Seine, 12 mars 1847, aff. B..., D, P. 47. 4. 214).

C.—Mines, carrières et tourbières (*Rép.* n°s 2863 à 2880).

1391. Nous avons distingué, dans l'exploitation d'une mine, trois éléments : la *mine*, la *redevance*, le *sol* (*Rép.* n° 2863). — Quant au *sol*, sa nature immobilière le place au rang des choses dont la mutation entraîne la perception du droit de mutation immobilière. Ainsi, lorsqu'une société constituée pour la recherche et l'exploitation d'une mine de charbon a acquis des terrains, élevé des constructions, creusé des tranchées ou puits sur lesdits terrains, et qu'il intervient ensuite un décret qui concède la mine à un tiers, ce décret ne dépossède pas la société; si donc il est constaté par des actes de la juridiction administrative, spécialement par un arrêté du conseil de préfecture portant règlement de l'indemnité due à la société d'exploitation, que le sol lui appartenant, ses constructions, ses tranchées ou puits sont devenus la propriété du concessionnaire, la transmission ainsi constatée, n'étant comprise dans aucune des exceptions établies par la loi fiscale, est passible du droit proportionnel de mutation; et dans ce cas, conformément à l'art. 9 de la loi du 22 frim. an 7, relatif aux actes translatifs de propriété comprenant des meubles et des immeubles sans stipulation d'un prix particulier pour les objets mobiliers, et dont la disposition s'applique aux contrats judiciaires comme aux contrats amiables, le droit est dû au taux fixé pour les transmissions immobilières, sur la totalité de l'indemnité attribuée pour les terrains, les constructions et la fosse (Civ. rej. 24 août 1874, aff. Compagnie des mines de Liévin, D. P. 75. 1. 113).

1392. La *redevance* payée par le concessionnaire de la mine au propriétaire du sol, constitue un droit mobilier dont la cession n'est sujette qu'au droit de 2 pour 100 (*Rép.* n° 2865). Cette doctrine a été confirmée par un arrêt qui a décidé, en se fondant sur le caractère purement mobilier de la redevance, que la cession qui en est faite ne donne pas lieu au droit proportionnel de transcription (Civ. rej. 15 janv. 1849, aff. Houillères de Chazottes, D. P. 49. 1. 74; *Rép.* n° 5995).

1393. La *mine* elle-même constitue une propriété immobilière comme le sol ou la surface (*Rép.* n°s 2869 et suiv.). Toutefois, lorsque la mine est exploitée en société, il y a lieu d'appliquer l'art. 8 de la loi du 21 avr. 1810, qui porte que les actions ou intérêts dans une société ou entreprise pour l'exploitation des mines, seront réputés meubles, conformément à l'art. 529 c. civ. (*Rép.* n° 2871). Le droit dû, en cas de mutation, est celui de vente mobilière à 2 pour 100, ou même celui de 50 cent. pour 100, si la société est divisée en actions. — Ces principes, indiqués au *Répertoire* et consacrés par la jurisprudence, ont été encore confirmés par un arrêt (Civ. cass. 6 févr. 1860, aff. Dardenne, D. P. 60. 1. 88), qui décide que, lorsqu'une mine est exploitée en société, les portions indivises des concessionnaires associés doivent être considérées, non comme des portions de la propriété de la mine elle-même, mais comme de simples *parts d'intérêts* dans la société, et que, par suite, les cessions qui en sont faites, quelle que soit la qualification donnée par les parties aux actes qui les renferment, sont assujetties au droit de vente mobilière.

Au contraire, la cession des droits d'un coïntéressé dans une mine concédée à plusieurs, sans qu'il soit établi par écrit que cette mine se trouvait exploitée en société lors de cette cession, doit être considérée comme ayant pour objet, non pas une action ou *intérêt* dans une société ou entreprise pour l'exploitation d'une mine, action déclarée meuble par l'art. 8 de la loi du 21 avr. 1810, mais la copropriété de cette mine elle-même, et, dès lors, elle constitue une cession d'immeuble, passible du droit proportionnel de mutation immobilière (Req. 18 juin 1862, aff. Carcassonne, D. P. 62.1. 422).

1394. Quant au *droit d'exploitation*, il faut distinguer, avons-nous dit, si la transmission qui en est faite par le concessionnaire est perpétuelle ou temporaire : dans le premier cas, c'est une vente mobilière; dans le second, un bail (*Rép.* n° 2872). Nous avons dit également que cette distinction n'était pas suivie dans la pratique et que la jurisprudence s'était prononcée pour la perception du droit de vente, alors même que la concession du droit d'exploitation de la mine serait faite pour un temps déterminé (*Rép.* n°s 2875 et suiv.). Cette jurisprudence a été confirmée par de nouveaux arrêts. Ainsi il a été décidé : — 1° Que la cession du droit d'exploiter une mine, pendant un certain nombre d'années, moyennant une somme payable périodiquement, constitue un contrat de vente, et non un contrat de louage, quoiqu'elle ait reçu des parties la qualification de bail; en conséquence, elle donne ouverture au droit de vente mobilière (Req. 28 janv. 1857, aff. Soc. de Caronte, D. P. 57. 1. 391); — 2° Que l'acte par lequel une compagnie de mines de charbons de terre cède à un tiers, pour un nombre d'années déterminé, le droit d'exploiter diverses couches de charbon, constitue, quelle que soit la qualification que les parties lui ont donnée, non un bail, mais une vente mobilière; en conséquence, le jugement qui prononce la résolution d'une semblable cession est passible du droit de 2 pour 100 établi pour vente ou cession d'objets mobiliers (Civ. cass. 6 mars 1855, aff. Merle du Bourg, D. P. 55. 1. 83); — 3° Que la cession faite par le concessionnaire d'une mine du droit d'expédier et de vendre, pendant un certain temps, à des maîtres de forges, du minerai extrait ou à extraire de cette mine, constitue une vente mobilière soumise au droit proportionnel de 2 pour 100, quoiqu'elle ait reçu des parties la qualification de bail, et qu'elle ait été faite moyennant une redevance annuelle (Civ. cass. 5 mars 1855, aff. Anglès, D. P. 55. 1. 123).

Nous avons critiqué cette jurisprudence (*Rép.* n° 2880); elle ne tend à rien moins qu'à nier la possibilité d'appliquer le contrat de bail aux mines et carrières en exploitation. Rappelons seulement l'argument sur lequel cette jurisprudence est fondée : c'est que la cession du droit d'exploiter une mine, même pour un temps déterminé, transmet la propriété des produits que l'acquéreur a le droit d'enlever, et que l'extraction de ces produits, qui ne peuvent plus se reproduire, diminue la masse des matières que contient la mine, et peut, après un temps plus ou moins long, l'anéantir entièrement.

1395. La cession, en particulier, du droit de rechercher, extraire et exploiter le *minerai* de fer contenu dans ses propriétés, et, en outre, d'y pratiquer tous chemins nécessaires à l'exploitation, contient, en ce qui concerne le droit d'exploitation, une vente mobilière sujette au droit de 2 pour 100, et, relativement à la concession faite pour les chemins à ouvrir, non une vente immobilière, mais un bail sujet au droit de 4 pour 100, si la durée n'est pas limitée (Sol. adm. enreg. 18 sept. 1876) (1). D'où il suit que si, audit cas, la durée du bail était limitée, il ne serait dû que le droit ordinaire de bail à 20 cent. pour 100.

1396. La jurisprudence décidant que le droit au bail d'une mine, carrière, ou tourbière, constitue une vente mobilière sujette au droit de 2 fr. pour 100 (V. *suprà*, n° 1394),

---

(1) Par acte notarié du 1er avr. 1875, le sieur Govern a autorisé les sieurs Grand et Colomer : 1° à rechercher, extraire et exploiter le minerai de fer contenu dans ses propriétés de la commune d'Escarra; 2° à pratiquer, en outre, à l'exclusion de tous autres, dans ces mêmes propriétés, tous chemins nécessaires à leur exploitation. De leur côté, les sieurs Grand et Colomer se sont obligés à payer au sieur Govern: 1° 60 centimes par tonne de minerai extrait; 2° 4 centimes par an et par mètre de terrain occupé pour l'établissement des chemins; 3° et une rente annuelle de 200 fr. jusqu'au jour où ils commenceront les travaux d'exploitation. — On a évalué, pour cet acte, soit en marge, à 100 tonnes la quantité de minerai à extraire, et à 200 mètres carrés la superficie du terrain à occuper pour l'établissement des chemins. — Cet acte a été enregistré le 16 avr. 1875 et assujetti : 1° à un droit de 2 pour 100 sur 60 fr., prix des 100 tonnes auxquelles on a évalué la quantité de minerai à extraire; 2° à un

il s'ensuit que la *cession* de ce droit doit être considérée, pour la perception du droit proportionnel, non comme une simple cession de bail passible du droit de 20 cent. pour 100, mais comme une cession mobilière soumise au droit de 2 pour 100. C'est ce qui a été décidé par un jugement du tribunal de Rennes, du 26 mai 1884 (*Journ. enreg.*, art. 22445).

1397. Ce que nous avons dit des mines, s'applique pour la même raison, aux *carrières* (*Rép.* n° 2879) ; ainsi il a été jugé en matière civile que la cession du droit d'exploiter une carrière, moyennant une redevance, constitue une vente, et non un bail (Civ. cass. 4 août 1886, aff. Société des kaolins de Bretagne, D. P. 87. 1. 36) ; — Que la cession du droit d'ouvrir une carrière et de l'exploiter, moyennant une redevance, constitue une vente mobilière, parfaite par la mise en possession réelle, et opposable aux tiers, alors même que l'acte, qui la constate, n'a pas date certaine (Trib. Château-Thierry, 13 juill. 1878, *Journ. enreg.*, art. 20849), et sujette, par suite, au droit proportionnel de vente mobilière à 2 pour 100 (Trib. Seine, 11 janv. 1862, aff. Schmidt, D. P. 62. 3. 71). Il s'ensuit que l'obligation imposée aux parties par l'art. 11 de la loi du 23 août 1871, de déclarer les baux verbaux d'immeubles dans le délai de trois mois pour la perception du droit de bail, ne s'applique pas à la concession du droit d'exploiter une carrière (Sol. adm. enreg. 1er déc. 1871, D. P. 73. 5. 205. V. *infra*, n° 1619 et suiv.).

Toutefois, si le contrat de cession du droit d'exploiter contient, en outre, location des terrains nécessaires aux besoins de l'exploitation, cette dernière disposition n'est passible que du droit de bail (*Rép.* n° 2879). Ainsi, en ce qui concerne la concession de la jouissance du terrain dans lequel la carrière est ouverte, l'acte n'est passible que du droit de bail ; mais, dans ce cas, il n'y a pas lieu de tenir compte, pour la perception des deux droits distincts, de la ventilation indiquée dans l'acte par les parties, s'il paraît évident qu'elle a été faite pour frauder le Trésor, et si elle peut d'ailleurs être rectifiée à l'aide d'actes antérieurs (Jugement précité du 11 janv. 1862). — Conformément à la réserve contenue dans ce jugement, il a été décidé que l'acte portant cession, pour un temps limité, de la jouissance d'immeubles consistant presque exclusivement en carrières de marbre, moyennant un prix que l'on déclare s'appliquer, pour une fraction déterminée, au droit d'exploiter les carrières et, pour le surplus, à la jouissance des immeubles, donne lieu au droit de 2 fr. pour 100 sur la totalité du prix, sans qu'il soit tenu compte de la ventilation faite par les parties, lorsqu'il est établi que les immeubles ne comportent pas d'autres produits que ceux devant résulter de l'exploitation des carrières (Trib. Gap, 20 nov. 1888, aff. Brunel, D. P. 90. 3. 103). Par suite, les parties ne peuvent profiter de la faculté accordée, pour l'enregistrement des baux d'immeubles, par l'art. 11 de la loi du 23 août 1871, de fractionner le payement du droit (Même jugement. V. Solution précitée du 1er déc. 1871). C'est là, comme l'exprime

ce jugement, une application du principe suivant lequel il appartient toujours à l'Administration de rechercher et d'établir, pour la perception de l'impôt, le véritable caractère des actes soumis à la formalité.

D. — Bâtiments et constructions (*Rép.* n°s 2881 à 2900).

1398. Les bâtiments adhérents au sol sont considérés comme des immeubles par nature (*Rép.* n° 2881) ; toutefois, s'ils sont vendus *pour être démolis*, la vente est mobilière et passible seulement du droit de 2 fr. pour 100 (*Rép.* n° 2885). Peu importe que les bâtiments, objet de la vente, ne soient pas démolis immédiatement, lorsqu'il résulte clairement des termes de l'acte de vente que, dans l'intention des parties, cette démolition doit s'effectuer, et que, jusqu'à l'époque où elle aura lieu, l'acquéreur ne retirera aucun profit de l'immeuble vendu (Trib. Montbéliard, 3 déc. 1882, *Journ. enreg.*, art. 22198 ; Garnier, *Rép. pér. enreg.*, art. 6206. Conf. Garnier, *Rép. gén. enreg.*, n° 5120 ; *Diction. droits d'enreg.*, v° *Constructions*, n° 232). —V. aussi un arrêt (Civ. cass. 25 janv. 1886, aff. Compain, D. P. 86. 5. 39) rendu en matière civile et duquel il résulte que, lorsqu'une grange encore debout a été vendue pour être démolie, la vente est mobilière, et la demande tendant à l'exécution de ce contrat a un caractère purement personnel et mobilier. Le juge de paix peut donc être compétent pour en connaître. C'est la question qui était en litige ; mais nous en tirons également la conséquence que cette vente ne serait passible que du droit de 2 fr. pour 100. Ajoutons que les nombreuses décisions de la jurisprudence desquelles il résulte que le droit de vente immobilière à 5 fr. 50 cent. pour 100 est dû sur la vente de bâtiments et constructions, lors même qu'ils sont élevés sur le terrain d'autrui (V. *infra*, n° 1401), sont motivées principalement sur cette considération que la vente n'a pas été faite à charge de démolition.

1399. Il faut, pour que la vente conserve son caractère de vente mobilière, qu'il soit certain que la démolition sera opérée dans un délai rapproché. Si elle était prévue comme une éventualité plus ou moins éloignée, plus ou moins certaine, cette éventualité, en supposant même que l'acquéreur n'eût aucun moyen de s'y soustraire, n'enlèverait à la vente rien de son caractère immobilier (*Rép.* n° 2887), et, par suite, elle serait sujette au droit de 5 fr. 50 cent. pour 100. « Dans tous les cas où l'acquéreur est libre de démolir ou non, il est propriétaire du bâtiment sous sa forme présente, et non pas seulement des matériaux qui en pourront provenir. Il est donc juste qu'il paye l'impôt établi pour les transmissions immobilières » (Demante, t. 1, n° 277. — Conf. Garnier, *Rép. gén. enreg.*, n° 5120 ; *Diction. droits d'enreg.*, v° *Constructions*, n°s 227 et suiv. V. Civ. cass. 11 août 1884, *infrà*, n° 1402).

1400. En dehors du cas dont nous venons de nous occuper où l'intention des parties domine et exerce une influence décisive sur la perception, la détermination de la nature mobilière ou immobilière des bâtiments et constructions

---

droit de 4 pour 100 sur la redevance annuelle stipulée pour l'occupation des terrains à employer pour l'établissement des chemins et sur un capital formé de vingt fois la rente annuelle de 200 fr., qui doit être payée au sieur Govern jusqu'au jour où les travaux d'exploitation seront commencés, soit sur un total de 4160 fr. — On a proposé d'exiger le droit de vente immobilière à 5 fr. 50 pour 100 sur le montant intégral des diverses redevances qui doivent être payées au sieur Govern par les sieurs Grand et Colomer. — Le droit de 2 pour 100 a été régulièrement perçu sur la cession consentie par le sieur Govern du droit d'exploiter le minerai de fer qui se trouve dans ses propriétés. Cette cession ne constitue, en effet, qu'une vente purement mobilière, ainsi que l'a décidé l'arrêt de la cour de cassation du 11 janv. 1843 (*Rép.* n° 2874) : « Attendu que la vente, qui a pour objet, non la propriété du fonds même dans lequel se trouvent des mines, mais le droit seulement d'exploiter ces mines et de disposer de la matière qui les compose, après qu'elle a été extraite, doit être considérée comme étant mobilière. » — Mais le droit de vente immobilière ne paraît dû ni sur l'une ni sur l'autre des rentes ou redevances stipulées dans l'acte du 1er avr. 1875. On ne peut les considérer ni l'une ni l'autre comme le prix d'une concession de servitude, car il est de l'essence de la servitude d'être imposée sur un héritage pour l'usage ou l'utilité d'un héritage appartenant à un autre propriétaire (c. civ. art. 637) ; et, dans l'espèce, il s'agit de concessions faites par le sieur Govern aux sieurs

Grand et Colomer personnellement, mais non de l'établissement de charges imposées sur un fonds du sieur Govern pour l'usage ou l'utilité d'un fonds appartenant aux sieurs Grand et Colomer. Le droit de 4 pour 100 seulement a donc été perçu avec raison par le receveur, comme bail à durée illimitée, sur la redevance annuelle qui sera payée au sieur Govern pour l'occupation des terrains qui seront employés à l'établissement de chemins d'exploitation. — Quant à la rente de 200 fr. par an qui sera payée au sieur Govern jusqu'au jour où les sieurs Grand et Colomer commenceront leurs travaux d'exploitation, elle ne forme pas le prix de l'occupation des terrains qui pourront servir à l'établissement des chemins nécessaires à cette exploitation, puisqu'elle cessera le jour même où les travaux seront commencés ; elle est le prix de la concession du droit de recherche et d'exploitation conféré aux sieurs Grand et Colomer. Elle n'est sujette, en conséquence, qu'au droit de 2 pour 100 sur une évaluation de la durée du temps qui s'écoulera du jour de l'acte au jour où les travaux d'exploitation commenceront. — Toutefois, il est à remarquer que des suppléments deviendront exigibles sur les droits perçus d'après une évaluation des parties, si la Régie acquiert plus tard la preuve que l'on a payé, en exécution du contrat, des sommes supérieures à celles qui auront servi de base à la liquidation et à la perception.

Du 18 sept. 1876.-Sol. adm. enreg.

vendus, dépend du fait de leur incorporation au sol. Si cette incorporation n'est pas celle d'où la loi civile fait résulter l'immobilisation, si le bâtiment est construit sans fondement ni pilotis, comme cela arrive souvent pour des cérémonies publiques, des foires, des assemblées, c'est d'une vente mobilière qu'il s'agit et il n'est dû que 2 pour 100. Si, au contraire, il y a accession réelle au sol, la vente est immobilière et passible du droit de 5 fr. 50 cent. pour 100 (Rép. n° 2888). Nous avons critiqué, en conséquence, la doctrine d'un arrêt (Civ. cass. 12 mai 1834) qui a sanctionné la perception de ce dernier droit sur une vente ayant pour objet la machine à moudre d'un moulin *posée* sur des piliers en maçonnerie, sans y être *fixée* (Rép. n° 2889). La cour de cassation a jugé postérieurement, dans le sens de nos observations, en matière civile, qu'un moulin à vent *posé* sur des piliers en maçonnerie et maintenu en équilibre *sans aucune attache*, par son seul poids, pouvant être déplacé sans dislocation du tenant ou des appuis qui le supportent, subsistant et pouvant fonctionner indépendamment de ces appuis, lesquels ne sont, par rapport à lui, qu'un mode de nivellement et de consolidation du terrain, constitue une chose mobilière, alors surtout qu'il est constaté qu'il a été érigé, non à perpétuelle demeure par un propriétaire sur son fonds, mais par un fermier avec faculté d'enlèvement à la fin du bail (Civ. rej. 19 avr. 1864, aff. Notaires d'Arras, D. P. 64. 1. 178). Comme on l'a fait observer, la cour a apporté, par cette décision, un correctif important à la doctrine résultant de celle du 12 mai 1834 en ce qu'elle a décidé que les moulins *sans adhérence* aux piliers ni au sol, ne peuvent être immeubles que par destination, lorsqu'ils ont été établis à perpétuelle demeure par un propriétaire sur son fonds (c. civ. art. 524), et que, dès lors, ils sont meubles lorsqu'ils ont été établis par des locataires ou fermiers avec faculté d'enlèvement à l'expiration du bail (*Ibid.*, note).

En résumé, le moulin n'est immeuble par nature qu'autant qu'il y a accession, adhérence aux piliers ou au sol; si cette circonstance ne se rencontre pas, il est meuble et ne peut devenir immeuble que par destination. Il a été jugé en ce sens que les constructions faites par une société pour l'installation, dans un bâtiment pris à bail, d'un moulin à vapeur breveté composant le fonds social, ne peuvent, pas plus que ce moulin, être considérées comme immeubles, alors d'ailleurs qu'elles n'y ont pas été établies à perpétuelle demeure; dès lors, la cession de sa part dans de telles valeurs, consentie par un associé au profit d'un autre associé, ne peut donner lieu qu'au droit de cession mobilière de 2 pour 100 (Trib. Moulins, 9 nov. 1859, aff. Michel, D. P. 60. 3. 72).

1401. On a étudié au *Rép.* n° 2891 la question de savoir si les *constructions élevées sur un terrain appartenant à autrui* doivent être considérées comme meubles ou comme immeubles (*Rép.* n° 2891). On a adopté l'opinion de la cour de cassation qui s'est prononcée pour le caractère immobilier de ces constructions, lorsqu'elles sont réellement adhérentes au sol, quelles que soient la qualité du constructeur et la durée assignée à la construction (*Rép.* n° 2894). Cette doctrine a été confirmée par les décisions, tant de la cour de cassation que des tribunaux, intervenues sur la question depuis la publication du *Répertoire*.

Ainsi, il a été jugé que l'acte par lequel le concessionnaire d'une prise d'eau, avec faculté d'établir une usine, sous la double condition qu'en demeurant sa propriété elle serait affectée hypothécairement au payement de la redevance et que le bailleur pourrait, à l'expiration de la concession, la conserver au prix qui serait fixé par experts, cède à un tiers, moyennant une somme fixe et à charge d'acquitter les redevances, sa concession ainsi que les bâtiments de l'usine avec tous les accessoires, mobilier et matériel, sans distinction ni estimation séparée, contient : 1° une cession de bail passible du droit de 20 cent. pour 100 sur les redevances cumulées des années restant à courir; 2° une vente de meubles et d'immeubles sujette au droit de vente immobilière à 5 fr. 50 cent. pour 100 sur la totalité du prix stipulé (Req. 27 juill. 1868, aff. Laporte, D. P. 69. 1. 107); — 2° Que ces bâtiments étant, comme les fonds de terre, immeubles par leur nature, et aucune disposition de loi ne leur faisant perdre ce caractère et ne leur attribuant la qualité de meubles lorsqu'ils ont été construits par un autre que le propriétaire du sol, l'acte par lequel un locataire cède, avec

son droit au bail et le bénéfice de la promesse unilatérale de vente consentie audit bail, les constructions élevées par lui sur le terrain loué, ainsi que le matériel d'une usine établie sur ce terrain, constitue, à raison des constructions cédées, une transmission immobilière (Civ. cass. 19 avr. 1869, aff. Ville de Paris, D. P. 69. 1. 427); — 3° Que la quotité des droits d'enregistrement ne pouvant être déterminée que par la nature et la qualité de la chose au moment où la transmission en est opérée, les constructions élevées par le preneur sur le terrain loué doivent être considérées comme immeubles pour le payement des droits de mutation dus par suite de son décès au cours de sa jouissance, encore bien qu'il ait été stipulé, dans le bail, que le bailleur aurait le droit, à son expiration, de retenir les constructions élevées par le preneur à charge d'en payer la valeur à dire d'expert, ou de les faire enlever aux frais du preneur dans les termes de l'art. 555 c. civ. (Civ. cass. 24 nov. 1869, aff. Guérin, D. P. 70. 1. 272); — 4° Que l'acte portant cession du droit au bail d'un immeuble de certaines constructions élevées sur cet immeuble par le cédant et d'un matériel industriel qu'il y a installé, le tout moyennant un prix unique et sous la condition d'exécuter une sous-location consentie pour une partie de la propriété, donne lieu au droit de cession de bail à 20 cent. pour 100 sur la portion du prix correspondant à la partie libre de l'immeuble, au droit de cession de créance à 1 pour 100 sur la fraction applicable à ce qui est compris dans la sous-location, et au droit de vente immobilière à 5 fr. 50 cent. pour 100 sur le surplus se rapportant aux constructions et au matériel cédés (Trib. Seine, 23 juill. 1870, aff. Ville de Paris, D. P. 71. 3. 65... Que la cession, par un locataire, des constructions qu'il a élevées sur le terrain loué, ainsi que du matériel d'une usine établie par lui sur ce terrain, constitue une cession immobilière passible du droit de vente à 5 fr. 50 cent. pour 100 (Trib. Pont-l'Evêque, 15 mai 1883, aff. Duprez et Clémencet, D. P. 85. 5. 225-226).

1402. La question a encore été soulevée récemment et dans des conditions particulières, favorables à l'opinion suivant laquelle la vente de constructions élevées sur terrain d'autrui est mobilière et ne donne lieu qu'au droit de 2 pour 100. Des constructions avaient été élevées par un locataire sur un terrain loué; ces constructions devaient être démolies à l'expiration du bail, et l'on faisait valoir, en faveur de la perception du droit de vente mobilière sur la cession desdites constructions, que le propriétaire, en stipulant la démolition des constructions à l'expiration du bail, avait, par là même, renoncé au bénéfice du droit d'accession résultant de l'art. 555 c. civ. Les constructions, disait-on, n'avaient donc qu'un caractère temporaire; or, l'immobilisation des bâtiments repose sur la présomption de leur perpétuelle incorporation au sol; si cette présomption est démentie par les faits, et si les bâtiments ne doivent avoir qu'une durée temporaire, ils doivent conserver leur caractère de meubles. On alléguait, en outre, que le tiers constructeur, n'étant pas maître du sol, n'a qu'un droit alternatif mobilier: celui de recevoir soit les matériaux, soit une indemnité pécuniaire. La cour de cassation ne s'est pas arrêtée à ces considérations et, persistant dans sa jurisprudence, elle a décidé qu'en matière d'enregistrement, la quotité du droit est déterminée par la nature et la qualité de la chose transmise au moment même où la transmission s'opère; que, spécialement, la cession, par un locataire, des constructions qu'il a élevées sur le terrain loué, ainsi que du matériel d'une usine établie par lui sur ce terrain, constitue une cession immobilière passible du droit de vente immobilière à 5 fr. 50 cent. pour 100 (Civ. cass. 11 août 1884, aff. Folie et Caron, D. P. 85. 1. 25). Ainsi, le caractère temporaire des constructions, résultant de l'obligation de les démolir à l'expiration du bail, est sans influence sur la question; l'art. 518 est formel: les bâtiments sont immeubles par nature; il n'y a pas à distinguer s'ils ont été établis à perpétuelle demeure ou si, au contraire, ils ne doivent avoir qu'une durée temporaire; il y a lieu, dans tous les cas, au droit proportionnel de vente immobilière (V. *ibid.*, note).

1403. Mais il a été jugé que l'acte portant résiliation de bail et cession par le locataire au *bailleur*, de constructions élevées par le premier sur le terrain loué, constitue un simple abandon de jouissance passible du droit de 20 cent.

pour 100, et non une transmission immobilière assujettie au droit de 5 1/2 pour 100, lorsque des clauses du bail il résulte que les constructions appartenaient au bailleur du jour même où elles ont été faites (Civ. rej. 2 juill. 1831, aff. Thirion, D. P. 51. 1. 185). Il était stipulé, dans le bail, que les preneurs ne pourraient démolir les constructions qui se trouvaient sur le terrain loué, non plus que celles qu'ils pourraient édifier pendant la durée de leur jouissance, et que les unes et les autres appartiendraient au bailleur sans indemnité; le bailleur devenait donc immédiatement propriétaire des constructions élevées par son locataire, et celui-ci, en lui faisant cession de ces constructions, ne faisait autre chose que de lui en abandonner la jouissance.

1404. Les constructions élevées par le fermier appartiennent au propriétaire par voie d'*accession*, sauf remboursement de la valeur des matériaux ainsi que du prix de la main-d'œuvre (c. civ. art. 555). Nul ne pouvant se rendre acquéreur de sa propre chose, le règlement qui intervient, après l'expiration du bail, entre le propriétaire et le fermier constructeur, pour la détermination de la somme due à celui-ci, ne peut être considéré comme vente immobilière. Ainsi que nous l'avons vu *suprà*, n° 802, lorsque nous avons traité de l'*indemnité*, c'est, non le droit de vente immobilière à 5 fr. 50 pour 100 qui est dû en ce cas, mais celui d'indemnité à 50 cent. pour 100. Cela résulte d'un jugement du tribunal de Compiègne du 20 mai 1869, rapporté *loc. cit.*, aux termes duquel l'acte constatant le payement, à l'expiration d'un bail, par le propriétaire au fermier, d'une indemnité pour la valeur des constructions élevées par ce dernier sur les terrains loués, est passible, non du droit de vente immobilière à 5 fr. 50 pour 100, mais simplement du droit d'indemnité mobilière à 50 cent. pour 100 (Conf. Sol. adm enreg. 8 août 1885, D. P. 87. 5. 198).

1405. Mais si c'est après avoir *renoncé* formellement au droit d'accession que le propriétaire acquiert les constructions élevées par le fermier, la situation est entièrement différente. Les constructions n'étaient pas la chose du propriétaire, elles le deviennent par le fait de la cession que lui en fait le fermier : il y a donc transmission de propriété, et comme la chose transmise était immobilière dans les mains du fermier constructeur, aussi bien qu'elle l'est dans celles du propriétaire, le droit de 5 fr. 50 cent. pour 100 est dû. C'est ce qui a été justement décidé par un arrêt aux termes duquel l'adjudication de constructions élevées par un locataire, au cours de sa jouissance, sur le terrain qui faisait l'objet du bail, donne lieu au droit de vente immobilière à 5 fr. 50 cent. pour 100, lors même qu'elle est prononcée, après l'expiration du bail, au profit du propriétaire du terrain, s'il avait renoncé au droit d'accession (Req. 15 nov. 1875, aff. Compagnie des entrepôts et magasins généraux de Paris, D. P. 76. 1. 210, et la note. Conf. Trib. Seine, 12 août 1876, *Journ. enreg.*, art. 2111).

1406. Les constructions élevées *au cours du mariage, sur un immeuble propre à l'un des époux*, appartiennent à l'époux propriétaire du sol, sauf récompense, soit à la communauté, soit à l'autre époux. Le principe est le même, quel que soit le régime sous lequel les époux sont mariés. Ainsi, jugé :... que les constructions élevées, sous le régime de la communauté, avec des deniers communs, sur un terrain propre à la femme, constituent de véritables améliorations dans le sens de l'art. 1437 c. civ. et, dès lors, sont la propriété de la femme, sauf récompense à la communauté; que, par suite, si, à la dissolution de la communauté, le mari se rend adjudicataire de l'immeuble, le droit de vente immobilière est dû sur l'intégralité du prix, aussi bien sur la fraction afférente à la construction que sur celle applicable au sol, alors même que le terrain afférent à la femme aurait renoncé à la communauté (Trib. Seine, 6 juin 1855, aff. de Belbœuf, D. P. 55. 3. 71, et sur pourvoi, Req. 18 mars 1856, D. P. 56. 1. 129);... Que les constructions élevées, au cours du mariage, sur un terrain propre au mari, n'entrent point dans la communauté, sauf indemnité envers elle, et que, par suite, l'attribution, dans le partage de la communauté et de la succession du mari, de l'immeuble avec la veuve moyennant une soulte, constitue une vente passible du droit de 5 fr. 50 cent. pour 100 sur la valeur intégrale de l'immeuble, lors même que les parties l'ont considéré, dans ledit acte, comme propre pour une partie seulement et

comme acquêt pour le surplus (Civ. rej. 9 août 1870, aff. Reydellet, D. P. 71. 1. 156).

Il en est de même lorsque les époux sont mariés sous le régime dotal. Ainsi il a été jugé, en matière civile, que les constructions et améliorations faites sur un immeuble s'y incorporant pour ne former qu'un tout, ne peuvent constituer une propriété qui en soit distincte; que, spécialement, les améliorations faites à l'immeuble d'une femme dotale par son mari, ne confèrent à celui-ci aucun droit de propriété sur l'immeuble ou sur le prix en provenant, et que, par suite, en cas de faillite du mari, le syndic de sa faillite ne peut avoir, comme lui, pour ces améliorations, qu'une simple créance chirographaire contre la femme (Civ. cass. 10 juin 1885, aff. époux Mary-Dauphin, D. P. 86. 1. 204. Conf. Paris, 11 avr. 1850, aff. Verheyden, D. P. 52. 2. 185; Civ. cass. 29 août 1860, aff. Ellie, D. P. 60. 1. 393). Si donc, dans ce cas, le mari avait acquis l'immeuble, le droit de vente immobilière à 5 fr. 50 cent. pour 100 eût été dû sur le prix intégral de l'acquisition.

Il s'ensuit que l'acte par lequel une veuve déclare conserver les constructions élevées par son mari sur son bien dotal, en s'obligeant à tenir compte de leur valeur à ses héritiers, donne lieu, non au droit de vente à 5 fr. 50 cent. pour 100, mais seulement à celui d'indemnité à 50 cent. pour 100 (*Journ. enreg.*, art. 13375-3; *Diction. droits d'enreg.*, v° *Constructions*, n° 205) et, d'autre part, que les constructions doivent être comprises dans la déclaration de la succession de l'époux propriétaire du terrain, pour la perception des droits de mutation ouverts par son décès (Trib. Seine, 5 déc. 1868, *Journ. enreg.*, art. 18623; Trib. Montpellier, 24 févr. 1879, *ibid.*, art. 21341).

1407. Les immeubles par destination sont, en droit fiscal comme en droit civil, assimilés aux immeubles par leur nature. Ce sont, comme on l'a dit au *Rép.* n° 2903, des choses mobilières destinées à rester perpétuellement unies à l'immeuble auquel elles sont attachées. Nous en avons cité différents exemples. Il a été jugé depuis : 1° que les rondelles, demi-rondelles, chantiers, etc., destinés à l'exploitation d'une *brasserie*, sont des immeubles par destination, alors qu'ils ont été placés par le propriétaire de l'établissement. Ce matériel mobile ne peut perdre cette qualité d'immeuble par destination qu'à la condition d'être détaché de l'usine à laquelle il avait été incorporé; et il ne suffit pas, pour produire cet effet, de représenter *deux actes*, ayant traité séparément de la vente de l'immeuble et de l'aliénation du matériel mobile, alors que les dates de ces actes sont rapprochées, que l'acquéreur est le même et qu'il est constant que les objets devenus immeubles par destination n'ont pas cessé un seul instant de remplir dans l'usine le rôle que le vendeur leur avait assigné (Trib. Lille, 8 déc. 1876, *Journ. enreg.*, art. 20232. Conf. Trib. Douai, 17 mars 1876, *ibid.*, art. 20098; *Rép.* n° 2905); — 2° Que, de même, les tonneaux, bouteilles et chantiers affectés par le propriétaire au service de la brasserie, sont immeubles par destination et que, en conséquence, la cession qui en est faite à l'acquéreur de la brasserie, donne lieu au droit de vente immobilière à 5 fr. 50 cent. pour 100 (Trib. Saint-Omer, 8 avr. 1881); — 3° Que, de même encore, le matériel et l'outillage attachés à l'exploitation d'une *carrière* et vendus avec cette carrière, nonobstant les déclarations contraires des parties, ayant le caractère d'immeubles par destination et que, par suite, le droit de 5 fr. 50 cent. pour 100 est dû sur le prix y afférent (Trib. Seine, 31 juill. 1885, *Rép. pér. enreg.*, n° 6523); — 4° Que la vente d'une *usine* et du mobilier industriel nécessaire à son exploitation donne ouverture au droit de 5 fr. 50 cent. pour 100 sur la totalité du prix, lorsqu'il est constant, en fait, que les acquéreurs continueront l'industrie des vendeurs et conserveront à ce mobilier l'usage et la destination auxquels il était affecté (Trib. Lodève, 6 avr. 1853, aff. Roger, D. P. 54. 3. 15; Trib. Marseille, 24 nov. 1885, aff. Mallen, Arnaud, Mouraille, D. P. 87. 3. 16. V. aussi Civ. cass. 11 août 1884. cité *suprà*, n° 1402); — 5° Que les machines, métiers, pièces de rechange, placés dans une usine, ainsi que les chevaux et voitures consacrés au service de l'établissement, sont immeubles par destination, et que, par suite, la cession qui en est faite avec l'usine donne lieu au droit de 5 fr. 50 cent. pour 100 (Trib. Evreux, 26 juill. 1873, *Journ. enreg.*, art. 19615) ;... alors même que lesdits objets ont été estimés article par article dans l'acte de vente, avec stipulation d'un prix particulier (Civ. rej. 15 déc. 1857, aff. Parent, D. P. 58. 1. 57) ; — Que le droit de vente immobilière à 5 fr. 50 cent. pour 100 est dû sur le total des prix stipulés dans *deux actes* authentiques *passés le même jour* et portant vente au même acquéreur, l'un, d'une usine, l'autre, des pièces de rechange ainsi que des fers, cuivres, fontes, tubes, outils, modèles, biots, canelles et affutiaux placés dans l'établissement, ces objets d'une destination tout à fait spéciale et appropriée étant indispensables au fonctionnement normal de l'usine et devant être considérés, dès lors, comme immeubles par destination (Trib. Sedan; 2 avr. 1889, aff. Millot, D. P. 91, 3e part.).

1408. Il a encore été jugé, dans le même sens, que la machine à vapeur, les baignoires, réservoirs, douches et autres ustensiles nécessaires à l'exploitation d'un *établissement thermal*, sont immeubles par destination, et que la cession qui en est faite avec l'établissement, donne lieu au droit de vente immobilière à 5 fr. 50 cent. pour 100 (Trib. Seine, 14 mars 1879, *Journ. enreg.*, art. 21533, Conf. Rép. n° 2905-2°). Mais il a été décidé avec raison que, si la vente comprend, en outre, la *clientèle* de l'établissement et s'il est stipulé, dans l'acte, un prix distinct pour cette clientèle, il n'est dû de ce chef que le droit de vente mobilière à 2 pour 100, attendu qu'une clientèle constitue, par sa nature, une valeur mobilière incorporelle (Sol. adm. enreg. 6 févr. 1884) (1).

1409. L'acte portant vente d'une maison avec les *glaces* qui la garnissent donne-t-il lieu au droit proportionnel de vente mobilière à 2 pour 100 ou à celui de vente immobilière à 5 fr. 50 cent. pour 100 sur la portion du prix afférente aux glaces ? (V. sur cette question, *infrà*, n° 1580).

1410. Les objets immobilisés peuvent reprendre la nature de meubles par le fait du propriétaire, lorsqu'il change la destination qui les avait immobilisés (*Rép.* n° 2907). En thèse générale, les objets mobiliers immeubles par destination, recouvrent leur nature originaire de meubles, lorsqu'ils sont donnés ou vendus séparément du fonds auquel ils avaient été attachés (*Rép.* n° 2908). Ainsi, la machine à vapeur fixe que le propriétaire d'une maison y a placée pour l'exploitation du fonds, est immeuble par destination; mais elle reprend son caractère de meuble dès qu'elle cesse d'appartenir au propriétaire de la maison. En conséquence, en cas de partage d'une société, à laquelle un des associés avait fait l'apport de la maison et de la machine, la mutation résultant de la clause de ce partage qui attribue la machine à l'un des associés, alors que la maison est restituée à l'associé qui en avait fait l'apport, n'est passible que du droit proportionnel applicable aux ventes mobilières, encore bien que, par l'effet de conventions arrêtées entre les parties à la même date que l'acte de partage, aucun changement ne doive être apporté à l'état matériel de la machine ni à sa destination dans la maison où elle est établie (Civ. cass. 27 juin 1882, aff. Simon et Bondaux, D. P. 83. 1. 169). L'administration de l'enregistrement soutenait que, dans l'espèce, il s'agissait d'un immeuble *par nature*, la machine ayant été fixée à la maison par des travaux de maçonnerie. Mais cette prétention était contraire à l'art. 524 c. civ., d'après lequel « les objets que le propriétaire d'un fonds y a placés pour le service et l'exploitation de ce fonds sont immeubles *par destination* ». D'ailleurs, les constructions faites n'avaient eu d'autre objet que de donner la fixité à la machine : elles n'avaient pu produire, dès lors, la transformation complète qui s'opère à l'égard des matériaux employés pour les murs d'une maison, par exemple. Le fait invoqué par l'Administration ne justifiait donc pas sa prétention. La machine n'étant immeuble que par la volonté du propriétaire, il était au pouvoir de ce dernier, en manifestant, dans les conditions de la loi, une volonté contraire, de lui restituer son caractère originaire de bien meuble. La cour de cassation a jugé que cette manifestation avait eu lieu dans la forme légale par l'effet de la cession qui avait placé dans des mains différentes la propriété du fonds et celle de la machine. Cette appréciation paraît fondée (*Ibid.*, note. Conf. *Rép.* v° Biens, n°s 120, 128 et suiv.).

1411. Mais, si, en général, les objets mobiliers, immeubles par destination, recouvrent leur nature originaire de meubles, lorsqu'ils sont vendus séparément du fonds auquel ils étaient attachés, il en est autrement, lorsque cette vente dissimule une fraude. Ainsi, lorsque deux actes authentiques passés le même jour, portent vente au même individu, l'un d'une usine, l'autre des objets mobiliers placés dans cet

---

(1) Par un acte authentique du 1er oct. 1883, la société centrale de l'établissement thermal de Vals a cédé à la société des eaux minérales de Vals (Ardèche) : 1° sa propriété du quartier des Bornes-Fontaines, composée de parc, hôtel, établissement thermal ; — 2° Les sources minérales qui y jaillissent ; — 3° Le mobilier de l'établissement de bains et de l'hôtel ; — 4° Sa clientèle et son achalandage, les traités qu'elle a pu consentir, ses distinctions honorifiques aux expositions des produits de l'industrie ; — 5° L'emphytéose pendant quatre-vingts ans d'un immeuble appelé le Lacit. — Le prix a été fixé à 1200000 fr. s'appliquant : 1° 380000 fr. aux immeubles, droits immobiliers et immeubles par destination ; — 2° 59382 fr. aux meubles du grand hôtel et de l'établissement des bains qui sont estimés et détaillés article par article ; — 3° 754678 fr. à la clientèle et à l'achalandage au bail emphytéotique. — Pour garantir le payement du prix intégral, les parties hypothèquent les immeubles vendus et donnés à bail. — Lors de l'enregistrement de l'acte, il a été perçu : 1° le droit de 5 fr. 50 pour 100 sur le prix proprement dit (59382. fr.) et 2° le droit de 5 fr. 50 pour 100 sur le surplus du prix. — Par un exploit du 5 novembre dernier, la société centrale a demandé le remboursement de la différence entre le droit de 5 fr. 50 pour 100 perçu sur la clientèle et le droit de 2 pour 100 qui était seul exigible, à raison de la nature mobilière de cette clientèle. — Les arguments que vous faites valoir pour repousser cette demande peuvent se résumer en ces termes : — L'existence de la clientèle est inséparable des sources ; or, comme les sources sont immobilières, il s'ensuit que la clientèle l'est également. — Au surplus, le caractère immobilier de la clientèle ressort de ce fait que l'acquéreur a hypothéqué es biens vendus au remboursement de l'intégralité du prix de 1200000 fr.... Votre opinion ne paraît pas fondée. — En fait, l'existence d'une clientèle, c'est-à-dire d'un ensemble de relations entre le public et le cédant, ne démontre par l'importance du prix stipulé dans l'acte. — En droit, cette clientèle constitue par sa nature une valeur incorporelle toujours mobilière (Comp. Garnier, *Rép. gén. enreg.*, n° 11617 ; Civ. cass. 13 juill. 1840, *Rép. n° 958*; Demolombe, t. 9, n° 464).... Sans doute, la clientèle emprunte dans l'espèce une partie de son

---

importance aux propriétés des sources ; mais elle dépend surtout de l'intelligence et des soins de ceux qui dirigent l'exploitation de l'établissement. Nulle à l'origine, la clientèle s'est formée et s'est développée au fur et à mesure que s'est étendue la réputation de la station, grâce aux améliorations et aux travaux de ceux qui l'ont successivement exploitée. En thèse générale, la clientèle est donc principalement l'œuvre de celui qui exploite l'établissement et, quels que soient les liens qui la rattachent au fonds, elle en est juridiquement séparée. — Ce principe a été nettement mis en lumière par l'arrêt de la cour de cassation en date du 6 juill. 1880 (Instr. n° 2644, § 1er). La cour a décidé, conformément aux conclusions de l'Administration, qu'on peut *vendre* une clientèle d'établissement thermal et louer simplement le fonds. — Dans l'espèce, il est incontestable que la société a la faculté, tout en conservant la propriété des sources, de céder sa clientèle, soit à un tiers à qui elle concéderait temporairement le droit de puiser aux sources, soit même à un fabricant d'eaux minérales artificielles. — Dès lors, la clientèle de la société centrale ne se confond pas avec les sources exploitées; elle en est juridiquement indépendante et donne simplement ouverture au droit de mutation à titre onéreux de 2 p. 100 qui lui est propre. — Pour repousser cette conclusion, on ne saurait tirer argument de ce que la totalité du prix, y compris celui de la clientèle, sera garanti par une hypothèque. — Cette clause n'a pas le sens que vous paraissez lui prêter. — L'hypothèque que s'est réservée le vendeur ne porte pas sur les biens vendus, mais bien exclusivement sur les immeubles vendus. — La société centrale n'a pas de privilège sur les immeubles aliénés en ce qui concerne le prix de la clientèle et des meubles ; elle a voulu profiter de la plus-value que peut acquérir le fonds pour garantir l'intégralité de sa créance et elle a exigé, pour le prix de la clientèle et des meubles, un gage immobilier ; il s'agit donc d'une simple constitution d'hypothèque, de laquelle on ne peut induire que la clientèle forme un immeuble, puisque cette clientèle n'est pas hypothéquée. Je vous prie de faire restituer l'excédent perçu sur le prix de la clientèle.

Du 6 févr. 1884. Sol. adm. enreg.

établissement et indispensables à son fonctionnement normal, ces objets doivent être considérés comme ayant conservé leur caractère d'immeubles par destination et le droit de vente immobilière à 5 fr. 50 cent. pour 100 est dû sur les prix réunis des deux ventes (V. Trib. Douai, 17 mars 1876 ; Trib. Lille, 8 déc. 1876 ; Trib. Sedan, 2 avr. 1889, cités *suprà*, n° 1407).

F. — Ventes successives du sol et de la superficie (*Rép.* n°ˢ 2909 à 2914).

1412. L'administration de l'enregistrement a tenté, d'abord, de faire établir par la jurisprudence que, dans le cas de ventes successives de la superficie et du sol d'un bois à la même personne, il y a vente immobilière pour le tout, et que le droit est dû à 5 fr. 50 cent. pour 100 sur le prix de la superficie aussi bien que sur celui du sol (*Rép.* n° 2909). Mais la cour de cassation a décidé que cela ne pouvait être admis qu'autant qu'il serait établi que les parties ont simulé deux ventes, alors qu'en réalité il n'y en avait eu qu'une (*Rép.* n° 2910). L'Administration a présenté alors un projet de loi tendant à assujettir au droit de vente immobilière toute vente de bois taillis ou de futaie dont la coupe ne serait pas faite dans un délai déterminé à compter de la vente. Il n'a pas été donné suite à ce projet de loi (1). « Ainsi, dit Merlin, il est décidé bien positivement, non seulement qu'il n'est pas dans l'intention de la loi du 22 frim. an 7 que les deux contrats puissent être réputés n'en faire qu'un seul, lorsqu'il n'y a pas de preuve ou de présomption suffisante qu'on ne les a séparés que par une simulation frauduleuse, mais encore qu'il n'y a pas lieu de changer cette législation » (*Rép.* n° 2911). « En un mot, enseigne M. Demante, t. 1, n° 276, nous pouvons dire avec Fonmaur, n° 814 : « Les entiers droits sont dus si la propriété paraît cisaillée en fraude et par collusion pour acquérir par parties la totalité, parce que la ruse et l'astuce ne sauraient être plus favorables que la franchise et la simplicité. Mais, remarquons-le bien, tout cela est à apprécier par les présomptions *de fait* abandonnées aux lumières et à la prudence du magistrat ; aucune présomption *légale* ne régit la matière et ainsi s'explique la diversité des arrêts de la cour de cassation sur la question » (Conf. Naquet, t. 1, n° 246 ; *Diction. droits d'enreg.*, v° *Vente*, n° 507 ; Garnier, *Rép. gén. enreg.*, n° 17826).

1413. La diversité signalée par M. Demante dans les arrêts de la cour de cassation intervenus sur la question, se rencontre également dans les décisions des tribunaux. — Ainsi, il a été jugé : 1° que, lorsqu'il a été stipulé, dans l'acte de vente d'une forêt, que l'acquéreur, tout en restant garant solidaire du prix avec les personnes qu'il se substituerait, aurait la faculté de déclarer command pour la superficie au profit d'un individu désigné, à un prix et sous des conditions déterminés, et que cette déclaration de command a été faite, la vente du sol étant distincte de celle de la superficie, cette dernière ne donne lieu qu'au droit proportionnel de vente mobilière à 2 pour 100 (Trib. Seine, 26 févr. 1876, aff. Guyot, D. P. 76. 5. 215. V. *suprà*, n° 1216) ; — 2° Que la vente de la superficie d'un bois donne lieu seulement au droit de vente mobilière à 2 pour 100, et non à celui de vente immobilière à 5 fr. 50 cent. pour 100, encore bien que le sol ait été vendu par acte du même jour au même acquéreur, s'il n'est pas prouvé qu'il y a eu fraude, et s'il est établi, au contraire, qu'en réalité la vente de la superficie a eu lieu avant celle du sol (Trib. Péronne, 18 août 1876, aff. Delattre, D. P. 78. 3. 31. V. *Rép.* n° 2913).

Il a été décidé, en sens contraire, dans une espèce qui offrait une grande analogie avec celle sur laquelle il a été statué par le tribunal de Péronne, que la vente au même individu, par deux actes distincts du même jour, du sol et de la superficie d'une forêt, donne lieu à la perception du droit de vente immobilière, aussi bien pour la superficie que pour le sol, lorsqu'il résulte des circonstances que deux actes distincts n'ont été rédigés que pour éluder la loi fiscale en ne faisant supporter à l'acquéreur que le droit de vente mobilière (2 pour 100) sur la portion du prix se rap-

portant à la superficie (Trib. Limoges, 18 mars 1874, aff. Frugier, D. P. 75. 5. 215), et, de même, que la vente, par le même acte, au même individu, d'un bois, sol et superficie, faisant partie de biens dotaux, moyennant un prix déclaré applicable pour une portion déterminée à une coupe à exploiter immédiatement sans remploi, et pour le surplus au fonds avec emploi ou remploi, est passible du droit proportionnel de vente immobilière sur la totalité du prix, alors qu'il est stipulé que l'acquéreur entrera en jouissance au jour du contrat, qu'il payera les intérêts du prix à partir du même jour, et qu'il prendra l'immeuble dans l'état où il le trouvera (Trib. Meaux, 5 août 1871, aff. Schittcelé, D. P. 73. 5. 228).

1414. Lorsque c'est, non plus à la même personne, mais à des personnes distinctes, que le sol et la superficie ont été vendus successivement, la fraude ne doit pas se présumer aussi facilement ; elle peut encore néanmoins se produire. Ainsi, la cour de cassation a jugé que la vente de la superficie d'une forêt accompagnée de la vente, même par acte distinct, du sol de cette forêt, est passible du droit de mutation immobilière, lorsqu'il est établi que ces deux ventes n'ont été faites séparément que pour soustraire la valeur de la superficie de la forêt vendue à l'application du droit proportionnel relatif aux ventes d'immeubles ; que cette simulation a pu être déclarée résulter des termes des deux actes, ainsi que des circonstances dans lesquelles ils ont été passés, encore que les deux actes de vente eussent été passés, non avec la même personne, mais avec deux personnes distinctes (Civ. rej. 12 nov. 1855, aff. Phulpin, D. P. 55. 1. 438). Dans l'espèce, les deux ventes paraissaient bien distinctes, puisqu'elles étaient faites à deux acquéreurs différents ; mais ces acquéreurs étaient le père et le fils, et les circonstances dans lesquelles les ventes avaient eu lieu, notamment le fait qu'il n'avait été stipulé aucun délai pour l'abatage des arbres, faisaient présumer une fraude concertée en vue d'éviter la perception du droit de 5 fr. 50 cent. pour 100 sur le prix de la superficie.

Toutefois, on doit admettre généralement que, lorsque les ventes du sol et de la superficie sont ainsi faites à deux acquéreurs distincts, il y a présomption que les deux ventes sont sincères. Il a été jugé, à cet égard, que les ventes du sol et de la superficie d'une forêt, faites à deux acquéreurs, constituent deux ventes distinctes, dont la seconde n'est soumise qu'au droit de vente mobilière, encore bien que, d'après les dispositions du contrat de vente, les deux acquéreurs fussent solidairement responsables du montant des deux prix, et que, pour la garantie du payement, le vendeur ait hypothèque aussi bien sur la superficie que sur le fonds (Trib. Vesoul, 25 juill. 1884, *Journ. enreg.*, art. 22368).

1415. Comme nous l'avons déjà vu, lorsque nous avons étudié les présomptions légales établies pour la demande des droits sur les mutations secrètes de propriété ou d'usufruit d'immeubles, il arrive fréquemment que, pour mieux se soustraire au payement du droit proportionnel de vente immobilière sur la vente de la superficie, les parties ne soumettent à la formalité que l'acte constatant la vente du sol. L'Administration est fondée, dans ce cas, à invoquer les présomptions de l'art. 12 de la loi du 22 frim. an 7, pour établir que la superficie a été vendue avec le sol et réclamer, en conséquence, le droit simple et deux droits en sus sur le prix se rapportant à la superficie (V. *suprà*, n° 1053).

N° 7. — Ventes publiques (*Rép.* n°ˢ 2915 à 2960).

1416. Le *Répertoire* a commenté, sous ce titre, les dispositions législatives spéciales régissant les ventes publiques d'objets mobiliers et comprenant, d'abord, la loi du 22 pluv. an 7, qui a établi des règles générales pour toutes les ventes publiques de meubles, puis, d'autres lois se rapportant à des ventes publiques particulières. Le commentaire de cette législation a été divisé en différentes parties concernant : 1° le tarif (*Rép.* n° 2916) ; 2° la détermination des cas où la vente ne peut être faite que par un officier

---

(1) En Belgique, une loi du 31 mai 1824 dispose que, lorsque la même personne acquiert entre vifs la propriété de bois sur pied et, dix-huit mois après, la propriété du sol avant l'abatage des

bois, le droit de mutation immobilière est dû sur le sol et la superficie (Bastiné, *Code de l'enregistrement*, n° 132 ; Garnier, *Rép. gén. enreg.*, n° 17826, note 4).

public (*Rép.* n° 2920) ; 3° la déclaration dont les ventes de l'espèce doivent être précédées (*Rép.* n° 2926) ; 4° la forme du procès-verbal et son enregistrement (*Rép.* n° 2943) ; 5° les amendes en cas de contravention (*Rép.* n° 2956).

A. — Tarif. — Exceptions. — Ventes en gros de marchandises neuves
(*Rép.* n°° 2916 à 2919).

1417. La disposition de la loi du 22 frim. an 7 (art. 69, § 5, n° 1), qui tarife au droit proportionnel de 2 pour 100 les actes translatifs de propriété à titre onéreux de meubles et autres objets mobiliers généralement quelconques, embrasse, dans sa généralité, les ventes publiques de meubles comme les ventes ordinaires (*Rép.* n° 2916). Mais, ainsi que nous l'avons vu *suprà*, n° 1368, ce tarif comporte diverses exceptions, dont plusieurs se rapportent à des ventes qui peuvent avoir lieu aux enchères, spécialement à celles qui ont pour objet des *navires,* des *débris de navires,* des *marchandises avariées par suite d'événement de mer,* ainsi qu'à celles auxquelles il est procédé *après déclaration de faillite* (*Rép.* n° 2919). Nous avons étudié, dans le chapitre précédent, la législation qui régit toutes ces ventes. Nous n'avons pas à y revenir (V. *suprà*, n°° 413, 427 et suiv.).

1418. Différentes exceptions ont été apportées successivement aux dispositions de la loi du 22 pluv. an 7, concernant les ventes des comestibles nécessaires à l'approvisionnement des villes, spécialement... les ventes de *poissons de mer* (Instr. adm. enreg. n° 940) ;... les ventes de *denrées alimentaires* dans les halles et marchés (Décis. min. fin. 20 févr. 1866) ;... toutes ventes de *comestibles,* qu'elles soient effectuées avec ou sans intervention d'un agent municipal (Sol. adm. enreg. 11 juin 1875 ; 25 janv. 1877 ; 12 avr. 1878) (1).

1419. Une dernière exception concerne les *ventes aux enchères, en gros, de marchandises neuves.* Nous avons à déterminer le tarif réduit établi pour ces ventes et les conditions auxquelles il est applicable.

1420. Le droit de 2 pour 100 a été réduit d'abord à 50 cent. pour 100 par l'art. 74 de la loi du 15 mai 1818, confirmé sur ce point par la loi du 25 juin 1841 (*Rép.* v° *Vente publique de marchandises neuves,* p. 993, n°° 13 et 42), à l'égard des marchandises vendues en gros à la bourse et aux enchères par les courtiers de commerce, en vertu d'autorisations du tribunal de commerce (*Rép.* n° 2917. V. aussi *ibid.* v° *Vente publique de marchandises neuves,* n°° 19, 20 et 26), puis à 10 cent. pour 100 fr. par la loi du 28 mai 1858 (art. 4, D. P. 58. 4. 76 et suiv.) qui a autorisé les courtiers à procéder aux ventes de l'espèce sans l'autorisation du tribunal de commerce. Toutefois, d'après cette dernière loi, le droit de 10 cent. pour 100 n'est applicable qu'autant que la vente a lieu dans les conditions déterminées tant par ladite loi que par le règlement d'administration publique du 12 mars 1859 (D. P. 59. 4. 20) rendu pour son exécution, conditions relatives notamment aux lieux où il peut être procédé aux ventes, à la composition des lots, aux marchandises mises en vente qui doivent rentrer dans l'une des catégories déterminées par la loi (V. Exposé des motifs de la loi du 28 mai 1858, D. P. 58. 4. 76, n° 5. V. aussi Décr. 30 mai 1863, D. P. 63. 4. 122, qui a modifié celui du 12 mars 1859 ainsi que le tableau annexé à la loi du 28 mai 1858, indiquant les marchandises qui peuvent être vendues en gros).

1421. Les dispositions de la loi du 28 mai 1858 s'appliquent aux *ventes volontaires.* Elles ont été étendues :... 1° aux *ventes aux enchères en gros de marchandises de toute espèce et de toute provenance, que les tribunaux de commerce ordonnent ou autorisent,* après décès ou cessation de commerce dans les divers cas prévus par le code de commerce et dans tous les autres cas de nécessité dont l'appréciation leur est soumise (L. 3 juill. 1861, art. 3, Exposé des motifs et rapport, D. P. 61. 4. 106, note 1, n° 4; 107, note 1, n°° 8 et suiv.). V. pour le minimum de la valeur des lots, dans les ventes de l'espèce, Décr. 6 juin 1863 (art. 3, D. P. 63. 4. 123) ;... 2° aux *ventes publiques d'objets donnés en gage* auxquelles il est procédé, à défaut de payement à l'échéance, à la requête du créancier, par les courtiers de commerce ou tous autres officiers publics désignés, sur la requête des parties, par le président du tribunal de commerce (L. 23 mai 1863, D. P. 63. 4. 78; Rapport, *ibid.,* note, n° 28).

1422. Indépendamment des formalités auxquelles sont particulièrement soumises les ventes publiques de marchandises assujetties par la loi du 28 mai 1858, ces ventes sont assujetties aux règles générales que la loi du 22 pluv. an 7 a établies pour toutes les ventes publiques de meubles ; cela résulte de la disposition expresse de l'art. 2 de la loi de 1858 (*Rép.* v° *Vente publique de marchandises neuves,* n° 19).

1423. De l'ensemble des dispositions ci-dessus rapportées, il résulte que les règles générales établies par la loi du 22 pluv. an 7 et le tarif réduit de 10 cent. pour 100 s'appliquent aux *ventes ordonnées ou autorisées par la justice consulaire* en exécution des lois des 3 juill. 1861 et 23 mai 1863, comme aux *ventes volontaires* auxquelles il est procédé dans les conditions déterminées par la loi du 28 mai 1858.

1424. Le tarif de faveur établi pour les ventes aux enchères en gros de marchandises neuves constitue une exception qui ne peut recevoir son application que dans les cas présentant toutes les conditions auxquelles cette application est subordonnée. Sous l'empire de la loi du 15 mai 1818, ces conditions étaient au nombre de trois ; il fallait : 1° que la vente eût été autorisée par le tribunal de commerce ; 2° qu'elle fût faite à la Bourse et par le ministère de courtiers de commerce ; 3° qu'elle eût pour objet des marchandises rentrant dans les catégories désignées dans le tableau ou état mentionné par le décret du 17 avr. 1812 (*Rép.* n° 2917). Lorsque toutes ces conditions se trouvaient remplies, peu importait que la vente eût été autorisée, non par le tribunal de commerce, mais par le tribunal civil, et qu'il y eût été procédé à la requête, non du négociant lui-même, mais de son héritier bénéficiaire. C'est que l'Administration a reconnu en décidant que la vente publique de marchandises, faite par un courtier dans les conditions déterminées par l'art. 74 de la loi du 15 mai 1818, n'est passible que du droit de 50 cent. par 100 fr., bien qu'elle ait eu lieu à la requête d'un héritier bénéficiaire, au domicile du consignataire, à défaut de bourse instituée dans la localité (Délib. adm. enreg. 29 oct. 1847, D. P. 48. 5. 172). Actuellement, comme on l'a vu *suprà*, n° 1420, il n'est plus nécessaire, pour l'application du tarif réduit aux ventes *volontaires,* que ces ventes soient autorisées par le tribunal de commerce (Conf. *Diction. droits d'enreg.,* v° *Vente publique de meubles,* n° 216).

Toutefois il n'en est ainsi que pour les ventes *volontaires.* A

---

(1) D'après la loi du 22 pluv. an 7, les meubles, effets, marchandises, bois, fruits, récoltes et tous autres objets mobiliers, ne peuvent être vendus publiquement et par enchères qu'en présence et par le ministère d'officiers publics, avec des formalités spéciales. Mais des considérations d'un ordre supérieur ont fait admettre successivement plusieurs exceptions, concernant les ventes des comestibles nécessaires à l'approvisionnement des villes. Les décisions ministérielles de l'an 7 et de l'an 8, et un avis du conseil d'État du 3 juin 1820, ont d'abord affranchi les ventes de *poissons de mer* des formalités prescrites par la loi précitée (Instr. n° 940). Le ministre a décidé ensuite, le 20 févr. 1866, que les ventes de denrées alimentaires dans les halles et marchés ne sont pas soumises à ces formalités, lorsqu'elles sont faites *par des facteurs* sous la surveillance de l'autorité municipale ; et des solutions postérieures des 11 juin 1875 et 25 janv. 1877 ont reconnu que la même tolérance devait être accordée à toutes les ventes de comestibles, qu'elles soient effectuées avec ou sans l'intervention d'un agent municipal. Il y a lieu de con-

sidérer, en conséquence, que les ventes de cette nature ne tombent pas sous l'application de la loi du 22 pluv. an 7. Il suit de là, notamment, que la rédaction d'un procès-verbal n'est pas obligatoire. Mais tous les actes rédigés demeurent régis par la loi du 13 brum. an 7 pour le timbre et par la loi du 22 frim. an 7 pour l'enregistrement. Ils doivent donc être écrits sur papier timbré dans tous les cas, et soumis à l'enregistrement :... dans un délai de rigueur, s'ils ont un caractère authentique ;... dans les cas prévus par l'art. 23 de la loi du 22 frim. an 7, s'ils s'émanent pas d'un officier public. D'autre part, les immunités dont jouissent les ventes de denrées alimentaires ayant donné lieu à de nouveaux débats entre les commissaires-priseurs, les courtiers de commerce, les marchands en boutiques, et les facteurs et simples particuliers, on trouvera dans les décisions rendues au sujet de ces difficultés les règles nécessaires pour limiter à son objet l'exception introduite exclusivement en vue de l'approvisionnement journalier des villes.

Du 12 avr. 1878.-Sol. adm. enreg.

l'égard des ventes qui ont lieu par *autorité de justice*, l'autorisation du tribunal est nécessaire pour que le tarif réduit soit applicable, mais cette condition seule est exigée ; peu importe que les marchandises soient ou non désignées dans le tableau annexé à la loi de 1858. Le bénéfice de la loi s'applique « à la vente aux enchères en gros des marchandises *de toute espèce et de toute provenance* » (L. 3 juill. 1861, art. 1er). — Il a été décidé, sous la législation actuelle, dans le sens de la délibération précitée du 29 oct. 1847, que la condition que la vente soit autorisée par le tribunal se trouve suffisamment remplie, bien que l'autorisation de vendre soit émanée du tribunal civil, et non du tribunal de commerce, dans un cas où l'ordonnance était intervenue à la suite d'un jugement rendu par le tribunal et avait le caractère d'une mesure prise pour assurer l'exécution de ce jugement (Sol. adm. enreg. 2 mai 1883, *Diction. droits d'enreg.*, *loc. cit.*, n° 227).

1425. L'une des conditions nécessaires pour l'application du tarif réduit aux ventes volontaires, est que la vente ait pour objet des marchandises désignées dans le tableau mentionné par le décret du 17 avr. 1812. Si cette vérification ne peut être faite par suite de force majeure, parce que, par exemple, le tableau n'a pas été dressé par l'autorité compétente, ce fait ne peut préjudicier aux parties ; le tarif réduit doit donc être appliqué si, d'ailleurs, les autres conditions prescrites se trouvent remplies. Cela résulte d'un arrêt de la cour de cassation aux termes duquel l'art. 74 de la loi du 15 mai 1818, qui réduit · à 50 cent. par 100 fr. le droit de vente mobilière de 2 pour 100, en . cas de ventes publiques de marchandises faites, conformément au décret du 17 avr. 1812, c'est-à-dire par le ministère des courtiers de commerce avec l'autorisation du tribunal de commerce, en gros, et pourvu qu'il s'agisse de marchandises, énumérées dans un état dressé pour le ressort du tribunal est applicable alors même que cet état n'existerait pas, s'il est satisfait aux autres conditions du décret, le redevable ne pouvant souffrir d'une omission qui n'est nullement de son fait, et qui procède plutôt du fait de l'Administration (Civ. rej. 24 août 1853, aff. Simon, D. P. 53. 1. 259).

1426. Le tarif réduit est-il applicable aux *ventes en détail* de marchandises neuves ? Ces ventes ont été réglementées par la loi du 25 juin 1841. La principale condition exigée pour leur légalité est l'autorisation du tribunal de commerce. La loi de 1841 ne contient aucune disposition relative à la quotité du droit qui leur est applicable. Dans cet état de choses, il a paru, d'abord, qu'elles devaient bénéficier du tarif réduit, que les conditions primitivement imposées tant pour la légalité des ventes de marchandises neuves que pour l'application du tarif réduit, ayant été successivement modifiées ou supprimées par les lois subséquentes, il y avait lieu d'admettre qu'en n'exigeant plus ces conditions pour la validité des ventes, le législateur avait entendu les supprimer également pour l'application du tarif réduit. L'administration de l'enregistrement a statué en ce sens par différentes solutions des 4 et 30 août, et 18 déc. 1879, 23 avr. 1880 (*Diction. droits d'enreg.*, v° *Vente publique de meubles*, n° 236).

Mais, après avoir soumis la question à un nouvel examen, l'Administration est revenue sur ces solutions et a décidé que le droit de 2 pour 100 est applicable au cas dont il s'agit, attendu que la loi du 25 juin 1841 s'occupe, d'une manière toute spéciale, des ventes en détail des marchandises neuves ; que le législateur a manifesté clairement son intention à cet égard en disposant, dans l'art. 6, que les ventes de marchandises en gros faites en vertu des lois antérieures continueront à être soumises aux règles qui leur sont propres ; qu'en présence d'une distinction aussi formellement établie, il est difficile d'admettre que la loi de 1841 ait entendu placer ces ventes en détail sous le même régime fiscal que les ventes en gros, alors surtout que les ventes de cette dernière catégorie ont été soumises par la loi qui les régit à un tarif exceptionnel dont il serait contraire aux principes d'étendre le bénéfice à des contrats pour lesquels il n'a pas été·expressément édicté (Sol. adm. enreg. 7 mai 1881, D. P. 82. 5. 203).

B. — Ventes dans lesquelles les officiers publics doivent intervenir (*Rép.* n°s 2920 à 2925).

1427. Le *Répertoire* ne s'est pas occupé ici des attributions qui appartiennent aux diverses classes d'officiers publics pour les ventes de telle ou telle nature de meubles. Ce point a été traité v° *Vente publique de meubles*. Il a été seulement établi en principe, sous la rubrique ci-dessus, que, d'après l'art. 1er de la loi du 22 pluv. an 7, la vente aux enchères appartient exclusivement aux officiers désignés par la loi et qu'il est interdit, sous peine d'amende, aux particuliers d'y procéder (*Rép.* n° 2920).

1428. Les officiers publics qui ont qualité pour procéder aux ventes publiques de meubles, sont, en premier lieu, les *commissaires-priseurs*, et, en outre, les *notaires*, les *huissiers* et les *greffiers* (*Rép.* n° 2920). A ces officiers publics, s'ajoutent les *courtiers* pour les ventes publiques de marchandises aux enchères et en gros, d'après les lois des 28 mai 1858 (art. 2), 3 juill. 1861 (art. 3), 23 mai 1863, mentionnées *suprà*, n° 1421. — La loi du 18 juill. 1866, d'après laquelle toute personne est libre d'exercer la profession de *courtier de marchandises*, porte qu' « il pourra être dressé par le tribunal de commerce une liste de courtiers de marchandises de la localité qui auront demandé à y être inscrits » (art. 2), et que « les ventes publiques de marchandises aux enchères et en gros qui, dans les divers cas prévus par la loi, doivent être faites par un courtier, ne pourront être confiées qu'à un courtier inscrit sur la liste dressée conformément à l'art. 2 ou, à défaut de liste, désigné, sur la requête des parties intéressées, par le président du tribunal de commerce » (art. 4) (D. P. 66. 4. 118 ; Exposé des motifs, *ibid.*, n° 7 ; Rapport, *ibid.*, n° 9).

1429. Il est interdit, sous peine d'amende, aux particuliers de procéder à une vente publique de meubles sans le ministère d'un officier public (V. *suprà*, n° 1427). L'art. 7 de la loi de ventôse an 9, qui a édicté l'amende, a visé seulement le propriétaire des objets vendus ; la personne qui s'est bornée à prêter son concours au vendeur est en dehors de son atteinte. Ainsi jugé que l'amende dont il s'agit ne s'applique qu'au propriétaire des objets vendus, non au tiers non intéressé qui a seulement concouru ou aidé à la vente (Trib. Autun, 3 mai 1853, aff. David, D. P. 53. 3. 30). — Une solution de l'administration de l'enregistrement a confirmé cette interprétation dans une espèce où un propriétaire avait fait procéder à une vente publique de meubles par le garde champêtre de la commune (Sol. adm. enreg. 25 avr. 1877, *Jour. enreg.*, art. 20405).

La jurisprudence belge décide, en sens contraire, que l'amende est encourue par le notaire qui procède sans qualité à la vente d'objets mobiliers hors de son ressort, attendu qu'il doit être assimilé à un simple particulier et « que les termes généraux dont s'est servi le législateur et le but qu'il s'est proposé indiquent suffisamment que, dans sa pensée, l'amende comminée est applicable aussi bien aux agents sans qualité, faisant des ventes pour autrui, qu'au propriétaire lui-même » (Sol. adm. enreg. (Belgique) 5 juin 1853, Garnier, *Rép. pér. enreg.*, art. 126). Jugé dans le même sens que l'agent d'affaires qui vend pour le compte d'un propriétaire, des objets mobiliers sans l'assistance d'un officier public, est passible de l'amende (Trib. Tournai, 14 avr. 1846, *ibid.*). — Cette doctrine est enseignée également par M. Garnier, *Rép. gén. enreg.*, n° 1627. Nous estimons avec les rédacteurs du *Dictionnaire des droits d'enregistrement*, v° *Vente publique de meubles*, n° 30, qu'elle est excessive. Il s'agit d'une disposition pénale qui, par suite, doit être interprétée strictement. Cette disposition (L. 22 pluv. an 7, art. 7) porte : « L'amende qu'aura encourue tout citoyen, pour contravention à l'art. 1er de la présente, *en vendant ou faisant vendre* publiquement et par enchères, sans le ministère d'un officier public... ». Ce texte nous paraît devoir être restreint, dans son application, à la personne intéressée, soit qu'elle procède elle-même à la vente, soit qu'elle y fasse procéder par un tiers.

1430. Il faut, pour que l'amende soit encourue en cas d'absence d'un officier public, qu'il s'agisse réellement d'une vente publique (*Rép.* n° 2922). Une vente est publique, lorsqu'elle a lieu aux enchères, avec le concours des amateurs qui se présentent, de quelque façon que ce concours ait été provoqué ou se soit produit (*Ibid.*). Ainsi le propriétaire d'un bois qui a vendu lui-même aux enchères le produit de ses coupes à des marchands doit être déclaré en contravention à la loi du 22 pluv. an 7 pour n'avoir pas employé le ministère d'un officier public, si la réunion des marchands enchérisseurs (tenue dans une auberge, par exemple) présentait, quel qu'ait été, d'ailleurs, le mode de convocation, les caractères d'une réunion publique (Trib. Vouziers, 14 juill. 1859, aff. Maitre, D. P. 60. 3. 15).

Mais la condition de publicité fait défaut et, par suite, la loi de pluviôse n'est plus applicable, lorsque le vente est faite aux enchères et dans un lieu public, mais seulement entre les membres d'une association particulière à l'exclusion de tous autres. Ainsi, il a été décidé que le ministère des commissaires-priseurs n'est pas obligatoire pour les ventes aux enchères, faites par une association (un comice agricole), d'objets mobiliers (de bestiaux) achetés des deniers de l'association et ne pouvant être adjugés qu'à ses membres, à l'exclusion de toute autre personne (Civ. rej. 6 mars 1877, aff. Goffinet, D. P. 77. 1. 161). Il en est autrement, lorsque la faculté d'enchérir est accordée, non seulement aux membres de l'association, mais encore à toutes personnes, sous l'unique condition qu'elles feront, séance tenante, la déclaration qu'elles veulent faire partie de l'association, ces personnes n'étant point associées, faute d'être régulièrement et définitivement admises au moment où la vente est opérée (Civ. cass. 6 mars 1877, aff. Benoit, D. P. 77. 1. 161. Conf. Sol. adm. enreg. 12 oct. 1882, *Journ. enreg.*, art. 22201).

C. — De la déclaration (*Rép.* nᵒˢ 2926 à 2942).

1431. Toute vente publique de meubles doit, suivant l'art. 2 de la loi du 22 pluv. an 7, être précédée d'une déclaration faite au bureau de l'enregistrement dans l'arrondissement duquel la vente aura lieu par l'officier public qui doit y procéder. Cette formalité est prescrite, afin de mettre l'Administration à même d'exercer la surveillance que la loi lui a attribuée sur les ventes publiques de meubles, pour assurer la perception régulière de l'impôt (*Rép.* nᵒ 2926). Certaines ventes pour lesquelles la régularité des opérations se trouve assurée, soit par la participation de services publics, soit par une réglementation spéciale, sont affranchies de la déclaration. Aux ventes de l'espèce énumérées au *Rép.* nᵒ 2927, il faut ajouter celles mentionnées *ibid.* vᵒ *Vente publique de meubles*, nᵒ 67.

1432. En dehors de ces exceptions, la déclaration préalable est une nécessité pour toutes les ventes publiques et aux enchères de meubles (*Rép.* nᵒ 2928). A ce point de vue, comme pour la détermination de la quotité du droit proportionnel, il importe de distinguer la vente du bail, les ventes mobilières des ventes d'immeubles, les ventes publiques des ventes ordinaires. Nous n'avons pas à revenir sur ce que nous avons dit précédemment relativement aux difficultés que présentent ces distinctions. Comme le *Répertoire ibid.*, nous nous bornerons ici à signaler les cas particuliers

où la jurisprudence, envisageant la difficulté dans ses rapports avec l'art. 2 de la loi de pluviôse, a admis ou rejeté la nécessité de la déclaration préalable.

Ainsi, les récoltes pendantes en racine, étant réputées immeubles, quand elles sont comprises dans la transmission du fonds auquel elles adhèrent, et meubles quand elles sont l'objet d'une transmission distincte, qui ne se réalisera que par la séparation du sol, il en résulte que la déclaration sera ou non nécessaire, suivant qu'il s'agira du premier ou du second cas (*Rép.* nᵒ 2929). — Spécialement, il a été décidé qu'un notaire est passible d'amende, à défaut de déclaration préalable d'une vente de récoltes sur pied, qualifiée faussement de bail à ferme (Trib. Altkirch, 7 déc. 1854, aff. Risacher, D. P. 55. 3. 50) ou d'adjudication à loyer, s'il est établi d'ailleurs que ce mode de rédaction a été adopté dans un but de déguisement (Trib. Vouziers, 28 nov. 1855, aff. Couet, D. P. 56. 3. 5).

Suivant un jugement, le notaire qui a procédé à une adjudication publique de meubles, croyant de bonne foi procéder à une adjudication du droit de bail, n'est pas assujetti à l'amende, faute de déclaration préalable (Trib. Paimbœuf, 4 juin 1876, *Journ. enreg.*, art. 20069). Mais cette décision ne doit pas être prise pour règle. Ainsi que nous le verrons, lorsque nous nous occuperons des pénalités (V. *infrà*, chap. 6, sect. 2), la bonne foi des contrevenants ne peut, en matière fiscale, les soustraire aux pénalités qu'ils ont encourues. Le tribunal de Paimbœuf, reconnaissant que l'adjudication à laquelle avait procédé le notaire, constituait une vente mobilière, et non un bail, devait en conclure que cet officier public était passible de l'amende, la contravention à l'art. 2 de la loi de pluviôse an 7 étant établie.

1433. Pour les ventes qui doivent se prolonger pendant *plusieurs jours* consécutivement ou à des intervalles plus ou moins rapprochés, la déclaration n'a pas besoin d'être renouvelée, pourvu, toutefois, que le procès-verbal de chaque séance désigne le jour et l'heure auxquels les opérations seront continuées (*Rép.* vᵒ *Vente publique de meubles*, nᵒ 66). Une nouvelle déclaration serait nécessaire, si la vente n'était pas remise à jour fixe (*Ibid.*).

Il a été jugé que la déclaration portant qu'il sera procédé à la vente *tel jour* satisfait aux prescriptions de la loi et que, si la vente est continuée le lendemain, une nouvelle déclaration, relative à cette continuation, n'est pas nécessaire; qu'en conséquence, le notaire n'est pas passible d'une amende, si cette nouvelle déclaration n'est pas faite, encore bien que le procès-verbal de la première vacation n'ait été présentée à l'enregistrement qu'après la seconde journée de vente (Trib. Tours, 22 mars 1878) (1). A plus forte raison, en est-il de même, s'il est exprimé dans la déclaration que la vente aura lieu « demain dimanche à midi *et jours suivants*, s'il y a lieu » (Trib. Nontron, 17 déc. 1879, *Journ. enreg.*, art. 21264). L'administration de l'enregistrement soutenait qu'elle doit être prévenue, dans tous les cas, de la continuation de la vente, afin de pouvoir exercer sa surveillance, que la déclaration préalable est imposée à cet effet aux officiers ministériels; que cette déclaration est donc néces-

---

(1) (Dubois.) — Le tribunal; — Attendu que le 24 oct. 1877, l'Administration de l'enregistrement et des domaines a décerné contre le sieur Dubois, commissaire-priseur à Tours, une contrainte à l'effet d'obtenir payement d'une somme de 175 fr., montant de sept amendes qui auraient été encourues par cet officier public, pour avoir procédé à des continuations de ventes mobilières pendant plusieurs jours, alors que les déclarations qu'il avait faites en conformité des art. 2 et 3 de la loi du 22 pluv. an 7 portaient seulement qu'il vendrait tel jour; — Attendu que le sieur Dubois a formé opposition à cette contrainte par exploit de Savreux, huissier à Tours, en date du 28 nov. 1877, en prétendant qu'il a satisfait aux prescriptions de la loi et n'a encouru, par suite, aucune amende, en indiquant dans des déclarations préalables le *jour de l'ouverture de chaque vente*; — Attendu, en effet, qu'aux termes des art. 2 et 3 de la loi du 22 pluv. an 7, « aucun officier public ne pourra procéder à une vente publique et par enchères d'objets mobiliers, qu'il n'en ait préalablement fait la déclaration au bureau de l'Enregistrement, etc., et cette déclaration contiendra l'indication du *jour de l'ouverture de la vente*; » — Attendu que ces mots *jour de l'ouverture de la vente* indiquent d'une manière claire et précise que le législateur a eu en vue une vente pouvant se prolonger plusieurs jours et ne permettent pas d'admettre qu'il ait eu l'inten-

tion de prescrire une déclaration nouvelle pour chaque journée que durera la même vente; — Attendu, du reste, qu'il serait souvent fort difficile, pour ne pas dire impossible, à l'officier public de prévoir à l'avance qu'une vente durera un ou plusieurs jours; — Attendu que toute disposition législative édictant une pénalité est de droit strict, en ce sens que ses préceptes ne comportent pas d'extension par analogie ou par assimilation; — Attendu qu'il est vrai que le législateur n'a pas dit, comme le fait observer l'Administration, qu'il n'y aurait qu'une seule déclaration pour la vente d'un même mobilier, mais il n'a pas dit non plus qu'il y aurait de nouvelles déclarations pour chaque jour de continuation d'une même vente; et il n'est pas permis de suppléer à son silence sur ce point en ajoutant à la loi une disposition nouvelle; — Attendu que si l'Administration de l'enregistrement rencontre des difficultés dans l'exercice de la surveillance à laquelle elle a droit sur les ventes mobilières, si les officiers publics ne sont pas obligés, en exécution des articles des lois susvisés, de faire une nouvelle déclaration chaque jour de continuation de la même vente, il y a lieu de faire observer ici qu'il n'appartient pas plus au juge de suppléer à l'insuffisance d'une disposition législative que de créer une pénalité pour un cas qui n'est pas prévu par la loi.

Du 22 mars 1878.-Trib. civ. de Tours.

saire toutes les fois que, dans le cas dont il s'agit, elle ne se trouve pas avisée par l'enregistrement du procès-verbal. Mais, comme l'a fait observer le jugement du tribunal de Tours, si l'on doit reconnaître avec l'Administration que le législateur n'a pas dit qu'il n'y aurait qu'une seule déclaration pour chaque vente, il n'a pas dit non plus qu'il y aurait de nouvelles déclarations pour chaque jour où la même vente serait continuée. Or il n'est pas permis de suppléer au silence de la loi sur ce point. La question paraît pouvoir être considérée comme définitivement résolue en ce sens (Conf. *Diction. droits d'enreg.*, v° *Vente publique de meubles*, n° 87).

1434. Lorsque le même officier public est chargé de procéder à *plusieurs ventes publiques* de meubles à la requête de différents propriétaires ayant des intérêts distincts, cet officier peut ne faire qu'une seule déclaration pour ces ventes. En effet, le but de la loi se trouve atteint, puisque l'Administration, prévenue de chaque adjudication, est à même d'en contrôler la régularité (Sol. adm. enreg. 4 oct. 1884, *Journ. enreg.*, art. 22358).

1435. La question s'est élevée de savoir si l'obligation de la déclaration préalable imposée aux officiers ministériels par la loi du 22 pluv. an 7, s'applique à toutes les ventes publiques de 'meubles, même à celles qui ont pour objet des *meubles incorporels*, tels que rentes, créances, fonds de commerce, achalandages, etc. L'affirmative est enseignée au *Rép.* v° *Vente publique de meubles*, n° 68. Cette opinion est fondée sur ce que la généralité des termes de la loi semble devoir exclure toute distinction. Les tribunaux étaient divisés sur cette difficulté. Mais l'Administration de l'enregistrement a mis fin à la controverse en décidant, par une solution du 29 août 1843 rapportée dans une instruction générale n° 1723, § 7, que l'obligation de souscrire la déclaration préalable ne s'applique pas aux ventes aux enchères de *rentes* et de *créances*, attendu que les formalités prescrites ont eu spécialement pour but d'empêcher que, dans les ventes publiques aux enchères, des objets ne soient soustraits à la perception du droit proportionnel d'enregistrement et que ce danger n'existe pas pour les rentes et créances dont le cessionnaire n'est saisi, à l'égard des tiers, que par la signification de l'acte de transfert au débiteur ou par l'acceptation de ce dernier. Il a été reconnu, par une autre solution du 29 janv. 1848 (*Journ. enreg.*, art. 14712), que cette doctrine doit être étendue à la vente aux enchères de la *clientèle* d'un cabinet d'affaires et, d'une manière générale, à toute vente publique d'*objets et droits incorporels de toute nature*. La question n'a plus été soulevée depuis lors (Conf. Garnier, *Rép. gén. enreg.*, n° 1651 ; *Diction. droits d'enreg.*, v° *Vente publique de meubles*, n° 74 ; Naquet, t. 1, n° 365).

1436. En terminant sur ce point, nous signalerons les observations faites par un auteur particulièrement compétent, tendant à la suppression de la formalité de la déclaration préalable aux ventes publiques·de meubles. La loi qui a imposé cette formalité, dit M. Garnier, est une loi de défiance rendue contre les officiers publics chargés des ventes de meubles. Il est à présumer qu'en l'an 7, avec l'abus d'une·réorganisation générale, le personnel de ces officiers laissait parfois à désirer et nécessitait une surveillance spéciale. Or ce motif n'existe plus aujourd'hui. D'un autre côté, les meubles meublants, coupes de bois, etc. qui forment l'objet de la presque totalité des ventes aux enchères de meubles, ne constituent actuellement qu'un faible appoint de la richesse publique. Les valeurs industrielles, rentes sur l'Etat, etc., y entrent pour une bien plus large part. On sait quelles facilités la loi accorde pour la transmission de ces valeurs. Comment justifier, dès lors, l'espèce de suspicion sous laquelle se trouvent placées des ventes aux enchères qui s'opèrent au grand jour, devant un grand concours de public, et, le plus souvent, en présence des parties intéressées à surveiller les agissements de l'officier public? Enfin, la déclaration préalable est, en fait, d'une utilité douteuse. Le receveur de l'enregistrement n'a presque jamais le temps de se transporter sur les lieux, souvent éloignés de sa résidence, où il est procédé à la vente, et l'officier public n'est soumis qu'à un contrôle fictif (Garnier, *Rép. gén. enreg.*, n° 1644. V. aussi Garnier, *Rép. pér. enreg.*, art. 3805-4). On ne saurait mieux dire. L'attention du législateur sera, sans doute, appelée quelque jour sur ce point. Il nous paraît certain

que, lorsque la question sera soumise à un examen sérieux, il sera reconnu que la déclaration préalable doit être supprimée comme étant une formalité gênante, vexatoire, souvent coûteuse pour les officiers publics, sans utilité réelle.

D. — Du procès-verbal et de son enregistrement (*Rép.* n°⁵ 2943 à 2960).

1437. La forme du procès-verbal est déterminée par l'art. 5 de la loi de pluviôse an 7, dont le texte est rapporté au *Rép.* n° 2943. Il résulte de cette disposition que chaque vacation forme un procès-verbal distinct, qui doit être enregistré dans le délai de la loi à partir de sa date (*Rép.* n° 2944). Toutefois, disent avec raison les rédacteurs du *Dictionnaire des droits d'enregistrement*, rien n'oblige l'officier ministériel à faire enregistrer la première séance d'une vente qui contient remise à un jour désigné, avant la continuation de la vente. Il suffit que chaque vacation soit enregistrée dans le délai de la loi, de sorte que les vacations successives d'une même vente peuvent être enregistrées en même temps, sans contravention, pourvu que le délai à partir de la première ne soit pas expiré (v° *Vente publique de meubles*, n° 195).

1438. En ce qui concerne l'enregistrement, l'art. 6 de la loi statue sur trois objets distincts : le bureau où la formalité doit être remplie (*Rép.* n° 2946), la liquidation du droit (*Rép.* n° 2947), les délais de l'enregistrement (*Rép.* n° 2950).

1439. Suivant le même art. 6, le droit d'enregistrement est perçu sur le montant des sommes que contiendra *cumulativement* le procès-verbal des séances (*Rép.* n° 2947). On s'est demandé s'il y avait lieu de frapper du droit proportionnel de vente les *objets adjugés à leurs propriétaires*, c'est-à-dire dont ceux-ci opèrent le retrait, après une ou plusieurs enchères, sous forme d'adjudication prononcée à leur profit. L'Administration soutient que la loi de pluviôse déroge à la loi de frimaire qui ne soumet les licitations au droit proportionnel que « sur les parts et portions acquises » (V. *suprà*, n° 1332), et que, par conséquent, le droit de 2 pour 100 doit être perçu, conformément à l'art. 6, sur le montant des sommes que contient *cumulativement* le procès-verbal des séances. Il faut, en effet, reconnaître dans la loi de pluviôse une dérogation à la loi de frimaire. D'après cette dernière loi, le droit de 2 pour 100 doit être calculé sur chaque adjudication, et il ne peut pas être inférieur à 2 fr. L'application de ce système de perception aux ventes publiques de meubles, aurait conduit à une perception très rigoureuse. Il y a, en effet, dans les ventes publiques de meubles, des objets de très minime importance. Percevoir sur ces objets un droit de 2 fr. eût été excessif. C'est pour cela que la loi de pluviôse décide que le droit de 2 pour 100 sera calculé sur le montant cumulé des adjudications. Mais s'ensuit-il que la loi de pluviôse ait édicté une dérogation bien autrement grave à la loi de frimaire, en décidant que le droit de 2 pour 100 serait même perçu sur les adjudications faites pour la forme et qui n'entraînent pas mutation de propriété? C'est cependant à cela que le système de l'Administration aboutit. Elle veut percevoir le droit de 2 pour 100 sur les adjudications faites aux propriétaires des objets adjugés, et pourtant, dans ce cas, il n'y a pas mutation. Nous pensons que ce système ne saurait être admis et que la loi de pluviôse ne contient pas une dérogation aussi grave au grand principe, posé par la loi de frimaire, à savoir que le droit proportionnel de mutation n'est exigible qu'en cas de mutation de propriété.

Un jugement récent s'est prononcé en ce sens, en décidant que le droit de 2 pour 100 n'est exigible· que sur les actes translatifs de propriété mobilière, et que ce droit ne peut être perçu sur l'adjudication prononcée au profit du propriétaire des objets mis en vente, cette adjudication n'emportant pas mutation de la propriété, et n'ayant, de l'aveu même de l'administration, d'autre but que la constatation du retrait des objets qui n'ont pas atteint un prix rémunérateur (Trib. Seine, 10 juin 1887, aff. le Tattersall français, D. P. 89. 3. 55. V. dans le même sens : *Rép.* n°⁵ 2832 à 2834). La cour de cassation de Belgique, par un arrêt du 4 janv. 1866 (aff. Massyn, *Pasicrisie belge*, 1866. 1. 70) qui a confirmé un jugement du tribunal de Gand du 16 janv.

1865, s'est prononcée dans le même sens sur la question. L'art. 6 de la loi de pluviôse, porte cet arrêt, n'a eu d'autre but que d'empêcher que le droit fût perçu séparément sur chacun des articles du procès-verbal de vente; cette loi qui n'a pour objet que de prescrire les formalités à observer en cas de vente publique de meubles, s'en est référée, pour l'exigibilité et la liquidation des droits, à la loi du 22 frim. an 7. Or la loi de frimaire an 7 ne frappe du droit de 2 pour 100 que les actes translatifs de propriété. Il s'ensuit que l'art. 6 de la loi de pluviôse ne peut trouver son application qu'aux sommes pour lesquelles il y a eu adjudication proprement dite et translation de propriété. Une adjudication au profit du propriétaire vendeur n'opère aucune mutation de propriété et ne constitue qu'un retrait pur et simple des objets exposés en vente. Et il importe peu que pareille adjudication ait été prononcée à la suite d'enchères de la part de tiers; ces enchères ne peuvent être considérées comme ayant opéré successivement un déplacement de propriété, mais uniquement comme de simples promesses unilatérales d'acheter destinées à parfaire la vente par l'agréation du vendeur qui laisse prononcer l'adjudication. — Le Journal des notaires, art. 18636, approuve la doctrine de cet arrêt. Il s'agit dans l'art. 6 de la loi de pluviôse an 7, dit-il, de l'enregistrement du procès-verbal de vente, et c'est, par conséquent, sur le prix total des objets vendus que le droit est exigible. Dans l'espèce, des objets mobiliers ont été adjugés à leur propriétaire; ils ne lui ont pas été vendus. Adjudication et vente ne sont pas synonymes. L'adjudication au propriétaire n'est ici qu'un mode de retrait des meubles mis en vente ».

1440. L'administration française persiste à soutenir l'exigibilité du droit proportionnel sur le prix des objets adjugés au propriétaire vendeur. La loi de pluviôse an 7, porte une solution de cette administration du 24 mars 1884, « fait dépendre l'exigibilité de l'impôt de cette seule circonstance que l'objet a été adjugé; la qualité des adjudicataires ne peut, dès lors, avoir aucune influence sur la perception. Les dispositions contraires de la loi antérieure du 22 frimaire ont été abrogées, en matière de vente publique de meubles aux enchères, par l'art. 10 de la loi spéciale. C'est ce que la jurisprudence a reconnu (Civ. cass. 9 mai 1832 ; Trib. Saint-Quentin, 26 août 1846, Rép. n° 2832). D'après cette jurisprudence, l'impôt est dû par le seul fait que l'adjudication a été prononcée, sans qu'il y ait lieu d'examiner si la propriété a été réellement transférée » (V. dans le même sens : Diction. droits d'enreg., v° Vente publique de meubles, n° 271 ; Journ. enreg., art. 22897 ; Garnier, Rép. gén. enreg., n° 1711).

1441. Mais si le propriétaire des objets mis en vente les retire, soit avant que la mise à prix ait été couverte par une enchère, soit même après une ou plusieurs enchères, au cas où le cahier des charges lui réserve cette faculté, il n'y a pas d'adjudication consommée, et, par conséquent, l'officier public n'étant pas tenu de comprendre ces objets dans son procès-verbal comme étant adjugés, la cause d'exigibilité du droit fait défaut; il n'y a pas lieu de le percevoir. « Les droits proportionnels, porte une décision ministérielle du 19 févr. 1819, sont dus lorsqu'il y a vente et non pas lorsqu'il ne s'agit que d'une simple exposition aux criées ou même d'enchères non suivies d'adjudication. Alors la vente n'est pas complète. Le vendeur n'est dessaisi que par la tradition à un tiers ou l'adjudication prononcée. Il n'y a donc lieu à la perception que sur les objets adjugés et sur ceux dont la tradition est prouvée légalement. Par conséquent, le droit d'enregistrement n'est pas dû sur le prix des objets retirés, même après enchère, par le propriétaire. » Cette décision sert toujours de règle (Garnier, Rép. gén. enreg., n° 1710; Diction. droits d'enreg., loc. cit., n°s 273 et 274).

1442. En ce qui concerne les délais, la loi de pluviôse se référant à ceux déterminés par la loi du 22 frim. an 7, le procès-verbal doit être enregistré dans le délai fixé pour l'enregistrement des actes que reçoit ordinairement l'officier ministériel qui a procédé à la vente. Le délai varie suivant la qualité de l'officier ministériel. Le Répertoire (n° 2950) indique le temps accordé à chacun d'eux.

Le délai pour l'enregistrement des procès-verbaux de ventes publiques de marchandises effectuées par les courtiers est de dix jours (L. 28 juin 1864, art. 17). Il en est ainsi, non seulement pour les ventes de marchandises faites par les courtiers eux-mêmes, mais encore pour celles qui sont effectuées par les autres officiers publics désignés, conformément à l'art. 2, de la loi du 3 juill. 1861, pour remplacer les courtiers (Instr. adm. enreg. n° 2197, § 2), et aussi dans tous les cas où un officier public procède à une vente publique de marchandises au lieu et place d'un courtier (Sol. adm. enreg. 3 avr. 1876, Diction. droits d'enreg., v° Vente publique de meubles, n° 191).

1443. La décharge donnée à l'officier public qui a procédé à la vente, pour le prix de cette vente, doit être rédigée en la forme authentique, c'est-à-dire signée tant par l'officier public que par la partie, toutes les fois qu'elle est donnée à la suite ou en marge du procès-verbal de vente; elle est, dans ce cas, assujettie à l'enregistrement dans le délai légal et à l'inscription au répertoire (Rép. n°s 2953 et 2954). Mais la décharge peut aussi être donnée par acte distinct du procès-verbal et sous seing privé; dans ce cas, il n'y a lieu ni à l'enregistrement dans un délai déterminé ni à l'inscription au répertoire ; l'enregistrement ne sera obligatoire, conformément au droit commun, que lorsqu'il est fait usage de la décharge en justice ou par acte public (Rép. n° 2955). Ajoutons que l'acte constatant la décharge sous seing privé, qui devait être fait sur papier revêtu du timbre de dimension (à 60 cent. actuellement), n'est plus assujetti aujourd'hui qu'au timbre spécial de 10 cent. d'après la disposition de l'art. 18 de la loi du 23 août 1871 (V. Diction. droits d'enreg. v° Vente publique de meubles, n°s 312 et 314).

E. — Contraventions, Pénalités.

1444. Les contraventions aux dispositions de la loi du 22 pluv. an 7 sont punies d'amendes édictées par son art. 7, tant contre les officiers publics que contre les particuliers. A l'égard de ces derniers, on a vu que l'administration française de l'enregistrement interprète la loi comme ne frappant que le propriétaire des objets vendus, à l'exclusion du tiers non intéressé qui n'a fait que coopérer ou aider à la vente, tandis que l'administration belge considère, au contraire, ce dernier comme passible de l'amende aussi bien que le propriétaire (V. supra, n° 1429).

1445. Lorsque l'officier public qui a procédé à la vente n'a pas fait la déclaration préalable et que plusieurs séances ont été employées, l'Administration, considérant chaque vacation comme constituant une vente entièrement distincte (V. supra, n° 1437) et se fondant sur ce que chaque vente faite sans déclaration donne ouverture à une amende particulière, a décidé qu'il est dû autant d'amendes qu'il y a eu de séances non déclarées, lors même que le procès-verbal de la première vacation indique la remise de la vente et a été enregistré avant le jour fixé pour cette remise (Sol. adm. enreg. 4 févr. 1874, Diction. droits d'enreg., v° Vente publique de meubles, n° 88). Mais V. les observations faites dans le sens contraire, sur ce dernier point, supra, n° 1433.

1446. Les contraventions sont constatées par procès-verbal (art. 8 de la loi de pluviôse an 7) (Rép. n° 2958). Suivant l'administration de l'enregistrement, la rédaction d'un procès-verbal n'est nécessaire que pour la constatation des contraventions aux art. 1er et 2 de la loi de pluviôse an 7; elle n'est pas exigée pour les autres contraventions commises dans des actes dont il reste minute (Instr. adm. enreg. n°s 1150, § 17; 1537, n° 220). Cependant l'art. 8 de la loi de pluviôse porte que les préposés « dresseront des procès-verbaux des contraventions qu'ils auront reconnues et constatées », sans distinguer entre les contraventions aux art. 1er et 2 de la loi et celles qui peuvent être faites à ses autres dispositions. Il semble, par suite, que la rédaction d'un procès-verbal est nécessaire, lors même que la contravention se rencontre dans un acte dont il reste minute, à moins que le contrevenant ne consente à payer sur-le-champ l'amende encourue (Conf. Garnier, Rép. gén. enreg., n° 1731-1°).

1447. Le procès-verbal peut ne pas être rédigé séance tenante sur le lieu même de la vente (Sol. adm. enreg. 11 déc. 1882, Diction. droits d'enreg., v° Vente publique de meubles, n° 142). Mais l'Administration recommande à ses agents de rapporter le procès-verbal le jour même où la contravention a été commise et de n'en dresser que pour les contraventions dont ils ont une connaissance personnelle et qu'ils ont pu constater eux-mêmes. S'ils n'ont eu connaissance de la contravention que par des renseignements recueillis auprès de tierces personnes, ils ne peuvent que recourir à la preuve testimoniale qui est admise en cette matière aux termes de l'art. 8 *in fine* de la loi de pluviôse an 7 (*Diction. droits d'enreg.*, *ibid.*).

1448. Les poursuites et instances, porte l'art. 8 de la loi, « auront lieu ainsi et de la manière prescrite par la loi du 22 frim. an 7 dernier sur l'enregistrement ». Or, aux termes de l'art. 64 de cette dernière loi, « le premier acte de poursuite pour le recouvrement des droits d'enregistrement et le payement des peines et amendes », est une contrainte décernée par le receveur de l'Administration, visée et rendue exécutoire par le juge de paix du canton, et signifiée. Il s'ensuit, en ce qui concerne les contraventions à la loi de pluviôse, que, si elles doivent être constatées par procès-verbal, il doit être procédé ensuite par voie de contrainte. La contrainte peut être rédigée à la suite du procès-verbal et notifiée en même temps.

N° 8. — *Droit de transmission.*

1449. Lorsque nous avons étudié les règles de la perception du droit proportionnel de 50 cent. pour 100 établi par l'art. 69, § 2, n° 6, de la loi du 22 frim. 7 sur « les cessions d'actions et coupons d'actions mobilières des compagnies et sociétés d'actionnaires », nous avons dit que l'application de ce droit se trouve limitée aux *cessions de parts dans les sociétés qui ne sont pas divisées par actions*, par l'effet de la loi du 23 juin 1857 (art. 6 à 11) qui a substitué au droit de 50 cent. pour 100 un impôt spécial dit *droit de transmission* pour « toute cession de titres ou promesses d'actions et d'obligations dans une société, compagnie ou entreprise quelconque, financière, industrielle, commerciale ou civile » (V. *supra*, n° 890). C'est de la perception de ce droit de transmission que nous avons à traiter ici pour compléter ce qui a été déjà dit au *Répertoire*, relativement à cet impôt, dans le traité spécial qui lui a été consacré au t. 42, 1re part. sous le titre : *Transmission (droit dё).* Nous avons expliqué *supra*, n° 1, note 2, par suite de quelles circonstances ce traité spécial figure au *Répertoire*, alors que l'impôt qui en fait l'objet représentant le droit de mutation à titre onéreux dont par son application aux cessions d'actions et d'obligations des sociétés, l'étude des règles de sa perception doit être faite logiquement à cette place.

1450. Les considérations économiques qui ont déterminé la création du droit de transmission et, d'autre part, le caractère spécial que présente cet impôt, sont exposés au *Rép.* v° *Transmission (droit de)*, nos 1 à 7. Suivant les termes mêmes de différents arrêts de la cour de cassation, il « a pour objet la circulation présumée des actions et des obligations » (Ch. réun. reg. 21 déc. 1877, trois arrêts, aff. Société immobilière, aff. Société de la rive gauche de la Seine, et aff. Syndic du crédit des paroisses, D. P. 78. 1. 354).

Comme un jugement l'a décidé avec raison, le droit de transmission, qui est un droit d'enregistrement, constitue un impôt parfaitement distinct, autre que celui du timbre que de la taxe de 3 pour 100 sur le revenu des valeurs mobilières (Trib. Brioude, 10 avr. 1878, aff. Ville de Brioude, D.P. 79.3.14).

1451. Les lois qui régissent la perception du droit de transmission ont soumis à cet impôt les valeurs françaises et les valeurs étrangères qui circulent sur le territoire français. Elles ont établi des modes différents pour sa perception, suivant qu'il s'agit des unes ou des autres. Elles ont édicté, d'autre part, pour les infractions commises tant à leurs propres dispositions qu'à celles des règlements d'administration publique rendus pour leur exécution, des pénalités qui se rapportent également aux dispositions visant les valeurs françaises et à celles concernant les valeurs étrangères. Notre étude sera, par suite, divisée en trois parties, la première pour les *valeurs françaises*, la seconde pour les *valeurs étrangères*, et la troisième pour les *contraventions* et *pénalités* ainsi que pour la *prescription.*

A. — Valeurs françaises.

1°. — *Législation*

1452. Les dispositions de la loi du 23 juin 1857, qui a constitué le droit de transmission, sont rapportées au *Rép.*

v° *Transmission (droit dé)*, nos 7 et suiv. Nous nous bornons, par suite, à mentionner ici les lois postérieures qui en ont étendu l'application et qui les ont aussi modifiées, spécialement en ce qui concerne le tarif.

1453. A la suite des événements de 1870-1871, le tarif du droit de transmission a été modifié à différentes reprises. La loi de 1857 a divisé, pour la perception de l'impôt, les titres qu'elle vise en deux catégories comprenant, l'une, les *titres nominatifs et tous ceux dont la transmission ne peut s'opérer sans un transfert sur les registres de la société*, l'autre, les *titres au porteur et les titres nominatifs dont la transmission peut s'opérer sans un transfert sur les registres de la société*. Elle a. assujetti les premiers à un droit de 20 cent. pour 100, sauf addition des décimes, exigible seulement à chaque mutation; les seconds à une taxe *annuelle* de 12 cent. pour 100, sauf addition des décimes (*Rép.* v° *Transmission (droit de)*, n° 7).

Le droit de 20 cent. a été successivement porté à 50 cent. avec décimes (L. 16 sept. 1871, art. 11; 30 mars 1872, art. 1er), puis à ce même taux de 50 cent. sans décimes (L. 29 juin 1872, art. 3). — La taxe annuelle a été successivement élevée à 15 cent. avec décimes (L. 16 sept. 1871, art. 11), puis à 25 cent. également avec décimes (L. 30 mars 1872, art. 1er), et enfin réduite à 20 cent. sans décimes (L. 29 juin 1872, art. 3).

1454. Restreint par la loi de 1857 aux cessions d'actions et d'obligations des sociétés, compagnies et entreprises françaises (art. 6) ou étrangères (art. 9), le droit de transmission a été étendu... par l'art. 11 de la loi du 16 sept. 1871 « à la transmission des *obligations des départements, des communes, des établissements publics et de la société du Crédit foncier* » (V. Rapport de la commission, D. P. 71. 4. 90 et 91, nos 4 et 5, 10 et suiv.) ;... par la loi du 30 mars 1872 (art. 1er), aux « *titres émis par les villes, provinces et corporations étrangères*, quelle que soit leur dénomination, et par tout autre *établissement public étranger* » (Rapport de la commission, D. P. 72. 4. 83, note 5).

Deux autres dispositions législatives se rapportent à la loi de 1857. — L'une, toute d'équité, a modifié le règlement d'administration publique du 17 juill. 1857 rendu pour son exécution, dans celle (art. 6, § 2, D. P. 57. 4. 111) de ses dispositions suivant laquelle le droit de transmission se percevait, pour les cessions d'*actions non libérées*, sur leur valeur entière, sans déduction des sommes restant à verser. L'art. 1er de la loi du 30 mars 1872 dispose que le droit et la taxe annuelle « seront perçus à l'avenir sur la valeur négociée, déduction faite des versements restant à faire sur les titres non entièrement libérés ». — L'autre disposition se rapporte à la perception du droit sur les titres des *sociétés étrangères*. La loi de 1857 (art. 9) n'assujettissait ces titres au droit de transmission que lorsqu'ils étaient *cédés et négociés* en France. Aux termes de la loi du 29 juin 1872 (art. 4, D. P. 72. 4. 117 ; Rapport de la commission, *ibid.*, note, nos 2 et suiv.), l'impôt est exigible dès que les titres sont « cotés, négociés, *exposés en vente* ou *émis* en France ».

2°. — *Exigibilité de l'impôt.*

1455. Il convient de déterminer, en premier lieu, à quelle limite s'arrête la perception du droit de 50 cent. pour 100 établi par la loi du 22 frim. an 7 sur les cessions d'actions dans les sociétés et dans quels cas le droit de transmission se substitue à ce droit de 50 cent. pour 100. On a vu que, d'après une jurisprudence bien établie aujourd'hui, le droit de 50 cent. pour 100 constitue une exception à la règle qui frappe de 2 pour 100 les ventes ou cessions d'objets mobiliers; que cette exception s'applique, d'une manière générale, à toutes les divisions d'un capital social, quelle qu'en soit la dénomination, pourvu que leur transmission puisse avoir lieu abstraction faite des meubles et des immeubles appartenant aux sociétés et compagnies, et, d'autre part, à toutes les sociétés, sous quelque forme qu'elles soient constituées, lors même que la propriété n'est point constatée par des titres distincts, séparés de l'acte social, nominatifs ou au porteur, et ne peut être cédée que par des actes particuliers, et non par voie d'endossement, ni de transfert, ni par une simple tradition manuelle (V. *supra*, nos 891 et suiv.).

D'autre part, suivant un jugement du tribunal de la Seine du 16 mars 1860 (aff. Société *le Casino*, D. P. 60. 3. 48), il faut, pour que les parts d'intérêt dans une société soient sujettes au droit de transmission, qu'elles soient représentées par des actions ou titres individuels, pouvant être négociés et mis en circulation; le droit n'est point applicable aux parts d'intérêt dont le titre est dans l'acte de société lui-même et qui doivent, par suite, rester nécessairement en dehors du mouvement industriel (*Rép.* v° *Transmission (droit de)*, n° 12). Ce jugement détermine avec précision la condition à laquelle est subordonnée l'application du droit de transmission, l'existence de *titres susceptibles d'être négociés et mis en circulation*.

Les *parts de propriété*, qu'elle qu'en soit l'importance, lors même qu'elles peuvent être subdivisées ou réunies les unes aux autres, ne sont pas sujettes au droit de transmission, dès qu'elles ne sont pas représentées par des titres négociables. Il en est ainsi, par exemple, des deniers des mines d'Anzin. — Jugé, en ce sens, que le droit de transmission n'est pas applicable aux cessions de parts et fractions de parts entre lesquelles a été divisée la propriété d'une entreprise, lorsque, d'après les statuts, elles ne peuvent être faites par endossement, mais seulement par acte présenté à l'enregistrement, et sous certaines conditions de préférence et de préemption établies dans un intérêt d'ordre intérieur (Trib. Seine, 6 déc. 1862, aff. *Journal général d'affiches*, D. P. 63. 3. 15).

1456. Il faut aussi que les titres négociables aient été *émis par une société*. Il incombe à l'administration de l'enregistrement de prouver l'existence de la société, mais elle n'est pas assujettie à produire l'acte constitutif de l'association; elle a seulement à prouver le fait et, comme nous l'avons déjà dit *suprà*, n°s 95, 98, elle peut user, pour fournir cette preuve, de tous les moyens de droit commun compatibles avec la procédure spéciale à la matière. Jugé, en effet, que, si l'existence d'une société commerciale ne peut être prouvée entre les associés que par écrit, les tiers intéressés sont autorisés à faire cette preuve par toutes les voies de droit; que l'administration de l'enregistrement, poursuivant le recouvrement du droit de transmission sur les actions d'une société, ainsi que des amendes encourues pour infractions à la loi qui a établi cet impôt, est réellement un tiers vis-à-vis de la société dont elle a à prouver l'existence, sauf les conditions de preuve qui lui sont spéciales, mais qui n'impliquent aucunement pour elle l'obligation de produire l'acte constitutif de l'association; qu'elle peut établir l'existence de la société en se fondant sur des faits et documents personnels ou opposables à ceux qu'elle poursuit comme responsables des infractions à la loi fiscale constatées par ses agents (Req. 23 févr. 1875, aff. Le Bastard et Robidon, D. P. 75. 1. 370).

1457. L'existence de titres négociables émis par une société, telle est la condition à laquelle est subordonnée l'exigibilité de l'impôt. Cela s'entend de la taxe annuelle, et non du droit de transmission. En effet, ce droit n'est dû que lorsqu'une transmission s'opère, tandis que la taxe annuelle qui a été créée en raison de l'impossibilité de constater, par l'inspection des registres de la société, la transmission des actions et obligations qui y sont assujetties, devient exigible, comme forfait, par cela seul que les titres existent et peuvent être transmis (Civ. rej. 6 avr. 1870, aff. Société des lits militaires, D. P. 70. 1. 409); ... lors même que les actions n'ont pas été *détachées de la souche* (Req. 24 avr. 1867, aff. Hamoir, D. P. 67. 1. 320). En effet, des actions peuvent avoir été délivrées, quoiqu'elles soient encore annexées à la souche; c'est ce qui arrive lorsque l'actionnaire a cru devoir le laisser à la souche, en se faisant remettre un certificat ou un titre équivalent dont la transmission équivaudra à celle de l'action elle-même. L'adhérence de l'action à la souche de la société n'est donc pas exclusive de sa mise en circulation,... lors même qu'au lieu d'être délivrés aux souscripteurs, les titres ont été *donnés en nantissement* par la société pour sûreté d'un crédit, la condition de l'existence des titres, à laquelle est subordonnée l'exigibilité de l'impôt, se trouvant réalisée et constatée par le contrat de nantissement dont ils sont l'objet (Même arrêt du 6 avr. 1870; Req. 19 juill. 1875, aff. Chemins de fer de l'Ouest, D. P. 75. 1. 462).

1458. La loi du 23 juin 1857, porte l'arrêt du 24 avr.

1867 cité *suprà*, n° 1457, ne fait aucune distinction: « la taxe annuelle court du jour où la société est constituée » et a émis des titres. Il importe, par suite, de déterminer exactement le sens du mot *émission* et le moment à partir duquel l'action doit être considérée comme émise. C'est là une question toute d'appréciation. Suivant l'administration de l'enregistrement, l'émission d'actions ou d'obligations par une société, n'est autre chose que la formation du lien juridique qui unit l'actionnaire ou l'obligataire à la société; le législateur emploie ce terme d'émission comme synonyme de l'attribution du titre au créancier (V. D. P. 88. 1. 409, note). « Il y a émission réalisée, dit dans le même sens M. Naquet, dès que la répartition est faite et que les titres sont négociables » (t. 2, n° 661). « L'action est émise, dit aussi M. Garnier, quand les statuts de l'entreprise en ont autorisé la délivrance aux souscripteurs et que ceux-ci peuvent requérir à leur gré la remise du certificat qui l'établit. Il importe peu que cette délivrance matérielle ait eu lieu, car le titre n'en a pas moins une existence juridique parfaitement certaine et se prête ainsi à des négociations ordinaires » (*Rép. gén. enreg.*, n° 6932-1). La doctrine des arrêts cités *suprà*, n° 1457, confirme cette interprétation.

Cependant il a été jugé : que le droit de transmission n'est exigible qu'autant qu'il y a preuve ou, tout au moins, présomption, soit d'une émission accomplie, soit d'un capital réalisé...; que l'obligation, contractée par une société, de faire souscrire ou de souscrire pour son propre compte un certain nombre d'obligations d'une autre société dont l'émission et la délivrance ont été dûment autorisées, n'est pas de nature à faire considérer comme un fait accompli l'émission, la transmission ou même la circulabilité des titres qui en sont l'objet, encore bien qu'un abonnement ait été contracté pour le payement du droit de timbre sur ces titres; qu'elle ne justifie pas, en conséquence, la réclamation du droit de transmission (Trib. Seine, 22 janv. 1870, aff. Compagnie des paquebots transatlantiques, D. P. 70. 3. 30). Mais cette décision paraît contestable. En effet, dans l'espèce, l'émission avait été autorisée par une assemblée générale des actionnaires de la société, et un acte modificatif des statuts de cette société approuvé par un décret impérial avait autorisé la délivrance des titres à une autre société qui s'était engagée à faire souscrire ces titres ou à les prendre elle-même pour son propre compte. Il y avait eu, non seulement émission, mais aussi mise en circulation des titres, car l'engagement contracté à leur sujet par la société avec une autre société en avait assuré le placement. La délivrance n'en avait pas eu lieu immédiatement; mais cette circonstance était sans importance du moment où la délivrance devait être opérée, par l'effet de la convention, dans un délai déterminé. Il s'agissait d'un engagement à terme, et non d'un engagement sous condition suspensive. Le tribunal de la Seine a, du reste, reconnu plus tard, au sujet d'une réclamation de la taxe sur des valeurs étrangères pour lesquelles la perception de l'impôt est réglée par des dispositions spéciales, comme on le verra *infrà*, n°s 1494 et suiv., que l'émission prévue par la loi fiscale s'entend, dans le langage usuel comme dans le langage de la bourse, de tout placement de titres nouveaux sur le marché financier, et, spécialement, la taxe est due aussi bien sur les titres d'une émission nouvelle réservés aux anciens actionnaires de la société qui fait l'émission que sur ceux offerts au public (Trib. Seine, 5 juin 1885, aff. Compagnie d'assurances *l'Union* et *le Phénix espagnol*, D. P. 85. 5. 512). Et cette interprétation a été confirmée par un arrêt qui a rejeté le pourvoi formé contre ce jugement (Civ. rej. 17 janv. 1888, même affaire, D. P. 88. 1. 409).

En cas d'émission *occulte*, il appartient à l'Administration de prouver le fait. Elle est réellement un tiers vis-à-vis de la société dont elle a à prouver l'existence, afin d'obtenir payement du droit de transmission. Si elle doit se renfermer dans les conditions de preuve qui lui sont spéciales, ces conditions n'impliquent aucunement pour elle l'obligation de produire l'acte constitutif de l'association. Elle peut se fonder sur des faits et documents personnels ou opposables à ceux qu'elle poursuit comme responsables des infractions à la loi fiscale constatées par ses agents (V. *suprà*, n° 1456).

1459. Il convient de préciser dans quelles conditions le fait qui rend l'impôt exigible, c'est-à-dire la *création de titres* *négociables par une société*, doit se produire pour avoir effet. L'art. 6 de la loi de 1857 vise « toute cession de titres ou promesses d'actions et d'obligations dans une société, compagnie ou entreprise quelconque, financière, industrielle, commerciale ou civile ». Les termes généraux et absolus de la loi excluent toute distinction. Il s'ensuit que, dès qu'une société émet des titres négociables, le droit de transmission est applicable à ces titres, quelle que soit la *forme* sous laquelle la *société* a été constituée, ... à responsabilité limitée (Trib. Lyon, 28 mai 1868, *Rép. pér. enreg.*, art. 3024), ... ou en commandite simple avec titres transmissibles par les voies civiles (Trib. Cambrai, 18 janv. 1866, *ibid.*, art. 3275). Le législateur, porte un arrêt de la cour de cassation, a déclaré soumettre à l'impôt, non seulement les actions et les obligations des départements, communes, établissements publics, sociétés, compagnies et entreprises quelconques, financières, industrielles, commerciales ou civiles, mais encore les simples emprunts de même origine ; par ces formules générales et compréhensives, il a manifesté la volonté d'atteindre, dans leur transmission et leurs produits, les actions ou les obligations de toute association ou de toute collectivité créant des valeurs semblables à celles qu'émettent les sociétés d'actionnaires (Civ. cass. 6 août 1878, aff. Huissiers de Périgueux, D. P. 79. 1. 291). Il s'agissait, dans l'espèce de cet arrêt, d'obligations émises par une compagnie d'huissiers (V. *infrà*, n° 1463).

1460. Peu importe l'*objet* pour lequel la société a été constituée et que cet objet doive être atteint en pays étranger. Il ressort du texte de la loi de 1857 et du décret rendu pour son exécution le 17 juillet suivant, que tout titre ou certificat d'action ou d'obligation, négocié sur le territoire français, doit y être assujetti au droit de transmission (Rapport de la commission, D. P. 57. 4. 91). Ainsi, bien qu'établie pour la construction et l'exploitation d'un établissement à l'étranger, une société doit être considérée comme française et assujettie, en conséquence, au droit de transmission sur les titres émis par elle, lorsqu'elle a été créée par un acte passé en France, qu'elle y a son siège et que c'est à ce siège que ses titres au porteur sont émis, répartis et négociés, qu'elle est soumise aux règles de la loi française et régie par un conseil d'administration qui se réunit en France, enfin que les contestations à naître entre les actionnaires ou entre la société et les actionnaires doivent être jugées par les tribunaux français (Civ. cass. 20 juin 1870, aff. Société du débarcadère de Cadix, D. P. 70. 1. 416). — Il a même été jugé que la taxe annuelle, représentative du droit de transmission, est applicable aux actions au porteur d'une société créée en France, bien que, d'après les statuts de cette société, ses actions ne doivent avoir cours qu'à l'étranger (Trib. Cognac, 8 avr. 1867, *Rép. pér. enreg.*, art. 3167. V. D. P. 70. 1. 416, note).

Lorsqu'un syndicat, qualifié société en participation, a été constitué pour l'achat avec prime d'actions émises par une société financière et souscrites par des propriétaires de parts de fondateurs de cette société, membres du syndicat, et que la totalité desdites actions est aliénée à un tiers dans une proportion égale par tous les associés, cette aliénation implique nécessairement que les participants fondateurs, qui étaient propriétaires des actions, en ont cédé une certaine quantité aux participants non fondateurs, et cette cession donne lieu au droit de transmission (Civ. rej. 30 déc. 1884, aff. Blanchard, D. P. 85. 1. 201).

1461. Peu importe, d'autre part, la *forme* sous laquelle le *titre* se présente ; peu importe la *qualification* qu'il porte. Dans ces termes généraux, la loi, sans se préoccuper des circonstances qui ont pu déterminer l'émission, embrasse tous les titres qui, émis par une société, un département, une commune ou un établissement public, ont le caractère de valeurs publiques, cotées à la Bourse ou susceptibles de l'être (Civ. cass. 9 avr. 1879, aff. Ville de Paris, D. P. 79. 1. 289). Comme l'exprime un jugement du tribunal de la Seine, en désignant sous la qualification générale d'actions et obligations les valeurs mobilières soumises au droit de transmission, le législateur n'a nullement entendu en exempter celles qui, présentant les mêmes caractères généraux, seraient émises sous une qualification différente et ne procureraient pas l'intégralité des mêmes avantages (Trib. Seine, 31 août 1872, aff. Compagnie du canal de Suez, D. P. 75. 1. 25). — V. *infrà*, n° 1462.

1462. Peu importe qu'il s'agisse d'actions dites *de capital* ou de ces actions, dites *de jouissance*, dont le capital nominal a été remboursé et qui participent à la répartition des dividendes. Toutes sont soumises également au droit de transmission (*Rép.* v° *Transmission (droit de)*, n° 13). Jugé, en effet, que les titres émis sous la qualification de délégations, par une société étrangère (société du canal de Suez), en représentation de coupons à échoir détachés d'actions, et dont les coupons doivent être répartis annuellement entre les délégataires pendant vingt-cinq ans sous forme d'intérêts, d'amortissement et de dividendes, sont soumis au droit de transmission comme constituant de véritables actions de jouissance temporaire (Civ. rej. 10 juin 1874, aff. Compagnie du canal de Suez, D. P. 75. 1. 25).

1463. Ainsi, le droit de transmission s'applique :... aux obligations au porteur et, par conséquent, essentiellement négociables, émises par la communauté des huissiers d'un arrondissement pour obtenir les fonds nécessaires au payement d'offices supprimés, avec intérêt annuel et remboursement par voie de tirage au sort (Arrêt du 6 août 1878, cité *suprà*, n° 1459) ; ... aux *annuités* créées sous forme de titres ou *bons de liquidation*, représentant, en même temps que l'amortissement du capital, l'intérêt du prix à la charge d'une ville pour les acquisitions immobilières ainsi que pour le rachat du péage de ponts et de l'exploitation d'un canal (Arrêt du 9 avr. 1879; cité *suprà*, n° 1461. — *Contrà*, Trib. Seine, 6 juin 1874, aff. Ville de Paris, D. P. 74. 5. 507, jugement cassé par l'arrêt précité). — Mais les bons de liquidation que la Ville de Paris a été autorisée à émettre en exécution de la loi du 26 juill. 1873 (D. P. 73. 4. 96) pour la réalisation de l'allocation de 140 millions à elle faite à la suite des événements de 1870-1871, par une loi du 7 avr. 1873 (D. P. 73. 4. 58), sont exempts du droit de transmission aux termes du décret du 23 août 1873 (art. 2) rendu pour l'exécution de la loi du 26 juill. 1873 (D. P. 73. 4. 11).

1464. Le droit de transmission est encore exigible en cas de *conversion de titres* au porteur en titres nominatifs, et réciproquement (*Rép.* v° *Transmission (droit de)* n° 16). Il a été jugé lorsque, les statuts d'une société ne déterminant point le mode de transmission de ses titres, la société remplace des titres originaires par des titres nominatifs ou certificats de propriété qui ne peuvent être transmis que par un transfert régulier inscrit sur les registres de la société, un droit particulier de 20 cent. (aujourd'hui 50 cent. pour 100) est dû à raison de cette conversion (Civ. cass. 15 déc. 1869, aff. Société de Graissessac, D. P. 70. 1. 409).

1465. L'art. 8 de la loi du 23 juin 1857 assujettit au droit de transmission les conversions de titres ; mais il est admis, dans la pratique, que cette disposition n'est pas applicable à l'échange des récépissés nominatifs constatant le nombre d'actions souscrites, lors de la constitution d'une société, contre des titres définitifs au porteur, attendu que le certificat provisoire n'est qu'une simple promesse et que la véritable émission ne s'opère que par la délivrance du titre définitif (*Diction. droits d'enreg.*, v° *Actions et obligations*, n° 178). — Toutefois, il n'en est ainsi qu'autant que l'échange des titres a lieu dans des conditions normales. S'il en est autrement, le droit de transmission est dû. Ainsi jugé ... que l'échange des récépissés nominatifs constatant le nombre d'actions souscrites lors de la constitution d'une société, contre des titres définitifs au porteur, constitue une conversion de titres sujette au droit de transmission par application de l'art. 8 de la loi du 23 juin 1857, lorsqu'il n'a lieu que longtemps (dans l'espèce, deux années) après la constitution de la société (Trib. Melun, 17 juill. 1874, aff. Dufay, D. P. 74. 5. 507); ... Et, de même, que les titres nominatifs d'une société créés, sous la réserve de leur transformation ultérieure en titres au porteur, par délibération de l'assemblée générale des actionnaires, sont sujets au droit de transmission dans le cas où cette conversion a été effectuée, alors que les statuts de la société n'avaient fixé aucun délai pour y procéder, qu'elle intervient après la réalisation de nombreuses cessions, qu'elle est facultative, et que les titres nominatifs primitivement créés n'avaient pas la forme de simples récépissés provisoires (Trib. Marseille, 28 mai 1886, aff. Société anonyme des docks et magasins généraux de Marseille, D. P. 87. 3. 56).

1466. Le droit de transmission n'est pas applicable :

... à l'*obligation notariée* consentie par une commune, même avec remise au bailleur de fonds d'une grosse au porteur, lorsqu'il n'est pas délivré en représentation de l'emprunt des titres négociables souscrits par la commune (Sol. adm. enreg. 31 juill. 1883, D. P. 85. 3. 8) ; ... Au transfert fait à *titre de garantie*, ce transfert n'emportant pas transmission de propriété (*Rép.* v° *Transmission* (*droit de*) n° 10). Mais cette exemption ne s'applique point aux *titres au porteur*, elle ne concerne que les titres nominatifs dont la transmission ne peut s'opérer que par un transfert sur les registres de la société (Civ. rej. 6 avr. 1870, aff. Comptoir de commerce de Caen, D. P. 70. 1. 409) ; ... Au transfert *pour ordre* passé au nom d'un agent de change, comme intermédiaire de la négociation, pour arriver au transfert définitif au nom du cessionnaire. Il n'est perçu qu'un seul droit pour la négociation ; mais, lorsque l'agent de change n'a pas terminé dans les dix jours la négociation des titres provisoirement portés à son nom en liquidation, il est réputé acquéreur personnel, et le droit de transmission est exigible (Sol. adm. enreg. 10 févr. 1858, Garnier, *Rép. gén. enreg.*, n° 6937-1°. — Conf. Sol. adm. enreg. 21 mars 1862, 4 janv. 1872, *ibid.*). La cour de Paris a jugé, en ce sens, que, dans ce cas, l'agent de change peut être tenu, comme acquéreur au nom personnel, de libérer les titres (Paris, 28 avr. 1883). (1).

1467. Les conditions nécessaires pour que le droit de transmission soit exigible étant ainsi déterminées, il y a lieu d'examiner à *quel moment ce droit cesse d'être dû*. Est-ce au jour où la société se trouve dissoute par l'expiration du temps pour lequel elle avait été constituée, ou par l'effet, soit d'une mise en liquidation, soit d'une déclaration de faillite ? Ou bien, faut-il admettre que l'impôt continue d'être exigible malgré la mise en liquidation et ne cesse d'être dû que lorsque cette liquidation est entièrement terminée et que l'être moral a complètement disparu ? En est-il de même pour les actions que pour les obligations ? Ces questions ont été vivement controversées.

Peu de temps après la mise à exécution de la loi du 23 juin 1857 (D. P. 57. 4. 91), le tribunal de la Seine a établi sur ces différents points une doctrine dont il ne s'est jamais départi. Il a jugé que la mise en liquidation d'une société par actions ne fait pas obstacle, contrairement à ce qui a lieu pour les droits de timbre, à la continuation de la perception, soit du droit de transmission relatif au transfert des actions, soit de la taxe annuelle en laquelle ces droits peuvent être convertis ; que cette perception ne cesse, pour les actions, qu'au jour du partage, et pour les obligations qu'au jour du payement ou de la clôture de la liquidation (Trib. Seine,

13 août 1858, aff. Comptoir du clergé, D. P. 59. 3. 24). La cour de cassation s'est prononcée, d'abord, dans le même sens, en décidant que les actions d'une société formée pour l'exploitation d'un canal et dissoute par une loi ordonnant le rachat de ce canal moyennant une annuité payable à la société pendant un nombre déterminé d'années, demeurent soumises à la taxe annuelle représentative du droit de transmission, jusqu'au jour où les opérations de la liquidation de la société sont terminées ; que ce jour doit être considéré comme arrivé, lorsqu'il ne reste plus qu'à toucher les annuités et à les répartir entre les associés (Civ. rej. 23 mai 1870, aff. Société du canal de la Sensée, D. P. 70. 1. 415). Cet arrêt fait bien ressortir la distinction qui doit être faite, pour la perception de l'impôt, entre les sociétés mises en liquidation et celles qui ont cessé complètement d'exister : « Attendu, y est-il dit, qu'à la société dissoute a été mise immédiatement en liquidation, et que des constatations du jugement attaqué il résulte que les opérations de la liquidation proprement dite étaient terminées dès le mois d'août 1865, l'actif étant alors complètement dégagé du passif, les créances recouvrées, le fonds de réserve réalisé, le matériel lui-même vendu ou remis à l'État, en sorte que tout se bornait pour l'avenir à toucher de l'État les annuités trentenaires de l'indemnité pour les répartir sans retenue et dans des proportions dès alors certaines entre les anciens associés ; — Attendu, d'après cela, que la taxe annuelle et obligatoire établie par l'art. 6 de la loi du 23 juin 1857 et à laquelle les actions de ladite société étaient soumises, d'après ses statuts, a cessé d'être due à partir du mois d'août 1865 ; que, si cette taxe a été exigible jusque-là, c'est que, même après la dissolution et tant que la Société industrielle a continué d'exister comme personne morale pour les besoins de la liquidation, ses actions sont restées dans le mouvement commercial et susceptibles d'être transmises dans les conditions en vue desquelles la taxe annuelle a été établie par la loi de 1857 ; mais qu'il n'en a plus été ainsi dès que, la liquidation étant définitivement consommée, la Société a cessé d'exister comme être moral, et a fait place à une simple indivision ayant pour objet une créance à échéance fixe dont la répartition n'a été suspendue que par une circonstance indépendante de la volonté des parties ; qu'à partir de ce moment, la créance a été soustraite aux chances et aux mouvements des valeurs industrielles, que les cessions qui en auraient été faites n'auraient pu tomber que sous l'application de la loi générale édictée pour les cessions de créances par l'art. 69, § 3, n° 3, de la loi du 22 frim. an 7. »

1468. Mais la cour n'a pas persisté dans cette voie. Elle

---

(1) (Copin C. Ramel.) — Le 30 juin 1880, jugement du tribunal de commerce de la Seine ainsi conçu : — « Attendu que Copin, syndic, demande que Ramel, qui a accepté, le 12 oct. 1869, le transfert dix actions du Crédit rural de France ayant appartenu à un sieur Ch. Fayet, soit tenu de verser entre ses mains 2000 fr. restant dus sur lesdites actions ; — Attendu qu'à l'appui de sa prétention, Copin soutient que Ramel n'ayant cédé ses actions à un sieur Garzend le 27 octobre 1869 et les ayant gardées ainsi douze jours à son nom avant de les transférer au nom de son client, elles seraient devenues sa propriété personnelle ; — Qu'il ne pourrait invoquer le délai de dix jours imparti aux agents de change par le fisc, pour le transfert d'ordre effectué sans frais sous leur couvert et relatif à la transmission entre vendeur et acheteur ; — Mais attendu que la circulaire de l'Administration de l'enregistrement et du timbre qui accorde aux agents de change, intermédiaires forcés des valeurs de Bourse, une latitude de dix jours, est une mesure administrative ayant pour but de régir les obligations entre les agents de change et le fisc ; — Que cette mesure d'ordre intérieur et professionnel ne peut avoir les effets d'une disposition législative et ne saurait être invoquée par les tiers contre les agents de change ; — Attendu qu'en l'état Ramel, qui n'a été en réalité que l'intermédiaire obligé entre Fayet et Garzend, ne saurait être utilement recherché par Copin, au profit du Crédit rural de France ; que le retard de quarante-huit heures sur lequel s'appuie l'expiration du délai de dix jours n'ayant causé à la faillite aucun préjudice pouvant être mis à la charge de Ramel et modifier sa position au regard du Crédit rural de France ; que la demande de Copin doit donc être repoussée ; — Par ces motifs, déclare Copin, non recevable en sa demande ; l'en déboute et le condamne aux dépens ». — Appel du sieur Copin. — Arrêt.

LA COUR ; — Considérant qu'il résulte des documents fournis à la cour que Ramel, agent de change, a vendu, le 28 sept. 1869, au cours de 530 francs, pour le compte de Fayet, dix actions du

Crédit rural non libérées, portant les n°s 1688 à 1697 ; — Que le transfert a été effectué par Fayet à la date du 30 septembre, au nom de Ramel personnellement, ainsi que cela résulte de la rédaction du transfert et du modèle imprimé spécial qui a été employé par les parties ; — Que c'est seulement à la date du 12 oct. 1869 que Ramel a accepté le transfert en sa qualité d'agent de change, et que le 26 octobre suivant il a transféré les mêmes titres au sieur Garzend, par suite d'une négociation, au cours de 540 fr., effectuée le 9 octobre précédent ; que le délai de dix jours autorisé pour les transferts d'ordre sans perception de droits a donc été dépassé, et que Ramel ne saurait en aucun cas se prévaloir, tant à l'égard du fisc qu'à l'égard des tiers, d'une tolérance dont les conditions sont directement limitées ; qu'en fait, depuis la date du premier jugé à celle du second transfert, la propriété des actions, qui ne pouvait demeurer incertaine, a reposé sur sa tête ; que Ramel a, d'ailleurs, fait acte de propriétaire, puisqu'il a revendu les titres avec une différence de 10 fr. dans le prix des cours et que, dans l'intervalle des deux négociations Fayet et Garzend, il paraît avoir opéré pour le compte d'un sieur Gilbert une autre négociation sans transfert régulier ; que tous les souscripteurs et cessionnaires d'actions nominatives sont obligés individuellement à la libération des titres dont ils ont été et sont encore propriétaires ; que le syndic du Crédit rural est donc fondé à réclamer à Ramel la somme de 2000 fr. nécessaire pour la libération des titres dont ils ont été propriétaires ;

Par ces motifs, infirme le jugement dont est appel ; — Et statuant à nouveau : — Dit que Ramel a été propriétaire en son nom personnel de dix actions du Crédit rural portant les n°s 1688 à 1697 ; — Le condamne à payer à Heurtey ès noms la somme de 2000 fr. pour la libération complète des actions dont s'agit, avec les intérêts de droit ; — Ordonne la restitution de l'amende ; — Condamne Ramel aux dépens de première instance et d'appel.

Du 28 avr. 1883.-C. de Paris.

a décidé, en sens contraire, par une série d'arrêts, que la taxe annuelle représentative du droit de transmission sur les actions et obligations au porteur des sociétés, constitue un mode d'imposition, sur les capitaux engagés dans l'industrie ou dans le commerce; que la perception en est subordonnée, non seulement à la condition de la transmissibilité des titres, mais encore à celle de l'existence de la société qui les a émis, et que, par suite, elle ne peut plus être exigée lorsque la société a pris fin... soit par l'expiration du temps pour lequel elle avait été constituée (Civ. cass. 8 août 1870, aff. Société du chemin de fer de la Croix-Rousse à Sathonay, et aff. Compagnie des houillères et fonderies de l'Aveyron, D. P. 71. 1. 129; 1er févr. 1875, aff. Société immobilière, D. P. 75. 1. 308; 8 févr. 1875, aff. Crédit des paroisses, *ibid.*; 15 mars 1875, aff. Société du quartier neuf du Luxembourg, *ibid.*);... soit par l'effet d'une mise en liquidation volontaire ou forcée (Mêmes arrêts des 1er, 8 févr. et 15 mars 1875; Civ. cass. 16 juin 1875, aff. Halbronn, D. P. 75. 1. 455);... soit par l'effet d'une déclaration de faillite (Mêmes arrêts des 8 août 1870 et 8 févr. 1875); — Que si la dispense établie par l'art. 24 de la loi du 5 juin 1850 sur le timbre, en faveur des sociétés qui se sont mises ou ont été mises en liquidation, n'est pas directement applicable qu'à la taxe d'abonnement pour le timbre des actions, cet article n'en indique pas moins que l'esprit de la loi est de subordonner l'exigibilité de cette même taxe pour les obligations et celle de la taxe annuelle représentative du droit de transmission, à l'existence et au fonctionnement de la société, sans tenir compte du temps pendant lequel elle se survit à elle-même pour les besoins de sa liquidation (Mêmes arrêts des 1er, 8 févr., 15 mars et 16 juin 1875).

1469. La doctrine de tous ces arrêts n'était pas exacte. D'une part, en effet, comme le premier arrêt rendu sur la question le 23 mai 1870 l'a si bien établi, les actions d'une société doivent supporter la taxe représentative du droit de transmission jusqu'au jour où les opérations de la liquidation de la société sont terminées, par le motif que, « même après la dissolution de la société et tant que la société a continué d'exister comme personne morale pour les besoins de la liquidation, ses actions sont restées dans le mouvement commercial et susceptibles d'être transmises dans les conditions en vue desquelles la taxe annuelle est établie par la loi de 1857 (V. *suprà*, n° 1467). — Et, quant aux obligations, elles sont sujettes à ladite taxe tant qu'elles existent, attendu que, même après qu'une société a complètement cessé d'exister, les obligations par elle émises et qui ne sont pas exigibles restent dans le mouvement commercial et sont susceptibles d'être transmises, pour la valeur qu'elles peuvent avoir encore, dans les conditions en vue desquelles la taxe annuelle est établie; d'où il suit que cette taxe est due sur les obligations, malgré la dissolution de la société, et demeure exigible, comme la taxe d'abonnement pour le timbre, jusqu'à ce que ces titres soient définitivement annulés (V. D. P. 70. 1. 129, note). — D'un autre côté, si les *actions* d'une société sont exemptées de la taxe annuelle d'abonnement contracté pour le payement du droit de timbre, lorsque la société est en liquidation et n'a payé ni dividendes, ni intérêts pendant deux ans, c'est en vertu d'une disposition spéciale de la loi du 5 juin 1850 (art. 24) sur le timbre. Cette disposition exceptionnelle ne peut être étendue à la taxe représentative du droit de transmission, car elle n'a pas été reproduite dans les lois qui régissent cet impôt.

La question ayant été portée devant les chambres réunies de la cour de cassation, il a été reconnu solennellement que les sociétés demeurent tenues, nonobstant leur mise en liquidation, de payer la taxe annuelle de transmission sur leurs actions et obligations au porteur jusqu'à la clôture des opérations de la liquidation (Ch. réun. rej. 27 déc. 1877, aff. Société immobilière, aff. Société de la rive gauche de la Seine, et aff. Syndic du crédit des paroisses, D. P. 78. 1. 354-361); que la déclaration de faillite de la société ne met pas non plus obstacle à l'exigibilité de la taxe de transmission (Même arrêt, aff. Syndic du Crédit des paroisses).

La jurisprudence est, depuis lors, fixée en ce sens (Conf. Trib. Seine, 27 janv. 1888, et Trib. Marseille, 6 juill. 1888, Garnier, *Rép. pér. enreg.*, art. 7059 et 7138).

3° — Quotité de l'impôt; Droit de transmission ou taxe annuelle.

1470. D'après les dispositions de la loi du 23 juin 1857, le droit de transmission, qui est actuellement de 50 cent. pour 100, se perçoit, « pour les titres nominatifs dont la transmission ne peut s'opérer que par un transfert sur les registres de la société, au moment du transfert, pour le compte du Trésor, sur les sociétés, compagnies et entreprises qui en sont constituées débitrices par le fait du transfert » (art. 7). A l'égard des titres au porteur et de « ceux dont la transmission peut s'opérer sans un transfert sur les registres de la société », le droit de transmission a été « converti en une taxe annuelle et obligatoire » (art. 6) laquelle est aujourd'hui de 20 cent. pour 100 sans décimes. La perception du droit de 50 cent. pour 100 à chaque mutation des titres est la règle; la taxe annuelle représente une exception fondée, comme l'exprime un arrêt de la cour de cassation, sur l'impossibilité absolue où est l'Administration de suivre le mouvement des titres au porteur et de ceux dont la transmission peut s'opérer sans un transfert sur les registres de la société (Civ. rej. 26 janv. 1869, aff. Société houillère de Liévin, D. P. 69. 1. 354), du département, de la commune ou de l'établissement public qui a émis les titres. Cette exception doit, par suite, « être renfermée dans ses limites légales; en dehors du cas qu'elle prévoit, il y a lieu d'appliquer la règle générale » (Même arrêt).

Pour déterminer si actions ou obligations sont passibles du droit de transmission de 50 cent. pour 100 exigible à chaque transfert ou de la taxe annuelle de 20 cent. pour 100, il faut rechercher quel est le *titre* de la transmission. Si elle ne peut résulter que de la déclaration de transfert souscrite sur le registre, c'est le droit de 50 cent. pour 100 qui est applicable, parce qu'alors, ledit registre étant un état fidèle et complet de toutes les transmissions, aucune d'elles ne peut échapper à l'impôt (Rapport de M. le conseiller Rieff, Civ. cass. 15 déc. 1869, aff. Société de Graissessac, D. P. 70. 1. 409, notes 1 et 2). Mais si la transmission peut s'opérer par tout autre mode, alors la taxe annuelle s'applique, parce qu'en ce cas la surveillance de l'Administration ne peut plus être entière et que le commerce des actions et des obligations peut se faire au préjudice de l'Etat (Même rapport). C'est là une question d'appréciation à résoudre d'après l'interprétation que comportent les statuts de la société.

1471. Une vive controverse s'est élevée sur le point de savoir s'il faut, pour écarter la perception de la taxe annuelle, que la déclaration de transfert soit le titre de la transmission *entre les parties*, ou s'il suffit qu'elle le soit *vis-à-vis de la société*. La loi est muette sur ce point. La jurisprudence, longtemps hésitante, est fixée aujourd'hui en ce sens qu'il suffit que la déclaration de transfert soit nécessaire pour que la cession soit opposable à l'être juridique au nom duquel les titres ont été émis (V. *infrà*, n° 1473). La question se trouve définitivement résolue ainsi par suite de l'adhésion de l'administration de l'enregistrement aux décisions de la jurisprudence. Cette adhésion, exprimée dans une instruction générale du 2 juin 1890, n° 2791, § 2, est motivée par les considérations suivantes : « A la différence des parts d'intérêt, les actions sont essentiellement cessibles, mais il appartient à la société qui les a émises de déterminer le mode suivant lequel la cession pourra s'en opérer, et, dans ce cas, la transmission des titres n'est possible que dans la forme spécifiée par les statuts. Si les parties négligent d'observer la règle établie à ce sujet par la convention sociale, le contrat de cession passé entre elles est impuissant à déplacer la propriété de l'action qui en fait l'objet, c'est-à-dire à conférer à l'acquéreur la qualité d'actionnaire (P. Pont, t. 2, n°s 909 et 912). — Le droit de 50 cent. pour 100 est, par conséquent, applicable, à l'exclusion de la taxe annuelle de 20 cent. pour 100, toutes les fois que les statuts subordonnent la transmission des actions à la nécessité d'un transfert sur les registres sociaux. Il importe peu que le transfert ne soit exigé expressément qu'au regard de la société, et, dans ce cas, la cession reste imparfaite entre les parties tant qu'elle est inexistante à l'égard de l'être moral. Jusque-là, en effet, le cessionnaire n'est point actionnaire, attendu que cette qualité ne peut s'acquérir que vis-à-vis de la société avec laquelle elle implique un rapport juridique. Or le titre d'actionnaire est inhérent à la propriété de l'action; s'il n'appartient pas au cessionnaire, à défaut de transfert sur les registres, c'est donc qu'en l'absence de cette formalité, l'action elle-même ne lui appartient pas et continue d'appartenir au cédant ».

1472. La loi du 16 sept. 1871 (art. 11) qui a déclaré applicable aux obligations des communes le droit de transmission auquel la loi du 23 juin 1857 a assujetti les actions et les obligations des sociétés, a établi une complète analogie, pour les principes régissant la perception de l'impôt, entre les titres qu'elle a visés et ceux auxquels se rapporte la loi de 1857. En conséquence, les distinctions établies, à l'égard des titres des sociétés, pour l'application de la taxe annuelle représentative du droit de transmission ou de ce droit lui-même, qui ne se perçoit qu'à chaque mutation de titres, s'appliquent aux obligations des communes (Trib. Rouen, 24 mai 1876, aff. Ville de Rouen, D. P. 76. 5. 211, et sur pourvoi, Req. 12 févr. 1877, D. P. 77. 1. 256. V. Instr. adm. enreg. 4 oct. 1871, n° 2422, D. P. 74. 3. 93, et D. P. 76. 5, 210).

La même solution s'applique aux obligations des départements, des établissements publics et du Crédit foncier que vise, avec celles des communes, l'art. 11 de la loi du 16 sept. 1871 (Même instruction du 4 oct. 1871).

1473. Tels sont les principes établis pour la perception du droit de transmission ou de la taxe annuelle sur les actions et obligations des sociétés, ainsi que sur les obligations des départements, des communes et des établissements publics. Nous avons maintenant à résumer les nombreuses applications qui en ont été faites par la jurisprudence.

Suivant ses décisions, le *droit de transmission* à 50 cent. pour 100 qui se perçoit seulement à chaque mutation est applicable :

... 1° Aux actions transmissibles par *endossement*, lorsque cet endossement ne doit produire effet qu'après une déclaration signée du cédant et du cessionnaire sur le registre de la société (Civ. cass. 5 mars 1867, aff. Muller, D. P. 67. 1. 116 ; Civ. rej. 5 mars 1867, aff. Japy, *ibid.*) ;... surtout lorsque la société s'est réservé, au moyen de cette déclaration, un droit de préemption sur les actions cédées (Même arrêt, aff. Japy) ;

... 2° Aux actions transmissibles par endossement, lorsque les statuts portent que la transmission n'aura d'effet, à l'égard de la société, qu'autant que le transfert aura été régularisé par le cédant et le cessionnaire sur un registre spécial de la société, la déclaration ainsi exigée constituant, non une simple mesure d'ordre intérieur, mais une condition essentielle de la transmission des titres et qui se rattache à l'endossement dont elle est le complément (Civ. cass. 26 janv. 1869, aff. Société Noël, D. P. 71. 1. 354. Conf. Trib. Marseille, 3 juin 1862, aff. Frayssinet, D. P. 64. 1. 478) ;

... 3° Aux actions transmissibles par une déclaration de transfert sur un registre spécial de la société ou par toute autre voie légale, à la condition, dans ce dernier cas, que, pour produire effet à l'égard de la société, les mutations seront réalisées par titres authentiques dont les originaux ou expéditions resteront à la société et qui lui seront notifiés ou délivrés par actes extrajudiciaires; que ces mutations seront mentionnées sur le livre des transferts et que ces mentions de mutations seront soumises au même contrôle, aux mêmes formalités que les transferts et donneront également lieu à la délivrance d'un nouveau titre à l'ayant-droit, la mention prescrite sur le registre des transferts n'étant pas une simple mesure d'ordre intérieur, mais constituant une condition essentielle pour rendre la mutation valable et efficace au regard de la société et conférer au cessionnaire le titre et la qualité d'actionnaire (Civ. rej. 26 janv. 1869, aff. Société houillère de Liévin, D. P. 69. 1. 354) ;

... 4° Aux actions transmissibles par une déclaration de transfert sur le registre de la société, quel que soit le mode employé. Il importe peu que ce transfert ait été constaté, conformément aux statuts, par déclarations rédigées sur deux feuilles détachées signées l'une par le cédant, l'autre par le cessionnaire, les conditions essentielles de l'acte de transfert se trouvant ainsi réalisées (Civ. rej. 30 déc. 1884, aff. Blanchard, D. P. 85. 1. 201). En effet, ni l'art. 36 c. com., ni aucune autre disposition légale, ne déterminent la forme dans laquelle le registre des transferts doit être tenu au siège de la société. Par conséquent, chaque société est libre

d'adopter la forme qui lui convient. La validité du transfert ne saurait évidemment en dépendre. L'usage des feuilles volantes, que les contractants déposent au siège social, après les avoir signées, s'est introduit dans un grand nombre de sociétés (Banque de France, Crédit foncier, Crédit lyonnais, etc.), parce qu'il présente plus de commodités pour les parties et n'exige pas leur déplacement. Ce mode de procéder doit être considéré comme régulier, car il réalise, comme la cour l'a reconnu, les conditions essentielles du transfert ;

... 5° Aux actions stipulées transmissibles, lorsque les statuts portent que *nul transfert ne sera valable à l'égard de la société* et reconnu par elle qu'autant que, conformément à l'art. 36 c. com., il aura été fait sur un registre de transfert, par une déclaration signée du cédant et du cessionnaire ou de leurs mandataires ; que cette déclaration sera signée par l'administrateur délégué ou, à son défaut, par l'un des administrateurs; qu'enfin toute cession d'actions qui pourra être faite à l'avenir devra être notifiée au siège social, et que la cession ne sera définitive qu'autant que le cessionnaire aura été agréé par le conseil d'administration de la société ; la propriété des actions se trouve ainsi résulter du fait de l'inscription sur les registres de la société (Civ. rej. 15 janv. 1890, aff. Société anonyme des manufactures de produits chimiques du Nord, D. P. 90. 1. 273. Conf. Civ. rej. 26 janv. 1869, précité; Civ. cass. 26 janv. 1869 précité. — *Contra* : Trib. Seine, art. houillères de l'Aveyron, 13 août 1859, et sur pourvoi, Req. 4 avr 1860, D. P. 60. 1. 260 ; Trib. Seine, 16 mars 1860, aff. Journal le *Figaro*, D. P. 60. 3. 86 ; Civ. cass. 2 févr. 1863, aff. Boutelleau, D. P. 63. 1. 31 ; 27 févr. 1866, aff. Souvras-Territ, D. P. 66. 1. 121 ; 8 déc. 1869, aff. Compagnie de commerce de Caen, D. P. 70. 1. 409; Civ. rej. 28 févr. 1876, aff. Gaz de la ville de Brest, D. P. 76. 1. 276). Comme il est dit *suprà*, n° 1471, l'administration de l'enregistrement a adhéré à la doctrine de l'arrêt du 15 janv. 1890 et l'a transmis à ses agents pour leur servir de règle de perception. Il est, par suite, bien établi aujourd'hui que c'est le droit de transmission, à l'exclusion de la taxe annuelle, qui est applicable toutes les fois que la déclaration de transfert est nécessaire pour que la transmission soit opposable à la société ;

... 6° A la cession du certificat nominatif constatant le dépôt et l'immobilisation temporaire, dans la caisse d'une commune, de titres au porteur d'un emprunt contracté par cette commune, toute cession de semblables certificats devant, d'après les règlements administratifs, être suivie de la formalité du transfert pour consommer la transmission de propriété, au moins au regard de la commune (Trib. Marseille, 21 janv. 1890, aff. Ville de Marseille, D. P. 90. 3. 79). Comme l'a très bien établi ce jugement, il résulte du décret du 23 juin 1879 (D. P. 80. 4. 28) concernant la comptabilité des emprunts des départements, des communes et des établissements publics que la mention du transfert sur le registre tenu par l'administration municipale est une formalité substantielle exigée pour consommer la transmission de propriété au regard de la commune ; que si, théoriquement, on peut concevoir la possibilité juridique d'une transmission de certificat par acte sous seing privé, cette transmission, à défaut de transfert, serait non avenue vis-à-vis de la commune, « ce qui doit suffire, ajoute le jugement, pour reconnaître et déclarer qu'il ne peut pas y avoir transmission de propriété consommée sans transfert vis-à-vis du débiteur cédé, et que, dès lors, la taxe annuelle d'abonnement n'est pas applicable ». C'est l'interprétation à laquelle la cour de cassation s'est arrêtée par l'arrêt précité du 15 janv. 1890 et que l'administration de l'enregistrement a acceptée pour règle de perception.

1474. C'est, au contraire, la *taxe annuelle* qui est applicable :

... 1° Aux actions stipulées transmissibles par acte authentique ou sous seing privé avec mention du transfert sur le registre de la société, toutes les fois qu'au lieu d'être imposée comme une formalité nécessaire pour opérer la transmission de propriété, la mention de transfert sur le registre de la société n'est prescrite que comme une *simple mesure d'ordre intérieur* (Trib. Seine, 13 août 1859, aff. Houillères de l'Aveyron, D. P. 60. 3. 8, et sur pourvoi, Req. 4 avr. 1860, D. P. 60. 1. 260; Civ. cass. 2 févr. 1863, aff. Boutelleau, D. P. 63. 1. 31 ; 27 févr. 1866, aff. Souvras-Territ, D. P.

6. 1. 121; Req. 28 nov. 1866, aff. Mines de Béthune, D. P. 7. 1. 62; 3 déc. 1866, aff. Mines de l'Escarpelle, *ibid.;* Civ. rej. 28 févr. 1876, aff. Gaz de la Ville de Brest, D. P. 76. 1. 76; 27 févr. 1884, aff. Compagnie des Ardoisières de Rimogne de Saint-Louis-sur-Meuse, D. P. 84. 1. 350; Req. 0 juill. 1889, aff. Boutmy, D. P. 90. 1. 273);

... 2° Aux actions susceptibles d'être cédées par *acte sous cing privé ou notarié,* sous la simple condition d'une remise u double de cet acte au conseil d'administration contre récépissé, alors que les statuts ne prescrivent même pas la tenue d'un registre de transferts (Arrêts précités des 28 nov. et 3 déc. 1866);... quoique les statuts autorisent le conseil d'administration à exercer, dans la quinzaine du récépissé de l'acte de cession, le *retrait de l'action* acquise par un tiers non associé, et disposent, en outre, que celui qui se trouvera dans le délai fixé pour l'exercice du droit de retrait ne sera pas considéré comme propriétaire admissible aux assemblées générales, ces stipulations créant, non une condition suspensive de nature à empêcher la cession de se réaliser au moment où elle est consentie entre les parties, mais une condition résolutoire qui présuppose une convention parfaite, quoique résoluble (Arrêt précité du 3 déc. 1866);

... 3° Aux actions dont le transfert peut être opéré autrement que par une déclaration souscrite sur les registres de la société; encore bien que ses statuts attribuent à la société le droit d'exercer, dans un délai déterminé, le retrait des actions cédées, et assujettissent à cet effet les actes de transfert à des visas, appositions de sceau et transcriptions, alors que ces formalités n'interviennent qu'après la réalisation des cessions et que les donations d'actions entre personnes parentes et alliées des sociétaires en sont affranchies (Arrêt précité du 27 févr. 1884) ;

... 4° Aux actions dont les titres sont *à ordre* et aliénables par voie d'*endossement* (Trib. Seine, 13 août 1859, aff. houillères de l'Aveyron, D. P. 60. 3. 8, et sur pourvoi, Req. 4 avr. 1860, D. P. 60. 1. 260; Trib. Seine, 16 mars 1860, aff. Journal *le Figaro,* D. P. 60. 3. 86; Trib. Mulhouse, 14 nov. 1861, aff. Schwarz-Trapp et comp., D. P. 62. 3. 15; Civ. cass. 2 févr. 1863 précité).

... 5° Aux actions transmissibles « par l'endossement et au moyen d'un transfert sur les livres de la société, avec élection de domicile », cette clause devant être interprétée comme ne faisant pas dépendre nécessairement de la validité de la transmission du concours de l'endossement et de la déclaration de transfert, alors surtout que, dans la pratique, la société l'applique comme établissant deux modes différents de cession laissés à l'option des parties, et qu'en outre, elle a opté, entre ces deux modes, pour l'endossement (Civ. cass. 8 déc. 1869, aff. Comptoir de commerce de Caen, D. P. 70. 1. 409). — Mais la décision par laquelle l'Assemblée générale des actionnaires, modifiant en ce point les statuts de la société, supprime à partir d'une époque déterminée la faculté de transmettre les actions par voie d'endossement, fait cesser à partir de la même époque la perception de la taxe annuelle, encore bien que cette modification n'ait pas reçu de publicité (Jugement précité du 14 nov. 1861);

... 6° Aux actions dont le *mode de transmission n'est pas réglé* par les statuts de la société. On objecterait vainement que le silence des statuts rend alors de plein droit obligatoire le transfert sur les registres en vertu des art. 1861 c. civ. et 36 c. com., le premier de ces articles étant étranger aux sociétés par actions, et le second s'excluant aux formes de transmission du droit commun (Req. 4 déc. 1867, aff. Société de Saint-Nicolas de Varengeville, D. P. 68. 1. 175. Conf. Civ. cass. 15 mars 1870, aff. Marsot, D. P. 70. 1. 409) ;

... 7° Aux obligations émises par une société, lorsque les statuts de la société ne déterminent en aucune façon le mode de transmission de ses titres (Civ. cass. 15 déc. 1869, aff. Société de Graissessac, D. P. 70. 1. 409. Conf. Sol. adm. enreg. 19 févr. 1887, D. P. 88. 3. 40);

... 8° Aux obligations émises par une *commune,* toutes les fois que les documents administratifs se rapportant à l'emprunt, sont muets relativement aux conditions et au mode de transmission des titres (Trib. Rouen, 24 mai 1876, aff. Ville de Rouen, D. P. 76. 5. 211, et sur pourvoi, Req. 12 févr. 1877, D. P. 77. 1. 256; Sol. adm. enreg. 9 mai 1885, D. P. 88. 5. 212; 19 févr. 1887, D. P. 88. 3. 40; Décis. min. fin. 22 déc. 1886, D. P. 88. 5. 483, n° 5),... alors même que, d'après un arrêté municipal, les transferts doivent être opérés à la mairie en présence d'un agent de change, s'il est constant que l'arrêté ne subordonne point à la formalité qu'il prescrit la validité de la transmission (Même arrêt du 12 févr. 1877);

... 9° Aux actions créées au porteur, encore bien que chaque transmission doive être notifiée au gérant, et que celui-ci soit tenu de consigner immédiatement le transfert sur un registre spécial,... lors même que la société modifiant ses statuts originaires, aurait décidé que ses actions seraient nominatives et que le transfert n'en pourrait plus être effectué que par une déclaration signée par les parties sur le registre de la société, si cette décision n'a été ni exécutée, ni même notifiée à l'administration de l'enregistrement (Arrêt précité du 28 févr. 1876. Conf. *Rép.* v° *Transmission (droit de),* n° 17).

4°. — *Perception de l'impôt.*

1475. Pour assurer la perception de l'impôt, la loi a assujetti les sociétés, compagnies et entreprises à souscrire, dans le mois de leur constitution définitive, au bureau de l'enregistrement, une *déclaration* faisant connaître le nombre et la nature des titres émis (Décr. 17 juill. 1857, art. 1er, *Rép.* v° *Transmission (droit de),* n° 20), en outre à remettre au même bureau, dans les vingt jours qui suivent l'expiration de chaque trimestre, un *relevé des transferts et des conversions* opérées, le *montant des droits exigibles* tant pour ces transferts et conversions que pour les titres soumis à la taxe (Même décret, art. 2 et 5, *ibid.,* nos 15 et 17). Elle a imposé, d'autre part, aux dépositaires des registres à souche, des registres des transferts et conversions, l'obligation de les *communiquer aux agents de l'enregistrement,* à toute réquisition, ainsi que toutes les pièces et documents relatifs auxdits transferts et conversions (Même décret, art. 9; *ibid.,* n° 21), le tout à peine d'amendes (*Ibid.,* n° 22).

1476. — I. Déclarations d'émissions et relevés des transferts. — Comme on l'a vu *supra,* n° 1454, la loi du 16 sept. 1871 (art. 11) qui a déclaré applicable aux obligations des départements, des communes, des établissements publics et du Crédit foncier le droit de transmission auquel la loi du 23 juin 1857 (art. 6 et suiv., D. P. 57. 4. 31) a assujetti les titres des sociétés a, par cela même, étendu auxdits titres d'obligations les dispositions de la loi de 1857. En conséquence, toutes les prescriptions de la loi de 1857 et du règlement d'administration publique rendu le 17 juill. 1857 (D. P. 57.4.111) pour son exécution sont applicables aux obligations désignées par la loi nouvelle (Instr. adm. enreg. 4 oct. 1871, n° 2422, § 2, D. P. 71.3.93; 76.5.210; Conf. Trib. Brioude, 10 avr. 1878, aff. Ville de Brioude, D. P. 79. 3. 14; Trib. Rouen, 24 mai 1876, et Req. 12 févr. 1877 cités *supra,* n° 1472).

Ainsi les préfets, les maires et les administrateurs d'établissements publics ont dû, avant le 15 nov. 1871, faire la déclaration prescrite par le règlement du 17 juillet. Il leur appartient, en outre, de déléguer aux trésoriers-payeurs généraux et aux receveurs municipaux ou spéciaux le pouvoir de fournir aux receveurs de l'enregistrement les relevés ou états des titres d'obligations passibles de l'impôt, ainsi que le soin de verser aux époques déterminées le montant des droits dus au Trésor (Même instruction du 4 oct. 1871).

1477. Les déclarations souscrites pour le payement du droit de transmission et de la taxe annuelle doivent indiquer non seulement le nombre, le montant et la nature des titres émis, mais encore le mode de transmission à l'égard des titres nominatifs (Sol. adm. enreg. 9 mai 1885 (1). Conf. Sol. adm. enreg. 19 févr. 1887, D. P. 88. 3. 40).

1478. Les déclarations souscrites pour le payement du

---

(1) Les statuts de la société en commandite par actions établie, à partir du 1er juill. 1856, d'abord à Saint-Étienne, puis à Pont-Salomon (Haute-Loire), sous la raison « Jackson, Gerin, Dorian et comp. » (actuellement Dorian, Holtzer, Jackson et comp.), au capital de 2 millions de fr., contiennent, art. 8, les dispositions suivantes : « Les actions seront nominatives... et transmissibles

droit de transmission et de la taxe annuelle sont soumises au *contrôle* de l'administration de l'enregistrement. Ainsi, lorsque cette administration établit, au vu des bilans annuels d'une société, des inexactitudes dans les déclarations souscrites au nom de cette société, elle est fondée à rectifier ces déclarations pour la liquidation de l'impôt (Trib. Marseille, 6 juill. 1888, aff. compagnie Morelli; Garnier, *Rép. pér. enreg.*, art. 7138).

1479. La *mise en liquidation* d'une société par actions ne fait pas cesser l'obligation du gérant de fournir à l'Administration les relevés trimestriels, états et déclarations, devant servir de base à la perception du droit de transmission ; par suite, le gérant qui s'abstient, à partir de la liquidation, de la remise de ces documents, encourt l'amende édictée par l'art. 10 de la loi du 23 juin 1857 (Trib. Seine, 10 juin 1859, aff. Gauthier, D. P. 60. 3. 62). En effet, la mise en liquidation d'une société ne fait pas obstacle à la perception du droit de transmission sur les actions et les obligations émises par cette société, comme on l'a vu *suprà*, n° 1467 (*Rép.* v° *Transmission (droit de)*, n° 23).

1480. Tout en reconnaissant que c'est de bonne foi, et par suite d'une *erreur* partagée par l'administration de l'enregistrement, qu'une société s'est abstenue de fournir, à l'expiration de chaque trimestre, pour la perception du droit de transmission sur les conversions de titres opérées pendant cette période, le relevé de ces conversions, un tribunal ne peut se dispenser de la condamner aux pénalités encourues, attendu qu'il n'a ni pouvoir ni compétence pour accueillir les considérations de cette nature et les faire prévaloir contre le texte rigoureux de la loi fiscale (Trib. Marseille, 28 mai 1886, aff. Société anonyme des docks libres et magasins généraux de Marseille, D. P. 86. 5. 196).

1481. Lorsqu'aucun transfert n'a eu lieu au cours d'un trimestre, les sociétés, les départements, etc., ne sont pas tenus de fournir un certificat négatif, à la loi ne l'exigeant pas (Sol. adm. enreg. 19 févr. 1887, D. P. 88. 3. 40).

1482. Une nouvelle déclaration estimative peut toujours être faite par les sociétés ou exigée par l'administration de

par voie d'endossement fait par le cédant et certifié par l'un des gérants. Ces transferts, pour engager la société, devant être consignés sur un registre spécial tenu à cet effet dans les bureaux de la société, chaque procès-verbal sera signé du cédant, du cessionnaire ou de leur fondé de pouvoir, et du gérant qui aura certifié le transfert. — « Néanmoins, au cas de transmission d'actions par donations entre vifs, testaments, successions et par tous autres moyens de droit civil, la mutation des actions vis-à-vis de la société s'opérera par le dépôt d'un certificat de propriété délivré dans la forme légale... » — La déclaration fournie par l'un des gérants de la société, le 14 août 1857, en exécution du décret du 17 juill. précédent, pour la perception des droits de transmission « énonce simplement que « le capital est divisé en quatre mille actions nominatives de 500 fr. chacune ». — Puisque les seuls titres nominatifs au regard de la loi fiscale et passibles, en cas de cession, du droit de 50 cent. pour 100, sont ceux dont la transmission ne peut avoir, lieu *erga omnes* qu'au moyen d'une déclaration de transfert souscrite par les parties sur un registre spécial, il est certain que, dans l'espèce : — 1° Les actions (cessibles *inter partes* et même parfois à l'égard de la société, sans déclaration de transfert) étaient passibles de la taxe annuelle de 20 cent. pour 100 (Instr. n° 2694-7) ; — 2° La déclaration du 14 août 1857, qui n'indique pas, le mode de transmission des titres, ne contenait pas les éléments nécessaires pour assurer régulièrement la perception. — D'autre part, il est de règle que lorsqu'un acte ou une déclaration sont présentés à la formalité, le receveur est fondé à exiger tous renseignements, évaluations ou déclarations nécessaires pour la liquidation des droits, et à refuser l'enregistrement de l'acte ou de la déclaration, si la partie ne défère pas à la réquisition qui lui est faite (Civ. cass. 3 déc. 1873, aff. Roudeille, D. P. 74. 1. 257). La conséquence de cette doctrine est que l'agent de l'Administration, en omettant d'exiger les déclarations utiles pour établir la perception d'une manière complète et régulière, commet une insuffisance de perception soumise à la prescription biennale ; car la perception, en matière d'enregistrement, comprend l'appréciation de la convention, la détermination de la valeur imposable (qu'il faut chercher dans l'acte et faire estimer au besoin) et de sa nature (mobilière, immobilière, etc.), l'application du tarif, et en dernier lieu le calcul des droits et la recette. — Enfin, les droits de transmission sont des droits d'enregistrement dont le titre de perception est tout d'abord dans la déclaration à fournir, en vertu de l'art. 1er du décret

l'enregistrement à chaque payement trimestriel, pour les titres qui donnent lieu à cette déclaration ; mais il ne s'en suit pas qu'une déclaration pour toujours être nécessairement souscrite. Le silence gardé par les parties s'interprète naturellement comme impliquant qu'elles ont entendu s'en référer à la dernière déclaration. Il y a, dans ce cas, présomption que la valeur des titres n'a pas varié (Trib. Seine, 22 févr. 1878, et sur pourvoi, Req. 18 mars 1879, aff. Société la *Pantographie voltaïque*, D. P. 79. 1. 294).

1483. — II. LIQUIDATION DE L'IMPÔT. — Pour le *droit de transmission*, c'est « la valeur négociée », en d'autres termes, le prix du transfert qui sert de base à la perception (L. 23 juin 1857, art. 6, *Rép.* v° *Transmission (droit de)* n° 15). Pour la *taxe annuelle*, c'est le « capital desdites actions et obligations évalué par leur cours moyen pendant l'année précédente, et à défaut de cours, dans cette année, conformément aux règles établies par les lois sur l'enregistrement » (Même article), c'est-à-dire d'après une déclaration estimative (*Rép. ibid.*, n° 18).

A l'égard des *titres convertis*, la base de la perception est, pour les actions et obligations cotées à la Bourse, le dernier cours moyen constaté avant le jour de la conversion, et pour les autres, une déclaration estimative conformément à l'art. 16 de la loi du 22 frim. an 7 (Décr. 17 juill. 1857, art 3, *Rép. ibid.*, n° 15).

1484. D'après l'art. 5 du décret du 17 juill. 1857, la taxe annuelle doit être liquidée et acquittée tous les trois mois, sur les actions et obligations au porteur « existantes au dernier jour de chaque trimestre ». L'administration de l'enregistrement a soutenu que le droit de transmission étant dû tant que la transmission des titres est possible et ne s'éteignant que lorsque le titre lui-même a cessé d'exister, les *actions et obligations remboursées pendant le trimestre* devaient le supporter pour la période écoulée du premier jour du trimestre jusqu'à la date du remboursement. Cette prétention était contraire au texte du décret, qui ne fait aucune distinction entre les obligations amorties toutes à la fois, et celles qui ne le sont que successivement, et n'autorise

de 1857, par les sociétés ou établissements qui émettent des actions ou des obligations ; les états trimestriels sont les compléments de cette déclaration, en ce qu'ils fixent les variations survenues depuis dans les titres et par conséquent les quantités ou valeurs à imposer à chaque tarif. En d'autres termes, le titre de la perception, pour chaque trimestre, se trouve dans la déclaration d'émission complétée par l'état ou le relevé trimestriel. — En combinant ces principes, on est amené à reconnaître que le receveur a fait une opération qui équivaut à une perception insuffisante, quand il a accepté le titre incomplet fourni par la société Jackson et comp., le 14 août 1857, et qu'à la fin de chaque trimestre il a liquidé les droits de transmission en conséquence (V. en ce sens : Garnier, *Rép. gén. enreg.*, n° 6964 ; Trib. Châteaulin, 18 juin 1878 et Trib. Montargis, 27 août 1878). — A un autre point de vue, on pourrait soutenir que la déclaration du 14 août 1857, mentionnant des actions nominatives, sans autre indication, contenait les éléments nécessaires pour la liquidation régulière des droits ; que le receveur devait réputer les actions transmissibles suivant les modes du droit commun, notamment par endossement ou par actes authentiques et privés, et leur appliquer la taxe annuelle de 20 cent. pour 100. Cette argumentation conduirait, ainsi que la première, à admettre l'existence d'une perception insuffisante effectuée à la fin de chaque trimestre. — Par ces motifs, j'estime que la prescription biennale a couru contre le Trésor à compter de chaque période trimestrielle. J'ajoute que si les tribunaux ont admis parfois l'Administration à exciper de la prescription trentenaire pour le recouvrement de la taxe annuelle de 20 cent. pour 100, c'est dans le cas où il n'existait pas de titre de perception (Trib. Brioude, 10 avr. 1878, aff. Ville de Brioude, D. P. 79. 3 14, et Trib. Auxerre, 29 mai 1884), ou bien dans l'hypothèse où le titre produit était inexact (Trib. Charleville, 29 juill. 1880) ; ni l'une ni l'autre circonstance ne se rencontrent dans l'affaire actuelle. — Quant aux amendes que vous êtes d'avis de réclamer à la société pour défaut de dépôt, durant les deux dernières années, d'états trimestriels des titres existants' et de payement de la taxe (une amende par trimestre), elles ne paraissent pas exigibles : l'Administration, ayant commis une insuffisance de perception en appliquant aux actions de cette société le tarif spécial aux transmissions des titres nominatifs (et cessibles exclusivement par voie de transfert), ne peut se prévaloir de sa propre erreur pour exiger des amendes de retard.

Du 9 mai 1885.-Sol. adm. enreg.

la perception de la taxe que sur les titres réellement existant à la fin de chaque trimestre. Il a été jugé, en ce sens, que les titres d'obligations au porteur émis par une ville, et qu'elle a remboursés par anticipation au cours d'un trimestre, doivent être distraits, pour la liquidation de la taxe annuelle et obligatoire, à la fin de ce trimestre (Trib. Lyon, 27 juin 1883, aff. Ville de Lyon, D. P. 84. 5. 218). M. Garnier cite, dans le sens de ce jugement, deux solutions de l'Administration elle-même, des 9 oct. 1857 et 19 juill. 1873 (Rép. gén. enreg., n° 6968-1).

1485. A l'égard des titres *non cotés* dans aucune bourse, la valeur en est déterminée, pour la perception de l'impôt, par une déclaration estimative. Si les titres sont *sans valeur*, l'impôt n'est pas exigible (Sol. adm. enreg. 5 juill. 1866, Garnier, *Rép.*, n° 6960). Si les titres sont seulement *dépréciés*, le droit n'est dû que sur la valeur qu'ils peuvent avoir, quelle qu'elle soit (Trib. Seine, 17 janv. 1863 et 31 août 1872, Garnier, *Rép. pér. enreg.*, art. 3551).

1486. Pour les titres *non libérés*, les sommes restant à verser devaient, lorsqu'elles n'avaient pas été comprises dans le prix de la cession, être ajoutées à ce prix pour la perception de l'impôt (Décr. 17 juill. 1857, art. 6, § 2; Sol. adm. enreg. 20 mai 1868, D. P. 68. 5. 187; *Rép.* v° *Transmission (droit de)*, n° 13). Comme nous l'avons vu *supra*, n° 1453, le droit est perçu maintenant, d'après l'art. 1er de la loi du 30 mars 1872, « sur la valeur négociée, déduction faite des versements restant à faire ».

1487. Le *cours moyen*, qui doit servir de base à la perception de la taxe sur les titres au porteur, s'établit en divisant la somme des cours moyens de chacun des jours de l'année par le nombre de ces cours. A l'égard des valeurs cotées dans les bourses des départements et à celle de Paris, il est tenu compte exclusivement des cotes de cette dernière bourse (*Rép.* v° *Transmission (droit de)*, n° 18). Dans ce dernier cas, les prescriptions de la loi sont formelles. Comme l'exprime un jugement, vainement alléguerait-on que les négociations des titres ont été à peu près nulles à la bourse de Paris, pendant qu'elles étaient journalières sur le marché local dont le cours moyen peut seul ainsi donner la valeur réelle des actions; il n'est pas permis de distinguer là où la loi ne distingue pas (Trib. civ. Saint-Etienne, 21 avr. 1874, Garnier, *Rép. gén. enreg.*, n° 6958).

Les mesures adoptées pour le contrôle du cours moyen que les sociétés doivent faire connaître dans les relevés qu'elles remettent tous les trois mois au bureau de l'enregistrement, sont indiquées dans l'instruction de l'administration du 10 août 1857, n° 2104, rapportée au *Rép.* v° *Transmission (droit de)*, n° 20, note 1.

5°. — *Payement de l'impôt.*

1488. Comme on l'a vu *supra*, n° 1475, les sociétés, les départements, les communes et les établissements publics, sont chargés par la loi de percevoir le droit de transmission « au moment du transfert, pour le compte du Trésor », auquel ils versent, à l'expiration de chaque trimestre, le montant de leurs perceptions; ils sont constitués débiteurs de « l'impôt par le fait du transfert ». D'autre part, ils sont tenus de faire, sauf leur recours contre les porteurs des titres, l'avance de la taxe annuelle, qui est aussi payable par trimestre (L. 23 juin 1857, art. 7; Décr. 17 juill. 1857, art. 5, D. P. 57. 4. 111; Instr. adm. enreg. 18 août 1857, n° 2104, *Rép.* v° *Transmission (droit de)* n° 20, et la note).

1489. Bien que la taxe de transmission constitue un véritable droit d'enregistrement, il n'y a pas lieu de lui appliquer l'art. 25 de la loi du 22 frim. an 7, aux termes duquel le *dernier jour du délai* pour le payement des droits d'enregistrement ne doit pas être compté toutes les fois qu'il se trouve être un dimanche ou un jour férié, cette disposition exceptionnelle étant exclusivement relative « aux délais fixés par les articles précédents de ladite loi (du 22 frim. an 7) pour l'enregistrement des actes et des déclarations », et le délai concernant le droit de transmission se trouvant réglé par une disposition spéciale du décret du 17 juill. 1857 sans aucune référence à la loi de l'an 7 (Sol. adm. enreg. 25 mars 1886, D. P. 86. 5. 196-197).

1490. Il a été décidé que, lorsqu'un héritier ou légataire, un donataire ou un cessionnaire, a payé au bureau de l'enregistrement, pour des *titres nominatifs*, le droit de mutation par décès, le droit de donation ou le droit déterminé par la loi du 22 frim. an 7 (art. 69, § 2, n° 6, 50 cent. pour 100) pour les cessions à titre onéreux, le transfert de ces titres, qui est inscrit en son nom sur les registres de la Compagnie, ne donne lieu à la perception d'aucun droit; que, si le transfert est fait avant le payement des droits d'enregistrement, le droit de 20 cent. pour 100 (aujourd'hui 50 cent. pour 100, décimes compris) doit être perçu; mais il en est tenu compte par voie d'imputation lors de l'enregistrement des actes ou des déclarations de successions; qu'à l'égard des *titres au porteur*, la taxe dont ces titres sont frappés, étant une sorte d'abonnement qui s'applique à toutes les mutations verbales qu'ils peuvent subir, doit être perçue intégralement, sans qu'il y ait lieu de tenir compte des droits d'enregistrement relatifs à d'autres mutations (Décis. min. fin. 4 nov. 1857; Instr. adm. enreg. 11 déc. 1857, n° 2111, § 3, D. P. 74. 5. 506). — Mais, en ce qui concerne les transmissions *à titre onéreux*, ces décisions ont été infirmées par un arrêt (Req. 12 févr. 1861, mentionné au *Rép.* v° *Transmission (droit de)*, n° 9) qui a établi en principe que la cession à titre onéreux de titres, soit au porteur, soit nominatifs, étant assujettie au droit de transmission par la loi du 23 juin 1857, ne peut être soumise à aucun autre droit proportionnel, spécialement à celui de 50 cent. pour 100 établi par l'art. 69, § 2, n° 6, de la loi de frimaire. A la suite de cet arrêt, l'Administration a reconnu, conformément à sa doctrine, que la cession *à titre onéreux* de titres nominatifs ou au porteur d'actions ou d'obligations dans une société, compagnie ou entreprise, ne donne lieu à la perception d'aucun autre droit proportionnel que celui établi par l'art. 6 de la loi du 23 juin 1857, *quel que soit le mode employé pour constater la cession* (Décis. min. fin. 1er juin 1861, Instr. adm. enreg. 15 sept. 1861, n° 2201, § 3, D. P. 74. 5. 506).

1491. Mais si le payement du droit proportionnel de transmission auquel sont assujetties les actions des sociétés affranchit les cessions à titre onéreux de ces titres, par acte public ou sous signature privée, d'un nouveau droit proportionnel, cette exemption, nécessairement limitée aux actes ayant pour objet principal une cession et au droit proportionnel de cession, ne saurait profiter à toutes les stipulations dont les titres peuvent être l'objet ou l'occasion, ni être étendue à d'autres droits que celui de cession; spécialement, l'acte constatant l'abandon d'actions industrielles soumises à la taxe de transmission, en payement d'une dette, constitue une quittance servant de titre libératoire au débiteur, et, dès lors, est sujet au droit proportionnel de libération à 50 cent. pour 100 (Civ. cass. 29 juill. 1879, aff. De Jean, D. P. 79. 1. 453. V. dans le même sens : *Rép.* n°s 883, 4940 et 4945).

1492. D'un autre côté, si le transfert au nom d'un héritier ne donne lieu à aucun droit, c'est à la condition que l'opération se borne à la substitution du nom de l'héritier à celui de son auteur. Si l'héritier demandait des titres au porteur en échange de titres nominatifs, il y aurait conversion et le droit de transmission serait exigible, indépendamment de celui de mutation par décès (Sol. adm. enreg. 17 déc. 1886, Garnier, *Rép. pér. enreg.*, n° 7002).

1493. De ce que les sociétés, compagnies et entreprises ont été constituées personnellement débitrices du droit de transmission, il ne résulte pas qu'elles soient assimilables à des préposés chargés de percevoir l'impôt pour le compte de l'Etat. Il a été jugé, en conséquence, que celles de ces sociétés, compagnies et entreprises, qui ont été contraintes par la force, en 1871, de verser une partie des droits entre les mains des agents de la commune insurrectionnelle de Paris, ne peuvent opposer à l'Etat réclamant à nouveau les mêmes droits, l'exception de perte par force majeure (c. civ. art. 1302). (Trib. Seine, 23 déc. 1871, aff. Crédit foncier, D. P. 72. 3. 5, et sur pourvoi, Req. 27 nov. 1872, aff. Chemin de fer d'Orléans, aff. Société des hauts fourneaux et forges d'Anzin, aff. Société générale, aff. Chemin de fer du sud de l'Autriche, et aff. Chemins de fer de Madrid à Sarragosse, D. P. 73. 1. 203).

1494. De ce que le droit de transmission, créé par la loi du 23 juin 1857, se perçoit suivant le mode spécial que cette loi a établi, c'est-à-dire par les sociétés elles-mêmes au moment du transfert, pour le compte du Trésor, dans les caisses duquel ces sociétés le versent à l'expiration de chaque trimestre, s'ensuit-il que l'exigibilité même de l'impôt soit subordonnée au transfert sur les registres de la société, de telle sorte que le droit de transmission ne serait pas dû sur une cession de titres nominatifs, constatée par acte ou jugement, mais pour laquelle la formalité du transfert n'aurait pas été remplie? La question a été agitée dans ces dernières années. — On a dit, dans le sens de l'affirmative, que si le vœu de la loi du 23 juin 1857 est que toutes les cessions d'actions et d'obligations des sociétés supportent le droit de transmission, cette loi n'a pas fait revivre, en créant cet impôt, les dispositions de la loi du 22 frim. an 7 qui assujettissaient les cessions de l'espèce à un droit de 50 cent. pour 100 exigible seulement en cas de présentation à l'enregistrement d'un acte ou d'un jugement constatant la cession; elle a organisé la perception d'un impôt nouveau suivant un mode particulier qui, d'après l'arrêt du 12 févr. 1861, cité *suprà*, n° 1490, est inconciliable avec les dispositions de la loi de l'an 7. Or, du moment où cette loi est complètement écartée, en vertu de quel texte la perception du droit de transmission peut-elle être autorisée sur un acte ou un jugement constatant une cession d'actions ou d'obligations dans une société? Il n'en est aucun qui puisse être invoqué à l'appui d'une semblable perception. N'en faut-il pas conclure que le droit de transmission ne doit être perçu que suivant le mode établi par la loi de 1857 qui l'a édicté? — On a opposé, à l'appui de la solution négative, que les prescriptions de la loi s'adressent aux parties et aux sociétés; aux parties, en ce sens que toute cession réalisée entre elles donne ouverture au droit de 50 cent. pour 100 qui est à leur charge et constitue pour elles une dette personnelle; aux sociétés, en ce sens qu'elles sont chargées de percevoir l'impôt et de le verser au Trésor. Il suffit donc que la réalisation d'une transmission valable et obligatoire entre les parties soit établie, pour que le droit de 50 cent. pour 100 soit exigible. Si, en général, ce résultat ne peut se produire que par un transfert sur les registres de la société, puisque, d'après les statuts, c'est là le seul mode légal de transmission, il peut arriver qu'il soit suppléé à cette opération matérielle du transfert par quelque équivalent. C'est ce qui a lieu lorsque le transfert, par suite de circonstances particulières, ne peut s'opérer, et que les parties obtiennent de la justice une décision destinée à le remplacer et à en produire tous les effets. Cette décision remplace le transfert et devient ainsi, à son défaut, le titre de la perception. — La cour de cassation a jugé, dans ce dernier sens, que si, en principe, le droit de transmission doit être perçu pour le compte du Trésor, au moment du transfert, par les sociétés, compagnies et entreprises, ce mode ne peut être suivi, lorsque le transfert n'a pas été opéré sur les registres de la société et se trouve constaté par un jugement; que, dans ce cas, la société ne peut être débitrice d'un impôt qu'elle n'a pas été en situation de percevoir, et le Trésor, se trouvant placé, directement et sans intermédiaire, en regard du contribuable débiteur, doit lui demander le payement du droit au moment de l'enregistrement du jugement (Civ. rej. 30 déc. 1884, aff. Blanchard, D. P. 85. 1. 201).

1495. Le droit de transmission constituant un impôt, et une dispense d'impôt étant un acte essentiellement de la compétence du pouvoir législatif, l'administrateur supérieur placé, après la révolution du 4 sept. 1870, à la tête d'un département, et qui n'avait reçu du gouvernement de la Défense nationale que des pouvoirs limités à l'administration du département, et non le pouvoir législatif ni la souveraineté, n'a pu valablement accorder la dispense du droit de transmission (Civ. cass. 7 févr. 1876, aff. Comptoir communal de Marseille, D. P. 76. 1. 128).

B. — Valeurs étrangères.

1°. — *Législation.*

1496. Le législateur a étendu l'application du droit de transmission aux valeurs étrangères, de telle sorte qu'à l'exception des *fonds d'État étrangers* que n'atteint aucune disposition des lois fiscales concernant le droit de transmission, nulle valeur étrangère ne peut circuler en France sans donner lieu à cet impôt. — La loi du 23 juin 1857 (art. 9)

ne visait que « les actions et obligations émises par les sociétés, compagnies ou entreprises étrangères ». La loi du 30 mars 1872 y ajouta « les titres émis par les villes, provinces et corporations étrangères, quelles que soient leurs dénominations, et par tout autre établissement public étranger ». Puis, la loi du 29 juin 1872 fondit les deux rédactions dans son art. 4 qui assujettit au droit « les actions, obligations, titres d'emprunts, quelle que soit, leur dénomination, des sociétés, compagnies, entreprises, corporations, villes, provinces étrangères, ainsi que tout autre établissement public étranger ». — D'autre part, les lois de 1857 et du 30 mars 1872 ne parlaient que des titres *cotés* ou *négociés* en France; la loi du 29 juin 1872 y ajouta ceux *exposés en vente* ou *émis* en France.

Les trois dispositions portent qu'un règlement d'administration publique « fixera le mode d'établissement et de perception » du droit « dont l'assiette pourra reposer sur une *quotité* déterminée du capital social ». Il a été ajouté, dans l'art. 4 de la loi du 29 juin 1872, que « le même règlement déterminera les époques de payement de la taxe, ainsi que toutes les mesures nécessaires pour l'exécution de la présente loi ».

Ainsi, les valeurs étrangères sont soumises, pour la perception de l'impôt, à un régime spécial qui est déterminé par des règlements d'administration publique. Il s'ensuit que les dispositions de la loi du 23 juin 1857, qui a constitué le droit de transmission et représente le droit commun en cette matière, ne leur sont applicables qu'autant que cette application a été prescrite par décret.

1497. Trois règlements d'administration publique sont intervenus : l'un du 17 juill. 1857 (art. 10 et 12, D. P. 57. 4. 111) pour l'exécution de la loi du 23 juin 1857; le second, du 24 mai 1872 (D. P. 72. 4. 84) pour l'exécution de la loi du 30 mars 1872; le troisième, du 6 déc. 1872 (art. 4, D. P. 72. 4. 118) pour l'exécution de la loi du 29 juin 1872.

L'art. 4 du décret du 24 mai 1872 dispose que « les droits de transmission dus en vertu de l'art. 1er de la loi du 30 mars 1872 pour les titres émis par les villes, provinces, corporations étrangères et par tous autres établissements publics étrangers, sont fixés et perçus conformément aux dispositions du règlement d'administration publique du 17 juill. 1857 et à celles du présent règlement ».

La loi du 29 juin 1872 a constitué la taxe de 3 pour 100 sur le revenu des valeurs mobilières qui fera l'objet, comme on l'a dit *suprà*, n° 1, d'un traité spécial, v° *Valeurs mobilières* (*Revenu, Impôt*). En ce qui concerne le droit de transmission, cette loi a disposé seulement, par son art. 4, que les titres y seraient assujettis, lorsqu'ils seraient cotés et négociés en France, et encore lorsqu'ils y seraient exposés en vente ou émis. D'autre part, le règlement d'administration publique du 6 déc. 1872, rendu pour l'exécution de ladite loi du 29 juin 1872, dispose simplement, en ce qui concerne le droit de transmission, que le nombre des titres étrangers qui servira de base à la perception de cet impôt, sera déterminé par le ministre des finances, conformément aux dispositions des décrets du 17 juill. 1857 et du 24 mai 1872, à l'égard des titres émis ou souscrits en France, « dans le mois qui suit la clôture de l'émission ou de la souscription ».

2°. — *Régime spécial.*

1498. Telle est la législation. Elle prête à la critique sous plus d'un rapport; mais il faut la prendre telle qu'elle est. Nous essayerons d'en dégager succinctement le régime spécial qu'elle a établi pour la perception du droit de transmission sur les valeurs étrangères.

Constatons tout d'abord la pensée évidemment dominante dans l'esprit du législateur, qu'il a exprimée nettement dans la loi du 23 juin 1857, art. 9, pour l'impôt du timbre et le droit de transmission, confirmée expressément par le premier paragraphe de l'art. 4 de la loi du 29 juin 1872 pour ces impôts, ainsi que pour la taxe sur le revenu des valeurs mobilières, de soumettre les valeurs étrangères à des droits *équivalents* à ceux auxquels sont assujetties les valeurs françaises, d'établir une complète égalité fiscale entre les valeurs françaises et les valeurs étrangères (V. Civ. rej. 22 avr. 1879, aff. Compagnie continentale du gaz, D. P.

83. 1. 97; 29 août 1881, aff. Société anglaise le *Crédit*, *ibid.*; Civ. cass. 4 mai 1887, aff. Compagnie d'assurances générales de Trieste et de Venise, D. P. 88. 1. 231; Civ. rej. 17 janv. 1888, aff. Cloquemin, *l'Union* et le *Phénix espagnol*, D. P. 88. 1. 409).

1499. Voyons maintenant suivant quel mode le droit de transmission est perçu pour les valeurs étrangères. Les sociétés, villes, provinces et établissements publics étrangers sont tenus de désigner un représentant responsable en France et de le faire agréer par le ministre des finances (Décr. 17 juill. 1857, art. 10; 24 mai 1872, art. 3; 6 déc. 1872, art. 4), puis de remettre à ce ministre une déclaration indiquant le nombre des actions et obligations qui devra servir de base à l'impôt (*Ibid.*).

La détermination du nombre des titres sur lequel l'impôt doit être perçu avait été laissée par le décret du 17 juill. 1857 (art. 10) à la décision du ministre des finances. Un mode différent a été établi par des décrets des 11 janv. 1862 (art. 1er, D. P. 62. 4. 12) et 11 déc. 1864 (art. 1er, D. P. 64. 4. 128). Mais ces décrets n'ont pas été maintenus, et il a été statué, par le décret du 24 mai 1872, que la détermination du nombre des titres serait arrêtée par le ministre sur l'avis préalable d'une commission composée de hauts fonctionnaires des finances, d'un régent de la Banque de France et du syndic des agents de change de Paris (art. 1er); que le nombre des titres assujettis ne pourrait être inférieur, pour les actions, à un dixième, et pour les obligations, à deux dixièmes du capital (art. 2); enfin que le nombre fixé pourrait être révisé tous les trois ans; que, s'il n'y a pas lieu à révision, la fixation précédemment adoptée servirait de base pour une nouvelle période de trois ans; que, s'il y a lieu à révision, elle serait effectuée dans le trimestre précédant l'échéance de la troisième année, et servirait de base pour une nouvelle période de trois ans (art. 3).

Pour les titres étrangers émis ou souscrits en France, la détermination du nombre de titre sur lequel l'impôt doit être perçu est faite par le ministre des finances « dans le mois qui suit la clôture de l'émission ou de la souscription,... conformément aux dispositions des règlements d'administration publique des 17 juill. 1857 et 24 mai 1872 » (Décr. 6 déc. 1872, art. 4).

1500. La distinction faite, pour la perception de l'impôt à l'égard des sociétés françaises, entre les titres nominatifs et ceux au porteur, n'a pas paru praticable pour les sociétés étrangères: elles payent la *taxe annuelle* pour tous leurs titres qui sont sujets au droit de transmission « sans aucune distinction entre les titres nominatifs et les titres au porteur » (Décr. 17 juill. 1857, art. 10) (*Rép.* v° *Transmission (droit de)*, n° 7). — Les modifications survenues dans le tarif leur sont applicables: le tarif est donc actuellement de 20 cent. pour 100 sans décimes (V. *supra*, n° 1453).

1501. Les règles établies pour les valeurs françaises, relativement aux *époques du payement* et à la fixation du *cours moyen*, sont applicables aux valeurs étrangères (Décr. 17 juill. 1857, art. 10; 24 mai 1872, art. 4).

1502. En cas de *non-payement* des droits, les titres sont rayés de la cote. Néanmoins, le représentant établi en France reste responsable des droits jusqu'à l'époque à laquelle les titres auront cessé d'être cotés (Décr. 24 mai 1872, art. 3).

1503. Les *pénalités* édictées pour les sociétés françaises sont applicables aux sociétés, villes, provinces et établissements publics étrangers (Décr. 17 juill. 1857, art. 12; 24 mai 1872, art. 4).

3°. — *Application du système.*

1504. Tel est le système. Il reste à examiner comment il est appliqué et les difficultés auxquelles cette application a donné lieu.

Il importe, en premier lieu, de déterminer comment doit s'établir la *nationalité d'une société*. Suivant la doctrine suivie par l'administration de l'enregistrement, ce n'est pas à l'objet de l'exploitation qu'il faut s'attacher; peu importe la situation de cet objet. Ce qu'il faut considérer, c'est le lieu où la société est née, où elle a son siège et son principal établissement, ses archives, ses livres, les éléments de sa vie active, où se trouve la loi qui la protège et les tribunaux

qui la jugent, là enfin où elle s'éteindra et se liquidera. Ce sont là les éléments qui déterminent sa nationalité (V. Garnier, *Rép. gén. enreg.*, n° 6986). — La jurisprudence a confirmé cette doctrine en décidant que, bien qu'établie pour la construction et l'exploitation d'un établissement à l'étranger, une société doit être considérée comme française et supporter, en conséquence, le droit de transmission sur les titres émis par elle, lorsqu'elle a été créée par un acte passé en France, qu'elle y a son siège et que c'est à ce siège que ses titres au porteur sont émis, répartis et négociés; qu'elle est soumise aux règles de la loi française et régie par un conseil d'administration qui se réunit en France; enfin que les contestations à naître entre les actionnaires ou entre la société et les actionnaires doivent être jugées par les tribunaux français (Civ. cass. 20 juin 1870, aff. Société du débarcadère de Cadix, D. P. 70. 1. 416). Il a été décidé, au contraire, qu'une société qui a son siège et son domicile à l'étranger ainsi que son exploitation, et qui est justifiable des tribunaux étrangers pour ses contestations avec les tiers, est une société étrangère, quand même ses statuts conféreraient aux tribunaux français les contestations entre associés (Délib. adm. enreg. 8 déc. 1857, Garnier, *ibid.* V. *infra*, v° *Société*).

1505. D'autre part, en ce qui concerne la *nature des titres* passibles de l'impôt, la loi vise les actions, obligations, titres émis par les sociétés et établissements étrangers, « quelle que soit leur dénomination ». Elle atteint, par suite, toutes les valeurs mobilières qui présentent les mêmes caractères généraux que les actions ou obligations, lors même qu'elles seraient émises sous une qualification différente et ne présenteraient pas à tous égards les mêmes avantages. Il en est, sous ce rapport, des sociétés et établissements étrangers comme des sociétés et établissements français. Ainsi, sont soumis au droit de transmission, comme constituant de véritables actions de jouissance temporaire, les titres émis, sous la qualification de délégations, par une société étrangère (société du canal de Suez) en représentation de coupons à échoir détachés d'actions et dont les produits doivent être répartis annuellement entre les délégataires pendant vingt-cinq ans sous forme d'intérêts, d'amortissement et de dividendes (Civ. rej. 10 juin 1874, aff. Compagnie du Canal de Suez, D. P. 75. 1. 25).

1506. Les faits qui déterminent l'*exigibilité de l'impôt* sont, comme on l'a vu *suprà*, n° 1497, l'*admission à la cote*, la *négociation*, l'*exposition en vente* ou l'*émission en France* des titres étrangers.

Des difficultés se sont produites sur le sens dans lequel doivent être entendus ces deux termes de la loi : *cotés*, *négociés*. Suivant une opinion, la loi de 1857, en comprenant dans une même disposition les titres cotés et les titres négociés, a déterminé par ce rapprochement la portée restrictive de cette dernière désignation et fait entendre qu'il ne s'agissait que de négociations officielles dont les titres cotés sont seuls susceptibles. En effet, a-t-on dit, la loi ne s'est pas occupée des négociations qui ont lieu dans la coulisse ou en banque, en dehors du parquet de la bourse, par la raison que le législateur eût été, en ce qui les concerne, dans l'impossibilité de faire observer ses prescriptions, l'Administration étant dépourvue d'action sur les négociations dont il s'agit (Garnier, *Rép. pér. enreg.*, art. 6519 et 7021). Cette interprétation qui tendait à admettre dans l'application de la loi des distinctions et des exceptions d'autant moins justifiées que son texte est général et absolu, a été repoussée par un jugement du tribunal de la Seine du 5 juin 1885 (aff. l'*Union* et le *Phénix espagnol*, D. P. 85. 5. 512), confirmé, sur pourvoi, par la cour de cassation (Civ. rej. 17 janv. 1888, aff. Cloquemin, D. P. 88. 1. 409) : « Attendu, porte cet arrêt, que la loi du 29 juin 1872 dispose, dans son art. 4, que les titres étrangers ne pourront être cotés, négociés, exposés en vente ou émis en France qu'en se soumettant à l'acquittement de la taxe sur le revenu ainsi que des droits de timbre et de transmission; — Que les termes éminemment compréhensifs de cette énumération englobent tous les modes de circulation en France des valeurs étrangères, les négociations en banque ou dans la coulisse, aussi bien que la négociation en bourse, et que le seul fait de l'exposition en vente rend les titres étrangers passibles de l'acquittement de la taxe sur le revenu ainsi que des droits de timbre et de transmission ; — Qu'en y assujet-tissant seulement les titres étrangers négociés à la Bourse, on ferait une distinction que ne fait par la loi fiscale, et que cette distinction qui est toujours interdite l'est d'autant plus ici que le même art. 4, dans son premier paragraphe, consacre expressément le principe de l'égalité fiscale entre les valeurs françaises et valeurs étrangères ; — Que vainement le pour-voi invoque une prétendue contradiction entre l'art. 4 de la loi du 28 févr. 1872 et l'art. 3 du décret du 6 déc. 1872 ; — Que, d'une part, il est impossible d'admettre que le règle-ment d'administration publique pour l'exécution de la loi ait pu en restreindre la portée ; — Que, d'autre part, il s'applique dans les termes mêmes à tous les titres étrangers qui circulent en France ».

En ce qui concerne les titres étrangers *émis en France*, les conditions dans lesquelles l'émission doit se produire, pour donner ouverture au droit de transmission, sont exactement les mêmes que pour l'émission des valeurs françaises (V. su-prà, n° 1458, l'analyse des décisions intervenues sur ce point). En principe, porte une décision administrative, le fait de l'émission opérée en France de titres étrangers suffit (indépendamment de toute inscription à la cote de la Bourse) pour que ces titres deviennent passibles, dans la mesure fixée par le ministre des finances, sur la proposi-tion de la commission des valeurs mobilières, des mêmes impôts que les titres semblables créés par des sociétés françaises (L. 29 juin 1872, art. 4 ; Décr. 6 déc. 1872, art. 4). Ces impôts demeurent, dès lors, exigibles, comme pour les valeurs françaises, tant que la société subsiste et n'a pas remboursé ou amorti les titres émis (Décis. min. fin. 18 juill. 1879, aff. Société financière de Paris, D. P. 80. 3. 84).

1507. Si l'on doit considérer comme certain que tous les titres étrangers que les sociétés et établissements qui les ont émis font circuler en France sont sujets à la taxe annuelle représentative du droit de transmission, il faut ajouter que c'est là toute la portée de la loi fiscale, qu'elle ne va pas plus loin. Ainsi, elle n'atteint pas les titres qui sont aux mains des *particuliers* ni, par suite, les négocia-tions dont ils peuvent être l'objet entre particuliers. On ne saurait opposer ces négociations à la société étrangère ou à l'établissement étranger qui a émis les titres, pour l'obli-ger à faire agréer un représentant responsable et à se soumettre au payement de la taxe annuelle. Les sociétés et éta-blissements étrangers ne peuvent être rendus respon-sables que de leurs propres agissements. Or c'est seulement lorsqu'ils veulent introduire leurs titres sur le marché fran-çais qu'ils sont passibles de l'impôt et assujettis à remplir les formalités prescrites pour en assurer la perception.

Si donc un particulier, possesseur de titres étrangers non soumis à la taxe annuelle, les fait vendre sur le marché, aucune réclamation ne pourra être faite, à raison de cette opération, à la société ou à l'établissement étranger qui aura émis les titres. Mais, comme on le verra *infrà*, v° *Timbre*, le propriétaire des titres devra les soumettre préalablement à la formalité du timbre, conformément à l'art. 2 de la loi du 30 mars 1872, qui porte que « nul ne peut négocier, exposer en vente ou énoncer dans des actes de prêt, de dépôt, de nantissement, ou dans tout autre acte ou écrit, à l'exception des inventaires, des titres étrangers qui n'auraient pas été admis à la cote ou qui n'auraient pas été dûment timbrés au droit de 1 pour 100 du capital nominal ».

Si enfin, il est fait usage en France dans un acte public de titres étrangers non soumis à la taxe annuelle, le droit d'enregistrement sera exigible, indépendamment du droit de timbre (L. 22 frim. an 7, art. 23, 41 et 42). Il devra être perçu au taux de 50 cent. pour 100, par application de la loi du 23 juin 1857, à moins que les titres n'aient le carac-tère d'effets négociables, cas auxquels ils seraient exempts d'enregistrement, les effets négociables n'étant, aux termes desdits art. 41 et 42 de la loi de frimaire et de l'art. 10 de la loi du 28 févr. 1872, assujettis à l'enregistrement que dans le cas de protêt (V. *Rép.* n° 3619).

1508. On vient d'exposer dans quel cas et par suite de quels faits la taxe annuelle est exigible. Il reste à indiquer dans quels cas elle cesse de l'être.

Il a été décidé que les titres d'une société étrangère (société du canal de Suez) demeurent soumis au droit de transmis-sion, encore qu'ils aient cessé d'être négociés et cotés à la

bourse de Paris par suite d'une décision du syndicat des agents de change, les compagnies étrangères ne pouvant se soustraire au payement des droits qu'en renonçant à l'auto-risation de négocier leurs titres en France (Civ. rej. 10 juin 1874, aff. Compagnie du canal de Suez, D. P. 75. 1. 25). D'après l'arrêt du 17 janv. 1888 (V. *suprà*, n° 1506), il faut, pour que l'impôt cesse d'être dû, qu'il soit nettement établi que les titres ne circulent plus en France.

1509. Aux termes de la décision ministérielle du 18 juill. 1879 citée *suprà*, n° 1506, les impôts sont exigibles pour les valeurs étrangères, comme pour les valeurs françaises, tant que la société subsiste et n'a pas remboursé ou amorti les titres ; et le représentant responsable est tenu de les acquitter pendant toute la période de leur exigibilité, si aucun terme n'a été stipulé pour la durée des engagements de ce représentant. — Cette décision donne lieu à quelques observations. Il y a, relativement à la durée des engage-ments du représentant responsable d'une société étrangère en France, une distinction à faire entre le cas où il s'agit de titres cotés à la Bourse et ceux où les titres étrangers ont été simplement émis en France, sans inscription à la cote de la Bourse. Dans la première hypothèse, suivant l'art. 3 du décret du 24 mai 1872, à défaut par les sociétés étrangères d'acquitter les droits, les titres sont rayés de la cote et le représentant de la société est responsable des droits, mais seulement jusqu'à l'époque à laquelle les titres ont cessé d'être cotés. Dans le cas de simple émission en France de titres étrangers sans inscription à la cote de la Bourse, il n'y aurait pas de limite, d'après la décision du 18 juill. 1879, aux engagements du représentant de la société, en sorte qu'il demeurerait tenu d'acquitter les taxes aussi longtemps qu'elles sont exigibles. Mais, en fait, comme les sociétés étrangères ne trouveraient pas de représentants en France dans de telles conditions, le ministre des finances admet ces représentants à ne s'engager que pour trois ans. D'autre part, l'impôt d'après la doctrine de l'arrêt du 17 janv. 1888 cité *suprà*, n° 1506, est dû, non point, comme pour les valeurs françaises, jusqu'à l'extinction des titres, mais seulement jusqu'au moment où il est établi qu'ils cessent de circuler en France.

Dans tous les cas, la taxe annuelle cesse d'être exigible, lorsque la société étrangère qui a émis les titres se trouve en état de déconfiture (Décis. min. fin. 18 févr. 1880, D. P. 81. 5. 366).

4°. — *Liquidation et payement de la taxe.*

1510. L'assiette de la taxe, portent les lois de 1857 et de 1872, pourra reposer sur une *quotité* déterminée du capi-tal social (V. *suprà*, n° 1496). Cette détermination est faite par le ministre des finances sur l'avis préalable d'une com-mission spéciale (V. *suprà*, n° 1499). La taxe est perçue au taux de 20 cent. pour 100 (V. *suprà*, n° 1500), comme pour les valeurs françaises, sur le « capital desdites actions et obligations évalué par leur cours moyen pendant l'année précédente et, à défaut de cours dans cette année, confor-mément aux règles établies par la loi sur l'enregistrement (L. 23 juin 1857, art. 6 et 9), c'est-à-dire d'après une décla-ration estimative souscrite conformément à l'art. 16 de la loi du 22 frim. an 7 (V. *suprà*, n° 1483).

Relativement aux *époques du payement* et à la fixation du *cours moyen*, les règles sont les mêmes que pour les valeurs françaises (V. *suprà*, n° 1501).

1511. Il a été jugé que la taxe annuelle est exigible sur les titres émis, sous la qualification de délégations, par une société étrangère en représentation des coupons à échoir détachés d'actions et dont les produits doivent être répar-tis annuellement entre les délégataires pendant vingt-cinq ans, sous forme d'intérêts, d'amortissement et de dividendes, ces titres constituant de véritables actions de jouissance tempo-raire (Civ. rej. 10 juin 1874, cité *suprà*, n° 1505). — Le même arrêt a décidé que la valeur vénale de ces titres, qui doit servir de base à la perception de la taxe annuelle, peut s'établir par le cours moyen des autres actions négo-ciées ; qu'à défaut de cours moyen pendant l'année précé-dente, elle doit être évaluée conformément aux règles établies par les lois sur l'enregistrement, c'est-à-dire par une déclaration estimative, déduction faite, dans un cas comme dans l'autre, de la valeur des délégations. — Cette dernière décision paraît contestable. En effet, il est difficile d'admettre que le cours moyen d'actions négociées avec l'intégralité des droits qui s'y attachent soit pris pour base de la détermination de la valeur de titres privés de coupons pour vingt-cinq ans. Le seul mode de détermination possible, en pareil cas, est la déclaration estimative, sauf le droit de contrôle de l'administration de l'enregistrement.

C. — Dispositions communes.

1°. — Contraventions.

1512. En cas d'omission ou d'insuffisance d'évaluation dans les états, relevés ou déclarations fournis pour la perception du droit de transmission, la preuve est faite comme en matière d'enregistrement (Décr. 17 juill. 1857, art. 12), soit qu'il s'agisse de valeurs françaises, soit qu'il s'agisse de valeurs étrangères (*Ibid.*).

L'administration de l'enregistrement exerce donc sur les déclarations estimatives qui lui sont faites pour la liquidation du droit de transmission le même droit de contrôle qui lui appartient sur les déclarations souscrites pour la perception des autres droits d'enregistrement. Elle exerce ce contrôle par tous les moyens de droit commun compatibles avec la procédure spéciale à la matière, qui peuvent être produits conformément au mode établi par la loi fiscale, c'est-à-dire par écrit, soit d'après les actes émanés des parties elles-mêmes, soit d'après d'autres actes et faits constants qui leur soient opposables (V. *suprà*, n°s 93 et suiv.).

1513. Lorsqu'une *insuffisance d'évaluation* est constatée d'après des documents qui, tout en établissant l'inexactitude de l'évaluation, ne font pas connaître avec la précision nécessaire le chiffre auquel elle aurait dû être portée pour représenter la valeur réelle, il appartient aux tribunaux de déterminer eux-mêmes ce chiffre. C'est là, en effet, une appréciation qui, portant sur une simple question de fait, rentre dans la compétence des tribunaux. Jugé, en ce sens, que l'insuffisance de l'évaluation produite pour la perception du droit de transmission exigible en raison de la mutation de titres d'actions dans une société, dits parts de fondateurs, non cotés en bourse, ni en banque, peut être établie d'après la situation de la société, ses éléments de produits et d'accroissement de capital, le cours de ses titres, les dividendes répartis ; et qu'il appartient aux tribunaux d'en déterminer le chiffre (Trib. Seine, 19 févr. 1882, aff. Banque nationale, D. P. 83. 3. 55).

1514. Le juge peut user, pour se déterminer, de tous les documents et de tous les éléments qui lui paraissent de nature à l'éclairer. Il peut notamment avoir égard au cours auquel les titres ont été émis. Si, en effet, l'impôt est assis sur la valeur vénale des titres, et non sur la valeur d'émission, il ne s'ensuit pas qu'il soit interdit au juge, lorsque, par exemple, aucune transmission n'est constatée, de prendre en considération la valeur d'émission, non comme base de ses calculs, mais comme élément d'appréciation. C'est, tout au moins, une des données dont il peut et doit tenir compte. Jugé, en ce sens, que l'insuffisance d'une déclaration estimative fournie pour la perception du droit de transmission sur les actions de sociétés non cotées à la bourse, peut être établie au moyen des indications fournies par la comptabilité de la société; que, spécialement, le juge peut, pour déterminer la valeur de ces actions, prendre en considération le prix d'émission des titres constaté par les registres de la société (Trib. Seine, 22 févr. 1878, et sur pourvoi, Req. 18 mars 1879, aff. Société la Pantographie voltaïque, D. P. 79. 1. 294).

2°. — Pénalités.

1515. Relativement aux *pénalités*, les dispositions de la loi de 1857 et du décret rendu pour son exécution doivent être bien comprises. L'art. 10 de la loi du 23 juin 1857 porte: « Toute contravention aux précédentes dispositions et à celles des règlements qui seront pris pour leur exécution, est punie d'une amende de 100 fr. à 5000 fr., *sans préjudice* des peines portées par l'art. 39 de la loi du

22 frim. an 7 pour omission ou insuffisance de déclaration », c'est-à-dire d'un droit en sus. D'autre part, l'art. 10 du décret du 17 juill. 1857 est ainsi conçu : « En cas d'infraction aux dispositions du présent règlement ou de retard, soit dans le payement des droits, soit dans le dépôt des états, relevés ou déclarations prescrits par les articles précédents, les sociétés, compagnies et entreprises seront passibles de l'amende prononcée par l'art. 10 de la loi du 23 juin 1857, *sans préjudice* des peines portées par l'art. 39 de la loi du 22 frim. an 7 pour omission ou insuffisance de déclaration... Les dispositions du présent article seront applicables aux sociétés, compagnies ou entreprises étrangères et à leurs représentants » (*Rép.* v° *Transmission (droit de)*, n°s 21 et 22).

La rédaction de ces dispositions a donné lieu à la question de savoir si elles devaient être interprétées comme appliquant à la fois l'amende qu'elles édictent et la pénalité du droit en sus, aux *omissions* et aux *insuffisances d'évaluations*. Cette interprétation a été repoussée avec raison. Comme le dit très bien M. Garnier, l'indication de la pénalité du droit en sus exclut nécessairement l'application simultanée de l'amende prononcée en termes généraux pour toutes les contraventions à la loi. Dans cette matière surtout, on ne peut pas invoquer le principe *bis in idem*, et le cumul des deux peines ne saurait avoir été dans l'esprit du législateur. Puisqu'il a assimilé les omissions et les insuffisances aux infractions de l'espèce qui sont commises par les droits d'enregistrement ordinaires, c'est la preuve qu'il a voulu les atteindre par une égale pénalité (*Rép. gén. enreg.*, n° 6979). — Ces textes, disent dans le même sens les rédacteurs du *Dictionnaire des droits d'enregistrement*, doivent être entendus en ce sens : si une déclaration trimestrielle faite en temps utile contient une omission de titres ou une estimation insuffisante de la valeur des titres, le droit en sus est exigible; l'amende de 100 fr. à 5000 fr. n'est pas applicable. Si la déclaration est faite tardivement, c'est cette amende qui est encourue, et le droit en sus n'est pas dû. Enfin l'amende de 100 fr. à 5000 fr. est également encourue pour toute autre infraction aux dispositions de la loi ou du décret (v° *Actions et obligations*, n° 187). Cette interprétation a toujours été appliquée dans la pratique.

1516. La *quotité* de l'amende de 100 fr. à 5000 fr. applicable aux contraventions autres que les omissions et les insuffisances d'évaluations est fixée par l'Administration et, en cas d'instance, par les tribunaux.

1517. Pour le droit de transmission, comme pour les autres droits d'enregistrement, l'excuse tirée de la *bonne foi* des parties n'est pas admissible. La pénalité est encourue lors même que c'est par suite d'une erreur évidente et partagée par l'Administration que la contravention a été commise (V. Trib. Marseille, 28 mai 1886, cité *suprà*, n° 1463). Mais il est admis que le ministre des finances a le pouvoir de faire remise des amendes par application du droit de grâce (V. *Rép.* n° 5091).

3°. — Prescription.

1518. En ce qui concerne la *prescription*, on ne trouve ni dans la loi du 23 juin 1857, ni dans le décret du 17 juill. 1857, ni dans les dispositions législatives ultérieures concernant le droit de transmission aucun texte s'y rapportant. Mais cet impôt constituant un droit d'enregistrement, les prescriptions spéciales établies pour les droits d'enregistrement, lui sont fondamentalement applicables.

1519. Ainsi, conformément à l'art. 61-1° de la loi du 22 frim. an 7, la prescription *biennale* s'applique aux demandes de *suppléments de droits* en cas d'insuffisance, soit de perception par le receveur de l'enregistrement, soit d'évaluation par les parties dans leurs déclarations, ainsi qu'aux *amendes* et *droits en sus* exigibles indépendamment des droits simples.

L'Administration a décidé en ce sens que, lorsque la déclaration prescrite pour la perception de l'impôt sur les obligations nominatives émises par une commune n'a pas été souscrite, et que le receveur de l'enregistrement a perçu le droit de 50 cent. pour 100 sur les transports réalisés d'après les états déposés à chaque trimestre, alors qu'il aurait dû appliquer la taxe annuelle, le supplément de perception exigible se prescrit par deux ans (Sol. adm. enreg. 19 févr. 1887, D. P. 88. 3. 40. Conf. Trib. Châteaulin, 18 juin 1878 et Trib. Montargis, 27 août 1878, Garnier, *Rép. pér. enreg.*, art. 515; *Rép. gén. enreg.*, n° 6981; *Diction. droits d'enreg.*, v° *Actions et obligations*, n° 198).

Cependant il a été jugé que la prescription trentenaire et non celle de deux ans est applicable au supplément du droit exigible en raison d'inexactitudes dans la déclaration souscrite par un maire au bureau de l'enregistrement pour l'application du droit de transmission aux obligations, tant nominatives qu'au porteur, émises en représentation d'un emprunt municipal (Trib. Charleville, 29 juill. 1880, aff. Ville de Charleville, D. P. 82. 3. 15). Mais cette décision n'est pas fondée. Comme il est dit au numéro précédent, il n'y a aucune raison, la loi spéciale étant muette sur ce point, pour ne pas appliquer aux insuffisances de perception ou d'évaluation constatées dans la liquidation du droit de transmission qui est un droit d'enregistrement, la prescription biennale édictée par la loi du 22 frim. an 7, laquelle représente le droit commun, en cette matière, pour les insuffisances de perception ou d'évaluation en matière d'enregistrement.

Il a été décidé, avec beaucoup plus de raison, que la prescription est acquise pour l'*amende* encourue à raison du payement tardif du droit de transmission exigible sur les titres d'une société, lorsque cette pénalité n'a pas été réclamée dans les deux ans de la perception de ce droit (Sol. adm. enreg. 9 mars 1876, D. P. 76. 3. 210).

1520. Les considérations exposées au numéro précédent à l'appui de l'application de la prescription biennale, en cas d'insuffisance de perception ou d'évaluation, entraînent l'application de la prescription quinquennale en cas d'omission dans les déclarations.

Pour les *omissions* commises dans les déclarations, l'application de la prescription de cinq ans édictée pour les droits exigibles à raison d'omissions dans les déclarations souscrites pour le payement des droits de mutation par décès (L. 22 frim. an 7, art. 61-2°; 18 mai 1850, art. 11) se justifie d'autant mieux que la loi du 23 juin 1857 (art. 9) et le décret du 17 juill. 1857 (art. 12) ont assimilé à ces omissions celles commises dans les déclarations souscrites pour le payement des droits de transmission (Conf. Garnier, *Rép. gén. enreg.*, n° 6981). — Suivant les rédacteurs du *Dictionnaire des droits d'enregistrement*, v° *Actions et obligations*, n° 199, c'est bien la prescription quinquennale qui est applicable, non en vertu de la loi du 22 frim. an 7, mais en vertu de l'art. 2277 c. civ., qui déclare éteintes, après cinq ans, toutes les dettes d'intérêts et d'autres sommes payables par annuités, le droit de transmission rentrait dans cette catégorie, puisqu'il se paye par trimestre et que la taxe est annuelle. Cette opinion ne paraît pas fondée. Nous estimons, avec M. Garnier, *loc. cit.*, que pour que le droit commun soit applicable en matière d'impôt, il faut qu'il n'existe aucune disposition dans la loi spéciale, et que le droit de transmission, constituant un droit d'enregistrement, tombe par cela même sous l'application des règles établies pour la prescription des droits d'enregistrement. La cour de cassation a jugé, en ce sens, que l'art. 2277 c. civ. n'est pas applicable aux taxes annuelles dues en vertu d'un abonnement contracté pour l'acquittement du droit de timbre dû pour des polices d'assurances (Civ. rej. 28 juill. 1875, aff. Comp. *la Sauvegarde*, D. P. 75. 1. 425).

1521. Une jurisprudence constante décide que les droits simples d'enregistrement n'ayant été soumis à aucune prescription particulière par aucune disposition de la loi fiscale, ne sont prescriptibles que par trente ans, conformément au droit commun (Rép. n° 5519). Il s'ensuit que le droit de transmission non recouvré à *défaut de déclaration* par les redevables ne se prescrit également que par trente ans. Il a été jugé, en ce sens, que la ville qui a acquitté régulièrement chaque année les taxes applicables, pour le droit de timbre et l'impôt sur le revenu, aux obligations au porteur d'emprunts par elle contractés, mais qui n'a effectué aucun payement, souscrit aucune déclaration, ni fourni les documents prescrits pour la perception sur les mêmes titres de la taxe annuelle de transmission, n'est pas fondée à opposer à la réclamation des termes échus de cette taxe, qu'elle est libérée de ceux remontant à plus de deux ans, par l'effet de la prescription biennale établie pour les suppléments de droits d'enregistrement, que la demande de l'Administration tendant au recouvrement d'un droit simple ou principal d'enregistrement n'est soumise, à défaut de prescription spéciale, qu'à la prescription trentenaire, conformément au droit commun (c. civ. art. 2262) (Trib. Brioude, 10 avr. 1878, aff. Ville de Brioude, D. P. 79. 3. 14).

Suivant les rédacteurs du *Dictionnaire des droits d'enregistrement*, v° *Actions et obligations*, n° 200, dans ce cas comme dans celui d'omission, c'est la prescription de cinq ans établie par l'art. 2277 c. civ. qui serait applicable. Nous repoussons cette opinion par les considérations exposées au numéro précédent.

N° 9. — *Ventes de fonds de commerce et de clientèles.*

A. — Législation.

1522. Nous avons déjà eu l'occasion de parler, à différentes reprises (V. *suprà*, n°s 27 et 1020), de la grave innovation introduite dans la législation fiscale par les art. 7, 8 et 9 de la loi du 28 févr. 1872 en ce qui concerne les mutations de propriété de fonds de commerce et de clientèles. Nous avons déjà dit que cette innovation se résume en ce que, tout en laissant ces mutations soumises au droit proportionnel établi pour les transmissions mobilières, le législateur les a placées sous le même régime que les mutations immobilières sous tous les autres rapports : exigibilité du droit proportionnel, preuve de l'existence de la mutation, contrôle des déclarations et évaluations des parties, sanctions pénales.

Les art. 7, 8 et 9 de la loi du 28 févr. 1872 sont ainsi conçus : « Art. 7. Les mutations de propriété à titre onéreux de fonds de commerce ou de clientèles sont soumises à un droit d'enregistrement de 2 fr. 100 fr. Ce droit est perçu sur le prix de la vente de l'achalandage, de la cession du droit au bail et des objets mobiliers ou autres, servant à l'exploitation du fonds, à la seule exception des marchandises neuves garnissant le fonds. Ces marchandises ne seront assujetties qu'à un droit de 50 cent. par 100 fr., à condition qu'il sera stipulé pour elles un prix particulier, et qu'elles seront désignées et estimées, article par article, dans le contrat où dans la déclaration. — Art. 8. Les actes sous signatures privées, contenant mutation de propriété de fonds de commerce ou de clientèles, sont enregistrés dans les trois mois de leur date. — A défaut d'acte constatant la mutation, il y est suppléé par des déclarations détaillées et estimatives faites au bureau de l'enregistrement de la situation du fonds de commerce ou de la clientèle, dans les trois mois de l'entrée en possession. — A défaut d'enregistrement ou de déclaration dans les délais fixés ci-dessus, il sera fait application des dispositions du paragraphe 1er de l'art. 14 de la loi du 23 août 1871. — Sont également applicables aux mutations de propriété de fonds de commerce ou de clientèles, les dispositions des paragraphes 2 et 3 dudit article relatives à l'ancien possesseur et celles des art. 12 et 13 de la même loi concernant les dissimulations dans le prix de vente. — L'insuffisance du prix de vente du fonds de commerce ou des clientèles peut également être constatée par expertise dans les trois mois de l'enregistrement de l'acte ou de la déclaration de la mutation. — Il sera perçu un droit en sus sur le montant de l'insuffisance, outre les frais de l'expertise, s'il y a lieu, et si l'insuffisance excède un huitième. — Art. 9. La mutation de propriété des fonds de commerce ou des clientèles est suffisamment établie, pour la demande et la poursuite des droits d'enregistrement et des amendes, par les actes ou écrits qui révèlent l'existence d'une mutation, ou qui sont destinés à la rendre publique, ainsi que par l'inscription aux rôles des contributions du nom du nouveau possesseur, et des payements faits en vertu de ces rôles, sauf preuve contraire ».

1523. Le rapport fait par M. Mathieu Bodet au nom de la commission du budget motive comme suit cette innovation : « Ne pourrait-on pas dire que le fonds de commerce a en quelque sorte une nature mixte? Sans doute, il a une existence distincte de celle de l'immeuble dans lequel il s'exerce et a légalement un caractère mobilier. Cependant il faut reconnaître qu'il emprunte la plus grande partie de sa valeur à cet immeuble, à sa situation. Exploité dans une autre maison, il n'aurait plus la même importance; une partie de ses agencements, ses rayons, ses glaces, son enseigne sont le plus souvent adhérents à l'immeuble et s'ils avaient été établis par le propriétaire lui-même, ils seraient considérés comme immeubles par destination; le droit au bail qui est toujours compris dans la vente du fonds confère un droit de jouissance immobilier. Toutes ces considérations ont pu autoriser le Gouvernement à considérer légitimement et équitablement les fonds de commerce comme des immeubles pour l'assiette et la perception d'un droit de mutation » (D. P. 72. 4, n° 22). Ces raisons ne nous paraissent pas inattaquables : le rapport existant entre l'immeuble et le fonds de commerce, qui est à considérer dans le commerce de détail, n'a qu'une importance secondaire dans le commerce de gros. — Si le tarif des droits d'enregistrement était, à l'origine, pour toutes les transmissions à titre onéreux, à titre gratuit ou par décès, et est encore aujourd'hui pour les premières seulement, par suite de l'assimilation établie par l'art. 10 de la loi du 18 mai 1850, beaucoup plus élevé lorsqu'elles ont pour objet des biens immeubles que lorsqu'elles portent sur des bien meubles, cela vient de ce qu'en l'an 7 la fortune mobilière était hors de proportion avec la fortune immobilière, et qu'on faisait dire : *mobilium vilis possessio*. Aujourd'hui cette supériorité n'existe plus, et l'on ne peut guère trouver pour expliquer la différence de tarif d'autre raison que celle-ci : c'est que les immeubles circulent plus rarement que les meubles et que la loi fiscale les frappe chaque fois qu'une mutation s'opère (V. L. 28 févr. 1872, Discussion, observations de M. Langlois, D. P. 72. 4. 19, note 4). A ce point de vue, les fonds de commerce se rapprochent des immeubles. Quoi qu'il en soit, les nécessités budgétaires ont été le principal, pour ne pas dire l'unique motif, de cette aggravation fiscale.

Le Gouvernement voulait assimiler complètement le fonds de commerce aux immeubles, même en ce qui touche le tarif. Mais la commission n'a pas été jusque-là. Elle a considéré que le fonds de commerce étant, par sa nature, d'après les règles du droit civil, une chose mobilière, ne pouvait pas logiquement être assujetti à un droit de mutation immobilière. Elle a décidé, en conséquence, que la taxe serait fixée à 2 pour cent, conformément à l'art. 69, § 5, n° 1, de la loi du 22 frim. an 7 (D. P. 72. 4. 14, n° 22).

En ce qui concerne les obligations nouvelles que la loi de 1872 a imposées aux parties, et spécialement à l'ancien possesseur du fonds de commerce vendu, afin d'assurer le payement de l'impôt, V. *supra*, n° 1022.

B. — Mutations soumises à la loi du 28 févr. 1872.

1524. L'application de la loi du 28 févr. 1872 a soulevé des difficultés pour la détermination des mutations qui sont soumises à ses dispositions. Cette loi vise, dans son art. 7, « les mutations de propriété à titre onéreux », sans distinction; elle atteint, par suite, toutes les transmissions de propriété qui ont ce caractère, quelle que soit la nature de la convention qui opère la mutation, vente, échange, soulte de partage, transaction, cession, rétrocession, etc. (V. *infrà*, n° 1562).

1525. Mais elle ne vise que les mutations *de propriété*. Doit-on en conclure qu'elle n'atteint pas les *mutations d'usufruit*? Tel n'est point l'avis de M. Naquet, t. 1, n° 252. « Le mot *propriété*, dit cet auteur, est pris par les lois fiscales dans un sens général, surtout en matière de meubles. C'est ainsi que l'art. 69, § 5, n° 1, de la loi de frimaire an 7 ne parle que des mutations de propriété et fait certainement rentrer l'usufruit dans cette expression. Il doit en être de même ici ; le législateur de 1872 a suivi les habitudes de langage de ses devanciers. On s'expliquerait pas, d'ailleurs, pourquoi les mutations d'usufruit seraient dispensées du payement de l'impôt » (Conf. Demante, t. 2, n° 769-III ; Garnier, *Rép. gén. enreg.*, n° 11612; *Diction. droits d'enreg.*, v° *Fonds de commerce*, n° 6). — Les arguments invoqués à l'appui de l'application de la disposition dont il s'agit aux mutations de l'usufruit sont très sérieux. Mais on peut

leur opposer l'arrêt de la cour de cassation du 2 août 1886 cité *infrà*, n° 1528, qui a repoussé cette application pour les *mutations à titre gratuit* par le motif qu'en ne visant, dans l'art. 7 de la loi de 1872, que les mutations *à titre onéreux*, le législateur a clairement désigné les transmissions qu'il voulait atteindre. On peut dire, de même, que la disposition en question, ne visant que les *mutations de propriété*, ne doit pas être étendue aux mutations de l'*usufruit*.

1526. Quoi qu'il en soit, il est certain que la loi laisse en dehors de ses dispositions les *mutations de jouissance*, c'est-à-dire les locations de fonds de commerce (Demante, *loc. cit.*). Les dispositions de la législation nouvelle qui assujettissent à l'enregistrement dans un délai déterminé les baux d'immeubles, lors même qu'ils ont lieu par simple convention verbale, ainsi qu'on le verra *infrà*, n° 1619 et suiv., ne sont pas applicables aux baux qui ont pour objet un fonds de commerce, chose mobilière ; il en résulte que les baux de l'espèce qui sont faits sous seing privé ne sont sujets à l'enregistrement que lorsqu'il en est fait usage en justice ou par acte public.

1527. Il est certain également que la loi de 1872 ne s'applique pas aux *mutations par décès* de fonds de commerce de clientèles (Garnier, *Rép. gén. enreg.*, n° 11611; *Diction. droits d'enreg.*, v° *Fonds de commerce*, n° 12). Il s'ensuit que l'impôt de mutation par décès doit être acquitté, pour les fonds de commerce et les clientèles dépendant d'une succession, comme par le passé, dans les conditions déterminées par la loi de l'an 7 (V. *infrà*, n°s 2301 et suiv.).

1528. La question de savoir si les dispositions de la loi de 1872 doivent être restreintes aux mutations à titre onéreux de fonds de commerce, ou bien, au contraire, être étendues aux *mutations à titre gratuit*, est très controversée. Suivant l'administration de l'enregistrement, la loi de 1872 doit être appliquée aux mutations gratuites de fonds de commerce. Sans doute, son art. 7 ne parle que des mutations à titre onéreux ; mais cet article ne vise que le tarif applicable aux ventes de fonds de commerce et aux marchandises neuves ; cela prouve simplement que les mutations gratuites restent assujetties au tarif de donation, variable suivant le degré de parenté. Mais les règles de perception concernant, notamment, l'obligation de soumettre la convention à l'enregistrement dans un délai déterminé, s'appliquent aux mutations à titre gratuit aussi bien qu'aux mutations à titre onéreux, car la loi ne distingue pas. Les art. 8 et 9 parlent des « mutations de fonds de commerce » ; l'art. 9 établit comme présomption légale de mutation l'inscription au rôle du nouveau possesseur : or cette présomption prouve simplement qu'il y a eu mutation, elle ne dit pas si la mutation a eu lieu à titre onéreux ou à titre gratuit. Enfin le système contraire donnerait ouverture à une fraude facile; tout acquéreur se déclarerait donataire (V. en ce sens : Demante, t. 2, n° 769-XXIII ; Garnier, *Rép. gén. enreg.*, n° 11611; *Diction. droits d'enreg.*, v° *Fonds de commerce*, n° 11 ; *Journal des notaires*, art. 21654; Trib. Troyes, 26 juill. 1876, *Journ. enreg.*, art. 20248; Trib. Seine, 21 janv. 1881, aff. Gervais, D. P. 83. 3. 126). — Le système contraire, suivant lequel les dispositions de la loi de 1872 ne peuvent être étendues aux mutations à titre gratuit de fonds de commerce et de clientèles, repose principalement sur ce qu'il existe certainement un lien intime entre les différentes dispositions des art. 7, 8 et 9 de la loi du 28 févr. 1872. L'art. 7 pose le principe de l'exigibilité; il ne vise expressément que les mutations à titre onéreux. On objecte vainement que les art. 8 et 9 sont écrits en termes généraux et ne parlent que des mutations, sans distinguer si elles ont lieu à titre gratuit ou onéreux. L'art. 8 porte que l'insuffisance du *prix de vente*, etc.; le législateur a donc toujours la même pensée, celle de frapper la vente des fonds de commerce, c'est-à-dire les mutations à titre onéreux. De même art. 9 parle « d'actes constatant la mutation », et il s'agit là, évidemment, d'actes sous seing privé ; or, la donation ne peut avoir lieu que par acte authentique. Rien, d'ailleurs, dans les travaux préparatoires, ne vient indiquer qu'on ait eu l'intention, en 1872, de soumettre la mutation gratuite de fonds de commerce aux mêmes règles que la mutation à titre onéreux. Au contraire, on relève, à propos de l'art. 8, invoqué par l'Administration, que « l'art. 8 n'a d'autre objet que d'étendre aux *ventes de fonds de commerce* le mode de

déclaration... » (D. P. 72. 4. 15, n° 25). Ainsi, ce sont les
ventes de fonds de commerce, en d'autres termes, les mutations à titre onéreux qui sont visées par les art. 7, 8 et 9 de
la loi du 28 févr. 1872, et il n'y a aucune raison pour étendre
leurs dispositions aux mutations à titre gratuit. — C'est
dans ce dernier sens que s'est prononcée la chambre civile
de la cour de cassation par un arrêt en date du 2 août 1886
(aff. Lebrun, D. P. 86. 1. 448) portant rejet du pourvoi
formé par l'administration de l'enregistrement contre un
jugement du tribunal de Vannes, du 30 nov. 1882 (D. P.
83. 3. 126) (Conf. Trib. Lorient, 27 août 1884, *Journ. enreg.*,
art. 22505; Naquet, t. 1, n° 231).

1529. À l'égard des *mutations conditionnelles*, la jurisprudence décide, pour celles qui se rapportent à des immeubles,
que le nouveau possesseur est tenu, sous la sanction établie
par la loi, de porter, dans les trois mois, à dater de l'accomplissement de la condition, l'événement à la connaissance
de l'Administration, soit en soumettant à la formalité un
acte la constatant, soit en souscrivant une déclaration
spéciale (Civ. rej. 6 mars 1872, aff. Coudrin, D. P. 72. 1. 201;
Req. 16 août 1875, aff. Chamiot-Avanturier, D. P. 76. 1. 213.
V. *suprà*, n° 1024). Il résulte de l'arrêt du 16 août 1875 qu'il
en est de même pour les mutations de propriété de fonds
de commerce ou de clientèles et qu'il ne peut être suppléé
à la déclaration, pour les mutations verbales, par un acte
qui nie l'existence de la transmission; que, par suite, cet
acte n'empêche pas que le droit en sus ne soit encouru à
défaut de déclaration dans le délai de la loi (V. *infrà*, n° 1560).

1530. La loi du 28 févr. 1872 n'a pas eu pour effet de
modifier les règles antérieures concernant certains cas
particuliers de mutations de fonds de commerce. Ainsi,
depuis comme avant ladite loi, l'*apport en société* d'un fonds
de commerce n'est pas passible du droit de 2 pour 100, mais
seulement du droit gradué (Demante, t. 2, n° 769-11;
Naquet, t. 1, n° 253; Garnier, *Rép. gén. enreg.*, n° 11614).
Il n'en est ainsi, toutefois, qu'autant que l'apport est
pur et simple. Lorsqu'il est ainsi fait, il est exempt du droit
proportionnel, quoique translatif. Mais, toutes les fois que
l'apport est accompagné de stipulations particulières, comme
lorsque, par exemple, la société s'oblige à payer la valeur
du fonds de commerce, l'exemption n'est plus applicable et
c'est, non plus le droit gradué de 1 pour 1000, mais le droit
proportionnel de 2 pour 100, qui est exigible, ainsi que nous
le verrons, lorsque nous étudierons les règles de perception
applicables aux actes de société (V. *infrà*, n°ˢ 1893 et
suiv.).

1531. Les lois du 24 mai 1834 (art. 12), et 25 juin 1841
(art. 4 et 10), qui ont réduit à 50 cent. pour 100 le droit
proportionnel d'enregistrement applicable aux ventes de
fonds de commerce, lorsque le fonds vendu dépend d'une
faillite, n'ont pas été abrogées par l'art. 7 de la loi du 28 févr.
1872 (Sol. adm. enreg. 5 sept. 1872, D. P. 73. 5. 232. Conf.
Trib. Lorient, 29 mai 1878, Garnier, *Rép. pér. enreg.*,
art. 5052).

1532. On a discuté la question de savoir si les dispositions de la loi de 1872 sont applicables aux mutations de
propriété de fonds de commerce qui se produisent *à
l'étranger*. On reconnaît généralement, comme on le verra
plus loin, lorsque nous étudierons les règles de perception
applicables aux actes translatifs de biens situés à l'étranger
(V. *infrà*, n°ˢ 1729 et suiv.), que l'acte passé en France,
portant cession d'objets mobiliers situés à l'étranger, donne
lieu au droit proportionnel. Ce n'est donc pas sur l'exigibilité de ce droit que le débat porte, c'est relativement au
taux auquel il doit être perçu sur le prix afférent aux
marchandises neuves vendues avec le fonds de commerce.
Est-ce au taux ordinaire de 2 pour 100 applicable aux ventes
de meubles ou bien à celui exceptionnel de 50 cent. pour 100
auquel la loi de 1872 a réduit ce droit à l'égard des marchandises neuves? A l'appui de l'opinion suivant laquelle le
droit est dû à 2 pour 100, on fait valoir principalement que
l'objet visé par le législateur de 1872, l'enregistrement des
mutations de fonds de commerce dans un délai déterminé,
lors même qu'elles ont lieu par simple convention verbale,
ne pouvant être atteint à l'égard des fonds établis à l'étranger, toutes les dispositions de la loi du 28 févr. 1872 doivent
être écartées indistinctement pour la perception à établir sur
les ventes de ces fonds (*Journ. enreg.*, art. 22987). Au soutien

du système d'après lequel le droit ne serait dû, dans le
en question, qu'au taux de 50 cent. pour 100 sur le prix des
marchandises neuves, on allègue que, si les dispositions de la
loi de 1872 ne peuvent être appliquées, en ce qui concerne
l'exigibilité de l'impôt, aux fonds de commerce situés à
l'étranger, on doit admettre que toutes les fois que, pour
une cause quelconque (vente par acte notarié passé en France
ou usage en France de l'acte passé à l'étranger la constatant),
une vente de fonds de commerce situé à l'étranger et des
marchandises le garnissant est soumise à l'enregistrement
en France, il n'y a aucune raison pour ne pas lui appliquer
le tarif en vigueur concernant les transmissions de l'espèce.
Et comme ce tarif est actuellement, d'après la loi de 1872,
de 50 cent. pour 100 pour les marchandises neuves vendues
avec le fonds de commerce, le droit ne doit être perçu qu'à
ce taux sur le prix stipulé pour ces marchandises (Garnier,
Rép. pér. enreg., art. 7022).

Il a été jugé, dans le sens du premier système, que les
dispositions de la loi du 28 févr. 1872 qui ont établi un
régime spécial pour l'enregistrement de fonds de commerce,
ne s'appliquent pas aux ventes de fonds situés à l'étranger,
ces transmissions échappant à l'immixtion et au contrôle de
l'Administration; qu'en conséquence, le droit proportionnel
auquel donne lieu un acte notarié passé en France et portant vente d'un fonds de commerce situé à l'étranger et des
marchandises neuves le garnissant, doit être perçu, en ce
qui concerne les marchandises, au taux ordinaire de 2 pour
100, et non au tarif de faveur de 50 cent. pour 100 établi
exceptionnellement par la loi de 1872 pour ces transmissions
(Trib. Lyon, 18 nov. 1887, aff. Gancel et Simonnet, D. P.
89. 3. 112).

1533. En ce qui concerne l'application des dispositions
de la loi du 28 févr. 1872 aux mutations de fonds de commerce et de clientèles *réalisées antérieurement à sa promulgation*, l'administration de l'enregistrement a recommandé
à ses agents de consulter les rôles supplémentaires des
patentes, afin de s'assurer que les mutations qui ont lieu
n'échappent pas à la formalité ou à la déclaration. Toutes
les fois qu'il résulte de ces rôles que les mutations de fonds
de commerce ont eu lieu *postérieurement* au 28 févr.
1872, les droits et amendes sont réclamés (Instr. adm.
enreg. 29 févr. 1872, n° 2433, chap. 4, D. P. 72. 3. 13).

1534. A l'égard des mutations constatées par actes sous
seing privé d'une date *antérieure* à la loi du 28 févr. 1872,
l'Administration a décidé qu'elles tombent sous l'application de cette loi, à moins que les actes ne contiennent,
outre la vente, des dispositions sujettes à l'enregistrement
dans un délai déterminé, ou qu'il ne soit constant, en fait,
que la mutation a précédé la loi (Sol. adm. enreg. 19 nov.
1873, D. P. 73. 5. 233). Ainsi, un acte sous seing privé contenant à la fois vente de fonds de commerce et cession de
bail, faisant foi de sa date pour cette cession sujette à la
formalité dans les trois mois, doit également en faire foi
pour la vente, attendu qu'on ne saurait scinder cette date,
l'accepter à l'égard de la cession et la rejeter quant à la vente,
et que la loi prescrit de l'accepter en ce qui concerne la
cession (Même solution). De même, l'inscription de l'acquéreur sur le rôle des patentes à une époque antérieure à
la loi de 1872 peut rendre certaine la date, également antérieure à la loi, de l'acte sous seing privé de vente (Même
solution). — Mais la date non certaine d'un acte sous seing
privé de vente de fonds de commerce, antérieure à la loi
de 1872, n'est pas opposable à la demande des droits de la
mutation, basée sur des faits postérieurs à cette loi et établissant que la prise de possession a été postérieure aussi
(Sol. adm. enreg. 23 avr. 1873, D. P. 73. 5. 233).

En résumé, il suffit, pour qu'une mutation de fonds
de commerce réalisée antérieurement à la loi du 28 févr.
1872 échappe à l'application de cette loi, que son existence
antérieure à ladite loi soit établie. Cette preuve peut
résulter d'un acte sous seing privé, non ayant qu'il n'a pas
date certaine d'après la loi civile, s'il fait foi de sa date au
regard de la loi fiscale, comme cela a lieu lorsqu'il renferme
une convention sujette à l'enregistrement dans un délai
déterminé. La preuve peut résulter également des circonstances de fait qui, sous l'empire de la loi nouvelle, constituent la présomption légale qui justifie la réclamation du
droit, lorsqu'il est établi que ces circonstances se sont pro-

duites antérieurement à la promulgation de la loi (Conf. *Diction. droits d'enreg.*, v° *Fonds de commerce*, n° 15).

1535. Les mutations *conditionnelles* de fonds de commerce stipulées avant et réalisées postérieurement à la loi du 28 févr. 1872, doivent être déclarées dans les trois mois de leur réalisation (Req. 16 août 1875, aff. Chamiot-Avanturier, D. P. 76. 1. 213). Ainsi, les parties sont tenues, dans les délais et sous les peines portées par la loi, de déclarer la mutation de fonds de commerce résultant d'une cession éventuelle de part sociale contenue dans un acte antérieur en date à cette loi et réalisée depuis sa promulgation. Pour déterminer le prix de cette cession de part, les parties sont obligées de produire l'inventaire social qui doit servir de base au règlement de leurs comptes (Trib. Lille, 20 janv. 1877, *Journ. enreg.*, art. 20301 ; *Diction. droits d'enreg.*, v° *Fonds de commerce*, n° 76).

C. — Valeurs assujetties à la loi du 28 févr. 1872.

1536. La détermination des biens qui se trouvent compris dans ces expressions de la loi du 28 févr. 1872 « fonds de commerce ou clientèles », a donné lieu à de vifs débats. Un fonds de commerce est l'universalité juridique des droits et valeurs au moyen desquels s'exerce un négoce ou une industrie, « une universalité comprenant les droits utiles qui peuvent se rattacher à la profession d'un commerçant » (Naquet, t. 1, n° 254. V. aussi *Rép.* v^s *Fonds ; Industrie et commerce*, n°s 374 et suiv.). Il se compose ordinairement de trois éléments : le matériel, le droit au bail, l'achalandage. Ce dernier est le plus important ; la clientèle et l'achalandage constituent essentiellement le fonds de commerce. Aussi la loi du 28 févr. 1872 a-t-elle réuni les clientèles aux fonds de commerce, afin de les assujettir également à l'impôt (V. D. P. 84. 1. 467, note). — La question s'est élevée de savoir si ces dispositions s'appliquent à toute espèce de clientèles indistinctement, aux clientèles *civiles* aussi bien qu'aux clientèles *commerciales*. L'art. 7 porte : les mutations de fonds de commerce *ou de clientèles ;* mais, si l'on se reporte aux travaux préparatoires et à la discussion de la loi de 1872, on s'aperçoit que le projet ne visait que les fonds de commerce. C'est par suite de l'adoption d'un amendement proposé par M. Journault, que les mots « ou de clientèles » ont été ajoutés aux mots « fonds de commerce ». L'auteur de l'amendement en a indiqué la portée : on s'est proposé « d'atteindre certaines transmissions qui ne sont pas comprises dans l'expression « fonds de commerce » : celles notamment des clientèles d'agents d'affaires (D. P. 72. 4. 19, note 4, *in fine*). Le terme de *fonds de commerce*, disait-il, embrassait les clientèles qu'il voulait viser ; il tenait à ajouter cette expression pour éviter toute confusion (*Ibid.*). Ainsi, de ce passage de la discussion, il résulte que le législateur n'a voulu viser que les clientèles commerciales, et qu'il a entendu laisser de côté les clientèles civiles, telle que celles de médecin ou d'agréé près un tribunal de commerce. Quant aux clientèles d'officiers ministériels, elles sont en dehors de la question, étant régies par la loi du 25 juin 1841 sur la transmission des offices.

Cette opinion, à savoir que les clientèles civiles sont soustraites à la loi de 1872, est soutenue par MM. Naquet, t. 1, n° 255, et Demante, t. 2, p. 441. M. Garnier, *Rép. gén. enreg.*, n° 11617-3, est d'une opinion contraire : il considère qu'il n'y a pas lieu de distinguer là où la loi ne distingue pas, et, laissant de côté la discussion de la loi de 1872 à l'Assemblée nationale, il admet que le mot « clientèle », ajouté à l'expression de fonds de commerce, comprend aussi bien les clientèles civiles que les clientèles commerciales. — La jurisprudence a consacré cette doctrine; il avait d'abord été jugé que les dispositions de la loi du 28 févr. 1872 qui ont assujetti à l'enregistrement dans un délai déterminé les ventes de fonds de commerce et de clientèles, lors même qu'elles s'opèrent par simple convention verbale, ne visent que les cessions de fonds ayant le caractère commercial. Elles ne sont donc pas applicables à la cession d'un office d'agréé près un tribunal de commerce, les agréés n'étant pas des commerçants (Trib. Rouen, 27 juill. 1876, aff. Frappier, D. P. 77. 3. 53). Mais la cour de cassation a décidé, en annulant ce jugement, que les dispositions de la loi de 1872, ne faisant aucune distinction, s'appliquent à la cession de la clientèle attachée à un office d'agréé près le tribunal de commerce (Civ. cass. 10 mars 1879, aff. Frappier et Fleury, D. P. 79. 1. 153). Un second arrêt a confirmé la doctrine du premier en décidant que le droit d'enregistrement auquel sont soumises les mutations de fonds de commerce ou de clientèles s'applique à la transmission tant des clientèles civiles que des clientèles commerciales; et par conséquent, à celle d'une clientèle d'établissement thermal (Civ. rej. 6 juill. 1880, aff. Comp. Mines Roche-la-Molière et Firminy, D. P. 80. 1. 393-394. Conf. Trib. Beauvais, 21 nov. 1876, D. P. 77. 5. 210, n° 75 ; Trib. Rouen, 28 déc. 1876, aff. l'huillier, *ibid.*).

1537. Un lien étroit unit la clientèle au *nom* ou à l'*enseigne* d'un établissement. Aux yeux des acheteurs, un établissement commercial ou industriel est connu et distingué par son enseigne, à laquelle la clientèle même est attachée (*Rép.* v° *Industrie et commerce*, n° 358). Et la jurisprudence décide que la vente d'un fonds de commerce comprend implicitement les nom, signe et cause de l'achalandage (*Ibid.*, n° 363, et v° *Vente*, n°s 659 et suiv. ; Caen, 23 févr. 1881, aff. Leroyer, D. P. 82. 2. 167). La clientèle et le nom commercial constituant deux éléments en quelque sorte indivisibles du fonds, s'ensuit-il que la cession du nom emporte nécessairement cession de la clientèle? Cette question délicate a donné lieu à un vif débat. Une société d'assurances contre les accidents obtient, moyennant une somme déterminée, le droit de porter le même nom qu'une compagnie d'assurances sur la vie : l'administration de l'enregistrement a prétendu que la cession du nom commercial, moyennant un prix, emportait cession de la clientèle et, était, en conséquence, passible du droit de 2 pour 100, conformément à la loi du 28 févr. 1872. La compagnie d'assurances contre les accidents avait pour but, prétendait l'Administration, en se faisant céder le nom de la compagnie d'assurances sur la vie, de profiter de la notoriété attachée au nom de cette dernière, et de bénéficier de sa clientèle en lui empruntant ses agences, en se faisant représenter par les mêmes personnes et en se produisant sous ses auspices; elle s'est ainsi assimilé tous les éléments constitutifs de la clientèle de la compagnie cédante. Le traité intervenu présentait ainsi tous les caractères d'une véritable cession de clientèle. — Cette argumentation n'était que spécieuse. En effet, lorsque la compagnie cédante s'était réservé la totalité de ses affaires d'assurances sur la vie et de sa clientèle; il ne s'était opéré, au profit de la compagnie cessionnaire constituée en vue d'une entreprise entièrement différente, aucune mutation totale ou partielle d'un des éléments constitutifs d'un commerce ou d'une industrie antérieurement exploités ; enfin un nom commercial, indépendant de la clientèle et de l'achalandage du fonds, constitue un droit mobilier dont la cession est soumise, pour la perception du droit de mutation, aux règles établies par la loi du 22 frim. an 7 (exigibilité du droit seulement dans le cas où la convention est constatée par acte authentique, ou bien, si elle fait l'objet d'un acte sous seing privé, lorsqu'il en est fait usage en justice ou dans un acte public), et non à celles fixées par la loi du 28 févr. 1872 (art. 7 et 8, exigibilité du droit dans le délai de trois mois; lors même que la convention a été faite verbalement). Il a été jugé, par ces motifs, que la convention par laquelle une compagnie d'assurances sur la vie autorise, moyennant un prix déterminé, une société d'assurances contre les accidents à prendre son nom et à se servir de ses agences, ne constitue pas, alors que les deux sociétés ont des intérêts tout à fait distincts et conservent leur complète autonomie, une mutation de fonds de commerce ni de clientèle de la nature de celles qui sont assujetties à l'enregistrement dans le délai de trois mois (Trib. Seine, 10 mars 1882, D. P. 82. 3. 112, et sur pourvoi, Civ. rej. 28 mai 1884, aff. Société d'assurances *le Patrimoine*, et aff. Comp. *la Foncière*, D. P. 84. 1. 467).

En résumé, le débat portait principalement sur le point de savoir si l'abandon de partie de l'un des éléments constitutifs d'un commerce ou d'une industrie emporte cession de fonds de commerce ou de clientèle, cession que la loi de 1872 assujettit à la formalité et au droit proportionnel d'enregistrement dans le délai de trois mois. La cour de cassation a répondu, avec le tribunal de la Seine, qu'une telle convention ne peut être considérée comme rentrant dans les prévisions de la loi de 1872, alors surtout que les opérations du cédant sont entièrement distinctes de celles du cessionnaire, que leurs intérêts sont également distincts, qu'ils demeurent l'un et l'autre avec leur complète autonomie, et enfin, que le cédant conserve intégralement sa clientèle pour l'exploitation de son industrie (*Ibid.*, note).

1538. Mais si une compagnie d'assurances se substitue une autre compagnie d'assurances en lui abandonnant tout son actif à charge de payer son passif, en la subrogeant dans tous ses droits comme dans toutes ses obligations, il y a réellement alors cession de clientèle passible du droit de 2 pour 100 et tombant sous l'application de la loi de 1872. Ainsi, la convention par laquelle une compagnie d'assurances cède à une autre compagnie, moyennant un prix déterminé, tous les contrats en cours ainsi que les primes échues et à échoir, à charge de régler tous les sinistres et de faire face à diverses autres dettes, constitue, non un contrat de réassurance, bien que cette qualification lui ait été donnée, ni un simple marché commercial, mais une cession de fonds de commerce ou de clientèle tombant sous l'application de la loi du 28 févr. 1872 (Trib. Seine, 17 févr. 1888, aff. Compagnie d'assurances *la Continentale, Journ. enreg.*, art. 23288).

1539. Un fonds de commerce, avons-nous dit *suprà*, n° 1536, se compose de trois éléments : le matériel, le droit au bail et la clientèle ou l'achalandage. Ce dernier est le plus important; il constitue essentiellement le fonds de commerce. Aussi a-t-il été jugé que, lorsqu'il est établi légalement, par l'inscription du nouveau possesseur au rôle des patentes et des payements faits en vertu de ce rôle, qu'une mutation de fonds de commerce s'est opérée, le nouveau possesseur ne peut échapper aux obligations que la loi de 1872 lui impose pour cette mutation, en alléguant que les marchandises et le matériel dépendant du fonds de commerce ont été vendus à des tiers, « attendu que cette circonstance, alors même qu'elle serait prouvée, serait sans intérêt, un fonds de commerce ne se composant pas seulement des marchandises et du matériel, mais comprenant, en outre, la clientèle, l'achalandage et le droit au bail; que ces derniers éléments peuvent être vendus distinctement et que l'aliénation qui en est faite constitue, même dans ce cas, la véritable mutation du fonds de commerce » (Trib. Seine, 25 oct. 1889, aff. Jovenet, D. P. 90. 3. 88).

1540. La cession du *portefeuille d'une agence locale d'assurances* constitue-t-elle une cession de clientèle tombant sous l'application de la loi de 1872 ? La question fait difficulté. L'administration de l'enregistrement a décidé, de prime abord, que les agences locales des compagnies d'assurances ne sauraient être assimilées à des fonds de commerce proprement dits, les agents étant nommés par les compagnies et étant révocables *ad nutum* (Sol. adm. enreg. 2 févr. 1875, *Diction. droits d'enreg.*, v° *Fonds de commerce*, n° 62). Puis, elle a soutenu, dans le sens contraire, que la cession à titre onéreux de son portefeuille, par un agent d'assurances, constitue une mutation de clientèle sujette à l'enregistrement dans le délai déterminé, alors que, d'après les conventions intervenues, l'agent cessionnaire ne peut être révoqué que dans des cas prévus et par mesure disciplinaire, et qu'il a la faculté de céder son emploi sous la seule condition de faire agréer son successeur par la compagnie d'assurances. Cette doctrine a été admise par un jugement du tribunal de Bordeaux, du 4 juill. 1883 (aff. Chaudru, D. P. 84. 3. 79-80). La clientèle, porte un autre jugement rendu sur la même question et qui, après l'avoir discutée d'une manière approfondie, l'a résolue dans le même sens, est avant tout le fait de l'agent, le fruit de son industrie et de son activité, le résultat de ses relations antérieures et de celles qu'il peut acquérir chaque jour. Elle constitue pour lui une valeur personnelle. Le droit de révocation que les compagnies ont pu se réserver ne porte que sur le titre de l'agent, non sur sa clientèle, c'est-à-dire sur l'ensemble de ses relations avec le public. Cette clientèle échappe à la compagnie qui, en cas de révocation, ne peut empêcher l'agent de porter ailleurs ses relations et son influence acquises. Pour céder une clientèle, il n'est nullement nécessaire d'avoir la libre disposition du titre qui permet d'en tirer un profit (Trib. Nancy, 8 mai 1888, aff. Roch, D. P. 90. 3. 104).

1541. La clientèle, dont les mutations sont soumises à

l'impôt par l'art. 8 de la loi du 28 févr. 1872, existe dès qu'une personne manufacture pour vendre et vend ensuite le produit manufacturé. Le commerçant n'a pas besoin, pour avoir une clientèle, de s'adresser directement au consommateur; il lui suffit de s'adresser à un intermédiaire chargé de ce soin dans des conditions déterminées, soit par des conventions, soit par l'usage (Trib. Rouen, 13 avr. 1881, aff. X..., D. P. 81. 5. 178).

1542. L'entreprise de transport de voyageurs et d'articles de messagerie entre une gare de chemin de fer et une ville déterminée, constituée, en vertu d'un traité passé avec la compagnie du chemin de fer, par un particulier qui l'exploite pour son compte, avec un matériel lui appartenant exclusivement, qui est imposé au rôle des patentes comme commissionnaire de transports, et qui s'est acquis dans cette exploitation une clientèle, constitue un véritable fonds de commerce; en conséquence, lorsqu'il est établi que l'entrepreneur a cédé son matériel à un tiers qui continue l'exploitation avec l'agrément de la compagnie, dont le nom a été substitué, sans protestation, à celui du cédant sur le rôle des patentes avec la même dénomination de commissionnaire de transports, et qui a payé l'impôt des patentes, l'administration de l'enregistrement est fondée à considérer cette cession comme constituant une vente de fonds de commerce, et à réclamer, en conséquence, le droit de vente mobilière, même en l'absence d'un acte constatant la convention (Trib. Châteaudun, 26 févr. 1875, aff. Lahaye-Raoult, D. P. 76. 5. 214). Au contraire, l'acte qualifié location, par lequel le locataire principal d'une maison meublée la sous-loue à un tiers pour sept années moyennant un prix annuel représentant à la fois le loyer de l'immeuble et celui de l'établissement, doit être considéré, pour la perception du droit d'enregistrement, comme ayant le caractère de location pour le tout, et non comme renfermant, quant au fonds de commerce, une vente; ... alors surtout que, suivant l'idée dominante qui semble avoir présidé à la convention, il apparaît que le locateur, au lieu de vouloir se dessaisir *in perpetuum*, s'est, au contraire, attaché à se ménager à tous les moments le moyen de reprendre la gestion de l'établissement; en conséquence, l'administration de l'enregistrement n'est pas fondée à réclamer le droit de vente mobilière à 2 pour 100 sur la portion du prix s'appliquant à l'établissement; l'acte ne donne lieu qu'au droit de bail à 20 cent. pour 100 sur la totalité du prix (Trib. Cherbourg, 31 juill. 1875, aff. Nathan-Colas, D. P. 76. 5. 211).

D. — Droit au bail.

1543. Le droit proportionnel de 2 pour 100, auquel sont soumises les mutations de propriété à titre onéreux de fonds de commerce et de clientèle, « est perçu sur le prix de la vente de l'achalandage, de la cession du droit au bail et des objets mobiliers ou autres servant à l'exploitation du fonds, à la seule exception des marchandises neuves garnissant le fonds » (L. 28 févr. 1872, art. 7). — Suivant l'Administration de l'enregistrement, la cession du *droit* au bail ne doit pas être confondue avec la cession du *bail*. Cette dernière n'est, en effet, que la substitution pure et simple d'un locataire à un autre et ne donne lieu, en conséquence, qu'au droit de 20 cent. pour 100. La cession du *droit* au bail, au contraire, est une véritable vente d'un droit incorporel, dont le prix doit servir de base à la perception du droit de 2 pour 100 (Instr. adm. enreg. 29 févr. 1872, n° 2433, chap. 4, D. P. 72. 3. 13. V. sur cette distinction les observations faites *infrà*, n° 1546). — La loi du 28 févr. 1872, en assujettissant à ce même tarif de 2 pour 100 la cession du *droit* au bail et la vente du fonds de commerce, a eu pour objet d'empêcher que les parties ne fussent tentées d'augmenter le prix de la première stipulation d'une partie de celui de la vente du fonds de commerce, afin de réduire la perception au détriment du Trésor (Instr. adm. enreg. 29 févr. 1872, n° 2433, chap. 4, D. P. 72. 3. 13; Sol. adm. enreg. 17 mars 1872, D. P. 73. 5.232).

1544. Par cela même que telle a été la pensée de la loi, on doit reconnaître qu'elle n'est plus applicable toutes les fois que la fraude qu'elle a voulu prévenir ne peut se réaliser. Il en est ainsi lorsque la cession du droit au bail, au lieu d'être l'accessoire d'une vente de fonds de commerce, forme l'unique convention des parties. En ce cas, la combinaison que l'art. 7 a voulu prévenir n'est plus possible. On se trouve en présence d'une transmission isolée, et le prix de la cession n'est plus, conformément à une délibération du 21 avr. 1826, qu'une charge à ajouter au prix de location, pour percevoir sur le total un droit de 20 cent. pour 100 fr. (Sol. adm. enreg., 17 mars 1872, citée suprà, n° 1543. Conf. Naquet, t. 1, n° 256). — Toutefois, si la cession du droit au bail par acte séparé correspondait à une transmission de fonds de commerce ou de clientèle, l'Administration aurait le droit de prouver le caractère correspectif des deux actes et d'asseoir la perception en conséquence (Même solution du 17 mars 1872).

1545. Telle est la loi, et telle est l'application qui en est faite par les tribunaux. Ainsi, il a été jugé que l'acte constatant à la fois la vente d'un fonds de commerce et la cession du droit au bail, donne ouverture au droit proportionnel de vente mobilière à 2 pour 100, en ce qui concerne cette dernière cession, sur le terme payable au cédant en sus du loyer dû au propriétaire (Trib. Seine, 2 mars 1883, Journ. enreg., art. 22200, 31 juill. 1885, aff. X..., D. P. 86. 5. 198), ... la bonification résultant, pour le vendeur de l'excédent des deux loyers, devant être considérée comme partie intégrante du prix de la vente du fonds de commerce (Trib. Seine, 23 oct. 1885, aff. Derembourg, D. P. 87. 5. 196).

Jugé de même, que la vente d'un fonds de commerce avec cession du droit au bail des lieux, moyennant un prix annuel supérieur à celui stipulé dans le bail, donne lieu au droit de vente mobilière à 2 pour 100, non seulement sur le prix du fonds de commerce, mais aussi sur l'excédent entre le prix de la cession de bail et celui du bail, lors même que la cession de bail est consentie par acte postérieur à celui constatant la vente du fonds de commerce (Trib. Seine, 22 févr. 1884, aff. Gauthier, Prudhomme et Fléni, D. P. 84. 3. 103).

1546. Selon M. Demante, la perception du droit de vente à 2 pour 100 sur l'excédent entre le prix de la cession du droit au bail et le prix du bail exclut l'exigibilité du droit de 20 cent. pour 100 sur le montant cumulé des loyers à payer au propriétaire. « La transmission de la jouissance qui va du cédant au cessionnaire, dit cet auteur, t. 2, n° 769-XV, est une disposition dépendante de la cession, et, puisque la cession, dans l'espèce, a subi un droit qui lui est propre, la transmission de jouissance dont il s'agit ne devra encourir aucun droit particulier. L'acquéreur du fonds de commerce, à raison de la cession du bail, après avoir acquitté sur le prix de la cession le droit de 2 pour 100, aurait donc seulement à acquitter, s'il y a lieu, à la décharge de son cédant, sur les périodes triennales restant à courir, le droit de 20 cent. pour 100 fr. afférent à la transmission originaire de la jouissance... Cette solution tempère justement ce qui avait apparu tout d'abord comme une sévérité draconienne dans la disposition de notre loi. » — L'Administration estime, au contraire, que le droit de cession de bail à 20 cent. pour 100 sur le montant cumulé des années restant à courir jusqu'à l'expiration du bail est toujours exigible. Si le prix de la cession consiste uniquement dans l'obligation pour le cessionnaire de payer les loyers à échoir, il n'est dû que le droit de 20 cent. pour 100 sur le montant cumulé des loyers. Si le cessionnaire est chargé, en outre, de payer au cédant soit une somme déterminée, soit, chaque année, un supplément de loyer, c'est là une charge qui s'ajoute au prix de la cession pour la perception du droit proportionnel. De ce que, par dérogation au droit commun, dans le cas où une semblable cession se trouve stipulée à la suite d'une vente de fonds de commerce,

le droit proportionnel est perçu à 2 pour 100 sur le montant de cette charge, il ne résulte pas que le prix principal de la cession représenté par le montant cumulé des loyers à échoir, soit affranchi du droit de 20 cent. pour 100 qui lui est applicable. Une pareille exemption ne pourrait être admise que si elle était expressément établie par la loi. Or elle ne résulte d'aucun texte (Conf. Naquet, t. 1, n° 257; Garnier, Rép. gén. enreg., n° 11621 bis; Diction. droits d'enreg., v° Fonds de commerce, n° 27).

E. — Marchandises neuves.

1547. Le droit est de 2 pour 100 sur le prix de la vente de l'achalandage, de la cession du droit au bail, et des objets mobiliers servant à l'exploitation du fonds, « à l'exception, porte l'art. 7 de la loi de 1872, des marchandises neuves garnissant le fonds. Ces marchandises ne seront assujetties qu'à un droit de 50 cent. pour 100, à condition qu'il sera stipulé pour elles un prix particulier, et qu'elles seront désignées et estimées, article par article, dans le contrat ou dans la déclaration ». Ainsi deux conditions doivent être remplies pour que le droit de 50 cent. pour 100 soit perçu sur les marchandises neuves dépendant d'un fonds de commerce : 1° stipulation d'un prix particulier ; 2° désignation et estimation des marchandises article par article. Ce sont les mêmes conditions qui sont exigées par l'art. 9 de la loi du 22 frim. an 7, en cas de mutation simultanée de meubles et d'immeubles, si l'on veut éviter de payer le droit de mutation immobilière pour le tout (V. infrà, n°s 1570 et suiv.). Il y a donc lieu d'appliquer, pour l'exécution de cette disposition de la loi de 1872, les règles établies au Répertoire pour l'application de l'art. 9 de la loi de l'an 7 (V. ibid. Conf. Garnier, Rép. gén. enreg., n° 11622).

1548. Ainsi il est admis, pour l'application dudit art. 9 de la loi de l'an 7, qu'une estimation en bloc est par nature remplit le vœu de la loi, toutes les fois qu'il s'agit d'objets formant un tout homogène. De même, les marchandises neuves vendues avec un fonds de commerce, et moyennant un prix distinct, ne sont soumises qu'au droit proportionnel de 50 cent. pour 100, lorsqu'elles ont été détaillées et estimées par lots ne contenant que des objets de même nature (Sol. adm. enreg. 14 janv. 1873, D. P. 73. 5. 233).

Il a même été jugé, sur ce point, qu'une estimation ainsi conçue :

Marchandises consistant en planches.	151248 f. 40 cent.
— fils.....	42657 « 60 «
— bois.....	43600 « «
Cuivre, zinc et marchandises en fabrication.....	321227 « 43 «

était suffisante, « attendu que ce serait dépasser le vœu de la loi que d'exiger un détail poussé jusque dans ses plus extrêmes limites, puisque le but du législateur a été uniquement de permettre à l'Administration de contrôler les déclarations qui lui sont faites et que, dans l'espèce, les indications fournies sont suffisantes pour cela » (Trib. Evreux, 26 juill. 1873, Garnier, Rép. pér. enreg., art. 3807). — Mais nous estimons, avec M. Garnier, Rép. gén. enreg., n° 11622, que l'interprétation donnée à la loi par le tribunal d'Evreux est contestable. Le tribunal de Chartres s'est prononcé dans le sens contraire à la doctrine adoptée par le tribunal d'Evreux, en repoussant, comme ne remplissant pas le vœu de la loi, une estimation faite en vingt-deux articles, pour les marchandises d'un fonds de commerce peu important (Trib. Chartres, 6 nov. 1874 (1). Il nous semble que, si l'interprétation du tribunal d'Evreux est trop large, celle du

---

(1) (Desroziers et Bourgeois.) — LE TRIBUNAL ; — Attendu que par contrat passé devant Desroziers, notaire à Chartres, le 4 oct. 1872, Bourgeois a acquis de Fresson un fonds de commerce de nouveautés, moyennant un prix déclaré de 9000 fr. pour l'achalandage et les objets servant à l'exploitation du fonds de commerce, et de 62793 fr. 55 cent. pour les marchandises neuves existant en magasin ; — Que cet acte a été présenté le 14 du même mois à la formalité de l'enregistrement, et qu'il a été perçu 2 pour 100 sur le prix déclaré du fonds de commerce, et 50 cent. pour 100 sur celui des marchandises neuves ; — Mais, attendu qu'à la date du 16 janv. 1874, l'administration de l'enregistrement a décerné contrainte contre Bourgeois en payement de supplément

de droits, se fondant sur ce que la déclaration faite ne renfermait pas le détail et l'estimation des marchandises, article par article, conformément aux prescriptions de l'art. 7 de la loi du 28 févr. 1872 ; — Attendu que le 2 févr. 1874, Bourgeois a fait opposition à cette contrainte et a assigné Desroziers en garantie ; — Sur la demande principale : — Attendu que, d'après l'art. 7, § 3, de la loi du 28 févr. 1872, le droit de mutation pour les marchandises neuves n'est réduit à 50 cent. pour 100 qu'autant qu'elles sont désignées et estimées, article par article, dans la déclaration ; — Attendu que cette désignation et cette estimation détaillées ont pour but, d'une part, de rendre plus difficile l'exagération de la valeur des marchandises au détriment de celle du fonds, et,

tribunal de Chartres est trop rigoureuse. Comme le *Dictionnaire des droits d'enregistrement*, v° *Fonds de commerce*, n° 47, nous pensons que la vérité doit se trouver entre les deux appréciations.

1549. Il n'est pas nécessaire que le détail et l'estimation se trouvent dans l'acte même de vente. Il suffit que l'acte se réfère sur ce point, soit à un état annexé et présentant l'estimation détaillée prescrite, soit à un inventaire authentique dressé antérieurement (Conf. *Diction. droits d'enreg.*, v° *Fonds de commerce*, n° 49; Garnier, *Rép. pér. enreg.*, art. 3704; Demante, t. 2, n° 769-XXI).

« En résumé, ce qu'il faut éviter, c'est la confusion entre le prix des marchandises et celui du fonds de commerce lui-même; la précaution exigée par la loi n'a pas d'autre but et du moment qu'il peut être atteint au moyen des éléments d'appréciation fournis par les parties, on ne pourrait aller au delà sans tomber dans des rigueurs ou des vexations que le gouvernement a réprouvées par avance » (Aubertin, *Explication de la loi du 28 févr.* 1872, p. 117; Demante, *loc. cit.*). — « L'Administration, a dit M. Pouyer-Quertier, ministre des finances, n'a aucun intérêt à faire de l'inquisition, à tourmenter les familles; les honnêtes gens payent toujours, mais ce qu'il faut arriver à saisir, ce sont les fraudeurs » (Demante, *loc. cit.*).

Conformément à ces observations, on doit reconnaître que, si la loi exige la stipulation d'un prix distinct, il peut être satisfait à cette obligation, lors même que l'acte de vente stipule un prix total, s'il résulte de l'ensemble dudit acte que ce prix s'applique pour une fraction déterminée aux marchandises neuves. Cela résulte d'un jugement aux termes duquel l'acte portant vente d'un fonds de commerce qui comprend des marchandises neuves, donne lieu au droit de 2 pour 100 sur le prix du fonds vendu, et seulement au tarif réduit de 50 cent. pour 100 sur ce qui concerne les marchandises, dès qu'elles sont désignées et estimées article par article, encore bien qu'il ne soit stipulé audit acte qu'un prix unique, si ce prix représente le total de l'estimation des marchandises ainsi que de celles faites pour le matériel et la clientèle (Trib. Mayenne, 13 nov. 1889, aff. Lecoq, D. P. 90. 3. 87). Ce jugement est motivé sur ce que les estimations ayant servi de base à la détermination du prix total, représentaient autant de prix distincts. Cette appréciation paraît très exacte (V. *ibid.*, note).

1550. Les actes portant vente de fonds de commerce et fixant l'entrée en jouissance à une époque postérieure renferment généralement une clause par laquelle les parties renvoient au moment de l'entrée en possession la détermination du prix applicable aux marchandises. Le droit proportionnel n'en est pas moins exigible, à l'enregistrement de l'acte, pour les marchandises comme pour la clientèle; mais il ne peut être perçu, à l'égard des marchandises, que

sur une déclaration estimative, et, comme on se trouve alors en dehors des conditions auxquelles est subordonnée l'application du tarif réduit à 50 cent. pour 100, c'est d'après le tarif ordinaire des ventes mobilières à 2 pour 100 que la perception est réglée. Mais cette perception n'est que provisoire, et, lorsque les conditions auxquelles la loi fiscale subordonne l'application du tarif réduit sont remplies, la perception est rétablie d'après ce tarif et l'excédent est restitué. Ainsi, l'acte portant vente de fonds de commerce et de marchandises à évaluer lors de l'entrée en possession, donne lieu au droit de vente mobilière à 2 pour 100 sur le prix du fonds et aussi sur une déclaration estimative des marchandises; mais la justification d'une estimation détaillée des marchandises, conformément à la loi, entraîne l'application du tarif réduit de 50 cent. pour 100 à la portion du prix qui leur est applicable, et l'excédent de la perception est sujet à restitution. C'est, non pas dans les trois mois de l'entrée en possession, mais seulement dans le délai de deux ans, que la justification doit être faite pour que la restitution ait lieu (Sol. adm. enreg. 18 avr. 1874, D. P. 76. 5. 212). Une solution précédente du 5 juin 1873 (D. P. 74. 5. 223) avait décidé que les parties devaient présenter à l'enregistrement l'estimation des marchandises *dans les trois mois* de l'entrée en jouissance. D'après la solution ci-dessus, les parties ont un délai de deux ans pour faire cette production.

1551. La loi subordonne l'application du tarif réduit à 50 cent. pour 100 au prix afférent aux marchandises neuves à deux conditions : stipulation d'un prix particulier, désignation et estimation article par article dans le contrat. Elle n'exige pas que le fonds et les marchandises soient vendus par le *même* contrat. Ce serait donc ajouter à son texte que d'en subordonner l'application à cette autre condition qu'il ne prévoit d'aucune sorte. Décidé, en ce sens, que, lorsqu'à la suite de la vente d'un fonds de commerce avec stipulation que l'acquéreur prendra, moyennant le prix qui sera fixé à l'amiable ou par experts, toutes les marchandises neuves qui se trouveront dépendre du fonds au jour de son entrée en jouissance, il intervient ultérieurement entre les parties un acte qui contient le détail et l'estimation des marchandises et en constate la vente moyennant un prix payé comptant, cet acte donne lieu au tarif réduit de 50 cent. pour 100, et non au droit ordinaire de vente mobilière à 2 pour 100 (Trib. Orléans, 14 août 1888, aff. Fousset, D. P. 89. 5. 217).

Et, audit cas de vente des marchandises neuves par acte postérieur à la vente du fonds de commerce, moyennant un prix dont l'acte constate le payement, le droit de libération n'est pas dû, en outre de celui de cession, à raison de la quittance du prix. Il y a lieu d'appliquer alors la règle de l'art. 10 de la loi du 22 frim. an 7 suivant laquelle, dans le

---

d'autre part, de fournir à l'Administration des documents qui la mettent à même d'apprécier s'il y a fraude probable sur la valeur déclarée du fonds de commerce, et de recourir, s'il y a lieu, à l'expertise, conformément aux dispositions de l'art. 8 de la même loi ; — Attendu que ce contrôle est rendu illusoire par la désignation incomplète des marchandises vendues, la mutation de ces marchandises détaillées d'une manière suffisante est frappée d'un droit de 2 pour 100, comme pour celle du fonds de commerce lui-même; — Attendu, en fait, que dans l'acte du 4 oct. 1872, les marchandises neuves ont été détaillées en vingt-deux articles, parmi lesquels quelques-uns renferment incontestablement des marchandises très diverses; qu'ainsi l'art. 1er porte 7590 m. 10 cent. d'indiennes estimées 8098 fr. 75 cent.; l'art. 3, 7935 m. 35 cent. de nouveautés estimées 10574 fr. 70 cent. ; — Attendu que ces articles peuvent être des résumés des différents chapitres de l'inventaire, mais qu'ils comprennent nécessairement des indiennes et des nouveautés de valeurs diverses dont l'estimation en bloc n'est ni conforme à la lettre de la loi, puisqu'on ne comprend pas que des objets de la même nature, mais de qualité et de valeurs très différentes, puissent faire partie d'un même article, ni à l'esprit de la même loi, puisqu'une semblable désignation faite en bloc, rendant impossible toute partie de l'Administration, la priverait d'un des moyens qui lui sont donnés par la loi pour apprécier la sincérité de la déclaration sur la valeur du fonds de commerce ; — Sur la demande en garantie : — Attendu, en principe, que les notaires sont spécialement responsables vis-à-vis de leurs clients du préjudice qui leur est causé par la forme défectueuse des actes qu'ils sont chargés de recevoir ; — Que, dans l'espèce, la perception opérée à la date du 4 oct. 1872, pour la mutation du

fonds de commerce, eût été suffisante si le notaire Desroziers avait obéi aux prescriptions de la loi fiscale que Bourgeois pouvait ignorer, mais auxquelles Desroziers était strictement tenu de se conformer ; — Attendu que Desroziers tenterait vainement de diminuer sa responsabilité, en prétendant qu'il a pu se tromper sur le sens et la portée d'une loi nouvelle, non interprétée jusqu'ici par la jurisprudence ; — Attendu, en effet, que Bourgeois allègue que Desroziers a été à plusieurs reprises averti par les préposés de l'enregistrement du danger que la rédaction de son acte faisait courir à son client, et que cette allégation de Bourgeois est pleinement confirmée par les déclarations du receveur, consignées dans l'avertissement adressé à Bourgeois à la date du 4 août 1873 ; — Qu'ainsi le préjudice causé à Bourgeois a pour cause unique la négligence de Desroziers, et qu'il lui en est dû réparation ;

Par ces motifs, déclare Bourgeois mal fondé dans son opposition à la contrainte et l'en déboute ; — Valide, au contraire, ladite contrainte, et condamne Bourgeois à payer à l'administration de l'enregistrement, à titre de supplément de droit, la somme réclamée de 1128 fr. 80 cent., et aux dépens, liquidés à 31 fr. 87 cent., en ce, non compris le coût du présent jugement auquel il est aussi condamné ; — Condamne Desroziers à indemniser Bourgeois du montant des condamnations qui viennent d'être prononcées contre lui, et le condamne, en outre, aux dépens de la demande en garantie et à ceux exposés par Bourgeois pour défendre à la demande principale, liquidés à 87 fr. 35 cent., aussi, en ce, non compris le coût du présent jugement auquel il est aussi condamné.

Du 6 nov. 1874.-Trib. civ. de Chartres.

cas de transmission de biens, la quittance du prix donnée dans l'acte même constatant la transmission, n'est sujette à aucun droit particulier (Même jugement du 14 août 1888. V. suprà, n° 1545).

1552. On s'est demandé si les *matières premières* qui constituent l'approvisionnement d'un établissement industriel doivent être considérées comme des marchandises neuves et si, en conséquence, lorsqu'elles sont vendues avec l'établissement, le payement de l'impôt au droit de 50 cent. pour 100 est obligatore dans le délai prescrit pour ces objets comme pour les marchandises neuves. La question est très délicate.

Suivant une opinion, les dispositions de la loi de 1872 ne sont pas applicables aux matières premières. En effet, dit-on, elles ne sauraient être assimilées aux « objets mobiliers servant à l'exploitation du fonds », et, en conséquence, subir le tarif de 2 pour 100, car les objets servant à l'exploitation du fonds, c'est le matériel servant à l'exercice de l'industrie ou du commerce : ils font corps avec le fonds et en constituent l'agencement et l'outillage. Elles ne peuvent, non plus, être soumises au tarif de 50 cent. pour 100, comme marchandises neuves. Le législateur a entendu comprendre dans l'expression de *marchandises neuves* les marchandises destinées à être vendues et qui font l'objet du commerce cédé. Les matières premières ne sont pas des marchandises, dans le sens strict du mot : elles ne le deviennent que lorsqu'elles ont subi les transformations nécessaires : ainsi il a été jugé que la loi de 1872 n'a entendu par marchandises neuves que celles qui constituent l'objet direct du commerce cédé, c'est-à-dire qui sont destinées à être vendues dans les conditions imposées par la patente, et non celles affectées au service même du fonds de commerce : les matières premières (charbons, coke, chaux, etc.) qui servent à la fabrication des produits d'une usine (fabrique de sucre et moulin à blé), ne doivent pas, en cas de cession de l'usine, être considérées comme marchandises neuves passibles du droit de 50 cent. pour 100 (Trib. Compiègne, 30 janv. 1878 (1) ; Trib. Versailles, 31 juill. 1883, Garnier, *Rép. pér. enreg.*, art. 6227).—Décidé, de même, qu'on ne peut considérer comme marchandises neuves, pour l'application du tarif, les approvisionnements tels que les houilles, fers, aciers, tôles, bois, huiles, graisses, suifs, poudres, dynamites, cédés avec l'actif d'une société minière, « attendu que la qualification de marchandises neuves ne peut s'appliquer qu'aux objets formant l'objet direct du commerce et destinés à être vendus ; que la société ayant pour objet unique l'extraction et la vente du minerai, c'est à ce renvoi uniquement que le terme « marchandises neuves » peut s'appliquer, à la différence des objets énoncés plus haut, qui ne servaient manifestement qu'à l'exploitation (Trib. Rennes, 26 mai 1884, Garnier, *Rép. pér. enreg.*, art. 6522). — Dans cet ordre d'idées, les matières premières, ne tombant pas sous l'application de la loi de 1872, rentreraient dans le droit commun. En conséquence, la vente d'un fonds de commerce comprenant des matières premières ne donnerait lieu au droit proportionnel pour ces objets que dans le cas où un acte constatant leur aliénation serait soumis à l'enregistrement ; le droit serait perçu alors au taux ordinaire de 2 pour 100. En cas de vente par convention verbale, les parties ne seraient obligées à déclarer la mutation et à payer l'impôt dans le délai de trois mois, que pour les fonds de commerce, et non pour les matières premières.

1553. Dans un autre système, on allègue que la loi de 1872 a voulu soumettre obligatoirement à l'impôt tout ce qui constitue un établissement commercial, et qu'il serait illogique de soustraire à cet impôt les approvisionnements des plus grandes usines, alors que les assortiments des plus humbles boutiques y sont assujettis. Il ne serait pas moins illogique, ajoute-t-on, de considérer les matières premières comme « objets servant à l'exploitation du fonds » et de les frapper, à ce titre, d'un droit énorme de 2 pour 100 qu'elles supporteraient plus difficilement que les marchandises de détail. Ainsi, qu'il s'agisse d'une usine de produits chimiques, d'une usine métallurgique ou d'une brasserie, les matières premières à fabriquer doivent être traitées comme marchandises neuves. En conséquence, le payement de l'impôt est obligatoire pour ces objets, lorsqu'ils sont vendus avec un fonds de commerce ; mais cet impôt n'est dû qu'à 50 cent. pour 100 (*Diction. droits d'enreg.*, v° *Fonds de commerce*, n° 39 ; D. P. 87. 3. 16, notes 4 et 5 ; Garnier, *Rép. gén. enreg.*, n° 11623. V. en ce sens : Trib. Evreux, 26 juill. 1873, cité suprà, n° 1548).

Il a été jugé aussi, si la vente d'une usine ainsi que des objets et ustensiles employés à son exploitation donne lieu au droit proportionnel de 5 fr. 50 cent. pour 100 sur le prix total, il n'en est pas de même pour les matières premières comprises dans la vente ; que ces objets conservant leur caractère de meubles, le droit est dû, en ce qui les concerne, au tarif de 2 pour 100 établi pour les ventes mobilières, mais non à celui de 50 cent. pour 100 édicté pour les marchandises neuves cédées accessoirement à la vente d'un fonds de commerce, attendu que la loi de 1872, qui a établi ce droit de 50 cent. pour 100, ne peut être invoquée « au cas où le fonds de commerce s'identifie avec l'immeuble industriel lui-même » (Trib. Marseille, 24 nov. 1885, aff. Mallen, Arnaud et Mouraille, D. P. 87. 3. 16). Le tribunal a repoussé l'application du droit de 50 cent. pour 100 pour les matières premières, parce qu'elles étaient vendues avec une propriété immobilière, et non avec un fonds de commerce. Il aurait donc admis cette application si la vente de l'usine avait compris la cession d'un fonds de commerce exploité dans l'établissement, ce qui n'aurait été nullement impossible (*Ibid.*, note).

1554. Le tarif réduit de 50 cent. pour 100 établi pour les marchandises neuves vendues avec le fonds de commerce dont elles dépendent est applicable au fonds qui se compose uniquement de marchandises et qui n'a pas d'achalandage. Il faut supposer, dans ce cas, que l'achalandage et le droit au bail ont été considérés comme sans valeur, sauf à l'Administration à prouver la fraude, s'il y a lieu. Ainsi la cession des marchandises neuves dépendant d'un fonds de commerce à une personne qui les achète pour continuer l'exploitation du fonds dans le même local, qui lui est donné à bail en même temps par le cédant, donne ouverture au droit de 50 cent. pour 100, alors même qu'il n'est fixé aucun prix pour l'achalandage et la cession du droit au bail (Sol. adm. enreg. 19 nov. 1873 ; Trib. Saint-Omer, 6 août 1886, *Journ. enreg.*, art. 22958 ; *Diction. droits d'enreg.*, v° *Fonds de commerce*, n° 42).

F. — Preuve de la mutation.

1555. Comme on l'a dit suprà, n° 1522, le législateur de 1872 a assimilé les mutations de fonds de commerce et de clientèles aux mutations immobilières, non seulement

(1) (Bride et Tétrel.) — Le Tribunal ;... — En ce qui touche la prétention de Bride de faire considérer comme marchandises neuves, dans le sens de la loi du 28 févr. 1872, les blés se trouvant dans la ferme de l'Arbre, dont l'amonterent a été compris dans l'acte du 3 juin 1875, ainsi que les charbons, coke, noir animal, chaux et autres substances se trouvant dans la fabrique, au moulin ou à la ferme ; — Attendu que l'Administration de l'enregistrement a considéré comme marchandises neuves le blé se trouvant dans le moulin, mais qu'elle a refusé ce caractère à celui qui existait dans la ferme, sous prétexte qu'il ne s'agissait plus là que d'une exploitation agricole n'ayant rien de commercial ; — Attendu qu'eu égard à l'industrie même de Bride, il est impossible d'admettre cette distinction, et qu'il demeure avéré pour le tribunal que tous les blés se trouvant en sa possession, étaient destinés à l'avance à l'alimentation du moulin, quelle que soit la partie des bâtiments où ils étaient engrangés ; — Qu'il y a donc

lieu de considérer comme constituant des marchandises neuves, passibles seulement d'un droit de 50 cent., les blés existant dans la ferme, mais qu'il n'en saurait être de même des charbons, coke, noir animal, chaux, etc., figurant dans l'état descriptif dressé par Bride et Tétrel ; — Attendu, en effet, que, par les mots *marchandises neuves*, la loi du 28 févr. 1872 n'a entendu parler que de celles qui constituent l'objet direct du commerce cédé, c'est-à-dire destinées à être revendues dans les conditions imposées par la patente, et non celles affectées au service même du fonds de commerce ; — Que c'est à ce dernier point de vue seulement que peuvent être envisagés les charbons, coke, noir animal et autres substances portées dans l'acte descriptif en dehors des blés dont il a été parlé ci-dessus ; — Que, de ce chef, la prétention de Bride doit être écartée ; — Par ces motifs, etc.

Du 30 janv. 1878.-Trib. civ. de Compiègne.

en ce qui concerne l'exigibilité du droit proportionnel, mais aussi pour la preuve de l'existence de la mutation. « L'art. 9, a dit le rapporteur de la loi, permet de procurer la mutation par tous les actes qui la font connaître, par la publicité qu'elle reçoit dans les journaux, et enfin par l'inscription au rôle des contributions. Ce moyen de preuve n'est autre que celui admis par la loi du 22 frim. an 7 (art. 12) pour les mutations immobilières » (D. P. 72. 4. 13, n° 26. V. aussi Instr. adm. enreg. 29 févr. 1872, n° 2433, D. P. 72. 3. 15, 1re col.). — V. le texte de l'art. 9 suprà, n° 1522.

Il suit de là que les règles établies pour la constatation des mutations secrètes d'immeubles au moyen des présomptions légales résultant, soit d'actes révélant la mutation, soit de l'inscription du nouveau possesseur au rôle des contributions et des payements par lui faits de l'impôt (V. suprà, n°s 1035 et suiv.) sont entièrement applicables aux mutations de fonds de commerce et de clientèles. Mais, pour ces dernières mutations, le législateur de 1872 (art. 9) a ajouté aux présomptions de la loi de l'an 7 une autre nature de présomptions : celles pouvant résulter d'actes ou écrits se rapportant à la mutation « et qui sont destinés à la rendre publique ».

Cette disposition, disent les rédacteurs du Dictionnaire des droits d'enregistrement, a été dictée par l'usage général à Paris, de publier les ventes de fonds de commerce dans les journaux d'annonces judiciaires, afin de mettre les créanciers du vendeur en demeure de former opposition sur le prix et de prévenir tout soupçon de collusion contre l'acquéreur. Ces publications qui n'eussent été tout au plus qu'un simple indice, ont été élevées au rang de preuve légale et c'est avec raison, puisque l'insertion n'a lieu presque toujours que lorsque la convention est parfaite. Toutefois, c'est là une présomption simple, juris tantum, et la preuve contraire est admissible, bien que les mots « sauf preuve contraire » n'aient été ajoutés au texte que par rapport à l'inscription au rôle. (v° Fonds de commerce n° 79). — Sur ce dernier point, V. Discussion de la loi du 28 févr. 1872, D. P. 72. 4. 20, 2e col., note 1.

1556. La loi fait résulter la nouvelle présomption de tous actes ou écrits destinés à rendre la mutation publique. Cela doit s'entendre, non seulement d'insertions dans les journaux, mais encore de tous autres moyens de publicité, avis, prospectus, circulaires, enseignes, etc. (Conf. Diction. droits d'enreg., v° Fonds de commerce, n° 79; Demante, t. 2, n° 769-XXII-5).

1557. Relativement à la preuve contraire, on a fait observer, lors de la discussion de la loi, que la présomption résultant de l'inscription du nouveau possesseur au rôle des patentes, ne prouve pas toujours qu'il ait acheté le fonds de commerce. Le rapporteur a répondu en ces termes : « Un des moyens de preuve les plus efficaces (de la mutation d'un fonds de commerce), ce sera certainement l'inscription sur le rôle de la patente. Lorsqu'on verra qu'un individu exerce la profession que son prédécesseur exerçait avant lui, dans le même local, il y aura de très grandes présomptions qu'il a succédé comme acquéreur du fonds. Il suffit, pour donner satisfaction à M. Ganivet, qu'il soit entendu que cette présomption ne sera pas une présomption légale; que l'acquéreur, celui dont le nom figurera sur la patente, aura parfaitement le droit de prouver le contraire. S'il est prouvé qu'il a loué le magasin sans qu'il y ait aucune espèce de relation entre lui et son vendeur, il sera dispensé de payer le droit. Ainsi, la preuve contraire est parfaitement permise » (V. D. P. 72. 4. 20, 2e col. note 1).

1558. La présomption résultant des actes ou écrits qui révèlent la mutation s'applique de la même façon que celle établie pour les mutations secrètes d'immeubles. Si l'acte forme le titre même de la mutation, le droit proportionnel est exigible à l'enregistrement de cet acte. Si les dispositions de l'acte font seulement supposer l'existence de la mutation, il n'y a alors qu'une simple présomption, qui est toujours susceptible de céder à la preuve contraire. Il y a lieu de se référer à cet égard aux règles établies et aux décisions rapportées ci-dessus (V. suprà, n°s 1035 et suiv.) concernant les mutations secrètes d'immeubles.

Toutefois, il a été jugé, spécialement en matière de mutation de fonds de commerce, que l'énonciation dans un acte portant règlement de comptes entre la veuve et l'héri-

tier d'un associé, que, lors du dernier inventaire social, le défunt avait en compte courant dans la société, une somme déterminée pour marchandises fournies et avances de fonds, et que cette somme formait une valeur de la communauté d'entre lui et sa femme, ne prouve nullement qu'une mutation de fonds de commerce se soit opérée entre le défunt et la société, et ne justifie point, par suite, la réclamation du droit proportionnel de vente (Trib. Lille, 28 juin 1888, aff. Bigo, D. P. 89. 5. 218).

1559. En ce qui concerne la présomption résultant de la publicité donnée à la mutation, il a été jugé que la mutation de propriété d'un fonds de commerce est suffisamment établie, pour la réclamation des droits proportionnels de vente mobilière et de bail... par l'avis inséré dans un journal spécial, annonçant la réalisation de la vente par convention verbale et indiquant la date de l'entrée en jouissance de l'acquéreur, ainsi que par un certificat des agents des contributions directes constatant que ce dernier occupe les lieux et paye la patente inscrite au nom de son vendeur (Trib. Seine, 9 mai 1874, aff. Delurties, D. P. 74. 3. 85);... tant par l'insertion de la cession dans un journal spécial, que par la description dans un inventaire de pièces diverses se rapportant au règlement du prix (Trib. Seine, 7 janv. 1881, aff. Bodard, D. P. 81. 5. 179);... lorsque le nouveau possesseur a annoncé par des insertions répétées dans un journal et des avis distribués sous forme de prospectus ou circulaires, et que, de plus, son nom a été substitué à celui de son prédécesseur sur le rôle des patentes (Trib. Niort, 14 août 1876, aff. Bénard-Taire, D. P. 76. 5. 214);... lorsque l'acquéreur a fait connaître au public, par une insertion dans un journal spécial, son entrée en possession du fonds, qu'il s'est rendu cessionnaire du droit au bail des lieux dans lesquels ce fonds s'exploite, a été porté comme tel au rôle des contributions directes pour cote mobilière et patente, et a payé un acompte sur ces deux causes de contributions (Trib. Seine, 28 déc. 1877, aff. Béguin, D. P. 79. 5. 199).

1560. L'inscription au rôle des patentes ne suffit pas à elle seule pour constituer la présomption de la loi, car elle est faite le plus souvent d'office par les contrôleurs de l'Administration des contributions directes : elle ne fournit qu'un simple indice ; il faut que cet indice soit confirmé par d'autres faits pour que la mutation soit considérée comme suffisamment établie et que la demande du droit proportionnel soit susceptible d'être admise. Mais lorsque l'inscription au rôle est confirmée par le payement de l'impôt, elle constitue la présomption légale établie par l'art. 9 de la loi du 28 févr. 1872 et, dès lors, le juge doit sanctionner la réclamation du droit d'enregistrement, à moins que la présomption ne soit détruite par la preuve contraire.

En fait, le plus souvent, comme on le verra par les jugements rapportés ci-après, la présomption légale se trouve confirmée par d'autres faits constatés par les agents de l'enregistrement. Ainsi, jugé qu'il y a présomption légale de mutation d'un fonds de commerce, et que l'Administration est fondée, en conséquence, à réclamer le droit proportionnel d'enregistrement applicable à la mutation, toutes les fois qu'un nouveau possesseur a été inscrit au rôle des patentes et a payé l'impôt au moins en partie (Trib. Seine, 1er févr. 1878, aff. Dezande, D. P. 79. 5. 200),... alors surtout que la présomption légale est confirmée;... Par un acte sous seing privé produit par les parties et portant résiliation de la vente présumée du fonds de commerce (Trib. Seine, 19 janv. 1875, aff. veuve Tronche et Suavin, D. P. 76. 5. 213);... Par la constatation expresse de la vente dans l'inventaire et le procès-verbal de vérification de créances dressés à la suite de la déclaration de la faillite du cessionnaire (Trib. Argentan, 10 juill. 1878, aff. Buchard, D. P. 79. 5. 200);... Par le fait que le cessionnaire a continué le même commerce dans le même immeuble (Trib. Montpellier, 17 déc. 1877, aff. Comolet, D. P. 79. 5. 200. Conf. Trib. Montluçon, 26 mars 1886; Trib. Caen, 25 janv. 1887; Trib. Lille, 21 juill. 1887, Garnier, Rep. pér. enreg., art. 6678, 6832 et 6967);... Par le fait que le transfert de patente a été opéré sur une demande signée du cédant et du cessionnaire (Trib. Marseille, 24 févr. 1886, aff. Giacobini, D. P. 86. 3. 420);... Par la double déclaration à la recette des contributions indirectes, par le cédant, qu'il cesse son commerce de vins en gros, par le cessionnaire, qu'il entend faire ce même commerce en remplacement du cédant (Trib. Lesparre, 22 févr. 1888, Garnier, *Rép. pér. enreg.*, art. 7108) ;... Par le fait que le nouveau possesseur a pris à bail, à l'époque où s'est accomplie la mutation du fonds de commerce, le local dans lequel s'exploite ce fonds (Trib. Seine, 25 oct. 1889, aff. Jovenet, D. P. 90. 3. 88) ;... Par une pétition adressée au ministre des finances et dans laquelle le nouveau possesseur, reconnaissant le bien fondé de la demande, a sollicité la remise des amendes encourues ; il n'est plus recevable à nier la mutation, même en produisant un acte passé entre lui et son vendeur dans lequel il aurait été qualifié simple gérant du fonds de commerce, tout portant à croire que cette qualification ne lui a été donnée que pour ne pas révéler la dissimulation commise au préjudice du Trésor (Trib. Seine, 16 janv. 1875, aff. Letulle et Mancel, D. P. 76. 5. 243) ;... Par des documents non contestés desquels il résulte que le nouveau possesseur a exploité pour son compte personnel, dès une époque déterminée, la maison de commerce de ses père et mère ; qu'il est devenu leur locataire pour les ateliers avec tout le matériel à l'usage de serrurier-constructeur, et en outre cessionnaire de leur droit au bail d'un magasin dans la vente des produits manufacturés ; qu'il a repris, à titre onéreux, des marchandises garnissant le fonds (Trib. Lille, 4 mars 1876, aff. Lavallée, D. P. 76. 5. 243) ;... Par le fait que le nouveau possesseur a pris possession du fonds de commerce, et, en outre, par des déclarations souscrites sur les registres de l'administration des contributions indirectes par le vendeur et l'acquéreur, et portant que le premier entendait cesser sa profession de brasseur et être remplacé par le second, que celui-ci entendait se substituer à lui dans l'exercice de ladite profession (Trib. Troyes, 26 juill. 1876, aff. Hœrth et Bromsey, D. P. 76. 5. 243).

1561. Mais, comme on l'a dit *supra*, n° 1555, les présomptions de la loi ne sont admises que sous la réserve de la preuve contraire. Elles sont sans effet lorsque cette preuve est fournie. Ainsi, ni le bail d'une maison à usage de marchand de faïences, connue et exploitée sous un nom particulier, encore bien qu'il y ait été déclaré par le preneur qu'il entendait continuer le commerce des faïences, ni l'inscription du nouveau locataire au rôle de patentes, ne prouvent suffisamment, pour la demande du droit d'enregistrement, que le précédent locataire qui, étant à fin de bail, n'a pas eu à intervenir à l'acte constatant la location consentie au nouveau, ait vendu à ce dernier son fonds de commerce (Trib. Rouen, 23 mai 1878, aff. Hébert, D. P. 79. 5. 200). De même, la présomption légale résultant de l'inscription du nouveau possesseur d'un fonds de commerce au rôle des patentes, et du payement par lui fait des contributions, est détruite par la production d'un acte authentique constatant qu'il est simple locataire du fonds de commerce ainsi que des lieux où ce fonds est exploité ; et cet acte ne donne lieu

qu'au droit proportionnel de 20 cent. pour 100, lors même qu'il y est stipulé que le preneur aura la faculté d'acquérir, au cours de sa jouissance, le fonds de commerce moyennant un prix déterminé (Trib. Seine, 1er avr. 1876, aff. Ferrero, D. P. 76. 5. 214).— De même encore, la mutation n'est pas suffisamment prouvée pour justifier la demande du droit d'enregistrement, par la cession du bail des lieux dans lesquels est exploité le fonds de commerce ainsi que par la vente des objets qui s'y trouvent, lorsqu'il est établi que l'acheteur a apporté des marchandises dépendant d'un fonds de commerce semblable créé antérieurement par lui (Trib. Havre, 9 mai 1878) (1).

1562. La loi du 28 févr. 1872, avons-nous dit ci-dessus, vise les mutations de propriété à titre onéreux sans distinction et elle atteint, par suite, toutes les transmissions de propriété qui ont ce caractère, quelle que soit la nature de la convention qui opère la mutation, vente, échange, cession, rétrocession, etc. (V. *supra*, n° 1524). Ainsi, la présomption légale résultant de l'inscription d'un nouveau possesseur au rôle des patentes et du payement par lui fait des contributions, s'applique au cas où c'est l'ancien possesseur d'un fonds de commerce qui a été substitué à son acquéreur ; il y a, dans ce cas, présomption de *rétrocession*, et le droit proportionnel d'enregistrement est exigible, malgré la production d'une procuration sous seing privé, n'ayant pas date certaine, donnée par l'acquéreur à son vendeur, afin de réaliser le fonds de commerce et de s'en appliquer le prix jusqu'à due concurrence (Trib. Seine, 12 août 1876, aff. Dorr-Jouen, D. P. 76. 5. 213). — Jugé... de même, que le bail d'un fonds de commerce, consenti postérieurement à la vente de ce même fonds par le vendeur au profit d'un autre que l'acquéreur, constitue une présomption de rétrocession dudit fonds, opérée de l'acquéreur au profit du vendeur, et justifie, en conséquence, la réclamation à ce dernier du droit proportionnel d'enregistrement applicable à cette rétrocession (Trib. Seine, 21 mars 1884, aff. Quarré, D. P. 83. 3. 112) ; ... Que, lorsqu'après la vente régulièrement constatée d'un fonds de commerce, il est établi que le vendeur continue l'exploitation de cet établissement et demeure inscrit au rôle des patentes, ces faits prouvent suffisamment une rétrocession passible du droit de mutation, alors même que l'acquéreur ne serait pas entré en jouissance (Trib. Versailles, 9 janv. 1883, *Journ. enreg.*, art. 22185).

G. — Perception de l'impôt.

1563. L'assimilation des mutations de fonds de commerce et de clientèles aux mutations immobilières, que nous avons déjà signalée en ce qui concerne l'exigibilité du droit proportionnel et la preuve de l'existence de la mutation (V. *supra*, n° 1522 et suiv.), a été étendue par l'art. 8 de la loi du 28 févr. 1872 au mode de perception du droit proportionnel. Si un acte a été dressé, il doit être enregistré dans

---

(1) (Enreg. *C.* Legentil). — LE TRIBUNAL ; — Attendu en droit, que les mutations de propriété, à titre onéreux, de fonds de commerce, ou de clientèles sont soumises à un droit d'enregistrement de 2 fr. par 100 fr. ; que ce droit est perçu sur le prix de la vente, de l'achalandage, de la cession du droit au bail, et des objets mobiliers ou autres servant à l'exploitation du fonds, à la seule exception des marchandises neuves garnissant le fonds qui ne sont assujetties qu'à un droit de 50 cent. pour 100, à condition qu'il soit stipulé pour elles un prix particulier et qu'elles soient désignées et estimées article par article, dans le contrat ou dans la déclaration ; que les actes sous signatures privées, contenant mutation de propriété de fonds de commerce ou de la clientèle doivent être enregistrés dans les trois mois de leur date, et que, à défaut d'acte constatant la mutation, il doit y être suppléé par des déclarations détaillées estimatives faites au bureau de l'enregistrement de la situation du fonds de commerce ou de la clientèle, dans les trois mois de l'enregistrement de l'acte ou de la déclaration de la mutation ; que c'est à l'administration de l'enregistrement, des domaines et du timbre à justifier l'existence de la cession du fonds de commerce dont il s'agit, et que cette justification est suffisamment faite lorsque cette administration produit, notamment, à l'appui de la poursuite, des actes ou écrits révélant l'existence de la mutation, ou destinés à la rendre publique ; — En fait : — Attendu que, pour établir l'existence d'une cession d'un fonds de commerce, achalandage ou clientèle, droit au bail, marchandises neuves qui aurait été consentie en 1876 par Allais à Legentil, l'administration de l'enregistrement, des domai-

nes et du timbre invoque trois actes : 1° un acte sous signature privée, en date du 29 juin 1876, enregistré ; 2° un acte de même nature en date du 28 sept. 1876, enregistré ; et 3°, enfin, un acte notarié en date du 30 oct. 1876, sur lequel s'appuie principalement l'enregistrement, à savoir le contrat de mariage de Legentil, indique bien qu'au moment où le contrat a été dressé, c'est-à-dire un mois après l'entrée en jouissance par Legentil des biens à lui alloués et sous-loués par Allais, ainsi que des objets mobiliers qui lui ont été vendus par ce dernier, le futur époux avait un fonds de commerce de boulangerie qu'il avait créé comprenant la clientèle ou achalandage dudit fonds, ainsi que les marchandises en dépendant ; mais que cet acte n'établit ni que cette clientèle et ces marchandises lui ont été vendues par Allais, ni qu'il s'est passé entre ce dernier et Legentil une autre convention que celles des 29 juin et 28 sept. 1876, constatées par les deux actes sous signatures privées susdésignés ; — Attendu que l'administration de l'enregistrement, relativement à l'expertise qu'elle a sollicitée formellement dans ses conclusions subsidiaires et sur laquelle le tribunal est appelé à statuer dès à présent, en vertu desdites conclusions, malgré les réserves faites par ladite administration dans son mémoire du 25 juin 1877, ne saurait être accueillie puisque l'expertise suppose avant tout qu'il y a eu cession de fonds de commerce et que la preuve de cette cession n'est pas faite ; qu'il devient, par suite, inutile d'examiner le point de savoir si l'administration de l'enregistrement est encore dans les délais légaux pour faire ordonner cette expertise.

Du 9 mai 1878.-Trib. civ. Havre.

les trois mois de sa date (§ 1er). A défaut d'acte, il y est suppléé par des déclarations détaillées et estimatives faites au bureau de l'enregistrement de la situation du fonds de commerce ou de la clientèle, dans les trois mois de l'entrée en possession (§ 2). — Jugé:... que le droit de mutation exigible à raison de la mutation non déclarée d'un fonds de commerce peut être réclamé sur la valeur attribuée à ce fonds d'après les circonstances, et qu'il y a lieu d'ordonner le payement de la somme demandée; mais le redevable doit être autorisé à fournir personnellement les justifications et déclarations de nature à préciser exactement le prix et à rectifier, en conséquence, la liquidation de l'Administration (Trib. Seine, 14 janv. 1881, aff. David, D. P. 81. 5. 179);... Que l'évaluation faite d'office par l'Administration afin de servir de base au calcul du droit proportionnel de mutation n'est que provisoire, l'impôt ayant son assiette légale dans la déclaration que la partie doit souscrire, sauf les moyens de contrôle réservés par la loi (Trib. Marseille, 24 févr. 1886, aff. Giacobini, D. P. 86. 3. 120).

Ces jugements n'ont fait qu'appliquer la perception du droit proportionnel exigible pour une mutation de fonds de commerce ou de clientèle, un principe général en matière d'enregistrement, comme on le verra dans la deuxième partie du présent chapitre, lorsque nous traiterons de la liquidation du droit proportionnel (V. notamment : Civ. cass. 12 avr. 1881, aff. Constantin, D. P. 81. 1. 366, et la note).

1564. La déclaration est obligatoire. Il ne peut y être suppléé par un acte qui nie l'existence de la mutation et, par suite, cet acte n'empêche pas que le droit en sus ne soit encouru à défaut de déclaration dans le délai de la loi (Req. 16 août 1875, aff. Charmiot-Avanturier, D. P. 76. 1. 213).

1565. La loi de 1872 étant muette relativement au *bureau* dans lequel les *actes* sous seings privés portant vente de fonds de commerce doivent être enregistrés, il s'ensuit que la formalité peut être requise pour ces actes dans tous les bureaux indistinctement, conformément à l'art. 26 de la loi du 22 frim. an 7. — Mais, quant aux *déclarations* prescrites à l'égard des mutations qui s'opèrent par convention verbale, la loi dispose qu'elles doivent être faites « au bureau de l'enregistrement de la situation du fonds de commerce ou de la clientèle » (art. 8). Il en est autrement pour les mutations immobilières : les déclarations prescrites, lorsque la mutation a lieu par convention verbale, peuvent être enregistrées, comme les actes sous seing privé, dans tous les bureaux indistinctement, les dispositions de lois qui régissent la matière ne présentant pas la restriction contenue dans la loi de 1872 pour les mutations de fonds de commerce ou de clientèles.

H. — Contrôle de l'Administration, sanctions et pénalités.

1566. En exposant les innovations introduites dans la législation en 1871 et 1872, afin d'assurer le payement de l'impôt pour les mutations de propriété, d'usufruit ou de jouissance d'immeubles, nous avons dit que la loi du 23 août 1871 (art. 14, § 1er, 2 et 3) a intéressé *l'ancien possesseur* à ce que ce payement soit effectué et qu'à cet effet, elle lui a imposé, à peine d'amende, l'obligation de mettre l'Administration à même d'exercer des poursuites au cas où l'acquéreur n'aurait pas satisfait à la loi dans le délai de trois mois, et en déposant dans un bureau d'enregistrement l'acte constatant la mutation ou, à défaut d'acte, en y faisant la déclaration prescrite dans un délai supplémentaire d'un mois (V. *suprà*, n°s 1020 et suiv.). Ces dispositions, avons-nous ajouté, *eod. loc.*, ont été étendues aux mutations de propriété de fonds de commerce et de clientèles par la loi du 28 févr. 1872 (art. 8, § 3) (Instr. adm. enreg. 29 févr. 1872, n° 2433, chap. 4, D. P. 72. 3. 15).

1567. La même disposition a étendu aux mutations de propriété de fonds de commerce ou de clientèles les art. 12 et 13 de la loi du 23 août 1871 concernant les *dissimulations dans les prix de vente* d'immeubles, qui ont autorisé l'administration de l'enregistrement à recourir à tous les genres de preuves admis par le droit commun et ont élevé la pénalité au quart de la somme dissimulée.

Ainsi la dissimulation du prix de la vente d'un fonds de commerce ou d'une clientèle peut être établie par tous les genres de preuves admises par le droit commun, le serment décisoire excepté, et elle est punie d'une amende égale au quart de la somme dissimulée (Instr. adm. enreg. 29 févr. 1872, n° 2433, § 4, D. P. 72. 3. 13). Et l'Administration est fondée à demander la représentation des livres et inventaires des parties, à l'effet de fournir la preuve de la fraude présumée (Sol. adm. enreg. 16 juill. 1874, D. P. 75. 5. 214. V. Discussion de la loi du 28 févr. 1872, D. P. 72. 4. 19, note 5 *in fine*).

Le commentaire des art. 12 et 13 de la loi du 23 août 1871 se trouvera dans la deuxième partie, sect. 2, art. 3, du présent chapitre, pour les mutations de fonds de commerce et de clientèles comme pour les transmissions immobilières.

1568. En outre, la loi de 1872 (art. 8, § 4) a autorisé l'Administration à requérir une *expertise* pour établir l'insuffisance présumée du prix exprimé pour une vente de fonds de commerce ou de clientèle; mais le législateur n'a accordé ce moyen de répression à l'Administration qu'après une discussion très vive (V. D. P. 72. 4. 19, note 5), et il a restreint à trois mois le délai dans lequel il lui serait permis d'en user, tandis que, pour les ventes immobilières, le délai est d'une année comme on le verra *infrà*, part. 2, sect. 2, art. 2, lorsque nous traiterons spécialement de l'expertise.

C'est à raison de la nature essentiellement variable des fonds de commerce et des clientèles que le délai pour provoquer l'expertise a été réduit à trois mois (Instr. 29 févr. 1872, n° 2433, citée *suprà*, n° 1566).

L'expertise n'est autorisée par la loi de 1872 que pour la constatation de l'insuffisance du prix exprimé ou déclaré. Un jugement l'a admise comme moyen de preuve concernant l'existence de la mutation. Il a décidé que le tribunal saisi de la demande en payement du droit proportionnel pour la mutation d'un fonds de commerce, établie à l'aide des présomptions de l'art. 9 de la loi de 1872, a le droit de nommer des experts à l'effet de vérifier les allégations des parties, qui soutiennent que le fonds de commerce dont s'agit n'a pas de valeur, et que dans la pratique commerciale, les fonds de même nature ne sont pas susceptibles de faire l'objet d'une cession (Trib. Gien, 26 juin 1883, cité *suprà*, n° 1058). Nous avons déjà cité ce jugement, lorsque nous avons traité des mutations secrètes d'immeubles, et nous avons fait observer alors que sa doctrine soulève de vives critiques (V. aussi *suprà*, n° 1248).

1569. Pour les pénalités comme pour les règles de perception, la loi de 1872 (art. 8, § 3) a appliqué aux mutations de fonds de commerce et de clientèles celles édictées pour les mutations immobilières. Nous avons indiqué ces pénalités, lorsque nous avons étudié ces dernières mutations (V. *suprà*, n° 1022). Nous verrons l'application qui en est faite, lorsque nous nous occuperons des peines en matière d'enregistrement (V. *infrà*, chap. 6, sect. 2).

§ 3. — Transmission simultanée de meubles et d'immeubles
(*Rép.* n°s 2961 à 2995.)

1570. Afin d'empêcher que, dans le cas de transmission simultanée de meubles et d'immeubles par le même acte à la même personne, une partie du prix convenu pour les immeubles ne fût détournée frauduleusement sur les objets mobiliers dont la transmission rend exigible un droit beaucoup moins élevé, l'art. 9 de la loi du 22 frim. an 7 a établi pour règle que, dans ce cas, le droit proportionnel serait perçu sur le prix total au taux déterminé pour les transmissions immobilières. Mais, d'après la même disposition, cette règle souffre exception et il n'est perçu que le droit de vente mobilière, pour les objets mobiliers, lorsqu'il est stipulé un prix particulier pour eux et qu'ils sont désignés et estimés article par article dans le contrat (*Rép.* n° 2961 et 2962).

Le commentaire de cette disposition a été divisé au *Répertoire* en plusieurs parties se rapportant aux *conventions* et aux *biens* qu'elle vise, ainsi qu'aux *conditions* prescrites pour l'application de l'exception (*Rép.* n° 2962).

N° 1. — *Conventions auxquelles s'applique l'art. 9*
(*Rép.* n°s 2963 à 2966).

1571. Par le but même qu'il s'est proposé et par les termes dans lesquels il est conçu, l'art. 9 de la loi de frimaire an 7, indique qu'il ne concerne que les ventes ou, du moins, les contrats translatifs à titre onéreux (*Rép.* n° 2963); il ne s'applique donc pas aux donations (*Ibid.*). La question ne présente, d'ailleurs, plus d'intérêt depuis que la loi du 18 mai 1850, dans son art. 10, a rendu uniforme le taux du droit proportionnel pour les donations de meubles et pour celles d'immeubles.

1572. Il résulte des différentes dispositions de la loi du 22 frim. an 7 que le mot *acte* y est indifféremment employé, soit qu'il s'agisse de jugements ou autres actes judiciaires, soit qu'il s'agisse d'actes extrajudiciaires; que c'est un nom générique sous lequel elle désigne les divers titres assujettis par elle aux droits et à la formalité de l'enregistrement. La cour de cassation, qui a fait elle-même cette observation dans un arrêt (Req. 14 avr. 1834, *Rép.* n° 4277), l'a appliquée à la disposition de l'art. 9 de la loi de frimaire an 7, en décidant que cette disposition comprennent les *contrats judiciaires* aussi bien que les contrats amiables; qu'en conséquence, lorsqu'un jugement a fixé le taux de l'indemnité due à une compagnie formée pour la recherche et l'exploitation d'une mine par un tiers qui a obtenu la concession de cette mine, à raison de la transmission consentie à son profit par la compagnie des terrains acquis par elle, ainsi que des constructions, des tranchées ou puits qu'elle a effectués sur ces terrains, l'acte constatant la mutation donne lieu au droit proportionnel sur la totalité de l'indemnité au taux fixé pour les ventes immobilières, à défaut de stipulation d'un prix particulier et de désignation, article par article, pour les objets mobiliers (Civ. rej. 24 août 1874, aff. Compagnie des Mines de Liévin, D. P. 75. 1. 113. Conf. Civ. cass. 13 janv. 1880, aff. Courtet, D. P. 80. 1. 183).

1573. En étudiant les règles de perception concernant les *partages avec soulte*, nous avons établi que, pour la liquidation du droit proportionnel, la soulte doit être imputée de la manière la plus favorable au contribuable sur les valeurs comprises dans le lot chargé de la soulte : d'abord sur celles qui, comme les rentes sur l'Etat, sont exemptes de l'impôt, puis sur celles qui sont tarifées au droit le moins élevé, les créances (1 pour 100), les meubles (2 pour 100) et enfin les immeubles (4 pour 100) (V. *suprà*, n° 1322). L'administration a d'abord admis que l'application de cette règle exclut celle de l'art. 9 de la loi du 22 frim. an 7; puis elle est revenue sur cette doctrine et a soutenu que ledit article de la loi de l'an 7 est applicable aux soultes de partage, attendu qu'il vise tous les contrats à titre onéreux et que le partage avec soulte a ce caractère au point de vue de la loi fiscale (*Rép.* n° 2964. V. dans le même sens : Demante, t. 1, n° 266-I).

Mais l'Administration n'a pas persisté dans cette prétention. Conformément à la doctrine à laquelle elle s'était arrêtée en premier lieu, elle reconnaît aujourd'hui que subordonner aux conditions prescrites par l'art. 9 de la loi de frimaire l'application du principe général rappelé ci-dessus concernant le mode d'imputation de la soulte serait contraire au texte aussi bien qu'à l'esprit de la décision ministérielle du 25 nov. 1806 qui a établi ce principe, et qu'il y a lieu de reconnaître, par suite, que les dispositions de l'art. 9 de la loi de frimaire ne s'appliquent point aux soultes de partage (Sol. adm. enreg. 22 févr. 1858, 17 avr. 1860, 25 nov. 1862, 8 déc. 1865, Garnier, *Rép. gén. enreg.*, n° 12401; 31 mars 1868, 14 août 1872, 25 nov. 1874, *Diction. droits d'enreg.*, v° *Partage*, n° 154).

1574. La question de savoir si la *cession de droits successifs* tombe sous l'application de l'art. 9 de la loi de frimaire an 7, a été discutée au *Répertoire* à la fin du présent paragraphe sous les n°s 2984 et suiv. Comme elle repose entièrement sur la nature de la convention, la discussion de ce point de droit fiscal sera mieux placée ici.

On a vu au *Rép. loc. cit.* que, conformément au mode de perception constamment suivi dans l'ancien droit, la jurisprudence moderne décidait que la disposition de l'art. 9 de la loi de frimaire an 7 s'applique à la cession de droits successifs. Cette jurisprudence a été confirmée par deux arrêts par lesquels il a été décidé :... que la cession de droits successifs mobiliers et immobiliers, faite sans désignation distincte de la valeur des droits mobiliers cédés et sans stipulation d'un prix particulier pour ces derniers droits, est pas-

sible du droit de cession immobilière sur la totalité du prix fixé, encore que le montant des objets mobiliers compris dans la cession serait établi par la production du testament authentique qui forme le titre du cédant : cette production, en admettant qu'elle pût suppléer à la désignation exigée dans le contrat même par l'art. 9 de la loi du 22 frim. an 7, ne remplace pas la stipulation d'un prix particulier également prescrite par cet article (Civ. cass. 2 août 1853, aff. Faverotte, D. P. 53. 1. 448. Conf. Naquet, t. 1, n° 289; Garnier, *Rép. gén. enreg.*, n° 7034; *Diction. droits d'enreg.*, v° *Droits successifs*, n°s 116 et suiv.; Demante, t. 1, n° 271).

1575. Il n'en peut plus être ainsi actuellement pour les cessions de droits successifs dont l'effet est de mettre fin à l'indivision. En effet, l'Administration reconnaît aujourd'hui que la cession de droits successifs qui met fin à l'indivision n'est autre chose qu'un partage avec soulte et elle lui applique, en conséquence, les règles de perception concernant les partages avec soulte, notamment que la soulte s'impute, pour la perception du droit proportionnel, de la manière la plus favorable au contribuable (V. *suprà*, n° 1573). D'un autre côté, on vient de voir que cette dernière règle exclut celle de l'art. 9 de la loi de frimaire an 7 et que, par suite, les dispositions de cet article ne s'appliquent point aux soultes de partage (V. *suprà*, n° 1301). Il s'ensuit nécessairement que ces mêmes dispositions ne peuvent être appliquées à la cession de droits successifs dont l'effet est de mettre fin à l'indivision et qui, par suite, n'est autre chose qu'un partage avec soulte.

1576. Il est enseigné au *Rép.* n° 2965 que l'art. 9 de la loi de l'an 7, traitant à l'égal d'une transmission immobilière *pour le tout* la vente simultanée de meubles et d'immeubles, lorsqu'il n'y a pas de séparation entre ces deux classes de biens, est applicable aux ventes de l'espèce qui ont lieu par simple *convention verbale*. Mais cela doit s'entendre du cas où la convention verbale résulte d'une déclaration faisant titre entre les parties, ce qui avait lieu dans l'espèce de l'arrêt du 25 nov. 1839 invoqué (V. *loc. cit.*) à l'appui de cette opinion. Comme l'a très bien dit M. Demante, t. 1, n° 272, « si l'énonciation d'une pareille vente est faite par une seule des parties dans un acte qui ne fasse pas titre de la vente, par exemple, dans un commandement signifié à la requête du vendeur, la ventilation est admissible sans état estimatif. Mais si l'Administration arrive à prouver l'existence de l'acte instrumentaire de la vente simultanée ou si l'énonciation d'une pareille vente se rencontre dans un acte émané des deux parties qui, par suite, puisse faire titre de ladite vente, il y a lieu d'appliquer purement et simplement l'art. 9 et de percevoir le droit immobilier sur le tout » (Conf. Garnier, *Rép. gén. enreg.*, n° 17773; *Diction. droits d'enreg.*, v° *Vente*, n° 587; Naquet, t. 1, n° 290).

N° 2. — Nature des biens transmis (*Rép.* n°s 2967 à 2977).

1577. L'art. 9 visant les transmissions simultanées de meubles et d'immeubles, ne saurait être appliqué à une convention qui aurait pour objet, soit des meubles seulement, leur transmission fût-elle tarifée à des droits différents, soit des immeubles seulement, ces immeubles fussent-ils d'espèces différentes (*Rép.* n° 2967). Ainsi l'art. 9 ne serait pas applicable à la vente qui comprendrait à la fois un navire, vente exceptionnellement tarifée au droit fixe, comme on l'a établi *suprà*, n° 428, et d'autres objets mobiliers (*Rép.* n° 2968); mais il le serait pour la vente simultanée d'un navire et d'immeubles ainsi qu'on l'a fait observer ci-dessus, *loc. cit.*

1578. La vente comprenant des objets mobiliers auxquels leur destination donne le caractère d'immeubles et l'immeuble auquel ils accèdent ne rentre pas dans le cas prévu par l'art. 9 de la loi de frimaire an 7 : une pareille vente est immobilière pour le tout et donne lieu au droit de 5 fr. 50 cent. sur la totalité du prix, lors même qu'il serait divisé (*Rép.* n° 2969). Nous avons vu de nombreuses applications de cette règle, lorsque nous avons étudié les règles de perception se rapportant aux transmissions mobilières (V. *suprà*, n° 1407). — En résumé, d'après cette jurisprudence, au cas de vente à la même personne d'un établissement industriel et des objets qui, employés à l'exploitation de cet établissement, étaient *immeubles par destination*, lesdits objets sont considérés comme ayant conservé ce caractère, et le droit de vente immobilière à 5 fr. 50 cent. pour 100 est dû sur le prix total de la vente (V. Trib. Lodève, 6 avr. 1853 ; Trib. Evreux, 26 juill. 1873 ; Trib. Seine, 14 mars 1879 ; Trib. Saint-Omer, 8 avr. 1881 ; Civ. cass. 11 août 1884; Trib. Seine, 31 juill. 1885; Trib. Marseille, 24 nov. 1885, cités *suprà*, n°s 1407 et 1408); ... Lors même que les objets ont été désignés et estimés, article par article, dans le contrat, avec stipulation d'un prix particulier (Civ. rej. 15 déc. 1857, cité *suprà*, n° 1407); ... Lors même que la vente en a été faite par acte distinct passé le même jour que celui portant vente du fonds (Trib. Douai, 17 mars 1876; Trib. Lille, 8 déc. 1876; Trib. Sedan, 2 avr. 1889, cités *suprà*, n° 1407).

Toutefois, en général, et sous la réserve, toujours sous-entendue, du cas de fraude, les objets mobiliers immeubles par destination recouvrent leur caractère originaire de meubles lorsqu'ils sont vendus séparément du fonds; par suite, la vente qui en est faite, ne donne lieu qu'au droit de vente mobilière (Trib. Seine, 18 juin 1864, cité *infrà*, n° 1581; Civ. cass. 27 juin 1882, cité *suprà*, n° 1410).

1579. On a vu, d'autre part, suivant quelles règles la perception doit être établie pour les ventes de *bâtiments et constructions* destinés à être démolis (V. *suprà*, n° 1398), ... Ou bien élevés:... sans adhérence au sol (V. *suprà*, n° 1400);... sur terrain d'autrui par un tiers, fermier ou autre (V. *suprà*, n° 1401);... au cours du mariage, sur un terrain propre à l'un des époux (V. *suprà*, n° 1406).

1580. Il reste, pour compléter cette matière, à examiner comment la perception doit être faite au cas de vente d'une maison avec les *glaces* qui la garnissent.

L'Administration de l'enregistrement a admis, en premier lieu, que lorsque l'acte constatant la vente d'une maison avec les glaces qui la garnissent, contient l'estimation et la désignation de ces glaces, article par article, et qu'il y est stipulé un prix particulier pour ces objets, la convention ne donne lieu qu'au droit de 2 pour 100 sur ce prix, sans qu'il y ait lieu de vérifier si les glaces sont de la nature des immeubles par destination, d'après l'art. 525 c. civ. (*Rép.* n° 2977). Puis, il a été jugé en sens contraire que, les glaces que les nécessités du mode d'exploitation de la maison indiquent y avoir été placées à perpétuelle demeure étant immeubles par destination, la vente de la maison, avec les glaces qui s'y trouvent, donne lieu à la perception du droit de mutation immobilière sur la totalité du prix, quoique les glaces aient été l'objet d'un prix à part (Trib. Versailles, 21 juin 1855, aff. Louesse; D. P. 55. 3. 70). Enfin les véritables principes nous paraissent avoir été consacrés par un arrêt de la chambre civile de la cour de cassation du 17 janv. 1859 (aff. Stephens, D. P. 59. 1. 68), qui a décidé que la seule intention du propriétaire ne suffit point pour attribuer aux glaces d'une maison la qualité d'accessoire immobilier ; que cette qualité doit nécessairement se justifier par le fait matériel d'une adhésion apparente et durable, et que, en conséquence, la vente d'un hôtel avec les glaces dont le contrat contient la désignation et l'estimation, et pour lesquelles un prix particulier a été stipulé, ne peut être assujettie au droit de vente immobilière sur le prix afférent aux glaces, lorsqu'aucun signe extérieur d'incorporation n'est constaté, et par l'unique motif que, depuis la construction de l'hôtel, elles sont restées constamment en place, et que, d'après les habitudes actuelles, un appartement n'est complet qu'avec des glaces.

1581. Dès que la vente est faite moyennant un prix unique, le droit de vente immobilière à 5 fr. 50 cent. pour 100 est dû sur la totalité de ce prix, alors même que les objets mobiliers compris dans la vente n'ont pas le caractère d'immeubles par destination (*Rép.* n° 2976). Si,

au contraire, les conditions de l'art. 9 : stipulation d'un prix pa ticulier, estimation article par article, sont remplies, il n'est dû que le droit de vente mobilière à 2 pour 100 sur le prix des objets mobiliers (*Rép.* n° 2977). A plus forte raison, en est-il ainsi au cas où la vente du mobilier est faite distinctement de celle de l'immeuble, quoiqu'en même temps et à la même personne, alors que, d'ailleurs, la fraude ne peut être soupçonnée. Ainsi, il a été jugé que, lorsque, dans la mise en vente par adjudication publique d'une maison de campagne garnie d'un mobilier, celui-ci a été l'objet d'un prix distinct, l'adjudicataire ayant la faculté de le prendre ou de ne pas le prendre, si, n'y a lieu, si l'adjudicataire use de cette faculté, de percevoir sur l'acquisition du mobilier que le prix de vente mobilière, les meubles acquis ne pouvant, dans ce cas, être réputés immeubles par destination (Trib. Seine, 18 juin 1864, aff. Basilewski, D. P. 65. 3. 77).

1582. On s'est demandé si la disposition de l'art. 9 de la loi de frimaire an 7 était applicable dans le cas où il s'agit de transmission simultanée d'immeubles et de *droits incorporels*, comme les rentes ou les créances. Nous avons dit (*Rép.* n° 2974) que la double condition exigée par cet article pour l'application du tarif mobilier, la stipulation d'un prix distinct et l'estimation article par article, ne paraissait pas nécessaire dans ce cas. Telle était, en effet, l'opinion admise par la doctrine, confirmée par la jurisprudence et suivie par l'Administration (*Rép.* n° 2983. V. également : Demante, t. 1, n° 268; Naquet, t. 1, n° 288; Garnier, *Rép. gén. enreg.*, n° 17774).

Un arrêt de la cour de cassation portait, en propres termes, que « la disposition de l'art. 9 de la loi du 22 frim. an 7 n'est applicable qu'aux meubles qui, par leur nature et leur forme extérieure, peuvent être détaillés, désignés et évalués article par article » (Civ. rej. 21 oct. 1811, *Rép.* n° 2983). Cette interprétation a servi, pendant de longues années, de règle de perception. Toutefois, différents arrêts ont été rendus en sens contraire. Ainsi il a été décidé que le droit de vente immobilière était dû, par application de l'art. 9 de la loi de frimaire an 7, sur l'intégralité du prix unique stipulé:... dans un acte portant vente d'immeubles et d'un office (Civ. rej. 25 nov. 1839, *Rép.* n° 2965);... dans un acte portant vente d'une usine construite sur le terrain d'autrui loué à cet effet, plus des ustensiles et de la clientèle de l'établissement (Civ. cass. 15 avr. 1846, aff. Javal, D. P. 46. 1. 171 ; *Rép.* n° 2894);... dans un acte de cession de droits successifs, mobiliers et immobiliers, encore bien que les droits mobiliers consistassent en une créance dont le capital était déterminé (Civ. cass. 2 août 1853, aff. Faverotte, D. P. 53. 1. 246); ... dans un acte portant vente par le preneur du droit au bail ainsi que du bénéfice de la promesse de vente, y stipulée, de constructions élevées par lui sur le terrain loué ainsi que du matériel d'une usine établie sur le terrain, alors qu'il n'a pas été stipulé de prix distinct pour les objets mobiliers cédés (Civ. cass. 19 avr. 1869, aff. Ville de Paris, D. P. 69. 1. 427); ... dans une espèce où l'actif d'une société en participation, comprenant des immeubles, des objets mobiliers et des créances, avait été abandonné par l'associé qui avait fait les acquisitions en son nom personnel et avait ainsi seul la propriété ostensible, à son coassocié (Civ. rej. 13 nov. 1872, aff. Teisserenc, D. P. 73. 1. 126).

1583. La question a été soulevée de nouveau au sujet d'un acte portant cession du droit au bail d'un immeuble, de constructions élevées sur cet immeuble par le cédant, et d'un matériel industriel qu'il y avait installé, le tout moyennant un prix unique et sous la condition d'exécuter une sous-location consentie pour une partie de la propriété. Le tribunal de Meaux jugea le 17 avr. 1867 que cet acte avait donné lieu au droit de cession de bail à 20 cent. pour 100 sur le montant des loyers à échoir pour les années de bail restant à courir, plus au droit de vente mobilière (aff. Ville de Paris, D. P. 69. 1. 427). Ce jugement fut annulé par un arrêt qui décida que la cession ayant été faite pour une somme déterminée, sans stipulation d'un prix particulier pour les objets mobiliers qui pouvaient y être compris, le droit de vente immobilière était dû, d'après l'art. 9 de la loi de frimaire an 7, sur la totalité du prix (Civ. cass. 19 avr. 1869, cité *suprà*, n° 1582). Le tribunal de la Seine devant lequel l'affaire fut renvoyée, jugea, comme le tribunal de Meaux, que l'art. 9 n'était pas applicable et que le droit de vente immobilière n'était point dû sur la portion du prix afférente à la créance et à la cession de bail (Trib. Seine, 23 juill. 1870, aff. Ville de Paris, D. P. 71. 3. 65). Mais ce jugement fut annulé sur un nouveau pourvoi de l'Administration, et la cour décida que la loi de l'enregistrement assujettissant, dans les termes les plus généraux et les plus absolus, au droit proportionnel de vente immobilière sur la totalité du prix stipulé les transmissions de propriété ou d'usufruit de meubles et d'immeubles cumulativement, à moins qu'il ne soit stipulé un prix particulier pour les objets mobiliers et qu'ils ne soient désignés, article par article, dans le contrat, aucune distinction ne peut être admise, pour l'application de cette règle, entre les meubles corporels et les meubles incorporels ; que le droit proportionnel étant immédiatement acquis au Trésor par la présentation de l'acte à la formalité, il n'est pas au pouvoir des parties d'en modifier l'assiette et la quotité par une déclaration ultérieure ; qu'en conséquence, l'acte portant cession, moyennant un prix unique, du droit au bail d'un terrain, des constructions élevées sur ce terrain par le cédant, d'un matériel industriel attaché à ces constructions et de la créance résultant d'une sous-location, est passible du droit de vente immobilière sur l'intégralité du prix stipulé, sans que le défaut de ventilation puisse être suppléé par une déclaration ultérieure des parties (Civ. cass. 19 févr. 1873, aff. Ville de Paris, D. P. 73. 1. 449. V. la note *ibid.*).

1584. La cour fut encore appelée à se prononcer sur la question au sujet d'une vente d'immeubles et de valeurs mobilières soumises au droit spécial de transmission. Un jugement du tribunal d'Avignon du 22 mars 1877 (aff. Courtet, D. P. 78. 3. 32) avait décidé que l'art. 9 n'était pas applicable à ce cas. Mais ce jugement fut annulé par un arrêt aux termes duquel l'adjudication judiciaire, sous la stipulation d'un prix total et unique, d'un immeuble et de meubles incorporels, donne lieu au droit proportionnel d'enregistrement, au taux établi pour les transmissions immobilières sur la totalité du prix exprimé. La loi fiscale exigeant, en pareil cas, pour que la transmission mobilière ne soit assujettie à l'impôt que au taux inférieur applicable aux mutations de l'espèce, une estimation détaillée des meubles et la stipulation d'un prix particulier afférent à ces biens dans l'acte même d'adjudication, il n'est pas permis de suppléer au silence de l'acte sur ce point ni de recourir à des documents extrinsèques pour diviser le prix unique stipulé et en attribuer une partie aux meubles. Il en est ainsi, encore, bien que les meubles adjugés simultanément avec un immeuble consistent en obligations au porteur soumises au droit spécial de transmission exigible annuellement, la loi qui a établi ce nouveau mode de perception n'ayant nullement abrogé la règle dont il s'agit, et la spécialité de la taxe qu'elle a édictée n'empêchant ni de faire la désignation détaillée des titres, ni d'exprimer le prix particulier qui s'y rapporte (Civ. cass. 13 janv. 1880, aff. Courtet, D. P. 80. 1. 183).

En présence de ces décisions de la cour suprême, la controverse paraît devoir prendre fin, tout au moins dans la pratique. La cour de cassation s'est appuyée, ainsi que nous l'avons dit, sur les termes généraux de l'art. 9, l'expression de « meubles » comprenant aussi bien les meubles incorporels que les meubles corporels. Il n'y a, d'ailleurs, d'après la doctrine de ses arrêts, aucune raison de distinguer entre les différentes sortes de meubles. On a invoqué à tort, dans l'opinion contraire, les règles spéciales établies par la loi de frimaire pour la perception des droits sur les actes portant constitution ou aliénation des droits incorporels. La

raison qui a déterminé le législateur à exiger, en cas de transmission simultanée de meubles et d'immeubles, la stipulation d'un prix distinct et l'estimation article par article, cette raison s'applique, quelle que soit la nature des meubles transmis. Le législateur n'a eu d'autre but que d'empêcher une fraude facile, en faisant dégager le prix de l'immeuble ; et l'on sait que l'Administration dispose, pour les transmissions immobilières, de moyen de contrôle qu'elle n'a pas pour les transmissions mobilières. Il faut donc reconnaître que, dans son esprit et dans son texte, la disposition de l'art. 9 de la loi de frimaire an 7 s'applique à toutes transmissions simultanées de meubles et d'immeubles, soit que les meubles consistent en droits incorporels, soit qu'ils consistent en objets mobiliers proprement dits (V. D. P. 73. 1. 449, note).

1585. Suivant les termes de l'arrêt du 19 févr. 1873, cité *supra*, n° 1583, il faudrait, même, pour les droits incorporels, non seulement un prix distinct, mais encore une « désignation explicative ». Ces derniers mots ne doivent pas être pris à la lettre. La cour n'a pu évidemment avoir la pensée d'exiger des redevables au delà du possible. Toutes les fois qu'il lui a été démontré que la désignation prescrite n'avait pu réellement être fournie, elle a passé outre sur ce point : il en a été ainsi, dans l'espèce de l'arrêt du 21 oct. 1841 cité *supra*, n° 1582 ; de même, dans une autre espèce où les meubles vendus avec des immeubles n'avaient pu être désignés avec détail, parce qu'ils se trouvaient sous les scellés (Civ. cass. 7 janv. 1839, *Rép.* n° 2990).

1586. Il a été jugé que la promesse de vente renfermée dans un bail d'immeubles avec détermination du prix et stipulation d'une clause pénale en cas d'inexécution, engendrant une action qui, se rapportant à un immeuble, rentre elle-même dans la classe des biens déclarés immeubles, la cession qui en est faite donne lieu au droit de vente immobilière, et que, si le droit au bail est cédé en même temps sans distinction dans le prix stipulé, le droit de 5 fr. 50 cent. pour 100 est dû sur la totalité de ce prix (Trib. Grasse, 28 févr. 1883, aff. Société des terrains de Cannes et du Cannet, D. P. 85. 3. 79).

Relativement à la nature des promesses de ventes d'immeubles, V. *supra*, n°s 1094 et suiv.

N° 3. — *Conditions prescrites pour l'application de l'exception*
(Rép. n°s 2978 à 2995).

1587. Une difficulté s'est produite sur le point de savoir si la réunion des deux conditions est indispensable pour l'application de l'art. 9 de la loi du 22 frim. an 7, ou si l'accomplissement d'une seule ne suffit point. Est-il besoin de ce que le texte porte, d'après le *Bulletin des lois*,... « qu'un prix particulier soit stipulé pour les meubles *et* qu'ils soient désignés... » tandis que, d'après le *Moniteur*, il y aurait non *et*, mais *ou*. C'est dans le premier sens que la question a été résolue, attendu que lorsqu'une différence est constatée entre le texte d'une loi insérée au *Bulletin des lois* et celui publié au *Moniteur*, c'est le texte du *Bulletin des lois* qui a le caractère officiel et qui doit être suivi, et ce lors même qu'il s'agit d'une loi antérieure à l'ordonnance royale du 27 nov. 1816, laquelle a disposé qu'à l'avenir la promulgation des lois résulterait de leur insertion au *Bulletin des lois* (Décr. 14 frim. an 2) (Trib. Seine, 21 juill. 1866) (1).

Art. — Estimation par article sans stipulation de prix particulier.

1588. Il est enseigné au *Rép.* n° 2979 que les deux conditions auxquelles est subordonnée la perception du droit de vente mobilière sur le prix des meubles vendus avec un

___

(1) (Bienaimé C. Enreg.) — Le tribunal ; — Attendu que Paul Bienaimé a cédé à son père ses droits dans la succession de la femme Guérard, son aïeule, moyennant la somme de 35000 fr., s'appliquant jusqu'à concurrence de 12000 fr. aux objets mobiliers et pour 23000 fr. aux immeubles et moyennant encore l'acquittement d'un passif évalué à 1600 fr. ; — Qu'il a été perçu un droit de transmission immobilière sur la somme de 36600 fr., par application de l'art. 9 de la loi de frimaire an 7 ; — Que suivant le texte qui se trouve au *Bulletin des lois*, cet article soumet aux droits de transmission immobilière les actes translatifs de pro-

priété qui comprennent à la fois des meubles et des immeubles, à moins qu'il n'ait été stipulé un prix particulier pour les objets mobiliers et qu'ils ne soient désignés et estimés article par article dans le contrat ; — Qu'ainsi l'exception ne serait pas applicable par cela seul qu'un prix particulier aurait été stipulé pour les objets mobiliers, mais qu'il faudrait, en outre, qu'ils eussent été l'objet d'une désignation et d'une estimation spéciale qui ne se rencontrent pas dans l'espèce ; — Attendu que le texte de cet article, rapporté au *Moniteur* du 26 frim. an 7, présente avec celui du *Bulletin des lois* une différence qui consiste en ce que

immeuble : stipulation d'un prix particulier, estimation article par article, cette dernière suffit en thèse générale, car l'addition des estimations partielles forme la stipulation de prix particulier pour les meubles (*Rép.* n° 2979). Tel est également l'avis de M. Naquet. « Il est évident, dit cet auteur, t. 1, n° 291, que la seconde condition comprend la première, car par cela seul que l'on estime les divers objets mobiliers, on fixe le prix de l'ensemble ; il ne reste plus qu'une addition, à faire. » Selon M. Garnier, *Rép. gén. enreg.*, n° 17776, et le *Dictionnaire des droits d'enregistrement*, v° *Vente*, n° 540 *bis*, cela ne peut être admis en thèse générale. La disposition de l'art. 9 de la loi de frimaire an 7 est conçue, comme l'expriment plusieurs arrêts de la cour de cassation, en termes absolus (*Rép.*). La jurisprudence l'applique rigoureusement ; à défaut de stipulation d'un prix particulier, on se trouve en dehors du cas visé par l'art. 9, et il ne peut être suppléé par l'addition des estimations partielles, à la condition non accomplie.

Il a été jugé en ce sens que le droit proportionnel de vente immobilière est dû sur la totalité du prix stipulé dans un acte de société pour la vente qui y est contenue, au profit de la société, de meubles et d'immeubles, sans stipulation d'un prix particulier pour les objets mobiliers, et qu'il en est ainsi, encore bien que, dans un acte postérieur constatant le dépôt chez un notaire d'une ampliation du décret d'autorisation de la société, la ventilation du prix de la vente ait été faite entre les meubles et les immeubles, cette ventilation devant être considérée comme tardive et, d'ailleurs, insuffisante à défaut de désignation et d'estimation, article par article, des objets mobiliers (Req. 23 mai 1839, aff. Comp. parisienne du gaz, D. P. 59. 1. 464).

1589. Il en est autrement lorsque les parties ont stipulé que le prix à payer pour les meubles serait égal au montant de l'évaluation détaillée de ces objets. Le *Dictionnaire des droits d'enregistrement*, loc. cit., mentionne diverses solutions de l'administration de l'enregistrement des .. août 1872, .. nov. 1873, .. avr. 1875, .. avr. 1877, .. juin 1877, .. sept. et .. déc. 1879, qui ont reconnu qu'une semblable disposition équivaut à la stipulation d'un prix particulier. Nous avons cité *suprà*, n° 1349, lorsque nous avons étudié les règles de perception concernant les ventes de fonds de commerce, un jugement rendu récemment dans ce sens (Trib. Mayenne, 13 nov. 1889, aff. Lecoq, D. P. 90. 3. 87).

B. — Stipulation de prix particulier sans estimation par article.

1590. Dans tous les cas, la stipulation d'un prix particulier ne peut suppléer l'estimation article par article (*Rép.* n° 2980). Ainsi, le droit de transcription exigible sur un

acte par lequel un héritier cède à ses cohéritiers, moyennant un prix unique, tous ses droits successifs tant dans les immeubles que dans les meubles de la succession, doit être liquidé sur le prix total, encore que l'acte spécifie la portion applicable aux immeubles et celle afférente aux meubles, alors, d'ailleurs, que les meubles n'ont point été désignés et estimés article par article dans le contrat (Civ. cass. 7 juill. 1852, aff. Rigault-Vion, D. P. 52. 1. 205. Conf. Trib. Toulouse, 8 juill. 1886, et Trib. Valence, 11 juill. 1887, *Rép. pér. enreg.*, art. 6794 et 6961).

Il a été jugé, dans le même sens, que l'acte constatant la vente d'une usine et de son outillage donne lieu à la perception du droit de vente immobilière sur la totalité du prix stipulé, lorsque les objets comprenant l'outillage n'ont pas été désignés et estimés, article par article, ou tout au moins par catégorie (Trib. Bruxelles, 29 déc. 1869, aff. X..., D. P. 72. 5. 206). — Dans cette espèce, quand bien même les conditions de l'art. 9 auraient été remplies, on aurait pu se demander si le droit proportionnel immobilier n'était pas cependant dû, les objets mobiliers servant à l'exploitation d'une usine pouvant être considérés comme des immeubles par destination.

C. — Mode de l'estimation.

1591. Lorsqu'il s'agit de meubles complexes par leur nature, quoique uniques dans la pensée des contractants, comme un troupeau, ou des meubles qui ne sont que très difficilement susceptibles d'être désignés, détaillés et évalués article par article, comme un *fonds de commerce*, dont les parties intégrantes ne forment, réunies dans l'esprit des contractants, qu'un seul meuble, l'estimation *in globo* doit suffire dans ce cas et empêche la perception du droit proportionnel immobilier sur la totalité du prix (Trib. Laon, 23 mars 1877, *Journ. enreg.*, art. 20541. Conf. Trib. Cosne, 26 juin 1889, Garnier, *Rép. pér. enreg.*, n° 7366. Conf. *Rép.* n°° 2981 et 2983). L'administration de l'enregistrement s'est elle-même prononcée en ce sens (Sol. adm. enreg. 14 juin 1876) (1). — Mais la vente d'un immeuble et d'un fonds de commerce, qui y est attaché, faite pour un prix unique, avec déclaration, dans l'acte de vente, que la clientèle est estimée telle somme « pour la perception des droits d'enregistrement seulement, et sans que cette déclaration puisse profiter ou préjudicier à qui que ce soit », est passible du droit proportionnel immobilier pour le tout, cette évaluation arbitraire ne tenant pas lieu de la stipulation d'un prix distinct, ainsi que la loi l'exige (Trib. Limoux, 30 juin 1886, *Journ. enreg.*, art. 22789).

1592. L'estimation article par article est-elle nécessaire dans les *cessions des droits successifs* mobiliers et immobi-

---

le mot *et* qui se trouve entre les mots *désignés* et *estimés* y est remplacé par la *disjonctive ou* ; — Que la place qu'occupe le dernier mot ne serait, suivant l'opposant, que la conséquence d'une erreur typographique, une désignation sans estimation devant évidemment être sans influence sur la perception ; — Qu'il faudrait donc lire : « à moins qu'il ne soit stipulé un prix particulier pour les objets mobiliers, ou qu'ils ne soient désignés et estimés article par article dans le contrat » ; — Qu'il suffirait donc que les objets mobiliers aient donné lieu, comme dans l'espèce, à une stipulation de prix spéciale pour qu'il ne puisse être perçu qu'un droit de transmission mobilière ; — Attendu que Bienaimé soutient qu'à l'époque où la loi de frimaire a été promulguée, le *Bulletin des lois* n'avait pas le caractère officiel, qu'on ne lui aurait été attribué que par l'ordonnance royale du 27 nov. 1816, de telle sorte qu'en présence de la divergence des textes il conviendrait de s'en référer à celui qui a été rapporté par le *Moniteur*, organe officiel du Gouvernement, au moment où la loi venait d'être votée ; — Mais attendu que le décret du 14 frim. an 2, qui a institué le *Bulletin des lois*, a manifestement entendu que son texte fût suivi à l'exclusion de tous autres ; — Qu'il porte, en effet, dans son art. 1er, que les lois concernant l'intérêt public ou qui sont d'une exécution générale seront imprimées séparément dans un bulletin numéroté qui servira désormais à leur notification aux autorités constituées ; — Qu'aux termes de l'art. 9, il devait être donné lecture publique du *Bulletin* dans les vingt-quatre heures de la réception, et que cette formalité attachait à la disposition légale la force obligatoire ; — Qu'ainsi, le texte qui recevait cette publicité était le seul qui fût réputé connu des populations et celui que les autorités publiques devaient assurer l'exécution ; — Attendu que plusieurs autres dispositions législa-

tives, également antérieures à l'an 7, fourniraient au besoin, à cet égard, une preuve nouvelle ; qu'un décret du 30 therm. an 2 prescrit que les lois d'un intérêt général porteront cette formule : « Le présent décret sera inséré au *Bulletin des lois* » ; — Que le décret du 8 pluv. an 3 ordonne l'envoi immédiat à l'imprimerie nationale de toute loi d'une exécution générale et l'impression d'exemplaires en nombre suffisant pour la distribution qui devra être faite ; — Que le décret du 12 vend. an 4 prescrit l'insertion de toute loi et de tout acte du Corps législatif dans un bulletin spécial et officiel, appelé *Bulletin des lois*, dont chaque numéro devra être revêtu d'un signe extérieur d'authenticité ; — Qu'enfin un arrêté en date du 10 frim. an 3 constitue les fonctionnaires qui reçoivent le *Bulletin* dépositaires du recueil et les charges de le transmettre à leurs successeurs ; — Attendu que l'ordonnance du 27 nov. 1816 n'a donc pas attribué au *Bulletin* une authenticité exclusive, qui lui appartenait depuis longtemps ; qu'elle n'a eu pour but que de déterminer la forme de la promulgation en la faisant résulter de la réception de la loi, soit par le ministre de la justice, soit par les autorités départementales ; — Attendu, dès lors, qu'il n'y a lieu de s'arrêter au texte du *Moniteur*, texte qui, pour être intelligible, a lui-même besoin d'une rectification arbitraire ; — Par ces motifs, etc.
Du 21 juill. 1866.—Trib. civ. de la Seine.

(1) Me B..., notaire, a dressé, le 29 juill. 1875, le cahier des charges de l'adjudication en deux lots de deux fonds de commerce de marchand de bois dépendant de la faillite du sieur G... — La vente devait comprendre : 1° la clientèle et l'achalandage ; 2° diverses constructions élevées par le failli sur des terrains loués par lui ; 3° le droit au bail des lieux. En outre, les adjudi-

liers? Cette question, qui est traitée ici au *Rép.* n° 2984, a été discutée *suprà*, n° 1304.

D. — Estimation par article et stipulation d'un prix particulier dans le contrat.

1593. Aux termes de l'art. 9, l'estimation article par article et la stipulation d'un prix particulier pour les meubles vendus avec un immeuble doivent se trouver *dans le contrat* (*Rép.* n° 2992).Mais il y a lieu de distinguer à cet égard entre les deux conditions.

En effet, en ce qui concerne la désignation et l'estimation article par article, la règle souffre certains tempéraments indiqués au *Rép. loc. cit.* Le but de la loi est, en effet, rempli, lorsque les parties se réfèrent, par exemple, à un inventaire contenant le détail et l'évaluation des objets vendus ou à un état estimatif annexé à l'acte de cession. Cela ne fait pas difficulté (Sol. adm. enreg. 7 avr. 1856, Garnier, *Rép. gén. enreg.*, n° 17779; *Diction. droits d'enreg.*, v° *Vente*, n° 569; Demante, t. 1, n° 270-I; Naquet, t. 1, n° 291).

1594. Mais, s'il n'est pas indispensable que la désignation estimative se trouve dans le contrat même, il est de toute nécessité qu'elle soit renfermée dans un acte antérieur ou, tout au moins, fait en même temps que l'acte de cession, et que les parties s'y soient référées dans ce dernier acte. Cela résulte de la doctrine des arrêts de la cour de cassation cités *infrà*, n° 1595, spécialement de ceux des 2 août 1853 et 19 févr. 1873.

Il a été jugé, en ce sens, que le droit de vente immobilière à 3 fr. 50 pour 100 est dû sur la totalité du prix d'une adjudication de meubles et d'immeubles, encore bien que la ventilation de ce prix soit établie dans une déclaration souscrite à la suite du procès-verbal d'adjudication en conformité de l'art. 16 de la loi du 22 frim. an 7 et que les meubles soient désignés dans un contrat antérieur, si les parties ne se sont pas référées expressément à ce contrat (Trib. Corbeil, 7 avr. 1886) (1).

1595. Quant à la stipulation d'un prix particulier, la règle ne souffre aucun tempérament; il faut que cette stipulation se trouve dans le contrat même pour que l'exception

---

cataires étaient tenus de prendre, à dire d'experts, le matériel désigné dans un état annexé et les marchandises qui se trouveraient le jour de la prise de possession et de l'expertise. — Enfin, il était stipulé que, sur la mise à prix du premier lot, la moitié du prix serait afférente aux constructions, et l'autre moitié au fonds de commerce, et que, sur celle du deuxième lot, 400 fr. seraient afférents aux constructions, et le surplus au prix du fonds de commerce. — Le premier lot a été vendu, le 30 juill. 1875, moyennant le prix principal de 1050 fr. — Le droit de 5 fr. 50 pour 100 a été exigé sur la totalité de ce prix. — Le deuxième lot a été vendu, le 10 sept. 1875, moyennant le prix principal de 2050 fr. — Cette somme a été assujettie également au droit de 5 fr. 50 pour 100. — Les acquéreurs sollicitent aujourd'hui la restitution d'une partie de ces droits pour fausse application de l'art. 9 de la loi du 22 frim. an 7. — Il semble, en effet, que le droit de 5 fr. 50 pour 100 ne pouvait être exigé que sur les sommes de 525 fr. et 400 fr. représentant le prix des constructions. — Aux termes de l'art. 9 de la loi de frimaire, qui concerne aussi bien les objets incorporels que les meubles corporels, soit applicable à une vente comprenant des meubles et des immeubles, il faut soit qu'il n'ait pas été stipulé un prix particulier pour les objets mobiliers, soit que ces objets n'aient point été désignés et estimés article par article. Mais il est évident que, si un seul objet mobilier est vendu en même temps que des immeubles, il n'y a pas lieu de faire dans le contrat une désignation et une estimation article par article, puisqu'il n'y a qu'un seul article. Il suffit, dans ce cas, qu'un prix distinct ait été stipulé. — Or, dans l'espèce, et abstraction faite du matériel et des marchandises qui ont fait l'objet d'une mutation distincte de l'adjudication, on doit reconnaître que, pour chacun des lots mis en vente, la clientèle, l'achalandage et le droit au bail ne formant qu'une seule et même chose, à savoir le fonds de commerce lui-même, n'étaient pas susceptibles d'une estimation article par article, et que la distinction du prix résultait suffisamment du cahier des charges, dont l'art. 15 porte que, pour le premier lot, moitié des enchères, soit 525 fr. formant le prix du fonds de commerce, et que, pour le second lot, le montant des enchères, déduction faite de 400 fr. applicables aux constructions, constituera le prix du fonds de commerce. — On objecte que la ventilation du prix, n'étant pas l'œuvre des parties, doit être considérée comme faite à la suite du procès-verbal d'adjudication; mais, dans l'espèce, la ventilation est contenue dans le cahier des charges, et ce cahier des charges, dressé préalablement à l'adjudication, forme pour ainsi dire une partie intégrante du procès-verbal d'adjudication, et fait au surplus la loi des acquéreurs. Il est reconnu, d'ailleurs, qu'on peut se référer, pour la distinction du prix ou pour l'estimation détaillée des objets mobiliers, à un acte antérieur à la vente (Instr. 1320, § 10. V. en ce sens : Trib. Alençon, 6 déc. 1841, Garnier, *Rép. gén. enreg.*, n° 17780). — Il s'ensuit que l'art. 9 de la loi du 22 frim. an 7 doit rester sans application.
Du 14 juin 1876.-Sol. adm. enreg.

(1) (Dioudonnat et Ducoureau.) — Le tribunal ; — Attendu qu'aux termes d'un cahier des charges dressé par M° Corpechot, notaire à Arpajon, le 15 avr. 1885, Florimond et Joseph Dioudonnat, Baratier et autres ont mis en vente des immeubles, le droit au bail et à certains traités réservé aux vendeurs, par un acte reçu Pothier de la Berthellière, notaire à Paris, les 31 mars et 3 avril même mois, et le matériel servant à l'exploitation des carrières ouvertes sur les terres comprises dans la vente; que ce matériel a été désigné sous dix articles seulement, qu'il est seulement indiqué, à l'origine de propriété, comme ayant été acquis, dans certaines proportions, des époux Lazies, par les frères Dioudonnat, Baratier et autres, aux termes de l'acte Pothier de la Berthellière des 31 mars et 3 avril ; — Attendu que cette mise

en vente a été faite sur un prix unique de 4000 fr. ; — Que, suivant procès-verbal du même jour, « lesdits immeubles, objets mobiliers, matériel et droits incorporels, désignés au cahier des charges précité » ont été adjugés, moyennant un prix unique de 40600 fr., à Florimond Dioudonnat, pour un tiers, et à Ducoureau, pour deux tiers ; — Qu'en fin de l'acte Dioudonnat et Ducoureau ont déclaré que ce prix était applicable aux immeubles pour 16000 fr. et aux meubles pour 24600 fr. ; — Attendu que la Régie a réclamé le droit d'enregistrement sur la totalité du prix de 40600 fr. au taux régié pour les immeubles, en se fondant sur l'art. 9 de la loi du 22 frim. an 7 ; — Attendu que, pour justifier leur opposition à la contrainte délivrée contre eux, Dioudonnat et Ducoureau prétendent que les meubles ayant été désignés avec détail dans le cahier de charges, estimés dans l'acte Pothier de la Berthellière, auquel ils s'en référaient, et le prix ayant été ventilé, lors de l'adjudication, pour la valeur des meubles et droits incorporels, le vœu de la loi a été rempli ; que l'Administration pouvait contrôler leur estimation, soit par voie d'expertise, soit en se référant aux actes visés qui constateraient que les immeubles avaient été acquis par Lazies moyennant 14801 fr. ; — Attendu qu'il importe de relever d'abord plusieurs circonstances qui rendent au moins suspecte la ventilation faite après l'adjudication du 15 avril ; — 1° Les immeubles et les meubles et droits incorporels avaient été vendus quelques jours avant, les 31 mars et 3 avril, par deux actes séparés devant Pothier de la Berthellière, les immeubles moyennant 21000 fr. ; et les meubles et droits incorporels moyennant 63000 fr. ; — 2° Les immeubles semblaient former un tout avec les objets mobiliers considérés comme immeubles par destination par les vendeurs eux-mêmes qui avaient pris soin d'en établir l'origine de propriété, après les avoir désignés comme faisant partie de l'exploitation des pierres meulières ; — 3° La surenchère de 600 fr. mise sur le prix unique fixé aux immeubles et aux meubles a été appliquée aux meubles seulement ; — Attendu que l'art. 9 de la loi frimaire an 7 pose cette règle, que lorsqu'un acte translatif de propriété comprend des meubles et des immeubles, le droit d'enregistrement est perçu sur la totalité du prix ; qu'il ne prévoit qu'une seule exception, quand il ajoute : à moins qu'il ne soit stipulé un prix particulier pour les objets mobiliers et qu'ils ne soient désignés et estimés article par article dans le contrat ; — Attendu que si la jurisprudence a admis certains tempéraments à cette exigence pour les meubles qui, par leur nature, leur forme extérieure, ne peuvent être détaillés, désignés et évalués article par article, qui forment un tout, une universalité dont l'existence est indépendante des éléments qui la composent ou qui sont estimés dans un inventaire authentique, un procès-verbal d'expertise, un état estimatif annexés à l'acte de cession et présentés en même temps à la formalité de l'enregistrement, si l'on peut regarder la totalisation des différentes estimations des meubles ou des immeubles, comme formant leur prix, on ne rencontre dans les faits de la cause aucun de ces caractères, aucune de ces circonstances ; — Que l'acte de vente mobilière du 3 avril ne stipule qu'un prix en bloc ; que les parties n'y ont pas d'ailleurs renvoyé l'Administration pour une référence formelle et sincère ; qu'elles n'ont pas manifesté leur intention de prendre cet acte pour base de la perception à effectuer ; — Que les enchères ayant eu lieu sur l'ensemble des objets à vendre, il n'est pas possible, quelles que soient, d'ailleurs, les clauses et énonciations du cahier des charges, d'attribuer une portion de prix à chacun des objets vendus, rien n'indiquant si les enchérisseurs ont été sollicités par la considération des biens meubles, ou par celle des biens immeubles ; — Attendu que la Régie considère à bon droit comme n'ayant aucune valeur légale et aucune force obligatoire la déclaration faite à la suite de l'adjudication, la foi due aux actes authentiques ne portant pas sur ce qui concerne la rédaction matérielle et ne pouvant s'étendre à la sincé-

de l'art. 9 soit applicable. Cette disposition, porte un arrêt de la cour de cassation, exige impérativement que la stipulation d'un prix particulier afférent aux meubles soit insérée dans l'acte même qui réalise la transmission cumulative. En effet, ce qu'il est essentiel de déterminer, ce n'est pas la valeur vraie ou vénale des meubles, mais bien le prix pour lequel ils ont été réellement compris dans la vente, et cet élément ne peut être légalement établi que dans les conditions et suivant le mode prescrit par l'art. 9 (Civ. cass. 13 janv. 1880, aff. Courtet, D. P. 80. 1. 183), c'est-à-dire par une stipulation renfermée dans le contrat même.

La jurisprudence repousse l'application de l'exception établie par l'art. 9... encore bien que l'évaluation des objets mobiliers compris dans la cession soit établie par la production d'un testament authentique formant le titre même du cédant (Civ. cass. 2 août 1853, aff. Faverotte, D. P. 53. 1. 246);... lors même que la .ventilation est faite dans l'acte constatant le dépôt dans les minutes d'un notaire, de l'acte sous seing privé de vente de meubles et d'immeubles (Req. 23 mai 1859, aff. Compagnie parisienne du gaz, D. P. 59. 1. 464);... à plus forte raison, quand il a été suppléé au défaut de ventilation par une simple déclaration postérieure des parties. (Civ. cass. 19 févr. 1873, aff. Ville de Paris, D. P. 73. 1. 449);... sans qu'il soit permis de suppléer sur ce point au silence de l'acte de cession ni de recourir à des documents extrinsèques, pour diviser le prix unique stipulé et en attribuer une partie aux meubles (Arrêt précité du 13 janv. 1880).

1596. Mais si le cahier des charges de l'adjudication simultanée de meubles et d'immeubles détermine à l'avance la portion du prix qui se rapportera aux meubles, cette ventilation satisfait au vœu de l'art. 9 et, par suite, il n'est dû que le droit de vente mobilière sur le prix ainsi déterminé des meubles vendus. Cela résulte expressément de la solution de l'administration de l'enregistrement du 14 juin 1876 rapportée *supra*, n° 1591.

§ 4. — Transmission de jouissance (*Rép.* n°s 2996 à 3179).

1597. L'art. 4 de la loi du 22 frim. an 7 a soumis au droit proportionnel « toute transmission de propriété, d'usufruit ou de jouissance ». Cette rédaction indique que la loi fiscale étend ses prévisions aux transmissions ayant pour objet des *jouissances* qui ne sont pas l'*usufruit*. Les actes translatifs de ces jouissances sont les *baux* et les *engagements d'immeubles* (*Rép.* n° 2996). L'art. 13 de ladite loi de frimaire, qui a réglé les présomptions de mutation par rapport aux jouissances, confond ces deux conventions dans la même disposition : « la jouissance à titre de *ferme* ou de *location* ou d'*engagement d'un immeuble* ». Lesdites conventions font l'objet du présent paragraphe.

N° 1. — Baux; Sous-baux; Cautionnements, cessions, subrogations, rétrocessions de baux (*Rép.* n°s 3000 à 3150).

A. — Considérations générales; Législation (*Rép.* n°s 3000 à 3007).

1598. Il s'agit ici du louage de choses. A l'égard du louage d'*ouvrage*, la matière a été traitée *supra*, n°s 944 et suiv.

1599. La législation fiscale établit deux catégories distinctes de baux: l'une embrassant les baux qu'on peut appeler *ordinaires*, en ce que, conformément à la définition de la loi civile qui suppose une convention faite pour un certain

temps, la durée en est limitée; l'autre catégorie comprenant les baux qu'on peut qualifier d'*extraordinaires*, en ce qu'ils ne se renferment pas dans une durée déterminée ou aisément déterminable, comme sont les baux à vie, ceux dont la durée est illimitée, et ceux à rente perpétuelle (*Rép.* n° 3001).

1600. Les baux de la première catégorie, ceux dont la durée est limitée, sont assujettis au droit de 20 cent. pour 100; ceux de la seconde catégorie sont assimilés aux mutations de propriété à titre onéreux et tarifés, comme ces mutations, au droit de 2 pour 100 ou à celui de 4 pour 100, selon qu'il s'agit de mutations mobilières ou immobilières (*Rép.* n°s 3004 et 3005).

1601. Le tarif est toujours le même, mais de graves modifications ont été apportées à la législation, à la suite des événements de 1870-1871, concernant les conditions d'exigibilité du droit proportionnel de bail, le mode de perception de ce droit, le contrôle de l'Administration et les sanctions pénales.

1602. L'art. 11 de la loi du 23 août 1871 qui, a dit l'administration de l'enregistrement, « forme en quelque sorte un code complet de la matière » (Instr. adm. enreg. 25 août 1871, n° 2443, § 5, D. P. 71. 3. 49), est ainsi conçu: « § 1er. Lorsqu'il n'existe pas de conventions écrites constatant une mutation de jouissance de biens immeubles, il y est suppléé par des déclarations détaillées et estimations, dans les trois mois de l'entrée en jouissance. — § 2. Si la location est faite suivant l'usage des lieux, la déclaration en contiendra la mention. — Les droits d'enregistrement deviendront exigibles dans les vingt jours qui suivront l'échéance de chaque terme, et la perception en sera continuée jusqu'à ce qu'il ait été déclaré que le bail a cessé ou qu'il a été résilié. — § 3. En cas de déclaration insuffisante, il sera fait application des dispositions des art. 19 et 39 de la loi du 22 frim. an 7. — § 4. La déclaration doit être faite par le preneur ou, à son défaut, par le bailleur, ainsi qu'il est dit à l'art. 14 ci-après. — § 5. Ne sont pas assujetties à la déclaration les locations verbales ne dépassant pas trois ans et dont le prix annuel n'excède pas 100 fr. Toutefois, si le même bailleur a consenti plusieurs locations verbales de cette catégorie, mais dont le prix cumulé excède 100 francs annuellement, il sera tenu de la déclaration et d'acquitter personnellement et sans recours les droits d'enregistrement. — § 6. Si le prix de la location verbale est supérieur à 100 fr. sans excéder 300 fr. annuellement, le bailleur sera également tenu d'en faire la déclaration et d'acquitter les droits exigibles, sauf son recours contre le preneur qui sera dispensé, dans ce cas, de la formalité de la déclaration. — § 7. Le droit sera exigible lors de l'enregistrement ou de la déclaration. Toutefois si le bail est de plus de trois ans et si les parties le requièrent, le montant du droit pourra être fractionné en autant de périodes égaux qu'il y aura de périodes triennales dans la durée du bail. Le payement des droits afférents à la première période sera seul acquitté lors de l'enregistrement ou de la déclaration, et celui des périodes subséquentes aura lieu dans le premier mois de l'année qui commencera chaque période. — § 8. La dernière disposition du n° 2 du paragraphe 3 de l'art. 69 de la loi du 22 frim. an 7, relative au baux de trois, six ou neuf années, est abrogée. — § 9. Les dispositions du présent article ne seront exécutoires qu'à partir du 1er octobre prochain ».

L'art. 14 de la même loi dispose qu' « à défaut d'enregistrement ou de déclaration dans les délais fixés par les lois des 22 frim. an 7, 27 vent. an 9, et par l'art. 11 de la présente

---

rité d'une pareille déclaration ; que, par suite, ni les vendeurs dont elle ne saurait, par exemple, limiter le privilège, ni les tiers intéressés ne se trouvent liés par une ventilation purement arbitraire, comme ils le seraient par la clause dans laquelle des prix distincts auraient été stipulés; — Attendu que la seule base que l'enregistrement ait pu et dû prendre pour asseoir le droit proportionnel, c'est le prix unique d'adjudication de 40600 fr., constaté par le notaire ; — Attendu que la loi de frimaire, par l'art. 9, a voulu mettre dans les mains de l'Administration un moyen préventif d'empêcher les fraudes, sans l'obliger à recourir à des expertises prévues par d'autres cas autorisés (art. 14 et 17); — Attendu que, quelles que soient les garanties offertes par les ventes publiques, elles ne sauraient remplacer les stipulations exigées par l'art. 9 qui n'établit aucune distinction entre les

différents actes translatifs de propriété ; — Attendu que l'acte du 15 avr. 1885 ne contenant ni stipulation de prix particulier pour les objets mobiliers, ni estimation de ceux-ci, article par article, l'opposition à la contrainte ne trouve mal fondée en ce qui concerne le droit perçu sur la totalité du prix de 40600 fr. ; qu'on ne conteste pas celui établi sur les charges, évaluées à 3000 fr., ni sur les frais antérieurs à la vente ; — Attendu, en ce qui concerne le droit de transcription, que les opposants ont reconnu qu'il était la conséquence de la première réclamation de la Régie; qu'aucune critique n'est élevée sur le calcul dont il a été l'objet; — Attendu que Dioudonnat et Ducoureau ont offert la somme de 36 centimes pour le droit de bail et de 24 fr. 40 pour le droit de marché; Par ces motifs, etc.

Du 7 avr. 1886. Trib. civ. de Corbeil.

loi, ... le bailleur et le preneur sont tenus personnellement et sans retour, nonobstant toute stipulation contraire, d'un droit en sus, lequel ne peut être inférieur à 50 fr. ». — D'un autre côté, d'après la même disposition, le bailleur peut s'affranchir du droit en sus qui lui est personnellement imposé, ainsi que du versement immédiat des droits simples, en déposant dans un bureau d'enregistrement l'acte constatant la mutation ou, à défaut d'acte, en faisant la déclaration prescrite par l'art. 11 ; un délai d'un mois lui est accordé, en outre de celui fixé pour l'enregistrement des actes et déclarations insuffisante prévu par l'art. 11, § 3, « et que le dépôt ou les déclarations autorisés. — Enfin toutes ces dispositions de l'art. 14 « ne sont pas applicables au preneur dans les cas prévus par les paragraphes 5 et 6 de l'art. 11 ».

A ces dispositions il a été ajouté, par l'art. 15 de la loi du 23 août 1871, que, lorsqu'il y a lieu à expertise dans le cas de déclaration insuffisante prévu par l'art. 11, § 3, « et que le prix exprimé ou la valeur déclarée n'excède pas 2000 fr., cette expertise est faite par un seul expert nommé par toutes les parties ou, en cas de désaccord, par le président du tribunal et sur simple requête ».

La loi du 28 févr. 1872 a disposé, par son art. 6, que « les obligations imposées au preneur, dans le cas de location verbale, par l'art. 11 de la loi du 23 août 1871, seront accomplies, à l'avenir, par le bailleur qui sera tenu du payement des droits, sauf son recours contre le preneur. Néanmoins les parties restent solidaires pour le recouvrement du droit simple ».

1603. Telle est l'œuvre du législateur de 1871-1872 en ce qui concerne les transmissions de jouissance. Son objet principal a été « de rendre aux principes déposés dans la loi de frimaire, et notamment dans l'art. 13, toute leur efficacité » (Instr. adm. enreg. 25 août 1871, n° 2413, § 5, D. P. 71. 3. 49), en assujettissant les mutations de jouissance d'immeubles à l'impôt dans le délai de trois mois, lors même qu'elles sont consenties par simple convention verbale, et en les assimilant ainsi, au regard de la loi fiscale, aux transmissions de propriété ou d'usufruit (Comp. *suprà*, n° 1021). — Quelle a été la raison déterminante de cette innovation considérable. C'est presque toujours des motifs d'ordre financier qui inspirent au législateur des modifications aux lois fiscales. Ainsi, par suite des désastres occasionnés par la guerre de 1870, les années 1871 et 1872 ont été fertiles en mesure de ce genre. Mais on n'a pas eu seulement en vue, par les dispositions ci-dessus, de rendre plus productif l'impôt sur les transmissions de jouissance ; on s'est aussi préoccupé de l'influence que cette innovation devait avoir sur les droits proportionnels perçus pour les transmissions entre vifs à titre gratuit et pour les mutations par décès d'immeubles, c'est-à-dire pour les donations et les successions. C'est, en effet, à ce dernier point de vue que la disposition de la loi de 1871 relative aux baux devait principalement augmenter les ressources du Trésor, en rendant plus certaine et plus facile la perception des droits de mutation par décès. — Cependant le projet du Gouvernement rencontra d'assez vives résistances : il devait, disait-on, « froisser les sentiments les plus légitimes et les habitudes les mieux acquises des populations... en les obligeant à fournir à l'Administration des déclarations détaillées qui jetteront, dans la jouissance de la propriété, des entraves continuelles et qui pourront être une source de vexations». C'était, ajoutait-on, une dérogation à la législation de l'enregistrement, qui, d'après la jurisprudence, ne frappe que les baux écrits. Le ministre de l'agriculture et du commerce répondit à ces critiques en disant que la prétendue innovation qu'on voulait introduire n'était qu'un retour à la loi du 22 frim. an 7. Il est certain, à noter que la loi de frimaire semblait mettre sur le même pied les transmissions de propriété, d'usufruit et de jouissance de biens immeubles ; la cour de cassation, pour dispenser de l'enregistrement obligatoire, les locations verbales, s'est appuyée sur une loi postérieure, la loi du 27 vent. an 9. La disposition proposée par le Gouvernement fut donc adoptée et elle devint l'art. 11 de la loi du 23 août 1871 (V. Exposé des motifs et rapport, D. P. 71. 4. 55 et 59 ; Discussion à l'Assemblée nationale, D. P. 71. 4. 66 et suiv. ; Instr. adm. enreg. 25 août 1871, n° 2413, § 5, pour l'exécution de la loi, D. P. 71. 3. 49).

1604. L'exigibilité du droit proportionnel de bail a été étudiée au *Répertoire*, d'après la théorie sur les conditions à la réunion desquelles l'exigibilité du droit proportionnel est subordonnée généralement pour toutes les conventions (V. n°s 62 et suiv.). Il a été traité successivement de l'existence prouvée du bail et de l'application du tarif aux diverses espèces de baux (*Rép.* n° 3008), des éléments constitutifs du bail (*Rép.* n° 3072), des causes suspensives ou exclusives de la perception (*Rép.* n° 3105), des sous-baux, cautionnements, cessions, subrogations et rétrocessions de baux (*Rép.* n° 3121). Ces différents points seront étudiés ci-après dans le même ordre.

1605. Il est dit au *Rép.* n° 3007, que les règles de perception qui y sont établies, s'appliquent aux baux de *meubles* aussi bien qu'à ceux d'immeubles. Mais, comme les baux d'immeubles sont assujettis aujourd'hui à l'enregistrement dans les trois mois, lors même qu'ils sont consentis par simple convention *verbale*, l'assimilation établie au *Répertoire* entre ces baux et ceux de meubles, ne peut être maintenue, le bail de meubles n'étant toujours sujet à l'enregistrement et au droit proportionnel, suivant la règle générale concernant les transmissions mobilières (V. *suprà*, n° 1364), qu'autant que l'acte le constatant est présenté à la formalité.

B. — **Existence prouvée du bail** (*Rép.* n°s 3008 à 3071).

1606. Sous la législation nouvelle comme sous l'ancienne, il faut toujours, pour justifier la réclamation par l'administration de l'enregistrement du droit proportionnel de bail, que l'existence d'un bail soit établie. Mais, tandis qu'il suffit aujourd'hui que le fait soit prouvé, il fallait, en outre, avant la loi du 23 août 1871, qu'il fût démontré, suivant l'un des modes établis par la loi fiscale, que le bail était constaté par écrit.

1607. On a étudié déjà les modes que l'Administration peut employer pour prouver l'existence de la convention (V. *suprà*, n°s 1066 et suiv.).

Le *Répertoire* s'est occupé ici de l'exigibilité du droit proportionnel et de l'application des différentes dispositions du tarif se rapportant aux baux de toute nature.

A ses divisions nous en ajouterons une nouvelle qui sera consacrée aux *locations verbales d'immeubles*, assujetties par la loi du 23 août 1871 à la formalité et au droit proportionnel dans le délai de trois mois à compter de l'entrée en jouissance.

Pour l'application du tarif, le *Répertoire* a distingué entre les baux prévus par la loi fiscale c'est-à-dire les baux à rente perpétuelle, à vie, à durée limitée, à durée illimitée, et les baux non expressément tarifés, tels que ceux à locataire perpétuelle, à domaine congéable, à complant, le champart, les baux emphytéotiques, les baux héréditaires (*Rép.* n° 3011).

1°. — *Baux prévus par la loi fiscale* (*Rép.* n°s 3012 à 3052).

a. — Baux à durée limitée et baux à durée illimitée (*Rép.* n°s 3043 à 3049).

1608. La loi fiscale assimile les baux dont la durée n'est pas déterminée aux mutations de propriété immobilière à titre onéreux. Toutefois, cette assimilation n'a lieu que dans la limite où elle est compatible avec la nature du contrat (*Rép.* n° 3013). « Ne concluez pas de là, dit fort bien M. Demante (t. 1, n° 348) que la loi fiscale considère tout bail à durée illimitée comme l'équivalent d'un de ces baux perpétuels qui, aux termes de la loi de 1790, sont effectivement translatifs de propriété. Tout bail perpétuel est sans doute illimité, mais la réciproque n'est pas vraie. Or, il est nécessaire de distinguer l'espèce du genre, car si le bail à durée de 4 pour 100 atteint tout bail illimité, translatif ou non de propriété, les seuls baux translatifs de propriété encourent : 1° le droit proportionnel de transcription; 2° le droit de mutation au décès du preneur » (V. *Rép.* n° 6019, et v° *Transcription hypothécaire*, n° 683).

1609. Ainsi, pour les baux *à rentes perpétuelles* qui constituent de véritables ventes, au droit de mutation à 4 pour 100 s'ajoute le droit de transcription à 1 fr. 50 cent. pour 100 d'après les dispositions combinées des art. 52 et 54 de la loi du 28 avr. 1816 (*Rép.* n° 6014, et v° *Transcription hypothécaire*, n° 683).

Au contraire, le bail *à vie*, n'étant pas une vente, ne supporte que le droit de 4 pour 100 (*Rép.* n° 3016) sur un capital formé de dix fois la rente et les charges annuelles (*Rép.* n° 3020). Il a été jugé que le droit de bail à vie est exigible sur un bail de quatre ans fait avec faculté, pour le preneur, de conserver indéfiniment la jouissance des biens loués, aux mêmes conditions, et sous la seule réserve que le bail cessera en cas de vente par le bailleur après ces quatre ans (Trib. Tulle, 19 févr. 1849, aff. Poujade, D. P. 49. 5. 148. V. *Rép.* n° 3043). De même, le bail consenti pour tout le temps que le locataire voudra, n'ayant d'autre limite que la vie du preneur, est passible du droit proportionnel de 4 pour 100 sur dix fois le prix annuel stipulé (Sol. adm. enreg. 6 nov. 1871, D. P. 73. 5. 202). De même encore, le bail consenti pour trois ans, avec faculté accordée au preneur de le proroger pendant toute la durée de son séjour dans la localité, est un bail à vie passible du droit de 4 pour 100 (Sol. adm. enreg. 26 févr. et 22 sept. 1872, D. P. 73.5.207).

1610. La distinction entre les baux *à durée limitée* et ceux *à durée illimitée* soulève parfois de réelles difficultés (*Rép.* n° 3021). La loi soumettant au droit de 20 cent. pour 100 tous les baux, quelle que soit leur durée, pourvu qu'elle soit limitée, on doit en conclure que ce droit s'applique à tout bail dont le terme est fixé, quelque courte qu'en soit la durée ou quelque longue qu'elle soit, dès qu'elle se renferme dans la limite indiquée (*Rép.* n° 3022). Mais cette conséquence est contestée à ses deux points extrêmes, l'un, touchant à ces baux qui, en raison de leur objet et de leur très courte durée, font supposer moins la transmission d'une jouissance que la transmission du produit de la jouissance et de l'industrie exercées par un autre, l'autre, touchant à ces baux qui, à raison de leur trèslongue durée et de leur caractère particulier, sont considérés comme constituant un droit réellement immobilier (*Rép.* n° 3023).

1611. Les baux de la première espèce sont soumis au droit de vente mobilière à 2 pour 100, comme nous l'avons vu en traitant des transmissions mobilières (V. *suprà*, n° 1388).

1612. Les baux de la seconde espèce, spécialement les *baux emphytéotiques*, sont soumis à la jurisprudence au droit de vente immobilière à 5 fr. 50 cent. pour 100 (*Rép.* n°° 3025 et suiv.). Cette jurisprudence soulève de sérieuses objections (*Rép.* n° 3035) ; mais elle a été confirmée par de nouvelles décisions desquelles il résulte que, dans l'état actuel de la législation et depuis la promulgation du code civil, l'effet propre et particulier du bail emphytéotique, étant d'opérer la translation et l'aliénation à temps de la propriété de l'immeuble donné en emphytéose, la constitution ou la cession d'un bail emphytéotique doit être considérée comme opérant une transmission de propriété immobilière sujette au droit de 5 fr. 50 cent. pour 100 soit sur le capital de la redevance annuelle, soit sur la somme payée au cédant (Civ. cass. 23 févr. 1853, aff. Flament, D. P. 53. 1. 53 ; 26 avr. 1853, aff. Jacquinot, D. P. 53. 1. 145). — Il a été jugé, spécialement, ... que le bail emphytéotique opère la division du domaine en deux portions, l'une, qui conserve le bailleur et dont la rente stipulée est représentative, l'autre, qui se compose de la jouissance des fruits et qui constitue, au profit du preneur, un droit immobilier, passible, à la différence du droit résultant d'un bail ordinaire, du droit proportionnel de mutation par décès (Civ. cass. 6 mars 1850, aff. Ducatel, D. P. 50. 1. 129) ; ... Qu'un bail emphytéotique a le caractère d'un acte translatif de propriété, le preneur possédant, comme propriétaire pour un temps déterminé, l'immeuble qui fait l'objet du bail ; ce bail est, dès lors, passible du droit proportionnel de mutation (Arrêt précité du 23 févr. 1853).

1613. Mais si l'emphytéose est, d'après la jurisprudence, soumise au droit de mutation, et non au droit de bail, il faut, pour que cette règle s'applique, qu'on se trouve en présence d'une convention présentant tous les caractères distinctifs de l'emphytéose (*Rép.* n° 3036). Quels sont donc les caractères de ce contrat? C'est une question de droit civil qu'il n'y a pas lieu d'approfondir ici, mais qui ne peut être passée sous silence. Le code civil étant muet sur l'emphytéose, on est, en général, d'accord pour s'en rapporter à l'ancien

droit. Or, d'après la doctrine qui s'était établie avant 1789, la longue durée du bail ne suffisait pas pour en faire une emphytéose. Il a été décidé que l'emphytéose n'existe qu'autant que dans le bail se manifestent les caractères suivants : la longue durée de la jouissance, la disposition presque absolue de l'immeuble concédé, la modicité de la redevance, et l'obligation pour l'emphytéote de supporter la dépense des améliorations prévues au contrat. Ainsi, un bail même consenti pour quatre-vingt-dix-sept ans constitue un bail ordinaire, et non une emphytéose, si le propriétaire s'est réservé l'exercice de toutes les actions relatives à la propriété de l'immeuble loué, si le taux du loyer annuel est en rapport avec le prix de cet immeuble, et enfin si la valeur des améliorations doit être remboursée au preneur à l'expiration du bail, ... alors surtout que la longue durée de la jouissance a sa raison d'être dans la durée légale que doit avoir l'exploitation d'un chemin de fer pour laquelle le bail a été consenti. Il n'importe, dès lors, en pareil cas, que le preneur ait été chargé de suivre à ses risques et périls les actions concernant la jouissance de la chose louée, de payer l'impôt foncier, d'entretenir les baux existants, de faire les grosses réparations, avec faculté de démolir, enfin de subir, sans diminution de loyer ni résiliation du bail, la destruction partielle de cette chose, de semblables clauses n'étant pas inconciliables avec le bail ordinaire. En conséquence, une telle convention est passible du droit de 20 cent. pour 100 applicable aux baux à ferme et à loyer, et non au droit de 5 fr. 50 p. 100 auquel sont assujettis les baux emphytéotiques (Civ. rej. 24 août 1857, aff. Chemin de fer d'Orléans, D. P. 57. 1. 326).

1614. Il a été décidé, dans le même sens, que l'emphytéose diffère du bail à long terme en ce qu'elle transmet à l'emphytéote un droit réel sur le fonds, un quasi-domaine en vertu duquel ce dernier a le pouvoir de disposer du fonds lui-même d'une manière presque absolue, moyennant une redevance dont la modicité est le caractère, sinon essentiel, du moins le plus ordinaire, et à la charge de faire des constructions qui doivent rester au bailleur à l'expiration du bail emphytéotique. Ainsi un bail de quatre-vingt-dix-neuf ans doit, malgré sa longue durée, être considéré comme un bail à long terme, et non comme une emphytéose, lorsqu'il résulte du contrat, qualifié de location : 1° que le preneur ne peut disposer du terrain qui fait l'objet de cette location que conformément au droit commun établi au titre du contrat de louage, et qu'ainsi il ne lui est pas permis d'hypothéquer ce terrain, alors que les hypothèques créées par le bailleur devront, au contraire, recevoir leur effet ; 2° que la faculté de sous-location est elle-même limitée à raison de l'obligation imposée au preneur de ne sous-louer qu'à un certain taux ; 3° que la redevance, quoique modérée, n'est pas une redevance modique ; 4° qu'enfin il n'y a pas, pour le preneur, obligation de construire. En conséquence, ce bail est passible du droit exigible en matière de baux, et non du droit proportionnel de mutation immobilière auquel sont soumis les baux emphytéotiques (Civ. rej. 11 nov. 1861, aff. Hamelin, D. P. 61. 1. 444).

1615. Ces points écartés, la distinction entre les baux à durée limitée et ceux à durée illimitée, ne présente plus de difficultés sérieuses. Alors même qu'il est fixée dans le contrat, la durée de la location doit être considérée comme illimitée si, en raison du mode d'après lequel cette fixation est faite, il n'est pas possible de déterminer la limite de la location ; au contraire, la durée du bail devra être considérée comme limitée, même dans le silence de la convention, si, nonobstant ce silence, le terme de la location peut être déterminé d'une manière invariable (*Rép.* n° 3038). Ainsi, le bail contracté avec un conducteur de travaux, pour tout le temps que les travaux le retiendront dans une localité, n'est pas passible que du droit de 20 cent. pour 100. Il y a lieu de faire évaluer la durée du bail pour établir la perception (Sol. adm. enreg. 14 janv. 1873, D. P. 73. 5. 202). — De même, le bail fait à un fonctionnaire pour toute la durée de ses fonctions dans une localité doit être considéré comme un bail à durée limitée, et non comme un bail à vie. En effet, le terme que les parties ont eu en vue est l'avancement ou tout au moins la mise à la retraite du fonctionnaire, que l'âge auquel aura lieu cette mise à la retraite soit ou non irrévocablement déterminé par les règlements (Sol. adm.

enreg. 2 et 3 août 1872, D. P. 73. 5. 202. V. toutefois, *infrà*, nᵒ 1617). — De même encore, la disposition d'un contrat de mariage par laquelle la future abandonne à sa mère l'administration des biens de la succession paternelle, ainsi que sa part aux intérêts et revenus de ces biens, tandis que, de son côté, la mère s'engage à payer chaque année à sa fille une somme déterminée pour lui tenir lieu de sa part desdits intérêts et revenus, le tout jusqu'au partage de l'hérédité, ne peut être considérée, pour l'assiette du droit d'enregistrement, ni comme un simple mandat d'administrer, ni comme un bail à vie ou à durée illimitée de la part de la future dans cette succession; c'est un bail ordinaire, dont la durée est limitée de plein droit à cinq années, la cession des revenus n'ayant été consentie que jusqu'au partage, et, aux termes de l'art. 815 c. civ., les conventions ayant pour objet de suspendre le partage, ne pouvant être faites que pour cinq années (Trib. Annecy, 24 juill. 1873, D. P. 74. 5. 196). — Il a été jugé, en sens contraire, dans un cas semblable, que la clause constitue un simple mandat d'administrer passible du droit fixe, attendu que la stipulation d'un forfait n'avait pas déchargé la mère de l'obligation de rendre compte de sa gestion (Trib. Meaux, 5 févr. 1850, jugement auquel l'administration de l'enregistrement a acquiescé par délibération des 8-12 oct. 1850, *Diction. droits d'enreg.*, vᵒ *Bail à vie*, nᵒ 25). Cependant il semble que la stipulation d'un forfait et l'obligation de rendre compte ne peuvent se concilier et que, par suite, la clause doit être considérée, ainsi que l'a décidé le tribunal d'Annecy, comme renfermant un bail ordinaire passible du droit de 20 cent. pour 100 (V. D. P. 74. 5. 196, note).

1616. Si la durée de la location n'est pas fixée dans le contrat, le bail doit être considéré comme fait pour la durée réglée par la loi ou par l'usage des lieux (*Rép.* nᵒ 3039). — La loi du 23 août 1871 est donc applicable à un bail de cette espèce (Sol. adm. enreg. 6 déc. 1873, *Journ. enreg.*, art. 19656).

1617. Mais si les stipulations du bail sont telles qu'il n'est pas possible d'en déterminer la limite, le bail est considéré comme fait pour une *durée illimitée* (*Rép.* nᵒ 3042). — Ainsi, le bail consenti pour tout le temps que le locataire voudra, n'a d'autre limite que la vie du preneur et est passible du droit proportionnel de 4 pour 100 sur dix fois le prix annuel stipulé (Sol. adm. enreg. 6 nov. 1871, D. P. 73. 5. 202). — De même, le bail consenti pour neuf années, avec faculté pour le preneur de le proroger, à charge seulement d'en faire la demande six mois avant l'expiration des neuf ans, constitue un bail à durée illimitée, sujet, à ce titre, au droit proportionnel de 4 pour 100, et auquel, dès lors, ne s'applique point la faculté accordée, à l'égard des baux de plus de trois ans, par l'art. 11 de la loi du 23 août 1871, de fractionner le payement du droit proportionnel en autant de portions égales qu'il y a de périodes triennales dans la durée du bail (Trib. Loches, 5 déc. 1873, aff. Lafaye, D. P. 74. 5. 193).

Il a même été décidé que le bail consenti pour trois ans, avec faculté au preneur de le proroger pendant toute la durée de son séjour dans la localité, depuis comme avant la loi nouvelle, un bail à vie passible du droit de 4 pour 100 (Sol. adm. enreg. 26 févr. et 22 sept. 1872, D. P. 73. 5. 207. V. *Rép.* nᵒ 3044). Mais V. en sens contraire : Sol. adm. enreg. 2 et 3 août 1872, citées *suprà*, nᵒ 1615).

b. — Baux dont le prix est à la charge de l'État (Rép. nᵒˢ 3050 à 3052).

1618. Les baux dont le prix est *à la charge de l'État*, sont exempts du droit proportionnel (*Rép.* nᵒ 3050). C'est une application de l'art. 70, § 2-1ᵒ, de la loi du 22 frim. an 7 qui exempte de tout droit d'enregistrement les acquisitions faites par l'État (*Rép.* nᵒ 3264). Il a été jugé, en ce sens, que les baux dont le prix doit être payé en partie avec les fonds du Trésor public et en partie avec les fonds d'une commune, sont exempts de tout droit, à concurrence de la somme que l'État doit supporter, et ne donnent lieu au droit proportionnel que sur le surplus à la charge de la commune (Trib. Seine, 21 juill. 1860, D. P. 60. 3. 63, et sur pourvoi, Req. 1ᵉʳ juill. 1861, aff. Ville de Paris, D. P. 61. 1. 427).

c. — Locations verbales.

1619. D'après le texte de l'art. 11, § 1ᵉʳ, de la loi du 23 août 1871, il n'y a lieu à la déclaration qu'il prescrit que « lorsqu'il n'existe pas de conventions écrites constatant une mutation de jouissance de biens immeubles ». Il ne faut pas prendre à la lettre le mot *convention*. Comme le fait observer M. Garnier, *Rép. gén. enreg.*, nᵒ 2615, si une location verbale était constatée par un jugement formant titre, ce jugement produirait le même effet qu'une convention; il n'y aurait donc pas lieu à la déclaration prescrite.

Mais si un jugement ou tout autre acte constatait, en même temps que la location verbale d'un immeuble, *l'entrée en jouissance* du preneur depuis plus de trois mois, l'Administration serait fondée à réclamer l'amende encourue à défaut de déclaration « dans les trois mois de l'entrée en jouissance » : c'est là ce qu'a décidé un jugement du 24 mars 1876 (Garnier, *Rép. pér. enreg.*, nᵒ 4389), qu'aucune amende n'est encourue dans ce cas, attendu que la loi « exclut formellement de son application le cas où il existe une convention écrite ». Mais c'est là une interprétation erronée de la loi. Il y avait contravention à ses prescriptions, dans l'espèce sur laquelle le tribunal a statué, par cela seul que l'acte litigieux révélait une mutation de jouissance opérée depuis plus de trois mois et non déclarée. L'amende était encourue de même qu'elle l'est, pour les mutations de propriété ou d'usufruit d'immeuble, lorsqu'un acte fait connaître que la mutation a été réalisée depuis plus de trois mois et que l'impôt n'a pas été acquitté.

1620. La loi vise la « mutation de jouissance de biens immeubles », sans faire aucune distinction. S'ensuit-il qu'elle s'applique à toute espèce de *baux*, à ceux *à vie* ou *à durée illimitée*, comme aux baux ordinaires dont la durée est déterminée? On a vu *suprà*, nᵒ 1612, que, parmi les baux à durée indéterminée, il en est qui sont considérés comme translatifs de propriété et auxquels on applique, par suite, le droit de vente immobilière à 5 fr. 50 cent. pour 100. Il n'y a pas à rechercher si la loi de 1871 est applicable aux baux de cette nature. En effet, ils sont soumis à l'enregistrement dans le délai de trois mois, par application des art. 12 de la loi de frimaire an 7 et 4 de celle du 27 vent. an 9, comme opérant transmission de propriété immobilière.

La question dont il s'agit ne se pose donc que pour les baux à durée indéterminée qui, tels que les baux à vie, ne sont pas considérés comme opérant transmission de propriété. L'administration de l'enregistrement a décidé que la faculté accordée aux contribuables pour les baux de plus de trois ans, d'acquitter le droit par fractions « en autant de payements égaux qu'il y aura de périodes triennales dans la durée du bail », ne s'applique pas au bail consenti pour une durée indéterminée (Sol. adm. enreg. 26 janv. 1872, D. P. 73. 5. 201). On en a conclu que ces baux ne sont pas assujettis à l'enregistrement dans le délai de trois mois, lorsqu'ils sont faits par convention verbale (*Ibid.*, note). Mais cette doctrine paraît contestable. D'une part, en effet, le texte de la loi est général et vise nommément toute « mutation de jouissance de biens immeubles ». Or, tel est bien le cas pour les baux dont il s'agit. Ils opèrent incontestablement une mutation de jouissance. D'un autre côté, l'esprit de la loi est que « toutes les mutations de jouissance, sans exception, soient déclarées à l'enregistrement, afin de fournir à l'Administration le moyen de contrôler les *estimations* faites par les parties lors des transmissions des immeubles, soit entre vifs à titre gratuit, soit par décès. Admettre une semblable exception pour les baux en question, serait donc contraire au but que le législateur s'est proposé. Il y a lieu d'en conclure, ce semble, que l'art. 11 de la loi du 23 août 1871 s'applique à tous les baux indistinctement, à ceux soumis au droit de 4 pour 100 aussi bien qu'à ceux sujets au droit de 20 cent. pour 100 (Conf. *Diction. droits d'enreg.*, vᵒ *Bail*, nᵒ 361; Garnier, *Rép. gén. enreg.*, nᵒ 2632).

1621. L'obligation de déclarer les baux verbaux pour la perception du droit proportionnel d'enregistrement ne s'applique pas aux baux d'*appartements meublés* (Sol. adm. enreg. 24 janv. 1872, D. P. 73. 5. 205). — M. Mathieu-Bodet, rapporteur, expliqua, dans la séance du 21 août 1871, pourquoi les appartements meublés n'étaient pas assujettis à la déclaration : « Les personnes qui occupent des appartements meublés, dit-il, ne sont pas considérées, au regard de la loi fiscale, comme des locataires. Et, en effet, elles ne payent pas la cote mobilière ni l'impôt des portes et fenêtres. La personne qui est considérée comme ayant toujours la jouissance de ces appartements, c'est le logeur, c'est celui qui loue en garni ; en sorte que, si un propriétaire veut meubler sa maison et louer tous ses appartements en garni, il est considéré comme un logeur. C'est lui qui conserve la jouissance de la maison ; c'est lui qui paye l'impôt mobilier, l'impôt des portes et fenêtres ; par conséquent, il n'y a pas alors à payer le droit du bail » (D. P. 71. 4. 67). Le rapporteur ajouta que la loi s'appliquerait, au contraire, au bail de tout ou partie d'une maison meublée fait à un locataire principal qui sous-loue les diverses pièces de la maison ou de la portion de maison louée (D. P. 71. 4. 68). L'administration de l'enregistrement a reproduit ces observations dans l'instruction donnée à ses agents pour l'exécution de la loi ; elle en a fait ainsi une règle officielle de perception (Instr. adm. enreg. 25 août 1871, nᵒ 2413, § 5-1ᵒ, D. P. 71. 3. 49).

S'ensuit-il que les locations d'appartements meublés soient exemptes du droit proportionnel et de la formalité dans tous les cas? « Je ne le pense pas, dit M. Naquet, t. 1, nᵒ 514. Le rapporteur s'est borné à dire que les locataires qui ne payent pas l'impôt des portes et fenêtres et la cote mobilière ne seront pas débiteurs de l'enregistrement ; on ne peut aller au delà. D'autre part, étant donné les règles légales relatives à ces sortes d'impôts, la réserve ne pourra s'appliquer qu'aux personnes qui sont de passage dans une ville sans l'habiter. C'est dans cette mesure seulement qu'on peut entendre l'exception du droit aux baux d'appartements meublés. » — C'est ainsi que la loi est appliquée par l'Administration. Elle n'exige pas l'impôt du voyageur qui vient passer une saison dans une station thermale, aux bains de mer, ou qui s'installe dans une localité pour quelques semaines (V. Garnier, Rép. gén. enreg., nᵒ 2935-1 ; Diction. droits d'enreg., vᵒ Bail, nᵒ 379).

1622. Les dispositions de l'art. 11 de la loi du 23 août 1871, relatives à l'enregistrement des baux verbaux et écrits d'immeubles dans un délai déterminé, ne s'appliquent pas aux concessions temporaires de sépultures dans les cimetières (Sol. adm. enreg. 11 nov. 1885, D. P. 87. 5. 195).

1623. Les locations à vie ou pour un temps limité de places dans les églises, ne transférant aux preneurs qu'un droit mobilier, ne tombent pas sous l'application des dispositions de la loi du 23 août 1871 concernant les baux et les locations verbales d'immeubles (Lett. min. fin. 12 janv. 1872, D. P. 72. 3. 37).

1624. La déclaration est-elle obligatoire pour les locations prétendues faites à titre gratuit, par exemple, pour la jouissance concédée par un père à ses enfants, sans payement de loyer, d'un appartement dans sa maison ? L'administration de l'enregistrement a soutenu que la loi soumettrait à l'impôt toute mutation de jouissance de biens immeubles, et que ces concessions, qui sont, d'ailleurs, cotisées à la contribution mobilière, sont passibles d'un droit suivant la déclaration qui doit en être faite (Instr. adm. enreg. 22 nov. 1871, nᵒ 2423, D. P. 71. 3. 92). Cette prétention a été sanctionnée par un jugement du tribunal de Nancy du 20 mai 1884 (Journ. enreg., art. 22535). Nous ne pensons pas cependant qu'elle doive être admise : le législateur de 1871 n'a eu en vue que le cas, le plus fréquent, de mutation de jouissance à titre onéreux : ce qui le prouve, ce sont les expressions de bailleur et preneur, de prix du bail, qui sont employées dans la loi : le bail est, en effet, un contrat à titre onéreux (V. en ce sens : Naquet, t. 1, nᵒ 508).

1625. L'administration de l'enregistrement reconnaît que, s'il y a jouissance en commun entre les membres d'une même famille, il n'y a pas, dans ce cas, de mutation proprement dite. Ainsi elle a décidé que, lorsque toute une famille habite une propriété appartenant à l'un de ses membres, sans que celui-ci se dépouille, même partiellement, de ses droits à la jouissance de la propriété entière, il n'y a pas de transmission et aucun droit n'est exigible (Sol. adm. enreg. 6 déc. 1871, D. P. 73. 5. 203). Mais elle soutient que, si le propriétaire d'une maison concède à certains membres de sa famille la jouissance particulière et

exclusive d'appartements déterminés, il y a une transmission de jouissance qui donnerait lieu au droit de donation si le preneur, pour s'exonérer du droit de bail, soutenait que la jouissance est gratuite (Même solution). — Jugé, dans le même sens, que l'art. 11 de la loi du 23 août 1871 est applicable à la concession, par le propriétaire d'une maison, à différents membres de sa famille, de la jouissance d'appartements dépendant de ladite maison, alors même qu'elle est consentie à titre gratuit (Trib. Castel-Sarrazin, 14 nov. 1879, aff. Leygue, Journ. enreg., art. 21234).

1626. Les logements fournis gratuitement à des fonctionnaires ou employés par l'Etat, les communes, les établissements publics, les sociétés et même les particuliers, chefs d'industrie ou de commerce, ne sont pas assujettis, de l'aveu même de l'Administration, à la déclaration prescrite par la loi de 1871 (Sol. adm. enreg. 21 avr. 1874, Journ. enreg., art. 19501). Il en est de même de la location verbale consentie gratuitement, par les personnes qui ont fondé une école libre, au profit des religieuses qui dirigent cette école (Sol. adm. enreg. 14 oct. 1880, Journ. enreg., art. 21875). On considère que le logement est affecté plutôt à la fonction qu'à la personne et que la jouissance n'en est pas transmise.

Mais les baux des maisons et bâtiments occupés par les directeurs et autres agents de l'administration des contributions indirectes, étant passés habituellement au profit des agents en leur nom personnel, tombent sous l'application de l'art. 11 de la loi du 23 août 1871, même pour la partie du prix supportée par l'administration. Le montant du droit peut être fractionné en autant de payements qu'il y a de périodes triennales ; mais les agents ne sauraient être admis à acquitter ce droit annuellement (Décis. min. fin. 26 oct. 1871 et Sol. adm. enreg. 3 nov. 1871, D. P. 73. 5. 199). — Cependant l'Administration a décidé, par une solution postérieure, que le droit proportionnel ne doit être perçu sur la partie du prix supportée par l'administration des contributions indirectes (Sol. adm. enreg. 25 nov. et 4 déc. 1872, D. P. 73. 5. 199). — L'Administration a décidé que les baux consentis aux receveurs des postes sont passibles du droit sur la totalité du prix ; il n'y a pas lieu à ventilation pour la partie applicable au local affecté au service des bureaux. En effet, l'administration des postes, à la différence de celle des contributions indirectes, ne prend à sa charge aucune partie du loyer ; elle se borne à désintéresser ses agents au moyen d'une allocation générale de frais de bureau ou de régie (Sol. adm. enreg. 3 déc. 1871, D. P. 73. 5. 199).

1627. Le principe reprend son empire, et le droit proportionnel n'est pas dû, si l'appartement est affecté à la fonction ; ainsi, il a été jugé que les dispositions de la loi de l'enregistrement concernant les locations verbales d'immeubles, ne s'appliquent pas à la concession, par une compagnie de chemin de fer à un employé, d'un logement dans les bâtiments d'une gare, alors que cet employé doit demeurer dans cette gare pour les besoins du service. Il en est ainsi, lors même que la compagnie fait subir à l'employé une retenue de traitement correspondante à la valeur locative du logement (Trib. Toulon, 8 déc. 1875, aff. Chemin de fer de Paris à Lyon, D. P. 78. 5. 229). — Par la même raison, les logements affectés aux domestiques ou gens de service ne sont pas assujettis à l'impôt. Mais les locations verbales faites à des ouvriers par des fabricants ou industriels doivent être déclarées : les ouvriers ne sont pas assimilables à des gens de service logés chez leurs maîtres (Sol. adm. enreg. 30 nov. 1871, D. P. 73. 5. 206).

1628. Le bail à colonage ou à portion de fruits est assez généralement considéré, en droit civil, comme tenant plus de la société que du louage. Il n'en a pas moins été classé au nombre des baux par l'art. 1763 c. civ., et en droit fiscal par la loi du 22 frim. an 7 (art. 15-1ᵒ) ; en conséquence, il a été déclaré assujetti au droit proportionnel (Rép. nᵒ 4686). Cependant, lors de la discussion de la loi du 23 août 1871 qui assujettit à la formalité les baux faits par convention verbale, il fut dit que le bail à colonage ou à portion de fruits, étant considéré, en doctrine et en jurisprudence, comme une association entre le propriétaire et le colon, n'était pas soumis à la déclaration imposée par cette loi ; cette affirmation se trouve dans l'exposé des motifs de la loi de 1871, et elle est reproduite dans le rapport de la commission du budget (D. P. 71. 4. 55 et suiv.), ainsi que dans l'instruction que l'Administration a donnée à ses agents pour l'exécution de la loi (Instr. adm. enreg. 25 août 1871, nᵒ 2443, § 5-1ᵒ, D. P. 71. 3. 50-51). Le rédacteur de l'exposé des motifs et le rapporteur avaient commis une erreur : ainsi que nous l'avons dit, la nature du bail à colonage pouvait être contestée en droit civil ; mais, en droit fiscal, l'Administration soutenue par la jurisprudence percevait le droit de bail. En présence de ces travaux préparatoires, on s'est demandé si cette perception devait être continuée ou si, au contraire, le bail à colonage devait être assujetti au droit gradué dû sur les actes de formation de société.

1629. L'administration de l'enregistrement s'inclina d'abord devant l'autorité des travaux préparatoires de la loi de 1871, et elle décida que le bail à colonage ou à moitié fruit, devant être considéré comme une association, donnait lieu, s'il était présenté à la formalité, à la perception du droit gradué auquel sont assujettis les actes de formation de société, lors même qu'il porte une date antérieure à la loi qui a établi ce droit (Sol. adm. enreg. 12 avr. 1873, D. P. 73. 3. 103. Conf. Trib. Brive, 8 août 1873, *Journ. enreg.* art. 19253). Décidé, dans le même sens, que le bail à portion de fruits d'un domaine pour trois, six ou neuf ans, moyennant un droit de cour de 100 fr. pour la jouissance des bâtiments de la ferme, 100 doubles décalitres de froment, 100 doubles décalitres d'avoine, 50 doubles décalitres d'orge, une part dans les cheptels et des menus suffrages évalués 25 fr., est passible : 1ᵒ du droit fixe gradué sur la valeur, à déclarer pour une durée de trois ans seulement, de la jouissance des meubles autres que les bâtiments considérés comme loués, des cheptels et du travail du colon ; 2ᵒ du droit de bail pour trois ans sur la somme de 100 fr. payée pour la jouissance des bâtiments de la ferme. A l'expiration de la première comme de la deuxième période, la continuation du bail doit être considérée comme résultant d'une convention tacite ou verbale, et, comme telle, déclarée par le bailleur dans le délai et sous les peines fixées pour les locations verbales (Sol. adm. enreg. 20 janv. 1873, D. P. 73. 5. 201). D'autre part, l'Administration a décidé que, bien que l'obligation de déclarer à l'enregistrement dans le délai déterminé, les baux verbaux d'immeubles, ne soit pas applicable au bail à colonage ou à moitié fruits, parce que le caractère dominant des baux de cette nature est celui de société, c'est néanmoins le droit proportionnel ordinaire de bail, et non le droit fixe établi pour les actes de société, qui doit être perçu à l'enregistrement d'un acte constatant un bail à colonage ou à moitié fruits (Sol. adm. enreg. 18 avr. 1872, D. P. 73. 3. 38). De cette solution résultait un système assez étrange : le bail à colonage devait être considéré comme société, s'il était verbal ; il devait être considéré comme un véritable bail, s'il était écrit. En d'autres termes, l'Administration reconnaissait qu'en présence des travaux préparatoires, la loi de 1871 ne devait plus être appliquée aux baux à colonage ou à portion de fruits, que les baux verbaux à colonage n'étaient donc pas assujettis à la déclaration ; mais, pour les baux écrits à colonage, elle soutenait que la jurisprudence antérieure à la loi de 1871 ne devait pas être modifiée, et que ces baux étaient passibles du droit de bail à 20 cent. pour 100 (V. D. P. 73. 3. 38, note).

1630. La cour de cassation, appelée à statuer sur l'application du droit gradué au bail à colonage, a décidé que, si des divergences ont pu se produire, en droit civil, sur le caractère propre du bail à colonage ou à portion de fruits, spécialement sur le point de savoir si la convention constitue un véritable bail à ferme ou une sorte d'association entre le propriétaire et le colon, ces divergences ne sauraient exister en droit fiscal, dans lequel des dispositions précises et positives de ce droit classant le bail à colonage ou à portion de fruits, pour l'application de la loi des baux ordinaires, qu'il n'est pas possible, dès lors, de considérer les baux à colonage ou à portion de fruits, pour l'application de la loi de société, comme participant, en une manière quelconque, du contrat de société, encore bien que des affirmations contraires se soient produites dans la discussion de la loi du 23 août 1871 concernant les locations verbales d'immeubles, ces affirmations n'ayant pu, en tout cas, changer ni la quotité, ni la nature des droits établis par les lois préexistantes sur les baux en général ; que c'est donc au droit proportionnel ordinaire de bail que doit être soumis le bail à colonage, et non au droit

fixe gradué établi sur les actes de société (Civ. cass. 8 févr. 1875, aff. Gouyon, D. P. 75. 1. 169).

Cet arrêt a mis fin aux regrettables anomalies signalées ci-dessus. Il rétablit, dans toute leur vigueur et toute leur netteté, les véritables principes. Il fit revivre la disposition de loi qui avait été si singulièrement réduite à l'état de lettre morte. En présence d'une décision aussi explicite, il ne peut plus être question de l'application au bail à colonage ou à moitié fruits, du droit gradué établi pour les actes de société. La convention doit être assujettie, comme avant la loi du 23 août 1871, au droit proportionnel ordinaire de bail à 20 cent. pour 100, qu'elle soit verbale ou constatée par acte sous seing privé.

1631. Mais il reste à décider si les dispositions de l'art. 11 de la loi de 1871, relatives à l'enregistrement des baux d'immeubles, sont applicables aux baux à colonage. — Ces dispositions se divisent en deux catégories. Les unes (§ 1ᵉʳ et 6), spéciales aux baux verbaux, exigent, sous des pénalités sévères, que toute mutation de jouissance d'immeubles par convention verbale soit déclarée dans les trois mois de l'entrée en jouissance. Les autres (§ 7 et 8), communes aux baux verbaux et aux baux écrits, ont abrogé l'art. 69, § 3, nᵒ 2, de la loi du 22 frim. an 7, d'après lequel le droit proportionnel devait être perçu, pour les baux de trois, six, neuf années, sur le prix cumulé des neuf années, et ont accordé aux parties, pour le cas où le bail est de plus de trois ans, la faculté de fractionner l'acquittement de l'impôt en autant de payements égaux qu'il y a de périodes triennales dans la durée du bail.

Il est hors de doute que le bénéfice de cette dernière innovation est acquis aux contribuables pour les baux à colonage, tout aussi bien que pour les autres baux. La disposition ancienne de la loi de frimaire, ayant été expressément abrogée par la loi de 1871, ne saurait être appliquée aujourd'hui à aucune espèce de baux, pas plus à ceux à colonage qu'aux autres (V. D. P. 75. 1. 169, note).

La difficulté ne subsiste donc plus que pour les dispositions de la loi nouvelle qui assujettissent les contribuables à déclarer les baux verbaux dans les trois mois. La question de savoir si ces dispositions s'étendent aux baux à colonage doit être résolue affirmativement si l'on s'en tient au texte de la loi et aux principes. En effet, les termes de la loi nouvelle sont généraux et absolus. D'autre part, puisque, comme l'exprime l'arrêt du 8 févr. 1875, cité *suprà*, nᵒ 1630, aucune divergence ne saurait se produire, en droit fiscal, relativement au caractère du bail à colonage ou à moitié fruits, et que des dispositions précises de ce droit le classent, pour la perception du droit d'enregistrement, dans la catégorie des baux à ferme ou à loyer, les règles de perception se rapportant à ces derniers baux doivent lui être également étendues, aussi bien celles établies par la législation nouvelle, à défaut de disposition contraire, que celles résultant de la législation antérieure. Mais les documents officiels relatifs à la loi de 1871 repoussent formellement l'application de la législation nouvelle aux baux à colonage (V. D. P. 75. 1. 169, note). Il n'a pas encore été statué, que nous sachions, sur la difficulté.

1632. Les baux des *buffets des gares*, faits pour une durée indéterminée, mais résiliables tous les trois mois, à la faculté du bailleur et du preneur, doivent être considérés comme des baux de trois mois, passibles d'un droit de 20 cent. pour 100 fr., qui est exigible dans les vingt premiers jours de l'échéance de chaque trimestre (Sol. adm. enreg. 29 mars 1872, D. P. 73. 5. 200). — Si la compagnie a seule le droit de résiliation, le preneur est engagé pour toute la durée de la concession ; mais le bail ne peut être considéré comme illimité, puisqu'il prendra nécessairement fin avec cette concession. Il est censé fait pour la durée de la concession, et le droit dû est celui de 20 cent. pour 100 fr., avec faculté de fractionnement par périodes triennales (Sol. adm. enreg. 10 janv. 1873, D. P. 73. 5. 200).

1633. En même temps qu'il assujettissait à la formalité et au droit proportionnel dans le délai de trois mois les locations verbales d'immeubles, le législateur de 1871 a édicté différentes dispositions à l'effet de tempérer, principalement pour les locations de peu d'importance, la rigueur de ses prescriptions (V. Rapport de la commission, D. P. 71. 4. 59, nᵒˢ 25 et suiv.).

Tout d'abord, pour les locations faites suivant l'usage

des lieux, il a disposé (art. 11, § 2) que la déclaration le constaterait, et que le droit serait exigible seulement dans les vingt jours qui suivraient l'échéance de chaque terme, jusqu'à ce qu'il ait été déclaré que le bail a cessé ou qu'il a été résilié. Cette disposition paraît avoir été introduite dans la loi spécialement en vue de l'usage de Paris, où les locations étant faites pour une durée indéterminée et se prolongeant jusqu'à ce que l'une des parties ait donné congé à l'autre, auraient pu, à la rigueur, être considérées comme des baux d'une durée illimitée. Ces locations ne sont faites, en réalité, que pour une durée de trois mois; il est juste que le droit ne soit exigible que pour ce laps de temps (Sol. adm. enreg. 31 mai-21 juin 1862, *Diction. droits d'enreg.*, v° *Bail*, n° 414).

Le mot *terme*, dans le deuxième alinéa de l'art. 11 de la loi du 23 août 1871, ne désigne ni les divisions de la durée du bail en vue du payement du prix, ni le mode adopté pour ce payement, mais la durée même du bail, et spécialement la durée d'un bail passé selon l'usage des lieux. Les baux verbaux qui, suivant l'usage des lieux, ont une durée d'un an, sont passibles du droit sur une année entière, lors même que les loyers seraient payables par semestre. Le payement du droit, pour la première année, doit avoir lieu dans les trois mois de l'entrée en jouissance, au moment de la déclaration, et, si le bail continue, dans les vingt jours de la deuxième année, et ainsi de suite (Sol. adm. enreg. 31 oct. 1871, D. P. 73. 5. 206).

1634. Les locations *suivant l'usage des lieux*, bien que constatées par écrit, sont considérées comme des locations verbales. L'enregistrement des arrêtés ou engagements de location ne peut être admis comme supplément à une déclaration de location verbale. L'enregistrement est à la charge du propriétaire, qui n'a pas la faculté de faire le dépôt direct de l'écrit dans le quatrième mois. Les droits, lors des échéances trimestrielles, doivent être versés en bloc par le propriétaire (Sol. adm. enreg. 19 juill. 1872, D. P. 73. 5. 204). Mais si l'acte intitulé *engagement de location* porte bail *pour une année consécutive*, moyennant un loyer annuel et diverses charges supportées d'ordinaire par le propriétaire, il doit être enregistré dans les trois mois de sa date (Sol. adm. enreg. 26 févr. 1873, D. P. 73. 5. 204).

1635. Lorsqu'une location verbale a été déclarée faite *pour un an* sans autre explication, l'administration de l'enregistrement ne peut pas exercer des poursuites, en vertu de cette déclaration, pour le recouvrement du droit de bail des années postérieures. Si le bail continue, une nouvelle déclaration doit être faite sous peine d'amende (Sol. adm. enreg. 2 mai 1872, D. P. 73. 5. 203).

1636. D'après l'art. 11 de la loi du 23 août 1871, les droits d'enregistrement des locations verbales deviennent exigibles dans les vingt jours qui suivent l'échéance de chaque terme. Mais la loi ne prononce ni droits en sus, ni amende, lorsque le payement des droits dus pour une location verbale n'est pas effectué dans les vingt jours de l'échéance de chaque terme (Sol. adm. enreg. 1er juin et 6 août 1872, D. P. 73. 5. 203). Il ne peut donc être réclamé, audit cas, que le droit simple, quel que soit le retard (D. P. 73. 5. 203, n° 53, note).

Lorsque les contribuables qui ont souscrit une déclaration pour une location suivant l'usage des lieux et payé l'impôt afférent au premier terme, se présentent de nouveau chez le percepteur pour acquitter les droits, ce comptable n'a plus en sa possession les déclarations souscrites; pour suppléer à ces documents, les parties versantes représentent au percepteur la première quittance qui leur a été délivrée (Instr. adm. enreg. 18 sept. 1871, n° 2418, D. P. 71. 3. 52).

1637. Une faveur plus grande que celle concernant les locations suivant l'usage des lieux a été établie pour les *locations verbales ne dépassant pas trois ans et dont le prix annuel n'excède pas 100 fr.* La loi porte que ces locations « ne sont pas assujetties à la déclaration » (art. 11, § 5). Elles sont donc exemptes de l'impôt. Toutefois, lorsque le même bailleur a consenti plusieurs locations verbales de cette catégorie, mais dont le prix cumulé excède 100 fr. annuellement, il est tenu d'en faire la déclaration et d'acquitter personnellement et sans recours les droits d'enregistrement (même paragraphe). Si le prix de la location verbale est supérieur à 100 fr. sans excéder 300 fr. annuelle-

ment, le bailleur est également tenu d'en faire la déclaration et d'acquitter les droits exigibles, sauf son recours contre le preneur (§ 6).

Pour l'application des paragraphes 5 et 6 de l'art. 11 de la loi du 23 août 1871, relatif aux locations de 100 à 300 fr., il n'y a à distinguer ni entre les *propriétés bâties* et les propriétés *non bâties*, ni entre les locations d'un *seul immeuble* et celles de *plusieurs* immeubles (Sol. adm. enreg. 2 avr. 1872, D. P. 73. 5. 205).

1638. Les baux de *moins d'un an*, dont le prix mensuel ou trimestriel représente un loyer annuel de plus de 100 fr., doivent faire l'objet d'une déclaration, le prix annuel étant seul pris en considération par la loi, et ce prix s'obtenant par la multiplication des termes mensuels ou trimestriels (Sol. adm. enreg. 12 oct. 1871, D. P. 73. 5. 204). — C'est le droit de 20 cent. pour 100 qui est exigible sur les locations *au jour et à la semaine*, le bailleur n'étant lié que pour un jour ou une semaine. Pour la liquidation du droit, il faut suppléer à la loi en réglant avec le propriétaire de mois en mois, par exemple (Sol. adm. enreg. 25 nov. 1871, D. P. 73. 5. 204).

1639. La déclaration, qui devait être faite, d'après l'art. 11, § 4, de la loi de 1871, par le preneur ou, à son défaut, par le bailleur, a été mise à la charge de ce dernier par l'art. 6 de la loi du 28 févr. 1872 ainsi conçu : « Les obligations imposées au preneur dans le cas de location verbale par l'art. 11 de la loi du 23 août 1871, seront accomplies, à l'avenir, par le bailleur qui sera tenu du payement des droits, sauf son recours contre le preneur. — Néanmoins les parties restent solidaires pour le recouvrement du droit simple » (D. P. 72. 4. 14 et suiv.). — Cette innovation a eu pour but d'éviter les inconvénients produits par l'application de la loi de 1871; l'exposé des motifs de la loi de 1872 rapporte que, dans la seule ville de Paris, 411000 déclarations de locations verbales avaient été reçues. Ce grand nombre de déclarations résultant de l'obligation imposée au preneur de faire lui-même la déclaration. Pour simplifier la perception, la loi de 1872 met la déclaration sera faite à l'avenir par le bailleur, qui fera l'avance des droits d'enregistrement, sauf son recours contre le preneur. Ainsi que l'a fait observer le rapport de la commission, cette disposition n'a rien innové en ce qui concerne les baux *écrits*, qui continuent à être régis par la législation antérieure (Rapport de la commission, L. 28 févr. 1872, D. P. 72. 4. 14, n° 21 ; Instr. adm. enreg. 29 févr. 1872, n° 2433, D. P. 72. 3. 15).

1640. Lorsque le même bailleur a consenti plusieurs locations verbales dont le prix annuel n'excède pas 100 fr., mais dont le prix cumulé dépasse ce chiffre, il peut faire une déclaration collective, mais détaillée, pour toutes ces locations, et exiger qu'il ne lui soit délivré qu'une seule quittance (Instr. adm. enreg. 20 nov. 1871, n° 2423, D. P. 71. 3. 92). — Dans ce cas, le droit est liquidé sur chaque loyer séparément (Même instruction). — Il n'est dû qu'un minimum de 25 cent. pour tous les baux faisant l'objet de la déclaration collective (Même instruction).

1641. Le législateur de 1871 a encore apporté un tempérament sérieux aux dispositions concernant les baux d'immeubles, en abrogeant la disposition de l'art. 69, § 3-2° de la loi du 22 frim. an 7 suivant laquelle les baux de trois, six ou neuf années, devaient être considérés, pour la perception du droit proportionnel, comme baux de neuf années (L. 23 août 1871, art. 11, § 8) et en accordant aux contribuables, à l'égard des baux faits pour plus de trois ans, la faculté de *fractionner le montant du droit* en autant de payements égaux qu'il y a de périodes dans la durée du bail (*Ibid.*, § 7).

En ce qui concerne la faculté de *fractionnement*, la loi de 1871 dispose (art. 11, § 7) : « Si le bail est de plus de trois ans et si les parties le requièrent, le montant du droit pourra être fractionné en autant de payements égaux qu'il y aura de périodes triennales dans la durée du bail. Le payement des droits afférents à la première période sera seul acquitté lors de l'enregistrement ou de la déclaration, et celui des périodes subséquentes aura lieu dans le premier mois de l'année qui commencera chaque période ». Ainsi que cela résulte du texte même, cette disposition s'applique aux baux écrits comme aux baux verbaux. — Le receveur liquide, sur la feuille de déclaration, les droits immédiatement exigibles et en perçoit le montant ; il inscrit la recette sur un registre à souche spécial qui est divisé par cases et arrêté jour par jour, et il remet à la partie une quittance motivée détachée de ce registre. — La souche et la quittance font mention de la date de la déclaration et la feuille de déclaration est émargée du numéro de la quittance (Instr. adm. enreg. 18 sept. 1871, D. P. 71. 3. 52). — Les quittances des droits perçus pour locations verbales sont sujettes au timbre de 25 cent., lorsqu'elles excèdent 10 fr. (L. 13 brum. an 7, art. 16; 8 juill. 1865, art. 4; 23 août 1871, art. 2) (Instr. adm. enreg. 18 sept. 1871, n° 2418, D. P. 71. 3. 52).

1642. Lorsque les parties requièrent le fractionnement, leur intention doit être exprimée soit dans l'acte ou en marge, s'il s'agit d'un bail authentique, soit dans la déclaration, s'il s'agit d'une location verbale. — Lorsque le bail a été fait sous signatures privées, la réquisition est constatée sur une formule de déclaration de location verbale, et il en est fait mention dans la quittance des droits d'enregistrement inscrite sur l'acte (Instr. 18 sept. 1871, citée suprà, n° 1641). — Si le nombre des années n'est pas exactement divisible par trois, le dernier payement se compose des droits afférents aux années qui ne formeraient pas une période triennale entière (Rapport de la commission, D. P. 71. 4. 59, n° 27; Instr. adm. enreg. 25 août 1871, D. P. 71. 3. 51).

1643. Si un bail consenti pour trois, six, neuf ou douze ans, a été, sur la réquisition expresse des parties, assujetti au droit sur le prix cumulé des douze années, la perception est régulière, et il ne peut y avoir lieu à restitution, quels que soient les événements ultérieurs (Sol. adm. enreg. 10 janv. 1872, D. P. 73. 5. 206) ; ... lors même que la convention attribue au preneur la faculté de résilier après trois ans (Trib. Confolens, 16 juill. 1887, aff. François Peyraud, D. P. 88. 5. 209). Les parties qui présentent à l'enregistrement un bail d'immeubles pour une durée indéterminée ne peuvent être admises au fractionnement du droit par périodes triennales (Sol. adm. enreg. 26 janv. 1872, D. P. 73. 5. 201. Conf. Trib. Loches, 5 déc. 1873, aff. Lafaye, D. P. 74. 5. 193).

1644. La loi ne considérant plus les baux de trois, six ou neuf ans que comme faits pour trois ans, il s'ensuit que le droit ne peut être exigé que pour trois ans (Sol. adm. enreg. 6 août 1872, D. P. 73. 5. 204); cette règle s'applique aux baux antérieurs à la loi du 23 août 1871 (Sol. adm. enreg. 28 sept. 1872, D. P. 73. 5. 204). — Pour les baux à périodes, si la première période est d'une durée supérieure à trois ans, le droit qui s'y applique peut être fractionné et acquitté pour trois ans seulement, sur la réquisition des parties (Sol. adm. enreg. 17 févr. et 2 déc. 1872, D. P. 73. 5. 204).

De ce que la loi ne considère les baux de trois, six ou neuf ans que comme faits pour trois ans, on a conclu également qu'à l'expiration de chaque période, c'est un nouveau bail qui est censé commencer, et que, dès lors, le propriétaire est tenu d'en faire la déclaration dans les trois mois de l'échéance de chaque période, à peine d'un droit en sus (Sol. adm. enreg. 6 août 1872, D. P. 73. 5. 204). — Cette interprétation n'a pas été maintenue ; il a été décidé, en effet, que dans le cas où, lors de l'enregistrement d'un bail fait pour trois, six ou neuf années, avec faculté pour chacun des contractants de faire cesser à l'expiration de la première ou de la seconde période triennale, le droit proportionnel n'a été perçu, aux termes de la loi (L. 23 août 1871, art. 11, § 7), que pour la première période, la prolongation du bail pendant les autres n'oblige pas le preneur à en faire la déclaration dans les trois mois à peine d'amende ; c'est à l'administration de l'enregistrement à recouvrer, dans le premier mois de chaque nouvelle période, le nouveau droit proportionnel exigible, sauf aux parties à justifier de l'accomplissement de la clause résolutoire insérée dans le contrat (Instr. adm. enreg. 12 juin 1875, n° 2515, D. P. 75. 5. 183).

1645. La cession, par acte notarié postérieur à la loi du 23 août 1871, d'un bail d'immeubles à périodes, antérieur à cette loi, pour le temps restant à courir depuis une date postérieure au 23 août 1871, donne lieu de percevoir le droit de 20 cent. pour 100 fr. sur la portion non encore écoulée de la période commencée. À l'expiration de cette période, le droit peut être réclamé pour une nouvelle période, à moins que les parties n'aient fait une déclaration de résiliation (Sol. adm. enreg. 26 mars 1872, D. P. 73. 5. 200).

1646. L'acte sous seing privé portant prorogation d'un bail courant soumis à la formalité doit être enregistré provisoirement au droit fixe, par application du septième alinéa de l'art. 11 de la loi du 23 août 1871, le payement du droit proportionnel ne devant avoir lieu que dans le premier mois de l'année où la prorogation aura commencé à produire effet. Toutefois, le droit fixe à percevoir provisoirement ne peut excéder celui de 20 cent. pour 100 fr., liquidé pour toute la durée du bail, et les parties doivent toujours être admises, lorsqu'elles le demandent, à acquitter ce droit de 20 cent. pour 100 fr. L'acte doit être présenté à la formalité dans les trois mois de sa date, la loi du 23 août 1871 n'ayant pas modifié la disposition de l'art. 22 de la loi du 22 frim. an 7, relative à l'obligation de faire enregistrer, dans un délai déterminé, les actes translatifs de jouissance immobilière. À défaut de formalité dans les trois mois, les peines édictées par l'art. 14 de la loi du 23 août 1871 sont applicables (Sol. adm. enreg. 31 janv. 1873, D. P. 73. 5. 207. Conf. Trib. Yvetot, 16 mars 1877, Journ. enreg., art. 20662).

1647. La loi de 1871 a accordé à l'administration de l'enregistrement la faculté de requérir l'*expertise* pour établir l'*insuffisance du prix* exprimé dans une déclaration de location verbale. La même loi a assuré l'accomplissement de la formalité pour les *baux écrits* en imposant, par son art. 14, au bailleur, à peine d'amende, l'obligation de mettre l'Administration à même d'exercer des poursuites au cas où le preneur n'aurait pas satisfait à la loi dans le délai prescrit (V. infrà, chap. 6, sect. 2).

1648. L'exposé des motifs de la loi du 23 août 1871 (D. P. 71. 4. 55, n° 14) et le rapport de la commission (D. P. 71. 4. 59, n° 27) avaient annoncé que l'Administration prendrait des mesures pour faciliter, autant que possible, aux contribuables l'exécution de la loi et leur éviter des déplacements. Les percepteurs des contributions directes ont été adjoints aux receveurs de l'enregistrement pour recevoir les déclarations. D'autre part, des formules imprimées sont mises à la disposition des contribuables pour les faire (Instr. adm. enreg. 18 sept. 1871, n° 2418, D. P. 71. 3. 52). Des bureaux spéciaux ont été établis temporairement, lors de la mise à exécution de la loi, partout où le besoin s'en est fait sentir, pour recevoir les déclarations (V. Instr. adm. enreg. 22 nov. 1871, n° 2423, in fine, D. P. 71. 3. 92).

Le rapporteur de la loi du 28 févr. 1872 a constaté, dans les termes suivants, l'exécution de l'art. 11 de la loi du 23 août 1871 : « Grâce aux mesures prises par l'Administration, au zèle, au dévouement de ses agents, et à l'empressement désintéressé du public, la loi a été obéie et n'a donné lieu qu'à des difficultés matérielles et de détail » (D. P. 72. 4. 14, § 5, note). « C'est avec raison, a dit à ce sujet M. Demante, t. 1, n° 98-IV, que le rapport rend hommage « au zèle, au dévouement des agents de l'Administration et à l'empressement désintéressé du public. On avait eu, pendant le siège de Paris, le triste spectacle des *queues* formées aux portes des boucheries et des boulangeries pour l'emplette d'une maigre *ration*. On a vu, l'année suivante, la foule aussi patiente et aussi résignée aux portes des bureaux d'enregistrement pour l'acquittement de l'impôt des loyers. Il est bon de conserver des souvenirs qui consolent de tant de criminels excès... »

1649. D'autre part, la loi n'a été exécutée qu'à partir du 1er oct. 1871 (art. 11, § 9), et un délai de trois mois a été accordé, à compter de la promulgation, pour faire enregistrer, sans droits en sus ni amendes, tous les actes sous signatures privées qui, en contravention aux lois sur l'enregistrement, n'auraient pas été soumis à cette formalité (art. 17, § 1er). Ce délai a été prorogé successivement jusques et y compris le 10 févr. 1872 (Instr. adm. enreg. 22 nov. 1871, n° 2423, D. P. 71. 3. 92. V. aussi ibid., note 4). — Le droit n'a été perçu, en ce qui concerne les baux ainsi présentés à l'enregistrement, que pour le temps restant à courir au jour de la promulgation de la loi (Même article 17, § 2). Le bénéfice de cette disposition n'a pu être réclamé que pour les contraventions existant au jour de cette promulgation (Même article, § 6) (V. Disposition, L. 23 août 1871, D. P. 71. 4. 72, note 2). — La disposition dont il s'agit ne concerne que les baux anciens dont l'enregistrement a été requis pendant le délai de faveur accordé aux contrevenants. Depuis l'expiration de ce délai, l'impôt doit être calculé, pour les baux antérieurs de plus de trois mois au 25 août 1871 présentés à la formalité, en prenant pour point de départ l'entrée en jouissance du preneur (Instr. adm. enreg. 22 nov. 1871, n° 2423, D. P. 71. 3. 92). — A l'égard des baux dont le délai pour l'enregistrement est échu postérieurement au 25 août 1871 et qui ont été présentés à l'enregistrement après plus de trois mois de leur date, mais pendant la prorogation du délai de faveur accordé aux contrevenants, aucune pénalité n'a dû être appliquée; mais le droit simple proportionnel a dû être calculé à partir de l'entrée en jouissance du preneur, et non pas seulement à partir du 25 août 1871, le dernier alinéa de l'art. 17 de la loi du 23 août 1871 n'étant pas applicable à ces actes et les remises de droits simples ne pouvant être prononcées que par la loi (Même instruction).

2°. — Baux non expressément tarifés (Rép. n°° 3053 à 3071).

1650. Les baux en usage indépendamment de ceux mentionnés dans le tarif, rentrent, en grande partie du moins, dans les catégories établies par la loi fiscale (Rép. n° 3053). Ce sont le *contrat de superficie* (Rép. n° 3054), le *bail héréditaire* (Rép. n° 3055), le *champart, agrier, terrage* ou *bail à locatairie* (Rép. n° 3059), le *bail à culture perpétuelle* (Rép. n° 3060), le *bail à métairie perpétuelle* (Rép. n° 3061), le *bail à complant* (Rép. n° 3062), le *bail à domaine congéable* ou *bail à convenant* (Rép. n° 3063).

1651. Le bail à métairie perpétuelle ressemble par beaucoup de points au bail héréditaire. Dans l'un comme dans l'autre, le bailleur conserve la propriété des biens loués et peut expulser le preneur à sa volonté en lui délaissant, en toute propriété, le tiers du domaine, ou en lui payant une indemnité égale à la valeur de ce tiers (Rép. n°° 3055 et 3061). Il a été jugé que l'abandon par le bailleur au preneur, à titre d'indemnité, en cas d'expulsion de celui-ci, de la propriété du tiers du domaine, constitue une dation en payement et donne lieu, à ce titre, au droit de vente immobilière à 5 fr. 50 cent. pour 100 (Trib. Chambon, 21 mars 1862, *Journ. enreg.*, art. 17566. V. *Diction. droits d'enreg.*, v° *Bail à métairie perpétuelle*, n° 5).

1652. Le bail à domaine congéable ou à convenant transmet au preneur, moyennant une redevance annuelle, la jouissance du fonds et, en outre, la propriété des édifices et superficies sous la réserve, au profit du bailleur, du droit d'expulser à toute époque le preneur et de reprendre les superficies en remboursant la valeur actuelle déterminée par experts (Rép. n° 3063). Ce contrat, contenant à la fois une transmission de jouissance quant au fonds, et une vente par rapport à la superficie, donne lieu au droit de bail à 20 cent. ou à 4 fr. pour 100, selon que la durée du bail est limitée ou ne l'est pas, plus au droit de vente immobilière à 5 fr. 50 pour 100 (*Ibid.*). En cas de cession par le preneur, il y a transmission de la jouissance du fonds et de la propriété des constructions; il est dû, pour ce fait, deux droits, l'un de cession de bail, pour la transmission de jouissance à 20 cent. pour la durée du bail est limitée, l'autre de vente immobilière pour la cession des constructions. C'est par erreur qu'il a été dit au Rép. n° 3067 que ce dernier droit seul était dû, audit cas, sauf le prix de la cession que sur le montant de la redevance à acquitter par le cessionnaire.

1653. Le congément exercé par le propriétaire foncier, ou par son représentant, opère la résiliation du bail et transmet au propriétaire les édifices cédés par lui au preneur ainsi que ceux construits par ce dernier, le tout à charge d'indemnité d'après la valeur des constructions, à dire d'experts, au jour du congément. Et comme les constructions ont, pour le propriétaire dans ses rapports avec le domanier, le caractère mobilier, c'est le droit de vente mobilière à 2 pour 100 qui est exigible (Rép. n° 3068). Ainsi, décidé qu'en cas de congément exercé par l'acquéreur du fonds congéable, c'est le droit de vente mobilière à 2 pour 100 qui est applicable à la somme due pour la valeur des superficies; que le droit de transcription n'est pas exigible, lors même que l'acte de congément ne constate pas le payement comptant de cette somme (Sol. adm. enreg. 27 déc. 1873, *Journ. enreg.*, art. 19378).

C. — Éléments constitutifs de la convention (Rép. n°° 3072 à 3104).

1654. De même que la vente et, en général, tous les contrats commutatifs, le bail se forme par la réunion de trois éléments distincts : le consentement, la chose et le prix (Rép. n° 3072).

1°. — Consentement (Rép. n°° 3073 à 3079).

1655. Nous avons vu, en exposant les règles générales, ce que doit être le consentement dans toutes les conventions (V. *suprà*, n° 110). Dans le contrat de bail, spécialement, le bailleur s'oblige à faire jouir; le preneur n'acquiert pas d'autre droit que celui d'exiger tout ce qui doit lui assurer une jouissance paisible. Si la transmission ne se renferme pas exactement dans une simple jouissance, si le consentement a pour objet autre chose que le bail, vainement les parties auraient-elles pris, dans leur acte, les qualités de bailleur et de preneur, ce n'est plus le droit de bail qui serait exigible, mais bien celui applicable à la convention d'après sa nature (Rép. n° 3074). — Ainsi le bail dans lequel le locateur s'engage à laisser l'immeuble en toute propriété au preneur à l'expiration du contrat, moyennant un prix fixé d'avance, est considéré avec raison comme une vente à terme déguisée sujette au droit de mutation, si le locateur s'y réserve, pour le cas où le preneur ne profiterait pas de la promesse, la faculté de faire vendre l'immeuble aux enchères avec le droit de faire supporter à celui-ci la différence en moins dans le prix obtenu (Trib. Cambrai, 14 mars 1855, aff. Pluchart, D. P. 55. 3. 55). De même, l'acte portant bail, pour un temps déterminé, à une ville de terrains et de constructions que le bailleur s'oblige à élever sur ces terrains pour des usages municipaux, le tout moyennant un loyer annuel fixé à 5, 6 1/4 et 6 1/2 pour 100 du prix total des terrains et des constructions que la ville s'engage, en outre, à acquérir, avant l'expiration du bail, moyennant le remboursement de ce prix, doit être considéré comme une vente immobilière sujette au droit de 5 fr. 50 pour 100 sur le prix total des terrains et des constructions (Trib. Seine, 9 juill. 1870, D. P. 71. 3. 44, et sur pourvoi, Req. 28 janv. 1873, aff. Ville de Paris, D. P. 73. 1. 307).

1656. Mais il a été décidé, contrairement à un jugement rapporté au Rép. n° 3075, que l'acte portant bail d'une machine à vapeur pour un temps et moyennant un loyer déterminé, avec la stipulation sous la rubrique « *promesse de vente* », que l'acquéreur pourra acquérir la machine pendant toute la durée du bail à un prix fixé, constitue, non une vente mobilière à terme passible du droit de 2 pour 100, mais un simple louage accompagné d'une vente conditionnelle et sujet seulement au droit de bail à 20 cent. pour 100 (Civ. cass. 22 févr. 1887, aff. Société de matériel agricole, D. P. 87. 1. 500).

1657. Il en est de la *promesse de bail* comme de la promesse de vente. Sans effet, lorsqu'elle est simplement unilatérale, elle constitue le contrat même de bail, lorsqu'il y a engagement réciproque, par le bailleur de donner à bail, par le preneur de prendre à bail : le droit proportionnel, non exigible dans le premier cas, l'est dans le second (Rép. n° 3079), sans qu'il y ait à distinguer entre les promesses *de præsenti* et les promesses *in futurum* (*Ibid.* Conf. *Diction. droits d'enreg.*, v° *Bail*, n° 117).

2°. — Chose (Rép. n°° 3080 à 3095).

1658. L'art. 1713 c. civ. dispose, d'une manière générale, qu'on « peut louer toutes sortes de biens, meubles et immeubles ». Ce n'est pas à dire que le contrat de louage puisse s'étendre à tout ce qui rentre dans la catégorie des biens. A cet égard, il a été distingué au Rép. n° 3086 entre les choses qui peuvent être vendues et qu'on ne peut louer, celles qu'on ne peut louer pas plus qu'on ne peut vendre, et celles qui peuvent être louées aussi bien que vendues.

Parmi les choses qui ne peuvent être louées, bien qu'elles soient susceptibles d'être vendues, se placent principalement celles qui se consomment par l'usage, les choses fongibles. Mais les choses fongibles accessoirement liées à une exploitation peuvent être comprises dans le bail dont cette exploitation est l'objet (*Rép.* n° 3088). Ainsi, le bail d'une forêt, d'un bois, est très-rare et dissimule le plus souvent une vente de coupes à opérer (V. *suprà*, n° 1390); mais, au cas où un bois de peu d'étendue est loué avec le domaine en culture dont il est l'accessoire, la convention a le caractère de bail, pour ce bois aussi bien que pour le domaine, et ne donne lieu, pour l'un comme pour l'autre, qu'au droit proportionnel de bail à 20 cent. pour 100 (Conf. *Diction. droits d'enreg.*, v° *Bail*, n° 70).

1659. Au nombre des choses qui ne peuvent être louées pas plus qu'elles ne pourraient être vendues, se placent les *choses qui sont dans le domaine public*, comme les rues, les places, les grands chemins, les églises, tant qu'elles sont consacrées au culte, les cimetières... (*Rép.* n° 3089). Toutefois, si le bail qui transmettrait exclusivement au preneur la jouissance de ces choses est interdit, parce que la chose serait détournée par là de sa destination spéciale qui est l'usage public, rien n'empêche de transmettre des démembrements ou des accessoires, de semblables locations étant souvent un moyen de donner à la chose sa véritable destination (*Rép.* n° 3089). Telles sont les locations d'emplacements sur la voie publique à des marchands pour y stationner, des bancs, des chaises dans les églises, de l'émondage des arbres d'un cimetière, des places d'une halle ou d'un marché, etc.

1660. On ne saurait voir des locations passibles du droit proportionnel dans les concessions faites à des *marchands forains* sans place fixe, qui étalent leurs marchandises sur la voie publique moyennant une taxe payable par jour, laquelle est perçue sur le lieu même et ne représente que l'indemnité due à la commune pour ses frais de police et de surveillance (V. en ce sens : Rapport de M. le conseiller Tardif, D. P. 73. 1. 430, note).

1661. Quant aux baux de *bancs* ou de *chaises*, soit dans les *églises*, soit ailleurs, ce sont de véritables baux et le droit proportionnel leur est, par suite, applicable (*Rép.* n° 3089). Mais les locations de l'espèce, ne transférant aux preneurs qu'un droit mobilier, ne tombent pas sous l'application des dispositions de la loi du 23 août 1871 concernant l'enregistrement des baux et des locations verbales, ces dispositions ne se rapportant qu'aux mutations de jouissance d'immeubles. Ainsi, il a été décidé que les locations, à vie ou pour un temps limité, de places dans les églises, devant être considérées, pour la perception du droit d'enregistrement, comme ne transférant aux preneurs qu'un droit mobilier, ne tombent pas sous l'application des dispositions de la loi du 23 août 1871 concernant l'enregistrement des baux et des locations verbales, ces dispositions ne se rapportant qu'aux mutations de jouissance d'immeubles (Lett. min. fin. 12 janv. 1872, D. P. 72. 3. 37). — Par la même raison, l'obligation de déclarer les baux verbaux, pour la perception du droit proportionnel, ne s'applique pas aux conventions par lesquelles une société formée pour l'exploitation d'un *canal d'arrosage* cède à des propriétaires d'usines l'usage temporaire ou perpétuel de l'eau de ce canal moyennant une redevance périodique, les concessions de cette nature ne transférant au preneur, même lorsqu'elles sont faites à perpétuité, qu'un droit mobilier, et la loi du 23 août 1871 ne concernant que les jouissances de biens immeubles (Sol. adm. enreg. 17 oct. 1871 et Décis. min. fin. 25 nov. 1871, D. P. 73. 5. 205); ... Ni aux *concessions du droit d'exploiter une carrière*, ces concessions ne constituant que des ventes mobilières (Sol. adm. enreg. 1ᵉʳ déc. 1871, D. P. 73. 5. 205. — V. *suprà*, n° 1394).

1662. Au contraire, les *concessionnaires de mines* sont tenus de déclarer les locations des terrains qu'ils occupent pour leur exploitation. Mais si la redevance qu'ils payent pour cette exploitation est fixée au double du produit annuel, conformément aux art. 43 et 44 de la loi du 21 avr. 1810, il y a lieu de les admettre à en faire ventilation et à n'acquitter le droit de bail que sur la valeur locative réelle, le surplus de la redevance étant une indemnité passible du droit de 50 cent. pour 100 fr (Sol. adm. enreg. 28 déc. 1871, D. P. 73. 5. 205).

1663. On a contesté que la *concession temporaire* de la jouissance de places déterminées dans les *halles et marchés* appartenant à une ville, accordée à des particuliers sur leur demande, par la municipalité, moyennant un prix fixé d'après un tarif, présentât les caractères d'une location d'immeubles ; on a soutenu que ces droits de places constituent des taxes indirectes, dont la perception légalement autorisée au profit des municipalités, ne saurait être assujettie à l'impôt de 20 cent. pour 100 dû sur les baux et à la loi de 1871 relatives aux locations verbales. Mais il a été décidé que les locations verbales d'emplacements dans les halles et marchés couverts d'une ville, faites aux marchands, constituent des mutations de jouissance d'immeubles dans le sens de la loi de l'enregistrement, et tombent, en conséquence, sous l'application des dispositions de cette loi concernant les locations verbales d'immeubles, aussi bien lorsqu'elles sont consenties directement par la municipalité que lorsqu'elles sont faites par les concessionnaires des marchés, encore que la ville se soit réservé la faculté de retirer la concession dans certaines éventualités (Décis. min. fin. 30 sept. 1873, D. P. 75. 3. 7); et cette décision a été confirmée par un jugement du tribunal de la Seine du 11 juill. 1874, et sur le pourvoi formé contre ce jugement, par un arrêt de la cour de cassation (Req. 12 mai 1875, aff. Ville de Paris, D. P. 75. 1. 430). — Il est utile d'ajouter, conformément aux conclusions de M. l'avocat général Reverchon, rapportées avec cet arrêt, qu'il en serait autrement et que le droit de bail ne serait pas dû, « si la ville avait le droit de déposséder arbitrairement et à son gré le concessionnaire » (V. *ibid.*, note). Mais les concessions de places faites pour un temps déterminé constituent de véritables locations. Si ces droits de place se rapprochent des taxes municipales, ils en diffèrent, ainsi que l'a fait remarquer l'arrêt de la cour de cassation, en ce qu'ils sont « le prix de l'occupation exclusive assurée au preneur d'un emplacement communal, en ce que ce prix ne saurait constituer un impôt, lorsque l'obligation de le payer dérive, comme le droit de jouissance, d'une convention qui lie également la ville d'une part, et le concessionnaire de l'autre ».

1664. Il a été jugé également que la concession accordée par l'autorité administrative à une entreprise de voitures publiques, dites omnibus, du droit de faire circuler et stationner ses voitures sur la voie publique, moyennant un abonnement annuel à titre de redevance, est passible du bail, du droit de 20 cent. pour 100 (Trib. Seine, 19 juin 1857, aff. Moreau-Chaslons, D. P. 58. 3. 30). On soutenait également que les redevances dues par la compagnie concessionnaire constituaient des droits de voirie, des taxes de ville et de police ; mais les traités intervenus entre la ville et la compagnie expliquaient formellement que la redevance stipulée était payée à titre de location de divers emplacements affectés au stationnement des voitures : le tribunal a donc justement décidé que le droit de bail était exigible.

1665. Les *concessions de terrains pour sépultures dans les cimetières* ont donné lieu à des difficultés (V. *suprà*, v° *Culte*, n°ˢ 931 et suiv.). — L'Administration a soutenu d'abord que la concession était passible du droit de vente ; puis, qu'elle donnait lieu au droit de bail à durée illimitée ou au droit de bail ordinaire, suivant que la concession était perpétuelle ou temporaire (*Rép.* n° 3091). Il a été jugé en ce sens qu'une concession perpétuelle de terrain dans un cimetière constitue un bail à durée illimitée, et, par suite, doit être enregistrée au droit proportionnel de 4 fr. pour 100. Il en est de même d'une concession trentenaire faite avec faculté pour le concessionnaire d'en exiger le renouvellement indéfini (Trib. Lyon, 4 avr. 1865, aff. Pitrat, D. P. 67. 3. 63 ; Trib. Clermont-Ferrand, 5 févr. 1867, aff. Poncillon, *ibid.*), et d'autre part, les concessions purement temporaires, c'est-à-dire pour quinze ans au plus, sans faculté de renouvellement, sont sujettes, comme baux à durée limitée, au droit de 20 cent. pour 100 (Trib. Avranches, 1ᵉʳ avr. 1851, D. P. 67. 3. 63, note ; *Journ. enreg.*, art. 15189).

1666. Il est enseigné au *Répertoire* que ces concessions soit temporaires, soit perpétuelles, n'impliquant ni transmission de propriété, ni transmission d'usufruit ou de jouissance, et ne rentrant dans aucune des classifications nommément établies par la loi fiscale, ne peuvent être assujetties au droit proportionnel et n'opèrent que le droit fixe établi sur les actes innommés (*Rép.* n° 3091).

D'après la doctrine à laquelle l'Administration paraît s'être arrêtée, c'est le droit de bail à 20 cent. pour 100 qui est dû pour les concessions de l'espèce, en raison de leur affinité avec les baux d'immeubles (D. P. 87. 5. 195, note). Mais les dispositions édictées par la loi du 23 août 1871 pour assurer le payement de ce droit ne leur sont pas applicables.

Le droit acquis à un concessionnaire de sépulture, porte, dans ce dernier sens, une solution de l'Administration, est un droit *sui generis* qui ne constitue pas un démembrement de la propriété réservée à la commune, mais qui n'a d'autre but que d'assurer une sorte d'affectation privative et distincte dans les terrains consacrés à l'usage de cimetière public. En d'autres termes, le droit qui dérive de la concession est attaché, non pas à la situation des terrains, mais à leur destination. Il peut être transféré au gré du cédant, et il n'est point disponible au gré du concessionnaire. En un mot, il constitue un droit plutôt personnel que réel, qui ne saurait être assujetti à l'enregistrement en vertu des textes de la loi fiscale édictés exclusivement pour les mutations verbales de biens immeubles et de droits immobiliers proprement dits (Sol. adm. enreg. 15 oct. 1877, D. P. 78. 5. 230. V. dans le même sens, en droit civil : Lyon, 4 févr. 1875, aff. Triomphe, D. P. 77. 2. 161). — Il résulte de cette solution que les obligations imposées aux redevables pour assurer la perception du droit d'enregistrement sur les baux verbaux d'immeubles, notamment celle de déclarer, sous peine d'amende, la location verbale au bureau de l'enregistrement dans un délai déterminé, ne s'appliquent pas aux concessions dans les cimetières (D.P. 78. 5. 230, note). L'administration de l'enregistrement l'a reconnu expressément par une solution aux termes de laquelle les concessions temporaires de sépultures dans les cimetières des communes, ne tombent pas sous l'application de l'art. 11 de la loi du 23 août 1871 relatif aux locations verbales en ce qui pas assujetties à l'obligation de la déclaration édictée par cet article (Sol. adm. enreg. 11 nov. 1885, D. P. 87. 5. 195. V. *supra*, n° 1622).

1667. En ce qui concerne les *biens incorporels* comme les droits d'*usufruit*, d'*usage* et d'*habitation*, les *servitudes*, les droits d'*octroi*, de *péage*, les *rentes foncières*, les droits de *pêche* et de *chasse*, etc. il en est qui ne peuvent faire l'objet d'un bail. Tels sont les droits d'usage et d'habitation ainsi que les servitudes réelles. Mais l'usufruit, les servitudes qui sont telles par leur nature qu'elles peuvent être considérées comme une portion même du fonds, telles que celles se rapportant à un droit de *passage* ou de *prise d'eau*, les droits d'octroi, de péage, de pêche ou de chasse, peuvent être l'objet d'un bail ; le droit exigible sur une semblable location est le droit proportionnel de bail à 20 cent. pour 100 (*Rép.* n° 3093), toutes les fois que la transmission n'étant consentie que pour une durée temporaire, la convention présente réellement le caractère d'un simple bail (*Rép.* n° 3094).

1668. Toutefois, la concession par l'Etat d'un *droit de péage* implique, non un bail, mais une adjudication, en sorte que la cession des droits résultant de la concession constitue, non plus une simple cession de bail sujette au droit de 20 cent. pour 100, mais une vente mobilière passible du droit de 2 fr. pour 100 (*Rép.* n° 3095). Il a été jugé, en ce sens, que la concession d'un péage moyennant la construction d'un pont, est, au point de vue de la perception des droits d'enregistrement ; par suite, la cession que le cessionnaire fait à un tiers du droit d'exploiter le péage, constitue, si elle comprend sans réserve toutes les années qui restent à courir, une cession de bail, mais une vente de droits mobiliers (Trib. Bergerac, 7 juin 1867, aff. G..., D. P. 68. 3. 39). — Jugé en sens contraire, que la concession, pour un certain nombre d'années, des produits du péage d'un pont appartenant à l'État, n'est qu'un acte de louage, alors même qu'elle est la rémunération de travaux faits à ce pont ; dès lors, l'acte par lequel le concessionnaire cède à son tour la perception du péage à un tiers, n'est passible que du droit de bail de 20 cent. pour 100, et non du droit de vente ; et il n'est pas nécessaire pour que ledit acte puisse être considéré comme cession de bail, qu'il ne comprenne qu'une partie des années de la concession, ni que le prix ait été stipulé payable par annuités (Trib. Seine, 6 janv. 1865, aff. Brunet, D. P. 66. 3. 38).

3°. — *Prix* (*Rép.* n°s 3096 à 3104).

1669. Le *Répertoire* a établi, sous les n°s 3096 à 3104, ce que doit être, d'après les règles générales du droit, le prix dans le contrat de bail.

Quant à la détermination des éléments divers qui peuvent entrer dans la constitution du prix du bail et qui forment la valeur imposable, l'examen des difficultés que cette détermination soulève se rattache à la liquidation du droit proportionnel. La matière a été étudiée, par suite, dans la seconde partie du présent chapitre où il est traité, en général, *de la liquidation et des valeurs sur lesquelles le droit proportionnel est assis* (V. *infrà*, n°s 2597 et suiv.).

D. — Causes suspensives ou exclusives de la perception (*Rép.* n°s 3105 à 3120).

1670. Pour le bail, comme pour les autres conventions, il est des causes qui s'opposent d'une manière absolue à la perception du droit proportionnel : ce sont l'extinction de la convention et l'acquittement antérieur du droit. Il en est d'autres qui ne font que suspendre la perception : ce sont les modalités qui ont pour résultat d'empêcher que la convention produise actuellement son effet. Nous avons désigné les premières sous la qualification d'*exceptions péremptoires*, les secondes sous celle d'*exceptions dilatoires* (*Rép.* n° 3105).

1°. — *Exceptions dilatoires ou effet des conditions* (*Rép.* n°s 3106 à 3108).

1671. Les effets produits par la stipulation d'une condition sur la perception sont, pour le bail, ce qu'ils sont pour la vente, et, en général, pour toute convention : le droit proportionnel, au cas de bail sous condition suspensive, n'est exigible que lorsque la condition s'est réalisée (*Rép.* n° 3106). Toutefois, si le bail est exécuté par l'entrée en jouissance du preneur avant l'accomplissement de la condition, le droit proportionnel devient exigible (*Rép.* n° 3108. Conf. *Diction. droits d'enreg.*, v° *Bail*, n° 150).

2°. — *Exceptions péremptoires* (*Rép.* n°s 3109 à 3120).

1672. La règle qu'un acte ne peut servir d'assiette à l'impôt, lorsque, en mentionnant la convention, il en constate en même temps l'inexistence ou l'extinction, n'est pas applicable d'une manière absolue au bail qui doit être enregistré dans un délai déterminé et dont le droit est, par suite, acquis au Trésor par le seul fait de l'existence d'un acte constatant la convention (*Rép.* n° 3110) et, aujourd'hui, depuis la loi du 23 août 1871, par le seul fait de l'existence de la convention, lors même qu'elle est purement verbale.

Ainsi le droit d'enregistrement dû sur un bail est toujours exigible, malgré l'expiration du bail avant la demande de ce droit (*Rép.* n° 3110). Jugé en ce sens que l'expiration d'un bail sous seing privé ne forme pas une fin de non recevoir à l'action exercée par la régie pour le payement du droit et du double droit, lorsqu'elle n'a pu connaître plus tôt l'existence de cet acte (Trib. Seine, 18 août 1852, aff. Dembroucq, D. P. 54. 3. 15). — Le *Dictionnaire des droits d'enregistrement* mentionne (v° *Bail*, n° 145) une solution de l'Administration du 10 déc. 1856 de laquelle il résulte que, dans le cas où un acte soumis à la formalité constate un bail d'immeubles qui court depuis plus de deux ans et le non-payement des arrérages afférents à ces deux années, le droit de 20 cent. pour 100 n'est pas exigible pour le temps écoulé depuis l'entrée en jouissance du preneur, mais le droit d'obligation à 1 pour 100 est dû sur les fermages échus.

1673. Mais lorsqu'il s'agit d'un bail *annulé* avant la perception du droit proportionnel, ce droit ne peut plus être réclamé. Cela résulte de l'arrêt récent de la cour de cassation que nous avons cité *suprà*, n° 145, en traitant des règles générales, et qui a établi, en principe, que l'obligation de payer les droits dus au Trésor public se trouve, conformément au droit commun, subordonnée à la condition résolutoire qu'il ne soit pas justifié, avant la perception, que le contrat qui les motive a cessé d'exister par suite d'une annulation prononcée en justice, et que, si cette preuve est fournie, l'obligation née au profit du Trésor public se trouvant anéantie à partir de l'instant même où elle avait commencé, la perception ne peut plus être exigée à moins, toutefois, qu'avant l'annulation ne soit intervenu contre le débiteur de l'impôt un jugement de condamnation à payement passé en force de chose jugée (Civ. cass. 28 janv. 1890, aff. Hirou et Maxence, D. P. 90. 1. 177).

1674. La règle *non bis in idem* est applicable au bail, comme à toute autre convention (*Rép.* n° 3112). Cela ne peut faire difficulté. Ainsi, l'Administration a décidé que, lorsqu'un bail a été enregistré deux fois au droit proportionnel sur les demandes successives du propriétaire et du locataire, l'un des deux droits est sujet à restitution, la même mutation ne pouvant subir qu'un droit proportionnel (Sol. adm. enreg. 2 juill. 1872, D. P. 73. 5. 202). Le droit restituable est celui qui a été perçu en dernier lieu, la première perception étant régulière (Même solution).

1675. Les *clauses* d'un bail qui *dérivent nécessairement* de ce contrat, qui tiennent à sa nature et à sa validité, et qui sont, en un mot, une conséquence indispensable du bail, sont comprises dans le droit proportionnel de 20 cent. pour 100 (*Rép.* n° 3114). Mais les clauses qui sont *indépendantes* et ne dérivent pas nécessairement du bail donnent lieu à des droits particuliers (*ibid.*). — Il a été jugé, à cet égard, que l'acte par lequel le concessionnaire d'une prise d'eau avec faculté d'établir une usine, sous la double condition qu'en demeurant sa propriété elle serait affectée hypothécairement au payement de la redevance, et que le bailleur pourrait, à l'expiration de la concession, la conserver au prix qui serait fixé par experts, cède à un tiers, moyennant une somme fixe et à charge d'acquitter les redevances, sa concession ainsi que les bâtiments de l'usine avec tous les accessoires, mobilier et matériel, sans distinction ni estimation séparée, contient : 1° une cession de bail passible du droit de 20 cent. pour 100 sur les redevances cumulées des années restant à courir ; 2° une vente de meubles et d'immeubles sujette au droit de vente immobilière à 5 fr. 50 cent. pour 100 sur la totalité du prix stipulé (Req. 27 juill. 1868, aff. Laporte, D. P. 69. 1. 107).

1676. De même, l'obligation prise par l'entrepreneur dans le bail par adjudication du service des pompes funèbres et inhumations d'une ville, de faire à un prix déterminé et stipulé payable par la caisse municipale, le transport des corps, constitue, non une condition, mais une disposition distincte du bail, et donne lieu, en conséquence, à la perception d'un droit particulier qui est celui de louage de services (Civ. rej. 28 avr. 1856, aff. Vaflard, D. P. 56. 1. 202). La clause de la même adjudication qui oblige l'adjudicataire à prendre tout le matériel employé par l'entrepreneur sortant lequel est tenu, par son cahier des charges, de le céder, constitue une disposition distincte de cette adjudication et donne ouverture au droit de vente mobilière, encore bien que le cahier des charges impose à l'adjudicataire l'obligation de conserver ce matériel pendant toute la durée du marché et de le transmettre, à l'expiration, à son successeur ou, dans tous les cas, à la ville au prix d'estimation (Même arrêt. Conf. Civ. rej. 4 août 1869, aff. Ch. Laffitte, D. P. 70. 1. 36).

E. — Cautionnement de baux; Sous-baux, cessions, subrogations; Rétrocessions (*Rép.* n°s 3121 à 3150).

1677. Le tarif est toujours de 20 cent. pour 100 pour les sous-baux, subrogations, cessions et rétrocessions de baux (*Rép.* n° 3121); — de 10 cent. pour 100 pour les cautionnements de baux (*Rép.* n° 3122).

1°. — *Cautionnement de baux* (*Rép.* n°s 3123 à 3126).

1678. Le cautionnement de bail ne diffère point du cautionnement appliqué à toute autre convention. Il y a donc lieu de lui appliquer les observations présentées ci-dessus au sujet du cautionnement en général (V. *supra*, n°s 766 et suiv.). Les difficultés qui se présentent ici se rapportent à l'application du tarif réduit de 10 cent. pour 100 (*Rép.* n° 3123).

1679. Fourni dans l'acte même de bail, le cautionnement présente le caractère d'une disposition indépendante et donne lieu au droit de 10 cent. pour 100 sur toutes les années

du bail (*Rép.* n° 3124). Lorsqu'il est constitué par acte postérieur, il est passible du même droit sur les années du bail restant à courir (*Rép.* n° 3125). Si, dans ce dernier cas, il s'applique, non seulement à ces années, mais aussi aux fermages dus pour celles écoulées, le droit de 10 cent. serait dû également sur le montant de ces fermages, d'après un jugement du tribunal de Caen du 21 mai 1839 (*Rép.* n° 3126); mais, comme l'observation en a été faite au *Répertoire*, il semble plus rationnel d'admettre que le droit est dû au taux ordinaire de 50 cent. pour 100 sur les fermages échus, attendu que le cautionnement, en ce qui concerne ces fermages, représente le cautionnement d'une dette ordinaire (Conf. *Diction. droits d'enreg.*, v° *Bail*, n° 332).

2°. — *Sous-baux, cession, subrogation* (*Rép.* n°s 3127 à 3140).

1680. Les sous-baux, cessions et subrogations de baux sont tarifés tous également au droit établi pour les baux, c'est-à-dire à 20 cent. pour 100 (*Rép.* n° 3127).

1681. L'art. 11 de la loi du 23 août 1871 est applicable aux *sous-baux, subrogations et cessions de baux*. Ainsi, en cas de cession verbale du bail, le cessionnaire doit déclarer la cession et acquitter le droit qu'elle rend exigible, dans les trois mois. Il peut, d'autre part, si la durée du bail cédé excède trois ans, requérir la faculté de fractionnement accordée par le paragraphe 7 dudit article 11 de la loi de 1871. Mais la cession du bail, important mutation, donne ouverture à un droit proportionnel nouveau, dont le cessionnaire est tenu personnellement pour tout le temps que durera sa jouissance, et ce, à compter du jour où sa jouissance commencera. La mutation fait donc naître contre le cessionnaire une obligation personnelle et oblige celui-ci, s'il veut profiter de la modalité établie par la loi, à se soumettre personnellement aux prescriptions de l'art. 11 de ladite loi, c'est-à-dire à faire une réquisition de fractionnement; sinon, le droit sera perçu sur toute la durée du bail (Trib. Rouen, 29 janv. 1885, aff. Laurent, D. P. 87. 3. 24).

1682. La cession de bail peut être faite par le *bailleur* aussi bien que par le *preneur* (*Rép.* n° 3434).

Faite *par le bailleur*, elle constitue moins une cession de jouissance qu'une cession de fermages à échoir, c'est-à-dire de créances (*Rép.* n° 3134). La Cour de cassation a consacré cette doctrine par un arrêt du 19 févr. 1873 (aff. Ville de Paris, D. P. 73. 1. 449, cité *supra*, n° 1583) (Conf. *Naquet*, t. 2, n° 795). Et il a été jugé, dans le même sens, que la disposition d'un bail à ferme portant que le fermier n'entrera en jouissance qu'à l'expiration d'un bail antérieur qui doit se prolonger pendant plusieurs années, et encaissera les fermages de ce bail, constitue, non une cession de bail, mais un transport de loyers à échoir passible du droit de transport de créance à 1 pour 100. Le droit de cautionnement à 50 cent. pour 100 est dû, en outre, sur le montant des loyers à échoir si les père et mère du nouveau locataire se sont portés cautions, dans l'acte, de l'exécution de toutes les clauses du contrat (Trib. Seine, 20 nov. 1869, aff. Guyon, D. P. 72. 5. 177).

1683. Lorsqu'après avoir consenti plusieurs baux partiels de sa maison ou de son domaine, à différentes personnes, un propriétaire donne à bail l'immeuble entier à un locataire principal, qui se trouve ainsi acquérir à la fois la jouissance directe des parties non louées et le bénéfice résultant des locations consenties pour le surplus, la convention est considérée comme constituant un bail pour le tout, passible du droit de 20 cent. pour 100 sur le prix stipulé, sans distraction pour la partie afférente aux parties de la propriété louées (Trib. Seine, 5 déc. 1863; Sol. adm. enreg. 23 déc. 1868 et 17 juill. 1869, *Diction. droits d'enreg.*, v° *Bail*, n° 237).

Mais il a été décidé que, lorsqu'après un premier bail d'une boutique et de ses dépendances, ayant encore deux ans de durée, il est passé un second bail, d'une durée plus longue, de locaux comprenant ceux loués, il y a cession de créances pour les loyers non payés des deux années écoulées du premier bail et location pour le surplus (Sol. adm. enreg. 2 oct. 1873, *ibid.*). De même, lorsque, après un premier bail pour douze années de terres labourables avec réserve du droit de chasse, le domaine duquel dépendent ces terres et ce droit est loué intégralement à un tiers pour dix ans, il n'y a bail, passible du droit de 20 cent. pour 100, que pour la partie non louée, et il y a cession de créances, passible du droit de 1 pour 100, pour celle louée, d'autant plus que le second bail étant plus court que le premier, le second locataire n'aura jamais la jouissance des terres comprises dans ce premier bail (Sol. adm. enreg. 13 août 1872, *ibid.*).

1684. L'administration de l'enregistrement a décidé que l'acte par lequel le propriétaire d'un domaine affermé partie à portion de fruits, partie à prix d'argent, cède ses droits à un tiers pendant le cours du bail, est passible: 1° du droit de 50 cent. pour 100 fr. (cession de part sociale) sur la part qui revient au cédant dans les produits en nature; 2° du droit de 1 pour 100 sur sa part des fermages en argent (Sol. adm. enreg. 19 oct. 1872, D. P. 73. 5. 200). Mais, depuis l'arrêt de la cour de cassation du 8 févr. 1875, cité *suprà*, n° 1636, qui a considéré le bail à portion de fruits comme un véritable bail soumis au droit de 20 cent. pour 100, cette solution ne saurait être admise. D'après la doctrine de cet arrêt, la cession d'un bail à portion de fruits devrait être considérée comme une cession de bail, sujette au droit de 20 cent. pour 100. L'Administration soutient, et il a été jugé par différents tribunaux que la cession par le bailleur de la redevance en nature d'un bail à portion de fruits constitue une véritable vente de fruits ou objets mobiliers, passible du droit de 2 pour 100 (Trib. Montargis, 25 juin 1878; Trib. Sancerre, 3 avr. 1882; Trib. Chambon, 8 août 1885, *Journ. enreg.*, nos 20828, 22167 et 22612. Conf. *Diction. droits d'enreg.*, v° *Bail*, n° 253). Mais le jugement du tribunal de Chambon a été cassé par un arrêt duquel il résulte que le preneur à bail d'une propriété rurale comprenant plusieurs domaines, qui, après avoir sous-loué divisément ces domaines à des colons partiaires sous la condition du partage des fruits, cède le bail de la propriété à un tiers, ne fait autre chose que mettre ce tiers en son lieu et place tant à l'égard du propriétaire bailleur qu'à l'égard des colons sous-locataires; que, par suite, la convention donne lieu au droit de 20 cent. pour 100 comme constituant une cession de bail, et non au droit de 2 pour 100 comme renfermant une vente de fruits à percevoir (Civ. cass. 30 mai 1888, aff. Douarre, D. P. 89. 1. 92).

1685. La cession de bail dont il s'agit principalement ici est celle qui est consentie *par le preneur* (*Rép.* n° 3134).

Lorsqu'un preneur cède simultanément son droit au bail d'un terrain, l'établissement industriel élevé par lui sur ce terrain et le matériel de cet établissement, le droit de vente immobilière à 5 fr. 50 cent. pour 100 est dû sur la totalité du prix, s'il n'est pas stipulé un prix spécial pour chaque objet vendu, et si les objets vendus ne sont pas désignés et estimés, article par article. Nous avons vu différentes applications de cette règle, *suprà*, nos 1581 et suiv.

1686. La cession, par le preneur, de son droit au bail est sujette exceptionnellement au droit de 2 pour 100, lorsqu'elle a lieu accessoirement à la *vente d'un fonds de commerce* (V. *suprà*, nos 1543 et suiv.).

1687. Les *actes de société* donnent lieu fréquemment au droit proportionnel de cession de bail à raison de l'apport fait à la société par l'un des associés du droit au bail d'un immeuble à la charge, par la société, d'acquitter les loyers et d'exécuter les conditions du bail. Les décisions intervenues sur cette difficulté seront rapportées plus loin dans l'étude qui sera consacrée spécialement aux sociétés (V. *infrà*, nos 1904 et suiv.).

3°. — *Rétrocession* (*Rép.* nos 3141 à 3150).

1688. Il a été exposé au *Rép.* nos 3141 et suiv. que, d'après l'art. 69, § 3, n° 2, de la loi de frimaire an 7, la rétrocession d'un bail donne ouverture au même droit que le bail lui-même; la disposition qui tarife la rétrocession au même droit que le bail doit s'appliquer également au cas où c'est le bailleur lui-même qui reprend sa chose avant l'expiration du bail. En d'autres termes, la résolution d'un bail en opère la rétrocession, et donne lieu, par conséquent, à la perception du droit de bail (*Rép.* nos 3142 et 3143). — Décidé, de même, que la résiliation d'un bail au profit d'un propriétaire constitue une véritable rétrocession de bail, passible du droit proportionnel de 20 cent. pour 100 (Trib. Caen, 18 nov. 1869, aff. B..., D. P. 72. 5. 178). De même, la cession au bailleur par le locataire de son droit au bail et de construc-

tions élevées par lui sur le terrain loué constitue, quant à ces constructions de même que pour le droit au bail, un simple abandon de jouissance passible du droit de 20 cent. pour 100, et non une transmission de propriété sujette au droit de 5 fr. 50 cent. pour 100, lorsqu'il a été stipulé dans le bail que les constructions qui seraient faites par le preneur appartiendraient sans indemnité au bailleur à la fin du bail (Civ. rej. 2 juill. 1851, aff. Thirion, D. P. 51. 1. 185).

1689. Il n'en est plus ainsi depuis la loi du 23 août 1871. L'Administration a décidé que, l'intention du législateur de 1871 ayant été, bien qu'il ne l'ait pas exprimée, de ne pas assujettir les résiliations de baux au droit proportionnel, les conventions ne donnent plus ouverture qu'au droit fixe de 3 fr.; mais que, pour que la faveur du droit fixe ne dégénère pas en augmentation d'impôt, dans le cas où le montant de ce droit se trouverait être supérieur au droit proportionnel, c'est ce dernier droit qui devrait être perçu (Sol. adm. enreg. 14 nov.-4 déc. 1871; 30 juill. 1872, *Diction. droits d'enreg.*, v° *Bail*, n° 429; 26 juill. 1876, *Journ. enreg.*, art. 20195). M. Demante, t. 1, n° 353, considère ce revirement comme une conséquence de l'admission du principe nouveau du fractionnement de l'impôt. Cette thèse est combattue par M. Naquet, t. 1, n° 500. Quant à nous, il nous semble difficile d'expliquer ce revirement, qui a pour résultat d'abroger implicitement la disposition de l'art. 69, § 3, n° 2, de la loi du 22 frim. an 7. Les solutions de l'Administration sur ce point, disent les rédacteurs du *Dictionnaire des droits d'enregistrement* (v° *Bail*, n° 429), « nous paraissent contraires à tous les principes. Nous n'avons pas à les discuter, la faveur en étant acquise aux contribuables. Elles s'appliquent, d'ailleurs, à tous les baux écrits indistinctement, que la résiliation ait lieu à la fin ou en cours soit d'une période, soit d'une fraction triennale ».

N° 2. — *Des engagements d'immeubles.* — Antichrèse; Contrat pignoratif (*Rép.* nos 3151 à 3179).

1690. Comme nous l'avons dit *suprà*, n° 1597, la loi du 22 frim. an 7 confond dans une même disposition, dans son art. 13 qui a réglé les présomptions de mutation par rapport aux jouissances, « la jouissance à titre de ferme ou de location, ou d'engagement d'un immeuble ». C'est donc, pour l'engagement d'immeuble comme pour le bail, la transmission de jouissance qui est la cause du droit. Par suite, tout engagement qui ne serait pas translatif en ce sens, serait en dehors des prévisions de la loi (*Rép.* n° 3151).

1691. Ladite loi de l'an 7 assujettit au droit de 2 pour 100 « les engagements de biens immeubles » (art. 69, § 5, n° 5). Sous cette dénomination générique, elle indique une convention dont *l'antichrèse* définie plus tard par le code civil, est une espèce (*Rép.* n° 3153). — Le *contrat pignoratif* est également compris dans les prévisions de la loi fiscale (*Rép.* nos 3158 et 3174. Conf. Naquet, t. 1, n° 519).

Il a été décidé: 1° que l'acte par lequel l'acquéreur d'un immeuble, pour se libérer des intérêts des sommes dues par son vendeur à des créanciers inscrits, abandonne à ceux-ci la jouissance temporaire de l'immeuble acquis, est passible du droit de 2 pour 100 (Trib. Seine, 24 janv. 1851, Garnier, *Rép. gén. enreg.*, n° 2200-4) ; — 2° Que, de même, est passible du droit de 2 pour 100 comme renfermant une antichrèse, l'acte par lequel un débiteur, en déléguant à ses créanciers les loyers de la maison hypothéquée à la garantie de la dette, lui donne pouvoir de gérer et administrer l'immeuble jusqu'au remboursement et d'imputer les loyers sur sa créance, en principal et intérêts, après avoir prélevé et payé les intérêts dus à deux créanciers antérieurs en rang (Sol. adm. enreg. (Belgique), 31 déc. 1857, Garnier, *ibid.*) ; — 3° Que, de même encore, est constitutif d'antichrèse et sujet, à ce titre, au droit de 2 pour 100, l'acte par lequel un débiteur délègue à son créancier les loyers de l'immeuble hypothéqué, avec pouvoir irrévocable de le gérer et de l'administrer jusqu'à l'extinction de la dette (Trib. Lille, 4 févr. 1888, aff. Devogele, D. P. 89. 5. 214).

1692. L'antichrèse est un contrat réel, qui ne peut se former que par la tradition de l'immeuble qui en est l'objet: si donc le créancier n'est pas mis en jouissance, le contrat présente, non point un engagement, mais une simple délégation de fermages (*Rép.* n° 3164). Il a été jugé, en ce sens, que l'acte portant reconnaissance de dettes, fixation d'un délai pour le remboursement et cession par le débiteur à ses créanciers des loyers de différents immeubles avec stipulation que le produit en sera appliqué au payement des frais du contrat, des contributions, réparations et autres charges des immeubles, ainsi que des intérêts des créances, puis, après ces divers prélèvements, au remboursement du capital des créances, et que, faute par les débiteurs de renouveler les baux trois mois avant la cessation de ceux courants, les créanciers auront la faculté d'y procéder, doit être interprété, pour la perception du droit d'enregistrement, comme renfermant une obligation passible du droit de 1 pour 100, et non une antichrèse sujette au droit de 2 pour 100 (Trib. Gap, 29 avr. 1868, aff. Chabert, D. P. 69. 3. 56). — Il a été cependant jugé, en sens contraire, mais à tort, selon nous, que la convention par laquelle un descendant donne pouvoir à son ascendant, pour assurer le service d'une pension alimentaire précédemment constituée, de toucher les loyers d'une maison appartenant à ce descendant, constitue une antichrèse passible du droit proportionnel de 2 pour 100, et non une simple procuration soumise au droit fixe (Trib. Seine, 19 juill. 1850, aff. Boutmy, D. P. 50. 3. 80). Que l'acte ci-dessus ne constituât pas une simple procuration, nous l'admettons ; mais ce n'était pas pour cela une antichrèse : c'était une délégation de loyers ou de fermages, ainsi que nous l'avons dit au *Répertoire*, et comme l'a décidé le jugement précité du tribunal de Gap.

1693. Les règles concernant l'exigibilité du droit, la preuve de la convention, les effets des conditions et des exceptions propres, soit à suspendre, soit à écarter la perception, sont, pour l'engagement d'immeubles, ce qu'elles sont pour le bail (*Rép.* n° 3178). Il y a donc lieu de se référer, sous tous ces rapports, à ce qui a été *suprà*, n° 1692.

Le *Répertoire* (*ibid.*) cite, comme une application spéciale de l'une de ces règles, une solution d'après laquelle l'acte portant obligation, affectation hypothécaire et antichrèse, donne ouverture, non à deux droits, mais à un seul qui est celui de 2 pour 100 applicable à l'antichrèse. Il a été décidé, dans le même sens, que, si le débiteur qui a constitué une antichrèse pour sûreté de sa dette, paye cette dette avec les deniers empruntés à un tiers qui est subrogé par le premier créancier dans l'antichrèse, le droit de 2 pour 100 est exigible, à l'exclusion de celui de 1 pour 100 (Sol. adm. enreg. 13 août 1873, Garnier, *Rép. gén. enreg.*, n° 2188-3).

1694. On s'est demandé si, depuis la loi du 23 août 1871, les mutations verbales d'antichrèse sont assujetties à l'impôt, si, en d'autres termes, le législateur de 1871 a visé toutes les transmissions de jouissance, les engagements d'immeubles en même temps que les baux. Suivant une opinion, la loi de 1871 est étrangère à cette matière. Sans doute, les engagements d'immeubles sont des transmissions de jouissance au même titre que les baux ; mais rien dans les travaux préparatoires de la loi de 1871 ne vient montrer que l'intention du législateur ait été de frapper les mutations verbales d'antichrèse. On ne s'en est pas occupé, et le silence est assez significatif en cette matière. D'ailleurs, le texte même de l'art. 11 de la loi du 23 août 1871 prouve manifestement que le législateur n'a envisagé que les baux ; il y est parlé des *obligations du preneur et du bailleur*, expressions qui ne s'emploient pas en matière d'engagement d'immeubles. — L'antichrèse étant peu pratiquée, la question n'a qu'une importance secondaire ; elle ne s'est même pas présentée devant les tribunaux depuis 1871, et elle n'est guère susceptible de se présenter, puisque, d'après l'art. 2085 c. civ., l'antichrèse ne s'établit que par écrit. La question a seulement été agitée dans la doctrine. L'opinion qui vient d'être exposée est soutenue par M. Naquet, t. 1, n° 525. Au contraire M. Demante, t. 1, n° 101, M. Garnier, *Rép. gén. enreg.*, n° 2631, et le *Dictionnaire des droits d'enregistrement*, v° *Bail*, n° 362, enseignent que la loi de 1871 est applicable à l'antichrèse et par suite, celle qui, par impossible, serait formée par convention verbale, devrait être déclarée à l'enregistrement dans le délai de la loi pour être assujettie au droit. Comme on l'a vu *suprà*, n° 1603, la loi de 1871 a eu « pour objet de rendre aux principes déposés dans la loi de frimaire, et notamment dans l'art. 13, toute leur efficacité ». Or l'art. 13 vise « la jouissance à titre de ferme ou de location ou d'engagement d'un immeuble », et place ainsi sur

la même ligne l'antichrèse et le bail. D'autre part, l'art. 11 de la loi de 1871 vise les mutations de jouissance de biens immeubles, et l'antichrèse est une mutation de ce genre. Peu importe que dans les travaux préparatoires, comme dans la discussion de la loi, il n'ait été question que des baux, alors que le texte de la loi est directement applicable à l'antichrèse.

§ 5. — *Actes translatifs à titre onéreux qui sont l'objet de dispositions exceptionnelles et favorables dans le tarif (Rép. n°* 3180 *à* 3645).

1695. A côté des actes translatifs à titre onéreux qui font l'objet des quatre précédents paragraphes, et qui donnent ouverture à un droit proportionnel en général élevé, la loi fiscale, déterminée par des considérations de biens immeubles, et l'intérêt public, place certaines conventions dans une exception favorable sur le rapport de la quotité du droit. Ces conventions comprennent d'abord l'*échange*, les *actes translatifs de biens situés à l'étranger*, les *acquisitions faites dans un intérêt public*, et, d'autre part, certains contrats qui, sans être translatifs par eux-mêmes, peuvent avoir pour cause une transmission ou être accompagnés de stipulations translatives : les *contrats de mariage*, les actes de formation et de dissolution de *sociétés* (*Rép.* n° 3180).

N° 1. — *De l'échange (Rép.* n°s 3181 à 3215).

1696. L'échange et la vente sont issus de la même origine et tendent au même but ; les règles prescrites pour la vente s'appliquent aussi à l'échange (c. civ. art. 1707). Par suite, en ce qui touche les éléments nécessaires à la perfection du contrat ainsi qu'aux causes qui peuvent suspendre ou écarter la perception du droit, le *Répertoire* (n° 3181), s'est référé aux observations générales présentées pour la vente. Il n'est question ici que du tarif, de quelques applications dont il est susceptible et des dispositions législatives nouvelles concernant les échanges d'immeubles ruraux.

A. — *Législation.*

1697. La loi du 22 frim. an 7 (art. 69, § 5-3°) tarifait l'échange d'immeubles à 2 pour 100 (3 fr. 50 cent. pour 100, y compris le droit de transcription) et la soulte au droit de vente, soit d'abord à 4 pour 100, puis 5 fr. 50 cent. pour 100, y compris le droit de transcription. — En vue de favoriser l'agriculture, la loi du 16 juin 1824 (art. 2) affranchit des droits proportionnels d'enregistrement et de transcription les échanges d'*immeubles ruraux contigus*; de plus, cette loi réduisit, pour tous les autres échanges, le droit proportionnel d'enregistrement de 2 à 1 pour 100, en sorte que ce droit se trouva fixé à 2 fr. 50 pour 100, droit de transcription compris. Le droit de soulte fut maintenu au taux de 5 fr. 50 pour 100. La disposition de la loi de 1824 concernant les immeubles ruraux fut abrogée, en raison des fraudes auxquelles elle donnait lieu, par la loi du 24 mai 1834 (art. 16). Le droit d'échange resta fixé uniformément à 2 fr. 50 pour 100, et le droit de soulte à 5 fr. 50. Tel était le tarif à la date de la publication du *Répertoire* (V. n°s 3186 et suiv.). Plusieurs lois sont venues apporter des modifications importantes à cette législation.

1698. La loi de finances du 27 juill. 1870 (D. P. 70. 4. 59) a fait revivre, dans son art. 4, l'ancienne distinction entre les immeubles ruraux et les immeubles urbains, établie par la loi de 1824 et détruite par celle de 1834 ; mais, afin d'éviter les abus qui s'étaient produits sous la loi de 1824, la loi de 1870 mit à la modération du droit pour les *immeubles ruraux contigus* des conditions rigoureuses. — Son art. 4 est ainsi conçu : « A partir de la promulgation de la présente loi, il ne sera perçu, sur les échanges d'immeubles ruraux non bâtis, que 20 cent. pour 100 pour tout droit proportionnel d'enregistrement et de transcription, lorsqu'il sera justifié, conformément à des énonciations de l'acte : 1° que l'un des immeubles échangés est contigu aux propriétés de celui des échangistes qui le reçoit ; 2° que les immeubles échangés ont été acquis par les contractants par acte enregistré depuis plus de deux ans, ou recueillis par eux à titre héréditaire ; 3° que les immeubles échangés sont situés dans le même canton ou dans les cantons limitrophes; 4° que la contenance de la parcelle contiguë aux propriétés de l'un des échangistes ne dépasse pas cinquante ares. — Est, en outre, réduit à 1 pour 100 le droit perçu sur le montant de la soulte ou de la plus-value des échanges opérés conformément aux dispositions qui précèdent, lorsque ces soultes ou plus-values n'excèdent pas un quart de la valeur de la moindre part. — Dans le cas où les énonciations relatives à l'une des conditions spécifiées au paragraphe premier seraient inexactes, les droits seront dus au taux ordinaire, indépendamment d'un droit en sus. — La réduction du droit sur la soulte ou sur la plus-value cessera également d'être applicable en cas d'insuffisance de ces soultes cu plus-values. Il sera, en outre, perçu, à titre d'amende, un droit en sus. — La demande des droits devra être formée dans le délai fixé par l'art. 61, n° 1, de la loi du 22 frim. an 7 » (Rapport de la commission, D. P. 70. 4. 59, note, n° 3; Instr. adm. enreg. 30 juill. 1870, n° 2404, D. P. 70. 4. 60).

En résumé, la loi du 27 juill. 1870 contient deux innovations principales : 1° modération du droit proportionnel réduit à 20 cent. pour 100, au lieu de 2 fr. 50 cent. pour 100, pour les immeubles ruraux contigus non bâtis, sous les conditions déterminées par l'art. 4 de la loi; 2° modération du droit dû, dans les mêmes cas, sur la soulte, droit réduit à 1 pour 100 au lieu de 5 fr 50. pour 100.

1699. Le tarif fut de nouveau modifié par la loi des 21-23 juin 1875, relative à divers droits d'enregistrement et dont l'art. 4 (D. P. 75. 4. 108) est ainsi conçu : « Le droit principal des échanges d'immeubles réduit à 1 pour 100 par l'art. 2 de la loi du 16 juin 1824 est reporté, indépendamment du droit de transcription, à 2 pour 100, conformément à l'art. 69, § 5, n° 3, de la loi du 22 frim. an 7; mais la formalité de la transcription au bureau de la conservation des hypothèques ne donnera plus lieu à aucun droit proportionnel. — Sont maintenues les dispositions de l'art. 4 de la loi du 27 juill. 1870, en ce qui concerne les échanges d'immeubles ruraux contigus ».

Ainsi la loi de 1875 ne vise que l'échange des immeubles autres que ceux visés par la loi de 1870, et, revenant à l'ancien tarif de la loi de frimaire, elle porte le droit d'échange à 3 fr. 50 pour 100 (y compris le droit de transcription), au lieu de 2 fr. 50 pour 100.

1700. Enfin une loi du 3 nov. 1884 (D. P. 85. 4. 17) a modifié les dispositions de la loi du 27 juill. 1870 concernant les échanges d'immeubles ruraux. Cette dernière loi, faite en vue de favoriser l'agriculture, n'avait pas produit les résultats qu'on en attendait; elle subordonnait à des conditions trop rigoureuses la modération du droit proportionnel (V. Rapport de M. Luro au Sénat, D. P. 85. 4. 17, note, 2° col.). La loi de 1884 maintient le tarif du droit proportionnel à 20 cent. pour 100 pour les échanges d'immeubles ruraux; mais, pour les soultes, c'est le droit ordinaire de 5 fr. 50 pour 100 qui sera perçu, au lieu du droit de 1 fr. pour 100. Cette loi est ainsi conçue : « Art. 1er. A partir de la promulgation de la présente loi, il ne sera perçu, sur les échanges d'immeubles ruraux, que 20 cent. pour 100 fr. pour tout droit proportionnel d'enregistrement et de transcription, lorsque les immeubles échangés seront situés dans la même commune ou dans des communes limitrophes. — En dehors de ces limites, le tarif ainsi fixé ne sera applicable que si l'un des immeubles échangés est contigu aux propriétés de celui des échangistes qui le recevra, et dans les cas seulement où ces immeubles auront été acquis par les contractants par acte enregistré depuis plus de deux ans, ou recueillis à titre héréditaire. — Art. 2. Dans tous les cas, le contrat d'échange renfermera l'indication de la contenance, du numéro de la section, du lieu dit, de la classe, de la nature et du revenu du cadastre de chacun des immeubles échangés, et un extrait de la matrice cadastrale desdits biens qui sera délivré gratuitement, soit par le maire, soit par le directeur des contributions directes, sera déposé au bureau loin de l'enregistrement. — Art. 3. Le droit réglé par l'art. 52 de la loi du 28 avr. 1816 sera payé sur le montant de la soulte ou de la plus-value. — Art. 4. Les dispositions des lois du 27 juill. 1870 et 21 juin 1875 sont abrogées en ce qu'elles ont de contraire à la présente loi ».

En résumé, les tarifs en vigueur sur le contrat d'échange sont fixés de la manière suivante : le droit général

d'échange est de 3 fr. 50 pour 100; il est réduit à 20 cent. pour 100 sur les immeubles ruraux échangés dans les conditions indiquées par la loi de 1884; s'il y a soulte, le droit à percevoir sur la soulte est uniformément fixé à 5 fr. 50 pour 100, qu'il s'agisse ou non d'immeubles ruraux.

1701. L'administration de l'enregistrement a donné à ses agents, pour l'application de la loi de 1884, une instruction importante, en date du 4 nov. 1884, n° 2703, qui a été reproduite sous le texte de la loi (D. P. 85. 4. 17, note), avec une circulaire du directeur général des contributions directes du 9 févr. 1885, relative à la délivrance d'extraits de la matrice cadastrale à produire au bureau de l'enregistrement avec le contrat d'échange. Les principales dispositions de ces documents sont rapportées *infra,* n°s 1713 et suiv.

B. — Échange d'immeubles; Tarif général.

1702. L'échange est un contrat *à titre onéreux.* Il se distingue par là de la donation mutuelle. La jurisprudence présente, sur ce point, certaines applications rapportées au *Répertoire* à l'article suivant où il est traité des *transmissions entre vifs à titre gratuit* (*Rép.* n° 3745). Rappelons seulement ici qu'en cette matière, toutes les fois que, toute compensation faite, le contrat procure un avantage réel à l'un des donataires, il constitue une donation et donne lieu au droit de donation, et non à celui d'échange (*Diction. droits d'enreg.,* v° *Donation,* n° 701; *Échange,* n° 9; Garnier, *Rép. gén. enreg.,* n° 6748; Naquet, t. 2, n° 922).

1703. L'échange est un contrat essentiellement *translatif,* une convention qui procède d'elle-même et qui opère une aliénation dont le principe et le titre se trouvent dans l'acte même ou dans le consentement qui le produit (*Rép.* n° 3195). Par là, l'échange se distingue du partage qui est purement déclaratif. Les décisions intervenues sur ce point sont rapportées au *Rép.* n°s 2640 et 2641. Nous avons vu ci-dessus, en traitant des *partages,* une autre application au sujet du droit à percevoir sur l'acte de cantonnement (V. *suprà,* n° 1254).

Il a été jugé, au sujet de la perception de droits de mutation par décès, que l'acte de liquidation de la communauté ayant existé entre deux époux et de la succession de la femme prédécédée, portant attribution en pleine propriété de valeurs de la communauté au mari survivant pour le remplir de ses droits comme légataire de l'usufruit de tous les biens de la succession, constitue un échange, et non un partage, lors même que, la succession ne comprenant que les apports de la femme tombés dans la communauté et sa part dans les bénéfices communs, il y avait indivision entre ses héritiers et le mari pour tous les biens héréditaires (Civ. cass. 4 août 1869, aff. Guillaume, D. P. 70. 1. 37).

1704. Il n'est pas de contrat qui ait avec l'échange plus d'affinité que la *vente* (*Rép.* n° 3197). Toutefois, l'échange diffère de la vente en ce que, dans ce dernier contrat, il n'y a qu'une seule mutation, tandis que dans l'échange il s'en opère deux (*Ibid.,* n° 3198). Dans la vente, l'obligation de garantir pèse sur le vendeur uniquement; cette obligation est réciproque dans l'échange (*Ibid.,* n° 3199). On en a conclu qu'en droit fiscal si l'un des copartageants, venant à être évincé de la chose qu'il a reçue en échange, reprend la chose qu'il avait donnée, la résolution du contrat, fondée qu'elle est sur la nécessité de la loi, sur l'obligation de garantir qui incombait aux deux parties, ne donne pas ouverture au droit proportionnel; que ce droit ne serait exigible que si la résolution avait lieu pour cause de lésion, car « la rescision pour cause de lésion n'a pas lieu dans le contrat d'échange, » (c. civ. art. 1706) (*Rép.* n° 3199). Cette doctrine repose sur ce que la nullité résultant de l'inexécution du contrat d'échange remonte au jour de ce contrat et constitue ainsi une nullité radicale, c'est-à-dire atteignant le contrat dès son origine, *à radice.*

Mais la jurisprudence de la cour de cassation s'est prononcée en sens contraire dans tous les arrêts qu'elle a rendus au sujet de l'application de l'art. 68, § 3, n° 7, de la loi du 22 frim. an 7 qui n'assujettit qu'au droit fixe les jugements portant résolution de contrat pour cause de nullité radicale. Loin d'admettre que les nullités radicales prévues par cette disposition soient, *toutes*, celles dont l'effet remonte à l'origine de la convention, elle a posé, en thèse générale, qu'appliquée aux actes translatifs d'immeubles, la nullité radicale est celle-là seulement qui empêche la mutation de s'opérer, qui fait que l'ancien possesseur n'a pu être un seul instant dessaisi de sa propriété; que toutes les fois que le contrat s'est formé, que la propriété a pu être transmise à l'acquéreur, que le contrat a pu recevoir son exécution, la nullité radicale n'existe pas, et que l'immeuble ne peut revenir entre les mains de son ancien possesseur sans donner lieu au droit de mutation (V. *suprà*, nᵒˢ 1160 et suiv.). Il n'en est pas autrement de la résolution d'un contrat d'échange pour éviction de l'immeuble reçu par l'un des copermutants. La résolution, dans ce cas, a pour cause directe et immédiate l'inexécution par l'une des parties de l'obligation par elle prise lors du contrat d'assurer à l'autre la possession paisible de la chose transmise; elle ne fait pas que le contrat ne se soit pas régulièrement formé et qu'il n'ait pas produit tous ses effets jusqu'au jour où elle a été judiciairement demandée. L'acte n'est donc pas vicié dans son essence même et dans son caractère obligatoire entre les parties; il n'est pas atteint de nullité radicale; la résolution doit donc être assujettie au droit proportionnel.

Il a été jugé, en conséquence, ... que le jugement qui prononce la résolution d'un échange d'immeubles sur la demande de l'échangiste évincé à la suite d'une surenchère formée par l'un des créanciers inscrits, était passible du droit proportionnel de 4 pour 100 aux termes de l'art. 69, § 7, n° 1, de la loi du 22 frim. an 7, et non du droit fixe établi par l'art. 68, § 3, n° 7, de la même loi, sur les jugements portant résolution de contrat pour cause de nullité radicale (Civ. cass. 24 déc. 1877, aff. Lagorio, D. P. 78. 1. 353. V. la note sous cet arrêt *ibid.*); ... que la résolution d'un échange opère un nouvel échange, si elle rétablit les parties dans leurs biens respectivement transmis; et lorsque le jugement qui prononce la résolution est intervenu après aliénation par l'un des échangistes de partie des biens qu'il avait reçus, après saisie par ses créanciers et vente judiciaire de ceux qu'il avait cédés, en échange, et que ce jugement ordonne la rentrée de l'autre échangiste en possession de ses biens non aliénés, il y a, de ce chef, une transmission de propriété à titre onéreux-passible du droit d'enregistrement à 4 pour 100 (Req. 23 mars 1881, aff. de Méritens Villeneuve, D. P. 81. 1. 365. V. la note sous cet arrêt *ibid.*).

1705. L'échange, qui est un contrat consens·: l, est susceptible de toutes les modalités qui peuvent affecter les contrats (*Rép.* n° 3201) ; il peut donc être soumis à une condition suspensive. Mais le contrat par lequel l'un des propriétaires d'un immeuble indivis cède, à titre d'échange, sans aucune réserve, cet immeuble, sans un nom personnel que comme se portant fort pour son copropriétaire, est définitif et non soumis à une condition suspensive ; il donne ouverture, en conséquence, aux droits proportionnels d'enregistrement, alors surtout que, quelques jours après l'acte et en exécution de l'une de ses clauses, il a été procédé entre les parties à un arpentage d'après lequel une soulte stipulée a été augmentée sensiblement (Req. 18 janv. 1881, aff. Jouteux, D. P. 81. 1. 361. V. rapport de M. le conseiller Voisin, *ibid.*).

Mais certaines stipulations sont incompatibles avec l'échange. Lors donc que des stipulations de ce genre se rencontrent, le contrat ne peut être considéré comme constituant un échange, quand bien même il en porte la dénomination (*Rép.* n° 3201). Ainsi il a été jugé que l'acte qualifié d'échange par les parties, et dans lequel il est stipulé que les immeubles attribués à l'une des parties seraient vendus dans un délai de six mois, que l'autre partie continuerait de les administrer et en toucher les revenus, et supporterait les risques de la vente, si elle n'atteignait pas un prix fixé, constitue en réalité une vente (Trib. Nontron, 27 déc. 1876, *Journ. enreg.*, art. 20297). En effet, il résultait des conditions du contrat que la cession d'immeubles faite à l'une des parties était purement fictive, puisque l'autre continuait de les posséder et d'en jouir, et restait débitrice d'une somme d'argent, si la vente n'atteignait pas le prix fixé. — Jugé, dans le même sens, que le contrat par lequel

deux propriétaires échangent leurs immeubles avec stipulation de garantie d'une somme déterminée, pour le cas où ce dernier ne retirerait pas de la vente des biens la valeur déterminée dans l'acte, constitue une vente et non un échange (Trib. Guéret, 23 août 1847, aff. N..., D. P. 48. 5. 170).

L'administration de l'enregistrement a décidé que, le contrat de concession dans un cimetière ne constituant pas un démembrement de la propriété, l'abandon d'un immeuble consenti à une commune, en retour d'une concession dans un cimetière, ne saurait être considéré comme un échange immobilier, mais était passible du droit de vente à 5 fr. 50 cent. pour 100 (Sol. adm. enreg. 23 mai 1883, *Journ. enreg.*, art. 22135). — Nous nous sommes expliqués, à propos du bail, sur la nature du droit résultant d'un contrat de concession dans un cimetière (V. *suprà*, nᵒˢ 1665 et suiv.). Il est bien certain que ce droit, n'étant pas considéré comme un droit réel immobilier, on ne pouvait voir dans la convention dont s'agit un échange d'immeubles : le droit de vente nous paraît avoir été régulièrement perçu, l'abandon de l'immeuble fait à la commune n'étant qu'un mode de payement du prix fixé d'après le règlement-tarif des concessions dans le cimetière de ladite commune.

1706. Comme contrat synallagmatique, l'échange, de même que la vente et, en général, les contrats commutatifs, se forme par la réunion de trois éléments : le consentement, la chose et le prix (*Rép.* n° 3205). Ces conditions sont les mêmes pour l'échange que pour la vente, sauf en ce qui concerne le prix. Nous ne pouvons donc que nous référer à cet égard, aux développements présentés ci-dessus, au sujet de la Vente (V. *suprà*, nᵒˢ 1082 et suiv.). Le prix donne lieu à quelques observations particulières.

1707. La loi parle nominativement de l'échange d'*immeubles* : il s'ensuit que le prix ou ce qui le représente dans l'échange d'un immeuble (*Rép.* n° 3206). La loi fiscale n'a pas mentionné l'échange de *meubles*. Un tel échange ne serait autre chose qu'une vente et donnerait lieu, par suite, au droit de vente mobilière à 2 fr. pour 100; mais il ne serait dû qu'un seul droit (*Rép.* n° 3207. Conf. *Diction. droits d'enreg.*, vᵒ *Echange*, n° 62 ; Demante, t. 1, n° 314 ; Naquet, t. 1, n° 389).

1708. Il y a vente également lorsque la chose donnée en échange consiste dans les *biens meubles* ou des *droits incorporels* (*Rép.* n° 3208). Il en est encore ainsi lorsque celui qui reçoit l'immeuble contracte, en retour, une *obligation de faire* ou promet certaines prestations (*Rép.* n° 3209). En définitive, c'est seulement dans le cas où un immeuble représente le prix, dans l'échange, que le droit d'échange doit être perçu (*Rép.* n° 3210). — Mais l'immeuble abandonné en échange peut consister dans une maison à construire. Si les parties ont entendu traiter d'une construction entièrement achevée et l'ont considérée comme telle, quoiqu'elle ne le fût pas, quoiqu'elle ne fût pas même commencée, leur convention sera parfaitement valable. En effet, les choses futures peuvent être aliénées comme choses éventuelles. Il a été jugé, en ce sens, qu'au cas où, dans un contrat d'échange, l'une des parties s'est obligée à livrer, dans un délai fixé, à l'état de complet achèvement et de location immédiate, des constructions commencées, à la date de l'acte, sur des terrains donnés par elle en échange, cette obligation inconditionnelle et absolue est de nature à produire un plein et entier effet quant à la transmission de la propriété de la chose qu'elle avait en vue et à toutes les conséquences de cette transmission, particulièrement en ce qui touche la perception intégrale du droit d'enregistrement; qu'on ne peut nier, en effet, que les constructions commencées et celles qui devaient les compléter dans un délai déterminé, n'aient, au moment même du contrat, constitué, les unes comme les autres, et au même titre, la valeur donnée en échange; que, par suite, le revenu à déclarer pour la perception du droit proportionnel, doit porter sur la valeur intégrale des constructions au moment où elles seront livrées à l'état de complet achèvement, et non pas seulement sur la valeur de celles existant à la date de l'acte (Civ. cass. 21 juin 1869, aff. Olagnier et Detenre, D. P. 69. 1. 474).

De même, la vente de constructions à élever donne lieu à la perception du droit proportionnel à 5 fr. 50 cent. pour

100 (Trib. Seine, 9 juill. 1870, et sur pourvoi, Req. 28 janv. 1873, aff. Ville de Paris, D. P. 73. 1. 307).

1709. Lorsque les immeubles échangés étant d'inégale valeur, une soulte est payée par celui qui reçoit l'immeuble d'une valeur supérieure, il y a vente pour cette partie de l'immeuble qui excède la valeur de l'autre immeuble (*Rép.* n° 3213). — Ainsi, l'acte par lequel l'un des copropriétaires d'un immeuble indivis se rend acquéreur de la part de l'autre, pour sortir d'indivision, moyennant l'abandon, à titre d'échange, d'un immeuble qui lui est propre et le payement d'une somme d'argent, est passible du droit établi sur les actes d'échange avec soulte; cette soulte ne doit pas être frappée seulement du droit de 4 pour 100 applicable aux acquisitions de parts indivises, mais du droit de 5 1/2 pour 100. En tous cas, le droit de transcription dû sur la valeur de l'immeuble propre cédé en échange s'étend à la soulte, à raison de l'indivisibilité de ce droit (Civ. cass. 17 juin 1850, aff. Thiry, D. P. 50. 1. 282).

1710. Le droit de soulte est dû sur la portion de frais incombant à l'un des échangistes, lorsqu'elle est mise à la charge de l'autre, celui-ci reconnaissant, par cela même, que l'immeuble par elle acquis présente un excédent de valeur égal à cette portion de frais (Req. 10 mai 1865, aff. de Talleyrand-Périgord, D. P. 65. 1. 369).

C. — Échange d'immeubles ruraux; Tarif réduit.

1711. Comme on l'a vu *suprà*, n°s 1697 et suiv., dans l'exposé de la législation, cinq lois des 16 juin 1824, 24 mai 1834, 27 juill. 1870, 21 juin 1875 et 3 nov. 1884 ont été votées en vue de déterminer les conditions auxquelles le droit proportionnel pouvait être réduit dans son application aux échanges de biens ruraux, afin de favoriser l'agriculture, sans nuire aux intérêts du Trésor. A l'époque de la publication du *Répertoire*, le législateur avait abandonné, par la loi de 1834, la tentative faite par celle de 1824 (V. *Rép.* n°s 3187 et suiv. et les observations de M. Troplong à ce sujet).

« En 1870, dit M. Demante, t. 1, n° 313, Troplong venait de mourir, mais sa pensée a certainement inspiré le rétablissement du principe relatif aux immeubles ruraux contigus. Ce principe est respectable; mais, il faut bien l'avouer, pour le rendre inoffensif au Trésor, il a fallu le rendre peu efficace pour l'agriculture » (*Ibid.*). En effet, la loi du 27 juill. 1870 qui a rétabli, par son art. 4 dont le texte est reproduit *suprà*, n° 1698, un droit proportionnel réduit pour les échanges de biens ruraux, a subordonné l'application de ce tarif exceptionnel aux conditions suivantes: 1° l'un des immeubles échangés doit être contigu aux propriétés de celui qui le reçoit; 2° les immeubles échangés doivent avoir été acquis par les contractants par acte enregistré depuis plus de deux ans ou recueillis par eux à titre héréditaire; 3° ces immeubles doivent être situés dans le même canton ou dans des cantons limitrophes; 4° la parcelle contiguë à la propriété de l'un des échangistes ne doit pas dépasser 50 ares; 5° la soulte ou plus-value ne doit pas excéder le quart de la valeur de la moindre part échangée (Rapport de M. Chesnelong, D. P. 70. 4. 59; Instr. adm. enreg. 30 juill. 1870, n° 2404, D. P. 70. 4. 60).

Il a été décidé que si, d'après l'une de ces conditions, la parcelle contiguë à l'immeuble de l'échangiste qui la reçoit ne doit pas avoir une contenance supérieure à 50 ares, il suffit, au cas où plusieurs parcelles sont échangées par le même acte et par le même propriétaire, qu'aucune d'elles n'excède 50 ares; dès qu'il en est ainsi, le tarif spécial est applicable, lors même que la superficie de toutes les parcelles cédées serait supérieure à 50 ares (Sol. adm. enreg. 26 avr. 1876, D. P. 76. 5. 499).

1712. « Cette législation, on ne saurait le méconnaître, a dit M. Luro dans son rapport au Sénat sur la loi du 3 nov. 1884, a été inspirée par la pensée d'encourager et de multiplier les échanges d'immeubles ruraux en leur appliquant un régime privilégié. Et cependant, ces échanges ne se sont pas produits dans la mesure qu'il était permis d'espérer. Ainsi, d'après un état dressé par l'administration de l'enregistrement, sur 40723 dispositions soumises aux droits d'échange pendant l'année 1881, il n'y en a eu que 4638, c'est-à-dire environ le dixième, qui aient bénéficié de la loi de 1870. Pourquoi cette insuffisance des effets d'une législation incontestablement libérale? D'excellents esprits ont pensé que, nonobstant la modicité des droits, les échanges d'immeubles ruraux demeureraient encore difficiles, à raison des conditions restrictives imposées par la loi précitée. Et c'est pourquoi MM. Alfred Girard et Jametel ont cru répondre au sentiment exprimé par les représentants autorisés de l'agriculture en soumettant, le 14 janv. 1882, à la Chambre des députés, une proposition de loi qui, après diverses modifications, est devenue la loi actuelle » (D. P. 85. 4. 17, note, col. 2).

L'objet de la loi du 3 nov. 1884 a donc été de remédier à cet état de choses en soumettant l'application du tarif réduit à des conditions moins rigoureuses que celles indiquées par la loi de 1870. C'est, par suite, dans cet esprit que ladite loi doit être interprétée.

Nous reproduirons le commentaire que l'Administration de l'enregistrement en a fait dans l'instruction qu'elle a donnée, pour son exécution, à ses agents.

1713. La loi du 3 nov. 1884 s'est proposée de favoriser par une réduction de tarif: 1° les échanges qui opèrent le rapprochement des parcelles appartenant au même propriétaire, afin de rendre l'exploitation plus profitable; 2° et les échanges de biens contigus, qui facilitent la reconstitution des terrains trop morcelés. A cet effet, elle a fixé à 20 cent. pour 100 le droit proportionnel applicable à ces deux sortes d'échanges (Instr. adm. enreg. 4 nov. 1884, n° 2703, D. P. 85. 4. 17, note).

1714. La réduction de tarif se restreint aux échanges d'immeubles *ruraux*. Le sens de cette expression déjà employée dans les lois antérieures (L. 16 juin 1824, art. 2; 27 juill. 1870, art. 4; 21 juin 1875, art. 2) a été nettement déterminé à l'occasion de la dernière loi: « C'est la nature, et non la situation d'un fonds, qui doit être considérée, pour savoir s'il est rural ou urbain. Le caractère de l'immeuble se détermine par sa principale destination. Est *urbain* l'immeuble principalement affecté à l'habitation ou à un usage, soit industriel, soit commercial. Est *rural* l'immeuble principalement affecté à la production des récoltes agricoles, à la production des fruits naturels ou artificiels, prairies, terres labourables ou vignobles » (Rapport de M. Bertauld sur la loi du 21 juin 1875, V. D. P. 85. 4. 17, note, 2° col.).

1715. L'échange d'immeubles urbains ou l'échange d'un immeuble rural contre un immeuble urbain donnerait lieu au tarif ordinaire. Mais la loi du 3 nov. 1884 comprend *tous* les biens ruraux sans exception, *bâtis* ou *non bâtis*. La loi du 27 juill. 1870, au contraire, avait modéré ce tarif qu'en faveur des immeubles ruraux non bâtis (Instr. adm. enreg. 4 nov. 1884, n° 2703, D. P. 85. 4. 17, note, § 1er et 2).

1716. La nouvelle loi prévoit deux catégories d'échanges pouvant profiter de la réduction des droits. La première comprend les échanges qui ont pour objet des immeubles ruraux dans la *même commune* ou dans des *communes limitrophes*. C'est la seule condition à laquelle ils sont soumis; la loi n'exige pas que ces communes dépendent du même canton, ni du même département; elle ne se préoccupe pas non plus de la contiguïté des immeubles (Instr. adm. enreg. 4 nov. 1884, n° 2703, D. P. 85. 4. 17, note, § 2).

1717. Les échanges de la seconde catégorie sont ceux qui sont effectués en vue de la reconstitution des parcelles morcelées, entre des immeubles ruraux dont tous ou quelques-uns sont contigus aux immeubles du copermutant; ils sont soumis à des conditions particulières. En ce qui concerne ces échanges, la loi ne s'est pas préoccupée de la situation des biens échangés. Mais deux conditions sont imposées, il faut: 1° que la contiguïté existe pour l'un des immeubles échangés; 2° que les biens aient été acquis par acte enregistré depuis plus de deux ans ou qu'ils aient été recueillis à titre héréditaire (Instr. adm. enreg. 4 nov. 1884, n° 2703, D. P. 85. 4. 17, 3° col.).

1718. En principe, un immeuble est contigu à un autre immeuble quand il n'en est séparé par aucune propriété. Il y a lieu de considérer comme contigus des immeubles qui, sans être naturellement voisins les uns des autres, sont cependant dans une situation telle respectivement, qu'ils paraissent être des parties d'un même héritage. Ainsi, deux terrains séparés par un chemin rural ou vicinal, par un ruisseau ou pour toute autre voie n'empêchant pas la communauté d'exploitation des parcelles, sont réputés contigus dans le sens de la loi de 1884. Mais ce caractère n'appartiendrait pas à des immeubles séparés par un fleuve, par un chemin de fer ou par tout autre obstacle constituant une interruption réelle de communication entre les propriétés. L'immeuble qui produit la contiguïté doit être, d'ailleurs, comme celui auquel il doit se joindre, un immeuble rural (Instr. adm. enreg. 4 nov. 1884, n° 2703, D. P. 85. 4. 17, 3e col).

1719. La condition de possession est exigée par la loi pour les immeubles respectivement échangés et pour la parcelle dont la contiguïté justifie l'application au tarif réduit. Elle a été imposée afin de prévenir le retour de fraudes auxquelles avait donné lieu l'ancienne législation (Instr. adm. enreg. 4 nov. 1884, n° 2703, D. P. 85. 4. 17, 3e col.).

1720. L'application du tarif réduit étant subordonnée aux deux conditions ci-dessus énumérées, il s'ensuit que les parties doivent en faire la justification au moment de l'enregistrement. La même règle gouvernait l'exécution de la loi du 27 juill. 1870. Ainsi que le rappelle l'instruction n° 2404 donnée pour l'exécution de cette loi, D. P. 70. 4. 60, note, col. 2, ni la teneur, ni le mode des justifications ne sont indiqués; mais, comme il s'agit d'une modération de taxe qui rentre dans les exceptions de droit étroit, les parties devront fournir, sur chacune de ces conditions, des indications assez précises pour permettre d'établir la justification au moment même de l'enregistrement. Ainsi, par exemple, la contiguïté peut être justifiée par la désignation des tenants et aboutissants des parcelles échangées. La possession antérieure est établie par l'indication de la date des actes d'acquisition et de leur enregistrement, ou par des déclarations constatant la transmission par décès. Il suffit de l'énonciation des cantons et des lieux dits, en ce qui concerne la situation des immeubles (Instr. adm. enreg. 4 nov. 1884, n° 2703, D. P. 85. 4. 18, 1re col. V. aussi D. P. 70. 4. 60, note, col. 2).

1721. La loi a fourni à l'Administration un moyen particulier de vérifier l'exactitude de plusieurs de ces énonciations. Elle a décidé, par l'art. 2, que tous les actes d'échange appelés à bénéficier de la réduction de tarif, doivent mentionner la contenance, le numéro de la section, le lieu dit, la classe et la nature des immeubles d'après le cadastre. En outre, elle a imposé aux parties l'obligation de remettre au bureau de l'enregistrement, au moment où la formalité est requise, un extrait de la matrice cadastrale des immeubles échangés, délivré sans frais et sur papier non timbré par le maire ou par le directeur des contributions directes (Instr. adm. enreg. 4 nov. 1884, n° 2703, D. P. 85. 4. 18). Les receveurs doivent s'assurer que les indications cadastrales insérées dans le contrat sont conformes à celles de l'extrait déposé au bureau (Ibid.).

1722. Ces extraits sont délivrés gratuitement par l'Administration des contributions directes. Une décision du ministère des finances du 29 janv. 1885 et une circulaire du directeur général des contributions directes du 9 février suivant ont déterminé la condition de la délivrance gratuite des extraits de la matrice cadastrale (D. P. 85. 4. 18, note, 3e col.). Elle n'aura lieu sur le dépôt d'une réquisition signée par les deux échangistes, dans laquelle ils déclarent avoir conclu définitivement l'échange et n'avoir plus qu'à en passer acte. Cette réquisition est communiquée aux agents de l'enregistrement, afin qu'ils en vérifient l'exactitude. — Au cas où il serait constaté que l'extrait a été réclamé pour des biens autres que ceux désignés dans la loi du 3 nov. 1884, la rétribution par le directeur deviendrait exigible. C'est aux parties requérantes à fournir toutes les indications nécessaires pour permettre de reconnaître, dans les matrices cadastrales, les parcelles échangées. La réquisition et l'extrait sont délivrés l'un et l'autre sur papier libre. Pour les communications relatives à la délivrance des extraits et pour la remise de ces pièces, les directeurs suivent, dans chaque cas particulier, la voie choisie et indiquée par les parties elles-mêmes, pourvu qu'il n'en puisse résulter ni dépense, ni avance à la charge de ces chefs de service (Ibid.).

1723. Le bénéfice de la loi n'est accordé qu'aux actes renfermant les énonciations prescrites par son art. 2, et pour lesquels l'extrait matriciel est déposé au bureau au moment de l'enregistrement. Il n'est pas permis de suppléer à ces formalités au moyen d'une déclaration ou d'un dépôt posté-

rieur. Les droits ordinaires demeureront acquis au Trésor (Instr. adm. enreg. 4 nov. 1884, n° 2703, D. P. 85. 4. 18, note, n° 6).

Il a été jugé, en ce sens, que le droit proportionnel ne peut être perçu sur un contrat d'échange d'immeubles ruraux, conformément au tarif de faveur établi spécialement pour les échanges de cette nature, lorsque les conditions auxquelles l'application de ce tarif est subordonnée ne sont pas remplies; que, spécialement, la loi exigeant que le contrat d'échange renferme l'indication de la contenance, du numéro, de la section, du lieu dit, de la classe, de la nature et du revenu du cadastre, et, d'autre part, qu'un extrait de la matrice cadastrale soit déposé au bureau de l'enregistrement, le tarif de faveur n'est pas applicable, lorsque les parties ont omis d'indiquer dans le contrat la plupart des conditions cadastrales, et que l'extrait de la matrice déposé est incomplet (Trib. Saint-Malo, 28 déc. 1888, aff. Tézé, D. P. 90. 3. 39).

1724. Il en est de même lorsque des inexactitudes ou des dissimulations sont constatées dans les indications prescrites. Si l'acte a été enregistré au tarif réduit, il y a lieu de recouvrer les droits supplémentaires exigibles. Toutefois, ce principe doit être appliqué avec tempérament, lorsqu'il s'agit d'erreurs de peu d'importance et qui n'entravent pas sérieusement le contrôle de l'Administration (Instr. adm. enreg. 4 nov. 1884, n° 2703, D. P. 85. 4. 18, note, n° 6).

1725. Le tarif de 20 cent. pour 100, applicable aux échanges qui remplissent les conditions imposées par la loi, comprend le droit de transcription. Lors de la formalité au bureau des hypothèques, il n'y a pas lieu à la perception du droit fixe de 1 fr. établi par l'art. 61 de la loi du 28 avr. 1816 (Instr. adm. enreg. 4 nov. 1884, n° 2703, D. P. 85. 4. 18, note 7).

1726. Mais le droit de 20 cent. pour 100 n'est applicable qu'aux dispositions de l'échange qui rentrent dans les prévisions de la loi. Si des biens ruraux étaient cédés en échange d'immeubles urbains et d'immeubles ruraux, si l'un des lots échangés comprenait des biens situés dans les communes limitrophes et d'autres biens situés au delà, si la contiguïté n'existait que pour l'une ou quelques-unes des propriétés distinctes comprises dans l'échange, le contrat ne profiterait de la réduction du tarif que pour partie. Les ventilations nécessaires à la perception seraient faites en conformité de l'art. 16 de la loi du 22 frim. an 7. A défaut, le tarif ordinaire serait appliqué à la totalité du contrat (Instr. adm. enreg. 4 nov. 1884, n° 2703, D. P. 85. 4. 18, note, n° 8).

1727. La constatation d'inexactitudes dans les énonciations du contrat d'échange, autoriserait l'application du tarif ordinaire; mais il ne serait dû ni amende, ni droit en sus (Instr. adm. enreg. 4 nov. 1884, n° 2703, D. P. 85. 4. 18, note, n° 11).

1728. La loi du 3 nov. 1884 n'a pas reproduit, au sujet de la prescription des suppléments de droits qui peuvent être dus à la suite de ces constatations, le dernier paragraphe de l'art. 4 de la loi du 27 juill. 1870 fixant à deux ans le délai dans lequel l'action de l'Administration devait être exercée. En l'absence de toute disposition à cet égard, il y a lieu d'appliquer les principes admis par la jurisprudence au sujet de la demande des droits dus sur les contrats simulés (Instr. adm. enreg. 4 nov. 1884, n° 2703, D. P. 85. 4. 18, note, n° 12).

N° 2. — *Actes translatifs de biens situés à l'étranger ou dans les colonies* (Rép. n°s 3216 à 3261).

A. - Législation ; Tarif.

1729. La perception du droit d'enregistrement sur les actes translatifs de biens situés à l'étranger ou dans les colonies a été étudiée au *Répertoire*, d'abord, dans le chapitre précédent consacré aux droits fixes (Rép. n°s 760 et suiv. V. supra, n°s 452 et suiv.), puis, pour les *transmissions à titre onéreux*, sous le présent numéro ; pour les *transmissions entre vifs à titre gratuit*, à l'art. 3 de la présente section (Rép. n°s 3646 et suiv. V. infra, n°s 1984 et suiv.), et enfin pour les *mutations par décès*, à l'article suivant (Rép. n°s 3960 et suiv. V. infra, n°s 2161 et suiv.). Il ne sera donc question ici que des *transmissions à titre onéreux* (Rép. n° 3217).

Dans la partie, où il est traité des droits fixes, le *Répertoire* s'est borné à présenter l'état de la législation à l'époque de sa publication. Nous avons fait de même, *suprà*, n°ˢ 452 et suiv. Il est indispensable de rappeler sommairement, pour l'intelligence de ce qui va suivre, les dispositions se rapportant aux mutations dont nous avons à nous occuper, c'est-à-dire aux transmissions à titre onéreux de biens situés à l'étranger.

1730. En assujettissant à l'enregistrement par ses art. 22, 23 et 42, les actes passés en pays étrangers ou dans les colonies, lorsqu'il en serait fait usage en France, la loi du 22 frim. an 7 n'a déterminé ni la nature ni la quotité du droit qui serait applicable à ces actes (*Rép.* n° 3218). Deux avis du conseil d'État des 10 brum. an 14 et 15 nov.-12 déc. 1806, fondés sur le principe que le droit proportionnel est un impôt qui ne peut atteindre les propriétés situées hors du territoire sur lequel il est établi, ont décidé que les actes, passés soit en France, soit en pays étranger ou dans les colonies, translatifs de la propriété ou de l'usufruit d'*immeubles* situés en pays étranger ou dans les colonies où l'enregistrement n'est pas établi, ne doivent pas être assujettis au droit proportionnel, lorsqu'ils sont produits en France, et qu'il en est de même pour les actes passés *à l'étranger* et translatifs de *meubles* ayant leur assiette à l'étranger (*Rép.* n°ˢ 3218 et 3219). — La loi de finances du 28 avr. 1816 a modifié cet état de choses en déclarant, par son art. 58, qu'il ne pourrait être fait usage en justice d'aucun acte passé en pays étranger ou dans les colonies, qu'il n'ait acquitté les mêmes droits que s'il avait été souscrit en France et pour des biens y situés; qu'il en serait de même pour les mentions desdits actes dans les actes publics (*Rép.* n° 3220).

L'art. 4 de la loi du 16 juin 1824 a dérogé à cette dernière disposition en affranchissant du droit proportionnel, pour ne les soumettre qu'à un simple droit fixe de 10 fr., « les actes translatifs de propriété, d'usufruit ou de jouissance de biens immeubles situés, soit en pays étranger, soit dans les colonies françaises où le droit d'enregistrement n'est pas établi. » (*Rép.* n° 3223). — En assujettissant, par son art. 4, « aux droits de mutation par décès les fonds publics, actions, obligations, parts d'intérêts, créances, et généralement toutes les *valeurs mobilières* étrangères, de quelque nature qu'elles soient, dépendant de la succession d'un étranger domicilié en France avec ou sans autorisation », la loi du 23 août 1871 a ajouté « qu'il en serait de même des transmissions entre vifs à titre gratuit ou *à titre onéreux* de ces mêmes valeurs, lorsqu'elles s'opéreront en France ». Enfin, l'art. 1ᵉʳ-2° de la loi du 28 févr. 1872, qui représente le dernier état de la législation en cette matière, a abrogé l'art. 4 de la loi du 16 juin 1824 et substitué au droit fixe de 10 fr. un droit gradué de 1 pour 1000 qui se perçoit sur « le prix exprimé en y ajoutant toutes les charges en capital », pour les actes translatifs d'immeubles situés à l'étranger.

1731. En somme, comme nous en avons fait déjà l'observation (V. *supra*, n° 454), les actes translatifs d'*immeubles* étrangers sont soumis aujourd'hui, comme à l'époque de la publication du *Répertoire*, au droit fixe. Mais la situation est profondément modifiée sous deux rapports. D'une part, les transmissions de *valeurs mobilières* étrangères, qui n'étaient passibles que du droit fixe (*Rép.* n° 3237), sont assujetties au droit proportionnel. D'un autre côté, au droit fixe de 10 fr. établi en 1824 pour les *transmissions immobilières*, a été substitué un autre droit fixe, d'une nature toute différente, qualifié par la loi et la jurisprudence de droit fixe gradué, mais qui, se percevant proportionnellement aux valeurs à raison de 1 pour 1000, présente de grandes affinités avec le droit proportionnel.

Toutefois les règles de perception concernant ce droit gradué étant les mêmes que celles concernant l'ancien droit fixe, l'abrogation de l'art. 4 de la loi de 1824 qui avait édicté ce droit, n'a pas enlevé aux décisions intervenues pour son application l'intérêt qu'elles présentaient. Cet intérêt est toujours le même au point de vue de l'affranchissement du droit proportionnel pour les actes translatifs d'immeubles situés à l'étranger.

1732. Aux dispositions législatives rappelées ci-dessus, il convient d'ajouter un article de la loi du 22 frim. an 7 (art. 70, § 3, n° 16) relatif aux biens situés dans les territoires annexés à la France et dans ceux qui en ont été

détachés. Cet article a exempté de la formalité de l'enregistrement « les actes passés en forme authentique avant l'établissement de l'enregistrement dans l'ancien territoire de France et ceux passés également en forme authentique ou sous signature privée dans les pays réunis et qui y ont acquis une date certaine suivant les lois de ces pays, ainsi que les mutations qui se sont opérées par décès avant la réunion desdits pays ». Le *Répertoire* examine cette disposition dans les n°ˢ 3225 et suiv. A cette matière se rattache un arrêt rendu à la suite de l'annexion de la Savoie et du comté de Nice, par interprétation du traité du 24 mars 1860 (D. P. 60. 4. 67) qui a consacré cette annexion, ainsi que du sénatus-consulte du 11 juin 1860 (D. P. 60. 4. 68) et du décret du 13 juin 1860 (D. P. 60. 4. 69) intervenus pour l'application dudit traité. Aux termes de cet arrêt, lorsqu'un acte translatif d'immeubles situés dans un pays étranger (la Savoie) réuni plus tard à la France, a été enregistré au droit fixe en France avant la réunion et que les parties n'ont pas rempli dans le délai fixé la formalité de l'insinuation à laquelle il devait être soumis dans le pays où l'immeuble était situé, d'après la législation de ce pays, l'administration française est fondée à réclamer le droit simple qui aurait dû être acquitté pour cette formalité, plus le droit en sus, alors surtout que le délai n'est échu que postérieurement à l'annexion, mais bien que cette échéance se soit produite avant l'établissement de l'enregistrement dans le pays annexé (Civ. rej. 30 août 1864, aff. Barjaud, D. P. 64. 1. 350).

1733. L'application du tarif aux actes passés à l'étranger dans la forme authentique, ayant par conséquent date certaine, se rapportant à des biens étrangers, et dont il est fait usage en France, soulève une sérieuse difficulté. Le droit doit-il être perçu d'après le tarif en vigueur à la date de l'acte ou d'après celui existant au jour où le droit s'est ouvert et a été acquis au Trésor par l'usage qui en a été fait en France ? La question a été soumise à la cour de cassation dans une espèce où, suivant le tarif en vigueur à la date de l'acte, il n'était passible que du droit fixe de 10 fr. établi par l'art. 4 de la loi du 16 juin 1824, tandis que, d'après le tarif existant au jour où il en avait été fait usage en France, il était sujet au droit proportionnel. Il a été décidé que, l'acte n'existant légalement pour le fisc qu'au jour où il en avait été fait usage en France et le droit auquel il donnait lieu ne s'étant ouvert qu'à ce moment, la perception devait être faite conformément au tarif alors en vigueur (Civ. cass. 31 janv. 1876, aff. Whettnall, D. P. 76. 1. 209). Il s'agissait, dans l'espèce, d'un droit de donation mobilière. Mais la doctrine de l'arrêt serait également applicable par identité de motifs, au cas où la question serait soulevée pour un droit de vente mobilière.

B. — Actes translatifs et autres relatifs à des biens situés à l'étranger.

1734. Les règles de perception et le tarif diffèrent, à l'égard des actes translatifs et autres concernant les biens situés à l'étranger, suivant que ces actes se rapportent à des meubles ou à des immeubles.

1°. — *Meubles.*

1735. Les dispositions fiscales se rapportant aux biens situés à l'étranger, différant suivant qu'il s'agit de meubles ou d'immeubles, il importe de décider d'après quelle loi on doit apprécier, pour la perception du droit d'enregistrement, si les biens transmis par acte soumis à la formalité sont meubles ou immeubles. Les règles contenues à ce sujet dans le code civil ne sont pas les mêmes dans tous les pays; certains biens, qui sont considérés comme meubles par la loi française, peuvent être des immeubles aux yeux de la loi étrangère, et *vice versa*. Comment, en cas de contradiction de la loi française et de la loi étrangère, devra-t-on régler le conflit ? C'est là une question de droit international. Ce n'est pas ici le lieu de la discuter d'une façon approfondie. Nous nous bornerons à indiquer sommairement les considérations sur lesquelles repose la solution qui lui est donnée.

Les lois qui traitent de la distinction des biens appartiennent au statut réel; les auteurs sont d'accord sur ce point (*Rép.* v° *Lois*, n⁰ˢ 387 et 409 et suiv., et la note sous l'arrêt du 5 avr. (et non août) 1887, aff. Messimy, D. P. 88. 1. 65 ; Fœlix et Demangeat, *Traité du droit international*, t. 1, n° 60, note *a*). Or le statut réel ne régit que les biens qui sont situés sur le territoire ; les biens situés à l'étranger doivent donc être appréciés d'après la loi du pays dans lequel ils se trouvent. Vainement on a objecté que la loi fiscale, en soumettant à un tarif différent la transmission de biens meubles et celle des biens immeubles situés à l'étranger, s'est nécessairement référée à la loi civile française pour la détermination de la nature de ces biens. L'objection n'a pas de portée, puisque, suivant le droit public, les lois constitutives du droit d'enregistrement sont des statuts réels qui régissent les choses situées sur le territoire français, quels que soient les propriétaires, mais qui, réciproquement, ne peuvent atteindre les biens situés hors de ce territoire (*Rép.* n° 3216). La question s'est produite récemment devant la cour de cassation, il s'agissait de savoir quelle était la nature des concessions de mines situées en Russie. Les mines sont considérées par la loi française du 21 avr. 1810 (art. 8) comme des immeubles ; la loi russe, au contraire, considère le droit des concessionnaires de mines comme un droit mobilier. La cour de cassation, confirmant la doctrine des auteurs, a décidé qu'en matière fiscale, comme en matière civile, la détermination de la nature mobilière ou immobilière des biens doit être faite d'après la loi du pays où ils sont situés ; qu'en conséquence, les concessions de mines situées en Russie doivent être considérées, conformément à la loi russe, comme des biens mobiliers (Arrêt précité du 5 avr. (et non août) 1887).

1736. Ce point réglé, nous avons à examiner si le droit proportionnel est applicable aux actes translatifs à titre onéreux de meubles situés à l'étranger.

La jurisprudence de la cour de cassation avait étendu aux biens meubles situés à l'étranger l'application de l'art. 4 de la loi du 16 juin 1824, bien que cette loi n'eût statué formellement que sur les immeubles. L'administration de l'enregistrement avait adhéré à cette interprétation. Il en résultait que les actes translatifs de biens *meubles* situés à l'étranger n'étaient passibles que du droit fixe (*Rép.* n⁰ˢ 3236 et suiv.). En présence de cette règle qui assimilait, au point de vue de l'application de la loi de 1824, les meubles aux immeubles, des difficultés se sont produites sur la question de savoir ce qu'il fallait entendre par meuble situé en pays étranger, c'est-à-dire sur la détermination des conditions nécessaires pour qu'un meuble soit considéré comme situé à l'étranger, alors surtout que ce meuble est, non un corps certain, mais un meuble *incorporel*, tel qu'un droit de créance, ou une *chose fongible* (D. P. 69. 1. 223, note).

Il a été jugé, sur ce point, que l'exemption du droit proportionnel ne s'applique pas à la donation de valeurs mobilières fongibles par un étranger à sa fille, en vue de son mariage avec un Français, alors que le contrat de mariage, contenant cette donation, a été passé en France, et que les objets donnés devaient être livrés en France et le jour même de la célébration (Req. 10 mars 1868, aff. de Castries, D. P. 68. 1. 463. — *Contrà :* Trib. Seine, 27 déc. 1854, aff. Jameson, D. P. 55. 3. 13). — Suivant une opinion exprimée dans la note sous cet arrêt, sa doctrine doit être étendue à tous les actes relatifs à des choses fongibles (D. P. 68. 1. 463, note).

1737. On s'est demandé également si l'exemption du droit proportionnel résultant de la loi de 1824 ne devait être appliquée qu'aux actes véritablement *translatifs* de propriété, d'usufruit ou de jouissance de biens meubles, ou si elle pouvait être étendue à *tous actes* concernant des meubles étrangers (V. *Rép.* n° 3254).

L'administration de l'enregistrement ne fit d'abord aucune distinction; elle estima qu'en présence de la jurisprudence, l'exemption du droit proportionnel devait profiter à tous les actes concernant des meubles situés à l'étranger. Elle décida, en ce sens, que l'acte passé en France et portant *obligation de sommes* payables en pays étranger et hypothéquées sur des immeubles situés dans ce pays, n'était passible que du droit fixe (Sol. adm. enreg. 7 mai 1851, D. P. 69. 1. 233, note). Il a été jugé, dans le même sens, que l'acte passé en pays étranger, portant vente de meubles

situés en France et, pour sûreté du prix, *cautionnement* par des tiers avec une hypothèque sur des immeubles situés à l'étranger, n'est point passible du droit proportionnel de cautionnement, indépendamment de celui de vente de meubles (Trib. Château-Thierry, 2 janv. 1861, D. P. 69. 1. 233, note 2); — Que l'exemption du droit proportionnel est applicable:... soit à un acte passé à l'étranger, portant *constitution* par un Français au profit d'une personne étrangère, d'une *rente viagère* garantie par une hypothèque sur un immeuble du pays et stipulée payable en France en monnaie française (Trib. Seine, 17 juin 1865, aff. Morand, D. P. 66. 3. 15);... soit à la transaction passée en France, portant *rachat* de cette même *rente viagère*, moyennant une somme payable au bénéficiaire dans un pays étranger et en monnaie de ce pays, contre mainlevée de l'hypothèque primitivement consentie (Même jugement).

1738. Mais la cour de cassation s'est prononcée contre une pareille extension donnée à la loi de 1824. Elle a décidé que l'exemption du droit proportionnel, résultant de cette loi, devait être restreinte aux actes translatifs de propriété, d'usufruit ou de jouissance de meubles. Ainsi, elle a jugé : 1° que le *traité* passé à l'étranger entre un gouvernement étranger et une compagnie française pour le transport de volontaires étrangers d'un port étranger à un autre port également étranger était passible des mêmes droits d'enregistrement que s'il avait été souscrit en France pour y recevoir son exécution, lorsqu'il y est produit en justice (Req. 25 nov. 1868, aff. Compagnie transatlantique, D. P. 69. 1. 233. Observ. conf. *ibid.*, note); — 2° Que le *marché* passé en pays étranger, entre une compagnie étrangère et un Français, pour l'exécution de travaux dans ce pays, est passible des mêmes droits d'enregistrement que s'il avait été souscrit en France pour y recevoir son exécution, lorsqu'il y est produit en justice (Req. 22 déc. 1868, aff. Chemins de fer du Nord de l'Espagne, D. P. 69. 1. 235); — 3° Que l'exemption du droit proportionnel d'enregistrement établie en faveur des actes translatifs d'immeubles situés à l'étranger, lors même qu'elle pourrait être étendue aux actes translatifs de meubles situés aussi à l'étranger, n'est pas applicable aux louages de services et d'industrie, ou marchés de travaux intervenus en France pour être exécutés à l'étranger (Req. 17 mars 1875, aff. Société des ports de Cadix, D. P. 75. 1. 328).

Le tribunal de la Seine a décidé, dans le même sens, que le jugement rendu par un tribunal français, constatant la *libération* d'un étranger envers un autre étranger d'une soulte de partage d'immeubles de leur pays, dont le payement était garanti par une hypothèque sur ces immeubles, donne lieu au droit de libération à 50 cent. pour 100 (Trib. Seine, 28 déc. 1867, aff. De Komar, D. P. 69. 5. 166).

D'un autre côté, il a été décidé... qu'une créance ne peut être considérée, pour la perception du droit d'enregistrement, comme ayant son assiette à l'étranger par cela seul qu'elle est garantie par une hypothèque sur des immeubles situés à l'étranger (Civ. rej. 15 nov. 1869, aff. Carion et Caron, D. P. 70. 1. 340. Conf. Req. 20 janv. 1858, aff. de Mauny, D. P. 58. 1. 318; Civ. cass. 29 nov. 1858, aff. Martin, D. P. 58. 1. 471);... que, de même, la rente viagère constituée à la future par ses père et mère en monnaie étrangère dans un contrat de mariage passé entre un Français et une étrangère, et stipulée payable au cours du change et chez un banquier de Paris, constitue une valeur ayant son assiette en France et sujette, à ce titre, au droit proportionnel (Civ. rej. 21 août 1872, aff. de Rainneville, D. P. 73.1. 81. Conf. Req. 21 mai 1873, aff. Houllier, D. P. 74. 1. 28).

1739. Tel était l'état de la jurisprudence lorsque sont intervenues les lois des 23 août 1871 (art. 4) et 28 févr. 1872 (art. 1⁰ʳ-2°). On s'est trouvé en présence de l'abrogation formelle de la loi de 1824 par celle de 1872, d'où la conséquence que la question, qui avait attiré aux biens meubles situés à l'étranger l'exemption du droit proportionnel, édictée par ladite loi de 1824 en faveur des immeubles, n'a plus aujourd'hui de raison d'être. D'un autre côté, l'art. 4 de la loi du 23 août 1871 ne vise pas expressément toute transmission de biens meubles, de quelque nature que ce soit, situés à l'étranger : il dispose, tout d'abord, que les fonds publics, actions, obligations, parts d'intérêts, et généralement *toutes les valeurs mobilières étrangères, de quelque* *nature qu'elles soient,* seront assujetties au droit de mutation par décès ; puis il ajoute que les transmissions à titre onéreux « de ces mêmes valeurs » seront assujetties au droit proportionnel de mutation, lorsqu'elles s'opéreront en France.

1740. L'Administration de l'enregistrement soutient que cette disposition de la loi du 23 août 1871 comprend, dans sa généralité, les meubles *corporels* comme les meubles *incorporels.* Elle a décidé, en conséquence, que la mention dans un acte d'acceptation de nantissement passé en France devant notaire, d'un acte passé en pays étranger et portant vente de meubles étrangers, donne lieu au droit proportionnel de vente à 2 pour 100 sur le prix stipulé (Sol. adm. enreg. 11 mai 1872, D. P. 73. 5. 194). Il a été jugé, dans le même sens : 1° que le texte de l'art. 4 de la loi du 23 août 1871 comprend dans sa généralité les meubles corporels comme les meubles incorporels, et que spécialement l'apport, dans un acte de société passé en France, de *meubles corporels* situés à l'étranger, moyennant prélèvement du prix sur les premiers fonds disponibles, opère une vente mobilière passible du droit proportionnel de 2 pour 100, comme s'il s'agissait de meubles situés en France (Trib. Seine, 14 févr. 1874, aff. De Loire, D. P. 74. 5. 225) ; ... — 2° Que le dépôt, dans l'étude d'un notaire français, de l'expédition d'un acte authentique passé à l'étranger et constatant la cession de l'exploitation, pendant trente ans, d'une mine située à l'étranger, donne ouverture au droit proportionnel de vente mobilière par suite de cette concession, par application de l'art. 58 de la loi du 28 avr. 1816 (Même jugement) ; — 3° Que la cession de mines situées à l'étranger est passible du droit de vente mobilière, bien qu'il s'agisse de meubles corporels, la loi fiscale ne distinguant pas entre les diverses espèces de meubles pour l'application du droit proportionnel et assimilant, au contraire, les transmissions de meubles français à celles de meubles étrangers (Trib. Valence, 25 juin 1884, *Journ. enreg.,* art. 22537).

Les travaux préparatoires de la loi du 28 févr. 1872 peuvent être invoqués à l'appui de cette interprétation. On lit, en effet, dans le rapport fait sur cette loi, au nom de la commission du budget, par M. Mathieu Bodet, qui avait été également le rapporteur de la loi du 23 août 1871, la phrase suivante : « Déjà, par la loi du 23 août 1871, l'Assemblée a décidé que les mutations à titre onéreux ou à titre gratuit de *meubles,* de créances, et généralement de toutes valeurs mobilières étrangères, seraient frappées à l'avenir des mêmes droits que les mutations de meubles et créances appartenant à des Français. Par la loi actuelle, nous complétons, dans une certaine mesure, l'assimilation. » (D. P. 72. 4. 13, 2° col., n° 6). Il résulte bien de ce passage que, dans la pensée du rapporteur de la loi de 1871, l'art. 4 de cette loi avait pour objet d'embrasser tous les meubles, aussi bien les meubles corporels que les meubles incorporels.

1741. Cependant on a soulevé contre cette interprétation de sérieuses objections. Il est de principe, a-t-on dit, que les lois fiscales doivent être interprétées restrictivement. Or, l'art. 4 de la loi de 1871 ne parle que des transmissions des fonds publics, actions, obligations, parts d'intérêts et de toutes les valeurs mobilières étrangères, de quelque nature qu'elles soient. Sans doute, les derniers mots de la phrase ont un sens très général. Mais, s'il est vrai que, prise dans son sens absolu, l'expression « valeurs mobilières » peut être interprétée comme s'appliquant aux meubles corporels, il est certain, d'autre part, que dans le langage usuel, on ne l'emploie que pour désigner les meubles incorporels. Il y a lieu d'en conclure que c'est dans ce sens qu'elle a été insérée dans la loi de 1871, d'autant plus qu'elle prend cette signification précise et déterminée lorsqu'on la rapproche des mots qui précèdent : fonds publics, actions, etc... Le législateur n'a évidemment entendu parler que de droits *incorporels,* et ce serait dénaturer cette disposition que d'y faire rentrer les biens *corporels.* Les biens corporels ne paraissent donc pas compris dans l'art. 4 de la loi de 1871 (V. D. P. 77. 3. 7, note ; D. P. 81. 1. 266, note ; D. P. 88. 1. 65, note).

1742. La cour de cassation a statué, dans ce dernier sens, sur la question, par l'arrêt du 5 avr. (et non août) 1887 (V. *suprà,* n° 1735). Il a été décidé, en thèse générale, par cet arrêt, que les transmissions à titre onéreux de meubles corporels situés en pays étranger ne sont pas sujettes au

droit de mutation en France. Cette importante décision est ainsi conçue : « Vu l'art. 4 de la loi du 23 août 1871 ; — Attendu que cette disposition qui a eu pour objet de compléter les dispositions des art. 7 de la loi du 18 mai 1850, et 11 de la loi du 13 mai 1863, ne s'applique, par ses termes mêmes, qu'aux valeurs incorporelles ; — Qu'en ce qui concerne les meubles corporels ayant une situation matérielle à l'étranger, le législateur n'a pas entendu déroger au principe du statut réel en matière d'impôt ; — Attendu qu'à défaut de la loi du 23 août 1871, la Régie invoque vainement la loi du 22 frim. an 7, art. 22, qui, suivant elle, ne ferait aucune distinction entre les biens situés en France et les biens situés à l'étranger, et qui aurait été remise en vigueur, en ce qui concerne les meubles, par l'art. 1er de la loi du 28 févr. 1872 abrogeant la loi du 16 juin 1824 ; — Attendu, en effet, qu'aux termes de l'avis du conseil d'Etat du 15 nov. 1806, approuvé le 12 décembre suivant, il n'y a pas lieu de percevoir un droit proportionnel d'enregistrement sur les actes passés soit en France, soit à l'étranger, en la forme authentique, et contenant obligation ou mutation d'objets mobiliers situés à l'étranger ; — Attendu que cet avis du conseil d'Etat, rendu conformément à la constitution de l'an 8, en interprétation des art. 23 et 42 de la loi du 22 frim. an 7, a un caractère déclaratif ; — Qu'il est inséparable de cette loi, et que les dispositions postérieures qui y ont dérogé ont elles-mêmes disparu, la loi du 22 frim. an 7 ne peut revivre qu'avec l'interprétation officielle et authentique qui lui a été donnée par l'avis précité du conseil d'Etat... ».

1743. C'est en se fondant sur la législation antérieure à la loi du 16 juin 1824, que l'abrogation de cette loi par celle de 1872 a fait revivre, spécialement sur l'avis du conseil d'Etat des 15 nov.-12 déc. 1806, que la cour de cassation a repoussé l'application du droit proportionnel aux actes passés soit en France, soit à l'étranger, en la forme authentique, et translatifs d'objets mobiliers situés à l'étranger. Au contraire, d'après l'interprétation généralement adoptée dans la doctrine, il résulte *implicitement* de l'avis du conseil d'Etat de 1806 que les transmissions d'objets mobiliers ayant leur assiette à l'étranger sont assujetties au droit proportionnel, lorsqu'elles sont constatées par *actes passés en France* (Rép. n° 3238 ; Championnière et Rigaud, *Traité des droits d'enregistrement,* n° 3794 ; Garnier, *Rép. gén. enreg.,* n° 1382 ; *Diction. droits d'enreg.,* v° *Etranger,* nos 69, 103 et suiv. V. aussi Rapport de M. Mathieu Bodet sur la loi du 28 févr. 1872, D. P. 72, D. P. 72. 4. 13, n° 6, et la note sur l'arrêt 5 avr. (et non août) 1887, aff. Messimy, D. P. 88. 1. 65). Et le droit proportionnel est également applicable aux transmissions de l'espèce qui sont constatées par *actes passés à l'étranger,* dès qu'il en est fait usage en France, d'après l'art. 58 de la loi du 28 avr. 1816, qui a soumis tous les actes passés à l'étranger dont il est fait usage en France, aux mêmes droits d'enregistrement que s'ils avaient été passés en France et pour des biens situés en territoire français (V. D. P. 88. 1. 65, note précitée).

2°. — Immeubles.

1744. En ce qui concerne les immeubles, la loi du 28 févr. 1872, avons-nous dit *suprà* n° 1730, a abrogé l'art. 4 de la loi du 16 juin 1824, en confirmant l'exemption du droit proportionnel établie par cette loi pour les actes translatifs, sans distinction entre ceux passés en France et ceux passés à l'étranger, et en substituant au droit fixe de 10 fr. auquel ces actes étaient assujettis, un droit gradué de 1 pour 1000 sur « le prix exprimé en y ajoutant toutes les charges en capital ».

Il a été décidé, en conséquence, que la mention dans un acte d'acceptation de nantissement reçu par un notaire français, d'un acte passé en pays étranger et contenant vente d'immeuble situé à l'étranger, donne lieu à la perception du droit gradué sur le prix de cette vente (Sol. adm. enreg. 11 mai 1872, D. P. 73. 5. 194).

1745. Suivant de nombreux arrêts de la cour de cassation rapportés au *Rép.* n° 3244, et dont la doctrine nous a paru fondée (*Ibid.* n° 3246), lorsqu'une succession comprend des biens situés, *partie en France* et *partie à l'étranger,* on doit procéder, pour la perception des droits d'enregistrement, comme s'il s'ouvrait autant de successions qu'il y a de biens situés en différents pays. En conséquence, si, dans le *partage* de cette succession, la totalité des biens situés en France est attribuée à l'un des héritiers, cette attribution doit être considérée comme faite à titre de cession des parts qu'avaient les autres cohéritiers dans ces biens et le droit de soulte à 4 pour 100 est dû sur la valeur de ces parts, alors même que l'égalité est rétablie par l'attribution aux héritiers auxquels lesdites parts revenaient, des immeubles situés à l'étranger. La question a été soulevée de nouveau récemment. La cour de cassation l'a résolue conformément à sa jurisprudence antérieure (Civ. cass. 28 août 1848, aff. de Feuchères, D. P. 49. 1. 302 ; Req. 23 juill. 1873, aff. Stirbcy, D. P. 74. 1. 260 ; Trib. Avesnes, 1er avr. 1882, aff. Pirmez, D. P. 84. 3. 40, et sur pourvoi, Civ. rej. 11 août 1884, D. P. 85. 1. 169).

1746. Cette jurisprudence est fondée sur le principe que la loi de l'impôt n'a d'action que sur le territoire qu'elle régit et sur ce que l'administration française ne peut étendre ses recherches sur les biens étrangers. Cette considération peut-elle être admise à l'égard des biens situés en Belgique, alors que, d'après une convention passée entre ce pays et la France, l'administration belge et l'administration française échangent les renseignements qui peuvent leur être utiles pour la perception de l'impôt (*Rép.* n° 3245). La question a été soulevée dans l'espèce qui a donné lieu à l'arrêt du 11 août 1884 cité *suprà*, n° 1745. La cour de cassation a décidé qu'il en était des biens situés en Belgique comme de tous autres situés à l'étranger ; que la convention invoquée n'a eu d'autre but que de faciliter les perceptions dans les deux pays ; qu'elle n'a pas eu pour effet d'étendre l'empire des lois fiscales en dehors des limites du territoire national ni de donner à l'administration française sur les biens de Belgique les droits de surveillance et de perception qui lui sont conférés par les lois françaises. En effet, suivant les termes mêmes d'un autre arrêt, les « valeurs étrangères non assujetties à la loi fiscale française » doivent être « considérées comme inexistantes au regard de la Régie » de l'enregistrement (Civ. cass. 21 juin 1875, aff. Basilewski, D. P. 75. 1. 429).

1747. Mais ne doit-on pas admettre que les immeubles étrangers sont assujettis actuellement, comme les biens français, à la loi fiscale française, puisque ceux compris avec des biens situés en France dans un partage sont soumis de même que ces derniers au droit gradué de 1 pour 1000, comme nous l'avons vu *suprà*, n° 1236. Cette question a encore été soulevée dans l'espèce de l'arrêt du 11 août 1884 cité *suprà*, n° 1745. La cour l'a résolue négativement, comme si le droit gradué est perçu dans le cas dont il s'agit, sur tous les biens partagés, sans égard à leur situation, c'est que ce droit a été substitué purement et simplement au droit fixe, sans aucune modification aux conditions d'exigibilité de ce droit ni aux règles de sa perception et sans qu'aucune atteinte ait été portée aux principes qui régissent la perception du droit de mutation (Conf. Garnier, *Rép. gén. enreg.*, n° 1407).

1748. S'il en est ainsi pour les immeubles, n'en doit-il pas être différemment pour les *meubles ?* Il est établi au *Rép.* n° 3247 que, dans le cas où les immeubles français placés dans le lot d'un des copartageants sont compensés par l'attribution, aux autres copartageants, de valeurs mobilières étrangères, l'exigibilité du droit proportionnel de soulte est subordonnée au point de savoir si ces valeurs mobilières sont assujetties au droit proportionnel en France. Il en est

de même aujourd'hui. Et comme toutes les valeurs mobilières, de quelque nature qu'elles soient, sont soumises aux droits de mutation en France (V. *suprà*, n°s 1729 et suiv.), il s'ensuit qu'elles doivent être considérées, pour la perception du droit d'enregistrement sur les partages aussi bien que sur tous autres actes, comme des valeurs françaises (D. P. 75. 1. 429, note). Les rédacteurs du *Dictionnaire des droits d'enregistrement* se prononcent nettement en ce sens et citent à l'appui de cette opinion deux jugements du tribunal de la Seine des 19 mai 1866 et 22 févr. 1873 (v° *Etranger*, n°s 165 et suiv.).

La question se trouve préjugée, dans le sens que nous venons d'indiquer, par deux solutions de l'Administration desquelles il résulte que, lorsque ce sont des *biens situés dans une colonie où l'enregistrement est établi* qui sont partagés concurremment avec des biens français, aucune distinction ne doit être faite entre les biens des deux origines, et le droit de soulte ne peut être exigé sur ce qui excède dans les biens situés en France, la part du cohéritier auquel ils sont attribués (Sol. adm. enreg. 17 avr. 1857 ; 13 avr. 1864) (1).

1749. Il ne peut s'élever de difficultés que pour les *objets mobiliers corporels*, par suite de la décision de l'arrêt du 5 avr. (et non août) 1887 (V. *suprà*, n° 1735), aux termes de laquelle les transmissions à titre onéreux de meubles corporels situés en pays étranger ne sont pas sujettes au droit proportionnel de mutation en France. Si cette doctrine prévalait, elle aurait nécessairement pour conséquence de faire considérer les meubles corporels situés à l'étranger comme des biens étrangers, au même titre que les immeubles. Mais la doctrine de l'arrêt en question ne doit pas être prise pour règle.

1750. Du principe que les valeurs étrangères non assujetties à la loi fiscale française doivent être considérées comme inexistantes au regard de l'Administration pour la perception des droits d'enregistrement, la jurisprudence a tiré cette autre conséquence que le partage d'une succession comprenant des biens situés en France et des biens situés à l'étranger ne peut pas, lors même qu'il est passé avant la déclaration souscrite pour la perception des droits de mutation par décès, servir de base à cette perception comme s'il ne comprenait que des biens français (Civ. cass. 10 févr. 1869, aff. Basilewski, D. P. 69. 1. 357; Ch. réun. cass. 21 juin 1875, même affaire, D. P. 75. 1. 429). Cette question sera plus amplement examinée au paragraphe 2 de l'art. 4 (V. *infrà*, n°s 2239 et suiv.), où il sera traité de la perception des *droits de mutation par décès.*

1751. Si les biens situés à l'étranger sont attribués à la femme dans le partage de la communauté qui a existé entre elle et son mari prédécédé, non pour composer ou compléter sa part de communauté, mais pour la remplir de ses reprises par voie de prélèvement, cette attribution ne peut être considérée comme une soulte passible du droit proportionnel (Civ. rej. 15 déc. 1858, aff. Niay, D. P. 59. 1. 16), attendu, porte cet arrêt, « qu'un pareil prélèvement, à quelque titre qu'il s'exerce, est un acte préparatoire de partage et ne doit pas être confondu avec le partage auquel il reste étranger; qu'il ne peut, dès lors, avoir aucune influence sur les droits auxquels le partage peut donner ouverture ». — C'est la doctrine même qui a été consacrée définitivement, en thèse générale, par l'arrêt d'Houdemare (Civ. cass. 13 déc. 1864, D. P. 65. 1. 17. V. *suprà*, n° 1276).

---

(1) Aux termes d'un acte passé devant Me Pascal, notaire à Marseille, le 28 juin 1862, il a été procédé au partage en deux lots des biens dépendant de la succession X... L'un des lots se compose uniquement de biens situés en France, et l'autre de biens sis en Algérie, sans soulte ni retour. — Cet acte n'a été soumis qu'à un droit fixe de 5 fr., lors de l'enregistrement. Mais un vérificateur a proposé de réclamer un droit proportionnel de soulte. — La perception du receveur a été maintenue par une solution de la Régie du 13 avr. 1864, ainsi conçue : « ... L'Algérie, de même que toutes les colonies, est une dépendance de la France. La souveraineté y appartient à la métropole et s'y est exercée en son nom, sous tous les rapports, politique, législatif, administratif et judiciaire (Ord. 22 juill. 1834 et 15 avr. 1845 ; Arrêté 9 déc. 1848). Comme conséquence de cette organisation, les recettes et dépenses de l'Algérie font partie des recettes et dépenses de l'Etat et sont soumises aux règles de la comptabilité générale de l'empire

(Ord. 17 janv. 1845); — Il suit de là qu'il n'est pas exact de dire que les biens situés en Algérie sont placés hors de l'empire des lois de la métropole. — D'autre part, l'enregistrement est établi en Algérie, aux termes d'une ordonnance du 19 oct. 1841 ; d'où il suit qu'il n'est pas plus exact de prétendre que les biens situés en Algérie ne subissent pas la perception de l'impôt de l'enregistrement. — Au surplus, si l'opinion du vérificateur était admise, il en résulterait qu'en France, on devrait écarter du partage les biens situés en Algérie, et percevoir un autre droit de soulte. En d'autres termes, on percevrait deux droits de soulte, sur un partage qui n'en renferme aucune stipulation de l'espèce. Ce résultat exorbitant est une condamnation formelle de l'opinion émise. — Dès lors, la proposition du vérificateur n'est susceptible d'aucune suite. »

Du 13 avr. 1864.-Sol. adm. enreg.

C. — Biens situés dans les colonies

1752. Les règles de la perception sont différentes selon qu'il s'agit des colonies où l'enregistrement est établi ou de celles dans lesquelles cet impôt n'a pas été établi.

1°. — Colonies dans lesquelles l'enregistrement est établi.

1753. Ainsi que nous l'avons vu *suprà*, n°s 48 et suiv. dans l'exposé de la législation, l'enregistrement est établi actuellement dans presque toutes les colonies : deux seulement, celles de Saint-Pierre et Miquelon, n'ont pas encore été soumises à cet impôt.

La législation fiscale en vigueur dans les colonies se compose d'ordonnances ou de décrets du pouvoir exécutif de la métropole, de délibérations du conseil général de la colonie et d'arrêtés de son gouverneur (V. *Rép.* n° 3257, et v° *Organisation des colonies*, n°s 410, 457, 544, 602, 689 et suiv. ; *in;rà*, eod. v°).

1754. Les principes relatifs à la promulgation en *Algérie* des lois de la métropole sont exposés au *Rép.* v° *Organisation de l'Algérie*, n°s 809 et suiv. On consultera aussi avec fruit, sur ce point, un savant réquisitoire de M. l'avocat général Bédarrides dans une affaire Lesage (Crim. cass. 5 janv. 1871, D. P. 71. 1. 65).

Relativement au mode de promulgation des lois fiscales dans les autres colonies, il a été jugé que les lois sur l'enregistrement, spécialement celles des 22 frim. an 7 et 23 août 1871, sont exécutoires en Nouvelle-Calédonie, comme s'y trouvant promulguées du moment où des arrêtés du gouverneur, insérés au *Journal officiel colonial*, ont institué le service de l'enregistrement pour la colonie et déclaré que l'impôt serait perçu d'après les tarifs et le mode de procéder usités dans la métropole; qu'il en est ainsi, alors même que les lois et tarifs auxquels ces arrêtés se réfèrent n'ont pas été insérés en leur texte audit *Journal officiel colonial*, l'utilité d'une insertion textuelle, pour des dispositions légales depuis longtemps publiées en France, étant soumise à l'appréciation de l'autorité chargée, dans les colonies, de la promulgation des lois (Civ. cass. 20 juin 1888, aff. Audrain, D. P. 88. 1. 313. V. *ibid.* la note où sont rappelés les différents textes auxquels la question se rapporte).

1755. Les colonies françaises où l'enregistrement est établi « font partie intégrante de l'empire français » (Civ. rej. 12 août 1857, aff. Domergue, D. P. 57. 1. 340) ; elles « sont assimilées à la France » (Civ. cass. 14 déc. 1870, aff. Denis, D. P. 71. 1. 86); elles doivent être considérées comme faisant partie intégrante du sol national (Sol. adm. enreg. 19 juin 1875, D. P. 77. 3. 7). La jurisprudence a eu souvent l'occasion d'appliquer ce principe au sujet de transmissions entre vifs à titre gratuit et de mutation par décès, comme nous l'établirons bientôt, lorsque nous étudierons ces transmissions aux deux articles suivants (V. *infrà*, n°s 1984 et suiv., 2161 et suiv.). — On en a vu une autre application au sujet de la perception des droits d'enregistrement sur le partage de succession comprenant à la fois des biens situés sur le territoire français et des biens situés dans une colonie où l'enregistrement est établi (V. *suprà*, n° 1748). Il a été décidé que, par suite de l'assimilation des colonies de l'espèce à la métropole, aucune distinction ne peut être admise pour la perception de l'impôt entre les deux natures de biens (V. *suprà*, n° 1295).

1756. Les tarifs édictés pour les colonies, sont moins élevés que ceux en vigueur dans la métropole; de là, des difficultés sur lesquelles il a été statué par une instruction n° 1703 de l'administration de l'enregistrement du 29 janv. 1844, rapportée au *Rép.* n° 3259. Cette instruction a tracé les règles à suivre pour l'enregistrement des actes passés en France et translatifs de biens situés dans les colonies où l'enregistrement est établi, des actes passés dans ces colonies et portant transmission d'immeubles sis en France ou dont il est fait usage dans la métropole.

Il est à remarquer que les nombreuses lois sur l'enregistrement survenues à la suite des événements de 1870-1871 ne renferment aucune disposition visant les colonies dans lesquelles l'enregistrement est établi. Il s'ensuit que les règles de perception établies sous la législation antérieure, sont toujours applicables.

1757. Ainsi, les *actes passés en France et translatifs de biens situés dans les colonies où l'enregistrement est établi*, ne donnent lieu en France qu'au droit fixe établi pour les actes innommés. Cela a été reconnu par l'administration de l'enregistrement au sujet ... d'une antichrèse de biens situés en Cochinchine, consentie pour sûreté d'une dette contractée dans cette colonie (Sol. adm. enreg. 15 avr. 1873, *Diction. droits d'enreg.*, v° *Etranger*, n° 389);... d'un bail d'immeubles (Sol. adm. enreg. 1er déc. 1873, *ibid.*);... d'une transmission de biens meubles (Sol. adm. enreg. 1er déc. 1873, *ibid.*, n° 390). — Mais le droit proportionnel serait dû, si la convention était susceptible d'être exécutée en France. Il en a été décidé ainsi pour une obligation de sommes contractées par un Français au profit d'une société française, bien qu'elle fût rattachée à des opérations à faire dans une colonie (Sol. adm. enreg. 1er déc. 1873, *ibid.*, n° 392).

1758. Relativement aux *actes passés dans les colonies et dont il est fait usage en France*, il est de règle aujourd'hui comme à l'époque de la publication du *Répertoire* (n° 3259-5°), que ceux de ces actes qui sont translatifs de biens meubles ou immeubles situés dans les colonies ne sont sujets, en France, qu'au droit fixe de 3 fr. établi pour les actes innommés (Sol. adm. enreg... nov. 1875, .. janv. 1876, .. févr. 1877, *Diction. droits d'enreg.*, v° *Etranger*, n° 400). Toutefois, l'administration de l'enregistrement n'a pas persisté entièrement dans cette voie. Elle soutient que l'abrogation de la loi de 1824 par celle du 28 févr. 1872 a remplacé les actes passés dans les colonies, sans distinction entre celles où l'enregistrement est établi et celles où il ne l'est pas, et qui ont pour objet des biens *meubles* situés dans la colonie, sous l'application de l'art. 58 de la loi du 28 avr. 1816; que, par suite, ces actes sont soumis, dès qu'il en est fait usage en France, aux mêmes droits que s'ils avaient été passés en France et pour des biens situés sur territoire français, sauf imputation, s'il y a lieu, du droit perçu lors de l'enregistrement dans la colonie (V. *Journ. enreg.*, art. 22500). — A l'égard des actes transtatifs d'*immeubles* situés dans les colonies où l'enregistrement est établi, l'Administration reconnaît qu'ils sont restés en dehors des prévisions de la loi de 1872, qu'ils ne sont donc point passibles du droit gradué, qu'il n'est pas possible, non plus, de leur appliquer le droit proportionnel, et que, n'étant pas spécialement tarifés, ils rentrent dans la catégorie des actes innommés et ne donnent lieu, à ce titre, qu'au droit fixe de 3 fr. (*Ibid.*).

1759. L'enregistrement des actes passés dans les colonies a lieu moyennant le droit déterminé par le tarif spécial à la colonie. Ainsi, la loi du 24 juin 1874 (D. P. 75. 4. 1), portant prorogation du privilège des banques coloniales, dispose, dans son art. 11, que « tous actes ayant pour objet de constituer des nantissements par voie d'engagement, de cession de récoltes, de transport ou autrement, au profit des banques coloniales, et d'établir leurs droits comme créanciers, sont enregistrés au droit fixe ». Cette disposition de loi, empruntée à la législation métropolitaine concernant les sous-comptoirs de garantie et le sous-comptoir des entrepreneurs de bâtiments (V. *suprà*, n°s 726 et suiv.), a été reproduite textuellement dans l'art. 24 des statuts de la Banque de l'Indo-Chine approuvés par décret du 21 janv. 1875 (D. P. 75. 4. 92). Il a été jugé, par interprétation de ce texte, que l'exemption du droit proportionnel qu'il a établie est applicable à l'acte dont les dispositions assurent à la Banque coloniale au profit de laquelle il est souscrit, outre la garantie exigée par ses statuts de la signature de deux négociants notoirement solvables, celle additionnelle et supplémentaire de la cession-transport de marchés passés par l'emprunteur avec l'administration coloniale (Civ. cass. 10 mars 1886, aff. Banque de l'Indo-Chine, D. P. 86. 1. 270. — *Contrà* : Trib. Saïgon, 23 mai 1883, même affaire, *ibid.*, cassé par l'arrêt précité du 10 mars 1886).

2°. — Colonies dans lesquelles l'enregistrement n'est pas établi.

1760. Sous l'empire de la loi du 16 juin 1824 (art. 4) et d'après l'interprétation donnée à cette loi par la jurisprudence (*Rép.* n° 3237), les actes translatifs de biens meubles ou immeubles situés dans les colonies où l'enregistrement n'est pas établi n'étaient, comme ceux translatifs de biens situés à l'étranger, passibles que du droit fixe de 10 fr. — Sous la législation actuelle, il y a lieu de distinguer entre les biens *meubles* et les biens *immeubles*, pour la perception des droits d'enregistrement.

1761. En ce qui concerne les *immeubles*, les colonies où l'enregistrement n'est pas établi sont assimilées aux pays étrangers par l'art. 1er-2° de la loi du 28 févr. 1872, qui soumet uniformément au droit gradué de 1 fr. pour 1000 « les actes translatifs de propriété, d'usufruit ou de jouissance de biens immeubles situés en pays étranger ou dans les colonies françaises dans lesquelles le droit d'enregistrement n'est pas établi ». Il y a donc lieu d'appliquer aux actes translatifs d'immeubles situé dans une colonie où l'enregistrement n'est pas établi, les règles de perception établies pour les actes translatifs d'immeubles situés à l'étranger (V. *supra*, n° 1743).

1762. Quant aux *meubles*, les lois nouvelles ne renferment aucun texte se rapportant aux colonies où l'enregistrement n'est pas établi. Les art. 3 et 4 de la loi du 23 août 1871 n'ont statué que pour les valeurs mobilières étrangères. Sous la législation antérieure, les actes se rapportant à des meubles situés dans une colonie où l'enregistrement n'est pas établi étaient exemptés du droit proportionnel, comme ceux concernant des meubles situés à l'étranger, par suite de la jurisprudence qui étendait aux meubles l'application de l'art. 4 de la loi du 16 juin 1824 (*Rép.* n° 3237). Cette jurisprudence tombe d'elle-même aujourd'hui, par suite de l'abrogation de la loi de 1824 par la loi de 1872. Il en résulte que les actes translatifs de meubles situés dans les colonies où l'enregistrement n'est pas établi doivent être traités comme les meubles situés à l'étranger. L'abrogation de la loi de 1824 a fait revivre l'art. 58 de la loi du 28 avr. 1816 suivant lequel il ne pourra être fait usage en justice d'aucun acte passé en pays étranger ou *dans les colonies*, qu'il n'ait acquitté les mêmes droits que s'il avait été souscrit en France et pour des biens situés sur le territoire français (V. en ce sens : Sol. adm. enreg. 17 oct. 1885, *Journ. enreg.*, art. 22501. V. en ce sens : Civ. cass. 31 janv. 1876, aff. Whettnall, D. P. 76. 1. 209, et *supra*, n° 1733).

D. — Biens situés en Corse.

1763. La perception des droits d'enregistrement se fait en Corse d'après un règlement particulier en date du 21 prair. an 9 (*Rép.* n° 3261). La question s'est élevée de savoir si ce règlement, qui paraissait n'avoir établi qu'un régime transitoire, ne devait pas être considéré comme n'étant plus applicable. Il a été jugé que les règlements et arrêtés pris par le conseiller d'Etat administrateur général de la Corse en vertu des pleins pouvoirs à lui conférés par la loi du 22 frim. an 9 ont force de loi et restent en vigueur en Corse jusqu'à ce qu'ils soient abrogés formellement; qu'ainsi l'art. 19 de la loi du 30 mai 1851 qui exige, à peine de nullité, l'enregistrement des procès-verbaux en matière de police de roulage n'a pas abrogé les dispositions du règlement du 1er flor. an 9, et de l'arrêté du 21 prair. an 9, qui, en Corse, exemptent du timbre et de l'enregistrement les actes de la compétence des tribunaux de police; que, par suite, n'est pas nul faute d'enregistrement un procès-verbal de gendarmerie dressé en Corse pour constater une contravention à la police du roulage et produit devant un tribunal de simple police (Crim. cass. 23 janv. 1875, aff. Costa, D. P. 76. 1. 334. V. Rapport de M. le conseiller Dupré-Lasale, *ibid.* V. *supra*, n° 41).

N° 3. — *Acquisitions faites dans un intérêt public; Acquisitions et échanges par l'Etat, les départements, les communes et les établissements publics; Canaux; Chemins vicinaux; Domaines nationaux et biens de l'Etat; Domaines engagés; Emigrés; Expropriation pour cause d'utilité publique; Marais (dessèchement); Place publique (réédification)* (*Rép.* n°s 3262 à 3350).

1764. En vue d'aider, dans la sphère de son action, à tout ce qui se fait dans un intérêt général, la loi fiscale a établi, dans son tarif, des exceptions de faveur, pour les conventions empreintes, à un degré quelconque, du caractère d'utilité publique. Tantôt elle abaisse la quotité

du droit proportionnel applicable à la convention, comme elle l'a fait pour les marchés dont le prix est à la charge du Trésor public (V. *supra*, n°s 974 et suiv.); tantôt elle transforme le droit proportionnel en un simple droit fixe, ainsi que nous l'avons vu pour les ventes de navires (V. *supra*, n°s 428 et suiv.); tantôt enfin elle affranchit complètement la convention de tout droit comme on le verra dans le chap. 5 où il est traité des *exemptions* (*Rép.* n° 3262).

1765. L'exemption dont il s'agit ne s'applique qu'aux *droits* d'enregistrement. Les actes auxquels cette exemption est applicable restent assujettis à la double *formalité* du timbre et de l'enregistrement. Le mode suivant lequel cette formalité doit être remplie a été déterminé par une instruction de l'administration de l'enregistrement du 27 avr. 1875 (n° 2508, § 4, D. P. 75. 5. 189).

A. — Acquisitions et échanges par l'Etat, les départements, les communes et les établissements publics (*Rép.* n°s 3264 à 3270).

1°. — Acquisitions et échanges par l'Etat (*Rép.* n°s 3264 à 3269).

1766. Les actes tendant à assurer le recouvrement de l'impôt présentant, au premier chef, le caractère d'utilité générale, il est conforme à l'esprit de la législation fiscale que l'exemption leur soit appliquée. Il en est ainsi pour la reconnaissance souscrite, avec affectation hypothécaire, au profit du Trésor, par un contribuable au sujet d'un impôt. Une semblable reconnaissance tombe directement sous l'application de l'exemption concernant les acquisitions faites au nom de l'Etat, le mot « acquisition » comprenant aussi bien les cas dans lesquels l'Etat acquiert une créance que ceux dans lesquels il devient propriétaire de meubles corporels ou incorporels. Décidé, en conséquence, que l'exemption est applicable... aux obligations souscrites par des fabricants de sucre de betterave pour le payement de l'impôt (Délib. adm. enreg. 14 avr. 1848 et Décis. min. fin. 26 avr. 1848, D. P. 85. 3. 118);... aux actes constatant prorogation de délai ou affectation hypothécaire pour garantie de ces obligations (Mêmes décisions);... et généralement à tout acte par lequel un contribuable se reconnaît débiteur d'un impôt envers le Trésor et souscrit une affectation hypothécaire pour en assurer le payement (Décis. min. fin. 24 déc. 1883, D. P. 85. 3. 118. V. *Rép.* n° 3268).

1767. Mais l'exemption ne s'applique pas à l'acquisition par une compagnie concessionnaire de *chemins de fer* de terrains destinés à être incorporés à la voie ferrée, alors que cette acquisition n'a pas été précédée d'une déclaration d'utilité publique (Trib. Figeac, 31 déc. 1887, *Journ. enreg.*, art. 23436).

1768. En ce qui concerne les *échanges*, l'exemption est applicable aux actes préparatoires de l'échange, tels que l'ordonnance du président nommant un expert, le procès-verbal de prestation de serment des experts, le procès-verbal d'expertise, et le plan des immeubles, ainsi qu'aux actes relatifs à la purge des hypothèques légales (Sol. adm. enreg. 31 juill. 1880, D. P. 81. 3. 88).

1769. L'exemption s'applique aux droits de timbre, d'enregistrement et de transcription. Des décisions administratives l'avaient même étendue aux *salaires* des conservateurs des hypothèques. Mais cette exception n'a pas été maintenue. Les conservateurs sont autorisés à percevoir tous les salaires qui peuvent leur être dus à raison des formalités hypothécaires concernant les acquisitions faites pour le compte de l'Etat, soit par voie d'expropriation, soit à tout autre titre (Décis. min. fin. 14 mars 1879; Instr. adm. enreg. 22 mars 1879, n° 2615).

2°. — Acquisitions et échanges par les départements, les communes et les établissements publics (*Rép.* n°s 3270 à 3279).

1770. Les acquisitions faites par les départements, les communes et les établissements publics, ont été d'abord et dans une certaine mesure l'objet d'une exception de faveur. La législation a subi, en ce point, des phases diverses pour s'arrêter, en définitive, à un état de choses où ces acquisitions ne jouissent plus de la faveur qui leur a été momentanément accordée. En principe, aujourd'hui, les départements, les communes et les établissements publics sont assimilés aux particuliers pour l'exécution des lois sur le timbre et l'enregistrement (*Rép.* n°ˢ 3270 et suiv.; Instr. adm. enreg. 15 janv. 1868, n° 2361, § 2). — Il en est ainsi, lors même que l'acquisition est faite dans un but d'utilité publique : l'exemption des droits de timbre et d'enregistrement établie par l'art. 58 de la loi du 3 mai 1841 pour les actes faits en vertu de cette loi ne leur est applicable qu'autant que l'utilité publique a été déclarée dans les formes prescrites (V. *Rép.* n° 3277. V. *infrà*, n° 1786).

Ainsi, il a été jugé que le droit proportionnel est applicable à l'acquisition, par une ville, d'un terrain désigné pour établir un abattoir, faite sous la condition, ultérieurement réalisée, de l'approbation du Gouvernement, une telle approbation constituant un simple acte de tutelle administrative qui n'emporte point constatation d'utilité publique dans le sens de l'art. 2 de la loi de 1841 (Civ. cass. 30 janv. 1854, aff. Commune de la Villette, D. P. 54. 1. 75). — Il en est ainsi, encore qu'une délibération du conseil municipal ait déclaré l'utilité publique des travaux projetés, qu'un plan parcellaire du terrain à acquérir ait été dressé conformément à la loi du 3 mai 1841, que les formalités de publication pour arriver à la purge des hypothèques en matière d'expropriation pour cause d'utilité publique aient été remplies, qu'enfin l'ordonnance d'approbation ne soit intervenue qu'après l'accomplissement de tous ces actes, le caractère purement volontaire des acquisitions ne pouvant pas en être altéré (Même arrêt),

Ne jouit pas non plus de l'exemption de droits l'achat fait par une commune, pour l'établissement d'un institut religieux et charitable, de bâtiments destinés à remplacer ceux dont cette commune a été précédemment expropriée,... sauf à la commune à faire comprendre dans l'indemnité à elle due le droit d'enregistrement nécessaire pour cet achat (Civ. rej. 8 févr. 1853, aff. Ville de Paris, D. P. 53. 1. 28).

1771. Les actes de transmission de la propriété ou de la jouissance des biens des *hospices* et les marchés de toute nature faits par les commissions administratives chargées, sous la présidence des maires et sous la tutelle de l'administration supérieure, de la gestion de ces établissements, sont soumis au timbre et à l'enregistrement (Civ. cass. 28 janv. 1868, aff. Petin, D. P. 68. 1. 100). Il en est ainsi, spécialement, de l'acte, approuvé par le préfet, par lequel les administrateurs d'un hospice ont concédé à un particulier le droit exclusif d'extraire de la mine dans toute l'étendue d'un domaine dépendant dudit hospice. En conséquence, cet acte est passible du droit proportionnel de vente mobilière à 2 pour 100 (Même arrêt). Et l'on ne peut invoquer, pour l'y soustraire, le bénéfice de l'enregistrement provisoire au droit fixe accordé limitativement par l'art. 22 de la loi du 11 juin 1859 aux actes faits ou passés sous signatures privées (Même arrêt).

Décidé, de même, que l'art. 22 de la loi du 11 juin 1859 n'est pas applicable au traité ou marché fait par une *commune* avec un entrepreneur de travaux, sous la forme d'un acte administratif, et que ce marché est sujet au droit proportionnel sur l'évaluation à faire par les parties, à défaut de valeur exprimée dans l'acte, des divers travaux et fournitures constituant autant d'obligations distinctes pour lesquelles des prix correspondants ont été fixés (Civ. rej. 19 nov. 1867, aff. Compagnie du marché du Temple, D. P. 67. 1. 451).

1772. Les droits proportionnels d'enregistrement et de transcription auxquels sont assujetties les acquisitions faites par les départements, les communes et les établissements publics, ainsi que les donations et legs à leur profit, sont perçus indépendamment de la taxe annuelle « représentative des droits de transmission entre vifs et par décès » établie « sur les biens immeubles passibles de la contribution foncière » leur appartenant (L. 20 févr. 1849, relative à l'application de l'impôt des mutations aux biens de mainmorte, art. 1ᵉʳ, D. P. 49. 4. 46, V. *Rép.* n° 3664). Cette taxe, fixée par la loi de 1849 « à raison de 62 cent. 1/2 par franc du principal de la contribution foncière », a été portée au taux de 70 cent. et, de plus, soumise aux décimes auxquels sont assujettis les droits d'enregistrement » (L. 30 mars 1872, art. 5, D. P. 72. 4. 83).

1773. Relativement à la question de savoir si la déclaration, par un membre d'une communauté religieuse, qu'un

immeuble, précédemment acquis par lui en son nom personnel, l'a été des deniers de la communauté et pour elle, donne lieu au droit proportionnel, V. *infrà*, n°ˢ 1995 et suiv.

B. — Canaux (*Rép.* n°ˢ 3280 et 3281).

1774. Les concessions de canaux donnent lieu à une déclaration d'utilité publique des travaux, par suite de laquelle l'exemption des droits de timbre et d'enregistrement que l'art. 58 de la loi du 3 mai 1841 sur l'expropriation pour utilité publique a établie au profit de tous les actes faits en vertu de ses dispositions, est applicable aux actes d'acquisitions des terrains destinés à l'emplacement du canal (*Rép.* n° 3280). Mais cette exemption est rigoureusement limitée à ces actes. Par suite, lorsque le concessionnaire cède ces droits à un tiers, le traité auquel cette transmission donne lieu est sujet au droit proportionnel. On a rapporté plus haut les décisions intervenues relativement à l'exigibilité et à la quotité de ce droit (V. *suprà*, n°ˢ 1077 et suiv.).

C. — Chemins vicinaux (*Rép.* n°ˢ 3282 à 3287).

1775. L'art. 20 de la loi du 21 mai 1836 assujettissait au droit fixe de 1 fr. « les plans, procès-verbaux, certificats, significations, jugements, contrats, marchés, adjudications de travaux, quittances et autres actes ayant pour objet exclusif la construction, l'entretien et la réparation des chemins vicinaux » (*Rép.* n° 3282). Ce tarif a été maintenu par la loi du 18 mai 1850 (D. P. 50. 4. 87) qui a élevé, par son art. 8, le minimum du droit fixe pour les actes civils et administratifs. Cette loi dispose, en effet, qu'elle n'a pas dérogé aux dispositions de la loi du 21 mai 1836 concernant les chemins vicinaux (*Rép.* v° *Voirie par terre*, n° 481; D. P. 73. 3. 78, note 2; Décis. min. fin. 24 mai 1852 et Instr. adm. enreg. 22 juill. 1852, n° 1929, § 1ᵉʳ, *ibid.*). — Mais l'augmentation de moitié, que la loi du 28 févr. 1872 (art. 4) a établie pour les droits fixes d'enregistrement des actes civils, administratifs et judiciaires, s'applique au droit fixe de 1 fr., auquel sont assujettis les actes concernant les chemins vicinaux (Décis. min. fin. 8 juin 1872, D. P. 73. 3. 78).

1776. Il a été jugé que ce tarif réduit ne s'applique qu'aux marchés de travaux ayant pour objet exclusif la construction, l'entretien et la réparation des chemins vicinaux : ainsi, bien que les aqueducs qu'une commune fait établir sous plusieurs de ses rues puissent concourir, dans une certaine mesure, à l'entretien de ces voies publiques par un plus rapide assèchement du sol, il n'en est pas moins constant que ces ouvrages ont principalement pour but l'assainissement et la propreté des rues de la ville, et ils ne peuvent participer que de la faveur du droit fixe (Trib. Lille, 20 mars 1886, *Journ. enreg.*, art. 22641. Conf. Trib. Havre, 14 déc. 1888, *Journ. enreg.*, art. 23292). — Mais, d'après la loi du 8 juin 1864 (art. 1ᵉʳ), toute rue qui est reconnue, dans les formes légales, être le prolongement d'un chemin vicinal, en fait partie intégrante et est soumise aux mêmes lois et règlements. Cette disposition a pour conséquence d'étendre le bénéfice de l'enregistrement au droit fixe de 1 fr. (aujourd'hui 1 fr. 50 cent.) aux actes se rapportant à la construction, à la réparation et à l'entretien des traverses vicinales (Circ. min. int. 14 juin 1864, D. P. 64. 3. 96. Conf. Sol. adm. enreg. 20 mars 1881, 27 juin 1881, 14 sept. 1883, 29 nov. 1887, 12 mars 1888, 15 juin. 1888, 20 août 1888, D. P. 89. 5. 212).

1777. L'exemption du droit proportionnel résultant de l'art. 20 de la loi du 21 mai 1836 ne s'applique pas... aux actes faits dans les *instances* relatives aux questions de propriété ou d'indemnité résultant, par exemple, de privation de jours, de sorties, par suite de travaux, ou de toute diminution de valeur (*Rép.* v° *Voirie par terre*, n° 481);... ni à la cession de *terrains retranchés* de la vicinalité (*Ibid.* n° 607);... ni aux marchés relatifs à la construction de *chemins de fer d'intérêt local* (L. 12 juill. 1865), et qui doivent faire l'objet d'une exploitation intéressée. La totalité du prix à payer aux entrepreneurs doit être soumise au droit de 1 pour 100, sans déduction de la portion qui serait payée au moyen de la somme accordée à titre de subvention par l'Etat, car cette somme, qui doit être remboursée sur les produits du chemin, forme en réalité un prêt (Sol. adm. enreg. 13 sept. 1867, Garnier, *Rép. pér. enreg.*, art. 2567).

1778. La loi du 20 août 1881 (D. P. 82. 4. 1), relative au code rural (chemins ruraux), a étendu aux *chemins ruraux* la disposition de la loi de 1836 concernant les chemins vicinaux. L'art. 18 de la loi de 1881 est ainsi conçu : « Les plans, procès-verbaux, certificats, significations, jugements, contrats, marchés, adjudications de travaux, quittances et autres actes ayant pour objet exclusif la construction, l'entretien et la réparation des chemins ruraux, seront enregistrés moyennant le droit de 1 fr. 50. » — L'administration de l'enregistrement a décidé que l'application du droit fixe de 1 fr. 50 cent. auquel l'art. 18 de la loi du 20 août 1881, relative au code rural (D. P, 82. 4. 1) soumet seulement tous les actes ayant pour objet exclusif la construction, l'entretien et la réparation des chemins ruraux, est subordonnée à la justification du caractère de ces chemins; pour les chemins reconnus, cette justification résulte suffisamment de la mention, dans l'acte, de l'arrêté de reconnaissance émané de l'autorité administrative; pour les chemins non reconnus, elle peut être établie soit par un certificat du maire visé par le préfet et joint à l'acte soumis à la formalité, soit par tout autre document contenant la preuve des faits constitutifs de la nature de la voie (Instr. adm. enreg. 29 oct. 1881, n° 2656, § 10, D. P. 83. 5. 237).

D. — **Domaines nationaux et biens de l'Etat** (*Rép.* n°s 3288 à 3296).

1779. Les ventes de biens de l'Etat ne sont assujetties qu'à un droit de 2 pour 100 (*Rép.* n°s 3288 et suiv.). — Mais une ville à laquelle des terrains ont été cédés par l'Etat, même avec l'obligation de les vendre, et d'en appliquer le prix à des travaux d'utilité générale et locale en devient propriétaire; lors donc qu'elle cède ses terrains à un tiers, elle agit comme propriétaire, et non comme mandataire de l'Etat; par suite, le droit à percevoir doit être de 5 fr. 50 pour 100 comme en matière de vente de biens communaux, et non de 2 pour 100 comme en matière de vente de biens domaniaux (Trib. Marseille, 12 juill. 1859, aff. Mirès, D. P. 59. 3. 63). — Jugé, de même, que le traité par lequel l'Etat cède à une ville des terrains domaniaux, à la charge de les revendre et d'en employer le prix à la construction d'établissements à la place de l'Etat, peut, malgré cette clause, être considéré comme ayant investi la ville de la propriété des terrains cédés, lorsque cette translation de propriété résulte clairement des termes du traité, de la loi qui l'a sanctionné, de la délibération du conseil municipal qui lui a servi de base et des actes d'exécution qui l'ont suivi. On objecterait vainement que la ville ne saurait être, en ce cas, que mandataire de l'Etat à charge de revendre et de faire emploi du prix d'acquisition dans l'intérêt de son mandant. En conséquence, la revente faite par la ville est passible du droit ordinaire de vente immobilière à 5 fr. 50 cent. pour 100, et non du droit de 2 pour 100 applicable à la vente des biens appartenant à l'Etat (Civ. rej. 14 août 1861, aff. Mirès, D. P. 61. 1. 307).

E. — **Expropriation pour cause d'utilité publique** (*Rép.* n°s 3305 à 3346).

1°. — *Législation ; Nature et étendue de l'exemption.*

1780. L'exemption du droit d'enregistrement, établie en faveur des actes faits en vertu de la loi du 3 mai 1841 sur l'expropriation pour cause d'utilité publique, par l'art. 58 de cette loi (*Rép.* n°s 3305 et suiv.) a été étendue aux actes visés par le décret des 26 mars-6 avr. 1852 relatif aux rues de Paris (D. P. 52. 4. 102). L'art. 2, § 5, de ce décret est ainsi conçu : « L'art. 58 de la loi du 3 mai 1841 est applicable à tous les actes et contrats relatifs aux terrains acquis pour la voie publique par simple mesure de voirie ». L'art. 9 du même décret ajoute : « Les dispositions du présent décret pourront être appliquées à toutes les villes qui en feront la demande par des décrets spéciaux rendus dans la forme des règlements d'administration publique ».

L'exécution du décret du 26 mars 1852 a été réglée par deux décrets portant règlements d'administration publique, l'un du 27 déc. 1858 (D. P. 59. 4. 2), l'autre du 14 juin 1876 (D. P. 76. 4. 113).

1781. L'exemption ne dispense pas les actes auxquels elle est applicable de la *formalité*, mais cette formalité leur est donnée *gratis* (V. *suprà*, n° 1765). Les actes sont affranchis de tout droit de timbre d'enregistrement, d'hypothèque, lors de la transcription des contrats au bureau des hypothèques (*Rép.* n° 3307). — Mais l'exemption ne s'étend pas aux *salaires* dus au conservateur des hypothèques. Une exception avait été faite pour les expropriations poursuivies à la requête de l'*Etat*. Il était interdit aux conservateurs de les percevoir dans ce cas, les formalités qu'ils remplissaient pour le compte de l'Etat étant considérées comme une charge de leur emploi (*Rép.* n° 3308). Cette interdiction a été levée. Une décision ministérielle motivée sur ce que « par suite de l'extension donnée aux travaux publics, le nombre des formalités à accomplir gratuitement s'est accru au point de constituer une charge très onéreuse pour les conservateurs », les a autorisés « à percevoir désormais, au taux déterminé par les tarifs en vigueur, les salaires des formalités concernant les acquisitions faites pour le compte de l'Etat, soit par voie d'expropriation, soit à tout autre titre » (Décis. min. fin. 14 mars 1879 ; Instr. adm. enreg. 22 mars 1879, n° 2615).

1782. L'art. 58 de la loi du 3 mai 1841, étant conçu en termes généraux et absolus, s'applique à tous les droits quelconques perçus par l'administration de l'enregistrement, lors de la présentation des actes à la formalité. Décidé, en conséquence, que l'exemption s'étend aux *droits de greffe* (Décis. min. fin. 31 mars 1853, et Sol. adm. enreg. 14 mai 1856, *Diction. droits d'enreg.*, v° *Expropriation*, n° 125).

1783. En matière d'expropriation, les *recours au conseil d'Etat* pour excès de pouvoirs sont dispensés des droits de timbre et d'enregistrement (Cons. d'Et. 26 déc. 1873, aff. Garret, D. P. 75. 3. 4 ; 22 nov. 1878, aff. De l'Hôpital, D. P. 79. 3. 38).

1784. L'exemption s'applique aux *mémoires* présentés par des *officiers ministériels* à fin de payement des frais avancés par eux dans des instances en expropriation poursuivies par l'Etat (Circ. dir. gén. compt. publ. 20 janv. 1877, D. P. 77. 5. 432).

2°. — *Contrats auxquels l'exemption est applicable.*

1785. Afin de déterminer la portée de l'exemption, le *Répertoire* a envisagé les actes auxquels elle est applicable dans leur *date*, dans leur *forme*, dans leur *nature* et dans leur *objet* (*Rép.* n° 3306).

— **Date du contrat ; Restitution des droits.**

1786. En thèse générale, l'exemption n'est applicable qu'aux contrats d'acquisition passés *postérieurement* à l'arrêté du préfet qui, en exécution des art. 2 et 11 de la loi du 3 mai 1841, désigne spécialement les propriétés expropriées (*Rép.* n° 3309). — V. *suprà*, n° 1770 et suiv.; la jurisprudence qui s'est établie au sujet des acquisitions faites par les départements, les communes et les établissements publics dans un but d'utilité publique, mais sans déclaration préalable de cette utilité dans les formes prescrites.

1787. La déclaration d'utilité publique ne produit effet que pour les travaux qu'elle autorise expressément ou tout au moins implicitement, et pour les terrains nécessaires à l'exécution de ces travaux. Elle peut s'appliquer à des travaux qu'elle ne désigne pas explicitement, lorsqu'ils sont une conséquence *immédiate* du travail qu'elle autorise. Mais elle ne saurait s'étendre à des ouvrages qui ne sont pas un accessoire et une suite immédiate de ce travail. — L'effet de l'acte déclaratif de l'utilité publique se trouve épuisé par le jugement qui prononce l'expropriation des parcelles indiquées dans l'arrêté préfectoral de cessibilité. Si des améliorations et rectifications sont ultérieurement nécessaires, elles doivent faire l'objet d'une nouvelle déclaration d'utilité publique. La jurisprudence est fixée en ce sens par de nombreux arrêts (*Rép.* v° *Expropriation pour cause d'utilité publique*, n°s 103 et suiv., 263 ; Civ. cass. 8 janv. 1873, aff. Champlagarde, D. P. 73. 1. 9-10 ; 25 juill. 1877, aff. Roudières, D. P. 77. 1. 471). Il s'ensuit, en matière d'enregistrement, que si, des travaux d'amélioration, de rectification, sont entrepris après le complet achèvement de ceux déclarés d'utilité publique auxquels ils se rattachent, sans qu'une nouvelle déclaration d'utilité publique ait été provoquée préalablement à l'exécution de ces nouveaux travaux, l'exemption du timbre et de l'enregistrement n'est pas applicable aux actes auxquels ils donnent lieu. Jugé qu'il en est ainsi pour la cession amiable de terrain consentie à une compagnie de chemin de fer pour l'agrandissement d'une gare, en conformité d'un arrêté de cessibilité rendu par le préfet mais non précédé d'une déclaration expresse d'utilité publique ; qu'on ne saurait invoquer la déclaration d'utilité publique intervenue à l'origine pour autoriser l'exécution de la ligne, cette déclaration ayant produit tout son effet par suite de l'achèvement des travaux en vue desquels elle avait été rendue ; qu'un nouveau décret déclaratif de l'utilité publique des travaux d'agrandissement de la gare eût été nécessaire pour que l'exemption établie par l'art. 58 de la loi du 3 mai 1841 leur fût applicable (Trib. Figeac, 31 déc. 1887, *Journ. enreg.*, art. 23136).

1788. Par exception au principe posé dans l'art. 60 de la loi du 22 frim. an 7, d'après lequel tout droit d'enregistrement régulièrement perçu n'est pas restituable, quels que soient les évènements ultérieurs, l'art. 58 de la loi de 1841 autorise la restitution des droits perçus sur les acquisitions amiables faites *antérieurement* à l'arrêté préfectoral, lorsqu'il est justifié, dans le délai de deux ans, que les immeubles sont compris dans cet arrêté (*Rép.* n° 3312).

L'Administration a soutenu que cette disposition nouvelle n'autorisait la restitution que des droits perçus pour les acquisitions amiables faites *postérieurement* à la loi, l'ordonnance ou le décret qui ordonnait les travaux, et qu'aucun remboursement ne devait être effectué toutes les fois que les droits avaient été payés antérieurement. Mais elle n'a pas persisté dans cette interprétation restrictive. Il a été reconnu qu'aucune distinction ne doit être faite, pour la restitution des droits, entre les acquisitions faites *antérieurement* et celles faites *postérieurement* au décret déclaratif de l'utilité publique des travaux dès qu'il est justifié, dans les deux ans de la perception, que les immeubles acquis ont été compris dans les arrêtés préfectoraux (Décis. min. fin. 4-8 août 1857; Instr. adm. enreg. 2 sept. 1857, n° 2106, § 1er). — Jugé, en ce sens, que les droits d'enregistrement perçus sur des acquisitions amiables d'immeubles compris plus tard dans l'arrêté préfectoral qui indique les propriétés à exproprier, sont sujets à restitution, encore que cet arrêté soit postérieur de plus de deux ans à la perception, si la déclaration d'utilité publique intervenue dans les deux ans de la perception désignait déjà les immeubles ainsi acquis, et si d'ailleurs la demande en restitution a été également formée moins de deux années après la perception (Civ. rej. 4 mai 1858, aff. Chemin de fer d'Orléans, D. P. 58. 1. 275). Il résulte de cet arrêt qu'il n'est pas nécessaire que la cession soit intervenue après la loi ou le décret déclarant l'utilité publique ; il importe peu que les cessions amiables aient été faites préalablement à toute formalité d'expropriation; pour qu'il y ait lieu à restituer, la loi n'exige qu'une chose, c'est que, dans le délai de deux ans, il soit justifié que les immeubles ont été acquis en vue de l'utilité publique; et l'arrêté du préfet portant indication des propriétés à exproprier pour utilité publique ne figure pas au nombre des pièces à signifier à l'Administration de l'enregistrement à l'appui de la demande en restitution ; cette justification peut être faite à l'aide du décret déclaratif d'utilité publique, lorsque ce décret lui-même contient la désignation des terrains sujets à l'expropriation.

1789. La restitution doit être effectuée intégralement, encore bien que l'immeuble ait été couvert de constructions au moment de l'acquisition et que ces constructions, ayant été démolies antérieurement à l'arrêté, n'y soient pas mentionnées (Sol. adm. enreg. 29 avr. 1868, D. P. 69. 5. 158). — Mais la restitution ne doit s'appliquer qu'à la portion des immeubles qui aura été nécessaire à l'exécution des travaux. Si donc l'acquisition porte sur une étendue de terrain plus considérable, il y a lieu d'opérer une ventilation proportionnelle au prix exprimé dans l'acte d'acquisition (*Rép.* n° 3312); il en est ainsi, alors même qu'il s'agissait de propriétés dont l'exproprié eût été en droit de requérir l'expropriation totale (Trib. Seine, 27 déc. 1861, aff. Chemin de fer de l'Est, D. P. 62. 3. 24).

1790. La restitution doit comprendre, non seulement les droits d'enregistrement, mais aussi ceux de *timbre*. En effet, le premier alinéa de l'art. 58 de la loi de 1841 exempte du timbre et de l'enregistrement les actes faits en vertu des dispositions de cette loi, et le deuxième alinéa du même article, qui autorise la restitution des « droits perçus » sur les acquisitions amiables faites antérieurement à l'arrêté du préfet qui désigne les immeubles expropriés, s'applique manifestement et sans équivoque possible à tous les droits énumérés dans la disposition précédente, par conséquent à ceux de timbre aussi bien qu'à ceux d'enregistrement. C'est ici le cas d'appliquer le principe suivant lequel il n'y a pas lieu de distinguer là où la loi ne distingue pas. L'Administration elle-même s'est prononcée en ce sens par une solution du 12 oct. 1864 (D. P. 65. 3. 76). Elle est revenue sur cette doctrine et a soutenu l'opinion contraire devant le tribunal de la Seine. Mais ce tribunal a justement condamné sa prétention et a décidé que la restitution doit comprendre les droits de timbre aussi bien que ceux d'enregistrement et ceux d'hypothèque (Trib. Seine, 17 juin 1887, aff. Ville de Paris, D. P. 88. 3. 64).

1791. Le délai de deux ans dans lequel doit être formée l'action en restitution des droits perçus sur les acquisitions amiables d'immeubles qu'un arrêté du préfet a désignés parmi les immeubles à céder pour cause d'utilité publique, court à dater de la perception des droits répétés, et non à partir de l'arrêté de cessibilité (Req. 7 déc. 1858, aff. Chemin de fer de Lyon, D. P. 59. 1. 31). L'art. 58 dit, d'ailleurs, d'une façon formelle : « Les droits perçus... seront restitués, lorsque dans le délai de deux ans à partir de la perception, etc. ». Et il a été jugé que la demande de restitution doit, non seulement être signifiée à l'Administration de l'enregistrement, mais encore être enregistrée dans le délai de deux ans à partir de la perception, à peine de prescription (Civ. cass. 5 févr. 1867, aff. Chemin de fer d'Orléans, D. P. 67. 1. 23).

Lorsqu'un décret, en autorisant la restitution du droit perçu sur une acquisition amiable d'immeubles pour le cas, par exemple, où les propriétaires y auraient fait les constructions indiquées au plan municipal, a délégué au ministre des finances le règlement du mode de restitution à suivre, la décision ministérielle prise en vertu de ce décret peut valablement soumettre la demande en restitution à la prescription de deux ans à partir de la perception, conformément à l'art. 61 de la loi du 22 frim. an 7 (Req. 13 août 1866, aff. Fernandez, D. P. 67. 1. 23). Cette décision ministérielle n'étant assujettie à aucune forme particulière résulte suffisamment d'une lettre ou dépêche adressée par le ministre au préfet avec le décret qui lui sert de base : il suffit que les intéressés en aient eu connaissance (Même arrêt).

b. — Forme du contrat.

1792. L'acquisition de la totalité d'un immeuble *sur la réquisition du propriétaire*, conformément à l'art. 50 de la loi du 3 mai 1841 (*Rép.* n° 3318), est exempte, pour le tout, du droit de mutation, bien que l'immeuble ne soit compris que pour une partie dans le périmètre des travaux et que, de plus, le propriétaire n'ait exprimé sa volonté qu'après les délais légaux, si, d'ailleurs, sa déclaration a précédé la discussion des intérêts respectifs devant le jury et n'a point été contestée (Civ. rej. 25 août 1851, aff. Préfet de la Seine, D. P. 51. 1. 235). — Mais l'exemption n'est point applicable à l'expropriation prononcée par jugement avec fixation de l'indemnité par le jury, sur la réquisition du propriétaire, par application de l'art. 50 de la loi du 3 mai 1841, lorsqu'en réalité l'espèce ne rentrait pas dans le cas spécial prévu par cet article et que les parties ont déguisé, sous le couvert de l'expropriation, une mutation volontaire. Il en est ainsi au cas où l'immeuble exproprié sur réquisition, non compris dans le périmètre de l'expropriation, n'a été atteint que dans sa valeur, par la suppression de servitudes dont était grevé à son profit un immeuble contigu compris presque entièrement dans le périmètre des travaux, et ce, encore bien que les deux immeubles appartinssent au même propriétaire (Req. 14 janv. 1873, aff. Petit-Berlié, D. P. 73. 1. 308).

L'exemption ne s'applique pas à la vente par l'expropriant à un tiers de *parcelles non employées*, provenant de fonds expropriés seulement en partie et acquis en entier sur la réquisition des propriétaires (Trib. Vendôme, 7 déc. 1872, aff. Chemin de fer d'Orléans, D. P. 73. 5. 211 ; Req. 7 mai 1873, aff. Chemin de fer d'Orléans, D. P. 73. 1. 359). — Spécialement, l'exemption pas à la cession par le propriétaire exproprié ou ses héritiers à un tiers, du *droit de préemption* que la loi lui accorde sur les terrains non employés (Sol. adm. enreg. 17 juin 1872, D.P.73. 3. 86) ; mais elle s'applique à l'acte constatant la *rétrocession* à l'exproprié ou à son cessionnaire de terrains non employés, et aussi à l'acte par lequel l'exproprié *renonce* à faire usage de son droit de préemption (Même solution).

1793. Le bénéfice de l'enregistrement *gratis* s'applique également aux actes d'acquisitions de terrains faits par les concessionnaires de l'administration publique (*Rép.* n° 3321). Mais il ne s'étend pas au *traité* par lequel une ville se substitue un entrepreneur pour l'exécution de travaux déclarés d'utilité publique (*Rép.* n°ˢ 2003 et 3330). Cette doctrine avait été admise par un arrêt (Req. 12 nov. 1838), cité au *Rép.* n° 2003). Elle a été définitivement établie par différents arrêts postérieurs qui ont jugé que le traité par lequel une ville qui s'était d'abord chargée de l'exécution de travaux reconnus d'utilité publique, se substitue ou s'associe, soit une compagnie, soit des particuliers, pour les opérations auxquelles ces travaux pourront donner lieu, ne peut être considéré comme une suite nécessaire de l'expropriation ; que, par conséquent, l'exemption des droits de timbre et d'enregistrement, établie par la loi de l'expropriation pour les actes faits en vertu de ses dispositions, ne lui est point applicable (Civ. rej. 17 juin 1857, aff. Ardoin, D. P. 57. 1. 243 ; 15 juin 1869, aff. Société Leroy, Sourdis et comp., aff. Société immobilière de Paris, et aff. Société immobilière anglo-française, D. P. 69. 1. 457 ; Trib. Seine, 7 août 1869, aff. Hunnebelle, D. P. 70. 3. 27 ; Civ. rej. 29 avr. 1872, aff. Société Heullant, D. P. 72. 1. 309 ; Civ. cass. 29 avr. 1872, aff. Petit-Berlié, *ibid.* Conf. *Rép.* n°ˢ 2003 et 3330). En effet, l'exemption ne profite, aux termes de la loi, qu'aux actes faits en vertu de cette loi. Il est bien certain que tous les actes faits par les concessionnaires pour opérer l'expropriation des terrains et bâtiments, dont l'acquisition est nécessaire à l'exécution de leurs travaux, jouissent de la gratuité de l'enregistrement. Mais cette immunité ne saurait s'étendre au traité de subrogation passé entre la ville et les entrepreneurs, car on ne saurait dire que ce traité est fait en vertu de la loi sur l'expropriation pour cause d'utilité publique. L'immunité ne doit s'appliquer qu'aux actes qu'il est permis à l'Administration d'obtenir, contre la volonté de ceux avec lesquels ils ont lieu. Or les entrepreneurs sont absolument libres de se porter ou de ne pas se porter adjudicataires de travaux publics avec subrogation dans les droits de l'expropriation. Ce traité échappe donc à l'exemption (V. les notes sous les arrêts précités).

Relativement à la perception à faire sur les marchés de l'espèce, à la nature et à la quotité du droit d'enregistrement auquel ils donnent lieu, V. la jurisprudence qui s'est établie au sujet des marchés intervenus pour les grands travaux de voirie exécutés dans Paris sous le second Empire, *suprà*, n°ˢ 995 et suiv.

c. — Nature du contrat.

1794. Dès qu'un acte peut être considéré comme fait en vertu de la loi de l'expropriation, il doit être affranchi de tout droit (*Rép.* n° 3322). Ainsi l'exemption est applicable à la convention intervenue entre les parties devant le magistrat directeur du jury, constatée par le procès-verbal de ce magistrat, et de laquelle il résulte que l'indemnité a été fixée à l'amiable et stipulée payable, partie en espèces, partie au moyen de l'abandon à l'exproprié d'un immeuble désigné appartenant à l'expropriant (Trib. Seine, 24 nov. 1867, aff. *Maison de la Belle Jardinière*, D. P. 67. 3. 86, et sur pourvoi, Civ. rej. 23 févr. 1870, D. P. 70. 1. 418).

On s'est demandé si l'exemption devait être étendue aux *procurations* données par les propriétaires expropriés ; on a indiqué (*Rép.* n° 3324) les considérations qui devaient, selon nous, faire admettre l'exemption. Mais il a été décidé,

conformément au système de l'administration de l'enregistrement, que l'exemption ne s'appliquait pas à la procuration donnée pour consentir une cession amiable et en toucher le prix (Trib. Foix, 2 juin 1862, aff. Dufrêne, D. P. 62. 3. 61, et sur pourvoi, Req. 18 août 1863, D. P. 64. 1. 24). Jugé, de même, que l'exemption n'est pas applicable à la requête présentée par un tuteur au tribunal, à l'effet d'être autorisé à ne pas faire emploi d'une indemnité allouée à son pupille à la suite d'une expropriation (Trib. Mortain, 24 déc. 1886, aff. Lenicolais, D. P. 87. 5. 196).

1795. L'*acte de remploi* du prix d'un bien dotal soumis à l'expropriation pour cause d'utilité publique, opéré dans le cas prévu par l'art. 13 de la loi du 3 mai 1841, doit jouir de la dispense du droit d'enregistrement (*Rép.* n° 3327 ; Req. 24 mai 1848, aff. Roguer, D. P. 48. 5. 150).

Mais l'exemption ne s'applique aux actes relatifs au remploi des biens dotaux expropriés pour cause d'utilité publique, qu'autant que ces actes contiennent la déclaration d'un remploi immédiat et se rattachent ainsi par un lien nécessaire à l'expropriation. Ainsi, l'achat d'un immeuble par une femme expropriée d'un bien dotal, sans déclaration de remploi immédiat et avec simple réserve, de la part de la femme, de faire connaître, lors du payement du prix, l'origine des deniers employés à l'acquisition et la nature dotale ou paraphernale de l'immeuble acheté, ne jouit pas du bénéfice de l'art. 58 de la loi de 1841 ; par suite, le droit de mutation perçu sur cet achat n'est pas restituable, alors même que la quittance contiendrait ensuite la déclaration de remploi réservée dans l'acte d'acquisition, cette déclaration constituant un événement postérieur non susceptible de donner lieu à restitution d'un droit régulièrement perçu (Civ. rej. 14 juin 1864, aff. de Pomereu, D. P. 64. 1. 387). Ainsi encore, lorsqu'une femme mariée a été autorisée par justice à employer, en acquisition d'immeubles ou d'actions immobilières de la Banque de France, le prix d'un immeuble dotal exproprié pour cause d'utilité publique, son option pour une acquisition d'actions de la Banque épuise son droit à l'enregistrement gratuit de l'acte constatant le remploi ; par suite, dans le cas où, agissant en vertu d'une nouvelle autorisation, elle substitue, par voie d'échange, au remploi en actions un remploi en immeubles, cette seconde opération donne lieu au droit de mutation, alors même que, dans ses requêtes, elle aurait présenté l'achat d'actions comme un remploi provisoire, si, d'ailleurs, le tribunal s'est borné, dans la première autorisation, à accorder la faculté d'opter entre les deux modes de remploi (Trib. Seine, 4 août (ou 30 janv.) 1864, aff. de Talleyrand-Périgord, D. P. 65. 3. 30, et sur pourvoi, Req. 10 mai 1865, D. P. 65. 1. 369).

Quant aux biens paraphernaux de la femme soumis au régime dotal, aux biens propres de la femme mariée sous le régime de la communauté, et aux biens des mineurs ou interdits, on a dit au *Rép.* n° 3328 que l'exemption du droit d'enregistrement ne doit être appliquée à l'acte de remploi de ces biens que lorsque ce remploi est *obligatoire*. — L'Administration a soutenu une thèse plus restrictive : l'exemption du droit ne peut, d'après elle, être accordée que lorsque le remploi a été ordonné par justice (V. D. P. 73. 1. 305, notes 1 et 2). Ainsi, elle a décidé que l'exemption est applicable aux acquisitions d'immeubles en remploi de biens expropriés sur des incapables, quels qu'ils soient, interdits, absents ou autres, toutes les fois que la nécessité du remploi a été constatée par une décision judiciaire (Instr. adm. enreg. 9 août 1869, n° 2390, § 2, D. P. 69. 5. 160), mais qu'elle ne l'est pas au cas où, à la suite de l'expropriation d'un immeuble qui appartenait à une femme mariée sous le régime de la communauté réduite aux acquêts, par suite d'un legs fait à son profit, depuis son mariage, sous la condition que l'immeuble ne pourrait être aliéné que dans les cas prévus par les articles relatifs aux biens dotaux, une acquisition immobilière est faite par la femme avec déclaration qu'elle servira de remploi de l'indemnité à elle attribuée par le jury pour l'immeuble exproprié, le remploi n'ayant pas été ordonné par justice (Sol. adm. enreg. 21 déc. 1868, D. P. 70. 3. 52).

1796. Il a été jugé, conformément à la doctrine de l'Administration, que l'exemption est applicable à l'acquisition réalisée en remploi d'un immeuble provenant d'une donation faite par un père à son fils et exproprié, lorsque ce remploi a été ordonné par le tribunal à raison de l'éventualité de réduction de la donation pour cause de survenance d'enfant au donateur (Trib. Seine, 28 mai 1870, aff. Petit, D. P. 72. 5. 182) ;... mais qu'elle ne l'est pas à l'acquisition immobilière faite par une femme mariée sous le régime dotal avec société d'acquêts, en remploi d'une indemnité à elle attribuée avant son mariage, et alors qu'elle était mineure, pour l'expropriation d'un immeuble, lorsque le jugement qui a prononcé cette expropriation n'a pas prescrit le remploi, encore bien que le contrat de mariage en ait fait une obligation au futur (Trib. Nice, 1er juill. 1869, aff. Scoffier, D. P. 71. 3. 18).

Le système adopté par la cour de cassation est plus large que celui de l'Administration et se rapproche sensiblement de celui que nous avons soutenu au *Répertoire*. La cour suprême a décidé que l'exemption ne s'applique qu'aux actes qui se rattachent au fait même de l'expropriation et s'accomplissent par l'ordre *de la loi* ou *du juge* se substituant à la volonté des parties ; que tels sont les actes se rapportant aux mesures de conservation et de remploi que les tribunaux prescrivent conformément à la loi, lorsqu'ils autorisent la cession amiable, pour utilité publique, d'immeubles appartenant à des incapables et spécialement d'immeubles dotaux ; mais qu'il n'en est pas de même au cas où une femme mariée sous le régime de la communauté avec réserve, comme propres, des apports et des biens à échoir, acquiert un immeuble à titre de remploi d'un autre immeuble exproprié, qui lui appartenait en vertu d'un legs à elle fait au cours de son mariage, sous la condition de conserver en nature les biens légués et de ne les aliéner que dans les cas prévus aux art. 1555 et 1556 c. civ. ; que l'immeuble exproprié étant en ce cas simplement propre, et non dotal, le remploi n'était nullement obligatoire. Fait en dehors des cas prévus par la loi sur l'expropriation et des conditions auxquelles est subordonnée l'exemption du droit, il donne lieu à la perception de ce droit (Civ. rej. 21 avr. 1873, aff. Dablin, D. P. 73. 1. 305). — Ainsi, d'après l'Administration, l'exemption du droit n'avait lieu que si l'obligation du remploi était constatée par la justice ; il suffit, d'après la cour de cassation, que l'obligation résulte soit d'une décision judiciaire, soit de la loi. Que décider, lorsque le remploi est obligatoire par suite de la convention des parties, ou des conditions d'une libéralité faite à l'exproprié ? Ne peut-on pas dire que ce cas rentre dans celui où le remploi est obligatoire en vertu de la loi, car les conventions tiennent lieu de lois pour les parties ? Il n'y a rien dans l'arrêt du 21 avr. 1873 qui contredise cette théorie ; c'est la reproduction de la doctrine émise au *Répertoire* et qui se formule en termes très simples : l'exemption du droit d'enregistrement est applicable toutes les fois que le remploi est obligatoire (D. P. 70. 3. 52, note 3 ; D. P. 73. 1. 305, notes 1 et 2).

1797. Il a été jugé que l'exemption est applicable à l'acte par lequel, à la suite de la cession d'un immeuble exproprié pour utilité publique et de l'acquisition d'un autre immeuble en remploi, par l'établissement public exproprié, conformément à la condition imposée lors de la cession, l'indemnité est payée, soit au vendeur de l'immeuble acquis en remploi soit à des cessionnaires, ou bien aux créanciers inscrits (Trib. Lyon, 31 déc. 1867) (1).

d. — Objet du contrat.

1798. Tout acte auquel l'exécution de la loi sur l'expropriation publique sert de prétexte, n'est point, par cela seul, affranchi des droits ; il faut, par-dessus tout, qu'il soit fait en vertu de l'utilité publique (*Rép.* n° 3329). La jurisprudence a été souvent appelée à statuer sur la prétention d'étendre l'exemption à des immeubles situés *en dehors* du périmètre des travaux déclarés d'utilité publique et acquis par l'expropriant avec d'autres immeubles situés *dans* le périmètre des travaux. Elle a toujours écarté cette prétention comme tendant à donner à l'exemption une application extensive qu'elle ne comporte pas (*Rép.* n°s 3331 et suiv.). Il a été jugé, dans le même sens, que l'adjudication comprenant à la fois des immeubles nécessaires pour l'exécution de travaux déclarés d'utilité publique et d'autres immeubles dont aucun document légal ne justifie l'application à de semblables travaux, ne peut, à l'égard de ces derniers, être considérée comme faite en vertu de la loi sur l'expropriation pour cause d'utilité publique ni, par conséquent, échapper à l'application du droit proportionnel d'enregistrement ; ce cas ne rentre ni dans celui prévu par l'art. 50 de la loi du 3 mai 1841 concernant l'acquisition obligatoire, sur la réquisition du propriétaire, de la totalité d'un immeuble dont une partie seulement est nécessaire pour l'exécution des travaux déclarés d'utilité publique, ni dans celui dont s'occupe le décret du 26 mars 1852 accordant la dispense du droit pour l'acquisition des parties restantes d'immeubles qui ne sont pas d'une étendue ou d'une forme permettant d'y élever des constructions salubres, ou que la suppression d'anciennes voies publiques rend nécessaire (Trib. Bordeaux, 10 mai 1882, et sur pourvoi, Req. 7 mars 1883, aff. Ville de Bordeaux, D. P. 84. 1. 59).

1799. En ce qui concerne les acquisitions d'immeubles faites *en vue de l'alignement* des rues d'une ville, il faut, pour que l'exemption des droits de timbre et d'enregistrement soit applicable, que l'utilité publique de ces travaux ait été l'objet d'une déclaration formulée dans une loi ou un décret conformément à l'art. 2 de la loi du 3 mai 1841, ou bien que l'acquisition soit faite en exécution du plan d'alignement d'une ville approuvé par ordonnance ou décret, et que les propriétaires *démolissent volontairement ou sur*

---

(1) (Hospices de Lyon C. Enreg.) — La ville de Lyon a exproprié pour cause d'utilité publique, moyennant une indemnité de 300000 fr., un immeuble de l'hospice des incurables, connu sous le nom de *Fondation Richard.* Aux termes de l'acte de vente, l'indemnité devait être versée par la ville aux vendeurs ou à l'immeuble qui serait acquis en remploi. Le 2 janv. 1864, la *Fondation* acheta une maison à titre de remploi et il fut stipulé dans l'acte qu'une partie du prix serait payée aux créanciers inscrits, en faveur de qui délégation était consentie. — Le tribunal de Lyon, par un jugement du 22 mai 1866, auquel l'administration de l'enregistrement a acquiescé, décida que cette acquisition constituant pour l'hospice un remploi obligatoire, en vertu de l'art. 58 de la loi du 3 mai 1841. — L'indemnité due par la ville de Lyon fut versée en partie aux vendeurs ou à leurs cessionnaires, le reste aux créanciers inscrits. — Les quittances délivrées par les vendeurs ou leurs cessionnaires n'étaient passibles d'aucun droit, aux termes de l'art. 58 de la loi de 1841. Tout en le reconnaissant, l'Administration n'en exigea pas moins le droit proportionnel de quittance sur la partie du prix payé aux créanciers, un pareil versement opérant, suivant elle, la libération du vendeur envers eux, et une semblable disposition étant étrangère à l'expropriation. — *La Fondation Richard* ayant réclamé la restitution de ce droit, le tribunal civil de Lyon a statué en ces termes :

Le tribunal : — Attendu que la Régie soutient que les quittances contiennent deux dispositions bien distinctes : 1° libération de la ville envers la fondation Richard ; 2° libération de Rérolle, envers ses créanciers inscrits, et que, si l'art. 58 de la loi du 3 mai 1841

prescrit l'enregistrement gratis de la première de ces dispositions, conséquence forcée de l'expropriation, il n'en est pas de même de la libération des consorts Rérolle vis-à-vis de leurs créanciers, indépendante de l'expropriation, partant soumise au droit commun ; que si, en définitive, la fondation Richard ne doit pas supporter les droits, qu'elle pourra réclamer aux consorts Rérolle, elle en est néanmoins tenue, vis-à-vis de l'enregistrement, comme partie à l'acte, sauf son recours ; — Attendu que le payement fait par la ville aux créanciers Rérolle, s'il n'est pas la conséquence forcée d'une expropriation, en a pas au moins été, dans l'espèce, la suite nécessaire ; que, s'il est reconnu et jugé, au regard de la fondation Richard, jusqu'à concurrence de 300000 fr., prix du traité d'expropriation, elle ne doit aucun droit de mutation, elle ne peut devoir davantage les droits de quittance ; qu'en présence des inscriptions qui frappaient l'immeuble Rérolle et de la délégation de prix faite dans l'acte de vente, la quittance des créanciers inscrits devenait indispensable ; — Attendu qu'un droit fût-il dû sur la quittance entre Rérolle et ses créanciers, ce droit ne saurait être réclamé à la fondation Richard en vertu du principe général que toute partie à un acte est tenue des droits vis-à-vis de l'enregistrement, en présence de l'exception de l'art. 58 de la loi de 1841 en faveur des établissements publics ; qu'en effet, s'il en était aussi, l'art. 58 serait sans application, puisque, de droit commun, toute partie à un acte qui a payé les droits d'enregistrement peut en réclamer le remboursement à celle qui en profite exclusivement ;

Par ces motifs, etc.

Du 31 déc. 1867.—Trib. civ. Lyon.

injonction faite par suite de vétusté. La déclaration d'utilité publique ne résulte pas de l'approbation donnée par le chef de l'État au plan d'alignement en exécution duquel ont lieu les travaux, si l'ordonnance approbative n'autorise pas une exécution *immédiate* de ces travaux. — Tel était l'état de la jurisprudence à l'époque de la publication du *Répertoire* (V. n° 3345). Les arrêts intervenus postérieurement ont confirmé cette doctrine. Jugé, en effet, que l'exemption n'est pas applicable aux acquisitions faites par les villes, sans déclaration préalable de l'utilité publique des travaux, alors surtout que le décret approbatif du plan d'alignement des rues de cette ville porte qu'il ne pourra être procédé à son exécution qu'après une autorisation spéciale d'acquérir ; que le décret du 26 mars 1852, en plaçant dans les attributions du préfet l'approbation des plans d'alignement des villes et l'autorisation des aliénations et acquisitions de biens communaux, n'a pas dérogé à la loi du 3 mai 1841, qui veut que les acquisitions faites pour cause d'utilité publique aient lieu en vertu d'une approbation du chef de l'État, après déclaration de l'utilité publique de ces acquisitions (Req. 31 mars 1856, aff. Ville de Nantes, D. P. 56. 1. 190. Conf. Civ. cass. 30 janv. 1854, aff. Commune de la Villette, D. P. 54. 1. 75; *Rép.* n° 3343).

1800. Jugé de même que les acquisitions faites par les communes pour l'ouverture de rues d'après un plan d'alignement approuvé par arrêté préfectoral, ne profitent pas, comme les acquisitions faites pour l'ouverture de rues dont l'exécution a été, par décret, déclarée d'utilité publique, de l'exemption des droits de timbre et d'enregistrement établie par l'art. 58 de la loi du 3 mai 1841 (Trib. Seine, 7 mars 1862, aff. Commune de Neuilly, D. P. 63. 3. 14). Il en est différemment pour les villes auxquelles les dispositions du décret du 26 mars 1852 relatif aux rues de Paris ont été déclarées applicables.

Il a été reconnu que l'exemption établie par ce décret s'applique à tous immeubles acquis pour la voie publique par simple mesure de voirie, aucune des acquisitions de cette nature, qu'il s'agisse de terrains bâtis ou de terrains nus, ne pouvant, sous l'empire dudit décret, être considérée comme ayant lieu en dehors des conditions exigées par la loi du 16 sept. 1807 ou par celle du 3 mai 1841 (Note adm. enreg. 26 mai 1857) (1). Il n'est pas nécessaire que les acquisitions soient précédées d'une déclaration d'utilité publique. En conséquence, sont affranchies des droits de timbre et d'enregistrement les acquisitions, faites en exécution du décret du 26 mars 1852, d'immeubles *bâtis* et *non bâtis* destinés à l'élargissement, au redressement et à la formation des rues de Paris et des autres villes auxquelles les dispositions de ce décret auraient été appliquées conformément à l'art. 9 (Décis. min. fin. 28 mai 1857, D. P. 74. 5. 200; Instr. adm. enreg. 2 sept. 1857, n° 2106, § 2, *ibid.* V. *Rép.* v° *Voirie par terre*, n° 1510).

1801. Un arrêt de la chambre des requêtes, du 29 nov.

1865 (aff. Ardoin, D. P. 66. 1. 155) a décidé que l'exemption des droits d'enregistrement établie par l'art. 58 de la loi du 3 mai 1841, en faveur de tous actes faits en vertu de cette loi, ne s'applique pas à l'acte par lequel une ville, après avoir acheté à l'amiable des terrains dont l'acquisition avait été déclarée d'utilité publique pour l'ouverture ou l'élargissement d'une rue, rétrocède à un tiers ceux de ces terrains qui, n'étant pas affectés à la voie publique, doivent seulement servir de bordure à cette voie. Mais il a été jugé, en sens contraire, que lorsqu'une ville substitue une compagnie concessionnaire de travaux à ses droits sur les immeubles en bordure dont l'acquisition provenant des constructions qui s'y trouvent, à charge seulement de payer les indemnités foncières et locatives dues par suite de l'expropriation, puis d'élever, dans un délai et suivant un mode réglé à l'avance, des constructions sur les terrains de bordure, cette substitution ne peut être considérée comme un acte purement volontaire et d'intérêt privé : elle constitue un acte fait en vertu de la loi d'expropriation, et elle est exempte, à ce titre, des droits de timbre et d'enregistrement (Civ. rej. 15 juin 1869, 29 avr. 1872, cités *suprà*, n° 1793). Décidé aussi que, lorsque la ville s'est engagée, par l'une des stipulations du traité, à livrer à la compagnie concessionnaire des terrains acquis à l'amiable ou expropriés précédemment par l'administration municipale, cette clause ne peut être considérée comme une cession indépendante de la concession pour ceux de ces terrains qui se trouvent en dehors du tracé des nouvelles voies publiques, alors qu'ils étaient compris dans l'ensemble des immeubles dont l'expropriation a été déclarée d'utilité publique ; il y a lieu d'appliquer à cette disposition l'exemption des droits de timbre et d'enregistrement établie pour les acquisitions en vertu de la loi sur l'expropriation (Même arrêt du 15 juin 1869; Trib. Seine, 7 août 1869, *suprà*, n° 1793).

1802. L'exemption est applicable... aux actes de procédure dans les instances auxquelles donnent lieu, devant les tribunaux ordinaires, les contestations entre l'*administration militaire* et les propriétaires de constructions élevées dans les zones de servitudes, ces actes étant relatifs à l'établissement des servitudes imposées à la propriété pour cause d'utilité publique (Instr. adm. enreg. 27 avr. 1854, n° 1944, *Rép.* v° *Timbre*, n° 14) ;... à tous ces actes faits en vertu de la loi du 4 avr. 1873 (D. P. 73. 4. 56) qui a autorisé l'État à acquérir les terrains des *cimetières communaux* dans lesquels ont été inhumés les *soldats* français ou allemands morts pendant la guerre de 1870-1871 et à exproprier pour cause d'utilité publique les terrains non clos, situés en dehors des cimetières et renfermant des tombes militaires (Instr. adm. enreg. 20 nov. 1875, n° 2532, D. P. 75. 5. 180); ... et, par suite, non seulement aux actes d'acquisition des terrains situés en dehors des cimetières, à exproprier en vertu des art. 2 et 3 de ladite loi de 1873, mais encore à ceux destinés à constater les acquisitions et les concessions

---

(1) Il semble qu'on ne saurait se dispenser d'admettre, avec le Département de l'Intérieur, que l'exemption établie par le décret du 26 mars s'applique à tous immeubles acquis pour la voie publique par simple mesure de voirie, aucune des acquisitions de cette nature, qu'il s'agisse de terrains *bâtis* ou de terrains *nus*, ne pouvant, sous l'empire du décret, être considérée comme ayant lieu en dehors des conditions exigées par la loi du 16 sept. 1807 ou par celle du 3 mai 1841. — Il est vrai qu'antérieurement au décret, l'approbation du plan d'alignement, ainsi que l'ont reconnu plusieurs arrêts de la cour de cassation, ne conférait nullement aux villes le droit d'exiger, avant qu'ils ne fussent en état de vétusté, la démolition des bâtiments existants sur les terrains à délaisser à la voie publique ; qu'en conséquence, les actes constatant les acquisitions purement volontaires de ces propriétés ne se rattachaient point à la loi sur l'expropriation et étaient sujets aux droits ordinaires. Mais tout porte à penser que ces conséquences rigoureuses de la législation antérieure se trouvent complètement modifiées aujourd'hui par l'effet du décret du 26 mars 1852 dont le but n'a pu être évidemment d'accorder aux administrations municipales une facilité purement illusoire pour les acquisitions qu'elles ont à faire en vue d'améliorations partielles dans la voirie urbaine. Or, l'immunité dont il s'agit ne serait rien moins qu'illusoire si elle ne s'étendait qu'aux acquisitions amiables des propriétés non bâties, acquisitions dont le nombre est extrêmement restreint, ainsi que le fait remarquer M. le ministre de l'intérieur et qui sont, d'ailleurs, les moins importantes. — D'un autre côté, le principal objet que se propo-

sait le législateur de 1852 étant d'élargir, dans l'intérêt de ces rectifications partielles de la voie publique, le droit d'expropriation donné par la loi du 3 mai 1841, de manière à éviter les morcellements de propriétés incommodes, il semble que les quatre premiers paragraphes de l'art. 2 qui autorisent à comprendre dans les acquisitions amiables ou forcées faites dans ce but, certains immeubles situés en dehors des alignements, doivent suffire pour imprimer aux plans d'alignement arrêtés en conseil d'État, conformément à la loi du 16 sept. 1807, toute la force constitutive de la déclaration d'utilité publique, indispensable pour que les propriétaires des immeubles ou portions d'immeubles spécifiés puissent être contraints à en céder la propriété. On ajoutera que le dernier paragraphe du même article serait complètement inutile, s'il n'avait pas été dans l'esprit véritable du décret de modifier la règle de perception adoptée d'après la jurisprudence de la cour suprême en pareille matière, autrement dit, d'affranchir de tous droits, les acquisitions, même amiables, de maisons réunies à la voie publique par application dudit décret. — Quant à l'objection tirée de ce que les villes auxquelles s'applique le même décret jouiraient, dans cette hypothèse, d'une exemption dont le bénéfice ne s'étendrait pas aux autres localités, il est à remarquer que cette dérogation au principe d'égale répartition de l'impôt n'est qu'apparente et n'aura pas lieu en fait puisque toutes les villes qui le demanderont pourront obtenir, aux termes de l'art. 9 du décret, que ces diverses dispositions leur soient appliquées.
Du 26 mai 1857.-Note adm. enreg.

de terrains dans les cimetières communaux, qui sont autorisées spécialement par l'art. 1er de la même loi (Décis. min. fin. 11 nov. 1875, D. P. 75. 5. 180; Instr. adm. enreg. 20 nov. 1875, D. P. 75. 5. 180-181);... à l'acte de *notoriété* constatant les droits du cédant à la propriété de l'immeuble exproprié (Sol. adm. enreg. 18 sept. 1873, *Journ. enreg.*, art. 19379).

N° 4. — *Contrats de mariage* (Rép. n°s 3351 à 3523).

1803. La perception des droits d'enregistrement sur les contrats de mariage est toujours réglée par la disposition du tarif de la loi du 22 frim. an 7 (art. 68, § 3-1°) qui assujettit à un simple droit fixe (transformé en droit gradué, comme on le verra *infrà*, n°s 1804 et suiv.) « les contrats de mariage qui ne contiennent d'autres dispositions que des déclarations, de la part des futurs, de ce qu'ils apportent eux-mêmes en mariage et se constituent sans aucune stipulation avantageuse entre eux. » La disposition porte, en outre : « La reconnaissance y énoncée, de la part du futur, d'avoir reçu la dot apportée par la future ne donne pas lieu à un droit particulier. — Si les futurs sont dotés par leurs ascendants ou s'il leur est fait des donations par des collatéraux ou autres personnes non parentes, par leur contrat de mariage, les droits, dans ce cas, seront perçus suivant la nature des biens, ainsi qu'ils sont réglés dans les paragraphes 4, 6 et 8 de l'article suivant ». — La loi fiscale distingue donc, dans les contrats de mariage, deux sortes de dispositions : les unes, inhérentes au contrat, ont pour objet les *apports* des époux ; les autres, non essentielles au contrat, ont pour objet les *conventions à titre onéreux* ou les *dispositions à titre gratuit* dont le contrat de mariage peut être l'occasion. Ces dernières dispositions ont été laissées de côté au *Répertoire*, pour être étudiées à l'article suivant, § 2 (*mutations à titre gratuit*).

Il a été traité successivement au *Répertoire* des *déclarations d'apports* par les époux (n° 3358), de la *reconnaissance par le futur d'avoir reçu la dot* de la future (n° 3443), des *constitutions dotales* (n° 3445), des *actes qui peuvent intervenir soit pendant la durée de la société conjugale, soit à l'occasion de sa dissolution* (n° 3465), de quelques *règles spéciales* de perception (n° 3507).

A. — Apports des époux. — Stipulations relatives au régime (Rép.n°s 3358 à 3442).

1°. — *Droit gradué.*

1804. Les nécessités financières, résultat des événements de 1870-1871, ont fait créer un droit fixe gradué qui a été rendu applicable à un certain nombre de conventions par la loi du 28 févr. 1872 (D. P. 72. 4. 12). Au nombre de ces conventions figure le contrat de mariage, auparavant assujetti au droit fixe de 5 fr. (*Rép.* n° 3356). La quotité du droit gradué sera déterminée, porte l'art. 1er-4° de ladite loi de 1872 « par le montant net des apports personnels des futurs époux ». Le tarif de cet article, ainsi que nous avons eu l'occasion de l'indiquer (V. *suprà*, n°s 174 et suiv.), de 2 pour 1000, aux termes de l'art. 2 qui établit un droit minimum de 5 fr. « pour les actes ne contenant aucune énonciation de sommes et valeurs ni dispositions susceptibles d'évaluation », et dispose, en outre, que « si les sommes ou valeurs ne sont pas déterminées dans l'acte, il y sera suppléé conformément à l'art. 16 de la loi du 22 frim. an 7 », c'est-à-dire par une déclaration estimative des parties.

Les donations contenues dans le contrat de mariage restent soumises aux droits fixés par les lois en vigueur ; le droit gradué ne porte que sur les apports personnels des époux ; par suite, dans tous les cas où les solutions intervenues antérieurement à la loi du 28 févr. 1872 ont renvoyé exigible le droit fixe pour contrat de mariage, c'est aujourd'hui le droit gradué qui doit être perçu. Les principes restent les mêmes, il n'y a que la quotité du droit qui est changée.

1805. Cependant la nature même du droit gradué a donné lieu à quelques questions nouvelles qu'il convient d'examiner.

L'Administration a tout d'abord soutenu qu'en disposant que, pour les contrats de mariage, le droit gradué serait perçu sur « le montant net des apports personnels des futurs époux », la loi fiscale a soumis à cet impôt, sous quelque régime que soit contracté le mariage, la fortune personnelle préexistante de chaque époux, mobilière ou immobilière, constatée ou non constatée dans le contrat de mariage, et non pas seulement ce que chaque époux se constitue expressément dans son contrat ; que le futur qui, possédant un avoir personnel, n'en fait porter qu'une partie dans le contrat, ou qui déclare qu'il n'apporte ou qu'il ne possède rien, commet une dissimulation à raison de laquelle il encourt la pénalité du droit en sus (Sol. adm. enreg. 13 janv. 1874, D. P. 74. 3. 31. Conf. Sol. adm. enreg. 21 mai 1872, D. P. 73. 5. 208, note 1). Cette prétention fut admise par plusieurs tribunaux qui décidèrent que le droit gradué applicable aux contrats de mariage et qui, d'après la loi, doit être perçu sur « le montant net des apports personnels des futurs époux », atteint toute la fortune personnelle que les époux possédaient au moment du mariage, et, par suite, les biens non constatés dans le contrat comme ceux qui y sont désignés (Trib. Epinal, 25 mars 1874, D. P. 74. 5.195 ; Trib. Saintes, 15 juill. 1874, *ibid.* ; Trib. Hazebrouck, 14 août 1874, *ibid.*).

1806. Les travaux préparatoires sont assez confus sur la question (V. D. P. 72. 4. 16, 17 et 18 ; D. P. 74. 3. 31, note). Néanmoins, la solution admise par l'administration de l'enregistrement paraît contraire à la théorie du droit gradué, qui n'est qu'une variété du droit fixe et qui est même qualifié par la jurisprudence comme par l'Administration de droit fixe gradué (V. *suprà*, n°s 174 et suiv.). Or, percevoir le droit gradué sur les biens qui ne sont pas énoncés au contrat de mariage serait faire de ce droit une sorte de droit de mutation, ce qui est absolument contraire à la nature du droit fixe qui est toujours un droit d'acte. Il nous a paru que le droit gradué, puisqu'il n'est qu'un droit fixe, doit être rangé dans la classe des droits d'acte, et que, par conséquent, il ne peut être perçu, dans son application aux contrats de mariage, que sur les contrats contenant énonciation des biens apportés en mariage (D. P. 74. 3. 31, note, et les autorités citées en ce sens).

Cette opinion a été adoptée par plusieurs tribunaux. Jugé, en effet, que le droit gradué, simple droit d'acte, ne peut être perçu que sur les valeurs qui, par la volonté des parties, sont l'objet propre et la matière des actes soumis à la formalité ; qu'en édictant que, dans son application aux contrats de mariage, le droit gradué serait perçu sur les apports personnels des époux, la loi du 28 févr. 1872, se référant à celle de frimaire, n'a entendu les biens que les époux apportent eux-mêmes et se constituent, à l'exclusion de ceux qui leur sont donnés par les tiers et aussi de ceux dont chacun des époux a voulu se réserver propres l'administration et la jouissance, après comme avant le mariage, et dont le contrat de mariage ne modifie aucunement le régime (Trib. Seine, 9 janv. 1875, aff. d'Abzac, D. P. 76. 3. 15. Conf. Trib. Seine, 7 août 1875, *ibid.*, note ; Trib. Dieppe, 12 août 1875, *ibid.*, note).

1807. L'administration de l'enregistrement répudiant sa première doctrine a reconnu... que la loi de 1872 ne peut être entendue en ce sens que tous les biens appartenant aux futurs personnellement doivent être assujettis au droit gradué, alors même que le contrat ne fait aucune mention de ces biens et n'en constate même pas l'existence ; qu'en conséquence, le droit gradué n'est pas dû sur les biens appartenant personnellement aux futurs époux, mais dont l'existence ne résulte d'aucune mention du contrat de mariage;... mais qu'il est exigible sur les biens personnels dont le contrat constate l'existence, sauf aux receveurs de l'enregistrement à demander, le cas échéant, pour établir la perception, la déclaration autorisée par l'art. 16 de la loi du 22 frim. an 7 et l'art. 2 de la loi du 28 févr. 1872;... et qu'enfin ces règles sont applicables, quel que soit le régime adopté par le contrat (Instr. adm. enreg. 17 août 1875, n° 2459, § 9, D. P. 75. 3. 104).

Il est donc bien certain maintenant que la constatation, dans le contrat de mariage, de l'existence des biens, est une condition de rigueur pour que le droit gradué leur soit applicable (V. D. P. 76. 3. 15, note).

1808. L'instruction du 17 août 1875, citée *suprà*, n° 1807, porte : « On continuera à percevoir le droit lorsque l'acte constatera que les futurs possèdent des biens personnels ».
— Cette phrase conçue en termes trop généraux ne doit pas être entendue à la lettre. La loi n'autorisant la perception du droit gradué que sur les *apports personnels des époux*, ce droit ne peut être exigé sur des biens personnels, même constatés dans le contrat de mariage, s'il résulte des dispositions mêmes dudit contrat que ces biens ne constituent pas des *apports*. Ainsi les biens dont les futurs déclarent se réserver l'administration et la jouissance, ne doivent pas être assujettis au droit gradué (D. P. 76. 3. 15, note). Jugé, en ce sens, que le contrat de mariage portant adoption du régime de la séparation de biens, apport par le futur d'une somme d'argent, constitution d'une société d'acquêts avec obligation pour chaque époux de mettre en communauté une somme déterminée, réserve expresse par la future de l'administration et de la jouissance de ses biens, donne lieu au droit gradué sur l'apport du futur et sur la somme mise par la future en communauté, mais non sur les autres biens de celle-ci (Trib. Seine, 9 janv. 1875, aff. d'Abzac, D. P. 76. 3. 15).

1809. Mais le droit gradué est dû sur *tous* les biens dont l'apport est constaté au contrat de mariage, sous quelque forme que ce soit, quel que soit, d'ailleurs, le régime adopté. Il a été décidé avec raison en ce sens : 1° que le droit gradué est dû à l'enregistrement d'un contrat de mariage portant adoption du régime de la séparation de biens, sur la valeur nette des biens qui y sont mentionnés comme appartenant aux futurs époux, encore que la qualification d'apports n'ait point été employée (Trib. Seine, 13 mai 1876, *Journ. enreg.*, art. 20076; 22 déc. 1876, aff. Duclos de Varanval, D. P. 78. 5. 230); — 2° que le contrat de mariage portant adoption du régime de la séparation de biens, déclaration d'apport par le futur de diamants de famille et par la future d'objets mobiliers à son usage, stipulation que l'hypothèque légale de la future ne pourra s'exercer que sur un immeuble désigné appartenant au futur, donne lieu au droit gradué sur la valeur de cet immeuble comme sur celle des objets apportés (Sol. adm. enreg. 13 janv. 1874, D. P. 74. 3. 31). A défaut de perception du droit gradué sur la valeur de cet immeuble à l'enregistrement du contrat de mariage, un supplément de droit est dû; mais, s'agissant d'une perception insuffisamment faite, la pénalité du droit en sus n'est point applicable (Même solution); — 3° Que la mention, dans un contrat de mariage, de l'apport par l'un des futurs de droits successifs résultant d'un inventaire dressé le même jour par le notaire rédacteur du contrat, constate suffisamment l'existence de la valeur apportée pour qu'elle soit soumise au droit gradué (Trib. Lunéville, 2 août 1882, aff. M° Colmant, D. P. 83. 5. 239); — 4° Que le droit gradué est exigible sur le montant total des apports, bien qu'ils comprennent des *valeurs mobilières situées à l'étranger*, la loi ne distinguant pas entre les valeurs françaises et les valeurs étrangères (Sol. adm. enreg. 10 mai 1872, D. P. 73. 5. 208). De même, pour les partages de biens situés partie en France, partie à l'étranger, le droit gradué est dû aussi bien sur les derniers immeubles que sur les premiers (V. *suprà*, n° 1236).

1810. Les biens *donnés* aux époux par contrat de mariage ne constituent pas des apports personnels : d'ailleurs, frappés du droit de donation, ils ne peuvent pas, en outre, être frappés du droit gradué; ils doivent donc être mis de côté pour le calcul du droit gradué, c'est ce que l'Administration a elle-même reconnu (Sol. adm. enreg. 21 mai 1872, D. P. 73. 5. 208). D'autre part, il y a lieu de déduire des apports le montant des dettes qui peuvent les grever : la loi dit expressément que le droit gradué ne se perçoit que sur le montant *net* des apports. — L'Administration a décidé que le droit gradué d'enregistrement étant établi, en ce qui concerne les contrats de mariage, sur « le montant net des apports personnels des futurs époux », le passif grevant l'apport de l'un des futurs ne peut être déduit, pour la liquidation du droit, que du montant de cet apport; s'il est supérieur, l'excédent n'est pas susceptible d'être distrait de l'apport de l'autre époux (Sol. adm. enreg. 16 juin 1884, D. P. 85. 3. 128). Cette solution est contestable. Sans doute, les dettes de l'un des futurs ne grèvent point l'apport de son conjoint. Mais ce motif, exprimé dans la solution de

l'Administration, est-il suffisant pour justifier la distinction qu'elle prétend établir? Il ne le semble pas. En effet, la loi ne distingue pas entre les apports de chacun des époux ; d'après ses prescriptions, la valeur imposable se forme en additionnant ces apports et en retranchant les dettes des deux époux sans distinction. D'un autre côté, la solution de l'Administration est contraire à la théorie soutenue par elle et consacrée par la jurisprudence, sur la nature du droit gradué, et suivant laquelle ce droit a été substitué purement et simplement au droit fixe et doit être perçu suivant les mêmes règles. Il est évident que la distinction proposée par l'Administration n'avait aucune raison d'être pour la perception du droit fixe (V. D. P. 85. 3. 128).

1811. L'art. 3 de la loi du 28 févr. 1872 punit du droit en sus, qui ne peut être inférieur à 50 fr., la dissimulation des sommes ou valeurs passibles du droit gradué. L'Administration a décidé que cette pénalité s'appliquait même aux contrats de mariage qui ne contiennent aucune stipulation ou énonciation d'apport. — Toutefois, quand la dissimulation d'un apport ne cause aucun préjudice au Trésor, par exemple, quand l'apport dissimulé est inférieur à 5000 fr., il n'est pas dû d'amende (Sol. adm. enreg. 6 août 1872, D. P. 73. 5. 208).

1812. C'est par une déclaration estimative des parties, et non d'après les règles spéciales établies pour l'assiette du droit proportionnel d'enregistrement, que la valeur de la nue propriété ou de l'usufruit doit être déterminée pour la perception du droit gradué à percevoir sur les contrats de mariage (Sol. adm. enreg. 26 nov.-17 déc. 1873, D. P. 75. 3. 24). Les règles spéciales que la loi de frimaire a établies pour la perception du droit proportionnel sur les transmissions de nue propriété doivent être restreintes aux transmissions passibles de ce droit, d'autant plus qu'elles sont très rigoureuses. C'est avec raison que l'Administration a décidé qu'elles ne doivent pas être étendues à la perception du droit gradué. Ce serait leur donner une extension qu'elles ne comportent pas, car la loi qui a établi le droit gradué, n'autorise pas ce mode de procéder (*Ibid.*, note).

Nous avons terminé l'étude des règles particulières au droit gradué; nous allons maintenant examiner les difficultés nouvelles qui ont pu s'élever à l'occasion de la perception du droit d'enregistrement sur les contrats de mariage ; nous devons reproduire ici l'observation, que nous avons déjà faite en commençant, à savoir que les solutions intervenues à l'occasion du droit fixe sont encore aujourd'hui applicables, la quotité seule du droit étant modifiée et les règles de perception restant les mêmes.

2°. — *Déclaration d'apports (Rép. n°* 3364 à 3371*).*

1813. Ce qui constitue principalement le contrat de mariage, ce sont les déclarations des apports des époux, les stipulations qui forment entre eux le pacte de famille et de société. Ce sont aussi les stipulations que la loi fiscale tarife aujourd'hui au droit gradué. En thèse générale, les dispositions de l'espèce ne donnent lieu à aucun droit particulier, quel que soit le régime adopté (*Rép.* n° 3364). Il en est ainsi de la *déclaration* de la *dot* apportée à la future, lors même qu'elle est accompagnée d'une *estimation* (*Rép.* n° 3365). Décidé, en ce sens, que la clause d'un contrat de mariage portant communauté d'acquêts et stipulation que l'estimation donnée au fonds de commerce du futur en vaudra vente à la communauté, le futur n'ayant le droit que de reprendre le montant de l'estimation, sauf au futur réservée au survivant de conserver le fonds pour son compte, ne donne pas lieu au droit de 2 pour 100, attendu que cette stipulation produit l'effet d'un simple apport en mariage et a pour unique objet de déterminer les reprises que le futur aura le droit d'exercer lors de la dissolution de la communauté, à raison de cet apport (Sol. adm. enreg. 19 sept. 1862, *Diction. droits d'enreg.*, v° *Contrat de mariage*, n° 101). Même décision dans une espèce où le fonds de commerce estimé dans le contrat de mariage avait été apporté par la future (Sol. adm. enreg. 15 janv. 1875, *ibid.*).

De même, la stipulation du régime d'*exclusion de communauté* ou de celui de *séparation de biens* ne donne lieu à aucun droit particulier (*Rép.* n° 3371).

3°. — *Séparation de biens* (*Rép.* n°⁸ 3372 à 3388).

1814. Il a été traité ici, au *Répertoire*, de la *séparation judiciaire* bien qu'elle se rapporte, par sa nature, à la section suivante où il sera traité des règles de la perception concernant les *jugements*. Ce mode de procéder a été adopté en raison de certaines règles spéciales à cette séparation, et aussi pour n'en pas trop scinder ce qui se rapporte aux contrats de mariage (*Rép.* n° 3372).

1815. La stipulation, dans un contrat de mariage, que les époux adoptent le régime de la séparation de biens, n'est pas de nature à modifier la perception du droit d'enregistrement (*Rép.* n° 3371). Il en est ainsi depuis comme avant l'établissement du droit gradué. Cela résulte de la solution du 13 janv. 1874, citée *suprà*, n° 1809.

1816. Il est toujours loisible aux époux de faire cesser la séparation judiciaire et de se replacer sous la loi de leur pacte matrimonial. L'acte constatant le *rétablissement de la communauté* a, en droit fiscal, toutes les prérogatives dont jouit le contrat de mariage (*Rép.* n° 3388). Ce n'est pas à dire qu'il soit passible du droit gradué. En effet, il n'est pas un contrat de mariage, et le droit gradué n'est applicable qu'à l'acte constituant ce contrat. C'est le droit fixe de 3 fr. établi pour les contrats innommés qui se perçoit en pareil cas.

4°. — *Clauses restrictives de la communauté* (*Rép.* n°⁸ 3389 à 3401).

1817. La stipulation, soit de la communauté légale, soit de la communauté conventionnelle, est de l'essence même du contrat de mariage et ne donne pas lieu, à un droit particulier (*Rép.* n° 3389). Toutefois, ces stipulations peuvent, en raison des effets qu'elles sont appelées parfois à produire, n'être pas toujours des dispositions dépendantes (*Rép.* n° 3389). Le *Répertoire* a successivement étudié, à ce point de vue, les clauses *restrictives, extensives* ou *modificatives* de la communauté, ainsi que celles qui *dérogent* particulièrement au principe du *partage par moitié* (*Rép.* n° 3390). — Il s'agit ici des clauses restrictives de la communauté.

1818. Soit que le contrat de mariage renferme une *clause de réalisation* excluant tout ou partie du mobilier de la communauté, soit que les époux ne mettent leur mobilier en commun que jusqu'à concurrence d'une somme déterminée, soit enfin qu'ils réduisent leur association à une simple communauté d'acquêts, ces stipulations sont inhérentes au contrat de mariage et ne donnent lieu à aucun droit particulier (*Rép.* n° 3390). On verra *infrà*, n°⁸ 1825 et suiv., différentes applications de ce principe au sujet des conventions de mariage qui dérogent au principe du partage de la communauté par moitié.

1819. La stipulation d'une société d'acquêts dans un contrat de mariage portant adoption du régime dotal ne donne lieu à aucun droit particulier (*Rép.* n° 3391). Les règles établies pour le cas de mariage sous le régime de la communauté s'appliquent, en ce cas, aux dispositions relatives au partage entre les époux des biens de la société d'acquêts. Mais, au cas de mariage sous le régime dotal sans société d'acquêts, toute disposition attributive à la femme une part quelconque des acquêts aurait le caractère de libéralité. Ainsi, la clause d'un contrat de mariage portant adoption du régime dotal sans stipulation de société d'acquêts, qui attribue à la femme, en cas de survie, la moitié des biens meubles ou effets mobiliers qui appartiendront au futur époux au jour de son décès et la moitié des immeubles qu'il acquerra durant le mariage et qui seront encore dans ses mains au jour de son décès, constitue, non une simple convention de mariage de la nature de celles prévues par l'art. 1525 c. civ., mais une véritable donation sujette au droit proportionnel (Civ. cass. 28 mars 1854, aff. Lecat, D. P. 54. 1. 184. Conf. Trib. Evreux, 23 juin 1855, même affaire, D. P. 55. 3. 69, jugement rendu sur le renvoi prononcé par l'arrêt du 28 mars 1854).

5°. — *Clauses extensives de la communauté* (*Rép.* n°⁸ 3402 à 3416).

1820. Les stipulations du contrat de mariage qui ont pour effet d'étendre les limites de la communauté légale, telles que la stipulation d'une *communauté universelle* ou *à titre universel* et la *clause d'ameublissement* sont, en principe, des dispositions dépendantes et ne donnent pas lieu, en conséquence, à un droit particulier (*Rép.* n° 3402).

1821. Les époux qui stipulent une *communauté universelle* dans les termes de l'art. 1526 c. civ. ne font que régler leurs conventions matrimoniales. S'il y a des apports réciproques, fussent-ils inégaux dans une certaine mesure, l'avantage que la convention est susceptible de procurer à celui qui a le moins apporté ne lui fait pas perdre son caractère; par suite, aucun droit particulier n'est dû de ce chef (*Rép.* n° 3403). Mais si, en fait, il n'y a pas d'apport du tout de l'un des deux côtés ou, du moins, si ce qui est apporté est minime, on voit clairement apparaître, sous l'apparence d'une convention de communauté, une libéralité déguisée. Aussi décide-t-on, en matière civile, qu'audit cas il y a une donation véritable, susceptible de réduction, si elle porte atteinte à la réserve (Civ. rej. 3 avr. 1843, *Rép.* v° *Dispositions entre vifs et testamentaires*, n° 799). Jugé de même, en matière fiscale, dans une espèce où le mari avait fait apport de biens d'une valeur supérieure à 500000 fr., tandis que la femme n'avait apporté qu'une valeur de 10000 fr. qu'elle avait pris soin d'exclure de la stipulation de communauté universelle, que cette stipulation devait être considérée comme constituant une libéralité éventuelle entre époux, alors qu'elle attribue au survivant l'usufruit de tous les biens de la communauté sans en excepter les apports des époux (Req. 18 janv. 1888, aff. Chaleyer, D. P. 88. 1. 174).

1822. La *clause d'ameublissement* stipulée dans un contrat de mariage ne donne lieu à aucun droit particulier d'enregistrement, que l'ameublissement soit déterminé ou indéterminé (*Rép.* n° 3407).

L'administration de l'enregistrement a longtemps soutenu que la fiction de l'ameublissement cesse lors de la dissolution de la communauté, qu'il n'y a donc pas à tenir compte de la stipulation pour la perception des droits de mutation ouverts par le décès de l'époux prédécédé, et que, si l'immeuble ameubli passe à un titre quelconque, et même comme lotissement dans le partage ou la liquidation, entre les mains du conjoint de l'époux qui avait fait l'ameublissement, le droit de mutation entre vifs est dû de ce chef (*Rép.* n° 3413). — Cette doctrine a été combattue au *Rép.* n° 3414. L'Administration l'a abandonnée. Une décision du ministre des finances du 23 déc. 1863 a établi sur ce point les règles suivantes qui sont entièrement conformes à la doctrine enseignée au *Rép. ibid.* Les stipulations dans les contrats de mariage, relatives à la clause d'ameublissement, celle, notamment, par laquelle l'un des conjoints, renonçant à la faculté d'option accordée par l'art. 1509 c. civ., attribue éventuellement l'immeuble ameubli à l'autre époux, ne donnent ouverture au droit fixe d'enregistrement dont sont passibles les donations éventuelles. Les renonciations à cette faculté d'option, consenties postérieurement au contrat de mariage, ainsi que les attributions, par l'effet du partage, des immeubles ameublis au lot de l'époux qui ne les a point apportés ou de ses représentants, ne peuvent donner lieu au droit proportionnel de mutation entre vifs, sauf la perception de ce droit dans le cas où il aurait été stipulé une soulte applicable aux immeubles ameublis. Si le mariage est dissous par le décès de l'époux qui a fait l'ameublissement, les héritiers doivent comprendre dans la déclaration de la succession, avant partage, la moitié de l'immeuble, et, après partage, le lot qui leur est échu. Si la dissolution du mariage arrive par le décès de l'époux qui n'a pas fait l'ameublissement, les héritiers doivent de même déclarer la moitié de l'immeuble avant partage, et, après partage, le lot attribué au défunt. D'après ce qui précède, aucune indemnité ne pouvant être due à la communauté, il n'y a point à en comprendre dans la masse pour la liquidation du droit. (Instr. adm. enreg. 22 févr. 1865, n° 2307, D. P. 70. 3. 101).

6°. — *Clauses modificatives des effets de la communauté* (*Rép.* n°⁸ 3417 à 3426).

1823. En thèse générale, les stipulations diverses par lesquelles, en adoptant le régime de la communauté, les époux en modifient les effets généraux, ne donnent pas lieu à la perception de droits particuliers (*Rép.* n° 3417). Il en est ainsi, notamment, de la clause de *séparation de dettes* (*Rép.* n° 3418), de la convention par laquelle la femme se réserve la faculté de reprendre, même en renonçant, son *apport franc et quitte* (*Rép.* n°ˢ 3419 et 3423), — enfin de la clause de *préciput* qui autorise le survivant à prélever, avant tout partage, une certaine somme ou une certaine quantité d'objets mobiliers (*Rép.* n° 3420).

Toutefois, en ce qui concerne cette dernière stipulation, deux conditions sont nécessaires pour que la clause de préciput constitue une simple convention de mariage; il faut : 1° qu'elle ne soit applicable qu'aux bénéfices de la communauté, à l'exclusion de tout bien propre du prémourant des époux; 2° que l'attribution conférée au survivant remonte au jour du contrat de mariage, de telle sorte que le prémourant soit censé n'avoir jamais eu aucun droit sur les bénéfices de la communauté (D. P. 73. 3 62, note). Ainsi, la clause d'un contrat de mariage portant donation réciproque par les futurs époux, au profit du survivant, de la jouissance de tous les acquêts de la communauté, prélèvement fait d'un préciput déterminé, constitue une simple convention de mariage et entre associés; en conséquence, le droit de mutation n'est pas dû, au décès de l'époux prémourant, sur la valeur de la clause recueille en exécution de la clause (Trib. Seine, 8 juin 1872, aff. Cuinet, D. P. 73. 3. 62).

1824. Lorsque la femme a le droit d'exiger le préciput même *en renonçant à la communauté*, la clause constitue une véritable libéralité et donne lieu, par suite, au droit fixe de donation éventuelle à l'enregistrement du contrat de mariage, et au droit de mutation par décès lors de la réalisation de la clause par le décès du prémourant des époux (*Rép.* n° 3425). Cette doctrine, soutenue par l'Administration, a été contestée. La cour de cassation l'a consacrée en décidant qu'en cas d'acceptation de la communauté par la femme survivante en faveur de laquelle un préciput a été stipulé avec faculté de l'exiger même en renonçant, le préciput doit être prélevé sur la masse sociale avant le partage, mais après distraction des reprises, récompenses et indemnités dues à chacun des époux, ainsi que de toutes les sommes qui peuvent être légalement prises sur l'actif commun; et, lorsque ces prélèvements excèdent l'actif commun, le préciput, devant être pris nécessairement alors sur la succession du mari, constitue, pour la femme, non plus une simple convention de mariage, mais un avantage entre époux, et donne lieu, à ce titre, à la perception des droits de mutation par décès entre époux sur la valeur qui en est l'objet (Civ. cass. 12 juin 1872, aff. de la Fontenelle, D. P. 72. 1. 327). Cet arrêt est conforme au principe ci-dessus, suivant lequel il faut, pour que le préciput ne constitue pas une libéralité, qu'il ne soit applicable qu'aux bénéfices de la communauté, à l'exclusion de tout bien propre du prémourant des époux (V. *suprà*, n° 1823).

7°. — *Clauses dérogeant au principe du partage par moitié. — Conventions de mariage (Rép.* n°ˢ 3427 à 3442).

1825. Ces clauses sont, d'une part, celles qui assignent à l'époux survivant ou aux héritiers du prédécédé, soit une *part moindre que la moitié*, soit une *somme fixe* sur tout droit de communauté, cas auquel la clause est désignée sous le nom de *forfait de communauté;* d'autre part, celles prévues par les art. 1520 à 1525 c. civ. qui attribuent la *communauté entière* à l'époux survivant ou à l'un d'eux seulement (*Rép.* n° 3427).

1826. La règle de perception établie ci-dessus au sujet de la clause de préciput, s'applique aux dispositions qui dérogent au principe du partage de la communauté par moitié (*Rép.* n° 3427). Deux conditions sont nécessaires pour que la clause soit considérée comme constituant une simple convention de mariage et ne donne lieu, en conséquence, ni au droit fixe établi pour les donations éventuelles, lors de l'enregistrement du contrat de mariage, ni au droit proportionnel de mutation à l'événement. Il faut, d'abord, qu'elle ne s'applique qu'aux bénéfices de la communauté, à l'exclusion de tout bien propre du prémourant des époux. Il faut, en outre, que l'attribution qu'elle confère au survivant remonte au jour du contrat de mariage,

de telle sorte que le prémourant soit censé n'avoir jamais eu aucun droit sur les bénéfices de la communauté (V. D. P. 71. 1. 153, note, D. P. 72. 1. 420, note). Si la clause atteint, d'une façon ou de l'autre, les apports et capitaux de l'époux prémourant, elle constitue, dans le contrat de mariage, une disposition indépendante qui a le caractère de libéralité éventuelle et donne lieu, à ce titre, à un droit fixe particulier, à l'enregistrement du contrat, et au droit proportionnel de mutation lors de l'événement. La jurisprudence était fixée en ce sens, à l'époque de la publication du *Répertoire.* Elle a été confirmée et complétée par les décisions survenues postérieurement.

1827. La stipulation désignée dans la pratique sous le nom de *forfait de communauté*, rentre dans les dispositions constitutives du contrat de mariage et ne donne lieu à aucun droit, parce qu'elle ne porte que sur les acquêts communs (*Rép.* n° 3428). Il en est ainsi alors même que l'époux survivant, appelé à recueillir le bénéfice de la stipulation, est chargé de payer aux héritiers de son conjoint une somme déterminée (*Rép.* n° 3436). — L'Administration a soutenu que, dans ce dernier cas, le droit proportionnel est exigible à l'événement, et cette prétention a été admise par différents jugements du tribunal de la Seine. Aux termes de ces décisions, le droit de vente mobilière à 2 pour 100 est dû sur l'acte par lequel le mari survivant, usant d'une faculté stipulée dans le contrat de mariage, déclare conserver l'industrie commerciale existant dans la communauté en s'obligeant à payer à l'héritier de la femme le prix de sa portion de cette industrie (Trib. Seine, (et non de Lille) 19 juill. (et non 27 août) 1853, aff. Lecoq, D. P. 54. 3. 63; 14 mars 1855, aff. X..., D. P. 55. 5. 184; 17 août 1855, aff. Duval, *ibid.*; 4 juin 1856, aff. Laperche, D. P. 57. 3. 13). — Mais la cour de cassation a justement repoussé cette doctrine qui, exacte, lorsqu'il s'agit d'une société ordinaire, comme on le verra bientôt (V. *infrà*, n°ˢ 1928 et suiv.), est en opposition directe avec les principes particuliers à l'association conjugale. Elle a décidé, par ces considérations :... que le caractère légal de simple convention de mariage assigné à la stipulation prévue par l'art. 1525 c. civ. s'oppose aussi bien à ce qu'on considère cette stipulation comme une vente qu'à ce qu'on la répute un avantage sujet aux règles relatives aux donations, soit quant au fond, soit quant à la forme (Civ. cass. 7 avr. 1856, aff. Lecoq, D. P. 56. 1. 207);... Que, spécialement, l'attribution de toute la communauté à l'époux survivant ne cesse pas d'être une simple convention matrimoniale, et ne prend pas le caractère d'une mutation à titre onéreux passible du droit proportionnel, par cette circonstance qu'il a été stipulé que le survivant payera aux héritiers du prémourant, soit une somme fixe, soit une somme dont les bases d'évaluation sont déterminées à l'avance par le contrat de mariage, le droit de propriété du survivant prenant son origine et son titre, non dans un contrat consensuel avec les héritiers du prémourant, mais dans la clause du contrat de mariage qui lui fait attribution de ce droit pour le cas où la chance aléatoire de survie s'ouvrira en sa faveur (Même arrêt);... Qu'en conséquence, l'acte constatant l'exécution de la clause donne lieu à un simple droit fixe, et non au droit proportionnel de mutation (Même arrêt. Conf. Trib. Lille, 27 août 1853, aff. Lestienne, D. P. 54. 3. 9).

1828. Les clauses qui attribuent à l'époux survivant, soit une *part plus forte* que la moitié, soit la *totalité* de la communauté, doivent être considérées comme de simples conventions de mariage ou comme constituant des libéralités, selon que les deux conditions indiquées *suprà*, n° 1823, sont ou ne sont pas remplies (*Rép.* n°ˢ 3423, 3427, 3428, 3430 et 3435). Ainsi, jugé : 1° que la clause contractuelle par laquelle des époux déclarent attribuer au survivant d'eux la propriété entière du mobilier et l'usufruit des immeubles de la communauté, sauf l'application des dispositions du code dans le cas d'existence d'enfants, ne renferme qu'un simple convention de partage de communauté et non une donation; par suite, aucun droit de mutation n'est dû au décès de l'époux survivant pour le bénéfice qu'il retire de cette clause (Trib. Douai, 18 août 1853, aff. Pomme, D. P. 54. 3. 4); — 2° que la clause d'un contrat de mariage par laquelle l'époux qui a des enfants d'une précédente union, attribue à son conjoint, en cas de survie de celui-ci, tout ou partie de sa part dans les valeurs de la communauté, doit, au point de vue de la perception des droits d'enregistrement, être considérée, non comme une libéralité éventuelle, mais comme une convention de mariage, alors qu'il s'agit d'une disposition. réciproque (Trib. Havre, 28 juill. 1867, aff. Mollet, D. P. 68. 3. 96); — 3° Que la clause d'un contrat de mariage portant adoption du régime de la communauté, par laquelle il est stipulé qu'au décès du prémourant des époux le survivant sera propriétaire de tous les biens communs, ne constitue pas une donation, mais simplement une convention de mariage et entre associés, dès qu'aucune disposition expresse ni tacite du contrat n'implique l'attribution à l'époux survivant des apports tombés dans la communauté du chef de l'époux prédécédé. Il en est ainsi surtout, lorsque l'attribution est faite conformément à l'art. 1525 c. civ., et que cette expression formelle de la volonté des parties de contracter dans les termes de cet article, n'est pas inconciliable avec les autres clauses du contrat. En conséquence, l'époux survivant ne doit pas le droit de mutation sur la part de son conjoint prédécédé (Civ. cass. 9 août 1881, aff. Loyer, D. P. 82. 1. 82). Il est parfois difficile de reconnaître si la clause du contrat de mariage réserve aux héritiers de la l'époux prédécédé la reprise du capital mis en communauté par cet époux; mais, toutes les fois qu'il est constaté qu'une clause renferme cette réserve, la dérogation faite au partage égal, ne comportant aucune attribution de biens personnels aux époux, est une convention entre associés qui ne donne pas ouverture au droit de donation (Ibid., note).

1829. Il en est ainsi, alors même que la clause du contrat est qualifiée *donation*. Ainsi, il a été jugé : 1° que la disposition d'un contrat de mariage portant que, « les futurs époux se sont fait, à titre de convention de mariage, donation entre vifs, mutuelle et irrévocable, au profit du survivant, de tous les biens qui, au jour du décès du prémourant, composeront la portion de celui-ci dans les bénéfices de la communauté, à quelque somme que puisse s'élever la valeur desdits biens, pour ledit survivant, au moyen de la présente donation, disposer, en toute propriété, de tous les bénéfices de communauté, tant de son chef que comme donataire, et que, en conséquence, le survivant n'aura aucun compte à rendre aux héritiers du prédécédé pour raison de ces mêmes bénéfices ». constitue, non une donation entre époux, passible du droit proportionnel de mutation, mais une convention de mariage et entre associés caractérisée par l'art. 1525 c. civ., et cela, lors même que, dans la suite du contrat, il se trouverait des énonciations et qualifications paraissant se rapporter à une donation ordinaire entre époux, si ces énonciations, accessoires et secondaires, n'impliquent pas nécessairement un sens contraire à la dénomination principale, laquelle s'accorde, d'ailleurs, avec l'esprit général du contrat (Civ. cass. 8 mai 1854, aff. Noussel, D. P. 54. 1. 184); — 2° Que la clause d'un contrat de mariage, portant attribution au survivant des époux d'une part dans la communauté plus forte que celle des héritiers du conjoint prédécédé, peut être considérée comme constituant une convention de mariage dans le sens des art. 1520 et 1525 c. civ., et non une donation, alors même que cette attribution y aurait été limitée, pour le cas d'existence d'enfants, à la portion disponible entre époux. Ainsi, on doit voir une convention de communauté, affranchie, dès lors, du droit de mutation dans la clause qui attribue au survivant, en cas d'existence d'enfants, outre une moitié de la communauté, le quart en propriété et le quart en usufruit de l'autre moitié, et que aucune des dispositions du contrat n'implique, chez les contractants, la pensée qu'une portion quelconque des biens ainsi attribués au survivant fût d'abord entrée dans la succession du prédécédé pour en sortir par l'effet de la stipulation; et il n'importe qu'à la suite de l'ensemble des dispositions du contrat de mariage, il ait été dit « que les contractants se font réciproquement donation des avantages ci-dessus, ce qu'ils ont l'un et l'autre accepté », si cette dernière disposition, outre qu'elle ne saurait ni changer, ni modifier le caractère assigné au contrat par la pensée principale qui l'a dominée, se réfère d'ailleurs à d'autres avantages appliqués aux propres des époux, en prévision de l'hypothèse où il n'existerait point d'enfant (Civ. rej. 1er août 1855, aff. Vanloqueren, D. P. 55. 1. 355); — 3° Que la clause d'un

contrat de mariage par laquelle les futurs époux se font l'un à l'autre, au profit du survivant, donation entre vifs et irrévocable de moitié en propriété et moitié en usufruit de la part du prémourant dans les biens de la société d'acquêts établie entre eux par le contrat, doit être considérée comme une simple convention de mariage entre associés, dans les termes de l'art. 1525 c. civ., alors surtout que les époux se sont réservé, par une disposition spéciale du contrat, la faculté de reprendre leurs apports lors de la dissolution de la société d'acquêts, et que, d'autre part, la disposition a été exécutée par les parties comme convention de mariage. En conséquence, l'époux survivant ne doit aucun droit de mutation au décès du prémourant, à raison des avantages que la clause lui assure (Trib. Seine, 24 avr. 1869, aff. Seillière, D. P. 69. 3. 72); — 4° Que la clause d'un contrat de mariage portant donation réciproque par les futurs époux au survivant d'eux, pour gain de survie, de jouissance de tous les acquêts de communauté, prélèvement fait d'un préciput déterminé, doit être considérée, d'après sa nature et ses éléments essentiels, et nonobstant la qualification qui lui a été donnée dans l'acte, comme constituant, non une donation, mais une simple convention de mariage et entre associés; en conséquence, le survivant des époux ne doit pas le droit de mutation, au décès du prémourant, sur la valeur de l'usufruit qu'il recueille en exécution de la clause (Trib. Seine, 8 juin 1872, aff. Cuinet, D. P. 73. 3. 62; Civ. rej. 11 nov. 1873, aff. Cuinet, D. P. 74. 1. 239).

C'est donc à tort qu'il a été décidé : 1° que si l'attribution, par une clause contractuelle, de tous les bénéfices de la communauté au survivant des époux, ne constitue, en règle générale, qu'une simple convention de mariage, on doit cependant y voir une libéralité passible du droit proportionnel au décès du prémourant, toutes les fois que la clause est rédigée de manière à faire entendre que c'est en qualité de donataire que le survivant aura droit à la part de bénéfices qui, sans la clause, devrait revenir aux héritiers du prédécédé. Il en est ainsi, spécialement dans le cas où il est dit, après l'énumération de plusieurs libéralités, que les époux se font donation entre vifs actuelle et irrévocable, au profit du survivant d'eux, de tous les biens meubles et immeubles qui, au jour du décès du prémourant, composeront la portion de celui-ci dans la communauté, alors même qu'il serait ajouté que cette donation est faite à titre de convention de mariage (Trib. Seine, 23 déc. 1852, aff. Noussel, D. P. 54. 3. 5, jugement cassé par l'arrêt précité du 8 mai 1854); — 2° Que la clause d'un contrat de mariage portant donation mutuelle entre vifs et irrévocable par les futurs époux, au survivant d'eux, de moitié en propriété et de moitié en usufruit de la part du prémourant dans les biens de la société d'acquêts établie par le contrat, constitue une libéralité éventuelle passible du droit de mutation par décès entre époux au décès du prémourant, et non une simple convention de mariage, alors surtout que l'intention des époux se manifeste en ce sens par l'ensemble des clauses du contrat (Civ. cass. 7 déc. 1870, aff. Seillière, D. P. 71. 1. 153). — Dans ces deux dernières espèces, la clause ne portait que sur des biens communs, à l'exclusion des biens personnels des époux; bien qu'elle eût été qualifiée de donation, elle ne constituait en réalité qu'une convention de mariage (Ibid., note).

1830. Mais s'il n'y a pas de communauté même réduite aux acquêts, ou bien si la clause comporte l'attribution au survivant de biens personnels de l'autre époux, il y a libéralité et le droit proportionnel de donation est exigible (Rép. n° 3431). — Conformément à ce principe, il a été décidé : 1° que lorsque les époux se sont mariés sous le régime dotal, sans stipulation de communauté d'acquêts, la disposition du contrat de mariage qui attribue à la femme, en cas de survie, « la moitié des biens meubles ou effets mobiliers qui appartiendront au futur époux au jour de son décès et la moitié des immeubles que le futur époux acquerra durant le mariage et qui seront encore entre ses mains au jour de son décès », constitue, au profit de la femme, non pas seulement une convention de mariage et entre associés (c. civ. art. 1525), mais une véritable donation soumise au droit proportionnel de mutation par décès entre époux (Civ. cass. 28 mars 1854, aff. Lecat, D. P. 54. 1. 184); — 2° Que la clause d'un contrat de mariage qui attribue à l'époux survivant, non point seulement les bénéfices de la communauté, mais même les apports, constitue une donation, et non une simple convention de mariage; spécialement, la clause contractuelle portant que l'époux survivant sera propriétaire de tous les biens faisant partie de la communauté, donne lieu, au décès de la femme, à la perception du droit de mutation fixé par l'art. 24 de la loi du 22 frim. an 7; il en est surtout ainsi dans le cas où l'apport de la femme consistait dans des immeubles, dont, malgré leur ameublissement, elle avait interdit au mari de disposer sans son consentement écrit (Trib. Cambrai, 1er août 1856, aff. Briant, D. P. 56. 3. 45); — 3° Que l'attribution, dans un contrat de mariage portant adoption du régime de la communauté universelle, à l'époux survivant, de l'intégralité de l'actif commun sans en excepter les apports et les capitaux tombés dans la communauté du chef de son conjoint prédécédé, constitue, non une simple convention de mariage, mais une véritable libéralité qui donne lieu, lorsqu'elle se réalise, au droit de mutation par décès entre époux (Trib. Versailles, 6 nov. 1886, aff. Lebouvic, D. P. 87. 5. 195-196); — 4° Que la clause par laquelle, en se soumettant au régime dotal, sans stipulation de communauté d'acquêts, les époux conviennent que la femme, en cas de survie, aura droit à une portion déterminée des biens laissés à son décès par le mari, renferme, non une simple convention de mariage, mais une véritable donation passible, au moment de sa réalisation, du droit de mutation par décès; en conséquence, si la veuve n'a fait porter sa déclaration à la régie que sur la portion des biens du mari revenant aux enfants, elle est, avec raison, poursuivie en payement du double droit sur la portion qu'elle recueille elle-même en vertu du contrat de mariage (Trib. Evreux, 23 juin 1853, cité supra, n° 1819); — 5° Que la clause portant, dans le contrat de mariage d'époux qui adoptent le régime de la communauté, que le survivant aura, au cas de non-survenance d'enfant, l'usufruit de tous les biens du prédécédé, et de la moitié seulement de ces mêmes biens dans le cas contraire, constitue, non une convention de mariage dans le sens de l'art. 1525 c. civ., mais une donation passible des droits fixés par la loi du 22 frim. an 7 (Sol. adm. enreg. 24 mars 1854, D. P. 54. 3. 64). — Décidé toutefois, mais à tort, que l'attribution faite au survivant dans le contrat de mariage, d'une part plus forte que celle des héritiers de son conjoint peut être regardée comme une convention de mariage, et non comme une libéralité, alors même qu'elle comprendrait les apports et capitaux du prédécédé (Trib. Lille, 26 mai 1833, aff. Vanloqueren, D. P. 55. 1. 355).

1831. De même, la clause d'un contrat de mariage exprimant que, dans la pensée de se donner des preuves de bonne amitié, les futurs se font donation, savoir : le futur à la future, de l'usufruit des conquêts et de ses biens propres, et la future au futur, seulement de l'usufruit des conquêts, présente, aussi bien pour la disposition faite par la future et qui ne porte que sur les conquêts, que pour celle faite par le futur et qui porte à la fois sur les conquêts et sur ses biens propres, le caractère de libéralité, et non celui de convention de mariage et entre associés; en conséquence, le droit de mutation entre époux est dû, au décès de la femme, par le mari survivant, sur la valeur de l'usufruit qui lui est attribué en vertu de la clause (Civ. cass. 22 juill. 1872, aff. Bizouard, D. P. 72. 1. 420). Il est à noter que, dans cette espèce, la disposition faite par le futur portait seule sur des biens de communauté et des biens propres; la disposition faite par la future ne comprenait que des biens de communauté : si cette disposition eût été unique, elle eût revêtu le caractère d'une convention de mariage; mais la cour de cassation a pensé que la réciprocité des deux dispositions donnait, même à celle émanant de la future, le caractère de libéralité (Ibid., note).

1832. Toutes les fois que, par une seule et même stipulation, les époux disposent, au profit du survivant, cumulativement, des biens de la communauté et de leurs biens propres, la clause doit être interprétée comme constituant une libéralité pour le tout (Rép. nos 3432 et 3434). Ainsi il a été jugé : 1° que la disposition constitue non plus une convention de mariage, mais une donation, lorsqu'elle attribue au survivant la propriété ou l'usufruit de tous les biens de la communauté,

sans aucune réserve pour la reprise des apports et capitaux du chef du prémourant. Spécialement, la clause portant que le survivant des époux aura l'usufruit de tous les biens de la communauté ne constitue une simple convention de mariage et entre associés qu'autant que les héritiers du prédécédé conservent le droit de reprendre les valeurs tombées dans la communauté du chef de leur auteur; en conséquence, lorsque l'usufruit ainsi réservé au survivant comprend ces valeurs, la stipulation a les caractères d'une donation véritable, et dès lors donne lieu au droit de mutation au décès de l'époux prémourant (Req. 24 mai 1850, aff. de Saint-Pol, D. P. 54. 5. 129); — 2° Que la clause d'un contrat de mariage portant que les futurs époux se font donation l'un à l'autre et au survivant d'eux de l'usufruit de tous les biens de la communauté, constitue une libéralité pour la totalité de l'usufruit donné, et non pas à la fois une convention de mariage pour les bénéfices de communauté, et une donation pour les apports et les capitaux tombés dans la communauté du chef de l'époux prédécédé; en conséquence, le droit de mutation auquel est assujettie cette donation doit être calculé sur la valeur de l'usufruit qui en est l'objet, et non pas seulement sur celle de l'usufruit des biens communs provenant de l'époux prédécédé (Civ. cass. 21 mars 1860, aff. Desbordes, D. P. 60. 1. 441); — 3° Que la disposition d'un contrat de mariage par laquelle les futurs époux se font donation mutuelle, au profit du survivant, de l'usufruit de la part du prémourant dans les bénéfices de communauté et de celui de la moitié de ses biens propres, constitue pour le tout une donation dont l'effet est de transférer, lors du décès de l'époux prémourant, l'émolument à son conjoint, au même titre, tant sur les acquêts que sur les biens propres, et de donner, par suite, ouverture au droit de mutation sur les premiers de ces biens comme sur les seconds (Req. 9 févr. 1875, aff. Archdéacon, D. P. 75. 1. 265); — 4° Que la clause d'un contrat de mariage attribuant au survivant des époux, sous une expression unique, l'usufruit tant de la moitié des acquêts de la communauté revenant au prédécédé que de tous les biens propres par lui délaissés, constitue une libéralité pour le tout; en conséquence, au décès du prémourant des époux, le survivant doit le droit de mutation sur la moitié des acquêts comme pour les biens propres du défunt (Trib. Dunkerque, 18 juin 1876, aff. Kerckove-Lambert, D. P. 76. 5. 202); — 5° Que la clause d'un contrat de mariage, qualifiée donation par la future au futur, et comprenant, sous une expression et un motif uniques, tout à la fois l'usufruit de deux des cinq dixièmes formant la part de la future dans les produits de la société d'acquêts, plus une rente annuelle et viagère à fournir sur le revenu des propres de ladite femme, constitue, pour le tout et sans qu'il soit possible de distinguer entre les choses qui en forment l'objet, non une convention de mariage et entre associés, mais une donation donnant ouverture au droit proportionnel de mutation par décès (Trib. Seine, 7 août 1875, aff. Roger, D. P. 76. 5. 202); — 6° Que la clause d'un contrat de mariage qui attribue, dans les biens communs, à l'époux survivant une part plus grande que la moitié, ne constitue une convention de mariage qu'autant qu'elle est limitée aux acquêts; la stipulation qui confère cumulativement à l'un des époux des droits, spécialement un usufruit, tant sur les acquêts que sur les apports et capitaux tombés dans la communauté du chef de son conjoint ou sur les biens propres de ce dernier, revêt pour le tout le caractère de donation, et donne ouverture, par suite, au droit de mutation par décès aussi bien sur les valeurs de communauté que sur les biens propres (Civ. cass. 5 juill. 1876, aff. Leclercq, D. P. 77. 1. 36. Conf. Trib. Seine, 6 juin 1874, et Trib. Lille, 24 mai 1879, Journ. enreg., art. 19491 et 21084).

1833. On a essayé de distinguer entre l'attribution à l'époux survivant de la totalité de la communauté et l'attribution d'une part plus grande que la moitié. Dans le premier cas, attribution de la totalité de la communauté, on a dit que, lorsque le contrat ne réserve pas la reprise des apports personnels des époux, la jurisprudence doit s'appliquer dans toute sa rigueur et la clause être considérée, en conséquence, comme une donation éventuelle entre époux, passible du droit fixe à l'enregistrement du contrat de mariage et du droit proportionnel de mutation à l'événement. Mais on a soutenu que, lorsque le contrat de mariage stipule simplement le partage inégal de la communauté, cette disposition n'a pas le caractère de libéralité et doit être interprétée comme constituant une simple convention de mariage ne donnant lieu à aucun droit ni à l'enregistrement du contrat de mariage, ni à l'événement, quoique les apports et capitaux de ces derniers se trouvent acquis par l'effet de la stipulation à l'époux prémourant, ces apports et capitaux ayant perdu leur individualité et étant entrés dans la composition du domaine propre de la communauté, et, d'autre part, les héritiers de l'époux prédécédé se trouvant désintéressés par ce qui leur reste de la communauté en pleine propriété et en nue propriété (Trib. Lille, 26 mai 1853, aff. Vanloqueren, D. P. 55. 1. 355 ; Trib. Douai, 22 janv. 1886, aff. Poncelet, D. P. 87. 3. 15. V. D. P. 87. 1. 343, note). — Mais cette théorie n'a pas prévalu devant la cour suprême, qui a confirmé, sans aucune distinction, la doctrine exposée plus haut. Les jugements des tribunaux de Lille et de Douai sont restés isolés; ils étaient déjà contraires à la jurisprudence antérieure de la cour de cassation (V. notamment les arrêts des 24 mai 1850, 21 mars 1860, 5 juill. 1876, cités suprà, n° 1832). La cour de cassation a, de nouveau, confirmé sa jurisprudence, en décidant que la dérogation à la règle du partage égal des biens composant la communauté, autorisée par les art. 1520 et 1525 c. civ., et l'attribution à l'un des époux d'une plus grande part ou même de la totalité du fonds commun ne doit en aucun cas affecter les apports et capitaux tombés dans la communauté du chef de l'autre époux; ainsi limitée aux acquêts ou bénéfices produits par la collaboration commune, cette stipulation constitue une simple convention de mariage; mais tel ne saurait être le caractère de la clause d'attribution, quand elle confère cumulativement à l'un des époux des droits sur tout ou partie des acquêts et des apports et capitaux tombés dans la communauté du chef de son conjoint; elle revêt alors pour le tout le caractère d'une pure libéralité. Spécialement, l'usufruit échu à la veuve survivante en vertu de son contrat de mariage, applicable aux apports de son mari prédécédé ainsi qu'à la part lui revenant dans les bénéfices ou produits de la collaboration commune, procède pour le tout d'une libéralité ayant le caractère indivisible de donation et donne, par suite, ouverture au droit de mutation par décès (Civ. cass. 7 déc. 1886, aff. Grégoire, D. P. 87. 1. 343 ; Req. 18 janv. 1888, aff. Chaleyer, D. P. 88. 1. 174).

1834. On a soutenu que la clause d'un contrat de mariage portant constitution en dot à l'un des futurs par ses père et mère d'une pension viagère sur la tête des donateurs, avec stipulation qu'en cas de prédécès du donataire elle sera réversible pour moitié à son conjoint survivant, doit être interprétée, à l'égard de la réversion, comme une convention entre époux. La rente viagère, a-t-on dit, ayant été constituée sur la tête des donateurs, ne s'éteint point par le prédécès du conjoint donataire : elle forme donc une valeur de sa succession et serait transmise, comme le reste de son patrimoine, à ses héritiers, si le défunt n'en avait disposé au profit de son conjoint. L'attribution stipulée au profit de celui-ci est le résultat d'une disposition entre époux. Elle émane directement du donataire, seul propriétaire de la pension, et non de ses parents qui ont constitué cette pension à son profit dans des conditions qu'elle devait lui survivre. — Cette interprétation n'est pas fondée. En effet, dans le cas dont il s'agit, l'époux survivant tient la moitié de la pension directement de la volonté des parents de son conjoint, il est leur donataire direct. Jugé, en conséquence, que la clause du contrat de mariage constitue une donation éventuelle de la part des constituants au profit du conjoint du donataire, passible, en conséquence, lors de sa réalisation, du droit proportionnel établi pour les donations entre personnes non parentes par contrat de mariage, sur le capital de moitié de la pension (Civ. rej. 27 mars 1872, aff. Hautecloque, D. P. 72. 1. 212-213. Conf. Trib. Douai, 16 (ou 18) nov. 1887, aff. Florent, D. P. 88. 3. 135, et sur pourvoi, Req. 10 déc. 1889, D. P. 90. 1. 348).

Mais il en est différemment au cas où la réversion a été stipulée au profit du donataire et des enfants à naître du mariage, et que le bénéfice en est recueilli par ces derniers. C'est alors d'une transmission par décès qu'il s'agit

comme on le verra infrà, n° 2161 et suiv. à l'art. 4, où il sera traité des mutations par décès.

1835. La loi elle-même porte que la reconnaissance dans le contrat de mariage, de la part du futur, d'avoir reçu la dot apportée par la future, ne donne pas lieu à un droit particulier (V. suprà, n° 1803). C'est ici, en effet, une disposition dépendante du contrat de mariage et qui est la conséquence directe de la déclaration d'apports faite par la future (Rép. n° 3443). Si la reconnaissance d'avoir reçu émanait de de la future, on se trouverait en dehors des prévisions de la loi et le droit proportionnel d'obligation pourrait être dû (Rép. n° 3444). Comme le dit très bien M. Garnier, « la femme s'introduit ici d'une manière anormale dans une affaire de la société, c'est-à-dire dans une affaire dont elle n'a ni le soin ni la direction et dont la loi a remis au mari la conduite exclusive. Qu'est-ce cela, sinon une stipulation qui, non seulement n'est pas de l'essence du contrat de mariage, mais encore lui est complètement étrangère. Dès lors, cette stipulation donne ouverture à un droit particulier » (Rép. gén. enreg., n° 5212).

Toutefois, cette perception ne peut avoir lieu que lorsque la future reconnaît avoir reçu les apports du futur, ce qui implique l'obligation, pour la future, de restituer. Il en serait autrement si celle-ci se bornait à reconnaître que les apports du futur ont été réalisés; cette déclaration, n'impliquant pas la réception des apports au profit de la femme, ne constituerait nullement une reconnaissance de dette et ne donnerait donc lieu à la perception d'aucun droit (Naquet, t. 3, n° 1047, note ; Garnier, ibid.).

1836. Sur la question de savoir si l'exemption de tout droit d'enregistrement établie pour la reconnaissance par le futur d'avoir reçu la dot de la future, s'étend aux dispositions par lesquelles les ascendants du futur ou des tiers garantissent cette dot, V. suprà, n° 784 et suiv., et infrà, n° 1865.

1837. L'art. 68, § 3, n° 1, de la loi du 22 frim. an 7 (V. suprà, n° 1803) vise des dispositions qui, à la différence de celles dont nous nous sommes occupés jusqu'ici, ne sont pas inhérentes au contrat de mariage, celles concernant les dots constituées aux futurs par leurs ascendants ou les donations à eux faites par des collatéraux ou autres personnes non parentes. Cette disposition a particulièrement en vue des stipulations à titre gratuit. Elle sera étudiée sous ce rapport à l'article suivant (V. infrà, n° 2105 et suiv.). Mais elle pose un principe essentiellement applicable aux conventions à titre onéreux. C'est seulement de ces dernières conventions qu'il est question ici (Rép. n° 3445).

1838. En principe, la constitution de dot faite à l'un des futurs par un ascendant ne donne pas lieu au droit proportionnel toutes les fois que les dots qui en font l'objet ont pour objet des biens appartenant en propre à l'enfant doté, soit comme les ayant recueillis dans la succession de son père ou dans celle de sa mère, soit comme les tenant d'une autre source, la stipulation se confondant, en ce cas, avec la déclaration d'apports (Rép. n° 3446). Mais, toutes les fois que l'enfant donataire reçoit des biens autres que ceux lui revenant, le droit proportionnel est dû (Rép. n° 3450, 3457 et 3463). Ainsi il a été jugé avec juste raison : que la constitution dotale d'une somme d'argent faite par une mère à sa fille pour parfaire une somme déterminée à laquelle sont présumés s'élever ses droits dans la succession de son père, donne lieu à la perception du droit proportionnel de donation sur la somme constituée, lorsqu'il n'est pas justifié de l'existence de cette somme dans la succession paternelle (Trib. Saint-Amand, 3 févr. 1871, aff. Herluison, D. P. 73. 5. 210) ;... Que la constitution d'une dot par le survivant de deux époux à l'enfant commun avec clause d'imputation sur les biens de l'époux prédécédé donne lieu au droit de donation sur la totalité de la somme donnée, à défaut par les parties de justifier de l'existence de ces biens (Trib. Seine, 9 avr. 1871) (1).

C'est, en pareil cas, aux parties qu'il incombe de justifier de la consistance des biens appartenant à l'enfant doté. S'il est démontré que la dot constituée n'excède pas l'importance de ces biens, la clause ne constitue qu'une simple déclaration d'apports, et aucun droit particulier d'enregistrement n'est dû. Mais si cette preuve n'est pas fournie, le droit proportionnel est dû ; c'est généralement celui de donation qui est exigible, car la présomption est, en la matière, qu'il y a libéralité, celui qui constitue une dot étant réputé donateur, et le mot *dot*, dans son acception ordinaire, emportant l'idée de libéralité.

1839. Quant à la *nature des justifications* à fournir, elles peuvent consister en actes sous seing privé, livres de commerce, registres et papiers domestiques. Les tribunaux ont à cet égard un très large pouvoir d'appréciation. Ils peuvent admettre tous les modes de preuve compatibles avec la procédure en matière d'enregistrement (*Diction. droits d'enreg.*, v° *Donation*, n° 912 ; Garnier, *Rép. gén. enreg.*, n°s 5295 et suiv. V. Req. 16 févr. 1874, aff. Dumoitiez, D. P. 74. 1. 365).

Il faut appliquer audit cas ce que nous avons dit relativement à la justification de la copropriété dans les partages (V. *suprà*, n°s 1245 et suiv.).

1840. Il ne s'agit ici, nous le répétons, que des conventions *à titre onéreux*. Elles se produisent parfois dans les contrats de mariage, lorsqu'en constituant une dot à son enfant, le survivant des père et mère s'assure la propriété ou la jouissance des droits de ce dernier dans la succession de l'époux prédécédé. Les règles à suivre, en pareil cas, ont été établies dans une instruction de l'administration de l'enregistrement du 12 sept. 1830, n° 1333, § 1er, qui a résumé la doctrine des arrêts de la cour de cassation intervenue en cette matière (*Rép.* n° 3460). Cette instruction a distingué entre le cas où l'enfant doté *n'a pas renoncé* à demander compte et partage de la succession de l'époux prédécédé et celui où il *y a renoncé*.

1841. Dans le premier cas, *lorsque* l'époux survivant promet une somme à l'un de ses enfants pour lui tenir lieu de ses droits dans la succession de l'époux prédécédé ou à valoir sur ces mêmes droits, *sans que l'enfant doté renonce* à demander compte et partage, la clause ne peut présenter le caractère de convention à titre onéreux. De deux choses l'une, en effet, comme on vient de le dire *suprà*, n° 1840 : ou bien il est justifié que la somme donnée n'excède pas l'importance des droits appartenant à l'enfant doté, et c'est alors d'une simple déclaration d'apports qu'il s'agit ; ou bien cette justification n'est pas fournie ou n'est fournie que

d'une manière incomplète, et il y a alors libéralité soit pour le tout, soit pour partie.

1842. Mais lorsque la constitution de dot faite par l'époux survivant avec imputation sur les droits de l'enfant doté, dans la succession de l'époux prédécédé, est accompagnée de la *renonciation* de l'enfant à demander compte et partage de cette succession, la stipulation peut donner ouverture au droit de mutation à titre onéreux (*Rép.* n°s 3451 et suiv.). Ainsi, la clause d'un contrat de mariage par laquelle la future avait renoncé à demander à son père aucun compte ni partage de la succession de sa mère et avait consenti à le laisser jouir *jusqu'à son décès* de la portion de biens recueillie par elle dans cette succession, moyennant une rente annuelle que son père s'était engagé à lui payer, a été considérée comme donnant lieu au droit de bail à vie (Trib. Clamecy, 21 avr. 1859, *Diction. droits d'enreg.*, v° *Donation*, n° 951). D'autre part, il a été jugé que la disposition d'un contrat de mariage par laquelle la future abandonne à sa mère l'administration des biens de la succession paternelle ainsi que sa part aux intérêts et revenus de ces biens, tandis que, de son côté, la mère s'engage à payer chaque année à sa fille une somme déterminée pour lui tenir lieu de sa part desdits intérêts et revenus, le tout *jusqu'au partage* de l'hérédité, ne peut être considérée, pour l'assiette des droits d'enregistrement, ni comme un simple mandat d'administrer, ni comme un bail à vie ou à durée illimitée de la part de la future dans cette succession ; c'est un bail ordinaire, dont la durée est limitée de plein droit à cinq années, la cession des revenus n'ayant été consentie que « jusqu'au partage » et les conventions ayant pour objet de suspendre le partage ne pouvant, aux termes de l'art. 815 c. civ., être faites que pour cinq années (Trib. Annecy, 24 juill. 1873, D. P. 74. 5. 196). Mais il a été décidé qu'on ne doit voir qu'un simple mandat, passible du droit fixe seulement, dans la clause d'un contrat de mariage portant que la mère de la future continuera d'administrer les biens de cette dernière jusqu'au partage des successions dont ils proviennent, à charge de compter chaque année, à sa fille, une somme fixée à forfait (Trib. Meaux, 5 juin 1850, et Délib. adm. enreg., 8 oct. 1850, portant acquiescement à ce jugement, *Diction. droits d'enreg.*, v° *Bail à vie*, n° 25) ; ... Qu'on ne peut considérer comme emportant cession d'usufruit la disposition d'un contrat de mariage portant constitution de dot à la future par son père avec imputation sur les biens de la mère prédécédée et renonciation de la future à demander compte et partage de ces biens avant le décès du père, cette stipulation ne constatant qu'un simple ajournement de partage (Trib. Seine, 13 avr. 1877 (2). V. *Rép.* n° 3455).

---

(1) (Herluison C. Enregistr.). — Le tribunal ; — Attendu qu'il résulte des termes du contrat de mariage des époux Herluison que la veuve Atteman, mère de la future épouse, a fait donation à sa fille, à titre d'avancement d'hoirie, de la somme nécessaire pour faire une somme de 150000 fr. à laquelle étaient comprises s'élever ses droits non liquidés dans la succession de son père ; — Attendu que le droit de donation doit être perçu sur l'intégralité de la somme portée audit contrat, à moins qu'il ne soit prouvé que les droits de la dame Herluison dans la succession de son père s'élèvent, soit à la somme totale de 150000 fr., soit à une somme inférieure qu'il y aurait lieu de déduire de la partie restant soumise à l'impôt ; que cette preuve doit être fournie par les redevables, qui seuls ont la possibilité d'en réunir tous les éléments, et qui, d'ailleurs, aux termes de la loi, sont tenus de fournir tous les renseignements nécessaires pour la perception des droits ; — Par ces motifs, etc.
Du 9 avr. 1871. — Trib. civ. de la Seine.

(2) (Rousseau.) — Le tribunal ; — Attendu que la dame Rousseau mariée, à défaut de contrat, sous le régime de la communauté légale, est décédée le 7 avr. 1872, laissant pour héritiers ses trois enfants mineurs sous la tutelle de leur père ; — Qu'aux termes de l'inventaire dressé après son décès, la succession se composait de ses droits dans les biens communs consistant principalement en un fonds de commerce d'horlogerie et en immeubles ; — Que, depuis, un de ses trois enfants mineurs, la demoiselle Rousseau, s'est mariée au sieur Ouvré ; — Que son contrat de mariage contient les dispositions suivantes : 1° la future se constitue en dot ses droits dans la succession de sa mère restée ainsi que la communauté sous l'administration de Rousseau qui continuera à les administrer ; — 2° Rousseau s'oblige de remet-

tre, à titre d'avance, sur lesdits droits, aux futurs époux, une somme de 50000 fr., payable de six mois en six mois par acomptes de 10000 fr. ; — 3° Rousseau fait donation à sa fille en avancement d'hoirie de la somme qui, le cas échéant, formerait différence entre ladite somme de 50000 fr. et le montant desdits droits de la dame Ouvré, fixé par le montant du compte de tutelle et la liquidation à établir ; — 4° Au moyen de la remise de cette somme de 50000 fr., les époux Ouvré renoncent à demander à Rousseau aucun compte ni partage des biens dépendant de la communauté d'entre les époux Rousseau et de la succession de la dame Rousseau, voulant, porte le contrat, que Rousseau jouisse pendant sa vie de ces biens ; — Que prévoyant le cas où cependant le partage viendrait à être demandé par les époux Ouvré, le même contrat ajoute que, dans ce cas, la donation faite par Rousseau à sa fille, à titre de complément d'apports, sera révoquée et que la somme de 50000 fr. ou la partie de cette somme qui sera alors versée, ainsi que ses intérêts, s'imputeront sur la part en capitaux et revenus de la demoiselle Rousseau dans la succession de sa mère, et que le surplus sera restitué au sieur Rousseau ; — Qu'enfin ledit contrat énonce que, pour la perception du droit d'enregistrement, les parties déclarent évaluer à 10000 fr. la somme donnée à la demoiselle Rousseau à titre de complément d'apport ; — Que, sur la présentation de ce contrat à la formalité, le droit de donation a été perçu sur 10000 fr., et le droit gradué sur 40000 fr. ; — Que l'Administration prétend aujourd'hui que la future a abandonné à son père l'usufruit de sa part dans les biens maternels, et réclame, à raison de cette transmission le prix serait représenté par les intérêts de la somme de 40000 fr. avancée par le sieur Rousseau, le droit de 5 fr. 50 cent, pour 100 sur le montant du capital au denier dix desdits intérêts ; — Mais attendu que les contrats doivent s'in-

1843. Toutes ces décisions ont été rendues dans des espèces présentant une grande analogie entre elles et cependant elles sont divergentes. C'est que la solution des questions de cette nature dépend entièrement des circonstances de fait que les tribunaux apprécient souverainement. Toutefois, une observation générale se dégage pour l'interprétaton des clauses dont il s'agit, du rapprochement de toutes les décisions rapportées tant au *Répertoire* que dans les numéros précédents. C'est que, par cela seul qu'il s'agit de contrats de mariage, la présomption doit être que la volonté des contractants a été de faire une libéralité plutôt qu'une convention à titre onéreux. Les contrats de mariage n'ont généralement pas pour effet de constater des conventions de cette dernière catégorie. Si le père ou la mère de famille constitue une dot et exige, en retour, que l'enfant doté renonce à demander compte et partage de la succession de son conjoint prédécédé, c'est, le plus souvent, qu'il faut fournir à son enfant les moyens de subsister et que, d'autre part, le partage de la succession ouverte n'est pas possible, soit en raison de la nature des biens, soit à cause des frais que l'opération entraînerait, surtout lorsqu'il y a des mineurs. On doit en conclure que le caractère de convention à titre onéreux ne doit être attribué à la clause que lorsque la volonté des parties de faire une semblable convention résulte expressément des termes de la stipulation.

1844. La situation est différente lorsque la dot est constituée, non plus par l'époux survivant, mais par le *frère* de l'enfant doté. Il n'y a plus alors présomption de libéralité, loin de là (*Rép.* n° 3461). Les questions que la perception du droit d'enregistrement soulève dans ce cas, ont été examinées au paragraphe 1er, n° 5, du même article où il est traité du *partage* (V. *suprà*, n° 1305).

1845. Souvent, au lieu de constituer au futur ou à la future une somme représentative de ses droits dans la succession de l'ascendant prédécédé, le survivant s'oblige, soit à lui servir une *pension*, soit à *nourrir et entretenir* la nouvelle famille. Le droit à percevoir, en pareil cas, varie suivant l'importance que présente respectivement la pension constituée ou l'obligation contractée, et l'abandon des biens héréditaires (*Rép.* n° 3463). Jugé, sur ce point, que la clause d'un contrat de mariage portant que le futur versera son apport entre les mains de son beau-père qui en sera chargé sur ses biens et que, de son côté, le beau-père logera et nourrira les nouveaux époux auxquels il ne payera aucun intérêt, renferme un bail à durée illimitée passible du droit de 2 pour 100 sur un capital formé par dix fois l'intérêt annuel, et non pas deux contrats passibles chacun d'un droit distinct : un prêt et un bail à nourriture (Trib. Mauriac, 1er déc. 1866, aff. Laurichesse, D. P. 67. 3. 86).

1846. Les conventions de cette nature ont la plus grande affinité avec la stipulation, assez fréquente dans les contrats de mariage, par laquelle les parents et les futurs conviennent de vivre à frais communs, de confondre leurs revenus et le produit de leurs travaux. Ces conventions ne sont pas de l'essence du contrat de mariage. Elles donnent donc lieu à un droit particulier, qui nous a paru ne pouvoir être que celui établi pour les actes innommés (*Rép.* n° 3464). M. Garnier pense que la convention constitue une société distincte et donne lieu, à ce titre, au droit gradué (*Rép. gén. enreg.*, n° 5263). Mais il a été jugé, dans le sens de notre opinion, que la clause d'un contrat de mariage portant que « les futurs vivraient et habiteraient avec le père et mère du futur mari, ne formeraient qu'un ménage et travailleraient au profit commun », constitue un contrat innommé, et non un acte de société, attendu qu' « on n'y rencontre point les caractères du contrat de société tel qu'il est défini par le code civil, et notamment le partage des bénéfices ou des pertes dans le cas où cette prétendue société aurait été liquidée » (Trib. Bagnères, 15 avr. 1872, Garnier, *Rép. pér. enreg.*, art. 3939. V. *infrà*, n° 2092).

D. — Actes intervenant pendant la durée du mariage ou à l'occasion de sa dissolution (*Rép.* nos 3465 à 3506).

1847. Les conventions consenties par les époux pendant la durée de la société conjugale, sont soumises au droit de l'impôt. C'est la règle générale (*Rép.* nos 3465, 3466). Mais certains actes se rattachant aux conditions mêmes de la société conjugale en ce qu'ils ont pour objet de régler, soit la composition de la masse commune, soit le patrimoine respectif de chaque époux, donnent lieu à quelques observations (*Rép.* n° 3467).

1°. — Actes faits pendant la durée de la société conjugale. — Remploi (Rép. nos 3466 à 3486).

1848. Il s'agit ici des actes de remploi (*Rép.* n° 3468). La première question qui se présente est celle de savoir si la déclaration de remploi contenue dans un acte d'acquisition *constitue une disposition indépendante* (*Rép.* n° 3470). A l'époque de la publication du *Répertoire*, l'administration de l'enregistrement soutenait l'affirmative et décidait, en conséquence, qu'un droit particulier est dû audit cas, sur l'acte d'acquisition, à raison de cette déclaration (*Rép.* nos 3471 et suiv.). Nous avons combattu cette doctrine (*Ibid.*). Après l'avoir maintenue pendant longues années encore, l'Administration a fini par l'abandonner complètement. Comme nous l'avons vu en traitant des *actes contenant des dispositions diverses*, l'Administration reconnaît aujourd'hui qu'aucun droit particulier n'est dû par la déclaration faite par l'acquéreur, dans un acte de vente, que l'acquisition a lieu en remploi de ses biens propres aliénés,... ni sur l'acceptation par la femme, dans l'acte constatant une acquisition d'immeubles par son mari, de cet immeuble pour remploi de sa dot (V. *suprà*, n° 248).

1849. Lorsqu'un immeuble est acquis d'abord par la communauté et qu'il est déclaré, par acte ultérieur, que cette acquisition tiendra lieu de remploi à la femme pour ses propres aliénés, le droit proportionnel n'est pas exigible ou le devient, suivant que la femme accepte la communauté ou y renonce (*Rép.* n° 3477). Ainsi la cession, à titre de remploi, par un mari à sa femme, d'immeubles de leur communauté, n'est sujette qu'au droit fixe d'enregistrement; mais le droit proportionnel de mutation devient exigible lorsque la femme renonce à la communauté, lors même que la femme rétracterait sa renonciation comme l'ayant faite par suite d'une erreur de droit, et que cette rétractation aurait été acceptée par les héritiers du mari (Trib. Tonnerre, 13 févr. 1873, aff. Damotte, D. P. 75. 3. 45). — Jugé, de même, que la cession par un mari à sa femme, en remploi de ses propres aliénés, d'un immeuble de communauté ne donne pas lieu à la perception du droit proportionnel sur l'acte de remploi; il n'est dû qu'un simple droit fixe (outre le droit de transcription); mais si, après le décès du mari, la veuve *renonce* à la communauté, la cession prend le caractère d'une véritable dation en payement de biens personnels, et donne lieu, à ce titre, au droit proportionnel (Trib. Mortagne, 27 déc. 1878, *Journ. enreg.*, art. 21149. Conf. *Rép.* n° 3482). — Il en est encore ainsi lorsque la communauté est dissoute par suite de la séparation de biens (Trib. Rethel, 31 déc. 1878, *Journ. enreg.*, art. 21457).

Lorsqu'un immeuble acquis par deux époux mariés en communauté a été accepté par la femme à titre de remploi, seulement jusqu'à concurrence du prix de ses propres aliénés, et qu'au décès de son mari, cette dernière qui a renoncé à la communauté se trouve autorisée, par jugement et sur sa demande à garder la totalité de l'immeuble, à la charge de payer à la succession de son mari une somme égale à la valeur qui excède le remploi, il y a lieu de considérer cette somme comme constituant le prix

---

terpréter d'après l'intention des parties ; — Que, dans l'espèce, l'unique pensée des parties a été de laisser au père de famille. dans un intérêt commun, l'administration des biens indivis et d'en suspendre le partage jusqu'à sa mort ; — Que loin de ressortir des stipulations ci-dessus relatées, la cession d'usufruit que la Régie veut en induire ne se concilie ni avec la faculté reconnue à la dame Ouvré de provoquer ultérieurement le partage desdits biens, ni avec le compte que dans ce cas son père lui devrait des revenus de sa part dans la succession de sa mère ; — Que l'imputation éventuellement prévue par le contrat est non la preuve d'une transmission qui n'est pas entrée dans la volonté d'aucune des parties, mais un expédient imaginé pour faciliter le règlement de leurs comptes et éviter un circuit d'actions. Du 13 avr. 1877.-Trib. civ. de la Seine.

d'une acquisition de droits immobiliers et de percevoir, en conséquence, le droit de part acquise établi par l'art. 69, § 7, n° 4, de la loi du 22 frim. an 7 (Trib. Châteaudun, 11 avr. 1851, aff. Crespeau, D. P. 51. 3. 46).

1850. Nous avons dit (*Rép.* n° 3479) que c'était une question controversée que celle de savoir si la cession d'un bien de communauté à titre de remploi, affranchie du droit de mutation en cas d'acceptation de communauté par la femme, rendait ou non exigible le droit de transcription. La question sera examinée au tit. 3 du présent traité. Disons seulement ici qu'elle a été résolue affirmativement par la jurisprudence (Civ. cass. 3 juill. 1850, aff. Saphary, D. P. 50. 1. 283 ; Civ. cass. 18 avr. 1853, aff. Saint-Pardoux, D. P. 53. 1. 145 ; 7 juin 1853, aff. Brey-Delettrez, D. P. 53. 1. 204).

1851. Lorsqu'au lieu de donner un immeuble commun en remplacement du propre aliéné, le mari opère le remploi en biens à lui appartenant, il y a lieu de distinguer entre le cas où l'assignation d'un bien du mari au remploi des propres de la femme a lieu en vertu d'une clause spéciale du contrat de mariage, et le cas où le remploi est ainsi opéré conformément à l'art. 1595 c. civ. (*Rép.* n° 3480).

Dans la première hypothèse, l'immeuble est seulement affecté hypothécairement pendant le mariage, ce qui exclut l'application du droit proportionnel ; mais la transmission s'opère à la dissolution, si la femme n'est pas remplie autrement, et le droit proportionnel de vente est exigible (*Rép.* n° 3481). Dans la seconde hypothèse, le droit proportionnel est exigible, si la cession constitue un remploi effectif ; il ne l'est pas si les biens sont donnés à la femme sous forme d'engagement, sans transmission de propriété (*Rép.* n° 3483). Il a été jugé, en ce sens, que l'abandon fait à une femme normande, en remploi de ses propres aliénés, d'immeubles acquis par le mari, constitue une transmission de propriété passible du droit proportionnel : on objecterait vainement qu'un tel abandon a un caractère purement déclaratif à raison des dispositions de la coutume de Normandie (Civ. cass. 12 déc. 1853, aff. Leclerc, D. P. 54. 1. 21).

1852. La question s'est élevée de savoir si au cas où, sous le régime dotal, le mari, en acquérant un immeuble, déclare que cet immeuble servira de remploi aux biens dotaux de sa femme non présente, l'acte ultérieur par lequel la femme accepte le remploi donne lieu au droit proportionnel indépendamment de celui perçu sur l'acte d'acquisition. L'administration de l'enregistrement a soutenu l'affirmative. Elle a prétendu que l'acquisition faite par le mari le rendait immédiatement propriétaire ; que la déclaration faite par lui dans l'acte d'acquisition qu'il achète l'immeuble pour servir de remploi aux biens dotaux de sa femme constitue, à l'égard de celle-ci, une offre ou pollicitation analogue à la promesse de vente que l'acheteur n'a point encore acceptée ; que l'acceptation postérieure de la femme rend donc exigible un second droit de mutation, attendu que la femme ne traite pas avec le tiers qui a vendu l'immeuble au mari, mais avec celui-ci et que c'est de lui qu'elle reçoit l'immeuble. — Cette théorie n'a pas prévalu devant la cour de cassation. Il a été décidé que lorsque, sous le régime dotal, le mari, sans le concours de la femme, achète un immeuble pour servir de remploi du prix des biens dotaux aliénés, que l'acceptation ultérieure de ce remploi par la femme n'opère pas, en faveur de celle-ci, une seconde mutation, et, dès lors, ne donne pas ouverture à la perception d'un second droit proportionnel de mutation (Civ. rej. 14 janv. 1868, aff. Fouque, D. P. 68. 1. 101). D'après la théorie consacrée par cet arrêt, l'acceptation du remploi par la femme équivaut à la ratification par le mandant des actes du mandataire ; sans doute le mari n'agit pas comme un mandataire ordinaire, puisqu'il est en tout état de cause obligé envers le tiers qui lui a cédé l'immeuble, et qu'il demeure acquéreur pour son propre compte en cas de refus de la femme ; mais c'est là, dit la cour, un mandat d'une nature particulière, que le mari tient de la loi et du contrat de mariage (Conf. *Rép.* n° 1284).

1853. Les frais du remploi doivent être supportés par l'époux qui reste propriétaire (*Rép.* n° 3486). Dans un contrat de vente, c'est l'acheteur qui paye les droits ; s'ils sont mis à la charge du vendeur, c'est une véritable diminution du prix ; aussi l'administration de l'enregistrement a-t-elle décidé que les frais de la cession en remploi à la femme, par

son mari, d'un immeuble à lui propre, doivent être déduits, pour la perception du droit proportionnel d'enregistrement, de la somme employée, lorsqu'ils sont mis à la charge du mari (Sol. adm. enreg. 4 oct. 1869, D. P. 70. 3. 61).

2°. — *Actes passés à la suite de la dissolution de la société conjugale* (*Rép.* n°s 3487 à 3506).

a. — Acceptation ; Renonciation (*Rép.* n°s 3488 à 3493).

1854. Toutes les fois que les époux ont établi entre eux une société de biens, la loi civile accorde à la femme qui est restée étrangère, pendant la durée du mariage, à l'administration des biens de cette société, la faculté de l'accepter ou d'y renoncer (*Rép.* n° 3488). Le *Répertoire* s'est occupé ici du tarif applicable aux actes d'*acceptation* de la communauté ou de *renonciation* à la communauté (*Rép.* n°s 3489 à 3493).

1855. La quotité du droit diffère suivant que l'acceptation ou la renonciation a lieu par *acte civil* ou *en justice*, par la voie du greffe. Elle est actuellement : ... de 3 fr. pour l'acceptation ou la renonciation par *acte civil* (L. 22 frim. an 7, art. 68, § 1er, n°s 1 et 2 ; 18 mai 1850, art. 8 ; 28 févr. 1872, art. 4) ; ... de 4 fr. 50 cent. pour l'acceptation ou la renonciation par *acte judiciaire* (L. 22 frim. an 7, art. 68, § 2, n° 6 ; 28 avr. 1816, art. 44, n° 10 ; 28 févr. 1872, art. 4). Nous l'avons déjà constaté au chapitre précédent, lorsque nous avons traité des *renonciations* (V. *suprà*, n°s 179 et suiv.), et spécialement de la *renonciation à la communauté* (V. *suprà*, n° 223). Nous avons établi que, pour que la renonciation n'opère qu'un droit fixe, il faut qu'elle soit pure et simple (V. *suprà*, n° 224 ; *Rép.* n° 3492), et qu'elle donne ouverture au droit proportionnel toutes les fois qu'elle est accompagnée de stipulations de nature à lui donner le caractère translatif (V. *ibid.*). La même distinction est applicable à l'*acceptation* de la communauté (*Rép.* n° 3493).

b. — Prélèvement des reprises (*Rép.* n°s 3494 à 3506).

1856. Nous retrouvons ici, au point de vue de la perception du droit de mutation à titre onéreux (*Rép.* n°s 3494 et suiv.), la question de la nature du droit appartenant aux époux pour le *prélèvement* de leurs *reprises* sur les biens de la communauté. Deux fois déjà, cette question a été discutée dans le *Supplément*, en ce qui concerne le droit civil (V. *suprà*, v° *Contrat de mariage*, n° 836 et suiv.), et relativement à la perception du droit gradué sur les dispositions du partage de la communauté constatant ces prélèvements, au présent traité (V. *suprà*, n°s 1274 et suiv.). Comme on l'a vu, la jurisprudence qui s'est établie sur ce point, en droit fiscal, se résume dans les propositions suivantes. La femme qui a *accepté la communauté* est copropriétaire par indivis avec son mari ou ceux qui le représentent, des biens qui la composent ; lorsqu'elle exerce ses reprises sur les biens communs, elle agit en la double qualité de créancière et de commune ; ce prélèvement, quel que soit le mode employé, même lorsqu'il s'effectue au moyen du payement d'une somme d'argent prise en dehors de la masse, n'est qu'une opération de liquidation qui n'implique pas transmission de propriété (Civ. cass. 3 août 1858, aff. Villet, aff. Raucher, aff. Legoux, aff. Debès, et aff. Gallot, D. P. 58. 1. 310 ; 13 déc. 1864, aff. d'Houdemare, D. P. 65. 1. 17 ; Civ. rej. 12 févr. 1867, aff. Baffos, D. P. 67. 1. 157). Mais, lorsque la femme a *renoncé à la communauté*, l'attribution qui lui est faite de biens communs en payement de ses reprises opère, comme celle de *biens personnels du mari*, une vente passible du droit proportionnel, les biens communs étant devenus, par l'effet de la renonciation de la femme, la propriété personnelle du mari.

Cette dernière solution, déjà consacrée par deux arrêts à l'époque de la publication du *Répertoire* (n° 3498), a été pleinement confirmée par la jurisprudence postérieure (Civ. cass. 3 août 1858, aff. Leleu ; 24 août 1858, aff. Letourneur, D. P. 58. 1. 350 ; 24 déc. 1860, aff. Boulaye, D. P. 61. 1. 23 ; Req. 26 févr. 1868, aff. Laurent D. P. 68. 1. 431 ; Civ. cass. 30 nov. 1869, aff. Fouque, D. P. 70. 1. 157. — *Contra* : Trib. Civray, 27 août 1853, aff. N..., D. P. 54. 3. 49 ; Trib. Seine, 12 juill. 1854, aff. Hourdequin, *ibid.*).

1857. Jugé, d'après ces principes, que, lorsqu'il a été stipulé dans un contrat de mariage que le survivant des époux aura droit à la propriété de tous les bénéfices de communauté à titre de convention de mariage et conformément à l'art. 1525 c. civ., l'attribution à la veuve de tous les biens communs, dans l'acte de liquidation fait après le décès du mari, à la charge de supporter le passif et de payer aux héritiers du mari les apports et capitaux tombés dans la communauté du chef de leur auteur, n'étant que l'exécution littérale des conventions matrimoniales, ne peut être considérée comme un partage avec soulte, et ne donne pas, dès lors, ouverture au droit proportionnel de mutation (Req. 7 avr. 1862, aff. Bizouard-Macaire, D. P. 62. 1. 329) ; — Que, de même, lorsque les époux ont stipulé, par leur contrat de mariage, que la totalité de la communauté appartiendra au survivant, sauf aux héritiers de l'époux prédécédé à faire la reprise des apports et capitaux tombés dans la communauté du chef de leur auteur, ces apports et capitaux adviennent directement du conjoint prédécédé à ses héritiers, sans passer sur la tête du survivant, et, dès lors, la reprise qui en est faite par eux ne peut donner lieu ni à un droit de mutation, ni au droit de quittance ou de libération (Civ. rej. 12 févr. 1867, aff. de Baffos, D. P. 67. 1. 157).

1858. Mais l'abandon par l'héritier du mari à la veuve qui a *renoncé* à la communauté, de valeurs de cette communauté en payement de ses reprises, constitue une vente ou cession passible du droit proportionnel (Civ. cass. 30 nov. 1869, aff. Esnault, D. P. 70. 1. 157). — L'abandon, dans le partage de la communauté et de la succession du mari, à la veuve, en payement de ses reprises, d'un immeuble *propre au mari*, constitue, même lorsque la veuve a l'usufruit d'une portion de ce bien en vertu de son contrat de mariage, non un partage purement déclaratif, mais une dation en payement passible du droit proportionnel de mutation (Civ. rej. 15 janv. 1867, aff. de Boissac, D. P. 67. 1. 158). — De même, l'abandon, dans le partage de la succession d'un mari *étranger*, des biens acquis par lui personnellement en France, à la veuve, opère, en faveur de celle-ci, un déplacement de droit de propriété et donne ouverture, par suite, au droit proportionnel de mutation à titre onéreux sur la quotité excédant sa part héréditaire sans égard à la déclaration faite par les parties, dans l'acte, que l'acquisition a eu lieu pour le compte de la veuve et ses propres deniers (Civ. rej. 5 déc. 1871, aff. Potocki, D. P. 72. 1. 110. V. aussi Civ. cass. 12 déc. 1853, cité *suprà*, nᵒ 1251).

1859. Il a été jugé, dans le même sens : 1ᵒ que lorsqu'un époux commun en biens est propriétaire par indivis d'un immeuble, l'acquisition d'une ou de plusieurs parts indivises de cet immeuble non par l'époux lui-même, mais par une société dont il est membre, rend la société propriétaire exclusive de la portion ainsi acquise ; que cette portion n'est, pour l'époux associé, ni un propre, ni un conquêt ; que, par suite, si la communauté se trouvait dissoute au moment de la dissolution et du partage de la société, l'adjudication de l'immeuble à l'autre époux, est passible du droit de mutation sans aucune déduction pour la part de l'époux commun (Civ. cass. 22 nov. 1853, aff. Blech, D. P. 53. 1. 344) ; — 2ᵒ Que le terrain abandonné, moyennant une soulte, à deux époux, au cours de leur communauté, tant en échange d'une maison propre au mari, expropriée pour cause d'utilité publique, qu'en payement de l'indemnité attribuée aux deux époux pour le déplacement de leur industrie, est exclu pour le tout de la communauté et subrogé au lieu et place de la maison expropriée, sauf récompense ; les constructions élevées par les époux sur ce terrain n'entrent point non plus dans la communauté, sauf indemnité envers elle ; en conséquence, l'attribution de l'immeuble entier à la veuve, moyennant une soulte, dans le partage de la communauté et de la succession du mari, constitue une vente passible du droit de 5 fr. 50 cent. pour 100 sur la valeur intégrale de l'immeuble, encore bien que les parties l'aient considéré, dans l'acte de partage, comme propre pour une partie seulement et acquêt pour le surplus. Toutefois, si la soulte à la charge de la veuve figure au nombre des abandonnements qui lui sont faits, afin de la remplir d'un legs d'usufruit pour lequel elle a acquitté le droit de mutation par décès, la valeur de l'usufruit de la portion du prix de l'immeuble, représenté par la soulte, doit être déduite pour la perception du droit de vente immobilière ; mais aucune autre distraction ne peut être admise à raison du droit de mutation par décès acquitté par la veuve sur les valeurs comprises, avec la soulte, dans ses attributions (Civ. rej. 9 août 1870, aff. Reydellet, D. P. 71. 1. 156).

1860. Décidé encore que l'art. 1408 c. civ. qui dispose que la portion acquise pendant le mariage, à titre de licitation ou autrement, d'un immeuble dont l'un des deux époux était propriétaire par indivis, ne forme pas un conquêt, s'applique même au cas où l'acquisition n'a eu pour résultat que d'accroître la part de l'époux propriétaire par indivis, sans faire cesser complètement l'indivision, et sans présenter, dès lors, le caractère constitutif d'un partage (V. *suprà*, vᵒ *Contrat de mariage*, nᵒˢ 259 et suiv.) ; qu'en conséquence, le sixième acquis par le mari pendant le mariage, d'un immeuble dont il était propriétaire par indivis pour deux autres sixièmes constitue un propre du mari, et non un acquêt, et l'abandon de cette portion d'immeuble fait à la veuve dans l'acte de liquidation de la communauté pour le remploi de ses reprises constitue une vente passible du droit proportionnel de 5 fr. 50 cent. pour 100 (Civ. rej. 30 janv. 1865, aff. Cerveau, D. P. 65. 1. 191).

1861. La femme, qui a le droit d'exercer ses reprises en argent ou en biens en nature, peut opter pour le prélèvement en argent, sans que l'Administration soit fondée à conclure que l'option implique une cession immobilière (*Rép.* nᵒ 3497). — Jugé, dans le même sens, que la femme commune peut renoncer, dans l'intérêt du mari ou de ses héritiers, à exercer ses reprises dans l'ordre de prélèvement établi à son profit par l'art. 1471 c. civ.; et qu'une telle renonciation n'a que le caractère d'une convention ordinaire entre créanciers ou d'une simple prorogation de délai; l'engagement pris par une femme commune, lors de la liquidation de la communauté, d'exercer ses reprises d'abord sur les valeurs immobilières, de manière à laisser au mari ou à ses héritiers l'actif mobilier, n'équivaut pas à une cession de droits et, par suite, ne donne pas lieu au droit de vente (Trib. Seine, 29 juin 1852, aff. Durand Claye, D. P. 54. 3. 4).

1862. Dans tous les cas, la soulte stipulée, dans un partage de communauté, à la charge du conjoint survivant, ne donne pas lieu au droit proportionnel, lorsqu'elle n'excède pas les *récompenses* dues par cet époux, attendu que ces récompenses font partie de la masse partageable (Sol. adm. enreg. 26 avr. 1867, D. P. 69. 3. 8). On a vu *suprà*, nᵒ 1287, qu'il a été décidé, par application du même principe, que le droit gradué est exigible sur les récompenses dues par les époux à la communauté. D'un autre côté, la solution ci-dessus est conforme à la règle suivant laquelle la soulte doit être imputée, pour la perception du droit proportionnel, de la manière la plus favorable aux contribuables (V. *suprà*, nᵒ 1322).

1863. Rappelons encore qu'en droit civil la jurisprudence décide que la femme, soit qu'elle accepte la communauté, soit qu'elle y renonce, exerce ses reprises en vertu d'un droit de créance purement mobilier (V. *suprà*, nᵒ 1276), que cette doctrine s'écarte de celle admise en droit fiscal (V. *ibid.*); que ce désaccord n'existe pas en Belgique ; que la jurisprudence belge admettant, comme la jurisprudence civile française, que les reprises constituent une créance purement mobilière, en conclut, plus conséquente avec elle-même que la jurisprudence française, que, même au cas d'acceptation de la communauté par la femme, l'attribution des biens communs en payement des reprises doit être considérée comme une *datio in solutum* rendant exigible le droit proportionnel de mutation (V. *suprà*, nᵒ 1278).

E. — Règles particulières de perception (*Rép.* nᵒˢ 3507 à 3523).

1ᵒ — *Dispositions indépendantes* (*Rép.* nᵒˢ 3508 à 3512).

1864. Le contrat de mariage peut, comme tous les autres contrats, contenir des dispositions indépendantes donnant ouverture à un droit particulier d'enregistrement (*Rép.* nᵒˢ 3508 et suiv.).

Nous en avons vu de nombreux exemples dans les premières parties du présent numéro se rapportant aux déclarations d'apports et aux constitutions dotales. Nous en retrouverons d'autres à l'article suivant où il sera traité des *Mutations entre vifs à titre gratuit* (V. *infrà*, n°s 1984 et suiv.). Nous en rapportons ici quelques-uns présentant un caractère particulier.

1865. Il a été jugé : 1° que la clause d'un contrat de mariage par laquelle des époux, en adoptant le régime de communauté, stipulent que le survivant aura la faculté de conserver l'industrie commerciale et les marchandises en payant la moitié de leur valeur aux héritiers du prédécédé, constitue, non une convention entre associés, mais une vente conditionnelle donnant lieu, au cas où le survivant use du bénéfice à lui attribué, à la perception du droit de 2 pour 100 (Trib. Seine, 19 juill. 1853, aff. Lecoq, D. P. 54. 3. 63. — *Contrà* : Trib. Lille, 27 août 1853, aff. Lestienne, D. P. 54. 3. 73); — 2° Que la donation de biens à venir ayant pour effet de faire perdre au donateur le droit de disposer à titre gratuit des biens donnés (c. civ. art. 1082) et de conférer irrévocablement au donataire un droit de succession sur ces mêmes biens, la donation entre vifs par un mari à un tiers de partie de ses biens, après avoir fait donation par contrat de mariage à sa future épouse, en cas de survie, de l'usufruit de tous les biens de sa succession, « voulant et entendant que la donation éventuelle de l'usufruit faite à sa femme soit respectée et conserve tout son effet, même vis-à-vis des biens donnés », ne donne pas lieu à la perception du droit proportionnel, mais seulement le droit fixe de donation éventuelle (Sol. adm. enreg. 2 juin 1871, D. P. 74. 3. 66); — 3° Que le droit fixe de 5 fr. établi pour les reconnaissances d'enfant naturel n'est pas dû sur le contrat de mariage dans lequel le futur est désigné comme fils naturel d'une personne dénommée, présente au contrat et assistant son dit fils (Sol. adm. enreg. 22 juill. 1868, D. P. 69. 5. 169). Pour être passible d'un droit particulier, porte cette solution, la reconnaissance doit être formelle, de manière qu'elle ne donne pas lieu à contestation, condition qui ne se rencontrait pas dans l'espèce; — 4° Que la clause d'un contrat de mariage portant constitution en dot, à la future par sa mère, d'une somme d'argent payable à terme avec intérêt et remise en antichrèse par la donatrice à la donataire de maisons, pour en percevoir les loyers et compenser jusqu'à due concurrence le montant de ces loyers avec les intérêts de la dot, doit être considérée, pour la perception des droits d'enregistrement, comme renfermant deux dispositions indépendantes : une donation mobilière passible du droit de 1 fr. 25 cent. pour 100 et une antichrèse sujette au droit de 2 pour 100 (Trib. Seine, 6 mars 1869, aff. Godin, D. P. 70. 3. 101); — 5° Que l'affectation hypothécaire consentie dans un contrat de mariage, par la mère du futur, afin d'assurer le remboursement de la dot de la future, ne donne pas lieu à un droit particulier d'enregistrement (Trib. Brive, 28 août 1878, aff. Gouyon et Bosredon, D. P. 79. 3. 86); — 6° Que la clause d'un contrat de mariage portant garantie par un tiers de l'exécution d'une donation faite à la future par son père, en prévision du cas où cette donation serait réduite lors de la liquidation de la succession de ce dernier, constitue une libéralité conditionnelle et non un cautionnement, encore bien que cette dernière qualification lui ait été donnée par les parties; c'est, en conséquence, le droit de donation qui est exigible, lorsque la clause produit effet par suite de la réalisation de l'éventualité prévue (Trib. Albi, 12 juin 1876, aff. Jamme, D. P. 77. 5. 199). — V. *suprà*, n°s 784 et suiv.

2°. — *Restitution des droits perçus* (*Rép.* n°s 3513 à 3523).

1866. Le contrat de mariage est, de sa nature, une convention conditionnelle : il est subordonné à l'événement du mariage (*Rép.* n° 3513). Les droits proportionnels que les conventions particulières renfermées dans un contrat de mariage ont pu rendre exigibles doivent être restitués, lorsqu'il est reconnu que la célébration n'a pas eu et n'aura pas lieu et que la demande en restitution est formée en temps utile, sauf à conserver le droit fixe comme salaire de la formalité donnée au contrat de mariage annulé (*Rép.* n°s 3517 et suiv.). L'administration de l'enregistrement a décidé que, en cas de non-célébration du mariage, les droits perçus sont restituables, sous la réserve de celui de 3 fr. qui est le

minimum du droit fixe à percevoir pour l'enregistrement des actes civils (Délib. adm. enreg. 3 sept. 1872, D. P. 73. 5. 208).

1867. Il faut prouver, pour obtenir la restitution, que le mariage n'a pas été et ne sera pas réalisé (*Rép.* n° 3521); l'Administration exige qu'il soit justifié d'un acte de résiliement signé par toutes les parties qui y ont concouru, ou d'une impossibilité matérielle de donner suite au projet de mariage. — Il ne suffit pas de la déclaration isolée de l'un des futurs, même par-devant notaire, qu'il renonce au mariage projeté, à moins que cette déclaration n'ait été inscrite au contrat de mariage ou que notification en ait été faite à l'autre partie par acte extrajudiciaire (Sol. adm. enreg. 8 mai 1867, D. P. 68. 3. 73. Conf. Sol. adm. enreg. 4 oct. 1872 et 7 août 1873, *Diction. droits d'enreg.*, v° *Contrat de mariage*, n° 298).

N° 5. — *Actes de formation et de dissolution de sociétés*
(*Rép.* n°s 2524 à 3603).

1868. Le contrat de société constitue cette indivision volontaire indiquée, par opposition à l'indivision forcée, ci-dessus, même section, § 1er, n° 5, où il a été traité des partages (V. *suprà*, n°s 1233 et suiv.) et réservé pour le présent paragraphe relatif aux actes qui sont l'objet d'exceptions de faveur dans le tarif (*Rép.* n° 3524). La constitution d'une société opérant une transmission de propriété des objets apportés par les associés au profit de l'être moral créé par le contrat (c. civ. art. 1845), aurait dû, à ce titre, être soumise au droit proportionnel. C'est par faveur que la loi du 22 frim. an 7 (art. 68, § 3, n° 4) ne l'a assujettie qu'à un simple droit fixe (*Ibid.*). Il n'a pas été porté atteinte à cette exemption ; mais la loi du 28 févr. 1872 (art. 1er-1°) a transformé l'ancien droit fixe en un droit gradué de 1 pour 1000 pour « les actes de formation et de prorogation de société qui ne contiennent ni obligation, ni libération, ni transmission de biens meubles ou immeubles entre les associés ou autres personnes ». Ce droit gradué se perçoit « sur le montant total des apports mobiliers et immobiliers, déduction faite du passif ».

La matière a été divisée au *Répertoire* en deux parties principales comprenant, l'une, les actes de *formation* de société (n°s 3525 à 3578), et l'autre, les actes de *dissolution* de société (n°s 3579 à 3603). Parmi les questions nouvelles qui se sont produites depuis la publication du *Répertoire*, plusieurs se rapportent aux *actes* et aux *mutations qui interviennent pendant le cours d'une société*. Pour plus de clarté, nous avons introduit, entre les deux divisions principales du *Répertoire*, une troisième division dans laquelle il a été traité spécialement desdits actes et desdites mutations.

A. — *Actes de société* (*Rép.* n°s 3525 à 3578).

1°. — *Contrats soumis au droit gradué* (*Rép.* n°s 3525 à 3545).

1869. La substitution du droit gradué de 1 pour 1000 à l'ancien droit fixe qui était perçu sur les actes de formation de société, n'a pas fait perdre aux décisions intervenues pour l'application de ce dernier droit, l'intérêt qu'elles présentaient : il en résulte simplement que, dans tous les cas, où le droit fixe a été reconnu applicable, c'est aujourd'hui le droit gradué qui est exigible.

1870. *Toute indivision* qui s'établit volontairement ne constitue pas cette formation de société que la loi fiscale prévoit et tarife : il faut, pour que cette loi soit applicable, qu'il y ait, conformément à la définition de la loi civile, mise en commun d'une chose en vue de partager le bénéfice qui en peut résulter (c. civ. art. 1832) (*Rép.* n° 3525). La « formule générale » de la loi fiscale, doit être considérée comme « correspondante » aux art. 1832 et 1833 c. civ. (Civ. cass. 6 juin 1877 (et non 1875), aff. Sapin et Décisy, D. P. 77. 1. 365).

1871. Mais la loi fiscale et, d'après ses dispositions, le droit gradué qui est demeuré un droit fixe et se perçoit, non sur la transmission de la propriété des apports, mais sur le fait même de l'apport et de la constitution de la société, s'appliquent à tout acte constitutif de la société. Ainsi l'acte de formation d'une *société en participation* est sujet au droit gradué, l'association commerciale en participation étant un des modes de sociétés reconnues et réglementées par la loi, encore bien qu'elle ne constitue pas un être moral auquel puisse être transmise la propriété des apports et que chaque associé reste propriétaire du sien représenté par la part qu'il verse pour constituer le fonds commun de la société (Civ. rej. 30 déc. 1884, aff. Blanchard, D. P. 85. 1. 201). Spéciallement, le droit gradué est applicable à l'acte constitutif d'un syndicat qualifié société en participation pour l'achat avec prime d'actions émises par une société financière et souscrites par des propriétaires de parts de fondateurs de cette société, membres du syndicat (Même arrêt).

Cette solution s'applique à toutes les sociétés en participation. Mais, comme le droit gradué est un droit d'acte et ne se perçoit, par suite, qu'autant qu'un acte formant titre de la convention est soumis à la formalité, il ne peut être perçu pour les sociétés en participation dont la constitution n'est pas constatée soit par acte spécial, soit incidemment dans un autre acte en présence des différents associés.

Si l'acte constatant la constitution d'une association en participation ne mentionne ni apports, ni capital social, et se résume en une simple convention qu'on partagera le bénéfice d'une opération faite par l'une des parties avec ses capitaux, il ne donne lieu qu'au droit fixe de 5 fr. auquel l'art. 2, 1er al., de la loi du 28 févr. 1872, soumet « les actes ne contenant aucune énonciation de sommes et valeurs, ni dispositions susceptibles d'évaluation ».

1872. L'acte constatant la formation d'une *sous-société* ou société de croupiers autorisée par l'art. 1861 c. civ., donne lieu au droit gradué. Le plus souvent, les conventions de cette nature opèrent une transmission passible du droit proportionnel. Il faut, pour qu'un contrat de sous-société échappe à ce droit, que les membres de la sous-société fassent purement et simplement apport, l'un de sa part d'intérêt, les autres, de sommes d'argent qu'ils s'engagent à verser dans la caisse de la sous-société et que la part d'intérêt demeure intégralement à l'être moral créé par le contrat (D. P. 69. 1. 507, note). Lorsque ces conditions ne se trouvent pas remplies, l'acte donne lieu au droit proportionnel comme l'ont décidé deux arrêts de la cour de cassation rendus dans la même affaire (Civ. cass. 6 déc. 1865, aff. Delloye-Lelièvre, et aff. Poupinal, D. P. 66. 1. 25; 15 mars 1869, aff. Delloye-Lelièvre, D. P. 69. 1. 507), et comme nous le verrons *infrà*, n° 1897.

La sous-société ou la société de croupiers autorisée par l'art. 1861 c. civ., porte une instruction de l'Administration de l'enregistrement du 18 déc. 1866, n° 2347, § 3, n° 4, ne peut, quelle que soit son utilité, jouir, au point de vue de l'impôt, d'une faveur plus grande que la société ordinaire; si la part d'intérêt dans une société, apportée par l'associé principal, n'est pas libérée, et s'il est stipulé que les croupiers libéreront leur associé vis-à-vis de la société en versant dans cette société la somme dont il reste débiteur, il y a là cession et transmission par l'associé principal à la sous-société d'une portion de son intérêt. Le droit proportionnel est exigible, comme s'il s'agissait d'une cession entre associés. Le droit fixe (aujourd'hui droit gradué) ne peut et ne doit être perçu qu'autant que la part d'intérêt est libérée et que, dès lors, l'apport de cette part dans la société est *pur et simple* », c'est-à-dire, comme il est dit ci-dessus, lorsque l'associé qui fait l'apport de la part d'intérêt l'abandonne tout entière à la sous-société. Si, en effet, il en recevait le prix, il y aurait cession de part et le droit proportionnel serait dû.

1873. Sous l'empire de la législation qui n'autorisait la constitution d'une *société anonyme* qu'avec l'autorisation du Gouvernement, il a été décidé que, l'acte établissant les statuts d'une semblable société, formant l'acte constitutif de la société, et non un simple projet, était passible, lors de sa présentation à l'enregistrement, du droit fixe établi pour les actes de société, et non de celui applicable aux actes innommés, encore bien que la constitution définitive de l'association fût subordonnée à la condition suspensive de l'approbation du Gouvernement (Req. 23 mai 1859, aff. Compagnie parisienne du gaz, D. P. 59. 1. 464), et que ce droit n'était pas restituable, lorsque le gouvernement refusait son approbation (Même arrêt).

La doctrine de cet arrêt ne paraît pas fondée. D'après la loi du 24 juill. 1867 (art. 21), les sociétés anonymes ne sont plus soumises à l'autorisation du Gouvernement; mais la même loi (art. 66) a maintenu cette autorisation pour les associations de la nature des *tontines* et celles d'*assurances sur la vie, mutuelles* ou *à prims*. La question sur laquelle il a été statué par l'arrêt susénoncé, présente donc toujours le même intérêt pour les sociétés de ces dernières catégories et aussi pour toutes celles qui sont subordonnées à une *condition suspensive*. Or, comme nous l'avons vu, lorsque nous avons traité des règles générales de la percepton (V. *suprà*, n° 162), il est de principe que toute convention, quel qu'en soit l'objet, qui se trouve soumise à une condition suspensive, ne peut être assujettie au droit qui lui est applicable d'après sa nature : elle ne donne lieu qu'au droit fixe de 3 fr. établi pour les actes innommés; le droit applicable à la convention ne devient exigible que lorsqu'elle acquiert sa perfection par la réalisation de la condition. Il s'ensuit que l'acte constatant la formation d'une société soumise à une condition suspensive, autorisation du Gouvernement ou autre, n'est sujet qu'au droit fixe de 3 fr.; le droit gradué n'est exigible que lorsque la condition s'est accomplie.

1874. Le *contrat constitutif* d'une association d'*assurances mutuelles* n'est pas sujet au droit gradué; il donne lieu seulement au droit fixe de 3 fr. comme acte innommé. En effet, il n'y a société, dans le sens propre et juridique du mot, que lorsqu'il y a intention et possibilité de réaliser des bénéfices. Or, il est de l'essence même des conventions d'assurances mutuelles d'exclure, pour les adhérents, toute chance de bénéfices. Ces conventions n'ont pas le caractère de sociétés dans l'acceptation légale de ce mot. Elles échappent, par leur nature, à l'application de l'art. 1er de la loi du 28 févr. 1872 qui vise les actes de société. Mais, d'un autre côté, on ne saurait faire profiter le contrat qui seul a constitué, dès l'origine, cette convention, de la gratuité dont jouissent, moyennant le payement de la taxe de 8 pour 100, les polices d'assurances. La disposition de l'art. 6 de la loi du 23 août 1871 ne peut régir que les adhésions à l'assurance mutuelle. L'acte qui crée cette association contient autre chose que l'assurance : il fixe les bases d'organisation, le mode d'administration, les statuts; désigne les membres du conseil; contient attribution de juridiction. A ce titre, indépendamment de la taxe de 8 pour 100 qui sera payée sur le montant des cotisations annuelles, selon le mode déterminé par le règlement d'administration publique du 25 nov. 1871, cet acte est passible du droit fixe de 3 fr. établi pour les actes innommés (Sol. adm. enreg. 27 mai 1874, D. P. 74. 5. 192).

1875. La clause d'un contrat de mariage par laquelle les père et mère de l'un des futurs époux s'engagent à pourvoir à leur logement, à leur nourriture et à leur entretien, et, en cas de séparation par suite d'incompatibilité d'humeur, à leur fournir, soit des objets mobiliers déterminés et à leur payer un capital également déterminé, soit la jouissance d'une maison, peut-elle être interprétée comme constituant une société et assujettie, à ce titre au droit gradué? (V. *suprà*, n° 1846, et *infrà*, n° 2092).

1876. Le droit gradué ayant été substitué purement et simplement à l'ancien droit fixe doit être perçu sur *l'acte passé à l'étranger* constatant la formation d'une société et dont il est fait usage en France, puisque, d'après l'art. 58 de la loi du 28 avr. 1816, cet usage rend l'acte passé à l'étranger passible du même droit d'enregistrement qui lui eût été applicable s'il avait été passé en France. Jugé, en conséquence, que le dépôt, dans l'étude d'un notaire français, de l'extrait littéral d'un acte constitutif de société passé à l'étranger, plus d'une expédition du procès-verbal d'une assemblée d'actionnaires qui a déclaré la société définitivement constituée, d'une copie du procès-verbal d'une séance du conseil d'administration constatant la nomination des administrateurs délégués, et d'une expédition de la procuration donnée au déposant, entraîne la perception du droit gradué, alors surtout que les extraits déposés renferment les clauses qui constituent, dans leur ensemble, les éléments principaux du pacte social (Trib. Seine, 27 déc. 1873, aff. Carpentier, D. P. 74. 5. 222).

1877. Le caractère principal par lequel la société se distingue des autres contrats, c'est qu'elle consiste à mettre quelque chose en commun (c. civ. art. 1832). Cette mise réciproque est de l'essence de la société : sans elle, il pourrait y avoir un contrat d'une autre espèce, mais il n'y aurait point de société (V. *Société*; — *Rép.* eod. v°, n°ˢ 81 et suiv.). Il s'ensuit que, dès que le fait de la formation d'une société est établi, l'existence d'apports doit être admise par cela même, puisque, si l'association avait été constituée sans que les associés eussent mis « quelque chose en commun dans la vue de partager le bénéfice qui pourra en résulter », leur convention eût été sans valeur, d'où la conséquence que tout acte constatant la formation d'une société donne lieu au droit gradué. C'est ce que la cour de cassation a reconnu par un arrêt aux termes duquel la constitution d'une société suppose nécessairement l'existence d'apports qui, devant consister en argent, en biens de toute autre nature ou en industrie, sont nécessairement susceptibles d'évaluation ; en conséquence, lorsque les apports ne sont pas mentionnés dans l'acte social et que les sommes ou valeurs qui les constituent ne sont pas déterminées par cet acte, il doit y être suppléé, pour la perception du droit gradué d'enregistrement, par une déclaration estimative; et l'Administration de l'enregistrement est fondée, lorsqu'aucune déclaration estimative ne lui est fournie, à faire l'estimation provisoire des apports et à décerner contrainte pour le montant de cette évaluation, sauf à augmenter ou à diminuer, selon la déclaration à intervenir ; le jugement qui, dans ce cas, se borne à valider la contrainte, est valable, encore bien qu'il renferme des motifs surabondants concernant la nature et la valeur des apports, l'évaluation de la contrainte, essentiellement provisoire, laissant entières les questions qui pourraient s'élever sur ces deux points (Civ. rej. 2 juill. 1879, aff. Comolet, D. P. 79. 1. 451).

1878. La question s'est élevée de savoir si, au cas où l'un des associés fait apport de sa propre *industrie*, le droit gradué est dû de ce chef. Elle a été résolue négativement, en première instance, par le motif que des termes mêmes dont le législateur s'est servi pour établir le droit gradué, du choix des valeurs qu'il y a soumises, il résulte qu'en le créant il n'a voulu atteindre que la fortune acquise, l'épargne, les capitaux mobiliers et immobiliers; que, si le talent industriel d'un individu peut être considéré comme un capital au point de vue économique, il ne saurait en être ainsi sous le rapport juridique dans le sens vulgaire des mots; il n'est pas susceptible d'une évaluation sérieuse au point de vue fiscal (Trib. Saint-Étienne, 9 déc. 1874, D. P. 75. 5. 210). Mais la cour de cassation a jugé que c'était là « une distinction que la loi du 28 févr. 1872 repousse par la généralité de ses termes ; — Qu'en l'absence de toute indication sur ce qui constitue l'apport en société pour la perception de l'impôt, la loi fiscale s'en est nécessairement référée aux règles du droit commun sur ce point; — Qu'ainsi les apports dans le sens de cette loi ne sont autres que ceux qui ont été prévus par l'art. 1833 c. civ.; — Que, suivant cet article, chaque associé doit apporter dans la société ou de l'argent, ou d'autres biens, ou son industrie, d'où il résulte que son industrie mise en commun par un associé a, en droit civil, le caractère d'un apport comme l'argent ou les autres biens; — Qu'elle est donc au même titre que l'argent et les autres biens comprise dans les apports assujettis au droit gradué par la loi du 28 févr. 1872, laquelle en exprimant que la quotité du droit sera déterminée par le montant total des apports mobiliers et immobiliers a, par une formule générale correspondant à l'art. 1833 c. civ., virtuellement disposé que, pour tous apports, quelle qu'en soit la nature, soit qu'ils consistent en obligation de livrer, soit qu'ils se réduisent à une obligation de faire, le droit gradué serait désormais substitué au droit fixe » (Civ. cass. 6 juin 1877 (et non 1875), cité *supra*, n° 1870. Conf. Civ. rej. 2 juill. 1879, cité *supra*, n° 1877).

1879. Il est dit au *Rép.* n° 3526 que les caractères de la société ne se rencontrent pas dans l'acte par lequel plusieurs personnes conviennent d'*entretenir*, chacune pour sa part, un *chemin* conduisant à leurs propriétés, par suite, le droit fixe (aujourd'hui droit gradué) n'est pas applicable à cet acte, quoique le contraire ait été décidé par une délibération de l'administration de l'enregistrement du 11 sept. 1822. M. Garnier considère cette délibération comme fondée, attendu que le bien que les contractants se procurent par ladite convention se traduit en une augmentaion de valeurs

pour leurs propriétés (*Rép. gén. enreg.*, n° 15136-3). Sans doute, la convention procure un bénéfice à chacun des contractants; mais ce bénéfice ne résultant pas de la mise d'une chose en commun, nous persistons à penser qu'il n'y a pas société dans le cas en question (Conf. *Diction. droits d'enreg.*, v° *Société*, n° 224; *Dictionnaire du notariat*, v° *Société*, n° 374).

1880. L'acte par lequel plusieurs personnes *acquièrent en commun* une propriété ne donne pas lieu, en outre du droit de mutation, à un droit particulier pour la constitution de l'association, attendu qu'elle est un effet légal de l'acquisition (*Rép.* n°ˢ 3327 et 3535). Le droit gradué ne peut être dû en ce cas, car il y a simplement constitution d'une indivision, c'est-à-dire une convention suspensive du partage, et non constitution de société (V. *infrà*, n°ˢ 1942 et suiv.).

1881. L'acte ou le jugement qui déclare une ou plusieurs personnes *associées* à une *acquisition immobilière* faite antérieurement au nom d'une autre, est considéré comme emportant transmission de propriété au profit des personnes qui se trouvent ainsi adjointes dans la propriété de l'immeuble à l'acquéreur primitif, et comme donnant lieu, par suite, au droit proportionnel. Nous avons rapporté, en traitant des *mutations secrètes* d'immeubles, plusieurs exemples de ce genre (V. *supra*, n°ˢ 1047 et suiv.).

Mais lorsque la convention *précède* l'acquisition ou l'adjudication ou que, intervenue postérieurement, elle a pour objet de diviser, non point la chose acquise, mais les *profits* ou les *pertes* qui peuvent résulter soit de la chose même, soit de son exploitation, elle est alors tout à fait indépendante de l'acquisition (*Rép.* n° 3537). Et comme elle constate la formation d'une société, elle donne lieu au droit gradué. Observons cependant, disent à ce sujet les rédacteurs du *Dictionnaire des droits d'enregistrement* « que si, comme cela arrive presque toujours, la constitution de la société est suspendue jusqu'à l'acquisition, le droit fixe de 3 fr. est seul dû, sauf à réclamer le droit gradué, sans imputation du droit fixe perçu, si l'acquisition est réalisée antérieurement » (v° *Société*, n° 364). Nous avons fait la même observation au sujet des sociétés constituées sous condition suspensive (V. *supra*, n° 1873).

1882. L'acte d'*adhésion* à une société préexistante est considéré comme acte de formation de société, lorsqu'il constitue une société nouvelle, comme dans le cas où il s'agit d'une société particulière dans laquelle entre un nouvel associé moyennant une mise de fonds et de nouvelles conventions ; à ce titre il donnait lieu à l'ancien droit fixe de 5 fr. (*Rép.* n° 3542). Il serait passible aujourd'hui du droit gradué. Ainsi, la police par laquelle un père se contracte, au profit de son fils, une association à une compagnie anonyme d'assurances générales et mutuelles sur la vie, et s'oblige à payer à cette société un certain nombre d'annuités, doit être considérée comme une adhésion à une société préexistante, ayant pour objet l'augmentation du capital de cette société au moyen de l'apport des annuités ou primes de l'assuré, est donc, en conséquence, au droit gradué de 1 pour 1000 sur le montant de ces primes, et non au droit proportionnel de 1 pour 100 (Sol. adm. enreg. 24 juill. 1876, D. P. 76. 5. 194).

1883. Mais l'acte constatant l'adhésion à une société en nom collectif, sans augmentation du capital social, de nouveaux membres dont les apports sont répartis entre les anciens associés en échange de la diminution des parts de chacun d'eux, renferme, non une nouvelle constitution de société, mais une cession de parts d'intérêt par les anciens membres aux nouveaux, passible du droit proportionnel (Civ. cass. 7 mars 1866, aff. Lefaure, D. P. 66. 1. 119; 17 août 1870, aff. Vitali, Picard et comp., D. P. 71. 1. 156).

1884. L'acte *complémentaire* d'une société formée d'une manière incomplète à son origine, ne donne lieu qu'au droit fixe (aujourd'hui 3 fr.) établi pour les actes d'exécution et de complément (*Rép.* n° 3543). Il n'y a, porte une délibération de l'administration de l'enregistrement du 29 therm. an 12 (Instr. 290, n° 9),que les transmissions, obligations et quittances par un ou plusieurs associés en faveur d'un ou de plusieurs de leurs coassociés individuellement, qui donnent ouverture au droit proportionnel ; toutes les autres dispositions de cette nature pour le compte et dans l'intérêt général de la société, soit par l'acte de société même, soit par des actes *additionnels* et *supplétifs*, n'opèrent que le droit fixe. Il a même été jugé que l'acte, intervenu postérieurement à la constitution d'une société en commandite, et constatant l'apport à cette société par des tiers d'immeubles pour la valeur desquels ils reçoivent des actions, n'est sujet qu'au droit fixe établi pour les actes de complément, l'accession de ces nouveaux sociétaires effectuée dans les limites tracées par l'acte constitutif de la société n'apportant aucune modification à la société, mais en formant, pour le complément nécessaire en remplissant les cadres qu'elle avait en réserve (Trib. Seine, 26 juill. 1854, *Journ. enreg.*, art. 16112).— Et l'Administration elle-même a décidé que dans le cas où, l'apport d'un immeuble promis par un associé franc et quitte de toutes charges et dettes n'ayant pu être réalisé par suite d'hypothèques grevant cet immeuble, l'associé lui substitue un autre immeuble, l'acte constatant cette *substitution* n'est sujet qu'au droit fixe établi pour les actes refaits (Sol. adm. enreg. 24 juin 1880, *Diction. droits d'enreg.*, v° *Société*, n° 352).

1885. Mais l'acte portant *augmentation du capital* d'une société donne lieu au droit gradué sur la somme dont ce capital est augmenté (Trib. Seine, 17 avr. 1875, aff. Compagnie franco-égyptienne, D. P. 75. 5. 210, et sur pourvoi, Req. 19 janv. 1876, D. P. 76. 1. 184).

1886. D'après l'art. 2 de la loi du 28 févr. 1872, le droit gradué se perçoit, pour les actes de formation et de prorogation de société, sur « le montant total des apports mobiliers et immobiliers, déduction faite du passif ». C'est seulement la valeur nette et réelle de l'apport qui est soumise à l'impôt (Req. 24 janv. 1876, aff. Crédit lyonnais, D. P. 76. 1. 215). Il y a, par suite, lieu de déduire, pour la perception du droit gradué, tout ce qui est de nature à diminuer cette valeur au regard de la société, spécialement les dettes grevant [l']apport qui sont mises à sa charge. La déduction de ces dettes, dans le cas dont il s'agit, est la conséquence forcée de cette règle établie par une jurisprudence constante, que toutes les fois que, d'après les dispositions de l'acte de société, le passif grevant un apport est mis en totalité ou en partie à la charge de la société, il y a vente de ce chef et le droit proportionnel de mutation est dû à l'enregistrement de l'acte de société (V. *infrà*, n°s 1895 et suiv.). La perception du droit gradué sur la valeur de l'apport soumise au droit proportionnel de mutation aurait fait double emploi. — Mais il en est autrement, lorsqu'il est stipulé que les dettes grevant les apports resteront à la charge de chaque associé personnellement. Dans ce cas, les biens apportés sont acquis à la société sans les charges et, dès lors, la distraction de ces charges ne peut être admise pour la liquidation du droit gradué. C'est ce qui a été décidé avec raison par un jugement aux termes duquel le droit gradué d'enregistrement, applicable à l'acte constitutif d'une société en nom collectif, est dû sur le montant total des apports sans déduction du passif qui les grève, lorsqu'il est stipulé que ce passif restera à la charge des associés et sera éteint par prélèvement sur la part de chacun d'eux dans les bénéfices (Trib. Seine, 7 mars 1884, aff. Garnier fils et Bouzan, D. P. 85. 3. 71).

1887. Lorsque, dans l'acte constitutif d'une société, le fonds social est fourni par des associés, les avantages stipulés à leur profit pour cet apport représentent la valeur nette du fonds social sur laquelle le droit gradué doit être perçu (Trib. Seine, 14 févr. 1874, aff. de Loire, D. P. 74. 5. 223).

1888. La détermination de la valeur imposable, pour la perception du droit gradué, au cas où c'est une *créance douteuse* qui a été apportée en société, soulève des difficultés. Il a été jugé que la perception doit être faite, audit cas, sur le montant de la créance, alors qu'aucun passif n'est indiqué dans l'acte comme grevant cet apport ; que le fait que la créance serait soumise à des éventualités et irrecouvrable en partie, ne pourrait déterminer aucune déduction, l'incertitude du recouvrement n'étant, ni dans le sens usuel, ni dans le sens juridique du mot, un passif de l'apport (Trib. Seine, 29 mars 1878, aff. Crédit mobilier, D. P. 79. 3. 32). Les motifs de cette décision sont, en substance, que, la perception du droit gradué doit être faite sur les apports en société, « déduction faite du passif », c'est-à-dire des dettes précises et déterminées dont le montant est susceptible d'être prélevé sur les sommes ou valeurs apportées et de diminuer d'autant

le capital social; que tel n'est pas le caractère des chances auxquelles est exposé le recouvrement d'une créance mise en commun; que c'est là un des éléments aléatoires inhérents à toute société et qui contribuent à la rendre plus ou moins prospère. Mais cette argumentation ne paraît pas susceptible d'être admise. A la vérité, d'après la jurisprudence, le droit *proportionnel* exigible pour la transmission par décès de créances, même mauvaises, se perçoit sur le capital nominal, mais on ne saurait rien en induire pour la perception du droit gradué, car cette taxe établie « sur la manifestation d'un droit de propriété préexistant », diffère essentiellement du droit proportionnel qui frappe le mouvement de la propriété. D'autre part, « la loi du 28 févr. 1872, en déterminant l'assiette du droit gradué, ne reproduit pas les dispositions de la loi de l'an 7, et ne s'y réfère nullement » (Sol. adm. enreg. 26 nov.-17 déc. 1873, D. P. 75. 3. 24). L'Administration en a conclu que le droit gradué applicable à l'apport en mariage d'une nue propriété ou d'un usufruit, n'est dû « que sur la valeur réelle de l'apport au moment du contrat » (V. *suprà*, n° 1812). La même solution doit être adoptée pour les apports en société. La cour de cassation a reconnu que l'évaluation faite pour la perception du droit gradué sur un apport en société doit représenter la valeur réelle de cet apport (Req. 24 janv. 1876, cité *suprà*, n° 1886). C'est d'ailleurs ce qui résulte du texte même de la loi du 28 févr. 1872. Cela étant, comment le droit gradué pourrait-il être exigible sur l'intégralité du capital d'une créance douteuse apportée à une société, puisque, la créance étant mauvaise, son capital ne représente pas la valeur *réelle* de l'apport? Evidemment, il n'en peut être ainsi. Il faut en conclure qu'il y a lieu, dans ce cas, à une déclaration estimative des parties conformément à l'art. 2 de la loi qui dispose que cette évaluation doit être faite toutes fois que « les sommes ou valeurs ne sont pas déterminées dans l'acte ». Le tribunal de la Seine, dans le jugement susénoncé, a prévu l'objection et l'a repoussée par le motif que l'apport est déterminé, dans le cas dont il s'agit, par un chiffre exprimé dans l'acte de société. Mais l'argument ne paraît rien moins que péremptoire, car le capital d'une créance représente sa valeur *nominale*, et la loi veut que le droit gradué soit perçu sur la valeur *réelle* de l'apport.

1889. Lorsque l'administration de l'enregistrement établit, par des actes émanés des associés et antérieurs à l'acte de société, que l'évaluation d'un apport en société, faite pour la perception du droit gradué, est inférieure à la valeur réelle de cet apport, il y a dissimulation, et un droit simple supplémentaire est dû, plus un droit en sus, sur la différence, alors même que l'évaluation aurait été approuvée par une assemblée générale d'actionnaires et par les commissaires choisis en exécution des prescriptions de la loi du 24 juill. 1867, pour vérifier l'apport (Arrêt du 24 janv. 1876, cité *suprà*, n° 1886). Vainement opposerait-on à la réclamation du droit en sus que l'acte enregistré, mentionnant ceux invoqués comme établissant l'insuffisance, avait fourni à l'Administration les éléments nécessaires pour établir complètement sa perception, si la mention, ne consistant que dans un simple visa, ne reproduisait pas les constatations des actes énoncés relativement à l'importance réelle de l'apport, et si, par suite, l'insuffisance de l'évaluation n'avait pu être découverte et constatée qu'à l'aide de recherches et de rapprochements ultérieurs (Même arrêt).

2°. — *Conventions inhérentes au contrat de société* (Rép. n°s 3546 à 3550).

1890. Le texte de la loi fiscale met virtuellement en opposition les dispositions essentielles à la constitution de la société, inhérentes à la société et qui forment la convention soumise au droit gradué, et celles qui, constatées dans l'acte même de société « entre les associés ou autres personnes », mais indépendantes du contrat de société, étrangères à son essence et à sa nature, lien qui pourrait exister sans elle, donnent lieu à des droits particuliers (Rép. n° 3546).

Les dispositions inhérentes au contrat de société sont celles relatives aux apports. En principe, la transmission au profit de la société de l'apport de chaque associé, la libération résultant de cet apport ou l'obligation que contracte l'associé de verser sa mise dans un délai déterminé, ne donnent pas lieu au droit proportionnel. Mais il faut pour cela que la chose mise en commun par l'associé soit abandonnée à la société d'une manière absolue, à titre de mise sociale et sans stipulation d'un retour ou d'un bénéfice indépendant de ce bénéfice commun auquel lui donne droit sa qualité même d'associé. Toutes les fois, au contraire, que la mise sociale est accompagnée d'une stipulation de cette dernière espèce, cette stipulation constitue une disposition indépendante et donne lieu, à ce titre, à un droit particulier dont la quotité est déterminée d'après le caractère de cette convention particulière. Tels sont les principes établis au *Rép.* n° 3548. Les nombreuses décisions de la jurisprudence intervenues depuis sa publication n'ont fait que les confirmer.

1891. Ainsi, la disposition d'un acte de société portant que la société, prenant à son compte des engagements contractés par les associés fondateurs et se rapportant aux affaires sociales, charge un mandataire les acquitter avec des fonds provenant des actions attribuées auxdits associés, et desquels le mandataire se reconnaît nanti, ne donne pas lieu au droit proportionnel, ce payement ne devant pas être effectué avec partie du capital social (Trib. Seine, 10 avr. 1875, aff. Société des huîtrières du Portugal, D. P. 76. 1. 275). — De même, lorsqu'une société est constituée par la transformation d'une société préexistante et l'annexion d'une autre société, laquelle fait apport de son actif en bloc contre l'obligation de lui délivrer un nombre déterminé d'actions et d'acquitter la totalité de son passif, et qu'une valeur déterminée est réservée par la société annexée sur son actif pour être répartie entre ses actionnaires, cette réserve ne donne point ouverture à un droit particulier, la valeur retenue demeurant entre les mains de ceux à qui elle appartient (Trib. Seine, 23 juin 1866, aff. Compagnie immobilière, D. P. 69. 1. 250).

1892. Mais la stipulation, dans un acte de société, que les associés auront des droits égaux dans le fonds social, renferme une cession passible du droit proportionnel, alors que ledit fonds appartenait précédemment aux associés dans des proportions différentes en leur qualité de membres d'une autre association qui existait entre eux et avec laquelle la nouvelle société, entièrement distincte par son but et son objet, ne peut être confondue (Req. 18 juill. 1888, aff. Escarraguel, D. P. 89. 1. 244). Le droit proportionnel est dû au taux déterminé d'après la nature des biens transmis, sur la portion cédée par l'un des associés à ses coassociés, afin d'égaliser les parts dans les biens composant la masse sociale (Même arrêt).

3°. — *Dispositions indépendantes du contrat de société (Rép. n° 3551).*

1893. D'après le principe énoncé *suprà,* n° 1890, toutes les fois qu'en faisant son apport à la société, un associé, stipule, en sa faveur, quelque chose d'équivalent à sa mise, ou qui en constitue en quelque sorte le prix, ou qui ne rentre pas dans le caractère spécial des conventions relatives aux apports, il y alors cette disposition dans un intérêt individuel qui, dans l'esprit de la loi fiscale, constitue une convention particulière, indépendante et sujette, dès lors, à un droit particulier (*Rép.* n° 3551).

a. — Avances ou prêt par un associé.

1894. L'engagement pris par un associé, dans l'acte de société, de verser, indépendamment de sa mise, une somme déterminée si les besoins de la société l'exigent, rentre dans les dispositions constitutives du contrat et ne donne donc pas lieu à un droit particulier (*Rép.* n° 3549); mais, s'il est stipulé que la société payera à l'associé l'intérêt de la somme, le droit d'obligation est exigible (*Rép.* n° 3551). Il a été décidé, en ce sens : 1° que l'apport à une société d'un capital en représentation duquel l'auteur de cet apport reçoit des actions sociales, mais avec stipulation qu'il prélèvera annuellement sur les bénéfices, par préférence aux actionnaires, l'intérêt de son capital, et une certaine somme pour l'amortissement au pair des actions à lui attribuées, sans aucune part dans le surplus des bénéfices, constitue un prêt passible du droit proportionnel d'obligation, et non un apport social soumis au droit fixe, une telle stipulation étant exclusive des chances de gain et de perte qui sont l'essence de la société (Req. 30 juill. 1861, aff. Meynadier, D. P. 61. 1.

425); — 2° Que les avances faites par un associé en nom collectif à la société ont le caractère d'un prêt, passible du droit proportionnel, et non d'un apport social, alors même qu'elles auraient lieu en exécution d'une clause de l'acte de société, si elles ont été déclarées productives d'intérêts avec droit de commission, remboursables tous les trois mois sur les fonds sociaux (Req. 29 juill. 1863, aff. Alazard, D. P. 64. 1. 27); — 3° Que l'obligation contractée dans l'acte de société par l'un des associés, de fournir à la société une somme destinée à former le fonds de roulement avec stipulation d'un intérêt et de remboursement, avant tout partage, sur le capital social, constitue, non un simple apport, mais une promesse de prêt, sur laquelle le droit proportionnel est dû, lorsque sa réalisation est prouvée. V. *Rép.* n° 3552-4°); — 4° Que la clause d'un acte de société en nom collectif entre un père et son fils, par laquelle le père qui a fourni seul les meubles et les immeubles composant le fonds social, déclare, conjointement avec sa femme, créditer le fils à titre de prêt sans intérêt, d'une somme représentant l'apport de ce dernier sous la condition que cette avance sera remboursée avec intérêt, soit lors de la dissolution de la société, soit au décès du prémourant des père et mère, constitue une disposition indépendante dont le caractère est celui de promesse de prêt et qui donne lieu à un droit particulier (Civ. cass. 3 avr. 1854, aff. Soyer-Vasseur, D. P. 54. 1. 151); — 5° Que la clause d'un acte de société portant qu'en outre de sa part dans le capital social, l'un des associés fournira en argent à la société une somme déterminée, et que cette somme lui sera remboursée par la société dans les délais fixés avec intérêts à 6 pour 100 l'an, constitue, au profit de cet associé, une obligation de sommes distincte de son apport social, non soumise aux risques sociaux, ayant le caractère de prêt, et conséquemment passible du droit proportionnel de 1 pour 100; et que cette obligation étant actuelle, pure et simple, et non subordonnée à la condition d'un usage facultatif pour la société, le droit proportionnel est exigible lors de l'enregistrement de l'acte de société (Civ. rej. 25 nov. 1872, aff. Masset et Barot, D. P. 73. 1. 127); — 6° Que les dispositions de l'acte constitutif d'une société en nom collectif et en commandite, desquelles il résulte que le commanditaire ne doit participer dans aucune mesure aux risques de la société, qu'il renonce à toute part de bénéfices, qu'il est dispensé de contribuer aux pertes, et enfin que, quoiqu'il arrive, il aura droit aux intérêts à 5 pour 100 du capital par lui apporté dont le remboursement lui est assuré, constituent en réalité un contrat de prêt, et donnent lieu, en conséquence, lors de l'enregistrement de l'acte de société, au droit d'obligation à 1 pour 100 sur le montant de la prétendue commandite (Civ. cass. 19 mars 1879, aff. de Lalène-Laprade, D. P. 79. 1. 395); — 7° Que la stipulation, par un associé apportant au fonds social un immeuble d'une valeur déterminée au lieu d'argent, que la société prendra à sa charge les dettes dont cet immeuble est grevé, ne transforme pas l'apport en une vente de portion d'immeuble passible d'un droit de 5 et 1/2 pour 100, alors qu'il est convenu en même temps que l'immeuble sera repris, à l'expiration de la société, par le même associé, sous réserve d'en payer la plus-value et de supporter seul les détériorations; mais que cette même stipulation rend exigible le droit d'obligation sur les sommes que la société s'engage à payer pour le dégrèvement de l'immeuble (Trib. Nantes, 8 juin 1860, aff. Perthuy, D. P. 60. 3. 79).

b. — *Apport-vente (Rép. n° 3553 à 3568).*

1895. S'agit-il d'un *apport en meubles ou en valeurs mobilières,* les règles de perception sont exactement les mêmes (*Rép.* n° 3553). Ainsi, jugé : 1° que l'apport fait par un associé à la société d'un *fonds de commerce* dont la valeur doit lui être remboursée en argent avec intérêts sur les premiers fonds provenant du placement des actions de la société, constitue, non pas un apport social exempt du droit proportionnel, mais une cession mobilière passible du droit de 2 pour 100; encore qu'il serait stipulé que le remboursement pourra être fait en actions sociales, ce mode de payement facultatif ne changeant pas le caractère de la convention (Civ. cass. 30 janv. 1850, aff. Chollet, D. P. 50. 1. 60); — 2° Que lorsque l'adjudicataire d'une entreprise de fournitures qui est devenu, par le fait de l'adjudication, propriétaire du mobilier de l'entreprise, fait apport à une société du bénéfice de son adjudication et se substitue la société, tant activement que passivement, pour ce qui concerne ladite entreprise, cet apport obligeant la société à acquitter le prix du mobilier encore dû, constitue une vente mobilière passible du droit proportionnel de 2 pour 100 (Civ. rej. 4 août 1869, aff. Société des lits militaires, D. P. 70. 1. 66); — 3° Que si, dans l'acte constitutif d'une société anonyme par actions à laquelle les associés fondateurs font apport de concessions dont l'exploitation doit faire l'objet de l'association, il est stipulé qu'en outre de l'attribution à ces associés, en représentation de leurs apports, d'un certain nombre d'actions libérées, la société leur remboursera le *prix de travaux exécutés* par eux, cette disposition donne ouverture au droit proportionnel de vente mobilière, encore bien que toutes les actions autres que celles attribuées aux associés fondateurs aient été souscrites par eux-mêmes (Req. 28 févr. 1876, aff. Société des huitrières du Portugal, D. P. 76.1.275); — 4° Que l'acte constitutif d'une société anonyme formée entre les membres d'une association en participation qui apportent à leur nouvelle société une *concession de mine* dépendant de leur association en participation, à la charge par la société nouvelle de payer les primes et redevances des concessions, et moyennant le prélèvement d'une somme déterminée sur les premiers fonds disponibles, opère de ce chef une vente mobilière passible du droit proportionnel, encore bien que l'apport ait été fait par tous les associés (Trib.Seine,14 févr. 1874, aff. de Loire, de la Brosse et comp., D. P. 74. 5. 223); — 5° Que l'apport dans un acte de société passé en France de meubles corporels situés à l'étranger, moyennant prélèvement du prix sur les premiers fonds disponibles, opère une vente mobilière passible du droit proportionnel de 2 pour 100 (Même jugement); — 6° Que, de même, le droit de vente doit être perçu sur la clause par laquelle un associé déclare apporter un *matériel d'usine* dont il est propriétaire par suite d'acquisition, à la charge par la société de payer ce qu'il reste devoir sur le prix (Trib. Rethel, 9 juin 1854, aff. Laluyé, D. P. 55. 3. 5);... ou la moitié de la valeur du *matériel de brasserie* apporté (Trib. Saint-Quentin, 21 juin 1848, aff. L..., D. P. 48. 5. 164); mais, en ce cas, la perception ne doit s'effectuer que distraction faite de la portion du prix antérieurement acquittée par l'associé, s'il résulte de l'acte qu'elle constitue son apport (Jugement du 9 juin 1854 précité).

1896. Il a encore été jugé :.. que la stipulation, dans un acte de société, par un associé qui a fait apport d'un établissement industriel, que des *créances* et des *marchandises* qu'il a déclaré expressément ne pas comprendre dans son apport, lui seront payées par la société d'après certaines justifications et estimations convenues, constitue une disposition indépendante et donne lieu au droit de cession de créances à 1 pour 100 et à celui de vente mobilière à 2 pour 100 (Civ. rej. 18 janv. 1871, aff. Duval, D. P. 71. 1. 18);... Que l'apport à une société, pour un temps déterminé, de la *concession de canaux d'irrigation* accordée à perpétuité par l'Etat à ceux qui font l'apport, constitue une disposition indépendante qui opère vente, lorsqu'il est fait à charge par la société d'acquitter les dettes grevant les biens apportés (Trib. Seine, 23 août 1873, aff. Compagnie générale des canaux, D. P. 75. 5. 210).

1897. D'autre part, il a été décidé : 1° que la convention portant qu'à l'expiration du terme fixé pour la durée d'une société en commandite, cette société se continuera avec un tiers qui s'oblige à fournir moitié de la commandite en remboursant, dans cette proportion, l'associé que l'a fournie entièrement à la première société, constitue, non un acte de société pur et simple passible seulement du droit fixe, ni une cession de part dans un capital social sujette au droit de 50 cent. pour 100, mais une cession d'objets mobiliers passible du droit de 2 pour 100 (Civ. rej. 17 févr. 1869, aff. Richon, Montané et Hugues, D. P. 69. 1. 358); — 2° Que l'acte de société portant attribution d'actions sociales à l'associé qui a fait l'apport, et, d'autre part, cession de ces actions, moyennant un prix, par l'associé attributaire à ses coassociés, renferme une transmission de biens entre les associés sujette à un droit particulier d'enregistrement, en outre du droit gradué applicable à la constitution de l'association (Trib. Lille, 10 avr. 1876, aff. Esparbié, D. P. 77. 3.

111); — 3° Que, dans ce dernier cas, le droit exigible est celui de cession d'actions dans une société, et non celui de vente (Trib. Seine, 29 nov. 1854, aff. Lemonnyer, *ibid.*, note); — 4°Que la cession par un associé à un tiers d'une portion de son intérêt dans la société constitue, quoique qualifiée *sous-société*, une vente mobilière passible du droit proportionnel de mutation, lorsque ni l'objet cédé, ni son prix, ne peuvent être considérés comme présentant entre le cédant et le cessionnaire le caractère de mises sociales respectivement apportées dans une sous-société distincte de la société principale. Il en est ainsi, notamment, lorsque la part d'intérêt cédée est devenue la propriété exclusive du cessionnaire investi du droit d'en toucher directement les produits de la société, et que le prix stipulé a été versé, non à une sous-société, pour devenir commun entre les sous-associés, mais à la société principale elle-même. En tous cas, un tel contrat serait passible du droit proportionnel de mutation, même en conservant sa dénomination de sous-société, les actes de société n'étant soumis au droit fixe que quand ils ne portent ni obligation, ni libération, ni transmission de biens entre associés (Civ. cass. 6 déc. 1865, aff. Delloye-Lelièvre, et aff. Poupinel, D. P. 66. 1. 24; 15 mars 1869, aff. Delloye-Lelièvre, D. P. 69. 1. 507).

1898. S'agit-il d'un *apport immobilier*, les règles sont encore les mêmes (*Rép.* n° 3557). L'exemption du droit proportionnel n'est applicable à l'apport en société qu'autant qu'il est fait purement et simplement, moyennant une part des droits sociaux; elle ne l'est plus, et le droit proportionnel de mutation devient exigible, toutes les fois qu'il est stipulé un équivalent à fournir ou à payer par la société,... soit que cet équivalent consiste dans un prix payé directement à l'associé qui a fait l'apport (*Rép.* n° 3563 et 3564; Civ. cass. 30 janv. 1850, aff. Chollet, D. P. 50. 1. 60);... lorsque, par exemple, il résulte des dispositions de l'acte de société que l'associé qui a fait l'apport de l'immeuble, prélèvera, quand il le voudra, une somme déterminée sur les fonds provenant de l'apport de son coassocié (Req. 13 août 1877, aff. Daumy, D. P. 77. 1. 439);... soit qu'il consiste dans l'obligation de payer en l'acquit de l'associé qui a fait l'apport, la totalité du passif grevant cet apport (Req. 20 mars 1855, aff. Bocquet, D. P. 55. 1. 62; 20 nov. 1861, aff. Amoudru, D. P. 62. 1. 132; Civ. rej. 15 déc. 1868, aff. Compagnie immobilière, D. P. 69. 1. 250; 22 déc. 1868, aff. Delmas, D.P. 69. 1. 156; 4 août 1869, aff. Société des lits militaires, D. P. 70. 1. 66; Req. 31 juill. 1876, aff. Sinan, D. P. 77. 1. 36; Trib. Reims, 27 janv. 1877, aff. Bonnevie, D. P. 78. 1. 257; Req. 21 avr. 1879, aff. Liquidation Darras-Lemaire, D. P. 79. 1. 451; 13 mai 1879, aff. Société de la galerie Vivienne, D. P. 79. 1. 450; 21 juill. 1884, aff. Société des produits chimiques d'Hautmont, D. P. 85. 1. 109; Civ. rej. 15 févr. 1888, aff. Moitessier, D. P. 88.1.421; Trib. Seine, 23 août 1873, aff. Compagnie générale des canaux, D. P. 75. 5. 210);... ou même seulement une portion de ce passif (Civ. cass. 8 nov. 1864, aff. Clavier, D. P. 64. 1. 476);... spécialement la portion (des deux tiers) du prix de l'immeuble, excédant l'apport fait par l'associé qui en était propriétaire (Civ. cass. 5 janv. 1853, aff. de Prémorvand, D. P. 53. 1. 73).

Il a été décidé, spécialement : 1° que la clause par laquelle une société formée pour l'achat et la revente d'immeubles, s'oblige, dans son acte de constitution, à payer le prix d'immeubles mis en société, qui avaient été achetés par l'un ou plusieurs des associés, antérieurement à sa formation et sans réserve d'achat pour le compte de la société, ni déclaration de command dans les délais légaux, emporte la preuve d'une transmission immobilière faite au profit de cette société, par l'associé ou les associés qui en étaient propriétaires, et donne lieu à l'application du droit proportionnel de mutation (Req. 20 mars 1855 précité); — 2° Que l'acte par lequel l'une des parties déclare vendre et l'autre acheter des biens meubles et immeubles, moyennant un prix payable éventuellement en actions d'une société industrielle à former entre les parties, et à laquelle devaient être apportés les biens vendus, constitue une vente passible du droit proportionnel de mutation, et non un apport social soumis à un droit fixe, alors que la vente n'a pas été subordonnée à la formation de cette société, la transmission qu'il renferme étant complètement distincte de l'apport réalisé par les acheteurs dans la société ultérieurement réalisée (Civ. cass. 11 mai 1859, aff. Lapeyrouse, D. P. 59. 1. 215); — 3° Qu'une association, qualifiée par les parties de société en commandite et dans laquelle se trouvent un gérant responsable, un commanditaire, une raison sociale et un siège social, ne peut être considérée comme une association en participation, mais présente tous les caractères d'une société en commandite formant un être moral au profit duquel peut intervenir une mutation de propriété de la part du gérant ; par suite, si le gérant effectue dans cette société un apport d'immeuble qui soit une véritable vente, à raison, par exemple, de l'obligation, pour la société, de payer le prix de cet immeuble à lui ou à son vendeur, le droit de mutation est dû sur ce prix, sans déduction de la part afférente à l'associé apporteur (Req. 20 nov. 1861, aff. Amoudru, D. P. 62. 1. 131); — 4° Que l'apport d'un immeuble en société, à la charge, par la société, de payer les dettes hypothécaires grevant cet immeuble, pour le cas où l'associé qui l'a apporté ne les payerait pas lui-même ou décéderait sans les avoir acquittées, et sauf annulation, dans ce cas, des actions de cet associé, jusqu'à concurrence de la somme payée à ses créanciers, prend, si le cas prévu se réalise, le caractère d'un apport fait moyennant un prix, et devient, pour le montant de cette somme qui forme le prix à fournir par la société, passible du droit proportionnel de mutation (Civ. cass. 8 nov. 1864, aff. Clavier, D. P. 64. 1. 476); — 5° Que l'attribution, dans un acte de société, de tout l'actif de la société à un associé déterminé, moyennant une somme d'argent à payer à l'autre associé, pour lui tenir lieu de sa part, donne ouverture à un droit proportionnel de soulte exigible lors de l'enregistrement de l'acte de société : il n'est pas besoin d'attendre la dissolution de la société (Req. 3 mars 1868, aff. Dinet, D. P. 68. 1. 482); — 6° Que l'apport d'un immeuble à une société, moyennant un certain nombre d'actions de cette société, renferme une vente éventuelle sujette, suivant l'événement, au droit proportionnel de mutation, lorsqu'il est accompagné de stipulations portant que l'apporteur justifiera, dans un délai déterminé, de la radiation des inscriptions pouvant grever l'immeuble, que, s'il en subsiste à l'expiration du délai, la société procédera à la purge, et que les actions à remettre en représentation de l'apport ne seront délivrées que lorsque l'immeuble sera parfaitement libre. Si donc, en ce cas, la société fait procéder à la purge, la condition à laquelle était subordonnée la mutation de propriété se trouve réalisée, et le droit proportionnel de vente immobilière est dû sur la valeur des actions à délivrer à celui qui a fait l'apport (Req. 24 mai 1875, aff. Société de l'immeuble du Château-d'eau, D. P. 75. 1. 439) ; — 7° Que l'acte par lequel un débiteur fait apport à une société qu'il constitue avec ses divers créanciers d'immeubles en représentation desquels il reçoit un certain nombre de parts sociales, plus la libération de ses dettes, renferme, de ce dernier chef, une transmission immobilière à titre de dation en payement, qui donne ouverture au droit proportionnel (Req. 13 mai 1879, aff. Société de la galerie Vivienne, D. P. 79. 1. 450); — 8° Que, de même, l'acte constatant la constitution d'une société en commandite par actions entre un particulier qui, en faisant apport des fonds à exploiter, meubles et immeubles, se réserve un certain nombre d'actions, et d'autres personnes par lesquelles le prix des actions qu'elles souscrivent est acquitté au moyen de l'imputation du montant de la souscription sur ce que l'associé apporteur devait à chacune d'elles, renferme, de ce chef une transmission passible du droit proportionnel suivant le tarif général, et non au taux réduit établi pour les cessions d'actions (Req. 21 avr. 1879, aff. Darras-Lemaire, D. P. 79. 1. 451). Et, dans ce cas, à défaut de désignation avec estimation, article par article, des créances ou autres valeurs mobilières comprises dans la transmission, et de stipulation d'un prix distinct, le droit de vente immobilière est dû sur le tout (Trib. Lille, 22 mars 1878, aff. Darras-Lemaire, ibid. V. suprà, nos 1570 et suiv).

1899. Si, en principe, l'apport d'un immeuble à charge par la société d'en payer le prix, donne lieu au droit de vente immobilière à 5 fr. 50 cent., il en est autrement, lorsque cet apport est fait par deux associés en nom collectif entre lesquels la société a été constituée, et qu'il a pour

objet un immeuble qui leur appartenait à l'un et à l'autre indivisément par moitié. Dans ces conditions, la déclaration d'apport n'a modifié, ni activement ni passivement, la situation respective des parties; elle n'a ni pour but ni pour résultat de créer un avantage particulier au profit de l'un ou de l'autre des associés sur l'actif social, ni de soustraire aucune partie de l'apport aux chances aléatoires de la société; il n'y a pas lieu, dès lors, de refuser aux redevables le bénéfice de l'immunité du droit proportionnel d'enregistrement. Décidé, en conséquence, que la déclaration, dans l'acte constitutif d'une société en nom collectif formée entre deux commerçants, de l'apport à la société par les deux associés d'un immeuble à charge d'en acquitter le prix encore dû, et d'exécuter toutes les clauses et conditions de la vente qui leur en avait été faite indivisément par moitié, ne donne pas lieu à la perception du droit proportionnel de vente immobilière (Civ. rej. 28 déc. 1870, aff. Deblon, D. P. 71. 1. 89). De même, dans le cas où une société a été formée à la Guadeloupe entre trois personnes pour l'exploitation d'immeubles leur appartenant indivisément, l'apport de ces immeubles avec attribution aux associés de parts d'intérêt correspondant à leurs parts de copropriété, et avec stipulation que la société prendra à sa charge une dette grevant les immeubles et dont les trois associés étaient tenus chacun dans la proportion de sa part de copropriété, ne change, ni ne modifie en aucune manière les engagements préexistants des associés, non plus que leur situation respective entre eux et vis-à-vis de la société; par suite, un tel apport conserve le caractère de simple mise sociale et ne donne pas lieu au droit proportionnel de vente (Ord. 31 déc. 1828, art. 91, § 4, n° 2) (Civ. rej. 29 mai 1883, aff. Monnerot, D. P. 84. 1. 242). — Ces décisions sont critiquées par M. Naquet, t. 1, n° 463. Elles constituent de véritables exceptions à la règle que le droit de vente est dû toutes les fois que la société paye le prix de l'immeuble apporté. Dans l'espèce de l'arrêt du 29 mai 1883, par suite de la constitution de la société entre les trois copropriétaires de l'immeuble seulement, et de ce fait qu'ils étaient tenus de la dette proportionnellement à leurs droits dans l'immeuble et dans la société, les trois associés se trouvaient toujours en réalité dans la même situation; ils étaient tenus collectivement sous le nom de leur société, comme ils l'étaient personnellement avant leur association, dans les mêmes proportions. Cela étant, la cour n'a pas voulu admettre qu'une mutation de propriété avait pu s'opérer entre eux et la société. Elle a préféré établir, pour le cas particulier dont il s'agit, une véritable exception au principe posé par sa jurisprudence. « Il s'agit de savoir, a dit M. le conseiller rapporteur, s'il a pu être fait *exception* à cette règle (établie par la jurisprudence) dans l'espèce actuelle, à raison de la situation particulière où elle se présente », c'est-à-dire « de l'équilibre et de la proportionnalité parfaite qui existent dans la situation respective des divers associés » (D. P. 84. 1. 242, note).

1900. Il a été décidé également, dans le sens des deux arrêts, cités *suprà*, n° 1899, que l'apport, dans l'acte constitutif d'une société en nom collectif entre deux personnes, par les deux associés, du droit leur appartenant en commun au bail des locaux affectés à leur industrie commune, à charge par la société de payer les loyers comme frais généraux, ne modifie ni la situation respective des locataires, ni leurs engagements préexistants vis-à-vis du bailleur, ni leurs droits à la jouissance locative, et n'a point pour résultat de créer un avantage particulier au profit de l'un ou de l'autre des associés; c'est d'un apport pur et simple qu'il s'agit, et la stipulation ne peut, dès lors, être assujettie à aucun droit particulier d'enregistrement, spécialement au droit proportionnel de cession de bail (Trib. Seine, 18 janv. 1873, aff. Lamouroux, D. P. 74. 5. 222).

1901. Jugé encore, dans le même sens, que l'apport, dans l'acte constitutif d'une société en nom collectif et en commandite, de la jouissance, pour toute la durée de la société, d'établissements industriels dont l'exploitation doit faire son objet, sous la condition du prélèvement annuel au profit des associés propriétaires, avant tout partage des bénéfices, d'une somme déterminée représentant la valeur locative des immeubles, doit être considéré comme un apport pur et simple; le prélèvement annuel stipulé n'est autre chose qu'un mode prévu d'avance de partage des bénéfices, et laisse l'apport aux chances aléatoires de la société; la stipulation ne peut donc être assujettie à aucun droit particulier d'enregistrement, spécialement au droit proportionnel de bail (Trib. Seine, 23 août 1873, aff. Féray, D. P. 74. 5. 223). — Mais ce dernier jugement a été rendu dans des circonstances qui s'écartaient sensiblement de celles dans lesquelles sont intervenus les deux arrêts de la cour de cassation, cités *suprà*, n° 1899. Un prélèvement annuel particulier avait été stipulé au profit, non de *tous* les associés, mais seulement de ceux d'entre eux qui avaient fait l'apport. La clause présentait ainsi les caractères d'une disposition indépendante et sujette à un droit particulier, d'après la jurisprudence qui s'est établie concernant les stipulations de cette nature.

1902. Souvent les membres d'une ancienne société forment entre eux une nouvelle association à laquelle ils font apport d'un immeuble dépendant de leur société primitive, à la charge d'acquitter le passif dont il est grevé. Le débat porte, en ce cas, sur le fait de l'existence d'une société nouvelle, les parties alléguant, pour échapper au droit proportionnel, que l'ancienne association n'a pas cessé d'exister. Il a été jugé sur ce point : 1° que la société constituée entre les membres d'une ancienne association, avec une partie de son avoir et le même personnel, n'en forme pas moins une société entièrement nouvelle qui donne naissance à une personne morale autre que celle de l'ancienne et à des conditions d'existence propres et différentes, alors que la société primitive a été définitivement dissoute et que la nouvelle s'en distingue par son objet, sa dénomination, son siège social et sa durée; en conséquence, l'apport à cette société nouvelle de l'établissement de l'ancienne, ainsi que de l'ensemble des droits, actions et obligations faisant actifs que passifs dudit établissement, à la charge des débits actuels et éventuels qui le grevaient, opère une véritable vente de l'actif de la société primitive dans la proportion du passif mis à la charge de la société nouvelle, et, par suite, le droit proportionnel de vente est dû sur le montant de ce passif qui représente le prix de la transmission de propriété réalisée (Trib. Avesnes, 11 août 1883, aff. Société des produits chimiques d'Hautmont, D. P. 84. 5. 229, et sur pourvoi, Req. 21 juill. 1884, D. P. 85. 1. 109. Conf. Civ. rej. 22 déc. 1868, aff. Delmas, D. P. 69. 1. 156); — 2° Que la société constituée par la transformation d'une société préexistante et l'annexion d'une autre société, laquelle fait apport de son actif en bloc contre l'obligation de lui délivrer un nombre déterminé d'actions et d'acquitter la totalité de son passif, présente les caractères d'une société particulière de la nature de celles définies et réglées par les art. 1841 et 1842 c. civ.. L'apport fait par la société annexée opère vente de l'actif de cette société, dans la proportion de l'importance de son passif, au profit de la société nouvelle, et donne ouverture, en conséquence, à la perception du droit proportionnel sur le montant de ce passif, à l'enregistrement de l'acte de société (Civ. rej. 15 déc. 1868, aff. Compagnie immobilière, D. P. 69. 1. 250); — 3° Que lorsqu'une société civile, devenue adjudicataire d'un immeuble industriel, se convertit en société anonyme pour l'exploitation de l'industrie dont cet immeuble est le siège, et qu'il est en même temps convenu qu'une partie des bénéfices afférents aux actions sera employée chaque année à l'extinction des sommes restant dues sur le prix de l'adjudication, il en ressort la preuve que la propriété de l'immeuble a été transmise par la société civile à la société anonyme et, par suite, le droit proportionnel est dû sur le solde du prix que cette dernière société s'est chargée d'acquitter (Civ. rej. 15 févr. 1888, aff. Moitessier, D. P. 88. 1. 421) ; — 4° Que la transformation d'une société en commandite par actions en société anonyme a pour résultat de substituer une nouvelle personne morale à l'ancienne, lorsque l'objet de la société primitive, qui consistait uniquement dans l'exploitation d'une mine désignée, est étendu à l'exploitation de toutes mines que la société pourra acheter ou amodier et, généralement, à toutes les opérations qui peuvent s'y rattacher, et se trouve ainsi complètement changé, alors surtout que les statuts de la société primitive ne prévoyaient ni n'autorisaient des modifications de cette nature; que, par suite, l'apport de l'actif de l'ancienne société à la nouvelle, à charge d'acquitter le passif de la première, opère vente et donne lieu au droit proportionnel de mutation (Civ.

cass. 29 juill. 1890, aff. Société anonyme des mines de Pontpéan, D. P. 91. 1re part.). — V. *infrà*, n° 1920.

1903. On a soutenu que, dans tous les cas où, une société étant constituée entre un créancier et son débiteur, le premier apporte sa créance et le second ses biens, il y a attribution des biens du débiteur à son créancier dans la proportion de la créance de celui-ci, et que, par suite, l'acte de société donne lieu au droit proportionnel de mutation sur le montant de ladite créance. Cette doctrine est inexacte en ce qu'elle fait consister l'apport du créancier en une portion des biens du débiteur, alors que cet apport ne consiste, en réalité, que dans la créance appartenant à celui qui le fait. Cette créance n'est pas éteinte ; elle est transmise à la société pour exercer les droits qu'elle confère. Les biens de l'associé débiteur de son coassocié, ne sont pas aliénés en partie au profit de ce dernier, ni par dation en payement, ni à aucun autre titre ; ils sont transmis en totalité à l'être social par l'associé débiteur ; c'est de lui que la société les tient tous ; c'est lui qui doit, pour tous, à l'association, la garantie déterminée par l'art. 1845 c. civ. Et il en est ainsi pendant toute la durée de la société, jusqu'à sa dissolution. C'est alors seulement que peut se produire [une mutation de nature à donner lieu au droit proportionnel d'enregistrement. En effet, de deux choses l'une : ou bien, à la dissolution de la société, les biens de l'associé débiteur de son coassocié rentrent dans les mains de celui qui en a fait l'apport, et, dans ce cas, aucune mutation ne s'opère ; ou bien, au contraire, ces biens sont attribués en totalité ou en partie à l'autre associé, et alors cette attribution opère une transmission de propriété qui donne lieu au droit proportionnel d'enregistrement (V. *infrà*, n° 1965). — Tels sont les principes. Mais leur application est toujours subordonnée, bien entendu, à la détermination du véritable caractère des conventions des parties. Ainsi, il a été jugé que l'acte constitutif d'une société entre deux personnes, en nom collectif pour l'une, en commandite pour l'autre, portant que le capital déterminé pour la commandite a été versé antérieurement à l'associé en nom et se trouve compris dans l'apport fait par lui en créances, objets mobiliers et immeubles, doit être interprété de ce chef comme dissimulant, sous forme d'apport, une véritable dation en payement passible du droit proportionnel d'enregistrement, alors surtout qu'aucune preuve d'un apport en deniers n'est produite (Req. 6 févr. 1878, aff. Bonnevie, D. P. 78. 1. 257). Cette décision nous a paru justifiée par les circonstances particulières de l'affaire, car il en résultait qu'aucun versement n'avait été opéré par l'associé commanditaire ; que, dans la réalité des faits, son coassocié, qui était aussi son débiteur, lui avait donné une partie de ses biens en payement de sa dette ; que c'était cette portion de biens qui avait constitué le véritable apport de l'associé commanditaire (*Ibid.*, note).

c. — **Apport consistant en une jouissance** (*Rép.* n°s 3569 à 3571).

1904. Si, au lieu d'un apport en propriété, la société reçoit un apport consistant en une *jouissance*, les règles sont encore les mêmes (*Rép.* n° 3569). On a longtemps discuté la question de savoir si la clause d'un acte de société portant, soit bail à la société, pour l'un des associés, moyennant un loyer annuel, de l'immeuble dans lequel s'exploite l'industrie sociale, soit apport par un associé, de son droit au bail de cet immeuble, à la charge, par la société, d'en acquitter le loyer, constitue une disposition indépendante du contrat de société et passible, en conséquence, du droit de bail, dans le premier cas, de celui de cession de bail, dans le second cas. La solution ne pouvait être douteuse, d'après les principes régissant la matière (V. *suprà*, n° 1890). La clause procure à l'associé qui fait l'apport un bénéfice indépendant de celui auquel lui donne droit sa qualité d'associé et consistant dans le loyer qui lui est payé directement, ou que la société s'oblige à payer pour son compte. C'est donc bien une disposition tout à fait indépendante des conventions spéciales d'apports. Dès lors, cette stipulation doit être assujettie au droit qui lui est applicable d'après sa nature. La jurisprudence a été fixée en ce sens, par un arrêt aux termes duquel la clause d'un acte de société par laquelle un des associés fait apport à la société de son *droit au bail* d'un immeuble dont l'exploitation fait l'objet de l'association, à la charge par la société d'acquitter les loyers et d'exécuter toutes les conditions du bail, constitue une disposition indépendante du contrat de société, une cession de bail donnant lieu au droit de 20 cent. pour 100 (Civ. rej. 18 janv. 1871, aff. Duval, et aff. Palotte, D. P. 71. 1. 18. Conf. Trib. Seine, 28 mars 1868, aff. Palotte, D. P. 69. 5. 172 ; Instr. adm. enreg. 25 sept. 1871, D. P. 74. 5. 222, n° 97, note).

Jugé de même :... que le droit de cession de bail est exigible sur la clause par laquelle il est convenu, entre un locataire et un propriétaire bailleur qui s'associent pour l'exploitation d'une industrie dans les lieux loués, que c'est la société qui payera à l'avenir les loyers à l'associé propriétaire du lieux, lequel, pour l'exercice de ses droits de bailleur, sera réputé étranger à la société (Trib. Rethel, 9 juin 1854, aff. Laluyé, D. P. 55. 3. 5) ;... Que la clause d'un acte de société par laquelle un des associés donne à bail à la société, pour un temps déterminé et moyennant un loyer annuel fixé, des immeubles lui appartenant et dont l'exploitation fait l'objet de la société, ne peut être considérée comme un simple apport : elle constitue une disposition indépendante du contrat de société, et donne lieu, à ce titre, à la perception du droit particulier d'enregistrement établi pour les conventions de sa nature (Trib. Saint-Quentin, 21 juin 1848, aff. L..., D. P. 48. 5. 164 ; Trib. Montdidier, 1er juin 1849, aff. Baudoux, D. P. 49. 5. 170 ; Sol. adm. enreg. 23 févr. 1867, D.P. 69. 5. 172).

1905. Jugé, toutefois, en sens contraire :... que l'apport, dans l'acte constitutif d'une société en nom collectif et en commandite, de la jouissance, pour toute la durée de la société, d'établissements industriels dont l'exploitation doit faire son objet, sous la condition du prélèvement annuel au profit des associés propriétaires, avant tout partage des bénéfices, d'une somme déterminée représentant la valeur locative des immeubles, doit être considéré comme un apport pur et simple ne donnant lieu à aucun droit particulier, le prélèvement annuel stipulé n'étant autre chose qu'un mode prévu d'avance du partage des bénéfices et laissant l'apport aux chances aléatoires de la société (Trib. Seine, 23 août 1873, aff. Féray, D. P. 74. 5. 223) ;... Qu'il en est de même à l'égard de l'apport, dans l'acte constitutif d'une société en nom collectif entre deux personnes, par les deux associés, du droit leur appartenant en commun au bail des locaux affectés à leur industrie commune, à charge par la société de payer les loyers comme frais généraux, cette condition ne modifiant ni la situation respective des locataires, ni leurs engagements préexistants vis-à-vis du bailleur, ni leurs droits à la jouissance locative, et n'ayant point pour résultat de créer un avantage particulier au profit de l'un ou de l'autre des associés (Trib. Seine, 18 janv. 1873, aff. Lamouroux et Chonet, D. P. 74. 5. 222).

d. — Traitement du gérant (*Rép.* n°s 3572 et 3573).

1906. La clause d'un acte de société qui détermine le traitement du gérant, constitue une disposition indépendante et donne lieu, à ce titre, au droit proportionnel de marché à 1 fr. pour 100, toutes les fois que le gérant est un *tiers* pris en dehors de l'association.

1907. Mais il n'en est plus de même, lorsque c'est à l'un des associés mêmes que la gestion et l'administration de l'association sont confiées. La question de savoir si, dans ce cas, la clause déterminant le traitement de l'*associé-gérant* constitue une convention inhérente au contrat de société ou une disposition indépendante, a donné lieu à des difficultés. Elle a été considérée par l'administration de l'enregistrement, pendant longues années, comme une disposition dérivant nécessairement de la constitution même de la société et ne donnant lieu, dès lors, à aucun droit particulier (*Rép.* n° 3572 ; Sol. adm. enreg. 26 janv. 1866, D. P. 67. 3. 95). Puis, l'Administration a soutenu qu'une distinction doit être faite entre le cas où le traitement de l'associé-gérant est stipulé payable par prélèvement sur les produits de l'entreprise, et subordonné, par conséquent, à l'existence de bénéfices, et celui où il doit être payé, quel que soit le résultat de l'entreprise, même en l'absence de bénéfices. Il lui a paru que, dans ce dernier cas, la clause n'est plus dépendante et ne dérive plus nécessairement de la constitution

même de la société ; qu'elle présente le caractère d'une convention particulière entre la société et le gérant, d'un louage d'ouvrage et d'industrie ou d'un marché, passible du droit de 1 fr. pour 100 sur le montant cumulé du traitement pendant toutes les années de la société. — Cette distinction a été admise par différents tribunaux, mais la cour de cassation l'a repoussée. Elle a décidé que la clause d'un acte de société par laquelle un traitement et une indemnité de logement sont alloués annuellement à l'associé-gérant en cette qualité, ne peut être considérée, lors même que cet associé n'a apporté à la société que son industrie, comme une disposition indépendante de l'acte de société, et passible, à ce titre, du droit proportionnel d'enregistrement, soit que l'allocation consiste en une somme fixe, soit qu'elle doive être prélevée sur l'actif avant tout partage des bénéfices (Civ. cass. 29 nov. 1869, aff. Société de Douzy, D. P. 70. 1. 270, et sur renvoi, Trib. Vouziers, 10 mai 1872, D.P. 72. 3. 95, note ; Civ. cass. 17 août 1870, aff. Vitali, Picard et comp., D. P. 71. 1. 150, et sur renvoi, Trib. Versailles, 19 déc. 1871, aff. Vitali et comp., D. P. 73. 5. 226. Conf. Trib. sup. com. Leipzig, 1er mai 1874, aff. Direction impériale allemande, D. P. 75. 2. 153. — *Contrà* : Trib. Sedan, 11 déc. 1867, aff. Lemmens, D. P. 68. 3. 106 ; Trib. Seine, 29 févr. 1868, aff. Vitali, D. P. 68. 3. 107 ; 20 août 1858, D. P. 70. 1. 270, note).

1908. La question doit être considérée comme définitivement résolue d'autant plus que, par une instruction du 19 oct. 1872, n° 2456, § 1er, l'administration de l'enregistrement a transmis les arrêts susénoncés à ses agents pour leur servir de règle. — Néanmoins, le tribunal de la Seine a persévéré dans sa jurisprudence en statuant, postérieurement aux deux arrêts des 29 nov. 1869 et 17 août 1870, cités *suprà*, n° 1907, la perception du droit proportionnel de 1 pour 100 sur une clause de l'espèce, par laquelle il avait été stipulé que le traitement alloué aux associés chargés de la gérance serait prélevé à tous événements, lors même que la société serait en perte (Trib. Seine, 27 janv. 1872, aff. Dormeuil fils, Plunkett et Chollet, D. P. 72. 3. 95).

D'un autre côté, la jurisprudence belge est fixée dans ce même sens (C. cass. Belgique, 15 avr. 1869 et 13 nov. 1873, Garnier, *Rép. gén. enreg.*, n° 15254 ; *Diction. droits d'enreg.*, v° *Société*, n° 725).

1909. La question a été soulevée de nouveau tout récemment à un point de vue différent. Il s'agissait d'une disposition de l'acte constitutif d'une *société d'assurances mutuelles* par laquelle un directeur avait été nommé et une fraction déterminée des cotisations annuelles lui avait été attribuée à forfait pour ses frais de gestion. L'Administration a soutenu que c'était là une disposition indépendante qui donnait lieu, à ce titre, au droit de 1 pour 100, attendu que le directeur nommé devait être considéré comme un *tiers* étranger à l'association. On prétendait, a-t-il été dit, qu'il soit associé ou qu'il ne le soit pas : il n'y a aucun lien juridique entre sa qualité d'associé et celle de directeur. Ce n'est pas un administrateur délégué ; il n'est pas tenu, comme le sont les administrateurs, d'être assuré pour une certaine somme ; il n'est obligé à fournir ni un cautionnement pour la garantie de sa gestion. Il a été choisi comme directeur, abstraction faite de sa qualité d'associé, tellement qu'il pourrait perdre cette qualité sans être délié de ses engagements comme directeur, et, réciproquement, sans que la société pût, sur ce motif, lui retirer ses fonctions.

Cette argumentation était spécieuse. Toutefois, il était bien difficile qu'elle fût adoptée dans l'espèce où elle a été produite. En effet, la personne choisie pour directeur figurait sur la liste des premiers adhérents de la société, et, de plus, c'était cette même personne qui avait provoqué la formation de l'association et qui l'avait organisée ; comment admettre, dans de pareilles circonstances, qu'elle pût être considérée comme un *tiers* étranger à l'association ? Elle avait certainement, au moment de sa nomination, la qualité d'*associé-directeur*. La prétention de l'Administration a été repoussée par ce motif, et il a été décidé que la clause litigieuse était inhérente au contrat de société et ne pouvait, par suite, être assujettie à aucun droit particulier (Trib. Rouen, 18 mai 1887, et sur pourvoi, Civ. rej. 25 juin 1890, aff. Comp. d'assur. la *Mutuelle de l'Ouest*, D. P. 91, 1re part.).

1910. Ne doit être enregistré qu'au droit fixe l'acte constatant l'adjonction, au cours de la société, d'un cogérant appelé à recevoir un traitement déterminé, encore bien que sa collaboration puisse cesser avant la fin de la société, s'il n'entre dans l'entreprise qu'en qualité d'associé devant répondre sur ses biens personnels de l'exécution des engagements de la société (Trib. Seine, 4 août 1866, aff. Société des journaux réunis, D. P. 68. 3. 107).

1911. La disposition d'un acte de société qui alloue au tiers ou à l'associé chargé de la gérance de l'association une *indemnité* pour *frais de déplacement* et *dépenses préliminaires* à la constitution de la société, ne donne lieu à aucun droit particulier d'enregistrement, comme nous l'avons établi plus haut en traitant des *indemnités* (V. *suprà*, n° 803).

1912. L'Administration de l'enregistrement reconnaît que la clause de l'acte *sous seing privé* constitutif d'une société *commerciale*, par laquelle un traitement est alloué à l'associé chargé de la gérance, ne doit être assujettie, comme *acte de commerce*, lors de l'enregistrement de l'acte de société, qu'à la perception provisoire du droit fixe, sauf perception ultérieure du droit proportionnel, lorsqu'il intervient un jugement au sujet de cette clause ou qu'elle est énoncée dans un acte public (Sol. adm. enreg. 21. oct. 1869, D. P. 71. 3. 45). — Cette solution ne peut recevoir son application, lorsque c'est un associé qui est chargé de la gérance de la société, puisqu'en ce cas la clause constitue une disposition inhérente au contrat de société et ne donne lieu à aucun droit particulier; mais elle a conservé toute son autorité pour le cas où le gérant n'est pas associé (*Ibid.*, note).

e. — Marché (*Rép.* n°ˢ 3574 à 3578).

1913. C'est une convention indépendante du contrat de société que celle par laquelle la société traite d'un marché avec l'un des associés (*Rép.* n° 3574). Dans ce cas, en effet, un prix particulier est stipulé pour l'entreprise, et le gérant entrepreneur retire ainsi un bénéfice indépendant de celui qu'il doit recueillir en sa qualité d'associé. Décidé, en conséquence que la clause de l'acte constitutif d'une société en commandite par actions par laquelle le gérant s'engage, moyennant une somme déterminée, à faire élever, sous sa direction, des constructions pour le compte de la société, constitue une disposition indépendante et distincte de l'acte social, alors qu'il ne l'oblige pas le gérant à rendre compte à la société des dépenses par lui faites; cette disposition, étant un véritable marché à forfait, donne lieu, à ce titre, au droit proportionnel d'enregistrement applicable aux conventions de cette nature (Req. 20 juin 1881, aff. Eichelbrenner, D. P. 82. 1. 230); — Il en est de même, pour les mêmes motifs, de la clause de l'acte d'une société en commandite par actions formée pour la construction et l'exploitation d'une usine à gaz, la clause par laquelle le gérant s'engage à établir l'usine et ses accessoires sans excéder, avec le prix du terrain, une somme déterminée, alors qu'elle n'oblige pas ce gérant à rendre compte à la société des dépenses par lui faites (Req. 5 mai 1884, aff. Eichelbrenner, D. P. 84.1.295).

1914. Mais la clause de l'acte constitutif d'une société anonyme par laquelle l'associé qui a fait l'apport de la concession dont l'exploitation doit être l'objet de l'association, s'est réservé de prendre, dans un délai déterminé, l'entreprise à forfait, moyennant un prix spécifié, ne renferme qu'une simple promesse unilatérale faite par la société; elle ne constitue pas un marché conditionnel soumis au droit proportionnel de 1 pour 100 lors de sa réalisation, alors surtout que la convention a fait ultérieurement, entre les parties, l'objet d'un acte spécial, et que des conditions différentes de celles mentionnées dans l'acte de société, ont été stipulées (Trib. Seine, 22 juill. 1876, aff. Compagnie des Tramways de la Seine, D. P. 77. 3. 96).

1915. Les questions de cette nature se produisent le plus souvent au sujet de sociétés constituées pour l'exploitation de fabriques de sucre et auxquelles les associés s'engagent à livrer chaque année tous les produits (cannes à sucre ou betteraves) de leurs propriétés. Le caractère que présente la clause relative à cet engagement et, par suite, la perception du droit d'enregistrement différent, selon que les valeurs fournies par la société aux associés qui font les fournitures,

sont ou ne sont pas soumises aux chances de bonne ou de mauvaise fortune que peut courir la société. Dans l'affirmative, il s'agit d'une disposition essentielle du contrat de société et aucun droit particulier n'est dû. Dans la négative, il s'agit d'une disposition indépendante sujette au droit qui lui est applicable d'après sa nature. Telle est la doctrine qui se dégage des décisions de la jurisprudence.

1916. Ainsi comme la clause a été considérée comme inhérente au contrat de société et ne donnant lieu à aucun droit particulier dans une espèce où elle avait été stipulée dans l'acte même de société et avec un associé. « Attendu que, par cette obligation, loin de s'être séparé, pour son exécution, des chances favorables ou défavorables que la société pourrait ultérieurement présenter, ce sociétaire a continué de lier ses intérêts particuliers à l'affaire sociale, puisqu'il s'est chargé de la pourvoir avec des matières premières indispensables à sa marche et à sa durée; que ses droits et ses engagements, comme fournisseur de ces matières, se sont donc confondus avec ses droits et ses engagements en qualité d'associé » (Civ. rej. 18 nov. 1857, aff. Lanthiez, D. P. 57. 1. 429). — Il a été jugé, dans le même sens, que la disposition de l'acte constitutif d'une société formée pour la fabrication du sucre de betteraves, portant que « les associés cultivateurs seront tenus de fournir les betteraves de leur culture à la sucrerie, à l'exclusion de toute autre fabrique,... aux mêmes prix, charges et conditions que ceux qui, étrangers à la société, fourniront par suite de contrats », n'emportant par elle-même aucune transmission de propriété des récoltes, laissant aux associés la liberté de cultiver ou de ne pas cultiver des betteraves, ne produisant, dès lors, pas effet actuel, ne donne pas lieu à la perception du droit proportionnel de vente mobilière à l'enregistrement de l'acte de société (Trib. Mons (Belgique), 11 juill. 1874, aff. X..., D. P. 76. 5. 209);... et que la clause de l'acte constitutif d'une société pour l'exploitation d'une fabrique de sucre, par laquelle un ou plusieurs des associés s'engagent simplement à fournir à la société toutes les betteraves qu'ils récolteront sur les terres de leurs cultures, en telles ou telles communes, sans aucune stipulation quant au prix ni même quant au moyen de le fixer, ne constitue qu'une *cession éventuelle* et, par suite, ne donne pas lieu à la perception du droit proportionnel à l'enregistrement de l'acte de société (Trib. Valenciennes, 18 juin 1884, aff. X..., D. P. 86. 5. 205).

1917. Au contraire, l'apport de fournitures par un associé à la société a le caractère, non d'une mise sociale, mais d'une transmission ordinaire, indépendante du contrat de société et sujette, en conséquence, à un droit particulier d'enregistrement, toutes les fois que l'associé fournit des objets ou des produits en échange desquels il obtient une valeur qui n'a pas le caractère d'un intérêt social, et qui n'est pas soumise aux chances de bonne ou de mauvaise fortune que peut courir la société. Spécialement, la clause de l'acte constitutif d'une société formée pour l'exploitation d'une fabrique de sucre, par laquelle des associés cultivateurs s'obligent à fournir à la société, pendant sa durée et moyennant un prix fixé en argent, les betteraves à provenir de leur culture, peut être absolument indépendante du contrat de société et donner lieu, en conséquence, au droit particulier de vente mobilière à 2 pour 100. — Il en est ainsi, notamment, lorsqu'il résulte des termes mêmes de la convention et de l'ensemble des stipulations que les parties ont entendu conclure un contrat intéressé dans lequel chacune d'elles traitait dans son intérêt propre et personnel, la société en vue de s'assurer les matières premières nécessaires à son fonctionnement, et les associés cultivateurs en vue de recevoir, pour leurs récoltes, un prix dont ils profiteront seuls, en dehors des chances de gain ou de perte que courra la société (Trib. Péronne, 5 août 1874, aff. Horrie, D. P. 75. 5. 213, et sur pourvoi, Civ. rej. 21 févr. 1876, D. P. 76. 1. 109). — La clause de l'acte constitutif d'une société en commandite par actions pour l'exploitation d'une fabrique de sucre, par laquelle les souscripteurs d'actions s'obligent à fournir et livrer, chaque année, à la société, comme complément de leur apport, toutes les betteraves de leur culture, moyennant un prix déterminé et payable chaque année à époque fixe, ne peut être considérée comme étant de l'essence de ce contrat de société; le prix des fournitures ne devant pas, en ce cas, être soumis aux chances de bonne ou de mauvaise fortune que courra la société, n'a pas le caractère d'une mise sociale, mais celui d'une créance née d'un marché de fournitures ; par suite, la clause dont il s'agit étant translative de propriété, donne ouverture au droit d'enregistrement de vente mobilière à 2 pour 100, lequel est exigible sur l'acte de société, indépendamment de celui dû pour la constitution de l'association (Civ. cass. 14 janv. 1878, aff. Coursier, D. P. 78. 1. 104).

A plus forte raison, les clauses de l'espèce sont-elles passibles d'un droit particulier d'enregistrement lorsque la convention a lieu entre la société et des personnes qui sont, les unes associées, les autres étrangères à l'association. Ainsi le contrat par lequel des planteurs s'engagent, envers une société formée pour l'exploitation d'une usine à sucre et de laquelle tous ne sont pas membres, à livrer à cette société, pendant un certain nombre d'années, toutes les cannes produites par leurs habitations, moyennant un prix fixé par un tarif, constitue une convention indépendante de l'acte de société et passible, à ce titre, du droit proportionnel d'enregistrement, encore bien que la constitution définitive de la société ait été subordonnée à sa conclusion. Cette convention étant par elle-même et immédiatement productive d'obligations, ne peut, bien que relative à des récoltes futures, être considérée comme affectée d'une condition suspensive ; en conséquence, la perception du droit proportionnel applicable doit avoir lieu actuellement sur l'acte même constitutif de la convention et ne peut être subordonnée à la livraison effective des cannes promises (Civ. cass. 20 avr. 1870, aff. Jonque, D. P. 70. 1. 397).

B. — Actes et mutations intervenus au cours de la société.

1918. La présente division ne se trouve pas au *Répertoire :* elle a été introduite dans le *Supplément* en raison du nombre et de l'importance des questions se rapportant aux actes et mutations dont il s'agit, soulevées dans ces quarante dernières années. Le développement considérable que les associations ont pris dans ce laps de temps explique les questions nouvelles qui ont été agitées et la place spéciale que nous leur donnons ici. Ces questions se sont produites au sujet des actes de prorogation ou de transformation des sociétés, ainsi que des mutations qui s'opèrent, par l'effet de la clause d'accroissement stipulée dans l'acte constitutif de la société, avec ou sans stipulation de prix, pour le cas de retraite ou de décès de l'un ou de plusieurs des associés.

1°. — Prorogation de la société.

1919. Avant la loi du 28 févr. 1872, la *prorogation* d'une société, pendant sa durée, donnait lieu, non au droit fixe de 5 fr., mais seulement au droit applicable aux actes innommés (*Rép.* n° 3545). Aujourd'hui, d'après la disposition expresse de l'art. 1er-1° de la loi de 1872 qui soumet au droit gradué « les actes de formation et de *prorogation* de société », ce droit est dû sur tout acte qui a pour effet de prolonger la durée de la société. Jugé, en effet, ... que l'acte constatant la prorogation d'une société avec augmentation du capital primitivement constitué, est passible du droit gradué d'enregistrement sur la totalité du nouveau capital social, sans que la portion déjà assujettie à ce droit lors de l'enregistrement de l'acte de formation de la société, puisse en être distraite (Trib. Seine, 28 avr. 1882, aff. Société des Immeubles de Paris, D. P. 82. 3. 119) ;... Que l'acte portant augmentation du capital d'une société, maintien, avec adoption de nouveaux statuts, de sa durée à quatre-vingt-dix-neuf ans, et stipulation que le point de départ de ce délai qui courait, d'après les statuts primitifs, depuis la date du décret par lequel ils avaient été homologués, serait reporté à la date de l'homologation des nouveaux statuts, constitue un acte de prorogation de société. En conséquence, le droit gradué d'enregistrement auquel cet acte donne ouverture, est dû sur la totalité du nouveau capital social, sans distinction entre la portion représentant le capital primitif déjà assujetti au droit et l'enregistrement du premier acte de société, et celle représentant l'augmentation adoptée. Il importe peu, au point de vue de la régularité de la perception du droit gradué, que les rédac-

teurs des statuts n'aient pas eu l'intention de proroger la société, et même qu'ils aient, en le faisant, agi sans qualité ni pouvoir à défaut d'une délibération de l'assemblée générale autorisant la prorogation (Trib. Seine, 18 janv. 1884, aff. Compagnie d'assurances sur la vie *le Temps*, D. P. 85. 3. 39).

2°. — Transformation de la société.

1920. Le droit gradué n'est pas applicable à l'acte constatant la simple *transformation* d'une société en commandite par actions, en société anonyme, sans autre modification, attendu qu'il n'y a, en ce cas, ni création, ni prorogation de société, mais une simple modification dans la forme d'une association qui existait déjà (Sol. adm. enreg. 12 sept. 1876, D. P. 77. 3. 55-56). Toutefois, la doctrine et la jurisprudence s'accordent généralement à reconnaître qu'une semblable transformation opère la constitution d'une société nouvelle, alors surtout qu'elle n'a pas été prévue pas les statuts (V. P. Pont, t. 2, n° 1094, p. 219 ; Lyon-Caen et Renault, *Précis de droit commercial*, n° 458, note 3 ; Trib. Lyon, 6 févr. 1868, aff. Fusy, D. P. 68. 2. 63. V. aussi note sous un arrêt rendu dans le sens de la solution ci-dessus : Besançon, 15 juin 1869, aff. Ménans, D. P. 70. 2. 13, et les arrêts des 15 et 22 déc. 1868, 21 juill. 1884 et 29 juill. 1890, cités *suprà*, n°s 1898 et 1902).

1921. Lorsqu'il a été stipulé, dans l'acte constitutif d'une société en nom collectif, que les associés laisseraient leurs bénéfices dans la société en accroissement de leurs mises, et que, au décès de l'un d'eux, ses héritiers le représenteraient dans la société, mais seulement comme associés commanditaires pour le montant des droits de leur auteur, l'acte constatant, à la suite du décès de l'un des associés, la part pour laquelle ses héritiers sont devenus associés commanditaires, part composée seulement des bénéfices non prélevés par le défunt, ne donne pas lieu au droit proportionnel d'obligation sur le montant de ladite part (Sol. adm. enreg. 15 mai 1869, D. P. 71. 3. 18). Cette décision paraît fondée. En effet, l'acte litigieux déterminait le montant, non pas d'une obligation, mais d'une commandite soumise aux chances de gain et de perte de l'association. Le droit proportionnel d'obligation ne pouvait, dès lors, être dû. Mais le droit gradué était exigible, car la transformation d'une société en nom collectif en une société en commandite donne lieu à une société nouvelle, et l'acte constatait la formation de cette nouvelle association.

1922. Lorsqu'une ancienne société est transformée en une association nouvelle à laquelle il est fait apport des immeubles dépendant de la société primitive, à la charge de payer le passif dont ils sont grevés, le droit proportionnel de vente immobilière est exigible (V. les arrêts des 15 et 22 déc. 1868, 21 juill. 1884, et 29 juill. 1890, cités *suprà*, n°s 1898 et 1902).

3° — Clause d'accroissement avec stipulation de prix.

a. — Retraite d'un associé.

1923. L'associé qui se retire durant le cours de la société, en vertu d'une clause de l'acte social, en reprenant son apport, n'est débiteur d'aucun droit de mutation. L'acte constatant sa retraite et la reprise de son apport, a les caractères d'un lotissement passible du droit gradué (Sol. adm. enreg. 10 oct. 1872, D. P. 73. 5. 226).

1924. Mais lorsqu'il a été stipulé, dans un acte de société, que les associés qui viendraient à se retirer de la société ne pourraient exiger leurs parts en nature et en recevraient la valeur en argent, l'acte ultérieur constatant que des associés se sont retirés et ont été désintéressés en espèces, donne lieu au droit de mutation sur la somme payée à ces associés (Civ. rej. 9 mai 1864, aff. Tamboise, D. P. 64. 1. 232 ; *Rép.* n° 3583). — Ce droit est dû au taux spécial de 50 cent. pour 100 établi pour toutes cessions de parts d'intérêts dans les sociétés (L. 22 frim. an 7, art. 69, § 2, n° 6), et qui, d'après la jurisprudence, s'applique, « d'une manière générale, à toutes les divisions d'un capital social, quelle qu'en soit la dénomination » (Civ. cass. 14 nov. 1877, aff. Bernard, D. P. 78. 1. 5 ; Ch. réun. cass. 29 déc. 1868, aff. Parent, D. P. 69. 1. 73. V. *suprà*, n° 893).

1925. Lorsque l'associé qui se retire n'est pas désinté-ressé par l'acte même constatant sa retraite et que le règle-ment de ce qui lui revient n'est fait que par acte intervenu à une date postérieure plus ou moins éloignée, ce règlement ne peut plus être considéré comme un simple lotissement passible du droit gradué seulement : c'est une dation en paye-ment qui donne lieu au droit proportionnel de mutation. En effet, le premier acte constatant la retraite de l'associé l'a rendu tout à fait étranger à la société; celle-ci a continué d'exister entre les autres associés qui sont devenus proprié-taires exclusifs de tout l'actif social et débiteurs, vis-à-vis de leurs anciens associés, de ce qui leur revenait. Ainsi, la stipulation, dans un acte de société, qu'il sera facultatif à un ou plusieurs associés de se retirer de la société après un temps déterminé et que l'avoir constaté des associés qui se retireront leur sera remboursé d'après les évaluations du dernier inventaire, sauf un capital fixé que chacun devra laisser dans la société jusqu'à sa fin, constitue une cession éventuelle qui se réalise dès que les associés se retirent. Et si, dans ce cas, les associés démissionnaires sont désintéressés postérieurement à leur retraite au moyen de l'attribution des biens de la société, cette remise opère une dation en payement passible du droit proportionnel de mutation au taux déterminé d'après la nature des biens cédés (Req. 28 déc. 1886, aff. Poupart, D. P. 87. 1. 502).

1926. La retraite d'un associé, alors surtout qu'elle est ac-compagnée de l'entrée d'un nouvel associé dans la société, peut déguiser une cession de part. Dans ce cas, le droit pro-portionnel est exigible et sa quotité est déterminée par la nature de la transmission qui s'opère. Ainsi, il a été jugé : 1° que l'abandon d'immeubles sociaux fait à un associé pour le remplir de son émolument social, est passible du droit de mutation immobilière, bien qu'il ait eu lieu après la retraite volontaire de cet associé, intervenue et acceptée sous forme de dissolution de la société à son égard, s'il est établi que cette retraite n'a eu d'autre objet que de substituer à l'être moral de la société une indivision apparente entre communistes, et de déguiser ainsi, sous la forme d'un pré-tendu partage, une véritable transmission d'immeuble, de la part de la société toujours subsistante, au profit de l'associé retiré (Req. 5 avr. 1854, aff. Chemin de fer de Rouen au Havre, D. P. 54. 1. 282); — 2° Que l'acte constatant, après dissolution, par un autre acte du même jour, d'une société formée pour l'exploitation d'une charge d'agent de change, la constitution d'une société nouvelle pour le même objet et la même durée, au même capital divisé en un même nom-bre de parts d'intérêt, sans autre modification que l'absence de l'un des anciens associés et l'admission d'un nouveau qui verse le montant de son apport dans la caisse sociale, démontre que la société première n'a pas cessé d'exister et renferme une cession de part sociale au profit du nouvel associé, passible du droit proportionnel de 50 cent. pour 100 sur la somme versée par lui (Req. 15 avr. 1872, aff. Liévin, D. P. 72. 1. 322); — 3° Que, de même, lorsque l'acte de société portant qu'elle sera dissoute par la mort de l'un des associés à l'égard de ses héritiers et que les associés survi-vants seront admis à prendre sa part, cet événement s'est réalisé et que les associés survivants, après avoir constaté, dans un premier acte, la dissolution de l'association, ont cons-titué, par un autre acte du même jour, une société nouvelle dans laquelle ils ont pris la place du défunt en ajoutant sa part aux leurs, il n'y a, en réalité, ni dissolution, ni liqui-dation de la première société; le second acte, constatant la réalisation de la promesse de vente contenue dans l'acte primitif de société, est passible du droit proportionnel de 50 cent. pour 100 sur la somme versée en représentation de la part d'intérêt de l'associé décédé (Req. 15 avr. 1872, aff. Roy, D. P. 72. 1. 322).

1927. L'exigibilité du droit proportionnel dans les cas de ce genre n'est cependant pas une règle absolue. Tout dépend des circonstances ; ainsi il a été jugé, dans le sens contraire à la doctrine des arrêts cités *suprà*, n° 1926, que le rapprochement de deux actes passés le même jour et cons-tatant : l'un, la dissolution d'une société en nom collectif et en commandite, mais seulement à l'égard de l'associé com-manditaire ; l'autre, la continuation de la société entre les associés en nom avec des modifications dans sa durée, dans son capital et dans la répartition des bénéfices, ne prouve

pas que les parties aient dissimulé, sous forme de retraite de l'associé commanditaire, une cession de part sociale, et n'autorise pas, en conséquence, la perception du droit pro-portionnel de 50 cent. pour 100 applicable aux cessions de l'espèce, alors même que les deux actes ont été soumis à l'enregistrement dans des bureaux différents (Trib. Seine 10 août 1877, aff. Munroë, D. P. 78. 3. 78).

b. — Attribution aux survivants de la part de l'associé prédécédé.

1928. Les actes de société renferment très souvent une clause portant qu'en cas de décès de l'un des associés avant l'expiration du terme fixé pour sa durée, l'associé ou les associés survivants conserveront tout l'actif social à la charge de payer aux héritiers de l'associé prédécédé la part lui revenant, soit que la société doive continuer entre les associés survivants, soit que le décès de l'un des associés doive amener sa dissolution : cette stipulation est considé-rée par une jurisprudence constante comme constituant une cession conditionnelle qui donne ouverture au droit pro-portionnel à l'événement de la condition. Il n'est question ici que du cas où il a été stipulé que la société conti-nuerait d'exister entre les associés survivants. Nous nous occuperons plus loin, lorsque nous étudierons les actes de dissolution de sociétés, du cas où le décès de l'un des asso-ciés entraîne la dissolution de la société (V. *infrà*, n°s 1971 et suiv.).

1929. Il importe de remarquer que l'attribution aux associés survivants de la part de l'associé prédécédé ne donne lieu au droit proportionnel que dans le cas où les héritiers du défunt sont désintéressés en valeurs apparte-nant aux associés survivants. Si des valeurs sociales leur étaient attribuées, conformément à l'acte de société, à con-currence des droits de leur auteur, il y aurait non plus ces-sion passible du droit proportionnel, mais un simple lotis-sement ou partage partiel qui ne donnerait lieu qu'au droit gradué. Et, comme le font observer avec raison les rédacteurs du *Dictionnaire des droits d'enregis-trement*, v° *Société*, n° 827, si, à défaut de numéraire, d'effets négociables, etc., en garantie suffisante pour remplir les héritiers des droits de leur auteur, ils rece-vaient un complément en biens appartenant personnel-lement aux associés survivants, il y aurait cession pour cette dernière partie seulement et lotissement pour le surplus.

1930. D'autre part, la clause d'attribution n'est pas tou-jours rédigée dans les mêmes termes. Tantôt elle emporte attribution définitive, *obligatoire*, dès le décès de l'un des associés survivants; tantôt elle ne confère à ceux-ci que la *faculté* d'acquérir la part de leur coassocié défunt. Cette dis-tinction est importante au point de vue de la perception du droit proportionnel. Dans le premier cas, en effet, la cession se réalisant par le seul fait du décès de l'un des associés, ce fait rend le droit exigible ; il est acquis au Trésor (Req. 16 août 1875, aff. Chamiot-Avanturier, D. P. 76. 1. 213). Au con-traire, dans le second cas, la cession étant subordonnée à l'acceptation de la cession par les associés survivants, le droit ne devient exigible qu'au moment où cette acceptation se produit, et l'Administration ne peut agir, pour en opérer le recouvrement, que lorsqu'elle est en situation de prouver le fait (Req. 30 déc. 1884, aff. Cruze, D. P. 85. 1. 259).

1931. La jurisprudence a établi, en principe, par un grand nombre de décisions, que la stipulation d'un acte de société d'après laquelle, en cas de prédécès de l'un des associés, la société continuera entre les associés sur-vivants et que ceux-ci deviendront propriétaires exclu-sifs de l'actif social, à charge de rembourser aux héri-tiers de l'associé décédé les sommes lui revenant d'après le dernier inventaire social, constitue une cession con-ditionnelle, passible du droit proportionnel d'enregis-trement à l'événement de la condition (Req. 18 avr. 1859, aff. Bernoville, D. P. 59. 1. 310; 8 juin 1859, aff. Leclerc, D. P. 59. 1. 311; 7 févr. 1866, aff. Masson, D. P. 66. 1. 329; 5 déc. 1866, aff. Lefebvre, D. P. 67. 1. 427; Civ. cass. 19 mai 1868, aff. Lainé, D. P. 68. 1. 305; 27 juill. 1870, aff. Hovelacque, D. P. 70. 1. 413; 4 déc. 1871, aff. Blin, D. P. 71. 1. 339 ; Req. 7 févr. 1872, aff. Jalaber, D. P. 72. 1. 109; Civ. rej. 6 mars 1872, aff. Coudrin, D. P. 72. 1. 201; Req.

15 avr. 1872, aff. Liévin, et aff. Roy, D. P. 72. 1. 322 et 323; Civ. rej. 20 janv. 1879, aff. Demachy, D. P. 79. 1. 9; Civ. cass. 23 mars 1881, aff. Rosselet, D. P. 81. 1. 313; Req. 30 déc. 1884, aff. Cruze, D. P. 85. 1. 260. Conf. Trib. Bordeaux, 26 août 1856, aff. Dupuy, D. P. 57. 3. 69; Trib. Seine, 23 déc. 1881, aff. Eude, D. P. 83. 5. 251; Trib. Rouen, 7 mars 1888, aff. Leroux, D. P. 89. 5. 226).

On objecterait vainement, soit que les associés survivants doivent être réputés devenus propriétaires de la part des prédécédés, par l'effet d'une condition résolutoire qui rétroagit au jour de la constitution de la société, ... soit que la transmission s'opérerait, en tous cas, au profit, non des associés individuellement, mais de la société elle-même, et tomberait ainsi sous l'application de l'art. 68, § 3, n° 4, de la loi du 22 frim. an 7 (Arrêts des 18 avr. et 8 juin 1859, précités); ... soit enfin que la clause de survie dont il s'agit serait une disposition dépendante de l'acte constitutif de la société, et ne devrait, dès lors, être frappée d'aucun droit distinct, aux termes de l'art. 11 de la même loi (Arrêts des 18 avr. et 8 juin 1859 et 7 févr. 1866, précités).

1932. Spécialement, la clause d'un acte de société par laquelle il a été stipulé qu'au cas de prédécès de l'un des trois associés, la société continuera d'exister entre les deux autres dont les parts s'élèveront, pour chacun, du tiers à la moitié, que ceux-ci liquideront les opérations faites et conserveront seuls l'établissement avec le matériel, les baux, loyers payés d'avance, marchandises, recouvrements et autres valeurs, à charge par eux de rembourser à la succession du prédécédé le montant de ses droits, tels qu'ils auront été déterminés par le dernier inventaire, constitue une transmission conditionnelle à titre onéreux en faveur des deux associés survivants, et, au prédécès de l'un d'eux, elle donne ouverture au droit proportionnel de mutation (Arrêt du 19 mai 1868, cité supra, n° 1931). Cette clause ne saurait être considérée comme un pacte analogue à l'association tontinière où le décès des associés, jusqu'à ce qu'il n'en reste plus qu'un seul, anéantit tous leurs droits, sans opérer de transmission qui puisse donner lieu à la perception d'un droit de mutation, un pareil résultat étant d'ailleurs contraire à la nature des sociétés ordinaires (Même arrêt).

1933. Ainsi, encore, la déclaration, après le décès d'un associé, par ses coassociés, que, usant de la faculté résultant pour eux des statuts de la société, ils entendent continuer la société et conserver son actif intégral moyennant payement aux représentants du défunt, de la valeur de sa part, opère une transmission de propriété de cette part passible du droit proportionnel, mais seulement sur la valeur sans aucune confusion entre la somme représentant et celle pouvant constituer le compte particulier du défunt dans l'association (Arrêt du 30 déc. 1884, cité supra, n° 1931).

1934. L'associé qui a usé de la faculté, à lui reconnue dans le contrat de société, de conserver le fonds au décès de son coassocié, en en payant le prix d'après les données d'un inventaire fait dans le mois du décès, peut être poursuivi en payement du droit de vente mobilière sur ce prix, sans qu'il soit nécessaire que son intention d'acquérir le fonds soit constatée à l'aide d'un acte émané de lui, si, d'ailleurs, les faits établissent d'une manière évidente qu'il a exercé son droit d'option. Il en est ainsi, spécialement, lorsque l'Administration trouve dans le compte de tutelle rendu à ses enfants par la veuve de l'associé décédé, la mention, au nombre des valeurs dont celle-ci est comptable, du prix représentant les droits du défunt dans la société (Trib. Seine, 27 janv. 1866, aff. Berthault et Dufour, D. P. 67. 3. 31).

1935. Quant à la quotité du droit proportionnel applicable, il a été décidé : ... qu'elle ne devait pas être déterminée d'après la nature diverse des valeurs de la société, l'associé prédécédé ne pouvant, alors que la société n'était pas dissoute, être réputé copropriétaire des biens ou valeurs appartenant à l'association (Arrêt du 7 févr. 1866, cité supra, n° 1931); — ... Que le tarif de 50 cent. pour 100 établi pour les cessions d'actions dans les sociétés, est applicable, et non le droit ordinaire de vente mobilière à 2 pour 100, à la cession de parts qui s'opère par le décès d'un associé au profit de ses coassociés, au cas où il a été stipulé, dans l'acte de société, que la société ne sera pas dissoute par la

mort de l'un ou de plusieurs des associés et que les survivants deviendront propriétaires exclusifs du fonds social, à la charge de payer le passif et de rembourser aux héritiers de l'associé décédé les sommes lui revenant (Arrêts des 27 juill. 1870 et 4 déc. 1871, cités supra, n° 1931. V. supra, n°s 893 et suiv.).

1936. Mais lorsque, dans ce cas, le fonds de commerce exploité par la société lui a été apporté par l'associé prédécédé, le droit proportionnel est dû au taux de 2 pour 100 établi pour les ventes mobilières, sur la portion de la somme payée représentant le prix dudit fonds (Trib. Seine, 23 déc. 1881, cité supra, n° 1931).

1937. Le droit à la charge des associés survivants, pour la cession opérée à leur profit, est indépendant du droit de mutation par décès dû par les héritiers de l'associé prédécédé, à raison de la créance qu'ils ont recueillie dans la succession de leur auteur contre les coassociés de ce dernier (Trib. Yvetot, 25 avr. 1865, aff. Lefebvre, D. P. 67. 1. 127. Conf. Trib. Bordeaux, 4 janv. 1871, aff. Wustemberg, D. P. 75. 1. 369; Trib. Seine, 4 nov. 1887, aff. Petitjean, D. P. 88. 5. 220); ... lors même que les associés survivants sont, en même temps, héritiers de leur coassocié décédé (Trib. Rouen, 7 mars 1888, aff. Leroux, D. P. 89. 5. 226. Conf. Civ. rej. 11 janv. 1875, aff. Reine, D. P. 75. 1. 116).

4°. — Clause d'accroissement sans stipulation de prix.

1938. Il est parfois stipulé, soit dans un acte de société, soit dans un contrat constatant une acquisition immobilière faite en commun par plusieurs, que les parts dans l'objet mis en société ou dans l'immeuble acquis indivisément des associés ou coacquéreurs qui décéderont ou se retireront, appartiendront aux associés ou coacquéreurs survivants ou restants, sans qu'ils aient rien à payer, de telle sorte que le dernier survivant demeurera seul propriétaire de l'objet entier. A l'époque de la publication du Répertoire, cette clause n'avait donné lieu qu'à quelques décisions judiciaires et administratives rapportées au Rép. n°s 4049 et suiv., où il est traité de mutations par décès. Il en est survenu, depuis lors, un grand nombre. Il a été décidé, notamment, comme on l'établira infra, n°s 1948 et suiv., que le droit proportionnel exigible au décès de chaque associé ou communiste est celui du droit de mutation à titre onéreux, et non celui à titre gratuit ou par décès. C'est une raison de plus pour traiter la matière à cette place.

1939. La stipulation, dans un acte de société, que le décès de l'un des associés ne donnera pas lieu à la dissolution de la société, mais que sa part appartiendra aux associés survivants, qu'il en sera de même au décès de chaque associé, de telle sorte que la totalité de l'actif social appartiendra en définitive, au dernier vivant, donne ouverture, lors du décès de chaque associé, au droit proportionnel de mutation (Rép. n° 4053; Civ. cass. 7 janv. 1851, aff. Crèvecœur, D. P. 50. 1. 12; 10 août 1853, aff. Péchotte, D. P. 55. 1. 258, et sur renvoi, Trib. Caen, 2 avr. 1857, D. P. 58. 3. 6; Civ. cass. 26 juill. 1854, aff. Nancy-Pançu, D. P. 54. 1. 264; Req. 24 nov. 1869, aff. Asile de l'Assomption de Privas, D. P. 70. 1. 269; Civ. rej. 14 févr. 1870, aff. Tamboise, D. P. 70. 1. 394; Req. 7 févr. 1872, aff. Jalaber, D. P. 72. 1. 109; Trib. Dreux, 19 janv. 1875, aff. Trappistines de Bourg-le-Sec, D. P. 75. 5. 211; Trib. Châteaubriant, 15 juin 1875, aff. Trappistes de Meilleray, ibid.).

1940. Spécialement, lorsqu'il a été stipulé, dans l'acte constitutif d'une société civile, sans terme déterminé, pour l'établissement et la gestion d'un hospice d'aliénés, que la société sera à vie pour chaque associé et continuera d'exister entre les survivants, sans que, en aucun cas, le membre qui cessera d'en faire partie ou ses héritiers puissent rien prétendre, ni de ses apports, ni de ses profits, dans la société, il s'opère, au moment du décès ou de la retraite de chaque associé, une mutation à raison de laquelle le droit proportionnel est dû sur la valeur de son apport et de sa part dans les bénéfices (Arrêt du 24 nov. 1869, cité supra, n° 1939).

Il en est ainsi, alors surtout que les associés survivants ont recueilli la part de l'associé décédé, non pas seulement en vertu du pacte social, mais, en outre, en vertu du legs que cet associé leur a en a fait et dont ils ont réclamé et obtenu la délivrance (Arrêt du 7 janv. 1850, cité supra, n° 1939).

1941. Mais la jurisprudence a admis une exception en faveur des *sociétés tontinières* régulièrement constituées. Il lui a paru qu'une tontine est une association d'une nature particulière, dans laquelle, du moment où l'association se forme, et par l'effet seul de la convention, chaque associé aliène son droit de propriété au profit de la masse et du dernier survivant, en se réservant l'éventualité d'un droit de survie ; que, dès ce moment, par l'effet des conventions sociales, la propriété, avec les chances d'augmentation qui résultent du contrat, réside tout entière dans l'être moral qui compose l'association tontinière ; que le droit aléatoire des actionnaires s'anéantit par l'effet de leur prédécès, mais ne se transmet pas ; que le droit de propriété reste et demeure à l'association par suite de son droit préexistant. Elle a décidé, en conséquence, que la clause de l'acte constitutif d'une association autorisée comme société tontinière et divisée par actions, qui porte qu'au décès de chaque actionnaire, sa part, tant dans les revenus à échoir que dans la propriété éventuelle, restera et demeura acquise aux associés survivants, emporte extinction du droit du prédécédé, et augmentation du droit des survivants dans la propriété appartenant à l'être moral qui compose l'association, et n'a point, dès lors, le caractère d'une transmission s'opérant de l'associé prédécédé à la société ; en conséquence, cette clause ne donne pas ouverture, lors de chaque décès, au droit de mutation (Civ. cass. 1ᵉʳ juin 1858, aff. Berthaud, et aff. Mesneron-Dupin, D. P. 58. 1. 251).

La doctrine de ces arrêts n'est applicable qu'au cas où une société tontinière a été constituée. Elle ne l'est pas, lorsqu'il n'est point constitué de société, spécialement dans le cas d'acquisition par plusieurs individus conjointement et indivisément à titre de pacte tontinier (V. *infrà*, nᵒˢ 1942 et suiv.).

1942. Stipulée dans un acte constatant une *acquisition faite en commun* par plusieurs, la clause d'accroissement produit le même effet. Le droit de mutation est dû au décès de chaque copropriétaire. La jurisprudence est fixée en ce sens. Aux termes de ses arrêts, lorsque plusieurs personnes font conjointement l'acquisition d'un immeuble avec la clause qu'aucune d'elles ne pourra en disposer sans le consentement des autres et que la propriété intégrale en appartiendra aux survivants, cette stipulation donne ouverture, lors du décès de chacune de ces copropriétaires, à un droit proportionnel de mutation sur la part de la défunte (Civ. cass. 19 nov. 1851, aff. Corbière, D. P. 51. 1. 328 ; 15 déc. 1852, aff. Religieuses du Bon-Sauveur, D. P. 52. 1. 336 ; 12 juill. 1853, aff. Servan-Levêque, D. P. 53. 1. 291 ; 23 août 1853, aff. Vachot, D. P. 53. 1. 247 ; 26 avr. 1854, aff. Lepinay, D. P. 54. 1. 264 ; Req. 19 mars 1855, aff. Bureau, D. P. 55. 1. 289 ; Civ. cass. 9 avr. 1856, aff. Nolé, D. P. 56. 1. 157 ; 14 juin 1858, aff. Schwindenhamer, D. P. 58. 1. 252 ; 14 déc. 1870, aff. Trouilloux-Vuldy, D. P. 71. 1. 88 ; Civ. rej. 6 mars 1872, aff. Coudrin, D. P. 72. 1. 201 ; Req. 26 juill. 1880, aff. Vanier, D. P. 81. 1. 170).

On objecterait vainement qu'une semblable clause forme une simple condition du contrat de vente, en dépendant et en dérivant nécessairement, et ne peut, dès lors, donner lieu à la perception d'aucun droit en dehors de celui perçu lors de ce contrat (Arrêt du 23 août 1853 précité).

Il en est ainsi alors même qu'il est dit dans le contrat d'acquisition que les coacquéreurs prédécédés seront réputés n'avoir eu qu'un usufruit (Arrêt du 9 avr. 1856, précité ; Sol. adm. enreg. 15 janv. 1880, D. P. 81. 3. 16).

1943. Spécialement, lorsque trois acquéreurs d'un immeuble ont stipulé, dans l'acte d'acquisition, qu'à une époque déterminée cet immeuble demeurerait la propriété des deux premiers d'entre eux, s'ils vivaient encore, ou celle du survivant, et que le troisième en resterait, au contraire, seul propriétaire si, à la même époque, ses coacquéreurs se trouvaient décédés l'un et l'autre, le droit de mutation est dû pour la part des coacquéreurs que l'événement de la condition dépouille de cette part, alors même qu'il aurait été dit, au contrat, que l'immeuble serait réputé avoir été acquis en entier par celui ou ceux des trois acquéreurs à qui il resterait en totalité (Arrêt du 19 mars 1855, cité *suprà*, n° 1942).

1944. La stipulation, dans un acte portant vente à deux époux, que l'immeuble acquis appartiendra au survivant d'eux, opère, au décès du prémourant, une mutation à raison de laquelle le droit proportionnel d'enregistrement est dû (Arrêt du 14 déc. 1870, cité *suprà*, n° 1942).

1945. Jugé encore que, dans le cas d'acquisition immobilière par plusieurs individus conjointement et indivisément à titre de pacte tontinier, le décès de chacun des acquéreurs opère, au profit des survivants, une réversion de la part de propriété du défunt, à raison de laquelle le droit proportionnel de mutation est dû (Arrêt du 26 juill. 1880, cité *suprà*, n° 1942). Et la déclaration, par les acquéreurs, qu'ils n'ont agi que comme prête-nom d'une congrégation religieuse reconnue (l'Institut des Frères des écoles chrétiennes), n'a d'effet que du jour où le bénéfice en a été accepté par cette congrégation dûment autorisée (Même arrêt).

Mais aucun droit de mutation n'est dû, au décès de chaque associé, lorsqu'une *société* tontinière a été constituée entre eux (V. *suprà*, n° 1941).

1946. La *nature du droit de mutation* exigible dans les deux cas de mise en société ou d'acquisition en commun, avec stipulation que la propriété intégrale des biens apportés ou acquis appartiendra aux survivants, a soulevé des difficultés. Les tribunaux décidaient généralement que c'était le droit de mutation à titre gratuit ou celui par décès. Mais la cour de cassation a constamment jugé que la clause d'accroissement constitue, pour chaque associé ou chaque acquéreur, un contrat commutatif aléatoire qui rend la transmission, opérée lors de chaque décès, passible du *droit de mutation à titre onéreux* (Arrêts des 7 janv. 1850, 15 déc. 1852, 12 juill. 1853, 10 août 1853, 26 avr. 1854, 26 juill. 1854, 9 avr. 1856, 14 juin 1858, 24 nov. 1869, cités *suprà*, nᵒˢ 1939 et 1942. Conf. Trib. Lure, 14 févr. 1856, aff. de Mérode, D. P. 57. 3. 67 ; Trib. Seine, 27 févr. 1857, aff. Carmichaël, *ibid.* ; Trib. Caen, 2 avr. 1857, aff. Péchette, D. P. 58. 3. 6 ; Sol. adm. enreg. 15 janv. 1880, D. P. 81. 3. 16).

1947. Jugé, conformément à cette doctrine, que, lorsqu'une rente sur l'Etat acquise en commun par plusieurs personnes est inscrite au nom de toutes ces personnes, avec stipulation qu'elles en jouiront en commun comme usufruitières, mais que la nue propriété en appartiendra à la survivante, la transmission à laquelle donne lieu le décès de chacune d'elles s'opère, non à titre successif ou à titre gratuit, mais à titre onéreux, et par suite, n'autorise la perception d'aucun droit de mutation, les cessions de rentes sur l'Etat étant affranchies de ce droit par l'art. 68, § 3-3°, de la loi du 22 frim. an 7 (Trib. Lure, 14 févr. 1856 et Trib. Seine, 27 févr. 1857, cités *suprà*, n° 1946).

1948. Le droit proportionnel est exigible, encore bien que le communiste décédé ait été autorisé par une décision judiciaire à se séparer des autres en renonçant, après payement du montant de ses droits dans les biens communs, au bénéfice de la clause d'accroissement, si, d'ailleurs, il est décédé avant qu'aucun payement lui ait été fait et, par suite, sans avoir renoncé à l'accroissement (Arrêt du 6 mars 1872, cité *suprà*, n° 1946).

1949. Le droit proportionnel doit être acquitté dans les trois mois de l'événement ouvrant le droit sous (Arrêt du 6 mars 1872, cité *suprà*, n° 1942 ; Sol. adm. enreg. 15 janv. 1880, D. P. 81. 3. 16. V. *suprà*, n° 1024).

1950. Relativement à la *quotité du droit de mutation exigible*, il faut distinguer, d'abord, entre le cas où il s'agit de biens mis en société et celui d'acquisition en commun, puis, dans la première hypothèse, entre le cas où la société n'est pas dissoute et celui où le décès de l'associé entraîne la dissolution de la société.

1951. S'agit-il de *biens mis en société* et l'accroissement a-t-il lieu sans déterminer la dissolution de l'association, on a soutenu que la cession réalisée par l'effet de la clause, au décès de chaque associé, s'opérant abstraction faite des biens meubles et immeubles appartenant à la société, et ayant uniquement pour objet la part de l'associé défunt dans l'association, ne donne lieu qu'au droit de 50 cent. pour 100 établi spécialement pour les cessions de parts d'intérêts dans les sociétés (L. 22 frim. an 7, art. 69, § 2, n° 6), et que la jurisprudence de la cour de cassation a déclaré applicable « d'une manière générale à toutes les divisions d'un capital social, quelle qu'en soit la dénomination » (Ch. réun. cass. 29 déc. 1868, aff. Parent, D. P. 69. 1. 73. V. *suprà*, n° 893). — Cette doctrine a été repoussée de prime abord. Il a paru que, si le tarif de 50 cent. pour 100 peut être appliqué sans restriction toutes les fois qu'il s'agit d'une société de commerce ou d'industrie, parce qu'il a été établi pour favoriser les opérations commerciales et industrielles, il n'est pas susceptible d'être étendu au delà, ni appliqué à une transmission qui n'a pas été négociée, qui ne provient pas d'une cession, qui naît de l'événement d'une condition aléatoire et s'accomplit, non par voie de transfert, mais par voie d'accroissement. Il a été jugé, en conséquence, que le droit applicable en pareil cas est celui de vente mobilière à 2 pour 100 (Req. 24 nov. 1869, aff. Asile de l'Assomption de Privas, D. P. 70. 1. 269. V. note de M. P. Pont, D. P. 78. 1. 5. Conf. Sol. adm. enreg. 7 juill. 1867, D. P. 68. 3. 43 ; Trib. Caen, 2 avr. 1857, et Trib. Châteaubriant, 15 juin 1875, cités *suprà*, n° 1939). Mais la chambre civile a repoussé cette distinction. Il a jugé que les mutations qui s'opèrent dans les sociétés dont le fonds social reste aux associés qui survivent, doivent profiter de la modération du tarif établie en faveur des cessions d'actions, soit que les associés survivants soient assujettis à payer aux représentants de l'associé prédécédé la valeur de sa part (Civ. cass. 4 déc. 1871, aff. Blin, D. P. 71. 1. 339), soit qu'ils n'aient rien à payer (Civ. cass. 14 nov. 1877, aff. F. Bernard, abbé de Meilleray, D. P. 78. 1. 5 ; Trib. Dreux, 19 janv. 1875, cité *suprà*, n° 1939). Décidé, spécialement, par l'arrêt du 14 nov. 1877, que le tarif réduit de 50 cent. pour 100 est applicable aux *sociétés civiles* aussi bien qu'aux *sociétés de commerce et d'industrie;* qu'il doit profiter à toutes les divisions du capital social, quelle qu'en soit la dénomination, pourvu que la transmission puisse avoir lieu abstraction faite des meubles et immeubles appartenant à la société; que c'est, en conséquence, ce droit de 50 cent. pour 100, et non le droit ordinaire de vente mobilière à 2 pour 100, qui doit être appliqué à la mutation qui, dans une société universelle de biens présents et de gains, s'opère en vertu d'un pacte aléatoire, par la réalisation d'un événement prévu dans l'acte constitutif de la société, spécialement par voie d'accroissement aux membres restant dans la société, des parts de ceux qui se retirent ou qui prédécèdent.

1952. Les règles de perception dont l'exposé précède sont toujours applicables aux *sociétés de commerce et d'industrie.* Mais, à l'égard de « toutes les *sociétés ou associations civiles qui admettent l'adjonction de nouveaux membres* », la loi de finances du 28 déc. 1880 a disposé, par son art. 4, que les accroissements opérés par suite de clause de réversion, au profit des membres restants, de la part de ceux qui cessent de faire partie de la société ou association, sont assujettis au *droit de mutation par décès*, si l'accroissement se réalise par le décès, ou aux *droits de donation*, s'il a lieu de toute autre manière, d'après la nature des biens existants au jour de l'accroissement, nonobstant toutes cessions antérieures faites entre vifs au profit d'un ou de plusieurs membres de la société ou de l'association. Cette disposition a été étendue par la loi de finances du 29 déc. 1884 (art. 9) à « toutes les congrégations, communautés et associations religieuses, autorisées ou non autorisées », et à « toutes les sociétés ou associations désignées dans cette loi (L. 28 déc. 1880, art. 4), dont l'objet n'est pas de distribuer leurs produits, en tout ou en partie, entre leurs membres ».

Nous nous bornons à mentionner ici cette législation nouvelle. Les droits qu'elle édicte étant des droits de donation et de mutation par décès, le commentaire en sera présenté aux art. 3 et suivants, où il sera traité des *mutations entre vifs à titre gratuit* et des *mutations par décès.*

1953. Lorsque la société est *dissoute* par le décès de l'un des associés, le droit de mutation à titre onéreux, que l'accroissement au profit des survivants rend exigible, ne peut plus être celui de 50 cent. pour 100 établi pour les cessions de parts sociales, car il n'existe plus alors de parts sociales. La mutation ayant pour objet, dans l'hypothèse, la part du défunt dans les différents biens appartenant à la société dissoute, le droit proportionnel se détermine d'après la nature de ces biens (V. *suprà*, n°s 902 et suiv.).

1954. S'agit-il d'une *acquisition faite en commun* sans constitution de société, l'acquisition n'établit entre les co-acquéreurs qu'un état de simple indivision; chaque acquéreur devient, au moment même du contrat, copropriétaire

de l'objet acquis ; la nature de la transmission opérée par chaque décès est déterminée par la nature de cet objet. Elle est mobilière, s'il est mobilier; elle est immobilière, s'il est immeuble. Le droit de vente mobilière à 2 pour 100 est dû dans le premier cas; celui de vente immobilière à 5 fr. 50 cent. pour 100 est exigible dans le second. Mais, dans cette dernière hypothèse, la dernière mutation, faisant cesser l'indivision, ne donne lieu qu'au droit de 4 pour 100 (Arrêt du 7 févr. 1872, cité *suprà*, n° 1939).

1955. Aujourd'hui, comme à l'époque de la publication du *Répertoire*, les actes de dissolution de société ne donnent lieu qu'à un simple droit fixe (*Rép.* n° 3579). La loi du 28 févr. 1872 (art. 1er) qui a substitué le droit gradué de 1 pour 1000 à l'ancien droit fixe pour les actes de *formation* et de *prorogation* de sociétés n'a pas étendu la perception de ce droit gradué aux actes de *dissolution.* Mais le taux du droit auquel ces derniers actes sont soumis a été élevé de 5 fr. à 7 fr. 50 cent. (L. 28 févr. 1872, art. 4).

Si l'acte constatant la dissolution d'une société contient en même temps le partage des biens sociaux entre les associés, le droit gradué est dû de ce chef, la loi de 1872 (art. 1er-5°) assujettissant à ce droit tous les partages « entre copropriétaires, cohéritiers et *coassociés*, à quelque titre que ce soit » (V. *infrà*, n° 1957).

1956. Lorsque c'est par l'effet d'une convention particulière que s'opère la dissolution de la société, le droit fixe n'est pas dû (*Rép.* n° 3580). Ainsi, aucun droit particulier n'est dû pour la dissolution de la société, lorsqu'elle se trouve constatée dans l'acte de liquidation ou de partage des biens sociaux, parce qu'alors elle fait partie intégrante de l'acte dont elle est même la base (*Dictionnaire du notariat*, v° *Société*, n° 486). C'est à tort qu'il a été jugé par le tribunal de Toulon, le 26 juill. 1864, que, lorsqu'une société est dissoute par la cession simultanée de toutes les actions au même individu, le droit fixe de dissolution est dû indépendamment du droit proportionnel (Conf. Garnier, *Rép. gén. enreg.*, n° 15271 ; *Diction. droits d'enreg.*, v° *Société*, n° 946).

1957. Le partage des biens de la société qui autrefois ne donnait lieu qu'au droit fixe (*Rép.* n° 3581) est assujetti maintenant au droit gradué, comme nous l'avons dit *suprà*, n° 1955. S'il renferme des stipulations de soultes ou des dispositions opérant transmission de propriété ou d'usufruit, le droit proportionnel se perçoit conformément aux règles de perception établies pour les partages de succession (V. *suprà*, n°s 1289 et suiv.).

1958. Ainsi les droits de soulte doivent être imputés, conformément à l'art. 1256 c. civ., et de la manière la plus favorable aux contribuables. Cette règle de perception est applicable au partage de société comme au partage de succession (V. *suprà*, n° 1324). Il a été jugé, en ce sens, que le droit proportionnel de mutation exigible sur l'acte de dissolution d'une société en nom collectif contenant cession par l'un des associés à l'autre, à titre de licitation et moyennant un prix fixé à forfait, de la moitié à laquelle le cédant avait droit dans tous les biens meubles et immeubles de la société, doit être liquidé, par imputation d'abord sur l'espèce de biens frappée du droit le plus faible, et ainsi de suite jusqu'au droit le plus élevé (Trib. Compiègne, 30 janv. 1878, aff. Bride et Tétrel, D. P. 78. 3. 48).

1959. Le droit gradué n'a rien de commun avec la taxe de 3 pour 100 sur le revenu des valeurs mobilières. Il s'applique à un fait entièrement distinct. Les deux impôts diffèrent par leur nature comme par leur objet et sont indépendants l'un de l'autre. Ainsi il a été jugé que le droit gradué est dû à l'enregistrement de la délibération de l'assemblée générale des actionnaires d'une société dissoute et en liquidation, contenant liquidation et partage du fonds social, sur le montant cumulé des apports et des bénéfices réalisés, indépendamment de la taxe sur le revenu des valeurs mobilières applicables aux bénéfices distribués (Trib. Lyon, 16 avr. 1886, aff. Compagnie des Dombes et des Chemins de fer du Sud-Est, D. P. 88. 5. 221).

1960. Il est conforme à l'esprit du contrat de société que les bénéfices ne soient calculés et partagés qu'à l'époque de la dissolution, parce que c'est alors seulement qu'on peut apprécier les résultats définitifs des opérations sociales. Mais, par leurs conventions, les associés peuvent déroger à cette règle. Ils peuvent notamment autoriser des prélèvements périodiques pour faire face à leurs dépenses personnelles (V. Rép. v° Société, n° 386). Si, dans ce cas, les associés ne retirent que partie des sommes mises à leur disposition, le surplus reste dans l'actif social et est porté au compte courant ouvert à l'associé. L'administration de l'enregistrement a soutenu que, en n'épuisant pas son droit de prélèvement annuel, l'associé fait à la société un véritable prêt et, par suite, que, lors de la dissolution, si l'acte de liquidation, pour remplir l'un des associés des bénéfices non prélevés, lui fait abandon d'une partie des valeurs de l'actif à partager, cet abandon constitue une dation en payement passible du droit proportionnel. Cette prétention a été repoussée par un jugement aux termes duquel la disposition de l'acte liquidatif d'un contrat de société, par laquelle une partie des marchandises et valeurs sociales est abandonnée à l'un des associés, à l'effet de le remplir des sommes lui revenant à chaque inventaire pour sa part dans les bénéfices réalisés, mais laissés par lui volontairement dans la société, ne présente pas le caractère d'une dation en payement et, par suite, ne donne pas ouverture à la perception d'un droit proportionnel (Trib. Reims, 29 janv. 1865, aff. Croutelle, D. P. 66. 3. 53). Un autre jugement du tribunal de Dôle du 24 mai 1876 (1) a sanctionné, au contraire, la réclamation du droit proportionnel de dation en payement, dans le cas dont il s'agit, au sujet de l'attribution, dans le partage d'une société de fait existant entre deux frères, de biens sociaux à l'un d'eux pour le remplir de bénéfices laissés par lui dans la caisse sociale avec le consentement de son frère et qui étaient productifs d'un intérêt annuel.

La difficulté, en pareil cas, est de discerner si la somme laissée dans la caisse sociale par l'associé représente une créance contre la société, payable à première réquisition, avant tout autre prélèvement, ou bien un supplément d'apports qui reste soumis à toutes les chances que court la société et ne procure à l'associé qu'une augmentation de part sociale. Tout dépend naturellement des circonstances, des termes dans lesquels est rédigé l'acte de société. On ne peut, par suite, se prononcer d'une manière absolue sur la solution que comporte la question; mais, en cas de doute, la dernière interprétation, qui est celle que le tribunal de Reims a adoptée, doit être préférée, comme étant mieux en harmonie avec l'esprit du contrat de société.

1961. La clause de l'acte de dissolution d'une société, par laquelle il est fait abandon à l'un des associés de la totalité de l'actif, à la charge de payer l'intégralité du passif, avec stipulation qu'en cas d'insuffisance, l'abandonataire aura son recours contre son coassocié, constitue un mandat, et non une cession ou vente sujette au droit proportionnel (Trib. Seine, 11 juin 1845, aff. Cartier, D. P. 45. 4. 239).

1962. Le partage de société, comme tout autre partage, n'échappe au droit proportionnel qu'autant qu'il ne comprend que des biens qui ont fait partie de la société (Rép. n° 3598). S'il embrasse des biens qui ne lui ont pas été apportés ou

dont l'apport n'est pas justifié, il n'est plus simplement déclaratif; si la chose prétendue partagée passe d'une main dans une autre, il y a transmission de propriété et le droit proportionnel de mutation est dû (Rép. n°ˢ 3399 et suiv.). — Jugé en ce sens : 1° que, dans le cas où, au cours d'une société constituée par un père entre ses enfants, comme condition d'une donation, pour les biens donnés ainsi que les fruits à en provenir, les associés ont acquis en commun des immeubles, on ne doit pas considérer ces immeubles comme faisant partie de l'actif social; qu'en conséquence, si l'un des associés cède à un autre tous ses droits tant dans l'actif social que dans les immeubles acquis en commun, le tarif de 50 cent. pour 100, applicable à la cession de part sociale, ne peut être étendu à celle relative aux immeubles acquis conjointement (Civ. cass. 14 févr. 1870, aff. Tamboise, D. P. 70 1. 394); — 2° Que le droit de soulte immobilière est dû sur l'attribution, dans le partage des biens d'une société, à un ou plusieurs des associés, d'un immeuble acquis par tous indivisément à titre particulier avant la constitution de la société et conservé par un immeuble acquis par tous indivisément à titre particulier avant la constitution de la société et conservé par eux en dehors des biens sociaux, bien que, dans l'acte de société, chacun d'eux ait ajouté à son apport sa part dans cet immeuble; il en est ainsi, encore bien que les associés qui ont abandonné leurs parts dans l'immeuble aient reçu en compensation des actions de la société (Trib. Clermont (Oise), 22 janv. 1868, aff. Labette, D. P. 72. 3. 37).

1963. Pour le partage de société, comme pour le partage entre cohéritiers et copropriétaires (V. suprà, n°ˢ 1245 et suiv.), il doit être justifié de la copropriété des biens partagés et spécialement de l'existence de la société (Rép. n°ˢ 3602 et 3603). L'administration de l'enregistrement est un tiers vis-à-vis des contribuables pour la perception des impôts dont le recouvrement lui est confié. Elle doit être admise, comme tout autre tiers, à prouver soit l'existence d'une société, pour obtenir payement des droits de transmission et de timbre sur les actions émises par cette société (Req. 23 févr. 1875, aff. Le Bastard et Robidou, D. P. 75. 1. 370), soit la non-existence de la société, lorsqu'il apparait que cette existence a été prétendue pour échapper au payement de l'impôt (V. Rép. n°ˢ 2247, 3529 et 3533). Ainsi, la cession d'une part d'intérêt dans la propriété d'une mine n'est sujette qu'au droit de 50 cent. pour 100 établi pour les cessions d'actions ou parts dans une société, s'il est justifié par acte en forme de l'existence d'une société pour l'exploitation de la mine (Civ. cass. 6 févr. 1860, aff. Dardenne, D. P. 60. 1. 88); mais si cette justification n'est pas faite, la cession est passible du droit de vente immobilière (Req. 18 juin 1862, aff. Carcassonne, D. P. 62. 1. 423; Civ. cass. 3 janv. 1865, aff. Comp. Usquin, D. P. 65. 1. 32. Conf. Civ. rej. 17 nov. 1857, aff. de Galliera, D. P. 58. 1. 423; Civ. cass. 14 févr. 1870, cité suprà, n° 1962; Civ. rej. 13 nov. 1872, aff. Teisserenc, D. P. 73. 1. 126).

1964. Toutes les fois qu'une société a été constituée par écrit, son existence ne peut être déniée par l'Administration, quelle que soit la valeur juridique de l'écrit (Trib. Valenciennes, 27 déc. 1872, aff. Dutemple, D. P. 73. 5. 220; Rép. n° 3603), alors même que l'acte de société n'a pas été publié (Même jugement; Trib. Largentière, 11 oct. 1870, D. P. 73. 5. 220). — L'Administration ne peut plus contester l'existence d'une société, même constituée par simple convention verbale, alors qu'elle-même l'a reconnue pour l'établissement d'une perception (Civ. rej. 6 mars 1872, aff. Paul, D. P. 72. 1. 169. V. suprà, n°ˢ 896 et suiv.).

---

(1) (Guyon.) — Le tribunal ;... — Attendu, en ce qui concerne les conclusions subsidiaires de la Régie, qu'en fait le droit de Claude Guyon au prélèvement, sur l'actif social à partager, d'une somme de 87045 fr. 43 cent., est établi par les inventaires et le compte de caisse; qu'en droit il est incontestable que le fait, par un associé, d'avoir, en vertu même du pacte social, laissé en caisse sa part annuelle aux bénéfices ne le constitue créancier de la société; qu'en effet, les sommes versées ainsi annuellement dans la caisse sociale, étant la propriété personnelle de Claude Guyon, ne sont pas tombées dans l'actif social à partager et ne figuraient dans cette caisse qu'à titre de créance fortement productive d'intérêts et constituant un véritable prêt, aux termes de l'art. 1905 c. civ.; qu'il suit de là que le remboursement de cette créance, quelle que soit, du reste, la forme sous laquelle il s'est

effectué, constitue une mutation de valeurs sous forme de dation en payement, une transmission assujettie au droit proportionnel; qu'au surplus le titre de créancier confère si peu à celui qui en est investi un droit de propriété sur les biens de son débiteur, que si la société Guyon frères était tombée en faillite, Claude Guyon n'aurait pu répéter les sommes par lui laissées en caisse que sur le dividende même de la faillite; qu'il résulte donc de toutes ces considérations que Claude Guyon est intervenu au partage à deux titres différents : comme associé et comme créancier; qu'il n'avait un droit de propriété sur l'actif social qu'à titre d'associé, et que tout ce qui lui a été attribué au-delà de sa part d'associé, qui était de moitié, il l'a reçu, non pas comme associé copartageant, mais bien comme créancier...
Du 24 mai 1876.-Trib. civ. de Dôle.

3°. — *Attribution à un associé de biens apportés par un autre*
(Rép. n°° 3585 à 3596).

1965. A la suite d'une longue controverse qui s'est ter-minée par un arrêt des chambres réunies de la cour de cas-sation du 6 juin 1842 (*Rép.* n° 3589), il a été définitivement établi que, toutes les fois qu'à la dissolution d'une société, des biens apportés par l'un des associés sont attribués par le partage ou adjugés sur licitation à un autre associé, le droit proportionnel de vente est exigible sur la valeur intégrale de ces immeubles, « En droit, porte l'arrêt des chambres réunies, toute mutation de propriété d'immeubles est sou-mise au droit proportionnel. C'est par une faveur spéciale que la loi de l'enregistrement, en cas de société, permet que, lorsqu'un associé apporte dans la société, comme mise sociale, la propriété d'un immeuble, il ne soit perçu qu'un droit fixe. Si, à la suite de la dissolution et de la liquidation de la société, la propriété de cet immeuble est attribuée à un associé autre que l'ancien propriétaire, la mutation défi-nitive arrivant et nul droit proportionnel n'ayant encore été payé, on doit le payer à l'occasion de cette mutation » (Conf. Civ. rej. 21 févr. 1853, aff. Bian, D. P. 53. 1. 52; Civ. cass. 8 nov. 1853, aff. Testelat, D. P. 54. 1. 29; Civ. rej. 8 nov. 1864, aff. Anceaux, D. P. 64. 1. 473; Civ. cass. 14 févr. 1866, aff. Faivre, D. P. 66. 1. 60; 3 févr. 1868, aff. Saint-Salvi, D. P. 68. 1. 225 ; Civ. rej. 2 déc. 1873, aff. Donon, 1ʳᵉ espèce, D. P. 74. 1. 108; Civ. cass. 2 déc. 1873, aff. Lemasson, 2ᵉ espèce, *ibid.*; Civ. rej. 24 déc. 1879, aff. Vallin, D. P. 80. 1. 182; Civ. cass. 27 juin 1882, aff. Simon et Bondaux, D. P. 83. 1. 169. — V. observ. contr. : *Rép.* n°ˢ 3591 et 3592).

1966. Il a été jugé spécialement : 1° que, lorsqu'un immeuble apporté dans une société par deux ou plusieurs associés auxquels il appartenait indivisément, est attribué à l'un d'eux lors de la liquidation de la société, il s'opère à son profit une transmission des parts de ses copropriétaires, passible du droit proportionnel de mutation (Civ. rej. 21 févr. 1853, aff. Bian, D. P. 53. 1. 52; 24 déc. 1879, aff. Vallin, D. P. 80. 1. 182); — 2° Que la clause de l'acte de dissolu-tion d'une société, portant qu'un immeuble social, qui for-mait l'apport d'un associé devenu étranger à la société pen-dant sa durée par suite de la cession de ses actions à ses coassociés, demeurera commun entre les divers sociétaires ou actionnaires sera licité entre eux, n'emporte pas muta-tion de propriété au profit de ces derniers ; que, par suite, l'adjudication de la totalité de cet immeuble, prononcée au profit de l'un des associés colicitants, opère mutation de l'ancien associé propriétaire à l'associé adjudicataire, et est, dès lors, passible d'un droit proportionnel de mutation cal-culé sur la totalité du prix d'adjudication, sans déduction de la part de cet associé dans l'immeuble social (Civ. cass. 8 nov. 1853, aff. Testelat, D. P. 54. 1. 29; — 3° Que, de même, l'adjudication sur licitation, après dissolution d'une société, de l'un des immeubles sociaux, au profit d'un asso-cié autre que celui qui en a fait l'apport, donne lieu au droit proportionnel de mutation sur la valeur intégrale de l'immeuble, encore que, durant la société, l'associé qui l'avait apporté ait cédé tous ses droits à ses coassociés; que l'associé adjudicataire doit, malgré une telle cession, être considéré comme resté étranger à la propriété de l'im-meuble par lui acquis, les droits à lui cédés, pendant l'exis-tence de la société, par l'associé qui s'est retiré, constituant, non pas des droits à la copropriété de cet immeuble, mais de simples droits mobiliers; que le droit de mutation doit être liquidé, en ce cas, sur le prix total de l'immeuble, sans défalcation de la portion de dettes sociales que l'associé adjudicataire s'est obligé à acquitter pour le compte de ses colicitants (Civ. rej. 8 nov. 1864, aff. An-ceaux, D. P. 64. 1. 473); — 4° Que l'adjudication d'im-meubles dépendant d'une société dissoute, non encore liquidée est soumise au droit proportionnel de mutation, quoiqu'elle ait été prononcée au profit de l'un des associés, si cet associé était alors rempli de ses droits au moyen d'une attribution de valeurs sociales, avec abandon de tout l'actif de la société à l'autre associé, à la charge par ce dernier d'en liquider le passif (Req. 17 août 1865, aff. Per-driau, D. P. 66. 1. 10); — 5° Que l'apport d'un immeuble en société en transfère la propriété à la société sans en

rendre copropriétaires les coassociés de l'auteur de l'apport, alors même que l'acte de société diviserait l'actif social en actions donnant à chaque actionnaire une part de cet actif, et que l'associé qui a apporté l'immeuble aurait stipulé le prélèvement à son profit d'une certaine somme sur les béné-fices futurs, de telles clauses ayant pour unique objet de régler les conditions de la société pour l'avenir, mais n'im-pliquant pas une transmission de copropriété faite à cha-cun des associés pris individuellement, dès l'époque même de la constitution de la société; qu'en conséquence, si, lors de la dissolution de la société, le même immeuble est adjugé indivisément à tous les associés dans la proportion de leurs parts, cette adjudication renferme en faveur des associés étrangers à l'apport une mutation passible du droit proportionnel, la mutation ne s'étant pas accomplie en leur faveur par l'effet de l'acte de société (Civ. cass. 14 févr. 1866, aff. Faivre, D. P. 66. 1. 60); — 6° Qu'une société civile, lors-qu'elle est organisée et qu'elle fonctionne sous une forme commerciale, constitue une personne morale distincte des membres qui la composent et dont l'existence persiste jus-qu'au partage de l'actif social ; que, spécialement, on doit reconnaître ce caractère d'être moral à la société fondée par le propriétaire d'un immeuble pour la mise en commun et l'exploitation de cet immeuble, moyennant une valeur divi-sée en actions, et aussi à celle qui, après la dissolution de la première, est formée entre les anciens actionnaires pour l'acquisition et l'exploitation de l'immeuble dépendant de la société dissoute; que, en conséquence, l'adjudication, au profit de la société nouvelle, de l'immeuble dépendant de la société dissoute, donne ouverture aux droits pro-portionnels de mutation et de transcription sur la totalité du prix de cette adjudication, sans déduction du montant des actions que les actionnaires de l'ancienne société auraient apportées dans la nouvelle (Civ. cass. 3 févr. 1868, aff. Saint-Salvi, D. P. 68. 1. 225); — 7° Que lorsqu'à la dissolution d'une société formée pour l'exploitation d'une mine, les parts sociales se trouvent entre les mains de tiers qui les ont acquises des concessionnaires primitifs pendant la durée de la société, il s'opère au profit de ces tiers, au moment même et par l'effet de la dissolution de l'association, une transmission de propriété immobilière qui rend exigible le droit proportionnel de mutation (Civ. rej. 2 déc. 1873, aff. Donon, 1ʳᵉ espèce, D. P. 74. 1. 108), et que, si, dans ce même cas, au moment où une société nouvelle formée entre les tiers acquéreurs des concessionnaires primitifs est dissoute pour être ensuite fusionnée avec une autre associa-tion, les parts sociales se trouvent appartenir à des sous-acquéreurs, il s'opère au profit de ces derniers une seconde transmission de la propriété de la mine, à raison de laquelle un nouveau droit proportionnel de mutation est dû (Civ. cass. 2 déc. 1873, aff. Donon, 3ᵉ espèce, *ibid.*); — 8° Que l'attri-bution, dans le partage d'une société, d'un meuble ou d'un immeuble à un associé autre que celui qui en a fait l'apport, donne lieu au droit proportionnel de vente mobilière ou immobilière; et qu'il importe peu, pour l'application de cette règle, que la société soit liquidée en déficit (Civ. rej. 27 juin 1882, aff. Simon et Bondaux, D. P. 83. 1. 169); — 9° Que la machine à vapeur fixe, que le propriétaire d'une maison y a placée pour le service et l'exploitation du fonds, est immeuble par destination; mais qu'elle reprend son caractère de meuble du moment qu'elle cesse d'appartenir au propriétaire de la maison (c. civ. art. 524); qu'en cas de partage d'une société à laquelle un associé avait fait l'apport de la maison et de la machine, la mutation résul-tant de la clause de ce partage qui attribue la machine à l'un des associés, alors que la maison est restituée à l'asso-cié qui en avait fait l'apport, n'est passible que du droit pro-portionnel applicable aux ventes mobilières;... encore bien que, par l'effet des conventions arrêtées entre les parties, à la même date que l'acte de partage, aucun changement ne doive être apporté à l'état matériel de la machine, ni à sa destination dans la maison où elle est établie (Même arrêt); — 10° Que l'attribution, après la dissolution d'une société, d'un fonds de commerce à un associé autre que celui qui en avait fait l'apport à l'association, donne lieu au droit proportionnel de mutation sur la valeur de ce fonds (Trib. Seine, 22 janv. 1886, aff. Capgrand, D. P. 87. 5. 201-202).

1967. Le droit proportionnel de mutation exigible sur l'adjudication des immeubles dépendant d'une société en nom collectif en liquidation, alors que la femme commune en biens de l'associé au profit duquel cette adjudication est prononcée est décédée postérieurement à la dissolution de la société constatée par acte authentique, doit être liquidé sur le prix, déduction faite seulement de la part personnelle de l'adjudicataire, et non de celle des représentants de sa femme (V. *suprà*, n° 1352).

1968. L'apport en société opère vente et donne lieu à la perception immédiate du droit proportionnel de vente, à l'enregistrement de l'acte de société, toutes les fois que l'associé qui fait cet apport en reçoit l'équivalent, soit de la société elle-même, soit de ses coassociés (V. *suprà*, n° 1895). Dans ce cas, l'objet apporté devient la propriété de la société. En conséquence, il n'y a lieu qu'à la perception du droit fixe sur l'acte de dissolution et liquidation de la société, dans lequel une part virile de cet immeuble, formant à lui seul tout le fonds social, est attribuée à l'un des coassociés autre que celui qui en a fait l'apport, la mutation ne s'opérant pas alors, mais s'étant opérée lors de la formation de la société (Civ. cass. 5 janv. 1853, aff. de Prémorvand, D. P. 53. 1. 73).

4°. — Retraite d'un associé (Rép. n° 3597).

1969. On a vu *suprà*, n°s 1923 et suiv., qu'aucune mutation ne se produit au cas où, pendant l'existence d'une société et sans en interrompre le cours, un associé se retire en reprenant son apport, mais que, s'il est désintéressé en espèces, il y a lieu au droit de cession de part à 50 cent. pour 100.

Lorsque la retraite d'un associé détermine la dissolution de la société, il ne s'opère non plus aucune mutation, et aucun droit proportionnel ne peut être dû si l'associé qui se retire se borne à reprendre son apport. Ainsi, décidé que lorsque, après dissolution d'une société ayant pour objet l'exploitation d'un hôtel, déterminée par la retraite de celui des associés qui avait apporté l'immeuble, une nouvelle société a été formée entre les autres associés pour la continuation de l'exploitation, le règlement par lequel il est attribué à l'associé qui se retire certaines valeurs en nature, à titre de restitution de son apport et de payement de sa part dans les bénéfices, est à tort considéré comme une cession par cet associé à la nouvelle société de ses droits dans le fonds commun, donnant lieu au droit proportionnel; un tel règlement est un simple partage, passible seulement du droit fixe de 5 fr. (aujourd'hui droit gradué) (Sol. adm. enreg. 15 sept. 1865, D. P. 67. 3. 31).

1970. Mais la retraite d'un associé, alors surtout qu'elle est accompagnée de l'entrée d'un nouvel associé dans la société, peut déguiser une cession de part. Dans ce cas le droit proportionnel est exigible (V. *suprà*, n° 1926).

5°. — Réalisation de clause d'accroissement.

1971. Comme on l'a vu *suprà*, n°s 1928 et suiv., la clause d'accroissement portant qu'au cas de décès de l'un des associés les survivants qui conserveront tout l'actif social, à charge de payer aux héritiers du défunt sa part, renferme une cession conditionnelle qui donne lieu au droit proportionnel à l'événement de la condition. Il en est de même au cas où la clause exprime que la société sera dissoute par le décès de l'un des associés. En thèse générale, toutes les fois que le fonds social est attribué, par l'acte de partage des biens d'une société dissoute, conformément à une stipulation du contrat social, à l'un des associés, à la charge de payer une somme déterminée à ses coassociés ou à ses héritiers, cette attribution opère une transmission de propriété qui donne lieu au droit proportionnel de mutation (*Rép.* n°s 3593 et suiv. — Observ.

contr. : *Rép.* n° 3593). La jurisprudence a été fixée en ce sens par un arrêt (Req. 20 mars 1849, *Rép.* n° 3594), et la doctrine de cette décision a été confirmée par toutes celles rendues depuis par la cour suprême sur la question (Civ. rej. 11 janv. 1875, aff. Reine, D. P. 75. 1. 116; 1er mars 1875, aff. Wustemberg, D. P. 75. 1. 369; Req. 16 avril 1875, aff. Charmiot-Avanturier, D. P. 76. 1. 213; 22 juin 1885, aff. Dupont, D. P. 86. 1. 267; Civ. cass. 21 déc. 1887, aff. Monnier, D. P. 88. 1. 389). — Il a été jugé, notamment, que la stipulation, dans l'acte constitutif d'une société commerciale, qu'en cas de décès de l'un des associés la société sera dissoute de plein droit et le survivant devra conserver pour son compte l'établissement, à charge de rembourser aux représentants de l'associé décédé, avec intérêts, du jour du décès, le montant de ses droits d'après le dernier inventaire social signé par les associés, renferme une cession subordonnée à la seule condition du décès de l'un des associés, et non pas, en outre, à la confection d'un inventaire, la stipulation relative au dernier inventaire n'étant qu'un mode indiqué pour la fixation du prix, et n'ayant, d'ailleurs, rien d'incertain ni d'éventuel (c. civ. art. 1591 et 1592); qu'en conséquence, le décès de l'un des associés rend exigible le droit proportionnel de mutation resté en suspens jusqu'à l'événement de la condition (Req. 16 août 1875, aff Charmiot-Avanturier, D. P. 76. 1. 213).

1972. En ce qui concerne la réalisation de la clause d'accroissement et la perception des droits proportionnels de donation et de mutation par décès auxquels cette réalisation donne lieu, pour les *sociétés civiles dont la durée n'est pas déterminée et qui admettent l'adjonction de nouveaux membres*, notamment pour les *congrégations, communautés et associations religieuses*, autorisées ou non autorisées, V. *infrà*, n°s 2061 et suiv., 2185 et suiv.

6°. — Cessions entre associés.

1973. Dès que la société est dissoute et que l'être moral a disparu, il y a indivision entre les anciens associés, et les cessions qui s'opèrent au profit d'un ou de plusieurs de ces anciens associés, comme celles qui s'opèrent au profit de tiers, donnent lieu aux droits ordinaires de mutation, d'après la nature des biens transmis. Cela résulte de nombreux arrêts de la cour de cassation qui ont été rapportés dans la partie où il a été traité de la perception du droit de cession d'actions à 50 cent. pour 100 (V. *suprà*, n°s 891 et suiv.).

1974. Ainsi, la cession simultanée à un associé de *toutes* les parts de ses coassociés opérant de plein droit, à l'instant même où elle a lieu, la dissolution de la société, et l'être moral cessant dès lors d'exister, c'est la propriété des biens mêmes composant le fonds social qui se trouve de la sorte directement acquise par le cessionnaire; le droit proportionnel de mutation à titre onéreux est dû en conséquence, au taux déterminé d'après la nature des biens et valeurs qui appartenaient à la société dissoute (Civ. rej. 8 nov. 1864, aff. Anceaux, D. P. 64. 1. 473; Req. 7 févr. 1872, aff. Jalaber, D. P. 72. 1. 109; Civ. rej. 11 janv. 1875, aff. Reine, D. P. 75. 1. 116; 1er mars 1875, aff. Wustemberg, D. P. 75. 1. 369; Civ. cass. 7 févr. 1881, aff. Mary, D. P. 81. 1. 267).

Il a été jugé, conformément à cette jurisprudence, que l'adjudication, au profit d'un associé, des droits de tous ses coassociés, constitue, non une cession de part sociale, mais une vente de l'actif de la société, et donne lieu, par suite, lorsque la société possédait des immeubles, au droit de mutation immobilière sur le prix de l'adjudication, alors même que les immeubles auraient été revendus peu de temps après à un prix inférieur à celui de l'adjudication (Trib. Seine, 4 août 1865) (1); que le droit de mutation immobilière est dû également sur l'acte portant cession, par deux associés au troisième, de leurs droits et actions dans l'actif social composé de meubles et d'immeu-

<hr>

(1) (Roquebert C. Enreg.) — Le tribunal ; — En ce qui touche la liquidation des droits sur le procès-verbal d'adjudication reçu par Roquebert le 8 févr. 1864 : — Attendu que les droits de la maison Lemettais et Londynski en la société Fabert ayant été adjugés à Fabert seul et unique coassocié de Lemettais et Londynski, ladite société a été dissoute par le fait même de l'adjudica-

tion ; — Que Fabert s'étant trouvé ainsi substitué, en lieu et place de l'être moral qui cessait d'exister, dans la propriété de l'actif social et dans les obligations passives de la société, c'est avec raison que l'administration de l'enregistrement a perçu un droit de mutation sur la part ayant appartenu à la maison Lemettais et Londynski, c'est-à-dire sur le prix des deux tiers des valeurs sociales ; —

bles, cet acte faisant cesser l'indivision et le cessionnaire demeurant seul, à forfait et à ses risques et périls, investi de l'actif et chargé du passif (Trib. Béziers, 19 juin 1878 (1). Conf. Garnier, *Rép. gén. enreg.*, n° 15316; Demante, t. 2, n° 519).

N° 6. — *Billets à ordre et effets négociables* (*Rép.* n°s 3604 à 3645).

A. — *Effets considérés comme négociables* (*Rép.* n°s 3605 à 3688).

1975. La loi de frimaire an 7 avait établi une distinction fondamentale entre les billets à ordre et les lettres de change ; les premiers étaient assujettis à un droit de 50 cent. pour 100, les secondes étaient affranchies de tout droit. La loi du 28 avr. 1816, fit cesser cette exemption, tout en maintenant une différence entre ces deux sortes d'effets ; elle soumit les lettres de change à un droit de 25 cent. pour 100 (*Rép.* n°s 3605 et suiv.). — Sous l'empire de cette législation, il y avait un double intérêt à distinguer les billets à ordre des lettres de change : d'abord, au point de vue du tarif, ainsi qu'on vient de le voir, ensuite, au point de vue de l'époque à laquelle l'enregistrement devait avoir lieu : les lettres de change pouvaient n'être enregistrées qu'au moment de l'assignation, tandis que les billets à ordre devaient l'être au moment du protêt. — On décidait que les lettres de change, même celles portant stipulation d'intérêts et d'un long terme de payement, n'étaient passibles, lorsqu'elles étaient présentées à l'enregistrement, que du droit de 25 cent. pour 100 fr., sauf le cas où des circonstances de fait, frauduleuses ou non, les faisaient dégénérer en un contrat différent (Sol. adm. enreg. 22 sept.- 1er oct. 1857; Instr. adm. enreg. 11 déc. 1857, n° 2111, § 1er, D. P. 58. 3. 39); ... Que le bénéfice accordé aux lettres de change, de ne supporter qu'un droit proportionnel de 25 cent. pour 100 fr., ne pouvait être étendu aux *billets à domicile*, même lorsqu'ils emportaient remise d'argent d'un lieu sur un autre; pour les effets de cette dernière sorte, c'était le droit de 50 cent. pour 100 fr. qui était exigible (Sol. adm. enreg. 27 oct. 1866, D. P. 68. 3. 80). — Ces décisions et toutes celles que nous avons indiquées au *Répertoire* n'ont plus aujourd'hui d'intérêt au point de vue fiscal : les lettres de change ont été complètement assimilées aux billets à ordre et aux effets négociables par l'art. 10 de la loi du 28 févr. 1872 (D. P. 72. 4. 12), ainsi conçu : « Sont soumis au droit proportionnel de 50 cent.

pour 100 les lettres de change et tous autres effets négociables, lesquels pourront n'être présentés à l'enregistrement qu'avec les protêts qui en auraient été faits. — Les dispositions de l'art. 50 de la loi du 28 avr. 1816 concernant les lettres de change sont abrogées. — Il n'est rien innové en ce qui concerne les warrants ». MM. André et Ducarre protestèrent vainement à l'Assemblée nationale contre cette disposition ; ils admettaient bien l'élévation du droit à 50 cent. pour 100 sur les lettres de change, mais ils présentaient contre la nécessité de l'enregistrement en même temps que les protêts les considérations suivantes : « Le protêt faute d'acceptation, disaient-ils, rendra obligatoire l'enregistrement de la lettre de change. Or, dans la plupart des cas, le protêt faute d'acceptation n'a lieu que par suite d'une erreur, d'une irrégularité, d'un retard ou d'une négligence ; la difficulté est résolue et le désaccord aplani dans l'intervalle entre ce protêt et l'échéance de la lettre de change ; le protêt demeure sans suite. Il suffira donc d'un simple retard pour imposer au débiteur, au tiers porteur ou au tireur, une taxe de 60 cent. pour 100 du montant de la lettre de change ». Mais le rapporteur et le ministre des finances firent valoir l'intérêt sérieux de cette disposition à l'égard des *lettres de change tirées de l'étranger* qui échappaient au droit proportionnel d'enregistrement, le recouvrement ayant lieu à l'étranger après le protêt fait en France, et la disposition fut votée (V. D. P. 72. 4. 20, note 2).

1976. L'enregistrement des effets négociables n'est obligatoire qu'avec le protêt qui en aura été fait, porte la loi de 1872. Un notaire n'est donc pas obligé de faire préalablement enregistrer une lettre de change pour pouvoir la mentionner dans un acte où il est dit qu'elle a été souscrite en vue du payement d'une dette pour laquelle une hypothèque est donnée au créancier ; l'enregistrement n'est exigé que dans le cas de protêt (avant la loi de 1872, dans le cas seulement d'une assignation en payement) (Sol. adm. enreg. 22 juill. 1864, D. P. 64. 3. 102. Conf. *Diction. droits d'enreg.*, v° *Effets de commerce*, n° 288). Il en est autrement dans le cas où le billet, qualifié lettre de change, n'a pas le caractère de cet acte et n'est, au fond, qu'une simple reconnaissance de dette (Même solution).

1977. La lettre de change notariée, contenant affectation hypothécaire, est passible du droit d'obligation de 1 pour 100 (Sol. adm. enreg. 15 sept. 1881) (2).

1978. Les *bons de délégation* émis par une ville et remis

Attendu, d'un autre côté, que la liquidation du droit d'enregistrement a été faite conformément à la loi, et de la manière la plus favorable aux parties ; — Que cette circonstance que les immeubles, ainsi que les métiers et brevets dépendant de l'actif, auraient été revendus le 17 août 1864, à un prix de beaucoup inférieur à celui de l'inventaire, est sans importance ; qu'en effet, les droits doivent être payés sur le prix réel des ventes et ne sauraient être atténués par ce motif que la vente aurait été faite à un prix trop élevé, ou que l'acheteur aurait exposé à une folle enchère ; ... — Par ces motifs, déclare Roquebert mal fondé, etc.
Du 4 août 1865.-Trib. civ. de la Seine.

(1) (Cabanes *C.* Enreg.). — Le tribunal ; — Attendu que l'acte du 28 mars 1877, reçu par Me Fontvieille, notaire à Béziers, contient cession par deux associés, Secaud et Roche, à leur troisième associé Cabanes des droits et des actions leur appartenant dans l'actif social composé de meubles et d'immeubles, avec cette circonstance que cet acte fait cesser l'indivision, Cabanes demeurant seul, désormais, à forfait et à ses risques et périls, investi de l'actif et chargé du passif, et qu'aucune liquidation de la société dissoute n'est nécessaire pour fixer les droits des parties, le prix ayant été stipulé de la somme fixe de 666 fr. pour chacun des cédants ; — Attendu que la société étant dissoute par l'effet dudit acte, les associés n'ont pas transmis un simple droit mobilier, mais bien leur part de copropriété mobilière et immobilière ; que, par suite, le droit proportionnel de 4 pour 100 aurait dû être perçu et est légitimement réclamé ; — Attendu que le prix doit être calculé non seulement sur les deux sommes réunies de 666 fr., mais encore sur les charges qui font réellement partie de ce prix, et c'est qu'il y a lieu, par suite, de repousser l'opposition à la contrainte, etc.
Du 19 juin 1878.-Trib. civ. Béziers.

(2) Par acte notarié du 17 déc. 1880, les époux S... ont souscrit, au profit du sieur B... ou à son ordre, pour valeur reçue comptant, une lettre de change de 600 fr. payable à six mois de

date, avec intérêt légal. — A la sûreté de cette somme, en capital et intérêts, et des frais de mise à exécution, s'il y a lieu, les époux S..., tireurs, et le sieur D... avaliste, ont hypothéqué en faveur du sieur B... tous leurs immeubles. — Lors de l'enregistrement de l'acte, le 20 décembre, il a paru que l'objet et le résultat des dispositions étaient de constater un prêt et de conférer au prêteur à la fois les garanties résultant d'une obligation civile et un titre facilement négociable. — En conséquence, le droit d'obligation à 1 pour 100 a été perçu sur 600 fr. — Un employé supérieur a pensé que l'art. 10 de la loi du 28 févr. 1872 ayant soumis au droit de 50 cent. pour 100 les lettres de change en général, sans aucune distinction, ce tarif est applicable aux actes de l'espèce, lors même qu'ils contiennent affectation hypothécaire. Par ce motif, il a proposé d'office la restitution de la moitié du droit perçu. — Cette proposition ne peut être accueillie. — La lettre de change est un acte, en forme de lettre, par lequel le souscripteur mande à une tierce personne de payer, dans un autre lieu, une certaine somme à celui au profit de qui la lettre est souscrite ou à son cessionnaire (Conf. Rivière, *Répétitions écrites de droit commercial*, 7e éd., p. 346). — De cette définition générale il résulte que l'acte tarifé par la loi fiscale sous le nom de lettre de change, au droit de 50 cent. pour 100, applicable à tous les effets négociables, est un ordre de payer une somme à un tiers dans un lieu autre que celui de l'émission de la lettre. Sans doute, il résulte implicitement de cet ordre que le bénéficiaire est créancier du tireur. Cependant l'effet de l'acte n'est pas de créer un titre au profit du bénéficiaire, mais bien de lui procurer le payement de sa créance. En d'autres termes, la lettre de change est plutôt un instrument de libération et de crédit qu'un acte destiné à faire preuve de l'obligation du souscripteur. — Il en est autrement quand le tireur reconnaît expressément, dans la lettre, sa dette envers le bénéficiaire et lui concède des droits de gage, d'hypothèque ou autres, afin d'assurer le payement. Dans ce cas, l'effet de l'acte est en même temps celui d'un titre obligatoire et d'un instrument de libération et de crédit. Mais la recon-

par l'administration municipale, à une compagnie concessionnaire de travaux de voirie déclarés d'utilité publique, en payement de la subvention qui lui a été allouée par le traité passé entre elle et la ville, doivent être considérés comme des effets de commerce négociables, passibles de l'impôt seulement à partir du premier acte de poursuite (Trib. Seine, 7 août 1869, aff. Hunebelle et Legrand, D. P. 70. 3. 27. V. *supra*, n° 864).

1979. Le *chèque* n'est pas affranchi du droit d'enregistrement (qui est celui de 50 cent. pour 100 fr. établi par l'art. 69, § 2, n° 7, de la loi du 22 frim. an 7, pour les effets négociables en général) ; mais ce droit n'atteint que les chèques protestés ou produits en justice (Instr. adm. enreg. 6 juill. 1865, n° 2132, D. P. 65. 3. 75). Le chèque protesté doit être présenté à l'enregistrement au moins en même temps que le protêt auquel il a donné lieu ; il y a contravention dans le fait d'un huissier de dénoncer le protêt d'un chèque non encore enregistré (Sol. adm. enreg. 6 avr. 1868, D. P. 68. 3. 73).

Les récépissés des marchandises déposées dans les magasins généraux ne donnent lieu, lors de l'enregistrement, qu'à un droit fixe de 1 fr., porte l'art. 13 de la loi du 28 mai 1858. — Ce droit fixe est aujourd'hui de 1 fr. 50 (L. 28 févr. 1872, art. 4).

Les *warrants* sont, en vertu de la même disposition de la loi de 1858, assimilés aux effets négociables et, par conséquent, assujettis aux droits d'enregistrement fixés pour les billets à ordre ; la loi du 28 févr. 1872 a confirmé cet état de choses, en disposant qu'il n'était rien innové en ce qui concernait les warrants (V. l'art. 10 cité *supra*, n° 1975).

Les récépissés et les warrants ne sont que des écrits sous signature privée ; par conséquent, ils ne sont sujets à l'enregistrement, conformément à l'art. 23 de la loi du 22 frim. an 7, que lorsqu'il en est fait usage (Instr. adm. enreg. 11 mai 1859, n° 2149, § 1er).

B. — Endossement (Rép. n°s 3639 à 3645).

1980. Les endossements et acquits des lettres de change sont exempts de l'enregistrement (*Rép.* n°s 3639 et suiv.). — Mais la faculté stipulée dans un acte de vente notarié, au profit du vendeur, de pouvoir transmettre le prix par un endossement apposé sur la grosse du contrat, ne change pas le caractère civil de ce contrat ; par suite, l'endossement, en pareil cas, ne jouit pas de l'exemption de la formalité de l'enregistrement accordée par l'art. 70, § 3, n° 15, de la loi du 22 frim. an 7, pour l'endossement des effets négociables, mais constitue un véritable transport de créance passible du droit de 1 pour 100. Peu importe que cet endossement ne renferme pas l'acceptation de celui au profit duquel il a été consenti (Trib Chalon-sur-Saône, 12 juin 1856, aff. Poulet, D. P. 57. 3. 27).

1981. L'ordre de payer à telle personne capital et intérêts, énoncé avec signature au dos d'un billet non négociable, mais sans indication d'une valeur fournie, ne constitue qu'une simple procuration passible seulement du droit fixe, et non un endossement irrégulier donnant lieu néanmoins comme cession à la perception du droit proportionnel (Trib. Seine, 9 mars 1861, aff. Pécharmon-Devère, D. P. 61. 3. 63).

1982. La loi du 28 mai 1858 contient, sur l'endossement des warrants et récépissés, la disposition suivante (art. 13) : « L'endossement d'un warrant séparé du récépissé non tim-

bré ou non visé pour timbre conformément à la loi, ne peut être transcrit ou mentionné sur les registres du magasin, sous peine, contre l'administration du magasin, d'une amende égale au montant du droit auquel le warrant est soumis. Les dépositaires des registres des magasins généraux sont tenus de les communiquer aux préposés de l'enregistrement, selon le mode prescrit par l'art. 54 de la loi du 22 frim. an 7 et sous les peines y énoncées ».

1983. Les endossements soit de marchandises déposées dans les magasins généraux, soit de warrants, sont exempts de l'enregistrement (Instr. adm. enreg. 11 mai 1859, n° 2149, § 1er).

Art. 3. — *Mutations entre vifs à titre gratuit* (*Rép.* n°s 3646 à 3959).

1984. Après les mutations entre vifs *à titre onéreux* qui ont fait l'objet de l'article précédent, il a été traité au *Répertoire*, sous le présent article, des mutations entre vifs *à titre gratuit*, conformément à l'ordre adopté, rappelé ci-dessus au début de la présente sect. 2 (V. *supra*, n° 1016). La matière a été divisée en trois paragraphes comprenant : le premier, les *donations entre vifs*; le deuxième, les *donations contractuelles; le troisième, les *démissions de biens* ou *partages d'ascendants* (*Rép.* n° 3646).

§ 1er. — Donations entre vifs ; Donations avec charges ; Dons manuels (Rép. n°s 3647 à 3830).

N° 1. — *Tarif* (Rép. n°s 3648 à 3672).

1985. D'après les dispositions de la loi de frimaire, le taux du droit proportionnel, pour les donations entre vifs *en ligne directe*, était différent, suivant qu'il s'agissait de biens *meubles* ou de biens *immeubles* : l'art. 69, § 4, n° 1, de ladite loi l'avait fixé à 1 fr. 25 cent. pour 100 pour les donations mobilières ; l'art. 69, § 6, n° 2, le fixait à 2 fr. 50 cent. pour 100 pour les donations immobilières (*Rép.* n° 3652). A ce dernier droit, la loi du 28 avr. 1816 (art. 54) a ajouté celui de transcription à 1 fr. 50 cent. pour 100 (*Rép.* n° 3656). — L'art. 10 de la loi du 18 mai 1850 a voulu faire cesser cet état de choses en disposant que les transmissions de biens meubles à titre gratuit entre vifs seraient assujetties aux diverses quotités de droits établies pour les transmissions d'immeubles : cet article est ainsi conçu : « Les transmissions de biens meubles à titre gratuit entre vifs et celles qui s'effectuent par décès seront assujetties aux diverses quotités de droit établies pour les transmissions d'immeubles de la même espèce ». Le droit de donation entre vifs en ligne directe est donc actuellement de 2 fr. 50 cent. pour 100 pour les donations de biens meubles, et de 4 fr. pour 100 pour les donations de biens immeubles. Il ne s'agit ici que des donations entre vifs ordinaires ; on s'occupera aux paragraphes suivants des *donations par contrat de mariage*, et des *donations portant partage* par les ascendants entre leurs descendants.

1986. Quant aux donations entre vifs *entre collatéraux et étrangers*, la loi de frimaire distinguait également, suivant qu'elles avaient pour objet des meubles ou des immeubles ; la loi du 21 avr. 1832 (art. 33) éleva les tarifs et les gradua, suivant le degré de parenté pour les donations entre collatéraux (*Rép.* n° 3652). — L'article précité de la loi du 18 mai 1850 a supprimé la distinction entre les meubles et

---

naissance de la dette forme évidemment la disposition dominante, et, par suite, celle qui doit servir de base à la perception (Instr. n° 1999, § 3). — Dans cet ordre d'idées, le ministre des finances a statué, dans l'année 1816, qu'il y a lieu de distinguer, pour la liquidation des droits, les lettres de change pures et simples de celles qui « contiennent une déclaration d'hypothèque ou des conditions autres que celles qui sont de l'essence des effets de commerce ». Cette décision se fonde sur le motif « que l'application des droits aux actes qui y sont soumis doit uniquement résulter de la nature et des effets qu'ils doivent produire, quelle que soit leur forme » (54922 J. Conf. Instr. n° 2111, § 1er, mentionnée *supra*, n° 1975). — La jurisprudence décide, dans le même sens, que l'acte par lequel le souscripteur d'effets de commerce consent une hypothèque pour garantir le remboursement de ces effets emporte reconnaissance civile de la

créance et constitue l'obligation de somme tarifée par l'art. 69, § 3, n° 3, de la loi du 22 frim. an 7 (Civ. cass. 25 mai 1869, aff. Marty, D. P. 69. 1. 429). — D'après ces considérations, le droit de titre à 1 pour 100 a été régulièrement perçu sur la lettre de change du 17 déc. 1880. — Mais, en outre, l'affectation hypothécaire fournie par le sieur D..., avaliste, pour sûreté de la créance civile reconnue par les époux S..., débiteurs principaux, constitue un cautionnement ordinaire. Car, bien que, suivant l'art. 142 c. com., et à défaut de conventions contraires, le donneur d'aval soit obligé solidairement et par les mêmes voies que les tireur et endosseur, son obligation n'en est pas moins secondaire et distincte, dès lors, de l'obligation principale. A ce titre, elle donne ouverture à un droit spécial de cautionnement (Instr. n° 1384, § 2).

Du 15 sept. 1881.-Sol. adm. enreg.

les immeubles : le tarif, édicté pour les immeubles par la loi de 1832, est également, depuis la loi de 1850, applicable aux biens meubles. Les tarifs de *donations de meubles ou d'immeubles entre vifs, hors contrat de mariage*, sont donc aujourd'hui les suivants : entre frères et sœurs, oncles et tantes, neveux et nièces, 6 fr. 50 cent. pour 100; entre grands-oncles et grand'tantes, petits-neveux et petites-nièces, cousins germains, 7 fr. pour 100 ; entre parents au delà du quatrième degré, 8 fr. pour 100; entre personnes non parentes, 9 fr. pour 100. On verra au paragraphe suivant le tarif des *donations entre époux*.

1987. Nous avons dit (*Rép.* n° 3653) qu'il y avait lieu d'ajouter au tarif des donations en ligne directe le droit de transcription de 1 fr. 50 cent. pour 100, lorsque ces donations portent sur des biens immeubles; mais que ce droit ne saurait être ajouté aux donations mobilières qui, dans aucun cas, ne sont susceptibles d'être transcrites. L'assimilation établie par la loi de 1850 entre les donations de biens meubles et les donations d'immeubles doit être restreinte, quant aux donations en ligne directe, à l'application du tarif de la loi de frimaire. — Quant aux donations en ligne collatérale et entre personnes non parentes, l'administration de l'enregistrement a elle-même reconnu que le droit de transcription était compris dans les quotités établies par la loi du 21 avr. 1832 sur les donations immobilières (*Rép.* n° 3653). Depuis la loi de 1850, on a soutenu que le tarif des donations immobilières, en ligne collatérale et entre personnes non parentes, ne devait être appliqué aux donations mobilières que sous la déduction du droit de transcription de 1 fr. 50 cent. pour 100. Mais cette prétention a été repoussée; la cour de cassation décide que les art. 52 et 54 de la loi du 28 avr. 1816 qui, en cas de transmission d'immeubles, ont réuni les deux droits de mutation et de transcription jusque-là perçus séparément, établissent une taxe unique et incomplexe comprenant ces deux droits confondus dans un seul chiffre. En conséquence, les transmissions mobilières à titre gratuit, assimilées par la loi du 18 mai 1850 aux transmissions de biens immeubles qui s'opèrent de la même manière, sont assujetties à cette taxe intégrale : il n'y a pas lieu d'en déduire le droit de transcription, sous prétexte que l'assimilation ne porterait que sur la portion de la taxe qui représente le droit de mutation, ce droit, depuis la loi de 1816, ne se distinguant plus du droit de transcription (Trib. Seine, 26 mars 1851, aff. Hogendorf, D. P. 51. 3. 71, et sur pourvoi, Req. 17 nov. 1851, D. P. 52. 1. 7. Conf. *Rép.* v° *Transcription hypothécaire*, n° 734).

1988. On voit, par ce qui précède, que les quotités du tarif varient suivant la *nature des biens* donnés et les relations ou les *degrés de parenté* entre le donateur et le donataire (*Rép.* n° 3660).

1989. Relativement à la *nature des biens*, la question s'est élevée de savoir si les art. 7, 8 et 9 de la loi du 28 févr. 1872 qui assujettissent à l'enregistrement dans un délai déterminé les mutations de propriété de *fonds de commerce*, lors même qu'elles s'opèrent par simple convention verbale et sans faire aucune distinction entre les mutations à titre onéreux et les mutations à titre gratuit, sont applicables à ces dernières mutations. Comme nous l'avons établi en traitant des *transmissions mobilières*, cette question a été résolue négativement par un arrêt (Civ. rej. 2 août 1886, cité *suprà*, n° 1528).

1990. Relativement aux *relations* entre le donateur et le donataire, le tarif est établi en raison de la *parenté*. Les *alliés* sont considérés comme personnes étrangères (*Rép.* n° 3662). Ainsi la donation par un père à sa fille née d'un premier mariage, dans le contrat de mariage de celle-ci, de valeurs de la communauté, doit, lorsque la seconde femme du donateur y a concouru afin d'affranchir cette donation du rapport prescrit par l'art. 1469 c. civ., être frappée pour moitié du droit déterminé pour les donations entre personnes non parentes (Trib. Havre, 3 févr. 1848, D. P. 48. 5. 148).

1991. L'*enfant naturel* reconnu est assimilé, pour l'application du tarif, à l'enfant légitime. La donation qui lui est faite par le père ou la mère qui l'a reconnu ne donne lieu qu'au droit établi pour les mutations en ligne directe (*Rép.* n° 4086). Il n'est pas nécessaire de justifier

d'un acte antérieur de reconnaissance. Il suffit d'une reconnaissance implicite, comme celle qui se rencontre lorsque, dans un contrat de mariage ou tout autre acte authentique, les parties se disent réciproquement unies par une parenté naturelle et qu'une donation est faite à ce titre (Sol. adm. enreg. 5 nov. 1834, *Diction. droits d'enreg.*, v° *Donation*, n° 372).

Il en est de même pour la donation faite par un aïeul à l'enfant légitime de son fils naturel reconnu (*Rép.* n° 4087).

Nous verrons à l'article suivant que le droit de *mutation par décès* se perçoit d'après les mêmes principes (V. *infrà*, n°ˢ 2206 et suiv.).

1992. Mais la reconnaissance d'un enfant naturel est un aveu essentiellement personnel, qui ne peut être fait que par le père pour la filiation paternelle et par la mère pour la filiation maternelle. Nul autre ne peut faire, pour eux, sans mandat, cette reconnaissance : ni un père ou une mère pour un fils ou une fille qui aurait eu un enfant naturel, ni un tuteur pour le mineur ou l'interdit, ni la mère de l'enfant naturel pour le père, pas plus que le père de cet enfant pour la mère (V. *Paternité;* — *Rép.* éod. v°, n° 487). — L'enfant naturel ne peut pas non plus être reconnu par les héritiers de sa mère, lorsqu'il ne l'a pas été par celle-ci de son vivant. Si donc, en déclarant dans un acte authentique, reconnaître formellement un enfant naturel, les héritiers de sa mère lui abandonnent sa part dans la succession, cet abandon doit être considéré comme constituant une transmission entre vifs à titre gratuit passible du droit proportionnel d'enregistrement au taux établi pour les mutations entre étrangers (Sol. adm. enreg. 22 juill. 1873, D. P. 74. 3. 47). Et néanmoins, la part héréditaire ainsi abandonnée doit être assujettie aux droits de mutation par décès réglés pour les degrés de parenté des ayants droit à la succession, sans égard à l'enfant naturel (Même solution).

1993. Les donations faites *au profit de départements, de communes ou d'établissements publics* sont assujetties au droit établi pour les transmissions entre personnes non parentes, c'est-à-dire au droit de 9 pour 100 (*Rép.* n° 3664).

1994. On a élevé la question de savoir si la *déclaration* par un membre d'une *communauté religieuse* qu'un immeuble précédemment acquis par lui en son personnel, l'a été des deniers de la communauté et pour elle, donne lieu au droit proportionnel de donation, alors que le défaut d'autorisation, l'impossibilité d'acquérir qui en était la conséquence, et la jouissance qu'en a eue la communauté, viennent corroborer cette déclaration, alors que les six mois après que ladite communauté a été autorisée. (*Rép.* n° 3665). Sous la Restauration, à une époque où, d'après l'art. 7 de la loi du 16 juin 1824, l'impôt de mutation n'était dû, pour les acquisitions faites par les établissements publics, qu'autant que les biens acquis n'avaient pas une destination d'utilité publique et étaient, en outre, productifs de revenus, il a été admis que les déclarations de l'espèce ne donnaient lieu qu'au droit fixe, lorsqu'elles avaient pour objet la maison conventuelle et ses dépendances (*Rép.* n°ˢ 2563 et 3270). Cette exception n'a pas été maintenue. Sous le gouvernement de Juillet, après la promulgation de la loi du 18 avr. 1831 qui, en abrogeant, par son art. 17, l'art. 7 de la loi du 16 juin 1824, a disposé que les acquisitions faites par les hospices, séminaires, fabriques, congrégations, consistoires et autres établissements publics, seraient soumises aux droits proportionnels d'enregistrement et de transcription établis par les lois existantes, il a été décidé que les déclarations dont il s'agit devraient être soumises au droit proportionnel (*Rép.* n° 3665). Puis, à la suite du décret-loi du 31 janv. 1852 (D. P. 52. 4. 45) qui a substitué, pour des cas nombreux, l'autorisation par décret à l'autorisation législative, il a été décidé *exceptionnellement* que la déclaration devant notaire par l'un des membres d'une communauté religieuse de femmes légalement reconnue, que les immeubles acquis en son nom sont la propriété effective de la communauté, ne serait assujettie qu'au droit fixe, lorsqu'elle serait faite dans les six mois de la reconnaissance et qu'elle exprimerait, en termes formels que le propriétaire apparent des immeubles ne possédait que pour et au nom de la communauté qui avait fait les frais des acquisitions

(Décis. min. fin. 25 juin 1852; Instr. adm. enreg. 23 oct. 1852, n° 1942, D. P. 53. 3. 4); mais que le droit proportionnel serait exigible si l'acte ne renfermait pas la déclaration expresse que les propriétaires apparents des immeubles ne possédaient que pour et au nom de la communauté qui avait fourni les deniers employés au payement du prix de l'acquisition, ou bien si la déclaration était reconnue inexacte (Même décision et même instruction).

1995. Il a été jugé, sous ce régime, qu'en admettant que, d'après les dispositions du décret du 31 janv. 1852, le droit de mutation entre vifs ne soit pas dû sur l'acte par lequel l'un des membres d'une communauté religieuse de femmes autorisée rétrocède à cette communauté, dans les six mois de l'autorisation, des biens dont il était propriétaire apparent, comme les ayant recueillis par suite d'un legs à lui fait par un autre membre de la communauté, mais qui, d'après sa déclaration, auraient été acquis des deniers de la communauté et lui auraient toujours appartenu, le droit de mutation par décès était dû, dans tous les cas, à raison du legs (Req. 25 mars 1863, aff. Boitou, 2 arrêts, D. P. 63. 1. 368, et la note).

1996. Enfin le ministre des finances a rapporté purement et simplement, le 3 avr. 1880, la décision du 25 juin 1852 et replacé sous la loi commune toutes les acquisitions faites par les congrégations religieuses, comme cela a eu lieu de 1835 à 1852, en décidant que les actes par lesquels les membres des congrégations religieuses de femmes déclarent, dans les six mois de leur reconnaissance légale, que les biens acquis en leur nom personnel, ou pour eux, restent la propriété effective de la communauté, seraient soumis aux règles ordinaires de la perception des droits d'enregistrement et de transcription (Décis. min. fin. 3 avr. 1880; Instr. adm. enreg. 8 avr. 1880, n° 2638, D. P. 80: 3. 48).

1997. L'application du tarif a fait difficulté en ce qui concerne les *fondations*, c'est-à-dire les libéralités faites en faveur d'un établissement ou d'un service public, ou les affectations de sommes d'argent ou de rentes pour la célébration d'offices ou de services religieux.

1998. Relativement aux *fondations pieuses* faites à *charge de messes*, l'administration de l'enregistrement a soutenu, dans le principe, que l'abandon d'un capital ou la constitution d'une rente au profit d'un établissement religieux ou hospitalier, à la charge de faire célébrer périodiquement des services religieux, doit être considéré, pour la perception du droit d'enregistrement, comme constituant une libéralité (*Rép.* n°s 3666, 3668 et suiv.). Puis, elle a reconnu que l'objet principal du contrat consistant dans la célébration des offices par le ministre du culte, et dans les prières qui s'y rattachent, c'est, en réalité, d'une obligation de faire de la part de la fabrique qu'il s'agit et que, dès lors, le droit exigible est celui de 1 pour 100 applicable au louage d'ouvrage et d'industrie (Sol. adm. enreg. 13 févr. 1867, D. P. 68. 3. 20).

Les tribunaux se sont toujours accordés à repousser la perception du droit de donation. Ils décident que c'est le droit de constitution de rente à titre onéreux à 2 pour 100 qui est dû, lorsque c'est une rente qui est constituée (*Rép.* n° 3669). Ainsi, ils ont admis la perception de ce droit sur... un acte par lequel des particuliers s'étaient engagés à servir à une fabrique une rente perpétuelle ou à lui verser un capital suffisant pour l'acquisition d'une rente sur l'Etat de même somme, à la condition que la fabrique ferait célébrer chaque année un nombre déterminé de messes à leur intention (Trib. Mirecourt, 3 août 1867, aff. Fabrique de Saint-Balemont, D. P. 68. 3. 20);... un acte portant cession d'une inscription de rente sur l'Etat à une fabrique « à la charge par elle de faire dire et acquitter à perpétuité, chaque année, une messe par semaine » pour les cédants et leur famille, avec stipulation que la question « est faite dans le but d'indemniser, avec les arrérages de la rente, la fabrique des frais et soins qui seront occasionnés par l'obligation ci-dessus » (Trib. Châteauroux, 7 août 1872, D. P. 74. 5. 201).

L'Administration persiste dans la doctrine qu'elle a adoptée par la solution précitée du 13 févr. 1867. Elle a encore décidé récemment qu'une constitution d'une rente perpétuelle, au profit d'une fabrique d'église qui s'engage à faire célébrer périodiquement des services religieux à l'in-

tention du constituant, représente, non une libéralité, mais une convention commutative dont le caractère dominant est de la part de la fabrique, celui d'une obligation ou d'un louage d'industrie passible du droit proportionnel de 1 pour 100 (Sol. adm. enreg. 2 mai 1885, D. P. 86. 3. 118. V. encore: Trib. Mamers, 2 févr. 1875, *infrà*, n° 2038).

En résumé, si la convention constatant une fondation pieuse à charge de messes, peut donner lieu, soit au droit de constitution de rente viagère à 2 pour 100, soit au droit de marché à 1 pour 100, mais elle ne rend pas exigible le droit de mutation à titre gratuit. Il faut, pour que ce droit soit applicable, que l'*animus donandi* ressorte clairement des dispositions de l'acte, et que la rente constituée ou la somme donnée assure à la fabrique un avantage sensiblement supérieur à la charge qui lui est imposée (Conf. Garnier, *Rép. gén. enreg.*, n°s 420 et 6763; *Diction. droits d'enreg.*, v° *Fondation*, n° 27).

1999. Relativement aux *fondations de lits dans les hospices*, il a été décidé que la donation d'une somme d'argent à un hospice, à charge de servir à un tiers une rente viagère égale à l'intérêt légal de la somme donnée, constitue une donation sujette au droit de mutation entre vifs à titre gratuit, et non un simple contrat de constitution de rente viagère passible du droit de 2 pour 100, le donataire devant rester propriétaire du capital à l'extinction de la rente, et qu'il en est ainsi, quoique le revenu de la somme donnée soit affecté, à cette dernière époque, à l'entretien de vieillards admis dans l'hospice (Req. 21 mai 1860, aff. Beillard, D. P. 60. 1. 312). — La perception du droit de donation, dans le cas dont il s'agit, a été admise également par un jugement du tribunal de Lyon du 11 mai 1867 (aff. Hospices civils de Lyon, D. P. 70. 1. 265), lequel porte « que les arrêtés préfectoraux qualifient la transmission des sommes données ou offertes de don manuel et lui impriment son véritable caractère; que vainement les hospices insistent sur l'importance des charges imposées par les donateurs; que, pour la fondation Bernard, l'écart entre la somme à dépenser chaque année et celle produite par le capital placé en rentes sur l'Etat est de plus de moitié; que la gratuité domine donc notablement; qu'en ce qui concerne la fondation Mortemart, le droit réservé à la donatrice ou à ses héritiers de désigner, dans une hypothèse prévue, le malade à recevoir, n'influe pas sur le résultat du don; que les hospices ont un lit de plus; qu'ils atteignent ainsi le but de leur institution et, par conséquent, s'enrichissent et bénéficient ». — La même décision résulte d'une solution de l'Administration aux termes de laquelle le droit de donation à 9 pour 100 est exigible sur l'acte notarié constatant l'engagement de verser à un hospice, qui accepte après y avoir été autorisé, une somme déterminée pour la dotation d'un lit au nom et à la disposition du fondateur, attendu que celui-ci ne stipule rien pour lui et que la convention profite à d'autres, sinon à l'hospice, du moins aux indigents, qui seront secourus gratuitement (Sol. adm. enreg. 9 oct. 1873, *Journ. enreg.*, art. 19297; *Diction. droits d'enreg.*, v° *Fondation*, n° 11).

2000. En ce qui concerne la perception du droit d'enregistrement sur les mutations entre vifs à titre gratuit constatées par *actes passés à l'étranger* et dont il est fait usage en France, V. *suprà*, n°s 1734 et suiv.

2001. La taxe annuelle des biens de mainmorte payée par les sociétés anonymes à raison des immeubles qu'elles possèdent n'affranchit pas leurs actions industrielles, dans la proportion pour laquelle ces actions représentent l'actif immobilier, des droits de mutation exigibles des actionnaires en cas de transmission à titre gratuit entre vifs ou par décès (L. 20 févr. 1849, art. 1er) (Trib. Carcassonne, 10 janv. 1860, aff. Cuin, D. P. 61. 3. 23).

N° 2. — *Existence d'un acte* (*Rép.* n°s 3673 à 3710).

2002. De la définition de la donation contenue dans l'art. 894 c. civ., il résulte que toute donation suppose: 1° l'*existence d'un acte*; 2° la *gratuité de la transmission*; 3° l'*actualité de cette transmission*; 4° son *irrévocabilité*. Chacun de ces éléments a son importance en droit fiscal. Au premier se relie la matière des *dons manuels*; le second conduit à l'examen des *donations onéreuses ou avec charges*; au troisième se rattachent les *donations éventuelles* et les *donations alternatives;* le quatrième oblige à apprécier les *donations sous condition résolutoire* (*Rép.* n° 3672).

2003. En thèse générale, là où on ne fait pas preuve d'un écrit constatant la volonté de donner et celle de recevoir, le droit de mutation entre vifs à titre gratuit ne doit pas être perçu (*Rép.* n° 3673). Tel est le principe, mais il comporte diverses exceptions.

A. — Immeubles; Fonds de commerce.

2004. Ainsi, le principe ne s'applique pas aux mutations d'*immeubles*. Peu importe, à l'égard de ces mutations et au point de vue de l'exigibilité du droit, que la transmission se soit opérée à titre onéreux ou à titre gratuit. Le droit est dû dans tous les cas, dès que l'existence de la mutation est prouvée. Le nouveau possesseur ne peut exciper de ce que son titre ne consiste que dans une donation *verbale*, pour en conclure que ce titre, inefficace en droit civil, doit, par cela même, exclure l'exigibilité du droit. La doctrine et la jurisprudence s'accordent à le reconnaître, comme on l'a vu, lorsque nous avons étudié les mutations secrètes d'immeubles (V. *suprà*, n° 1061).

2005. Mais la règle s'applique aux donations de *fonds de commerce et de clientèles*, d'après l'arrêt de la cour de cassation du 2 août 1886 rappelé *suprà*, n° 1528; l'exception que la loi du 28 févr. 1872 a établie pour les mutations à titre onéreux des fonds de commerce et de clientèles par simple convention verbale ne s'étendant pas, suivant la décision de cet arrêt, aux transmissions à titre gratuit.

B. — Dons manuels (*Rép.* n°⁵ 3674 à 3691).

2006. Sous la législation antérieure à la loi du 18 mai 1850, le don manuel était affranchi de tout droit d'enregistrement. Simple donation mobilière, ne donnant lieu, à ce titre, qu'à un droit d'acte, le don manuel ne pouvait en être frappé que lorsque son existence était constatée par un acte soumis à la formalité et dans des conditions telles que l'énonciation fût de nature à *faire titre* du don pour les parties. La jurisprudence le décidait ainsi par application des principes généraux du droit fiscal (*Rép.* n°⁵ 3673 à 3691). Tel était l'état des choses, lorsqu'est intervenue la loi du 18 mai 1850 (D. P. 50. 4. 87) dont l'art. 6 est ainsi conçu : « Les actes renfermant soit la déclaration par le donataire ou ses représentants, soit la reconnaissance judiciaire d'un don manuel, seront sujets au droit de donation ». Cette disposition a eu pour but de mettre fin à une fraude qui se commettait constamment. Avant la loi de 1850 il était, en effet, facile de soustraire les dons manuels, même constatés par écrit, à la perception des droits d'enregistrement : On ne faisait figurer dans l'acte qu'une seule des parties, et dès lors, l'Administration ne pouvait prétendre qu'un tel acte formât titre entre les parties. En autorisant la perception du droit proportionnel sur la déclaration du donataire ou de ses représentants ou la reconnaissance judiciaire d'un don manuel, la loi de 1850 a dérogé aux principes généraux qui régissent l'enregistrement. C'est en effet, une règle fondamentale en cette matière, comme nous en avons fait souvent l'observation, qu'un droit d'acte ne peut être perçu que sur un écrit qui forme titre entre les parties, dont elles puissent se prévaloir l'un à l'égard de l'autre. La loi de 1850 doit donc être considérée, selon l'expression de la jurisprudence, comme « introductive d'un droit nouveau ».

2007. Ainsi que le fait remarquer M. Demante, t. 2, n° 603, le droit d'enregistrement, perçu sur les dons manuels en vertu de la loi de 1850, est un droit d'une nature mixte ; ce n'est pas un pur droit de mutation, puisqu'il ne peut être perçu que sur un acte instrumentaire ; ce n'est pas, non plus, un droit d'acte proprement dit, puisqu'il peut être perçu à l'occasion d'un acte qui ne forme pas titre entre les parties. — C'est en se fondant sur la nature particulière de ce droit que l'administration de l'enregistrement a soutenu qu'il devait être exigé sur les *déclarations d'apports et constitutions de dot* dans les contrats de mariage, à raison de leur importance, lui ont paru dissimuler de véritables déclarations de dons manuels. Cette prétention, qui n'allait

à rien moins qu'à faire du droit dû sur les dons manuels un véritable droit de mutation, a été justement repoussée par la cour de cassation. Sans doute, depuis la loi de 1850, il n'est plus nécessaire que l'acte, constatant ou même énonçant simplement un don manuel, fasse titre entre les parties; il n'en est pas moins vrai que l'Administration ne saurait puiser en dehors d'un acte la preuve de l'existence d'un don manuel; il ne lui est pas permis d'établir, à l'aide de documents étrangers à l'acte, qu'un don manuel a été dissimulé sous les énonciations de cet acte. C'est donc avec raison qu'il a été décidé que le droit de mutation auquel donne lieu la déclaration d'un don manuel dans un acte, constitue un droit d'acte, même depuis la loi du 6 mai 1850, qui, à la différence de la loi du 22 frim. an 7, se contente, pour l'exigibilité du droit, de la seule déclaration du donataire, sans nécessité du concours du donateur. Par suite, ce droit de mutation n'est ouvert qu'autant que l'existence du don manuel résulte des déclarations de l'acte lui-même ; il n'est pas permis aux juges de puiser la preuve d'un don manuel dans des documents extrinsèques, même tendant à établir qu'il a été dissimulé dans l'une des énonciations de cet acte. Et, spécialement, en cas de déclaration faite dans un contrat de mariage, par les futurs époux, qu'ils se constituent personnellement en dot les sommes d'argent ou valeurs mobilières par eux apportées en mariage, l'administration de l'enregistrement n'est pas recevable à offrir la preuve que cette déclaration n'est pas sincère et déguise l'existence d'un don manuel soumis, par l'effet de l'énonciation déguisée qui en a été faite, au droit de mutation (Civ. cass. 28 nov. 1859, aff. Calmet, D. P. 59. 1. 510; Civ. rej. 28 nov. 1859, aff. Dubouys de Pravier, *ibid.*; Trib. Châteauroux, 15 juin 1857, aff. Dubouys de Pravier, D. P. 57. 3. 80; Trib. Châtillon, 12 juill. 1858, aff. Bouché, D. P. 59. 3. 70).

Les arrêts précités, dont la doctrine nous paraît, d'ailleurs, très juridique, contiennent une proposition qui n'est pas absolument conforme aux observations ci-dessus concernant la nature du droit dû sur le don manuel ; il qualifie, en effet, et sans restriction, ce droit de *droit d'acte;* et nous avons vu que cela n'était pas tout à fait exact ; cette qualification trop absolue n'a peut être pas été sans influence sur un développement considérable de jurisprudence que nous allons examiner. S'appuyant, en effet, sur la nature des droits d'acte, on a soutenu que, même depuis la loi de 1850, la simple énonciation dans un acte ne suffisait pas pour autoriser la perception du droit proportionnel de donation sur le don manuel mentionné; qu'il fallait encore que cette énonciation fût de nature à produire un lien de droit entre le donateur et le donataire. Cette théorie se trouve réfutée par les observations qui précèdent. Elle a été repoussée par la cour de cassation qui a restreint la portée du principe trop général émis dans ses arrêts précités du 28 nov. 1859.

2008. Il a été décidé que la déclaration d'un don manuel par le donataire, dans un acte notarié, et spécialement dans un *inventaire*, constitue une disposition de cet acte et, par cela même, oblige le notaire à faire l'avance du droit d'enregistrement exigible d'après l'art. 6 de la loi du 18 mai 1850 (Civ. rej. 10 déc. 1877, aff. Camille Moricourt, D. P. 78. 1. 198). Les parties ne contestaient pas l'exigibilité du droit: elles soutenaient seulement que le notaire n'avait pas à en faire l'avance, comme il en est tenu pour les autres droits d'enregistrement ; qu'en raison de sa spécialité, le droit de don manuel devait être recouvré directement sur les parties. La cour a répondu qu'il n'a été dérogé par aucune disposition de loi, en ce qui concerne les inventaires, à la règle de l'art. 29 de la loi du 22 frim. an 7, suivant laquelle le notaire est tenu d'acquitter les droits à percevoir, au moment de l'enregistrement, sur la disposition de l'acte passé devant lui (Même arrêt. V. la discussion de cette question dans le rapport de M. le conseiller P. Pont, *ibid.*).

2009. De même le droit proportionnel est exigible sur ... la déclaration d'un don manuel par le donataire dans l'inventaire de la succession du donateur (Trib. Marseille, 13 juill. 1886, aff. Corradi, D. P. 86. 3. 103) ;... La déclaration par la veuve, tutrice légale de son enfant mineur, seul héritier de son père, dans l'inventaire de la succession de celui-ci, de dons manuels faits au défunt, et il n'y a pas lieu à une déclaration estimative des parties pour déterminer l'importance de ces dons, lorsqu'elle peut être établie, sauf preuve contraire, par le rapprochement de l'inventaire renfermant la reconnaissance des dons et de la déclaration de la succession du donateur (Trib. Gray, 18 févr. 1869, aff. M...., D. P. 71. 5. 140) ; ... La reconnaissance, dans un inventaire, par l'institué, de l'avance d'une somme d'argent sur une *institution contractuelle*, une semblable avance, présentant les caractères d'un don manuel et la reconnaissance de cette avance dans un inventaire par l'institué équivalant à une déclaration du don manuel, dans le sens de l'art. 6 de la loi du 18 mai 1850 (Req. 13 août 1860, aff. Demory, D. P. 61. 1. 58). Dans l'espèce, la déclaration dans l'inventaire ne portait pas directement sur le don manuel, mais sur l'avance d'une somme d'argent faite sur une institution contractuelle ; cette avance ne pouvait être considérée comme une exécution anticipée de l'institution ; l'institution contractuelle est, en effet, subordonnée à la condition de survie de l'institué ; elle ne lui confère aucun droit acquis, et l'avance de somme d'argent qui est ainsi faite sur l'institution constitue une véritable libéralité (Conf. Civ. cass. 21 déc. 1870, aff. Noël, D. P. 71. 1. 87). — V. *infrà*, n° 2077.

2010. Il a été jugé, d'autre part, que la mention dans un *partage* de communauté et de succession que des valeurs consistant en argent comptant, *créances* et immeubles, ont été abandonnées manuellement, pendant le mariage, à la veuve, par des personnes désignées, renferme, quant aux deniers comptants et aux créances, une déclaration de dons manuels passible du droit proportionnel de donation mobilière, et, quant aux immeubles, la révélation d'une mutation verbale entre vifs à titre gratuit, à raison de laquelle les droits simples et, en sus de donation immobilière sont dus sous la déduction de celui acquitté sur les mêmes biens lors de la déclaration de la succession des donateurs (Req. 15 févr. 1870, aff. Sellier, D. P. 70. 1. 363). « Attendu, porte cet arrêt, en ce qui concerne les créances, que l'art. 6 de la loi du 18 mai 1850 établit le droit proportionnel, non sur le don manuel, mais sur l'acte qui en contient la déclaration ; que, cet acte qui forme le titre du donataire, étant la seule base de la perception, il importe peu des valeurs données consistent en objets mobiliers ou en créances, pourvu qu'elles aient été reçues par le donataire ; que le droit est dû sur l'acte qui constate le don, sans que la régie ait à rechercher comment s'est opérée la transmission. » M. Garnier, *Rép. gén. enreg.*, n°s 6454 et 6499, le *Dictionnaire des droits d'enregistrement*, v° *Don manuel*, n°s 184 et suiv., et M. Naquet, t. 2, n° 926, critiquent vivement la doctrine de cet arrêt et n'admettent sa décision que parce que, dans l'espèce, la créance qui faisait l'objet du don manuel avait été recouvrée, et que, par suite, la déclaration de la libéralité se rapportait, en réalité, non à un titre de créance, mais à une somme d'argent. Sans aucun doute, un don manuel ne peut avoir pour objet qu'une chose mobilière corporelle, de nature à pouvoir être donnée de la main à la main. Pour les choses incorporelles, telles que les créances, il existe des formalités spéciales sans lesquelles la transmission à titre gratuit ne peut s'opérer. Le donateur n'en peut être saisi que par un acte de donation devant notaire ou par un transport signifié au débiteur ou accepté par lui. La simple remise du titre équivaut à délivrance et saisit le cessionnaire à l'égard du cédant, mais seulement lorsqu'il y a transport. La doctrine et la jurisprudence s'accordent à le reconnaître, comme nous l'avons établi *suprà*, v° *Dispositions entre vifs et testamentaires*, n° 437 et suiv. Mais s'ensuit-il que, lorsque le donataire reconnaîtra formellement dans un acte avoir reçu, à titre de don manuel, une créance, cette déclaration ne devra pas être assujettie au droit proportionnel, quoique tombant directement sous l'application de l'art. 6 de la loi de 1850 ? Une telle déclaration serait assurément sans effet au point de vue du droit civil ; mais il en est de même de la déclaration d'un don manuel d'objets corporels par le donataire, hors la présence du donateur, et encore d'une donation verbale d'immeuble, et cela ne fait pas obstacle à la perception du droit proportionnel. Il en doit être de même d'un don manuel de créances. La validité ou l'invalidité des actes, conventions et déclarations, est indifférente au point de vue de la perception du droit d'enregistrement.

2011. Quoi qu'il en soit, si la déclaration se rapportait à

des *titres au porteur*, le droit proportionnel serait exigible, d'autant que le don manuel de titres au porteur est valable en droit civil, ces titres étant assimilés aux meubles corporels bien qu'en réalité ils ne soient que la représentation de droits de créances (V. *suprà*, v° *Dispositions entre vifs et testamentaires*, n° 439. Conf. Naquet, t. 2, n° 926).

2012. D'après la doctrine de l'arrêt du 15 févr. 1870, cité *suprà*, n° 2010, la déclaration d'un don manuel dans un partage auquel le donataire est partie donne lieu au droit proportionnel. Il a été jugé de même que l'énonciation, dans l'acte liquidant une succession entre deux héritiers, que l'un d'eux a reçu de l'auteur commun des avantages égaux à ceux faits à l'autre dans son contrat de mariage, constitue une reconnaissance de dons manuels, rendant exigible, sur un capital égal à celui des libéralités que renferme ce contrat de mariage, le droit de donation mobilière, dont la perception est autorisée par l'art. 6 de la loi du 18 mai 1850 (Trib. Bernay, 30 juill. 1861, aff. Daviel, D. P. 61. 3. 85).

2013. La déclaration d'un don manuel par le donataire dans son *testament* donne lieu au droit proportionnel. Mais ce droit ne saurait être perçu sur la disposition d'un testament ainsi conçue : « je donne et lègue à mon fils... pour lui tenir lieu de sa part dans ma succession, outre les ... fr. que je lui ai comptés pour sa dot... ». La loi de 1850 exige, en effet, « une déclaration par le donataire » et une déclaration émanant du donateur n'est pas suffisante pour rendre applicable l'art. 6 de la loi de 1850 (Trib. Lyon, 11 août 1880, aff. Ducruet, D. P. 81. 3. 31).

2014. Il a été jugé, dans le même sens, que, lorsque le testament olographe d'un *étranger* déposé chez un notaire en France après avoir été trouvé lors de la levée des scellés apposés à la suite du décès du testateur, renferme la déclaration que tout ce que possède le donateur lui a été donné à titre gracieux par un Français en considération de soins et de services rendus, il y a lieu au droit proportionnel de don manuel, sauf pour les valeurs, à déclarer par les parties, reçues par le donataire en payement de ses services (Trib. Seine, 30 mars 1883, aff. Héritiers de la Jara, D. P. 84. 3. 63). Il en est ainsi, alors même que ce donataire était enfant adoptif du donateur, l'adoption d'un étranger, réalisée en pays étranger, n'ayant pu avoir d'effet légal en France en l'absence de traités entre les deux pays et n'ayant pu, dès lors, lui conférer la qualité d'enfant légitime (Même jugement).

2015. La question s'est élevée de savoir si la mention d'un don manuel dans un *acte de procédure*, tel qu'interrogatoire sur faits et articles, procès-verbal d'enquête civile, rendait applicable la loi du 18 mai 1850. On a soutenu que la reconnaissance judiciaire d'un don manuel supposait nécessairement une contestation sur le caractère du don et ne pouvait résulter que d'une décision rendue sur cette contestation et faisant titre entre les parties. C'est la même prétention qui avait été émise à l'égard de l'énonciation dans un acte. — Nous avons déjà dit qu'en présence des termes absolus de la loi de 1850, l'objection ne devait pas être admise : la même doctrine doit être suivie, qu'il s'agisse de dons manuels énoncés dans un acte ou reconnus judiciairement. Le droit d'enregistrement est donc exigible, lors même que la mention dans l'acte ou la reconnaissance judiciaire ne forme pas titre entre les parties, sans distinction entre les déclarations volontaires ou spontanées et les déclarations ou reconnaissances faites sous la pression du serment, en conformité d'une obligation légale (c. civ. art. 792 et 801 sur l'interpellation du juge (c. proc. civ. art. 333 et 334) (V. D. P. 73. 1. 36, note).

2016. La jurisprudence s'est fixée en ce sens. Jugé, en effet : 1° que la déclaration, par la personne interrogée dans un interrogatoire sur faits et articles, au cours d'une instance en restitution de valeurs d'une succession, que des sommes d'argent lui ont été données par des tiers dénommés et étrangers à l'instance, rend exigible le droit proportionnel de donation, quoiqu'elle ne soit pas susceptible de créer un lien de droit quelconque entre les donateurs et le donataire (Civ. cass. 30 août 1869, aff. Durel, D. P. 70. 1. 35) ; 2° Que la déclaration, dans un interrogatoire sur faits et articles, par une femme mariée, qu'une personne dénommée a acquitté une dette de son mari et que ce payement a été effectué comme complément de la dot constituée par cette même personne à la déclarante, renferme une reconnaissance de don manuel passible du droit proportionnel de donation (Req. 6 août 1874, aff. Violette, D. P. 75. 1. 120. Conf. Trib. Argentan, 7 mai 1873, ibid., note; Trib. Epinal, 8 août 1871, aff. Hatton, D. P. 73. 5. 210; Trib. Mortagne, 7 juill. 1876, Journ. enreg., ibid. art. 20216); — 3° Que la déclaration, dans un procès-verbal d'enquête civile, par un témoin, d'un don manuel qui lui a été fait, donne lieu à la perception du droit proportionnel de donation sur le montant du don manuel (Civ. cass. 7 janv. 1873, aff. Perrier, D. P. 73. 1. 36); — 4° Que la déclaration dans un procès-verbal de conciliation, par le défendeur, qu'une personne décédée lui a fait donation du montant d'un billet, dont il était débiteur envers elle, constitue une reconnaissance de don manuel passible du droit proportionnel de transmission entre vifs à titre gratuit, encore bien que l'existence de la libéralité soit contredite par l'héritier. C'est le droit proportionnel de donation qui est exigible dans ce cas, et non celui de libération, quoique la déclaration exprime que la créance a été abandonnée à titre de remise de dette (Trib. Brives, 19 janv. 1872, aff. Du Cluzeau, D. P. 73. 5. 210); — 5° Que la reconnaissance judiciaire d'un don manuel donne lieu au droit proportionnel, encore bien que, contenue dans les motifs d'un jugement, elle ne soit pas de nature à produire un lien de droit entre le donateur et le donataire (Trib. Seine, 30 déc. 1887, aff. Despécher, D. P. 89. 3. 34).

2017. Les deux arrêts des 30 août 1869 et 6 août 1874, cités suprà, n° 2016, ont été rendus dans les mêmes circonstances sauf que, dans l'espèce du premier, la déclaration du don manuel avait été faite par les deux époux, tandis que, dans l'affaire qui a donné lieu au second arrêt, elle était émanée de la femme seule, sans l'assistance ni l'autorisation de son mari. La cour ne s'étant pas arrêtée à cette circonstance et ne l'ayant pas même mentionnée dans sa décision, il en résulte implicitement qu'une déclaration de don manuel par la donataire rend exigible le droit proportionnel, lors même qu'elle a été souscrite par une femme mariée non autorisée par son mari. Le jugement du tribunal d'Argentan, en date du 7 mai 1873, contre lequel le pourvoi avait été formé, avait résolu formellement la question en ce sens (D. P. 75. 1. 120, note).

2018. La question a été tranchée définitivement, à l'occasion des reconnaissances judiciaires, par plusieurs arrêts de la chambre civile qui ont confirmé la théorie développée plus haut : ces arrêts portent qu'en assujettissant au droit proportionnel de donation l'acte renfermant la reconnaissance judiciaire d'un don manuel, l'art. 6 de la loi du 18 mai 1850 n'a pas subordonné l'exigibilité de l'impôt à la condition que cette reconnaissance constituerait un lien de droit entre le donateur et le donataire; il a donné pour base à la perception le fait seul de la constatation du don par le juge. — Ainsi, le droit est dû sur l'arrêt d'une cour d'appel constatant un don manuel fait par un mari à sa femme en vue de reconnaître son affection et son dévouement, sans qu'il y ait à se préoccuper ni de la réalité ou de la valeur juridique du don, ni des effets qu'il aurait produits ou qu'il pouvait ou devait produire entre les parties. La loi étant conçue en termes généraux, le droit peut être réclamé à toute personne qui a provoqué et obtenu dans son intérêt la constatation par le juge d'un don manuel, sans qu'il y ait à distinguer entre le cas où la reconnaissance a été faite envers le donataire ou en sa présence, et celui où elle a été faite en son absence et sans qu'il y ait même été désigné. — Mais, pour que l'impôt soit exigible, il est nécessaire que la reconnaissance judiciaire du don manuel soit exempte d'équivoque. Spécialement, le droit ne peut être perçu sur le jugement qui constate dans ses motifs qu'en contractant un emprunt notarié, deux époux en ont donné le montant à leur fils, afin de faire face à ses dettes, et commet dans son dispositif un notaire pour liquider la communauté d'entre les donateurs et déterminer les sommes reçues d'eux par l'enfant; soit à titre de prêt, soit à titre de libéralité, la nature de la transmission opérée au profit de cet enfant pour le capital emprunté ne pouvant être connue avec certitude qu'après achèvement du travail du notaire liquidateur (Civ. rej. 8 août 1882; aff. Préterre, D. P. 83. 1. 345; Civ. cass. 22 janv. 1883, aff. Poitevin-Couvert, ibid.; 4 avr.

1883, aff. Ordinaire, ibid. Conf. Trib. Rouen, 19 févr. 1874, Journ. enreg., art. 21943. Trib. Pontarlier, 14 mai 1878, ibid., art. 20821).

2019. La loi de 1850 frappe du droit proportionnel de don manuel l'acte renfermant la déclaration du donataire. On s'est demandé s'il n'y avait pas lieu de distinguer entre les actes publics, administratifs ou privés, et spécialement si les délibérations du conseil d'administration d'un hospice au sujet de lettres de personnes désignées annonçant des versements faits ou à faire, à titre de don manuel, dans la caisse de l'établissement, rendaient applicable la disposition de l'art. 6 de la loi du 18 mai 1850. D'après les art. 78 et 80 de la loi du 15 mai 1818, les actes des autorités administratives et des établissements publics ne sont assujettis à la formalité de l'enregistrement et aux droits d'enregistrement que lorsqu'ils portent « transmission de propriété, d'usufruit ou de jouissance », ou renferment une adjudication ou marché. L'administration de l'enregistrement a soutenu qu'il y avait, en ce cas, transmission, au sens de la loi, des sommes y énoncées comme ayant été versées à titre de don manuels dans la caisse de l'établissement. La cour de cassation rejeta d'abord cette doctrine. Elle décida que les délibérations prises par le conseil d'administration d'un hospice, au sujet de lettres de personnes désignées annonçant des versements faits ou à faire, à titre de don manuel, dans la caisse de l'établissement, ne constituent que de simples pièces d'administration intérieure, et sont, à ce titre, exemptes de l'enregistrement, bien qu'elles aient été suivies d'arrêtés du préfet autorisant l'acceptation des offres, lorsqu'elles contiennent uniquement la constatation de ces offres, la mention des conditions sous lesquelles elles ont été faites et l'indication de l'emploi du montant pour le cas où elles seraient ultérieurement acceptées et réalisées. En conséquence, elles ne peuvent être assujetties au droit proportionnel de donation comme actes renfermant la déclaration, par le donataire ou ses représentants, de dons manuels (Civ. cass. 12 janv. 1870, aff. Hospices civils de Lyon, D. P. 70. 1. 265). Mais le tribunal de Bourg devant lequel l'affaire fut renvoyée statua, le 5 juin 1874, en sens contraire, et sa décision fut confirmée par un arrêt des chambres réunies, la cour de cassation aux termes duquel les délibérations prises par le conseil d'administration au sujet de versements effectués par des particuliers à titre de dons manuels, constatant l'acceptation de la libéralité aux conditions imposées par le donateur, ainsi que le règlement du mode d'exécution, et accompagnés d'arrêtés préfectoraux les approuvant et autorisant en même temps les hospices à accepter les dons, ne peuvent pas être considérées comme n'ayant d'autre effet que de préparer la réalisation des dons et ne constituant que des pièces d'ordre et d'administration intérieure. Ce sont des actes administratifs qui, renfermant de la part des donataires une véritable déclaration de don manuel dans le sens de l'art. 6 de la loi du 18 mai 1850, donnent lieu, en conséquence, à la perception du droit proportionnel de donation mobilière (Ch. réun. rej. 19 mai 1874, aff. Hospices civils de Lyon, D. P. 75. 1. 17; Conf. Trib. Uzès, 24 févr. 1857, aff. Hospices d'Uzès, D. P. 37. 3. 29; Trib. Niort, 7 juill. 1879, Journ. enreg., art. 21716).

2020. Il résulte de l'arrêt des chambres réunies du 19 mai 1874, cité suprà, n° 2019, que les actes passés en la forme administrative rentrent, aussi bien que les actes ordinaires, publics ou privés, dans les prévisions de l'art. 6 de la loi de 1850. Cette induction est confirmée en termes exprès par un arrêt (Civ. cass. 1er févr. 1882, cité infrà, n° 2024).

2021. D'un autre côté, l'arrêt des chambres réunies est intervenu dans une espèce où le don manuel avait été réalisé par le versement de la somme dans la caisse de l'établissement hospitalier, lorsqu'avaient été prises les délibérations constatant l'acceptation de la libéralité. La question aurait été toute différente, au point de vue fiscal, si les délibérations s'étaient rapportées à des dons manuels offerts et non encore réalisés. Dans l'hypothèse, l'espèce se serait trouvée en dehors du cas prévu par l'art. 6 de la loi du 18 mai 1850 et le droit proportionnel n'aurait pas été exigible. C'est ce que le tribunal de Remiremont a décidé par un jugement du 9 juill. 1874 (Journ. enreg., art. 19527); attendu que la loi de 1850 « n'a pu évidemment avoir en vue que la déclaration ou la reconnaissance de dons manuels accomplis et devenus parfaits par la tradition, condition *sine quâ non* de leur existence; que la mention ou la déclaration d'un don manuel à l'état d'offre non réalisée ne saurait, dès lors, tomber sous l'application de la loi invoquée ». L'administration de l'enregistrement, considérant cette doctrine comme étant « à l'abri de toute critique », a autorisé l'exécution du jugement du tribunal de Remiremont par une solution du 20 août 1874 (*Journ. enreg.*, art. 19527) (V. D. P. 75. 1. 17, note).

2022. En outre, le même arrêt des chambres réunies, du 19 mai 1874, a soulevé, sans la résoudre, une difficulté du plus haut intérêt pour tous les établissements hospitaliers, celle de savoir si sa doctrine est applicable à toute délibération revêtue de l'approbation préfectorale, et relative à l'acceptation et à l'emploi du don manuel, *lors même que le donateur ne s'est pas fait connaître.* Une décision du ministre des finances intervenue dans une espèce où le donateur ne s'était pas fait connaître et n'avait stipulé aucune condition, avait reconnu que « l'art. 6 de la loi du 18 mai 1850 ne doit pas être appliqué aux documents d'ordre intérieur des établissements publics, ayant seulement pour but de constater la recette de sommes d'argent données manuellement et d'en déterminer l'emploi » (Décis. min. fin. 13 déc. 1858; Instr. adm. enreg. 14 avr. 1859, n° 2148, § 1er). Le texte de la loi de 1850, porte l'instruction de l'administration de l'enregistrement, « indique que le législateur a voulu atteindre, non toute déclaration ou reconnaissance de don manuel, mais les actes proprement dits contenant une déclaration ou reconnaissance de don de l'espèce. Or, on ne saurait ranger dans cette catégorie la délibération d'une commission administrative qui, en constatant la remise d'une somme d'argent par une personne *inconnue*, ne fait que déterminer l'emploi de cette somme. Une telle déclaration ne peut être considérée que comme une simple pièce d'administration intérieure qui n'a jamais été sujette à l'enregistrement et qui ne saurait le devenir par cela seul qu'il y est fait mention d'une somme versée, à titre de don, dans la caisse de l'établissement » (V. D. 75. 1. 17, note).

La question a été agitée dans ces dernières années au sujet de dons manuels ou plutôt de dons anonymes qui, adressés aux administrateurs par des inconnus ou déposés dans les troncs de l'établissement, pouvaient être considérés comme présentant le caractère d'*aumônes.* Dans cette occurrence, a-t-on dit, le cas est réglé par l'arrêté du 5 prair. an 11 (art. 2 et 4) et par le décret du 12 sept. 1806, d'après lesquels les administrateurs des hospices et des bureaux de bienfaisance sont autorisés à faire poser des troncs destinés à recevoir les aumônes et les dons que la bienfaisance individuelle voudrait y déposer. Or, il résulte de l'arrêté et du décret précités que le produit des troncs est attribué de plein droit aux hospices qui l'acquièrent, en quelque sorte, par droit d'occupation d'une *res nullius* ou d'une *res derelicta.* La délibération du conseil d'administration de l'hospice est inutile; elle ne doit donc pas être prise en considération. — Mais l'assimilation, que l'on tentait d'établir entre une aumône et une *res derelicta*, ne pouvait se justifier sérieusement. L'aumône n'est pas l'abandon pur et simple d'une somme d'argent: celui qui la fait agit par esprit de charité, dans la pensée de donner, c'est un donateur. Il se dessaisit de sa chose avec la volonté d'en investir ceux qui la reçoivent, c'est-à-dire les donataires. Il y a donc là une réelle transmission, et, si elle apparaît dans un acte susceptible de lui servir de titre, la condition d'exigibilité du droit posée par la loi de 1850 est réalisée (V. D. P. 82. 1. 329, note de M. P. Pont).

2023. Est-ce à dire que l'aumône donnera toujours lieu à la perception d'un droit de donation? Non, sans doute; car, en fait, le *titre* de la transmission fera souvent défaut. Il manquera à peu près certainement dans le cas où l'aumône est faite directement aux pauvres eux-mêmes. Son existence, en ce cas, sera bien rarement constatée dans un acte susceptible d'enregistrement, en sorte que, fût-elle même considérable, l'aumône alors échappera nécessairement à l'impôt. Elle devra lui échapper encore en bien des cas, même fût-elle faite aux pauvres par des intermédiaires.

Le tribunal d'Arras exprime, dans les motifs du jugement du 16 déc. 1879, qui a donné lieu à l'arrêt du 1er févr. 1882, cité *infrà*, n° 2024, que le système soutenu par l'Administration « conduirait à cette conséquence que toutes les fêtes de charité, bals, concerts et toutes les quêtes autorisées devraient être imposées ». Il n'en est rien : l'Administration elle-même reconnaît que l'impôt ne doit pas atteindre ces diverses manifestations de la charité privée. C'est qu'en effet, il y a là, entre le donateur, « dont la personnalité est sans aucune importance », et le gratifié que rien n'individualise, un intermédiaire, sans caractère officiel, dont le fait ne saurait à aucun titre remplacer ou suppléer cette déclaration du donataire qui, seule, d'après la jurisprudence, « est pour l'Administration le titre de la transmission » (Civ. rej. 10 déc. 1877, aff. Camille Moricourt, D. P. 78. 1. 198). — Allons plus loin, supposons que l'intermédiaire soit un hospice ou un bureau de bienfaisance: dans ce cas même, l'aumône échappera à l'impôt, si l'existence en est constatée en la forme déterminée par les règlements sur la comptabilité publique, c'est-à-dire par de simples états certifiés par le maire, délivrés au receveur comme titre de recette, sans que l'encaissement ait été autrement autorisé (Circ. compt. publ. 15 nov. 1861, n° 30, § 4; Décr. 31 mai 1862, art. 514) (V. note de M. Pont, citée *suprà*, n° 2022).

2024. Il en sera tout autrement si, à raison de l'importance du don ou par tout autre motif, l'hospice croit devoir se conformer à la règle, désormais certaine, d'après laquelle c'est une condition de la validité des dons faits à un établissement public, qu'ils soient acceptés et que l'acceptation soit autorisée par l'autorité supérieure (Paris, 22 janv. 1850, aff. Garnier et Mondier, D. P. 50. 2. 27; 7 déc. 1852, aff. N.., D. P. 53. 2. 92. Comp. Civ. rej. 18 mars 1867, aff. de Maistre, D. P. 67. 1. 169). La délibération de la commission administrative, qui intervient à cet effet en précisant l'objet même de la libéralité, et l'arrêté préfectoral qui approuve cette délibération, contiennent bien, à différence des simples états certifiés dont il vient d'être parlé, cette déclaration du donataire que, selon l'interprétation de la jurisprudence, « la loi de 1850 considère comme étant, pour l'Administration, le titre de la transmission ». L'exigibilité du droit de donation se trouve par là même justifiée dans cette hypothèse, ainsi que l'a décidé la cour de cassation dans une espèce où il s'agissait de libéralités dépassant ensemble la somme de 79000 fr.: l'existence de ces libéralités était constatée par délibérations de la commission administrative de l'hospice, toutes revêtues de l'approbation de l'autorité à laquelle il incombe d'autoriser l'acceptation définitive des dons faits aux établissements publics; ces documents relataient les circonstances particulières dans lesquelles les libéralités avaient été faites, avec indication de l'emploi auquel le donateur anonyme entendait les affecter. Dans ces circonstances, la cour, appliquant la doctrine de l'arrêt des chambres réunies du 19 mai 1874, dont elle a repris même les termes, a certainement pu dire que « les documents intervenus dans l'espèce à l'effet de consacrer l'existence des libéralités manuelles, d'en assurer la perpétuité et d'en garantir l'exécution, constituaient des actes au sens de l'art. 6 de la loi du 18 mai 1850 et donnaient ouverture au droit de donation » (V. note de M. Pont, citée *suprà*, n° 2022). Elle a décidé, en conséquence, que l'exigibilité du droit édicté par l'art. 6 de la loi du 18 mai 1850, sur les actes contenant déclaration d'un don manuel par le donataire ou ses représentants, a pour base unique la constatation de la reconnaissance ou de l'aveu du donataire, dans un acte susceptible d'enregistrement, sans qu'il y ait à distinguer entre l'acte passé en la forme administrative et l'acte ordinaire public ou privé; que, par suite, est passible de l'impôt, comme rentrant dans la catégorie des actes au sens de l'art. 6 de la loi du 18 mai 1850, la délibération régulièrement approuvée par laquelle le conseil d'administration d'un hospice accepte des dons anonymes adressés aux administrateurs par des inconnus ou déposés dans le tronc de l'établissement, avec notes indicatives de la destination des valeurs. La déclaration ou la reconnaissance du don par le donataire étant en elle-même et par elle seule la cause de la perception, il est indifférent, au point de vue de l'exigibilité du droit, que le donateur soit ou ne soit pas connu ou désigné dans l'acte (Civ. cass. 1er févr. 1882, aff. Hospices d'Arras, D. P. 82. 1. 329).

2025. Toutefois, si le droit proportionnel est dû par cela seul que le don manuel a été déclaré ou a été reconnu judiciairement dans un acte suffisant pour établir, au point de vue fiscal et au regard du donataire, la transmission mobilière, sans qu'il soit nécessaire que cet acte constitue un titre juridique établissant un lien de droit entre le donateur et le donataire, encore faut-il que la transmission mobilière soit susceptible de se réaliser. Si elle est rendue impossible par l'annulation du don manuel, le fait générateur de l'exigibilité faisant défaut, l'impôt n'a plus de base et ne peut plus être perçu. S'il est interdit à l'Administration de chercher ailleurs que dans la déclaration ou la reconnaissance judiciaire du don manuel, la preuve de son existence (V. supra, n° 2007), il ne s'ensuit pas que le contribuable ne puisse établir, par les voies légales, le fait de l'annulation par justice qui le fait échapper à l'impôt. Jugé, en conséquence, que le droit proportionnel applicable, soit à la déclaration, soit à la reconnaissance judiciaire d'un don manuel, ne peut plus être perçu dès que la transmission mobilière résultant du don, est rendue impossible par l'annulation de ce don (Civ. cass. 28 janv. 1890, aff. Birou et Maxence, D. P. 90. 1. 177). Cet arrêt a été rapporté, et sa doctrine a été examinée au chap. 3 où il a été traité des règles générales (V. supra, n°s 145 et suiv.).

2026. De l'ensemble de la jurisprudence dont l'exposé précède, il résulte que le droit proportionnel dont l'art. 6 de la loi du 18 mai 1850 autorise la perception, est dû sur tout acte ou écrit présenté à l'enregistrement contenant la déclaration d'un don manuel par le donataire ou ses représentants, quelle que soit la forme de l'acte, qu'il soit public, administratif ou privé, civil, judiciaire ou extrajudiciaire, quelles que soient les conditions dans lesquelles la déclaration du don a été faite, qu'elle ait été volontaire et spontanée, ou forcée et exprimée sous la pression du serment ou sur l'interpellation du juge, quel que soit enfin l'objet du don. Mais le droit ne peut plus être exigé dès que le don manuel a été annulé judiciairement.

2027. La quotité du droit à percevoir sur l'acte renfermant la reconnaissance d'un don manuel est déterminée, comme pour les donations ordinaires, par les relations existant entre le donateur et le donataire (V. supra, n° 1990). Lorsque l'acte est soumis, en raison de sa nature et des relations de parenté entre les parties, à un tarif spécial, ce tarif est applicable à la déclaration de don manuel. Ainsi, contenue dans un partage testamentaire, elle ne donne lieu qu'au droit de 1 pour 100 (Trib. Lyon, 11 août 1880, aff. Ducruet, D. P. 81. 3. 30; Délib. adm. enreg. 26 oct. 1880, portant acquiescement à ce jugement, ibid. Conf. Req. 16 févr. 1874, aff. Dumoitier, D. P. 74. 1. 365).

2028. On s'est demandé si la loi de 1850 s'appliquait aux dons manuels ayant une date certaine antérieure à sa promulgation, lorsqu'ils sont énoncés dans un acte postérieur; la cour de cassation a résolu la question négativement par le motif que l'art. 6 de la loi du 18 mai 1850, était introductif d'un droit nouveau (Civ. rej. 24 janv. 1854, aff. Vuillaume, D. P. 54.1.326. Conf. Trib. Mamers, 29 janv. 1855, aff. Bajeon, D. P. 56. 5. 181). Mais les dons manuels n'ayant pas date certaine antérieure à la loi de 1850 sont tombés sous l'application de cette loi. Décidé, en ce sens, que l'art. 6 de la loi du 18 mai 1850 qui assujettit pour l'avenir au droit de mutation les actes portant reconnaissance de dons manuels, ne reçoit exception, en faveur des actes constatant des dons manuels auxquels est assignée une date antérieure à la loi, qu'autant que cette date a une certitude ou authenticité également antérieure à ladite loi (Trib. Clermont-Ferrand, 21 août 1854, aff. Barre, D. P. 55. 3. 94; Trib. Seine, 31 août 1854, aff. Berthé, ibid.; Trib. Vassy, 30 mai 1855, aff. Collas, ibid.).

C. — Éléments essentiels (Rép. n°s 3692 à 3710).

1°. — Forme (Rép. n°s 3692 à 3696).

2029. Il ne suffit pas, pour l'exigibilité du droit proportionnel, que la donation soit constatée par un titre : il faut

encore que ce titre soit régulier (Rép. n° 3692). Entre autres éléments essentiels à la perfection du contrat et importants à noter au point de vue de l'enregistrement, il faut ranger l'expression de volonté de la part du donateur, l'acceptation du donataire, et, en outre, lorsqu'il s'agit d'une donation d'effets mobiliers, l'état estimatif dont elle doit être accompagnée (Rép. n° 3693).

2030. En ce qui concerne l'expression de la volonté du donateur, la loi civile exige qu'elle soit manifestée dans la forme authentique (c. civ. art. 931). Il nous a paru en résulter que l'acte sous seing privé portant donation ne peut servir de base à la perception du droit proportionnel (Rép. n° 3995), alors même qu'il aurait été confirmé ou ratifié par le donateur (Rép. n° 3695). Cette doctrine est trop absolue. L'Administration est sans action pour recouvrer le droit applicable à un acte sous seing privé portant donation mobilière. Elle-même l'a reconnu au sujet d'un acte de donation à titre de partage anticipé, trouvé dans l'étude d'un notaire en fuite, revêtu des signatures de toutes les parties, mais non de celle du notaire et qui ne pouvait, par suite, valoir que comme acte sous seing privé (Sol. adm. enreg. 8 août 1862, Diction. droits d'enreg., v° Donation, n° 423). Mais si l'acte sous seing privé de donation se trouve soumis à l'enregistrement, soit parce que les parties l'ont présenté volontairement à la formalité, soit parce qu'il constate une transmission immobilière, soit enfin parce qu'il en a été fait usage en justice ou devant une autorité constituée, le receveur, qui n'a pas à se préoccuper de la validité des actes, est fondé à percevoir le droit proportionnel exigible d'après la nature de l'acte. Ainsi, lorsqu'une donation sous seings privés a été faite à titre de partage anticipé, la réduction du droit proportionnel établie en faveur des donations de cette catégorie lui est applicable (V. Rép. n°s 3492 et 3493).

2031. Il est dit au Rép. n° 3696 que le droit proportionnel qui ne peut être perçu ni sur l'acte de donation sous seing privé, ni sur l'acte ultérieur par lequel le donateur confirme et ratifie sa libéralité, devient exigible lorsque la ratification ou confirmation est faite par ses héritiers (Rép. n° 3696). Nous reconnaissons que le droit proportionnel peut être perçu sur l'acte même sous seing privé. Il s'ensuit que toute ratification ou confirmation consentie soit par le donateur, soit par ses héritiers, ne peut donner lieu qu'au droit fixe applicable aux actes de l'espèce, comme nous l'avons vu supra, n°s 385 et suiv.

2°. — Acceptation (Rép. n°s 3697 à 3708).

2032. L'acceptation du donataire est indispensable pour que la donation soit parfaite et, en conséquence, pour que le droit proportionnel soit exigible (Rép. n° 3697). Ainsi, au cas où une rente viagère est constituée à titre gratuit au profit de deux époux, par un acte auquel l'un d'eux seul a participé, le droit proportionnel de donation n'est dû, à l'enregistrement de cet acte, que sur la valeur de la portion de la rente revenant à l'époux présent, et ne peut être réclamé sur l'autre portion que lorsqu'il est justifié de l'acceptation expresse ou tacite de l'époux qui doit en profiter (Trib. Étampes, 21 déc. 1869, aff. G..., D. P. 72. 5. 179).

2033. Lorsque l'acceptation de la donation a lieu par acte ultérieur, hors la présence du donateur, elle doit lui être notifiée (V. supra, v° Dispositions entre vifs et testamentaires, n° 366). La question de savoir si c'est, dans ce cas, l'acceptation ou seulement la notification qui rend le droit proportionnel exigible, est controversée. Il est enseigné au Rép. n° 3700, que le contrat ne se formant que par la notification de l'acceptation au donateur, c'est seulement au moment où cette notification a lieu que le droit proportionnel devient exigible. Telle est également l'opinion de M. Demante, t. 2, n° 914. C'est aussi ce qu'enseigne M. Naquet, t. 2, n° 914. Au contraire, selon M. Garnier, Rép. gén. enreg., n° 6591, et le Dictionnaire des droits d'enregistrement, v° Donation, n° 453, le droit proportionnel est exigible sur l'acceptation, attendu que la donation est parfaite dès ce moment, qu'elle existe sous la seule condition résolutoire des dispositions que le donateur pourrait faire avant la notification, et que la condition résolutoire ne suspendant point l'existence du contrat, l'obligation qui en est affectée n'en est pas moins sujette à l'impôt. Cependant l'Administration autorise la restitution des droits perçus sur l'acceptation, lorsque la donation est restée sans effet par suite de sa révocation avant la notification au donateur (Garnier, loc. cit., n°. 6592; Diction. droits d'enreg., loc. cit., n° 454). Par cela même, l'Administration reconnaît que la perception établie sur l'acte d'acceptation n'est pas régulière, car « tout droit d'enregistrement perçu régulièrement » ne peut être restitué, « quels que soient les événements ultérieurs » (L. 22 frim. an 7, art. 60). Ajoutons, à l'appui de l'opinion enseignée au Répertoire, que la donation n'est réellement parfaite que par la notification de l'acceptation, si bien que le donateur doit avoir capacité au jour où cette notification a lieu (V. suprà, v° Dispositions entre vifs et testamentaires, n° 368), et que, d'autre part, comme le dit très bien M. Naquet, loc. cit., la faculté qui appartient au donateur de retirer son offre tant que l'acceptation du donataire ne lui a pas été notifiée ne forme pas une condition, car elle constitue un élément essentiel à la perfection du contrat tandis que la condition n'est jamais qu'un élément accidentel.

2034. En ce qui concerne les *personnes par qui l'acceptation doit être faite*, il y a lieu de distinguer entre les cas où le donataire est un majeur capable (Rép. n° 3702), un interdit (Rép. n° 3703), un mineur non émancipé (Rép. n° 3704), un sourd-muet (Rép. n° 3705), un établissement public (Rép. n° 3706). — V. suprà, v° Dispositions entre vifs et testamentaires, n°s 369 et suiv.

Lorsque la donation est faite à un établissement public, l'acceptation des administrateurs de cet établissement doit être autorisée suivant les formes édictées par la loi, et le droit proportionnel ne devient exigible que lorsque cette autorisation a été accordée (Rép. n° 3706). De même, les donations aux communes, acceptées avant l'autorisation du Gouvernement, ne donnent pas lieu au droit proportionnel ; mais ce droit doit être exigé aussitôt après que les donations ont été autorisées. Spécialement, dans le cas où le maire d'une commune, au profit de laquelle est faite une donation immobilière, intervient dans l'acte notarié constatant cette donation pour accepter à titre conservatoire, en vertu de l'art. 48 de la loi du 18 juill. 1837, cette acceptation restant subordonnée à l'autorisation du Gouvernement, et ne rendant, par conséquent, pas immédiate la transmission de la propriété, ne justifie pas la perception du droit proportionnel de donation sur l'acte (Décis. min. fin. 9 avr. 1860 ; Instr. adm. enreg. 12 sept. 1860, n° 2181, § 1er, D. P. 74. 5. 197).

2035. Enfin les *donations qui sont l'accessoire d'un contrat onéreux* (c. civ. art. 1124, 1973), sont affranchies des formalités spéciales à la donation, notamment de celle de l'acceptation (V. suprà, v° Dispositions entre vifs et testamentaires, n° 355). Le droit proportionnel est, par suite, exigible à leur égard, indépendamment de l'accomplissement de ces formalités (Rép. n° 3708).

3°. — *Effets mobiliers ; Etat estimatif (Rép. n°s 3709 et 3710).*

2036. Les donations *d'effets mobiliers* ne sont valables qu'autant qu'un *état estimatif* des effets est annexé à l'acte de donation (c. civ. art. 948) (V. suprà, v° Dispositions entre vifs et testamentaires, n°s 384 et suiv.). On en a conclu au Rép. n° 3709, que le droit proportionnel n'est pas exigible, lorsque cette formalité n'a pas été remplie. C'est aussi ce qu'enseigne M. Garnier, Rép. gén. enreg., n° 6335. Dans une autre opinion, il en est de ce cas comme de celui où une donation constatée par acte sous seing privé est présentée à l'enregistrement (V. suprà, n° 2030) ; le droit proportionnel doit être perçu par application du principe que la validité ou la non-validité d'un contrat est indifférente pour la perception du droit d'enregistrement (Naquet, t. 2, n° 945 ; Diction. droits d'enreg., v° Donation, n° 434).

2037. Il est enseigné au Rép. n° 3710, que lorsque la donation a pour objet *des meubles et des immeubles*, on ne peut, à défaut d'état estimatif des objets mobiliers, appliquer l'art. 9 de la loi du 22 frim. an 7, suivant lequel, dans le cas de transmission simultanée de meubles et d'immeubles, le droit est perçu sur la totalité du *prix* au taux établi pour les immeubles, à défaut de stipulation d'un prix particulier pour les meubles

et de désignation estimative de ces objets dans le contrat. On a vu effectivement, suprà, n°s 1571 et suiv., que cette règle est spéciale aux mutations à titre onéreux et ne s'étend pas aux transmissions à titre gratuit.

N° 3. — *Gratuité de la transmission (Rép. n°s 3711 à 3759).*

A — Principe (Rép. n° 3711).

2038. La gratuité étant de l'essence de la donation, toute convention qui ne présente pas ce caractère ne donne pas lieu au droit proportionnel de mutation entre vifs à titre gratuit (Rép. n° 3711. V. suprà, v° Dispositions entre vifs et testamentaires, n°s 337 et suiv.). Ainsi, l'acte administratif par lequel un particulier s'engage envers une commune à faire exécuter à ses frais des travaux de réparation à l'église de la localité, constitue un contrat commutatif, et non une libéralité à laquelle on puisse appliquer le droit proportionnel de donation, lorsqu'il est établi que le contractant s'est obligé, tant afin de venir au secours de la commune que pour sa propre satisfaction, afin de faire célébrer plus souvent la messe dans l'intérêt de sa famille (Trib. Mamers, 2 févr. 1875, aff. de Mailly-Chalon, D. P. 75. 5. 188). La jurisprudence est fixée également en ce sens en matière civile (V. spécialement : Req. 14 avr. 1863, aff. Bardet, D. P. 63. 1. 402 ; suprà, v° Dispositions entre vifs et testamentaires, n° 338-1°).

Comme on l'a vu suprà, n° 1998, on décide, dans le même sens, que les conventions par lesquelles un particulier s'oblige à verser un capital déterminé dans la caisse d'une fabrique, ou constitue à son profit une rente perpétuelle à charge de faire célébrer périodiquement des services religieux, doivent être considérées, pour la perception du droit d'enregistrement, non comme donations, mais comme louages d'ouvrage et d'industrie, attendu que les intérêts du capital aliéné ou les arrérages de la rente constituée sont destinés à assurer le payement des honoraires pour la rémunération des services religieux, mais que le caractère de libéralité est attribué aux conventions relatives à des fondations de lits dans les hospices (V. suprà, n° 1999).

2039. On peut citer, dans le même ordre d'idées, la jurisprudence que nous avons rapportée, lorsque nous avons traité des *résolutions de contrats* et suivant laquelle l'acte constatant le *remboursement* par un fils à sa mère d'une somme qu'il en avait reçue en *avancement d'hoirie*, renferme une libéralité et donne lieu à ce titre, au droit proportionnel de donation (Trib. Nice, 5 janv. 1875, aff. Gilly, D. P. 75. 5. 189. Conf. Trib. Dreux, 28 mai 1852, ibid. ; Trib. Rouen, 10 juin 1857, ibid. V. suprà, n°s 1140 et suiv.).

2040. En ce qui concerne le caractère qui doit être attribué à la *renonciation* par l'époux survivant au bénéfice de la *clause d'imputation* sur la succession de l'époux prémourant, de la dot constituée par l'un et l'autre en biens de communauté, V. infrà, n° 2109.

B. — Acquittement d'une obligation civile ou naturelle (Rép. n°s 3711 à 3733).

2041. Du principe que la gratuité est de l'essence même de la donation, il résulte que toute transmission qui a pour cause l'acquittement d'une obligation civile ou même naturelle ne donne pas lieu au droit proportionnel de donation (Rép. n°s 3711, 3714 et 3733).

On en a vu déjà un exemple pour les délivrances de *legs verbaux*. L'Administration a prétendu les considérer comme des libéralités de la part des représentants du défunt et les assujettir, en conséquence, au droit proportionnel de donation (Rép. n° 3712). La cour de cassation a répondu que l'exécution d'un legs verbal constitue, de la part de l'héritier ou du légataire universel qui, malgré la nullité du legs verbal, en a consenti la délivrance, l'acquit d'une obligation naturelle, et non une donation entre vifs ; que, par suite, cette délivrance est passible, non du droit proportionnel de donation, mais seulement, du droit gradué auquel sont assujetties toutes les délivrances de legs (V. suprà, n° 336).

Il a été jugé, de même, que l'engagement contracté par le père d'un enfant naturel mineur d'assurer le sort de cet enfant, de pourvoir à son entretien et de lui verser un capital déterminé pour son établissement, n'étant que l'exécution d'une obligation naturelle, ne présente pas les caractères d'une libéralité. C'est, en conséquence, le droit d'obligation à 1 pour 100, et non celui de donation, qui est dû pour droit de titre à l'enregistrement du jugement le constatant par interprétation de lettres missives et portant condamnation au payement des sommes promises (Trib. Angers, 1er mai 1874, aff. N..., D. P. 75. 5. 193).

2042. A plus forte raison, le droit de donation ne serait-il pas exigible sur l'acte qui aurait pour objet l'acquittement d'une obligation *civile*, par exemple, le payement d'une *dette alimentaire* (Rép. n° 3715); il est reconnu que la constitution d'aliments par le père ou mère au profit de leurs enfants donne ouverture, non au droit de donation, mais seulement au droit de bail à nourriture (V. *supra*, nos 1012 et suiv.).

Jugé, en ce sens, que la clause par laquelle le conseil de famille d'une femme interdite, intervenant au contrat de mariage de la fille de celle-ci, déclare lui maintenir et même augmenter le chiffre de la rente viagère qu'elle était autorisée à toucher sur les revenus de sa mère, à titre de pension alimentaire, ne donne pas lieu à la perception du droit de mutation à titre gratuit, alors même que la future aurait fait figurer cette rente parmi ses apports. Mais il n'en est pas de même de la clause par laquelle il est alloué, en outre, sur les biens de l'interdite, une somme fixe pour frais d'installation, l'acceptation de la future faisant de cette allocation un don irrévocable (Trib. Seine, 28 déc. 1853, aff. Trélat, D. P. 54. 3. 77).

2043. La loi civile n'a pas déterminé de quelle manière les aliments ou la pension alimentaire seraient fournis, ni en quel objet ils doivent consister. Ils peuvent donc être stipulés payables autrement qu'en argent ou en prestations, sans que le caractère de la convention en soit altéré (Rép. n° 3716). L'Administration le reconnaît pour le cas où c'est la *jouissance* d'un immeuble qui est abandonné par des enfants à leur père à titre de pension alimentaire (Rép. n° 3717); mais elle soutient que, lorsque c'est l'*usufruit* d'un immeuble qui fait l'objet de l'abandon, le droit de donation est exigible (Rép. n° 3718). Cette distinction a été combattue au Rép. *ibid*. La perception du droit de donation sur la constitution d'une pension alimentaire au moyen de l'abandon d'un immeuble a été admise au jugement du tribunal de Chalon-sur-Saône, du 18 déc. 1856 (aff. Charmont, D. P. 57. 3. 39).

2044. Si l'enfant n'était pas réellement dans le besoin, la constitution d'aliments pourrait dissimuler une véritable donation (Rép. n° 3720). Ainsi il a été décidé que la circonstance que, deux jours seulement avant la signature du contrat de mariage, le père de la future, s'abstenant de toute libéralité dans le contrat, avait consenti à sa fille une pension alimentaire excédant les besoins de celle-ci et payable sa vie durant, autorise à considérer cette pension comme donation d'usufruit faite en vue du mariage. Et, dans ce cas, il n'y a pas lieu d'accorder aux parties la réduction du droit ordonnée par les libéralités faites dans le contrat de mariage lui-même (Trib. Muret, 18 juin 1858, aff. Laserre, D. P. 59. 3. 70). — Mais la décision d'un jugement du tribunal de la Seine, du 5 févr. 1880 (aff. Clergniet-Ruelle, D. P. 81. 5. 168), d'après lequel l'acte qualifié donation entre vifs actuelle et irrévocable, portant abandon par un père à son fils d'un droit d'usage et d'habitation pour servir au donataire de pension alimentaire, donne lieu au droit proportionnel de donation, et non pas seulement à celui établi pour les constitutions de pensions alimentaires, nous paraît contestable. Il s'agissait de la concession d'un droit d'usage dont le revenu était fort modique (100 fr.); de plus, l'obligation alimentaire existait réellement. A la vérité, les parties avaient donné à leur convention la qualification de donation; de plus, la pension alimentaire est en principe révocable, et la concession du droit d'usage était qualifiée d'irrévocable : ce sont ces considérations particulières qui ont fait admettre la perception du droit de donation sur un acte qui paraissait constituer une simple pension alimentaire.

C. — Donation avec charges (*Rép.* nos 3734 à 3759).

1°. — *Caractères de la convention* (Rép. nos 3784 à 3751).

2045. Lorsqu'une donation est faite sous la condition, imposée au donataire, de payer une somme d'argent déter-

minée au donateur ou en son acquit à un tiers, il n'y a véritablement libéralité, en fait, que pour ce qui excède cette somme dans la valeur de l'objet donné. S'ensuit-il que la convention doive être considérée, en droit fiscal, comme renfermant à la fois une donation et une vente et comme donnant simultanément ouverture, en conséquence, au droit proportionnel établi pour les donations et à celui établi pour les ventes, au premier sur l'excédent de la valeur de l'objet donné, déduction faite de la somme dont le payement est imposé au donataire, au second sur cette somme? Doit-on, au contraire, ne voir dans la donation, malgré la charge dont elle est grevée, qu'une disposition unique à titre gratuit, passible du seul droit de donation sur la totalité de la valeur de l'objet donné? Cette importante question, souvent discutée par la doctrine et soumise à la jurisprudence, sous l'ancien régime comme de nos jours, a été étudiée au *Rép.* nos 3734 et suiv., avec tous les développements qu'elle comporte. Il a été établi qu'en droit fiscal de même qu'en droit civil, d'après la doctrine des auteurs comme d'après les arrêts de la jurisprudence, la donation avec charges doit être considérée comme constituant un contrat unique : c'est une donation, si la chose donnée excède notablement l'importance des charges; c'est un contrat à titre onéreux dans le cas contraire. Il a été jugé, depuis, dans le même sens : 1° que la charge imposée au donataire dans une donation d'immeuble faite sous réserve de l'usufruit au profit du donateur, de rapporter à la succession du donateur dont il est le successible, une certaine somme représentant la valeur de l'immeuble donné, n'imprime pas à l'acte le caractère d'une vente et ne justifie pas, en conséquence, la perception du droit de vente, alors surtout que le donateur a déclaré donner par préciput au donataire la différence qui pouvait exister entre cette somme et la valeur réelle de l'immeuble, une telle clause révélant mieux encore sa volonté de faire une donation, et non une vente (Civ. cass. 9 janv. 1856, aff. Midy, D. P. 56. 1. 12); — 2° Que la disposition d'un contrat de mariage par laquelle la mère de l'un des futurs époux lui fait donation par préciput de tous ses biens, à la charge par le donataire de payer à chacun des autres enfants de la donatrice une somme d'argent pour ses droits paternels et pour sa part virile dans la valeur estimative des biens donnés, constitue un partage anticipé avec soulte, passible du droit proportionnel sur les soultes stipulées; mais que ce droit n'est pas dû sur la somme que le donataire s'était engagé à payer à l'ascendant donateur, en déduction de la valeur des biens à lui donnés, une telle réserve étant « une dépendance du contrat de donation » dont elle diminue simplement l'étendue (Civ. cass. 23 avr. 1867, aff. Firn, D. P. 67. 1. 229).

2046. Mais il ne faut pas exagérer la portée de cette théorie et poser en principe absolu que, lorsque la valeur de la chose donnée excédera celle de la charge, il y aura donation et que le droit proportionnel de donation sera seul exigible ; nous avons émis ce principe au *Répertoire* d'une façon générale, mais nous avons admis qu'il pouvait recevoir des exceptions, notamment par l'application de la théorie des clauses indépendantes (Rép. n° 3738). On comprend, en effet, qu'il est difficile en cette matière de poser des règles absolues. De quoi s'agit-il en effet? de savoir si un contrat présente le caractère de la donation, de rechercher l'intention véritable des parties. N'est-ce pas là bien souvent une question d'appréciation, dont les tribunaux sont souverains juges? (Demante, t. 2, n° 591; Naquet, t. 2, n° 919). Ainsi il a été jugé: 1° que lorsqu'il est déclaré dans un contrat de mariage, à la suite de la constitution d'un immeuble en dot au futur par ses père et mère, que les donateurs n'entendent donner et que le donataire n'entend accepter qu'une valeur déterminée, sauf au donataire à en faire rapport que de cette valeur en moins prenant, et que, l'immeuble étant estimé à une somme plus élevée, il payera la différence à ses père et mère dans les deux années du mariage, avec l'intérêt légal, il résulte de l'ensemble de la stipulation que la propriété de l'immeuble advient au donataire à deux titres différents : à titre de donation, pour la portion que les donateurs ont déclaré donner, et à titre de vente, pour le surplus. En conséquence, la clause donne ouverture au droit proportionnel de donation sur la portion donnée, et à celui de vente sur l'excédent (Civ. cass. 26 août

1868, aff. Vaslin, D. P. 69. 1. 47); — 2° Que lorsque, dans un contrat de mariage portant donation d'un immeuble au futur par ses père et mère à titre de constitution de dot imputable en entier sur la succession du premier mourant des donateurs et subsidiairement sur celle du survivant d'eux, il est déclaré que la donation est faite à charge, par le donataire, de payer aux donateurs une certaine somme, et de rapporter à leurs successions une autre somme inférieure à la première et formant « le montant de la constitution de dot », il résulte de l'ensemble de ces stipulations que la constitution de dot est réduite en réalité à cette dernière somme, et que l'excédent forme le prix du surplus de l'immeuble. En conséquence, l'acte est passible, sur la première somme, du droit proportionnel de vente, et sur la seconde, du droit proportionnel de donation (Civ. cass. 4 mai 1869, aff. Paquot, D. P. 69. 1. 506).

Jugé encore, dans le même sens : 1° que la clause d'un contrat de mariage portant donation au futur par ses père et mère, de meubles et immeubles, à charge de payer, tant aux donateurs qu'en leur acquit à des tiers, une somme déterminée excédant moitié de la valeur des biens donnés, et de rapporter à la succession du premier mourant des donateurs la somme représentant la juste valeur, le donataire étant dispensé de tout rapport en nature, doit être interprétée non comme présentant le caractère d'une libéralité pour le tout, mais comme renfermant deux transmissions distinctes, l'une à titre onéreux jusqu'à concurrence de la somme à payer par le donataire aux donateurs et à des tiers, l'autre à titre gratuit pour le surplus. En conséquence, elle donne lieu à la perception du droit proportionnel de vente sur la première somme, et du droit de donation seulement sur le surplus (Trib. Péronne, 17 mai 1871, aff. Doyen, D. P. 71. 3. 103); — 2° Que le droit de mutation à titre onéreux est exigible, malgré la qualification de donation employée par les parties, sur l'acte par lequel un ascendant abandonne à ses descendants un bien immeuble, sous des conditions qui lui procurent l'équivalent de sa valeur et constituent ainsi un prix déguisé (Trib. Lyon, 22 févr. 1854, aff. Bénévent, D. P. 54. 3. 48); — 3° Que la constitution en dot à titre d'avancement d'hoirie, dans un contrat de mariage, à l'un des futurs par ses père et mère, d'un immeuble à charge de rapporter à leurs successions une somme déterminée et de leur payer l'excédent de la valeur de l'immeuble, donne lieu au droit proportionnel de vente sur cet excédent (Trib. Bar-le-Duc, 1er févr. 1884, Journ. enreg., art. 22345. Conf. Trib. Vervins, 22 juin 1877 et Trib. Lyon, 28 janv. 1878, ibid., art. 20742 et 20820; Trib. Uzès, 17 nov. 1886 et Trib. Lodève, 16 déc. 1886, Garnier, Rép. pér. enreg., art. 6799 et 6882).

2047. Il a été décidé, au contraire, dans le sens de la jurisprudence de la cour de cassation, antérieure aux arrêts des 26 août 1868 et 4 mai 1869, cités suprà, n° 2046,... que la stipulation dans une donation de biens meubles et immeubles que le donataire payera au donateur une somme déterminée n'existant pas en nature dans les biens donnés, ne constitue qu'une simple charge de la libéralité; en conséquence, elle ne fait pas obstacle à la perception du droit de donation sur la totalité des biens. D'autre part, elle n'autorise pas à interpréter la convention comme présentant un caractère mixte et renfermant une vente passible du droit de vente, jusqu'à concurrence de la somme réservée, une libéralité passible du droit de donation pour le surplus seulement (Trib. Beauvais, 15 mai 1876, aff. D. P. 77. 5. 199); ... Que la donation par contrat de mariage à la future par ses père et mère, d'un immeuble à charge de payer aux donateurs ou, en leur acquit, les deux tiers de sa valeur, et de rapporter le surplus à leurs successions, constitue, pour le tout, une donation avec charge et ne saurait être scindée, pour la perception, en une vente, à concurrence des charges stipulées, et en une donation, quant à la portion de l'immeuble, sujette à rapport (Trib. Péronne, 20 janv. 1888, Garnier, Rép. pér. enreg., art. 7126. Conf. Trib. Saint-Calais, 31 août 1878, et Trib. Langres, 16 juill. 1879, Journ. enreg., art. 20927 et 21082).

2048. Ces divergences se comprennent dans une question, qui, ainsi que nous l'avons fait remarquer, suprà, n° 2046, dépend des circonstances de la cause, laissées à l'appréciation du juge. Les tribunaux ont donc pu voir, dans les donations onéreuses, tantôt une véritable donation pour le tout, dont la charge n'est qu'un accessoire; tantôt ils ont pu, appréciant l'intention des parties, décomposer la donation onéreuse en deux opérations distinctes : une donation et une vente pour partie, soumises, chacune à des droits distincts.

2049. Lorsque la donation, aussi bien que la charge imposée au donataire, ont pour objet des immeubles, le contrat est, soit un échange (Rép. n° 3745); soit une donation mutuelle, suivant l'intention manifestée par les parties (Rép. n° 3746). La distinction est importante au cas où les biens réciproquement transmis sont inégaux en valeur, car, s'il y a échange, le droit proportionnel de soulte est dû sur l'excédent, en outre de celui d'échange, tandis que, si c'est d'une donation qu'il s'agit, il n'est dû que le droit de donation. C'est le droit de donation, et non celui d'échange, qui est exigible toutes les fois que rien ne vient détruire la qualification de donation donnée par les parties à leur convention mutuelle. (Ibid. Conf. Garnier, Rép. gén. enreg., n° 6748; Diction. droits d'enreg., v° Donation, n° 709).

2050. Ce droit doit être perçu sur la disposition principale, et non pas sur chacune des dispositions de l'acte considérées séparément (Rép. n° 3746); c'est ainsi qu'il a été décidé que, lorsqu'un acte contient des libéralités réciproques, c'est la disposition principale qui doit servir de base à la perception du droit d'enregistrement. Et, spécialement, lorsqu'un acte de partage anticipé fait par une mère entre ses enfants contient, à la fois, une donation en nue propriété de la part de la mère, et, de la part des enfants, un abandon d'usufruit d'une valeur de beaucoup supérieure, c'est sur cette dernière disposition, qui donne à l'acte son caractère dominant, que le droit d'enregistrement doit être perçu (Civ. rej. 13 déc. 1853, aff. de Fougères, D. P. 54. 1. 109).

2051. Si la donation mutuelle était faite entre époux par un même acte, elle serait nulle comme étant prohibée par l'art. 1097 c. civ.; mais cette nullité ne ferait pas obstacle à la perception du droit d'enregistrement (Civ. cass. 8 août 1853, aff. Madiona, D. P. 53. 1. 252; Civ. rej. 14 nov. 1865, aff. Dauthuille, D. P. 66. 1. 111).

2052. Lorsque la chose donnée et la charge sont des meubles, ou bien que la donation consiste en immeubles et la charge en meubles, ou inversement, il peut y avoir lieu à l'application possible du droit de mutation à titre onéreux, si la charge est telle que la donation ne procure aucun avantage au donataire (Rép. n° 3747). — C'est en ce sens qu'il a été jugé que le droit de mutation à titre onéreux est exigible, malgré la qualification de donation employée par les parties, sur l'acte par lequel un ascendant abandonne à ses descendants un sien immeuble sous des conditions qui lui procurent l'équivalent de sa valeur et constituent ainsi un prix déguisé. Mais si, pour rendre vraisemblable le caractère de donation attribué à l'acte, les parties avaient donné à l'immeuble un excédent fictif de valeur (et, par exemple, l'avaient présenté comme donnant 100 fr. de revenu, lorsque le prétendu donateur n'exigeait en retour que 16900 fr., somme qu'il lui avait coûté), la régie ne pourrait pas réclamer sur le chiffre de cet excédent de valeur un droit de mutation à titre gratuit, en sus du droit qu'elle perçoit sur le prix considéré comme représentant la valeur réelle (Trib. Lyon, 22 févr. 1854, aff. Bénévent, D. P. 54. 3. 48).

2053. Si la charge consiste, soit dans l'obligation de nourrir le donateur, soit en une rente viagère à lui payer, les solutions doivent être les mêmes. Généralement, lorsque la donation est faite à charge de rente viagère, elle prend le caractère de contrat à titre onéreux ou celui de donation, selon que les arrérages de la rente excèdent ou n'excèdent pas le revenu. La règle n'est pas rien moins qu'absolue. Tout dépend des circonstances (Rép. n° 3749). — Lorsque les arrérages de la rente sont équivalents au revenu des biens abandonnés, il y a libéralité, et non constitution de rente viagère. En effet, le caractère aléatoire du contrat disparaît : le débiteur de la rente ne perd rien, puisque le revenu des biens le couvre du payement des arrérages, et il gagne le capital des biens qui lui ont été transmis. C'est en ce sens qu'il a été décidé que l'acte portant donation d'une somme d'argent, à charge par le donataire de servir à un tiers une rente viagère dont les arrérages sont équivalents à l'intérêt légal de cette somme, constitue une donation, et non un simple contrat de constitution de rente viagère, le donataire devant rester propriétaire du capital à l'extinction de la rente; et il en est ainsi, quoique le revenu de la somme donnée soit, à cette dernière époque, affecté à une fondation perpétuelle, si cette fondation est de celles auxquelles l'établissement donataire est consacré; par suite, cet acte est passible du droit proportionnel de donation, et non du droit proportionnel de constitution de rente viagère (Req. 21 mai 1860, aff. Beillard, D. P. 60. 1. 312). Jugé, de même, que la constitution d'une rente viagère, moyennant un capital dont l'acte constate le payement peut être considérée, pour la perception du droit d'enregistrement, comme une libéralité donnant ouverture au droit proportionnel de donation, lorsque la rente ne présente que l'intérêt au taux légal du capital aliéné, et que, d'un autre côté, le crédi-rentier est âgé et parent du débiteur (Trib. Versailles, 30 juin 1870, aff. Jouannin, D. P. 71. 5. 142. Conf. Trib. Albertville, 8 mai 1880, Trib. Morlaix, 10 janv. 1884, et Trib. Milhau, 9 janv. 1885, Journ. enreg., art. 21842 et 22412). A plus forte raison, le droit de donation doit-il être perçu, si les arrérages de la rente constituée sont inférieurs au revenu des biens aliénés : dans ce cas, le bénéfice du débi-rentier est encore plus évident (Trib. Saint-Brieuc, 5 juill. 1880, Journ. enreg., art. 21841).

2054. Lorsque les arrérages de la rente viagère imposée au donataire sont *supérieurs* au revenu des biens aliénés, il peut y avoir libéralité en faveur du crédi-rentier. C'est ainsi qu'il a été décidé que la cession par une veuve à son beau-père, moyennant une rente viagère immédiatement exigible, d'un droit éventuel d'usufruit appartenant à la cédante sur les biens propres de son défunt mari, pour n'en jouir qu'après le décès du cessionnaire usufruitier des mêmes biens en vertu d'un titre antérieur, a le caractère d'une libéralité et non d'une constitution de rente onéreuse, alors surtout que les biens dont il s'agit sont affermés pour un prix de beaucoup inférieur au chiffre de la rente. En conséquence, le droit proportionnel d'enregistrement exigible est celui de donation entre étrangers à 9 pour 100, et non celui de cession immobilière à 5 fr. 50 pour 100 (Req. 23 août 1871, aff. Taffin, D. P. 71. 1. 340).

2055. Si la charge consiste en une obligation de faire, en un service rendu ou à rendre, la donation est dite *rémunératoire*. Elle constitue un contrat à titre onéreux passible du droit de mutation à titre onéreux, si les services, cause de la libéralité prétendue, sont appréciables, égaux en valeur à la chose donnée, et exigibles en justice. Il y a, au contraire, libéralité et le droit de donation exigible, toutes les fois que les services ne sont pas appréciables (Rép. n° 3731). Ainsi, comme nous l'avons vu en traitant des *indemnités*, le contrat par lequel une compagnie de chemin de fer alloue, soit somme d'argent, soit une rente viagère, à la veuve d'un ouvrier ou employé tué à son service, ou bien à l'ouvrier lui-même blessé et rendu impotent par suite d'accident éprouvé dans son travail, doit être considéré, pour l'application du droit d'enregistrement, comme un contrat à titre onéreux passible du droit de constitution de rente viagère à 2 pour 100 ou du droit d'indemnité à 50 cent. pour 100, et non comme une libéralité sujette au droit proportionnel de donation (V. *supra*, n° 812). C'est, au contraire, le droit de donation qui est dû sur le capital de la rente viagère constituée par des frères et sœurs à la domestique de leur mère, comme une marque de leur reconnaissance, pour avoir demeuré avec la défunte pendant trente ans et l'avoir servie fidèlement (Journ. enreg., art. 14169-4. Conf. Trib. Yvetot, 13 nov. 1863, ibid., art. 17656; Diction. droits d'enreg., v° Donation, n° 755).

2°. — Donation secondaire (Rép. n°s 3752 à 3758).

2056. Il n'y a pas à distinguer, pour l'application du droit d'enregistrement au contrat lui-même, si la charge est constituée au profit du donateur ou si c'est un tiers qui est appelé à en profiter. La règle est la même dans les deux cas (Rép. n° 3752). Mais la distinction doit être faite pour la solution de la question de savoir si la clause relative à la charge imposée au donataire donne lieu à un droit particulier (Rép. n° 3753).

2057. Lorsque la charge est stipulée en faveur du donateur lui-même, la disposition est dépendante de la convention principale et se trouve comprise dans celles sur lesquelles est assis le droit auquel cette convention est assujettie (Rép. n° 3753). La libéralité est dans la disposition de la plus grande valeur, et la charge dans celle dont la valeur est moindre. Le droit est perçu sur la première disposition, conformément à la règle générale posée *supra*, n°s 84 et suiv. (Rép. n° 3754) et sa perception affranchit du droit toutes les autres dispositions qui en dépendent et en dérivent.

2058. Lorsque la charge est stipulée en faveur d'un *tiers*, il y a, en réalité, deux libéralités distinctes; mais, comme la stipulation relative à la charge n'est qu'une condition de la donation, elle se trouve affranchie du seul droit perçu sur la donation (Rép. n° 3755). Ce point a été établi, lorsque nous avons traité des règles de perception applicables aux *dispositions diverses dans un même acte* (V. *supra*, n°s 227 et suiv.). Nous rappellerons seulement que, d'après la jurisprudence, la donation secondaire ne donne lieu à aucun droit particulier, lorsqu'elle est stipulée simplement au profit d'une personne dénommée dans l'acte de donation, cette personne se trouvant ainsi saisie du jour même de la donation (V. *supra*, n° 234). Mais, toutes les fois que la libéralité secondaire est subordonnée à la condition de la *survie* du bénéficiaire au donateur, elle constitue une disposition indépendante de la donation, qui donne lieu à un droit fixe de donation éventuelle, à l'enregistrement de l'acte de donation, et opère, à l'événement, une nouvelle transmission pour laquelle le droit de mutation par décès est exigible (V. *supra*, n° 235).

2059. Il résulte de cette jurisprudence que, pour que la donation secondaire échappe au droit proportionnel, il faut qu'elle constitue une disposition de même nature que la donation principale : si une donation entre vifs est imposée comme charge d'une donation entre vifs principale, la donation secondaire constitue une disposition dépendante de la donation principale, et un seul droit proportionnel doit être perçu sur la disposition principale ; si, au contraire, une donation éventuelle, subordonnée à la condition de survie, est imposée comme charge à la donation principale, il y a deux dispositions distinctes et indépendantes, passibles de deux droits proportionnels différents.

3°. — Clause de réversibilité. — Rente viagère (Rép. n° 3759).

2060. Nous avons soutenu (Rép. n° 3759) qu'un seul droit devait être également perçu relativement aux constitutions de rentes viagères à titre onéreux au profit de tiers qui n'en ont pas fourni les fonds, la charge de la rente viagère devant être considérée comme une condition de la convention principale. Cette question a été traitée, comme celle qui précède, dans la partie concernant la perception qui doit être établie au cas où des dispositions diverses se rencontrent dans le même acte, *supra*, n°s 236 et suiv. On a vu la jurisprudence de la cour de cassation a été longtemps fixée dans le sens de la doctrine enseignée au *Répertoire*; qu'à la suite des décisions qui ont fait prévaloir la doctrine contraire pour les libéralités secondaires, un revirement s'est opéré dans la jurisprudence; qu'il a été définitivement reconnu par un arrêt des chambres réunies de la cour de cassation que la clause d'un acte de vente portant que la rente viagère stipulée comme prix de la vente sera réversible sur la tête d'un tiers présent, mais « sans qualité pour intervenir au contrat de vente », forme une disposition distincte et indépendante de cet acte et donne lieu au droit fixe de donation éventuelle à l'enregistrement de l'acte de vente, au droit de mutation par décès, lorsque la réversion s'opère par le prédécès du vendeur (V. *supra*, n° 236).

On a vu, d'autre part, que la solution est différente, lorsque la réversion de la rente viagère a été stipulée, non plus au profit d'un tiers, mais au profit de l'une des *parties contractantes* dans la convention par laquelle la rente a été stipulée ; que, dans ce cas, la clause de réversibilité se confond avec la disposition principale du contrat et qu'il n'est dû, par suite, ni droit fixe de donation éventuelle à l'enregistrement de ce contrat, ni droit proportionnel de mutation par décès, lorsque la réversion s'opère (V. *suprà*, n° 237).

D. — Droit d'accroissement.

2061. En traitant de l'application des droits d'enregistrement aux actes de formation, de prorogation et de dissolution de sociétés, nous avons étudié les effets de la clause d'accroissement qui se rencontre souvent dans les actes de société, soit avec stipulation de prix (V. *suprà*, n° 1923 et suiv.), soit sans stipulation de prix (V. *suprà*, n° 1938 et suiv.), ainsi que les conséquences, en droit fiscal, de la réalisation de cette clause (V. *suprà*, n° 1971 et suiv.). Nous avons mentionné, au sujet des accroissements qui s'opèrent sans stipulation de prix, la législation nouvelle concernant ceux qui ont lieu dans les *sociétés civiles dont la durée n'est pas déterminée et qui s'adjoignent de nouveaux membres*, notamment dans les *congrégations, communautés et associations religieuses, autorisées ou non autorisées* (V. *suprà*, n° 1972). Ces dispositions ayant soumis les accroissements de cette nature à des droits proportionnels de donation et de mutation par décès, nous en avons renvoyé le commentaire tant au présent art. 3 qu'à l'art. 4 où il sera traité des *mutations par décès* (V. *infrà*, n° 2161 et suiv.). Le moment est venu d'entamer cette étude.

2062. Lorsque, d'après les statuts d'une association, les parts des associés qui cessent, pour une cause quelconque, de faire partie de la société sous sa dissolution, sont dévolues aux associés restants, ces dévolutions opèrent autant de mutations passibles, chacune, du droit proportionnel de 50 cent. pour 100 applicable, d'après une jurisprudence aujourd'hui bien établie (V. *suprà*, n° 893), aux cessions à titre onéreux d'actions de sociétés, tel étant le caractère des mutations dont il s'agit. — L'application de ce tarif réduit est sans inconvénient pour les accroissements qui ont lieu dans les sociétés commerciales, parce que ces sociétés n'ont qu'une durée limitée et qu'après leur dissolution les biens qui en dépendent rentrent dans le courant de la circulation. Mais il n'en était pas de même pour les sociétés civiles dont la durée peut être indéfinie. L'application du tarif de 50 cent. pour 100 aux accroissements dans les sociétés de cette espèce équivalait à une exonération définitive du droit ordinaire de mutation sur les valeurs composant le fonds social. Ce résultat était d'autant plus grave que l'immunité s'appliquait même aux valeurs apportées par les associés dont la retraite opérait l'accroissement et auxquelles le législateur avait accordé la dispense provisoire de l'impôt, lors de la mise en commun, dans la seule prévision du payement du droit lors du partage de la société (V. *Rép.* n° 3524, 3548 et 3586, et *suprà*, n° 1966). C'est afin de mettre un terme à cette inégalité dans le recouvrement de l'impôt de mutation que l'art. 4 de la loi du 28 déc. 1880 ainsi conçu : « Dans toutes les sociétés ou associations civiles qui admettent l'adjonction de nouveaux membres, les accroissements opérés par suite de clauses de réversion, au profit des membres restants, de la part de ceux qui cessent de faire partie de la société ou association, sont assujettis au droit de mutation par décès, si l'accroissement se réalise par décès, ou aux droits de donation, s'il a lieu de toute autre manière, d'après la nature des biens existants au jour de l'accroissement, nonobstant toutes cessions antérieures faites entre vifs au profit d'un ou de plusieurs membres de la société ou de l'association. La liquidation et le payement de ce droit auront lieu dans la forme, dans les délais et sous les peines établis par les lois en vigueur pour les transmissions d'immeubles » (D. P. 81. 4. 97. V. pour l'historique de la loi et les discussions auxquelles son adoption donna lieu tant au Sénat qu'à la Chambre des députés, *ibid.* note, p. 97, 98, 99 et 100).

2063. Suivant cette disposition, l'accroissement donne lieu à la perception du droit de mutation par décès ou du droit de donation, selon qu'il se réalise par le décès ou de quelque autre manière. — En ce qui concerne le *tarif*, le droit d'accroissement est un impôt de mutation proprement dit qui devient exigible par le fait de la transmission résultant de l'accroissement et qui prend seulement alors naissance, de la même manière que le droit de mutation par décès

applicable à une disposition antérieure de dernière volonté. Il s'ensuit que tous les accroissements opérés dans les conditions prévues sont passibles du droit de mutation par décès ou de donation d'après les tarifs en vigueur au jour de leur réalisation (Instr. adm. enreg. 20 juin 1881, n° 2651).

2064. L'application de la loi du 28 déc. 1880 (art. 4) est subordonnée à la condition qu'il s'agisse d'une société ou d'une association, ce qui exclut tous les contrats créant entre les parties un *simple état d'indivision*. Il faut, en outre, que la société ou l'association présente ce double caractère que les biens apportés par les associés ou acquis par la société deviennent la propriété de celle-ci jusqu'à sa dissolution, et que les associés aient sur le fonds commun un droit personnel qui les appelle au partage des biens en dépendant. Il suit de là que les associations dans lesquelles ce droit personnel n'existe pas, ne peuvent donner ouverture à l'accroissement, puisque celui-ci n'a pas d'objet (Instr. adm. enreg. 20 juin 1881, n° 2651). Tel est le cas des *congrégations religieuses reconnues*. Aussi la loi du 28 déc. 1880 ne leur était-elle pas applicable. Mais l'art. 9 de la loi du 29 déc. 1884 a modifié cet état de choses (V. *infrà*, n° 2065).

2065. Deux conditions étaient nécessaires pour la perception du droit. Il fallait que la perpétuité de l'entreprise fût assurée par la faculté indéfinie de l'adjonction de nouveaux membres, et, d'autre part, que le contrat d'association renfermât une clause de réversion, au profit des autres associés, de la part revenant dans le fonds social à l'associé sortant. — Pour échapper à l'application de la loi, un grand nombre de congrégations religieuses retranchèrent de leurs statuts, soit l'une des clauses requises, soit toutes les deux, tout en s'assurant, au moyen de diverses combinaisons, les avantages que ces clauses étaient destinées à réaliser. En vue de remédier à cet état de choses, la loi du 29 déc. 1884 a disposé, par son art. 9, que les impôts établis par la loi du 28 déc. 1880, seraient payés « par toutes les congrégations, communautés et associations religieuses, autorisées ou non autorisées, par toutes les sociétés ou associations désignées dans cette loi, dont l'objet n'est pas de distribuer leurs produits en tout ou en partie entre leurs membres » (D. P. 85. 4. 38). D'après cet article, tous les accroissements qui s'opèrent dans les sociétés religieuses par suite du décès ou de la retraite d'un associé sont soumis au droit sans condition. Son exigibilité est indépendante de l'existence des clauses d'adjonction et de réversion. Il est acquis au Trésor par cela seul qu'un membre de l'association cesse d'en faire partie, qu'il s'agisse de son décès ou de sa retraite, volontaire ou forcée. Il atteint toutes les congrégations sans exception, celles autorisées comme celles qui ne le sont pas, celles qui ont emprunté la forme des sociétés ordinaires comme celles qui ne sont pas constituées en sociétés (Instr. adm. enreg. 20 juin 1881, n° 2651 ; 3 juin 1885, n° 2712).

2066. A l'égard des sociétés qui ne présentent pas les caractères d'une association religieuse, le droit d'accroissement n'est dû qu'autant que les statuts renferment simultanément une clause d'adjonction de nouveaux membres et une clause de réversion, et que, d'autre part, les associés ont sur les valeurs communes un droit proportionnel qui les appelle au partage lors de la dissolution de la société (Instructions n° 2651 et 2712 citées *suprà*, n° 2065). En conséquence, le droit d'accroissement n'est pas applicable :... aux sociétés d'assurances mutuelles sur la vie ou autres associations de même nature, le droit des adhérents étant limité à l'attribution éventuelle d'une indemnité pécuniaire qui a le caractère d'une réparation, et l'événement qui les prive de ce droit, n'opérant au profit des autres aucune transmission de valeurs déterminées (Mêmes instructions) ;... aux sociétés dites *de coopération*, aux *associations locales* telles que les sociétés fromagères dans lesquelles le droit de chaque adhérent n'est pas transmis aux autres par l'effet de sa retraite ou de son exclusion mais demeure attaché à la propriété et passe avec elle aux héritiers (Mêmes instructions) ;... aux *tontines*, les décès successifs des tontiniers n'opérant aucune transmission de parts et les associations de l'espèce étant, d'ailleurs, exclusives de l'adjonction de nouveaux membres ; mais le droit d'accroissement serait applicable aux associations qui, bien que qualifiées de tontines, seraient constituées dans des conditions comportant l'adjonction de membres nouveaux, et des réversions successives, translatives de propriété au profit des survivants (Mêmes instructions) ;... aux sociétés *littéraires, artistiques, agricoles, scientifiques*, aux *cercles* et aux associations semblables ; mais le droit d'accroissement serait applicable du chef des membres fondateurs ou de leurs ayants droit, véritables associés ayant un droit personnel aux biens communs, si, au moyen de la combinaison des clauses de réversion et d'adjonction de nouveaux membres, la société créait ou perpétuait la mainmorte de la même manière que les congrégations religieuses (Mêmes instructions) ;... aux sociétés ou associations ayant la *nature commerciale* (Même instruction, n° 2651) ;... ni dans le cas de retraite ou d'exclusion d'un membre de l'association, s'il était stipulé dans l'acte de société que l'accroissement n'aurait lieu que dans le cas du décès d'un associé (Même instruction).

2067. Mais le droit d'accroissement est dû pour toutes les sociétés constituées dans les conditions prévues par l'art. 4 de la loi du 28 déc. 1880, quelle qu'en soit la forme, pour les sociétés de fait comme pour celles constatées par écrit, lorsque l'existence de la société verbale et des clauses relatives à l'accroissement est établie à l'égard de l'Administration ou admise par elle (Instruction, n° 2651, citée *suprà*, n° 2065) ;... quel que soit le délai pendant lequel la faculté d'adjonction peut être exercée (*Ibid.*) ;... à quelque titre que la transmission ait lieu entre les parties, nonobstant toute cession antérieure faite entre vifs au profit d'un ou de plusieurs des membres de la société ou association, et encore bien que l'associé sortant ait reçu, en échange de sa part, une somme d'argent représentant la valeur totale ou partielle des biens meubles et immeubles dont il serait réputé dessaisi (*Ibid.*) ;... et que la cession ait lieu en même temps que l'accroissement (*Ibid.*) ;... lors même que l'accroissement s'opérerait en faveur de l'un ou de quelques-uns seulement des associés restants (*Ibid.*).

2068. Un vif débat s'est engagé sur le point de savoir si l'art. 9 de la loi du 29 déc. 1884 est applicable sans restriction aux congrégations *autorisées*. L'une de ces congrégations (l'Institut des frères des écoles chrétiennes) a soutenu qu'une distinction doit être faite, pour l'application de cette dernière loi, aux communautés qui se trouvent dans ce cas. A la différence des associations non autorisées, a-t-elle dit, les congrégations reconnues demeurent propriétaires de leur actif social sans qu'elles aient à stipuler dans leurs statuts aucune clause de réversion. La mutation résultant de l'accroissement, opéré par l'effet d'une semblable clause ne peut donc se produire dans les congrégations autorisées. Il s'en suit que le droit de mutation auquel l'accroissement donne lieu, ne peut être appliqué à leurs biens de mainmorte, pas plus qu'il ne peut l'être aux associations tontinières (Civ. cass. 1er juin 1858, aff. Berthand, et aff. Mosneron-Dupin, D. P. 58. 1. 251). La loi de 1884 a appliqué ce droit, il est vrai, aux congrégations autorisées aussi bien qu'à celles qui ne le sont pas, mais, à l'égard des premières, cette disposition doit être interprétée comme les ayant constituées débitrices dudit droit, non dans tous les cas de décès ou de retraite de l'un de leurs membres, mais seulement dans le cas où l'événement détermine l'accroissement en vue duquel l'impôt a été édicté comme cela a lieu, par exemple, lorsque les membres de la congrégation autorisée ou quelques-uns d'entre eux ont constitué, ainsi que cela se produit fréquemment, en dehors de la mainmorte, une société civile ordinaire dans les conditions d'adjonction et de réversion prévues par la loi du 28 déc. 1880. M. Garnier, *Rép. pér. enreg.*, art. 6845, ainsi que le *Journal des notaires et des avocats*, art. 23547 et 23839, se sont prononcés dans le même sens. — Mais cette interprétation a été repoussée, comme tendant à établir une distinction dans l'interprétation d'une disposition de loi qui n'en comporte aucune. Il a été jugé, sur ce fondement, que le droit proportionnel mis à la charge des sociétés dont la durée n'est pas déterminée et qui se perçoit lors de la retraite ou du décès de chaque associé sur la valeur de la part du défunt dans les biens de la société, à raison de la transmission de cette part aux associés survivants par accroissement, est dû par toutes les congrégations, communautés et associations religieuses, par cela seul qu'elles sont des congrégations, communautés et associations religieuses, sans distinction entre celles autorisées et celles non autori-

sées ; que cette assimilation s'impose aux premières, « quelque difficile que puisse être la conciliation juridique de la charge qui en résulte pour elles, avec la législation protectrice de leur patrimoine de mainmorte » (Trib. Seine, 18 mars 1887, aff. Institut des frères des écoles chrétiennes, D. P. 88. 3. 103), et la même solution a été consacrée par la cour de cassation sur le pourvoi formé contre ce jugement (Civ. rej. 27 nov. 1889, D. P. 90. 1. 180). — Cette interprétation a été confirmée par un vote de la chambre des députés, intervenu après une discussion très vive sur des amendements à la loi portant fixation du budget de 1891 (Séance du 8 déc. 1890, *Journ. off.* du 9).

2069. Mais la loi ne vise que les accroissements qui s'opèrent entre associés. Elle n'est donc pas applicable aux cessions de parts d'associés décédés, qui seraient réalisées, au profit de *tiers* agréés par la société en assemblée générale et moyennant le remboursement des mises. Il n'y a pas, en effet, dans ce cas, accroissement « au profit des membres restants », suivant les termes mêmes de la loi du 28 déc. 1880, et, des lors, le cas ne rentre pas dans les prévisions de cette loi exceptionnelle. Il a été décidé, avec raison, en ce sens, que le droit proportionnel de mutation par décès ou entre vifs à titre gratuit, exigible exceptionnellement à raison de l'accroissement opéré dans les sociétés ou associations civiles admettant de nouveaux membres, par suite de clauses de réversion, au profit des membres restants, de la part de ceux qui cessent de faire partie de la société, n'est pas applicable aux transmissions de parts sociales à des personnes étrangères à la société (L. 28 déc. 1880, art. 4) ; que ces transmissions ne sont donc passibles que du droit proportionnel de 50 cent. pour 100, conformément au droit commun ; que, spécialement, il en est ainsi de la cession à un tiers agréé par la société, de la part d'un associé décédé, moyennant le remboursement de sa mise, alors que les statuts de l'association autorisent, en cas de décès d'un associé, soit la reprise par la société de sa part, soit la transmission de cette part au prix de la mise, à un nouvel associé agréé en assemblée générale (Sol. adm. enreg. 19 juin 1885, aff. Ravaux, D. P. 86. 3. 134).

N° 4. — *Caractère translatif de la donation ; Remise de dette* (Rép. n°s 3760 à 3773).

2070. La donation est translative. Il ne peut y avoir donation sans translation de propriété du donateur au donataire. Par suite, toute convention qui ne serait pas translative de propriété, ne pourrait être soumise au droit proportionnel de donation (Rép. n° 3760). Ainsi il n'y a pas donation dans la promesse pure et simple de donner (Rép. n° 3761). Quant aux promesses qui sont considérées comme engageant à l'institution contractuelle, comme la *promesse d'instituer héritier*, la *promesse d'égalité*, elles ont été étudiées au *Répertoire* sous le paragraphe suivant (Rép. n°s 3863 et suiv.). Nous les y retrouverons.

2071. Le prêt fait par un père à son fils est présumé fait à titre de donation, mais seulement en ce qui concerne les rapports ; il ne s'ensuit pas que la convention puisse être considérée, pour la perception du droit d'enregistrement, comme constituant une donation si les circonstances ne tendent pas à lui faire attribuer ce caractère (V. *suprà*, n° 70). Ainsi il a été jugé que l'acte par lequel un fils reconnaît devoir à ses père et mère une somme déterminée qu'il s'oblige à leur rembourser au décès du premier mourant jusqu'à concurrence de ses droits en pleine propriété dans la succession de celui-ci, sans intérêts jusque-là, et, pour le surplus, au décès du survivant, également sans intérêts jusqu'à cette époque, doit être considéré, pour l'application du droit d'enregistrement, comme renfermant un simple prêt, et non une libéralité (Trib. Seine, 27 nov. 1875, aff. Lemon, D. P. 77. 3. 54, cité *suprà*, n° 70).

2072. On a dit au *Rép.*, n° 3764 que l'acte dont l'objet serait de déclarer qu'une donation antérieure faite en avancement d'hoirie sera *dispensée du rapport*, ne doit pas être soumis au droit de donation, parce que cet acte en lui-même n'a rien de translatif, la transmission étant déjà opérée par l'effet de la donation antérieure. Une distinction est toutefois nécessaire. Si la dispense de rapport émane du donateur, le droit proportionnel de donation n'est pas dû, le droit d'enregistrement ne pouvant être perçu deux fois sur le même acte. Mais si, dans un partage, par exemple, les cohéritiers du donataire en avancement d'hoirie renoncent à se prévaloir du rapport, il y a là une véritable remise de dette faite en faveur du donataire, et qui constitue une libéralité passible du droit proportionnel. C'est ainsi qu'il a été jugé : 1° que la dispense de rapport à la succession consentie, dans le partage de l'hérédité, au profit de l'un des héritiers, relativement à des sommes reçues du *de cujus*, par cet héritier, à titre d'avancement d'hoirie, constitue une libéralité passible du droit proportionnel de donation sur l'excédent de la part héréditaire du donataire dans ces sommes (Trib. Neufchâtel, 27 août 1837, aff. Gorré, D. P. 38. 3. 8; Trib. Seine, 21 juill. 1866, aff. Dreyss, D. P. 68. 5. 172); — 2° Que le prélèvement par un cohéritier auquel le rapport est dû à raison de la donation d'actions industrielles faites à ses cohéritiers par le défunt, ne peut s'exercer que jusqu'à concurrence d'une valeur égale à celle des objets donnés au moment de la donation, alors même qu'il s'agit de corps certains semblables entre eux dont les uns ont été donnés et les autres se trouvent dans la succession; en conséquence, l'attribution, dans le partage de la communauté et de la succession paternelle, à l'enfant auquel le rapport est dû, d'un objet de la communauté (dans l'espèce, une fraction de deniers des mines d'Anzin), semblable à ceux donnés à son frère et à sa sœur par les père et mère, y compris la plus-value acquise par cet objet depuis lors, constitue, de la part de la mère, une donation de la moitié qui lui revient dans cette plus-value, et, de la part des cohéritiers de l'enfant qui exerce le prélèvement, un abandon purement gratuit de leurs parts dans l'autre moitié (Req. 9 févr. 1880, aff. Casimir Perier, D. P. 80. 1. 313); — 3° Que la disposition d'un partage de succession, portant renonciation des héritiers à partie d'un rapport de dot dû par l'un d'eux, constitue, au profit de ce dernier, une libéralité à raison de laquelle le droit proportionnel de donation est dû, et non pas seulement une remise de dette passible du droit de libération (Trib. Seine, 21 avr. 1882, aff. Nicolle, D. P. 83. 3. 7-8). — De même, lorsqu'un héritier fait rapport à la masse d'une somme à lui donnée par préciput et hors part dans les limites de la quotité disponible ou renonce, sans y être contraint et seulement pour condescendre à un désir manifesté par le *de cujus*, à une somme qui lui revenait en sa qualité d'héritier, il y a libéralité de la part de cet héritier au profit de ses cohéritiers pour l'excédent de sa part héréditaire dans la somme rapportée par lui ou à laquelle il renonce, et le droit proportionnel de donation est dû sur cet excédent (Trib. Seine, 2 févr. 1867, aff. Schneider, D. P. 68. 5. 173). — Mais, la dispense de rapport consentir, dans le partage

d'une succession, au profit de l'un des héritiers, ne donne pas lieu à la perception du droit proportionnel, lorsqu'elle est accordée pour le prix du remplacement militaire de l'héritier, et que, en outre, il est formellement exprimé que ce remplacement a eu lieu exclusivement dans l'intérêt de la famille (Sol. adm. enreg. 2 mars 1869, D. P. 71. 3. 45).

2073. Lorsque l'acte présente le caractère translatif, s'il émane de deux donateurs et a pour objet des biens propres à chacun d'eux, il y a lieu de percevoir deux droits d'enregistrement. Ainsi il a été jugé que, la donation dans un même acte, par deux époux à leur enfant, savoir : le mari, des biens meubles et immeubles qu'il possède, la femme, de ses reprises, donne ouverture à deux droits de donation (*Rép.* n° 3765). Cependant l'Administration elle-même a décidé, en sens contraire, que la donation, à titre de constitution de dot, par deux époux à leur enfant commun, d'immeubles appartenant au père et des reprises de la mère hypothéquées sur ces immeubles, ne constitue qu'une libéralité unique et ne donne lieu, en conséquence, qu'à un seul droit proportionnel d'enregistrement (Sol. adm. enreg. 28 août 1879, D. P. 80. 5. 166). — Mais elle n'a pas persisté dans cette voie. Ainsi, elle a soutenu ultérieurement qu'il y a dans le cas dont il s'agit, deux libéralités distinctes, et qu'il est dû, par suite, deux droits proportionnels de donation, et un jugement a été rendu en ce sens (Trib. Saint-Palais, 17 avr. 1886) (1). Telle est aussi l'opinion de M. Garnier, *Rép. gén. enreg.*, n° 6868, et des rédacteurs du *Dictionnaire des droits d'enregistrement*, v° *Donation*, n° 786.

2074. L'acceptation ou remise de dette peut être considérée comme constituant une donation, lorsque le créancier accorde la remise par un pur sentiment de bienveillance envers son débiteur (*Rép.* n°s 3767 et suiv.). — Ainsi il a été jugé que la remise de dette faite en avancement d'hoirie par un père à l'un de ses enfants, et constatée par des arrêtés de compte sur lesquels le jugement qui a procédé aux compte, liquidation et partage de la succession du père, s'est fondé pour régler les droits des héritiers, constitue une donation de valeurs mobilières passible du droit de 1 fr. 25 cent. pour 100 (Civ. rej. 28 déc. 1853, aff. Worms de Romilly, D. P. 54. 1. 12. Conf. Trib. Seine, 21 avr. 1882, cité *suprà*, n° 2072).

Il a été jugé, dans le même sens, qu'il y a, non une simple remise de dette passible seulement du droit de libération, mais une véritable libéralité passible du droit de donation,... dans l'acte par lequel le créancier d'une rente renonce au bénéfice de cette rente (Trib. Seine, 2 juin 1866) (2); ... dans la disposition par laquelle, dans un contrat de mariage, le créancier d'une rente viagère déclare faire donation au futur époux débi-rentier, des arrérages à échoir de ladite rente (Trib. Louviers, 24 août 1866, aff. Chapelain).

(1) (Lopé.) — Le tribunal ; — Attendu que, par acte passé devant M° Dihigo, notaire à Mauléon, le 15 janv. 1884, les mariés Lopé et Iriteity-Irigoyen ont fait donation au profit d'Engrâce Lopé, leur fille, savoir : le mari d'un domaine et d'un mobilier détaillé et estimé article par article, lui appartenant en propre, et la femme, de tous les droits, créances, reprises, avantages matrimoniaux et autres reprises quelconques qu'elle avait à exercer contre son mari, à quelque titre et pour quelque cause que ce soit, notamment en vertu de son contrat de mariage, retenu par M° Darhan, notaire, le 8 févr. 1841, et dont l'importance se trouvait confondue, y est-il dit, avec la valeur des immeubles donnés ; — Attendu que, lors de l'enregistrement de cet acte, le 21 janv. 1884, le receveur du bureau de Mauléon a perçu deux droits distincts sur la donation faite par le mari et sur celle faite par la femme ; — Attendu que, par exploit de l'huissier de Pouilloux, huissier à Mauléon, en date du 21 janvier dernier, la dame Engrâce Lopé, épouse Irigoyemborde, a fait assigner l'administration de l'enregistrement en restitution du droit mal à propos perçu sur la valeur des objets mobiliers et le montant des reprises, prétendant que ces valeurs mobilières et reprises, objet de la donation, étaient confondues avec les immeubles, puisque le tout a été déclaré, dans l'acte, d'un revenu de 160 fr., chiffre qui devait servir de base pour la liquidation des droits ; — Attendu que l'allégation de la dame Engrâce Lopé ne saurait avoir une portée sérieuse en présence des termes formels de l'art. 4 de la loi du 22 frim. an 7 ainsi conçu : « ... Le droit proportionnel est établi sur toute transmission de propriété, d'usufruit ou de jouissance de biens meubles et immeubles, soit entre vifs, soit par décès ; il est assis sur les valeurs » ; — Attendu qu'il est constant que l'acte du 15 janv. 1884 précité contient à la fois deux donations faites par deux personnes différen-

tes, transmettant, l'une, des immeubles et des meubles à elle propres, et, l'autre, des reprises garanties par ces mêmes immeubles ; mais qu'il n'en est pas moins certain qu'il existe, dans cette donation, deux libéralités émanant de deux donateurs distincts, passibles de droits distincts ; — Que, par conséquent, la perception faite par le préposé de l'Enregistrement paraît régulière et faite à bon droit ; qu'ainsi il y a lieu, tout en accueillant les conclusions de l'Administration, de débouter la dame Engrâce Lopé de ses demandes, fins et conclusions, et de la condamner aux dépens ; — Par ces motifs...
Du 17 avr. 1886.-Trib. civ. de Saint-Palais.

(2) (De Comeiras.) — Le tribunal ; — Attendu que la femme de Comeiras avait constitué au profit de son fils, par le contrat de mariage de ce dernier, une rente viagère de 2200 fr. ; qu'aux termes d'un acte en date du 15 juin 1864, le crédi-rentier a renoncé à se prévaloir de cette donation, et qu'enfin, suivant un dernier acte, intervenu le 19 avr. 1868, la débitrice a accepté cette renonciation ; — Attendu que le droit dont Jules de Comeiras était investi constituait une créance rentrant dans la classe des biens meubles, aux termes de l'art. 529 c. nap. ; qu'il s'en est dessaisi par la remise qu'il a consentie, à titre purement gratuit, à sa débitrice ; — Attendu que l'art. 69, § 4, n° 1, de la loi du 18 mai 1850 assujettit au droit proportionnel la donation de biens meubles, c'est-à-dire, toute libéralité ayant pour effet l'abandon gratuit d'une chose qualifiée meuble par la loi ; — Attendu, d'autre part, qu'il résulte de l'art. 14 de la loi de frimaire qu'en ce qui concerne les actes ayant pour objet la création, la transmission ou l'amortissement de deux donateurs viagère, le droit est perçu sur un capital formé par les arrérages multipliés par dix ; — Attendu, dès lors, que c'est à bon droit qu'il a été exigé

2075. Il en est de même de la remise d'un prix de vente. Une telle remise constitue une libéralité et donne lieu, par suite, au droit de donation (*Rép.* nᵒ 3770). C'est ce que fait très bien ressortir un jugement du tribunal de Grasse du 25 juill. 1874 (1) qui a sanctionné la perception du droit de donation sur un acte par lequel un vendeur d'immeubles avait fait remise aux acquéreurs de la totalité de leurs prix, sans motif apparent, et alors que les acquéreurs étant parents du vendeur et celui-ci se trouvant dans une position aisée, les circonstances concouraient à donner à l'acte le caractère de libéralité.

2076. Mais, lorsque la remise de dette intervient dans l'intérêt commun du créancier et du débiteur, comme le concordat en matière de faillite, il n'y a pas libéralité passible du droit de mutation à titre gratuit, et le droit de libération est seul exigible. Ainsi l'acte par lequel le créancier d'une rente viagère consent à en réduire le chiffre, doit être considéré comme une simple libération passible du droit de 50 cent. pour 100 seulement, et non comme une libéralité sujette au droit établi pour les donations, lorsque la réduction a été accordée à titre de transaction, afin d'assurer à l'avenir le payement intégral et exact des arrérages de la rente (Civ. rej. 28 févr. 1870, aff. Lemesle, D. P. 70. 1. 417).

2077. Il est enseigné au *Rép.* nᵒ 3771 que, lorsque le donateur d'une somme d'argent délivre, à la place, par l'acte même constatant la donation, un immeuble, il y a une transmission à titre gratuit de cet immeuble, et non pas une dation en payement, mais que la dation d'un immeuble en payement d'une somme d'argent donnée par acte antérieur est passible du droit de vente immobilière, sans aucune imputation du droit de donation précédemment perçu (*Rép.* nᵒ 3772). — Il n'en est plus ainsi au cas où la donation primitive était *éventuelle* et n'a conféré au donataire qu'un droit précaire. La transformation de ce droit par le payement immédiat d'une somme d'argent ou l'attribution définitive de valeurs mobilières ou immobilières n'a plus le caractère de dation en payement : c'est, en réalité, une libéralité, et c'est, par suite, le droit proportionnel de donation qui est exigible. Ainsi, lorsqu'une donation de somme d'argent soumise à l'événement du décès, est exécutée sans réserve ni éventualité, avant l'événement, le droit proportionnel de mutation entre vifs à titre gratuit est exigible sur l'acte constatant le payement (Civ. cass. 21 déc. 1870, aff. Noël, D. P. 71. 1. 87. V. *supra*, nᵒ 2009. Conf. Req. 20 févr. 1865, aff. de Truchis, D. P. 65. 1. 220). — C'est ainsi encore qu'il a été décidé que, lorsqu'une personne, après avoir donné par contrat de mariage à une autre une somme d'argent à prendre sur la succession de la donatrice et qui ne sera exigible qu'au moment du décès, transmet à la donataire un immeuble pour lui tenir lieu de son droit éventuel subordonné à l'événement du décès, cette transmission ne saurait être considérée comme une dation en payement, mais donne ouverture au droit proportionnel de mutation à titre gratuit (Trib. Valence, 10 juill. 1883, aff. Montagny, *Journ. enreg.*, art. 22817).

.l La solution est la même au cas où il y a *donation alternative* d'une somme d'argent ou d'un immeuble (V. *Rép.* nᵒˢ 3814 et suiv.).

2078. Même dans le cas où la remise et la vente ou la donation ne forment qu'un seul acte, il peut arriver que les deux droits doivent être simultanément appliqués (*Rép.* nᵒ 3773). Ainsi, jugé, conformément à un précédent arrêt du 6 déc. 1847 rapporté au *Rép. ibid.*, que la cession d'un office moyennant un prix déterminé avec donation d'une partie de ce prix, donne ouverture, d'une part, au droit de cession sur la totalité du prix sans défalcation de la somme donnée, et, d'autre part, au droit de donation sur cette somme, les deux dispositions devant être alors considérées comme distinctes et indépendantes l'une de l'autre (Req. 22 janv. 1866, aff. Véricel, D. P. 66. 1. 232).

Nᵒ 5. — *Actualité et irrévocabilité de la transmission*
(*Rép.* nᵒˢ 3774 à 3830).

2079. Il ne suffit pas, pour rendre exigible le droit proportionnel, que le contrat soit translatif; il faut encore que la transmission soit *actuelle* et *irrévocable*; il faut, en d'autres termes, que la donation confère un droit acquis dès à présent, transmissible et absolument à l'abri du caprice du donateur (*Rép.* nᵒ 3774).

2080. L'*irrévocabilité* de la transmission n'est nullement incompatible avec la faculté de subordonner la donation à une condition résolutoire (*Rép.* nᵒ 3775), de stipuler, par exemple, une clause de retour (*Rép.* nᵒ 3776). Ainsi, le droit proportionnel est dû, à l'enregistrement du contrat de mariage,... sur la donation immobilière qui y est contenue avec réserve de l'usufruit et clause de retour, encore bien que le donateur se soit réservé la faculté de vendre l'immeuble, s'il a été stipulé que, le cas échéant, le prix appartiendrait au donataire (Trib. Seine, 26 déc. 1863, *Journ. enreg.*, art. 17834); ... sur la donation à la future par son père, qualifiée entre vifs, pure et simple et irrévocable, d'une somme déterminée dont elle sera saisie par le seul fait de la célébration du mariage, sauf le cas de son prédécès sans enfant (Trib. Joigny, 12 août 1868, *Journ. enreg.*, art. 18781).

2081. Mais, au moins, faut-il que la condition soit purement *casuelle*. Si elle était *potestative*, la donation ne produirait pas effet, et partant le droit proportionnel ne serait point exigible (*Rép.* nᵒ 3780). Il en est ainsi de la donation subordonnée à la condition de payer *toutes* les dettes que le donateur laissera à son décès (*Rép.* nᵒˢ 3781 et suiv.). Mais si le chiffre des dettes dont le payement pourrait être imposé au donataire dans l'avenir, était *déterminé* sans que le donateur pût l'augmenter, il y aurait, dans tous les cas, libéralité pour l'excédent de valeur de l'objet donné et le droit proportionnel serait exigible (Conf. Garnier, *Rép. gén. enreg.*, nᵒ 6684; *Diction. droits d'enreg.*, vᵒ *Donation*, nᵒ 493).

2082. En ce qui concerne l'*actualité*, le dépouillement ne cesse pas d'être actuel, dans le sens de la loi, quand il ne

---

payement des droits à 2 fr. 50 cent. pour 100 sur la somme de 22000 fr., qui représente, sur les bases posées par la loi, le capital de la rente viagère que les actes des 15 juin 1864 et 19 avr. 1865 ont eu pour effet d'amortir ; — Par ces motifs, déclare la femme de Comeiras mal fondée en sa demande en restitution, etc.
Du 2 juin 1866.-Trib. civ. de la Seine.

(1) (Nirascou.) — Attendu que, par acte authentique du 4 mai 1862, la demoiselle Marie Nirascou vendit à Claude et André Nirascou, ses cousins germains, trois parcelles de terre qu'elle possédait à Cagnes, moyennant la somme de 800 fr. payable dans un délai de deux ans, avec les intérêts à 5 pour 100 l'an ; et que, par un autre acte passé devant Chauvin, notaire à Grasse, le 12 mars 1873, elle a fait aux acquéreurs remise pleine et entière du prix de cette vente ; — Attendu que toutes les donations entre vifs, qu'elles aient lieu directement ou par voie indirecte, sont soumises à des droits proportionnels variant selon le degré de parenté des contractants ; — Que, sans doute, la remise volontaire de dette forme un des modes de libération expressément prévus par l'art. 1234 c. civ. ; mais qu'elle ne revêt ce caractère que lorsqu'elle procède d'un sentiment intéressé de la part du créancier qui la consent, non avec l'intention de gratifier le débiteur, mais afin d'assurer, par un sacrifice partiel, le payement du surplus de sa créance ; que si, en pareil cas, on ne saurait dire qu'il y ait libéralité à proprement

parler, et si une semblable convention n'est passible que du droit de libération, il en est autrement quand la remise est déterminée par un pur sentiment de bienveillance du créancier envers son débiteur, et qu'elle a bien dans l'intérêt exclusif de celui-ci et sans aucun avantage pour celui-là ; qu'il est impossible de ne pas reconnaître qu'elle constitue alors une véritable donation ; — Attendu que l'acte du 12 mars 1873 n'a profité et ne devait profiter qu'aux frères Nirascou ; que le prix de vente dont il leur a été fait abandon était garanti non seulement par l'inscription d'office prise sur les biens vendus, mais encore par une hypothèque consentie par eux sur un autre immeuble leur appartenant ; que la venderesse ne pouvait concevoir aucune crainte pour le recouvrement de la somme qui lui était due ; qu'elle n'a pas eu, d'ailleurs, en vue d'obtenir une sûreté nouvelle pour les payements d'une partie de cette somme en sacrifiant le surplus ; qu'elle s'est, au contraire, dessaisie de la totalité de sa créance ; que son but manifeste, en agissant ainsi, a été de faire une libéralité qu'expliquent suffisamment et sa position personnelle et les liens de parenté qui l'unissent aux frères Nirascou ; — Attendu, dès lors, que la disposition contenue dans l'acte du 12 mars 1873 était assujettie, non au simple droit de libération, comme le prétend le demandeur, mais au droit de donation, et que c'est à juste titre que ce dernier droit a été exigé et perçu par le receveur de l'enregistrement de Grasse.
Du 25 juill. 1874.-Trib. civ. de Grasse.

porte que sur la nue propriété, le donateur se réservant le domaine utile de la chose donnée sa vie durant (*Rép.* n° 3785), ou sur l'usufruit, le donateur conservant la nue propriété (*Rép.* n° 3786). Et la propriété, dans le premier cas, l'usufruit, dans le second, peuvent n'être pas transférés immédiatement : la règle du dessaisissement actuel n'empêche, en aucune manière, qu'un *terme* soit apposé. Le droit proportionnel n'en est pas moins exigible (*Rép.* n° 3789). On trouve l'application la plus remarquable de cette doctrine dans les *donations de sommes d'argent payables au décès ou après le décès du donateur*. Ces sortes de donations sont surtout stipulées dans les contrats de mariage. Elles présentent parfois le caractère de l'institution contractuelle dont il sera traité *infrà*, n°s 2105 et suiv. Mais elles sont généralement considérées comme constituant des donations actuelles (V. *suprà*, v° *Dispositions entre vifs et testamentaires*, n° 345), donnant lieu à la perception immédiate du droit proportionnel (*Rép.* n° 3790). En ce sens, il a été décidé : 1° que la donation d'une somme d'argent exigible au décès du donateur, opère, au point de vue de la loi fiscale, dès l'époque même où elle a été faite, une mutation de propriété qui a pour effet de distraire cette somme du patrimoine du donateur et de la retrancher de sa succession, dont elle est alors réputée ne point faire partie pour le calcul des droits de mutation (Civ. cass. 30 juill. 1862, aff. Bignan, D. P. 62. 1. 369); — 2° Que la donation faite dans un contrat de mariage à l'un des futurs époux par un tiers, à titre de donation entre vifs, d'une somme d'argent payable au décès du donateur, est soumise au droit proportionnel de mutation au moment de l'enregistrement de l'acte qui la constate, alors même que cet acte ne stipulerait au profit du donataire ni intérêts ni sûretés hypothécaires, l'éventualité du recouvrement de la somme donnée n'enlevant pas à la donation le caractère translatif qu'elle tient de l'art. 931 c. civ. (Civ. cass. 4 févr. 1867, aff. de Gasquet, D. P. 67. 1. 74).

2083. En principe, la donation d'une somme d'argent *à prendre sur les biens que laissera le donateur à son décès* étant incertaine, ne donne pas ouverture immédiatement au droit proportionnel (*Rép.* n° 3803). Cependant il a été décidé que la donation d'une somme d'argent à prendre, après le décès du donateur, sur les deniers, valeurs et créances de sa succession, et, en cas d'insuffisance, sur un donataire précédent qui en a été constitué débiteur, a tous les caractères d'une donation de biens présents, dont le donateur s'est dessaisi d'une manière actuelle et irrévocable, et constitue une donation entre vifs valable (Req. 26 janv. 1886, aff. Arman, D. P. 86. 1. 442, arrêt rendu en matière civile, déjà cité *suprà*, v° *Dispositions entre vifs et testamentaires*, n° 345). — Cet arrêt n'est pas contraire aux principes posés au *Répertoire*. La détermination du caractère de la donation, dans les cas de l'espèce, est essentiellement une question de fait, dont la solution dépend des circonstances. Si la stipulation que la somme sera prise sur les plus clairs biens qui composeront la succession du donateur, implique généralement que la donation n'aura d'effet qu'au décès du donateur et qu'elle est, dès lors, purement éventuelle, ce n'est toujours là qu'une présomption. Lorsque cette présomption est détruite par une autre contraire et plus forte, résultant d'un ensemble de circonstances caractéristiques, qualification de donation entre vifs, actuelle, irrévocable, à titre de préciput, garantie hypothécaire, etc., il y a lieu d'en conclure que le donateur a entendu se dessaisir actuellement et que la donation constitue une véritable donation entre vifs soumise *hic et nunc* au droit proportionnel. Il en était ainsi dans l'espèce sur laquelle a statué l'arrêt précité du 26 janv. 1886 :— Décidé aussi que la donation par contrat de mariage au futur, qualifiée entre vifs, actuelle, irrévocable, à titre de préciput et hors part, d'une somme déterminée à prendre sur les plus clairs biens qui composeront la succession du donateur, payable à son décès sans intérêt jusqu'à cette époque, et garantie par une affectation hypothécaire, emporte dessaisissement actuel et donne lieu, en conséquence, au droit proportionnel à l'enregistrement du contrat de mariage (Trib. Saint-Yrieix, 20 juill. 1880, aff. Blondy, D. P. 81. 3. 96. Conf. Trib. Bagnères, 28 déc. 1874, *Journ. enreg.*, art. 19752).

Toutes les fois que ces circonstances particulières ne se rencontrent pas, la règle reprend son empire, et la donation purement éventuelle ne donne pas lieu à la perception immédiate du droit proportionnel. Ainsi, jugé que la donation d'une somme d'argent à prendre sur les plus clairs biens de la succession du donateur qui s'en réserve la jouissance pendant sa vie, sans fournir aucune garantie au donataire, constitue une simple donation éventuelle sous condition suspensive, et non une donation entre vifs immédiatement passible du droit proportionnel ; et cela encore bien que l'acte soit qualifié donation entre vifs, et que le droit de retour ait été stipulé au profit du donateur (Trib. Corbeil, 27 juin 1856, aff. Jacquelin, D. P. 56. 3. 46. Conf. Trib. Le Vigan, 13 juill. 1876, *Journ. enreg.*, art. 20484).

2084. De ce que la somme d'argent donnée entre vifs et stipulée payable au décès du donateur doit être soumise au droit proportionnel à l'enregistrement de l'acte constatant la donation, il suit qu'elle ne peut être assujettie une seconde fois au droit proportionnel auquel ce décès donne ouverture (*Rép.* n°s 3084 et 4462). L'administration de l'enregistrement elle-même reconnaît, depuis 1862, que les sommes d'argent données entre vifs et stipulées payables ou non payées au décès du donateur, doivent être déduites des valeurs de sa succession pour la liquidation des droits de mutation auxquels son décès a donné ouverture. Mais la question a été longtemps controversée. Dans le principe, la déduction a été admise par la jurisprudence (*Rép. ibid.*). Puis, un revirement s'est opéré. À l'époque de la publication du *Répertoire*, la cour de cassation décidait que la somme donnée entre vifs et non payée au décès du donateur, constituait une charge de sa succession et que, par suite, la déduction n'en devait pas être opérée pour la liquidation du droit de mutation ouvert par son décès (*Rép.* n° 4462). La jurisprudence est demeurée pendant plus de vingt ans fixée dans le même sens, repoussant la déduction des sommes données et non payées,... alors que le donataire avait été institué légataire universel du donateur (Civ. cass. 31 janv. 1854, aff. Vanheeghe, D. P. 54. 1. 58; Req. 19 juin 1853, aff. Délié, D. P. 57. 1. 156. Conf. Rép. n° 4462);... lorsque la donation avait été faite en avancement d'hoirie aux enfants du donateur (Req. 6 mai 1857, aff. Mallet, D. P. 57. 1. 298);... alors que la somme donnée avait été stipulée payable dans un délai déterminé après le décès du donateur (Civ. rej. 13 nov. 1860, aff. Charette de la Contrie, D. P. 60. 1. 480). Et l'on n'admettait pas que le droit perçu à l'enregistrement de la donation pût être imputé d'aucune sorte sur le droit de mutation par décès applicable au legs, lors même que la donation avait été faite frauduleusement en vue de dissimuler le legs (Req. 18 juill. 1860, aff. Gavoty, D. P. 61. 1. 62). En dernier lieu, la cour de cassation est revenue à l'interprétation qu'elle avait adoptée dans le principe. Elle a jugé que la donation d'une somme d'argent exigible au décès du donateur, opère, au point de vue de la loi fiscale, dès l'époque même où elle a été faite, une mutation de propriété qui distrait cette somme du patrimoine du donateur et la retranche de sa succession; qu'elle est, dès lors, réputée n'en point faire partie et que, par conséquent, la somme doit être distraite de l'actif héréditaire pour la liquidation du droit de mutation par décès (Civ. cass. 30 juill. 1862, aff. Bignan, D. P. 62. 1. 369). L'administration de l'enregistrement a acquiescé à cet arrêt et l'a transmis à ses agents pour leur servir de règle de perception (Instr. adm. enreg. 15 nov. 1862, n° 2234, § 1er, V. D. P. 74. 3. 40, note).

2085. La doctrine de l'arrêt du 30 juill. 1862, cité *suprà*, n°2084, est applicable, non seulement aux cas où les sommes données n'ont pas été payées au décès du donateur, mais encore lorsqu'elles ont été payées par lui et sont *rapportées à sa succession*, quand bien même, dans ce dernier cas, un partage les aurait attribuées à un autre que le donataire. En effet, le principe est le même dans toutes ces hypothèses. Les sommes données ne peuvent être assujetties au droit de mutation ouvert par le décès du donateur, parce qu'elles représentent des objets dont le défunt a disposé par anticipation et que, dès lors, si elles dépendent de sa succession, elles ne se trouvent pas au nombre des biens transmis par son décès. Il en a été décidé ainsi par un arrêt aux termes duquel les sommes d'argent données en avancement d'hoirie, et qui ont été assujetties au droit proportionnel à l'enregistrement de la donation, doivent être déduites de l'actif de la succession du donateur pour la perception des droits de mutation ouverts par son décès, soit qu'elles se trouvent encore dues, soit qu'elles aient été payées et rapportées pour le partage; spécialement, la somme constituée en dot à un enfant par ses père et mère avec stipulation qu'elle s'imputera sur la succession du prémourant des donateurs, doit être déduite de l'actif de la succession de la mère prédécédée pour la liquidation des droits de mutation par décès; cette déduction doit être opérée, lors même que la somme ayant été rapportée dans le partage de la communauté et de ladite succession et celle-ci en ayant fait récompense à la communauté, cette valeur a été attribuée au mari survivant pour le remplir de ses droits dans la communauté, tandis que l'enfant doté a reçu des valeurs de cette même communauté pour des droits héréditaires (Civ. cass. 28 oct. 1889, aff. Velay, D. P. 90. 1. 274. Conf. Trib. Nevers, 24 mai 1870, *ibid.*, note; *Journ. enreg.*, art. 18915-11; *Diction. droits d'enreg.*, v° *Rapport à succession*, n° 426).

2086. Il est à remarquer que, dans l'espèce de l'arrêt du 28 oct. 1889, cité *suprà*, n° 2085, la somme donnée avait été rapportée à la succession de la donatrice, et attribuée, par le partage de cette succession et de la communauté d'entre la défunte et son mari survivant, à ce dernier, tandis que l'enfant doté avait reçu des valeurs de la communauté pour le remplir de ses droits héréditaires. Il avait paru à l'Administration que, dans cet état de choses, aucune des valeurs recueillies par les héritiers d'après le partage n'ayant supporté le droit de mutation, toutes intégralement devaient être soumises au droit de mutation par décès. Cette argumentation avait été admise par le tribunal de la Seine, mais la cour de cassation l'a repoussée. Le partage de la communauté et celui de la succession, a-t-elle dit, ayant été faits par un seul et même acte, sont indivisibles et produisent l'un et l'autre l'effet rétroactif. Si des valeurs de la communauté ont été attribuées à l'un des héritiers pour le remplir de ses droits dans la succession, ces valeurs doivent être considérées comme ayant fait partie de l'hérédité et comme tenant lieu à cet héritier des valeurs rapportées. Il est censé les avoir reçues *ab initio* et, par suite, la déduction en doit être opérée pour la liquidation des droits de mutation par décès.

La cour, par cette décision, a étendu jusqu'à ses extrêmes limites, l'application du principe posé dans son arrêt du 30 juill. 1862 cité *suprà*, n° 2084. L'administration de l'enregistrement a acquiescé à l'arrêt du 28 oct. 1889.

2087. En résumé, il est aujourd'hui bien établi que les sommes d'argent données entre vifs et qui ont supporté le droit proportionnel à l'enregistrement de la donation, doivent être déduites, dans tous les cas, de l'actif de la succession du donateur pour la perception des droits de mutation par décès, soit qu'elles n'aient pas été payées, soit qu'elles aient été et qu'elles soient rapportées, et, dans cette dernière hypothèse, sans distinction entre le cas où elles sont attribuées par le partage à l'héritier donataire ou bien à un autre héritier, et celui où l'attribution en est faite à l'époux survivant, tandis que les héritiers reçoivent, pour les tenir lieu, des valeurs de la communauté.

2088. Cette règle de perception s'applique également aux *dots* constituées par contrat de mariage avec mention que la célébration du mariage en vaudra quittance, lorsqu'il est régulièrement prouvé que le payement n'a pas été effectué. En principe, la clause du contrat de mariage portant que la célébration vaudra quittance ou décharge de la dot forme la preuve d'une libération, mais cette preuve est de nature à être détruite : 1° par l'aveu des donateurs ou de leurs représentants reconnaissant que, contrairement aux énonciations du contrat, la dot n'a pas été payée, cet aveu n'entraînant pas nécessairement, d'ailleurs, une novation et ne constituant pas un changement aux conventions matrimoniales; 2° par la preuve contraire, régulièrement administrée par le système de ses ayants droit (Sol. adm. enreg. 23 mai 1881, D. P. 82. 3. 16). — Dans cet ordre d'idées, l'Administration a décidé qu'il y avait lieu de déduire de la succession du donateur la somme déclarée payée dans le contrat de mariage, mais dont le non-payement résultait des

énonciations d'un acte de partage auquel avaient concouru les héritiers non donataires, dont les attributions avaient été réglées en conséquence (Sol. adm. enreg. 30 janv. 1850, 21 juin 1877 et 15 avr. 1881, *ibid.*). — L'aveu du donateur faisant défaut et la preuve alléguée par le donataire ou ses ayants droit n'étant pas suffisante, l'Administration a, au contraire, refusé de soustraire au payement de l'impôt le montant des dots dont le payement n'était pas régulièrement établi. C'est dans ce sens que le tribunal de Corte a considéré, le 2 déc. 1874, comme n'étant pas de nature à être prise en considération, la déclaration formulée par le mari survivant que la dot constituée à sa femme était purement fictive. De même, l'écrit sous seing privé signé par la femme, et duquel il résultait qu'elle n'avait pas apporté la dot indiquée dans le contrat, n'a paru former preuve suffisante du non-payement allégué, alors surtout que les deniers étaient désignés dans le contrat comme existant en la possession de la donataire (Sol. adm. enreg. 20 oct. 1879, *ibid.*). Il est certain, en effet, que, dans ces deux hypothèses, de simples allégations émanées du mari survivant ou de la donataire n'étaient pas de nature à former un titre que nul ne peut se créer soi-même, et, par suite, à détruire la preuve authentique résultant du contrat de mariage (*Ibid.* Conf. Trib. Sarreguemines, 2 févr. 1864, aff. Pauly, D. P. 64. 3. 30).

2089. D'un autre côté, il a été jugé que l'échéance du *terme* stipulé pour le payement d'une obligation ne constitue pas, au regard de l'Administration, une présomption suffisante de la libération du débiteur; que, par suite, le fait que les termes stipulés pour le payement d'une dot constituée par un père à son enfant, dans le contrat de mariage de ce dernier, étaient échus depuis plus ou moins de temps au décès du donateur, n'autorise pas l'Administration à refuser d'admettre la distraction de la somme donnée de l'actif de sa succession, pour la liquidation du droit de mutation par décès, alors que les héritiers déclarent que cette somme n'a pas été payée (Trib. Avranches, 30 juill. 1870, aff. Castel, D. P. 74. 3. 39-40), ni à exiger le rapport à la succession de la somme donnée, afin de déterminer la part héréditaire d'un autre enfant décédé antérieurement à son père (Trib. Largentière, 8 nov. 1870, aff. Jauzion, *ibid.*).

2090. Les questions de l'espèce se rapportent plus particulièrement à la liquidation des droits de mutation par décès qui se perçoivent sur la valeur réelle des biens transmis sans distraction des charges dont ces biens sont grevés. Nous les retrouverons dans la deuxième partie du présent chapitre (sect. 1°, art. 1°, § 2, n° 3), lorsque nous étudierons les applications que reçoit le principe de la non-distraction des charges pour la *liquidation des droits de mutation entre vifs à titre gratuit et par décès.*

2091. Le principe du dessaisissement actuel n'est pas inconciliable avec la stipulation d'une *condition suspensive* (Rép. n° 3808). Lorsque c'est à l'événement d'un *décès* que la donation est subordonnée, elle est tarifée spécialement au droit de 7 fr. 50 cent. (Rép. n° 3809) (L. 28 févr. 1872, art. 4). En dehors de ce cas spécial, c'est le droit de 3 fr. applicable aux contrats innommés qui est dû (Conf. *Diction. droits d'enreg.*, v° *Donation*, n° 472).

2092. Il est parfois difficile de reconnaître si une condition est ou n'est pas réellement suspensive, pour décider si le droit proportionnel est ou n'est pas exigible. Les circonstances seules peuvent déterminer la solution : c'est aux termes de l'acte et aux effets que les parties ont voulu y attacher qu'il faut se référer (Rép. n° 3810).

Il a été décidé... que la clause d'un contrat de mariage par laquelle les père et mère de l'un des futurs époux s'engagent à pourvoir à leur logement, à leur nourriture et à leur entretien, et, dans le cas de séparation par suite d'incompatibilité d'humeur, à leur fournir des objets mobiliers déterminés et à leur payer un capital également déterminé, ne peut être assujettie au droit proportionnel sur la disposition qui produit un effet immédiat, c'est-à-dire sur l'obligation de loger et d'entretenir (Sol. adm. enreg. 7 déc. 1868, D. P. 74. 5. 197-198); ... Qu'il en est de même au cas où c'est la jouissance d'une maison ou de tout autre immeuble que les père et mère doivent fournir en cas de cessation de la vie commune (Sol. adm. enreg. 1er avr. 1873, *ibid.*);

... — Que la libéralité consentie pour le cas de séparation étant soumise à une condition qui, pour être seulement potestative, n'en est pas moins éventuelle, car elle est subordonnée à un événement futur et incertain qui peut ne jamais se réaliser, ne saurait être assujettie au droit proportionnel, alors même qu'une affectation hypothécaire aurait été stipulée, cette affectation étant conditionnelle elle-même comme l'engagement dont elle est l'accessoire (Mêmes solutions. Conf. Sol. adm. enreg. 11 août 1869 et 19 janv. 1872, *ibid.*, Garnier, *Rép. gén. enreg.*, n° 5264. — *Contrà :* Req. 18 avr. 1821, *Rép.* n° 291).

En ce qui concerne la détermination du droit d'enregistrement applicable, en ce cas, à l'obligation de loger, nourrir et entretenir, il y a divergence entre les solutions ci-dessus mentionnées. Suivant celles des 11 août 1869 et 19 janv. 1872, cette obligation ne constitue pas une libéralité et n'est donc sujette qu'au droit fixe (aujourd'hui droit gradué) applicable aux actes de formation de société (V. *supra,* n° 1846).

Au contraire, suivant les solutions précitées des 7 déc. 1868 et 1er avr. 1873, cette détermination présente le caractère de libéralité, encore bien que les futurs époux doivent apporter le produit de leurs travaux, revenus et industrie, cette stipulation accessoire pouvant être considérée comme une charge imposée par les donateurs aux donataires, à titre de condition de la libéralité. C'est donc le droit proportionnel de donation qui est exigible et il doit être liquidé, conformément à l'art. 14, n° 9, de la loi du 22 frim. an 7, sur le capital au denier dix de la valeur, déclarée ou à déclarer par les parties, de l'obligation de loger, nourrir et entretenir.

2093. De même, la donation par laquelle la femme donne aux enfants, issus d'un premier mariage de son mari, ses droits sur la communauté, c'est-à-dire la moitié de la communauté qui ne devrait lui revenir que si elle survivait à son mari, celui-ci, en cas de prédécès de sa femme, devant demeurer propriétaire de la totalité, est soumise à une condition suspensive qui ne rend pas, en conséquence, exigible immédiatement le droit proportionnel de donation (Trib. Vitré, 28 oct. 1885, et Sol. adm. enreg. 23 déc. 1885, *Journ. enreg.*, art. 22754). En effet, le préciput consenti par la femme au profit de son mari survivant a pour résultat de n'attribuer à la femme sur les biens de la communauté qu'un droit éventuel : elle n'aura droit à sa part de communauté que si elle survit ; ses droits sur la communauté sont donc affectés d'une condition suspensive, et si elle transporte ses droits aux enfants du premier lit de son mari, elle ne peut les transporter qu'affectés de la même condition suspensive ; c'est donc justement que le droit proportionnel d'enregistrement n'a pas été perçu.

§ 2. — Donations contractuelles *(Rép.* n°s 3831 à 3888).

2094. Comme nous l'avons dit à l'art. 2 précédent, § 5, n° 4, en traitant des contrats de mariage (V. *supra,* n° 1803), ces contrats renferment, en dehors des dispositions qui ont pour objet les apports des époux, d'autres dispositions non essentielles au contrat, et qui sont des conventions *à titre onéreux* ou des dispositions *à titre gratuit* dont il peut être l'occasion. Il a été traité des premières *supra,* n°s 1803 et suiv. Les secondes ont été étudiées au *Répertoire* sous le présent paragraphe. Elles ont été divisées en deux parties, suivant qu'elles se passent *entre les époux stipulant entre eux* ou *entre les époux et des tiers (Rép.* n° 3831).

N° 1. — *Avantages entre époux (Rép.* n°s 3832 à 3851).

2095. Les donations entre époux peuvent avoir lieu *par contrat de mariage* ou *pendant le mariage*. Elles donnent lieu, dans les deux cas, à un droit particulier (*Rép.* n° 3832).

A. — Donation par contrat de mariage *(Rép.* n°s 3832 à 3843).

2096. Pour les donations entre époux par contrat de mariage, qui sont éventuelles, le droit qui était de 5 fr. à l'époque de la publication du *Répertoire* (n° 3832), se trouve aujourd'hui porté à 7 fr. 50 cent. par la disposition générale de l'art. 4 de la loi du 28 févr. 1872.

2097. Ce droit embrasse *toutes* les stipulations avantageuses entre époux que peut renfermer le contrat de mariage (*Rép.* n° 3833). D'autre part, il n'est pas applicable aux stipulations diverses (préciput, forfait de communauté, etc.) par lesquelles les époux, en adoptant le régime de la communauté, en modifient les effets généraux (*Rép.* n° 3835). — V. *supra,* n°s 1817 et suiv.

2098. Les donations entre époux par contrat de mariage peuvent contenir soit des biens présents, soit des biens à venir, soit à la fois des biens présents et à venir (c. civ. art. 1093). Si la libéralité est subordonnée au prédécès du donateur, elle donne lieu au droit fixe de 7 fr. 50 cent. à l'enregistrement du contrat de mariage, et au droit proportionnel de mutation à l'événement (*Rép.* n° 3837). S'il s'agit de donations *actuelles* entre les époux, la transmission s'opérant immédiatement, c'est, non plus le droit fixe, mais le droit proportionnel qui est exigible (*Rép.* n° 3838). Et, comme toute donation par contrat de mariage n'est assujettie qu'à moitié du droit ordinaire, le taux est de 1 fr. 50 cent. pour 100 pour les biens *meubles* et de 3 fr. pour 100 (y compris le droit de transcription) pour les *immeubles.*

2099. Des difficultés se sont produites relativement à la quotité du droit proportionnel exigible, lorsqu'une donation éventuelle entre époux par contrat de mariage vient à se réaliser. L'administration de l'enregistrement a toujours soutenu que, toutes les fois que la donation est subordonnée à la *survie* du donataire, il est dû à l'événement un droit de mutation par décès, par conséquent, un droit non réductible à la moitié, la donation étant alors à *cause de mort* et la modération du droit étant établie exclusivement en faveur des libéralités *entre vifs*. Cette doctrine a été critiquée au *Rép.* n° 3839. Il a été soutenu que la condition de survie n'enlève pas au droit du donataire, sinon au fait de la transmission, le caractère d'actualité qui lui appartient, et que, par suite, c'est le demi-droit seulement qui est applicable au cas dont il s'agit (*Ibid.*). On a cité en ce sens plusieurs arrêts de la cour de cassation (*Rép.* n°s 3840 et suiv.), qui d'ailleurs, n'a pas persisté dans cette voie. Elle a définitivement consacré la doctrine soutenue par l'Administration en décidant, par des arrêts des 23 mars et 7 juill. 1840 (*Rép.* n°s 3841 et 3868), que la donation entre époux par contrat de mariage sous condition de *survie*, est passible, au décès du donateur, du droit *entier* de mutation, et non pas seulement de *moitié* de ce droit. La pratique est conforme à ces dernières décisions.

Cette doctrine a été confirmée par la jurisprudence qui s'est établie au sujet des *donations secondaires* et de laquelle il résulte que ces donations donnent lieu, à l'événement, au droit de mutation par décès toutes les fois qu'elles sont subordonnées à la condition de *survie* (V. *supra,* n°s 235 et 236).

2100. La disposition peut avoir un double objet, être actuelle pour l'un, éventuelle pour l'autre. En ce cas, elle renferme deux libéralités distinctes, qui donnent lieu à deux droits distincts: l'un, proportionnel pour la première, l'autre, fixe, pour la seconde (*Rép.* n° 3843). Il a été jugé, en ce sens, que la clause d'un contrat de mariage portant donation actuelle et irrévocable par le futur à la future d'une somme déterminée, avec stipulation que si, au décès du futur, cette somme est inférieure à la quotité disponible, la femme aura le droit de réclamer la différence, renferme deux donations distinctes, l'une actuelle, l'autre éventuelle ; que le droit de 1 fr. 50 cent. pour 100 est dû, à l'enregistrement du contrat de mariage, sur la somme donnée, et que celui de 3 pour 100 est dû, au décès, sur le complément de la quotité disponible ; qu'on ne saurait prétendre que la donation était subordonnée au décès pour le tout et passible du droit de 3 pour 100 aussi pour le tout (Trib. Milhau, 17 déc. 1862, *Journ. enreg.*, art. 17623; *Diction. droits d'enreg.*, v° *Donation,* n° 1085).

Il a été jugé que la clause d'un contrat de mariage portant constitution en dot, à l'un des futurs par ses père et mère d'une pension viagère sur la tête des donateurs, avec stipulation qu'en cas de prédécès du donataire, elle sera réversible, pour moitié, à son conjoint survivant, doit être interprétée, à l'égard de la réversion, non comme une convention entre époux, mais comme une donation éventuelle de la part du constituant au profit du conjoint du donataire, passible, lors de la réalisation, du droit proportionnel établi entre personnes non parentes par contrat de mariage sur le capital de moitié de la pension (Civ. rej. 27 mars 1872, aff. Hautecloque, D. P. 72. 1. 213. V. *infrà*, n° 2113).

2101. La renonciation pure et simple à une donation par contrat de mariage, subordonnée à la condition de survie de l'époux donataire, enlève à cette donation son caractère translatif et, par suite, l'affranchit du droit proportionnel de mutation. Mais il faut que cette renonciation soit sincère : ainsi la renonciation par le conjoint survivant aux gains de survie résultant de son contrat de mariage, et notamment à une donation en usufruit, laisse subsister l'exigibilité du droit proportionnel de mutation, quand il résulte d'actes postérieurs qu'elle n'était pas sincère, lorsque, par exemple, le donataire s'est réservé le même usufruit dans le compte de tutelle de l'un de ses enfants, et en a fait l'abandon en faveur d'un autre enfant, dans le contrat de mariage de ce dernier (Civ. rej. 17 août 1863, aff. de Mauvoisin, D. P. 63. 1. 474). — De même, l'acceptation par l'époux survivant d'un gain de survie établi à son profit dans son contrat de mariage, résulte suffisamment du concours de cet époux au bail que les héritiers de l'époux prédécédé ont fait d'un immeuble compris dans ce gain de survie, si la faculté de renoncer n'y a pas été réservée, un tel concours ne devant pas être considéré comme un acte conservatoire. On objecterait vainement que l'époux survivant n'a pas pris expressément au bail la qualité de donataire et que sa présence y était nécessaire, parce que, à raison des reprises à exercer, il pouvait arriver que cet époux devînt, quoique renonçant à la donation, propriétaire des biens affermés, alors d'ailleurs que l'acte ne renferme à cet égard aucune énonciation de nature à laisser entière la faculté d'accepter ou de répudier. Par suite, le droit proportionnel de mutation est dû sur le montant de ce gain de survie, ainsi tacitement accepté, nonobstant la renonciation ultérieure de l'époux donataire (Req. 7 mars 1855, aff. Caudron, D. P. 55. 1. 408).

B. — Donation pendant le mariage (*Rép.* n°s 3844 à 3851).

2102. On s'est demandé si les donations faites entre époux pendant le mariage constituent des donations éventuelles ou bien des donations actuelles (*Rép.* n°s 3844 et suiv.); on s'est appuyé sur la faculté de révocation de ces donations pour soutenir qu'elles ont un caractère éventuel ; qu'en conséquence, elles ne sont sujettes, comme donations éventuelles, qu'au droit fixe, et ne donnent ouverture au droit proportionnel de mutation qu'au décès du donateur.

Il en est évidemment ainsi lorsque la libéralité a les caractères d'une donation à cause de mort (*Rép.* n° 3848). Et même, comme on le verra au chap. 6, où il sera traité des *délais* pour l'enregistrement des actes, ces donations ne sont sujettes à la formalité, comme les testaments, que dans les trois mois du décès du donateur. Jugé, en ce sens, que la clause d'un partage d'ascendant par laquelle, après avoir distribué leurs biens présents entre leurs enfants, les époux donateurs ont disposé que les valeurs qu'ils possèderaient au décès du prémourant d'eux, seraient la propriété du survivant, constitue, non une simple charge de partage anticipé, mais une libéralité directe entre époux passible du droit de mutation au décès du prémourant, malgré la nullité de la disposition, alors que cette nullité n'a été ni judiciairement prononcée, ni même demandée par ceux qui auraient eu qualité pour l'invoquer (Req. 30 mars 1868, aff. Prud'homme, D. P. 69. 1. 106).

2103. Mais lorsque la donation emporte le dessaisissement actuel de l'objet donné, elle donne lieu à la perception immédiate du droit proportionnel. Ainsi, la donation faite pendant le mariage par un époux à son conjoint de biens dont le conjoint donataire doit prendre immédiatement possession, pour en jouir, faire et disposer à partir du jour même comme de sa chose propre et absolue, emporte, quoiqu'elle soit révocable en vertu de l'art. 1096 c. civ., transmission immédiate des biens donnés sous la condition résolutoire de la révocation. En conséquence, le droit

proportionnel est dû à l'enregistrement de l'acte constatant la donation, et la prescription de l'action en payement de ce droit commence à courir dès la même époque, et non à compter de la déclaration, faite par le conjoint donataire, après le décès de l'époux donateur, qu'il accepte la libéralité que ce décès a consolidée à son profit (Civ. cass. 31 août 1853, aff. de Castellane, D. P. 53. 1. 288).

2104. Les époux se constituent souvent, pendant le mariage, des avantages indirects comme condition de conventions qu'ils font avec des tiers. C'est ce qui a lieu, notamment, lorsqu'en faisant entre leurs enfants le partage anticipé de leurs biens, des père et mère se réservent l'usufruit des biens donnés jusqu'au décès du survivant d'eux. Une pareille clause constitue, d'après la jurisprudence, une donation éventuelle entre époux, donnant lieu au droit fixe de donation éventuelle à l'enregistrement du partage anticipé et au droit proportionnel de mutation entre époux, au décès de l'époux prémourant, sur la valeur de l'usufruit des biens donnés par lui (V. *infrà*, n°s 2195 et suiv.).

No 2. — *Avantages auxquels des tiers sont parties* (*Rép.* n°s 3852 à 3888).

2105. Les donations faites aux futurs dans le contrat de mariage par des tiers donnent lieu à des droits qui varient suivant que la disposition constitue une institution contractuelle ou une donation proprement dite. C'est, dans le premier cas, le droit fixe qui est dû à l'enregistrement du contrat de mariage, sauf perception du droit proportionnel à l'événement. Dans le second cas, le droit proportionnel est immédiatement exigible (*Rép.* n° 3852). Les règles qui régissent ces donations en droit civil, ont été exposées *suprà*, v° *Dispositions entre vifs et testamentaires*, n°s 535 et suiv.

Les donations dont il s'agit peuvent consister en *sommes* d'argent ou en *biens*. Il a été traité *suprà*, n°s 2082 et suiv. des donations de *sommes d'argent*. Il n'est question ici que des stipulations avantageuses ayant des *biens* pour objet (*Rép.* n° 3853).

2106. Il est aisé de distinguer si la disposition constitue une donation actuelle ou une institution contractuelle, lorsqu'elle n'a pour objet que des biens présents (*Rép.* n° 3854) ou des biens à venir (*Rép.* n° 3855) ; mais la distinction présente de sérieuses difficultés, lorsqu'elle comprend à la fois des biens présents et à venir (*Rép.* n° 3856).

2107. Il a été décidé que la donation par contrat de mariage de tous les immeubles que possédera le donateur à l'époque, non de son décès, mais de celui d'un tiers, et pour le cas où le donateur survivrait à ce dernier, ne constitue pas une donation à cause de mort, une telle libéralité devant produire effet du vivant de son auteur; par suite, cette donation est passible du droit de mutation entre vifs, et non du droit de mutation par décès; il n'importe que la donation soit susceptible d'être contestée, en tant que donation entre vifs, comme n'emportant pas dessaisissement actuel et irrévocable de la chose donnée, les droits devant être perçus sur les actes soumis à l'enregistrement, sans que la régie ait à en rechercher la valeur obligatoire (Req. 20 févr. 1865, aff. de Truchis, D. P. 65. 1. 220. V. *suprà*, n° 2009).

2108. De même, la donation par contrat de mariage, faite par un père à son fils de la somme nécessaire pour parfaire, en tant que de besoin, son apport évalué à une somme de..., et consistant en ses droits non encore liquidés dans la succession de sa mère, de ses aïeuls maternels et de sa sœur, n'est pas une donation éventuelle, mais constitue une donation entre vifs passible du droit proportionnel sur la totalité de l'apport, sauf aux parties à en obtenir la réduction à la charge de justifier du chiffre exact de l'émolument recueilli par les futurs époux dans les successions non encore liquidées (Trib. Lille, 23 févr. 1877, *Journ. enreg.*, art. 20347).

2109. Les donations faites aux futurs par leurs père et mère contiennent souvent la *clause d'imputation* de l'objet donné sur la succession du prémourant des donateurs (V. *suprà*, v° *Contrat de mariage*, n° 437). On s'est demandé si cette clause a un caractère définitif et obligatoire dans tous les cas, de telle sorte que, si l'époux survivant renonce au bénéfice qu'elle lui procure, cette renonciation implique une libéralité nouvelle. Jugé, à cet égard, que la clause insérée à la suite d'une constitution de dot, par des père et mère, chacun pour moitié, en biens de leur communauté, que la somme donnée s'imputera en totalité sur la succession du prémourant des donateurs, implique, alors qu'elle est dégagée de toute stipulation de nature à donner à la dot le caractère d'un avancement d'hoirie, sur la succession du prémourant, l'idée d'un simple mode de libération établi par les constituants en leur faveur, dans une pensée de prévoyance et en vue de laisser au survivant la faculté de profiter de la clause ou d'y renoncer. En conséquence, si, dans l'acte de partage de la communauté des donateurs et de la succession du mari prédécédé, la mère donatrice déclare ne pas réclamer le bénéfice de la clause d'imputation, cette renonciation n'étant que l'exécution pure et simple des engagements contractés par la renonçante, et ne faisant que confirmer la constitution de dot, ne peut être considérée comme une libéralité nouvelle passible du droit proportionnel de donation (Civ. rej. 6 juill. 1875, aff. Duchemin, D. P. 76. 1. 223).

2110. L'institution contractuelle donne lieu, à l'enregistrement du contrat de mariage, au droit fixe établi pour les donations éventuelles, lequel était de 5 fr. (*Rép.* n° 3862) et est aujourd'hui de 7 fr. 50 cent. (L. 28 févr. 1872, art. 4). Mais ce droit n'est exigible que lorsqu'il y a réellement libéralité. Une simple *promesse* ne suffirait pas y donner lieu (*Rép.* n° 3863). Il n'en est pas de la donation comme de la vente. La promesse de donation ne vaut pas donation. Comme le disent très bien MM. Championnière et Rigaud, n° 2202, la promesse de donner diffère de la donation actuelle en ce que, dans la promesse, on se propose de faire ultérieurement ce que dans la donation l'on fait immédiatement (Conf. Garnier, *Rép. gén. enreg.*, n° 5327 ; *Diction. droits d'enreg.*, v° Donation, n°s 438 et suiv., 989).

2111. Mais, dans l'usage, certaines promesses sont considérées comme équivalant à l'institution contractuelle et donnant, par suite, ouverture au droit de 7 fr. 50 cent. (*Rép.* n° 3865). Il en est ainsi de la *promesse d'instituer un futur héritier* (*Ibid.* Conf. Garnier, *Rép. gén. enreg.*, n° 5329 ; *Diction. droits d'enreg.*, v° Donation, n° 988).

2112. Il en est encore de même de ces *promesses d'égalité* dont on rencontre de fréquents exemples dans les contrats de mariage (*Rép.* n° 3866). Le tribunal de Lons-le-Saulnier s'est prononcé dans le sens contraire par un jugement du 2 févr. 1869 (aff. Janet, D. P. 69. 3. 48). Mais cette décision a été annulée par un arrêt de la cour de cassation qui a décidé que la clause d'un contrat de mariage par laquelle les père et mère de deux futurs époux leur assurent dans leurs successions une part égale à celle du plus prenant de leurs enfants, constitue un avantage soumis à l'événement du décès et donne lieu, par conséquent, à la perception du droit fixe pour donation éventuelle, indépendamment de celui dû pour le contrat de mariage (Civ. cass. 3 août 1871, D. P. 71. 1. 342). — Cette doctrine paraît exacte. Et, en effet, ainsi que l'a fait remarquer M. l'avocat général Blanche, dans ses conclusions qui ont été reproduites *ibid.*, il n'y a pas lieu de rechercher si la promesse d'égalité peut être assimilée à une institution contractuelle. Cela tient à ce que, dans le droit étranger, la loi du frimaire ne tarife pas nommément l'institution contractuelle ; elle tarife au droit fixe toute libéralité *soumise à l'événement du décès*, et la promesse d'égalité a bien certainement le caractère d'une libéralité de cette nature ; elle paraît donc passible du droit fixe de donation éventuelle.

2113. On a vu *suprà*, n° 2100, que lorsqu'une rente viagère est constituée dans un contrat de mariage, au profit de l'un des futurs époux, par ses père et mère, avec stipulation qu'en cas de prédécès du donataire elle sera réversible au conjoint survivant, la reversion n'opère pas une transmission entre époux. La perception à établir en pareil cas, lorsque la réversion se réalise, paraît difficile. On a soutenu que la reversion de la rente viagère ne donnait lieu à aucun droit de mutation, parce qu'elle n'était que l'exécution d'une clause accessoire d'une disposition principale assujettie à l'impôt. Cette doctrine qui paraît avoir été adoptée par l'administration belge, d'après une solution de

cette administration du 10 oct. 1865 (V. Garnier, *Rép. gén. enreg.*, n° 5268), ne peut plus être soutenue en France en présence de la jurisprudence qui s'y est établie, et de laquelle il ressort que la reversibilité d'une rente viagère ou d'un usufruit opère une mutation nouvelle passible de l'impôt, comme on le verra à l'art. 4 suivant, où il sera traité des *mutations par décès* (V. *infrà*, n°s 2161 et suiv.). Un nouveau droit de mutation est donc exigible, dans le cas dont il s'agit, à raison de la réversion de la rente viagère. — Il a été décidé par l'arrêt du 27 mars 1872 cité *suprà*, n° 2100, que la disposition du contrat de mariage devait être interprétée, à l'égard de la réversion, non comme une convention entre époux, mais comme une donation éventuelle de la part du constituant au profit du conjoint du donataire, passible, en conséquence, lors de sa réalisation, du droit proportionnel de donation établi pour les donations entre personnes non parentes par contrat de mariage, c'est-à-dire du droit ordinaire, sur le capital de la pension. Cette décision a été confirmée récemment par un jugement du tribunal de Douai du 18 nov. 1887 (aff. Florent, D. P. 88. 3. 135), confirmé sur pourvoi, par un arrêt de la chambre des requêtes du 10 déc. 1889 (D. P. 90. 1. 348). « Attendu, porte cet arrêt, que, après le décès de son mari, la dame Florent est devenue la donataire directe et actuelle des parents de celui-ci, et que, pour cette donation directe et actuelle, le droit proportionnel auquel sont soumises les donations par contrat de mariage entre personnes non parentes, était dû indépendamment du droit qui avait pu être précédemment perçu à raison de la donation faite par les constituants à leur fils. »

2114. Mais en est-il de même, lorsque la clause de réversibilité de la rente viagère a été stipulée dans le contrat de mariage, non seulement au profit du conjoint du donataire, mais, en outre, à son défaut, *au profit des enfants nés du mariage*, et que ce sont ces enfants qui en recueillent le bénéfice. Il y a entre les deux cas une différence notable. On conçoit que, lorsque la réversion a lieu au profit du conjoint du donataire principal, elle soit considérée comme une transmission entre vifs à titre gratuit par contrat de mariage. En effet, le conjoint du donataire principal avait été partie au contrat de mariage et y avait stipulé en son propre nom ; la transmission opérée par la réversion de la rente viagère à son profit avait eu lieu en vertu d'une convention arrêtée entre lui et les père et mère du son conjoint prédécédé, formellement acceptée par lui, et, conséquemment, parfaite dès son origine. Rien de semblable au cas de réversion de la rente viagère au profit des enfants nés du mariage. La stipulation n'a pu être acceptée, dans ce contrat de mariage, ni par les enfants, ni pour eux, puisqu'il n'existaient pas et n'étaient pas même conçus à la date de ce contrat. La doctrine des deux arrêts des 27 mars 1872 et 10 déc. 1889 cités *suprà*, n°s 2100 et 2113, ne paraît donc pas applicable à ce dernier cas. — Il a été jugé, à différentes reprises, que c'est, audit cas, le droit de donation qui doit être acquitté par les enfants nés du mariage, attendu qu'ils tiennent la rente, non de leur père, ou de leur mère prédécédés, mais directement de l'auteur de la donation contenue dans le contrat de mariage, et en exécution de la libéralité éventuelle faite à leur profit, accessoirement à la donation principale. (Trib. Avranches, 2 juill. 1848, *Rép.* n° 4064 ; Trib. Vesoul, 23 déc. 1867, *Rép. pér. enreg.*, n° 2672 ; Trib. Laon, 5 janv. 1878 ; Trib. Lyon, 23 janv. 1878 ; Trib. Avesnes, 9 août 1878, *Journal des notaires*, art. 21019. Conf. Garnier, *Rép. pér. enreg.*, n° 5268). Mais il a été décidé, en dernier lieu, que le droit de mutation par décès à 1 fr. pour 100, et non le droit de donation à 2 fr. 50 cent. pour 100, est dû sur la pension annuelle constituée par contrat de mariage, au profit de l'un des futurs, par son père ou sa mère, en raison de la transmission dont cette pension est l'objet, lorsqu'elle a été stipulée payable jusqu'au décès du donateur aux deux époux et, à leur défaut, à leurs enfants et descendants, et que le donataire vient à décéder, laissant des enfants (Trib. Seine, 4 avr. 1884, aff. de Montault, D. P. 85. 3. 101). Telle est aussi l'opinion exprimée par les rédacteurs du *Journal des notaires*, art. 21613. Cette doctrine paraît fondée. En effet, le système des jugements susénoncés des tribunaux d'Avranches, Vesoul, Lyon, Laon et Avesnes, suivant lequel le droit de donation serait exigible dans ce cas, aurait pour conséquence, ainsi que le jugement précité en fait la remarque, de faire considérer la disposition comme nulle, puisque les donations par contrat de mariage en faveur d'enfants à naître sont frappées de nullité, sauf le cas de substitution : or il ne s'agit pas de substitution dans l'espèce. — Nous pensons donc qu'il y a lieu d'appliquer ici, comme l'a fait le tribunal de la Seine, l'art. 1157 c. civ., d'après lequel une clause susceptible de deux sens doit être interprétée plutôt dans celui avec lequel elle doit produire effet que dans le sens avec lequel elle n'en peut produire aucun (V. conf. *Diction. droits d'enreg.*, v° *Réversion*, n° 135. V. *infrà*, n° 2194).

2115. Les donations faites en faveur et en vue du mariage, mais qui ne sont pas contenues dans le contrat de mariage, ne profitent pas de la réduction du droit proportionnel qui n'est accordée qu'aux donations faites aux futurs par contrat de mariage (*Rép.* n° 3881). — Jugé en ce sens : 1° que la constitution qu'un père, s'abstenant de toute libéralité dans le contrat de mariage de sa fille, lui a faite deux jours auparavant d'une pension alimentaire excédant les besoins de celle-ci et payable sa vie durant, constitue une donation d'usufruit faite en vue du mariage ; et que, dans ce cas, il n'y a pas lieu à la réduction du droit accordée aux libéralités faites dans le contrat de mariage (Trib. Muret, 18 juin 1858, aff. Laserre, D. P. 59. 3. 70) ; — 2° Que lorsque la libéralité consentie à l'un des époux a été faite sous la forme d'une reconnaissance de dette, le contrat de mariage mentionnant seulement que le futur s'est constitué une créance d'un recouvrement certain et dont il justifie, l'administration de l'enregistrement est fondée, lorsque des règlements ultérieurs amènent la production en justice de cette reconnaissance, et qu'il est établi qu'elle cachait une libéralité, à réclamer, comme perception nouvelle, le droit de donation, sans que les parties puissent prétendre que le droit de donation doit être réduit à celui dont sont passibles les libéralités faites en vue de favoriser le mariage (Trib. Sens, 22 mai 1868, aff. Gilbon, D. P. 68. 3. 79. Conf. Trib. Seine, 21 janv. 1881, *Journ. enreg.*, art. 21548).

Mais si la donation, faite antérieurement au contrat de mariage du donataire, n'a été acceptée que dans ce contrat, elle profite de la modération du droit établie sur les donations par contrat de mariage (Instr. adm. enreg. 31 déc. 1847, D. P. 48. 3. 72. Conf. *Rép.* n° 3701).

§ 3. — Des démissions de biens ou partages d'ascendant
(*Rép.* n°s 3889 à 3959).

N° 1. — *Donation entre vifs* (*Rép.* n°s 3889 à 3959).

A. — Tarif (*Rép.* n°s 3889 à 3891).

2116. Toute donation portant partage devant être transcrite au bureau des hypothèques dans l'arrondissement duquel les biens sont situés donne lieu au droit de transcription. Antérieurement à la loi du 16 juin 1824, ce droit était perçu lors de l'enregistrement du partage anticipé, en exécution de l'art. 54 de la loi du 28 avr. 1816. La loi du 1824 (art. 3) abolit, à l'égard des donations portant partage, la disposition de la loi de 1816 relative au droit de transcription, de telle sorte que ce dernier droit n'était plus perçu que lorsque la formalité avait lieu effectivement au bureau des hypothèques (*Rép.* n° 3890). Cette dernière mesure entraînait de graves inconvénients. Il parut, en 1875, que l'intérêt civil et l'intérêt fiscal conseillaient d'en revenir au système du législateur de 1816, c'est-à-dire à la perception simultanée du droit d'enregistrement et du droit de transcription. Toutefois, comme il aurait été rigoureux d'assujettir au payement immédiat du droit de 1 fr. 50 pour 100 des transmissions qui ne sont que la dévolution anticipée de successions, l'art. 1er de la loi du 21 juin 1875, en disposant que le droit de transcription serait perçu lors de l'enregistrement de l'acte de donation, réduisit ce droit de 1 fr. 50 à 50 cent. pour 100 (Exposé des motifs, n° 2, D. P. 75. 4. 107 ; Rapport, § 3, n° 6, D. P. 75. 4. 108).

L'art. 1er de la loi du 21 juin 1875 (D. P. 75. 4. 107) est ainsi conçu : « Le droit sur la transcription des actes de donation contenant partage faits entre vifs, conformément aux art. 1075 et 1076 c. civ., est réduit à 50 cent. par 100 fr.

Ce droit sera perçu, lors de l'enregistrement de l'acte de donation, mais la formalité de la transcription au bureau des hypothèques ne donnera plus lieu qu'au droit fixe déterminé par l'art. 64 de la loi du 28 avr. 1816. Dans le délai d'une année, à compter de la promulgation de la présente loi, les donations contenant partage, faites dans les conditions ci-dessus, avant cette promulgation, seront admises à la transcription, moyennant le payement de 50 cent. par 100 fr. »

Le droit de transcription n'est pas applicable, l'Administration l'a formellement reconnu, aux *valeurs mobilières* comprises dans les partages anticipés (Instr. adm. enreg. 23 juin 1875, n° 2517, D. .P. 75. 4. 109, note 1 *in fine* ; Observations du rapporteur, *ibid.*). Le tarif se trouve donc fixé actuellement, pour les donations à titre de partage anticipé, à 1 pour 100, comme antérieurement pour les *meubles*, et, en ce qui concerne les *immeubles*, à 1 fr. 50 pour 100. en principal, droit d'enregistrement et de transcription compris. La formalité de la transcription au bureau des hypothèques ne donne plus lieu qu'au droit fixe de 1 fr. déterminé par l'art. 64 de la loi du 28 avr. 1816 (Même instruction).

2117. Le partage opéré à la suite d'une démission de biens, étant la conséquence de la donation et se confondant avec elle, ne donne lieu à aucun droit particulier, mais toutes les fois qu'il comprend d'autres biens, spécialement ceux dépendant de la succession de l'ascendant prédécédé, le *droit gradué* est dû sur la valeur de ces biens (V. *infrà*, n° 2129).

2118. Le *Répertoire* a laissé de côté, pour s'en occuper au tit. 3 consacré aux *droits d'hypothèque*, toutes les questions se rattachant à la perception du droit de transcription. Il n'a été traité, sous le présent paragraphe, que du droit d'enregistrement. La matière, ainsi restreinte, a été divisée en différentes parties se rapportant : 1° aux *personnes* entre lesquelles peut intervenir la donation à titre de partage anticipé ; 2° aux *biens* qui en peuvent faire l'objet et à leur division, 3° à la *forme* et aux *conditions* de l'acte (*Rép.* n° 3891).

B. — Des personnes entre lesquelles doit intervenir le partage d'ascendant (*Rép.* n°s 3892 à 3925).

2119. En principe, la démission de biens constitue le partage anticipé d'une succession ; elle doit donc avoir lieu entre l'auteur et ceux qui sont directement appelés à lui succéder (V. *suprà*, v° *Dispositions entre vifs et testamentaires*, n°s 1090 et suiv.). Si ces dispositions intervertissent l'ordre des successions, ce n'est plus une démission de biens véritable, c'est une donation ordinaire et, dès lors, le tarif réduit ne lui est pas applicable (*Rép.* n° 3892). Déjà, à l'époque de la publication du *Répertoire*, la jurisprudence était fixée en ce sens que l'on ne peut considérer comme un partage d'ascendant profitant de la modération du droit, l'acte par lequel un ascendant distribue ses biens *omisso medio* à ses petits-enfants dont le père est vivant, lors même qu'il respecte les proportions et les limites que la loi a prescrites, et que la donation à titre de partage anticipé ne peut avoir lieu qu'entre les *héritiers présomptifs* du donateur (*Rép.* n°s 3895 et suiv.). Il a été décidé, conformément à cette jurisprudence, que la réduction de droit établie par la loi du 16 juin 1824 pour les donations entre vifs portant partage, faites conformément aux art. 1075 et 1076 c. civ. par les père et mère ou autres ascendants, entre leurs enfants et descendants, ne s'applique qu'au cas où les donataires sont les héritiers présomptifs du donateur. Ainsi, la donation entre vifs par laquelle un ascendant fait le partage anticipé de ses immeubles entre ses petits-enfants, du vivant de leur père héritier présomptif du donateur, ne jouit pas de cette réduction de droits. Et peu importe que le père soit intervenu dans l'acte, notamment pour faire, de son côté, le partage de ses biens entre les mêmes enfants, cumulativement avec ceux de l'ascendant, la règle qui défend de renoncer à la succession d'une personne vivante, ne permettant pas de considérer ces derniers comme étant devenus, par l'effet de ce concours de leur père à l'acte, les successibles actuels et directs de l'ascendant donateur (Civ. cass. 21 juill. 1851, aff. Brothier, D. P. 51. 1. 201). Jugé, de même, que du texte de la loi de 1824, comme de son esprit il ressort que le législateur a voulu seulement favoriser les donations qui n'ont d'autre but que d'anticiper le partage des biens des ascendants entre ceux de leurs descendants qui seraient à leur décès appelés par la loi à les recueillir, sans que l'ordre des successions soit en rien modifié ; qu'en conséquence l'acte par lequel des ascendants font donation, à titre de partage anticipé, à cinq de leurs enfants, leurs héritiers présomptifs, à chacun pour un sixième, et aux petits-enfants d'un sixième enfant encore vivant, du dernier sixième, ne constitue pas, à l'égard des petits-enfants, une donation à titre de partage anticipé, profitant de la réduction des droits édictée par la loi de 1824 (Trib. Arras, 17 mars 1887, *Journ. enreg.*, art. 22900. Conf. Trib. Melle, 24 mars 1877, *ibid.*, art. 21510).

2120. Mais la réduction du droit s'applique au partage d'ascendant dans lequel figure un *enfant naturel* reconnu, la loi lui accordant des droits sur les biens de ses père et mère (*Rép.* n° 3899. V. dans ce sens ce qui est dit *suprà*, v° *Dispositions entre vifs et testamentaires*, n° 1100).

2121. La loi de 1824 ne s'appliquant qu'aux donations portant partage, il s'ensuit que la donation faite entre vifs par un ascendant à son *enfant ou descendant unique* ne peut jouir du bénéfice de la réduction du droit qu'elle a établie (*Rép.* n°* 3900 et suiv.). Spécialement, la donation par une mère à sa fille unique, de portions appartenant à la donatrice dans des immeubles dépendant de la succession de son mari, et indivis entre elle et sa fille donataire, ne constitue pas une donation portant partage dans le sens de l'art. 3 de la loi du 16 juin 1824, et doit, dès lors, être assujettie au droit proportionnel de donation entre vifs en ligne directe (Civ. cass. 14 mai 1879, aff. Frachengues, D. P. 79. 1. 244). La difficulté venait, dans l'espèce, de ce fait que l'ascendant n'avait plus qu'un seul enfant au moment où il avait fait sa libéralité et que la donation mettait fin à l'indivision existant entre l'ascendant et le descendant. Mais il n'y avait pas néanmoins partage anticipé au sens de la loi de 1824, qui ne vise que le partage opéré entre les héritiers présomptifs du donateur, et non un partage opéré entre l'ascendant et son unique descendant. On doit le reconnaître d'autant plus que la jurisprudence n'admet même pas que la distribution des biens de l'ascendant donateur *entre un enfant unique et les enfants de ce successible* constitue une donation portant partage (*Rép.* n° 3898).

2122. L'administration de l'enregistrement applique aujourd'hui rigoureusement cette doctrine. Elle a décidé, en effet, que le tarif réduit ne peut être étendu à l'acte par lequel une veuve, en vue de faciliter le partage des biens indivis entre son enfant et deux enfants issus d'un premier mariage de son mari, donne à son enfant la moitié lui revenant dans les biens de la communauté (Sol. adm. enreg. 18 mars 1873, *Diction. droits d'enreg.*, v° *Partage d'ascendant*, n° 178). Elle avait admis antérieurement que le tarif réduit était applicable dans ce cas, par le motif que la donation rentrait, par le but en vue duquel elle avait été faite, dans les termes de l'art. 1075 c. civ. et de la loi du 16 juin 1824 (*Rép.* n° 3907).

2123. L'art. 3 de la loi de 1824 n'est pas applicable au partage anticipé dans lequel *un ou plusieurs des héritiers présomptifs sont omis;* l'acte ainsi fait donne ouverture au droit ordinaire des mutations entre vifs à titre gratuit (*Rép.* n° 3909). Cependant le contraire a été décidé par un arrêt de la cour de cassation du 26 avr. 1836, rapporté au *Rép.* n° 3910; et il a encore été jugé, conformément à cet arrêt, qu'un partage d'ascendant est passible du droit établi par l'art. 3 de la loi du 16 juin 1824, malgré l'omission, dans ce partage, de l'un des enfants du donateur (Civ. rej. 15 avr. 1850, aff. Millet, D. P. 50. 1. 121). La cour s'appuie sur ce principe que l'Administration n'est pas juge de la validité des actes soumis à l'enregistrement. Nous avons répondu à cette objection (*Rép.* n° 3911), que sans doute l'Administration n'avait pas à se prévaloir de la cause de nullité existant dans un acte, mais que la question était simplement de savoir si un partage opéré entre plusieurs descendants du donateur, dont un seul a été omis, constituait le partage de présuccession fait en conformité des art. 1075 et 1076 c. civ. Or il est bien certain que tel n'est pas le caractère d'une semblable disposition, car le partage de présuccession doit être fait entre tous les héritiers présomptifs. Toutefois, la doctrine se prononce généralement dans le

même sens que la jurisprudence sur la question, c'est-à-dire dans le sens de l'application du tarif réduit au partage d'ascendant, alors même qu'un enfant ou descendant n'y a pas été appelé (Garnier, *Rép. gén. enreg.*, n° 12571 ; *Diction. droits d'enreg.*, v° *Partage d'ascendant*, n° 190; Demanté, t. 2, n° 728; Naquet, t. 2, n° 955).

2124. Le principe que le partage anticipé doit être fait en faveur de tous les héritiers présomptifs, pour que le tarif réduit lui soit applicable, n'exclut pas la possibilité de constituer le partage dans ses conditions légales par *plusieurs actes successifs* (*Rép.* n° 3914. V. *suprà*, v° *Dispositions entre vifs et testamentaires*, n° 1103). Si, rapprochés les uns des autres, ces différents actes ne forment qu'une seule et même convention constituant une démission de biens, ils ne devront être soumis les uns et les autres qu'au tarif réduit, en sorte que si le droit ordinaire de donation a été perçu sur le premier acte, l'excédent devra être imputé sur le droit applicable aux actes postérieurs (Conf. *Diction. droits d'enreg.*, v° *Partage d'ascendant*, n° 193). Il a été décidé, en ce sens, que lorsqu'un ascendant, après avoir donné entre vifs une somme d'argent à l'un de ses enfants, fait ultérieurement le partage anticipé de ses biens entre tous ses enfants, il y a lieu, pour la liquidation du droit de mutation, de déduire des valeurs comprises dans ce partage la somme donnée précédemment à l'un des enfants, alors qu'au moment du partage elle n'a pas encore été payée (Sol. adm. enreg. 14 juin 1864, D. P. 65. 5. 151).

2125. Il n'est pas nécessaire que *tous* les héritiers soient présents à l'acte ; ils peuvent y être représentés (*Rép.* n° 3917). C'est ainsi que l'administration de l'enregistrement a reconnu que la réduction du droit édictée par la loi de 1824, profite à l'acte par lequel des ascendants font donation d'un immeuble, à titre de partage, à un de leurs enfants majeurs, à charge par lui de payer une somme déterminée à ses frères et sœurs mineurs, pour lesquels acceptation est faite par un tiers, bien que ce tiers n'ait pas qualité à cet effet (*Rép.* n° 3920). Une telle donation ne constitue pas une donation avec charges, mais bien un partage anticipé (Comp. en ce sens : Civ. rej. 23 avr. 1867, aff. Firm, D. P. 67. 1. 229).

2126. Il en est de même, lorsque c'est d'un partage *testamentaire* qu'il s'agit. Ainsi, jugé que le testament par lequel un père de famille lègue par préciput et hors part la totalité de ses immeubles à son fils, à charge de rapporter à la succession la valeur intégrale des biens légués, doit être considéré, pour la perception du droit d'enregistrement, comme constituant un partage anticipé avec soulte (Req. 8 juill. 1879, aff. Harmel, D. P. 80. 1. 116).

Mais la donation faite par préciput et hors part, dans un contrat de mariage, au futur par ses père et mère, de leur maison d'habitation, à charge d'y laisser habiter son frère jusqu'au mariage de celui-ci, et en outre, de lui payer, ainsi qu'à eux-mêmes, les sommes déterminées, ne peut être considérée, pour la perception des droits d'enregistrement, comme un partage d'ascendants avec soulte, alors surtout que l'immeuble donné ne représente qu'une portion du patrimoine des donateurs (Trib. Strasbourg, 18 janv. 1869, aff. Wurmser, D. P. 69. 3. 24).

2127. En résumé, est-il dit au *Rép.* n° 3925, il faut : 1° que l'abandon des biens par l'ascendant donateur soit fait en faveur de ceux qui sont appelés directement à lui succéder, sans intervention de l'ordre successif ; 2° que l'ascendant ait plusieurs héritiers, l'existence d'un seul héritier excluant l'idée ou même la possibilité d'un partage; 3° enfin, si l'ascendant a plusieurs héritiers, que le partage soit fait en faveur de tous ou que tous y concourent, soit par eux-mêmes, soit par d'autres qui les représentent ou acceptent pour eux ; voilà, en ce qui concerne les personnes entre lesquelles doit intervenir le partage d'ascendant; les conditions dans lesquelles ce partage doit se produire pour qu'il puisse jouir du tarif réduit. Ce résumé est exact encore aujourd'hui, comme à l'époque de la publication du *Répertoire*.

C. — Des biens qui doivent faire l'objet du partage et de leur division (*Rép.* n°* 3026 à 3940).

2128. Il n'est pas de l'essence du partage d'ascendant qu'il comprenne l'*universalité* des biens présents du donateur (V. *suprà*, v° *Dispositions entre vifs et testamentaires*, n° 1103). Le tarif réduit lui est, par suite, applicable, alors même qu'il n'en comprend qu'une partie (*Rép.* n° 3926). Mais il importe, dans ce cas, que l'ascendant donateur déclare agir en conséquence des art. 1075 et suiv. c. civ. (*Rép.* n° 3928), sans que cette déclaration soit une condition de rigueur. Le caractère de partage anticipé peut être reconnu à une simple donation, encore bien qu'elle ne fasse pas mention des art. 1075 et suiv. c. civ. On en a vu un exemple ci-dessus dans la donation par contrat de mariage qui a donné lieu à l'arrêt du 23 avr. 1867 (V, *suprà*, n° 2125). Il a été jugé, dans le même sens, que l'acte par lequel un père déclare « faire donation entre vifs et irrévocable, en avancement d'hoirie sur sa succession future, et avec toute garantie de fait partage, à ses deux fils et seuls héritiers, à chacun d'eux pour moitié indivise, d'une maison... », renferme une donation à titre de partage, sujette seulement au droit proportionnel réduit à 1 fr. pour 100, encore bien qu'elle n'ait pas été qualifiée telle par les parties, que le donateur n'ait pas déclaré non plus qu'il agissait en conformité des art. 1075 et 1076 c. civ., et quelle ait été faite en avancement d'hoirie, termes qui, d'ailleurs, conviennent aussi bien à la donation partage qu'à la donation ordinaire (Trib. Seine, 15 mars 1873, aff. Noël, D. P. 74.5. 219).

2129. De même que le partage d'ascendant peut contenir moins que l'universalité des biens présents du donateur, de même aussi il peut contenir plus. Souvent, aux biens donnés les donataires réunissent ceux dépendant de la succession de l'ascendant prédécédé pour faire du tout l'objet d'un seul partage (*Rép.* n° 3929). L'Administration soutient qu'il est dû, en ce cas, indépendamment du droit proportionnel de donation, un droit particulier pour le partage des biens provenant de l'ascendant prédécédé. Un jugement du tribunal de Dreux du 26 août 1846 mentionné au *Rép.* n° 3930, a repoussé cette prétention. L'Administration persiste néanmoins à percevoir le droit gradué dans ce cas. Elle reconnaît que le partage des biens donnés, étant la conséquence de la donation et se confondant avec elle, ne donne lieu à aucun droit particulier (Sol. adm. enreg. 14 sept. 1872, D. P. 73. 5. 214; Garnier, *Rép. gén. enreg.*, n° 12328); que, par suite, le droit gradué n'est pas dû sur les sommes d'argent données en avancement d'hoirie, dont le rapport est fait dans une donation à titre de partage anticipé et qui sont comprises dans les attributions faites aux donataires (Sol. adm. enreg. 25 avr. 1877, D. P. 77. 5. 205), alors que ce droit se perçoit sur les sommes ainsi rapportées dans les partages ordinaires de successions, comme nous l'avons vu, lorsque nous avons traité des partages en général (V. *suprà*, n° 1257). Mais elle décide que toutes les fois que le partage comprend d'autres biens appartenant aux donataires, spécialement ceux dépendant de la succession de l'ascendant prédécédé, le droit gradué est dû sur la valeur de ces biens seulement (Sol. adm. enreg. 15 mai 1873, Garnier, *Rép. gén. enreg.*, n°s 12328 et 12589), soit que le partage soit effectué dans l'acte même de donation, soit qu'il y soit procédé par acte distinct du même jour (Sol. adm. enreg. ... oct. 1873, *ibid.*; 10 févr. 1890, Garnier, *Rép. pér. enreg.*, art. 7418. Conf. Trib. Chartres, 22 déc. 1876, *suprà*, n° 1273).

2130. Une donation entre vifs ne peut avoir le caractère d'un partage d'ascendant et jouir du bénéfice du tarif réduit établi pour cette sorte de disposition qu'autant que, par l'effet de l'acte, les enfants sont réellement saisis, au moins quant à la nue propriété, des biens que leurs père et mère leur abandonnent, comme ils le seraient par l'ouverture de leurs successions et par un partage fait après le décès (V. *suprà*, v° *Dispositions entre vifs et testamentaires*, n° 1104). — Le principe a été formulé dans un arrêt de la cour de cassation, suivant lequel il n'y a de partages d'ascendants faits par actes entre vifs, conformément aux art. 1075 et 1076 c. civ., et jouissant, à ce titre, de la réduction de droits accordée par l'art. 3 de la loi du 28 juin 1824, que là où il y a attribution de biens présents aux enfants de la part de leurs père et mère et autres ascendants, de telle manière que les donataires demeurent saisis de ces biens par l'effet de l'acte, au moins quant à la nue propriété (Civ. cass. 5 avr. 1852, aff. Hubert, D. P. 52. 1. 108. Conf. Sol. impl., Req. 10 déc. 1855, aff. Nougarède de Fayet, D. P. 56. 1. 183).

2131. Il a été jugé, par application de ce principe : 1° qu'un tel partage ne se rencontre pas dans un acte pour lequel un père et une mère constituent, au profit de chacun de leurs quatre enfants, une dot égale de 200000 fr. en argent, payable, partie dans un, en partie aux *points et aisances* des donateurs, avec déclaration que ces dots seront imputées, jusqu'à due concurrence, sur la succession du premier mourant, et, pour le surplus, sur celle du survivant, sans attribution, d'ailleurs, de biens présents au profit des enfants donataires ; ce n'est là qu'une constitution de dot qui rend les père et mère débiteurs des sommes promises, et non point un partage opérant dessaisissement de tout ou partie de leurs biens (Civ. cass. 5 avr. 1852, cité *suprà*, n° 2130). — 2° Que l'acte, même qualifié de partage d'ascendants, qui, après avoir attribué à l'un des enfants un immeuble, donne aux autres une somme équivalente à prélever dans la succession de l'ascendant qui s'oblige seulement à en servir les intérêts, constitue, non un véritable partage d'ascendant, mais une donation entre vifs ; par suite, cet acte ne jouit pas de la réduction de droits accordée au partage d'ascendant par l'art. 3 de la loi de 1824 (Req. 10 déc. 1855, cité *suprà*, n° 2130); — 3° Que l'acte par lequel un père déclare faire donation entre vifs de sommes ou valeurs actuellement exigibles à quelques-uns de ses enfants, et aux autres de sommes payables seulement à une époque déterminée, n'a point le caractère de partage d'ascendant et donne lieu, en conséquence, au droit ordinaire de donation (Trib. Angoulème, 20 avr. 1857, aff. Delage, D. P. 57. 3. 56); — 4° Qu'un acte de donation entre vifs ne peut avoir le caractère d'un partage d'ascendant et jouir du bénéfice du tarif réduit établi pour cette sorte de disposition, qu'autant que, par l'effet de l'acte, les enfants sont réellement saisis, au moins quant à la nue propriété, des biens que leurs père et mère leur abandonnent, comme ils le seraient pour l'ouverture de leurs successions et par un partage fait après décès; que ces conditions ne se rencontrant pas dans la donation, par des père et mère à leurs enfants, de sommes payables à terme avec intérêts ; c'est le tarif général établi pour les donations entre vifs qui est applicable à un acte de cette nature, et non le tarif réduit édicté spécialement pour les partages d'ascendants (Req. 21 août 1876, aff. Xardel, D. P. 77. 1. 38. Conf. Trib. Versailles, 24 déc. 1874, *Journ. enreg.*, art. 20077).

2132. On objecte contre cette doctrine qu'il est admis qu'une somme payable à une époque déterminée peut faire l'objet d'une donation entre vifs et rentre ainsi dans la qualification de bien présent exigée par l'art. 943 c. civ. ; que l'art. 1076 ne sert des mêmes termes que l'art. 943 et n'exige rien de plus que celui-ci ; que ce qui constitue un dessaisissement suffisant dans le cas de donation entre vifs, doit suffire également dans le cas de partage d'ascendant. — Ces objections assurément ne manquent pas de gravité. M. Demolombe a également combattu la doctrine de ces arrêts (*Traité des donations*, t. 6, n° 60). La cour de cassation s'appuie sur cet argument, que la stipulation dont il s'agit n'a pas pour effet de retrancher les sommes données du patrimoine des ascendants, dont elle leur laisse au contraire la libre disposition. Les attributions ainsi faites, consistant en simples droits de créance, sont soumises aux éventualités de l'avenir, ce qui, d'après la cour suprême, est inconciliable avec les effets définitifs et immédiats inhérents à un partage anticipé. Mais il paraît difficile d'admettre la distinction que l'on prétend ainsi établir entre les donations entre vifs et les partages d'ascendants. Du moment qu'on reconnaît qu'une somme payable à terme peut faire l'objet d'une donation entre vifs, on doit reconnaître également qu'elle peut être l'objet d'un partage d'ascendant.

2133. Quoi qu'il en soit, il est reconnu que la doctrine des arrêts précités comporte des réserves dans son application. Ainsi l'administration de l'enregistrement elle-même admet que, lorsque la somme d'argent stipulée payable à terme avec intérêts n'a qu'une faible importance relativement aux autres biens donnés, consistant en valeurs actuelles et certaines, le partage anticipé doit profiter pour le tout du bénéfice du tarif réduit. C'est ce qui résulte d'une délibération du 23 juin 1863. « Il faudrait toujours admettre, porte cette délibération, qu'à l'égard de ces autres biens, l'acte a conservé son caractère de partage anticipé, de sorte que tout ce qu'on pourrait prétendre, c'est que la somme ne doit pas jouir du bénéfice de l'art. 3 de la loi du 16 juin 1824. Or, une pareille prétention ne serait pas fondée. Il suffit, en effet, que la donation de cette somme soit comprise dans un partage anticipé, et qu'elle n'en forme qu'une clause accessoire, pour qu'elle doive profiter de la réduction des droits attachée au caractère essentiel de l'art., sans qu'il soit possible, pour la perception, de distinguer cette somme des autres valeurs données ». La même réserve est exprimée dans le rapport sur lequel a été rendu l'arrêt du 21 août 1876 cité *supra*, n° 2131 : « Que la solution, a dit M. le conseiller Tardif, puisse être différente s'il s'agit de sommes peu importantes, ou à remettre dans un bref délai, ou même lorsque, leur existence étant certaine, elles n'auraient été conservées par l'ascendant que pour éviter à sa fille les embarras de la possession et de la gestion d'un capital, ce qui est un des cas que prévoit et que donne M. Demolombe à l'appui de son opinion, nous le comprenons ; mais, s'il peut y avoir lieu à appréciation, on ne saurait admettre, en thèse générale, et sans méconnaître les conditions essentielles et les effets d'un partage anticipé, que l'abandon et les attributions qu'un pareil acte implique, peuvent consister en créances que les ascendants créent sur eux-mêmes au profit de leurs enfants » (Conf. Garnier, *Rép. gén. enreg.*, n° 12598 ; *Diction. droits d'enreg.*, v° *Partage d'ascendant*, n° 214).

D'un autre côté, la situation est toute différente, lorsque les sommes faisant l'objet de la donation sont dues par des *tiers*. Une créance sur un tiers peut être, comme tout autre bien, l'objet d'une donation à titre de partage anticipé. Ainsi, les *fermages à échoir* représentant une créance contre un tiers, rien ne s'oppose à l'application du tarif

réduit de 1 pour 100 à la donation de cette créance par un père de famille à ses enfants dans les termes des art. 1075 et 1076 c. civ. L'administration de l'enregistrement l'a reconnu expressément par une solution du 31 mai 1881 (D. P. 82. 3. 70).

La distinction entre les deux cas a été faite judicieusement par un jugement du tribunal de la Seine du 28 juin 1878 (1) aux termes duquel la réduction de droit résultant de la loi de 1824 est applicable à l'acte, qualifié partage d'ascendant, par lequel un père fait donation à ses quatre enfants de la moitié de son fonds de commerce, d'une créance sur un tiers et d'une somme déterminée payable à terme avec intérêts, alors qu'il est établi que le donateur possédait cette somme au moment où il a fait sa donation, que si elle n'a pas été payée immédiatement, les circonstances dans lesquelles la donation est intervenue expliquent ce fait, et que tout concourt à démontrer « que l'acte est un pacte de famille auquel a présidé la bonne foi et qui, rapproché de deux autres actes reçus le même jour par le même notaire, témoigne du désir loyal, de la part de Bail père, d'assurer, de son vivant, à chacun de ses enfants et dans une égale mesure, une situation indépendante et avantageuse ».

2134. De ce principe que le partage anticipé ne doit comprendre que des biens présents du donateur, dont il est fait attribution définitive et irrévocable aux donataires, on conclut que la *clause de rapport* est inconciliable avec le caractère d'un partage anticipé. Toutes les fois que le rapport a été formellement stipulé, la convention, quelle que soit la qualification qui lui a été donnée, ne peut plus être considérée que comme une simple donation en avancement d'hoirie. Cette stipulation de rapport enlève, en effet, au partage

<hr/>

(1) (Bail.) — Le tribunal ; — Attendu que, par acte passé devant Poletnich, notaire à Paris, le 12 janv. 1876, Guillaume Bail père a fait donation, régulièrement acceptée, à ses quatre enfants, de la moitié de son fonds de commerce, d'une créance sur les sieurs et dame Marois et dame Marois et dame somme de 40000 fr., payable à des époques déterminées ; — Attendu qu'après avoir enregistré cet acte à raison de 1 pour 100 des valeurs y portées, en conformité de l'art. 3 de la loi du 16 juin 1824, la Régie réclame aujourd'hui un supplément de droit, prétendant que ledit acte ne constitue qu'une donation entre vifs, passible du droit de 2 fr. 50 cent. pour 100 ; — Attendu que ce droit proportionnel de 2 fr. 50 cent. pour 100 n'est dû qu'autant que le contrat présenté à la formalité renferme les conditions légales d'une donation entre vifs, à savoir que le donateur se dépouille actuellement et irrévocablement au profit du donataire, et que la chose donnée consiste en biens présents ; que, par le fait même de sa demande, l'Administration de l'enregistrement reconnaît implicitement l'existence de ces conditions dans l'espèce ;

Attendu que les art. 1075, 1076 et 1077 c. civ., en permettant aux ascendants de faire par acte entre vifs des attributions ou des partages de leurs biens, en totalité ou en partie, n'ont point édicté, pour ces actes, d'autres formalités et règles que celles prescrites pour les donations entre vifs ; — Qu'il n'y a de différence imposée à ces actes particuliers, entre les actes autorisés par le chap. 7 du liv. 2, tit. 3, c. civ., et la donation entre vifs proprement dite, que ces deux conditions caractéristiques du partage d'une hérédité : égalité des lots, sauf en ce qui touche la quotité disponible, et attribution à tous les descendants du donateur qui existeront à son décès ; — Que le défaut ni de l'une ni de l'autre de ces conditions n'est invoqué par la Régie ; qu'elle se borne à alléguer que la somme de 40000 fr. comprise dans les valeurs données ne constituerait pas un bien présent et réel, parce qu'elle n'a pas été délivrée immédiatement et a été stipulée payable à terme ;

Mais attendu qu'en fait il est constant que Bail père possédait ces 40000 fr. au moment de l'acte ; que, quant à la moitié (soit 20000 fr.) attribuée à Michel-Jean Bail, l'effet de la stipulation du payement en 1882, avec intérêts à 5 pour 100, payables par semestres, est le même que si Bail père avait délivré à son fils ces 20000 fr. et que son fils les lui eût de suite remis à titre de prêt à échéance de la date ci-dessus ; — Qu'en ce qui touche les autres 20000 fr., dont a été apportionné Louis-Henri Bail, la délivrance ne pouvait en être réalisée entre les mains de ce dernier, à raison de son état de minorité ; qu'ils devaient nécessairement demeurer dans les mains de son tuteur légal ; qu'il en eût été de même de toute autre valeur qui lui aurait été attribuée, et qu'on ne saurait méconnaître la validité d'un partage fait par un ascendant par cela que la minorité d'un de ses enfants ne permettrait pas la délivrance effective de la part de celui-ci ; — Qu'à la vérité Bail père s'est réservé l'usufruit du lot de Louis-Henri pendant un temps qui dépasse l'époque de sa majorité,

mais qu'il est de principe qu'une telle réserve ne vicie pas le caractère d'un acte de donation, et par suite de partage entre vifs ; — Que le bénéficiaire n'en est pas moins investi irrévocablement d'un droit à la chose abandonnée ;

Attendu qu'en droit l'acte susvisé du 12 janv. 1876 comporte les conditions voulues pour constituer un partage partiel fait par un ascendant à ses enfants ; qu'il exprime l'intention des parties de lui donner cette valeur ; — Qu'il est admis qu'une somme payable à une époque déterminée peut faire l'objet d'une donation entre vifs, et entre ainsi dans la qualification de bien présent exigée par l'art. 943 c. civ. ; — Que l'art. 1076 se sert à l'égard uniquement des mêmes termes que l'art. 943, et n'exige rien de plus que celui-ci ; qu'en créant contre lui une obligation de 40000 fr., Bail père a aliéné une partie égale de son avoir ; qu'il s'est donc dessaisi juridiquement d'autant au profit de ses enfants ; — Que ledit acte fait cesser entre les enfants l'indivision des choses données, qu'il a pour but de les apportionner chacun d'une part spécifiée, et, par conséquent, d'écarter de tout partage ultérieur ces mêmes choses, qui ne sont plus sujettes à être rapportées à la mort du donateur ;

Attendu que les éventualités pouvant se produire avant le payement de tout ou partie des 40000 fr. comprises dans les abandonnements sont sans influence sur la nature et l'origine à assigner aux droits des bénéficiaires ; qu'il est de règle générale que les événements postérieurs à un acte n'en altèrent point le caractère ; que telle de ces éventualités peut survenir aussi bien que l'acte soit qualifié simple donation ou qu'il soit considéré comme partage entre vifs ; que, dans le premier cas, la non-payement se résoudrait par une dispense de rapport, et, dans le second, par l'effet de la garantie édictée par les art. 883 et suiv. c. civ., mais qu'il ne saurait y avoir dans la prévision d'une pareille circonstance, d'ailleurs improbable d'après les éléments de la cause, un motif pour refuser à l'acte dont s'agit le caractère qu'ont entendu lui donner les parties contractantes ;

Attendu que les droits d'enregistrement doivent être perçus d'après la nature et les effets des actes au point de vue du droit civil ; qu'à ce dernier égard il est à constater que l'acte soumis à l'appréciation du tribunal est un pacte de famille auquel a présidé la bonne foi et qui, rapproché des deux autres actes reçus le même jour par le notaire, témoigne du désir loyal, de la part de Bail père, d'assurer, de son vivant, à chacun de ses enfants, dans une mesure égale, une situation indépendante et avantageuse ; — Que la loi du 16 juin 1824 a eu précisément pour but, ainsi qu'il appert de sa discussion, de favoriser les donations faites dans une pareille vue en diminuant les droits d'enregistrement ; — Que ce serait aller à l'encontre de l'esprit de cette loi que d'en restreindre les bénéfices, alors que, comme dans la cause, on trouve réunies les conditions légales d'un partage ;

Par ces motifs, etc.

Du 28 juin 1878.-Trib. civ. de la Seine.

anticipé tout caractère définitif; l'utilité du partage disparaît même, puisque, par suite du rapport, tout sera remis en question lors du décès de l'ascendant donateur. — C'est donc avec raison qu'il a été jugé que l'acte par lequel des père et mère déclarent faire donation, à titre de partage anticipé, à leurs enfants d'une somme déterminée constitue une donation ordinaire en avancement d'hoirie, et non un véritable partage d'ascendants, lorsque ses dispositions imposent aux donataires l'obligation de rapporter les sommes données et prescrivent l'imputation de ces sommes sur la succession du prémourant des donateurs. En conséquence, cet acte doit être assujetti au droit proportionnel d'enregistrement, non d'après le tarif de faveur de 1 pour 100 établi pour les donations à titre de partage anticipé, mais d'après le tarif de 2 fr. 50 cent. pour 100 applicable aux donations ordinaires en avancement d'hoirie (Civ. rej. 7 mars 1876, aff. Matisse, D. P. 76. 1. 310. Conf. Trib. Avesnes, 29 août 1884, *Journ. enreg.*, art. 22359 ; Naquet, t. 2, n° 951).

2135. Mais on ne doit pas attribuer la même portée à la *clause d'imputation* des biens donnés sur la succession du prémourant des donateurs. Cette clause n'a pas pour effet de rétablir dans l'indivision les biens partagés ni de modifier les attributions faites. Ainsi il a été décidé que la stipulation, dans un acte renfermant la donation, à titre de partage anticipé, par deux époux à leurs enfants de biens communs et propres, que la valeur des biens donnés s'imputera tout entière sur la succession du premier mourant des donateurs, n'enlève pas à la donation le caractère de partage anticipé, ni, par suite, le bénéfice de l'application du tarif réduit de 1 pour 100 (Trib. Reims, 1er févr. 1873, aff. Moine, D. P. 74. 5. 218). Et il a été jugé, dans le même sens, que la clause par laquelle des père et mère, en donnant à leurs enfants des immeubles qu'ils leur partagent, obligent les donataires à imputer la valeur de ces immeubles sur la succession du prémourant et à rapporter à cette succession la somme totale à laquelle les immeubles donnés sont évalués dans l'acte, ne transforme pas en donation en avancement d'hoirie la donation déclarée par les parties faite à titre de partage anticipé, lorsqu'il résulte de l'ensemble des dispositions de l'acte que la clause ne modifie pas éventuellement le partage, et qu'en fait, comme dans l'intention des parties, la convention implique dévolution irrévocable des biens donnés et attribution à chacun des donataires de la part qui lui est assignée dans ces biens; en conséquence, le droit proportionnel de donation exigible sur l'acte doit être perçu au taux réduit de 1 pour 100 établi pour les donations à titre de partage anticipé, et non au taux de 4 pour 100 fixé pour les donations ordinaires d'immeubles (Trib. Saint-Quentin, 29 nov. 1876, et sur pourvoi, Civ. rej. 6 mai 1879, aff. Dubois, D. P. 79. 1. 241). — Il y a, en effet, une différence importante entre la stipulation d'un rapport effectif et la clause d'imputation: la première, nous l'avons déjà dit, a pour effet d'anéantir le partage et de lui enlever tout caractère d'irrévocabilité; la seconde, au contraire, laisse subsister le partage anticipé, et c'est pour cela qu'une telle clause n'a pas pour effet de rendre inapplicable le tarif réduit de la loi de 1824. Sans doute, la clause d'imputation peut emprunter à des circonstances particulières une signification telle qu'on doive la considérer comme la donation ordinaire. Il en était ainsi dans l'espèce de l'arrêt de la cour de cassation du 5 avr. 1852, cité *suprà*, n° 2130, dans laquelle l'effet du partage était reculé jusqu'au décès des donateurs qui se constituaient seulement débiteurs de sommes à payer sur leur succession. Il en était encore ainsi dans l'espèce de l'arrêt du 7 mars 1876, cité *suprà*, n° 2134, où la clause d'imputation était accompagnée d'une stipulation de rapport dont elle ne pouvait pas être séparée. Mais, dégagée de ces circonstances, la clause d'imputation n'a pas pour effet d'enlever au partage son caractère définitif; elle n'est donc pas inconciliable avec un partage d'ascendant, et ne doit pas faire écarter l'application de la loi de 1824; c'est en ce sens que nous paraît être rendu l'arrêt précité du 6 mai 1879 (V. la note sous cet arrêt, D. P. 79. 1. 241, et le rapport de M. P. Pont sur lequel il a été rendu, *ibid.*).

2136. La *division matérielle* des biens n'est pas de l'essence du partage d'ascendant. Soit qu'à défaut d'une attribution formelle de parts, il y ait indivision pour le tout entre les donataires, soit qu'à défaut d'une attribution com-

plète, il y ait indivision partielle, l'acte n'en constitue pas moins la disposition prévue par les art. 1075 et suiv. c. civ. Il suffit de la dévolution à tous les enfants, selon leurs droits héréditaires, pour constituer le partage d'ascendant et pour que le bénéfice du tarif réduit lui soit applicable (*Rép.* n°s 3933 et suiv. Comp. *suprà*, v° *Dispositions entre vifs et testamentaires*, n° 1108).

L'acte par lequel les donataires procèdent ultérieurement au partage rentre dans la catégorie des actes de complément et d'exécution que l'art. 68, § 1er, n° 6, de la loi du 22 frim. an 7 assujettit à un simple droit fixe lequel est aujourd'hui de 3 fr. (V. *suprà*, n°s 255 et suiv.). Suivant M. Garnier, cet acte serait passible du droit gradué, attendu que, si le partage effectué dans l'acte même échappe au droit gradué, c'est qu'il forme une disposition dépendante affranchie de tout impôt par le droit perçu sur la disposition principale qui est la libéralité, et que, dès que cette dépendance n'existe plus, le partage retombe sous l'application de la règle ordinaire (*Rép. gén. enreg.*, n° 12589-2°). — Cette opinion ne paraît pas fondée. Comme le disent très bien les rédacteurs du *Dictionnaire des droits d'enregistrement*, v° *Partage d'ascendant*, n° 243, il est incontestable qu'en opérant entre eux le partage des biens donnés sous l'autorité du donateur ou pour se conformer à ses intentions, les enfants complètent l'acte de démission de biens et achèvent de lui imprimer les effets définitifs qui sont de l'essence du partage anticipé.

D. — De la forme et des conditions du partage portant donation
(*Rép.* n°s 3941 à 3959).

2137. En ce qui concerne la *forme extérieure* du partage d'ascendant, il est toujours de règle qu'aucune distinction n'est à faire, pour l'application du tarif de faveur établi par l'art. 3 de la loi du 16 juin 1824, entre les démissions de biens faites par acte notarié et celles consenties par *acte sous seing privé* et même par simple *convention verbale* (*Rép.* n°s 3941 à 3945).

Au partage d'ascendant, en effet, comme à toute autre convention, s'applique la règle générale exposée *suprà*, n° 124, suivant laquelle les droits auxquels donne ouverture une convention sont acquis au Trésor par le seul fait de l'existence d'un acte revêtu de toutes les formes extérieures propres à constater la convention, encore bien que ledit acte puisse être annulé à raison des vices et des causes de nullité qu'il renferme, le receveur n'ayant pas mission de contrôler et d'apprécier l'efficacité légale des actes, mais seulement d'assurer le recouvrement de l'impôt. — C'est en se fondant sur ce principe et en le confirmant dans ces termes mêmes, qu'un arrêt récent a décidé que la nullité dont est entaché l'acte portant donation à titre de partage anticipé par une veuve, tant à son fils non présent qu'aux deux enfants de sa fille prédécédée, et partage entre ces deux enfants seulement, des biens donnés et de la totalité d'autres biens leur appartenant en propre indivisément avec leur oncle, et, en outre, attribution à ce dernier d'une pension viagère pour sa part, ne fait obstacle ni à la perception, ni à ce qu'il soit procédé à une expertise, afin de déterminer l'insuffisance de la soulte stipulée (Req. 13 janv. 1890, aff. Besse, D. P. 91. 1er part.),... alors surtout que le partage a été exécuté par la mise en possession des attributaires, l'inscription de leurs noms au rôle de la contribution foncière, et que, d'autre part, ils ont payé l'impôt et affecté hypothécairement les biens à eux attribués (Même arrêt).

2138. D'autre part, un partage d'ascendant peut être fait dans la forme d'un *contrat à titre onéreux* (V. *suprà*, v° *Dispositions entre vifs et testamentaires*, n° 1128). Si la convention présente les caractères d'une démission de biens, quoique les parties lui aient donné une autre qualification, le droit de 1 pour 100 lui est applicable. Ainsi, jugé que ce droit est dû sur l'acte, qualifié simple partage, par lequel le mari survivant, de concert avec un enfant précédemment doté du vivant de la mère, abandonne à un autre enfant, pour l'égaliser, des biens de la communauté, alors qu'il résulte de la liquidation de communauté établie dans la déclaration de la succession de la mère souscrite pour le payement des droits de mutation, que tous les biens communs ont été absorbés par les reprises du mari (Req. 16 févr. 1874, aff. Dumoitiez, D. P. 74. 1. 363).

2139. Des dispositions particulières peuvent accompagner le partage d'ascendant (*Rép.* n° 3948). Lorsqu'elles sont stipulées par l'ascendant donateur dans son intérêt personnel, elles peuvent constituer de simples charges imposées aux donataires comme conditions de la donation, et ne donnent, dès lors, ouverture à aucun droit particulier. Il en est ainsi, lorsque la démission de biens est faite avec charge d'une pension viagère au profit de l'ascendant ou sous réserve d'usufruit (*Rép.* n° 3951). Il a été jugé en ce sens : 1° que la donation portant partage anticipé de ses biens, faite par une mère à ses enfants, sous réserve d'usufruit et sous condition que ceux-ci lui abandonneront, moyennant une pension alimentaire, l'usufruit des biens dépendants de la succession de leur père prédécédé, ne donne pas ouverture au droit proportionnel de transmission à titre onéreux à raison de l'abandonnement de cet usufruit (Civ. rej. 19 avr. 1847, aff. d'Ymouville, D. P. 47. 1. 182) ; — 2° Que l'abandon de ses biens fait par un ascendant à ses enfants, sous forme de partage anticipé, à charge d'une rente viagère dont le capital, évalué par les parties, et réuni aux autres charges du contrat, excède la valeur des biens partagés, ne perd pas son caractère de libéralité. Par suite, ce partage est soumis au droit de mutation établi pour les partages d'ascendants, et non pas au droit de mutation à titre onéreux. Il n'y a pas lieu, non plus, d'assujettir à un droit particulier les charges dérivant de la donation (Civ. cass. 9 août 1848, aff. de Cessac, D. P. 48. 1. 224). Mais il a été jugé que la donation à titre de partage anticipé dans laquelle, en se réservant l'usufruit de biens donnés et en stipulant, d'autre part, que les enfants donataires le laisseront jouir, sa vie durant, des biens de son conjoint prédécédé, l'éventualité de leur prédécès, le donateur s'engage à leur servir une rente viagère pour les indemniser, donne lieu au droit proportionnel, non seulement sur la valeur des biens abandonnés en nue propriété, mais aussi sur le capital au denier dix de la rente viagère (Trib. Angoulême, 4 août 1873, aff. Delombre, D. P. 74. 5. 249. Conf. Trib. Châteaubriant, 23 mars 1877) (1). — La doctrine de ces jugements est contraire à celle de l'arrêt précité de la chambre civile du 19 avr. 1847 ; mais cette contrariété s'explique par suite d'un revirement de la juris-

prudence de la cour de cassation, qui, par un arrêt du 21 août 1872 (aff. de Rainneville, D. P. 73. 1. 81), statuant au sujet d'une donation par contrat de mariage, a posé en ce principe que, pour soustraire à la pluralité des droits les dispositions diverses d'un même acte, il faut, non seulement que ces dispositions aient été liées entre elles, dans l'intention des parties contractantes, mais encore que, prises abstractivement, elles concourent ensemble à la formation d'un contrat principal et en constituent les éléments corrélatifs et nécessaires. Spécialement, cet arrêt a décidé que la clause d'un contrat de mariage par laquelle les père et mère de la future, après lui avoir constitué en dot, sous réserve d'usufruit, un immeuble situé à l'étranger, s'engagent à lui servir une pension viagère pour lui tenir lieu de l'usufruit réservé, renferme deux libéralités distinctes. C'est par application de ce principe, et statuant par analogie, que les tribunaux d'Angoulème et de Châteaubriant ont rendu les décisions précitées.

De même, la clause d'un partage d'ascendants par laquelle, après avoir distribué leurs biens présents entre leurs enfants, les époux donateurs ont disposé que les valeurs qu'ils posséderaient au décès du prémourant d'eux seraient la propriété du survivant, constitue, non une simple charge de partage anticipé, mais une libéralité directe entre époux, passible du droit de mutation au décès du prémourant (Req. 30 mars 1868, aff. Prud'homme, D. P. 69. 1. 106). On invoquait vainement la nullité de la donation résultant de l'art. 1097 c. civ. qui porte que, pendant le mariage, les époux ne peuvent se faire, ni par acte entre vifs, ni par testament, aucune donation mutuelle et réciproque par un seul et même acte. La cour de cassation a répondu à cette objection que, la nullité n'ayant pas été prononcée par les tribunaux, ni même demandée par les parties, l'administration de l'enregistrement était fondée à percevoir le droit, l'éventualité d'une action en nullité ne pouvant changer, vis-à-vis de la Régie, la nature de l'acte ni faire obstacle à la perception.

2140. Lorsque, dans un acte de partage d'ascendant, les père et mère se réservent l'usufruit des biens donnés jusqu'au décès du survivant d'eux, cette clause constitue, d'après la jurisprudence, une disposition indépendante, une donation éventuelle entre époux donnant lieu au droit fixe de partage anticipé à l'enregistrement du partage anticipé, et au droit proportionnel de mutation entre époux, au décès de l'époux

---

(1) (Veuve Ginoux.) — Le tribunal ; — Considérant que, par l'acte de donation à titre de partage anticipé du 8 nov. 1872, la dame veuve Ginoux, femme alors fort âgée, qui pouvait disposer du quart de tous ses biens en faveur même d'étrangers, tenant à conserver la haute situation de fortune au sein de laquelle elle avait si longtemps vécu, tout en fournissant à ses trois fils le moyen de vivre convenablement, a donné à ceux-ci l'intégralité de ses biens meubles et immeubles, mais à la condition qu'elle en aurait l'usufruit, ainsi que celui des biens par eux recueillis dans la succession de leur père, et s'est engagée en outre à leur payer, par suite et jusqu'à son décès, une rente annuelle de 24000 fr. ; — Considérant que l'économie vraie de cet acte est bien celle que lui a assignée l'Administration, et que le tribunal prendrait un souci véritablement gratuit s'il s'arrêtait à discuter, à analyser même celle que lui prêtent les opposants, qui, par un procédé sinon habile, fort arbitraire assurément, en altèrent le texte et vont même jusqu'à faire disparaître entièrement la stipulation (celle de la rente viagère) occasion et matière de la réclamation de l'Administration, conséquemment du procès ; — Considérant que la formule dudit acte soulève la question unique, à la fois de principe et de fait, de savoir si ladite stipulation de rente viagère est une disposition dépendante ou indépendante de la disposition principale, de la donation ; — Considérant que cette question appelle le tribunal à se placer en face des art. 10 et 11 de la loi du 22 frim. an 7 et de la jurisprudence la plus récente à laquelle ils ont donné lieu ; — Considérant que l'examen et le rapprochement de ces textes de loi ne peuvent laisser aucun doute sur la nature de la dépendance ou de l'indépendance des dispositions particulières d'un acte à l'égard de celle qui en fait l'objet principal ; qu'il faut juridiquement que la dépendance soit absolue, comme au cas des exemples énoncés en l'art. 10, c'est-à-dire que la disposition particulière tienne essentiellement à la nature, à la validité de la disposition principale, en telle sorte qu'elle en soit une conséquence nécessaire et indispensable ; qu'on ne puisse, en un mot, scinder les dispositions diverses, sans détruire la contexture de l'acte ; que, à contrario, pour soustraire à la pluralité des droits les dispositions diverses d'un acte, il faut non seulement que ces dispositions aient été liées entre elles dans l'intention des parties contractantes, mais encore que, prises abstractive-

ment, elles concourent ensemble à la formation d'un contrat principal et en constituent les éléments corrélatifs et nécessaires ; — Considérant que ces principes ont reçu la consécration de la cour suprême, près de laquelle M. l'avocat général Blanche s'en faisait pour la seconde fois l'éloquent interprète dans l'affaire de Rainneville, tranchée en faveur de l'Administration par l'arrêt de la chambre civile du 21 août 1872 (aff. de Rainneville, D. P. 73. 1. 81) ; qu'aussi bien cette jurisprudence a été complètement admise par le tribunal d'Angoulème, le 4 août 1873 (aff. Delombre, D. P. 74. 5. 249), dans une affaire absolument identique à celle-ci, et par le tribunal de Douai, le 18 févr. 1877, sans qu'on ait à citer, depuis 1864, aucune décision discordante ; — Considérant qu'envisagée à la lumière de ces principes et de cette jurisprudence, la stipulation de la rente viagère établie dans l'acte de donation prérappelé ne peut être considérée que comme complètement indépendante de la donation avec réserve d'usufruit, dont elle ne dérive pas nécessairement, dont elle pourrait être détachée sans que la donation cessât d'exister ; et ce d'autant mieux qu'elle est pure et simple et non subordonnée à la perception plus ou moins facile, régulière et complète des revenus par la donatrice ; que, pour parler le langage si juridique des juges d'Angoulème, si l'intention commune des parties contractantes, la création de la rente viagère stipulée au profit des enfants Ginoux a pu être ou même a été la représentation tant de l'usufruit réservé par la donatrice que de celui cédé par lesdits enfants et a en pour but de fournir à ceux-ci des moyens d'existence jusqu'à l'ouverture de la succession de leur mère, il n'existe qu'une dépendance conventionnelle entre cette stipulation particulière et celle relative à l'objet principal de l'acte, dépendance conventionnelle que les parties pourraient toujours introduire dans les actes en vue de se soustraire au payement de l'impôt ;

Considérant au surplus (et cette observation si judicieuse des auteurs du *Dictionnaire des droits d'enregistrement* va puissamment encore à l'encontre du système des demandeurs à l'opposition dont elle concourt à démontrer le mal fondé), considérant que les conditions proprement dites d'une libéralité sont celles-là seulement que le donateur impose au bénéficiaire, et non point celles que le donateur s'impose à lui-même... ; — Du 23 mars 1877.-Trib. civ. de Châteaubriant.

prédécédé, sur la valeur de l'usufruit des biens donnés par lui (*Rép.* n° 3952). La jurisprudence est fixée en ce sens par un grand nombre d'arrêts de la cour de cassation (Civ. cass. 31 août 1853, aff. Herrenschmidt, D. P. 53. 1. 252; 30 janv. 1856, aff. Forest, D. P. 56. 1. 92; Req. 6 mai 1857, aff. Mallet, D. P. 57. 1. 298; Civ. cass. 26 juill. 1869, aff. Vigneron, aff. Verrier, et aff. Géhin, D. P. 69. 1. 476). Il en est ainsi, ... lors même que la donation ne comprend que des biens de communauté (Req. 6 mai 1857, aff. Mallet, D. P. 57. 1. 298; Civ. cass. 24 janv. 1860, aff. Hervieu, D. P. 60. 1. 73; Civ. rej. 14 nov. 1865, aff. Dauthuille, D. P. 66. 1. 111);... quand bien même, dans ce cas, chaque époux, en se réservant l'usufruit de sa moitié dans les biens donnés, aurait stipulé, comme condition de sa donation, qu'au cas où il survivrait à son conjoint, l'usufruit des biens donnés par celui-ci lui serait délaissé par les donataires, après s'être réuni sur la tête de ces derniers à la nue propriété durant un nombre déterminé de jours (Arrêts précités des 14 nov. 1865 et 26 juill. 1869), de semblables stipulations devant être considérées comme ne présentant « rien de sérieux » et ayant été « qualifiées avec raison de combinaisons suggérées pour dissimuler une véritable donation mutuelle et éventuelle entre les donateurs ».

Nous avons déjà rapporté cette jurisprudence, lorsque nous avons traité de la perception des droits d'enregistrement sur les actes contenant des dispositions diverses (V. *supra*, n°⁵ 239 et 240) et nous l'avons critiquée. D'ailleurs, si bien établie qu'elle soit, la jurisprudence dont il s'agit rencontre encore de la résistance de la part des tribunaux. Ainsi, il a été jugé que la disposition d'un partage d'ascendant par laquelle le père et mère donateurs se réservent l'usufruit de tous les biens donnés pour en jouir jusqu'au décès du survivant d'eux sans réduction, ne doit pas être considérée comme renfermant une donation mutuelle entre époux, passible d'un droit fixe particulier à l'enregistrement de la donation, et du droit proportionnel de mutation par décès entre époux, au décès du prémourant, sur la valeur de l'usufruit des biens donnés par lui. Elle n'est qu'une condition accessoire de la donation, et, en conséquence, ne donne lieu à la perception d'aucun droit particulier d'enregistrement (Trib. Bayeux, 12 mars 1869, aff. Lecoq, D. P. 70. 5. 151).

E. — Soultes (*Rép.* n°⁵ 2669 à 2682).

2141. L'exigibilité du droit proportionnel sur les soultes stipulées dans les donations à titre de partage anticipé et les partages testamentaires, a été discutée pendant longtemps. La jurisprudence en avait repoussé la perception par de nombreuses décisions rapportées au *Rép.* n°⁵ 2669 et suiv. (*Adde :* Civ. cass. 21 juill. 1851, aff. Brothier, D. P. 51. 1. 201), et qui reposent toutes sur cette règle de droit civil que, dans les donations à titre de partage anticipé, les enfants donataires ne se transmettent respectivement aucune propriété et tiennent directement de l'ascendant donateur le lot qui leur est attribué avec ou sans stipulation de soulte. Cette distinction fondamentale entre les partages d'ascendants et les partages de succession a disparu par l'effet de la loi de 18 mai 1850, qui a mis fin à toute controverse en disposant, par son art. 5, que les règles de perception concernant les soultes de partages seraient désormais applicables aux donations portant partage, faites par actes entre vifs par les père et mère ou autres ascendants, ainsi qu'aux partages testamentaires. Il suit de là que les solutions se rapportant à la perception du droit de soulte sur les partages ordinaires sont applicables aux partages d'ascendants et aux partages testamentaires. Nous avons exposé ces solutions, lorsque nous avons traité des partages (V. *supra*, n°⁵ 1289 et suiv.). Nous présentons seulement ici les décisions spéciales auxquelles ont donné lieu les *donations à titre de partage anticipé*.

Quant à la perception du droit de soulte sur les *partages testamentaires*, V. *infra*, n°⁵ 2152 et suiv.

1°. — Sommes payables aux donateurs, aux donataires ou à des tiers.

2142. Ainsi que le fait remarquer M. Naquet, t. 2, n° 956, la difficulté de la matière consiste à distinguer des soultes des charges de la donation ou, d'une manière plus précise, les partages d'ascendants avec soultes des donations entre vifs avec charges. L'intérêt est sérieux, puisque les charges d'une donation ne sont passibles d'aucun droit particulier, tandis que les soultes stipulées dans les partages d'ascendant sont, depuis la loi du 18 mai 1850, assujetties au droit proportionnel. Il est impossible d'établir une règle générale pour faire la distinction dont il s'agit. La solution de la question est entièrement subordonnée aux circonstances que présente chaque affaire, comme on l'a vu ci-dessus, lorsque nous avons étudié les règles de la perception en ce qui concerne les donations avec charges (V. *supra*, n°⁵ 2045 et suiv.).

2143. La cour de cassation a décidé que la disposition d'un contrat de mariage par laquelle la mère de l'un des futurs époux lui fait donation par préciput de tous ses biens, à la charge par le donataire de payer à chacun des autres enfants de la donatrice une somme d'argent pour sa part virile dans la valeur estimative des biens donnés, constitue un partage anticipé avec soultes, passible du droit proportionnel sur les soultes stipulées, quoique les enfants en faveur desquels ces soultes ont été imposées au donataire n'aient pas figuré au contrat, et que le défaut d'acceptation de quelques-uns d'eux rende le partage susceptible d'annulation ; mais le droit de soulte n'est pas exigible sur la somme que le donataire s'est engagé à payer à l'ascendant donateur en déduction de la valeur des biens à lui donnés, une telle réserve étant une dépendance de la donation dont elle diminue simplement l'étendue (Civ. rej. 23 avr. 1867, aff. Firn, D. P. 67. 1. 229). — Ainsi l'arrêt fait une distinction, suivant que la charge imposée au donataire est stipulée au profit du donateur lui-même ou au profit des autres donataires : le droit de soulte n'est dû que dans ce dernier cas. L'administration de l'enregistrement a adhéré à cette doctrine en décidant : 1° que lorsque, dans un partage d'ascendant fait par acte entre vifs, un des enfants reçoit un lot d'une valeur supérieure à celle des lots attribués aux autres donataires, à la charge de payer une somme déterminée aux ascendants donateurs, un droit particulier de soulte ne peut être exigé sur cette disposition, la somme stipulée n'étant pas considérée comme une soulte de partage, mais constituant une réserve stipulée au profit des donateurs sur les biens donnés, et formant, à ce titre, une dépendance du contrat de donation (Sol. adm. enreg. 21 nov. 1872, D. P. 74. 5. 218) ; — 2° Qu'il en est ainsi, lorsqu'au lieu de payement d'une somme d'argent, le donataire s'engage à servir seul au donateur une rente viagère, les rentes devant être assimilées aux sommes d'argent (Sol. adm. enreg. 16 déc. 1871 ; ... avr. 1874, *Diction. droits d'enreg.*, v° *Partage d'ascendant*, n° 285) et lorsque deux époux font donation, à titre de partage anticipé, à leurs cinq enfants de rentes et d'immeubles, sous la réserve d'une certaine somme à recevoir de l'attributaire du troisième lot (Sol. adm. enreg. 28 févr. 1882, *ibid.*) ; — 3° Que la clause d'une donation, à titre de partage anticipé, d'immeubles, faite par une mère à ses deux enfants, par laquelle l'un des donataires est chargé de verser à sa mère une somme déterminée, « est une charge ordinaire, une réserve au profit de la donatrice, qui n'a nullement pour résultat d'entraîner la décomposition du contrat en une transmission à titre onéreux jusqu'à concurrence de cette somme et une transmission à titre gratuit pour le surplus, et qui ne saurait, d'ailleurs, être considérée comme une soulte » (Sol. adm. enreg. 25 avr. 1882, Garnier, *Rép. pér. enreg.*, art. 6025).

La distinction sur laquelle reposent toutes ces décisions est vivement critiquée par M. Garnier, *Rép. gén. enreg.*, n° 12620, et le *Dictionnaire des droits d'enregistrement*, v° *Partage d'ascendant*, n°⁵ 284 et 287. L'arrêt précité du 23 avr. 1867, disent-ils, peut se justifier, dans l'espèce où il est intervenu, par la circonstance que le donataire chargé de payer au donateur la somme stipulée avait reçu un préciput bien supérieur. La règle qui en résulte peut être admise dans tous les cas de l'espèce, c'est-à-dire quand il est manifeste que la charge imposée à l'un des enfants de payer une somme directement à son auteur, est la conséquence d'un avantage qu'il reçoit par une attribution préciputaire. Mais, toutes les fois que le donateur a manifesté l'intention de faire un partage égal, et que néanmoins une charge est imposée à l'un des donataires pour une part supérieure à sa part virile, qu'elle soit stipulée au profit du donateur lui-même, de ses créanciers, d'autres tiers, ou bien enfin au profit des autres donataires, il y a soulte passible du droit proportionnel.

2144. Quoi qu'il en soit, l'Administration entend restreindre l'application de l'arrêt du 23 avr. 1867 au cas dans lequel il a été rendu, c'est-à-dire à l'engagement pris par l'un des donataires de remettre purement et simplement au donateur une somme d'argent sur la valeur de l'immeuble dont il est gratifié (Sol. adm. enreg. 31 mai 1873, *Diction. droits d'enreg.*, v° *Partage d'ascendant*, n° 286). Elle soutient qu'en dehors de ce cas le droit de soulte est dû. Ainsi, elle a déclaré, ce droit exigible, lorsque la charge d'une somme d'argent payable au donateur et pesant, soit sur l'un des donataires exclusivement, soit sur tous, mais inégalement, n'est versée entre les mains de l'ascendant que pour lui donner le moyen d'acquitter ses dettes (Même solution. V. dans le même sens : Sol. adm. enreg. 28 oct. 1873, *ibid.*). La perception du droit de soulte, dans ce cas, a été admise par différents jugements intervenus, les uns avant, les autres après l'arrêt du 23 avr. 1867, cité *suprà*, n° 2143. Aux termes de ces jugements, la charge imposée, dans une donation à titre de partage anticipé, à l'un des enfants, de payer à un tiers ou à l'acquit du donateur, une somme supérieure à sa part héréditaire, forme, s'il n'y a pas de préciput, une soulte passible du droit proportionnel (Trib. Noyon, 25 avr. 1855, Garnier, *Rép. pér. enreg.*, art. 480 ; Trib. Chartres, 9 juill. 1858, *Journ. enreg.*, art. 16431 ; Trib. Dreux, 1er avr. 1868, *ibid.*, art. 18507). De même, lorsqu'une veuve, en faisant donation à titre de partage anticipé de tous ses biens à ses cinq enfants, impose à deux d'entre eux la charge de lui payer une somme « qu'elle emploiera à l'acquit du passif indiqué dans l'acte », le droit de soulte est dû sur la portion de cette somme excédant les parts des deux enfants auxquels elle est imposée, c'est-à-dire sur 3/5 (Trib. Cambrai, 10 janv. 1877) (1). De même encore, la disposition d'une donation à titre de partage anticipé, portant attribution spéciale à l'un des donataires, en outre de sa part dans les autres biens donnés, d'un immeuble déterminé, à charge d'en payer la valeur aux créanciers de l'ascendant donateur, constitue une soulte sujette au droit proportionnel de 4 fr. pour 100 (Trib. Valenciennes, 11 juin 1873, aff. Caron, D. P. 74. 5. 217). — La doctrine de ces jugements paraît contestable. Peu importe, semble-t-il, que la somme soit stipulée au profit du donateur personnellement ou au profit de ses créanciers. Du moment où il est admis qu'il n'y a pas soulte dans le premier cas, cela doit être admis également dans l'autre : il y a même raison de décider. Le *Dictionnaire des droits d'enregistrement*, v° *Partage d'ascendant*, n° 287, repousse, comme nous, toute distinction, d'une part, entre le cas où les sommes sont payées au donateur lui-même et celui où elles le sont en son acquit, d'autre part, entre le cas où les sommes sont versées au donateur sans aucune indication sur leur destination et celui où elles lui sont remises à l'effet de pourvoir au payement de ses dettes. Mais, suivant les rédac-

teurs de cet ouvrage, les sommes dont le payement est ainsi imposé aux donataires, constituent, dans ces différents cas, des charges au même titre et, lorsque l'un des donataires y contribue pour une part supérieure à sa part virile, il y a soulte passible de l'impôt.

2145. L'acte portant donation à titre de partage anticipé, par des père et mère à un de leurs enfants, de la totalité d'un immeuble, à charge de payer une soulte à un autre enfant, et constatant, en outre, le payement de la soulte, partie en espèces ou par voie de compensation, le surplus au moyen de l'abandon au donataire, créancier de la soulte, d'immeubles appartenant en propre au donateur débiteur, donne lieu à des perceptions distinctes, les dispositions relatives au règlement de la soulte étant entièrement indépendantes de celles qui renferment la donation ; les premières entraînent la perception du droit de mutation sur la totalité de la soulte et non pas seulement sur la portion payée en espèces ou par compensation, plus la perception du droit de vente, et non pas seulement du droit d'échange sur l'immeuble abandonné en payement (Req. 15 nov. 1875, aff. de Chabot et de Guerry, D. P. 76. 1. 127).

Il a été jugé, d'autre part, que la cession consentie, dans un partage d'ascendant, au profit de l'un des donataires par les autres donataires, des lots qui leur ont été attribués par la division effective des biens donnés, est passible du droit de vente de 5 fr. 50 cent. pour 100, et non pas du droit de soulte de 4 pour 100, lorsque cette cession avait eu lieu par une disposition distincte et indépendante de la donation-partage (Trib. Auch, 22 janv. 1877, *Journ. enreg.*, art. 20322). Il est à noter que, dans l'espèce, l'indivision entre les donataires avait pris fin par suite du partage, et que, par conséquent, la cession intervenue ultérieurement ne pouvait plus être considérée comme une opération de partage ; c'était une véritable vente passible du droit proportionnel à 5 fr. 50 cent. pour 100 (V. *suprà*, nos 62 et suiv., 69 et suiv.).

2°. — Rapport.

2146. L'inégalité des lots résultant d'une donation à titre de partage anticipé peut être rétablie au moyen de l'opération du rapport. Ainsi la renonciation, par l'héritier donataire avec dispense de rapport, au bénéfice de cette dispense, afin de rétablir l'égalité entre les héritiers, a pour effet de faire rentrer les valeurs données dans la masse héréditaire. Par suite, lorsque, dans un partage anticipé, il a été stipulé qu'une somme antérieurement donnée par préciput à l'un des enfants, serait comprise dans la masse à partager par égales portions, l'attribution de cette somme faite à l'autre enfant pour compléter son lot, inférieur à celui du premier, doit être considérée comme faite en valeurs héréditaires et ne constitue pas, dès lors, une soulte passible du droit de mutation (Civ. rej. 11 déc. 1855, aff. Maydieu, D. P. 56. 1. 24). — Cette doctrine a été confirmée par un second arrêt de la cour de cassation, en date du 27 avr. 1858 (aff. Cravin, D. P. 58. 1. 206), qui a décidé que les sommes que, dans un acte de partage, et notamment dans un partage d'ascendant, quelques-uns des copartageants s'obligent à verser aux

---

(1) (Delacroix.) — Le tribunal ; — Attendu que le 16 mai 1874, la veuve Delacroix se rendit dans l'étude de Me Mallet, notaire à Solesmes, et y fit une démission de tous ses biens au profit de ses cinq enfants, après avoir composé la masse active et passive desdits biens ; que le passif s'élevait à la somme de 20500 fr. ; — Attendu que si la masse active se fût composée de meubles et d'immeubles commodément partageables en nature, chacun des enfants eût trouvé dans son lot un cinquième des biens de la mère de famille et eût contribué au payement des dettes dans la même proportion ; — Attendu que, pour faire le partage de ses biens, la veuve Delacroix fut obligée de procéder par voie d'attribution ; que par suite elle imposa à ses fils Henri et Amédée Delacroix l'obligation de lui payer, à première demande, la somme de 20500 fr. pour désintéresser ses créanciers ; — Attendu que la somme stipulée étant égale à celle du montant du passif ci-dessus renseigné, il en résultait que les sieurs Henri et Amédée Delacroix contribuaient au payement des dettes pour trois cinquièmes en plus que leur part héréditaire ; — Attendu que l'administration de l'Enregistrement, ayant vu dans l'obligation imposée aux frères Delacroix l'existence d'une soulte, les pria d'acquitter le droit de 678 fr. 75 c. aux termes de la loi de frimaire ; — Attendu que cette réclamation n'ayant été suivie d'aucun effet, l'Administration de l'enregistrement décerna une

contrainte contre les frères Delacroix Henri et Amédée, pour avoir payement de la somme réclamée et mentionnée ci-dessus ; — Attendu que les défendeurs firent offre d'une somme de 60 fr. qui avait été perçue en moins par suite d'une erreur matérielle et formèrent opposition à la contrainte en soutenant que la stipulation de 20500 fr. n'était pas une soulte, mais bien une réserve apportée par leur mère à la donation faite à leur profit ; — Attendu que la veuve Delacroix a fait une complète démission de biens en faveur de ses enfants, que, pour le prouver, il suffit de faire remarquer que par l'effet de la stipulation ci-dessus rappelée, il ne rentrera rien dans son patrimoine ; que l'acquit de son passif absorbera entièrement la somme à payer par ses enfants ; — Attendu que, dans le cas de réserver quelque chose, la veuve Delacroix n'a fait que se mettre en mesure de pratiquer la maxime : *On ne peut être libéral qu'après l'extinction de ses dettes*, et l'adage : *Il n'y a de biens que ce qui reste après le payement des créanciers*; et d'assurer ses enfants contre les conséquences d'une négligence possible, si ses enfants Henri et Amédée avaient été chargés d'acquitter son passif ; — Attendu que la stipulation faite au profit de la veuve Delacroix constitue une véritable soulte par la répartition inégale des charges entre les copartageants ;

Par ces motifs, etc.

Du 10 janv. 1877.-Trib. civ. de Cambrai.

autres, pour compenser des inégalités de lots, ne sont pas passibles du droit de soulte, quand ceux qui en ont été chargés doivent les payer par voie de rapport de sommes d'argent à eux données en avancement d'hoirie. Et il n'importe que la remise de ces sommes n'ait pas lieu immédiatement et soit, par exemple, différée jusqu'au décès de l'ascendant donateur, si les copartageants ne doivent entrer qu'à cette époque en jouissance de leurs lots dont l'ascendant s'est réservé l'usufruit. Ainsi, que le rapport soit effectué volontairement par un donataire par préciput qui renonce à la dispense, ou bien en vertu de l'obligation légale qui incombe à tout donataire en avancement d'hoirie, la somme qui en est l'objet se trouve incorporée à la masse dans un cas comme dans l'autre, et, par suite, n'est pas sujette au droit de soulte, lorsqu'elle est attribuée à un autre que celui qui a fait le rapport. C'est là aujourd'hui un point constant, comme nous l'avons déjà établi, lorsque nous avons traité des partages et soultes (V. *suprà*, n°s 1317 et suiv.).

2147. L'administration de l'enregistrement a même décidé que le rapport fait en deniers par l'un des donataires, dans un partage d'ascendant, de l'excédent de la valeur d'un immeuble à lui donné antérieurement par préciput, sur la quotité disponible, ne peut, lorsque cet excédent ne dépasse pas la moitié de la valeur de l'immeuble, et que, par suite, le rapport n'était pas obligatoire, être considéré comme constituant une soulte passible du droit proportionnel de mutation à 4 pour 100, lors même que la somme rapportée est attribuée aux autres donataires est payable à terme (Sol. adm. enreg. 12 févr. 1868, D. P. 69. 5. 163). Cette solution est fondée sur la doctrine des arrêts des 11 déc. 1855 et 27 avr. 1858 cités *suprà*, n° 2146, et sur ce que, aux termes de l'art. 866 c. civ., dans le cas où la valeur d'un immeuble donné à un successible avec dispense de rapport, excède la portion disponible, mais seulement de moins que la moitié, comme cela se présentait dans l'espèce, le donataire peut retenir l'immeuble, sauf à moins prendre et à récompenser ses cohéritiers en argent ou autrement (Conf. Garnier, *Rép. gén. enreg.*, n° 12432).

Mais il a été jugé que lorsque, quelques jours seulement avant un partage d'ascendants, l'un des copartageants a reçu, par un premier acte, de son père et mère donateurs, un immeuble avec dispense de rapport en nature, mais à charge de rapporter à leurs successions une somme déterminée en argent, le rapport fait dans le partage d'ascendants, de cette somme qui est attribuée aux lots des autres copartageants, doit être considéré comme une soulte passible du droit proportionnel (Req. 24 déc. 1856, aff. Séret, D. P. 57. 1. 204). — Dans une espèce analogue, le tribunal de Charleville a repoussé l'application du droit de soulte à la somme rapportée (Trib. Charleville, 20 août 1857, aff. Bouillard, D. P. 57. 3. 86).

N° 2. — *Partage testamentaire.*

A. — Droit gradué.

2148. Les règles qui régissent, en droit civil, les partages testamentaires, sont, en ce qui concerne la forme, celles qui s'appliquent aux testaments, et, quant au fond, les mêmes, en général, que pour les partages entre vifs (V. *suprà*, v° *Dispositions entre vifs et testamentaires*, n°s 1131 et 1132). L'élément dominant, et, en général, unique, est celui du partage (V. *ibid.*, n° 1091). Comme l'a très bien dit Marcadé, *Explication du code civil* sur l'art. 1075, § 1er, « ce n'est pas là précisément une donation, c'est un partage. Ce n'est pas proprement une libéralité, mais plutôt la consécration du droit de succession. Il ne s'agit pas de créer un droit aux biens, mais tout simplement de régler les droits successifs conférés par la loi ». — Il s'ensuit, en droit fiscal, que le partage testamentaire est sujet au droit gradué, comme tous les partages, d'après l'art. 1er-5° de la loi du 28 févr. 1872, qui assujettit à ce droit « les partages de biens meubles et immeubles entre copropriétaires, cohéritiers et associés, à quelque titre que ce soit », sur « le montant net de l'actif partagé » (V. *suprà*, n° 1233). Cela a été contesté, et un jugement du tribunal de Lesparre du 24 août 1876 a repoussé l'application du droit gradué au partage testamentaire par le motif qu'il

constitue un testament. Mais la perception du droit gradué a été admise par des jugements des tribunaux de Montbrison du 27 déc. 1873 (aff. Jordan, D. P. 75. 3. 118), de Lyon du 27 déc. 1877, de Charleville du 22 juin 1878, et sanctionnée définitivement, sur le pourvoi formé contre ce dernier jugement, par la cour de cassation (Req. 8 juill. 1879, aff. Harmel, D. P. 80. 1. 116. Conf. Garnier, *Rép. gén. enreg.*, n° 12644; *Diction. droits d'enreg.*, v° *Partage d'ascendant*, n° 370).

2149. Le partage testamentaire fait par un ascendant est la loi commune des enfants, sauf l'action en nullité. Il produit effet tant que les bénéficiaires n'ont pas renoncé à la succession du testateur, lorsqu'il est soumis à la formalité, sans qu'il y ait lieu d'attendre l'acceptation des héritiers (Trib. Montbrison, 27 déc. 1873, aff. Jordan, D. P. 75. 3. 118. Conf. Garnier, *Rép. gén. enreg.*, n° 12644; *Diction. droits d'enreg.*, v° *Partage d'ascendant*, n° 373).

Il en est de même pour le droit de soulte, comme on le verra plus loin *infrà*, n°s 2152 et suiv.

Mais les droits perçus sont restitués au cas de renonciation des enfants à la succession ou d'annulation du partage en justice (V. *infrà*, chap. 10, sect. 1re).

2150. Lorsqu'en même temps qu'il distribuait ses biens entre ses enfants par le même acte, le testateur a distribué tout ou partie de la quotité disponible à un *étranger*, cette disposition est tout à fait indépendante du partage et donne lieu, par suite, à un droit particulier qui paraît être celui de 7 fr. 50 cent., applicable aux legs (Conf. Garnier, *Rép. gén. enreg.*, n° 12644; *Diction. droits d'enreg.*, v° *Partage d'ascendant*, n° 373).

2151. De même que la donation à titre de partage anticipé, le partage testamentaire ne peut être fait que par un ascendant au profit de ses descendants ou héritiers légitimes. Si donc une personne décédée sans postérité a déclaré faire le partage testamentaire de ses biens entre ses héritiers collatéraux, en mettant à la charge de certains d'entre eux des soultes pour égaliser les lots, il ne sera dû ni droit gradué, ni droit de soulte, sur l'acte de dernière volonté constatant ces dispositions. Elles seront considérées comme des legs ordinaires (Sol. adm. enreg. 17 juill. 1876; 28 juill. 1879, *Diction. droits d'enreg.*, v° *Partage d'ascendant*, n° 358).

B. — Soulte.

2152. Comme nous l'avons dit au sujet des donations à titre de partage anticipé (V. *suprà*, n° 2141), la jurisprudence de la cour de cassation repoussait, antérieurement à la loi du 18 mai 1850, l'application du droit de soulte aux partages testamentaires de même qu'aux partages par donation entre vifs (V. *Rép.* n° 2675); mais la loi a étendu, par son art. 5, aux deux natures de partage les règles de perception concernant les soultes stipulées dans les partages ordinaires.

2153. Aux termes de l'art. 9 de la loi de 1850, « les actes et mutations qui auront acquis date certaine avant la promulgation de la présente, seront régis par les lois antérieures ». Il a été jugé, par application de cette disposition, que, lorsqu'en faisant entre ses enfants le partage testamentaire de ses biens, un père décédé avant la loi du 18 mai 1850 a imposé une soulte à l'un d'eux et déclaré qu'il entendait faire un partage égal, et que, postérieurement à la loi, le chiffre de la soulte a été élevé d'un commun accord entre les enfants pour réparer une erreur d'estimation commise par le père et consolider ainsi le partage, l'acte constatant ce règlement n'est, en réalité, que l'exécution du testament; en conséquence, il est régi par les lois antérieures et ne donne pas lieu au droit de soulte (Civ. cass. 29 nov. 1854, aff. Dubois de Montulé, D. P. 55. 1. 69-70). — Cette décision est fondée. L'acte en litige n'était réellement que l'exécution et le complément du partage testamentaire et devait, par suite, être soumis au même tarif. Or, le partage testamentaire se trouvait placé sous l'empire du tarif antérieur à la loi du 18 mai 1850, le testateur étant décédé avant la promulgation de cette loi.

2154. Il y a lieu de distinguer, en effet, pour l'application de l'art. 9 de la loi du 18 mai 1850, entre les *actes* et les *mutations* visés dans les dispositions de cette loi. Comme l'exprime un jugement du tribunal de Caen du 7 août 1856, les *actes civils et administratifs* mentionnés dans l'art. 8 de la loi, sont restés soumis au tarif qui était en vigueur au moment de leur confection, et ceux qui avaient date certaine avant la loi du 18 mai 1850 ne sont pas tombés dans le domaine de cette loi; mais il en est autrement des *mutations* énoncées dans les art. 5 (partages anticipés et partages testamentaires), 6 (dons manuels), et 7 (transmissions entre vifs à titre gratuit et par décès de rentes sur l'Etat, de fonds publics étrangers, etc.). Lorsqu'il s'agit de *mutations*, le droit ne peut être assis qu'au moment où la transmission de propriété s'accomplit, et, en matière de testament, la transmission ne peut s'opérer que par le décès. Jusque-là, le testament n'est qu'un projet. Ce n'est que par le décès que le droit du fisc, comme celui du légataire, se réalise.

Cette doctrine a été très exactement suivie par un jugement du tribunal de Coutances, au sujet de l'application à un partage testamentaire de la loi du 5 mai 1855 qui a élevé, par son art. 15, de 50 cent. à 1 franc 100 le droit d'obligation, et de la loi du 14 juill. 1855 (art. 5) qui a augmenté d'un second décime les principaux droits d'enregistrement. Jugé que les droits d'enregistrement dont est passible un partage testamentaire doivent être liquidés conformément aux lois en vigueur au moment du décès du testateur, et non d'après celles sous l'empire desquelles ce partage a acquis date certaine; que, spécialement, les droits d'obligation, de soulte et les décimes auxquels donne ouverture un partage testamentaire ayant acquis date certaine le 6 févr. 1855, et dont l'auteur est décédé le 2 nov. suivant doivent être liquidés d'après les lois des 5 mai 1855 (art. 15) et 14 juill. 1855 (art. 5) et non suivant les lois des 6 prair. an 7 et 7 août 1850 (Trib. Coutances, 27 mai 1857, aff. de Cahouet, D. P. 57. 3. 79).

2155. Toutefois, bien que les droits d'enregistrement dus sur un partage testamentaire s'ouvrent au jour du décès du testateur, si, en même temps qu'ils consentent à son exécution, les héritiers font disparaître, au moyen d'attributions complémentaires en valeurs héréditaires, l'inégalité qui existait entre les lots, la perception doit être établie d'après les deux actes combinés. Le droit de soulte qui aurait été perçu sur le partage primitif, ne peut plus l'être en présence de l'acte constatant son exécution dans ces conditions, les deux actes devant être considérés comme connexes (Sol. adm. enreg. 31 juill. 1857, 27 mars 1878, 29 sept. 1879, *Diction. droits d'enreg.*, v° *Partage d'ascendant*, n° 393).

2156. On a vu *supra*, n°s 142 et suiv., que, pour les donations à titre de partage anticipé dans lesquelles un ou plusieurs des donataires sont chargés de payer des sommes déterminées soit aux donateurs, soit à leurs codonataires, soit à des tiers, la difficulté pour la perception du droit de soulte, consiste à discerner s'il s'agit d'une simple charge de donation, c'est-à-dire d'une disposition dépendante et accessoire ne donnant lieu à aucun droit particulier, ou d'une soulte passible du droit proportionnel. De même, pour le partage testamentaire dans lequel un ou plusieurs des

enfants sont chargés de payer des sommes déterminées soit à leurs frères ou sœurs, soit à des tiers, la difficulté est de reconnaître s'il s'agit d'un partage testamentaire avec soultes ou d'un simple legs avec charges.

2157. Elle ne se produit pas, lorsque la somme dont le payement est mis à la charge de l'un des lots est imposée comme charge d'une *disposition par préciput* faite au profit de l'attributaire. Le droit de soulte n'est pas exigible en ce cas. C'est ce qui a été décidé, avec raison, dans une espèce où, en faisant le partage testamentaire de tous ses biens, le père de famille avait attribué par préciput certaines valeurs à deux de ses enfants en les chargeant de payer des sommes d'argent à leurs codonataires : « Attendu qu'en donnant à deux de ses enfants une partie de la portion disponible de ses biens, à charge de payer une somme aux autres, le testateur n'a fait qu'user du droit qui lui était accordé par l'art. 919 c. civ.; que, si telle eût été son intention, il pouvait aussi bien donner à un étranger les objets qu'il a légués à sa fille et à son fils, en lui imposant la même obligation; que ces sommes ne peuvent être des soultes, car où il n'y a pas de partage, il n'y a pas de soulte » (Trib. Besançon, 8 juill. 1864, Garnier, *Rép. pér. enreg.*, art. 1953. Conf. Trib. Gray, 20 juill. 1864, *ibid.*). — La même distinction est admise pour les donations à titre de partage anticipé (V. *suprà*, n° 2143).

2158. Il n'en est ainsi, toutefois, qu'autant que c'est bien d'un legs par préciput avec charges qu'il s'agit. Si la disposition, bien que qualifiée dans ces termes, présente les caractères d'un partage testamentaire avec soultes, le droit proportionnel doit être perçu sur les soultes. Cela n'est pas toujours aisé à reconnaître. Tout dépend des circonstances, de la nature des charges, de leur importance, de leur rapport avec la valeur des biens faisant l'objet du préciput.

Il a été jugé, sur ce point, qu'on doit considérer comme des partages testamentaires avec soulte, et non comme de simples legs précipútaires ... la disposition testamentaire par laquelle un ascendant par préciput et hors part un immeuble à l'un de ses enfants, à la charge de payer aux autres une somme équivalente à leurs parts dans l'immeuble (Trib. Belfort, 17 mai 1858, *Journ. enreg.*, art. 16791);... le testament par lequel une veuve lègue à sa fille la quotité disponible de sa succession à la charge d'une rente viagère au profit de l'autre enfant de la testatrice (Trib. Mâcon, 17 déc. 1862, Garnier, *Rép. pér. enreg.*, art. 1785);... la disposition testamentaire portant attribution d'un domaine à l'un des enfants du testateur, à la charge de payer à son frère moitié de l'estimation du domaine et avec déclaration que, dans le cas où cette estimation, telle qu'elle était faite, lèserait l'attributaire de la somme, le testateur léguait, à titre de préciput, le montant de la lésion à l'enfant attributaire du domaine (Trib. Blois, 11 févr. 1879, *Journ. enreg.*, art. 20998);... le testament par lequel un père de famille lègue par préciput à deux de ses enfants un moulin représentant la majeure partie de son avoir, à la charge de rapporter à sa succession une somme représentant la valeur du moulin et sur laquelle ils prélèveront leurs parts (Trib. Lille, 10 juin 1887) (1).

---

(1) (Leignel.) — Le tribunal; — Attendu que Leignel père, farinier à Quesnoy-sur-Deûle, y est décédé le 21 févr. 1882, laissant pour héritiers Georgina, Louis-Henri Leignel et les mineurs Déherripon et Deren, issus de deux fils prédécédés; — Que, par son testament olographe dont l'exécution a été consentie par tous ses enfants et petits-enfants, il a fait les dispositions suivantes : « Je donne et lègue, par préciput et avant part, à Louis-Henri Leignel et à Henri-Marie-Joseph Leignel, mes deux fils, fariniers à Quesnoy, une propriété située à Quesnoy-sur-Deûle, comprenant un moulin à eau avec toutes ses dépendances, etc. Ce legs est fait à la charge par mes fils de rapporter à ma succession la somme de 250000 fr. dans laquelle mes fils légataires prendront, bien entendu, leur part héréditaire. — Je prive de la quotité disponible ceux ou ceux de mes enfants qui, par eux-mêmes, leurs tuteurs ou représentants, n'approuveront pas les dispositions du présent testament ou contesteraient dans quelque partie l'acte de société que j'ai fait avec mes fils. — En ce cas, je donne et lègue par préciput, à ceux de mes enfants qui approuveront, après ma mort, le présent testament et ledit acte de société dans tout leur contenu, la quotité dont la loi me laisse la libre disposition. Je donne et lègue, par préciput et avant part, à ma fille Georgina une somme de 5000 fr., mon argenterie, tout mon vin et tout ce

qui se trouve ordinairement dans le salon du côté de la place des Moulins »; — Attendu que lors de la présentation de ce testament à la formalité de l'enregistrement, au bureau de Quesnoy-sur-Deûle, le 17 mars 1882, le receveur, l'ayant considéré comme un partage testamentaire avec soulte, a perçu 6000 fr. pour soulte, et pour partage 100 fr., plus les décimes; mais que, sur réclamation des intéressés, la restitution de ces droits a été autorisée par une solution de l'Administration du 10 mai 1882 et effectuée le 15 juin suivant; — Que plus tard, le 16 mars 1883, sur la présentation d'un acte de partage de la succession de Leignel père qui a porté que sur des valeurs mobilières divisées en cinq lots égaux de 50636 fr. 90 cent., le receveur a perçu pour soulte 6000 fr., pour partage, 260 fr. et décimes 1565 fr.; — Que par suite du refus de l'Administration de restituer le droit de soulte et de la demande introduite par les consorts Leignel tendant à cette restitution, il s'agit de décider : 1° si un droit de soulte était dû sur le testament de Leignel; 2° si l'Administration est liée par sa solution du 10 mai 1882; 3° dans le cas de la négative, si la perception du 16 mars 1883 a été régulièrement faite et doit être maintenue;

Sur le premier point : — Attendu que, d'après l'art. 5 de la loi du 18 mai 1850, les partages testamentaires sont assujettis aux

2159. A plus forte raison, la disposition doit-elle être interprétée comme un partage testamentaire avec soultes plutôt que comme un simple legs avec charges, lorsqu'elle comprend la totalité ou bien, comme dans l'espèce du dernier des jugements cités *suprà*, n°2158, la plus grande partie des biens que possède le testateur. Ainsi décidé : 1° que le testament par lequel un père de famille lègue par préciput et hors part la totalité de ses immeubles à son fils, à charge de rapporter à la succession la valeur intégrale des biens légués, doit être considéré, pour la perception du droit d'enregistrement, comme constituant un partage anticipé avec soulte; en conséquence, cet acte donne lieu au droit de soulte à 4 pour 100 sur les parts des cohéritiers du légataire dans la somme rapportée par ce dernier (Req. 8 juill. 1879, aff. Harmel, D. P. 80. 1. 116; — 2° Que la disposition testamentaire par laquelle un ascendant lègue à un de ses enfants, en considération de son mauvais état de santé habituel, une rente viagère destinée à lui tenir lieu de sa part héréditaire, et déclare l'affranchir de toute contribution aux dettes de la succession, ne peut, pour la perception des droits de mutation, être considérée ni comme un legs ordinaire, ni comme une vente de droits successifs imposée par le testateur au légataire; il y a lieu de voir dans un tel mode de disposer l'équivalent d'un partage testamentaire et de percevoir le droit de soulte, mais seulement sur l'évaluation de la rente léguée (Trib. Morlaix, 21 août 1860, aff. Lannès, D. P. 61. 3. 32); — 3° Que le testament par lequel le père attribue tous ses biens à un de ses enfants, à charge de payer une somme déterminée à son frère, si celui-ci arrive à sa majorité, doit être considéré comme un partage anticipé avec soulte soumise à une condition suspensive, et que le droit de soulte est exigible à l'évènement, c'est-à-dire lorsque l'enfant attributaire de la somme arrive à sa majorité (Sol. adm. enreg. 9 juin 1885, Garnier, *Rép. pér. enreg.*, art. 6870).

2160. Le droit proportionnel dû sur les soultes stipulées dans un partage testamentaire doit être perçu lors de l'enregistrement du testament, sans attendre l'acceptation des enfants. — Il a même été jugé que le droit de soulte était dû, lors même que l'exécution du partage testamentaire aurait été suspendue par suite (Trib. Montbrison, 27 déc. 1873, aff. Jordan, D. P. 75. 3. 118). Mais ce droit est restituable, lorsque, par suite de la renonciation des légataires, le partage ne reçoit pas son exécution (Sol. adm. enreg. 4 mars 1864, D. P. 65. 3. 57).

Il en est de même pour le droit gradué (V. *suprà*, n° 2149).

Art. 4. — *Mutations par décès* (Rép. n°ˢ 3960 à 4259).

2161. Les *tarifs* du droit de mutation par décès ont été remaniés à plusieurs reprises (V. *Rép.* n°ˢ 3960 et suiv.) dans le temps qui s'est écoulé entre la loi du 6 frimaire an 7 et celle du 18 mai 1850, dont l'art. 10, rapporté au *Rép.* n° 3971, a assimilé, sous le rapport de la *quotité* des droits, les transmissions de biens *meubles* aux transmissions de biens *immeubles*. Depuis cette dernière loi, aucune modification ne s'est produite, au point de vue des *décimes*. Il n'en était ajouté qu'un à l'époque de la publication du *Répertoire*. Il en est ajouté actuellement deux et demi, soit 25 cent. pour 100, comme nous l'avons dit *suprà*, n° 21.

2162. Mais des dispositions législatives ont étendu l'*exigibilité* des droits de mutation par décès à différentes valeurs, savoir, aux *rentes sur l'État* (L. 8 juill. 1852, art. 25, D. P. 52. 4. 184), aux *valeurs mobilières étrangères* dépendant soit d'une succession régie par la loi française, soit de la succession d'un étranger domicilié en France, avec ou sans autorisation (L. 23 août 1871, art. 3 et 4, D. P. 71. 4. 61), aux capitaux payés, lors du décès des assurés, par les compagnies d'*assurances sur la vie* (L. 21 juin 1875, art. 6, D. P. 75. 4. 107).

2163. La jurisprudence a formulé, pour la perception des droits de mutation par décès, différents principes généraux qui dominent la matière et que, pour ce motif, nous constatons ici.

1° L'impôt de mutation par décès est dû d'après la propriété apparente (Civ. rej. 11 avr. 1877, aff. Martelet, D. P. 77. 1. 199. V. *infrà*, n°ˢ 2302 et suiv.).

2° Il doit être perçu conformément aux droits des parties (Civ. rej. 11 mars 1851, aff. Butel de Sainneville, D. P. 51. 1. 121 ; 30 janv. 1854, aff. Boyer, D. P. 54. 1. 61 ; Civ. cass. 4 janv. 1865, aff. de Chasseloup-Laubat, D. P. 65. 1. 35; Civ. rej. 13 juill. 1869, aff. Sauvaigne, D. P. 70. 1. 130), suivant le degré de parenté et l'ordre de succession établis par la loi qui règle la dévolution des biens entre les héritiers (Arrêt précité du 13 juill. 1869).

3° Son caractère est celui d'une dette naissant avec l'ouverture de la succession et inhérente, dès ce moment, à tous les biens qui la composent (Civ. cass. 2 juin 1869, aff. Assada, D. P. 69. 1. 428 ; 19 oct. 1886, aff. Dumont (et non Bachot), D. P. 87. 1. 126 ; Req. 19 nov. 1888, aff. de Saint-Cher, D. P. 90. 1. 78).

Nous rencontrerons de nombreuses applications de ces principes, spécialement, à l'égard du premier, lorsque nous nous occuperons de la perception de l'impôt sur les valeurs françaises dépendant de la succession d'un étranger (V. *infrà*, n° 2252), et, pour le second, lorsque nous étudierons les règles de la perception pour les successions vacantes (V. *infrà*, n°ˢ 2177 et suiv.).

2164. D'autre part, l'administration de l'enregistrement, chargée de percevoir le droit de mutation par décès sur les valeurs dépendant des successions a qualité et droit pour rechercher, en dehors des conventions arrêtées entre les parties, si la composition de l'actif porté dans une déclaration de succession est régulière, et pour y faire rentrer les valeurs imposables qui n'y auraient pas été comprises par le fait ou la volonté des parties (Civ. cass. 30 déc. 1873, aff. Ganivet, D. P. 74. 1. 363. V. *suprà*, n° 74).

En ce qui concerne les droits respectifs de l'Administration et des héritiers pour établir la consistance réelle de l'hérédité, V. *infrà*, n°ˢ 2302 et suiv.

2165. Les droits de mutation par décès étant perçus sur une déclaration souscrite par les héritiers au bureau de l'enregistrement, le présent article est divisé au *Répertoire* en deux paragraphes qui traitent : le premier, des cas où le droit de mutation par décès est dû et réciproquement; le second, de la *déclaration* à fournir par les héritiers et légataires ainsi que du *délai* dans lequel cette déclaration doit être produite, le tout au point de vue de l'*exigibilité* et de la *quotité* des droits.

En ce qui concerne les autres rapports sous lesquels la perception des droits de mutation par décès peut être envisagée (liquidation, exemptions, pénalités, prescriptions, etc.), cette matière a été étudiée, comme toutes les autres, dans les divisions du traité qui sont spécialement consacrées à ces différentes parties de la législation fiscale.

---

règles de perception concernant les soultes qui régissent les partages de succession ; — Attendu que l'intention de Leignel père, telle qu'elle ressort du contexte de son testament et des circonstances de la cause, n'a pas été une libéralité préciputaire au profit de ses deux fils et au préjudice de ses filles ou des enfants de celles-ci, mais seulement de faire entrer dans les lots de ceux-là l'établissement industriel où ils exploitaient leur industrie et qu'il eût fallu liciter au décès du père de famille à raison de son impartageabilité; que la preuve en ressort notamment du rapport de 250000 fr. imposé aux deux légataires, très approximativement égal à la valeur de l'immeuble estimé par deux des successibles à 255000 fr. et qui représente plutôt un prix de vente que la charge d'un legs ; de la clause pénale qui, en cas de contestation,

attribue la quotité disponible aux non-contestants, alors que le legs précipitaire absorberait déjà la presque totalité de l'actif, surtout du caractère de la disposition litigieuse qui ne s'applique pas exclusivement aux deux enfants nommément désignés, mais qui régit en réalité toute l'hérédité apportionnant chacun des héritiers avec des valeurs appropriées à ses besoins, les fils associés du père avec l'immeuble industriel, les filles ou leurs enfants avec du numéraire; qu'il s'ensuit qu'à juste titre le droit de soulte avait été perçu lors de l'enregistrement du testament sur les 150000 fr., excédant la part de Louis et Henri dans ledit immeuble; qu'à tort et par erreur ce droit a été restitué.

Du 10 juin 1887.-Trib. civ. de Lille.

§ 1ᵉʳ. — Cas où le droit de mutation par décès est dû et réciproquement (*Rép.* nᵒˢ 3973 à 4138).

2166. Les biens sont transmis, soit par l'effet de la loi, cas auquel la succession est dite *légitime* ou *ab intestat*, soit par la volonté de l'homme, cas où la succession est appelée *testamentaire*, lorsqu'elle est déférée par testament, *contractuelle*, lorsque la mutation est opérée en vertu d'une donation par contrat de mariage. La succession *contractuelle* a fait l'objet du deuxième paragraphe du précédent article (V. *supra*, nᵒˢ 2094 et suiv.). Il n'est donc question ici que de la succession *légitime* ou *ab intestat* et de la succession *testamentaire*. La loi fiscale ne fait aucune différence entre les deux ; elle les soumet au même tarif. Elles ont été traitées néanmoins au *Répertoire* sous deux numéros distincts, en raison des observations particulières que chacune d'elles comporte.

Nᵒ 1. — *Successions légitimes* (*Rép.* nᵒˢ 3974 à 4078).

A. — Biens recueillis par les hospices.

2167. La première condition d'exigibilité du droit de mutation par décès est qu'il y ait une dévolution de biens à titre successif ; si la dévolution avait lieu à un autre titre, le droit ne serait pas exigible (*Rép.* nᵒˢ 3974 et suiv., et 3993). C'est en ce sens qu'il a été décidé : 1ᵒ que l'attribution aux hospices, à défaut de réclamation par la famille, des biens laissés à leur décès par les enfants abandonnés qu'ils ont recueillis, ne donne pas lieu à la perception des droits de mutation, cette attribution étant faite à titre d'indemnité (Décis. min. fin. 23 juin 1858, D. P. 59. 3. 55) ; — 2ᵒ Que les effets mobiliers provenant des malades soignés gratuitement dans les hospices, et attribués par la loi (Décr. en Cons. d'Ét. 3 nov. 1809, *Rép.* vᵒ *Hospice*, p. 70) à ces établissements, ne sont pas assujettis au droit de mutation par décès (Décis. min. fin. 11 avr. 1883, D. P. 84. 3. 32).

B. — Usufruit légal (*Rép.* nᵒˢ 3975 à 3982).

2168. Il résulte du même principe qu'il n'est dû aucun droit de mutation à raison de l'usufruit légal que la loi accorde aux père et mère sur les biens de leurs enfants mineurs de dix-huit ans (*Rép.* nᵒˢ 3975 et suiv.). — Mais l'usufruit légué au père, de biens dont la nue propriété est en même temps léguée à ses enfants mineurs, ne se confond pas, pendant la durée de l'usufruit légal, avec ce dernier usufruit, l'un et l'autre entraînant des charges différentes ; par suite, la perception du droit de mutation applicable à ce legs d'usufruit ne peut être suspendue jusqu'à l'expiration de l'usufruit légal (Civ. cass. 30 déc. 1850, aff. Gougeon, D. P. 51. 1. 37). En pareil cas, la disposition du testateur se trouve substituée à celle de la loi : il y a donc eu dévolution à titre successif.

C. — Absence (*Rép.* nᵒˢ 3984 à 3995)

2169. En étudiant (*Rép.* nᵒ 3984) les effets de l'*absence* relativement à la perception du droit de mutation par décès, nous avons établi que si, en principe, d'après l'art. 40 de la loi du 28 avr. 1816, c'est l'envoi en possession provisoire prononcé à la suite du jugement déclaratif de l'absence qui donne ouverture aux droits de mutation par décès, cette disposition spéciale ne fait pas obstacle à l'application des principes généraux du droit fiscal, et que, par suite, les droits de mutation sont ouverts dès qu'il est établi, suivant l'un des modes prescrits par l'art. 12 de la loi du 22 frim. an 7, que les héritiers de l'absent ont pris possession de ses biens (*Rép.* nᵒ 3989). — C'est ainsi qu'il a été jugé que la prise de possession des biens d'un absent suffit pour autoriser la perception du droit de mutation par décès, quoique les héritiers se soient abstenus de provoquer la déclaration d'absence (Trib. Seine, 8 mars 1848, aff. S..., D. P. 48. 5. 151). — Jugé aussi que le délai dans lequel l'héritier présomptif d'un absent est tenu d'acquitter les droits de mutation dus sur les biens qu'il recueille court du jour de l'acte qui opère la prise de possession de ces biens ; et l'on doit considérer comme acte constituant une prise de

possession des biens de l'absent le partage d'une succession dans laquelle il est intéressé, partage accompli par ses cohéritiers sans qu'une part lui ait été réservée, bien que chaque copartageant ait pris l'engagement de contribuer, dans le cas où il reparaîtrait, au fournissement de ses droits (Trib. Mauriac, 15 nov. 1855, aff. Robert, D. P. 56. 3. 20).

2170. L'envoi en possession déterminant l'exigibilité des droits de mutation, il s'ensuit qu'ils doivent être perçus suivant le *tarif* en vigueur à cette date. Jugé, en effet, que les droits de mutation à payer par l'envoyé en possession provisoire des biens d'un absent, doivent être réglés d'après le tarif en vigueur à l'époque du jugement d'envoi en possession, et non d'après le tarif existant à la date de la disparition ou des dernières nouvelles (Req. 8 déc. 1856, aff. Ayizard, D. P. 57. 1. 100). Ainsi, le tarif établi par la loi du 18 mai 1850 s'applique au cas d'envoi en possession provisoire des biens d'un absent, lorsque le jugement d'envoi en possession est postérieur à cette loi, quoique la disparition ou les dernières nouvelles de l'absent, remontent à une époque antérieure (Même arrêt).

2171. Lorsque des héritiers sont envoyés en possession des biens d'un absent en vertu d'un droit qu'ils ont recueilli dans la succession de leur auteur, il s'opère une double transmission, l'une, de l'absent au *de cujus*, l'autre, de celui-ci à ses héritiers et légataires ; il est dû, par suite, deux droits de mutation par décès (Trib. Chalon-sur-Saône, 23 févr. 1881, *Journ. enreg.*, art. 21771).

D. — Acceptation (*Rép.* nᵒˢ 3996 à 4024).

2172. Une première condition, avons-nous dit *supra*, nᵒ 2167, pour que le droit de mutation par décès soit exigible, c'est qu'il y ait ouverture d'une succession (*Rép.* nᵒ 3996). C'est à l'Administration à établir le fait (*Rép.* nᵒ 3997). Il faut, en outre, qu'elle prouve que les biens sur lesquels l'impôt est réclamé sont des biens héréditaires (*Rép.* nᵒ 3998) recueillis par l'héritier en sa qualité d'héritier (*Rép.* nᵒ 4001). Mais elle n'a pas à prouver que la succession a été acceptée par l'héritier. Il en est de même en cas de succession testamentaire (*Rép.* nᵒˢ 4004 et suiv.). Ainsi, il a été décidé que le légataire étant légalement présumé vouloir profiter de la libéralité faite en sa faveur jusqu'à ce qu'une renonciation expresse de sa part au bénéfice de cette libéralité vienne détruire cette présomption légale, est tenu, à peine du double droit, de faire enregistrer le testament dans les trois mois du décès, et ne peut s'affranchir de cette obligation qu'en renonçant au legs (Trib. Montpellier, 26 déc. 1870, aff. X..., D. P. 72. 5. 205. Conf. *Rép.* nᵒ 4010. V. *infra*, nᵒ 2205).

Mais la *renonciation*, soit de l'héritier à la succession, soit du légataire ou donataire au legs ou à la donation, le dispense du payement du droit de mutation, pourvu qu'elle soit pure et simple, ainsi que cela résulte de la jurisprudence rapportée *supra*, nᵒ 182.

2173. La jurisprudence a nettement défini le caractère du droit de mutation par décès. D'après les termes mêmes de ses arrêts, cet impôt a, selon le texte et l'esprit de la loi qui l'a établi, le caractère d'une dette naissant avec l'ouverture de la succession, inhérente, dès ce moment, à tous les biens qui la composent, et qui, par suite, constitue une véritable dette héréditaire (Civ. cass. 2 juin 1869, aff. Assada, D. P. 69. 1. 428 ; 19 oct. 1886, aff. Dumont, D. P. 87. 1. 126 ; Req. 19 nov. 1888, aff. de Saint-Cher, D. P. 90. 1. 78). De là, diverses conséquences.

2174. Ainsi, en ce qui concerne les successions acceptées sous bénéfice d'inventaire, l'héritier bénéficiaire est tenu, aussi bien que l'héritier pur et simple, d'acquitter dans le délai, le droit de mutation par décès, quelles que soient les charges de la succession. Une jurisprudence constante rapportée au *Rép.* nᵒˢ 4017 et suiv., le décidait ainsi. Elle a été confirmée par l'arrêt du 2 juin 1869, cité *supra*, nᵒ 2173, et différents autres qui seront rapportés au chap. 8, où il sera traité du payement des droits.

2175. L'héritier bénéficiaire étant assimilé, au point de vue de la loi fiscale, à l'héritier pur et simple, on en déduit que l'héritier qui a accepté la succession sous bénéfice d'inventaire n'a plus la faculté d'y renoncer ; en conséquence, sa renonciation ne le dispense pas du payement du droit de mutation (Trib. Seine, 18 janv. 1861, aff. Artus, D. P. 61. 3. 48; Trib. Cognac, 24 févr. 1868, aff. N..., D. P. 68. 5, 179; Trib. Lille, 27 nov. 1874, aff. Catelle, D. P. 75. 5. 201; Trib. Seine, 13 févr. 1875, *ibid.*).

2176. Ce que nous venons de dire de l'héritier bénéficiaire est applicable au mineur qui est de plein droit héritier bénéficiaire (*Rép.* n°ˢ 4022 et suiv.). Ainsi il a été jugé que les héritiers d'un enfant mineur ne peuvent renoncer de son chef à une succession recueillie par lui et échapper par ce moyen au payement du droit de mutation ouvert par son décès sur sa part dans ladite hérédité, alors que, du vivant du mineur, son tuteur a fait un acte impliquant acceptation de cette hérédité (Trib. Vienne, 18 mars 1880, aff. Dumoulin, D. P. 81. 5. 173. Conf. Trib. Baumeles-Dames, 3 août 1876, et Trib. Lyon, 26 févr. 1885, *Journ. enreg.*, art. 20287 et 22466).

E. — Succession vacante (*Rép.* n°ˢ 4025 à 4036).

2177. On a examiné au *Rép.* n°ˢ 4025 et suiv. la question de savoir si le droit de mutation par décès est dû sur les biens dépendant d'une succession vacante et l'on a dit que la majorité de la doctrine et une jurisprudence bien établie s'étaient prononcées pour la perception. Cependant la controverse s'est ranimée récemment, et l'on a soutenu que le droit de mutation par décès n'était pas dû sur une succession vacante (Naquet, t. 2, n° 882).

Mais la cour de cassation a confirmé, d'abord incidemment, puis directement, la doctrine de ses premières décisions. En premier lieu, il a été soutenu devant elle que si l'obligation d'acquitter les droits de mutation par décès, constitue, d'après l'art. 32 de la loi du 22 frim. an 7, une créance réelle et privilégiée sur les revenus des biens héréditaires, cette obligation n'affecte pas les biens eux-mêmes, et que, par exemple, dans le cas de séparation des patrimoines résultant d'une acceptation bénéficiaire, l'Administration ne doit pas être admise, pour le recouvrement des droits de mutation, à concourir sur ces biens avec les autres créanciers de l'hoirie. La cour a répudié nettement cette doctrine. L'impôt de mutation, porte son arrêt, assis par la loi sur les valeurs de la succession, a sa base sur ces valeurs, quelles que soient la nature des biens héréditaires et « la qualité des personnes appelées à les recueillir » et revêt ainsi, « selon le texte et l'esprit de la loi qui l'a établi, le caractère d'une dette naissant avec l'ouverture de la succession et inhérente, dès ce moment, à tous les biens qui la composent ». Si l'obligation de l'acquitter est une dette de l'héritier, elle constitue aussi « une dette de la succession et, au lieu d'une garantie pour le recouvrement, l'Administration en a deux; les biens d'une succession bénéficiaire ne peuvent être soustraits au prélèvement de l'impôt, *quand ils sont incontestablement soumis à cet impôt dans le cas où la succession est vacante* » (Civ. cass. 2 juin 1869, aff. Assada D. P. 69. 1. 428). Néanmoins, la réclamation du droit de mutation par décès sur les biens dépendant d'une succession vacante dont l'actif est absorbé par le passif a été repoussée par un jugement du tribunal de Fontainebleau du 20 déc. 1883; mais ce jugement a été cassé par un arrêt de la chambre civile en date du 19 oct. 1886 (aff. Bachot, D. P. 87.1.126), qui a confirmé, dans les mêmes termes, la doctrine de l'arrêt du 2 juin 1869.

2178. Le droit de mutation est perçu... au taux déterminé pour le degré de parenté des héritiers connus, s'il en existe et qu'ils aient renoncé; ... Au taux fixé pour la parenté collatérale la plus éloignée, c'est-à-dire à 8 pour 100, s'il n'existe pas d'héritiers connus. Toutefois, lorsqu'il est certain que le défunt, enfant naturel non reconnu et non marié, n'a pu, à raison de son âge, laisser aucun successible ou légataire débiteur de droits inférieurs à 9 pour 100, c'est ce dernier tarif qui est appliqué. Les perceptions faites à un taux inférieur à 9 pour 100 sont, dans tous les cas, susceptibles de régularisation ultérieure, suivant la qualité de l'héritier ou du successeur (autre que l'État) qui recueillerait définitivement la succession (Instr. adm. enreg. 15 juin 1878, n° 2598, D. P. 80. 5. 168).

2179. Le curateur n'est pas tenu personnellement des droits de mutation; mais il est obligé, sous peine d'en-

courir personnellement le demi-droit en sus, de souscrire la déclaration prescrite pour la perception du droit de mutation par décès, dans les six mois du décès, ou, du moins, dans les six mois de sa nomination, si cette nomination n'a eu lieu qu'après l'expiration du délai légal. Il n'encourt pas, toutefois, le demi-droit en sus, lorsqu'il est établi que le défaut de déclaration a eu pour cause l'absence de fonds héréditaires disponibles, soit entre ses mains, soit entre celles du préposé à la caisse des dépôts et consignations (*Rép.* n° 4035). C'est ainsi qu'il a été jugé : 1° que lorsque le curateur d'une succession vacante, n'ayant pas de fonds disponibles pour faire une déclaration régulière et acquitter les droits, a fait connaître à l'Administration, par acte extrajudiciaire, les valeurs composant la succession et leur revenu, il y a lieu pour le tribunal d'ordonner que, faute par le curateur de faire la déclaration et de payer les droits dans un délai fixé, ces droits seront recouvrés sur la succession par voie d'exécution de la contrainte. Mais, dans ce cas, l'inexécution de la formalité ne peut donner lieu à la perception du demi-droit en sus (Trib. Seine, 11 mai 1861, aff. Perruchot, D. P. 61. 3. 48); — 2° Que lorsque le curateur d'une succession vacante, faute de deniers disponibles pour faire la déclaration et acquitter les droits, s'est borné à remettre à l'Administration un état des valeurs qu'elle contient, il y a lieu de liquider le montant du droit de mutation, non d'après cet état qui n'a aucun caractère régulier, mais sur les données de l'état estimatif qui a dû être dressé par un notaire. En ce cas, le défaut de déclaration ne peut entraîner l'application du demi-droit en sus ni contre l'hérédité, ni contre le curateur. Et il y a preuve que le curateur à la succession vacante n'a pu effectuer la déclaration de succession, lorsqu'il n'a eu entre les mains que des deniers frappés de plusieurs oppositions (Trib. Tours, 14 mars 1862, aff. Fourcade, D. P. 63. 3. 30).

F. — Rapports ; Réduction de donation (*Rép.* n°ˢ 4037 à 4040).

2180. Les droits de mutation par décès sont dus au moment où la succession s'ouvrant, la transmission s'opère; la quotité s'en règle, par suite, d'après la loi en vigueur à cette époque (*Rép.* n° 4037). La jurisprudence de la cour suprême a pleinement confirmé cette doctrine, comme on le voit par la définition qu'elle a donnée, dans ses arrêts, du caractère du droit de mutation par décès (V. *suprà*, n° 2173).

Il importe donc de bien préciser le caractère des actes de libéralité, pour déterminer en quels cas ils ont un effet actuel et en quel cas leur effet est suspendu jusqu'à la mort de l'auteur de la disposition. Les principes ont été exposés à cet égard, à l'occasion de l'institution contractuelle, *suprà*, n°ˢ 2105 et suiv. Le *Répertoire* ne s'est occupé ici que de spécialités qui se rattachent plus particulièrement à la matière des successions (*Rép.* n° 4037).

2181. Les biens donnés par le *de cujus* en avancement d'hoirie et *rapportés* à sa succession ne sont pas sujets aux droits de mutation par décès (*Rép.* n° 4038). En effet, les droits sont dus sur tous les biens qui font partie de la succession, qui sont recueillis à titre héréditaire, à quelque moment que ce soit (Civ. cass. 5 mars 1883, aff. Fergon, D. P. 83. 1. 396; 19 juill. 1887, aff. Petit, D. P. 88. 1. 121). Il n'en est pas ainsi des biens rapportés. Ce n'est pas transmis par le décès, puisque le défunt s'en était dépouillé et ne les possédait plus à sa mort. Comme le dit très bien M. Garnier, *Rép. gén. enreg.*, n° 16512, le rapport n'est en lui-même qu'un mode de règlement de la succession, un moyen de rétablir l'égalité entre les successibles. Il feint que la donation n'a pas eu lieu pour que les droits de chacun soient exactement liquidés, mais il ne touche pas à la solidité de la transmission ni à ses effets permanents à l'égard des tiers. D'un autre côté, les biens rapportés ont été assujettis au droit proportionnel de donation lors de l'enregistrement de l'acte constatant la libéralité qui les a fait sortir des mains du défunt. Les assujettir au droit proportionnel de mutation par décès serait leur faire supporter une seconde fois l'impôt pour la même transmission de la personne du défunt à ses héritiers, ce qui serait contraire à la règle fondamentale *non bis in idem* (Conf. Garnier, *loc. cit.; Diction. droits d'enreg.*, vⁱˢ Rapport, n° 421 ; *Succession*, n° 1435).

2182. L'administration de l'enregistrement soutient que, lorsque le rapport a lieu par suite de réduction d'une donation entre vifs excédant la quotité disponible et pour remplir de leur réserve les cohéritiers du donataire, le droit de mutation par décès est dû sur la somme rapportée (*Rép.* n° 4040). Cette somme, porte une solution du 26 févr. 1868 (Garnier, *Rép. gén. enreg.*, n°. 16512), « fait l'objet d'une transmission effective au profit des héritiers. En la faisant rentrer dans l'hoirie, au moyen de la réduction de la donation faite par leur père, les enfants réservataires ont pris nécessairement la qualité d'héritiers et ce n'est que par succession, non par donation, qu'ils sont devenus propriétaires de l'excédent du disponible ». Il a été statué dans le même sens par deux jugements des tribunaux de Bernay du 19 déc. 1849 et de Bagnères du 18 avr. 1859 (*Journ. enreg.*, art. 15036-7 et 16921), et, dans le sens contraire, par un jugement du tribunal de Nevers du 24 mai 1870. Il semble que, dans ce cas, les raisons de décider sont les mêmes que dans celui où le rapport a pour objet des biens donnés en avancement d'hoirie, et que la perception du droit de mutation par décès ne doit pas plus être admise dans l'une que dans l'autre des deux hypothèses (V. Garnier, *Rép. gén. enreg.*, n°° 16320 et 16512; *Diction. droits d'enreg.*, v°° *Quotité disponible*, n°° 552 et suiv.; *Succession*, n°° 1439 et suiv.).

G. — Retour (*Rép.* n°° 4041 à 4043).

2183. Les donations avec clause de *retour*, en cas de prédécès du donataire, sont passibles, lors du contrat, du droit de mutation; mais, lorsque le retour a lieu, il ne donne pas ouverture à un nouveau droit, le donateur reprenant le bien donné en vertu de la condition stipulée: il n'y a donc pas, à proprement parler, mutation par décès (*Rép.* n° 4041). Il a été jugé, en ce sens, que la somme d'argent donnée sous condition de retour au profit du donateur ne fait point partie de la succession du donataire, et doit, par conséquent, être déduite de son patrimoine pour la perception des droits de mutation par décès (Trib. Lodève, 20 mars 1872, D. P. 73. 5. 220). — Cependant, l'administration de l'enregistrement a soutenu qu'il y avait lieu de considérer comme une charge, non susceptible d'être déduite de la succession du donataire pour la perception des droits de mutation ouverts par son décès, les sommes d'argent qui lui ont été données avec clause de retour conventionnel (Sol. adm. enreg. 6 oct. 1880 et 5 févr. 1881, *Journ. enreg.*, art. 21480 et 22017). Mais cette prétention a été repoussée par un jugement fortement motivé du tribunal de Beaune, en date du 10 juin 1882 (*Journ. enreg.*, art. 22003). L'Administration a abandonné sa prétention et admis la doctrine des tribunaux de Lodève et de Beaune, en décidant que la créance appartenant au donateur pour la succession du donataire, afin d'exercer le retour conventionnel de la valeur d'objets mobiliers n'existant plus en nature, doit être déduite, pour la liquidation du droit de mutation ouvert par le décès du donataire, de l'ensemble de son patrimoine, sans distinction entre l'argent comptant, les titres au porteur et les autres valeurs (Sol. adm. enreg. 19 sept. 1883, D. P. 84. 5. 223).

2184. Au contraire, le *retour successoral* donne ouverture au droit de mutation par décès (*Rép.* n° 4042). — Il a été jugé: 1° que le retour légal ne s'appliquant pas aux biens acquis par le donataire en échange de ceux donnés, le droit de mutation doit être perçu à leur égard d'après la dévolution héréditaire (Trib. Saint-Amand, 16 mars 1877, aff. Petitjean de Maransange, D. P. 78. 5. 239); — 2° Que, lorsque les biens donnés ne se retrouvent pas en nature dans la succession du donataire, la mère donatrice ne peut pas exercer le retour légal, et la succession du donataire est soumise à la dévolution ordinaire; les droits de mutation par décès doivent être liquidés en conséquence (Trib. Quimper, 27 janv. 1885, *Journ. enreg.*, art. 22461. Conf. Trib. Dunkerque, 17 mars 1876, *ibid.*, art. 20026).

H. — Clause d'accroissement (*Rép.* n° 4044).

2185. Il faut une transmission *à titre gratuit* pour donner ouverture au droit de mutation par décès (*Rép.* n° 4044). En conséquence, toutes les fois que la mutation s'opère à tout autre titre, elle ne peut donner ouverture au droit de mutation par décès. Il en est ainsi, spécialement, de la mutation qui se produit par suite de la réalisation d'une clause d'accroissement. En effet, comme nous l'avons vu plus haut, lorsque nous avons étudié les actes de formation et de dissolution de sociétés (V. *suprà*, n°° 1923 et suiv., 1938 et suiv., 1971 et suiv.), la clause d'accroissement d'après laquelle les deux cas de mise en société ou d'acquisition en commun, la propriété intégrale des biens apportés ou acquis appartiendra au survivant, constitue, pour chaque associé ou chaque acquéreur, un contrat essentiellement commutatif, aléatoire, qui donne lieu à chaque décès, non au droit de mutation par décès, mais à un droit à titre onéreux.

2186. Mais, lorsque c'est entre deux époux que la clause d'accroissement a été stipulée au sujet d'une rente viagère constituée par eux au moyen de valeurs prises dans leur communauté, l'époux survivant doit-il récompense à la communauté, pour les avantages que lui procure la clause de réversibilité? Et, par suite, le montant de cette récompense doit-il figurer dans la déclaration souscrite pour le payement des droits de mutation à la charge des représentants de l'époux prédécédé? La difficulté est de celles qui se produisent journellement dans la pratique. Elle a donné lieu à de vifs débats en droit fiscal. Comme on l'a vu *suprà*, v° *Contrat de mariage*, n° 389, la solution affirmative a généralement prévalu dans la doctrine comme dans la jurisprudence. Il a été jugé, spécialement, en matière fiscale, que, dans le cas d'aliénation de biens de communauté moyennant une rente viagère constituée au profit des époux vendeurs, pour leur être servie jusqu'au décès du survivant sans réduction, ledit survivant ayant seul droit, par accroissement, au décès de l'époux prémourant, à la totalité de la rente, doit récompense à la communauté à raison du bénéfice que cette réversion lui procure. Cette récompense, représentée par le capital de la rente, doit figurer dans la déclaration souscrite pour le payement des droits de mutation à la charge des représentants de l'époux prédécédé, lors même qu'en procédant entre elles au règlement de leurs droits, les parties ont cru pouvoir ne pas tenir compte de cette obligation, leur convention à cet égard n'étant nullement opposable à la Régie (Trib. Rouen, 18 mars 1869, aff. Quesney, D. P. 70. 3. 114; Trib. Melun, 27 août 1868, aff. Murcier, D. P. 70. 3. 14; Trib. Coulommiers, 27 nov. 1868, aff. Odent; *ibid.*; Civ. cass. 20 mai 1873, aff. Pellerin, D. P. 74. 1. 72; 30 déc. 1873, aff. Ganivet, D. P. 74. 1. 363).

La même solution doit être suivie, lorsqu'au lieu d'une rente viagère acquise avec les deniers communs, les époux ont acquis un immeuble avec clause de réversion de la totalité de l'immeuble au profit de l'époux survivant: ce dernier doit récompense à la communauté et la perception des droits d'enregistrement doit être réglée en conséquence (Trib. Saint-Etienne, 27 nov. 1883, Garnier, *Rép. pér. enreg.*, art. 6361).

2187. Deux lois des 28 déc. 1880 (art. 4) et 29 déc. 1884 (art. 9) ont soumis au droit de mutation les accroissements qui s'opèrent, d'une part, en vertu de clauses de réversion, dans les *sociétés ou associations civiles qui admettent l'adjonction de nouveaux membres*, au profit des membres restants, de la part de ceux qui cessent de faire partie de l'association, et, d'autre part, dans les *congrégations, communautés et associations religieuses*, autorisées ou non autorisées. Le droit exigible est celui de mutation par décès, lorsque l'accroissement se réalise par décès, celui de donation, lorsqu'il a lieu de toute autre manière. Le commentaire de ces dispositions a été présenté dans l'article précédent pour le droit de mutation par décès en même temps que pour celui de donation (V. *suprà*, n°° 2061 et suiv.).

I. — Donation secondaire.

2188. Nous avons eu déjà l'occasion de nous occuper des *donations secondaires* en traitant, d'abord, des règles de perception applicables au cas où des dispositions diverses se rencontrent dans un même acte (V. *suprà*, n°° 233 et suiv.), puis de la perception des droits de mutation entre vifs à titre gratuit (V. *suprà*, n°° 2036 et suiv.). On vu que la jurisprudence est fixée en ce sens que la donation secondaire ne donne lieu à aucun droit particulier, lorsqu'elle est stipulée simplement au profit d'une personne dénommée dans l'acte de donation, cette personne se trouvant ainsi saisie du jour même de la donation ; mais que toutes les fois que la libéralité secondaire est subordonnée à la *survie* du bénéficiaire au donateur, elle constitue une disposition indépendante de la donation, qui donne lieu au droit fixe de donation éventuelle à l'enregistrement de l'acte de donation, et opère, lorsqu'elle se réalise, une nouvelle transmission pour laquelle le droit de mutation par décès est exigible.

Il en a été décidé ainsi, spécialement, au sujet de la clause d'une donation entre vifs qui avait chargé le donataire de payer de ses deniers une somme d'argent *aux héritiers du donateur*, à la mort de ce dernier (Civ. cass. 21 mars 1860, aff. Amory, D. P. 60. 1. 141), et d'une disposition semblable faite *au profit d'un tiers désigné* dans l'acte de donation (Civ. cass. 5 mars 1872, aff. Brocard, D. P. 72. 1. 105). Nous avons déjà vu une application de cette doctrine aux donations entre époux par contrat de mariage sous condition de *survie* (V. *suprà*, n° 2099).

Jugé, dans le même sens : 1° que la clause d'un acte de donation entre vifs imposant au donataire la charge de payer une somme déterminée, un an après le décès du donateur et de sa femme, à des tiers dénommés et, en cas de prédécès de ceux-ci, à leurs héritiers directs, constitue une donation secondaire, éventuelle, subordonnée à la condition de survie des bénéficiaires au donateur, et donne ouverture, à ce titre, à un droit fixe particulier, à l'enregistrement de l'acte de donation, et à un droit proportionnel de mutation, lorsqu'elle se réalise par le décès du donateur et de sa femme ; et ce dernier droit doit être perçu indépendamment de celui acquitté pour la donation principale, sans aucune déduction ni imputation (Trib. Saint-Gaudens, 25 juin 1884, aff. Cizos, D. P. 86. 5. 204) ; — 2° Que la donation par contrat de mariage au futur, par un tiers, d'une rente viagère avec stipulation de réversion à la future après le décès de son mari, constitue une double libéralité ; une donation actuelle au futur passible du droit proportionnel de transmission à l'enregistrement du contrat de mariage, et une donation éventuelle à la future, sujette, en cas de réalisation de la condition, c'est-à-dire en cas de décès du futur avant sa femme, au droit proportionnel de mutation par décès (Trib. Seine, 29 déc. 1876, aff. Lepargneux et Fanier, D. P. 78. 5. 238) ; — 3° Que la réversion qui s'opère au profit d'un tiers au décès du donateur, d'après les stipulations d'un acte de donation entre vifs, de la rente viagère imposée au donataire par le disposant comme condition de sa libéralité, constitue une transmission par décès passible du droit proportionnel de mutation réglé d'après le degré de parenté existant, au moment où la réversion s'opère, entre le donateur et le tiers appelé à en recueillir le bénéfice (Trib. Doullens, 26 juill. 1881, aff. Dhavernas, D. P. 82. 3. 40).

J. — Clause de réversibilité.

2189. Lorsque nous avons traité de la perception des droits sur les actes contenant des dispositions diverses (V. *suprà*, n°s 237 et suiv.), nous avons eu l'occasion de nous occuper des clauses de réversibilité stipulées entre époux ou au profit de tiers, relativement à la rente viagère constituée ou à l'usufruit réservé, soit dans un acte de donation, soit dans un acte de vente. On a vu que les solutions ne sont pas les mêmes selon qu'il s'agit d'une rente viagère ou d'un usufruit.

1°. — *Rente viagère* (*Rép.* n° 3759).

2190. En ce qui concerne les rentes viagères, il a été longtemps de règle que la clause de réversibilité stipulée au profit d'un tiers sous la condition de survie de ce tiers au disposant constituait une disposition dépendante de la convention principale et ne donnait pas lieu, par conséquent, au droit de mutation par décès, lorsque la réversion s'opérait (*Rép.* n°s 3759, 4045 et 4071 ; Civ. cass. 19 août 1857, aff. Garnier de Silly, D. P. 57. 1. 330), alors surtout que la clause de réversibilité avait été stipulée au profit de la femme dans l'acte de vente, par le mari, d'immeubles à lui propres, pour la rente viagère formant le prix de la vente (Civ. rej. 29 janv. 1850, aff. Mordilla, D. P. 50. 1. 85 ; 10 mai 1854, aff. Chieza, D. P. 54. 1. 224). Cette jurisprudence, infirmée virtuellement par l'arrêt du 21 mars 1860 rendu au sujet des donations secondaires (V. *suprà*, n° 2188), a été détruite par un arrêt solennel des chambres réunies qui a jugé que la clause d'un acte de vente portant que la rente viagère stipulée comme prix de la vente, sera réversible en totalité sur la tête d'un tiers présent, ayant qualité pour intervenir au contrat de vente », forme une disposition distincte et indépendante et donne lieu au droit de mutation par décès, lorsque la réversion s'opère par le prédécès du vendeur (Ch. réun. rej. 23 déc. 1862, aff. Gontard, D. P. 63. 1. 64). — La jurisprudence est fixée en ce sens (Civ. rej. 11 mars 1863, aff. Carlier, D. P. 63. 1. 65 ; 15 mai 1866, aff. Ménard, D. P. 66. 1. 201 ; Civ. cass. 23 juill. 1866, aff. Maendlen, D. P. 66. 1. 327 ; Civ. rej. 26 janv. 1870, aff. Siruguet, D. P. 70. 1. 160. Conf. Jugements des 29 déc. 1876 et 26 juill. 1881, cités *suprà*, n° 2188).

Mais, comme cela ressort de la réserve contenue dans l'arrêt des chambres réunies, la clause de réversibilité ne présente plus le caractère de libéralité et ne donne plus lieu, par suite, au droit de mutation par décès, lorsque la réversion de la rente viagère a été stipulée, non plus au profit d'un *tiers*, mais au profit de l'une des *parties contractantes* dans la convention par laquelle la rente a été constituée. Cette importante distinction a été consacrée par la jurisprudence (*Rép.* n° 4046). Ainsi, en cas d'aliénation par deux époux de capitaux et d'immeubles dépendant de leur communauté, moyennant une rente viagère constituée sur la tête de l'un et de l'autre, et stipulée non réductible au décès du prémourant, cette clause de non-réductibilité constitue, non pas une donation réciproque et éventuelle de la moitié de la rente au profit du survivant, mais un élément du prix et, dès lors, le survivant en faveur duquel se réalise le bénéfice de la clause dont il s'agit, n'est pas assujetti au droit de mutation par décès ; le droit de mutation par décès ne serait exigible que si la rente viagère avait été stipulée sur la tête d'un tiers qui n'en aurait pas fourni les fonds (Civ. rej. 15 mai 1866, aff. Ménard, D. P. 66. 1. 201). — Jugé, dans le même sens et au sujet de personnes autres que les époux, que, lorsque deux copropriétaires vendent à un tiers une chose indivise entre eux par portions égales, moyennant une rente viagère payable pendant leur vie, moitié à l'un, moitié à l'autre et, après la mort du prémourant, au survivant en totalité, le survivant tient son droit à la totalité de la rente, non d'une libéralité qui lui aurait été faite par le prédécédé, mais de sa propre stipulation, et ne doit, en conséquence, aucun droit de mutation par décès, à raison de la réversibilité opérée à son profit (Trib. Besançon, 26 juill. 1867, aff. Siruguet, D. P. 69. 3. 47, et sur pourvoi, Civ. rej. 26 janv. 1870, D. P. 70. 1. 160). — De même, lorsque des frères ou sœurs ont stipulé pour prix de la vente d'une maison formant leur propriété commune, outre une rente à toucher en commun, la réserve de la jouissance de l'immeuble vendu, avec cette condition qu'au décès de l'un d'eux la rente seule sera réduite, les survivants devant continuer à jouir de la totalité de l'immeuble, il n'y a pas lieu, pour ceux-ci, lors de la réalisation de l'événement prévu, d'acquitter un droit de mutation par décès sur la part dont leur droit d'usufruit se trouve accru ; en pareil cas, en effet, ce n'est pas en vertu d'un droit de succession, mais en vertu de l'exécution du contrat de vente qu'ils bénéficient de cet accroissement (Trib. Lyon, 8 mai 1866, aff. Paganucci, D. P. 67. 3. 5. Conf. Trib. Angers, 6 avr. 1867, aff. de Meffray. — *Contrà :* Trib. Boulogne, 30 août 1867) (1).

2191. Il a été jugé que lorsqu'en disposant à titre de

---

(1) (Piquendaire.) — Le tribunal ; — Attendu qu'il est constant en fait que, suivant acte reçu par Me Sauvage et l'un de ses collègues, notaires à Boulogne, le 9 nov. 1858, Antoine-François-Joseph Piquendaire et Françoise-Claudine-Rose Piquendaire ont vendu à Auguste-Théodore Gars un immeuble leur appartenant indivisément chacun pour moitié, estimé pour la perception de l'enregistrement 12000 fr., une cour et dépendances propres à Piquendaire estimée 2000 fr., et une maison propre à la demoiselle Piquendaire estimée 2000 fr. au total 16000 fr., à charge par ledit Gars, outre le payement effectué comptant

partage anticipé de biens de leur communauté et d'un bien propre à la femme à la charge de leur servir une rente viagère, deux époux ont stipulé que cette rente leur serait payée intégralement jusqu'au décès du survivant d'eux; le droit de mutation par décès entre époux est dû à raison de la réversion de la rente viagère sur la portion applicable au bien propre de la femme, lorsque c'est celle-ci qui est prédécédée (Trib. Rouen, 18 mars 1869, aff. Quesney, D. P. 70. 3. 114). C'est là une application très rigoureuse de la jurisprudence exposée *supra*, n° 2190. Elle n'a pas été admise par deux autres jugements, qui ont statué dans le sens de la non-exigibilité du droit de mutation au cas dont il s'agit (Trib. Vitry-le-François, 15 avr. 1864, *ibid.*, note; Trib. Beauvais, 11 nov. 1867, *ibid.*).

2192. Par application tant de la jurisprudence ci-dessus (V. n° 2190) que de celle suivant laquelle la confusion qui s'opère sur la tête de l'héritier ne fait pas obstacle à l'exigibilité du droit de mutation par décès sur la créance de l'hérédité ainsi éteinte (V. *infra*, n° 2331), il a été décidé que l'acquéreur d'un immeuble vendu sous réserve de l'usufruit d'une partie et moyennant une rente viagère, stipulés réversibles, l'un et l'autre, sur la tête de la femme du vendeur, doit le droit de mutation par décès sur la valeur de la rente, lorsque, institué légataire universel du vendeur, il est affranchi de l'obligation de la servir par suite de la renonciation de la veuve au bénéfice de la réversion de l'usufruit et de la rente; mais aucun droit n'est dû à raison de la réunion de l'usufruit à la propriété (Sol. adm. enreg. 20 sept. 1869, D. P. 71. 5. 152-153).

2193. Lorsque la rente viagère constituée avec clause de réversibilité a été stipulée lors de l'aliénation par deux époux de biens communs, l'époux survivant doit *récompense* à la communauté; cette récompense, représentée par le capital de la rente, doit être comprise, dans la déclaration de la succession de l'époux prédécédé, au nombre des valeurs actives de la communauté, et la moitié appartenant à l'hérédité doit être assujettie aux droits de mutation à la charge des héritiers et légataires. Cela résulte d'arrêts de la cour de cassation et de jugements des tribunaux cités *supra*, n° 2186.

Et si l'époux prédécédé a dispensé son conjoint de fournir récompense, celui-ci doit le droit de mutation par décès entre époux sur la moitié de l'indemnité qu'il aurait été tenu de payer s'il n'en avait pas été exempté (Trib. Melun, 27 août 1868, aff. Murcier, D. P. 70. 3. 114).

2194. Lorsqu'une rente viagère est constituée dans un contrat de mariage, au profit de l'un des futurs, avec stipulation qu'en cas de prédécès du donataire elle sera réversible au conjoint survivant et, à son défaut, aux enfants à naître du mariage, c'est le droit de donation qui est exigible, lorsque la réversion s'opère au profit du conjoint; mais le droit de mutation par décès est dû, lorsqu'elle a lieu au profit des enfants nés du mariage (V. *supra*, n° 2113 et suiv.).

Dans le cas où une rente viagère a été léguée *cumulativement* au mari et à la femme, il n'est pas dû de droit de mutation au décès du premier mourant, surtout si les époux étaient mariés sous le régime de la communauté. Peu importe que dans un codicille la rente ait été qualifiée de réversible, s'il est démontré que cette expression ne répond pas à la véritable pensée du testateur (Trib. Seine, 5 mai 1865, aff. Creton, D. P. 66. 3. 63); il ne s'agit pas, dans l'espèce d'un legs successif de rente viagère : le legs était fait *cumulativement* au mari et à la femme avec la jouissance commune pendant le mariage. La situation est donc absolument différente de celle où le legs est fait à deux personnes pour en jouir successivement. C'est avec raison que

le tribunal de la Seine a jugé que, dans l'espèce qui lui était soumise, le décès de l'un des époux ne donnait pas ouverture à un nouveau droit de mutation par décès.

2° — Usufruit.

2195. La jurisprudence a toujours considéré la clause de réversibilité stipulée dans un acte de vente ou de donation pour l'usufruit de biens vendus ou donnés, comme constituant une disposition indépendante du contrat de vente ou de donation et donnant lieu au droit de mutation par décès à l'événement, sur la valeur de l'usufruit (*Rép.* n°ˢ 4058 et suiv.). Les décisions intervenues sur ce point depuis la publication du *Répertoire* ont confirmé celles qui y sont rapportées. Ainsi jugé que, lorsque deux époux ont *vendu* conjointement et solidairement des immeubles propres à chacun d'eux, avec réserve d'usufruit et réversibilité stipulée au profit du dernier mourant, cette clause de réversibilité n'est point une disposition dépendante de l'acte de vente et en dérivant nécessairement : c'est une disposition particulière et distincte soumise, comme telle, à un droit particulier, lequel est le droit proportionnel de mutation pour transmission d'usufruit sur biens immeubles; en conséquence, ce droit est dû au moment du décès du prémourant, la clause de réversibilité opérant alors mutation au profit du survivant des vendeurs. De ce que la loi défend aux époux de se faire par acte entre vifs ou par testament aucune donation mutuelle ou réciproque par un seul et même acte, il ne s'ensuit pas qu'un acte fait contrairement à cette prohibition ne soit soumis à aucun droit d'enregistrement; le droit est dû comme il le serait sur un acte permis par la loi, si la disposition n'a point été attaquée, et qu'au contraire elle ait reçu son exécution (Civ. cass. 8 août 1853, aff. Madiona, D. P. 53. 1. 251). — Décidé, de même, que la disposition par laquelle, en faisant *donation à titre de partage anticipé* de leurs biens à leurs enfants, le père et mère s'en réservent l'usufruit à leur profit jusqu'au décès du survivant d'eux, constitue une donation éventuelle entre époux, à raison de laquelle le droit de mutation est dû, au décès du prémourant, sur la valeur de l'usufruit des biens donnés par lui (Civ. cass. 31 août 1853, aff. Herrenschmidt, D. P. 53. 1.252; 30 janv. 1856, aff. Forest, D. P. 56. 1. 92; Req. 6 mai 1857, aff. Mannet, D. P. 57. 1. 298; Civ. cass. 26 juill. 1869, aff. Vigneron, aff. Verrier, et aff. Gébin, D. P. 69. 1. 476),... lors même que la donation se compose des, *biens de communauté* (Req. 6 mai 1857, aff. Mallet, D. P. 57. 1. 298; Civ. cass. 24 janv. 1860, aff. Hervieu, D. P. 60. 1. 73; Civ. rej. 14 nov. 1865, aff. Dauthuille, D. P. 66. 1. 110; Sol. adm. enreg. 30 juin 1855; Instr. adm. enreg. 31 déc. 1857, n° 2114, § 10, *Diction. droits d'enreg.*, v° *Réversion*, n° 42); — quand bien même, dans ce cas, chaque époux, en se réservant l'usufruit de la moitié, dans les biens donnés, aurait stipulé, comme condition de sa donation, qu'au cas où il survivrait à son conjoint, l'usufruit des biens donnés par celui-ci lui serait délaissé par les donataires après s'être réuni sur la tête de ces derniers à la nue propriété durant un nombre déterminé de jours (Arrêts précités des 14 nov. 1865 et 26 juill. 1869), de semblables stipulations devant être considérées comme ne présentant « rien de sérieux » et ayant été « qualifiées avec raison de combinaisons suggérées pour dissimuler une véritable donation mutuelle et éventuelle entre les donateurs ».

2196. Comme on l'a vu *supra*, n° 2190, la clause de réversibilité, lorsqu'elle se rapporte à une *rente viagère* stipulée au profit du survivant des époux donateurs dans

---

d'une somme de 1000 fr., de servir aux vendeurs sur leurs têtes, pendant leur vie et au survivant sans réduction, 2200 fr. de rente annuelle et viagère au capital non exigible desdits 16000 fr. ; — Attendu que le contrat contient, au point de vue du fisc, deux dispositions distinctes, l'une concernant le dessaisissement de la propriété au profit de l'acquéreur, l'autre la convention aléatoire par laquelle les deux vendeurs entendaient se faire profiter respectivement et éventuellement de la portion de la rente viagère, afférente à celui qui prédécéderait, et qui devait continuer d'être servie au survivant; — Attendu qu'au décès de son frère, la demoiselle Piquendaire s'est trouvée nantie d'une rente viagère de 1100 fr. qu'elle n'eût pas eue si, lors du contrat de vente susénoncé, elle n'eût stipulé que pour elle-même, et au moyen

des immeubles et portions d'immeubles qu'elle possédait personnellement; — Qu'elle n'en a été pourvue qu'au moyen de la stipulation faite à son profit par le prédécédé; d'où il suit qu'elle doit supporter les droits d'enregistrement applicables au capital de la rente dont elle est avantagée; — Attendu, toutefois, que la donation éventuelle remonte au jour du contrat, et que le capital de la rente ne peut pas être autre que celui qui a été stipulé, soit 8000 fr., formant la moitié des 16000 fr., ce qui donne pour la perception au principal, décime et demi-décime, compris une total de 171 fr. 50 cent. pour arrérages échus, un total de 644 fr. 43 cent. ;

Par ces motifs, etc.

Du 30 août 1867.-Trib. civ. de Boulogne.

un acte portant donation, à titre de partage anticipé, de biens de leur communauté, est considérée comme une disposition dépendante de la donation et ne pouvant donner lieu, par suite, à aucun droit particulier ni à l'enregistrement de l'acte de donation, ni au moment où la réversion s'opère. Au contraire, lorsque, dans le même cas, la clause de réversibilité est stipulée pour l'*usufruit* des biens donnés, elle constitue, d'après la jurisprudence, une disposition dépendante de la donation qui a le caractère d'une donation éventuelle entre époux et donne ouverture au droit fixe à l'enregistrement de la donation, puis au droit proportionnel de mutation par décès lorsque la réversion s'opère. C'est là une véritable anomalie, d'autant plus frappante que, comme l'exprime un avis du conseil d'État des 15-17 avr. 1886 (*supra*, n° 244), il y a parfaite identité dans les deux cas. En critiquant la jurisprudence de la cour de cassation sur ce point, nous avons fait ressortir que la clause de réversibilité de l'usufruit ne constitue pas toujours une libéralité mutuelle et réciproque entre époux ; que, notamment, lorsque les époux ont déclaré formellement qu'en se réservant l'usufruit ils entendaient n'imposer aux donataires qu'une simple charge de leur donation, la stipulation doit être admise avec ce caractère et comme ne pouvant, par suite, donner lieu à aucun droit. Mais nous avons ajouté que, la question subordonnée à l'intention supposée des parties, ne comportait pas de solution absolue, que cette solution dépendait des circonstances de chaque affaire, notamment du rapport existant entre la valeur des biens donnés par l'époux qui recueille le bénéfice de la clause et la valeur de l'usufruit que cet époux s'est attribué sur les biens de son conjoint prédécédé (V. *supra*, n°ˢ 244 et 245). Cela explique la divergence des appréciations des tribunaux et le nombre de leurs décisions dans les deux sens, mentionnées *supra*, n° 245.

Signalons encore un jugement motivé conformément aux considérations que nous avons développées, et qui a décidé que la clause de l'acte de vente d'immeubles appartenant indivisément à plusieurs, portant réserve de l'usufruit de l'un de ces immeubles jusqu'au décès du survivant des vendeurs, peut être interprétée comme renfermant une libéralité éventuelle, passible du droit fixe de donation éventuelle, à l'enregistrement de l'acte de vente, et du droit proportionnel de mutation par décès, à l'événement, alors que la valeur de l'immeuble dont l'usufruit est réservé excède notablement le montant des droits du bénéficiaire de la clause de réversion dans l'indivision (Trib. Cherbourg, 26 août 1884, aff. Alexandre, D. P. 85. 5. 248).

3°. — Usufruit successif.

2197. De même, lorsqu'un usufruit a été légué par deux personnes pour en jouir *successivement*, un droit de mutation est dû sur la valeur de cet usufruit par le second légataire, au décès du premier, indépendamment des droits payés, tant pour ce même usufruit que pour la nue propriété. Il y a, en effet, dans ce cas, autant d'usufruits distincts que de personnes appelées à se succéder dans la jouissance de la chose soumise à l'usufruit. Lorsque l'usufruit s'ouvre pour la seconde personne, parce qu'elle a survécu à la première, c'est un usufruit nouveau qui commence sur sa tête, comme l'enseigne M. Demolombe, *Traité de la distinction des biens*, t. 2, n° 246. C'est donc une mutation nouvelle qui s'opère (V. *Rép.* v° *Usufruit*, n°ˢ 102, 379, 411, 694, 754). Par conséquent, un nouveau droit de mutation est dû. Cela avait été déjà reconnu implicitement par un arrêt (Req. 30 déc. 1834, *Rép.* n° 5588) qui a été rendu sur une question de prescription. La cour de cassation ayant été appelée à statuer directement sur l'exigibilité du droit de mutation dans le cas dont il s'agit s'est prononcée dans le même sens. Jugé, en effet, que lorsqu'un usufruit a été légué à deux personnes pour en jouir successivement, et que, après le décès du testateur, le premier légataire renonce au legs, les juges du fond peuvent, appréciant l'intention du testateur, décider que la renonciation a éteint, comme l'aurait fait le décès du renonçant, le premier usufruit au profit du second usufruitier, et non du nu-propriétaire, et a donné ouverture à l'usufruit du deuxième ordre, alors surtout que cela a été reconnu par jugement contradictoire entre les ayants-droit et que, en fait, les usu-

fruitiers du deuxième degré ont été mis en jouissance à compter de la renonciation ; en conséquence, le droit de mutation applicable à l'usufruit du deuxième ordre est exigible, sans qu'il soit besoin d'attendre le décès du premier usufruitier (Req. 23 mars 1869, aff. Lapeyre, D. P. 69. 1. 508. Conf. Trib. Foix, 4 mars 1867, aff. Fonquernie, D. P. 68. 3. 7, et sur pourvoi, Req. 1er juill. 1868, D. P. 69. 1. 105 ; Civ. cass. 4 janv. 1871, aff. Génicoud, D. P. 71. 1. 313 ; Trib. Colmar, 9 juin 1870, aff. Albert, D. P. 72. 5. 194 ; Trib. Seine, 25 juill. 1874, aff. Petit, D. P. 74. 5. 210).

2198. En statuant sur l'exigibilité du droit de mutation à chaque ouverture nouvelle de l'usufruit, la jurisprudence a déterminé les règles suivant lesquelles le droit doit être perçu. Ainsi d'après ses décisions, la valeur à déclarer à chaque mutation est celle des biens au décès, non pas du testateur, mais du légataire qui a joui précédemment de l'usufruit (Trib. Seine, 6 févr. 1855, D. P. 71. 1. 313, note ; 25 juill. 1874, aff. Petit, D. P. 74. 5. 210). — Si donc c'est d'un legs *de eo quod supererit* qu'il s'agit, c'est-à-dire d'un legs fait avec faculté d'aliéner, le droit ne sera dû, à chaque mutation, que sur ce qui subsistera alors des biens légués (Sol. adm. enreg. 18 janv. 1864, D. P. 67. 5. 175 ; Trib. Foix, 4 mars 1867, D. P. 68. 3. 7, et sur pourvoi, Req. 1er juill. 1868, D. P. 69. 1. 105, jugement et arrêt cités *supra*, n° 2197). — Si le legs d'un capital a plusieurs pour jouir successivement de la rente, a été fait à la charge de placer ce capital sur la tête des enfants de l'un des bénéficiaires, auxquels enfants la nue propriété de la somme est attribuée par le testament, et si une rente sur l'État a été acquise pour l'exécution de ces dispositions, c'est en réalité une rente sur l'État qu'après le décès du premier usufruitier le second tient du testateur ; c'est, en conséquence, sur cette rente que le droit est dû (Civ. cass. 4 janv. 1871, aff. veuve Génicoud, D. P. 71. 1. 313).

2199. Quant à la prescription, puisque c'est une mutation nouvelle qui s'opère au décès de chaque légataire, le droit proportionnel exigible à raison de cette mutation se prescrit par le temps déterminé pour les successions non déclarées, c'est-à-dire par dix ans (Jugement du 9 juin 1870, cité *supra*, n° 2197). — Toutefois, si c'est une rente sur l'État qui fait l'objet de l'usufruit légué pour en jouir successivement, comme dans l'espèce qui a donné lieu à l'arrêt du 4 janv. 1871, cité *supra*, *ibid.*, la prescription applicable aux droits de mutation à la charge du second usufruitier n'est pas celle du droit commun, dont le délai est en cette matière de dix ans, mais celle de trente ans établie spécialement pour les droits de mutation par décès applicables aux inscriptions de rentes sur l'État (Même arrêt du 4 janv. 1871).

Le délai de la prescription pour le droit à la charge de chaque légataire, ne court que du jour du décès du légataire qui l'a précédé (Arrêt du 30 déc. 1834, cité *supra*, n° 2197), et il en est de même du délai de six mois accordé pour le payement de l'impôt (Même arrêt).

2200. Mais le légataire institué en deuxième ou troisième ordre tenant son droit directement du testateur, c'est d'après le *tarif* en vigueur au décès de ce dernier, et non suivant celui existant au décès du premier légataire, que doit être liquidé le droit de mutation applicable à son usufruit (Trib. Seine, 6 juin 1851, 6 févr. 1855, 15 févr. 1856, D. P. 71. 1. 313, note ; Délib. adm. enreg. 20 déc. 1851, *ibid.* ; Sol. adm. enreg. 18 janv. 1864, D. P. 67. 5. 175 ; 7 janv. 1873, *Diction. droits d'enreg.*, v° *Substitution*, n° 147).

Quant à la *quotité* du droit proportionnel à la charge de chaque légataire, il a été décidé qu'il faut, pour la déterminer, considérer les biens comme étant dévolus du premier institué au second ; que c'est à tort qu'on considérerait la dévolution comme s'effectuant directement du testateur au second institué (Jugement du 4 mars 1867 cité *supra*, n° 2197). Mais cette décision est erronée. Si le tarif applicable en pareil cas est celui en vigueur au décès du testateur, c'est que, comme l'exprime la solution précitée du 18 janv. 1864, c'est toujours, en définitive, de l'auteur du testament que chacun des légataires qui recueillent successivement le bénéfice de la disposition tient son droit au legs. Il s'ensuit nécessairement que c'est, d'après le degré de parenté existant entre chaque légataire et le testateur, que le droit de mutation doit être perçu (Conf. Garnier, *Rép. gén. enreg.*, n° 16081 ; *Diction. droits d'enreg.*, v° *Succession*, n°s 977, 1188 et 1819).

Quant au point de départ du délai pour le payement du droit, V. *infrà*, n° 2292.

K. — *Succession recueillie dans une autre succession* (*Rép.* n°s 4077 et 4078).

2201. Dans le cas où un héritier recueille une succession dans une autre succession, il peut y avoir lieu à la perception de deux droits de mutation. Par exemple, Paul, après avoir recueilli la succession de Pierre, décède, laissant Jean pour héritier ; Jean devra deux droits de mutation, l'un pour la mutation opérée de Pierre à Paul, l'autre de Paul à lui-même. Il a été jugé sur ce point que, lorsqu'une personne décède avant la liquidation d'une succession acceptée par elle sous bénéfice d'inventaire, ses héritiers sont tenus de faire porter la déclaration, pour la perception du droit de mutation par décès, sur la totalité des valeurs possédées par le défunt, sans distinguer entre les biens provenant de la succession bénéficiaire et ceux qui lui étaient propres, et sans pouvoir, non plus, quant aux biens de la première espèce, subordonner leur déclaration aux résultats éventuels de l'administration bénéficiaire en prenant pour base d'évaluation l'émolument net qui peut en ressortir (Civ. rej. 11 août 1869, aff. Hoguais, D. P. 70. 1. 153). — V. *Rép.* n° 4210.

2202. Mais si, dans la même hypothèse, Jean était également héritier de Pierre, en renonçant du chef de Paul il viendrait directement à la succession de Pierre, et ne payerait qu'un droit de mutation. On a vu que cette renonciation est valable, à l'égard de l'administration de l'enregistrement, lorsqu'elle est sincère (*Rép.* n° 4078. V. *supra*, n° 187). En ce sens, il a été décidé que, lorsqu'un habile à se porter héritier est décédé sans qu'il y ait eu acceptation par lui ou en son nom, ses cohéritiers, s'ils se trouvent être en même temps ses héritiers, sont fondés à faire une renonciation de son chef, pour n'avoir qu'un droit de mutation unique à acquitter (Trib. Valence, 13 juill. 1853, aff. Macaire, D. P. 54. 3. 78).

2203. Mais, pour que cette renonciation, ainsi faite du chef d'un tiers, soit valable, il faut qu'elle soit sincère ; lorsqu'elle est frauduleuse, elle doit être réputée non existante. Ainsi, lorsqu'une succession est échue à deux enfants dont l'un est décédé avant d'avoir accepté l'hérédité, laissant pour héritier l'autre enfant et son père, la renonciation de ceux-ci à la succession de l'enfant décédé, intervenue dans le but de faire accroître la moitié recueillie par cet enfant à l'enfant survivant, et d'éviter ainsi le droit de mutation afférent à la transmission à laquelle il a été renoncé, peut être annulée comme frauduleuse, s'il est constaté, en fait, que l'enfant survivant n'a pas usé du bénéfice de l'accroissement résultant en sa faveur de cette renonciation, et que le père a pris sa part dans la succession répudiée ; en conséquence, l'administration de l'enregistrement est fondée à réclamer le droit de mutation exigible sur la renonciation qui a fait l'objet de la répudiation, dont le caractère frauduleux a été ainsi établi (Req. 17 janv. 1866, cité *supra*, n° 187).

N° 2. — *Succession testamentaire* (*Rép.* n°s 4079 à 4138).

2204. Comme nous l'avons dit *supra*, n° 2166, la loi fiscale ne fait aucune différence entre la succession légitime ou *ab intestat* et la succession testamentaire : elle les soumet au même tarif. Mais, pour cette dernière, la forme est essentiellement différente, puisque la mutation se manifeste par un acte. C'est en raison de cette différence qui donne lieu à des observations particulières, qu'il a été traité distinctement au *Répertoire* des deux modes de procéder (*Rép.* n° 4079).

A. — *Enregistrement du testament* (*Rép.* n°s 4080 à 4085).

2205. L'acte lui-même qui contient l'expression de la volonté du testateur, le *testament*, se distingue, en droit fiscal, de la transmission qui s'opère du défunt au légataire. Il est passible d'un droit fixe, qui est actuellement de 7 fr. 50 cent. (L. 28 févr. 1872, art. 4) et qui se perçoit indépendamment de celui que la mutation rend exigible (*Rép.*

n° 4080). Suivant un jugement rapporté au *Rép.* n° 4081, le légataire qui déclare ne pas vouloir faire usage d'un testament 'ne peut pas être poursuivi en payement du droit fixe, quoiqu'il n'ait pas renoncé régulièrement, sauf à l'Administration à poursuivre le payement de ce droit sur les biens de la succession. Mais cette décision ne doit pas être suivie. En principe, le droit d'enregistrement du testament est exclusivement à la charge du légataire (c. civ. art. 1016) (V. *supra*, v° *Dispositions entre vifs et testamentaires*, n° 996). Il a été jugé, en conséquence, que les frais d'enregistrement du testament constituent, non une dette de la succession, mais une charge personnelle du légataire (Nîmes, 17 juin 1856, aff. Castan, D. P. 57. 2. 129) ; que le légataire, étant légalement présumé vouloir profiter de la libéralité faite en sa faveur jusqu'à ce qu'une renonciation expresse de sa part au bénéfice de cette libéralité vienne détruire cette présomption légale, est tenu, à peine du double droit, de faire enregistrer le testament dans les trois mois du décès, et ne peut s'affranchir de cette obligation qu'en renonçant au legs (Trib. Montpellier, 26 déc. 1870, aff. X..., D. P. 72. 5. 205. Conf. Civ. cass. 26 févr. 1823, *Rép.* n° 4010. Trib. Corta, 7 mars 1876, Garnier, *Rép. pér. enreg.*, n° 7111. V. *supra*, n° 2172. V. aussi *Rép.* n° 333).

Les testaments devant être enregistrés à la diligence des héritiers et des légataires, l'Administration n'a aucune action contre les notaires pour les obliger à présenter à la formalité ceux de ces actes qu'ils ont reçus et qui émanent de personnes décédées depuis plus de trois mois (Sol. adm. enreg. 22 janv. 1867, D. P. 67. 3. 64. Conf. *Rép.* n° 5025 ; Garnier, *Rép. gén. enreg.*, n° 1314).

Lorsque le testament contient *substitution*, il y a lieu d'ajouter, lors de l'enregistrement, au droit fixe, le droit de transcription à 1 fr. 50 pour 100 (*Rép.* n° 4082). On reviendra sur ce point au tit. 3, qui sera consacré aux *droits d'hypothèque*.

B. — *Enfant naturel* (*Rép.* n°s 4086 à 4093).

2206. On a vu *supra*, n° 1991, que l'enfant naturel reconnu est considéré, pour l'application du tarif, comme l'enfant légitime ; que, par suite, la donation qui lui est faite par le père ou la mère qui l'a reconnu, ne donne lieu qu'au droit de mutation entre vifs à titre gratuit au taux établi pour les transmissions en ligne directe. Il en est de même pour les mutations par décès (*Rép.* n° 4086). La cour de cassation l'a expressément reconnu par un arrêt (Civ. cass. 30 mars 1858, aff. Labarthe, D. P. 58. 1. 151. V. *infrà*, n° 2225).

Le legs fait par le père ou la mère d'un enfant naturel reconnu aux enfants de celui-ci ne donne lieu également qu'au droit établi pour les mutations en ligne directe (*Rép.* n° 4087).

Mais un enfant naturel ne pouvant être reconnu par un ascendant ou par les héritiers de sa mère, s'il ne l'a pas été par celle-ci de son vivant, la part de l'hérédité maternelle abandonnée à son profit par les héritiers qui déclarent le reconnaître, doit être néanmoins soumise, en outre du droit de transmission entre vifs à titre gratuit auquel donne lieu cet abandon, aux droits de mutation par décès dus d'après le degré de parenté des héritiers, à l'égard de l'enfant naturel (Sol. adm. enreg. 22 juill. 1873, D. P. 74. 3. 47. V. *supra*, n° 1992).

2207. La *mère naturelle* ne pouvant, d'après la doctrine qui a prévalu, prétendre droit à aucune réserve dans la succession de son enfant naturel reconnu (V. *supra*, v° *Dispositions entre vifs et testamentaires*, n° 184) et le légataire universel de cet enfant étant saisi de plein droit de la totalité des biens de l'hérédité, nonobstant la survivance de la mère naturelle, l'abandon à celle-ci, par le légataire universel, à titre de transaction, d'une partie de la succession, n'empêche pas que le droit de mutation par décès ne soit réglé, pour cette part comme pour le surplus de l'hérédité, au taux de 9 pour 100, lorsque le légataire universel n'est point parent du défunt (Ch. réun. cass. 12 déc. 1865, aff. Muteau, D. P. 65. 1. 457. V. *supra*, n° 658).

2208. Si les mutations opérées par décès entre les père et mère et leurs enfants naturels reconnus ne sont, en principe, passibles que du droit de mutation en ligne directe, il en est autrement, aux termes de l'art. 53 de la loi du 28 avr. 1816, lorsque « les enfants naturels sont appelés à la succession à défaut de parents au degré successible » : ils sont, dans ce cas, « considérés, quant à la quotité des droits, comme personnes non parentes » (*Rép.* n° 4088). Suivant l'expression de la jurisprudence, cette disposition « est une exception à la loi du 22 frim. an 7 et, à ce titre, elle doit être restreinte au cas qu'elle a spécialement prévu et dans les termes dans lesquels elle l'a textuellement fixé et limité » (Civ. cass. 5 avr. 1852, aff. Bronner, D. P. 52. 1. 142; Civ. rej. 28 févr. 1855, aff. Lejeune, D. P. 55. 1. 121).

Cette interprétation est conforme à celle établie au *Rép.* n° 4088. Il s'ensuit que l'art. 53 de la loi du 28 avr. 1816 n'est pas applicable toutes les fois que l'enfant naturel se trouve en concours avec des successibles, ni lorsque c'est par testament, et non à défaut de parent successible, que l'enfant naturel recueille la succession de son père naturel ou de sa mère naturelle. Cela a été reconnu expressément par les deux arrêts précités des 5 avr. 1852 et 28 févr. 1855. Ils ont jugé que l'art. 53 de la loi du 28 avr. 1816 qui considère, quant à la quotité des droits, comme personnes non parentes les enfants naturels appelés à la succession, à défaut de parents au degré successible, ne s'applique qu'aux successions *ab intestat*; qu'il est inapplicable au cas où l'enfant naturel reconnu a été institué légataire universel par ses père et mère; que, dans ce cas, le seul droit à percevoir est le droit ordinaire de mutation par décès en ligne directe (Arrêt du 5 avr. 1852); qu'il en est ainsi au cas où l'enfant naturel, institué légataire universel par sa mère, avait légalement droit à la totalité des biens de celle-ci, à défaut d'héritier au degré successible, alors que, dans la déclaration de la succession, il ne s'est prévalu que du testament; qu'il importe peu que les formalités prescrites pour le dépôt du testament et l'ordonnance d'envoi en possession n'aient pas été remplies, l'omission de ces formalités ayant bien pu empêcher la saisine de fait, mais non pas les effets attachés de plein droit au testament, pas plus qu'elle ne pourrait empêcher l'enfant naturel de se prévaloir de la vocation légale de l'art. 758 c. civ. (Arrêt du 28 févr. 1855).

Mais, toutes les fois que le cas prévu par la loi de 1816 se présente, c'est-à-dire lorsque c'est réellement à défaut de parents au degré successible que l'enfant naturel est appelé, l'art. 53 de ladite loi, étant conçu en termes généraux et absolus qui ne se prêtent à aucune distinction, doit être appliqué et le droit de mutation perçu, en conséquence, au taux établi pour les transmissions entre personnes non parentes, soit qu'il ait existé des successibles et qu'ils aient disparu par renonciation, exclusion ou autrement, soit qu'il n'en ait pas existé, le défunt étant lui-même enfant naturel (Trib. Seine, 1er févr. 1884, aff. Lagogué, D. P. 85. 3. 39). Et le droit de mutation doit être perçu, en ce cas, au taux de 9 pour 100 sur la totalité de l'hérédité, et non pas seulement sur la quotité disponible (Même jugement). — Conf. *Rép.* n° 4090.

2209. Une autre question s'est élevée à l'occasion de la filiation naturelle : on s'est demandé si les droits de mutation par décès applicables aux biens transmis par legs à un frère naturel du défunt sont dus au taux de 9 pour 100 établi pour les transmissions par décès entre personnes non parentes, ou bien au taux de 6 fr. 50 pour 100 établi pour les mutations entre frères. La cour de cassation n'a statué qu'implicitement sur cette difficulté et elle s'est prononcée sur le droit de 9 pour 100 (Req. 17 nov. 1868, aff. Poulet, dit Védel, D. P. 69. 1. 360). Il nous paraît, au contraire, qu'en pareil cas c'est le droit de 6 fr. 50 cent. pour 100 qui doit être perçu. La loi fiscale, en effet, ne distingue pas entre les parents légitimes et les parents naturels, ou, du moins, il n'existe qu'une seule disposition, l'art. 53 de la loi du 28 avr. 1816, qui fasse cette distinction. Mais cette disposition doit être restreinte dans ses limites et ne saurait être étendue. Or, on ne peut nier que la loi civile ne reconnaisse des liens de parenté non seulement entre père et mère et enfants naturels, mais encore entre frères et sœurs naturels. L'art. 766 c. civ. qualifie formellement l'enfant naturel et son frère légitime de *frères*; l'art. 162 du même code prohibe le mariage entre frères et sœurs légitimes ou naturels; le lien de pa-

renté collatérale existe donc entre eux; il est formellement reconnu par la loi civile. Nous pensons, en conséquence, que la loi fiscale ne distinguant pas, au point de vue de la perception, entre les parents légitimes et naturels, le droit de mutation dû sur le legs fait par le défunt à son frère naturel est celui de mutation en ligne collatérale (6 fr. 50 cent. pour 100), et non pas le droit de transmission entre personnes non parentes (9 pour 100) (V. en ce sens : D. P. 69. 1. 360, note; Demante, t. 2, n° 653).

C. — Des legs (*Rép.* n°s 4074 à 4138).

1°. — Legs verbal.

2210. Lorsque les héritiers reconnaissent l'existence d'un legs verbal et l'exécutent, le droit de mutation par décès auquel ce legs donne lieu est exigible (*Rép.* n° 4096). V. la jurisprudence qui s'est établie au sujet des délivrances de legs verbaux *suprà*, n° 337.

2°. — Legs à un créancier.

2211. Le legs est une disposition de biens à titre gratuit (*Rép.* n°s 4101 et suiv.). Ainsi, lorsque le testateur mentionne seulement dans son testament des sommes dont il se trouve débiteur, il y a reconnaissance de dette et le droit proportionnel d'obligation peut être dû (V. *suprà*, n°s 691 et 692); mais il n'y a pas disposition à titre gratuit, et partant le droit de mutation par décès n'est pas exigible. Il en est autrement, lorsque le testateur ne s'est pas borné à reconnaître sa dette et qu'il a manifesté expressément la volonté de faire un legs. Ainsi, jugé que le legs de diverses sommes fait par une femme dotale à des créanciers de son mari tombé en faillite, bien que motivé par l'intention de la testatrice « de faire honneur aux engagements qu'elle a pris et d'empêcher que, sous prétexte de régime dotal, l'exécution de ces engagements soit refusée par qui que ce soit », constitue, non une simple reconnaissance de dette, mais une véritable libéralité passible du droit de mutation par décès. En pareil cas, en effet, c'est uniquement comme légataires, et non comme créanciers, que les individus désignés peuvent obtenir la remise des sommes à eux attribuées (Trib. Rouen, 22 févr. 1866, aff. Pécourt, D. P. 67. 3. 55. Conf. *Diction. droits d'enreg.*, v° *Legs*, n° 122. V. Civ. rej. 18 avr. 1883, aff. Suzini-Badère, D. P. 84. 1. 244, et *infrà*, n° 2219).

Mais, dans ce cas, le droit d'obligation pour reconnaissance de dette n'est pas dû : le Trésor se trouve désintéressé par le payement du droit de mutation par décès. De même que, dans une dation en payement il n'est dû que le droit de transmission sur la valeur cédée en payement et qu'on ne peut exiger, en outre, ni droit d'obligation, ni droit de quittance, de même le testament contenant un legs en payement d'une dette ne doit donner lieu qu'au payement du droit proportionnel de mutation par décès sur la valeur léguée. La clause du testament qui énonce la cause et la condition du legs en est une disposition dépendante et n'est pas, dès lors, passible d'un droit particulier (Sol. adm. enreg. 14 août 1867, *Journ. enreg.*, art. 18422-8; *Diction. droits d'enreg.*, v° *Legs*, n° 126).

3°. — Legs à un débiteur.

2212. Un créancier peut léguer à son débiteur ce que celui-ci lui doit : dans ce cas, ce n'est pas véritablement la chose due qui est léguée, c'est la libération (*Rép.* v° *Dispositions entre vifs et testamentaires*, n° 3803). Quelle que soit la forme employée par le testateur, qu'il ait déclaré léguer à un tel, son débiteur; sa libération ou bien ce qu'il lui doit, ou qu'il ait interdit à son héritier d'exiger la dette, c'est toujours d'une disposition à titre gratuit qu'il s'agit : cette disposition donne lieu au droit de mutation par décès, et non pas seulement au droit de libération à 50 cent. pour 100 (Trib. Moissac, 29 mars 1874, Garnier, *Rép. gén. enreg.*, n° 17120; Sol. adm. enreg. 13 mai 1876, *Diction. droits d'enreg.*, v° *Legs*, n° 133).

4°. — Legs avec charges; Legs secondaire.

2213. Toute personne capable de disposer à titre gratuit peut affecter sa libéralité de telle modalité que bon lui semble, sauf des conditions et charges impossibles ou illicites (V. *suprà*, v° *Dispositions entre vifs et testamentaires*, n° 21). La gratuité n'est pas de l'essence du legs comme elle est de l'essence de la donation entre vifs (*Rép.* n° 4102). Par suite, si, comme on l'a vu à l'article précédent, le donateur peut imposer des charges au donataire sans faire perdre à la convention son caractère de libéralité, pourvu que ces charges n'atteignent pas la valeur de l'objet donné (V. *suprà*, n° 2045 et suiv.), à plus forte raison, est-il loisible au testateur d'imposer des charges au légataire. L'exécution de ces charges ne peut être poursuivie que par l'héritier *ab intestat* ou par l'exécuteur testamentaire. Lorsqu'il n'existe pas d'exécuteur testamentaire et que c'est à l'héritier lui-même que la charge a été imposée, son exécution reste abandonnée à sa conscience. Dans tous les cas, la disposition est sans effet relativement à la perception du droit de mutation par décès, qui est dû par les héritiers et légataires, comme on le verra dans la seconde partie du présent chapitre, sur la valeur intégrale des biens « sans distraction des charges ».

Il en est autrement, lorsque c'est au profit d'un tiers nominativement désigné que le testateur a imposé une charge à un légataire. Il s'agit, en ce cas, d'un legs secondaire. Le bénéficiaire a action pour réclamer ce qui en fait l'objet. Il doit, par suite, le droit de mutation par décès sur cet objet, et la valeur non acquittée du legs principal pour la perception du droit à la charge du bénéficiaire de ce legs.

Il importe donc, dans le cas dont il s'agit, de discerner si la disposition testamentaire litigieuse doit être considérée comme une simple charge de legs ou constitue, par elle-même, un véritable legs, un legs secondaire. La distinction n'est pas toujours exempte de difficulté, comme le montreront les exemples d'application fournis par la jurisprudence.

2214. Ainsi, il a été jugé que la disposition testamentaire qui impose à un légataire l'obligation de donner à bail, à une personne désignée et à des conditions déterminées, les immeubles compris dans son legs, ne constitue pas, pour la personne appelée à en recueillir le bénéfice, une libéralité passible du droit de mutation par décès (Trib. Compiègne, 6 févr. 1872, aff. Wallet, D. P. 72. 3. 54). — De même, la fondation de messes sans indication de la personne qui en est chargée et qui doit en recevoir la rémunération ne constitue pas un legs passible du droit de mutation par décès (Sol. adm. enreg. 6 août 1872, *Diction. droits d'enreg.*, v° *Legs*, n° 207).

Mais le legs d'une somme déterminée à une fabrique à charge de services religieux constitue une libéralité qui donne lieu au droit de mutation par décès sur la totalité de la somme qui en fait l'objet, et non pas seulement sur l'excédent de cette somme, distraction faite de la valeur des charges (Sol. adm. enreg. 9 oct. 1877, Garnier, *Rép. pér. enreg.*, art. 4825). De même, le legs d'un immeuble à une fabrique, pour en opérer la vente et en employer le prix à la célébration de messes, donne lieu au droit de mutation par décès (Sol. adm. enreg. 27 juill. 1877, D. P. 79. 3. 15. — V. toutefois en sens contraire : Trib. Clermont 20 nov. 1878, cité *infrà*, n° 2223).

2215. Il a encore été décidé que la disposition par laquelle un testateur donne une certaine somme aux pauvres ou à des œuvres de bienfaisance, en chargeant son héritier de la distribuer de la manière qu'il jugera convenable, est à tort considérée comme un legs passible du droit auquel sont assujetties les libéralités entre personnes non parentes. En pareil cas, la somme indiquée entre dans le patrimoine de l'héritier, et doit, à ce titre, supporter le droit de mutation par décès ; et lorsque, plus tard, distribution en est faite à des personnes désignées ou à des établissements de bienfaisance, il se produit une seconde mutation rendant exigible le droit de donation entre vifs sur les actes d'acceptation de ces libéralités (Sol. adm. enreg. 22 avr. 1866 et 11 oct. 1867, D. P. 68. 3. 94. V. dans le même sens une instruction de la même Administration, rapportée au *Rép.*

n° 4093). Cette double perception est justifiée surtout dans le cas où l'établissement qui a reçu la somme destinée par le testateur à des œuvres de bienfaisance, n'existait pas encore régulièrement au décès de celui-ci (Même solution). — La cour de cassation a jugé, dans le même sens, que la clause par laquelle un testateur dispose « qu'une somme déterminée sera prélevée sur sa succession pour être employée en œuvres de bienfaisance selon les vues et de l'agrément de son légataire universel », constitue, non un legs particulier, mais une charge de la succession. Et l'acte par lequel la somme indiquée au testament a été transmise à une œuvre de bienfaisance choisie par le légataire universel, contient une nouvelle transmission du légataire universel à l'établissement gratifié et donne lieu au payement du droit de mutation entre vifs à titre gratuit, quoique le légataire universel ait déjà payé le droit de mutation par décès pour toute la succession (Civ. rej. 6 juill. 1871, aff. Multon, D. P. 71. 1. 343).

La jurisprudence, en matière civile, décide, dans le même sens, que les dispositions de cette nature ne doivent pas être annulées comme constituant des legs faits à des personnes incertaines, mais doivent être validées comme n'étant que de simples charges de legs (V. *suprà*, v° *Dispositions entre vifs et testamentaires*, n° 109).

2216. Toutefois, le *legs fait aux pauvres* est, en général, considéré comme un legs valable, et la circonstance que l'héritier ou l'exécuteur testamentaire est chargé de la répartition des sommes léguées, n'empêche pas la disposition d'être un legs (*Rép.* v° *Dispositions entre vifs et testamentaires*, n°s 334 et suiv.). Il suffit que les termes du testament permettent de supposer, ce qui est le cas le plus fréquent, que le testateur a eu principalement en vue les pauvres du lieu qu'il habitait et où il est mort, encore bien qu'il n'ait soumis à aucune restriction le droit de désignation donné à l'exécuteur testamentaire, pour que le bureau de bienfaisance du lieu soit recevable, après s'être fait autoriser à accepter le legs, à demander compte à l'exécuteur testamentaire de l'emploi des valeurs qu'il était chargé de distribuer (*Ibid.*). Toutes les fois qu'il en est ainsi et que la disposition secondaire désigne suffisamment le bénéficiaire pour qu'il puisse agir et réclamer l'objet de la libéralité, c'est d'un legs qu'il s'agit. Le droit de mutation par décès est dû au taux établi pour les transmissions entre personnes non parentes. Le Trésor est désintéressé par le payement de ce droit. L'héritier ou le légataire ne doit le droit à sa charge que sur l'émolument qu'il recueille, distraction faite de ce qui fait l'objet du legs secondaire, et la délivrance de ce legs ne donne lieu qu'au droit gradué comme toute délivrance de legs. — L'Administration elle-même a décidé, conformément à cette doctrine, que lorsque des œuvres de bienfaisance sont imposées à l'héritier sans désignation de l'établissement légataire, comme dans l'espèce de l'arrêt du 6 juill. 1871, cité *suprà*, n° 2215, c'est au profit de l'héritier que s'opère la dévolution des biens et c'est lui, par suite, qui est débiteur du droit de mutation (Sol. adm. enreg. 13 déc. 1880, *Diction. droits d'enreg.*, v° *Legs*, n° 206); qu'il en est de même quand le legs est fait à une personne incertaine ; mais qu'on ne doit pas considérer comme faite à des personnes incertaines la disposition au profit des pauvres d'une commune ou d'une certaine catégorie de pauvres, la libéralité étant censée faite alors, suivant les cas, au bureau de bienfaisance ou à l'hospice (Sol. adm. enreg. 4 avr. 1881, *ibid.*).

§ 5°. — Legs de la faculté d'acquérir.

2217. On a vu *suprà*, v° *Dispositions entre vifs et testamentaires*, n° 964, que, pour qu'un legs soit valable à titre de legs particulier, il ne suffit pas qu'il réunisse les caractères d'un tel legs: il faut, en outre, que la chose léguée puisse être la matière d'un legs particulier. — La question s'est élevée de savoir si le testateur peut imposer à son héritier l'obligation de vendre un objet de l'hérédité à une personne désignée, et si l'héritier est obligé de s'en tenir au prix de vente tel qu'il a été déterminé par le testament. L'affirmative est enseignée au *Rép.* v° *Dispositions entre vifs et testamentaires*, n° 3750. On a soutenu que, dans ce cas, l'immeuble objet de la disposition est transmis directement par le testateur au bénéficiaire, et partant que l'Administration ne peut réclamer que le droit de mutation à sa charge sur la valeur de l'immeuble. C'était là une erreur. Le testament ne transmet au tiers désigné que la faculté d'acquérir l'immeuble. Dans ce cas, comme le disent très bien MM. Championnière et Rigaud, n° 2408, le testateur, en ordonnant à son héritier de vendre, ne confère au légataire que le droit d'exiger la vente ; il ne lui transporte pas immédiatement la propriété de la chose qui doit être vendue. L'obligation à laquelle l'héritier se trouve assujetti est de la nature des promesses qui constituent, au profit de celui auquel elles sont faites, un avantage, mais ne transportent pas la propriété. Cet avantage est l'objet du legs. L'héritier remplit les fonctions de mandataire et vend comme il l'aurait vendu lui-même ; saisi du bien comme héritier, il se dépouille par la vente qu'il en fait en exécution du testament. Il doit le droit de mutation à raison de la transmission opérée à son profit par le décès ; il est dû, en outre, lorsque la disposition est exécutée, un second droit de mutation, à titre onéreux cette fois, à raison de la transmission de l'héritier au légataire de l'immeuble objet de disposition. C'est ce que la cour de cassation a décidé par un arrêt aux termes duquel l'acte par lequel un mari survivant déclare vouloir user de la faculté à lui léguée par le testament de sa femme, exécuté par les héritiers de celle-ci, de se rendre propriétaire des immeubles propres à la défunte en tenant compte à ses héritiers d'une somme déterminée, sous la réserve, sur ladite somme, des droits d'usufruit résultant au profit du mari de leur contrat de mariage, constitue une vente immobilière consentie par les héritiers de la femme et donne lieu, à ce titre, au droit de vente ; ce droit est dû sur la somme fixée par le testament, cette somme formant le prix de la vente, sans qu'il y ait lieu de tenir compte du droit d'usufruit réservé au mari légataire (Civ. rej. 30 avr. 1884, aff. Bruyerre, D. P. 84. 1. 420).

2218. Si le testateur, au lieu de léguer la faculté d'acquérir un immeuble de la succession, moyennant le payement d'une somme, lègue directement l'immeuble à la charge de payer une somme à la succession, il y a là un legs avec charge, passible du droit de mutation par décès, et non du droit de vente. Ainsi, jugé que la disposition d'un testament qui donne à l'un des héritiers le droit de reprendre, dans la succession, un bien déterminé, moyennant une somme fixée, constitue un legs avec charge, passible du droit de mutation par décès, et que l'acte constatant la livraison de l'immeuble donne lieu au droit gradué pour délivrance de legs, et non au droit proportionnel de vente immobilière (Trib. Lille, 31 août 1877) (1). On a vu à l'article précédent, lorsque nous avons étudié les partages testamentaires avec soultes, que la jurisprudence tend à attribuer ce caractère aux dispositions de la nature de celle qui a donné lieu au jugement du 31 août

1877, alors surtout qu'elles comprennent la totalité ou la plus grande partie de ce que possédait le testateur (V. suprà, n°s 2156 et suiv.).

6°. — Legs sous condition.

2219. Les dispositions testamentaires sont susceptibles de termes ou de conditions, comme les dispositions entre vifs (Rép. n° 4106). Si le legs est fait sous condition suspensive, le légataire n'a aucun droit avant l'accomplissement de la condition ; la perception est donc suspendue comme le legs lui-même, et le droit de mutation n'est exigible que si la condition s'accomplit (Rép. n° 4107). Ainsi, l'effet d'un legs fait par un débiteur à son créancier sous la condition que celui-ci ne réclamera pas la somme à lui due par le testateur, étant suspendu jusqu'à ce que le bénéficiaire ait opté entre sa qualité de créancier et celle de légataire, le droit de mutation applicable ne peut être réclamé tant que cette option n'a pas eu lieu (Civ. rej. 18 avr. 1883, aff. Coullet, D. P. 84. 1. 244).

2220. Le droit à percevoir sur les legs de sommes soumises à une condition suspensive est établi par la loi en réalisation de cette condition, au taux établi par la loi en vigueur au jour du décès du testateur ; mais, quand il s'agit d'un legs de eo quod supererit, le droit à payer par le second institué au moment de la réalisation de la condition, ne doit être perçu que sur les choses qu'il recueille, et d'après leur valeur au moment où elles lui sont transmises, et non sur celles qui dépendaient primitivement de la succession (Sol. adm. enreg. 18 janv. 1864, D. P. 67. 5. 175. V. suprà, n° 2198). Lorsque le legs est fait sous condition résolutoire, le légataire se trouvant saisi immédiatement, le droit de mutation est en même temps exigible (Rép. n° 4110).

2221. La distinction entre une condition suspensive et une condition résolutoire est parfois délicate. — Il a été jugé que le testament portant legs de l'usufruit à l'un et la nue propriété à un autre sous la condition que, dans le cas où un événement déterminé viendrait à se produire, le légataire de l'usufruit recueillerait la propriété entière avec effet rétroactif au jour du décès du testateur, renferme, pour l'usufruit, une disposition pure et simple, et, quant à la nue propriété, deux dispositions distinctes : l'une, celle faite au profit du légataire de l'usufruit, sous condition suspensive, et non résolutoire ; l'autre, celle faite au légataire de la nue propriété, sous condition résolutoire, et non suspensive. En conséquence, deux droits de mutation sont dus, l'un par le légataire de l'usufruit pour la valeur de cet usufruit, l'autre par le légataire de la nue propriété sur la valeur de la nue propriété et, en outre, par anticipation, sur la valeur de l'usufruit qui doit s'y réunir ultérieurement. L'impôt doit donc être perçu sur une fois et demie la valeur de la propriété entière, tandis que si le légataire de l'usufruit avait recueilli, en même temps que son usufruit, la

(1) (Delemer.) — LE TRIBUNAL ; — Attendu que la question à résoudre consiste à savoir si l'acte en vertu duquel Paul Delemer est devenu propriétaire de la brasserie dite de l'Ange est une vente entre cohéritiers, ou une opération de partage, ou un legs avec charge :
1° Une vente. — Attendu que les expressions du testament : « Je veux et entends que, lors de mon décès, mon fils Paul Delemer ait le droit de reprendre, par la somme de 200000 fr., ma propriété à usage de brasserie », ne laissaient aux cohéritiers dudit Paul Delemer aucune possibilité d'empêcher cette reprise alors que celui-ci déclarait vouloir user de la faculté qui lui était conférée ; — Qu'une vente suppose le libre concours de la volonté des contractants, ce qui n'existe pas dans l'espèce ;
2° Une opération de partage. — Attendu qu'un partage suppose que celui qui serait par anticipation nanti d'un immeuble se serait dessaisi au profit des communistes d'une partie correspondante de ses droits réels sur les autres immeubles communs, ce qui n'existe pas non plus dans la cause ;
3° Un legs. — Attendu qu'aucune difficulté ne pourrait s'élever si le testateur avait dit : « Je lègue à mon fils ma brasserie, à charge par lui de verser dans la masse commune une somme de 200000 fr. ; » — Qu'il faudrait de toute évidence voir dans cette disposition un legs sous condition ou avec charge ; — Que la contestation naît de ce qu'il a dit : « Je veux et entends qu'à mon décès mon fils ait le droit de reprendre ma brasserie au prix de 200000 fr. » ; — Attendu qu'au regard de ces deux dispo-

sitions, il fallait une acceptation du légataire pour que le testament produisît effet ; — Qu'il est difficile de comprendre comment, au premier cas, le bénéficiaire serait devenu propriétaire en vertu d'un legs, et, au second cas, en vertu d'une vente, alors que, dans les deux hypothèses, il suffisait de la seule manifestation de sa volonté d'accepter la disposition pour que la propriété de l'immeuble dût nécessairement lui appartenir ; — Attendu que, pour apprécier le caractère juridique d'un acte, il faut considérer non pas les expressions employées, mais le fait qui en ressort, les effets produits ; — Qu'en réalité une disposition impérative qui constitue le droit de prendre dans une masse un objet déterminé, moyennant une somme fixée, équivaut à une autre disposition qui attribuerait cet objet aux mêmes conditions ; — Que ce n'est qu'en s'attachant aux mots et non à la chose elle-même, qu'on peut voir une différence entre ces deux modes d'attribution ; — Qu'en réalité, dans l'espèce, Paul Delemer ayant purement et simplement déclaré dans l'acte liquidatif qu'il exerçait le droit de reprendre l'immeuble aux conditions énoncées, et ses cohéritiers ayant, de leur côté, déclaré qu'ils consentent l'exécution du testament, c'est en vertu de ce testament que Paul Delemer est devenu propriétaire de la brasserie, testament qui constitue son seul titre, l'acte liquidatif ne faisant que constater l'exécution du legs ;
Par ces motifs, dit l'acte dont il s'agit n'a pas constitué une mutation conventionnelle, mais une délivrance de legs avec charge.
Du 31 août 1877.-Trib. civ. de Lille.

nue propriété sous condition résolutoire, il eût été seul débiteur de l'impôt, et cet impôt n'aurait été exigible que sur une seule fois la valeur de la propriété entière (Req. 26 nov. 1883, aff. Suzini-Badère, D. P. 84. 1. 178).

Aux termes d'un autre arrêt, le legs d'une nue propriété, fait sous la condition que, si le bénéficiaire ne survit pas au légataire de l'usufruit, celui-ci réunira la nue propriété à son usufruit, doit être considéré comme fait sous une condition résolutoire au profit du bénéficiaire, et sous une condition suspensive au profit du légataire de l'usufruit, et oblige, en conséquence, le bénéficiaire à acquitter, dans les six mois du décès du testateur, le droit de mutation par décès sur la valeur de la nue propriété transmise (Civ. cass. 9 août 1871, aff. de Labrosse, D. P. 71. 1. 314. Conf. Rép. n° 4110).

7°. — Legs à charge de conserver et de rendre. — Substitution.

2222. Il y a, dans les substitutions, deux transmissions distinctes : le premier propriétaire tient son droit et la chose du testateur ; le second tient son droit du testateur, et la chose du premier légataire. Il suit de là que deux droits sont exigibles, l'un pour la transmission du testateur au grevé, l'autre pour celle opérée du grevé à l'appelé (Rép. n° 4112). Cela résulte de la doctrine de différents arrêts de la cour de cassation. — Il a été jugé, par ces arrêts : 1° que lorsqu'un légataire universel a acquitté, sans les contester, des legs particuliers mis à sa charge, l'Administration ne peut prétendre que, ces legs étant nuls comme entachés de substitution, les biens qui en sont l'objet n'ont pas cessé d'être la propriété du légataire universel et que, faute par celui-ci de les avoir compris dans sa déclaration, il est passible du droit et du double droit (Civ. rej. 15 févr. 1854, aff. Boudent, D. P. 54. 1. 51. Conf. Trib. Lyon, 4 févr. 1854, aff. de Murinais, D. P. 54. 5. 306) ; et la délivrance consentie, dans ce cas, par le légataire universel, ne peut être considérée comme ayant opéré au profit des légataires particuliers, une transmission de propriété à titre gratuit soumise au droit de donation (Même arrêt du 15 févr. 1854) ; — 2° Que l'héritier ou le légataire universel qui a exécuté une substitution fidéicommissaire au bénéfice de laquelle il est appelé, au décès du grevé, ne peut, après l'ouverture de cette substitution à son profit, arguer de la nullité de la disposition pour échapper au payement du droit de mutation en soutenant que, par suite de cette nullité, il est réputé avoir recueilli directement les biens grevés dans la succession du disposant en sa qualité d'héritier ou de légataire universel (Civ. cass. 11 déc. 1860, aff. Giraud, D. P. 61. 1. 25 ; 5 mars 1866, aff. de Neufbourg, D. P. 66. 1. 124).

Et l'Administration a décidé, en se fondant sur la doctrine de ces deux derniers arrêts, que la disposition testamentaire instituant plusieurs légataires universels avec déclaration qu'au décès de l'un d'eux l'hérédité entière passera sur la tête des survivants, renferme une véritable charge de conserver et de rendre et, par conséquent, une substitution prohibée ; que, par suite, lorsqu'un des légataires universels vient à décéder après avoir recueilli le bénéfice de la disposition concurremment avec ses colégataires, et que la substitution est exécutée, une nouvelle mutation a lieu du légataire décédé au profit des survivants, et cette transmission donne ouverture à un nouveau droit proportionnel de mutation (Sol. adm. enreg. 10 août 1880, D. P. 81. 3. 56). Dans le cas, au contraire, où c'est un usufruit qui a été légué à plusieurs conjointement, l'accroissement a lieu, en cas de décès de l'un des légataires postérieurement à celui du testateur, au profit des autres colégataires ; et dès lors, le légataire survivant étant réputé tenir son droit du testateur directement ne peut avoir à payer qu'un supplément de droit (Même solution).

8°. — Legs à l'exécuteur testamentaire.

2223. On a exposé au Rép. n°s 4119 et suiv. que les dispositions faites en faveur d'un exécuteur testamentaire, pour le récompenser de ses soins, sont de véritables legs passibles du droit de mutation par décès. — Il a été jugé cependant que le legs fait par un prêtre à un autre prêtre,

en l'instituant son exécuteur testamentaire, de deux sommes d'argent, l'une pour dire ou faire dire des messes à l'intention du défunt, l'autre pour dédommager le légataire de ses peines, ne donne ouverture au droit de mutation par décès ni sur l'une ni sur l'autre des deux sommes léguées (Trib. Clermont, 20 nov. 1878, aff. Lecointe, D. P. 80. 5. 169). — La somme léguée pour faire dire des messes ne constituait pas un véritable legs ; elle avait une affectation déterminée, et l'exécuteur testamentaire ne la recevait bien réellement qu'à titre de mandataire (V. suprà, n° 1998). Quant à la somme léguée à l'exécuteur testamentaire, pour l'indemniser de ses peines, la décision du tribunal est contraire à la doctrine enseignée au Répertoire ; mais elle peut, néanmoins, se justifier par les circonstances, et notamment par le peu d'importance de la somme léguée.

9°. — Legs de sommes non existantes dans la succession.

2224. La transmission du même objet dans la succession testamentaire ne peut être assujettie à deux droits de mutation. Le légataire universel ne doit donc pas payer les droits sur la totalité de la succession, et les légataires particuliers sur le montant de leurs legs ; il y aurait double emploi.

L'Administration n'a jamais fait difficulté de reconnaître que, lorsque les objets légués à titre particulier se trouvent en nature dans la succession, ces objets doivent être distraits de l'actif héréditaire pour la liquidation des droits de mutation à la charge de l'héritier ou du légataire universel, que ces droits ne doivent être perçus que sur l'excédent, et que les légataires particuliers doivent acquitter ceux à leur charge d'après la nature des choses qui leur ont été léguées (Rép. n° 4134, note 1.). Mais elle a soutenu, dans le principe, que les legs particuliers, lorsqu'ils ont pour objet des sommes non existantes dans la succession, constituaient de véritables charges qui ne devaient pas être déduites pour la liquidation des droits de mutation à la charge des héritiers ou légataires universels ; que, par conséquent, les droits devaient être payés par les héritiers ou légataires universels sur la totalité des biens de l'hérédité, et, en outre, par les légataires particuliers sur les sommes à eux léguées. Cette prétention a été repoussée par la jurisprudence et définitivement condamnée par un avis du conseil d'État des 2-10 sept. 1808, par le motif qu'il en résulterait que le même objet serait, en définitive, assujetti à deux droits de mutation, ce qui n'est conforme ni au texte, ni à l'esprit de la loi (Rép. n° 4125). L'Administration a alors soutenu que la déduction dont il s'agit ne pouvait être admise que lorsque les sommes léguées se trouvaient en numéraire dans l'hérédité (Rép. n° 4134) ; puis, cette distinction ayant encore été repoussée (Rép. n° 4091), elle a prétendu qu'il fallait que la succession comprît des valeurs mobilières telles que créances, rentes ou autres effets mobiliers (Rép. n° 4137).

2225. Les choses étaient en cet état à l'époque de la publication du Répertoire. Mais, peu après, la question ayant été soulevée nettement dans une espèce où la succession était purement immobilière, les réserves faites par l'Administration à l'application de l'avis du conseil d'État précité ont été repoussées, et il a été définitivement établi que les sommes d'argent léguées à titre particulier et non existantes dans la succession, doivent être distraites, dans tous les cas indistinctement, de l'actif de l'hérédité pour la perception des droits à la charge des héritiers ou légataires universels. Jugé, en effet, qu'un legs n'est pas une dette de la succession, mais constitue une mutation directe entre le testateur et le légataire, alors même que la chose léguée n'existerait pas en nature dans la succession et consisterait, par exemple, en une somme d'argent ou autre valeur mobilière léguée par un testateur dont la succession est exclusivement immobilière ; qu'en conséquence, le droit de mutation dû à raison de ce legs doit être calculé d'après le degré de parenté du légataire, et non d'après celui de l'héritier qui doit l'acquitter, alors même que le legs est mis à la charge d'un légataire particulier, au profit du légataire universel ; que, spécialement, lorsqu'un testateur lègue à sa sœur un immeuble composant presque la totalité de sa succession à la charge de payer à son enfant naturel reconnu, institué légataire universel, une somme d'argent non existante dans la succession, le droit de mutation dû sur le legs de l'immeuble, eu égard au degré de parenté de la sœur légataire (6 fr. 50 cent. pour 100), doit frapper cet immeuble, non pour le tout, mais déduction faite de la somme à payer à l'enfant naturel, somme qui n'est soumise qu'au droit de mutation afférent à la parenté de cet enfant (1 pour 100) (Civ. cass. 30 mars 1858, aff. Labarthe, D. P. 58. 1. 151).

2226. Mais au montant des legs particuliers doit-on ajouter, pour la distraction à opérer, les droits de mutation auxquels ils donnent lieu, lorsque, d'après la volonté, c'est la succession qui doit supporter ces droits ? On a dit, dans le sens de l'affirmative, que la disposition du testament relative au payement des droits de mutation afférents aux legs particuliers, et qui met ces droits à la charge de la succession, doit être interprétée comme ayant eu pour objet, dans la pensée du testateur, d'augmenter les legs particuliers du montant de ces droits et de diminuer d'autant le legs universel. On en a conclu que les légataires particuliers doivent payer l'impôt sur l'objet de leurs legs, plus sur le montant des droits de mutation afférents à ces legs, et que, par suite, ces droits doivent être déduits, cumulativement avec les valeurs léguées de l'actif héréditaire, pour la perception de l'impôt à la charge du légataire universel. — L'Administration a constamment repoussé cette doctrine par le motif qu'en affranchissant le légataire particulier d'une charge qui lui incombait de droit (c. civ. art. 1016), le testateur lui a procuré, à la vérité, un bénéfice réel, mais sans augmenter ce qui a été l'objet de la transmission opérée par le legs et qui seul semble devoir être assujetti à l'impôt (Sol. adm. enreg. 30 nov. 1872, 9 févr. 1876, 7 août 1878 et 10 sept. 1879, D. P. 90. 1. 78, note ; *Diction. droits d'enreg.*, v° *Legs*, n° 138 ; Garnier, *Rép. gén. enreg.*, n° 16770). La question a été soumise récemment à la cour de cassation au sujet de la liquidation du droit de mutation dû par le légataire universel. Elle a décidé, conformément à la doctrine de l'Administration, que les droits de mutation afférents aux legs particuliers, « constituaient pas cette de la succession ne devant pas être distraite de l'actif héréditaire pour le calcul des droits de mutation par décès » à la charge du légataire universel (Req. 19 nov. 1888, aff. Carré de Busserolles, D. P. 90. 1. 78).

10°. — *Legs d'usufruit ; Nue propriété ; Quotité disponible ; Réunion fictive.*

2227. L'avis du conseil d'Etat des 2-10 sept 1808, qui a établi le principe qu'une mutation ne peut jamais être assujettie à deux droits (V. *suprà*, n° 2224) ne s'étend pas et ne saurait être appliqué au legs d'usufruit. Un usufruit légué est *une sorte de propriété nouvelle* créée par le testateur, absolument hors de la consistance réelle de sa succession. En conséquence, le legs d'usufruit donne lieu au droit de mutation indépendamment de celui acquitté par l'héritier ou le légataire universel sur la valeur entière de l'hérédité (*Rép.* n° 4131).

2228. Le legs de la *jouissance* d'une chose et notamment d'une universalité a été considéré comme constituant un legs d'usufruit passible du droit de mutation pour les transmissions d'usufruit par testament, et non un legs de jouissance de revenus à payer en prestation annuelle avec le légataire de la pleine propriété, et ne donnant lieu à aucun droit spécial de mutation. Et il en est ainsi, alors même que le testateur aurait recommandé au légataire de la propriété d'habiter un domaine compris dans le legs et de l'entretenir (Civ. rej. 24 août 1861, aff. de Colbert, 2 arrêts, D. P. 61. 1. 392).

2229. Lorsque des sommes d'argent sont léguées à titre particulier pour être payées au décès de l'héritier ou du légataire universel, sans intérêts jusque-là, les legs particuliers opèrent une transmission directe des sommes léguées, du testateur aux légataires ; ce dernier en est nu-propriétaire et l'héritier ou le légataire universel en a l'usufruit. L'héritier ou le légataire universel doit le droit de mutation par décès à raison de cet usufruit (V. *suprà*, n° 2082 et suiv.).

2230. Il a été jugé que le testament instituant un légataire universel et portant, en outre, legs à un mineur d'un

immeuble et d'une somme d'argent pour en jouir immédiatement et n'en recueillir la propriété que s'il atteint l'âge de vingt-cinq ans, cette propriété devant, au cas contraire, demeurer au légataire universel, renferme, de ce chef, un legs de l'usufruit au profit du mineur, et de la nue propriété au profit du légataire universel ; que la réunion de l'usufruit à la nue propriété étant soumise à une condition résolutoire, le droit de mutation par décès est dû, pour le legs de la nue propriété, non sur la valeur entière des biens qui en font l'objet, mais seulement sur la valeur de la nue propriété. Et le bénéficiaire n'aura à payer le droit sur la valeur de l'usufruit qu'autant que cet usufruit se réunirait à la nue propriété entre ses mains, et seulement au moment où cette réunion s'opérera (Trib. Poitiers, 29 avr. 1884, aff. Blanchard, D. P. 89. 1. 241). Cette décision, neuve en jurisprudence, soulève des objections. Le débat portait sur l'application de cette règle de droit fiscal suivant laquelle la transmission, soit entre vifs à titre gratuit, soit par décès, de l'usufruit et de la nue propriété d'un immeuble à des personnes distinctes, donne lieu à la perception du droit de mutation, pour l'usufruit, sur sa valeur, et pour la nue propriété, sur la valeur de la propriété *entière*. Celui qui recueille la nue propriété acquitte le droit de mutation sur la valeur de cette nue propriété, mais, en outre et par anticipation, sur la valeur de l'usufruit dont il n'a que l'expectative ; par suite, il n'a plus rien à payer, lorsque l'usufruit se réunit à sa nue propriété (L. 22 frim. an 7, art. 15-7° et 8°). Il sera traité de cette règle dans la seconde partie du présent chapitre, sect. 1re, art. 2, § 3, n° 1. Dans l'espèce, le legs de la nue propriété est soumis à une condition résolutoire qui, si elle se réalise, aura pour effet de faire passer la nue propriété du légataire universel qui l'a recueillie au profit de l'usufruit. Rien ne serait plus équitable certainement, en pareil cas, que de n'obliger le légataire universel à payer l'impôt, après le décès du testateur, que sur la valeur de la nue propriété, et de décider qu'il n'aura à l'acquitter sur la valeur de l'usufruit, qu'autant que cet usufruit se réunira à la nue propriété entre ses mains, et seulement au moment où cette réunion s'opérera. Mais la question est de savoir si cela est conforme à la loi fiscale. Le tribunal de Poitiers l'a pensé. Cependant la loi ne distingue pas entre le cas où la propriété est transmise entièrement et celui où la transmission ne porte que sur la nue propriété, l'usufruit étant attribué à un autre ; elle dit nettement que toutes les fois qu'il y aura transmission de propriété, le droit sera perçu sur la valeur entière de cette propriété. Donc, la perception de cette taxe ainsi réglée dans les cas de transmission de propriété, que la propriété transmise soit ou ne soit pas entière. Or ce texte, d'après l'interprétation qui lui a été donnée par le tribunal de Poitiers, renfermerait une double distinction, d'abord entre la propriété et la nue propriété, puis entre le cas où la nue propriété est transmise avec l'expectative plus ou moins éloignée, mais certaine, de l'usufruit, et celui où d'après les conditions dans lesquelles la transmission de la nue propriété a lieu, la réunion de l'usufruit à la nue propriété est soumise à un événement futur et incertain. Comment accepter tant de distinctions pour l'application d'un texte qui n'en fait aucune ?

2231. Les difficultés que soulève la détermination de la *quotité disponible*, dans le cas de donation ou legs de cette quotité, se rapportent principalement au droit civil ; elles seront étudiées, au *Supplément*, comme elles l'ont été au *Répertoire*, dans le traité des *Successions*. Ces difficultés se produisent parfois aussi en droit fiscal, pour la liquidation du droit de mutation auquel donne lieu la donation ou le legs de la quotité disponible. Elles portent, notamment, sur la question de savoir si, pour la détermination de la quotité disponible formant l'objet du legs, il y a lieu de comprendre dans le patrimoine du disposant les biens qui en sont sortis par suite de libéralités par lui faites de son vivant. La solution de cette question, comme de toutes celles qui se rapportent à l'interprétation des testaments, dépend avant tout de l'intention du testateur (V. notamment : Req. 8 mars 1875, aff. Bareau, D. P. 75. 1. 278). Mais il semble qu'en général elle doive être résolue dans le sens de l'affirmative ; telle est, en effet, la solution qui prévaut dans la jurisprudence. — Jugé, en effet : 1° que lorsqu'un époux a fait donation à son conjoint de la *quotité* *disponible* en usufruit des biens qu'il laisserait à son décès, il faut, pour déterminer cette quotité, rapporter fictivement à la masse les biens donnés en avancement d'hoirie par le défunt à ses enfants, et que les droits de mutation doivent être liquidés sur cette base (Trib. Argentan, 18 déc. 1856, aff. Legoux, D. P. 57. 3. 30); — 2° Que la dot constituée par des père et mère conjointement à leur enfant unique dans son contrat de mariage, avec clause d'imputation sur la succession du prémourant des donateurs, doit être réunie fictivement aux valeurs de la succession de l'époux prédécédé, pour le calcul de la quotité disponible, lorsque l'époux survivant est donataire par contrat de mariage, de l'usufruit de moitié de la succession de son conjoint (Trib. Seine, 3 mai 1873, aff. Lefer, D. P. 74. 5. 208); qu'on doit considérer, pour la perception du droit de mutation par décès dû à raison de la donation, l'usufruit donné comme portant sur moitié de la masse héréditaire totale composée comme il est dit ci-dessus; alors que, d'ailleurs, l'usufruit ainsi déterminé peut s'exercer sur les biens existant au décès du donateur (Même jugement); — 3° Que l'importance de la donation entre époux faite par contrat de mariage au survivant, de l'usufruit de moitié des biens *composant la succession* du prémourant, doit être déterminée, pour la perception du droit de mutation par décès, d'après l'ensemble des biens du défunt prédécédé, y compris la dot constituée et payée à l'un des enfants par imputation sur la succession de cet époux (Trib. Dreux, 9 sept. 1884, aff. Lepargneux, D. P. 85. 5. 217, n° 45, et sur pourvoi, Req. 14 déc. 1885, D. P. 86. 1. 188).

2232. Toutefois, il a été jugé, en sens contraire : 1° qu'au cas où la dot constituée par des père et mère conjointement à l'un de leurs quatre enfants, avec clause d'imputation sur la succession du prémourant des donateurs, est inférieure à la part héréditaire de l'enfant doté, c'est-à-dire au quart de la masse, y compris le rapport de la dot, l'usufruit de moitié de tous les biens du défunt appartenant à l'époux survivant en vertu d'une donation par contrat de mariage porte seulement sur la moitié des parts des trois enfants non dotés et sur l'excédent de la part de l'enfant doté restant après distraction de la dot, et que le droit de mutation à la charge de l'époux donataire, doit être liquidé sur cette base (Trib. Soissons, 10 avr. 1867, aff. Binart, D. P. 74. 5. 209); — 2° Que le testament olographe par lequel une femme lègue à son mari l'usufruit des biens *composant sa succession* peut être interprété, quant à la perception du droit de mutation par décès, comme n'impliquant pas, pour la détermination de la quotité disponible, la réunion fictive des dots constituées par la défunte à ses enfants en avancement d'hoirie, alors que les circonstances démontrent que son intention a été de ne disposer que des biens qui existeraient réellement à son décès ; que cette interprétation peut résulter de ce fait que les dots avaient été constituées très longtemps avant l'époque du testament, et de ce que la testatrice ignorait complètement la valeur juridique des termes employés par elle ; qu'elle s'impose à l'Administration de l'enregistrement dès qu'aucun indice de fraude n'apparaît ; et qu'on ne peut voir un indice de fraude dans le fait que l'usufruit attribué au légataire par ses enfants, d'après les stipulations d'un partage anticipé postérieur à l'ouverture du legs, excède celui que les legs lui avait transmis, alors que les avantages assurés aux enfants, du chef de leur père, par ce partage, expliquent et justifient l'attribution du surplus (Trib. Montmorillon, 15 mai 1878, aff. Babert de Juillé, D. P. 79. 3. 31).

2233. L'Administration de l'enregistrement a décidé, dans le même sens, que la donation mutuelle entre époux par contrat de mariage de l'usufruit de l'universalité des biens « que laissera le prémourant et qui composeront sa succession », avec stipulation qu'en cas d'existence d'enfants, la libéralité sera réduite à moitié en usufruit, doit être interprétée comme impliquant l'intention, de la part des contractants, de ne se donner éventuellement, au cas d'existence d'enfants, que l'usufruit de la moitié des biens que le prémourant posséderait encore à l'époque de son décès ; qu'en conséquence, le cas échéant, il n'y a pas, lieu, pour la détermination de la quotité disponible, en vue de la perception du droit de mutation par décès entre époux, de réunir fictivement dans la succession de l'époux prédécédé les dots

constituées par cet époux en avancement d'hoirie à ses enfants (Sol. adm. enreg. 8 oct. 1879, D. P. 81. 3. 16).

11°. — *Legs de rentes viagères ou perpétuelles.*

2234. De même que les legs de sommes d'argent non existantes dans la succession, les legs de rentes viagères ou perpétuelles doivent être distraits de l'actif héréditaire pour la perception du droit à la charge de l'héritier ou du légataire universel (*Rép.* n° 4130). Jugé, dans le même sens, que lorsqu'un legs de rente viagère a été acquitté, conformément aux dispositions du testament, au moyen de l'acquisition d'une rente sur l'Etat immatriculée, pour l'usufruit, au nom du légataire, et, pour la nue propriété, au nom de l'héritier, cet emploi ne change pas la nature du legs et n'empêche pas, en conséquence, qu'au décès de l'héritier, le capital de la rente viagère léguée ne soit déduit de l'actif de sa succession pour la liquidation des droits de mutation (Trib. Seine, 19 mars 1870, aff. Saint-Salvi, D. P. 72. 5. 498). — Dans une espèce semblable, sauf qu'il s'agissait du payement des droits de mutation ouverts par le décès du testateur lui-même et non de l'héritier, l'Administration a reconnu que le capital de la rente devait être distrait de l'actif de la succession pour la liquidation de ces droits (Sol. 11 août 1858, Garnier, *Rép. pér. enreg.*, art. 2802). — Dans des espèces où il s'agissait de la succession de l'héritier, ouverte avant l'extinction de la rente, et où celle-ci avait été léguée sans prescription d'emploi, il a été jugé que la distraction devait être faite (Trib. Seine, 27 août 1864, *ibid.*, art. 1952); lors même que le légataire aurait consenti après le décès du testateur à recevoir une somme moindre (Trib. Seine, 10 févr. 1866, *ibid.*, art. 3279). — V. D. P. 72. 5. 198, note. — Conf. Trib. Prades, 23 janv. 1858, aff. N..., D. P. 59. 3. 20).

2235. Au cas où une succession grevée de legs particuliers de rentes viagères, est dévolue pour l'usufruit à l'un et pour la nue propriété à un autre, le capital des rentes léguées doit-il être imputé, pour la liquidation des droits proportionnels de mutation, sur l'actif entier de l'héritier ou seulement sur la valeur de l'usufruit ? (V. *infra*, n°s 2560 et suiv.).

12°. — *Legs de sommes payables au décès de l'héritier ou du légataire universel.*

2236. La jurisprudence est aujourd'hui bien fixée dans le sens de la distraction de la succession du légataire universel, pour la perception des droits ouverts par son décès, du montant des legs de sommes payables à ce décès ou non acquittées à cette date. Mais elle a longtemps varié sur ce point. Elle s'est prononcée, en premier lieu, dans le sens de la distraction (Civ. rej. 18 nov. 1835, *Rép.* v° *Dispositions entre vifs et testamentaires*, n° 3811; puis elle a décidé, en sens contraire, qu'ils devaient être considérés comme de simples *charges* de la succession du légataire universel et comme n'étant conséquemment pas susceptibles d'en être déduits (Trib. Seine, 28 mars 1855, aff. Leviels, D. P. 56. 3. 20; 3 janv. 1857, aff. de Rivière, D. P. 57. 3. 28; Civ. rej. 17 févr. 1857, aff. Leguelinel, D. P. 57. 1. 86; Req. 20 janv. 1858, aff. de Mauny, D. P. 58. 1. 318). Elle est revenue, pour s'y arrêter définitivement, à son interprétation première, en décidant : 1° qu'une somme d'argent donnée par contrat de mariage au futur à prendre sur les plus clairs biens de la succession du donateur, mais seulement après le décès de la femme de celui-ci instituée sa donataire universelle, ne pouvait être considérée comme une charge de la succession de celle-ci, dans le sens de la loi fiscale, et devait, en conséquence, être distraite de l'actif de cette succession pour la liquidation des droits de mutation par décès (Civ. cass. 6 déc. 1858, aff. Saint-Chamans, D. P. 59. 1. 21); — 2° Qu'un legs particulier pur et simple opère une transmission directe de la chose léguée du testateur au légataire, encore que ce legs ait pour objet, non un corps certain, mais une somme d'argent; qu'il n'est donc pas une *charge* de l'hérédité (Civ. cass. 10 août 1859, aff. de Montbressieux, D. P. 59. 1. 337 ; Civ. rej. 22 août 1859, aff. Pinot, D. P. 59. 1. 340; Req. 29 nov. 1865, aff. Bardoz, D. P. 66. 1. 157) ; — 3° Que la somme d'argent léguée passe directement du testateur au légataire,... bien que le legs ait été fait à terme (Mêmes arrêts des 16 août 1859 et 29 nov. 1865);... ou que la délivrance en ait été reportée à l'époque du décès du légataire universel grevé du legs, alors surtout qu'il résulte du testament que le *de cujus* a entendu que la somme léguée n'appartînt au légataire universel qu'*à titre d'usufruit*, et que la *nue propriété* en fût directement recueillie par le légataire particulier (Arrêt précité du 22 août 1859); — 4° Que la somme d'argent ainsi directement transmise au légataire est assujettie, lors du décès du testateur, à un droit de mutation distinct de celui dû pour le surplus de la succession, ne fait pas partie des biens de l'héritier ou du légataire universel, d'où la conséquence qu'elle doit être distraite... soit de la succession de cet héritier ou de ce légataire particulier avant la délivrance ou l'exigibilité du legs (Arrêts précités des 16 et 22 août 1859 et 29 nov. 1865);... soit de la succession du *tiers*, aussi décédé avant la même époque, auquel l'héritier ou le légataire universel avait cédé tous ses droits successifs à charge de payer le legs (Même arrêt du 29 nov. 1865).

Enfin, jugé, en dernier lieu, que la disposition testamentaire mettant à la charge du légataire universel un legs particulier de somme d'argent exigible lors de son décès, sans intérêts, ni caution ou hypothèque, constitue, non une simple charge de la succession du légataire universel, mais un véritable legs de *nue propriété* et que, par suite, la somme léguée étant réputée ne pas faire partie de cette succession, doit en être distraite pour la perception du droit de mutation (Civ. rej. 25 juin 1862, aff. Garnier, D. P. 62. 1. 370).

L'administration de l'enregistrement a acquiescé à cette jurisprudence par une instruction du 15 nov. 1862 (n° 2234, § 1er, D.P. 70. 1. 129, note). Le débat s'est trouvé ainsi définitivement clos. La solution qui a prévalu n'est, du reste, que la conséquence de celle qui a prévalu également, dans le même sens, pour les sommes d'argent données entre vifs et non payées au décès du donateur (V. *suprà*, n°s 2082 et suiv.).

2237. En décidant que les sommes d'argent léguées à titre particulier pour être payées au décès de l'héritier ou du légataire universel, ne pouvaient être considérées comme des charges de sa succession et qu'elles devaient, par suite, en être distraites pour la liquidation des droits de mutation dus par suite de son décès, la cour de cassation a établi, notamment par l'arrêt du 25 juin 1862, cité *suprà*, n° 2236 (V. aussi l'arrêt du 22 août 1859, cité *ibid.*) que les dispositions de l'espèce constituent pour les bénéficiaires de véritables *legs de nue propriété* et qu'au décès de l'héritier ou du légataire universel « l'usufruit dont il avait joui » se réunissait à la nue propriété. L'héritier ou le légataire universel étant considéré, au regard de la loi fiscale, dans les cas de l'espèce, comme ayant l'usufruit des sommes léguées à titre particulier, l'administration de l'enregistrement en a conclu qu'il devait acquitter le droit de mutation par décès à raison de cet usufruit (Instr. adm. enreg. 15 nov. 1862, n° 2234, § 1er, D. P. 70. 1. 129, note).

Cette prétention a été accueillie par la cour de cassation. Jugé, en effet, que le legs particulier qui, suivant les dispositions du testament, ne doit être payé qu'après le décès de l'héritier ou du légataire universel, sans intérêts jusque-là, constitue en réalité un legs de nue propriété; par suite, l'usufruit de l'objet légué demeurant dans la succession, un droit de mutation est dû sur sa valeur par l'héritier ou le légataire universel, indépendamment de celui acquitté par le légataire particulier (Civ. rej. 21 juin 1869, aff. Vion, D. P. 70. 1. 129).

En droit civil, lorsqu'une somme d'argent a été léguée pour être payée seulement au décès de l'héritier ou du légataire universel, sans intérêts jusque-là, celui-ci ne peut être considéré comme usufruitier de la somme; il n'en est que le débiteur. Seul propriétaire de tous les biens héréditaires, il peut en disposer à sa guise, sans contrôle possible de la part du légataire particulier. Celui-ci ne serait pas fondé à lui demander une caution pour sûreté de son legs (Nîmes, 22 avr. 1812, *Rép.* v° *Dispositions entre vifs et testamentaires*, n° 3812). En droit fiscal, la jurisprudence admet fictivement que, dans ce même cas, le legs particulier opère une transmission directe de la somme léguée, du testateur au légataire; que ce dernier est nu-propriétaire et l'héritier ou le légataire

universel usufruitier de la somme; que par suite, cette somme n'est pas une charge de la succession de ce dernier; qu'elle en doit être distraite pour la liquidation des droits de mutation ouverts par son décès, mais que l'héritier ou le légataire universel doit le droit de mutation à raison de ce prétendu legs d'usufruit. — Ainsi, une fiction, admise par la jurisprudence, afin de soustraire des valeurs à l'application d'un impôt qu'elles avaient déjà supporté, entraîne la perception d'un autre impôt qui n'aurait pas été dû, si l'on s'en était tenu aux principes du droit civil. Mais ce résultat est conforme à l'équité. Il est juste qu'une valeur ne soit pas soumise deux fois au même impôt pour la même transmission : *Non bis in idem*. Il est juste aussi que l'héritier ou le légataire universel qui jouit réellement de l'usufruit des legs particuliers de sommes d'argent payables seulement à son décès, acquitte le droit de mutation à raison de cet usufruit qu'il recueille dans la succession de son auteur, car, suivant le principe posé dans l'art. 4 de la loi du 22 frim. an 7, toute valeur transmise par le décès doit supporter le droit de mutation par décès.

2238. Toutefois, l'Administration elle-même a appelé l'attention de ses agents sur certaines situations spéciales dans lesquelles l'héritier ou le légataire universel ne saurait être considéré comme ayant l'usufruit des sommes d'argent léguées à titre particulier pour être payées à son décès sans intérêts jusque-là, et où le droit de jouissance est tellement restreint que l'héritier ou le légataire universel est censé profiter d'un terme plutôt que d'une libéralité (Instr. adm. enreg. n° 2393, § 2). Il a été jugé en ce sens : 1° que la disposition testamentaire par laquelle le légataire universel est chargé de payer, mais sans intérêts, des sommes déterminées à des enfants mineurs, lors de leur majorité ou de leur mariage, ne le constitue pas usufruitier, mais débiteur à terme des sommes léguées (Trib. Nîmes, 14 août 1872, aff. F..., D. P. 73. 5. 218); — 2° Que la disposition testamentaire par laquelle le légataire universel est chargé de payer sans intérêts, dix ans après le décès du testateur, une somme déterminée à un tiers constitue légataire particulier de cette somme, constitue le légataire universel simple débiteur à terme, et non pas usufruitier de cette somme; en conséquence, aucun droit de mutation n'est dû par lui à raison de la jouissance temporaire qu'il en aura (Trib. Mirande, 29 août 1873, D. P. 75. 5. 202).

§ 2. — De la déclaration à fournir par les héritiers et légataire et du délai dans lequel elle doit être faite (*Rép.* n°s 4139 à 4259).

2239. Il a été traité au *Répertoire*, sous ce paragraphe, des formes de la déclaration, de ce qu'elle doit contenir et du délai dans lequel elle doit être faite (*Rép.* n° 4139). Par suite des développements que cette matière a reçus depuis la publication du *Répertoire*, nous diviserons son étude en sept numéros se rapportant : 1° au *caractère* de la déclaration ; 2° au *bureau* où elle doit être souscrite ; 3° à l'*obligation de la souscrire* ; 4° à sa *forme* ; 5° aux *personnes* auxquelles il incombe de la faire ; 6° au *délai* dans lequel elle doit être faite ; 7° aux *biens* qui doivent y être compris.

N° 1. — *Caractère de la déclaration* (*Rép.* n° 4139).

2240. La déclaration souscrite pour le payement des droits de mutation par décès est un simple acte d'administration fait dans l'intérêt de la succession. Il s'ensuit, en droit civil, qu'elle n'emporte pas acceptation de la part de l'héritier qui la souscrite (V. *Succession*; — *Rép.* eod. v°, n°s 502 et suiv.), et qu'elle ne peut pas être invoquée par les tiers pas plus qu'elle ne peut lui être opposée (Sol. adm. enreg. 25 juin 1875, D. P. 77. 3. 16).

2241. Elle est la base légale de la perception de l'impôt (Civ. cass. 7 juill. 1863, aff. Reverdy, D. P. 63. 1. 276) et l'œuvre des parties. « C'est, a dit un éminent magistrat, une formalité impérieuse à laquelle ils (les contribuables) ne peuvent se soustraire et dont le but est de donner à la Régie une connaissance officielle des valeurs sujettes à l'impôt » (Conclusions de M. l'avocat général Blanche dans l'aff. Reverdy, Civ. rej. 3 févr. 1869, D. P. 69. 1. 356; *Diction. droits d'enreg.*, v° *Succession*, n° 1052. V. *infrà*, n°s 2271 et suiv.).

2242. Les receveurs de l'enregistrement étaient obligés

d'adresser officieusement et avant l'expiration du délai légal aux héritiers et aux légataires un avertissement destiné à leur rappeler qu'ils avaient une déclaration à souscrire et des droits de mutation à payer dans les six mois du décès. Ils ont été affranchis de cette obligation ; mais il leur a été prescrit de se concerter avec les maires pour obtenir d'eux, autant que possible, que l'obligation de souscrire, dans le délai prescrit, la déclaration des valeurs héréditaires, soit rappelée verbalement aux héritiers au moment de la rédaction des actes de décès (Instr. adm. enreg. 21 oct. 1874, n° 2493, § 2, D. P. 75. 5. 199).

N° 2. — Bureau où la déclaration doit être faite
(Rép. n°ˢ 4140 à 4158).

2243. La déclaration doit être faite « au bureau de la situation des biens » (L. 22 frim. an 7, art. 27)(Rép. n° 4140). Mais, s'il s'agit « de biens meubles, la déclaration en sera faite au bureau dans l'arrondissement duquel ils se seront trouvés au décès de l'auteur de la succession. Les rentes et les autres biens meubles sans assiette déterminée lors du décès seront déclarés au bureau du domicile du décédé » (Même article) (Rép. n° 4141).

2244. Ces dispositions n'ont eu pour objet que de faciliter et de régler le payement des droits de mutation (Civ. cass. 29 août 1837, Rép. n° 4150). La mesure adoptée par l'art. 27, porte également une instruction générale de l'Administration, est purement réglementaire et n'a pour but que de faciliter le payement des droits en épargnant, d'une part, aux héritiers l'obligation de faire une déclaration dans chacun des bureaux du domicile des débiteurs des créances actives de la succession et, d'autre part, en centralisant le payement au lieu où, par l'enregistrement des inventaires et autres actes qu'occasionne l'ouverture de la succession, l'existence et le montant des créances laissées par le défunt, peuvent être constatés avec plus d'exactitude (Instr. adm. enreg. 13 juin 1854, n° 2003, § 3, D. P. 55. 3. 8). La cour de cassation n'a pas toujours interprété dans ce sens l'art. 27 de la loi de frimaire an 7 (V. infra, n°ˢ 2257 et suiv.).

2245. Pour plus d'ordre et de clarté nous étudierons l'application des dispositions ci-dessus distinctement pour les valeurs françaises, les biens situés dans les colonies et les biens situés à l'étranger.

A. — Valeurs françaises.

2246. On a soulevé la question de savoir à quel bureau doit être déclarée la créance appartenant aux héritiers de la femme commune en biens pour les reprises de la défunte, lorsque les biens de la communauté sur lesquels elle doit être imputée sont situés dans les circonscriptions de deux bureaux et que ceux dépendant du bureau du domicile sont d'une valeur inférieure au montant des reprises. L'administration de l'enregistrement a décidé que, dans ce cas, la créance, à raison de sa nature spéciale, ne doit pas être déclarée et assujettie à l'impôt pour le tout au bureau du domicile, comme les autres créances de la succession, que l'impôt doit être acquitté divisément, au bureau du domicile sur une portion égale à la valeur des biens de la communauté qui en dépendent, et au bureau où sont situés les autres biens communs, pour le surplus (Sol. adm. enreg. 9 sept. 1868, D. P. 69. 3. 24).— Cette décision paraît contestable. Il semble que les reprises de la femme, constituant une créance et une action mobilière, doivent être déclarées et assujetties à l'impôt pour la totalité, dans tous les cas, au bureau du domicile, conformément à la règle générale, à moins qu'un partage antérieur à la déclaration n'ait attribué aux héritiers de la défunte des valeurs déterminées de la communauté pour la remplir des reprises.

2247. Le numéraire trouvé en dehors de la circonscription du bureau dans laquelle le défunt avait son domicile doit être déclaré au bureau de la situation ; mais il n'en est pas de même des billets de la Banque de France: comme ils constituent des créances au porteur, ils peuvent être déclarés au bureau du domicile (Sol. adm. enreg. 3 avr. 1864, D. P. 64. 3. 104).

2248. Les événements de 1871 et l'annexion de l'Alsace-

Lorraine à l'Allemagne ont donné lieu à des questions transitoires. Il a été décidé ... que les droits de mutation par décès exigibles dans les départements cédés à l'Allemagne, pour les successions qui s'y sont ouvertes avant le traité de paix du 2 mars 1871, pourraient être acquittés à la caisse des agents allemands ; que le transfert des valeurs mobilières françaises dépendant de ces successions, serait opéré sur la présentation d'un certificat émané des préposés de l'administration allemande et constatant l'acquittement des droits entre leurs mains (Circ. min. fin. 27 oct. 1871, D. P. 71. 3. 94) ; la nécessité de la production du certificat de l'administration allemande a été supprimée par une décision postérieure du 30 déc. 1873 (D. P. 74. 5. 213) ;... qu'à l'égard des successions ouvertes postérieurement au traité de paix dans lesdits territoires comme dans tous autres pays, le transfert des valeurs mobilières françaises en dépendant ne peut être opéré qu'autant que les intéressés justifient du payement en France des droits de mutation par décès (Mêmes décisions) ;... alors même que les droits ont déjà été versés à l'administration allemande (Mêmes décisions).

2249. De ce que, d'après la loi (V. suprà, n° 2243), les rentes et autres biens meubles sans assiette déterminée au décès, doivent être déclarés au bureau du domicile du défunt, il ne s'ensuit pas que si le défunt n'avait pas de domicile en France, les héritiers n'auraient de déclaration à passer, ni droits à acquitter pour les biens de cette nature (Instr. adm. enreg. 13 juin 1854, citée suprà, n° 2244). Toutes les fois que la déclaration ne peut être faite au bureau du domicile du de cujus, soit parce qu'il n'avait pas de domicile, soit parce que la succession s'est ouverte hors de France, soit pour toute autre cause, les rentes et autres biens meubles sans assiette déterminée doivent être déclarés au bureau dans l'arrondissement duquel le débiteur est domicilié, car c'est là qu'est située la chose transmise et que le créancier doit venir exercer des droits (Rép. n°ˢ 4148 et suiv.; Instr. adm. enreg. 18 juin 1838, n° 1532, § 18 ; Décis. min. fin. 10 mars 1853 ; Instr. adm. enreg. 13 juin 1854, précitée).

Ainsi, les inscriptions de rentes sur l'État transmises par décès, sont sujettes au droit de mutation, lors même qu'elles dépendent de la succession d'un étranger ouverte hors du territoire français et échue à des étrangers (Décis. min. fin. 26 mai 1853, D. P. 55. 3. 45 ; Instr. adm. enreg. 13 juin 1854, n° 2003, § 3, ibid.) ; ces inscriptions, audit cas, doivent être déclarées au bureau dans l'arrondissement duquel se trouve le Trésor public, débiteur de la rente (Instr. adm. enreg. 14 avr. 1859, n° 2148, § 3, D. P. 59. 3. 77).

2250. Des difficultés se sont élevées, dans le même cas, au sujet de la détermination du bureau où doivent être déclarées les rentes sur l'État inscrites dans les départements sur les livres des trésoriers-payeurs généraux des finances. On a pensé que la décision ministérielle du 10 mars 1853 (V. infra, n° 2249) n'était pas applicable à ces inscriptions de rentes et que les héritiers des étrangers devraient faire leur déclaration, dans ce cas, au bureau de l'enregistrement dans la circonscription duquel se trouvait le trésorier-payeur général. Jugé, en ce sens, que c'est, audit cas, au chef-lieu du département où les rentes sont inscrites, et non à Paris, que les rentes doivent être déclarées (Trib. Seine, 14 août 1858, aff. Mellado, D. P. 59. 3. 7). Mais l'administration de l'enregistrement a établi, en règle générale, que le grand-livre de la dette non viagère étant le titre fondamental de toutes les créances inscrites au profit des créanciers de l'État et les registres de chaque recette générale où sont inscrites les rentes dites départementales n'étant qu'un livre auxiliaire, lorsqu'une succession ouverte à l'étranger comprend des inscriptions de rentes françaises, c'est toujours à Paris, siège du Trésor public, même dans le cas où il s'agit de rentes départementales, que doivent être faits la déclaration prescrite et le payement des droits de mutation (Instr. adm. enreg. 14 avr. 1859, n° 2148, § 3, D. P. 59. 3. 77).

2251. Des difficultés se sont produites pour le cas où il s'agit de valeurs qui, soit par le créancier, soit par le débiteur, soit par la situation des biens affectés à la garantie du payement, se rattachent à la fois à quelque pays étranger et au territoire français. Lorsque des valeurs de cette nature sont transmises par décès, les intéressés soutiennent, pour échapper à l'impôt, qu'elles ne constituent pas des valeurs françaises passibles du droit de mutation par décès en France. Il en est de ces valeurs, toutes les fois qu'elles sont reconnues constituer des valeurs françaises et qu'elles dépendent d'une succession ouverte hors du territoire français, comme les inscriptions sur l'Etat français qui se trouvent dans ce même cas (V. *suprà*, n° 2250) : elles doivent être déclarées au bureau dans la circonscription duquel le débiteur est domicilié. Le *Répertoire* contient, n°s 4147 et suiv., un certain nombre d'exemples de cette nature. La jurisprudence postérieure à sa publication en présente d'autres.

Ainsi, il a été jugé : 1° qu'une créance dépendant d'une succession ouverte en France et souscrite en France entre personnes y domiciliées, avec attribution de juridiction aux tribunaux français pour son exécution, constitue une valeur française passible du droit de mutation par décès, quoiqu'elle soit garantie par une hypothèque constituée sur des biens situés en pays étranger (Req. 20 janv. 1858, aff. de Maupy, D. P. 58. 1. 318; Trib. Seine, 3 janv. 1857, aff. de Riviers, D. P. 57. 3. 28); — 2° Que les lettres de change transmises par décès sont passibles du droit proportionnel de mutation, comme ayant leur assiette en France, lorsqu'elles sont tirées sur une place française, même d'un pays étranger et par un étranger. Et il en est ainsi, bien qu'au moment où s'est opérée la mutation, ces lettres de change n'eussent point encore été acceptées par les tirés (Civ. cass. 29 nov. 1858, aff. Martin, D. P. 58. 1. 471); — 3° Que la créance résultant de la stipulation, dans l'acte de constitution d'une société formée à l'étranger entre deux Français domiciliés en France, que, au cas de décès de l'un des associés, le survivant conservera le fonds social, à charge de rembourser aux héritiers du prédécédé sa part, doit être considérée comme une valeur française, et est sujette, à ce titre, aux droits de mutation dus en France par les héritiers de l'associé prédécédé (Req. 21 mai 1873, aff. Houllier, D.P. 74. 1. 28).

2252. La perception du droit de mutation par décès sur les valeurs françaises dépendant de la succession d'un *étranger* soulève la question de savoir suivant quelle loi la *dévolution héréditaire* doit être réglée dans ce cas. On a soutenu que la perception des droits de mutation par décès sur les meubles de l'étranger en France, implique l'application de la loi civile française pour la dévolution de ces biens. Cette doctrine n'est pas exacte. Les deux questions ne sont pas liées nécessairement (M. Demolombe, *Cours*, t. 1, n° 95). « Il ne faut pas dire avec la Régie, fait observer M. P. Pont, qu'il y a contradiction, d'une part, à soumettre à l'impôt français, parce qu'elle a une situation fictive en France, une créance dépendant d'une succession étrangère, et, d'une autre part, à soustraire cette même créance à la loi de la situation, en percevant l'impôt d'après la dévolution établie par la loi étrangère. Tout cela se concilie à merveille et n'est, en définitive, qu'une exacte application des deux principes rappelés ci-dessus; l'un, que l'impôt des successions est un statut réel qui atteint toutes les valeurs ayant une situation réelle ou fictive en France, quels que fussent le domicile ou la nationalité du défunt; l'autre, que cet impôt ne doit cependant être perçu qu'eu égard et conformément aux droits des parties, lesquels, au contraire, doivent être déterminés, abstraction faite de la situation réelle ou fictive des meubles, d'après le domicile et la nationalité du défunt » (*Revue du notariat*, n° 2482). Tels sont les véritables principes. La jurisprudence les a consacrés. Jugé en effet : 1° que l'impôt de mutation par décès, applicable comme droit réel à toutes les valeurs qui ont une situation réelle ou fictive en France, quels que soient le domicile et les qualités des personnes entre lesquelles s'opère la mutation, ne peut être perçu que conformément aux droits des parties, et, par conséquent, suivant le degré de parenté et l'ordre de succession établis par la loi qui règle la dévolution des biens entre les héritiers; que la succession mobilière d'un étranger domicilié et mort à l'étranger, étant régie, quant à la dévolution, par la loi de son pays, sans distinction des meubles ayant leur situation en France et des meubles existant à l'étranger, lorsqu'il dépend d'une semblable succession une créance qui, due et hypothéquée en France, y a par suite une situation fictive et y est passible des droits de mutation par décès, la dévolution de cette créance doit

être réglée, pour la perception de l'impôt, d'après la loi du pays où la succession s'est ouverte, et non d'après la loi française (Civ. rej. 13 juill. 1869, aff. Sauvaigne, D. P. 70. 1. 130); — 2° Que la loi russe attribuant à la veuve le quart des biens meubles, le droit de mutation par décès est dû au taux fixé pour les mutations entre époux sur le quart des biens meubles dépendant en France de la succession d'un sujet russe, quoique ces biens aient été attribués en totalité au fils du défunt par un partage antérieur à la déclaration (Civ. cass. 10 févr. 1854, aff. Boyer, D. P. 69. 1. 357); — 3° Que la loi anglaise attribuant au mari seul, en l'absence de conventions matrimoniales, la propriété des immeubles acquis par les époux conjointement, et statut personnel régissant les Anglais même en pays étranger, le décès en France d'une femme anglaise mariée en Angleterre sans contrat de mariage, ne donne pas ouverture au droit de mutation sur la moitié des immeubles acquis par elle en France avec son mari et qui, d'après les lois françaises, devraient être réputés appartenir par moitié aux deux époux (Civ. rej. 30 janv. 1854, aff. Boyer, D. P. 54. 1. 61); —4° Que les biens acquis en France, en son nom personnel, par un mari étranger, sans déclaration de command ou d'emploi au profit de sa femme, lui appartiennent intégralement, quelle que soit l'origine des deniers qui ont servi à les acquérir, lorsque telle est la loi qui régit l'association des époux; en conséquence, les héritiers du mari doivent les comprendre dans la déclaration de sa succession pour qu'ils soient assujettis aux droits de mutation ouverts par son décès, sans distraction des reprises de la femme (Civ. rej. 5 déc. 1871, aff. Potocki, D. P. 72. 1. 110); — 5° Que le mariage contracté hors de France devant un consul anglais et selon les formes de la loi anglaise, entre un sujet anglais résidant en France et une Française, qui ont déclaré ensuite expressément, dans différents actes authentiques, qu'ils étaient domiciliés en Angleterre et régi par le statut matrimonial anglais et non par le statut français, quoique les époux aient toujours habité la France depuis lors et que le mari y soit décédé; en conséquence, la loi anglaise étant exclusive de toute communauté et attribuant au mari tous les biens acquis pendant le mariage, le droit de mutation est dû, au décès du mari, sur la totalité de ces biens (Req. 18 août 1873, aff. Evans, D. P. 74. 1. 258); — 6° Que l'étranger domicilié en France et qui s'y est marié avec une Française, est présumé, à défaut de preuve contraire, avoir suivi le régime de la communauté légale, tel qu'il est réglé par le code civil, et est tenu, dès lors, comme débiteur solidaire avec sa femme, du payement des droits de mutation par décès à la charge de celle-ci; qu'il ne peut, en ce cas, se soustraire aux poursuites dirigées contre lui en alléguant que ses conventions matrimoniales sont régies par une loi étrangère assurant à la femme la gestion indépendante et la libre disposition de ses biens, s'il ne produit aucune pièce de nature à le constater (Req. 15 juill. 1885, aff. Hutchinson, D. P. 85. 1. 452). — V. *Rép.* n°s 4239 et 5541-8°.

2253. En cas de transmission par décès d'un *office*, la déclaration doit être faite, conformément à l'art. 27 de la loi du 22 frim. an 7, au bureau de la résidence du titulaire décédé (Intr. adm. enreg. 15 juill. 1841, n° 1640. V. *suprà*, n°s 924 et suiv.).

2254. Les *accroissements* qui s'opèrent, soit entre les *sociétés ou associations civiles qui admettent l'adjonction de nouveaux membres*, par suite de clauses de réversion, au profit des membres restants, de la part de ceux qui cessent de faire partie de l'association, soit dans les *congrégations, communautés et associations religieuses*, autorisées ou non autorisées, donnent lieu au droit de mutation par décès, lorsque l'accroissement se réalise par le décès d'un des associés (V. *suprà*, n°s 2061 et suiv.). Dans ce cas, les associés survivants ou l'un d'eux se portant fort pour les autres doivent souscrire au bureau de la situation des biens pour les immeubles et les meubles corporels, et au bureau du domicile du défunt pour les autres valeurs, dans le délai de six mois, une déclaration faisant connaître, dans la forme réglée par les art. 24, 27, etc. de la loi du 22 frim. an 7, tous les biens de l'association et la part indivise revenant au défunt dans ces biens (Instr. adm. enreg. 20 juin 1881, n° 2651). Les intéressés peuvent se dispenser de faire une déclaration distincte pour chaque décès. Ils ont la faculté de comprendre dans une déclaration unique renfermant tous les détails nécessaires, les accroissements opérés par suite de plusieurs décès. Cette mesure permettra aux congrégations qui comptent un grand nombre de membres de ne passer, si elles le jugent à propos, qu'une seule déclaration à la fin d'un semestre, par exemple, pour tous les décès survenus pendant ce semestre. La déclaration collective une seule admise, toutefois, que si la valeur des biens meubles et immeubles est sensiblement la même à l'époque de chacun des décès survenus pendant la période pour laquelle cette déclaration est faite (Instr. adm. enreg. 3 juin 1885, n° 2742). — Dans sa séance du 9 déc. 1890, la Chambre des députés a rejeté un amendement de M. Clausel de Coussergues tendant à faire ajouter à l'art. 3 du projet de loi portant fixation du budget général de l'exercice 1891 la disposition suivante : « Pour l'application, en cas de décès, de l'art. 9 de la loi du 29 déc. 1884, il sera fait une déclaration unique au siège principal des établissements y énoncés » (*Jour. off.* du 10 déc. 1890).

B. — Biens situés dans les colonies.

2255. D'après le principe posé *supra*, n°s 2243, 2250 et suiv. pour la détermination du bureau où doivent être déclarées les créances et les rentes, ce bureau est celui du domicile du *débiteur* toutes les fois que la déclaration ne peut être faite au bureau du domicile du *de cujus*. L'administration de l'enregistrement en a conclu que les rentes sur l'Etat dépendant de successions ouvertes dans les *colonies où l'enregistrement est établi*, doivent, *lors même que la législation spéciale à ces colonies ne les assujettit pas aux droits de mutation* par décès, être soumises à cet impôt en France et déclarées à cet effet à Paris au bureau de l'enregistrement de l'arrondissement auquel se trouve le Trésor public, débiteur de la rente, c'est-à-dire rue de la Banque, n° 13 (Décis. min. fin. 10 mars 1853 ; Instr. adm. enreg. 13 juin 1854, n° 2003, § 3, D. P. 55. 3. 8).

Cette doctrine était évidemment excessive. Aussi la cour de cassation l'a-t-elle repoussée, attendu « que les colonies font partie intégrante de l'Empire français; qu'il existe dans la colonie de la Martinique des bureaux d'enregistrement; » que la loi du 18 mai 1850 qui soumet au droit d'enregistrement les mutations par décès et les transmissions à titre gratuit d'inscriptions de rentes sur l'Etat, et la loi du 8 juill. 1852 qui en règle l'exécution, ne sont point applicables dans les colonies, faute d'y avoir été promulguées; qu'ainsi, les inscriptions de rentes sur l'Etat dépendant d'une succession ouverte à la Martinique, continuent, malgré ces lois, à jouir de l'exemption du droit de mutation par décès qui leur est accordée, pour cette colonie, par l'ordonnance du 31 déc. 1828 ; que, par suite, le transfert de ces inscriptions de rente peut être opéré, sans qu'il soit justifié du payement de ce droit de mutation (Civ. rej. 12 août 1857, aff. Domergue, D. P. 57. 1. 340 ; Instr. adm. enreg. n° 2114, § 9).

2256. La question s'est reproduite dans une situation inverse, c'est-à-dire au sujet de créances dues dans une colonie où l'enregistrement était établi et dépendant d'une succession ouverte en France. La cour de cassation, confirmant la doctrine de son arrêt du 12 août 1857 (cité *supra*, n° 2255), a déclaré, par interprétation de l'art. 27 de la loi du 22 frim. an 7,... que « dans l'impossibilité où l'on était de prendre pour base, à l'égard des rentes et autres biens meubles sans assiette déterminée, comme pour les autres biens, la situation matérielle, le législateur de l'an 7 a créé pour ces valeurs une assiette déterminée, une situation fictive ou présumée qu'il a fixée au domicile du créancier, chaque fois que celui-ci était domicilié en France au moment de son décès, qu'il a fixée au domicile du débiteur chaque fois que, celui-ci étant domicilié en France, le créancier aurait eu, au contraire, son domicile à l'étranger ou même dans une colonie française où l'impôt de l'enregistrement ne serait pas encore établi (Civ. rej. 24 févr. 1869, aff. Luiwitz, D. P. 69. 1. 425 ; Instr. adm. enreg. 15 juin 1869, n° 2385, § 6) ;... Qu'en conséquence, les créances et autres valeurs sans assiette déterminée, dues dans une colonie où l'enregistrement est établi et dépendant d'une succession ouverte en France où le défunt était domicilié, doivent être considérées, pour la perception des droits de mutation par décès, comme

situées au domicile du *créancier ;* que c'est, par suite, au bureau de l'enregistrement dans la circonscription duquel se trouve ce domicile, que la déclaration doit en être faite et que l'impôt doit être perçu (Même arrêt; Civ. cass. 14 déc. 1870, aff. Denis, D. P. 74. 1. 86 ; Instr. adm. enreg. 25 sept. 1871, n° 2421, § 1er) ;... Que le tarif applicable est celui admis à ce bureau, et non celui établi dans la colonie pour les biens qui y sont situés matériellement ou fictivement (Même arrêt du 24 févr. 1869).

2257. L'Administration a transmis tous ces arrêts, par les instructions diverses mentionnées ci-dessus à la suite de chacun d'eux, à ses agents, afin que la doctrine de ces décisions leur serve de règle de perception. Elle-même a décidé, conformément à l'arrêt du 12 août 1857, cité *supra*, n° 2255, et en s'appuyant sur ledit arrêt, que les colonies françaises où l'enregistrement est établi devant être considérées comme faisant partie intégrante du sol national, c'est d'après la législation qui leur est propre et aux bureaux d'enregistrement qui s'y trouvent, que doit être réglé l'impôt de mutation pour les meubles qui y sont situés, lorsqu'ils dépendent d'une succession ouverte dans la métropole ; que, par suite, les objets mobiliers situés dans une colonie où l'enregistrement est établi, ne sont pas passibles du droit de mutation par décès en France (Sol. adm. enreg. 19 juin 1875, D. P. 77. 3. 7).

2258. En résumé, s'agit-il d'une succession ouverte dans une *colonie où l'enregistrement n'est par établi*, les créances et rentes en dépendant et dues en France, constituant des valeurs françaises soumises à la loi française, doivent être déclarées en France au bureau dans la circonscription duquel se trouve domicilié le débiteur, de même que pour les *successions ouvertes à l'étranger*, ainsi que nous l'avons vu *supra*, n° 2246.

S'agit-il d'une succession ouverte dans une *colonie où l'enregistrement est établi*, la déclaration doit être souscrite au bureau de l'enregistrement situé dans la colonie et le droit de mutation doit y être acquitté, non seulement pour les meubles corporels qui y sont situés (Sol. adm. enreg. 19 juin 1875, cité *supra*, n° 2257), mais aussi pour les valeurs, telles que créances et rentes, sans assiette déterminée, alors même qu'elles sont dues en France, de telle sorte que, la législation coloniale n'assujettit pas au droit de mutation les transmissions par décès de ces valeurs, elles en sont exemptes complètement (Arrêt du 12 août 1857, cité *supra*, n° 2255).

S'agit-il enfin d'une succession ouverte en *France* et comprenant des créances et autres valeurs sans assiette déterminée dues dans une colonie où l'enregistrement est établi, ces valeurs doivent être déclarées, conformément à la règle générale, au bureau du domicile, c'est-à-dire en France.

Telles sont les solutions de la jurisprudence. Elles sont incontestablement fondées, car elles reposent sur les principes généraux du droit fiscal, mais c'est par erreur, à notre avis, que la cour a motivé les arrêts rappelés ci-dessus, sur l'art. 27 de la loi de frimaire an 7. Cette disposition est, comme il est dit *supra*, n° 2244, purement réglementaire, tout à fait étrangère à l'exigibilité de l'impôt (V. D. P. 69. 1. 425, note développée).

C. — Biens situés à l'étranger.

2259. Pour déterminer les bureaux d'enregistrement où doivent être déclarés les biens étrangers sujets au droit de mutation par décès en France, il faut d'abord décider quels sont les biens auxquels cet impôt est applicable. La question n'a pas été traitée au *Répertoire*, car c'est seulement à l'époque même de sa publication qu'a été promulguée la première loi (celle du 18 mai 1850) qui a assujetti au droit de mutation par décès en France les valeurs étrangères dépendant de successions régies par la loi française. Nous examinerons donc, en premier lieu, quels sont les biens étrangers qui sont sujets au droit de mutation par décès en France; nous établirons ensuite à quel bureau ces biens doivent être déclarés.

2260. En principe, la loi de l'impôt n'atteint pas les biens qui ont une situation réelle ou fictive en dehors du territoire (*Rép.* n° 4153).

1°. — Immeubles.

2261. A l'égard des *immeubles*, l'application de ce principe n'a jamais fait difficulté. Il a toujours été reconnu que les immeubles situés en pays étranger, ne sont pas sujets au droit de mutation par décès en France, lors même qu'ils dépendent de la succession d'un Français (V. *Rép.* n° 4146). Ainsi, il a été jugé que, lorsqu'une succession grevée de legs particuliers de sommes d'argent non existantes dans l'hérédité, comprend des biens situés, les uns en France, d'autres en pays étranger, le droit de mutation exigible pour les legs, ne doit être perçu que jusqu'à concurrence de la valeur des biens français (Trib. Belfort, 3 févr. 1864, D. P. 76. 5. 202).

2262. Mais on ne doit considérer comme immeubles que les biens qui sont tels *par nature*, qui font partie du sol, et non les immeubles *fictifs*, qui ne sont immeubles que *par la détermination de la loi*. Cela a été établi expressément par un arrêt de la cour de cassation rendu par application de l'art. 7 de la loi du 18 mai 1850 qui a assujetti, comme on le verra *infrà*, n° 2266, au droit de mutation par décès en France les transmissions par décès de fonds publics et d'actions dépendant d'une succession régie par la loi française. Cet arrêt a sanctionné la perception du droit de mutation par décès sur des fonds publics d'un pays étranger (dans l'espèce, du royaume de Naples), nonobstant l'immobilisation de ces fonds par une acte de fondation passé conformément à la loi étrangère, attendu que cette immobilisation ne leur avait pas imprimé « le caractère d'immeuble réel et territorial réputé faire partie du sol napolitain et devant être soustrait à ce titre, à l'application de la loi française » (Trib. Seine, 12 janv. 1861, aff. Barry de Merval, D. P. 61. 3. 31, et sur pourvoi, Civ. rej. 28 juill. 1862, D. P. 62. 1. 372). — Jugé, de même, qu'une valeur mobilière anglaise dépendant d'une succession ouverte en France et régie par la loi française, est passible du droit de mutation par décès encore bien que, frappée de substitution, elle soit immobilisée par la loi anglaise, cette immobilisation ne lui imprimant pas le caractère d'immeuble réel et territorial réputé faire partie du sol anglais (Req. 15 juill. 1885, aff. Hutchinson, D. P. 85. 1. 452).

2263. En matière fiscale comme en matière civile, il y a parfois difficulté à déterminer la nature mobilière ou immobilière des biens. La question s'est élevée de savoir si cette détermination doit être faite, pour l'application de l'impôt, d'après la loi du pays où les biens sont situés ou d'après la loi française. C'est la première solution qui a été consacrée par la cour de cassation dans un arrêt du 5 avr. (et non août) 1887, cité *suprà*, n° 1735.

2°. — Biens meubles.

2264. Le principe est, pour les biens meubles, le même que pour les immeubles. Mais des exceptions de plus en plus étendues ont été apportées successivement par le législateur à son application. En premier lieu, la loi du 18 mai 1850 (art. 7) a assujetti aux droits de mutation par décès en France les transmissions par décès de *fonds publics* et *d'actions des compagnies ou sociétés d'industrie et de finance étrangères dépendant d'une succession régie par la loi française* (D. P. 50. 4. 88). Cette disposition a été étendue d'abord par l'art. 11 de la loi du 13 mai 1863 (D. P. 63. 4. 58) aux *obligations des compagnies ou sociétés d'industrie et de finance étrangères*, puis, par les art. 3 et 4 de la loi du 23 août 1871 (V. les textes *infrà*, n° 2267) à toutes les valeurs mobilières étrangères, de quelque nature qu'elles soient.

2265. Comme nous l'avons déjà vu *suprà*, n° 2262, l'*immobilisation* d'une valeur mobilière étrangère par la loi étrangère ne lui fait pas perdre son caractère de valeur mobilière pour la perception du droit de mutation (V. les arrêts des 28 juill. 1862 et 15 juill. 1885, cités *suprà*, n° 2262).

2266. L'art. 7 de la loi du 18 mai 1850 subordonnant la perception du droit de mutation par décès en France sur les fonds publics étrangers et les actions des compagnies ou sociétés étrangères à la condition qu'elles dépendent d'une succession régie par la loi française, a soulevé, dans son application, la question de savoir si la succession mobilière d'un étranger décédé en France devait être considérée comme régie par la loi française. — Il aurait suffi, d'après certains tribunaux, pour que la succession de l'étranger fût régie par la loi française, que cet étranger y eût eu simplement un domicile de fait. Jugé en ce sens que la succession, ouverte en France, de l'étranger qui s'y était fixé sans esprit de retour et y jouissait à ce titre des droits civils, est régie par la loi française; dès lors, les héritiers de cet individu, alors même qu'ils sont étrangers et domiciliés à l'étranger, doivent les droits de mutation sur les valeurs par eux recueillies en France dans ladite succession, notamment sur les titres de fonds publics et les valeurs mobilières, françaises ou étrangères, que les lois de finances ont soumis à cet impôt (Trib. Rouen, 22 juin 1864, aff. Armston, D. P. 65. 3. 13).

— D'autres décisions, et plusieurs arrêts de la cour de cassation, exigeaient, au contraire, pour que la succession d'un étranger fût régie par la loi française, que l'étranger eût été autorisé par le Gouvernement à établir son domicile en France, et eût ainsi la jouissance des droits civils. Ainsi, il a été jugé : 1° que la succession, ouverte en France, de l'étranger qui y avait fixé son domicile et avait été admis à la jouissance des droits civils, est régie par la loi française. Dès lors, les héritiers doivent comprendre dans la déclaration des biens qu'ils recueillent en France dans cette succession, non seulement les valeurs françaises, mais aussi les valeurs étrangères consistant en fonds d'États ou en actions et obligations industrielles (Trib. Seine, 6 janv. 1866, aff. Schnapper, D. P. 67. 3. 61); — 2° Que les étrangers n'étant, en thèse générale, admis à l'exercice de tous les droits civils et ne pouvant, par suite, acquérir un domicile en France, avec tous ses effets légaux, qu'autant qu'ils obtiennent l'autorisation du Gouvernement d'y établir leur domicile et qu'ils continuent d'y résider, celui qui n'a point obtenu l'autorisation prescrite n'a pu acquérir la jouissance des droits civils ni un domicile en France; en conséquence, sa succession ne peut être considérée comme régie par la loi française, encore bien qu'il ait eu un domicile de fait en France, et les fonds publics étrangers dépendant de l'hérédité, échappent aux droits de mutation par décès en France (Civ. cass. 12 janv. 1869, aff. Mélizet, aff. de Gama Machado et aff. Ott, D. P. 69. 1. 294).

2267. C'est pour détruire cette jurisprudence qu'est intervenu l'art. 4 de la loi du 23 août 1871 (D. P. 71. 4. 54), qui, en reproduisant l'extension donnée à l'application de l'impôt par l'art. 3, dispose qu'il est dû, que l'étranger soit domicilié en France avec ou sans autorisation. Ces art. 3 et 4 sont ainsi conçus : « Art. 3. Les dispositions de l'art. 7 de la loi du 18 mai 1850, concernant les valeurs mobilières étrangères dépendant des successions régies par la loi française et les transmissions entre vifs à titre gratuit de ces mêmes valeurs au profit d'un Français, sont étendues aux créances, parts d'intérêts, obligations des villes, établissements publics, et *généralement à toutes les valeurs mobilières étrangères, de quelque nature qu'elles soient. — Art. 4.* Sont assujettis aux droits de mutation par décès les fonds publics, actions, obligations, parts d'intérêts, créances et généralement toutes les valeurs mobilières étrangères de quelque nature qu'elles soient, dépendant de la succession d'un étranger, domicilié en France avec ou sans autorisation. » — Ainsi, d'une part, toutes les valeurs mobilières étrangères, de quelque nature qu'elles soient, sont soumises à l'impôt, du moment qu'elles dépendent d'une succession régie par la loi française; d'autre part, lorsque ces valeurs dépendent de la succession d'un étranger, il suffit pour que l'impôt soit exigible, que cet étranger ait été domicilié en France, même sans autorisation du Gouvernement.

2268. Toutefois, le droit de mutation ne peut être réclamé qu'autant qu'il est constaté que l'étranger avait en France un établissement ou une résidence qui, pour un Français, constituerait un véritable domicile. S'il s'agissait, au contraire, d'un étranger voyageur en France qui y décéderait pendant une résidence accidentelle et passagère, sa succession ne serait pas régie par les mêmes règles (L. 23 août 1871, Rapport, D. P. 71. 4. 57, n° 11). L'art. 4 de la loi du 23 août 1871 ne serait pas applicable aux valeurs mobilières étrangères, quelles qu'elles fussent, transmises par décès, dans de semblables circonstances, à des étrangers (*Ibid.*). Mais il a été jugé que l'étranger doit être considéré comme domicilié réellement en France; alors qu'il résulte d'un certificat du maire de la ville où il demeurait, qu'il a été inscrit sur les listes électorales pendant un certain nombre d'années, et que, rayé en 1870 comme sujet italien, il a été rétabli en 1873 comme présumé français et y a figuré jusqu'à son décès; qu'il était inscrit au rôle de la contribution personnelle et mobilière; que Nice était le centre de ses affaires et sa résidence habituelle, qu'il y avait son principal établissement; qu'il y a fait son testament, qu'on y a retrouvé toutes les valeurs composant sa fortune (Trib. Nice, 11 févr. 1879, aff. Biancheri, D. P. 80. 3. 45. V. dans le même sens : Trib. Versailles, 26 févr. 1878 et Trib. Reims, 30 mars 1878, *ibid.*, note).

2269. On s'est demandé si par les mots « valeurs mobilières étrangères », il fallait entendre, non seulement les valeurs incorporelles, telles que fonds publics, actions, obligations, créances, mais encore les *meubles corporels*. A ne considérer que le sens des mots, on devrait décider que les meubles corporels rentrent dans les termes de la loi. L'administration de l'enregistrement a soutenu cette opinion (Sol. adm. enreg. 19 juin 1875, D. P. 77. 3. 7). Mais les mots « valeurs mobilières » sont généralement pris, dans le langage courant, dans un sens plus restrictif; ils servent à désigner les valeurs incorporelles. C'est dans ce sens que le législateur de 1871 paraît avoir pris cette expression. La cour de cassation a décidé que l'art. 3 de la loi du 23 août 1871 qui soumet au droit de mutation par décès généralement toutes les valeurs mobilières étrangères, de quelque nature qu'elles soient, dépendant des successions régies par la loi française, doit être interprété comme ne visant que les valeurs mobilières incorporelles; que, les autres biens meubles, notamment les meubles meublants, ayant une situation matérielle à l'étranger, ne sont donc point assujettis à l'impôt en France (Civ. cass. 28 janv. 1880, aff. Scott, D. P. 81. 1. 266. Conf. *Journ. enreg.*, art. 19829 et 21091; *Diction. droits d'enreg.*, v° *Etranger*, n° 315. — *Contrà :* Garnier, *Rép. gén. enreg.*, n° 8236).

2270. Il résulte de la jurisprudence dont l'exposé précède que l'impôt de mutation par décès n'est jamais dû en France sur les *immeubles* situés à l'étranger, mais qu'il est exigible sur les *valeurs mobilières* étrangères, de quelque nature qu'elles soient, toutes les fois que ces valeurs dépendent d'une succession régie par la loi française ou de la succession d'un étranger domicilié en France, avec ou sans autorisation. Or, comme nous l'avons vu *suprà*, n° 2243, les rentes et les autres valeurs sans assiette déterminée doivent être déclarées au domicile du *de cujus*. C'est, par suite, au bureau dans la circonscription duquel le défunt aura eu son domicile et où, par suite, sa succession se sera ouverte, que devront être déclarées les valeurs mobilières étrangères délaissées par lui.

N° 3. — Obligation de souscrire la déclaration
(Rép. n°s 4159 à 4163).

2271. La déclaration étant la base légale de la perception de l'impôt (Civ. cass. 7 juill. 1863, cité *suprà*, n° 2241), l'obligation de la souscrire imposée par la loi aux héritiers donataires et légataires est *absolue* (Rép. n°s 4159, 4657 et suiv.). La jurisprudence n'a jamais varié sur ce point. Les décisions intervenues postérieurement à la publication du *Répertoire* confirment celles qui y sont rapportées *loc. cit.* Elles portent, en effet : 1° que les héritiers auxquels a été adressée pour le payement du droit de mutation par décès une contrainte portant évaluation des valeurs de la succession, faute par eux d'en avoir fait la déclaration dans le délai légal, ne sont recevables dans leur opposition à la contrainte qu'autant qu'ils ont fait préalablement la déclaration, avec acquit du droit et du demi-droit en sus, et sauf restitution ultérieure, s'il y a lieu, de toute somme qui serait reconnue avoir été illégalement perçue (Arrêt précité du 7 juill. 1863. Conf. Trib. Nice, 7 févr. 1881, *Journ. enreg.*, art. 21664; Req. 2 déc. 1889, aff. de Talleyrand-Périgord, duc de Montmorency, D.P. 90. 1. 439); — 2° Que la déclaration que la loi fiscale impose aux héritiers l'obligation de passer et de signer au bureau de l'enregistrement, pour la perception de l'impôt sur la mutation qui s'est opérée par suite du décès de leur auteur, est une formalité de rigueur à laquelle il

ne peut être suppléé ni par des offres, ni par aucun acte équivalent.

2272. Mais les préposés de l'enregistrement sont tenus de recevoir cette déclaration et cette signature toutes les fois qu'elles sont offertes en forme régulière par des personnes ayant qualité. En conséquence, lorsqu'un héritier, tant en son nom que comme solidaire avec ses cohéritiers, s'est présenté en personne et accompagné d'un huissier au bureau de l'enregistrement, et y a produit la déclaration détaillée de la succession, avec sommation au receveur de consigner cette déclaration sur le registre à ce destiné et d'y recevoir sa signature, ladite sommation accompagnée d'offres réelles des droits dus, le receveur est mal fondé à refuser d'obtempérer à ces réquisitions et à poursuivre l'exécution de la contrainte décernée antérieurement (Civ. rej. 3 févr. 1869, aff. Reverdy, D. P. 69. 1. 356). Dans l'espèce de cet arrêt rendu dans la même affaire que celui du 7 juill. 1863, cité *suprà*, n° 2271, l'héritier offrait de souscrire la déclaration et de payer les droits exigibles; le receveur prétendait percevoir l'impôt sur d'autres biens que ceux compris dans la déclaration offerte ; cette prétention était excessive. La déclaration est l'œuvre de l'héritier ; le rôle du receveur de l'enregistrement se borne à liquider les droits, comme bon lui semble, mais seulement sur les biens déclarés, sauf à lui, s'il reconnaît que la succession comprend d'autres biens, à poursuivre le payement de l'impôt sur ces biens, ainsi que de la pénalité encourue pour l'omission desdits biens dans la déclaration, c'est-à-dire d'un droit en sus.

2273. Il importe, au cas de refus du receveur de l'enregistrement, d'accepter la déclaration offerte par l'héritier, dans les formes et le délai de la loi et avec le montant des droits, que ce refus soit constaté avant l'expiration du délai de six mois dans lequel la déclaration doit être fournie et dans les formes légales, c'est-à-dire par exploit d'huissier. En effet, l'omission, dans le délai légal, de la déclaration prescrite pour la perception du droit de mutation par décès ne peut être excusée sous le prétexte que le receveur a refusé de la recevoir, si ce refus n'a pas été constaté légalement et dans le délai utile (Trib. Saint-Yrieix, 20 juill. 1880, aff. Blondy, D. P. 81. 3. 96; *Rép.* n° 4160).

2274. L'obligation est absolue, avons-nous dit *suprà*, n° 2271; par suite, elle s'applique au cas où il s'agit de droits exigibles à raison d'une *omission* dans une déclaration souscrite précédemment aussi bien que dans celui de droits dus pour une mutation qui n'a encore fait l'objet d'aucune déclaration. Ainsi, jugé que l'art. 27 de la loi du 22 frim. an 7 qui détermine les conditions de validité des déclarations de mutation après décès, prescrivant que ces déclarations, pour servir de base à la perception du droit, soient faites et signées par les déclarants, sur le registre du receveur, avec tous les détails nécessaires pour en faciliter la vérification aux préposés de la Régie, une reconnaissance d'omission faite par acte extrajudiciaire, sous forme d'offres réelles, ne peut, à aucun égard, tenir lieu de la déclaration exigée (Trib. Seine, 3 avr. 1869, aff. Daguet, D. P. 74. 5. 211).

2275. De même, une *déclaration supplémentaire* doit être souscrite pour les biens rentrés dans l'hérédité postérieurement à la déclaration première (Civ. cass. 26 avr. 1870, aff. Hariague, D. P. 70. 1. 398). Suivant les termes d'un arrêt, l'événement qui fait rentrer des biens dans l'hérédité, postérieurement à la déclaration de la succession, « forme un nouveau droit et un état de choses tel que les héritiers doivent faire une nouvelle déclaration » (Civ. cass. 30 mars 1813, *Rép.* n° 5514). Un arrêt récent exprime, de même, « que si un événement postérieur au décès fait rentrer dans la succession des valeurs qui ne s'y trouvaient pas au jour de l'ouverture ou de la déclaration, cet événement fait naître un nouveau droit de mutation qui donne lieu à une déclaration supplémentaire dans les six mois du jour où il se produit » (Civ. cass. 19 juill. 1887, aff. Petit, D. P. 88. 1. 121).

2276. Mais l'obligation est-elle absolue à ce point que l'héritier soit assujetti à souscrire une *déclaration négative*, lorsque la succession ne comprend aucune valeur appréciable ? La a été jugé dans le sens de la négative : 1° que lorsque l'actif d'une succession se compose uniquement d'un droit incorporel purement éventuel et litigieux, dont aucun titre ne constate l'existence, l'héritier n'est tenu jusqu'à prononciation par jugement définitif sur la réalité et la quotité de ce droit, à aucune déclaration, pas même à une déclaration *pour mémoire* (Trib. Orange, 13 avr. 1853, aff. Rolland, D. P. 54. 3. 39) ; — 2° Que la déclaration que les héritiers et légataires sont tenus de souscrire dans les six mois du décès de leur auteur, pour la perception des droits de mutation, n'est obligatoire qu'autant que la succession comprend des biens quelconques ; que, dans le cas où il n'existe aucun bien, aucune valeur dans la succession, les héritiers et légataires ne peuvent être contraints de souscrire une déclaration négative (Trib. Castres, 9 août 1887, aff. Puech, D. P. 89. 5. 222). — Conf. Garnier, *Rép. gén. enreg.*, n° 16235 ; *Diction. droits d'enreg.*, v° *Succession*, n°s 1448 et 2402 ; *Dictionnaire du notariat*, v° *Succession*, n° 703.

N° 4. — *Forme de la déclaration* (*Rép.* n°s 4164 à 4167).

2277. La déclaration doit être détaillée et être accompagnée d'un état estimatif, aux termes de l'art. 27 de la loi de frimaire an 7 (*Rép.* n°s 4164 et suiv.). Elle doit contenir, notamment « le détail, article par article, des biens par nature, consistance et situation » (Instr. adm. enreg. 26 juill. 1809, n° 443, § 5), alors même que les déclarants remettent au receveur un extrait de la matrice cadastrale ou une note contenant le détail des immeubles transmis. Mais les receveurs sont dispensés de reproduire sur le registre le détail des immeubles transmis ou légués, lorsque ces immeubles font, au jour du décès, l'objet d'un bail enregistré ou d'une location verbale déclarée conformément à la loi. Il suffit, dans ce cas, que les biens compris dans chaque location soient désignés sommairement et en bloc dans la déclaration de succession, avec mention du bail ou de la déclaration de location et indication de la contenance totale, du nombre des parcelles, du nom du locataire ou fermier, et du montant du loyer ou fermage annuel, en principal et charges (Instr. adm. enreg. 27 avr. 1875, n° 2508, § 5, D. P. 75. 5. 199).

2278. Il ne suffit pas que la déclaration contienne le total des créances héréditaires (*Rép.* n° 4164) ; il faut qu'elle en contienne le détail, alors même que ce détail se trouve dans un inventaire notarié (Délib. adm. enreg. 16 avr. 1850, D. P. 51. 3. 48).

2279. Les receveurs de l'enregistrement étaient tenus de faire souscrire par les parties, sur le journal à souche des droits de mutation par décès établi par l'instruction n° 2266 (du 24 nov. 1863), la déclaration des sommes versées, et de tirer hors ligne le montant des droits détaillés dans la quittance ; ils ont été dispensés de cette formalité et ne sont plus tenus que d'indiquer sur la souche, à titre de référence, le numéro de la quittance délivrée, celui du registre des déclarations et le nom du défunt. Ils délivrent toujours aux parties la formule de quittance détachée de la souche du journal (Instr. adm. enreg. 31 déc. 1874, n° 2501, § 1er, D. P. 75. 5. 198).

N° 5. — *Par quelles personnes doit être souscrite la déclaration* (*Rép.* n°s 4168 à 4178).

2280. L'obligation de souscrire la déclaration de la succession est imposée par l'art. 27 de la loi du 22 frim. an 7, aux « héritiers, donataires ou légataires, (à) leurs tuteurs ou curateurs ». Cette disposition s'applique aux héritiers bénéficiaires, comme aux héritiers purs et simples (*Rép.* n° 4020). D'autre part, tous étant solidaires pour le payement des droits de mutation par décès, aux termes de l'art. 32 de la même loi de frimaire an 7, chacun d'eux a qualité pour souscrire la déclaration au nom de ses cohéritiers comme au sien propre (V. *Rép.* n°s 4168 et 4174).

2281. Les parties intéressées peuvent se faire représenter par un *mandataire* de leur choix (*Rép.* n° 4168). La procuration demeure annexée au registre, et il en est fait mention dans la déclaration. Elle peut être donnée par écrit sous seing privé sur papier timbré ; mais l'enregistrement n'en est pas obligatoire (*Ibid.*), et, d'autre part, elle peut être écrite à la suite de l'état estimatif du mobilier, sur la même feuille de papier timbré, sans contravention à l'art. 23 de la loi du 13 brum. an 7.

2282. Mais toute personne sans qualité pour souscrire la déclaration ne doit pas être admise à la faire (*Rép.* n° 4169). L'administration de l'enregistrement soutient que toutes les fois qu'une déclaration de succession est faite par une personne n'ayant qualité ni mandat, elle doit être considérée comme non avenue (Sol. adm. enreg. 31 août 1872, 14 nov. 1872 et 23 nov. 1876, *Diction. droits d'enreg.*, v° *Succession*, n° 2181 ; Trib. Marseille, 27 juill. 1886, aff. Séguier, D. P. 86. 5. 202. V. aussi Garnier, *Rép. gén. enreg.*, n° 16243). Cependant il a été jugé que, lorsque la déclaration a été acceptée malgré l'absence de pouvoir en forme, l'administration de l'enregistrement n'est pas fondée à exciper du défaut de qualité du déclarant, pour l'arguer de nullité, alors que le débiteur des droits la reconnaît comme sienne (Jugement précité du 27 juill. 1886). Les motifs de ce jugement sont, en substance, que l'absence de mandat écrit, dans le cas en question, constitue un empêchement, non pas dirimant, mais simplement prohibitif ; que l'héritier ou légataire pouvant faire sa déclaration par procureur, aucune règle juridique ne s'oppose à ce que le mandat soit simplement verbal, lorsqu'il est, du reste, reconnu par le mandant ; d'où il suit qu'un gérant d'affaires lui-même pourrait valablement faire la déclaration et payer les droits, sauf ratification ultérieure, suivant la règle *ratificatio mandato æquiparatur*.

2283. Dans tous les cas, le mandat donné pour souscrire une déclaration de succession sur des bases déterminées et faire, en vue de l'acquittement du droit de mutation, tout ce que le mandant devrait faire lui-même, ne donne pas au mandataire le pouvoir de reconnaître par soumission l'insuffisance du revenu qu'il a déclaré dans les termes du mandat et d'engager son mandant au payement des droits simples et en sus exigibles en raison de cette insuffisance (Trib. Bordeaux, 28 janv. 1880, aff. Chalès, D. P. 81. 5. 173).

2284. Le *mari* commun en biens est obligé de souscrire la déclaration d'une succession échue à sa femme et d'acquitter les droits de mutation exigibles ; ce payement lui incombe comme chef de la communauté, ayant l'administration des biens de sa femme et l'exercice de ses actions (c. civ. art. 1428) (Req. 15 juill. 1885, aff. Hutchinson, D. P. 85. 1. 451). Mais il n'encourt aucune pénalité au cas où il ne remplit pas cette obligation, ni lorsque la déclaration par lui souscrite renferme des omissions ou des insuffisances d'évaluation, les dispositions édictant les pénalités applicables dans différents cas ne le visant pas nommément, et ces dispositions ne pouvant, à raison de leur caractère même, être étendues par analogie à d'autres que ceux qu'elles désignent expressément. La question a été tranchée en ce sens par un arrêt de la cour de cassation dont l'administration de l'enregistrement a adopté la doctrine en le transmettant à ses agents pour leur servir de règle (Civ. cass. 10 nov. 1874, aff. Juilliard, D. P. 75. 1. 113 ; Instr. adm. enreg. 27 avr. 1875, n° 2509, § 2. Conf. Trib. Sarreguemines, 14 mars 1858, D. P. 69. 5. 180 ; Trib. Châtillon, 20 avr. 1858, *ibid.*; Sol. adm. enreg. 16 janv. 1868, *ibid.* — *Contrà :* Trib. Seine, 20 nov. 1857, D. P. 69. 5. 180 ; Trib. Marseille, 12 mars 1869, *ibid.*).

2285. La situation est la même pour le *père administrateur légal* des biens de ses enfants mineurs relativement à la succession échue à l'un d'eux. L'obligation de souscrire la déclaration de cette succession dans le délai de la loi lui incombe en sa qualité d'administrateur, mais cette obligation est dépourvue de sanction. La pénalité du demi-droit en sus n'est pas applicable au père administrateur légal, parce qu'il ne figure pas au nombre de ceux visés nommément par l'art. 39 de la loi de frimaire qui a édicté cette pénalité. Il en a été décidé ainsi par un jugement du tribunal de Bellac du 4 août 1881 (aff. Doucet, D. P. 82. 3. 64), conformément à la doctrine de l'arrêt du 10 nov. 1874 cité *suprà*, n° 2284 (Conf. Demante, t. 2, n° 816).

Il a été jugé, en sens contraire, que la pénalité du demi-droit en sus est applicable, dans le cas dont il s'agit, au père administrateur légal (Trib. Marseille, 12 mars 1869, aff. Pierre, D. P. 69. 5. 181). Tel était aussi le sentiment de M. Garnier, *Rép. gén. enreg.*, n°s 16184 et 16240. Mais, dit cet auteur, « il est à prévoir que, si la difficulté lui était soumise au sujet des administrateurs légaux, la cour supérieure serait, dans l'état de la jurisprudence, très sollicitée à la résoudre dans le même sens que le tribunal de Bellac » (*Rép. pér. enreg.*, art. 5813).

2286. Parmi les personnes auxquelles est imposée l'obligation de déclarer, il faut ajouter les *curateurs* (*Rép.* n° 4178. V. ce qui a été dit à ce sujet, *suprà*, n° 2179).

N° 6. — *Délai dans lequel la déclaration doit être souscrite* (*Rép.* n°ˢ 4179 à 4194).

2287. L'art. 24 de la loi de frimaire an 7 détermine le délai dans lequel doit être faite la déclaration de succession ; ainsi qu'on le verra plus loin, ces délais varient suivant les circonstances déterminées par cette disposition dans lesquelles se produit le décès (*Rép.* n° 4179).

Les receveurs de l'enregistrement étaient tenus d'adresser officieusement et avant l'expiration du délai légal, aux héritiers et aux légataires, un avertissement destiné à leur rappeler qu'ils ont une déclaration à souscrire et des droits à payer dans les six mois du décès : ils en ont été dispensés (V. *suprà*, n° 2242).

2288. Les délais ont été suspendus pendant la guerre de 1870-1871 par les décrets des 9 sept. et 3 oct. 1870 (D.P. 70. 4. 87, 95). Une loi du 26 mai 1871 (D. P. 71. 4. 144) a mis fin à cette suspension (V. Trib. Yvetot, 8 juin 1872 (et non 1873), aff. D..., D. P. 73. 3. 39 ; Trib. Seine, 15 juin 1872, *ibid.*, note).

D'autre part, un délai de trois mois, à partir de la promulgation de la loi du 23 août 1871 relative à l'enregistrement, a été accordé par l'art. 17 de cette loi pour faire la déclaration des biens transmis par décès.

2289. D'après la disposition de l'art. 25 de la loi du 22 frim. an 7, le jour de l'ouverture de la succession n'est point compté dans la supputation du délai, ni le dernier jour du délai, lorsque c'est un dimanche ou un jour de fête reconnu par la loi (V. *Rép.* n° 4994, et *infrà*, v° *Jour férié*).

Le délai doit être calculé par mois. Ainsi, pour une succession ouverte le 30 avril, le délai n'expire que le 31 octobre. Si le délai est du 28 ou du 29 février, le dernier jour du délai est le 31 août (Sol. adm. enreg. 13 avr. et 19 sept. 1872, 28 juin 1875, 23 déc. 1876, 6 déc. 1877, *Diction. droits d'enreg.*, v° *Succession*, n° 1102).

2290. D'après l'art. 24 de la loi de frimaire an 7 rapporté au *Rép.* n° 4179, le délai est... de six mois à compter du jour du décès, lorsque celui dont on recueille la succession, est décédé en France ;... de huit mois, s'il est décédé dans toute autre partie de l'Europe ;... d'une année, s'il est mort en Amérique ;... et de deux années, si c'est en Afrique ou en Asie. Mais, pour les successions de personnes décédées hors de France, si, ayant les derniers six mois des délais fixés, les héritiers prennent possession des biens, il ne reste d'autre délai à courir pour passer la déclaration que celui de six mois à compter du jour de la prise de possession. Le délai de six mois court;... du jour de l'envoi en possession, pour la succession d'un absent (L. 28 avr. 1816, art. 49) (V. *suprà*, n°ˢ 2169 et suiv.) ;... du jour de la mise en possession, pour les successions séquestrées, la succession d'un défenseur de la patrie mort en activité de service hors de son département, et pour les successions recueillies par indivis avec la Nation. On voit par là que si, en principe, le délai court du jour du décès, cette règle souffre exception dans certains cas où le délai, dans ces cas, le point de départ du délai est fixé au jour de la prise de possession, par les héritiers, des biens du défunt. Nous étudierons successivement l'application que la loi doit recevoir dans les deux cas.

2291. Le principe que *le délai court du jour du décès* souffre d'autres exceptions que celles prévues par le législateur (*Rép.* n° 4187). Ainsi, il faut que le décès soit légalement constaté ; le délai ne peut courir que du jour où cette constatation est faite (Trib. Mauriac, 15 nov. 1855, aff. Robert, D. P. 56. 3. 20). — Dans le cas d'usufruit légué à deux personnes pour en jouir successivement, le droit de mutation à la charge du légataire appelé à recueillir l'usufruit après le décès du premier, court du jour de ce décès, et non du décès du testateur (Trib. Rouen, 15 avr. 1847, aff. C..., D. P. 48. 5. 169). Si, dans ce même cas, le droit de mutation s'ouvre par suite de la renonciation du

premier au bénéfice du legs, le délai court du jour de cette renonciation (V. Req. 23 mars 1869, aff. Lapeyre, D. P. 69. 1. 508, cité *suprà*, n° 2197).

De même, le délai pour souscrire la déclaration de la succession et acquitter les droits de mutation ne court, à l'égard de l'héritier appelé par suite de la renonciation de l'héritier d'un degré plus rapproché, que du jour de cette renonciation, alors même qu'elle aurait eu lieu avant l'expiration du délai légal (Sol. adm. enreg. 31 mai 1883, D. P. 83. 5. 246).

2292. Le principe souffre encore nécessairement exception à l'égard des *biens rentrés dans l'hérédité*. Si un événement postérieur au décès fait rentrer dans la succession des valeurs qui ne s'y trouvaient pas au jour de l'ouverture ou de la déclaration, cet événement fait naître un nouveau droit de mutation, qui donne lieu à une déclaration supplémentaire dans les six mois du jour où il se produit (Arrêt du 19 juill. 1887, cité *suprà*, n° 2275. Conf. *Rép.* n°ˢ 4187 et 5514 ; Sol. adm. enreg. 3 mai 1867, D. P. 68. 3. 19 ; Civ. cass. 26 avr. 1870, aff. Hariague, D. P. 70. 1. 398 ; 5 mars 1883, aff. Fergon, D. P. 83. 1. 396). « Le point de départ du délai, porte ce dernier arrêt, se trouve nécessairement reporté au jour de l'événement » (V. *infrà*, n° 2301).

2293. Pour les legs faits aux *établissements publics*, le délai court de la date du décret qui a autorisé l'établissement à accepter le legs (Sol. adm. enreg. 10 mars 1875, 5 mai 1876, 13 déc. 1878, *Diction. droits d'enreg.*, v° *Succession*, n° 1102).

Ainsi, le délai court pour les legs faits à une *société de secours mutuels* de la date de l'arrêté qui autorise l'acceptation de la libéralité (Trib. Saint-Dié, 24 avr. 1863, aff. Société de secours mutuels de Saint-Dié, D. P. 63. 3. 71. Conf. Instr. adm. enreg. 6 août 1852, n° 1932).

Aux termes d'une instruction générale de l'administration de l'enregistrement, les dispositions testamentaires au profit des *hospices*, des *pauvres d'une commune* ou *d'établissements d'utilité publique*, n'ayant leur effet qu'autant qu'elles sont autorisées (c. civ. art. 910), la propriété des valeurs ainsi léguées repose, jusqu'à l'autorisation, sur la tête des héritiers ou légataires universels, et ceux-ci sont, dès lors, débiteurs du droit de mutation, d'après leur degré de parenté avec le défunt (Conf. Trib. Charolles, 2 févr. 1888, aff. Benoît, D. P. 89. 5. 222). Mais ils peuvent être dispensés provisoirement de le payer tant qu'il n'y a pas péril pour le Trésor et qu'il n'est pas certain, soit que l'établissement public a renoncé à demander l'autorisation d'accepter, soit que cette autorisation lui a été refusée. Dans ce cas, l'héritier ou le légataire universel doit faire connaître, dans une pétition sur timbre, les raisons pour lesquelles les valeurs léguées ne sont pas comprises dans la déclaration qu'il a souscrite pour le payement du droit de mutation afférent aux autres valeurs de l'hérédité et solliciter un délai pour s'acquitter du droit applicable aux valeurs léguées (Instr. adm. enreg. 30 juill. 1888, n° 2755, § 1er, D. P. 88. 5. 213).

2294. En dehors de ces cas exceptionnels et d'autres de même nature qui peuvent se produire, et dans lesquels la force même des choses ne permet pas d'observer la règle qui fixe le point de départ du délai au décès, cette règle est rigoureusement appliquée. Peu importe que l'héritier, le donataire ou légataire soit mineur ou majeur, bénéficiaire ou héritier pur et simple, qu'il ait fait ou non addition d'hérédité. — Le délai court du jour du décès (Trib. Seine, 2 mai 1849, aff. N..., D. P. 49. 5. 174. V. *suprà*, n°ˢ 2172 et suiv.),... lors même que, s'il s'agit d'un legs, les héritiers légitimes ont formé contre le légataire une action en nullité du testament (Trib. Blois, 5 déc. 1848, aff. E..., D. P. 49. 5. 173), ou qu'une contestation est survenue entre le légataire universel et l'héritier à réserve, ou bien entre lui et l'Administration relativement au montant des droits réclamés (Trib. Seine, 23 nov. 1861, aff. Chevalier, D. P. 62. 3. 40).

2295. Le droit de mutation par décès n'est pas dû à raison de *l'usufruit légal* que la loi accorde aux père et mère sur les biens de leurs enfants mineurs ; mais l'usufruit légué au père de nue propriété est en même temps légué à ses enfants mineurs ne se confond pas, pendant la durée de l'usufruit légal, avec ce dernier usufruit ; par suite, le droit de mutation par décès est dû pour ce legs d'usufruit. Le délai pour en faire la déclaration n'est pas suspendu jusqu'à l'expiration de l'usufruit légal (Arrêt du 30 déc. 1850, cité *suprà*, n° 2168).

2296. La règle est applicable aux inscriptions de rentes françaises dépendant de la succession d'un étranger ouverte hors de France, échue à des étrangers : le délai pour le payement des droits de mutation par décès court du jour du décès (Décis. min. fin. 26 mai 1853, D. P. 55, 3. 45-46 ; Instr. adm. enreg. 13 juin 1854, n° 2003, § 2, *ibid.*).

2297. Le *curateur* à une *succession vacante* est tenu de souscrire la déclaration de cette succession dans les six mois du décès ou, du moins, dans les six mois de sa nomination, si cette nomination n'a eu lieu qu'après l'expiration du délai légal, mais il n'encourt pas la pénalité du demi-droit en sus lorsqu'il s'est trouvé, faute de fonds, dans l'impossibilité de remplir cette obligation (V, *suprà*, n° 2177).

2298. A l'égard du *séquestre*, il faut distinguer entre celui qui est établi par convention des héritiers et celui qui est nommé d'autorité. Le délai court du jour du décès, pour le premier, du jour de la prise de possession, pour le second (*Rép.* n° 4189). Cette distinction est toujours observée. Décidé, en effet, que l'exception établie par l'art. 24 de la loi de frimaire an 7 et suivant laquelle le point de départ du délai est fixé à la prise de possession, ne joue pas au décès, s'applique seulement au séquestre administratif ou séquestre d'Etat, c'est-à-dire à celui qui comporte une sorte de mainmise pratiquée par l'Etat dans un intérêt d'ordre public, et non aux séquestres établis par la convention ou sur la réquisition des parties (Sol. adm, enreg. 5 mars 1884, D. P. 86. 5. 201).

2299. Dans les différents cas indiqués *suprà*, n°s 2290 et suiv., le délai court, non plus du jour du décès, mais du jour de la *prise de possession* par les héritiers des biens héréditaires. Il en est ainsi, spécialement, pour la succession d'un *absent* (*Rép.* n° 4190). Quoique la loi du 28 avr. 1816 (art. 4) fixe le point de départ du délai au jour de l'envoi en possession provisoire, ce délai prend cours du jour où les héritiers prennent possession des biens de l'absent, lors même qu'ils se sont abstenus de provoquer l'envoi en possession provisoire (V. *suprà*, n°s 2169 et suiv.). Il en est ainsi, spécialement, lorsque les héritiers de l'absent, agissant en cette qualité, font procéder à la vente de ses biens ; la prise de possession étant justifiée ce fait fait courir le délai, quoiqu'il n'y ait pas eu d'envoi en possession judiciaire (Trib, Seine, 22 nov, 1878, aff. Rué et Hesnault, *Journ. enreg.*, art. 21002. Conf. Trib. Bonneville, 21 avr. 1878, *ibid.*, art. 20716).

2300. Sur la question de savoir si des prorogations de délai peuvent être accordées pour le payement des droits de mutation par décès, V, *infrà*, chap. 8.

N° 7. — *Biens à déclarer* (Rép. n°s 4195 à 4259).

2301. La déclaration doit contenir tous les biens ou toutes les valeurs dont la succession est composée, c'est-à-dire tout ce qui est transmis héréditairement (*Rép.* n° 4195).., à quelque moment que ce soit, au jour même du décès ou ultérieurement. Le principe est constant. Il a été consacré à différentes reprises par la cour de cassation. Le droit de mutation par décès, porte l'une de ses décisions, est dû sur tout ce qui « a fait partie du patrimoine » du défunt (Civ. cass. 7 févr. 1872, aff. Krieg, D. P. 72, 1. 209). Suivant une autre, les dispositions de la loi fiscale relatives à la perception de cet impôt « conçues dans les termes les plus généraux » ont « entendu embrasser tous les biens qui seront recueillis à titre héréditaire, à quelque époque que ce soit » (Civ. cass. 5 mars 1883, aff. Fergon, D. P. 83. 1. 396. Conf. Civ. cass. 19 juill. 1887, aff. Petit, D. P. 88. 1. 424).

Ainsi, les avantages que peut procurer au propriétaire l'exercice du droit de chasse ne sont pas susceptibles d'être atteints par le droit de mutation après décès ; mais il en est autrement, et ce droit est exigible, lorsque le propriétaire a fait cession de son droit par un bail courant, et qu'il a ainsi déterminé lui-même la valeur des avantages que peut procurer l'exercice du droit cédé (Civ. cass. 7 avr. 1868, aff. d'Hugonneau de Chastenet, D. P. 68, 1. 259).

En traitant *suprà*, n°s 2166 à 2241, des cas où le droit de mutation par décès est dû, et aussi, *suprà*, n°s 2246 à 2272, du bureau où la déclaration doit être faite, nous avons

déjà déterminé, pour un grand nombre de biens et de valeurs, conformément à l'ordre suivi au *Répertoire*, les conditions d'exigibilité de l'impôt de mutation par décès. Il nous reste à établir, en suivant le même ordre, ces mêmes conditions pour les autres biens et valeurs assujettis également à l'impôt.

A. — *Propriété apparente.*

2302. Pour les mutations par décès comme pour les mutations à titre onéreux, le droit se perçoit d'après la propriété apparente (V. *suprà*, n° 2163). La jurisprudence présente un grand nombre d'applications de ce principe. Il a été formulé, dans ces termes mêmes, au sujet d'une perception de droits de mutation par décès, par un arrêt de la cour de cassation (Civ. rej. 11 avr. 1877, aff. Martelet, D. P. 77, 1, 199).

2303. Le principe est général : il s'applique quelle que soit la nature des biens, qu'ils soient *immeubles* ou *meubles*. Mais, absolu pour les immeubles, il comporte certains tempéraments dans son application aux meubles.

Pour la perception de l'impôt, le propriétaire d'un *immeuble* est celui qui est désigné dans l'acte constatant l'acquisition de cet immeuble et soumis à l'enregistrement. La propriété ne pouvant demeurer incertaine, l'acquéreur désigné se trouve investi de l'immeuble et, dès lors, cet immeuble ne peut plus passer entre les mains d'un autre sans donner ouverture à un nouveau droit de mutation. Peu importe que l'acquéreur désigné n'ait été qu'un simple prête-nom : cette circonstance, si bien établie qu'elle puisse l'être ultérieurement, même par jugement, ne peut exercer aucune influence sur la perception de l'impôt de mutation. C'est là un principe fondamental, qui ne souffre exception que dans le cas où l'intermédiaire a agi comme mandataire ou porte-fort, et encore lorsqu'une déclaration de command est faite dans les conditions légales. Nous avons déjà exposé ces principes et nous en avons rapporté de nombreuses applications lorsque nous avons traité des Mutations entre vifs à titre onéreux d'immeubles, *suprà*, n°s 1032 et suiv. Nous avons à présenter ici l'application qui en a été faite pour la perception des droits de mutation par décès.

2304. Toutes les fois que le propriétaire apparent décède avant d'avoir rétrocédé l'immeuble à celui pour le compte duquel il l'a acquis en réalité, cet immeuble passe à ses héritiers et le droit de mutation par décès est dû à raison de cette mutation. Jugé, en effet : 1° que les biens acquis en France par un mari étranger, en son nom personnel, sans déclaration de command ni d'emploi au profit de sa femme, lui appartiennent intégralement, quelle que soit l'origine des deniers qui ont servi à les acquérir, lorsque telle est la loi qui régit l'association des deux époux ; que, par suite, ces biens doivent être assujettis, sans distraction des reprises de la femme, aux droit de mutation ouvert par le décès du mari (Civ. rej. 5 déc. 1871, aff. Potocki, D. P. 72, 1. 110) ; — 2° Que l'immeuble acquis au nom et pour le compte d'une personne désignée qui en a conservé la possession jusqu'à son décès, doit être compris par ses représentants au nombre des valeurs dépendant de la succession pour la perception du droit de mutation par décès ; on opposerait vainement à la réclamation de ce droit que la maison aurait été acquise pour une société constituée entre le défunt et son frère par acte sous seing privé non enregistré ; l'acte d'acquisition attribuant formellement la propriété au *de cujus*, il n'y a pas même à rechercher si l'existence de la société a été connue de l'Administration. Celui qui a acquis un immeuble pour un tiers, en se déclarant mandataire de celui-ci, n'est pas admis à revenir sur sa déclaration et à prétendre qu'il a agi comme simple porte-fort ; l'acquisition doit être considérée comme ayant transmis la propriété au mandant, indépendamment de toute ratification de sa part (Arrêt du 11 avr. 1877, cité *suprà*, n° 2302) ; — 3° Que la déclaration par l'acquéreur d'immeubles qu'il a fait son acquisition pour le compte d'une communauté religieuse désignée n'empêche pas, alors qu'elle n'a pas été acceptée par cette communauté, que les immeubles fassent partie de la succession de l'acquéreur et soient par suite passibles des droits de mutation à la charge de ses héritiers ; et dès lors, le tribunal saisi sur l'opposition de ces héritiers à l'exécution de la contrainte décernée contre eux par l'Administration à fin de payement des droits de mutation sur ledit immeuble ne peut surseoir à statuer jusqu'à ce que l'autorité administrative ait autorisé la communauté religieuse à accepter la déclaration souscrite à son profit par l'acquéreur défunt (Trib. Lyon, 31 juill. 1883, D. P. 83. 5. 247, et sur pourvoi, Req. 18 août 1884, aff. de Gardonne, D. P. 85. 1. 259).

2305. Sous l'empire de la décision ministérielle du 25 juin 1852 (abrogée par une autre décision du 3 avr. 1880, V. *suprà*, n° 1996) qui exemptait du droit proportionnel la déclaration par laquelle une religieuse reconnaissait qu'une acquisition immobilière, réalisée à son nom, avait été faite en réalité pour la congrégation, il a été jugé, à l'égard d'une semblable déclaration se rapportant à un legs d'immeuble fait au profit de la déclarante par une autre religieuse de la même communauté, qu'en admettant que la déclaration fût exempte du droit proportionnel, le legs ne pouvait, dans tous les cas, être soustrait au droit de mutation par décès (Req. 25 mars 1863, aff. Boitou, D. P. 63. 1. 368).

Il a été jugé, d'autre part, dans le même sens : 1° que le jugement déclaratif de faillite dessaisissant seulement le *failli* de l'Administration de ses biens, son décès donnait lieu à la perception du droit de mutation sur ces biens, lors même que l'ouverture de la faillite a été fixée à une époque antérieure au décès (Trib. Rouen, 5 mai 1847, aff. T..., D. P. 48. 5. 166 ; Trib. Bourgoin, 14 août 1847, *ibid.* ; Civ. cass. 2 déc. 1862, aff. Varnier-Roger, D.P. 62.1.513.V. *Rép.* n° 4204) ; — 2° Que l'immeuble acquis pour servir de *remploi* des deniers provenus de l'aliénation des propres d'une femme mariée sous le régime de la communauté, appartenant à la femme, lorsqu'elle a formellement accepté le remploi, encore bien que le prix de l'acquisition n'ait pas été payé, cet immeuble fait partie de la succession de la femme et est sujet au droit de mutation à la charge de ses héritiers (Civ. rej. 6 janv. 1858, aff. Ballereau, D. P. 58. 1. 39) ; — 3° Mais que, dans le cas de mariage sous le régime dotal avec société d'acquêts et avec faculté d'aliéner les immeubles dotaux à charge de remploi, l'immeuble acquis par la femme afin de lui servir de remploi de partie de ses biens dotaux non encore vendus, mais qu'elle se proposait de vendre, n'a pu, nonobstant les déclarations de l'acte, recevoir cette affectation et devenir propre à la femme, si elle est décédée sans avoir aliéné ses immeubles dotaux ; que l'immeuble est acquêt et que, par suite, lorsque les héritiers de la femme ont renoncé à la société d'acquêts, le droit de mutation ouvert par son décès ne lui est pas applicable (Civ. cass. 24 nov. 1852, aff. Place, D. P. 52. 1. 325) ; — 4° Que l'immeuble dont le défunt était propriétaire apparent, doit être soumis aux droits de mutation auquel son décès a donné ouverture... encore bien que, postérieurement à ce décès, un tiers ait déclaré au bureau de l'enregistrement avoir acquis ledit immeuble du *de cujus* quinze jours avant sa mort et ait acquitté le droit proportionnel exigible à raison de cette vente, alors qu'il est reconnu que cette déclaration n'a pas été sincère, et que, d'autre part, le prix de la prétendue vente n'a pas été compris dans la déclaration de la succession (Trib. Condom, 24 févr. 1881, aff. X..., D. P. 83. 5. 246-247) ;... Quoique le *de cujus* qui était supérieur d'une communauté religieuse ait déclaré, longtemps avant son décès et par acte enregistré, avoir acquis cet immeuble pour le compte de la communauté, si, d'ailleurs, rien ne prouve que cette déclaration ait été agréée par la communauté qui, du reste, n'a pas été autorisée à l'accepter ; si, d'autre part, l'immeuble est toujours resté inscrit au rôle des contributions directes sous le nom du défunt, et si enfin ses héritiers ont donné pouvoir de reconnaître en leur nom que l'immeuble était la propriété de la congrégation, et, au besoin, de le rétrocéder soit à cette congrégation, soit à tous autres (Trib. Lyon, 31 juill. 1883, D. P. 83. 5. 247. V. *Rép.* n° 4195 et suiv., 4203).

2306. L'administration de l'enregistrement a fait une remarquable application du principe par une solution aux termes de laquelle l'immeuble acquis par un majeur, tant

pour lui-même que pour un mineur dont il s'est porté fort avec promesse de ratification à la majorité du mineur, n'appartient à ce dernier pour sa part que lorsqu'il ratifie l'acquisition. En conséquence, s'il décède avant d'avoir atteint sa majorité et, par conséquent, sans avoir pu ratifier, la part acquise en son nom ne dépend pas de sa succession et n'est pas sujette au droit de mutation à la charge de ses héritiers (Sol. adm. enreg. 25 juin 1875, D. P. 77. 3. 16) ; et si néanmoins ladite part a été comprise dans la déclaration de la succession du mineur, le droit de mutation perçu de ce chef doit être restitué, la déclaration n'emportant pas ratification (Même solution).

2307. En ce qui concerne les *biens meubles*, l'application du principe que les droits de mutation par décès se perçoivent d'après la propriété apparente, présente plus de difficultés.

Nous avons déjà rencontré ces difficultés, dans l'article précédent, lorsque nous avons étudié le principe que les sommes données entre vifs, qui ont supporté le droit proportionnel à l'enregistrement de la donation et qui n'ont pas été payées au décès du donateur, doivent être distraites de sa succession pour la perception des droits de mutation par décès. On a vu que cette distraction doit être opérée pour les sommes constituées en dot, avec la mention que le contrat de mariage en vaudra quittance, toutes les fois qu'il est établi que l'enfant donataire, propriétaire apparent de dot, n'a rien reçu (V. *suprà*, n° 2088).

Une décision du ministre des finances, rendue en thèse générale, a établi « en principe, que le droit de mutation par décès doit être perçu sur les valeurs telles que rentes sur l'État, actions ou obligations des sociétés ou compagnies, nominativement inscrites, sur le grand-livre de la dette publique ou sur les registres des sociétés ou compagnies, comme étant la propriété d'une personne décédée, encore bien qu'il résulte de notes ou déclarations émanées du défunt que ces valeurs ne lui appartenaient pas » (Décis. min. fin. 4 nov. 1865, *Diction. droits d'enreg.*, v° *Succession*, n° 1493).

2308. L'administration de l'enregistrement a fait application de cette règle par de nombreuses solutions mentionnées dans le *Dictionnaire des droits d'enregistrement*, v° *Succession*, n° 1508 et suiv. comme ayant reconnu l'exigibilité du droit de mutation par décès, notamment pour... des actions inscrites au nom du défunt et affectées à son cautionnement, lors même qu'il est établi que ces actions sont la propriété de tiers (Sol. adm. enreg. 23 févr. 1869, 22 mai 1869, 19 janv. 1870, 19 juin 1876, 14 nov. 1876, 23 janv. 1879, *ibid.*, n° 1508) (Pour le cas où les titres affectés sont au porteur, V. *infrà*, n° 2310),... des actions inscrites au nom d'un défunt et représentant, disait-on, la dot d'une femme prédécédée (Sol. adm. enreg. 21 mars 1871, *ibid.*, n° 1509) ; ... une créance résultant d'un marché souscrit par un prête-nom (Sol. adm. enreg. 22 févr. 1875, *ibid.*, n° 1513) ;... une lettre de change souscrite au nom du défunt, bien que les héritiers reconnaissent qu'elle est en réalité la propriété de la femme (*ibid.* n° 1514) ; ... une obligation souscrite au profit du testateur, malgré la déclaration dans le testament, que le montant en appartient à un tiers (Sol. adm. enreg. 21 oct. 1872, *ibid.*, n° 1513).

2309. D'autre part, il a été jugé : 1° que l'acquisition opérée pendant le mariage, d'un titre de rente sur l'État, inscrit au nom du mari, sans déclaration de remploi, constitue un acquêt de communauté, et que ce titre doit être compris dans la déclaration de succession du mari, au nombre des valeurs communes, pour la perception des droits de mutation par décès (Trib. Angers, 2 juin 1877, aff. Durand, *Journ. enreg.*, art. 20582) ; — 2° Que les actions nominatives déposées dans la caisse d'une société, comme garantie de la gestion de l'un de ses administrateurs, font partie de la fortune de celui-ci, qu'elles doivent être comprises dans la déclaration de sa succession et assujetties au droit de mutation, lors même que les héritiers produiraient un écrit signé du défunt, déclarant qu'il n'était que propriétaire apparent desdites actions et qu'elles appartiennent en réalité à des tiers (Trib. Seine, 30 nov. 1877) (1) ; — 3° Que des actions de la Banque

_____
(1) (Cornudet.) — Le tribunal ; — Attendu que Léon Cornudet est décédé administrateur des compagnies du chemin de fer d'Or-

léans et de Paris-Lyon-Méditerranée ; — Attendu qu'aux termes des statuts de ces deux sociétés, dressés en conformité de la loi

de France, immatriculées au nom d'une personne, font partie de sa succession et doivent être comprises dans la déclaration souscrite pour le payement des droits de mutation par décès, alors même qu'il aurait été déclaré à l'inventaire que les actions n'étaient pas la propriété du titulaire, et que le jugement d'homologation de la liquidation aurait admis la sincérité de cette déclaration, la propriété des titres, au profit d'une autre personne, ne pouvant être justifiée que par un acte de transfert ou de cession antérieur au décès (Trib. Seine, 29 déc. 1882, aff. Salmon, *Journ. enreg.*, art. 22164).

2310. Il s'agissait, dans toutes les décisions exposées *suprà*, n° 2309, de titres *nominatifs*. On voit, par ces solutions, que, pour les titres de cette nature, le principe que le droit de mutation par décès se perçoit d'après la propriété apparente, s'applique dans toute sa rigueur.

Il n'en est pas de même pour les *titres au porteur*. La possession de pareils titres constitue, pour le détenteur, une présomption de propriété par suite de laquelle le droit de mutation par décès est exigible sur les titres (Sol. adm. enreg. 5 juin 1869, 29 juin 1870, 25 janv. 1873; Trib. Autun, 15 juill. 1873, *Diction. droits d'enreg.*, v° *Succession*, n° 1538); mais cette présomption peut être détruite par la preuve contraire. Ainsi, lorsqu'il est établi par les papiers domestiques d'une personne décédée, que des titres au porteur déposés à son nom dans un établissement de crédit appartiennent en réalité à des tiers, le droit de mutation par décès ouvert par le décès du déposant n'est pas applicable à ces titres (Sol. adm. enreg. 25 janv. 1873, 27 nov. 1874, 1er avr. 1875, 23 nov. 1877, 30 juill. 1878, 21 nov. 1878, 29 avr. 1879, 30 mai 1879, 13 févr. 1880, *ibid.*, n° 1541. Conf. Trib. Marseille, 11 août 1879) (1).

Le fait que les titres au porteur dépendant d'une succession, ont été *perdus ou volés*, n'empêche pas que ces valeurs ne soient passibles du droit de mutation par décès, lorsque les héritiers se font autoriser par ordonnance, conformément à la loi du 15 juin 1872, à encaisser les coupons d'intérêts échus; mais le délai pour souscrire la déclaration

---

du 24 juill. 1867, tout administrateur doit être propriétaire de cent actions inaliénables par lui, et destinées à servir de garantie pour la gestion du conseil d'administration dont il fait partie; que Léon Cornudet a, en effet, déposé dans la caisse sociale de chacune des compagnies d'Orléans et de Lyon cent actions affectées à la responsabilité qu'il encourait; — Que ces actions se sont trouvées dans son avoir, lors de son décès, comme gage de ses créanciers inventoriés; qu'à la vérité, il a déclaré par écrits qui ont été inventoriés, que les titres de ces valeurs lui avaient été fournis par son fils Michel Cornudet, quant aux cent actions de la compagnie de Lyon, et par sa belle-mère, la dame de Saint-Laurent, quant à vingt-cinq des actions de la compagnie d'Orléans; mais que de telles reconnaissances ne sauraient porter atteinte aux droits des tiers et enlever aux titres en question le caractère de gage dont ils sont grevés et qui les rend parties intégrantes de la fortune et de la succession de Léon Cornudet, à moins d'admettre qu'une fraude à la loi ait été commise, en ce que le défunt n'aurait déposé dans les caisses des compagnies susnommées que des valeurs dont il n'avait pas la pleine disposition et qui ne constituaient, par conséquent, que des garanties illusoires; qu'il est plus exact de dire que ces titres ont été livrés par Michel Cornudet et par la dame de Saint-Laurent à Léon Cornudet avec la pensée qu'ils serviraient, le cas échéant, à couvrir les créanciers de celui-ci, et que du consentement des prêteurs, ils étaient réalisables et pouvaient être employés pour répondre des actes de gestion de tous les membres du conseil d'administration de chacune des compagnies, aux termes de l'art. 26 de la loi de 1867; qu'ils étaient donc, en réalité, des choses fongibles, eu égard au but dans lequel les prêts ont eu lieu, et faisaient ainsi l'objet, non de commodat, mais de prêts de consommation par l'effet desquels ils sont devenus la propriété de l'emprunteur qui était tenu de rendre les choses prêtées en même quantité et qualité (C. civ. art. 1893 et 1902); que la même obligation pèse seule sur la succession de celui-ci, et que, les droits de mutation étant dus sur les biens transmis par décès, sans distraction des charges, il y a lieu de comprendre dans l'hérédité de Léon Cornudet, pour l'assiette du droit à percevoir, les cent vingt-cinq actions dont il s'agit au procès; — Attendu, d'ailleurs, que ce serait donner une ouverture par trop facile à la fraude que d'admettre, suivant le système présenté par les demandeurs, la possibilité pour tout possesseur d'actions industrielles, inscrites à son nom sur les livres d'une société, de mettre ces valeurs à l'abri du droit de mutation lors de son décès, en laissant un écrit par lequel il déclarerait qu'il n'en est que propriétaire apparent;

---

court alors, non plus du décès, mais seulement du jour de l'ordonnance, et c'est d'après la valeur des titres à ce même jour, et non à celui du décès, que le droit de mutation par décès doit être liquidé (Trib. Versailles, 12 févr. 1886, aff. héritiers Aubin, *Journ. enreg.*, art. 22632).

2311. Le principe de la perception de l'impôt d'après la propriété apparente, est souvent appliqué aux successions de *débitants de boissons*, afin d'assujettir au droit de mutation par décès les liquides et autres marchandises dont ils sont décédés nantis. D'après une décision du ministre des finances du 10 juill. 1875, le service des contributions indirectes transmet tous les trois mois au service de l'enregistrement des états indiquant les noms des débitants et négociants décédés pendant le trimestre ainsi que les marchandises qu'ils détenaient à leur décès, et ce, non seulement pour les marchands en gros et débitants de boissons, les débitants de tabacs et de poudre à feu, mais encore pour les distillateurs, brasseurs, entrepreneurs de voitures publiques de terre et d'eau, fabricants et débitants de cartes, fabricants de sucre, de glucose, de sel, etc., fabricants et entrepositaires de papier, chicorée, savons, bougies et huiles (Instr. adm. enreg. 7 sept. 1875, n° 2522). Les documents dont il s'agit constituent une preuve, non pas complète sans doute, mais suffisante pour justifier la réclamation du droit de mutation par décès et la faire sanctionner toutes les fois que les contribuables ne fournissent pas la preuve contraire (Trib. Hazebrouck, 13 févr. 1864, aff. de Saint-Mart, D. P. 64. 3.111; Trib. Briey, 15 janv. 1880, aff. Remy, *Journ. enreg.*, art. 21227).

2312. Ainsi encore, le droit de mutation exigible par suite du décès d'un *fonctionnaire*, d'un *officier public* ou *ministériel*, d'un *comptable public*, est dû sur le *cautionnement* fourni par lui, bien que ce cautionnement soit grevé d'un privilège de second ordre (Trib. Aubusson, 10 mai 1860; Trib. Bergerac, 3 janv. 1867; Trib. Seine, 13 déc. 1872, *Diction. droits d'enreg.*, v° *Succession*, n° 1571; Sol. adm. enreg. 14 juill. 1865) (2).

2313. Nous rencontrerons d'autres applications du prin-

---

qu'une pareille déclaration, fût-elle appuyée par l'assentiment d'héritiers intéressés à l'exemption de l'impôt, ne peut être au regard de la Régie un élément de preuve suffisant pour détruire la qualité du *de cujus*, résultant de l'inscription nominative des titres, surtout lorsque, comme dans l'espèce, cette qualité de propriétaire était une obligation légale.
Du 30 nov. 1877.-Trib. civ. de la Seine.

(1) (Bouquet.) — Le Tribunal; — Attendu que la présomption résultant de la propriété apparente peut servir de base à la perception de l'impôt de mutation, mais que cette présomption peut être détruite par la preuve contraire; — Attendu que Ferdinand Bouquet ayant déposé en son nom personnel à la Banque de France et à la Société générale, des valeurs au porteur dont le capital a été estimé à 483085 fr. 46 cent., il en est résulté la présomption qu'il était propriétaire apparent de toutes ces valeurs; — Mais attendu que la présomption est détruite, au moins pour partie, par les preuves contraires versées au procès; — Attendu, en effet, qu'il résulte des procurations et des actes de Société des mines de Sardaigne et des mines de Laurium, que les héritiers Bouquet ont eu pendant longtemps la majeure partie de leurs intérêts en commun avec leur frère Ferdinand Bouquet, *de cujus*, et que c'était ce dernier qui était chargé par ses deux frères d'administrer toute la fortune commune; — Attendu qu'on retrouve sur ces registres la mention d'achat de valeurs au porteur pour le compte commun, la mention du payement du droit de garde de ces valeurs à la banque et à la Société générale également pour le droit de garde commun, enfin l'indication de la recette périodique des coupons de chacune des valeurs et de leur répartition à chacun des trois frères copropriétaires; qu'il y a lieu d'admettre que les valeurs dont il s'agit étaient propriété commune des trois frères Bouquet; — Par ces motifs, etc.
Du 11 août 1879.-Trib. civ. de Marseille.

(2) M. Bizot, comme légataire universel de sa femme, devait comprendre, dans la déclaration de la succession de la défunte, la moitié de la somme de 8000 fr., qu'il a emprunté en 1862, pour compléter son cautionnement en qualité de percepteur. Cette somme est grevée d'un privilège de

cipé, *infra*, chap. 6, sect. 2, lorsque nous nous occuperons de la constatation des omissions dans les déclarations de successions et des contre-lettres.

B. — Assurances sur la vie.

2314. Aux termes d'une loi du 21 juin 1875 (art. 6), « sont considérés pour la perception du droit de mutation par décès, comme faisant partie de la succession d'un assuré, sous la réserve des droits de communauté, s'il en existe une, les sommes, rentes ou émoluments quelconques dus par l'assureur, à raison du décès de l'assuré. Les bénéficiaires à titre gratuit de ces sommes, rentes ou émoluments, seront soumis aux droits de mutation suivant la nature de leurs titres et leurs relations avec le défunt, conformément au droit commun » (D. P. 75. 4. 108 ; Exposé des motifs, *ibid.*, note, n° 7 ; Rapport, *ibid.*, n° 4 ; Discussion, *ibid.*, 112, note 1).

Avant cette loi, la question de savoir si le capital d'une assurance sur la vie, stipulé payable au décès de l'assuré, était sujet aux droits de mutation ouverts par ce décès avait soulevé de vives controverses. La solution était subordonnée à la détermination de la personne qui devait recueillir, après le décès, le bénéfice de l'assurance. Or, comme on l'a dit *suprà*, v° *Assurances terrestres*, n° 424, c'est là une des plus importantes et des plus graves difficultés de cette matière. Elle a été traitée *loc. cit.* ; nous n'avons pas à y revenir. Nous présenterons seulement comme nous l'avons annoncé *loc. cit.*, n° 433, un résumé succinct des solutions auxquelles la question a donné lieu avant la loi du 21 juin 1875.

2315. D'une part, il était jugé : 1° que le capital d'une assurance sur la vie stipulé, dans le contrat d'assurance, payable aux ayants droit de l'assuré à son décès, doit être considéré comme constituant pour eux une indemnité destinée à compenser le préjudice que leur cause la mort de l'assuré, et non comme une valeur de sa succession ; qu'il n'est, en conséquence, point passible des droits de mutation à la charge de ses héritiers, bien qu'il doive être touché par eux (Trib. Saverne, 21 mai 1869, aff. Krieg, D. P. 70. 3. 13) ; — 2° Que le capital d'une assurance sur la vie stipulé payable, au décès de l'assuré, à ses héritiers, fait partie de l'actif de la communauté d'entre l'assuré et sa femme ; qu'en conséquence, si, dans ce cas, une convention de mariage attribue à celle-ci tout l'actif mobilier de la communauté, le capital de l'assurance rentre dans cette attribution, et la veuve ne doit aucun droit de mutation par décès pour le bénéfice qu'elle en retire (Trib. Arras, 3 févr. 1874, aff. Joly, D. P. 74. 5. 205) ; — 3° Que le capital d'une assurance sur la vie stipulé payable, au décès de l'assuré, à sa femme, au cas où elle lui survivrait, doit être considéré, lorsque cette condition se réalise, comme ayant appartenu à la femme dès le jour du contrat d'assurance, et, en conséquence, n'est pas sujet au droit de mutation par décès entre époux (Trib. Abbeville, 24 mars 1874, aff. Huguet-Piolé, D. P. 74. 5. 205) ; — 4° Que, dans ce cas, la veuve a droit au capital de l'assurance, même en renonçant à la communauté, sauf récompense de la totalité des primes payées des deniers communs (Trib. Charleroi, 9 mai 1874, aff. Haakman-Schmidt, D. P. 74. 5. 206).

2316. D'autre part, l'administration de l'enregistrement avait établi, en thèse générale, et contrairement aux décisions analysées *suprà*, n° 2315, que, dans tous les cas, le capital payé à la suite du décès d'une personne, en exécution d'une assurance sur la vie que cette personne avait contractée, doit être compris dans la déclaration de sa succession, pour être assujetti aux droits de mutation ouverts par son décès (Sol. adm. enreg. 11 janv. 1868, D. P. 69. 3. 71). Et il a été jugé, dans ce sens : 1° qu'il en doit être ainsi spécialement, lorsque l'assurance a été contractée par un époux commun en biens sur sa tête et au profit de ses héritiers directs, et c'est à tort que ceux-ci prétendraient ne devoir le droit que sur les primes payées par leur auteur (Trib. Lille, 24 déc. 1868, aff. Leblond, D. P. 69. 3. 71) ; — 2° Que le

capital d'une assurance sur la vie, stipulé payable aux ayants droit de l'assuré à son décès, fait partie de son patrimoine et doit être compris, par ses héritiers auxquels il est dévolu, dans la déclaration de sa succession ; pour être assujetti aux droits de mutation par décès (Civ. cass. 7 févr. 1872, aff. Krieg, D. P. 72. 1. 209 ; Trib. Arras, 27 mars 1872, aff. Sens, D. P. 73. 3. 38) ; — 3° Qu'il en est de même, au décès de l'assuré, à ses enfants (Trib. Arras, 27 mars 1872, aff. Lédieu, D. P. 73. 3. 38) ; — 4° Que le capital d'une assurance sur la vie stipulé payable à l'assuré lui-même à une époque déterminée, ou bien, pour le cas où il décéderait auparavant, à ses ayants droit, lors de son décès, et qui est devenu exigible par suite de la mort du souscripteur avant l'époque fixée, dépend de sa succession, est passible, au décès de l'assuré, à ses héritiers (Trib. Avignon, 29 août 1872, aff. de Speyr, D. P. 74. 5. 205) ; — 5° Que la disposition d'un contrat d'assurance sur la vie portant que le capital assuré payé, après le décès du souscripteur, à sa veuve, pour l'usufruit, à ses enfants, pour la propriété, est nécessairement subordonnée à la condition que les bénéficiaires survivront à l'assuré ; elle constitue, en conséquence, une libéralité soumise à l'événement du décès, et passible, à ce titre, du droit proportionnel de mutation par décès (Trib. Senlis, 3 mai 1873, aff. Perrin, D. P. 74. 5. 206, et sur pourvoi, Civ. rej. 10 mai 1876, D. P. 76. 1. 488).

2317. L'art. 6 de la loi du 21 juin 1875 a été voté pour mettre un terme à toutes ces difficultés. Suivant l'Administration de l'enregistrement, cette disposition décide, d'une manière générale, que les sommes, rentes ou émoluments quelconques dus par l'assureur à raison du décès de l'assuré, doivent être considérés, pour la perception du droit de mutation, comme faisant partie de la succession de l'assuré. Elle contient une réserve au sujet « des droits de communauté, s'il en existe une ». Cette réserve signifie que, si l'assuré est marié sous le régime de la communauté, la femme survivante ne doit pas le droit de mutation sur la part qu'elle prélève comme commune en bien (Instr. adm. enreg. 23 juin 1875, n° 2317, D. P. 75. 4. 112, note 1).

2318. Ainsi, bien que le bénéfice d'une assurance contractée au profit d'un tiers déterminé ne fasse pas réellement partie de la succession de l'assuré, il est considéré comme y étant compris au point de vue de la perception de l'impôt. Toutefois, il n'en est ainsi qu'autant que ce bénéfice est acquis à titre gratuit par le tiers désigné. En conséquence, si l'assuré, usant d'une faculté qu'il s'est réservée dans le contrat d'assurance, se dessaisit pendant sa vie, par une cession *à titre onéreux*, de l'émolument éventuel de l'assurance, le cessionnaire qui recueille cet émolument, au décès de l'assuré, ne doit pas le droit de mutation par décès sur cette valeur (Instr. adm. enreg. 23 juin 1875, citée *suprà*, n° 2317). Il en serait de même au cas d'une assurance contractée sur la tête d'un tiers, mais non à son profit : dans cette hypothèse, l'assuré n'intervient au contrat que pour y donner son consentement ; il n'y joue qu'un rôle purement passif, n'y stipule ni pour autrui, ni pour lui-même ; le contrat se passant en dehors de lui, son décès ne peut donner lieu à la perception de l'impôt sur ce qui en fait l'objet.

2319. Dans une espèce où le capital de l'assurance avait été attribué par le contrat à la veuve de l'assuré nominativement désignée audit contrat, et où celle-ci avait recueilli le bénéfice de cette attribution, il a été jugé que la stipulation devait être considérée néanmoins comme faite à titre gratuit et n'était point passible, au décès de l'assuré, du droit de mutation, attendu que la veuve avait déclaré, dans l'inventaire de la succession de l'assuré, répudier tout caractère de libéralité que l'on pourrait supposer attaché à l'assurance et ne l'accepter qu'à titre onéreux, à charge d'imputation, sur ses reprises dotales, du montant des primes versées à la compagnie d'assurances (Trib. Carpentras, 11 août 1885, et sur pourvoi, Civ. rej. 17 juin 1889, aff. Petit, D. P. 89. 1. 454). L'assuré, porte l'arrêt de la

second ordre au profit du bailleur de fonds, mais elle était la propriété de la communauté qui a existé entre les époux Bizet. — La jurisprudence, en pareille matière, est basée sur des arrêts de cassation des 6 janv. 1840 (*Rép.* v° *Cautionnement de fonctionnaires*,

n° 50) et 17 juill. 1849 (aff. Doré, D. P. 50. 1. 131), et un jugement du tribunal d'Autun du 10 mai 1860. Des décisions conformes ont été rendues par le ministre des finances, les 28 juin 1856 et 12 avr. 1862. Du 14 juill. 1865. Sol. adm. enreg.

cour de cassation, a contracté l'assurance au nom de sa femme, comme administrateur général de sa fortune ; il ne l'a pas déclaré expressément dans l'acte, il est vrai, mais cela n'était pas nécessaire ; il suffit, pour que la créance soit acquise à la femme, qu'elle déclare, à un moment quelconque, l'accepter. Cette décision est intervenue dans des circonstances particulières qui étaient de nature à exercer une certaine influence sur l'esprit du juge. Elle prête à la critique, au point de vue juridique. Comment admettre, en effet, que, dans l'espèce, le mari eût contracté l'assurance comme *negotiorum gestor* de sa femme, afin d'employer ses deniers dotaux, alors que le capital de l'assurance avait été stipulé payable à la femme et, à son défaut, aux héritiers directs ou à l'ordre de l'assuré ? Si, dans la pensée du contractant, l'assurance avait été faite réellement comme placement des deniers dotaux de la femme, celle-ci seule aurait été désignée comme devant en profiter ; l'assuré ne s'en serait pas réservé éventuellement le bénéfice pour lui-même, ou ses héritiers. D'un autre côté, on ne comprend pas que le véritable caractère du contrat d'assurance soit déterminé par la déclaration de la veuve à son sujet dans l'inventaire de la succession de l'assuré. Le contrat ne pouvait être caractérisé que d'après les dispositions qu'il renfermait en lui-même, et ces dispositions ne se prêtaient pas à être interprétées comme constituant un contrat à titre onéreux.

2320. La question s'est élevée de savoir si le droit de mutation par décès est applicable, d'après l'art. 6 de la loi du 24 juin 1875, lors du décès de l'assuré, au capital d'une assurance sur la vie contractée au profit d'un *tiers*, alors que ce tiers a payé les primes, soit pour éviter la déchéance de l'assuré, soit pour tout autre motif. L'Administration s'est prononcée dans le sens de l'affirmative, attendu que si le payement des primes par le tiers bénéficiaire de l'assurance avait rendu ce tiers créancier de la succession de l'assuré pour le remboursement de ses avances, c'était là une dette de l'hérédité non susceptible d'être déduite, pour la perception du droit de mutation, des valeurs qui en dépendaient (Sol. adm. enreg. 19 août 1878, D. P. 80. 5. 168). — Il a été jugé, dans le même sens, que, lorsqu'une assurance sur la vie a été contractée, moyennant une prime exigible seulement jusqu'au décès de l'assuré, avec stipulation que le capital serait payable, à une époque éloignée, soit au contractant, s'il était encore existant à cette époque, soit, à son défaut, à sa femme, soit, enfin, à défaut de celle-ci, aux enfants nés et à naître du contractant, et que le bénéfice de l'assurance est échu, par suite du décès du stipulant, à sa veuve, celle-ci doit le droit de mutation par décès sur l'intégralité de la somme stipulée, alors même qu'elle a rétrocédé sa créance à la compagnie moyennant payement immédiat d'une somme inférieure (Trib. Prades, 28 juill. 1885, aff. Bordes, D. P. 86. 5. 200).

2321. L'Administration a, d'ailleurs reconnu, que les dispositions de l'art. 6 de la loi du 24 juin 1875 ne sont applicables qu'aux actes passés et aux mutations opérées sous son empire (Instr. 23 juin 1875, n° 2317, citée *suprà*, n° 2317).

2322. La loi du 18 juin 1850 relative à la *caisse des retraites pour la vieillesse* porte (art. 4) : « Le versement opéré antérieurement au mariage reste propre à celui qui l'a fait. Le versement fait pendant le mariage par l'un des deux conjoints profite séparément à chacun d'eux par moitié ». Cette disposition a dérogé au droit commun en matière de statut matrimonial et attribué à chacun des époux un droit propre sur le capital versé à la caisse pendant le mariage, lorsqu'il a été réservé, aussi bien que sur la rente produite par ce capital. La loi ne se préoccupe pas du régime sous lequel les deux époux sont mariés. Sa formule impérative applique à chacun d'eux par moitié le bénéfice de tout versement effectué pendant le mariage. Ces dispositions sont manifestement dérogatoires aux règles du droit commun. D'un autre côté, l'avantage stipulé en retour de la somme versée et qui doit appartenir à chaque époux personnellement pour moitié se compose tout à la fois de la rente et de la créance du capital réservé. Aucune distinction ne saurait être faite entre ces deux éléments de profit réalisé. — Il résulte de cette doctrine, au point de vue de la loi fiscale, que le capital versé à la caisse pendant le

mariage doit, jusqu'à concurrence de la moitié, être compris dans la déclaration de la succession de la femme commune en biens et assujettie au droit de mutation ouvert par son décès, comme les autres biens propres de la défunte, malgré la renonciation de ses héritiers à la communauté. C'est ce qu'a décidé un récent arrêt de la cour de cassation (Civ. cass. 25 juin 1888, aff. Elloy, D. P. 89. 1. 209)... Et il en est ainsi, bien que ladite moitié ait été payée par la caisse au mari sur la production d'un certificat de propriété constatant qu'il lui appartenait en pleine propriété par l'effet de la renonciation des héritiers de la femme à la communauté (Même arrêt). — V. la note sur cet arrêt. *Addé conf. Diction. droits d'enreg.*, v° *Caisse des retraites*, n° 12 ; Garnier, *Rép. gén. enreg.*, n° 3320. La question, en ce qui concerne la perception des droits de mutation par décès, peut être considérée comme définitivement résolue.

C. — Créances.

2323. Toute créance appartenant au défunt doit être comprise dans la déclaration de sa succession pour être soumise au droit de mutation, s'il n'est pas justifié qu'elle n'a pas été remboursée avant le décès (*Rép.* n°ˢ 4195 et 4218). La perception de l'impôt sur les créances héréditaires ne soulève de difficultés que sur le point de savoir si la créance constitue réellement une valeur de l'hérédité.

2324. Le prix de vente d'un immeuble stipulé payable et non payé au décès du vendeur est incontestablement une valeur héréditaire passible du droit de mutation ; et il en est ainsi, bien que ce prix ait été *délégué* aux créanciers inscrits, s'il n'a été touché par eux, ou si, tout au moins, lesdits créanciers n'ont *accepté* expressément la délégation *avant le décès* du vendeur (*Rép.* n° 4206). Ainsi jugé : 1° qu'une créance qui a été l'objet d'une délégation non acceptée, est réputée faire partie de la succession du délégant, et doit, dès lors, être comprise dans la déclaration de cette succession pour la perception du droit de mutation par décès ; spécialement, les héritiers sont tenus de comprendre dans la déclaration de la succession le prix encore dû d'un immeuble vendu par leur auteur, malgré la délégation que ce dernier en a faite aux créanciers inscrits, si cette délégation n'a pas été acceptée (Req. 17 févr. 1857, aff. Cretin, D. P. 58. 1. 335) ; — 2° Que la délégation du prix d'un immeuble vendu par un débiteur, alors même qu'elle est faite à des créanciers inscrits, n'est parfaite et n'opère novation qu'autant qu'elle a été acceptée ; que l'art. 800 c. civ., en admettant qu'il soit encore en vigueur, n'a apporté aucune dérogation à ce principe, lorsqu'il prescrit à l'héritier bénéficiaire de déléguer aux créanciers hypothécaires du défunt le prix de la vente des immeubles successoraux ; que, par suite, tant qu'il n'y a eu, de la part de l'héritier bénéficiaire, vis-à-vis des créanciers inscrits, qu'une délégation de prix qui n'a pas encore été acceptée, la propriété de ce prix continue à reposer sur la tête dudit héritier bénéficiaire et, s'il vient à décéder ou l'hériter, le droit de mutation est dû par ses héritiers bénéficiaires sur le montant de ce prix, ledit prix faisant partie intégrante de son patrimoine (Req. 8 févr. 1888, aff. de Jotas, D. P. 88. 1. 372).

2325. Il en est ainsi, lors même que la délégation a été confirmée dans un règlement postérieur à la vente. Jugé, en effet, que le prix d'une vente immobilière doit être assujetti au droit de mutation ouvert par le décès du vendeur, bien qu'il ait été délégué aux créanciers inscrits, non seulement dans l'acte de vente, mais encore dans un règlement intervenu postérieurement entre l'acquéreur et le vendeur, si la délégation n'a pas été acceptée avant le décès par les créanciers délégataires (Req. 19 juill. 1870, aff. Delarochette, D. P. 71. 1. 84).

2326. Il en est encore ainsi, lors même que les notifications prescrites pour la purge ont été faites et qu'un ordre a été ouvert. Jugé, en effet, que le prix d'un immeuble mis en distribution par voie d'ordre entre les créanciers inscrits, après les notifications prescrites pour la purge, continue à être la propriété du débiteur, tant que le payement n'en est pas réalisé : jusque-là, ce prix est grevé d'une simple charge en faveur des créanciers ; par suite, si le débiteur décède durant la procédure d'ordre, la somme à distribuer est réputée faire partie de sa succession et doit être frappée du droit de mutation par décès, nonobstant les charges hypothécaires que la grèvent, le droit de mutation se percevant sans distraction des charges (Civ. rej. 15 juill. 1856, aff. Bisson, D. P. 56. 1. 277).

2327. A plus forte raison en est-il encore ainsi, lorsqu'il y a eu, non délégation, mais une simple *indication de payement.* Jugé que la clause d'un acte de vente d'immeuble portant que le prix sera payé aux créanciers hypothécaires ne renferme, jusqu'à l'acceptation de ceux-ci, qu'une simple indication de payement, et non une délégation; par suite, en cas de décès du vendeur avant le payement indiqué, le prix est réputé faire partie de la succession et doit être compris dans la déclaration de cette succession (Trib. Blois, 31 août 1853, aff. Vigoureux, D. P. 54. 3. 63; Trib. Amiens, 9 févr. 1854, aff. Sorel, *ibid.*).

2328. Il faut que la délégation soit acceptée antérieurement au décès, pour que la créance déléguée ne soit pas sujette au droit de mutation. L'acceptation postérieure au décès ne peut soustraire la créance au prélèvement de l'impôt, encore bien qu'elle produise un effet rétroactif (Trib. Espalion, 24 avr. 1888, aff. de Galignac, *Journ. enreg.*, art. 23268).

2329. Ce que l'on vient de dire de la délégation s'applique au *transport* de créance. Le principe étant le même, la solution est également la même. Jugé que le transport d'une créance fait sous la réserve expresse par le cédant du droit de poursuivre le débiteur, accepté par le cessionnaire à titre de moyen de payement d'une dette du cédant, sans aucune novation ni dérogation à ses droits directement contre lui, ne fait pas sortir du patrimoine de ce dernier la créance transportée; en conséquence, elle doit être comprise dans la déclaration passée à la suite de son décès pour le payement des droits de mutation (Req. 14 juill. 1869, aff. Lebrun Virloy, D. P. 70. 1. 136). Mais, lorsque le transport a été régulièrement consenti et accepté par le cessionnaire antérieurement au décès du cédant, le droit de mutation ouvert par ce décès n'est pas dû sur la créance, lors même que l'acte fait sous seing privé n'aurait pas été enregistré et que la cession n'aurait été ni notifiée au débiteur, ni acceptée par lui, le décès ayant conféré date certaine à l'acte (Trib. Béziers, 9 janv. 1861, aff. Boutonnet, D. P. 61. 3. 63. Conf. Sol. adm. enreg. 12 mars 1873, 23 oct. 1873, 6 juin 1879, *Diction. droits d'enreg.*, v° *Succession*, n° 1385).

2330. La créance frappée d'opposition n'est pas moins être soumise aux droits de mutation dus par suite du décès du créancier, lorsque l'opposition n'a pas été validée par jugement (Req. 14 juill. 1869, cité *suprà*, n° 2329). Mais le jugement qui prononce la validité d'une saisie-arrêt, ayant pour effet de transporter du débiteur au créancier la propriété des sommes saisies-arrêtées, ces sommes ne sont pas sujettes au droit de mutation ouvert par le décès du débiteur, lorsque ce décès est arrivé postérieurement au jugement (Trib. Nérac, 24 févr. 1877, aff. Fauché, D. P. 78. 3. 7).

2331. Il faut, pour que la créance ne soit pas sujette au droit de mutation par décès dû par suite du décès du créancier, qu'elle ait été éteinte antérieurement, soit par le remboursement, soit par l'un des modes prévus par la loi civile. Si c'est le décès même qui produit l'extinction, l'impôt est dû, parce que la créance a été transmise. Ainsi une créance stipulée payable au décès du créancier et conventionnellement *compensable* avec une dette dont sa succession serait tenue à cette époque envers le débiteur doit néanmoins être comprise dans la déclaration de la succession pour être assujettie aux droits de mutation ouverts par son décès (Req. 20 janv. 1858, aff. de Mauny, D. P. 58. 1. 318).— De même, l'héritier doit comprendre dans la déclaration qu'il est tenu de passer pour l'acquit de droits de mutation par décès, nonobstant leur extinction par *confusion*, les créances dont il était débiteur envers la défunt (Trib. Chartres, 25 mars 1859, aff. Régien, D. P. 59. 3. 80; Trib. Nérac, 14 août 1868, aff. Charles, D. P. 69. 5. 176).

2332. Conformément à un principe général dont nous avons déjà rencontré nombre d'applications (V. *suprà*, n°s 62 et suiv.), les allégations des parties ne peuvent prévaloir contre les titres. Toute valeur dépendant de l'hérédité est passible du droit de mutation, quoi que puissent dire les héritiers. Ainsi, pour que les valeurs mobilières composant la dot d'une femme commune puissent ne pas être comprises

dans la déclaration de sa succession, ce n'est pas assez de l'allégation du mari que ces valeurs ont été perdues : il faut une preuve de ce fait appuyée sur des documents sérieux (Trib. Dunkerque, 3 janv. 1850, aff. Richard, D. P. 56. 5. 182);... une créance qui n'est exigible qu'à une époque postérieure au décès du créancier est présumée, au regard de la Régie, exister lors de ce décès, et doit, dès lors, être comprise dans la déclaration de la succession du créancier, à défaut de preuve de son extinction du vivant de celui-ci (Trib. Reims, 28 déc. 1853, aff. C..., D. P. 54. 3. 64; Trib. Bar-sur-Aube, 12 févr. 1857, aff. Pacquetet, D. P. 57. 3. 65);... l'héritier ne peut, après avoir certifié l'exactitude de l'inventaire de la succession, se soustraire au droit de mutation sur une partie des objets inventoriés, en alléguant qu'ils étaient sa propriété personnelle (Trib. Chambéry, 13 mars 1877, aff. Chevallay, D. P. 78. 1. 305).

2333. Mais encore faut-il, pour que l'impôt soit exigible, que la succession comprenne quelque valeur imposable. Spécialement, lorsqu'une veuve ne peut exercer son droit à un gain de survie sur la succession de son mari, parce qu'*il n'a rien laissé,* il n'y a pas lieu à la perception du droit de mutation par décès, encore même que, par suite d'un cautionnement, cette veuve doive recevoir néanmoins la somme qui lui a été laissée (Sol. adm. enreg. 19 avr. 1867, D. P. 67. 5. 175).

2334. Peu importe, au point de vue de l'application de l'impôt, la nature de la créance; peu importe son objet. Ainsi,... la déclaration de la succession d'un propriétaire décédé postérieurement au jugement qui l'a *exproprié* d'un immeuble pour utilité publique, mais avant la signification de ce jugement, doit comprendre l'*indemnité* allouée, et non l'immeuble (Sol. adm. enreg. 4 mai 1881, D. P. 82. 3. 8. Conf. *Rép.* v° *Expropriation pour utilité publique*, n° 331 ; Orléans, 13 nov. 1856, aff. Grandry, D. P. 57. 2. 76). ... La déclaration de la succession de la *femme dotale* doit comprendre la créance lui appartenant contre son mari à raison de la garantie dont il est tenu à défaut d'emploi ou de remploi du prix de biens paraphernaux vendus avec son concours ou du montant de créances paraphernales touchées par lui; l'Administration peut, en ce cas, se prévaloir, comme la femme ou ses représentants, de la présomption établie par la loi contre le mari (Trib. Sisteron, 20 déc. 1869, aff. Donnet, D. P. 72. 5. 491) ; ... Le *capital déposé* entre les mains d'un tiers pour un emploi déterminé doit être soumis au droit de mutation ouvert par le décès du déposant, lorsqu'il n'a pas reçu cet emploi à la date de ce décès (Trib. Chambéry, 13 mars 1877, aff. Chevallay, D. P. 78. 1. 305); ... Le *brevet de maître de poste* constituant, par l'effet du droit de présentation d'un successeur qui y est attaché, une valeur pécuniaire, doit être compris dans la déclaration de la succession du titulaire pour la perception du droit de mutation (Trib. Sisteron, 25 janv. 1854, aff. Mathieu, D. P. 54. 3. 83) ; ... La donation par contrat de mariage au futur, qualifiée entre vifs, actuelle, irrévocable, à titre de préciput et hors part, d'une somme déterminée à prendre sur les plus clairs biens qui composeront la succession du donateur, payable à son décès sans intérêt jusqu'à cette époque, et garantie par une affectation hypothécaire, emporte dessaisissement actuel et donne lieu, en conséquence, au droit proportionnel à l'enregistrement du contrat de mariage (V. *suprà*, n° 2082); et le décès du donataire donne ouverture à un nouveau droit de mutation sur l'objet de la donation, à raison de la nouvelle transmission qui s'opère par suite de ce décès (Trib. Saint-Yrieix, 20 juill. 1880, aff. Blondy, D. P. 81. 3.96).

2335. La question de savoir si, au cas où celui qui a subi un dommage par suite de faits relatifs à l'état de guerre, décède avant d'en avoir obtenu la réparation, le droit de mutation est dû par ses héritiers sur l'*indemnité* à laquelle ils peuvent prétendre, doit être résolue d'après une distinction entre les indemnités allouées à raison de pertes subies par suite de l'exécution de travaux, même en cas d'urgence, pour la défense d'une place en état de guerre, et celles qui peuvent être accordées pour dommages résultant de faits de guerre accidentels. Les premières sont dues en vertu d'un droit dont la loi du 10 juill. 1791 (art. 36, 37 et 38, *Rép.* v° *Place de guerre*, p. 928) et un décret du 10 août 1853 (D. P. 53. 4. 216) ont consacré le principe, et, par suite, elles doivent être égales au préjudice souffert;

mais les secondes, se rapportant à des dommages subis dans le cas de force majeure, ne peuvent être obtenues que par mesures de faveur, et le montant en est fixé discrétionnairement par le pouvoir qui les accorde (V. le rapport de M. le conseiller Dagallier et les conclusions de M. l'avocat général Reverchon sous Req. 24 févr. 1874, aff. Préfet du Rhône, D. P. 74. 1. 346, et la note). S'il s'agit d'une indemnité de la première catégorie, le défunt a transmis à ses héritiers une valeur certaine, une véritable créance, sur laquelle ceux-ci doivent acquitter l'impôt de mutation comme sur tous les autres biens de l'hérédité. S'il s'agit d'une indemnité de la seconde catégorie, le de cujus n'a transmis qu'une simple expectative sans valeur, ni juridique, ni imposable, et non un droit incertain et éventuel ; les héritiers ne peuvent devoir l'impôt sur une chose sans valeur appréciable. Cependant l'Administration a décidé, en sens contraire, sur ce dernier point, que l'indemnité allouée à des héritiers à raison de pertes subies par leur auteur et résultant de faits de guerre, est sujette au droit de mutation qu'ils doivent acquitter, en leur qualité, sur tous les biens de la succession (Sol. adm. enreg. 10 mars 1875, D. P. 77. 3. 6). Mais le tribunal de la Seine s'est prononcé dans le même sens que nous sur l'espèce où il s'agissait d'une indemnité accordée en vertu de la loi du 6 sept. 1871 (D. P. 74. 4. 154) qui a ouvert un crédit de 100 millions pour être distribué à ceux auxquels la guerre avait fait supporter des pertes, et qui avait été allouée aux héritiers de celui qui avait subi le dommage (Trib. Seine, 24 févr. 1874, aff. Leroy, Journ. enreg., art. 19644). Suivant le Dictionnaire des droits d'enregistrement, v° Succession, n° 1461, et un jugement du tribunal de la Seine du 25 janv. 1878 (aff. Maillard, ibid.), le droit de mutation serait dû, audit cas, lorsque l'indemnité a été demandée et obtenue au nom du défunt.

2336. Pour les créances mauvaises et douteuses, une décision du ministre des finances du 12 août 1806 (D. P. 61. 1. 224, 2e col.) a établi, dans les termes suivants, la règle à suivre : « A l'égard des créances plus ou moins certaines, c'est aux parties à faire leur déclaration, comme elles le jugent convenable, sauf à l'Administration à en faire vérifier l'exactitude. On observe seulement que les créances comprises dans les inventaires sont dans le cas de la déclaration et même du payement du droit, à moins que les héritiers ne déclarent expressément qu'ils renoncent à exiger celles devenues caduques par la prescription ou l'insolvabilité des débiteurs ». Mais la jurisprudence, toutes les fois que la question lui a été soumise, a repoussé toute distinction, pour la perception de l'impôt, entre les créances certaines et celles dont le recouvrement est incertain (Rép. n° 4222). L'art. 14, n° 8, de la loi du 22 frim. an 7, a-t-elle dit, suivant lequel la valeur des biens meubles est déterminée, pour la perception du droit de mutation par décès, par la déclaration estimative des parties, ne s'applique qu'aux meubles et effets mobiliers proprement dits qui n'ont pas de valeur fixe et déterminée : elle ne s'étend pas aux créances et autres actes obligatoires dont le chiffre certain est constaté par écrit. A l'égard des créances, la valeur imposable est déterminée, pour la perception des droits de mutation par décès, « par le capital exprimé dans l'acte et qui en fait l'objet », conformément à la règle établie par le n° 2 de l'article, cette disposition étant absolue, générale, et embrassant les créances et autres actes obligatoires, sans distinguer le mode de transmission. Cette règle s'applique aux créances mauvaises ou douteuses, des considérations d'équité ne pouvant empêcher l'exécution de la loi. A l'Administration seule, a ajouté la jurisprudence, appartient la faculté de modérer, selon les cas et dans la mesure de ses attributions, la rigueur des perception sur des créances reconnues par elle absolument irrécouvrables (Civ. cass. 24 avr. 1861, aff. d'Hinnisdal, aff. Capon, aff. Morin, aff. Robert et Couturier, D. P. 61. 1. 222. Conf. Trib. Briey, 19 avr. 1866, aff. Aubrion, D. P. 66. 3. 53-54; Trib. Lyon, 4 avr. 1879, Diction. droits d'enreg., v° Succession, n° 1598 ; Trib. Seine, 4 juin 1880, ibid. ; Trib. Saint-Julien, 30 juin 1880, ibid. ; Trib. Angers, 30 juill. 1880, ibid.).

2337. A la suite des arrêts du 24 avr. cités supra, n° 2336, et en les transmettant à ses receveurs pour leur servir de règle, l'administration de l'enregistrement leur a prescrit de se conformer, comme par le passé, à la décision du 12 août 1806 (V. supra, n° 2336) et de s'abstenir de recouvrer le droit de mutation par décès sur les créances auxquelles les contribuables déclareraient renoncer pour la totalité à raison de l'insolvabilité absolue des débiteurs, sauf à réclamer ces droits ultérieurement en cas de recouvrement des créances en tout ou en partie (Instr. adm. enreg. 15 sept. 1861, n° 2201, § 5).

Les effets de la renonciation dont il s'agit sont appréciés diversement. « La Régie, disent MM. Championnière et Rigaud, t. 4, n° 3629, n'a pas dû s'abuser sur les effets légaux d'une pareille renonciation qui ne peut obliger en rien l'héritier qui l'a faite; il est évident que le ministre a cru trouver dans cette formalité un obstacle aux déclarations trop faciles de non valeurs dont il reconnaissait cependant le principe et la nécessité ». Tel est également le sentiment de M. Demante, t. 2, n° 683-III. Cependant il a été jugé que la renonciation ne permet plus à l'Administration de réclamer les droits de mutation sur la créance qui en a été l'objet qu'en fournissant directement la preuve de la solvabilité du débiteur. « Attendu qu'en usant du pouvoir que lui donnent les instructions du ministre des finances en date des 12 août 1806 et 15 sept. 1861, le receveur de l'enregistrement a décidé qu'il n'y avait pas lieu de percevoir et n'a pas perçu le droit de mutation par décès sur les trois créances auxquelles les héritiers L... ont déclaré renoncer pour la totalité à raison de l'insolvabilité absolue des débiteurs; que ce fonctionnaire a ainsi exercé la faculté qui appartient à l'Administration seule de modérer la rigueur des perceptions sur des créances qu'il aurait reconnues irrécouvrables; mais qu'il est de toute évidence que, lorsque l'Administration a ainsi exercé son droit par son préposé légal, elle ne peut être fondée à rapporter la décision de celui-ci par l'effet d'une volonté ou d'une appréciation arbitraire; que aux termes exprès des décisions ministérielles susdatées, l'Administration ne doit, dans ce cas, réclamer les droits de mutation que lorsque le recouvrement des créances ou la solvabilité des débiteurs démontrent que c'est par erreur que la perception n'a pas été faite » (Trib. Mortagne, 26 août 1875, Diction. droits d'enreg., v° Succession, n° 1601).

Si la preuve de la solvabilité du débiteur résulte d'un acte antérieur à la déclaration, l'Administration est incontestablement fondée à poursuivre le recouvrement du droit de mutation sur la créance. Il en est ainsi, notamment, lorsque cette créance a été comprise, antérieurement à la déclaration de la succession, pour une somme déterminée, au nombre des valeurs actives d'une communauté, dans la liquidation de cette communauté (Trib. Lons-le-Saulnier, 8 nov. 1886, aff. Gerrier, D. P. 87. 5. 198).

2338. En cas de recouvrement de la créance déclarée irrécouvrable, il ne s'agit ni d'un bien rentré dans l'hérédité, ni d'une valeur omise, ni d'une évaluation insuffisante, mais seulement d'une perception insuffisante qu'il y a lieu de rectifier et de compléter, par suite, aucune pénalité n'est applicable; un simple supplément de droit est exigible (Diction. droits d'enreg., v° Succession, n° 1611; Sol. adm. enreg. 19 juill. 1887, D. P. 89. 3. 102).

2339. La règle suivant laquelle le droit de mutation par décès doit être perçu, à l'égard des créances, sur leur valeur nominale, ne s'applique pas au cas où la faillite du débiteur a été déclarée antérieurement au décès, ni à celui où il est constaté que le débiteur était en état de déconfiture (Rép. n° 4221 ; Trib. Nantes, 29 nov. 1850, D. P. 68. 3. 19, note 4; Trib. Montpellier, 14 juin 1852, aff. Michel, D. P. 54. 5. 316). L'administration de l'enregistrement l'a elle-même reconnu en décidant que les héritiers qui ont trouvé dans la succession une créance sur une faillite sont fondés à en limiter la valeur, dans leur déclaration, aux seuls dividendes reçus ou à recevoir encore depuis le décès de leur auteur (Sol. adm. enreg. 11 mai 1866, D. P. 68. 3. 19). — Cependant il a été jugé que le droit de mutation exigible sur une créance à raison de sa transmission par décès est dû, au moment même où la mutation s'opère, sur la totalité du capital exprimé dans l'acte constitutif de cette créance, alors même que le débiteur est en état de faillite. Lorsque, dans ce dernier cas, les parties ont été admises à évaluer la créance dans leur déclaration et qu'il est établi que leur estimation est insuffisante, l'action de l'Administration pour réclamer le supplément de droit exigible se prescrit par deux ans à partir du jour de la déclaration (Trib. Cusset, 11 mai 1887, aff. Nicolas, D. P. 88. 3. 39, et sur pourvoi, Civ. rej. 4 mars 1890, D. P. 90. 1. 203).

Lorsque, pour obtenir sa réhabilitation, le failli paye la partie de la créance dont il lui avait été fait remise par le concordat, cette somme doit, comme bien rentré dans l'hérédité, être soumise à la perception du droit de mutation (Sol. adm. enreg. 11 mai 1866, D. P. 68. 3. 19; 3 mai 1867, ibid.). Décidé également que la somme payée, après le décès du créancier, aux représentants de ce créancier, par le débiteur failli concordataire ou en son nom, en vue d'obtenir sa réhabilitation, constitue une valeur afférente à l'hérédité du créancier et doit, en conséquence, faire l'objet d'une déclaration supplémentaire, dans les six mois de l'acte constatant le payement, pour la perception des droits de mutation par décès (Civ. cass. 26 avr. 1870, aff. Hariague, D. P. 70. 1. 398).

D. — Droits éventuels et litigieux. — Biens rentrés dans l'hérédité.

2340. Les droits éventuels ou litigieux ne doivent pas être confondus avec les créances d'un recouvrement douteux. Pour ces sortes de créances, le droit est certain et constaté, tandis que, pour les droits éventuels ou litigieux, l'existence même du droit est en question. Il suit de là que les droits éventuels et litigieux ne sont point passibles du droit de mutation par décès. Il a été ajouté au Rép. n°s 4223 et suiv. qu'ils ne doivent être portés dans la déclaration que pour mémoire. Cependant il a été jugé que, lorsque l'actif de la succession se compose uniquement d'un droit incorporel purement éventuel et litigieux, dont aucun titre ne constate l'existence, l'héritier n'est tenu, jusqu'à prononciation, par jugement définitif, sur la réalité et la quotité de ce droit, à aucune déclaration, pas même à une déclaration pour mémoire (Trib. Orange, 13 avr. 1853, cité suprà, n° 2276). Là question, en ce qui concerne la déclaration, se rattache à celle de savoir si une déclaration négative est obligatoire au cas où la succession ne comprend aucune valeur appréciable. Or, comme nous l'avons vu, loc. cit., la doctrine et la jurisprudence s'accordent à reconnaître que cette question doit être résolue négativement. La doctrine du jugement du tribunal d'Orange doit donc l'emporter sur celle enseignée au Répertoire.

2341. Si les droits éventuels et litigieux ne sont point sujets à l'impôt, et si, par suite, il n'y a pas obligation de les déclarer, même pour mémoire, à la suite du décès, le droit de mutation leur devient applicable et ils doivent faire l'objet d'une déclaration, dès qu'ils sont déterminés, reconnus et constatés au profit des héritiers. Il s'agit alors de biens rentrés dans l'hérédité. En ce cas, l'héritier a, pour payer l'impôt et souscrire la déclaration supplémentaire, un délai de six mois qui court du jour où l'événement se produit, ainsi qu'on l'a vu supra, n° 2292.

2342. On trouve de nombreux cas de biens rentrés dans l'hérédité dans les circonstances les plus diverses, par suite de transaction, renonciation à communauté ou à succession, annulation de contrats (Rép. n° 4226), etc.; mais le fait se produit le plus souvent par l'effet de la réalisation de droits éventuels ou de la reconnaissance de droits litigieux. Nous en avons vu ci-dessus un exemple dans les décisions intervenues au sujet de la perception du droit de mutation par décès sur les sommes payées à des héritiers, plus ou moins longtemps après la déclaration de la succession, par un failli concordataire en vue d'obtenir sa réhabilitation (V. supra, n° 2339). On en trouvera plus loin un autre au sujet du partage de communauté intervenu postérieurement à la déclaration de la succession et attribuant aux héritiers de l'époux prédécédé la nue propriété de tous les biens de la communauté et à l'époux survivant l'usufruit de ces biens (V. infra, n° 2347).

E. — Partage antérieur à la déclaration de la succession.

2343. En thèse générale, le partage intervenu antérieurement à la déclaration de la succession, doit servir de base pour la liquidation des droits de mutation, qu'il ait pour objet la communauté seulement, ou bien la communauté et la succession de l'époux prédécédé, ou bien cette

succession seulement. Le principe était déjà reconnu à l'époque de la publication du Rép. n° 4239. Il a été confirmé depuis par une série de décisions mentionnées infra, n°s 2344 et suiv., spécialement par un arrêt (Civ. rej. 11 mars 1851, aff. Butel de Sainteville, D. P. 51. 1. 120) qui a nettement formulé la règle que le partage de succession sert de base à la perception du droit de mutation par décès, lorsqu'il est intervenu antérieurement à la déclaration de la succession, et qu'au contraire, il ne peut être pris en considération, pour cette perception, lorsqu'il y a été procédé postérieurement. « Si, porte cet arrêt, l'art. 883 n'est pas applicable quand le partage est postérieur à l'expiration du délai de six mois (dans lequel le droit de mutation doit être payé); c'est parce qu'il s'agit alors d'un fait ultérieur qui, d'après l'art. 60 de la loi du 22 frim. an 7, ne pourrait justifier une demande en restitution de droits régulièrement perçus à l'époque où la perception a été opérée; mais, dans le cas où le partage est antérieur à la déclaration de mutation faite dans le délai légal, il s'agit, non de rendre sans effet une perception régulièrement opérée en l'absence d'un partage qui ne serait intervenu que postérieurement à la perception, mais de savoir ce qui doit être perçu dans l'état de choses existant au moment où la perception a dû avoir lieu » (Conf. Civ. cass. 28 oct. 1889, aff. Velay, D. P. 90. 1. 274).

2344. Par application de cette règle, il a été décidé: 1° que lorsqu'une succession est échue pour un quart à la mère du défunt et pour les trois autres quarts à ses frères et sœurs, et que, dans le partage intervenu antérieurement à la déclaration de la succession, les immeubles ont été attribués à la mère et les valeurs mobilières aux frères et sœurs, les droits de mutation doivent être réglés conformément à ces attributions (Arrêt du 11 mars 1851, cité suprà, n° 2343). — 2° Que l'acte passé entre l'héritier et le mari survivant donataire d'un quart en propriété et d'un quart en usufruit de la succession de sa femme, et par lequel l'usufruit donné est converti en une pleine propriété équivalente, constitue un partage déclaratif, et non attributif de propriété; que, par suite, lorsque cet acte est intervenu antérieurement à la déclaration de la succession, il n'y a pas lieu, comme en matière de disposition d'usufruit, de percevoir le droit de mutation, d'une part, sur la nue propriété de la chose léguée, nue propriété soumise au même droit que la propriété entière, et, d'autre part, sur l'usufruit; que la perception doit être faite sur la pleine propriété de cette chose conformément aux attributions du partage (Civ. cass. 4 janv. 1865, aff. de Chasseloup-Laubat, D. P. 65. 1. 35).

2345. Mais, s'il est vrai de dire, en général, que le partage antérieur à la déclaration de la succession doit être pris pour base de la perception des droits de mutation; il n'en est pas ainsi dans le cas où la succession comprenant des biens situés en France et des valeurs étrangères non assujetties à la loi fiscale française, le partage a attribué ces valeurs à certains héritiers dans une proportion supérieure à leurs parts et où cette attribution anormale peut être considérée comme contenant une soulte en retour de l'abandon, par les héritiers, de tout ou partie des droits que le partage leur assignait dans les biens français; dans ce cas particulier, ce n'est pas le partage, mais la dévolution héréditaire, qui doit régler la perception. Ainsi, la loi russe attribuant à la veuve le quart des biens meubles, le droit de mutation par décès est dû, au taux de 3 pour 100 fixé pour les mutations entre époux, sur le quart des biens meubles dépendant en France de la succession d'un sujet russe, quoique des biens aient été attribués en totalité au fils du défunt par un partage antérieur à la déclaration (Civ. cass. 10 févr. 1869, aff. Basilewski, D. P. 69. 1. 357, et sur nouveau pourvoi, Ch. réun. cass. (et non Civ.) 21 juin 1875, D. P. 75. 1. 429). Il est à remarquer que le partage dont il s'agissait comprenait des biens situés en France et des valeurs étrangères non assujetties à la loi fiscale française. Actuellement, toutes les valeurs mobilières étrangères, de quelque nature qu'elles soient, dépendant d'une succession régie par la loi française ou de la succession d'un étranger domicilié en France avec ou sans autorisation du Gouvernement, sont assujetties à l'impôt de mutation par décès (L. 23 août 1871, art. 3 et 4) (V. supra, n°s 2268 et suiv.); et, par suite, sont assimilées, au regard de la loi fiscale, aux valeurs françaises. Il s'ensuit que le partage de succession qui comprendrait de semblables valeurs devrait, comme le partage de biens français, servir de base à la perception des droits de mutation par décès.

2346. D'un autre côté, si l'acte n'a de partage que le nom et constitue, en réalité, une convention différente, il ne peut pas servir de base à la déclaration de la succession. Il en est ainsi du contrat par lequel le légataire de l'usufruit de toute la succession abandonne au légataire universel le bénéfice de son legs, moyennant une rente viagère. Le droit de mutation par décès est dû, en ce cas, sur la valeur de l'usufruit indépendamment de celui dû par le légataire universel sur la valeur de la propriété, et non pas seulement sur le capital de la rente viagère distrait de l'actif de la succession (Civ. rej. 21 août 1861, aff. de Colbert, deux arrêts, D. P. 61. 1. 392. V. *Rép.* n° 103. et v° *Vente*, n° 1680-3°). De même, l'acte de liquidation de la communauté et de la succession de la femme prédécédée, portant attribution en pleine propriété de valeurs communes au mari survivant pour le remplir de ses droits comme légataire de l'usufruit de tous les biens de la succession, constituant un échange, et non un partage, ne peut servir de base pour la perception des droits de mutation par décès (Civ. cass. 4 août 1869, aff; Guillaume, D. P. 70. 1. 37. V. *suprà*, n° 1240).

2347. D'après la règle établie par l'arrêt du 11 mars 1851 cité *suprà*, n° 2343, le partage intervenu *postérieurement* à la déclaration de la succession ne peut justifier la restitution pour aucune partie des droits perçus, parce qu'il s'agit alors d'un fait ultérieur qui, d'après l'art. 60 de la loi du 22 frim. an 7, ne saurait justifier aucune restitution. — La question s'est élevée de savoir si, au cas où l'application du partage déterminerait l'exigibilité d'un *supplément de droits*, une déclaration nouvelle ne devait pas être souscrite pour le payement de ce supplément. L'Administration s'est d'abord prononcée pour la négative (Délib. adm. enreg. 8 janv. 1830, *Rép.* n° 4247). La cour de cassation a confirmé indirectement cette doctrine en décidant, dans des espèces où le partage de communauté intervenu postérieurement au payement du droit de mutation avait attribué la nue propriété de la totalité des biens communs aux héritiers de l'époux prédécédé, et l'usufruit au conjoint survivant, que lesdits héritiers étaient débiteurs, à la cessation de l'usufruit, du droit de mutation sur la seconde moitié des biens communs qu'ils avaient recueillie tant par l'effet du partage que par l'effet du décès de l'époux survivant (Req. 2 août 1841, *Rép.* n° 4543), mais qu'ils ne pouvaient être contraints à payer ce supplément de droit avant l'extinction de l'usufruit (Req. 20 nov. 1866, aff. Lautru, D. P. 67. 1. 103).

L'administration de l'enregistrement est revenue sur la doctrine qu'elle avait adoptée dans la délibération précitée du 8 janv. 1830. Elle a établi en principe que, dans le cas où le partage de communauté intervenu postérieurement à la déclaration de la succession de l'époux prédécédé a attribué aux héritiers de cet époux la nue propriété de tous les biens communs et au conjoint survivant l'usufruit, un droit supplémentaire de mutation doit être acquitté par les représentants de l'époux défunt dans les six mois du partage, à peine d'un demi-droit en sus (Délib. adm. enreg. 17 août-10 déc. 1853 ; 24 août 1864). Cette doctrine a définitivement prévalu dans la jurisprudence. La cour de cassation a jugé, en effet, que les dispositions de la loi fiscale concernant les déclarations de mutations par décès, le délai dans lequel elles doivent être souscrites et la pénalité applicable en cas de contravention, s'appliquent, dans leur généralité, à tous les biens recueillis à titre héréditaire, à quelque époque que ce soit. Il s'ensuit que, si un événement postérieur au décès fait rentrer dans la succession des valeurs qui n'en dépendaient pas au jour de son ouverture ni à celui de la déclaration de la succession, cet événement donne lieu à un nouveau droit de mutation auquel s'appliquent, dans leur intégralité, les règles établies pour cet impôt, sauf en ce qui concerne le point de départ du délai qui se trouve nécessairement reporté au jour de l'événement. Ainsi, au cas où, postérieurement au payement du droit de mutation par les héritiers d'une femme commune sur la moitié des biens acquêts, un partage leur attribue la totalité de ces biens et l'usufruit au mari, un nouveau droit de mutation est dû par les héritiers sur la moitié qui n'a pas supporté l'impôt. Et une déclaration complémentaire doit être souscrite pour le payement de ce droit, dans le délai de six mois à compter du jour du partage, à peine du demi-droit en sus (Civ. cass. 5 mars 1883, aff. Fergon, D. P. 83. 1. 396 ; 19 juill. 1887, aff. Petit, D. P. 88. 1. 121. Conf. Trib. Seine, 7 juin 1878, aff. Gérard, D. P. 78. 3. 77 ; Trib. Versailles, 6 avr. 1880, aff. Lenoël, D. P. 81. 5. 173).

F. — Office.

2348. Le droit de mutation est dû sur la valeur d'un office transmis par décès, comme sur tous les biens propres du défunt (*Rép.* n°* 4234, 4231 et 4232). La loi du 25 juin 1841 a établi un système particulier de perception de l'impôt pour tous les cas de transmission d'offices. De même qu'au *Répertoire*, ce système a été étudié, dans son ensemble, à la section précédente, art. 2, § 3, n° 1 (V. *suprà*, n°* 920 et suiv.). Spécialement, les questions se rapportant aux transmissions par décès d'offices ont été traitées *suprà*, n°* 924 et suiv.

G. — Retrait d'indivision.

2349. On a vu que l'Administration admet aujourd'hui, conformément à la doctrine d'un arrêt (Civ. rej. 17 févr. 1886, aff. Commune de Bazas, D. P. 86. 1. 249), que, dans le cas de l'art. 1408 c. civ., c'est-à-dire d'acquisition par le mari de tout ou partie d'un immeuble dont la femme était propriétaire par indivis, on doit présumer que le mari, agissant dans le but de faire cesser l'indivision, a stipulé dans l'intérêt de la femme, en vertu d'un mandat tacite de cette dernière, et considérer comme propre de la femme la portion d'immeuble ainsi acquise, s'il n'est pas établi que cette portion ait été abandonnée à la communauté (V. *suprà*, n°* 1350 et suiv. ; *Rép.* n°* 4254 et 4255). Il s'ensuit, en ce qui concerne la perception des droits de mutation par décès, que ce droit n'est exigible que dans le cas de décès de la femme, qu'il est dû alors sur la totalité de la portion acquise, et qu'au cas de décès du mari, aucun droit n'est exigible de ce chef.

Mais il n'en est ainsi qu'autant que les héritiers de la femme prédécédée usent de leur droit de conserver l'immeuble ; si au contraire, ils déclarent ne pas vouloir exercer ce droit, les parts acquises pendant le mariage demeurent la propriété du mari et ne sont, dès lors, pas sujettes au droit de mutation ouvert par le décès de la femme. Ainsi, jugé que, lorsque, pendant le mariage contracté sous le régime dotal, le mari a acquis seul les droits indivis des cohéritiers de sa femme, et qu'après le décès de celle-ci ses héritiers ont déclaré ne pas vouloir les retenir, ces droits sont la propriété du mari et que, par suite, les héritiers de la femme n'ont pas à les comprendre dans la déclaration de sa succession (Trib. Largentière, 6 févr. 1872, aff. Brun, D. P. 73. 5. 220).

H. — Reprises.

2350. Les reprises de la femme constatées par le contrat de mariage constituent des créances contre son mari, et doivent être comprises dans la déclaration de la succession de la femme (*Rép.* n° 4258). Ainsi, la déclaration de la succession de la femme dotale doit comprendre la créance lui appartenant contre le mari à raison de la garantie dont il est tenu à défaut d'emploi ou de remploi du prix de biens paraphernaux vendus avec son concours ou du montant de créances paraphernales touchées par lui ; l'administration de l'enregistrement peut, en ce cas, se prévaloir, comme la femme ou ses représentants, de la présomption établie par la loi contre le mari (Trib. Sisteron, 20 déc. 1869, cité *suprà*, n° 2334). Et l'héritier qui, en acquittant les droits de mutation par décès sur la moitié de la communauté qui existait entre le défunt et son conjoint survivant, a omis de faire mention des reprises qu'il avait à exercer, et qui augmentent sa part dans la communauté, est passible, relativement à cette différence, de l'amende du droit en sus,... et cela nonobstant sa bonne foi, et encore bien qu'il ait produit à la régie l'inventaire énonçant les reprises respectives des époux (Trib. Vouziers, 18 mai 1854, aff. N..., D. P. 56. 5. 182). Mais le droit de mutation par décès n'est pas dû sur la dot qui n'a point été payée, quoique le contrat de mariage porte que la célébration du mariage en vaudra quittance au donateur (V. *suprà*, n° 2088).

Sect. 3. — Droits sur les jugements (*Rép.* n°ˢ 4260 à 4366.)

2351. Les jugements donnent ouverture, suivant leur objet, soit au droit fixe, soit au droit proportionnel (*Rép.* n° 4260).

Nous avons vu, dans différentes divisions du chap. 3 qui précède et se rapporte à la perception des droits fixes, de nombreuses applications de ces droits aux jugements qui ne renferment ni obligation, ni libération, ni transmission de propriété d'usufruit ou de jouissance. On se bornera ici, comme au *Répertoire*, à résumer la matière en rappelant, dans leur ensemble, les diverses quotités du tarif. Mais ce résumé qui a été fait au *Rép.* n°ˢ 4278 à 4287 incidemment, dans la partie consacrée au droit proportionnel de condamnation, sera ici, pour plus de clarté, l'objet d'un article spécial.

2352. Les jugements peuvent donner ouverture à plusieurs espèces de droits proportionnels qui sont : 1° le *droit de condamnation*, qui frappe le jugement lui-même à raison des condamnations qu'il prononce ; 2° le *droit de titre*, qui est perçu à raison des conventions dont le jugement tient lieu ; 3° enfin le *droit d'adjudication, de résolution et de rétrocession*, qui atteint le jugement, lorsqu'il opère une transmission de propriété. La perception de ce dernier droit proportionnel a été étudiée dans la section précédente, art. 2, § 1er, n° 2 (Adjudications, Reventes à la folle enchère et Adjudications sur surenchère, V. *suprà*, n°ˢ 1114 et suiv.) et n° 3 (Résolutions de contrats, Rétrocession de propriété et d'usufruit d'immeubles, V. *suprà*, n°ˢ 1140 et suiv.). Il n'est question ici que des deux autres espèces de droits proportionnels.

Sous le titre « *Droit de condamnation* », il a été traité au *Répertoire*, non seulement de ce droit, mais aussi de ceux de *liquidation* et de *collocation* qui sont de même nature. Pour faciliter les recherches, nous consacrerons un article spécial à chacun des droits en question.

2353. L'art. 7 de la loi du 22 frim. an 7 avait établi, pour l'enregistrement des jugements, une distinction suivant laquelle la formalité devait être donnée aux uns sur la minute, aux autres sur l'expédition. Cette distinction a été effacée par l'art. 38 de la loi du 28 avr. 1816, qui a soumis à l'enregistrement sur la minute « tous actes judiciaires en matière civile, sans exception », ce qui s'applique aux actes judiciaires et à l'expédition, quel qu'en soit l'objet. Les décisions de la jurisprudence auxquelles l'art. 7 de la loi de frimaire an 7 a donné lieu sont rapportées au *Rép.* n°ˢ 4263 à 4270.

Art. 1er. — Droits fixes (*Rép.* n°ˢ 4278 à 4287.)

2354. Les diverses quotités de droits fixes applicables aux jugements, ayant été augmentées de moitié par l'art. 4 de la loi du 28 févr. 1872, sont aujourd'hui de, savoir : ... 1 fr. 50 cent. pour les jugements énumérés au *Rép.* n° 4278 ; ... 3 fr. pour ceux mentionnés *ibid.* n° 4280 ; ... 4 fr. 50 cent. pour les jugements et les ordonnances indiqués *ibid.* n° 4281 ; ... 7 fr. 50 cent. pour les jugements et les arrêts qui font l'objet du n° 4282 ; ... 15 fr. pour ceux énoncés *ibid.* n° 4283 ; ... 22 fr. 50 cent. pour les jugements dont il est question *ibid.* n° 4284 ; ... 37 fr. 50 cent. pour les arrêts que relate le n° 4285 ; ... 75 fr. pour les jugements auxquels se rapporte le n° 4286 ; ... 150 fr. pour les arrêts énoncés *ibid.* n° 4287.

2355. En ce qui concerne les jugements des *prud'hommes*, il est dit au *Rép.* n° 4278 que, d'après une décision du ministre des finances du 20 juin 1809, ces jugements ne sont sujets au droit d'enregistrement que dans les cas de condamnation de sommes au-dessus de 25 fr. ou de contestations dont l'importance est indéterminée. Cette même

décision porte que toutes les fois que l'objet de la contestation n'excède pas 25 fr., la formalité est donnée *gratis*. Cette décision sert toujours de règle dans la pratique, bien qu'elle ne soit pas conforme à la loi (Comp. Demante, t. 1, n° 853, note 1).

2356. Les jugements préparatoires ou interlocutoires des tribunaux civils et de commerce, ceux en dernier ressort contenant des dispositions définitives, ne sont passibles (*Rép.* n° 4281-3°) que du droit fixe de 3 fr. (aujourd'hui 4 fr. 50), mais les jugements des mêmes tribunaux rendus en premier ressort donnent lieu au droit de 5 fr. (aujourd'hui 7 fr. 50), lorsqu'ils contiennent des dispositions définitives ne donnant pas ouverture au droit proportionnel (*Rép.* n° 4282-1°).

Il a été décidé : 1° qu'il y a lieu de considérer comme définitifs, et comme passibles par suite d'un droit de 5 fr. (7 fr. 50 cent.), et non de 3 fr. (4 fr. 50 cent.), soit le jugement qui nomme un curateur à une succession déclarée vacante, soit celui qui désigne un curateur à une succession bénéficiaire, soit celui qui nomme un administrateur provisoire pour gérer les biens d'un individu placé dans un hospice d'aliénés (Sol. adm. enreg. 23 mars 1865, D. P. 65. 3. 57) ; — 2° Qu'on doit également considérer comme définitif et sujet, en conséquence, au droit de 7 fr. 50 cent., et non pas seulement à celui de 4 fr. 50 cent., le jugement qui fait réserve à l'une des parties de ses droits au sujet d'une somme qu'elle réclame (Trib. Nice, 22 déc. 1879, *Journ. enreg.*, art. 21248). « Attendu, dit ce dernier jugement, que la réserve de tous les droits de Canapa au sujet d'une somme de 65 fr. pour fournitures étrangères au marché, résultant du jugement dont s'agit présente un caractère définitif ; que, cette réserve est jugée d'une manière claire, précise et invariable ; que, dès lors, elle donne ouverture à un droit fixe de 7 fr. 50 cent. et non de 4 fr. 50 cent. applicable aux dispositions préparatoires ».

2357. L'art. 68, § 8, n° 2, de la loi du 22 frim. an 7 ne tarife au droit fixe de 15 fr. (aujourd'hui 22 fr. 50 cent.) que les jugements de séparation de biens (*Rép.* n° 4284). L'Administration applique ce tarif aux jugements prononçant la séparation de corps et de biens (V. Civ. rej. 14 févr. 1834, aff. Roussel, D. P. 54. 1. 78).

Mais, comme les arrêts des cours d'appel ne sont tarifés à 25 fr. (aujourd'hui 37 fr. 50 cent.) que lorsqu'ils prononcent la séparation de corps (*Rép.* n° 4285), il s'ensuit que les arrêts qui statuent sur appel d'un jugement de séparation de biens, ne sont passibles que du droit fixe de 10 fr. (aujourd'hui 15 fr.) (*Diction. droits d'enreg.*, v° *Jugement*, n° 443).

2358. En ce qui concerne les jugements prononçant un divorce, V. *suprà*, n°ˢ 515 et suiv.

2359. Lorsque, par les dispositions qu'il renferme, un jugement donne lieu au droit gradué de 1 pour 1000, ce droit est perçu ; mais le droit fixe qu'il remplace n'est plus applicable.

2360. Les jugements donnent lieu à la perception d'autant de droits d'enregistrement qu'il y a, dans leur texte, de dispositions distinctes, indépendantes les unes des autres. On en verra un exemple à l'égard des jugements qui sont sujets à la perception simultanée du droit de condamnation et du droit de titre (V. *infrà*, n° 2389). Mais, pour que des droits différents soient exigibles, il faut que les dispositions soient réellement indépendantes : il en est, à cet égard, des jugements comme des actes civils. Décidé, sur ce point, que la rectification d'un nom patronymique sur tous les actes de l'état civil concernant une même famille n'est sujette qu'à un seul droit d'enregistrement, quel que soit le nombre des membres de cette famille qui s'aient demandée (Sol. adm. enreg. 25 juin 1868) (1).

Art. 2. — Droit de condamnation (*Rép.* n°ˢ 4271 à 4317.)

2361. Le droit proportionnel de condamnation est de 50 cent. pour 100 (L. 22 frim. an 7, art. 69, § 2-9°) (*Rép.* n° 4271). Il s'élève à 2 pour 100, lorsque la condamnation

(1) Le nom de famille fait partie du patrimoine commun, au même titre que les biens du défunt. Or, les héritiers étant cointéressés en matière fiscale quand ils agissent pour réclamer la fortune de leur auteur, on ne saurait leur méconnaître cette qua-

lité quand ils poursuivent la revendication de leur nom de famille. Il faut remarquer, en effet, que la rectification légale de ce nom s'étend de plein droit à tous les membres de la même famille. Les conséquences de cette rectification ne sont

est prononcée pour *dommages-intérêts*, soit en matière criminelle, correctionnelle et de police (Même loi, § 5-8°), soit en matière civile (L. 27 vent. an 9, art. 11). Il a été traité de la perception de ce droit de 2 pour 100 *suprà*, n°⁵ 802 et suiv. Il n'est donc question ici que du droit ordinaire de condamnation à 50 cent. pour 100.

2362. Il faut, pour que le droit de condamnation soit exigible, que le jugement prononce, suivant les termes mêmes de la loi, une « condamnation, collocation ou liquidation de sommes ou valeurs mobilières, intérêts et dépens entre particuliers ». Il est dû, malgré l'*incompétence* du juge qui a prononcé la condamnation (*Rép.* n° 4273), abstraction faite de la perception établie sur l'acte duquel résulte la condamnation (*Rép.* n° 4274). — L'art. 68, § 1er-6°, de la loi de frimaire qui n'assujettit qu'au droit fixe les actes d'exécution et de complément (V. *suprà*, n°⁵ 255 et suiv.), ne visant que les *actes*, ne s'applique pas aux jugements (V. *ibid.*). Ainsi, le jugement portant déclaration, par interprétation des dispositions d'un titre exécutoire enregistré, de l'exigibilité de la somme qui fait l'objet de ce titre, et détermination des délais dans lesquels le payement devra en être effectué, donne lieu à la perception du droit proportionnel de condamnation, alors qu'il ne prononce pas, en propres termes, une condamnation (Trib. Boulogne, 4 août 1870, aff. Bourgois, D. P. 72. 5. 186). De même, le jugement qui, tenant pour reconnue l'écriture d'un acte sous seings privés de cession de créance, ordonne, en outre, que cet acte produira son effet à l'égard du débiteur cédé, appelé au procès, donne droit à la perception du droit proportionnel de condamnation, alors même que l'acte aurait été enregistré et qu'il n'y aurait eu, de la part du débiteur cédé, aucune résistance de nature à rendre pour le moment nécessaire le prononcé du jugement (Trib. Seine, 22 févr. 1854, aff. Vallet, D. P. 54. 3. 67). Mais le droit proportionnel ne serait pas exigible, si le tribunal se bornait simplement à reconnaître l'existence du titre (*Rép.* n° 4291).

2363. Le droit de condamnation n'est pas dû sur le jugement rendu dans la même cause et contenant les mêmes dispositions qu'un premier jugement, annulé pour vice de forme et sur lequel le droit de condamnation a été perçu (*Rép.* n° 4275). Ce point n'a jamais fait difficulté; mais c'était une question vivement controversée que celle de savoir si, au cas où un jugement donnant lieu au droit de condamnation avait été annulé ou réformé avant que ce droit eût été acquitté, le recouvrement de ce droit pouvait être poursuivi malgré l'annulation du jugement. Les tribunaux décidaient, les uns que l'on peut réclamer les droits d'un jugement, bien qu'il ait été annulé sur appel (Trib. Castelnaudary, 10 juin 1853, Garnier, *Rép. gén. enreg.*, n° 10438-1°) ou sur opposition (Trib. Chalon-sur-Saône, 23 juin 1858, *ibid.*); les autres, que la perception devait être établie d'après les dispositions du second jugement, sans égard à la décision réformée (Trib. Seine, 9 mars 1858). La question doit être considérée comme tranchée en ce dernier sens, d'après la doctrine établie récemment par un arrêt, aux termes duquel l'obligation de payer les droits dus est subordonnée, conformément au droit commun, à la condition résolutoire qu'ilne soit pas justifié, avant la perception, que le contrat qui y donnait lieu a cessé d'exister par suite d'une annulation prononcée en justice, et, lorsque cette preuve est fournie, l'obligation née au profit du Trésor se trouve anéantie à partir de l'instant même où elle avait commencé, la perception ne peut être opérée (Civ. cass. 28 janv. 1890, aff. Hirou, D. P. 90. 1. 177, cité *suprà*, n° 145).

2364. La détermination du caractère que doit présenter une condamnation, pour donner ouverture au droit proportionnel de 50 cent. pour 100, a soulevé des difficultés.

On admettait, à l'époque de la publication du *Répertoire*, la perception de ce droit sur le jugement condamnant le défendeur à fournir des objets déterminés qu'il devrait se procurer; mais on repoussait cette perception toutes les fois que la condamnation, s'appliquant à un objet spécifié appartenant au demandeur, obligeait seulement le défendeur à restituer la chose même qu'il avait reçue et qu'il détenait indûment. Le droit, disait-on, ne peut être dû sur un acte ou un jugement qu'autant que cet acte ou ce jugement opère obligation, libération ou transmission, en d'autres termes, qu'autant qu'il confère, sur les choses qui en sont l'objet, un droit de propriété ou de jouissance; il est inapplicable aux jugements dont l'unique résultat est de faire rentrer le demandeur en possession d'une chose à laquelle il a droit à un titre quelconque, attendu qu'en ce cas il y a, non pas transmission, mais seulement restitution d'une chose qui, dès avant le jugement, appartenait à celui qui l'a obtenue. On invoquait, à l'appui de cette doctrine, les travaux préparatoires de la loi de l'an 7, le rapport de Duchâtel (*Rép.* n° 27, note, § 5), trois jugements du tribunal de la Seine, des 15, 12 juin et 17 juill. 1858, et un arrêt par lequel la cour de cassation a repoussé l'application du droit proportionnel sur un jugement qui avait ordonné à l'un des créanciers d'un failli de rendre compte d'objets mobiliers qu'il avait reconnu avoir en sa possession (Civ. rej. 16 janv. 1822, *Rép.* n° 4290).

2365. L'Administration de l'enregistrement a combattu cette thèse. Elle a soutenu que le droit de condamnation ne suppose pas nécessairement un déplacement dans la propriété; qu'il doit, suivant l'expression d'un arrêt, être considéré « comme une indemnité des frais de justice » (Civ. rej. 17 mars 1830, *Rép.* n° 116); que, par conséquent, il est exigible dès que le jugement peut servir de titre pour obtenir la remise ou la restitution de sommes ou de valeurs mobilières. — M. Demante enseignait la même doctrine dans les deux premières éditions de son ouvrage, mais il s'est montré moins affirmatif dans la troisième. Après avoir défini la condamnation, la collocation, la liquidation, il s'exprime ainsi : « Ces différents actes sont manifestement étrangers à l'idée de la transmission de la propriété; ils se rapprochent quelque peu de la notion de l'obligation, non pas qu'ils la créent, mais ils la sanctionnent et la garantissent. On pourrait donc, à toute force, faire rentrer ce troisième chef (d'exigibilité) dans le second, mais il me paraît meilleur et plus simple d'en faire un chef spécial d'exigibilité du droit proportionnel » (3e éd., t. 1, n° 24-III). — M. Naquet, t. 1, n° 21, enseigne que les jugements portant condamnation, liquidation ou collocation, ne libèrent, ne transmettent ni n'obligent; pour que le droit proportionnel soit dû, il faut qu'il y ait une condamnation de sommes ou valeurs, que la condamnation a ce caractère dans le cas où elle contient l'ordre de payer une somme d'argent ou de remettre des valeurs; qu'elle ne l'a pas, au contraire, lorsqu'elle ordonne d'accomplir un fait déterminé tel qu'un partage, une reddition de compte, etc., ou se borne à constater l'existence d'un droit, sans contraindre le débiteur à l'exécuter, comme cela a lieu pour le jugement qui prononce la séparation de biens sans obliger le mari à restituer la dot de sa femme, ou encore quand un tribunal reconnaît un droit de propriété immobilière (*Ibid.*, t. 2, n°⁵ 723 et 724).

L'appréciation exprimée dans l'arrêt précité du 17 mars 1830, que le droit de condamnation doit être considéré « comme une indemnité des frais de justice » ne paraît pas pouvoir être admise. Comme le dit très bien M. Naquet, « le payement d'un droit proportionnel est en rapport avec l'importance du service rendu; c'est tout au plus si le droit fixe pourrait être considéré comme une indemnité des frais de justice » (*loc. cit.*, n° 717). Toutefois, on verra au titre 3 du traité qui sera consacré aux *droits d'hypothèque* que le droit proportionnel de transcription à 1 fr. 50 cent. pour 100 est considéré, dans beaucoup d'arrêts, comme représentant le prix de la formalité de la transcription au bureau des hypothèques.

2366. La cour de cassation a établi en principe que, par l'expression de *condamnation* employée dans la loi pour appliquer la pluralité de droits. Les différentes dispositions par lesquelles le tribunal ordonne les modifications réclamées ne sont, dans leur ensemble, que l'exécution d'un même fait. Le jugement n'est donc passible que d'un seul droit.

Du 25 juin 1868.-Sol. adm. enreg.

---

pas sans doute indivisibles, en ce sens que l'un des enfants peut s'abstenir de poursuivre la modification demandée par son frère, ou juger inutile de faire rectifier tel ou tel acte de son état civil. Mais, dès l'instant qu'il s'est joint aux demandeurs et a sollicité la rectification de tous les actes où l'ancien nom se trouve inscrit, on ne saurait décomposer la procédure

fiscale, ou doit entendre toute décision, quelle que soit, d'ailleurs, sa dénomination de collocation ou de liquidation, qui *forme titre* en faveur de l'une des parties contre l'autre (Req. 4 juin 1834, aff. Cuisignier-Gohin, D. P. 54. 1. 174). D'autre part, on a donné à l'application du droit de condamnation une extension qu'il n'avait pas dans le principe en sanctionnant cette perception sur des jugements ordonnant la restitution de titres et valeurs qui étaient la propriété de celui au profit duquel le jugement l'avait prescrite. Jugé, en effet ; 1° que le jugement portant condamnation d'un débiteur à restituer de titres d'actions et d'obligations lui appartenant, qui, aux termes de la convention passée entre lui et son créancier, devaient demeurer entre les mains de ce dernier à titre de gage pour la garantie de ses avances, a pour effet, non seulement de reconnaître l'existence du contrat de gage, mais encore de conférer au créancier gagiste un titre particulier, afin d'obtenir le bénéfice de la convention neutralisée par la contradiction du débiteur. En conséquence, ce jugement est passible du droit proportionnel d'enregistrement de 50 cent. pour 100 fr. auquel la loi fiscale assujettit les condamnations de valeurs mobilières (Civ. rej. 2 janv. 1878, aff. Aconin et Lécuyer, D. P. 78. 1. 177); — 2° Que le jugement portant condamnation du défendeur à restituer au demandeur des titres et valeurs, et, à défaut, à lui verser, à titre de restitution, une somme déterminée, donne lieu au droit proportionnel de condamnation à 50 cent. pour 100 fr. Ce jugement renferme, non une obligation alternative, mais deux condamnations distinctes, l'une principale et certaine, l'autre subsidiaire et subordonnée à la non restitution des titres; en conséquence, le fait que les titres ont été restitués ne lui enlève pas son caractère de jugement de condamnation de valeurs mobilières (Civ. cass. 6 juin 1882, aff. Roubichon et Escande, D. P. 82. 1. 427) ; — 3° Que le jugement annulant un pacte de famille, en vertu duquel, après le décès de son père et en vue de se conformer à ses désirs, un fils avait constitué en dépôt, pour y demeurer indisponibles pendant sa vie, des valeurs mobilières de la succession dans les mains d'un tiers, et ordonnant à ce tiers, qui avait refusé de se dessaisir et s'en était rapporté à justice, de restituer le dépôt au conseil judiciaire du déposant, porte condamnation à des valeurs mobilières et donne lieu, par suite, au droit proportionnel de 50 cent. pour 100 (Civ. rej. 20 févr. 1883, aff. Guntzberger, D. P. 83. 1. 235-236) ; — 4° Que le jugement ordonnant le transfert et la livraison, contre payement du prix convenu, d'actions de société qu'il reconnaît avoir été cédées réellement, est passible du droit de condamnation à 50 cent. pour 100 (Civ. rej. 30 déc. 1884, aff. Blanchard, D. P. 85. 1. 202).

Il a encore été décidé que le droit de condamnation est dû; ... sur le jugement portant condamnation du défendeur à remettre au demandeur des actions libérées d'une société pour une valeur déterminée représentative d'un apport et d'avantages stipulés par le demandeur en vue de la formation de la société qui ne s'est réalisée que plusieurs années après (Trib. Seine, 26 janv. 1867) (1) ;... Sur le jugement qui ordonne la restitution de *titres nominatifs* déposés chez un banquier pour en encaisser les coupons (Trib. Rouen, 17 déc. 1877, Journ. enreg, art. 21656). Mais, ainsi que l'Administration elle-même l'a reconnu, le droit n'est pas applicable au jugement ordonnant que des *billets* souscrits au profit d'un vendeur en payement d'un prix de vente, seraient restitués par celui-ci à *l'acquéreur évincé*. En effet, il n'y a pas, à proprement parler, dans ce cas, restitution de valeurs mobilières; les billets souscrits et réclamés par l'acheteur n'auraient pour lui aucune valeur, et le jugement qui condamne le vendeur à les lui restituer n'aura

pour lui d'autre utilité que de lui procurer la faculté de les détruire (Sol, adm. enreg. 26 juill, 1877, Journ. enreg., art. 20672).

2367. Le jugement portant *débouté d'opposition* à un commandement formé en vertu d'un titre exécutoire et ne contenant aucune condamnation ni explicite, ni implicite, n'est sujet qu'au droit fixe (Rép. n° 4192). Cela ne paraissait pas devoir faire difficulté en présence des termes formels de l'art. 68, § 3-7°, de la loi de frimaire an 7 qui tarife au droit fixe de 3 fr. (aujourd'hui 4 fr, 50) les jugements portant débouté d'opposition. Mais, suivant l'administration de l'enregistrement, si, d'après l'art. 68 de la loi de frimaire, les jugements portant débouté d'opposition ne sont passibles que du droit fixe, c'est à la condition, réservée par la loi elle-même, qu'ils ne donnent pas ouverture au droit proportionnel. La question revient toujours à discerner si le jugement portant débouté d'opposition renferme une condamnation. Il n'est pas besoin que le tribunal prononce une condamnation en termes sacramentels : une condamnation virtuelle ou implicite suffit. Or le but de l'opposition étant d'empêcher l'exécution d'un acte, le jugement qui écarte cette opposition et ordonne la continuation des poursuites produit l'effet d'une véritable condamnation. Il confère à celui qui l'a obtenu un titre distinct s'ajoutant à ceux, quelle qu'en soit la nature, qu'il possédait déjà, avec les avantages (hypothèque judiciaire, etc.) inhérents aux décisions de la justice. — Cette doctrine subtile a été justement repoussée par la cour de cassation. Elle a décidé que le jugement portant débouté d'opposition à un commandement formé en vertu d'un titre exécutoire et ne contenant aucune condamnation ni explicite, ni implicite, n'est sujet qu'au droit fixe d'enregistrement (Req. 26 févr. 1878, aff. de Granrut, D. P. 78. 1. 307), lors même que les moyens d'opposition présentés étaient tirés du fond du droit, cette circonstance ne suffisant pas pour imprimer au jugement le caractère d'un jugement de condamnation dès qu'il n'ajoutait rien aux moyens d'exécution que le créancier trouvait déjà dans le titre primitif (Civ. cass, 26 mars 1889, aff. Amanieux, D. P. 90. 1. 40, Conf. Trib. Senlis, 13 juin 1876, D. P. 76. 5. 200). — Jugé, de même, que le droit proportionnel de condamnation n'est pas applicable au jugement qui, statuant sur l'opposition formée par un acquéreur à la sommation de payer ou de délaisser à lui signifiée à la requête d'un créancier inscrit, le déboute de son opposition et ordonne la continuation des poursuites (Trib. Strasbourg, 31 mai 1870, aff. Hortsmann, D. P. 72. 3. 54).

Ces décisions paraissent fondées. La perception du droit fixe sur les jugements portant débouté d'opposition se justifie d'autant mieux que ce n'est pas seulement la disposition de la loi fiscale les visant nommément qui s'y applique, c'est encore celle portant *décharge et renvoi de demande*. En effet, le débiteur qui forme opposition aux poursuites dirigées contre lui en vertu d'un titre exécutoire est demandeur, et, s'il succombe dans ses prétentions, il y a bien *renvoi de demande*. — Les rédacteurs du *Dictionnaire des droits d'enregistrement* se sont prononcés dans le même sens v° *Jugement*, n° 615. M. Garnier soutient, au contraire, que le droit proportionnel de 50 cent. pour 100 est dû sur le jugement de débouté d'opposition, attendu qu'il produit, à différents point de vue, les effets d'un jugement de condamnation (Rép. gén. enreg., n° 10383; Rép. pér. enreg., art 4966 et 7243).

L'Administration elle-même a reconnu que le jugement par lequel un acquéreur est débouté de sa demande en discontinuation des poursuites exercées contre lui par les

---

(1) (Demontry C. Enreg.) — Le tribunal; — Attendu que l'art. 69, § 2, n° 9, de la loi du 22 frim. an 7 a assujetti au droit de 50 cent. pour 100 fr. les jugements portant condamnation de sommes ou valeurs mobilières; — Attendu qu'en fait le jugement du tribunal de commerce de la Seine, du 3 nov. 1865, en condamnant Rougier à remettre à Demontry des actions libérées de la société des eaux de Nîmes jusqu'à concurrence de 25000 fr., a prononcé, au profit de ce dernier, une condamnation de valeurs mobilières, non comme il le prétend, une restitution purement matérielle de titres déterminés, dont la propriété aurait été antérieurement assise sur la tête dudit Demontry; — Qu'en effet, les actions dont il s'agit n'ont été créées et la société des eaux de

Nîmes n'a été constituée que plusieurs années après l'engagement qui a donné lieu au procès, et que Demontry avait stipulé de ses coassociés en participation pour l'indemniser de sa part dans les avantages attribués aux fondateurs de cette société, alors simplement en voie de formation; — Que l'indemnité stipulée par Demontry n'était en réalité qu'une indemnité de 25000 fr., qui devaient lui être payés en actions libérées de la société future; — Qu'il s'ensuit que la condamnation à la remise de ces actions est bien une condamnation de valeurs mobilières donnant lieu à la perception du droit de 50 cent. pour 100 fr.; — Par ces motifs, etc.

Du 26 janv. 1867, Trib. civ. de la Seine.

créanciers inscrits à fin de payement des sommes pour lesquelles ils ont été colloqués par ordre judiciaire ne donne pas lieu au droit de condamnation, alors qu'aucune contestation n'a été soulevée ni sur la régularité de l'ordre, ni sur la délivrance des bordereaux de collocation (Sol. adm. enreg. 6 avr. 1868) (1).

2368. Lorsque le défendeur, après avoir d'abord contesté la demande, reconnaît, en appel notamment, qu'elle est fondée, et offre de restituer, mais suivant un mode de payement qu'il indique, la somme totale à lui réclamée, la décision qui constate l'accord des parties sur un chiffre déterminé des restitutions et condamne le défendeur à payer, dans un certain délai et en espèces, le surplus de ce qui lui est réclamé contient, au moins implicitement, une condamnation au payement de la somme totale; dès lors, c'est sur le chiffre total de la dette, et non pas seulement sur celui excédant les offres, que doit porter la perception du droit proportionnel de condamnation (Trib. Rennes, 8 juin 1863, aff. Depeuker, D. P. 63. 3. 88). — Il a été décidé également que le jugement qui, après payement par l'un des débiteurs solidaires de la totalité de la dette, condamne, sur l'action récursoire intentée par lui à son codébiteur, celui-ci au remboursement de la part lui incombant, donne lieu à la perception du droit proportionnel de condamnation, encore bien que ce droit ait été perçu sur la créance entière à l'enregistrement d'un jugement antérieur rendu entre le créancier et les deux débiteurs, et qui en avait reconnu l'existence (Sol. adm. enreg. 26 oct. 1869, D. P. 71. 5. 145, et la note).

2369. Les jugements portant condamnation à des *amendes* ne sont pas passibles du droit de condamnation (*Rép.* nos 4299 et suiv.). Et l'administration de l'enregistrement a elle-même reconnu que, de même que le droit proportionnel n'est pas exigible sur les condamnations d'amendes, ni sur les confiscations prononcées au profit de l'Etat, parce qu'en étendre la perception à ces condamnations et confiscations, serait méconnaître l'esprit et le but de la législation et accroître, par une mesure fiscale, la rigueur de la pénalité, de même il n'est pas dû sur les condamnations prononcées *au profit des octrois*, qui sont compris au nombre des établis-

sements locaux assimilés à l'Etat, au point de vue de la perception, par l'art. 30 de la loi du 28 avr. 1816 (Sol. adm. enreg. 26 janv. 1880, D. P. 82, 5. 197),

2370. Mais la *taxe des dépens*, qui fait suite à un jugement de condamnation, est passible du droit proportionnel de 50 cent. pour 100 (Sol. adm. enreg. 14 sept. 1857, D. P. 58. 3. 245. Conf. *Rép.* n° 4304).

2371. Une *condamnation*, même *indéterminée*, peut rendre exigible le droit de 50 cent. pour 100. L'application de cette règle a été faite souvent par la jurisprudence aux jugements prononçant *séparation de biens.* Si le jugement porte condamnation du mari à rembourser la dot ou les reprises, il est passible du droit de 50 cent. pour 100 (*Rép.* nos 4307 et suiv.). — Ainsi, est soumis au droit proportionnel, comme tout autre jugement portant condamnation de sommes ou valeurs mobilières, le jugement qui, en prononçant la séparation de corps, et, par suite, la séparation de biens, ordonne que la femme reprendra la jouissance et la pleine administration de sa dot, et que le mari devra lui rembourser tout ce qu'il aura reçu. On objecterait vainement qu'il n'y a eu débat que quant à la séparation de corps; que la séparation de biens et la restitution de la dot en devenaient une suite nécessaire, et que la femme n'avait point conclu à cette restitution (Civ. cass. 7 juill. 1851, aff. Sambucy, D. P. 51, 1. 193). Et il a été jugé, dans le même sens, que le droit proportionnel est exigible sur :...1° le jugement de séparation de biens qui condamne le mari à restituer à sa femme sa dot et ses reprises, bien qu'il ne détermine pas les sommes et valeurs auxquelles s'applique la condamnation; et, en pareil cas, la Régie est fondée à exiger, pour le calcul du montant des droits à percevoir, que la femme fasse une déclaration estimative desdites sommes et valeurs, ou, à défaut, à asseoir ces droits sur tout acte de liquidation de reprises émané d'elle, alors même qu'il serait pas de nature à être opposé au mari (Trib. Epernay, 5 mai 1854, aff. P..., D. P. 54. 3. 60); ... 2° sur le jugement qui, en prononçant la séparation de biens, ordonne que le mari sera tenu de restituer à la femme tout ce qu'il a reçu d'elle (Trib. Le Blanc, 29 déc. 1874 (2); ... 3° sur le jugement qui, en prononçant la séparation de corps et de biens

---

(1) Le sieur Sement ayant acquis une maison appartenant aux époux Leroy, un règlement provisoire en date du 29 juill. 1865 fixa la distribution du prix d'acquisition et colloqua quatre créanciers pour la somme de 47225 fr. 66 cent. — L'ordre fut clos le 21 sept. 1866 à la suite d'un contredit élevé par un créancier non colloqué qui avait été rejeté par arrêt de la cour de Rouen du 21 mars 1866; les collocations devinrent définitives par la délivrance des bordereaux aux créanciers. Le procès-verbal d'ordre fut enregistré au droit de 50 cent. pour 560 fr. sur le total des collocations. — Les créanciers firent commandement au sieur Sement d'avoir à payer le montant des bordereaux de collocation. — Celui-ci fit opposition à ce commandement et assigna les demandeurs en discontinuation de poursuites prétendant ne pouvoir se libérer actuellement sans danger, le créancier dont le contredit avait été repoussé s'étant pourvu en cassation contre l'arrêt, et devant si l'arrêt de Rouen était cassé obtenir un droit de surenchère de nature à amener la résolution de la vente. — Les créanciers objectaient que la contestation soulevée contre le règlement provisoire était née du fait du sieur Sement, qui s'était abstenu à dessein de notifier son contrat au créancier contestant; et qu'ils ne pouvaient, dès lors, être responsables d'une éviction qui incombait à l'acquéreur seul. Par jugement du 6 mai 1867, le tribunal civil de Rouen accueillit ce moyen, déclarant non recevable et mal fondée l'action du sieur Sement. Lors de l'enregistrement du jugement, le receveur perçut un droit de condamnation à 50 cent. par 100 fr. sur toutes les sommes dont l'acquéreur devait effectuer le payement. Mais l'Administration en autorisa la restitution sous la retenue du droit fixe par une solution ainsi conçue : — «En règle générale, la perception du droit de condamnation à 50 cent. pour 100, établie par l'art. 69, § 2, n° 9, de la loi du 22 frim. an 7, est distincte, par sa nature, du droit auquel a donné lieu le titre en vertu duquel la condamnation est prononcée. Le tribunal de la Seine a jugé en ce sens, le 23 juill. 1858, que le droit de 50 cent. pour 100 est dû sur le jugement portant qu'un délégué exécutera la délégation régulièrement acceptée par lui, dans un acte authentique enregistré (art. 339, *Journ. enreg.*, art. 16348). C'est par application du même principe que l'on perçoit pareillement le droit de 50 cent. pour 100 fr. sur le jugement qui déboute un débiteur de l'opposition au commandement qui lui avait été signifié, en vertu d'un titre exécutoire (Trib. Marseille, 30 déc. 1864, *Contrôleur de*

l'enregistrement, art. 18025). — D'un autre côté, il n'est pas nécessaire, pour la perception du droit proportionnel, que le jugement renferme une condamnation expresse, formulée en termes catégoriques; il suffit que cette condamnation résulte de l'ensemble du jugement et du but même de la procédure (Cass. 2 mars 1835; 12 nov. 1851; 7 juill. 1851; 15 févr. 1854; Instr. 1490, § 4; 1732, § 2; 1900, § 6; 2013, § 17). — Mais pour que ces règles soient applicables, il faut, du moins, que la condamnation, formelle ou implicite porte sur le fond du droit, c'est-à-dire sur l'existence ou l'étendue de l'obligation qu'il s'agit d'exécuter. Il n'y a pas condamnation, dans le sens légal de ce mot, lorsque le débiteur ne contestant pas la dette, le jugement se borne à régler l'exécution du titre antérieur qui la constate. Or, au cas actuel, l'acquéreur débouté de son action en discontinuation de poursuites ne contestait pas la régularité de l'ordre, ni celle de la délivrance des bordereaux de collocation. — Il se reconnaissait, au contraire, débiteur des causes de la collocation; seulement, et tout le procès était là, il voulait ajourner sa libération à une autre époque. — Le tribunal s'est borné à écarter cette exception; il a décidé, en conséquence, que l'acquéreur payerait son prix dans les termes de la collocation antérieure; il n'a prononcé en cela aucune condamnation proprement dite, puisque le titre de la dette n'était pas contesté, il n'y avait pas lieu de la valider, et que les bordereaux des collocations sont demeurés, comme ils l'avaient toujours été, le titre de l'action des poursuivants. — Rendu dans ces circonstances, le jugement ne pouvait être soumis au droit de 50 cent. pour 100, déjà perçu sur l'ordre antérieur dont les créanciers réclamaient l'exécution pure et simple. » Du 6 avr. 1868.-Sol. adm. enreg.

(2) (Mégret.) — LE TRIBUNAL; — Considérant que le jugement ordonne textuellement que le mari sera tenu de restituer à sa femme tout ce qu'il a reçu d'elle ou à cause d'elle, et de l'indemniser et rembourser de tous les engagements qu'elle a pu contracter avec lui ou pour lui; que, malgré que le mot *condamnation* ne soit pas dans le texte de ce jugement, la disposition est formelle; qu'il n'y a pas d'expression solennelle prescrite pour prononcer une condamnation; que, aux termes de ce jugement, la dame Mégret a le droit de contraindre par voie d'exécution son mari au payement des sommes liquidées par le procès-verbal notarié du 4 août 1873; — Considérant que cette condamnation

entre deux époux, condamne expressément le mari à payer à sa femme le montant de ses reprises d'après la liquidation qui en sera faite (Trib. Semur, 31 janv. 1877, aff. Bréon, D. P. 78.5.234. Conf. Trib. Montélimart, 2 mai 1877, et Trib. Roanne, 14 août 1885, *Journ. enreg.*, art. 20461 et 22598).

2372. Mais un jugement de séparation de biens qui se borne à « autoriser la femme à poursuivre le recouvrement de sa dot et de ses reprises matrimoniales », sans prononcer contre le mari d'autre condamnation que celle des dépens, ne *porte point condamnation de sommes et valeurs*, dans le sens des art. 68, § 6, n° 2, et 69, § 2, n° 9, de la loi du 22 frim. an 7; en conséquence, ce jugement n'est point soumis au droit proportionnel établi par ce dernier article, mais seulement au droit fixe de 15 fr. (aujourd'hui 22 fr. 50 cent.), conformément au premier; il en est de même d'un jugement de séparation de corps entraînant la séparation de biens, qui, après avoir déclaré la communauté dissoute et autorisé la femme à jouir à part et divisément de ses biens tant échus qu'à échoir, renvoie, pour la liquidation, devant un notaire qu'il commet, et ordonne que les valeurs mobilières qui pourront revenir à la femme seront employées soit en immeubles, soit en rentes sur l'Etat : il n'y a pas là de condamnation dès à présent prononcée contre le mari; le droit proportionnel de condamnation ne deviendrait exigible qu'au cas où il interviendrait un nouveau jugement qui liquiderait les reprises de la femme ou homologuerait une liquidation amiable, en condamnant le mari à payer le solde du règlement (Civ. rej. 14 févr. 1854, aff. de Lagarrière, et aff. Roussel, D. P. 54. 1. 78. Conf. Trib. Tulle, 24 mai 1853, aff. Massénat, D. P. 54. 3. 72).

Il résulte de cette jurisprudence assez subtile que les parties pourront éviter facilement le payement du droit proportionnel de condamnation sur un jugement de séparation de biens. Il leur suffira de demander, dans leurs conclusions, uniquement la séparation de biens, sans demander, en outre, une condamnation contre le mari à rembourser à la femme ses dot et reprises, condamnation d'ailleurs inutile, puisque l'obligation du mari de rembourser résulte de la loi elle-même et est une conséquence directe de la séparation de biens prononcée (V. dans le même sens : *Diction. droits d'enreg.*, v° *Jugement*, n° 966; Naquet, t. 2, n° 723; Garnier, *Rép. gén. enreg.*, n° 10402; Demante, t. 2, n° 556).

2373. On s'est demandé si le jugement qui *valide* une *saisie-arrêt* est passible du droit de condamnation. L'administration de l'enregistrement prétend que ce droit est exigible, lors même que le créancier procède en vertu d'un titre authentique; le jugement procure toujours au créancier des avantages incontestables : interruption de la prescription, hypothèque, etc. (Sol. adm. enreg. 20 oct. 1883) (1). Mais l'exigibilité du droit de condamnation est subordonnée à la condition que le tiers saisi ait été mis en cause. D'un autre côté, on soutient que le droit de condamnation n'est exigible sur un jugement validant une saisie-arrêt, que lorsque la dette n'est constatée que par un acte sous seing privé, attendu que, lorsque la dette résulte d'un acte authentique, il n'y a pas à proprement parler de condamnation, le créancier ayant, dès à présent, entre ses mains

un titre exécutoire. Cette doctrine qui nous paraît plus juridique a, d'ailleurs, été admise autrefois par l'administration de l'enregistrement dans une instruction n° 1097; et c'est en ce sens que s'est prononcé un jugement du tribunal de la Seine, en décidant que le créancier vérifié et admis au passif d'une faillite trouve dans cette admission un titre authentique de sa créance; que, par suite, dans le cas de saisie-arrêt pratiquée pour sûreté de ladite créance, le jugement de validité, pour cela même qu'il ne fait que constater la régularité de la saisie, n'est passible ni du droit de titre, ni du droit de condamnation, et doit seulement supporter la perception du droit fixe (Trib. Seine, 19 août 1865, aff. Société de Saint-Gobain, D. P. 66. 3. 37).

2374. Le principe de la *pluralité des droits* s'applique aux actes judiciaires comme aux actes civils. Si donc plusieurs personnes sont en cause, il y a lieu de percevoir autant de droits qu'il y a de personnes individuellement condamnées (*Rép.* n° 4317. V. *suprà*, n° 2360). Mais le principe n'est applicable qu'autant que les condamnations prononcées sont distinctes et indépendantes les unes des autres. Si elles dérivent nécessairement les unes des autres, elles ne donnent ouverture qu'à un seul droit de condamnation. L'administration de l'enregistrement elle-même l'a reconnu en décidant, pour les jugements qui interviennent au sujet de *billets à ordre non payés* à l'échéance, que la condamnation principale au profit du porteur et les condamnations secondaires au profit de chacun des endosseurs sont des dispositions dérivant nécessairement les unes des autres et ne peuvent, par conséquent, donner ouverture qu'à un seul droit d'enregistrement (Sol. adm. enreg. 23 mai 1845; Instr. adm. enreg. 30 déc. 1845, n° 1743, § 4, D. P. 76. 1. 490, note).

L'Administration s'est écartée de cette doctrine en réclamant un droit particulier sur des condamnations récursoires prononcées par un jugement en même temps que la condamnation principale. Mais sa prétention a été repoussée par la cour de cassation. Jugé que lorsque, sur une action en responsabilité contre une compagnie de chemin de fer pour perte de marchandises ou retard dans la livraison, différentes compagnies ayant concouru au transport de ces marchandises, un jugement, statuant à la fois sur les actions principales et sur les actions en garantie, toutes confondues dans la même instance, prononce, outre la condamnation principale, des condamnations récursoires, ces dernières dérivant de la condamnation principale, ne donnent pas lieu à un droit particulier d'enregistrement (Civ. cass. et rej. 28 juin 1876, aff. Chemin de fer du Nord, trois arrêts, D. P. 76. 1. 490-491). Par une délibération des 15-16 sept. 1876 rapportée à la suite de l'arrêt, dans une instruction du 12 oct. 1876, n° 2562, § 3, l'Administration a décidé que la doctrine de l'arrêt servirait de règle de perception.

Art. 3. — *Droit de liquidation* (*Rép.* n°s 4318 à 4328).

2375. De même que les jugements portant condamnation, les jugements prononçant collocation ou liquidation de sommes ou valeurs rendent exigible le droit proportionnel

---

constitue une créance certaine, un droit certain, qui peut bien, en fait, ne pas se réaliser à cause de l'insolvabilité du débiteur, mais que la perception fiscale est due sur l'existence de la créance sans avoir égard à l'insolvabilité du débiteur ; — Par ces motifs, etc.
Du 29 déc. 1874.-Trib. civ. du Blanc.

(1) Par un arrêt du 1er août 1881(aff. Pac-Fronsac,D.P. 82. 1. 416), la cour de cassation a reconnu (que le jugement qui prononce la validité d'une saisie-arrêt constate à la charge du débiteur saisi, contre qui il est rendu, l'existence d'une dette, et tend à en assurer l'acquittement; que cette portée de la sentence est indépendante tant de la nature du titre produit ou de la preuve administrée par le créancier saisissant, soit des dénégations soit de l'aveu des débiteurs; qu'elle implique essentiellement la condamnation du débiteur saisi ; et que d'un pareil jugement résulte, pour le créancier saisissant, le droit de prendre inscription hypothécaire sur les biens du débiteur saisi (V. aussi les observations conformes, D. P. ibid., note). — De ce principe, formellement consacré par la cour, que le jugement qui valide une saisie-arrêt et enjoint au tiers saisi de se libérer entre les mains du saisissant, implique nécessairement la condamnation du saisi,

découle cette conséquence à l'Administration est fondée à l'assujettir au droit proportionnel de 50 cent. pour 100. — Il doit en être ainsi non seulement quand le créancier procède, en vertu d'un titre sous signatures privées, mais encore quand son titre est exécutoire. En effet, dans un cas comme dans l'autre, le jugement procure au saisissant d'incontestables avantages. Il constate l'existence et la régularité de son titre, interrompt la prescription à son profit, lui confère une hypothèque sur les immeubles actuels et futurs de son débiteur, lui permet d'agir avec l'autorité résultant des décisions de la justice, ce qui implique la condamnation de la partie saisie, car elle est contrainte par le jugement de subir le transfert au saisissant d'une créance qui lui est propre. — Que le titre soit ou non exécutoire, le droit de condamnation doit donc, en thèse générale, être perçu. — Cette perception ne doit pas être appliquée toutefois lorsque le tiers saisi n'a pas été mis en cause. — Par un arrêt du 17 mars 1836 la cour de Paris a reconnu que lorsque le tiers saisi n'a pas été mis en cause dans l'instance en validité, le jugement ne produit pas ses effets ordinaires : transfert au saisissant de la créance du saisi sur le tiers saisi ; reconnaissance de la dette du saisi et, par suite, condamnation.
Du 20 oct. 1883.-Sol. adm. enreg.

de 50 cent. pour 100. Il faut, pour que le droit soit dû, qu'il s'agisse d'une liquidation ou collocation utile, portant sur choses litigieuses (*Rép.* n°s 2664 et 4318). Toutefois, il n'est pas nécessaire qu'il y ait eu contestation sur le fond du droit; il faut seulement qu'il ait été statué au sujet de valeurs indéterminées, incertaines dans leur quotité, et que le jugement en contienne la liquidation définitive. C'est à son caractère liquidatif et aux effets juridiques qui en découlent que l'exigibilité du droit proportionnel de liquidation est attachée. — Le mot *liquidation* exprime, dans son sens juridique, l'opération par laquelle on détermine, avec certitude et précision, l'existence, l'étendue ou la quotité, jusque là indéterminée, du droit qui appartient à une ou plusieurs personnes sur une chose. Il signifie aussi le résultat final de cette opération; c'est même dans ce dernier sens qu'il est employé dans la loi fiscale. A ce point de vue, on peut dire que, comme emportant détermination du droit, la liquidation ne diffère pas essentiellement soit de la condamnation, soit de la liquidation. Par l'expression de condamnation, porte un arrêt de la cour de cassation, on doit entendre toute décision, quelle que soit, d'ailleurs, sa dénomination de collocation ou de liquidation, qui *forme titre* en faveur de l'une des parties contre l'autre (Req. 4 juin 1831, aff. Cuisignier-Gohin, D. P. 51. 1. 171).

2376. Il faut donc, pour qu'il y ait liquidation et que le droit de 50 cent. pour 100 soit dû, que les droits de toutes les parties sur les choses qui en forment l'objet soient définitivement réglés et fixés par le jugement, que la disposition de l'arrêt ou du jugement sur laquelle le droit est réclamé, constitue une attribution définitive. Aux termes d'un arrêt de la cour de cassation qui a établi nettement les principes en cette matière, la perception du droit proportionnel de 50 cent. pour 100 fr. à l'enregistrement des jugements portant liquidation se fonde sur ce que ces décisions constituent le titre commun des parties. Elle est subordonnée à la seule condition que la liquidation s'applique à des sommes et valeurs mobilières jusque-là indéterminées et incertaines dans leur quotité, qu'il y ait eu ou non, contestation sur le fond du droit (Civ. cass. 25 mai 1875, aff. Deshayes, D. P. 75. 1. 426).

2377. Il a été jugé, par application de ces principes, que le droit proportionnel de 50 cent. pour 100 n'est pas exigible sur :... 1° le jugement qui accorde à un héritier, en attendant l'achèvement de la liquidation de la succession, une *provision* sur le montant de ses droits (Trib. Seine, 8 août 1857, aff. de Montléart, D. P. 58. 3. 29. Conf. *Rép.* n° 4320);... 2° Le jugement qui, statuant sur les contestations relatives au mode à suivre pour la *liquidation d'une succession*, se borne à déterminer la portion de l'hérédité sur laquelle doit s'exercer une substitution testamentaire, à fixer les éléments des masses active et passive, et à désigner les objets et les sommes que l'héritier pourra conserver, soit à charge d'en

tenir compte, soit à titre de dons manuels, alors surtout qu'il renvoie les parties à liquider sur ces bases (Trib. Seine, 15 janv. 1870, aff. Buchère, D. P. 71. 5. 146);... 3° Le jugement intervenu sur un projet de *liquidation de communauté* et qui décide que des rentes propres à la veuve et aliénées pendant le mariage seront portées dans ses reprises pour leur valeur au jour de l'aliénation, et non du décès du mari (Trib. Falaise, 24 août 1870, aff. de Vendeuvres, D. P. 72. 5. 186. Conf. *Rép.* n° 4322);... 4° Le jugement qui condamne un héritier à *rapporter* à la succession, en nature ou jusqu'à concurrence des sommes touchées des débiteurs, diverses créances qu'il soutenait lui être personnelles, et dont le caractère de créances héréditaires a été, au contraire, déclaré par le tribunal, le chiffre de ces créances n'étant pas connu définitivement, non plus que les parts qui en seront attribuées à chacun des cohéritiers (Civ. cass. 27 déc. 1859, aff. Montléart, D. P. 60. 1. 9);... 5° Le jugement décidant, sur les contestations relatives à la liquidation d'une communauté, que le mari survivant sera tenu de *rapporter* à l'actif commun différentes sommes dont il détermine le montant, et qu'il sera procédé à la liquidation sur cette base par un notaire désigné, cette décision n'étant que préparatoire et ne constituant qu'un titre éventuel, les droits des parties sur les sommes qui seront rapportées ne devant être arrêtés que d'après les résultats de la liquidation à intervenir (Trib. Guéret, 23 juill. 1883, aff. Grandpeix, D. P. 83. 5. 243. Conf. Trib. Narbonne, 29 janv. 1878, *Journ. enreg.*, art. 20751). — Néanmoins la question est controversée, et différents tribunaux ont sanctionné la perception du droit proportionnel de condamnation sur des jugements déterminant des rapports dus par des cohéritiers à la succession de leur auteur (Trib. Lyon, 7 juin 1863 ; Trib. Belfort, 15 janv. 1866 ; Trib. Chalon-sur-Saône, 27 févr. 1873 ; Trib. Seine, 5 déc. 1877, *ibid.*, note. V. Garnier, *Rép. gén. enreg.* n°s 10394-2° et 10530 ; *Rép. pér. enreg.*, art. 6236);... 6° Le jugement qui, statuant sur une demande en partage d'une société dissoute, détermine seulement les dépenses sociales, et réserve les droits des parties (Trib. Bernay, 22 août 1867) (1) ;... 7° Le jugement qui, statuant sur l'offre faite par une compagnie d'assurances de payer à l'assuré l'indemnité prévue par une police enregistrée, et réglée par un procès-verbal d'expertise, donne acte à cette compagnie de son offre (Sol. adm. enreg. 23 déc. 1868) (2).

2378. Au contraire, le droit proportionnel de liquidation a été reconnu exigible sur :... 1° le jugement qui fixe, en vue de la liquidation de la communauté, le montant d'une indemnité due à celle-ci par le mari, notamment pour impenses faites sur ses immeubles (Trib. Seine, 18 août 1853, aff. Julliac, D. P. 54. 3. 74). Et le droit est dû, en ce cas, sur le chiffre total de l'indemnité, et non pas seulement sur la moitié (Même jugement);... 2° Le jugement qui, après avoir déclaré éteinte par compensation partie d'une créance et fait

---

(1) (Coudert et autres *C*. Enregistrement.) — Sur une demande en liquidation et en règlement de compte formée à la suite de la dissolution de la société ayant existé entre les sieurs Coudert et autres, un jugement du tribunal de commerce de Bernay a fixé à 282841 fr. 30 cent. toutes déductions faites, les dépenses sociales au 18 sept. 1863, et déclaré qu'il n'y avait pas lieu de déterminer quant à présent les mises des associés non plus que le montant des recettes, et qu'on ne pouvait sur l'état, procéder à une liquidation définitive, les droits des parties à ces divers points de vue étant réservés. Le droit fixe de 3 fr. a été perçu sur l'enregistrement de ce jugement. L'Administration a prétendu ensuite que le droit proportionnel de 50 cent. pour 100 était exigible sur le chef qui fixait le montant des dépenses sociales, cette fixation constituant une véritable liquidation. En conséquence, il a été décerné contre les sieurs Coudert et autres une contrainte à laquelle ils ont formé opposition. — Jugement.

Le tribunal ; — En ce qui touche la question de savoir si le jugement du 14 avr. 1865 donne ouverture au droit proportionnel de liquidation sur le chiffre des dépenses sociales fixé par le tribunal : — Attendu que le mot *liquidation* ne peut avoir le double sens que lui attribue l'administration des domaines ; — Que si la loi du 22 frim. an 7 avait entendu détourner, ce mot de son acception ordinaire, elle s'en fût expliqué ; qu'elle ne l'a pas fait ; qu'on ne saurait dire par conséquent, que dans le sens de la loi de l'impôt le mot *liquidation* a une signification particulière ; — Attendu que, pour qu'il y ait liquidation dans le sens ordinaire du mot, il faut qu'il y ait fixation d'un droit appartenant à une partie ; — Que tel n'est pas le caractère de

la disposition du jugement du tribunal de commerce de Bernay qui fixe à 282841 fr. 30 cent., toute déduction opérée, les dépenses sociales au 18 sept. 1863 ; — Attendu que, par cette disposition, le tribunal détermine les sommes qui pouvaient être portées en dépense, et, par suite, un des éléments de la liquidation future, mais ne fixait ni indirectement ni directement les droits qui pouvaient appartenir aux parties ; — Qu'on ne saurait assimiler une pareille décision au jugement qui, intervenant après contestation, fixe les reprises d'un époux, sans cependant liquider entièrement la communauté ; — Qu'il est clair que, dans ce cas, le tribunal fixe un droit appartenant à l'épouse, tandis que dans notre espèce, les droits appartenant aux coassociés ne sont en aucune façon déterminés ; qu'il est bien vrai de dire que, pour qu'il y ait liquidation, il n'est pas nécessaire que le jugement fasse cesser l'indivision, mais qu'il faut, au moins, que le jugement fixe, comme il a été dit, le droit des parties ; — Attendu que c'est en ce sens que s'est expliquée la cour de cassation par ses arrêts des 27 juin 1826 et 27 déc. 1859 (aff. de Montléart, D. P. 60. 1. 9) ; — Par ces motifs, etc.
Du 22 août 1867.-Trib. civ. de Bernay.-MM. Legay ,pr.-Anquetil, subst.

(2) Le montant de l'indemnité due par une compagnie d'assurance à la suite de l'incendie de divers bâtiments assurés suivant police enregistrée avait été fixé en la forme ordinaire par un procès-verbal. Des difficultés survenant entre les parties à propos du chiffre de l'indemnité, l'assuré assigna la compagnie en payement d'une somme plus élevée. Les critiques soulevées

---

compte des intérêts payés, détermine ce qui reste dû, la disposition du jugement sur ce dernier point ne pouvant être présentée comme une conséquence de celle constatant la compensation et comme ne donnant pas lieu, dès lors, à un droit particulier (Trib. Seine, 28 mai 1856, aff. Riant, D. P. 56. 3. 65) ;... 3° Le partage qui opère la liquidation des droits respectifs de copropriétaires, qui étaient contestés dans leur existence ou dans leur quotité, afin d'arriver notamment à la répartition entre eux d'une indemnité d'expropriation, le partage n'étant soumis au droit fixe qu'autant que les droits des parties étaient reconnus antérieurement et déterminés (Civ. cass. 16 avr. 1856, aff. Préfet d'Alger, D. P. 56. 1. 157);... 4° La sentence arbitrale qui, reconnaissant qu'un préjudice a été causé à une société par les modifications que deux autres sociétés ont apportées à des engagements contractés antérieurement avec la participation de la première, détermine en conséquence le nombre de titres que celle-ci prélèvera, pour réparation de ce préjudice, sur des valeurs industrielles mises en réserve à titre de gage commun, cette sentence ne présentant sur ce point ni un partage, ni l'élément d'un compte à établir ultérieurement, mais une véritable liquidation dans le sens de la loi fiscale (Req. 4 févr. 1874, aff. Parent, Schaken et comp., D.P. 74. 1. 368) ;... 5° La sentence arbitrale qui, intervenue au sujet de contestations portant sur le règlement du prix d'un marché, arrête ce prix, après vérification de l'ensemble des comptes existant entre les parties ; en ce cas, le droit proportionnel de marché ainsi que celui de liquidation sont exigibles sur l'intégralité du prix, et non pas seulement sur le solde, bien que la sentence constate le payement antérieur à l'entrepreneur de la plus grande partie de la somme (Trib. Seine, 15 janv. 1876, aff. Chemin de fer d'Orléans, D. P. 78. 3. 6. Conf. Trib. Clermont (Oise), 13 févr. 1878, Journ. enreg., art. 20752) ;... 6° Le jugement qui, statuant sur une action en pétition d'hérédité et en partage, détermine le montant des valeurs mobilières de la succession, les rapports à la charge des héritiers qui l'ont appréhendée, déduction faite de tous frais, dépens et indemnité de gestion, les attributions revenant aux héritiers poursuivants dont les droits sont reconnus, et contient ainsi liquidation complète et définitive des droits de toutes les parties (Arrêt du 25 mai 1875, cité suprà, n° 2376); ...7° Le jugement qui, à la suite d'une vente d'immeubles consentie moyennant un prix unique, bien que l'usufruit et la nue propriété appartiennent à des personnes distinctes, détermine la portion du prix applicable à la nue propriété et la portion représentant l'usufruit (Trib. Rambouillet, 15 févr. 1870, aff. T..., D. P. 71. 5. 147).

2379. Le jugement qui fixe l'indemnité allouée aux syndics d'une faillite est passible du droit de liquidation (Rép. n° 4327). Il a été décidé, dans le même sens, que l'ordonnance exécutoire par laquelle le président du tribunal civil taxe les honoraires dus à des experts, est un jugement dans le sens de l'art. 69, § 2, n° 9, de la loi du 22 frim. an 7, et est passible, à ce titre, du droit de 50 cent. p. 100 (Trib. Grenoble, 13 avr. 1867, aff. N..., D. P. 68. 3. 106).

Art. 4. — Droit de collocation. — Ordre entre créanciers
(Rép. n° 4328).

2380. Les principes d'après lesquels se perçoit le droit de liquidation (V. suprà, n° 2375), régissent également la perception du droit de collocation. Un jugement n'emporte collocation de sommes, dans le sens de la loi, qu'autant qu'il

détermine les droits de chacun des créanciers dans une somme appartenant au débiteur, et qu'il constitue ainsi un titre individuel et spécial, sur la présentation duquel le créancier obtiendra payement de ce qui lui est attribué (Req. 3 août 1870, aff. Pressacq, D. P. 71. 1. 85. V. Rép. n° 4328). Il a été décidé, en conséquence, que le jugement qui, statuant sur les prétentions de créanciers divers à une indemnité due à leur débiteur par l'État, se borne à reconnaître le droit de créanciers privilégiés pris collectivement, sans déterminer la somme revenant à chacun d'eux, et en réservant, au contraire, tous leurs droits, ne donne pas lieu à la perception du droit proportionnel de collocation (Même arrêt).

2381. Le procès-verbal d'ordre, pris dans son ensemble, est passible du droit proportionnel de 50 cent. sur le montant des collocations arrêtées par le juge-commissaire. On a rapporté en ce sens une instruction de l'administration de l'enregistrement en date du 3 févr. 1844, n° 1704 (Rép. n° 4328). — La loi du 21 mai 1858 ayant créé des ordres amiables faits en présence d'un juge, on s'est demandé si ces ordres étaient passibles du droit de liquidation. La jurisprudence s'était prononcée contre l'exigibilité du droit proportionnel de liquidation sur les ordres amiables. Elle décidait que les collocations faites dans un ordre de cette nature ne sont pas passibles du droit proportionnel de 50 cent. par 100 fr. établi par l'art. 69, § 2, n° 9, de la loi du 22 frim. an 7, de telles collocations ne procédant pas d'un jugement dans le sens de cette disposition (Trib. Seine, 25 janv. 1862, aff. de Delmar, D. P. 62. 3. 20, et sur pourvoi, Req. 9 mars 1863, D. P. 63. 1. 186. Conf. Trib. Reims, 5 sept. 1862, aff. Bourgogne, D.P. 62. 3. 78 ; Instr. adm. enreg. 28 avr. 1863, n° 2244, § 5, Rép. v° Ordre, n° 1172 ; Sol. adm. enreg. 21 juin 1864, D. P.65. 3. 85 ; 2 nov. 1867, D. P. 68. 3. 86).

La loi du 28 févr. 1872, dans son art. 5, a eu pour but de faire échec à cette jurisprudence, en assujettissant d'une façon formelle les ordres amiables au droit proportionnel de liquidation ; cet article est ainsi conçu : « Sont soumis au droit proportionnel, d'après les tarifs en vigueur : 1° les ordres, collocations et distributions de sommes, quelle que soit leur forme, et qui ne contiennent ni obligation, ni transport par le débiteur »...(D. P. 72. 4. 14, n° 19). Par cette disposition, la loi du 28 févr. 1872 a fait rentrer les ordres amiables dans la catégorie des actes soumis au droit proportionnel (Instr. adm. enreg. 29 févr. 1872, n° 2433, chap. 2, D. P. 72. 3. 13).

2382. La disposition nouvelle de l'art. 5 de la loi de 1872 atteint, dans sa généralité, tous les ordres sans distinction, et rend passible du droit proportionnel toute opération constitutive de la procédure ayant pour objet la distribution du prix d'un immeuble entre les créanciers, d'après le rang de leurs privilèges et hypothèques : telle est la formule interprétative donnée par la cour de cassation dans un arrêt de la chambre civile en date du 1er juill. 1878 (aff. Société du Crédit foncier, D. P. 78. 1. 425), qui a décidé, en conséquence, que l'on doit reconnaître le caractère d'un règlement amiable, passible du droit de liquidation, à l'ordonnance par laquelle le juge-commissaire, après examen et classement des créances, et alors que tous les créanciers régulièrement convoqués et comparaissant ont reconnu que la créance inscrite au premier rang absorbait le prix à distribuer, a attribué la totalité de ce prix au créancier premier inscrit. Il n'importe que le créancier (le Crédit foncier, dans l'espèce) auquel l'attribution a été faite fût adjudicataire de l'immeuble hypothéqué et par suite

contre le procès-verbal d'expertise furent déclarées non recevables, et dans le dispositif de son jugement, le tribunal donna acte à la compagnie de l'offre qu'elle faisait de payer l'indemnité telle que l'avait réglée le procès-verbal. Le jugement dont s'agit donnait-il ouverture au droit de titre et au droit de liquidation ? — L'administration a statué dans les termes suivants :

« En ce qui concerne le droit de titre : — Le payement de l'indemnité est l'exécution pure et simple du contrat d'assurance qui a été précédemment enregistré. Le droit proportionnel perçu à l'origine sur l'obligation de l'assuré de payer la prime s'applique aussi bien à l'engagement corrélatif de l'assureur de payer l'indemnité en cas de sinistre. Quand cet engagement se réalise, aucun autre droit ne saurait donc être exigé. A la vérité, l'importance de cette obligation excède la valeur sur laquelle le droit

a été perçu. Mais l'accroissement qu'elle a reçu provient de la réalisation de l'alea renfermée dans le contrat. Or, c'est le propre de toutes les conventions aléatoires de donner ouverture à l'impôt sur la valeur estimative des obligations au jour où elles sont prises, sans égard aux événements ultérieurs. — En ce qui concerne le droit de 50 cent. pour 100 fr : — Le jugement ne renferme aucune condamnation expresse, ni condamnation implicite de l'assureur. Il se borne à donner acte à ce dernier de son consentement à l'exécution du procès-verbal d'expertise, sans que le tribunal ait repris aucun des calculs des experts, pour se les approprier, et sans qu'il ait substitué sa liquidation judiciaire proprement dite. C'est plutôt une espèce de jugement homologatif semblable aux homologations de partage, et passible également du droit fixe. »

Du 28 déc. 1868.-Sol. adm. enreg.

débiteur du prix mis en distribution. On objectait, en effet, à l'encontre de la perception, que la compensation s'était opérée entre la créance et la dette du créancier adjudicataire; que, par conséquent, il n'y avait lieu à aucune distribution entre les créanciers inscrits. A cette objection, la cour de cassation répond que le règlement intervenu présente bien les caractères d'une procédure d'ordre, puisque le juge classe les différentes créances inscrites, et n'attribue le prix au créancier adjudicataire que parce qu'il est premier inscrit. La collocation unique faite par le juge est le résultat de l'examen de toutes les créances, de leur discussion et de leur classement. C'est donc bien un ordre qui a été réglé et le droit de collocation est exigible.

Mais il a été décidé: 1° que la disposition d'un procès-verbal de collocation modificative, portant que l'avoué des acquéreurs dénommés à l'ordre n'a aucune opposition à faire, et qu'il dispense les créanciers de toute notification, constitue un simple dire exempt de droit particulier (Sol. adm. enreg. 16 nov. 1867, D. P. 68. 3. 46); ... 2° Que le règlement modificatif additionnel d'ordre auquel il est procédé à la suite d'une adjudication sur folle enchère intervenue après le règlement définitif et la délivrance des bordereaux de collocation, ne constitue pas un nouvel ordre, et ne donne lieu, en conséquence, ni au droit proportionnel d'enregistrement de collocation à 50 cent. pour 100, ni au droit proportionnel de greffe de rédaction et transcription à 25 cent. pour 100, ces droits ayant été déjà perçus sur le premier règlement et sur les bordereaux délivrés à la suite. Il n'est dû, en ce cas, que le droit fixe d'enregistrement sur le règlement modificatif, plus, par chaque bordereau complémentaire, le droit fixe de greffe à 1 fr. 25 cent. et le droit d'expédition (Trib. Saint-Amand, 24 août 1882, aff. Desmons, D. P. 83. 3. 112).

2383. Le *droit de quittance* est dû sur la disposition d'un procès-verbal d'ordre amiable qui attribue à un créancier qui s'est rendu adjudicataire d'immeubles expropriés sur son débiteur le prix de l'adjudication, et l'autorise à compenser sa créance avec sa dette d'adjudicataire (Trib. Lyon, 25 août 1863) (1). Mais ce droit n'est pas exigible sur la disposition d'un règlement d'ordre judiciaire par laquelle le prix de revente d'un immeuble est attribué, à titre de compensation, au vendeur primitif non payé et qui a racheté l'immeuble (Sol. adm. enreg. 29 août 1863, aff. Guichard).

Art. 5. — *Droit de titre* (Rép. n°ˢ 4329 à 4366).

2384. A la différence des droits fixes ainsi que des droits proportionnels de condamnation, liquidation ou collocation, qui se perçoivent sur le jugement lui-même, le droit de titre se perçoit accessoirement au jugement, en quelque sorte, dans tous les cas où la condamnation est rendue sur une demande non établie par un titre enregistré et susceptible de l'être (Rép. n° 4329).

Sous la législation antérieure à la loi du 22 frim. an 7, les jugements rendus sur des conventions non enregistrées étaient nuls (Rép. n°ˢ 4330 à 4333). La loi de l'an 7 s'est

(1) (Crédit foncier C. Enreg.) — Le tribunal ; — Attendu que, le 4 oct. 1862, le Crédit foncier s'est rendu adjudicataire d'immeubles expropriés sur son débiteur Jean Radix ; qu'un ordre amiable a été ouvert sur le prix de cette adjudication, montant à 32,900 fr.; que, dans cet ordre, le Crédit foncier a été seul colloqué en raison de la priorité de son hypothèque ; qu'il a été, en outre, autorisé à compenser sa créance avec sa dette d'adjudicataire, s'élevant à 32,423 fr. 15 cent.; — Attendu que le droit proportionnel n'a pas été perçu par le receveur sur l'enregistrement du procès-verbal ; mais que, sur le refus du Crédit foncier d'acquitter ce supplément de droit, une contrainte a été décernée, et qu'opposition a été formée à cette contrainte ; — Attendu qu'aux termes de l'art. 69, § 2, n° 11, de la loi du 22 frim. an 7, le droit proportionnel de 50 cent. pour 100 est établi sur tous les actes et écrits portant libération de sommes ; qu'à la vérité, les collocations de l'ordre amiable ne peuvent donner lieu à la perception du droit proportionnel, la loi fiscale n'atteignant que les collocations figurant dans un jugement, et l'ordre amiable n'ayant pas un tel caractère ; mais qu'il n'en est autrement pour une libération ; que tout acte qui la constate est atteint ; qu'on ne saurait soutenir que l'ordre amiable ne soit un acte ; qu'en effet, il fait preuve de l'accord des parties intervenu devant le juge ;

bornée à interdire, par son art. 47, aux juges et arbitres de rendre aucun jugement sur des actes non enregistrés, à peine d'être personnellement responsables (Rép. n° 4334). Tout acte non enregistré qui, par sa nature, n'est pas un titre fondamental de la demande, doit être écarté par le juge, même en matière criminelle ou correctionnelle (Ibid.). Ainsi, le désistement d'un pourvoi devant être enregistré et rédigé sur papier timbré, il n'y a pas lieu d'avoir égard au désistement qu'un condamné correctionnel aurait donné par simple lettre adressée au procureur général, du pourvoi formé par lui précédemment sans consignation d'amende; par suite, la cour doit prononcer la déchéance du pourvoi encourue à raison de ce défaut de consignation et, en outre, appliquer l'amende (Crim. rej. 18 août 1859, aff. Guénin, D. P. 59. 1. 475). — Mais la défense ne s'applique qu'aux actes où il s'agit d'intérêts *privés* : elle ne s'étend pas aux actes qui intéressent *l'ordre et la vindicte publique* (V. *infrà*, n° 2829).

2385. Le droit est dû par les parties; les juges en sont seulement responsables (Rép. n° 4336). Comme magistrats, les *arbitres* ne sont passibles d'aucune amende, lorsqu'ils rendent une sentence sur des actes non enregistrés (Sol. adm. enreg. 28 sept. 1864, D. P. 65. 3. 38).

2386. A la responsabilité des juges, l'art. 57 de la loi du 28 avr. 1816 a ajouté la pénalité du double droit à la charge de la partie qui introduit une demande en justice sans indiquer son titre, ou en le présentant comme simplement verbal (V. *Rép.* n° 5034, et *infrà*, n° 2836). — D'ailleurs, en vue de faciliter aux parties l'exécution de la loi, le législateur a autorisé l'enregistrement, au droit fixe seulement, des marchés et traités réputés actes de commerce et disposé, en outre, que lorsqu'un jugement interviendrait au sujet de ces marchés et traités, le droit proportionnel serait perçu seulement sur ce qui aurait fait l'objet de la demande, assimilant ainsi les perceptions dont il s'agit à celle du droit de titre (L. 11 juin 1859, art. 22) (V. *supra*, n° 964 et suiv.).

2387. Enfin, aux termes de l'art. 16 de la loi du 23 août 1871, « les tribunaux devant lesquels sont produits des actes non enregistrés doivent, soit sur les réquisitions du ministère public, soit même d'office, ordonner le dépôt au greffe de ces actes, pour être immédiatement soumis à la formalité de l'enregistrement. Il est donné acte au ministère public de ses réquisitions » (V. Exposé des motifs, § 4, n° 21, D. P. 71. 4. 56; Rapport, § 11, n° 37, D. P. 71. 4. 60; Instr. adm. enreg. 25 août 1871, n° 2413, § 5, n° 5, D. P. 71. 3. 52).

L'injonction faite par cette disposition aux tribunaux devant lesquels sont produits des actes non enregistrés, d'en ordonner le dépôt au greffe et l'enregistrement immédiat, est absolue (Sol. adm. enreg. 27 mai 1873, D. P. 76. 3. 14, note 6 et 7). Elle s'applique... à tout écrit ou pièce ayant la valeur et la force d'un acte (Trib. Montauban, 7 août 1874, aff. Touzet, D. P. 76. 3. 14. Conf. Trib. Nancy, 7 juill. 1873, aff. Castelin, D. P. 75. 1. 107);... à toutes les pièces autres que celles étrangères au procès, même à celles énoncées par l'avocat dans sa plaidoirie ; si le jugement constate l'énonciation faite par l'avocat, l'administration peut

que c'est un véritable contrat rédigé en présence d'un magistrat au lieu de l'être devant un notaire, que quelle que soit la faveur dont le législateur entoure l'ordre amiable, la généralité des termes de la disposition légale ne permet pas de créer une exception ; — Attendu que le Crédit foncier soutient en vain qu'il y a eu confusion et non compensation ; que la confusion ne suppose qu'une seule personne et une seule dette, par exemple, l'héritier débiteur du défunt et devenant par le fait de l'héritage son propre créancier ; qu'il n'en est pas ainsi dans l'espèce ; qu'antérieurement à l'adjudication, le Crédit foncier était créancier de Jean Radix ; que par l'adjudication il est devenu débiteur du prix fixé au cahier des charges et des frais privilégiés ; que, si le Crédit foncier a été ensuite libéré de ce prix et de ces frais, c'est par une compensation entre les deux dettes s'étant opérée définitivement au moment du règlement à l'amiable qui l'a constatée ; que l'ordre amiable est devenu ainsi un titre de libération pour le Crédit foncier en tant qu'adjudicataire ; — Qu'ainsi la perception a été justement réclamée ;

Par ces motifs, etc.
Du 25 août 1863.-Trib. civ. de Lyon.
Du même jour, jugement semblable (aff. Bruyas C. Enreg.). Même tribunal.

réclamer aux parties les droits de l'acte énoncé (Même solution du 27 mai 1873). — Mais elle ne s'applique pas... à un écrit informe dépourvu de toute signature, sans force probante, lequel ne vaut pas, qui, ne renfermant aucun des caractères essentiels des contrats, ne pourrait servir de base à une décision judiciaire ni être rangé dans la catégorie des actes susceptibles d'être enregistrés (Jugement précité du 7 août 1874);.. A des actes produits comme simples renseignements, parexemple,... des reçus ou quittances déposés en mains tierces et qu'un expert a cru devoir consulter pour se former une opinion (Sol. adm. enreg. 13 oct. 1865, D. P. 76. 3. 14, note 6 et 7);... la correspondance des deux parties qu'un expert a étudiée pour connaître la marche de leurs relations (Sol. adm. enreg. 18 déc. 1867 et 12 avr. 1872, D. P. 76. 3. 14, note 6 et 7).

Les pièces ne doivent être déposées au greffe du tribunal que pour être immédiatement soumises à la formalité de l'enregistrement. L'art. 16 de la loi du 23 août 1871 a plutôt en vue le dépôt transitoire des actes au bureau de l'enregistrement où ils doivent recevoir la formalité que le dépôt dans les minutes du greffe. Le greffier n'est, dans ce cas, qu'un intermédiaire chargé de faire parvenir les actes aux mains du receveur. Il n'est tenu ni de dresser acte du dépôt dans le sens de l'art. 43 de la loi du 22 frim. an 7, ni de faire l'avance des droits (Sol. adm. enreg. 26 oct. 1873, D. P. 76. 3. 14, note 6 et 7).

2388. Telles sont les dispositions édictées par la loi pour assurer la perception de l'impôt. Nous en venons maintenant au droit de titre.

Aux termes de l'art. 69, § 2, n° 9, de la loi de frimaire an 7, lorsqu'une condamnation est prononcée sur une demande non établie par un titre enregistré et susceptible de l'être, le droit auquel l'objet de la demande aurait donné lieu, s'il avait été convenu par acte public, est perçu indépendamment du droit dû pour la condamnation (*Rép.* n° 4336). Cette disposition a été édictée en vue d'assimiler, pour la perception des droits d'enregistrement, les conventions constatées par actes soumis à l'enregistrement dans un délai déterminé et celles qui, n'étant pas établies par actes sujets à la formalité, acquièrent un titre légal par l'effet d'une décision judiciaire qui en constate l'existence et en assure l'exécution. Il s'ensuit que, bien que la loi ne parle expressément que des jugements portant condamnation, la règle s'applique à toute décision, quelle que soit, d'ailleurs, sa dénomination de collocation ou de liquidation, qui *forme titre* en faveur de l'une des parties contre l'autre (Arrêt du 4 juin 1851, cité *suprà*, n° 2375. Conf. Civ. cass. 10 août 1853, aff. Blondel, D. P. 54. 1. 362; 7 févr. 1865, aff. Supply, D. P. 65. 1. 129; 18 juin 1884, aff. Coulbois, D. P. 85. 1. 26). En effet, ce qui donne lieu à la perception du droit de titre, c'est la constatation par une décision judiciaire de l'existence d'une convention, c'est l'utilité que les parties en retirent; or, on ne comprendrait pas pourquoi l'existence d'un contrat, constatée par un jugement, donnerait ouverture au droit de titre dans le cas où elle résulterait d'un jugement de condamnation et ne donnerait pas lieu à la perception de ce droit dans le cas où le jugement porterait simplement liquidation. Dans les deux cas, il y a constatation authentique des conventions des parties, et le droit de titre doit être perçu. Le droit de titre auquel est soumise toute condamnation prononcée en vertu d'un acte non enregistré, porte l'arrêt du 4 juin 1851, est exigible, non seulement sur les jugements qui renferment une condamnation, mais encore sur ceux qui contiennent une simple liquidation ou allocation de sommes (V. Conf. Demante, t. 2, n° 553; Naquet, t. 2, n° 734). Spécialement, la décision arbitrale fixant, après la dissolution d'une société commerciale, la somme due à l'un des associés, en vertu d'une convention non enregistrée qui, dans les rapports de cet associé avec ses coassociés, le déclarait simple bailleur de fonds, est passible du droit de 1 pour 100, auquel eût été assujettie cette convention, et non pas seulement du droit de liquidation, quoiqu'aucune condamnation n'ait été ni requise, ni prononcée (Arrêt précité du 4 juin 1851).

2389. Le droit de titre se perçoit indépendamment du droit, fixe ou proportionnel, auquel le jugement donne lieu par lui-même. Ces deux perceptions simultanées se justifient, parce que chacune a un objet distinct. La disposition

de loi rappelée *suprà*, n° 2388, les prescrit en termes formels l'une et l'autre, et la jurisprudence les a sanctionnées par de nombreuses décisions. Ce point ne peut faire et n'a jamais fait difficulté (*Rép.* n° 4338, 4339. V. aussi arrêt du 4 déc. 1854, cité *infrà*, n° 2393, et celui du 7 févr. 1865, cité *suprà*, n° 2388).

2390. Du principe que le droit de titre est exigible sur tout jugement formant titre de la convention qui en a été l'objet, il suit que le droit est dû lors même que le jugement ne porte ni condamnation, ni liquidation, ni collocation. On ne peut réduire, porte l'arrêt du 10 août 1853, cité *suprà*, n° 2388, l'application du droit proportionnel au cas où la décision judiciaire intervenue par suite d'une vente non enregistrée donne à la partie qui gagne son procès le droit d'exiger quelque chose de la part de celui qui le perd. Il suffit qu'elle forme titre de la convention entre les parties.

2391. D'autre part, il résulte du même principe que, comme l'exprime en propres termes l'arrêt du 7 févr. 1865 rapporté *suprà*, n° 2388, « pour donner ouverture au droit de titre, il n'est pas nécessaire que le jugement qui prescrit l'exécution de la vente, soit fondé sur un acte antérieurement souscrit et non enregistré; il suffit que l'existence du marché soit constatée par la décision judiciaire qui devient alors le titre des parties ». Ainsi, tout jugement qui rejette la demande en résolution d'une *convention verbale* portant vente, marché, etc., et qui consacre ainsi la validité de cette convention, donne lieu au droit de titre (*Rép.* n°s 1985, 4338, 4339, 4355 et 4357. V. les arrêts rapportés *suprà*, n° 2388, ainsi que ceux mentionnés dans les numéros qui suivent. Conf. Trib. Seine, 12 déc. 1856, aff. Chemin de fer du Nord, D. P. 57. 3. 13; 28 nov. 1863, aff. Cuvigny, D. P. 66. 3. 45; 29 avr. 1864, aff. Drouet, *ibid.*; 25 févr. 1865, aff. Dagniault, *ibid.*; 20 mai 1865, aff. Quicray, *ibid.*; 8 juill. 1865, aff. Veillon, *ibid.*).

2392. La nature et la quotité du droit de titre se déterminent d'après la nature de la convention qui fait l'objet du jugement. C'est donc le droit fixe ou le droit proportionnel qui est exigible, suivant que la convention est sujette à l'un ou à l'autre droit. L'Administration l'a reconnu en décidant que le jugement portant condamnation au payement d'une créance résultant de billets déclarés par une décision judiciaire n'avoir aucune force probante, à défaut de bon ou approuvé (c.civ. art. 1326), et ne représenter qu'un commencement de preuve par écrit, est passible, en outre du droit de condamnation, du droit fixe applicable aux actes refaits, et non du droit proportionnel (Sol. adm. enreg. 25 nov. 1876, D. P. 77. 5. 200).

2393. La loi parle d'une « demande non établie par un titre enregistré et susceptible de l'être ». On s'est appuyé sur ces expressions *et susceptible de l'être* pour soutenir que le droit de titre n'est exigible sur un jugement rendu pour l'exécution de *conventions verbales*, qu'autant que ces conventions opèrent transmission de propriété ou d'usufruit d'immeubles, les conventions de cette nature étant seules toujours susceptibles d'enregistrement, soit qu'il y ait un acte, soit qu'il n'y en ait pas. Cette distinction ne pouvait pas être admise. En effet, le jugement rendu sur une convention verbale sert de titre aux parties, aussi bien pour la convention qui n'opère pas transmission de propriété ou d'usufruit que pour celle qui produit cet effet. Par conséquent, il doit encourir le droit proportionnel de titre auquel la convention eût donné lieu si elle eût été rédigée par écrit, quel que soit l'objet de la convention (*Rép.* n° 4337). La jurisprudence était déjà fixée en ce sens à l'époque de la publication du *Répertoire* (n°s 4338, 4339 et 4355). Les décisions intervenues postérieurement ont confirmé cette interprétation, comme on le voit par l'arrêt du 4 juin 1851 cité *suprà*, n° 2375, qui a été rendu au sujet d'un droit d'obligation. Jugé de même... 1° qu'un jugement qui reconnaît l'existence et la validité de ventes successives dont un *objet mobilier* a été l'objet et qui repousse l'action en nullité intentée par le dernier acheteur, constitue un titre soumis à la perception du droit ordinaire de vente mobilière (Civ. cass. 10 août 1853, aff. Blondel, D. P. 54. 1. 362); ... 2° Que, dans le cas d'une convention ou d'une *obligation* non constatée par un titre et résultant seulement d'un titre verbal, le jugement qui intervient pour reconnaître l'existence et ordonner l'exécution de cette convention ou *obliga-*

tion, constitue désormais pour les parties un titre légal dans la mesure de ce qui est ainsi déclaré obligatoire entre elles, et doit, par conséquent, dans le même mesuré, donner ouverture au droit de titre (Civ. cass. 4 déc. 1834, aff. Marsais, D. P. 55. 1. 58); ... 3° Que le jugement portant liquidation du compte de travaux opérés par un entrepreneur, en exécution de conventions verbales, et fixant la somme due à cet entrepreneur, constate les conventions intervenues et, de plus, en détermine les effets; il forme ainsi titre entre les parties et doit, dès lors, être soumis au droit de titre. — Il est sans intérêt, pour la perception de ce droit, qu'il s'agisse,... soit d'opérations commerciales simplement constatées par des registres ou mémoires, le droit de titre s'appliquant aux conventions commerciales comme à toutes autres, sans qu'il y ait lieu de se préoccuper de leur mode de preuve,... soit de travaux faits au jour le jour, sans que des devis aient été préalablement dressés et consentis. les travaux, dans ces conditions, étant effectués en exécution d'une série de marchés de louage d'ouvrage tels que ceux prévus par les art. 1710, 1711 et 1779 c. civ., et soumis au droit proportionnel de 1 pour 100 (Civ. cass. 18 juin 1884, aff. Coulbois, D. P. 85. 1. 26). — Le tribunal d'Avallon, qui avait rendu le jugement cassé par l'arrêt précité, s'était décidé dans le sens contraire par ce motif que la convention, objet du litige, consistait en opérations commerciales constatées par des registres ou mémoires ne constituant pas un titre soumis à l'enregistrement. La cour de cassation a justement écarté cette objection. Comme l'enseignent MM. Championnière et Rigaud : « ce n'est pas en considération de son état antérieur ni à cause du titre que l'obligation a pu avoir jusque-là, mais à raison du titre qu'elle acquiert dans le jugement, que le droit est perçu » (*Traité des droits d'enregistrement*, n° 831).

2394. Les mots « demande non établie par un titre enregistré et susceptible de l'être » signifient que toutes les fois que la demande, par sa nature, est exclusive de toute convention, comme lorsqu'elle se fonde uniquement sur une obligation légale, le jugement n'est pas passible du droit de titre (*Rép.* n°s 4341 et suiv.). On a cité au *Répertoire* diverses applications de ce principe, notamment le cas où il s'agit d'un jugement statuant sur une demande d'*aliments* formée contre un père par son fils, ou réciproquement; il y a là une obligation légale dont le titre réside dans la loi elle-même, et, en conséquence, le jugement qui statue sur une semblable demande ne donne pas lieu au droit de titre. (*Rép.* n°s 2019 et 4341).

2395. De même, l'héritier qui paye les dettes de la succession, les droits de mutation, les dépenses faites pour réparations aux immeubles de l'hoirie, agit en vertu du *quasi-contrat* de gestion d'affaires qui dérive de la loi. Décidé, en conséquence, que le jugement portant condamnation de cohéritiers à rembourser à leur cohéritier les avances qu'il a faites pour eux en acquittant leurs frais de réparations aux immeubles héréditaires et les droits de mutation dus par suite du décès du *de cujus*, ne donne pas lieu à la perception du droit de titre (Trib. Auch, 24 févr. 1875 (1). Conf. Garnier, *Rép. gén. enreg.*, n° 10604).

2396. Le droit de titre ne peut pas non plus être perçu sur le jugement, lorsque la convention qui en forme l'objet n'est pas de nature à donner lieu au droit proportionnel d'enregistrement, parce qu'elle en est affranchie, ou pour tout autre motif (*Rép.* n° 4346). Ainsi, le jugement portant condamnation d'un agent de change à restituer une somme déposée entre ses mains pour des opérations de bourse, ne donne pas lieu à la perception du droit de titre à 1 pour 100, quoiqu'il résulte des dispositions d'un arrêt infirmatif que le dépôt était, en réalité, un prêt (Trib. Seine, 12 mars

1870, aff. Chenard, D. P. 72. 5. 185). En effet, la loi fiscale affranchit du droit proportionnel le dépôt de sommes chez un officier public et ne le tarife qu'au droit fixe (art.68, § 1-27°) (V. *suprà*, n°s 353 et suiv.); le jugement qui statue sur une demande en restitution d'un semblable dépôt ne saurait donc entraîner la perception du droit proportionnel. La réclamation de ce droit sur le jugement, dans l'espèce de la décision susénoncée, n'était donc pas fondée, mais l'arrêt infirmatif constatant qu'il s'agissait, en réalité, d'un prêt, avait, ce semble, donné ouverture au droit proportionnel d'obligation.

2397. De même, le jugement portant condamnation en vertu d'un titre qui avait acquis date certaine avant l'établissement des droits d'enregistrement ne peut donner ouverture au droit de titre (*Rép.* n° 4348). Ainsi, il a été jugé que ce droit n'est pas exigible sur un jugement rendu en Savoie depuis l'époque où les droits d'enregistrement établis par la loi française sont devenus applicables à ce pays, mais sur une demande et à l'occasion d'actes d'une date antérieure à cette époque, et exemptés, d'après la loi sarde, de tout droit proportionnel d'insinuation ou d'enregistrement (Civ. rej. 26 déc. 1868, aff. Perravex, D. P. 66. 1. 136).

2398. Par identité de raison, le jugement est également affranchi du droit de titre, s'il a pour objet l'exécution d'un *acte antérieur* enregistré (*Rép.* n° 4349); ainsi le jugement portant condamnation au payement du montant d'une lettre de change enregistrée ne donne pas lieu au droit de titre (Sol. adm. enreg. 31 mai 1881, D. P. 83. 5. 242). — Ainsi encore, lorsque des héritiers assignent un de leurs cohéritiers qui a géré les biens héréditaires, en qualité de *mandataire*, pour l'obliger à rendre compte des sommes qu'il a encaissées, sans qu'aucun arrêté de compte soit intervenu, le droit déféré à la justice pour en obtenir l'exécution étant un contrat de mandat non sujet au droit proportionnel, la condamnation prononcée contre le mandataire ne crée d'autre titre que celui qui dérive du mandat, et, par suite, ne donne pas ouverture au droit de 1 fr. pour 100, tandis que, si les poursuites avaient été exercées en vertu d'un arrêté de compte qui aurait fixé le reliquat à la charge du mandataire, le droit de titre eût été dû sur ce reliquat (*Rép.* n°s 4347 et 4350. V. aussi Req. 21 nov. 1832, *Rép.* n° 1181). Il en est de même toutes les fois que le jugement a statué au sujet d'un titre non sujet par lui-même au droit proportionnel, comme, par exemple, le contrat de société (V. en ce sens l'arrêt du 17 janv. 1853, cité *infrà*, n° 2400).

2399. En vertu du même principe, il a été jugé que l'action en rapport à une succession étant fondée, non sur un titre qui aurait dû être enregistré, mais sur un texte de loi non susceptible d'enregistrement, le jugement par lequel un fils est condamné à rapporter à la succession de son père, à titre de supplément de prix, une somme déterminée représentant la différence, constatée par expertise, entre la valeur réelle d'un immeuble qui lui a été vendu par le défunt et le prix porté dans l'acte de vente, ne donne pas lieu à la perception du droit de titre (Trib. Brives, 14 janv. 1870, aff. Certain, D. P. 70. 3. 80).

2400. Le droit de titre n'est pas exigible, lorsque le jugement ne constate pas nettement l'existence d'une convention, mais la laisse seulement présumer. Ainsi, il n'y a point lieu à percevoir, outre le droit de condamnation, un droit d'obligation sur une sentence arbitrale portant liquidation d'une société et condamnation au payement du reliquat, lorsque même, dans le dispositif de la condamnation, sont compris des intérêts dus par les héritiers de l'un des associés pour emploi à leur profit particulier d'une partie des deniers sociaux, s'il n'apparaît pas, autre-

---

(1) (Enreg. C. Bernard Compans.) — Le tribunal ; — Attendu qu'aux termes de l'art. 69, § 2, n° 9, *in fine*, de la loi du 22 frim. an 7, le droit proportionnel de 1 pour 100 n'est dû que lorsque le jugement est rendu sur une demande établie par un titre non enregistré, mais susceptible de l'être ; que pour justifier l'applicabilité de cette disposition de la loi à l'espèce actuelle, la direction de l'enregistrement soutient que les améliorations aux immeubles de la succession et le payement des droits de mutation ont été faits par Bernard Compans en vertu d'accords verbaux intervenus entre lui et ses cohéritiers ; mais que rien ne démontre l'existence de ces accords; qu'on ne saurait en trouver la preuve dans

les énonciations du procès-verbal de référé; qu'il y aurait un véritable abus d'interprétation à faire résulter une reconnaissance d'un défaut de protestation plus ou moins directe; qu'on aboutirait ainsi aux conséquences les plus excessives, puisque ce moyen de preuve admis pour l'existence de la convention, les cohéritiers de Bernard Compans se trouveraient autorisés à en exciper pour justifier les éléments même de cette convention, résultat exorbitant qui irait à l'encontre de celui consacré par le jugement ; que la perception de ce droit demeure donc sans justification et doit être rejetée; — Par ces motifs etc.

Du 24 févr. 1875.-Trib. civ. d'Auch.

ment que par de simples présomptions résultant du retard à provoquer la liquidation de la société, d'un contrat de prêt ayant fait novation entre les parties (Civ. cass. 17 janv. 1853, aff. Sorel, D. P. 53. 1. 25). Le tribunal avait admis la perception du droit de titre en se fondant sur ce que les héritiers de l'un des associés ne réclamant pas la liquidation de la société, leur silence devait être interprété comme un consentement à ce que les héritiers de l'autre associé employassent à leur profit les fonds sociaux, et que de ce consentement était résulté un contrat de prêt qui avait servi de base au jugement de condamnation et justifiait la perception du droit de titre. La cour de cassation a justement repoussé cette interprétation : le retard apporté par un associé à réclamer ses droits dans une société ne pouvait être considéré comme constitutif d'un contrat nouveau emportant novation.

2401. D'un autre côté, la perception du droit de titre étant fondée sur ce que le jugement qui y donne lieu forme titre entre les parties de leur convention ne saurait être admise, lorsque le jugement déclare la convention nulle. Ainsi, jugé que le droit de transmission ne peut être perçu sur un jugement qui ne constate une cession de valeurs mobilières que pour la déclarer illicite et nulle, et qui ne saurait, par suite, être considéré comme créant un titre aux parties (Trib. Seine, 3 févr. 1865, aff. Lafontaine, D. P. 65. 3. 59).

2402. En dehors des cas qui viennent d'être exposés, où la convention à laquelle se rapporte le jugement échappe à la perception du droit d'enregistrement, tout jugement rendu sur une demande non établie par titre non enregistré donne lieu au droit de titre (Rép. nᵒˢ 4352 et suiv.). Ainsi décidé : 1ᵒ que le jugement qui reconnaît et déclare l'existence et la validité de ventes successives dont une chose mobilière (un bureau de commissionnaire au mont-de-piété) a été l'objet, et qui repousse l'action en nullité intentée par le dernier acheteur, constitue un titre soumis à la perception du droit ordinaire de vente mobilière (Arrêt du 10 août 1853, cité suprà, nᵒ 2393) ; — 2ᵒ Que lorsqu'il résulte d'un jugement qu'il y a eu entre les parties promesse de vente immobilière équivalant à vente, avec cautionnement d'un tiers au profit des acquéreurs, et que les actes sous seing privé constatant cette double convention n'ont pas été enregistrés dans les délais de la loi, il y a lieu, lors de l'enregistrement de ce jugement, d'exiger le droit de titre et le double droit, indépendamment du droit de condamnation à percevoir sur le jugement lui-même ; et le payement de ces droits a pu être exigé des vendeurs, sauf leur recours contre les acquéreurs, surtout si ce sont eux qui ont produit en justice les actes privés non enregistrés et si le jugement a été rendu en leur faveur en ce qu'il leur alloue des dommages-intérêts (Civ. rej. 12 juin 1854, aff. Margat, D. P. 55. 1. 42) ; — 3ᵒ Que lorsqu'un acte a été enregistré comme donation et qu'un jugement rendu entre les parties lui reconnaît le caractère de vente, la différence en plus entre ce dernier droit et celui perçu est exigible à l'enregistrement du jugement (Civ. cass. 12 févr. 1850, aff. Jubié, D. P. 50. 1. 184) ; — 4ᵒ Que le jugement portant condamnation de l'adjudicataire d'un service public à payer à l'entrepreneur sortant le prix du matériel de l'entreprise que celui-ci lui a cédé, donne lieu, indépendamment du droit de condamnation à 50 cent. pour 100, au droit de titre ou de vente mobilière de 2 fr. pour 100 sur le prix de la cession ; encore bien que l'entrepreneur sortant fût tenu, d'après les dispositions du cahier des charges de l'entreprise, de conserver le matériel pendant toute la durée de son exploitation et de le transmettre, à l'expiration, soit à un successeur, soit à l'État ; le prix de la cession étant dû par l'adjudicataire entrepreneur et non par l'État, il n'y a pas lieu d'appliquer, quoique le matériel cédé ait été fourni originairement à l'État, l'exception en vertu de laquelle les marchés dont le prix doit être payé par le Trésor ne sont assujettis qu'au droit fixe (Civ. rej. 23 nov. 1870, aff. Vallée, D. P. 70. 5. 145) ; — 5ᵒ Que le jugement qui, statuant sur une demande en résiliation, avec dommages-intérêts, d'une vente de marchandises ordonne la livraison de ces marchandises dans un certain délai et condamne le vendeur, pour le cas où il ne s'exécuterait pas dans ce délai, à payer, à titre de dommages-intérêts, une somme déterminée, renferme non une obligation alternative à la charge des vendeurs et à leur choix, mais deux

condamnations distinctes, l'une (celle maintenant le marché) principale, actuelle et certaine, l'autre (celle relative aux dommages-intérêts) subsidiaire et éventuelle ; en conséquence, le droit de titre exigible sur ce jugement est celui de vente mobilière à 2 fr. pour 100 sur les marchandises à livrer, et cette perception doit être maintenue, encore bien que, par suite de l'inexécution du marché, la disposition subsidiaire soit seule sortie à effet (Civ. cass. 8 mars 1871, aff. Michel, D. P. 71. 1. 341) ; — 6ᵒ Que le jugement qui, statuant sur une demande en payement de billets enregistrés, souscrits pour garantie d'avances faites ou à faire à un tiers, condamne le souscripteur des effets à en payer le montant, après avoir constaté que des avances avaient effectivement eu lieu, donne ouverture au droit proportionnel de 1 fr. pour 100 (Trib. Ribérac, 13 févr. 1884, Journ. enreg., art. 22284). Dans cette espèce, les billets enregistrés ne suffisaient pas par eux-mêmes pour faire prononcer une condamnation, puisqu'ils n'étaient souscrits qu'en garantie d'avances faites ou à faire à un tiers : il était nécessaire d'établir que ces avances avaient été réellement effectuées, et le jugement, en le constatant, énonçait ainsi l'existence d'une obligation passible du droit proportionnel ; — 7ᵒ Que le jugement reconnaissant la validité d'engagements contractés relativement à une opération à double prime sur marchandises à différentes échéances, donne lieu au droit proportionnel sur le montant de la prime formant d'ores et déjà l'objet d'une obligation ferme et définitive à la charge du spéculateur vis-à-vis de son mandant (Trib. Marseille, 12 janv. 1886, aff. Bloch, D. P. 86. 5. 199).

2403. Comme on l'a vu, lorsque nous avons traité des obligations (V. suprà, nᵒˢ 720 et suiv.), une loi du 8 sept. 1830 a exempté du droit proportionnel les actes de prêts sur dépôt ou consignations de marchandises, fonds publics ou actions industrielles. Cette immunité ne peut être étendue à la créance résultant d'une opération de report (V. suprà, nᵒ 722).

2404. Par cela même que le droit de titre n'est exigible sur un jugement qu'autant qu'il y forme titre entre les parties de leur convention (V. suprà, nᵒ 2388), ce droit ne doit être perçu pour les jugements rendus sur une convention verbale, que dans la mesure de l'utilité juridique que les parties retirent de la décision du tribunal. C'est ce qu'exprime la disposition de l'art. 69, § 2, nᵒ 9, de la loi de frimaire. Elle limite, en effet, la perception du droit de titre à « l'objet de la demande », et non de la convention (Rép. nᵒ 4360). Comme l'exprime un arrêt, « le jugement constituant désormais pour les parties un titre légal, dans la mesure de ce qui est déclaré obligatoire entre elles, c'est dans cette même mesure qu'il doit donner ouverture au droit de titre » (Civ. cass. 4 déc. 1854, aff. Marsais, D. P. 55. 1. 58. V. Rép. nᵒˢ 123 et 4362), c'est-à-dire de ce qui était réellement in lite et a fait l'objet, non pas seulement de l'assignation, mais des conclusions respectives des parties (V. l'arrêt du 18 juin 1854, cité suprà, nᵒ 2393).

2405. Ainsi le droit de titre dont est passible le jugement qui condamne à payer le montant d'une créance verbale et des intérêts échus ne doit être perçu que sur le principal et non sur les intérêts (Sol. adm. enreg. 27 sept. 1867, D. P. 68. 3. 32). — De même, le droit de titre exigible, indépendamment du droit proportionnel de collocation, sur les procès-verbaux d'ordre et de distribution par contribution qui admettent la collocation de créances non constatées par actes enregistrés, ne doit être liquidé que sur le montant de la collocation (Sol. adm. enreg. 9-12 déc. 1862 et 10 juill. 1863 ; Instr. adm. enreg. 13 janv. 1863, nᵒ 2241, § 4 ; 22 déc. 1863, nᵒ 2274, § 3).

2406. Mais lorsque c'est la convention entière qui fait l'objet de la demande, c'est-à-dire du litige précisé par les conclusions respectives des parties, le droit de titre est exigible sur la totalité du prix stipulé. Il en est ainsi, lors même que la convention a été exécutée en partie. Spécialement, lorsque, sur la demande en payement du solde du prix d'un marché exécuté en partie, l'adversaire oppose la nullité du marché, le jugement qui intervient et rejette la demande en nullité en résiliation est passible du droit de titre sur la totalité du prix, parce que l'existence même du marché était en jeu, et que le jugement, en le validant, donne un titre aux parties pour le tout. C'est ainsi qu'il a été décidé que le jugement déclarant mal fondée la demande en résiliation d'une vente verbale de fonds de commerce est passible d'un droit de titre qui doit être perçu sur la totalité du prix constaté, encore bien qu'une partie de ce prix aurait déjà été payée ; et, dans le cas où les parties n'ont pas fait connaître pour quelle somme a été conclue la vente verbale maintenue par le jugement, le droit est régulièrement réclamé sur la valeur approximative du fonds vendu, sauf aux parties à faire leur déclaration conformément à l'art. 16 de la loi du 22 frim. an 7 (Trib. Seine, 28 nov. 1863, aff. Cuvigny, D. P. 66. 3. 45; 29 avr. 1864, aff. Drouet, *ibid.*; 25 févr. 1863, aff. Dagniault, *ibid.*; 20 mai 1865, aff. Quicray, *ibid.* ; 8 juill. 1863, aff. Veillon, *ibid.* V. les arrêts des 10 août 1853, 7 févr. 1865 et 18 juin 1884, cités *suprà*, n°s 2388 et 2393). — Si, au contraire, la demande rejetée n'avait pour objet qu'une *réduction* du prix de la vente verbale, c'est seulement sur cette portion du prix que devrait porter la perception du droit de titre (Même jugement du 29 avr. 1864).

Il a été jugé également, dans le même sens : 1° que le droit de titre dû sur un jugement rendu à l'occasion d'un marché verbal d'entreprise de constructions doit être perçu sur l'intégralité du prix du marché, bien que le jugement ne condamne qu'au payement du reliquat, par ce que la décision judiciaire, portant sur l'examen général du compte entre les parties, leur fournit le titre définitif de leurs conventions à défaut de l'acte civil qu'elles s'étaient abstenues de dresser (Trib. Seine, 20 janv. 1882, *Journ. enreg.*, art. 21886); — 2° Que le jugement qui condamne l'une des parties au payement du solde du prix d'un marché verbal est passible du droit de titre sur l'intégralité du prix, lorsque ce marché a été méconnu par l'autre partie et que la preuve a dû en être faite devant le tribunal (Trib. Seine, 26 janv. 1883, *ibid.*, art. 22159. Conf. Trib. Seine, 31 déc. 1886, *ibid.*, art. 22785).

2407. En étudiant les règles de perception applicables aux marchés entre particuliers, nous avons vu *suprà*, n°s 958 et suiv., qu'une disposition spéciale de loi, l'art. 22 de la loi du 11 juin 1859 a autorisé l'enregistrement provisoire au droit fixe des « marchés et traités réputés actes de commerce par les art. 632, 633 et 634 c. com., faits ou passés sous signature privée et donnant lieu au droit proportionnel suivant l'art. 69, § 3, n° 1, et § 5, n° 1, de la loi du 22 frim. an 7 ». D'après cette même disposition, les droits proportionnels applicables sont perçus dans deux cas, « lorsqu'un jugement portant condamnation, liquidation, collocation ou reconnaissance, interviendra sur ces marchés ou traités, ou qu'un acte public sera fait ou rédigé en conséquence, mais seulement sur la partie du prix ou des sommes faisant l'objet, soit de la condamnation, liquidation, collocation ou reconnaissance, soit des dispositions de l'acte public ». On a traité, *loc. cit.*, de ce dernier cas, c'est-à-dire de la perception du droit proportionnel sur les marchés commerciaux enregistrés provisoirement au droit fixe, lorsque ce droit se trouve exigible par suite de l'usage qui a été fait du marché dans un acte public, fait ou rédigé en conséquence de

ses dispositions. On a réservé alors, pour la faire précisément ici, l'étude de la perception du droit proportionnel dans le premier cas, c'est-à-dire lorsqu'un jugement est intervenu sur une marché enregistré provisoirement au droit fixe.

2408. Les circonstances dans lesquelles est intervenu l'art. 22 de la loi du 11 juin 1859 ont été exposées *suprà*, n°s 958 et suiv. Cette disposition, avons-nous dit, doit être rapprochée de celle de la loi de frimaire an 7 relative à la perception du droit de titre sur les jugements. Bien que les deux textes ne soient pas exactement les mêmes, il est certain que le législateur de 1859 a voulu purement et simplement étendre aux actes de commerce la règle de perception établie dans la loi de l'an 7 pour la perception du droit de titre. En effet, le but qu'il s'est proposé a été de faire cesser l'inégalité qui existait entre les plaideurs qui produisaient une convention écrite et ceux qui n'arguaient que d'une convention verbale, ceux-ci ne supportant le droit de titre que sur la partie de la convention reconnue par la partie, tandis que les premiers l'acquittaient sur toutes les dispositions de l'acte écrit qu'ils étaient contraints de produire.

2409. On a vu *suprà*, n° 2388, que, d'après la jurisprudence, bien que la disposition de la loi de l'an 7 concernant la perception du droit de titre sur les jugements ne parle expressément que des jugements *portant condamnation*, on doit entendre par cette expression toute décision, quelle que soit d'ailleurs, sa dénomination de collocation ou liquidation, qui forme titre en faveur de l'une des parties contre l'autre. Évidemment, le législateur de 1859 s'est référé à cette jurisprudence et a voulu la consacrer. Il ne s'est pas contenté de dire, en effet, comme celui de l'an 7, que le droit de titre deviendrait exigible par suite de condamnation, il a dit formellement que les droits proportionnels applicables aux marchés commerciaux seraient perçus, « lorsqu'un jugement portant *condamnation, liquidation, collocation ou reconnaissance*, interviendra sur ces marchés et traités », et, d'autre part, que la perception des droits proportionnels sera limitée à « la partie du prix ou des sommes faisant l'objet de la condamnation, liquidation, collocation ou reconnaissance ».

Il suit de là que les règles établies pour la perception du droit de titre sur les jugements sont applicables à la perception du droit proportionnel sur les marchés commerciaux. Les difficultés sont les mêmes dans les deux cas. Il s'agit toujours de déterminer ce qui a été *in lite* et a fait l'objet de la décision du tribunal.

2410. Cette assimilation ressort de toutes les décisions de la jurisprudence qui sont intervenues au sujet de l'application de l'art. 22 de la loi du 11 juin 1859. D'après ces décisions : ... 1° le droit proportionnel applicable à un marché commercial enregistré provisoirement au droit fixe est dû sur la totalité du prix stipulé, lorsqu'en statuant sur une demande en payement du solde de ce prix, le tribunal rejette les conclusions posées par les créanciers du vendeur à l'effet de faire prononcer la nullité de la vente (Req. 29 mai 1865) (1); ... 2° Le jugement qui, sur l'action en nullité ou en résiliation d'un marché commercial passé par

---

(1) (Chevallier.) — Le 19 mars 1864 jugement du tribunal civil d'Evreux, ainsi conçu : — « Attendu que l'administration réclame de Chevallier : 1° un droit proportionnel à 2 pour 100 pour vente mobilière sur la somme de 93000 fr. moyennant laquelle Landrin a cédé à Chevallier par le traité susdit le fonds de l'hôtel du Grand-Cerf, son achalandage, les marchandises qui en dépendaient, etc. ; 2° un autre droit proportionnel de demi pour 100 pour atermoiement sur la somme de 58776 fr. que Chevallier s'est engagé par le même acte à payer aux créanciers de Landrin; 3° un droit de 2 fr. non contesté, pour pouvoir et le 10me, lesquels droits de déduction faite de celui qui a été perçu, forment un total de 2367 fr. 9 cent. ; — Attendu que pour établir la légitimité de ces demandes, l'administration cherche à établir : 1° que le traité des 26, 27 et 28 juin 1861 ne peut profiter de la faveur accordée par l'art. 22 de la loi du 11 juin 1859 d'après lequel les marchés commerciaux sont enregistrés au droit fixe de 2 fr. parce que ledit traité ne devrait pas être réputé acte de commerce ; 2° que, dans le cas même où il y aurait lieu d'appliquer la loi de 1859, le droit proportionnel ne serait pas moins dû parce qu'il est intervenu un jugement portant reconnaissance dudit traité et qu'aux termes du § 2 de l'art. 22 précité, le droit devient alors exigible ; — Sur le 1er moyen : — Attendu qu'il résulte des pièces produites, et notamment du jugement du tribunal de commerce d'Evreux du 20 févr. 1862, que Chevallier

était déjà propriétaire de l'immeuble où s'exploitait l'hôtel du Grand-Cerf et créancier pour une somme importante de Landrin lorsqu'il a acquis, par ledit traité, du même individu, le fonds de commerce, l'achalandage de l'hôtel, les marchandises, etc. ; qu'il a fait cet achat dans le but de retirer de sa créance le meilleur parti possible et d'éviter la dépréciation du fonds de commerce; qu'il avait surtout l'intention de revendre ce fonds le plus tôt possible lorsqu'il trouverait une occasion favorable; que cela est démontré par les cessions intervenues en faveur de Megret, puis Filleul et Brunet lesquels sont entrés en possession de l'hôtel dès le 1er nov. 1861 ; qu'il y a eu, par conséquent, de la part de Chevallier spéculation, achat pour revendre, dans le sens de l'art. 632 c. com. ; — Attendu que, dans tous les cas, il suffit d'après la discussion qui a eu lieu au Corps législatif, que l'acte soit commercial de la part de l'une des parties, pour que la loi de 1859 soit applicable ; qu'il en est ainsi, dans l'espèce, puisque cet acte était celui par lequel aussi Chevallier cessait sa profession de commerçant et par lequel aussi Chevallier commençait à l'être; — Qu'il y a donc lieu de décider que le bénéfice de l'art. 22 de ladite loi était acquis aux parties contractantes dudit traité ; — Sur le 2e moyen : — Attendu que le jugement du 20 févr. 1862 détermine les effets du traité du mois de juin précédent, sur lequel les parties s'appuyaient respectivement, et qu'en outre, il a eu à statuer sur la question de validité même de ce traité, qui acte sous seing privé, et enregistré au droit fixe, en vertu de l'art. 22 de la loi du 11 juin 1859, valide le marché et en ordonne l'exécution, contient reconnaissance de ce traité dans le sens du même article et, dès lors, le rend passible du droit proportionnel sur la totalité du prix : il n'est pas besoin que ce jugement renferme, en outre, une condamnation, liquidation ou collocation de sommes (Req. 25 mars 1867, aff. de Framery, D. P. 67. 1. 437). Et si le jugement qui prononce la validité du marché condamne en même temps l'une des parties à payer à l'autre le montant de travaux exécutés, le droit proportionnel est exigible sur la totalité du prix porté au marché, et non pas seulement sur le chiffre de la condamnation, l'exigibilité du droit ayant sa cause, non dans la condamnation, mais dans la reconnaissance du titre dans le sens de l'art. 22 (Même arrêt); et l'on doit considérer le jugement qui valide contre l'une des parties seulement un marché commercial, comme contenant une reconnaissance même vis-à-vis de l'autre partie, si elle est intervenue au procès et a ainsi figuré au jugement (Même arrêt);... 3° Le jugement qui rejette la demande formée par un entrepreneur en résiliation d'un marché passé avec une compagnie de chemin de fer pour l'exécution d'une ligne contient reconnaissance du titre dans le sens de l'art. 22 de la loi du 11 juin 1859 et donne lieu, par conséquent, à la perception du droit proportionnel de 1 pour 100 (Req. 12 janv. 1869, aff. Chotard, D. P. 69. 1. 430);... 4° Le jugement qui, après avoir exposé dans ses motifs l'objet et les conditions d'un marché commercial passé entre les parties, ordonne, avec une provision sur le prix convenu, une expertise pour la vérification de travaux exécutés et une prorogation de délai pour leur achèvement, renferme une reconnaissance expresse du marché et donne lieu, par cela seul, à la perception du droit proportionnel de marché sur le prix des travaux restant à exécuter (Civ. cass. 25 mars 1872, aff. Compagnie immobilière, D. P. 72. 1. 314);... 5° Le jugement portant débouté de la demande en résiliation d'un marché commercial sous signatures privées enregistré provisoirement au droit fixe, et qui donne acte à l'une des parties de l'engagement pris par elle de recevoir le minimum des fournitures au sujet desquelles la convention est intervenue, présente les caractères d'une reconnaissance judiciaire du traité, et donne ouverture, en conséquence, au droit proportionnel du titre dans la mesure où l'existence en est reconnue et l'exécution ordonnée (Civ. cass. 3 déc. 1872, aff. Le Paslier, D. P. 73. 1. 310); ... 6° La sentence arbitrale qui, intervenue au sujet de contestations portant sur le règlement du prix d'un marché, arrête ce prix après vérification de l'ensemble des comptes existant entre les parties, donne lieu au droit proportionnel de marché ainsi qu'à celui de liquidation sur l'intégralité du prix,

et non pas seulement sur le solde, bien qu'elle constate le payement antérieur à l'entrepreneur de la plus grande partie de la somme lui revenant (Trib. Seine, 15 janv. 1876, aff. Chemin de fer d'Orléans, D. P. 78. 3. 6).

2411. La cour de cassation a été appelée récemment à préciser le sens et la portée de la loi de 1859, en ce qui concerne la perception du droit proportionnel sur le jugement rendu au sujet d'un marché commercial.

A la suite d'une demande en dommages-intérêts introduite par un négociant contre un autre négociant à raison de ce que la marchandise livrée en exécution d'un marché passé entre eux n'était pas loyale et marchande, un jugement du tribunal saisi alloua les dommages-intérêts réclamés. Il parut à l'Administration que la décision du tribunal ayant fourni un titre public au marché visé dans les conclusions respectives des plaideurs et reconnu, non seulement l'existence, mais encore le sens et la valeur obligatoire de ce marché, avait donné ouverture au droit de titre sur le prix stipulé. Les parties résistèrent à la réclamation de ce droit de titre, alléguant que le marché litigieux n'avait été nullement contesté, et, d'ailleurs, avait été exécuté lors de l'introduction de la demande en dommages-intérêts; que l'objet du litige avait été uniquement de fixer le chiffre des dommages-intérêts réclamés et que, d'après la loi du 1859, comme d'après celle de frimaire, le droit de titre ne peut être perçu que sur l'objet de la demande. Cette doctrine, repoussée d'abord par un jugement du tribunal de Boulogne-sur-Mer du 18 févr. 1886, fut, au contraire, sanctionnée par un arrêt de cassation du 30 oct. 1888, qui décida que le jugement en litige avait donné ouverture au droit proportionnel sur les dommages-intérêts alloués, et non au droit de titre sur le prix du marché, encore bien que le tribunal eût examiné les circonstances dans lesquelles cette décision était intervenue : « Attendu que la demande de Vanderzée tendait, non à l'exécution du marché qui avait été exécuté, ni à la reconnaissance de ce marché dont l'existence n'était pas contestée, mais uniquement à l'allocation de dommages-intérêts à raison du vice de la marchandise livrée; — Attendu que si Vanderzée, pour justifier sa demande, a fait valoir les circonstances dans lesquelles le marché avait été passé et si le tribunal, dans les motifs de son jugement, a cru devoir examiner ces circonstances, il n'en est pas moins certain que la demande dont il s'agit n'a jamais eu d'autre caractère que celui d'une action en dommages-intérêts et que le dispositif du jugement ne statue pas sur d'autres questions » (Civ. cass. 30 oct. 1888, aff. Vanderzée, D. P. 89. 1. 243).

2412. Un autre arrêt a décidé que, si le jugement intervenu au sujet d'un marché commercial enregistré provisoirement au droit fixe et qui reconnaît l'existence de ce

---

lui était soumise de la manière la plus expresse; qu'en effet, dans leurs conclusions soumises au tribunal de commerce d'Evreux, puis à la cour impériale de Rouen, Lesort et joints prévoyant le cas où le dividende de 60 pour 100 ne leur serait pas accordé, ont demandé subsidiairement la nullité du traité tout entier pour cause de dol, d'erreur et d'inexécution des engagements pris par Chevallier, et, par voie de conséquence, la mise en faillite de Landrin; qu'ils ont soutenu que le traité ne pouvait se diviser en deux actes dont l'un contiendrait une vente faite par les époux Landrin et Chevallier, et, l'autre, un acte d'atermoiement entre Landrin et ses créanciers; que ledit traité ne formait qu'un seul acte, et que s'il devait tomber dans toutes ses parties ; — Que Chevallier prétendrait en vain, en cherchant à isoler ce qu'il regarde comme le dispositif du jugement du tribunal de commerce des autres parties de ce jugement, que le tribunal n'a pas statué sur la question de nullité du traité; qu'il résulte, au contraire, des qualités de ce jugement que le point de droit se termine ainsi : « Subsidiairement, déclarera-t-on nul le traité des 26, 27 et 28 juin 1861 et déclarera-t-on le sieur Landrin en état de faillite ? — Ou bien, au contraire, rejettera-t-on l'action en nullité de ce traité ? »; — Que le tribunal a évidemment entendu résoudre ces questions lorsqu'après avoir rejeté les moyens basés sur le dol et sur l'erreur, il a déclaré que les traités particuliers fussent-ils nuls, celui du 28 juin devrait encore être exécuté ; — Qu'il faut donc reconnaître que le jugement précité a porté reconnaissance d'un marché commercial et que ce traité ayant été attaqué dans son entier, le droit proportionnel doit être perçu intégralement suivant les bases posées par l'administration par application du n° 2 de l'art. 22 de la loi du 11 juin 1859.

Pourvoi en cassation du sieur Chevallier: 1° pour violation et fausse application de l'art. 22 de la loi du 11 juin 1859, en ce que le tribunal avait jugé que le droit proportionnel était dû sur le traité ; 2° et subsidiairement pour violation du même art. 22 en ce que, dans tous les cas, le droit ne devait être perçu que sur la somme objet du litige jugé par le tribunal. — Arrêt.

LA COUR ; — Sur les deux moyens du pourvoi : — Attendu, en droit, que si les marchés et traités sous signature privées réputés acte de commerce et donnant lieu au droit proportionnel suivant la loi du 22 frim. ont 7 sont désormais enregistrés provisoirement moyennant un droit fixe, le droit proportionnel n'en doit pas moins être perçu lorsque la reconnaissance de ces marchés et traités résulte ou d'un jugement ou d'un acte authentique, et qu'en ce cas le droit proportionnel n'est même perçu que sur la partie du prix ou des sommes qui font l'objet de cette reconnaissance ; — Que tel est l'objet et que telle est aussi la limite de la modification apportée au régime fiscal antérieur par l'art. 22 de la loi du 11 juin 1859 ; — Attendu que, pour débouter Chevallier de son opposition à la contrainte décernée contre lui par l'administration de l'enregistrement, le tribunal d'Evreux s'est fondé, en fait, sur ce que le traité sur lequel n'avait été d'abord perçu que le droit fixe, avait été produit, contesté et validé pour le tout dans le jugement du tribunal de commerce du 20 févr. 1862 ; — Et qu'en décidant, par suite, que la perception du droit proportionnel, faite à l'occasion de ce jugement sur la totalité du prix de ce traité, l'avait été justement, le jugement attaqué, loin de violer l'art. 22 de la loi précitée, n'en a fait qu'une saine application ;

Par ces motifs, rejette.

Du 29 mai 1863.-Ch. req.

marché, donne lieu au droit proportionnel applicable à cette convention, ce n'est que dans la mesure de l'utilité juridique qu'il lui assure ; que c'est seulement dans la limite où il la déclare obligatoire et fournit ainsi le titre nécessaire pour son exécution, que le droit proportionnel est exigible ; que, spécialement, le jugement qui statue, non sur l'existence et la validité d'un marché commercial enregistré provisoirement au droit fixe, cette existence et cette validité n'étant pas contestées, mais seulement sur le sens de l'une des clauses du marché relative au mode d'exécution, ne reconnaît l'existence de la convention et ne la rend obligatoire que dans cette mesure; que, par conséquent, ce n'est aussi que dans cette mesure qu'il donne ouverture au droit proportionnel de titre, et non sur la totalité du prix du marché (Civ. cass. 24 juin 1890, aff. Dècle, D. P. 91. 1re part.).

Il y a, entre les espèces des deux arrêts des 30 oct. 1888 cité suprà, no 2411, et 24 juin1890 précité cette différence que, dans la première, la convention avait été exécutée, tandis que, dans la seconde, elle ne l'avait pas été. La doctrine sur laquelle reposent les deux décisions de la cour est la même dans les deux cas. Elles ont fait logiquement et exactement l'une et l'autre application de ce principe qui domine la matière, que soit qu'il s'agisse d'une convention verbale et par suite de l'application de l'art. 69, § 2, no 9, de la loi du 22 frim. an 7, soit qu'il s'agisse d'un marché de commerce et, par conséquent, de l'art. 22 de la loi du 11 juin 1859, le droit de titre n'est dû et ne peut être perçu que sur ce qui a été l'objet, non pas de la convention litigieuse, mais seulement du litige, sur ce qui a été in lite. La cour a écarté complètement, par son arrêt du 30 oct. 1888, la perception du droit de titre, parce que le débat avait porté, non sur la convention elle-même, mais sur l'exécution qui lui avait été donnée. Par l'arrêt du 24 juin 1890, elle a repoussé la perception du droit proportionnel sur la totalité du prix du marché commercial en litige, parce que le débat n'avait porté ni sur l'existence, ni sur la validité de ce marché; mais, comme il avait été soulevé au sujet de l'interprétation que comportait l'une des clauses de la convention et qu'en arrêtant cette interprétation, le jugement avait reconnu l'existence du marché et l'avait rendu obligatoire dans cette mesure, la cour a admis qu'il y avait lieu à la perception du droit de titre dans cette mesure seulement. C'est aux parties, dans ce cas, à déterminer par une déclaration estimative, conformément à l'art. 16 de la loi du 22 frim. an 7, pour la perception du droit proportionnel, la fraction pour laquelle le prix stipulé peut être considéré comme se rapportant à la clause litigieuse.

PART. 2. — DE LA LIQUIDATION OU DES VALEURS' SUR LESQUELLES LE DROIT PROPORTIONNEL EST ASSIS (Rép. nos 4367 à 4844).

2413. Il n'a pas été traité au Répertoire, dans la présente partie du chap. 4, de la liquidation du droit proportionnel pour les actes et mutations de toutes espèces. Soit en raison de la spécialité de la matière étudiée, soit parce que les décisions rapportées, en statuant sur l'exigibilité du droit, avaient déterminé le mode à suivre pour sa perception, soit pour d'autres causes encore, les règles suivant lesquelles le droit proportionnel doit être perçu y ont été étudiées, pour beaucoup de cas, dans la première partie du chapitre, en même temps que celles se rapportant à l'exigibilité de l'impôt. Il n'est question, par suite, au Répertoire, dans la seconde partie du chap. 4, que des cas autres que ceux déjà examinés dans la première et des règles générales, comme celles concernant la déclaration estimative.

Le même ordre sera suivi dans le Supplément. On ne trouvera donc ici que les règles de liquidation se rapportant à des cas autres que ceux pour lesquels ces mêmes règles ont été déjà établies. Mais, afin de faciliter le plus possible les recherches, toutes les fois qu'en suivant l'ordre adopté, nous rencontrerons un acte ou une mutation déjà étudié sous le rapport de la liquidation du droit proportionnel, nous indiquerons, par un renvoi, le numéro du Supplément où se trouvera cette étude.

2414. Il est question, dans cette seconde partie du

chap. 4, comme au Répertoire, que de la liquidation du droit proportionnel. En ce qui concerne la liquidation du droit gradué qui a été substitué purement et simplement au droit fixe pour certains actes assujettis à ce droit, il en a été traité au chapitre précédent dans les parties consacrées aux actes soumis au droit gradué.

2415. La liquidation du droit proportionnel comporte, outre cette opération, l'addition des décimes. Nous avons mentionné suprà, nos 21 et 173, les dispositions législatives se rapportant à cette matière. Il en résulte qu'au décime simple établi par la loi du 6 prair. an 7 un autre a été ajouté en 1853, lequel, supprimé en 1857, a été établi en 1862, réduit à moitié en 1864, supprimé partiellement en 1866 et rétabli intégralement en 1871 avec addition d'un demi décime en 1873, de telle sorte que, depuis cette dernière année, deux décimes et demi, soit 25 pour 100, sont ajoutés au principal des droits d'enregistrement. Ces fluctuations ont soulevé diverses questions et donné lieu, par suite, à quelques solutions intéressantes, pour la plupart, au point de vue de l'application en matière fiscale du principe de la non-rétroactivité des lois, et se rapportant, d'ailleurs, à des difficultés qui se reproduiront si la législation actuelle vient à être modifiée.

2416. En ce qui concerne le jour à partir duquel un nouveau décime est applicable, la loi du 13 mai 1863 qui a établi un second décime n'est devenue exécutoire, dans chaque département, que le lendemain du jour de l'arrêté pris par le préfet pour ordonner la publication de cette loi, conformément à l'ordonnance du 18 janv. 1817, et que la disposition de cette ordonnance portant que les lois seront exécutoires, à compter du jour de leur publication, dans la forme déterminée par ladite ordonnance, doit être entendue en ce sens que la loi est exécutoire à compter du jour de l'arrêté du préfet exclusivement (Délib. adm. enreg. 15 juill. 1864, D. P. 65. 3. 24. V. Trib. Charleville, 8 janv. 1863, aff. de Vignacourt, D. P. 63. 3. 15; Trib. Valenciennes, 1er mai 1863, aff. Plichon, D. P. 65. 3. 24; Trib. Condom, 25 mai 1863, aff. Sarran, D. P. 63. 3. 71; Trib. Seine, 28 mai 1864, aff. Taniès, D. P. 65. 3. 80).

2417. Relativement à l'application aux droits de mutation du second décime établi par la loi du 14 juill. 1855 et supprimé par celle du 23 juin 1857, il a été jugé... que ce second décime était dû pour les droits de mutation ouverts avant sa suppression, bien qu'ils n'aient été acquittés que postérieurement dans le délai légal (Trib. Seine, 27 août 1858, aff. Hamel, D. P. 58. 3. 62, et sur pourvoi, Req. 26 juill. 1859, D. P. 59. 1. 405); ... Que lorsque des immeubles adjugés antérieurement à une loi établissant la perception d'un nouveau décime sont adjugés de nouveau par suite de surenchère après la promulgation de cette loi, le décime ne doit être perçu que sur l'excédent du prix donné par la surenchère, et non sur le prix total (Trib. Seine, 22 août 1863, aff. Fonteuillat, D. P. 64. 3. 7); ... Et, d'autre part, que, dans le cas d'acquisition en commun d'immeubles par plusieurs avec clause que le survivant demeurera seul propriétaire, les décimes qui s'ajoutent au droit principal exigible à chaque transmission (V. suprà, no 1938) doivent être liquidés, quant au droit simple, d'après le tarif en vigueur à la date de l'acte contenant la clause d'accroissement, et, quant au droit en sus pour défaut de déclaration dans le délai légal, d'après celui en cours à l'époque où la contravention a été commise (Sol. adm. enreg. 15 janv. 1880, D. P. 81. 3. 16).

2418. En ce qui concerne l'application du second décime édicté par l'art. 1er de la loi du 23 août 1871, V. Instr. adm. enreg. 25 août 1871, no 2413 (D. P. 71. 3. 49).

2419. Le second décime établi par les lois des 2 juill. 1862 et 13 mai 1863 a été réduit de moitié par des lois des 8 juin 1864 et 8 juill. 1865; le demi-décime maintenu par ces dernières lois a été supprimé par une loi du 18 juill. 1866 (art. 3), mais seulement pour certaines conventions, et, notamment, pour « les obligations et libérations hypothécaires ». — En ce qui concerne les obligations, l'Administration n'a admis l'exemption que pour les actes contenant, avec une affectation hypothécaire, obligation de sommes sans libéralité et sans que l'obligation soit le prix d'une transmission de meubles ou d'immeubles non enregistrée

(Sol. adm. enreg. 25 févr. 1867, D. P. 67. 3. 94; 9 mars 1867, *ibid.*), et pour les actes portant concession temporaire ou à durée illimitée de terrain dans un cimetière (Sol. adm. enreg. 20 oct. 1868, D. P. 69. 5. 153); mais non pour les cessions de créances hypothécaires (Même solution du 25 févr. 1867. — V. Observ. contr. *ibid.*, note 1 et 2).

En ce qui concerne les *libérations* il a été jugé que l'exemption ne pouvait être interprétée comme s'appliquant exclusivement aux libérations d'emprunts sur hypothèque; qu'elle devait être étendue aux quittances de prix de ventes d'immeubles, à raison du privilège qui garantit la créance des vendeurs (Civ. rej. 23 juin 1869, aff. Mayer-Rheims, et aff. Deforge, D. P. 69. 1. 297-298; Trib. Angoulême, 12 août 1867, aff. Deforge, D. P. 67. 3. 94. — *Contrà* : Solutions précitées des 25 févr. et 9 mars 1867).

2420. La liquidation a pour but de déterminer les valeurs sur lesquelles les diverses quotités du droit fixées d'après les règles de l'exigibilité doivent être perçues. On a exposé, au *Rép.* n°s 4370 à 4384, les *notions générales* de la matière, notamment en ce qui concerne le *fractionnement de la valeur imposable* et le *minimum du droit* à percevoir.

Sect. 1re. — De la liquidation lorsque le prix est exprimé
(*Rép.* n°s 4386 à 4644).

2421. Suivant l'ordre adopté au *Répertoire*, cette section sera divisée en deux articles, le premier, consacré aux *biens meubles et immeubles*, et le second, aux *droits incorporels*.

Art. 1er. — *Biens meubles ou immeubles par leur nature : Marchés, échanges, ventes et autres transmissions à titre onéreux; Transmissions à titre gratuit; Mutations par décès* (*Rép.* n°s 4388 à 4467).

2422. Rappelons que l'on considère uniquement ici les conventions qui ont pour objet de transférer la propriété de biens corporels, mobiliers ou immobiliers. On examinera séparément, comme au *Répertoire*, les mutations *à titre onéreux* et les mutations *à titre gratuit*.

§ 1er. — Transmissions de propriété à titre onéreux
(*Rép.* n°s 4389 à 4448).

2423. Le principe qui régit la liquidation pour les mutations de cette nature est contenu dans l'art. 14, n°s 5 et 6, de la loi du 22 frim. an 7. On peut le résumer ainsi : dans les transmissions de propriété à titre onéreux, le prix augmenté des *charges* imposées à l'acquéreur et diminué des *réserves* stipulées par l'aliénateur représente la valeur imposable et sert de base à la liquidation, sauf le droit pour l'Administration de démontrer dans certains cas, par une expertise, que le prix ainsi calculé est inférieur à la valeur réelle de la chose. La règle ne comporte, comme nous l'avons dit (*Rép.* n° 4389), qu'une seule exception relative à l'*échange* qui, ne présentant pas de prix, n'est assujetti au droit que sur l'évaluation par leur revenu des biens échangés. On entend par *prix*, en droit fiscal, tout ce que l'aliénateur reçoit directement ou indirectement de l'acquéreur en échange de la chose qu'il transmet. Dans ce sens large, le prix comprend même les charges imposées à l'acquéreur; mais, pour la clarté de l'exposition, nous distinguerons, comme au *Répertoire*, le *prix*, les *charges*, et les *réserves*.

N° 1. — Du prix (*Rép.* n°s 4391 à 4416).

2424. Nous examinerons successivement les différents cas où le prix est représenté par une *somme d'argent*, par des *objets mobiliers*, par des *immeubles*, par des *créances*, par des *rentes*, par une *obligation de faire*, ou enfin par l'*extinction d'une obligation préexistante*.

2425. Lorsque le prix consiste *en argent*, c'est le prix même, avons-nous dit (*Rép.* n° 4392), tel qu'il a été stipulé qui doit servir de base à la liquidation. Il en est ainsi, même si l'acquéreur qui ne paye pas son prix comptant est dispensé de l'intérêt pendant un temps plus ou moins long; il n'en doit pas moins le droit de mutation sur la totalité du prix.

2426. On s'est demandé d'après quelle base doit s'opérer la liquidation, lorsque le prix est fixé par *annuités*,

D'après une première opinion, l'impôt ne devrait pas être perçu, dans ce cas, sur le montant cumulé d'annuités, mais sur le capital déclaré par les parties : « Quand une vente est faite moyennant plusieurs annuités, dit M. Garnier, *Rép. pér. enreg.*, n° 3382, une certaine fraction de ces annuités correspond aux intérêts que le prix aurait produits depuis le jour de la vente, s'il avait été stipulé payable à terme. Les intérêts sont l'équivalent, non plus de la chose vendue, mais de la jouissance postérieure à la transmission. Ils échappent donc à la perception de l'impôt. » La jurisprudence n'a pas admis cette théorie, combattue dès l'origine par l'Administration; elle décide qu'en l'absence de stipulation particulière, la perception doit être faite sur le montant cumulé des annuités, sans aucune déduction relativement aux intérêts qui peuvent être compris dans ces annuités. La loi porte, en effet, sans faire de distinction, que la base de la perception est le prix exprimé ; or le prix est exprimé dans l'espèce, le payement en est seulement fractionné en plusieurs termes. L'Administration peut contester le prix et provoquer une expertise si le prix lui paraît inférieur à la valeur de la chose ; mais ce droit n'est pas réciproque, les parties sont liées par les énonciations de l'acte. La jurisprudence a d'abord appliqué cette doctrine à la cession d'une créance divisée en annuités (Req. 29 juill. 1868, aff. Acloque, D. P. 69. 1. 147) ; puis elle l'a consacrée de nouveau en matière de vente immobilière (Trib. Seine, 2 juill. 1870, aff. Calmels, D. P. 71. 3. 111, et sur pourvoi, Req. 2 janv. 1872, D. P. 72. 1. 89).

2427. Mais il en serait autrement, s'il était spécifié dans l'acte que les annuités se divisent en deux parties déterminées, comprenant l'une le capital, l'autre les intérêts ; dans ce cas, le droit ne serait perçu que sur la portion représentant le capital. C'est ainsi que, dans une espèce où l'acte portait que le prix principal de 14000 fr. était converti d'un commun accord par les parties, intérêts et intérêts compris, en treize annuités de 1500 fr. chacune, l'Administration a décidé que le droit de mutation était dû, non sur treize fois 1500 fr., ou 19500 fr., mais sur 14000 fr. seulement. « On a soutenu à tort, dit l'Administration dans une solution du 5 janv. 1874, que la perception du droit de vente sur le montant des annuités est conforme à la doctrine de l'arrêt du 2 janv. 1872 cité *suprà*, n° 2426. Cet arrêt décide : 1° que la vente d'une maison faite moyennant vingt annuités de 6000 fr., sans qu'il ait été dit que ces annuités se composent d'un capital d'une part, et des intérêts d'autre part, est passible du droit de mutation sur le montant des annuités réunies qui constituent, sans distinction et sans déduction, le prix exprimé ; 2° que la déclaration faite par les parties à la fin de l'acte, qu'elles évaluent pour la perception des droits d'enregistrement à 53000 fr. le capital compris dans les annuités, est sans valeur et sans influence sur la perception, les évaluations approximatives n'étant autorisées et admises que pour les sommes et valeurs non déterminées, et ne pouvant se substituer arbitrairement au prix qui a été exprimé, ni changer la base légale de la perception. La doctrine de cet arrêt ne saurait justifier la demande du droit sur 19500 fr. En effet, dans l'acte du 24 sept. 1871, les parties ont stipulé un prix principal de 14000 fr.; et elles l'ont ensuite converti en prix et intérêt. Le prix principal a donc été l'objet d'une convention spéciale et l'évaluation n'a pas été faite seulement pour la perception des droits d'enregistrement. Il importe peu que le chiffre des intérêts n'ait pas été fixé, car, d'après une décision du ministre des finances du 28 mess. an 12 (Instr. adm. enreg. n° 270, § 16), le droit de vente ne peut être perçu que sur le prix stipulé, sans égard à la quotité de l'intérêt convenu entre l'acquéreur et le vendeur, sauf à l'Administration à provoquer une expertise, conformément à l'art. 17 de la loi du 22 frim. an 7, si le prix exprimé paraît inférieur à la valeur vénale de l'immeuble. Dans l'espèce, le chiffre élevé des intérêts ne justifierait pas seul la perception d'un supplément de droit. »

2428. Plusieurs solutions de même nature ont été données relativement à des hypothèses semblables (Sol. adm. enreg. 10 juill. 1875 et 28 mai 1879, *Diction. droits d'enreg.*, v° *Vente*, n°s 626 et 627). Dans le même sens, la cour de cassation a jugé que le droit proportionnel d'enregistrement applicable à la vente d'un immeuble situé à la Guadeloupe, consentie dans cette colonie moyennant un prix déterminé, stipulé payable par annuités comprenant, outre la somme affectée à l'amortissement du capital, l'intérêt de ce capital, plus une certaine somme pour frais d'administration, doit être liquidé sur le prix exprimé, et non sur le montant cumulé des annuités (Req. 4 janv. 1882, aff. Papin, D. P. 83. 1. 82). Il est d'ailleurs évident que, si la stipulation qui décompose les annuités par la fixation d'un prix en principal avait pour but unique de changer la base de la liquidation du droit, elle ne lierait pas l'Administration (Trib. Soissons, 13 juin 1877, Garnier, *Rép. pér. enreg.*, art. 4789).

2429. Il a encore été jugé, par application du principe que le droit proportionnel est dû sur la totalité du prix exprimé : 1° que le droit de vente exigible sur l'acte par lequel un mari, usant de la faculté à lui léguée par le testament de sa femme, dont les héritiers de celle-ci ont consenti l'exécution, se rende propriétaire des immeubles propres à la défunte en tenant compte à ses héritiers d'une somme déterminée, sous la réserve, sur ladite somme, des droits d'usufruit résultant, au profit du mari, de leur contrat de mariage, doit être perçu sur la somme fixée par le testament, cette somme formant le prix de la vente, sans qu'il y ait lieu de tenir compte du droit d'usufruit réservé au mari légataire (Civ. rej. 30 avr. 1884, aff. Bruyerre, D. P. 84. 1. 420); — 2° Que l'achat d'un immeuble dépendant d'une société dissoute, fait par la société nouvelle qui s'est formée pour l'exploitation de cet immeuble, est réputé s'appliquer à la totalité de l'immeuble, alors même que des actionnaires de l'ancienne société seraient entrés dans la nouvelle, et, par conséquent, le droit de mutation est dû sur l'intégralité du prix, sans déduction des parts des actionnaires de la société dissoute (Req. 3 avr. 1855, aff. *Société la Marseillette*, D. P. 55. 1. 164); — 3° Que l'acquisition par une société nouvelle des immeubles ou valeurs dépendant d'une société dissoute donne ouverture au droit proportionnel sur la totalité du prix de cette acquisition, sans distraction du montant des actions que les actionnaires de l'ancienne société auraient apportées dans la nouvelle (Civ. rej. 15 déc. 1857, aff. Parent et Schaken, D. P. 58. 1. 57).

2430. Le prix exprimé s'entend non seulement de celui qui est fixé au contrat, mais encore des augmentations qu'il peut recevoir ultérieurement en vertu des stipulations arrêtées entre les parties. L'augmentation peut être *certaine* ou *éventuelle*. Il est hors de doute, dans le premier cas, qu'elle doit être comprise dans la liquidation, car elle n'est pas autre chose qu'une somme payable à terme; or le terme n'est pas un obstacle à l'exigibilité des droits.

2431. Lorsque l'augmentation est *éventuelle*, on s'accorde à reconnaître que le droit doit être perçu immédiatement, si l'éventualité résulte d'une condition résolutoire. En ce sens, il a été jugé que la vente immobilière consentie moyennant un prix déterminé, dont partie payée comptant, et avec conversion du surplus en un capital éventuel porté au double de la somme et productif d'intérêt, mais stipulé payable seulement en cas de survie du vendeur à l'acquéreur et à sa descendance légitime, donne lieu au droit proportionnel d'enregistrement, non pas seulement sur le prix stipulé, mais sur le total de la somme payée comptant et de celle payable éventuellement, parce que, sauf une éventualité de réduction, ces deux sommes étaient en réalité dues dès le jour de l'acte (Civ. rej. 5 nov. 1873, aff. de Puységur, D. P. 74. 1. 107).

2432. Si la condition est suspensive, M. Garnier, *Rép. gén. enreg.*, n° 17690 et *Rép. pér. enreg.*, art. 3382, considère le supplément de prix comme une charge aléatoire qui existe dès le jour même de l'acte, avec le caractère qu'on lui a attribué, et il en conclut que le droit est immédiatement exigible sur le capital de cette charge fixé par une déclaration estimative des parties. Nous croyons, au contraire, comme on l'a enseigné au *Rép.* n° 4401, que, lorsque la condition est suspensive, le droit ne doit être liquidé que sur la somme actuellement due, et l'augmentation éventuelle ne devant être soumise à l'impôt que lorsqu'elle deviendra exigible par l'accomplissement de la condition (Trib. Seine, 9 juill. 1870, Garnier, *Rép. pér. enreg.*, *loc. cit.*).

Le tribunal d'Angers a toutefois jugé, par application de la théorie que nous venons de repousser, que la disposition d'un acte de vente par laquelle il est convenu

qu'outre le prix stipulé l'acquéreur payera au vendeur, à partir du décès de deux personnes désignées, deux rentes viagères dont le montant a été fixé dans l'acte, doit être considérée comme une clause aléatoire, et non comme une obligation sous condition suspensive, et que cette charge doit dès lors être ajoutée au prix pour la perception du droit (Trib. Angers, 2 août 1856, *Journ. enreg.*, n° 16346).

Mais il a été décidé par l'Administration que, dans le cas d'une vente, dont le prix fixé à 80000 fr., avait été transformé en annuités fixes, dont le nombre dépendait de plusieurs combinaisons aléatoires, le droit ne pouvait être perçu que sur 80000 fr., et que la liquidation de ce droit établie par le receveur sur 110000 fr. montant de ce nombre maximum des annuités, devait être rectifiée (Sol. adm. enreg. 20 févr. 1880, *Diction. droits d'enreg.*, v° *Vente*, n° 628).

2433. La règle que le droit de vente doit être perçu sur le prix exprimé s'applique-t-elle au cas où le cessionnaire d'une *mine* achète du propriétaire de la surface les terrains nécessaires à ses travaux, moyennant un prix fixé, conformément à l'art. 44 de la loi du 21 avr. 1810, au double de la valeur vénale qu'avaient les terrains avant l'ouverture de la mine? La question a discutée en Belgique et en France. L'opinion qui avait d'abord prévalu était que le contrat était passible du droit de vente seulement sur la moitié du prix et du droit de 50 cent. pour 100 sur l'autre moitié. On s'appuyait sur ce motif, que la somme payée par le concessionnaire représente, pour une moitié seulement le prix des terrains, et constitue, pour l'autre moitié, une véritable indemnité d'expropriation (Trib. Mons, 11 déc. 1858 et 14 déc. 1860 ; Trib. Charleroi, 4 mars 1859, *Journ. enreg. belge*, art. 8788, 9023, 8326; C. cass. Belgique, 20 mars 1862. V. aussi Garnier, *Rép. gén. enreg.*, n° 11329 ; Trib. Valenciennes, 22 juin 1876, aff. Compagnie des mines d'Anzin, D. P. 79. 1. 153).

2434. Mais il a été reconnu plus tard par les tribunaux français, dont la jurisprudence a été adoptée par les tribunaux belges, que l'indemnité en question est dans son intégralité un prix de vente, et doit, en conséquence, être assujettie au droit proportionnel de vente immobilière sur la totalité de la somme stipulée (Trib. Riom, 19 mars 1874, aff. Compagnie Houillère Saint-Éloy, D. P. 75. 3. 87; Civ. rej. 18 févr. 1879, aff. Mines d'Anzin, D. P. 79. 1. 153 ; C. cass. Belgique, 14 avr. 1880, aff. Société des charbonnages des Produits, D. P. 80. 2. 155). Nous croyons devoir reproduire le principal considérant de l'arrêt de la cour de cassation du 18 févr. 1879 : « Attendu, porte cet arrêt qui a fixé la jurisprudence sur ce point, que si le texte, ni l'esprit de la loi de 1810 ne permettent de décomposer pour la perception de l'impôt les sommes ainsi payées en deux parties distinctes, l'une représentant le prix de vente, l'autre une indemnité de dépossession ; — Que, s'il peut être vrai de dire qu'en ce cas le législateur a eu l'intention d'indemniser le propriétaire de la surface de la nécessité où le met l'exploitation de la mine d'aliéner sa propriété, c'est en ce sens seulement qu'il a contraint le concessionnaire de payer, pour cette acquisition, un prix plus élevé que celui auquel la surface aurait pu être vendue dans d'autres circonstances ; — Que c'est ainsi que le législateur a employé cette expression d'indemnité, lorsque, dans l'art. 545 c. civ. et dans la loi sur l'expropriation pour cause d'utilité publique, il dit que nul ne peut être contraint de céder sa propriété, si ce n'est moyennant une juste et préalable indemnité, c'est-à-dire moyennant un prix qui indemnise le propriétaire de la perte de sa chose ; — Que, dans tous les cas analogues, l'indemnité que reçoit le vendeur pour la cession de sa propriété et qui n'a d'autre équivalent que cette propriété même, est, quel qu'en soit le taux fixé par les parties ou par la loi, exclusivement un prix de vente au regard de la loi fiscale. »

Cette solution, qui s'applique même lorsque l'acquisition est faite sur la réquisition du propriétaire de la surface et a pour objet des terrains déjà occupés pour l'exploitation, doit à plus forte raison être admise dans le cas où le cessionnaire de la mine, avant toute occupation de la surface et sans réquisition du propriétaire, acquiert un terrain dont il juge la possession utile à ses travaux (Même arrêt). Mais doit-elle être étendue au cas où les parties, décomposant elles-mêmes la somme payée par l'acquéreur ont expressément stipulé dans l'acte que la moitié de cette somme, représente la valeur simple du terrain, et l'autre moitié une indemnité de dépossession? La cour de cassation s'est prononcée pour l'affirmative dans l'arrêt précité, et les motifs sur lesquels elle appuie son opinion nous paraissent déterminants.

2435. On a dit au *Rép.* n° 4406 que, si le vendeur reçoit une *créance* en payement du prix exprimé, c'est ce prix qui forme le capital imposable, celui sur lequel doit être liquidé le droit de vente, sans qu'il y ait à considérer la valeur nominale de la créance. — Il a été jugé, contrairement à cette opinion, qu'une vente consentie moyennant un prix de 100000 fr., payables 34000 fr. comptant et le surplus au moyen de deux cent soixante-quatre obligations de 250 fr. chacune, remboursables à 300 fr. par tirages annuels, est passible du droit proportionnel, non sur le chiffre de 100000 fr. déterminé dans le contrat, mais sur celui celui de 113200 fr. calculé d'après la valeur de remboursement des obligations (Trib. Saint-Girons, 15 juin 1875).

2436. La controverse qui s'était élevée sur le mode de capitalisation qui doit être suivi pour déterminer la base de l'impôt, lorsque le prix de vente d'un immeuble consiste en *rente* n'existe plus aujourd'hui ; la question a été définitivement résolue dans le sens de la distinction suivante que nous avons proposée (*Rép.* n° 4410).

S'agit-il d'une *rente perpétuelle*, on applique l'art. 15, n° 2, de la loi du 22 frim. an 7, qui, statuant relativement au bail à rente avec lequel se confond maintenant la vente moyennant rente, décide que les droits seront liquidés sur un capital formé de vingt fois la rente et les charges, comme si la constitution de rente était l'objet principal du contrat (Trib. Valenciennes, 14 mars 1856, *Journ. enreg.*, art. 16504). La seule modification apportée à cette règle résulte de l'art. 2 de la loi du 24 juin 1875 (D. P. 75. 4. 107), d'après lequel la capitalisation de la rente a lieu par vingt-cinq, et non plus par vingt, lorsqu'il s'agit d'immeubles *ruraux*.

2437. S'agit-il d'une *rente viagère*, comme la loi ne prévoit que le cas de création ou de transmission de la rente, et non pas celui de l'aliénation d'un immeuble moyennant une rente de cette nature, le droit est perçu, non pas sur dix fois ou douze fois et demi la rente en vertu de l'art. 14, n° 9, de la loi du 22 frim. an 7, combiné avec l'art. 2 de la loi du 21 juin 1875, mais, d'après l'art. 16 de la loi du 22 frim. an 7, sur la valeur de la rente, déterminée par une déclaration estimative que l'Administration peut contester au moyen d'une expertise (*Rép.* n° 4414; Civ. rej. 31 déc. 1872, aff. d'Albon, D. P. 73. 1. 429 ; Instr. adm. enreg. 23 févr. 1873, n° 2465, § 8). — Dans la pratique, on recourt fréquemment, pour faire ces évaluations, aux tarifs usités dans les compagnies d'assurances. Ces tarifs, qui ne sont légalement obligatoires ni pour la Régie ni pour les parties, ne peuvent fournir que des éléments d'appréciation. Jugé que, lorsque la rente viagère formant le prix d'une vente immobilière a été évaluée par aperçu en capital dans l'acte même de vente, à raison du privilège du vendeur sur l'immeuble aliéné et d'une affectation hypothécaire souscrite par l'acquéreur et sa caution sur d'autres immeubles, le droit proportionnel de vente doit être perçu sur cette évaluation, et non sur une estimation spéciale, par les parties du capital de la rente (Trib. Bagnères, 27 janv. 1868, aff. Dumoret, D. P. 69. 5. 184).

2438. La règle qu'en matière de vente, le droit est perçu sur la valeur de la chose, représentée, en principe, par le prix stipulé, s'applique aux *promesses de vente* comme aux ventes proprement dites. Mais la promesse unilatérale de vente ne transfèrant, d'après la jurisprudence, la propriété qu'au moment de l'acceptation de ladite promesse (V. *supra*, n° 1098 et suiv.), et le droit proportionnel ne devenant exigible, par suite, qu'à cette époque, c'est aussi à ce moment qu'il faut se placer pour apprécier la valeur vénale de l'immeuble aliéné qui doit servir de base à la perception. En outre, dans le cas où l'acceptation qui réalise la vente est faite par un tiers, auquel avait été cédé le bénéfice de la promesse, les droits, quels qu'ils soient, perçus sur la cession de la promesse, ne doivent pas être déduits de ceux qui sont exigibles sur la transmission de propriété de l'immeuble, résultant de ladite acceptation (Req. 10 mars 1886, aff. Société civile des terrains de Cannes, D. P. 87. 1. 261).

2439. Comme nous l'avons dit au *Rép.* n° 4417, les charges doivent être ajoutées au prix pour la liquidation du droit proportionnel ; il en est ainsi pour les ventes, les adjudications, les cessions, les rétrocessions, les licitations, et généralement pour tous les actes équipollents à vente. On doit entendre par *charges*, dit M. Naquet, t. 2, n° 759, « les avantages indirects que l'acheteur procure au vendeur, soit en payant des dettes pour lui, soit autrement ». Il résulte des décisions que nous allons rapporter que les charges se distinguent par trois caractères : d'abord, elles impliquent des avantages qui profitent au vendeur ; en second lieu, elles correspondent à des obligations qui n'incombent à l'acheteur qu'en vertu des stipulations particulières du contrat ; enfin, elles ne sont pas une conséquence directe de la propriété, un assujettissement inhérent à la chose, mais constituent des obligations imposées à la personne de l'acquéreur.

Ainsi doivent être considérées comme charges à ajouter au prix : 1° l'engagement pris par l'acquéreur d'un terrain cédé par la ville de Paris, de contribuer à la *dépense des égouts* à construire sous la voie publique bordée par ce terrain (Trib. Seine, 3 févr. 1865, aff. de Rothschild, D. P. 65. 3. 58). Les critiques formulées contre cette décision par les rédacteurs du *Contrôleur de l'enregistrement*, art. 12842, ont été réfutées victorieusement par M. Garnier, *Rép. pér. enreg.*, art. 2083 (V. D. P. *ibid.*, note) ; ... 2° L'obligation imposée aux acheteurs de lots dépendant d'un domaine, de payer une *redevance* aux vendeurs pour l'entretien des places et allées donnant accès aux lots et restées la propriété du vendeur (Req. 5 mars 1867, aff. Moisson, D. P. 67. 1. 351, note ; Instr. adm. enreg. 16 déc. 1867, n° 2358, § 1ᵉʳ) ; ... 3° L'obligation imposée par l'État aux adjudicataires de biens domaniaux destinés à des constructions et à l'ouverture de nouvelles rues de supporter la *dépense d'établissement des chaussées, bordures de trottoirs, lanternes*, etc., à raison de leurs façades (Trib. Seine, 9 juill. 1856, Garnier, *Rép. gén. enreg.*, n° 17728-1°) ; ... 4° L'obligation imposée à l'acquéreur, de payer au vendeur, indépendamment du prix principal, une somme déterminée pour *indemnité de la dépréciation* que le morcellement a fait subir au reste de la propriété (Trib. Mans, 12 août 1859, *Journ. enreg.*, art. 17023) ; ... 5° L'obligation, pour l'acquéreur d'une usine, de conserver pendant un temps déterminé les ouvriers de l'établissement (Sol. adm. enreg. 12 oct. 1874, *Diction. droits d'enreg.*, v° *Vente*, n° 681) ; ... 6° L'obligation imposée à l'acquéreur de payer, en l'acquit du vendeur, une redevance perpétuelle, stipulée au profit de l'un des précédents propriétaires pour le balayage et l'éclairage d'une galerie publique (Trib. Seine, 20 avr. 1877, Garnier, *Rép. pér. enreg.*, art. 4756). On ne doit pas, au contraire, considérer comme une charge susceptible d'être ajoutée au prix l'obligation imposée à l'acquéreur de payer annuellement la prime d'une assurance contre l'incendie contractée par le vendeur dans l'intérêt de l'immeuble aliéné (*Journ. enreg.*, art. 16419).

2440. On a dit au *Rép.* n° 4420 qu'en thèse générale, on doit considérer encore comme ajoutant au prix la charge de payer les *dettes du vendeur*. L'application, déjà rapportée par nous (V. *suprà*, n° 1305) de ce principe à l'hypothèse d'une cession de droits successifs a été consacrée de nouveau par la cour de cassation, qui a de plus déclaré que le receveur de l'enregistrement, sur la présentation d'un acte constatant une cession de cette nature, est fondé à exiger, avant de l'enregistrer, une déclaration du montant des dettes mises à la charge du cessionnaire, soit que la cession ait été faite, sous la clause de forfait, aux risques et périls de l'acheteur, clause qui équivaut à l'engagement de payer les dettes, soit que l'acte ne renferme aucune disposition indiquant ou faisant présumer qu'il existe des dettes. Cet arrêt tranche définitivement une question qui avait été pendant longtemps diversement résolue (Civ. cass. 3 déc. 1873, aff. Roudeille, D. P. 74. 1. 257, note ; Instr. adm. enreg. 31 mars 1874, n° 2482, § 6. Conf. Civ. cass. 4 déc. 1888, aff. Sudre, D. P. 89. 1. 129).

Jugé, dans le même sens, que lorsque, dans un transport de droits successifs, le cessionnaire s'oblige à payer au cédant, outre le prix stipulé, une somme d'argent donnée audit héritier cédant par l'auteur commun et non payée de son vivant, le droit proportionnel est dû sur cette somme aussi bien que sur le prix (Civ. cass. 7 janv. 1850, aff. Martin et de Sauclière, D. P. 89. 1. 129, note).

2441. On a vu *suprà*, n° 2224, que les legs de sommes d'argent non existantes dans la succession doivent être déduits de l'actif héréditaire pour la perception du droit de mutation par décès à la charge de l'héritier ou d'un légataire universel. La question s'est élevée de savoir si, dans ce même cas, la distraction doit être opérée également pour la liquidation du droit de mutation entre vifs à titre onéreux exigible à raison d'une cession immobilière entre cohéritiers. La cour de cassation s'est prononcée pour la distraction, sur le fondement de la fiction légale qui sert de base à la jurisprudence relative à la perception du droit de mutation par décès et d'après laquelle le légataire particulier est considéré, lors même que l'objet légué ne se trouve pas en nature dans la succession, comme saisi jusqu'à concurrence de la valeur de cet objet, dès le jour de l'ouverture de la succession (Civ. cass. 13 déc. 1876, aff. Vaillant, D. P. 77. 1. 172). — Dans l'espèce, les circonstances étaient particulièrement favorables, il importe de le remarquer, à la doctrine qui a prévalu devant la cour. En effet, la défunte avait exprimé dans son testament que les legs particuliers de sommes d'argent qu'elle avait faits ne devraient pas être considérés comme faisant partie des biens dont elle avait entendu disposer au profit de ses héritiers.

Jugé, de même, que le montant des legs particuliers de sommes non existantes dans la succession doit être déduit de l'actif héréditaire pour la liquidation du droit proportionnel applicable à la cession par l'héritier de ses droits successifs, lorsque cette cession est faite avant le payement des legs particuliers (Trib. Narbonne, 17 nov. 1874, aff. Lefeuvre, D. P. 75. 3. 213).

Il a été jugé, d'autre part, que, dans la vente d'un droit successif de nue-propriété par un héritier ou donataire de l'usufruit, la déclaration que la part du vendeur dans le payement des dettes est estimée, par exemple, aux trois huitièmes, doit, à moins d'exagération démontrée par une expertise, être prise pour base du droit de mutation à percevoir; ici ne s'applique pas la présomption légale que la nue propriété équivaut à la moitié de la propriété (Trib. Strasbourg, 26 févr. 1855, aff. X..., D.P. 55. 3. 55).

2442. Faut-il appliquer la même solution lorsque la charge imposée à l'acquéreur est de nature à lui procurer un avantage personnel? Cette question vient de se présenter, pour la première fois en jurisprudence, dans une espèce où l'acquéreur avait contracté l'obligation de payer en l'acquit du vendeur une redevance perpétuelle stipulée au profit de l'un des précédents propriétaires relativement à une concession d'eau. Il a été jugé que cette obligation, quoique correspondant à un avantage pour l'acheteur, n'en constituait pas moins une charge qui devait être ajoutée au prix pour la perception du droit (Trib. Mantes, 19 avr. 1890, aff.Lalou, *Journ. enreg.*, art. 23485). — Nous nous associons aux critiques que les rédacteurs du *Journal de l'enregistrement* formulent contre cette décision. A notre avis, la question doit être résolue au moyen d'une distinction : ou la redevance imposée à l'acquéreur n'est que le prix de l'avantage qu'il doit retirer de la concession ; dans ce cas, il est impossible de la considérer comme un élément du prix de la chose aliénée, et par suite, il n'y a pas à en tenir compte pour la liquidation du droit. Ou bien, ce qui paraît être le cas de l'espèce, l'avantage personnel que l'acquéreur doit retirer de la concession est inférieur au sacrifice qui doit résulter pour lui du payement de la redevance, dans cette hypothèse, pour la partie qui excède cet avantage, la redevance représente une portion de la chose vendue et contribue dans cette mesure à la formation du prix. Il faut, dès lors, décomposer la redevance de manière à isoler les deux éléments qu'elle renferme et procéder au moyen d'une évaluation. Le tribunal n'a pas accepté cette interprétation ; il a posé en principe que, par charges du prix, il faut entendre, d'une manière générale, tous les avantages indirects que l'acheteur procure au vendeur, soit en payant des dettes pour lui, soit autrement, et non pas seulement celles qui représentent une portion de la valeur de l'immeuble. Cette solution est contraire à l'opinion généralement admise,

d'après laquelle on ne doit pas ajouter au prix la prime d'une police d'assurance contre l'incendie contractée par le vendeur et mise dans l'acte de vente à la charge de l'acquéreur (V. *suprà*, n° 2240).

2443. Il résulte encore de la règle que nous avons posée que, pour la liquidation du droit proportionnel sur une vente immobilière consentie à la charge par l'acquéreur d'acquitter, en outre du prix stipulé, les annuités d'un prêt fait au vendeur par le Crédit foncier et garanti par hypothèque sur l'immeuble vendu, on doit ajouter au prix la portion des annuités représentant le capital restant à amortir, déduction faite des intérêts (Trib. Seine, 16 mai 1868, aff. Labbé, D. P. 69. 3. 32).

2444. On a examiné au *Rép.* n° 4433 si les *frais de vente*, lorsqu'ils sont payés par l'acquéreur, font partie du prix sur lequel le droit de mutation est assis. Des décisions nouvelles intervenues sur ce point permettent de formuler aujourd'hui des règles précises. On peut poser en principe que, toutes les fois que l'acquéreur paye, en vertu de son contrat, des frais qui auraient été supportés par le vendeur, en l'absence de clause contraire, la somme qu'il débourse, comme tout payement fait par lui en l'acquit du vendeur, est une charge à ajouter au prix sur lequel le droit est perçu. La difficulté se réduit à déterminer les frais qui incombent de droit soit au vendeur, soit à l'acheteur. D'après l'Administration, on doit considérer comme une charge susceptible d'être ajoutée au prix, lorsqu'ils sont payés par l'acheteur, les frais *antérieurs* à la vente, notamment ceux que le vendeur a faits pour vendre ou pour mieux vendre. Ces frais sont naturellement une dette du vendeur, et, lorsque l'acquéreur s'oblige à les payer, c'est à la décharge de son vendeur (Sol. adm. enreg. 8 mai 1866, *Journ. enreg.*, art. 18373-2°). — Si l'adjudication a eu lieu sur *licitation* et a été prononcée au profit de l'un des colicitants, il n'y a lieu d'ajouter au prix que la portion des frais correspondant à la part acquise (Trib. Seine, 19 mars 1870, aff. Gaudichier, D. P. 72. 3. 188-189).

2445. Les frais préparatoires comprennent notamment les *frais d'affiches et de publications* qui précèdent une adjudication aux enchères, les *frais d'insertion* dans les journaux (Trib. Mons, 9 avr. 1868, *Journ. enreg. belge*, art. 10641). La solution du 8 mai 1866 citée *suprà*, n° 2244, déclare, au contraire, que les *frais du contrat* et tous ceux *postérieurs* à la vente, étant mis par la loi à la charge de l'acquéreur (c. civ. art. 1593), celui-ci, en les lui acquittant, ne paye pas une dette du vendeur, et que, dès lors, ils ne peuvent pas être considérés comme une charge qui doit être ajoutée au prix pour la perception du droit.

2446. L'Administration a toutefois le droit, comme on l'a dit au *Rép.* n° 4443, lorsque le chiffre de ces frais excède le taux ordinaire des frais de vente et qu'il y a lieu de présumer la fraude, de percevoir le droit sur l'excédant. Pour faire ressortir cet excédant, l'Administration peut requérir la taxe des honoraires réclamés par l'officier ministériel, ou faire procéder à l'expertise de l'immeuble vendu. Le tribunal de Soissons a même jugé que le receveur a le droit de réduire d'office l'évaluation des frais faite par les parties, sauf à celles-ci à requérir la taxe pour démontrer que cette évaluation est exacte (Trib. Soissons, 26 déc. 1861, *Journ. enreg.*, art. 17420). Mais cette décision, critiquée par tous les auteurs, n'a pas prévalu ; et l'Administration, après avoir soutenu la doctrine de ce jugement, a reconnu elle-même par plusieurs décisions qu'il n'appartient point au receveur de modifier d'office, lors de l'enregistrement, le montant des frais et honoraires fixé par les parties (Sol. adm. enreg. 28 juill. 1871, 14 sept. 1872 et 12 avr. 1882, *Diction. droits d'enreg.*, v° *Vente*, n° 671).

2447. Pour faciliter le contrôle des représentants du fisc dans une matière dont l'appréciation varie avec les espèces, l'Administration a fixé à 5 pour 100 le taux des frais pour les *ventes publiques de meubles*, et à 10 pour 100 celui des frais pour les *adjudications d'immeubles* (Instr. adm. enreg. 18 déc. 1824, n° 1150, § 2 ; 30 sept. 1826, n° 1200, § 21). Cette fixation a été reconnue applicable aux actes amiables comme aux adjudications (Sol. adm. enreg. 8 mai 1866, citée *suprà*, n° 2444). Toutes les fois que la charge imposée aux adjudicataires pour frais, droits et honoraires excède 5 pour 100 dans les ventes de meubles, ou 10 pour 100 dans les ventes d'immeubles, la différence doit être considérée comme un accroissement indirect du prix au profit du vendeur et être ajoutée, par suite, à ce prix, pour la liquidation du droit proportionnel.

2448. Ces dispositions doivent toutefois être combinées avec l'art. 1er, § 3, de la loi du 18 juin 1843, qui alloue aux *commissaires-priseurs*, pour le droit de vente, 6 pour 100 sur les produits des adjudications de meubles. Par application de cette loi et des règles que nous venons de rappeler, il a été décidé que la stipulation, dans les ventes mobilières faites par les commissaires-priseurs, que les acquéreurs payeront en sus du prix 10 pour 100 pour frais, donne lieu à la réunion des quatre dixièmes de ces centimes additionnels au montant du prix pour la liquidation du droit proportionnel d'enregistrement (Sol. adm. enreg. 24 avr. 1880, D. P. 81. 3. 64).

2449. D'ailleurs, comme le reconnaît une autre solution de l'Administration du 6 juill. 1877 (Garnier, *Rép. pér. enreg.*, art. 4761), l'appréciation toute conjecturale qui fait l'objet des instructions précitées ne saurait lier ni les parties, ni l'Administration; elle peut être modifiée suivant les circonstances. La solution du 24 avr. 1880, citée *suprà*, n° 2448, porte elle-même que le principe de l'addition au montant du prix des centimes additionnels excédant 6 pour 100 ne doit être appliquée que « sauf examen des circonstances particulières à chaque vente ». Il est donc toujours permis aux intéressés de ne pas accepter la règle posée et d'établir le montant exact des frais qui était de droit à la charge des adjudicataires (c. civ. art. 1593), afin que l'excédent seulement soit assujetti à ce droit. En cas de contestation sur ce point, il appartient aux tribunaux de déterminer le chiffre de l'excédent (Trib. Seine, 10 juin 1887, aff. le *Tattersall français*, D. P. 89. 3. 55).

2450. Les *frais de purge*, incombant au vendeur d'après la jurisprudence (Civ. cass. 22 avr. 1856, aff. Delpu, D. P. 56. 1. 210), doivent être ajoutés au prix pour la liquidation du droit, si le contrat les met à la charge de l'acquéreur, et, par suite, ne doivent pas en être distraits, si le vendeur s'est obligé à les payer (Sol. adm. enreg. 22 juin 1881, *Diction. droits d'enreg.* v° *Vente*, n° 675).—En est-il de même de la charge imposée à l'acquéreur de délivrer une *grosse au vendeur*? La question est discutée. Certains auteurs induisent l'affirmative d'un arrêt de la cour de cassation du 5 juill. 1853 (aff. Decoussemaker, D. P. 53. 1. 213); mais d'autres ont fait remarquer que cet arrêt, relatif à une adjudication de biens de mineurs, s'explique par les circonstances de fait mentionnées par la cour et ils ajoutent que les frais de grosse sont des frais d'acte, par conséquent, des frais postérieurs à la vente et sur lesquels il ne saurait être question de percevoir le droit de mutation. La pratique est conforme à cette dernière opinion, et l'Administration s'est aussi prononcée en ce sens (Sol. adm. enreg. 18 nov. 1864; 21 oct. 1871; 27 avr. 1872; 12 janv. 1875, *Diction. droits d'enreg.*, eod. v°, n° 676).

2451. Par application des mêmes principes, il a été jugé : 1° que la *remise proportionnelle* accordée, en matière de vente judiciaire, à l'avoué poursuivant rentre, comme le coût du jugement d'adjudication, dans les frais particuliers qui, aux termes de l'art. 1595 c. civ., sont les dettes personnelles de l'adjudicataire, et que, par suite, elle ne doit pas être ajoutée au prix principal pour la perception du droit de mutation (Civ. rej. 11 août 1852, aff. Schneider, D. P. 52. 1. 211); — 2° Que la *taxe de 1 fr. 60 cent. pour 100*, acquittée par les *adjudicataires de produits forestiers domaniaux* (coupes de bois, menus produits et droits de chasse), et qui tient lieu des frais relatifs aux ventes et aux baux, constitue une charge à ajouter au prix de l'adjudication, par application de l'art. 14, n° 5, de la loi du 22 frim. an 7, pour la liquidation du droit proportionnel d'enregistrement sur le procès-verbal d'adjudication. Il en est de même des droits de timbre et d'enregistrement tant des procès-verbaux d'arpentage et de balivage que de la citation à récolement et du procès-verbal de récolement, qui sont payés par les adjudicataires de coupes de bois des communes et des établissements publics. Les frais couverts par la taxe de 1 fr. 60 cent pour 100 fr. ne rentrent pas, en effet, dans la catégorie de ceux dont les adjudicataires sont tenus de plein droit, mais sont payés en l'acquit de l'État, seul inté-

ressé aux mesures qui les ont occasionnés, et forment, dès lors, un élément de prix passible de l'impôt, de même que les droits de timbre et d'enregistrement des actes antérieurs ou postérieurs aux ventes de coupes appartenant aux communes ou aux établissements publics se rapportent à des actes faits dans l'intérêt exclusif des propriétaires de la forêt (Décis. min. fin. 7 avr. 1883; Instr. adm. enreg. 10 juin 1883, n° 2683, § 8, D. P. 83. 5. 252).

2452. Lorsque l'obligation de supporter les frais et loyaux coûts du contrat est imposée au vendeur, au lieu et place de l'acquéreur ou, ce qui revient au même, lorsque la vente est faite *contrat en-main*, il y a lieu, au contraire, comme on l'a dit au Rép. n° 4437, de ne percevoir le droit qu'après en avoir déduit le montant du prix exprimé, car, ainsi que le porte un arrêt de la cour de cassation du 1er avr. 1863 (aff. Fagnion, D. P. 63. 1. 184) « les frais et loyaux coûts sont censés pris en considération pour la fixation du prix. Si le vendeur les supporte, il y a diminution du prix dont ils sont l'accessoire ». L'Administration et la jurisprudence ont toujours appliqué cette règle (Sol. adm. enreg. 14 déc. 1872; 27 juill. 1875; 31 oct. 1878; 26 avr. 1879, *Diction. d'enreg.*, v° *Vente*, n° 706; Trib. Poitiers, 23 juill. 1884, *Diction. droits d'enreg.*, v° *Vente*, n° 706). En particulier, les frais de la cession en *remploi*, faite à la femme par le mari, d'un immeuble à lui propre, doivent être déduits, pour la perception du droit proportionnel d'enregistrement, de la somme employée, lorsqu'ils sont mis à la charge du mari (Sol. adm. enreg. 4 oct. 1869, D. P. 70. 3. 61). — Mais il a été jugé que, dans la même hypothèse, les frais du contrat de vente ne doivent pas être déduits du prix exprimé pour la liquidation du droit de quittance sur l'acte qui constate la libération de l'acquéreur (Trib. Seine, 18 mars 1865, aff. Lhomme, D. P. 66. 3. 101. — V. observ. contr. *ibid.*).

N° 3. — *Des réserves* (Rép. n°s 4441 à 4448).

2453. Il ne faut pas confondre les charges avec les *réserves*, qui ont pour objet de maintenir dans le patrimoine du vendeur une partie de la chose transmise. Dans ce dernier cas, à l'exception des réserves d'usufruit, à l'égard desquelles la loi contient une disposition particulière, et dont il sera parlé à l'article suivant, la considération dominante, comme le disent très bien les auteurs du *Dictionnaire des droits d'enregistrement*, v° *Vente*, n° 729, c'est que l'objet réservé ne faisant pas partie de la vente, sa valeur ne saurait par elle-même faire partie du prix. — L'application de ce principe a fait naître de sérieuses difficultés, notamment en ce qui concerne les réserves de fermages ou loyers et les réserves de coupes de bois.

2454. La question de savoir si la réserve au profit du vendeur, dans un acte de vente immobilière, des *loyers perçus par anticipation*, constitue une charge susceptible d'être ajoutée au prix, est aujourd'hui résolue affirmativement par une jurisprudence constante. Nous avions, il est vrai, émis l'opinion (Rép. n° 4447), qu'on ne peut pas considérer les jouissances réservées comme étant comprises dans la vente; et que, si elles ne font pas partie de la chose vendue, leur valeur ne doit pas entrer dans le prix sur lequel est établi le droit proportionnel; mais, dans la note qui accompagne un arrêt de la cour de cassation du 9 déc. 1872 et dont il sera parlé *infrà*, n° 2459, nous sommes revenus sur cette première appréciation. Nous appropriant les paroles d'un éminent avocat général, nous avons dit que le propriétaire qui, en vendant un immeuble moyennant un prix payé comptant, se réserve une partie des fruits civils de cet immeuble qu'il a reçus par anticipation, impose à l'acquéreur une charge susceptible d'être ajoutée au prix; car, tant que l'acquéreur ne compensera pas les intérêts de son prix avec les fruits dont ils sont la représentation juridique, cet acquéreur subira une perte qui augmente d'autant la somme à débourser pour devenir propriétaire de l'immeuble. Cet immeuble lui coûte alors non seulement le prix qu'il a remis au vendeur, mais encore les intérêts qu'il sert à ce dernier avant de jouir lui-même de son acquisition (Civ. rej. 30 nov. 1853, aff. Dallemange et Thoureau, D. P. 54. 1. 110; Civ. cass. 25 nov. 1857, aff. Juteau, D. P. 57. 1. 422; Trib. Seine, 23 juill. 1881; Trib. Nogent-le-Rotrou, 6 déc. 1873, *Journ. enreg.*, art. 15289; Trib. Charleville, 4 juill. 1884, Garnier, *Rép. gén. enreg.*, n° 6454; *Rép. pér. enreg.*, art. 3974). Ainsi, le payement anticipé de fermage fait, notamment, sous l'apparence d'un pot-de-vin constitue, en cas de vente ultérieure de l'immeuble affermé, une charge de la vente, et fait, dès lors, partie du prix, jusqu'à concurrence de la portion de ce pot-de-vin correspondant aux années de bail restant encore à courir. En conséquence, cette partie du pot-de-vin doit être ajoutée au prix principal, pour le calcul du droit d'enregistrement (Arrêt précité du 30 nov. 1853).

2455. Il importe de remarquer qu'on suppose toujours dans ces espèces que l'acheteur se trouve soumis, dès le jour de la vente, à toutes les obligations découlant de la qualité de propriétaire, et notamment qu'il est tenu de payer les intérêts de son prix. Aussi la solution serait-elle différente si la clause d'abandon des loyers avait le caractère d'un simple *ajournement de l'entrée en jouissance* de l'acheteur, en d'autres termes, s'il avait été convenu que l'acheteur ne prendrait possession de la chose vendue, n'en supporterait les charges, et ne payerait les intérêts de son prix qu'à compter d'une époque postérieure à la vente; dans ce cas, la réserve des loyers constitue non pas une charge de la vente, mais une restriction apportée à l'étendue de la chose vendue elle-même, et la somme stipulée comme prix est réellement la représentation exacte de la valeur donnée à cette chose par les parties.

2456. Les décisions que nous avons citées relativement aux réserves de loyers seraient évidemment applicables au cas où le vendeur, au lieu de se réserver les loyers pour les toucher lui-même, les aurait délégués à un tiers, au préjudice de l'acquéreur, soit pour rembourser une dette, soit à titre de libéralité (Trib. Rethel, 31 août 1859, *Journ. enreg.*, art. 17022.

2457. Jusqu'à ces derniers temps, par dérogation aux règles ci-dessus, lorsque le cahier des charges, que l'adjudicataire n'entrera en jouissance qu'à l'expiration du terme courant, le prix étant d'ailleurs payable comptant ou immédiatement productif d'intérêts, n'était pas considérée par l'Administration comme une charge de nature à être ajoutée au prix. Il en était ainsi, soit que l'immeuble fût loué ou affermé, soit même qu'il fût exploité par le vendeur personnellement (Sol. adm. enreg. 31 oct. 1864, D. P. 65. 3. 78). On expliquait cette exception par le motif que la réserve de jouissance, limitée au terme courant, a moins pour objet d'imposer à l'acquéreur une charge ou une augmentation du prix stipulé que de prévenir les difficultés de la répartition de ce terme courant entre le vendeur et l'acquéreur. Mais ce motif, après nouvel examen de la question, a paru insuffisant. Comme on l'a dit, en effet, que la réserve porte sur plusieurs termes ou qu'elle ait pour objet seulement le terme courant, son caractère et ses effets ne sont pas différents. Elle emporte, de la part de l'acquéreur de l'entière propriété de l'immeuble, abandon au profit du vendeur d'un droit inhérent à sa qualité de propriétaire, qui a, dans tous les cas, une valeur appréciable en argent, et qui vient certainement en déduction du prix principal que l'acquéreur aurait, sans l'existence de cette charge, consenti à payer (*Répertoire du notariat*, n° 7923). Aussi est-il reconnu aujourd'hui que la charge résultant, pour l'acquéreur d'un immeuble, de toute réserve de jouissance par le vendeur, doit être ajoutée au prix, sans qu'il y ait lieu de distinguer entre le cas où la réserve porte sur plusieurs termes et le cas où elle est limitée au terme courant (Décis. min. fin. 18 avr. 1888 et Instr. adm. enreg. 30 juill. 1888, n° 2755, § 2, D. P. 88. 5. 223).

2458. On a rapporté au *Rép.* n° 4442 un arrêt du 1ᵉʳ févr. 1831, par lequel la cour de cassation a décidé que la réserve au profit du vendeur d'une forêt, de l'exploitation d'un certain nombre de coupes, ne constitue pas une charge susceptible d'être ajoutée au prix de la vente pour la perception du droit proportionnel, attendu qu'elle « ne peut être assimilée à la réserve de l'usufruit de l'immeuble et

n'impose aucune privation de jouissance aux acquéreurs, qu'elle n'empêche pas de jouir dès le moment de la vente, de tout ce qu'ils ont acheté ». La jurisprudence n'a pas persévéré dans cette opinion; elle a reconnu qu'elle était incompatible avec la doctrine consacrée par elle relativement à la réserve des loyers et fermages au profit du vendeur. Si le propriétaire qui se réserve une partie des fruits civils de l'immeuble vendu qu'il a touchés par anticipation impose à l'acquéreur une charge susceptible d'être ajoutée au prix, il en doit être de même évidemment, quand, au lieu de se réserver des fruits civils reçus par anticipation, le vendeur retient des fruits naturels produits par l'immeuble postérieurement à la vente. Cette interprétation, déjà admise par un jugement du tribunal de Mulhouse du 16 juin 1864 (*Journ. enreg.*, art. 17928), a triomphé définitivement devant la cour de cassation (Civ. cass. 9 déc. 1872, aff. Schotsmans, D. P. 73. 1. 125).

2459. Il ressort des observations faites par les auteurs du *Dictionnaire des droits d'enregistrement*, v° *Vente*, n° 731, que, si la réserve stipulée par le vendeur d'un immeuble avait pour objet, des fruits arrivés à maturité ou des coupes destinées à être faites dans un délai rapproché, les décisions ci-dessus ne devraient plus être suivies; les fruits ou les coupes se trouveraient, dans ce cas, par l'effet d'une mobilisation tacite, exclus de la vente, de telle sorte qu'il ne pourrait plus être question d'une privation de jouissance pour l'acquéreur, donnant lieu à une augmentation du prix. Cette remarque, qui nous paraît exacte, permettrait peut-être de concilier l'arrêt de la cour de cassation du 8 févr. 1832 (*Rép.* n° 4445) avec ses décisions postérieures.

2460. De même qu'au *Répertoire*, nous n'avons pas distingué ici les ventes de meubles des ventes d'immeubles. Il est, en effet, encore vrai de dire aujourd'hui que le droit proportionnel auquel les mutations mobilières à titre onéreux sont assujetties, se liquide, en principe, de la même manière, d'après la même base, que les mutations immobilières de même nature. Cette règle a été appliquée notamment par la loi du 28 févr. 1872 (art. 5 et 7) aux *ventes de fonds de commerce* (V. *suprà*, n° 1522). Il est à remarquer seulement que, pour les mutations de fonds de commerce, la loi décompose la valeur imposable, à cause des différences de quotité du droit: le droit de 2 pour 100 est perçu sur le prix de l'achalandage et de la cession du droit au bail, et celui de 50 cent. sur le prix des marchandises neuves. C'est un mode de liquidation semblable à celui qu'établit la loi du 22 frim. an 7 (art. 9), relativement aux transmissions simultanées de meubles et d'immeubles. Les règles suivant lesquelles les deux droits de 2 fr. et de 50 cent. pour 100 doivent être liquidés ont été établies en même temps que celles concernant leur exigibilité, dans la partie où il a été traité spécialement des ventes de fonds de commerce et de clientèles (V. *suprà*, n°ˢ 1522 et suiv.).

2461. En traitant de l'exigibilité des droits auxquels les *jugements* peuvent donner lieu, nous avons vu que leurs dispositions sont passibles, tantôt de simples droits fixes, tantôt de *droits proportionnels de condamnation, de liquidation* ou de *collocation* et, en outre, lorsqu'ils sont rendus sur conventions non enregistrées et susceptibles de l'être, du *droit de titre* déterminé par la nature de la convention visée au jugement (V. *suprà*, n°ˢ 2351 et suiv.). En même temps nous avons déterminé les règles suivant lesquelles la perception de ces différents droits doit être établie (V. *ibid.*). Aux décisions rapportées sur ce point s'ajoutent les suivantes aux termes desquelles,... la liquidation des droits dus à raison d'un jugement qui prononce des condamnations dans des termes clairs et précis doit être établie sur le montant de ces condamnations, lors même que les condamnations feraient double emploi, que la partie aurait déclaré renoncer à l'une d'elles (Trib. Seine, 24 févr. 1865) (1);... le droit proportionnel de condamnation exigible sur un

(1) (Changenet C. Enreg.) — LE TRIBUNAL; — Attendu que Changenet ne conteste ni l'importance des condamnations prononcées à la date du 15 nov. 1862, ni la manière dont ont été liquidés les droits, mais qu'il se borne à dire, dans son opposition, que le jugement contient une erreur consistant en ce que les condamnations prononcées à son profit ont été portées à 7600 fr.; — Attendu que les termes de ce jugement sont clairs et précis, et qu'en présence d'une rédaction n'offrant aucune ambi-

guïté, il n'appartient pas au tribunal d'examiner si ces condamnations ne feraient pas double emploi; — Attendu, à un autre point de vue, que la renonciation que pourrait faire Changenet à une des deux condamnations prononcées à son profit ne saurait le soustraire au payement du droit acquis au Trésor par le fait même de la prononciation du jugement; — Déboute Changenet de l'opposition par lui formée à la contrainte, etc.

Du 24 févr. 1865.-Trib. civ. de la Seine,

jugement portant condamnation à restituer des titres doit être perçu, lorsque ces titres sont du nombre de ceux cotés à la Bourse, sur leur valeur déterminée par le cours officiel au jour du jugement, et non d'après une déclaration estimative des parties (Civ. rej. 20 févr. 1883, aff. Guntzberger, D. P. 83. 1. 235-236, cité *suprà*, n° 2366).

2462. Le jugement qui prononce une condamnation sur des conventions susceptibles d'enregistrement et non enregistrées, donne lieu, en outre du droit proportionnel de condamnation, au droit de titre applicable à la convention visée dans ces dispositions (V. *suprà*, n° 2384). Lorsque le jugement constate seulement l'existence de la convention sans prononcer de condamnation contre le débiteur, le droit de titre n'en est pas moins exigible (V. *suprà*, n° 2390). Mais sur quelle somme doit-il être perçu, lorsque le débiteur a déjà payé une partie du prix ? La jurisprudence décide que le droit doit être calculé sur la *totalité* du prix stipulé, parce que le jugement fait titre de la convention, et que le droit à percevoir sur cette convention est indépendant de la libération du débiteur. — Jugé, en particulier, que, lorsqu'il y a ouverture au droit de titre sur un jugement qui déclare mal fondée la demande en résiliation d'une vente verbale de fonds de commerce, le droit doit être perçu sur la totalité du prix constaté, encore bien qu'une partie de ce prix ait déjà été payée (Trib. Seine, 25 févr. 1865, aff. Dagniault, D. P. 66. 3. 45; 20 mai 1865, aff. Quicray, *ibid.*; 8 juill. 1865, aff. Veillon, *ibid.* V. *suprà*, n° 1239). — Et, dans le cas où les parties n'ont pas fait connaître pour quelle somme a été conclue la vente verbale constatée par le jugement, le droit est régulièrement réclamé sur la valeur approximative du fonds vendu, sauf aux parties à faire leur déclaration, conformément à l'art. 16 de la loi du 22 frim. an 7 (Trib. Seine, 28 nov. 1863, aff. Cuvigny, D. P. 66. 3. 45).

2463. V. en ce qui concerne la perception du droit proportionnel de mutation: 1° sur les *soultes* stipulées, dans les *partages de succession et autres*, *suprà*, n° 1289 et suiv.; ... dans les *donations à titre de partage anticipé*, *suprà*, n° 2116 et suiv.; ... dans les *partages testamentaires*, *suprà*, n° 2148 et suiv.; ... sur les *parts acquises par licitation*, *suprà*, n° 1332 et suiv.; ... spécialement au cas où le prix est attribué au colicitant adjudicataire par un *partage présenté à l'enregistrement en même temps que l'adjudication*, *suprà*, n° 1338; — 3° Sur les *échanges d'immeubles* ... pour l'application du tarif général *suprà*, n° 1702 et suiv.; ... pour l'application du tarif réduit concernant spécialement les échanges d'immeubles ruraux, *suprà*, n° 1711 et suiv.

§ 2. — Mutations à titre gratuit et par décès (*Rép.* n° 4449 à 4467)

2464. En ce qui concerne les mutations à titre gratuit et celles qui s'opèrent par décès, les règles de la liquidation sont contenues dans les art. 14 et 15 de la loi du 22 frim. an 7, modifiés par l'art. 3 de la loi du 21 juin 1875 (D. P. 75. 4. 107). Ainsi qu'on l'a dit au *Rép.* n° 4449, la loi suit pour la liquidation du droit proportionnel auquel ces mutations donnent ouverture une marche différente de celle qu'elle a adoptée pour les transmissions à titre onéreux et les règles qu'elle édicte à cet égard varient, suivant qu'il s'agit de meubles ou d'immeubles.

N° 1. — *Meubles* (*Rép.* n° 4450 à 4452)

2465. Nous laisserons de côté les *meubles incorporels*, dont il sera parlé à l'article suivant. D'après l'art. 14, § 8, de la loi de frimaire an 7, la déclaration estimative des parties est la base de la liquidation du droit proportionnel pour les objets mobiliers, qu'il s'agisse de mutations entre vifs ou de mutations qui s'opèrent par décès. Toutefois, ce n'est qu'à défaut d'inventaire que la déclaration est admise; s'il a été fait un inventaire, le droit est liquidé sur le montant de la prisée (L. 22 frim. an 7, art. 27). Ajoutons qu'avant la loi de 1875, la jurisprudence reconnaissait déjà à l'Administration le droit de prouver par tous actes estimatifs autres que les inventaires, l'insuffisance de l'évaluation faite dans la déclaration.

2466. On a discuté pendant longtemps la question de savoir si, lorsque des *meubles* dépendant d'une succession ont fait l'objet d'un inventaire et ont été vendus aux en-

chères à un prix supérieur au montant de l'estimation, à une époque plus ou moins rapprochée du décès, c'est d'après ce prix ou d'après l'évaluation de l'inventaire que le droit doit être perçu. Nous avions résolu la difficulté (*Rép.* n° 4452) au moyen d'une distinction, admise généralement par les tribunaux, entre le cas où la vente est antérieure ou postérieure à la déclaration. Mais la cour de cassation s'est prononcée contre cette distinction et, par trois arrêts, a décidé que, lorsque des meubles dépendant d'une succession ont été estimés dans un inventaire notarié, puis vendus aux enchères publiques à un prix plus élevé que le montant de l'estimation, c'est néanmoins d'après cette estimation, et non d'après le produit de la vente, que les droits de mutation doivent être réglés, alors même qu'il aurait été procédé à la vente antérieurement à la déclaration de la succession (Civ. cass. 23 févr. 1858, aff. Hodgkinson-Crosby, D. P. 58. 1. 107; 10 mai 1858, même affaire, D. P. 58. 1. 205; Req. 11 févr. 1867, aff. Letellier, D. P. 67. 1. 73). — Jugé qu'il en ainsi surtout lorsque les objets vendus consistent en objets d'art, tableaux et médailles, dont la valeur dépend des caprices, du goût des amateurs, et des circonstances dans lesquelles la vente a lieu, et que, d'ailleurs, on ne peut reprocher à l'officier public qui a procédé à l'estimation contenue dans l'inventaire, ni impéritie, ni connivence avec le redevable (Mêmes arrêts). Presque tous les tribunaux se sont ralliés à cette interprétation (Trib. Seine, 27 août 1858, aff. Hamel, D. P. 58. 3. 62; 12 mars 1864, aff. N..., D. P. 64. 3. 104; Trib. Bourges, 23 nov. 1865, aff. Vermeil, D. P. 66. 3. 101; Trib. Seine, 9 mars 1867, aff. Escudier, D. P. 68. 3. 22. — V. toutefois: Trib. Seine, 6 févr. 1863, aff. Giraud, D. P. 63. 3. 31; Trib. Rouen, 20 juill. 1871, aff. Léon P..., D. P. 72. 3. 88).

En définitive, la doctrine consacrée par la jurisprudence peut se résumer ainsi : l'inventaire dressé par un officier public constitue la base légale de la liquidation, l'autorité de cet acte s'impose tant qu'il n'y a pas de fraude démontrée. La preuve de la fraude ne résulte pas de ce seul fait que les meubles inventoriés ont été vendus à un prix supérieur au montant de l'estimation.

2467. L'application de cette doctrine faisant perdre au Trésor des sommes importantes, le Gouvernement se vit forcé d'intervenir. Sur la proposition du ministre des finances, les dispositions suivantes furent insérées dans la loi du 21 juin 1875 : « Art. 3. La valeur de la propriété et de l'usufruit des biens meubles est déterminée, pour la liquidation et le payement du droit de mutation par décès : — 1° par l'estimation contenue dans les inventaires ou autres actes passés dans les deux années du décès; — 2° Par le prix exprimé dans les actes de vente, lorsque cette vente a lieu publiquement et dans les deux années qui suivent le décès. Cette disposition s'applique aux objets inventoriés et estimés conformément au paragraphe premier, dont l'évaluation serait inférieure au prix de vente; — 3° Enfin, à défaut d'inventaire, d'actes ou de vente, par la déclaration faite conformément au paragraphe 8, de l'art. 14 de la loi du 22 frim. an 7, le tout sans distraction des charges. — L'insuffisance dans l'estimation des biens déclarés sera punie d'un droit en sus, si elle résulte d'un acte antérieur à la déclaration. Si, au contraire, l'acte est postérieur à cette déclaration, il ne sera perçu qu'un droit simple sur la différence existant entre l'estimation des parties et l'évaluation contenue aux actes. — Les dispositions qui précèdent ne sont applicables ni aux créances, ni aux rentes, actions, obligations, effets publics et tous autres biens meubles dont la valeur et le mode d'évaluation sont déterminés par des lois spéciales ».

2468. Le législateur de 1875 distingue trois modes d'évaluation; mais, conformément à la règle édictée par la loi de frimaire, il décide qu'en principe la valeur des objets mobiliers recueillis par les héritiers et légataires est déterminée par l'estimation contenue dans les inventaires. Aux inventaires sont assimilés les autres actes de nature à faire connaître la véritable valeur des biens transmis. Bien que la loi ne définisse pas ces actes, on admet généralement qu'elle n'a en vue que ceux qui contiennent une estimation ; tels sont, par exemple, les actes de donation, de partage, les contrats de mariage, les rapports d'experts, etc. La loi autorise, en outre, l'Administration à asseoir la perception du droit de mutation sur le produit des ventes publiques de meubles, alors même que les objets vendus auraient été estimés antérieurement et sans fraude, à une valeur inférieure dans les inventaires ou autres actes qui leur sont assimilés. Il est exigé, toutefois, que la vente ait eu lieu dans les deux années qui suivent le décès. Cette disposition met fin aux inconvénients de la jurisprudence rapportée *suprà*, n° 2467, d'après laquelle l'inventaire constituait, même dans cette hypothèse, la base légale d'évaluation, quel que fût l'écart existant entre la prisée de l'inventaire et le produit de la vente publique. Enfin le troisième mode d'évaluation, admis seulement à défaut d'inventaire, d'actes estimatifs ou de ventes, consiste dans la déclaration estimative des parties (Instr. adm. enreg. 23 juin 1875, n° 2517, D. P. 75. 4. 110, note).

2469. Si, postérieurement à leur déclaration, les parties font procéder, dans les deux ans du décès, à un inventaire ou à la vente des objets déclarés, les résultats de l'inventaire ou de la vente sont substitués de plein droit à l'estimation des parties, toutes les fois que l'une ou l'autre de ces deux actes fait ressortir une valeur supérieure à cette estimation. Remarquons que, s'il y a eu en même temps inventaire et vente, le droit est perçu sur la prisée de l'inventaire, si elle est supérieure au prix de la vente ; c'est seulement lorsque le prix de la vente est supérieur, qu'il sert de base à la liquidation.

2470. Le projet de loi instituait un quatrième mode d'évaluation : les estimations contenues dans les polices d'assurance en cours au jour du décès et souscrites par le défunt ou ses auteurs. Ce mode était même mis au second rang ; il venait après la vente publique et avant l'inventaire. Mais on fit remarquer avec raison que les estimations faites dans les polices d'assurance sont le plus souvent exagérées et ne peuvent pas, à cause de cela, servir de base pour la liquidation ; ce motif décida la Chambre à se prononcer contre ce mode d'évaluation.

2471. L'inventaire ou les états estimatifs, ainsi que les ventes faites publiquement dans les deux années qui suivent le décès, constituent, avec la déclaration estimative, des bases légales d'évaluation dont les tribunaux ne peuvent pas, en principe, s'écarter. Mais, en dehors de ces bases légales d'évaluation, l'Administration peut, en vertu de son droit de contrôle, établir les omissions ou insuffisances commises dans les estimations, sinon par la preuve testimoniale, du moins au moyen de tous actes quelconques émanés des parties, soumis par elle à l'enregistrement et renfermant, soit une preuve complète, soit seulement des présomptions graves, précises et concordantes, sous la réserve du pouvoir d'appréciation des tribunaux (Req. 27 mai 1868, aff. Lemoine, D. P. 69. 1. 146 ; Trib. Seine, 18 juill. 1873, *Diction. droits d'enreg.*, v° *Expertise*, n°.446).

2472. Toute différence constatée entre la valeur déclarée et la valeur réelle des objets mobiliers, donne ouverture à un supplément de droit simple ; de plus, lorsque l'insuffisance résulte d'un acte antérieur à la déclaration, le droit en sus est encouru par application de l'art. 39 de la loi du 22 frim. an 7 (Instr. 23 juin 1875, citée *suprà*, n° 2469).

2473. D'après la même instruction, la loi du 21 juin 1875 ne renfermant aucune dérogation à la règle générale édictée par l'art. 60 de la loi du 22 frim. an 7, qui prohibe la restitution des droits régulièrement perçus, si la valeur comprise dans la déclaration est supérieure aux évaluations contenues dans les actes, les droits, ayant été régulièrement perçus, ne sont pas restituables.

2474. L'évaluation tirée des prix de ventes a fait naître une difficulté. On s'est demandé si les déboursés que l'héritier a dû faire pour parvenir à l'adjudication, tels que frais d'affiches, insertions, réclames, catalogues, location de salle, etc., peuvent être distraits du produit de la vente pour la perception du droit de mutation par décès. Pour soutenir la négative, on s'est appuyé sur les termes de l'art. 3 de la loi du 21 juin 1875, portant que le droit est dû « sur le prix exprimé », Ces expressions sont les mêmes, a-t-on dit, que celles qui sont employées dans les art. 14 et 15 de la loi du 22 frim. an 7 relativement à la perception du droit de mutation à titre onéreux; or ce droit est perçu sans qu'on tienne compte des frais préparatoires de l'adjudication. Mais l'Administration a tranché la question

en sens contraire ; elle a décidé que, l'impôt n'étant assis que sur la valeur recueillie par l'héritier, il convient de s'arrêter au produit de la vente, déduction faite de tous les frais qui tombent de plein droit à la charge des vendeurs, pourvu qu'il n'y ait pas de fraude et que l'existence des frais soit dûment justifiée (Sol. adm. enreg. 25 févr. 1878, Garnier, *Rép. pér. enreg.*, art. 4907).

N° 2. — *Immeubles* (Rép. n°s 4453 à 4467).

2475. L'art. 15 de la loi de frimaire an 7 dispose que la valeur de la propriété des immeubles est déterminée, pour les transmissions entre vifs à titre gratuit et celles qui s'effectuent par décès, par l'évaluation qui sera faite à vingt fois le produit des biens ou le prix des baux courants. Cette règle a été modifiée par l'art. 2 de la loi du 21 juin 1875, ainsi conçu : « Dans tous les cas où, conformément à l'art.15 de la loi du 22 frim. an 7, le revenu doit être multiplié par vingt ou par dix, il sera, à l'avenir, multiplié par vingt-cinq et par douze et demi. Cette disposition ne s'appliquera qu'aux *immeubles ruraux* » (D. P. 75. 4. 107. V. l'instruction donnée par l'administration de l'enregistrement à ses agents pour l'exécution de cette loi le 23 juin 1875, n° 2517, D. P. 75. 4. 110, note).

2476. Pour justifier cette importante innovation, le Gouvernement fit remarquer, qu'à l'époque où l'on avait adopté l'ancien mode de capitalisation, la propriété immobilière étant fort dépréciée, le capital formé par le revenu multiplié par le nombre légal, était à peu près l'équivalent de la valeur vénale; mais que, depuis lors, la situation s'était modifiée, et que, tandis que les mutations à titre gratuit et par décès de biens meubles de toute nature, et même les propriétés immobilières bâties, supportent l'impôt sur leur valeur intégrale, les immeubles ruraux ne sont assujettis aux droits que sur les trois cinquièmes à peine de cette même valeur. Le Gouvernement reconnut, d'ailleurs, que, pour arriver à une égalité absolue, la liquidation des droits devrait avoir pour base, dans les mutations à titre gratuit comme dans les mutations à titre onéreux, la valeur vénale, mais qu'il importait de « ménager un état de choses qui remonte à de longues années » (Exposé des motifs, n° 3, D. P. 75. 4. 107).

2477. Il était utile de faire connaître ces motifs, car cette disposition de la loi de 1875, qui augmente encore les charges de l'agriculture, a été souvent critiquée; la chambre a même été saisie d'un projet de loi abrogeant l'art. 2 de la loi du 21 juin 1875, et la commission chargée d'examiner cette proposition a conclu à sa prise en considération (*Journ. off.* du 28 déc. 1877).

Il résulte de ce qui précède qu'il existe, en vertu de la loi de 1875, deux bases différentes de liquidation pour les transmissions d'immeubles à titre gratuit, suivant qu'il s'agit d'un *immeuble rural* ou d'un immeuble *urbain;* il est à noter d'ailleurs, comme nous l'avons déjà vu, lorsque nous avons traité des *échanges d'immeubles* (V. *suprà*, n°s 1703 et suiv.), que ce double mode de capitalisation est applicable à *toutes* les mutations, même à *titre onéreux*, pour lesquelles la perception a pour base le revenu, car l'art. 2 de la loi est conçu dans les termes les plus généraux.

2478. Mais quels sont les caractères qui distinguent un immeuble urbain d'un immeuble rural? Ainsi qu'on l'a vu *suprà*, n° 1714, à l'occasion d'une autre disposition de la même loi de 1875, la distinction a été nettement établie lors de la discussion de cette loi ; elle est fondée, non sur la situation des fonds, mais sur leur destination : est urbain l'immeuble qui sert principalement à l'habitation, ou à un usage soit industriel, soit commercial; est rural celui qui est principalement affecté à la production des récoltes agricoles.

2479. Cette distinction a été confirmée par la jurisprudence. Ainsi il a été décidé : 1° que les bâtiments d'habitation situés dans un village, alors qu'ils sont l'accessoire d'une exploitation agricole, doivent être considérés comme ruraux, et non comme urbains, pour la perception du droit de mutation par décès ; qu'en conséquence, leur revenu doit être capitalisé, pour la liquidation de l'impôt, comme celui des terres et autres dépendances de l'exploitation, au denier vingt-cinq, et non au denier vingt (Trib. Alençon,

17 déc. 1877, aff. Pilon, D. P. 78. 3. 55; Trib. Vitry-le-Français, 6 févr. 1879) (1). Il en est ainsi, même lorsque la plus grande partie des terres n'est occupée qu'à titre de ferme par le propriétaire des bâtiments (Sol. adm. enreg. 23 avr. 1869, *Journ. enreg.*, art. 21043); — 2° Que les *moulins* servant à un usage industriel doivent être considérés, au contraire, pour la liquidation du droit de mutation par décès, comme des immeubles urbains et être assujettis, en conséquence, à l'impôt d'après leur revenu capitalisé par vingt; mais les terres ou herbages compris dans le bail de ces moulins, n'en étant pas l'accessoire indispensable et constituant des biens ruraux, doivent supporter l'impôt sur leur revenu capitalisé au denier vingt-cinq (Sol. adm. enreg. 22 août 1878, D. P. 79. 3. 86); — 3° Qu'une maison d'habitation dans un village, avec grange, cour et jardin, est un immeuble urbain pour le tout (Sol. adm. enreg. 7 juill. 1876, *Diction. droits d'enreg.*, v° *Expertise*, n° 143); — 4° Qu'à raison de son caractère industriel, une *mine* ne saurait constituer un immeuble rural dans le sens de la loi du 24 juin 1875; que le revenu doit donc en être capitalisé par vingt et non par vingt-cinq, pour la liquidation du droit proportionnel d'enregistrement applicable en cas de mutation donnant ouverture à ce droit sur la base du revenu (Sol. adm. enreg. 21 févr. 1882, D. P. 82. 5. 198); — 5° Qu'il en est de même d'un terrain loué à l'Etat pour servir de champ de manœuvres militaires, encore bien que le bailleur ait conservé le droit de pâturage (Sol. adm. enreg. 1ᵉʳ oct. 1878, *Journ. enreg.*, art. 20947).

2480. Le droit de mutation est exigible, d'après deux lois des 28 déc. 1880 (art. 4) et 29 déc. 1884 (art. 9), en raison des *accroissements* qui s'opèrent, d'une part, en vertu de clauses de réversion, dans les *sociétés ou associations civiles qui admettent l'adjonction de nouveaux membres*, au profit des membres restants, de la part de ceux qui cessent de faire partie de l'association, et, d'autre part, dans les *congrégations, communautés et associations religieuses*, autorisées ou non autorisées. Le droit de mutation par décès est dû, lorsque l'accroissement se réalise par décès ; c'est le droit de mutation entre vifs à titre gratuit, lorsqu'il a lieu de toute autre manière (V. *suprà*, n°ˢ 2064 et suiv.).

2481. L'art. 4 de la loi du 28 déc. 1880 renferme deux dispositions qui déterminent nettement l'objet et le mode de liquidation du droit d'accroissement. La première porte que l'impôt est perçu « d'après la nature des biens existants au jour de l'accroissement, nonobstant toutes cessions antérieures faites entre vifs au profit d'un ou de plusieurs membres de la société ou de l'association ». Aux termes de la seconde, « la liquidation et le payement de ce droit auront lieu dans la forme, dans les délais et sous les peines établis par les lois en vigueur *pour les transmissions d'immeubles* ». De là différentes conséquences. — En premier lieu, ce n'est plus, comme autrefois, le droit incorporel d'action ou de part d'intérêt appartenant à l'associé sortant qui est considéré comme transmis aux autres associés. C'est la portion indivise qui lui appartient dans chacun des biens composant le fonds social, créances, meubles ou immeubles. Ce n'est donc plus le droit réduit de cession d'actions qui est exigible, mais le droit réglé suivant la nature même des valeurs appartenant à la société. — En second lieu, la liquidation de ce droit devant avoir lieu suivant les règles établies pour les transmissions d'immeubles et l'impôt étant, dès lors, perçu sur la valeur des biens sans distraction des charges, il s'ensuit que le droit sera liquidé également sur la valeur *brute* des biens en nature qui y donnent lieu. — En troisième lieu, le droit étant exigible nonobstant toutes cessions antérieures, il n'y a donc à tenir

compte de ces cessions, ni pour fixer l'étendue de l'objet sujet au droit, ni pour calculer le montant de l'impôt; on ne peut, dès lors, imputer sur les droits d'accroissement ceux perçus sur les cessions dont il s'agit. — Enfin, deux modifications essentielles sont apportées aux règles ordinaires de perception : les règles concernant les transmissions immobilières sont étendues aux *valeurs mobilières*, de quelque nature qu'elles soient, comprises dans les accroissements; la seconde dérogation est relative à la nature de la mutation et consiste en ce que le tarif est appliqué, non plus d'après la nature réelle de l'accroissement déterminé par les conditions dans lesquelles il s'opère, mais en considérant, d'après la présomption de la loi, la transmission comme s'étant opérée à titre gratuit (Instr. adm. enreg. 20 juin 1881, n° 2561 ; 3 juin 1885, n° 2712).

2482. Lorsque l'accroissement se réalise par *décès*, les biens sont évalués sur les bases ordinaires prescrites pour la liquidation des droits de mutation par décès. Comme le payement de l'impôt doit avoir lieu conformément aux règles applicables au droit exigible sur les transmissions d'immeubles, l'Administration peut requérir l'*expertise des biens meubles* afin d'en établir la valeur (Instr. n°ˢ 2561 et 2712 citées *suprà*, n° 2481).

2483. Le *droit de donation*, exigible toutes les fois que l'accroissement se réalise autrement que par décès, se perçoit d'après une déclaration détaillée et estimative souscrite, conformément à l'art. 4 de la loi du 27 vent. an 9 (V. *suprà*, n°ˢ 1018 et 2062), par les membres restants de l'association ou l'un d'eux agissant tant en son nom personnel que comme se portant fort des autres, dans les trois mois de l'événement qui a réalisé l'accroissement. Un délai supplémentaire d'un mois est accordé à l'associé du chef duquel l'accroissement s'opère pour porter la mutation à la connaissance de l'Administration (L. 23 août 1871, art. 14, V. *suprà*, n° 1022). Les biens transmis sont évalués, pour la perception, conformément aux règles en vigueur pour les transmissions d'immeubles entre vifs à titre gratuit. La valeur des *créances* est déterminée par leur capital; celle des autres biens meubles, par leur estimation en capital résultant de l'évaluation des parties au cours moyen de la bourse au jour de la réalisation de l'accroissement (L. 22 frim. an 7, art. 14, n°ˢ 2 et 8, V. *suprà*, n°ˢ 2466 et suiv.). Les immeubles sont évalués, d'après leur revenu, à la même date, capitalisé par 25 et 12 1/2 ou par 20 et 10, selon qu'il s'agit ou non de biens ruraux (L. 22 frim. an 7, art. 13, n°ˢ 7 et 8; 21 juin 1875, art. 2. V. *suprà*, n° 2475) (Instr. n°ˢ 2561 et 2712, citées *suprà*, n° 2481).

2484. Nous renvoyons à la section suivante, comme on l'a fait au *Répertoire*, les autres explications que comporte cette matière, notamment, en ce qui concerne, au cas d'*insuffisance d'évaluation*, les moyens que la Régie peut être admise à employer pour établir la valeur véritable. Nous ne nous occuperons ici que de la disposition relative aux *charges*.

N° 3. — *Non-distraction des charges* (Rép. n°ˢ 4454 à 4467).

2485. On a vu (*Rép.* n° 4454) que, lorsque la mutation s'opère à titre gratuit, le droit doit être perçu sur la valeur des biens transmis, sans distraction des charges. Cette règle s'applique aux mutations mobilières comme aux mutations immobilières.

Aucun principe de droit fiscal n'a provoqué plus de controverses, ni donné lieu à plus de critiques que celui de la non-distraction des charges. A l'époque de la publication du *Répertoire*, tout en reconnaissant que cette disposition blessait

---

(1) (Périnet.) — LE TRIBUNAL; — Attendu qu'aux termes de l'art. 2 de la loi du 21 juin 1875, il y a lieu, pour déterminer, au point de vue fiscal, la valeur des immeubles ruraux, en cas de transmission de propriétés, de multiplier par 25 le revenu de ces propriétés; — Attendu que les héritiers Périnet, tout en reconnaissant de principe, soutiennent que l'immeuble, objet du droit revendiqué, est non pas rural, mais urbain, et conséquemment assujetti à un droit moins élevé; — Attendu que c'est par sa nature, et non par sa situation, qu'un fonds doit être considéré comme rural ou urbain; — Attendu que l'immeuble de Blaise-

sous-Arzillières est un immeuble rural, puisque, tout en recélant une maison d'habitation, sa principale destination est l'exploitation des terres y attenant et du bétail y renfermé; qu'il sert, non seulement à l'habitation du fermier, mais à l'engrangement des récoltes faites sur les terres louées, ainsi que le prescrit son bail; — Attendu qu'il n'y a pas lieu de s'occuper, pour déterminer la nature de cet immeuble, de rechercher l'usage éventuel qu'on en peut faire par la suite, mais seulement sa principale destination lors de la perception des droits; — Par ces motifs, Du 6 févr. 1879. — Trib. civ. Vitry-le-Français.

l'équité, on était généralement disposé à considérer son abrogation comme impossible, surtout à cause des fraudes qui se commettaient dans les déclarations ; mais les réclamations incessantes de l'opinion publique, les nombreux projets de réforme présentés pour leur donner satisfaction, les études approfondies auxquelles ils ont donné lieu dans les Chambres et hors des Chambres, l'assimilation, au point de vue du tarif, des meubles et des immeubles (L. 18 mai 1850) et la surélévation du capital imposable des biens ruraux (L. 21 juin 1875), entraînant la suppression des compensations relatives que les contribuables trouvaient auparavant dans les atténuations d'impôt, enfin l'exemple donné par un grand nombre de législations étrangères (V. à cet égard : *Bulletin de la société de législation comparée*, 1889, p. 486), ont gagné à la cause de la réforme tous les hommes compétents. On peut dire que l'accord est fait aujourd'hui sur la nécessité de modifier sur ce point la loi de frimaire. Les obstacles qui ont arrêté le législateur sont plutôt d'ordre financier que juridique. Il a été constaté, en effet, que la déduction du passif diminuerait l'impôt d'un quart. On a dit, il est vrai, que la suppression du principe de la non-distraction des charges obligerait le législateur à substituer dans les mutations à titre gratuit, l'évaluation des immeubles en capital à l'évaluation d'après les revenus ; mais on a répondu d'abord, que les deux questions étaient indépendantes et qu'on ne pouvait les lier que pour procurer au fisc une compensation ; ensuite que le changement dont on parle relativement au mode de liquidation serait une

amélioration très désirable, puisque le système actuel a pour conséquence d'exonérer les propriétés d'agrément au détriment des autres. Nous avons mentionné, au commencement de ce traité (V. *supra*, n° 9), les nombreux projets de lois présentés en vue de modifier la législation fiscale sur ce point et de supprimer la règle de la non-distraction des charges ou d'en restreindre l'application dans des limites aussi étroites que possible. Le projet élaboré en dernier lieu est conçu dans ce sens. Il a été soumis aux Chambres par un décret du 27 mars 1888 (1) (V. sur ce projet de loi, *Revue critique*, 1889, p. 353).

2486. Quoi qu'il en soit, nous devons examiner maintenant comment la règle de la non-distraction des charges a été interprétée depuis la publication du *Répertoire* ; on verra que la tendance de la jurisprudence a toujours été de restreindre le plus possible l'application de cette règle, et que, pour atteindre ce but, elle a quelquefois consacré des solutions qu'il est difficile de concilier avec les principes.

2487. Dans un de ses mémoires, l'administration de l'enregistrement s'exprime ainsi : « La loi n'a pas défini le mot *charges*. Cette dénomination s'étend à tous les droits et actions qui, ayant pour gage le patrimoine du défunt, ne font pas obstacle à la transmission entière de ce patrimoine sur la tête des héritiers ; elle ne s'applique pas aux droits et actions qui affectent de telle sorte certaines choses du patrimoine que ces choses sont censées n'en plus faire partie, et qu'elles ne sont pas transmises aux héritiers, soit parce que le défunt n'en était que le détenteur précaire,

---

(1) *Projet de loi portant modification du régime fiscal en matière de successions et donations entre vifs, présenté par le Gouvernement à la Chambre des députés, le 27 mars 1888.*

Le Président de la République française ; — Décrète : — Le projet de loi dont la teneur suit sera présenté à la Chambre des députés par le président du conseil, ministre des finances, qui est chargé d'en exposer les motifs et de soutenir la discussion.

Art. 1er. Pour la liquidation et le payement du droit de mutation par décès, seront déduites, si se chiffre, en tout ou en demande, les dettes en capital à la charge du défunt qui sont liquides au jour de l'ouverture de la succession et qui résultent d'actes authentiques, de jugements, ou d'actes sous seings privés enregistrés avant l'ouverture de la succession.

2. Ne sont pas déduites :

1° Les dettes échues dont l'existence au jour de l'ouverture de la succession ne résulte pas d'un acte authentique, d'un jugement, ou d'un acte sous seings privés enregistré avant l'ouverture de la succession ;

2° Les dettes consenties par le défunt, au profit de ses héritiers, donataires ou légataires ;

3° Les dettes reconnues par testament, lesquelles seront considérées comme des legs ;

4° Les dettes hypothécaires dont l'inscription est périmée ou a donné lieu à une mainlevée antérieure à l'ouverture de la succession ;

5° Les dettes résultant de titres ou de jugements passés à l'étranger, ou qui dépendent de successions d'étrangers domiciliés en France ;

6° Les loyers et fermages excédant le terme courant.

3. A l'appui de leur demande en déduction, les parties devront fournir les justifications nécessaires et représenter le brevet ou l'expédition de l'acte ou du jugement qui sert de titre à la dette ou qui en constate l'existence au jour de l'ouverture de la succession. Le créancier ne peut se refuser à communiquer le titre ou à en laisser prendre une copie collationnée, sous peine de dommages-intérêts.

4. Dans toutes les successions où il y a lieu à la déduction des charges, les droits seront liquidés sur la valeur vénale des immeubles déterminée par la déclaration des parties et sans que cette valeur soit inférieure au produit de la capitalisation du revenu faite au denier vingt pour les immeubles urbains et au denier trente pour les immeubles ruraux, conformément aux lois existantes.

5. La pénalité établie par les lois en vigueur pour les omissions sera applicable à toute déclaration tendant à obtenir indûment la déduction d'une dette. L'amende, qui sera d'une somme égale au double du droit, est due solidairement par les contrevenants.

6. 1° Lorsqu'il y a lieu à l'expertise autorisée par les lois des 22 frim. an 7, 23 août 1871, 28 févr. 1872, et par la présente loi, le receveur ou autre préposé de l'administration de l'enregistrement en fait notifier la demande à la partie. L'exploit contient désignation de l'expert de l'Etat et sommation à la partie de désigner son expert ou de former opposition à l'expertise avec assignation devant le tribunal de la situation des biens. Le tout dans la quinzaine de la notification ;

2° Après l'expiration de ce délai, il est procédé à l'expertise par l'expert de l'Administration et par deux autres experts désignés, l'un par le président du tribunal, et l'autre par la partie, ou à son défaut, par le juge de paix du canton de la situation des biens ;

3° Les dispositions de l'art. 15 de la loi du 23 août 1871 relatives à l'expertise par un seul expert sont applicables lorsque le prix exprimé ou la valeur déclarée n'excède pas 5000 francs et au-dessus de ce chiffre, lorsque toutes les parties y consentent ;

4° Les experts sont dispensés du serment ;

5° Ils forment leur avis à la majorité et cet avis fixe définitivement la valeur des biens ;

6° La prescription est interrompue par la signification à la partie de la demande en expertise. Celle de l'art. 61 de la loi du 22 frim. an 7 est applicable aux demandes formées en exécution de l'art. 17 de la même loi ;

7° Sont maintenues toutes les dispositions de la loi antérieure qui ne sont pas contraires au présent article.

7. Les droits d'enregistrement des donations entre vifs de toute nature et des mutations par décès, soit par succession, soit par testament ou autres actes de libéralités à cause de mort, qui auront lieu à compter de la promulgation de la présente loi, de biens meubles ou immeubles en ligne collatérale et entre personnes non parentes, seront perçus selon les quotités ci-après :

Entre frères et sœurs, oncles et tantes, neveux et nièces, en principal, sept francs cinquante centimes pour cent (7 fr. 50 p. 100) ;

Entre grands-oncles, grandes-tantes, petits-neveux, petites-nièces, cousins germains, en principal, huit francs pour 100 (8 p. 100) ;

Entre parents au delà du quatrième degré et jusqu'au dixième, en principal, neuf francs pour 100 (9 p. 100) ;

Entre parents au delà du dixième degré jusqu'au douzième, en principal, neuf francs cinquante centimes pour cent (9 fr. 50 p. 100).

Entre personnes non parentes, en principal, dix pour 100 (10 p. 100).

Ces droits sont sujets au décime.

8. L'art. 25 de la loi du 8 juill. 1862 est modifié ainsi qu'il suit :

Le transfert ou la mutation au Grand-Livre de la dette publique d'une inscription de rente provenant de titulaires décédés ou déclarés absents ne pourra être effectué que sur la présentation d'un certificat délivré sans frais par le receveur de l'enregistrement constatant l'acquittement du droit de mutation par décès.

Il en sera de même pour les transferts de titres nominatifs des sociétés, départements, communes et établissements publics de demeurer personnellement responsables des droits.

9. Sont applicables en Algérie les lois et tarifs qui régissent en France la perception des droits de mutation par décès. Sont également applicables en Algérie les tarifs établis, en principal et ci-dessus, sur les mutations entre vifs à titre gratuit en France.

L'un des décimes continuera d'être perçu au profit de l'assistance publique, conformément à la loi du 29 juill. 1882.

10. A partir du 1er janv. 1889, la taxe établie par l'art. 5 de la loi du 21 juin 1875 est fixée à six pour cent (6 p. 100).

soit parce qu'il les en avait détachées par un acte entre vifs ou de dernière volonté (D. P. 70. 1. 153, note. Comp. sur la définition et l'étendue du mot *charges :* Championnière et Rigault, t. 4, n° 3405 ; Demante, t. 2, n° 691 ; Naquet, t. 2, n° 1016 ; Garnier, *Rép. gén. enreg.*, v° *Succession*, n° 16695 et 16710 ; *Diction. droits d'enreg.*, v° *Succession*, n° 1871).

Il résulte de l'interprétation ci-dessus, qu'il n'y a pas lieu de comprendre dans la déclaration de la succession d'un *mandataire*, d'un *dépositaire*, d'un *comptable*, d'un *administrateur*, pour les assujettir aux droits de mutation par décès les sommes d'argent que le défunt pouvait détenir en ces différentes qualités (*Rép.* n° 4464. V. D. P. 70. 1. 153, note). Il en est ainsi non seulement lorsque les sommes se retrouvent *in individuo* dans le patrimoine du détenteur à l'époque de son décès, mais aussi toutes les fois que la succession comprend des deniers comptants, qui en doivent être considérés comme la représentation, parce que ces sortes de choses s'apprécient non dans leur espèce, mais dans leur quantité. Une opinion étend le bénéfice de la déduction même au cas où il se trouve dans la succession des *valeurs au porteur*, qu'on peut considérer aussi comme représentant jusqu'à due concurrence les sommes dont le défunt était comptable ; mais ce dernier point est discuté (Sol. adm. enreg. 14 nov. 1872, *Diction. droits d'enreg.*, v° *Succession*, n° 1530).

2488. Certains auteurs sont d'avis que l'on doit tenir compte de la qualité du *dépositaire*, que les sommes déposées doivent être déduites si le dépôt est fait chez un *officier public*, mais qu'il en est autrement s'il s'agit d'un dépôt chez un *particulier*. On appuie cette distinction sur ce fait, que la loi assimile au prêt, au point de vue de la perception de l'impôt, le dépôt de sommes chez des particuliers (V. *suprà*, n°ˢ 365 et suiv.) ; dès lors, dit-on, le titre de dépôt, équivalant ici au titre d'une obligation, ne suffit pas, par lui seul, pour autoriser la distraction desdites sommes au décès du dépositaire « et, en principe, les sommes déposées, comme les sommes prêtées, doivent être comprises dans la masse du patrimoine » (Demante, t. 2, n° 693 ; Rouen, 17 juill. 1855, *Journ. enreg.*, n° 16129). Nous croyons, avec les auteurs du *Dictionnaire des droits d'enregistrement*, v° *Succession*, n°ˢ 1921 et 1922, que la disposition de la loi de frimaire dont on argumente, édictée contre la fraude, ne modifie pas le caractère du contrat de dépôt, et que, par suite, la déduction doit être autorisée sans distinction, toutes les fois que l'existence du dépôt est établie (Garnier, *Rép. gén. enreg.*, n° 16715 ; Naquet, t. 2, n° 1025).

2489. Il est certain, dans tous les cas, que la déduction ne s'appliquerait pas si le détenteur avait employé à des acquisitions en son nom personnel tout ou partie des valeurs qui lui ont été confiées (Sol. adm. enreg. 11 nov. 1881, *Diction. droits d'enreg.* v° *Succession*, n° 1928).

2490. Le droit de mutation par décès auquel le décès d'un *associé* donne ouverture sur la valeur de la part du défunt dans la société, doit être liquidé sur l'évaluation de cette part d'après l'actif social *net*, et non d'après l'actif brut (*Rép.* n° 4509). Mais il n'en est ainsi qu'autant que l'existence de la société est établie au regard de l'Administration. Ainsi, jugé que l'existence d'une société commerciale constituée ou prorogée par simple convention verbale, ne peut être opposée aux tiers ni aux créanciers qui ne l'ont pas reconnue ; qu'il en est ainsi même vis-à-vis de l'Administration de l'enregistrement ; que, spécialement, lorsqu'à l'expiration du délai fixé pour la durée régulièrement prorogée d'une société commerciale établie entre un père et son fils, les deux associés ont continué l'exploitation en commun et sous la même raison sociale, sans stipuler une nouvelle prorogation ni constituer une société nouvelle, il n'a plus existé entre eux qu'une association verbale et de fait ; dès lors, la part de chaque communiste dans l'entreprise ayant pour objet réel la copropriété même des biens dépendant de la communauté, c'est la valeur de cette copropriété, sans distraction des charges, qui doit être déclarée à leur décès pour la perception de l'impôt de mutation (Civ. rej. 19 janv. 1881, aff. Leblond-Barette, D. P. 81. 1. 265).

2491. En ce qui concerne les *valeurs dont le défunt n'avait que l'usufruit*, la jurisprudence admet qu'elles doivent être déduites de l'actif de la succession pour la liqui-

dation des droits de mutation exigibles par suite de décès (Civ. cass. 6 déc. 1858, aff. Saint-Chamans, D. P. 59. 1. 21 ; 22 août 1859, aff. de Montbressieux, et aff. Pinot, D. P. 59. 1. 337 et 340 ; Civ. rej. 23 juin 1862, aff. Garnier, D. P. 62. 1. 370 ; Instr. adm. enreg. 15 nov. 1862, n° 2234, § 1er). Cette solution a été consacrée, notamment, en ce qui concerne le cas où le mari conserve, à titre d'usufruitier, les reprises de la femme prédécédée. — Jugé, spécialement, que l'époux survivant, légataire en usufruit de son conjoint, qui retient à cet effet le montant des reprises et la part de communauté de ce dernier, est réputé détenir, à titre d'usufruit seulement, une somme dont la nue-propriété appartient aux héritiers de l'époux prédécédé. — Malgré le caractère fongible de la chose à laquelle s'applique son droit d'usufruit, cette chose ne se confond pas dans sa fortune personnelle ; par suite, lorsqu'il vient lui-même à décéder, ses héritiers sont fondés à distraire du montant de la succession la somme à restituer aux héritiers du conjoint prédécédé (Civ. rej. 28 févr. 1865, aff. Clément, D. P. 65. 1. 133-134 ; Instr. adm. enreg. 29 janv. 1870, n° 2397, § 1er ; Trib. Bourg, 3 avr. 1866, aff. Teppe, D. P. 66. 3. 76). Ainsi il a été décidé que la distraction doit être opérée même au cas où l'usufruitier a acquis les biens grevés (dans l'espèce, des rentes sur l'Etat) moyennant un prix sur lequel l'usufruit a été reporté et qu'il a, en conséquence, conservé à charge de le rendre à l'expiration de son usufruit (Trib. Seine, 5 août 1887, aff. Lux, D. P. 89. 5. 222).

Il faut appliquer cette solution, alors même que les sommes à remettre au nu-propriétaire seraient prises dans les deniers de l'usufruitier qui aurait reçu, pour se remplir de son usufruit, des immeubles ou autres valeurs, faute de sommes d'argent. Même en ce cas, la somme d'argent à remettre au nu-propriétaire, par suite de l'extinction de l'usufruit, ne constitue pas une charge de la succession de l'usufruitier (Arrêt précité du 6 déc. 1858).

2492. Ainsi, peu importe que les biens soumis à l'usufruit ne se retrouvent pas en nature, qu'ils consistent dans des choses fongibles, que les valeurs transmises à l'origine aient été transformées ; dans tous ces cas, quoique le droit des nu-propriétaires ait, en principe, disparu et se trouve remplacé par une créance personnelle contre l'usufruitier, la déduction est autorisée. L'énergie du principe de la distraction des valeurs usufructuaires est telle, dit M. Demante, t. 2, n° 694, que la distinction doit être admise, « quelle que soit la composition du patrimoine de l'usufruitier ». Cette interprétation, contraire aux règles du droit civil, est un des principales preuves des efforts faits par les tribunaux en vue d'atténuer dans l'application les conséquences du principe de la non-distraction des charges. Après avoir résisté, l'Administration a fini par s'y rallier (Sol. adm. enreg. 29 janv. 1875 ; 17 août 1877 ; 12 août et 29 sept. 1878, *Diction. droits d'enreg.*, v° *Succession*, n° 1941).

2493. Les mêmes principes sont appliqués aux valeurs soumises à l'exercice du droit de *retour conventionnel* (V. *suprà*, n° 2183).

En ce qui concerne le *retour successoral*, V. aussi *suprà*, n° 2184.

2494. Toutefois, la doctrine que l'on vient d'exposer, relativement à la non-distraction des charges en matière d'usufruit, comporte une restriction : cette distraction ne peut être autorisée qu'autant qu'il n'y a pas eu *novation* dans le titre de l'usufruitier. Il faut que celui-ci ait continué de détenir en sa qualité d'usufruitier les sommes affectées à sa jouissance ; s'il les possède en vertu d'un nouveau titre lui imposant une obligation personnelle de restitution, ce n'est plus qu'un débiteur ordinaire à qui l'on doit appliquer le droit commun. « Si, par une novation de son titre, l'usufruitier devient débiteur direct d'une somme sur laquelle s'exerce sa jouissance, il se trouve dans la même situation que si, dès l'origine, il avait été personnellement tenu. A l'inverse, si, après l'extinction de sa dette, il conserve la somme comme usufruitier, la déduction doit être opérée » (*Diction. droits d'enreg.*, v° *Succession*, n° 1943). Si, dans les espèces sur lesquelles ont statué les arrêts cités *suprà*, n° 2491, la distraction a été admise, c'est parce qu'il a été reconnu qu'il ne s'était pas opéré de novation dans le titre du mari, usufruitier des reprises. La solution serait différente, si l'existence d'une pareille novation était constatée. C'est ce qui a lieu, notamment, aux termes d'un arrêt, lorsqu'il résulte des déclarations des parties et de l'acte de liquidation, que les héritiers de la femme ont consenti à transformer en une simple créance les droits de la femme dans la communauté, et que le mari, usufruitier de tous les biens de la défunte, s'est reconnu débiteur de cette créance payable à la fin de son usufruit, alors surtout que les héritiers du mari ont eux-mêmes reconnu après son décès l'existence de ladite créance (Req. 22 déc. 1856, aff. Lallier, D. P. 57. 1. 104). Décidé qu'en pareil cas, il ne doit pas être fait déduction du montant des reprises de la femme pour le calcul du droit de mutation dû lors du décès du mari (Même arrêt du 22 déc. 1856. V. aussi Instr. adm. enreg. 19 mai 1857, n° 2096, § 8 ; Civ. rej. 21 août 1861, aff. de Colbert, D. P. 61. 1. 392 ; Instr. adm. enreg. 23 juin 1862, § 2223, § 5-1°).

La question de savoir s'il y a novation ne se pose pas seulement pour le mari usufruitier des reprises de la femme ; elle se présente également pour la veuve relativement aux indemnités dont elle est débitrice envers la succession du mari et qu'elle conserve pour exercer sur elle son usufruit. Il a été décidé que ces valeurs constituent une charge qui ne doit pas être déduite de sa succession (Trib. Seine, 7 juill. 1852, Contrôleur de l'enregistrement, n° 9774). Plus récemment, il a été jugé, de même, que, lorsqu'une veuve débitrice d'une récompense envers ses enfants mineurs dont elle était tutrice, vient à décéder, il n'y a lieu de ce chef à aucune déduction pour la perception du droit de succession, la dette n'ayant pu faire l'objet d'une novation, et la veuve étant restée débitrice et n'étant point devenue dépositaire du montant de la somme qu'elle devait rendre (Trib. Joigny, 19 juill. 1883, aff. Grandjean, Journ. enreg., art. 22137).

2495. Nous avons étudié dans la première partie du présent chapitre, consacrée à l'exigibilité, les difficultés concernant l'application du principe de la non-distraction des charges aux *legs particuliers de sommes d'argent non existantes dans la succession* (V. *suprà*, n° 2224), ainsi qu'aux *donations de sommes stipulées payables au non payées au décès du donateur* (V. *suprà*, n° 2083). On a vu qu'il est aujourd'hui bien établi que ni les legs particuliers de sommes d'argent non existantes dans la succession, ni les sommes données entre vifs et non payées au décès du donateur, ne peuvent être considérées comme des charges de sa succession et que par suite, le montant des legs et donations en question doit être déduit de cette succession pour la liquidation des droits de mutation auxquels son décès a donné ouverture.

2496. L'application du principe de la non-distraction des charges aux *reprises matrimoniales* a continué de soulever des difficultés depuis la publication du *Répertoire*. Pour exposer les solutions qui ont prévalu, il faut distinguer le cas où l'époux exerce ses reprises sur les biens de la communauté et celui où il les exerce sur les biens personnels de son conjoint. La jurisprudence est fixée depuis longtemps sur la première hypothèse. Il est reconnu en droit fiscal que, lors de la dissolution de la communauté, l'époux survivant et les héritiers du prédécédé se trouvent respectivement investis d'un droit de propriété dans les biens communs, et non d'une simple créance sur ces biens (Comp. *suprà*, n°s 1274 et suiv., 1856 et suiv.) ; que, par suite, il y a lieu d'admettre sur la masse commune la distraction des reprises de l'époux survivant et de ne percevoir les droits de succession que sur la portion des biens de la communauté qui revient aux héritiers après ces prélèvements plus, sur le montant des reprises du prédéfunt (Instr. adm. enreg. 10 nov. 1808, n° 405, § 3, D. P. 70. 1. 153, note).

Mais il a été décidé que, la loi de l'impôt n'ayant d'empire que sur le territoire français, l'administration de l'enregistrement ne doit avoir aucun égard pour la perception des droits de mutation aux stipulations relatives à des biens situés hors du territoire ; que, spécialement, les reprises que la veuve a droit d'exercer en remboursement du *prix* d'immeubles *propres situés à l'étranger* et vendus pendant le mariage, ne doivent pas être déduites des valeurs de la communauté, lors de la déclaration de la succession du mari, pour la perception des droits de mutation ouverts par son décès (Trib. Tours, 26 août 1865, aff. Lesèble, D. P. 68. 5. 181. — Observ. contr. *ibid.*, note). Jugé, de même,

que les reprises, que l'un des époux peut avoir à exercer à raison de l'aliénation, pendant le mariage, d'immeubles à lui propres en pays étranger, ne doivent pas être déduites des biens de la communauté, dans la déclaration de la succession de cet époux ou de son conjoint, pour la liquidation des droits de mutation (Trib. Saint-Jean-d'Angely, 27 déc. 1867, aff. Mangon, D. P. 69. 3. 23. — Observ. contr. *ibid.*, note).

2497. Ainsi résolue pour le cas où les reprises des époux s'exercent sur les biens de la communauté, la question s'est reproduite au sujet des cas dans lesquels elles s'exercent *sur les biens propres du mari*. La difficulté ne peut se présenter ici que pour les reprises de la femme exercées soit par elle, soit par ses héritiers après son décès ; mais elle peut naître dans plusieurs cas : d'abord, lorsque la femme renonce à la communauté, en second lieu, lorsque la femme ayant accepté la communauté et les biens communs étant insuffisants pour l'indemniser, elle use du recours subsidiaire qui lui appartient alors sur les biens personnels du mari ; enfin, lorsque les époux sont mariés sous un régime quelconque exclusif de communauté. Dans tous ces cas, il est aujourd'hui définitivement admis par la jurisprudence que, quel que soit le régime adopté par les époux, l'action qui appartient à la femme sur les biens personnels du mari à l'effet d'obtenir le remboursement de ses reprises pour dot, aliénation de propres ou indemnités, se fonde non sur un droit de propriété sur lesdits biens, mais seulement sur un droit de créance garanti par son hypothèque légale ; que cette créance constitue dès lors une charge de la succession du mari, dont il ne doit pas être fait distraction sur les valeurs déclarées, pour la liquidation et la perception des droits de mutation auxquels son décès a donné ouverture.

2498. La question a d'abord été résolue ainsi par la cour de cassation relativement aux reprises que la femme exerce sur les biens personnels du mari en cas d'insuffisance des biens communs (*Rép.* n° 4456) ; puis la jurisprudence étendit cette solution au cas de renonciation de la femme à la communauté. Cette règle, déjà admise à l'époque de la publication du *Répertoire* (n° 4457), a été confirmée depuis (Civ. cass. 24 déc. 1860, aff. Boulaye, D. P. 61. 1. 23). — Un jugement du tribunal de la Seine du 18 juin 1880 a statué dans le même sens, dans un cas où le mari détenait les reprises de la femme renonçante à titre d'usufruitier et, en même temps, de tuteur d'un enfant commun (*Journ.* enreg., n° 21396 ; Instr. adm. enreg. 24 déc. 1830, n° 1347, § 5, et 7 mars 1861, n° 2190, § 4).

2499. La même doctrine a été appliquée pendant longtemps sans difficulté aux reprises exercées par la femme soit sous le *régime dotal*, soit sous le *régime exclusif de communauté* ; mais, sous l'influence de la jurisprudence que les arrêts de la cour de cassation des 6 déc. 1858, 22 août 1859, et 25 juin 1862 cités *suprà*, n° 2491, consacrèrent en matière d'usufruit, le principe de la non-déduction des reprises de la femme sur la totalité des biens du mari pour la liquidation du droit de succession, lorsque les époux sont mariés sous un autre régime que celui de communauté, fut un peu ébranlé. Plusieurs tribunaux jugèrent que les droits de mutation ne devaient être perçus sur l'actif de la succession du mari, lorsque le régime des époux est le régime dotal, que déduction faite de la *dot* à restituer à la femme, cette dot ne pouvant pas être considérée comme une des charges que l'art. 15, n° 7, de la loi du 22 frim. an 7 interdit de déduire. On justifiait cette interprétation en disant que, sous le régime dotal, le mari est usufruitier des biens dotaux ; or, puisque la cour de cassation admet que les sommes détenues par des usufruitiers doivent être déduites de la succession de ces usufruitiers pour la liquidation du droit, la logique exige qu'on procède de même à l'égard du mari, c'est-à-dire qu'on déduise de sa succession la dot fongible qui n'existe pas en nature dans son patrimoine (Trib. Seine, 17 juin 1865, aff. Pierquin, D. P. 66. 3. 64 ; Trib. Louviers, 14 mars 1868, aff. Piéton, D. P. 68. 3. 38 ; Trib. Forcalquier, 2 juill. 1868, aff. de Salve, D. P. 68. 3. 94). M. Demante, t. 2, n° 696, avait approuvé cette jurisprudence : « Lorsque le contrat de mariage, disait-il, autorise le mari à recevoir la dot sans remploi ou à opérer le remploi au moyen d'une reconnaissance sur ses immeubles propres, le mari est plutôt usufruitier que débiteur des sommes ou valeurs et, puisqu'on admet la distraction dans le cas de quasi-usufruit, il serait conséquent de l'admettre aussi bien dans l'espèce ».

D'autres tribunaux continuaient cependant à se prononcer contre la distraction des reprises mobilières de la femme (Trib. Cosne, 9 avr. 1867, aff. Suas, D. P. 68. 5. 181 ; Trib. Alby, 5 juin 1867, rapporté dans Instr. adm. enreg. 15 sept. 1869, n° 2394, § 1er; Instr. adm. enreg., n° 2394, § 1er). La cour de cassation, appelée à trancher le conflit, maintint sa première interprétation en décidant, par trois arrêts rendus le même jour et conçus dans les mêmes termes, que l'action appartenant à la femme mariée sous le régime dotal sur les biens personnels du mari, à l'effet d'obtenir le remboursement de ces reprises, constitue une charge de la succession du mari dont il ne doit pas être fait distraction sur les valeurs déclarées pour la liquidation et la perception du droit de mutation par décès (Civ. cass. 11 août 1869, aff. Péré, et aff. Jarriges, D. P. 70. 1. 153 ; Civ. rej. 11 août 1869, aff. de Lesseville, *ibid.*).

2500. La cour suprême consacrait encore la même doctrine dans deux autres arrêts, l'un concernant les reprises de la femme *renonçante* au cas de prédécès du mari (Civ. cass. 30 nov. 1869, aff. Esnault, D. P. 70. 1. 157); l'autre concernant les reprises de la femme *judiciairement séparée de biens et renonçante* à la communauté d'acquêts (Civ. rej. 11 août 1869, aff. Hoguais, D. P. 70. 1. 153-156; *Adde* : Instr. adm. enreg. 15 sept. 1869, n° 2394, § 1er, 2, et 3 ; 26 févr. 1870, n° 2398, § 3. — Observ. contr. D. P. 70. 1. 153, note).

Il a été jugé, en particulier, par l'arrêt précité du 11 août 1869 que cette solution est applicable, sous le régime de la communauté réduite aux acquêts, à l'*indemnité* due par la succession du mari à la veuve, à raison du payement par celle-ci de moitié de la dot constituée par les deux époux solidairement à un enfant, et stipulée imputable en entier sur la succession du prémourant des donateurs, cette indemnité étant de même nature que les reprises. — Et il en est ainsi, alors même que, dans le partage de la communauté, des biens en dépendant ont été attribués à l'époux survivant en payement de l'indemnité (Trib. Amiens, 7 mars 1873, aff. d'Anne, D. P. 74. 5. 206-207).

2501. Il a été jugé aussi auparavant, que la clause d'un contrat de mariage par laquelle il est convenu que la future épouse ou ses héritiers prendront une certaine somme pour tous droits de communauté, ne constituant qu'un droit de créance, et le mari ou ses héritiers restant, lors de la dissolution, propriétaires de l'entière communauté, il en résulte que, lorsque le mari décède le premier, c'est sur tous les biens communs que le droit de mutation à la charge de ses héritiers doit être perçu, sans distraction de la somme fixe due à la femme, laquelle somme n'est qu'une charge de la communauté (Civ. cass. 17 janv. 1854, aff. Schweighauser, D. P. 54. 1. 237 ; Instr. adm. enreg. 1er août 1854, n° 2010, § 7 ; Trib. Soissons, 18 déc. 1889, aff. veuve Monnerot, *Journ. enreg.*, art. 23395). Depuis les quatre arrêts de la cour de cassation du 11 août 1869, cités *suprà*, n°s 2499 et 2500, l'Administration et les tribunaux n'ont pas cessé d'appliquer cette jurisprudence (Sol. adm. enreg. 6 août 1873 ; 4 mars 1875; 22 janv. 1879; 7 août 1880, *Diction. droits d'enreg.*, v° *Succession*, n° 1970; Trib. Rouen, 25 avr. 1872, *Diction. droits d'enreg., loc. cit.* ; Trib. Montpellier, 30 août 1873; Trib. Evreux, 29 déc. 1876, Garnier, *Rép. pér. enreg.*, art. 4776). On peut donc considérer la question comme définitivement résolue.

2502. Mais il importe de remarquer que, dans toutes les espèces rapportées ci-dessus, on suppose que la dot de la femme ne se retrouve pas en nature dans la succession ou le patrimoine du mari. La même solution ne serait plus applicable, et il y aurait lieu d'autoriser la distraction de la dot mobilière de la femme, si elle se retrouvait *en nature* dans la succession, ou si elle y était représentée par de l'argent comptant ou des « valeurs en tenant lieu ». On appliquerait, dans ce cas, au mari les règles que nous avons rappelées (V. *suprà*, n° 2487), relativement au détenteur précaire, dépositaire, mandataire ou administrateur (Trib. Castelsarrazin, 29 déc. 1869, aff. Mazar, D. P. 70. 3. 98). L'Administration l'a formellement reconnu elle-même : « La dot mobilière de la femme doit être déduite de la

succession du mari, assimilé à un détenteur précaire, lorsqu'elle s'y retrouve en nature ou lorsqu'elle y est représentée par des corps certains dont la propriété est susceptible d'être établie et prouvée » (Instr. adm. enreg. 15 sept. 1869, n° 2394, § 1er).

Une difficulté s'est élevée relativement au sens de cette expression « *numéraire ou valeurs en tenant lieu* » employée par l'Administration dans l'instruction précitée du 15 sept. 1869. On s'est demandé si elle embrassait même les *valeurs au porteur*. Le jugement précité du tribunal de Castelsarrazin avait admis la négative ; mais l'Administration a fini par se prononcer pour l'opinion contraire ; elle reconnaît aujourd'hui que les valeurs au porteur peuvent être considérées comme représentant la dot au même titre que le numéraire, et qu'en conséquence, elles doivent être déduites de la succession du mari débiteur. Cette solution, conforme à l'équité, est également admise par les auteurs (V. Garnier, *Rép. pér. enreg.*, art. 5384; Demante, t. 2, n° 696).

Ce tempérament a été de nouveau appliqué par l'Administration dans une espèce soumise récemment au tribunal de la Seine et dans laquelle deux époux séparés de biens avaient établi entre eux une communauté de fait où toutes les sommes provenant de leurs propres se trouvaient confondues. Le tribunal a jugé que cette communauté de fait ne pouvait pas être opposée à l'Administration pour la liquidation des droits de mutation par décès sur la succession du mari ; que les droits étaient, par suite, dus sur toutes les valeurs immatriculées au nom de ce dernier et dont il avait la propriété apparente, sans déduction des sommes revenant à la femme, mais en constatant néanmoins que l'Administration reconnaissait que « les deniers comptants et les valeurs au porteur figurant parmi les biens délaissés par le mari devaient être réputés ne pas faire partie de son patrimoine, et représenter, jusqu'à due concurrence, les biens délaissés par lui et comptable à titre de mandataire » (Trib. Seine, 6 déc. 1889, *Journ. enreg.*, art. 23370).

2503. Observons aussi avec M. Naquet, t. 2, n° 1027, que, dans tous les cas où une somme doit être distraite de la succession, la distraction doit s'opérer sur l'ensemble des valeurs héréditaires sans distinguer entre les meubles et les immeubles, à moins que le payement de cette somme n'ait été mis à la charge exclusive d'un successeur, auquel cas elle s'opère exclusivement sur l'objet que recueille ce successeur (Sol. adm. enreg. 2 févr. 1872, Garnier, *Rép. gén. enreg.*, n° 16747 *bis*).

2504. Il a été décidé que le droit de mutation par décès doit être perçu sur le montant de la succession calculé conformément à la loi de frimaire an 7, pour les meubles, d'après la déclaration des parties, et pour les immeubles d'après leur revenu multiplié par vingt (ou par vingt-cinq), alors même que le chiffre des legs particuliers mis à la charge de cette succession excéderait l'évaluation ainsi déterminée. Admettre qu'en cas pareil, c'est d'après le montant de ces legs que le droit devrait être établi, ce serait autoriser la perception des droits de mutation par décès sur des valeurs qui, légalement, ne se trouvent pas dans la succession ou autoriser l'Administration à prendre, pour évaluer les immeubles de la succession, des bases autres que celles qui sont déterminées par la loi (Civ. rej. 7 juill. 1856, aff. Mérendet, D. P. 56. 1. 284).

Art. 2. — *Droits incorporels : libérations, quittances; — Obligations de sommes : création et cession de créances, d'actions, de rentes; Transmissions : servitudes, baux, jouissances, usufruit, réunion d'usufruit à la propriété* (Rép. n°s 4468 à 4644).

2505. Conformément à la division adoptée au *Répertoire* relativement à ce deuxième article, nous nous occuperons successivement du droit de *libération*, du droit d'*obligation* et du droit de *transmission*.

§ 1er. — Libérations; Quittances (Rép. n°s 4469 à 4476).

2506. L'art. 14, n° 3, de la loi du 22 frim. an 7 est encore la règle applicable aujourd'hui pour la liquidation du droit de libération. Ce droit est perçu, non pas seulement sur la somme dont l'acte constate le versement, mais sur le total des sommes dont le débiteur est libéré (*Rép.* n° 4470. Conf. Demante, t. 2, n° 539; Naquet, t. 2, n° 826). Nous n'aurons à relever, par suite, que des applications de ce principe.

2507. C'est, comme on l'a vu lorsqu'il a été traité des *libérations* (V. *suprà*, n° 624), une question controversée que celle de savoir sur quelles bases doit être établie la liquidation du droit de quittance applicable à l'acte notarié portant règlement entre une ville et un entrepreneur, du prix de travaux exécutés par ce dernier, mentionnant divers acomptes versés antérieurement en vertu de mandats administratifs et constatant le payement du reliquat définitivement arrêté. Le débat porte sur le point de savoir si le droit est dû, conformément au principe qui régit cette matière, sur le total des sommes dont la ville se trouve libérée, c'est-à-dire sur les acomptes en même temps que sur le solde payé. On ne conteste pas le principe, mais on soutient que les acomptes payés étant constatés par des mandats administratifs qui sont exempts d'enregistrement, le droit proportionnel ne peut être perçu sur les sommes qui en font l'objet et que, par suite, il n'est dû que sur le solde payé.

2508. Dans tous les cas, pour que le droit proportionnel soit exigible sur d'autres sommes que celles dont l'acte de quittance constate le payement, il faut que l'acte mentionne expressément la libération du débiteur pour ces autres sommes, qu'il fasse *titre* de cette libération (V. *suprà*, n° 619). Ainsi, est-il énoncé, dans l'acte de quittance, que tous les intérêts échus ont été payés? cette mention donne lieu au droit proportionnel (*Rép.* n°⁰ 956 et 1037). Mais l'acte exprime-t-il seulement que la quittance est donnée pour le capital de la dette « indépendamment des intérêts et accessoires »? le droit proportionnel n'est dû, à défaut d'indication précise quant à ces intérêts, que sur le capital dont l'acte constate le versement effectif (Trib. Seine, 21 janv. 1865, aff. Pavie, D. P. 66. 3. 95). Il a été jugé avec raison, dans le même ordre d'idées, que l'acte constatant simplement le payement du capital d'une dette, ne donne lieu au droit proportionnel que sur ce capital, encore bien qu'il ait été productif d'intérêts et que la quittance ait été donnée par plusieurs parties ayant droit, les unes au principal, les autres aux intérêts de la somme remboursée (Trib. Marseille, 30 nov. 1877) (1). Sans doute, la présence à l'acte des créanciers des intérêts du capital remboursé et le

payement de ce capital faisaient présumer que les intérêts avaient été payés comme ledit capital; mais ce n'était qu'une présomption, l'acte ne formait pas titre de la libération du débiteur relativement à ces intérêts et, dès lors, le droit proportionnel n'était pas exigible de ce chef.

2509. Il a été jugé : 1° que si, lorsque les frais d'un contrat de vente ont été mis à la charge du vendeur, il y a lieu, pour la liquidation du droit de mutation, de les déduire du prix exprimé (V. *suprà*, n° 2452), il n'y a pas lieu, à l'inverse, d'en faire la déduction pour la liquidation du droit de quittance sur l'appoint que constate la libération de l'acquéreur (Trib. Seine, 18 mars 1865, aff. Lhomme, D. P. 66. 3. 101); — 2° Que lorsqu'une société nouvelle constituée entre les anciens actionnaires d'une société précédente dissoute pour l'acquisition et l'exploitation de l'immeuble de cette ancienne société se rend effectivement adjudicataire de cet immeuble, le droit de vente exigible doit être liquidé sur la totalité du prix de l'adjudication, sans déduction du montant des actions que les actionnaires de l'ancienne société auraient apportées dans la nouvelle. Mais cette déduction doit être effectuée, au contraire, pour le calcul du droit de libération, si la société adjudicataire ayant été, d'après ses statuts, subrogée aux droits de ses membres dans le prix de l'immeuble vendu par l'ancienne société, a ainsi confondu dans sa personne les deux qualités de créancière et de débitrice d'une portion du prix d'adjudication (Civ. cass. 3 févr. 1868, aff. Saint-Salvi, D. P. 68. 1. 225; Instr. adm. enreg. 20 août 1868, n° 2366, § 5); — 3° Que la reconnaissance faite par un créancier qu'il a reçu, conjointement avec son cocréancier non solidaire, une somme ne lui revenant que pour partie, ne donne lieu à la perception du droit de quittance, s'il s'agit d'une créance divisible, que sur le chiffre de cette part (Trib. Seine, 21 janv. 1865, cité *suprà*, n° 2508). Au contraire, si la créance est solidaire, chaque créancier ayant le droit d'obtenir le payement de la dette entière, le droit est exigible sur la totalité.

2510. On a vu *suprà*, n° 2074, qu'on doit voir, non une simple remise de dette passible seulement du droit de libération, mais une véritable libéralité assujettie au droit de donation, dans la clause d'un contrat de mariage portant donation par le créancier d'une rente viagère au futur débi-rentier de ce qui reste à courir de cette rente. C'est, aussi cas, sur le capital aliéné et exprimé dans l'acte de constitution, que le droit doit être liquidé, et non sur un

---

(1) (Pascal et Barthelon.) — Le tribunal ; — Attendu que, par ordonnance de M. Armand, juge au tribunal de céans, en date du 25 mars 1863, le sieur Barthelon, entrepreneur, s'est rendu adjudicataire, moyennant la somme de 1400000 fr., du domaine de Cadarache, situé dans la commune de Cadarache et dépendant de la succession de M. le comte Alphonse de Castellane ; — Qu'après avoir payé une partie considérable de son prix d'acquisition, il resta entre ses mains une somme principale de 300000 fr., dont les intérêts devaient servir au payement d'une rente annuelle et viagère de 15000 fr., constituée au profit de Mᵐᵉ veuve de Castellane ; — Que cette somme était attribuée pour moitié en principal à chacune des dames de Lameth et d'Estournel, filles et héritières du défunt ; — Attendu que, par acte du 17 mai 1873, Pascal, notaire à Marseille, quittance fut donnée au sieur Barthelon de la somme de 300000 fr. ; — Attendu qu'il est dit dans cet acte que la somme de 300000 fr. a été retirée par Mᵉ Gavot, en vertu de la procuration de la dame veuve de Castellane, qui a droit aux intérêts, comme aussi en vertu des procurations des époux d'Estournel et de Lameth ; que ledit acte ne contient aucune mention de payement des intérêts de cette somme entre les mains de la dame veuve de Castellane ; — Attendu que, nonobstant le silence gardé par l'acte à cet égard, l'Administration de l'enregistrement a perçu un droit de libération proportionnel, non seulement sur les 300000 fr. du capital quittancés, mais encore sur les intérêts de cinq ans, absolument comme si ces intérêts avaient été payés ; — Que c'est pour obtenir la restitution de ce droit, qui n'aurait pas été régulièrement perçu, que les sieurs Pascal et Barthelon ont assigné l'Administration de l'enregistrement ; — Que d'après l'art. 14 de la loi du 22 frim. an 7, n° 3, la valeur de la propriété, de l'usufruit et de la jouissance des biens meubles sera déterminée, pour le payement du droit proportionnel, savoir : pour les quittances et tous autres actes de libération, par le total des sommes ou capitaux dont le débiteur se trouve libéré ; — Qu'il est admis, d'abord, que la seule présomption d'une libération quelconque ne peut donner ouverture au droit proportionnel ; — Qu'il faut que la preuve de cette libération se rencontre dans l'acte et dans les énonciations

formelles de celui-ci ; — Qu'on ne saurait trouver une preuve du payement de ces intérêts soit dans la procuration donnée à Mᵉ Gavot de les retirer, soit dans l'obligation imposée au sieur Barthelon de les payer à la dame veuve de Castellane, puisqu'il ne s'agit pas de savoir si tel droit existe, mais plutôt si les obligations qui en dérivent ont été exécutées ; — Que la présence de la dame veuve de Castellane dans l'acte de quittance n'implique pas nécessairement non plus qu'elle n'y soit venue que pour toucher ses intérêts ; qu'elle y était indispensable pour d'autres causes ; que notamment on ne pouvait se passer d'elle pour donner mainlevée de l'inscription prise au nom de de Castellane et de ses filles, afin d'assurer au sieur Barthelon une complète libération ; — Qu'en effet, conformément aux termes de l'acte, cette radiation a été opérée sur les registres de la conservation d'Aix ; — Attendu que la présence de la dame veuve de Castellane dans l'acte pouvant donc s'expliquer par une cause certaine, le payement des intérêts ne peut être invoqué que comme une induction, et non point comme une preuve ;

Attendu qu'après avoir examiné l'acte dans son ensemble, si l'on passe aux énonciations particulières qu'il renferme, on ne trouve pas davantage la justification que les intérêts ont été payés, puisqu'il est dit que la somme de 300000 fr. a été retirée par Mᵉ Gavot, en vertu de la procuration de la dame de Castellane, qui a droit aux intérêts ; — Qu'il semble même résulter de ces dernières expressions qu'au moment où le sieur Barthelon recevait la quittance de la somme principale par lui payée, les intérêts étaient encore dus ; — Qu'en résumé, si ces intérêts ont été réellement payés, ce n'est pas dans l'acte du 17 mai 1873, notaire Pascal, qu'on en trouve la preuve suffisante, et que, par conséquent, le droit proportionnel qui a été perçu à raison de ceux-ci, ne l'a pas été d'une manière régulière ;

Par ces motifs ; — Vu l'art. 14, n° 3, de la loi du 22 frim. an 7 et l'art. 60 de la même loi ; — Condamne l'Administration de l'enregistrement à restituer aux sieurs Pascal, notaire, et Barthelon, entrepreneur, la somme de 450 fr. montant du droit de quittance sur les intérêts du capital, indûment perçu, etc.

Du 30 nov. 1877.-Trib. civ. de Marseille.

capital formé de dix fois la rente (Trib. Louviers, 24 mai (et non août) 1866, Garnier, *Rép. pér. enreg.*, art. 2475, cité *suprà*, n° 2074).

§ 2. — Obligation de sommes (*Rép.* n°ˢ 4477 à 4532).

2511. Nous distinguerons ici, comme au *Répertoire*, les *créances*, les *actions* et les *rentes*, en considérant séparément, au point de vue de la liquidation, la *constitution* et la *transmission* de ces droits.

N° 1. — Créances (*Rép.* n°ˢ 4478 à 4502).

2512. Ainsi qu'on l'a vu au *Rép.* n° 4478, l'impôt est liquidé, en ce qui concerne l'acte constitutif, sur « le capital exprimé dans l'acte », quelle que soit la valeur intrinsèque de la créance (L. 22 frim. an 7, art. 14-2°). Cette disposition vise « les créanciers à terme, leurs cessions et transports, et *autres actes obligatoires* ». Ces actes obligatoires sont tous ceux qui constituent l'obligation de sommes dont il a été question, dans la première partie de ce chapitre, à l'art. 2 de la première section (*Rép.* n°ˢ 1038 et suiv., 4478, et *suprà*, n°ˢ 650 et suiv.). Ce sont, notamment, les contrats, transactions, promesses de payer, arrêtés de compte, billets, mandats, reconnaissances, billets à ordre, lettres de change et autres effets négociables, obligations à la grosse, cautionnement, garanties, indemnités, etc. Pour tous ces actes, le capital exprimé est la base de la perception du droit proportionnel.

2513. L'impôt étant calculé sur le capital, il n'y a pas lieu de tenir compte des *intérêts à échoir*, qui ne sont qu'une suite et une dépendance du contrat (Req. 29 juill. 1868, Garnier, *Rép. pér. enreg.*, art. 2749). Et, si le titre constitutif de la dette gardant le silence relativement aux intérêts, ils sont promis par acte postérieur, cet acte ne donne pas lieu au droit proportionnel, car il n'est qu'un simple acte de complément (Conf. Demante, t. 1, n° 404) passible seulement du droit fixe, comme l'acte constatant une affectation hypothécaire souscrite par le débiteur pour la garantie du remboursement d'une obligation contractée par acte antérieur (V. *suprà*, n° 261 ; *Rép.* n° 4480). — Mais lorsque les intérêts à échoir font l'objet dans le titre de l'obligation d'une stipulation de *forfait*, le droit proportionnel doit être perçu sur la somme ainsi stipulée. Lorsque, par exemple, l'emprunteur d'une somme de 1000 fr. promet de payer, sans intérêts, 1500 fr. au prêteur à une époque indéterminée, comme le décès de son père, le droit proportionnel est dû sur 1500 fr., et non sur 1000 fr. (Sol. adm. enreg. 31 juill. 1863, *Diction. droits d'enreg.*, v° *Annuité*, n° 23).

2514. On stipule quelquefois, dans les obligations de sommes, que les payements se feront par *annuités*, ou à certaines *époques fixes*, ou bien encore avec *prime de remboursement*. Dans ce cas, il peut se faire que les intérêts se trouvent réunis au capital dans les sommes à payer. Pourra-t-on le déduire pour le calcul de l'impôt, en vertu de la règle que le droit ne se perçoit pas sur les intérêts à échoir? La solution de cette question dépend des termes dans lesquels l'acte d'obligation a été rédigé. Il est évident qu'on devra percevoir l'impôt sur toutes les sommes indiquées dans l'acte, s'il est dit que la somme est payable sans intérêts; c'est ce qui a été jugé dans une hypothèse où le débiteur d'une somme déclarée non productive d'intérêts s'était obligé à la rembourser avec prime au décès d'un tiers (Trib. Bergerac, 27 mars 1862 ; Trib. Seine, 2 avr. 1870, aff. Société l'*Urbaine*, D. P. 74. 5. 215). Il est certain, à l'inverse, qu'aucun droit ne pourrait être perçu sur la prime, s'il était déclaré qu'elle est stipulée pour tenir lieu des intérêts, ainsi que nous l'avons expliqué dans la note qui accompagne le jugement précité du tribunal de la Seine. La difficulté ne se présente que lorsque les parties ont négligé de s'expliquer; nous estimons que, si l'acte ne contient aucune indication permettant de déterminer dans quelle proportion les intérêts se trouvent compris dans la somme à rembourser, l'impôt doit être liquidé sur la totalité de cette somme, le receveur « devant s'en tenir, comme le dit très bien M. Naquet, t. 2, n° 803, aux apparences de l'acte ». — Que décider si la mention des intérêts dans l'acte reconnaissant la dette principale n'est pas accompagnée d'aucune indication de chiffre? Il

a été jugé, dans une espèce où il s'agissait de la quittance du capital et de ses intérêts, que la perception, à défaut d'indications précises quant aux intérêts, ne devait porter que sur le capital (Trib. Seine, 21 janv. 1863, aff. Pavie, D. P. 66. 3. 93). Au contraire, les *intérêts déjà échus* et capitalisés constituent une créance distincte de la créance primitive et sont, par suite, soumis à la taxe.

2515. On a indiqué (*Rép.* n° 4493) les règles de la liquidation au cas particulier où une créance verbale est constatée par un jugement et la différence qui existe, au point de vue des intérêts, entre le droit de titre et le droit de condamnation. Ces règles ont été confirmées par l'Administration, qui a reconnu de nouveau que le droit de titre dont est passible le jugement qui condamne à payer le montant d'une créance verbale et les intérêts échus de cette créance, ne doit être perçu que sur le principal et non sur les intérêts (V. *suprà*, n° 2406); tandis qu'au contraire, la perception doit porter sur les intérêts comme sur le capital, lorsqu'il est fait reconnaissance dans un acte notarié d'une créance verbale et des intérêts échus qui restent à payer (Sol. adm. enreg. 27 sept. 1867, D. P. 68. 3. 32).

N° 2. — Cautionnement.

2516. Lorsqu'une obligation est cautionnée, l'engagement de la caution est passible d'un droit particulier (*Rép.* n° 4482); mais, d'après l'art. 69, § 2, n° 8, de la loi de frimaire an 7, qui a tarifé ce droit à 50 cent. pour 100, il ne peut jamais excéder celui qui est dû pour l'obligation principale. Ce droit est liquidé, non pas sur l'obligation cautionnée, mais sur l'engagement pris par la caution; c'est ce que nous avons établi en traitant de l'exigibilité du droit de cautionnement et des règles suivant lesquelles il doit être perçu, spécialement de la question de savoir si le principe d'après lequel il ne doit pas excéder celui de l'obligation principale s'applique, non seulement au cas où l'obligation principale ne serait passible que d'un droit proportionnel moins élevé que celui du cautionnement, mais aussi au cas où cette obligation ne donnerait ouverture qu'à un droit fixe, ou même serait exempte de toute perception (V. *suprà*, n°ˢ 784 et suiv.).

La loi du 11 juin 1859 qui autorise, par son art. 22, l'enregistrement provisoire au droit fixe des marchés et traités présentant le caractère d'actes de commerce, faits sous signatures privées et passibles du droit proportionnel, donne aujourd'hui à cette controverse un intérêt particulier en ce qui concerne le cautionnement d'une obligation de sommes contractée dans un acte de commerce. La question de savoir si l'acte donne lieu à la perception du droit proportionnel de cautionnement est controversée, comme on l'a vu *suprà*, n° 963.

N° 3. — Cessions; Transports.

2517. La base de la liquidation est la même au cas de *cession* qu'au cas de *constitution* de l'obligation ; le droit est perçu sur le capital exprimé dans l'acte, et non pas sur le prix stipulé pour la cession (*Rép.* n° 4496 et *suprà*, n° 886). Il a été jugé, par quatre arrêts de la cour de cassation rendus le même jour, que la disposition de la loi est absolue, qu'elle embrasse les créances et autres actes obligatoires sans distinguer le mode de transmission; que si elle ajoute : « leurs cessions et transports, » c'est pour les soumettre aux mêmes droits que les créances elles-mêmes et compléter ainsi cette règle de perception. Elle s'applique, par suite, aux mutations de créances qui s'opèrent par le décès du créancier comme aux transmissions à titre onéreux (Civ. cass. 24 avr. 1861, aff. d'Hinnisdal, D. P. 61. 1. 222. Civ. rej. 24 avr. 1861, aff. Capon, aff. Morin, aff. Robert et Coutarier, *ibid.*; Instr. adm. enreg. 15 sept. 1861, n° 2101, § 5).

2518. Par application des principes que nous avons posés relativement à la constitution même de l'obligation (V. *suprà*, n° 2514), il a été décidé que la cession à forfait, moyennant une somme payée comptant, d'annuités souscrites en l'acquit d'une créance déclarée expressément non productive d'intérêts dans l'acte par lequel elle a été constituée, donne lieu à la perception du droit proportionnel de 1 pour 100 sur le montant intégral des annuités cédées, lors même qu'il est déclaré par les parties qu'une portion représente les intérêts accumulés au taux légal du jour de la cession jusqu'aux diverses échéances. Mais si les parties avaient pris le soin d'exprimer dans l'acte de cession que le prix liquidé comprenait les intérêts du prix réel et si elles avaient indiqué le montant de ce prix ainsi que la somme des intérêts qui y avaient été ajoutés, le droit proportionnel n'aurait été dû que sur la portion des annuités cédées représentant le prix principal de la cession (Req. 29 juill. 1868, aff. Acloque, D. P. 69. 1. 147. Observ. conf. *ibid.*, note).

N° 4. — *Prêt; Ouverture de crédit.*

2519. Le *prêt*, qui est la source principale des obligations de sommes, revêt souvent la forme d'une *ouverture de crédit*. On a vu *suprà*, n° 741 que, d'après la loi du 23 août 1871, art. 5, le droit proportionnel de 1 pour 100 auquel donnent lieu les actes d'ouverture de crédit, se perçoit, moitié (50 cent. pour 100) à l'enregistrement de l'acte et le surplus lors de la réalisation ultérieure du crédit. La liquidation de ces deux droits se fait d'après les règles ordinaires. Le droit de 50 cent. pour 100 fr. est perçu sur le capital exprimé dans l'acte et qui en fait l'objet. Remarquons que ce droit doit être liquidé séparément sur chacun des crédits distincts qui sont ouverts dans le même acte. Les crédits sont distincts, disent les auteurs du *Dictionnaire des droits d'enregistrement*, v° *Crédit*, n° 34, lorsque les créditeurs ou les crédités ne sont ni associés, ni coïntéressés, ni solidaires. Quant au droit dont la perception est suspendue jusqu'à la réalisation du crédit, il n'est dû que sur les sommes qui ont été réellement remises par le créditeur. De plus, d'après l'art. 5 précité, il est tenu compte, dans la liquidation, du montant du droit payé lors de l'ouverture du crédit (Instr. adm. enreg. 25 août 1871, n° 2413, D. P. 71. 3.49).

2520. S'il résulte d'un acte que le crédit a été réalisé partiellement, mais sans que les sommes remises au créditeur soient déterminées, les parties doivent en faire une déclaration estimative (V. aussi sur cette hypothèse : Civ. rej. 31 août 1858, aff. David, D. P. 58. 1. 361-362 ; Trib. Seine, 10 févr. 1866, aff. Gélis-Didot, D. P. 66. 3. 103-104, cités *suprà*, n° 748 et 749).

2521. Lorsque le crédité a remboursé une partie des avances, le droit n'en doit pas moins être liquidé sur la totalité des sommes qui lui ont été remises. Ainsi, lorsque la réalisation du crédit s'effectue au moyen d'effets de commerce, le droit est dû sur les sommes remises par le créditeur au crédité en retour de ces effets, et non pas seulement sur la somme à laquelle a pu s'élever le solde du compte de crédit. Les règles de la liquidation ne sont pas les mêmes, en effet, pour l'arrêté de compte et pour l'ouverture de crédit. Dans l'arrêté de compte, le droit est perçu seulement sur le reliquat, parce que c'est l'arrêté qui constitue la reconnaissance et fait le titre du créancier; dans l'ouverture de crédit, comme dans les autres obligations de sommes, c'est le capital exprimé qui, dans la mesure où il a été réalisé, constitue la valeur qui doit servir de base pour la liquidation et le payement du droit (Civ. cass. 15 juill. 1868, aff. Floquet, D. P. 68. 1. 450, note ; Ch. réun. cass. 16 janv. 1872, aff. Caron, Verley, Decroix et comp. D. P. 72. 1. 103).V. sur cette question une dissertation de M. P. Pont, *Revue du notariat*, n° 2150.

2522. Jugé aussi que le droit proportionnel complémentaire exigible par suite de la réalisation d'un crédit ouvert, alors que cette réalisation résulte de remises de fonds faites par le créditeur au crédité au cours des opérations du compte-courant existant entre eux, doit être calculé sur le total des remises à découvert faites par le créditeur au crédité, et non pas seulement sur le solde du compte-courant, balance faite des remises réciproquement effectuées, ni sur la somme la plus forte à laquelle a pu s'élever la créance du créditeur pendant la durée du compte-courant (Trib. Marseille, 8 juin 1886, aff. Gastaud, D. P. 87. 3. 14).

N° 5. — *Marchés.*

2523. En étudiant, dans la première partie du présent chapitre, les questions se rattachant à l'exigibilité du droit applicable aux *marchés*, nous avons vu qu'au regard de la loi fiscale, ces conventions se divisent en deux catégories comprenant, l'une, les marchés dont le *prix* est *payable par le Trésor public*, qui ne sont assujettis qu'au droit gradué de 1 pour 1000, l'autre, tous les autres marchés, aussi bien ceux dont le prix est à la charge des *départements*, des *communes* et des *établissements publics*, que ceux entre *particuliers*, les uns et les autres uniformément assujettis au droit proportionnel de 1 pour 100 (V. *suprà*, n°s 957 et suiv.). Relativement à la liquidation du droit, la règle est la même. Qu'il s'agisse du droit proportionnel ou du droit gradué, c'est « sur le prix exprimé ou l'évaluation qui sera faite des objets qui en seront susceptibles » que la perception doit être établie (L. 22 frim. an 7, art. 14-4°; 28 févr. 1872, art. 1er-9°).

2524. On a vu déjà comment il doit être procédé ... à l'égard des marchés administratifs dont le prix est *payable partie par le Trésor* et, pour le surplus, par un département, une commune, un établissement public, un particulier (V. *suprà*, n° 988); ... pour les marchés administratifs par lesquels des entrepreneurs s'engagent envers une ville, moyennant une subvention unique, à exécuter des *travaux de voirie*, à acquérir les immeubles nécessaires à l'ouverture, à l'élargissement ou au prolongement de voies publiques, à faire toutes les avances de fonds nécessaires et à élever des constructions sur les terrains en bordure (V. *suprà*, n° 997); ... en ce qui concerne le traité portant *concession* par une ville à une compagnie, pour un temps déterminé, du privilège de conduire et de distribuer, en percevant tous les produits de l'entreprise, les *eaux* nécessaires aux besoins publics et privés, à la condition d'exécuter différents travaux spécifiés, plus de fournir quotidiennement à la ville l'eau nécessaire à l'arrosage et au lavage de la voirie, enfin de lui remettre en état d'entretien, à l'expiration de la concession, son établissement et tous les accessoires (V. *suprà*, n°s 1000 et suiv.).

Aux termes de deux arrêts des 5 févr. 1889 et 20 mai 1890 cités *suprà*, n° 1004, le droit proportionnel de 1 pour 100 doit être perçu, dans ce dernier cas, sur la totalité du prix exprimé consistant non seulement dans la redevance dûment capitalisée, à la charge de la ville, pour l'eau qui doit lui être fournie, mais aussi dans l'avantage résultant pour la compagnie du privilège à elle concédé, représenté par l'évaluation des travaux qui lui sont imposés.

L'arrêt du 20 mai 1890 porte, en outre, que l'Administration est fondée, d'une part, à liquider le droit de 1 pour 100 sur le prix *maximum* déterminé pour l'eau livrée à la ville, quoique ce maximum puisse n'être pas atteint, et, d'autre part, à évaluer d'office le coût des travaux imposés à la compagnie, sauf réduction ou augmentation après production par les parties des pièces justificatives. Il n'y a pas lieu, en pareil cas, exprime, en outre, ledit arrêt, pour les parties, de faire une déclaration estimative.

2525. La détermination du prix, en matière de marchés, présente quelquefois de sérieuses difficultés dans les cas où il y a lieu de procéder à une évaluation. Nous retrouverons ces difficultés dans l'article consacré à la *déclaration estimative* (V. *infrà*, n°s 2608 et suiv.).

2526. Lorsqu'un marché pour fournitures de marchandises détermine l'espèce et le prix des marchandises, ainsi que le *maximum* de la quantité à fournir, c'est sur le maximum que le droit proportionnel doit être liquidé, quoique le créancier ait la faculté de ne pas exiger ce maximum, la réserve stipulée par le créancier ayant le caractère d'une condition résolutoire. Il n'y a pas lieu, dans ce cas, de recourir à une déclaration estimative (Civ. cass. 29 avr. 1851, aff. Maccarthy, D. P. 51. 1. 123; Instr. adm. enreg. 31 déc. 1851, n° 1900, § 7; 28 mai 1853, n° 2933, § 5). — Dans le cas où un marché impose à l'entrepreneur des travaux à exécuter pendant une période de temps déterminée, avec réserve, pour l'autre partie, de n'en exiger l'exécution que quand elle le jugera convenable, la déclaration par qui entend réclamer la réalisation du traité peut être considérée comme s'étendant à l'intégralité des travaux, si l'ensemble des clauses de l'acte ne permet pas de supposer qu'il fût susceptible d'une exécution partielle ; en conséquence, le droit proportionnel d'enregistrement est dû sur la totalité du prix du marché (Civ. cass. 20 mai 1863, aff. Lebon, D. P. 63. 1. 245; Instr. adm. enreg. 31 déc. 1863, n° 2274).

2527. En ce qui concerne la durée du marché, il a été décidé que le *marché à périodes*, qui peut prendre fin après chaque période, ne constituant un contrat ferme et actuel que pour la première période, et n'étant consenti que sous condition suspensive pour les autres, le droit proportionnel ne doit être liquidé, à l'enregistrement de l'acte, que sur la portion du prix afférente à la première période, sauf à exiger des droits supplémentaires si cette durée vient à être dépassée (Sol. adm. enreg. 9 avr. 1874, D. P. 75. 5. 198).

Jugé, contrairement à cette solution, que le marché de fournitures fait ... pour trois, six ou neuf années consécutives avec faculté, pour chacune des parties, de le résilier à l'expiration de la troisième année ou de la sixième, à la charge réciproque de se prévenir six mois d'avance, est soumis à une condition résolutoire, et non à une condition suspensive, puisque son exécution complète ne dépend que de la volonté des parties et n'est pas subordonnée à l'accomplissement d'un événement futur et incertain; le contrat ayant été définitivement formé pour une durée de neuf ans, le droit est exigible, lors de l'enregistrement de l'acte, sur toute l'étendue des obligations contractées, sans égard à l'éventualité de leur durée, c'est-à-dire sur le prix annuel multiplié par neuf; et il n'est restituable pour aucune partie en cas de résolution du marché à l'expiration de la première période, cette résolution étant un événement ultérieur qui, d'après l'art. 60 de la loi du 22 frim. an 7, ne saurait autoriser la restitution d'un droit régulièrement perçu (Trib. Seine, 5 mai 1882, aff. Degroisseilliez, D. P. 83. 5. 245). — Il est certain, dans tous les cas, que le marché consenti pour une durée fixe, avec faculté réciproque de résiliation après un nombre déterminé d'années, constituant un engagement *hic et nunc*, pour toute la durée convenue, donne lieu à la perception du droit proportionnel sur la totalité du prix stipulé (Solution précitée du 9 avr. 1874).

2528. L'Administration a précisé la portée du principe d'après lequel il faut, pour déterminer la valeur passible du droit proportionnel de marché, « s'attacher à l'étendue de l'obligation contractée, sans avoir égard à la faculté que l'une des parties peut s'être réservé de ne pas exiger l'exécution complète de l'obligation ». Elle a résumé comme suit les règles à suivre dans les cas de l'espèce : « Lorsqu'il existe dans un marché une disposition permettant au créancier d'augmenter à sa volonté le chiffre des livraisons promises par l'entrepreneur, il y a lieu, pour apprécier l'importance du droit exigible, de déterminer la nature de cette clause. — Si elle a pour résultat de permettre au créancier d'accepter ou de ne pas accepter le marché, lorsqu'il le jugera convenable, la condition est potestative, suspensive *si placuerit*; le contrat synallagmatique n'est pas formé ; il n'y a qu'une promesse unilatérale de fournitures, et le droit proportionnel ou gradué ne peut être perçu en ce qui les concerne. — Si, au contraire, la clause a seulement pour effet de permettre au créancier de se dégager de la convention, d'en réduire l'exécution, il y a condition résolutoire *si displicuerit*, et cette condition ne peut faire obstacle à la perception immédiate de l'impôt sur l'importance *maxima* des fournitures ou des travaux convenus. Il appartient aux receveurs de discerner, d'après les termes des actes et l'ensemble de leurs dispositions, dans laquelle de ces deux catégories doivent être rangées les réserves et conditions stipulées par les contractants, et de régler la perception en conséquence » (Instr. adm. enreg. 10 mai 1878, n° 2596).

2529. Toutes les fois que le prix payé réellement pour un marché excède l'évaluation qui a servi de base à la perception du droit proportionnel, un *supplément de droit* est exigible (Décis. min. fin. 11 mars 1865 et 30 janv. 1875, D. P. 75. 5. 197; Instr. adm. enreg. 8 mars 1875, n° 2507, *ibid.*). — Lorsque deux sortes de travaux sont imposés à l'entrepreneur, des travaux prévus et déterminés, et des travaux facultatifs à la discrétion du stipulant, le prix exprimé n'est qu'une indication provisoire tant qu'on peut recevoir son complément que par l'exécution de tous les travaux; en conséquence, s'il est établi que tous ont été exécutés, un supplément de droit est dû sur la différence entre le prix total et celui porté dans l'acte (Civ. rej. 4 avr. 1864, aff. Joly, D. P. 64. 1. 298. Conf. Req. 27 juill. 1853, aff. Compagnie

d'éclairage au gaz de Bourges, D. P. 54. 1. 39; 28 déc. 1856, aff. Pector, D. P. 57. 1. 101; Trib. Toulouse, 6 août 1863, aff. Salze, D. P. 65. 3. 76).

La perception faite sur une déclaration estimative des parties, à l'enregistrement d'un marché dont l'importance était subordonnée à des événements ultérieurs, a un caractère essentiellement provisoire; par suite, lorsqu'il est établi que l'importance effective du marché a été plus grande que celle déclarée, un supplément de droit est exigible sur la différence (Req. 18 juill. 1870, aff. Compagnie parisienne du gaz, D. P. 71. 1. 157; 29 déc. 1875, aff. Fortin-Hermann, D. P. 76. 1. 126).

N° 6. — *Actions* (*Rép.* n°s 4503 à 4509).

2530. Ainsi qu'on l'a expliqué au *Rép.* n°s 4503 à 4509, la loi ne soumet pas au droit proportionnel la *constitution* des droits désignés sous les noms d'*action*, d'*intérêt*, de *part*, etc.; les actes de formation de société sont seulement assujettis au droit gradué, substitué au droit fixe par la loi du 28 févr. 1872 (art. 1er, n° 1) (V. *suprà*, n° 1868).

2531. Les *cessions d'actions* et autres droits de même nature sont passibles, d'après la loi de frimaire, d'un droit de 50 cent. pour 100 fr. qui est liquidé, non d'après leur valeur nominale, comme en matière de cession de créances, mais d'après le *prix* de la cession, y compris les charges. Cette règle ne concerne que les transmissions à *titre onéreux*; pour les transmissions *à titre gratuit* et celles qui s'opèrent *par décès*, la valeur imposable est déterminée, en principe, par la déclaration estimative des parties, aussi sans distraction des charges (V. *suprà*, n°s 891, 1449).

2532. Les dispositions de la loi de frimaire ont été modifiées, d'abord, par la loi du 5 juin 1850, qui a assujetti à un droit de *timbre* proportionnel tous les titres représentant soit des actions ou obligations dans les sociétés financières et industrielles, commerciales ou civiles, soit des obligations négociables des communes, départements, établissements publics ou compagnies (V. *Rép.* v° *Transmission (droit de)*, n° 3). Le droit substitué au droit d'enregistrement, et qui est de 50 cent. pour 100 fr. ou de 1 pour 100 suivant la durée de la société, est perçu sur le montant du titre. On sait d'ailleurs, qu'il peut être converti, au moyen d'un abonnement, ou un droit annuel de 5 cent. pour 100 (L. 5 juin 1850, art. 27). « La loi de frimaire était sévère en théorie, dit fort bien M. Naquet, t. 2, n° 650 *bis*, en ce qu'elle soumettait au droit proportionnel chaque cession d'actions. Mais cette sévérité se traduisait, dans la pratique, en une véritable dispense de l'impôt, car les cessions n'étaient imposées qu'autant que l'acte qui les constatait était volontairement soumis à l'enregistrement. Avec cette règle, les cessions de titres au porteur, effectuées par une simple tradition, et celle des effets négociables, réalisées par la voie de l'endossement, échappaient complètement à la taxe ». C'est pour remédier à cet inconvénient que fut votée la loi du 5 juin 1850. C'est pour mieux atteindre le même but qu'intervint de temps après la loi du 23 juin 1857, étendue dans son application par les lois des 16 sept. 1871, 30 mars et 29 juin 1872, et qui constitua le *droit de transmission*, en laissant subsister d'ailleurs les droits établis par la loi du 5 juin 1850. Le commentaire de ces lois se trouve *suprà*, n°s 1449 et suiv. En raison de la spécialité de la matière nous avons étudié en même temps les règles suivant lesquelles doit être établie la *détermination de la valeur imposable* tant pour les *valeurs françaises* (V. *suprà*, n°s 1483 et suiv.) que pour les *valeurs étrangères* (V. *suprà*, n°s 1499 et suiv.).

2533. En ce qui concerne les *actions et obligations admises à la cote* officielle de la Bourse, le cours de la Bourse constitue, pour tous les cas de *mutation entre vifs à titre gratuit et par décès* la base de la liquidation. Le législateur a pris soin de prescrire de liquider l'impôt d'après cette base relativement à un certain nombre de valeurs, en même temps qu'il les soumettait au droit proportionnel de mutation. C'est ce qui résulte, en particulier, des lois des 18 juill. 1836 (art. 6), et 18 mai 1850 (art. 7), pour les titres de rente sur l'État français, des lois des 18 mai 1850 (art. 7) et 14 mai 1863 (art. 11), pour les *fonds publics étrangers*, les *actions* et les *obligations* des *compagnies* ou *sociétés* d'industrie ou de finances *étrangères*, et de la loi du 23 août 1871 (art. 3 et 4), pour toutes les *valeurs mobilières étrangères*. Le même mode de liquidation a été appliqué, dans la pratique, dès l'origine, pour toutes les actions et obligations des sociétés et compagnies françaises.

2534. Lorsque les titres transmis ont été cotés le jour de la mutation, c'est le cours de ce jour qui doit être adopté pour la liquidation du droit ; au cas contraire, c'est le cours de la veille qui doit servir de règle, d'après une décision du ministre des finances du 27 août 1816. Il a été jugé, toutefois que, lorsque des événements graves ont exercé leur influence sur la cote, l'impôt doit être liquidé sur une somme à déterminer, en cas de contestation, par les tribunaux (Trib. Seine, 28 août 1875, Garnier, *Rép. pér. enreg.*, n° 4072).

2535. On s'est demandé si la cote de la Bourse de Paris est obligatoire même dans les villes où il existe une bourse locale. La question doit être résolue par une distinction. S'il s'agit de la perception du *droit de transmission* sur des valeurs rentrant dans les dispositions de la loi du 23 juin 1857, il résulte de l'art. 7 du décret du 17 juill. 1857, relatif à l'exécution de cette loi, qu'on doit tenir compte exclusivement des cotes de la Bourse de Paris (V. *suprà*, n° 1487). Mais il a été jugé, au contraire, que la valeur à prendre pour base de la perception du droit de *mutation par décès* sur des actions ou obligations de compagnies françaises dépendant d'une succession ouverte dans un département, est celle qui ressort, au jour du décès, de la cote de la bourse du lieu de l'ouverture de la succession ou du lieu le plus voisin, et non celle déterminée par la cote de la Bourse de Paris du même jour (Trib. Lyon, 10 juin 1863, aff. Bonnardel, D. P. 64. 3. 6). — Cette solution a été critiquée à tort, suivant nous, par les rédacteurs du *Journal de l'enregistrement*, art. 17720. L'argument tiré de l'art. 7 du décret du 17 juill. 1857 n'est nullement déterminant, alors qu'il s'agit d'appliquer des dispositions remontant à l'an 7. Il est, d'ailleurs, certain, que les auteurs de la loi de frimaire se sont attachés exclusivement à la valeur attribuée *sur le lieu même* aux choses frappées du droit de mutation, et ils n'ont pu se préoccuper, comme ceux du décret de 1857, de faciliter les relations que ne sont établies que plus tard, et qui justifient la préférence attribuée aux cotes de la Bourse de Paris.

2536. Il a été décidé que les proratas de dividendes courants, intérêts ou arrérages non encore échus, des valeurs industrielles propres à un époux marié sous le régime de la communauté d'acquêts, appartenant, comme fruits civils, à la communauté, doivent être déduits, pour la liquidation des droits de mutation par décès exigibles par suite du décès de cet époux, de l'évaluation des valeurs d'après le cours de la Bourse au jour du décès, et la perception ne doit être faite que sur la moitié revenant au défunt pour son émolument dans la communauté (Sol. adm. enreg. 4 août 1869, D. P. 70. 5. 148).

2537. Les cours de la coulisse ne constituent pas, comme les cours officiels de la Bourse, un mode légal d'évaluation ; l'usage est cependant de les prendre pour base à l'égard des valeurs qui se négocient en banque. Quant aux valeurs non cotées, elles restent sous l'application de l'art. 14, n° 8, de la loi du 22 frim. an 7, et, par conséquent, elles doivent faire l'objet d'une déclaration estimative.

2538. Des difficultés se sont élevées dans l'hypothèse où la cession, au lieu d'être faite au profit d'un tiers, est réalisée *au profit des autres associés*. On sait que le décès d'un associé en nom collectif avant le terme pour lequel la société a été constituée entraîne la dissolution de la société et autorise les héritiers de l'associé prédécédé à exiger une liquidation complète. Pour éviter cette liquidation qui se fait rarement sans perte, on stipule souvent dans l'acte de société que, si l'un des associés décède avant le terme de la société, la société se continuera entre les survivants, et que ceux-ci, sans qu'il soit procédé à la liquidation, conserveront l'actif social, à charge de payer aux héritiers de l'associé prédécédé le montant des droits appartenant à celui-ci d'après le dernier inventaire. Il est reconnu aujourd'hui, que cette clause renferme une mutation entre vifs *à titre onéreux* subordonnée à une condition suspensive (V. *suprà*, n°s 1928 et suiv.).

Il en est de même au cas où un ou plusieurs des associés *se retirent* de l'association, en abandonnant leurs parts aux associés restants qui leur en payent la valeur en argent (V. *suprà*, n° 1924).

On a vu que, pour déterminer la *quotité* du droit proportionnel de mutation exigible dans ces différentes hypothèses, il est nécessaire de distinguer entre le cas où la société est dissoute par le décès ou la retraite d'un associé et celui où elle continue entre les associés restants, et que, d'autre part, au cas de dissolution de la société, une autre distinction doit être faite, selon que la cession laisse subsister l'être moral ou qu'elle opère à la fois la dissolution de l'association et l'extinction de l'être moral. Si la société continue de subsister entre les associés survivants ou restants et même, au cas où elle est dissoute, si l'être moral subsiste, c'est d'une simple cession de part qu'il s'agit et le droit n'est dû qu'au taux de 50 cent. pour 100. Mais si la cession entraîne à la fois la dissolution de la société et l'extinction de l'être moral, la cession constitue une vente ordinaire et le taux du droit proportionnel se détermine d'après la nature des biens transmis (V. *suprà*, n° 1925).

Nous avons à examiner ici d'après quelles bases le droit proportionnel doit être *liquidé* dans ces différentes hypothèses, si la part dans les dettes de la société de l'associé prémourant ou qui se retire, doit être ajoutée, pour la détermination de la valeur imposable, au prix qui lui est payé, ou bien si le droit proportionnel ne doit être perçu que sur ce prix représentant la part de l'associé dans l'actif *net*, enfin, d'autre part, si l'on doit déduire du prix stipulé la valeur des apports et des bénéfices de l'associé.

2539. Le prix de la cession, dans ce cas, doit être déterminé, pour la liquidation du droit proportionnel, d'après les termes de la clause contenue dans l'acte de société. Si elle porte que le prix de la cession sera fixé d'après les résultats de l'inventaire auquel il aura été procédé en dernier lieu antérieurement au décès ou à la retraite de l'associé, cette convention forme la loi des parties, et c'est sur le prix ainsi déterminé que doit être liquidé le droit proportionnel. Ainsi, il a été jugé que, lorsqu'il résulte de l'acte social que le montant de la somme à payer par le survivant aux héritiers du prédécédé doit être déterminé par la balance du compte de ce dernier au précédent inventaire remontant à moins de six mois, c'est sur ce prix, dont la base a été ainsi arrêtée à l'avance, et non sur celui qui résulterait d'une balance à dresser à la date du décès, que le droit proportionnel de mutation doit être perçu (Req. 22 juin 1885, aff. Dupont, D. P. 86. 1. 267).

Le droit proportionnel est dû sur le prix augmenté des charges, sans déduction de la part dont le cessionnaire se trouverait libéré comme légataire ou héritier de l'associé décédé, et quoiqu'il ait acquitté, à ce titre, un droit de mutation par décès, les deux droits proportionnels s'appliquant à deux mutations distinctes assujetties, distinctement aussi, l'une et l'autre, à l'impôt (Civ. rej. 11 janv. 1875, aff. Reine, D. P. 75. 1. 116. Conf. Trib. Yvetot, 25 avr. 1863, et Req. 5 déc. 1866, aff. Lefebvre, D. P. 67. 1. 127 ; Trib. Bordeaux, 4 janv. 1871 et Civ. cass. 1er mars 1875, aff. Wustemberg, D. P. 75. 1. 369).

2540. En ce qui concerne la part de l'associé prémourant ou qui se retire dans les dettes de la société, la jurisprudence distingue entre le cas où la cession laisse subsister la personnalité de la société, et celui où elle entraîne la dissolution de l'association et l'extinction de l'être moral. Toutes les fois que la cession laisse subsister l'être moral, le passif de la société doit être déduit de l'actif, pour la détermination de la valeur imposable. Ainsi il a été jugé, que toute société, commerciale ou même civile, étant, pendant sa durée, qui se prolonge jusqu'après la liquidation, comme propriétaire du fonds social, créancière ou débitrice, soit envers les tiers, soit envers les associés, la part de l'associé qui se retire de la société se compose de son émolument tel qu'il est déterminé par le résultat de la liquidation, déduction faite du passif sur l'actif ; qu'en conséquence, le droit proportionnel exigible doit être liquidé sur la part de l'associé, non dans l'actif *brut* de la société, mais dans le reliquat *net* fixé par cette opération (Civ. cass. 9 mai 1864, aff. Tamboise, D. P. 64. 1. 232). Un précédent arrêt de la cour de cassation, rapporté au *Rép.* n° 4509, avait déjà appliqué ce mode de liquidation relativement au droit de mutation par décès exigible à raison de la transmission, par le décès d'un associé à ses héritiers, de sa part dans l'association.

2541. Mais si la cession résultant du décès ou de la retraite de l'un des associés opère la dissolution de la société et l'extinction de l'être moral, la transmission donne lieu, comme toutes les ventes à la perception de l'impôt sur le prix augmenté des charges, et eu égard à la nature des biens transmis (Req. 7 févr. 1872, aff. Jalaber, D. P. 72. 1. 109; Instr. adm. enreg. 9 mars 1872, n° 2434, § 7; Civ. rej. 11 janv. 1875, cité *suprà*, n° 2539 ; Instr. adm. enreg. 27 avr. 1875, n° 2509, § 3). Comme le dit M. Naquet, t. 2, n° 820, dans ce cas, en effet, ce n'est plus l'action qui est transmise, avec sa valeur déterminée par l'actif net social, ce sont les biens eux-mêmes qui sont aliénés, et jamais on ne déduit de la valeur des biens le montant des dettes qui les grèvent. Cela est si vrai, ajoute l'auteur, que, si les acquéreurs s'engageaient à acquitter la part de dettes que doit acquitter le prémourant, cette part devrait être ajoutée au prix.

2542. Les charges susceptibles d'être ajoutées au prix de la cession comprennent la part du cédant dans le passif social, excepté toutefois le solde de son propre compte courant, le payement, quant à ce solde, ne constituant qu'un simple remboursement d'avances, c'est-à-dire de prêt, et ne donnant lieu, à ce titre, qu'au droit proportionnel de quittance (Civ. rej. 1er mars 1875, aff. Wustemberg, D. P. 75. 1. 369, note). Il a été jugé, à cet égard, que la déclaration, après le décès d'un associé, par ses coassociés, que, usant de la faculté résultant pour eux des statuts de la société, ils entendent continuer la société sur actif intégral moyennant payement aux représentants du défunt de la valeur de sa part, opère une transmission passible du droit proportionnel, mais seulement sur la valeur de la part sociale de l'associé décédé, sans aucune confusion entre la somme la représentant et celle pouvant constituer le compte particulier du défunt dans l'association (Req. 30 déc. 1884, aff. Cruze, D. P. 85. 1. 259).

2543. Jugé de même, que la stipulation, dans l'acte constitutif d'une société en nom collectif, entre deux personnes, qu'en cas de décès de l'un des associés le survivant demeurera seul propriétaire de l'actif social, à la charge de tenir compte aux héritiers du défunt de la part de ce dernier, donne lieu à la perception du droit de mutation par décès à la charge desdits héritiers, non seulement sur la somme nette à eux payée par l'associé survivant, mais encore sur la moitié du passif social pris en totalité par ce dernier à sa charge. Aucune compensation ne peut être établie entre ledit droit de mutation par décès et le droit de mutation à titre onéreux à la charge de l'associé survivant pour la cession réalisée à son profit (Trib. Seine, 4 nov. 1887, aff. Petitjean, D. P. 88. 5. 220).

2544. La distinction que nous venons de faire, suivant que l'être moral disparaît ou subsiste, a été appliquée aussi à l'origine par la jurisprudence à la question de savoir si l'on doit déduire dans notre hypothèse de la part de l'associé qui prédécède ou qui se retire, pour la liquidation du droit de mutation, le montant de ses *apports* et des *bénéfices* auxquels il a droit. La déduction des apports et des bénéfices a toujours été écartée, lorsqu'il s'agit d'une cession qui a pour effet de dissoudre la société. En particulier, la cour de cassation a décidé que lorsque, dans l'acte constitutif d'une société, il a été stipulé, qu'en cas de décès de l'un des associés la société serait dissoute de plein droit, et que tout l'actif social appartiendrait au survivant, à charge de payer le passif et de rembourser aux héritiers du prédécédé la somme leur revenant d'après le dernier inventaire, sans qu'ils puissent demander le partage, la réalisation de l'éventualité prévue opérant non seulement la dissolution de la société, mais encore l'extinction immédiate de l'être moral, le droit proportionnel de cession mobilière doit être perçu sur le montant de la mise sociale du défunt comme sur sa part dans les bénéfices communs (Arrêt du 1er mars 1875, cité *suprà*, n° 2542; Instr. adm. enreg. 23 juin 1875, n° 2516, § 3).

2545. Mais il a été jugé, au contraire, dans des espèces où, d'après les stipulations de l'acte constitutif de la société, la part sociale de l'associé décédé avait été transmise par son décès, sans opérer la dissolution de l'association, à ses coassociés individuellement, à charge de remboursement à la succession du défunt des droits tels qu'ils avaient été déterminés par le dernier inventaire, que le droit proportionnel dû pour cette cession ne devait pas être liquidé sur les apports et bénéfices, attendu que « la restitution aux héritiers de l'associé décédé des sommes qui lui étaient dues pour ses apports et bénéfices ne pouvait pas être considérée comme le prix de la transmission de sa part » (Civ. cass. 19 mai 1868, aff. Lainé, D. P. 68. 1. 305, note. Conf. Civ. cass. 27 juil. 1870, aff. Hovelacque, D. P. 70. 1. 413). La cour de cassation est revenue, depuis, sur cette jurisprudence et, écartant toute distinction, a jugé que, même dans le cas où la société subsiste après la cession, l'impôt doit être liquidé sur le montant des droits du défunt, y compris ses apports et sa part dans les bénéfices (Civ. rej. 20 janv. 1879, aff. Demachy et Seillière, D. P. 79. 1. 9. Conf. Civ. rej. 1er mars 1875, cité *suprà*, n° 2542; Civ. cass. 23 mars 1881, aff. Rosselet et Sangnier, D. P. 81. 1. 313).

On ne peut qu'approuver cette dernière interprétation. L'autre solution repose sur cette idée que l'associé reste propriétaire de son apport ou tout au moins devient créancier de sa valeur vis-à-vis de la société. Or il n'en est pas ainsi. D'une part, l'associé perd la propriété de son apport du jour de son entrée dans la société ; il n'acquiert pas pour cela le droit d'en réclamer la valeur ; le seul droit qui lui appartienne embrasse tous les éléments de l'actif et consiste à prendre sa part des bénéfices et du fonds social dans lequel ses apports se trouvent confondus. Ainsi qu'on l'a fort bien dit, les bénéfices eux-mêmes ne sont pas une dette de la société vis-à-vis des associés ; ils constituent, comme les apports, une partie du fonds social auquel les associés n'ont droit qu'en qualité d'associés et non de créanciers. Les apports et les bénéfices entrent donc dans la composition de la valeur imposable (Naquet, t. 2, n° 821. V. aussi D. P. 79. 1. 9, note).

2546. La valeur de la part de l'associé prédécédé devant être déterminée, pour la liquidation du droit proportionnel, d'après le dernier inventaire, l'Administration est-elle autorisée à en exiger la production ? Les parties peuvent-elles, en offrant une déclaration estimative, échapper à l'obligation de faire cette production ? A défaut de représentation de l'inventaire, l'Administration est-elle fondée à repousser la déclaration estimative des parties, et à faire elle-même d'office l'évaluation nécessaire pour l'assiette de l'impôt ? Lorsque les parties sont poursuivies en payement d'une somme déterminée au moyen d'une évaluation faite d'office, sont-elles dans l'alternative de payer la somme réclamée telle quelle ou de produire l'inventaire, ou bien peuvent-elles, sans faire cette production, discuter l'évaluation qui a servi de base à la réclamation ? Toutes ces questions ont été fort discutées.

Il a été jugé, à cet égard : 1° que le montant de la part de l'associé prédécédé peut être fixé d'office par l'Administration, encore qu'il ait été stipulé que l'évaluation en serait faite d'après le dernier inventaire, les parties n'ont pas produit cet inventaire, bien que la faculté de le produire ne leur ait été ni interdite ni contestée (Req. 5 déc. 1866, aff. Lefebvre, D. P. 67. 1. 127 ; Instr. adm. enreg. 30 nov. 1867, n° 2356, § 4) ; — 2° Qu'en ordonnant l'exécution de la contrainte décernée par l'Administration d'après une évaluation d'office, faute par les parties d'avoir fait, dans le délai qui leur avait été fixé, les justifications et déclarations nécessaires pour la liquidation du droit proportionnel, un tribunal ne fait qu'user du droit qui lui appartient d'apprécier si l'estimation provisoire de l'Administration dépasse ou non le montant probable de l'ensemble des droits calculés d'après les bases déterminées par le jugement (Req. 18 janv. 1871, aff. Duval, D. P. 71. 1. 18 ; Instr. adm. enreg. 25 sept. 1871, n° 2421, § 5) ; — 3° Que le défaut de production du dernier inventaire ou l'allégation que, malgré les dispositions impératives de la loi, il n'en a pas été dressé, ne met pas obstacle à la perception de ce droit proportionnel, l'administration de l'enregistrement pouvant exiger, en ce cas, pour suppléer aux pièces non produites, une déclaration estimative des parties ; qu'à défaut par les parties de fournir cette déclaration, l'Administration est fondée à puiser dans l'acte liquidatif de la succession de l'associé décédé les éléments d'appréciation nécessaires pour la liquidation du droit proportionnel (Req. 16 août 1875, aff. Chamiot-Avanturier, D. P. 76. 1. 213, note) ; — 4° Qu'à défaut de production du dernier inventaire social, l'Administration est autorisée à procéder d'office, d'après les documents de la cause, à l'évaluation de la valeur transmise (Req. 30 déc. 1884, aff. Cruze, D. P. 85. 1. 259-261),... en prenant pour base, par exemple, les résultats de l'inventaire de la succession de l'associé défunt (Trib. Bordeaux, 30 juill. 1883, aff. Cruze, D. P. 84. 3. 80) ; — 5° Que les parties ne sont pas fondées à imposer à l'Administration une déclaration estimative souscrite par elles-mêmes (Même jugement) ; — 6° Que les parties ont toujours la faculté de produire le dernier inventaire et, par conséquent, de débattre l'évaluation faite par la Régie pour le calcul du droit proportionnel (Arrêt précité du 5 déc. 1866).

En résumé, la confection d'un inventaire étant l'accomplissement d'une prescription légale, la présomption doit être qu'il en a été fait un ; en second lieu, toutes les fois qu'un inventaire existe, les parties sont obligées de le produire pour permettre à l'Administration d'effectuer d'une manière exacte et régulière la liquidation du droit proportionnel ; elles ne peuvent pas substituer à l'inventaire une déclaration estimative ; enfin, s'il est prouvé qu'il existe un inventaire et que les parties refusent de le communiquer, l'Administration est autorisée à faire d'office l'évaluation nécessaire et à régler la perception sur cette base. La déclaration estimative n'est permise que s'il n'y a pas d'inventaire.

Mais les parties peuvent toujours contester l'évaluation de l'Administration. Quelque suspectes qu'elles soient par leur refus de communiquer le document nécessaire pour une liquidation régulière de l'impôt, elles ne peuvent être privées du droit de se défendre contre une évaluation arbitraire ; les tribunaux apprécient souverainement la valeur des moyens qu'elles produisent (Conf. Req. 28 mars 1859, aff. Weill et Stindzy, D. P. 59. 1. 370 ; Civ. rej. 18 janv. 1871, aff. Duval, D. P. 71. 1. 18).

2547. Nous indiquerons, dans nos explications concernant les rentes, les règles particulières de liquidation qui ont été édictées pour les *actions, obligations, parts d'intérêts et autres valeurs mobilières dépendant de sociétés ou d'établissements publics étrangers* (V. *infrà*, n° 2548).

N° 7. — Rentes (Rép. n°s 4510 à 4532).

2548. Comme on l'a dit au *Rép.* n° 4511, la valeur est déterminée pour les créations de rentes, soit perpétuelles, soit viagères, ou de pensions, à titre onéreux, par le capital constitué et aliéné (L. 22 frim. an 7, art. 14, n° 6). Lorsqu'une rente viagère est stipulée comme prix de l'abandon d'un immeuble ou de la cession d'une valeur mobilière, le contrat ne peut plus être considéré comme une constitution de rente viagère ; c'est, en réalité, une vente soit mobilière, soit immobilière, dont la rente n'est plus que le prix, ce qui entraîne cette conséquence, que la liquidation doit alors être faite d'après les règles indiquées à l'article précédent pour les transmissions de propriété à titre onéreux (V. *suprà*, n°s 2423 et suiv.). C'est ce qui résulte d'une décision rapportée au *Rép.* n° 4514. — Jugé, en particulier, que le mode de liquidation fixé pour la perception du droit sur les créations et transports de rentes viagères par l'art. 14, n° 9, de la loi de frimaire doit être écarté, lorsqu'il s'agit de rentes qui ont été constituées comme prix d'une vente immobilière. Dans ce cas on liquide le droit, soit d'après leur valeur exprimée dans l'acte, soit, à défaut d'expression de cette valeur, d'après la déclaration estimative des parties (Civ. rej. 31 déc. 1872, aff. d'Albon, D. P. 73. 1. 429).

Mais lorsque l'aliénation a eu lieu moyennant une rente perpétuelle, le prix n'ayant plus un caractère aléatoire, le droit doit être liquidé d'après l'art. 15-2°, L. 22 frim. an 7, c'est-à-dire, dans tous les cas, par un capital formé de vingt fois la rente et les charges, ou, s'il s'agit d'un immeuble rural, de vingt-cinq fois la rente et les charges depuis la loi du 21 juin 1875 (art. 2). La vente immobilière dont le prix consiste en une rente perpétuelle, n'est pas autre chose, en effet, que le bail à rente auquel se réfère la disposition précitée de la loi de l'an 7.

2549. On sait que, d'après le n° 7 de l'art. 14 de la loi de frimaire an 7, la liquidation par le capital constitué s'applique aussi aux cessions ou transports de rentes ou de pensions, quel que soit le prix stipulé. Aussi a-t-il été décidé que la cession d'une rente créée au capital de 20000 fr., consentie pour éteindre une dette de 8000 fr., est passible du droit de 2 pour 100 sur 20000 fr. (Trib. Seine, 6 déc. 1849, *Journ. enreg.*, art. 14867).

2550. En ce qui concerne les *créations* de rentes *à titre gratuit*, sans expression de capital, aux termes de l'art. 14, n° 9, de la loi du 22 frim. an 7, la valeur de ces rentes est déterminée, pour la liquidation et le payement du droit proportionnel, à raison d'un capital formé de vingt fois la rente perpétuelle et de dix fois la rente viagère ou la pension, quel que soit le prix stipulé pour l'amortissement. La règle est la même pour les cessions ou transports de rentes constitués à titre gratuit accessoirement à une donation principale (V. *infrà*, n° 2553). Mais si l'obligation de servir une rente à un tiers se rattachait à un contrat à titre onéreux, à une vente, par exemple, nous croyons, avec les rédacteurs du *Dictionnaire des droits d'enregistrement*, v° *Rente*, n° 55, que le droit de donation, qui est perçu dans ce cas cumulativement avec le droit de vente, devrait être liquidé d'après la même base que celui-ci, c'est-à-dire sur une évaluation faite par les parties du capital de la rente. C'est la même valeur, en effet, qui est transmise à deux titres divers, et on ne s'expliquerait pas qu'elle fût calculée à un chiffre différent, selon qu'il s'agirait de la mutation à titre onéreux ou de celle à titre gratuit.

2551. Dans certains cas, la rente est constituée à titre gratuit, avec expression d'un capital qui ne correspond pas à la somme obtenue par la capitalisation au denier dix ou au denier vingt. On s'est demandé s'il ne faut pas alors appliquer le paragraphe 6 de l'art. 14 de préférence au paragraphe 9,—et, par suite, percevoir le droit sur le capital exprimé dans l'acte. Nous avions incliné vers l'affirmative, en nous appuyant sur l'opinion de MM. Rigaud et Championnière (*Rép.* n° 4523). Mais l'Administration s'est prononcée depuis à deux reprises différentes en sens contraire et les rédacteurs du *Dictionnaire des droits d'enregistrement* approuvent cette interprétation. Ils font remarquer que l'art. 14, n° 6, est exclusivement relatif aux rentes constituées à titre onéreux, et, d'autre part, que l'expression d'un capital ne peut avoir pour objet, dans une constitution à titre gratuit, que d'indiquer la somme qui devra être payée pour l'amortissement ; or il est de principe que cette somme ne doit jamais être prise pour base de la perception du droit. L'Administration considère que les mots « sans expression de capital » dont le législateur s'est servi dans le paragraphe 9 de l'art. 14 ont été employés par opposition à ceux-ci : « capital constitué et aliéné » dont il s'est servi dans le paragraphe 6 ; de telle sorte que, pour entendre sainement l'art. 14, n° 9, il faut remplacer les mots « créées sans expression de capital » par ceux-ci « créées sans aliénation de capital » (Sol. adm. enreg. 29 mai 1865 ; 4 mars 1876, citées au *Diction. droits d'enreg.*, v° *Rente*, n° 38. — V. en sens contraire : Garnier, *Rép. gén. enreg.*, n° 14052).

La règle d'après laquelle le droit ne doit pas être liquidé sur le capital fixé pour l'amortissement, mais sur le capital au denier dix ou au denier vingt de la rente, n'a plus été contestée depuis l'arrêt de la cour de cassation du 22 févr. 1832 ; l'Administration a toujours pris, depuis, pour base de la perception (Sol. adm. enreg. 6 août 1872 ; 4 mars 1876 ; 31 oct. 1877, *Journ. enreg.*, art. 20798).

2552. Des difficultés se sont produites relativement à la liquidation des rentes dont la durée n'est pas exprimée. Souvent on constitue une rente annuelle sans indiquer si elle est viagère ou perpétuelle. On a rapporté (*Rép.* n°s 4526 et 4527) des décisions qui attribuent le caractère viager à une rente créée dans ces conditions ; mais la vérité est qu'il s'agit là d'une question d'interprétation, dont la solution dépend de l'intention des parties qu'il faut rechercher dans les circonstances et les termes de l'acte. Ainsi, il a été décidé, contrairement à un jugement du tribunal de Bernay, du 22 févr. 1836, mentionné au *Rép.* n° 4527, que la constitution faite en avancement d'hoirie aux futurs, dans un contrat de mariage, par leurs père et mère, de rentes annuelles dont la durée n'est pas exprimée et que les donateurs se réservent le droit d'amortir moyennant, pour chaque rente, une somme qui en représente le capital au denier vingt, doit être considérée, pour la liquidation du droit proportionnel d'enregistrement, comme une constitution de rentes perpétuelles, et non comme une constitution de rentes viagères; qu'en conséquence, l'impôt doit être perçu sur le capital au denier vingt des rentes, et non sur le capital au denier dix (Trib. Saint-Malo, 30 janv. 1869, aff. Le Poullen, D. P. 71. 3. 6). — L'Administration a assigné le même caractère à une rente constituée par deux époux à leur fils en avancement d'hoirie et par imputation, d'abord sur la succession du prémourant des donateurs, et subsidiairement sur celle du survivant, avec réserve du droit de retour et de la faculté de remboursement par le payement d'une somme égale au capital au denier vingt (Délib. adm. enreg. 24 avr. 1873, citée *Diction. droits d'enreg.*, v° *Vente*, n° 41).

2553. Jugé, au contraire, que l'acte par lequel des père et mère, usant d'une faculté qu'ils se sont réservée en constituant en dot à un enfant une rente viagère, s'en libèrent en payant un capital égal à vingt fois la rente, donne lieu, comme constituant un simple rachat, au droit de 50 cent. pour 100 sur dix fois la rente, et non au droit de donation entre vifs sur la moitié du capital payé, quoique ce droit n'ait été perçu, à l'enregistrement du contrat de mariage renfermant la constitution, que sur un capital formé de dix fois la rente (Trib. Lille, 15 févr. 1884, aff. Lenglart, D. P. 84. 5. 229. Conf. Civ. rej. 20 juin 1870, aff. Pigault de Beaupré, D. P. 70. 1. 395; Trib. Nîmes, 2 mars 1881, aff. Drouot, D. P. 82. 3. 8).

2554. L'Administration reconnaît, d'ailleurs, qu'une pension ne doit être capitalisée qu'au denier dix, alors même que les parties n'ont pas déclaré lui attribuer un caractère viager, ce caractère étant de sa nature. Il n'en serait autrement que s'il était prouvé que la pension est en réalité une rente perpétuelle (Sol. adm. enreg. 13 août 1869 et 2 mai 1877, citées *Diction. droits d'enreg.*, v° *Rente*, n°s 43 et 44).

2555. Il résulte de la jurisprudence qui s'est formée en matière de donations secondaires, qu'il faut distinguer entre le cas où la libéralité secondaire n'est pas subordonnée à la condition que le tiers au profit duquel elle a été stipulée survivra au donateur, et celui où elle est soumise à cette condition. Dans la première hypothèse, le Trésor est désintéressé par le payement de l'impôt sur l'intégralité de l'objet donné; dans la seconde, la libéralité secondaire donne lieu à une perception nouvelle lorsque la condition de survie se réalise (V. *suprà*, n°s 234 et suiv.). Dans ce dernier cas, le droit acquitté par le donataire principal, n'est imputable pour aucune partie sur celui à la charge du donataire secondaire (Trib. Lyon, 11 mai 1877, aff. Drevet, *Rép. pér. enreg.*, art. 4896).

2556. Jugé que la stipulation, dans un partage d'ascendants fait sous la réserve au profit du donateur de l'usufruit des biens donnés, d'une rente perpétuelle mise à la charge de l'un des donataires à titre de soulte au profit d'un autre donataire, pour ne commencer à courir qu'après le décès du survivant des donateurs, donne lieu, lorsque le crédi-rentier décède avant ces derniers, au droit de mutation à la charge de ses héritiers sur le capital au denier vingt, et non pas au denier dix (Trib. Pont-l'Evêque, 6 août 1885, aff. Lecavelier, D. P. 88. 5. 249). La stipulation ne constitue pas en effet au profit du donataire décédé une nue-propriété sur un capital déterminé, grevé d'un usufruit au profit d'une autre personne; son seul effet avait été de saisir le *de cujus* d'un droit de pleine propriété à la rente perpétuelle en litige, mais avec terme d'exigibilité en faveur du débiteur. Le droit de mutation par décès devait donc, en vertu de la loi de frimaire, comme celui de constitution, être perçu sur un capital formé de vingt fois la rente.

2557. La clause de reversibilité, que l'on stipule souvent dans la constitution des rentes viagères, donne naissance à des questions fort délicates au point de vue de la liquidation. On trouve surtout cette clause dans les donations faites aux futurs époux par contrat de mariage. Les parents constituent par exemple, sur la tête du survivant d'entre eux, une rente à leur enfant qui se marie, en stipulant que cette rente continuera au cas de prédécès de l'époux donataire, au profit de son conjoint ou des enfants à naître du mariage; — On a examiné *suprà*, n°s 2113 et suiv., quelle est la nature du droit à percevoir dans cette hypothèse, si le donataire survivant doit payer le droit de donation ou le droit de mutation par décès.

Suivant une opinion les deux attributaires successifs n'acquièrent pas deux rentes distinctes dans ce cas, mais une portion seulement de la même rente, qui, après avoir été servie pendant un certain temps au premier donataire, est perçue par le second après la mort de celui-ci. Les deux donataires n'ayant recueilli chacun qu'une partie de la rente, il y a lieu de rechercher, pour percevoir l'impôt, la valeur relative de la portion attribuée à chacun d'eux, par rapport à la valeur que l'art. 14, n° 9, de la loi de frimaire an 7, assigne à la rente en totalité. La proportion dans laquelle les deux portions se trouvent entre elles étant indéterminée, on appliquera le mode d'évaluation de la loi de frimaire pour fixer la valeur relative de chacune d'elles par rapport à la valeur totale, et l'on percevra l'impôt d'après le tarif particulier à chacun des bénéficiaires suivant sa qualité d'étranger ou de parent, et son degré de parenté. Mais ce mode de liquidation qui découle des principes ne peut cependant pas être appliqué à l'époque du contrat de mariage; en effet, comme il n'est pas certain alors si le second donataire survivra au premier et recueillera jamais une partie de la rente, il est impossible de percevoir l'impôt divisément sur une rente qui ne sera peut-être jamais divisée. L'époux premier bénéficiaire est donc obligé d'acquitter le droit sur la totalité de la rente; mais si la condition qui doit donner ouverture au droit de l'autre époux se réalise, c'est-à-dire si l'époux premier donataire prédécède du vivant des constituants, l'époux survivant, s'il est soumis à un droit plus élevé que son conjoint, impute sur ce qu'il doit payer, pour la portion de rente qu'il recueille ce que son conjoint prédécédé a déjà payé pour cette même portion et qui se trouve ne lui avoir jamais appartenu. Il est, par suite, nécessaire de déterminer la valeur de la portion de rente qui se trouve dévolue à l'époux survivant pour fixer l'importance du droit applicable à la transmission qui s'opère à son profit, ainsi que l'étendue de l'imputation qu'il peut réclamer. La loi n'indiquant pas de procédé pour faire cette évaluation particulière, on se trouve dans le cas prévu par l'art. 16 de la loi du 22 frim. an 7, d'après lequel les parties sont autorisées à évaluer elles-mêmes les biens dont la valeur n'est pas déterminée légalement, sauf le droit pour l'Administration de critiquer cette évaluation. — Conformément à cette opinion, l'administration de l'enregistrement, en Belgique, a décidé (Décl. 16 oct. 1865, *Journ. enreg. belge*, n° 10055) « que la loi ne distingue pas entre les rentes constituées au profit de plusieurs personnes pour en jouir conjointement et celles dont elles ne sont appelées à jouir que les unes après les autres;... qu'en cas de jouissance successive, il n'y a qu'une seule rente dont la durée est réglée par la vie du dernier de ceux qui sont appelés à en profiter ».

2558. Cette interprétation n'a pas triomphé devant les tribunaux français; mais il est à remarquer que la plupart des décisions citées ordinairement dans cette controverse sont étrangères à la question de liquidation et se rapportent uniquement à la nature du droit qui doit être acquitté par le second donataire (Trib. Saint-Omer, 7 mai 1869; Req. 27 mars 1872, aff. de Hautecloque, D. P. 72. 1. 213; Trib. Laon, 17 janv. 1878, *Journ. enreg.*, art. 20753).

La question de liquidation a été récemment jugée pour la première fois par la cour de cassation, sur le pourvoi formé contre un jugement du tribunal de Douai du 18 nov. 1887 (aff. Florent, D. P. 88. 3. 135) qui avait admis l'Administration à percevoir un second droit de mutation, au décès de l'époux prédécédé, sur la totalité de la rente. La cour de cassation s'est prononcée dans le même sens. La rente viagère constituée au profit de deux donataires appelés à en jouir successivement se décompose, dans ce système, en deux rentes distinctes, d'où il résulte que les deux droits sont dus par chaque époux sur la totalité de la rente, sans qu'il puisse être question d'imputer ce qui a été payé par l'un, sur ce que doit payer l'autre; la rente que recueille le second donataire au décès du premier a, en effet, la même nature et la même valeur, au point de vue fiscal, que celle que le premier donataire a lui-même recueillie. Sans doute, cette rente représente en fait un capital inférieur à celui qu'elle représentait à l'origine; mais, comme la loi fiscale fait abstraction des circonstances de fait, comme elle détermine la valeur de la rente sans tenir compte ni de l'âge du bénéficiaire, ni de l'âge de la personne sur la tête de laquelle la rente est constituée, il en résulte que l'impôt qui peut être réclamé au second donataire, lors de la mort du premier, est le même que celui qu'il aurait dû acquitter s'il avait recueilli la rente dès le jour du contrat de mariage (Req. 10 déc. 1889, aff. Florent, D. P. 90. 1. 348). Cet arrêt tranche la question en jurisprudence (Comp. *Diction. droits d'enreg.*, v° *Réversion*, n° 132; Demante, t. 2, n° 749; Lamache, *Revue critique*, 1889, p. 117).

2559. Les règles que nous venons de formuler, relativement à la liquidation du droit perçu sur les rentes, concernent les rentes constituées par les particuliers. Quant aux *rentes sur l'Etat* français ou sur les Etats étrangers, la valeur en est toujours déterminée, pour la perception des droits par la cote officielle de la Bourse (L. 18 juill. 1836, art. 6; 18 mai 1850, art. 7; 13 mai 1863, art. 11; 23 août 1871, art. 3 et 4).

§ 3. — Transmissions (*Rép.* n°⁵ 4533 à 4644).

2560. Sous ce titre, nous désignons comme au *Répertoire*, non pas les transmissions de propriété, mais les transmissions de *jouissance*, en appliquant le mot jouissance aux droits d'*usufruit*, de *bail*, d'*engagement d'immeubles*, d'*usage* et d'*habitation*, de *servitude*, etc.

N° 1. — De l'usufruit (*Rép.* n°⁵ 4531 à 4604).

2561. Les principes de la liquidation en matière d'usufruit et de nue propriété sont encore aujourd'hui les mêmes qu'à l'époque de la publication du *Répertoire* ; il est nécessaire de les rappeler pour expliquer les nouvelles applications que la jurisprudence en a faites, ainsi que les dispositions que l'on se propose (V. *infrà*, n° 2593) de substituer à celles de la loi de frimaire. Afin de mettre le plus de clarté possible dans cet exposé, nous résumerons les règles de la liquidation telles qu'elles se dégagent de la jurisprudence actuelle, en distinguant la *constitution* de l'usufruit et de la nue propriété à l'époque du démembrement, la *transmission* de l'usufruit et de la nue propriété pendant le démembrement, enfin la *réunion* de l'usufruit à la nue propriété. Nous empruntons cette division et une partie des explications qui suivent à un remarquable travail rédigé par la Direction générale de l'enregistrement, des domaines et du timbre, à l'appui du projet de loi applicable aux mutations d'usufruit et de nue propriété présenté à la Chambre des députés le 20 mars 1880 (Séance du 20 mars 1880; *Journ. off.* du 27 avr. 1880, p. 4547). Le travail de l'Administration a été publié dans le *Journal de l'enregistrement*, art. 21328.

A. — Constitution de l'usufruit.

2562. Les bases de la liquidation varient, comme nous l'avons dit (*Rép.* n° 4534), suivant que l'usufruit et la nue propriété sont constitués soit à titre gratuit, soit à titre onéreux.

2563. Supposons que la constitution a eu lieu *à titre onéreux*. En ce qui concerne d'abord la *nue propriété*, plusieurs hypothèses peuvent se présenter. — Si la *nue propriété* est *cédée à une personne* et l'usufruit à une autre, par le même acte, les deux acquéreurs payent chacun à raison de la valeur qui lui est transmise: l'acquéreur de l'usufruit paye le droit sur la valeur de la jouissance représentée par le prix qu'il a accepté, et le nu-propriétaire sur la valeur de la nue propriété, représentée aussi par le prix stipulé à sa charge, sans augmentation à raison de l'expectative de l'usufruit qu'il est destiné à recueillir un jour. Ce mode de liquidation résultant de l'art. 15 de la loi de frimaire an 7 n'a jamais fait difficulté, il est essentiellement rationnel. — Si la *nue propriété seule* est aliénée, le vendeur s'étant *réservé l'usufruit* au lieu de le céder à un tiers, comme dans l'hypothèse précédente, la loi considère que l'acquéreur de la nue propriété reçoit deux choses qui doivent être soumises à deux droits distincts, la nue propriété d'abord, pour laquelle l'impôt est perçu sur le prix stipulé, et en outre l'expectative de l'usufruit, dont la valeur, estimée à la moitié du prix de la nue propriété, est assujettie au droit par anticipation.

2564. Nous ne reviendrons pas sur les critiques que nous avons formulées *suprà*, n° 8, contre cette décomposition de la nue propriété en deux droits qui se confondent; aucun auteur n'essaye aujourd'hui de la justifier. Il importe de remarquer que l'art. 15, n° 6, de la loi du 22 frim. an 7 visant que les immeubles, le droit sur une vente de *meubles* avec réserve d'usufruit du vendeur ne doit être perçu que sur le prix stipulé, sans augmentation du chef de la réserve de jouissance. Mais il a été décidé que, dans le cas de vente simultanée d'immeubles et de meubles, non désignés ni estimés article par article, il y a lieu d'augmenter de moitié le prix stipulé, la vente étant considérée dans ce cas comme immobilière pour le tout (Sol. adm. enreg. (Belgique) 27 janv. 1863, Garnier, *Rép. pér. enreg.*, art. 1869). — V. *suprà*, n°⁵ 1570 et suiv.

2565. D'après une décision citée au *Rép.* n° 4581-2°, lorsque celui qui vend un certain canton de bois s'en réserve la superficie pendant son exploitation, il y a lieu, pour la liquidation du droit, d'assimiler cette réserve à une réserve d'usufruit. La solution de cette question dépend en réalité des termes de l'acte. Dans une espèce analogue, il a été jugé que la réserve de jouissance, par le vendeur du sol d'une forêt, ne constitue pas une réserve d'usufruit, mais une charge susceptible d'être ajoutée au prix d'après une évaluation à fournir par les parties (Civ. cass. 9 déc. 1872, aff. Schotsmans, D. P. 73. 1. 125. Comp. *suprà*, n°⁵ 1412 et suiv.).

2566. Dans le cas où la constitution a lieu *à titre gratuit*, les règles appliquées à la liquidation, soit qu'il s'agisse de la nue propriété, soit qu'il s'agisse de l'usufruit, sont encore aujourd'hui celles qui ont été indiquées au *Rép.* n°⁵ 4536 et suiv.: l'usufruit s'évalue à la moitié de la valeur de la pleine propriété, et le donataire ou le légataire de la nue propriété paye le droit, dans tous les cas, comme s'il recueillait la propriété entière. L'assimilation de la nue propriété à la propriété s'applique, en matière d'acte à titre gratuit, sans distinction, c'est-à-dire non seulement au cas de donation ou de legs d'une propriété avec réserve de l'usufruit, mais même lorsque la nue propriété est donnée ou léguée à une personne et l'usufruit à une autre. La seule modification apportée à ces règles est celle qui résulte de l'art. 2 de la loi du 24 juin 1875, d'après lequel, dans les cas où, conformément à l'art. 15 de la loi du 22 frim. an 7, le revenu doit être multiplié par 20 et par 10, il sera, à l'avenir, multiplié par 25 et par 12 1/2, lorsque l'acte aura pour objet des immeubles ruraux. Nous avons déjà examiné les signes d'après lesquels on distingue les immeubles ruraux et les immeubles urbains (V. *suprà*, n°⁵ 1714, 2478 et suiv.).

2567. Il a été jugé que la disposition testamentaire, qualifiée *legs d'usufruit*, par laquelle le testateur stipule que le légataire pourra vendre et engager les immeubles dont la jouissance lui est léguée, sans que, dans aucun cas, il puisse être tenu à une garantie quelconque, doit, pour ce qui concerne la perception du droit de mutation, être considérée comme un legs en toute propriété, et que, lorsqu'un legs d'immeubles en usufruit avec faculté d'aliéner a été fait à deux personnes appelées à le recueillir *successivement*, il y a lieu, après le décès du premier institué, de percevoir un nouveau droit, sous déduction du montant des droits précédemment perçus à l'occasion de la première mutation, la dévolution ne devant pas être considérée comme s'effectuant directement du testateur au second institué (Trib. Foix, 4 mars 1867, aff. Fonquernie, D. P. 68. 3. 7). Quant aux biens sur lesquels la perception doit avoir lieu, il a été reconnu par l'Administration que ce sont les biens réellement recueillis par le second institué, et non ceux qui existaient dans la succession au moment où elle s'est ouverte au profit du premier institué (Sol. adm. enreg. 18 janv. 1864, D. P. 67. 1. 176. V. *suprà*, n° 2198).

2568. Jugé aussi que le legs universel de l'usufruit comprenant l'usufruit du capital légué à titre particulier par le même testament à un mineur pour lui servir de dot, alors surtout que ce dernier legs est accompagné de recommandations faites à l'usufruitier, mari de la testatrice, de continuer à subvenir aux frais de l'éducation et de l'entretien du mineur, il s'ensuit que le montant de ce capital doit être pris en considération pour déterminer la valeur du legs universel de l'usufruit, sur laquelle le droit proportionnel doit être liquidé (Req. 13 févr. 1878, aff. Chevallay, D. P. 78. 1. 305. Comp. Req. 9 avr. 1877, aff. Jumereau, D. P. 77. 1. 389).

2569. La donation à titre de partage anticipé dans laquelle, en se réservant l'usufruit des biens donnés et en stipulant, d'autre part, que les enfants donataires les laisseront jouir, sa vie durant, des biens de son conjoint prédécédé, l'ascendant donateur s'engage à leur servir une rente viagère pour les indemniser, donne lieu au droit proportionnel, non seulement sur la valeur des biens abandonnés en nue propriété, mais aussi sur le capital au denier dix de la rente viagère (Trib. Angoulême, 4 août 1873, aff. Delombre, D. P. 74. 5. 219. Comp. Civ. rej. 21 août 1871, aff. de Rainneville, D. P. 73. 1. 81, cités *suprà*, n° 2139).

2570. C'est une question controversée que celle de savoir si, au cas où le testament, renfermant des legs particuliers de rentes viagères, attribue l'*usufruit* de tous les biens du testateur à *l'un* et la *nue propriété à un autre*, le capital des *rentes léguées* doit être *imputé*, pour la liquidation des droits de mutation, sur l'actif entier de l'hérédité ou sur la valeur de l'usufruit. D'après l'avis du conseil d'État du 10 sept. 1808, les legs de rentes, soit viagères, soit perpétuelles, comme les legs de sommes d'argent non existantes dans la succession, doivent être déduits de la valeur totale de la succession pour le règlement du droit de mutation incombant aux héritiers institués (V. *suprà*, n° 2224). — Mais s'il s'agit de legs qui ont été mis à la charge d'un seul des héritiers, ils doivent être exclusivement retranchés de la portion de cet héritier. On s'est demandé s'il fallait procéder de même relativement au *legs de rente viagère*; le capital de la rente doit-il être défalqué de l'ensemble de la succession comme étant à la fois une charge de la nue propriété et de l'usufruit, ou bien ne doit-il être retranché que de l'usufruit? Comme nous l'avons fait remarquer dans la note jointe au premier arrêt rendu par la cour de cassation sur cette question (D. P. 66. 1. 496-497), les deux modes de calcul ont des conséquences fort différentes. D'après le premier, l'application des règles admises pour la liquidation en ce qui concerne les legs de nue propriété et d'usufruit donne lieu au résultat suivant : 1° on retranche tout le capital de la rente de la succession sur laquelle est établi le droit dû pour la nue propriété, droit égal à celui qui est dû par la propriété entière; 2° l'usufruit évalué à la moitié de la propriété est, dès lors, de la moitié de la succession réduite du montant de la rente viagère, réduction qui pèse ainsi sur l'usufruit dans cette même proportion de moitié. D'après le second mode de liquidation, au contraire, la succession est réputée recueillie : 1° par le nu-propriétaire sans réduction de la rente; 2° par l'usufruitier, pour la moitié de toute cette succession, mais avec défalcation postérieure du capital entier de la rente viagère supposée à sa charge exclusive. La jurisprudence se prononce pour la première solution, toutes les fois que le testateur a manifesté la volonté que les rentes viagères seraient payées par les héritiers en cas de prédécès de l'usufruitier (Civ. rej. 19 mars 1866, aff. Masson, D. P. 66. 1. 496 ; Trib. Cholet, 19 nov. 1873, D. P. 75. 3. 202, note; Trib. Châlon-sur-Saône, 15 mai 1862, *ibid.*; Trib. Avesnes, 20 déc. 1873, *ibid.*). — V. sur cette question : *Diction. droits d'enreg*, v° *Succession*, n° 1993.

Plusieurs tribunaux ont cependant jugé qu'en principe, c'est sur la valeur de l'usufruit que doit être imputé le capital des rentes viagères léguées, l'art. 610 c. civ. mettant les rentes viagères à la charge de l'usufruit. Peu importe, dit-on, que le nu-propriétaire doive supporter les rentes après l'extinction de l'usufruit, même en l'absence d'une disposition formelle du testateur; car, dans ce cas, c'est à raison de la réunion de l'usufruit à la nue-propriété qu'il est débiteur des rentes (Trib. Mans, 27 janv. 1865; Trib. Lyon, 3 avr. 1868, D. P. 75. 5. 202).

Le dernier arrêt que la cour de cassation a rendu sur la question est intervenu dans une espèce où le testament portait non seulement que les rentes viagères seraient acquittées par le légataire universel de l'usufruit, et après lui, par le légataire universel de la propriété, mais spécifiait, en outre, que le premier serait remboursé à la fin de son usufruit de tout ce qu'il aurait déboursé pour le payement des rentes viagères (Req. 28 nov. 1882, aff. Fouché, D. P. 83. 1. 299, note). Dans cette hypothèse, en présence de déclarations aussi explicites, la question ne pouvait pas

faire difficulté. Mais il en est autrement, lorsque rien n'indique dans le testament que le disposant a entendu faire de la rente viagère une charge de l'usufruit et subsidiairement de la nue propriété. Dans le silence du testament, l'argument tiré de l'art. 610 c. civ. qui met les legs de rente viagère à la charge exclusive de l'usufruitier conserve toute sa valeur, et, comme la cour de cassation s'est toujours appuyée sur les termes du testament pour écarter cet article, il y a lieu, lorsque le testateur ne s'est pas expliqué, de déduire la rente de l'usufruit seulement.

2571. Jugé que le legs d'usufruit fait *conjointement* à deux personnes, parentes du testateur à des degrés différents, donne lieu au droit de mutation par décès sur une moitié au taux déterminé pour le degré de parenté de l'un des légataires, et sur l'autre moitié d'après le tarif établi pour le degré de parenté de l'autre; et si le légataire qui a payé le droit moindre vient à décéder le premier, son colégataire doit, pour l'accroissement dont il profite, un droit complémentaire dont le taux est déterminé par la différence des deux tarifs (Trib. Pontoise, 31 déc. 1873, aff. Moreaux, D. P. 74. 5. 209).

2572. Décidé aussi que, lorsqu'un usufruit légué a été converti dans l'acte de partage intervenu entre l'héritier et le légataire en une pleine propriété équivalente à cet usufruit, le legs d'usufruit est réputé n'avoir jamais existé, et que, par suite, il n'y a pas lieu, comme en matière de disposition d'usufruit, de percevoir le droit de mutation, d'une part, sur la nue propriété de la chose léguée et, d'autre part, sur l'usufruit; le droit doit être établi sur la pleine propriété de cette chose, conformément aux attributions résultant du partage (Civ. cass. 4 janv. 1865, aff. de Chasseloup-Laubat, D. P. 65. 1. 35, cité *suprà*, n° 2344). Cette décision est une application aux legs d'usufruit de la règle que le droit de mutation par décès, quand il est perçu après le partage, et sur la présentation de l'acte de partage à la formalité de l'enregistrement, doit être calculé eu égard à la nature des biens attribués à chaque copartageant pour le remplir de ses droits héréditaires.

B. — Transmission de la nue propriété et de l'usufruit pendant le démembrement.

2573. Comme on l'a vu au *Rép.* n° 4549, l'Administration a prétendu pendant longtemps qu'au cas de transmission de la nue perpriété après le démembrement, le droit devait être perçu, à chaque transmission, sur la valeur entière de la propriété, comme lorsqu'il s'agit d'actes constitutifs de nue propriété. Mais la cour de cassation a repoussé cette théorie par une série d'arrêts que nous avons indiqués. L'art. 15, n° 7, *in fine*, de la loi du 22 frim. an 7, portant qu'il « ne sera rien dû pour la réunion de l'usufruit à la propriété, lorsque le droit d'enregistrement aura été acquitté sur la valeur entière de la propriété », a été interprété par la jurisprudence, comme renfermant cette idée fondamentale, que la perception du droit, opérée à l'époque de la constitution de l'usufruit sur la pleine propriété, quoique le nouveau possesseur ne reçoive que la propriété séparée de la jouissance, désintéressait le Trésor par anticipation à raison de la réunion ultérieure de cette jouissance à la nue propriété, que le premier nu-propriétaire était réputé, dans ce cas, avoir payé pour lui et pour tous les nu-propriétaires qui lui succéderont. La règle suivante a, par suite, été établie pour servir de base à la liquidation dans cette hypothèse : toutes les fois que le nu-propriétaire a, lors du démembrement, acquitté le droit afférent à la pleine propriété, les nouvelles transmissions dont la nue propriété peut être l'objet dans l'avenir ne sont passibles de l'impôt que sur la valeur de la nue propriété, c'est-à-dire que sur la moitié de la valeur de la propriété entière, sans qu'il y ait lieu d'y ajouter celle de l'usufruit. Mais, inversement, toutes les fois que le droit n'a pas été perçu sur l'usufruit au moment de la constitution de la nue propriété ceux qui acquièrent ultérieurement cette nue propriété doivent acquitter l'impôt sur la propriété entière. Il en est ainsi notamment, lorsque le démembrement résulte d'un acte par lequel on a vendu la nue propriété et l'usufruit à deux personnes différentes.

2574. Cette distinction, déjà admise par la cour de cassation à l'époque de la publication du *Répertoire*, n'a pas cessé depuis d'être appliquée par la jurisprudence, sans aucune distinction entre les transmissions à titre gratuit et les transmissions à titre onéreux, ni entre celles qui ont pour objet des immeubles et celles qui portent sur des meubles. Sur ce dernier point, l'Administration a résisté encore pendant quelque temps; elle a soutenu que, l'art. 15, n° 7, de la loi du 22 frim. an 7, sur lequel la jurisprudence fondait son interprétation, étant relatif aux immeubles seulement, on devait écarter la règle pour les mutations mobilières de nue propriété; mais elle a fini par reconnaître elle-même qu'il n'y avait pas à distinguer quant à l'objet de la mutation (Instr. adm. enreg. 8 mars 1855, n° 2025).

2575. Quant aux transmissions dont l'usufruit peut être l'objet pendant le démembrement, elles sont soumises aux mêmes règles, au point de vue de la liquidation, que celles qui concernent la constitution de l'usufruit à l'époque du démembrement (*Diction. droits d'enreg.*, v° *Usufruit et nue propriété*, n° 549).

C. — Réunion de l'usufruit à la nue propriété ou de la nue propriété à l'usufruit.

2576. Cette dernière partie du sujet est celle qui a soulevé le plus de difficultés; mais la plupart des décisions que nous aurons à mentionner ne sont que des applications de principes consacrés depuis longtemps par la jurisprudence. Deux hypothèses peuvent se présenter : ou c'est l'*usufruit qui vient se réunir à la nue propriété*, ou c'est la *nue propriété qui se réunit à l'usufruit*.

2577. Lorsque l'usufruit se réunit à la nue propriété, il faut examiner si l'on se trouve dans un cas d'*extinction naturelle* de l'usufruit, *résultant d'un acte ou d'un événement* quelconque n'opérant pas mutation, ou si le nu-propriétaire a recouvré la jouissance en vertu d'un acte translatif conclu avec l'usufruitier ou émané de lui. Dans le premier cas, ainsi qu'on l'a vu plus haut *Rép.* n° 4602, il n'est jamais dû aucun droit. La distinction faite *suprà*, n° 2573, entre le cas où l'usufruitier a supporté l'impôt lors du démembrement et celui où il ne l'a pas subi, ne s'applique pas aux *modes naturels d'extinction*, à l'égard desquels, comme nous l'avons dit, la réunion s'opère toujours gratuitement. C'est ce que l'Administration elle-même a enfin reconnu, après avoir contesté longtemps cette interprétation. Elle a ordonné, en conséquence de cette décision, la suppression des tables spéciales qui avaient été créées pour constater le décès des usufruitiers. On remarquera, d'ailleurs, que l'exemption du droit ne s'applique pas seulement à l'extinction de l'usufruit résultant de la mort de l'usufruitier, mais, d'une manière générale, à tous les modes d'extinction naturelle, et notamment à l'expiration du temps pour lequel l'usufruit a été constitué (Instr. adm. enreg. 31 janv. 1861, n° 2188, D. P. 74. 5. 224). — Lorsqu'au contraire, la réunion résulte d'un acte translatif, lorsque l'usufruit, avant l'expiration du terme qui lui a été assigné, se réunit, au moyen d'un acte de renonciation de vente ou de donation, il faut se reporter à l'époque du démembrement de la propriété, et rechercher si, à cette époque, le droit a été perçu sur l'usufruit par anticipation; lorsque la perception a eu lieu, l'acquisition ultérieure de l'usufruit n'est passible d'aucun impôt; au cas contraire, un droit est perçu lors de la mutation (Même instruction).

2578. La règle que l'on vient de rappeler n'a pas cessé d'être appliquée par la jurisprudence depuis l'arrêt de la cour de cassation du 27 août 1844 (*Rép.* n° 4602). Nous ne connaissons qu'une décision qui soit en contradiction avec elle, c'est un jugement du tribunal de Caen du 6 févr. 1868 (Garnier, *Rép. pér. enreg.*, art. 4905), qui s'est prononcé pour la perception du droit proportionnel sur l'acquisition de l'usufruit, dans un cas où le démembrement s'était effectué sous la forme d'un partage laissant l'usufruit à l'époux survivant et la nue propriété aux héritiers de l'époux prédécédé.

2579. On s'est demandé à quelle catégorie de modes d'extinction appartient l'extinction prononcée par le juge, pour cause d'*abus de jouissance*, en vertu de l'art. 618 c. civ. Les auteurs reconnaissent que, si le tribunal a imposé au nu-propriétaire qui recouvre la jouissance l'obligation de payer une certaine somme à l'usufruitier, la réunion de l'usufruit est assujettie dans ce cas à l'impôt, si, du moins, celui-ci n'a pas été payé lors du démembrement. — Mais il y a controverse, lorsque la déchéance est prononcée sans compensation. D'après une première opinion, il faut appliquer à ce dernier cas d'extinction la règle que l'on suit relativement à l'extinction naturelle, et, par suite, ne percevoir aucun droit (Demante, t. 1, n° 336; Garnier, *Rép. gén. enreg.*, n° 17565). M. Naquet, t. 1, n° 203, justifie ainsi l'opinion contraire : « La déchéance est prononcée par un jugement, et les jugements qui résolvent un contrat sont passibles du droit proportionnel, à moins que ce ne soit pour cause de nullité radicale. Dans l'espèce, il n'y a pas de nullité; l'usufruit a été valablement constitué, il était parfait à l'origine et aucun vice ne l'affectait. Ce n'est que par suite d'un événement ultérieur, à savoir les dégradations commises par l'usufruitier, qu'il a été éteint ». Suivant les auteurs du *Dictionnaire des droits d'enregistrement*, v° *Usufruit et nue propriété*, n° 689, il n'y a pas de différence sensible, au point de vue purement juridique, entre les deux hypothèses; dans l'une comme dans l'autre, le jugement équivaut à une cession à titre onéreux de l'usufruit.

2580. Pour déterminer les conséquences fiscales de la réunion de l'usufruit à la nue propriété, quand elle opère mutation, il faut, avons-nous dit, se reporter à l'époque du démembrement. Presque toujours le droit a été payé par anticipation. Un des cas où il n'en est pas ainsi, est celui de *vente de l'usufruit et de la nue propriété faite par le même acte au profit de deux personnes différentes*; dans cette hypothèse, que la réunion de l'usufruit à la nue propriété ait lieu à titre onéreux ou à titre gratuit, il est dû un nouveau droit. L'Administration a récemment encore confirmé cette conséquence de notre principe (Sol. adm. enreg. 9 févr. 1882, *Diction. droits d'enreg.*, v° *Usufruit et nue propriété*, n° 649). Une espèce voisine de la précédente est celle où le propriétaire aliène l'usufruit en se réservant la nue propriété; il est certain que si l'usufruit est rétrocédé ultérieurement au nu propriétaire, un droit de mutation sera exigible, parce qu'il y a dans ce cas deux mutations successives soumises à des droits distincts, et qu'aucune de ces mutations n'a donné lieu à un payement anticipé (Trib. Seine, 17 juin 1881, aff. Binoche, Garnier, *Rép. pér. enreg.*, art. 5859. V. *Rép.* n° 2454).

2581. Remarquons que, lorsque le nu propriétaire a acquitté le droit sur la valeur de la pleine propriété au moment où le démembrement a eu lieu, le payement par anticipation ne profite pas seulement à l'acquéreur originaire, mais en outre à tous ses ayants cause à titre onéreux ou à titre gratuit qui acquerront eux-mêmes la nue propriété avant sa réunion à l'usufruit. Au moyen de cette perception anticipée, l'expectative de l'usufruit circule en franchise, et aucun droit n'est encouru même au moment où elle se réalise (Demante, t. 1, n° 75). Cette solution est essentiellement rationnelle; dès lors qu'il est admis que les transmissions de la nue propriété ne donnent ouverture à aucun droit proportionnel de mutation sur l'usufruit, il est indifférent de distinguer, quant à la perception de ce droit, si la consolidation est arrivée pendant que la nue propriété était encore entre les mains du propriétaire originaire qui avait acquitté par anticipation le droit de mutation sur l'usufruit, ou si elle n'a eu lieu qu'à une époque où la nue propriété était passée en d'autres mains; le nu propriétaire, quel qu'il soit et quelle que soit la cause qui ait amené la consolidation, doit profiter du bénéfice de ce payement anticipé comme en aurait profité l'acquéreur originaire si la réunion de l'usufruit à la nue propriété fût arrivée au temps où il possédait cette nue propriété. Quoique la jurisprudence soit fixée aussi sur ce point depuis longtemps (Civ. rej. 10 mai 1848, aff. Oriot, D. P. 48. 1. 91, et la note), ce n'est qu'en 1861 que l'Administration a accepté cette interprétation (Instr. adm. enreg. 31 janv. 1861, n° 2188, D. P. 74. 5. 224. Conf. Sol. adm. enreg. 28 mai 1883, *Diction. droits d'enreg.*, v° *Usufruit et nue propriété*, n° 667. V. aussi Demante, t. 2, n° 751).

2582. Par application de ce qui précède, il a été jugé que lorsque l'acquéreur de la nue propriété d'immeubles qui a payé pour cette acquisition le droit proportionnel sur la valeur entière des immeubles, et conséquemment par anticipation pour la mutation qui réunira l'usufruit à la nue propriété, échange cette nue propriété contre la propriété entière d'autres immeubles, et que les deux lots échangés présentent des revenus égaux, le revenu de celui composé de la nue propriété doit être capitalisé au denier dix seulement pour la perception du droit proportionnel d'enregistrement. Et, comme la valeur de la pleine propriété composant l'autre lot doit être déterminée d'après son revenu capitalisé au denier vingt, suivant la règle établie par l'art. 15, n° 4, de la loi du 22 frim. an 7, il en résulte une inégalité de lots qui constitue une soulte passible du droit proportionnel de vente immobilière à 5 fr. 50 cent. pour 100 (Trib. Epernay, 28 déc. 1873, aff. Maricot-Berlin, D. P. 74. 5. 199).

2583. Il a été décidé, au contraire, que le legs accompagné de la constitution au profit d'un tiers d'un usufruit à commencer au décès du légataire, doit être considéré comme un legs de pleine propriété, dont les biens ne se trouveront grevés d'usufruit qu'entre les mains des héritiers de l'institué ; que, par suite, ces héritiers recueillent les biens ainsi légués à leur auteur, grevés, non pas d'un usufruit déjà existant en la personne de ce dernier, mais d'un usufruit né, pour la première fois, en leur personne, et que, dès lors, ils sont tenus de payer le droit de mutation sur la valeur entière de la propriété, sauf dispense à l'époque de l'extinction de l'usufruit du droit de consolidation qu'ils ont aussi acquitté d'avance ; on ne peut pas dire, en ce cas, que le droit de consolidation avait été payé lors de l'ouverture du testament constitutif de l'usufruit, et qu'il ne devait plus l'être jusqu'à son extinction (Civ. cass. 5 avr. 1864, aff. de Louvencourt, 2 arrêts, D. P. 64. 1. 169). Comme nous l'avons dit, en rapportant ces arrêts, l'usufruit légué ne devant commencer qu'à la mort du légataire de la propriété, il constituait un usufruit éventuel, subordonné à la survie, par rapport à ce légataire, de celui qui en était gratifié. Dans cette situation, le légataire de la chose grevée d'un pareil usufruit se trouvait être légataire d'une pleine propriété, dans le sens de la loi fiscale. Aucune consolidation d'un usufruit non encore ouvert, et qui ne devait pas s'ouvrir de son vivant, ne pouvait, en effet, se réaliser à son profit ; le droit de mutation par lui payé sur la valeur entière de la propriété n'était pas, dès lors, susceptible de se décomposer en deux droits, l'un payé pour la nue propriété actuellement acquise, l'autre avancé pour un usufruit dont il n'était pas personnellement grevé. Cette décomposition n'est devenue possible qu'au jour où l'usufruit a réellement été séparé de la propriété, ou, en d'autres termes, au jour du décès de l'institué. C'est alors seulement qu'est arrivée l'exigibilité des droits à percevoir, en cas de mutation de nue propriété et d'usufruit, et qu'il y avait lieu, pour la première fois, de se conformer à l'art. 15, n° 7, de la loi du 22 frim. an 7, sans que les héritiers de l'institué, nu-propriétaires premiers grevés, fussent admis à soutenir que leur auteur aurait acquitté par avance un droit de consolidation impliquant, à l'égard de ce dernier, une expectative d'usufruit qui ne pouvait naître qu'après son décès et se réaliser qu'en faveur de ses successeurs (D. P. *ibid.*, note).

2584. Des questions fort délicates se sont présentées, surtout depuis quelques années, au cas d'*acquisition simultanée de l'usufruit et de la nue propriété*. L'Administration a soutenu sur ce point une théorie qui n'a pas trouvé faveur, en général, devant les tribunaux. Plusieurs hypothèses doivent être distinguées. — Nous supposerons d'abord que le nu-propriétaire et l'usufruitier ont vendu la pleine propriété par un même acte, moyennant deux prix distincts. Dans ce cas, l'Administration reconnaît que la valeur de l'usufruit doit être déduite pour la liquidation du droit de mutation. L'administration belge s'est prononcée en sens contraire (*Journ. enreg. belge*, n° 10643) ; mais, en France, la question n'a jamais fait difficulté. « La cour de cassation, dit la Régie dans une de ses solutions, a décidé, par un arrêt du 10 mai 1848 (aff. Oriot, D. P. 48. 1. 91), servant de règle, que si l'acquéreur d'une nue propriété pour laquelle le cédant a payé le droit de mutation sur la valeur entière, se rend plus tard adjudicataire de l'usufruit légué à une autre personne, il ne peut être exigé aucun droit de mutation, puisque l'impôt a été réglé par anticipation lors de la transmission de la nue propriété au cédant. Il n'y a aucune raison pour ne pas appliquer ce principe à l'achat simultané par un tiers de la nue propriété et de l'usufruit ; dans ce cas, l'acquéreur est toujours le représentant du cédant et doit profiter, comme lui, de l'exemption relative à la réunion de la jouissance » (Sol. adm. enreg. 23 avr. 1866, Garnier, *Rép. pér. enreg.*, n° 2402).

2585. La même règle est applicable lorsque, ce qui est le cas le plus ordinaire, la vente est faite par le nu-propriétaire et l'usufruitier moyennant un prix unique sans fixation de la part afférente dans ce prix aux droits de chacun. Nous avons nous-mêmes justifié ainsi cette application de la cour : « Si l'usufruitier et le nu propriétaire tombent d'accord pour vendre cumulativement leurs droits respectifs sur l'immeuble, c'est-à-dire pour vendre ensemble la pleine propriété, pareille vente équivaut à la vente simultanée de deux immeubles appartenant à deux personnes différentes. Il y a en réalité deux ventes en une ; il y a deux droits vendus : l'usufruit et la nue propriété que l'acheteur a réunis en sa main par l'effet d'un double achat ; dans le prix de cette vente faite en bloc, chacun des deux vendeurs a droit à une part correspondante à la chose par lui aliénée. L'usufruitier est donc créancier que d'une part du prix ; et, si cette part n'a pas été fixée dans l'acte de vente, elle doit être déterminée au moyen d'une ventilation, proportionnellement à la valeur comparative de deux droits, comme au cas de l'art. 2192 c. civ. » (Req. 7 janv. 1878, aff. Laporte, D. P. 78. 1. 145, note. Com. Civ. cass. 24 nov. 1858, aff. Martin, D. P. 58. 1. 438 ; Req. 28 mai 1877, aff. Tisserand, D. P. 77. 1. 496).

2586. On remarquera que nous proposons de recourir à la ventilation pour déterminer la valeur imposable, lorsque les parties n'ont pas indiqué dans l'acte de vente le prix concernant l'usufruit. L'Administration est d'avis, au contraire, de ne pas prendre pour base la déclaration des parties, et de percevoir le droit de vente dans tous les cas sur la moitié du prix seulement, l'autre moitié représentant d'après la loi, la valeur de l'usufruit (Sol. adm. enreg. 1er août 1877 ; 13 août 1881 ; 11 oct. 1881). Les auteurs du *Dictionnaire des droits d'enregistrement*, en mentionnent ces solutions en les approuvant (v° *Usufruit et nue propriété*, n° 674) citent un jugement du tribunal de Rouen, du 25 mai 1883 (Garnier, *Rép. pér. enreg.*, art. 6252), qui l'a admise aussi « dans une espèce où il s'agissait de savoir dans quelle proportion les droits de la veuve usufruitière s'exerçaient sur les immeubles de communauté vendus par elle et ses enfants ».

2587. La circonstance que l'usufruitier reçoit en compensation de son droit de jouissance sur le bien aliéné l'usufruit de la totalité ou d'une partie du prix de vente est-elle de nature à faire changer les règles de la liquidation ? C'est sur cette hypothèse particulièrement difficile que le désaccord s'est établi entre l'Administration et la plupart des tribunaux. L'Administration, après avoir été d'avis contraire, a décidé d'une manière absolue, qu'au cas de vente simultanée de la nue propriété et de l'usufruit, moyennant un prix unique, avec report de l'usufruit sur le prix, la valeur de l'usufruit ne devait pas être déduite, attendu qu'il n'y avait pas ici réunion de l'usufruit à la nue propriété, puisque l'usufruit n'était pas éteint, mais seulement reporté d'une chose sur une autre. Tout autre est le cas où l'on attribue à l'usufruitier une portion déterminée du prix d'adjudication, qui comprend alors à la fois la valeur de la nue propriété et celle de l'usufruit, et celui où la totalité du prix d'adjudication appartenant au nu-propriétaire, l'usufruitier reçoit seulement des intérêts ; la valeur de l'usufruit n'entrant ici ni dans la composition du prix ne doit plus ici en être déduite (Sol. adm. enreg. 4 août 1869, D. P. 70. 5. 149). Ce raisonnement a été très bien réfuté. « Pour l'acquéreur, a-t-on dit, le prix stipulé représente la valeur de la toute propriété, et c'est au point de vue de l'acquéreur seul, semble-t-il, que l'on doit se placer au cas actuel, puisque c'est à lui que doit profiter le bénéfice de l'exemption de droit en ce qui concerne l'achat de l'usufruit à raison de la qualité de représentant du nu-propriétaire qui lui a été reconnue, à tort ou à raison, par la solution du 23 avr. 1866 (V. *suprà*, n° 2584). En retour des prix, l'acquéreur acquiert et confond sur sa tête deux droits distincts, l'usufruit et la nue propriété ; donc nécessairement une fraction du prix représente la valeur de l'usufruit. Il importe peu que par des conventions arrêtées en dehors de lui, ou même avec son concours, les deux vendeurs stipulent que l'un touchera les intérêts, l'autre le capital. Ces stipulations ne

peuvent avoir pour résultat de priver l'acquéreur d'un bénéfice inhérent à sa qualité de représentant du nu-propriétaire.»
(*Diction. droits d'enreg.*, v° *Usufruit et nue propriété*,
n° 680). Aujourd'hui, l'Administration autorise généralement la déduction, lorsque les stipulations concernant les
droits de l'usufruitier ont été faites sans le concours de
l'acquéreur ; mais elle refuse encore de l'appliquer toutes
les fois que l'acquéreur est intervenu dans ces stipulations
(Sol. adm. enreg. 6 oct. 1882 ; 16 avr. 1883, *Diction. droits
d'enreg., ibid.*).

2588. La jurisprudence décide que l'on doit retrancher
dans tous les cas la valeur de l'usufruit de prix de vente.
C'est ce qui a été jugé d'abord dans une espèce où il résultait d'un acte de liquidation, que le prix de vente avait été
touché en entier par le nu-propriétaire et que l'usufruitier
avait renoncé à son usufruit. L'effet de la vente, dit le tribunal, a été de transmettre à l'acquéreur la pleine propriété
et, par suite, d'opérer sur sa tête la réunion de l'usufruit à
la nue propriété ; l'usufruit s'est dès lors réellement éteint,
et peu importe, au point de vue de l'impôt, de quelle manière
les vendeurs ont réparti postérieurement entre eux le prix
de la vente ; il suffit, pour que l'exemption soit applicable,
que le démembrement de la propriété ait cessé (Trib. la
Flèche, 18 déc. 1878, aff. Bourdin, D. P. 79. 3. 111). Les prétentions de l'Administration ont été également repoussées
dans une hypothèse où il était stipulé, dans le cahier des
charges de l'adjudication, que le prix de vente appartiendrait
pour la jouissance aux usufruitiers (Trib. Orléans, 24 janv.
1882, aff. Léveillé, D. P. 83. 3. 54, note. Conf. Trib.
Falaise, 9 mars 1881; Trib. Parthenay, 2 déc. 1884, aff. Texier,
D.P.87.5.202; Trib. Rennes, 11 mai 1885, aff. Grignon, *ibid.* —
Contrà: Trib. Nice, 4 juin 1883, aff. Société foncière lyonnaise, D. P. 86. 5. 206; Garnier, *Rép. pér. enreg.*, art. 6197;
Journ. enreg., art. 22028).

2589. Jugé encore que, lorsqu'un partage de communauté
et de succession a attribué, pour l'usufruit à la veuve et
pour la nue propriété à l'héritier, les deux tiers du prix
produit par l'adjudication d'un immeuble commun, et que
les droits de mutation par décès ont été acquittés conformément à ces attributions et, par conséquent, par l'héritier
qui a recueilli la nue propriété, sur la valeur de la propriété
entière, le droit de vente à la charge de l'adjudicataire n'est
dû que sur le prix diminué de la valeur de l'usufruit pour
lequel le droit de mutation par décès a été payé par anticipation. Et cette valeur doit être déterminée d'après l'attribution faite par le partage et qui a servi de base à la perception des droits de mutation par décès, alors même qu'elle
n'est pas conforme aux droits résultant des dispositions
faites par le défunt (Trib. Seine, 29 févr. 1884, aff. Laferrière, D. P. 84. 3. 103). — On remarquera qu'on ne contestait pas dans l'espèce qu'il devait être tenu compte, pour la
perception du droit de vente sur le prix de l'adjudication,
de l'impôt payé par anticipation, lors du démembrement de
la propriété, à raison de la réunion future de l'usufruit à la
nue propriété ; la difficulté avait un autre objet; l'immeuble
soumis à l'usufruit ayant été vendu par adjudication, la
contestation portait sur la quotité à déduire du prix de
l'adjudication, pour l'usufruit, D'après les titres, cet usufruit
n'avait été constitué que pour deux huitièmes, mais, en fait,
il s'était étendu presque au double par l'effet des dispositions
du partage auquel il avait été procédé entre les parties. Les
droits de mutation avaient été acquittés sur la base des
attributions faites par le partage. L'administration de l'enregistrement prétendait s'en tenir aux titres constitutifs de
l'usufruit et, en conséquence, ne porter sa valeur qu'à deux
huitièmes. La partie adverse soutenait, au contraire, que
l'évaluation devait être faite d'après celle qui avait servi de
base pour la liquidation du droit de mutation lors de la
perception de ce droit par anticipation. Ce dernier système
était conforme à l'équité et à la logique. C'est celui qui
a prévalu devant le tribunal de la Seine.

2590. On a appliqué dans la matière qui nous occupe
(*Rép.* n° 4563) le principe d'après lequel l'affranchissement
du droit équivaut au payement en produit les effets (V. *suprà*,
n°s 157 et suiv.). Plusieurs applications nouvelles en ont été
faites par la jurisprudence. Il a été décidé: 1° que les mutations
par décès étant affranchies de l'impôt en Algérie et l'exemption
du droit équivalant au payement, celui qui a recueilli par

l'effet d'un décès une nue propriété dans la colonie est dans
la même situation que s'il avait payé à ce moment, comme en
France, le droit de mutation à la fois sur la valeur de la nue
propriété et sur la valeur de l'usufruit. Il ne doit, par suite,
aucun impôt en raison de la mutation qui s'opère lorsque l'usufruit se réunit dans ses mains à la nue propriété (Sol. adm.
enreg. 24 juill. 1882, D. P. 84. 3. 56, citée *suprà*, n° 157) ; —
2° Que le droit proportionnel de mutation n'est pas dû sur la
transmission opérée par la renonciation d'un époux à l'usufruit qui lui avait été attribué par son conjoint prédécédé sur
un immeuble donné à ce dernier avec une clause de retour,
et qui, par l'effet de cette clause, est revenu pour la nue propriété, au décès du donataire, entre les mains du donateur,
sans que cette réintégration partielle ait donné lieu au droit
de mutation (Trib. Cusset, 1er juill. 1869, aff. Cornillon, D. P.
71. 3. 65). On sait, en effet, que d'après la doctrine et la
jurisprudence (V. *suprà*, n° 2183), le retour conventionnel
des biens compris dans une donation est dispensé de tout
droit d'enregistrement ; or, l'exemption équivalant au payement effectif du droit, les donateurs étaient censés avoir
payé le droit de mutation sur la propriété entière de l'immeuble donné ; — 3° Que la réunion de l'usufruit à la
nue propriété s'opère sans payement d'autres droits, en
ce qui concerne les rentes sur l'Etat exemptées, à l'époque
du démembrement, des droits de mutation à titre gratuit
jusqu'à la loi de 1850 (Trib. du Mans, 6 mai 1853, aff.
de Broc, D. P. 54. 3. 57).

2591. Les observations qui précèdent sont exclusivement
relatives à la réunion de l'usufruit à la nue propriété. Il y a
un second cas de consolidation, c'est celui où *la nue propriété
vient se joindre à l'usufruit*. Dans cette hypothèse, de
quelque manière que la réunion s'opère, à titre gratuit ou à
titre onéreux, l'impôt doit être acquitté seulement sur la
valeur de la nue propriété, l'usufruitier ayant déjà payé le
droit pour son usufruit, quand il l'a acquis à l'époque du
démembrement. Jugé en ce sens, que la convention par
laquelle le légataire de l'usufruit des meubles se fait abandonner par les héritiers la propriété entière, en leur
reconnaissant en échange le droit de toucher sur sa succession une somme déterminée représentative de leur valeur,
constitue une véritable acquisition passible du droit de mutation, mais qu'en pareil cas, c'est seulement sur la moitié
de la somme payable au décès du légataire que le droit doit
être perçu, l'usufruit ayant déjà été l'objet de la perception
d'un droit de mutation (Trib. Parthenay, 16 févr. 1853, aff.
Lafoy, D. P. 54. 3. 88).

2592. Nous avons dit (*Rép.* n° 4571) que, la loi n'ayant
établi nulle part, au moins par rapport aux transmissions à
titre onéreux, que l'usufruit vaut la moitié de la propriété
pleine et entière ou qu'il vaut autant que la nue propriété,
la circonstance que le prix exprimé au contrat ne s'élèverait
pas à cette quotité ne suffirait pas à elle seule pour autoriser
la Régie à provoquer l'expertise à l'effet de faire porter le
prix à cette quotité. En vertu du même principe, il a été
jugé, que, dans la vente d'un droit successif de nue propriété,
faite par un héritier au donataire de l'usufruit, la déclaration
que la part contributoire du vendeur dans le passif est
estimée aux trois huitièmes, doit, à moins d'exagération
démontrée par une expertise, être prise pour base du droit
de mutation à percevoir, parce qu'ici ne s'applique pas la
présomption légale que la nue propriété équivaut à la
moitié de la propriété (Trib. Strasbourg, 26 févr. 1855,
aff. Me X..., D. P. 55. 3. 55).

2593. Telles sont les règles de liquidation que l'on applique aujourd'hui, d'après le dernier état de la jurisprudence, en matière de nue propriété et d'usufruit, qu'il
s'agisse de la constitution de ces droits, de leur transmission ou de leur réunion. Ces règles manquent, comme on
l'a vu, d'uniformité, elles présentent de nombreuses anomalies et ont surtout le grave inconvénient d'imposer,
dans la plupart des cas, aux contribuables l'obligation
d'acquitter par anticipation un droit très onéreux. La nécessité d'une réforme se fait sentir depuis longtemps. A deux
reprises différentes, depuis quelques années, le Gouvernement en a pris lui-même l'initiative. En 1880, le ministre
des finances déposa un projet de loi très complet et très
sérieusement élaboré ; mais la crainte de réduire les recettes
du Trésor de huit à neuf millions détermina la commission

du budget, lorsqu'elle fut saisie du projet, à émettre un avis défavorable. La difficulté consistait à trouver des compensations ; on travailla à les chercher. Après une nouvelle étude de la question à ce point de vue, le Gouvernement, croyant les avoir trouvées, a saisi à nouveau la Chambre des députés d'un projet de loi, qui reproduit toutes les dispositions de celui de 1880, relativement au mode de liquidation du droit proportionnel applicable aux mutations de nue-propriété et d'usufruit, mais qui édicte de nouvelles règles destinées à indemniser le Trésor (*Journ. off.* du 15 oct. 1889, Ch. dép., annexes n° 3013, p. 118). Il est possible que l'accord ne se fasse pas encore sur les mesures de compensation proposées par le ministre ; quelques-unes, surtout la restriction des vocations héréditaires au sixième degré dans la ligne collatérale, qui est l'innovation principale du projet dans cet ordre d'idées, soulèvera de graves objections ; néanmoins, il paraît probable que les dispositions essentielles du projet de loi obtiendront l'assentiment des Chambres. Le texte en est ainsi conçu : « Art. 1er. La valeur de la nue propriété et de l'usufruit des biens meubles et immeubles est déterminée, pour la liquidation et le payement du droit proportionnel, ainsi qu'il suit, savoir : 1° pour les transmissions à titre onéreux de biens, autres que créances, rentes ou pensions, par le prix exprimé, en y ajoutant toutes les charges en capital, sauf application des art. 17 de la loi du 22 frim. an 7 et 13 de celle du 23 août 1871 ; 2° pour les échanges et pour les transmissions entre vifs à titre gratuit ou celles qui s'opèrent par décès des mêmes biens, par une évaluation faite de la manière suivante : si l'usufruitier a moins de vingt ans révolus, l'usufruit est estimé aux sept dixièmes et la nue propriété aux trois dixièmes de la propriété entière, telle qu'elle doit être évaluée d'après les règles sur l'enregistrement. Au-dessus de cet âge, cette proportion est diminuée pour l'usufruit et augmentée pour la nue propriété d'un dixième par chaque période de dix ans, sans fraction. A partir de soixante-dix ans révolus de l'âge de l'usufruitier, la proportion est fixée à un dixième pour l'usufruit et à neuf dixièmes pour la nue propriété. Pour déterminer la valeur de la nue propriété, il n'est tenu compte que des usufruits ouverts au jour de la mutation de cette nue propriété. L'usufruit constitué par une durée fixe est estimé aux deux dixièmes de la valeur de la propriété entière pour chaque période de dix ans de la durée de l'usufruit, sans fraction et sans égard à l'âge de l'usufruitier ; 3° pour les créances à terme, les rentes perpétuelles ou non perpétuelles et les pensions créées ou transmises à quelque titre que ce soit, et pour l'amortissement de ces rentes ou pensions par une quotité de la valeur de la propriété entière, établie suivant les règles indiquées au paragraphe précédent, d'après le capital déterminé par les paragraphes 2, 7 et 9 de l'art. 14 de la loi du 22 frim. an 7. — Art. 2. Les actes et déclarations régies par les dispositions des deux derniers paragraphes de l'art. 1er feront connaître la date et le lieu de naissance de l'usufruitier, et, si la naissance est arrivée hors de France ou d'Algérie, il sera en outre justifié de cette date avant l'enregistrement ; à défaut de quoi, il sera perçu les droits les plus élevés qui pourraient être dus au Trésor, et la perception ainsi établie ne donnera lieu à aucune restitution. L'indication inexacte de la date et du lieu de naissance de l'usufruitier sera passible, à titre d'amende, d'un droit en sus égal au supplément du droit simple exigible. — Art. 3. Les dispositions des art. 14, 15 et 68 de la loi du 22 frim. an 7 sont abrogées en ce qu'elles ont de contraire à la présente loi ».

2594. En résumé, le système que le projet de loi ci-dessus a pour but d'établir repose essentiellement sur le principe que la nue propriété et l'usufruit doivent supporter l'impôt sur leur valeur réelle, le nu-propriétaire devant payer un droit d'autant plus faible que l'usufruit aura une plus longue durée probable, et d'autant plus élevé que la jouissance approche de son terme. La valeur de l'usufruit ou de la nue-propriété est déterminée par le prix stipulé dans l'acte ; quand il s'agit d'une mutation qui ne comporte pas de prix ou dont le prix n'est pas exprimé, on perçoit le droit sur la valeur de l'objet, mais après avoir calculé la proportion pour laquelle l'usufruit en fait partie, proportion qui est fixée par le législateur d'après les indications fournies par les tables de mortalité.

2595. On rapprochera utilement le projet de loi français des dispositions contenues dans la loi belge du 27 déc. 1817 (art. 20), et dans la loi italienne du 13 sept. 1874 (art. 16 et 17). D'après la loi belge, la nue propriété est taxée comme la pleine propriété ; mais le nu-propriétaire, à la condition de donner caution, jouit d'un sursis pour le payement du droit jusqu'à l'époque de la réunion de l'usufruit à la nue propriété. Le sursis ne s'applique pas toutefois aux transmissions entre vifs. — Au contraire, l'idée qui a prévalu dans la loi italienne, c'est que le droit n'est dû par l'acquéreur de la nue propriété que sur la valeur de cette nue propriété, valeur que l'on détermine en déduisant l'usufruit de la pleine propriété ; mais, à l'extinction de l'usufruit, le droit est dû sur la valeur pour laquelle l'usufruit a été déduit lors de la perception du droit sur la nue propriété. Ajoutons que la valeur de l'usufruit est déterminée légalement, en général, selon que l'usufruitier a ou n'a pas cinquante ans révolus.

N° 2. — *Droits d'usage et d'habitation ; Servitudes*
(*Rép.* n°s 4605 à 4608).

2596. Les constitutions ou cessions de droits d'usage d'habitation et de servitude à titre onéreux sont soumises, en ce qui concerne la liquidation de l'impôt, aux règles établies pour les mutations de propriété, c'est-à-dire que l'impôt est perçu sur le prix, ou, à défaut de prix, sur la déclaration des parties, l'usage ne devant jamais être confondu ici avec l'usufruit. Quant à la constitution ou aux cessions à titre gratuit, on leur applique, comme on l'a dit au *Rép.* n° 4606, la règle relative à l'usufruit ; on multiplie les revenus par 10 ou par 12 1/2. C'est le système qui prévaut encore aujourd'hui (Naquet, t. 2, n° 771).

N° 3. — *Baux* (*Rép.* n°s 4609 à 4640).

2597. Il y a lieu de distinguer d'abord les baux ordinaires et ceux que la loi assimile aux mutations. On a indiqué (*Rép.* n° 4611) d'après quelle base le droit est perçu sur les baux de la seconde catégorie ; on a vu que, pour les baux à rente perpétuelle, ainsi que pour les baux illimités, le droit est établi sur un capital formé de vingt fois la rente ou le prix annuel auquel on ajoute les charges. Jugé que cette règle de liquidation s'étend, en particulier, aux baux à rente perpétuelle portant sur des immeubles situés en Algérie (Civ. cass. 19 nov. 1851, aff. Sid-Mohammed-Ben-Danoun, D. P. 51. 1. 324). Quant aux baux à vie, le droit est liquidé sur un capital formé de dix fois la rente ou le prix annuel, en y ajoutant également les charges (*Rép. ibid.*).

2598. On s'est demandé s'il fallait appliquer aux baux dont on vient de parler l'art. 2 de la loi du 21 juin 1875, d'après lequel on doit multiplier le revenu par 25 ou 12 1/2 dans tous les cas où, conformément à l'art. 15 de la loi du 22 frim. an 7, il devait être multiplié par vingt ou par dix.

Il a été décidé que, pour la perception du droit de 4 pour 100 sur les baux à vie ou à durée illimitée ayant pour objet des immeubles ruraux, la capitalisation devait toujours avoir lieu par vingt ou par dix ; la loi de 1875, ne parlant que des revenus, est étrangère au cas où le produit des biens constitue des arrérages (Sol. adm. enreg. 15 déc. 1877). L'opinion contraire nous paraît préférable. Comme le dit M. Naquet, t. 2, n° 784, note 1-2, la loi de 1875, en se servant du mot *revenu*, n'a pas pu assigner à ce mot un sens restreint, puisque cette loi visait l'art. 15 de la loi de frimaire, et que, dans cet article, il est question du produit des biens, expression très générale qui comprend les arrérages comme les revenus. La capitalisation des baux, ajoute le même auteur, *loc. cit.*, n'a pas pour but de présumer l'importance de leur durée, mais résulte de l'assimilation faite par la loi, au point de vue de la liquidation, entre les baux et les transmissions de propriété ou d'usufruit (Conf. Garnier, *Rép. pér. enreg.*, art. 5450). Il faut donc multiplier le prix annuel par vingt-cinq ou par douze et demi toutes les fois que le bail a pour objet un immeuble rural.

2599. En ce qui concerne les baux ordinaires, la valeur imposable est toujours déterminée conformément à la loi de frimaire an 7, par le prix cumulé de toutes les années du bail, en y ajoutant les charges (*Rép.* n° 4614) ; mais la loi du 23 août 1871 a introduit dans cette matière d'importantes innovations. Les dispositions de cette loi ont été commentées *suprà*, n°ˢ 1619 et suiv. — Nous n'avons à mentionner ici qu'une solution qui a décidé, avec raison, que lorsqu'un bail écrit est découvert après la déclaration d'une location verbale, le droit acquitté lors de cette déclaration est imputable sur celui auquel le bail écrit donne lieu (Sol. adm. enreg. 18 sept. 1872, D. P. 73. 5. 201).

2600. Il convient de remarquer que la loi du 23 août 1871 ne concerne que les baux dont la durée est limitée ou qui sont faits suivant l'usage des lieux. Le fractionnement ne pourrait donc pas être requis relativement aux baux à durée illimitée (V. *suprà*, n° 1620); le bail fait *selon l'usage des lieux*, très commun à Paris, est régi par exception, quoique ayant lui-même ce dernier caractère, par la nouvelle loi. On entend par locations faites selon l'usage des lieux celles qui sont faites pour une durée indéterminée, avec faculté pour les parties de les faire cesser en donnant congé un certain temps à l'avance. D'après l'art. 11, § 2, de la loi du 23 août 1871, le droit n'est dû, pour ces sortes de locations, que sur chaque terme et dans les vingt jours de son échéance (Sol. adm. enreg. 14 nov. 1871; 26 juin 1872, *Diction. droits d'enreg.*, v° *Bail*, n° 412; Trib. Loches, 5 déc. 1873, aff. Lafaye, D. P. 74. 5. 193; Garnier, *Rép. gén. enreg.*, n° 2885-1. — *Contrà* : *Journal du notariat* du 25 oct. 1872. V. *suprà*, n° 1633).

2601. Ainsi que nous l'avons dit (*Rép.* n° 4627), ce n'est pas seulement sur le prix que le droit proportionnel doit être perçu, c'est encore sur les charges imposées au preneur; il faut toutefois distinguer avec soin les obligations particulières auxquelles le preneur consent à se soumettre, ou charges conventionnelles, et les charges légales qui lui incombent de droit; ces dernières, en effet, ne doivent pas être ajoutées au prix. Nous citerons plusieurs décisions qui contiennent de nouvelles applications de cette règle ou qui confirment celles que nous avons déjà rapportées. Ainsi il faut ajouter au prix : 1° l'impôt foncier, lorsqu'une clause du bail le met à la charge du preneur (Civ. cass. 23 mars 1869, aff. Pizzera, D. P. 70. 1. 104); 2° l'obligation de curer les fosses, puits et lieux d'aisance (Trib. Seine, 14 juill. 1853, *Journ. enreg.*, n° 15703); 3° l'obligation de payer pour le bailleur une prime d'assurance (Req. 30 janv. 1867, aff. Roger-Girardière, D. P. 67. 1. 300); 4° l'obligation d'acquitter les frais d'éclairage et d'abonnement aux eaux publiques (Sol. adm. enreg. 10 mai 1867, Garnier, *Rép. gén. enreg.*, n° 2356-3°); 5° l'obligation de consentir au bailleur un prêt sans intérêts (Garnier, *Rép. gén. enreg.*, n° 2544-1). — V. *infrà*, n° 2648.

2602. La liquidation de l'impôt dans les *baux à cheptel simple* a donné lieu à des difficultés dont plusieurs ont été examinées au *Répertoire*, dans la partie consacrée à l'exigibilité. La règle qui a prévalu est celle d'après laquelle, lorsqu'il n'a pas été stipulé de prix en argent dans un bail à cheptel simple, le droit de 20 cent. pour 100 fr., établi par l'art. 1ᵉʳ de la loi du 16 juin 1824, doit être assis sur la valeur du bétail, déterminée dans l'acte ou à déterminer par une évaluation, sans avoir égard à la déclaration du revenu annuel présumé, faite par les parties dans l'acte pour la perception des charges d'enregistrement (V. *suprà*, n° 1014).

2603. La controverse que nous avons longuement exposée (*Rép.* n° 4618 et suiv.) relativement à la manière d'opérer la liquidation, en matière de baux emphytéotiques, dure encore aujourd'hui (V. *suprà*, n°ˢ 1612 et suiv.).

Il y a lieu de distinguer d'abord la constitution de l'emphytéose et sa transmission.

En ce qui concerne l'acte constitutif d'emphytéose, on ne peut, ainsi que nous l'avons expliqué (*Rép.* n° 4619), liquider le droit sur la durée cumulée de toutes les années du bail sans frapper le bail emphytéotique d'un droit exorbitant, car le droit, à raison de la longue durée de ces baux, se trouverait perçu sur une valeur supérieure à celle des biens donnés en emphytéose; et, comme, d'un autre côté, aucun prix en capital n'est stipulé dans l'acte, il y a lieu de percevoir l'impôt sur une déclaration estimative, conformément à l'art. 16 de la loi du 22 frim. an 7. L'évaluation se fait en capital et sur la redevance augmentée des charges.

S'il s'agit non plus de la constitution, mais de la transmission de l'emphytéose, le mode de liquidation ne présente

pas de difficulté; si la cession a lieu à titre onéreux : le droit à percevoir dans ce cas, qu'il s'agisse du domaine direct, c'est-à-dire du droit du bailleur, ou du domaine utile, c'est-à-dire du droit du preneur, doit être liquidé sur le prix de cession augmenté des charges.

Il n'en est pas de même dans l'hypothèse où la cession a lieu à titre gratuit entre vifs ou par décès; la question de savoir comment la liquidation doit se faire dans ce cas est très délicate. Les systèmes que l'on propose aujourd'hui sont encore ceux que nous avons indiqués, ou bien en diffèrent peu ; nous ferons remarquer toutefois que les idées que nous avons émises sur ce point tendent de plus en plus à prévaloir, quoique la jurisprudence soit encore incertaine. La difficulté s'élève soit pour la transmission du domaine direct, soit pour la transmission du domaine utile. Relativement au domaine utile, la question ne se posait pas pour les transmissions héréditaires tant que la jurisprudence ne distinguait pas le bail emphytéotique des baux ordinaires; ainsi que nous l'avons dit (*Rép.* n° 4639), le bail emphytéotique échappait alors nécessairement au droit de mutation par décès ; mais la controverse se produisit le jour où la cour de cassation considéra l'emphytéose comme un acte translatif de propriété ; le droit de mutation étant désormais exigible, comment devait-il être liquidé? La même difficulté se posa pour la transmission du domaine direct. Nous avions rapporté un jugement du tribunal de Lille du 3 mars 1849 (aff. N..., D. P. 49. 5. 149) d'après lequel, pour liquider le droit à percevoir sur le domaine utile, il faut multiplier par vingt le revenu, déduction faite de la redevance qui représente la valeur de la propriété du bailleur, et de même, au cas de mutation à titre gratuit du domaine direct, multiplier par vingt le chiffre de la redevance. Mais nous avions dit qu'on ne pouvait pas faire de ce mode de procéder une règle absolue et indépendante du nombre des années qui restent encore à courir jusqu'à l'expiration du bail à l'époque de la mutation ; il fallait nécessairement tenir compte, à notre avis, de cette circonstance, qui peut influer considérablement aussi bien sur la valeur de la propriété du preneur que sur la valeur de celle du bailleur. C'est ce que l'on a généralement reconnu depuis cette époque.

Les auteurs du *Dictionnaire des droits d'enregistrement* v° *Bail emphytéotique*, n°ˢ 107 et suiv., proposent, en ce qui concerne les mutations à titre gratuit, portant sur le droit du bailleur ou sur celui du preneur, un mode de liquidation qui présente de nombreuses analogies avec le système ingénieux que développa M. le conseiller Moreau dans son rapport sur l'affaire qui donna lieu à l'arrêt de la cour de cassation du 6 mars 1850 (aff. Ducatel, D. P. 50. 1. 129, note). La combinaison proposée par ces auteurs s'appuie sur le principe suivant : « Le total des droits perçus sur les transmissions distinctes des diverses parties dont se compose le domaine doit être égal au droit qui serait dû pour la mutation au même titre de la propriété entière ; d'où cette conséquence, que le droit dû pour la mutation du domaine direct égale la différence entre le droit dû pour la toute propriété et celui dû pour le domaine utile et réciproquement ». La justification de ce principe est tirée des règles de perception admises en matière de cession d'usufruit.

2604. En réalité, les partisans de ce système aboutissaient à cette conséquence, que la valeur du domaine direct, augmentant au fur et à mesure qu'on approche de la fin du bail, le revenu de cette propriété doit être déterminé, pour la perception des droits de mutation à titre gratuit ou par décès, d'après la déclaration des parties, conformément à l'art. 16 de la loi du 22 frim. an 7, et non pas en multipliant par vingt soit le revenu du domaine utile, soit la redevance emphytéotique. Il a été jugé, dans cette hypothèse, que le droit dû en cas de mutation, par le décès du bailleur, d'un immeuble donné à bail emphytéotique, doit être calculé en multipliant par vingt, non la redevance stipulée dans le bail, mais la valeur locative de l'immeuble à l'époque du décès, sauf à défalquer du capital obtenu la somme représentative du domaine utile de l'emphytéote, eu égard au temps que doit durer encore le bail de ce dernier (Civ. rej. 17 nov. 1852, aff. Besnard, D. P. 52. 1. 262). D'après ce même arrêt, l'administration de l'enregistrement a le droit de requérir l'expertise à raison de la mutation par décès du domaine direct, quoique les héritiers aient acquitté les droits sur un capital formé de vingt fois la redevance, et que le bail emphytéotique doive durer encore plus de vingt ans.

De même, au cas de mutation du domaine utile, la liquidation est établie d'après le revenu sans distraction des charges (L. 22 frim. an 7, art. 15, n°s 4 et 7), mais seulement d'après le revenu du domaine utile, revenu que les parties doivent fixer elles-mêmes par une déclaration faite conformément à l'art. 16 (L. 22 frim. an 7).

Le mode de liquidation que nous venons d'indiquer est, d'ailleurs, aussi bien applicable aux mutations par voie d'échange qu'aux mutations à titre gratuit, puisque pour les unes comme pour les autres le droit est perçu d'après la même base, c'est-à-dire d'après le revenu des biens transmis (L. 22 frim. an 7, art. 15, n° 4).

Nous avons dit, dès l'époque de la publication du *Répertoire*, que la déclaration estimative était le seul mode de liquidation qui pût être admis pour les mutations à titre gratuit en matière d'emphytéose (*Rép.* n°s 4635 et 4640). Cette opinion est partagée aujourd'hui par les derniers auteurs qui ont écrit sur la matière. Tous enseignent que le silence du législateur et l'indétermination du capital dans les taux emphytéotiques font de la déclaration estimative une formalité nécessaire pour opérer la liquidation. « Longtemps on a pris pour accordé, dit M. Demante dans la dernière édition de son ouvrage, que la valeur devait être ici déterminée par un capital formé de la multiplication de la redevance annuelle. Mais ce principe admis, on ne s'est pas entendu sur les conséquences. Les uns ont proposé le multiplicateur 20, avec certaines distinctions; les autres, le multiplicateur 10. Tous ces systèmes pèchent par la base; la formation du capital par la multiplication du revenu est applicable seulement dans de cas déterminés par la loi; or le cas proposé ne rentre précisément dans aucun de ces cas. Il faut donc, à défaut d'évaluation légale, recourir à la déclaration estimative des parties; tel est le système qui tend à prévaloir aujourd'hui *post magnas varietates* » (Demante, t. 1, n° 360; Naquet, t. 2, n° 772).

2605. L'Administration a décidé elle-même récemment, que c'est par la déclaration des parties que le revenu du domaine utile de biens compris dans un bail emphytéotique doit être établi pour la liquidation du droit de mutation exigible dans le cas de transmission à titre gratuit ou par décès. Elle s'est ralliée à cette solution après le travail auquel elle s'est livrée devant la commission parlementaire du Sénat à l'occasion du projet de loi sur les baux emphytéotiques soumis à cette assemblée. Dans les discussions qui ont eu lieu dans cette commission, « il a été reconnu, dit l'Administration, qu'aucun des systèmes proposés par les auteurs ou adoptés par les tribunaux, pour déterminer *a priori* la valeur du domaine utile, ne fournit de solution satisfaisante et n'échappe à la contradiction. Tous sont plus ou moins le résultat d'appréciations arbitraires. Or, en matière d'enregistrement, les procédés de l'espèce sont essentiellement contraires à l'esprit de la loi. Toutes les fois que la législation ne contient pas de règles certaines pour la détermination de la valeur imposable, c'est à la déclaration estimative des parties qu'il y a lieu de recourir (L. 22 frim. an 7, art. 16), sauf à l'Administration à le soumettre au contrôle qui lui est réservé. Le projet de loi adopté par le Sénat, dans sa séance du 28 févr. 1882, consacre formellement, sur la proposition de l'Administration, cette base de liquidation de l'impôt. Il paraît convenable de s'abstenir d'en critiquer l'exactitude devant les tribunaux » (Sol. adm. enreg. 14 sept. 1882, D. P. 83. 5. 247).

2606. Nous avons dit (*Rép.* n° 4632. V. *suprà*, n°s 1680 et suiv.), que les règles de liquidation concernant les baux s'appliquent aussi aux *cessions et subrogations de baux.* Il en est ainsi, en particulier, du fractionnement autorisé par la loi du 23 août 1871 relativement aux baux dont la durée excède trois ans. Ainsi, il a été jugé que le droit proportionnel applicable à une cession de bail doit être liquidé, lorsqu'aucune réquisition de fractionnement n'est présentée, sur toutes les années restantes du bail entier, et non pas seulement de la période en cours, encore bien que, lors de l'enregistrement du bail, la perception ait été limitée sur la réquisition du preneur à une période triennale (Trib. Rouen, 29 janv. 1885, aff. Laurent, D. P. 87. 3. 24). Cette solution

est rationnelle; comme on l'a dit dans la note jointe à ce jugement, la cession d'un bail constitue un contrat entièrement distinct du bail principal. Lorsque le bail est cédé au cours d'une période, le droit proportionnel est dû par le cessionnaire en raison du temps restant à courir de cette période, indépendamment de celui qui a pu être payé antérieurement par le preneur primitif sur l'intégralité de la période commencée (Sol. adm. enreg. 6 sept. 1872). Le cessionnaire doit, en outre, le droit pour les autres périodes à courir du bail. Pour la cession de bail comme pour le bail lui-même, la perception de l'impôt n'est fractionnée qu'autant que la partie le requiert. Par suite, si le cessionnaire ne fait pas une nouvelle réquisition expresse de fractionnement, lors de l'enregistrement de la cession de bail, le droit est liquidé sur le loyer cumulé de toutes les années restant à courir.

N° 4. — *Engagements d'immeubles* (*Rép.* n°s 4641 à 4644).

2607. Les règles de liquidation sont encore les mêmes que celles que nous avons indiquées au *Répertoire*. La loi du 23 août 1871 a fait naître en matière d'antichrèse une double question : la première concerne l'exigibilité, c'est celle de savoir si les mutations verbales d'antichrèse sont assujetties depuis cette loi à l'impôt; nous avons examiné cette difficulté sur la solution de laquelle les auteurs ne s'accordent pas (V. *suprà*, n° 1694). Mais, en admettant que le législateur de 1871 ait entendu atteindre les engagements d'immeubles aussi bien que les baux, une seconde question se pose relativement à la liquidation du droit : celle de savoir si le fractionnement dont parle l'art. 11 de cette loi, relativement aux locations verbales, est applicable en matière d'antichrèse. L'affirmative a des partisans. L'antichrèse, dit-on, bien qu'elle ait été assujettie à un tarif particulier de 2 pour 100, sous le titre d'engagement d'immeubles, n'en est pas moins soumise à toutes les règles de perception de baux. L'art. 13 de la loi de frimaire an 7, dont l'art. 11 de la loi de 1871 reproduit les dispositions, a rangé les engagements d'immeubles, c'est-à-dire les antichrèses, parmi les mutations de jouissance; or la loi de frimaire, qui oppose l'usufruit à la jouissance, prend ce dernier terme dans un sens restreint comprenant seulement la jouissance à titre de ferme, de location et d'engagement; le fractionnement doit donc s'appliquer à l'antichrèse comme aux autres mutations de jouissance (*Diction. droits d'enreg.*, v° *Bail*, n° 362). Nous croyons l'opinion contraire plus exacte. Malgré les analogies que présentent le bail et l'antichrèse, ces deux actes diffèrent essentiellement, notamment en ce qui concerne le mode de liquidation, puisque lorsqu'il s'agit d'engagements d'immeubles, le droit est déterminé par les prix et sommes pour lesquels les engagements sont faits (*Rép.* n° 4641). Nous ajouterons que le fractionnement de l'impôt est étranger aux baux à durée illimitée; or l'antichrèse se rapproche plus d'un bail de cette nature que d'un bail ordinaire. La jurisprudence n'a pas encore statué sur cette difficulté.

Sect. 2. — De la liquidation, lorsque le prix n'est pas exprimé, ou des modes de suppléer au défaut d'indication du prix (*Rép.* n°s 4645 à 4844).

Art. 1er. — *De la déclaration estimative*
(*Rép.* n°s 4646 à 4687).

2608. L'obligation de faire une déclaration est aujourd'hui imposée aux parties, en matière d'enregistrement, dans un grand nombre d'hypothèses; mais toutes les déclarations n'ont pas le même caractère, ni le même objet. Il faut distinguer celles qui interviennent en l'absence d'acte écrit et dont l'objet est de faire connaître, non pas seulement l'importance d'une mutation, mais son existence, et celles qui se réfèrent à un acte préexistant, tendent uniquement à déterminer les valeurs sur lesquelles le droit proportionnel doit être perçu. Nous n'avons pas à nous occuper ici des premières, que des lois récentes ont étendues au cas de *locations verbales* d'immeubles (V. *suprà*, n°s 1619 et suiv.), et à celui de *mutations verbales de fonds de commerce* (V. *suprà*, n°s 1563 et suiv.); les explications qui suivent se rapportent exclusivement aux *déclarations estimatives* prescrites par l'art. 16 de la loi du 22 frim. an 7.

2609. Ainsi qu'on l'a vu (*Rép.* n° 4647), la déclaration est, au contraire, nécessaire toutes les fois que les actes, conventions ou mutations ne comportent pas de prix par leur nature, ou n'expriment qu'imparfaitement les éléments dont ce prix se compose. Il a été décidé, par suite : 1° que lorsqu'il est établi qu'un *crédit* a été réalisé partiellement pour un chiffre non indiqué, la partie est tenue de faire connaître ce chiffre par une déclaration estimative, à peine de perception du droit proportionnel sur la totalité du crédit (Trib. Seine, 10 févr. 1866, aff. Gélis-Didot, D. P. 66. 3. 104); — 2° Que le receveur de l'enregistrement auquel est présenté un acte portant *cession de droits successifs* est fondé à exiger, avant de l'enregistrer, une déclaration du montant des dettes mises par la cession à la charge du cessionnaire, afin de l'ajouter, à titre de charges, au prix stipulé pour la liquidation du droit proportionnel (Civ. cass. 3 déc. 1873, aff. Roudeille, D. P. 74. 1. 257, note); — 3° Que c'est par la déclaration estimative des parties, ainsi qu'on l'a vu *suprà*, n° 2606, que le revenu du domaine utile de biens compris dans un *bail emphytéotique* doit être établi pour la liquidation du droit de mutation exigible dans le cas de transmission à titre gratuit ou par décès (Sol. adm. enreg. 14 sept. 1882, citée *suprà*, n° 2606).

2610. En principe, la loi n'admet la déclaration des parties pour fixer la valeur des objets soumis aux droits d'enregistrement que lorsqu'il n'existe pas d'autres moyens de déterminer cette valeur ; toutes les fois que l'acte soumis à la formalité contient une base légale de perception, la déclaration estimative doit être écartée. Ce principe, déjà énoncé au *Rép.* n°ˢ 3079 et 4321, a été maintes fois confirmé depuis lors. L'art. 16 de la loi du 22 frim. an 7, porte un arrêt de la cour de cassation, n'est applicable qu'au cas où les bases de la perception manquent d'une manière absolue (Civ. cass. 29 août 1831, aff. Maccarthy, D.P. 31. 1. 123). C'est par application de cette règle, en effet, qu'il a été jugé, comme nous l'avons dit précédemment : 1° que le droit de mutation par décès sur les créances doit être liquidé d'après leur capital nominal, même quand elles sont vendues à un prix inférieur à ce capital et sans qu'il y ait jamais lieu à évaluation de la part de l'héritier (Civ. cass. 24 avr. 1861, aff. d'Hinnisdal, D. P. 61. 1. 222. V. *suprà*, n° 2133); — 2° Que, dans une vente faite moyennant un prix consistant en annuités, la liquidation doit s'effectuer sur l'ensemble des annuités, malgré les avantages que le terme procure à l'acheteur (Req. 2 janv. 1872, aff. Calmels, D. P. 72. 1. 89. V. *suprà*, n° 2426); — 3° Que, lorsqu'une vente faite moyennant une rente viagère dont le capital est indiqué pour fixer l'étendue des garanties promises par l'acquéreur et par la caution, le droit doit être perçu sur ce capital, et non pas sur la valeur déclarée par les parties (Trib. Bagnères, 27 janv. 1868, aff. Dumoret, D. P. 69. 5. 184. V. *suprà*, n° 2441).

2611. La quotité des droits d'enregistrement ne pouvant être déterminée que par la nature et la valeur de la chose au moment où la transmission en est opérée, et les *constructions* élevées par le preneur sur le terrain loué devant être considérées comme immeubles pour le payement des droits de mutation dus par suite de son décès au cours de sa jouissance, encore bien qu'il ait été stipulé dans le bail que le bailleur aurait droit, à son expiration, de retenir les constructions élevées par le preneur, à charge d'en payer la valeur à dire d'expert ou de les faire enlever aux frais du preneur, la valeur de ces constructions doit être déterminée pour la liquidation de l'impôt, d'après le revenu multiplié par le nombre d'années restant à courir du bail, et non par une déclaration estimative des parties, conformément à la règle établie pour les transmissions, par décès, de biens meubles (Civ. cass. 24 nov. 1869, aff. Guérin, D.P.70.1. 272).

2612. Jugé que l'obligation imposée aux parties de suppléer par une déclaration estimative à l'absence de détermination des sommes ou valeurs portées dans un acte présenté à l'enregistrement, ne fait pas obstacle à ce que l'Administration puise, soit dans l'acte même, soit dans un acte différent, mais connexe, soit enfin dans des faits constants et reconnus, les éléments de la détermination et fasse elle-même le calcul (Civ. rej. 20 févr. 1883, aff. Guntzberger, D. P. 83.1.235 ; Req. 22 juin 1885, aff. Dupont, D.P. 86.1. 267 ; Civ. cass. 5 avr. (et non août) 1887, aff. Messimy, D.P. 88.1.65).

Ainsi encore le traité portant concession par une ville à une compagnie du privilège de distribuer, en percevant les produits de l'entreprise, les eaux nécessaires aux besoins publics et privés, à la condition d'exécuter des travaux spécifiés, de fournir à un prix déterminé l'eau nécessaire aux services publics municipaux et de remettre ses établissements en bon état à la ville à l'expiration de la concession, donne lieu au droit proportionnel de marché à 1 pour 100 sur le prix consistant dans la redevance à la charge de la ville pour l'eau qui doit lui être fournie et dans le prix résultant pour la compagnie, du privilège qui lui est concédé, représenté par l'évaluation des travaux qui lui sont imposés (Civ. rej. 5 févr. 1889, aff. Compagnie générale des eaux, D. P. 89. 1. 198 ; 20 mai 1890, aff. Compagnie des eaux de Saint-Nazaire, D. P. 90. 1. 349. V. *suprà*, n°ˢ 1004 et 2524).

Il résulte de ces décisions que, dans les marchés qui ne comportent pas de prix exprimé ou susceptible d'estimation et dans lesquels l'entrepreneur acquiert le droit d'exploiter un monopole pendant un temps déterminé, le droit est liquidé sur l'évaluation des travaux, la valeur de l'avantage concédé, des bénéfices à réaliser ne pouvant, au moment de l'acte, faire l'objet d'une estimation. C'est du moins l'interprétation que la jurisprudence a donnée de l'art. 14-4° de la loi du 22 frim. an 7, d'après lequel la liquidation du droit pour les marchés et traités a pour base le prix exprimé ou *l'évaluation qui sera faite des objets qui en seront susceptibles* (Trib. Seine, 5 août 1865, Garnier, *Rép. pér. enreg.*, art. 2303, et sur pourvoi, Civ. rej. 19 nov. 1867, aff. Compagnie du marché du Temple, D. P. 67. 1. 431).

On verra néanmoins, *infrà*, n° 2617, que l'Administration a contesté cette interprétation dans l'hypothèse des traités de concession concernant les chemins de fer d'intérêt local et a prétendu que le droit devait être liquidé sur le *montant des bénéfices* à réaliser par l'entrepreneur ; mais elle a fini par se rallier au système de la jurisprudence, ainsi que cela résulte d'une solution du 31 juill. 1878, conçue dans les termes suivants : « En droit, il résulte de l'art. 14, n° 4, de la loi du 22 frim. an 7, que la valeur passible du droit proportionnel doit être déterminée, pour les marchés et traités, par le prix exprimé ou par l'évaluation des objets qui en seraient susceptibles. Ces termes de la loi autorisent à exiger le droit d'enregistrement sur la valeur même des travaux ou fournitures convenues, toutes les fois que le prix n'est pas fixé ou ne peut l'être avec précision. Or tel est le caractère du prix qui consiste dans les bénéfices que pourra procurer à l'entrepreneur l'exploitation de l'établissement, ces bénéfices futurs essentiellement aléatoires et subordonnés à l'habileté de l'exploitant, à la prospérité des affaires ou à d'autres circonstances, n'ayant pas une valeur appréciable au jour de l'acte » (Garnier, *Rép. pér. enreg.*, art. 5042. Conf. Trib. Seine, 6 déc. 1878, *Contrôleur de l'enregistrement*, n° 16039 ; 24 janv. 1879, Garnier, *Rép. pér. enreg.*, art. 5814 ; Trib. Grenoble, 16 juill. 1880, *ibid.*, art. 5348).

2613. L'Administration est, d'ailleurs, autorisée d'office à évaluer le coût des travaux imposés à la compagnie, sauf réduction ou augmentation, d'après production, par les parties, des pièces justificatives (Arrêt du 20 mai 1890, cité *suprà*, n° 2612). Il n'y a pas lieu, en ce cas, de recourir à une déclaration estimative (Même arrêt). Jugé dans le même sens, que les parties devant évaluer, pour la perception des droits proportionnels d'enregistrement, les revenus des immeubles compris dans un acte d'*échange* avec soulte, l'Administration peut, lorsque l'acte a été enregistré sans que cette évaluation ait été faite pour l'un des immeubles cédés, exiger, sans qu'aucune déchéance lui soit opposable, qu'elle lui soit fournie pour arriver à une fixation plus exacte du droit proportionnel non encore prescrit. Et, au refus des parties de souscrire cette déclaration, il lui appartient d'évaluer elle-même provisoirement le revenu non déclaré et de réclamer le droit proportionnel exigible en se réglant sur cette base, sauf à augmenter ou à diminuer si les parties se soumettent aux prescriptions de la loi (Civ. cass. 12 avr. 1881, aff. Constantin, D. P. 81. 1. 366-367. V. *suprà*, n° 2523 *in fine*).

2614. Mais l'Administration a-t-elle le droit d'exiger la production des livres, inventaires et autres documents non soumis à l'enregistrement, qui contiennent les indications nécessaires pour effectuer la liquidation du droit ? La jurisprudence n'est pas encore complètement fixée sur ce point. Plusieurs tribunaux reconnaissaient formellement ce droit à la Régie (V. notamment : Trib. Yvetot, 25 nov. 1865, *Journ. enreg.*, art. 18000; Trib. Château-Thierry, 19 janv. 1867, Garnier, *Rép. pér. enreg.*, art. 2662; Trib. Seine, 8 mai 1869, *ibid.*, art. 2999; Trib. Lyon, 15 janv. 1872, *ibid*, art. 3471), mais la cour de cassation a évité de se prononcer d'une manière aussi explicite (Comp. Civ. rej. 18 janv. 1871, aff. Duval, D. P. 71. 1. 18); les auteurs du *Dictionnaire des droits d'enregistrement*, v° *Déclaration en matière d'enregistrement*, n° 48, donnent les raisons suivantes à l'appui de cette opinion. « La loi n'a recours à la déclaration estimative des parties que lorsque toute base fait défaut pour l'assiette de l'impôt. Or il n'en est point ainsi, et il existe certainement un document irrécusable, lorsque les valeurs mises en mouvement doivent être constatées par un inventaire commercial ou par les livres de commerce. Sans doute, les parties ne sont pas tenues de présenter à la formalité de l'enregistrement ces documents considérés en eux-mêmes; mais, comme ils s'identifient en quelque sorte avec la mutation passible de l'impôt, il est strictement légal que la représentation de ces documents soit exigée pour que le receveur puisse y puiser les renseignements irrécusables que ne contiennent point les actes à enregistrer; en d'autres termes, le vœu de la loi serait méconnu si la perception restait livrée à l'arbitraire des redevables, alors que ceux-ci ont dans les mains le moyen d'en provoquer la liquidation régulière. » Ces raisons sont sérieuses; il est certain cependant qu'aucun texte n'attribue à l'Administration le droit qu'elle revendique et quel'exercice de ce droit peut avoir quelquefois de graves inconvénients (Req. 28 mars 1839, aff. Weill et Stindzy, D. P. 59. 1. 370; Civ. rej. 18 janv. 1871, aff. Duval, D. P. 71. 1. 18).

2615. La déclaration doit être faite par les *parties* ou par leurs *mandataires;* c'est une question discutée que de savoir si le notaire rédacteur de la convention, les avoués ou les autres officiers publics qui requièrent l'enregistrement des jugements ou des actes pour lesquels ils ont prêté leur ministère, ont qualité, en l'absence de mandat particulier, pour faire eux-mêmes la déclaration. Nous avons enseigné l'affirmative en nous appuyant sur l'autorité de MM. Rigaud et Championnière (*Rép.* n° 4661. V. dans le même sens : Garnier, *Rép. gén. enreg.*, n° 5928; *Dictionnaire du notariat*, vᵢₐ *Déclaration en matière d'enregistrement*, n° 16; *Vente*, n° 514). Mais cette opinion n'est pas admise par l'Administration, qui invoque les termes de l'art. 16 de la loi du 22 frim. an 7; ce texte porte que la déclaration doit être faite par les parties et ne donne nulle part aux notaires ou autres officiers publics le pouvoir de se substituer à celle-ci. Le défaut de mandat légal autorise, par suite, les parties à repousser les conséquences de l'évaluation faite par l'officier public (Sol. adm. enreg. 20 août 1872 ; 18 juin 1873, D. P. 73. 5. 230; 10 févr. 1874). Jugé néanmoins, en sens contraire, que la déclaration estimative prescrite au cas où les sommes et valeurs ne sont pas déterminées dans un acte notarié sujet au droit proportionnel d'enregistrement, doit être souscrite par les parties ou par le notaire rédacteur; que, dans ce dernier cas, les contractants ne peuvent répudier la déclaration faite par le notaire, que celui-ci ne soit pas compris au nombre des parties auxquelles seules la loi fiscale impose cette déclaration et qu'il n'agisse pas en qualité de mandataire légal; qu'en conséquence, l'amende édictée à défaut d'enregistrement de l'acte dans le délai de la loi n'est point encourue par le notaire rédacteur qui a présenté cet acte au bureau de l'enregistrement en temps utile, avec offre du montant des droits liquidés d'après une déclaration estimative certifiée et signée par lui (C. cass. de Belgique, 27 mars 1884, aff. de Coorebyter, D. P. 85. 2. 81, et la note). En fait, ce droit ne paraît pas être refusé aux notaires relativement aux déclarations estimatives de peu d'importance.

2616. En principe, la déclaration doit être faite, lorsque l'acte est soumis à la formalité; toutefois, il a été jugé qu'aucune déchéance n'ayant été prononcée à cet égard contre la Régie, la déclaration peut intervenir ultérieurement, lorsque le receveur a négligé de l'exiger au moment de l'enregistrement (Civ. cass. 20 mai 1863, aff. Lebon, D. P. 63. 1. 245. V. *suprà*, n° 2613).

2617. Quant aux *bases* sur lesquelles doit reposer l'évaluation, nous avons indiqué (*Rép.* n° 4667) la distinction qu'il faut faire entre les mutations d'immeubles et les muta-

tions de meubles. Une difficulté s'est élevée relativement aux *traités de concession* concernant les *chemins de fer d'intérêt local.* Avant que la loi du 11 juin 1880 (art. 24 et 39), analysée *suprà*, n° 32, eût affranchi du droit proportionnel, pour les soumettre qu'au droit fixe de 1 fr., les conventions concernant ces chemins de fer, ainsi que celles se rapportant aux tramways (Instr. adm. enreg. 1ᵉʳ. déc. 1880, n° 2643, § 8), la question s'était posée de savoir d'après quelle base le droit proportionnel devait être liquidé. Aux termes de l'art. 14, n° 4, de la loi du 22 frim. an 7, le droit doit être liquidé, pour les marchés « sur le prix exprimé ou l'évaluation qui sera faite des objets qui en seront susceptibles ». L'administration de l'enregistrement avait interprété cette règle en ce sens que, dans les traités de concession dont il s'agit, il faut percevoir le droit sur l'évaluation des bénéfices que le concessionnaire pourra retirer de l'exploitation, sans égard d'ailleurs à la subvention accordée par l'État ou le département, et sauf à réclamer ultérieurement des droits simples complémentaires, lorsqu'il est constaté que les produits effectifs de l'exploitation dépassent le montant de l'évaluation primitive (Sol. adm. enreg. 11 févr. 1874, Garnier, *Rép. pér. enreg.*, n° 4006; Lett. min. fin. au min. trav. publ. 9 nov. 1874, D. P. 76. 3. 31). — Cette interprétation, que nous avons critiquée (D. P. 76. 3. 31), se rattachait à la doctrine que l'Administration avait cherché à faire prévaloir contre la jurisprudence en matière de marchés ordinaires (V. *suprà*, n° 2612); elle n'avait, d'ailleurs, qu'un caractère provisoire et avait seulement pour but de régler la perception de l'impôt en attendant la solution de la question principale qui divisait alors le ministre des finances et le ministre des travaux publics, celle de savoir si le Gouvernement pouvait soumettre à un simple droit fixe minimum la concession d'un chemin de fer d'intérêt local. Cette difficulté ayant été résolue par le législateur dans la loi précitée du 11 juin 1880, la controverse que nous venons d'exposer ne peut plus se représenter, si ce n'est relativement aux concessions faites sous le régime antérieur à cette loi; c'est dans cette hypothèse que le tribunal de Bourg a eu à se prononcer sur la question de liquidation du droit proportionnel. Il a jugé que le droit est exigible sur la valeur, à déclarer par les parties, des travaux exécutés et des fournitures effectuées, « qui constituent réellement la seule valeur appréciable du marché, à défaut d'un prix distinctement exprimé » (Trib. Bourg, 7 juin 1887, *Journ. enreg.*, art. 23169). Cette décision est conforme à l'interprétation qui a prévalu pour les marchés dans la solution du 31 juill. 1878, citée *suprà*, n° 2613.

2618. Nous avons dit (*Rép.* n° 4673) qu'après avoir varié sur le mode d'évaluation des *actions de la Banque de France* dans les déclarations de succession, l'Administration avait décidé en dernier lieu que l'on doit déterminer la valeur de ces actions d'après le cours moyen de la Bourse de Paris au jour du décès; mais il a été reconnu que ce mode de perception ne peut pas s'appliquer aux actions immobilisées dont la valeur n'est pas réalisable à toute époque comme celle des actions ordinaires. Il a été décidé que, pour les actions immobilisées, il y a lieu de procéder comme en matière d'immeubles, et que, par suite, les parties sont libres de fixer le revenu ainsi qu'elles l'entendent, et sauf le contrôle de l'Administration, en tenant compte de la valeur au jour du décès ; on estimerait à tort que la perception doit avoir nécessairement pour base le revenu de l'action dans l'année antérieure au décès (Sol. adm. enreg. 13 janv. 1867, D. P. 67. 3. 78).

2619. C'est surtout en matière *d'échange*, par rapport aux soultes et retours de lot, que la liquidation du droit proportionnel donne encore lieu aujourd'hui à des questions délicates. On sait que le mode d'évaluation qui doit être suivi pour la liquidation du droit proportionnel sur les échanges est déterminé par l'art. 15, § 4, et l'art. 69 § 5-3°, de la loi de frimaire an 7 (*Rép.* n° 4652).

2620. Notons d'abord une modification apportée à ces dispositions par la loi du 21 juin 1875 (art. 2), lorsque l'échange a pour objet des immeubles ruraux, le revenu annuel au lieu d'être multiplié par vingt, doit être multiplié aujourd'hui par vingt-cinq (V. *suprà*, n° 2475).

2621. Quand l'échange est fait sans soulte... le droit est perçu « sur la valeur d'une des parts » ; cette valeur doit être déterminée par tout ce qui est compris dans les parts échangées. Aussi lorsque, dans un contrat d'échange, l'une des parties s'est obligée à livrer, dans un délai déterminé, à l'état de complet achèvement et de location immédiate, des constructions commencées à la date de l'acte sur des terrains donnés par elle en échange, la valeur de sa part est représentée non seulement par les constructions commencées, mais aussi par celles qui doivent les compléter dans le délai prescrit, et, en conséquence, le revenu à déclarer pour la perception du droit proportionnel d'enregistrement doit porter sur la valeur intégrale des constructions au moment où elles seront livrées à l'état de complet achèvement, et non point seulement sur la valeur de celles existant à la date de l'acte; c'est à tort que, dans ce cas, pour suppléer à l'insuffisance de la déclaration estimative des parties, point de départ obligé de l'action de la Régie, un tribunal ordonne une expertise (Civ. cass. 21 juin 1869, aff. Olagnier et Detenre, D. P. 69. 1. 474, note; Instr. adm. enreg. 6 sept. 1869, n° 2393, § 3).

2622. En ce qui concerne l'*échange avec soulte*, on a exposé (*Rép.* n°s 4676 et 4701) la controverse qui s'est élevée sur le point de savoir si le mode de liquidation doit varier, suivant qu'il y a stipulation de soulte ou retour, ou bien simple plus-value résultant de la différence de valeur entre les immeubles échangés. Dans le système consacré par la jurisprudence, le droit de soulte est toujours perçu sur le chiffre le plus élevé, soit sur la plus-value résultant de la comparaison des revenus capitalisés, soit sur la soulte stipulée (Req. 19 août 1872, aff. Cheylus, D. P. 72. 1. 417).

2623. On sait que, d'après l'art. 69, § 5, n° 3, de la loi du 22 frim. an 7, confirmé par la loi du 16 juin 1824 (art. 2), le droit de soulte d'échange est perçu « comme pour vente, sur le retour ou la plus-value ». Le droit exigible dans ce cas étant celui de vente immobilière, la question s'est posée de savoir si les règles relatives à l'application de ce droit devaient être suivies pour les soultes d'échange, et, en particulier, lorsque les frais de l'acte sont mis par le contrat à la charge du créancier de la soulte, on doit déduire, comme en matière de vente (V. *suprà*, n° 2452), de cette soulte ou de la plus-value résultant de la différence des revenus capitalisés, la portion des frais que le coéchangiste aurait dû acquitter. Il a été jugé, dans l'hypothèse où c'est la plus-value représentée par la différence entre les revenus capitalisés qui sert de base au droit de vente immobilière, que tout retranchement serait une mesure arbitraire et condamnée par le texte non moins que par l'esprit de la loi. D'après l'arrêt du 19 août 1872, cité n° 2622, toutes les fois que l'Administration recourt à l'évaluation indiquée dans le n° 4 de l'art. 15 de la loi du 22 frim. an 7, les clauses du contrat relatives au chiffre de la soulte et au payement des frais d'acte continuent sans doute de régir les parties, mais elles ne subsistent plus à l'égard du fisc pour lequel la différence ou la plus-value par lui trouvée au moyen de l'opération et du calcul qui lui sont propres, devient le chiffre normal de la plus-value servant de base à l'impôt. Le droit de soulte doit donc être perçu sur cette différence, telle qu'elle ressort du rapprochement des revenus capitalisés sans qu'on puisse en rien distraire. Malgré ce qu'elle a de rigoureux et les critiques dont elle a été l'objet, nous avons considéré que cette solution, fondée sur le texte de la loi, devait être approuvée. Lorsqu'en effet c'est sur la plus-value que l'impôt doit être perçu, comme dans l'espèce, on se trouve en présence d'une base spéciale de perception, établie par la loi en dehors des conventions des parties et à laquelle, par suite, ces conventions ne peuvent porter atteinte (D. P. 72. 1. 417, note; Instr. adm. enreg. 19 oct. 1872, n° 2436, § 5).

2624. On remarquera que l'arrêt du 19 août 1872, cité *suprà*, n° 2622, ne prévoit pas le cas où c'est sur la soulte stipulée que la perception est assise. Dans cette hypothèse, la solution ne devrait plus être tra la même selon nous. Lorsque l'impôt a pour base la soulte stipulée ou le prix exprimé pour la portion des immeubles échangés à l'égard de laquelle la convention a le caractère de vente, les règles relatives à la perception du droit de vente sont pleinement applicables, et, par suite, si les frais sont mis à la charge des vendeurs, rien ne s'oppose à ce que le montant en soit déduit du retour, comme cela a lieu pour les ventes immobilières, lorsque, d'après les dispositions du contrat, les frais de la vente doivent être supportés par le vendeur (D. P. 72. 1. 417, note. V. *suprà*, n° 2452).

2625. Lorsque l'acquéreur de la *nue propriété d'immeubles* qui a payé pour cette acquisition le droit proportionnel sur la valeur entière des immeubles, et conséquemment par anticipation, pour la mutation qui réunira l'usufruit à la nue propriété, échange cette nue propriété contre la propriété entière d'autres immeubles, et que les deux lots échangés présentent des revenus égaux, le revenu de celui composé de la nue propriété doit être capitalisé au denier dix seulement pour la perception du droit proportionnel d'enregistrement; et, comme la valeur de la pleine propriété composant l'autre lot doit être déterminée d'après son revenu capitalisé au denier vingt, suivant la règle établie par l'art. 15, n° 4, de la loi du 22 frim. an 7, il en résulte une inégalité de lots qui constitue une soulte passible du droit proportionnel de vente immobilière à 5 fr. 50 cent. pour 100 (Trib. Epernay, 28 déc. 1873, aff. Maricot-Berlin, D.P.74.5.199).

2626. Cette règle de perception n'est applicable qu'autant que le démembrement de la propriété s'est opéré par acte antérieur à l'échange, et que, lors de l'enregistrement de cet acte, le droit proportionnel a été perçu par anticipation pour la mutation que doit opérer ultérieurement la réunion de l'usufruit à la propriété. Lorsque notamment, la nue propriété d'un immeuble dont l'usufruit est réservé est échangé contre l'usufruit d'un autre immeuble, et que les revenus des deux immeubles sont égaux, le revenu du lot composé de la nue-propriété, doit être capitalisé au denier vingt pour la perception du droit proportionnel, celui du lot composé d'un usufruit au denier dix seulement, et le droit de soulte est dû sur la différence des deux capitaux, encore qu'aucune soulte n'ait été stipulée. Et si une soulte est stipulée, et que le chiffre en soit inférieur à la différence des deux capitaux, c'est sur cette différence, et non sur la soulte stipulée, que le droit de soulte est dû (Trib. Seine, 7 févr. 1861, et Trib. Marseille, 24 août 1863, D. P. 74. 5. 199, note).

2627. Lorsque, dans un acte d'*échange*, la partie qui abandonne l'immeuble dont le revenu est le plus élevé paye néanmoins une soulte, une grande incertitude règne relativement au mode de liquidation qui doit être suivi. Les uns décident que le droit d'échange est dû sur la valeur calculée d'après le revenu de l'immeuble le moins productif, et le droit de vente sur la soulte stipulée (Sol. adm. enreg. (Belgique) 5 mars 1853). Les autres veulent que l'on perçoive le droit d'échange également sur la valeur déterminée d'après le revenu de l'immeuble le moins productif, et le droit de vente non seulement sur la soulte stipulée, mais aussi sur la plus-value. La Régie avait d'abord adopté cette règle (Sol. adm. enreg. 14 déc. 1846). D'après une troisième théorie, que l'Administration a définitivement admise, le droit d'échange doit être perçu sur le capital au denier vingt du revenu de l'immeuble de la plus grande valeur, et le droit de vente sur le montant de la soulte (Sol. adm. enreg. 27 juill. 1867, D. P. 68. 5. 174).

2628. En matière d'échange d'immeubles, le droit de soulte est dû sur la portion des frais qui, incombant à l'une des parties, est mise à la charge de l'autre, celle-ci reconnaissant par cela même, que l'immeuble par elle acquis présente un excédent de valeur égale à cette portion de frais, sauf, au cas où l'acquéreur s'est engagé à payer un retour en argent, à diminuer d'autant le chiffre de la soulte pour le calcul du droit à percevoir (Trib. Seine, 30 janv. 1864; Req. 10 mai 1865, aff. de Talleyrand-Périgord, D. P. 65. 1. 369; Instr. adm. enreg. 24 déc. 1865, n° 2326, § 2).

ART. 2. — De l'expertise (*Rép.* n°s 4688 à 4844).

2629. Les textes législatifs qui régissent cette matière ont été modifiés par les lois du 23 août 1871 (art. 11, 13 et 15), du 28 févr. 1872 (art. 8) et du 21 juin 1875 (art. 2). Nous ferons connaître ces innovations dans la suite de cet article, quand nous arriverons aux dispositions auxquelles elles se rapportent.

§ 1er. — Des cas où l'expertise peut avoir lieu. — Règles générales (*Rép.* n°s 4689 à 4778).

2630. L'expertise ne peut avoir lieu que dans les cas particuliers où la loi l'autorise; nous avons dit (*Rép.* n° 4690) que le législateur avait restreint l'application de cette mesure aux *mutations d'immeubles*, qu'en aucun cas elle ne pouvait être employée pour infirmer la déclaration des parties relativement à la valeur des *choses mobilières*.

2631. Cette règle comporte aujourd'hui deux exceptions. L'une concerne *les ventes de fonds de commerce et de clientèles*. La loi du 28 févr. 1872, art. 8, contient la disposition suivante : « L'insuffisance du prix de vente des fonds de commerce ou de clientèle peut également être constatée par expertise dans les trois mois de l'enregistrement de l'acte ou de la déclaration de la mutation. « Il sera perçu un droit en sus sur le montant de l'insuffisance outre les frais d'expertise, s'il y a lieu et si l'insuffisance excède un huitième ». L'application de l'expertise aux mutations de fonds de commerce n'est qu'une conséquence de l'assimilation des fonds de commerce aux immeubles, principe fondamental que la loi du 28 févr. 1872 étend aussi, comme on l'a vu, à l'exigibilité du droit et à la preuve de l'existence de la mutation (V. *suprà*, n°s 1522 et suiv., 1555 et suiv., 1566).

2632. On ne doit pas comprendre dans les fonds de commerce, lorsqu'il s'agit de l'expertise, *les marchandises neuves* que la loi a soumises à un tarif particulier de faveur. Le rapporteur s'en est expliqué formellement : « La marchandise qui supporte le droit de 50 cent. pour 100 fr. forme un groupe à part et n'est pas soumise à l'expertise ; on estimera seulement ce qui constitue le fonds de commerce ». En serait-il autrement dans le cas où, les conditions requises par l'art. 7 de la loi n'ayant pas été remplies, les marchandises auraient été englobées avec le fonds et tarifées comme lui au droit de 2 pour 100 ? On l'a prétendu en attribuant un sens restrictif aux paroles du rapporteur reproduites ci-dessus ; mais cette opinion, que la jurisprudence n'a pas eu à apprécier, nous paraît être en contradiction manifeste avec l'esprit de la loi. Le passage du rapport dont on argumente est purement énonciatif, il se réfère au cas le plus ordinaire. La circonstance que le fonds de commerce et les marchandises sont soumis à l'impôt n'enlève pas à celles-ci leur nature propre. On peut tirer à l'appui de notre interprétation un argument d'analogie de la solution que nous avons rapportée au *Rép.* n° 4691, dans un cas analogue, celui d'une vente comprenant à la fois des meubles et des immeubles et dans laquelle on n'a pas, conformément à l'art. 9 de la loi de frimaire, estimé les objets mobiliers article par article ; nous avons dit que, malgré l'identité du droit perçu dans ce cas sur les deux classes de biens, le receveur ne pouvait requérir l'expertise que pour les immeubles ; il en doit être de même dans notre hypothèse. L'expertise des marchandises donnerait lieu, d'ailleurs, à de très grandes difficultés.

2633. La seconde exception apportée au principe que l'expertise n'a lieu que pour les transmissions immobilières a lieu pour le *droit d'accroissement* perçu à raison des accroissements qui s'opèrent dans les associations et congrégations religieuses ainsi que dans les sociétés civiles qui admettent l'adjonction de nouveaux membres. D'après une fiction établie par la loi, les biens meubles sont considérés comme immeubles pour la liquidation du droit d'accroissement. Par suite, l'Administration a la faculté de requérir l'expertise pour les meubles aussi bien que pour les immeubles (V. *suprà*, n°s 2061 et suiv.).

2634. En ce qui concerne les immeubles, il est nécessaire de distinguer les *transmissions d'immeubles à titre onéreux* et les *mutations à titre gratuit*, les valeurs imposables étant déterminées à l'égard de ces deux sortes de transmissions d'après des bases différentes. En principe, l'Administration est autorisée à requérir une expertise, toutes les fois que le prix énoncé dans un acte translatif de propriété ou d'usufruit à titre onéreux paraît inférieur à la valeur vénale à l'époque de l'aliénation. L'art. 17 de la loi du 22 frim. an 7 qui contient cette disposition ne parlant que des mutations de propriété ou d'usufruit, nous en avons conclu (*Rép.* n° 4695) qu'une demande en expertise ne pourrait pas être formée pour dissimulation du véritable prix d'un bail, puisque le bail ne transmet qu'une simple jouissance. Cette solution n'est plus exacte aujourd'hui pour les *locations verbales*. L'art. 11, § 3, de la loi du 23 août 1871 porte qu'en cas de « déclaration insuffisante, il sera fait application des dispositions des art. 19 et 39 de la loi du 22 frim. an 7, » c'est-à-dire qu'on devra recourir à l'expertise lorsque l'insuffisance de l'évaluation ne pourra être établie par des actes de nature

à faire connaître le véritable revenu des biens (V. *suprà*, n°s 1598 et suiv.). Mais la loi n'ayant statué dans l'art. 11 que sur les locations verbales, la prohibition de l'expertise subsiste nécessairement relativement aux baux écrits.

2635. L'art. 17 de la loi du 22 frim. an 7, étant conçu en termes généraux, embrasse tous les actes translatifs de propriété ou d'usufruit sans distinction. C'est ainsi, notamment, qu'en matière de *partage*, quand il y a une *soulte*, l'expertise peut être provoquée, soit pour contester que la soulte stipulée dans l'acte est inférieure à la différence de valeurs des lots, soit pour faire ressortir, en l'absence de toute stipulation, une soulte dissimulée par les parties et qui résulte seulement de l'inégalité des lots. C'est ce que la cour de cassation avait déjà jugé (*Req.* n° 4709) ; mais, dans un nouvel arrêt qui confirme cette jurisprudence, la cour décide, en outre, qu'en pareil cas, l'Administration ne peut pas requérir l'expertise de l'un seulement des immeubles partagés, elle doit étendre sa demande à la masse des immeubles compris dans l'acte ; en effet, pour établir l'importance de la soulte dont peut être grevé le lot de l'une des parties, il est nécessaire de constater l'excédent de ce lot sur la part héréditaire, ce qui ne peut se faire qu'en estimant la totalité des biens à partager (Req. 20 mai 1863, aff. du Mesnil, *Journ. enreg.*, art. 17684). « Attendu, est-il dit dans l'arrêt, que, pour établir l'importance de la soulte dont pouvait être grevé le lot du baron du Mesnil, il était nécessaire de constater l'excédent de son lot sur la part héréditaire, ce qui ne pouvait avoir lieu qu'en estimant la totalité des biens à partager ; qu'ainsi l'expertise du lot de Jules du Mesnil était indispensable, aussi bien que celle des autres lots ; qu'on ne peut donc la considérer comme frustratoire, et qu'à bon droit les frais en ont été mis à la charge de la partie qui a succombé... »

2636. Nous avons vu (*Rép.* n°s 4705 et suiv.) que la question de savoir si l'expertise est applicable aux transmissions d'immeubles par voie d'*adjudication* comme à celles qui procèdent des contrats volontaires à titre onéreux était résolue en sens divers. Il est reconnu aujourd'hui que l'Administration ne peut pas demander l'expertise lorsqu'il s'agit d'une vente judiciaire : l'art. 17 de la loi du 22 frim. an 7 autorise l'expertise pour contrôler le prix énoncé dans tout *acte* translatif de propriété ou d'usufruit de biens immeubles à titre onéreux ; or les adjudications en justice n'ont pas le caractère d'actes proprement dits, mais constituent de véritables jugements, auxquels on ne saurait appliquer la disposition précitée qui doit être entendue dans un sens restreint (Trib. Saint-Girons, 7 déc. 1849, aff. Dupin, D. P. 53. 3. 8 ; Civ. cass. 26 nov. 1850, aff. Charbaillé, D. P. 50. 1. 342).

Quoique l'Administration ne puisse pas demander l'expertise lorsqu'il s'agit d'une vente judiciaire, elle peut néanmoins recourir à cette procédure pour contrôler une ventilation faite par les parties à l'effet de déterminer les éléments respectifs de ce prix, lorsque l'un de ces éléments doit être affranchi du droit de mutation. Cette règle s'applique même dans le cas où, la ventilation résultant de la convention des parties, un jugement leur aurait donné acte de cette convention (Trib. Seine, 19 juill. 1889, aff. Rente foncière, *Journ. enreg.*, art. 23360).

2637. Il y a lieu d'assimiler les adjudications faites devant *notaires commis* à celles qui ont lieu à la barre du tribunal, car le notaire, substitué dans ce cas au juge, en exerce la fonction. Cette solution est conforme, d'ailleurs, à celle que l'Administration a elle-même admise au sujet de l'obligation imposée par l'art. 13 de la loi du 23 août 1871 au notaire qui reçoit un acte de vente, de donner lecture aux parties, à peine d'amende, des art. 12 et 13 de la loi du 23 août 1871. Avant qu'une disposition spéciale de loi eût affranchi, comme on le verra *infrà*, n° 2894, de l'application de l'art. 13 toutes les adjudications publiques, l'Administration avait reconnu que cette disposition ne devait pas être étendue aux adjudications auxquelles il est procédé par notaire *commis en justice* (Instr. adm. enreg. 9 mars 1872, n° 2434, § 9 ; D.P. 72. 3. 85 ; Garnier, *Rép. pér. enreg.* art. 3537).

2638. Mais la controverse a persisté sur le point de savoir si la même règle devait être étendue aux *ventes publiques* auxquelles les notaires procèdent en l'absence d'une délégation judiciaire. Le tribunal de la Seine après avoir reconnu à l'Administration le droit de requérir l'expertise, s'est prononcé peu de temps après en sens contraire (Trib. Seine, 11 mars 1852, *Bulletin de l'enregistrement*, n° 3874; 23 août 1853, aff. Perotti, D. P. 54. 3. 22. V. la note sur ce dernier jugement *ibid.*). Mais la cour de cassation, considérant que les ventes volontaires devant notaires ne perdent pas le caractère d'actes ou de contrats, parce qu'elles sont faites aux enchères, et n'offrent pas non plus les garanties légales inhérentes aux adjudications judiciaires, soumises à des conditions particulières de publicité et à l'épreuve de la surenchère, a cassé le dernier jugement du tribunal de la Seine, et décidé que les adjudications volontaires, même lorsqu'elles ont lieu à la chambre des notaires et conformément aux règlements de cette chambre, ne sont pas affranchies de l'expertise (Civ. cass. 3 juill. 1855, aff. Perotti, D. P. 55. 1. 307. — V. aussi Trib. Rouen, 15 mai1851, aff. de la Brousse, D. P. 54. 1. 194; Instr. adm. enreg. 15 déc. 1855, n° 2054, § 3). Tel est le dernier état de la jurisprudence sur cette question.

2639. L'Administration a le droit de requérir l'expertise, relativement à la perception du droit de *soulte*, en matière de *partages d'ascendants* aussi bien qu'en matière de partages ordinaires, soit que la soulte ait été dissimulée dans l'acte, soit que la soulte stipulée paraisse inférieure à la plus-value d'un lot sur l'autre (Sol. adm. enreg. 22 août 1865, Garnier, *Rép. pér. enreg.*, n° 2263). Comme le font remarquer les rédacteurs du *Dictionnaire des droits d'enregistrement*, v° *Expertise*, n° 174, un partage d'ascendant « est susceptible de donner lieu à deux expertises, l'une en revenu, pour l'assiette des droits de donation et de transcription, l'autre en valeur vénale, pour l'assiette des droits de soulte ».

2640. La nullité dont est entaché un acte portant donation à titre de partage anticipé avec soulte ne fait pas obstacle à ce qu'il soit procédé à l'expertise de la valeur des biens partagés en cas d'insuffisance présumée de la soulte stipulée, alors surtout que les parties ont exécuté l'acte comme s'il était valable, se sont mises en possession des biens et ont fait acte de maître à leur égard en faisant opérer la mutation au rôle, en acquittant les impôts et en hypothéquant les biens qui leur ont été attribués (Trib. Châteauroux, 10 août 1888, et sur pourvoi, Req. 13 janv. 1890, aff. Besse, D. P. 91, 1ʳᵉ part.). Cette décision est une application logique du principe d'après lequel les actes nuls, quel que soit le caractère de la nullité qui les affecte, sont passibles de l'impôt, comme s'ils étaient valables, aussi longtemps que leur annulation n'a pas été prononcée par jugement. Le tribunal et la cour en concluent que la donation-partage par laquelle les droits de copropriété d'un interdit non représenté à l'acte ont été attribués à ses copartageants moyennant une rente viagère, autorise le Trésor, quoique étant inexistante, à réclamer les droits applicables à cette convention et à faire fixer par expertise la valeur imposable. On remarquera que, dans l'espèce, l'action en expertise était exercée, alors que la donation-partage n'avait encore fait l'objet d'aucune demande en nullité; on peut induire de la jurisprudence qui a prévalu en matière de restitution de droits que l'annulation judiciaire de la donation-partage créerait une fin de non-recevoir contre l'action en expertise.

2641. Le droit attribué à la Régie de provoquer l'expertise, dans les actes translatifs de propriété ou d'usufruit est aussi bien indépendant de la qualité des parties que de la nature des actes. Ainsi il a été jugé que les ventes consenties par les *villes* sont soumises à l'expertise comme celles qui émanent des particuliers (Req. 30 juill. 1868, aff. Neveux, D. P. 68. 5. 177; Instr. adm. enreg. 20 sept. 1868, n° 2374, § 5).

2642. Nous avons dit (*Rép.* n° 4718), que l'expertise est la seule voie qui soit ouverte à la Régie en matière de mutations d'immeubles à titre onéreux pour établir l'infériorité du prix par rapport à la valeur de la chose, même dans le cas où le prix aurait été dissimulé. — L'Administration, après avoir repoussé d'une manière absolue ce principe, a prétendu qu'il ne devait être admis qu'avec une distinction, suivant qu'il s'agissait de réclamer seulement un *supplément de droit* ou de percevoir un *droit en sus*; pour le droit en sus, il ne peut être exigé en dehors d'une expertise, de quelque manière que la dissimulation soit prouvée, attendu qu'aucun texte n'édicte cette pénalité dans l'hypothèse; mais au contraire, il est dû un supplément de droit toutes les fois que la dissimulation est juridiquement cons-

tatée, l'impôt devant atteindre, d'après l'art. 4 de la loi du 22 frim. an 7, la totalité des valeurs qui font l'objet de la mutation. Certains tribunaux avaient accepté la doctrine de l'Administration, du moins pour le cas où la dissimulation se trouve établie par des actes soumis à la formalité de l'enregistrement. Ainsi il a été décidé qu'un supplément de droit peut être perçu, lorsqu'il résulte d'un jugement intervenu entre les parties intéressées que l'on a dissimulé, dans une cession de droits successifs, une partie des dettes à acquitter par le cessionnaire, ou bien encore, dans un acte de vente, quelques-unes des charges imposées à l'acquéreur en sus du prix (Trib. Lavaur, 17 févr. 1860, Garnier, *Rép. pér. enreg.*, n° 1419 ; Trib. Montauban, 11 déc. 1866, *Journ. enreg.*, art. 18794). — Néanmoins, la plupart des tribunaux avaient condamné les prétentions de la Régie. Jugé, notamment, que l'Administration ne pouvait pas procéder par voie de contrainte dans le cas où il a été reconnu par l'une des parties, dans un inventaire ou un acte de liquidation, que la soulte payée s'élevait à une somme supérieure à la somme énoncée au contrat (Trib. Mamers, 31 mars 1868, aff. Leboindre, D. P. 68. 3. 87) et l'Administration a acquiescé à ce jugement (Délib. adm. enreg. 16 juill. 1868, D. P. 68. 3. 87, note). — Jugé de même, sous l'empire aussi de la loi de frimaire, que le jugement par lequel un fils est condamné à rapporter à la succession de son père, à titre de supplément de prix, une somme déterminée représentant la différence constatée par expertise, entre la valeur réelle d'un immeuble qui lui a été vendu par le défunt et le prix porté dans l'acte de vente, enregistré depuis plus d'un an, ne donne pas lieu à la perception du droit de vente immobilière sur la somme qui fait l'objet de la condamnation (Trib. Brives, 14 janv. 1870, aff. Certain, D. P. 70. 3. 80).

2643. Mais cette règle, que l'Administration n'a que le droit de demander l'expertise pour faire constater que le prix est supérieur à celui qui a été énoncé dans le contrat ou déclaré par les parties, sans pouvoir produire d'autres preuves devant les tribunaux, a cessé d'être vraie depuis la loi du 23 août 1871. Par suite des nouvelles dispositions contenues dans cette loi, il faut distinguer, dans notre matière, le cas où il s'agit d'une simple *insuffisance de prix* et celui où les parties ont commis une *dissimulation* proprement dite. La nécessité de mettre l'État à l'abri des fraudes dont il est victime dans les transmissions immobilières à titre onéreux a toujours préoccupé les pouvoirs publics ; mais, toujours aussi, on a été très divisé sur les moyens à employer pour atteindre ce but; les uns voulaient prévenir la fraude par un surcroît de pénalité, les autres estimaient que, pour protéger les intérêts du fisc, il était plus nécessaire encore de donner à l'Administration les moyens que la jurisprudence lui refusait, de découvrir la fraude par une large application des modes de preuves du droit commun. Le projet de loi présenté sur l'enregistrement au Gouvernement en 1871, contenait une disposition aux termes de laquelle la dissimulation dans un prix de vente d'immeuble pouvait « être établie, indépendamment des moyens indiqués par les lois sur l'enregistrement, par des actes ou écrits émanés des parties, de leurs auteurs ou de leurs héritiers, ou enfin par des jugements ». Dans ce système, l'expertise cessait d'être l'unique moyen de démasquer la fraude, mais les modes de preuves autorisés en faveur de la Régie restaient encore limités aux seuls actes écrits (Exposé des motifs, L. 23 août 1871, § 4, n° 15, D. P. 71. 4. 55). La commission législative chargée de l'examen du projet de loi avait adopté cette disposition (Rapport, n° 34 de la commission, D. P. 71. 4. 60), mais l'Assemblée nationale lui substitua un système différent, formulé ainsi dans l'art. 13 de la loi : « La dissimulation (dans le prix d'une vente et dans la soulte d'un échange ou d'un partage) peut être établie par tous les genres de preuves admises par le droit commun. Toutefois, l'Administration ne peut déférer le serment décisoire, et elle ne peut user de la preuve testimoniale que pendant dix ans, à partir de l'enregistrement de l'acte ».

Cette disposition qui, sauf quelques réserves, donne pleine liberté à la Régie pour prouver la dissimulation, est liée étroitement à l'art. 12, qui, par compensation, adoucit notablement, comme on le verra *infra*, n° 2878, la pénalité édictée dans le projet du Gouvernement.

Lors de la présentation du projet qui est devenu la loi du 21 juin 1875, le Gouvernement proposa l'abrogation des art. 12 et 13 de la loi du 23 août 1871 et inséra dans son nouveau projet un article rétablissant, relativement aux modes de preuve, le système qu'il avait voulu faire prévaloir en 1871. La commission du budget adopta avec des modifications, le projet du Gouvernement ; mais, à la suite d'un vote de l'Assemblée qui repoussa la première partie des propositions en question (Séance du 18 juin 1875, *Journ. off.* du 18, p. 4397), le Gouvernement et la commission retirèrent, d'un commun accord, les articles du projet de loi se rapportant aux dissimulations de prix (Séance du 18 juin 1875, *Journ. off.* du 19, p. 4420). Il en résulte que la disposition contenue dans l'art. 13 de la loi du 23 août 1871 est encore celle qui régit aujourd'hui la matière.

Ainsi, dans l'état actuel de la législation, l'expertise n'est plus la seule voie qui soit ouverte à l'Administration pour vérifier la sincérité du prix stipulé dans les actes ; la Régie peut non seulement invoquer toute espèce de titres pour établir la dissimulation, mais même recourir à tous les modes de preuve du droit commun, à l'exception du *serment décisoire*, et aussi avec cette réserve que l'enquête n'est autorisée que pendant dix ans à partir de l'enregistrement de l'acte. La loi n'ayant proscrit formellement que le serment décisoire, M. Garnier est d'avis que le *serment supplétoire* est par cela même autorisé (*Rép. gén. enreg.*, n° 8511-2°) ; l'opinion contraire nous paraît plus exacte, en vertu de cette règle admise par la plupart des auteurs, que la prohibition du serment décisoire entraîne celle du serment supplétoire. Il est évident du reste que la preuve peut résulter de l'*aveu*.

2644. Les règles que nous venons d'exposer, relativement à la preuve des dissimulations de prix convenues dans les mutations immobilières, font partie d'un ensemble de dispositions dans lesquelles le législateur de 1871 a eu principalement en vue un genre particulier de dissimulation, celle qui s'exerce sous la forme de *contre-lettres* ; il existe un grand nombre de points de contact entre la matière des contre-lettres et la nôtre, aussi est-il nécessaire de compléter les explications données ici par celles que nous fournirons plus tard en parlant des contre-lettres dans le chapitre consacré aux délais et aux peines (V. *infrà*, n°ˢ 2876 et suiv.). Il ne faudrait pas croire, toutefois, que le système de preuves organisé par la loi du 23 août 1871 n'est applicable qu'aux dissimulations commises au moyen d'actes écrits ; les règles sur la preuve, de même que les autres dispositions de la loi de 1871 relatives à la fraude, embrassent dans leur généralité les mutations purement verbales aussi bien que les mutations écrites ; la preuve de la dissimulation est alors dirigée contre la déclaration par laquelle les parties sont tenues de faire connaître le prix stipulé par elles et qui doit servir de base à la perception.

2645. Ce qu'il importe de remarquer, c'est que les prescriptions de la loi du 23 août 1871 sont exclusivement applicables « aux dissimulations, c'est-à-dire à l'énonciation frauduleuse du véritable prix d'achat », mais non « au cas où le prix aurait été sincèrement exprimé, mais ne représenterait pas la valeur vénale de l'immeuble transmis » ; que, dans ce cas, l'Administration doit avoir recours à l'expertise dans les délais fixés par la loi du 22 frim. an 7, et que, l'action en expertise et celle en répression de la fraude ne se confondant ni ne s'annihilant, elle pourra toujours, après avoir fait constater par un rapport d'experts que la valeur vénale est supérieure au prix exprimé, « réclamer l'amende prévue par l'art. 12 sur la différence qui existerait entre le prix énoncé dans l'acte et le prix révélé par les preuves ordinaires » (Instr. adm. enreg. 25 août 1871, n° 2413, § 5, n° 2, D. P. 71. 3. 51). Ainsi, en tant qu'il s'agit d'une simple insuffisance, toute idée de dissimulation écartée, le principe que l'Administration n'a pas d'autre moyen d'établir la véritable valeur de l'immeuble que l'expertise demeure exact encore aujourd'hui.

2646. L'application de l'expertise à l'*échange* a donné lieu à de nombreuses questions qui ne sont pas encore toutes résolues. Ce qui fait la principale difficulté ici, c'est que la loi fiscale ne s'est pas occupée d'une manière particulière de l'échange, si ce n'est pour déclarer que, dans l'échange, la valeur transmise est déterminée d'après une évaluation qui a pour objet le revenu (L. 22 frim. an 7, art. 15, n° 4,

et 69, § 5, n° 3). En ce qui concerne le mode de liquidation du droit, l'échange se rapproche des mutations à titre gratuit ; mais, par sa nature juridique, il offre les caractères d'un contrat à titre onéreux ; dans quelle classe faut-il le placer ? Cette question se décompose ; la controverse porte sur trois points principaux : 1° dans quels cas y a-t-il lieu à expertise ? 2° Dans quel délai la demande doit-elle être faite ? 3° Qui doit supporter les frais de l'expertise ? Cette dernière question est celle qui a été le plus discutée ; nous l'examinerons plus loin avec celle qui la précède (V. *infrà*, n° 2664) ; la seule qui ait sa place ici est la première. A ce point de vue, il suffira de dire que la règle formulée au *Rép.* n° 4703, et d'après laquelle les tribunaux ne sont point obligés de s'en tenir aux baux existants, comme pour les mutations à titre gratuit, mais peuvent toujours recourir à l'expertise, est encore appliquée aujourd'hui par la jurisprudence. Jugé qu'il en est ainsi, alors surtout que d'autres biens que ceux échangés sont compris dans le bail et qu'un prix unique a été stipulé (Trib. Gannat, 10 févr. 1877, aff. Cuttier, D. P. 77. 5. 200. Comp. *infrà*, n° 2656).

2647. Dans les *mutations d'immeubles à titre gratuit*, le droit est perçu sur le revenu multiplié par un coefficient, qui varie avec la nature de l'immeuble et le caractère du droit transmis. Quant à la manière dont le revenu qui sert de base à l'évaluation est déterminé, il faut distinguer si l'immeuble a fait l'objet d'un bail en cours d'exécution au moment de la mutation, ou s'il n'y a pas de bail. Dans le premier cas, le bail fixe obligatoirement le revenu, au regard des parties comme au regard de la Régie ; dans le second cas, le revenu est déterminé par la déclaration du contribuable, sous le droit de contrôle de l'Administration et la faculté qui lui appartient de réclamer l'expertise (*Rép.* n° 4724). Le revenu qui doit servir de base à la perception du droit de mutation par décès ou entre vifs à titre gratuit, devant être établi sans distraction des charges, doit représenter le produit que le propriétaire retire des biens sous une forme ou sous une autre, déduction faite des frais de culture, tels que gages des domestiques, salaires des journaliers, achats de bétail et d'engrais, mais non point des impôts, des frais d'assurances contre l'incendie, des rentes ni des réparations (Trib. Saint-Amand, 3 févr. 1874, D. P. 73. 5. 216). Jugé que lorsque les immeubles dépendant d'une succession ont, dans la déclaration des héritiers, fait l'objet d'une évaluation distincte, l'Administration a le droit de ne requérir l'expertise que de ceux dont le revenu lui paraît avoir été insuffisamment évalué ; et les parties ne sont pas fondées à exiger que l'expertise porte sur le tout, sous prétexte que l'estimation des autres immeubles a été exagérée (Trib. Annecy, 31 oct. 1889, aff. Dame Delétray, *Journ. enreg.*, art. 28406).

2648. Rappelons, en ce qui concerne le prix des baux qui doit servir à faire l'évaluation par préférence à l'expertise, qu'il doit être déterminé d'après les bases établies pour la liquidation du droit sur les baux eux-mêmes (*Rép.* n° 4682. V. *suprà*, n°ˢ 2597 et suiv.). Par suite, le prix du *bail courant* se compose non seulement du fermage en argent payé par le preneur, mais aussi de toutes les charges accessoires qui sont mises à son compte. Jugé, en ce sens : 1° que la cotisation annuelle pour l'entretien des travaux de dessèchement de marais doit, lorsqu'elle est payée par les fermiers des immeubles qui sont l'objet de ces travaux, être considérée comme s'ajoutant au prix des baux, et doit, dès lors, en cas de transmission par décès de ces immeubles servir à l'évaluation du droit de mutation (Req. 9 avr. 1862, aff. Bosquillon, D. P. 62. 1. 539) ; — 2° Que le versement aux mains du bailleur, en vertu du bail et à titre de garantie, d'une certaine somme restituable au preneur sans intérêts, à la fin du bail, constitue, quant aux intérêts de cette somme, une charge à ajouter au prix du bail, lors du décès du bailleur, pour le calcul du droit de mutation (Req. 30 janv. 1867, aff. Roger-Girardière, D. P. 67. 1. 300). On a vu de même, *suprà*, n° 2454, qu'au cas de vente, l'acheteur étant réputé avoir diminué son prix d'une somme correspondante à la privation partielle de revenus que lui fait subir l'anticipation de loyer, cette somme doit aussi être ajoutée au prix sur lequel le droit est perçu.

2649. Il peut se faire cependant que la stipulation prévue par l'arrêt du 30 janv. 1867, cité *suprà*, n° 2648, n'ait que l'effet d'un simple nantissement. C'est ainsi qu'il a été décidé que, lorsque le preneur d'un moulin remet au bailleur une somme représentative de la valeur des agrès de ce moulin, avec réserve de remboursement à la fin du bail, cette clause ne présente que les caractères d'une garantie contre la perte ou le détournement des objets accessoires auxquels elle s'applique, et ne constitue pas un supplément de loyers à prendre en considération lors de la transmission entre vifs ou par décès de l'immeuble (Garnier, *Rép. gén. enreg.*, n° 1905; Délib. adm. enreg. 5 janv.1838, D. P. 67. 1. 300, note 5).

2650. En ce qui concerne la distinction faite par la loi du 21 juin 1875, quant à la capitalisation du revenu entre les *immeubles ruraux* et les immeubles *urbains*, V. *suprà*, n°s 2475 et suiv. — Il est évident que le nouveau mode de capitalisation s'applique de quelque manière que le revenu soit déterminé, par bail, par déclaration ou par expertise. Ce qu'il importe de rappeler, c'est que, s'il existe un bail à l'époque de la mutation, ce bail doit servir exclusivement à déterminer le revenu des immeubles. Ainsi il a été jugé que des héritiers ne peuvent pas demander une expertise pour prouver que le prix du bail est exagéré (Req. 17 févr. 1852, *Journ. enreg.*, art. 15425 ; Trib. Marseille, 12 juill. 1878, aff. Borély, D. P. 79. 5. 191); alors même que ce prix n'aurait été obtenu qu'à raison de la destination particulière (maison de tolérance) donnée à l'immeuble (*Contrà :* Trib. Bourganeuf, 4 mars 1871, Garnier, *Rép. pér. enreg.*, art. 3386).

2651. Le *bail courant* dont parle la loi est celui qui est en cours d'exécution au moment de l'ouverture du droit. A ce point de vue, ainsi qu'on l'a dit (*Rép.* n° 4731), *un bail* simplement verbal n'ayant pas une existence légalement prouvée ne peut être considéré comme un bail courant, et est, par suite, insuffisant pour déterminer le véritable revenu sur lequel la perception doit être assise (Civ. rej. 19 nov. 1850, aff. de Briges, D. P. 50. 1. 316). Il a été décidé en ce sens que la mention faite dans un cahier des charges d'un bail verbal ne peut suppléer pour la perception des droits à l'existence d'un bail écrit (Trib. Seine, 27 janv. 1866; Garnier, *Rép. pér. enreg.*, art. 2242). Doit, d'ailleurs, être réputé verbal le bail qui s'opère par tacite reconduction, lorsqu'après l'expiration d'un bail écrit, le preneur reste en possession des lieux loués (Arrêt précité du 19 nov. 1850).

2652. Cette règle, qu'une simple location verbale ne peut être considérée comme bail courant, dans le sens de la loi fiscale, doit-elle être admise encore aujourd'hui, en présence des dispositions de la loi du 23 août 1871 qui a soumis à l'enregistrement, dans un délai déterminé, tous les baux d'immeubles, même ceux consentis par convention verbale ? Les déclarations de locations verbales faites en exécution de cette loi ne peuvent-elles pas servir de base à la perception du droit? Cette question a été très discutée; elle se pose du reste dans deux hypothèses qu'il ne faut pas confondre. D'abord, l'Administration peut-elle opposer aux contribuables une déclaration de location verbale souscrite par eux ou par leur auteur? A ce point de vue, il ne s'est jamais élevé de difficulté sérieuse. Il est certain que la déclaration constitue à l'égard des parties un aveu qu'elles ne peuvent pas contester; or, judiciaire ou extrajudiciaire, l'aveu des parties est une preuve suffisante, d'après la jurisprudence, pour la perception des droits d'enregistrement; la déclaration de location verbale peut donc servir de base, dans ce cas, à la perception de l'impôt (Trib. Rennes, 13 déc. 1886, aff. Chevrier, D. P. 87. 5. 199). Jugé, en ce sens, que l'Administration a le droit d'établir, au moyen d'une déclaration de location verbale courante au décès, l'insuffisance du revenu évalué dans une déclaration de succession sans être obligée de recourir à l'expertise. Est réputée courante la location verbale qui a été déclarée par le *de cujus*, et dont les droits ont été payés pour une période qui n'est pas encore échue à l'époque du décès (Trib. Seine, 25 oct. 1889, aff. Durand, *Journ. enreg.*, art. 23392).

2653. Mais les parties sont-elles fondées aussi à opposer une déclaration de location verbale, souscrite par elles ou par leur auteur, à la demande d'expertise formée par l'Administration, afin de faire constater l'insuffisance de l'évaluation qui a été faite pour la perception du droit de mutation? La question a été résolue d'abord dans le sens de l'affirmative. On justifie ainsi cette interprétation : en assujettissant les locations verbales d'immeubles à l'enregistrement dans un délai déterminé, le législateur de 1871 s'est proposé d'assurer d'une part, le recouvrement du droit de bail sur ces locations, et, d'autre part, une perception plus exacte que par le passé de l'impôt de mutation par décès (Exposé des motifs de la loi du 23 août 1871, § 3, n° 14, D. P. 71. 4. 55; Rapport et discussion, D. P. 71. 4. 66); il est donc dans l'esprit de cette loi que les déclarations de locations verbales servent de base à la liquidation des droits de mutation. En accordant d'ailleurs à l'Administration le droit de requérir l'expertise au cas où le prix exprimé dans une déclaration de location verbale lui paraît insuffisant, il y a présomption que le prix porté dans une déclaration qui n'a pas été attaquée représente le revenu réel de l'immeuble (Trib. Angers. 7 août 1880, aff. Jubin, D. P. 81. 3. 87). Mais la cour de cassation a repoussé cette doctrine et décidé que les déclarations de locations verbales, souscrites pour la perception du droit de bail, ne sont pas opposables, alors même qu'elles n'ont pas été critiquées dans le délai de la loi, par l'Administration, pour la perception du droit de mutation dû, par suite du décès du déclarant, sur les immeubles faisant l'objet des locations déclarées, et qu'en conséquence, elles ne font pas obstacle à ce que, au cas d'insuffisance présumée du revenu attribué à ces immeubles dans la déclaration de la succession, l'Administration use de son droit de faire contrôler ce revenu par une expertise. De ce que les locations verbales doivent être déclarées, il ne s'ensuit pas que ces locations soient assimilées aux baux écrits. Un bail verbal déclaré n'est pas un bail écrit ; d'autre part, les dispositions édictées par la loi de 1871, à l'effet de soumettre à la formalité les locations verbales d'immeubles, sont spéciales au droit d'enregistrement de bail et étrangères à l'impôt de mutation à titre gratuit; par suite, ces dispositions n'ont porté aucune atteinte à la faculté que la loi de l'an 7 donne à l'Administration de contrôler par une expertise les déclarations des héritiers relatives à la perception de ce dernier impôt (Civ. cass. 13 déc. 1882, aff. Bodinier, D. P. 83. 1. 347, et la note). On peut considérer la question comme définitivement résolue par cette décision de la cour suprême.

2654. On s'est demandé d'après quelle règle on doit *déterminer le revenu* devant servir de base à la liquidation du droit de mutation par décès dans l'hypothèse d'un *bail à périodes*, fait pour trois, six ou neuf ans au choix des parties et moyennant un loyer variable pour chaque période. L'administration de l'enregistrement a soutenu, jusque dans ces dernières années, que le revenu doit être déterminé au cas, non d'après le prix annuel fixé pour la période en cours au décès, mais d'après le prix moyen de toutes les années composant la durée du bail (Garnier, *Rép. pér. enreg.*, art. 8466 et suiv.; Trib. Moulins, 29 mars 1876; Trib. Vienne, 23 nov. 1878, Garnier, *Rép. pér. enreg.*, art. 4411 et 5309; *Diction. droits d'enreg.*, v° *Expertise*, n° 82; *Journ. enreg.*, art. 20946). Elle a reconnu récemment que cette règle n'est pas applicable d'une manière absolue, qu'une distinction doit être faite entre le cas où, par leurs stipulations, les parties se trouvent engagées pour toute la durée du bail et celui où elles se sont réservé la faculté de la faire cesser à l'expiration de chaque période ; que si la détermination du revenu imposable doit être faite, dans le premier cas, d'après le prix moyen, c'est le prix annuel fixé pour la période en cours au décès qui doit servir de base à la perception de l'impôt dans le second (Sol. adm. enreg. 9 mars 1888, D. P. 89. 3. 102).

2655. Nous avons vu (*Rép.* n°s 4734 et 4738) que, le bail courant devant s'entendre uniquement du bail qui est en *cours d'exécution* que ni la mutation a lieu, un bail *expiré* ou *résilié* ne peut pas servir de base pour la perception du droit de mutation. De même, on ne doit pas considérer comme bail courant à l'époque du décès le bail passé par des héritiers et qui fait remonter rétroactivement la jouissance du preneur à une date antérieure au décès du *de cujus* (Trib. Montluçon, 27 juill. 1872, Garnier, *Rép. pér. enreg.*, art. 3652).

2656. Jugé que lorsqu'un bail comprend à la fois des immeubles qui font l'objet de la mutation et d'autres immeubles, ce bail ne peut pas servir pour déterminer la valeur imposable, toute ventilation dans ce cas étant nécessairement arbitraire ; les parties doivent faire une évaluation des biens qu'elles recueillent, sauf pour l'Administration le droit de faire procéder à une expertise (Trib. Avesnes, 9 févr. 1861, *Contrôleur de l'enregistrement*, n° 12067).

2657. Nous avons examiné (*Rép.* n°⁵ 4740 et 4741) l'effet, au point de vue de la liquidation, des modifications survenues au cours du bail. Ajoutons que les parties ne peuvent en aucun cas s'en prévaloir qu'à la condition d'en justifier par des actes ayant date certaine antérieure à la mutation (Trib. Havre, 27 août 1868, Garnier, *Rép. pér. enreg.*, art. 2893).

2658. A défaut de baux courants, le revenu est déterminé par une *évaluation* faite par les contribuables. L'Administration peut critiquer cette évaluation, notamment au moyen d'actes de nature à faire connaître le véritable revenu des biens ; mais, ainsi qu'on l'a fait remarquer (*Rép.* n° 4742), les baux courants constituant seuls un mode légal d'évaluation, les tribunaux jouissent, relativement aux actes dont s'agit, d'un libre pouvoir d'appréciation. Jugé, par application de cette règle, que l'insuffisance des revenus déclarés lors d'une mutation par décès peut être établie à l'aide d'une expertise judiciaire faite sur la demande des héritiers, pour déterminer entre eux, dans le but d'arriver au partage, la valeur des biens héréditaires : cette expertise, quoique non opposable à la Régie qui n'y a pas été partie, peut être invoquée par elle, comme étant au nombre des actes de nature à faire connaître le véritable revenu des biens transmis (Req. 26 févr. 1851, aff. Desmalter, D. P. 51. 1. 163).

2659. Après avoir déterminé les cas dans lesquels il y a lieu à l'expertise, il y a lieu d'indiquer quelques nouvelles applications de certaines règles générales formulées au *Rép.* n°⁵ 4750 et suiv.

Le principe de l'expertise ne peut être demandée par les parties, et que l'*Administration* a seule le droit de la requérir, a été de nouveau consacré par la jurisprudence (Trib. Blois, 19 août 1851, Garnier, *Rép. pér. enreg.*, art. 8522 ; Trib. Guéret, 18 juin 1855, *ibid.*, art. 528 ; Req. 2 juin 1863, aff. Chauvin-Boisset, D. P. 63. 1. 408).

L'expertise ne pouvant être *ordonnée d'office*, mais seulement sur la demande de l'Administration, il n'appartient qu'à elle de se plaindre de la contravention à la loi sur ce point. Le contribuable ne peut donc se faire un moyen de cassation de ce que, sur les conclusions de la Régie afin de condamnation au payement d'une certaine somme, faute de déclaration estimative, le jugement a ordonné d'office une expertise (Req. 2 juin 1863, précité ; Instr. adm. enreg. 31 déc. 1863, n° 2274, § 12).

2660. On a dit aussi au *Rép.* n° 4756 qu'il n'est permis aux tribunaux de surseoir, sous aucun prétexte, à la demande d'expertise formée par la Régie. Ils peuvent encore moins repousser cette demande, lorsqu'elle se présente dans les conditions requises par la loi. Jugé que l'Administration a le droit de requérir l'expertise de l'immeuble faisant l'objet d'une vente toutes les fois que le prix stipulé lui paraît inférieur à la valeur vénale à l'époque de l'aliénation ; le redevable est tenu de se soumettre à ce moyen de contrôle ; le tribunal n'a pas qualité pour l'affranchir de l'expertise en faisant une appréciation préalable des faits, l'examen en étant formellement réservé par la loi aux experts (Trib. Seine, 28 avr. 1882, aff. Mosnier, D. P. 83. 5. 241).

2661. C'est un autre principe, qu'en matière d'enregistrement, à la différence de ce qui a lieu en matière ordinaire, les juges sont astreints à suivre l'avis des experts (*Rép.* n° 4760). La cour de cassation a de nouveau reconnu le caractère obligatoire de l'estimation adoptée par les experts. (Civ. cass. 24 avr. 1850, aff. Rocoffort, D. P. 50. 1. 127). — Il faut remarquer cependant que le résultat de l'expertise ne lie les tribunaux qu'autant qu'ils s'en tiennent à cette expertise. Le juge est libre de ne pas s'arrêter à l'opinion de la majorité des experts, si cette opinion paraît inexacte, à la condition d'ordonner d'office une nouvelle expertise (Même arrêt).

Jugé aussi que, lorsque l'expertise a été réclamée, le tribunal, lié par les résultats de celle-ci, ne peut adopter l'avis isolé de l'un des experts. Par suite, dans le cas où l'estimation du tiers expert excède celle des deux autres experts, l'estimation intermédiaire, étant comprise dans la plus forte, doit être prise pour base de la perception comme représentant l'avis de la majorité (Arrêt du 24 avr. 1850 précité ; Trib. Château-Thierry, 31 juill. 1858, aff. N..., D. P. 58. 3. 63 ; Instr. adm. enreg. 31 déc. 1850, n° 1875, § 14).

2662. La dérogation que nous venons de rappeler est déduite de l'obligation qui incombe au tribunal d'ordonner l'expertise, lorsqu'il en est requis légalement par la Régie.

D'excellents esprits critiquent encore aujourd'hui cette exception et estiment que l'arbitraire des experts, auxquels on laisse un pouvoir souverain d'appréciation, relativement à des évaluations fort délicates, est encore plus à redouter que celui des tribunaux. M. Demante, t. 2, n° 762, va même jusqu'à dire que cette prétendue exception n'existe pas, qu'elle n'est fondée « ni sur le texte des lois, ni sur les convenances judiciaires. » La jurisprudence rapportée *supra*, n° 2161, prouve néanmoins que la jurisprudence persiste dans son interprétation.

2663. Il importe d'ajouter (*Rép.* n° 4764) que les juges, lorsqu'ils ne se trouvent pas suffisamment éclairés par le rapport des experts, peuvent ordonner une *nouvelle expertise* (V. *supra*, n° 2661). Jugé toutefois, qu'en matière d'enregistrement, lorsque l'expertise est régulière en la forme, et repose au fond sur des bases raisonnables, il n'y a pas lieu pour le tribunal d'ordonner une nouvelle opération (Req. 30 juill. 1868, aff. Neveux, D. P. 68. 5. 177).

2664. Sur tous ces points il s'est élevé peu de difficultés. Il n'en est pas de même de la question de savoir à qui incombent les *frais de l'expertise* relativement aux mutations dans lesquelles le revenu sert de base à l'estimation. Pour comprendre l'importante controverse que cette question a provoquée, et qui n'est pas encore terminée aujourd'hui, il est nécessaire de rappeler d'abord les solutions sur lesquelles on est généralement d'accord, afin de circonscrire la difficulté.

Lorsqu'il s'agit d'une expertise en valeur vénale, c'est-à-dire d'une expertise requise au sujet d'un acte translatif d'immeuble à titre onéreux dans lequel un prix est exprimé, la détermination des cas dans lesquels les frais de l'expertise doivent être mis à la charge du redevable, ne peut faire naître aucun doute, la loi du 22 frim. an 7 déclarant formellement (art. 18) que les frais ne sont à la charge de la partie qui succombe que lorsque l'estimation excède d'un huitième au moins le prix énoncé au contrat. Il en est de même des expertises en revenu, requises au sujet des transmissions par décès : l'art. 39 de la loi de frimaire exprimant que, dans ce cas, le redevable doit acquitter le double droit et les frais toutes les fois qu'une insuffisance est constatée, et ne faisant aucune distinction quant à la quotité de cette insuffisance, est interprété généralement aujourd'hui comme mettant les frais de l'expertise à la charge de la partie, quelle que minime que soit la différence.

Mais en ce qui concerne les expertises se rapportant aux autres transmissions dans lesquelles l'évaluation a pour base aussi le revenu, la loi de frimaire (art. 19) se borne à les autoriser sans s'expliquer à l'égard des frais. De là les débats dont nous avons parlé et les nombreuses variations de la jurisprudence. La question s'élève non seulement pour la donation entre vifs, mais aussi pour l'échange, qui est, il est vrai, un contrat à titre onéreux, mais qui a ceci de particulier qu'il ne comporte pas l'énonciation d'un capital. Deux systèmes complètement opposés ont été consacrés par la cour de cassation en cette matière depuis la publication du *Répertoire*. A cette époque, la jurisprudence appliquait aux donations entre vifs, et généralement aussi à l'échange, la règle des mutations par décès (*Rép.* n°⁵ 4704 et 4767). Mais en 1852, M. l'avocat général Nicias-Gaillard, dans ses conclusions d'une remarquable netteté, développa, à l'occasion de l'échange, le système contraire devant la cour de cassation qui s'y rallia. Il résulte de l'arrêt « qu'il résulte de l'ensemble de la loi du 22 frim. an 7, et notamment des art. 19 de cette loi et 5 de celle du 27 vent. an 9, que le mode et les conséquences légales de l'expertise, tels qu'ils sont déterminés par l'art. 18 sont applicables aux cas prévus par l'art. 19, comme à celui prévu par l'art. 17 ; que, dès lors, les frais de l'expertise ne doivent être à la charge du redevable que lorsque l'estimation excède d'un huitième la valeur déclarée ». Le principal motif qui détermina la cour à adopter cette solution, c'est que l'art. 19, relatif aux expertises en revenu, étant muet sur les frais de la procédure, il y a lieu de le compléter en appliquant aux cas prévus dans cette disposition les règles établies dans l'art. 18 (Civ. rej. 30 mars 1852, aff. Durrey, D. P. 52. 1. 197; Dissertation de M. Nicias-Gaillard, *ibid.*, note. Conf. Trib. Angoulême, 7 mars 1864, Garnier, *Rép. pér. enreg.*, art. 2039).

2665. Ces décisions sont relatives au cas d'échange ; mais les motifs que la cour de cassation invoque pour justifier sa doctrine sont applicables à toutes les mutations dans lesquelles le revenu sert de base à l'estimation. C'est ainsi que l'arrêt fut généralement interprété. « Ses termes, dit M. Garnier, en l'approuvant, ne nous semblent plus laisser aucun doute sur ce fait, qu'en matière de mutation entre vifs à titre gratuit, comme en matière de mutation à titre onéreux, les frais de l'expertise et le double droit ne doivent être à la charge du redevable que lorsque l'estimation excède d'un huitième la valeur déclarée » (*Rép. gén. enreg.* n° 6301). Cependant tous les tribunaux ne partagèrent pas cette opinion; le tribunal de Beauvais, en particulier, considérant que l'arrêt du 30 nov. 1852 était spécial au cas d'échange, jugea que, lorsque l'Administration a réclamé une expertise pour déterminer le chiffre réel des revenus d'immeubles donnés entre vifs à titre gratuit, si cette expertise démontre l'insuffisance du chiffre mentionné dans l'acte de donation, les parties doivent en supporter les frais, alors même que la différence constatée n'excéderait pas un huitième (Trib. Beauvais, 17 juill. 1867, aff. Demany, D. P. 68. 3. 80, note).

A la suite d'un jugement en sens contraire rendu par le tribunal de Gaillac le 23 juill. 1857 (aff. Ichard, D. P. 70.1.49), la question fut de nouveau portée devant la cour de cassation, qui accueillit les prétentions de la Régie et décida elle-même que, dans les expertises auxquelles il est procédé, pour la détermination du revenu d'immeubles transmis par par donation entre vifs, les frais de la procédure et le double droit sont à la charge du redevable dès qu'il y a insuffisance constatée, dans une mesure quelconque, du revenu déclaré. La cour écarte ici l'art. 18; d'après elle, la loi fiscale a organisé deux cas d'expertise correspondant aux deux catégories de transmissions . immobilières par elle établies pour la perception de l'impôt, l'un par l'art. 17 de la loi de frimaire, l'autre par l'art. 19. La sanction pénale édictée par la loi en vue d'assurer l'exactitude dans les déclarations et les estimations a été par elle appliquée aux contrevenants d'après la même distinction, ainsi que cela résulte de l'art. 18, relativement aux transmissions d'immeubles à titre onéreux, dont le droit est perçu d'après la valeur vénale et le prix déclaré, et de l'art. 39 qui, loin de présenter un troisième cas d'expertise, ayant seulement pour objet les mutations par décès, est le complément et la sanction de l'art. 19 et embrasse, par suite, toutes les transmissions entre vifs à titre gratuit (Civ. cass. 30 août 1869, aff. Ichard, D. P. 70. 1. 49).

Cette importante décision de la cour suprême a été vivement critiquée par certains jurisconsultes. On a surtout contesté l'idée qui sert de base à l'arrêt, c'est-à-dire que l'art. 39 de la loi de frimaire ne vise pas un troisième cas d'expertise, spécial aux mutations par décès (Demante, t. 2, n° 762 ; Serrigny, *Dissertation, Revue critique*, 1872, p. 65); néanmoins cet arrêt semble avoir résolu définitivement la question.

2666. Mais une autre difficulté s'est produite ; on s'est demandé si la solution qui avait prévalu devant la cour de cassation pour les donations entre vifs n'était pas de nature à abroger celle que la même cour avait admise en matière d'échange, l'arrêt du 30 août 1869, cité *suprà*, n° 2665, n'était-il pas la condamnation de celui du 30 mars 1852, cité *suprà*, n° 2664? La jurisprudence n'a pas encore été appelée à se prononcer sur ce point ; mais nous inclinons vers l'affirmative. Les termes dans lesquels l'arrêt du 30 août 1869 est conçu montrent que la cour de cassation a moins voulu opposer les mutations à titre onéreux aux mutations à titre gratuit que les expertises en valeur vénale aux expertises en revenu, les premières régies par l'art. 18 de la loi de frimaire an 7 et les secondes par l'art. 39 : « Attendu que la règle de l'art. 39 est fondée sur ce que le produit d'un immeuble étant ou pouvant être toujours connu des parties avec exactitude, toute déclaration insuffisante de produit, à quelque degré que ce soit, est le résultat de la mauvaise foi ou de la négligence, tandis que la règle moins rigoureuse de l'art. 18 repose sur ce que le prix vénal d'un immeuble subissant l'influence de circonstances diverses souvent imprévues, la déclaration peut être insuffisante dans une certaine mesure, sans impliquer une pensée de dissimulation de la part du déclarant. » Dans la note publiée avec l'arrêt du 30 août 1869, nous avons montré que ce motif n'était pas exact, que si la valeur vénale d'un immeuble est sujette à plus de variations que le produit de cet immeuble,

ce produit, lorsque l'immeuble n'est pas loué (et c'est seulement dans ce cas que l'expertise peut avoir lieu), n'en est pas moins souvent très difficile à déterminer; nous avons repoussé aussi la généralité attribuée à l'art. 39; mais pour d'autres motifs, nous avons approuvé la théorie qui met à la charge du contribuable les frais de l'expertise, quelque faible que soit la différence constatée, toutes les fois qu'il s'agit d'une expertise qui ne porte pas sur la valeur vénale. Ce n'est pas que nous approuvions en législation ce système, surtout en présence du droit en sus, conséquence légale de la condamnation aux frais, car, ainsi que nous l'avons dit, il est presque matériellement impossible qu'il n'existe pas une variation quelconque entre l'estimation des experts et celle du nouveau possesseur, et cette difficulté est encore plus grande en matière d'échange, où il faut procéder à une double évaluation ; mais, malgré ce qu'elle a de rigoureux, cette solution nous a paru être la seule conforme aux textes (Conf. *Diction. droits d'enreg.*, v° *Expertise*, n°s 365 et 398 ; Naquet, t. 1, n°s 1314 et 1320. — *Contrà :* Demante, t. 2, n° 762; Garnier, *Rép. gén. enreg.*, n° 6300; *Journal des notaires et des avocats*, art. 19362).

2667. Lorsque des insuffisances sont constatées dans les évaluations faites par les contribuables, une instruction de l'Administration veut que l'on mette ceux-ci en demeure de faire par *soumission* une offre complémentaire calculée sur un supplément de valeur déterminé (Instr. adm. enreg. n° 2508, § 12, citée *Diction. droits d'enreg.*, v° *Expertise*, n° 378). On ne peut qu'approuver cette pratique qui a l'avantage d'épargner dans beaucoup de cas aux parties les lenteurs et les frais de l'expertise ; il est certain, d'ailleurs, lorsque les nouvelles offres de la partie ont été dûment acceptées par l'Administration, qui est toujours libre de les refuser, les bases de la perception sont fixées définitivement et pour l'Administration et pour les redevables (Trib. Marseille, 26 août 1873, D. P. 75.5.200; Trib. Seine, 11 juill. 1874, aff. Loiseau, *ibid.*). La soumission peut être souscrite par un mandataire, mais le mandat donné pour passer la déclaration ne donne pas pouvoir au mandataire de reconnaître par soumission une insuffisance'de revenus dans cette déclaration (Trib. Bordeaux, 28 janv. 1880, aff. Chalès, D. P. 81. 5. 173).

2668. Mais une sérieuse controverse s'est élevée sur le point de savoir quelle est la valeur des offres faites par le contribuable au cours de l'expertise. On a dit au *Rép.* n°s 4775 et suiv. que, l'expertise une fois ordonnée, la peine du double droit n'est pas nécessairement encourue. Cette règle est-elle toujours applicable? Lorsque, dès le début de l'expertise ou au cours des opérations, la partie a offert de payer les droits simples et en sus sur un supplément de revenu déterminé égal à l'insuffisance établie par le rapport des experts, plus tous les frais exposés jusqu'au jour de l'offre, que l'Administration a repoussé cette offre et rendu nécessaires par son refus les nouveaux frais auxquels la suite des opérations d'expertise a donné lieu, cette dernière ne doit-elle pas supporter ces frais, puisqu'ils ont été faits sans utilité et par sa faute? Cette question a été diversement résolue par les tribunaux. Le système favorable à la négative a été adopté et très complètement exposé par un jugement du tribunal d'Auxerre du 11 janv. 1863 (*Journ. enreg.*, n° 1761). Jugé de même, que les héritiers qui, sur la réclamation d'un supplément de droits de mutation par décès pour insuffisance présumée de l'évaluation des revenus des immeubles de la succession, ont, pour rectifier leur déclaration, offert une somme moindre que le supplément réclamé, mais qu'une expertise ultérieure, faite à la requête de l'Administration, a démontré n'être pas inférieure à celle réellement due, n'en doivent pas moins être condamnés aux frais de cette expertise comme aux autres frais de l'instance, alors d'ailleurs que l'offre supplémentaire par eux faite à l'Administration est intervenue en dehors du délai de six mois accordé pour la rectification de la déclaration, et n'était pas accompagnée de la production d'actes pouvant établir le chiffre réel des revenus dont l'évaluation était contestée (Trib. Sedan, 11 mars 1868, aff. Baye, D. P. 69. 3. 5).

2669. Mais, après avoir été tranchée en sens contraire dans une espèce où les défendeurs, après avoir résisté à une demande en supplément de droit de la Régie, avaient ensuite, le jour de la prestation de serment des experts, fait une soumission dans laquelle ils offraient de payer les droits simples et le droit en sus, plus les frais de la procédure (Trib. Péronne, 23 août 1867, aff. Démaret, D. P. 69. 3. 31, note), la question a été soumise pour la première fois à la cour de cassation, qui l'a résolue aussi dans le même sens (Civ. rej. 21 juin 1869, aff. Démaret, D. P. 69. 1. 429, note). D'après cet arrêt, l'art. 39 de la loi du 22 frim. an 7, qui met à la charge des contribuables les frais de l'expertise requise pour insuffisance présumée du revenu attribué, dans une déclaration de succession, aux immeubles de l'hérédité, toutes les fois que les experts constatent que la déclaration a été réellement insuffisante, n'est plus applicable lorsque les parties ont offert, avant l'expertise, de payer les droits simples et sus sur un revenu égal à celui fixé par les experts, et que l'administration de l'enregistrement a repoussé leur offre. C'est, dans ce cas, cette dernière qui doit supporter, conformément au droit commun, les frais de l'expertise.

L'Administration n'a plus contesté, depuis lors, cette doctrine qui nous a paru pleinement justifiée. Le législateur a donné à l'Administration la faculté de requérir l'expertise, afin de lui permettre de contrôler les déclarations qui lui paraîtraient insuffisantes et d'assurer ainsi le payement de l'impôt sur l'intégralité de la valeur imposable. En outre, il a imposé la pénalité du droit en sus, plus le payement des frais de la procédure au contribuable dont la déclaration serait reconnue insuffisante, et qui aurait dès lors à se reprocher une erreur, une négligence, peut-être même une fraude. Or, lorsque, reconnaissant, soit avant l'expertise, soit au cours des opérations, que sa déclaration est insuffisante, le contribuable offre de payer les droits simples et le droit en sus sur le véritable chiffre de l'insuffisance, plus les frais exposés, il satisfait entièrement au vœu de la loi. Comme l'exprime fort bien le jugement précité du tribunal de Péronne, « la raison et l'équité ne permettent pas de refuser à un contribuable la faculté de rectifier les erreurs qu'il a pu commettre et de se garantir d'un procès par un acquiescement total ou partiel aux demandes de l'Administration ». Si celle-ci repousse l'offre qui lui est faite, ce ne peut être que parce que, à tort, elle la croit insuffisante. Son refus intervertit les rôles; auparavant, c'était le contribuable qui était en faute, c'est maintenant l'Administration. De même que le contribuable, celle-ci doit supporter les conséquences de son erreur; ces conséquences étant représentées par les frais exposés postérieurement à l'offre repoussée par elle à tort, il est de toute justice que ce soit elle, et non le contribuable, qui supporte ces frais. — La procédure d'expertise constitue, d'ailleurs, une instance; cela suffit pour que l'on doive appliquer la règle contenue dans l'art. 130 c. proc. civ., et qu'on l'interprète en ce sens, que la partie qui succombe doit supporter tous les frais de l'instance à partir du jour où elle a été complètement désintéressée par les offres de la partie adverse.

2670. Il reste à mentionner un dernier cas où l'expertise est aujourd'hui autorisée; c'est celui que prévoit la loi du 23 août 1871, art. 11, et qui est relatif aux *déclarations de locations verbales* (V. *supra*, n° 2634). D'après la disposition finale de cet article, « en cas de déclaration insuffisante, il sera fait application des dispositions des art. 19 et 39 de la loi du 22 frim. an 7 », c'est-à-dire qu'il y a lieu de provoquer l'expertise, lorsque l'insuffisance de la déclaration ne pourra être établie par des actes de nature à faire connaître le véritable revenu des biens (Instr. adm. enreg. 25 août 1871, n° 2413, § 5, n° 1, D. P. 71. 3. 49). Ainsi l'insuffisance de déclaration d'une location verbale peut être établie par des actes ou par l'expertise, conformément à l'art. 19 de la loi du 22 frim. an 7. La peine est d'un droit en sus, d'après l'art. 39 de cette même loi. Il n'y a pas lieu d'appliquer à ce droit en sus le minimum de 50 fr., ce minimum n'étant édicté par l'art. 14 de la loi du 23 août 1871 que pour le défaut de déclaration (Sol. adm. enreg. 17 juill. 1872, D. P. 73. 5. 192).

La *sanction* des obligations imposées au bailleur et au preneur est écrite dans l'art. 14 de la loi du 23 août 1871. Le défaut de déclaration ou d'enregistrement dans le délai rend exigible le double droit; cet art. 14 sera expliqué à la sect. 2 du chap. 6 qui traite des peines en matière d'enregistrement (V. *infrà*, n° 2826 et suiv.).

2671. Dans le cas dont il s'agit au numéro précédent, les frais de l'expertise et les droits en sus sont dus par le déclarant toutes les fois que le résultat de celle-ci est supérieur au montant de l'estimation, si faible que soit la différence, et, par conséquent, alors même qu'elle n'atteindrait pas un huitième (Instr. adm. enreg. 25 août 1871, n° 2413, § 5, n° 1, D. P. 71. 3. 49). Il s'agit ici d'une expertise en revenu.

Il en est autrement en ce qui touche l'expertise concernant les ventes de *fonds de commerce ou de clientèles*. D'après l'art. 8 de la loi du 28 févr. 1872, les frais de cette expertise qui porte sur la valeur vénale et le double droit ne sont à la charge des parties que si l'insuffisance constatée excède un huitième.

§ 2. — Du mode de l'expertise; de sa forme et des délais dans lesquels la demande doit être introduite (*Rép.* n°s 4779 à 4844).

2672. On sait que le législateur a institué une procédure spéciale pour l'expertise en matière d'enregistrement. Les formes de l'expertise, telle que la loi du 22 frim. an 7 l'a organisée dans son art. 18, sont longues et compliquées, les frais en sont considérables et restent parfois à la charge du Trésor. Depuis longtemps on a exprimé le vœu que le législateur intervînt en cette matière et substituât à la procédure de l'an 7 une procédure sommaire. La loi du 23 août 1871 est entrée dans cette voie, en simplifiant, dans un cas particulier, comme nous le verrons, les formalités relatives à la désignation des experts, mais cette amélioration restreinte à un point tout spécial et limitée d'ailleurs dans son application, est très insuffisante. L'institution de l'expertise compte du reste aujourd'hui plus d'un adversaire; beaucoup d'hommes compétents estiment qu'il y aurait avantage à la supprimer en remplaçant les évaluations des parties par des procédés plus fixes d'estimation; mais une réforme de cette nature exigerait une réfection complète du cadastre.

2673. Bien que la loi ait soumis l'expertise à des formes particulières en matière d'enregistrement, la jurisprudence a quelquefois autorisé les parties à justifier de certains faits, dans leurs rapports avec le fisc, au moyen d'une expertise faite suivant les règles de la procédure ordinaire. L'Administration a contesté la validité de ces expertises faites en dehors des cas prévus par la loi fiscale et dans des formes qu'elle déclarait incompatibles avec le caractère des instances en matière d'enregistrement. Mais la cour de cassation a répondu que, la loi fiscale n'ayant pas déterminé de quelle manière les parties pourraient prouver les faits qu'elles allèguent, celles-ci pouvaient recourir à tous les modes de preuve du droit commun, que les formes de l'expertise ordinaire n'ont rien d'incompatible avec la procédure créée par la loi de frimaire, puisque le procès-verbal des experts peut, après dépôt au greffe, devenir de la part des intéressés l'objet de mémoires supplémentaires. C'est notamment ce qui a été jugé à l'égard de contribuables qui avaient intérêt à justifier des droits de copropriété leur appartenant sur des valeurs comprises dans un partage, afin d'éviter le payement du droit proportionnel (Civ. rej. 4 juin 1867, aff. Jolibois, D. P. 67. 1. 248; Instr. adm. enreg., n° 2389, *ibid.*). — M. Naquet, t. 3, n° 1307, après avoir exprimé ses doutes sur la légalité de cette décision, qui nous paraît, au contraire, justifiée, fait remarquer avec raison que la cour de cassation n'a autorisé l'expertise de droit commun que parce qu'il s'agissait d'établir un fait pour lequel la loi de frimaire n'avait pas prescrit l'expertise spéciale dont elle fixe les règles, mais que, si la question portait sur l'insuffisance de la valeur des immeubles en capital ou en revenus, l'expertise spéciale serait seule admissible.

Lorsqu'une loi établit une nouvelle procédure entre le moment où une expertise est ordonnée et celui où il doit y être procédé, les formes de l'expertise sont déterminées par la législation nouvelle (Cons. d'Et. 1er août 1890, aff. Richard Wallace, *Journ. enreg.*, art. 23488).

N° 1. — *Délais* (*Rép.* n°s 4780 à 4794).

2674. Le délai dans lequel la demande d'expertise doit être formée est d'un an, relativement aux expertises en valeur vénale, et de deux ans, s'il s'agit d'expertises en revenu. Le délai de deux ans s'applique, en particulier, à l'expertise demandée en matière d'échange (Trib. Condom, 5 juill. 1850, *Journ. enreg.*, art. 15412). A l'égard des mutations de propriété de fonds de commerce et de clientèles, le délai pour requérir l'expertise n'est que de trois mois, à compter de l'enregistrement de l'acte ou de déclaration de la mutation (L. 28 févr. 1872, art. 8, § 4). — En ce qui concerne les locations verbales, le délai est de deux ans à partir du jour de la déclaration (V. *suprà*, n° 2634).

2675. La règle que le jour de l'enregistrement ou de la déclaration ne doit pas être compris dans le délai, règle que nous avions appuyée sur un arrêt de la cour de Bruxelles (*Rép.* n° 4790) a prévalu aussi dans notre jurisprudence (Civ. rej. 3 mai 1854, aff. Compagnie du plan d'Aren, D. P. 54. 1. 324 ; Instr. adm. enreg. 1er déc. 1854, n° 2049, § 9).

N° 2. — *Formes de l'expertise* (*Rép.* n°s 4795 à 4828).

2676. On a exposé au *Rép.* n° 4796 en quelles formes la demande doit être formée. Jugé qu'il ne suffirait pas de signifier la requête à la personne qui a fait une déclaration en qualité de mandataire, car cette personne n'a pas de pouvoir pour recevoir les significations (Trib. Mons, 28 mars 1879, Garnier, *Rép. pér. enreg.*, n° 5642).

2677. Conformément à une décision rapportée au *Rép.* n° 4809, il a été jugé qu'en ce qui concerne l'expert du redevable, c'est seulement au cas de refus par celui-ci de le désigner, sur la sommation qui lui aura été faite d'y satisfaire dans les trois jours, que le tribunal peut le désigner lui-même (Trib. Saumur, 27 nov. 1869, aff. N..., D. P. 72. 5. 180-181). Le même jugement confirme aussi cette autre règle (*Rép.* n° 4813), que l'obligation pour les juges de choisir l'expert parmi les personnes domiciliées dans l'arrondissement de la situation des biens ne s'applique qu'au cas où ces biens sont situés dans le ressort de plusieurs tribunaux.

2678. Les règles édictées par la loi de frimaire relativement au mode de *nomination des experts* (*Rép.* n°s 4807 et suiv.) ont été modifiées, en ce qui concerne les expertises provoquées à la suite des déclarations de *locations verbales*, par l'art. 15 de la loi du 23 août 1871, ainsi conçu : « Lorsque, dans les cas prévus par la loi du 22 frim. an 7 et par l'art. 11 de la présente loi, il y a lieu à expertise, et que le prix exprimé ou la valeur déclarée n'excède pas 2000 fr., cette expertise est faite par un seul expert nommé par toutes les parties, ou, en cas de désaccord, par le président du tribunal et sur simple requête » (Exposé des motifs, n° 20, D. P. 71. 4. 56 ; Rapport, § 11, n° 36, D. P. 71. 4. 60; Instr. adm. enreg. 25 août 1871, n° 2443, § 5, n° 4, D. P. 71. 3. 51). Toutes les fois donc que le prix exprimé ou la valeur déclarée n'excède pas 2000 fr., au lieu de deux experts nommés séparément, l'un par l'Administration, l'autre par le contribuable, et par le tribunal, au cas de refus par ce dernier d'en désigner un, la loi veut qu'il n'y ait plus qu'un seul expert désigné par toutes les parties, ou, en cas de désaccord, par le président du tribunal et sur simple requête. Le principal avantage de cette combinaison est de supprimer la tierce expertise ; mais il importe de remarquer que la procédure d'expertise établie par la loi de frimaire n'est modifiée par la loi du 23 août 1871 qu'en ce qui concerne la désignation de l'expert. C'est ce qu'a fait ressortir une solution de l'Administration, qui interprète cette disposition de la nouvelle loi dans les termes suivants :

D'après cette loi (L. 22 frim. an 7), le jugement à obtenir doit non seulement désigner l'expert de la partie, mais principalement ordonner l'expertise, les experts ne pouvant, sans un mandement de justice, pénétrer dans les immeubles qu'il s'agit d'apprécier. Si cette ordonnance cesse d'être nécessaire, lorsque la partie fait connaître, par un acte extrajudiciaire, le choix de son expert, cette notification équivalant à un consentement donné à l'expertise (Instr. n° 1528, § 24), il est utile, lorsque la prescription est imminente, de ne pas attendre ce consentement et de faire insérer dans la notification de la requête une assignation devant le tribunal : c'est que recommande l'instruction n° 1541, § 10. Cette procédure n'a été modifiée

par la loi du 23 août 1871 qu'en ce qui concerne la désignation de l'expert. La nécessité de faire ordonner l'expertise par le tribunal, en cas de refus par la partie d'y consentir, n'en subsiste pas moins. Il convient donc, dans les cas de l'espèce, de faire signifier à la partie une requête adressée au tribunal, à l'effet d'obtenir une autorisation d'expertise. Cette signification, à faire avant l'échéance de la prescription, devra contenir, indépendamment d'une assignation (Instr. n°s 1451, § 10, et 1537-277), sommation à la partie de nommer dans les trois jours, de concert avec l'Administration, l'expert qui devra procéder à l'estimation des immeubles. S'il est déféré à cette invitation et que l'accord puisse se faire, un procès-verbal ou compromis sera dressé immédiatement. Dans le cas contraire, le directeur doit, après avoir fait ordonner l'expertise par le tribunal, s'il n'existe aucun acte d'où l'on puisse induire le consentement de la partie (Instruction précitée, n° 1528, § 24), présenter une requête tendant à ce que ce magistrat désigne un expert. Il n'est pas exact, d'ailleurs, de dire que le but de la loi du 23 août 1871, tendant à simplifier les formes de l'expertise et à diminuer les frais, ne sera pas atteint, lorsque le défaut d'accord, relativement à la nomination de l'expert, rendra nécessaire, indépendamment du jugement, une ordonnance du président. Le coût de cette ordonnance ne saurait, en effet, être mis en comparaison avec les frais supprimés par la nouvelle procédure, puisque, non seulement la tierce expertise à laquelle on devait souvent recourir n'aura plus lieu, mais qu'en outre, les dépens à supporter ne comprendront plus que les honoraires et frais de transport d'un seul expert et non de deux » (Sol. adm. enreg. 10 mai 1873, D. P. 76. 3. 32).

2679. Par interprétation de la même loi, l'Administration a aussi décidé, ce qui ne pouvait d'ailleurs faire difficulté, que la requête présentée par l'Administration au président du tribunal ne doit pas contenir la désignation de l'expert. C'est au président qu'il appartient de le nommer sans présentation (Sol. adm. enreg. 29 oct. 1872, D. P. 73. 5. 210).

2680. Dans les expertises en matière d'enregistrement, c'est le juge de paix, et non le tribunal d'arrondissement, qui doit connaître en premier ressort de la *récusation* formée contre un expert (Civ. cass. 30 janv. 1849, aff. Commune de Bouzée, D. P. 49. 1. 37 ; Trib. Forcalquier, 6 janv. 1870, D. P. 72. 5. 181. Conf. *Rép.* n° 4824). Mais la loi spéciale étant muette sur les délais à observer pour la récusation des experts, cette récusation doit être proposée, conformément aux règles du code de procédure civile qui est la loi commune, dans les trois jours de la nomination (Trib. Orange, 27 juill. 1870, D. P. 72. 5. 181). Les mêmes règles doivent être appliquées en ce qui concerne les causes de récusation, ainsi qu'on l'a vu au *Rép.* n°s 4815 et suiv.

2681. Une instruction de l'Administration de l'enregistrement (1537, n° 272) dispose qu'il n'est pas nécessaire, à peine de nullité, que le jugement qui ordonne l'expertise soit précédé du rapport d'un juge. Cette opinion est considérée comme très contestable ; la décision qui ordonne l'expertise est, en effet, un véritable jugement ; or aucun texte ne déroge, en ce qui le concerne, à l'art. 65 de la loi de frimaire, qui prescrit à peine de nullité, que les jugements rendus en matière d'enregistrement soient précédés d'un rapport (V. *infrà*, n° 3369 ; *Diction. droits d'enreg.*, v° *Expertise*, n° 257 ; Naquet, t. 3, n° 1326).

2682. Le jugement qui ordonne l'expertise ou qui nomme un expert d'office, à l'effet d'y procéder, est-il susceptible d'opposition? La négative est certaine en ce qui concerne la nomination de l'expert d'office ; le tribunal agit ici par voie d'autorité et dans la plénitude de son pouvoir discrétionnaire (Trib. Alby, 29 févr. 1864, Garnier, *Rép. pér. enreg.*, art. 1926). — Le tribunal de la Seine a décidé tout récemment, comme le tribunal d'Alby, que le jugement qui, en ordonnant l'expertise, conformément à l'art. 18 de la loi du 22 frim. an 7, nomme d'office l'expert de la partie, faute par elle d'avoir fait cette désignation, constitue un simple acte préparatoire et n'est pas de ce chef susceptible d'opposition ; il ajoute que l'opposition formée par la partie ne peut, d'ailleurs, valoir comme récusation de l'expert nommé d'office, lorsqu'elle n'est pas faite dans le délai de trois jours et dans les formes prescrites par l'art. 309 c. proc. civ. pour les nominations d'experts, lorsque, notamment, la partie se borne à demander le remplacement de l'expert nommé d'office par un expert choisi par elle (Trib. Seine, 31 janv. 1890, aff. Paillet, *Journ. enreg.*, art. 23471).

Mais il nous paraît que le chef du jugement qui ordonne l'expertise peut être attaqué par opposition, l'opposition étant de droit. La question est diversement résolue par les auteurs et la jurisprudence (Trib. Le Puy, 12 août 1859; Trib. Saint-Jean-d'Angély, 19 juin 1857; Trib. Mende, 2 août 1865, et Trib. Arras, 17 nov. 1865, *Diction. droits d'enreg.*, v° *Expertise*, n° 263).

2683. Les experts ont le droit de désigner eux-mêmes un *tiers expert*. À leur défaut, sa nomination appartient (*Rép.* n° 4823) au juge de paix du canton de la situation des biens; le tribunal ne pourrait pas y procéder lui-même, à peine de nullité (Civ. cass. 30 janv. 1849, cité *suprà*, n° 2680; Instr. adm. enreg. 30 juin 1849, n° 1837, § 16). La loi ne prescrivant, d'ailleurs, aucun mode déterminé pour la constatation du dissentiment entre les experts relativement à la nomination du tiers expert, il suffit que ce désaccord existe en fait et soit signalé à la partie la plus diligente au juge de paix (Trib. Saumur, 27 nov. 1869, aff. N..., D. P. 72. 5. 180).

2684. Le tiers expert est sujet à récusation comme les experts eux-mêmes (*Rép.* n° 4828). — Jugé que le tiers expert ne peut être récusé par la partie sur le seul motif qu'il aurait la qualité d'agent ou de fonctionnaire de l'État; qu'il en est ainsi surtout lorsqu'il s'agit d'un fonctionnaire étranger à l'administration de l'enregistrement et, par exemple, d'un conducteur des ponts et chaussées (Trib. Saint-Amand, 23 févr. 1865, aff. Cacadier, D. P. 65. 3. 32).

2685. Il a été décidé que, lorsqu'en matière d'échange d'immeubles, l'administration de l'enregistrement requiert une expertise pour connaître la valeur respective des immeubles échangés, et déterminer l'importance de la soulte sur laquelle est perçu le droit proportionnel de vente, l'opération embrasse nécessairement tous les immeubles échangés, encore que l'évaluation des parties ne soit contestée que relativement à l'un d'eux; que suite, en cas de dissentiment entre les experts chargés de cette opération, un seul tiers expert doit être désigné pour les départager, et si les biens à expertiser sont situés dans plusieurs cantons distincts, le choix de ce tiers expert appartient au juge de paix de la situation de l'immeuble qui présente le plus grand revenu d'après la matrice du rôle, sans qu'il y ait lieu de s'occuper de la situation de la partie des biens dont l'évaluation a été contestée (Civ. cass. 15 nov. 1852, aff. Piat et Meurice, D. P. 52. 1. 274; Instr. adm. enreg. 23 mars 1853, n° 1960, § 3).

2686. Un *rapport d'experts*, en matière d'enregistrement, peut être rédigé valablement hors la présence des parties, et sans qu'elles y aient été appelées, alors, d'ailleurs, qu'il est constant que les parties ont été exactement informées des opérations des experts, et ont présenté toutes les observations qu'elles ont jugées utiles à leur cause (Req. 26 nov. 1866, aff. Collongues, D. P. 67. 1. 64; Instr. adm. enreg. 30 nov. 1867, n° 2356, § 1er. V. *Rép.* n° 5743).

2687. Le rapport doit être déposé, en principe, dans le mois qui suit la remise faite aux experts de l'ordonnance du tribunal, ou dans le mois après l'appel d'un tiers expert. Mais, conformément à l'opinion que nous avons exprimée (*Rép.* n° 4827), il a été décidé que ce délai n'était pas prescrit à peine de nullité, et que, par suite, le jugement qui impose à un expert de déposer son rapport dans un délai déterminé, ne crée aucune déchéance et ne prive pas la partie du droit de faire procéder ultérieurement à l'expertise (Trib. Versailles, 6 août 1840; Trib. Alençon, 31 mai et 5 juill. 1842; Trib. Seine, 25 juill. 1850, cités *Diction. droits d'enreg.*, v° *Expertise*, n° 316; 15 janv. 1870, aff. Juilliard, D. P. 75. 1. 115. Conf. Nîmes, 27 janv. 1880, *Journ. enreg.*, art. 21810).

2688. Le fait par des experts d'avoir rédigé séparément, à des époques et à des lieux différents, la partie du rapport qui constate leur opinion personnelle, n'em-

porte pas non plus nullité de ce rapport, s'ils ont procédé ensemble à l'expertise (Civ. cass. 30 janv. 1849, cité *suprà*, n° 2680; Instr. adm. enreg. 30 juin 1849, n° 1837, § 16).

2689. Comme on l'a vu au *Rép.* n°s 4765 et 4711, le tribunal peut, dans certains cas, ordonner un supplément de rapport; mais il ne doit user de cette faculté que dans les formes tracées par la loi, c'est-à-dire à l'audience, mettant les parties à même de s'expliquer et en entendant de nouveau le ministère public. Si le supplément de rapport était ordonné simplement *en chambre du conseil* sans réouverture des débats, sans que les parties ni le ministère public eussent été prévenus, le jugement qui interviendrait à la suite serait nul, lors même que le rapport aurait été préalablement déposé au greffe et que les parties en auraient reçu avis avec invitation d'en prendre communication et de fournir leurs observations avant la prononciation du jugement (Civ. cass. 6 août 1866, aff. Prince de Monaco, D. P. 66. 1. 330; Instr. adm. enreg. 21 déc. 1866, n° 2350, § 6).

2690. Le tiers expert, lorsqu'il se borne à accepter l'avis de l'un des deux experts, n'est pas tenu de motiver dans son rapport les conclusions auxquelles il se rallie, il réfère implicitement aux motifs énoncés dans le premier rapport (Sol. adm. enreg. 13 févr. 1864).

2691. En matière d'enregistrement, la procédure spéciale que la loi fiscale a établie pour les expertises auxquelles il est procédé à l'effet de déterminer la valeur vénale ou le revenu réel d'immeubles transmis, doit être suivie pour une seconde expertise, lorsqu'à la suite de la première, et, en raison de son insuffisance, le tribunal juge à propos d'y ordonner une nouvelle. Ainsi, le jugement qui, dans ce cas, nomme, conformément au code de procédure civile, trois experts à l'effet de procéder à la nouvelle expertise, est nul (Civ. cass. 10 déc. 1884, aff. Dupuy, D. P. 85. 1. 203. Comp. *Rép.* n°s 4809 et 4823).

N° 3. — *Modes de l'expertise* (*Rép.* n°s 4829 à 4844).

2692. En règle générale, le jugement qui ordonne une expertise pour un objet déterminé n'a pas à indiquer à l'avance les bases du travail auquel les experts devront se livrer et les éléments de décision qu'ils devront prendre en considération, sauf le droit des parties de contester ultérieurement, si elles s'y croient fondées, le travail des experts (Trib. Seine, 8 déc. 1865, aff. Audiffret, D. P. 66. 3. 77).

2693. Les experts peuvent s'aider du concours d'hommes spéciaux, lorsqu'il s'agit, notamment, d'estimer des bois pour le calcul du droit d'enregistrement (Civ. rej. 22 déc. 1846, aff. Hédin, D. P. 47. 4. 240; Instr. adm. enreg. 10 juin 1847, n° 1786, § 12). Jugé, de même, que le défendeur ne peut se faire un grief des renseignements fournis aux experts par l'Administration, lorsque ces renseignements n'ont été qu'un pur accessoire qui a pu être et a été discuté par le contribuable, et qu'en outre les experts ont formé leur opinion en présence des lieux (Req. 26 nov. 1866, cité *suprà*, n° 2686).

2694. Contrairement à ce qu'elle avait décidé précédemment (*Rép.* n° 4766), la cour de cassation a jugé que la loi laisse aux experts la faculté de choisir la base d'estimation que leur conscience leur suggère, sauf aux juges à l'apprécier; qu'ainsi, lorsqu'ils sont chargés d'estimer un domaine comprenant un certain nombre de parcelles, ils peuvent prendre pour objet de leur estimation la valeur du corps du domaine vendu en bloc, au lieu de s'attacher à la valeur de chaque parcelle isolée en la comparant aux parcelles voisines de même nature; qu'en conséquence, si l'un des experts s'est arrêté au premier mode d'estimation et l'autre expert au second, le travail de ce second expert ne peut être annulé par le motif que la base en serait illégale : les juges n'ont le droit de l'écarter qu'en se fondant sur les circonstances de fait de nature à en faire repousser l'adoption (Req. 25 août 1862, aff. Écoutin, D. P. 62. 1. 345).

2695. Conformément aux décisions citées au *Rép.* n° 4830, il a été décidé ... qu'aucun mode d'appréciation n'est imposé aux experts; qu'ainsi les experts chargés de déterminer la valeur d'un fonds pour l'assiette du droit de mutation sur une transmission à titre onéreux, ne sont pas tenus d'énoncer dans leur procès-verbal qu'ils ont procédé par comparaison de ce fonds avec les fonds voisins de même nature (Civ. rej. 22 déc. 1846, cité *suprà*, n° 2693; Instr. adm. enreg. 10 juin 1847, n° 1786, § 12);... qu'ils peuvent choisir les bases que leurs lumières et leur conscience leur suggèrent, sauf aux juges à apprécier, et, spécialement, prendre pour termes de comparaison, à l'égard d'un immeuble situé dans une grande ville, le prix d'autres immeubles de même nature, situés dans le voisinage (Req. 17 avr. 1889, aff. Comp. d'*Assurances générales*, D. P. 89. 1. 403).

2696. La valeur vénale ne comprend pas les *frais* que le droit commun met à la charge de l'acquéreur; ces frais doivent donc être déduits de la valeur brute de l'immeuble (Req. 7 mars 1833, *Rép.* n°s 4436 et 4842; Req. 17 avr. 1889, cité *suprà*, n° 2695). Mais les experts ne sont pas obligés d'indiquer dans leur rapport qu'ils ont fait cette déduction, qu'on doit toujours présumer. Jugé même qu'un tribunal peut être fondé à décider que le tiers expert choisi dans une expertise en matière d'enregistrement, à l'effet de fixer la valeur vénale d'un immeuble qui a fait l'objet d'une vente, n'a point compris dans son évaluation les frais de l'acte d'acquisition, bien que l'on rencontre, au cours de son rapport, l'expression « frais d'acquisition compris », ces mots pouvant n'être que le résultat d'une inadvertance, alors surtout qu'ils sont en contradiction avec la mission donnée au tiers expert comme aux deux experts d'abord désignés, avec l'ensemble de son travail et les conclusions qui le terminent (Req. 30 juill. 1868, aff. Prince de Monaco, D. P. 68. 5. 176).

2697. C'est une obligation pour les experts de se reporter à l'état de choses *au moment de l'aliénation*, pour déterminer la valeur imposable (*Rép.* n° 4832). Lorsque la mutation qui donne lieu à l'expertise était soumise à une condition suspensive, c'est au moment de la convention, et non pas au moment de l'accomplissement de la condition, qu'il faut se placer; car, en vertu de la rétroactivité des conditions, la mutation remonte à l'époque de la convention (Trib. Seine, 12 janv. 1867, Garnier, *Rép. gén. enreg.*, n° 2433). L'administration de l'enregistrement (Belgique) s'est prononcée en ce sens par une solution du 28 mars 1868, rapportée dans les termes suivants par le *Dictionnaire des droits d'enregistrement*, v° *Expertise*, n° 196 : « Attendu que, d'après les art. 17 et 19 de la loi du 22 frim. an 7, il faut, pour déterminer la valeur imposable, se référer à l'époque où la mutation des immeubles est consommée, où les immeubles passent effectivement d'une tête sur une autre; qu'il n'y a pas à distinguer entre le cas d'une mutation subordonnée à une condition suspensive et celui d'une aliénation pure et simple; que si, en vertu de l'art. 1079 c. civ., la condition accomplie a un effet rétroactif au jour auquel l'engagement a été contracté, cette disposition n'a d'autre effet que de faire révoquer les charges, les servitudes, les aliénations, les hypothèques consenties *pendente conditione*, mais qu'elle ne saurait faire qu'en réalité la mutation ne s'est pas opérée au jour où la condition s'est accomplie » (*Journ. enreg. belge*, n° 10740). Mais la transmission de propriété résultant de la réalisation d'une *promesse de vente* contenue dans un bail d'immeuble, s'opérant, non à la date de ce bail, mais au jour où le preneur a manifesté sa volonté d'acquérir, c'est la valeur vénale de l'immeuble à ce jour qui doit servir de base à la liquidation du droit d'enregistrement, et par suite, c'est cette valeur que l'expertise provoquée par l'Administration doit constater (Req. 10 mars 1886, aff. Société civile des terrains de Cannes, D. P. 87. 1. 261; Trib. Seine, 30. nov. 1883, aff. Rachet, D. P. 85. 3. 23. Conf. Trib. Seine, 12 janv. 1867, Garnier, *Rép. pér. enreg.*, art. 2433). — Jugé que lorsque, dans une expertise provoquée à l'effet de déterminer le revenu d'un immeuble transmis par décès, le rapport de l'expert constate qu'il a établi ce revenu tel qu'il était au jour du décès, on ne peut prétendre, par cela seul qu'il a pris, pour terme de comparaison, les locations dont l'immeuble était l'objet lors de l'expertise, que le revenu indiqué n'est pas celui que produisait l'immeuble au moment du décès (Trib. Seine, 15 janv. 1870, cité *suprà*, n° 2687).

2698. Il est de principe aussi, comme nous l'avons dit (*Rép.* n° 4840), que tout ce qui peut augmenter le prix de l'immeuble doit entrer dans l'évaluation. Cette règle a reçu de nombreuses applications. Jugé : 1° que les produits des immeubles d'une succession, produits dont le chiffre multiplié par vingt détermine la valeur sur laquelle est établi le droit de mutation par décès, comprennent non seulement les fruits proprement dits, mais encore tous les produits périodiques de nature à augmenter la valeur de cet immeuble, et, par exemple, les *minerais de fer d'alluvion* provenant d'une minière qui s'y trouvait exploitée au moment de l'ouverture de la succession; sauf à tenir compte, dans la fixation du produit annuel de la minière, de la durée limitée de l'exploitation, de l'amortissement progressif de capital qui doit en résulter; et les juges peuvent enjoindre aux experts de prendre en considération, dans leurs calculs, cet amortissement progressif, sans être réputés s'immiscer dans l'estimation proprement dite, laquelle appartient souverainement aux experts (Civ. rej. 6 mars 1867, aff. de Lambertye, D. P. 67. 1. 156); — 2° Que pour le règlement du droit de mutation par décès à percevoir sur l'usufruit d'un bois contenant des *minières* qui, au jour du décès, se trouvent en cours d'exploitation, il y a lieu de tenir compte du produit de ces minières aussi bien que du revenu forestier. Toutefois les experts chargés de la fixation dudit revenu, doivent prendre pour base de leur calcul la durée probable de l'exploitation, et avoir égard à cette circonstance que, tous les ans, le capital représentant les minières s'éteint et s'amortit (Trib. Briey (et non Bray), 14 avr. 1864, aff. de Lambertye, D. P. 64. 3. 31); — 3° Que l'expertise en valeur vénale devant comprendre tout ce qui constitue pour l'acquéreur un avantage ou un profit, les experts doivent tenir compte dans leur évaluation, d'*alluvions* dépendant du domaine vendu, quoiqu'elles ne soient pas encore assez consolidées pour pouvoir donner lieu à une revendication ou pour donner des produits, spécialement lorsqu'elles ont fait l'objet d'une clause spéciale du contrat de vente; et le tribunal peut, sans violer l'autorité de la chose jugée, ordonner aux experts de compléter leur travail en faisant entrer dans l'évaluation la valeur de ces alluvions qu'ils avaient négligé d'y comprendre (Req. 9 juin 1868, aff. Rivals, D. P. 69. 1. 106; 17 avr. 1872, même affaire, D. P. 72. 1. 324).

2699. En ce qui concerne le *droit de chasse*, l'Administration a proposé une distinction admise par la jurisprudence. Il n'y a pas lieu de tenir compte du droit de chasse, lorsqu'il n'est point affermé, mais exercé directement par le propriétaire lui-même; on doit, au contraire, le faire entrer dans l'évaluation du revenu, comme les autres produits de l'immeuble, toutes les fois qu'il fait l'objet d'un bail en cours d'exécution à l'époque de la mutation (Civ. cass. 7 avr. 1868, aff. d'Hugonneau de Chastenet, D. P. 68. 1. 259; Instr. adm. enreg. n° 2367, *ibid.*). La même distinction devrait être appliquée au *droit de pêche* appartenant aux propriétaires riverains sur les cours d'eau non navigables ni flottables.

2700. On a dit au *Rép.* n° 4835 que l'Administration avait tracé certaines règles d'évaluation à l'égard des *bois*, dans l'instruction n° 1229, § 2, et que la jurisprudence s'y était généralement conformée. — Jugé que, dans le produit dont le chiffre multiplié par vingt (ou par vingt-cinq) détermine, à défaut de baux, la valeur sur laquelle est perçu le droit de mutation par décès, on doit comprendre les futaies même non mises en coupes réglées, ces futaies, quoique non aménagées, constituant un véritable produit passible de l'impôt (Civ. cass. 18 juin 1855, aff. Van den Kerkove, D. P. 55. 1. 290).

2701. En cas de mutation d'immeubles consistant en terres de labour ou de pâturage, sur lesquels existent des *arbres épars ou en bordure*, il y a lieu de faire entrer dans l'évaluation de ces arbres la valeur des fruits et de l'élagage (*Rép.* n° 4840). Mais faut-il tenir compte aussi de la valeur résultant de leur degré de croissance, comme à l'égard des bois de taillis et de futaies? La cour de cassation avait d'abord résolu la question négativement (Req. 24 juill. 1860, aff. Sookeel, D. P. 60. 1. 336). Cette règle, qui n'avait été posée, d'ailleurs, que dans les motifs de l'arrêt, rendu avant l'expertise, n'a pas été maintenue; un arrêt postérieur de la chambre civile décide, en effet, que l'accroissement annuel des arbres épars ou en bordure constitue un produit qui, bien que non perçu par année, doit, comme tous autres revenus, servir de base au calcul du droit proportionnel de mutation (Civ. rej. 29 juin 1864, aff. Sockeel, D. P. 64. 1. 383).

2702. Mais il a été décidé, au contraire, que le légataire de l'usufruit d'un immeuble sur lequel croissent des arbres épars ou plantés en bordure, n'est pas tenu, comme l'héritier de la propriété, d'ajouter au revenu principal de l'immeuble le produit de la croissance annuelle de ces arbres dans la déclaration qu'il passe au bureau de l'enregistrement pour la perception du droit de mutation à sa charge. Cette solution est une conséquence des art. 591 et 592 c. civ., qui interdisent à l'usufruitier de toucher aux arbres de haute futaie, si ce n'est : 1° à ceux mis en coupes réglées; 2° à ceux arrachés ou brisés par accident et pour faire les réparations dont il est tenu; il ne peut, pour le même objet, en faire abattre qu'après en avoir fait constater la nécessité avec le propriétaire; l'usufruitier n'ayant aucun droit sur les arbres de haute futaie, que le nu-propriétaire peut faire abattre sans indemnité lorsqu'ils sont arrivés à leur complète maturité, on ne saurait considérer la croissance annuelle de ces arbres comme un avantage qu'il doive comprendre dans sa déclaration (Sol. adm. enreg. 5 févr. 1868, D. P. 69. 3. 8).

2703. D'un autre côté, ainsi qu'on l'a dit (*Rép.* n° 4841), l'évaluation ne doit comprendre que ce qui constitue réellement la chose transmise; spécialement, dans les mutations à titre gratuit, c'est le *produit net* ou la *valeur locative*, et non le produit brut, qui doit être pris pour base de l'évaluation. Décidé, en ce sens, que, dans l'évaluation d'un immeuble à l'effet d'établir le droit à percevoir en cas de transmission par décès, on ne doit pas, lorsque cet immeuble ne donne aucun revenu (en ce qu'il consiste dans un terrain inculte et propre seulement à recevoir des constructions), prendre le vingtième de sa valeur vénale comme expression invariable du produit qui, multiplié par vingt, détermine la valeur servant à l'assiette du droit : ce produit doit être recherché dans tous les éléments de fait qui peuvent s'offrir aux experts (Trib. Seine, 11 juill. 1857, aff. Bauban, D. P. 58. 3. 29).

2704. Jugé aussi que le droit de mutation par décès doit, lorsqu'au nombre des immeubles déclarés, se trouve un domaine dont le revenu réel, au moment du décès, est inférieur à celui qu'aurait pu produire la mise en culture ordinaire de toutes les terres de ce domaine, être calculé d'après ce revenu réel, et non d'après le revenu hypothétique en même temps indiqué, alors d'ailleurs qu'il s'agit d'un domaine soumis à une exploitation unique (Civ. cass. 7 nov. 1839, aff. Creste, D. P. 59. 1. 498). La cour a soin de dire qu'il s'agissait d'un domaine soumis à un mode d'exploitation unique; en effet, si la déclaration avait eu pour objet des immeubles distincts, le fait de n'y porter que le revenu de quelques-uns de ces immeubles eût constitué une omission, et, par conséquent, une insuffisance de déclaration, tombant sous l'application de l'art. 39 de la loi du 22 frim. an 7. Il est, d'ailleurs, rationnel, lorsque le domaine déclaré est l'objet d'une exploitation unique, de s'attacher au revenu donné par le mode d'exploitation de ce domaine, et non pas à un mode d'exploitation possible et éventuel. Il n'en serait autrement que si l'absence ou la diminution de revenus provenaient de circonstances fortuites ou de l'état d'abandon dans lequel le propriétaire laisserait ses immeubles. Dans ce cas, il faudrait, comme lorsqu'il s'agit d'un immeuble inculte de sa nature, procéder à l'évaluation de la manière indiquée au numéro précédent.

CHAP. 5. — Des exemptions; Actes enregistrés en débet; Actes enregistrés gratis; Actes dispensés de l'enregistrement (*Rép.* n°s 4843 à 4937).

2705. Par exception à la règle que tous les actes civils ou judiciaires sont soumis à l'enregistrement, et frappés, par suite soit d'un droit fixe, soit d'un droit proportionnel, certains actes sont l'objet, comme on l'a dit au *Rép.* n° 4845, d'une faveur spéciale plus ou moins étendue. Cette faveur, que nous avons désignée sous la dénomination générale d'*exemption*, consiste, ou dans l'ajournement de la perception du droit, pour les actes enregistrés *en débet*; ou dans la gratuité, pour les actes enregistrés *gratis*; ou enfin dans l'exemption absolue de la formalité, pour les actes exempts d'enregistrement.

2706. Un assez grand nombre de lois particulières ont été ajoutées, depuis la publication du *Répertoire*, à la loi du 22 frim. an 7 dont l'art. 70, § 1er, est néanmoins encore aujourd'hui le texte principal dans cette matière.

La classe la plus importante des actes dont la loi autorise l'enregistrement en débet est celle des actes, procès-verbaux et jugements qui ont lieu dans l'intérêt public de la répression. L'enregistrement en débet ne s'applique pas à tous ces actes sans distinction; il en est qui sont enregistrés gratis, et d'autres qui sont complètement exempts de la formalité. Les nombreuses classifications formulées à ce sujet au *Répertoire* peuvent se résumer dans une distinction, généralement admise aujourd'hui, entre les actes de la police ordinaire et ceux qui concernent la police générale ou de sûreté et la vindicte publique. Les premiers sont enregistrés en débet; les autres sont exempts de l'enregistrement ou enregistrés gratis. « La police ordinaire comprend, dit M. Naquet, t. 3, n° 1155, auquel nous empruntons la formule de la distinction ci-dessus : 1° les actes et procès-verbaux des huissiers, gendarmes, préposés, gardes champêtres ou forestiers, etc., destinés à constater et à poursuivre les contraventions de simple police; 2° les jugements rendus par les tribunaux de simple police; 3° les actes faits à la requête du ministère public dans les instances pendantes devant le tribunal correctionnel...; 4° les jugements des tribunaux correctionnels, les appels de ces jugements, quand l'appelant est détenu et même les pourvois en cassation... ». Tous les autres actes accomplis dans un intérêt de répression, notamment les actes faits en matière criminelle, et même ceux faits en matière correctionnelle avant que le tribunal soit régulièrement saisi, sont considérés comme se rattachant à la police générale ou de sûreté et échappent, par suite, à l'enregistrement en débet.

Les jugements et les autres actes judiciaires, relatifs aux procédures suivies dans l'intérêt des *communes et établissements publics*, à leur requête, sur leur plainte, ou d'office, pour la répression des délits ou contraventions commis à leur préjudice, étaient primitivement enregistrés en débet, en vertu de la disposition précitée de la loi du 22 frim. an 7; mais une exception a d'abord été apportée à cette règle pour les jugements par une décision du ministre des finances du 6 déc. 1876, portant que les droits de timbre et d'enregistrement des jugements seront acquittés par les receveurs de l'enregistrement qui s'en feront rembourser chaque mois par le trésorier-payeur général, sur la production d'états détaillés, certifiés par eux et visés par le directeur (Circ. compt. 29 déc. 1876, § 4, n°s 1236-1247). Cette décision a été étendue récemment aux procès-verbaux, exploits et autres actes relatifs aux mêmes procédures. Tous ces actes doivent donc être, comme les jugements, enregistrés désormais au comptant par les receveurs à titre d'avance, sur les fonds de leur caisse (Décis. min. fin. 15 mai 1888; Circ. adm. enreg. 3 juin 1888).

2707. Les déclarations d'appel en matière correctionnelle ne doivent, en principe, être enregistrées en débet que lorsqu'il n'y a pas de partie poursuivante obligée, en cette qualité, de faire l'avance des frais (Décis. min. fin. et just. 11 et 15 févr. 1861, D. P. 61. 3. 47). Il en est de même toutefois nonobstant la présence au procès d'une partie civile, lorsque l'appelant est emprisonné; par suite, il n'y a lieu de donner les formalités au comptant aux déclarations d'appel en matière correctionnelle, que dans les cas où en même temps qu'il y a partie civile en cause, le condamné se trouve en liberté (Mêmes décisions).

2708. D'ailleurs, relativement aux actes du ministère public accomplis dans les cas indiqués *suprà*, n° 2706, en matière correctionnelle ou de simple police, l'enregistrement en débet n'a lieu, ainsi qu'on l'a expliqué au *Rép.* n° 4849, que lorsqu'il n'y a pas de partie civile poursuivante. Quand il y a une partie civile en cause, elle est obligée d'acquitter immédiatement les droits, sous forme de consignation préalable et suffisante, à moins qu'elle ne fasse constater son indigence dans les formes légales.

2709. A cette règle, une décision du ministre des finances du 5 sept. 1861 (D. P. 62. 3. 32) a apporté un tempérament, en vue de faciliter l'exercice de l'action publique. En vertu de cette décision, dans les affaires correctionnelles ou de police où il y a une partie civile en cause, le ministère public a la faculté, lorsque les fonds consignés d'avance au greffe par cette partie se trouvent insuffisants, de faire viser pour timbre et enregistrer en débet les actes, jugements et arrêts dont la signification doit avoir lieu à sa requête. Il remet, à cet effet, des réquisitions écrites au receveur de l'enregistrement pour servir de pièce justificative, et le receveur fait immédiatement les diligences nécessaires pour recouvrer les droits sur la partie civile (Instr. adm. enreg. 8 oct. 1861, n° 2203).

2710. Aux termes de la décision du 5 sept. 1861, citée *suprà*, n° 2709, les greffiers ne doivent délivrer aux parties civiles non indigentes des expéditions des jugements et arrêts visés pour timbre et enregistrés en débet sur la réquisition ainsi faite par le ministère public, qu'après acquittement des droits de timbre et d'enregistrement.

2711. On trouvera au *Rép.* n°s 4847 et suiv., l'énumération des actes et procès-verbaux des différents agents ou représentants de l'autorité publique qui bénéficient de l'enregistrement en débet, on indiquera seulement ici ceux auxquels la même faveur a été étendue par des lois ou décrets postérieurs, ainsi que les nouvelles applications qui ont été faites du principe.

2712. Il a été jugé que le procès-verbal d'un garde champêtre a, même lorsque la contravention qu'il dénonce est une contravention de police urbaine, le caractère d'acte de poursuite soumis au timbre et à l'enregistrement en débet, et non celui de pièce d'administration intérieure non assujettie à la double formalité. Par suite, c'est à tort que le juge de police, en réprimant la contravention dénoncée, excepte de la condamnation aux dépens les frais auxquels ont donné lieu le visa pour timbre et l'enregistrement de ce procès-verbal par le motif qu'il est sans valeur légale (Crim. cass. 23 août 1866, aff. Geay et Bouyer, D. P. 66. 1. 461).

2713. Il a été décidé aussi que le rapport d'un agent de police dressé par suite de contravention et servant de base à la poursuite rentre dans les actes dont la loi du 22 frim. an 7 (art. 70) et celle du 25 mars 1817 (art. 74) prescrivent l'enregistrement en débet, encore bien qu'il ne fasse pas par lui-même preuve de la contravention (Crim. cass. 4 juill. 1857, aff. Chaninel, D. P. 57. 1. 378). Plus généralement, une décision du ministre des finances du 28 déc. 1881 (D. P. 84. 5. 227) porte que les procès-verbaux des officiers de police judiciaire qui ont constaté eux-mêmes les contraventions, ceux que les commissaires de police dressent sur le rapport d'un agent de police, les rapports rédigés par des agents de police et dont il est fait usage par acte public ou en justice, doivent être visés pour timbre et enregistrés en débet, par application des mêmes textes (Comp. Instr. adm. enreg. 30 janv. 1883, n° 2678 ; Crim. cass. 23 août 1866, cité *suprà*, n° 2712 ; 11 juill. 1867, aff. Lemétayer, D. P. 68. 1. 48; 9 juill. 1874, aff. Blondiau, D. P. 76. 1. 457-458).

2714. La même règle a été appliquée... aux procès-verbaux que les gardes du génie sont chargés de rédiger pour la répression des contraventions au décret du 10 août 1853 (D. P. 53. 4. 216) sur les servitudes militaires, ainsi qu'aux actes de notification et sommations faits à la suite par les mêmes agents, et à ceux faits, après la décision du conseil de préfecture, pour l'exécution des démolitions et des travaux mis à la charge des contrevenants (L. 25 mars 1817, art. 74; Décr. 10 août 1853, art. 40 et 47, D. P. 53. 4. 216 ; Instr. adm. enreg. 27 avr. 1854, n° 1994);... aux procès-verbaux des gardes du génie constatant des contraventions au décret du 16 août 1853, sur la délimitation de la zone frontière, l'organisation et les attributions de la commission mixte des travaux publics, sauf recouvrement des droits de timbre et d'enregistrement par les agents de l'enregistrement sur les contrevenants après le jugement

définitif de condamnation (Décr. 16 août 1853, art. 31 et 39, D. P. 53. 4. 227; Instr. adm. enreg. 5 juill. 1854, n° 2007) ;... aux procès-verbaux des gardes d'artillerie constatant des infractions à la loi du 22 juin 1854 qui a établi des servitudes autour des magasins à poudre de la guerre et de la marine (L. 22 juin 1854, art. 4, D. P. 54. 4. 122; Instr. adm. enreg. 6 sept. 1854, n° 2012);... aux procès-verbaux rédigés par les gardiens de batterie (Décis. min. fin. 4 sept. 1858; Instr. adm. enreg. 2 oct. 1858, n° 2132, § 2, *Rép.* v° *Timbre*, n° 49);... aux procès-verbaux des sous-officiers, brigadiers et gendarmes qui constatent soit des contraventions du ressort des tribunaux de simple police, soit des faits intéressant l'Etat, les communes et les établissements publics, soit des cas de mort violente, lorsqu'ils contiennent l'inventaire des effets trouvés sur le décédé ou près de lui (Décr. 1er mars 1854, art. 492, D. P. 54. 4. 40 ; Instr. adm. enreg. 1er déc. 1854, n° 2018. V. *infrà*, v° *Gendarmerie*).

2715. Sont aussi enregistrés en débet... les procès-verbaux constatant des infractions à la loi du 21 juill. 1856 relative aux appareils et bateaux à vapeur, et qui sont rapportés par les ingénieurs des mines, les ingénieurs des ponts et chaussées, les gardes-mines, les conducteurs et autres employés des ponts et chaussées et des mines, commissionnés à cet effet, les maires et adjoints, les commissaires de police, et, en outre, pour les bateaux à vapeur, les officiers de port, les inspecteurs et gardes de la navigation, les membres des commissions de surveillance instituées en exécution des règlements, et les hommes de l'art qui, dans les ports étrangers, sont chargés par les consuls ou agents consulaires français de procéder aux visites des bateaux à vapeur (L. 21 juill. 1856, art. 21, D. P. 56. 4. 118); — ... Les procès-verbaux rapportés en vertu des art. 13 et 14 de la loi du 14 juill. 1856 sur la conservation et l'aménagement des sources d'eaux minérales, constatant des infractions à cette loi, et qui sont dressés par les officiers de police judiciaire, les ingénieurs des mines et les agents sous leurs ordres, ayant droit de verbaliser (L. 14 juill. 1856, art. 16, D. P. 56. 4. 85); — ... Les procès-verbaux dressés pour contravention au décret du 28 mars 1852 relatif à la pêche du hareng et ceux qui interviennent pour l'exécution de ce décret (Décr. 28 mars 1852, art. 14, D. P. 52. 4. 117; Instr. adm. enreg. 29 déc. 1852, n° 1950); — ... Les procès-verbaux rapportés pour contraventions à la loi sur la police du roulage et les messageries publiques (L. 30 mai 1851, art. 19, D. P. 51. 4. 82; Instr. adm. enreg. 17 déc. 1851, n° 1896).

2716. L'application de la loi du 30 mai 1851, citée *suprà*, n° 2715, a fait naître une controverse sur laquelle la cour de cassation a eu à se prononcer. Cette loi dispose formellement (art. 19) que les procès-verbaux de la gendarmerie en matière de roulage doivent être enregistrés *à peine de nullité*, dans le délai de trois jours, sauf le bénéfice résultant de l'ajournement de la perception du droit. Il y a là une dérogation au droit commun, d'après lequel le défaut d'enregistrement du procès-verbal de contravention ne peut être considéré par le juge de police comme une cause de nullité de ce procès-verbal, la disposition faite aux tribunaux de rendre un jugement sur des actes non enregistrés ne s'appliquant qu'au cas où il s'agit d'intérêts privés (V. suprà, n° 2654, outre l'arrêt du 15 oct. 1852, cité ci-après : Cons. d'Et. 1er févr. 1851, aff. Bertron, D. P. 51. 3. 59, et la jurisprudence de la cour de cassation indiquée en note, *ibid.*). Par application de cette disposition, la cour de cassation a décidé, peu de temps après la promulgation de la loi, qu'une poursuite pour contravention à la police de roulage ne peut avoir pour base un procès-verbal de gendarmerie qui n'a pas été enregistré dans le délai fixé (Crim. cass. 15 oct. 1852, aff. Esch, D. P. 52. 5. 238). Saisie à nouveau de la question, la cour de cassation a maintenu sa jurisprudence (Crim. rej. 16 avr. 1870, aff. Muracciole, D. P. 71. 1. 177). La difficulté vient d'un décret du 1er mars 1854 (D. P. 54. 4. 40), dont l'art. 493 porte que « les procès-verbaux de la gendarmerie qui font foi en justice, en matière de contraventions aux lois et règlements, sont exempts de la formalité, sauf recouvrement du timbre et de *l'enregistrement* ». L'art. 498 « ajoute que les procès-verbaux de la gendarmerie font foi en justice jusqu'à preuve contraire et ne peuvent être annulés sous prétexte de vice de forme ou pour *défaut d'enregistrement* ». On a soutenu que ces dispositions, maintenues lors des modifications faites au décret du 1er mars 1854 par une décision du 24 avr. 1858 (D. P. 58. 4. 146), avaient dérogé à la loi du 30 mai 1851 ; que, par suite, non seulement l'enregistrement des procès-verbaux dont il s'agit n'était plus prescrit à peine de nullité, mais qu'ils étaient même exempts de la formalité. — Quelle est la valeur légale de ces deux dispositions ? La question fut soulevée devant le conseil d'État, à l'occasion d'un procès-verbal de la gendarmerie constatant une contravention de roulage de la compétence de la juridiction administrative. Le conseil de préfecture des Bouches-du-Rhône ayant refusé de tenir compte du procès-verbal à cause du défaut d'enregistrement, le ministre des travaux publics se pourvut devant le conseil d'État, en invoquant les deux articles précités des décrets de 1854 et de 1858. Mais le conseil d'État, à raison de ce qu'il existait dans l'affaire un motif particulier de maintenir l'acquittement, réserva la difficulté soulevée par le pourvoi du ministre. Le *Journal de la gendarmerie*, année 1860, p. 369, renferme au sujet de cette décision l'observation suivante : « Cette hésitation, dit-il, autorise à penser que, pour le conseil d'État, la question de l'abrogation de la disposition de la loi de 1851 exigeant l'enregistrement est au moins douteuse. Il est de principe, en effet, que les prescriptions d'une loi ne peuvent être abrogées que par une autre loi et non par un décret. Il a fallu une loi pour affranchir la gendarmerie de la formalité de l'affirmation des procès-verbaux ; la situation est la même pour la formalité de l'enregistrement. » D'ailleurs, alors même qu'elle ne serait pas en contradiction avec la loi du 30 mai 1851, la disposition précitée de l'art. 498 du décret du 1er mars 1854 manquerait encore d'autorité à un autre point de vue. Aucune loi n'a conféré au Gouvernement la mission de déterminer les effets du défaut d'enregistrement des procès-verbaux de la gendarmerie. Or une disposition édictée en dehors de la mission réglementaire confiée à celui-ci ne saurait être prise en considération par les tribunaux, en tant qu'elle créerait ou supprimerait des nullités.

2717. Mais, bien que la loi du 30 mai 1851 (art. 19) soumette, comme on vient de le dire, à l'enregistrement en débet, et cela, à peine de nullité, les procès-verbaux pour contravention en matière de roulage, ces procès-verbaux sont affranchis encore aujourd'hui en Corse, de cette formalité, en vertu des dispositions contenues dans le règlement du 1er flor. an 9 et l'arrêté du 21 prair. an 9, qui n'ont pas été abrogées par cette loi (Crim. cass. 23 janv. 1875, aff. Costa, D. P. 76. 1. 331).

2718. Les dispositions arrêtées pour le timbre et l'enregistrement des procès-verbaux des gendarmes constatant des contraventions aux lois sur la circulation des boissons (Décis. min. fin. 19 sept. 1876 ; Instr. adm. enreg. 12 oct. 1876, n° 2563, D. P. 76. 5. 441) doivent être considérées « comme s'appliquant indistinctement à tous les procès-verbaux rapportés par la gendarmerie *en matière de contributions indirectes* » (Décis. min. fin. 9 juin 1877, D. P. 77. 5. 208 ; Instr. adm. enreg. 25 juin 1877, n° 2578, *ibid.*).

2719. Sont encore enregistrés en débet : ... les procès-verbaux constatant des crimes, délits ou contraventions prévus par la loi sur les lignes télégraphiques, rapportés par les officiers de police judiciaire, les commissaires et sous-commissaires préposés à la surveillance des chemins de fer, les inspecteurs des lignes télégraphiques, les agents de surveillance nommés ou agréés par l'Administration et dûment assermentés (Décr. 27 déc. 1851, art. 11, D. P. 52. 4. 24 ; Instr. adm. enreg. 31 déc. 1851, n° 1899) ; ... Les procès-verbaux constatant des délits ou contraventions à la loi du 18 juill. 1860 sur l'émigration rédigés : 1° en France, par les commissaires d'émigration, en leur qualité d'officiers de police auxiliaires du procureur de la République, par tous officiers de police judiciaire, et par les fonctionnaires ou agents investis, soit à titre définitif, soit temporairement, des attributions du commissaire de l'émigration ; 2° à bord des navires français dans les ports étrangers, par les consuls (L. 18 juill. 1860, art. 11, D. P. 60. 4. 92) ; ... Les procès-verbaux rapportés par les agents des douanes à la requête du procureur de la République, en vertu de l'art. 19 de la loi du 23 juin 1857 sur les marques de fabrique et de commerce et constatant la saisie, au moment de leur entrée sur le territoire français, des produits étrangers portant soit la marque ou le nom d'un fabricant résidant en France, soit l'indication du nom ou du lieu d'une fabrique française, par application des principes qui régissent en cette matière les procès-verbaux dressés à la requête du ministère public au sujet d'infractions punies correctionnellement (Décis. min. fin. 10 juill. 1883, D. P. 83. 5. 245 ; Instr. adm. enreg. 10 oct. 1883, n° 2687, § 8, *ibid.*).

2720. Tous les actes que l'on vient d'énumérer sont exclusivement relatifs à la justice répressive. L'enregistrement en débet s'applique, en outre, à un grand nombre d'actes en matière civile faits à la requête d'un individu qui a obtenu le bénéfice de *l'assistance judiciaire*, ainsi que les actes et titres produits par lui afin de justifier de ses droits et qualités (L. 22 janv. 1851, art. 14, D. P. 51. 4. 25 ; *Rép.* v° *Organisation judiciaire*, n° 769 ; Instr. adm. enreg. 31 mars 1851, n° 1879). Cette immunité s'applique en particulier à la procuration que l'assisté donne pour se faire représenter en justice, spécialement devant le tribunal de commerce (Sol. adm. enreg. 12 déc. 1851, Fessard, *Dictionnaire de l'enregistrement et des domaines*, continué par Cuénot, n° 8982), ainsi qu'aux expéditions délivrées sur sa demande et aux jugements dans lesquels il est intéressé. En ce qui concerne les jugements, on a fait remarquer avec raison que, la loi n'ayant voulu intervenir qu'en faveur de l'assisté, l'adversaire ne serait pas autorisé à faire enregistrer en débet le jugement qu'il a obtenu (Naquet, t. 3, n° 1158).

Dès que l'assisté est intéressé à un acte ou à un jugement, l'enregistrement doit avoir lieu en débet, quoiqu'il y ait d'autres parties en cause qui ne sont pas assistées. Ainsi il a été décidé qu'on devait suspendre la perception du droit lors de la délivrance de la grosse d'un jugement interlocutoire rendu au profit de neuf cohéritiers, dont quatre seulement avaient été admis à l'assistance judiciaire (Sol. adm. enreg. 27 janv. 1857 et 4 mai 1863, *Diction. droits d'enreg.*, v° *Assistance judiciaire*, n° 31 ; Garnier, *Rép. gén. enreg.*, n° 2293).

2722. Quant aux actes postérieurs au jugement rendu pour ou contre l'assisté, une décision du ministre des finances du 29 avr. 1853 (Instr. adm. enreg. n° 1971) porte qu'ils ne doivent être enregistrés en débet que lorsqu'ils ont pour but de provoquer l'opposition aux sentences rendues par défaut, ou de faire courir, pour les sentences contradictoires, les délais de l'appel ou du pourvoi en cassation. L'enregistrement au comptant devient obligatoire, au contraire, pour tous les actes d'exécution faits après que l'autorité de la chose jugée est acquise.

2723. En ce qui concerne les formalités hypothécaires, auxquelles cette distinction a notamment été appliquée, « il faut distinguer, dit M. Garnier, *Rép. gén. enreg.*, n° 2293-9, entre les formalités requises en vertu d'un jugement ou d'un arrêt ayant la force exécutoire, et celles qui ont lieu pendant le cours de l'instance et dans l'intérêt même de la procédure suivie pour parvenir au jugement définitif. Dans le premier cas, l'affaire est sortie du domaine de la justice et des tribunaux : l'assisté possède un titre exécutoire ; il a, par conséquent, le crédit nécessaire pour obtenir que ce titre soit mis à exécution, si l'adversaire condamné refuse d'y obtempérer. Le bénéfice de l'assistance ne saurait, dès lors, être plus applicable aux frais de formalités hypothécaires, qu'il ne l'est aux autres frais d'exécution. Dans le second cas, au contraire, le procès n'étant pas définitivement terminé, il continue de venir en aide à l'assisté pour les droits d'hypothèques comme pour les autres.

La conséquence de cette interprétation, que M. Naquet paraît aussi adopter (t. 3, n° 1158) et qui est d'ailleurs celle de l'administration de l'enregistrement (Instr. n° 1971), c'est que, si l'enregistrement en débet peut être accordé aux inscriptions prises en vertu de jugements par défaut auxquels il peut être formé opposition, de jugements provisoires, de reconnaissances ou vérifications d'écritures faites en justice, de jugements qui ordonnent de rendre compte, et même de jugements contradictoires et définitifs jusqu'à ce que le délai d'appel ou de pourvoi en cassation soit expiré, les inscriptions d'hypothèques judiciaires ne peuvent, au contraire, avoir lieu que moyennant payement des droits, lorsqu'elles sont prises en vertu de jugements qui ont acquis définitivement l'autorité de la chose jugée.

Cette doctrine, à l'appui de laquelle les auteurs du *Dictionnaire des droits d'enregistrement* citent un jugement du tribunal de Castres du 7 déc. 1857, est critiquée par eux, et, selon nous, avec raison. La distinction qui en est la base « est conforme, disent-ils, à la lettre des art. 17 et suiv. de la loi du 22 janv. 1851, qui ordonnent le recouvrement aussitôt après le jugement définitif, et en vertu de ce même jugement; mais est-elle aussi conforme à l'esprit de la loi qui a voulu fournir à l'indigent les moyens de poursuivre ses débiteurs? Ce but ne peut être atteint qu'après l'exécution du titre obtenu. On peut même objecter qu'il y a contradiction à accorder la dispense d'impôt aux actes d'exécution réelle nécessaires pour prévenir la péremption d'un jugement par défaut (c. proc. civ. art. 159) et à la refuser à ces mêmes actes en vertu d'un jugement contradictoire... » (v° *Assistance judiciaire*, n° 35).

2724. La décision du ministre des finances, citée *suprà*, n° 2722, a été appliquée aussi à l'acte de *liquidation des reprises* de la femme au cas de séparation de corps ou de biens. Pour ce dernier cas, il ressort d'une décision du ministre de la justice et des finances, des 11 oct. et 23 nov. 1855 (Instr. adm. enreg. 2062, § 2) que, s'il s'agit d'une séparation de biens seulement, l'acte de liquidation des reprises de la femme, étant indispensable à la validité du jugement, doit être enregistré en débet; mais que s'il s'agit au contraire d'une séparation de corps, dont la séparation de biens n'est que la conséquence, les droits doivent être perçus sur l'acte de liquidation. Cette dernière solution, malgré les protestations du notariat, a été confirmée dans une solution du 31 août 1867 (*Diction. droits d'enreg.*, v° *Assistance judiciaire*, n° 37). Une décision du ministre des finances du 15 mai 1869 a, toutefois, apporté un tempérament au principe, en déclarant que la liquidation des reprises peut être enregistrée en débet, bien qu'ayant lieu en vertu d'un jugement de séparation de corps prononcée par défaut; elle est nécessaire pour empêcher la péremption de ce jugement (Géraud, *Dictionnaire de la perception des droits d'enregistrement*, v° *Débet, Supplément*, art. 252).

Pour le cas où un époux admis au bénéfice de l'assistance judiciaire a intenté le divorce, V. *suprà*, n° 517.

2725. En matière d'assistance judiciaire, l'enregistrement en débet n'a d'effet, d'ailleurs, que relativement au procès à l'occasion duquel il a eu lieu : art. 14, 7e al. Il ne peut être fait aucun autre usage des actes enregistrés sans une nouvelle formalité au comptant, sous peine d'amende contre les officiers publics contrevenants (Trib. Bagnères, 17 févr. 1868, aff. Rousse et Pierson, D. P. 69. 3. 15).

2726. L'enregistrement en débet ne constituant, en principe, qu'une exemption provisoire, il y a lieu de se demander de quelle manière et contre qui l'impôt est recouvré après le jugement. Pour résoudre cette question, deux hypothèses doivent être distinguées. Si l'assisté gagne son procès et que son adversaire soit condamné aux dépens, le Trésor recouvre les droits contre ce dernier, à l'exception toutefois de ceux qui concernent les titres produits par l'assisté assujettis par leur nature à l'enregistrement dans un délai déterminé; il incombe uniquement à l'assisté de payer les droits des actes dont il s'agit, car, ainsi que le dit très bien M. Naquet, t. 3, n° 1158, « ces derniers titres auraient dû régulièrement être enregistrés, même en l'absence de tout procès, et le fait du procès ne peut pas faire naître une dispense ». Au contraire, les droits des titres non assujettis par leur nature à l'enregistrement dans un délai préfixe sont, comme ceux des actes de procédure, compris dans l'exécutoire délivré contre l'adversaire condamné aux dépens (L. 22 janv. 1851, art. 17). Si c'est l'adversaire de l'assisté qui obtient gain de cause, le Trésor perd, sans recours, les droits d'enregistrement

des actes de procédure ainsi que des titres produits par l'assisté et qui ne sont pas assujettis à l'enregistrement dans des délais déterminés ; mais, pour le motif indiqué plus haut, il peut recouvrer contre l'assisté les droits afférents aux titres qui étaient soumis à la formalité dans des délais préfixes (L. 22 janv. 1851, art. 14, 18 et 19, citée *suprà*, n°s 2721 et 2723).

2727. Sont encore enregistrés en débet, par suite aussi de la faveur que la loi accorde à certaines situations..., le jugement, la requête et les autres actes auxquels donne lieu la déclaration faite au sujet du placement d'un individu dans un établissement d'*aliénés*, soit par cet individu lui-même, soit en son nom (L. 30 juin 1838, art. 29, *Rép.* v° *Aliéné*, n°s 231 et 237 ; Instr. adm. enreg. 26 juin 1842, n° 1866 ; 22 mai 1845, n° 1731, D. P. 45. 3. 147); — ... Les actes de procédure faits devant les *conseils de prud'hommes*, et en appel ou devant la cour de cassation, ainsi que les jugements et les actes nécessaires à leur exécution, sauf recouvrement ultérieur des droits contre les parties condamnées (L. 7 août 1850, art. 1er, 2, 3 et 4, D. P. 50. 4. 186 ; Instr. adm. enreg. 17 août 1850, n° 1861).

2728. Les mêmes règles sont applicables aux causes qui sont de la compétence des conseils de prud'hommes et dont les juges de paix sont saisis dans les lieux où ces conseils ne sont pas établis (L. 22 janv. 1851, art. 27, D. P. 51. 4. 25 ; Instr. adm. enreg. 31 mars 1851, n° 1879) ; ... Aux actes de procédure dans les contestations portées devant la justice de paix relativement aux engagements respectifs des *gens de travail* au jour, au mois ou à l'année et de ceux qui les emploient ; des maîtres et des domestiques ou gens de services à gages; des maîtres et de leurs ouvriers ou apprentis (L. 25 mai 1838, art. 5, § 3, *Rép.* v° *Compétence civile des tribunaux de paix*, n° 148 et suiv. ; L. 22 janv. 1851, art. 27, Instr. adm. enreg. 31 mars 1851, n° 1879) ; — ... Aux actes de procédure dans les contestations portées devant la justice de paix relativement au payement des *nourrices* (Mêmes lois et instruction).

2729. Aux termes d'une décision du ministre des finances du 20 févr. 1882 (D. P. 83. 5. 236), les autorisations données par arrêtés des préfets pour opérer des extractions de sables dans les fleuves et les rivières navigables, constituant de véritables aliénations de biens meubles, sont soumises à l'enregistrement en débet dans le délai de vingt jours (L. 15 mai 1818, art. 78), à la diligence des agents des ponts et chaussées ou des contributions indirectes, et le recouvrement du droit en suspens est suivi ultérieurement contre la partie, au fur et à mesure des extractions.

SECT. 2. — ACTES A ENREGISTRER GRATIS
(*Rép.* n°s 4878 à 4898).

2730. Les principaux actes que la loi affranchit du droit sont mentionnés, comme on l'a vu au *Répertoire* dans l'art. 70, § 2, de la loi du 22 frim. an 7 et dans la loi du 3 mai 1841, sur l'expropriation pour cause d'utilité publique. De même qu'au *Répertoire*, nous renvoyons, pour ce qui concerne la plupart d'entre eux, aux explications présentées, dans la partie consacrée à l'exigibilité, relativement aux actes translatifs à titre onéreux qui sont l'objet de dispositions exceptionnelles et favorables dans le tarif (*Rép.* n°s 3264 et suiv. V. *suprà*, n°s 1695 et suiv.). Ce renvoi s'applique, en particulier, aux acquisitions faites par l'Etat (V. *suprà*, n°s 1766 et suiv.), aux expropriations pour cause d'utilité publique, aux cessions amiables, aux remplois et autres actes faits en vertu de la loi de 1841, aux acquisitions réalisées en matière d'alignement (V. *suprà*, n°s 1780 et suiv.), etc. Nous nous bornerons à indiquer ici un certain nombre d'actes qui n'ont pas trouvé place dans les explications précitées.

2731. Les actes de toute nature faits en vertu de la loi du 30 juill. 1880 (D. P. 81.4.24) concernant le rachat des concessions des ponts à péage dépendant de la grande ou de la petite voirie sont aussi enregistrés gratis, pourvu que le rachat ait été accompli en vertu d'une déclaration d'utilité publique et qu'il s'agisse d'actes qui sont une conséquence directe de l'expropriation, conformément à la jurisprudence admise en matière d'expropriation ordinaire (Instr. gén. adm. enreg. 1er déc. 1880, D. P. 81. 5. 170).

2732. On a vu (*Rép.* n° 4881) que les actes tendant à assurer le recouvrement de l'impôt doivent être enregistrés gratis en vertu de l'art. 70, § 2, n° 2, de la loi du 22 frim. an 7, complété par l'art. 6 de la loi du 16 juin 1824. Il a été décidé que cette exemption s'applique à l'acte par lequel un contribuable se reconnaît débiteur d'un impôt envers le Trésor et souscrit une affectation hypothécaire pour en assurer le payement. Comme l'explique la décision du ministre des finances du 24 déc. 1883 (D. P. 85. 3. 119), qui consacre cette solution, une semblable reconnaissance tombe directement, d'ailleurs, sous l'application de l'exemption concernant les acquisitions faites au nom de l'Etat, le mot « acquisition » comprenant aussi bien les cas dans lesquels l'Etat acquiert une créance contre un de ses débiteurs, que ceux dans lesquels il devient propriétaire de meubles corporels ou d'immeubles (V. *supra*, n° 1766).

2733. Les actes de poursuites collectives en matière de contributions directes ne donnent pas lieu à l'application du droit d'enregistrement; toutes les fois que pour le même contribuable, pour le même exercice et dans la même commune, la somme de 100 fr. ne sera pas dépassée, soit par l'ensemble des cotes de contributions directes, soit par le total des sommes assimilées (L. 22 frim. an 7, art. 70, § 3, n° 6; Circ. compt. publ. 15 nov. 1869) (1).

2734. De même, les règlements municipaux se rapportant à l'exercice du droit, pour les habitants d'une commune, de faire pâturer leurs bestiaux sur les biens communaux et les rôles de recouvrement des taxes imposées pour cet objet, ne constituant pas des actes translatifs de jouissance, ne donnent pas lieu à la perception du droit de bail, mais sont, au contraire, affranchis de toute mesure fiscale, comme rentrant dans la classe des taxes d'intérêt public. On ne saurait, du reste, en cette matière, exiger l'impôt de location verbale, puisque les habitants qui profitent des pâturages communaux ne font qu'exercer leur droit propre, dont ils usent *ut universi* et non *ut singuli* (Décis. min. fin. 20 sept. 1881, D. P. 82. 5. 193).

2735. Ainsi qu'on l'a dit au *Rép.* n° 4883, l'exemption autorisée par la loi du 16 juin 1824 (art. 6) ne doit pas être limitée aux actes ayant pour objet le recouvrement de l'impôt; il résulte des termes de cette loi qu'elle embrasse même les exploits faits à la requête des particuliers, notamment l'opposition à contrainte. Il a été décidé, de même, que les demandes en restitution de droits d'enregistrement doivent être enregistrées gratis, lorsque le montant de ces droits n'excède pas le chiffre de 100 francs, au delà duquel un droit fixe est dû aux termes de la loi précitée (Délib. adm. enreg. 24 mars 1848, D. P. 48. 3. 101).

2736. L'art. 4 de la loi du 10 déc. 1850 (D. P. 51. 4. 9) porte que « les extraits des registres de l'état civil, les actes de notoriété, de consentement, de publications, les délibérations de conseils de famille, les certificats de libération du service militaire, les dispenses pour cause de parenté, d'alliance et d'âge, les actes de reconnaissance des enfants naturels, les actes de procédure, les jugements et arrêts dont la production est nécessaire pour le mariage des *indigents*, la légitimation de leurs enfants naturels et le retrait de ceux de ces enfants qui ont été déposés dans les hospices » doivent être visés pour timbre et enregistrés gratis, lorsqu'il y a lieu à enregistrement. Une décision du ministre des finances du 3 sept. 1861 (D. P. 62. 3. 48), avait déclaré que

cette exemption est applicable aux pièces nécessaires au mariage des indigents, même lorsque le mariage doit être célébré à l'étranger; mais elle exigeait que les certificats d'indigence à produire des intéressés, pour obtenir les formalités du timbre et de l'enregistrement gratis, fussent délivrés par les autorités françaises désignées dans l'art. 6 de la loi, c'est-à-dire par le maire avec visa du sous-préfet. L'exécution de cette dernière disposition ayant donné lieu à des difficultés, le ministre des finances, s'inspirant des mesures adoptées pour des situations analogues par diverses conventions internationales relatives à l'assistance judiciaire (Décr. 7 mai et 8 juill. 1870, D. P. 70. 4. 47), a décidé, le 25 juin 1870 (D. P. 70. 3. 114) qu'il y a lieu d'admettre pour la constatation de l'indigence les certificats délivrés en pays étranger, suivant les formes usitées dans ces pays, par les autorités remplissant des fonctions analogues à celles des autorités françaises désignées dans l'art. 6, et à la condition que ces certificats seront revêtus du visa des agents consulaires de France (Instr. adm. enreg. 3 sept. 1870, n° 2407, D. P. 70. 3. 114).

Il a été décidé qu'en principe le bénéfice du visa pour timbre et de l'enregistrement gratis, que la loi de 1850 a établi en termes généraux pour les actes et pièces nécessaires au mariage des indigents, est applicable à *tous* les actes et extraits des registres de l'état civil qui doivent être produits, et spécialement à la première expédition de l'acte de divorce nécessaire à un Français indigent pour se remarier à l'étranger (Décis. min. fin. 9 mai 1883, D.P.86.3.120).

2737. Lorsque le bénéfice de l'assistance judiciaire a été accordé à un indigent, les actes et les jugements le concernant sont, comme on l'a vu *supra*, n° 2724, enregistrés non gratis, mais seulement en débet.

2738. On a dit au *Rép.* n° 4897, que les quittances et décharges souscrites au profit de la caisse des dépôts et consignations doivent être enregistrées gratis, soit qu'elles aient été données par les déposants eux-mêmes ou leurs héritiers, soit qu'elles aient été données par des créanciers des déposants ou de leurs héritiers, par application du principe suivant lequel l'Etat ne peut se payer d'impôt à lui-même; mais que, si l'acte portant quittance et décharge renferme quelque stipulation particulière, indépendante de la décharge et étrangère à la caisse des dépôts et consignations, le droit d'enregistrement applicable à cette stipulation, d'après sa nature, doit être perçu. En conséquence, conformément à un précédent jugement du tribunal de Saint-Gaudens, rapporté *loc. cit.*, et ainsi qu'on l'a déjà établi *supra*, n° 364, il a été jugé que l'acte par lequel un créancier hypothécaire reconnaît avoir reçu de la caisse des consignations le montant du bordereau de collocation délivré à son profit sur le prix versé par l'adjudicataire des immeubles hypothéqués vendus sur saisie immobilière, et donne mainlevée définitive de son inscription est sujet au droit proportionnel de quittance à 50 cent. pour 100, encore bien que l'acquéreur n'y ait point comparu; qu'il en est de même de l'acte aux termes duquel des créanciers ayant privilège de second ordre sur le cautionnement d'un comptable et un autre créancier, qui a formé opposition à la remise de ce cautionnement, donnent quittance, en présence du comptable, du montant dudit cautionnement déposé par le Trésor à la caisse des consignations, et consentent à la mainlevée de l'inscription des

---

(1) Une décision du ministre des finances, en date du 11 mars 1850, porte que l'exemption du droit d'enregistrement est applicable lorsque la somme réclamée et excédant 100 fr. ne se compose que de cotes de 100 fr. et au-dessous, appartenant soit à des exercices différents, soit à des rôles de diverses communes dont le recouvrement est confié au même percepteur. C'est donc l'importance de chacune des cotes qui a été prise en considération, soit que la dette se rapporte à divers exercices, soit qu'elle appartint à différentes communes; et il a été reconnu que, pour que la formalité fût appliquée gratuitement, il suffisait, dans le cas prévu, qu'aucune des cotes n'excédât 100 fr. — Or, les contributions directes et les taxes communales assimilées forment deux dettes parfaitement distinctes, portées sur des rôles séparés; et, lorsque les poursuites exercées contre le même redevable ont pour objet à la fois des sommes revenant au Trésor et à une commune, les deux dettes, bien que comprises dans la même contrainte et dans le même acte de poursuites, ne peuvent être confondues, car elles se rapportent à des cotes différentes. L'ad-

ministration de l'enregistrement, avec laquelle M. le directeur général s'est concerté pour cet objet, a émis l'avis qu'il y avait lieu, dès lors, d'admettre, par des motifs identiques à ceux de la décision ministérielle du 11 mars 1850, que l'importance de chacune des cotes doit être envisagée séparément pour la perception. Il est à remarquer du reste, que les contributions locales faisant autrefois l'objet de poursuites distinctes, chacun des actes, lorsque les deux dettes étaient recouvrées séparément, devait être enregistré sans payement de droit quand les cotes n'excédaient pas 100 fr.; il n'y a point de raison pour qu'il en soit autrement lorsque le recouvrement, confié au même percepteur est simultanément poursuivi. Il devra être, par conséquent, bien entendu que les actes de poursuites collectives ne donneront pas lieu à l'application du droit toutes les fois que, pour le même contribuable, pour le même exercice et dans la même commune, la somme de 100 fr. ne sera pas dépassée, soit par l'ensemble des cotes de contributions directes, soit par le total des sommes assimilées.

Du 15 nov. 1869.-Circ. compt. publ.

privilèges et de l'opposition, est sujet au droit de quittance à 50 cent. pour 100 (L. 22 frim. an 7, art. 11 et 69, § 2, n° 11) (Trib. Châteaudun, 22 mars 1850, *Contrôleur de l'enregistrement*, n° 8936 ; Trib. Beauvais, 20 avr. 1850, *Journ. enreg.*, art. 14944-2 ; Trib. Alby, 29 avr. 1857, *Journal des notaires et des avocats*, art. 16104 ; Trib. Marmande, 2 avr. 1862, *Journ. enreg.*, art. 17533 ; Trib. Bourg, 16 févr. 1869, cité *suprà*, n° 364). — La maxime « exemption vaut payement » opposée comme fin de non-recevoir contre cette solution ne peut être admise, en effet, avec toutes ses conséquences, qu'à l'égard de ceux au profit desquels la dispense du droit a été établie ; ce serait en excéder la portée que de permettre à d'autres de l'invoquer et de s'en attribuer le bénéfice. Le *Journal des notaires et des avocats*, art. 19535, a néanmoins vivement critiqué ces décisions ; d'après lui, les mainlevées dont il s'agit, insérées dans les quittances presque toujours dans l'intérêt de la caisse des dépôts et consignations, ne sont pas des dispositions indépendantes passibles d'un droit particulier ; elles doivent, par suite, bénéficier de la gratuité accordée à l'acte principal qu'elles ont pour but de compléter et de régulariser. Ce raisonnement est combattu par les auteurs du *Dictionnaire des droits d'enregistrement*, qui considèrent les décisions ministérielles autorisant l'enregistrement gratis des quittances délivrées par la caisse des dépôts et consignations comme n'ayant pas de fondement dans la loi, mais comme « des mesures de faveur dictées par des considérations d'intérêt administratif supérieur », et qui, par suite, ne doivent pas être étendues en dehors des cas formellement prévus par elles (v° *Caisse des dépôts et consignations*, n° 45).

2739. En vertu de la règle rappelée *suprà*, n° 2738, que l'Etat ne se paye pas d'impôt à lui-même, la décharge notariée, souscrite par une personne illettrée, d'un titre de rente qui lui est délivré en remplacement d'un autre dont les coupons ont été employés, doit être enregistrée gratis (Décis. min. fin. 14 juin 1883, D. P. 84. 5. 228). Une autre décision du ministre des finances, du 27 avr. 1858, rapportée dans l'instruction générale de l'administration de l'enregistrement du 11 juin 1858, n° 2123, § 3, avait déjà reconnu que la quittance notariée fournie par un créancier de l'Etat, qui ne sait pas signer, est affranchie du droit d'enregistrement.

2740. D'après un décret du 26 mars 1852 (D. P. 52. 4. 101), tous les actes intéressant les *sociétés de secours mutuels* approuvées, sont visés pour timbre et enregistrés gratis (Instr. adm. enreg. 6 août 1852, n° 1932. V. conf. Garnier, *Rép. gén. enreg.*, n° 11820). Cette exemption ne concerne que les droits d'actes, et non les droits de mutation ; par suite, ces sociétés doivent, dans le cas de réception d'une donation ou d'un legs, acquitter le droit de mutation dans les six mois de l'arrêté qui autorise l'acceptation de la libéralité, à peine du demi-droit en sus (Trib. Saint-Dié, 24 avr. 1863, aff. Société de secours mutuels de Saint-Dié, D. P. 63. 3. 71 ; Décis. min. fin. 18 oct. 1873 (1). Conf. Garnier, *Rép. gén. enreg.*, n° 11820).

2741. La loi du 24 juin 1874 (D. P. 75. 4. 1), portant prorogation du privilège des *banques coloniales*, dispose, dans son art. 11, que « tous actes ayant pour objet de constituer des nantissements par voie d'engagement, de cession de récolte, de transport ou autrement, au profit des banques coloniales, et d'établir leurs droits comme créanciers, sont enregistrés au droit fixe ». Il a été jugé que cette exemption s'étend à l'acte dont les dispositions assurent à la banque coloniale au profit de laquelle il est souscrit, en outre de la garantie, exigée par ses statuts, de la signature de deux négociants notoirement solvables, celle additionnelle et supplémentaire de la cession-transport de marchés passés par l'emprunteur avec l'administration coloniale. En vain a-t-on objecté que ladite garantie ne constituait pas un nantissement véritable, la disposition de la loi de 1874 embrassant dans sa généralité tous les actes établissant les droits des établissements de banque comme créanciers (Civ. cass. 10 mars 1886, aff. Banque de l'Indo-Chine, D. P. 86. 1. 270). La jurisprudence a interprété de la même manière la législation métropolitaine concernant les sous-comptoirs de garantie et le sous-comptoir des entrepreneurs de bâtiments (Civ. rej. 11 mars 1863, aff. Sous-comptoir des entrepreneurs, D. P. 63. 1. 124 ; Trib. Seine, 29 juill. 1871, aff. Sous-comptoir des entrepreneurs, D. P. 71. 3. 93 ; Civ. rej. 16 avr. 1873, aff. Sous-comptoir des entrepreneurs, D. P. 73. 1. 309).

2742. Mais l'exemption du droit proportionnel d'obligation, que le décret du 24 mars 1848 a accordée aux crédits consentis par les sous-comptoirs d'escompte, ne s'étend pas au droit proportionnel d'inscription hypothécaire, qui devient exigible lors de la réalisation de ces crédits. Il en est ainsi spécialement, en ce qui concerne les crédits consentis par le sous-comptoir des entrepreneurs (Trib. Seine, 13 juin 1868, aff. Sous-comptoir des entrepreneurs, D. P. 68. 3. 78. V. *suprà*, n° 729, et *infrà*, n° 3493). Il a été décidé, de même, que l'exemption accordée par l'art. 10 du décret du 24 mars 1848, aux actes qui constituent des nantissements au profit des sous-comptoirs d'escompte et établissent leurs droits comme créanciers, ne doit pas être étendue aux actes constitutifs d'hypothèques sur des immeubles appartenant aux débiteurs principaux ou aux cautions (Civ. rej. 31 août 1858, aff. David, D. P. 58. 1. 361. V. *suprà*, n° 727).

2743. Il y a lieu encore d'enregistrer gratis : 1° les obligations, reconnaissances et tous actes concernant l'administration des *monts-de-piété* (L. 24 juin 1851, art. 8, D. P. 51. 4. 134) ; mais l'exemption ne doit pas être étendue aux acquisitions immobilières réalisées au profit de ces établissements (Décis. min. fin. 11 août 1885, D. P. 85. 5. 213) ; — 2° Les exploits de la juridiction des *prud'hommes*, lorsque l'objet de la contestation n'excède pas 25 fr., un droit fixe de 50 cent. devant être perçu au delà de cette valeur (Instr. adm. enreg. 31 déc. 1847, D. P. 48. 3. 72) ; — 3° Les actes à passer pour la constitution des *associations ouvrières* encouragées en exécution du décret du 5 juill. 1848, ainsi que ceux constatant les prêts faits par l'Etat à ces associations (L. 15 nov. 1848, art. 1er, D. P. 48. 4. 191 ; Instr. adm. enreg. 29 déc. 1848, n° 1826, § 1er) ; — 4° Les contrats d'*assurance maritime ou contre l'incendie*, ainsi que toute convention postérieure contenant prolongation de l'assurance, augmentation dans la prime ou le capital assuré, désignation d'une somme en risque ou d'une prime à payer

---

(1) Des doutes se sont élevés sur la portée de l'exemption des droits de timbre et d'enregistrement, établie par l'art. 9 de la loi du 15 juill. 1850 et par l'art. 11 du décret-loi du 26 mars 1852, pour tous les actes intéressant les sociétés de secours mutuels approuvées. — La question de savoir si l'exemption dont il s'agit, accordée pour les actes, devait être étendue aux mutations, a été résolue négativement par une décision ministérielle du 6 juill. 1852. — Les motifs de cette décision qui a été notifiée au service de l'enregistrement par l'Instruction n° 1932 de cette administration, peuvent se résumer ainsi : — « L'exemption, en ce qui concerne les droits des actes, n'est pas applicable aux mutations que ces actes pourraient constater. — Par conséquent, les mutations, lors même qu'elles seraient établies par des actes, doivent être assujetties aux droits d'enregistrement et de transcription, comme celles entre particuliers, conformément à la loi du 18 avr. 1831 dont l'art. 17 a eu en vue tous les établissements publics sans exception. Le droit proportionnel d'enregistrement doit également être perçu pour les mutations par décès à l'égard desquelles il n'existe non plus aucune exception. » — On ne peut que maintenir cette interprétation, qui doit s'appliquer indistinctement aux mutations mobilières et immobilières. — La loi a voulu favoriser les sociétés de secours mutuels ; mais ce qu'elle a eu principalement en vue, c'est leur établissement, leur administration. Aussi paraît-il difficile d'admettre que l'exemption de droits qu'elle a accordée ait d'autre objet que les actes nécessités par l'organisation, la gestion de ces sortes d'établissements. On ne saurait croire que le législateur ait entendu affranchir de l'impôt les transmissions, soit à titre onéreux, soit à titre gratuit, qui les concernent, alors que ces mêmes transmissions supportent les droits ordinaires quand elles intéressent des établissements de bienfaisance et de charité d'une nature différente, mais très dignes aussi d'intérêt. Il serait, d'ailleurs, illogique de ne pas percevoir le droit de mutation, soit à titre onéreux, soit à titre gratuit, sur les mutations entre vifs constatées par des actes, tandis que les transmissions par décès, auxquelles ne pourrait profiter l'exemption créée pour les actes, seraient soumises à l'impôt. Il y aurait là une choquante inégalité, et cette considération suffit pour démontrer que la loi doit être interprétée dans le sens des observations qui précèdent. Du 18 oct. 1873.-Décis. min. fin.

et qui est soumise à la taxe obligatoire créée par l'art. 6 de la loi du 23 août 1871 (L. 23 août 1871, art. 6, D. P. 71. 4. 62; Instr. adm. enreg. 25 août 1871, n° 2413, § 4, D. P. 71. 3. 50. V. *suprà*, n° 821); — 5° Les actes relatifs à l'indemnité accordée aux colons dépossédés par suite de l'*affranchissement des esclaves* (L. 30 avr. 1849, art. 11, D. P. 49. 4. 96); mais le bénéfice de l'enregistrement gratis ne peut être réclamé que pour les actes qui se rattachent directement à cette indemnité et non pour ceux qui, tels qu'une demande en condamnation contenue dans une dénonciation de saisie, sont de nature à être exécutés sur les autres biens du propriétaire de l'indemnité aussi bien que sur cette indemnité elle-même (Martinique, 11 mars 1850, aff. Belaire-Belfort, D. P. 50. 2. 127). Il résulte du même arrêt que, dans un acte de dénonciation de saisie pratiquée sur l'indemnité accordée aux colons, qui contient en même temps une demande en condamnation, on ne peut regarder celle-ci comme une dépendance de celle-là, et par suite comme devant être enregistrée gratis ainsi que la dénonciation. — D'après la même décision aussi, les droits perçus pour l'enrôlement d'une dénonciation de saisie, pour son expédition et pour la double minute du jugement, constituent des droits de greffe et non des droits d'enregistrement, et, par suite, ne peuvent en tant que conséquence de la dénonciation, laquelle est enregistrée gratis aux termes de la loi de 1849, jouir de la même exemption; — 6° Les certificats, actes de notoriété et autres pièces exclusivement relatives à l'exécution de la loi du 11 juill. 1868, qui a créé deux *caisses d'assurances*, l'une en cas de décès, et l'autre en cas d'accidents résultant de travaux agricoles et industriels (L. 11 juill. 1868, art. 19, D. P. 68. 4. 93; Décr. 10 août 1868, D. P. 68. 4. 102); — 7° Les certificats, actes de notoriété et autres pièces exclusivement relatives à l'exécution de la loi du 18 juin 1850 qui a créé sous la garantie de l'Etat une *caisse de retraites ou rentes viagères pour la vieillesse* (L. 18 juin 1850, D. P. 50. 4. 138; Instr. adm. enreg. 30 août 1851, n° 1887); — 8° Les demandes d'*assistance judiciaire*, désignées à l'art. 10 de la loi du 22 janv. 1851, les actes de l'instruction et les décisions des bureaux, etc. (L. 22 janv. 1851, art. 18); — 9° Les procédures faites pour l'examen préalable des affaires par la *chambre des mises en accusation* (Décis. min. fin. et just. 29 déc. 1852; Instr. adm. enreg. n° 1953); — 10° Les actes et jugements relatifs aux règlements sur la *pêche côtière* (Décr. 9 janv. 1852, art. 21; Instr. adm. enreg. n° 1951); — 11° Tous les actes judiciaires en *matière électorale*, c'est-à-dire les actes relatifs à l'instruction et au jugement des réclamations auxquelles peut donner lieu la formation des listes électorales. Cette exemption déjà indiquée au *Rép.* n° 4892, a été reproduite par la loi du 15 mars 1849 (art. 13), le décret organique du 2 févr. 1852 (art. 24), la loi du 10 avr. 1871 (art. 14), la loi du

7 juill. 1874 (art. 7) et la loi du 30 nov. 1875 (art. 22). — On a vu aussi au *Rép. ibid.* que les actes judiciaires auxquels peuvent donner lieu les instances en rectification de la liste des élections des tribunaux de commerce jouissent de l'enregistrement gratis. Ce bénéfice a été confirmé par la loi du 21 déc. 1871 (art. 2); — 12° Tous titres et expéditions à produire pour le *remboursement ou la conversion des rentes sur l'Etat*, en tant qu'ils servent uniquement aux opérations nécessitées par la loi qui autorise le remboursement ou la conversion, pourvu que cette distinction soit exprimée. Cette disposition n'est, il est vrai, formulée dans aucun texte avec cette généralité; mais toutes les lois qui sont intervenues en cette matière en ont fait l'application (Décr. 14 mars 1852, art. 9, D. P. 52. 4. 70; Instr. adm. enreg. 22 mars 1852, n° 1910; L. 12 févr. 1862, art. 10, D. P. 62. 4. 16; Instr. adm. enreg. 14 févr. 1862, n° 2212, § 2; L. 27 avr. 1883, D. P. 83. 4. 25; 7 nov. 1887, D. P. 87. 4. 99). La loi du 12 févr. 1862 (D. P. 62. 4. 16) a étendu l'exemption aux titres ou expéditions à produire pour la conversion des obligations trentenaires; — 13° Les traités passés directement entre la *caisse des écoles* et les communes sans le ministère d'un notaire. Toutefois ces traités, lorsqu'ils sont volontairement présentés à la formalité, sont assujettis au timbre de dimension et au droit fixe de 3 fr. (L. 15 mai 1848, art. 78 et 80; 1er juin 1878, art. 11; Instr. adm. enreg. 23 sept. 1878) (1). — Mentionnons enfin la loi du 2 juill. 1890 (D. P. 90. 4. 121) ayant pour objet d'abroger les dispositions relatives aux *livrets d'ouvriers*, et qui exemptent du timbre et de l'enregistrement le contrat de louage entre les chefs ou directeurs des établissements industriels et leurs ouvriers (art. 2), ainsi que les certificats que toute personne qui engage ses services peut, en vertu de cette loi, exiger, à l'expiration du contrat, de celui à qui elle les a loués (art. 3).

2744. L'exemption de droit d'enregistrement, accordée aux *ventes de poisson de mer* faites publiquement en et marché par des décisions du ministre des finances des 3 prair. an 7 et 8 prair. an 8, ne s'applique pas au procès-verbal de l'adjudication de la totalité du poisson de mer (des huîtres) à provenir dans l'année, des pêches de la communauté des pêcheurs d'une localité, alors surtout que cette adjudication a eu lieu, non au marché, mais au bureau de l'inscription maritime (Trib. Havre, 20 juin 1867, aff. Martin; D. P. 67. 3. 79). — Cette solution paraît contestable. L'exemption de droits d'enregistrement dont il s'agit peut être considérée tout à la fois comme un encouragement donné à ceux qui se livrent à la pêche du poisson de mer et qui sont passibles de l'inscription maritime, et comme un dégrèvement d'impôt destiné à faciliter la consommation d'une denrée déjà grevée des frais considérables qu'entraîne son expédition sur les marchés de l'intérieur. A ce double

---

(1) Une loi du 1er juin 1878 a créé, sous la garantie de l'Etat, pour faciliter la construction des écoles, une caisse spéciale, qui doit être administrée par la caisse des dépôts et consignations. La caisse des écoles a notamment pour mission de faire aux communes qui auront été autorisées à emprunter pour l'amélioration ou la construction de maisons d'école, ou pour l'acquisition du mobilier scolaire, des avances réalisées au moyen des fonds du Trésor et remboursables avec intérêts et amortissement. L'art. 11 de la loi du 1er juin 1878 porte « qu'il sera passé, entre la caisse pour la construction des écoles et les communes dûment autorisées à contracter des emprunts, des traités particuliers, relatant la quotité et les termes d'exigibilité des avances consenties par la caisse, ainsi que les conditions de remboursement de ces avances ». Ces traités, lorsqu'ils sont passés directement entre la caisse et les communes, sans le ministère d'un notaire, revêtent le caractère d'actes administratifs, et comme ils ne rentrent pas, par leur objet, dans la catégorie des contrats portant « transmission de propriété, d'usufruit ou de jouissance, adjudications ou marchés », on doit, d'après la combinaison des art. 78 et 80 de la loi du 15 mai 1848, les considérer comme « exempts du timbre sur la minute, et de l'enregistrement tant sur la minute que sur l'expédition ». Nonobstant cette exemption, il peut se faire que les traités dont il s'agit soient présentés à la formalité de l'enregistrement par l'un ou l'autre des contractants. En ce cas, le receveur doit les revêtir d'un timbre mobile de dimension, s'ils n'ont pas été rédigés sur papier timbré, et les enregistrer au droit fixe de 3 fr., à titre de salaire de la formalité, par application des art. 68, § 1er, n° 51, de la loi du 22 frim. an 7, 8 de la loi du 18 mai 1850, et 4 de la loi du

28 févr. 1872. La formalité sera donnée d'urgence, ainsi que le prescrit l'instruction n° 2382, relative aux actes de même nature passés entre les départements ou les communes et la caisse des chemins vicinaux, alors même que les certificats n'auraient pas encore été revêtus de la signature du directeur général de la caisse des dépôts et consignations, et lors même que la date serait laissée en blanc pour être indiquée ultérieurement. — Les intérêts des emprunts faits par les communes pour la construction des écoles, dans les conditions indiquées ci-dessus, sont exempts de la taxe de 3 pour 100 sur le revenu, établie par l'art. 1er, n° 2, de la loi du 29 juin 1872, ces intérêts s'appliquant à un prêt fait par l'Etat. — L'art. 8 de la loi du 1er juin 1878 autorise, en outre, la caisse pour la construction des écoles à se procurer des ressources en dehors de celles qui lui sont fournies par le Trésor, en faisant des émissions de titres négociables dans les formes et aux conditions déterminées par le ministre des finances. Ces émissions devraient être préalablement autorisées par décrets. Si elles avaient lieu, l'Administration prendrait les mesures nécessaires pour soumettre les titres émis à la perception des droits de timbre et de transmission dont ils pourraient être passibles d'après leur nature, et, le cas échéant, à la perception de la taxe de 3 pour 100 sur le revenu. Des décisions spéciales seraient également prises, en ce qui concerne l'impôt dont pourraient être passibles les titres d'obligations négociables qui seraient souscrits par les communes en représentation des emprunts contractés avec la caisse pour la construction des écoles.

Du 23 sept. 1878.-Instr. adm. enreg., n° 2601.

point de vue, il importe peu, semble-t-il, que l'adjudication ait lieu au marché ou au bureau de l'inscription maritime, si d'ailleurs elle a un caractère public. Le pourvoi formé contre la décision du tribunal du Havre a néanmoins été rejeté (Req. 23 juill. 1868, D. P. 68. 5. 175. V. *supra*, n° 1418).

2745. Enfin l'enregistrement gratis a été autorisé quelquefois, dans des circonstances particulières où l'intérêt public se trouvait engagé, au profit de certains actes, qui, par leur nature, étaient passibles de l'impôt. Signalons dans cet ordre d'idées : 1° la loi du 15 sept. 1871, relative à la *reconstitution des consignations* effectuées dans le département de la Seine antérieurement au 31 mars 1871 (D. P. 71. 4. 162) laquelle exempte (art. 6) du droit les actes faits, les copies et pièces justificatives fournies en exécution de ses prescriptions, les actes de procédure et d'instance auxquels elle donnerait lieu, ainsi que les actes portant mainlevée des oppositions sur la caisse des consignations aurait inscrites d'office, s'il est justifié que la mainlevée avait été donnée avant le 31 mars 1871 (V. Instr. adm. enreg. 13 déc. 1871, n° 2429); — 2° Les lois des 29 juill. 1878 (D. P. 76. 4. 118) et 6 juill. 1886 (D. P. 86. 4. 83), appliquent l'exemption aux actes énumérés par elles et se rapportant aux *expositions universelles* de 1878 et 1889 ; — 3° La loi du 30 juill. 1881 ayant pour objet de déclarer d'utilité publique et d'autoriser l'exécution aux frais de l'État des travaux de construction du *canal de Cannet* et exemptant (art. 8) du droit d'enregistrement les engagements souscrits par les propriétaires à l'occasion de ces travaux.

2746. La double formalité du visa pour timbre et de l'enregistrement gratis exigeait deux opérations distinctes constatées sur des registres différents ; elle était, en outre, mentionnée par l'acte lui-même par deux relations indépendantes comprenant, l'une le timbre, l'autre l'enregistrement. Le visa des actes susceptibles d'être admis simultanément au timbre et à l'enregistrement gratis n'est plus constaté aujourd'hui sur le registre des droits de timbre ; les receveurs se bornent à en faire mention en tête de l'enregistrement de l'acte et dans le même contexte. La relation à apposer sur l'acte comprend, dans une seule et même formule, la mention du visa et celle de l'enregistrement gratis ; le visa pour timbre gratis des pièces qui ne sont pas de nature à recevoir en même temps la formalité de l'enregistrement n'est plus inscrit, comme par le passé, au registre des droits de timbre ; le receveur se borne à en faire mention sur ces pièces ; mais le visa donné en débet est toujours mentionné au registre du visa pour timbre (Instr. adm. enreg. 27 avr. 1875, n° 2508, § 4, D. P. 75. 5. 189).

SECT. 3. — ACTES EXEMPTÉS DE LA FORMALITÉ
(Rép. n°s 4899 à 4957).

ART. 1er. — *Actes affranchis de la formalité en vertu de dispositions postérieures à la loi du 22 frim. an 7 (Rép. n°s 4900 à 4912).*

2747. Le *Répertoire* mentionne d'abord certains certificats. Aux termes de l'art. 68, § 1er, n° 17 de la loi du 22 frim. an 7, les certificats de toute nature sont assujettis à l'enregistrement au droit de 1 fr., élevé à 2 fr. par l'art. 8 de la loi du 18 mai 1850; mais des décisions et instructions ministérielles ont exempté de la formalité un assez grand nombre de certificats délivrés dans des cas déterminés.

Une décision du ministre des finances du 29 oct. 1842 (*Rép.* n° 4901) avait appliqué l'exemption aux certificats de propriété à produire par les héritiers des *pensionnaires* de l'État pour le recouvrement d'arrérages après décès, et qui leur ont été délivrés soit par le notaire détenteur de l'inventaire ou de l'acte de partage, soit à défaut d'inventaire et de partage par le juge de paix de leur domicile. On avait

émis la prétention de restreindre l'immunité au cas particulier visé par cette décision; mais une décision du ministre des finances du 27 mars 1880 (D. P. 80. 3. 104) a appliqué la même règle au certificat de propriété produit à un comptable du Trésor public par des héritiers à fin de payement du prorata d'un traitement ou d'une solde d'activité dû à leur auteur, rejetant ainsi toute distinction entre les sommes dues par l'État à titre de pension de rémunération ou de secours et celles dont il est débiteur envers des héritiers pour prorata de traitement ou solde d'activité de leur auteur. La nature de la dette est, en effet, la même dans tous ces cas. Citons encore une autre décision du ministre des finances, du 13 nov. 1847 (D. P. 48. 3. 15), aux termes de laquelle les certificats de propriété délivrés sans l'intervention de témoins par un notaire, aux héritiers de créanciers de l'État, à l'effet de justifier de leurs droits, sont exempts de l'enregistrement, mais restent soumis au timbre.

2748. Mais l'exception apportée au droit commun dans cette matière, ayant pour cause le crédit de l'État, doit être limitée à ceux qui sont créanciers du Trésor public ; par suite, le certificat de propriété délivré par un notaire à des héritiers, sur la requête de l'un d'eux, pour établir leurs droits au payement d'une créance due à leur auteur par une commune, n'est pas plus affranchi de la formalité de l'enregistrement, que de celle de l'inscription au répertoire (Trib. Vesoul, 26 déc. 1864, aff. M° Triboulez, D. P. 65. 3. 31. *Adde* en ce sens : Trib. Saumur, 3 août 1850, aff. N..., D. P. 55. 3. 56, note 1 ; Trib. Epernay, 8 juin 1855, aff. M° Filleux, *ibid.*).

Il a été décidé, en particulier, que l'art. 10 du décret du 21 août 1808 (*Rép.* v° *Certificat de vie*, n° 4) qui exempte de la formalité de l'enregistrement les *certificats de vie* délivrés par les notaires pour le payement des rentes viagères et pensions sur l'État, ne peut pas être étendu par analogie aux certificats de vie délivrés par les notaires aux pensionnaires des caisses de retraite départementales ou communales (Trib. Saumur, 3 août 1850, précité). — D'après la même décision, les certificats de vie délivrés par les maires aux pensionnaires sur les fonds de retraite départementaux ou communaux, présentant le caractère d'actes administratifs, sont régis au point de vue fiscal par l'art. 23 de la loi du 22 frim. an 7, et ne sont assujettis, par suite, à l'enregistrement qu'autant qu'il en est fait usage soit par acte authentique, soit en justice, ou devant toute autre autorité constituée, la simple remise des certificats dont s'agit aux comptables chargés du payement ne pouvant, d'ailleurs, être considérée comme production devant une autorité administrative (*Rép.* n°s 4901-4° et 4963 ; Décis. min. fin. 8 févr. 1884, D. P. 85. 3. 8; 8 juill. 1887; Instr. adm. enreg. 4 nov. 1887, n° 2746, D. P. 88. 3. 64. V. aussi Sol. adm. enreg. 19 mai 1876, D. P. 76. 5. 434). Une circulaire de la comptabilité publique du 4 mars 1881 (*Revue du notariat*, n° 6394), applique la même solution aux certificats de propriété produits pour le payement des traitements dus par un département ou une commune.

Il a été reconnu récemment que l'exemption d'enregistrement accordée aux certificats de vie et certificats de propriété délivrés pour le payement des rentes et pensions dues par l'État doit être étendue aux certificats se rapportant à des pensions ecclésiastiques ou aux pensions de l'Imprimerie nationale, qui sont assimilables aux pensions de l'État (Décis. min. fin. 23 mars 1888, *Journ. enreg.*, art. 23318).

2749. On a vu au *Rép.* n° 4904 que les rapports faits en matière de *faillite* par le juge-commissaire au tribunal de commerce ne sont sujets ni au timbre, ni à l'enregistrement. Il en est autrement des rapports rédigés par les syndics de faillite, conformément à l'art. 506 c. com. ; ces rapports doivent être écrits sur papier timbré et sont assujettis à la formalité de l'enregistrement (Sol. adm. enreg. 28 févr. 1868 (1). V. *supra*, n°s 413 et suiv.).

---

(1) Les rapports dont il s'agit doivent, aux termes de l'art. 506 c. com., être signés par les syndics, et être remis par eux au juge-commissaire de la faillite. Ce dernier en fait nécessairement usage dans le procès-verbal qu'il dresse, conformément au même article, des délibérations des créanciers. Dès lors, ces rapports tombent sous l'application des art. 24 de la loi du 13 brum. an 7 et 23 de la loi du 22 frim. an 7, d'après lesquels on ne peut faire usage d'un acte, ni le produire en justice, sans l'avoir préalablement soumis à la formalité du timbre et de l'enregistrement.

Du 28 févr. 1868.-Sol. adm. enreg.

2750. La loi du 9 avr. 1881 (art. 20, D. P. 81. 4. 114), dont la disposition a été étendue par l'art. 24 aux *caisses d'épargne* ordinaires, exempte des formalités du timbre et de l'enregistrement les « imprimés, écrits, et actes de toute espèce nécessaires pour le service de la caisse d'épargne postale ». Aussitôt après la mise à exécution de cette loi, la question s'est élevée de savoir si l'exemption était applicable aux actes de notoriété et aux certificats de propriété qui, au cas de décès du titulaire, doivent être produits par les héritiers pour opérer le retrait des sommes déposées. La négative, soutenue par l'Administration, fut admise par une décision du ministre des finances du 6 janv. 1882 (D. P. 83. 3. 56), pour ce motif, que l'art. 20 de la loi de 1881 ayant un caractère spécial et exceptionnel, l'immunité qui en résulte doit être, comme toutes les exceptions, appliquée limitativement, et restreinte, par suite, aux actes strictement indispensables au service de la caisse. Nous avions critiqué cette solution. Il est clair, en effet, disions-nous dans la note publiée sous cette décision, que si les actes dont s'agit sont produits, c'est que les administrations des caisses d'épargne les exigent pour la régularité de leurs opérations ; que, dès lors, ils rentrent dans la catégorie de ceux nécessaires pour le service des caisses d'épargne et que, par suite, l'exemption leur est directement applicable. Les tribunaux s'étaient divisés sur ce point. Le tribunal de Cherbourg s'était prononcé pour l'interprétation ministérielle (Trib. Cherbourg, 26 mars 1884, aff. Me Giot, D. P. 85. 3. 71), repoussée, au contraire, par le tribunal d'Yvetot (Trib. Yvetot, 29 août 1884, aff. Me Seré, D. P. 86. 3. 7). Appelé de nouveau à se prononcer sur la question, le ministre des finances a fini par consacrer la solution qui nous avait paru la plus exacte (Décis. min. fin. 11 juin 1888, D. P. 88.5.443 ; Instr. adm. enreg. 30 juill. 1888, n° 2755, § 3, D. P. 88. 5.483. V. dans le même sens : Circ. min. com. 21 mars 1887, *Journ. enreg.*, art. 22853).

2751. On sait que les jugements portant remise de cause ou continuation d'audience sont dispensés en principe de l'enregistrement, en vertu d'une décision ministérielle du 27 févr. 1822, *Rép.* n° 4306. Il en est de même des *notes sommaires* que les greffiers doivent recueillir à l'audience en matière correctionnelle, qu'il y ait ou non partie civile en cause, et quand même la partie civile serait une administration publique (Décis. min. fin. 27 juin 1882, D. P. 82. 5. 195).

2752. Quand les dépens ont été liquidés dans le jugement qui les adjuge, la *taxe* faite par le juge, ne constituant qu'un document d'ordre intérieur, n'est pas susceptible d'enregistrement (Sol. adm. enreg. 14 sept. 1857, D. P. 58. 3. 24).

2753. On a dit au *Rép.* n° 4911 que les recours exercés en matière criminelle devant la cour de cassation sont exempts de la formalité ; cette solution a été consacrée par la cour de cassation à l'égard des condamnés, accusés ou prévenus (Crim. 3 nov. 1848, aff. Dru, D. P. 48. 5. 149).

2754. Sont encore dispensés d'enregistrement : 1° les registres destinés à recevoir les inscriptions aux écoles préparatoires de médecine et de pharmacie (L. 26 juill. 1860, art. 20, D. P. 60. 4. 96); — 2° les écrits sous seings privés destinés à constater les souscriptions volontaires en matière de chemins vicinaux (Décis. min. fin. 7 sept. 1854, D. P. 55. 3. 19); — 3° les actes de dépôt de grosses, expéditions, certificats, extraits et copies certifiées, rédigés pour remplacer les actes d'une étude de notaire détruits par un incendie, ainsi que ceux reçus par le notaire sur les déclarations des parties intéressées. Néanmoins les salaires ou émoluments dus aux agents, en raison de leurs travaux et de la responsabilité qui leur incombe, demeurent exigibles (Décis. min. fin. 6 mai 1879, D. P. 80. 3. 47); — 4° les extraits des *casiers judiciaires* concernant les jeunes gens qui demandent à contracter des engagements volontaires dans les armées de terre et de mer (Décis. min. fin. et just. 27 oct.-4 nov. 1873 ; Instr. adm. enreg. 5 déc. 1878, n° 2607, § 2), les aspirants aux emplois d'officiers de la réserve et de l'armée territoriale (Décis. min. fin. 18 oct. 1878; Instr. adm. enreg. 5 déc. 1878, n° 2607, § 2), les candidats qui demandent à entrer dans les corps de la gendarmerie (Instr. adm. enreg. 29 oct. 1880, n° 2641, § 9).

2755. Il a été jugé que l'exemption de tout impôt pendant trente ans établie par l'art. 226 c. for. en faveur de *semis et plantations de bois* sur le sommet et le penchant des montagnes, est applicable seulement à la contribution foncière, et non aux droits d'enregistrement, spécialement aux droits de mutation par décès (Req. 7 juill. 1885, aff. de Failly, D. P. 85. 1. 453).

2756. Décidé aussi que l'exemption d'enregistrement prononcée par l'art. 537 c. proc. civ., en faveur des quittances produites comme pièces justificatives d'un compte, ne saurait être étendue à des actes servant de base à une action en justice, alors même que la situation respective des parties aurait été déterminée sous forme de règlement de compte, lorsque surtout les pièces ont été produites pour justifier une demande en payement du prix de travaux pour défendre à cette action (Civ. cass. 7 févr. 1877, aff. Société des hauts fourneaux de la Franche-Comté, D. P. 77. 1. 17 ; V. *suprà*, n° 680).

ART. 2. — *Actes affranchis de la formalité en vertu de la loi du 22 frim. an 7 (Rép. n°s 4913 à 4957).*

2757. Les plus importants de ces actes sont les actes d'administration publique. D'après la loi de frimaire, art. 70 § 3, n° 2, l'exemption ne s'appliquait qu'aux actes passés dans un intérêt général et au nom de l'État; or, la plupart des actes administratifs touchant plus ou moins aux intérêts privés ne bénéficieraient pas de cette exemption; la démarcation entre les actes qui rentraient dans la disposition de l'art. 70 ou qui en étaient exclus soulevait, d'ailleurs en pratique de grandes difficultés. Cet état de choses fut modifié par la loi du 15 mai 1818 (*Rép.* n°s 4914 et suiv.). Cette loi, après avoir déclaré (art. 78) que l'enregistrement s'applique aux actes des autorités administratives portant transmission de propriété, d'usufruit et de jouissance, aux adjudications ou marchés de toute nature, ainsi qu'aux cautionnements relatifs à ces actes, ajoute (art. 80) que tous les actes, arrêtés et décisions administratives non dénommés dans l'art. 78, sont exempts de timbre et d'enregistrement. Malgré la généralité de ces termes, les seuls actes dispensés sont ceux qui sont *rédigés en minute* et qui doivent ou qui peuvent donner lieu à la délivrance d'une expédition (Civ. rej. 2 juin 1875, aff. Ville de Paris, D. P. 75. 1. 432. Com. Civ. rej. 25 mai 1875, aff. Administration de l'Assistance publique, D. P. 75. 1. 439).

2758. Une difficulté s'est élevée relativement à l'application de cet art. 80. L'Administration a soutenu pendant longtemps que le législateur de 1818 avait entendu maintenir la classification établie par la loi de frimaire des actes accomplis par les autorités administratives comme représentant la puissance publique et des actes de gestion, faits par elles, et n'affranchir de la formalité que les premiers. Mais il a été décidé que l'art. 78 est limitatif, et qu'il n'y a dans la loi aucune trace de la distinction proposée. La question s'était posée notamment pour les *emprunts communaux* (Civ. cass. 15 mai 1860, aff. Ville du Havre, D. P. 60. 313 ; Req. 16 avr. 1866, aff. Ville de Mont-de-Marsan, D. 66. 1. 340; Instr. adm. enreg., n° 2355, § 4. V. *suprà* n° 973).

La cour de cassation a même jugé que, lorsqu'un contrat complexe comprend tout à la fois un marché de travaux des conventions purement financières, celles-ci, bien que confondues dans l'intention des parties, ne demeurent pas moins exemptes de l'impôt, qui ne doit être perçu que sur la valeur des travaux à déterminer par une ventilation (Civ. rej. 29 avr. 1872, aff. Société Heullant, D. P. 72. 1. 309-310; Civ. cass. aff. Petit-Berlié, 29 avr. 1872, *ibid.* —V. sur cette question, *suprà*, n°s 995 et suiv.

Il faut donc aujourd'hui accepter pour règle que tout acte passé en la forme administrative, soit de gré à gré soit même par adjudication, est exempt de l'enregistrement, sauf les cas où il contient soit une transmission propriété ou de jouissance, soit un marché, quels que soient l'objet et la forme du contrat (V. *suprà*, n° 998 ; *Dictionn. droits d'enreg.*, v° *Acte administratif*, chap. 1er, sect. 1 n° 7).

2759. L'exemption établie par l'art. 80 de la loi

15 mai 1818, en faveur des actes émanant des autorités administratives, s'applique-t-elle aux conventions elles-mêmes, abstraction faite de la forme qui leur est donnée, et, par suite, même à celles qui sont réalisées par acte notarié, ou bien est-elle subordonnée à la forme de l'acte, de telle sorte qu'elle doive être restreinte aux actes passés en la forme administrative, c'est-à-dire devant un magistrat de l'ordre administratif, préfet, sous-préfet, maire, etc. ? La question a été déjà traitée *suprà*, nos 624 et suiv. Comme on l'a vu, elle a été diversement résolue par les tribunaux. Le tribunal de Corbeil a refusé d'étendre l'art. 80 aux actes qui ne sont pas faits en la forme administrative et décidé spécialement que l'acte notarié constatant un prêt contracté par une commune ou un payement effectué de ses deniers est sujet au droit proportionnel d'enregistrement, comme les actes de même nature passés entre particuliers (Trib. Corbeil, 13 mai 1880, aff. Commune de Brunoy, D. P. 81. 3. 55). Cette opinion s'appuie principalement sur les travaux préparatoires de la loi de 1818 ; il résulte, en effet, du rapport rédigé par le comte Beugnot à la Chambre des députés au nom de la commission du budget, que l'exemption dont il s'agit a été établie uniquement pour les actes passés en la forme administrative, afin de dégager les autorités administratives de la responsabilité personnelle que le défaut d'enregistrement de ces actes leur aurait fait encourir, d'où il suit que l'exemption étant attachée non pas à la convention, mais à la forme de l'acte administratif, cesse d'être applicable lorsque le contrat est énoncé dans un autre acte soumis à l'enregistrement. L'opinion contraire a été admise par un jugement du tribunal de Roanne, du 26 déc. 1877 (aff. Ville de Roanne, D. P. 81.1.226), d'après lequel l'exemption est attachée à la convention elle-même, et applicable encore bien que le contrat administratif soit relaté dans un acte notarié. Mais le premier système a encore été consacré, dans la même affaire, par un jugement du tribunal de Saint-Étienne, du 17 juill. 1883 (V. *suprà*, n° 624). Cette importante question n'a pas encore été résolue par la cour de cassation.

2760. Par application de l'art. 78 de la loi de 1818, les traités passés en la forme administrative, portant règlement des sommes dues par l'administration de la marine aux compagnies de chemins de fer pour le transport des marins réservistes, sont exempts du timbre et de l'enregistrement, comme constituant des actes administratifs de la nature de ceux qui ne sont pas soumis à ces formalités (Décis. min. fin. 10 oct. 1877, D. P. 78. 3. 47).

2761. Les rapports des experts et les mémoires produits par les parties dans l'instruction des demandes en décharge de contributions directes soumises au conseil de préfecture, sont assujettis au timbre et à l'enregistrement. Mais les procès-verbaux des dires des experts, rédigés par les contrôleurs des contributions directes, et les observations produites par les réclamants eux-mêmes pendant le dépôt du dossier sont exempts de ces formalités, les premières comme constituant des actes purement administratifs, et les secondes comme formant le complément de la demande primitive, laquelle a dû être soumise à toutes les formalités (Circ. adm. contrib. dir. 12 févr. 1873, D. P. 73. 5. 209).

2762. L'arrêté par lequel le maire d'une commune, dans le cas d'ouverture d'un nouveau cimetière, désigne les emplacements qui seront affectés aux sépultures concédées dans l'ancien qui est supprimé, est affranchi du timbre et de l'enregistrement par application aussi de l'art. 80 de la loi du 15 mai 1818 (Sol. adm. enreg. 19 févr. 1874, D. P. 75. 5. 180).

2763. Il en est de même de l'acte passé dans la forme administrative entre une commune et un évêque diocésain en vue de l'organisation d'un établissement d'instruction publique (Sol. adm. enreg. 29 août 1878, Garnier, *Rép. pér. enreg.*, n° 5412).

2764. Les plans des lieux, dessins des ouvrages d'art, profils en long et en travers, dressés par les agents du service vicinal, préalablement aux adjudications de travaux à exécuter sur les chemins vicinaux, doivent être soumis au timbre et à l'enregistrement, le cahier des charges et conditions générales assujettissant l'entrepreneur, en pareil cas, « à se conformer strictement aux plans, profils, tracés, ordre de service et aux types et modèles qui lui sont donnés pour l'exécution des travaux » et les plans, dessins et profils dont il s'agit formant dès lors, en ce qui concerne les détails d'exécution, l'un des éléments du contrat entre l'Administration et l'entrepreneur (Décis. min. fin. 10 août 1882, D. P. 84. 5. 215-216). Mais les avant-métrés, destinés à préciser les dimensions, les surfaces, les cubes et les poids des travaux de terrassement qui servent, avec les bordereaux de prix, à la confection des détails estimatifs paraissent n'intéresser que l'Administration, et doivent, à ce titre, être considérés comme exempts du timbre sur la minute et de l'enregistrement tant sur la minute que sur l'expédition (Même décision).

2765. On s'est demandé si l'exemption s'appliquait aux commissions que les compagnies de chemins de fer délivrent à leurs agents ou préposés avant leur prestation de serment ; la question a été résolue négativement, les compagnies, simples sociétés commerciales placées sous la surveillance de l'État, ne pouvant pas être assimilées à une administration publique. L'enregistrement doit, d'ailleurs, avoir lieu avec acquit de droit, et non pas en débet, comme lorsqu'il s'agit des actes des gardes établis par l'autorité publique pour délits ruraux et forestiers, l'assimilation établie par le cahier des charges des compagnies de chemins de fer entre leurs agents et préposés assermentés et les gardes champêtres, étant relative non pas au payement des droits sur les actes qui les concernent, mais seulement au pouvoir qui leur est déféré de constater par des procès-verbaux, les crimes, délits et contraventions commis sur le chemin de fer (Trib. Seine, 10 janv. 1855, aff. Compagnie du chemin de fer d'Orléans, D. P. 55. 3. 79 ; Trib. Corbeil, 18 janv. 1855, aff. Compagnie du chemin de fer d'Orléans, *ibid.* ; Req. 28 déc. 1859, aff. Compagnie du chemin de fer d'Orléans, D. P. 60. 1. 93).

2766. On a vu au *Rép.* n° 4857 que les actes de naissance, mariage, décès et les extraits qui en sont délivrés sont dispensés de la formalité (L. 22 frim. an 7, art. 70, § 3, n° 8). Cette exemption s'étend même aux actes dont il s'agit qui sont passés en pays étranger et produits en preuve. — L'Administration avait refusé d'appliquer cette règle au certificat signé par un traducteur étranger à la suite de la traduction d'un extrait venant de l'étranger, considérant ce certificat comme un acte distinct qui devait être soumis, comme acte innommé, au droit fixe de 2 fr. ; mais cette interprétation a été rejetée par le tribunal de Strasbourg, par ce motif que la signature du traducteur juré constatant suffisamment l'exactitude de la traduction, le mot *certifié* qui précède cette signature est inutile faute de sens (Trib. Strasbourg, 10 août 1857, aff. N..., D. P. 59. 3. 63). L'Administration a acquiescé à ce jugement par délibération du 27 août 1858 (Instr. adm. enreg. n° 2432, § 7). Elle a même reconnu que les traductions d'actes de l'état civil étrangers, annexés à un acte de l'état civil dressé en France, sont dispensées de la formalité (Sol. adm. enreg. ., août 1874, *Diction. droits d'enreg.*, vo *Actes de l'état civil*, art. 2, n° 12).

2767. Les actes de l'état civil contenant la reconnaissance d'enfants naturels sont soumis à un droit qui varie suivant les conditions dans lesquelles la reconnaissance a lieu. Mais il a été décidé que l'expédition de l'acte de mariage des père et mère d'un enfant naturel, contenant légitimation de cet enfant et rappelant la reconnaissance faite dans un acte de naissance, n'est pas sujette à l'enregistrement parce qu'elle ne renferme qu'une simple légitimation, laquelle étant une conséquence directe de l'acte de mariage, échappe à l'application de la loi fiscale. La formalité n'est obligatoire et le droit d'enregistrement n'est dû que dans le cas où la légitimation par l'acte de mariage produit les effets primordiaux d'une reconnaissance de l'enfant, et audit cas, aucun autre droit n'est exigible pour la légitimation (Décis. min. fin. 9 févr. 1882, D. P. 82. 5. 192). Il en est de même de la mention, dans l'expédition de l'acte de naissance d'un enfant naturel portant reconnaissance de cet enfant, de la légitimation ultérieure produite par le mariage des père et mère ; une telle expédition ne donne lieu qu'au droit fixe d'enregistrement exigible à raison de la reconnaissance de l'enfant naturel (Même décision).

2768. Nous avons commenté au *Rép.* nos 4926 et suiv. les différentes lois qui, par dérogation à l'art. 70, § 3, n° 3, de la loi du 22 frim. an 7, ont soumis à l'enregistrement et au droit proportionnel tel qu'il est établi pour les donations et les successions, les *mutations à titre gratuit entre vifs ou par décès* ayant pour objet les rentes sur l'Etat (V. *suprà*, nos 2249 et 2250). Nous avons peu de choses à ajouter aux explications fournies à ce sujet. Signalons la loi du 8 juill. 1852 (art. 25 et 26, D. P. 52, 4. 184) qui a édicté des dispositions particulières destinées à assurer le recouvrement de l'impôt. Aux termes de l'art. 25, « le transfert ou la mutation au grand-livre de la dette publique, d'une inscription de rente provenant de titulaires décédés ou déclarés absents ne pourra être effectué que sur la présentation d'un certificat délivré sans frais par le receveur de l'enregistrement, et visé par le directeur du département, constatant l'acquittement du droit de mutation par décès établi par l'art. 7 de la loi du 18 mai 1850. Dans les départements autres que celui de la Seine, dit le même article, la signature du directeur de l'enregistrement devra être légalisée par le préfet ».

Des décisions ministérielles ont réglé l'exécution de la loi à l'égard des successions ouvertes soit avant, soit après le traité de paix du 2 mars 1871, dans les départements cédés à l'Allemagne (Décis. mit. fin. 27 oct. 1871, D. P. 71. 3. 94; 30 déc. 1873, D. P. 74. 5. 243. V. *suprà*, no 2248).

2769. Les lois des 13 mai 1863 (art. 11) (D. P. 63. 4. 54), et 23 août 1871 (art. 3 et 4), complétant ou confirmant celle du 18 mai 1850, ont soumis aussi à l'enregistrement et frappé, par suite, du droit proportionnel les *mutations par décès des fonds publics étrangers, titres des sociétés étrangères, et généralement de toutes les valeurs mobilières étrangères*, ainsi que les *transmissions entre vifs à titre gratuit ou à titre onéreux* de ces mêmes valeurs, lorsqu'elles s'opéreront en France (V. *suprà*, nos 2264 et suiv.).

2770. L'exemption du droit de mutation dont jouissaient les transmissions de rentes sur l'Etat avant la loi du 18 mai 1850 équivalait à payement, de telle sorte que l'individu qui a acquis la nue propriété d'une rente sur l'Etat avant la loi de 1850 n'a aucun droit à payer à raison de l'extinction de l'usufruit qui vient à s'opérer à son profit depuis cette loi..., cette renonciation fût-elle le résultat d'une renonciation de l'usufruitier faite à titre de libéralité (Trib. Seine, 19 juill. 1854, aff. Berthout, D. P. 54. 3. 56; 26 juill. 1854, *ibid.* V. *suprà*, nos 157 et 2590).

2771. Il résulte du même principe que les héritiers de ce même individu, dans le cas où sa succession s'est ouverte depuis la loi nouvelle et avant l'extinction de l'usufruit, n'ont à payer les droits de mutation que sur la valeur de la nue propriété desdites rentes, à raison de l'usufruit dont elles sont grevées, c'est-à-dire sur moitié seulement de la valeur entière (Trib. Seine, 28 juill. 1853, aff. Jagerschmidt, D. P. 54. 3. 57; Instr. adm. enreg. 8 mars 1855, no 2025, §3).

Jugé, en sens contraire, que l'héritier qui a recueilli, depuis la loi de 1850, un droit de nue propriété de rentes sur l'Etat acquis par son auteur avant cette loi, est tenu de payer le droit de mutation tant pour l'usufruit de l'extinction duquel il est appelé à profiter, que pour la nue propriété, c'est-à-dire sur la valeur entière (Trib. Mans, 6 mai 1853, aff. de Broc, D. P. 54. 3. 57).

2772. D'ailleurs, ainsi qu'on l'a dit au *Rép.* no 4933, la suppression de l'exemption n'existant que pour les transmissions dont la loi du 18 mai 1850 détermine la nature, les transports ou cessions de rentes à titre onéreux demeurent affranchis en vertu de l'art. 70, § 3-3°, dont la disposition subsiste en cette partie. — Quant aux conditions auxquelles l'exemption est subordonnée, V. *Rép.* nos 4935 et 4940. Il y est dit que la convention doit constituer réellement un transfert de rente et, en outre, ne pas contenir autre chose que la transmission de la rente.

2773. Il a été jugé que la cession de droits dans une association d'accroissement fondée par une compagnie d'assurances sur la vie, ne saurait, par cela seul que les fonds versés par les souscripteurs sont employés en rentes sur l'Etat, être assimilée à un transfert de rente affranchi de tous droits d'enregistrement; mais cet acte est passible du droit de cession mobilière de 2 pour 100 (Trib. Seine, 13 avr. 1867, aff. Du Puy-Monthrun, D. P. 68. 3. 48).

2774. On a rapporté au *Rép.* no 4945 une décision de la cour de cassation (Civ. cass. 31 déc. 1834), d'après laquelle l'acte par lequel un débiteur se libère de sa dette est passible du droit proportionnel de 50 cent. pour 100 fr., encore bien qu'il donne en payement des inscriptions de rente sur le grand-livre. Il a été jugé depuis, en sens contraire, que l'acte par lequel l'héritier, postérieurement à la déclaration de la succession et au payement des droits de mutation, cède à la veuve du défunt l'usufruit d'une rente sur l'Etat en échange d'une somme lui revenant pour ses reprises, ne donne pas lieu à un supplément de droit de mutation, sous prétexte qu'il changerait les avantages que l'une des parties recueille dans la succession. On ne doit voir dans cet acte qu'un échange affranchi de tout droit d'enregistrement, comme ayant pour objet des rentes sur l'Etat (Trib. Seine, 25 juill. 1863, aff. Bourgeois, D. P. 64. 3. 14).

2775. En vertu de l'art. 70, § 3, no 4, de la loi du 22 frim., an 7, qui exempte de l'enregistrement « les rescriptions, mandats et ordonnances de payement sur les caisses nationales, leurs endossements et acquits », il a été jugé que la procuration donnée par un contribuable à un particulier à l'effet de former en son nom une réclamation en matière de contributions directes, n'est pas soumise aux droits d'enregistrement (Cons. d'Et. 21 févr. 1879, aff. Pouillot, D. P. 79. 3. 50).

2776. Décidé, au contraire, que les actes contenant mandat de former une réclamation en matière de contributions directes, ne sont pas dispensés de la formalité de l'enregistrement, et que, par suite, la requête tendant à obtenir la décharge d'une contribution présentée, au nom d'un tiers, par une personne munie d'une procuration non enregistrée, doit être rejetée (Cons. préf. Seine, 12 déc. 1877, aff. Blaize, D. P. 78. 3. 75).

2777. Nous avons dit au *Rép.* no 4952 que l'exemption établie par l'art. 70, § 3, no 9, de la loi du 22 frim. an 7, relativement aux actes de police générale, et de vindicte publique, s'applique, en général, à tous les actes d'une procédure criminelle. Il a été jugé qu'elle s'étend aux arrêts des cours d'assises rendus sans partie civile en cause, alors même qu'ils ne prononcent que des peines correctionnelles, l'exemption étant attachée plutôt à la juridiction qu'à la nature de l'affaire (Décis. min. just. et min. fin. des 7 mai et 7 juill. 1869, D. P. 72. 5. 260; Instr. adm. enreg. 29 mars 1870, no 2400, § 4, D. P. 72. 5. 187).

2778. Les procès-verbaux dispensés de la formalité à raison de la nature des faits qu'ils constatent, et qu'une décision ultérieure du ministère public fait rentrer dans la catégorie des actes sujets à l'impôt, ne tombent pas sous l'application de l'art. 34 de la loi de frimaire an 7; l'obligation de les faire timbrer et enregistrer résulte de l'usage qui doit en être fait devant le tribunal de simple police; il y a lieu, par conséquent d'appliquer l'art. 23 de la loi de frimaire, c'est-à-dire de séborner à requérir, avant tout usage, la double formalité qui est donnée, sans amende de retard, à la diligence du ministère public (Instr. adm. enreg. 30 janv. 1883, no 2678, D. P. 84. 5. 228).

CHAP. 6. — Des délais pour l'enregistrement des actes et déclarations, et des peines applicables au défaut d'enregistrement dans les délais, aux omissions, aux fausses estimations et aux contrelettres (*Rép.* nos 4958 à 5069).

Sect. 1re. — Des délais (*Rép.* nos 4959 à 5004).

2779. L'étendue des délais varie d'après la nature des faits soumis à l'enregistrement et la qualité de ceux qui ont rédigé les actes qui les constatent. Nous distinguerons les *actes publics*, les *actes sous seing privé*, les *mutations à titre gratuit* et les *mutations verbales*.

Art. 1er. — Actes publics (*Rép.* nos 4960 à 4977).

2780. Ainsi qu'on l'a expliqué au *Rép.* no 4960, les délais fixés pour l'enregistrement des actes publics varient de quatre à vingt jours (L. 22 frim. an 7, art. 20).

2781. Après avoir fixé à quatre jours le délai de l'enregistrement pour les *actes des huissiers*, l'art. 20, § 1er, de la loi du 22 frim. an 7, décide, d'une manière générale, que le même délai est applicable aux actes des autres officiers ayant pouvoir de faire des exploits et procès-verbaux. Aux différents actes mentionnés au *Répertoire* comme rentrant dans cette catégorie, il faut ajouter les procès-verbaux de saisie de lettres ou journaux transportés en fraude, qui doivent être enregistrés dans les quatre jours qui suivent la saisie (Décr. 1er mars 1854 sur l'organisation et le service de la gendarmerie, art. 308, D. P. 54. 4. 40. Conf. Instr. adm. enreg. 1er déc. 1854, n° 2018).

2782. Les procès-verbaux des sous-officiers, brigadiers et gendarmes, qui sont de nature à donner lieu à des poursuites judiciaires, sont présentés à l'enregistrement par les gendarmes dans le délai de quatre jours, lorsqu'il se trouve un bureau d'enregistrement dans le lieu de leur résidence ; dans le cas contraire, l'enregistrement a lieu à la diligence du ministère public chargé des poursuites (Décr. 1er mars 1854, art. 491, D. P. 54. 4. 40; Instr. adm. enreg. 1er déc. 1854, n° 2018).

Les procès-verbaux de la gendarmerie en matière de contraventions aux lois et règlements sur la grande voirie et sur la police de roulage, sont visés pour timbre et enregistrés en débet dans les trois jours de leur date ou de leur affirmation, à peine de nullité (Décr. 1er mars 1854, art. 493; Décis. 29 juill. 1854 ; Instr. adm. enreg. 1er déc. 1854, n° 2018). — Suivant une décision du conseil d'Etat du 8 août 1882 (aff. de Tourdonnet, D. P. 84. 3. 33), les procès-verbaux des gendarmes constatant des contraventions de grande voirie ne sont pas assujettis à l'enregistrement. Mais, comme on l'a démontré dans la note sous cet arrêt, cette décision ne doit pas être suivie. La conséquence est que les procès-verbaux en question sont placés, quant au délai pour l'enregistrement, sous l'application de la règle générale établie par l'art. 20 de la loi du 22 frim. an 7 (Instr. adm. enreg. 2 oct. 1858, n° 2132, § 3).

D'après la loi du 17 juill. 1856 (D. P. 56. 4. 117), les gendarmes ayant été dispensés de la formalité de l'affirmation pour leurs procès-verbaux, le délai de l'enregistrement de ces actes court de la date des procès-verbaux (Conf. Instr. adm. enreg. 16 janv. 1857, n° 2088).

2783. Le délai pour l'enregistrement des *actes des notaires*, d'après l'art. 20 de la loi du 22 frim an 7, est, de dix ou quinze jours, suivant la distinction indiquée au *Rép.* n° 4963. L'obligation, pour le notaire, de classer parmi les minutes et de soumettre à l'enregistrement, dans le délai légal, les actes dressés par lui qui sont complets, signés et déposés en son étude, est absolue ; les parties ne peuvent en affranchir le notaire provisoirement et jusqu'à l'exécution possible des conventions renfermées dans l'acte (Agen, 16 août 1854, aff. N..., D. P. 56. 2. 169).

2784. En principe, les délais prescrits par le législateur ne s'appliquent qu'aux *actes parfaits* (*Rép.* n° 4963). Ainsi il a été jugé, conformément à une décision antérieure du tribunal de Melun, citée *ibid.*, que le délai pour l'enregistrement d'un acte notarié ne court que du jour où l'acte est devenu parfait par la signature du notaire, l'absence de cette signature laissant l'acte imparfait, et cela, bien que le discord des parties ne soit survenu qu'après leur signature (Trib. Espalion, 19 août 1847, D. P. 48. 5. 300. V. *supra*, nos 116 et suiv.).

2785. En est-il encore de même lorsque l'acte, signé seulement par les parties, a été inscrit sur le répertoire du notaire ? La négative a été soutenue au *Rép.* n° 5003, où l'on a cité des décisions dans l'un et dans l'autre sens. Elle a, d'ailleurs, été déjà examinée *supra*, n° 118, et l'on a vu *ibid.* que la jurisprudence s'est prononcée en faveur de la doctrine du *Répertoire*. Cette doctrine serait à plus forte raison applicable, si c'était la signature des parties qui fît défaut.

2786. Quant à la détermination du délai dans l'hypothèse où un acte notarié porte plusieurs dates, V. *infra*, n° 2822.

2787. On sait que les *délais exceptionnels* ont été fixés pour certains actes notariés, notamment pour les *testaments* (*Rép.* n° 4973). Il faut assimiler aux testaments les *actes de révocation* qui les concernent ; ils doivent être enregistrés dans les trois mois du décès du testateur (Sol. adm. enreg.

29 déc. 1879, D. P. 80. 3. 47-48). Cette assimilation, qui avait déjà été consacrée par une délibération de l'Administration du 14 niv. an 13, se justifie à un double point de vue. D'abord la révocation constitue par sa nature une disposition testamentaire dans le sens large de cette expression. Comme le dit très bien, en effet, Demolombe, *Donations et testaments*, t. 5, n° 141 : « révoquer, c'est aussi disposer, car disposer, ce n'est pas seulement faire un legs ; le sens de ce mot, dans l'art. 895, est plus large, plus élevé : c'est faire un acte de maître, c'est manifester une ordonnance de dernière volonté relativement aux biens que nous laisserons après notre mort. Or c'est le cas de l'acte par lequel le *de cujus*, après avoir détourné les biens de sa famille par une première disposition, c'est-à-dire par un premier testament, les y fait rentrer par une seconde disposition, car cette seconde disposition est un testament postérieur ». En second lieu, les motifs pour lesquels les testaments n'ont été assujettis à la formalité qu'après la mort du testateur, et consistant en ce que toutes les dispositions d'un testament doivent être tenues secrètes, et que, d'ailleurs, n'ayant d'effet qu'à la mort, il est susceptible jusque-là d'être modifié et entièrement détruit, sont directement applicables aux actes notariés de révocation.

2788. Quelle règle faut-il appliquer aux *donations de biens présents faites entre époux pendant le mariage ?* Nous avons examiné la question au *Rép.* n° 4977, en rappelant les variations de la jurisprudence relativement au caractère assigné par elle à ces sortes de dispositions. La jurisprudence voyant aujourd'hui, disions-nous, des donations entre vifs dans ce qu'elle avait considéré comme des libéralités à cause de mort, la conséquence qui s'induirait de là, c'est que le délai de l'enregistrement serait non pas celui de trois mois à dater du décès du donateur par application de l'art. 21 de la loi du 22 frim. an 7, mais celui de dix ou quinze jours à partir de la date de l'acte, conformément à l'art. 20. C'est, en effet, la solution qui a triomphé indirectement par suite de la jurisprudence qui s'est établie relativement à la nature du droit à percevoir (Civ. cass. 31 août 1853, aff. de Castellane, D. P. 53. 1. 288). M. Naquet, t. 3, n° 1165, texte et note 1, estime que les donations entre époux doivent être assimilées, au point de vue du délai, aux testaments, lorsqu'elles n'entraînent pas un « dessaisissement actuel », et qu'elles doivent être enregistrées dans les délais ordinaires lorsqu'elles sont « exécutées du vivant du donateur ». Ces expressions ne nous paraissent pas absolument exactes ; il ne faut pas confondre l'exécution de la donation et le dessaisissement. L'exécution d'une donation consistant surtout dans la transmission de la possession et de la jouissance, on pourrait conclure de la formule employée par l'auteur, que la donation ne doit pas être enregistrée dans les délais ordinaires, si la donation ne doit entrer en jouissance qu'après le décès du donateur, ou il est certain cependant que l'ajournement de l'entrée en jouissance n'a aucune influence au point de vue où nous nous plaçons, s'il y a d'ailleurs dessaisissement actuel (Sol. adm. enreg. 22 mars 1856, Garnier, *Rép. pér. enreg.*, art. 606. V, *supra*, n° 2103).

2789. Nous avons rapproché des actes des notaires, au point de vue du délai de l'enregistrement, les actes des *courtiers de commerce*, qui, en règle générale, doivent faire enregistrer dans le délai de dix jours les actes auxquels ils procèdent comme officiers publics (*Rép.* n° 4965). La loi de finances du 28 juin 1861 (art. 17, D. P. 61. 4. 93) a étendu cette règle aux procès-verbaux de ventes publiques de marchandises, pour lesquelles le délai était de quatre jours avant cette loi.

2790. L'art. 20, § 5, de la loi de frimaire fixe un délai de vingt jours pour l'enregistrement des *actes judiciaires*. Nous avons énuméré au *Rép.* nos 4967 et suiv. les différents actes compris sous la dénomination d'actes judiciaires. On a vu qu'il n'était pas nécessaire que le procès-verbal de collocation en matière d'ordre fût enregistré dans les vingt jours de sa date, qu'il suffisait de le présenter à la formalité avant la délivrance des mandements de collocation. Jugé, au contraire, que l'ordonnance du juge-commissaire qui, en matière d'ordre, commet un huissier pour signifier aux créanciers inscrits la sommation de produire, constitue un acte judiciaire soumis à l'enregistrement dans le délai de vingt jours (Sol. adm. enreg. 31 août 1865, D. P. 66. 3. 76. Conf. Instr. adm. enreg. 5 févr. 1844, n° 1704, D. P. 45. 3. 33. *Adde* : *Journ. enreg.*, art. 16873, n° 10; Garnier, *Rép. gén. enreg.*, v° *Ordre*, n° 9267).

2791. Il a été décidé que, lorsque les dépens n'ont pas été liquidés dans le jugement qui les adjuge, la taxe que le juge en fait ultérieurement forme un titre distinct de jugement, et, dès lors, n'est assujettie ni à l'enregistrement dans un délai déterminé, ni à l'inscription sur le répertoire; seulement elle doit être enregistrée avant qu'il en soit fait usage (Sol. adm. enreg. 14 sept. 1837, D. P. 58. 3. 24).

2792. Les lois du 22 frim. an 7 (art. 20 *in fine*) et du 15 mai 1818 (art. 78) fixent à vingt jours le délai dans lequel doivent être enregistrés les *actes des administrations publiques*, ainsi que les *actes des établissements publics* portant transmission de propriété, d'usufruit ou de jouissance, les adjudications ou marchés de toute nature et les cautionnements relatifs à ces actes. Deux questions se posent à ce point de vue : 1° quels sont les actes qui rentrent dans cette double catégorie ; 2° quel est le point de départ du délai. Nous renvoyons au *Rép.* n°s 4971 à 4973, et *suprà*, n°s 2757 et suiv., en ce qui concerne la première question, nous réservant seulement de préciser quelques points particuliers sur lesquels la jurisprudence ou l'Administration ont eu à se prononcer. On peut dire d'une manière générale que les textes précités embrassent tous les actes administratifs qui ne sont pas exempts de la formalité.

2793. Doivent être enregistrés dans le délai de vingt jours : 1° les délibérations des conseils généraux ou des commissions départementales fixant, en vertu des art. 44 et 86 de la loi du 10 août 1871 (D. P. 74. 4. 102), la largeur des chemins vicinaux ayant pour effet immédiat d'incorporer à la voie publique les terrains compris dans les limites qu'elles déterminent, et constituant, par conséquent des actes translatifs de propriété (Instr. adm. enreg. 20 juin 1882, n° 2668, § 1, D. P. 82. 5. 191); — 2° Le marché pour construction passé entre une administration municipale et un particulier à la suite de délibérations prises par le conseil municipal, de la soumission de l'entrepreneur et d'un décret autorisant la convention (Civ. rej. 19 nov. 1867, aff. Compagnie du marché du Temple, D. P. 67. 1. 451; Instr. adm. enreg. 17 janv. 1868, n° 2362, § 4); — 3° Le contrat par lequel une ville s'engage à fournir à des particuliers, pendant un temps déterminé et moyennant une redevance annuelle, une certaine quantité d'eau provenant d'une source appartenant à la commune (Trib. Dijon, 27 août 1877, aff. Ville de Dijon, D. P. 81. 1. 169); — 4° Les actes de transmission de la propriété ou de la jouissance des biens des hospices, et les marchés de toute nature faits par les commissions administratives chargées de la gestion de ces établissements sous la présidence des maires, et placées sous la tutelle de l'administration supérieure, l'approbation du préfet, nécessaire pour donner à ces actes de l'administration des hospices leur complément et leur force juridique, leur conférant en même temps le caractère d'authenticité (Civ. cass. 28 janv. 1868, aff. Petin, Gaudet et comp., D. P. 68. 1. 400; Instr. adm. enreg. 20 août 1868, n° 2366, § 4); — 5° Les adjudications de travaux consenties à des entrepreneurs par les chambres de commerce, ces chambres constituant des établissements publics et non pas seulement des établissements d'utilité publique (Req. 28 oct. 1885, aff. Cazentre, D. P. 85. 1. 397).

2794. Au contraire, la règle ne s'applique pas aux actes intéressant les communes et les établissements publics, qui sont passés devant notaire et pour lesquels l'approbation de l'autorité administrative a été donnée antérieurement en due forme; ces actes, comme tous les actes notariés, doivent être enregistrés dans le délai de dix ou quinze jours (Instr. adm. enreg. 10 août 1865, n° 2315, D. P. 65. 3. 77). Ainsi, lorsqu'un acte notarié contenant donation au profit d'une commune ou d'un établissement public, constate la comparution du donateur seul, cet acte est parfait comme donation non acceptée, et doit, dès lors, être soumis à l'enregistrement dans le délai fixé pour les actes notariés, alors même que par un acte séparé, fût-il rédigé

à la même date, l'offre de donation aurait été acceptée à titre conservatoire (Sol. adm. enreg. 27 mai 1867, D. P. 67. 3. 73); — Mais lorsque la donation a été acceptée provisoirement dans l'acte même par le maire de la commune ou les administrateurs de l'établissement, il s'agit, non plus d'un acte de donation non accepté, mais bien d'un acte de donation entre vifs complet, dont l'effet est subordonné à l'approbation de l'autorité compétente, et qui, pour cela même, est sujet à l'enregistrement dans le délai de vingt jours (Même solution. V. *suprà*, n° 2034).

2795. Les dispositions des lois des 22 frim. an 7 (art. 69, § 3, n° 2), 28 avr. 1816 (art. 51, n° 3), et 15 mai 1818 (art. 73), concernant les marchés administratifs, désignent toutes uniformément ces actes sous la dénomination de « *marchés pour constructions, réparations et entretien* », tandis que l'art. 78 de la loi du 15 mai 1818, qui a déterminé les actes administratifs pour lesquels la formalité de l'enregistrement doit être remplie dans le délai vingt jours, mentionne « *les marchés de toute nature aux enchères au rabais ou sur soumission* ». Cette différence de rédaction a fait naître des difficultés (D. P. 69. 1. 457, note 2). On a soulevé la question de savoir si ces mots « marchés de toute nature » doivent s'entendre seulement, en les expliquant par ceux employés dans l'art. 73 de la même loi, ainsi que dans les dispositions précitées des lois de l'an 7 et de 1816, des marchés proprement dits, c'est-à-dire de ceux passés pour constructions, réparations et entretien, ou s'ils doivent être interprétés comme désignant non seulement les conventions de cette nature, mais aussi celles auxquelles la dénomination de *marché*, détournée de sa signification propre, peut être appliquée indirectement. Cette question a été étudiée *suprà*, n°s 996 et suiv. Il ressort de la jurisprudence qui s'est établie sur ce point que les marchés administratifs sont sujets à l'enregistrement dans les vingt jours, non seulement lorsqu'ils sont passés pour constructions, réparations, entretien, approvisionnements ou fournitures, mais encore quand ils sont souscrits pour tout autre objet. Toutefois, cette décision ne porte pas atteinte à la jurisprudence d'après laquelle, si la loi fiscale atteint toutes les conventions présentant le caractère de marchés proprement dits, elle ne s'étend pas à celles auxquelles cette qualification, détournée de sa signification propre, serait appliquée, spécialement à celles relatives aux emprunts des communes et des départements (D. P. 75. 1. 341, note).

2796. Nous arrivons à la seconde question : quel est le *point de départ du délai* ? La question se présente relativement aux actes, qui sont soumis à l'approbation de l'autorité administrative; le délai fixé pour l'enregistrement a-t-il pour point de départ la date de l'acte ou celle de l'approbation ? Nombre de décisions ou d'instructions de la Régie, a-t-on dit au *Rép.* n° 4973, ont fixé le point de départ du délai à la date de l'approbation, ou même à celle du retour à l'autorité compétente des pièces approuvées. Les solutions qui sont intervenues depuis sur ce point important exigent un nouvel examen de la question.

2797. Pendant longtemps on a considéré que les actes des communes et des établissements publics devaient toujours être soumis à l'approbation de l'autorité supérieure, et l'Administration avait décidé que le délai ne courait que du jour où l'arrêté approbatif était parvenu à la mairie, sans distinguer suivant que l'acte avait été rédigé par les maires ou adjoints ou par un notaire. Toutefois, les difficultés s'étant élevées pour les actes notariés, par suite des retards que les maires avaient apportés dans le renvoi au notaire des actes approuvés pour l'autorité administrative, il fut arrêté que le délai pour l'enregistrement des actes notariés intéressant les communes et les établissements publics courrait seulement du jour de la remise, par le maire au notaire, de l'arrêté du préfet, remise qui doit être constatée par une attestation du maire datée et signée en marge de l'arrêté (Décis. min. fin. 22 janv. 1855, D. P. 55. 3. 56; Instr. adm. enreg. 8 mars 1855, n° 2023, § 2, D. P. 56. 5. 180).

2798. Ces règles sont encore en vigueur pour ceux des actes administratifs qui sont soumis à l'approbation de l'autorité supérieure. Ainsi il a été jugé que le délai pour l'enregistrement du traité passé entre une ville et une compagnie pour l'exécution de travaux de voirie déclarés d'utilité publique (dans l'espèce, travaux de Paris) court non du jour de l'arrêté préfectoral qui autorise la ville à contracter, mais seulement du jour de l'arrêté qui approuve la convention (Arrêt du 15 juin 1869, cité *suprà*, n° 2795); inversement, que les actes de concession de terrains dans les cimetières, n'étant pas soumis, par leur nature à l'approbation préfectorale, c'est la date même de l'acte, et non celle à laquelle cette approbation leur est donnée, qui forme le point de départ du délai pour l'enregistrement (Décis. min. int. 15 mars 1878, D. P. 79. 5. 184).

Mais deux décrets du conseil d'Etat rendus au contentieux, les 6 juill. 1863 (aff. Debrial, D. P.63.3.81) et 28 juill. 1864 (aff. Bandy de Nalèche, D. P. 65. 3. 42), ont reconnu « qu'aucune disposition de la loi ne subordonnait l'exécution des actes de vente (de biens communaux) à l'approbation du préfet, et que la réserve d'approbation insérée au cahier des charges ne pouvait avoir pour résultat d'attribuer au préfet le pouvoir d'annuler en tout ou en partie un contrat de droit civil ».

Le ministre de l'intérieur a adopté cette jurisprudence et déclaré : 1° « qu'elle concernait les établissements de bienfaisance aussi bien que les communes; 2° qu'elle devait s'appliquer non seulement aux procès-verbaux des adjudications de biens communaux opérées par les notaires, mais aux actes de toute espèce, notariés ou administratifs, concernant des ventes, acquisitions, partages, etc., et qu'elle ne souffre d'exception qu'à l'égard des baux spécialement soumis à l'approbation ultérieure » |(Circ. min. int. 24 févr. 1864, D. P. 64. 5. 62; 27 nov. 1864, D. P. 65. 3. 77). — Conformément à cette jurisprudence nouvelle, le ministre des finances a décidé « que le délai de l'enregistrement court à partir de la date, pour les actes intéressant les communes et les établissements publics, à moins que ces actes n'aient point été précédés des formalités prescrites par la loi ou qu'il ne s'agisse de conventions expressément assujetties par un texte spécial à l'approbation de l'autorité supérieure » (Décis. min. fin. 25 mars 1865; Instr. adm. enreg. 10 août 1865, n° 2315, D. P. 65. 3. 77).

2799. D'après ces principes et ces décisions, l'administration de l'enregistrement a établi les règles suivantes dans une instruction du 10 août 1865 (D. P. 65. 3. 77) : « Sont sujets à l'enregistrement *à partir de leur date*, comme étant dispensés de l'approbation, les actes de vente, acquisition, échange et partage, qui ont été préalablement autorisés par des délibérations des conseils municipaux dûment approuvées par les préfets; si ces actes sont rédigés par les maires et adjoints, le délai pour l'enregistrement est de vingt jours; s'ils sont passés devant notaire, le délai est de dix ou quinze jours, selon que le notaire rédacteur réside ou non dans la commune où le bureau d'enregistrement est établi. Sont soumis à l'enregistrement *dans les vingt jours*, à compter du jour où l'arrêté d'approbation est parvenu à la mairie, ou bien a été remis par le maire au notaire, dans le cas où l'acte a été rédigé par un officier ministériel : 1° les actes de vente, acquisition, échange et partage, qui n'ont pas été préalablement autorisés par des délibérations des conseils municipaux dûment approuvées par les préfets; 2° Les conventions qui, par un texte spécial assujettit à l'approbation de l'autorité supérieure, telles que les baux des biens communaux, quelle qu'en soit la durée (L. 18 juill. 1837, art. 47, § 2); les transactions consenties par les conseils municipaux (Même loi, art. 59); les adjudications et marchés pour travaux et fournitures aux nom des communes et des établissements de bienfaisance (Ord. 14 nov. 1838, art. 1er, 2 et 10); les baux à ferme des hospices et autres établissements publics de bienfaisance ou d'instruction publique (Décr. 12 août 1807, art. 1er; Instr. adm. enreg. 29 juin 1808, n° 386, § 6). Il n'est pas dérogé, en ce qui concerne ces baux, lorsqu'ils sont passés devant notaire, à l'art. 5 du décret du 12 août 1807, qui réduit à quinze jours le délai pour l'enregistrement (Instr. adm. enreg. 8 mars 1855, n° 2025, § 2, D. P. 56. 5. 180).

2800. Les actes dont l'exécution est subordonnée à l'approbation du ministre doivent également être enregistrés dans le délai de vingt jours. A l'égard de ces actes le délai ne court que du jour où il est constaté que l'arrêté d'approbation est parvenu à la préfecture, par une attestation inscrite et signée au pied de l'acte, ou par un arrêté préfectoral déclarant la convention exécutoire. Il n'est pas permis à l'Administration d'établir la date de la réception du décret, ni par des présomptions tirées de la supputation du temps nécessaire pour sa notification, ni au moyen d'une estampille apposée sur l'ampliation dans les bureaux du préfet et indiquant le jour de la réception de cette ampliation (Trib. Seine, 29 juin 1867, *Diction. droits d'enreg.*, v° *Acte administratif*, chap. 1er, sect. 3, § 2, n° 26).

Mais il a été jugé que le délai court lorsque le décret d'approbation a été rendu par le chef de l'Etat et qu'il a été notifié, sans que l'on ait à tenir compte d'un arrêté préfectoral pris ultérieurement pour déclarer l'acte exécutoire (Trib. Seine, 13 janv. 1872, Garnier, *Rép. pér. enreg.*, n° 3432).

Jugé aussi qu'un marché administratif doit être considéré comme approuvé par l'autorité supérieure en ce qui concerne le délai fixé pour l'enregistrement, lorsqu'il a été exécuté et que le préfet a concouru aux divers actes qui l'ont constitué (Trib. Seine, 21 juill. 1859, *Journ. enreg.*, art. 17176).

Art. 2. — *Actes sous seing privé* (*Rép.* n°ˢ 4978 à 4991).

2801. Nous avons dit au *Rép.* n° 4978 que l'on distingue deux classes d'actes sous seing privé : 1° les actes portant mutation de propriété, d'usufruit ou de jouissance d'immeubles, qui sont soumis à l'enregistrement dans les trois mois de leur date; 2° les actes ayant un tout autre objet, pour lesquels la loi ne fixe aucun délai (L. 22 frim. an 7, art. 22 et 23; 15 mai 1818, art. 8). — La question de savoir si le bail à colonage partiaire ou à moitié fruits rentre dans la catégorie des actes non sujets à l'enregistrement dans un délai déterminé a, comme on l'a vu *suprà*, n°ˢ 1628 et suiv., soulevé des difficultés qui ne sont pas encore résolues. — Les actes sous signature privée contenant mutation de propriété de fonds de commerce ou de clientèles » doivent être enregistrés dans le délai de trois mois, en vertu de la loi du 28 févr. 1872, art. 8 (V. *suprà*, n°ˢ 1522 et suiv.). Ces actes qui rentraient dans la seconde classe doivent être compris aujourd'hui dans la première.

2802. On sait, d'ailleurs, qu'il ne peut être fait « *aucun usage*, soit par acte public, soit en justice ou devant toute autre autorité constituée » d'actes sous seing privé de la seconde catégorie qu'ils n'aient été préalablement enregistrés. Il en est de même, aux termes des art. 22, 23 et 42 de la loi du 22 frim. an 7, des actes passés à l'étranger ou dans les colonies (V. *suprà*, n°ˢ 452 et suiv., 1729 et suiv.).

En quoi consiste l'usage qui rend l'enregistrement préalable nécessaire? Nous avions déjà posé cette question et indiqué plusieurs applications pouvant servir à la résoudre (*Rép.* n° 4990); mais les développements qu'elle a reçus depuis dans la jurisprudence nous obligent à l'examiner d'une manière plus approfondie.

2803. D'abord, en ce qui concerne l'usage « par acte public », il est certain que cet usage a lieu lorsque l'acte sous seing privé est mentionné dans un acte public; il suffit même que le second renferme des énonciations qui se rapportent nécessairement au premier pour que l'enregistrement soit nécessaire. On trouve des applications de cette règle dans la jurisprudence qui s'est formée relativement aux actes d'obligations hypothécaires, portant que les immeubles hypothéqués sont assurés contre l'incendie, et subrogeant le prêteur, pour le cas de sinistre dans les droits de l'emprunteur contre la compagnie.

Mais a-t-il usage dans le sens que la loi donne ici à ce mot, lorsqu'un acte sous seing privé, quoique n'étant pas mentionné dans un acte public, a servi en fait à la rédaction de celui-ci? Certains auteurs répondent affirmativement à la question. « L'usage d'un titre, dit M. Naquet, t. 3, n° 1145, ne résulte pas uniquement de la mention de ce titre dans un acte; il résulte de son emploi, de l'utilité juridique que les parties en retirent. C'est bien ainsi que l'entend l'art. 42 de la loi de frimaire an 7, qui est le corollaire obligé de l'art. 23, quand il défend aux officiers publics de faire ou rédiger un acte public en vertu d'un acte sous seing privé non enregistré. C'est faire ou rédiger un acte public en vertu d'un acte sous seing privé que de se servir de l'acte sous seing privé pour dresser l'acte public. » On ajoute que la jurisprudence interprète ainsi le mot usage, lorsqu'il s'agit de l'usage en justice ; or il est invraisemblable que l'art. 23 attribue à cette expression un sens différent suivant qu'il s'agit d'un acte produit en justice ou devant un officier public. — Ce dernier argument ne manque assurément pas de valeur ; cependant la cour de cassation s'est prononcée contre cette opinion, sans doute à cause des difficultés que la preuve ferait naître, s'il était permis à l'Administration d'établir, à l'aide de simples présomptions, dans quelle mesure l'acte sous seing privé a été utilisé par le rédacteur de l'acte public. On reviendra sur ce point dans la section consacrée aux actes passés en conséquence d'actes non enregistrés, la théorie de l'usage par acte public et celle des actes en conséquence étant étroitement liées (V. infrà, nos 3012 et suiv.).

2804. Conformément à une décision de la cour de cassation du 12 mai 1830, rapportée au Rép. n° 4990, il a été jugé, malgré les critiques dont cette solution a été l'objet, que l'acte par lequel un entrepreneur s'engage à opérer, pour le compte d'un département, des fournitures conformes à un échantillon ou type déposé et moyennant un prix déterminé, reçoit un usage public qui l'assujettit au timbre et à l'enregistrement, par application de l'art. 78 de la loi du 15 mai 1818, par cela seul qu'il a été soumis à l'approbation préfectorale (Trib. Lille, 2 août 1872, aff. Casse, D. P. 74. 5. 204). De même, le dépôt au secrétariat de la préfecture, conformément au cahier des charges, par l'adjudicataire d'une entreprise de pompes funèbres, de la quittance sous seing privé du prix du matériel à lui vendu par son prédécesseur, et ensuite le visa, par le préfet, de cette quittance dans un acte administratif, constituent un usage public de l'acte donnant lieu à la perception du droit d'enregistrement (Req. 28 déc. 1856, aff. Pector, D. P. 57. 1. 101).

2805. La règle d'après laquelle les actes sous seing privé doivent être enregistrés, avant qu'il en soit fait usage par acte public, souffre exception à l'égard des actes publics faits en vertu de polices et contrats d'assurances maritimes ou contre l'incendie, mutuelles ou à prime, sujets à la taxe établie par la loi du 23 août 1871 (art. 6). La question avait fait difficulté ; la loi du 23 août 1871, en assujettissant les assurances maritimes et celles contre l'incendie à une taxe obligatoire, dispose, en effet, que, moyennant le payement de la taxe, la formalité de l'enregistrement sera donnée gratis aux polices et contrats d'assurance qui y seraient soumis (V. suprà, nos 821, 2743) ; or, en principe, les actes susceptibles d'être enregistrés deviennent, comme les autres actes, sous l'application des art. 23 et 42 de la loi de frimaire. La dispense du droit et la dispense de la formalité étant deux choses distinctes, classées par la loi fiscale dans des catégories différentes, cependant l'Administration, se fondant sur l'esprit de la loi, tel qu'il ressort notamment de l'exposé des motifs, et les inconvénients que l'obligation de faire enregistrer les polices entraînerait dans la pratique, a reconnu qu'il n'y avait pas lieu d'appliquer aux actes publics faits en vertu de polices et de contrats d'assurance de la nature indiquée, les prescriptions et pénalités établies par l'art. 42 de la loi du 22 frim. an 7 (Instr. adm. enreg. 19 oct. 1872, n° 2456, § 7, D. P. 73. 3. 79).

2806. En ce qui concerne l'usage des actes sous seing privé devant une autorité constituée, on admet que la production aux trésoriers-payeurs généraux de procurations sous seing privé ou passées à l'étranger, données par les créanciers de l'Etat à des tiers pour toucher le montant de leurs mandats, ne rend pas obligatoire l'enregistrement de ces pièces, il n'y a pas, en ce cas, usage de procurations devant une autorité constituée dans le sens de l'art. 23 de la loi du 22 frim. an 7. Mais les procurations passées à l'étranger qui sont fournies à l'appui d'un transfert de rente sur l'Etat, doivent être enregistrées (Décis. min. fin. 18 avr. 1884, D. P. 85. 5. 208-209). — La production d'actes sous seing privé devant les comptables du Trésor ne constitue pas non plus l'usage devant une autorité constituée, et, dès lors, les certificats que les maires délivrent pour le payement des sommes mandatées au profit des créanciers d'une commune ou d'un département, et qui ont pour but, en cas de décès de ces créanciers, de constater les droits de leurs héritiers, peuvent être produits aux trésoriers-payeurs généraux sans que l'enregistrement en soit

obligatoire (Décis. min. fin. 8 févr. 1884, D. P. 86. 3. 8). — De même, pour les certificats de vie délivrés par les maires aux pensionnaires sur les fonds de retraite départementaux ou communaux ; leur remise aux comptables chargés du payement ne peut être considérée comme une production devant une autorité constituée (V. suprà, n° 2743).

2807. Il nous reste à parler de l'usage ou de la production des actes sous seing privé en justice. Cette prescription, édictée par les art. 23 et 47 de la loi de frimaire an 7, et sanctionnée par l'art. 57 de la loi du 28 avr. 1816, a reçu une nouvelle sanction de la loi du 23 août 1871.

2808. Une première question résulte de la comparaison de ces différents textes. Il est à remarquer, en effet, que la loi de frimaire parle de l'usage en justice, tandis que les lois de 1816 et de 1871 parlent de la production en justice. Certains auteurs argumentent de cette différence de rédaction et prétendent que le législateur ne vise pas dans les différents cas le même fait. L'intérêt de la question consiste dans l'application des pénalités et des sanctions spéciales édictées par les deux dernières lois. On soutient qu'on peut user d'un acte sans le produire, que l'usage peut résulter d'une simple invocation de l'acte, sans qu'il y ait communication ou remise effective de la pièce, tandis qu'au contraire, la production implique nécessairement son exhibition matérielle (Garnier, Rép. gén. enreg., n° 1440). Cette distinction, qui peut être exacte au point de vue purement grammatical, n'a certainement pas été faite, selon nous, par le législateur. User d'un acte ou le produire sont dans les textes cités plus haut deux expressions complètement synonymes. Le législateur de 1816 et de 1871 a parlé le langage de la pratique ; or, comme le dit M. Naquet, t. 3, n° 1171, « produire un acte, c'est dans la langue ordinaire des hommes d'affaires, se servir de cet acte, l'employer dans un procès à l'appui des prétentions que l'on élève ; ce n'est pas nécessairement le livrer, le communiquer matériellement ». Il ressort manifestement, en effet, des motifs invoqués à l'appui des lois de 1816 et de 1871 que le législateur est intervenu uniquement, à ces deux époques, pour assurer plus efficacement l'exécution des prescriptions de la loi de frimaire, et que, par suite, le fait auquel tous les textes cités se réfèrent est nécessairement le même. (V. au ce sens : Diction. droits d'enreg., v° Acte produit au cours d'instance ; § 2, nos 34 et 35).

2809. La loi du 23 août 1871 a donné, avons-nous dit, une nouvelle sanction à la prescription que l'on vient de rappeler. L'art. 16 de cette loi porte que « les tribunaux devant lesquels sont produits des actes non enregistrés, doivent, soit sur les réquisitions du ministère public, soit même d'office, ordonner le dépôt au greffe de ces actes pour être immédiatement soumis à la formalité de l'enregistrement. — Il est donné acte au ministère public de ces réquisitions. » Cette disposition a été commentée suprà, n° 2387.

2810. Mais en quoi consiste l'usage ou la production en justice ? L'interprétation de ces mots a donné lieu à de nombreuses difficultés dont la plupart ont surgi depuis la publication du Répertoire. La cour de cassation a eu fréquemment à statuer sur ces questions délicates, surtout pendant ces dernières années. Le principe qui se dégage de la jurisprudence peut ainsi se formuler : il y a usage ou production en justice, toutes les fois que l'une des parties a manifesté devant les tribunaux l'existence d'un acte non enregistré invoqué par elle à l'appui de ses prétentions. Ainsi il n'est pas nécessaire qu'il y ait eu communication, remise matérielle, exhibition du titre ; il suffit qu'il soit prouvé, d'une manière quelconque, que l'acte a été invoqué, devant les magistrats, par le demandeur ou par le défendeur. Il n'est pas nécessaire que l'acte ait été mis sous les yeux des juges, il suffit que les parties en aient argumenté, qu'elles en aient reconnu, même tacitement, l'existence. D'ailleurs, la production d'un acte en justice constitue l'usage qui en rend l'enregistrement préalable nécessaire, non seulement dans le cas où le litige porte sur les conventions que l'acte contient et sur l'application de ses clauses, mais dans tous les cas où la production en a été faite dans un but et au soutien d'un intérêt en vue duquel la partie a jugé utile de s'en servir (Civ. cass. 22 nov. 1881, aff. Lebreton et comp., D. P. 82. 1. 231 ; 26 juill. 1886, aff. Sandino, D. P. 86. 1. 445).

Spécialement, il est fait usage en justice d'un arrêté de

compte, alors que cet arrêté a été invoqué dans des instances relatives à la date de la cessation des payements d'un débiteur failli et au règlement définitif de l'une des créances produites, que les décisions intervenues se sont appuyées sur cet acte, et qu'elles en ont reconnu l'existence, la date et les stipulations ; en conséquence, les droits d'enregistrement applicables à la convention sont exigibles (Arrêt précité du 22 nov. 1881).

De même, doit être considérée comme ayant fait usage en justice d'une série de lettres de voiture la partie qui, en réclamant devant les tribunaux à une compagnie de chemins de fer une somme d'argent comme perçue indûment sur l'ensemble desdites lettres, a argumenté des erreurs qu'elles contenaient, et a produit un état de détaxe dans lequel elles étaient citées, chacune avec sa date et l'indication tant du poids transporté que de la gare de départ ; en conséquence, et à la suite de cette instance, l'administration de l'enregistrement peut valablement poursuivre la partie dont il s'agit, en payement du droit d'enregistrement sur les lettres de voiture ainsi utilisées en justice (Req. 29 juin 1883, aff. d'Adelsward, D. P. 85. 1. 267-268).

Il a été jugé aussi qu'il suffit que, dans une instance, les plaidoiries aient eu lieu sur des notes tirées d'un acte non enregistré, et en énonçant les clauses de cet acte, pour qu'il y ait production en justice dans le sens de l'art. 57 de la loi du 28 avr. 1816 (Req. 4 août 1859, aff. Dubouscat, D. P. 59. 1. 421 ; Instr. adm. enreg. n° 2163, § 2). Les auteurs du *Dictionnaire des droits d'enregistrement*, v° *Acte produit en cours d'instance*, n° 36, font, il est vrai, remarquer que, dans cette espèce, l'acte avait été communiqué avant le jugement ; mais nous estimons comme eux que cette condition n'est pas indispensable. Le tribunal de Lyon, le 30 juill., 1853 (*Diction. droits d'enreg.*, v° *Acte produit en cours d'instance*, n° 36), et la cour de Nancy, le 29 avr. 1876 (aff. Lormière, D. P. D. P. 78. 5. 229], ont cependant jugé qu'il n'y a obligation pour les tribunaux d'ordonner l'enregistrement d'un acte qu'autant qu'il est réellement produit devant eux ; qu'il ne suffit pas que les clauses de la convention soient rappelées dans les plaidoiries. Mais l'Administration a reconnu que les droits peuvent être perçus si le jugement constate l'énonciation faite par l'avocat (Sol. adm. enreg. 27 mai 1873, Garnier, *Rép. gén. enreg.*, n° 1474).

2811. Quant à la manière d'établir l'usage en justice d'un titre non enregistré, la preuve, ainsi que nous l'avons dit, peut se faire d'une manière quelconque. Souvent elle résultera du jugement lui-même, soit que, conformément à la loi, il ordonne le dépôt de l'acte au greffe pour être enregistré, soit qu'il se borne à le mentionner sans en pronuper le dépôt, soit que, sans le mentionner expressément, il contienne des énonciations qui s'y réfèrent nécessairement. L'existence de l'acte peut aussi se trouver établie en dehors du jugement par les pièces de la procédure. On peut même l'induire des circonstances de la cause, de l'importance de la convention, de la multiplicité des clauses accessoires, du caractère exceptionnel des stipulations, des réserves faites par les parties, etc.

Ainsi il a été décidé : 1° que la production et l'usage en justice d'un acte se trouvent complètement établis, pour la demande des droits d'enregistrement qui lui sont applicables, lorsque les désignations, clauses et conditions du contrat mentionnées dans les qualités d'un jugement, sont de toute évidence, par leur précision et leur netteté, la relation textuelle d'un acte écrit (Req. 18 janv. 1881, aff. Jouteux, D. P. 81. 1. 361) ; — 2° Que l'usage en justice d'un traité sous seings privés entre deux sociétés financières, est suffisamment établi pour la réclamation des droits d'enregistrement applicables à cette convention, alors qu'un jugement intervenu sur une action en responsabilité dirigée contre les administrateurs de l'une de ces sociétés s'est appuyé sur ce traité pour repousser l'action, et en a rappelé les conditions en termes qui dénotent, par leur précision, la relation textuelle d'un acte écrit (Req. 18 déc. 1882, aff. Frémy, de Soubeyran et Leviez, D. P. 83. 1. 397-398) ; — 3° Que la production d'un acte sous seing privé en justice, pouvant résulter de simples présomptions, lorsqu'elle ne laisse aucun doute sur l'existence d'un écrit ni sur l'usage qui en a été fait devant les juges, la mention dans les actes de la procédure, de stipulations multiples et diverses, de chiffres et de calculs qui n'ont

pu être indiqués, discutés et finalement approuvés qu'à la vue du contenu même de l'écrit, dont ils étaient tirés, établit clairement l'existence de cet écrit et sa production en justice (Civ. cass. 23 janv. 1884, aff. Jolyet et Petit-Perrin, D. P. 84. 1. 348) ; — 4° Que le jugement portant adjudication du droit à la concession de l'éclairage d'une ville étrangère donne ouverture, lors de l'enregistrement, au droit applicable au traité de concession, encore bien que l'acte renfermant ce traité ne soit pas produit, alors surtout que les clauses multiples et détaillées reproduites dans le cahier des charges de l'adjudication, ne permettent pas de douter de l'existence de cet acte ; en ce cas, le droit d'enregistrement applicable au traité doit être perçu sur le jugement, et non sur le cahier des charges lors du dépôt de ce cahier (Trib. Seine, 30 août 1878, aff. Guitton, D. P. 79. 3. 24).

La production d'un acte sous seing privé devant un *arbitre rapporteur* nommé par le tribunal de commerce, constitue une production en justice dans le sens de l'art. 23 de la loi de frimaire an 7 et rend, par suite, exigible le droit applicable, alors même que l'instance n'aurait pas été suivie de jugement (Req. 22 nov. 1858, aff. Heuzey, D. P. 59. 1. 472). Et la production en justice résulte suffisamment des énonciations d'un rapport d'experts et de celles du jugement intervenu qui impliquent la discussion devant les experts et devant le tribunal de conventions écrites. (Req. 8 févr. 1860, aff. Parent, D. P. 60. 1. 136). Jugé encore que l'exemption d'enregistrement établie par l'art. 537 c. proc. civ. pour les quittances produites comme pièces justificatives d'un compte, ne s'étend pas au cas où la production a été faite à l'appui d'un litige engagé et poursuivi sous la forme d'un règlement de compte (Civ. cass. 7 févr. 1877, aff. Société des hauts fourneaux de Franche-Comté, D. P. 77. 1. 175 ; 26 juill. 1886, arrêt cité *supra*, n° 2810).

2812. Il n'y a pas à considérer, d'ailleurs, la phase de l'instance pendant laquelle l'acte est produit. Jugé que la production d'un acte sous seing privé de vente mobilière devant un arbitre rapporteur nommé par le tribunal de commerce constitue une production en justice dans le sens de l'art. 23 de la loi du 22 frim. an 7, et rend par suite exigible le droit d'enregistrement, alors même que l'instance n'aurait pas été suivie au jugement (Req. 29 nov. 1858, aff. Heuzey, D. P. 59. 1. 172).

Enfin la règle s'applique quelle que soit la juridiction devant laquelle a lieu la production. Ainsi il a été décidé, de même, que tout acte produit devant un *conseil de préfecture* tombe sous l'application de l'article précité et doit, dès lors, avant tout usage, être soumis à l'enregistrement (Sol. adm. enreg. 20 oct. 1881, D. P. 82. 5.192).

2813. La preuve de la production en justice résulte-t-elle de ce seul fait que la convention invoquée devant le tribunal appartient à la classe de celles dont la validité est subordonnée à leur constatation par écrit? La négative paraît être admise par l'Administration (Sol. adm. enreg. 30 avr. 1831, *Journ. enreg.*, art. 9987). Mais cette opinion, critiquée par les rédacteurs du *Dictionnaire des droits d'enregistrement*, v° *Acte produit en cours d'instance*, n° 48, a été repoussée par plusieurs tribunaux. Un jugement du tribunal de la Seine du 25 févr. 1859 (aff. Péchoué, Garnier, *Rép. pér. enreg.*, art. 1179) s'exprime ainsi : « Attendu qu'il résulte du rapport et de l'avis de l'arbitre commis par le tribunal de commerce, que la fin de non-recevoir opposée par Péchoué à la demande de Patinot était fondée sur les stipulations contenues en la transaction du 2 décembre, laquelle transaction avait été exécutée ; que l'arbitre appuie son avis sur ce qu'aucune action en rescision n'est admise contre un acte exécuté volontairement ;... attendu qu'il est de l'essence de toute transaction d'être rédigée par écrit ; qu'il suit de là que les conventions sur lesquelles s'appuie le jugement étaient des conventions écrites, et qu'elles ont été produites devant le tribunal au cours de l'instance sans avoir été préalablement enregistrées ». Les derniers arrêts de la cour de cassation, cités *supra*, n° 2811, et d'après lesquels l'existence d'un titre peut être établie même au moyen de simples présomptions, sont de nature à corroborer cette interprétation.

2814. On s'est demandé aussi si le fait qu'un tribunal a ordonné l'exécution provisoire sans caution de sa décision est une preuve suffisante de l'existence d'un titre produit au cours de l'instance. Si le jugement émane d'un tribunal civil, nous n'hésitons pas à répondre négativement, du moins lorsque le jugement a été rendu contradictoirement; car, d'après l'art. 135 c. proc. civ., l'*exécution provisoire sans caution peut être ordonnée non seulement lorsqu'il y a titre authentique*, mais aussi « promesse reconnue », ou condamnation précédente par jugement dont il n'y a point appel, et l'on est d'accord pour décider qu'il peut y avoir « promesse reconnue » aussi bien lorsque l'engagement est verbal que lorsqu'il est écrit. Si le jugement est rendu par défaut, on pourrait être disposé à croire que l'existence d'un titre est établie, l'absence du défendeur ne permettant pas de trouver dans la procédure une reconnaissance implicite de la dette par celui-ci. On peut dire cependant que le défaut de comparution du débiteur faisant présumer vraies toutes les allégations du demandeur, le tribunal a pu considérer la promesse comme reconnue et ordonner, en conséquence, l'exécution provisoire de sa décision, quoiqu'aucun titre ne lui ait été représenté. Jugé en ce sens, que le fait que l'exécution provisoire d'un jugement par défaut rendu sur une créance y mentionnée comme simplement verbale, a été ordonnée par une disposition de ce jugement n'implique pas nécessairement qu'un titre en forme de cette créance ait été produit dans le cours de l'instance et n'autorise pas, dès lors, la Régie à réclamer le droit applicable à ce titre, plus un double droit, en exécution de l'art. 57 de la loi du 28 avr. 1816 (Trib. Saint-Omer, 8 juill. 1870, D. P. 73. 5. 194).

Mais s'il s'agissait d'une décision rendue par un tribunal de commerce, la solution contraire nous semblerait devoir être admise, le tribunal de commerce ne pouvant ordonner l'exécution provisoire sans caution qu'autant qu'il y a un titre non attaqué et qui s'entend d'un titre écrit (c. proc. civ. art. 439). Cependant l'Administration a décidé que, même dans ce cas, on ne pouvait pas percevoir sur le jugement le droit édicté par l'art. 57 de la loi de 1816, attendu « qu'il ne suffit pas que l'on puisse, que l'on doive même supposer l'existence d'un titre; il faut, de plus, qu'il y ait production au cours d'instance soit de ce titre, soit d'écrits qui le constatent ou qui en tiennent lieu (Sol. adm. enreg. 30 avr. 1831, citée *suprà*, n° 2813). Les rédacteurs du *Dictionnaire des droits d'enregistrement* formulent contre cette solution des critiques qui nous paraissent fondées. « Du moment que l'existence d'un titre écrit est établie, qu'on s'est prévalu de ce titre pour obtenir une condamnation et l'exécution provisoire sans caution, il y a production de ce titre ». Il est certain, dans tous les cas, que l'exécution provisoire du jugement constitue une grave présomption de la production d'un titre écrit (v° *Acte produit en cours d'instance*, n° 52).

2815. On a vu, *suprà*, n° 2805, que la défense de faire usage dans les actes publics d'actes sous seing privé avant de les avoir soumis à la formalité ne s'applique pas aux actes publics faits en vertu de polices et de contrats d'assurances maritimes ni contre l'incendie, dont l'enregistrement, donné d'ailleurs gratis, est toujours facultatif. On peut se demander si la même faveur existe dans le cas où l'on veut produire en justice les contrats de cette nature; nous inclinerions vers la négative. La solution admise par l'instruction du 19 oct. 1872, citée *ibid.*, est, en effet, une dérogation au droit commun d'après lequel la dispense du droit n'équivaut pas à la dispense de la formalité; or cette instrution, qui renvoie à l'art. 42 de la loi du 22 frim. an 7, est exclusivement relative aux actes rédigés par les officiers publics, et, quelque analogie qu'il y ait entre l'usage par acte public et la production en justice, les deux hypothèses ne peuvent être confondues.

2816. La défense faite aux tribunaux de rendre aucun jugement sur des actes non enregistrés ne s'applique, d'ailleurs, qu'aux cas où il s'agit d'intérêts privés et ne s'étend pas aux actes qui intéressent *l'ordre et la vindicte publics* (Crim. cass. 31 mars 1848, aff. Redoulez, D. P. 48. 1. 92; Crim. rej. 15 oct. 1852, aff. Derome, D. P. 52. 5. 239; Crim. cass. 20 avr. 1863, aff. Parmentier, D. P. 65. 1. 195; 18 nov. 1865, aff. Octave, D. P. 66. 1. 43).

2817. L'enregistrement des actes sous seing privé dont on veut faire usage en justice, donne lieu à la perception du droit proportionnel déterminé par la nature des dispositions contenues dans ces actes. La loi du 11 juin 1859 (art. 22,

D. P. 59. 4. 45) a consacré, à ce point de vue, un privilège important en ce qui concerne les actes de commerce, dont elle autorise l'enregistrement provisoire moyennant un droit fixe, suspendant jusqu'au jugement la perception du droit proportionnel, qui est en outre liquidé sur des bases exceptionnelles (V. *suprà*, n°s 964 et suiv.).

<h3 align="center">Art. 3. — Mutations à titre gratuit et par décès
(Rép. n° 4992).</h3>

2818. En ce qui concerne les délais pour l'enregistrement des déclarations que les héritiers, donataires ou légataires ont à passer des biens à eux donnés ou transmis par décès, nous renvoyons, comme on l'a fait au *Rép.* n° 4992, à la première partie du présent chapitre (V. *suprà*, n°s 2287 et suiv.).

<h3 align="center">Art. 4. — Mutations verbales (Rép. n°s 4993 à 5004).</h3>

2819. On sait que les mutations verbales d'immeubles sont toutes assujetties aujourd'hui à l'impôt, qu'elles aient pour objet la *propriété*, l'*usufruit* ou la *jouissance*. L'enregistrement doit avoir lieu dans le délai de trois mois. La question de savoir *à partir de quelle époque* court ce délai relativement aux mutations entre vifs de *propriété* ou d'*usufruit* d'immeubles, après avoir été longtemps discutée en doctrine et en jurisprudence, a été définitivement résolue par la cour de cassation, en ce sens, que les trois mois commencent à courir du jour où la mutation a été consentie, encore bien que l'acquéreur n'ait pas été mis effectivement en possession de la chose vendue (Civ. cass. 31 janv. 1855, aff. Birabeau, D. P. 55. 1. 121; Req. 11 juill. 1865, aff. Louvergne, D. P. 65. 1. 446; Civ. cass. 16 nov. 1870, aff. Gérold, D. P. 71. 1. 154). — En vertu de cette règle, combinée avec le principe que, dans les ventes conditionnelles, c'est par l'événement de la condition que la mutation s'opère, il est aussi de jurisprudence constante aujourd'hui, que le nouveau possesseur au profit duquel se réalise, par l'événement de la condition à laquelle elle était subordonnée, une mutation immobilière résultant d'un acte enregistré antérieurement, est tenu, lorsque l'événement n'est pas constaté par un acte soumis à l'enregistrement, d'en faire la déclaration dans les trois mois, sous peine du droit en sus, pour la perception du droit proportionnel (Civ. rej. 6 mars 1872, aff. Coudrin, D.P. 72. 1. 201, et la note. — V. *suprà*, n° 1024).

Quant aux *locations verbales d'immeubles*, que la loi du 23 août 1871 a soumises à l'enregistrement, le délai est également de trois mois à partir de l'entrée en jouissance (L. 23 août 1871, art. 11. — V. *suprà*, n° 1602).

Les mutations verbales de meubles ne sont pas assujetties à l'enregistrement; la loi du 28 févr. 1872 a apporté, toutefois, comme on l'a vu, une exception à ce principe relativement aux *fonds de commerce*, qui sont complètement assimilées aux mutation d'immeubles quant au délai dans lequel elles doivent être déclarées et quant au caractère de l'entrée en possession qui fait courir le délai; dans les deux cas, c'est en réalité la date de la mutation elle-même qui fixe le point de départ du délai (L. 28 févr. 1872, art. 9, D. P. 72. 4. 13).

Nous renvoyons ici encore sur tous ces points au siège de la matière, qui est traitée dans la première partie du chap. 4 (V. *suprà*, n°s 1522 et suiv. et 1619 et suiv.).

2820. En nous référant aux observations générales présentées au *Rép.* n°s 4993 et suiv., nous rappellerons qu'aux termes de l'art. 25 de la loi du 22 frim. an 7, le jour de la date de l'acte ou de la mutation, *dies a quo*, n'est point compté dans le délai pour l'enregistrement, tandis qu'on compte celui de l'échéance, *dies ad quem*. — Il est généralement admis que, par exception à cette règle, on doit comprendre le *dies à quo* dans le délai de trois mois fixé par la loi du 23 août 1871 (art. 11) pour l'enregistrement des locations verbales d'immeubles, et que, par suite, une location verbale ayant commencé le 1er mars doit être déclarée avant le 1er juin suivant. On donne pour motif de cette dérogation que si, d'après le droit commun, le *dies à quo* n'est pas compté, c'est que, sans cela, les parties ne jouiraient pas du délai légal en entier, l'acte à enregistrer n'ayant pas été passé, la succession à déclarer ne s'étant pas ouverte à la première heure du jour. En matière de bail au contraire, la jouissance commence à la première heure du jour. On ajoute que cette opinion paraît virtuellement consacrée par un arrêté du ministre des finances du 21 nov. 1871 (D. P. 71. 3. 93), annexé à l'instruction générale du 22 nov. 1871, n° 2423 (D. P. 71. 3. 92), portant que, d'après la loi du 23 août 1871 déclarée exécutoire à partir du 1er octobre, les déclarations de locations verbales pourraient être faites, sans droit en sus ni amendes jusqu'au 31 décembre, et non pas jusqu'au 1er janvier, ainsi que l'aurait permis le droit commun (Naquet, t. 3, n° 1174, *Diction. droits d'enreg.*, v° *Bail*, n°s 463 et 464). — V. *suprà*, n° 1648.

2821. Ainsi qu'on l'a dit au *Rép.* n° 4994, si le dernier jour du délai se trouve être un dimanche ou un jour férié, ce jour n'est pas compté. Une loi du 8 mars 1886 (D. P. 86. 4. 17) a déclaré jours fériés légaux le lundi de Pâques et le lundi de la Pentecôte. — Les décrets des 9 sept. et 3 oct. 1870 (D. P. 70. 4. 87 et 95) qui ont suspendu, pendant la guerre, les prescriptions, péremptions et délais en matière civile, ainsi que la loi du 26 mai 1871 (D. P. 71. 4. 144) qui a mis fin à cette suspension, sont applicables en matière d'enregistrement (Trib. Yvetot, 8 juin 1872 (et non 1873), aff. D..., D. P. 73. 3. 39. Conf. Trib. Seine, 15 juin 1872, *ibid.* note 1). — Les délais ont été suspendus non point successivement à compter de la promulgation des décrets dans chaque département, mais indistinctement pour tous les départements, le 19 juill. 1870, jour de la déclaration de la guerre (Civ. cass. 26 juin 1872, aff. Billaud, D. P. 72. 1. 259; 17 déc. 1872, aff. Farenc, D. P. 73. 1. 227; 28 avr. 1874, aff. Lausel, D. P. 74. 1. 287).

D'autre part, la loi du 26 mai 1871 portant (art. 2) que les délais recommenceraient à courir, pour tous les départements autres que celui de la Seine, le onzième jour après sa promulgation, c'est-à-dire le 12 juin, la loi ayant été promulguée, le 1er, et, spécialement pour le département de la Seine, le onzième jour après l'insertion au *Journal officiel* d'un avis annonçant le rétablissement du cours de la justice dans ce département, il a été décidé que la suspension s'est prolongée, pour le département de la Seine, jusqu'au 18 juin inclusivement, l'insertion prévue ayant été faite dans le *Journal officiel* du 7 (Paris, 7 juill. 1871, aff. Laignel, D. P. 71. 2. 160; Civ. cass. 17 déc. 1872, précité). — La suspension est applicable, non seulement aux délais qui auraient expiré pendant la guerre, mais même à ceux dont l'échéance ne se serait produite, alors même qu'ils n'auraient pas été suspendus, qu'après le rétablissement de la paix (Req. 17 août 1874, aff. Lécuyer, D. P. 75. 1. 209; Civ. rej. 20 avr. 1875, aff. Allard, D. P. 75. 1. 211. — Observ. contr. *ibid.*, note).

2822. On a examiné au *Rép.* n°s 4999 et suiv. de quelle manière le délai doit être compté, lorsqu'il s'agit d'*actes à plusieurs dates*. Cette question, qui peut se poser aussi bien pour les actes sous seing privé que pour les actes publics, ne s'est présentée en fait qu'à l'égard des actes notariés. Remarquons d'abord qu'il n'est pas interdit aux notaires, quoiqu'on l'ait prétendu, de donner une double date aux actes qu'ils reçoivent, si des circonstances impérieuses et inévitables l'exigent, aucune loi n'ayant édicté cette prohibition (V. *Rép.* v° *Obligations*, n° 3384). Mais quel est, dans cette hypothèse, le point de départ du délai? La jurisprudence a confirmé le principe que nous avions posé, à savoir que « le délai doit être compté à partir de celui des deux actes où le retard, apprécié d'après les termes du droit civil; doit être considéré comme parfait ».

Jugé, par suite, que, pour l'enregistrement d'un acte bilatéral, signé un jour par le vendeur et un autre jour par l'acquéreur, le délai n'a pu courir que de la date du dernier engagement, surtout s'il n'est pas prouvé que le notaire ait lui-même signé l'acte lors de la première de ces dates (Trib. Pithiviers, 24 août 1854, aff. Decoulange, D. P. 56. 3. 22). Mais, pour l'enregistrement d'un acte unilatéral, d'une quittance, par exemple, le délai court du jour où il a été signé par la partie qui s'oblige, et non du jour postérieur où la partie appelée à profiter de l'acte a déclaré y intervenir, cette intervention n'ajoutant rien à sa perfection, ... et cela encore bien que ce soit à cette date seulement que l'acte ait été clos par la signature du notaire (Trib. Vendôme, 26 janv. 1856, aff. Peltereau, D. P. 56. 3. 22).

2823. Il peut se faire qu'un acte contienne deux conventions distinctes conclues à deux dates différentes ; dans

ce cas, le délai ne court que du jour de la dernière date, si les stipulations énoncées sous cette date ont été essentielles pour constituer la convention donnant lieu à la perception du droit. Si, au contraire, les deux conventions sont indépendantes l'une de l'autre, si l'une n'est pas une condition de l'autre, si le premier acte est parfait quant à l'objet auquel il s'applique, le délai court à partir de la première date. Ainsi il a été décidé, que le délai pour l'enregistrement d'un acte notarié portant une double date, court à partir de l'époque où la vente est devenue parfaite par le consentement réciproque des parties sur la chose et sur le prix, encore que ce prix ait été dans l'acte délégué à un tiers dont l'acceptation ne serait survenue que postérieurement (Civ. cass. 20 juill. 1852, aff. Faurot, D. P. 52. 1. 224; Instr. adm. enreg. 30 juin 1853, n° 1967, § 1er). Au contraire, au cas de cession à plusieurs personnes de portions séparées d'une même créance, le délai court contre chacune des parties intéressées, et notamment contre chacun des cessionnaires qui ont signé l'acte à des dates distinctes, à partir du jour où sa signature a rendu cet acte parfait à son égard, et non pas seulement à partir du jour où l'acte s'est trouvé revêtu de la signature de toutes les parties (Req. 21 janv. 1861, aff. Delaloge, D. P. 61. 1. 211 ; Instr. adm. enreg. 15 sept. 1861, n° 2201, § 1er).

2824. Une controverse s'est élevée sur l'application de ces principes à l'hypothèse de la vente d'un immeuble propre du mari ou d'un immeuble de communauté, avec intervention de la femme à l'acte, lorsque l'acte est signé à deux jours différents par les deux époux. Nous avions émis l'opinion (*Rép.* n° 5002) que le délai doit courir en pareil cas à partir des signatures du mari et de l'acheteur, sans qu'il soit besoin d'attendre la signature de la femme. Après le jugement du tribunal de Dreux, du 3 févr. 1841 que nous avons rapporté au *Rép. loc. cit.*, le tribunal de Schelestadt a statué dans le même sens, en s'appuyant sur ce motif, que la vente est parfaite entre le mari et l'acquéreur sans le concours de la femme, qui n'intervient que comme caution solidaire, formant ainsi un contrat à part complètement indépendant du contrat de vente (Trib. Schelestadt, 10 déc. 1856, aff. Diemer, D. P. 57. 3. 65). Mais il a été décidé, au contraire, que le point de départ du délai est fixé seulement par la date de la signature de la femme, lorsque la vente a eu lieu sous la condition du concours de celle-ci comme venderesse, à raison de ses droits hypothécaires, le consentement de la femme à la vente en formant, lorsqu'il a été exigé, un élément nécessaire, qui empêche d'être parfaite tant qu'il n'est pas intervenu (Trib. Soissons, 18 juin 1856, aff. Hubert, D. P. 57. 3. 65 ; Civ. cass. 17 janv. 1860, aff. Adam, D. P. 60. 1. 79, et la note). Il en serait toutefois autrement, d'après le jugement précité du tribunal de Soissons, si l'immeuble, au lieu d'être vendu par le mari et la femme conjointement, avait été vendu par le mari promettant seulement la ratification de sa femme, attendu que, dans ce dernier cas, la propriété est transmise dès le jour où le mari signe, et se trouve affectée seulement d'une condition résolutoire qui ne suspend pas la perception du droit.

2825. Jugé, par application des mêmes principes, qu'en cas de vente par un mari et une femme d'immeubles propres à cette dernière avec clause de garantie par les père et mère de la femme en cas d'éviction, mais sans que cette garantie forme une condition de la vente, l'acte doit être enregistré dans les dix jours à partir de celui où la vente est parfaite par la signature des vendeurs et de l'acheteur, bien que les père et mère garants ne l'aient signé qu'à une date postérieure (Req. 17 nov. 1862, aff. X..., D. P. 63. 1. 70; Instr. adm. enreg. 28 avr. 1863, n° 2244, § 1er).

SECT. 2. — DES PEINES POUR DÉFAUT D'ENREGISTREMENT DES ACTES ET DÉCLARATIONS DANS LES DÉLAIS, ET DE CELLES PORTÉES RELATIVEMENT AUX OMISSIONS, AUX FAUSSES ESTIMATIONS ET AUX CONTRE-LETTRES (*Rép.* n°s 5005 à 5069).

ART. 1er. — Des actes (*Rép.* n°s 5006 à 5041).

2826. Les peines qui, en cette matière, consistent, tantôt dans un droit ou un demi-droit en sus, tantôt dans une amende, quelquefois même dans la nullité de l'acte qui n'a pas été enregistré dans les délais, varient suivant la nature des actes et la qualité des personnes qui sont obligées de requérir la formalité. Au point de vue de la nature des actes, il faut distinguer, ainsi qu'on l'a dit au *Rép.* nos 5005 et 5011, si les actes non enregistrés sont passibles d'un droit fixe ou d'un droit proportionnel. Lorsque l'acte est passible à la fois du droit fixe et du droit proportionnel, nous avons dit que l'amende est du droit proportionnel. Dans ce dernier cas, s'il s'agit d'un acte notarié, pour le règlement du montant de l'amende due par le notaire qui n'a pas fait enregistrer dans les délais, il y a lieu aussi de n'avoir égard qu'aux droits proportionnels et de n'appliquer une amende supérieure à 10 fr. que lorsque les droits proportionnels, sans y ajouter les droits fixes, dépassent cette somme (Instr. adm. enreg. 19 juill. 1859, no 2135, § 1er, D. P. 59. 3. 72).

2827. Si l'*acte notarié* non soumis à l'enregistrement dans le délai légal est passible de plusieurs droits fixes, l'amende est de 10 fr., quel que soit le nombre des dispositions indépendantes (Instr. adm. enreg. 19 juill. 1859, citée *supra*, no 2826). Lorsque l'acte donne lieu à la perception de plusieurs droits proportionnels, une distinction doit être faite : ou le total des droits excède 10 fr., ou bien il est inférieur à cette somme. Dans le premier cas, l'amende est égale au montant des droits proportionnels ; dans le second, elle est de 10 fr. (Même instruction).

2828. Lorsque l'acte qu'on a omis de faire enregistrer est un de ceux dont l'enregistrement doit avoir lieu *gratis* ou *en débet*, la peine est-elle néanmoins encourue par celui qui a négligé de remplir la formalité ? S'il s'agit d'un acte dont l'enregistrement a lieu *en débet*, on est d'accord pour reconnaître que l'amende et le droit en sus sont exigibles, car l'acte, étant soumis à l'impôt, comme nécessairement sous l'application de l'art. 33 de la loi du 22 frim. an 7, « l'impôt dont le recouvrement est ajourné n'en est pas moins acquis au Trésor » (V. Naquet, t. 3, no 1232). Au contraire, la question de savoir s'il faut appliquer la même règle aux actes enregistrés *gratis* est encore aujourd'hui très discutée. La difficulté semblait avoir été tranchée par une solution du 18 mars 1865, portant que le défaut de déclaration dans les trois mois des acquisitions faites pour cause d'utilité publique n'est passible d'aucune peine, attendu qu'il ne saurait être question de droit en sus, lorsqu'il n'est pas dû de droit simple (Sol. adm. enreg. 18 mars 1865, D. P. 65. 3. 58). Mais, dans une espèce où il s'agissait d'un acte notarié relatif à l'acquisition d'un terrain pour la construction d'un chemin vicinal, l'Administration a décidé que la peine était encourue, parce que la dispense du droit et de la formalité sont deux choses distinctes, et qu'aucune disposition de la loi n'affranchit les officiers publics de soumettre à la formalité ceux de leurs actes qui sont susceptibles d'être enregistrés gratis (Sol. adm. enreg. 4 sept. 1873, *Diction. droits d'enreg.* vo *Amende*, no 15). Pour justifier cette distinction, l'Administration s'appuie sur ce motif que, pour les actes auxquels s'applique le droit en sus prononcé par les art. 38 de la loi du 22 frim. an 7 et 4 de la loi du 27 vent. an 9, la peine consiste dans une somme dont l'importance est égale à celle du droit simple exigible, de telle sorte que s'il n'y a pas de droit simple exigible, la peine est égale à zéro ; tandis qu'en ce qui concerne les actes reçus par les notaires, la peine ne peut jamais être inférieure à 10 fr. Nous nous associons aux critiques dont cette distinction a été l'objet. Avec les rédacteurs du *Dictionnaire des droits d'enregistrement*, loc. cit., nous dirons : Il importe peu que l'amende soit fixe ou proportionnelle, il n'en est pas moins certain qu'elle n'a été dans tous les cas, prononcée par la loi que pour retard dans l'enregistrement d'un acte soumis au droit fixe ou au droit proportionnel, mais que la loi est muette lorsque l'enregistrement doit avoir lieu gratis. Peu importe aussi la fixation d'un minimum pour l'amende proportionnelle ; ce n'en est pas moins un droit en sus qui présuppose l'exigibilité d'un droit simple (V. aussi Naquet, loc. cit.).

2829. En ce qui concerne les *exploits* et *procès-verbaux* dressés par les huissiers ou autres officiers publics, nous avons dit (*Rép.* nos 5008 et 5010), qu'en plus de l'amende, le défaut d'enregistrement dans le délai légal entraînait, dans certains cas, la nullité de l'acte, mais que cette nullité ne s'appliquait, en principe, qu'aux actes intéressant l'ordre et la vindicte publics, dont l'effet n'a pas dû être subordonné aux intérêts pécuniaires du fisc.

Ainsi il a été décidé : 1o qu'un procès-verbal constatant une contravention de police ne peut être annulé pour défaut de timbre et d'enregistrement (Crim. cass. 31 mars 1848, aff. Redoulez, D. P. 48. 1. 92) ; — 2o Que le même procès-verbal peut servir de base aux poursuites du ministère public (Crim. cass. 15 oct. 1852, aff. Esch, D. P. 52. 5. 238) ; — 3o Qu'un tribunal de police ne peut déclarer nul, à défaut d'enregistrement préalable en débet, le procès-verbal constatant une contravention de police et prononcer, en conséquence, le renvoi du prévenu (Crim. cass. 20 avr. 1865, aff. Parmentier, D. P. 65. 1. 195 ; 18 nov. 1865, aff. Octave, D. P. 66. 1. 43) ; — 4o Que le défaut d'enregistrement n'entraîne pas la nullité d'un procès-verbal constatant un délit de vente de denrées corrompues (Crim. rej. 9 mars 1861, aff. Cochet, D. P. 61. 5. 389) ; — 5o Que les procès-verbaux dressés en matière de grande voirie sont valables, bien qu'ils n'aient été ni visés pour timbre, ni enregistrés (Cons. d'Ét. 1er févr. 1851, aff. Bertron, D. P. 54. 3. 59 ; 29 juin 1853, aff. Rollier, D. P. 54. 3. 54).

Au contraire, il a été jugé que les procès-verbaux de contravention à la *police du roulage*, dressés par les gendarmes sont nuls s'ils n'ont pas été enregistrés dans les trois jours de leur date, conformément à la loi du 30 mai 1851 (art. 19) (Arrêt précité du 15 oct. 1852) ; que, par suite, le juge de police, saisi d'une prévention de contravention de roulage fondée sur un procès-verbal non enregistré de la gendarmerie, prononce avec raison la nullité de ce procès-verbal, et, comme conséquence, le renvoi du prévenu (Crim. rej. 16 avr. 1870, aff. Muracciolle, D. P. 71. 1. 477). Il existe, toutefois, à l'égard des procès-verbaux de la gendarmerie constatant des contraventions à la police du roulage, une difficulté portant sur la valeur légale du décret du 1er mars 1854, et de la décision du 24 août 1858 ; nous avons examiné cette difficulté dans la section consacrée aux *exemptions* et décidé que la loi du 30 mai 1851, édictant formellement la nullité dans le cas prévu, n'avait pas pu être abrogée par ces deux dispositions (V. *suprà*, no 2716). Mais il a été jugé que si le procès-verbal donne par erreur la qualification de contravention à la police du roulage à une contravention de grande voirie, la loi du 30 mai 1851 ne doit pas être appliquée (Cons. d'Ét. 19 avr. 1854, aff. Bouvier, D. P. 54. 3. 53).

2830. On a exposé au *Rép.* nos 5026 et suiv. quelles sont les peines encourues par les *greffiers* qui négligent de faire enregistrer dans le délai légal les actes qu'ils sont chargés de présenter à la formalité. Aux termes d'une disposition de la loi sur l'assistance judiciaire, les greffiers sont tenus de soumettre, dans le mois, au receveur de l'enregistrement, l'extrait, soit du jugement de condamnation obtenu par la partie admise au bénéfice de l'assistance, soit de l'exécutoire dressé en vertu de ce jugement, « sous peine de 10 fr. d'amende pour chaque extrait de jugement ou chaque exécutoire non transmis dans ledit délai » (L. 22 janv. 1851, art. 20, D. P. 51. 4. 25. Conf. Instr. adm. enreg. 31 mars 1851, no 1879). Cette disposition se réfère implicitement au deuxième décret du 10 févr. 1807 relatif à la liquidation des dépens, et de la combinaison des deux textes il résulte que, pour mettre l'Administration en mesure de recouvrer les frais dont la partie admise à l'assistance a été dispensée provisoirement et que la partie adverse a été condamnée à payer, le greffier doit remettre au receveur l'extrait du jugement contenant la liquidation des dépens, ainsi que cela se fait toujours en matière sommaire, ou l'exécutoire, lorsqu'en matière ordinaire la liquidation des dépens n'a pas été comprise dans le jugement (Civ. rej. 12 nov. 1862, aff. Jégou, D. P. 62. 1. 474). Il en résulte aussi que le délai d'un mois établi par l'art. 20 de la loi de 1851 doit courir à compter du jugement, lorsque le jugement renferme la liquidation des frais, et seulement à dater de la signature de la taxe par le juge et le greffier, lorsqu'en matière ordinaire il est délivré un exécutoire séparé pour les dépens (Même arrêt).

Il a été décidé, que lorsqu'un acte ne doit recevoir la formalité qu'en *débet*, la contravention commise par le greffier, qui a omis de le faire enregistrer dans le délai, ne le rend passible que du droit en sus (Sol. adm. enreg. 4 avr. 1868, D. P. 68. 3. 85).

2831. La pénalité du double droit, comme on l'a vu au *Rép.* no 5014, est encourue pour les *actes sous seing privé*, ou passés en *pays étranger*, translatifs d'immeubles situés en France et qui, susceptibles, par suite, d'enregistrement dans un délai déterminé, n'ont pas été soumis en temps utile à cette formalité. La loi de frimaire, art. 38, n'édictait qu'un double droit unique; d'après cette loi, comme d'après celle du 27 vent. an 9, l'ancien possesseur n'avait jamais à supporter aucuns droits ou amendes d'enregistrement; en aucun cas, il n'avait intérêt, par suite, à veiller à l'exécution des lois fiscales. L'art. 14 de la loi du 23 août 1871 a eu pour but de modifier cet état de choses et d'intéresser l'ancien possesseur au payement de l'impôt, en lui imposant, à peine d'amende, l'obligation de mettre l'Administration à même d'exercer des poursuites au cas ou l'acquéreur n'aurait pas satisfait à la loi dans le délai prescrit. Cette disposition a organisé un système de pénalité double imposée à l'acquéreur et au vendeur, lorsque tous deux ont méconnu les prescriptions de la loi du 27 vent. an 9, ou qu'ils n'ont pas présenté en temps utile l'acte de mutation à l'enregistrement (Instr. adm. enreg. 25 août 1871, n° 2413, D. P. 71. 3. 49). Un délai supplémentaire d'un mois est accordé au vendeur pour accomplir l'obligation que l'acquéreur a négligé d'observer. Passé ce délai, la mutation devient passible de trois droits, savoir : le droit simple, un droit en sus à la charge de l'acquéreur, et un droit en sus à la charge du vendeur (V. *suprà*, n°s 1019 et suiv.).

2832. Les mêmes prescriptions s'appliquent, d'après l'art. 14 de la loi du 23 août 1871, aux *mutations de jouissance immobilière* réalisées au moyen de *baux écrits* : « A défaut d'enregistrement... dans les délais fixés par la loi du 22 frim. an 7..., et par l'art. 11 de la présente loi..., le bailleur et le preneur sont tenus personnellement, tout recours, nonobstant toute stipulation contraire, d'un droit en sus, lequel ne peut être inférieur à 50 fr. ». Le bailleur peut du reste s'affranchir, comme le vendeur, du droit en sus qui lui est personnellement imposé, ainsi que du versement immédiat des droits simples en déposant dans un bureau d'enregistrement l'acte constatant la mutation. Une mutation de jouissance peut donc donner lieu, comme une mutation de propriété, à la perception de deux droits en sus, l'un contre le bailleur, l'autre contre le preneur, sans toutefois que ces droits puissent être cumulés sur la même tête, les peines étant personnelles (V. *suprà*, n°s 1619 et suiv.).

2833. Les dispositions répressives de l'art. 14 de la loi du 23 août 1871 ne s'appliquent d'ailleurs qu'aux baux faits sous signatures privées. Les baux notariés sont enregistrés à la diligence des notaires et sous leur responsabilité. Les parties n'ont à rembourser au notaire que le droit simple (Sol. adm. enreg. 8 mai 1872, D. P. 73. 5. 202). — Mais si l'acte notarié constate que l'entrée en jouissance remonte à plus de trois mois, les pénalités nouvelles sont encourues, il est dû, outre le droit simple, deux droits en sus au maximum de 50 fr. chacun (Même solution).

2834. Remarquons que le dépôt fait par le bailleur sans acquittement des droits n'affranchit pas du droit en sus, même lorsqu'il est effectué dans les trois mois, le preneur qui n'a pas fait enregistrer l'acte dans le délai légal. Si au contraire, le dépôt fait par le bailleur a été accompagné du payement des droits, il faut distinguer s'il a eu lieu dans les trois mois, ou seulement dans le quatrième mois ; dans le premier cas, l'Administration ayant reçu ce qui était dû, ne peut rien réclamer au preneur qui n'a rempli aucune formalité ; le second, celui-ci reste débiteur du droit en sus, car il ne peut pas se prévaloir d'une prorogation de délai qui n'a été accordée qu'au bailleur. Il suffit, au contraire, que le preneur ait fait enregistrer le bail dans les trois mois ou même avant l'expiration du quatrième mois, pour que le bailleur se trouve exonéré (Sol. adm. enreg. 19 nov. 1871, D. P. 73. 5. 202. V. aussi Instr. adm. enreg. 22 nov. 1871, n° 2423, D. P. 71. 3. 92).

2835. Il a été jugé que les peines édictées par l'art. 14 de la loi du 23 août 1871 sont applicables au cas où un acte sous seing privé portant prorogation d'un bail courant enregistré, n'est pas présenté à la formalité dans les trois mois de sa date (Sol. adm. enreg. 31 janv. 1873, D. P. 73. 5. 206).

2836. Quant aux actes *sous seing privé qui ne sont pas soumis à l'enregistrement dans un délai déterminé*, on sait que l'art. 23 de la loi du 22 frim. an 7 les assujettit à l'enregistrement préalable, lorsqu'il en est fait usage en justice (V.

suprà, n°s 2801 et suiv.). L'art. 57 de la loi du 28 avr. 1816 prévoyant le cas où une convention aurait été énoncée comme convention verbale dans l'exploit introductif d'instance, afin d'échapper à l'application de la disposition précitée, et où un acte non enregistré avant la demande serait ensuite produit en cours d'instance, punit cette fraude, en soumettant l'acte au double droit (Rép. n°s 5034 et 5133). La combinaison de ces deux dispositions a fait naître une difficulté : l'obligation imposée par l'art. 23 de la loi du 22 frim. an 7 de soumettre à la formalité de l'enregistrement tout acte privé dont une partie veut faire usage en justice, ne s'applique qu'aux actes pour l'enregistrement desquels aucun délai de rigueur n'est fixé par la loi. L'art. 57 de la loi du 28 avr. 1816, en frappant du double droit tout *acte produit en cours d'instance*, après énonciation de la convention comme convention verbale, dans l'exploit d'instance, n'entend-il également parler que des actes non assujettis à l'enregistrement dans un délai déterminé, ou doit-il être appliqué même aux actes qui doivent être enregistrés dans un certain délai? On a soutenu que l'art. 57 de la loi de 1816 n'est que le complément de l'art. 23 de la loi de l'an 7, et, qu'en conséquence, il n'atteint pas les actes qui sont passibles d'enregistrement par cela seul qu'ils existent, et sans nécessité d'un usage public; on en concluait que le droit simple est seul encouru si, à l'époque de la production en cours d'instance, le délai de l'enregistrement, ne se trouve pas encore expiré. Mais la cour de cassation, se fondant sur la généralité des termes de l'art. 57 de la loi de 1816, a repoussé la distinction proposée (Req. 4 août 1859, aff. Dubouscat, D. P. 59. 1. 421).

2837. On a expliqué, dans la section précédente, dans quels cas il y a production en justice et de quelle manière la production en justice peut se prouver (V. *suprà*, n°s 2810 et suiv.). Mentionnons seulement les décisions suivantes qui ont été rendues sur la question de pénalité.

Il a été jugé : 1° qu'une vente établie seulement par une lettre du vendeur à son mandataire, chargé de traiter avec l'acquéreur, et par des dépêches télégraphiques échangées entre ce même vendeur et ce même mandataire, constituant une vente purement verbale, la mention de cette lettre et de ces dépêches dans un jugement qui statue sur une demande en résolution de la vente, ne peut pas être considérée comme une production d'acte au cours d'instance dans le sens de l'art. 57 de la loi du 28 avr. 1816, et, dès lors, ne donne pas ouverture au double droit. Les écrits dont parle l'art. 57 sont, en effet, uniquement ceux qui forment titre par eux-mêmes; or, on ne saurait voir un titre dans une lettre émanant d'une des parties, encore moins des dépêches télégraphiques dont la copie est l'œuvre d'un tiers et non des parties elles-mêmes. Pour le même motif, on ne saurait voir non plus une telle production dans celle d'une facture non enregistrée avant la demande, s'il résulte des circonstances que cette facture ne forme pas titre complet par elle-même (Trib. Rouen, 4 août 1857, aff. Boucherot, D. P. 57. 3. 88); — 2° Que la pénalité du double droit est encourue à l'égard du titre sous seing privé de créance produit au cours d'une instance engagée afin d'en opérer le recouvrement, alors que ce titre a été enregistré, mais postérieurement à une sommation de payer les intérêts échus, dans laquelle il n'avait pas été mentionné. Cette décision, nouvelle en jurisprudence, est, quoique rigoureuse, conforme au texte de l'art. 57 de la loi du 28 avr. 1816, qui frappe de la pénalité du double droit le titre sur lequel repose une action judiciaire lorsqu'il a été produit au cours de l'instance, et n'a été enregistré qu'après l'acte, sommation ou ajournement, par lequel les poursuites ont été entamées (Trib. Rennes, 10 nov. 1885, aff. Goupil, D. P. 86. 3. 46) ; — 3° Que le droit en sus applicable à l'acte de commerce produit au cours d'une instance sans avoir été enregistré, est le double non pas seulement du droit fixe qui eût été perçu provisoirement si l'acte avait été soumis à la formalité avant d'avoir été produit, mais du droit proportionnel sur la partie du prix ou des sommes faisant l'objet de la condamnation (Trib. Seine, 13 janv. 1872, aff. Moncharville, D. P. 73. 5. 194).

2838. La loi du 28 févr. 1872 a soumis à l'enregistrement dans les trois mois de l'entrée en possession les *ventes de fonds de commerce ou de clientèles*, rédigées par actes sous seings privés. Les peines encourues pour défaut d'enregistrement sont celles édictées par l'art. 14, § 1er de la loi du 23 août 1871. L'ancien possesseur a d'ailleurs, la faculté de s'affranchir, au moyen du dépôt de l'acte de cession, de l'avance des droits simples et du payement des droits en sus exigibles à raison des ventes que le nouveau possesseur n'aurait pas fait enregistrer (Instr. adm. enreg. 29 févr. 1872, n° 2433, chap. 4, D. P. 72. 3. 13). — L'acte sous seing privé contenant vente de fonds de commerce et cession de bail, non enregistré dans le délai prescrit, est passible de deux droits en sus dont le minimum est de 50 fr. en principal, par application des art. 14, § 1er, de la loi du 23 août 1871, et 8, § 1er, de celle du 28 févr. 1872 (Sol. adm. enreg. 13 nov. 1872, D. P. 73. 5. 232. — V. *suprà*, n° 1569).

ART. 2. — *Des mutations verbales.*

2839. Sous l'empire des lois du 22 frim. an 7 et du 27 vent. an 9, les seules mutations verbales atteintes par l'impôt étaient, comme on l'a dit, les mutations verbales d'*immeubles* en *propriété* ou en *usufruit*. La loi du 23 août 1871 y a ajouté les *mutations de jouissance* immobilière et celle du 28 févr. 1872, les *mutations de fonds de commerce et de clientèle* : l'une et l'autre appliquent au défaut d'enregistrement la double pénalité édictée pour les mutations réalisées par acte sous seing privé, sauf aussi le droit pour l'ancien possesseur et le bailleur de se soustraire au payement des droits au moyen d'une déclaration faite dans le délai prescrit (L. 23 août 1871, art. 11 et 14 ; 28 févr. 1872, art. 6 et 8) (V. *suprà*, n°s 1022 et 1023). — Cette règle a, toutefois, été modifiée, pour les locations verbales, par l'art. 6 de la loi du 28 févr. 1872. L'art. 14 de la loi du 23 août 1871 avait affranchi le preneur de l'application de ses dispositions, à l'égard des locations verbales ne dépassant pas trois ans et dont le prix annuel n'excédait pas 100 fr., et aussi dans le cas où le prix de la location verbale était supérieur à 100 fr. sans excéder 300 fr. annuellement. L'art. 6 de la loi du 28 févr. 1872 a généralisé cet affranchissement pour toutes les locations verbales, en décidant que les obligations imposées au preneur dans le cas de location verbale seront accomplies à l'avenir par le bailleur, qui sera tenu du payement des droits, sauf son recours contre le preneur. Mais on remarquera que l'art. 6 de la loi du 28 févr. 1872 n'a rien innové en ce qui concerne les baux écrits (Instr. adm. enreg. 29 févr. 1872, n° 2433, chap. 3, D. P. 72. 3. 13. — V. *suprà*, n° 1639).

2840. Ainsi qu'on l'a vu *suprà*, n° 1534, les mutations de fonds de commerce réalisées antérieurement à la loi du 28 févr. 1872 ont échappé à l'application de cette loi à la condition que leur existence antérieure à ladite loi fût établie. De même, il a été reconnu que les pénalités édictées par la loi du 23 août 1871 pour les mutations immobilières, ne s'appliquent pas à celles d'une date antérieure à cette loi. Il n'y a donc lieu d'exiger, à titre de peine, sur ces mutations, lorsqu'elles n'ont pas été enregistrées ou déclarées dans le délai légal, qu'une somme égale au droit simple, conformément à la législation antérieure (Sol. adm. enreg. 22 et 31 mai 1877, D. P. 77. 3. 96).

ART. 3. — *Des déclarations de succession* (Rép. n°s 5042 à 5059).

2841. Ainsi qu'au *Répertoire*, nous parlerons ici des peines encourues pour *retard, omission* ou *insuffisance d'évaluation* dans les déclarations de succession.

2842. On sait que tout retard dans la déclaration est puni d'un demi-droit qui se perçoit, à titre d'amende en sus du droit principal.

Les parties ne pourraient pas, d'ailleurs, prétendre, pour se soustraire à la pénalité, qu'elles ignoraient la durée des délais légaux, car c'est surtout en droit fiscal qu'il est vrai de dire que nul n'est censé ignorer la loi ; la généralité des termes de l'art. 39 exclut, du reste, toute distinction. Il en est ainsi, même lorsque les successeurs sont étrangers (Décis. min. fin. 26 mai 1853, D. P. 55. 3. 45 ; Instr. adm. enreg. n° 2003, § 2).

2843. Il a été jugé que le *tuteur* est tenu personnellement vis-à-vis du Trésor, sauf son recours contre son pupille, des droits de mutation auxquels donnent lieu les successions ouvertes au profit de celui-ci ; qu'il doit, par suite, pourvoir, lorsqu'il n'y a pas renonciation, à ce que la déclaration de

ces successions et le payement des droits y afférents soient faits dans le délai voulu ; au besoin, il doit faire l'avance de ces droits s'il n'a pas en sa possession les biens recueillis, dans le cas, par exemple, où ils auraient été confiés par justice à un séquestre. Et, en cas de retard, il supporte, sans restitution, non seulement le demi-droit en sus, mais aussi les dépens occasionnés par les poursuites de la Régie (Trib. Seine, 13 juin 1855, aff. Maillard, D. P. 55. 3. 96 ; 20 juill. 1855, aff. Boyer, D. P. 55. 3. 96). — Ces solutions interprètent avec trop de rigueur, selon nous, l'obligation imposée au tuteur de *déclarer* les successions échues au pupille. Ce qui nous frappe, en effet, dans la lecture des textes relatifs à la matière, c'est que l'art. 32 de la loi du 22 frim. an 7, dont la disposition a pour but de faire connaître ceux qui doivent acquitter les droits des déclarations des mutations par décès, désigne exclusivement les héritiers, donataires ou légataires, en ajoutant, comme double garantie au profit du Trésor, la solidarité des héritiers et une action sur les revenus des biens à déclarer, en quelques mains qu'ils se trouvent (V. *infrà*, n°s 2955 et suiv.). Si la loi avait entendu imposer au tuteur l'obligation d'avancer les droits de mutation par décès pour le pupille, c'était certes l'occasion de le dire, car trois articles plus haut (art. 29), elle venait de lui prescrire d'avancer les droits dus pour l'enregistrement des testaments et autres actes de libéralité à cause de mort passés en faveur du pupille. Son silence est fort significatif et s'explique de lui-même. On comprend qu'on ait pu exiger du tuteur, comme on l'exige des officiers ministériels, le déboursé d'un droit de titre toujours minime (L. 22 frim. an 7, art. 68, § 3, n° 5). En pouvait-il être de même des droits de mutation par décès qui souvent sont fort considérables ?

Ce que la loi de frimaire an 7 n'a pas dit dans l'art. 32, le tribunal de la Seine, dans les jugements précités, estime qu'elle l'exprime implicitement dans les art. 24 et 39 qui prescrivent au tuteur de déclarer exactement tous les biens transmis à son pupille, sous peine de supporter *personnellement* le droit ou demi-droit en sus prononcé par la loi en cas d'inexactitude ou d'absence de déclaration. Mais l'obligation de *déclarer*, qui a pour objet de faire connaître à la Régie l'existence d'une mutation, ne suppose pas nécessairement, lorsqu'elle est mise à la charge d'un simple administrateur, l'obligation d'avancer les droits de mutation, même sur son avoir personnel, c'est-à-dire de se faire plus que la caution du débiteur. Le tuteur payera donc, si la possession des biens recueillis ou de tous autres deniers appartenant au pupille ou empruntés dans son intérêt, lui en fournit les moyens ; mais s'il justifie, alors qu'il a fait la déclaration de succession, avoir été dans l'impossibilité légale de faire le payement dans le délai prescrit, il nous paraît, non seulement qu'aucune peine ne pourra être prononcée contre lui à raison du seul défaut de payement, mais aussi qu'aucune action ne pourra être accordée sur ses biens personnels pour le contraindre à faire l'avance des droits pour le mineur (V. toutefois, *Rép.* n° 4022).

2844. On a vu *suprà*, n° 2179 que le *curateur à une succession vacante* encourt personnellement aussi la peine du demi-droit en sus, lorsqu'il ne déclare pas la succession dans le délai légal, à moins toutefois que le défaut de déclaration ne puisse pas lui être imputé à tort. C'est ce qui a lieu notamment, d'après la jurisprudence citée *ibid.*, dans le cas où le curateur n'a pas de fonds disponibles pour faire une déclaration régulière et acquitter les droits. — L'Administration a même récemment décidé que, lorsqu'une succession a été déclarée vacante, le curateur est fondé, si l'actif est uniquement composé de capitaux et se trouve absorbé par les frais privilégiés, à refuser le payement des droits de mutation par décès et à exiger l'enregistrement en débet des actes relatifs à la vacance (Sol. adm. enreg. 2 juin 1888).

2845. Nous avions exprimé au *Rép.* n° 5044 l'opinion que le *mari* chef de la communauté, ayant l'administration des biens de sa femme et l'exercice de ses actions et étant chargé à ce titre de faire pour elle la déclaration des biens qu'elle recueille, est responsable personnellement du demi-droit, s'il ne fait pas la déclaration dans les délais, sauf le cas où la succession aurait été acceptée par la femme elle-même, autorisée par justice, et contre le gré du mari, auquel cas, c'est elle qui doit faire la déclaration et supporter la peine

(Trib. Seine, 20 nov. 1857, D. P. 69.5.180). Mais, ainsi que nous l'avons établi *suprà*, n° 2284, cette interprétation a été repoussée par la jurisprudence, comme contraire au principe que les dispositions pénales doivent s'appliquer restrictivement.

2846. Nous avons mentionné *suprà*, n° 2285, la controverse qui s'est élevée sur le point de savoir si le *père administrateur légal* des biens de ses enfants mineurs est passible du demi-droit en sus, à défaut de déclaration dans le délai légal d'une succession échue au mineur. — La question divise les tribunaux. Il a été jugé récemment que le père, administrateur légal des biens de son enfant mineur est, comme le tuteur, personnellement débiteur du droit en sus encouru d'une omission constatée dans la déclaration de succession qu'il a souscrite au nom de ce mineur (Trib. Belley, 8 mars 1890) (1).

2847. Pour le même motif, nous croyons, malgré l'opinion contraire admise par le tribunal de Belley, dans le jugement du 8 mars 1890, cité *suprà*, n° 2846, qu'on ne doit pas étendre non plus l'application de l'art. 39 à l'*administrateur provisoire*, au *curateur au ventre*, au *conseil judiciaire*, ni généralement à aucun *administrateur* du patrimoine d'autrui, autre que le tuteur ou le curateur (V. en ce sens : Demante, t. 2, n° 676. — *Contrà* : Naquet, t.3, n° 1238). On rapprochera de la solution que nous proposons un avis du conseil d'État du 9 févr. 1810 (*Rép.* nᵒˢ 5021 et suiv.) concernant les droits en sus encourus à défaut d'enregistrement d'actes sous seings privés dans le délai prescrit, lorsque les contrevenants sont décédés (V. *infrà*, n° 1899).

2848. La disposition de l'art. 39 de la loi du 22 frim. an 7, étant conçue en termes généraux, et ne distinguant pas entre les *nationaux* et les *étrangers*, l'étranger qui a omis d'acquitter dans le délai légal le droit de mutation sur des inscriptions de rentes sur le Grand-Livre de la dette publique française dépendant d'une succession ouverte à l'étranger (V. *suprà*, n° 2249), ne peut échapper, en sa qualité d'étranger, à la pénalité du demi-droit en sus édictée pour les contraventions de l'espèce (Décis. min. fin. 26 mai 1853, D. P. 55. 3. 45 ; Instr. adm. enreg. 13 juin 1854, n° 2003, § 3, *ibid.*).

2849. En vertu de principe, énoncé au *Rép.* n° 5049, que le double droit est une peine qui ne peut s'étendre d'une espèce à laquelle la loi l'applique à une autre pour laquelle elle n'en prononce pas, il a été décidé que l'*erreur* dans une déclaration de succession relativement à la dévolution de l'hérédité donne lieu, lorsqu'elle a été commise au préjudice du Trésor, à la réclamation d'un supplément de droit, sans que la pénalité du droit en sus puisse être appliquée en ce cas (Trib. Puy, 31 août 1871, D. P. 73.5.216). — Jugé, en sens contraire, que les contraventions aux lois fiscales ne s'excusent pas par la bonne foi (V. *suprà*, n° 2898). Spécialement, lors même que des héritiers n'auraient omis que par simple erreur d'ajouter dans leur déclaration au prix du bail d'immeubles de l'hérédité, le montant des charges annuelles imposées au preneur, cette erreur ne pourrait pas dispenser de leur appliquer la pénalité du droit en sus édictée par l'art. 39 de la loi du 22 frim. an 7 (Req. 30 janv. 1867, aff. Roger-Girardière, D. P. 67. 1. 301 ; Instr. adm. enreg. 15 déc. 1867, n° 2357, § 3).

2850. S'il y a *omission* de biens dans une déclaration de succession, lorsque les héritiers n'y ont fait figurer l'actif de l'hérédité qu'après en avoir déduit le passif, la pénalité du droit en sus n'est pas applicable quand les héritiers ont produit au receveur tous les documents nécessaires pour contrôler l'exactitude de leur déclaration, notamment l'inventaire constatant le chiffre du passif ainsi que l'acte liquidatif établissant qu'aucune dette n'avait été payée, et s'ils ont en outre expressément indiqué le même acte comme ayant servi de base à leur déclaration (Trib. Seine, 10 déc. 1868, aff. Godefroy, D. P. 69. 5. 179). Cette décision est contraire à celle de la cour de cassation du 3 sept. 1810, que nous avons rapportée au *Rép.* n° 5052.

2851. Mais il a été jugé que l'héritier qui, en acquittant les droits de mutation par décès sur la moitié des valeurs de la communauté qui existait entre le défunt et son conjoint survivant, a omis de faire mention des reprises qu'il avait à exercer qui ont augmenté sa part dans la communauté, est passible, relativement à cette différence, de l'amende du droit en sus... et cela, nonobstant sa bonne foi, et encore bien qu'il aurait produit dans la déclaration énonçant les reprises respectives des époux (Trib. Vouziers, 18 mai 1854, aff. N..., D. P. 56. 5. 182).

2852. On a dit au *Rép.* n° 5053 qu'aussitôt le délai expiré, le double droit est acquis au fisc pour toutes les omissions ou insuffisances constatées, de telle sorte que les parties ne peuvent plus s'y soustraire en offrant de rectifier leur estimation ou de réparer leur omission ; mais c'est une question discutée, que de savoir si le double droit peut être exigé, lorsque, avant que l'erreur soit reconnue, les héritiers, donataires ou légataires se présentent d'eux-mêmes, quoique après les délais, pour la signaler et la corriger. Nous nous sommes prononcés pour la négative, en disant que la loi n'avait voulu punir que la fraude (*Rép. loc. cit.*): On cite en sens contraire un arrêt de la cour de cassation, du 30 janv. 1867 (cité *suprà*, n° 2849); mais cet arrêt, comme on l'a vu, se borne à refuser aux contrevenants le bénéfice de la bonne foi et ne tranche pas la question spéciale que nous avons posée.

2853. Quant au *genre de preuve* admis pour la constatation des omissions et insuffisances, il est à remarquer que l'art. 39 de la loi de frimaire ne s'explique pas sur ce point. La jurisprudence a dû suppléer au silence du législateur et donner la solution des difficultés qui se sont produites. « La loi n'ayant rien précisé à cet égard, disions-nous au *Rép.* n° 5054, c'est donc aux règles du droit commun qu'il faut se référer. » C'est, en effet, dans ce sens que la cour de cassation s'est prononcée en premier lieu dans l'arrêt du 24 mars 1846, rapporté au *Rép. loc. cit.*, et d'après lequel la preuve des omissions ou insuffisances de déclarations peut être faite soit par commune renommée, soit par des faits et actes de nature à établir juridiquement l'insuffisance de déclarations estimatives. Il a été jugé depuis, dans le même ordre d'idées, que l'Administration peut recourir à la preuve testimoniale pour établir l'omission de valeurs mobilières dans une déclaration de succession (Trib. Gourdon, 13 mai 1856, aff. Lajugie, D. P. 56. 3. 63).

2854. Mais il a été reconnu ensuite que nulle part la

---

(1) (Enreg. C. Dunand). — LE TRIBUNAL; — Attendu que l'administration de l'Enregistrement réclame payement au sieur Dunand d'une somme représentative du droit simple et du droit en sus qui sont dus conformément aux dispositions des lois fiscales et notamment de la loi de frimaire an 7, parce que ledit sieur Dunand n'a point déclaré, ainsi qu'il en était tenu en sa qualité de représentant de la demoiselle Dunand, sa fille mineure, une créance de 600 fr. faisant partie de l'actif mobilier de la succession de Piouchon, dévolue à la demoiselle Dunand, sa légataire universelle ; — Que, pour obtenir ce payement, une contrainte a été décernée contre le dénommé qui a formé opposition à l'exécution, disant ne rien devoir, soit du chef de sa fille mineure, puisque, la créance étant éteinte, il n'y avait pas à la comprendre dans la déclaration de la succession, soit parce qu'une condamnation personnelle ne saurait être prononcée contre lui, qui est administrateur des biens de sa fille, et non le tuteur ou le curateur dont il est parlé en l'art. 39 de la loi du 22 frim. an 7 ; — Qu'il y a lieu d'examiner l'un et l'autre de ces moyens ; — Attendu sur le premier moyen... — Attendu sur le deuxième moyen, qu'il est de doctrine et de jurisprudence que la disposition de l'art. 35 de la loi de frimaire, qui vise les

tuteurs et curateurs chargés, sous leur responsabilité, de payer le droit en sus au cas d'omission, ne contient pas l'énumération complète des administrateurs de la fortune d'autrui auxquels incombe cette obligation, mais bien l'indication des représentants légaux les plus habituels des personnes incapables; — Que, quelles que soient les controverses soulevées sur la nature et l'étendue du pouvoir du père administrateur légal des biens de ses enfants, et quelque part que l'on prenne sur l'analogie ou la dissemblance des pouvoirs et obligations que comporte cette administration avec ceux de la tutelle, il n'en est pas moins certain que le législateur, édictant une peine dans le but d'assurer la sincérité des déclarations, a établi une sanction contre toute personne chargée d'agir au nom de l'incapable dont elle gère et connaît les affaires et qui, seule, peut bien faire cette déclaration, et, partant, plus spécialement contre le père administrateur légal, dont le patrimoine se confond en quelque sorte avec celui de son enfant; — Qu'en conséquence le deuxième moyen est mal fondé; — Attendu que ces conditions il y a lieu de déclarer bonne et valable la contrainte, décernée primitivement en payement de la somme de...; — Par ces motifs, etc. Du 8 mars 1890.-Trib. civ. de Belley.

loi fiscale n'indique ni ne suppose que la *preuve testimoniale* puisse être admise pour déterminer la valeur imposable et suppléer aux omissions qui pourraient être faites dans une déclaration de succession, que ce mode de preuve et la procédure qu'il comporte sont incompatibles avec l'économie de la loi fiscale et avec les formes prescrites en cette matière ; qu'en conséquence, les omissions et insuffisances dans les déclarations de transmissions de biens meubles opérées par décès ne peuvent être prouvées par témoins ; qu'elles doivent résulter de faits et actes parvenus à la connaissance de la Régie, tels que partages, transactions, inventaires, liquidations, répertoires de notaires, ou autres actes soumis à la formalité de l'enregistrement (Civ. cass. 29 févr. 1860, aff. Charotte, D. P. 60. 1. 139 ; Instr. adm. enreg. 19 déc. 1860, n° 2485, § 4. Conf. Civ. cass. 27 juin 1883, aff. Maréchal, D. P. 84. 1. 239).

2855. Décidé, de même, qu'en matière de droit de mutation par décès, le redevable ne peut être autorisé à prouver par témoins l'extinction des créances dont les titres sont trouvés dans les papiers de la succession, et sur lesquels l'Administration réclame le droit simple et le double droit à raison de leur omission dans la déclaration de la succession, la preuve testimoniale étant un genre de preuve en opposition directe avec les prescriptions de la loi fiscale (Civ. cass. 19 mars 1862, aff. Heurat, D. P. 62. 1. 223 ; Instr. adm. enreg. 25 juin 1862, n° 2223, § 4).

2856. La preuve testimoniale étant ainsi écartée pour la constatation des omissions et des insuffisances dans les déclarations de succession, restait la question de savoir si la preuve par *présomptions* était interdite également (D. P. 71. 1. 223, note). L'arrêt du 29 févr. 1860, cité *supra*, n° 2854, avait déjà déclaré, dans le sens de la négative, que « les expressions de la loi, sainement entendues, démontrent que, dans sa pensée, elle s'est référée à un état de choses où la preuve des omissions ou insuffisances résulterait des actes émanés des parties elle-mêmes ou d'autres actes et faits constants au procès, qui leur seraient opposables ». Un autre arrêt a précisé la règle en repoussant comme ne constituant « qu'un certificat sans force probante » pour l'insuffisance de l'évaluation donnée à des valeurs mobilières dans une déclaration de succession, une déclaration d'un tiers qui, n'ayant jamais eu aucun droit sur les valeurs, n'avait ni titre, ni intérêt légitime pour les estimer, et en admettant, au contraire, comme élément de preuve, bien que n'émanant pas directement des parties, des documents souscrits par l'auteur de la succession, et des déclarations faites par son coassocié et par un tiers acquéreur (Civ. cass. 10 févr. 1864, aff. Paulin et Dumont, D. P. 84. 1. 84 ; Instr. adm. enreg. 24 août 1864, n° 2288, § 5). Il résulte spécialement de cet arrêt que l'insuffisance d'une déclaration estimative faite après décès sur les actions d'une société dont le défunt était le gérant, est régulièrement établie à l'aide de documents émanés du défunt, du liquidateur de la société, ou du gérant d'une société nouvelle à laquelle ont adhéré les héritiers, sans que ces documents puissent être écartés, soit comme étrangers aux héritiers eux-mêmes représentés par leur auteur ou par des ayants droit, soit comme non contemporains du décès, s'il n'est pas prouvé que les valeurs déclarées aient varié dans l'intervalle de temps écoulé entre ce décès et la date des actes produits (Même arrêt).

2857. Cependant la chambre des requêtes a décidé que l'administration de l'enregistrement n'est point admissible à prouver par témoins ni par présomptions la fausseté des déclarations de successions mobilières, mais qu'elle a incontestablement le droit d'en rechercher la preuve dans tous les actes qui peuvent arriver à sa connaissance, tels que partage, transaction, inventaire, liquidation, répertoire de notaire, et tous autres actes soumis à l'enregistrement (Trib. Château-Thierry, 2 févr. 1867, aff. Lemoine, D. P. 67. 5. 170, et sur pourvoi, Req. 27 mai 1868, D. P. 69. 1. 146 ; Instr. adm. enreg. 15 sept. 1868, n° 2372, § 1) ; que, spécialement, elle peut se prévaloir d'un aveu fait en justice par le légataire universel, au cours d'une instance entre lui et les héritiers naturels, et consigné par écrit dans un procès-verbal authentique, encore bien qu'elle soit restée complètement étrangère à l'instance ; et que, par suite, s'il résulte de cet aveu que le légataire universel a fait aux héritiers naturels des offres dans lesquelles il a assigné aux

valeurs mobilières de la succession un chiffre supérieur à celui déclaré, l'Administration peut réclamer les droits simples et en sus sur la différence, mais non point sur un chiffre supérieur (Mêmes jugement et arrêt).

2858. Mais la cour de cassation n'a pas persisté dans cette voie, et elle reconnaît maintenant que la preuve des omissions et des insuffisances d'évaluations dans les déclarations de succession « peut résulter même de présomptions tirées de faits constants au procès et des actes qui parviennent par l'enregistrement à la connaissance de l'Administration » (Civ. cass. 16 nov. 1870, aff. Sarriges, D. P. 71. 1. 233 ; Instr. adm. enreg. 23 sept. 1871, n° 2420, § 3) ; ou que la loi soumet à son droit d'investigation et qui la mettent ainsi à même d'exercer son droit de contrôle (Civ. cass. 27 juin 1883, cité *supra*, n° 2854. Conf. Civ. cass. 30 mars 1870, aff. Lévesque, et aff. de Villebresme, D. P. 70. 1. 417 ; Conclusions de M. l'avocat général Blanche, *ibid.* ; Instr. adm. enreg. 7 mai 1870, n° 2402, § 7 ; Réq. 21 mai 1873, aff. Letailleur, D. P. 73. 1. 356 ; Instr. adm. enreg. 5 oct. 1873, n° 2472, § 5 ; Observ. conf. D. P. 74. 1. 233, note). Les parties peuvent, d'ailleurs, fournir la preuve contraire. Et, ainsi que l'administration de l'enregistrement l'a reconnu, la preuve contraire peut être faite, non seulement par des actes en forme, mais aussi par des titres et papiers domestiques (D. P. 69. 5. 176-177, note 2). En particulier, lorsqu'il est établi, par des contre-lettres signées du défunt et des notes écrites de sa main, que des valeurs industrielles déposées par lui dans une banque, et dont les récépissés ont été trouvés à son domicile, appartiennent en réalité à une autre personne dont il n'a été que le mandataire, l'administration de l'enregistrement n'est pas fondée à repousser cette preuve, comme lui étant pas opposable, et à soutenir que l'impôt est dû néanmoins sur les valeurs en question (Trib. Seine, 1er août 1868, aff. Jules P... et Dechaulme, D. P. 69. 5. 176-177). — V. sur ce point, ce qui est dit *supra*, n° 2307 et suiv.

2859. La question de savoir si l'Administration peut recourir aux présomptions pour établir les omissions ou insuffisances d'évaluation dans les déclarations de successions, s'est produite notamment au sujet des créances non exigibles au décès du créancier d'après les titres constitutifs et non comprises, néanmoins, dans la déclaration de sa succession (D. P. 70. 1. 417, note ; 74. 1. 233, note). Dans un système, on soutient que l'Administration ne peut réclamer le droit de mutation par décès sur une valeur qu'en établissant qu'elle existait réellement entre les mains du défunt à son décès ; que la présomption tirée à l'égard d'une créance de la non-échéance du terme au décès, ne prouve pas suffisamment l'existence de cette valeur dans la succession, attendu que le débiteur ou pu se libérer par anticipation. En conséquence, il n'y a pas preuve suffisante de l'omission, dans la déclaration d'une succession, d'arrérages d'une rente viagère dont le défunt était créancier, par cela seul que, d'après le titre constitutif de la rente, ces arrérages n'étaient point échus au décès (Trib. Boulogne, 13 déc. 1867, aff. Level, D. P. 69. 5. 178). Suivant un autre système qui est celui de l'Administration, la présomption résultant de la non-échéance du terme au décès du créancier prouve suffisamment que la créance dépend de sa succession, et partant, en conséquence, à défaut de preuve contraire, la réclamation du droit simple et du droit en sus, lorsque la créance n'a pas été comprise dans la déclaration de la succession. Jugé ainsi que la circonstance qu'une créance n'arrivait à échéance qu'à une époque postérieure à celle à laquelle a eu lieu le décès du créancier établit suffisamment, contre le successible, que c'est à tort qu'il ne l'a pas fait figurer dans sa déclaration de succession, s'il ne peut rapporter la preuve d'un payement anticipé (Trib. Reims, 28 déc. 1853, aff. C... D. P. 54. 3. 64 ; Trib. Bar-sur-Aube, 12 févr. 1857, aff. Pacquetet, D. P. 57. 3. 65) ... Que l'omission d'une créance dans la déclaration d'une succession est suffisamment établie, pour la réclamation des droits simples et en sus de mutation par décès, par cela seul que, d'après le titre constitutif, elle n'était pas exigible au décès, que l'inscription hypothécaire prise en vertu de ce titre n'a pas été rayée (Trib. Lille, 9 juin 1866, aff. Moutel, D. P. 69. 5. 177).

2860. La cour de cassation a tranché la difficulté dans le sens du système de l'Administration. Jugé, en effet, ...

que, dans le cas en litige, les termes de payement stipulés font présumer que les créances étaient encore dues au moment du décès, et que cette présomption de droit suffit pour infirmer la déclaration contraire des héritiers, sauf à ces derniers à donner la preuve, dans les modes compatibles avec la procédure en cette matière, que les créances avaient été éteintes par des payements anticipés (Civ. cass. 30 mars 1870, cité *suprà*, n° 2858 ; Instr. adm. enreg. 7 mai 1870, n° 2402, § 7) ;... Que l'existence d'une créance au jour du décès du créancier et son omission dans la déclaration de la succession sont suffisamment établies, pour la réclamation des droits simples et en sus de mutation par décès, par des actes contenant reconnaissance de la dette par les débiteurs, bien que ni le défunt ni son légataire n'aient été parties à ces actes et ne s'en soient approprié les déclarations (Civ. cass. 16 nov. 1870, cité *suprà*, n° 2858 ; Instr. adm. enreg. 23 sept. 1871, n° 2420, § 3).

2861. Mais l'omission de valeurs dans une déclaration de succession n'est pas suffisamment établie, pour la réclamation des droits simples et en sus de mutation par décès, par la production d'un acte constatant qu'elles sont entrées dans le patrimoine du défunt trois ans seulement avant son décès, si l'Administration ne prouve pas que ces valeurs existaient encore dans la succession au moment du décès (Trib. Privas, 1er août 1870, aff. Ruelle, D. P. 71. 3. 150-151).

2862. De même, un acte de transport sous seing privé fait preuve suffisante, à l'égard de l'Administration, qu'une créance non encore échue et non comprise dans la déclaration de la succession du créancier avait été cédée par celui-ci et ne pouvait, dès lors, figurer parmi les valeurs à déclarer... Et il en est ainsi dans le cas même où, avant le décès, le transport n'aurait pas encore été signifié au débiteur (Trib. Béziers, 9 janv. 1861, aff. Boutonnet, D. P. 61. 3. 63).

2863. En principe, l'échéance du terme stipulé pour le payement d'une obligation constitue, au regard de l'administration de l'enregistrement, une présomption suffisante de la libération du débiteur ; mais cette présomption peut être détruite par la preuve contraire, comme cela a été établi *suprà*, n° 2088.

2864. Le principe que l'Administration peut recourir à de simples présomptions pour établir des omissions dans les déclarations de successions, a été appliqué par de nombreuses solutions de la jurisprudence. Ainsi jugé que l'omission de valeurs dans une déclaration de succession est suffisamment établie pour la réclamation des droits simples et en sus de mutation par décès, par le rapprochement de cette déclaration et d'un acte antérieur portant cession des droits des héritiers dans la succession moyennant l'abandon d'une créance d'un chiffre de beaucoup supérieur aux valeurs déclarées ; et le tribunal qui le décide ainsi et ordonne que les héritiers fourniront une déclaration complémentaire dont il ne détermine pas le chiffre, fait une exacte application de la loi fiscale (Reg. 21 mai 1873, cité *suprà*, n° 2858. Conf. Instr. adm. enreg. 5 oct. 1873, n° 2472, § 5). Une décision de même nature a été rendue dans une espèce où un seul des héritiers avait cédé ses droits dans une succession mobilière moyennant un prix qui était, par son élévation, hors de toute proportion avec les valeurs mobilières déclarées (Trib. Boulogne, 8 juill. 1870, aff. Robert, D. P. 72. 3. 74).

2865. Jugé : 1° une vente aux enchères, en la maison mortuaire et sans indication de provenance, d'un mobilier plus important que celui déclaré par l'héritier, doit faire considérer la partie non déclarée comme dépendant également de la succession, si l'allégation de l'héritier qu'il l'a recueillie dans une succession précédente et l'a laissée en dépôt chez le défunt, est démentie par un testament le constituant légataire de la totalité du mobilier vendu, et alors surtout qu'il ne rapporte pas la preuve écrite du prétendu dépôt (Trib. Hazebrouck, 13 févr. 1864, aff. de Saint-Mart, D. P. 64. 3. 111) ; — 2° Qu'il y a lieu, également, de considérer comme distraits de la succession les liquides que l'héritier, après déclaration souscrite sur les registres de la Régie des contributions indirectes, a fait enlever des caves de la maison mortuaire, et qu'il n'avait pas compris dans sa déclaration des biens mobiliers de la succession (V.

suprà, n° 2311) ; — 3° Que l'omission de valeurs industrielles dans une déclaration de succession est suffisamment prouvée, lorsqu'il est établi que ces valeurs, formant une somme considérable et la majeure partie de la fortune du défunt, lui avaient été attribuées par un partage intervenu cinq mois avant son décès, et que les circonstances de fait tendent à démontrer qu'elles étaient encore en sa possession au jour de son décès (Trib. Mons (Belgique), 19 mars 1870, aff. D..., D. P. 72. 5. 193).

2866. En matière de mutation par décès, les registres d'une compagnie font foi contre les héritiers, jusqu'à preuve contraire, de la propriété et de la transmission des actions appartenant au défunt dans cette compagnie ; ainsi, lorsque les registres de la compagnie établissent que le défunt possédait un plus grand nombre d'actions que celles déclarées et que ces actions ont été également recueillies par ses héritiers à titre de partage, il n'y a lieu de s'arrêter à l'allégation que les actions non déclarées auraient été l'objet d'un transfert onéreux antérieurement au décès, si la preuve de l'existence d'un tel transfert n'est pas rapportée (Trib. Cambrai, 22 déc. 1859, aff. Bery, D. P. 60. 3. 38).

2867. Pour que les valeurs mobilières composant la dot d'une femme décédée sous le régime de la communauté puissent ne pas être comprises dans la déclaration de sa succession, ce n'est pas assez de l'allégation du mari que ces valeurs ont été perdues ; il faut une preuve de ce fait appuyé sur des documents sérieux (Trib. Dunkerque, 3 janv. 1850, aff. Richard, D. P. 56. 3. 182).

2868. D'autre part, il a été jugé, par application du principe suivant lequel l'Administration n'a pas qualité pour discuter la validité des actes et doit, sauf le cas de fraude ou de simulation, les admettre tels qu'ils se présentent avec leur caractère et leurs effets apparents, qu'au cas où un légataire universel, chargé d'acquitter des legs particuliers, n'en a pas contesté la validité et, au contraire, en a consenti la délivrance, l'Administration ne peut prétendre, par le motif que ces legs particuliers seraient nuls comme entachés de substitution, que les biens qui en sont l'objet n'ont pas cessé d'être la propriété du légataire universel et que, faute par celui-ci de les avoir compris dans sa déclaration, il est passible du droit et du double droit (Civ. rej. 15 févr. 1854, aff. Boudent, D. P. 54. 1. 31 ; Instr. adm. enreg. 14 sept. 1854, n° 2015, § 7). L'Administration n'est pas, non plus, fondée, à soutenir que la délivrance, consentie par le légataire universel, a opéré, au profit des légataires particuliers, une transmission de propriété à titre gratuit soumise au droit de donation (Même arrêt). — V. *suprà*, n° 2222.

2869. L'Administration n'a pas le droit de relever, dans une déclaration de succession, l'omission d'un bien que le défunt aurait promis de vendre à son copropriétaire, si l'existence de cette promesse a été, depuis le décès, constatée par un jugement d'après des documents produits, encore bien que ce jugement n'en ait pas fixé la date et ait été rendu seulement sur conclusions d'avoué (Trib. Seine, 15 mars 1862, aff. hérit. Lefeuve, D. P. 62. 3. 88).

2870. Le double droit est encouru aussi bien au cas d'*insuffisance* qu'au cas d'omission dans la déclaration estimative des parties. Et si la loi fiscale laisse à celles-ci le droit de faire la déclaration estimative des valeurs mobilières sujettes à l'impôt de mutation par décès, elle donne à l'Administration le droit de contrôler ces déclarations et de constater par pièces probantes l'insuffisance d'évaluation des valeurs déclarées ; la preuve de la contravention peut être tirée des énonciations de l'inventaire. Spécialement, au cas où il résulte de l'inventaire d'une succession, que des actions industrielles dépendant de l'hérédité et non cotées à la Bourse ont une valeur supérieure à celle qui leur a été attribuée par les parties dans la déclaration de la succession, l'Administration est fondée à réclamer les droits simples et en sus de mutation sur la différence (Trib. Versailles, 15 mars 1870, aff. Teyssère, D. P. 70. 5. 164-165).

2871. Jugé que, lorsqu'un fonds de commerce dépendant d'une succession n'a été compris dans l'inventaire que pour les ustensiles et marchandises sans l'achalandage, que peu après, le tout, ustensiles, marchandises et achalandage, a été vendu par acte notarié, et que l'estimation produite lors de la déclaration de la succession, souscrite postérieurement, est inférieure au prix de la vente, le rapprochement de l'acte de vente et de la déclaration suffit pour établir l'insuffisance d'évaluation et justifier la réclamation des droits simples et en sus sur le montant représenté par la différence entre le prix de la vente et l'évaluation contenue dans la déclaration (Trib. Compiègne, 18 mai 1848, aff. L..., D. P. 48. 5. 165).

2872. La loi du 21 juin 1875, art. 3, § 3, a édicté une règle particulière en ce qui concerne les déclarations *d'objets mobiliers* transmis par succession. Aux termes de cette disposition, « l'insuffisance dans l'estimation des biens déclarés sera punie d'un droit en sus, si elle résulte d'un acte antérieur à la déclaration. Si, au contraire, l'acte est postérieur à cette déclaration, il ne sera perçu qu'un droit simple sur la différence existant entre l'estimation des parties et l'évaluation contenue aux actes » (V. *suprà*, nᵒˢ 2468 et suiv.). — Ainsi la loi distingue, quant à l'application du droit en sus, entre le cas où l'insuffisance résulte d'actes antérieurs et celui où elle provient d'actes postérieurs à la déclaration. Le droit en sus n'est perçu que, dans le premier cas, parce que, comme le dit très bien M. Naquet, t. 3, nᵒ 1249, « c'est la seule hypothèse où la mauvaise foi des acquéreurs se trouve établie ; les actes postérieurs peuvent bien, il est vrai, rendre l'insuffisance manifeste, mais ils ne prouvent pas que les déclarants aient connu cette insuffisance ».

Il importe de remarquer que la disposition que nous venons d'analyser n'est pas applicable, ainsi que le déclare formellement le législateur, aux créances, rentes, actions, obligations, effets publics et tous autres biens meubles dont la valeur et le mode d'évaluation sont déterminés par des lois spéciales ; l'innovation ne concerne que les meubles corporels.

2873. Tout ce qu'on vient de dire concernant les déclarations faites en matière de succession ; mais l'art. 39 de la loi de frimaire an 7 est une disposition générale. Aussi faut-il poser en principe, que toute omission ou insuffisance d'évaluation commise dans une déclaration, quel que soit l'objet de cette déclaration, est passible du double droit ; il en est donc ainsi non seulement des déclarations faites en matière de donation ou d'échange (*Rép.* nᵒ 5058. V. *suprà*, nᵒˢ 2664 et suiv.), mais aussi des déclarations de location verbale d'immeubles (L. 23 août 1871, art. 11, § 3. V. *suprà*, nᵒ 2670), ou de ventes de fonds de commerce (L. 28 févr. 1872, art. 8. V. *suprà*, nᵒ 1569), ou encore de celles qui sont souscrites pour la perception du droit spécial de transmission établi sur les titres d'actions et d'obligations des sociétés (L. 23 juin 1857, art. 10. V. *suprà*, nᵒ 1515).

2874. Il faut enfin rapprocher de l'art. 39 de la loi de frimaire l'art. 3 de la loi du 28 févr. 1872, édictant la peine du double droit relativement aux dissimulations commises dans les évaluations faites à l'occasion des contrats soumis par cette loi au *droit gradué*. Mais, pour que le droit en sus soit exigible dans le cas d'insuffisance de l'évaluation d'un apport en société, faite pour la perception du droit gradué, il faut que l'insuffisance de l'évaluation soit établie par des actes antérieurs à celui qui a donné lieu à la perception : si l'insuffisance résulte d'actes antérieurs aux contrats soumis au droit gradué, il y a alors une dissimulation intentionnelle punie d'un double droit ; mais si l'insuffisance n'est que le résultat de faits postérieurs à l'enregistrement de cet acte et inconnus à ce moment, il n'est plus dû qu'un supplément de droit simple (Rapport, D. P. 72. 4. 14, nᵒ 14 ; Instr. adm. enreg. 29 févr. 1872, nᵒ 2433, chap. 1ᵉʳ, § 1ᵉʳ, *in fine*, D. P. 72. 3. 13. — *Adde :* D. P. 76. 1. 215, note).

Jugé, en ce sens, que lorsque l'Administration de l'enregistrement établit, par des actes émanés des associés et antérieurs à l'acte de société, que l'évaluation faite pour la perception du droit gradué sur un apport en société est inférieure à la valeur réelle de cet apport, il y a dissimulation, et un droit simple supplémentaire est dû, plus un droit en sus sur la différence, alors même que l'évaluation aurait été approuvée par une assemblée générale d'actionnaires et par les commissaires choisis, en exécution des prescriptions de la loi du 24 juill. 1867, pour vérifier l'apport (Req. 24 janv. 1876, aff. *Crédit lyonnais*, D. P. 76. 1. 215 ; Instr. adm. enreg. 13 mai 1876, nᵒ 2546, § 2). Vainement opposerait-on à la réclamation du droit en sus que l'acte enregistré, mentionnant ceux invoqués comme établissant l'insuffisance, avait fourni à l'Administration les éléments nécessaires pour établir complètement sa percep-

tion, si la mention, ne consistant que dans un simple visa, ne reproduisait pas les constatations des actes énoncés relativement à l'importance réelle de l'apport, et si, par suite, l'insuffisance de l'évaluation n'avait pu être découverte et constatée qu'à l'aide de recherches et de rapprochements ultérieurs (Même arrêt du 24 janv. 1876).

2875. La pénalité du droit en sus, au minimum de 50 fr., établie pour le cas de dissimulation de sommes ou valeurs dans un acte soumis au droit gradué (L. 28 févr. 1872, art. 3), n'est pas applicable, lorsque la dissimulation n'a causé aucun préjudice au Trésor (Sol. adm. enreg. 6 août 1872, D. P. 73. 5. 208).

Art. 4. — *Des contre-lettres (Rép.* nᵒˢ 5060 à 5069) ; *Loi du 23 août 1871 (art. 12 et 13) ; Amende du quart.*

2876. La législation fiscale, en matière de contre-lettres, a beaucoup varié. On peut la résumer dans trois combinaisons qui ont été consacrées successivement. Tantôt la loi a écarté toute idée de répression, autorisant seulement la perception du droit simple sur la valeur soustraite à l'impôt ; tantôt, sans atteindre l'acte dans son existence, elle s'est contentée d'édicter des amendes plus ou moins sévères ; tantôt enfin, jugeant inefficaces les peines pécuniaires, elle les a combinées avec la nullité de la contre-lettre elle-même.

2877. Le système en vigueur à l'époque de la publication du *Répertoire* était contenu dans l'art. 40 de la loi du 22 frim. an 7, dont il faut rapprocher l'art. 5 de la loi du 27 vent. an 9 et l'art. 1321 c. civ. L'amende était fixée à une somme triple du droit qui aurait été perçu sur les sommes et valeurs dissimulées. La loi de frimaire frappait en même temps la contre-lettre de nullité ; mais cette dernière sanction avait été supprimée, comme nous l'avons dit (*Rép.* nᵒ 5060), par l'art. 1321 c. civ. ; la nullité subsistait seulement à l'égard des contre-lettres se rapportant à une cession d'office (L. 5 juin 1841. — V. *suprà*, nᵒ 932).

2878. L'expérience ne tarda pas à démontrer que ce régime n'était pas assez sévère ; les fraudes envers le fisc augmentaient considérablement. En 1871, le Gouvernement proposa un projet de loi, dont l'art. 12 privait le vendeur de biens immobiliers et l'échangiste de la plus forte part, de toute action en justice pour obtenir le payement des sommes stipulées en sus du prix de vente ou de la soulte énoncée dans l'acte ; en outre, le payement effectué en vertu de la stipulation était sujet à restitution. Le législateur rétablissait ainsi le régime de la nullité consacré par la loi de frimaire, en l'étendant aux conventions verbales. Ce projet fut adopté en principe par la commission de l'Assemblée nationale, mais toutefois avec des modifications. Elle y ajouta une amende contre l'ancien possesseur, égale au montant des sommes dissimulées et de 100 fr. au minimum ; mais elle supprima l'action en restitution des sommes payées, comme étant une prime à l'immoralité ; enfin elle étendit les nouvelles dispositions au cas de partage, qui n'était pas mentionné dans les propositions du Gouvernement. Lors de la discussion, des orateurs protestèrent contre l'excessive sévérité du projet de loi ; ils dirent qu'une amende égale au montant des sommes dissimulées était une confiscation et s'attaquèrent surtout à la nullité, qui constituait la violation d'un principe fondamental du code civil. Ce qui importait, c'était moins d'aggraver la pénalité que de fournir à l'Administration les moyens de démasquer la fraude par la création de nouveaux modes de preuve. — Ces considérations émurent l'Assemblée, qui, se ralliant à l'amendement de M. de Ventavon, vota définitivement les dispositions contenues dans les art. 12 et 13 de la loi du 23 août 1871 (D. P. 71. 4. 54). La nouvelle combinaison ne semble pas avoir diminué beaucoup le nombre des contre-lettres. Dans l'exposé des motifs de la loi du 21 juin 1875, on déclara que l'Administration, après avoir mis en pratique les mesures répressives votées par la Chambre, avait constaté que ses efforts étaient restés infructueux et qu'il était nécessaire « d'employer des moyens plus efficaces ». Le Gouvernement proposa lui-même, à cette époque, d'abroger les art. 12 et 13 de la loi de 1871, et, revenant au projet primitif de cette loi, il décrétait la nullité absolue des contre-lettres, et élevait l'amende au montant de la somme dissimulée. Le projet du Gouvernement fut renvoyé à la commission parlementaire de l'Assemblée, qui trouva la réforme trop radicale et voulut la restreindre. Elle n'accepta le principe de la nullité des contre-lettres qu'à la condition d'en limiter les effets aux parties contractantes. Finalement, l'Assemblée repoussa le projet de loi et se prononça contre toute innovation. Il en résulte que les art. 12 et 13 de la loi du 23 août 1871 sont encore aujourd'hui la législation qui régit la matière (V. D.P. 71. 4. 68, note 4; 75. 4. 107, note).

2879. Aux termes de l'art. 12, « toute dissimulation dans le prix d'une vente et dans la soulte d'un échange ou d'un partage, sera punie d'une amende égale au quart de la somme dissimulée, et payée solidairement par les parties, sauf à la répartir entre elles par égales parts ».

Il importe de rapprocher de ce texte celui de l'art. 40 de la loi du 22 frim. an 7 ainsi conçu : « Toute contre-lettre faite sous signature privée, qui aurait pour objet une augmentation du prix stipulé dans un acte public, ou dans un acte sous signature privée précédemment enregistré, est déclarée nulle et de nul effet (abrogé par l'art. 1321 c. civ.). Néanmoins, lorsque l'existence en sera constatée, il y aura lieu d'exiger, à titre d'amende, une somme triple du droit qui aurait lieu, sur les sommes et valeurs ainsi stipulées ».

La loi du 23 août 1871 n'a pas, en effet, complètement abrogé les dispositions de la loi de frimaire. Non seulement l'art. 40 continue à régir les contre-lettres antérieures à la promulgation de la loi de 1871, mais il subsiste en outre relativement à tous les cas qui n'ont pas été spécialement visés par cette loi. Or la loi de 1871 ne prévoit que les cas de vente, d'échange ou de partage. Ajoutons la cession de droits successifs, qui constitue une vente lorsqu'elle laisse subsister l'indivision, et qui est assimilée par la jurisprudence au partage toutes les fois qu'elle a pour effet de mettre fin à l'indivision (Sol. adm. enreg. 10 août 1872, D. P. 73. 5. 230) (Trib. Péronne, 6 mars 1885, aff. Caudron, D. P. 85. 5. 220; Trib. Cherbourg, 3 févr. 1885, aff. Anthouard, ibid. — V. supra, nos 1265 et 1301); — L'art. 40 conserve, par suite, son application dans toutes les autres hypothèses, notamment en matière de vente de meubles et de baux écrits. A la vérité, le texte de l'art. 12 de la loi de 1871 ne fait pas mention de la nature des biens qu'il vise, en sorte qu'il paraît applicable aussi bien aux ventes, échanges et partages de biens meubles qu'aux contrats se rapportant à des immeubles. Mais en présence des travaux préparatoires et de la discussion de cette disposition d'où il résulte avec une parfaite évidence qu'elle n'atteint que les biens immeubles, il ne saurait être question d'en étendre l'application aux biens meubles (Conf. Diction. droits d'enreg., vo Contre-lettre, no 62). Il y a lieu de remarquer que, d'après l'art. 8 de la loi du 28 févr. 1872, les art. 12 et 13 de la loi de 1871, concernant les dissimulations dans les prix de vente, sont applicables aux ventes de fonds de commerce. — La jurisprudence qui s'est formée depuis la publication du Répertoire, relativement à l'application de l'art. 40, est donc utile à connaître. Ajoutons qu'on peut puiser dans cette jurisprudence des éléments d'interprétation, même au point de vue de l'application de l'art. 12 de la loi du 23 août 1871, en tant qu'il s'agit des caractères distinctifs de la contre-lettre (Diction. droits d'enreg., loc. cit., no 32).

2880. La coexistence des deux textes ci-dessus rappelés fait naître une première difficulté. Il est certain que l'amende du quart de la somme dissimulée, édictée par la loi de 1871, ne peut pas se cumuler avec le triple droit de la loi de frimaire dans les cas qui tombent sous l'application de la nouvelle loi. L'Administration l'a elle-même reconnu (Sol. adm. enreg. 27 mars 1875, Diction. droits d'enreg., vo Contre-lettre, no 32); mais, en est-il de même en ce qui concerne le droit simple et le droit en sus établis par la loi de frimaire an 7 (art. 17 et 19) et par la loi de ventôse an 9 (art. 5)? L'Administration s'est prononcée pour le cumul non seulement quant au droit simple, mais même quant au droit en sus. L'un et l'autre, d'après elle, doivent être perçus sur la somme dissimulée cumulativement avec l'amende du quart. C'est ce qui résulte de l'instruction no 2413, § 5, no 2 (D. P. 71. 3. 51), aux termes de laquelle : « Toute dissimulation doit être considérée comme constituant un dol passible d'une amende spéciale qui est indépendante des droits simples et en sus exigibles sur la mutation... Si donc un

acte contient la preuve d'une dissimulation, il sera, lors de l'enregistrement, soumis aux perceptions suivantes : 1o droit simple sur l'excédent du prix et droit en sus sur cet excédent, si la mutation remonte à plus de trois mois; 2o amende du quart de la somme dissimulée. »

Cette solution est fortement critiquée par les auteurs du Dictionnaire des droits d'enregistrement, loc. cit., no 34, qui repoussent le cumul aussi bien pour le droit simple que pour le droit en sus. « Cette disposition, disent-ils, ne résulte pas de la loi, et il paraît dès lors difficile qu'on puisse ainsi ajouter, sans y être autorisé par un texte précis, à une amende déjà fort lourde, un droit simple et un droit en sus qui constituerait lui-même une peine. » Ils font remarquer, d'ailleurs, que le supplément du quart de la somme dissimulée, exigible actuellement, a le même caractère que le triple droit perçu sous le régime de la loi de frimaire, qu'il constitue, comme celui-ci, une peine. Or, avant la loi de 1871, on se contentait de percevoir le triple droit sur la contre-lettre sans addition des droits simple ou en sus; il est donc rationnel d'écarter le cumul encore aujourd'hui. — M. Naquet, t. 3, no 1243, distingue entre le droit simple et le droit en sus. L'Administration ne peut pas percevoir le droit en sus avec l'amende du quart, parce que le droit en sus est une peine comme l'amende et que les peines ne se cumulent pas; mais elle peut exiger le droit simple sur la fraction du prix dissimulée, parce que le droit simple qui, à la différence du droit en sus, n'est pas contenu dans l'amende, est l'impôt ordinaire dont cette fraction de prix serait sans cela exonérée.

A notre avis, la précédente interprétation est la plus logique. D'abord, l'intention manifeste du législateur de 1871, telle qu'elle se dégage des travaux préparatoires, a été de substituer, pour les dissimulations en matière de vente, échange et partage, un nouveau système de répression à celui de la loi de frimaire; on ne peut donc pas être question de les appliquer cumulativement, même pour partie. La distinction entre le droit simple et le droit en sus ne paraît pas susceptible d'être admise. L'amende du quart est une taxe de même nature que le triple droit; or le triple droit, sous la loi de frimaire, était considéré comme une taxe indivisible, destinée à désintéresser le fisc en même temps qu'à punir la fraude; on se contentait alors de le percevoir sur la contre-lettre sans addition de droits simple et en sus, bien qu'il se prêtât mieux que l'amende du quart à la décomposition qu'on propose aujourd'hui; donc, puisque l'amende du quart a le même caractère que le triple droit qu'elle remplace, il est rationnel de ne pas la cumuler, non plus, ni avec le droit en sus, ni avec le droit simple. L'Administration persiste néanmoins dans son système (Comp. Sol. adm. enreg. 9 déc. 1872, D. P. 73. 5. 231), et jusqu'ici les tribunaux lui ont été saisis de la question lui ont donné raison (Jugements des 6 mars 1885 et 3 févr. 1885, cités supra, no 2879).

2881. Quoi qu'il en soit, en acceptant le système de l'Administration, il est certain que le droit en sus ne pourra être exigé que conformément aux règles ordinaires qui président à sa perception; par conséquent, il cesse d'être dû en l'absence d'expertise faite dans le délai légal, ou si l'expertise ne fait pas ressortir un excédent de valeur d'un huitième au moins (Sol. adm. enreg. 13 mars 1874, Journ. enreg., art. 19517).

Mais nous croyons qu'il n'est pas nécessaire qu'il se soit écoulé trois mois depuis la date de l'acte au moment où la dissimulation est découverte; car il ne s'agit pas ici d'une déclaration tardive, mais d'une déclaration frauduleuse. Le contraire a cependant été décidé (Sol. adm. enreg. 30 nov. 1872, Diction. droits d'enreg., vo Dissimulation, no 35).

2882. Signalons maintenant une différence importante entre la loi de frimaire et la loi actuelle. L'art. 40 de la loi de frimaire an 7 n'édictait la peine du triple droit que pour le cas où la stipulation frauduleuse se trouvait constatée dans un acte écrit, l'art. 12 de la loi du 23 août 1871 atteint d'une manière générale toutes les dissimulations, qu'elles résultent de conventions verbales ou écrites. — A plus forte raison, la forme de la contre-lettre n'est-elle pas à considérer. Il en était, d'ailleurs, déjà ainsi sous l'empire de la loi de frimaire (Rép. no 5066). En ce sens, il a été jugé, qu'un billet dont la cause réelle est une soulte de partage, constitue une véritable contre-lettre dans le sens de l'art. 40, et donne lieu, par suite, à la perception du triple droit (Trib. Clermont-Ferrand, 15 mai 1855, aff. de Grandval, D. P. 56. 3. 16).

2883. Bien que les dispositions répressives que nous analysons aient été édictées pour combattre la fraude, on s'accorde à reconnaître que celle-ci n'est pas une condition nécessaire de leur application. On lit dans un arrêt de la cour de cassation : « La loi, pour la justification du triple droit, n'exige pas qu'il y ait preuve de dol et de fraude, et la simulation prouvée par la contre-lettre suffit pour que cette sorte d'amende soit légalement encourue et prononcée. » (Req. 20 juill. 1859, aff. Chaveton, D. P. 59, 1. 324). A ce point de vue, il importe de restreindre la portée de l'observation faite au *Rép.* n° 5065. — En vertu de la même règle, il a été jugé que, lorsqu'un acte sous seing privé, portant augmentation du prix stipulé dans un acte notarié de vente d'immeubles, est analysé dans un inventaire, le triple droit est encouru, sans que les héritiers de l'acquéreur puissent être admis à prouver par expertise que le prix exprimé dans l'acte public représentait exactement la valeur de l'immeuble (Trib. Blois, 19 août 1851, *Journ. enreg.* art. 15299).

2884. Mais, pour que l'amende soit encourue, il faut que les stipulations qui modifient l'acte primitif constituent une dissimulation proprement dite ; aussi, contrairement à un jugement du tribunal de Mâcon du 27 mars 1883, rapporté au *Rép.* n° 5065, il est généralement admis qu'aucune disposition pénale ne peut être appliquée lorsque, par un acte postérieur au contrat de vente, l'acheteur a consenti à payer une augmentation de prix pour éviter une action en rescision, pourvu, d'ailleurs, que la validité de la vente fasse l'objet d'une contestation sérieuse lorsqu'intervient la nouvelle convention, et sauf le droit, pour l'Administration, d'établir, en pareil cas, la fausseté de la date qu'on lui oppose. De même, en matière d'échange, l'amende du quart n'est due que s'il y a dissimulation d'une soulte ; elle n'est pas exigible, s'il y a seulement plus-value d'un des lots échangés sur l'autre, lors même que les immeubles échangés ont été déclarés être du même revenu pour éviter le payement de droits sur le capital de la plus-value (Sol. adm. enreg. 18 juin 1873, D. P. 73. 5. 230).

2885. La principale innovation de la loi du 23 août 1871 est dans l'art. 13 dont il a déjà été parlé *supra*, n° 2878, relatif aux modes de preuve admis dans notre matière. « La dissimulation, dit cet article, peut être établie par tous les genres de preuve admis par le droit commun. Toutefois, l'Administration ne peut déférer le serment décisoire, et elle ne peut user de la preuve testimoniale que pendant dix ans à partir de l'enregistrement de l'acte. » Ainsi, tandis que, sous le régime de la loi de frimaire, l'Administration ne pouvait employer que les genres de preuve « qui ne sont pas incompatibles avec les règles de procédure spéciales aux matières d'enregistrement » (Req. 29 déc. 1857, aff. Yvonnet, D. P. 58. 1. 133. V. *supra*, n°s 93 et suiv., et 2858), la loi de 1871 autorise le fisc à recourir à tous les modes de preuve admis par le droit commun. Elle interdit seulement le serment décisoire et limite à dix ans le temps pendant lequel on peut user de la preuve testimoniale. Tous les autres moyens de preuve peuvent être fournis dans l'espace de trente ans (Instr. adm. enreg. n° 2413, § 5, citée *supra*, n° 2880). —On verra plus loin, dans le chap. 11, consacré aux poursuites et instances, que, pour permettre à l'Administration d'utiliser les matières qui lui sont données pour faire la preuve, la loi de 1871, dans le même art. 13, substitue la procédure ordinaire à la procédure spéciale usitée en matière d'enregistrement.

2886. D'après la cour de cassation, la procédure de droit commun ne doit être suivie que lorsque le débat est engagé au sujet de la perception de l'amende du quart, et qu'en outre la preuve de la dissimulation ne résulte pas de l'acte même présenté à l'enregistrement (Req. 15 juill. 1878, aff. Caubet, D. P. 78. 1. 460). Il ne nous semble pas que cette dernière condition doive être exigée. Les art. 12 et 13 de la loi de 1871 appartiennent à un système unique : ce sont deux dispositions connexes qu'on ne peut pas séparer. Selon nous, l'existence d'une contre-lettre, dans les cas qui tombent encore aujourd'hui sous l'application de l'art. 40, ne peut être établie que par les modes de preuve et suivant

la procédure organisée par la loi de frimaire. Mais, réciproquement, les nouvelles règles sur la preuve sont applicables toutes les fois que la dissimulation se rapporte à des actes régis par la loi du 23 août 1871, en d'autres termes, toutes les fois qu'il s'agit de la perception de l'amende du quart.

2887. Sous l'empire de la loi de frimaire, d'ailleurs, comme sous la législation actuelle, l'aveu de l'une des parties peut établir l'existence d'une contre-lettre ; mais, conformément aux principes du droit commun, l'aveu ne peut être invoqué que contre celui qui l'a fait. Ainsi il a été décidé que la preuve de l'existence d'une contre-lettre portant augmentation du prix stipulé dans un acte, ne peut être puisée par la Régie, à l'effet notamment d'exiger le triple droit sur la somme dissimulée, dans une instance à laquelle la partie poursuivie en payement de ce triple droit a été étrangère, et, par exemple, dans des déclarations faites par l'autre partie, au sujet de poursuites disciplinaires contre le notaire rédacteur de l'acte argué de simulation. Et la preuve de la contre-lettre doit être considérée comme ayant pour unique base ces déclarations, bien que les juges les aient signalées comme étant d'accord avec plusieurs circonstances, mais sans les spécifier (Civ. cass. 22 déc. 1858, aff. Chauveau, D. P. 59. 1. 228). Au contraire, la preuve de l'existence d'une contre-lettre peut résulter de payements où la Régie n'a point été partie, par exemple, d'un jugement frappant d'une peine disciplinaire le notaire qui a reçu l'acte avec connaissance de la contre-lettre (Arrêt du 29 déc. 1857, cité *supra*, n° 2885).

2888. Mais, pour que l'Administration soit autorisée à appliquer dans sa rigueur la peine de l'amende du quart, il faut que l'aveu soit formel, en d'autres termes, que le débiteur reconnaisse expressément que le prix porté au contrat est simulé. Il faut, en outre, qu'il soit fait en connaissance de cause, c'est-à-dire que le débiteur soit éclairé sur les conséquences de son aveu (Sol. adm. enreg. 2 août 1872, D. P. 73. 5. 229). —Jugé que l'acte qui constate le payement, hors la vue du notaire rédacteur, d'un supplément de prix pour une vente immobilière, peut être interprété comme contenant, sinon un aveu formel, du moins une preuve décisive de la dissimulation d'une partie du prix convenu lors de la vente, et comme n'ayant été imaginé que pour échapper à l'amende du quart de la somme dissimulée (Req. 15 juill. 1878, cité *supra*, n° 2886). Il a été décidé, encore que l'amende du quart est exigible, lorsque la dissimulation soit dans le prix d'une vente immobilière, soit dans la soulte d'un échange ou d'un partage, est constatée par les énonciations d'une enquête et d'un jugement (Sol. adm. enreg. 4 oct. 1872, D. P. 73. 5. 230).

2889. Il n'y a pas dissimulation de prix, dans le sens des art. 12 et 13 de la loi du 23 août 1871, et, par conséquent, ces dispositions ne sont pas applicables, dans le cas où les parties reconnaissent que le capital d'une rente viagère de 700 fr., formant le prix d'une vente immobilière, et évalué par elles 14000 fr., est en réalité de 34000 fr. Il n'y a là qu'une insuffisance passible du double droit sur 20000 fr. (Sol. adm. enreg. 18 mars 1873, D. P. 73. 5. 229).

2890. La dissimulation dans un prix de vente de fonds de commerce pouvant être établie par les genres de preuve admis par le droit commun, d'après l'art. 8 de la loi du 28 févr. 1872 qui a déclaré applicables à ces mutations les art. 12 et 13 de la loi de 1871 (Instr. adm. enreg. 29 févr. 1872, n° 2433, chap. 4, D. P. 72. 3. 13), l'Administration est fondée à demander la représentation des livres et inventaires des parties à l'effet de fournir la preuve de la fraude présumée (Sol. adm. enreg. 16 juill. 1874, D. P. 75. 5. 214). On peut invoquer à l'appui de cette solution la doctrine d'un arrêt aux termes duquel un tribunal peut, pour établir si des biens compris dans un partage sont réellement la propriété commune des copartageants, condition nécessaire pour que l'acte ne soit assujetti au droit fixe, ordonner une vérification par experts des livres, registres et autres documents écrits à fournir par les parties (Civ. rej. 4 juin 1867, aff. Jolibois, D. P. 67. 1. 218. — V. *supra*, n° 1948).

2891. Il ne suffit pas que l'existence de la contre-lettre soit constatée, il faut que le chiffre de l'augmentation du prix soit également constaté ; cette constatation peut, d'ailleurs, résulter des mêmes faits que celle de la contre-lettre (Req. 29 déc. 1857, cité *supra*, n° 2885).

2892. Le prix se composant de la somme payée par l'acquéreur et des charges qui lui sont imposées, toute stipulation secrète de charges non indiquées dans le contrat apparent est une augmentation du prix et donne lieu à la perception de l'amende sur le capital des charges. C'est ainsi que, lorsqu'une vente notariée porte quittance du prix et entrée en jouissance immédiate de l'acquéreur, la contre-lettre par laquelle ce dernier consent à ce que le vendeur touche, pendant quatre ans, les fermages de l'immeuble vendu, est passible du montant du droit simple sur le montant des fermages et de l'amende du quart (Sol. adm. enrég. 27 mars 1875, *Diction. droits d'enreg.*, v° *Contre-lettre*, n° 68).
Il en est de même de l'acte secret portant que l'acquéreur d'une maison la fera restaurer et en laissera la jouissance au vendeur sa vie durant (Trib. Colmar, 4 mai 1857, *Journ. enreg.*, art. 16640). — Ce principe a été souvent appliqué à la cession des droits successifs. Jugé que la dissimulation, dans un acte de cession de droits successifs, de dettes dont le payement incombait au cédant et qui, ayant été mises par le contrat à la charge du cessionnaire, auraient dû être ajoutées au prix pour la liquidation du droit proportionnel d'enregistrement, donne lieu à une amende égale au quart de la somme dissimulée (Trib. paix le Monastier, 8 janv. 1878, aff. Faure, D. P. 78. 3. 78). On remarquera que ce jugement est émané d'un tribunal de paix, par dérogation à l'art. 65 de la loi du 22 frim. an 7; c'est une application de l'art. 13 de la loi du 23 août 1871, d'après lequel le recouvrement de l'amende édictée par l'art. 12 a lieu suivant la procédure du droit commun. Ce jugement est, d'ailleurs, conforme à une solution de Régie aux termes de laquelle, « l'art. 12 de la loi du 23 août 1871 est applicable aux cessions de droits successifs pour lesquelles il est constaté que les charges susceptibles d'être ajoutées au prix sont d'un chiffre supérieur à celui déclaré par les parties; toute obligation que le contrat de vente impose à l'acquéreur à la décharge du vendeur, et spécialement l'obligation que contracte le cessionnaire de droits successifs d'acquitter la portion de dettes incombant au cédant, ajoute au prix. La dissimulation de la partielle d'une obligation de cette nature entache de dissimulation le prix lui-même (Sol. adm. enreg. 10 août 1872 et jugements des 6 mars 1885 et 3 févr. 1885, cités *supra*, n° 2879).
2893. La loi du 23 août 1871 n'a pas seulement augmenté le chiffre de l'amende et institué de nouveaux modes de preuve pour atteindre les dissimulations; elle a, de plus, édicté des règles particulières pour que les parties fussent éclairées sur les conséquences de leurs fausses déclarations. Aux termes de l'art. 13 *in fine*, « le notaire qui reçoit un acte de vente, d'échange ou de partage est tenu de donner lecture aux parties des dispositions du présent article et de celles de l'art. 12 ci-dessus. Mention expresse de cette lecture sera faite dans l'acte, à peine d'une amende de 10 fr. » L'Administration a recommandé à ses employés de tous grades de veiller rigoureusement à ce que cette prescription fût observée (Instr. adm. enreg. 25 août 1874, n° 2413, § 19, n° 2, D. P. 74. 3. 51).
2894. La question de savoir si l'obligation imposée aux notaires par l'art. 13 de la loi de 1871 s'applique aux *adjudications publiques* aussi bien qu'aux autres ventes, a été très discutée. L'Administration n'admettait d'exception qu'à l'égard des adjudications faites par un *notaire commis* par justice lesquelles, à raison des garanties qui les entourent, peuvent être assimilées aux ventes judiciaires proprement dites ; mais elle soutenait que l'art. 13 devait être appliqué aux adjudications publiques faites par le notaire en dehors d'une délégation du tribunal (Sol. adm. enreg. 9 mars 1874, D. P. 72. 3. 85). La jurisprudence s'était elle-même prononcée en ce sens (Trib. Arras, 21 janv. 1873, aff. Braine, D. P. 73. 3. 104. — *Adde* : Trib. Semur, 30 avr. 1873 ; *Journ. enreg.*, art. 19274 ; Trib. Verdun, 9 juill. 1873, *Journ. enreg.*, art. 19302 ; Trib. La Rochelle, 9 juill. 1873 ; Trib. Mantes, 30 août 1873 ; Trib. Charleville, 18 déc. 1873 ; Trib. Avesnes, 9 janv. 1874 ; Trib. Grasse, 21 janv. 1874. Trib. Versailles, 17 févr. 1874 ; Trib. Seine, 16 mai 1874, *Journ. enreg.*, art. 19502 ; Trib. Meaux, 20 mai 1874. Comp. *Diction. droits d'enreg.*, v° *Adjudication*, n° 13). Mais, sur les réclamations très vives du notariat, la loi de finances du 3 août 1875 (art. 11. V. D. P. 76. 4. 46, et la note) excepta de l'application de l'art. 13 toutes les *adjudications publiques* sans distinction.

On s'accorde pour décider que l'exception est applicable aux adjudications publiques de *fonds de commerce*, quoique la loi de 1875 ne parle que des adjudications d'immeubles, l'esprit de la loi du 28 févr. 1872 (art. 8) ayant été d'assimiler les mutations de fonds de commerce aux mutations immobilières, relativement aux obligations imposées par les art. 12 et 13 de la loi de 1871 (Naquet, t. 3, n° 1242).
2895. Il a été décidé que, la loi ayant voulu atteindre les dissimulations totales de soultes aussi bien que les dissimulations partielles, et l'art. 13 s'exprimant en termes généraux, les notaires sont dans l'obligation de donner lecture des art. 12 et 13 de la loi du 23 août 1871 pour tous les échanges et partages, lors même qu'aucune soulte n'est stipulée (Sol. adm. enreg. 9 nov. 1872, D. P. 73. 5. 223). Mais, quel que soit le nombre des parties dans un acte, le notaire n'est tenu d'y faire qu'une seule mention et, s'il omet cette mention, il n'encourt qu'une seule amende. Bien qu'un procès-verbal d'adjudication amiable contienne autant de dispositions qu'il y a d'adjudicataires, il ne constitue néanmoins qu'un seul acte, et le défaut de mention de la lecture des art. 12 et 13 de la loi du 23 août 1871 ne donne lieu qu'à une seule amende (Sol. adm. enreg. 9 déc. 1872, D. P. 73. 5. 231).
2896. L'Administration a eu à se prononcer sur le point de savoir si l'infraction aux prescriptions de l'art. 13 de la loi de 1871 constitue une contravention aux lois en matière de notariat ou bien une contravention aux lois en matière d'enregistrement. Elle a résolu la question dans le dernier sens; elle en a conclu que la rédaction d'un procès-verbal n'est point nécessaire pour constater la contravention, et que le recouvrement de l'amende peut être poursuivi directement par voie de contrainte (Sol. adm. enreg. 25 oct. 1871, D. P. 73. 5. 230 ; 6 juill. 1872, D. P. 73. 3. 104).

ART. 5. — *Caractère des pénalités (Rép. n°° 5021 à 5041)*.

2897. En vertu du principe, que les peines sont personnelles, il n'y a *solidarité* ni entre le vendeur et l'acquéreur, ni entre le bailleur et le preneur, pour les doubles droits qui leur incombent respectivement, à défaut d'enregistrement ou de déclaration dans le délai de la mutation de propriété, d'usufruit ou de jouissance d'immeubles accomplie entre eux. La solidarité n'existe que pour le payement du droit simple (Instr. adm. enreg. 25 août 1871, n° 2413, § 5, n° 3, D. P. 71. 3. 51). Jugé que, si la fraude a été concertée entre le vendeur et l'acquéreur, le double droit encouru pour défaut d'enregistrement d'un acte sous seing privé dans le délai légal, doit être supporté par eux par moitié (Montpellier, 1er mai 1871, aff. Pauzié, D. P. 72. 5. 205).
2898. On a mentionné au *Rép.* n° 5037, le principe qu'en matière d'enregistrement les amendes s'appliquent sans égard à la *bonne foi* des parties. Ce principe, de jurisprudence constante, a été consacré par la cour de cassation relativement aux prescriptions de la loi du 29 juin 1872 (art. 5) (Req. 18 nov. 1878, aff. Detouche et Outrebon, D. P. 79. 1. 229. V. *supra*, n°° 2849 et 2851).
Il est de règle, en cette matière, qu'aucune autorité publique ne peut ni faire remise, ni même suspendre le payement des droits d'enregistrement. L'art. 59 de la loi de frimaire le dit expressément. Aucune atteinte n'a jamais été portée à ce principe en ce qui concerne les *droits simples*, mais à l'égard des demi-droits et droits *en sus*, ainsi que des *amendes*, il est admis dans la pratique que le ministre, par délégation du droit de grâce, a pouvoir d'en faire remise totale ou partielle (V. *infra*, n° 2916).
D'autre part, des lois et décrets ont autorisé dans certains cas, notamment à la suite de dispositions nouvelles se rapportant à la perception de l'impôt, l'enregistrement, moyennant le payement des droits simples seulement, d'actes et de mutations soustraits à la formalité et à l'égard desquels des pénalités étaient encourues (V. Décr. 13 mars 1848, D. P. 48. 4. 51 ; Instr. adm. enreg. 16 mars 1848 ; n° 1800, D. P. 48. 3. 90 ; Arrêté min. fin. 14 avr. 1848, D. P. 48. 4. 91 ; L. 18 mai 1850, art. 12, D. P. 50. 4. 87 ; Décr. 29 sept. 1855, D. P. 55. 4. 99 ; L. 11 juin 1859, art. 12, D. P. 59. 4. 34 ; 23 août 1871, art. 17, D. P. 71. 4. 54 ; V. aussi, L. 21 juin 1875, art. 1er, D. P. 75. 4. 107 ; 26 mars 1878, art. 6, D. P. 78. 4. 44).
2899. On a dit aussi (*Rép.* n° 5021) que la peine pro-

noncée par l'art. 38 de la loi de frimaire an 7 peut passer aux *héritiers* du contrevenant, que la difficulté qui s'était élevée sur ce point avait été tranchée par un avis du conseil d'Etat du 9 févr. 1810. L'Administration a cependant décidé que, la peine du droit en sus édictée par la loi du 23 août 1871 étant personnelle, d'après les termes de cette loi, s'éteint par la mort de celui qui l'a encourue (Sol. adm. enreg. 24 mars et 2 avr. 1873). Les rédacteurs du *Dictionnaire des droits d'enregistrement*, auxquels nous empruntons ces solutions (vo *Bail*, no 476), critiquent vivement cette doctrine qui leur paraît contraire aux dispositions de l'avis précité du conseil d'Etat, lequel n'a été abrogé ni implicitement ni explicitement par la loi du 23 août 1871; ils font remarquer avec raison que, si le législateur s'est servi du mot « personnellement » dans l'art. 14 de cette loi, c'est uniquement pour bien faire comprendre que le droit en sus prononcé contre chacune des parties ne peut être réclamé qu'à cette partie et supporté que par elle, ainsi que le prouvent les mots « et sans recours », qui suivent le mot « personnellement » et en précisent la signification.

En ce qui concerne les pénalités encourues en cas de déclaration de succession souscrite après l'expiration du délai (demi-droit en sus) ou d'omission dans la déclaration (droit en sus), il a toujours été reconnu qu'elles constituent des peines personnelles qui ne survivent pas à ceux qui les ont encourues et s'éteignent par le décès des contrevenants. Cette doctrine a été formellement confirmée par un arrêt (Civ. rej. 10 nov. 1874, aff. Juilliard, D. P. 75. 1. 115. Conf. Décis. min. fin. 18 juill. 1806, *ibid.*, note ; *Journ. enreg.*, art. 2352).

2900. Enfin, contrairement à la règle formulée au *Rép.* no 5036, d'après laquelle le double droit doit être étendu au droit de transcription à 50 cent. pour 100 perçu, depuis la loi du 28 avr. 1846, en même temps que le droit de mutation, sur tous les contrats qui sont de nature à être transcrits, il a été décidé que, dans le cas où un *testament*, contenant une *substitution*, a été tardivement présenté à la formalité, le droit en sus ne doit être réclamé que sur le droit d'enregistrement proprement dit, et non pas en même temps sur le droit de transcription. L'Administration s'est fondée, pour le décider ainsi, sur ce que le droit proportionnel de transcription n'a pas changé de nature, bien que maintenant on le perçoive au moment de l'enregistrement de l'acte de nature à être transcrit; qu'il reste toujours un droit d'hypothèque, et que, par suite, on ne peut pas l'ajouter au droit d'enregistrement pour régler le montant de l'amende exigible en vertu de l'art. 38 de la loi de frimaire an 7 (Sol. adm. enreg. 27 nov. 1867, D. P. 68. 3. 85; *Adde :* Sol. adm. enreg. 14 déc. 1857 et 3 févr. 1864, *Contrà :* Garnier, *Rép. gén. enreg.*, no 13515-1o).

2901. Il nous reste à mentionner quelques décisions relatives aux caractères de l'amende édictée par la loi de 1871.

Nous avons rapporté (*Rép.* no 5069), en l'approuvant, une solution de l'Administration d'après laquelle le triple droit, étant prononcé à titre d'amende et étant, dès lors, une peine personnelle, ne peut être exigé des héritiers des contrevenants qui sont tenus seulement d'acquitter le droit simple sur la partie dissimulée du prix. Mais l'Administration n'a pas persisté dans cette opinion ; et il a été jugé, conformément à sa nouvelle doctrine, que le triple droit pouvait être réclamé aux héritiers des contrevenants, par assimilation avec le double droit établi par l'art. 38 de la loi de frimaire an 7 pour défaut d'enregistrement dans le délai légal d'un acte sous seing privé translatif d'immeuble (Trib. Saint-Gaudens, 31 mars 1862, *Diction. droits d'enreg.*, vo *Bail*, no 127).

2902. La controverse que nous venons de rappeler ne s'est pas produite relativement à l'amende édictée par la loi de 1871. Il est certain que cette amende ai caractère d'une peine qui s'éteint avec le décès du contrevenant. — Quant aux droits simple et en sus, l'Administration a reconnu, en dernier lieu, que les exceptions au principe de la responsabilité des peines devant résulter de dispositions catégoriques et ne pouvant pas être admises par analogie, le droit en sus encouru à raison de la dissimulation du prix d'une vente d'immeuble ne peut être réclamé aux héritiers du contrevenant (Sol. adm. enreg. 21 mars 1882, D. P. 83. 3. 8). Cette solution, rendue sous l'empire de la nouvelle législation, est en opposition avec une autre solution du 2 déc. 1869; elle paraît de nature à entraîner l'abandon de la dernière interprétation concernant le triple droit (V. *suprà*, no 2901). — Mais l'amende du quart devant, en définitive, se répartir entre le vendeur et l'acquéreur, le décès de l'un d'eux n'éteint que la moitié de l'amende, l'autre moitié reste à la charge du survivant (*Diction. droits d'enreg.*, vo *Bail*, no 128). — De même, en vertu aussi du principe de la personnalité des peines, l'Administration a reconnu que, lorsqu'il y a plusieurs vendeurs ou plusieurs acquéreurs, l'amende du quart se subdivise entre les coacquéreurs ou les covendeurs, de telle sorte que le décès de l'un d'eux entraîne l'extinction de sa part dans l'amende. En vain, on objecterait ici le caractère solidaire de la vente, car la solidarité, aux termes de l'art. 1208 c. civ., n'est pas un obstacle à ce que la dette des coobligés s'éteigne partiellement (Sol. adm. enreg. 19 avr. 1882, D. P. 84. 5. 226).

2903. L'Administration ne peut renoncer par voie de transaction aux droits résultant pour elle des art. 12 et 13 de la loi du 23 août 1871. En ce sens, il a été décidé que la soumission par laquelle un acquéreur, reconnaissant que le prix exprimé dans l'acte de vente est entaché de simulation, s'oblige à payer le droit simple et le droit en sus un supplément déterminé, ne fait pas obstacle, encore bien qu'elle ait été acceptée par l'Administration, à ce que celle-ci, lorsqu'elle découvre que le prix réel est supérieur au prix stipulé et au supplément porté dans la soumission, exerce, pour le recouvrement des droits et amendes exigibles, l'action que les art. 12 et 13 de la loi du 23 août 1871 lui confèrent (Sol. adm. enreg. 13 mars 1874, D. P. 75. 5. 245).

2904. On a examiné au *Rép.* nos 5067 et 5068, à la charge de qui sont les droits auxquels la contre-lettre donne lieu. La règle qui a été posée est encore appliquée aujourd'hui. Le débiteur du droit est celui qui présente l'acte à la formalité pour le faire valoir, sauf son recours contre qui de droit. — Si l'existence d'une contre-lettre est établie sans que l'acte ait été présenté à la formalité et sans qu'il en ait été fait usage, soit par acte public, soit en justice, le triple droit ou l'amende du quart peuvent être réclamés à la partie qui en a fait usage ou contre laquelle la preuve a été faite (Trib. Seine, 21 août 1850, *Journ. enreg.*, art. 15029; Trib. Fontenay, 18 mars 1853, *ibid.*, art. 15593).

2905. Remarquons enfin que, l'amende étant *du quart de la somme dissimulée*, ces expressions excluent implicitement l'application en cette matière de l'art. 2 de la loi du 27 vent. an 9 (liquidation du droit proportionnel sur les sommes et valeurs de 20 fr. en 20 fr. inclusivement et sans fraction). Ainsi, par exemple, la somme dissimulée étant de 315 fr., l'amende serait de 78 fr. 75 cent. en principal, et avec les deux décimes, de 94 fr. 50 cent. (Sol. adm. enreg. 10 août 1872, D. P. 73. 5. 230).

CHAP. 7. — Des bureaux où les actes et mutations doivent être enregistrés (*Rép.* nos 5070 à 5085).

2906. En ce qui concerne les mutations par décès, la question a déjà été étudiée au chapitre de l'exigibilité (V. *suprà*, nos 2243 et suiv.); il ne sera donc question ici que des actes et des mutations entre vifs.

Sect. 1re. — Actes notariés (*Rép.* no 5071).

2907. Les règles en cette matière n'ont pas été modifiées (*Rép.* no 5071). — Il a été décidé que l'ordonnance sur requête annexée à un acte notarié doit être enregistrée avec cet acte et au même bureau, lors même qu'il existe dans la même localité un bureau spécial pour les actes judiciaires (Sol. adm. enreg. 30 nov. 1867, D. P. 69. 5. 162). Les actes sous seing privé annexés aux actes notariés peuvent également, d'après une instruction générale du 9 févr. 1857, no 2090, être enregistrés au même bureau que ces derniers actes, quoiqu'il existe dans la même ville un bureau particulier pour l'enregistrement des actes sous seing privé.

Sect. 2. — Actes des huissiers et autres ayant pouvoir de faire des exploits, procès-verbaux ou rapports (*Rép.* no 5072).

2908. L'art. 26, § 2, de la loi du 22 frim. an 7 porte que les huissiers et toutes autres personnes ayant pouvoir de faire des exploits, procès-verbaux ou rapports doivent faire enregistrer leurs actes soit au bureau de leur résidence, soit au bureau du lieu où elles les auront faits. — Mais, comme nous l'avons observé au *Rép.* n° 5072, quelques officiers reçoivent dans la pratique des facilités plus grandes encore que celles que suppose la disposition de la loi. Ainsi il a de nouveau été reconnu que les procès-verbaux de délits rapportés par les gardes et autres agents forestiers, et tous actes de poursuite, peuvent être enregistrés soit au bureau de la résidence, soit au bureau le plus voisin de la résidence de l'agent, quoique ce bureau ne soit pas celui de son arrondissement (Instr. adm. enreg. 15 janv. 1865, n° 2305); qu'il en est de même des procès-verbaux des gardes champêtres (Même instruction), et des vérificateurs des poids et mesures (Même instruction).

Conformément à l'art. 26, § 2, précité, les procès-verbaux de saisie rapportés par les gendarmes et constatant des délits ou contraventions aux lois postales peuvent être enregistrés, soit dans le lieu de la résidence des gendarmes qui ont procédé aux saisies, soit dans le lieu même où le procès-verbal a été dressé. Les procès-verbaux des sous-officiers, brigadiers et gendarmes, qui sont de nature à donner lieu à des poursuites judiciaires, doivent être présentés à l'enregistrement par les gendarmes, lorsqu'il se trouve un bureau d'enregistrement dans le lieu de leur résidence; dans le cas contraire, l'enregistrement a lieu à la diligence du ministère public chargé des poursuites (Décr. 1er mars 1854, art. 491, D. P. 54. 4. 40; Instr. adm. enreg. 1er déc. 1854, n° 2018).

Sect. 3. — Actes des greffiers et secrétaires des administrations centrales et municipales.

2909. V. *Rép.* n° 5073.

Sect. 4. — Actes sous seing privé et passés en pays étranger (*Rép.* n° 5075).

2910. On a dit au *Rép.* n° 5075, que les actes sous seing privé et les actes passés en pays étranger peuvent être enregistrés dans tous les bureaux indistinctement. Cette règle s'applique même aux actes sous seing privé portant vente de *fonds de commerce*, puisque, à la différence de ce qu'elle décide relativement aux *ventes verbales* (V. *suprà,* n° 1565), la loi ne contient en ce qui les concerne aucune disposition restrictive. Seulement l'Administration, qui a le droit de répartir les attributions de ces agents entre les divers bureaux d'une même résidence, a l'usage, dans les grandes villes, de charger exclusivement certains bureaux de l'enregistrement des ces sions de fonds de commerce; mais cet usage n'a rien de particulier à la matière.

Sect. 5. — Mutations verbales.

2911. La règle est aussi, pour les mutations verbales de propriété ou d'usufruit d'immeubles (V. *suprà,* n° 1017 et suiv.), que les déclarations qui s'y rapportent peuvent être faites dans un bureau quelconque. Relativement aux mutations de *fonds de commerce,* la loi exige que la déclaration soit faite au bureau de la situation du fonds de commerce (L. 28 févr. 1872, art. 8, § 2) (V. *suprà,* n° 1565). — Pour les déclarations relatives aux *locations verbales d'immeubles,* la loi du 23 août 1871 n'ayant fait aucune désignation, la déclaration doit être reçue dans le bureau, quel qu'il soit, où elle est présentée (Garnier, *Rép. gén. enreg.,* n° 2666). Néanmoins l'Administration a édicté un certain nombre de règles spéciales en cette matière, en vue surtout de faciliter le payement de l'impôt. C'est ainsi que dans les communes où il n'existe pas de bureau d'enregistrement, les déclarations peuvent être reçues par les percepteurs des contributions directes. Des formules de déclarations sont remises à cet effet aux percepteurs qui les délivrent aux contribuables.

Mais les percepteurs ne sont obligés de recevoir les déclarations de locations verbales et le payement des droits qu'autant que la déclaration et le payement sont faits dans les délais légaux, et que les contribuables n'élèvent pas de contestations au sujet de la liquidation des droits. En cas de difficulté sur le mode de liquidation, les percepteurs

peuvent, d'ailleurs, en référer au receveur de l'enregistrement (Instr. adm. enreg., 18 sept. 1871, n° 2418, D. P. 71. 3. 52). Une autre instruction a autorisé les directeurs de l'enregistrement à ouvrir des bureaux spéciaux pour recevoir les déclarations de locations verbales (Instr. adm. enreg., 22 nov. 1871, n° 2423, D. P. 71. 3. 92).

2912. Lorsqu'il s'agit de baux à périodes conclus verbalement et pour lesquels les payements sont fractionnés et successifs, M. Garnier, *Rép. gén. enreg.,* n° 2667, enseigne que les payements doivent être faits, soit au bureau qui a fait la déclaration, soit au bureau de la situation des biens. Nous pensons, avec M. Naquet, t. 3, n° 1184, qu'en l'absence de texte restrictif, tous les bureaux sont compétents pour recevoir les payements. Quoique la question ne se soit posée que pour les locations verbales, il est évident que la solution que nous proposons embrasse tous les baux à périodes, écrits ou verbaux; l'absence de texte restrictif ne permet pas d'imposer aux parties l'obligation d'effectuer les payements successifs qu'elles auront à faire au cours du bail, au bureau de la situation des biens ou à celui où les droits ont été acquittés la première fois. — Il est certain, d'ailleurs, que, s'il s'agit d'un bail qui n'est point divisé en périodes et pour lequel le droit est acquitté en une fois, la règle générale, d'après laquelle tous les bureaux sont compétents pour recevoir le payement, est à plus forte raison applicable.

2913. De même que l'enregistrement opéré dans un bureau incompétent est à considérer comme non avenu (Décis. min. fin. 23 sept. 1845; Instr. adm. enreg., n° 1649), l'enregistrement qui aurait été fait par un agent sans pouvoir insurrectionnel est de nul effet. C'est ce qui a été reconnu par trois arrêts rendus le même jour par la cour de cassation, au sujet d'actes enregistrés en 1871 par les agents de la commune de Paris (Req. 27 nov. 1872, aff. Crédit foncier, aff. Chemin de fer de Paris à Orléans, et aff. Chemin de fer du Sud de l'Autriche, D. P. 73. 1. 203).

CHAP. 8. — Du payement des droits et de ceux qui doivent les acquitter (*Rép.* n°s 5086 à 5193).

2914. Nous avons indiqué au *Rép.* n°s 5086 à 5094, les règles générales qui gouvernent le payement des droits d'enregistrement. On y a vu notamment, qu'aux termes de l'art. 28 de la loi de frimaire, les droits des actes et ceux des mutations par décès doivent être payés avant l'enregistrement, aux taux et quotités réglés par la loi, sans que le redevable puisse, pour un motif quelconque, en différer le payement. Par application de ce principe, il a été décidé que le redevable qui s'est refusé à la consignation des droits réclamés, sous prétexte d'exagération dans la demande du receveur, ne peut, même quand il a fait reconnaître cette exagération, échapper au droit en sus encouru pour retard apporté à l'enregistrement (Trib. Seine, 19 août 1865, aff. Société de Saint-Gobain, D. P. 66. 3. 37). — Jugé de même que l'offre réelle signifiée au receveur de l'enregistrement d'une somme inférieure au montant des droits réclamés par ce dernier lors de la présentation d'un jugement à la formalité, ne soustrait pas le redevable à la pénalité du droit en sus applicable à défaut d'enregistrement de ce jugement dans le délai prescrit (Civ. cass. 25 mars 1872, aff. Compagnie immobilière, D. P. 72. 1. 314. Conf. Instr. adm. enreg. 17 juin 1872, n° 2499, § 1er).

2915. Dans un arrêt récent, la cour de cassation décide, par application du principe d'après lequel l'Administration a toujours le droit de rechercher l'insuffisance d'une évaluation mobilière qu'elle soupçonne être fausse et incomplète, que l'insuffisance d'une déclaration estimative, fournie à fin de liquidation du droit proportionnel exigible sur les dommages-intérêts dont un jugement a prononcé la condamnation, peut être établie au moyen de la présomption résultant de la disproportion qui existe entre cette estimation et le chiffre beaucoup plus élevé, auquel les mêmes dommages-intérêts ont été évalués dans une inscription hypothécaire, et le faux ajoute que, dans cette hypothèse, on ne peut pas conclure de ce que le jugement porte que les dommages-intérêts seront fixés par état, que l'action de l'Administration soit subordonnée à leur liquidation (Civ. cass. 20 nov. 1889, aff. Danet, D. P. 90. 1. 201). D'après l'art. 28 de la loi du 22 frim. an 7, en effet, nul ne peut différer le payement des droits, « sous prétexte de contestation sur la quotité » (Conf. Req. 18 août 1884, cité supra, nᵒ 2304).

2916. Ainsi qu'on l'a dit (Rép. nᵒ 5091), la défense d'accorder des remises ou modérations de droits d'enregistrement n'existe plus qu'à l'égard des droits simples. Il est admis, dans la pratique, que des remises et réductions de droits en sus, doubles droits et amendes, et des prorogations de délais pour le payement des droits simples, peuvent être accordées par le ministre des finances. Toutefois le ministre n'accorde de prorogation de délai pour le payement des droits de mutation par décès que dans des cas exceptionnels, tels que celui d'absence d'héritiers se trouvant éloignés du territoire français ou celui d'introduction d'une instance en nullité du testament. Lorsque la demande de prorogation se produit moins d'un mois avant l'expiration du délai légal, les parties doivent être averties par le directeur qu'elle ne sera pas transmise (Circ. adm. enreg. 9 mai 1867, D.P. 67.3.85).

2917. L'héritier ou le légataire universel qui, après avoir obtenu remise de la peine fiscale encourue pour défaut de déclaration dans le délai, n'a pas satisfait à la condition par lui imposée de payer immédiatement le droit simple, est déchu du bénéfice de cette remise et peut être poursuivi de nouveau en payement des droits en sus (Trib. Seine, 23 nov. 1861, aff. Chevalier, D. P. 62. 3. 40 ; Trib. Tarbes, 29 juin 1881, aff. Smith, D. P. 82, 3. 40 ; Trib. Toulouse, 19 juin 1884, aff. Thomas Bourgères, D. P. 85. 5. 221). Au reste, il a été jugé que la décision ministérielle qui, statuant conformément à l'offre faite par le redevable, lui fait remise du droit en sus à sa charge pour défaut d'enregistrement d'un acte dans le délai prescrit, sous la condition qu'il acquittera le droit simple, ne porte nullement atteinte à l'exercice du droit qui appartient au redevable de contester l'exigibilité ou la quotité de l'impôt et d'en poursuivre la restitution après payement (Civ. cass. 25 juin 1873, aff. Mahieu et Pauchet, D. P. 74. 1. 30 ; Instr. adm. enreg. 24 sept. 1873, nᵒ 2472, § 7).

2918. Mais le droit d'accorder des remises ou modérations de droits d'enregistrement n'appartient qu'au ministre des finances. Jugé que les droits d'enregistrement payés par un avoué, alors même qu'ils seraient excessifs, ne peuvent être réduits par le juge taxateur (Orléans, 19 juin 1855, aff. Julienne, D. P. 56. 2. 120).

Il a été décidé, d'ailleurs, qu'une dispense d'impôt, spécialement des droits de timbre et de transmission applicables aux actions d'une société, étant un acte essentiellement de la compétence du pouvoir législatif, n'a pu être accordée valablement par l'administrateur supérieur placé, après la révolution du 4 sept. 1870, à la tête d'un département, et qui n'avait reçu du Gouvernement de la défense nationale que des pouvoirs limités à l'administration de ce département, et non le pouvoir législatif ni la souveraineté (Civ. cass. 7 févr. 1876, aff. Comptoir communal de Marseille, D. P. 76. 1. 128 ; Instr. adm. enreg. 15 mai 1876, nᵒ 2546, § 4).

2919. En ce qui concerne la question de savoir quels sont les débiteurs du droit, il importe de remarquer que ces débiteurs sont de deux sortes : les uns ne sont tenus que vis-à-vis du fisc et sauf recours, les autres sont ceux sur lesquels l'impôt tombe définitivement ; le mot obligation est employé pour caractériser la situation des premiers, le mot contribution désigne celle des seconds. Nous aurons soin de faire cette distinction chaque fois que l'occasion s'en présentera ; mais, comme il est des hypothèses dans lesquelles elle ne trouve pas son application, nous ne la prendrons pas pour base des divisions de cette matière ; nous conserverons l'ordre d'exposition adopté au Répertoire.

Relativement à la détermination de la personne des débiteurs, la loi distingue, comme on l'a dit, entre les droits des actes civils ou judiciaires, et les droits des déclarations de mutations par décès.

SECT. 1re. — ACTES CIVILS OU JUDICIAIRES (Rép. nᵒˢ 5096 à 5149).

2920. Les règles varient suivant qu'il s'agit d'actes reçus par des officiers publics ou ministériels, ou d'actes dans lesquels les parties interviennent seules.

ART. 1er. — Actes reçus par les officiers publics ou ministériels (Rép. nᵒˢ 5097 à 5113).

2921. Nous avons peu de choses à dire relativement aux actes reçus par les officiers publics ; on sait que la loi de frimaire an 7 (art. 29) oblige ceux-ci personnellement à acquitter les droits : On a dit au Rép. nᵒ 5097, qu'il y a exception à cette règle pour les testaments et autres actes de libéralité à cause de mort qui sont reçus par les notaires, et dont les droits doivent être acquittés par les légataires, donataires ou leurs tuteurs et les exécuteurs testamentaires. Il a été décidé, en ce sens, que les testaments devant être enregistrés à la diligence des héritiers et des légataires, l'administration de l'enregistrement n'a aucune action contre les notaires pour les obliger à présenter à la formalité ceux de ces actes qu'ils ont reçus et qui émanent de personnes décédées depuis plus de trois mois (Sol. adm. enreg. 22 janv. 1867, D. P. 67. 3. 64). — Mais le notaire qui fait enregistrer un testament olographe dont il a été constitué dépositaire par ordonnance du président, est tenu d'acquitter les droits auxquels ce testament donne lieu, et notamment le droit de transcription exigible sur la clause de la substitution qui y est renfermée (Civ. cass. 7 avr. 1849, aff. Terrien, D. P. 49. 1. 204 ; Instr. adm. enreg. 31 déc. 1849, nᵒ 1844, § 12).

2922. Les art. 29 et 33 de la loi du 22 frim. an 7, qui obligent les notaires à faire enregistrer les actes passés devant eux et les rendent responsables du défaut d'enregistrement, sauf leur recours contre les parties, sont conçus dans les termes généraux et absolus qui ne se prêtent à aucune distinction, et s'appliquent à tous les actes, de quelque nature qu'ils soient, reçus par ces officiers ministériels en leur qualité, à l'exception toutefois des testaments et actes de libéralités à cause de mort (V. supra, nᵒ 2921). Et l'art. 37 de la même loi, qui affranchit les greffiers des tribunaux de l'obligation d'avancer les droits d'enregistrement auxquels donnent lieu les jugements d'adjudication, ne peut leur être appliqué, cette disposition exceptionnelle ne visant pas les notaires. Spécialement, le notaire commis en justice pour procéder à une adjudication immobilière, ne peut se soustraire à l'obligation de faire l'avance du droit d'enregistrement, en remettant au receveur de la Régie un extrait de l'adjudication pour qu'il poursuive le recouvrement du droit contre l'adjudicataire (Trib. Limoges, 24 août 1874, aff. Basset, D. P. 77. 3. 8). Cette décision résultait déjà d'un jugement du tribunal du Havre du 17 févr. 1848 (D. P. 48. 5. 155).

Suivant le jugement précité du 24 août 1874, le notaire aurait pu se soustraire à l'obligation d'avancer le droit d'enregistrement en subordonnant la validité de l'adjudication à la consignation par l'adjudicataire du montant de ce droit. La jurisprudence admet qu'il en est fort ainsi pour les adjudications volontaires (Civ. cass. 3 juill. 1855, aff. Perotti, D. P. 55. 1. 307. V. supra, nᵒ 1112). Mais lorsqu'il s'agit, comme dans l'espèce sur laquelle a statué le tribunal de Limoges, d'une adjudication devant notaire commis par le tribunal, circonstance qui assimile, en quelque sorte, la vente ainsi opérée à celle qui aurait eu lieu devant le tribunal lui-même, il est difficile de soutenir que l'effet de l'adjudication est subordonné au versement par l'adjudicataire du montant du droit d'enregistrement, car la loi règle impérativement les délais de la procédure et le moment où la mutation s'opère (Demante, t. 1, nᵒ 196 et t. 2, nᵒ 805 ; Garnier, Rép. gén. enreg., nᵒ 1609-2ᵒ). Comme nous l'avons dit dans la note jointe au jugement du tribunal de Limoges, le moyen indiqué par le tribunal pourrait donc n'être pas suffisant pour dégager la responsabilité du notaire. Ce but sera plus sûrement atteint par une autre voie. Les notaires peuvent, lors même qu'ils ont été commis par le tribunal, refuser leur ministère aux parties qui ne consignent pas d'avance entre leurs mains les droits d'enregistrement de l'acte à passer (Rép. vᵒ Notaire, nᵒ 293). Rien ne s'oppose, par suite, à ce que le notaire commis en justice pour une vente d'immeubles exige, avant d'y procéder, de la partie qui poursuit la vente, le dépôt entre ses mains du montant présumé du droit d'enregistrement, afin de le couvrir au cas où l'adjudicataire ne verserait pas ce droit en temps utile.

2923. On s'est demandé si la déclaration de don manuel par le donataire dans un acte notarié, spécialement dans un inventaire, constitue une disposition de cet acte, et par cela même oblige le notaire à faire l'avance du droit d'enregistrement exigible d'après l'art. 6 de la loi du 18 mai 1850. La cour de cassation s'est prononcée pour l'affirmative, avec raison selon nous. Il est de jurisprudence, en effet, qu'en matière de dons manuels, l'impôt est exigible sur la disposition même de l'acte.qui y donne lieu, en d'autres termes, que le droit de don manuel est dû sur l'acte lui-même considéré comme le titre de la donation mobilière, et non sur le fait extrinsèque de la libéralité (Ch. réun. rej. 19 mai 1874, aff. Hospices civils de Lyon, D. P. 75. 1. 17). L'arrêt précité maintient explicitement cette interprétation; il déclare, en effet, qu'en établissant le droit de don manuel sur la déclaration faite par le donataire, la loi de 1850 « a considéré cette déclaration comme étant le titre de la transmission ». Or, étant donné que la loi prend pour base de ce droit, non point la libéralité et la preuve de son existence, mais, selon l'expression même de la cour de cassation (Civ. cass. 30 août 1869, aff. Durel, D. P. 70. 1. 35; 7 janv. 1873, aff. Serrier, D. P. 73. 1. 36), le fait seul que le don a été déclaré et l'existence de l'acte qui renferme la déclaration, il s'en induit nécessairement que la déclaration, dès que cet acte est présenté à l'enregistrement, devient, pour l'Administration, le titre de la libéralité, et, par une conséquence ultérieure, que le droit auquel elle donne lieu fait partie de ceux que le receveur est autorisé à percevoir au moment même où l'acte est soumis à la formalité. Cela étant, l'obligation, pour le notaire qui a reçu l'acte, d'acquitter le droit lors de l'enregistrement, résulte invinciblement de l'art.29 de la loi du 22 frim. an 7 qui, par ses termes précis, constitue, à vrai dire, les notaires débiteurs directs envers l'administration des droits auxquels donnent lieu les actes passés devant eux.Telle est la conséquence que la cour de cassation a conservée sans tenir compte de cette circonstance que, dans l'espèce, l'acte portant la déclaration de don manuel était un inventaire. Il n'y a pas de texte, en effet, d'où il soit possible d'induire que, plus que tout autre acte notarié, l'inventaire reçu par un notaire soit affranchi de la règle posée en thèse générale par l'art. 29 de la loi de frimaire (Civ. rej. 10 déc. 1877, aff. Moricourt, D. P.78. 1.198, note). Le tribunal de première instance, dans l'affaire qui a donné lieu au pourvoi, avait reconnu lui-même que le droit exigible sur une déclaration de don manuel est un simple droit d'acte, et avait tiré de cette règle la même conséquence (Trib. Vervins, 3 juin. 1875, aff. Moricourt, D. P. 75. 5. 187). — V. sur la nature du droit applicable aux déclarations de dons manuels, supra, nᵒ 2007 et suiv., 2026, et Civ. cass. 28 janv. 1890, cité supra, nᵒ 2025.

2924. On a vu au Rép. nᵒ 5101 que l'officier public n'est pas tenu des suppléments de droits pour erreur ou insuffisance de perception : c'est contre les parties seules que la Régie doit en diriger la demande, sauf, au cas où ce recours serait infructueux, à se faire indemniser par le receveur qui a commis l'erreur. Jugé, sur ce dernier point, qu'en matière de mutations de rentes sur l'Etat, les receveur qui a perçu un droit insuffisant, répond, après la disparition du gage, des suppléments de droits exigibles, qui ne pourraient pas être recouvrés sur les parties (Instr. adm. enreg. 23 févr. 1853, D. P. 54. 3. 14).

2925. Conformément au principe développé au Rép. nᵒ 5107, il a été jugé que le notaire qui a fait usage dans un acte passé devant lui d'un acte sous seing privé non enregistré, étant seulement responsable du payement des droits de ce dernier acte, peut invoquer contre l'administration de l'enregistrement le bénéfice de discussion du débiteur principal (Trib. Péronne, 16 juill. 1869, aff. X..., D. P. 71. 5. 154). — V. infrà, nᵒ 3029.

2926. Si les notaires doivent verser le montant des droits d'enregistrement de leurs actes avant l'accomplissement de la formalité, leur responsabilité est dégagée dès que le receveur de l'enregistrement a accepté les actes déposés par eux et le somme présentée avec ces actes ; les actes déposés doivent leur être rendus revêtus de la mention d'enregistrement, et l'Administration n'a plus d'action que contre les parties pour le recouvrement des droits complémentaires qui peuvent être exigibles (Trib. Lyon, 11 août 1880, aff. Ducruet, et Délib. adm. enreg. 26 oct. 1880, D. P. 81. 3. 30-32). Il faut toutefois concilier cette règle avec l'usage qu'ont les notaires dans la pratique

de consigner, en déposant leurs actes, le montant des droits qui leur paraissent devoir être perçus; il est certain que le notaire qui a procédé ainsi ne serait pas fondé à prétendre qu'il est libéré et dégagé de toute responsabilité par la consignation qu'il a faite en apportant ses actes, mais qu'il est tenu de verser la somme complémentaire qui peut être due d'après la perception établie par le receveur, sauf à se pourvoir en restitution. Cette distinction, quoique n'étant pas faite par le jugement précité, résulte de la force des choses. — Le notaire rédacteur d'un acte n'est obligé, d'ailleurs, à payer que les droits d'enregistrement applicables directement à cet acte d'après sa nature spéciale et apparente. Et l'Administration, si les dispositions dudit acte lui paraissent révéler l'existence d'une convention distincte sur laquelle le droit d'enregistrement n'a pas été perçu, ne peut réclamer qu'aux parties, et non au notaire rédacteur, le payement de ce droit (Mêmes jugement et délibération).

2927. Tout ce qui précède ne concerne que le droit de poursuite appartenant au fisc; les officiers publics qui ont avancé les droits, ont un recours solidaire contre tous les signataires de l'acte, qui doivent seuls supporter l'impôt définitivement (Rép. nᵒ 5007). Jugé, en ce sens, que l'art.30 de la loi de frimaire accorde au notaire qui a fait l'avance des droits d'enregistrement d'un acte reçu par lui un recours contre toutes les parties, parce que toutes les parties étaient elles-mêmes tenues des droits envers l'Administration (Civ. cass. 21 déc. 1870, aff. Noël, D. P. 71. 1. 87; Instr. adm. enreg. 25 sept. 1871, nᵒ 2421, § 2).

Mais il a été jugé que le notaire qui a fait enregistrer un acte de vente resté imparfait pour défaut de signature de l'un des acquéreurs, n'est pas fondé à réclamer aux parties le remboursement des droits d'enregistrement perçus uniquement par sa faute à raison d'une mutation qui n'a pas eu lieu, l'acte présenté à l'enregistrement étant resté à l'état de projet (Req. 8 janv. 1866, aff. Allaire, D. P. 66. 1. 105).

2928. On a dit au Rép. nᵒ 5111 que l'action du notaire contre les parties est soumise à une procédure particulière: le juge de paix, sur le vu de la quittance du receveur de l'enregistrement, délivre un exécutoire à l'officier public, qui obtient ainsi de plano un titre susceptible d'exécution parée; si la partie à laquelle cet exécutoire est signifié y forme opposition, la contestation est portée devant le tribunal civil du lieu où l'acte a été enregistré, et l'instance est suivie dans la forme prescrite pour les affaires qui concernent la Régie. Il n'en est pas ainsi, toutefois, au cas où la partie, sans contester l'exigibilité d'un droit perçu sur un acte notarié, refuse d'en rembourser le montant au notaire qui en a fait l'avance, alléguant que c'est par le fait et la faute de cet officier ministériel que le droit en litige a été perçu; c'est d'une demande en responsabilité ministérielle qu'il s'agit dans ce cas, et, dès lors, l'instance doit être suivie dans les formes de procédure du droit commun (Trib. Havre, 27 juill. 1869, aff. Lemaître, D. P. 74. 5. 202).

ART. 2. — Actes sous seing privé ou passés à l'étranger (Rép. nᵒˢ 5114 à 5149).

2929. En ce qui concerne les actes sous seing privé, auxquels on assimile les actes passés en pays étranger, les droits sont acquittés par les parties elles-mêmes. Mais, comme nous l'avons dit supra, nᵒ 2919, il faut distinguer avec soin ceux qui doivent supporter les droits et ceux qui doivent les acquitter, en d'autres termes, les rapports des parties entre elles et l'obligation à laquelle elles sont soumises vis-à-vis de l'Administration.

§ 1ᵉʳ. — Rapports des parties entre elles (Rép. nᵒˢ 5115 à 5134).

2930. En ce qui concerne les rapports des parties entre elles, il résulte, comme on l'a dit au Rép. nᵒ 5115, de l'art. 31 de la loi de frimaire an 7, que les droits des actes civils et judiciaires emportant obligation, libération ou translation de propriété ou d'usufruit de meubles ou immeubles doivent être supportés par les débiteurs et nouveaux possesseurs, et ceux des autres actes par les parties auxquelles ces actes profitent. — Cet article ne parle pas des mutations de jouissance, ni des mutations verbales ; mais il ressort d'autres textes que l'impôt est à la charge des preneurs ou des nouveaux possesseurs. La loi du 23 août 1871 (art. 11 à 14) le dit formellement pour le cas de location verbale; or la circonstance que le bail est écrit ne peut évidemment avoir aucune influence sur la solution de la question; d'ailleurs, on induisait déjà cette règle de l'art. 4 de la loi du 27 vent. an 9. La loi du 28 févr. 1872 déclare, de même, non moins explicitement, que le droit doit être supporté par le nouveau possesseur relativement aux *mutations verbales* ou *écrites de fonds de commerce*.

Jugé, par application de la règle ci-dessus : 1° que le *droit de donation* dû à raison d'une donation, doit être supporté par le donataire, quoiqu'il ait été exigé par le fait du donateur, en ce que ce dernier aurait révélé la libéralité à la justice en demandant, pour défaut de cause, la nullité de cette libéralité déguisée sous la forme d'une obligation à titre onéreux. Ce droit ne peut être mis, avec les dépens, à la charge du donateur qui a succombé dans sa demande en nullité (Civ. cass. 7 juill. 1856, aff. Mérendet, D. P. 56. 1. 284); — 2° Que le plaideur condamné aux dépens, comme débiteur, en vertu d'une obligation, est tenu de payer les droits d'enregistrement perçus sur la minute de l'*arrêt*, alors même que la Régie de l'enregistrement aurait qualifié autrement le principe de la condamnation et perçu le droit de donation, sauf la faculté, pour la partie condamnée, de se pourvoir contre la Régie (Angers, 4 janv. 1872, aff. X..., D. P. 72. 2. 116); — 3° Que, dans tous les *marchés de fournitures* à des administrations publiques, quelles que soient leurs formes, les frais d'acte, et par conséquent ceux d'enregistrement, doivent être supportés par le soumissionnaire. Bien qu'elle ne se réfère qu'aux actes civils et judiciaires, la loi de frimaire a été, en effet, étendue aux actes administratifs (Req. 22 janv. 1845, aff. Rambaud, D. P. 45. 1. 120 ; Instr. adm. enreg. 30 déc. 1845, n° 1743, § 6).

2931. Comme on l'a vu au *Rép.* n° 5121, l'art. 31 de la loi de frimaire an 7 permet aux parties de déroger par leurs conventions à la règle que les droits sont dus par le débiteur ou le nouveau possesseur ou la partie à laquelle l'acte profite. Une stipulation très fréquente est celle qui porte que les droits seront à la charge de celle des parties qui, par son fait, donnera lieu à l'enregistrement. On peut hésiter, dans certains cas, sur la validité de cette stipulation. Nous estimons, comme M. Naquet, t. 3, n° 1208, qu'elle doit être réduite par une distinction : la clause est valable, lorsqu'elle se réfère à un acte dont la loi n'a pas ordonné l'enregistrement dans un délai déterminé, car il n'est, dans ce cas, porté aucune atteinte aux prescriptions du législateur. La clause est nulle au contraire, si elle a pour objet un acte que les parties sont tenues de soumettre à la formalité dans un délai préfix. La convention a alors pour but de soustraire les contribuables au payement de l'impôt par une dissimulation commise au mépris d'une obligation légale. L'art. 31 ne peut pas autoriser les parties à violer la loi. Cette interprétation trouve un appui dans l'art. 14 de la loi du 23 août 1871, qui défend formellement au bailleur et au preneur de stipuler que l'un d'eux supportera seul le double droit encouru pour défaut d'enregistrement du bail dans les délais.

2932. Quoique l'on puisse citer plusieurs arrêts en faveur de cette distinction, en réalité la jurisprudence est encore indécise aujourd'hui sur la question. Ainsi il a été jugé, conformément à notre opinion, qu'est illicite et nulle comme contraire à l'ordre public et aux bonnes mœurs, la stipulation par laquelle des parties conviennent qu'un acte de vente demeurera secret, dans l'intention de le soustraire à la perception du droit d'enregistrement, et qui met le double droit, s'il vient à être perçu, à la charge de celui qui aura divulgué l'existence de la vente. Mais il en est autrement de la convention qui porte qu'un acte sous seing privé ne sera converti en acte public que dans un délai déterminé ; dans ce cas, la clause qui mettrait le double droit à la charge de la partie qui révélerait l'existence de l'acte avant l'expiration du délai devrait recevoir son effet, une telle clause n'ayant en soi rien d'illicite (Toulouse, 30 janv. 1864, aff. Fouché, D. P. 64. 2. 32).

2933. Jugé, au contraire : 1° que, bien qu'en général les droits de mutation, en cas de vente, soient de plein droit à la charge de l'acquéreur, néanmoins est valable la convention portant *que les frais d'enregistrement d'une contre-lettre*

qui a pour objet l'augmentation du prix ostensible d'une vente d'immeubles seront à la charge de celle des parties par le fait de laquelle la contre-lettre sera parvenue à la connaissance de la Régie. L'existence seule d'une semblable contre-lettre, consentie dans l'intérêt commun des parties, peut faire supposer qu'une convention de cette nature est tacitement intervenue entre elles. Par suite, si le fait qui a donné ouverture au triple droit de mutation procède également du vendeur et de l'acquéreur, chacun d'eux est tenu de le supporter par moitié. Toutefois, le vendeur qui poursuit l'acquéreur en payement du montant de la contre-lettre avant d'avoir rempli les conditions d'où dépendait l'exercice de son action pour le réclamer, c'est-à-dire avant son exigibilité, est seul passible des droits de condamnation (Caen, 9 juill. 1849, aff. Vigier, D. P. 52. 2. 4) ; — 2° Que, lorsqu'il a été stipulé, dans un acte de partage sous seing privé, que, dans le cas où l'acte devrait être soumis à la formalité de l'enregistrement, les droits et doubles droits qui pourraient être occasionnés par cette formalité seraient acquittés par celle des parties qui la rendrait nécessaire par suite d'inexécution des conventions contenues en l'acte, cette pénalité est encourue par l'héritier dont un créancier vient à former ultérieurement, du chef de son débiteur, une demande en partage qui rend nécessaire la production de l'acte sous seing privé. Mais dans le cas où cette demande, ayant pour objet le partage de la succession de l'un des ascendants des héritiers, a été formée par voie d'intervention au partage de la succession du conjoint, ultérieurement décédé, de cet ascendant, il n'y a pas lieu d'ordonner que lesdits droits d'enregistrement perçus par les autres frais auxquels l'intervention a donné lieu, soient prélevés sur la part revenant à l'héritier débiteur dans la succession à partager (Angers, 12 janv. 1865, aff. Paitel, D. P. 65. 2. 41).

2934. Il arrive quelquefois qu'une personne qui achète des biens avec l'intention de les revendre, stipule, pour masquer la première vente, que le vendeur lui-même lui remettra une procuration à l'effet de revendre les mêmes biens au nom de celui-ci, l'acte portant, en outre, que les droits d'enregistrement seront à la charge de celle des parties qui donnera lieu à la formalité par l'inaccomplissement des conditions de la vente. Nous considérons cette clause comme illicite, pour les motifs indiqués *suprà*, n° 2931. Cependant, sa validité, déjà admise par un arrêt de la cour de cassation rapporté au *Rép.* n° 5126-2°, a été de nouveau reconnue (Limoges, 9 janv. 1878, aff. Bonnin, D. P. 78. 2. 164). — Jugé, toutefois, qu'en cas d'achat en bloc d'immeubles destinés à être revendus en détail, la mort du vendeur qui ne laisse pour héritiers que des enfants mineurs, survenue avant la délivrance du mandat (*ad hoc*) par lui promis à l'acquéreur et destiné à faciliter la revente sans frais des immeubles acquis, a pour résultat de grever ce dernier des frais occasionnés par l'enregistrement du contrat de vente sous seing privé (Poitiers, 20 mars 1849, aff. Jouanneau, D. P. 50. 2. 34). Cette solution, en apparence contradictoire avec la précédente, s'explique par les circonstances particulières de l'espèce.

La question s'est présentée deux fois devant la chambre des requêtes. Dans un premier arrêt du 13 mars 1839 (*Rép.* n° 5126), elle a déclaré valable la clause par laquelle le vendeur s'engage à fournir à l'acquéreur une procuration notariale, sous peine de payer les droits de mutation, par ce motif qu'une pareille convention, librement consentie, n'est pas contraire aux bonnes mœurs et à la morale. Saisie de nouveau de la question le 13 mars 1872 (aff. Fachan, D. P. 72. 1. 255), cette chambre a pu statuer sans s'expliquer sur le caractère obligatoire ou la nullité de la clause litigieuse. La cour de Paris s'est prononcée nettement dans le sens de notre opinion. Par un arrêt du 16 déc. 1875 (aff. Coucheney, D. P. 76. 2. 223), elle a déclaré que les dispositions d'un acte sous seing privé de vente immobilière portant que cet acte ne sera pas soumis à l'enregistrement, que le vendeur remettra une procuration à l'acquéreur, afin de lui permettre de revendre l'immeuble, et que les frais d'enregistrement demeureront à la charge de celle des parties qui aura donné lieu à la formalité par l'inexécution des clauses stipulées, sont nulles comme tendant à paralyser, par un accord frauduleux, l'exécution des lois générales qui obligent tous les citoyens, et comme présentant au plus haut degré le caractère illicite; qu'en conséquence, l'acquéreur n'est pas recevable à exciper desdites clauses pour répéter contre le vendeur les frais d'enregistrement de l'acte qu'il a été obligé d'acquitter par suite du refus de ce dernier de lui remettre une procuration pour la revente de l'immeuble. On a essayé, disions-nous, en rapportant cet arrêt, de défendre l'arrêt précité du 13 mars 1872 en disant que la clause pouvait être maintenue, parce que la violation de la loi fiscale ne formait pas l'objet de la convention, mais était le résultat des circonstances au milieu desquelles les parties avaient agi (Larombière, *Traité des obligations*, t. 1, p. 349). Mais cette distinction ne se conçoit pas aisément, et il est difficile de supposer qu'en convenant d'une pareille clause les parties puissent être de bonne foi et avoir un autre but que de faire fraude à la loi. Aussi nous ne doutons pas que l'arrêt de la cour de Paris ne fasse jurisprudence et ne contribue à mettre fin à des pratiques qui exposent, d'ailleurs, aujourd'hui à des peines trop graves pour qu'on ne renonce pas à s'y livrer.

2935. Est nulle la clause qui oblige le vendeur à renouveler tous les trois mois l'acte sous seing privé de vente, et qui, à défaut de renouvellement, autorise l'acheteur à remplir la formalité de l'enregistrement aux frais du vendeur, alors que cette stipulation a pour but de procurer à l'acquéreur le moyen de revendre l'immeuble sans payer les droits de plusieurs mutations. En tout cas, le vendeur qui s'est considéré comme engagé par cette clause et qui n'a pas rendu, par un refus d'exécution, l'enregistrement nécessaire, ne doit pas être condamné à payer, même partiellement, les frais d'enregistrement (Toulouse, 2 mars 1870, et sur pourvoi, Req. 13 mars 1872, aff. Fackan, D. P. 72. 1. 255). Cette dernière solution est une application de la théorie que nous avons proposée (V. *suprà*, n° 2931).

Il a été décidé que la clause qui met à la charge du vendeur tous les frais, autres que ceux de quittance, auxquels le contrat donnerait lieu, l'oblige à supporter les suppléments de droits réclamés ultérieurement par suite de la constatation d'une contenance plus étendue que celle portée au contrat (Trib. Seine, 15 déc. 1860, aff. Valentin, D. P. 61. 3. 24).

2936. Les tribunaux peuvent, d'ailleurs, par dérogation à l'art. 31 de la loi de frimaire an 7, condamner une partie à payer en tout ou en partie les droits d'enregistrement qui devaient être supportés par l'autre partie, lorsque cette condamnation est prononcée à titre de dommages-intérêts. C'est ce qui a lieu, par exemple, lorsqu'il est prouvé qu'il y a eu fraude, faute ou mauvaise foi à dénier l'existence ou la portée de l'acte. On trouve dans la jurisprudence de nombreuses applications de cette règle.

Ainsi il a été jugé, conformément à une décision rapportée au *Rép.* n° 5124 : 1° que, bien que les frais d'actes et autres accessoires soient mis par la loi à la charge de l'acheteur, l'enregistrement peut être mis au compte du vendeur, s'il n'a eu lieu qu'à cause d'un procès intervenu sur l'exécution de la vente, et dans lequel le vendeur a

succombé (Bastia, 26 févr. 1855, aff. Patrimonio, D. P. 55. 2. 304); — 2° Que le droit d'enregistrement d'un acte qui renfermant, par exemple, une vente mobilière, n'a été et n'a dû être soumis à la formalité qu'à raison des difficultés élevées par l'une des parties, peut être mis à la charge de cette partie, à titre de dommages-intérêts, la règle que les droits des actes civils ou judiciaires doivent être supportés par les débiteurs ou les nouveaux possesseurs ou par les parties auxquelles ces actes profitent ne s'appliquant pas ici. Spécialement, lorsque, d'après les conventions des parties, un acte sous seing privé de vente mobilière ne devait pas être enregistré, et que c'est seulement à cause et par suite des difficultés élevées à tort par les vendeurs sur l'exécution de la vente que l'enregistrement dudit acte est devenu nécessaire, les vendeurs peuvent être condamnés, à titre de dommages-intérêts, aux frais causés par cette formalité, par application de l'art. 1382 c. civ., et sans qu'il y ait violation de l'art. 31 de la loi du 22 frim. an 7 (Req. 16 août 1860, aff. de Tourris, D. P. 60. 1. 495); — 3° Que si la partie qui gagne son procès ne peut être condamnée aux dépens sous prétexte que l'autre partie pouvait avoir des doutes sérieux sur la légitimité de la prétention élevée contre elle et si, en principe, le juge ne peut pas condamner la partie qui succombe à payer, à titre de frais, le coût de l'enregistrement de pièces produites par son adversaire, il peut condamner ladite partie à payer cet enregistrement à titre de dommages-intérêts. Et la demande tendant à faire supporter cet enregistrement par la partie qui succombe peut être valablement formée pour la première fois en appel (Nancy, 21 mars 1878) (1). De même, le droit de donation auquel un don manuel a été soumis par suite, soit de la déclaration qui en a été faite par le donataire, notamment, dans un inventaire, soit de la reconnaissance judiciaire de ce don, peut être mis, à titre de dépens, à la charge de la partie qui a rendu nécessaire ces déclaration et contestation judiciaire, en élevant contre le don manuel des contestations déclarées mal fondées, et ce droit est virtuellement compris dans la condamnation aux dépens prononcée contre cette partie (Civ. rej. 6 nov. 1860, aff. Coulibœuf, D. P. 60. 1. 488).

Il a été décidé, au contraire, que le coût de l'arrêt ou du jugement mis à la charge des héritiers d'un donateur ne comprend pas les droits de mutation perçus à propos de la reconnaissance judiciaire d'un don manuel, alors que ces héritiers ont succombé dans la demande intentée par eux relativement à la sincérité du don manuel; ils sont toujours supportés par le donataire (L. 18 mai 1850, art. 6). — Ces droits de mutation ne peuvent pas davantage être compris dans la condamnation aux dépens, comme dommage résultant du procès, alors surtout qu'il s'agit d'un don manuel fait à une fabrique et dont l'acceptation était soumise à l'autorisation du Gouvernement, et que, dès lors, le donataire ne pouvait se soustraire à la perception du droit (Paris, 22 juill. 1865) (2).

---

(1) (Jacquemin C. Ville de Nancy.) — La cour ; — En ce qui touche l'appel principal : — Attendu que Jacquemin gagnait complètement son procès, puisqu'il était réputé propriétaire de la petite bande de terrain qu'il revendiquait comme sienne, et dont la ville de Nancy lui contestait la propriété ; qu'il devait, dès lors, bénéficier des sages et équitables dispositions de l'art. 130 c. proc. civ. ; que cet article est conçu en termes généraux, et que l'appelant ne se trouvait dans aucun des cas exceptionnels de l'art. 131 du même code, pas plus qu'il n'avait une faute quelconque à se reprocher ; qu'en mettant à l'avance, et à diverses reprises, sous les yeux de son adversaire tous les documents de nature à l'éclairer et à prévenir ainsi le litige, il avait fait ce qu'exigeait de lui la plus extrême délicatesse ; que, dans ces circonstances, il importe plus que jamais d'assurer l'application de la règle générale ici méconnue par les premiers juges et déjà consacrée par la loi romaine : *Omnis litigator victus debet impensas* ; que, pour s'y soustraire, il ne suffit pas à l'intimée de prétendre et même d'établir qu'elle pouvait avoir des doutes sérieux sur l'existence de son droit ; qu'à moins de lui supposer une témérité peu commune, ces doutes se présentant toujours à l'esprit de celui qui s'engage dans un procès, la règle dont s'agit ne serait jamais appliquée ;

En ce qui touche la demande relative à l'enregistrement des actes produits par Jacquemin devant les premiers juges : — Attendu que la recevabilité de cette demande formée devant la

cour se justifie par cela seul que, née de l'action principale et de la nécessité de s'en défendre, on ne saurait y voir la demande nouvelle interdite par l'art. 464 c. proc. civ. ; — Attendu, au fond, que si, en droit, on ne peut pas condamner la partie qui succombe à payer le coût de l'enregistrement des pièces produites par l'un ou l'autre des plaideurs, en le comprenant dans les frais de l'instance et *à titre de frais*, il est toujours permis aux juges de le laisser, *comme dommages et intérêts*, à la charge de la partie condamnée, s'il y échet et si on y a conclu ; que, dans l'espèce, c'est la ville de Nancy qui, par sa résistance mal fondée, a rendu nécessaire la production et, comme conséquence, l'enregistrement des actes sur lesquels Jacquemin appuyait ses prétentions ; qu'elle lui a, en cela, causé un préjudice qu'elle doit réparer, non pas en vertu de l'art. 130 c. proc. civ., mais en vertu de l'art. 1382 c. civ. ; — Par ces motifs, faisant droit à l'appel, condamne la ville de ville de Nancy aux frais de première instance, dans lesquels entrera, à titre de dommages-intérêts, le coût de l'enregistrement de tous les actes produits par Jacquemin ; — Condamne aussi la ville de Nancy à tous les frais d'appel... le surplus du jugement sortissant effet.

Du 21 mars 1878.-C. de Nancy, 1re ch.

(2) (Héritiers de Béthune C. Fabrique de Saint-Thomas-d'Aquin.) — La cour ; — Considérant que la question soulevée dans la cause est celle de savoir si la condamnation au coût d'un arrêt

Jugé encore que les droits d'enregistrement d'*actes sous seing privé produits en cours d'une instance* peuvent être compris, comme complément de dommages-intérêts, dans la masse des dépens mis à la charge des parties condamnées, encore bien qu'elles n'aient pas concouru aux actes (Req. 24 juin 1872, aff. Henry et Lagosse, D. P. 73. 1. 19). On sait, d'ailleurs, que, d'après la jurisprudence, les frais d'enregistrement ne constituent pas des dépens d'instance, et que ce n'est qu'à titre de dommages-intérêts qu'ils peuvent être mis à la charge d'une partie qui ne devait pas les supporter (Civ. cass. 3 mars 1863, aff. Topino, D. P. 63. 1. 375). — V. *infrà*, v° *Frais et dépens*.

2937. Il résulte de ce que nous avons dit *suprà*, n° 2930, que, dans les rapports des parties entre elles, c'est, en principe au débiteur qu'il incombe, à moins de stipulation ou de disposition contraire, de supporter le droit d'enregistrement auquel l'acte donne ouverture ; mais, en matière de mutations immobilières, lorsque l'obligation de payer une seconde fois le droit est la conséquence d'une combinaison à laquelle les deux parties ont pris part l'une et l'autre par l'effet de leur volonté commune, il est juste de leur faire supporter ce droit dans des proportions égales. Jugé, en ce sens, que lorsqu'il a été stipulé entre l'adjudicataire d'un immeuble et un tiers qui en a payé le prix de ses deniers, que la propriété de l'immeuble appartiendra exclusivement à ce dernier, et qu'en exécution de cette convention le propriétaire réel a ultérieurement repris cet immeuble, les droits d'enregistrement perçus à raison de cette nouvelle transmission doivent être supportés pour moitié par chaque partie (Nîmes, 25 juill. 1887, aff. Montagard, D. P. 89. 2. 79). On peut rapprocher de cette décision un arrêt de la cour de Caen, du 9 juill. 1849 (aff. Vigier, D. P. 52. 2. 4) qui pose en principe que, lorsque le fait qui donne ouverture à un droit multiple de mutation procède des deux parties, chacune d'elles est tenue de le supporter par moitié.

§ 2. — Obligations des parties vis-à-vis de l'Administration (*Rép.* n°s 5135 à 5149).

2938. Nous avons indiqué (*Rép.* n°s 5135 et suiv.), contre qui la Régie pouvait exercer son action. A ce point de vue, une question très délicate s'était élevée, qui consistait à savoir si l'Administration a une *action solidaire* contre tous les signataires de l'acte tombant sous l'application de l'impôt. Nous nous sommes toujours prononcé dans le sens de la négative ; mais l'opinion contraire, déjà consacrée par plusieurs arrêts à l'époque de la publication du *Répertoire*, a définitivement prévalu dans la jurisprudence. La question n'a d'abord été résolue que pour les actes sous seing privé ; les arrêts de la cour de cassation du 6 avr. 1847 et du 15 mai 1848 étaient relatifs à des actes de cette nature (*Rép.* n° 5136) ; et l'on argumentait, pour repousser l'application de la règle aux actes publics, d'une prétendue différence entre ceux-ci et les actes sous seing privé.

En 1853, deux arrêts, rendus le même jour par la cour de cassation, mirent fin à la controverse en décidant que *toutes les parties* qui ont figuré dans un acte sont tenues envers l'Administration de l'enregistrement des droits auxquels cet acte est soumis, sans qu'il y ait à distinguer, à cet égard, entre les *créanciers* et les *débiteurs*, pas plus qu'entre les *actes publics* et *privés*, ni entre les actes soumis à l'enregistrement dans un délai déterminé et ceux qui n'y sont assujettis que lorsqu'il en est fait usage en justice ou par acte public. En particulier, l'Administration a action aussi bien contre le créancier que contre le crédité pour le recouvrement du droit proportionnel d'obligation devenu exigible sur un acte notarié d'*ouverture de crédit*, par suite de la réalisation dûment constatée du crédit (Civ. cass. et rej. 5 janv. 1853, aff. Ratisbonne, D. P. 53. 1. 37; Instr. adm. enreg. 30 juin 1853, n° 1967, § 6 ; Civ. rej. 26 juill. 1853, aff. De la Planche, D. P. 53. 1. 256; Instr. adm. enreg. 1er févr. 1854, n° 1986, § 12). Mais le droit d'obligation à percevoir sur une ouverture de crédit, réalisée par des effets émis par le crédité, ne peut être exigé des tiers porteurs de ces effets; il ne peut l'être que des parties qui ont figuré dans l'acte d'ouverture du crédit (Arrêt précité du 5 janv. 1853).

2939. Jugé, par application du même principe : 1° que l'Administration peut poursuivre le donateur aussi bien que le donataire pour le recouvrement du droit proportionnel dû sur une donation mobilière (Arrêt du 21 déc. 1870 cité *suprà*, n° 2927. Conf. Instr. adm. enreg. 25 sept. 1871, n° 2421, § 2); — 2° Que, dans le cas de résolution d'une vente consentie à un mineur, le droit auquel donne lieu cette nouvelle mutation peut être réclamé au mineur aussi bien qu'à son vendeur (Trib. Péronne, 30 janv. 1857, aff. Ducauroix, D. P. 57. 3. 42); — 3° Que le droit d'enregistrement peut être exigé des notaires qui ont figuré, même à titre de mandataires de la compagnie, dans le traité contenant stipulation d'une indemnité accordée par les membres de cette compagnie à des titulaires dont l'office a été transféré dans une résidence inférieure (Req. 15 mai 1848, aff. Laforest, D. P. 48. 1. 91; Instr. adm. enreg. 20 déc. 1848, n° 1825, § 2); — 4° Que les acquéreurs, suivant un même acte, d'actions distinctes dans une société civile, sont solidairement responsables du droit de mutation exigible sur l'ensemble des actions cédées (Req. 7 févr. 1853, aff. Thomas, D. P. 53. 1. 33; Conf. Instr. adm. enreg. 30 juin 1853, n° 1967, § 10); — 5° Que le payement du double droit exigible sur tout acte produit en cours d'instance, dans le cas prévu par l'art. 37 de la loi du 28 avr. 1816, peut être poursuivi solidairement non seulement contre les parties qui en profitent, mais encore contre toutes celles qui ont participé à sa production (Req. 4 août 1859, aff. Dubouscat, D. P. 59. 1. 421). Il en serait autrement (*Rép.* n° 5133) si l'une des parties était restée étrangère à la production de l'acte (Conf. Trib. Seine, 27 févr. 1880, Garnier, *Rép. pér. enreg.*, art. 5586 ; 25 nov. 1881; Trib. Gray, 23 mars 1882, Garnier, *Rép. pér. enreg.*, art. 6044).

---

ou jugement entraîne de plein droit celle aux droits de mutation d'un don manuel reconnu par ladite décision ; — Considérant que l'affirmative se fonde sur ce que le don manuel n'est pas lui-même sujet aux droits d'enregistrement, et que c'est seulement l'acte qui le révèle qui est soumis à la perception de l'impôt, d'où résulterait cette double conséquence : que c'est l'arrêt de la cour qui a été sujet à l'enregistrement, et non le don manuel ; que, dans tous les cas, les frais d'enregistrement seraient un dommage causé par le procès, et dès lors légitimement compris dans les dépens ; — Considérant que si les droits de mutation sont perçus, à propos du don manuel, sur l'acte qui le constate, ce fait, qui est le résultat forcé du mode de réalisation du don manuel, ne change pas la nature du droit, lequel reste une perception sur la mutation de propriété à titre gratuit ; — Que ce droit, par suite des dispositions de la loi et par une règle de justice évidente, doit être supporté par le donataire, quel que soit d'ailleurs le mode de perception ; — Considérant que si l'arrêt du 14 mai 1864 (aff. de Maistre, D. P. 67. 1. 370) a amené la perception du droit de mutation dont il s'agit dans la cause, ce droit n'est point pour cela un coût dudit arrêt, ni dans le sens ordinaire des mots, ni dans la réalité des choses; — Considérant qu'on ne peut ainsi se prévaloir des termes de la condamnation, ni du mode de perception pour faire comprendre le droit dont s'agit dans la condamnation aux dépens ; — Qu'on ne le peut davantage en le considérant comme un dommage résultant du procès, et par cette raison régulièrement ajouté auxdits dépens ; — Qu'en effet, si le

donataire, par suite du don manuel, échappe, par l'absence de déclaration, à la perception de l'impôt, il n'en est pas moins personnellement débiteur; en sorte qu'il sera tenu de payer dès que la connaissance du don se trouve entre les mains de l'Administration; — Qu'ainsi c'est bien sa dette qui est payée par celui qui présente l'acte constatant le don à l'enregistrement; — Qu'il serait difficile de comprendre que celui qui conteste une donation régulière et authentique ne peut, dans aucun cas, être passible d'en payer les frais; tandis que l'héritier qui attaque un don manuel, c'est-à-dire une libéralité toujours suspecte quand elle est considérable, ne pourrait la faire qu'à charge, s'il succombe, de payer les droits de mutation à la décharge du donataire ; — Considérant, d'ailleurs, que dans la cause, le prétendu préjudice causé à la fabrique de Saint-Thomas-d'Aquin par le procès ne serait aucunement justifié; qu'en effet, la fabrique étant tenue légalement de se faire autoriser par le Gouvernement pour accepter un don manuel comme tout autre, ne pouvait échapper à la perception du droit; — Qu'ainsi, dans l'espèce, les héritiers bénéficiaires avaient un intérêt légitime à faire reconnaître même l'existence du don pour contester devant qui de droit l'autorisation d'accepter; — Qu'ainsi, à aucun point de vue, les héritiers ne pouvaient directement ou indirectement être condamnés à des dommages-intérêts ; — Reçoit l'opposition à l'exécutoire de dépens du 10 août dernier, dit que le montant des droits de mutation pour don manuel en sera retranché, etc. Du 22 juill. 1865.-C. de Paris, 1re ch.-MM. Devienne, 1er pr.; Oscar de Vallée, 1er av. gén.-Dupuich et de Sèze, av.

2940. Le droit qui appartient à la Régie pour le payement des droits d'enregistrement d'agir contre toutes les parties qui ont figuré dans l'acte n'existe-t-il que dans le cas où *l'enregistrement* est *obligatoire*, ou même dans celui où il est purement *facultatif?* Le cour suprême, cassant une décision rendue en sens contraire (Trib. Béziers, 26 févr. 1856, aff. Chuchet, D. P. 57. 3. 42), a jugé que la généralité des dispositions de la loi de frimaire excluait toute distinction de cette nature (Civ. cass. 10 mars 1858, aff. Chuchet, D. P. 58. 1. 107; Instr. adm. enreg. 4 déc. 1858, n° 2137, § 9; Civ. cass. 1er févr. 1859, aff. Lemaire, D. P. 59. 1. 54; Instr. adm. enreg, 5 sept. 1859, n° 2160, § 3). Il faut, en particulier, appliquer cette solution au cas de présentation à l'enregistrement par les syndics d'une faillite d'un acte de vente de marchandises dont ils entendent faire usage en justice (Arrêt précité du 10 mars 1858). Jugé, de même, que l'Administration a action, pour le recouvrement du droit proportionnel devenu exigible sur un marché par suite de son énonciation dans un acte public, aussi bien contre celle des parties qui n'a pas concouru à l'acte public énonciatif que contre celle qui a fait usage du marché (Civ. rej. 19 janv. 1885, aff. Radenac, D. P. 85. 1. 321. V. *infrà*, n° 3026-16°).

2941. La règle d'après laquelle toutes les parties signataires de l'acte sont tenues vis-à-vis du fisc s'applique aux droits complémentaires comme aux droits principaux. On sait qu'en principe, au contraire, les amendes et les droits en sus ne peuvent être exigés que des parties qui sont personnellement en faute. Ainsi, lorsque l'ancien possesseur ou le bailleur a fait, dans le délai prescrit, le dépôt de l'acte de vente ou de bail, il est affranchi de toute pénalité, et le droit en sus à la charge de l'acquéreur ou du preneur est seul dû. Il en est de même pour les mutations verbales : l'ancien possesseur et le bailleur échappent à toute condamnation en déposant dans un bureau d'enregistrement l'acte à enregistrer ou en faisant les déclarations prescrites par la loi (L. 27 vent. an 9, art. 4; 23 août 1871, art. 11 et 14. V. *suprà*, n° 1022). Ces dispositions ont été étendues par l'art. 8 de la loi du 28 févr. 1872 aux mutations de fonds de commerce (V. *suprà, ibid.*).

Jugé, d'ailleurs, que, lorsqu'il est constaté par jugement entre les parties, qu'une portion du prix d'une cession d'office a été dissimulée, le cédant et le cessionnaire sont solidaires pour le payement du droit simple et du droit en sus d'enregistrement sur le supplément du prix (Req. 28 juill. 1868, aff. Lesourd, D. P. 69. 1. 108, note). — Et il en est ainsi, encore bien que la partie actionnée en payement des droits se trouverait être sans recours contre celle que la loi de frimaire a désignée comme devant les supporter. Spécialement, le droit de vente immobilière peut être exigé du vendeur, quoique la Régie n'ait établi l'existence de la vente qu'à l'égard de ce vendeur, les actes invoqués par elle étant étrangers à l'acheteur, et que dès lors celui-ci doive échapper à toute action récursoire (Req. 11 déc. 1855, aff. Foursan, D. P. 56. 1. 305; Instr. adm. enreg. 12 mars 1856, n° 2060, § 5).

Les principes que nous venons d'exposer ne sont pas admis par la jurisprudence belge. Le tribunal de paix du second canton de Bruxelles avait jugé, le 13 nov. 1885, comme les tribunaux français, que le supplément du droit dû par suite de la réalisation d'un crédit peut être aussi bien demandé aux créanciers qu'aux crédités; ce jugement fut cassé par la cour de cassation belge le 13 janv. 1887 (Civ. Société Regny T'hoon, D. P. 88. 2. 177). A la suite du renvoi prononcé par cet arrêt, le tribunal de paix du premier canton de Bruxelles statua le 14 juill. 1887 dans le sens du présent jugement. L'affaire étant revenue devant la cour, celle-ci déclara, dans un arrêt solennel du 20 juin 1888 (D. P. 89. 2. 151), que si, aux termes de l'art. 29 de la loi du 22 frim. an 7, le droit d'enregistrement est dû par toutes les parties, cette disposition n'est applicable qu'au droit perçu lors de l'accomplissement de la formalité et ne peut être étendue aux droits supplémentaires et complémentaires qui peuvent être exigibles par la suite. Il en résulte, notamment, que, pour les ouvertures de crédit, le droit proportionnel étant perçu, en Belgique comme en France, partie à l'enregistrement de l'acte d'ouverture de crédit, et le surplus après sa réalisation dûment constatée, le créditeur et le crédité sont tenus, l'un comme l'autre, du payement de la fraction exigible à l'enregistrement de l'acte; mais, quant au droit sup-

plémentaire dû par suite de la réalisation du crédit, le payement n'en peut être demandé qu'au crédité qui doit, en définitive, supporter l'impôt. Cette interprétation n'est pas acceptée unanimement en Belgique, comme le démontrent les conclusions dans lesquelles M. le procureur général Mesdach de ter Kiele a soutenu l'opinion contraire, ainsi que l'éminent magistrat l'avait déjà fait devant la chambre civile lors du premier arrêt à laquelle le litige a donné lieu (V. D. P. *ibid.*).

2942. Il ressort de la jurisprudence que, lorsqu'un acte renferme plusieurs *dispositions indépendantes*, qui n'intéressent pas tous les contractants, les droits afférents à l'une ou à l'autre de ces dispositions peuvent être réclamés solidairement même à celles des parties qui y sont étrangères. Jugé, notamment, que le droit d'obligation exigible à l'occasion d'une disposition indépendante contenue dans un partage peut être exigé, non seulement de l'héritier débiteur, mais de toutes les parties qui ont figuré à l'acte (Trib. Seine, 5 avr. 1862, et sur pourvoi, Civ. cass. 21 juin 1863, aff. Grezel, D. P. 65. 1. 378).

2943. Contrairement à une pratique constante, l'Administration a appliqué le principe de la solidarité même aux *actes administratifs*. Ainsi il a été décidé, en matière de marchés administratifs, que les communes, les départements ou les établissements publics sont tenus solidairement avec les entrepreneurs et fournisseurs du payement des droits et suppléments de droits d'enregistrement (Sol. adm. enreg. 9 déc. 1875).

2944. Si toutes les parties qui ont figuré dans un acte sont indistinctement tenues envers le Trésor au payement des droits d'enregistrement auxquels cet acte donne ouverture, ce n'est là néanmoins qu'une obligation *in solidum*, et non une obligation solidaire au sens propre du mot. La solidarité, en effet, ne se présume pas; elle doit résulter de la convention ou des contractants, et les droits afférents à l'une la loi de frimaire an 7 ne la prononce pas dans le cas dont il s'agit, et son silence est d'autant plus remarquable qu'elle prend le soin de la stipuler formellement en ce qui concerne les droits de mutation dus par des cohéritiers. Par suite, le recours de la Régie contre l'une des parties pour faire compléter la perception insuffisamment opérée lors de la présentation de l'acte n'a pas pour effet d'interrompre la prescription à l'égard des autres parties. A défaut de la solidarité, la Régie invoquerait vainement, dans ce cas, le principe de l'indivisibilité de la créance du Trésor, cette indivisibilité, établie dans le seul but d'empêcher que la perception ne soit scindée seulement lors de la présentation de l'acte, ne saurait être d'ailleurs qu'une indivisibilité *solutione*, dépourvue d'effet en ce qui concerne l'accomplissement de la prescription (Trib. Lyon, 8 mars 1861, aff. Chabaud, D. P. 62. 3. 30; Civ. cass. 3 févr. 1879, aff. Ménier, D. P. 79. 1. 393; Trib. Seine, 22 févr. 1884, aff. Gauthier, Prudhomme et Fieni, D. P. 84. 3. 103; Trib. Marseille, 24 nov. 1885, aff. Mallen, Arnaud et Mouraille, D. P. 87. 3. 16).

2945. Ainsi qu'on l'a dit (*Rép.* n° 5134), on doit réserver à celui qui a payé le droit, s'il n'en est pas le débiteur d'après les dispositions de la loi de frimaire, son recours contre celui qui devait réellement le supporter, à moins que, par son fait, il n'ait perdu le droit d'exercer ce recours. Jugé en ce sens : 1° que le vendeur d'un immeuble qui a fait l'avance des droits de mutation, est fondé à les répéter contre l'acquéreur (Civ. réj. 24 août 1874, aff. Compagnie des mines de Liévin, D. P. 75. 1. 113) ; — 2° Que les droits d'enregistrement d'une vente mobilière par acte sous seing privé devant, à défaut de stipulation à cet égard, être supportés par l'acquéreur, de même que les frais et loyaux coûts du contrat, le vendeur qui en a fait l'avance, à l'occasion de l'usage de cet acte dans un acte authentique, est fondé à en réclamer le remboursement à l'acquéreur, à moins qu'il ne soit établi qu'il a agi méchamment, ou, en tout cas, sans utilité. Spécialement, le remboursement des droits peut être exigé de l'acheteur, lorsque, la vente sous seing privé ayant eu pour objet la superficie d'un bois à exploiter dans un certain délai, les héritiers du vendeur, obligés de mettre ce bois en adjudication, ont inséré dans le cahier des charges la teneur de l'acte de vente de la superficie pour prévenir toute contestation avec les adjudicataires (Trib. Seine, 21 nov. 1863, aff. Beauvais, D. P. 64. 3. 22); — 3° Que l'associé qui, par suite d'une production en justice ne pouvant lui être imputée à faute, a été obligé de payer les droits d'enregistrement exigibles sur l'acte produit, est fondé à réclamer de ses coassociés la part leur incombant dans ces droits, s'il justifie n'avoir payé que ce qui était réellement dû, et surtout s'il a obtenu par transaction de ne pas payer les doubles droits encourus. Mais cette action ne peut être exercée contre chaque associé que pour sa part et portion, la solidarité pour le payement des droits n'existant entre les membres de la société que vis-à-vis de l'Administration (Aix, 24 août 1870, aff. Devoto, D. P. 71. 2. 220); — Au contraire, lorsqu'un acte sous seing privé pour lequel l'enregistrement n'était pas obligatoire dans un délai déterminé a dû, par suite de contestations mal fondées de l'une des parties, être soumis par l'autre à la formalité, la partie qui a élevé à tort les contestations doit être condamnée à supporter seule le droit d'enregistrement perçu (Paris, 11 juill. 1867, aff. Dorvault, D. P. 67. 2. 170).

2946. Ainsi que nous l'avons dit (*Rép.* n° 5144), les droits d'enregistrement d'une *sentence arbitrale* peuvent être exigés, comme en matière d'actes sous seing privé, de toutes les parties indistinctement qui ont figuré dans la sentence. Il en est de même des droits qui doivent être perçus sur les actes qui ont fait l'objet de la décision. Les arbitres sont, d'ailleurs, responsables, des droits relatifs aux actes non enregistrés sur lesquels ils ont rendu leur sentence (Civ. cass. 19 nov. 1855, *Journ. enreg.*, n° 16205). Mais, en ce qui les concerne, comme pour les juges et autres autorités, l'Administration a toujours considéré la disposition de la loi sur ce point comme purement comminatoire (*Dict. droits d'enreg.* v° *Acte passé en conséquence*, n° 311).

2947. Nous venons d'exposer les règles du payement relativement aux *actes volontaires* aussi bien dans les rapports des parties entre elles que dans leurs rapports avec le fisc. Une grave difficulté s'est élevée en matière d'*actes judiciaires*. D'après l'art. 37 de la loi de frimaire an 7, modifié par l'art. 38 de la loi du 28 avr. 1816, le recouvrement des droits des jugements rendus à l'audience, lorsqu'ils n'ont pas été consignés aux mains du greffier, est poursuivi contre les parties par les receveurs ; faut-il conclure de cette disposition que la Régie a le droit de s'adresser indistinctement à toutes les personnes qui ont figuré dans l'instance, ou bien n'a-t-elle, au contraire, d'action que contre la partie au profit de laquelle le jugement est intervenu ? Nous avions examiné sommairement cette question, déjà discutée à l'époque de la publication du *Répertoire* (V. n° 5148); la controverse a continué depuis, par suite des variations de la jurisprudence. Une première opinion enseigne que toutes les parties sont tenues d'acquitter l'impôt, sauf recours contre le débiteur ou le véritable possesseur. On fait découler cette solution de la combinaison des art. 29 et 37 de la loi de frimaire an 7. L'art. 29 est interprété par une jurisprudence constante en ce sens que toutes les personnes qui sont parties dans un acte sous seing privé sont tenues solidairement du payement de l'impôt ; or l'art. 37, qui concerne les actes judiciaires, est conçu dans les mêmes termes que l'art. 29 ; les deux textes portent que l'impôt est dû par les parties, et, si l'on ne distingue pas entre les parties quand il s'agit de l'art. 29, on ne doit pas non plus faire de distinction relativement à l'art. 37. On ne peut pas argumenter en sens contraire de l'art. 31, car cet article est étranger aux obligations des contribuables vis-à-vis du fisc et règle uniquement les rapports des parties entre elles. En résumé, la règle est la même pour les jugements et pour les actes volontaires. — D'après un autre système, il est nécessaire de distinguer entre ces deux classes d'actes : dans les contrats, l'obligation d'acquitter l'impôt incombe à toutes les parties, parce que chacune d'elles, par cela qu'elle intervient volontairement à l'acte, se soumet virtuellement à l'obligation de le faire enregistrer ; les jugements, au contraire, qui obligent et lient les parties, malgré elles, ne peuvent faire présumer aucun engagement de cette nature. Si, d'après l'art. 37, le receveur est conditionnellement autorisé à poursuivre les parties aux lieu et place du greffier, cela doit s'entendre uniquement des parties obligées à consigner entre les mains du greffier les sommes nécessaires à l'enregistrement du jugement ; or cette obligation ne saurait peser que sur celle des parties à qui profitent les dispositions du jugement, et

qui a seule intérêt à en poursuivre l'exécution. La partie qui a obtenu le jugement est donc la seule qui soit tenue de l'acquittement des droits vis-à-vis de l'Administration.

2948. Nous avions présenté cette dernière interprétation comme étant celle de la jurisprudence ; mais un revirement n'a pas tardé à se produire. Les tribunaux et la cour de cassation elle-même ont déclaré que les droits d'enregistrement d'un jugement peuvent être aussi bien réclamés du défendeur contre lequel le jugement a été rendu que du demandeur, « attendu que l'art. 37 de la loi du 22 frim. an 7 assujettit au payement des droits des actes et jugements les parties sans distinction, ce qui repousse la différence que l'on prétend établir entre le demandeur et le défendeur, quand il s'agit de l'enregistrement du jugement » (Req. 7 juin 1848, aff. Hauser, D. P. 48. 1. 126) ; « attendu, en droit, qu'il résulte du texte et de l'esprit des art. 29, 33 et 37 de la loi du 22 frim. an 7, que l'Administration peut s'adresser à toute partie qui a figuré, à un titre quelconque, dans un contrat ou dans un jugement, et réclamer de cette partie le payement des droits d'enregistrement résultant soit du contrat, soit du jugement ; que l'art. 31 de la même loi qui détermine les rapports des parties entre elles, ne fait point obstacle à l'exercice des droits de l'Administration » (Req. 19 nov. 1855, aff. Vilcoq et Dureuille, D. P. 56. 1. 28 ; 4 août 1859, aff. Dubouscat, D. P. 59. 1. 421).

2949. Certains tribunaux ont appliqué cette règle avec une grande rigueur. Ainsi il a été jugé que la Régie peut réclamer les droits dus sur un jugement, de la partie qui a succombé, en cas de jugement par défaut comme au cas de jugement contradictoire, alors même que le jugement par défaut n'aurait pas été signifié dans les six mois de son obtention, la disposition de l'art. 156 c. proc. civ., qui, en pareil cas, la répute non avenu, n'étant pas applicable en matière d'enregistrement (Trib. Angoulême, 5 janv. 1858, aff. Jean, D. P. 58. 3. 30). — Il nous a semblé que cette solution pouvait être critiquée même par ceux qui acceptent la doctrine admise par la jurisprudence. En effet, si on reconnaît à la Régie le droit de réclamer les droits du jugement même de la partie qui a succombé, c'est parce qu'on étend aux droits des jugements les principes qui régissent le recouvrement des droits d'actes. Or, quand il s'agit d'un acte, on ne reconnaît une action à la Régie que contre les parties qui ont concouru à cet acte et qui se sont rendues signataires. Ainsi, il a été jugé que le créancier qui refuse de recevoir une somme qu'un tiers lui offre pour acquitter la dette, somme que ce tiers prétend avoir été déposée à cet effet entre ses mains, ne peut être actionné en payement du droit proportionnel à raison de cette reconnaissance de dépôt qui n'est pas son fait, qu'il n'a provoquée en aucune manière et qui n'ajoute rien à sa créance (Civ. rej. 2 mai 1815, *Rép.* n° 5143). Il y a même raison de droit et même motif d'équité d'agir ainsi à l'égard d'une partie condamnée par un jugement par défaut qu'elle n'a pas légalement connu, car, d'après la loi elle-même, il y a lieu de douter que cette partie ait été régulièrement assignée. Au reste, la cour de cassation a décidé formellement que le recouvrement des droits dus à raison d'un jugement par défaut ou suspendu par l'appel, ne peut être poursuivi contre la partie condamnée (*Rép.* n° 5149).

2950. Bien plus, il a été décidé que *toute partie assignée* à un titre quelconque dans une instance, peut être poursuivie par la Régie en payement des droits exigibles sur le jugement intervenu, sans distinction entre les droits relatifs aux chefs de décision qui la concernent et ceux relatifs aux chefs qui lui sont étrangers. Spécialement, l'individu qui a réussi à faire repousser la demande en revendication d'un brevet à lui cédé ne peut refuser de payer les droits du jugement, même sur le chef qui condamne le cédant à des dommages-intérêts envers des commerçants avec lesquels il s'était associé pour l'exploitation du même brevet (Trib. Seine, 8 juin 1864, aff. Fissiaux, D. P. 64. 3. 72). C'est donner, avons-nous dit dans la note qui accompagne ce jugement, une extension peu acceptable à la règle que les droits peuvent être demandés à la partie qui a obtenu gain de cause comme à celle qui a succombé. Il ne faut pas perdre de vue, en effet, que, sur le chef étranger à l'objet pour lequel une partie figure à l'instance, il n'est point intervenu entre cette partie et les autres aucun contrat judiciaire ; elle n'a à cet égard ni le droit d'opposition, ni le droit d'appel, ni la faculté d'acquiescer. On ne comprend pas, dès lors, comment elle pourrait être recherchée en payement de droits nés d'une contestation qui peut se continuer sans elle et ne l'intéresse à aucun titre.

Ajoutons à ces observations que les droits d'enregistrement constituent une créance du Trésor sur le redevable, et que, comme l'a très bien dit M. l'avocat général Blanche dans ses conclusions relatives à un autre jugement déféré à la cour de cassation (*Dictionn. droits d'enreg.*, v° *Payement des droits*, n° 45), on ne voit pas pour quelle raison cette dette ne pourrait être payée partiellement, quand il est établi qu'elle se divise entre plusieurs personnes.

2951. Le créancier qui poursuit une *saisie immobilière* ne doit pas être assimilé à une partie ayant figuré dans une instance; par suite, il ne peut pas être recherché par la Régie en payement des droits auxquels donne lieu le jugement. Ces droits ne peuvent être réclamés qu'à l'adjudicataire. Il est certain, en effet, que le jugement d'adjudication constitue moins un jugement proprement dit qu'un contrat de vente judiciaire, dans lequel le créancier poursuivant ne peut pas être assimilé non plus au vendeur (Trib. Tarbes, 25 mai 1852, aff. Baudéan, D. P. 54. 3. 6).

2952. Malgré les efforts de l'Administration, la cour de cassation est revenue depuis longtemps à sa première jurisprudence, exposée *suprà*, n° 2947. A plusieurs reprises, elle a décidé que le payement des droits d'enregistrement des jugements ne peut être poursuivi que contre celles des *parties auxquelles profitent les condamnations* prononcées par ces jugements, que l'Administration n'a pas d'action contre les autres parties et notamment contre la partie condamnée, « attendu que, si le principe qui sur ce point régit les actes volontaires était applicable aux jugements, il en résulterait qu'à cause de l'indivisibilité de la perception, toute partie figurant à un titre quelconque dans un jugement pourrait être recherchée par la Régie pour des droits à des afférents dispositions qui lui sont étrangères, ce qui serait contraire à toutes les règles d'une perception légitime de l'impôt » (Civ. cass. 9 avr. 1861, aff. Barjaud, D. P. 61. 1. 147; 21 juin 1865, aff. Gretzel, D. P. 65. 1. 378; 21 déc. 1870, aff. Noël, D. P. 71. 1. 87; 3 févr. 1879, aff. Ménier, D. P. 79. 1. 393; Trib. Versailles, 11 mai 1880, même affaire, D. P. 80. 5. 167). — Les auteurs du *Dictionnaire des droits d'enregistrement*, v° *Payement des droits*, n° 57, critiquent très vivement encore cette jurisprudence, et le tribunal de la Seine s'est prononcé pour le système contraire tant par le jugement du 8 juin 1861, cité *suprà*, n° 2950, que par un autre jugement postérieur aux deux premiers des arrêts précités, et aux termes duquel les droits d'enregistrement dus sur un jugement, peuvent être demandés aussi bien à la partie qui a succombé qu'à celle au profit de laquelle la décision a été rendue, encore bien qu'il ait été interjeté appel (Trib. Seine, 19 juin 1869, aff. Tanneveau, D. P. 74. 5. 155-156. V. aussi *Rép.* n° 5148). Ce même tribunal a, d'ailleurs, reconnu que celui auquel un jugement profite

est tenu de payer les droits d'enregistrement auxquels ce jugement donne ouverture, et n'est pas fondé à opposer à l'action dirigée contre lui, que lesdits droits doivent être supportés par ses adversaires dans l'instance en leur qualité de débiteurs et de nouveaux possesseurs (Trib. Seine, 20 juin 1883, aff. Pellorie, D. P. 83. 5. 250).

Nous ne croyons pas nous-même que la distinction faite par la jurisprudence entre les actes volontaires et les jugements soit fondée; la même règle devrait être appliquée aux uns et aux autres; mais nous persistons à croire que ni l'art. 29, ni l'art. 37 ne consacrent le principe de la solidarité. Quoi qu'il en soit, le jugement précité du tribunal de Versailles du 11 mai 1880, rendu sur le renvoi prononcé par l'arrêt du 3 févr. 1879, parait avoir clos le débat. Conformément au principe développé ci-dessus, il a été décidé que, dans le cas où un jugement statuant à la fois sur une demande principale, sur une demande en garantie et sur action en dommages-intérêts, formée par le défendeur principal contre le garant, n'a pas été enregistré dans le délai, le demandeur principal ne peut être tenu de payer le droit et le double droit que sur le chef du jugement relatif à sa demande. Les droits concernant le recours en garantie et la demande en dommages-intérêts ne peuvent être exigés que du garant et du garanti (Trib. Seine, 9 juill. 1864) (1). Décidé encore que si la reconnaissance judiciaire d'un don manuel donne ouverture au droit proportionnel de donation, encore bien que, contenue dans les motifs d'un jugement, elle ne soit pas de nature à produire un lien de droit entre le donateur et le donataire, ce droit proportionnel étant établi, non sur la transmission de propriété, mais sur la disposition du jugement constatant le don, le payement n'en peut être exigé que de la partie à laquelle ce jugement profite et qui a intérêt à en poursuivre l'exécution (Trib. Seine, 30 déc. 1887, aff. Despêcher, D. P. 89. 3. 31. V. *suprà*, n° 2016).

Au reste, la cour de cassation a, récemment encore, confirmé, d'une manière indirecte, le principe consacré par son arrêt précité du 3 févr. 1879. Mais en même temps elle reconnaît que, si les droits, en matière de jugements, ne peuvent être réclamés qu'aux parties qui bénéficient de leurs dispositions, l'Administration a une action *in solidum* contre chacune d'elles et n'est pas obligée de restreindre ses poursuites aux droits afférents à la disposition dont cette partie profite, le principe de l'indivisibilité du payement des droits s'appliquant aussi bien aux jugements qu'aux actes volontaires. Il en est ainsi du moins lorsque l'Administration agit en payement des droits dus sur un jugement *qui n'a pas encore été enregistré*, parce que, dans ce cas, l'obligation qui incombe aux défendeurs de faire enregistrer le jugement contre « le payement préalable et intégral des droits auxquels cet enregistrement donne ouverture » est par sa nature indivisible. Mais, au contraire, quand le jugement a déjà été enregistré, chacune des parties ne peut plus être poursuivie en payement des suppléments de droits que la Régie a le

(1) (Tavernier.) — Le tribunal; — Attendu, en fait, que le jugement du 18 mars 1863, sur lequel l'Administration demande : 1° un droit fixe de 5 fr. pour la validité du congé; 2° un droit proportionnel de 120 fr. pour condamnation à 6000 fr. de dommages-intérêts, plus le droit en sus sur le tout pour défaut d'enregistrement dans les 20 jours, statue sur deux demandes distinctes, dont la seconde est complètement étrangère à Tavernier; — Qu'en effet, le tribunal était saisi uniquement par Tavernier de la demande en validité du congé par lui donné à Flécheux; que ce dernier a cru devoir diriger à son tour une demande en garantie contre Becquet, et subsidiairement une demande en dommages-intérêts, et que le tribunal, qui aurait pu juger par deux décisions différentes, a cru devoir statuer par un seul et même jugement; — Attendu, en droit, que la question à juger n'est pas celle de savoir si les préposés de l'administration de l'enregistrement sont tenus d'enregistrer un jugement pour partie, et de mettre la moitié de l'accomplissement de la formalité sur des actes pour lesquels on n'aurait payé qu'une partie de ces droits; qu'il s'agit uniquement de savoir si, lorsqu'une décision judiciaire statue à la fois sur une demande principale et sur une demande en garantie, le demandeur principal, qui ne se présente pas pour lever le jugement, peut être actionné en payement de tous les droits dus sur chacune des deux décisions; — Attendu que, s'il est vrai qu'aux termes de l'art. 31 de la loi de frimaire, l'administration de l'enregistrement peut s'adresser, pour le recouvrement des droits, à toutes les parties qui ont figuré dans un jugement, on ne peut considérer le demandeur principal

comme partie dans une demande en dommages-intérêts formée par le défendeur principal; qu'il y a là évidemment deux instances qui auraient pu être jugées par deux sentences distinctes, et que cette circonstance qu'elles ont été jointes dans un but de célérité et d'économie de frais ne saurait changer la situation des plaideurs au point de vue de l'enregistrement; que la doctrine contraire blesserait l'équité et pourrait avoir pour les redevables les plus funestes conséquences; qu'en effet, le droit appartenant à l'administration de l'enregistrement d'actionner toutes les parties dans un acte ou dans un jugement se justifie par cette raison qu'elles sont responsables de la situation qu'elles se créent elles-mêmes en consentant à figurer, soit dans un acte, soit dans un jugement; mais qu'il serait souverainement injuste de les rendre également responsables de tous les droits pouvant résulter de différentes jonctions prononcées sans qu'elles les aient demandées, et souvent contre leurs conclusions; — Attendu, en conséquence, qu'il y a lieu, en raison des faits ci-dessus rapportés, d'invalider la contrainte en ce qui concerne le droit dû sur la condamnation en dommages-intérêts prononcée à la requête de Flécheux; — Par ces motifs, reçoit Tavernier opposant à la contrainte contre lui décernée le 20 janv. 1864; l'annule en ce qui concerne le droit proportionnel réclamé sur la condamnation en 6000 fr. de dommages-intérêts; la valide seulement en ce qui concerne le droit simple et le droit en sus, plus le décime, dus pour la déclaration de validité de congé, etc.

Du 9 juill. 1864.-Trib. civ. de la Seine.

droit de réclamer sur ce jugement que divisément, c'est-à-dire proportionnellement à l'avantage que lui procure le jugement, attendu qu'il s'agit, dans cette hypothèse, « d'une créance de somme d'argent qui par elle-même est essentiellement divisible », et dont la divisibilité doit produire ses effets ordinaires, en l'absence de toute dérogation résultant des lois spéciales à la matière. La cour ajoute, d'ailleurs, que « non seulement l'Administration ne peut invoquer aucune disposition semblable, mais que l'art. 32 de la loi de l'an 7 déclarant les cohéritiers solidaires pour le payement des droits de mutation après décès, contiendrait une disposition absolument inutile si le payement des droits d'enregistrement était toujours et légalement indivisible » (Civ. cass. 20 nov. 1889, aff. Danet, D. P. 90. 1. 201). Le tribunal de la Seine, qui avait statué en première instance sur l'étendue du recours pouvant être exercé contre les défendeurs, avait donné raison, au contraire, à l'Administration et déclaré indivisible l'obligation incombant aux *défendeurs* d'acquitter les droits supplémentaires énoncés dans la contrainte (Trib. Seine, 9 avr. 1886, *ibid.*).

2953. Le principe que les droits doivent être payés par la partie qui a obtenu le jugement, sauf recours contre celle qui doit les supporter définitivement, sans que la Régie puisse jamais s'adresser à celle-ci, entraîne une conséquence déjà signalée (*Rép.* n° 5149), et que la cour de cassation a consacrée de nouveau : c'est que la partie qui profite de la condamnation doit supporter, sans répétition contre la partie condamnée, le *double droit* encouru au cas d'enregistrement tardif ; il en est ainsi, alors même qu'il s'agirait d'un jugement dont cette partie n'avait pas à poursuivre l'exécution, et, par exemple, d'une décision ordonnant sur opposition le maintien d'un précédent jugement par défaut déjà exécuté par provision, et encore bien que la partie condamnée aurait pu, par suite de son admission à l'assistance judiciaire, remplir en temps utile, sans rien débourser, la formalité de l'enregistrement (Arrêt du 9 avr. 1861, cité *supra*, n° 2952).

L'arrêt de la cour de cassation du 20 nov. 1889, cité *supra*, n° 2952, a jugé que l'Administration ne figure pas parmi les ayants droit dont, aux termes de l'art. 114 c. inst. crim., la créance est garantie par la seconde partie du cautionnement versé à la caisse des dépôts et consignations par un inculpé pour obtenir sa mise en liberté provisoire ; qu'elle n'est pas obligée de poursuivre le payement des droits à percevoir sur un jugement de condamnation prononcé en matière pénale sur ce cautionnement, et que, sans user du bénéfice de l'art. 1166 c. civ., qui lui confère seulement une faculté, elle est fondée à agir contre ses débiteurs directs, c'est-à-dire contre les bénéficiaires du jugement, sauf à ceux-ci à agir ensuite contre la caisse des dépôts et consignation.

2954. Observons, en terminant, que le principe de la solidarité ne s'applique qu'aux jugements susceptibles d'être *enregistrés*, sur minute ; quant aux jugements qui ne sont soumis aux droits qu'autant qu'une expédition en est levée, il est évident que le droit ne peut être exigé que de la partie qui requiert cette expédition.

Sect. 2. — Droits de mutation par décès. — Privilége du Trésor (*Rép.* n°s 5150 à 5181).

2955. Comme on l'a dit au *Rép.* n° 5151 et établi *suprà*, n°s 2280 et suiv. ; en déterminant les personnes auxquelles la loi fiscale impose l'obligation de souscrire la déclaration d'une succession, il résulte, de l'art. 32 de la loi du 22 frim. an 7, que les droits de mutation par décès sont à la charge des héritiers, donataires ou légataires. — Il a été jugé que le *légataire particulier* est tenu au payement du droit de mutation dont son legs est passible, alors même que

ce legs serait contesté (Trib. Seine, 7 juill. 1866) (1). — Quant au droit d'enregistrement du testament, V. *suprà*, n° 2205).

Les légataires sont-ils débiteurs directs envers le Trésor des droits de mutation de leurs legs, même lorsque le testateur a déclaré en mettre le payement à la charge de sa succession ? M. Garnier, *Rép. gén. enreg.*, n° 13326-2°, cite, comme ayant résolu cette question affirmativement, un jugement du tribunal de Carpentras du 22 août 1855. Le tribunal de Rennes s'est au contraire prononcé dans un jugement du 4 août 1868 (aff. Launay) : « Considérant, porte ce jugement, que les art. 27, 32 et 39 de la loi du 22 frim. an 7, qui obligent les héritiers, donataires ou légataires à passer la déclaration des biens à eux échus, sous peine d'un demi-droit en sus, laissent au testateur la liberté entière d'en ordonner autrement, suivant l'art. 1016 c. nap., et de mettre les frais à la charge de la succession (art. 31 de la même loi) ; qu'à cet égard la volonté du testateur est sans équivoque, puisqu'il exonère la veuve Launay de tous frais relatifs à la rente ; qu'on ne peut donc admettre, en ces circonstances, que la veuve Launay pût être assujettie à déclarer une mutation passible de droits que les héritiers seuls étaient tenus d'acquitter ».

L'art. 32 précité porte que les cohéritiers sont tenus du payement des droits *solidairement*, ce qui veut dire « que chaque héritier n'est pas seulement tenu d'acquitter les droits *in solidum*, comme s'il était héritier unique, mais que chacun est tenu des droits encourus par ses cohéritiers en raison de la parenté de ceux-ci avec le défunt » (Demante, t. 2, n° 660). Cette règle s'applique à tous les parents légitimes du défunt appelés à recueillir sa succession *ab intestat*. La solidarité a lieu même entre héritiers appartenant à des branches différentes, spécialement entre les père et mère venant à la succession de leur enfant avec des parents collatéraux de celui-ci (Trib. Seine, 1er févr. 1878 ; Trib. Valenciennes, 16 déc. 1880, *Journ. enreg.*, art. 20811 et 21597).

2956. Les obligations de l'*héritier bénéficiaire* sont les mêmes, à ce point de vue, que celles de l'héritier pur et simple (V. *suprà*, n° 2174). Jugé en ce sens que l'héritier ou légataire universel qui n'accepte que sous bénéfice d'inventaire n'est pas par là exempté du droit de mutation, est tenu, par suite, d'en faire au moins l'avance ; ce droit, étant un impôt attaché à la transmission opérée par le décès, ne saurait, en effet, être assimilé à une dette du défunt dont l'héritier ou légataire se trouverait déchargé par l'effet du bénéfice d'inventaire (Trib. Seine, 27 déc. 1854, aff. Courtois et Manoury, D. P. 55. 3. 13). Et il en est ainsi, alors même qu'il vient à l'achèvement de la liquidation il serait revenu sur son acceptation, sa renonciation ne pouvant plus, en pareil cas, valoir que comme abandon de biens aux créanciers jusqu'à concurrence de ce qui leur est dû et laissant, par suite, subsister intacte la qualité d'héritier avec les avantages et les obligations qui en découlent (Trib. Tulle, 27 févr. 1854, D. P. 55. 3. 13, note 2. Conf. Trib. Seine, 18 janv. 1861, aff. Artus, D. P. 61. 3. 48). La même solution s'appliquerait dans le cas même où les biens seraient sous séquestre et n'auraient jamais été en la possession de l'héritier bénéficiaire (Trib. Lyon, 30 mars 1855, aff. Curty, D. P. 55. 3. 80).

L'héritier bénéficiaire est tenu *personnellement* du droit de mutation vis-à-vis de l'État (Motifs, Civ. cass. 23 juin 1857, aff. Clausse, aff. Zhendré, aff. Tavernier, et aff. Vasseur, D. P. 57. 1. 233 ; Civ. rej. 24 juin 1857, aff. Gripray, D. P. 57. 1. 242), d'où il suit que l'acceptation bénéficiaire ne restreint pas aux valeurs disponibles de la succession, à l'exclusion des biens personnels du redevable, le recouvrement des droits de mutation par voie de saisie (Trib. Seine, 23 nov. 1861, aff. Chevalier, D. P. 62. 3. 40).

2957. Mais l'héritier bénéficiaire, tenu personnelle-

(1) (Guimpier C. Enregistrement.) — Le tribunal ; — Attendu que, par testament authentique en date du 15 mars 1865, Lejeune a légué à la dame Guimpier : 1° une somme de 1000 fr. en argent ; 2° quatre actions du chemin de fer du Midi ; 3° un mobilier estimé à 188 fr. ; qu'après le décès du testateur survenu le 16 du même mois, ses héritiers n'ont acquitté sur la somme de 1000 fr. que l'impôt de la somme exigible en raison de leur qualité, et que les droits motivés par les autres dispositions sont restés impayés ; — Attendu qu'il résulte de l'art. 27 de la loi de frimaire an 7 que l'Administration a action contre les légataires à fin de payement des droits auxquels sont assujetties les dispositions

dont ils sont bénéficiaires ; — Attendu que la femme Guimpier, sans répudier le legs, soutient qu'elle ne peut être tenue au payement des droits, en raison des contestations dont le testament serait l'objet de la part des héritiers ; — Mais attendu qu'il n'est même pas d'instance qu'une instance ayant cet objet soit actuellement pendante entre les parties ; que, d'ailleurs, les legs sont soumis à l'impôt par une disposition générale, qui ne permet aucune distinction entre ceux dont la validité est reconnue et ceux qui, au contraire, sont contestés ; — Par ces motifs, ordonne que la dame Guimpier devra passer la déclaration de elle fait, etc. Du 7 juill. 1866.-Trib. civ. de la Seine.

ment vis-à-vis de l'Etat, peut-il se rembourser sur les valeurs de la succession? On n'est pas encore d'accord aujourd'hui sur cette question, qui était déjà discutée et résolue diversement par les tribunaux à l'époque de la publication du *Répertoire* (Rép. n° 5153). D'une part, il a été jugé, conformément à l'opinion qui semblait prévaloir auparavant, que l'héritier bénéficiaire n'est tenu personnellement au payement des droits de mutation que vis-à-vis du fisc; que, dans les rapports de l'héritier avec ses cohéritiers, les légataires ou les créanciers héréditaires, la dette des droits de mutation est une dette de succession, et qu'en conséquence, l'héritier bénéficiaire a un recours pour se faire rembourser par préférence sur les valeurs héréditaires (Motifs, arrêts des 23 et 24 juin 1857, cités *suprà*, n° 2956). La question a été résolue formellement ainsi par la cour de Paris dans un arrêt du 19 janv. 1854 (aff. Chopin, D. P. 55. 2. 210). Cette doctrine entraîne trois conséquences : 1° l'héritier est fondé à porter au débit de son compte d'administration les sommes qu'il a déboursées pour l'acquit des droits de mutation. Jugé même qu'il peut porter en compte l'amende qu'il a encourue pour défaut d'acquittement des droits dans les délais, si ce retard a été occasionné par l'absence de fonds libres dépendant de l'hérédité, alors surtout qu'il a fait, mais vainement, les diligences nécessaires pour obtenir une prolongation de délai (Rouen, 5 avr. 1845, aff. Hellot-Vimard, D. P. 45. 4. 240; Grenoble, 21 mars 1850, aff. Morel, D. P. 52. 2. 119); — 2° Indépendamment du droit qui appartient à l'héritier bénéficiaire personnellement comme administrateur, l'héritier ayant payé une dette de la succession peut se prévaloir de tous les droits qui compétaient au Trésor, auquel il est subrogé de plein droit en vertu de l'art. 1251 c. civ. (Bordeaux, 15 févr. 1849, aff. Conte, D. P. 49. 2. 252; Paris, 19 janv. 1854 précité) ; — 3° Les héritiers bénéficiaires peuvent, comme les exécuteurs testamentaires, se faire autoriser par justice à réaliser les valeurs de la succession pour acquitter les droits de mutation (Paris, 1er oct. 1873, aff. Quantinet, D. P. 74. 2. 187).

Contrairement à la doctrine que nous venons d'exposer, il a été jugé que la dette des droits de mutation est une dette personnelle à l'héritier même dans ses rapports avec la succession, et qu'en conséquence, le légataire universel en usufruit, qui les a acquittés pour éviter les poursuites, n'est pas créancier envers la succession des sommes qu'il a versées à l'Etat, mais peut seulement recourir contre les légataires de la nue propriété (Paris, 16 juin 1874, aff. Chapu, D. P. 75. 2. 24). Jugé, plus particulièrement, que l'héritier bénéficiaire ne peut pas porter en dépense à son compte d'administration les droits de mutation qu'il a payés ni en retenir le montant sur les valeurs de la succession (Trib. Châtillon-sur-Seine, 20 mai 1863, aff. André, D. P. 63. 3. 43). Jugé, de même, que l'héritier bénéficiaire qui a payé les droits de ses propres deniers n'est pas subrogé aux droits du Trésor, et surtout ne peut pas venir en remboursement sur les valeurs de la succession concurremment avec le Trésor lui-même réclamant les droits dus par les légataires (Trib. Abbeville, 31 mai 1853, aff. Bourgeois, D. P. 54. 3. 14).

Ajoutons que la cour de cassation, en décidant que la dette du droit de mutation à raison d'une soulte est personnelle à l'héritier, et qu'en conséquence, il n'en doit pas être tenu compte dans le calcul nécessaire pour savoir si les héritiers n'ont pas été lésés de plus du quart dans le partage (Civ. cass. 12 mai 1875, aff. de Papus, D. P. 75.1. 345), a fait preuve, comme nous l'avons fait remarquer dans la note jointe à l'arrêt, d'une certaine tendance à revenir sur la doctrine de ses arrêts des 23 et 24 juin 1857, et à se rapprocher de la jurisprudence adoptée en dernier lieu par la cour de Paris.

Les arrêts précités de la cour de Rouen du 5 avr. 1845 et de la cour de Grenoble, du 21 mars 1850, qui reconnaissent que l'héritier bénéficiaire est fondé à comprendre dans son compte les sommes payées par lui en acquit des droits de mutation, ne statuent que dans les rapports de l'héritier avec les créanciers chirographaires de la succession ; ils laissent à la résoudre la question de savoir si l'héritier bénéficiaire aurait le même droit vis-à-vis des créanciers qui, antérieurement à la mutation opérée par le décès, auraient sur les biens acquis des hypothèques ou autres droits réels qui, notoirement, en absorberaient la valeur. Si l'on adopte cette idée que l'impôt est une dette de la suc-

cession sauf dans les rapports de la Régie avec l'héritier, il est rationnel d'en conclure que l'héritier peut prélever le montant des avances qu'il a faites pour le payement des droits sur les valeurs héréditaires ; mais il paraît difficile que l'héritier puisse exercer ce prélèvement au préjudice de ceux qui ont acquis des droits réels antérieurement sur les biens de la succession, spécialement des créanciers hypothécaires.

2958. D'après M. Demante, t. 2, n° 675, l'équité veut que l'héritier, vis-à-vis des créanciers, ait exactement la même position qu'aurait eue l'Administration elle-même, et qu'ainsi il soit admis à compenser le montant des droits avec les revenus courus postérieurement au décès ; seulement, l'espèce ne rentrait, d'après lui, dans aucun cas de subrogation légale, il est nécessaire de recourir à une subrogation expresse, que la Régie, si elle en est requise, ne manquera pas d'accorder à l'héritier. Nous avons critiqué ce système dans la note jointe au jugement du tribunal de Châtillon-sur-Seine, cité *suprà*, n° 2957. Ecarter, en effet, la subrogation légale, en présence de l'art. 1251, aux termes duquel « la subrogation a lieu de plein droit au profit de l'héritier bénéficiaire qui a payé de ses deniers les dettes de la succession », c'est décider que, même vis-à-vis des créanciers, l'héritier bénéficiaire, en acquittant de ses deniers les droits de mutation, n'a fait que payer sa propre dette ; mais alors, ce n'est pas seulement la subrogation légale qu'il faut dénier à l'héritier bénéficiaire, c'est aussi la subrogation expresse ; c'est même supprimer toute espèce d'action récursoire. Toutefois, l'héritier bénéficiaire ne peut obtenir, comme subrogé aux droits de la Régie, que la restitution des sommes que celle-ci était en droit de recevoir, et le fisc n'a sur le créancier chirographaire, sauf le privilège qu'il peut exercer sur les revenus des biens de la succession. Dès lors, en cas d'insuffisance des revenus formant le gage particulier de l'Administration, l'héritier bénéficiaire ne peut se faire restituer que le dividende qui devait revenir à celle-ci dans la distribution des valeurs héréditaires ; car, au regard des créanciers, la créance du Trésor ne grève les biens de la succession que dans cette mesure. Décider autrement serait établir, comme le fait remarquer M. Naquet, t. 3, n° 1230, le privilège du Trésor sur les capitaux héréditaires. La jurisprudence ne semble pas néanmoins faire cette distinction.

2959. La **solidarité** établie par l'art. 32 de la loi du 22 frim. an 7 ne s'applique pas seulement au droit simple ; elle s'étend au *demi-droit en sus* et au *double droit* encourus pour déclaration tardive ou omission (Trib. Villefranche, 2 févr. 1882, D. P. 83. 5. 248. V. *Rép.* n° 5159). — Décidé, en ce sens, que la cession de ses droits par un héritier n'empêche pas le Trésor d'exercer contre lui l'action solidaire pour le recouvrement d'un droit en sus encouru à raison d'une omission (Sol. adm. enreg. 11 janv. 1872, *Diction. droits d'enreg.*, v° *Succession*, n° 2238. V. *infrà*, n° 2999).

2960. L'obligation de payer les droits incombe, comme on l'a vu (Rép. n° 5152), aux *tuteurs* comme aux *curateurs* qui sont personnellement responsables du demi-droit en sus, s'ils laissent passer les délais sans faire la déclaration. Nous avons examiné précédemment s'il fallait généraliser cette règle contenue dans les art. 27 et 29 de la loi de frimaire an 7, en l'étendant à tous les *administrateurs des biens d'autrui* (V. *suprà*, n°s 2843 et suiv.). Rappelons que la cour de cassation a résolu cette question négativement en ce qui concerne le mari administrateur des biens de la femme (Arrêt du 10 nov. 1874,, cité *suprà*, n° 2845), mais que plusieurs tribunaux ont, au contraire, appliqué les prescriptions des articles ci-dessus au père administrateur légal des biens de ses enfants mineurs.

2961. Il est reconnu, au contraire, par l'Administration elle-même que le payement des droits ne peut pas être poursuivi contre les *exécuteurs testamentaires* (Sol. adm. enreg. 19 févr. 1879, *Diction. droits d'enreg.*, v° *Succession*, n° 2213). Jugé de même que le recouvrement des droits de mutation dus sur la succession d'un commerçant failli doit être poursuivi contre ses héritiers, et non contre le *syndic* de la faillite. En l'absence de tout héritier, il y aurait lieu de faire nommer un curateur à la succession du failli pour le recouvrement des droits de mutation, sauf à mettre le syndic en cause (Trib. Rouen, 16 mai 1876, *Journ. enreg.*, art. 20523). — L'action de la régie de l'enregistrement tendant à se faire admettre, par privilège ou au marc le franc, au passif de la faillite d'un commerçant décédé depuis la déclaration de faillite, pour le payement des droits de mutation auxquels l'ouverture de la succession de celui-ci a donné naissance, est, d'ailleurs, une action de droit commun rentrant dans la compétence de la juridiction civile ordinaire, et ne pouvant, par suite, être introduite ni jugée dans les formes spéciales aux matières d'enregistrement (Trib. Seine, 29 mars 1862, aff. Villion, D. P. 62. 3. 87). S'il s'agissait de droits d'enregistrement ou de mutation par décès dus par le failli personnellement, le syndic pourrait, au contraire, être contraint de les payer, parce que ces droits constitueraient une dette personnelle de la faillite ; ajoutons que, dans ce cas, il y aurait lieu d'observer les formes de la procédure sur l'enregistrement (Civ. rej. 28 juill. 1851, aff. Hallette, D. P. 51. 1. 233).

2962. On s'accorde pour décider que la solidarité prononcée par l'art. 32 à l'égard des cohéritiers ne concerne ni les *successeurs irréguliers*, tels que les *enfants naturels*, par exemple, qui n'ont pas la qualité d'héritier, ni les *légataires à titre particulier*, ni les *donataires de biens à venir*. Mais que faut-il décider relativement aux *légataires universels* et à *titre universel*? Sont-ils solidaires avec les héritiers réservataires? Sont-ils solidaires entre eux? Cette question, déjà posée au *Rép.* n° 5160 est restée pendant longtemps très controversée. Certains auteurs, s'appuyant sur l'assimilation que le code civil aurait faite entre les successeurs universels appelés par la volonté de la loi et les successeurs universels appelés par la volonté de l'homme, ont soutenu que la solidarité s'étendait aux légataires universels, soit entre eux, soit avec les héritiers réservataires (Garnier, *Rép. gén. enreg.*, n° 16847). D'autres distinguent entre les légataires à titre universel et les légataires universels ; ces derniers auraient seuls la qualité d'héritiers et seraient solidaires (Trib. Bordeaux, 10 févr. 1857, *Journ. enreg.*, art. 16539). D'après une troisième opinion, enseignée par M. Demante dans la 2ᵉ édition de son ouvrage, t. 2, n° 661, il faudrait faire une autre distinction : la solidarité s'appliquerait aux légataires universels concourant ensemble ou avec des héritiers légitimes non réservataires ; elle ne s'appliquerait pas, au contraire, aux légataires universels en présence d'héritiers à réserve. Enfin, dans un dernier système, on décide que les légataires universels ou à titre universel ne sont en aucun cas tenus solidairement du payement des droits, cette obligation devant être strictement limitée aux héritiers proprement dits, c'est-à-dire aux successeurs *ab intestat* parents légitimes du défunt (Demante, 3ᵉ éd., t. 2, n° 661 ; Naquet, t. 3, n° 1221).

2963. Cette dernière solution nous paraît être seule juridique. L'alinéa de l'art. 32 de la loi de frimaire an 7, qui impose la solidarité aux cohéritiers, vient immédiatement après un alinéa nommant à la fois les héritiers, les légataires et les donataires. Il est certain qu'en ne disposant qu'à l'égard des cohéritiers, la loi a exclu, d'une manière générale, les légataires et les donataires ; en d'autres termes, le mot *cohéritier*, ayant un sens restreint dans la première partie du texte, a nécessairement le même sens dans la seconde. Cette opinion est celle qui prévaut en jurisprudence (Trib. Abbeville, 31 mai 1853, aff. Bourgeois, D. P. 54. 3. 14 ; Trib. Beaupréau, 26 août 1856, *Journ. enreg.*, art. 16383 ; Trib. Seine, 23 nov. 1861, aff. Chevalier, D. P. 62. 3. 40, note ; Trib. Lyon, 20 févr. 1868, aff. Domény, D. P. 69. 3. 8 ; Trib. Havre, 29 août 1872, aff. Bisson, D. P. 74. 3. 86. — *Contrà* : Paris, 16 juin 1874, aff. Chapu, D. P. 75. 2. 24). L'Administration paraît s'y être ralliée définitivement (Sol. adm. enreg. 20 mars 1878 ; 7 janv. 1879 ; 21 févr. et 5 avr. 1880 ; 7 mai 1881, D. P. 82. 5. 203, cités *Diction. droits d'enreg.*, v° *Succession*, n° 2235).

2964. Jugé qu'en matière d'envoi en possession des biens d'un absent, la solidarité n'est exigible qu'à l'égard de ceux des héritiers qui ont réclamé cette possession ; la solidarité prononcée entre héritiers par l'art. 32 de la loi du 22 frim. an 7, n'est pas applicable ici (Trib. Sarreguemines, 4 janv. 1848, D. P. 48. 5. 152).

2965. La solidarité s'étend-elle aux *héritiers de l'héritier* ? Si un héritier, appelé à une succession, décède avant d'avoir payé les droits et laissant plusieurs héritiers, chacun de ces héritiers pourra-t-il être poursuivi pour la totalité

des droits dus par le *de cujus*? L'Administration l'a soutenu, en disant que les droits d'enregistrement constituent une dette indivisible ; mais cette prétention a été repoussée avec raison. Jugé que, si le payement des droits d'enregistrement d'un acte est indivisible, il n'en est pas de même en ce qui concerne les droits de mutation par décès. La solidarité, établie pour le payement de ces derniers droits entre les cohéritiers seulement, ne peut s'étendre ni aux donataires, ni aux légataires, ni aux successeurs des cohéritiers. Les héritiers de l'héritier ne sont tenus du payement des droits afférents à la succession recueillie par leur auteur que chacun pour sa part virile dans l'hérédité (Trib. Havre, 29 août 1872, aff. Bisson, D. P. 74. 3. 86). La loi fiscale n'établit, en effet, la solidarité qu'entre les héritiers ; elle est muette quant aux héritiers de l'héritier. Or la solidarité ne se présume pas, et, d'après le droit commun, l'obligation solidaire, indivisible entre le créancier et le débiteur, se divise entre leurs héritiers (c. civ. art. 1220).

2966. Le principe que le légataire n'est tenu que du payement des droits afférents au legs qu'il recueille reçoit, dans une certaine mesure, exception, lorsque le testament renferme disposition au profit des *hospices*, des *communes* et des *établissements publics*. On sait que ces établissements, tant qu'ils n'ont pas été autorisés à accepter, conformément à l'art. 910 c. civ., la libéralité qui leur est faite, n'ont qu'un droit subordonné à une condition suspensive, et non résolutoire : il s'ensuit que les héritiers légitimes ou autres successeurs universels peuvent être tenus de payer les droits de mutation qui incombent à l'établissement légataire, sauf à les répéter ensuite contre celui-ci, lorsqu'il aura reçu l'autorisation d'accepter la disposition (Trib. Lodève, 8 déc. 1869, aff. Villar, D. P. 72. 5. 194 ; Trib. Bastia, 18 août 1883, aff. Galeazzini, D. P. 84. 3. 80).

2967. Il a même été jugé que l'héritier est tenu d'acquitter les droits de mutation par décès sur l'intégralité des biens de la succession, quoique l'hérédité soit dévolue tout entière, en vertu d'un legs universel, à un établissement public tant que cet établissement n'a pas été autorisé à accepter. Il échappe à l'obligation d'acquitter les droits de mutation, lorsqu'il renonce à la succession ; mais si, dans ce cas, il a résisté à l'action de l'Administration et a fait notifier divers actes, il est tenu des frais faits jusqu'à sa renonciation (Trib. Nice, 28 août 1871, aff. Mille, D. P. 73. 5. 248). — Une solution du 10 avr. 1872 avait décidé qu'on s'abstiendrait de réclamer l'impôt à l'héritier ou au légataire universel tant qu'il n'y aurait pas péril pour le Trésor, ou qu'il ne serait pas certain que l'établissement aurait renoncé au bénéfice de cette décision n'était pas toujours accordé dans la pratique avec le discernement nécessaire, l'Administration a cru devoir en réglementer l'application. Elle a décidé, en conséquence, que toutes les fois qu'un héritier ou légataire désirera être provisoirement dispensé du payement de l'impôt sur les valeurs faisant l'objet du legs au profit des hospices, communes ou établissements publics, il devra faire connaître, dans une pétition aux timbre, les raisons pour lesquelles ces valeurs ne sont pas comprises dans la déclaration, et solliciter un délai pour se libérer des droits afférents à ces legs. Il est statué sur ces demandes dans la forme tracée par les instructions nᵒˢ 1926 et 2261, suivant l'appréciation des circonstances. Chaque affaire fait l'objet d'un rapport spécial et de propositions motivées (Sol. adm. enreg. 30 juill. 1888, n° 2755, § 1ᵉʳ, D. P. 88. 5. 215).

2968. Ainsi qu'on l'a dit au *Rép.* n° 5162, l'Administration ne jouit pas seulement, pour le recouvrement des droits de mutation par décès, d'une action personnelle et solidaire ; elle a de plus une *action réelle* que lui accorde l'art. 33 de la loi de frimaire an 7 (Paris, 6 janv. 1880, aff. Riano Sforza, D. P. 80. 2. 151, et la note). Pendant longtemps on ne s'est pas entendu sur le caractère et l'étendue de cette action ; la controverse, déjà commencée à l'époque de la publication du *Répertoire*, a continué pendant plusieurs années, avec une grande vivacité dans la doctrine comme dans la jurisprudence. Aujourd'hui, l'accord s'est fait sur les principes ; on ne discute plus que sur quelques points secondaires relatifs à leur application.

2969. La principale difficulté était de savoir si la loi avait donné à la Régie le droit de se faire payer sur tous les biens de la succession par préférence aux autres créanciers, même hypothécaires. Nous avons toujours cru que l'Administration n'avait pas ce droit; néanmoins l'opinion contraire, qui avait déjà prévalu dans un arrêt de la cour de cassation du 3 déc. 1839 (*Rép.* n° 5179), venait d'être consacrée de nouveau par la même cour en matière de faillite (Civ. rej. 28 juill. 1851, aff. Hallette, D. P. 51. 1. 233), lorsque le débat fut rouvert devant la cour de Paris. Le premier arrêt de la cour de cassation avait conclu à l'existence d'un privilège résultant de l'ensemble des dispositions de la loi fiscale, le second avait attribué au droit de préférence invoqué par l'Administration le caractère d'un droit de prélèvement.

La cour de Paris avait déjà jugé aussi que, pour la perception des droits de mutation par décès, l'Administration jouit sur toutes les valeurs de la succession, d'un droit de préférence vis-à-vis des créanciers de l'héritier autres que ceux désignés à l'art. 2101 c. civ., et spécialement sur les capitaux provenant de la vente du mobilier (Paris, 3 mai 1853, aff. Goujon de Gasville, D. P. 54. 5. 310).

2970. Dans trois arrêts des 13 mars 1855 (aff. Clausse, et aff. Zhendre, D. P. 55. 2. 299) et 12 nov. 1855 (aff. Tavernier, D. P. 57. 1. 242), la même cour reconnut de nouveau à la Régie le droit de toucher, par préférence à tous autres créanciers, même inscrits avant le décès, le montant de la contrainte, et déclara, comme la cour de cassation, que la perception du droit s'exerçait moins à titre de privilège qu'à titre de prélèvement sur les biens de la succession. Mais quelle base donner à ce prélèvement? Le prélèvement suppose un droit de propriété préexistant; l'État était-il donc propriétaire de tous les biens appartenant aux citoyens? M. l'avocat général de la Baume ne craignit pas de se faire le défenseur de cette audacieuse idée. Il affirma que le droit de mutation est le prélèvement d'une fraction du capital au profit de l'État, assure à chacun le droit de disposer des biens dont l'État a été le propriétaire primitif; que cette origine évidente du droit de mutation, connu de tout temps sous les dénominations diverses, ne permettait pas d'admettre que le possesseur pût, par son fait, créer des charges qui fissent obstacle au prélèvement du droit qui a été la condition de sa première investiture; que le privilège attaché à un tel droit par son origine est de la même nature que celui attribué au vendeur par le droit commun. Ces paroles, dont on ne retrouve d'ailleurs aucune trace dans les arrêts de la cour de Paris, retentirent dans tout le monde judiciaire et produisirent, même dans le public, une grande émotion. Les cours d'Amiens, de Caen et d'Angers, saisies à la même époque de la difficulté, tranchèrent en sens contraire. Jugé : 1° que le Trésor n'a point de privilège pour le payement des droits de mutation par décès, notamment sur les valeurs mobilières d'une succession vacante (Amiens, 11 juin 1853, aff. Forzy, D. P. 54. 5. 311); — 2° Que la Régie de l'enregistrement n'a pas, pour le recouvrement des droits de mutation par décès, un droit de prélèvement sur les biens de la succession, et, par exemple, sur le prix de vente ou d'adjudication des immeubles, non plus que sur les intérêts de ce prix immobilisés soit par une poursuite d'expropriation, soit par l'ouverture d'un ordre; qu'on prétendrait vainement, pour justifier l'existence d'un tel droit, que l'État a la copropriété de tous les biens des citoyens (Caen, 17 déc. 1855, aff. Bouchard, D. P. 56. 2. 158); — 3° Que la Régie n'a ni privilège, ni droit de prélèvement sur les biens de la succession, mais simplement une action sur les revenus de ces biens (Angers, 26 déc. 1855, aff. G..., D. P. 56. 2. 38).

2971. La question revint devant la cour de cassation. Nous avons recueilli le savant et lumineux rapport que rédigea à cette occasion M. le conseiller Laborie. L'éminent magistrat combattit le droit de prélèvement et surtout la théorie socialiste qu'on lui avait donnée pour base, disant que cette théorie, contraire aux précédents historiques, était, de plus, inconciliable aussi bien avec les principes de notre droit civil qu'avec ceux de notre droit public. Il démontra, d'autre part, qu'on ne trouve, ni dans la loi du 22 frim. an 7, à l'exception de l'art. 32 relatif à l'affectation des revenus, ni dans aucune autre loi, une disposition qui attribue un privilège au Trésor pour le droit de mutation par décès et règle

le rang dans lequel il devrait s'exercer; or, le privilège, étant de droit étroit et ne pouvant résulter que d'un texte formel, la cause de préférence alléguée par la Régie était, encore à ce point de vue, sans fondement. La cour de cassation, abandonnant sa jurisprudence, cassa les trois arrêts de la cour de Paris et rejeta en même temps le pourvoi de l'Administration contre l'arrêt de la cour d'Amiens du 11 juin 1853 (Civ. cass. 23 juin 1857, aff. Clausse, D.P. 57. 1. 233; Civ. rej. 23 juin 1857, aff. Vasseur, D. P. 57. 1. 242). La cour confirma, le lendemain, le même principe par un cinquième arrêt rendu entre parties (Civ. rej. 24 juin 1857, aff. Gripray, D. P. 57. 1. 242). La solennité de la discussion, l'attente des esprits, le travail distingué du rapporteur, le soin apporté à la rédaction des motifs, tout donne, dit M. Demante, t. 2, n° 672, à ces arrêts une autorité morale d'un caractère particulier. L'Administration s'empressa elle-même de le reconnaître : « En présence des discussions qui ont précédé les quatre arrêts du 23 juin 1857, dit l'instruction n° 2114, § 8, l'Administration a cru devoir ne pas prolonger les débats. » La controverse a cessé, en effet, depuis ce jour; tous les tribunaux se sont ralliés à la dernière jurisprudence de la cour de cassation (Trib. com. Seine, 16 mars 1858, aff. Morey, D. P. 58. 3. 37; Paris, 31 août 1861, aff. Benoît, D. P. 62. 2. 192; Trib. Valence, 17 janv. 1866, *Journ. enreg.*, art. 18396).

Le dernier arrêt intervenu sur la question décide que le droit de mutation ne peut être prélevé sur les valeurs successorales au préjudice des créanciers héréditaires qui ont régulièrement conservé leurs droits par une opposition; qu'il n'appartient pas à la cour de rien préjuger sur la contribution à ouvrir, en vertu de l'art. 808 c. civ., lors de laquelle se discuteraient les droits respectifs de toutes les parties intéressées (Amiens, 9 mai 1888, aff. Duflot, D. P. 89. 2. 176). Prélever, en effet, sur les valeurs héréditaires la somme nécessaire au payement des droits de mutation qui, une fois régulièrement payés, ne peuvent plus être restitués, c'eût été, comme le dit cet arrêt, constituer indirectement au profit du Trésor un privilège sur ces valeurs au préjudice des créanciers qui ont régulièrement formé opposition.

2972. Il est donc acquis aujourd'hui que l'Administration ne peut invoquer aucun droit de préférence sur les *capitaux mobiliers ou immobiliers* de la succession. Mais cette solution ne porte aucune atteinte à l'action qu'elle peut exercer « sur les *revenus des biens à déclarer* », que l'art. 32 de la loi de frimaire an 7 affecte spécialement au payement des droits de mutation par décès. Une controverse s'est élevée aussi sur la nature de cette action. On s'est demandé si elle constituait elle-même un *privilège;* la question s'est posée au point de vue du droit de préférence et du droit de suite.

2973. Et d'abord l'Administration peut-elle se prévaloir de l'art. 32 de la loi de frimaire pour se faire payer sur les revenus des biens de la succession par préférence aux autres créanciers du défunt? Beaucoup d'auteurs ont enseigné que la loi n'accordait pas au fisc un privilège même limité aux revenus; ils sont cités au *Rép.* v° *Privilèges et hypothèques*, n° 542; c'est aussi l'opinion qui nous avait paru à nous-même la plus exacte (*Rép.* n° 5175) ; mais ce n'est pas celle qui a fini par triompher dans la jurisprudence. Dans la discussion qui s'engagea devant la cour de cassation en 1857, l'existence d'un privilège sur les revenus ne fut pas mise en doute; pour repousser l'application du privilège aux capitaux héréditaires, on s'appuyait précisément sur ce que « le privilège de l'article est textuellement limité aux revenus des biens à déclarer ». La cour de cassation reconnut elle-même dans ses arrêts des 23 et 24 juin 1857 cités *suprà*, n° 2971, sinon formellement, au moins implicitement, que, si la Régie n'avait que les droits d'un créancier chirographaire en ce qui concerne les meubles et les immeubles de la succession, elle avait, au contraire, un privilège sur les revenus. Depuis cette époque, tous les tribunaux se sont ralliés à cette opinion. La cour d'Orléans seule s'était prononcée en sens contraire (Orléans, 9 juin 1860, aff. Warnier-Roger, D. P. 60. 2. 201) ; mais sa décision fut cassée (Civ. cass. 2 déc. 1862, D. P. 62. 1. 513. Conf. Bourges, 24 févr. 1864, aff. Warnier-Roger, D. P. 64. 2. 55 ; Civ. cass. 24 nov. 1869, aff. Gauthier, D. P. 70. 1. 339). La doctrine paraît également s'être fixée en ce sens (V. outre les auteurs mentionnés au *Rép.* v° *Priviléges et hypothèques*, *loc. cit.* : Demante, t. 2, n° 609; Garnier, *Rép. pér. enreg.*, art. 13853; Naquet, t. 3, n° 1222).

2974. Le privilège qui appartient au Trésor sur les revenus des biens de la succession subsiste aussi longtemps que les héritiers, donataires ou légataires, peuvent être considérés comme ayant conservé la propriété des biens héréditaires, sauf dans le cas d'immobilisation dont il sera parlé *infra*, n°s 2986 et suiv. Il s'ensuit qu'il n'y a pas à se préoccuper du régime appliqué à la succession depuis son ouverture. Le privilège s'exerce, notamment, dans le cas d'acceptation sous bénéfice d'inventaire, comme dans celui d'acceptation pure et simple. Il en est de même lorsque la succession a été déclarée vacante (Trib. Seine, 21 août 1878, *Journ. enreg.*, art. 20866).

2975. La question de savoir s'il faut étendre cette règle à la succession du failli a fait difficulté. La cour d'Orléans, par le même arrêt qui refusait au Trésor un privilège, même sur les revenus des biens héréditaires, avait décidé, en outre, que l'état de faillite d'un commerçant, par suite du dessaisissement qu'il entraîne et de la mainmise qui en résulte au profit des créanciers, met obstacle à toute action du Trésor sur les biens de ce commerçant, s'il vient à décéder depuis l'ouverture de la faillite (Orléans, 9 juin 1860, cité *suprà*, n° 2973, et la note). Tout en critiquant l'un des deux moyens invoqués à l'appui de cette théorie, à savoir que la faillite dessaisit le failli même de la propriété de ses biens au profit de la masse, de telle sorte qu'il n'y a plus dans sa succession, le jour où elle s'ouvre, aucuns biens sur lesquels le privilège puisse s'exercer, nous avions approuvé nous-mêmes cette décision. Il nous semblait, en effet, que si la faillite n'opère pas une expropriation des biens du failli, elle frappe néanmoins ces biens d'une sorte d'indisponibilité au regard de tous les intéressés dont les droits ont pris naissance postérieurement à la faillite ; mais cette interprétation a été repoussée par la jurisprudence. Il est admis aujourd'hui que la mainmise résultant de la faillite « ne saurait faire obstacle à l'exercice d'un droit qui affecte spécialement les revenus des biens à déclarer sous la seule condition que ces biens soient encore dans la succession du défunt, et qui trouve dans sa nature privilégiée, indépendamment de sa date, une cause légitime de préférence » (Civ. cass. 2 déc. 1862 et Bourges, 24 févr. 1864, cités *suprà*, n° 2973). — V. *infra*, v° *Faillite*.

2976. Si l'art. 32 de la loi de frimaire an 7 attribue à l'Administration, sur les revenus des biens de la succession, un *droit de préférence* opposable aux autres créanciers du défunt, mêmes hypothécaires, lui confère-t-il aussi un *droit de suite* ? On a vu au *Rép.* n° 5166 qu'un avis du conseil d'État des 4-21 sept. 1810 avait interprété l'art. 32 en ce sens que l'action du Trésor ne pouvait pas s'exercer au préjudice des *tiers acquéreurs*. Les tribunaux ont continué d'appliquer cette règle qui a force législative. « L'action sur les revenus, dit la cour de cassation, cesse d'avoir effet, quand les biens à déclarer sont sortis du patrimoine du défunt et passés, par voie d'aliénation, aux mains des acquéreurs, lesquels, en devenant propriétaires des biens, le sont désormais des revenus, qui en sont l'accessoire » (Arrêt du 2 déc. 1862, cité *suprà*, n° 2973).

2977. Il a été décidé, en une solution du 3 juin 1872, que l'Administration ne peut conserver son privilège sur les revenus à l'encontre des tiers acquéreurs, alors même que mention de ce privilège aurait été requise dans le cahier des charges dressé pour parvenir à la vente des immeubles.

2978. Mais, comme on l'a vu au *Rép.* n° 5172, il ressort des termes de l'art. 32 que l'Administration peut exercer l'action réelle qui lui appartient sur les revenus des biens de la succession, non seulement contre les héritiers, mais aussi contre les donataires ou légataires soit à titre universel, soit à titre particulier ; et il importe peu qu'elle s'adresse à tel légataire, détenteur des biens de la succession, plutôt qu'à tel autre. On ne peut légalement lui reprocher de n'avoir pas d'abord exercé des poursuites contre le légataire tenu personnellement ou ses héritiers, la loi de l'an 7 n'ayant point établi au profit des légataires simples détenteurs le bénéfice de discussion (Trib. Amiens, 6 févr. 1874, aff. Paillat, D. P. 74. 5. 212). Aux termes tant de ce jugement que

d'une autre décision, du tribunal de Pontoise, du 27 avr. 1882, citée *infrà*, n° 2979, l'action réelle et privilégiée de l'Administration s'applique à *tous* les revenus saisissables des biens de l'hérédité, pour le payement de *tous* les droits de mutation *indistinctement* auxquels le décès a donné ouverture.

2979. L'affectation réelle des revenus garantit le recouvrement de *tous* les droits à payer par suite du décès. Il en résulte que l'Administration peut poursuivre sur les fruits et revenus des biens recueillis par le légataire de l'*usufruit* le payement des droits dus par les légataires de la *nue propriété*. Jugé, en ce sens, que, à défaut de payement par le légataire de la nue-propriété des droits de mutation à sa charge, la Régie peut, en recourant à l'action réelle et privilégiée qui lui appartient sur les revenus des biens héréditaires, en quelques mains qu'ils se trouvent, mettre valablement la veuve, légataire en usufruit de ces biens, en demeure de rendre compte de leurs revenus, à l'effet de prélever sur ces revenus le droit non acquitté. Elle ne saurait se soustraire à l'action de l'Administration en la renvoyant, par une sorte d'exception, à provoquer les opérations de liquidation et partage des biens indivis entre elle et les héritiers de son mari (Trib. Pontoise, 27 avr. 1882, aff. Verbach, D. P. 82. 3. 111. Conf. Trib. Saint-Gaudens, 13 juin 1871, D. P. 73. 5. 220 ; Trib. Lons-le-Saulnier, 8 déc. 1884, aff. Faverot, D. P. 86. 5. 202 ; Trib. Meaux, 12 mai 1886, aff. Oriot, D. P. 88. 5. 217). Et l'usufruitier, mis en demeure par l'administration de l'enregistrement de rendre compte des revenus qu'il a encaissés en ladite qualité, ne peut non plus se soustraire à cette action en alléguant que le testament est contesté (Jugement précité du 8 déc. 1884).

2980. Jugé même qu'à défaut de payement des droits dus pour un legs d'usufruit, le Trésor peut se faire attribuer les valeurs comprises dans le legs, pour en percevoir le revenu durant la vie du légataire jusqu'à parfait désintéressement, sauf à respecter les droits de l'héritier qui aurait acquitté la somme mise à sa charge (Trib. Abbeville, 31 mai 1853, cité *suprà*, n° 2963). L'usufruitier qui a payé à la décharge du nu-propriétaire peut, d'ailleurs, exercer *hic et nunc*, comme nous l'avons dit au *Rép.* n° 5174, un recours contre celui-ci ; les dispositions de l'art. 912 c. civ. ne s'appliquent pas ici. Ce principe a été de nouveau reconnu par la jurisprudence (Civ. cass. 3 avr. 1866, aff. Cosson, D. P. 66. 1. 148).

2981. Le privilège attribué au Trésor ne s'applique qu'aux revenus échus après le décès ; ceux qui sont échus antérieurement à l'ouverture de la succession se trouvent confondus dans la masse du patrimoine du défunt et constituent eux-mêmes un capital faisant partie des biens à déclarer. Il a été décidé, en ce sens, que le privilège ne peut être exercé sur le prix des ventes de récoltes faites avant le décès du *de cujus* sur les biens dont il était fermier (Rouen, 1er mars 1879, aff. Letiche, D. P. 80. 2. 168. Comp. Trib. Seine, 16 mars 1858, cité *suprà*, n° 2971).

2982. Le privilège grève même les arrérages d'une rente viagère créée par le défunt et déclarée insaisissable dans son testament, sauf le droit, pour les tribunaux, de limiter les effets de la poursuite à une quotité de la rente, lorsque celle-ci a le caractère d'une pension alimentaire, « la disposition de l'homme ne pouvant l'emporter sur la disposition de la loi » (Trib. Seine, 22 janv. 1876, *Journ. enreg.*, art. 20019. Comp. *Rép.* n° 5162).

2983. Mais les bénéfices résultant de l'industrie du travail d'une personne n'ayant pas le caractère de revenus échappent à l'action du fisc. Ainsi il a été jugé que le privilège du Trésor ne frappe pas la portion du revenu d'un hôtel meublé qui représente le produit de l'exploitation (Trib. Bayonne, 30 avr. 1880, Garnier, *Rép. pér. enreg.*, art. 5429).

2984. Si le privilège établi pour le recouvrement des droits de mutation par décès sur les revenus des biens à déclarer s'applique à toutes les valeurs ayant appartenu au défunt et existantes au moment de son décès, il ne peut être étendu ni restreint par aucune disposition testamentaire ni aucune convention. Ainsi il s'exerce, pour les droits à la charge du légataire universel, sur tous les biens héréditaires, alors même qu'une somme d'argent léguée à titre particulier par le *de cujus* à une personne pour l'usufruit et à une autre pour la nue propriété, et non existante dans la succession, a été payée par le légataire universel à l'usufruitier ;

mais il ne s'étend pas aux revenus des biens acquis avec cette somme par l'usufruitier, alors surtout que ces biens sont des valeurs insaisissables; par suite, lorsque le légataire universel, tombé en déconfiture, n'a payé qu'une partie du droit à sa charge, l'Administration ne peut pas réclamer le prélèvement de ce droit sur les revenus des valeurs acquises par l'usufruitier avec les capitaux provenant de l'usufruit (Caen, 24 janv. 1888, aff. Ressant, D. P. 88. 2. 178). Nous avons approuvé cette décision en ce qui concerne les valeurs acquises par l'usufruitier; ces valeurs ne peuvent être affectées au privilège du Trésor, puisque ce privilège est établi par la loi fiscale « sur les revenus des biens à déclarer », et que, dans le cas dont il s'agit, ce sont les sommes d'argent léguées qui doivent être déclarées pour la perception de l'impôt, et non les valeurs acquises avec ces sommes. Mais nous avons fait des réserves relativement à l'exercice du privilège du Trésor sur l'intégralité des valeurs héréditaires après comme avant le payement, par le légataire universel, de la somme d'argent léguée à titre particulier et non existante dans la succession. Il est certain, en effet, que si le légataire universel avait aliéné à deniers comptants une portion de l'hérédité pour effectuer ce payement, les biens composant cette portion auraient été affranchis du privilège dans les mains du tiers acquéreur, d'après l'avis du conseil d'Etat du 21 sept. 1810. Or, on peut dire qu'en payant de ses deniers personnels la somme léguée, le légataire universel a, en réalité, transformé son titre de possession relativement à la portion de l'hérédité correspondant à cette somme et doit, en conséquence, être considéré comme tiers acquéreur de cette portion.

2985. Si, d'après l'avis du conseil d'Etat du 21 sept. 1810, l'action que l'Administration peut exercer sur les revenus des biens de la succession cesse d'avoir effet à partir du moment où ces biens sont sortis du patrimoine du défunt et passés, par voie d'aliénation, aux mains des acquéreurs, le droit de préférence subsiste sur les intérêts du prix dont l'acquéreur reste débiteur envers les héritiers ; ces intérêts sont substitués aux revenus qu'ils représentent (Civ. rej. 24 juin 1857, cité *suprà*, n° 2971).

2986. Toutefois le droit de la Régie sur les fruits des biens et les intérêts des prix de vente peut se trouver primé par celui des créanciers hypothécaires. Il importe de fixer le moment précis où la dépossession du fisc se consomme. On peut dire, d'une manière générale, que l'attribution des fruits, revenus et intérêts au profit des créanciers a lieu à partir du jour où le créancier exploite son gage par l'exercice de l'action hypothécaire; les fruits, revenus et intérêts sont alors *immobilisés* et affectés, comme l'immeuble lui-même, dont ils sont l'accessoire, à l'hypothèque des créanciers. Le moment où cette immobilisation se produit varie suivant qu'il s'agit d'expropriation forcée ou de ventes volontaires.

2987. Aucune difficulté ne peut naître dans l'hypothèse où les immeubles ont été l'objet d'une saisie immobilière; la loi déclare elle-même (c. proc. civ. art. 682 et 685) que les fruits et intérêts sont immobilisés à partir de la transcription de la saisie, pour être distribués avec le prix (Civ. rej. 24 juin 1857, cité *suprà*, n° 2971; Trib. Seine, 27 août 1867, *Journ. enreg.*, art. 18396 ; Toulouse, 29 juin 1872, aff. Fabart, D. P. 74. 2. 17).

2988. En matière d'expropriation pour cause d'utilité publique, l'immobilisation a lieu à partir de la transcription du jugement ou du contrat de cession amiable, car alors ce droit des créanciers est transporté sur le prix, les inscriptions hypothécaires « ont produit leur effet légal » (Civ. cass. 30 janv. 1865, aff. Sicre, D. P. 65. 1. 75). Un arrêt de la cour de Caen du 9 mai 1871 (aff. Maingot, D. P. 76. 2. 102; Garnier, *Rép. pér. enreg.*, art. 4673) a cependant jugé que le prix est définitivement fixé à partir du jugement d'expropriation, avant toute transcription.

2989. Lorsqu'il s'agit de ventes volontaires, il résulte des art. 2176, 2183 et 2184 c. civ., que c'est seulement à partir des notifications qui doivent être faites aux créanciers inscrits que les intérêts des prix de vente sont immobilisés au profit desdits. Par suite, le Trésor public peut exercer, sur les intérêts courus du jour de chaque adjudication jusqu'alors, le privilège que lui confère l'art. 32 de la loi du 22 frim. an 7 (Civ. rej. 8 avr. 1867, aff. Faillite Arnoust, D. P. 67. 1. 380; Trib. Ville-

franche, 13 juill. 1881, cité *Diction. droits d'enreg.*, v° *Succession*, n° 2265). Il en est ainsi, d'ailleurs, même dans le cas où les notifications ont été faites en vue de la purge légale des hypothèques non inscrites par application de l'art. 2194 c. civ. (Civ. cass. 1er mars 1870, aff. Barthélemy, D. P. 70. 1. 262).

Jugé, en particulier, que le privilège du Trésor peut être exercé, après la vente des immeubles d'une succession acceptée sous bénéfice d'inventaire, sur les intérêts courus jusqu'au jour des notifications faites par les adjudicataires aux créanciers inscrits, et non pas seulement jusqu'à la transcription des jugements d'adjudication, par application de ce principe, que l'aliénation d'immeubles dépendant d'une succession bénéficiaire constitue par sa nature une aliénation volontaire, quoique faite d'autorité de justice (Civ. cass. 24 nov. 1869, cité *suprà*, n° 2973, et sur renvoi, Grenoble, 28 juin 1871, aff. Gauthier, D. P. 72. 2. 45; Instr. adm. enreg. 29 janv. 1876, n° 2397, § 7).

2990. Lorsque les créanciers inscrits font sommation au tiers acquéreur resté inactif de payer son prix ou de délaisser, c'est à la date de cette sommation que les intérêts du prix de vente s'immobilisent à leur profit, d'après l'art. 2176 c. civ. (D. P. 74. 2. 17, note). Enfin, s'il n'y a eu ni sommation de la part des créanciers, ni notification de la part des tiers acquéreurs, il est admis généralement que l'immobilisation des intérêts se produit à partir du jour de l'ouverture de l'ordre et de la sommation de produire adressée aux créanciers inscrits. Si l'un des adjudicataires est demeuré étranger à l'ordre, quoique le prix de son adjudication y ait été compris, l'immobilisation des intérêts de ce prix doit être fixée au moment où ils ont été distribués dans l'ordre (Grenoble, 28 juin 1871, cité *suprà*, n° 2989). Jugé même que si le capital suffit à désintéresser les créanciers inscrits, le privilège du Trésor peut s'exercer sur les intérêts courus depuis la sommation de produire à l'ordre, ceux-ci étant censés n'avoir pas été atteints par une immobilisation que le payement a rendue sans objet (Toulouse, 29 juin 1872, cité *suprà*, n° 2987). Quelques auteurs estiment que l'immobilisation se réalise dès le jour de l'ouverture de l'ordre, avant la sommation de produire, le droit d'hypothèque étant mis en mouvement, aussitôt que la procédure d'ordre est commencée (Naquet, t. 3, n° 1229). En l'absence de notification et de sommation de produire à l'ordre, l'immobilisation n'a lieu qu'à partir du jour de la distribution effective du prix (Montpellier, 13 mars 1876, Garnier, *Rép. pér. enreg.*, art. 4633).

2991. Si des intérêts auxquels s'appliquait le privilège du Trésor ont été distribués et payés aux créanciers inscrits, l'administration de l'enregistrement peut actionner, en payement de ces intérêts, les adjudicataires qui les ont versés à tort, sauf le recours de ceux-ci contre les créanciers (Grenoble, 28 juin 1871, cité *suprà*, n° 2989).

2992. Lorsque la procédure d'ordre ne peut pas être employée, parce qu'il y a moins de quatre créanciers inscrits (c. proc. civ. art. 773), et que, par suite, le prix doit être distribué, par voie d'attribution, l'action de la Régie cesse de pouvoir s'exercer à partir de la demande d'attribution (Trib. Seine, 21 août 1878, *Journ. enreg.*, art. 20866). M. Naquet enseigne même (t. 3, n° 1229) que l'immobilisation se produit à partir de la requête présentée au président du tribunal ou au juge chargé du service des ordres à l'effet de faire procéder au préliminaire de règlement amiable.

2993. La question de savoir jusqu'à quelle époque l'action de l'Administration peut s'exercer au cas d'adjudication sur *surenchère* a soulevé des difficultés. On est d'accord pour reconnaître que, lorsqu'il s'agit d'une surenchère faite à la suite d'une adjudication sur saisie ou d'une vente volontaire après notification aux créanciers inscrits, le privilège de l'Administration s'éteint à partir du jour de la transcription de la saisie, dans le premier cas, et, dans le second, à partir des notifications, ces deux actes constituant la mise en mouvement de l'action hypothécaire. Il en est ainsi en matière de vente volontaire, non seulement lorsque l'acquéreur surenchéri conserve l'immeuble, mais même lorsque l'adjudication sur surenchère a lieu au profit d'un nouvel acquéreur. Il est vrai que, dans cette hypothèse, à la différence de ce qui a lieu dans la seconde, la vente est résolue (V. Lamache, *Revue pratique*, 1882, t. 52,

p. 209 et suiv.). Mais cette résolution n'est pas absolue ; la procédure qui a servi de base à la surenchère ne disparaît pas, et, par suite, l'effet que les notifications avaient produit relativement au privilège de la Régie est maintenu. C'est aussi l'opinion des auteurs du *Dictionnaire des droits d'enregistrement*, v° *Succession*, n° 2273. On peut citer d'ailleurs un jugement du tribunal de Carpentras qui a résolu ainsi la question : « En ce qui concerne la surenchère de l'immeuble vendu, est-il dit dans ce jugement, attendu que la surenchère n'a été édictée que dans l'intérêt des créanciers du vendeur et n'a pour objet que de substituer un acquéreur nouveau au premier et d'augmenter le gage commun desdits créanciers ; que la nouvelle adjudication qui intervient ne fait qu'assurer de plus en plus leurs droits hypothécaires sur le prix de l'immeuble vendu, lequel prix leur était déjà attribué selon ces droits par la notification du contrat de vente à eux faite par l'acquéreur et la soumission de payer ; que cela est si vrai que l'Administration ne perçoit les droits de mutation que sur le supplément du prix lors de la présentation à l'enregistrement de l'adjudication sur surenchère ; qu'à tous les points de vue donc, l'Administration de l'enregistrement est mal fondée dans ses prétentions et que la saisie-arrêt pratiquée entre les mains des nouveaux acquéreurs est nulle et ne peut produire aucun effet » (Trib. Carpentras, 22 nov. 1866, Garnier, *Rép. pér. enreg.*, art. 2401).

Mais, en matière de ventes de biens de mineurs, de partage ou licitation suivis de la surenchère du sixième, il a été jugé que le privilège du Trésor pouvait s'exercer sur les intérêts du prix de l'adjudication courus depuis cette adjudication jusqu'à la sommation de produire faite aux créanciers dans l'ordre (Toulouse, 29 juin 1872, cité *suprà*, n° 2987). Cette décision nous a paru sujette à critique. Dans les cas spéciaux, avons-nous dit (D. P. 74. 2. 17, note), où la vente n'est point sujette à la surenchère, et dès lors ne donne pas lieu à l'accomplissement des formalités de purge, l'immobilisation doit être fixée au jour même où cette vente est prononcée, car elle a alors pour effet de régler définitivement le prix comme le ferait une purge. C'est ce qui a été reconnu par un jugement du tribunal de Pau du 17 mai 1877 (Garnier, *Rép. pér. enreg.*, n° 4818), lequel a déclaré qu'il y avait « une assimilation complète entre les adjudications à la suite de surenchère après aliénation volontaire et les adjudications à la suite de saisie ». L'adjudication consomme donc l'extinction du privilège comme la transcription de la saisie.

2994. Dans l'hypothèse où l'on procède à un ordre amiable, il a été décidé que les intérêts du prix de vente sont immobilisés à partir du jour de la comparution des parties devant le juge-commissaire (Trib. Avignon, 26 nov. 1879, Garnier, *Rép. pér. enreg.*, n° 5400).

2995. Par application de la règle que la vente qui n'est point sujette à surenchère et ne donne point lieu par suite aux formalités de purge, a pour effet de régler définitivement le prix comme le ferait la purge, il a été décidé que les intérêts du prix d'une adjudication sur licitation sont immobilisés et échappent, par conséquent, au privilège à partir du jour même de l'adjudication. Dans l'espèce, en effet, aucune notification n'était nécessaire, le seul créancier inscrit étant l'un des colicitants ; le prix se trouvant définitivement réglé à l'expiration du délai de huitaine dans lequel une surenchère aurait pu être formée, il était logique de fixer au jour même de l'adjudication l'immobilisation des intérêts (Trib. Langres, 26 mai 1880, aff. Lahérard, D. P. 81. 3. 32). Il en serait de même dans tous les cas où les créanciers hypothécaires ont participé à l'adjudication, cette participation équivalant à une notification.

2996. Dans le même ordre d'idées, il a été jugé encore qu'au cas d'adjudication des immeubles d'un failli après formation de l'état d'union entre les créanciers, l'immobilisation des intérêts doit être fixée au jour même de l'adjudication, les créanciers inscrits ayant participé à la vente par l'intermédiaire du syndic qui les y a représentés (Civ. cass. 3 août 1864, aff. Arnouts, D. P. 64. 1. 329 ; Civ. rej. 8 avr. 1867, aff. Arnouts, D. P. 67. 1. 380).

2997. La question de savoir à partir de quel moment le privilège du Trésor cesse de pouvoir être exercé sur les intérêts du prix d'une vente mobilière a été diversement résolue. Les auteurs du *Dictionnaire des droits d'enregistrement*, v° *Succession*, n° 2279, rapportent qu'un jugement du

tribunal de Bayonne du 5 mai 1874 a décidé que le privilège du Trésor cesse de produire effet du jour où les créanciers ont pu manifester leurs droits, c'est-à-dire du jour de l'ouverture de la contribution. Mais ils citent, d'autre part, un jugement du tribunal de la Seine du 3 avr. 1868, d'après lequel le privilège subsisterait jusqu'au jour du règlement définitif.

2998. Le privilège que la loi de frimaire accorde au Trésor sur les revenus des biens de la succession n'est soumis à aucune condition de publicité ; il n'y a donc pas d'inscription à prendre pour en assurer l'exercice. Cette règle n'est d'ailleurs que l'application du droit commun en matière de privilèges mobiliers (Trib. Clermont, 14 déc. 1855, Garnier, *Rép. gén. enreg.*, n° 16871).

2999. Le privilège ne garantit-il que les droits simples ou bien s'applique-t-il aussi au *demi-droit* ou au *droit en sus*, qui peuvent devenir exigibles par suite du défaut d'enregistrement dans les délais, d'omission ou d'insuffisance dans les déclarations ? L'Administration soutient que le privilège s'étend aussi bien aux *pénalités* qu'aux droits simples. Le mot « droits », employé dans l'art. 32 de la loi de frimaire an 7, est, dit-elle, une expression générique, qui comprend tout ce qui constitue la créance du Trésor. Les tribunaux sont divisés sur cette question. La plupart, toutefois, se sont prononcés en faveur de la Régie (Trib. Brioude, 29 nov. 1876 ; Trib. Langres, 26 mai 1880, D. P. 83. 5. 218, note ; Trib. Dijon, 22 août 1881, *ibid.* ; Garnier, *Rép. pér. enreg.*, art. 4400, 5549 et 5842) ; néanmoins la solution contraire, déjà admise par un jugement du tribunal de Bordeaux du 1er mai 1872 (*Diction. droits d'enreg.*, v° *Successions*, n° 2302) vient de prévaloir aussi plus récemment devant les tribunaux de Boulogne et de Laval et la cour de Caen. Jugé que le privilège accordé à l'Administration par l'art. 32 de la loi de frimaire an 7 a uniquement pour objet les droits simples, qu'il ne s'étend pas au demi-droit en sus encouru par les héritiers ou légataires pour défaut de déclaration dans le délai légal (Trib. Boulogne, 20 mars 1885, aff. Watel, D. P. 85. 5. 248 ; Trib. Laval, 3 juin 1887, *Journ. enreg.*, art. 22934), ni à la pénalité du droit en sus (Caen, 24 janv. 1888, cité *suprà*, n° 2984). La solution de cette question délicate ne sera définitivement fixée que lorsque la cour de cassation, qui n'a pas encore été saisie, se sera prononcée.

3000. Il reste à déterminer le *rang* qui appartient au privilège du Trésor sur les revenus des biens de la succession, lorsqu'il se trouve en concours avec d'autres privilèges. La loi est muette à cet égard. La jurisprudence ne fournit elle-même que des indications incomplètes. La cour de cassation, dans un arrêt du 2 déc. 1862, cité *suprà*, n° 2973, se borne à décider que l'action du Trésor « s'exerce par privilège sur les revenus, de manière à exclure le concours ou la lutte de toute créance rivale qui ne serait pas elle-même protégée par un privilège d'un ordre supérieur » ; mais cet arrêt ne détermine pas quelles sont ces créances rivales qui auraient un privilège supérieur.

Il a été jugé, il est vrai, que l'action réelle et privilégiée attribuée au Trésor par l'art. 32 de la loi du 22 frim. an 7 sur les revenus des biens transmis par décès, ne prime pas les privilèges antérieurs, quels qu'ils soient ; que, spécialement, au cas où le Trésor se trouve en concurrence sur les intérêts du prix d'une cession d'office avec le vendeur du défunt, le privilège appartient à ce dernier pour le prix de vente doit s'exercer avant le sien (Trib. Avignon, 29 avr. 1875, aff. Roux, D. P. 75. 5. 202). Nous avons cité, en rapportant ce jugement, une autre décision rendue dans le même sens, le 24 nov. 1854, par le tribunal de Château-Chinon. Mais cette solution s'appuyait sur une fausse interprétation de l'art. 2098 c. civ., qui n'a pas d'autre but que de réserver les droits acquis avant la publication du code et n'est, par suite, qu'une application du principe de la non-rétroactivité des lois (Arrêt précité du 2 déc. 1862).

3001. Le conflit pouvant naître, comment le régler ? Les privilèges qui entrent en concours avec celui de l'Administration peuvent être ou généraux ou spéciaux. Parmi les privilèges spéciaux énumérés dans l'art. 2102 c. civ., il en est un qui affecte exclusivement, comme celui de la Régie, les revenus ; c'est le privilège pour frais de récolte. Il faut y ajouter le droit du créancier antichrésiste qui, bien que n'ayant pas de privilège proprement dit, possède sur les revenus de l'immeuble qu'il détient un droit réel opposable à la Régie comme aux tiers en général. La cour de cassation a jugé que le privilège du fisc prime celui pour frais de récolte (Civ. cass. 3 janv. 1809, *Rép.* n° 5165); or, le privilège pour frais de récolte passant avant les autres privilèges de l'art. 2102, il y a lieu de conclure de cet arrêt que le privilège de la Régie prime tous les privilèges spéciaux. M. Naquet toutefois critique cette décision (t. 3, n° 1227) : « Les frais de récolte ont fait naître la récolte, et par conséquent le gage même du fisc, dit cet auteur; or il est de principe que les débours qui ont été utiles pour créer ou pour conserver une chose sont garantis par un privilège supérieur à tous les autres. Les frais de récolte doivent donc être préférables à la créance de la Régie ». Il conclut, de même, à la priorité du privilège (ou plus exactement du droit analogue) accordé au créancier antichrésiste, attendu que ce privilège est fondé sur une idée de nantissement, et que les privilèges qui ont une base de cette nature l'emportent sur tous ceux qui n'ont point pour cause la conservation ou la création du gage. — Il a été jugé, conformément à la première opinion, que l'action privilégiée du Trésor peut s'exercer par préférence aux privilèges des n°s 1 et 2 de l'art. 2102, qui priment le privilège du vendeur, et, par voie de conséquence, à ce dernier privilège. Spécialement, les saisies-arrêts pratiquées entre les mains du cessionnaire d'un office dont le précédent titulaire est décédé avant la cession, n'ayant pu avoir pour effet de faire sortir de l'hérédité les intérêts du prix tant qu'il n'a pas été statué sur leur attribution, ces intérêts doivent être attribués au Trésor pour les droits de mutation, de préférence au vendeur et au tiers subrogé à ses droits pour partie de sa créance; cette solution découle des termes de l'art. 32 de la loi de frimaire an 7 (Nîmes, 9 févr. 1876, aff. Michaëlis, D. P. 76. 2. 217).

3002. Quant au concours du privilège du Trésor avec les privilèges généraux, il est admis que la priorité appartient au premier à raison de la spécialité de son objet, et aussi parce que, s'il n'en était pas ainsi, les autres créanciers privilégiés pourraient rendre illusoires les droits du fisc en exerçant leur privilège sur les revenus avant de l'exercer sur le capital (Trib. Avignon, 26 nov. 1879, cité *suprà*, n° 2994).

3003. Il a été décidé de même que, lorsque le privilège de la Régie concourt dans la succession d'un aliéné avec celui qui appartient au département pour frais funéraires, de dernière maladie et pour fournitures de subsistances, la Régie peut exercer son droit sur les revenus des biens héréditaires par préférence au département (Décis. min. fin. 19 déc. 1879, Garnier, *Rép. pér. enreg.*, art. 5471). Les auteurs du *Dictionnaire des droits d'enregistrement*, v° *Succession*, n° 2285, citent un jugement du tribunal de Briey du 8 déc. 1880, qui paraît avoir décidé, au contraire, que le privilège de l'Administration est primé par le privilège du vendeur et ceux pour frais de justice, frais funéraires et de dernière maladie. — Il a été décidé que le privilège de la Régie l'emporte sur celui que le décret du 28 févr. 1852 (D. P. 52. 4. 102) confère au Crédit foncier (Sol. adm. enreg. 29 mars 1875, citée *Diction. droits d'enreg.*, v° *Succession*, n° 2287. V. aussi *op. cit.*, v° *Crédit foncier*, n° 29).

3004. Lorsque le fisc n'a pas été intégralement désintéressé par l'exercice de son action privilégiée sur les revenus des biens héréditaires, peut-il se faire payer le reste de sa créance sur les capitaux de la succession à titre de créancier chirographaire? La négative avait d'abord prévalu comme la conséquence de cette idée, que le droit de mutation est une dette personnelle de l'héritier, et non pas une charge de la succession (Lyon, 13 déc. 1866, aff. Assada, D. P. 69. 1. 428 ; *Journ. enreg.*, art. 18396). M. Demante (t. 2, n° 673) avait approuvé cette interprétation, ne pouvant pas concevoir « que la succession soit grevée d'une dette dont l'auteur de ladite succession n'a jamais été tenu de son vivant et qui n'a pas sa cause, comme la créance des frais funéraires, dans un dernier devoir rendu à la personne du défunt ». Mais on a répondu que les droits de mutation naissent au décès de la succession en même temps qu'une dette de l'héritier, et qu'il n'est pas rare que la succession soit tenue de dettes postérieures au décès. N'en est-il pas ainsi notamment, non seulement pour les frais funéraires, mais aussi pour les frais de justice? C'est dans ce dernier sens que la question a été définitivement résolue par la jurisprudence.

3005. La cour de cassation a posé en principe qu'aux termes de l'art. 4 de la loi de frimaire le droit proportionnel

de mutation par décès est assis sur les valeurs de la succession ; que ces valeurs en forment la base, quelles que soient les variations qu'il subisse, soit à raison de la nature des biens dont se compose la succession, soit à raison de la qualité des personnes qui sont appelées à la recueillir; que l'impôt a ainsi, selon le texte et l'esprit de la loi qui l'a établi, le caractère d'une dette naissant avec l'ouverture de la succession et inhérente, dès ce moment, à tous les biens qui la composent. La cour en a conclu qu'au cas où l'Administration n'a pu recouvrer par l'exercice de son privilège sur les revenus des biens de l'hérédité, elle est fondée à poursuivre le payement du surplus sur les capitaux et autres biens héréditaires par voie de contribution avec les créanciers du défunt (Civ. cass. 2 juin 1869, aff. Assada, D. P. 69. 1. 428). Jugé, en outre, dans la même hypothèse, que la séparation des patrimoines, qu'elle résulte d'une acceptation bénéficiaire ou de la poursuite des créanciers, ne modifie en rien la nature de la créance de l'Administration (Paris, 6 janv. 1880, aff. de Riario Sforza, D. P. 80. 2. 151, note). — V. *suprà*, n° 2163.

3006. Il a été décidé que l'action de la Régie pour le recouvrement des droits de mutation ouverts par le décès d'une personne dont la succession se compose uniquement, de ses droits dans une autre succession acceptée sous bénéfice d'inventaire, non encore liquidée, et dont l'actif est absorbé par le passif, ne peut s'exercer au préjudice des créanciers de cette autre succession (Trib. Grenoble, 8 févr. 1870, aff. Mermer, D. P. 73. 5. 219). Le *Contrôleur de l'enregistrement*, art. 14611, fait remarquer que cette solution ne paraît pas s'accorder avec la doctrine de deux arrêts de la cour de cassation du 11 août 1869 (aff. Péré, et aff. Hoguais, D. P. 70. 1. 152), d'après laquelle l'impôt est dû, dans le cas dont il s'agit, sur l'émolument brut appartenant au défunt dans la succession recueillie par lui, ni avec la règle, qui paraît prévaloir dans la doctrine et la jurisprudence, que le droit de mutation est pour l'héritier bénéficiaire une avance dont il est autorisé à comprendre le montant dans son compte de gestion, règle confirmée notamment par l'arrêt de la cour de cassation du 3 avr. 1866 (aff. Cosson, D. P. 66. 1. 149). — V. *suprà*, n° 2957.

Sect. 3. — Des obligations imposées aux receveurs relativement au payement des droits (*Rép.* n°s 5182 à 5193).

3007. En ce qui concerne les actes sous seing privé, synallagmatiques, l'enregistrement devait contenir la copie entière de leurs dispositions (*Rép.* n° 5189). Il n'y avait d'exception que pour les actes d'une longue contexture, à l'égard desquels la transcription, pour chaque disposition, pouvait n'être faite que par extrait. Toutefois les actes sous seing privé, même synallagmatiques, n'étaient pas transcrits littéralement, lorsqu'ils étaient soumis à la formalité en même temps que les actes constatant leur dépôt au rang des minutes du notaire, ou leur annexe aux minutes de cet officier public (*Rép. loc. cit.*). Aujourd'hui, d'après les règlements en vigueur, les actes sous seing privé synallagmatiques peuvent, dans tous les cas, être enregistrés par extraits dans la forme adoptée par l'enregistrement des actes civils publics (Instr. adm. enreg. 31 déc. 1874, n° 2501, § 7, D. P. 75. 5. 181).

3008. Ainsi que nous l'avons expliqué (*Rép.* n° 5190), les registres des receveurs de l'enregistrement font foi de leurs énonciations ; mais les intéressés sont admis à faire la preuve contraire. Cette preuve peut résulter de présomptions suffisamment graves, notamment de certaines énonciations. Spécialement, on peut admettre qu'un officier ministériel a déposé son répertoire au bureau de l'enregistrement pour être soumis au visa trimestriel du receveur, non à la date que porte ce visa, mais la veille, alors que cet officier ministériel a fait, à cette dernière date, plusieurs actes qui ont été enregistrés avant la mention du visa sur le registre, sans que le receveur ait relevé les contraventions résultant de leur omission sur le répertoire (Trib. Dijon, 10 juill. 1878, aff. Nicolardot, D. P. 79. 5. 195). — V. *Rép.* n° 5190.

3009. Par application de l'art. 56 de la loi du 22 frim. an 7, suivant lequel les receveurs de l'enregistrement ne peuvent « sous aucun prétexte différer l'enregistrement des actes et mutations dont les droits auront été payés;... (ni) suspendre ou arrêter le cours des procédures, en retenant des actes ou exploits » (V. *Rép.* n° 5082), il a été décidé qu'un receveur d'enregistrement n'est pas fondé à refuser de donner la formalité à des exploits dont les droits lui sont consignés, tant que les droits et amendes dus sur un autre exploit enregistré du même huissier ne lui auront pas été payés (Ord. prés. Trib. Château-Thierry, 27 juin 1884, aff. Rep, D. P. 85. 5. 213).

3010. Toutes les fois qu'une créance hypothécaire appartenant à l'administration de l'enregistrement pour droits et amendes rentrant dans ses attributions, est intégralement acquittée en principal et accessoires, le receveur de l'enregistrement qui reçoit le payement peut consentir la mainlevée sans autorisation préalable (Instr. adm. enreg. 27 avr. 1875, n° 2508, § 8, D. P. 75. 5. 194).

3011. De ce que les receveurs de l'enregistrement ne peuvent retenir que pendant vingt-quatre heures les actes dont ils veulent se procurer une copie collationnée (*Rép.* n°* 5191 et suiv.), il ne s'ensuit pas que la collation faite après le délai sur les actes dont les parties n'ont pas exigé la restitution, soit nulle (Trib. Béziers, 26 févr. 1856, aff. Chuchet, D. P. 57. 3. 42).

CHAP. 9. — **De l'obligation des notaires, huissiers, greffiers et autres fonctionnaires publics** (*Rép.* n°* 5194 à 5339).

SECT. 1re. — ACTES PASSÉS EN CONSÉQUENCE D'ACTES NON ENREGISTRÉS (*Rép.* n°* 5195 à 5267).

3012. On sait que les art. 41 et 42 de la loi de frimaire an 7 interdisent à tous officiers publics de rédiger aucun acte en conséquence d'un autre acte public ou sous seing privé avant que ce dernier ait été enregistré, quand même le délai pour son enregistrement ne serait pas expiré, mais que, par dérogation à ce principe, la loi de 1816 (art. 56) permet aux officiers publics d'énoncer dans un acte la date d'un acte précédemment reçu par eux, dont le délai d'enregistrement n'est pas encore expiré, pourvu qu'il soit fait mention que les deux actes seront présentés ensemble à la formalité (*Rép.* n°* 5195 et 5196). Mais le législateur ayant décrété qu'en aucun cas l'enregistrement du second ne pourrait être requis avant celui du premier, il en résulte que le notaire qui a reçu deux actes dont l'un a été fait en conséquence de l'autre (spécialement, un acte de vente et un acte d'affectation hypothécaire pour garantie du payement du prix) encourt l'amende, lorsqu'il soumet à l'enregistrement l'acte énonciatif sans y présenter en même temps l'acte énoncé (Req. 17 nov. 1862, aff. X..., D. P. 63. 1. 70; Instr. adm. enreg. 28 avr. 1863, n° 2244, § 1er).

3013. Lorsque l'acte non encore enregistré, en vertu duquel le notaire agit, est un acte sous seing privé, l'art. 13 de la loi du 16 juin 1824 impose au notaire, entre autres obligations, celle d'annexer cet acte à celui dans lequel il se trouve mentionné (*Rép.* n° 5197). Cette précaution, qui a pour but de mieux assurer l'accomplissement de la formalité, a un caractère exclusivement fiscal; aussi, contrairement à l'opinion émise par les rédacteurs du *Journal de l'enregistrement*, art. 17439, l'obligation dont il s'agit ne saurait être indéfinie; elle cesse naturellement avec le danger, que la loi a voulu éviter, de faire donner la formalité sur une simple mention, au lieu de la faire donner sur l'acte lui-même. Il est donc rationnel de l'entendre en ce sens, que l'acte sous seing privé demeurera annexé à l'acte authentique pour en assurer l'enregistrement, et jusqu'à la présentation simultanée des deux actes à la formalité. Jugé, par suite, que le notaire qui a rédigé un acte en conséquence d'un sous seing privé non encore enregistré peut, après l'enregistrement simultané de l'un et de l'autre, restituer aux parties le sous seing privé dont il a fait usage, à moins que ce ne soit une procuration; car, dans ce dernier cas, il s'agit non plus d'une simple précaution fiscale, mais d'une mesure se rattachant à l'existence de l'acte authentique. Hormis ce cas, on estimerait à tort que l'obligation imposée au notaire d'annexer à son acte le sous seing privé en vertu duquel il a agi, subsiste après la formalité de l'enregistrement simultané (Trib. Châlon-sur-Saône, 31 déc. 1864, aff. Gabut, D. P. 62. 3. 30).

3014. La question de savoir ce qu'on doit entendre par ces expressions : *actes faits en conséquence ou en vertu*, a

continué de donner lieu à de nombreuses difficultés. C'est surtout à l'occasion de l'énonciation des *contrats d'assurances* dans des actes de prêts ou autres passés par les notaires que ces difficultés se sont élevées. Toutefois, l'interprétation que nous avons donnée (*Rép.* n° 5206) et d'après laquelle il faut entendre par *acte passé en conséquence ou en vertu*, « tout acte qui se réfère à un autre acte préexistant, quand même il ne le rappellerait pas d'une manière explicite », a définitivement prévalu. Il n'est donc pas nécessaire que l'acte en conséquence duquel l'acte authentique a été rédigé ait été produit au notaire, ni même qu'il ait été mis à la disposition de celui-ci ; il suffit qu'un acte sous seing privé mentionné dans un acte authentique forme l'une des considérations déterminantes de la convention constatée dans ce dernier acte, pour que l'art. 42 soit applicable.

3015. Ainsi il a été jugé, conformément aux décisions déjà rapportées au *Rép.* n° 5202, que le notaire qui énonce, dans un contrat de vente ou d'obligation, que les immeubles vendus ou hypothéqués sont *assurés contre l'incendie*, doit, si la police d'assurance qu'il est présumé avoir eue en sa possession n'est pas enregistrée, être soumis à l'amende édictée par l'art. 42 de la loi de frimaire an 7. En outre, il est responsable du droit d'enregistrement de la police, et cela, alors même qu'il serait déclaré que l'assurance est verbale, le contrat d'assurance devant être rédigé par écrit (Civ. cass. 7 janv. 1851, aff. Berrurier, D. P. 51. 1. 38 ; 5 avr. 1854, aff. Robinet, D. P. 54. 1. 148; Trib. Valenciennes, 23 mai 1855, aff. Herbert, D. P. 55. 3.70; Instr. adm. enreg. 31 déc. 1850, n° 1875, § 1er; 1er déc. 1854, n° 2019, § 1er).

3016. De même, l'amende est encourue par le notaire qui rédige, sans soumettre la police d'assurance à l'enregistrement, un acte de vente ou d'échange portant que l'acquéreur entretiendra pour le temps à courir et payera l'assurance *à laquelle la maison peut être attachée*, *ou* bien, *cet ou peut être assurée*, ou bien encore *peut être attachée*, *si assurance il y a*, les expressions équivoques et dubitatives dont s'est servi le notaire n'étant que des précautions prises pour dissimuler l'existence d'un acte dont on faisait usage en se référant aux conventions qui y étaient contenues (Trib. Langres, 25 août 1852, et sur pourvoi Civ. cass. 5 avr. 1854, cité *supra*, n° 3015 ; Instr. adm. enreg. 1er déc. 1854, n° 2019, § 1er).

3017. De même encore, est passible d'amende le notaire qui rédige, sans faire enregistrer la police d'assurance, un acte d'obligation dans lequel les débiteurs s'engagent à tenir les bâtiments hypothéqués constamment assurés contre les dangers du feu, à justifier de cette mesure de précaution ainsi que de l'acquittement des primes et cotisations, et cèdent, au prêteur, l'indemnité qui, en cas d'incendie, serait payée par la société ou compagnie à laquelle ils pourront se trouver assurés à l'époque du sinistre, la forme hypothétique et les expressions dubitatives employées par le notaire n'étant encore ici que des moyens destinés à frauder la loi (Civ. cass. 5 juill. 1859, aff. Burtz, D. P. 59. 1. 298; Instr. adm. enreg. 5 déc. 1859, n° 2163, § 1er).

3018. L'art. 42 de la loi de frimaire an 7 est applicable aussi à l'huissier qui, dans un exploit à fin de payement des primes d'assurances, se borne à mentionner qu'il sera justifié de leur exigibilité, une police d'assurance étant nécessairement rédigée par écrit (Civ. cass. 7 janv. 1851, cité *supra*, n° 3015; Instr. adm. enreg. 30 juin 1851, n° 1851, § 1er).

3019. Jugé cependant, que le notaire qui mentionne dans un acte, sous une forme dubitative, l'existence d'une police d'assurance n'encourt pas l'amende par cela seul, alors que rien n'indique que la police ait existé réellement (Trib. Mortagne, 5 juill. 1855, aff. Charpentier, D. P. 55. 3. 70). Mais il en est autrement du cas où l'existence de la police était certaine et n'a pu être ignorée du notaire (Trib. Valenciennes, 23 mai 1855, aff. Herbert, D. P. 55. 3. 70). La première de ces décisions ne doit pas être prise pour règle ; elle est en contradiction avec l'arrêt postérieur de la cour de cassation du 5 juill. 1859, cité *supra*, n° 3017, d'après lequel le notaire « ne peut pas alléguer l'ignorance dans laquelle les parties l'auraient laissé sur l'existence de la police ». — Toutefois, l'Administration de l'enregistrement a décidé qu'un notaire ne contrevient pas aux art. 23 et 42 de la loi du 22 frim. an 7, en mentionnant dans un contrat de mariage que l'apport du futur époux comprend une somme à payer, lors de son décès, par une compagnie d'assurances sur la vie en vertu d'une police non enregistrée, et en répétant cette indication dans la disposition du même contrat qui stipule une libéralité éventuelle faite par le futur à la future (Sol. adm. enreg. 6 août 1866) (1).

3020. On sait que la loi du 23 août 1871 qui a assujetti par ses art. 6 et suiv. certaines assurances à une taxe annuelle obligatoire, a disposé que, moyennant le payement de cette taxe, la formalité de l'enregistrement serait donnée gratis aux polices et contrats d'assurances qui y seraient soumis (V. *supra*, n° 2805). L'Administration a interprété cette loi en ce sens que les dispositions des lois sur l'enregistrement souffrent exception à l'égard des actes faits en vertu de polices et contrats d'assurances maritimes ou contre l'incendie, mutuelles ou à prime, sujets à la taxe obligatoire par application de l'art. 6 de la loi du 23 août 1871 (V. *supra*, *ibid.*). Les officiers publics peuvent donc faire usage des polices et contrats de l'espèce sans les soumettre à la formalité. Cette dérogation à la règle ne s'applique ni aux assurances maritimes ou contre l'incendie non sujettes à la taxe obligatoire, c'est-à-dire à celles passées en pays étranger pour des immeubles ou des objets situés en France, ou faites par des compagnies françaises pour des immeubles situés à l'étranger, ni aux assurances autres que celles contre l'incendie ou maritimes (Instr. adm. enreg. 19 oct. 1872, n° 2456, § 9, D. P. 73. 3. 79).

3021. Il résulte de ce qui précède qu'en dehors de l'importance doctrinale qu'elle a toujours pour l'interprétation de la loi, la jurisprudence que nous avons rapportée plus haut n'offre plus d'intérêt, en ce qui concerne les contrats d'assurance, que pour ceux de la dernière catégorie, c'est-à-dire se rapportant à des assurances non soumises à la taxe; mais la théorie dont elle est l'expression a reçu dans d'autres matières de très nombreuses applications.

3022. Il y a lieu de rappeler tout d'abord que l'art. 42 est applicable, alors même qu'il est allégué que l'acte sous seing privé en vertu duquel a été rédigé un acte public est *perdu ou adiré :* une telle exception n'est admissible qu'en cas de preuve légale de la non-existence de l'acte (*Rép.* n° 5203). Il a été jugé de nouveau, en ce sens, que l'huissier dont l'exploit a été rédigé en vertu d'un acte sous seing privé non enregistré, encourt l'amende prononcée par l'art. 42, malgré la mention contenue dans l'exploit que l'acte sous seing privé non représenté se trouve adiré (Trib. Seine, 11 nov. 1852, aff. Lecoq, D. P. 54. 3. 4). Tel est aussi le cas où l'huissier a assigné en payement d'une lettre de change que, dans son exploit, il a déclaré être adirée, si le fait n'est établi ni conformément aux art. 151 et 153 c. com., ni de toute autre manière (Trib. Castelnaudary, 15 nov. 1855, aff. Dalord, D. P. 56. 3. 23).

3023. Parmi les nouvelles applications qui ont été faites de la théorie rappelée ci-dessus en dehors des contrats d'assurance, nous signalerons d'abord les décisions relatives aux mentions dans les *actes de procédure.* — Il a été jugé à cet égard : 1° que, dans le cas où une ordonnance du juge-commissaire, en matière d'ordre, commet un huissier pour signifier aux créanciers inscrits la *sommation de produire*, l'huissier ne commet pas une contravention en signifiant cette sommation avant l'enregistrement de l'ordonnance (D. P. 66. 3. 76, note 3); — 2° Que l'acte de *désistement* signé par la partie doit être, au contraire, enregistré avant la signification, à peine pour l'huissier d'être déclaré en contravention aux art. 23 et

42 de la loi du 22 frim. an 7 (Sol. adm. enreg. 10 déc. 1883, D. P. 55. 3. 48). Nous avons critiqué cette décision ; le désistement ne commence réellement à exister, en effet, qu'à partir du moment où il est signifié; — 3° Que l'art. 11,§ 2, de la loi du 16 juin 1824 ayant étendu aux avoués l'application des art. 41 et 42 de la loi de frimaire, l'enregistrement préalable des actes dont la communication est proposée par *acte d'avoué à avoué* est obligatoire, à peine d'une amende de 10 fr. contre l'avoué qui est, en outre, responsable des droits dus (Trib. Epinal, 8 juill. 1880, aff. Haillant, D. P. 81. 3. 87); — 4° Que les *mémoires des entrepreneurs et architectes* n'étant que de simples renseignements tant qu'ils n'ont pas été acceptés par les propriétaires, un huissier a pu, dans son *procès-verbal d'offres* à fin de règlement du prix de travaux de construction, faire mention de mémoires en demande réglés seulement par les architectes, sans s'expliquer sur leur enregistrement (Trib. Seine, 24 janv. 1862, aff. Métivier, D. P. 62. 3. 62) ; — 5° Que le *chèque protesté* doit être présenté à l'enregistrement en même temps que le protêt auquel il a donné lieu; et il y a contravention dans le fait d'un huissier de dénoncer le protêt d'un chèque non encore enregistré (Sol. adm. enreg. 6 avr. 1868, D. P. 68. 3. 73). Cette solution nous a paru contestable, en présence de l'art. 4 de la loi du 14 juin 1865, d'après lequel les dispositions relatives au protêt et à l'exercice de l'action en garantie en matière de lettres de change sont applicables aux chèques (V. *ibid.*, note) ; — 6° Que l'art. 41 de la loi de frimaire excluant de ses dispositions « les exploits et autres actes de cette nature qui se signifient à parties ou par affiches et proclamations, l'avoué poursuivant une vente judiciaire peut, sans contravention, dresser le *placard* avant que le cahier des charges préparé par le notaire désigné ait été enregistré, pourvu que le placard soit fait en conséquence du *cahier des charges* (Trib. Avesnes, 31 août 1870, D. P. 72. 5. 208).

3024. Toute procédure de *saisie immobilière* supposant l'existence d'un *pouvoir* écrit autorisant l'emploi de ce mode d'exécution, l'huissier qui énonce comme verbal, dans un procès-verbal constatant une semblable saisie, le pouvoir à lui remis par le créancier, commet une contravention à l'art. 42 de la loi du 22 frim. an 7 ; il est, par suite, débiteur du droit d'enregistrement applicable au pouvoir, et, en plus, de l'amende édictée pour ce cas (Req. 18 déc. 1882, aff. Frémy, de Soubeyran et Leviez, D. P. 83. 1. 397 ; Civ. cass. 23 janv. 1884, aff. Jolyet et Petit-Perrin, D. P. 84. 1. 348 ; Sol. adm. enreg. 25 sept. 1884, *ibid.*).

3025. Le greffier qui rédige un acte en vertu d'un écrit sous seing privé non encore enregistré ne commet une contravention qu'autant qu'il agit dans l'exercice de ses fonctions actives, et non lorsqu'il écrit sous la dictée d'un des magistrats auxquels il doit son concours. Spécialement, l'annexion d'un *certificat*, non préalablement enregistré, au procès-verbal d'une *délibération d'un conseil de famille* dressé après la rédaction du juge de paix, quand elle est opérée en exécution d'un ordre et d'après une décision de ce magistrat, ne peut donner lieu contre le greffier à aucune amende, sans préjudice toutefois de la responsabilité personnelle qui est encourue, en pareil cas, par le juge de paix relativement au droit dont est passible le certificat annexé (Trib. Vigan, 22 mai 1846, aff. Guibal, D. P. 55. 3. 71). — Le principe qui limite la responsabilité du greffier aux actes rédigés par lui dans l'exercice de ses fonctions actives n'est

---

(1) De même qu'un notaire peut, sans contravention, énoncer dans un partage de succession les titres de créances non enregistrés, lorsque les débiteurs de ces titres ne sont pas enregistrés, de même cet officier public peut mentionner, dans l'apport en mariage d'un des futurs, des titres sous seing privé, sans être tenu de les faire enregistrer préalablement ou en même temps, lorsque la mention de ces titres n'a pour objet que d'en constater l'apport. — La raison de décider est la même dans les deux cas, et les motifs de l'arrêt de la cour de cassation du 21 mars 1848, rendu en matière de partage (Instr. 1814, § 3), sont entièrement applicables quand il s'agit d'un contrat de mariage. — Me D... n'a donc pas contrevenu aux art. 23 et 42 de la loi du 22 frim. an 7, en mentionnant que l'apport du futur époux comprenait une créance de 100000 fr. à payer lors du son décès par une compagnie d'assurances sur la vie, et en répétant cette indication dans la libéralité éventuelle faite par le futur à la future dans l'art. 8 de leur contrat de ma-

riage. Le notaire n'a pas rédigé l'acte en vertu de la police sous seing privé ; il n'a agi qu'en vertu et en conséquence de la situation respective des parties, l'apport des époux devant être nécessairement constaté dans le contrat de mariage, et la donation éventuelle s'appliquant aux valeurs comprises dans l'apport. D'un autre côté, le futur époux n'a point fait usage des polices dans le sens de la loi, puisqu'il ne s'en est servi, ni pour diriger une action contre son débiteur ou obtenir des garanties, ni pour assurer d'une manière quelconque la conservation de sa créance, et que la compagnie débitrice n'était pas présente au contrat afin de reconnaître la réalité de sa dette. Il n'y avait donc aucune nécessité pour le sieur D... de faire enregistrer la police. — En conséquence, il y a lieu de laisser sans suite la demande adressée au notaire et aux parties.

Du 6 août 1866.-Sol. adm. enreg.

pas contesté aujourd'hui, bien qu'on ait prétendu que cette restriction était contraire à l'esprit de la loi de frimaire an 7 (*Jour. enreg.*, art. 15979); mais l'application que le tribunal du Vigan a faite de ce principe a été critiquée. On lit, en effet, dans une décision du ministre de l'intérieur du 12 nov. 1845 (D. P. 55. 3. 71, note 2) prise par lui sur l'avis conforme du ministre des finances, et relative à l'affaire qui a donné lieu au jugement précité : « Quant aux contraventions qui sont relevées dans les actes écrits sous la dictée du juge, mon collègue reconnaît que les greffiers ne sauraient en être rendus responsables ; mais il fait observer que celui du tribunal de Vigan classe à tort parmi ces actes les procès-verbaux d'apposition et de levée de scellés, ainsi que les délibérations des conseils de famille, puisqu'il résulte de deux arrêts des 11 nov. 1811 et 20 déc. 1813 (*Rép.* n° 5210), qu'ils doivent être considérés comme des actes de greffe, à la rédaction desquels les greffiers concourent activement .»

3026. Les mentions dans les *actes notariés* font l'objet d'un grand nombre de décisions : 1° la mention, dans la disposition d'un acte de vente d'immeuble contenant l'établissement de propriété du bien vendu, d'un *acte de partage* authentique qui sera enregistré dans le délai de la loi, constitue une contravention à l'art. 41 de la loi de frimaire an 7 (Trib. Vitré, 14 oct. 1847, aff. M° R..., D. P. 48. 5. 132);

2° Un notaire peut rembourser l'obligation résultant de *frais non taxés*, sans que les états et mémoires de ces frais soient enregistrés (*Rép.* n° 5239) ; mais, s'il s'agit de frais taxés, la taxe, étant constatée nécessairement par écrit, doit être enregistrée avant qu'il en soit fait usage. Ainsi la taxe des dépens faite par le juge postérieurement au jugement qui les a adjugés, lorsqu'ils n'ont pas été liquidés dans ce jugement, forme un titre distinct qui n'est pas assujetti à l'enregistrement dans un délai déterminé, mais qui doit être enregistré avant qu'il en soit fait usage en justice ou par acte public. Il en est ainsi, spécialement, lorsqu'il est fait mention de la taxe dans le cahier des charges et autres actes dressés pour une adjudication d'immeubles (Sol. adm. enreg. 14 sept. 1857, D. P. 58. 3. 24);

3° Le notaire devant lequel une adjudication a été renvoyée ne peut y procéder qu'après production de la taxe des frais constatée par une décision écrite du magistrat taxateur, et doit, à peine d'amende, faire enregistrer cette décision avant de la mentionner dans son procès-verbal ; une déclaration verbale du montant de la taxe ne suffit pas (Civ. cass. 7 nov. 1853, aff. Bordellet, D. P. 53. 1. 328 ; Instr. adm. enreg. 18 mai 1854, n° 1999, § 1er);

4° De même, l'énonciation par un notaire, dans un procès-verbal d'adjudication, du montant des *frais dus à l'avoué* poursuivant, sans indication de l'enregistrement de la taxe qui a dû nécessairement être demandé pour la fixation de ces frais, constitue une contravention passible d'amende (Trib. Mortagne, 5 juill. 1855, aff. Charpentier, D. P. 55.3.70)

5° La mention, dans un acte notarié de vente, d'une *quittance sous seing privé* émanée d'un précédent vendeur, rend obligatoire l'enregistrement préalable de cette quittance, à peine, pour le notaire rédacteur de l'acte de vente, d'encourir la responsabilité du payement des droits auxquels est assujettie la quittance ainsi mentionnée, et l'amende personnelle prononcée par la loi de 1824. Cette solution nous avait paru rigoureuse (*Rép.* n° 5219), mais elle a néanmoins prévalu (Civ. cass. 17 févr. 1858, aff. Achard, D. P. 58. 1. 119. Conf. Trib. Mirecourt, 12 août 1853, aff. Grandjean, D. P. 54. 3. 47 ; Instr. adm. enreg. 4 déc. 1858, n° 2137, § 2). — Jugé, au contraire, que la mention dans un procès-verbal d'adjudication dressé par un notaire commis, que « les frais pour parvenir à la vente se montent à une somme de... savoir celle de... due à l'avoué T..., ainsi qu'il le déclare », ne constitue pas une contravention à l'art. 42 de la loi du 22 frim. an 7, qui interdit aux notaires, à peine d'amende, de faire usage d'un acte non enregistré (Trib. Bar-sur-Aube, 18 sept. 1886, aff. Knittel, D. P. 89. 5. 210).

6° Un notaire ne peut, sans contravention, après avoir mentionné en détail, dans un inventaire, des *billets et reconnaissances sous seings privés*, procéder, avant l'enregistrement de ces actes, à la *vente publique* en bloc des créances dont ils sont les titres, alors même que le cahier des charges et le procès-verbal d'adjudication ne feraient

aucune mention de l'inventaire (Trib. Yvetot, 17 juill. 1860, aff. Olivier, D. P. 60. 3. 87);

7° Le *certificat d'imprimeur* constatant l'insertion, dans un journal, d'actes signifiés en vue de la purge des hypothèques légales, peut, quoique non encore enregistré, être annexé sans contravention à un acte notarié ; il suffit qu'il soit présenté à la formalité de l'enregistrement en même temps que cet acte (Sol. adm. enreg. 20 déc. 1866, D. P. 67. 3. 95) ;

8° Renoncer à un testament n'étant en faire usage dans le sens de l'art. 42 de la loi du 22 frim. an 7, il n'est pas nécessaire, pour le notaire, de faire enregistrer le *testament* répudié aver l'acte de *renonciation* (Sol. adm. enreg. 26 déc. 1865, D. P. 66. 3. 52);

9° Il a été expliqué (*Rép.* n° 5240) que la mention, dans les *inventaires, actes de partage ou de liquidation, d'actes privés non enregistrés*, spécialement, d'actes privés compris dans les titres de créances à partager, ne constitue ni l'usage par acte public de la part des parties, ni, de la part du notaire, la rédaction d'un acte public en vertu d'un acte sous seing privé dont le défaut d'enregistrement préalable rende cet officier ministériel passible d'amende (Trib. Seine, 9 avr. 1847, aff. d'Hauterive, D. P. 48. 5. 133). Toutefois la question n'avait été tranchée par la cour de cassation que pour les actes sous seing privé souscrits par des *tiers* ; restait celle de savoir, si, lorsqu'ils sont émanés de l'un des *héritiers copartageants*, les actes sous seing privé peuvent être mentionnés dans les actes indiqués ci-dessus sans être enregistrés. La jurisprudence s'est prononcée pour la négative. La cour de cassation a posé en principe que si les mentions et énonciations d'actes sous seing privé non enregistrés peuvent être faites sans contravention, soit dans les inventaires, soit dans les liquidations et partages, c'est qu'elles ne sont que conservatoires et déclaratives des droits qui peuvent exister, et nullement constitutives ou récognitives de ces droits ; mais elle perdent ce caractère quand elles sont faites en présence des débiteurs des titres qui en reconnaissent l'existence et la validité, ou lorsque ces titres sont émanés de l'un des cohéritiers entre lesquels s'opèrent la liquidation et le partage, qui laisse porter les sommes ou objets énoncés en ces titres dans la masse des biens de la succession, et qui consent à les recevoir dans son lot ou à ce qu'ils soient placés dans les lots de ses cohéritiers ; en pareil cas, l'exception n'est plus applicable. Il faut en conclure que, dans lesdits cas, il y a constitution ou reconnaissance de la dette ou du titre ; qu'il est fait usage par acte public, dans le sens de la loi, du titre en question, et que, dès lors, il y a ouverture au droit d'enregistrement que la nature de ce titre comporte (Civ. cass. 26 févr. 1850, aff. Lamblin, D. P. 50. 1. 245. Conf. Req. 4 avr. 1834, aff. Dautrive, D. P. 34. 1. 107. Instr. adm. enreg. 31 déc. 1849, n° 1844, § 2 ; 30 juin 1850, n° 1857, § 1er). — Il a été jugé que la mention, dans un acte de partage, d'une reconnaissance de dette par acte sous seing privé non enregistré, avec énonciation que la somme est comprise dans le lot du copartageant qui en est débiteur, rend exigible le droit d'obligation (Mêmes arrêts. Conf. Trib. Lille, 5 juin 1858, aff. Debayser, D. P. 58. 3. 72). Il a été décidé, dans le même sens, que la production dans une instance en liquidation et partage d'une succession, soit devant le notaire liquidateur, soit devant le tribunal, d'arrêtés de comptes sous signatures privées passés entre le défunt et l'un de ses enfants, et desquels résulte, au profit de cet enfant, une remise de dette faite en avancement d'hoirie, rend obligatoire l'enregistrement de ces arrêtés de compte (Civ. rej. 28 déc. 1853, aff. Worms de Romilly, D. P. 54. 1. 12; Instruction précitée du 18 mai 1854). — On a prétendu, toutefois, que si, dans lesdits cas, l'énonciation des actes sous seing privé dans l'acte de partage rendait exigible le droit d'enregistrement applicable à ces actes, le notaire rédacteur de l'acte de partage n'était pas passible de l'amende. Les tribunaux se sont divisés sur cette question ; mais la cour de cassation l'a résolue dans le sens de l'affirmative. La mention dans un inventaire ou dans un acte notarié de liquidation et partage d'actes privés non enregistrés, n'a lieu sans contravention, dit la cour, qu'autant qu'elle n'est accompagnée d'aucune reconnaissance de droits ou créances ; au contraire, l'enregistrement devient obligatoire avec peine de l'amende et responsabilité des droits pour le notaire, lorsque le débiteur et, notamment, un des héritiers reconnaît, dans le partage, la dette résultant de l'acte privé ainsi mentionné et en impute le montant sur sa part héréditaire ; on ne peut objecter qu'en ce cas il y a seulement nécessité d'enregistrer la reconnaissance de dette, mais non l'acte privé qui en est l'objet (Req. 28 mars 1859, aff. Weill et Stindzy, D. P. 59. 1. 370 ; Instr. adm. enreg. 5 sept. 1859, n° 2160, § 1er) ;

10° Un notaire ne peut, à peine d'encourir l'amende, reproduire dans un acte de liquidation de succession une *police d'assurance* non enregistrée, lorsque cette reproduction, au lieu d'avoir un caractère purement énonciatif, forme l'objet d'une stipulation entre les parties ; et spécialement, lorsque le cohéritier auquel est attribué l'immeuble assuré, déclare céder en garantie du payement de la soulte en argent qui lui est imposée, ses droits à l'indemnité qui pourra lui être due par les assureurs en cas d'incendie de l'immeuble (Trib. Seine, 29 nov. 1854, aff. Lemonnyer, D. P. 55. 3. 54) ;

11° Dans cet état de la jurisprudence, la question s'est élevée de savoir si, au cas où l'énonciation dans l'acte de partage et l'attribution aux lots des copartageants de créances dues au défunt par ces derniers, sont faites *sans mention* des titres sous seing privé où ces créances sont et *sans référence* expresse à l'inventaire où ils ont été décrits, l'Administration peut établir, par le rapprochement des énonciations de l'inventaire de celles de l'acte de partage, qu'il a été fait usage, dans ce dernier acte, des titres sous seing privé, et réclamer, en conséquence, les droits d'enregistrement qui leur sont applicables, plus, du notaire, l'amende édictée par l'art. 42 de la loi de frimaire. La jurisprudence s'est fixée sur cette question dans le sens de la négative. Jugé, en effet, que si l'exception établie à l'égard des actes sous seing privé mentionnés dans les partages, cesse d'être applicable dans le cas où les débiteurs des titres sont présents ou bien encore lorsque ces actes forment titre contre l'un des héritiers copartageants, il faut, comme condition première et de rigueur, pour qu'il y ait lieu à la perception du droit et de l'amende, que l'acte sous seing privé non enregistré soit produit à la liquidation, ou bien qu'il y soit expressément mentionné, ou tout au moins que l'on puisse relever, dans le procès-verbal de cette liquidation, une énonciation qui s'y réfère nécessairement : il ne suffit pas de l'énonciation de la substance de la convention, même après description de l'acte dans l'inventaire qui a précédé la liquidation, alors que le procès-verbal ne parle de l'acte ni directement ni par voie de relation (Civ. cass. 19 avr. 1864, aff. de Pardieu, D. P. 64. 1. 175; Instr. adm. enreg. 16 déc. 1867, n° 2358, § 6). Cette doctrine a été confirmée par un arrêt rendu, en audience solennelle, dans la même affaire que celui du 19 avr. 1864. Aux termes de cet arrêt, lorsqu'un procès-verbal de liquidation de partage attribue à un héritier une somme que celui-ci devait au défunt, on ne peut rapprocher de cet acte de liquidation l'inventaire qui l'a précédé, à l'effet de tirer de ce rapprochement la preuve de l'existence et de l'usage dans un acte public, du titre sous seing privé qui constate la dette de l'héritier envers son auteur, et de percevoir, à raison de cet usage, le droit d'enregistrement et l'amende ; pour qu'il y ait, dans l'acte de liquidation, usage du titre donnant lieu à la perception du droit, il faut, ou que l'acte sous seing privé non

enregistré ait été produit à la liquidation, ou que la liquidation contienne une mention expresse se référant nécessairement à cet acte (Ch. réun. cass. 27 mai 1867, aff. de Pardieu, D. P. 67. 1. 204; Instr. adm. enreg. 16 déc. 1867, n° 2358, § 6). — Jugé en ce sens, notamment, que lorsqu'un acte de liquidation et de partage fait mention d'obligations sous seings privés non enregistrées, figurant dans l'inventaire établi antérieurement, le droit proportionnel est exigible sur lesdites obligations et, qu'en outre, le notaire qui a opéré la liquidation est passible de l'amende comme ayant fait un acte en vertu d'un acte privé non revêtu de la formalité (Trib. Arras, 27 janv. 1869) (1).

12° L'énonciation, dans le procès-verbal de *liquidation des reprises* d'une femme séparée de biens, de la *renonciation* de cette femme à la *communauté*, avant que ce dernier acte ait été enregistré, constitue la contravention à l'art. 41 de la loi du 22 frim. an 7, l'acte de liquidation devant être considéré comme fait en conséquence de la renonciation. Et la contravention existe, alors même que l'acte de liquidation serait dressé en exécution d'un jugement de séparation de biens, et que, le délai dans lequel le jugement de séparation doit être exécuté étant sur le point d'expirer, l'enregistrement de l'acte énoncé ne pourrait avoir lieu avant l'expiration de ce délai (Trib. Châtellerault, 22 janv. 1855, aff. Raucher, D. P. 55. 5. 180);

13° Les héritiers du tuteur décédé dans le cours de la tutelle n'étant pas tenus, pour le *compte* qu'ils ont à rendre au *nouveau tuteur*, de produire un projet dix jours à l'avance, s'il est indiqué dans l'arrêté de compte que cette production a eu lieu et que le projet a été trouvé exact, la Régie ne peut prétendre qu'il y a contravention pour défaut de présentation simultanée ou antérieure dudit projet à la formalité de l'enregistrement, alors surtout qu'elle n'établit pas que la pièce qualifiée projet ait eu le caractère d'un acte complet et régulier (Trib. Strasbourg, 14 janv. 1863, aff. Lestage, D. P. 63. 3. 37);

14° La reddition du compte de tutelle pouvant régulièrement être faite au pupille oralement ou sur de simples notes, la mention, dans l'*arrêté de compte*, que le *projet* a été remis à celui-ci dix jours à l'avance, ne peut faire déclarer non plus le notaire en contravention, pour défaut de présentation simultanée ou antérieure dudit projet à l'enregistrement, aucune preuve n'étant rapportée de l'existence d'un acte écrit (Trib. Aix, 22 août 1864, aff. Germano, D. P. 67. 3. 93; Trib. Castres, 28 août 1867, aff. Roger, *ibid.*). — D'une manière générale, en effet, de simples notes *manuscrites*, même lorsqu'elles peuvent servir à établir une créance, ne sauraient être considérées, en ce qui concerne l'enregistrement, comme des actes ou titres. Par suite, le notaire qui fait mention de telles notes dans l'inventaire d'une succession et constate ensuite dans un acte de liquidation des attributions de biens consenties conformément aux indications qu'elles contiennent, ne saurait être poursuivi pour défaut d'enregistrement (Trib. Seine, 7 févr. 1855, aff. Leduc, D. P. 55. 3. 32);

15° Un notaire peut, sans contravention, procéder à un *inventaire* à la requête d'un *tuteur* nommé par une *délibération du conseil de famille* qui n'a pas encore été enregistrée (Sol. adm. enreg. 19 févr. 1866, D. P. 68. 3. 98. Conf. Sol. adm. enreg. 8 nov. 1854, *ibid.*). Mais, au contraire, la mention, dans l'intitulé d'un inventaire, du *testament non*

(1) (Distinghin et Legrand C. Enreg.) — LE TRIBUNAL ; — Attendu qu'aux termes de l'art. 23 de la loi du 22 frim. an 7, il ne peut être fait, par acte public, aucun usage d'actes sous signature privée qui constatent des conventions, s'ils n'ont été préalablement enregistrés ; — Attendu que l'art. 42 de la même loi défend aux notaires « de faire ou de rédiger un acte en vertu d'un acte sous signature privée, s'il n'a été préalablement enregistré » ; — Attendu que si un arrêté du Directoire exécutif du 22 vent. an 7 permet aux notaires d'énoncer dans les inventaires des actes sous seings privés sans les faire enregistrer, c'est que ces énonciations dans un acte purement conservatoire ne sont pas, aux yeux du législateur, un usage de ces actes; que la jurisprudence paraît permettre aussi l'énonciation, dans les liquidations et partages, de conventions déclarées par les parties, pourvu que ces déclarations ne se réfèrent pas expressément à des actes sous signature privée qui auraient en ces conventions pour objet, et même la mention de ces actes hors la présence des parties qui les ont signés; qu'elle juge ainsi que, dans ces deux cas, les actes mentionnés ne deviennent pas des titres susceptibles d'être enregistrés, et qu'il n'en est pas fait

usage dans le sens que la loi de frimaire an 7 a attaché à ce mot; — Mais attendu qu'il n'en saurait être de même lorsque, dans l'acte de liquidation ou de partage, l'officier public mentionne formellement un acte sous seing privé non enregistré, et qu'il le fait en présence des parties qui l'ont signé ; — Qu'alors le texte comme l'esprit des art. 23 et 42 de la loi de frimaire sont évidemment applicables ; — Attendu que dans l'acte de liquidation de la communauté des époux Distinghin et de leurs successions, du 13 janv. 1866, le notaire Legrand rappelle, en présence de toutes les parties intéressées, que dans l'inventaire dressé le 14 novembre précédent figure une obligation, par Jules-Léandre Distinghin, de 33000 fr., pour laquelle 4000 fr. ont été remboursés, et il répartit ensuite les 29000 fr. restant dus entre divers héritiers ; — Attendu que le notaire Legrand a fait un usage incontestable de ladite obligation; — Déboute Distinghin et le notaire Legrand de leur opposition à la contrainte...; — Condamne Distinghin et le notaire Legrand solidairement au payement des droits réclamés et aux dépens, et ledit notaire au payement de l'amende de 11 fr. 50.

Du 27 janv. 1869.-Trib. civ. d'Arras.

enregistré du défunt, pour établir la qualité de donataire ou légataire appartenant à la partie requérante d'après ce testament, constitue, de la part du notaire rédacteur, une contravention passible d'amende (Trib. Sarlat, 2 févr. 1870, aff. X..., D. P. 71. 5. 143);

16° L'acte notarié souscrit en France, portant cession des droits successifs résultant de *marchés passés à l'étranger* entre le cédant et une ville étrangère, a le caractère juridique d'acte passé en conséquence ou en vertu de ces marchés, alors que leur constatation par écrit est établie d'une manière non équivoque, tant par les termes mêmes de l'acte de cession, que par les faits et circonstances de la cause, notamment l'importance des marchés, leur durée et la qualité des parties (Civ. cass. 8 mai 1882, aff. Crédit lyonnais et Chardenet, D. P. 82. 1. 425). — De même, l'acte notarié constatant l'apport à une société d'un marché sous seing privé, a pour objet de transmettre à la société les droits résultant de la convention, et présente, par cela même, le caractère d'acte passé en conséquence ou en vertu de cette convention; en conséquence, le droit proportionnel applicable au marché est exigible (Civ. cass. 19 janv. 1885, aff. Radenac, D. P. 85. 1. 321). V. *supra*, n° 2940.

17° Le notaire appelé à mentionner une *lettre de change* dans un acte authentique, et notamment à constater qu'elle a été souscrite en vue du payement d'une dette pour sûreté de laquelle une hypothèque est donnée au créancier, n'est pas tenu de la faire préalablement enregistrer; l'enregistrement n'est exigé que préalablement à l'assignation en payement. Il n'en est autrement que dans le cas où le billet qualifié lettre de change n'a pas le caractère de cet acte, et n'est au fond qu'une simple reconnaissance de dette. (Sol. adm. enreg. 22 juill. 1864, D. P.64.3.102). Il est utile de rapprocher cette solution d'une autre, rendue en sens contraire, qui a été citée en matière de chèques (V. *supra*, n° 3023-5°).

18° Les officiers publics peuvent, lorsqu'ils agissent en conséquence d'*extraits d'enregistrement ou déclarations* délivrés par les receveurs conformément à l'art. 58 de la loi du 22 frim. an 7, les annexer à leurs minutes sans les faire enregistrer (Sol. adm. enreg. 19 oct. 1867, D. P. 68. 3. 45);

19° Le notaire qui reçoit la quittance d'une somme due en vertu d'un billet non enregistré ne fait pas usage de ce billet dans le sens de l'art. 42 de la loi de frimaire an 7, et, dès lors, n'est pas tenu de le faire enregistrer, avant ou en même temps que l'acte de quittance, alors surtout qu'il a été adiré (Sol. adm. enreg. 10 mars 1868).

3027. La règle s'applique, d'ailleurs, aux *actes administratifs* comme aux actes civils ou judiciaires. Ainsi la mention du plan d'un terrain aliéné dans l'acte administratif de cession d'une parcelle retranchée, par voie d'*alignement*, d'une route départementale, implique l'usage de ce plan dans le sens de la loi fiscale, et autorise, en conséquence, le receveur de l'enregistrement à réclamer directement du rédacteur de l'acte de cession les droits, et amendes de timbre et enregistrement applicables au plan énoncé (Circ. min. trav. publ. 8 juin 1870, D. P. 71. 5. 137-138).

3028. Nous avons vu (*Rép.* n° 5257) que l'obligation de faire enregistrer les actes avant d'agir en conséquence ne s'entend pas de ceux qui sont exemptés de la formalité. En est-il de même des actes qui sont *enregistrés en débet?* La question est controversée. Elle s'est présentée à l'occasion des actes enregistrés en débet par suite d'*assistance judiciaire.*

Dans un premier système, on soutient que l'art. 42 de la loi de frimaire an 7 qui interdit aux officiers publics et ministériels de faire usage d'un acte sous signatures privées s'il n'a été préalablement enregistré, constituant une disposition pénale, qui, comme telle, doit être appliquée littéralement, et ne distinguant point entre l'enregistrement en débet et l'enregistrement au comptant, il suffit que la formalité ait été remplie d'une manière ou de l'autre pour mettre à couvert la responsabilité de l'officier public ou ministériel qui fait ultérieurement usage de l'acte sous seings privés. On soutient, à l'appui de cette opinion, que si, aux termes de l'art. 14 de la loi sur l'assistance judiciaire, l'enregistrement en débet n'a d'effet, quant aux actes et titres produits par l'assisté, que pour le procès dans lequel la production a eu lieu, le sens de cette disposition n'est pas qu'en dehors du procès la formalité doive être considérée comme n'ayant jamais eu lieu, et que l'acte soit

susceptible d'être enregistré une seconde fois pour la perception des droits; il en résulte seulement que l'assisté ne pourra faire usage de l'acte enregistré en débet sans acquitter les droits dont la perception a été provisoirement suspendue (*Journal des notaires*, art. 19149). Cette interprétation paraît erronée, en ce qu'elle restreint à l'assisté l'application de l'art. 14 précité de la loi sur l'assistance judiciaire. Cette loi étant conçue en termes généraux et absolus, concerne aussi bien les officiers publics et ministériels que les assistés.

Suivant une autre opinion, l'art. 14 de la loi sur l'assistance judiciaire doit être appliqué rigoureusement. En dehors du procès, l'enregistrement en débet cesse d'avoir son effet et doit être considéré, même à l'égard de l'assisté, comme n'ayant jamais existé; l'acte doit être soumis de nouveau à la formalité pour la perception des droits. Jugé en ce sens que l'officier ministériel qui, en dehors du procès pour lequel un acte a été enregistré en débet par suite d'assistance judiciaire, en fait mention, sans le faire préalablement enregistrer au comptant, dans un acte de son ministère, encourt l'amende de 10 fr. pour contravention à l'art. 42 de la loi du 22 frim. an 7 (Trib. Bagnères, 17 févr. 1868, aff. Rousse et Pinson, D. P. 69. 3. 15, note). Cette doctrine paraît aller au delà, sinon du texte, du moins de l'esprit de la disposition de loi dont il s'agit. L'enregistrement d'un acte sous signatures privées produit différents effets civils (c. civ. art. 1328 et 2074) dont le bénéfice est irrévocablement acquis aux intéressés par l'accomplissement de la formalité. En disposant que l'enregistrement en débet des actes produits par l'assisté n'aurait d'effet que pour le procès, le législateur n'a donc pu vouloir dire qu'après le procès l'enregistrement en débet serait non avenu.

Dans un troisième système, on rappelle que la formalité de l'enregistrement est susceptible d'être considérée sous deux points de vue différents : comme produisant des effets civils et comme servant de base à la perception d'un impôt. Or il est certain que le législateur de 1851 n'a eu à la considérer que sous ce dernier aspect, puisqu'il s'agissait seulement alors d'organiser la dispense de l'impôt pour les indigents. Lorsqu'il a dit que l'enregistrement en débet n'aurait d'effet que pour le procès, il n'a eu en vue que la dispense des droits (Garnier, *Rép. pér. enreg.*, art. 2633). Nous considérons que cette dernière interprétation donne à la loi son véritable sens. On peut invoquer à l'appui le rapport de la commission de l'Assemblée législative sur le projet de cette loi, dans lequel il est dit qu'en autorisant, à l'égard des actes sujets à l'enregistrement dans un délai déterminé, l'accomplissement de la formalité sans payement des droits, on a voulu seulement en ajourner la perception jusqu'à la fin du litige (Rapport, D. P. 51. 4. 28, n° 14). Ainsi, même en dehors du procès pour lequel elle a été donnée, exceptionnellement sans payement des droits, la formalité subsiste avec tous les effets civils qu'elle est susceptible de produire. C'est seulement au point de vue de l'impôt que son effet est subordonné au payement des droits et que, tant que ce payement n'est pas effectué, l'acte est censé n'avoir pas été enregistré pour les officiers publics et ministériels comme pour l'assisté. En résulte que le notaire, l'avoué, l'huissier, etc., qui veut faire usage d'un acte enregistré en débet par suite d'assistance judiciaire, est tenu, sous peine de l'amende, de s'assurer préalablement que les droits d'enregistrement de cet acte ont été payés. — En définitive, on voit qu'au point de vue particulier dont il s'agit ici, la troisième interprétation aboutit au même résultat que la seconde.

3029. On a déterminé au *Rép.* n°5 5225, 5205 et 5204 la *pénalité* et la *responsabilité* qu'encourt l'officier public qui contrevient à l'art. 42 de la loi de frimaire. En ce qui concerne la responsabilité, il a été jugé de nouveau que l'officier public qui, contrairement à cet article, mentionne dans un acte passé devant lui un autre acte sous seing privé non enregistré, n'est personnellement passible que de l'amende; quant au droit de l'acte mentionné, il en est simplement responsable, et même la responsabilité qui pèse sur lui ne s'exerce directement qu'après discussion des parties qui sont tenues, à cet égard, de l'obligation d'un débiteur principal (Trib. Péronne, 16 juill. 1869, aff. X..., D. P. 71. 5. 154-155). Jugé cependant, en sens contraire, qu'il peut être poursuivi directement, sauf son recours (Trib.

Yvetot, 17 juill. 1860, cité *suprà*, n° 3026-6°. Conf. Trib. Lyon, 12 mars 1845, aff. H..., D. P. 46. 4. 372).

Il a été décidé encore que lorsqu'un notaire a reçu un acte fait en conséquence d'un acte antérieur non enregistré, il est personnellement tenu du droit de l'acte non enregistré, si cet acte a été passé devant lui, mais qu'il en est seulement responsable ou caution à l'égard du Trésor, si l'acte n'a pas été passé devant lui, et, par exemple, s'il a été fait sous seing privé ; par suite, dans ce dernier cas, le notaire ne peut être actionné en payement du droit dû sur cet acte non enregistré sans que les parties aient été discutées au préalable conformément aux règles du cautionnement ; mais le notaire est passible d'amende (Trib. Chaumont, 1ᵉʳ août 1844, aff. N..., D. P. 45. 3. 99).

Jugé aussi que le notaire qui agit en conséquence d'actes passés en pays étranger et non enregistrés, sans les soumettre préalablement à la formalité et sans les annexer à son acte pour qu'ils y soient assujettis, encourt l'amende de 10 fr., et est, en outre, personnellement responsable du payement des droits applicables aux actes énoncés (Arrêt du 8 mai 1882, cité *suprà*, n° 3026-17°).

3030. On a dit (*Rép.* n° 5265) qu'une autre obligation imposée aux notaires et greffiers par la loi de frimaire (art. 43) consiste à ne recevoir aucun acte en dépôt sans dresser *acte du dépôt*, mais qu'une exception est faite pour les *testaments* déposés chez les notaires par les testateurs. Le notaire n'est obligé de constater, dans ce cas, le dépôt du testament que si le testateur l'exige (Civ. rej. 5 déc. 1860, aff. Montozon-Brachet, D. P. 61. 1. 34; Instr. adm. enreg. 7 mars 1861, n° 2190, § 1ᵉʳ).

3031. C'est une question controversée que de savoir si l'interdiction faite au notaire de recevoir aucun acte en dépôt sans en dresser acte, s'applique au dépôt d'un testament olographe effectué, non volontairement par le testateur, mais en vertu d'une ordonnance du président du tribunal rendue conformément à l'art. 1007 c. civ. Plusieurs tribunaux se sont prononcés pour l'affirmative (Trib. Compiègne, 8 mars 1855, aff. Mᵉ Nouette, D. P. 55. 3. 41; Trib. Boulogne, 28 mars 1856, aff. Mᵉ Guéry, D. P. 56. 3. 36. — V. Conf. Décis. min. fin. 20 janv. 1852 et Instr. adm. enreg. 17 mars 1852, n° 1909, D. P. 52. 3. 24).

Mais il a été jugé, en sens contraire, que les notaires ne sont pas tenus de dresser acte du dépôt des testaments olographes dont une ordonnance du président a prescrit la remise entre leurs mains (Trib. Seine, 26 mai 1853, aff. Poumet, D. P. 54. 3. 21; Trib. Le Blanc, 8 mars 1853, D. P. 55. 3. 93 ; Trib. Lyon, 6 juin 1855, aff. Mᵉ Ville, *ibid.*).

En dernier lieu, la cour de cassation a décidé que si, en vertu de l'ordonnance du président du tribunal, le testament est apporté en l'étude du notaire, à qui le magistrat n'a pas voulu imposer un déplacement difficile ou impossible, c'est nécessairement par le notaire seul que l'acte de dépôt doit être dressé; mais que, si le notaire assiste à l'ouverture du testament, soit parce que c'est lui qui l'a apporté, soit parce que le président l'a mandé devant lui, le procès-verbal du magistrat constatant, dans ce cas, la remise du testament entre les mains du notaire et renfermant la déclaration, signée de cet officier public, qu'il a reçu le testament, tient lieu d'acte de dépôt, et que, dès lors, le notaire n'est pas tenu d'en dresser un autre (Civ. rej. 5 déc. 1860 et Instr. adm. enreg. 7 mars 1861, n° 2190, § 1ᵉʳ, cités *suprà*, n° 3030).

3032. Il résulte de l'art. 44 de la loi de frimaire an 7, que tout acte authentique relatant un acte sous seing privé doit renfermer la *transcription littérale de la quittance des droits d'enregistrement* perçus sur cet acte sous seing privé (*Rép.* n° 5260). Mais les notaires qui reçoivent des actes dressés en conséquence d'autres actes publics ne sont pas tenus de faire mention de l'enregistrement de ces derniers actes ; cette mention n'est exigée qu'au cas d'usage d'actes privés (Sol. adm. enreg. 19 mai 1851, D. P. 52. 3. 7). Spécialement, les notaires ne sont pas tenus d'énoncer, dans les certificats de propriété, que les actes publics en vertu desquels ces certificats sont délivrés ont été enregistrés (Même solution).

SECT. 2. — RÉPERTOIRES (*Rép.* nᵒˢ 5268 à 5321).

3033. Au nombre des fonctionnaires publics, que nous avions indiqués comme étant seuls obligés, soit en vertu

de la loi de frimaire, soit en vertu de lois postérieures, d'avoir un répertoire, il faut ajouter les *courtiers de marchandises* assermentés et inscrits sur la liste dressée par le tribunal de commerce en exécution de la loi du 18 juill. 1866 (D. P. 66. 4. 118) qui a rendu libre cette profession (Décis. min. fin. 9 août 1867 ; *Diction. droits d'enreg.*, v° *Courtier de commerce*, n° 6 ; Instr. adm. enreg. 15 janv. 1868, n° 2361, § 3). Quant aux courtiers non assermentés, bien qu'ils soient obligés, comme les premiers, de faire enregistrer dans le délai légal les procès-verbaux des ventes publiques auxquelles ils procèdent, ils ne nous paraissent pas soumis à l'obligation de tenir un répertoire, leur ministère étant accidentel et spécial à chaque opération (*Diction. droits d'enreg.*, eod. v°, n° 7).

La loi du 5 juin 1850 a imposé aussi aux sociétés, compagnies et assureurs l'obligation de tenir répertoire de toutes les assurances faites, soit directement, soit par leurs agents, ainsi que des conventions qui prolongeront l'assurance, augmenteront la prime ou le capital assuré ; mais cette prescription est relative à la perception du timbre de dimension auquel la loi de 1850 a soumis les polices d'assurances (V. *infrà*, v° *Timbre*).

3034. Un *notaire* est tenu d'inscrire sur son répertoire tous les actes et écrits de son ministère, à l'exception de ceux spécifiés par la loi. Ainsi l'acte par lequel un notaire commis par jugement pour procéder à une liquidation (de communauté entre époux) fixe, sur une requête à lui adressée, un jour, pour la comparution devant lui des parties intéressées à cette liquidation, est un acte du ministère de ce notaire, et doit, par suite, être inscrit à son répertoire sous peine d'amende (Req. 4 avr. 1854, aff. Lambolay, D. P. 54. 1. 99; Instr. adm. enreg. 1ᵉʳ déc. 1854, n° 2019, § 8).

3035. Jugé, de même, que l'obligation pour le notaire, d'inscrire sur son répertoire les actes dressés par lui qui sont complets, signés et déposés en son étude, est absolue ; les parties ne sauraient en affranchir le notaire provisoirement et jusqu'à l'exécution possible des conventions renfermées dans l'acte (Agen, 16 août 1854, aff. Mᵉ N..., D. P. 56. 2. 169).

3036. Lorsqu'un acte est rédigé en *double minute*, chacun des notaires détenteur de l'une des minutes doit en faire l'inscription sur son répertoire ; il ne suffit pas que l'acte soit inscrit sur le répertoire de celui des notaires qui s'est chargé de la formalité de l'enregistrement (Trib. Pithiviers, 26 nov. 1857, aff. Decolange, D. P. 58. 3. 38).

3037. L'acte notarié fait à *deux dates*, mais qui contient une convention unique, peut, sans contravention, n'être inscrit au répertoire qu'à la première date, bien qu'il soit plus régulier que cette inscription soit faite à la seconde (Sol. adm. enreg. 10 août 1865, D. P. 66. 3. 36). L'Administration a varié sur cette question. Nous avons mentionné une délibération du 11 nov. 1834 (*Rép.* n° 5280) portant qu'il est plus régulier, au contraire, d'inscrire l'acte au répertoire à la première date. L'Administration revient dans la solution ci-dessus à la doctrine qu'elle avait primitivement admise. Dans tous les cas, il est certain que l'inscription est valablement faite à l'une ou à l'autre des deux dates. Par suite de la connexité existant entre la formalité de l'inscription au répertoire et celle de l'enregistrement, il y a lieu de rapprocher des solutions qui précèdent, celles qui concernent le point de départ du délai de l'enregistrement pour les actes à plusieurs dates (V. *suprà*, nᵒˢ 2822 et suiv.).

3038. Il a été décidé que, lorsqu'un acte postérieur n'est notifié que le lendemain de sa passation, il y a deux actes distincts que le notaire doit porter au répertoire à leurs dates respectives (Sol. adm. enreg. (Belgique) 29 août 1865, D. P. 67. 5. 179).

3039. Le notaire qui constate par un acte le dépôt d'un cahier des charges, n'est tenu d'inscrire au répertoire que cet acte lui-même, lequel fait connaître suffisamment l'existence et la date du cahier des charges ; mais il doit inscrire le cahier des charges, lorsqu'il ne dresse pas d'acte de dépôt (Sol. adm. enreg. 11 mai 1859, D. P. 59. 3. 77).

3040. On a dit au *Rép.* n° 5281 que les *certificats de vie* délivrés par les notaires aux pensionnaires de l'État et les *certificats de propriété* pour le transfert des inscriptions sur le grand-livre, ne doivent pas être répertoriés, parce que ces certificats sont dispensés de l'enregistrement. L'Administration a tenté de revenir sur cette solution à l'égard des certificats de propriété; mais sa prétention a été écartée. Jugé, en effet,... que la formalité du répertoire ne s'applique qu'aux actes et contrats notariés qui sont passés devant deux notaires ou un notaire assisté de deux témoins, et portent soit la signature des parties, soit la constatation du motif pour lequel elles n'ont pu signer;... Qu'on ne saurait assimiler à ces actes un simple certificat de propriété délivré par un notaire à la demande, mais sans le concours des parties, à l'effet d'attester, en vertu des titres dont il est détenteur, un droit de propriété ou de jouissance ayant pour objet une *rente sur le grand-livre* ou un *décompte d'arrérages* ou un *cautionnement* ou toute autre *somme ou valeur à délivrer par le Trésor public*, le notaire certificateur procédant, en ce cas, moins comme notaire que comme simple détenteur des titres et de la même manière que le juge de paix appelé à le suppléer, si ces titres ne sont pas entre ses mains (Civ. rej. 9 mars 1859, aff. Burtz, D. P. 59. 1. 159).

3041. Jugé, de même, que les certificats de propriété destinés au retrait des fonds versés aux *caisses d'épargne*, ayant été soumis par l'art. 3 de la loi du 7 mai 1853, aux règles et formes prescrites par la loi du 28 flor. an 7 concernant la dette publique, le notaire qui les délivre n'est pas obligé de les porter sur son répertoire (Arrêt du 9 mars 1859, cité *suprà*, n° 3040; Trib. Strasbourg, 1er déc. 1857, aff. N..., D. P. 58. 3. 38).

3042. Mais il a été décidé que le certificat de propriété délivré par un notaire à des héritiers, sur la requête de l'un d'eux, pour établir leurs droits au payement d'une créance due à leur auteur par une commune, doit être inscrit au répertoire (Trib. Vesoul, 26 déc. 1864, aff. Me Tribhoulez, D. P. 65. 5. 31).

3043. Les notaires doivent inscrire sur leur répertoire, le jour même de la rédaction du procès-verbal d'ouverture et de dépôt, les testaments qui leur sont remis directement par le président du tribunal (Sol. adm. enreg. 19 déc. 1867, D. P. 69. 5. 169-170; Trib. Lectoure, 23 mars 1877, aff. Larrie, D. P. 77. 5. 208). L'expédition du procès-verbal d'ouverture et de dépôt n'étant point remise au notaire le jour même, il avait été admis que l'inscription du testament au répertoire pouvait être différée et opérée plus tard, en même temps que celle de l'expédition du procès-verbal, au moyen d'un acte particulier constatant le classement des deux pièces au rang des minutes du notaire (*Rép.* n° 5279). Les décisions précitées imposant au notaire l'obligation d'inscrire le testament à son répertoire le jour même où il lui est remis, une seconde inscription sera nécessaire pour l'expédition du procès-verbal d'ouverture et de dépôt. Cette seconde inscription devra être faite en même temps que celle de l'acte de dépôt, lorsqu'il en sera dressé un, et le jour de la remise de l'expédition au notaire par le greffier, lorsqu'il ne sera point dressé un acte de dépôt.

Mais le notaire qui, à sa date, a inscrit sur son répertoire l'acte de suscription d'un testament mystique, n'est pas tenu, après le décès du testateur, de constater, par une seconde inscription, l'ouverture et le dépôt du testament dans ses minutes (Sol. adm. enreg. 20 mai 1868, D. P. 68. 3. 73).

3044. On verra, en matière de timbre, que la loi du 5 juin 1850 (art. 47) oblige les notaires à tenir, en plus du répertoire ordinaire, un registre, sur lequel ils doivent transcrire les polices d'assurances maritimes faites par leur ministère (V. *infrà*, v° *Timbre*).

3045. Lorsque les dépens n'ont pas été liquidés dans le jugement qui les adjuge, la taxe que le juge a faite ultérieurement n'est pas assujettie à l'inscription sur le répertoire du greffier (Sol. adm. enreg. 14 sept. 1857, D. P. 58. 3. 24).

3046. En ce qui concerne la *forme des répertoires*, les répertoires des huissiers doivent contenir, non seulement une colonne particulière pour le coût de chaque acte ou exploit, déduction faite des déboursés, mais aussi des colonnes spéciales pour le montant du droit de transport applicable à chaque acte répertorié (Décis. min. fin. et just. 6 nov. 1854, *Diction. droits d'enreg.*, v° *Répertoire*, n° 228; 23 juin 1855, *ibid.*; Instr. adm. enreg. 8 août 1855, n° 2040), et le montant des feuilles de papier spécial employées tant pour les copies de l'original que pour les copies de pièces signifiées, plus le montant des droits de timbre dus à raison de la dimension de ces feuilles (L. 29 déc. 1873, art. 3, D. P. 74. 4. 26; Décr. 30 déc. 1873, art. 4, D. P. 74. 4. 37; Instr.

adm. enreg. 31 déc. 1873, n° 2474). — Le receveur de l'enregistrement doit mentionner sur son registre le montant du droit de transport porté dans le coût de l'acte et établir, lors du visa trimestriel du répertoire (*Rép.* n° 5304) un relevé des différences qu'il constatera entre les énonciations de son registre et celles du répertoire de l'huissier, relevé qui devra être transmis au ministère public par l'intermédiaire du directeur de l'enregistrement(Mêmes décisions des 6 nov. 1854 et 23 juin 1855, et même instruction du 8 août 1855). — V. *infrà*, v° *Timbre*.

3047. Relativement au *dépôt du répertoire*, il a été jugé qu'un notaire n'est tenu de comprendre dans le répertoire qu'il doit déposer au greffe, au commencement de l'année, que les actes de l'année précédente, que les actes reçus par lui-même, et non ceux reçus antérieurement à sa nomination par son prédécesseur (Trib. Brives, 8 avr. 1862, aff. Mazeyrac, *Journ. enreg.*, art. 17887). — L'amende édictée contre le notaire pour retard apporté à l'accomplissement de cette formalité et qui est encourue par un seul jour de retard (*Rép.* n° 5317), devrait être payée, même si le dernier jour du mois était férié et que la présentation n'eût été faite que le premier jour du mois suivant (Orléans, 26 juin 1858, aff. Muzet, D. P. 58. 2. 166).

3048. La question s'est élevée de savoir si, lorsqu'un juge de paix, délégué à cet effet par le procureur de la République, a apposé son visa sur le répertoire d'un huissier, et que des actes portant des dates antérieures ont été inscrits à la suite de ce visa, il y a autant de contraventions passibles d'amendes que d'actes. Le tribunal de Lorient, par jugement du 20 févr. 1884, aff. Plunian, D. P. 89. 3. 103, s'est prononcé dans le sens de la négative par le motif que l'action conférée aux procureurs généraux par l'art. 45 de la loi du 20 avr. 1810 sur les officiers ministériels de leur ressort, se rapporte seulement à la surveillance et à l'action disciplinaire (*Rép.* v° *Discipline judiciaire*, n° 267-2°). Mais, ledit jugement ayant été cassé pour vice de forme (Civ. cass. 29 déc. 1886, même affaire, D. P. 89. 1. 338), le tribunal de Vannes, saisi du débat, s'est prononcé dans le sens de l'affirmative par jugement du 26 janv. 1888, D. P. 89. 3. 103. — Cette dernière décision paraît fondée, le visa des magistrats du ministère public tendant au même but que le contrôle attribué par l'art. 51 et 52 de la loi du 22 frim. an 7 aux agents de l'enregistrement (*Ibid.* note).

3049. Une instruction de l'Administration rappelle aux agents de l'enregistrement qu'ils doivent surveiller avec une attentive vigilance les répertoires des officiers publics et ministériels, spécialement se faire représenter ceux des huissiers le surlendemain des principales échéances commerciales, et y apposer un visa daté (Instr. adm. enreg. 14 mars 1884, n° 2693, D. P. 84. 3. 78). — Le droit, pour les agents de l'enregistrement d'apposer un visa daté sur les répertoires à la suite de chaque communication, comme le leur prescrit cette instruction, a été contesté; mais il a été reconnu par un jugement du tribunal de Pamiers (*Ibid.*,note).

Sect. 3. — Communications (*Rép.* nos 5322 à 5339).

3050. Le droit de communication conféré à l'administration de l'enregistrement et qui s'appliquait seulement, à l'origine, aux dépôts publics ainsi qu'aux répertoires et actes des notaires et autres officiers ministériels (L. 22 frim. an 7, art. 54; *Rép.* n° 5324), aux registres et actes concernant les établissements publics (Décr. 4 mess. an 13, art. 1er, *Rép.* n° 30), aux entrepreneurs de roulage ou de messageries (*Rép.* v° *Commissionnaire*, n° 358), a été fortifié et étendu par une série de lois dont la plupart sont postérieures à la publication du *Répertoire* (V. *infrà*, nos 3062 et suiv.).

3051. Relativement aux *notaires*, des difficultés se sont élevées sur l'étendue du droit de communication. Il a toujours été admis que les employés de l'Administration ne peuvent prendre connaissance que des actes dont le notaire est dépositaire en vertu de ses fonctions, et que leur droit d'investigation ne s'étend pas aux actes personnels que le notaire détient à titre confidentiel et comme homme privé (Civ. rej. 14 août 1854, aff. Vanhoutte, D. P. 54. 1. 268). Mais la difficulté était de savoir si les actes sous seing privé qui se trouvent dans l'étude d'un notaire doivent être présumés, sauf preuve contraire, avoir été remis à celui-ci en sa qualité d'officier ministériel, et classés, par suite, avec les actes publics dans la première catégorie, ou s'il n'en est ainsi que lorsque leur existence a été constatée dans un acte de dépôt inscrit au répertoire. A l'origine, l'Administration obtint plusieurs décisions portant que les employés ont le droit de prendre connaissance de tous les actes qui se trouvent dans l'étude d'un notaire, attendu que ces actes sont censés lui avoir été remis en sa qualité d'officier public, à moins que la nature de l'acte ne s'oppose à sa divulgation, ou que des notes, mentions ou autres écrits n'indiquent le caractère confidentiel du dépôt (Trib. Rethel, 2 juill. 1858, Garnier, *Rép. pér. enreg.*, art. 102; Trib. Brioude, 7 févr. 1860, *Contrôleur de l'enregistrement*, art. 11728; Trib. Bar-le-duc, 10 août 1865, *Journ. enreg.*, art. 18160). Jugé, notamment, que le receveur de l'enregistrement a le droit de prendre communication chez un notaire de pièces sous seing privé composant le dossier d'un client, alors que rien ne peut faire attribuer au dossier, rangé parmi les autres dossiers de l'étude, le caractère d'un dépôt confidentiel et privé (Trib. Lille, 25 janv. 1864, aff. Melle et Dulac, D. P. 64. 3. 103). Nous avions nous-même incliné vers cette interprétation (D. P. 54. 1. 268), qui avait été admise aussi par M. Garnier, *Rép. gén. enreg.*, n° 3234.

3052. Cependant la plupart des cours d'appel s'étaient prononcées pour l'opinion contraire, d'après laquelle la circonstance que les actes sous seing privé se trouvent dans l'étude d'un notaire n'est pas une présomption suffisante que celui-ci s'en est rendu dépositaire à titre public; jusqu'à preuve contraire, le dépôt de ces actes, alors qu'il n'en est pas fait mention au répertoire, est réputé avoir un caractère confidentiel. Elles limitaient, par suite, le droit d'investigation de la Régie aux actes classés au rang des minutes et portés au répertoire (Douai, 29 déc. 1852, aff. Vanhoutte, D. P. 54. 2. 77; 16 déc. 1861, aff. Verleye, D. P. 63. 2.213; Toulouse, 11 mai 1864, aff. Rouanet, D. P. 64. 2. 150; Metz, 27 mai 1864, aff. Hennequin, D. P. 64. 2. 149. Conf. Trib. Mâcon, 11 févr. 1862, aff. Gautheron, D. P. 63. 3. 86).

3053. La cour de cassation avait décidé seulement que la Régie peut exiger le payement des droits d'un acte sous seing privé portant transmission d'immeuble, découvert dans l'étude d'un notaire, et dont l'existence a été constatée dans un inventaire dressé par l'autorité judiciaire avec l'intervention d'un employé de l'enregistrement (Civ. cass. 11 avr. 1854, aff. Robin, D. P. 54. 1. 192), mais cette décision ne touchait que très indirectement au point litigieux. Saisie enfin de la question à la suite du pourvoi formé par l'Administration contre l'arrêt de la cour de Metz, la cour suprême rejeta le pourvoi et fixa définitivement la jurisprudence en déclarant que le droit de vérification, limité par la loi aux actes publics, reçus ou conservés par les fonctionnaires chargés de les dresser ou d'en garder le dépôt en cette qualité, ne saurait s'exercer que sur les actes et contrats énumérés dans l'art. 1er de la loi du 25 vent. an 11, et qui composent les archives publiques dont ils ont le dépôt; que les art. 42 et 43 de la loi du 22 frim. an 7 ne parlent de certains actes sous seing privé qui pourraient se trouver entre les mains du notaire, en sa qualité d'officier public, qu'à raison de la relation intime de ces actes avec les actes publics avec lesquels ils s'identifient en vue des contraventions dont la preuve ressortirait des vérifications auxquelles seuls ils sont assujettis; que ces vérifications ainsi limitées suffisent pleinement à la Régie pour l'accomplissement de sa double mission; qu'en dehors de leurs fonctions les notaires ne sont plus, vis-à-vis des parties, que de simples conseils; qu'ils ne sont pas obligés, à ce titre, de communiquer les papiers ou actes sous seing privé qu'ils tiennent de la confiance des parties (Civ. rej. 5 nov. 1866, aff. Hennequin, D. P. 66. 1. 433).

3054. Il résulte de l'arrêt du 5 nov. 1866, cité *suprà*, n° 3053, que le droit de communication ne peut s'exercer que sur les actes sous seing privé qui ont été annexés aux minutes ou ont fait l'objet d'un acte de dépôt; les autres échappent aux investigations de la Régie. Mais la cour de cassation ayant reconnu aux employés de l'enregistrement le droit de prendre connaissance de tous

les actes publics sans exception, l'Administration en a conclu que ce droit s'étendait même aux actes publics imparfaits, alors même qu'ils n'auraient pas été portés au répertoire. Elle a, en outre, interprété l'arrêt comme .ne lui enlevant pas le droit, que la jurisprudence lui reconnaissait auparavant, de réclamer les droits dus sur les actes sous seing privé translatifs de biens immeubles, lorsque ces actes sont découverts dans les études de notaire, lors des vérifications prescrites par la loi, ou qu'ils sont mentionnés ou décrits dans les inventaires faits après décès ou disparition, ou enfin qu'ils sont communiqués, sous l'autorité du juge, aux préposés qui assistent à ces inventaires. C'est ce qui se trouve expliqué dans une lettre commune, dont les auteurs du *Dictionnaire des droits d'enregistrement* ont reproduit les termes (v° *Communication*, n° 34), et par laquelle l'Administration notifia aux directeurs l'arrêt du 5 nov. 1866, cité *suprà*, n° 3053.

3055. Une conséquence de la théorie qui a prévalu, c'est que le représentant de la Régie n'a le droit d'assister, après le décès d'un notaire, qu'à la levée des scellés et à l'inventaire des minutes, répertoires, grosses et expéditions des actes dressés par ce notaire qui se trouvent dans son étude; il n'est pas fondé à s'immiscer dans l'examen de tous autres papiers qui peuvent se trouver dans le cabinet dudit notaire. Le triage des papiers qui se trouvent dans l'étude doit avoir lieu entre le notaire commis et les héritiers du décédé. La même prohibition s'applique au cas où il s'agit d'un notaire en fuite (Arrêts des 29 déc. 1852, 16 déc. 1861, et 11 mai 1864, cités *suprà*, n° 3052). Jugé de même que les actes sous seing privé destinés à être déposés, dont l'existence n'aurait pas été constatée dans un acte authentique de dépôt, doivent, après la levée des scellés, être portés sur l'inventaire, et ensuite déposés entre les mains du notaire commis à la garde des minutes, pour recevoir les formalités qui doivent les compléter, ou pour être rendus aux parties (Metz, 27 mai 1864, cité *suprà*, n° 3052).

3056. La cour d'Angers a confirmé récemment ces règles en déterminant avec plus de précision encore l'étendue des droits de l'Administration. Les préposés de l'enregistrement ne peuvent, aux termes de cet arrêt, faire aucune perquisition dans les études des notaires; des recherches ne leur sont permises que dans les répertoires et papiers qui leur sont communiqués par le notaire lui-même; la nomination d'un notaire étranger comme dépositaire des minutes, toutes les fois qu'une circonstance quelconque donne lieu à cette nomination, ne peut avoir pour effet d'étendre les droits de l'Administration; aucun texte de loi n'autorise ses préposés à exiger, dans ce cas, qu'il soit procédé en leur présence à la levée des scellés, à l'examen, à la constatation, au récolement ou à l'inventaire des papiers trouvés dans l'étude ou ses dépendances; mais ils peuvent se présenter en l'étude du notaire absent ou décédé, au jour où il doit être procédé à ces opérations, et réclamer à ce moment les communications auxquelles ils ont droit (Angers, 13 juill. 1880, aff. Trochon, D. P.81.5.167).— Il a été jugé que les actes sous seing privé qui échappent à la communication ne sont pas seulement ceux qui portent avec eux la preuve que leur dépôt a eu lieu à titre confidentiel; en d'autres termes, il n'est pas nécessaire que cette preuve résulte soit des annotations jointes à ces actes, soit de leur insertion dans une enveloppe ou de tout autre signe matériel; le signe confidentiel de la remise d'un acte au notaire peut résulter non seulement de ces indices matériels, mais, en leur absence, des intentions exprimées par les parties, lorsqu'elles en ont opéré la remise, comme peuvent le constater leurs déclarations, celles du notaire ou tous autres documents précis. Aucun droit de perquisition n'est accordé aux préposés de l'enregistrement qui n'ont qu'un droit de recherche dans les répertoires, actes et papiers qui leur sont communiqués, et encore après que la communication a été opérée par le notaire lui-même; c'est à celui-ci qu'il appartient de faire, d'après sa conscience et sauf répression en cas de dissimulation, la distinction entre les actes qu'il doit regarder comme confidentiels et ceux qu'il est tenu de communiquer, même dans l'absence d'un acte du dépôt qui aurait dû être dressé d'après les intentions des parties. Et la nomination d'un notaire étranger comme dépositaire des minutes d'un autre notaire ne peut avoir pour effet d'étendre les droits de l'administration de l'enregistrement, et de modifier la situation des parties relativement à la nature de leurs dépôts et aux nécessités du secret qui en résultent (Rennes, 12 mars 1866) (1).

3057. Si les employés de l'enregistrement n'ont pas le droit d'exiger la représentation des actes sous seing privé qui se trouvent dans l'étude d'un notaire, à l'exception de ceux qui ont été régulièrement déposés ou annexés à des minutes, à plus forte raison ne peuvent-ils pas prendre connaissance des pièces de comptabilité et autres documents qui peuvent se trouver dans cette étude et dont la communication est ordonnée, comme on le verra *infrà*, nos 3069 et 3072 et suiv., par l'art. 22 de la loi du 23 août 1871, en ce qui concerne les sociétés.

3058. Ajoutons que le droit conféré aux agents de la Régie, de requérir la communication des actes dont les notaires et autres officiers ministériels sont dépositaires, ne peut être exercé pour un autre objet, spécialement dans un intérêt domanial. Ce droit de communication constitue, en effet, une exception; il doit, par suite, être restreint dans son exercice au cas expressément prévu par la loi; or, d'après l'art. 54 de la loi de frimaire, il n'est établi que pour assurer le recouvrement des impôts dont la perception est confiée aux agents de l'enregistrement. Tous les textes postérieurs qui ont étendu ce droit portent, de même, qu'il n'est conféré aux employés de la Régie que pour « qu'ils s'assurent de l'exécution des lois sur l'enregistrement et le timbre » (L. 23 août 1871, art. 22 ; 21 juin 1875, art. 7). Dans tout autre cas, l'Administration, pour un autre objet spécialement, doit employer la procédure du compulsoire pour obtenir des notaires et autres dépositaires les communications dont elle peut avoir besoin (Décis. min. fin. 18 sept. 1883, D. P. 84. 3. 102).

3059. Les officiers ministériels ne sont pas seuls soumis à l'exercice du droit de communication. Le décret du 4 mess. an 13 oblige tous les *dépositaires de registres, minutes et actes concernant l'administration des établissements publics* à communiquer, à toute réquisition, aux agents de la Régie leurs registres et minutes d'actes à l'effet, par lesdits préposés, de s'assurer de l'exécution des lois sur le timbre et sur l'enregistrement. Bien que le décret mentionne expressément les fabriques des églises parmi les établissements assujettis à ce contrôle, une décision du ministre des finances du 16 sept. 1858 avait suspendu la vérification à l'égard des fabriques et des séminaires; mais une autre décision du 8 oct. 1879 a prescrit aux agents de l'enregistrement d'appliquer la loi sans distinction (Conf. Décis. min. fin. 22 août 1882, D. P. 84. 3. 55).

3060. Des difficultés s'étaient élevées, d'autre part, sur le point de savoir si l'on doit comprendre au nombre des établissements publics visés par le décret de messidor les *congrégations religieuses autorisées.* Le ministre des finances s'était prononcé pour l'affirmative et avait déclaré même qu'il y avait lieu de leur appliquer ainsi qu'*à* tous les établissements publics ecclésiastiques, les dispositions des lois du 23 août 1871 et du 21 juin 1875, qui étendent considérablement, comme on l'expliquera *infrà*, no 3073, l'exercice du droit de communication (Décis. min. fin. 22 août 1882, citée *suprà*, no 3059). En exécution de cette décision, l'Administration transmit à ses agents les règles suivantes : « Le

droit d'investigation conféré à l'administration de l'enregistrement, afin d'assurer, au moyen d'un contrôle efficace, le recouvrement des impôts dont la perception lui est confiée, s'applique aux fabriques, aux séminaires, ainsi qu'aux congrégations religieuses et à tous les établissements publics ecclésiastiques et religieux reconnus. Les agents de l'Administration peuvent donc, dans l'intérêt de la perception et du contrôle, examiner tant au siège que dans les succursales de ces établissements, non seulement les registres et minutes d'actes, mais tous les titres, pièces de recette, de dépense et de comptabilité » (Instr. adm. enreg. 25 sept. 1882, no 2671, D. P. 84. 3. 55).

Les congrégations religieuses ayant résisté à l'interprétation du ministre, la loi de finances du 29 déc. 1884 (art. 9), trancha la question et déclara formellement assujetties aux vérifications autorisées par l'art. 7 de la loi du 21 juin 1875 toutes les congrégations, communautés et associations religieuses autorisées et même non autorisées.

Jugé que la loi du 29 déc. 1884 (art. 9, § 3), assujettissant en termes généraux et absolus les congrégations, communautés et associations religieuses autorisées ou non autorisées, à communiquer aux agents de l'enregistrement, afin qu'ils s'assurent de l'exécution des lois sur le timbre et l'enregistrement, leurs livres, registres, titres, pièces de recette et de comptabilité, lesdits agents peuvent, sans porter atteinte au principe de la non-rétroactivité des lois, exiger la communication de documents antérieurs à la mise à exécution de la loi, sans distinction entre ceux soumis à l'impôt du timbre et ceux qui n'y sont pas assujettis; et l'existence des documents dont la communication est demandée peut être prouvée à l'aide de simples présomptions (Req. 14 mai 1889, aff. Dames Bernardines, D. P. 90. 1. 315). — Il a été jugé aussi que l'Administration peut user du droit de communication, sans rétroactivité, pour établir la réalisation des crédits et réclamer le droit proportionnel exigible par ce fait lors même que la réalisation s'est opérée avant la loi du 21 juin 1875 (Trib. Seine, 2 mars 1877, et sur pourvoi, Req. 13 nov. 1877, aff. Crédit agricole et Mahieu, D. P. 78. 1. 104).

3061. Il a été décidé, au contraire, que le droit que l'art. 54 de la loi du 22 frim. an 7 et le décret du 4 mess. an 13 accordent à l'Administration de l'enregistrement de prendre communication des registres, titres et pièces se trouvant dans les dépôts publics, et dans les établissements publics ne peut être exercé ni dans les *caisses d'épargne ordinaires*, ni même dans les *caisses d'épargne postales.* La solution ne pouvait faire doute pour les caisses d'épargne ordinaires, qui ont toujours été considérées par la jurisprudence comme de simples établissements privés; et il résulte, en effet, d'une décision du ministre des finances du 24 mars 1855, citée par M. Wallet, *Traité des caisses d'épargne*, p. 159, que les préposés de l'enregistrement n'ont pas le droit de demander communication des pièces et documents qui se trouvent dans les caisses d'épargne, attendu que celles-ci sont des institutions privées. Mais on pouvait hésiter pour les caisses d'épargne postales, lesquelles sont de véritables établissements publics, ainsi que cela résulte de l'art. 1er de la loi du 9 avr. 1881, qui les institue et les qualifie de caisses publiques. On s'est

---

(1) (Enreg. C. Me Deroyer.) — La cour; — Considérant que l'administration de l'enregistrement en reconnaissant elle-même que certains actes sous seing privé translatifs de propriété ou d'usufruit, remis aux mains d'un notaire à titre confidentiel, ne doivent pas être communiqués à ses préposés, prétend que ceux de ces actes pouvant échapper à la communication sont seulement ceux qui portent avec eux la preuve que leur dépôt a eu lieu à titre confidentiel, cette preuve devant résulter exclusivement, selon elle, soit d'annotations jointes aux actes, soit de leur insertion dans une enveloppe, soit de tout autre signe matériel ; — Considérant que le signe confidentiel de la remise d'un acte aux mains d'un notaire peut résulter non seulement de ces indices matériels, mais, en leur absence, des intentions exprimées par les parties lorsqu'elles ont opéré la remise, comme peuvent le constater leurs déclarations, celles du notaire ou tous autres documents précis; — Considérant qu'aucun droit de perquisition n'étant accordé aux préposés de l'enregistrement, mais seulement un droit de recherche dans les répertoires, actes et papiers qui leur sont communiqués, et encore après que la communication aura été opérée par le notaire lui-même, il appartient à celui-ci d'après sa conscience, et sauf répression si la preuve de dissimulations indues vient à se révéler, de faire la distinction entre les actes qu'il doit regarder comme confidentiels et ceux qu'il est

tenu de communiquer, lorsque, même en l'absence d'un acte de dépôt, il était dans les intentions des parties de faire constater ce dépôt; — Considérant que la nomination d'un notaire étranger comme dépositaire des minutes d'un notaire, toutes les fois qu'une circonstance quelconque donne lieu à cette nomination, ne peut avoir pour effet d'étendre les droits de l'administration de l'enregistrement et de modifier la situation des parties relativement à la nature de leurs dépôts et aux nécessités du secret qui en résultent;

Par ces motifs, confirme le jugement dont est appel, en ce qu'il ordonne à Me Deroyer de communiquer aux préposés de l'enregistrement les minutes, répertoires, grosses ou expéditions existant dans l'étude de l'ex-notaire V..., ainsi que les actes ou titres sous seing privés dont la remise aux mains de cet ex-notaire serait constatée par un acte de dépôt authentique ; dit que Me Deroyer communiquera ceux de ces derniers actes qui, dans l'intention formelle des parties, auraient dû donner lieu à un acte authentique de dépôt sur V... aurait négligé la rédaction ; dit toutefois que ces préposés n'auront le droit de faire aucune perquisition au sujet des actes quelconques dont la communication ne leur serait pas faite par Me Deroyer dans les conditions ci-dessus, etc.

Du 12 mars 1866.-C. de Rennes.

appuyé sur ce qu'elles représentent aussi un service public de l'État géré par l'Administration des postes; or il est de règle qu'en dehors des cas expressément prévus par une loi ou par une décision ministérielle, le droit de communication dans les bureaux d'un service public ne s'exerce pas librement par les agents d'un autre service, et aucune disposition de loi ni aucune décision ministérielle n'autorise l'administration de l'enregistrement à exercer son droit de communication dans les caisses d'épargne postales (Sol. adm. enreg. 18 nov. 1882, D. P. 85. 5. 210).

3062. Comme on l'a dit *suprà*, n° 3050, une série de lois, dont la plupart sont postérieures à la publication du *Répertoire*, a étendu l'exercice du droit de communication. Nous avions déjà mentionné les prescriptions contenues dans la loi du 5 juin 1850, relativement au droit de communication de la Régie (*Rép.* n° 6074). Aux termes des art. 16 et 28 de cette loi, les dépositaires des *registres à souche* d'où sont tirés les titres d'*obligations* sont obligés de les communiquer aux employés de l'enregistrement, selon le mode établi par l'art. 54 de la loi du 22 frim. an 7, et sous les peines y énoncées.

3063. En vertu de l'art. 35 de la loi du 5 juin 1850, les préposés de l'enregistrement peuvent exiger, au siège de l'établissement des *sociétés* et *compagnies d'assurances* et de *tous autres assureurs*, la représentation : 1° des polices en cours d'exécution ou renouvelées par tacite reconvention depuis au moins six mois ; 2° de celles expirées depuis moins de deux mois. L'art. 44 ajoute que, toutes les fois que les préposés de l'enregistrement le requièrent, la représentation des polices d'assurances maritimes peut être exigée au moment du visa du répertoire des compagnies d'assurances. Il en est de même (art. 45) pour les assurances maritimes faites par des particuliers.

3064. Enfin, aux termes de l'art. 47, le livre que les courtiers doivent tenir, conformément à l'art. 84 c. com., et le registre particulier sur lequel les notaires doivent transcrire les polices des assurances faites par leur ministère doivent être soumis au visa des préposés toutes les fois que ceux-ci le demandent.

3065. L'art. 9 du décret du 17 juill. 1857 (D. P. 57. 4. 111), portant règlement pour l'exécution de la loi du 23 juin 1857, qui établit un droit de transmission sur les actions et obligations des sociétés, compagnies et entreprises françaises et étrangères, renferme les prescriptions suivantes : « Les dépositaires des registres à souche des registres de transferts et conversions de titres de sociétés, compagnies et entreprises, seront tenus de les communiquer, sans déplacement, ainsi que toutes les pièces et documents relatifs auxdits transferts et conversions, aux préposés de l'enregistrement, à toute réquisition, et de leur laisser prendre, sans frais, les renseignements, extraits et copies qui seront nécessaires dans l'intérêt du Trésor public, à peine de l'amende prononcée par l'art. 10 de la loi du 23 juin 1857 (100 fr. à 5000 fr.) pour chaque refus. Le refus de la société ou de ses agents sera établi, jusqu'à l'inscription de faux, par le procès-verbal des préposés, affirmé dans les vingt-quatre heures ».

On remarquera que le procès-verbal constatant le *refus de communication* est dressé sans l'intervention de l'autorité municipale.

3066. La loi du 28 mai 1858 (art. 13, § 4, D. P. 58. 4. 69) porte que, les dépositaires des registres des *magasins généraux* sont tenus de les communiquer aux préposés de l'enregistrement, selon le mode prescrit par l'art. 54 de la loi du 22 frim. an 7, et sous les peines y énoncées.

3067. La même obligation a été imposée aux *compagnies de chemins de fer*, relativement au registre à souche des récépissés que ces compagnies sont tenues de délivrer aux expéditeurs, lorsque ces derniers ne demandent pas de lettre de voiture, ainsi qu'aux autres registres mentionnés dans l'art. 50 de l'ordonnance du 15 nov. 1846 (L. 13 mai 1863, art. 10, D. P. 63. 4. 54; Instr. adm. enreg. 9 juin 1863, n° 2250 ; 18 juin 1863, n° 2252).

3068. Le droit de communication accordé à la Régie par les dispositions ci-dessus a encore été étendu par l'art. 22 de la loi du 23 août 1871, aux termes duquel, « les sociétés, assureurs, entrepreneurs de transports et tous autres assujettis aux vérifications des agents de l'enregistrement par les lois en vigueur, sont tenus de représenter auxdits agents leurs livres, registres, titres, pièces de recette, de dépense et de compta-

bilité, afin qu'ils s'assurent de l'*exécution des lois sur le timbre* », sous peine d'une amende .de 100 fr. à 1000 fr. (Instr. adm. enreg. 25 août 1871, n° 2413, § 7, D. P. 71.3. 52).

3069. Le décret du 25 nov. 1871 portant règlement d'administration publique pour la perception de la taxe établie par la loi du 23 août 1871 (art. 6 et suiv.) sur les contrats d'assurances maritimes ou contre l'incendie, impose aussi par son art. 8, aux sociétés, compagnies et assureurs, l'obligation de représenter, à toute réquisition, aux agents de l'enregistrement, tous les livres, registres, polices, avenants et autres documents, quelle que soit leur date (D. P. 71. 4. 74 ; Instr. adm. enreg. 2 déc. 1871, n° 2425).

3070. De même, en établissant des mesures spéciales afin d'assurer la perception du droit de timbre des récépissés de chemins de fer et des lettres de voiture pour chaque transport distinctement, lors même que des colis ou paquets envoyés à des destinataires différents sont réunis en une ou plusieurs expéditions, la loi du 30 mars 1872 a imposé, par son art. 2, aux entrepreneurs de messageries et aux autres intermédiaires de transports, l'obligation de représenter, à toute réquisition, aux agents de l'enregistrement, leurs livres ou registres de factage ou de camionnage (D. P. 72. 4. 77; Instr. adm. enreg. 4 avr. 1872, n° 2441).

3071. Enfin, aux termes de l'art. 7 de la loi du 21 juin 1875 (D. P. 75. 4. 107), les sociétés, compagnies d'assurances, assureurs contre l'incendie ou sur la vie, et tous autres assujettis aux vérifications de l'Administration, sont tenus de communiquer aux agents de l'enregistrement, tant au siège social que dans les succursales et agences, les polices et autres documents énumérés dans l'art. 22 de la loi du 23 août 1871, afin que ces agents s'assurent de l'exécution des lois sur l'enregistrement et le timbre. Tout refus de communication doit être constaté par procès-verbal et puni de l'amende spécifiée en l'art. 22 de la loi du 23 août 1871.

3072. Le droit de communication a été étendu par la loi du 23 août 1871 afin que les agents de l'enregistrement « s'assurent de l'exécution des *lois sur le timbre* » (*suprà*, n° 306) et par la loi du 21 juin 1875 afin qu'ils se « assurent de l'exécution des *lois sur l'enregistrement et le timbre* » (*suprà*, n° 307). La question s'est élevée de savoir si, sous l'empire de la loi de 1871, les agents de l'enregistrement pouvaient user du droit de communication qui leur a été accordé par cette loi, pour faire des recherches et des vérifications relatives à l'exécution des lois sur l'*enregistrement*. La cour de cassation s'est prononcée implicitement pour l'affirmative. Elle a décidé qu'avant, comme depuis la loi du 21 juin 1875, une compagnie d'assurances n'a pu refuser la communication qui lui était demandée par les agents de l'enregistrement pour s'assurer de l'exécution des lois sur l'enregistrement (Civ. rej. 30 déc. 1879, Sol. implic. aff. Laune, D. P. 80. 1. 73).

3073. En ce qui concerne l'*étendue du droit de communication*, les lois des 23 août 1871 (art. 22) et 21 juin 1875 (art. 7), qui ont attribué aux agents de l'enregistrement le droit de prendre communication des livres, registres, titres et pièces de comptabilité chez les sociétés, compagnies d'assurances, assureurs contre l'incendie ou sur la vie, et tous autres assujettis aux vérifications desdits agents, sont conçues en termes généraux et absolus. La cour de cassation l'a toujours reconnu (Req. 23 avr. 1877, aff. Crédit agricole, et aff. Boucher, D. P. 77. 1. 294-296 ; 7 janv. 1878, aff. Caisse générale de l'industrie et du bâtiment, et aff. Crédit lyonnais, D. P. 78. 1. 203). Très peu de temps après la mise à exécution de la loi de 1875, la cour « était frappée déjà des inconvénients que peut entraîner cet exercice illimité auquel les sociétés sont ainsi soumises » (V. les observations de M. le conseiller Reverchon, sur lesquels les deux arrêts précités du 23 avr. 1877 ont été rendus, *loc. cit.*, et la note). Mais, conformément au principe, exprimé dans un de ses arrêts, que « lorsque le texte de la loi est général et absolu, son application doit avoir le même caractère » (Req. 4 janv. 1865, aff. Talabot, D. P. 65. 1. 298), la cour a interprété rigoureusement les dispositions précitées des lois de 1871 et de 1875. Suivant ses décisions relatives aux pièces dont la communication peut être requise par l'administration de l'enregistrement, il incombe à ses agents de prouver l'existence de l'acte dont ils demandent la représentation ; mais, conformément au principe que la Régie a le droit d'user de tous les modes de preuve admis par le droit commun, autres que la preuve testimoniale, pour établir l'existence de l'acte ou du fait donnant lieu à la perception de l'impôt, il a été reconnu qu'elle. pouvait faire cette preuve même à l'aide de simples présomptions. Jugé, en particulier, que l'Administration peut établir, à l'aide de présomptions tirées des statuts d'une compagnie d'assurances, ainsi que d'une police d'assurance et de faits déclarés constants, que des procès-verbaux ou états estimatifs, dont ses agents avaient demandé la communication sans pouvoir l'obtenir de la compagnie d'assurances, existaient et n'avaient pu être détruits, alors que leur anéantissement aurait eu pour résultat de rendre la police non encore expirée insuffisante et sans effet utile (Civ. rej. 29 déc. 1879, aff. Lanne, D. P. 80. 1. 73; 30 déc. 1879, aff. Lemesle et Lanne, *ibid.*). La cour a reconnu que, dans cet état de choses, l'existence des pièces devait être considérée comme juridiquement prouvée; que, dès lors, l'Administration avait le droit d'en exiger la représentation, et que c'était à la compagnie d'assurances à faire, à son tour, pour échapper à l'obligation d'effectuer la communication prescrite par la loi, la preuve de la destruction desdites pièces. Dans l'espèce du second arrêt, l'Administration prouvait l'existence des pièces dont communication avait été vainement requise par des présomptions tirées de la qualité de l'agent de la compagnie d'assurances qui avait refusé cette communication, lequel était directeur d'une succursale, de la nature des pouvoirs dont il était investi et de ce fait que ces pouvoirs impliquaient nécessairement l'existence dans ses mains et au siège de la succursale des pièces litigieuses. Il a encore été admis par la cour de cassation que cette existence se trouvait ainsi juridiquement démontrée; que c'était, dès lors, à l'agent de la compagnie à prouver qu'aucune des pièces réclamées ne se trouvait en sa possession, et qu'à défaut par lui de fournir cette preuve, il était passible de l'amende édictée pour refus de communication. — Jugé, de même, que l'allégation par une société, en réponse à la réquisition d'un agent de l'enregistrement de lui communiquer les pouvoirs donnés par les actionnaires à l'effet d'être représentés aux assemblées générales, que ces pièces ne sont plus en sa possession, doit être considérée comme un refus passible de l'amende, alors que l'existence des pouvoirs est démontrée par une disposition des statuts, prescrivant de les déposer au siège de la société, par la feuille de présence de l'assemblée générale qui en constate l'existence matérielle, et par l'intérêt de la société à les conserver pour établir la validité de l'assemblée (Req. 18 mars 1889, aff. Compagnie française des chocolats et thés, D. P.90.1.39). Décidé encore qu'il y a refus de communication de la part de l'entrepreneur de transports qui déclare, sur la demande d'un employé de l'enregistrement de lui représenter le registre sur lequel les destinataires donnent reçu des objets transportés, qu'il n'a pas en sa possession ce document, attendu que cette allégation est inadmissible, et qu'il est indispensable que, pour constater la remise aux destinataires des colis qu'il transporte, l'entrepreneur ait un registre sur lequel ceux-ci donnent leur accusé de réception (Trib. Lille, 11 déc. 1885, aff. Lespagnol, D. P. 87. 5. 195).

3074. La communication est obligatoire pour les actes et documents non assujettis à l'impôt, aussi bien que pour ceux qui y sont soumis (Req. 23 avr. 1877 et Civ. rej. 30 déc. 1879, cités *suprà*, n° 3073; Req. 22 mars 1887, aff. Congar, D. P. 88 1. 32);... sans limitation aux livres de l'exercice courant (Même arrêt du 23 avr. 1877);.., sans distinction entre les pièces essentielles de la comptabilité et les écritures accessoires qui peuvent être considérées comme d'ordre et d'administration intérieure (Req. 7 janv. 1878, cité *suprà*, n° 3073);... spécialement pour tous documents utiles à consulter en vue de la constatation de la réalisation de crédits, registres des dépôts de titres, livres de bons à échéances, comptes courants des chèques (Req. 7 janv. 1878, 22 mars 1887 précités), lors même qu'il s'agit de documents portant des dates antérieures à la mise à exécution de la loi du 21 juin 1875 (Req. 14 mai 1889, cité *suprà*, n° 3060).

Jugé même que l'Administration peut, sans porter atteinte au principe de la non-rétroactivité des lois, user de son droit de communication pour établir la réalisation de crédits et réclamer le droit proportionnel devenu exigible par ce fait,

lors même que la réalisation s'est opérée avant la loi du 21 juin 1875 (Trib. Seine, 2 mars 1877, aff. Crédit agricole, et Mahieu, D. P. 77.3. 94 et, sur pourvoi, Req. 13 nov. 1877, D. P. 78. 1. 104; Req. 13 nov. 1877, aff. Crédit foncier, *ibid.*).

D'autre part, aux termes de l'arrêt précité du 22 mars 1887, les sociétés ne peuvent invoquer le *secret professionnel* pour résister à une demande de communication, et c'est parce qu'elles ne peuvent pas opposer cette fin de non-recevoir, qu'elles sont assujetties à représenter aussi bien les comptes courants se rattachant à une ouverture de crédit que ceux qui ne s'y rattachent pas. Cette solution prouve plus qu'aucune autre le caractère absolu que la jurisprudence attribue aux dispositions qui règlent dans les lois de 1871 et de 1875 l'exercice du droit de communication. Il est exact de dire, en présence de cette jurisprudence, que, comme le déclarait M. le conseiller Reverchon dans ses observations rappelées *suprà*, n° 3073, le droit de communication conféré à l'administration de l'Enregistrement est « illimité ».

3075. La communication est encore obligatoire, en ce qui concerne ... le procès-verbal d'estimation d'objets assurés (Civ. rej. 29 déc. 1879, cité *suprà*, n° 3073; ... une proposition d'assurance sur la vie, signée, ce document offrant tous les caractères d'un acte susceptible de faire titre et soumis à l'impôt (Req. 2 juill. 1883, aff. Compagnie d'assurances *la Nationale*, D. P. 84. 1. 243). Mais les auteurs du *Dictionnaire des droits d'enregistrement*, v° *Communication*, n° 78, estiment que le registre des délibérations du conseil d'administration n'est pas du nombre des documents dont l'art. 22 de la loi du 23 août 1871 autorise les agents à demander communication, attendu que ce registre est exempt du timbre, n'a que des rapports très éloignés avec la comptabilité des sociétés et, enfin, offre un caractère particulièrement confidentiel.

3076. La loi impose aux sociétés et à tous ceux qui sont assujettis au droit de communication un rôle actif. Jugé que les sociétés assujetties aux vérifications de l'enregistrement par les lois du 23 août 1871 et 21 juin 1875 sont tenues de remettre aux agents de l'Administration venant exercer les pièces et titres qu'elles détiennent et qui leur sont spécialement désignés pour être vérifiés. Elles ne sauraient se borner à mettre, d'une manière générale, leurs archives et l'ensemble de leurs documents à la disposition desdits agents, afin que ceux-ci y fassent leurs recherches; et si elles refusent de sortir de ce rôle passif en présence de demandes précisées dans leur objet, elles encourent les peines édictées pour le refus de communication (Req. 4 mai 1885, aff. Crédit lyonnais, D. P. 85. 1. 324). Comme nous l'avons dit dans la note jointe à cet arrêt, il est certain, en effet, qu'une société ne communique pas, au sens usuel et au sens légal, lorsque, pour répondre à la demande d'une pièce déterminée faite par un agent, elle se borne à l'autoriser à la chercher au milieu d'un ensemble de registres et de documents, en se désintéressant elle-même de toute recherche. Si le droit de communication devait être entendu autrement, le but de la loi, la vérification efficace, deviendrait très fréquemment impossible.

3077. L'arrêt du 30 déc. 1879, cité *suprà*, n° 3073, après avoir reconnu que l'Administration peut exercer son droit d'investigation sur les différents documents énumérés dans l'art. 22 de la loi du 23 août 1871, aussi bien pour la perception du droit d'enregistrement que pour la perception du droit de timbre, tranche une question controversée, celle de savoir si les recherches des agents du fisc peuvent s'exercer non seulement au siège social des compagnies, mais encore dans leurs agences et succursales. Deux jugements, l'un du tribunal de Saint-Lô du 22 mai 1874, l'autre du tribunal de Saint-Etienne, du 8 oct. 1873, analysés D. P. 74. 5. 483, se sont prononcés pour la négative. Cette solution nous paraît fondée. L'art. 22 de la loi du 1871 se borne à spécifier les pièces dont les agents de la Régie peuvent exiger la communication; il ne s'explique pas sur le lieu où la communication est obligatoire; il laisse, par suite, subsister les dispositions législatives relatives à cet objet. Or, d'après les lois du 22 frim. an 7 et du 5 juin 1850, la communication ne peut être demandée qu'au *siège social*. Il faut remarquer, d'ailleurs, que les directeurs de succursales en province ne font que recevoir les projets de contrat qu'ils transmettent au siège social avec toutes les pièces nécessaires pour régulariser l'opération; ces pièces restent au siège social où elles sont inscrites sur des registres que l'Administration peut vérifier. Enfin le rapporteur de la loi de 1871 s'est exprimé dans des termes qui paraissent affranchir les succursales du droit de communication : « Les agents, a-t-il dit, auront le droit d'exiger la représentation des pièces de comptabilité déposées *au siège* des grandes compagnies, telles que les grandes compagnies de chemins de fer, d'assurances, de transports et de navigation. » Néanmoins, le tribunal du Havre a jugé que les compagnies d'assurances sont tenues de communiquer aux représentants de l'administration de l'enregistrement les documents soumis au droit de communication, tant au siège social que dans les succursales du Havre, et la cour de cassation a confirmé ce jugement (Trib. Havre, 29 août 1877, et sur pourvoi, Civ. rej. 30 déc. 1879, cités *suprà*, n° 3073).

Notons enfin que le procès-verbal constatant le refus d'une société de communiquer à un agent de l'enregistrement les pièces soumises à sa vérification par les lois des 23 août 1871 (art. 22) et 21 juin 1875 (art. 7), n'est pas soumis à la formalité de l'affirmation devant le juge de paix et peut être dressé sans l'assistance d'un officier municipal (Trib. Seine, 1er août 1884, aff. Banque de l'Entreprise, D. P. 86. 5. 195). Les motifs de cette décision sont en substance, relativement à l'affirmation, que si cette formalité est prescrite par le décret du 17 juill. 1837 concernant la perception du droit de transmission sur les actions et obligations des sociétés, pour les procès-verbaux constatant le refus de communication des registres à souche et des registres de transferts et de conversions de titres, cette prescription toute spéciale n'a pas été reproduite dans les lois de 1871 et 1875 dont l'objet est différent. Quant à l'assistance d'un officier municipal, le jugement porte qu'elle n'est exigée par les art. 52 et 54 de la loi du 22 frim. an 7 que pour les vérifications auxquelles sont assujettis certains officiers publics et dépositaires de titres publics.

CHAP. 10. — Des droits acquis et des prescriptions
(Rép. n°s 5340 à 5641).

Sect. 1re. — Quand il y a lieu a restitution des droits perçus
(Rép. n°s 5341 à 5435).

Art. 1er. — *Perception régulièrement faite* (*Rép.* n°s 5341 à 5419).

3078. On a vu *Rép.* n° 5341 que, d'après l'art. 60 de la loi du 22 frim. an 7, tout droit régulièrement perçu ne peut être restitué, quels que soient les événements ultérieurs, si ce n'est dans quelques cas prévus par des textes. Tous les auteurs aujourd'hui reconnaissent que ce principe ne repose sur aucune base juridique; on ne le défend plus qu'en invoquant l'intérêt de l'Etat, c'est-à-dire le besoin d'assurer la stabilité des revenus publics et d'éviter les troubles que des restitutions imprévues pourraient occasionner dans les services du budget ((V. Dissertation, D. P. 85. 1. 449, note). Ce dernier argument est lui-même insuffisant pour justifier une règle qui viole aussi bien la loi que l'équité; les auteurs du *Dictionnaire des droits d'enregistrement*, v° *Restitution*, n° 2, ont fait observer très justement qu'il suffirait, pour assurer la stabilité des revenus publics, de déduire chaque année du montant des droits d'enregistrement porté au budget une certaine somme, à peu près invariable, à raison des restitutions à opérer. Le principe subsiste, quoi qu'il en soit, et a continué de recevoir à un grand nombre d'applications.

3079. L'art. 60 ne prohibe que la restitution des droits *régulièrement perçus ;* par suite, la difficulté consiste, comme nous l'avons dit, à déterminer dans quels cas la perception est régulière. La cour de cassation a maintenu la définition que nous avons donnée des droits régulièrement perçus (*Rép.* n° 5385). On lit dans différents arrêts : « Une perception est régulièrement faite toutes les fois que le receveur a fait une exacte application du tarif et une juste application de la loi aux actes produits et aux déclarations des redevables » (Civ. cass. 7 avr. 1840, *Rép.* n° 5410; 12 févr. 1850, aff. Jubié, D. P. 50. 1. 184 ; Req. 10 juill. 1860, aff. Petit, D. P. 60. 1. 441 ; Civ. cass. 5 mai 1885, aff. Simon, D. P. 85. 1. 449; Civ. rej. 29 juin 1887, aff. Fornier, D. P. 88. 1. 270).

3080. On a vu *suprà*, n°s 124 et suiv., que le droit d'enregistrement applicable à un acte d'après la nature de la convention qu'il constate est exigible, alors même que cet acte

est *nul ;* qu'il n'y a aucune distinction à faire à cet égard entre les *nullités absolues* et les *nullités relatives* dont les actes peuvent être entachés ; que, comme le porte l'un des nombreux arrêts cités *ibid.* qui ont consacré cette doctrine, « la seule existence des actes suffit pour donner ouverture au droit d'enregistrement, encore bien qu'ils puissent être annulés pour un *vice absolu et d'ordre public* » (Req. 27 déc. 1876, *loc. cit*). La perception faite dans ce cas est donc régulière. Il s'ensuit que, d'après la prohibition de l'art. 60 de la loi de frimaire, elle ne peut être l'objet d'aucune restitution, quelle que soit la nullité absolue ou relative de la convention, quelles que soient les conséquences de cette nullité, alors même qu'elle est reconnue judiciairement et que la convention est anéantie. Cela résulte, comme on l'a établi *suprà*, n° 126, de la filiation historique de l'art. 60. La jurisprudence était déjà fixée en ce sens à l'époque de la publication du *Répertoire* (V. n°s 5344 et suiv.). Elle a été confirmée depuis lors par un grand nombre de décisions que nous allons rapporter.

3081. Ainsi il a été décidé : 1° que le droit perçu sur une *vente d'immeubles*, ultérieurement déclarée nulle comme ayant pour objet des biens qui, à l'époque où elle a eu lieu, se trouvaient frappés, par un créancier du vendeur, d'une *saisie transcrite*, conformément à l'art. 686 c. proc. civ., n'est point restituable, bien que cette nullité soit radicale (Civ. cass. 18 nov. 1863, aff. Rattier, D. P. 63. 1. 450 ; Instr. adm. enreg. 24 août 1864, n° 2288, § 6. Conf. Trib. La Châtre, 6 mai 1846, aff. Finet, D. P. 46. 4. 257) ;... lors même que, l'expropriation ayant suivi son cours, les immeubles ont été adjugés à celui-là même qui en avait été constitué acquéreur par la vente amiable annulée (Civ. cass. 15 déc. 1869, aff. Rostand, D. P. 70. 1. 366),... et que, à la suite d'une surenchère, une nouvelle adjudication les a fait passer sur la tête d'un tiers par lequel le droit de mutation a été payé une seconde fois (Trib. Clermont-Ferrand, 22 déc. 1886, aff. Gobert, D. P. 89. 3. 39); — 2° Que le droit proportionnel d'*obligation* perçu sur un écrit portant reconnaissance de dette, trouvé après la mort de son auteur dans les papiers du défunt, et soumis volontairement à l'enregistrement, ne devient pas restituable par l'événement ultérieur de l'*annulation* de l'écrit par jugement, quoique cette annulation ait été prononcée par le motif que l'obligation qui résultait de cet acte n'a jamais eu d'existence (Civ. cass. 28 avr. 1856, aff. Coste-Foron, D. P 56. 1. 212; Instr. adm. enreg. 4 août 1856, n° 2078, § 4); — 3° Que le droit de mutation perçu sur une vente d'immeubles dont le prix a été fixé par des arbitres, n'est pas restituable, quoique cette vente ait été annulée à raison du défaut de qualité de l'un des arbitres, et sur le motif, par exemple, que cet arbitre aurait été nommé en dehors des termes du compromis (Req. 14 mai 1846, aff. Tachet, D. P. 66. 1. 352). On rapprochera de cette espèce celle que nous avons rapportée (*Rép.* n° 5393); — 4° Que la nullité d'un *contrat de société* pour contravention à l'art. 23 de la loi du 24 juill. 1867, qui exige que dans toute société anonyme il y ait au moins sept associés, ne fait pas obstacle à la perception du droit de vente immobilière sur la disposition de ce contrat constatant un apport immobilier à charge par la société d'acquitter le passif grevant cet apport ; en conséquence, le droit étant acquis au Trésor, la somme versée de ce chef, lors de l'enregistrement de l'acte de société, a été perçue régulièrement et n'est pas dès lors restituable (Civ. cass. 14 déc. 1881, aff. Beert, D. P. 82. 1. 289); — 5° Que l'annulation des listes et bulletins de souscription d'adhérents à une société, à la suite de la modification des statuts par le conseil d'Etat, ne rend pas restituables les droits fixes perçus à l'enregistrement de ces listes et bulletins lors de leur dépôt chez un notaire (Sol. adm. enreg. 19 avr. 1881, D. P. 82. 5. 202). Les bulletins dont s'agit, considérés comme simples pièces d'ordre faisant partie de l'acte de société, ne supportent pas ordinairement d'autre impôt que le droit gradué applicable à l'ensemble du contrat ; mais il y avait ceci de particulier, dans l'espèce, que les engagements des souscripteurs, au lieu d'être constatés dans l'acte même de société, formaient chacun l'objet d'un écrit distinct déposé chez un notaire ; dès lors, le droit avait été régulièrement perçu sur chaque acte et ne devait pas être restitué, malgré l'annulation de la société.

3082. A plus forte raison, l'art. 60 régit-il les actes affectés d'une *nullité relative*. C'est ainsi que le droit proportionnel perçu sur la vente faite par un *mandataire*, après *révocation du mandat*, n'est pas sujet à restitution, si la résolution de cette vente a été prononcée, non par suite de la nullité qui frappe une vente faite par le mandataire sans pouvoir, mais par suite de défaut de payement du prix (Req. 14 mars 1849, aff. Pouget-Raynaud, D. P. 49. 5. 168). Il a été jugé, de même, que lorsqu'à la suite d'un jugement portant rescision d'une vente immobilière pour cause de lésion, le cessionnaire paye, afin de conserver les biens cédés, un supplément de prix représentant la lésion subie par le cédant, ce payement constitue un événement ultérieur qui ne rend pas restituable le droit proportionnel perçu à l'enregistrement du jugement (Req. 27 févr. 1872, aff. Jacques Durand, D. P. 72. 1. 84; Instr. adm. enreg. 28 mai 1873, n° 2447, § 3).

3083. Les droits perçus sur un acte de vente dont on a prononcé la nullité pour cause de *simulation* ne sont pas non plus restituables, alors même que l'acquéreur dont le titre a été simulé ne se serait pas mis en possession et que les immeubles objet de la vente auraient été expropriés plus tard sur les vendeurs eux-mêmes, sur les poursuites de leurs créanciers, sans protestation de la part de l'acquéreur (Trib. Seine, 25 juill. 1855; Trib. Toulouse, 27 mai 1859, *Journ. enreg.*, art. 16181 et 16975).

3084. Le principe de la non-restitution des droits perçus sur les actes nuls s'applique, d'ailleurs, aux *jugements* comme aux contrats; spécialement, les droits perçus sur un jugement par défaut ou susceptible d'appel ne sont pas restituables, lorsque ces jugements ont été réformés. Cette dernière règle ne comporte qu'une seule exception contenue dans l'avis du conseil d'Etat du 22 oct. 1808, qui décide, comme nous l'avons dit (*Rép.* n° 5345), que le droit perçu sur une adjudication d'immeubles faite en justice doit être restitué, lorsque l'adjudication est annulée par les voies légales; mais la jurisprudence continue d'interpréter cet avis restrictivement; elle ne l'applique qu'aux adjudications sur saisie immobilière prononcées en justice et seulement au cas où l'annulation a eu lieu par voie d'appel.

Jugé en particulier : 1° que le droit acquitté par le demandeur pour un *jugement par défaut* ordonnant à son profit l'exécution d'une vente, ne peut, en cas de rétractation de ce jugement, sur l'opposition ou recours du défendeur, être l'objet d'une restitution, encore même que la rétractation aurait pour motif la non-existence de la vente (Trib. Ruffec, 22 août 1864, aff. Lebourg, D. P. 65. 3. 59) ; — 2° Que l'*annulation*, pour défaut d'*autorisation maritale*, de l'adjudication devant notaire consentie au profit d'une femme mariée, ne donne pas lieu à la restitution du droit de mutation perçu sur cette vente (Ch. réun. cass. 18 févr. 1854, aff. de Lescure, D. P. 54. 1. 112; Instr. adm. enreg. 14 sept. 1854, n° 2015, § 11) ; — 3° Que le droit perçu sur une adjudication annulée par voie d'action principale pour ce motif que l'immeuble adjugé comme dépendant d'une succession vacante, n'en faisait pas partie, cet immeuble ayant été vendu antérieurement, n'est pas soumis à restitution (Civ. cass. 26 nov. 1860, aff. Rogery, D. P. 61. 1. 38; Instr. adm. enreg. 7 mars 1861, n° 2190, § 8. Conf. Req. 27 mars 1876, aff. Ravault, D. P. 77. 1. 14; Instr. adm. enreg. 15 mai 1876, n° 2546, § 10) ; — 4° Que la déclaration de *surenchère* n'empêchant pas la propriété de continuer à résider sur la tête de l'adjudicataire, la perception opérée sur l'adjudication ne peut être sujette à restitution par l'effet d'un événement postérieur à la surenchère; spécialement, lorsque, par suite d'une surenchère, les immeubles d'une succession ont été adjugés à un cohéritier, les droits d'enregistrement perçus sur la première adjudication faite à une personne étrangère à la succession, ne sont pas sujets à restitution, en cas d'excédent sur ceux dont est passible la seconde adjudication (Trib. Pontoise, 1er févr. 1873, aff. Harmand et Fournier, D. P. 73. 5. 226) ; — 5° Que, dans le cas où la revente sur *folle enchère* produit un prix inférieur à celui de la première adjudication, le droit sur la différence entre les deux prix n'est pas sujet à restitution (Civ. cass. 24 août 1853, aff. Pupat, D. P. 53. 1. 231) ; — 6° Que le droit perçu sur le prix d'une revente émanée d'un fol enchérisseur, et résolue comme l'adjudication frappée de folle enchère, n'est point restituable. Il en est de même du droit perçu sur l'adjudication frappée de folle enchère, sauf l'application des dispositions de la loi

du 22 frim. an 7, qui n'assujettissent l'adjudication intervenue sur cette folle enchère qu'à un droit fixe, ou, en cas d'excédent de prix, qu'à un droit de mutation calculé sur cet excédent. L'avis du conseil d'Etat, du 22 oct. 1808, qui ordonne la restitution des droits d'enregistrement perçus sur un jugement d'adjudication annulé par les voies légales, ne s'appliquant qu'au cas où ce jugement est annulé par la voie de l'appel, ne s'étend pas à celui où le jugement d'adjudication a été résolu par une cause qui lui est postérieure, et, notamment, par suite de folle enchère (Civ. cass. 24 nov. 1858, aff. Bonnet, D. P. 58. 1. 460) ; — 7° Que le droit de rétrocession ayant été régulièrement perçu sur le jugement contradictoire qui donne acte à une partie de sa *renonciation à une donation* et ordonne que les biens donnés seront compris dans la communauté dont ils dépendaient lors de la donation, bien qu'il ne constate pas en même temps que la rétrocession ait été acceptée, il n'y a pas lieu à la restitution du droit par suite de l'arrêt qui infirme ce jugement en se fondant sur le défaut d'acceptation et sur la révocation ultérieure de la renonciation (Civ. rej. 2 août 1859, aff. Knoderer, D. P. 59. 1. 309). — Il a été décidé encore que, le jugement qui prononce la *révocation d'un legs* pour inexécution des conditions opérant un déplacement de la propriété des biens légués, la perception du droit proportionnel de mutation sur ce jugement a été régulièrement faite, et que, par suite, le droit ne peut être restitué en raison de l'infirmation du jugement de révocation en appel (Trib. Avignon, 10 déc. 1888, aff. Cartier, D. P. 90. 3. 48).

3085. La règle de la non-restitution des droits régulièrement perçus s'applique, d'ailleurs, ainsi que nous l'avons dit (*Rép.* n° 5395), aux *contrats conditionnels* comme aux contrats purs et simples; c'est toujours la régularité ou l'irrégularité de la perception établie qui détermine si le droit n'est pas ou est restituable. Il faut distinguer à cet égard entre le cas où la convention est soumise à une *condition résolutoire* et celui où elle est subordonnée à une *condition suspensive*.

3086. La *condition résolutoire* ne faisant pas obstacle à l'exigibilité du droit applicable à la convention qui y est soumise, la perception de ce droit à l'enregistrement de l'acte est régulière et, par suite, ledit droit n'est pas restituable, alors même que le contrat vient à se résoudre en vertu d'une clause de l'acte (*Rép.* n° 5396).

Ainsi lorsque, par l'acte de vente volontaire et en plusieurs lots d'un domaine aux enchères, le vendeur s'est réservé le droit de résoudre les adjudications partielles dans le cas où il se présenterait un acquéreur pour l'adjudication en bloc fixée à une époque ultérieure, le droit perçu sur les adjudications partielles effectuées n'est pas restituable, si le vendeur, usant de la faculté réservée, déclare plus tard ces adjudications partielles résolues par suite d'une adjudication en bloc du domaine, alors surtout que le cahier des charges portait que les adjudicataires seraient propriétaires par le seul fait de l'adjudication et entreraient de suite en jouissance (Trib. Dijon, 23 juill. 1855, aff. Me Gallois, D. P. 56. 3. 19).

3087. La perception du droit proportionnel de vente immobilière faite sur le prix déterminé au contrat n'est soumise à aucune réduction pour le cas où ultérieurement une partie du prix serait restituée à l'acheteur à raison d'un *déficit de contenance*, encore même que cette circonstance aurait été prévue au contrat, si, d'ailleurs, les parties ont n'est point entendu que la fixation du prix serait purement provisoire (Trib. Nevers, 10 juill. 1855, aff. Couturier, D. P. 56. 3. 8). L'Administration a néanmoins autorisé, par une solution du 12 mai 1879, la restitution des droits sur la partie du prix réduite par suite d'un déficit de contenance.

3088. Nous avons dit, au contraire (*Rép.* n° 5397), que le droit d'enregistrement applicable à une convention soumise à une *condition suspensive*, n'étant dû qu'au moment de la réalisation de cette condition, doit être restitué, s'il a été perçu, dès qu'il est certain que la condition ne s'accomplira pas.

Jugé, en ce sens, que le droit de mutation perçu sur une *promesse de vente* mentionnant l'acceptation d'un porte-fort, mais annulée plus tard, comme rétractée avant que l'acceptation de l'acheteur, formulée en double écrit, eût imprimé à cette promesse le caractère d'une promesse de vente synallagmatique, est sujet à restitution, encore qu'un jugement, depuis lors réformé, ait ordonné l'exécution de cette promesse (Civ. rej. 16 mai 1849, aff. Laurent, D. P. 49. 1. 163, note).

3089. Mais il a été décidé, sous la législation qui soumettait la constitution des sociétés anonymes à l'autorisation préalable du Gouvernement, et contrairement à la solution que nous avons rapportée (*Rép.* n° 5401), que le refus d'approbation d'une société anonyme par le Gouvernement, est un événement postérieur qui ne donne pas lieu à la restitution du droit perçu sur l'acte constitutif de la société (Req. 23 mai 1859, aff. Compagnie parisienne du gaz, D. P. 59. 1. 644; Instr. adm. enreg. 5 sept. 1859, n° 2160, § 5).

3090. Par application du principe énoncé ci-dessus, les droits perçus sur des *marchés* passés avec le Gouvernement sont sujets à répétition, lorsque ces marchés sont annulés par l'autorité supérieure (*Rép.* n° 5412). Cette règle avait peu d'importance sous l'empire de la loi du 15 mai 1818, dont l'art. 73 soumettait au droit fixe de 1 fr. les adjudications au rabais et marchés dont le prix devait être payé directement par l'Administration; mais elle reçoit des applications fréquentes depuis que la loi du 28 févr. 1872 (art. 1er, n° 9) a soumis les marchés dont s'agit au droit gradué (V. *supra*, n° 2523).

3091. On a soutenu que la perception du droit proportionnel établie à l'enregistrement d'un marché administratif sur la déclaration estimative de l'entrepreneur, avant le règlement du prix, avait, comme cette déclaration elle-même, un caractère provisoire; qu'il en était ainsi aussi bien à l'égard des redevables pour le remboursement des droits perçus en trop, qu'au profit de l'Administration pour la réclamation des droits complémentaires; mais il a été reconnu que cette opinion était contraire à la règle établie par l'art. 60. Jugé, en effet, que la perception faite sur le prix d'évaluation énoncé dans un marché de travaux ou fournitures étant régulière, alors même que l'évaluation qui en a été faite serait supérieure au prix réel de ces travaux, la portion du droit correspondant à cette différence de prix n'est pas restituable (Civ. rej. 4 avr. 1864, aff. Joly, D. P. 64. 1. 298; Instr. adm. enreg. 24 août 1864, n° 2288, § 3). Jugé, de même, que la perception établie à l'enregistrement d'un marché administratif, sur l'évaluation faite par la partie, est non pas provisoire, mais définitive (Civ. cass 25 juin 1873, aff. Mahieu et Pauchet, et aff. Société Petit et comp., D. P. 74. 1. 30; Instr. adm. enreg. 2 oct. 1873, n° 2472, § 7).

3092. De même encore on ne peut pas, lorsqu'un marché pour fournitures de marchandises n'a été exécuté qu'en partie, soutenir que la portion du prix stipulé afférente aux marchandises non livrées à déclarer par les parties doit être restituée (Trib. Seine, 7 mai 1851 et 17 juill. 1858, *Journ. enreg.*, art. 15205 et 16798).

3093. Il résulte de ces décisions que si le Trésor peut toujours réclamer des suppléments de droit lorsqu'il est en mesure d'établir que le prix du marché a été réglé à une somme supérieure à l'évaluation sur laquelle la perception a été établie lors de l'enregistrement du contrat, les redevables ne peuvent, au contraire, obtenir la restitution du droit perçu à l'enregistrement du marché que dans le cas où ils seraient en situation d'établir que la perception n'a pas été régulière.

3094. Lorsqu'un marché de fournitures a été fait pour trois, six ou neuf années, avec faculté de résilier à la fin de la première ou de la seconde période, le droit gradué a été régulièrement perçu, sans égard à l'éventualité des obligations, c'est-à-dire sur le prix annuel multiplié par neuf; par suite, ce droit n'est restituable pour aucune partie en cas de résolution du marché à l'expiration de la première période, cette résolution étant un événement ultérieur qui, d'après l'art. 60 de la loi du 22 frim. an 7, ne saurait autoriser la restitution d'un droit régulièrement perçu (Trib. Seine, 5 mai 1882, aff. Degroiseilliez, D. P. 83. 5. 245).

3095. Il faut encore rattacher au même principe les solutions rapportées *supra*, n°s 939 et suiv. en matière de cession d'offices et intervenues au sujet de l'application de l'art. 14 de la loi du 25 juin 1841, qui autorise la restitution du droit perçu sur un traité de cession d'office toutes les fois que la transmission n'a été suivie d'aucun effet.

3096. En matière de *contrat de mariage*, comme pour les cessions d'office, le droit est perçu immédiatement, quoiqu'il s'agisse d'un acte soumis à une condition suspensive; mais la perception n'est que provisoire, le droit est restitué à défaut de célébration du mariage, sous la réserve de celui de 3 fr. minimum du droit fixe à percevoir pour l'enregistrement des actes civils, et à la condition, d'ailleurs (ainsi qu'il

a été dit *supra*, n° 1866), de justifier soit d'un acte de résiliement signé par les deux parties, soit d'une impossibilité matérielle de donner suite au projet de mariage.

3097. L'art. 60 de la loi du 22 frim. an 7 régit, d'ailleurs, aussi bien les actes *à titre gratuit* que les actes *à titre onéreux*. Ainsi le droit de mutation perçu sur l'intégralité d'une *donation* susceptible de réduction, et, par exemple, sur une donation universelle d'usufruit faite entre époux, et réductible par suite de survenance d'enfant, à la quotité déterminée par l'art. 1094 c. civ., est régulièrement perçu, et, dès lors, n'est pas sujet à restitution, si, à l'époque de la perception, la réduction n'avait été ni demandée par l'héritier réservataire, ni spontanément consentie. Et la volonté d'opérer la réduction ne peut résulter de la procuration conférée par l'héritier réservataire à l'époux donataire de faire en son nom la déclaration de succession, alors que l'étendue de la déclaration faite, quant à l'héritier, n'est pas déterminée dans cette procuration, et quelles que soient, d'ailleurs, les instructions verbales qui l'ont accompagnée, de telles instructions n'étant point opposables à l'administration de l'enregistrement (Req. 10 juill. 1860, aff. Petit, D. P. 60. 1. 441). — De même, en matière de *succession*, lorsque des droits de mutation par décès ont été liquidés sur la totalité des biens de l'hérédité conformément à la déclaration du légataire universel portant que le défunt était marié, suivant contrat en forme, sous le régime exclusif de communauté, sans viser une célébration antérieure de son mariage à l'étranger sous une loi d'après laquelle les époux devaient être communs en biens, la perception a été faite régulièrement et, dès lors, aucune restitution ne peut être admise (Req. 7 déc. 1886, aff. Gilbert, D. P. 87. 1. 339).

3098. Lorsque, sur la demande en nullité d'un legs universel pour cause de captation ou d'insanité d'esprit, le légataire universel envoyé en possession et l'héritier non réservataire partagent entre eux la succession par voie de transaction, l'abandon par le légataire à l'héritier d'une partie des biens légués est translatif, et non déclaratif de propriété, en conséquence, le légataire universel, qui a été régulièrement saisi des biens légués, ne peut réclamer la restitution des droits de mutation par décès qu'il a payés sur la portion de biens abandonnée par lui à l'héritier légitime, alors même qu'au moment de la transaction le jugement qui a ordonné l'envoi en possession du légataire serait frappé d'appel et que, sur cet appel, un arrêt interlocutoire aurait autorisé l'héritier à prouver que le testateur n'était pas sain d'esprit (Civ. cass. 19 août 1868, aff. Triomphe, D. P. 68. 1. 400). — V. *supra*, n°s 662 et suiv.

3099. Il a été décidé encore que le droit de soulte perçu sur un *partage testamentaire* doit être restitué, lorsque, par suite de la renonciation des légataires, ce partage ne reçoit pas son exécution (V. *supra*, n° 2160). Il en est de même pour le droit gradué (V. *ibid.*).

3100. La question de savoir quel est l'effet de l'*erreur* sur la perception des droits d'enregistrement est encore très discutée. Il est certain que toute erreur commise par le receveur dans la perception de l'impôt, qu'il se soit trompé, par exemple, sur la nature du fait juridique porté à sa connaissance, ou sur la qualité des parties, donne lieu à restitution, l'art. 60 ne déclarant acquis au Trésor que les droits *régulièrement* perçus.

Mais que faut-il décider relativement aux *erreurs de fait* que les parties ont pu commettre elles-mêmes dans leurs énonciations ou leurs déclarations? Nous persistons à penser, conformément aux explications que nous avons fournies sur ce point (*Rép.* n°s 5413 et suiv.), que toute erreur de fait dûment constatée, quel qu'en soit l'objet, autorise le contribuable à agir en répétition. Une décision du ministre des finances du 12 avr. 1808 a reconnu formellement que toutes les fois que, par une erreur de fait, des héritiers ont compris dans une déclaration de succession des biens qui sont légalement reconnus étrangers à l'hérédité, le droit de mutation perçu pour ces biens est restituable (Instr. adm. enreg. 29 juin 1808, n° 386, § 30, D. P. 77. 3. 16, note 3). Ici s'applique cette « faculté », reconnue par la jurisprudence de la cour de cassation à l'Administration, « de modérer, selon les cas et dans la mesure de ses attributions, la rigueur des perceptions » (V. *supra*, n° 2337). — En fait, l'Administration restitue souvent les droits perçus d'après des déclarations ou des énonciations erronées ; mais elle déclare qu'elle n'y est pas obligée, qu'elle obéit en procédant ainsi à un sentiment d'équité, et que, par suite, elle seule est juge des cas dans lesquels la restitution peut être autorisée (V. D. P. 85. 1. 449, note, *in fine*). Quoique cette interprétation ne se trouve formulée en termes aussi absolus dans aucune décision judiciaire, et qu'on ne puisse même pas ramener à une règle générale les solutions diverses et quelquefois contradictoires que nous allons rapporter, la vérité est que la jurisprudence incline de plus en plus vers le système de la Régie.

3101. Il a été décidé : 1° que les successibles qui n'ont songé qu'après le payement des droits de mutation à l'existence d'un droit de retour modifiant, au profit de l'un d'eux, le mode de répartition des biens qu'ils ont déclarés, ne peuvent réclamer la restitution de ce dont le droit perçu sur l'immeuble de la succession excède celui que la répartition nouvelle eût seul permis d'exiger (Trib. Montargis, 22 janv. 1855, aff. Chambon, D. P. 55. 3. 41) ; — 2° Que l'erreur qui aurait été commise par l'administrateur d'une succession dans la déclaration du revenu des biens ne peut donner lieu à une demande en restitution de ce que l'administration de l'enregistrement a perçu en trop par suite de l'inexactitude du chiffre déclaré. Il est à remarquer que dans l'espèce il n'y avait aucune preuve de l'erreur alléguée (Trib. Seine, 4 août 1866, aff. Geslin, D. P. 67. 3. 30) ; — 3° Que la demande d'héritiers en restitution de droits perçus en trop par suite d'une erreur dans la déclaration du revenu d'un immeuble ne peut être accueillie, alors même que l'exagération serait établie à l'aide de la représentation d'un bail courant (Trib. Nancy, 11 juin 1829, D. P. 67. 3. 30, note 5 ; *Journ. enreg.*, art. 9379) ; — 4° Que l'acte qualifié rectificatif dans lequel les parties déclarent que le prix mentionné dans un contrat de vente déjà soumis à l'enregistrement a été porté par erreur à un chiffre plus élevé que celui réellement dû, ne peut servir de base à une demande en restitution du droit proportionnel perçu sur la somme excédant ce chiffre, alors que les parties ne peuvent, à l'appui de leur allégation d'erreur matérielle, produire aucun acte authentique antérieur à la perception (Trib. Vitry-le-François, 25 août 1860, aff. Chenet et Laffrique, D. P. 61. 3. 85) ; — 5° Que, de même, le droit proportionnel perçu sur le montant d'une déclaration estimative des parties, à l'enregistrement d'une vente immobilière consentie moyennant un prix à fixer par experts, n'est restituable pour aucune portion, encore bien que l'estimation des experts, faite postérieurement, soit inférieure à l'évaluation des parties souscrite au moyen de droit (Trib. Seine, 30 janv. 1885, aff. Demachy, D. P. 86. 3. 32).

Il a été jugé, d'autre part, que l'acte constatant le remboursement par le vendeur d'une immeuble à l'acquéreur de la portion du prix payé afférente à des parcelles comprises par erreur dans la vente, le vendeur les ayant aliénées antérieurement au profit de tiers, donne lieu à la restitution de la portion de droit proportionnel de vente immobilière applicable à la portion réduite du prix de vente (Trib. Beauvais, 30 nov. 1870, aff. Dufrénois, D. P. 71. 3. 110).

Mais décidé, en sens contraire, que les droits de mutation par décès perçus sur la déclaration des parties ne sont pas restituables, même pour la portion applicable à des biens compris par erreur dans l'actif de l'hérédité (Trib. Avesnes, 17 avr. 1869, aff. Vivier, D. P. 71. 5. 159). Cette solution est contraire à la décision ministérielle du 12 avr. 1808, qui reconnaît que l'art. 60 ne s'applique pas au cas où les héritiers auraient déclaré des biens qui seraient légalement reconnus étrangers à la succession (V. *suprà*, n° 3100).

Il a été décidé encore, sous l'empire de l'art. 7 de la loi du 18 mai 1850, que les droits de mutation par décès payés par erreur à raison de fonds publics étrangers dépendant d'une succession non régie par la loi française, sont répétés à bon droit, si l'extranéité du défunt vient à être prouvée dans le délai imparti pour les demandes en restitution, alors même qu'il n'aurait été fait aucune réserve lors du payement (Trib. Seine, 8 mai 1858, aff. Hazedorn, D. P. 59. 3. 46) ; ... et, contrairement à une solution de l'administration de l'enregistrement du 28 déc. 1832 (*Rép.* n°s 5414 et 5415), que le droit de mutation par décès perçu, d'après la déclaration du donataire, sur l'intégralité d'une donation susceptible de réduction, spécialement sur une donation

universelle d'usufruit faite entre époux, lorsque des enfants sont nés de leur union, est régulièrement perçu et, dès lors, n'est pas sujet à restitution, car la volonté d'opérer la réduction ne peut résulter de la procuration, conférée par l'héritier réservataire à l'époux donataire, de faire en son nom la déclaration de succession, alors que l'étendue de la déclaration à faire, quant à l'héritier, n'est pas déterminée dans cette procuration, et quelles que soient d'ailleurs les instructions verbales qui l'ont accompagnée, de telles instructions n'étant point opposables à la Régie (Req. 10 juill. 1860, cité *suprà*, n° 3097 ; Instr. adm. enreg. 19 déc. 1860, n° 2185, § 7).

3102. La découverte d'un testament par l'effet duquel un légataire universel se trouve évincé autorise ce légataire universel à se faire rembourser par celui qui l'écarte les droits de mutation par décès, avec l'intérêt à partir du jour où ils ont été payés (Grenoble, 4 août 1869, D. P. 73. 5. 217). Cette solution implique qu'il n'est dû qu'un seul droit à la Régie et confirme l'opinion d'après laquelle (*Rép.* n° 5408) la découverte d'un testament fait après la déclaration de la succession autorise l'héritier qui a fait cette déclaration à réclamer à la Régie la restitution des droits de mutation acquittés par lui.

3103. La loi du 21 juin 1875 (art. 3), d'après laquelle, à l'égard des biens meubles autres que les créances, rentes, actions et autres valeurs de même nature, transmis par décès, le droit proportionnel de mutation n'est perçu sur la déclaration estimative des parties qu'à défaut d'inventaire, actes de vente ou autres faisant connaître la valeur réelle, ne renferme aucune dérogation au principe général de l'art. 60 de la loi du 22 frim. an 7, qui prohibe la restitution des droits régulièrement perçus. En conséquence, si la valeur comprise dans la déclaration est supérieure aux évaluations contenues dans les actes, les droits ayant été régulièrement perçus ne sont pas restituables (Instr. adm. enreg. 23 juin 1875, n° 2517, D. P. 75. 4. 110, note 3).

3104. L'immeuble acquis par un majeur, tant pour lui que pour un mineur dont il s'est porté fort avec promesse de ratification à la majorité du mineur, n'appartient à ce dernier, pour sa part, que lorsqu'il ratifie l'acquisition ; s'il décède avant d'avoir atteint sa majorité et, par conséquent, sans avoir pu ratifier, la part acquise en son nom ne dépend pas de sa succession et n'est pas sujette au droit de mutation à la charge de ses héritiers ; et si cette part a été comprise néanmoins dans la déclaration de sa succession, le droit de mutation perçu de ce chef doit être restitué, la déclaration faite par ses héritiers n'emportant pas ratification (Sol. adm. enreg. 25 juin 1875, D. P. 77. 3. 16).

Lorsque des héritiers collatéraux, qui se croyaient seuls héritiers, mais qui plus tard ont été évincés par un enfant naturel du défunt, ont acquitté les droits de mutation, ils ne sont pas fondés à demander à la Régie la restitution de la différence entre les droits par eux payés et ceux qui auraient été exigés de l'enfant naturel, leur éviction étant un de ces événements ultérieurs qui ne peuvent, d'après l'art. 60 de la loi de frimaire an 7, exercer aucune influence sur la perception régulièrement établie auparavant (Trib. Rouen 28 déc. 1864, aff. Lhernault, D. P. 65. 3. 40). Ils ne peuvent, en outre, réclamer à l'enfant, en pareil cas, que le remboursement de la somme représentant le droit dont il est débiteur envers le Trésor, alors surtout qu'ils ont contre non existence avant de payer les droits (Trib. Seine, 8 déc. 1869, D. P. 73. 5. 217).

3105. Le droit de mutation par décès acquitté par une femme dotale sur des immeubles à elle légués par son mari prédécédé, n'est pas restituable en raison d'une prétendue erreur de fait résultant de ce que ces immeubles, acquis au nom de la femme et acceptés par elle à titre de remploi, lui appartenaient, alors qu'il est formellement reconnu, dans le testament du mari et dans le partage de sa succession, qu'ils dépendaient de cette hérédité, les acquisitions ayant été faites au moyen de revenus de biens dotaux (Civ. cass. 13 déc. 1881, aff. Bethenod, D. P. 82. 1. 228).

3106. Le principe que les perceptions régulières ne peuvent être restituées, quels que soient les événements ultérieurs, s'applique à la perception établie sur la déclaration souscrite pour le payement des droits de mutation, simultanément par les héritiers naturels d'une femme et par son mari survivant, légataire d'un quart en propriété et d'un quart en usufruit, et dans laquelle, par suite de l'interprétation donnée librement et d'un commun accord à l'intention de la testatrice, qu'il n'appartenait pas au receveur de reviser, une dot constituée et payée par lesdits époux à un enfant a été réunie fictivement aux biens existants réellement dans l'hérédité pour calculer l'importance du legs. En conséquence, dans ce cas, le droit de mutation par décès entre époux perçu ne peut être restitué pour aucune partie, lors même qu'il est judiciairement reconnu plus tard que l'intention de la défunte avait été de ne léguer à son mari que le quart des biens existants réellement dans sa succession à son décès, et que, par suite, la réunion fictive opérée ne devait pas avoir lieu (Civ. cass. 5 mai 1885, aff. Simon, D. P. 85. 1. 449).

3107. Ainsi qu'on l'a dit au *Rép*. n° 5416, l'absence d'un motif, pour un contribuable, de faire une déclaration, ne saurait être une cause de restitution, lorsqu'un droit a été perçu sur cette déclaration inutilement faite. Jugé, par suite, que si un bail consenti pour trois, six, neuf ou douze ans a été, sur la réquisition expresse des parties, assujetti au droit sur cette déclaration des douze années, la perception est régulière et il ne peut y avoir lieu à restitution, quels que soient les événements ultérieurs (Sol. adm. enreg. 10 janv. 1872, D. P. 73. 5. 206).

3108. Pour le même motif, le droit proportionnel de transcription perçu indûment, lors de l'enregistrement d'un acte de société, sur un apport d'immeuble fait avec promesse de purge, n'est pas sujet à restitution, lorsque la transcription a été plus tard volontairement requise, la présentation volontaire d'un acte à la transcription donnant toujours lieu à la perception du droit (Civ. cass. 26 mars 1849, aff. Puylaroque, D. P. 49. 1. 96. — V. également Civ. cass. 21 août 1852, aff. Fossone-Allegro, D. P. 50. 1. 278; 20 mai 1863, aff. de Lacuée et Mourgues, D. P. 63. 1. 239. Conf. Instr. adm. enreg. 30 juin 1849, n° 1837, § 12; 31 déc. 1850, n° 1875, § 11). — Comp. *infrà*, n° 3596.

3109. Il a été décidé aussi que, dans le cas où l'usufruitier de biens frappés de substitution lègue divers immeubles au nu-propriétaire, pour lui tenir lieu des capitaux substitués, le refus fait par celui-ci d'accepter cet emploi, ne donne pas lieu à la restitution du droit proportionnel de transcription perçu lors de l'enregistrement du testament (Civ. cass. 11 août 1852, aff. Schneider, D. P. 52. 1. 211; Instr. adm. enreg. 10 déc. 1852, n° 1946, § 5).

3110. Le chiffre maximum des restitutions de droits indûment perçus qui peuvent être ordonnées par les directeurs sans l'autorisation préalable du directeur général, lorsque la question ne présente pas de difficulté, chiffre qui avait été fixé à 500 fr. (Instr. adm. enreg. 16 avr. 1861, n° 2191), a été élevé à 1000 fr. Les directeurs peuvent, en outre, ordonner la restitution des droits perçus sur les contrats de mariage non suivis de célébration et sur les cessions d'office non suivies d'effet ou dont le prix a été réduit, quel que soit le chiffre de la somme à restituer, pourvu que la demande ne soulève aucune difficulté (Instr. adm. enreg. 27 avr. 1875, n° 2508, § 12-1°, D. P. 75. 5. 209). — V. *suprà*, n° 1866.

3111. L'art. 60 de la loi de frimaire an 7 prohibe, comme on vient de le voir, la restitution des droits régulièrement perçus, quels que soient les événements ultérieurs, c'est-à-dire, notamment, même si la nullité de l'acte qui a servi de base à l'impôt se trouve judiciairement reconnue depuis la perception. On a longtemps agité la question de savoir si les droits *dus sur un acte annulé et non perçus avant l'annulation* de cet acte peuvent être exigés postérieurement. Cette question a été traitée *suprà*, n°s 138 et suiv. Nous rappellerons seulement qu'il est aujourd'hui de jurisprudence que la perception ne peut avoir lieu lorsque l'annulation a été prononcée judiciairement.

Art. 2. — *Compensation. — Imputation* (*Rép*. n°s 5433 à 5435).

3112. Le principe de la non-restitution des droits régulièrement perçus n'exclut ni l'*imputation*, ni la *compensation;* toutefois, cela n'est vrai qu'autant que certaines conditions se trouvent remplies. L'imputation est autorisée lorsque deux actes successifs sont tels que le second s'identifie avec le premier, de manière à ne faire, en réalité, qu'un acte unique; le droit perçu sur le premier s'impute

alors sur le second. On a rapporté des applications de cette règle, en traitant de l'exigibilité relativement aux donations (*Rép*. n° 3823). Il a encore été décidé en ce sens qu'il y a lieu à imputation dans le cas où un acte constatant une location déclarée comme verbale est découvert après la déclaration : le droit acquitté lors de cette déclaration s'impute sur celui applicable à l'acte (Sol. adm. enreg. 18 sept. 1872, D. P. 73. 5. 201). Cette interprétation n'est qu'une conséquence de la règle *non bis in idem;* une même mutation, une même convention ne peuvent donner lieu qu'à un seul droit d'enregistrement.

3113. Il est généralement admis aussi que, lorsque l'Administration a perçu des droits sur deux actes distincts et qu'il y a lieu à restitution pour l'un et à forcement pour l'autre, la compensation doit s'effectuer jusqu'à due concurrence, lorsque les deux actes concernent la même personne. Spécialement, lorsque, dans la liquidation des droits de mutation par décès, des erreurs matérielles en sens contraire ont été commises, la Régie ayant perçu des droits sur des valeurs qui en étaient exemptes, et n'ayant opéré qu'une perception insuffisante sur des valeurs imposables, les deux actions qui en résultent, l'une en restitution au profit des héritiers, l'autre en supplément de prix au profit de la Régie, s'éteignent réciproquement et de plein droit par voie de compensation, comme constituant des créances exigibles et liquides. En conséquence, si les héritiers demandent en partie la restitution de ce qu'a été indûment perçu, la Régie est fondée à répondre que leur créance s'est éteinte par compensation jusqu'à concurrence de ce qui lui était dû à elle-même pour supplément de perception; et cela, quoique son action, si elle avait à l'exercer actuellement, se trouvât prescrite par l'expiration du délai de deux années depuis la perception (Civ. rej. 30 janv. 1855, aff. d'Aligre, D. P. 55. 1. 120; Instr. adm. enreg. 28 mai 1855, n° 2033, § 8).

3114. Mais, comme on l'a expliqué au *Rép*. n° 5435, pour que la compensation puisse être opposée au fisc, et réciproquement, pour que le fisc puisse en exciper, il faut, comme dans le droit commun, que le fisc et le contribuable soient personnellement débiteurs l'un envers l'autre. Ainsi la Régie, débitrice envers une société commerciale de droits indûment perçus sur l'acte constitutif de la société, n'est pas recevable à compenser sa dette avec le montant des droits auxquels le même acte donnait lieu contre l'un des associés, à raison d'une vente immobilière à lui faite par son coassocié, la compensation ne pouvant s'opérer qu'entre deux personnes respectivement créancières et débitrices l'une de l'autre, et la société formant une personne distincte de celle de l'associé quant aux dettes personnelles de celui-ci. Il s'ensuit que la Régie, poursuivie par la société en restitution des droits indûment perçus, est tenue de lui en restituer le montant, et elle conserve son action contre l'associé dont elle est créancière, à la charge de subir, de la part de celui-ci, les exceptions dont est passible l'action intentée, et, par exemple, l'exception de prescription (Civ. cass. 14 mars 1860, aff. Massinot, D. P. 60. 1. 171).

3115. De même, l'Administration n'est pas fondée à prétendre compenser des droits de mutation qui lui ont été payés par un héritier et dont elle doit opérer la restitution, avec des frais de justice qui lui sont dus par un autre héritier, alors surtout que, ce dernier étant notamment insolvable, il est constant qu'il n'a pu rembourser à celui qui a fait l'avance des fonds sa part dans ces droits (Trib. Arras, 11 mai 1869, aff. Dauchez, D. P. 69. 5. 170).

3116. De même encore, les redevables qui ont payé des droits d'enregistrement aux agents de la commune de Paris en 1871, n'ont pu opposer à la réclamation de ces mêmes droits par l'Administration après la répression de l'insurrection, l'exception de garantie ou de compensation à raison de la responsabilité que l'Etat aurait encourue en ne réprimant pas l'insurection, l'autorité judiciaire n'étant pas compétente pour apprécier la responsabilité de l'Etat, et la prétendue créance résultant de cette responsabilité, n'étant ni certaine, ni liquide, ni exigible (Trib. Seine, 23 déc. 1874, aff. Crédit foncier, D. P. 72. 3. 5; Req. 27 nov. 1872, cités *suprà*, n° 2913; Instr. adm. enreg. 23 févr. 1873, n° 2465, § 4, *ibid*.).

3117. S'il est permis d'imputer un droit indûment

perçu sur un droit légalement exigible, il n'en est pas de même lorsque la perception est réputée régulière, et que, par suite, il n'y a pas lieu à restitution; quels que soient les événements ultérieurs ; en pareil cas, il n'y a pas lieu non plus à imputation. Par exemple, quand l'acte qui a subi le droit est annulé, il n'y a pas lieu à l'imputation de ce droit sur celui dont est passible la mutation nouvelle effectuée à la suite de l'annulation. Lorsqu'en effet, on ne peut pas exercer d'action en restitution contre la Régie à raison du droit par elle perçu sur un premier acte, on ne pourrait pas obliger celle-ci à imputer le droit sur le second acte sans violer l'art. 60, qui le déclare irrévocablement acquis au Trésor ; l'imputation ne serait pas autre chose, dans ce cas, qu'une restitution indirecte et, en définitive, l'État ne recevrait qu'un droit, alors qu'il lui en est dû deux; Comme on l'a fort bien dit aussi, « pour qu'il y ait matière à compensation, il faut qu'il y ait deux créances qui se balancent. Or, il n'y a pas de créance, lorsqu'un droit a été régulièrement perçu conformément à l'art. 60 de la loi du 22 frim. an 7, et qu'il n'est pas sujet à restitution » (Diction. droits d'enreg., v° Restitution, n° 135).

Ainsi il a été jugé : 1° que le droit de mutation perçu sur une vente depuis déclarée nulle comme faite en fraude des créanciers du vendeur, avec mise en vente, sur expropriation forcée, des biens qui en étaient l'objet, n'est pas imputable sur le droit auquel donne lieu l'adjudication; encore que cette adjudication soit prononcée au profit du même acquéreur (Req. 5 déc. 1866, aff. Basset, D. P. 67. 1. 103 ; Instr. adm. enreg. 30 nov. 1867, n° 2356, § 5) ; — 2° Que le jugement d'adjudication de biens mis aux enchères sur saisie après annulation judiciairement prononcée d'une vente amiable dont ils avaient été l'objet, opère une mutation nouvelle, lors même que l'adjudicataire n'est autre que celui qui avait d'abord acquis les biens à l'amiable; en conséquence, un nouveau droit proportionnel est dû, et il n'y a pas lieu d'imputer sur ce droit celui qui a été perçu lors de l'enregistrement de la vente amiable (Civ. cass. 15 déc. 1869, aff. Rostand, D. P. 70. 1. 366 ; Instr. adm. enreg. 26 févr. 1870, n° 2398, § 5) ; — 3° Que la perception faite sur le prix d'évaluation énoncé dans un marché de travaux ou fournitures est régulière, alors même que l'évaluation qui en a été faite serait supérieure au prix réel de ces travaux ; et, par suite, la portion du droit correspondant à cette différence de prix n'est pas restituable ni susceptible de compensation avec le supplément de droit dû sur d'autres marchés dont les travaux auraient, au contraire, été évalués à une somme insuffisante (Civ. rej. 4 avr. 1864, aff. Joly, D. P. 64. 1. 298 ; Instr. adm. enreg. 24 août 1864, n° 2288, § 3) ; — 4° Que le prêt consenti par une société de crédit foncier ne se réalisant qu'après l'accomplissement des formalités hypothécaires, l'acte le constatant n'est soumis qu'au droit fixe, lequel ne peut être imputé sur le droit proportionnel auquel est soumis l'acte portant réalisation du prêt, ni être restitué dans le cas où le prêt n'est pas réalisé (Instr. adm. enreg. 11 juill. 1853, n° 1968, D. P. 53. 3. 47) ; — 5° Que le droit de mutation perçu sur le jugement qui prononce la révocation d'un legs pour inexécution des conditions ne peut être imputé, au cas d'infirmation de ce jugement en appel, sur le droit de mutation par décès à la charge du légataire et non encore payé par lui (Trib. Avignon, 10 déc. 1888, cité suprà, n° 3084). L'imputation pouvait d'autant moins être admise dans cette dernière hypothèse, qu'il s'agissait de deux mutations dont, à la vérité, le même immeuble avait été l'objet, mais qui étaient de nature différente et s'étaient accomplies au profit de personnes distinctes, l'une à titre de libéralité, par le décès du testateur, au profit du légataire, l'autre, à titre onéreux, par le jugement de résolution au détriment de ce légataire et au profit des héritiers du testateur.

3118. La compensation, d'ailleurs, dans les cas où elle est permise, ne peut avoir lieu, lorsque les deux perceptions pour lesquelles elle est invoquée ont été faites dans deux bureaux distincts et dépendant de deux arrondissements judiciaires différents. Cette règle est très bien motivée dans un jugement du tribunal de Cholet du 29 avr. 1863 (Journ. enreg., art. 17886). « Attendu, quelque équitable que puisse paraître cette restitution, que les principes de la connexité et de la compensation ne sauraient être utilement invoqués

lorsqu'il s'agit, comme dans l'espèce, d'une demande en restitution portée devant le tribunal d'un arrondissement, à l'occasion d'un acte reçu dans un autre arrondissement ; que la loi du 22 frim. an 7 a déterminé d'une manière spéciale la compétence des tribunaux dans les contestations relatives à la perception des droits d'enregistrement, en attribuant au tribunal du siège de la perception la connaissance de ces contestations ; que cette règle, basée dans un intérêt d'ordre et de comptabilité cesserait d'exister, si on appliquait aux questions d'enregistrement les principes qui déterminent la compétence en matière de connexité et de compensation » (Comp. Civ. rej. 17 nov. 1857, aff. de Galliera, D. P. 58. 1. 123; Contrôleur de l'enregistrement, n° 11200).

L'Administration repousse la compensation même lorsque les deux droits ont été perçus dans des bureaux dépendant du même arrondissement judiciaire, quoiqu'on ne puisse plus se prévaloir des motifs ci-dessus. Les auteurs du Dictionnaire des droits d'enregistrement, v° Compensation, n° 117, estiment que c'est avec raison. « La loi du 22 frim. an 7, disent-ils, a consacré un titre spécial (art. 26 et 27) à la désignation des bureaux où les actes et mutations doivent être enregistrés. Il serait donc contraire au vœu de la loi de balancer, par une perception faite dans un bureau, une autre perception qui devait être faite dans un autre bureau. D'un autre côté, chaque receveur, directement justiciable de la cour des comptes, est responsable de ses actes tant envers les redevables qu'envers le Trésor, et cette responsabilité ne peut être ni aggravée ni atténuée par les opérations d'un de ses collègues ». Il est donc nécessaire, pour que la compensation puisse être invoquée, que les deux perceptions soient faites dans le même bureau (Trib. Seine, 4 déc. 1850, Journ. enreg., art. 15091 ; Trib. Corbeil, 23 août 1854, Contrôleur de l'enregistrement, n° 10389 ; Instr. adm. enreg. n° 1649). Dans la pratique, l'Administration n'exerce pas toujours le droit rigoureux qui lui appartient ; bien que l'enregistrement opéré dans un bureau incompétent soit considéré comme non avenu (V. suprà, n° 2906 et suiv.), le principe est souvent écarté, lorsque les parties se sont trompées de bureau en faisant leur déclaration (Sol. adm. enreg. 11 févr. 1869, Diction. droits d'enreg., v° Compensation, n° 120).

ART. 3. — *Par qui la restitution peut être demandée* (Rép. n°s 5420 à 5432).

3119. On a dit au Rép. n° 5420 que les parties, c'est-à-dire les personnes auxquelles la loi a imposé l'obligation personnelle de payer, ont seules qualité pour former la demande en restitution des droits qu'elles auraient indûment versés. Toutefois, lorsqu'une clause de l'acte met l'acquittement des droits à la charge de l'une des parties et qu'il est prouvé qu'elle les a réellement payés, l'autre partie ne peut pas agir en restitution. Jugé, en ce sens, que le vendeur d'une nue propriété n'est pas fondé à réclamer la restitution des droits payés indûment, lorsque ces droits, mis par la convention à la charge de l'acquéreur, ont été effectivement payés par lui (Trib. Seine, 26 août 1871, Journ. enreg., art. 19118).

3120. Lorsque le payement a eu lieu par mandataire, le mandataire ne peut exiger la restitution qu'à la condition de justifier d'un nouveau pouvoir l'autorisant à toucher les sommes qui sont dues à son mandant. On a vu au Rép. n° 5426 que cette règle ne s'applique pas au notaire, que la loi constitue débiteur direct et personnel des droits dans tous les cas où il en doit faire l'avance. La même solution doit, par identité de motifs, être appliquée aux huissiers (Sol. adm. enreg. 21 oct. 1868 et 4 janv. 1873; Diction. droits d'enreg., v° Restitution, n° 324). Les avoués, au contraire, n'étant pas obligés d'acquitter les droits auxquels donnent lieu les actes de leur ministère, et ne pouvant payer que comme mandataires des parties seules débitrices, n'ont pas qualité pour demander personnellement la restitution des droits qu'ils ont indûment acquittés. Il en est ainsi pour les actes faits dans une procédure d'ordre comme pour les autres actes judiciaires. Ainsi, il a été décidé que l'avoué poursuivant qui a avancé les droits d'enregistrement exigibles sur le procès-verbal d'ordre, ne peut pas exercer l'action en répétition des droits indûment perçus, alors surtout qu'il a obtenu une collocation privilégiée pour le montant de ses frais (Sol. adm. enreg. 29 août 1865) (1). On cite deux jugements contraires, l'un du tribunal de Corbeil du 20 juin 1866 (2), et l'autre du tribunal de Lourdes du 20 juill. 1875 (*Diction. droits d'enreg.*, v° *Compensation*, n° 323). Mais ces décisions, inconciliables avec le principe posé ci-dessus, ne doivent pas être approuvées. Nous croyons même qu'il n'y a pas lieu de distinguer, comme on l'a proposé, entre les actes du ministère des avoués, et les actes sous seing privé qu'ils font enregistrer dans l'intérêt de leurs clients, car l'acquittement des droits n'est pas plus imposé à l'avoué pour les uns que pour les autres.

3121. La règle que la condamnation à la restitution des droits indûment perçus n'entraîne jamais la condamnation au payement des *intérêts* de la somme restituable (*Rép.* n° 5432) est encore aujourd'hui de jurisprudence constante (Civ. cass. 17 janv. 1854, aff. Schweighauser, D. P. 54. 1. 237 ; Trib. Seine, 14 août 1858, aff. Mellado, D. 59. 3. 7 ; Civ. cass. 12 mai 1862, aff. Stephens, D. P. 62. 1. 216 ; Trib. Reims, 5 sept. 1862, aff. Bourgogne, D. P. 62. 3. 78 ; Civ. cass. 5 mars 1867, aff. Muller et comp., D. P. 67. 1. 116 ; 22 nov. 1875, aff. Curtil, D. P. 76. 1. 108 ; 17 févr. 1877, aff. Société des hauts fourneaux de Franche-Comté, D. P. 77. 1. 175 ; Trib. Seine, 2 mai 1884, aff. Crespin, D. P. 85. 3. 79).

Art. 4. — Exceptions.

§ 1er. — Dérogations apportées au principe.

3122. La règle de l'art. 60 comporte un certain nombre d'exceptions, les unes établies par la loi de frimaire elle-même, les autres par des lois spéciales (*Rép.* n° 5342).

L'une des plus importantes parmi ces dernières se rap-

porte à l'*expropriation pour cause d'utilité publique*. D'après l'art. 58 *in fine* de la loi du 3 mai 1841, « les droits perçus sur les acquisitions amiables faites antérieurement aux arrêtés du préfet seront restitués, lorsque, dans le délai de deux ans à partir de la perception, il sera justifié que les immeubles acquis sont compris dans ces arrêtés. La restitution des droits ne pourra s'appliquer qu'à la portion des immeubles qui aura été reconnue nécessaire à l'exécution des travaux... » Cette disposition n'existait pas, comme on le sait, sous l'empire de la loi du 7 juill. 1833, dont l'art. 58 se bornait à déclarer affranchis de tous droits les actes faits *en vertu de cette loi ;* les contrats d'acquisition antérieurs à l'arrêté du préfet portant indication des immeubles à exproprier, et à plus forte raison ceux qui étaient même antérieurs à la déclaration d'utilité publique ne jouissaient pas de la dispense de droits établie par cet article (V. Décis. min. 17 août 1838 ; Instr. 31 août 1838, *Rép.* n° 3311). La loi du 3 mai 1841 a changé cette règle, en ajoutant la disposition suivante à l'art. 58 de la loi précitée : « Les droits perçus sur les acquisitions amiables faites *antérieurement* à l'arrêté du préfet seront restitués, lorsque, dans le délai de deux ans à partir de la perception, il sera justifié que les immeubles acquis sont compris dans ces arrêtés. La restitution des droits ne pourra s'appliquer qu'à la portion des immeubles qui aura été reconnue nécessaire à l'exécution des travaux. » Ainsi, l'antériorité de l'acquisition par rapport à l'*arrêté du préfet* n'est plus un obstacle à l'application du bénéfice de la dispense des droits : il suffit que cet arrêté intervienne dans les deux ans du contrat. Mais s'il n'est plus besoin que l'acte soit postérieur à l'arrêté de désignation des immeubles à exproprier, faut-il, du moins, qu'il soit postérieur à la *déclaration d'utilité publique* exigée par la loi ? Nous avons examiné cette question, que la jurisprudence a tranchée en repoussant toute distinction (V. *supra*, n° 1788).

3123. En principe, comme on l'a vu *supra*, n° 1789, la restitution ne peut être admise que pour les parcelles d'immeubles nécessaires à l'exécution des travaux déclarés

---

(1) Le droit proportionnel de collocation ayant été perçu sur l'intégralité des sommes en distribution, la perception du droit de libération sur une portion des mêmes sommes formerait double emploi avec le premier droit, puisque la compensation est la conséquence nécessaire et forcée de la collocation déjà frappée de l'impôt, et que les deux dispositions se confondent ainsi forcément l'une dans l'autre. — M° Guichard soutient : qu'il a qualité pour recevoir directement de l'administration, parce qu'il était obligé, comme avoué poursuivant, d'avancer de ses deniers les droits d'enregistrement perçus sur le procès-verbal d'ordre, attendu que, colloqué personnellement, il ne pouvait obtenir son bordereau de collocation qu'après avoir fait enregistrer le procès-verbal de règlement définitif ; qu'il a payé de ses deniers personnels comme mandataire judiciaire et légal ; qu'il est partie à l'acte ; qu'il est personnellement responsable des actes et autres frais par lui payés indûment ; qu'il a dès lors eu titre et qualité pour recevoir ces droits. — Du moment que M° Guichard a un bordereau de collocation pour tous les frais avancés par lui, y compris les droits d'enregistrement dont il s'agit, du moment qu'il est certain que, grâce à ce bordereau de collocation délivré par privilège à son profit sur toutes les sommes en distribution, il sera remboursé de tous ces frais, il se trouve sans droit pour exiger que l'Administration lui restitue une seconde fois une somme dont le remboursement lui est assuré. — Le montant de ces droits en trop perçus, que le Trésor restitue, forme aujourd'hui un supplément des sommes qui étaient en distribution, ce supplément doit revenir, soit au dernier créancier s'ur qui les fonds ont fait défaut, soit à la partie saisie, si ses ex-créanciers ont été tous intégralement payés de leurs créances. — Pour que l'avoué poursuivant fût fondé à poursuivre en son nom personnel la restitution des droits indûment perçus, il faudrait qu'il fût constitué par le débiteur direct du Trésor, car tous payements effectués sans subrogation, étant censés faits par le débiteur, lui seul peut exercer l'action en répétition ; — Or la loi, ni l'art. 134 du décret du 16 févr. 1807 qui a soustrait à la disposition de l'art. 20 de la loi du 22 frim. an 7 le procès-verbal d'ordre, ne dit que les droits d'enregistrement de ce procès-verbal seront acquittés par l'avoué ; il faut conclure de ce silence que les avoués n'ont pas été déclarés par la loi débiteurs directs du Trésor pour le payement des droits d'enregistrement. — M° Guichard, avoué poursuivant, se trouve donc sans titre pour demander en son nom personnel la restitution des droits dont il s'agit, de même qu'en sa seule qualité d'avoué il ne pourrait être poursuivi en payement des droits ou suppléments de droits exigibles sur le procès-verbal d'ordre. — Si

M° Guichard prétend agir comme mandataire et, comme tel, responsable des droits indûment payés, l'Administration a bien raison de prétendre, de son côté, qu'il ne peut agir en son nom personnel, et d'exiger qu'il justifie des pouvoirs suffisants pour toucher une somme au nom du mandant et libérer valablement le débiteur. — Veut-on entendre par l'art. 1692 c. nap., en rendant le mandataire responsable de sa gestion, autorise l'action de l'avoué en son nom personnel ? Il est trop évident que, pour demander la restitution d'une somme indûment payée, le mandataire ne peut agir qu'en la qualité même en laquelle il a fait le versement, par conséquent au nom toujours de son mandant. Il ne peut agir en son propre nom qu'autant que sa responsabilité a été judiciairement constatée ou régulièrement reconnue, et que l'affaire engagée sous un autre nom est ainsi devenue sienne. — Au surplus, en matière de perception de droit d'enregistrement et en présence de l'art. 28 de la loi du 22 frim. an 7, qui prohibe tout délai ou contestation et exige le versement préalable des droits réclamés par le receveur, il est clair que l'avoué ne commet aucune faute en satisfaisant à ces réclamations, et que, dès lors, l'art. 1999 c. nap. le couvre contre toute action en responsabilité.
Du 29 août 1865.-Sol. adm. enreg.

(2) (Guichard).- Le tribunal ; — Attendu que l'administration de l'enregistrement n'a pas d'action directe pour le payement des droits sur le règlement définitif, lesquels ne peuvent être perçus que lors de l'enregistrement du procès-verbal, et exigés seulement de la partie qui le soumet à la formalité de l'enregistrement ; — Qu'ainsi en cette matière et au regard de l'administration de l'enregistrement le véritable, le seul débiteur est celui qui paie ; — Attendu, au surplus, qu'un créancier ne pouvant obtenir la délivrance de son bordereau de collocation qu'après avoir fait enregistrer le procès-verbal, c'est bien dans son intérêt propre qu'il fait les droits auxquels donne lieu l'enregistrement et qu'à ce titre il doit être considéré comme partie dans le sens de l'art. 20, § 5, de la loi du 22 frim. an 7 ; — Attendu, enfin, que l'avoué poursuivant l'ordre est le mandataire judiciaire et légal des créanciers, qu'il a aussi qualité en son nom personnel pour poursuivre la restitution des droits par lui payés aux créanciers ; — Attendu, dès lors, que Guichard mandataire judiciaire et légal comme avoué poursuivant, est partie à l'ordre comme créancier colloqué avec privilège pour le montant de ses frais, a double ment qualité pour exercer l'action ; — Déclare l'administration mal fondée, etc.
Du 20 juin 1866.-Trib. Corbeil.

d'utilité publique. Les parcelles acquises en dehors du tracé des voies à ouvrir, en vertu du décret du 26 mars 1852, étant regardées comme nécessaires aux travaux, bénéficient de la restitution autorisée par l'art. 58 de la loi du 3 mai 1841 (Sol. adm. enreg. 12 févr. 1873 et 8 mars 1877, *Diction. droits d'enreg.*, v° *Expropriation*, n° 322).

3124. La restitution autorisée par l'art. 58 embrasse tous les droits qui n'auraient pas été perçus si l'acquisition avait été précédée des formalités légales. Le bénéfice de la loi s'étend même aux droits perçus sur les actes nécessaires pour obtenir la restitution (Sol. adm. enreg. 24 févr. et 23 sept. 1872, D. P. 73. 5. 224 ; *Diction. droits d'enreg.*, v° *Expropriation*, n° 337).

3125. Mentionnons dans le même ordre d'idées l'art. 5 du décret du 12 déc. 1860, portant que les droits proportionnels perçus sur les acquisitions de terrain dans le périmètre du plan régulateur de Nice sont restituables, lorsqu'il est justifié que, dans les deux ans du contrat, l'acheteur a fait édifier des bâtiments conformes aux indications du plan (Req. 13 août 1866, aff. Fernandez, D. P. 67. 1. 23).

3126. On a dit au *Rép.* n° 5342 qu'une exception avait été apportée aussi à l'art. 60 de la loi de frimaire par l'art. 40 de la loi du 28 avr. 1816, aux termes duquel les droits de mutation perçus à raison de l'envoi des héritiers d'un *absent* en possession provisoire de ses biens, sont restituables, en cas de retour de l'absent, sous la déduction de celui applicable à la jouissance des héritiers. Il a été jugé que cet article doit être considéré comme s'en étant référé au droit commun pour la liquidation de l'impôt à retenir ; et, comme la jouissance accordée par la loi aux envoyés en possession provisoire n'a aucun rapport avec l'usufruit et constitue en réalité une indemnité ou un salaire, l'administration de l'enregistrement n'est pas fondée à prétendre liquider le droit comme s'il s'agissait d'un usufruit, d'autant qu'elle a des éléments authentiques pour donner à sa perception une base en rapport avec la durée effective de la jouissance ; mais les droits liquidés d'après la durée de la jouissance ne doivent, en aucun cas, dépasser le denier dix (Trib. Havre, 12 juill. 1869, Garnier, *Rép. pér. enreg.*, art. 3012). — Sur la nature du droit qui appartient aux envoyés en possession sur les fruits, comp. : *Rép.* v° *Absence*, n°s 303 et suiv. ; et *supra*, v°, n°s 33 et suiv. ; Laurent, *Principes de droit civil*, t. 2, n° 190 ; Demolombe, *Traité de l'absence*, n°s 120 et suiv. ; Demante, *Cours analytique de code civil*, t. 1, n°s 156 et 156 *bis* ; *Diction. droits d'enreg.*, v° *Restitution*, n° 276.

§ 2. — Ventes judiciaires d'un prix n'excédant pas 2000 fr.

3127. Il nous reste à étudier une hypothèse dans laquelle une loi récente autorise, par dérogation à la loi de frimaire, la restitution de droits régulièrement perçus ; nous voulons parler du dégrèvement dont bénéficient, aux termes de la loi du 23 oct. 1884, les ventes judiciaires d'immeubles dont le prix ne dépasse pas 2000 fr. (D. P. 85. 4. 9).

N° 1. — Historique.

3128. Depuis très longtemps, les hommes les plus compétents avaient appelé l'attention des pouvoirs publics sur la situation faite en France à la petite propriété, par suite des frais écrasants qu'entraînaient les mutations d'immeubles de faible valeur. Il résulte, en effet, des statistiques publiées par le ministère de la justice, que ces frais atteignaient souvent la valeur de l'immeuble mis en vente et même dans certains cas la dépassaient notablement, au point de s'élever jusqu'à plus de 143 pour 100, lorsque le prix était inférieur à 500 fr. L'idée qu'on ne pouvait pas diminuer ces charges sans réformer dans son ensemble le code de procédure civile fut le principal obstacle qui empêcha jusqu'à ces dernières années les projets de dégrèvement d'aboutir. Le Gouvernement fut le premier à se préoccuper de la question ; dès 1856, une commission extraparlementaire avait travaillé à la résoudre en préparant un projet général de réforme du code de procédure, dont le conseil d'État fut saisi dans les dernières années de l'Empire. La question fut reprise sur de nouvelles bases en 1876. Le Gouvernement,

prévoyant les lenteurs qu'entraînerait la réforme du code de procédure, se décida à détacher du projet général de révision les dispositions à appliquer, sinon définitivement, au moins provisoirement, dans notre matière. En conséquence, il présenta le 16 mai 1876, par l'organe de M. Dufaure, un projet de loi d'après lequel tous les droits perçus par le Trésor étaient déclarés restituables à concurrence des trois quarts, de moitié ou du quart, selon que le prix d'adjudication atteignait 1000, 1500 ou 2000 fr. Le même projet fut représenté l'année suivante devant la nouvelle Chambre et donna lieu à de longues discussions entre la commission et le Gouvernement qui finirent par se mettre d'accord. Un nouveau projet résultant de cet accord et présenté par M. Cazot, ministre de la justice, le 26 nov. 1881, contenait une innovation importante : indépendamment de la restitution totale ou partielle des droits fiscaux, une réduction d'émoluments était imposée, pour les ventes dont le prix ne dépasse pas 500 fr., aux différents agents dont le concours est obligatoire dans les ventes judiciaires d'immeubles. Après plusieurs modifications, le projet voté par la Chambre le 29 juin 1882, fut adopté ensuite par le Sénat le 4 avr. 1884, et, après être retourné à la Chambre à cause de quelques changements de détail que le Sénat y avait apportés, il fut définitivement voté le 23 oct. 1884. — Deux règles en résumant, comme on le verra, l'économie : d'une part, tous les droits perçus par le fisc dans les ventes judiciaires d'immeubles dont le prix ne dépasse pas 2000 fr. sont sujets à restitution ; d'autre part, dans les ventes dont le prix ne dépasse pas 1000 fr., les émoluments dus aux agents de la loi sont réduits d'un quart. En définitive, abstraction faite de ce dernier point de vue, que nous n'avons pas à considérer ici, le système qui a prévalu est celui de la perception provisoire des droits auxquels donnent lieu les différentes formalités requises pour la régularité des ventes judiciaires, avec restitution, sur la demande du contribuable, lorsque le prix ne dépasse pas 2000 fr.

Trois autres combinaisons avaient été présentées pour atteindre le but qu'on se proposait. La première consistait à supprimer, dans les ventes judiciaires d'immeubles d'une certaine valeur, quelques-unes des formalités prescrites par la loi. Ce système avait l'inconvénient de transformer la loi fiscale que l'on préparait en une loi de procédure et d'engager, par suite, certains principes qu'il était sage de réserver jusqu'à la réforme générale du code de procédure. Le rapporteur, à la séance du Sénat du 23 déc. 1884, invoqua d'ailleurs pour la faire rejeter des motifs décisifs : « De deux choses l'une, dit-il, ou certaines formalités de procédure sont avantageuses pour les mineurs, ou elles sont inutiles. Si elles sont avantageuses, il faut les conserver dans l'intérêt des mineurs pauvres comme dans l'intérêt des mineurs d'une position aisée ; si, au contraire elles sont inutiles, il faut les supprimer pour les uns comme pour les autres ». — Ayant prouvé ainsi que la réforme ne devait pas consister dans la suppression d'une partie des formalités destinées à protéger les incapables, M. Marcel Barthe, parlant cette fois, non plus au nom de la commission, mais en son nom personnel, affirma que le remède que l'on cherchait se trouvait dans l'application du principe de la proportionnalité de l'impôt. Ce qui écrase les mutations immobilières de peu d'importance, c'est l'accumulation des droits fixes, qui sont les mêmes pour une vente de 100000 fr. que pour une vente de 500 fr. ; pour dégrever les ventes dont il s'agit, il suffit de supprimer les droits fixes et de les remplacer par des droits proportionnels. L'idée était séduisante autant par sa simplicité que par sa justice, mais elle se heurta à des difficultés de perception qui la firent rejeter. — Les mêmes difficultés furent opposées contre la troisième combinaison, qui consistait à faire enregistrer en débet tous les actes de la procédure pour les adjudications d'immeubles d'une mise à prix inférieure à un chiffre déterminé. C'est ainsi que l'avantage resta au système du dégrèvement des frais sous forme de restitution conditionnelle.

La loi du 23 oct. 1884 n'est, du reste, qu'une loi d'expédient et provisoire, comme le prouve son origine ; ses dispositions seront vraisemblablement modifiées, lorsque les réformateurs du code de procédure auront à réglementer la matière dont elle s'occupe. Peut-être se décidera-t-on alors, si l'on ne peut pas appliquer le système de la proportionnalité des droits, à supprimer une partie des formalités prescrites en matière d'adjudications judiciaires. On suivrait, en entrant dans cette voie, l'exemple qui nous est donné par plusieurs législations étrangères.

3129. La loi du 23 oct. 1884 se compose de six articles. — Les art.1er, 2, § 1er, 2, et 3, § 1er, posent le principe de la restitution des droits perçus par le Trésor et fixent l'étendue de cette restitution. — L'art. 3, § 2 et 3, renferme des dispositions de même nature relativement à la réduction des émoluments alloués aux agents de la loi. — L'art. 4 règle la procédure à suivre pour que le contribuable puisse bénéficier de ce double dégrèvement. — L'art. 2, § 2, modifie sur certains points la procédure organisée par le code de procédure civile pour les licitations de biens immeubles appartenant indivisément à des mineurs et à des majeurs. — L'art. 5 autorise le tribunal à réduire dans une large mesure l'importance des mesures de publicité prescrites par le droit commun. — Enfin l'art. 6 est consacré aux dispositions transitoires. — L'énumération que nous venons de faire montre qu'un certain nombre de règles édictées par la nouvelle loi n'appartiennent pas au sujet que nous traitons dans notre section; on trouvera leur commentaire dans les matières auxquelles elles se rattachent; nous bornerons ici nos explications aux dispositions concernant la restitution des droits *perçus par le Trésor*.

Ajoutons encore une observation avant d'entrer dans l'explication du texte, c'est que la loi du 23 oct. 1884 ne doit pas être considérée comme une loi d'assistance judiciaire destinée à favoriser exclusivement les petits propriétaires; le bénéfice de la nouvelle législation n'est pas attaché à la situation personnelle du vendeur, mais à la valeur de la chose vendue; les travaux préparatoires ne laissent aucun doute sur ce point. M. Rameau, notamment, s'exprimait ainsi le 27 déc. 1880 dans son rapport à la Chambre des députés : « Pour toutes les natures de ventes judiciaires énumérées plus haut, c'est à cause de la faible valeur de l'immeuble qu'une décharge partielle des frais judiciaires est accordée et les formalités de procédure peuvent être simplifiées. Ce n'est pas le plus ou moins de fortune du vendeur, que l'on ne peut pas connaître, mais la faible valeur de l'immeuble à vendre, qui doit être l'objectif ». M. Marcel Barthe et M. Munier ne furent pas moins explicites au Sénat. « La faveur, disait ce dernier, le 25 mars 1884, s'attache à l'immeuble et non à la personne du propriétaire » (*Journ.* off. du 26 mars, p. 797). La nouvelle loi a été promulguée aux colonies par un décret du 7 mai 1890.

3130. La loi du 23 oct. 1884 a été commentée pour la première fois par l'Administration dans une instruction très développée du 3 déc. 1884, n° 2704, à laquelle il sera toujours utile de se reporter pour résoudre les difficultés de la matière et dont nous avons reproduit à cause de cela, les principales dispositions (D. P. 85. 4. 9). Plusieurs auteurs autorisés ont donné aussi une explication détaillée de cette loi; citons en particulier le commentaire des rédacteurs du *Dictionnaire des droits d'enregistrement*, v° *Vente*, nos 960 à 1056, ceux de MM. Dutruc, Legrand, Bonnet et celui qu'a publié postérieurement dans les *Lois nouvelles*, année 1885, 1re part., M. Carpentier. — Depuis que ces travaux ont paru, il est intervenu un assez grand nombre de décisions judiciaires qui modifient sur plusieurs points, les appréciations de ces auteurs ; nous utiliserons toutes ces sources dans les explications qui vont suivre. En limitant notre étude, comme nous l'avons déjà dit, aux seules dispositions relatives à la restitution des droits fiscaux, nous examinerons successivement : 1° quels sont les actes auxquels s'applique la loi ; 2° quels sont les droits qui peuvent faire l'objet d'une restitution; 3° quelles sont les formalités qui doivent être remplies pour que le contribuable bénéficie de la restitution.

[N° 2. — *Actes auxquels s'applique la loi du 23 oct. 1884.*

3131. L'art. 2, § 1er, de la loi du 23 oct. 1884 est ainsi conçu : « Le bénéfice de la présente loi s'applique à toutes les ventes judiciaires d'immeubles de la valeur constatée, comme il est dit en l'article 1er, ainsi qu'à leurs incidents de subrogation, de surenchère et de folle enchère ».

Il résulte de ce texte que le bénéfice de la loi s'étend à deux classes d'actes principaux : d'abord aux ventes proprement dites, en second lieu, à certains incidents de ces ventes.

A. — Ventes.

3132. Pour que les ventes rentrent dans les prévisions du législateur il faut qu'elles réunissent quatre conditions : 1° qu'elles soient judiciaires; 2° qu'elles aient pour objet des immeubles; 3° que le prix principal ne dépasse pas 2000 fr.; 4° que le prix soit devenu définitif par l'expiration du délai de la surenchère prévue par les art. 708 et 965 c. proc. civ. et 573 c. com.

1°. — *Caractère de la vente.*

3133. La première condition, c'est que la vente ait un caractère judiciaire. Que faut-il entendre ici par *vente judiciaire* ? Dans le deuxième projet de la commission de la Chambre, de même que dans le projet déposé par M. Cazot, on avait cru utile de préciser le sens de ces expressions au moyen d'une énumération; mais la difficulté de comprendre dans une énumération tous les cas à prévoir fit reconnaître que le mieux était de s'en tenir à la règle que l'on avait posée, en laissant aux tribunaux le soin de l'appliquer. Le texte étant général, il faut entendre par ventes judiciaires toutes celles auxquelles il est procédé en vertu d'un ordre de justice. On peut citer à titre d'exemples les ventes sur saisie et sur conversion de saisie, les ventes à la suite de surenchère sur aliénation volontaire, les ventes de biens appartenant à des mineurs, à des absents ou à des interdits, les ventes de biens dotaux, les ventes de biens dépendant d'une succession bénéficiaire, d'une succession vacante, d'une faillite, ou d'une cession de biens, les ventes de biens grevés de substitution, les licitations à un partage judiciaire.

3134. Ce dernier genre de vente a fait naître une difficulté, qui a dû être portée devant la cour de cassation. A l'occasion des *adjudications sur licitation*, la question s'est élevée de savoir si on ne doit considérer comme ventes judiciaires que celles qui ne peuvent avoir lieu qu'en justice, ou si le bénéfice de la loi s'applique à toutes les ventes sans distinction qui sont réalisées dans les formes judiciaires, encore bien que les parties aient eu la faculté d'écarter ces formes et de procéder elles-mêmes à l'aliénation. Aucun doute n'était possible relativement aux licitations de biens appartenant en même temps à des mineurs, à des absents ou interdits, et à des majeurs, puisque, dans ce cas, la vente ne peut être faite qu'en justice (c. civ. art. 838 et 839; c. proc. civ. art. 966); mais la question se posait pour les licitations judiciaires intervenant entre copropriétaires qui sont tous majeurs et capables. En pareil cas, l'intervention de l'autorité judiciaire n'est pas nécessaire; les parties pourraient s'en passer, elle n'est motivée que par le désaccord des intéressés qui ne s'entendent pas sur le lotissement, les mises à prix ou les autres conditions de la vente.

L'Administration de l'enregistrement, dans l'instruction qu'elle a donnée à ses agents pour l'exécution de la loi du 23 oct. 1884, a soutenu que les licitations entre majeurs ne constituaient pas des ventes judiciaires dans le sens que la loi de 1884 donne à ces expressions. Elle appuyait cette opinion d'abord sur les travaux préparatoires. Dans le rapport fait à la Chambre des députés le 27 déc. 1880, il est dit, à l'occasion des licitations entre majeurs, que « la loi ne permet pas aux parties, dans ce cas, une vente judiciaire. Si elles ne sont pas toutes d'accord, soit sur la cessation immédiate de l'indivision, soit sur le lotissement, la mise à prix et les conditions de la vente, c'est un procès comme un autre, qui est soumis aux règles de la procédure ordinaire » (D. P. 85. 4. 10, n° 13). Ces paroles du rapporteur, outre qu'elles n'expriment que son opinion personnelle, sont loin d'être explicites. — On argumentait aussi du paragraphe 3 de l'art. 2, qui, supposant que les immeubles à vendre sont indivis entre des mineurs et des majeurs, autorise ceux-ci à se joindre aux représentants de l'incapable pour que la vente ait lieu sur requête, comme si les immeubles n'appartenaient qu'à des mineurs. Cette disposition prouve, disait-on, que la loi n'a prévu que l'hypothèse où la vente intéresse à la fois des majeurs et des mineurs et où elle ne peut avoir lieu qu'en justice. Cet argument n'était pas non plus concluant : le paragraphe 3 de l'art. 2 est étranger à la question de dégrèvement ; il statue sur un cas particulier où il ne s'agit que d'une question de procédure. Le texte qui fixe les conditions moyennant lesquelles la restitution peut avoir lieu est formulé dans les termes les plus généraux : il porte que le dégrèvement est acquis à toutes les les ventes judiciaires dont le prix ne dépasse pas 2000 fr. Aucune restriction n'étant apportée à cette règle, l'interprète n'a pas à se préoccuper des circonstances de fait qui ont nécessité l'intervention de la justice ; la vente est judiciaire toutes les fois qu'elle est faite par ordre de justice. L'interprétation de la Régie était, en outre, contraire à l'esprit de la loi de 1884 qui lui, comme on l'a vu *suprà*, n° 3129, abstraction de la personne des propriétaires, pour ne considérer que les biens mis en vente. Enfin l'art. 2 *in fine*, qui prévoit le cas particulier de licitation, déclare, sans faire de distinction, que le bénéfice de la loi s'applique à toutes les licitations incidentes aux opérations de liquidation et partage. Ces motifs furent très bien développés dans un article publié par M. Testoud (*Revue critique*, 1888, nouv. sér. t. 17, p. 129).

La question fut diversement résolue par les tribunaux (V. dans le sens du système soutenu par l'administration de l'enregistrement : Trib. Epernay, 27 juin 1885, D. P. 86. 3. 61-62, note 1-2 ; Trib. Beaune, 24 oct. 1885, aff. Delonguy, D. P. 86. 3. 62 ; Trib. Bourg, 21 janv. 1886, aff. Deveyle, D. P. 87. 5. 204 ; Trib. Saint-Lô, 9 avr. 1886, aff. X..., D. P. 87. 5. 204. — *Contra* : Trib. Bergérac, 27 mai 1885, D. P. 86. 3. 61-62, note 1-2 ; Trib. Foix, 18 avr. 1885, aff. Maugard, D. P. 86. 3. 62 ; Trib. Auxerre, 4 nov. 1885, D. P. 86. 3. 61-62, note 1-2). Dans tous les cas, il avait été reconnu, même par les partisans de l'opinion qui refusait de considérer les licitations entre majeurs comme des ventes judiciaires, que la loi du 23 oct. 1884 devait recevoir application, non seulement lorsque l'un des colicitants est interdit, mais même lorsque, n'étant pas interdit, il est atteint d'aliénation mentale et placé, à ce titre, dans une maison d'aliénés (Trib. Bourg, 21 janv. 1886, aff. Michon, D. P. 86. 5. 207). La cour de cassation, saisie elle-même de la difficulté, l'a tranchée contrairement aux prétentions de la Régie (Civ. rej. 6 avr. 1887, aff. Maugard, D. P. 87. 1. 503). Se fondant sur ce que les lois d'impôt dont le sens est clair et précis doivent être appliquées à la lettre, sans qu'il soit permis d'y introduire, sous prétexte d'interprétation, des distinctions qu'elles n'ont pas faites, elle décide que la loi du 23 oct. 1884 est applicable à toute vente ordonnée en justice, et notamment à la licitation ordonnée par jugement d'un immeuble appartenant à des majeurs et qui ne peut pas se partager commodément. C'est en ce sens que les auteurs s'étaient généralement prononcés (V. Garnier, *Rép. gén. enreg.*, art. 6515 ; *Diction. droits d'enreg.*, v° *Vente*, n° 972.).

3135. D'après ce qui précède, ce qui imprime à une vente le caractère judiciaire, c'est la circonstance qu'elle a été ordonnée par jugement. Peu importe, par suite, que l'adjudication ait eu lieu à la barre du tribunal ou devant un notaire commis, lequel joue, dans ce cas, le rôle d'un délégué de l'autorité judiciaire ; les termes de l'art. 4 de la loi ne laissent, d'ailleurs, subsister aucun doute sur ce point. — Mais, pour bénéficier du dégrèvement, dans ce dernier cas, la vente doit être faite conformément aux conditions prescrites par le juge. Ainsi il a été décidé que, la loi de 1884 ne concernant pas les ventes qui sont faites en dehors des voies judiciaires, le bénéfice de cette loi n'est pas applicable, notamment, à une vente sur saisie de plusieurs lots dont le total n'excède pas 2000 fr., lorsque quelques-uns de ces lots ont été adjugés par suite d'un accord entre le vendeur et l'avoué poursuivant, sous des conditions et avec des mises à prix autres que celles qui avaient été fixées par le tribunal (Trib. Avallon, 20 févr. 1889, aff. Billardon, *Journ. enreg.*, n° 23265).

2°. — *Objet de la vente.*

3136. La seconde condition requise pour que la restitution ait lieu, c'est que la vente ait pour objet des *immeubles*.

Le texte est également formel sur ce point. Si une vente faite pour un seul et même prix comprend à la fois des meubles et des immeubles, le tribunal ou le notaire commis auront à procéder à une ventilation, de manière à déterminer exactement la valeur représentative des meubles et des immeubles et à ne faire profiter du dégrèvement que cette dernière. Cette ventilation demeure naturellement sans influence, ainsi que le fait observer l'instruction du 3 déc. 1884, citée *suprà*, n° 3130, sur la liquidation du droit d'enregistrement qui reste soumis aux dispositions spéciales de l'art. 9 de la loi du 22 frim. an 7.

3137. Par application de ce principe que la loi de 1884 ne s'applique pas aux aliénations mobilières, il a été jugé qu'on ne peut pas en étendre le bénéfice à l'adjudication d'une rente foncière, alors même que le jugement ordonnant la vente aurait déclaré qu'elle bénéficierait des dispositions de la loi précitée (Trib. Morlaix, 28 juin 1888, aff. Le Hiré, *Journ. enreg.*, art. 23090).

3°. — *Prix n'excédant pas 2000 fr.*

3138. En troisième lieu, d'après l'art. 1er, § 1er, le bénéfice de la loi ne s'applique qu'aux adjudications dont le *prix principal* ne dépasse pas 2000 fr. Un auteur remarque avec raison, que ce n'est pas au hasard qu'on s'est arrêté à ce chiffre. D'une part, ce n'est qu'à partir de la somme de 2000 fr. que l'art. 2 du tarif du 10 oct. 1841 alloue aux avoués une remise proportionnelle. D'autre part, il résulte des statistiques, qu'au dessus de cette somme, les frais de vente ne s'élèvent qu'à 15 pour 100 de la valeur du bien vendu (Carpentier, *op. cit.*, p. 65, n° 4).

L'expression de *prix principal* a été insérée dans la loi avec la signification qu'elle a dans l'art. 708 c. civ., afin d'exclure les charges accessoires qui constituent, pour la perception de l'impôt, une partie du prix, mais dont l'appréciation aurait pu soulever des difficultés de nature à retarder l'exécution du remboursement. Le prix principal comprend donc toutes les sommes que l'acquéreur doit payer au vendeur ou à ses créanciers et autres ayants cause. Il comprend également les prestations, telles que rentes perpétuelles ou viagères, qui tiennent lieu de tout ou partie du prix principal de l'aliénation. Lorsque la valeur de ces prestations n'est pas déterminée dans le contrat ou dans les actes de la procédure, il appartient au tribunal ou au notaire commis d'en fixer le chiffre en exécution du paragraphe 1er de l'art. 4 de la loi. Mais cette fixation toute spéciale ne peut être invoquée au sujet de la liquidation du droit d'enregistrement qui continuera à être opérée conformément aux dispositions légales en vigueur. — Les charges qui restent en dehors de la fixation du prix principal sont toutes celles qui ne sauraient, à raison de leur caractère purement accessoire, être considérées comme une fraction réelle du prix. Telles sont les remises proportionnelles dues aux avoués, les centimes additionnels à payer au notaire, certains frais antérieurs à la charge des vendeurs, les impôts payés d'avance, etc. La question de savoir si une charge fait ou non partie du prix principal sera résolue, en premier ordre, par le tribunal ou, par le notaire commis, sauf le recours établi par l'art. 4, § 1er de la loi » (Instr. adm. enreg. n° 2704, § 2).

3139. Une controverse s'est élevée sur le point de savoir si les *frais de la poursuite* doivent être pris en considération pour la fixation du prix. La question n'a jamais fait difficulté dans l'hypothèse où les frais ont été stipulés payables en sus du prix, ce qui a lieu ordinairement ; tous les auteurs reconnurent que, dans ce cas, les frais ne doivent pas être ajoutés au prix. Mais ils se divisèrent, au contraire, lorsque les frais doivent être payés en déduction du prix. L'opinion qui prévalut à l'origine, c'est que les frais doivent être considérés comme non existants dans toute hypothèse, et que, par suite, de même qu'on ne doit pas les ajouter au prix, lorsqu'ils sont payables par l'adjudicataire, on ne doit pas non plus les en déduire quand ils sont mis à la charge du vendeur. Le prix principal comprend au minimum le prix fixé par la dernière enchère. La généralité du texte exclut toute distinction. C'est en ce sens que se prononce l'Administration (Instr. n° 2704, § 2. Conf. Bonnet, *Explication de la loi du 23 oct. 1884*, p. 2 ; *Diction.*

droits d'enreg., eod v°, n° 976 ; Dutruc, *Etude critique et pratique, Journal des avoués*, art. 6157, p. 91).

Jugé, en ce sens, que, pour savoir si le prix principal dans une vente judiciaire d'immeubles dépasse ou non 2000 fr. et si les droits de la procédure doivent être restitués, il n'y a pas lieu de tenir compte des frais, dans le cas où ils sont stipulés payables en déduction du prix ; et, lors même que cette déduction aurait pour effet d'abaisser le prix au-dessous de 2000 fr., si, d'autre part, le prix stipulé est supérieur à cette somme, la loi du 23 oct. 1884 ne doit pas recevoir son application (Trib. Ploërmel, 8 juill. 1885, aff. Guiblin, D. P. 86. 3. 62. Conf. Trib. Doullens, 2 déc. 1887, aff. Paillart, D. P. 88. 5. 23).

3140. Quoique la cour de cassation n'ait pas été appelée à statuer sur ce point, la solution contraire paraît définitivement acquise aujourd'hui. Il est certain que la commission du Sénat avait ajouté au paragraphe 1er de l'art. 3 un paragraphe additionnel ainsi conçu : « Il en sera de même lorsque le prix d'adjudication *net des droits dus au Trésor* n'excédera pas 2000 fr. » Ce texte tranchait la difficulté. Pourquoi a-t-il disparu lors de la rédaction définitive de la loi? Nul ne saurait le dire; on ne peut donc en argumenter ni dans un sens, ni dans l'autre; mais ce que l'on peut dire, c'est qu'il est illogique de ne pas déduire les frais du prix lorsqu'ils sont payables en déduction, alors qu'on ne les ajoute pas au prix lorsqu'ils sont payables en sus. C'est appliquer à la même question deux solutions contradictoires que rien ne justifie; il est inadmissible que le législateur ait entendu faire dépendre l'application de la loi d'une simple formule à laquelle les notaires auront d'ailleurs toujours recours pour assurer à leurs clients le dégrèvement auquel ils ont droit. Ce qu'il est rationnel de considérer, c'est le prix réel, et non pas le prix nominal ; or le prix réel, c'est le prix calculé, dans un cas comme dans l'autre, abstraction faite des frais. Le *Journal du Notariat* (13 janv. 1886, n° 3806), fait très bien ressortir ce qu'il y a d'irrationnel dans le système que nous critiquons. Si les enchères portent le prix à 2000 fr. avec frais en sus, l'adjudicataire bénéficiera de la restitution ; mais si les enchères élèvent le prix à 2001 fr., frais en déduction, il n'en bénéficiera pas. Dans le premier cas, le vendeur touchera net 2000 fr. et l'adjudicataire obtiendra la remise des droits perçus par le Trésor; dans le deuxième cas, ce même vendeur pourra ne toucher que 1800 fr. et l'adjudicataire n'obtiendra aucun remboursement. Il y a là un résultat singulier qui n'a pu être dans l'esprit du législateur. Il a eu en vue le prix vrai revenant au vendeur, et non pas le prix tel qu'il aura été modifié par une clause d'enchère qui confondra ce prix les frais préalables (Conf. Legrand, *Commentaire de la loi du 23 oct. 1884*, p. 11 et 17; Carpentier, *op. cit.*, p. 75, n° 17). La jurisprudence a fini par se rallier à cette doctrine (Trib. Dijon, 9 janv. 1888, *Journ. enreg.*, art. 23000; Trib. Epernay, 23 févr. 1888, *ibid.*; Trib. Vouziers, 4 déc. 1889, *Journ. enreg.*, art. 23357). L'Administration abandonnait elle-même l'interprétation qu'elle avait soutenue dans l'instruction n° 2704, a exécuté ces jugements.

3141. En définitive donc, comme le disent les rédacteurs du *Journal de l'enregistrement* (loc. cit.), « que les frais soient stipulés payables en sus ou en déduction du prix, ils ne devront désormais, en aucun cas, entrer dans le calcul du prix principal de 2000 fr., au-dessous duquel le bénéfice de la loi devient applicable. S'ils sont payables en sus, on continuera, comme par le passé, à ne pas les ajouter. S'ils sont payables en diminution du prix, on les déduira, et la différence seule constituera le prix principal dont la fixation doit entraîner ou non la restitution des droits ».

Mais, ainsi que le font observer les mêmes auteurs, on doit veiller à n'admettre en déduction que les sommes qui constituent véritablement des frais de vente et en exclure toutes celles qui, bien que rentrant dans la catégorie des frais accessoires, sont en réalité des éléments du prix principal, dans le sens que la loi attache à cette expression. Cette démarcation a été indiquée avec précision dans deux jugements, l'un du tribunal de Rouen du 7 févr. 1888 (aff. Féré, *Revue du notariat*, art. 7859); l'autre du tribunal de Forcalquier du 25 avr. 1889 (*Journ. enreg.*, art. 23298, aff. Sicard), lesquels ont décidé qu'en matière de licitation

incidente à une procédure de partage, les frais antérieurs au cahier des charges, qui, d'après l'art. 2, § 3, de la loi de 1884, ne peuvent être employés en frais de vente, doivent, à la différence des frais postérieurs, entrer en ligne de compte pour la fixation du prix principal, en vue d'apprécier si ce prix dépasse ou non 2000 fr. et s'il y a lieu, par suite, d'appliquer la loi du 23 oct. 1884 (Comp. observations développées à l'appui du jugement du tribunal de Rouen, dans *Revue du notariat, loc. cit.* et *Journ. enreg.*, art. 23001).

3142. Le prix principal étant déterminé, conformément à l'art. 30 du code de procédure, sans égard aux dispositions spéciales de la loi sur l'enregistrement, il en résulte que, si la vente judiciaire était faite avec réserve d'usufruit au profit du vendeur, il n'y aurait pas lieu d'ajouter au prix de la nue propriété la moitié qui représente la valeur de l'usufruit comme le prescrit la loi du 22 frim. an 7 (art. 15, n° 7) (Instr. n° 2704, eod. loc.).

3143. Le prix principal déterminé par l'adjudication étant la seule base autorisée pour l'application de la loi, le bénéfice en serait acquis à l'aliénation, quoique des documents, tels qu'un procès-verbal d'expertise, fissent connaître que la valeur vénale des biens vendus excède 2000 fr. (Instr. n° 2704, § 3).

3144. En principe, c'est le prix d'adjudication qu'il faut considérer pour décider s'il y a lieu ou non à restitution. Est-ce à dire qu'il faille nécessairement que l'adjudication soit réalisée pour que le contribuable puisse bénéficier de la loi? Le législateur a prévu le cas où plusieurs lots sont mis en adjudication et ne sont pas tous vendus. « Les lots mis en vente par le même acte, dit l'art. 1er, § 2, seront réunis pour le calcul du prix d'adjudication »

De ce texte se dégage une première règle, c'est qu'il faut au moins que les lots aient été mis en vente, c'est-à-dire exposés aux enchères, pour que les droits soient restituables : il en résulte qu'aucun dégrèvement ne serait dû relativement aux immeubles qui, après avoir été compris dans la poursuite, seraient distraits de la vente, soit, par exemple, parce qu'ils auraient fait l'objet d'une demande en distraction, soit parce qu'ils auraient été retirés volontairement pour une cause ou pour une autre. En substituant les mots « mis en vente par le même acte » à ceux-ci « compris dans la même poursuite», qui se trouvaient dans le projet de la commission de 1880, le législateur a eu pour but d'affirmer cette idée (Instr. n° 2704, § 4 ;... Legrand, p. 13 ; Diction. droits d'enreg., n° 983 ; Dutruc, p. 91, Carpentier, p. 66, n° 9).

3145. « Si la poursuite est abandonnée, dit l'instruction du 3 déc. 1884, ou si la vente amiable est substituée à la vente judiciaire, la loi cesse de recevoir son exécution à l'égard des biens qui font l'objet de cette poursuite ou de cette vente. »

Par application de ce principe, dans une hypothèse où, au cours d'une procédure de vente judiciaire, un tiers avait été admis à revendiquer l'immeuble qui en était l'objet, après la lecture du cahier des charges, mais avant la mise aux enchères, l'Administration a décidé que les droits perçus ne pouvaient pas être restitués. S'appuyant sur l'instruction précitée, elle s'est s'exprimée ainsi : « La condition mise ainsi à la restitution ne peut être remplie que si la procédure a été conduite jusqu'à l'adjudication. Ce n'est, en effet, que par ce moyen que le prix, dont le montant autorisera ou empêchera la restitution, peut être fixé sans arbitraire. En dehors de cette règle, il ne resterait place que pour une évaluation qui, restant sans contrôle, mettrait le Trésor à la discrétion des intéressés. Lorsque l'immeuble a été mis aux enchères, on peut sans inconvénient, bien que la tentative d'adjudication n'ait pas abouti, accepter la mise à prix comme élément d'évaluation ; cette mise à prix, en effet, lie les parties et peut entraîner contre elles des résultats définitifs, si un amateur se présente aux enchères. Il n'y a donc pas à craindre que les parties se concertent pour l'abaisser à un chiffre dérisoire, afin de bénéficier de la loi de 1884. Il résulte de ces motifs que la mise à prix ne peut être acceptée comme l'équivalent du prix, pour l'application de la loi qu'autant que les biens ont été mis en vente, c'est-à-dire soumis à la chaleur des enchères, § 6. La règle posée à cet égard par l'instruction n° 2704, § 6, doit donc être strictement maintenue ». Toutefois, si, après avoir été ordonnée dans le procès-verbal par le notaire rédacteur sans que le receveur de l'enregistrement ait fait opposition dans le délai légal, la restitution a été exécutée, il n'y a pas lieu de revenir sur le fait accompli (Sol. adm. enreg. 29 janv. 1886, D. P. 87. 3. 55).

3146. Mais, s'il est nécessaire que la mise aux enchères ait eu lieu, le bénéfice de la loi est acquis au contribuable dès que cette formalité a été remplie, alors même que l'adjudication n'aurait pas abouti. Cela ne souffre pas difficulté, lorsque quelques-uns des lots sont adjugés, les autres restant invendus; d'après le paragraphe 2 de l'art. 1er, comme on l'a dit *supra*, n° 3144, on doit ajouter, dans ce cas, les mises à prix des lots non adjugés aux prix de ceux qui ont été vendus; et, si la réunion de ces différentes sommes n'excède pas 2000 fr., les droits applicables à toute la procédure sont restitués; le dégrèvement est définitif même relativement aux droits perçus sur les biens invendus, quel que soit le sort de ces biens dans l'avenir, soit que le propriétaire les conserve, soit qu'il les aliène ultérieurement.

Dans le cas contraire, c'est-à-dire si le total des sommes dont il s'agit est supérieur à 2000 fr., aucune restitution n'a lieu, en ce qui concerne la première procédure d'adjudication, alors même qu'après baisse de la mise à prix, les biens invendus seraient définitivement adjugés, sauf au contribuable à se faire restituer les droits afférents à la seconde procédure d'adjudication, si le prix reste dans les limites du maximum fixé par la loi. L'art. 1er, § 2, *in fine* est, en effet, ainsi conçu : « La vente ultérieure des lots non adjugés profitera du bénéfice de la loi d'après les mêmes règles ». — En d'autres termes, les deux procédures qui peuvent se succéder relativement aux mêmes biens sont indépendantes l'une de l'autre et doivent, par suite, être considérées isolément (Instr. n° 2704, § 5; Legrand, p. 13; Bonnet, *Journal des notaires*, n° 3701, *Diction. droits d'enreg.*, v° *Vente*, nos 984 et suiv.; Carpentier, p. 66, n° 9).

3147. Faut-il appliquer les mêmes solutions lorsque la première tentative d'adjudication est *totalement infructueuse*, soit qu'elle n'eût pour objet qu'un immeuble unique, soit qu'elle portât, au contraire, sur plusieurs biens? On a soutenu que l'art. 1er, § 2, de la loi du 23 oct. 1884 visait uniquement l'hypothèse d'une mise en vente de plusieurs lots dont les uns ont été adjugés et dont les autres ne l'ont pas été, que l'hypothèse où aucun des lots n'est vendu est en dehors de ses dispositions, et que si, dans la première hypothèse, il y a, au cas de revente ultérieure, deux procédures distinctes, soumises chacune, quant aux frais, à un règlement spécial, il n'y a dans la seconde qu'une procédure unique dont le résultat, au point de vue de la restitution des droits, est subordonné au succès final de l'adjudication; de telle sorte que si aucune adjudication n'intervient il n'y a lieu à aucun remboursement. Par cela même que le législateur n'a prévu que l'un des cas où la question pouvait se présenter, il a manifesté l'intention de ne pas appliquer à l'autre la même règle : *Qui dicit de uno negat de altero* (Carpentier, p. 66, n° 10; Garnier, *Rép. pér. enreg.*, art. 7020, 7185, 7306). On peut appuyer l'opinion contraire sur des motifs sérieux. — Il ressort très nettement du texte de l'art. 1er, § 2, que lorsqu'il s'agit d'une vente portant sur plusieurs immeubles dont quelques-uns seulement ont été adjugés, la mise à prix est considérée par la loi comme déterminant suffisamment la valeur des biens invendus en ce qui concerne la question de restitution des droits; or si tel est le système du législateur, on n'aperçoit aucune raison pour distinguer suivant que l'insuccès de la tentative d'adjudication est partiel ou total; l'équivalence que la loi établit entre la mise à prix et la valeur réelle de l'immeuble a la même raison d'être pour tous les lots pris dans leur ensemble que pour chacun d'eux en particulier (V. en ce sens : *Diction. droits d'enreg.*, v° *Vente*, nos 984 et 985; *Journ. enreg.*, art. 23017).

L'Administration s'était prononcée pour cette dernière interprétation (Instr. n° 2704, § 7; Instr. 7 août 1886). Les tribunaux étaient en désaccord sur la question. Jugé, d'une part, qu'au cas d'adjudication sur baisse de mise à prix à la suite d'une tentative demeurée infructueuse, la restitution ne peut pas être étendue aux droits des actes afférents à la première adjudication, ces droits devant faire l'objet d'un ordre de restitution dans le procès-verbal de non-adjudication, attendu que la procédure qui a abouti à ce procès-verbal et celle de l'adjudication sur baisse de mise à prix doivent être considérées comme distinctes. Dans ce cas, la restitution doit être restreinte aux droits des actes afférents à la seconde adjudication (Trib. Morlaix, 15 mars 1888, aff. X..., D. P. 89. 5. 229. Conf. Trib. Amiens, 7 août 1886, aff. Beaucamp, D. P. 87. 5. 203). Décidé, d'autre part, que l'ordre de restitution à insérer dans le procès-verbal d'adjudication d'immeubles remis en vente sur une baisse de mise à prix et adjugés pour un prix inférieur à 2000 fr., doit comprendre, au contraire, les droits de tous les actes de la procédure de vente, y compris ceux auxquels a donné lieu la tentative d'adjudication (Trib. Saint-Omer, 8 déc. 1887, aff. X..., D. P. 89. 5. 228; Trib. Trévoux, 30 avr. 1889, aff. X..., *ibid.*).

3148. A la suite d'un pourvoi formé par l'Administration contre un jugement du tribunal de Lyon du 24 janv. 1889, la cour de cassation a, dans un arrêt récent, tranché elle-même la difficulté en consacrant la doctrine adoptée par ces derniers jugements : « Attendu, dit la cour, qu'il est vrai que l'art. 1er, § 3, en décidant que la vente ultérieure des lots non adjugés profitera du bénéfice de la loi d'après les mêmes règles, constitue une seconde procédure pour le cas spécial par lui prévu; mais que c'est là une disposition exceptionnelle prise dans le cas d'un ensemble d'immeubles exposés aux enchères par le même procès-verbal, et rendue nécessaire par les éléments divers et complexes dont se compose la première procédure, close d'ailleurs par l'adjudication d'un ou plusieurs immeubles; qu'à raison de son caractère exceptionnel, elle ne saurait être étendue au cas où, comme dans l'espèce, la procédure suivie jusqu'au 8 sept. 1888, date de la première mise infructueuse aux enchères, ne comprend qu'un seul immeuble et ne se termine par aucune adjudication; que, d'ailleurs, le remboursement s'étendant, même dans l'hypothèse prévue par la disposition précitée, aux droits perçus pour parvenir à la vente des biens non adjugés, on n'en saurait tirer cette conséquence juridique, que, dans une hypothèse analogue, les mêmes droits resteront acquis au Trésor » (Req. 27 janv. 1890, aff. Verzier, D. P. 90. 1. 343. V. aussi le rapport de M. le conseiller Voisin, sur lequel a été rendu cet arrêt, D. P. *ibid*). — Les rédacteurs du *Journal de l'enregistrement* font remarquer que le principe admis par la chambre des requêtes, d'après lequel, dans le cas où la tentative d'adjudication est complètement infructueuse, il n'y a qu'une procédure dont le résultat, au point de vue de la restitution des droits, reste subordonné à l'adjudication à intervenir, aura pour effet d'aggraver la situation des contribuables. L'Administration avait, en effet, jusqu'ici l'habitude de restituer immédiatement les droits toutes les fois que la tentative d'adjudication demeurée infructueuse avait été faite sur une mise à prix inférieure à 2000 fr. Désormais, en pareil cas, le Trésor gardera les droits qu'il a perçus et ceux-ci lui resteront définitivement acquis, si, comme cela a lieu fréquemment, le vendeur renonce à remettre en vente les biens non adjugés.

3149. Il est à remarquer que l'art. 1er, § 2, de la loi du 23 oct. 1884 ne s'applique qu'autant qu'il s'agit d'immeubles qui ont été « mis en vente par le même acte ». Il en résulte que des biens appartenant au vendeur qui feraient l'objet d'une autre adjudication ne pourraient pas être réunis aux immeubles de la première vente, lors même qu'ils auraient été compris dans les mêmes poursuites. Mais si plusieurs poursuites, faites séparément à l'origine, sont jointes avant la vente et aboutissent à un procès-verbal unique, c'est le résultat de la mise aux enchères de tous les lots qui déterminera le prix principal (Instr. n° 2704, § 4).

3150. Peu importe, du reste, que les immeubles appartiennent à des propriétaires différents, pourvu qu'ils soient mis en vente par le même acte. Ainsi il a été jugé que, pour savoir si une vente doit bénéficier des dispositions de la loi du 23 oct. 1884, il y a lieu de réunir tous les lots mis en vente par le même acte, quoiqu'ils appartiennent à des propriétaires distincts, alors surtout que l'un des vendeurs a des droits de propriété exclusifs ou indivis dans chacun de ces immeubles. Il en est ainsi, notamment, au cas où la vente des immeubles dépendant d'une communauté et de ceux qui appartenaient à l'époux prédécédé a eu lieu sur un seul cahier des charges et par le même acte pour un prix total excédant 2000 fr. Le fait que la valeur des immeubles dépendant de la succession est inférieure à 2000 fr. ne permet pas d'invoquer, quant à ces immeubles, le bénéfice de la loi de 1884 ; et cette solution est applicable, alors même que la vente des deux masses d'immeubles a été autorisée pour chacune par un jugement particulier (Trib. Bourg, 22 mars 1889, aff. Pillard-Pommateau, *Journ. enreg.*, art. 23297).

3151. En serait-il encore de même si les vendeurs n'avaient aucun droit de copropriété dans les biens vendus conjointement? La négative peut s'induire du jugement du tribunal de Bourg cité *suprà*, n° 3150. Le tribunal reconnaît, en effet, « que le texte (L. 23 oct. 1884, art. 1er, § 2) peut être sujet à interprétation, et que l'ordonnance de restitution pourrait être maintenue s'il s'agissait, non d'immeubles adjugés distinctement dans un même acte, mais d'immeubles appartenant à des personnes absolument distinctes et étrangères les unes aux autres ». Nous croyons avec les rédacteurs du *Journal de l'enregistrement*, auquel nous avons emprunté cette intéressante décision, que la circonstance dont il s'agit n'est point déterminante et que la restitution des droits peut être demandée toutes les fois que la valeur des immeubles mis en vente ne dépasse pas le maximum légal, sans qu'il y ait à se préoccuper des liens juridiques qui peuvent exister entre les propriétaires respectifs de ces immeubles. Cette doctrine nous paraît conforme au texte et à l'esprit de la loi de 1884. L'art. 1er, § 2, ne fait aucune distinction; il exige que tous les lots mis en vente par le même acte soient réunis pour le calcul du prix d'adjudication. Nous avons vu, d'autre part, que la loi de 1884 fait abstraction de la personne des propriétaires et ne considère que les biens mis en vente. Enfin, de même que l'on ne réunit pas les immeubles faisant l'objet d'adjudications différentes, quoiqu'ils appartiennent aux mêmes propriétaires (V. *suprà*, n° 3149), il est rationnel de réunir, au contraire, ceux qui, appartenant à des propriétaires distincts, sont mis en vente par le même acte; le motif qui fait refuser le dégrèvement dans le premier cas, l'unité des poursuites, doit le faire accorder dans le second.

3152. Mais, la loi de 1884 ne concernant que les ventes judiciaires, il a été jugé, que le prix d'un immeuble qui a été mis en vente volontairement avec d'autres immeubles dont la vente a été ordonnée et poursuivie en justice, ne doit pas entrer en ligne de compte pour le calcul du prix total d'une adjudication judiciaire; et, par conséquent, si le prix total supérieur à 2000 fr. est inférieur à ce chiffre après déduction du prix de l'immeuble aliéné volontairement, la loi du 23 oct. 1884 est applicable, et les droits perçus sur les actes de la procédure antérieure doivent être restitués (Trib. Beauvais, 20 nov. 1886, D. P. 88. 5. 224).

4°. — *Prix définitif.*

3153. En quatrième lieu enfin, la restitution ne peut être demandée, aux termes de l'art. 3, § 1er, que lorsque le prix est devenu *définitif* par l'expiration du délai de surenchère prévu par les art. 708 et 965 c. proc. civ. et 573 c. com. D'après le droit commun, le prix n'est fixé définitivement que lorsque toute surenchère est devenue impossible et que la folle enchère n'est plus elle-même à prévoir; mais, au point de vue de l'application de la loi du 23 oct. 1884, le prix peut acquérir un caractère définitif, quoique ces conditions ne soient pas remplies. D'abord la folle enchère, dans notre matière, est sans influence sur la fixation du prix ; le législateur a considéré que cette voie de recours restant ouverte pendant trente ans, on ne pouvait pas laisser aussi longtemps en suspens le sort de l'adjudication. En outre, la loi n'attribue pas un effet suspensif à toutes les surenchères sans distinction; il y a des surenchères qu'elle écarte et d'autres qu'elle prend en considération. L'art. 3, § 1er, mentionne seulement, comme pouvant influer sur le prix, la surenchère du sixième qui peut être formée dans le délai de huit jours en vertu des art. 708 et 965 c. proc. civ., et celle du dixième qu'autorise dans le délai de quinzaine l'art. 573 c. com. On s'accorde néanmoins pour reconnaître que la loi de 1884 doit être étendue, par voie d'analogie, aux surenchères intervenues dans les mêmes délais au sujet de procédures identiques, telles que celles des art. 743, 973, 996

et 1001 c. proc. civ. (Instr. n° 2704, § 10; *Diction. droits d'enreg.*, v° *Vente*, n° 990; Dutruc, p. 96; Legrand, p. 31; Carpentier, p. 81, n° 21).

3154. Quant à la surenchère du dixième que l'art. 2185 c. civ. autorise au profit des créanciers inscrits dans le délai de quarante jours à partir de la notification faite par le nouveau propriétaire qui procède à la purge, le législateur n'en tient pas compte, ne voulant point faire dépendre la restitution d'une procédure qui peut n'intervenir que longtemps après l'adjudication, puisque le tiers détenteur ne purge que s'il le veut et quand il le veut. — En serait-il encore de même si les créanciers inscrits, sans attendre les notifications du tiers acquéreur, formaient une surenchère avant l'expiration du délai de quinzaine? Nous pensons, avec les auteurs du *Dictionnaire des droits d'enregistrement*, v° *Vente*, n° 991, que, dans cette hypothèse exceptionnelle, la surenchère de l'art. 2185 c. civ. aurait pour effet, comme toutes les autres surenchères formées dans le même délai, de subordonner la restitution au résultat de l'adjudication. Cette solution nous paraît résulter des motifs que l'on invoque pour étendre l'art. 3, § 1er, aux surenchères que ne mentionne pas cet article et qui sont formées dans le délai de huitaine en vertu des dispositions du code de procédure civile. Les termes restrictifs de la loi de 1884 s'expliquent uniquement par le désir de ne pas laisser trop longtemps incertaine la restitution; le législateur a dû s'attacher plutôt au délai qu'à la nature de la surenchère.

3155. Il en serait autrement, toutefois, de la folle enchère ; celle-ci n'est jamais à considérer, fût-elle formée dans le délai de quinzaine. La raison en est que la folle enchère constitue, par sa nature même, une aliénation complètement distincte, au point de vue fiscal, de l'adjudication primitive.

3156. La surenchère de l'art. 2185 c. civ., sauf le cas exceptionnel que nous avons prévu, et la folle enchère restant sans influence sur la fixation définitive du prix, la restitution devrait être opérée au moment où elle est requise, quoique ces voies de recours soient exercées et quoique même elles aient abouti à une nouvelle adjudication fixant le prix principal à un chiffre supérieur à 2000 fr. — A l'inverse, si le prix de l'adjudication a dépassé 2000 fr., l'acte ne bénéficiera pas de la loi, alors même que plus tard le prix de la nouvelle adjudication resterait inférieur à ce chiffre (Instr. adm. enreg. n° 2704).

Des difficultés se présentent dans le cas où, l'adjudication comprenant plusieurs lots, quelques-uns seulement se trouvent frappés de surenchère; nous retrouverons plus loin ces difficultés à l'occasion des incidents de la vente (V. *infrà*, n°s 3157 et suiv.).

Incidents de la vente : subrogation, surenchère, folle enchère.

3157. La restitution s'applique, d'après l'art. 2, § 1er, aux ventes judiciaires dont le prix ne dépasse pas 2000 fr. ainsi qu'à « leurs incidents de subrogation, de surenchère et de folle enchère ».

Ainsi la loi de 1884 étend le bénéfice de la restitution à trois espèces d'incidents: les incidents de *subrogation*, de *surenchère* et de *folle enchère* ; ce sont ceux qui se produisent le plus souvent. Les conditions auxquelles la restitution est subordonnée variant avec chacun d'eux, nous devons les considérer successivement.

3158. La *subrogation*, qui a pour effet de substituer un poursuivant à un autre, n'a aucune influence sur la détermination du prix de la vente; les formalités auxquelles elle donne lieu se confondent avec celles de l'adjudication, pour ne former qu'une procédure unique qui bénéficie du dégrèvement si le prix ne dépasse pas le maximum légal.

3159. Quant aux incidents de *surenchère*, il est nécessaire de distinguer les surenchères qui influent sur la fixation du prix d'après la loi de 1884 et celles qui ne le modifient pas, c'est-à-dire celles qui sont formées avant et celles qui sont formées après l'expiration du délai de quinzaine. Les secondes constituent des procédures distinctes, qui profitent ou non de la restitution suivant qu'elles remplissent ou non les conditions que nous avons indiquées relativement à l'adjudication elle-même, sans qu'il y ait à tenir compte du prix de la vente surenchérie. Il pourra se faire, par suite, que la restitution s'applique à la procédure de surenchère, alors qu'elle n'était pas applicable à la procédure d'adjudication et réciproquement. Mais il en est différemment des premières, c'est-à-dire des surenchères qui interviennent dans le délai de quinzaine et servent à fixer le prix définitif de l'adjudication primitive. Ces surenchères s'incorporent à la première vente, de telle sorte qu'il n'y a qu'une même procédure indivisible, dans laquelle le prix de l'adjudication sur surenchère est seul à considérer pour savoir s'il y a lieu à restitution, au point de vue de l'incident comme au point de vue de la vente. Le prix de l'adjudication définitive est-il inférieur ou égal à 2000 fr., la restitution s'étend à toute la procédure ; est-il supérieur à cette somme, ni la vente, ni l'incident de surenchère ne profitent du dégrèvement.

3160. Cette solution ne souffre pas difficulté lorsque la vente surenchérie ne comprend qu'un seul immeuble ; mais la question est plus délicate quand plusieurs lots ayant été mis en vente, l'adjudication ne porte que sur quelques-uns seulement. Il n'est pas contesté que l'adjudication définitive de ces derniers lots tient en suspens le dégrèvement de la première adjudication, en ce sens que celle-ci ne donnera lieu à restitution que si, en réunissant les prix des lots qui n'ont pas été frappés de surenchère aux prix définitifs des lots surenchéris, on n'obtient pas un total supérieur à 2000 fr.

Mais on a prétendu que l'adjudication sur surenchère n'est pas liée, au contraire, à la première adjudication ; qu'il faut l'en détacher et la considérer isolément pour lui appliquer la loi de 1884 (Legrand, p. 32). Jugé en ce sens que la restitution peut être exigée relativement aux actes rédigés pour parvenir à la surenchère toutes les fois que l'adjudication, à la suite de cette surenchère, est prononcée moyennant un prix inférieur à 2000 fr., encore bien que la surenchère n'ait été formée que pour l'un des lots de l'adjudication primitive et que l'ensemble des prix de cette adjudication ait excédé 2000 fr. (Trib. Sainte-Menehould, 13 mai 1885, aff. Bertrand, D. P. 86. 3. 118). Les partisans de ce système s'appuyaient sur ce que le bénéfice de la loi de 1884 est appliqué divisément par l'art. 1er à la vente proprement dite et à l'incident de la surenchère, ce qui implique, de la part du législateur, l'intention de ne point considérer ces deux actes comme un tout indivisible. On ajoutait qu'un lot surenchéri doit être assimilé à un lot invendu ; or, d'après le paragraphe 2 de l'art. 1er, la vente ultérieure des lots non adjugés profite du bénéfice de la loi. — L'Administration s'est prononcée dès l'origine pour l'opinion contraire (Instr. n° 2704, § 9) à laquelle la plupart des auteurs se sont ralliés. Il est inexact, en effet, de dire que les deux adjudications sont isolées l'une de l'autre par la loi de 1884 ; le contraire ressort nettement du paragraphe 1er de l'art. 3. En outre, on ne peut pas assimiler un lot surenchéri à un lot non adjugé ; comme le dit un auteur, « la surenchère rend incertain le prix d'aliénation, mais non l'aliénation elle-même ». La question a été tranchée définitivement en ce sens par la cour de cassation. Jugé, en effet, que la restitution des droits de timbre, d'enregistrement, de greffe et d'hypothèque, autorisée par la loi du 23 oct. 1884, n'est pas applicable à l'adjudication prononcée à la suite d'une surenchère du sixième, encore bien que le prix soit inférieur à 2000 fr., lorsque la réunion de ce prix et de ceux des lots non surenchéris donne un total excédant 2000 fr. (Civ. cass. 18 mai 1887, aff. Bertrand, D. P. 87. 1. 504. Conf. Trib. Rambouillet, 31 juill. 1885, aff. Pavé et Thirourard, D. P. 86. 3. 119 ; Diction. droits d'enreg., n° 1001 ; Carpentier, p. 81, n° 22 ; Testoud, Revue critique, 1889, t. 18, p. 164).

3161. On ne devrait pas appliquer la même théorie à la surenchère du dixième de l'art. 2185 c. civ., formée après le délai de quinzaine ; nous avons vu, en effet, que cette surenchère n'exerce aucune influence sur la fixation du prix au point de vue de la loi de 1884 ; l'adjudication sur surenchère du dixième constitue, dans ce cas, une adjudication distincte et isolée, à laquelle la restitution doit être appliquée, abstraction faite de la vente originaire (Testoud, op. et loc. cit.). Ajoutons, avec M. Carpentier, p. 82, n° 23, qu'en cas de surenchère sur aliénation volontaire, les

seuls droits susceptibles de restitution sont ceux relatifs aux actes faits pour parvenir à la surenchère, attendu que, dans cette hypothèse, il n'y a qu'une seule vente judiciaire, et que la loi laisse en dehors de ses dispositions les ventes volontaires.

3162. Ce que l'on vient de dire de la surenchère du dixième formée par les créanciers inscrits après l'expiration du délai de quinzaine, est vrai de la folle enchère. Elle aussi est une aliénation nouvelle, qui doit être, pour l'application du remboursement, considérée isolément et sans être rattachée à la première adjudication. Si le prix de la folle enchère, déterminé conformément à l'art. 1er de la loi, dépasse 2000 fr., la procédure de l'incident n'est pas régie par la loi du 23 oct. 1884, quoique le prix de la vente antérieure ait été inférieur à ce chiffre et que cette vente ait bénéficié de la loi. Si, au contraire, le prix de la folle enchère ne dépasse pas 2000 fr., les actes de la procédure relatifs à l'incident profitent des dispositions de la loi nouvelle, bien que la vente antérieure n'en ait pu bénéficier. Dans un cas comme dans l'autre, les résultats de la folle enchère ne peuvent réagir sur la vente primitive (Instr. n° 2704, § 9). En définitive, les deux procédures sont, au point de vue des dégrèvements autorisés par la loi du 23 oct. 1884, absolument indépendantes l'une de l'autre. Le droit à la restitution dépend, non du résultat définitif de la poursuite de vente, mais du résultat particulier de chaque adjudication envisagée isolément. Ce système, moins rationnel peut-être que celui qui aurait subordonné le bénéfice de la loi aux résultats définitifs de la poursuite, a été adopté afin de rendre la restitution prompte et facile et de permettre que tout fût réglé entre le Trésor et les parties immédiatement après chaque adjudication, c'est-à-dire dans le délai fixé par l'art. 4 de la loi pour opérer la restitution.

3163. La cour suprême a cassé un jugement du tribunal de Tarbes, du 25 juin 1886, qui s'était prononcé en sens contraire. Jugé que la revente sur folle enchère, à un prix inférieur à 2000 fr., d'un immeuble saisi, précédemment adjugé à la suite de surenchère, moyennant un prix supérieur à ce chiffre, donne lieu à la restitution des droits de timbre, enregistrement, etc., autorisée pour les ventes judiciaires dont le prix n'excède pas 2000 fr., mais seulement pour les actes de la procédure spéciale de folle enchère, et non pas pour tous ceux faits depuis le commencement des poursuites (Civ. cass. 14 janv. 1889, aff. Loubet et Lafitte, D. P. 89. 1. 199, note).

3164. L'art. 2, § 1er, de la loi du 23 oct. 1884 étend le bénéfice de la restitution qu'aux trois espèces d'incidents que l'on vient d'examiner. L'Administration considère avec raison cette énonciation comme limitative. Le dégrèvement ne s'applique donc à aucune de ces autres procédures accessoires auxquelles peut donner lieu la poursuite, par exemple, aux demandes en distraction, aux instances en nullité d'exploits, en radiation de saisie, etc. ; ces incidents restent sous l'empire du droit commun, et ne sauraient être pris en considération pour le calcul des droits à restituer (Instr. n° 2704, § 9).

3165. Les frais des incidents de subrogation, de surenchère ou de folle enchère ne sont eux-mêmes restituables qu'autant qu'ils sont employés en frais de vente. S'ils sont mis par le tribunal à la charge personnelle, soit du saisissant qui conteste à tort la subrogation, soit du demandeur dont la poursuite est rejetée, ils ne font pas réellement partie de la poursuite de vente, et demeurent, par suite, acquis au Trésor (Instr. n° 2704, § 9). Jugé, en ce sens, que le bénéfice de la loi du 23 oct. 1884 n'est pas applicable, en cas de vente sur saisie, aux frais d'une demande en distraction d'une partie des biens expropriés, rejetée par un jugement de première instance confirmé en appel, alors même que les frais de cette instance auraient été, pour partie, employés par l'arrêt en frais privilégiés de saisie et de vente (Trib. Châteauroux, 3 avr. 1889, aff. Monier, Journ. enreg., art. 23278).

N° 3. — Droits qui peuvent être restitués.

3166. D'après l'art. 3, § 1er, la restitution embrasse « toutes les sommes payées au Trésor public pour droit de timbre, d'enregistrement, de greffe et d'hypothèque, applicables aux actes rédigés en exécution de la loi pour parvenir à l'adjudication ».

Ainsi la restitution ne s'applique qu'aux actes rédigés en exécution de la loi pour parvenir à l'adjudication. Il en résulte, comme le fait remarquer l'Administration, que le jugement ou le procès-verbal d'adjudication reste assujetti au droit commun, de même que tous les actes postérieurs, tels que les déclarations de command, la quittance du prix, etc., autres que les incidents prévus par le paragraphe 1er de l'art. 2 de la loi (Instr. n° 2704, § 11).

Quant aux actes antérieurs à l'adjudication, ils ne sont eux-mêmes susceptibles de dégrèvement que moyennant deux conditions. Il faut d'abord qu'ils aient été rédigés en exécution de la loi. Il y a donc lieu d'exclure de la restitution les droits perçus sur des actes frustratoires ou reconnus inutiles à la poursuite de vente, notamment les actes annulés pour vice de forme. Il faut, en second lieu, qu'ils aient été rédigés pour parvenir à l'adjudication. Si l'on a engagé des procédures ayant un but ou un effet différent, qui ne répondent qu'à des besoins particuliers et ne sont pas indispensables à la poursuite, la restitution ne peut pas être autorisée (Instr. n° 2704, § 12).

3167. Jugé, par application de ce qui précède : 1° que la restitution ne s'applique pas au droit d'enregistrement perçu sur la disposition d'un jugement, qui, en ordonnant la vente des immeubles dépendant d'une succession acceptée sous bénéfice d'inventaire, constate cette acceptation et en donne acte aux héritiers, ladite déclaration d'acceptation étant étrangère aux actes rédigés pour parvenir à l'adjudication (Trib. Beauvais, 20 nov. 1886, D. P. 88, 5. 224; Trib. Coutances, 11 janv. 1887, aff. X..., D. P. 89. 5. 229 ; Trib. Sainte-Menehould, 26 avr. 1887, D. P. 88. 5. 224; Trib. Saint-Omer, 8 déc. 1887, aff. Dumont, ibid. ; Trib. Grenoble, 13 mars 1889, aff. Recoura, D. P. 89. 5. 229) ; — 2° Que le bénéfice de la loi s'applique, dans une vente judiciaire, au jugement qui a prononcé la remise de l'adjudication conformément à l'art. 703 c. proc. civ., aux placards et procès-verbaux d'apposition destinés à assurer la publicité dudit jugement et à faire connaître le jour fixé pour l'adjudication, enfin à l'inscription ou à la mention du jugement à la suite du cahier des charges de l'adjudication (Trib. Brive, 23 déc. 1885, aff. Guillemin, D. P. 87. 5. 203) ; — 3° Que les dispositions de la loi du 23 oct. 1884 s'appliquent encore à l'ordonnance de référé intervenue postérieurement à la transcription de la saisie, sur la requête du créancier saisissant et ordonnant la vente des récoltes pendantes sur les immeubles saisis (c. proc. civ. art. 681), ainsi qu'au procès-verbal de cette vente, ces actes ne constituant pas un incident de la procédure de saisie, mais en faisant partie intégrante et en étant une conséquence directe et nécessaire (Trib. Beaune, 21 févr. 1889, aff. Bergeret, D. P. 89. 5. 227-228) ; — 4° Qu'on ne saurait faire bénéficier du dégrèvement, au contraire, la procuration sous seing privé donnée par un créancier à son avoué, afin de souscrire une surenchère et de remplir les formalités prescrites à cet effet par les art. 2185 et suiv. c. civ., cet acte n'étant pas une pièce essentielle de la procédure de surenchère (Trib. Aubusson, 21 déc. 1885, aff. Lafont, D. P. 87. 5. 205). On rapprochera de cette décision la jurisprudence rapportée suprà, n° 1794 et d'après laquelle l'exemption des droits de timbre et d'enregistrement, établie à l'égard des actes faits en exécution de la loi du 3 mai 1841 sur l'expropriation pour cause d'utilité publique, ne s'applique pas à la procuration donnée en vue d'une cession amiable et pour en toucher le prix; — 5° Que la restitution s'étend encore aux fractions de centimes perçues à l'enregistrement dans les conditions de l'art. 5 de la loi du 22 frim. an 7 (Trib. Bayeux, 31 janv. 1889, aff. X..., D. P. 89. 5. 228).

3168. Les ventes judiciaires donnent lieu à des formalités qu'on ne remplit pas ordinairement, et dont l'accomplissement est motivé par des circonstances particulières tenant à la condition personnelle des parties. Tel est le cas où le débiteur décède avant que la procédure soit engagée, ou bien encore celui où la vente est poursuivie contre un incapable. L'Administration de l'enregistrement considère que les dispositions de la loi de 1884 doivent être restreintes aux actes essentiels qui constituent la procédure de droit

commun, et qui se retrouvent dans toutes les adjudications ; les formalités exceptionnelles auxquelles la situation particulière des parties peut donner lieu ne profiteraient pas du dégrèvement. La cour de cassation n'a pas encore été appelée à se prononcer sur cette question ; mais les tribunaux qui en ont été saisis jusqu'ici ont repoussé l'interprétation de la Régie. La loi de 1884 ne contient, en effet, aucune disposition que l'on puisse invoquer à l'appui d'une distinction de cette nature. L'art. 3 autorise la restitution des droits perçus sur tous les actes « rédigés en exécution de la loi pour parvenir à l'adjudication ». Il résulte bien de ce texte que les actes inutiles à la poursuite ou qui ont un objet différent restent en dehors, comme nous l'avons dit, des dispositions de la loi ; mais sa généralité embrasse par contre tous les actes que les parties se trouvent dans la nécessité de faire pour arriver à l'adjudication et en assurer la validité. La distinction que l'Administration fait est, d'ailleurs, sans fondement au point de vue rationnel ; qu'importe, en effet, la cause qui oblige les parties à remplir telle ou telle formalité, si c'est la loi qui leur en impose l'accomplissement.

3169. Conformément à cette dernière interprétation, il a été jugé : 1° que la restitution s'applique aux droits perçus sur la signification, aux héritiers du débiteur, du titre exécutoire contre leur auteur, la loi exigeant que tout acte de poursuite soit précédé de la signification des titres aux héritiers du débiteur et cette signification devant, dès lors, être considérée comme faisant partie desdits actes de poursuite ; et qu'il en est de même de la signification de titre au tiers détenteur de l'immeuble grevé (Trib. Blois, 20 janv. 1886, aff. Hondebert, D.P. 87.5.203 ; Trib. Bayeux, 11 nov. 1886, aff. Baril, ibid. ; Trib. Vire, 1er déc. 1887, aff. Durand et Lemarchand, D. P. 88. 5. 223) ; — 2° Que l'avis du conseil de famille, qui autorise le tuteur d'héritiers mineurs à provoquer la licitation d'immeubles indivis entre ces derniers et leurs cohéritiers majeurs, rentre dans la catégorie des actes dressés en exécution de la loi du 23 oct. 1884 pour parvenir à l'adjudication, et auxquels le dégrèvement autorisé par cette loi est applicable. Il en serait ainsi même dans le cas où, la licitation ayant été provoquée par les cohéritiers majeurs, le tuteur aurait pu, en vertu de l'art. 2, § 2, de la nouvelle loi, procéder sans l'autorisation du conseil de famille, s'il a cru devoir remplir cette formalité (Trib. Charleville, 8 déc. 1884, Journ. enreg., art. 23114) ; — 3° Qu'en cas de décès du débiteur saisi, survenu avant la publication du cahier des charges, la procédure suivie par le créancier saisissant à l'effet de reprendre l'instance contre ses héritiers et, en cas de renonciation de ces derniers, d'obtenir la déclaration de vacance de la succession et la nomination d'un curateur, fait partie intégrante de la poursuite d'expropriation, et qu'en conséquence, les droits perçus sur les actes auxquels elle donne lieu doivent être restitués lorsque le prix principal ne dépasse pas 2000 fr. (Trib. Condom, 13 nov. 1889, aff. Boué, Journ. enreg., art. 23375. — Contrà : Sol. adm. enreg. 10 févr. 1890, ibid.). Mais la procédure en nomination d'un séquestre judiciaire, qui a pu être jugée nécessaire pour la conservation des droits des créanciers, n'étant pas indispensable pour arriver à l'adjudication, les droits perçus à l'occasion de cette procédure ne doivent pas être compris dans l'ordre de restitution (Même jugement).

3170. La restitution s'étend donc à tous les actes que les parties ont été légalement obligées de faire pour mener à fin la poursuite depuis son origine. Des difficultés peuvent se présenter, dans certains cas, lorsqu'il s'agit de déterminer l'origine de la poursuite, c'est-à-dire les premiers actes qui bénéficient du dégrèvement. La question s'est posée, notamment, en matière de saisie immobilière. Il a été reconnu que le commandement, la saisie et les autres actes qui en découlent font partie de la poursuite comme étant faits pour préparer l'adjudication (Legrand, p. 20 ; Dutruc, p. 95 ; Diction. droits d'enreg., v° Vente n° 1011 ; Carpentier, p. 84, n° 29). Jugé, en particulier, que le commandement doit être compté au nombre des actes qui donnent lieu à restitution (Trib. Blois, 20 janv. 1886 et Trib. Bayeux, 11 nov. 1886, jugements cités suprà, n° 3169). — V. infrà, n° 3196.

3171. Il arrive souvent qu'une vente judiciaire n'est qu'un incident se rattachant à des opérations plus complexes de liquidation et de partage ; le législateur a pris soin de déterminer lui-même quel serait le point de départ des dégrèvements dans les licitations incidentes de cette nature. Il est évident qu'on devait détacher la licitation de la procédure générale qui a pour objet de liquider les droits des communistes sur la masse de meubles et d'immeubles qui leur appartient, et que l'incident de licitation doit profiter seul de la restitution. C'est ce que décide l'art. 2, § 3, de la loi de 1884, ainsi conçu : « Dans les procédures où la licitation est incidente aux opérations de liquidation et partage, le bénéfice de la présente loi sera acquis à tous les actes nécessaires pour parvenir à l'adjudication inclusivement ; les frais antérieurs ne seront pas employés en frais de vente ».

3172. Jugé, en conséquence, que, lorsqu'il résulte des termes de l'assignation introductive d'une instance en licitation d'immeubles indivis, en particulier, des conclusions du demandeur tendant à la nomination d'un juge-commissaire et d'un notaire pour procéder à la distribution du prix, que l'instance a principalement pour objet la liquidation et le partage des biens indivis entre les parties, la licitation à laquelle il est procédé constitue une licitation incidente à une opération de partage, ne donnant lieu, par suite, à restitution qu'en ce qui concerne les actes intervenus à partir du cahier des charges inclusivement (Trib. Vigan, 27 août 1887, aff. Me Angliviel, D. P. 88. 5. 223. Conf. Trib. Amiens, 7 août 1886, aff. Me Morgand, D. P. 87. 5. 204 ; Trib. Vigan, 17 nov. 1887, aff. Granier, D. P. 89. 5. 229 ; Trib. Joigny, 9 août 1888, aff. Goisset, *ibid.* ; Trib. Libourne, 7 déc. 1888, aff. Rouchet, *ibid.* ; Trib. Grenoble, 13 mars 1889, aff. Recoura, *ibid.*). — Jugé de même, qu'en cas de licitation ordonnée par un jugement qui a annulé, comme faite en fraude des droits du créancier poursuivant, une vente de part indivise d'immeubles, la restitution ne peut être étendue aux droits des actes autres que ceux faits pour parvenir à la vente à partir du cahier des charges, la loi ne s'appliquant qu'à ces derniers actes (Trib. Sainte-Menehould, 19 févr. 1889, aff. Bocquillon, D. P. 89. 5. 229).

3173. Quant à la *nature* des droits à restituer, le bénéfice de la loi embrasse, d'après l'art. 3, § 1er, tous les droits de timbre, d'enregistrement, de greffe et d'hypothèques. Il n'est fait aucune exception, est-il dit dans l'Instruction n° 2704, § 14, en ce qui concerne le *droit de timbre* ; le remboursement doit comprendre, dès lors, l'intégralité des feuilles du papier de la débite, sans aucune retenue pour le coût de la fabrication. Ainsi il a été décidé que la restitution s'applique à l'indemnité allouée au greffier, à titre de remboursement du papier timbré pour chaque mention portée sur un registre timbré (Décr. 24 mai 1854, art. 3 ; 24 nov. 1871, art. 1er) ; spécialement au timbre employé pour inscription de chaque acte sur le répertoire et pour la publication du cahier des charges, cette publication constituant un jugement aux termes mêmes de l'art. 695 c. proc. civ. (Trib. Bayeux, 31 janv. 1889, cité *suprà*, n° 3167).

Mais le dégrèvement devant être limité aux actes indispensables pour parvenir à l'adjudication, la restitution ne s'étend pas au coût du timbre de la grosse du titre en vertu duquel un créancier a fait pratiquer une saisie sur les immeubles de son débiteur et procéder à la vente de ces biens, ladite grosse survivant à la poursuite et restant entre les mains du créancier qui peut en user de nouveau contre son débiteur, s'il n'a pas été désintéressé intégralement (Trib. Castellane, 12 juin 1885, aff. Me Audoul, D. P. 87. 5. 205) ; ni au coût du papier timbré employé à la rédaction du procès-verbal d'adjudication à la suite du cahier des charges par le notaire commis à l'effet de procéder à la vente, encore bien que cet officier public n'ait employé que ce qui restait du papier du cahier des charges (Trib. Ruffec, 22 sept. 1885, aff. Moreau, *ibid.*).

3174. L'instruction n° 2704 dit que la loi prévoit le cas de remboursement des droits payés, parce que c'est le plus ordinaire, mais que le même principe conduit à reconnaître que, si les droits n'avaient pas encore été perçus au moment du procès-verbal, la déclaration régulière que le bénéfice de la loi est acquis à la vente s'opposerait à ce que le versement en fût exigé. Ce point ne peut faire difficulté.

3175. Mais il importe de remarquer que la loi ne s'applique qu'aux *droits simples*. Les *amendes* ou les *droits en sus* encourus à l'occasion des actes de la procédure ne

profitent pas du bénéfice de la restitution et restent à la charge des parties ou des officiers ministériels (Instr. n° 2704, § 16 ; *Diction. des droits d'enreg.*, v° *Vente*, n° 1015 ; Dutruc, p. 96 ; Carpentier, p. 85, n° 31). Il est généralement admis aussi que le salaire dû aux conservateurs des hypothèques, ainsi que les droits de recherches établis au profit des receveurs, ne peuvent faire l'objet d'une restitution, l'art. 3, § 1er, ne mentionnant que les sommes payées au Trésor public (Instr. n° 2704, § 17).

3176. Le bénéfice du dégrèvement autorisé par la loi du 23 oct. 1884 ne s'applique pas seulement aux droits perçus par le Trésor ; l'art. 3, § 2, porte, en outre, que « lorsque le prix d'adjudication, calculé comme il est dit en l'art. 1er, ne dépassera pas 1000 fr., les divers agents de la loi subiront une réduction d'un quart sur les émoluments à eux dus et alloués en taxe, conformément au tarif du 10 oct. 1841 ». Les agents de la loi contre lesquels l'art. 5 prononce la réduction des émoluments sont les avoués, huissiers, greffiers et notaires. Faut-il y ajouter les conservateurs des hypothèques ? On vient de dire *supra*, n°s 3175, que les salaires perçus par ces derniers échappent à la restitution intégrale, qui ne concerne que les droits perçus par le Trésor public ; l'Administration refuse également de les soumettre à la réduction d'un quart applicable aux émoluments des agents de la loi (Instr. n° 2704, § 17). La question est discutée ; les tribunaux l'ont résolue jusqu'ici contrairement aux prétentions de la Régie (Trib. Fontainebleau, 16 juill. 1885, aff. Delaveau, *Journ. enreg.*, art. 22763).

N° 4. — *Procédure.*

3177. Les dispositions que la loi du 23 oct. 1884 consacre aux formalités qui doivent être remplies relativement à l'exercice du droit de restitution ont donné lieu jusqu'ici à peu de difficultés. Nous emprunterons à l'instruction n° 2704 la plupart des règles à suivre dans cette matière.

3178. Aux termes de l'art. 4, § 1er, « le jugement ou le procès-verbal d'adjudication constatera le bénéfice de la loi est acquis à la vente, si le prix d'adjudication ne dépasse pas 2000 fr. Il ordonnera la restitution par le Trésor public des sommes à lui payées pour les causes énoncées en l'art. 3, lesquelles devront être retranchées de l'état taxé ; et, de plus, il réduira d'un quart les émoluments des agents de la loi compris dans l'état, si le prix d'adjudication est inférieur ou égal à 1000 fr. ».

3179. Ainsi la première condition exigée pour que la restitution s'applique, c'est que le jugement ou le procès-verbal d'adjudication constate que le bénéfice de la loi est acquis aux parties. En l'absence de cette déclaration, le remboursement ne pourrait pas avoir lieu. La déclaration est faite par le tribunal ou par le notaire commis. Si elle est contenue dans un jugement, elle doit émaner du tribunal tout entier, et non pas seulement du président ou du greffier. Elle doit être insérée dans le contexte même du jugement ou du procès-verbal dont elle forme, suivant l'art. 4, une disposition (Instr. n° 2604, § 18). Le tribunal ou le notaire délégué auront donc à apprécier la valeur des immeubles adjugés ou mis en vente, en ayant soin de distinguer le prix principal et les charges ; ce sont eux aussi qui seront chargés de faire la ventilation dans le cas où la vente comprendrait des meubles et des immeubles, le tout sauf recours de l'Administration ou des parties, comme on le verra plus loin.

3180. Il ne suffit pas que le tribunal ou le notaire commis fassent cette déclaration ; ils doivent, en outre, déterminer le montant des droits à restituer et en ordonner le remboursement. Pour faciliter ce calcul, l'art. 3, § 3 porte que « l'état des frais de poursuite sera dressé par distinction entre les droits du Trésor et ceux des agents de la loi ; il sera taxé et annexé au jugement ou au *procès-verbal d'adjudication* ».

3181. Jugé que la restitution, autorisée par la loi du 23 oct. 1884, ne peut avoir lieu au cas où le procès-verbal d'adjudication ne renferme pas l'ordre de restitution, alors même qu'il renferme la réquisition par l'avoué poursuivant au notaire rédacteur du procès-verbal d'y consigner que, le prix étant inférieur à 2000 fr., les droits perçus sur les actes de la procédure antérieure doivent être remboursés (Trib. Baume-les-Dames, 21 mai 1886, aff. Bidermann, D. P. 87. 3. 64). Mais il a été décidé, au contraire, que la restitution doit être opérée, alors même que le jugement ou le procès-verbal d'adjudication qui l'ordonne ne renferme pas la liquidation des droits à rembourser. Il peut être suppléé à cette formalité par la production ultérieure d'un état taxé (Trib. Argentan, 11 nov. 1885, aff. Me Lesain, D. P. 86. 5. 208). Il y a entre cette espèce et celle qui précède cette différence, que l'ordre de restitution, qui avait été omis dans la première, existait dans la seconde, mais sans être précédé de la liquidation des droits à rembourser ; la solution cependant aurait dû être la même selon nous ; quoique le texte de la loi soit moins explicite en ce qui concerne la liquidation des sommes à restituer que relativement à l'ordre de remboursement, il n'en paraît pas moins positif. La doctrine contraire aurait pour résultat, comme l'a dit l'Administration dans un de ses mémoires, « ou de proroger les délais dans lesquels la loi a renfermé les formalités nécessaires à la restitution, ou d'enlever au Trésor les moyens que la loi lui a donnés pour sauvegarder ses intérêts ». Le receveur n'ayant, en effet, qu'un délai de trois jours pour former opposition (V. infra, n° 3186), il est indispensable, pour qu'il puisse exercer aussi rapidement son droit de vérification, que le jugement lui indique les moyens de reconnaître quels sont les droits à restituer et quel en est le montant. L'Administration avait déféré le jugement du tribunal d'Argentan à la cour de cassation ; mais, les parties ayant renoncé à s'en prévaloir, le pourvoi n'eut pas de suite. Les tribunaux qui ont eu à statuer ultérieurement sur la difficulté ont donné raison à la Régie. Jugé que le procès-verbal ou le jugement d'adjudication doit liquider le montant des droits à restituer, et que le tribunal, sur l'opposition de l'Administration à un ordre de restitution qui ne contient pas cette liquidation, doit en prononcer la nullité, sans pouvoir suppléer au défaut d'accomplissement de cette formalité, sans laquelle l'Administration est dans l'impossibilité d'exercer utilement son droit d'opposition (Trib. Châteauroux,19 juill. 1888, aff. Graffeuilh, Journ. enreg., art. 23089. Conf. Trib. Mirande, 19 janv. 1887, aff. Noulens, Revue du notariat,n° 7688).

3182. La restitution doit être faite par le receveur qui a enregistré la vente, lequel est seul compétent alors même que la plupart des droits auraient été perçus dans d'autres bureaux. La compétence exclusive de ce receveur résulte formellement du paragraphe 2 de l'art. 3 de la loi (Instr. n° 2704, § 19). Les auteurs du Dictionnaire des droits d'enregistrement, v° Vente, n° 1035, font remarquer d'ailleurs que le receveur qui a enregistré la vente a qualité pour restituer tous les droits auxquels la mutation a donné lieu, « y compris les droits d'hypothèque ».

3183. Il est évident que la disposition du jugement ou du procès-verbal d'adjudication qui renferme la liquidation et l'ordre de restitution des droits ne saurait être considérée comme une disposition indépendante de la vente et assujettie de ce chef à un droit particulier. Cette solution, qui découle des principes, est d'ailleurs confirmée par une déclaration du rapporteur de la loi à la Chambre des députés (Séance du 29 juin 1882, Journ. off. du 30).

3184. Aux termes du même art. 4, § 1er, « la disposition du jugement ou du procès-verbal d'adjudication relative à la fixation des droits à restituer sera susceptible d'opposition pendant trois jours, à compter de l'enregistrement de l'acte de vente, de la part des intéressés ».

Si l'on interprétait ce texte littéralement, la partie du jugement relative à la fixation des droits à restituer serait seule susceptible d'opposition; mais personne ne conteste que l'art. 4 doive être appliqué lato sensu,c'est-à-dire comme embrassant toutes les causes de nullité qui peuvent être invoquées pour ou contre la restitution, que l'on conteste le principe même de la restitution, le montant de la somme à restituer ou bien encore la régularité de l'ordre de remboursement. Les difficultés qui pourraient s'élever sur l'application du tarif devraient, toutefois, être tranchées d'après les règles ordinaires de l'opposition à taxe (Carpentier, p. 92, n° 40).

3185. Les intéressés admis à former opposition sont tous ceux auxquels la décision peut causer préjudice, notamment l'Administration de l'enregistrement, les agents

de la loi, le poursuivant, le vendeur et les divers intervenants à la procédure (Instr. n° 2704, § 20).

3186. L'opposition à l'ordre de restitution doit être formée d'après l'art. 4, § 2, dans les trois jours à compter de l'enregistrement de l'acte de vente. L'Administration reconnaît que ce délai est franc. Le jour de l'enregistrement n'est pas compté, et si le troisième jour est férié, le délai est reporté au lendemain.

D'après l'instruction n° 2704, § 21, le délai de trois jours ne court qu'à partir de l'enregistrement effectif de l'acte ou du jugement, parce que c'est dès ce moment que la restitution doit avoir lieu. L'Administration en conclut que l'opposition ne pourrait être utilement formée pendant la période qui s'écoule entre la date du jugement et celle de la formalité, de telle sorte que, si l'enregistrement est retardé au delà du délai légal par le greffier ou par le notaire, ou si le receveur refuse de donner la formalité, à défaut de consignation suffisante ou des déclarations ordonnées par l'art. 16 de la loi du 22 frim. an 7, le délai de l'opposition se trouve suspendu sans qu'aucune justification extrajudiciaire puisse le faire courir contre l'Administration. Les auteurs du Dictionnaire des droits d'enregistrement, eod. v°, n° 1028, critiquent avec raison cette interprétation de la Régie, en tant qu'elle déclare irrecevable l'opposition formée soit par le receveur, soit par les autres parties intéressées, avant l'enregistrement. Il est vraisemblable, en effet, qu'en indiquant l'enregistrement comme point de départ des trois jours pendant lesquels l'opposition peut avoir lieu, la loi a voulu fixer un délai maximum principalement dans l'intérêt du Trésor dont les préposés ne connaîtront le plus souvent l'adjudication qu'après l'accomplissement de la formalité; mais il n'y a aucun motif pour que l'opposition ne puisse pas être formée auparavant.

3187. L'art. 4, § 1er, ajoute que « l'opposition sera formée et jugée comme en matière d'opposition à taxe ». L'Instruction n° 2704, § 22, rappelle que les formalités de cette procédure sont indiquées par le décret du 16 févr. 1807 sur la liquidation des dépens. En règle générale, l'opposition est précédée d'une signification faite aux avoués des parties intéressées et introduite par voie de citation en chambre du conseil; mais l'avoué poursuivant ayant été désigné par l'art. 4, § 2 comme le bénéficiaire de la restitution, c'est à lui seul que la signification et la sommation de comparaître doivent être notifiées aux parties, soit en leur personne, soit dans la personne de leur avoué (Sol. adm. enreg. 11 déc. 1885 et 23 janv. 1886. Conf. Trib. Saint-Flour, 9 déc. 1885. — Contra: Trib. Annecy, 12 août 1885, Journ. enreg., art. 22595).

3188. Le tribunal compétent est celui qui a prononcé la déclaration et l'ordre de remboursement ou, en cas de vente par notaire commis, celui qui a désigné cet officier public. La procédure a lieu devant la chambre du conseil, sans requêtes ni écritures. Mais les plaidoiries y sont autorisées. La loi ayant décidé, d'une manière générale, que l'opposition serait jugée comme en matière d'opposition à taxe, se réfère, par conséquent, à la procédure ordinaire et exclut implicitement les dispositions de l'art. 65 de la loi du 22 frim. an 7. L'Administration ne saurait donc revendiquer le bénéfice de l'instruction écrite; elle doit se faire représenter par un avoué. Le tribunal, en chambre du conseil, statue souverainement. Aucune disposition sur le fond n'étant engagée par le débat, le jugement n'est pas susceptible d'appel. Le recours en cassation est seul admis (Décr. 16 févr. 1807, art. 6). De même que dans les autres instances civiles, ce recours a, au besoin, un effet suspensif (Instr. n° 2704, § 22).

3189. L'art. 4, § 1er, porte que « le tout aura lieu sans frais ». Ces expressions ont été interprétées en ce sens, que tous les actes auxquels donnera lieu la procédure d'opposition seront dispensés du timbre et enregistrés gratis. L'Administration estime même que les agents de la loi ne pourront réclamer aucun émolument, en ce qui concerne ces actes (Instr. n° 2704, § 22). On en a tiré cette conséquence, que le tribunal n'a pas à prononcer de condamnation aux dépens contre la partie qui succombe (Trib. Epernay, 27 juin 1885 (1), Trib. Rouen, 7 févr. 1888, aff. Féré, Revue du

(1) (Auger, Voisembert et autres). — Le tribunal; — Attendu que, en exécution d'un jugement rendu par le tribunal civil d'Epernay, le 2 avr. 1885, Me Degois, notaire à Sézanne, commis

à cet effet, a procédé à la vente sur licitation d'immeubles indivis entre : 1° Suzanne Voisembert ; 2° L.-J.-B. Auger et Elise Guénot, son épouse ; 3° E.-A. Masson et Marie Voisembert, son épouse

notariat, n° 7859). La question reste toutefois fort discutée à un double point de vue. — D'une part, on a soutenu que les mots « le tout sans frais » ne se réfèrent pas à la procédure d'opposition, mais à la délivrance faite par le greffier du certificat de non-opposition ou de l'extrait du jugement d'adjudication (Carpentier, p. 94, n° 44). Il nous paraît difficile de donner aux expressions dont il s'agit un sens aussi restrictif, qui serait en opposition avec l'esprit de la loi. D'autre part, on a prétendu que, si la loi de 1884 a entendu affranchir la procédure de restitution de tous les droits dus au Trésor, rien n'indique que le dégrèvement doive s'étendre aux honoraires des officiers ministériels, et qu'on ne pourrait laisser à la charge de ceux-ci les débours qu'ils ont faits que si le législateur s'en était expliqué formellement. Ces frais doivent donc être supportés par la partie qui succombe, conformément au droit commun. Cette dernière interprétation, admise par plusieurs tribunaux et sur laquelle la cour de cassation aura sans doute à se prononcer prochainement, nous paraît être la plus exacte (*Diction. droits d'enreg.*, n° 1033; Legrand, p. 40; Trib. Saint-Lô, 9 avr. 1886, aff. Thouroude, *Journal des notaires*, n° 23820; Trib. Dijon, 9 janv. 1888, Garnier, *Rép. pér. enreg.*, art. 7057; Trib. Epernay, 23 févr. 1888, *Revue du notariat*, n° 7858; Trib. Morlaix, 28 juin 1888, aff. Le Hire, *Journ. enreg.*, art. 23090).

3190. L'instruction n° 2704, § 22, porte qu'à raison de l'urgence, les receveurs n'auront pas à consulter le directeur pour introduire l'opposition. Ils pourront également défendre sans autorisation, quand la question ne présentera pas de difficultés particulières. Suivent d'autres règles d'ordre intérieur aussi, qui n'ont d'importance que pour les agents de l'Administration.

3191. Quant aux *justifications* qui doivent être fournies lors de la restitution, la loi s'en est occupée également dans l'art. 4 : « S'il n'y a pas eu d'opposition, il en sera justifié par un certificat du greffier; en cas de jugement rendu sur l'opposition, il sera produit un extrait de ce jugement; le tout aura lieu sans frais ». Ces dispositions sont insuffisantes, il y a lieu de les compléter par celles que renferme l'instruction n° 2704 (§ 23 et suiv.).

« Il est nécessaire, d'abord, que l'avoué poursuivant dépose au receveur qui a enregistré le jugement ou le procès-verbal d'adjudication un extrait de cet ordre de restitution. Cet extrait, délivré par le greffier ou par le notaire commis, doit contenir toutes les énonciations propres à justifier le remboursement, à savoir : la déclaration que le bénéfice de la loi est acquis à la vente, le montant de la somme à payer et l'injonction de rembourser. L'extrait est délivré sans frais, sur papier non timbré, et il est dispensé d'enregistrement... Il y a lieu de justifier ensuite au receveur qu'il n'a été formé aucune opposition de la part des intéressés, ou que, si des oppositions ont été signifiées, elles sont devenues sans effet. Lorsqu'il n'y a pas eu d'opposition, cette preuve résulte d'un certificat délivré par le greffier du tribunal qui a ordonné le remboursement ou commis le notaire. Lorsqu'une opposition a été levée par un jugement, il est produit un extrait constatant cette mainlevée. Enfin, en cas de désistement de l'opposition, le fait est également constaté par l'attestation du greffier. Tous ces certificats doivent être donnés sans frais et sur papier non timbré ».

3192. La même instruction ajoute que, le bénéfice de la

loi n'étant acquis que lorsque le prix est devenu définitif par l'expiration du délai des surenchères de huitaine et de quinzaine prévues par les art. 708 et 965 c. proc. civ. et 573 c. com., il est nécessaire de justifier au receveur de l'accomplissement de cette condition. A cet effet, l'avoué poursuivant lui remettra un certificat délivré également sans frais par le greffier du tribunal du lieu de la vente, et constatant qu'à l'expiration des délais ci-dessus aucune surenchère n'avait été formée.

3193. En ce qui concerne le *délai* dans lequel la restitution doit s'effectuer, l'art. 4, § 2, de la loi de 1884 dispose que : « le receveur de l'enregistrement qui procédera à l'enregistrement du jugement ou du procès-verbal d'adjudication, restituera à l'avoué poursuivant, sur sa simple décharge et sur la remise d'un extrait délivré sans frais de l'ordre de restitution, le tout dans les vingt-trois jours de cette adjudication, les sommes perçues par le Trésor public et comprises en l'état taxé ».

Bien que la loi décide que la restitution doit avoir lieu dans les vingt-trois jours de la vente, il résulte du rapport fait à la Chambre des députés (Séance 16 oct. 1884, *Journ. off.* du 17, p. 2040) que le législateur n'a entendu statuer que sur le cas ordinaire où l'adjudication est soumise à la formalité dans les vingt jours de sa date; mais si, par suite de circonstances particulières, de l'existence de jours fériés, par exemple, l'enregistrement de l'adjudication avait lieu après le vingtième jour de sa date, le délai accordé aux intéressés pour former opposition se trouverait retardé, et, par voie de conséquence, aussi celui dans lequel la restitution doit s'effectuer (Instr. n° 2704, § 26).

3194. Comme on l'a vu *suprà*, n° 3193, le remboursement doit se faire entre les mains de l'avoué poursuivant. « S'il y en a plusieurs, c'est le plus diligent qui doit être préféré. La restitution ne peut être opérée partiellement entre chacun d'eux. En cas de décès ou de cession de l'office, l'avoué poursuivant est remplacé par son successeur qui poursuit qui continue en son nom la procédure. Il en serait ainsi, alors même que le tribunal aurait prononcé la distraction des dépens au profit d'un autre officier ministériel. La décharge que l'avoué poursuivant doit donner au receveur n'a pas été exemptée du timbre (Instr. n° 2704, § 28).

3195. Dans le silence de la loi relativement à la *prescription* de l'action en restitution, on décide qu'il faut appliquer le droit commun, c'est-à-dire la règle d'après laquelle toute créance contre le Trésor se prescrit par cinq ans à partir de l'ouverture de l'exercice auquel appartient la restitution ordonnée (L. 29 janv. 1831, art. 9). La prescription biennale établie par l'art. 61 de la loi du 22 frim. an 7 ne saurait être invoquée ici, car il ne s'agit pas de la restitution de droits indûment perçus (Instr. n° 2704, § 30).

3196. Abstraction faite de certaines dispositions de procédure par lesquelles la loi de 1884 déroge au droit commun, et dont nous n'avons pas à parler ici (art. 2, § 2; art. 4, § 3; art. 5), il reste à mentionner l'art. 6 qui détermine le *point de départ de l'application de la loi* : « Les dispositions de la présente loi ne pourront être appliquées qu'aux ventes judiciaires d'immeubles dont la poursuite ne serait pas commencée avant sa promulgation ».

Que faut-il entendre par *poursuite commencée* ? Cette

4° A.-A. Auger; et 5° F.-A. Auger, tous majeurs, maîtres de leurs droits et demeurant à Sézanne ; — Attendu que l'adjudication n'ayant produit qu'un prix principal de 110 fr., le notaire susnommé, dans son procès-verbal en date du 7 juin 1885, déposé à l'enregistrement le 17 du même mois, a ordonné la restitution par le trésor des sommes payées à celui-ci ; — Attendu que le demandeur déclare former opposition à cet ordre de restitution ; — Attendu que cette opposition a été faite dans le délai fixé par la loi; elle est régulière et il y a lieu de la déclarer recevable ; — Et statuant sur ladite opposition : — Attendu que, si le Bénéfice de la loi du 23 oct. 1884 s'applique, aux termes des art. 1er et 2 de ladite loi, à toutes les ventes judiciaires d'immeubles dont le prix d'adjudication ne dépasse pas 2000 fr., il n'en résulte point que les ventes sur licitation entre majeurs, même lorsqu'elles sont ordonnées par justice, doivent bénéficier des dégrèvements accordés par cette loi ; — Attendu, en effet, que le but de la loi du 23 oct. 1884 a été de rendre moins onéreuses les formalités prescrites pour les ventes judiciaires, lorsque la valeur des immeubles à vendre est de peu

d'importance ; que le législateur a entendu dégrever seulement les ventes pour lesquelles ces formalités sont indispensables, c'est-à-dire celles qui ne peuvent avoir lieu sans l'intervention de la justice ; — Attendu que les licitations entre majeurs pour faire cesser l'indivision sont des aliénations volontaires ; que les immeubles à liciter ne peuvent être mis aux enchères en justice lorsque toutes les parties sont d'accord ; que, s'il s'élève entre elles des contestations sur la cessation de l'indivision, le lotissement, la mise à prix ou les conditions de la vente, ces contestations sont jugées comme les procès ordinaires, et qu'il n'y a pas lieu d'appliquer le bénéfice de la loi du 23 oct. 1884 à des ventes qui ne sont assujetties à aucune formalité spéciale, et pour lesquelles l'intervention de la justice est nécessaire seulement par le défaut d'accord entre les parties ; — Attendu que l'opposition du demandeur est donc fondée ; — Par ces motifs ; — Admet l'opposition formée par l'administration de l'enregistrement à l'ordre de restitution, etc.

Du 27 juin 1885.-Trib. civ. d'Epernay.

question a soulevé des difficultés dans les premières années qui ont suivi la promulgation de la loi. Les auteurs s'accordaient pour décider qu'au cas de saisie immobilière, le point de départ de la poursuite était la transcription de la saisie, et non le commandement, mais se divisaient relativement aux autres ventes; les uns s'attachant à l'affichage des placards, les autres, au dépôt du cahier des charges (Dutruc, p. 105 et 106; Carpentier, p. 100, n° 58). Les auteurs du *Dictionnaire des droits d'enregistrement*, n° 1046 (eod. verb.), avaient émis l'avis que la poursuite doit être considérée comme commencée avant la promulgation, lorsqu'avant cette date il a été fait un acte quelconque rentrant dans la catégorie de ceux qui doivent bénéficier de la restitution. C'est l'interprétation que l'Administration adopta elle-même. Ainsi elle décida que, dans les procédures où la licitation est incidente aux opérations de liquidation et de partage, c'est le cahier des charges qui détermine le point de départ des poursuites ou le commencement de la procédure pour l'application de la loi du 23 oct. 1884; en conséquence, toutes les fois que le cahier des charges a été dressé postérieurement à la promulgation de la loi, le bénéfice de ses dispositions est applicable à toute la procédure (Sol. adm. enreg. 10 avr. 1885, D. P. 86.3.135).

Jugé, dans le même sens, que la restitution ne peut être étendue aux actes d'une procédure de saisie immobilière suivie d'adjudication, lorsque le commandement remonte à une date antérieure à la promulgation de la loi (Trib. Blois, 13 mai 1885, aff. Razouer, D. P. 86. 3. 136. — *Contra:* Trib. Tarbes 30 oct. 1885, aff. Denjoy, D. P. 86. 3. 119). — V. *suprà*, n° 3170. — Peu importe, d'ailleurs, que la subrogation aux poursuites, qui n'est pas distincte de la saisie originaire et ne peut être considérée, par suite, comme une procédure nouvelle, n'ait été prononcée que depuis la promulgation de la loi (Trib. Carpentras, 14 août 1888, aff. Pagnon, D. P. 89. 5. 228).

Sect. 2. — Prescription (*Rép.* n°ˢ 5436 à 5641).

3197. On a exposé au *Rép.* n°ˢ 5436 à 5446 un certain nombre de règles qui s'appliquent à toutes les prescriptions admises en matière d'enregistrement. La plupart de ces règles sont tirées du droit commun; la loi fiscale s'étant bornée généralement à fixer les délais de la prescription dans les différents cas prévus par elle, la jurisprudence en a conclu qu'en l'absence de dispositions spéciales, le droit commun doit reprendre son empire. Les applications qui ont été faites depuis la publication du *Répertoire* sont très nombreuses, comme on le verra par la suite.

3198. En vertu de l'art. 2220 c. civ., les particuliers, ayant capacité requise, peuvent renoncer à la prescription des droits dont ils sont débiteurs (*Rép.* n° 5437). Mais, pour que le contribuable que a payé un droit prescrit ne puisse plus le répéter, il faut qu'il ait agi en connaissance de cause, c'est-à-dire sachant que le droit était prescrit (Sol. adm. enreg. 1ᵉʳ mai 1875, *Diction. droits d'enreg.*, v° *Prescription*, n° 229).

3199. On peut toujours réclamer la restitution des droits en sus ou de l'amende payée, lorsque l'action de la Régie était prescrite, sans que celle-ci puisse jamais se prévaloir d'une prétendue renonciation; le redevable ne pouvant pas renoncer, en matière de peines pécuniaires, au bénéfice de la prescription acquise (Sol. adm. enreg. 23 juill. 1866, Garnier, *Rép. pér. enreg.*, art. 3093).

3200. Le désaccord persiste encore aujourd'hui parmi les auteurs, et même aussi dans la jurisprudence, relativement à l'étendue de l'effet libératoire de la prescription. La règle que la prescription opère le même effet que le payement et que les actes et les mutations dont le droit est prescrit soit à la conséquence comme s'ils étaient enregistrés (*Rép.* n° 5440), continue d'être contestée par l'Administration. L'intérêt de la question se présente notamment lorsqu'un acte sous seing privé non enregistré, une vente, par exemple, se trouve mentionné depuis plus de deux ans dans un acte authentique dans lequel la Régie aurait pu percevoir les droits; la prescription qui est acquise dans cette hypothèse s'oppose-t-elle

à ce que l'on perçoive sur cet acte le droit proportionnel produit ultérieurement en justice? Les auteurs du *Dictionnaire des droits d'enregistrement* (v° *Prescription*, n° 235), critiquent la solution affirmative que nous avons soutenue (*Rép. loc. cit.*) et justifient ainsi le système de l'Administration : « De ce que son action est prescrite, il n'en résulte pas que l'acte puisse être soumis à la formalité, ni mentionné dans un acte public ou produit en justice sans donner ouverture au droit proportionnel. L'acte est bien libéré de l'obligation à laquelle il était astreint dès le principe, à raison de sa nature, en vertu de l'art. 22 de la loi de frimaire an 7. Mais sa présentation à la formalité effectuée soit volontairement, soit par suite de l'usage qu'on en fait par acte public ou en justice, donne naissance à une obligation nouvelle, laquelle a son principe dans les art. 23 et 28 de la même loi... En vain prétendrait-on que la prescription libère le débiteur et équivaut à payement. Ce qui est prescrit dans l'espèce, c'est non pas précisément le droit auquel l'acte donnait ouverture, d'après son contenu, mais l'obligation de faire enregistrer cet acte, et, par cela même, l'amende encourue pour inaccomplissement de cette obligation. Mais l'acte, affranchi de cette obligation par la prescription, n'en reste pas moins un acte de vente, passible, suivant sa nature, lorsqu'il est soumis à l'enregistrement, du droit édicté sur les ventes ». Nous persistons dans notre interprétation; la prescription a, selon nous, un effet libératoire absolu. Nous reconnaissons que l'obligation de payer les droits peut encore, quoique prescrite, produire des effets juridiques, lorsque le débiteur consent à les exécuter; mais le fisc ne peut pas plus qu'un autre créancier faire revivre, par voie de contrainte, l'obligation prescrite, ce qu'il fait cependant, lorsqu'il poursuit, après que la prescription est accomplie, le payement des droits. En vain on objecte que la présentation de l'acte à la formalité ou son usage par acte public ou en justice font naître une nouvelle obligation; la loi n'atteint ces faits que parce qu'ils lui révèlent l'existence du fait imposable, qui est l'unique cause de l'obligation du contribuable; or la prescription, opérant sur le fait imposable, supprime la cause de l'obligation dans l'avenir comme dans le passé (V. Req. 26 janv. 1885, aff. Ville de Roubaix).

3201. Il a été jugé qu'un notaire ne peut sans contravention mentionner dans un acte de son ministère un acte sous seing privé non enregistré, alors même que cet acte aurait été déjà mentionné dans un acte public depuis un temps suffisant pour que la prescription se trouve acquise (Trib. Seine, 7 févr. 1885, aff. Fremyn et Caylus, D. P. 85. 3. 72).

3202. Il a été jugé aussi, en vertu des mêmes principes, que, lorsque le droit proportionnel n'a pas été perçu lors de l'enregistrement de l'acte, par suite d'une omission du receveur, le droit peut encore être exigé par le conservateur chargé de transcrire l'acte plus de deux ans après (Trib. Agen, 27 août 1864, *Journ. enreg.*, art. 17964; Trib. Pau, 9 juill. 1876, Garnier, *Rép. pér. enreg.*, n° 4501).

3203. On a dit au *Rép.* n° 5445 que la question de savoir si l'art. 2281 c. civ., d'après lequel les prescriptions commencées seront réglées conformément aux lois anciennes, doit s'appliquer aux matières d'enregistrement, faisait difficulté. La négative est admise aujourd'hui. L'art. 2281 est une disposition exceptionnelle, qui règle un état de choses particulier en dehors duquel le principe de la non-rétroactivité des lois, comme le dit M. Naquet. t. 3, n° 1271, ne s'oppose pas à ce qu'une loi nouvelle change les délais des prescriptions en cours, attendu que « les délais anciens ne constituent pas des droits acquis, mais de simples expectatives auxquelles la loi nouvelle peut toujours porter atteinte ». L'Administration a conclu de ce principe que l'art. 26 de la loi du 8 juill. 1852, qui a substitué la prescription trentenaire, relativement aux droits de mutation par décès en matière de rentes sur l'Etat, à la prescription de cinq ou dix ans, devait être appliqué aux successions qui s'étaient ouvertes antérieurement à sa promulgation et au regard desquelles la prescription calculée d'après les délais anciens n'était pas encore accomplie (Sol. adm. enreg., 20 mars 1868) (1).

---

(1) (F....) — Aux termes de l'art. 26 de la loi du 8 juill. 1852, les droits de mutation par décès des inscriptions de rentes sur

l'Etat, et les peines encourues en cas de retard ou d'omission de ces valeurs dans la déclaration des héritiers, légataires ou dona-

Art. 1er. — *Diverses espèces de prescriptions et de leur objet* (*Rép.* nos 5447 à 5534).

§ 1er. — De la prescription d'un an (*Rép.* nos 5448 à 5469).

3204. L'art. 61 de la loi du 22 frim. an 7 renferme deux applications de la prescription annale; la première se rapporte au droit qui appartient à l'Administration de provoquer une expertise dans les mutations à titre onéreux de biens immeubles. En ce qui concerne cette première application, nous renvoyons, comme on l'a fait au *Répertoire*, aux développements qui ont été fournis à ce sujet en matière de liquidation (V. *suprà*, n° 2674). Rappelons seulement qu'il y a lieu de tenir compte ici des dispositions particulières de la loi du 23 août 1871, et qu'il ne faut pas confondre, au point de vue de la prescription, l'action tendant à l'expertise avec l'action que l'Administration peut exercer, au cas de dissimulation, en payement des droits qui lui sont dus (V. *suprà*, n° 2831 et suiv.).

3205. La seconde application de la prescription annale est relative au cas où les poursuites commencées sont interrompues pendant une année, sans qu'il y ait d'instance devant les juges compétents, quand même le premier délai pour la prescription ne serait pas expiré. Cette règle s'applique, comme nous l'avons dit (*Rép.* n° 5456), aux actions en restitution qui doivent être formées dans le délai de deux ans, comme à l'action de l'Administration. En particulier, la péremption annale peut être invoquée par la Régie, lorsque plus d'un an s'est écoulé entre la sommation ayant pour objet la restitution d'une somme indûment perçue et l'assignation (Trib. Angers, 16 janv. 1869, aff. Langlé, D. P. 70. 5. 152).

Deux arrêts récents de la cour de cassation décident que, lorsque deux contraintes ont été signifiées dans la même affaire, au sujet de droits de mutation par décès, l'une à fin d'obtenir du redevable la déclaration prescrite par la loi, l'autre, après souscription de cette déclaration en exécution de jugement, à fin de payement de droits simples et en sus exigibles à raison de l'omission de valeurs dans ladite déclaration; le redevable ne peut se prévaloir de ce qu'il s'est écoulé plus d'une année entre les deux contraintes, pour opposer à l'exécution de la seconde contrainte, la péremption annale établie pour le cas d'interruption, pendant une année, des poursuites entamées (Req. 2 déc. 1889, deux arrêts, aff. Talleyrand-Périgord, D. P. 90. 1. 439). Cette interprétation du dernier paragraphe de l'art. 61 de la loi du 22 frim. an 7 est assurément fondée. En effet, la première contrainte avait été décernée afin d'obtenir du redevable la déclaration prescrite par la loi pour la perception des droits de mutation par décès dont il s'agissait. Un jugement était intervenu et avait été exécuté par la souscription de la déclaration. L'Administration ayant constaté l'omission de valeurs dans cette déclaration avait décerné une nouvelle contrainte à fin de payement des droits simples et en sus sur ces valeurs. Cette seconde demande constituait une instance nouvelle complètement distincte de la première et dont l'objet était tout à fait différent. Le moyen tiré par le redevable de la péremption annale à l'effet de se soustraire aux poursuites dirigées contre lui, manquait donc, comme le dit la cour de cassation, dans les deux arrêts précités, par les faits mêmes qui lui servaient de base.

3206. Il a été décidé que, si les actes interruptifs de péremption doivent être renouvelés dans l'année pour produire effet, il n'est pas nécessaire qu'ils soient enregistrés dans ce délai, la loi n'ayant pas ordonné l'enregistrement à peine de déchéance (Trib. Rouen, 31 août 1882, *Diction. droits d'enreg.*, v° *Prescription*, n° 658).

3207. L'art. 61 n'exige le renouvellement des poursuites qu'à défaut d'instance liée devant les juges compétents (*Rép.* n° 5457). Jugé que l'assignation donnée par l'Administration au redevable en validité d'une saisie-arrêt pratiquée après la signification d'une contrainte, constituant une instance régulière, cette instance, tant qu'elle est pendante, interrompt la prescription annale, sans qu'il soit besoin de renouveler les actes de poursuites (Req. 25 mars 1874, aff. Compagnie des chemins de fer de Séville-Xérès-Cadix, D. P. 74. 1. 367; Instr. adm. enreg. 25 juill. 1874, n° 2487, § 7). Comme l'a dit M. le conseiller Tardif dans son rapport sur cette affaire, l'instance en pareil cas « suffit à protéger les droits du créancier contre la prescription, et elle produit cet effet tant qu'elle n'est pas éteinte par la péremption. »

3208. C'est encore par application du droit commun que le *dies à quo* n'est pas compté dans le calcul des délais déterminés pour la prescription en matière d'enregistrement. La règle contraire, admise pendant longtemps par suite d'une fausse interprétation de l'art. 25 de la loi du 22 frim. an 7, n'est plus appliquée aujourd'hui par la jurisprudence (Civ. rej. 3 mai 1854, aff. Comp. du plan d'Aren, D. P. 54. 1. 324). Le *dies ad quem*, au contraire, est toujours compris dans le délai.

D'un autre côté, la disposition de l'art. 1033 c. proc. civ., d'après laquelle le délai accordé pour faire les significations est prorogé au lendemain, lorsqu'il expire un dimanche ou un jour férié, ne s'applique pas plus aux prescriptions en matière fiscale qu'en matière civile (Civ. cass. 20 mai 1873, aff. Tenré, D. P. 73. 1. 357).

§ 2. — De la prescription de deux ans (*Rép.* nos 5470 à 5505).

3209. La prescription biennale s'applique à tous les droits d'enregistrement sans exception, notamment aux droits de transmission que les lois des 23 juin 1857, 16 sept. 1871 et 29 juin 1872 ont établis sur les actions et obligations des sociétés, départements, communes et établissements publics (V. *suprà*, n° 1518). Elle a même été étendue à la taxe dont sont passibles, d'après la loi du 23 août 1871, les polices d'assurances maritimes et contre l'incendie (Sol. adm. enreg. 22 juill. 1876, D. P. 78. 3. 31). Il ressort, d'ailleurs, comme on l'a vu (*Rép.* n° 5470) du paragraphe 1er de la loi de frimaire an 7, que cette prescription se rapporte à quatre objets distincts, que nous allons reprendre successivement.

N° 1. — *Droit non perçu sur une disposition particulière dans un acte* (*Rép.* nos 5471 à 5482).

3210. Ce premier cas se présente, lorsqu'un acte contenant plusieurs dispositions étant présenté à la formalité, le receveur néglige de percevoir sur l'une d'elles le droit dont elle est passible. L'application de la prescription biennale à cette hypothèse, très simple en apparence, offre, dans certains cas, de sérieuses difficultés que la jurisprudence n'a pas toujours résolues d'une manière uniforme.

Il est d'abord certain que les droits afférents à un acte qui est assujetti à l'obligation de l'enregistrement et n'a pas reçu la formalité ne tombent pas sous l'application de notre règle; la prescription biennale implique, en effet, une perception entamée à compléter et non pas une perception totale à faire. La prescription de trente ans peut seule être invoquée dans cette hypothèse. Cette solution a été consacrée de nouveau par la cour de cassation (Civ. rej. 24 août

---

taires, ne seront soumis qu'à la prescription de trente ans. » — Il est vrai que la succession du sieur F.... (décédé le 15 juin 1850) s'est ouverte antérieurement à cette loi; mais il suffit pour que les dispositions soient applicables au cas particulier, que, lors de la promulgation, la prescription édictée par la loi du 18 mai 1850 sous l'empire de laquelle le décès a eu lieu, n'ait pas encore été acquise contre le Trésor. La plupart des auteurs enseignent, en effet, que le législateur est toujours maître d'organiser, comme il le juge à propos, pour le plus grand bien de la société (V. Marcadé, art. 2, c. nap.; Demolombe, t. 1, n° 61; Merlin *Répertoire*, v° *Prescription*, sect. 1re, § 3, p. 501, et *Questions*, v° *Séparation des patrimoines*, sect. 2; Troplong, art. 2281 c. nap., n° 1075; *Rép.* v° *Prescription*, chap. 1er, sect. 10). — Ainsi, les

dispositions de l'art. 2281 c. nap., qui portent que les prescriptions commencées avant la publication du tit. 20 seront réglées par les lois anciennes, paraissent constituer une exception dont l'effet ne doit être étendu par analogie. Enfin il résulte d'un arrêt de la cour de cassation du 30 nov. 1813 que la disposition de l'art. 2281 n'est pas applicable en matière d'enregistrement (V. Troplong, n° 1079). — En conséquence, les héritiers du sieur F.... ne sont pas fondés à opposer la prescription de dix ans, qu'a lieu de réclamer le droit simple et le demi-droit en sus qu'ils ont encouru pour défaut de déclaration dans le délai légal; c'est seulement après le payement de ces droits que le receveur pourra leur délivrer le certificat exigé par l'art. 25 de la loi du 8 juill. 1852.

Du 20 mars 1868.-Sol. adm. enreg.

1874, aff. Compagnie des mines de Liévin, D. P. 75. 1. 113). — V. *infrà*, n°s 3247 et suiv.

3211. Il avait été jugé aussi auparavant, dans le même sens, que la prescription de l'action en payement du droit exigible sur un acte non présenté à l'enregistrement est de trente ans, alors même que cet acte aurait été déguisé sous l'apparence d'un autre acte qui a été soumis à la formalité et qui était passible du même droit que l'acte demeuré secret. Ainsi une vente d'immeubles soustraite à la perception du droit de mutation immobilière reste, pendant trente ans, assujettie à ce droit, quoiqu'elle ait été dissimulée sous la forme d'un bail emphytéotique présenté à l'enregistrement. Et il en est ainsi, encore que la Régie, après avoir perçu par erreur le bail emphytéotique à elle déclaré le droit de bail ordinaire, au lieu de le frapper du droit de mutation immobilière, se bornât à réclamer sur l'acte de vente, plus tard révélé, la différence entre les deux droits. On objecterait vainement que la demande constitue alors une simple action en perception supplémentaire, prescriptible par deux ans, conformément à la règle établie par l'art. 61 de la loi du 22 frim. an 7, cette demande n'en ayant pas moins pour objet un droit applicable à un acte non présenté à l'enregistrement (Civ. cass. 1er févr. 1859, aff. Lemaire, D. P. 59. 1. 54).

3212. Ce point n'a jamais fait difficulté ; il n'en est pas de même de la question de savoir s'il suffit, pour que la prescription biennale s'applique, que la disposition sur laquelle le droit n'a pas été perçu soit porté à la connaissance de l'Administration par un autre acte soumis à la formalité, ou s'il est nécessaire que cet acte constitue luimême le titre de la disposition passible de l'impôt. Pendant longtemps la jurisprudence a décidé que la prescription de deux ans devait s'appliquer par cela seul que l'Administration avait été mise à même de découvrir la disposition par un acte présenté à l'enregistrement, sans qu'elle eût besoin de recourir à des recherches ultérieures et indépendantes de cet acte. Nous avons rapporté (*Rép.* n°s 5478 et suiv.) une série de décisions rendues en ce sens ; d'autres, rendues postérieurement, ont encore consacré cette interprétation (Civ. cass. 3 mars 1851, aff. de Tappie, D. P. 51. 1. 19 ; 26 avr. 1853, aff. Bardonnanche, D. P. 53. 1. 134 ; Civ. rej. 7 août 1855, aff. de Saint-Albin, D. P. 55. 1. 448). La question a été résolue ainsi, notamment en ce qui concerne les mutations secrètes. Jugé, en particulier, en matière de société, que l'action en payement du droit proportionnel sur la transmission réalisée, en vertu de l'acte de société, de la part d'un associé prédécédé aux associés survivants, est prescriptible par deux ans, à partir du jour où la Régie a eu connaissance de la mutation par des actes qui en impliquent nécessairement l'existence (Civ. cass. 27 juill. 1870, aff. Hovelacque, D. P. 70. 1. 413).

Mais une distinction, qui s'était déjà établie à l'époque de la publication du *Répertoire* (n°s 5486 et suiv.), a fini par prévaloir et se trouve aujourd'hui consacrée par une jurisprudence constante. On a distingué entre le droit simple d'une part, et, d'autre part, le droit en sus et l'amende. Relativement au droit en sus et à l'amende, il a été reconnu qu'ils tombaient sous l'application de la prescription biennale toutes les fois qu'un acte présenté à l'enregistrement a révélé d'une manière certaine et sans recherches ultérieures à l'Administration l'existence d'un fait juridique qui a échappé à l'impôt ; le législateur s'étant formellement expliqué sur ce point dans l'art. 14 de la loi du 16 juin 1824. Mais la cour de cassation a refusé d'appliquer cette règle au droit simple qui, par conséquent, soumis à la prescription trentenaire, à moins que l'acte présenté à la formalité ne constitue lui-même le *titre* du fait juridique passible de l'impôt.

La distinction suivante doit, par suite, être faite pour la prescription du droit d'enregistrement applicable à une mutation ou à un acte non enregistré mentionné dans un acte enregistré : si l'acte énonciatif mentionne .a convention non enregistrée en termes assez explicites pour former *titre* de cette convention, il donne lieu par lui-même à la perception du droit applicable ; en conséquence, si ce droit n'a pas été exigé à l'enregistrement de l'acte énonciatif, il s'agit alors d'un droit non perçu sur une disposition particulière que l'acte énonciatif rend *titre*, et la prescription biennale est direc-

tement applicable. Si, au contraire, l'acte énonciatif ne fait pas mention de la convention non enregistrée en termes assez explicites pour en former titre, il ne donne plus lieu par lui-même à la prescription du droit applicable ; il ne s'agit plus, dès lors, d'un droit non perçu sur une disposition particulière dans un acte ; c'est la prescription de trente ans qui s'applique.

Telle est la doctrine que la cour de cassation a consacrée dans trois arrêts du 2 déc. 1873 (aff. Donon, aff. Lemasson aff. Donon, D. P. 74. 1. 108) et qui n'a plus été contestée depuis cette époque (Instr. adm. enreg. 31 mars 1874, n° 2482, § 3, 4 et 5. Conf. Req. 9 mai 1881, aff. Lemoine, D. P. 82. 1. 81 ; 7 mars 1888, aff. Ville de Marseille, D. P. 88. 1. 268).

3213. Par application de cette nouvelle jurisprudence, il a été jugé : 1° que la prescription de deux ans établie par l'art. 61, n° 1, de la loi du 22 frim. an 7, ne s'appliquant qu'aux réclamations qui ont pour objet, soit un droit non perçu sur une disposition particulière d'un acte soumis à la formalité de l'enregistrement, soit un supplément de perception insuffisamment faite, soit une amende ou un double droit encouru pour contravention, l'action en payement du droit proportionnel dont un acte *d'ouverture de crédit*, enregistré d'abord au droit fixe à défaut de mention de la réalisation du crédit, est devenu passible après cette réalisation, n'est point soumise à la prescription biennale à partir du jour où la Régie a eu connaissance du versement de la somme promise, notamment par l'enregistrement d'un commandement de payer cette somme, mais n'est prescriptible que par trente ans (Civ. cass. 15 juill. 1851, aff. Chevalier, D. P. 51. 1. 225 ; Instr. adm. enreg. 31 déc. 1851, n° 1900, § 9). Cette décision a été rendue sous le régime antérieur à la loi du 23 août 1871 ; mais l'innovation apportée par l'art. 5 de cette loi, relativement à la nature du droit perçu sur les actes d'ouverture de crédit (V. *suprà*, n° 740), est indifférente au point de vue du principe appliqué dans l'espèce ; c'est ce qui résulte d'ailleurs de la solution suivante ; — 2° Que la prescription biennale établie pour la demande des droits supplémentaires d'enregistrement né s'applique aux droits proportionnel exigible par suite de la réalisation d'un crédit que lorsque cette réalisation résulte d'actes constituant des titres à l'exigibilité du droit, de telle sorte que celui-ci aurait pu être perçu lors de la présentation de ces actes à l'enregistrement. Il n'en est pas ainsi pour le droit proportionnel réclamé d'après les constatations · des actes de la procédure émanés du créditeur quand, lorsque les immeubles du crédité ont été vendus à la suite d'une saisie réelle pratiquée par le créditeur à fin de remboursement du montant du crédit ; dans ce cas, le droit proportionnel n'est prescriptible que par trente ans. Mais l'ordre ouvert sur le prix des immeubles vendus, et portant attribution au créancier du montant du crédit, rend la prescription biennale applicable (Civ. cass. 6 juin 1882, aff. Pérès, Gage et Ader, D. P. 82. 1. 428. Conf. Trib. Seine, 24 mars 1865, aff. de Lareinty, D. P. 66. 3. 102 ; Sol. adm. enreg. 3 avr. 1865, *ibid.*) ; — 3° Que l'acte sous seing privé non timbré et non enregistré, qui a été mentionné dans un acte authentique, ne peut, dans le cas où la Régie a laissé prescrire, par l'écoulement de deux années sans poursuites, l'action en réclamation des droits auxquels une telle mention donnait lieu, être considéré comme à jamais affranchi des droits de timbre et d'enregistrement ; il n'obtient cet affranchissement que par la prescription trentenaire ; par suite, la mention qui en est postérieurement faite dans un autre acte authentique donne lieu contre l'officier ministériel, à défaut de timbre et d'enregistrement préalable, à de nouvelles amendes auxquelles ne profite pas la prescription des premières (Trib. Seine, 7 févr. 1855, cité *suprà*, n° 3201 ; — 4° Que la présentation à la formalité de l'enregistrement d'un jugement constatant l'existence d'une convention écrite produite au cours du procès, n'équivaut pas à la présentation à l'enregistrement de l'acte lui-même, et, par suite, l'action en payement du droit auquel cet acte est soumis est régie par la prescription de trente ans. Le double droit, au contraire, auquel donne lieu une convention écrite produite au procès après avoir été qualifiée de convention verbale dans l'exploit introductif d'instance, est prescriptible par deux ans à dater de l'enregistrement du jugement qui en a révélé l'existence à l'Administration, les amendes et doubles droits étant soumis à la prescription de deux ans à compter du jour où les préposés ont été mis à même de constater les contraventions au vu des actes présentés à la formalité de l'enregistrement (Civ. cass. 27 déc. 1859, aff. Canis, D. P. 60. 1. 86. Conf. Req. 16 janv. 1855, *Contrôleur de l'enregistrement*, art. 10470) ; — 5° Que la mention d'un acte quelconque, public ou sous seing privé, dans un autre acte public, ne donne pas lieu à la prescription biennale contre l'action en recouvrement des droits simples dus sur cet acte ; spécialement, que le droit dû, par exemple, à raison, dans un acte de partage, d'une reconnaissance de dette par acte sous seing privé non enregistré, avec énonciation que la somme est comprise dans le lot du copartageant qui en est débiteur, est soumis à la prescription, non de deux ans, mais de trente ans (Trib. Lille, 5 juin 1858, aff. Debayser, D. P. 58. 3. 72) ; — 6° Que, de même, lorsqu'une mutation d'immeuble a été tenue secrète, la prescription de deux années ne court que du jour de la présentation de l'acte de mutation à l'enregistrement, et non du jour où la Régie aurait été mise à même de reconnaître cette mutation en comparant un partage antérieur avec une déclaration de succession (Civ. cass. 3 mars 1851, aff. de Tappie, D. P. 51. 1. 19 ; Instr. adm. enreg. 30 juin 1851, n° 1853, § 10) ; — 7° Que lorsque, dans un acte de vente d'immeubles situés en France, le vendeur, qui n'était originairement propriétaire que d'une portion de ces immeubles, déclare qu'ils lui sont échus en totalité en vertu d'un acte de partage passé en pays étranger et qu'il ne représente pas, l'action en recouvrement du droit simple de mutation réclamé à raison de cet acte n'est pas prescriptible par deux ans à partir de la mention ainsi faite, mais reste soumise à la prescription trentenaire, une telle mention ne devant pas être considérée comme une clause particulière de l'acte de vente où elle a été insérée, et ne donnant pas, dès lors, lieu à une perception immédiate dont l'omission ne pourrait être réparée que dans les deux années qui l'ont suivie (Civ. rej. 18 août 1852, aff. de Rigny, D. P. 52. 1. 235) ; — 8° Que la prescription biennale n'est pas applicable non plus, par suite du même motif, lorsqu'une convention résultant d'un acte écrit a été énoncée comme purement verbale dans un autre acte ; spécialement, que l'Administration a trente ans pour agir, lorsqu'un acte public est fait en conséquence d'un traité antérieur, que les parties ont qualifié de traité verbal, quoiqu'il se trouve constaté dans un acte écrit révélé ultérieurement (Trib. Bourges, 21 déc. 1860 et Trib. Mortain, 9 mars 1882, *Journ. enreg.*, art. 17283 et 21861) ; — 9° Que la prescription biennale n'est pas applicable au droit de mutation par décès réclamé sur une donation d'usufruit entre époux, résultant de leur contrat de mariage, alors surtout que ce contrat n'a pas été produit lors de la déclaration de la succession du mari souscrite par la veuve bénéficiaire de la donation, pour le payement du droit de mutation dû par ses enfants mineurs (Req. 18 janv. 1888, aff. Chaleyer, D. P. 88. 1. 174).

3214. Il a été décidé, au contraire : 1° Que la constatation *expresse*, même faite incidemment dans un acte, de la réalisation antérieure d'une ouverture de crédit, ayant le caractère d'une disposition particulière de cet acte et donnant lieu à la perception du droit d'obligation au moment même de l'enregistrement de l'acte qui la renferme, cette perception est, comme disposition particulière dans un acte, soumise à la prescription de deux ans ; on ne peut dire que le droit d'obligation reste exigible sur l'acte d'ouverture de crédit lui-même, et qu'en conséquence, la prescription trentenaire est seule applicable (Civ. rej. 18 févr. 1857, aff. Pagny, D. P. 57. 1. 90 ; Instr. adm. enreg. 19 mai 1857, n° 2096, § 2) ; — 2° Que le droit proportionnel de donation applicable à la reconnaissance d'un don manuel contenue dans un acte soumis à l'enregistrement, ne peut être exigé, lorsque la même reconnaissance se trouve dans un acte enregistré depuis plus de deux ans et sur lequel le droit aurait dû être réclamé, la prescription étant acquise lors de la nouvelle reconnaissance (Sol. adm. enreg, 1er déc. 1881, D. P. 83. 3. 16. Conf. Trib. Seine, 7 mai 1870, aff. Grosjean, D. P. 70. 3. 98, note). — 3° Que lorsque, dans l'acte constitutif d'une société, des coassociés se sont obligés à payer le prix encore dû de l'immeuble apporté par l'un d'eux pour toute la portion excédant l'apport de cet associé, cette stipulation opère une transmission de propriété passible du droit propor-

tionnel de mutation ; mais que, si ce droit n'est pas perçu à l'enregistrement de l'acte de société, ni réclamé dans les deux ans, la prescription est acquise, et il ne peut plus être exigé sur l'acte ultérieur de partage de la société, par lequel des portions de l'immeuble sont attribuées à des associés autres que celui qui en avait fait l'apport (Civ. cass. 5 janv. 1853, aff. de Prémorvand, D. P. 53. 1. 73 ; Instr. adm. enreg. 30 juin 1853, n° 1967, § 9).

3215. Il a encore été jugé que la demande formée par un cohéritier en payement du prix de la cession de ses droits successifs par lui faite à ses cohéritiers, ne peut servir de point de départ à la prescription biennale du droit de mutation, lorsqu'elle a été formée sans indication du titre constitutif de cette cession, et avec la simple allégation, de la part du demandeur, de sa qualité de créancier et de celle de sa créance. La prescription ne court pas non plus à partir du jugement par défaut qui a adjugé au demandeur ses conclusions et l'a autorisé à prendre inscription sur l'immeuble qu'il disait être affecté à sa créance, si ce jugement, qui ne précisait pas même l'origine de la propriété de cet immeuble, n'a rien ajouté aux allégations de la demande. Cette prescription ne court, en pareil cas, qu'à compter de l'enregistrement du jugement dans lequel le titre du demandeur a été apprécié, après avoir été contradictoirement discuté (Arrêt du 7 août 1855, cité *supra*, n° 3212 ; Instr. adm. enreg. 15 déc. 1855, n° 2054, § 1er).

N° 2. — *Perception insuffisamment faite* (Rép. n°s 5483 à 5493).

3216. Il y a perception insuffisante, avons-nous dit, soit lorsqu'un droit fixe a été perçu, tandis qu'un droit proportionnel était exigible, soit lorsqu'on a exigé un droit proportionnel moindre que celui qui était à percevoir. Cela est admis sans difficulté ; mais c'est une question controversée que celle de savoir s'il y a lieu d'appliquer la prescription biennale, établie pour les insuffisances de perception, aux suppléments de droits qui deviennent exigibles par suite d'un fait qui n'était pas encore accompli ou que l'Administration ne pouvait pas encore connaître lorsque l'acte a été soumis à la formalité ?

Au sujet d'un arrêt de la chambre des requêtes, qui est cité plus loin, nous avons développé cette idée, qu'en pareil cas, il n'y a que le point de départ de la prescription qui soit modifié, en ce sens qu'au lieu d'être fixé au jour de l'enregistrement de l'acte, sur lequel un supplément de droit est réclamé, il est nécessairement reporté au jour où un enregistrement nouveau a mis l'Administration à même d'opérer, sans recherches ultérieures, le recouvrement du droit supplémentaire. Il nous a paru que, dans ce cas, la nature de la prescription ne se trouve pas modifiée, et que la prescription trentenaire ne doit pas remplacer la prescription biennale. Conformément à cette doctrine, la cour de cassation, confirmant un jugement du tribunal de Châtillon-sur-Seine, du 27 juin 1866, a décidé que le supplément de droit exigible, dans le cas d'insuffisance de l'évaluation des *reprises* de la femme séparée de biens, faite pour la perception du droit proportionnel de condamnation à 50 cent. pour 100, lors de l'enregistrement du jugement qui a prononcé la séparation, est prescriptible par deux ans comme supplément de perception insuffisamment faite, à partir du jour où un acte présenté à l'enregistrement, spécialement l'acte de liquidation des reprises, a mis l'Administration parfaitement à même de constater l'insuffisance (Req. 20 mai 1868, aff. Berthélemy, D. P. 69. 1. 153). Cette interprétation nous a paru, conforme au texte et à l'esprit de la loi : au texte, car il ne fait aucune distinction ; à l'esprit, car, en établissant cette prescription spéciale, la pensée du législateur a été évidemment de mettre le contribuable à l'abri des réclamations tardives auxquelles il pourrait n'avoir plus à opposer des moyens qu'il aurait pu faire valoir plus tôt. Comme l'exprime le rapport sur lequel l'arrêt du 20 mai 1868 a été rendu, « que l'insuffisance de perception soit due, non à l'incurie de l'agent, mais à la force des choses ; qu'elle ait pris la forme ou la nature d'une perception provisoire devant se compléter…, il n'importe ; la loi ne distingue pas et c'est toujours un cas de perception insuffisante et d'un supplément de perception à obtenir dans le délai de la prescription biennale ».

L'arrêt du 20 mai 1868 était néanmoins en contradiction avec les décisions antérieures de la cour de cassation, notamment en matière de marchés de travaux ou de fournitures ; on avait prétendu, il est vrai, que la différence se justifiait dans ce dernier cas par cette raison particulière que, pour les marchés, il s'agit de faits qui ne se produisent que successivement dans l'exécution des conventions, se dérobent souvent à la perception et peuvent être considérés comme étant l'objet d'une réclamation principale. Cette doctrine paraît contestable. Il ne semble pas que la même perception puisse être considérée tantôt comme supplément de perception insuffisamment faite prescriptible par deux ans, tantôt comme demande principale prescriptible par trente ans, par cela seul que le fait se produit ou ne se produit pas dans des conditions de nature à permettre à l'Administration d'agir dans ses recherches ultérieures. Quelque opinion que l'on adopte sur la question principale, la prescription doit avoir la même durée dans toutes les hypothèses.

Malgré les motifs que nous avons exposés plus haut, la jurisprudence a consacré le système de l'Administration, d'après lequel la prescription biennale ne s'applique qu'aux droits ouverts par l'enregistrement, c'est-à-dire qu'à ceux qui auraient pu être perçus au moment où la formalité a été remplie.

M. Garnier, *Rép. pér. enreg.* art. 2737, résume ainsi, en l'approuvant lui-même, l'argumentation qui sert de base à la jurisprudence dans cette importante controverse : « C'est attribuer à ces mots *perception insuffisamment faite* une acception trop compréhensive que de les appliquer à tous les cas où l'Administration peut réclamer des droits complémentaires en vertu de faits inconnus au moment de sa première liquidation. La loi n'a entendu parler que de faits accomplis et connus au jour où l'acte est soumis à la formalité, et non de faits qui n'ont pu être connus que postérieurement. Une perception n'a pas été insuffisante lorsqu'elle a été ce qu'elle devait être et qu'il survient un fait postérieur donnant lieu à une perception ou entièrement nouvelle ou supplémentaire. Ce droit nouveau constitue une créance principale ayant, il est vrai, sa cause originelle dans le contrat antérieur, mais créée et mise au jour par un événement ultérieur indépendant. La constatation de ce fait dans un acte enregistré a sans doute pour résultat d'ouvrir l'action en répétition du Trésor et de faire courir la prescription contre lui ; mais, à défaut de dispositions particulières dans la loi, cette prescription ne peut être que celle de trente ans, conformément au droit commun. »

3217. Cette doctrine comporte un très grand nombre d'applications. Elle embrasse d'abord tous les actes dont l'effet est subordonné à une *condition qui suspend la perception du droit.*

Ainsi a-t-il été jugé : 1° que la prescription de deux ans ne peut être étendue au droit principal se rattachant à un marché administratif de travaux subordonné à la condition suspensive de la constitution d'une société et devenu exigible seulement par l'accomplissement de cette condition, qu'il n'y aurait lieu à cette prescription exceptionnelle que dans le cas où l'acte constatant l'accomplissement de la condition serait lui-même un titre à l'exigibilité du droit (Req. 23 juill. 1883, aff. Eichelbrenner, D. P. 84. 1. 244) ; — 2° Que lorsqu'un jugement prononçant la résolution d'une vente conditionnelle et à défaut, par exemple, de payement du prix dans un délai déterminé, a été présenté à l'enregistrement et frappé du droit de condamnation, l'action en payement du droit proportionnel de mutation devenu exigible sur la résolution ultérieure encourue, n'est pas sujette à la prescription de deux ans établie pour les perceptions omises ou insuffisantes ; elle n'est soumise qu'à la prescription trentenaire (Civ. cass. 15 mai 1866, aff. Roubo, D. P. 66. 1. 216 ; Instr. adm. enreg. 20 déc. 1866, n° 2349, § 3) ; — 3° Que la prescription applicable au droit proportionnel exigible à l'événement de la condition, sur la cession éventuelle stipulée, dans un acte de société, pour le cas de décès de l'un des associés, de sa part dans l'association, au profit des associés survivants, est celle de trente ans, et non la prescription biennale, alors surtout que les actes enregistrés relatant la réalisation de la condition, n'ont pas eu pour effet de dispenser l'Administration de toutes recherches ultérieures pour la mettre à même d'exercer son action

(Arrêt du 27 juill. 1870, cité *suprà*, n° 3212) ; — 4° Que lorsqu'une mutation s'est opérée non point par la décision judiciaire qui la constate, mais par l'événement d'une condition antérieurement réalisée, les parties ne sont pas fondées à prétendre que la prescription biennale leur est acquise à défaut de recouvrement des droits de mutation dans les deux ans de la décision judiciaire (Civ. rej. 6 mars 1872, aff. Coudrin, D. P. 72. 1. 201 ; Instr. adm. enreg. 28 mai 1872, n° 2447, § 5).

La doctrine en question s'applique généralement à tous les actes sur lesquels la perception a été établie régulièrement, telle qu'elle devait l'être au moment de leur enregistrement, et qui deviennent passibles, par suite d'un *événement ultérieur*, d'un supplément de droit. Jugé, en effet : 1° Que la prescription biennale ne s'appliquant qu'au cas d'erreur ou d'omission par le receveur, et non au cas où le droit à percevoir se trouve rétroactivement modifié par un événement ultérieur, il en résulte que lorsqu'après payement par un enfant adoptif du droit de mutation de 1 p. 100 par lui dû en cette qualité, à raison du legs universel fait par l'adoptant à son profit, l'adoption vient à être annulée, la mutation devant être considérée comme s'étant accompli entre personnes non parentes, et ayant, dès lors, donné ouverture au droit de 9 pour 100, le supplément de perception exigible n'est prescrit que par trente ans (Req. 1er août 1878, aff. Latil, D. P. 78. 1. 437) ; — 2° Que la demande en perception d'un supplément de droit résultant de ce que les évaluations faites dans un acte enregistré (une adjudication de pompes funèbres) ont été dépassées lors de l'exécution de cet acte, constitue non une demande pour *omission* ou *insuffisance* de perception, soumise à la prescription de deux ans, mais une demande *principale*, qui n'est assujettie qu'à la prescription trentenaire ; on objecterait en vain que la prescription biennale doit être maintenue, en pareil cas, sauf à ne faire courir qu'à partir du jour où la Régie a pu connaître l'insuffisance d'évaluation qui donne lieu à un supplément de droit (Req. 28 déc. 1886, aff. Pector, D. P. 57. 1. 401) ; — 3° Que la prescription de deux ans est à tort opposée à la demande des droits proportionnels sur les dispositions d'un état de liquidation, qui précédemment n'a été enregistré qu'au droit fixe à défaut d'approbation des parties, droits proportionnels qui ne sont devenus exigibles qu'en raison de l'homologation prononcée par le tribunal ; mais il en serait autrement, au cas où, le tribunal ayant effectué une liquidation nouvelle, le receveur aurait omis de percevoir les droits proportionnels sur le jugement, pareil jugement étant en pareil circonstance le véritable titre des parties (Sol. adm. enreg. 4 avr. 1864, D. P. 65. 3. 24) ; — 4° Que le droit proportionnel de mutation exigible au décès du prémourant des époux par l'effet de la stipulation dans un acte de vente immobilière à leur profit commun, que l'immeuble sera appartiendra au survivant, se prescrit par trente ans et non par deux ans (Civ. cass. 14 déc. 1870, aff. Trouilloux-Vuldy, D. P. 71. 1. 88 ; Instr. adm. enreg. 23 sept. 1871, n° 2420, § 6). — V. *suprà*, n° 1942.

Le principe qui sert de base à la jurisprudence dont l'exposé précède, s'applique aux suppléments de droits réclamés sur des *marchés* dont l'importance n'avait pu être déterminée lors de l'enregistrement du contrat. Ainsi, jugé : 1° que la prescription de deux ans ne s'applique pas à la réclamation du droit restant à percevoir sur un marché de travaux qui, comprenant à la fois des travaux prévus et évalués et des travaux facultatifs non évalués, ni susceptibles d'évaluation à raison de leur caractère indéterminé, n'a pu être l'objet d'une perception ; quant à ces derniers travaux, qu'après que l'exécution intégrale du marché en a fait connaître l'importance d'une manière certaine et définitive (Civ. rej. 4 avr. 1864, aff. Joly, D. P. 64. 1. 298) ; — 2° Que cette prescription n'est pas non plus applicable au supplément de droit réclamé sur un marché de fournitures passé avec une ville, et dont l'importance réelle n'avait pu être déterminée exactement à l'enregistrement de l'acte (Req. 18 juill. 1870, aff. Compagnie parisienne du gaz, D. P. 71. 1. 137) ; — 3° Que le droit proportionnel exigible à raison de la prolongation d'un marché de fournitures, au delà du temps déclaré à l'enregistrement de ce marché, n'ayant pas le caractère d'un supplément de droit réclamé par suite d'erreur ou insuffisance dans la première perception n'est pas soumis à la prescription biennale (Trib. Rouen, 25 mai 1855, aff. Cauchié, D. P. 55. 3. 75); — 4° Que lorsque le droit proportionnel perçu pour l'enregistrement d'un acte concernant un marché dont le prix ne pourra être réglé qu'après exécution a été calculé en l'absence de documents certains sur un chiffre indiqué par le soumissionnaire, le supplément des droits ultérieurement réclamé par la Régie, sur le vu des documents définitifs, constitue, surtout s'il se rapporte à une extension imprévue donnée au marché depuis l'enregistrement de l'acte, une perception principale et non pas une rectification à laquelle, par suite, le redevable ne peut opposer la prescription de deux ans (Trib. Toulouse, 5 août 1863, aff. Salze et Giral, D. P. 63. 3. 76).

Au contraire, la prescription biennale s'applique au droit proportionnel d'enregistrement non perçu, lors de l'enregistrement d'un marché administratif de travaux d'entretien et de travaux neufs, sur la disposition contenant l'évaluation provisoire des travaux neufs (Req. 29 déc. 1875, aff. Fortin-Hermann et comp., D. P. 76. 1. 126).

3218. Lorsque l'insuffisance de perception est due à une *erreur* commise par le redevable lui-même, le supplément de droit à recouvrer n'est plus prescriptible suivant les règles ordinaires. Ainsi, la prescription biennale n'est pas opposable à la demande du droit complémentaire exigible au cas où une succession déclarée comme étant échue à des ascendants, est dévolue, en réalité, à des héritiers collatéraux (Trib. Lisieux, 12 mars 1869, aff. Poret, D. P. 72. 5. 196).

Il en est autrement si l'erreur a été commise dans la liquidation de l'impôt établie sur une base acceptée par l'Administration. Spécialement, lorsque, à la suite d'un partage portant attribution de toutes les valeurs mobilières de la succession à un légataire universel, et des immeubles aux héritiers réservataires, chaque copartageant, et entre autres, le légataire universel, s'est borné à déclarer à la Régie les valeurs placées dans son lot, sans faire mention des autres valeurs, ni sans faire, par conséquent, de déclaration aux bureaux dans l'étendue desquels il n'a rien reçu, et que, dans les divers bureaux de perception, le droit de mutation a été perçu conformément aux attributions résultant de l'acte de partage, si la Régie, changeant la base par elle acceptée, veut ensuite établir la perception, à l'encontre notamment du légataire universel, d'après les droits indivis de ce légataire dans les meubles et immeubles de la succession, tels qu'ils existaient avant le partage, son action a le caractère d'une demande en supplément de perception et est, dès lors, prescriptible par deux ans; ... on objecterait vainement qu'il y a, en ce cas pareil, de la part du légataire universel, soit une véritable omission de biens pour les bureaux où il a fait sa déclaration sans y parler des immeubles attribués à ses copartageants, omission couverte seulement par la prescription de trois ans (aujourd'hui cinq ans), soit même une absence complète de déclaration, pour les bureaux où il n'a rien déclaré, absence de déclaration qui n'est protégée que par la prescription de cinq ans (aujourd'hui dix ans) (Civ. cass. 1er août 1853, aff. de Belleyme, 2 arrêts, D. P. 53. 1. 304.

Jugé de même, que la prescription de deux ans à laquelle est soumise l'action en payement d'un supplément de droit pour insuffisance d'une première perception, s'applique, en matière de cession ou vente, même au cas où l'erreur de la Régie a été occasionnée par une fausse déclaration portant, non sur l'évaluation, mais sur la nature des choses cédées. Et spécialement, lorsque sur la présentation d'un acte de cession dans lequel les valeurs cédées (les reprises d'une femme commune renonçante) sont qualifiées de mobilières, la Régie a perçu le droit de vente de meubles, elle ne peut, si elle a laissé écouler plus de deux ans, réclamer un supplément de perception à raison d'une découverte d'immeubles qu'elle aurait faite parmi les objets compris dans la cession, alors surtout qu'en fait elle a eu entre les mains, durant le délai, tous les documents propres à lui faire découvrir l'inexactitude de la déclaration (Trib. Brives, 23 mars 1854, aff. Breton, D. P. 55. 5).

3219. Les partages soumis à homologation ne sont pas considérés par la jurisprudence comme des actes dont l'effet est subordonné à un événement ultérieur; on a vu *suprà*, n° 1271, que le droit gradué et le droit de soulte dont ces actes sont passibles ne sont perçus que sur le jugement homologatif; il en résulte que la prescription peut être

opposée à la Régie, lorsque la contrainte en payement des droits n'est décernée que plus de deux ans après l'enregistrement de ce jugement. Une décision du tribunal de Clamecy, du 25 août 1865 (aff. Enfert, D. P. 66. 3. 38), ajoute qu'il en doit être ainsi, alors même qu'en ordonnant l'exécution du travail du notaire, le jugement ne l'aurait pas reproduit dans son contexte (Comp. Req. 19 juill. 1880, aff. Parrot, D. P. 81. 1. 83). L'Administration qui avait d'abord soutenu que le droit devenu exigible par suite de l'homologation ne constitue ni un droit perçu sur une disposition particulière ni un supplément de perception insuffisamment faite, a fini par s'incliner devant l'interprétation de la jurisprudence (Instr. adm. enreg., 29 oct. 1881, n° 2641, § 4).

N° 3. — *Fausse évaluation dans une déclaration ; Demande d'expertise (Rép. n°s 5494 et 5495).*

3220. On sait que, d'après la loi du 22 frim. an 7 (art. 16), les parties doivent faire une déclaration estimative toutes les fois que les sommes et valeurs ne sont pas déterminées dans un acte ou jugement donnant lieu au droit proportionnel (V. *suprà*, n°s 2608 et suiv.); mais que la Régie a le droit de contester cette déclaration, notamment, lorsqu'il s'agit d'immeubles, au moyen de l'expertise (V. *suprà*, n°s 2629 et suiv.). Le délai dans lequel l'Administration peut agir, soit pour constater les insuffisances ou les dissimulations commises dans l'estimation des valeurs qui ont servi de base à la perception, soit pour réclamer le supplément de droit encouru par suite d'une fausse évaluation, varie suivant la nature des objets imposables et le caractère de la mutation. Ce délai est de deux ans, d'après la loi de frimaire, en matière de mutation à titre gratuit et d'échange (V. *suprà*, n° 2674).

3221. Il résulte de la loi du 27 juill. 1870 (art. 4) qu'à l'égard des échanges d'immeubles ruraux contigus auxquels un tarif de faveur s'applique, sous certaines conditions déterminées, lorsque les énonciations renfermées dans l'acte paraissent inexactes ou les soultes stipulées insuffisantes, la demande des droits doit être formée aussi dans le délai de deux ans.

Jugé, d'une manière générale, que l'Administration, lorsque dans les deux ans de l'enregistrement d'un acte d'échange, elle n'a pas usé du droit d'établir l'insuffisance de la soulte énoncée au contrat, ne peut plus tard, s'il vient à être reconnu par l'une des parties, dans un inventaire ou un acte de liquidation, que la soulte payée s'élevait en effet à une somme supérieure, prétendre percevoir à l'occasion de l'enregistrement du nouvel acte, un supplément de droit sur la partie du prix qui avait été dissimulée (Trib. Mamers, 31 mars 1868, aff. Leboindre, D. P. 68. 3. 87).

L'Administration a acquiescé à ce jugement par une délibération du 16 juill. 1868.

3222. Mais il faut tenir compte, dans cette matière, des modifications apportées par la loi du 23 août 1871 relativement aux transmissions à titre onéreux, que cette loi a soumises, comme on l'a vu *suprà*, n° 2876 et suiv., à des règles particulières, dont l'effet est d'étendre considérablement le délai dans lequel la Régie est admise à faire la preuve de la simulation du prix qui a servi de base à la perception. Ces règles embrassent toutes les mutations d'immeubles à titre onéreux; les dissimulations commises relativement à la soulte d'un échange ou d'un partage échappent aujourd'hui, comme celles qui se rapportent à un prix de vente, à la prescription biennale (L. 23 août 1871, art. 12 et 13).

La loi du 23 août 1871 a fait, d'ailleurs, une nouvelle application de la prescription biennale relativement aux déclarations de locations verbales d'immeubles. En autorisant l'Administration à recourir à l'expertise, lorsque le prix exprimé dans ces déclarations lui paraît inférieur à la valeur locative des biens, la loi de 1871 a limité à deux ans l'exercice de cette faculté (L. 23 août 1871, art. 11, § 3). — V. *suprà*, n° 2634.

3223. C'est une question discutée que de savoir si la prescription de deux ans s'étend aux *insuffisances* ou *dissimulations* commises dans les déclarations relatives aux *mutations de valeurs mobilières*, pour lesquelles la voie de l'expertise n'est pas ouverte. On s'appuie, pour soutenir la négative, sur le rapprochement fait par l'art. 61, n° 1, de la loi de frimaire an 7, du droit de demander un supplément d'impôt pour fausse évaluation et du droit de réclamer une expertise à l'effet de prouver la fausseté de l'évaluation. On conclut de là que la prescription de deux ans n'est établie qu'à l'égard des fausses évaluations susceptibles d'être constatées au moyen d'une expertise, et que les autres ne sont couvertes que par la prescription de trente ans (*Diction. droits d'enreg.*, v° *Prescription*, n° 539). L'opinion contraire nous paraît plus exacte ; la généralité du texte exclut toute distinction et le rapprochement que l'on invoque ne peut fournir aucun argument, comme l'explique très bien M. Naquet : « Le prétendu lien qu'on dit exister entre les deux dispositions contenues dans l'art. 61 n'est nullement démontré. La forme de cet article s'explique même d'une toute autre façon. Dans le projet primitif de la loi, les fausses évaluations étaient soumises comme les omissions dans une déclaration de succession, à une prescription de quatre ans, et il était parlé de l'expertise dans un membre de phrase isolé. On se décida plus tard à réduire les délais de la prescription quant aux fausses évaluations, sans toucher à ceux qui étaient relatifs aux omissions, et on reporta alors à la place actuelle la disposition du projet qui se référait aux évaluations. Ce déplacement n'eut pour but que de ranger dans la catégorie des prescriptions de deux ans une demande qui était auparavant soumise à une prescription plus longue. On ne concevrait pas, d'ailleurs, pour quel motif on distinguerait entre les fausses évaluations, dont la preuve peut être administrée par une expertise, et celles dont la preuve doit être fournie d'une autre manière, car, dans les deux hypothèses, le receveur a été mis en mesure de contrôler les allégations des parties, et il commet une faute égale, quand il reste longtemps sans réclamer ; or, c'est la gravité de la faute du receveur qui est la mesure de la durée des prescriptions » (Naquet, t. 3, n° 1258. Conf. Garnier, *Rép. gén. enreg.*, n° 12937). La jurisprudence tend à se fixer dans le sens de cette interprétation, quoiqu'il n'existe pas encore d'arrêt qui tranche nettement la question (Comp. Civ. cass. 19 févr. 1866, aff. Compagnie des forges et fonderies de Terre-Noire, D. P. 66. 1. 121; Req. 20 mai 1868, cité *suprà*, n° 3216).

3224. La prescription biennale peut être invoquée contre l'action de l'administration de l'enregistrement tendant à établir l'insuffisance de l'évaluation produite à la suite de la réalisation d'une ouverture de crédit, pour la perception du droit proportionnel d'obligation sur le montant de cette réalisation (Trib. Seine, 29 juill. 1881, aff. Société générale de crédit industriel et commercial, D. P. 83. 5. 251). — Cette décision, qui tranche une question neuve en jurisprudence, offre un grand intérêt pratique par suite du grand nombre de cas dans lesquels il est procédé, en matière d'enregistrement, à des déclarations estimatives. La prétention de l'Administration était que le mot *évaluation*, employé dans l'art. 61 de la loi du 22 frim. an 7, se rapporte uniquement à l'hypothèse où la déclaration a pour but de déterminer la valeur d'un objet corporel ou incorporel, mais qu'il est inapplicable au cas où il s'agit de sommes d'argent dont il faut fixer le chiffre qui doit servir de base à la perception. D'après la Régie, les sommes qui se comptent et s'énumèrent strictement ne sont pas susceptibles d'une évaluation proprement dite et ne peuvent donner lieu qu'à une déclaration ordinaire ; il en résulte que toute fausse évaluation qui en amoindrit l'importance constitue une dissimulation de la matière imposable, et que, dès lors, l'action appartenant au Trésor pour la répression de cette fraude n'est recouvrement du supplément de droit exigible n'est prescriptible que par trente ans, conformément au droit commun, et à défaut de disposition de la loi spéciale se rapportant à ce cas. Le tribunal de la Seine ne s'est pas arrêté, avec raison, à cette interprétation ; elle lui a paru contraire au texte de l'art. 16 de la loi du 22 frim. an 7, qui autorise formellement l'estimation des sommes indéterminées dans un acte soumis à la formalité ; les expressions « déclarations estimatives » employées dans cet article et celles « d'évaluations dans une déclaration » contenues dans l'art. 61 de la même loi sont corrélatives ; elles ont un sens identique et s'appliquent aux mêmes faits obligatoires par les parties. Ajoutons que le mot « évaluation » est employé par l'art. 14, n° 9, de la loi de frimaire pour qualifier la combinaison à l'aide de laquelle on détermine le capital des rentes viagères, par l'art. 15, n° 6, et par l'art. 15, n° 7, relativement à des cas de même nature. Enfin on peut citer dans le sens de cette interpré-

tation une délibération de l'Administration elle-même, du 11 juin 1834 (D. P. 68. 3. 87, note 1). Le jugement du tribunal de la Seine est, d'ailleurs, conforme à la thèse consacrée par la chambre des requêtes dans l'arrêt du 20 mai 1868, cité *suprà*, n° 3216.

3225. Nous croyons, en outre, qu'il n'y a pas de distinction à faire à ce point de vue, et nous rejetons, par suite, l'opinion enseignée par M. Garnier, *Rép. gén. enreg.*, n° 12937, d'après laquelle la prescription biennale n'est applicable dans notre hypothèse qu'autant que l'évaluation est reconnue frauduleuse. C'est mal interpréter, selon nous, l'expression « fausse évaluation » que de lui donner ce sens particulier ; le mot *fausse* est synonyme ici d'*inexacte* ; il serait irrationnel que la mauvaise foi du contribuable eût pour résultat d'abréger à son profit la prescription, qu'au cas de dissimulation il bénéficiât de la prescription de deux ans, alors que dans le cas où il a commis simplement une erreur il resterait pendant trente ans soumis à l'action du fisc. Les rédacteurs du *Journal de l'enregistrement* (art. 21782) ont approuvé, néanmoins, la doctrine de la Régie. Tout en faisant des réserves au sujet de l'arrêt du 20 mai 1868, cité *suprà*, n° 3216, que nous avons rappelé ci-dessus, ils considèrent que la théorie sanctionnée par cet arrêt n'était, d'ailleurs, pas applicable à l'espèce soumise au tribunal de la Seine, attendu que l'Administration, ignorant jusqu'à concurrence de quelle somme le crédit avait été réalisé, avait dû admettre comme exacte la déclaration des parties jusqu'au jour où il lui avait été possible de la contrôler, de telle sorte qu'il n'y avait eu de sa part aucune négligence, mais impossibilité absolue de contester la déclaration et de réclamer les droits célés au Trésor.

3226. Les explications qui précèdent, relativement au troisième cas d'application de la prescription biennale, se rapportent aux *insuffisances d'évaluation* et aux *dissimulations*. — En ce qui concerne les insuffisances, il faut distinguer avec soin, dans cette matière, celles qui proviennent d'une *évaluation provisoire* et celles qui résultent d'une évaluation *définitive*. Il n'y a insuffisance proprement dite que dans le cas d'évaluation définitive. Lorsqu'il s'agit d'évaluations provisoires, la prescription biennale ne doit plus être appliquée ; nous avons rapporté (*suprà*, n°s 3216 et suiv.), un grand nombre de décisions qui confirment implicitement cette distinction, et d'après lesquelles les suppléments de droits réclamés en vertu d'une estimation faite à titre provisoire ne se prescrivent que par trente ans. La difficulté consiste à distinguer les évaluations définitives, donnant lieu à une insuffisance proprement dite, des évaluations provisoires. Les auteurs du *Dictionnaire des droits d'enregistrement*, v° *Prescription*, n° 540, proposent le *criterium* suivant, qui nous paraît conforme à l'interprétation de la jurisprudence : « On peut admettre, sous ce rapport, qu'en thèse générale, il y a insuffisance chaque fois que la matière imposable pouvant être déterminée dans son quantum au moment où la perception est effectuée, n'a été estimée qu'à une valeur inférieure à celle qu'elle avait réellement. Il y a, au contraire, évaluation provisoire, quand la valeur qui en est l'objet dépend d'événements ultérieurs dont la réalisation peut seule permettre de la déterminer ».

3227. Les insuffisances commises dans les évaluations servant de base à la perception du *droit gradué* sont également soumises à la prescription biennale (L. 28 févr. 1872, art. 3). La loi du 24 juin 1875 (art. 3) renferme aussi, comme nous l'avons vu, un autre cas d'application de cette prescription relatif aux évaluations mobilières en matière de *mutation par décès* (V. *suprà*, n°s 2466 et suiv.).

3228. Il a été décidé encore que la prescription biennale s'applique aux insuffisances de perception de la taxe sur les contrats d'assurance (Sol. adm. enreg. 22 juill. 1876, D. P. 78. 3. 31) (V. *suprà*, n°s 815 et suiv.).

N° 4. — *Restitution de droits indûment perçus*
(*Rép.* n°s 5496 à 5502).

3229. Toute demande en restitution de droits, soit qu'on la fonde sur ce que la perception, régulière en elle-même, a eu lieu sous l'éventualité de cette restitution, soit qu'elle ait sa cause dans l'irrégularité de la perception, est soumise à la prescription de deux ans. Cette règle s'applique, comme

on l'a dit au *Rép.* n° 5496, à toute espèce de droits restituables, qu'il s'agisse de droits simples ou qu'il s'agisse
d'amendes. Jugé, en particulier, que la disposition de loi,
suivant laquelle les droits établis pour les mutations par
décès de rentes sur l'Etat, ainsi que les amendes édictées
en cas de retard dans la déclaration de ces valeurs ou
d'omission, ne se prescrivent que par trente ans, ne doit
pas être étendue à l'action en restitution des droits de
l'espèce qui ont été indûment perçus. C'est, en conséquence, la prescription biennale qui est applicable à cette
action pour les droits de mutation dont il s'agit, comme
pour tous autres droits d'enregistrement (Sol. adm. enreg.
16 juin 1880, D. P. 81. 3. 55).

3230. Jugé, de même, que la demande en restitution du
droit proportionnel perçu sur une acquisition amiable
d'immeubles qu'un arrêté postérieur de cessibilité a compris
au nombre des biens atteints par une expropriation pour
cause d'utilité publique, ne peut être admise qu'autant
qu'elle est formée dans les deux ans de la perception (Req.
13 août 1866, aff. Fernandez, D. P. 67. 1. 23 ; Civ. cass.
5 févr. 1867, aff. Chemin de fer d'Orléans, *ibid.* ; Instr.
adm. enreg. 15 déc. 1867, n° 2357, § 6).

3231. Mais la prescription biennale ne s'applique pas au
cas où un redevable a été admis à verser une somme à
titre d'acompte, par anticipation, sur une perception à faire,
ce cas ne rentrant pas dans ceux prévus par la loi fiscale.
Décidé, par suite, que lorsque des héritiers ont versé sans
déclaration une somme à valoir sur les droits de mutation
par décès, il y a lieu, si plus tard ces droits sont reconnus
non exigibles ou inférieurs au montant de la somme reçue,
d'effectuer la restitution de ce qui a été versé indûment,
alors même que la recette remonterait à plus de deux années ;
on estimerait à tort qu'il y a prescription (Sol. adm. enreg.
20 avr. 1868, D. P. 68. 3. 45. Conf. Délib. adm. enreg.
7-10 mai 1861, *ibid.*, note).

3232. Jugé que lorsqu'une dette de l'Administration (à
raison de droits, par exemple, irrégulièrement perçus) a été
éteinte par compensation avant l'expiration du délai pour
prescrire, l'Administration peut opposer cette compensation
à l'action en restitution de droits formée contre elle, bien
qu'à ce moment elle ait perdu, par l'effet de la prescription,
le droit d'agir en recouvrement de cette créance : la compensation ayant eu lieu de plein droit, cette prescription n'est
pas opposable (Arrêt du 30 janv. 1855, cité *supra*, n° 3113 ;
Instr. adm. enreg. 28 mai 1855, n° 2033, § 8).

3233. La loi n'a pas déterminé le délai dans lequel l'Administration peut agir en répétition d'un droit *indûment restitué* ;
mais il est admis généralement que l'action qui appartient à
la Régie dans cette hypothèse, tendant à obtenir un supplément de droits, rentre dans le troisième cas que nous avons
examiné, et est, par suite, régie par la prescription biennale
(*Diction. droits d'enreg.*, v° *Prescription*, n° 420 ; Garnier,
Rép. gén. enreg., n° 12933).

N° 5. — *Droits en sus et amendes* (*Rép.* n°s 5503 à 5505).

3234. Nous avons dit (*Rép.* n° 5503) qu'outre les cas
qu'embrasse la première disposition de l'art. 61 de la loi du
22 frim. an 7, il en est d'autres qui ont été spécialement
prévus par la loi du 16 juin 1824, auxquels cette disposition
est déclarée applicable. Cette observation est vraie des
droits en sus aussi bien que des *amendes*. Ce point longtemps
discuté en ce qui concerne les droits en sus, mais admis
déjà à l'époque de la publication du *Répertoire*, est reconnu
aujourd'hui par une jurisprudence constante. Nous aurons
seulement à préciser plus loin le point de départ de la prescription biennale dans cette hypothèse (Civ. cass. 4 janv.
1854, aff. Bélard, D. P. 54. 1. 68 ; 9 déc. 1856, aff. Michel,
D. P. 69. 1. 109 ; 24 déc. 1860, aff. Garnier, D. P. 61. 1.
64 ; 2 déc. 1873, aff. Lemasson, cité *supra*, n° 3212).

3235. Bien que l'art. 14 de la loi du 16 juin 1824 ne
mentionne que les amendes d'enregistrement résultant de
contraventions aux dispositions de la loi du 22 frim. an 7,
nous avions émis l'opinion que ce texte n'est pas limitatif,
mais embrasse toutes les amendes qui ont un rapport direct
avec l'enregistrement et dont le recouvrement est confié à
la Régie par la loi de frimaire ou par des lois subséquentes
(*Rép.* n° 5504). C'est ce qui a été reconnu par l'Adminis-

tration comme par la jurisprudence. « Les termes de l'article
dont il s'agit, dit une solution de l'Administration du 26 janv.
1880, ne sont pas limitatifs, et l'on doit croire que, si la
nomenclature que le législateur en a donnée n'est pas plus
complète, c'est une simple omission plutôt qu'une intention
formelle de créer des principes différents pour la prescription
d'amendes de même nature. » Il a été décidé, par application
de ce principe, que la prescription biennale édictée par la
loi du 16 juin 1824 s'applique à l'*amende du quart* en même
temps qu'au droit en sus encouru en matière de dissimulation d'après la loi du 23 août 1871 (Sol. adm. enreg.
26 janv. 1880. Comp. Civ. cass. 27 déc. 1859, aff. Canis,
D. P. 60. 1. 86).

3236. Nous avons dit encore (*Rép.* n° 5504) que les
amendes prononcées contre les *notaires* pour contraventions aux diverses dispositions de la loi du 25 vent. an 11
sont régies aussi par la prescription biennale. Il a été jugé,
toutefois, qu'il y a lieu de faire exception relativement aux
amendes encourues par les notaires dans les colonies autres
que l'Algérie ; les textes réglant l'organisation du notariat
dans les colonies n'ayant pas fixé la durée de la prescription dans notre matière, la prescription trentenaire peut
seule être appliquée (Civ. cass. 24 nov. 1852, aff. Mottet,
aff. Dubois, et aff. Chasseriau, D. P. 53. 1. 54).

De même, l'amende édictée contre les huissiers qui, contrairement à l'art. 35 du décret du 14 juin 1813, n'ont pas
partagé en autant de portions égales qu'il y a d'originaux
d'actes l'indemnité qui leur est allouée pour frais de transport afférents à des actes signifiés dans une même course,
ne se prescrit que par trente ans (Trib. Privas, 9 juin 1853,
Journ. enreg., art. 15711).

Sont, au contraire, soumises à la prescription biennale
les amendes édictées pour contravention aux dispositions de
la loi du 23 juin 1857 en ce qui concerne le *droit de
transmission* (Sol. adm. enreg. 9 mars 1876, D. P. 76. 5.
210). — V. *supra*, n°s 1318 et suiv.

3237. Mais, ainsi qu'on l'a vu au *Rép.* n° 5502, la prescription dont nous venons de nous occuper ne s'applique
qu'à l'action nécessaire pour faire consacrer les droits qu'on
revendique ; ces droits une fois reconnus par jugement rentrent dans le droit commun et, par suite, ne sont soumis
qu'à la prescription trentenaire. Jugé, en ce sens, que le
jugement qui ordonne l'exécution d'une contrainte en
matière d'enregistrement, présente les caractères d'un jugement de condamnation constituant au profit de l'Administration, pour les droits mentionnés dans la contrainte et
pour les dépens du procès, un titre nouveau en vertu
duquel elle a une action qui n'est prescriptible que par
trente ans ; ici ne s'applique pas l'art. 61 de la loi du
22 frim. an 7 (Civ. cass. 16 mars 1858, aff. Ducros, D. P.
58. 1. 119 ; Instr. adm. enreg. 4 déc. 1858, n° 2137, § 11).

§ 3. — De la prescription de trois ans (aujourd'hui cinq ans)
(*Rép.* n°s 5506 à 5510).

3238. La prescription de trois ans, portée à cinq ans
par la loi du 18 mai 1850, s'applique à toute demande de
droits pour *omission* de biens dans une déclaration faite
après décès, quelle que soit la nature des biens omis (*Rép.*
n° 5506). Toutefois, cette règle comporte aujourd'hui une
exception dont on parle plus loin, relativement aux rentes
sur l'Etat (V. *infrà*, n° 3250).

3239. Conformément à ce qui a été enseigné au *Rép.*
n° 5508, il résulte de la jurisprudence que la prescription
de cinq ans, établie pour les droits de mutation dus à raison
d'une omission de biens dans une déclaration de succession,
n'est applicable qu'autant que l'omission a le caractère
d'une réticence ignorée de l'Administration. Ainsi, lorsque
la déclaration énonce que des valeurs portées dans l'inventaire, et, par exemple, des actions de la Banque de France
immatriculées au nom du défunt, appartiennent au déclarant en vertu d'un jugement qui lui en a reconnu la propriété, et que, dès lors, elles ne font pas partie de la succession, cette énonciation, que la Régie est en situation de
contester la sincérité, ne constitue pas une omission de
valeurs, mais donne lieu à une demande de droit ayant
pour objet une disposition particulière d'acte déjà soumis
à l'enregistrement, et prescriptible par deux ans (Civ. rej.

14 août 1850, aff. Tourguéneff, D. P. 50. 1. 279; Instr. adm. enreg. 31 déc. 1850, n° 1873, § 6; Civ. cass. 1ᵉʳ août 1853, aff. de Belleyme, D. P. 53. 1. 304).

3240. Le droit en sus encouru en cas d'omission de biens dans une déclaration de succession, constituant une pénalité, ne doit pas être confondu avec les droits simples et est soumis, quel que soit le délai pour le recouvrement de ces derniers droits, à la prescription de deux ans établie pour les amendes de contravention à la loi de frimaire. Ce n'est pas à dire, toutefois, que, si le droit simple ne pouvait être réclamé pour une cause quelconque, par exemple, à raison de ce que la prescription serait acquise pour ce droit au contribuable, le droit en sus qui, de son côté, ne serait pas prescrit, pourrait encore être exigé. Jugé, en effet, que le droit en sus établi par l'art. 39 de la loi du 22 frim. an 7, en cas d'omission dans une déclaration de succession, forme un accessoire du droit principal, et dès lors n'est pas dû, lorsque l'action en payement de ce droit principal est déclarée éteinte par la prescription, plus de trois (cinq) années s'étant écoulées depuis la déclaration; on objecterait vainement que le droit en sus constitue une véritable amende, prescriptible par deux années à partir seulement du jour où la Régie a connu la contravention (Civ. cass. 4 janv. 1854, cité *suprà*, n° 3234).

3241. Nous avions émis l'opinion (*Rép.* n° 5507) que, malgré les termes de l'art. 61 de la loi de frimaire, la prescription de cinq ans ne s'applique pas seulement aux omissions dans les déclarations faites après décès, mais doit être étendue, par identité de motifs, aux omissions dans les déclarations de biens transmis entre vifs à titre gratuit. Cette opinion a été critiquée par les auteurs du *Dictionnaire des droits d'enregistrement*, vᵒ *Prescription*, n° 594. Le texte de l'art. 61 de la loi de frimaire an 7 est formel, disent-ils; il ne vise que les omissions dans les déclarations faites après décès. Il faut donc en restreindre l'application à la seule hypothèse qu'il a réglée, car il est de principe, en matière fiscale, que les lois ne peuvent pas être étendues, par voie d'induction ou d'analogie, à des cas autres que ceux qu'elles ont prévus. — Bien que la jurisprudence n'ait pas eu à statuer sur la question, nous reconnaissons que cette dernière solution est peut-être plus conforme à l'interprétation qui exclut la prescription décennale dans les mutations entre vifs et lui substitue la prescription trentenaire en s'appuyant sur des motifs analogues à ceux qui sont invoqués ci-dessus.

3242. On a vu *suprà*, n° 2336, que les *créances* dépendant d'une succession, lors même qu'elles sont *mauvaises* ou *douteuses*, sont passibles du droit proportionnel de mutation par décès sur leur valeur nominale. A l'administration de l'enregistrement seule, a déclaré la cour de cassation par quatre arrêts du 24 avr. 1861, cités *ibid.*, appartient la faculté de modérer, selon les cas et dans la mesure de ses attributions, la rigueur des perceptions sur des créances reconnues par elle absolument irrecouvrables. L'Administration, usant de cette faculté, a dispensé les héritiers du payement des droits de mutation par décès, à la condition d'y renoncer expressément, pour la totalité, dans la déclaration de la succession, sauf réclamation ultérieure des droits, en cas de recouvrement des créances en totalité ou en partie. Après quelques résistances, l'Administration a fini par consentir à modérer aussi l'application de la loi relativement aux créances dont le débiteur a été déclaré en *faillite* antérieurement au décès du créancier; les héritiers sont donc autorisés, dans ce cas, à limiter la valeur dans leur déclaration aux seuls dividendes reçus ou à recevoir encore depuis le décès de leur auteur (V. *suprà*, n°ˢ 2338 et suiv.).

Dans ces deux hypothèses, une difficulté se présente relativement à la prescription qui peut être opposée à l'action que la Régie voudrait exercer ultérieurement. D'une part, en effet, il peut arriver que les créances soient recouvrées en totalité ou en partie, soit que les débiteurs fussent solvables à l'époque de la déclaration, et que celle-ci ait été frauduleuse, soit que les débiteurs reviennent ultérieurement à meilleure fortune. D'autre part, au cas particulier de la faillite du débiteur, il est bien difficile que l'évaluation faite par les héritiers soit exacte. Les dividendes encaissés postérieurement à la déclaration sont, le plus souvent, ou inférieurs ou supérieurs à l'estimation. Aucune difficulté ne se produit

lorsque le chiffre de ces dividendes n'atteint pas celui porté dans la déclaration. L'art. 60 de la loi du 22 frimaire, qui prohibe la restitution de tout droit d'enregistrement régulièrement perçu, quels que soient les événements ultérieurs, s'oppose, audit cas, à ce que l'excédent du droit de mutation perçu soit remboursé. Lorsque, au contraire, les encaissements opérés par les héritiers après la déclaration excèdent leur évaluation, un supplément de droit est dû; quelle est la prescription applicable? Cette question a été longtemps débattue. Les uns ont soutenu que les dividendes encaissés postérieurement à la déclaration et excédant l'évaluation des parties, doivent être considérés comme une valeur nouvelle, comme une sorte de bien rentrant par phases successives dans l'hérédité. Les dividendes devaient donc, suivant l'Administration, faire l'objet d'une déclaration nouvelle dans les six mois à partir du jour où ils ont été acquis à la succession; et, par suite, la prescription décennale établie pour les droits de mutation des successions non déclarées leur est applicable (V. la note sur le jugement du tribunal de Cusset mentionné ci-après). Les autres ont prétendu que lesdites créances devaient être considérées comme des valeurs omises dans la déclaration de la succession et sujettes aux droits de mutation dues étaient prescriptibles par cinq ans (Sol. adm. enreg. 7 juill. 1880, D. P. 81. 3. 87).

Le tribunal de Cusset, saisi de la difficulté en matière de faillite, s'est prononcé par un jugement fortement motivé du 11 mai 1887, cité *suprà*, n° 2339, contre la première interprétation, sans cependant adopter la seconde. La portion de la créance recouvrée postérieurement à la déclaration de la succession ne peut, d'après cette décision, être considérée comme un bien rentré dans l'hérédité, car la créance n'en est jamais sortie, ni être soumise à une déclaration supplémentaire, alors qu'elle a été comprise dans la déclaration primitive. Il a paru au tribunal qu'il s'agissait, en réalité, d'une fausse évaluation, et que, par suite, il y avait lieu d'appliquer la prescription biennale que l'art. 61-1° de la loi de frimaire a édictée pour les droits non perçus, les suppléments de perceptions insuffisamment faites et les fausses évaluations dans les déclarations.

Les deux systèmes en présence soulèvent de sérieuses objections. Lorsqu'un failli concordataire rembourse, en vue d'obtenir sa réhabilitation, aux héritiers de son créancier, la portion de la créance dont le concordat lui avait accordé la remise, la somme ainsi remboursée représente réellement un bien rentré dans l'hérédité dont elle était sortie par l'effet du concordat (Civ. cass. 26 avr. 1870, aff. Hariague, D. P. 70. 1. 398). Mais les dividendes distribués postérieurement à la déclaration de la succession du créancier, par suite de la réalisation de l'actif de la faillite, ne peuvent, ce semble, être considérés comme ayant le même caractère. Ils ne représentent pas un bien rentré dans l'hérédité, par la raison que, comme le dit très bien le tribunal de Cusset, la créance n'en est jamais sortie. Comment admettre que les héritiers soient dans l'obligation d'en faire l'objet d'une déclaration supplémentaire, alors que, comme le dit encore le jugement précité, la créance a été comprise dans la déclaration souscrite? D'un autre côté, convient-il d'attribuer le caractère de fausse évaluation, passible de la pénalité du droit en sus (L. 22 frim. art. 39), à l'inexactitude commise par les héritiers dans l'estimation de la créance, alors qu'aucun reproche ne peut leur être fait de ce chef? La législation spéciale ne contenant aucune disposition se rapportant au cas dont il s'agit, les questions posées ci-dessus doivent être résolues d'après les principes généraux du droit fiscal. Les dividendes encaissés par les héritiers du créancier postérieurement à la déclaration de sa succession, qui excèdent la valeur attribuée à la créance dans cette déclaration, représentent une valeur afférente à l'hérédité et doivent, à ce titre, être soumis au droit de mutation. Mais c'est là tout ce qui paraît découler des principes. Dans cet ordre d'idées, il n'y aurait pas de rigueur pour l'acquittement du supplément de droit, ni pénalité encourue en cas de non-payement. Enfin, la prescription applicable serait, non pas celle de trente ans qui régit les droits simples d'enregistrement, conformément au droit commun, mais la prescription décennale, établie spécialement pour les droits simples de mutation par décès non acquittés (D. P. 88. 3. 39, note). Quant à la prescription de cinq ans, on ne saurait l'invoquer, car les créances ayant fait l'objet d'une déclaration ne peuvent être considérées comme des valeurs omises (V. *Diction. droits d'enreg.*, v° *Succession*, n° 1611).

La cour de cassation, dans un arrêt récent, confirmant le jugement précité du tribunal de Cusset, s'est prononcée pour l'application de la prescription biennale (Civ. rej. 4 mars 1890, aff. Nicolas, D. P. 90. 1. 203). Il importe de bien comprendre la doctrine de cet arrêt. La cour suprême déclare d'abord que la créance due par un failli existe dans la succession pour l'intégralité de son capital et présente tous les caractères d'un droit actuel et certain, nonobstant l'éventualité du recouvrement des dividendes; que « si l'Administration , au lieu d'user du droit de réclamer l'impôt de mutation sur la totalité du capital de la créance, s'est borné à le liquider d'après la déclaration insuffisante des parties, le droit qu'elle avait de réclamer le supplément d'impôt qui lui était dû a été prescrit par le laps de deux années à partir de l'enregistrement ». Cela veut dire, ce nous semble, que l'Administration aurait pu exiger, lorsque la déclaration de la succession a été souscrite, que la créance, quoique due par un failli, fût comprise dans ladite déclaration et, par suite, soumise à l'impôt pour l'intégralité de son capital; que, du moment où elle a accepté l'évaluation des parties, son action pour le recouvrement du droit complémentaire qui peut être dû à raison de l'insuffisance de cette évaluation se prescrit par deux ans. Cette décision implique, comme nous l'avons dit ci-dessus, l'application audit cas de la pénalité du droit en sus. Or cela n'est pas équitable , car les héritiers sont le plus souvent, au moment où ils souscrivent leur déclaration, dans l'impossibilité de faire une évaluation exacte et, dès lors, aucun reproche ne peut leur être fait. En raison de ce grave inconvénient, et la législation fiscale ne contenant aucune disposition se rapportant au cas dont il s'agit, nous persistons à penser que l'on doit admettre, au cas en question, qu'il n'y a ni délai de rigueur pour l'acquittement du supplément de droit, ni pénalité encourue en cas de non-payement, et que la prescription applicable est celle de dix ans établie spécialement pour les droits simples de mutation par décès non acquittés (L. 18 mai 1850, art. 11). Cette solution nous semble toujours la meilleure qui puisse être donnée à la question en litige.

Indiquons, néanmoins, qu'en ce qui concerne les créances considérées comme irrecouvrables et pour lesquelles les héritiers du débiteur ont été affranchis du droit de mutation grâce à leur renonciation, l'administration de l'enregistrement, abandonnant son interprétation, a reconnu elle-même que son action en recouvrement du supplément de droit exigible sur ces valeurs était soumise à la prescription biennale, son droit se bornant dans ce cas à faire rectifier et compléter une perception reconnue insuffisante (Sol. adm. enreg. 19 juill. 1887, D. P. 89. 3. 102). La même doctrine est enseignée par Garnier, *Rép. gén. enreg.*, n° 16830, et aussi par les auteurs du *Dictionnaire des droits d'enregistrement*, v° *Succession*, n° 1610 et suiv. Le rapprochement de ces deux décisions est de nature à faire considérer la question comme définitivement résolue.

§ 4. — De la prescription de cinq ans (aujourd'hui dix ans) (*Rép.* n° 5511 à 5518).

3243. Cette prescription, portée à dix ans depuis la loi du 18 mai 1850, concerne les droits de successions non déclarées; elle embrasse, en principe, la totalité des objets dont se compose la succession; toutefois, nous devons comme dans le paragraphe précédent, noter une exception pour les rentes sur l'Etat (V. *infrà*, n° 3250).

La prescription décennale s'étend aux biens recueillis à titre héréditaire à quelque époque que ce soit. Il s'ensuit que, si un événement postérieur au décès fait rentrer dans la succession des valeurs qui n'en dépendaient pas au jour de son ouverture ni à celui de la déclaration de la succession, le nouveau droit de mutation auquel cet événement donne lieu ne se prescrit pas par deux ans, mais bien par dix ans. Il en est ainsi, en particulier, au cas où, postérieurement au payement du droit de mutation par les héritiers d'une femme commune sur la moitié des biens acquêts, un partage leur attribue la totalité de ces biens et l'usufruit au mari;

le droit de mutation qui est dû par les héritiers sur la moitié qui n'a pas supporté l'impôt n'est éteint que par la prescription décennale (Civ. cass. 5 mars 1883, aff. Fergon, D. P. 83. 1. 396).

3244. Il a été décidé que la prescription décennale est seule applicable, lorsque le bénéficiaire d'une assurance sur la vie ne fait aucune déclaration au décès de l'assuré (Trib. Lille, 20 déc. 1878, Garnier, *Rép. pér. enreg.*, art. 5200); mais qu'on ne se trouve plus, au contraire, dans l'hypothèse d'une succession non déclarée, lorsque l'assurance ayant été déclarée à la Régie, le droit a été perçu sur le montant des primes au lieu de l'être sur le capital; en pareil cas, il y a insuffisance de perception donnant ouverture à la prescription biennale (Trib. Mantes, 19 juin 1880, *Journ. enreg.*, art. 21859).

Jugé aussi que, lorsque le partage de communauté intervenu postérieurement à la déclaration de la succession de l'époux prédécédé attribue, dans les biens communs, aux héritiers de cet époux une part excédant la moitié sur laquelle ils ont acquitté l'impôt, le droit supplémentaire exigible dans ce cas est soumis à la prescription de dix ans concernant les droits des mutations par décès non déclarées (Civ. cass. 5 mars 1883, aff. Fergon, D. P. 83. 1. 396).

3245. La prescription applicable au cas de réversibilité d'un usufruit par le décès du premier usufruitier est de dix ans à partir de ce décès (Trib. Rouen, 15 avr. 1847, D. P. 48. 5. 169. — V. *suprà*, n° 2199). — Mais que décider lorsqu'un usufruit ayant été légué à un premier bénéficiaire avec réversibilité au profit d'un autre, celui-ci se trouve être l'héritier du premier et, pour ce motif, ne fait pas de déclaration? Dans une hypothèse où il s'agissait d'une rente viagère, il a été jugé qu'il y avait défaut de déclaration de succession de la part du second légataire, et que l'action de la Régie pouvait, par conséquent, s'exercer tant qu'il ne s'était pas écoulé dix ans depuis le décès du premier légataire (Trib. Colmar, 9 juin 1870, aff. Albert, D. P. 72. 5. 194-195). La même solution est évidemment applicable au cas d'usufruit (V. *suprà*, *ibid.*).

3246. Jugé, dans le cas d'un legs *de eo quod supererit*, et spécialement quand un legs a été fait avec clause de réversibilité pour tout ce qui restera, au décès du premier légataire, des biens recueillis par lui, qu'aucune prescription n'est opposable à la réclamation du droit de mutation exigible à raison de la libéralité que la disposition renferme en faveur du second légataire, lorsque cette réclamation est faite dans les deux ans du décès du premier (Req. 1er juill. 1868, aff. Fonquernie, D. P. 69. 1. 105; Instr. adm. enreg. 15 sept. 1868, n° 2372, § 4). Nous avons, dans la note jointe à cet arrêt, exprimé l'opinion que le droit de mutation applicable au legs *de eo quod supererit* n'est pas le complément de celui acquitté par le premier, qu'il ne représente point un supplément de perception insuffisamment faite, mais qu'il constitue, au contraire, une perception spéciale établie sur une transmission nouvelle, d'où il résulte que la prescription applicable ici n'est point celle de deux ans établie pour les prescriptions complémentaires, mais celle de dix ans concernant les droits de successions non déclarées (V. *suprà*, n° 2199).

§ 5. — De la prescription de trente ans (*Rép.* n° 5519 à 5534).

3247. Nous avons posé ce principe (*Rép.* n° 5519) que la prescription est de trente ans, toutes les fois qu'on ne se trouve pas dans un des cas auxquels s'applique l'une des prescriptions spéciales de l'art. 61 de la loi du 22 frim. an 7. Nous avons déjà relevé un certain nombre d'applications de ce principe dans les numéros qui précèdent, auxquels nous renvoyons; nous n'indiquerons ici que quelques décisions particulières qui n'ont pas trouvé place dans lesdits numéros.

3248. On se rappelle, en particulier, que lorsque l'Administration est mise à même de découvrir une mutation secrète par suite des énonciations d'un acte soumis à la formalité, la prescription trentenaire seule est applicable, à moins que l'acte énonciatif ne puisse être considéré comme formant titre de la convention primitive (V. *suprà*, n° 3212). C'est ainsi encore qu'il a été décidé que la prescription de deux ans ne s'applique pas au droit simple dû par suite d'une mutation réalisée ou constatée par un arrêté du conseil de préfecture qui n'a pas été assujetti à l'enregistrement (Arrêt du 24 août 1874, cité *supra*, n° 3210). Lorsqu'au contraire, l'acte enregistré est suffisamment explicite pour faire titre de la mutation qui a échappé à l'impôt, le droit simple tombe lui-même sous l'application de la prescription biennale.

La jurisprudence n'accepte, toutefois, cette règle qu'avec une restriction. D'après la cour de cassation, il faut, pour que la prescription biennale s'applique, que l'acte énonciatif soit le premier titre qui réalise la mutation d'après les principes de la loi fiscale. Si la preuve de cette mutation résulte déjà de l'une des présomptions légales établies par l'art. 12 de la loi du 22 frim. an 7, c'est la prescription trentenaire qui doit être appliquée. Lorsque, par exemple, la mutation se trouve prouvée avant le jugement qui la mentionne, par l'inscription au rôle du nouveau possesseur et par les payements de contributions faits d'après ce rôle, le jugement n'a plus pour effet d'opérer par lui-même cette mutation; il la fait connaître, la confirme; mais, au point de vue fiscal, il n'est pas l'acte juridique translatif de propriété d'immeubles prévu par l'art. 69, § 7, n° 1, de la loi du 22 frim. an 7. A l'égard de l'Administration, le titre de la transmission existe dans ces présomptions légales (Civ. rej. 21 août 1876, aff. Ordre des Dominicains, D. P. 77. 1. 15). — Cette doctrine ne nous paraît point fondée. Ainsi que le disent avec raison les auteurs du *Dictionnaire des droits d'enregistrement*, v° *Prescription*, n° 401 : « Comment l'Administration serait-elle dispensée d'exiger dans un bref délai le droit de la mutation sur un titre qui la constate, par cela seul que le Trésor avait déjà, depuis plusieurs années, un autre titre de perception dont il n'avait pas été fait usage? Du moment qu'il a été soumis à l'enregistrement un acte formant le titre de la mutation, l'obligation originaire des parties se trouve éteinte et remplacée par l'obligation d'acquitter au moment de l'enregistrement tous les droits auxquels cet acte donne ouverture. Si ces droits sont payés intégralement, l'Administration n'a plus rien à réclamer; si, au contraire, le payement n'est effectué que partiellement, elle est fondée à exiger que la perception soit complétée; mais son action, n'ayant plus pour objet que de réclamer un supplément de droit, tombe évidemment sous le coup de la prescription biennale. »

3249. Il a été jugé : 1° que la prescription de trente ans est la seule qui puisse être opposée au fisc pour des droits afférents à une mutation d'immeubles dissimulée sous la forme d'un bail emphytéotique enregistré par erreur au droit de bail seulement (Civ. cass. 1er févr. 1859, cité *supra*, n° 3211)... ou que certains actes soumis à l'enregistrement n'avaient mentionné qu'à l'état de projet, et qui n'a été caractérisée comme transmission à titre commutatif que dans un arrêt rendu à une époque ultérieure (Req. 7 mars 1888, aff. Ville de Marseille, D. P. 88. 1. 268) ; — 2° Que lorsqu'à la suite de la dissolution d'une société par la faillite de l'un de ses membres, une nouvelle société est constituée entre les autres associés, et qu'il est fait apport à cette société de la part du failli dans les biens de l'ancienne association en liquidation, le droit de mutation exigible sur la réalisation de la cession prouvée par cet ensemble de faits se prescrit par trente ans, et non par deux ans (Civ. cass. 21 déc. 1887, aff. Monnier, D. P. 88. 1. 389).

3250. L'art. 26 de la loi du 8 juill. 1852 a porté à trente ans la prescription décennale pour la déclaration des *rentes sur l'Etat* dans les mutations par décès. Cette disposition est ainsi conçue : « Les droits de mutation par décès des inscriptions de rentes sur l'Etat et les peines encourues, en cas de retard ou d'omission de ces valeurs dans la déclaration des héritiers légataires ou donataires, ne seront soumis qu'à la prescription de trente ans ».

3251. La prescription biennale reste seule applicable, toutefois, aux insuffisances de perception commises au moment de la liquidation des droits (Sol. adm. enreg. 16 juin 1880, D. P. 81. 3. 55). Il a été décidé, d'autre part, que l'art. 26 de la loi du 8 juill. 1852 ne concerne, d'après ses termes mêmes, que les rentes sur l'Etat; les autres biens ou valeurs restent soumis à la prescription établie par l'art. 11 de la loi du 18 mai 1850 (Instr. adm. enreg. 7 août 1852, D. P. 52. 3. 40).

3252. Une difficulté se présente lorsqu'un capital a été légué à plusieurs pour jouir successivement du revenu, à charge de le placer sur la tête des enfants de l'un d'eux auxquels la nue propriété de la somme est attribuée par testament, et que, en exécution de ces dispositions, ladite somme a été employée à l'acquisition d'une rente sur l'Etat. Il a été jugé que la prescription applicable dans cette hypothèse est celle de dix ans, conformément au droit commun en cette matière, et non celle de trente ans, établie exceptionnellement pour les droits de mutation par décès des inscriptions de rentes sur l'Etat, attendu que l'acquisition de la rente dans l'espèce, ayant été faite par une résolution libre et spontanée des parties, et non en vertu d'une injonction du testament, ne peut avoir pour effet de transformer l'objet du legs d'usufruit et de le faire considérer comme consistant en une rente sur l'Etat pour la perception des droits de mutation (Trib. Seine, 20 mars 1869, aff. Genicoud, D. P. 69. 3. 79). La cour de cassation s'est prononcée, dans la même affaire, pour la doctrine contraire, d'après laquelle, dans le cas où la chose léguée a été changée, l'impôt doit être réglé d'après la nature de celle-ci au jour du décès du premier usufruitier, sans égard à la nature différente qu'elle avait au décès du testateur (Civ. cass. 4 janv. 1871, aff. Genicoud, D. P. 71. 1. 313). Nous avons adhéré à cette dernière interprétation ; en effet, c'est en réalité, comme le déclare l'arrêt précité, une rente sur l'Etat que le second usufruitier a recueillie ; c'est là un fait contre lequel la fiction de la loi ne peut prévaloir ; dès lors, l'objet de la mutation étant une rente sur l'Etat et une prescription spéciale ayant été établie pour les transmissions de rentes sur l'Etat, il serait anormal qu'une autre prescription fût appliquée (V. *supra*, n°s 2198, 2199).

3253. La prescription trentenaire, et non celle de deux ans, est applicable au supplément de droit exigible en raison d'inexactitudes dans la déclaration souscrite par un maire au bureau de l'enregistrement, pour l'application du droit de transmission aux obligations, tant nominatives qu'au porteur, représentatives d'un emprunt municipal (V. *supra*, n° 1519).

3254. Mentionnons encore que la taxe de 8 pour 100 établie par le décret du 25 nov. 1871 (art. 8), en matière d'assurances (V. *supra*, n°s 813 et suiv.), ne se prescrit aussi que par trente ans, lorsque les assureurs ont négligé de remplir les formalités prescrites par ce décret (Civ. rej. 11 févr. 1880, aff. La Caisse des incendiés de la Marne, D. P. 80. 1. 113). Mais il en serait autrement, et la prescription biennale serait applicable, si les compagnies ayant fourni à l'Administration les documents que le décret du 25 nov. 1871 les oblige à communiquer, le receveur avait commis une insuffisance de perception (Sol. adm. enreg. 22 juill. 1876, D. P. 78. 3. 31).

Art. 2. — *Du point de départ et de l'accomplissement des prescriptions* (Rép. n°s 5535 à 5606).

3255. Abstraction faite de la prescription d'un an, dont le point de départ a déjà été indiqué (V. *supra*, n° 3208), nous reprendrons successivement ici, ainsi qu'on l'a fait au *Répertoire*, les diverses prescriptions dont il vient d'être parlé.

3256. La prescription biennale n'a pas le même point de départ, suivant qu'elle s'applique aux droits simples, ou au contraire, aux amendes, droits et demi-droits en sus. La prescription des droits simples ne court que du jour de l'enregistrement de l'acte sur lequel ces droits devaient être perçus (*Rép.* n° 5536). Ainsi le décide l'art. 61, n° 1, de la loi de frimaire an 7, pour toutes les hypothèses qu'il embrasse. Ce principe, auquel la jurisprudence avait primitivement dérogé pour quelques cas exceptionnels, dans lesquels elle avait admis des circonstances autres que l'enregistrement comme susceptibles de faire courir la prescription (*Rép.* n° 5537), est appliqué aujourd'hui d'une manière invariable. Rappelons que, relativement aux actes qui reposent sur des prévisions éventuelles et dont la réalisation dépend d'une condition, la condition n'a pas seulement pour effet de déplacer le point de départ de la prescription ; elle entraîne en principe la substitution de la prescription trentenaire à la prescription biennale (V. *supra*, n° 3216). Dans les cas exceptionnels où la prescription biennale est applicable, elle ne commence à courir qu'à partir du jour de l'accomplissement de l'acte qui constate l'accomplissement de la condition (V. Trib. Béziers, 12 juin 1884) (1).

En ce qui concerne les amendes, le point de départ de la prescription est nettement déterminé aussi, comme on l'a vu (*Rép.* n° 5541), par l'art. 14 de la loi du 16 juin 1824. La prescription commence à courir dans ce dernier cas du jour où l'Administration a été mise à portée, au vu d'un acte ou d'une déclaration ou par la présentation d'un répertoire au visa, de constater la contravention, sans avoir besoin de se livrer à des recherches ultérieures. En d'autres termes, la prescription ne commence à courir que du jour où l'Administration a la preuve complète de la contravention qu'elle poursuit (Req. 3 déc. 1878, aff. Union des gaz, D. P. 79. 1. 156. Conf. Civ. cass. 21 déc. 1887, aff. Monnier, D. P. 88. 1. 389).

3257. L'application de la première règle relative aux droits simples ne présente guère de difficultés, puisqu'il s'agit uniquement de constater si l'acte a ou n'a pas reçu la formalité; aussi les décisions qui se rapportent à cette première hypothèse sont-elles peu nombreuses. Il n'en est pas de même de la seconde: en réalité, comme le remarquent avec raison les auteurs du *Dictionnaire des droits d'enregistrement*, v° *Prescription*, n° 459, la question de savoir si la prescription est acquise est une question de fait, qui consiste à savoir si l'Administration a eu entre les mains deux ans avant la réclamation un document susceptible de lui faire connaître, sans autres recherches, l'existence de la contravention. Nous ajouterons que la solution de cette question est quelquefois fort délicate, et cela explique les développements que la jurisprudence présente dans cette matière.

3258. Les principales applications qui ont été faites des deux règles ci-dessus sont les suivantes.

Relativement aux droits simples : 1° En admettant qu'on doive considérer comme entraînant une mutation entre vifs à titre onéreux la clause d'un partage d'ascendant par laquelle les père et mère donateurs renoncent à une stipulation de leur contrat de mariage contenant donation mutuelle de tous leurs biens au profit du survivant, et se réservent l'usufruit, pendant leur vie et celle du survivant d'eux, des biens objet du partage, l'effet d'une telle clause étant subordonné au décès de l'un des époux, la prescription de deux ans applicable au droit de mutation auquel elle donne lieu ne court qu'à partir de ce décès (Civ. cass. 30 janv. 1856, aff. Forest, D. P. 56. 1. 92; Instr. adm. enreg. 4 août 1856, n° 2078, § 3);

2° De même, la prescription biennale applicable au droit de mutation devenu exigible par la renonciation de la femme à la communauté, sur l'immeuble que le mari en a retiré antérieurement pour le lui céder en remploi de ses reprises, court du jour de la renonciation de la femme à la communauté, et non de la date de l'enregistrement de l'acte de cession (Req. 26 févr. 1868, aff. Laurent, D. P. 68. 1. 431; Instr. adm. enreg. 2 sept. 1868, n° 2367; § 1er);

3° De même encore, lorsqu'il a été stipulé dans un acte de société qu'en cas de décès de l'un des associés, la société continuera d'exister entre les autres qui conserveront tout l'actif social à la charge de payer aux héritiers de l'associé décédé la part leur revenant dans cet actif, la prescription du droit de vente exigible en vertu de cette clause ne commence à courir que du jour du décès de l'associé, et non du jour même de l'acte (Trib. Bordeaux, 26 août 1856, aff. Dupuy, D. P. 57. 3. 69);

4° Mais une donation faite pendant le mariage, par un époux à son conjoint, de biens dont le conjoint donataire doit prendre immédiatement possession, emportant, quoiqu'elle soit révocable, transmission immédiate des biens donnés sous la condition résolutoire de la révocation, et le droit proportionnel étant dû, par suite, à l'époque de la donation, la prescription de l'action en payement de ce droit commence à courir dès la même époque, et non à compter de la déclaration faite par le conjoint donataire après le décès de l'époux donateur, qu'il accepte la libéralité que ce décès a consolidée à son profit (Civ. cass. 31 août 1853, aff. de Castellane, D. P. 53. 1. 288);

5° La prescription de deux ans à laquelle est soumise l'action en réclamation d'un supplément de droit, en cas de perception insuffisante, ne courant à partir du jour de l'enregistrement que lorsque les faits qui motivent le supplément de perception sont accomplis et connus au jour où l'acte est soumis à la formalité, lorsqu'un procès-verbal d'adjudication de fournitures devant durer plusieurs années a été soumis au droit d'après la valeur déclarée des fournitures, si les fournitures faites ultérieurement ont été plus considérables que celles déclarées, la prescription de l'action en supplément de droit court seulement à partir du jour où la Régie a pu connaître les comptes de ces fournitures, et non à dater du jour de la perception insuffisamment faite (Req. 27 juill. 1853, aff. Compagnie d'éclairage au gaz de Bourges, D. P. 54. 1. 39);

6° La prescription de deux ans à laquelle est soumise l'action en payement du double droit pour dissimulation, dans la cession d'un office, d'une partie du prix convenu, ne court que de l'administration de l'enregistrement que du jour où des actes émanés soit des parties, soit de l'autorité, lui ont révélé avec certitude l'existence de la simulation; spécialement, lorsque la fraude est constatée par jugement entre les parties, c'est seulement du jour de l'enregistrement de ce jugement que court le délai de la prescription, bien que les actes de la procédure aient pu faire présumer la simulation (Req. 28 juill. 1868, aff. Lesourd, D. P. 69.1.108; Instr. adm. enreg. 25 sept. 1868, n° 2375, § 3);

7° L'enregistrement de quittances et lettres missives desquelles il résulte, par leur relation avec d'autres actes, que des associés ont fait cession à leurs coassociés de leurs parts d'intérêt dans l'affaire sociale, mais sans explication sur l'objet de cette société et la nature de son actif, ne fait point courir la prescription du droit de mutation immobilière dû pour les immeubles en dépendant qui se

---

(1) (Enregistrement *C*. Comp. régionale des tramways du Midi). — Le tribunal ; — Attendu que la contrainte, décernée le 22 janv. 1883 par la régie contre la Compagnie du chemin de fer sur routes de Béziers à la mer, a procédé pour avoir payement d'une somme de 13,563 fr. 50 cent. en principal et décimes, pour droits afférents à l'enregistrement des actes des 23 et 24 déc. 1880, 20 janv. 1881, reçus M° Fonvielle, notaire à Béziers, qui règlent la constitution de ladite Compagnie, lesdits droits non perçus lors de la présentation des actes dont il s'agit à la formalité de l'enregistrement; — Attendu que, par le premier des actes, enregistré au droit fixe de 3 fr. le 3 janv. 1881, la Compagnie régionale des tramways du Midi cède et transporte à la nouvelle société la concession de la ligne de tramways de Béziers à la mer, déjà en exploitation, son matériel, une somme de 35,000 fr. en numéraire, le tout évalué à 1,290,687 fr. 17 cent., à la charge par cette dernière d'acquitter son passif, s'élevant à 500,000 fr. environ; que, par acte du 20 janv. 1881, enregistré le 26 du même mois, au même droit, la nouvelle société certifie l'adhésion à ses statuts des actionnaires de l'ancienne compagnie, et le versement du quart des nouvelles actions émises; — Attendu que l'opposition formée par la Compagnie du chemin de fer sur routes de Béziers à la mer, le 31 janv. 1883, contre la contrainte précitée, est basée : 1° ... ; 2° sur la prescription dérivant de l'application à l'espèce de la loi du 22 frim. an 7; 3° ... ; — Attendu

que l'administration de l'enregistrement, des domaines et du timbre a fait signifier à ladite Compagnie son mémoire en défense, suivant exploit de Vidal, huissier, en date du 2 janv. 1884; — Sur le moyen tiré de la prescription : — Attendu que, sans rechercher si les droits réclamés par la régie sont protégés par la prescription trentenaire, il y a lieu de reconnaître qu'ils ne sauraient être atteints par la prescription biennale, édictée par l'art. 61, § 1er, de la loi du 22 frim. an 7; qu'en effet, l'on ne peut donner pour point de départ à ladite prescription l'acte du 24 déc. 1880, enregistré le 3 janvier suivant, qui déclare dans son art. 27, « que la nouvelle société ne sera définitivement formée qu'après l'adhésion à ses statuts des actionnaires de l'ancienne compagnie, le versement du quart des nouvelles actions, etc. » ; que ce sont là des stipulations reposant sur des éventualités dont la réalisation dépend d'une condition; d'où la conséquence que cet acte n'était qu'un projet, ne pouvant et ne devant être assujetti qu'à l'application du droit fixe; — Attendu que la condition précitée n'a été réalisée, en partie, que par l'acte du 20 janv. 1881, enregistré le 26 du même mois, et qu'en admettant que la prescription biennale dût courir, au regard de la régie, à partir de cette dernière date, il suffit de constater, pour faire justice des prétentions de la compagnie, que la contrainte a été décernée le 22 janv. 1883 ; — Par ces motifs, etc.

Du 12 juin 1884.-Trib. civ. de Béziers.

trouvent compris dans la cession (Civ. cass. 24 janv. 1854, aff. Lichtenstein, D. P. 54. 1. 353) ;

8° Le point de départ de la prescription applicable à des suppléments de droits d'enregistrement, réclamés sur un marché administratif passé pour la construction d'un chemin de fer d'intérêt local doit être fixé à la date de l'approbation de ce marché, et non à celle de l'approbation d'une convention semblable passée antérieurement entre les mêmes parties pour le même objet, alors qu'à la suite de la déchéance encourue par la compagnie concessionnaire, cette convention a été annulée, remplacée par la seconde, et que celle-ci dûment approuvée par l'autorité est devenue la seule loi des parties (Req. 15 janv. 1889, aff. Chemin de fer du Rhône, D. P. 90. 1. 79);

9° Le jugement définitif rendant exigibles les droits des actes produits dans l'instance et enregistrés en débet par suite d'assistance judiciaire, lorsque ces actes sont de la nature de ceux soumis à la formalité dans un délai déterminé, la perception doit en être faite à l'enregistrement du jugement. S'ils ne sont pas enregistrés, alors la prescription biennale est applicable et le délai court du jour où le jugement a été soumis à la formalité (Trib. Bagnères, 17 févr. 1868, aff. Rousse et Pinson, D. P. 69. 3. 15). — V. suprà; nos 2721 et suiv., 3028.

En ce qui concerne les droits et demi-droits en sus : 1° L'héritier auquel on a réclamé un droit en sus sur un legs d'usufruit non déclaré n'est pas fondé à opposer, comme ayant pu faire courir la prescription biennale, la circonstance que plus de deux ans avant la réclamation il a fait, dans la déclaration de la succession, mention du testament contenant ce legs d'usufruit, si d'ailleurs la mention dont s'agit concernait, non pas ce legs, mais d'autres dispositions seules indiquées à l'Administration (Trib. Bourgoin, 15 févr. 1867, aff. Mathon, D. P. 68. 3. 8);

2° La prescription biennale applicable au droit en sus encouru pour omission de biens dans une déclaration de succession ne courant que du jour où les préposés ont été mis à portée de constater les contraventions au vu de chaque acte soumis à l'enregistrement, on ne saurait, sans méconnaître l'esprit comme la lettre de la loi, en fixer le point de départ au jour de l'enregistrement de l'acte sur lequel figure l'omission; les préposés, avertis par de simples indices, ont été mis seulement à portée de soupçonner la contravention, de la rechercher et de la découvrir à l'aide d'autres actes et de rapprochements ultérieurs. Spécialement, lorsque l'omission d'une créance dans la déclaration d'une succession résulte d'un jugement intervenu entre les héritiers et le débiteur de cette créance, le point de départ de la prescription biennale pour le droit en sus ne peut être fixé au jour de l'enregistrement de l'assignation ou de l'ordonnance en vertu de laquelle elle a été signifiée, la Régie ayant pu seulement être amenée par la présentation des actes dont il s'agit à rechercher si ladite créance avait figuré dans la déclaration de succession et à découvrir ainsi la contravention (Civ. cass. 9 déc. 1868, aff. Michel, D. P. 69. 1. 109; Instr. adm. enreg. 15 avr. 1869, n° 2383, § 5);

3° Le double droit auquel donne lieu une convention écrite produite au procès après avoir été qualifiée de convention verbale dans l'exploit introductif d'instance est prescriptible par deux ans à dater de l'enregistrement du jugement qui en a révélé l'existence à l'Administration, les amendes et doubles droits étant soumis à la prescription de deux ans à compter du jour où les préposés ont été mis à même de constater les contraventions au vu des actes présentés à la formalité (Civ. cass. 27 déc. 1859, cité suprà, n° 3235 ; Instr. adm. enreg. 30 juin 1860, n° 2174, § 2) ;

4° Conformément à la règle formulée au Rép. n° 5566, et d'après laquelle la prescription biennale pour le double droit d'une mutation secrète d'immeubles ne court que du jour où la contravention a pu être constatée par la présentation à l'enregistrement de l'acte même qui la renferme, il a été jugé que, lorsqu'une mutation d'immeuble a été tenue secrète, la prescription de deux années ne court que du jour de la présentation de l'acte de mutation, et non du jour où la Régie a été mise à même de reconnaître cette mutation en comparant un partage antérieur avec une déclaration de succession (Civ. cass. 3 mars 1851, aff. de Tappie, D. P. 51. 1. 19; Instr. adm. enreg. 30 juin 1851, n° 1883, § 11) ;

5° La présentation à l'enregistrement de l'acte de vente d'un immeuble dont le vendeur serait devenu antérieurement propriétaire en vertu d'une mutation restée secrète, ne suffit pas non plus pour faire courir la prescription du droit en sus, alors que la preuve de la contravention ne résulte d'aucun des termes de l'acte et ne pourrait ainsi être obtenue qu'à l'aide de recherches ultérieures dans d'autres actes. Il en est de même de la présentation à l'enregistrement d'un jugement dans lequel l'une des parties figure comme propriétaire d'un immeuble dont la mutation à son profit n'a pas été déclarée, si le jugement ne renferme aucune énonciation de nature à faire connaître ce défaut de déclaration et à en permettre la constatation immédiate (Civ. cass. 24 déc. 1860, aff. Garnier, D. P. 61. 1. 64; Instr. adm. enreg. 7 mars 1861, n° 2190, § 7);

6° Le point de départ de la prescription biennale qui peut, en matière de mutation secrète d'immeuble, être opposée à la réclamation des droits en sus, ne remonte pas aux premiers actes sur lesquels la Régie de l'enregistrement a pu, à l'aide d'éclaircissements ultérieurs, établir des présomptions de transmission, mais seulement à l'acte sur le vu duquel la Régie a pu constater la contravention sans recourir à d'autres renseignements. Spécialement, la mention de l'immeuble dans la déclaration de la succession de l'individu qui en était le propriétaire apparent, et la présentation à l'enregistrement d'un acte par lequel l'héritier donne à ferme ce même immeuble, ne font pas, alors que l'immeuble est resté inscrit au rôle de la contribution foncière sous le nom du propriétaire originaire, des manifestations de la transmission susceptibles de faire courir la prescription des droits (Trib. Mirande, 27 déc. 1860, aff. Dareix, D. P. 62. 3. 46);

7° L'enregistrement de l'acte révélateur d'une mutation immobilière dissimulée ne fait pas courir le délai de la prescription biennale applicable au droit en sus encouru à défaut de déclaration de la mutation dans les trois mois de sa réalisation, toutes les fois que ledit acte n'a pas fourni à l'Administration des indications suffisantes pour lui permettre de constater la transmission sans recherches ultérieures; cette prescription ne court que du jour où la transmission a été révélée d'une manière certaine aux préposés de l'Administration par les énonciations d'un acte soumis à l'enregistrement (Civ. cass. 2 déc. 1873, aff. Lemasson, D. P. 74. 1. 109-110; Instr. adm. enreg. 31 mars 1874, n° 2482, § 3; Civ. rej. 24 août 1874, aff. Comp. des mines de Liévin, D. P. 75. 1. 113);

8° La présomption légale résultant de l'inscription d'un nouveau possesseur au rôle de la contribution foncière et du payement de l'impôt d'après ce rôle autorisant la réclamation du droit de mutation, lors même qu'il est constaté par des décisions judiciaires entre parties qu'aucune mutation réelle ne s'est effectuée, le droit en sus encouru, dans ce cas, à raison du non-payement du droit simple dans les trois mois de l'entrée en possession, est prescrit, à défaut de réclamation dans les deux ans du jour où la mutation a été révélée à l'Administration par l'enregistrement des décisions judiciaires rendues entre les parties (Civ. rej. 24 avril 1876, aff. Ordre des Dominicains, D. P. 77. 1. 15; Instr. adm. enreg. 12 oct. 1876, n° 2562, § 8);

9° La prescription biennale applicable au demi-droit en sus de mutation encouru à défaut de déclaration, dans le délai prescrit, au bureau de la situation, d'un immeuble transmis par décès, ne court... ni du jour où l'héritier aurait fait verbalement des offres au receveur de ce bureau;... ni du jour où, considérant l'immeuble comme appartenant à une société qui existait entre le défunt et lui, il a déclaré au bureau du lieu où la succession s'est ouverte la part du défunt dans l'actif de cette société en y comprenant l'immeuble, la déclaration dont il s'agit n'étant pas susceptible de faire reconnaître la contravention sans recherches ultérieures (Civ. rej. 11 avr. 1877, aff. Martelet, D. P. 77. 1. 199-200);

10° La prescription biennale n'est pas opposable à la réclamation des droits simples et en sus d'enregistrement exigibles pour une mutation immobilière, alors que cette mutation n'a été révélée que par l'énonciation, dans le cahier des charges d'une adjudication, d'un acte sous seing privé mentionné sous une date fausse et sans indication qu'il ait été enregistré, et que, d'autre part, cet acte ayant été enregistré postérieurement, sans que les droits de mutation aient été perçus, l'Administration les a réclamés moins de deux ans après (Req. 18 juill. 1888, aff. Escarraguel, D. P. 89. 1. 244).

3259. A l'égard des amendes, la prescription ne court, aux termes de l'art. 14 de la loi de 1824, que du jour où les préposés ont été mis à portée de constater les contraventions au vu de chaque acte soumis à l'enregistrement, ou du jour de la présentation des répertoires à leur visa (*Rép.* n° 5541). Toutefois, d'après le texte même de la loi de 1824, une distinction doit être faite, à l'égard des amendes pour contravention aux lois concernant le dépôt des répertoires, la mention à faire des patentes (lorsqu'elle était exigée), l'organisation du notariat et la publication du contrat de mariage des commerçants; dans ces cas particuliers, la prescription court du jour où les contraventions ont été commises. Cette distinction a été mise en lumière par un arrêt qui a décidé, spécialement, que la prescription de deux ans établie pour les contraventions des notaires relatives à leur profession, commence à courir du jour où la contravention a été commise, et non pas du jour où les préposés de l'enregistrement ont pu en avoir connaissance (Grenoble, 3 mars 1862, aff. X..., D. P. 62. 2. 189). Il en est de même à l'égard de la prescription de deux ans pour les infractions par les notaires aux dispositions de la loi du 25 vent. an 11, spécialement aux dispositions des art. 13 et 16 de cette loi, et encore que les actes, sur le vu desquels les contraventions pouvaient être constatées, ont été soustraites aux vérifications des préposés (Trib. Bourgoing, 31 déc. 1861, aff. M..., D. P. 62. 3. 60).

3260. La prescription applicable à l'amende encourue à raison du payement tardif du droit de transmission exigible sur les titres d'une société court à partir de la perception de ce droit (Sol. adm. enreg. 9 mars 1876, D. P. 76. 5. 210).

3261. Une controverse s'est élevée relativement au point de départ de la prescription biennale dans son application au droit en sus auquel donne lieu toute dissimulation dans l'énonciation des sommes ou valeurs ayant servi de base à la perception du *droit gradué* (L. 28 févr. 1872, art. 3). D'après une opinion, ce point de départ serait le même que pour les autres droits en sus ou amendes, c'est-à-dire que la prescription ne courrait que du jour où la contravention est révélée à l'Administration d'une manière assez évidente pour lui permettre de la constater à l'instant, sans avoir besoin de se livrer à des rapprochements et à des recherches ultérieures (Req. 24 janv. 1876, aff. Crédit lyonnais, D. P. 76. 1. 215). Dans la note jointe à cet arrêt, nous avons critiqué cette solution, comme étant contraire au texte de la loi du 28 févr. 1872, dont l'art. 3 dispose que « si dans le délai de deux ans à partir de l'enregistrement des actes,... la dissimulation... est établie, il sera perçu, indépendamment des droits simples supplémentaires, un droit en sus, lequel ne peut être inférieur à 50 fr. ». L'instruction donnée par l'Administration de l'enregistrement pour l'exécution de cette disposition déclare aussi que « cette dissimulation ne peut être prouvée que dans les deux années à partir de l'enregistrement ». Il résulte clairement de ces textes que l'action de l'Administration de l'enregistrement pour la constatation des dissimulations commises dans les évaluations en vue de la perception du droit gradué, et par suite pour la réclamation de la pénalité du droit en sus, se prescrit par deux ans, et que ce délai court, non pas, comme dans tous autres cas en matière d'enregistrement, du jour où ses agents ont été mis à portée de constater la contra-

vention au vu d'actes soumis à la formalité et sans recherches ultérieurs, mais exceptionnellement, à partir de l'enregistrement de l'acte renfermant l'évaluation.

3262. Il a été décidé que la prescription biennale qui s'applique, comme on l'a vu *suprà*, n°s 3246 et suiv., aux insuffisances de perception de la taxe établie sur les contrats d'assurance (L. 23 août 1871, art. 6), ne court qu'à partir de la liquidation générale de la taxe à laquelle il est procédé chaque année pour l'exercice entier, conformément aux prescriptions du décret du 25 nov. 1871 (art. 7) (Sol. adm. enreg. 22 juill. 1876, D. P. 78. 3. 31).

3263. On a dit au *Rép.* n° 5575 qu'en ce qui concerne la demande en restitution de droits irrégulièrement perçus, dernier cas auquel s'applique la prescription biennale établie par le n° 1 de l'art. 61 de la loi du 22 frim. an 7, le point de départ de la prescription est la date même de l'enregistrement. Il a été décidé, par application de cette règle, que le délai de deux ans dans lequel doit être demandée la restitution des droits d'enregistrement d'un traité de cession d'office de notaire qui n'a pas été suivi d'effet, parce que l'office a été supprimé postérieurement par le Gouvernement, court à partir du jour de l'enregistrement du traité et non à compter de la date du décret de suppression (V. *suprà*, n° 942).

3264. Ainsi qu'on l'a dit (*Rép.* n° 5592), la prescription de cinq ans applicable aux omissions dans les déclarations de succession, court non du jour du décès, mais du jour où l'enregistrement a eu lieu, c'est-à-dire où la déclaration a été souscrite (Civ. cass. 3 mars 1851, cité *suprà*, n° 3258). Les rédacteurs du *Dictionnaire des droits d'enregistrement*, v° *Prescription*, n° 610, en tirent logiquement cette conséquence, que si une déclaration supplémentaire a été faite pour réparer une erreur commise dans une première déclaration, la prescription relative aux omissions qui viendraient à être découvertes ultérieurement court de la date de la déclaration primitive, et non de la déclaration rectificative. — Mais il a été jugé que le nouveau droit de mutation dû à raison des biens qu'une décision judiciaire a fait rentrer dans la succession n'est ouvert qu'à partir de cette décision, et que, dès lors, la prescription de ce droit n'a pu courir contre la Régie qu'à compter du jour où ladite décision a été rendue (Trib. Calvi, 15 janv. 1866)(1).

3265. Il faut rattacher à la même règle un jugement portant que le délai de la prescription applicable au droit simple et au double droit dus pour omissions dans une déclaration de succession se détermine d'après la législation en vigueur au moment où la déclaration a été faite, et non d'après celle qui était applicable à la date de l'ouverture de la succession. Ainsi, la loi du 18 mai 1850, qui porte de trois ans à cinq le délai désormais applicable aux omissions dont il s'agit, s'applique à toute déclaration inexacte faite postérieurement à cette loi, sans en excepter le cas où la déclaration concernait une succession déjà ouverte à l'époque où la loi a paru (Trib. Blois, 24 janv. 1855, aff. Aubry et Guenet, D. P. 55. 3. 26).

3266. La prescription de cinq ans (aujourd'hui portée à dix ans par la loi du 18 mai 1850, *Rép.* n° 5512), à laquelle est soumise la perception des droits de mutation pour les successions non déclarées, court à compter du jour du décès, et non pas seulement à partir du jour où commence le délai accordé aux héritiers pour faire la déclaration de ce décès. Ainsi, en cas de décès d'un militaire mort en activité de service hors de son département, cette prescription court à compter du décès, et non à partir de la mise en pos-

---

(1) (Bartolini C. Enreg.). — Le tribunal ; — Attendu qu'à la date du 25 août 1865, une contrainte a été décernée contre le sieur Bartoloni, héritier bénéficiaire de Jean-Antoine Placidi, en payement de la somme de 310 fr. 86 cent., montant des droits auxquels ont donné ouverture des biens rentrés dans la succession Placidi, par suite d'un arrêt de la cour impériale de Bastia, du 4 juin 1862, lesquels biens n'étaient pas compris dans la déclaration de succession faite par Bartoloni le 14 août 1858 ; que par acte du 31 du même mois, le sieur Bartoloni a fait opposition à l'exécution de la dite contrainte et en a demandé l'annulation, excipant : 1° de la prescription quinquennale établie par l'art. 11 de la loi du 18 mai 1850 ; 2°.... — Sur le premier moyen : — Attendu que la prescription quinquennale édictée par l'art. 11 de la loi du 18 mai 1850 n'est relative qu'à une omission de biens dans une

déclaration faite après décès ; qu'elle ne peut avoir d'application dans la cause ; qu'en effet, l'abbé Bartolini n'a pu comprendre dans sa déclaration du 14 août 1858 des valeurs qui n'existaient pas dans la succession Placidi au moment de ladite déclaration ; que partant, la Régie n'a pu se pourvoir contre lui pour omission dans la déclaration précitée ; que l'arrêt de la cour impériale de Bastia, du 4 juin 1852, a fait rentrer dans la succession de Jean-Antoine Placidi des biens qui ne s'y trouvaient pas à l'époque de son décès ; que cet arrêt a donné ouverture à un nouveau droit de mutation dont la prescription n'a pu courir, suivant les principes du droit commun, qu'à partir du jour où il a été ouvert ;...

Par ces motifs, etc.

Du 15 janv. 1866.-Trib. civ. de Calvi.

session, qui sert de point de départ au délai de la déclaration (Civ. cass. 21 juill. 1851, aff. Brothier, D. P. 51. 1. 201).

3267. Quant à la prescription trentenaire, le principe est que cette prescription commence à courir à partir du jour où la Régie a été mise à même de constater la transmission, plus généralement, du jour où l'action de la Régie a pris naissance. On ne doit pas prendre seulement en considération, en cette matière, la révélation résultant des énonciations d'un acte ; la jurisprudence décide que la prescription trentenaire applicable au droit de mutation dû pour une transmission d'immeuble non déclarée à l'enregistrement, court à partir du fait même de la mutation établi suivant l'un des modes déterminés par l'art. 12 de la loi du 22 frim. an 7, et non à partir de l'acte qui constate la transmission. Ainsi, cette prescription est accomplie, pour l'action en payement du droit, si plus de trente ans se sont écoulés à compter de l'inscription du nouveau possesseur au rôle de la contribution foncière, quoique l'acte de vente n'ait acquis date certaine, notamment par sa présentation à l'enregistrement, que depuis moins de trente ans (Civ. cass. 7 mai 1856, aff. Chapouille et Lachaze, D. P. 56. 1. 221). — Jugé, de même, que la prescription de trente ans, applicable au droit de mutation à percevoir sur une transmission de propriété immobilière, dont l'acte n'a point été présenté à l'enregistrement, court à partir du jour où des faits de possession accompagnés, par exemple, du payement de la contribution foncière, ont été exercés à titre de propriétaire, bien que l'acte privé non enregistré qui constate la transmission n'ait été connu de l'Administration, à propos d'une transmission postérieure, que depuis moins de trente ans (Civ. rej. 21 févr. 1855, aff. Bégenne-Lamotte, D. P. 55. 1. 129).

Il en serait autrement, comme on l'a remarqué au *Rép.* n° 5524, si la possession n'avait pas été exercée *animo domini*. Jugé, en effet, que la mise en demeure de percevoir le droit ne saurait résulter de la simple possession matérielle du nouveau possesseur (Trib. Alais, 19 août 1857, aff. Lauze, D. P. 58. 3. 7).

3268. Il a même été décidé que la prescription trentenaire, par laquelle un redevable se prétend affranchi du droit de mutation réclamé à raison d'une transmission secrète d'immeuble, ne courant que du jour où l'Administration a eu connaissance, suivant l'un des modes indiqués en l'art. 12 de la loi du 22 frim. an 7, de l'existence d'un possesseur nouveau, et non du jour où a commencé le fait non apparent de la possession du redevable, la circonstance que celui-ci peut, au moment où le droit lui est réclamé, fonder sa propriété sur une possession acquisitive de plus de trente ans, ne le dispense pas d'acquitter le droit de mutation dû à raison de l'acquisition verbale tenue secrète qui formait son seul titre avant la prescription, si l'existence de cette vente est établie suffisamment par des présomptions graves ou par des aveux implicites résultant d'actes passés depuis moins de trente ans (Trib. Mirande, 27 déc. 1860, aff. Dareix, D. P. 62. 3. 46).

3269. Pour tous les actes qui ne contiennent qu'une simple transmission de jouissance à titre de bail, la prescription ne pouvait être opposée, antérieurement à la loi du 23 août 1871, lorsque l'Administration n'avait pu avoir connaissance de l'existence de l'acte de bail, les locations verbales n'étant pas alors assujetties à l'enregistrement (*Rép.* n° 5598). Mais, depuis que la loi du 23 août 1871 (art. 11) a soumis au droit proportionnel les mutations de jouissance d'immeubles, même par convention verbale, le point de départ de la prescription est le même pour ces transmissions que pour celles de la propriété.

3270. La question de savoir si l'on doit compter dans le délai de la prescription le jour de l'enregistrement de l'acte que l'art. 61 prend pour point de départ a été longtemps controversée. La jurisprudence faisait autrefois une distinction entre la manière de compter le délai accordé dans le tit. 3 de la loi de frimaire pour présenter à l'enregistrement les actes et déclarations et le mode de calcul du délai des diverses prescriptions établies par le tit. 8 de la même loi. Elle limitait au premier cas, c'est-à-dire lorsqu'il s'agit de la présentation de l'acte à l'enregistrement, ou d'une déclaration à faire, l'application de l'art. 25, qui

porte que « dans les délais fixés par les articles précédents pour l'enregistrement des actes et des déclarations, le jour de la date de l'acte ou celui de l'ouverture de la succession ne sera point compté » ; et elle refusait d'étendre cette exclusion du jour *a quo*, à l'hypothèse toute différente prévue par le tit. 8 qui s'occupe, non du délai de l'enregistrement, mais du délai après lequel les droits ne peuvent plus être réclamés par la Régie ni répétés par le contribuable. Pour faire entrer le jour *a quo* dans ce dernier délai, elle se fondait sur les termes de l'art. 61, d'après lequel le temps fixé pour la prescription court à compter du jour de l'enregistrement, ce qui démontre clairement, disait-elle, que le jour de la remise de l'acte ou de la déclaration au bureau fait partie de l'intervalle de temps accordé pour le recouvrement ou la répétition des droits (*Rép.* n° 5604). La jurisprudence n'a pas persisté dans cette interprétation des art. 25 et 61 combinés de l'art. 61. Elle a reconnu que rien dans l'art. 61 ne met obstacle à l'application en matière d'enregistrement de la règle générale qui exclut le jour *a quo* du temps déterminé pour la prescription, règle que l'art. 25 a, au contraire, spécialement consacrée, quant au délai de l'enregistrement des actes et déclarations. Comme on l'a très justement dit, l'art. 25 fait aux délais réglementaires l'application d'un principe général ; on ne peut pas en argumenter pour appliquer une règle différente aux cas sur lesquels la loi ne s'est pas expliquée. Ainsi, en vertu de ce principe, que le jour *a quo* est exclu du temps pour la prescription en matière d'enregistrement, il a été jugé que le jour de l'enregistrement d'un acte ne doit pas être compté dans les deux années accordées pour la demande en payement ou en restitution des droits relatifs à cet acte, et que, dès lors, la restitution d'un droit perçu le 2 janv. 1850 est utilement réclamée le 2 janv. 1852 (Civ. rej. 3 mai 1854, aff. Compagnie du plan d'Aren, D. P. 54. 1. 324 ; Trib. Seine, 24 mars 1869, Garnier, *Rép. pér. enreg.*, art. 3309 ; Demante, t. 2, n° 837 ; *Diction. droits d'enreg.*, v° *Prescription*, n° 250 ; Naquet, t. 3, n° 1266).

3271. Mais le délai de deux ans dans lequel doit être signifiée et enregistrée toute demande en restitution de droits d'enregistrement n'est pas franc, en ce que le jour de l'échéance du terme y est compris comme le dernier pendant lequel doivent et peuvent s'accomplir les actes ou les faits suspensifs de la prescription. En conséquence, la prescription est opposable à la demande signifiée par le délai, mais enregistrée seulement le lendemain de son échéance, encore bien que le jour de cette échéance fût férié, la loi fiscale n'ayant pas prévu ce cas. L'art. 1033 c. proc. civ., modifié par l'art. 11 de la loi du 3 mai 1862, suivant lequel, dans le cas où le jour de l'échéance est férié, en matière civile et commerciale, le délai est prorogé au lendemain pour les ajournements, citations, etc., est étranger aux matières d'enregistrement, et particulièrement aux règles qui fixent, en cette matière, les délais et les conditions de la prescription (Civ. cass. 20 mai 1873, aff. Tenré, D. P. 73. 1. 357). Le tribunal de la Seine s'était prononcé dans la même affaire, pour l'opinion contraire, que les autres tribunaux ont toujours repoussée (Trib. Seine, 10 févr. 1871, aff. Touré et comp., D. P. 71. 3. 20).

Art. 3. — *Actes interruptifs ou suspensifs de la prescription* (*Rép.* n°° 5607 à 3641).

3272. La loi du 22 frim. an 7 ne mentionne qu'une seule cause susceptible d'interrompre la prescription : une demande en justice signifiée et enregistrée avant l'expiration du délai. Mais on est d'accord pour reconnaître que cette disposition n'est pas limitative, et qu'il y a lieu de la compléter par les dispositions de la loi civile, en tant que celles-ci ne sont pas incompatibles avec les prescriptions de la loi fiscale. C'est ainsi que l'interruption peut résulter non seulement, comme on l'a dit au *Rép.* n° 5608, d'une requête en expertise, mais encore, lorsqu'il s'agit de prouver la dissimulation dans les cas prévus par l'art. 43 de la loi du 23 août 1871, d'une assignation devant le juge de paix.

3273. La demande a, d'ailleurs, le même effet, qu'elle émane de l'Administration ou des parties agissant en restitution (*Rép.* n° 5609). Il n'est pas nécessaire que la demande soit introductive d'instance, c'est-à-dire qu'elle contienne assignation. Il a même été jugé que la prescription peut être interrompue, en cette matière, par une simple sommation (Trib. Seine, 6 févr. 1855, *Contrôleur de l'enregistrement*, 19758 ; Trib. Angers, 16 févr. 1869, *Journ. enreg.*, art. 18666).

3274. A plus forte raison, une contrainte a-t-elle, comme on l'a vu au *Rép.* n° 5608, le caractère de demande interruptive, pourvu qu'elle soit valable. Il a été décidé, toutefois, qu'à défaut du visa ou de la formule exécutoire apposée par le juge de paix sur l'original et la copie, la contrainte n'a pas pour effet d'interrompre la prescription, à moins qu'elle ne soit suivie, dans l'année, d'une contrainte régulière et d'une instance devant les juges compétents (Trib. Châteaudun, 11 avr. 1851, aff. Marchand, D. P. 51. 3. 45). — Jugé, au contraire, que le visa ou la formule exécutoire du juge de paix n'étant exigé que sur l'original de la contrainte, à la condition qu'il y ait mention exacte de ce visa sur la copie, la signification de la contrainte, lorsque cette mention existe, a pour effet d'interrompre la prescription des droits réclamés (Trib. Issoire, 6 juill. 1854, aff. X..., D. P. 55. 3. 95).

3275. Il est certain, dans tous les cas, que si l'exploit contenant la contrainte ou la demande en restitution a été annulé pour un vice de forme quelconque, la prescription continue son cours. En particulier, une citation, à fin de restitution de droits d'enregistrement, formée à la requête d'un redevable après son décès, étant nulle, n'est pas interruptive de prescription, encore bien que cet acte émane du mandataire de ce dernier, s'il n'est pas prouvé qu'il ignorait le décès de son mandant (Civ. cass. 29 avr. 1845, aff. Denuelle, D. P. 45. 1. 222, cité au *Rép.* n° 5467).

3276. En outre, la prescription n'est interrompue qu'à partir de l'enregistrement de l'acte signifié à cet effet. Jugé que l'art. 61 de la loi du 22 frim. an 7 « déclare, d'une manière absolue, non recevable toute demande en restitution de droits perçus, si elle n'a été signifiée et enregistrée avant l'expiration du délai de deux ans à partir du jour de la perception ; qu'en fixant ainsi le point de départ du délai et le seul mode susceptible d'interrompre la prescription, la loi établit, en matière d'enregistrement, une règle dont l'application s'étend, dans la généralité même de ses termes, à tous les cas où il peut y avoir lieu, de la part de l'Administration, à restituer des droits par elle perçus, soit qu'il s'agisse d'une perception irrégulière, soit qu'il s'agisse d'une perception régulière, mais au sujet de laquelle, par exception à un principe formulé en l'art. 60 de la loi du 22 frimaire, une disposition spéciale, en vue et sous la condition d'un événement ultérieur, autorise la restitution dans le délai ordinaire de deux ans ; que telle est l'hypothèse prévue par l'art. 58 de la loi du 3 mai 1841 sur l'expropriation pour cause d'utilité publique (restitution du droit perçu par une acquisition amiable au cas où il est justifié, dans les deux ans, que les immeubles ont été compris dans un arrêté postérieur de cessibilité au nombre de ceux expropriés) ; que cette disposition, ne dérogeant pas à la règle générale de l'art. 61 de la loi de frimaire an 7 sur le point de départ du délai, n'y déroge pas davantage sur le mode interruptif de la prescription et s'y réfère nécessairement par cela seul qu'il n'y déroge pas » ; que, par conséquent, la demande de restitution doit être repoussée, dans le cas spécial dont il s'agit, à défaut d'enregistrement de cette demande avant l'expiration du délai de deux ans à partir du jour de la perception, encore bien qu'elle ait été signifiée ce délai (Civ. cass. 5 févr. 1867, cité *supra*, n° 3230).

3277. La demande en restitution d'un droit de mutation entre vifs ne peut être considérée comme implicitement contenue dans des conclusions antérieures tendant à ce que, pour la perception du droit de mutation par décès, ladite somme fût distraite de l'actif net de la succession ; en conséquence, cette demande doit être écartée comme prescrite, lorsqu'elle est formée plus de deux ans après la perception du droit, encore que lesdites conclusions eussent été prises avant l'expiration de ce délai (Req. 13 févr. 1878, aff. Chevallay, D. P. 78. 1. 305).

3278. Ainsi qu'on l'a dit au *Rép.* n° 5618, dans tous les cas où l'interruption civile de la prescription se produit, elle ne profite qu'à la partie qui la forme. Il faut ajouter qu'elle n'opère qu'à l'égard des droits auxquels elle se rapporte.—Jugé, en ce sens, qu'une demande en restitution de droits, intentée plus de deux ans après la perception est non recevable, quoiqu'elle ait été formée reconventionnellement à une action en payement d'un supplément de droits antérieure à l'expiration de ces deux années (Civ. rej. 17 nov. 1857, aff. de Gallièra, D. P. 58. 1. 123 ; Instr. adm. enreg. 1er mai 1858, n° 2118, § 3). Décidé aussi qu'une demande en restitution ayant pour objet l'ensemble des droits perçus sur une succession et celle formée, durant la même instance, afin de restitution du droit exigé particulièrement pour l'un des biens de cette succession constituant deux demandes différentes, la seconde demande est non recevable si elle est formée plus de deux ans après la perception, quoiqu'elle ait été intentée durant l'instance engagée sur la première, et que celle-ci ait été exercée dans le délai ; cette seconde demande n'eût pu être utilement formée, malgré l'expiration du délai, que si elle avait été une modification de la première. Spécialement, en cas d'action en restitution exercée dans le délai de deux ans des droits perçus sur l'ensemble des biens d'une succession, d'après un tarif dont le demandeur conteste l'application en ce que, par exemple, la loi qui l'a établi n'était point encore en vigueur à l'époque de l'ouverture de la succession, la demande formée durant l'instance, à fin de restitution d'un droit perçu à tort sur l'un de ces biens, en ce que, par exemple, le défunt n'en avait que l'usufruit, est prescrite, si elle a eu lieu après l'expiration de ce délai (Req. 8 déc. 1856, aff. Avizard, D. P. 57. 1. 100).

Il a été jugé récemment que la prescription pour la restitution des droits indûment perçus sur un jugement est valablement interrompue, pour la totalité de ces droits, par un acte extrajudiciaire émané d'un seul des héritiers de l'une des parties intéressées (Trib. Mortain, 24 nov. 1889, aff. Consorts Frémin et Blouin, *Journ. enreg.*, art. 23414).

C'est à tort, selon nous, que ce jugement applique à l'action en restitution de droits indûment perçus, les règles de la solidarité ou de l'indivisibilité. Il est vrai qu'on considère comme indivisible l'action qui appartient au Trésor pour recouvrer les droits qui lui sont dus et que, par suite, tout acte qui interrompt la prescription de cette action à l'égard de l'une des parties l'interrompt à l'égard de toutes ; mais, comme le font observer les rédacteurs du *Journal de l'Enregistrement* en rapportant le jugement du tribunal de Mortain, ces deux actions n'ont ni la même nature, ni le même objet ; « L'une tend au recouvrement d'un impôt dû à raison d'une formalité à accomplir, c'est-à-dire d'une dette qui ne peut être fractionnée ; elle a son fondement dans la loi qui, en édictant les droits d'enregistrement, a, dans la plupart de ses dispositions, reconnu au Trésor le droit d'agir pour le tout contre chacune des parties. L'autre, au contraire, a pour objet la répétition de l'indû, c'est-à-dire d'une créance essentiellement divisible et pour laquelle il n'existe aucune disposition édictant la solidarité » (c. civ. art. 1377). La créance qui appartenait au *de cujus* s'étant divisée entre ses héritiers, chacun ne peut demander la restitution du droit indûment perçu que pour sa part héréditaire, et, par conséquent, l'interpellation faite par l'un des héritiers n'interrompt la prescription qu'à son profit et ne produit aucun effet au regard des autres.

3279. La prescription de l'action en restitution de droits formée contre l'administration de l'enregistrement n'est pas interrompue par des propositions de restitution émanées des agents de l'Administration et auxquelles il n'a pas été donné suite (Trib. Domfront, 29 déc. 1882, aff. Corbière, D. P. 84. 3. 30).

3280. En ce qui concerne les *cause de suspension* de la prescription, une controverse qui n'est pas encore éteinte s'est élevée dans la doctrine et dans la jurisprudence, sur le point de savoir si l'impossibilité d'agir met obstacle à la prescription. La jurisprudence distingue suivant qu'il s'agit d'une action exercée par l'Administration ou d'une demande en restitution formée par les parties. Si l'obstacle qui a empêché la Régie d'exercer des poursuites résulte d'une impossibilité légale, soit que le droit ne dût être perçu qu'à l'expiration d'un certain délai accordé au contribuable pour déclarer la mutation ou soumettre l'acte à la formalité, soit que l'exigibilité du droit fût subordonnée à une condition ou, d'une manière générale, à un événement futur et incertain, la prescription reste suspendue jusqu'à l'arrivée du terme ou à l'accomplissement de la condition. Au contraire, la prescription de l'action en restitution que l'art. 61 de la loi du 22 frim. an 7 accorde aux parties contre le Trésor court invariablement du jour du payement, et s'accomplit au profit de celui-ci, quoique les parties aient été dans l'impossibilité légale de faire valoir leurs droits.

La cour de cassation, pour justifier cette distinction, dit qu'en déterminant un délai pendant lequel les parties sont autorisées à agir en restitution, le législateur a voulu rendre les perceptions invariables après l'expiration du délai fixé. Cette intention du législateur résulte de tous les textes qui prévoient les cas de restitution, d'abord de l'art. 61 de la loi de frimaire, qui indique en termes absolus le jour de la perception comme point de départ de la prescription; elle ressort non moins manifestement de l'art. 58 de la loi du 3 mai 1841 et de l'art. 14 de la loi du 25 juin 1841 qui appliquent la même règle dans les cas auxquels ils se réfèrent. — Nous pensons que ces textes n'ont pas la portée qu'on leur attribue. La loi du 3 mai 1841 et la loi du 25 juin 1841 sont des lois spéciales qu'il faut écarter. Quant à l'art. 61 de la loi de frimaire, comme le dit avec raison M. Naquet, t. 3, n° 1267, cet article fixe, il est vrai, le point de départ du délai de la prescription au jour de l'enregistrement à l'égard de la demande en restitution des droits irrégulièrement perçus; mais, comme il établit le même point de départ à l'égard de l'action du fisc, on ne comprend pas qu'il engendre dans le premier cas une fin de non-recevoir qui n'existe pas dans le second. Le législateur peut ne pas avoir égard aux difficultés plus ou moins grandes de nature à entraver l'exercice d'une action, et écarter, dans cette hypothèse, la règle : « contra non valentem agere non currit præscriptio » ; mais on ne s'explique pas que l'action en restitution se trouve prescrite avant l'arrivée de l'événement qui doit lui donner naissance. L'impossibilité légale ne doit pas être assimilée à l'impossibilité de fait. — La distinction que nous venons de critiquer est cependant consacrée aujourd'hui par une jurisprudence constante qui se trouve rapportée dans les explications que nous avons fournies relativement au point de départ de la prescription (V. suprà, n°s 3255 et suiv.).

3281. Jugé encore, en vertu du même principe, que le délai applicable à la demande du droit complémentaire exigible au cas où une succession déclarée comme étant échue à des ascendants, est dévolue, en réalité, à des collatéraux, ne court que du jour où la fraude ou l'omission a pu être découverte par l'administration de l'enregistrement, par les énonciations d'un acte soumis à la formalité et sans recherches ultérieures (Trib. Lisieux, 12 mars 1869, aff. Poret, D. P. 72. 5. 196). De même, l'action de l'Administration pour le payement des droits de mutation par décès sur la somme payée après le décès du créancier à ses représentants, par le débiteur failli concordataire, ou en son nom, en vue d'obtenir sa réhabilitation, n'étant ouverte qu'à raison et à partir du recouvrement opéré, c'est aussi seulement à compter de ce recouvrement que la prescription court contre l'administration, et non à partir de la déclaration primitive de la succession (Civ. cass. 26 avr. 1870, aff. Hariague, D. P. 70. 1. 398; Instr. adm. enreg. 1er août 1870, n° 2405, § 1er).

3282. Il a été décidé, au contraire : 1° que la prescription de l'action en restitution des droits de mutation par décès payés par les héritiers sur des valeurs de la succession léguées à l'État court du jour du décès, quoique ceux-ci n'aient pu exercer leur demande qu'à partir du décret autorisant l'État à accepter le legs (Trib. Seine, 11 déc. 1875, Garnier, Rép. pér. enreg., art. 4478); — 2° Que la prescription de deux ans applicable à la demande en restitution des droits payés à la suite d'une cession amiable court du jour de l'enregistrement de la cession, et non pas de l'arrêté de cessibilité qui engendre le droit à la restitution (Req. 7 déc. 1858, aff. Chemin de fer de Lyon, D. P. 59. 1. 31).

3283. Rappelons en terminant que les décrets des 9 sept. et 3 oct. 1870 qui ont suspendu pendant la guerre de 1870-1871 les prescriptions, péremptions et délais en matière

civile (D. P. 70. 4. 87 et 95), ainsi que la loi du 26 mai 1871, qui a mis fin à cette suspension (D. P. 71. 4. 144), sont applicables en matière d'enregistrement (Paris, 7 juill. 1871, aff. Laignel, D. P. 71. 2. 160; Trib. Yvetot, 8 juin 1872 (et non 1873), aff. D..., D. P. 73. 3. 39; Trib. Seine, 15 juin 1872, ibid.; Civ. cass. 26 juin 1872, aff. Billaud, D. P. 72. 1. 259; 17 déc. 1872, aff. Farenc, D. P. 73. 1. 227; 28 avr. 1874, aff. Lansel, D. P. 74. 1. 287; Req. 17 août 1874, aff. Lécuyer, D. P. 75. 1. 209; Civ. rej. 20 avr. 1875, aff. Allard, D. P. 75. 1. 211 ; Civ. cass. 1er avr. 1884, aff. Comp. gén. des canaux et des travaux publics, D. P. 84. 1. 345).

CHAP. 11. — Des poursuites et instances
(Rép. n°s 5642 à 5848).

3284. La procédure, en matière d'enregistrement, est encore réglée aujourd'hui par les dispositions spéciales mentionnées au Répertoire, et dont la plupart se trouvent édictées dans les art. 64 à 66 de la loi du 22 frim. an 7. Des modifications ont été, toutefois, apportées à ces règles par la loi du 23 août 1871, relativement aux instances ayant pour objet d'établir des dissimulations dans le prix d'une vente, la soulte d'un échange ou d'un partage; nous indiquerons à leur place ces modifications qui portent à la fois sur la compétence, l'instruction, les voies de recours, et dont l'effet général est de substituer la procédure de droit commun à la procédure spéciale de la loi de frimaire.

SECT. 1re. — DE LA CONTRAINTE ET DE L'OPPOSITION
(Rép. n°s 5643 à 5680).

3285. Nous avons dit (Rép. n°s 5643 et 5646) que l'art. 63 de la loi du 22 frim. an 7 réserve à l'Administration la solution des difficultés qui peuvent s'élever relativement à la perception des droits d'enregistrement lors de l'introduction des instances, mais que la loi n'oblige pas cependant le contribuable à se soumettre à une discussion préalable avec l'Administration, qu'elle lui laisse la faculté de saisir directement les tribunaux de la contestation. Un jugement du tribunal de Lourdes du 20 juill. 1875 a confirmé cette interprétation (Journ. enreg., art. 20078). La pratique administrative est fixée en ce sens (Instr. adm. enreg. n° 1537).

3286. Il est important de déterminer le caractère des solutions qui interviennent dans cette hypothèse; doit-on les considérer comme de simples avis ne liant pas l'Administration ou, au contraire, comme de véritables jugements ne permettant pas à la Régie de réclamer ultérieurement un droit dont elle a reconnu la non-exigibilité? Nous avions résolu la difficulté dans le premier sens, sans entrer dans les détails d'une discussion qui n'était pas encore engagée, et tiré de la règle cette conséquence, que les décisions administratives rendues dans ces conditions ne pouvaient pas être attaquées devant le conseil d'État (Rép. n° 5649). Pendant très longtemps les tribunaux n'eurent pas à se prononcer sur la question. Le tribunal de Saint-Omer, appelé à la résoudre, déclara que l'Administration n'a pas le droit de revenir sur les décisions qu'elle rend relativement aux difficultés qui lui sont soumises. (Trib. Saint-Omer, 7 mai 1869, Contrôleur de l'Enregistrement, n° 14750). L'art. 63 de la loi du 22 frim. an 7, disait-on à l'appui de cette interprétation, autorise les parties à demander à l'Administration supérieure non pas son opinion, mais une solution ; or ce mot implique la terminaison du procès. Sans doute, tout n'est pas encore fini quand la Régie, après avoir délibéré, a formulé l'opinion qu'elle arrête, puisque son adversaire peut ne pas l'accepter; mais s'il y adhère, en promettant de l'exécuter, il ne sera plus recevable à porter désormais son procès, qui a reçu solution; il est donc vrai de dire qu'il y a dans les réponses de l'Administration autre chose qu'un avis étudié sur un point de droit : il y a une proposition qui peut, si elle est acceptée, devenir la base d'un contrat. Les auteurs du Dictionnaire des droits d'enregistrement, v° Instance, n° 11, avaient approuvé cette opinion, sans admettre toutefois qu'on pût considérer les décisions de l'Administration comme ayant le caractère d'un contrat, d'une transaction conclue avec le redevable. M. Naquet, t. 3, n° 1282, enseigne aujourd'hui encore que la Régie ne peut pas revenir sur sa solution, l'art. 63 de la loi de frimaire lui conférant le pouvoir de trancher, c'est-à-dire de résoudre définitivement les difficultés relatives à la perception qui peuvent s'élever avant l'introduction des instances.

Néanmoins la doctrine contraire prévaut en jurisprudence et nous n'hésitons pas à nous y rallier. Dans quelque sens qu'elles soient rendues, les solutions de la Régie, ne constituant que des actes d'administration ayant un caractère provisoire, ne lient ni les parties ni le Trésor qui restent libres de saisir les tribunaux. D'une part, la force obligatoire de ces solutions ne peut pas résulter de la nature contractuelle qu'on a voulu leur attribuer, car les impôts, dont la perception intéresse essentiellement l'ordre public, et qui ne peuvent être augmentés, diminués ou modifiés qu'en vertu d'une loi, ne sauraient faire l'objet d'une transaction entre les parties et l'Administration est chargée seulement de les percevoir. C'est par application de ce principe que l'art. 59 de la loi du 22 frim. an 7 interdit à l'Administration toute remise ou modération d'impôt. D'autre part, on n'est pas mieux fondé à prétendre que les solutions administratives ont le caractère de décisions contentieuses. Il est, en effet, certain que si ces décisions constituaient de véritables jugements, il y aurait chose jugée aussi bien pour les redevables que pour le Trésor; or personne ne conteste que les solutions de l'Administration n'enlèvent pas aux parties le droit de s'adresser aux tribunaux. Ce système contredit, en outre, l'art. 65 de la loi de frimaire qui attribue expressément le contentieux en matière d'enregistrement aux tribunaux civils d'arrondissement, à l'exclusion de toute « autre autorité constituée ou administrative ». Comment d'ailleurs concilier l'interprétation contraire avec la jurisprudence qui permet à la Régie, après avoir décerné une première contrainte, de décerner une contrainte supplémentaire, ou même de déposer, devant le tribunal, des conclusions additionnelles? — Jugé en ce sens que les lois d'impôt étant d'ordre public, les taxes qu'elles établissent ne peuvent être l'objet d'aucune transaction, ni d'aucun abandon. Les décisions administratives intervenues à l'occasion de leur perception, qu'elles émanent du ministre ou de ses préposés, ne peuvent lier d'une manière irrévocable l'autorité qui les a rendues; celle-ci est toujours recevable à les rétracter tant que la prescription n'est pas acquise (Trib. Seine, 15 févr. 1889, aff. Crédit foncier, D. P. 89. 5. 249. Conf. Trib. Guéret, 16 août 1872 ; Trib. Lille, 10 juin 1887, aff. Leignel, *Journ. enreg.*, art. 22959).

3287. Du principe que les solutions de l'Administration avant l'introduction de l'instance n'ont la valeur que d'actes de pure administration, il faut tirer cette conséquence, que non seulement l'Administration peut revenir sur sa décision avant de l'avoir exécutée, mais qu'elle est même fondée à contraindre la partie, au profit de laquelle elle avait autorisé la restitution d'un droit, à rembourser au Trésor la somme qui lui a été indûment restituée, et que l'action qui lui appartient de ce chef est soumise à la prescription de deux ans à partir de la date de restitution (Trib. Lille, 10 juin 1887, cité *suprà*, n° 3286).

3288. Il résulte de la combinaison des art. 28, 63 et 64 de la loi du 22 frim. an 7, qu'en matière d'enregistrement le redevable n'a qualité pour saisir l'autorité judiciaire que dans deux cas : lorsqu'il a acquitté les droits dont il conteste l'exigibilité, ou bien lorsqu'une contrainte a été décernée contre lui par l'Administration. Spécialement, la partie au profit de laquelle a été rendu un jugement confirmé en appel et qui n'a pas consigné les droits réclamés par l'enregis-

trement de l'arrêt, n'est pas fondée à assigner l'Administration à fin de voir dire mal fondé le refus fait par elle d'enregistrer ledit arrêt sans la consignation préalable des droits; lors même qu'un jugement, déféré, d'ailleurs, à la cour de cassation a annulé la contrainte décernée contre le même redevable à fin de payement des mêmes droits sur la décision de première instance enregistrée sans que ces droits aient été exigés par le receveur ; le contribuable opposerait vainement l'exception de la chose jugée, la question en litige n'étant pas la même que celle discutée à l'occasion du jugement de première instance (Trib. Caen, 10 mai 1872, aff. Poitevin-Convert, D. P. 75. 5. 190).

3289. La contrainte est le premier acte de poursuite pour le recouvrement des droits d'enregistrement. Elle constitue « un titre exécutoire qui donne à l'Administration le droit d'exercer des poursuites, une demande en justice dont l'effet remonte au jour où elle a été décernée » ; mais elle ne peut avoir pour résultat de maintenir un droit dont l'extinction s'est opérée avant sa signification (Civ. cass. 28 janv. 1890, aff. Hirou, D. P. 90. 1. 177).

Toutefois, l'art. 64 de la loi du 22 frim. an 7, qui pose la règle susénoncée, n'exclut pas, avons-nous dit (*Rép.* n° 5653), l'idée que l'Administration puisse agir autrement. Ainsi il a a été décidé, non seulement que l'Administration est autorisée à procéder par voie d'*assignation directe*, afin d'obtenir un jugement de condamnation qui lui permette de prendre inscription sur les biens du redevable, à défaut par celui-ci, auquel une contrainte a été signifiée à fin de payement de droits de mutation par décès, de former opposition à l'exécution de cette contrainte avec assignation devant le tribunal civil (Trib. Vervins, 19 nov. 1869, aff. Bris, D. P. 72. 5. 184; Trib. Saint-Amand, 27 nov. 1884, aff. Thierry et Cassin, D. P. 85. 5. 214); mais encore que la Régie a même le droit, à raison de l'urgence, ou pour tout autre motif, d'assigner directement ses débiteurs sans recourir au préliminaire de la contrainte (Trib. Vienne, 23 juill. 1886, aff. Fondère et Arnaud, *Journ. enreg.*, art. 22936. — V. encore Trib. Saint-Quentin, 1er févr. 1867, Garnier, *Rép. pér. enreg.*, art. 2534; Trib. Le Blanc, 31 déc. 1867, *ibid.*, art. 3081).

3290. Du principe que l'Administration peut procéder par voie d'assignation directe contre les redevables, la jurisprudence a tiré cette conséquence, qu'il y a lieu d'appliquer, en matière d'enregistrement, la disposition de l'art. 153 c. proc. civ., dans le cas où l'une des parties assignées a fait défaut. Jugé, en effet, que la règle tracée par l'art. 153 c. proc. civ. étant applicable en matière d'enregistrement, lorsque de deux parties, contraintes solidairement au payement d'un supplément de droit, l'une a formé opposition à la contrainte et l'autre a fait défaut en ne présentant aucun moyen de défense, quoiqu'elle ait été régulièrement assignée postérieurement à la signification de la contrainte, le tribunal doit donner défaut contre cette dernière, sauf à joindre le profit du défaut au fond et à ordonner la signification du jugement que a joint les deux causes à la partie défaillante et sa réassignation par exploit d'un huissier commis (Trib. Toulon, 8 août 1878, et Trib. Saint-Lô, 4 déc. 1885, *Journ. enreg.*, art. 20956 et 22591; Trib. Lons-le-Saulnier, 6 mars 1889) (1).

3291. A plus forte raison peut-elle former une demande en complément de droits par voie de *conclusions reconventionnelles*, au lieu de procéder par la voie spéciale de la contrainte, quand elle ne prend pas l'initiative de la poursuite, mais réclame les droits complémentaires en se défendant contre une action en restitution de la part du redevable (Civ. rej. 13 juin 1864, aff. Pariset,

---

(1) (Veuve Lambert et Langue dit Dantès.) — Le tribunal ; — Attendu qu'à la date du 27 avr. 1888, une contrainte a été décernée à la requête de l'Administration de l'enregistrement, des domaines et du timbre, tant contre la veuve Lambert, née Perrand, que contre Langue, dit Dantès, à l'effet d'avoir payement de la somme de 500 fr. 25 cent.; que cet acte a été signifié à ces derniers par exploit de l'huissier Cuenin, de Sellières, du 30 du même mois, avec commandement d'avoir à payer solidairement ladite somme due pour les causes énoncées dans la contrainte précitée ; — Attendu que, par exploit du 25 mai 1888, la veuve Lambert a formé opposition à l'exécution de la susdite contrainte, avec assignation donnée à l'Administration de l'enregistrement ; — Attendu que, par autre exploit de l'huissier Cuenin du 9 octobre

dernier, ladite Administration a fait donner assignation à Langue, dit Dantès, à comparaître devant les juges de céans, notamment pour se voir adjuger les conclusions par elle prises dans un mémoire signifié par l'huissier Chevassus, le 25 sept. 1888, mais que le défendeur n'a point encore constitué avoué, ni fait connaître ses moyens de défense ; — Attendu, en l'état, que l'Administration de l'enregistrement demande spécialement qu'il soit donné défaut contre Langue, dit Dantès, et sa réassignation conformément aux dispositions de l'art. 153 c. proc. civ.; que c'est le cas de faire droit à ses conclusions ; — Qu'il y a lieu aussi de donner acte à Me Charles Gauthier de ce qu'il ne s'oppose pas à la réassignation du dit sieur Langue, dit Dantès ; — Par ces motifs, etc.

Du 6 mars 1889.-Trib. civ. de Lons-le-Saulnier

D. P. 64. 1. 310 ; Instr. adm. enreg. 24 août 1864, n° 2288, § 7).

3292. L'Administration peut d'ailleurs, sans compromettre ses droits, se désister d'une contrainte qu'elle a décernée, et, en conséquence, après s'être désistée, décerner une autre contrainte pour le même objet (Trib. Marseille, 31 août 1877, et sur pourvoi, Req. 1er août 1878, aff. Latil, D. P. 78. 1. 457). Mais le *directeur général* ayant seul qualité, à l'exclusion du *ministre des finances*, pour accomplir les actes de procédure qui ont pour objet la poursuite des droits d'enregistrement et pour agir dans les instances, lui seul a qualité aussi, par suite, pour se désister d'une instance liée ; le *désistement* consenti par le ministre des finances serait sans effet, alors surtout que la décision ministérielle n'a pas un caractère impératif et a été communiquée à l'Administration sous forme de dépêche, et avec réserve, pour le directeur général, de fournir de nouvelles observations (Trib. Seine, 15 févr. 1869, cité *suprà*, n° 3286 ; 15 févr. 1889, aff. Crédit foncier, D. P. 89. 5. 219). — V. *suprà*, n° 44.

3293. L'instance n'étant engagée que par l'opposition du redevable à la contrainte (*Rép.* n° 5652), l'Administration peut ajouter à sa première demande formée par contrainte des *conclusions nouvelles*, sans recourir à une nouvelle contrainte ; le moyen de nullité tiré de ce mode de procéder n'est pas recevable, alors surtout que celui qui l'oppose a plaidé volontairement sur les dernières conclusions de l'Administration (Req. 18 janv. 1881, aff. Jouteux, D. P. 81. 1. 361. Conf. Gand, 21 juill. 1883, aff. Morel, D. P. 83. 2. 204). Jugé, plus récemment encore, que l'Administration a le droit d'augmenter, au moyen de conclusions additionnelles, le chiffre de sa demande, sans avoir besoin de décerner une nouvelle contrainte, dès lors que cette augmentation a pour cause une rectification de calcul et n'est que le développement de la demande primitive (Trib. Belley, 8 mars 1890, aff. Dunand, *Journ. enreg.*, art. 23467).

3294. Par application du même principe, que la contrainte n'est pas constitutive de l'instance, mais n'a que les caractères d'un simple commandement, il a été décidé que l'Administration qui décerne une contrainte à fin de recouvrement des droits d'enregistrement mis à la charge d'une *commune*, n'est pas tenue d'adresser préalablement au préfet du département le *mémoire* prescrit par les art. 31 et suiv. de la loi du 18 juill. 1837, tandis qu'elle est obligée de remplir cette formalité, lorsqu'elle procède contre la commune par voie d'assignation directe (Req. 7 mars 1883, aff. Ville de Bordeaux, D. P. 84.1.59). Néanmoins, lorsque le redevable est une commune, le directeur est tenu, avons-nous dit au *Rép.* n° 5754, avant d'engager la poursuite, mais par rapport au préfet de porter d'office au budget de la commune la somme qui est réclamée à celle-ci. Lorsque la dette incombe à un département, c'est devant le président de la commission départementale instituée par la loi du 10 août 1871 que le directeur doit d'abord se pourvoir (Naquet, t. 3, n° 1278).

3295. Les contraintes peuvent être décernées non seulement par les receveurs, mais par tout préposé de l'Administration, et, en particulier, par les vérificateurs (Trib. Toulouse, 22 ou 12 janv. 1855, aff. Larigaudière, D. P. 55.5.183). Les mots *sous-inspecteurs* doivent être substitués, dans cette décision, à celui de *vérificateurs*, ce dernier titre ayant été supprimé.

3296. Il est d'usage de faire précéder la contrainte d'un *avertissement*, que les instructions de la Régie recommandent aux receveurs de rédiger dans la forme la plus courtoise (Instr. adm. enreg. n° 1537, § 3) ; mais cet avertissement n'étant pas prescrit par le législateur est facultatif pour l'Administration (Trib. Rouen, 23 déc. 1875, Garnier, *Rép. pér. enreg.*, art. 4297).

3297. La contrainte doit énoncer clairement les causes de la dette, indiquer avec exactitude le domicile et la qualité des parties, présenter tous les développements propres à établir l'infraction commise et à démontrer au redevable la légitimité de la demande. Elle énonce, au commencement, *qu'il est dû à l'Administration* par tel individu, une somme déterminée, pour telles causes, et se termine par ces mots : « Au payement de laquelle somme de .., ledit.., sera contraint par toutes les voies de droit » (Instr. adm. enreg. 18 déc. 1824, n° 1150, § 17 ; 5 juin 1837, n° 1537, sect. 2, n° 15). Toutefois, ainsi qu'on l'a dit au *Rép.* n° 5633, la loi n'ayant prescrit aucun mode spécial pour la rédaction de la contrainte, il suffit qu'elle soit libellée de

manière à faire connaître au contribuable l'objet de la demande. — Jugé que l'objet d'une contrainte est suffisamment déterminé et que, par suite, la contrainte est valable, lorsqu'elle est décernée pour une somme fixe, « sauf à augmenter ou à diminuer » (Trib. Moulins, 11 déc. 1889, aff. Pic-Clairefont, *Journ. enreg.*, art. 23468).

3298. On a rapporté au *Rép.* n° 5663 un arrêt de la cour de cassation, aux termes duquel l'art. 584 c. proc. civ., qui exige que le créancier qui fait un commandement de payer à son débiteur *élise domicile* dans la commune où doit se faire l'exécution c'est-à-dire dans le lieu de la résidence du débiteur, ne s'applique pas aux contraintes en matière d'enregistrement ; il suffit que la contrainte contienne élection de domicile dans le bureau où les droits réclamés doivent être acquittés. Cette solution a été confirmée depuis par de nombreux jugements (Trib. Domfront, 9 mai 1860 ; Trib. Seine, 13 juill. 1861 ; Trib. Bruxelles, 3 juin 1863 ; Trib. Toulouse, 22 mars 1866 ; Trib. Auch, 22 janv. 1867 ; Trib. Tarbes, 26 déc. 1870 ; Trib. Mons, 4 mai 1878 ; Trib. Limoges, 23 août 1879, cités par Garnier, *Rép. gén. enreg.*, v° *Instances*, n° 9721, et *Rép. pér. enreg.*, art. 5512 et 5510). « Attendu dit le tribunal de Toulouse, dans le jugement précité du 22 mars 1866, que, d'après les art. 26 et 27 de la loi du 22 frim. an 7, les droits d'enregistrement auxquels les actes se trouvent soumis doivent être acquittés dans les bureaux de l'Administration, entre les mains des préposés qui y sont établis ; que la situation topographique de ces bureaux détermine la compétence du tribunal qui doit connaître des difficultés que la perception peut soulever et est indicative du lieu où la contrainte doit être exécutée ; que la Régie des domaines a donc suffisamment rempli le vœu des art. 584 et 673 c. proc. civ., en élisant domicile, dans le commandement du 14 avr. 1865, au bureau de l'enregistrement des actes civils établi à Toulouse, que l'usage d'élection de domicile au bureau de perception étant d'ailleurs consacré par un avis du conseil d'État du 1er juin 1807 et par la jurisprudence de la cour de cassation... »

3299. M. Garnier, *Rép. gén. enreg.*, n° 9721 et *Rép. pér. enreg.*, art. 5510 et 5512, se demande même s'il est nécessaire qu'il y ait une élection de domicile quelconque dans la contrainte. Il fait remarquer qu'en matière civile, la jurisprudence et la plupart des auteurs reconnaissent que cette formalité est inutile relativement aux ajournements, et il cite un jugement du tribunal de Bruxelles du 8 août 1871, qui a confirmé cette interprétation en matière d'enregistrement. Son opinion est toutefois qu'il est prudent de remplir cette formalité. Nous croyons qu'elle n'est pas prescrite à peine de nullité ; il n'y a pas plus de raison pour exiger une élection de domicile dans le lieu de la perception que dans celui de l'exécution, car, d'après l'art. 584 c. proc. civ. exige les contraintes, et dans ce cas il faut l'appliquer tel qu'il est formulé, ou il ne les régit pas, et l'on doit alors en faire abstraction tout à fait.

3300. Les contraintes et autres actes de poursuite, les mémoires et actes de procédure doivent être faits et signifiés à la requête du conseiller d'État, directeur général de l'enregistrement des domaines et du timbre, hôtel de l'Administration, rue de Rivoli, n° 192, à Paris, poursuite et diligence de M. le directeur, demeurant à... (Circ. 25 mars 1869).

3301. Si la somme pour laquelle la contrainte est décernée n'est pas connue, parce que la liquidation est subordonnée à une évaluation des parties, le receveur doit en arbitrer le montant, sauf à augmenter ou à diminuer d'après la déclaration que les parties seront tenues de faire (*Rép.* n° 5650). Jugé, par suite, que, lorsque la part de l'associé prédécédé, dans les biens sociaux, est attribuée, par l'acte de société, aux associés survivants à charge d'en payer la valeur sur le pied du dernier inventaire et que, le cas échéant, le dernier inventaire n'est pas produit, l'Administration peut, dans la contrainte décernée pour le recouvrement du droit proportionnel de cession exigible sur l'importance de la part de l'associé défunt, évaluer ladite part, sauf aux parties à débattre cette évaluation (Req. 5 déc. 1866, aff. Lefebvre, D. P. 67. 1. 127).

3302. De même, lorsqu'il est fait usage, dans un acte notarié, d'actes privés non enregistrés, l'Administration peut exiger la production de ces actes privés et, faute par les parties de les produire ou de justifier de l'impossibilité de les représenter, poursuivre par voie de contrainte le payement d'une somme qu'elle évalue elle-même, sauf augmentation ou diminution lors de la présentation des actes (Req. 28 mars 1859, aff. Weill et Stindzy, D. P. 59. 1. 370; Instr. adm. enreg. 5 sept. 1859, n° 2160, § 1er).

3303. Mais un jugement du tribunal de Niort, du 14 août 1876, cité dans le *Dictionnaire des droits d'enregistrement*, v° *Instance*, n° 49, a décidé qu'une contrainte décernée pour une somme déterminée, sans indication que la somme pourra être augmentée suivant les déclarations des parties, ne peut être validée que pour cette somme. Par suite, en cas d'insuffisance de cette somme, la réclamation du surplus doit faire l'objet d'une nouvelle contrainte signifiée dans les deux ans de l'enregistrement de l'acte.

3304. La contrainte doit être décernée contre les débiteurs personnellement ou leurs représentants; il est donc nécessaire qu'elle indique exactement la qualité des parties. Toutefois il ne peut résulter aucune nullité de ce qu'un père représentant ses enfants mineurs a été qualifié de tuteur de ces enfants, dans une contrainte décernée contre eux par l'Administration de l'enregistrement, et dans l'instance qui a suivi, au lieu de l'être, comme il eût fallu, d'administrateur légal desdits enfants (Civ. rej. 18 nov. 1851, aff. Colbert, D. P. 51. 1. 303).

3305. On sait qu'aux termes de l'art. 64 de la loi du 22 frim. an 7, la contrainte doit être *visée et déclaré exécutoire* par le juge de paix du canton où est établi le bureau du receveur qui l'a décernée (*Rép.* n° 5650). Il a été jugé que le visa et la formule exécutoire apposés par le juge de paix forment une condition substantielle de la validité des contraintes décernées par l'administration de l'enregistrement (Trib. Châteaudun, 11 avr. 1851, aff. Marchand, D. P. 51. 3. 45). D'après cette décision, la formalité du visa doit être remplie, à peine de nullité, non seulement sur l'original de la contrainte, mais même sur la copie signifiée au redevable. A défaut de cette formalité, la contrainte décernée par la Régie n'a pas même pour effet d'interrompre la prescription, à moins qu'elle ne soit suivie dans l'année d'une contrainte régulière et enregistrée, et d'une instance devant les juges compétents. La solution contraire a cependant prévalu. Jugé, en effet, que le visa ou la formule exécutoire du juge de paix n'est exigé que sur l'original de la contrainte; la copie remise au redevable doit simplement contenir mention exacte de ce visa (Trib. Issoire, 6 juill. 1854, cité *suprà*, n° 3274; Trib. Castres, 8 nov. 1869, aff. G..., D. P. 72. 5. 184).

3306. Conformément à la jurisprudence qui refuse, en matière d'exploits, d'attacher aucune importance aux irrégularités qui se trouvent rectifiées par d'autres énonciations de l'acte, il a été décidé, que la circonstance que le nom du juge de paix qui a apposé, sur l'original d'une contrainte, le visa exécutoire, a été mal reproduit dans la copie est sans influence sur la validité de la signification, lorsque les énonciations fidèlement transcrites de ce visa font connaître qu'il émane du magistrat compétent, et lorsque, par suite, le contribuable n'a pu croire qu'à une erreur de copiste (Trib. Bruxelles, 12 déc. 1853, aff. N..., D. P. 54. 3. 77).

3307. Le visa résulte de la seule apposition des mots : « *Vu et rendu exécutoire* ». Il n'est pas nécessaire qu'il soit daté (Trib. Angers, 6 avr. 1867, Garnier, *Rép. pér. enreg.*, art. 3277). Il a même été jugé que la contrainte qui n'est pas datée n'est pas nulle, lorsque le juge de paix a comblé cette lacune en datant son visa (Trib. Seine, 13 juill. 1861, *Contrôleur de l'enregistrement*, n° 12044).

3308. Le visa exécutoire apposé par le suppléant du juge de paix sur une contrainte de la Régie est valable même lorsqu'il ne contient pas mention que le juge titulaire était absent ou empêché, la présomption étant, jusqu'à preuve contraire, qu'il en a été ainsi (Trib. Toulouse, 22 (ou 12) janv. 1855, aff. Larigeux, D. P. 55. 5. 183).

3309. La contrainte décernée en payement de droits d'enregistrement dus sur un acte de société, contre le directeur et les administrateurs de cette société, en leurs noms personnels et comme représentant la société, est régulière en la forme en tant que décernée contre la société (Trib. Seine, 8 août 1868, aff. Société des lits militaires, D. P. 70. 1. 66).

3310. La contrainte décernée, en matière d'enregistrement, contre une société anonyme est *signifiée* valablement,

non à son directeur, mais à la société elle-même sous son nom commercial et à son siège social, une telle signification satisfaisant aux dispositions combinées des art. 61, § 2 et 69, § 6, c. proc. civ., 23 et 30 c. com., lesquels n'exigent pas que l'exploit signifié à une société anonyme contienne les noms des représentants que la société a pu se donner (Trib. Seine, 1er août 1884, aff. Banque de l'Entreprise, D. P. 86. 5. 195).

Il a été décidé aussi qu'une contrainte décernée contre une veuve et ses enfants en payement de deux droits de mutation par décès, dus, l'un par la veuve en sa qualité de légataire du *de cujus* son mari, et l'autre par les enfants comme héritiers de leur père, n'est pas nulle par cela seul que les deux droits y sont portés en bloc, sans qu'on ait indiqué le montant de celui dû par la veuve et le montant de celui à la charge des enfants, alors qu'il est expliqué dans la contrainte que la veuve est donataire du quart en toute propriété et du quart en usufruit des biens de son mari et que les enfants sont les seuls héritiers légitimes de leur père, ces indications étant suffisantes pour calculer le montant des droits afférents à chaque débiteur (Req. 19 juill. 1870, aff. Delarochette, D. P. 71. 1. 84).

3311. Lorsque la contrainte a pour objet le recouvrement de droits dus solidairement par deux époux ayant chacun une part indivise dans un immeuble, par suite de la licitation de cet immeuble qui leur a été adjugé, il suffit de délivrer au mari une seule copie de la contrainte (Trib. Moulins, 11 déc. 1889, cité *suprà*, n° 3297).

3312. L'indication erronée des *prénoms du débiteur* dans l'exploit de signification d'une contrainte en matière d'enregistrement ne rend pas cet exploit nul, lorsqu'il est constaté que la copie signifiée a été remise à la personne à laquelle elle était destinée (Trib. Seine, 3 juill. 1869, aff. Cornet d'Hunval, D. P. 72. 5. 184).

3313. La contrainte décernée contre un étranger pour le payement des droits d'enregistrement lui est valablement signifiée au domicile par lui élu en France dans les actes de procédure (Trib. Seine, 8 août 1857, aff. de Montléart, D. P. 58. 3. 29). Mais la contrainte décernée contre un redevable domicilié à l'étranger doit, à peine de nullité, être signifiée, conformément aux prescriptions de l'art. 69, § 9, c. proc. civ., au domicile du procureur de la République, qui doit viser l'original et envoyer la copie au ministre des affaires étrangères. Il en résulte que si l'Administration connaît le domicile du redevable à l'étranger, elle ne peut pas valablement lui signifier la contrainte au bureau d'un établissement industriel situé en France, dont le redevable est copropriétaire, mais où il n'a ni son domicile, ni sa résidence actuelle, le paragraphe 8 de l'art. 69 c. proc. civ. n'étant pas applicable à l'espèce (Trib. Dieppe, 8 août 1889, aff. Guéret, *Journ. enreg.*, art. 23409).

3314. D'après l'art. 84, de la loi du 22 frim. an 7, l'*opposant* est tenu d'élire domicile dans la commune où siège le tribunal. Il a été décidé, toutefois, que, lorsque l'opposition du redevable indique qu'il est domicilié dans la commune où siège le tribunal, il n'est pas nécessaire qu'il fasse une élection spéciale de domicile, le domicile réel rentrant dans les conditions exigées par la loi (Trib. Bruxelles, 3 juin 1863, Garnier, *Rép. gén. enreg.*, n° 9746).

3315. L'opposition à une contrainte décernée par l'Administration de l'enregistrement, fondée uniquement sur ce que les droits réclamés ne sont pas dus, ne peut être considérée comme suffisamment motivée, et n'est pas, dès lors, recevable (Trib. Versailles, 27 nov. 1885, aff. D..., D. P. 87. 5. 197. — *Contrà :* Trib. Rethel, 9 juin 1854, aff. Laluyé et Legros, D. P. 55. 5. 183). Mais cette irrégularité est couverte si l'Administration a présenté une défense au fond (Jugement précité du 9 juin 1854). — Il n'y a pas lieu non plus de s'arrêter à la fin de non-recevoir tirée de ce que l'opposition formée à une contrainte en matière d'enregistrement n'est pas motivée, lorsque le redevable a fait connaître ses moyens à l'Administration par la communication d'une consultation mise par elle sous les yeux du tribunal et discutée dans son mémoire en réponse (Trib. Mantes, 26 avr. 1879, aff. Oriot, D. P. 79. 3. 74).

3316. Bien que l'exécution d'une contrainte puisse être poursuivie comme celle d'un jugement, la jurisprudence décide aujourd'hui comme autrefois (*Rép.* n° 5176, et v° *Privilèges et hypothèques*, n° 1110; Comp. Garnier, *Rép. gén.*

enreg., n° 788; Demante, t. 2, n° 839), qu'une inscription hypothécaire ne peut pas être prise en vertu d'une contrainte (Trib. Seine, 13 avr. 1883, *Journ. enreg.*, art. 22103).

3317. Il a été jugé que l'administration de l'enregistrement peut être passible de *dommages-intérêts* envers les redevables contre lesquels elle décerne contrainte à fin de payement de droits supplémentaires d'enregistrement, par cela seul que sa demande est mal fondée (Trib. Abbeville, 8 mai 1882, et sur pourvoi, Civ. cass. 11 août 1884, aff. Folie et Caron, D. P. 85. 1. 25). Mais, suivant un arrêt de la cour de cassation, « la condamnation (de l'Administration) prononcée à titre de dommages-intérêts, reste sans base légale dès que le jugement ne relève, de la part de l'Administration, aucune faute ayant entraîné un préjudice dont elle devrait la réparation » (Civ. cass. 28 janv. 1880, aff. Scott, D. P. 81. 1. 266). La doctrine de cet arrêt paraît devoir être admise d'autant plus que, dans les instances en matière d'enregistrement, d'après l'art. 65 de la loi du 22 frim. an 7, la partie qui succombe n'a « d'autres frais à supporter que ceux du papier timbré, des significations et du droit d'enregistrement du jugement » et que, d'autre part, en droit commun, le plaideur de bonne foi, ne doit, lorsqu'il succombe, que les frais du procès (*Rép.* v° *Responsabilité*, n° 115; Req. 13 juill. 1852, aff. Gautier, D. P. 52. 1. 240). Dans l'espèce du jugement du tribunal d'Abbeville, la condamnation de l'Administration à des dommages-intérêts était motivée uniquement sur ce que sa demande d'un supplément de droit avait paru au tribunal mal fondée; elle n'était donc pas justifiée.

3318. Il est de jurisprudence, en matière d'enregistrement surtout, que l'assignation donnée pour un jour où il n'y a pas d'audience n'est pas nulle, mais est reportée à la première audience après ce jour. Jugé en ce sens, qu'une assignation en restitution de droits perçus est valable, bien que son échéance tombe un jour compris dans les vacances judiciaires, et que, par suite, la réassignation motivée par ce fait constitue un acte frustratoire (Trib. Seine, 17 juin 1887, *Journ. enreg.*, art. 22932). — L'assignation en restitution de droits, signifiée à l'Administration de l'enregistrement, doit d'ailleurs, à peine de nullité, renfermer l'exposé sommaire des moyens (Trib. Seine, 3 mars 1857, aff. Dussard et Clément, D. P. 57. 3. 78).

3319. En traçant des règles pour arrêter l'exécution d'une contrainte, la loi du 22 frim. an 7 n'a pas dérogé aux principes généraux en matière de chose jugée. En conséquence, après une première opposition définitivement écartée par un jugement, le redevable peut en former une seconde fondée sur une nouvelle cause (Trib. Marseille, 12 juill. 1859, aff. Mirès, D. P. 59. 3. 63).

Sect. 2. — De la compétence (*Rép.* n° 5681 à 5707).

3320. Toute contestation, en matière d'enregistrement est, comme on l'a vu (*Rép.* n° 5681), exclusivement du ressort de l'autorité judiciaire; l'autorité administrative est incompétente pour en connaître. C'est ainsi qu'il appartient à l'autorité judiciaire seule de statuer sur les difficultés relatives à la perception des droits d'enregistrement des pourvois au Conseil d'État. Le Conseil d'État est fréquemment appelé à examiner, soit si un pourvoi qui lui est soumis pouvait ou non être présenté sans frais, soit si plusieurs intéressés étaient tenus de présenter des requêtes distinctes soumises chacune au timbre ou à l'enregistrement, ou s'ils pouvaient ne présenter qu'un pouvoir collectif. Mais il ne lui appartient d'examiner ces questions qu'au point de vue de la recevabilité des pourvois ou de l'adjudication des frais qui peuvent être mis à la charge de la partie qui succombe. Les décisions qu'il prend ainsi ne pourraient être opposées au fisc, et les tribunaux ne seraient aucunement liés par l'avis du Conseil d'État (Cons. d'Ét. 8 août 1873, aff. Escolle, D. P. 74. 3. 23). Jugé que le conseil d'État n'est pas autorisé à statuer sur la demande en remboursement d'un droit d'enregistrement perçu sur une requête produite devant lui (Cons. d'Ét. 5 déc. 1879, aff. Juan, D. P. 80. 3. 52).

3321. Décidé aussi que les tribunaux civils sont seuls compétents pour apprécier les conventions qui donnent lieu à la perception du droit, alors même que ces conventions seraient formées en exécution d'actes administratifs, et spé-cialement pour apprécier les statuts d'une caisse de secours pour les incendiés, bien que ces statuts aient été établis par l'autorité préfectorale et que certains agents administratifs soient chargés de la collecte des dons et de la répartition des secours (Civ. rej. 11 févr. 1880, aff. Caisse des incendiés de la Marne, D. P. 80. 1. 113). Cette décision est une application du principe, admis par la cour de cassation, que les tribunaux civils ont le droit d'interpréter, à l'occasion d'une contestation judiciaire sur la demande d'une taxe d'enregistrement, le sens des actes administratifs sur lesquels repose l'exigibilité de cet impôt. Ce principe, consacré d'une manière générale par la cour de cassation (Civ. rej. 3 févr. 1886, aff. Société lyonnaise des eaux et de l'éclairage, D. P. 86. 1. 190), a reçu de nombreuses applications (V. notamment les arrêts des chambres réunies des 19 mai 1874 (aff. Hospices civils de Lyon, D. P. 75. 1. 17) et 12 juill. 1875 (aff. Société Petit et comp.), statuant le premier au sujet d'actes administratifs portant acceptation de dons manuels faits à un hospice, l'autre sur le caractère des grands marchés de travaux publics. — Jugé, récemment, que le tribunal devant lequel est introduite une action en payement de droits d'enregistrement sur un marché administratif et qui est appelé à décider si l'Administration peut poursuivre le payement de ces droits sur le cautionnement versé par un tiers pour le compte de l'entrepreneur est compétent pour interpréter le marché et résoudre cette question, s'il ressort clairement de l'acte que le cautionnement s'étend ou ne s'étend pas au payement des droits d'enregistrement (Trib. confl. 22 mars 1890, aff. Teillard, *Journ. enreg.*, art. 23380).

3322. Le jugement qui, statuant sur une expertise requise par l'Administration à l'effet de fixer la valeur vénale d'un domaine riverain d'un fleuve et duquel dépendent des alluvions en voie de formation, décide que ces alluvions, constituant un avantage et un produit pour l'acquéreur, doivent être prises en considération pour déterminer la valeur vénale de la propriété, ne juge et ne préjuge même pas la question de savoir si elles font encore partie, en totalité ou pour une portion quelconque, du lit du fleuve, et violerait la règle de la séparation des pouvoirs administratif et judiciaire (Req. 17 avr. 1872, aff. Rivals, D. P. 72. 1. 324; Instr. adm. enreg. 17 juin 1872, n° 2249, § 7).

3323. L'action formée par la Régie contre les syndics d'une faillite en payement du droit de mutation par décès dû par le failli sur une succession qui lui est échue, reste soumise à la juridiction et aux formes déterminées par l'art. 65 de la loi du 22 frim. an 7: ce n'est pas là une contestation en matière de faillité, de la compétence du tribunal de commerce. En conséquence, le tribunal civil est seul compétent pour statuer sur les oppositions formées à des contraintes décernées par un redevable en état de faillite (Civ. rej. 28 juill. 1851, aff. Syndic Hallotte, D. P. 51. 1. 233; Instr. adm. enreg. 31 déc. 1851, n° 1900, § 13). Il a été décidé, il est vrai, que l'Administration, lorsqu'elle demande son admission au passif d'une faillite, est soumise, comme tout autre créancier, à l'application de la règle qui fixe le délai d'appel des jugements rendus en matière de faillite; que vainement l'Administration, se fondant sur ce que le privilège invoqué par elle en vertu de l'art. 65 de la loi du 22 frim. an 7, pour le recouvrement des droits de mutation par décès, était contesté, prétendrait qu'il naissait de là une question incidente échappant à la compétence du tribunal de commerce; que ce tribunal n'en était pas moins saisi d'une demande en admission au passif de la faillite qui était de sa compétence, et que, dès lors, il ne pouvait être valablement appelé de son jugement que dans le délai de l'art. 582 c. com. (Lyon, 10 mars 1861, aff. Syndic Bleton, D. P. 62. 2. 173). Mais il convient de remarquer que, dans cette espèce, l'Administration avait demandé son admission au passif de la faillite : le jugement statuant sur cette demande était donc nécessairement rendu en matière de faillite; dès lors, la conséquence que la cour de Lyon en a déduite s'imposait.

3324. En supposant que la créance du Trésor ne soit pas contestée, l'Administration est-elle soumise aux formalités ordinaires de production et de vérification ? Dans une affaire concernant l'Administration des contributions indirectes, la cour de Paris, par un arrêt du 29 nov. 1864 (V. *infra*, v° *Impôts indirects*), s'est prononcée pour la négative et a attribué à cette Administration, en l'absence de toute opposition formée par le redevable, les sommes qu'elle avait frappées de saisie-arrêt. Les rédacteurs du *Dictionnaire des droits d'enregistrement*, v° *Instance*, n° 114, critiquent cette solution, qui serait applicable par analogie en matière d'enregistrement : « Si la créance du Trésor n'est pas contestée, aucune loi ne la dispense des formalités de vérification et d'affirmation ; il est tenu de se faire admettre dans les formes ordinaires au passif de la faillite, et nous ne pensons pas qu'il puisse procéder par voie de saisie-arrêt au préjudice de la masse. D'un autre côté, le tribunal de commerce a mission d'appliquer sur la masse mobilière de la faillite tous les privilèges, quelles qu'en soient la nature et la source, qu'ils soient de droit civil, de droit commercial ou de droit fiscal ». Ces auteurs ajoutent que la pratique de l'Administration est conforme à cette doctrine. Un jugement du tribunal de la Seine du 30 mai 1862 (*Journ. enreg.*, art. 17577) a décidé, en ce sens, que si le tribunal civil est compétent pour statuer sur les oppositions formées à des contraintes décernées contre un redevable décédé en état de faillite, il appartient exclusivement, au contraire, au tribunal de commerce d'ordonner l'exécution de ces contraintes par privilège sur les revenus des biens de la succession et les intérêts des capitaux, et au marc le franc sur les autres valeurs.

3325. Il a été décidé encore que l'action de l'Administration tendant à se faire admettre, par privilège ou au marc le franc, au passif de la faillite d'un commerçant décédé depuis la déclaration, pour le payement des droits de mutation auxquels l'ouverture de la succession de celui-ci a donné naissance, est une action de droit commun, qui, étant dirigée contre des tiers qui ne sont pas débiteurs directs du fisc, rentre dans la compétence de la juridiction civile ordinaire, et ne peut, par suite, être introduite ni jugée dans les formes spéciales aux matières d'enregistrement (Trib. Seine, 29 mars 1862, aff. Syndic Villion, D. P. 62. 3. 87).

3326. D'après le décret du 30 mars 1808, les instances concernant les questions d'impôts doivent être portées, dans les tribunaux composés de *plusieurs sections*, devant celle des sections qui a été désignée par le Président ; jugé néanmoins que cette règle n'est pas prescrite à peine de nullité, et que les diverses chambres d'un même tribunal sont toutes compétentes pour statuer sur les instances en matière d'enregistrement (Civ. cass. 15 déc. 1869, aff. Société de Graissessac, D. P. 70. 1. 410; Instr. adm. enreg. 26 févr. 1870, n° 2398, § 6). Il en est ainsi pour les tribunaux civils, alors même qu'une affaire en matière d'enregistrement serait portée devant la section ou chambre du tribunal chargée spécialement de la connaissance des matières correctionnelles. C'est ce qui résulte de l'arrêt précité, (Comp. *Rép.* n° 5707, et 6223). Mais si c'était un tribunal de commerce, il y aurait incompétence *ratione materiæ* et, l'ordre public étant dès lors intéressé, le tribunal devrait se déclarer d'office incompétent (*Rép.* n° 5683). La règle que, dans les instances en matière d'enregistrement, il n'y a pas lieu pour le tribunal civil saisi de se déclarer d'office incompétent, a été formulée par la cour de cassation dans un arrêt récent (Req. 2 déc. 1889, cité *suprà*, n° 3205).

3327. La règle que les tribunaux de première instance

sont exclusivement compétents pour connaître des questions d'enregistrement comporte une exception. L'art. 13 de la loi du 23 août 1871 attribue compétence au juge de paix pour statuer sur les réclamations de la Régie relatives aux dissimulations commises dans le prix d'une vente, la soulte d'un échange ou d'un partage de biens immeubles, lorsque le chiffre de la demande n'excède pas les attributions de ce juge, c'est-à-dire lorsque la demande ne dépasse pas 200 fr.

Jugé, d'autre part, que la demande intentée par un receveur de l'enregistrement à l'effet de recouvrer la somme restant due à raison d'actes auxquels il a donné la formalité sans que les droits lui en aient été intégralement payés, constitue une action personnelle qui peut être portée devant le juge de paix, si la somme n'excède pas le taux de sa compétence (Trib. Hazebrouck, 20 déc. 1884) (1).

3328. En ce qui concerne la détermination du tribunal civil spécialement compétent en matière d'enregistrement, le principe encore admis aujourd'hui est que le tribunal compétent est celui dans l'arrondissement duquel est situé le bureau d'où émane la contrainte. C'est devant ce tribunal, notamment, que doit être portée l'opposition d'un redevable à une contrainte décernée contre lui (Trib. Seine, 10 févr. 1853, aff. Delachapelle, D. P. 54. 3. 6. Conf. Trib. Seine, 20 juin 1862, aff. Fath, *Journ. enreg.*, art. 22431). Il en est de même de l'opposition à la saisie-exécution qui a été la suite de la contrainte, alors que le redevable se fonde, non sur un vice de forme, auquel cas le tribunal compétent serait celui du lieu de la saisie, conformément à la règle générale édictée par l'art. 584 c. proc. civ., mais sur une contestation des droits réclamés (Trib. Seine, 28 nov. 1862, aff. N..., D. P. 63. 3. 29).

La cour de cassation vient de juger que la connaissance des contestations relatives à la perception des droits d'enregistrement appartient exclusivement au tribunal dans l'arrondissement duquel se trouve le bureau où cette perception a été faite. Spécialement, les droits de mutation par décès dus pour les legs de sommes non existant en nature dans la succession devant être acquittés au bureau du domicile du *de cujus*, lorsque le montant desdits legs excède les valeurs de l'hérédité à déclarer audit bureau, sauf imputation de l'excédent des droits payés sur ceux dus pour les valeurs situées dans le ressort d'autres bureaux, lorsque, dans ce cas, l'Administration réclame un supplément de droits en raison d'erreurs relevées dans la liquidation établie par le receveur du bureau du domicile, c'est devant le tribunal dans le ressort duquel se trouve ce bureau que sa demande doit être portée ; cette demande ne pourrait être formée devant le tribunal de la situation des autres biens de l'hérédité, encore bien que le supplément de droits réclamé doive être acquitté à un bureau ressortissant à ce tribunal (Civ. rej. 12 août 1890, aff. Doynel, D. P. 91, 1re partie ; *Journ. enreg.* 23478). Le tribunal de Vire, dont le jugement était déféré à la cour, avait statué dans le même sens (Trib. Vire, 16 août 1883, *Journ. enreg.*, art. 22703).

3329. La loi de frimaire n'a déterminé la compétence du tribunal que dans le cas où l'action se trouve introduite par suite d'une opposition à la contrainte ; mais il est généralement admis que, par identité de motifs, il y a lieu

(1) (Tersen C. Enreg.). — Le 4 août 1884, jugement du juge de paix d'Hazebrouck ainsi conçu : — « En fait. — Attendu que l'huissier Tersen a déposé, le 13 juin 1884, certains actes au bureau de l'enregistrement, avec une consignation insuffisante, qu'il ne conteste pas cette insuffisance, ni que la somme de 6 fr. 25 avancée et réclamée par le demandeur ait été versée au Trésor pour lui, mais qu'il décline notre compétence dans ses conclusions, parce qu'il s'agirait d'une demande en payement de droits d'enregistrement faite par un receveur en sa dite qualité ; — En ce qui concerne l'incompétence : — Attendu que, lorsque des difficultés s'élèvent au sujet de la perception des droits d'enregistrement, elles doivent être résolues devant les tribunaux civils du département ; que, dans la cause, il ne s'agit pas, au principal, d'une demande de droits d'enregistrement faite par un receveur, mais d'une demande de remboursement d'une somme d'argent qu'il avait avancée et versée au Trésor pour le compte du défendeur, au moment où étaient remplies les formalités de l'enregistrement ; que, antérieurement au jour de la citation, le Trésor ayant reçu la consignation devenue suffisante par suite de cette avance faite par le demandeur et ayant été satisfait, il ne s'agit plus dans la cause d'une demande en payement de droits d'enregistrement, qui serait de la compétence du tribunal de première instance, aux termes des art. 28, 63, 64 et 65 de la loi du 22 frim. an 7, mais d'une action personnelle aux termes de l'art. 1er de la loi du 25 mai 1838, laquelle est exclusivement de la compétence du juge de paix, en dernier ressort jusqu'à la valeur de 100 fr., et à charge d'appel jusqu'à la valeur de 200 fr. ; — Par ces motifs ; — Déboutons Tersen de son exception d'incompétence, etc. » — Appel par Tersen. — Jugement.

Le tribunal, jugé : — Attendu que l'action sur laquelle le juge de paix a rendu, le 4 août 1884, le jugement dont est appel n'a été intentée ni par le directeur de l'enregistrement, ni pour le recouvrement de droits dus à l'État ; — Attendu que S... a agi seul, pourvu de la dénomination de receveur, non pas comme d'une qualité judiciaire, mais à titre de simple indication de profession, se présentant en son nom personnel et privé, et réclamant le remboursement d'une somme de 6 fr. 25, payée par lui au Trésor en l'acquit du sieur Tersen ; — Attendu qu'elle constitue une action personnelle rentrant dans la compétence du juge de paix ; que c'est avec raison qu'elle a été portée devant lui, et que, dans le jugement précité, ce magistrat s'est déclaré compétent à en connaître ; — Par ces motifs ; — Dit que c'est à bon droit que le juge de paix s'est déclaré compétent. etc.
Du 20 déc. 1884.-Trib. civ. d'Hazebrouck.

d'appliquer la même règle dans les autres cas, que l'instance soit engagée par une assignation directe de l'Administration, sans contrainte, ou par une assignation du contribuable, qui réclame la restitution des droits qu'il a payés (Naquet, t. 3, n° 1274). Jugé, en particulier, que la demande en restitution ne peut, même lorsqu'il y a connexité, être portée devant un autre tribunal que celui dans le ressort duquel est situé le bureau chargé de percevoir les droits (Trib. Seine, 24 déc. 1858, *Journal des notaires*, n° 16521). Jugé aussi qu'en matière d'enregistrement, le tribunal compétent pour connaître de la validité d'une saisie-arrêt, formée en l'absence d'opposition à la contrainte, n'est pas celui du domicile du redevable, mais celui du bureau qui poursuit le recouvrement des droits (Orléans, 9 juin 1860, aff. Syndic Varnier-Roger, D. P. 60. 2. 204)

3330. Par dérogation à ce qui précède, l'art. 13 de la loi du 23 août 1871 porte que l'ajournement peut être donné, lorsqu'il s'agit d'établir la dissimulation commise dans le prix d'une vente, la soulte d'un échange ou d'un partage de biens immeubles, soit devant le juge du domicile de l'un des défendeurs, soit devant celui de la situation des biens.

3331. Ainsi que l'avait déjà jugé la cour de cassation de Belgique (*Rép.* n° 5704), il a été décidé, que l'action dirigée contre l'Administration de l'enregistrement en restitution d'une somme indûment perçue est purement personnelle et n'a rien de territorial ; qu'elle doit être, dès lors, intentée contre l'Etat qui a trop perçu et devant le tribunal, dans le ressort duquel se trouve le bureau où la perception a eu lieu ; qu'il importe peu que le bureau ait, par suite d'un traité politique, cessé de faire partie du territoire français ; que cette séparation, en effet, n'est pas de nature à affecter le caractère de l'action en restitution, l'exercice de cette action étant indépendant du fait de la possession par la France du territoire où la perception s'est opérée (Trib. Saint-Dié, 11 déc. 1873, aff. Direction impériale allemande, D. P. 75. 2. 153, note 1). Jugé, toutefois, que la restitution des droits d'enregistrement perçus indûment avant l'annexion de l'Alsace-Lorraine à l'Allemagne, dans les bureaux dont les territoires annexés formaient les circonscriptions, peut être poursuivie contre l'administration allemande devant le tribunal allemand dans le ressort duquel la perception a été faite (Trib. Mulhouse, 14 mai 1873, aff. Direction impériale allemande, D. P. 75. 2. 153 ; et sur pourvoi, Trib. sup. com. Leipzig, 1er mai 1874, *ibid.*).

3332. Il résulte des décisions que les demandes en restitution de droits d'enregistrement perçus indûment dans l'Alsace-Lorraine, avant l'annexion à l'Allemagne, ont pu être introduites par les ayants-droits, soit devant les tribunaux français contre l'administration de l'enregistrement, soit devant les tribunaux allemands contre la direction impériale allemande. Quant à la détermination du tribunal compétent au cas où c'est l'administration française qui est assignée, l'action peut être intentée, suivant une opinion, « soit devant le tribunal français le plus voisin de celui qui avait autrefois compétence pour statuer, soit devant le tribunal de la Seine, qui est celui du siège de l'Administration » (Garnier, *Rép. pér. enreg.*, art. 3825). D'après un autre système qui nous a paru plus exact, le tribunal de la Seine est seul compétent dans le cas dont il s'agit, par ce motif, notamment, que, d'après l'art. 69 c. civ., les administrations doivent être assignées « dans le lieu où réside le siège de l'Administration » ; cette règle de droit commun doit reprendre son empire, lorsque la règle spéciale établie par la loi de frimaire ne peut plus s'appliquer.

Sect. 3. — De l'instruction (*Rép.* n°s 5708 à 5757).

Art. 1er. — *Cas dans lesquels la procédure spéciale établie par la loi de frimaire an 7 est applicable.*

3333. La loi a institué, pour les contestations auxquelles donnent lieu les différentes perceptions dont l'Administration de l'enregistrement est chargée, une procédure spéciale, plus simple que la procédure ordinaire, et qui se distingue de celle-ci, principalement en ce que l'instruction se fait sur simples mémoires respectivement signifiés, sans plaidoiries, et sans qu'il soit nécessaire d'employer le ministère des avoués. Mais, ainsi que nous l'avons dit (*Rép.* n° 5750), cette procédure spéciale ne doit être suivie que

lorsque le procès existe entre l'Administration et le débiteur personnel ou réel du droit réclamé ; si le débat s'élève avec un tiers étranger à la dette, et qui n'a ni la volonté ni le pouvoir de la contester, il faut revenir aux règles de la procédure de droit commun. Ainsi la veuve, donataire en usufruit des biens de la succession de son mari, n'étant pas débitrice directe et personnelle des droits de mutation à la charge des héritiers, l'instance à fin de recouvrement de ces droits, dirigée contre elle comme simple détenteur du gage affecté au privilège du Trésor, doit être intentée et suivie selon les formes du droit commun, et non d'après le mode spécial établi en matière d'enregistrement (Trib. Pontoise, 27 avr. 1882, aff. Verbach, D. P. 82. 3. 111).

Le tribunal de Chambéry vient de faire une application intéressante du principe que la procédure spéciale en matière d'enregistrement, par simples mémoires respectivement signifiés, sans ministère d'avoué, est un privilège attaché à la nature de l'affaire, c'est-à-dire au recouvrement de l'impôt, exclusivement applicable par suite aux contestations qui s'élèvent entre l'Administration et le débiteur même de cet impôt, c'est-à-dire au débat qui met en présence la Régie et un tiers étranger à la dette. L'administration de l'enregistrement poursuivant le recouvrement d'un droit proportionnel de vente exigible sur une déclaration de command qui, d'après la date que portait l'acte la constatant, avait été souscrite hors délai, le débiteur allégua que la date inscrite était inexacte, que la déclaration avait été souscrite en temps utile, et demanda à le prouver par la voie de l'inscription de faux. Le tribunal de Chambéry a jugé que l'administration de l'enregistrement n'était pas fondée à opposer que cette procédure est incompatible avec les formes spéciales établies en matière d'enregistrement (Trib. Chambéry, 11 juin 1889, aff. Brun et Bellemin, D. P. 90. 3. 64). Le débat soulevait, en effet, un incident qui ne concernait pas l'Administration et auquel celle-ci devait demeurer étrangère ; il n'y avait, dès lors, aucun motif d'appliquer à ce débat la procédure spéciale en matière d'enregistrement. On devait d'autant moins le faire que cette procédure ne comporte pas la preuve testimoniale, et que l'incident nécessitait ce mode de preuve. C'eût été, comme l'a fort bien dit le tribunal de Chambéry, commettre un déni de justice que de refuser à une partie de se défendre en s'appuyant sur le droit commun.

3334. Une *demande en garantie* formée en matière d'enregistrement peut, d'ailleurs, être instruite et jugée dans la forme spéciale à cette matière, c'est-à-dire par mémoires et sans plaidoiries, si la partie assignée en garantie ne réclame pas le bénéfice du droit commun (Req. 30 déc. 1851, aff. du Martray, D. P. 52. 1. 154). Jugé, par suite, que le moyen tiré de l'inobservation des formes du droit commun, contre le chef d'un jugement rendu en matière d'enregistrement, prononçant une condamnation en garantie contre l'une des parties en cause, n'est pas recevable si cette partie a défendu à la demande en garantie et a ainsi renoncé à la défense orale (Req. 18 janv. 1881, cité *suprà*, n° 3293). Mais si les tiers, appelé dans l'instance, demandait l'application de la loi ordinaire, le procès engagé avec lui devrait être instruit et jugé suivant les formes tracées par le code de procédure, en supposant, d'ailleurs, qu'il ne contestât pas les conclusions de l'Administration en prenant, par exemple, le fait et cause du défendeur (*Rép.* n° 5739). Sauf dans ce dernier cas, la demande en garantie doit faire l'objet d'une instruction spéciale et distincte de la première, soumise aux règles ordinaires et circonscrite entre les deux particuliers en cause (Trib. Seine, 4 févr. 1881, *Journ. enreg.*, art. 22067 ; Trib. Valenciennes, 6 mars 1885, *infrà*, n° 3592). — Ajoutons que l'Administration n'est pas obligée de renoncer aux formes de la loi de frimaire, pour demander la disjonction des instances. L'intervention du tiers dans l'instance engagée entre le redevable et l'Administration est à l'égard de celle-ci *res inter alios acta*, et n'est pas de nature à porter atteinte au droit qu'elle a de plaider par simples mémoires respectivement signifiés. La demande en disjonction n'est que l'accessoire de la demande principale. Jugé, en effet, que c'est le mode spécial de procéder par simples mémoires respectivement signifiés, établi pour les instances en matière d'enregistrement, et non la procédure du droit commun, qui doit être suivi pour l'instruction de la demande formée par l'Administration au cours d'une semblable instance, et tendant à ce qu'une action en garantie, exercée par son adversaire contre un tiers, soit disjointe de l'instance principale (Req. 30 juin 1884, aff. Ville de Lyon, D. P. 85. 1. 258).

3335. De même, on a vu (*Rép.* n° 5738) que lorsque la Régie forme une *saisie-arrêt* contre un redevable et l'assigne en validité de cette saisie, elle est autorisée, en l'absence de contestation de la part du tiers saisi, à procéder dans la forme prescrite par la loi de frimaire, parce que la saisie-arrêt n'est qu'une voie, une voie d'exécution de la sentence obtenue par elle et tendant au même but que les poursuites exercées contre le débiteur direct. Mais elle peut renoncer à cette faculté. Jugé, en ce sens, que l'assignation en validité de saisie signifiée au débiteur saisi à la requête de l'administration de l'enregistrement, suivant les formes du droit commun, avec constitution d'avoué, implique renonciation de l'Administration à procéder suivant les formes spéciales prescrites pour les instances en matière d'enregistrement et ne lui permet plus, par suite, de recourir à ce mode exceptionnel (Trib. Bernay, 17 juill. 1882, aff. Thomas, D. P. 84. 5. 220).

3336. Jugé que les règles de procédure spéciales à la saisie-arrêt, notamment à sa dénonciation, à sa contre-dénonciation et au délai de l'assignation en validité, ne sont pas applicables à l'action introduite par l'Administration de l'enregistrement, après une production faite dans une distribution par contribution, pour se faire attribuer une somme frappée d'indisponibilité entre les mains de l'Etat, jusqu'à concurrence du montant de droits d'enregistrement dus par le créancier de cette somme ; ce n'est pas là une poursuite en validité de saisie-arrêt, mais une simple demande d'attribution de somme d'argent (Req. 10 août 1881, aff. de Massougues, D. P. 82. 1. 254). Pour un semblable motif, il ne saurait y avoir violation des art. 557 et 558 c. proc. civ., qui exigent la justification d'un titre pour former une saisie-arrêt, dans la décision qui, pour attribuer ladite somme à l'administration de l'enregistrement, s'appuie sur le dispositif de jugements prononçant la condamnation de la partie adverse au payement de droits d'enregistrement, et sur les titres produits par cette administration lors de sa demande en collocation (Même arrêt. V. la note D. P. *ibid.*).

3337. L'administration de l'enregistrement peut, du reste, pratiquer une saisie-arrêt, pour assurer le recouvrement d'un supplément de droits dû pour insuffisance de perception, bien que la liquidation et le recouvrement de ce supplément aient été subordonnés, par un jugement passé en force de chose jugée, au règlement d'une faillite, et qu'ainsi sa créance ne soit ni liquide ni exigible. Le jugement qui valide cette saisie-arrêt et ordonne que la somme sur laquelle elle frappe restera déposée entre les mains du débiteur pour être le gage exclusif des droits de la Régie, ne viole pas l'autorité de la chose jugée attachée au précédent jugement (Req. 15 déc. 1858, aff. Lecœur, D. P. 69. 1. 293).

3338. La cour de cassation avait d'abord décidé que la disposition de la loi fiscale concernant la compétence s'applique uniquement aux impôts recouvrés par l'Administration ; elle en avait conclu que les tribunaux ne peuvent statuer qu'en premier ressort, lorsque la contrainte a pour objet, non des droits d'enregistrement, mais le *prix de biens nationaux* (*Rép.* n° 5698). La jurisprudence est revenue sur cette interprétation ; elle a reconnu que les règles édictées par la loi de frimaire en matière de contentieux embrassent toutes les perceptions dont l'Administration est chargée, quel que soit leur caractère. Jugé en particulier que toute poursuite exercée par la Régie pour arriver aux perceptions qui lui sont confiées, et notamment la poursuite tendant au recouvrement du prix d'un terrain faisant partie de la voie publique et cédé à un propriétaire riverain, est soumise à peine de nullité, à la disposition substantielle de la loi du 27 vent. an 9, art. 17, qui veut que l'instruction se fasse sur simples mémoires respectivement signifiées, et sans plaidoiries (Civ. cass. 26 déc. 1853, aff. Gougeon, D. P. 54. 1. 316). L'art. 17 de la loi du 27 vent. an 9 a généralisé, en effet, la disposition de la loi du 22 frim. an 7.

3339. Il a été jugé au contraire : 1° que la procédure par mémoires et sans plaidoiries, prescrite en matière d'enregistrement, est inapplicable aux contestations relatives à l'interprétation des contrats qui servent de base aux récla-

mations de l'Administration ; que l'instruction de ces contestations doit être faite en la forme ordinaire. Ainsi, lorsque, sur la réclamation du droit dû pour un bail domanial, le preneur élève, quant au chiffre de loyers d'après lequel ce droit a été calculé, une contestation qui soulève une question d'interprétation des clauses du bail, cette contestation doit être jugée avec le préfet représentant l'Etat et suivant les règles de la procédure ordinaire (Civ. cass. 20 févr. 1866, aff. Plasson, D. P. 66. 1. 114) ; — 2° Que la procédure établie par la loi de frimaire doit aussi être écartée dans le cas où, par suite d'un traité passé entre l'Etat et un particulier relativement à la vente d'un produit qui fait partie du revenu public (bois), il s'élève une contestation, soit sur l'essence du droit, soit sur la validité du titre qui sert de base aux réclamations de l'Administration ; il faut revenir dans cette hypothèse à la procédure de droit commun (Civ. rej. 8 janv. 1858, aff. Préfet de Constantine, D. P. 58. 1. 15) ; — 3° Que les tribunaux doivent statuer selon les règles de la procédure ordinaire, et non d'après les formes suivies en matière d'enregistrement, sur la question de savoir si le trésorier-payeur général, chargé du service d'un emprunt départemental, a le droit d'opérer, lors du payement des coupons d'intérêt, une retenue représentant le montant de l'impôt sur le revenu, alors que, d'après l'une des clauses du contrat d'emprunt, les coupons doivent être payés sans déduction d'impôt (Civ. cass. 29 juill. 1879, aff. Fressengeas, D. P. 80. 1. 38) ; — 4° Que, si en règle générale, toute contestation sur exécutoire délivré pour droits d'enregistrement doit être jugée suivant les formes spéciales de procédure en cette matière, il n'en est pas ainsi au cas où la partie, sans contester l'exigibilité d'un droit perçu sur un acte notarié, refuse d'en rembourser le montant au notaire qui en a fait l'avance, alléguant que c'est par le fait et la faute de cet officier ministériel que le droit en litige a été perçu ; c'est d'une demande en responsabilité professionnelle qu'il s'agit en ce cas, et, dès lors, l'instance doit être suivie dans les formes de procédure du droit commun (Trib. Havre, 27 juill. 1869, aff. Lemattre, D. P. 74. 5. 202) ; — 5° Que la poursuite exercée contre un notaire par le ministère public, à fin de condamnation à l'amende prononcée pour infraction à l'obligation du dépôt du répertoire au greffe, ne doit pas être instruite sur mémoires comme en matière d'enregistrement, mais dans les formes de la procédure ordinaire (Req. 20 juill. 1863, aff. Mazeyrac, D. P. 63. 1. 446). Cet arrêt s'est borné à décider que le jugement intervenu dans l'espèce sur la poursuite ne tombait pas sous l'application de l'art. 65 de la loi du 22 frim. an 7, qui, en matière d'enregistrement, interdit la voie de l'appel ; mais, si l'art. 65 de la loi de frimaire ne peut être étendu aux poursuites exercées en vertu de l'art. 53 de la loi de ventôse, relativement à la disposition prohibitive du droit d'appel, il n'y a pas plus de raison pour appliquer le même article à la forme de l'instruction et du jugement.

3340. Mais il a été décidé que, dans le cas où, le tribunal saisi de l'opposition à une contrainte décernée par l'administration de l'enregistrement pour la perception du droit ne pouvant se constituer par suite de récusations, il y a lieu de se pourvoir devant la cour à l'effet d'obtenir le renvoi de la cause à un autre tribunal, les parties peuvent procéder devant la cour par simples mémoires et sans ministère d'avoués (Rennes, 24 juin 1851, aff. Durand-Vaugaron, D. P. 54. 5. 313).

Art. 2. — *Formes de la procédure spéciale établie par la loi de frimaire an 7.*

3341. On sait que cette procédure consiste dans des mémoires suivis d'un rapport du juge délégué et des conclusions du ministère public. Les mémoires qui servent de base à l'instruction doivent respectivement signifiés : cette formalité est indispensable (*Rép.* n° 5710). Il a même été décidé qu'on doit tenir pour nul un jugement rendu en matière d'enregistrement, alors qu'en marge d'un mémoire signifié par la partie, l'Administration a inscrit des annotations formant la réponse aux passages correspondants de ce mémoire sans que cette réponse, qui, avec la pièce sur laquelle elle était inscrite, a été mise sous les yeux du juge, ait été signifiée (Civ. cass. 23 mars 1887, aff. Montagny, D. P. 88. 1. 176).

3342. Jugé que, lorsque plusieurs copartageants ont assigné l'Administration en restitution de droits, il est nécessaire de faire notifier à chacun d'eux une copie du mémoire en défense. Les frais de cette notification ne peuvent être considérés comme frustratoires (Trib. Nice, 28 mai 1883) (1).

3343. On a vu au ·*Rép.* n° 5712 que le *ministère des avoués* n'est pas obligatoire dans la procédure organisée par la loi de frimaire, mais que les parties ont néanmoins la faculté d'y recourir. Toutefois, le redevable qui constitue avoué, dans une instance en matière d'enregistrement, doit supporter les frais que cette constitution occasionne, lors même qu'il obtient gain de cause ; en aucun cas, ils ne peuvent être mis à la charge de l'Administration (Trib. Langres, 4 déc. 1872, et sur pourvoi,Civ. rej. 8 juill. 1874, aff. Petitjean, D. P. 74. 1. 457; Trib. Lyon, 31 juill. 1883, aff. de Gardianne, D. P. 83. 5. 241).

3344. Jugé, de même, plus récemment, que les frais extraordinaires qui résultent de l'emploi du ministère des avoués, dans les instances en matière d'enregistrement, n'étant pas nécessaires et forcés et devant être supportés par la partie qui les a faits, ne peuvent être mis à la charge de l'Administration sous forme de dommages-intérêts, alors qu'aucune faute ayant entraîné un préjudice dont elle devrait la réparation ne lui est imputée (Civ. cass. 28 janv. 1880, aff. Scott, D. P. 81. 1. 266).

3345. Dans les instances engagées en matière d'enregistrement, il n'est pas nécessaire que·les *pièces produites* à l'appui des mémoires respectivement signifiés soient ellesmêmes signifiées : il suffit qu'elles aient été portées à la connaissance de la partie adverse par l'indication qui en a été faite dans les mémoires, et par le dépôt qui en a été opéré au greffe (Civ. rej. 3 mars 1851, aff. Blandinières, D. P. 51. 1. 20; 7 août 1855, aff. de Saint-Albin, D. P. 55. 1. 448; Civ. cass. et Civ. rej. 13 mars 1860, aff. Leblanc, deux arrêts, D. P. 60. 1. 120; Instr. adm. enreg. 30 juin 1851, n° 1883, § 1er; 15 déc. 1855, n° 2054, § 1er; 19 déc. 1860, n° 2185, § 5),

Mais le jugement rendu sur des·pièces non jointes aux mémoires signifiés entre les parties, ni déposées sous ce nom, est nul (Civ. cass. 9 mars 1853, aff. Turlin, D. P. 53. 1. 192; 31 janv. 1855, aff. Chemin de fer de Rouen, D. P. 55. 1. 178; Instr. adm. enreg. 30 juin 1853, n° 1967, § 5; 28 mai 1855, n° 2033, § 3).

3346. L'indication,dans les mémoires, des pièces produites et leur dépôt au greffe ne sont même pas exigés à l'égard des pièces invoquées par la partie qui se plaint de n'en avoir pas eu connaissance: le tribunal peut, notamment, puiser d'office dans ces pièces des preuves favorables à l'autre partie, bien que celle-ci ne les ait pas mentionnées dans son mémoire·et n'en ait pas fait le dépôt au greffe (Civ. rej. 13 mars 1860, cité *suprà*, n° 3345).

3347. Jugé encore qu'un jugement motivé sur un ensemble de faits résultant de documents versés au procès, spécialement d'un exploit qui n'a été ni mentionné dans les mémoires signifiés ni déposé au greffe, est nul, alors surtout que cet exploit a été une des causes déterminantes de la décision. Il faut, en pareil cas, pour que le jugement soit valable,qu'il soit bien certain que, même en l'absence de la pièce produite, le tribunal aurait jugé comme il l'a fait (Civ. cass. 9 janv. 1889, aff. Tréfousse, D. P. 89. 1. 298).

Sous l'influence des règles qui précèdent, l'usage s'est établi, de la part des parties comme de la part de l'Administration, de joindre aux mémoires qui sont signifiés toutes les pièces justificatives et d'en constater la production à la fin des mémoires par une mention contenant la nomenclature des pièces (Instr. adm. enreg. n° 1967, § 5).

3348. Il a été jugé que l'Administration, lorsqu'elle réclame par voie de contrainte le payement des droits d'un jugement non enregistré, n'est pas obligée de donner au redevable copie de ce jugement (Trib. Tarascon, 23 mars 1876, *Journ. enreg.*, art. 20042).

3349. Toute affaire, en matière d'enregistrement, doit, comme on l'a dit (*Rép.* n° 5719), faire l'objet d'un *rapport* de la part d'un des membres du tribunal. Aucune forme particulière n'est prescrite pour la désignation du juge rapporteur (Civ. rej. 15 déc. 1869, aff. Société de Graissessac, D. P. 70. 1. 410 ; Instr. adm. enreg. 26 févr. 1870, n° 2398, § 6).

3350. La disposition de l'art. 93 c. proc. civ., suivant laquelle le *jour auquel sera fait le rapport* doit être indiqué, ne s'applique pas dans les instances en matière d'enregistrement. Le jugement rendu dans ces instances étant toujours précédé d'un rapport, il ne peut être exigé que le juge ajoute à cet égard un avertissement à celui résultant de la loi. Il n'est donc pas nécessaire que le jour auquel le rapport doit être fait soit préalablement indiqué par un jugement, ni que les parties soient avisées d'une manière quelconque de la fixation de ce jour (Civ. rej. 23 mai 1853, aff. Oppenheim, D. P. 53. 1. 337; Instr. adm. enreg. 28 nov. 1853, n° 1982, § 7. Conf. Civ. rej. 15 déc. 1869, cité *suprà*, n° 3349).

Jugé, de même qu'en matière d'enregistrement, aucune forme spéciale *d'avertissement* n'est prescrite pour mettre les parties en demeure d'assister à l'audience; l'introduction régulière de l'instance et la mise au rôle avertissent suffisamment (Civ. rej. 28 déc. 1853, aff. Worms de Romilly, D. P. 54. 1. 12; Instr. adm. enreg. 18 mai 1854, n° 1999, § 8). En particulier, il n'est pas nécessaire que le rapport soit précédé d'un acte d'avenir (Civ. rej. 3 mars 1851, cité *suprà*, n° 3345 ; 14 juin 1864, aff. de Pomerau, D. P. 64. 1. 387; Instr. adm. enreg. 24 août 1853, n° 2288, § 2. V. aussi Trib. Seine, 25 août 1879, *infrà*, n° 3400).

Il peut arriver toutefois que le demandeur sollicite et obtienne du juge une ordonnance portant indication de l'audience où la cause sera jugée; dans ce cas, si le jugement est rendu à une autre audience que celle qui a été indiquée, ce jugement est nul. — Au cas, d'ailleurs, où le tribunal saisi n'ayant pu se constituer par suite de récusation, la partie s'est pourvue devant la cour à l'effet d'obtenir le renvoi de la cause à un autre tribunal, si la cause n'a pas été appelée à l'audience de la cour fixée par l'assignation, l'affaire ne peut être jugée sans qu'un avertissement ait été préalablement notifié au défendeur dans le délai légal (Rennes, 24 juin 1851, cité *suprà*,n° 3340).

3351. Le *ministère public* doit donner ses *conclusions à l'audience* (*Rép.* n° 5727 et suiv.) ; mais il n'est pas nécessaire non plus que le jour de l'audition du ministère public soit préalablement indiqué par un acte d'avenir (Civ. rej. 14 juin 1864, cité *suprà*, n° 3350). Ainsi qu'on l'a fait remarquer au *Rép.* n° 5730, le ministère public n'intervient que comme partie jointe : l'action directe appartient à la direction générale de l'enregistrement. Néanmoins le jugement qui énonce que l'Administration a été représentée au procès par le ministère public, n'est pas nul, s'il ressort des documents de la cause que cette Administration a en· pour représentant, non pas le ministère public, mais son directeur (Civ. rej. 23 nov. 1853, aff. Aubert, D. P. 53, 1. 331).

— Jugé récemment, dans le même sens, que l'énonciation dans les qualités d'un jugement en matière d'enregistrement, que le procureur de la République, agissant au nom de l'Administration, a déposé sur le bureau du tribunal les pièces du procès, ne rend pas le jugement nul, alors que le litige a été suivi par l'Administration et non par le ministère

(1) (Bermond.) — Le tribunal ; — Attendu qu'il suit de ce qui précède que l'obligation par les héritiers Bermond de payer 37500 fr., formant la part des dettes à la charge de leur frère, constituait de leur part l'acquisition d'une partie des biens lui revenant et donnant lieu, dès lors, à la perception d'un droit de soulte ; — Attendu que les héritiers Bermond soutiennent encore qu'ayant eu un intérêt commun dans la demande en restitution qui a fait l'objet du procès, c'était à tort que l'Administration leur avait fait signifier cinq mémoires distincts comme s'ils eussent agi séparément, et que cette notification avait ·amené des frais frustatoires qui devaient rester à sa charge ; — Attendu, à cet égard, que l'Administration ayant été assignée au nom des cinq héritiers Bermond en restitution des droits, elle a dû nécessairement faire notifier à chacun d'eux une copie de son mémoire ou
défense ; qu'en effet, chacun des héritiers avait un intérêt personnel à connaître le mémoire de l'Administration, afin d'y répondre, soit conjointement, soit seul, s'il avait intérêt à opposer des exceptions personnelles, soit pour abandonner la demande s'il le jugeait utile; — Qu'au surplus, dans le cas où un seul des cohéritiers eût dû les représenter tous, ils auraient dû le faire connaître, et que, faute de l'avoir fait, la régularité de la procédure exigeait pour chacun une notification individuelle du mémoire de l'Administration ; — Attendu, en outre, que la nécessité d'une notification individuelle du mémoire de l'Administration résulte de la jurisprudence universellement adoptée, et qui a été suivie, d'ailleurs, dans un cas semblable, par un jugement du tribunal civil de Nice du 6 mars 1882.

Du 28 mai 1883.-Trib. civ. Nice.

public qui n'est, à aucun titre, son représentant (Civ. rej. 20 mai 1890, aff. Compagnie générale des eaux de Saint-Nazaire, D. P. 90. 1.349).

3352. Les tiers peuvent intervenir, s'ils y ont intérêt, dans les instances en matière d'enregistrement. Jugé, en particulier, que les débiteurs solidaires d'un droit réclamé par l'Administration de l'enregistrement sont fondés à intervenir dans l'instance engagée pour le jugement de ce droit avec un de leurs codébiteurs (Trib. Bordeaux, 12 déc. 1888, aff. Ville de Bordeaux, *Journ. enreg.*, art. 23244).

3353. Mais la chambre de discipline des notaires d'un arrondissement n'a pas qualité pour intervenir dans l'instance engagée entre l'Administration de l'enregistrement et un notaire de sa circonscription au sujet d'une amende réclamée à ce dernier à raison d'une contravention aux lois sur l'enregistrement, spécialement pour se joindre au notaire qui conteste l'exigibilité de cette amende (Trib. Versailles, 17 févr. 1874, D. P.74. 5. 192). Cette solution a toutefois été contestée par le *Journal des notaires et des avocats*, art. 20933, et le pourvoi formé contre le jugement précité a été admis par un arrêt de la chambre des requêtes du 17 févr. 1875. L'affaire n'a, d'ailleurs, pas été portée devant la chambre civile. Un jugement du tribunal de Saint-Amand du 11 août 1875 (Garnier, *Rép. pér. enreg.*, art. 4246) a statué dans le même sens : « Attendu, est-il dit dans ce jugement, que l'art. 5 c. civ. défend aux juges de prononcer par voie de dispositions générales et réglementaires sur les causes qui leur sont soumises ; que faire droit aux conclusions de la chambre des notaires serait méconnaître ce principe ; qu'à ce premier point de vue la demande en intervention serait donc inadmissible ; — Attendu, en outre, que pour pouvoir intervenir dans un procès, il faut, aux termes des art. 406 et 474 c. proc. civ., justifier d'un intérêt direct dans l'objet même du litige, ce que ne fait nullement l'intervenant ; — Qu'à ce double point de vue la demande en intervention est donc inadmissible... »

3354. On a dit au *Rép.* n° 5775 qu'à l'exception de la plaidoirie qui est interdite, toute manœuvre d'instruction susceptible d'éclairer les juges dont la conviction ne serait pas suffisamment arrêtée, doit être laissée à leur disposition. Il a été décidé en ce sens, que le tribunal saisi de la réclamation d'un droit proportionnel de mutation pour soulte dissimulée dans un partage, peut, sur la demande des copartageants, ordonner que les valeurs mobilières et les créances partagées seront vérifiées et évaluées par des experts d'après les livres, registres et autres documents écrits que leur fourniront les parties. Cette mesure d'instruction n'a rien de contraire aux règles spéciales de procédure en matière d'enregistrement, le procès-verbal des experts devant être déposé au greffe et pouvant, après son dépôt, devenir de la part des intéressés l'objet de mémoires supplémentaires (Civ. rej. 4 juin 1867, aff. Jolibois. D.P. 67. 1. 218). Mais V. sur ce point les observations en sens contraire présentées *supra*, n° 1248. — Il importe de ne pas confondre l'expertise de droit commun, autorisée dans l'espèce, avec l'expertise fiscale organisée par les art. 17, 18 et 19 de la loi du 22 frim. an 7. Ajoutons que la solution rapportée ci-dessus est formellement consacrée par l'art. 13 de la loi du 23 août 1871, comme on le verra *infra*, n° 3362.

3355. L'enquête tendant à prouver une contravention aux lois de l'enregistrement est régulièrement faite comme en matière ordinaire ; il n'est pas nécessaire qu'il y soit procédé comme en matière sommaire (Trib. Autun, 3 mai 1853, aff. David, D. P. 53. 3. 30).

3356. Il est de jurisprudence que la nullité résultant de l'inobservation des formes légales de la procédure est substantielle, et doit être relevée d'office par le tribunal saisi de la contestation (Civ. rej. 8 janv. 1868, cité *supra*, n° 3339).

3357. Le principe de l'autorité de la *chose jugée* s'applique à l'administration de l'enregistrement. On ne peut se prévaloir contre elle d'un jugement où elle n'a pas été partie. Par suite, il a été décidé : 1° que la Régie peut faire considérer comme propres de la femme des biens adjugés au mari après dissolution de la communauté, nonobstant la décision passée en force de chose jugée qui aurait reconnu à ces biens le caractère d'acquêts de communauté à l'égard des héritiers de la femme, alors que la Régie n'était pas partie à ladite décision (Req. 17 nov. 1847, aff. Guilleminot, D. P. 47. 4. 80) ; — 2° Que le jugement homologatif d'un

règlement qui liquide les droits et reprises d'une veuve sur la succession de son mari n'a point l'autorité de la chose jugée vis-à-vis de l'administration de l'enregistrement qui n'y a point été partie (Civ. cass. 12 déc. 1853, aff. Leclerc, D. P. 54. 1. 21 ; Instr. adm. enreg. n° 1999, § 2) ; — 3° Qu'une convention peut, sur l'action de l'administration de l'enregistrement, être qualifiée de promesse de vente suivie d'exécution, quoiqu'un jugement antérieur passé en force de chose jugée, mais auquel la Régie n'avait pas été partie, ait considéré cette convention comme une simple obligation de faire. Et la dénomination de conventions verbales donnée dans un premier jugement, en l'absence de la Régie, à des contrats de vente et de cautionnement, n'est point un obstacle à ce qu'un second jugement rendu sur les poursuites de la Régie, déclare que ces conventions ont été rédigées par écrit (Civ. rej. 12 juin 1854, aff. Margat, D. P. 55. 1. 12 ; Instr. adm. enreg. 1er déc. 1854, n° 2019, § 6) ; — 4° Que lorsque le droit proportionnel d'enregistrement est reconnu applicable à l'expropriation prononcée par jugement avec fixation de l'indemnité par le jury, sur la réquisition du propriétaire, par application de l'art. 50 de la loi du 3 mai 1841, l'espèce ne rentrait pas, en réalité, dans le cas spécial prévu par cet article, parce que les parties ayant déguisé sous le couvert de l'expropriation une mutation volontaire, l'autorité de la chose jugée résultant du jugement d'expropriation ne peut être opposée par elle à la réclamation de la Régie (Req. 14 janv. 1873, aff. Petit, Berlié et comp., D. P. 73. 1. 308 ; Instr. adm. enreg. 9 mai 1873, n° 2468, § 2). *Adde* : Trib. Caen, 10 mai 1872, aff. Poitevin-Convert, D. P. 75. 5. 190). — V. aussi *supra*, v° *Chose jugée*, n° 127.

3358. Mais lorsqu'à la suite d'un jugement constatant la réalisation d'un crédit et, partant, l'exigibilité du droit proportionnel d'obligation pour une portion seulement du crédit, et non pour la totalité, comme le prétendait l'Administration, celle-ci forme une nouvelle réclamation tendant au payement du droit sur le surplus du crédit, l'exception de la chose jugée lui est opposable... alors surtout que les documents invoqués par elle à l'appui de sa nouvelle réclamation étaient à sa disposition lorsqu'elle a formé la première, et que le jugement rendu sur celle-ci, et auquel elle a acquiescé, ne contient aucune réserve à son profit pour la constatation ultérieure de la réalisation du surplus du crédit (Trib. Seine, 6 mars 1875, aff. Société Petit, D. P. 75. 5. 191).

3359. Lorsque l'opposition formée par le redevable à l'exécution de la contrainte, a été rejetée par le tribunal, l'autorité de la chose jugée s'oppose à ce que le contribuable condamné assigne ensuite l'Administration en se fondant sur de nouveaux moyens (Trib. Limoges, 17 déc. 1843, aff. P..., D. P. 46. 4. 233 ; Trib. Marseille, 12 juill. 1859, aff. Mirès, D. P. 59. 3. 63). Toutefois, après avoir échoué dans une demande en restitution fondée sur la prétention que le droit perçu l'avait été à l'occasion d'un marché purement verbal, le redevable peut former une demande en réduction sur le motif qu'alors même que l'existence d'un titre écrit serait reconnue, la perception aurait été exagérée (Civ. cass. 29 avr. 1851, aff. Maccarthy, D. P. 51. 1. 123).

3360. En cas de demande en restitution de droit, la cause est *réputée en état* lorsque, sur l'assignation motivée du demandeur, la Régie a signifié son mémoire en réponse ; par suite, la production d'un nouveau mémoire et, par exemple, d'un mémoire en réplique, de la part du demandeur, faite, après le rapport du juge et l'audition du ministère public, régulièrement intervenus dans cet état de la cause, est tardive et ne peut donner lieu à un rapport supplémentaire, ni à de nouvelles conclusions du ministère public (Civ. rej. 14 juin 1864, aff. de Pomereu, D. P. 64. 1. 387 ; Instr. adm. enreg. 24 août 1864, n° 2288, § 2).

Le même arrêt décide que, lorsque la cause est en état, le tribunal a le droit de statuer sans attendre l'expiration du *délai de trois décades*, que le juge peut accorder, d'après l'art. 65 de la loi du 22 frim. an 7, pour la production des défenses, ce délai n'étant obligatoire qu'à la condition, d'une part, que l'une des parties en aura fait la demande pour répondre ou pour répliquer, et, d'autre part, que le délai demandé aura été accordé par les juges, pour lesquels les trois décades dont parle la loi constituent simplement un maximum qu'ils peuvent ne pas atteindre et qu'ils ne doivent pas dépasser. — A plus forte raison la partie qui n'a demandé aucun délai n'est pas fondée à critiquer le jugement rendu après l'expiration des trois décades, mais sans qu'elle ait usé de la faculté qui lui appartenait de développer dans un mémoire les moyens indiqués dans son assignation (Trib. Seine, 25 août 1879, *infrà*, n° 3400).

3361. Nous avions, d'un autre côté, fait remarquer (*Rép.* n° 5776) que la disposition de l'art. 65 de la loi de frimaire an 7 qui veut que les jugements soient rendus dans les trois mois au plus tard à compter de l'introduction des instances est purement réglementaire, la loi n'ayant attaché à l'inobservation de ce délai aucune péremption ni déchéance. Ce principe a de nouveau été consacré par la jurisprudence (Civ. rej. 3 mars 1851 ; 14 juin 1864 et 15 déc. 1869 cités *suprà*, n°ˢ 3345, 3350 et 3349). En particulier, il a été jugé récemment que, la disposition dont il s'agit étant purement réglementaire, il s'ensuit que le désistement signifié après ce délai, au nom de l'administration de l'enregistrement, est valable (Req. 2 déc. 1889, cité *suprà*, n° 3205).

3362. Les règles concernant l'instruction en matière d'enregistrement ont été modifiées par l'art. 13 de la loi du 23 août 1871 pour les poursuites ayant pour objet d'établir des dissimulations dans le prix d'une vente, la soulte d'un échange ou d'un partage. En pareil cas, aux termes de la disposition précitée, « la cause est instruite et jugée comme en matière sommaire ; elle est sujette à appel, s'il y a lieu. Le ministère des avoués n'est pas obligatoire ; mais les parties qui n'auraient pas constitué avoué ou qui ne seraient pas domiciliées dans le lieu où siège la justice de paix ou le tribunal seront tenues d'y faire élection de domicile, à défaut de quoi toutes significations seront valablement faites au greffe ».

3363. Mais il a été décidé que, lorsque la preuve de la dissimulation résulte de l'acte même présenté à l'enregistrement, c'est la procédure spéciale de la loi de frimaire qui est applicable à l'instance engagée au sujet de la perception de l'amende du quart, et non pas la procédure de droit commun prescrite pour le cas où il s'agit de statuer sur l'existence de la dissimulation. Il en est ainsi lorsqu'un acte constate le payement, hors la vue du notaire rédacteur, d'un supplément de prix pour une vente immobilière, cet acte pouvant être interprété comme contenant, sinon un aveu formel, du moins une preuve décisive de la dissimulation d'une partie du prix convenu lors de la vente, et comme n'ayant été imaginé que pour échapper à l'amende encourue (Req. 15 juill. 1878, aff. Caubet, D. P. 78. 1. 460). — Cette solution nous a paru contestable. L'acte contenant, selon les termes de l'arrêt, « sinon un aveu formel, du moins une preuve décisive de la dissimulation, ce n'était pas assez, semble-t-il, pour que le débat judiciaire engagé au sujet de l'amende du quart fût soustrait à la procédure du droit commun qui doit être suivie, d'après l'art. 13 de la loi du 23 août 1871, toutes les fois qu'il s'agit de la perception de cette amende.

3364. Remarquons d'ailleurs, que dans le cas où l'art. 13 de la loi du 23 août 1871 est applicable, l'Etat étant dispensé par l'art. 49 c. proc. civ. du préliminaire de conciliation, l'Administration ajourne directement devant le juge de paix ou devant le tribunal, sans appeler ses adversaires en conciliation (Sol. adm. enreg. 4 oct. 1872, D. P. 73. 5. 231).

Sect. 4. — Des jugements (*Rép.* n°ˢ 5758 à 5807).

3365. Il ne suffit pas que les différentes formalités prescrites par la loi fiscale pour l'instruction des instances aient été remplies, ces formalités constituant des garanties essentielles, il faut que la *preuve écrite* de leur accomplissement se trouve dans le jugement pour la régularité duquel elles sont exigées. Cette règle, que nous avions déjà formulée (*Rép.* n° 5768), est consacrée encore aujourd'hui par une jurisprudence constante (Civ. cass. 4 juin 1866, aff. Grosse, D. P. 66. 1. 224; 14 janv. 1874, aff. Badouiller de Saint-Seine, D. P. 74. 1. 364; 17 févr. 1874, aff. Pompes funèbres, *ibid.*). Au reste, la plupart des prescriptions que l'art. 141 c. proc. civ. édicte pour les jugements rendus en matière civile doivent être étendues à ceux qui interviennent en matière d'enregistrement (*Rép.* n° 5794). Les décisions qui suivent ne sont, en général, que des applications de ce double principe.

3366. Ainsi, non seulement le jugement rendu sans que le *ministère public* ait été entendu en ses conclusions est entaché de nullité, mais est nul également : 1° le jugement qui ne constate pas que le ministère public ait été entendu à l'audience (Civ. cass. 26 nov. 1855, aff. Hérissay, D. P. 55. 1. 460; Instr. adm. enreg. 12 mars 1856, n° 2060, § 4 ; Civ. cass. 16 avr. 1856, aff. Lieutaud et Sarlande, D. P. 56. 1. 157; 28 juin 1858, aff. Soléliac, D. P. 58. 1. 248; Instr. adm. enreg. 4 déc. 1858, n° 2137, § 6; Civ. cass. 1ᵉʳ juill. 1868, aff. Nadau, D. P. 68. 5. 177); — 2° Le jugement qui, tout en visant les conclusions du ministère public et même en constatant qu'il a été rendu en présence du substitut du procureur de la République, n'exprime pas que ce magistrat a été entendu dans ses conclusions à l'audience (Civ. cass. 27 janv. 1874, aff. Eliaou de Budoukben-Guigui, D. P. 74. 1. 364 ; 28 mars 1876, aff. Gipoulon, D. P. 76. 1. 278 ; Instr. adm. enreg. 15 mai 1876, n° 2546, § 11); — 3° Le jugement qui mentionne que le ministère public a été entendu, sans constater le moment de cette audition et sans faire connaître, par conséquent, si elle a suivi le rapport et précédé immédiatement le prononcé du jugement (Civ. cass. 18 févr. 1867, aff. Ricordeau, D. P. 67. 1. 72) ; — 4° Le jugement portant que le procureur de la République a été ouï en ses conclusions et le juge en son rapport à l'audience, cette mention n'établissant pas que les conclusions du ministère public aient suivi le rapport et précédé immédiatement le prononcé du jugement (Civ. cass. 10 avr. 1889, aff. Pallu, D. P. 89. 5. 220. Conf. Civ. cass. 25 oct. 1886, aff. Gérard, D. P. 87. 1. 125).

3367. Jugé, au contraire, que le jugement constatant qu'il a été rendu, ouï M. le juge-commissaire en son rapport, vu les mémoires respectivement signifiés et produits, ensemble en ses conclusions, M..., substitut, atteste suffisamment, non seulement que le ministère public a conclu dans la cause, mais que ses conclusions ont été entendues à l'audience, et est conséquemment valable (Civ. cass. 3 févr. 1879, aff. Ménier, D. P. 79. 1. 393).

3368. D'après ce qui précède, le jugement doit constater non seulement que le ministère public a été entendu en ses conclusions verbales mais aussi qu'il a été entendu en *audience publique*. Toutefois, le moyen de cassation tiré de ce que, dans une instance en matière d'enregistrement, ni le juge-commissaire n'aurait fait son rapport, ni le ministère public donné ses conclusions orales publiquement, est non recevable, alors que le jugement constate qu'il a été rendu à bureau ouvert, en audience publique, cette mention s'appliquant à toutes les audiences consacrées au jugement de la cause (Req. 26 nov. 1883, aff. Suzini-Badère, D. P. 84.1.178).

3369. De même, comme nous l'avons dit (*Rép.* n° 5764), le jugement, en matière d'enregistrement, doit constater, à peine de nullité, qu'il a été rendu sur le *rapport* de l'affaire par l'un des membres du tribunal (Civ. cass. 20 avr. 1848, aff. Sainsère, aff. Leclerc et aff. Ferriaud, D. P. 46. 1. 144 ; 4 janv. 1853, aff. Cabanillas, D. P. 54. 5. 305 ; Arrêts des 26 nov. 1855 et 28 juin 1858, cités *suprà*, n° 3366). — Il ne suffit pas que le jugement soit rendu sur rapport fait par un juge, il faut que ce rapport émane de l'un des juges qui ont concouru au jugement (*Rép.* n° 5769); le juge-rapporteur doit donc être présent au délibéré et y voter. Il est, en effet, de jurisprudence constante que les jugements rendus, en matière d'enregistrement, sans le concours du juge chargé du rapport dont ils doivent être précédés, sont nuls (Civ. cass. 24 août 1857, aff. de Chizeuil, D. P. 57. 1. 345 ; 24 janv. 1877, aff. Lafaye, D. P. 77. 1. 176).

3370. Il est nécessaire que le jugement constate aussi que le rapport a été fait en audience publique (Civ. cass. 4 juin 1866, aff. Grosse, D. P. 66. 1. 224; 13 juill. 1868, aff. Génest et Richou, D. P. 68. 1. 331 ; 21 juill. 1885, aff. Bachelier, D. P. 86. 1. 85 ; 29 déc. 1886, aff. Plunian, D. P. 87. 1. 338. V. aussi les arrêts du 27 janv. 1874, et 28 mars 1876, cités *suprà*, n° 3366). D'ailleurs, la mention que le jugement a été prononcé à l'audience, après audition du rapport du juge et des conclusions du ministère public (Civ. cass. 9 avr. 1850, aff. Thomassin, D.P.50.1.124);... ou en audience publique et après avoir entendu le rapport (Req. 7 févr. 1853, aff. Thomas, D. P. 53. 1. 33),... constate suffisamment la publicité de ce rapport

3371. La mention de la date de l'audience où a eu lieu le rapport n'est pas exigée à peine de nullité (Civ. cass. 9 avr. 1866, aff. Moundy, D. P. 66. 1. 245; Instr. adm. enreg. 21 déc. 1866, n° 2350, § 3).

3372. La loi veut que l'instruction se fasse par écrit, *sans plaidoirie* (*Rép.* n° 5771). Est nul, par suite, pour vice de forme, le jugement constatant, en matière d'enregistrement, que l'une des parties a comparu et plaidé par un avocat assisté d'un avoué, et que les avocats des parties ont été entendus en leurs observations (Civ. cass. 7 juill. 1873, aff. Administration de l'Assistance publique, D. P. 74. 1. 216; Instr. adm. enreg. 5 oct. 1873, n° 2472, § 8).

3373. De même, est nul le jugement dans lequel on lit : « Ouï le procureur de la République en ses conclusions, ouï l'avoué des défendeurs en ses conclusions et moyens (Civ. rej. 18 nov. 1851, aff. Colbert et de Galard, D. P. 51. 1. 305; Instr. adm. enreg. 31 mars 1852, n° 1912, § 5).

3374. Toutefois, contrairement à l'opinion que nous avions rapportée (*Rép.* n° 5771), la jurisprudence décide aujourd'hui que la mention dans un jugement que l'avoué de l'une des parties a été entendu n'emporte pas nullité de ce jugement, une telle mention signifiant seulement qu'il a été entendu dans ses conclusions, lesquelles peuvent être posées oralement (Civ. rej. 23 nov. 1853, aff. Aubert, D. P. 53. 1. 331; Instr. adm. enreg. 18 mai 1854, n° 1999, § 7). Il a été décidé, dans le même sens, que l'énonciation, dans un jugement en matière d'enregistrement, après la constatation du rapport d'un juge en audience publique et des conclusions du ministère public, que l'avoué de la partie a été entendu également, ne rend pas la décision nulle, alors que les conclusions prises par cet avoué n'ont été que la reproduction littérale de celles du mémoire précédemment produit par le redevable, et n'ont été, par suite, qu'une formalité surabondante ne pouvant modifier le débat ni vicier la décision (Civ. rej. 1er mars 1875, aff. Wustemberg, D. P. 75. 1. 369; Instr. adm. enreg. 23 juin 1875, n° 2516, § 3).

3375. Mais il a été jugé encore, qu'il y a lieu d'annuler un jugement rendu en matière d'enregistrement, constatant que les parties ont été ouïes par leurs avoués et avocats, cette mention impliquant nécessairement qu'il y a eu plaidoirie (Civ. cass. 21 juill. 1886, aff. Doynel, D. P. 86. 5. 199).

3376. L'*instruction orale* est interdite même aux parties personnellement. Cette opinion, qui nous avait paru excessive (*Rép.* n° 5774), a été définitivement consacrée par la jurisprudence. Ainsi il a été décidé, que le jugement rendu, en matière d'enregistrement, qui constate que des observations orales ont été fournies à l'audience par l'une des parties, est nul, pour infraction à la règle d'après laquelle l'instruction en cette matière doit être restreinte à de simples mémoires respectivement signifiés (Civ. cass. 29 nov. 1854, aff. Henrion, D. P. 55. 1. 59; Instr. adm. enreg. 28 mai 1855, n° 2023, § 2). Jugé encore, d'une manière générale, que toute défense orale même des parties elles-mêmes est interdite à peine de nullité (Arrêt du 18 nov. 1851, cité *suprà*, n° 3373. Conf. arrêt précité, 29 nov. 1854; Instr. adm. enreg. 28 mai 1855, n° 2033, § 2).

3377. Ce que nous venons de dire relativement aux conclusions du ministère public et au rapport du juge (V. *suprà*, n°s 3336 et suiv., 3369 et suiv.), est applicable aussi aux *mémoires* signifiés par l'Administration et les parties (Civ. cass. 12 déc. 1881, aff. Magnin, D. P. 83. 5. 242; Conf. Civ. cass. 8 nov. 1880, aff. Ville de Roanne, D. P. 81. 1. 226). A ce dernier point de vue, la jurisprudence ne s'est pas toujours montrée aussi sévère qu'aujourd'hui dans l'interprétation de la loi. Si la cour de cassation déclarait nuls les jugements qui ne constatent ni la signification, ni même l'existence de mémoires respectivement signifiés (Arrêts des 14 janv. et 17 févr. 1874, cités *suprà*, n° 3365), elle admettait que le vœu de la loi était rempli dès que le jugement mentionnait la *production* de mémoires par les parties, lors même que la *signification* de ces mémoires n'y était pas rappelée, si, dans ce cas, il était établi en fait que cette signification avait eu lieu réellement. Jugé, en ce sens, que, dans les instances en matière d'enregistrement, le défaut de mention dans le jugement de la signification des mémoires de la partie ne le rend pas nul, alors surtout que le fait est établi par la production des actes de signification (Req. 18 août 1873, aff. Evans, D. P. 74. 1. 258; Instr. adm. enreg. 5 oct. 1873, n° 2472, § 11), et aussi que l'énonciation, dans un jugement, qu'il a été procédé sur

des pièces produites établit suffisamment que ces pièces ont été signifiées comme le veut l'art. 65 de la loi du 22 frim. an 7 (Civ. rej. 23 nov. 1853, aff. Aubert, D. P. 53. 1. 331; Instr. adm. enreg. 18 mai 1854, n° 1999, § 7).

3378. Mais la jurisprudence est revenue sur cette doctrine; la cour de cassation exige rigoureusement maintenant que les jugements, en matière d'enregistrement, constatent non seulement la production, mais aussi la signification des mémoires, les dispositions des lois de frimaire an 7 (art. 65) et 27 vent. an 9 (art. 17), portant que ces jugements doivent être rendus sur mémoires respectivement signifiés. Jugé, en effet: 1° que l'instruction des instances en matière d'enregistrement, devant être faite, aux termes de la loi fiscale (L. 12 frim. an 7, art. 65; 27 vent. an 9, art. 17), sur mémoires respectivement signifiés, cette forme est substantielle et l'observation en doit être constatée par les jugements; qu'en conséquence, est nul le jugement rendu en cette matière, qui indique que des mémoires ont été présentés sans en mentionner la signification. L'absence de cette dernière mention rend le jugement nul, alors même qu'en fait la signification a eu lieu (Civ. cass. 9 nov. 1874, aff. Ravaut, D. P. 75. 1. 108. — Conf. Trib. Poitiers, 29 avr. 1884, et sur pourvoi Civ. cass. 13 juin 1888, aff. Blanchard, D. P. 89. 1. 241); — 2° Que la mention que des mémoires ont été régulièrement échangés entre les parties est insuffisante, parce qu'elle ne fait pas connaître si tous les mémoires produits ont été signifiés (Civ. cass. 17 mai 1887, aff. Société des mines argentifères de Pontpéan, D. P. 87. 1. 339); — 3° Qu'en matière d'enregistrement, il y a nullité du jugement constatant la présentation par les parties de plusieurs mémoires et ne mentionnant que la signification de l'un de ces mémoires (Civ. cass. 6 juill. 1881, aff. Compagnie du chemin de fer du Midi et du canal latéral à la Garonne, D. P. 82. 1. 74; 25 oct. 1886, aff. Gérard, D. P. 87. 1. 125); — 4° Que si le jugement mentionne les dates des mémoires, il faut que toutes y soient rapportées; qu'en conséquence, le jugement constatant que des mémoires ont été respectivement signifiés et indiquant, en outre, la date de ces significations, n'en est pas moins nul, s'il omet la date de la signification de l'un des mémoires d'une partie, et encore bien qu'il réponde dans ses motifs à l'argumentation contenue dans ce mémoire (Civ. cass. 6 janv. 1885, aff. Revillod et Moizin, D.P. 85. 1. 259). — La jurisprudence nous paraît avoir exagéré, dans cette dernière hypothèse, les conséquences du principe qui sert de base aux décisions précédentes. La cassation du jugement s'explique dans le cas où le tribunal s'est borné à énoncer la présentation des mémoires et la signification de celui de l'une des parties sans mentionner la signification de celui produit par l'autre, qui se présentait dans le cas qui a fait l'objet de l'arrêt précité du 6 juill. 1881. Mais lorsque, comme dans l'espèce qui nous occupe, le jugement mentionne que des mémoires ont été respectivement signifiés et omet seulement la date de l'une de ces significations, il est, ce semble, d'une rigueur excessive de l'annuler pour cette seule raison, car enfin il constate par lui-même qu'il a été rendu sur mémoires respectivement signifiés; or c'est tout ce que la loi demande.

3379. Il n'est pas nécessaire d'ailleurs, que le jugement mentionne distinctement chaque mémoire et sa signification; il suffit qu'il constate simplement qu'il a été rendu sur mémoires respectivement signifiés et produits (Req. 7 déc. 1886, aff. Gilbert, dit Cassagnes, D. P. 87. 1. 339; Civ. cass. 4 déc. 1888, aff. Sudre, D. P. 89. 1. 129).

Ajoutons que la loi n'exige pas que la mention de la signification des mémoires figure dans les motifs ni dans le dispositif du jugement; la jurisprudence admet que cette énonciation peut être insérée dans les qualités (Req. 16 févr. 1881, aff. de Cordova, D.P. 81. 1. 372; 18 août 1884, aff. de Gardonne, D. P. 85. 1. 259; 30 déc. 1884, aff. Cruze, *ibid.*; Civ. rej. 19 oct. 1886, aff. Pachan, D. P. 87. 1. 127). Jugé récemment qu'un jugement ne peut être argué de nullité par cela seul que son dispositif ne mentionne la signification que de quelques-uns des mémoires, alors que la signification de tous les mémoires produits se trouve mentionnée dans les qualités (Trib. Montluçon, 10 août 1888, et sur pourvoi, Req. 13 janv. 1890, aff. époux Besse, D. P. 91, 1re partie).

3380. Enfin il n'est pas nécessaire non plus que les

jugements contiennent la preuve que les mémoires signifiés réciproquement ont été vus par le juge (Arrêts des 16 févr. 1881, 18 août 1884, 30 déc. 1884, cités *suprà*, n° 3379).

3381. Par exception à la règle que le jugement doit constater l'accomplissement des formalités prescrites pour l'instruction de l'instance, lorsque, dans les tribunaux composés de plusieurs sections, les affaires d'enregistrement doivent, d'après des instructions réglementaires, être inscrites sur un rôle particulier et portées à la section désignée par le Président, il n'est pas nécessaire que l'observation de ces formes soit constatée dans le texte même du jugement (Civ. cass. 15 déc. 1869, aff. Société de Graissessac, D. P. 70. 1. 410; Instr. adm. enreg. 26 févr. 1870, n° 2398, § 6).

3382. Nous avons dit (*suprà*, n° 3365) que les conditions prescrites pour la validité du jugement par l'art. 141 c. proc. civ. sont pour la plupart requises aussi en matière fiscale. Cette observation s'applique, en particulier, aux mentions relatives à la *composition du tribunal*. Le jugement doit donc mentionner les noms des juges, et, notamment, celui du juge rapporteur. Les *juges suppléants* ne devant concourir aux jugements que dans le cas où ce concours est nécessaire, est nul le jugement rendu par trois juges et un suppléant, alors surtout que ce juge suppléant a fait le rapport de l'affaire et délibéré avec les autres juges (Civ. cass. 26 juin 1849, aff. Mauvage, D. P. 50. 5. 201; 8 août 1860, aff. Mellado, D. P. 60. 1. 328; 26 mai 1868, aff. Couret, D. P. 68. 1. 255; 19 janv. 1887, aff. Auguste, D. P. 87. 1. 338). — Jugé aussi que le jugement rendu, en matière d'enregistrement, sur le rapport d'un juge suppléant qui ne pouvait concourir et n'a pas, en effet, concouru à ce jugement avec voix délibérative, à raison de la présence d'un nombre de juges titulaires suffisant pour la validité de la décision, est nul (Civ. cass. 13 août 1862, aff. Foucher, D. P. 62. 1. 339). — Lorsqu'il est constaté sur la feuille d'audience qu'un juge suppléant a participé à un jugement, quoique le nombre des juges titulaires fût complet, la présomption est qu'il n'a pris à ce jugement que la part que les lois lui attribuaient et n'y a assisté, par suite, qu'avec voix consultative (Civ. rej. 18 nov. 1851, aff. Colbert, D. P. 51. 1. 303).

3383. Dans les instances en matière d'enregistrement, le moyen de cassation tiré de ce que tel juge, chargé du rapport de l'affaire, aurait été irrégulièrement remplacé par un autre juge, manque en fait, alors que les qualités du jugement ne font aucune mention de la désignation du premier de ces magistrats comme juge chargé du rapport (Req. 23 mars 1881, aff. de Méritens-Villeneuve, D. P. 81. 1. 365).

3384. Mais le jugement qui ne mentionne pas la présence du juge-rapporteur est nul, sans que cette mention puisse ni être suppléée par un certificat des membres du tribunal et du greffier constatant que ce juge a réellement concouru au jugement, ni que l'énonciation qui s'y trouve du nom d'un autre juge est erronée, ni résulter d'une surcharge non approuvée faite sur les noms des juges inscrits en marge de la minute du jugement (Civ. cass. 21 nov. 1864, aff. Frayssinet. — *Contrà* : Trib. Marseille, 3 juin 1862, *ibid.*, D. P. 64. 1. 478).

3385. La loi dispensant les parties en matière d'enregistrement du ministère des avoués, les *qualités* sont régulièrement dressées par le greffier sur l'exposé émané de chacune des parties, et sans qu'il soit besoin de signification préalable. Les irrégularités qui peuvent se rencontrer dans les qualités, ne peuvent d'ailleurs être invoquées par la partie sur la réquisition de laquelle l'expédition du jugement a été dressée (Civ. cass. 27 juill. 1863, aff. de Grimaldi et de Girardin, D. P. 63. 1. 284-285 ; Instr. adm. enreg. 31 déc. 1863, n° 2274, § 9).

3386. Jugé aussi que, lorsque les conclusions des parties, aussi bien que les points de fait et de droit, sont rappelés dans les motifs et le dispositif d'un jugement rendu en matière d'enregistrement, la validité du jugement ne peut être mise en question par cela seul que les qualités ont été rédigées par un employé de l'Administration qui les a signées (Req. 24 mai 1875, aff. Société de l'immeuble du Château-d'Eau, D. P. 75. 1. 439 ; Instr. adm. enreg, 17 août 1875, n° 2519, § 4).

3387. Les *conclusions des parties* doivent être indiquées dans le jugement, à peine de nullité (*Rép.* n° 5799). Mais comme nous l'avons dit (*Rép.* n° 5800), il n'est pas nécessaire qu'elles soient indiquées sous un titre distinct. Jugé

en ce sens : 1° qu'il est satisfait aux règles de procédure en matière d'enregistrement, lorsque les éléments essentiels du jugement, notamment les conclusions des parties, se rencontrent même être disposés dans l'ordre habituel, dans les développements des motifs (Req. 5 déc. 1866, aff. Basset, D. P. 67. 1. 103. Conf. Req. 18 août 1873, aff. Evans, D. P. 74. 1. 258 ; Instr. adm. enreg. 30 nov. 1867, n° 2356, § 5 ; 5 oct. 1873, n° 2472, § 11) ; — 2° Qu'en cette matière, les motifs d'un jugement peuvent, s'ils font connaître avec les détails et la précision nécessaire les faits de la cause et les questions à juger, suppléer à l'insuffisance des qualités (Civ. rej. 30 janv. 1866, aff. Ducruet, D. P. 66. 1. 73 ; Instr. adm. enreg. 21 déc. 1866, n° 2350, § 1er. Conf. Civ. rej. 4 mai 1863, aff. Depierris-Peyrouilh, D. P. 63. 1. 188 ; Req. 16 juin 1863, aff. Dupaz, D. P. 63. 1. 398 ; Civ. cass. 9 avr. 1866, aff. Moundy, D. P. 66. 1. 245 ; 24 févr. 1875, aff. Becuwe, D. P. 75. 1. 213 ; Instr. adm. enreg. 27 avr. 1875, n° 2509, § 7) ; — 3° Qu'il suffit que le dispositif des conclusions des parties soit mentionné dans les qualités. Spécialement, l'énonciation que le défendeur a combattu les conclusions de l'Administration et demandé le rejet de ses réclamations est suffisante et satisfait au vœu de la loi, alors surtout que les motifs, en s'expliquant sur tous les chefs de la contestation, ont suffisamment rappelé les moyens invoqués par le défendeur (Req. 17 avr. 1872, aff. Rivals, D. P. 72. 1. 324; Instr. adm. enreg. 17 juin 1872, n° 2449, § 7).

3388. Le jugement doit contenir aussi l'exposé sommaire des *points de fait et de droit* (*Rép.* n° 5801). Jugé que la nullité s'applique à tout jugement qui ne renferme pas dans son texte l'indication des demandes des parties, la constatation du fait en litige et la mention des questions de droit (Civ. rej. 13 déc. 1853, aff. de Fougères, D. P. 54. 1. 109 ; Req. 29 juill. 1857, aff. Denjoy, D. P. 57. 1. 443 ; Instr. adm. enreg. 18 mai 1854, n° 1999, § 3 ; 31 déc. 1857, n° 2114, § 5). — Toutefois, pour les points de fait et de droit, comme pour les conclusions des parties, la loi n'exige pas que l'indication soit faite sous un titre distinct (*Rép.* n° 5802). Jugé que, dans les décisions rendues en matière d'enregistrement, si la procédure spéciale ne comporte pas une rédaction de qualités signifiées entre parties et contenant, avec les conclusions, les points de fait et de droit, il est néanmoins nécessaire, mais en même temps il suffit, que ces éléments se retrouvent exposés dans l'ensemble des motifs et du dispositif du jugement (Req. 18 janv. 1888, aff. Chaleyer, D. P. 88. 1. 174. Conf. Req. 7 févr. 1853, aff. Thomas, D. P. 53. 1. 33. Arrêts précités des 13 déc. 1853 et 29 juill. 1857; Req. 16 juin 1863 et Civ. cass. 27 juill. 1863, cités *suprà*, n°s 3385 et 3387; Civ. cass. 9 avr. 1866, aff. Moundy, D. P. 66. 1. 245).

3389. Mais est nul, comme ne renfermant aucun des éléments mentionnés dans l'art. 141 c. proc. civ., le jugement dont les motifs, non seulement ne sont précédés d'aucun exposé des faits et conclusions, ni d'aucune analyse des mémoires respectivement produits, mais ne font même pas connaître ni ce que demandait la Régie dont les prétentions sont déclarées exagérées, ni ce qu'offrait le redevable dont les offres sont déclarées insuffisantes, qui, en outre, statue sur un moyen de prescription sans indiquer quelle en était la base; et enfin qui se fonde, pour la liquidation d'un droit de soulte, sur un acte qu'il qualifie de document émané du redevable sans en constater la nature (Civ. cass. 20 juill. 1853, aff. Chevalier, D. P. 53. 1. 300; Instr. adm. enreg. 1er févr. 1844, n° 1986, § 4).

3390. Est nul aussi le jugement rendu en matière d'enregistrement qui ne fait pas mention de la profession ni de la demeure de l'une des parties en cause, et qui, d'autre part, ne contenant ni point de fait ni point de droit, ne présente pas d'énonciations suffisantes pour réparer cette omission (Civ. cass. 29 nov. 1869, aff. Auffret, D. P. 70. 1. 341).

3391. Par application encore de l'art. 141 c. proc. civ., le jugement rendu en matière d'enregistrement doit être motivé. — Il a été décidé: 1° que le jugement qui, reconnaissant l'exigibilité d'un droit proportionnel d'enregistrement, exprime la raison déterminante de cette exigibilité, tout en se référant à des solutions intervenues le même jour sur la question, ne peut être attaqué pour absence de motifs (Civ. rej. 2 déc. 1873, aff. Donon, D. P. 74. 1. 108; Instr. adm. enreg. 31 mars 1874, n° 2482, § 3, 4 et 5) ; — 2° Que la constatation, dans un jugement, de l'existence d'une contravention motive suffisamment l'application de la pénalité établie pour cette contravention (Req. 30 janv. 1867, aff. Roger-Girardière, D. P. 67. 1. 301; Instr. adm. enreg. 15 déc. 1867, n° 2357, § 3); — 3° Qu'aucune loi n'est violée par le jugement qui, sans contester que, sur une demande reconventionnelle de la Régie assignée en restitution, une compensation puisse être admise, déclare, en repoussant toutes les réclamations de la Régie, les conclusions reconventionnelles sans objet (Civ. cass. 14 févr. 1870, aff. Tamboise, D. P. 70. 1. 394; Instr. adm. enreg. 25 avr. 1870, n° 2401, § 2); — 4° Que le jugement qui, statuant sur des conclusions tendant à la fois à la restitution de droits d'enregistrement, à l'adjudication des intérêts de la somme à restituer et à la condamnation aux dépens, se borne à rejeter purement et simplement la demande en restitution, ne peut être attaqué à raison du silence qu'il gardé sur la demande accessoire des intérêts et des dépens (Civ. rej. 24 juin 1869, aff. Vion, D. P. 70. 1. 129; Instr. adm. enreg. 6 sept. 1869, n° 2293, § 2); — 5° Qu'est suffisamment motivé, au contraire, le jugement qui, statuant sur l'application de la taxe annuelle de 12 cent. pour 100 fr. représentative du droit de transmission, aux actions nominatives d'une société, rejette l'exception tirée de ce qu'il était prématuré d'assujettir les nouvelles actions à la taxe, parce qu'elles n'avaient été ni émises ni détachées du livre à souche, en répondant que cette taxe peut frapper même les titres restés annexés à la souche et qu'elle court du jour de la constitution de la société (Civ. rej. 27 févr. 1884, aff. Comp. des Ardoisières de Rimogne et de Saint-Louis-sur-Meuse, D. P. 84. 1. 350). V. aussi Civ. rej. 24 juill. 1883, aff. Société des houillères de Liévin, D. P. 84. 1. 132; — 6° Qu'un jugement rendu en matière d'enregistrement est suffisamment motivé, lorsque les parties ayant prétendu que l'instance introduite par l'Administration était périmée faute d'avoir été jugée dans les trois mois, le tribunal décide que ce délai de trois mois établi par l'art. 65, § 5, de la loi du 22 frim. an 7, est purement réglementaire, et que, par suite le désistement de l'Administration intervenu après ce délai est valable (Req. 2 déc. 1889, aff. de Talleyrand-Périgord, D. P. 90. 1. 439). — *Adde* : Req. 8 févr. 1888, aff. de Jocas, D. P. 88. 1. 372.

3392. Au contraire, le jugement rendu au sujet de droits de mutation réclamés à raison de l'omission d'un immeuble dans une déclaration de succession est nul pour défaut de motifs, si, pour rejeter l'opposition à la contrainte décernée par l'Administration, il se borne à constater que l'immeuble n'avait pas été compris dans la déclaration souscrite sans statuer sur les conclusions de la partie tendant à ce qu'il fût reconnu qu'elle avait offert de passer une déclaration complémentaire, et de payer les droits que cette déclaration aurait comportés, et que, par suite, l'omission n'était pas légalement établie (Civ. cass. 7 mars 1882, aff. Amabert, D. P. 82. 1. 291). De même, bien que la nullité du jugement soit attachée par l'art. 7 de la loi du 20 avr. 1810 au défaut, et non pas au peu de solidité des motifs, et qu'il puisse être satisfait à ses prescriptions par des motifs inexacts ou erronés, il est cependant indispensable que les raisons données par le juge répondent, soit directement, soit indirectement, aux conclusions des parties. Spécialement, est nul, pour défaut de motifs, le jugement portant rejet de conclusions subsidiaires par des considérations qui ne répondent d'aucune manière à ces conclusions et qui sont complètement étrangères à l'objet du litige (Civ. cass. 19 mars 1879, aff. de Lalène-Laprade, D. P. 79.1.395). Est nul encore pour défaut de motifs le jugement qui, statuant sur l'application d'un droit d'enregistrement à la disposition d'un acte qui renferme deux articles distincts, sanctionne la perception de ce droit sur le tout, en ne visant et ne discutant que l'un des articles, sans s'occuper ni directement, ni indirectement de l'autre, bien que la réclamation du droit sur cet article ait été l'objet de contestations spéciales, ainsi que de conclusions très explicites et distinctes (Civ. cass. 29 juill. 1879, aff. De Jean, D. P. 79. 1. 453).

3393. La règle que les motifs des jugements peuvent être *implicites* (V. *Jugement ; — Rép.* n°s 1041 et suiv., 1094 et suiv.) a été appliquée en matière d'enregistrement. Décidé : 1° que le jugement qui déclare qu'un crédit s'est réalisé et constate ainsi que le crédité est devenu débiteur du montant, motive implicitement le maintien de la contrainte décernée en payement d'un droit proportionnel d'hypothèque devenu exigible par la réalisation du crédit, et n'est pas, dès lors, susceptible d'être annulé pour défaut de motifs (Req. 19 janv. 1869, aff. Société de la rive gauche, D.P. 69. 1. 353; Instr. adm. enreg. 15 juin 1869, n° 2385, § 1er); — 2° Que lorsque, dans une instance au sujet de la réclamation d'un droit proportionnel d'obligation, le redevable a opposé que, la créance étant hypothéquée sur un immeuble situé à l'étranger ne pouvait être assujettie à l'impôt en France; le tribunal répond suffisamment, bien que d'une manière implicite à ce moyen, en précisant, dans les motifs du jugement les faits accomplis en France, à raison desquels il a admis la réa.isation du crédit et l'exigibilité du droit proportionnel (Civ. rej. 15 nov. 1869, aff. Carion et Caron, D.P. 70. 1. 340; Instr. adm. enreg. 29 janv. 1870, n° 2397, § 3).

3394. Il a été décidé que, dans les instances en matière d'enregistrement, lorsqu'un jugement a basé sur des motifs *erronés* une solution conforme au vœu de la loi, il appartient à la cour de cassation de donner à cette solution des motifs qui la justifient (Req. 26 janv. 1885, aff. Ville de Roubaix et Société des écoles, D. P. 85.1.323). — Conf. Civ. rej. 5 févr. 1889, aff. Compagnie générale des eaux, D. P. 89. 1. 198; 20 mai 1890, aff. Compagnie générale des eaux de Saint-Nazaire, D. P. 90. 1. 349. — Il en est de même, à plus forte raison, lorsque le jugement renferme des *motifs surabondants* (Civ. rej. 2 juill. 1879, aff. Camdet, D. P.79.1.451).

3395. En matière d'enregistrement, comme en toute autre, la *publicité* est de l'essence du jugement. Non seulement le jugement doit être rendu publiquement, mais de plus, il doit, à peine de nullité, constater lui-même la publicité qui lui a été donnée. Cette règle que nous avions déjà énoncée (*Rép.* n° 5804) a toujours été appliquée par la jurisprudence (Civ. cass. 26 nov. 1855, aff. Hérissay, D. P. 55. 1. 460; Instr. adm. enreg. 12 mars 1856, n° 2060, § 4). Est nul, notamment, le jugement portant simplement qu'il a été « prononcé en la chambre du conseil » (Civ. cass. 4 juin 1866, aff. Dupuis, D. P. 66. 1. 327).

SECT. 5. — DES VOIES A PRENDRE POUR ATTAQUER LE JUGEMENT (*Rép.* n°s 5808 à 5848).

3396. L'art. 65 de la loi de frimaire déclare que les jugements rendus en matière d'enregistrement seront sans appel et ne pourront être attaqués que par la voie de cassation. — En Belgique, d'après une loi du 21 févr. 1870, les jugements en matière d'enregistrement et de timbre sont soumis à la revision des cours d'appel, lorsque « la valeur du litige excède 2000 fr. en principal » (D. P. 83. 2. 201, note)
La prohibition de l'appel comporte aujourd'hui une exception. Dans le cas prévu par l'art. 13 de la loi du 23 août 1871, c'est-à-dire lorsqu'il s'agit d'instances ayant pour objet d'établir des dissimulations dans le prix d'une vente, la soulte d'un échange ou d'un partage, le jugement est susceptible d'appel. L'appel est porté devant le tribunal civil du ressort, lorsque l'affaire a été jugée en première instance par le juge de paix, et devant la cour d'appel, lorsqu'elle a été jugée en première instance par le tribunal civil.

3397. L'art. 30 de la loi du 22 frim. an 7 renvoyant les contestations qu'il prévoit, entre les officiers publics qui ont fait l'avance des droits d'enregistrement et les parties pour lesquelles ils les ont avancés, à l'art. 65 de cette loi, non seulement quant à la forme de procéder, mais aussi quant aux jugements qui doivent les régler et y mettre fin, il en résulte que l'action en remboursement des droits d'enregistrement avancés par le notaire, qui a reçu l'acte frappé de ces droits, est en dernier ressort (Civ. rej. 27 mai 1850, aff. Sotum, D. P. 50. 1. 157).

3398. Mais, au contraire, le jugement rendu sur la poursuite dirigée contre un notaire à fin de condamnation à l'amende de 100 fr. (L. 29 sept.-6 oct. 1791, art. 16), pour n'avoir pas fait le dépôt de son répertoire au greffe du tribunal, est susceptible d'appel, quoique le recouvrement de cette amende ait lieu comme en matière d'enregistrement; ici s'applique, en effet, l'art. 53 de la loi du 25 vent. an 11, qui déclare sujet à l'appel tout jugement rendu en matière d'amende contre les notaires, sans avoir égard au chiffre de l'amende édictée par la loi (Req. 20 juill. 1863, aff. Mazeyrac, D. P. 63. 1. 446).

3399. Il a été jugé aussi que l'exécution, par le garanti, de la disposition d'un jugement qui le condamne envers la Régie des domaines, jugement en dernier ressort aux termes de la loi du 22 frim. an 7, ne le prive pas de la faculté d'appeler de la disposition de ce même jugement qui a prononcé sur son action en garantie..., à moins qu'il ne soit prouvé que cette exécution a porté préjudice au garant (Besançon, 20 déc. 1848, aff. Gros-Renaud, D. P. 49. 2. 248).

3400. D'ailleurs, comme nous l'avons dit (*Rép.* n° 5835), l'art. 65 de la loi de frimaire a eu seulement pour but de prohiber l'appel en matière d'enregistrement et n'a pas entendu interdire les autres voies de recours.

En particulier, les jugements rendus par défaut en matière d'enregistrement sont susceptibles d'*opposition*. — La difficulté est de reconnaître dans quels cas il y a défaut. La question de savoir si l'art. 113 c. proc. civ., d'après lequel les jugements rendus sur les pièces de l'une des parties, faute par l'autre d'avoir produit, ne sont point susceptibles d'opposition, s'applique aux jugements qui statuent sur des droits d'enregistrement, n'est pas encore définitivement tranchée. La négative que nous avions enseignée (*Rép.* n° 5837) est admise par tous les auteurs (Merlin, *Répertoire*, v° *Opposition à un jugement*, § 3, art. 1er; Carré et Chauveau, *Lois de la procédure*, art. 113, n° 481 et 482 *bis;* Pigeau, t. 1, p. 264; Lepage, *Questions*, t. 1, p. 129 ; *Diction. droits d'enreg.*, v° *Instance*, n° 247; Garnier, *Rép. gén. enreg.*, n° 9822; Naquet, t. 3, n° 1342); mais les tribunaux restent divisés. D'une part, l'opinion d'après laquelle l'art. 113 ne concerne que les instances instruites suivant les règles de la procédure ordinaire, se trouve consacrée dans un jugement du tribunal de Rouen du 8 déc. 1852 (*Journ. enreg.*, art. 15905), et dans un autre du tribunal de Tarascon du 5 mai 1865 (*Ibid.*, art. 17991 ; Instr. adm. enreg., n° 2019, § 5); d'autre part, la thèse contraire, soutenue par l'Administration, a prévalu devant deux autres tribunaux (Trib. Marmande, 8 mars 1865, *Journ. enreg.*, art. 18030 ; Trib. Seine, 25 août 1879) (1).

3401. Dans la procédure ordinaire, on distingue deux espèces de défauts, le défaut faute de comparaître et le défaut faute de conclure. Cette distinction ne s'applique pas à la procédure spéciale de la loi de frimaire, dans laquelle il ne peut y avoir qu'une seule espèce de défaut, résultant de l'inaction absolue de l'une des parties. Nous avons dit (*Rép.* n° 5842) que toute opposition à la contrainte devant être motivée et contenir, par suite, une défense plus ou moins étendue du redevable à la demande formée contre lui, le jugement qui intervient sur cette opposition est nécessairement contradictoire, et peut être attaqué que par voie de cassation. C'est ce qui a encore été décidé par un jugement du tribunal de Romorantin du 4 déc. 1858 (*Journ. enreg.*, art. 16878), et par un arrêt de la cour de cassation portant que, le jugement qui rejette l'opposition à une contrainte décernée par l'administration de l'enregistrement et des domaines, et tendant au payement de redevances dues par les concessionnaires de forêts de chênes-lièges, est contradictoire, et, par suite, non susceptible d'opposition, bien que le contribuable n'ait pas répliqué au mémoire de l'Administration. Et ce jugement a pu acquérir l'autorité de la chose jugée, faute d'appel dans les délais, malgré le vice dont il était atteint pour avoir statué au fond sur une créance domaniale, alors que le titre était contesté, circonstance qui entraînait la mise hors de cause de l'administration de l'enregistrement et la substitution de la procédure ordinaire

à la procédure spéciale de la loi de frimaire (Civ. rej. 17 nov. 1880, aff. Comp. *London and Lisbon Cork Wood*, D. P. 81. 1. 17. V. la note sur cet arrêt, *ibid.*).

3402. Mais il a été jugé que l'opposition à une contrainte de la Régie étant nulle lorsque le redevable n'y énonce aucun motif, et se borne, par exemple, à alléguer que le droit réclamé n'est pas dû, la condamnation qui intervient après examen de la question du fond, ne peut être considérée que comme une décision par défaut (Trib. Marseille, 19 févr. 1858, aff. Hilaire, D. P. 58. 3. 54).

3403. Est contradictoire également le jugement rendu sur l'assignation motivée par l'Administration, la cause étant même dans ce cas, ainsi que nous l'avons dit, en état (Civ. rej. 14 juin 1864, cité *suprà*, n° 3360. Conf. Trib. Reims, 19 juin 1861, *Journ. enreg.*, art. 17371; Trib. Seine, 14 déc. 1867, *ibid.*, art. 18523 ; Trib. Quimperlé, 22 avr. 1872, Garnier, *Rép. pér. enreg.*, art. 3876).

3404. En résumé, il résulte des décisions rapportées *suprà*, n° 3401 et suiv., qu'en général, le jugement rendu contre le contribuable sur les poursuites de la Régie ne peut être que contradictoire. Il n'en est autrement que lorsque, par exception, le juge a été saisi du litige par une assignation de la Régie, qui peut, comme on l'a vu *suprà*, n° 3289, s'adresser directement aux tribunaux au lieu d'agir par voie de contrainte ; la décision qui intervient dans ce cas est alors par défaut, si le contribuable ne fournit aucune défense sur cette assignation. A l'égard de la Régie, l'hypothèse d'un jugement par défaut n'a, au contraire, rien d'exceptionnel ; il suffit, pour qu'elle se réalise, que l'Administration n'ait pas produit de mémoire en réponse à l'opposition du contribuable.

3405. La voie de la *tierce opposition* est également ouverte contre les jugements rendus en matière d'enregistrement. Décidé que le jugement portant condamnation au profit de l'Administration au montant des droits d'une mutation immobilière résultant de l'inscription du nouveau possesseur au rôle de la contribution foncière, et pour l'exécution duquel des saisies-brandons ont été pratiquées sur l'immeuble objet de la mutation, peut être attaqué par la voie de la tierce-opposition par l'ancien propriétaire de l'immeuble (Civ. cass. 13 févr. 1815, Garnier, *Rép. pér. enreg.*, n° 7416). Il a été décidé, toutefois, que lorsqu'un jugement rendu dans une instance entre l'acquéreur d'un immeuble et l'administration de l'enregistrement, au sujet des droits d'enregistrement de la vente, a condamné au payement de ces droits le vendeur, bien qu'il n'ait pas été assigné et qu'il n'ait pas pris part à l'instance, le recours en cassation est la seule voie légale ouverte contre le jugement (Civ. cass. 29 nov. 1869, aff. Auffret, D. P. 70. 1. 341).

3406. Personne ne conteste non plus que les jugements rendus en matière d'enregistrement puissent être rétractés par voie de *requête civile* (*Rép.* n° 5835) ; mais la question de savoir en quelles formes la requête civile doit être instruite dans ce cas n'est pas encore résolue. Un premier arrêt de la cour de cassation, du 30 août 1809 (*Rép.* v° *Requête civile*, n° 207), avait décidé qu'il y a lieu de suivre les règles du droit commun, et, par conséquent, avait admis l'instruction orale, en s'appuyant sur ce que la procédure de la loi fiscale ne concerne que les affaires où il s'agit de la perception même du droit et de leur jugement. Un autre arrêt, du 11 juill. 1822 (*Rép.* v° *Enregistrement*, n° 5745), avait jugé,

---

(1) (X...) — Le tribunal ; — Attendu que l'instruction des instances en matière d'enregistrement se fait par écrit, aux termes de l'art. 65 de la loi du 22 frim. an 7, et à l'aide de simples mémoires respectivement signifiés (art. 113 c. proc. civ. dispose que, dans les affaires instruites par écrit, les jugements rendus sur les pièces de l'une des parties, faute par l'autre d'avoir produit, ne sont pas susceptibles d'opposition; que Truchon, qui était demandeur dans l'instance et avait saisi le tribunal par une assignation motivée, ne saurait donc, à plus forte raison, être admis à frapper d'opposition le jugement dont s'agit ; — Attendu que Truchon n'est pas mieux fondé à prétendre que ce jugement n'est pas contradictoire parce qu'il a été rendu avant qu'il ait usé de la faculté « qu'il avait » de donner dans un mémoire plus de développements aux moyens douteux dans son assignation ; que la loi de frimaire an 6, dans la partie qui traite de la procédure en matière d'affaires d'enregistrement, n'impartit aux tribunaux aucun délai avant l'expiration duquel il leur soit

interdit de statuer, et se borne, au contraire, à indiquer que les magistrats sont « autorisés » à accorder aux parties qui le demanderont, un délai pour produire leurs défenses, « sans que ce délai puisse être de plus de trois décades »; que Truchon n'a sollicité aucun délai et que plus de sept mois se sont écoulés entre les assignations et le jugement, que l'Administration a fait signifier ses défenses le 11 sept. 1878, et que, le tribunal n'ayant été appelé à connaître de l'affaire que le 15 novembre suivant, le demandeur a eu, pour présenter ses moyens en réponse, un délai de beaucoup supérieur à celui qui, aux termes de la loi elle-même, aurait pu lui être accordé, s'il l'eût demandé ; — Attendu, d'ailleurs, qu'aucune disposition légale ne prescrit l'envoi aux parties d'un avertissement quelconque, pour les mettre en mesure d'assister à l'audience où sera fait le rapport de l'affaire qui les concerne;

Par ces motifs. etc...

Du 25 août 1879.-Trib. civ. de la Seine.

au contraire, que la requête civile doit être instruite dans les mêmes formes qui ont été observées pour le jugement attaqué, c'est-à-dire dans les formes spéciales tracées par la loi de l'an 7, « parce que l'effet et l'objet de la requête civile remettent en question ce qui avait été jugé, et que c'est, dans la réalité, une question de contributions ». Depuis lors, la question ne se représente devant la cour qu'en 1884, mais avec cette particularité, que les parties avaient accepté en première instance la procédure spéciale suivie par l'Administration ; cette circonstance permit d'écarter la difficulté par une fin de non-recevoir, le grief invoqué constituant un moyen nouveau, qui ne pouvait pas être présenté pour la première fois devant la cour de cassation (Civ. rej. 2 janv. 1884, aff. Theillier, D. P. 84. 1. 347). — En rapportant cet arrêt, nous avions exprimé l'opinion que la procédure spéciale de la loi fiscale devait être écartée, en vertu de ce principe que la requête civile est instruite et jugée conformément aux règles tracées pour les causes ordinaires, quand même le fond de la contestation aurait été jugé sommairement (V. les autorités citées *Rép.* v° *Requête civile*, n° 228). Dans une instance en requête civile, disions-nous, il ne s'agit pas de la perception du droit, mais d'un intérêt d'un tout autre ordre, qui ne permet pas de retirer aux parties le droit si naturel de se défendre par tous les moyens légaux dont la loi ne prohibe pas expressément l'exercice. Les auteurs du *Journal de l'enregistrement* (art. 22249), enseignent la même doctrine, mais en faisant une distinction qui nous paraît rationnelle. Il faut distinguer, en matière de requête civile, deux sortes de jugements et partant d'instances : le jugement sur le rescindant, c'est-à-dire relatif à l'ensemble des moyens qui donnent ouverture à la requête civile, et qui font rétracter le jugement lorsqu'ils sont fondés, puis le jugement sur le rescisoire, c'est-à-dire sur la contestation principale que le jugement avait terminée. Les motifs que nous avons invoqués en faveur de l'application du droit commun en matière de requête civile s'appliquent à l'action sur le rescindant ; l'instruction dans cette instance doit donc se faire sur plaidoiries. Mais, au contraire, l'action sur le rescisoire, ayant exclusivement pour objet la perception du droit, tombe sous l'application de la loi fiscale. Cette distinction nous paraît exacte ; elle est, en effet, conforme à l'opinion que nous avons nous-même enseignée relativement à la question de savoir si l'instruction de l'affaire sur le rescisoire doit être sommaire ou ordinaire (*Rép.* v° *Requête civile*, n°s 241 et suiv.).

3407. Lorsqu'on homologuant un rapport d'experts qui constate l'insuffisance du prix énoncé dans un acte translatif de propriété ou d'usufruit, et en ordonnant l'exécution, le tribunal a omis d'exprimer dans son jugement qu'il condamnait l'acquéreur à payer les droits encourus pour cette dissimulation, c'est par voie de *demande en interprétation* qu'il y a lieu de se pourvoir, si une explication est jugée nécessaire, et non par voie de requête civile (Civ. rej. 8 mai 1854, aff. de la Brousse, D. P. 54. 1. 194).

3408. Le *pourvoi en cassation* est le mode le plus ordinaire de recours employé contre les jugements en matière d'enregistrement. Nous avons déterminé (*Rép.* n° 5832) la nature et l'étendue des attributions qui appartiennent à la cour de cassation dans la revision des procès en matière fiscale. Les principes que nous avons posés sont encore ceux qu'applique aujourd'hui la jurisprudence : « Attendu, est-il dit dans un arrêt de la cour suprême, que lorsqu'il s'agit de la perception des droits d'enregistrement, soit que l'Administration ait fait prononcer en sa faveur une allocation qui n'était pas due, soit que le redevable ait été affranchi à tort d'un droit qui lui était justement demandé, la décision rendue implique violation d'une loi fiscale ; que, dès lors, les appréciations de faits et conventions exprimées dans les jugements frappés de pourvoi sont susceptibles de revision par la cour de cassation ; qu'il lui appartient surtout d'exercer cette attribution dans les questions relatives à l'impôt qui intéressent essentiellement l'ordre public » (Civ. cass. 21 févr. 1854, aff. Fourchon, D. P. 54. 1. 124). — De cet arrêt et d'un grand nombre d'autres, il résulte que la cour de cassation possède un droit de contrôle indépendant des appréciations des tribunaux et des qualifications adoptées par les parties, qui lui permet de fixer souverainement la nature des conventions soumises à l'impôt

et les effets qu'elles doivent produire d'après les dispositions légales qui leur sont applicables (Civ. cass. 6 mars 1850, aff. Ducatel, D. P. 50. 1. 129 ; 31 août 1853, aff. Herrenschmidt, D. P. 53. 1. 232 ; 10 févr. 1864, aff. Paulin et Dumont, D. P. 64. 1. 84 ; 19 mai 1868, aff. Lainé, D. P. 68. 1. 306 ; 26 juill. 1869, aff. Vigneron, D. P. 69. 1. 476 ; 14 févr. 1870, aff. Tamboise, D. P. 70. 1. 394. V. aussi Instr. adm. enreg. 25 avr. 1870, n° 12401, § 2 ; Réquisitoire de M. le procureur général Dupin, Crim. cass. 28 juin 1862, aff. Mirès et le comte Siméon, D. P. 62. 1. 307). Jugé, en particulier, que la cour de cassation peut déclarer, contrairement à la décision d'un tribunal de première instance, que les extensions données aux opérations d'une société, en dehors des dispositions statutaires, ont pu pour résultat de changer complétement l'objet de la société, d'en entraîner la dissolution et de modifier, par suite, les bases de la perception de l'impôt (Civ. cass. 29 juill. 1890, aff. Société des mines de Pontpéan, D. P. 91, 1re partie ; *Journ. enreg.*, art. 23477).

3409. Mais, comme le font remarquer avec raison les auteurs du *Dictionnaire des droits d'enregistrement*, v° *Instance*, n° 271, si la cour de cassation n'est pas liée, en matière d'enregistrement, par les appréciations des juges du fond, elle ne revise l'interprétation des actes que quand il est produit des raisons de nature à faire penser que le tribunal a commis une erreur. Lorsque rien n'établit que le tribunal ait mal apprécié les conventions des parties pour déterminer leur véritable caractère et le droit d'enregistrement dont elles sont passibles, le pourvoi n'est pas recevable (Req. 30 juill. 1868, aff. Prince de Monaco, D. P. 68. 5. 176 ; 28 janv. 1873, aff. Ville de Paris, D. P. 73. 1. 307 ; Req. 18 août 1873, aff. Evand, D. P. 74. 1. 258).

3410. L'administration de l'enregistrement est, d'ailleurs, sans intérêt et, par suite, sans qualité pour se prévaloir devant la cour de cassation de ce que le jugement lui aurait appliqué un droit supérieur au droit établi par la loi (Req. 26 févr. 1878, aff. Granrut, D. P. 78. 1. 308). En matière d'enregistrement, en effet, comme en toute autre matière, la recevabilité du pourvoi ou des divers moyens invoqués à l'appui est subordonnée à l'intérêt du demandeur.

3411. Il est permis de se pourvoir en cassation contre un jugement interlocutoire qui préjuge le fond. Il a été décidé, en ce sens, que le jugement qui, sur la demande de la Régie et malgré l'opposition de l'autre partie, ordonne une expertise pour vérifier la valeur vénale d'un immeuble et le jugement qui, plus tard, homologue cette expertise, ne sont pas de simples jugements préparatoires ; ce sont des jugements définitifs, sur le point qu'ils décident, et susceptibles d'acquérir, sur ce point, l'autorité de la chose jugée. En conséquence, c'est contre ces jugements que le pourvoi doit être dirigé, et non contre un jugement ultérieur de condamnation qui n'en est qu'une suite nécessaire. Le pourvoi est, du moins contre ce dernier jugement, non recevable en tant qu'il se fonde sur des moyens qui ne seraient opposables qu'aux premiers (Civ. rej. 8 mai 1854, cité *suprà*, n° 3407).

3412. Mais lorsque, dans une instance au sujet d'un supplément de droit réclamé sur la portion du prix réel d'un marché administratif, excédant l'évaluation provisoire qui en avait été faite lors de l'enregistrement du marché, le tribunal donne acte à la Régie de la réserve qu'elle faite de réclamer ultérieurement, s'il y a lieu, un nouveau droit sur les suppléments de prix dont elle obtiendrait la preuve, son jugement laissant entier les droits du redevable, ne crée aucun préjugé que l'on puisse invoquer pour se pourvoir en cassation (Req. 18 juill. 1870, aff. Compagnie du gaz, D. P. 71. 1. 157 ; Instr. adm. enreg. 29 août 1871, n° 2414, § 4-2°).

De même, lorsque sur la déclaration insérée dans un acte qu'une acquisition d'immeuble a été faite à titre de partage, la Régie de l'enregistrement prétend qu'à défaut de production de l'acte de partage, l'acquisition doit être réputée avoir eu lieu à titre de vente, et frappée du droit de 5 1/2 pour 100, le juge peut valider la contrainte, sauf à augmenter ou diminuer au vu de l'acte ou d'une déclaration, sans que sa décision, qui n'est que provisoire, puisse être attaquée comme emportant violation d'une disposition de loi (Civ. rej. 18 août 1852, aff. de Rigny, D. P. 52. 1. 225).

3413. Un tribunal n'excède pas ses pouvoirs lorsque, statuant sur une contrainte décernée à fin de payement de divers droits d'enregistrement qui y sont estimés en bloc et approximativement, il impartit un délai au redevable pour faire les notifications et déclarations nécessaires pour la liquidation définitive des droits réclamés et ordonne, à défaut de ces productions dans le délai fixé, l'exécution de la contrainte (Civ. rej. 18 janv. 1871, aff. Duval, D. P. 71. 1. 18. Conf. Civ. cass. 7 juill. 1863, aff. Reverdy, D. P. 63. 1. 276. V. aussi *Rép.* n°s 2232, 4659 et 4660).

3414. La loi n'ayant pas tracé de règle particulière pour l'exercice du *recours en cassation*, les règles de droit commun demeurent applicables. En particulier, ceux-là seulement peuvent comparaître devant la cour de cassation qui ont figuré au procès en première instance (Civ. cass. 29 avr. 1851, aff. Maccarthy, D. P. 51. 1. 123; Civ. cass. 10 juin 1856, *Journ. enreg.*, art. 16554). Ce dernier arrêt décide en particulier que l'Administration ne peut pas être appelée à défendre au pourvoi, lorsqu'elle est restée en dehors du procès en première instance.

3415. On sait qu'en matière ordinaire les *moyens nouveaux* ne peuvent, en principe, être invoqués devant la cour de cassation, à l'exception toutefois des moyens qui ont un caractère d'ordre public; et pourvu, d'ailleurs, que les pièces et documents sur lesquels ils se fondent aient été soumis aux premiers juges (V. *supra*, v° *Cassation*, n°s 419 et suiv.). Il est généralement admis qu'il en est de même en matière fiscale. Cependant, comme le fait remarquer M. Naquet, t. 3, n° 1346, il y a sur ce point quelque confusion dans la jurisprudence et dans la doctrine. On pourrait croire, d'après certains arrêts que la perception des droits étant d'ordre public, tous les moyens proposés en matière d'enregistrement sont eux-mêmes d'ordre public et, par suite, peuvent être proposés pour la première fois devant la cour de cassation ; s'il en était ainsi, aucune difficulté ne se présenterait, du moins, lorsque le moyen est invoqué par la Régie ; mais la jurisprudence, examinée dans son ensemble, ne permet pas de formuler une règle aussi générale. D'abord, les moyens tirés de la nullité des formes de procédure ne peuvent être invoqués devant la cour, quand ils n'ont pas été invoqués devant les premiers juges (Req. 6 juill. 1825, Naquet (*loc. cit.*). Il en est de même du moyen relatif à la prescription. Jugé, en particulier, que la prescription de deux ans applicable à l'action en recouvrement des amendes d'enregistrement ou de timbre ne peut être proposée pour la première fois devant la cour de cassation (Civ. rej. 12 août 1856, aff. l'Union riveraine, D. P. 56. 1. 362; Instr. adm. enreg. 19 mai 1867, n° 2096, § 13).

En ce qui concerne les moyens tirés du fond du droit, ils sont en principe considérés comme étant d'ordre public, à raison de la nature de l'instance; toutefois, s'il n'est pas nécessaire qu'ils aient été discutés devant le tribunal pour être produits devant la cour, il faut du moins, comme le font remarquer, par interprétation de la jurisprudence, les auteurs du *Dictionnaire des droits d'enregistrement* (v° *Instance*, n° 298), que le principe du débat ait été posé devant les juges du fond, et que l'erreur du jugement soit signalée et établie dans des termes et des formes qui permettent de la vérifier utilement et de la reconnaître (Req. 26 nov. 1866, aff. Collongues, D. P. 67. 1. 64 ; Instr. adm. enreg. 30 nov. 1867, n° 2356, § 1er. V. aussi Civ. rej. 15 févr. 1888, aff. Moitessier, D. P. 88. 1. 421).

3416. Par application de cette doctrine, il a été jugé : 1° que lorsque dans une instance en payement d'un droit de soulte sur un partage d'immeubles, une expertise judiciaire a été ordonnée pour vérifier la valeur respective des immeubles attribués à chaque copartageant, la partie qui s'est bornée à contester l'évaluation des experts et à requérir une nouvelle expertise est non recevable à attaquer pour la première fois devant la cour de cassation le mode de calcul de la soulte (arrêt du 26 nov. 1866, cité *supra*, n° 3413); — 2° Que lorsque deux jugements rendus entre parties dans la même affaire ont été enregistrés, le premier au droit fixe, et le second au droit proportionnel de collocation, et que, après avoir reconnu, sur la réclamation des parties, que ce dernier droit n'était pas dû sur le second jugement, la Régie l'a répété sur le premier, en offrant de compenser le supplément de droit exigible avec la somme à restituer, moyennant payement de la différence à son profit, le jugement qui, statuant sur cette réclamation et

cette offre, s'est borné à les rejeter, ne peut être attaqué pour n'avoir pas examiné si la perception du droit proportionnel repoussé pour le premier jugement ne devait pas être admise pour le second (Req. 3 août 1870, aff. Pressacq, D. P. 71. 1. 85); — 3° Que le moyen tiré de ce que la Régie ne peut modifier, en cours d'instance, la demande résultant de la contrainte qu'elle a décernée, et réclamer, par exemple, par des conclusions nouvelles un droit d'obligation, alors que la contrainte avait pour objet la perception d'un droit de cautionnement, ne peut être proposé pour la première fois devant la cour de cassation (Civ. cass. 24 mars 1862, aff. Guesnier, D. P. 62. 1. 217). Il en est de même du moyen pris de ce que les conclusions nouvelles auraient été posées après l'expiration du délai de deux années fixé par l'art. 61 de la loi du 22. frim. an 7 (Même arrêt); — 4° Que lorsqu'un entrepreneur a négligé d'opposer devant le tribunal de première instance à la réclamation du droit proportionnel sur la totalité du prix de son marché, que, la convention ayant été exécutée en partie, le droit n'était dû que sur le prix de la portion restant à exécuter, il ne saurait être recevable à présenter ce moyen pour la première fois devant la cour de cassation (Req. 12 janv. 1869, aff. Chotard, D. P. 69. 1. 430; Instr. adm. enreg. 28 avr. 1869, n° 2384, § 7).

3417. Mais, en attaquant un jugement qui a ordonné la restitution de la totalité du droit de mutation perçu sur un acte constatant l'abandon par une femme renonçante de biens de la communauté en payement de ses reprises, l'Administration peut soutenir que ce droit aurait dû être retenu au moins sur la valeur des biens abandonnés excédant les reprises : ce moyen subsidiaire de cassation était, en effet, implicitement compris dans le moyen général de défense opposé devant le tribunal à la restitution de la totalité du droit (Civ. cass. 10 juill. 1855, aff. du Blaisel, D. P. 55. 1. 251). Jugé, d'ailleurs, que le moyen tiré de la violation de l'art. 11 de la loi du 22 frim. an 7, relatif à l'application de l'impôt aux dispositions indépendantes, n'est pas nouveau et, par conséquent, peut être proposé par l'Administration devant la cour de cassation, lorsque l'Administration a poursuivi en première instance le payement du droit de 1 pour 100 sur l'allocation attribuée à un gérant dans un acte de société, en s'appuyant, d'abord, sur ce que cette allocation constituerait un forfait, et ensuite sur ce que la clause qui la consacre doit être considérée comme une disposition indépendante tombant sous l'application de l'art. 11 précité (Civ. cass. 25 juin 1890, aff. Crevel, D. P. 91, 1re partie).

Il en est de même pour les contribuables. Ainsi, la partie qui soutient, dans une instance engagée avec la Régie, qu'il n'y a lieu à aucune perception de droit, soutient par cela même implicitement qu'aucun droit de mutation à titre gratuit n'est dû par elle. Elle n'est pas, dès lors, réputée proposer un moyen nouveau, si elle soutient pour la première fois devant la cour de cassation qu'en tous cas elle ne pouvait être assujettie qu'à un droit de mutation à titre onéreux (Civ. cass. 9 avr. 1856, aff. Nolé, D. P. 56. 1. 157).

3418. La nullité d'un jugement résultant de ce qu'il constate l'*audition* à l'audience des *parties* elles-mêmes ou de leurs avocats, est d'ordre public et peut être présentée comme moyen de cassation par la partie elle-même qui a plaidé (Civ. cass. 18 nov. 1851, aff. Colbert et de Galard, D. P. 51. 1. 305; 26 déc. 1853, aff. Gougeon, D. P. 54. 1. 316; Instr. adm. enreg. 31 mai 1852, n° 1912, § 5; 28 mai 1854, n° 1999, § 4).

3419. La demande en nullité d'une procédure en expertise peut être déclarée non recevable, lorsqu'elle est basée uniquement sur ce fait que les actes de cette procédure auraient été signifiés aux contribuables en leur qualité d'associés postérieurement à la dissolution de la société établie entre eux, et que cette allégation est dénuée de toute preuve ou que la preuve en est puisée dans des actes produits pour la première fois devant la cour de cassation (Req. 23 nov. 1868, aff. Bonnard et Vanel, D. P. 69. 5. 157). De même, le moyen pris d'une fausse application des règles de la solidarité manque par le point qui lui sert de base, alors que le jugement attaqué, tout en condamnant des enfants mineurs et leur mère tutrice à payer tant un droit de mutation contesté qu'un demi-droit en sus encouru, indique, par l'ensemble de ses mentions, que le droit de mutation est à la charge des mineurs et que le demi-droit en sus est à la charge de la mère tutrice responsable du retard dans la déclaration (Req. 8 févr. 1888, arrêt cité *suprà*, n° 3391-7°). — Le moyen tiré de ce qu'en rejetant une requête civile dans une instance en matière d'enregistrement, un jugement n'a pas statué sur la prétention, discutée dans les mémoires signifiés, que l'affaire fût plaidée, est non recevable alors que cette prétention n'a été l'objet d'aucune conclusion et que, d'ailleurs, la partie qui l'avait produite, a déclaré renoncer à procéder autrement que par mémoires (Civ. rej. 2 janv. 1884, aff. Theillier, D. P. 84. 1. 347).

3420. La condamnation prononcée contre une partie aux frais d'enregistrement d'un acte produit au procès, ne tombe pas sous la censure de la cour de cassation (Req. 18 janv. 1853, aff. Fossard de Rozeville, D. P. 54. 5. 93).

3421. Le jugement qui, statuant dans une instance intentée par l'administration de l'enregistrement contre deux sociétés, distingue expressément ces deux sociétés, dans la condamnation qu'il prononce contre elles ainsi que pour le payement des frais des actes signifiés, et les condamne solidairement ensuite aux frais du jugement, viole la loi sur ce dernier point (Civ. cass. 15 déc. 1869, aff. Société de Graissessac, D. P. 70. 1. 410).

3422. L'administration de l'enregistrement peut être admise à poursuivre par privilège sur l'actif de la faillite d'un condamné, la totalité des frais de la procédure criminelle et correctionnelle dirigée contre lui, sans qu'il y ait lieu d'en déduire, par application des art. 587 et 592 c. com., ceux concernant une prévention de banqueroute abandonnée dès le début, s'il est déclaré en fait qu'aucune partie des frais réclamés n'a eu pour objet spécial cette prévention, une telle déclaration ne pouvant contenir qu'une simple erreur de fait non susceptible de donner ouverture à cessation (Req. 30 déc. 1868, aff. Estenave, D. P. 69. 1. 294 ; Instr. adm. enreg. 28 avr. 1869, n° 2384, § 5).

3423. Jugé qu'il n'y a pas lieu de statuer sur un moyen formulé dans une requête qui n'a été déposée au greffe que le jour même de l'arrêt, après l'audition du ministère public, et alors que le délibéré était commencé (Req. 6 mai 1857, aff. Mallet, D. P. 57. 1. 298).

Décidé encore qu'il n'est pas permis, en principe, d'exciper devant la cour de cassation de pièces qui n'ont pas été produites en première instance (Req. 25 nov. 1868, cité *suprà*, n° 3422).

3424. Par application du principe que le fait seul de l'exécution d'un jugement en dernier ressort, même en l'absence de poursuites et sans réserve ni protestation, n'emporte pas renonciation au droit de l'attaquer devant la cour de cassation (*Rép.* v° *Acquiescement*, n°ˢ 344, 349 et suiv., 485 et 488), il a été jugé que le payement des condamnations prononcées par un jugement en matière d'enregistrement contre le redevable, sur l'avertissement à lui donné par le receveur de s'acquitter pour éviter les frais de poursuites, ne saurait être considéré, quoique fait sans réserve, comme un acquiescement susceptible de rendre le débiteur non recevable à se pourvoir en cassation (Civ. cass. 4 déc. 1871, aff. Blin, D. P. 71. 1. 339). — De même, le payement, par l'Administration, de frais résultant à sa charge d'un jugement qui l'a déboutée de la demande d'un supplément de droit n'emporte pas acquiescement audit jugement, alors qu'il a été effectué à la suite de la signification de cette décision, et après formation d'un pourvoi en cassation (Civ. cass. 30 nov. 1885, aff. Vatin, D. P. 86. 1. 86).

3425. Après que le pourvoi a été admis par arrêt de la chambre des requêtes, et que cet arrêt a été signifié à l'Administration, celle-ci ne peut plus, en renonçant au bénéfice du jugement contre le demandeur empêcher qu'il soit statué sur son pourvoi (Civ. cass. 29 nov. 1879, aff. Auffret, D. P. 70. 1. 341. Conf. Civ. cass. 20 déc. 1864, aff. de Naucaze, D. P. 65. 1. 24).

3426. Mais la signification, à la requête de l'administration de l'enregistrement avec sommation de s'y conformer, mais sous réserves d'un jugement renfermant deux chefs distincts, l'un favorable, l'autre contraire aux prétentions de la requérante, n'emporte pas acquiescement de sa part à cette dernière disposition et ne fait pas obstacle à ce qu'elle se pourvoie en cassation contre elle (Civ. cass. 25 oct. 1886, aff. Gérard, D. P. 87. 1. 125).

TIT. 2. — DES DROITS DE GREFFE (Rép. n°ˢ 3849 à 5909).

3427. Les droits de greffe sont au nombre de trois, savoir : les droits *de mise au rôle*, ceux *de rédaction et de transcription* et les droits *d'expédition*. La matière sera divisée, comme au *Rép.* n° 5849, en quatre sections consacrées : la première à l'historique et à la législation, et les trois autres, aux trois catégories des droits de greffe.

3428. Il ne s'agit ici que des droits de greffe perçus dans les greffes des *cours d'appel*, des *tribunaux civils et de commerce* et dans les *justices de paix.* — En ce qui concerne... ceux en *matière criminelle, correctionnelle et de simple police*, qui sont exclusivement attribués aux greffiers à titre de salaires, V. *Rép.* n° 5854 ; ... les droits particuliers de greffe perçus en matière civile au greffe de la *cour de cassation*, V. *Rép.* v° *Cassation*, p. 16 et n° 18 ; ... le droit d'expédition perçu au greffe de la *cour des comptes*, V. *Rép.* v° *Cour des comptes*, p. 507; Ord. 31 mai 1838 (art. 356, *Rép.* v° *Trésor public*, p. 1166); Décr. 31 mai 1862 (art. 402, D. P. 62. 4. 98) ; ... les frais de greffe perçus au secrétariat général du *Conseil d'Etat*, *Rép.* v° *Conseil d'Etat*, p. 190.

Division.

SECT. 1. — **Historique et législation** (n° 3429).

SECT. 2. — **Du droit de mise au rôle** (n° 3447).

SECT. 3. — **Des droits de rédaction et de transcription** (n° 3458).

   ART. 1. — Droit proportionnel (n° 3460).

      § 1. — Mandements ou bordereaux de collocation (n° 3461).

      § 2. — Adjudications en justice (n° 3463).

   ART. 2. — Droit fixe (n° 3468).

SECT. 4. — **Du droit d'expédition** (n° 3477).

SECT. 1ʳᵉ. — HISTORIQUE ET LÉGISLATION (*Rép.* n°ˢ 5850 à 5860).

3429. Les droits de greffe sont les plus anciens des droits perçus sur les actes judiciaires. Bosquet, *Dictionnaire des domaines*, v° *Greffe*, en fait remonter l'origine à une ordonnance de Philippe le Long, de 1319, qui déclara que les greffes étaient du domaine royal et qu'il appartenait au roi d'en régler les émoluments. Supprimées par l'Assemblée constituante, ces taxes furent rétablies par une loi du 21 vent. an 7 (Aubert, *Tableau synoptique des droits de greffe* ; Garnier, *Rép. gén. enreg.*, n° 9199 ; *Diction. droits d'enreg.*, v° *Greffe*, n° 367 ; *Rép.* n° 5850). — M. Brisson, député, a déposé récemment sur le bureau de la Chambre un projet de loi qui tend à supprimer les droits fixes de greffe sur les actes de la procédure et à les remplacer par un droit unique et proportionnel sur le jugement.

3430. Les lois, décrets et ordonnances relatifs à la perception des droits de greffe, ont été rendus applicables dans les départements de la Savoie, de la Haute-Savoie et des Alpes-Maritimes, par un décret du 17 oct. 1860 (D.P.60.4.153).

3431. A la législation concernant les droits de greffe, rapportée au *Rép.*, n°ˢ 5850 et suiv., s'ajoute une loi du 16 nov. 1875 (D. P. 76. 4. 47) concernant le traitement des greffiers de *justice de paix* et qui, en augmentant ces traitements, a établi, afin de compenser la charge imposée au Trésor par cette augmentation, un droit de 1 fr. en principal à percevoir dans les greffes des justices de paix « pour l'inscription au rôle de chaque cause portée à l'audience afin d'y recevoir jugement ».

3432. Les droits de greffe sont soumis, comme ceux d'enregistrement, aux *décimes par franc* (*Rép.* n° 5857). Au décime simple édicté par la loi du 22 prair. an 7 s'en est ajouté un autre, d'après les lois des 14 juill. 1855 (art. 5, D. P. 55. 4. 75), 2 juill. 1862 (art. 14, D. P. 62. 4. 60), 23 août 1871 (art. 1ᵉʳ, D. P. 71. 4. 61). Mais la surtaxe du demi-décime, ajoutée par la loi du 30 déc. 1873 (art. 2, D. P. 74. 4. 30) aux deux décimes établis par les lois antérieures sur les droits d'enregistrement, ne s'applique pas, d'après ladite disposition, aux droits de greffe. Ces droits se trouvent donc augmentés actuellement de deux décimes, tandis que ceux d'*enregistrement* et d'*hypothèque* sont augmentés de deux décimes et demi (V. *suprà*, n° 21, et *infrà*, n° 3484).

3433. Une loi du 23 oct. 1884 (D. P. 85. 4. 9) a autorisé la restitution des droits de greffe, comme de ceux de timbre, d'enregistrement et d'hypothèque, perçus sur les actes de la procédure, pour les *ventes judiciaires d'immeubles dont le prix principal ne dépasse pas* 2000 *fr.* (V. *infrà,* n° 3443).

3434. Les *chemins de fer exploités* par l'État étant soumis, d'après la loi de finances du 22 déc. 1878 (art. 9) (D. P. 79. 4. 2), en ce qui concerne les droits, taxes et contributions de toute nature, au même régime que les chemins de fer concédés aux compagnies, toutes les dispositions des lois sur les droits de greffe, leur sont applicables (Instr. adm. enreg. 28 déc. 1878, n° 2611, D. P. 79. 5. 198).

3435. Sont *exempts des droits de greffe* les actes et jugements relatifs... aux *expropriations pour cause d'utilité publique,* V. *Rép.* n° 5885, et v° *Expropriation pour utilité publique,* n° 862 ;... au mariage des *indigents,* à la légitimation de leurs enfants naturels et au retrait de ces enfants déposés dans les hospices (*Rép.* n° 4857 ; L. 10 déc. 1850, art. 4, D. P. 51. 4. 9 ; Instr. adm. enreg. 31 déc. 1846, n° 1774, D. P. 47. 3. 21 ; 1er févr. 1851, n° 1876) ;... aux échanges entre l'Etat et les particuliers (Sol. adm. enreg. 31 juill. 1880, D. P. 81. 3. 88).

3436. Il n'est dû de droits de greffe ni pour la rédaction, ni pour l'expédition des procès-verbaux de dépôt de *marques de fabrique,* qui sont rédigés dans les greffes des tribunaux de commerce ou, à défaut de tribunal de commerce, dans les greffes des tribunaux civils, la loi du 23 juin 1857 (D. P. 57. 4. 97) ayant attribué au greffier, pour ces formalités, un salaire spécial, sans parler de la perception des droits de greffe (Instr. adm. enreg. 6 oct. 1858, n° 2133).

3437. Toute personne admise au bénéfice de l'*assistance judiciaire* est dispensée provisoirement du payement des droits de greffe, comme de ceux de timbre et d'enregistrement (L. 22 janv. 1851, art. 14, D. P. 51. 4. 25 ; Instr. adm. enreg. 31 mars 1851, n° 1879).

3438. Pour les *actes des procédures* suivies *d'office* par le *ministère public* en matière civile, les droits de greffe sont, comme ceux d'enregistrement, liquidés en débet, V. *Rép.* n°ˢ 4851 et 4856.

3439. En ce qui concerne les *rapports que les capitaines de navires* sont tenus de faire au greffe du tribunal de commerce ou de la justice de paix, lorsqu'il n'y a pas de tribunal de commerce, dans les vingt-quatre heures de leur arrivée (c. com. art. 243), V. *Rép.* n° 4859.

3440. Les droits de greffe sont *perçus* pour le compte du Trésor par les receveurs de l'enregistrement ; mais une partie des produits est distraite, à titre de *remises,* au profit des greffiers qui demeurent chargés, moyennant ces remises, des traitements de leurs commis et employés ainsi que de toutes les dépenses du greffe (*Rép.* n° 5850).

En ce qui concerne le *mode de perception de l'impôt* et des remises des greffiers, V. *Rép.* n°ˢ 5851 et 5852, et v° *Greffe-greffier,* n°ˢ 114, 122, 125, 135, 138, 139, 144, 145, 147, 199, 200 et 544.

3441. La loi du 29 déc. 1873, qui a substitué les percepteurs des contributions directes aux receveurs de l'enregistrement pour le recouvrement des amendes et des condamnations pécuniaires, en a excepté, entre autres, les *amendes* et *condamnations pécuniaires concernant les droits de greffe.* Ces amendes et condamnations sont donc recouvrées, comme par le passé, par les receveurs de l'enregistrement (L. 29 déc. 1873, art. 25, D. P. 74. 4. 26 ; Instr. adm. enreg. 30 déc. 1873, n° 2474, § 2. V. Exposé des motifs, D. P. 74. 4. 29, note 5).

3442. D'après l'art. 5 de la loi du 22 frim. an 7 sur l'enregistrement, « il n'y a point de fraction de centime dans la liquidation du droit proportionnel ; lorsqu'une fraction de somme ne produit pas un centime de droit, le centime est perçu au profit du Trésor » (*Rép.* n°ˢ 4372 et suiv.). Cette disposition n'ayant pas été reproduite par les lois sur les droits de greffe, le principe qu'elle consacre n'est pas applicable à la perception des ces droits (Instr. adm. enreg. 12 déc. 1866, n° 2345).

3443. La *restitution des droits de greffe* est autorisée, pour le droit proportionnel de rédaction, à l'égard des adjudications en justice qui sont annulées sur appel (*Rép.* n° 5854). Mais elle n'est jamais admise pour le droit fixe de rédaction et de transcription et celui d'expédition, qui repré-

sentent le salaire de la formalité (Aubert, *loc. cit.; Garnier, loc. cit.,* n° 9247; *Diction. droits d'enreg., loc. cit.,* n° 394. V. *infrà,* n° 3458).

Pour la restitution des droits de greffe autorisée par la loi mentionnée *suprà,* n° 3433, du 23 oct. 1884 à l'égard des *ventes judiciaires dont le prix principal ne dépasse pas deux mille francs,* V. le commentaire de cette loi, *suprà,* n°ˢ 3127 et suiv.

3444. En ce qui concerne le *payement des droits de greffe,* la partie qui requiert la rédaction ou l'expédition des actes qui y sont sujets, est tenue d'en faire l'avance ; mais ils lui sont alloués dans la taxe des dépens pour les répéter de la partie qui a succombé dans l'instance (*Rép.* n° 5858 ; et v° *Greffe-greffier,* n° 115).

3445. La *procédure spéciale* en matière d'enregistrement (V. *suprà,* n°ˢ 3333 et suiv.) est de règle toutes les fois que le débat se rapporte à l'une des diverses perceptions qui sont confiées à l'administration de l'enregistrement ; elle est applicable, par conséquent, aux droits de greffe comme à ceux d'enregistrement. Ainsi, c'est par voie de *contrainte* que l'Administration doit agir pour le recouvrement des droits de greffe, ainsi que des amendes encourues par les greffiers (*Rép.* n° 5667).

3446. La *prescription* pour les droits de greffe, ainsi que pour les amendes encourues par les greffiers, est la même que pour les droits et amendes en matière d'enregistrement (V. *Rép.* n°ˢ 5505, 5859 et 5860 ; Instr. adm. enreg. 9 déc. 1875, n° 2533, D. P. 76. 5. 263).

Ainsi, en cas de poursuites à raison de contraventions se rapportant à des droits de greffe, l'Administration se trouve déchue de son action, alors que les poursuites commencées sont interrompues pendant un an, sans qu'il y ait d'instance devant les juges compétents (V. *Rép.* n° 5453).

SECT. 2. — Du DROIT DE MISE AU RÔLE (*Rép.* n°ˢ 5861 à 5872).

3447. La loi organique des droits de greffe du 21 vent. an 7 définit elle-même le droit de mise au rôle « la rétribution due pour la formation et la tenue des rôles, et l'inscription de chaque cause sur le rôle auquel elle appartient » (V. *Rép.* n°ˢ 5861 et suiv.). Le *tarif* et le *mode de perception* sont toujours tels qu'ils ont été établis par ladite loi de ventôse (V. *ibid.*).

3448. Mais, tandis qu'à l'époque de la publication du *Répertoire,* le droit de mise au rôle n'était perçu qu'en matière civile et commerciale, il se perçoit, en outre, actuellement dans les greffes des justices de paix, en vertu de la loi du 16 nov. 1875 citée *suprà,* n° 3431, au taux de 1 fr. en principal « pour l'inscription au rôle de chaque cause portée à l'audience afin d'y recevoir jugement » (Instr. adm. enreg. 9 déc. 1875, n° 2533, D. P. 76. 5. 263).

3449. Ce droit constitue un droit *de greffe;* à ce titre, il est passible des deux décimes établis par la loi du 6 prair. an 7 et par l'art. 1er de la loi du 23 août 1871 ; mais il est exempt de la taxe supplémentaire de 5 pour 100 (demi-décime) établie par l'art. 2 de la loi du 30 déc. 1873 (Instr. 9 déc. 1875, citée *suprà,* n° 3448. V. aussi *suprà,* n° 3432).

3450. Il résulte des termes de la loi et des travaux qui l'ont précédée, que le droit de 1 fr. ne doit atteindre que les inscriptions de causes en matière contentieuse rentrant dans les prévisions des art. 8 et suiv. c. proc. civ., à l'exclusion des affaires portées *en conciliation* et régies par les art. 48 et suiv. du même code (Instr. 9 déc. 1875, citée *suprà,* n° 3448).

3451. Les causes de *simple police* dont les juges de paix sont saisis, même à la requête ou avec l'intervention des parties civiles, demeurent pareillement exemptes du droit de mise au rôle (Instr. 9 déc. 1875, citée *suprà,* n° 3448).

3452. On applique au droit de mise au rôle dont il s'agit l'art. 6 du décret du 12 juill. 1808, en vertu duquel les droits de greffe sont assimilés, d'une manière générale, aux droits d'enregistrement, en ce qui concerne les délais de prescription établis par l'art. 61 de la loi du 22 frim. an 7, (Instr. 9 déc. 1875, citée *suprà,* n° 3448. V. aussi *suprà,* n° 3446).

3453. Le *rôle* des greffiers de justice de paix consiste dans le registre dont la tenue est prescrite par les art. 1 et

2, tit. 8, du décret des 18-26 oct. 1790, contenant *règlement sur la procédure en la justice de paix*. Ce registre doit être représenté au receveur le premier jour de chaque mois par le greffier, qui verse en même temps le montant des droits de mise au rôle recouvrés par ses soins au fur et à mesure des inscriptions de causes faites pendant le mois précédent (L. 21ᵉ vent. an 7, art. 4). Après vérification, le receveur donne quittance sur le registre du greffier (Instr. 9 déc. 1875, citée *suprà*, n° 3448).

3454. La loi du 21 vent. an 7, à laquelle se réfère celle du 16 nov. 1875, n'édicte aucune pénalité contre les greffiers qui s'abstiendraient de verser exactement le produit du droit de mise au rôle à la caisse du receveur de l'enregistrement *le premier jour de chaque mois*. En cas de retard présentant quelque gravité, les receveurs devraient en référer aux juges de paix, et, au besoin, aux magistrats du parquet par l'intermédiaire des directeurs (Instr. 9 déc. 1875, citée *suprà*, n° 3448).

3455. Le taux du droit de mise au rôle est différent selon qu'il s'agit des causes sommaires, à l'exclusion des appels des juges de paix (1 fr. 50 cent.), ou bien des causes ordinaires et appels des juges de paix (3 fr.). V. pour les règles suivant lesquelles cette distinction doit être faite, *Rép.* vᵒ *Matières sommaires*.

3456. Le *Répertoire*, n°ˢ 5862 et suiv., mentionne un certain nombre de causes qui sont *exemptes* du droit de mise au rôle, notamment le *référé*; d'après la disposition expresse de l'art. 5 du décret du 12 juill. 1808 (*Rép.* p. 697, note).

Le droit de mise au rôle ne peut non plus être perçu pour les causes qui ne sont pas inscrites au rôle. Ainsi, les causes introduites par assignation à bref délai, celles pour déclinatoires, exceptions et règlements de procédures qui ne tiennent point au fond, celles renvoyées à l'audience en état de référé, celles à fin de mise en liberté, de provision alimentaire, ou toutes autres de pareille urgence, appelées sur simples mémoires pour être plaidées et jugées sans remise au tour de rôle (L. 12 déc. 1808, art. 66, *Rép.* vᵒ *Organisation judiciaire*, n° 1494); elles échappent, par suite, au droit de mise au rôle.

3457. Il en est de même des instances en matière d'*enregistrement*, de *timbre*, de *droits de greffe* et de *droits d'hypothèque* qui sont aussi « appelées sur simples mémoires » (V. *suprà*, n° 3333). Mais, en Belgique, une loi du 21 févr. 1870 rapportée par M. Garnier, *Rép. gén. enreg.*, n° 9833, et reproduite D. P. 83. 2. 201, note, a fait rentrer dans le droit commun les instances en matière d'enregistrement et de timbre, en disposant, par son art. 1ᵉʳ, que « les causes soumises aujourd'hui à la procédure par écrit déterminée par l'art. 65 de la loi du 22 frim. an 7, seront jugées par les tribunaux de première instance suivant les règles du code de procédure civile applicables aux matières sommaires ». Aussi l'administration de l'enregistrement de Belgique a-t-elle décidé que les instances en matière d'enregistrement, étant des causes ordinaires, donnent lieu à la perception du droit de mise au rôle (Sol. adm. enreg. 9 nov. 1869, Garnier, *loc. cit.*).

Sect. 3. — Des droits de rédaction et de transcription
(*Rép.* n°ˢ 5873 à 5894).

3458. Tous les actes du greffe sont sujets au droit de rédaction et de transcription (*Rép.* n° 5873). D'après les termes mêmes de l'art. 4 du décret du 12 juill. 1808, ce droit est le salaire de la formalité ; il ne peut, en principe, il ne peut être restitué en aucun cas (*Ibid.* V. aussi n°ˢ 708, 5889, 5891, 5893, 5906, 5907 ; Instr. adm. enrég. 3 sept. 1808, et *suprà*, n° 3443). Cette règle souffre exception dans le cas mentionné *suprà*, *ibid.*

3459. Le droit de rédaction et de transcription est fixe ou proportionnel : *fixe* pour tous les *actes de greffe* autres que les adjudications judiciaires et les bordereaux de collocation, *proportionnel* pour les *adjudications* et les *bordereaux de collocation* (*Rép.* n° 5875).

Art. 1ᵉʳ. — Droit proportionnel (*Rép.* n°ˢ 5875 à 5885).

3460. Il a été traité, en premier lieu, au *Rép.* n°ˢ 5876 et suiv., de la perception du droit proportionnel de rédaction

et de transcription qui est tarifé... à 25 cent. pour 100 du montant de la créance colloquée, pour les *mandements et bordereaux de collocation* (*Rép.* n° 5876),... et à 50 cent. pour 100 sur les cinq premiers mille fr. et à 25 cent. pour 100 sur ce qui excède 5000 fr. pour les *adjudications faites en justice*.

§ 1ᵉʳ. — Mandements ou bordereaux de collocation (*Rép.* n° 5876).

3461. Le droit proportionnel de rédaction et de transcription, formant le salaire de la rédaction du procès-verbal, est exigible par cela seul qu'il y a délivrance par le greffier d'un bordereau de collocation. Il en est ainsi pour les ordres *amiables* aussi bien que pour les ordres *judiciaires* (Trib. Seine, 25 janv. 1862, aff. de Delmar, D. P. 62. 3. 20. V. *Rép.* vᵒ *Ordre entre créanciers*, n° 1231).

3462. Le décret du 12 juill. 1808 dispose (art. 3) que « le droit de rédaction, en cas de revente à la folle enchère, n'est dû que sur ce qui excède la première adjudication » (*Rép.* n° 5879). Aux termes de l'art. 779 c. proc. civ., « l'adjudication sur folle enchère intervenant dans le cours de l'ordre, et même après le règlement définitif et la délivrance des bordereaux, ne donne pas lieu à une nouvelle procédure. Le juge modifie l'état de collocation suivant les résultats de l'adjudication, et rend les bordereaux exécutoires contre le nouvel adjudicataire ». Il suit de là que toutes les fois que le prix de la revente sur folle enchère est inférieur au prix de l'adjudication primitive, le règlement additionnel auquel il est procédé, ne peut donner lieu à la perception de nouveaux droits proportionnels de rédaction et de transcription. En effet, il n'est pas nécessaire, en ce cas, de délivrer de nouveaux bordereaux ; il y a lieu seulement de rectifier ceux délivrés antérieurement et de les rendre exécutoires contre le nouvel adjudicataire. Si, soit en raison du nombre et de l'importance des modifications rendues nécessaires par l'adjudication sur folle enchère, soit pour toute autre cause, de nouveaux bordereaux sont délivrés, la situation demeure la même au point de vue de l'impôt. Le principe : *Non bis in idem* fait toujours obstacle à la perception de nouveaux droits proportionnels ; les nouveaux bordereaux ne peuvent donner lieu qu'à des simples droits fixes. Jugé, en ce sens, que le règlement modificatif additionnel d'ordre auquel il est procédé à la suite d'une adjudication sur folle enchère intervenue après le règlement définitif et la délivrance des bordereaux de collocation, dont le prix est inférieur à celui de l'adjudication primitive, ne constitue pas un nouvel ordre, et ne donne pas lieu, en conséquence, au droit proportionnel de greffe et de rédaction et transcription à 25 cent. pour 100, ce droit ayant été déjà perçu sur le premier règlement et sur les bordereaux délivrés à la suite ; qu'il n'est dû, en ce cas, par chaque bordereau complémentaire, que le droit fixe de greffe à 1 fr. 25 cent. (Trib. Saint-Amand, 24 août 1882, aff. Desmons, D. P. 83. 3. 112).

§ 2. — Adjudications en justice (*Rép.* n°ˢ 5877 à 5885).

3463. Le droit proportionnel de rédaction et de transcription auquel sont soumises les adjudications faites en justice (*Rép.* n°ˢ 5877 et suiv.), n'est dû, en cas de revente sur *folle enchère*, que sur ce qui excède le prix de la première adjudication (*Rép.* n° 5879. V. *suprà*, n° 3462).

3464. Toute adjudication en justice donne lieu au droit proportionnel de rédaction et de transcription, de quelque nature que soient les biens adjugés, soit qu'elle porte sur des biens meubles, comme rentes, créances ou autres, ou des biens immeubles, soit qu'elle renferme vente ou bail de biens mis en adjudication (Décis. min. fin. 24 mai 1823 ; Instr. adm. enreg. 11 juin 1823, n° 1082 ; 28 juin 1829, n° 1282, § 15). Ainsi, jugé que l'adjudication en justice d'un droit de bail et des constructions élevées par le locataire, donne lieu au droit proportionnel de rédaction tant sur le prix des constructions que sur le montant des loyers mis à la charge de l'adjudicataire (Trib. Seine, 23 oct. 1885, aff. Bouvier et Goulas, *Journ. enreg.*, art. 22616).

3465. Si l'adjudication a lieu par *licitation* entre copropriétaires et que l'un des colicitants se rende adjudicataire, le droit proportionnel de rédaction et de transcription n'est exigible que sur la portion du prix de l'adjudication afférente aux parts acquises (*Rép.* n° 5880 ; Trib. Seine, 6 août 1870, aff. de Villoutreys, D. P. 72. 3. 30).

3466. Il a été admis pendant longtemps que l'adjudication faite en justice à l'*héritier bénéficiaire* d'un immeuble de la succession donne lieu au droit proportionnel de rédaction et de transcription sur la *totalité* du prix (Trib. Seine, 15 mars 1848, aff. Nodier, D. P. 48. 5. 149). On alléguait, à l'appui de cette opinion, que les droits de greffe, quoique perçus au profit de l'État, ont une destination spéciale, et constituent, du moins pour une partie, moins un impôt que le salaire dû au greffier à raison de la réception ou de la rédaction des actes judiciaires, à la confection desquels un ministère est indispensable et commandé par la loi ; que, dès lors, il n'y a point similitude entre les droits d'enregistrement et les droits de greffe ; que le décret du 12 juill. 1808 ne fait pas les mêmes dispositions ; que ce décret et la loi précédente, en établissant un droit proportionnel de greffe pour la rédaction des adjudications faites en justice, ne distinguent pas entre les adjudications emportant transmission de propriété et celles purement déclaratives ; qu'il est bien vrai que l'art. 3 dudit décret ne soumet, en cas de licitation, au droit proportionnel de rédaction que la part acquise par le colicitant qui se rend adjudicataire ; mais que ce cas est autre que celui de l'espèce ; qu'il ne s'agit pas d'une licitation, mais d'une vente sur publications, et qu'en principe, les exceptions doivent être renfermées dans les cas spécifiés par la loi. — Cette doctrine était erronée. Elle était en opposition directe avec le texte même de l'art. 3 du décret du 12 juill. 1808 qui porte sur le droit proportionnel de rédaction n'est exigible, pour les licitations, que sur la portion du prix de l'adjudication afférente aux parts acquises par le colicitant adjudicataire. Cette disposition reproduit celle qui règle la perception du droit proportionnel de mutation (V. *supra*, n° 1332 et suiv.). Or cette règle s'applique aussi bien à l'héritier bénéficiaire qu'à l'héritier pur et simple. Il en doit être de même pour le droit proportionnel de rédaction. A la vérité, le droit de transcription qui est exigible sur l'adjudication prononcée au profit d'un héritier bénéficiaire se perçoit, à la différence du droit de mutation, sur l'intégralité du prix de l'adjudication. Mais, comme nous le verrons aux droits d'hypothèque, *infra*, n° 3515, s'il en est ainsi, c'est que le droit de transcription est considéré comme le prix de la formalité et comme étant, par suite, indivisible au même titre qu'elle. Il n'en est pas ainsi pour le droit de rédaction qui représente le salaire du greffier. Aucune assimilation n'est donc possible entre les deux droits. Cela étant, on doit s'en tenir au texte de la disposition précitée du décret du 12 juill. 1808 et ne percevoir le droit proportionnel de rédaction et de transcription pour l'adjudication prononcée au profit d'un héritier bénéficiaire, comme pour celle prononcée au profit d'un héritier pur et simple, que sur les parts acquises. L'administration de l'enregistrement a fini par le reconnaître par une solution du 19 févr. 1868 (1), M. Garnier, *Rép. pér. enreg.*, art. 2743, et *Rép. gén. enreg.*, n° 3068, le *Dictionnaire des droits d'enregistrement*, v° *Bénéfice d'inventaire*, n° 101, et *le Dictionnaire du notariat*, 4° éd., v° *Greffe (droits de)*, n° 20, se sont prononcés dans le même sens.

3467. Lorsqu'une adjudication comprend plusieurs lots, même adjugés à des acquéreurs distincts, c'est sur le prix cumulé de ces lots, et non séparément sur les acquisitions de chaque adjudicataire, que doit être calculé le droit de greffe à percevoir (Décr. 12 juill. 1808, art. 1er, § 2) (Trib. Saint-Amand, 2 avr. 1868, aff. Redautet et Cauvers, D. P. 68. 3. 86. V. *Rép.* n° 5881).

Il en est ainsi, notamment, lorsque les adjudicataires sont solidaires (Sol. adm. enreg. 2 avr. 1840, *ibid.*, note).

Art. 2. — *Droit fixe* (*Rép.* n°s 5886 à 5894).

3468. Le tarif est toujours le même que celui indiqué au *Rép.* n°s 5886 et suiv. Tous les actes du greffe autres que ceux tarifés spécialement aux droits de 3 fr. et de 1 fr. 50 cent., sont assujettis au droit fixe de 1 fr. 25 cent. (*Rép.* n° 5888). V. Sol. adm. enreg. 19 févr. 1868, citée *supra*, n° 3466.

3469. Le droit de rédaction est applicable aux certificats de toute nature, délivrés par les greffiers, à ceux rédigés en brevet comme aux autres (*Rép.* n° 5890). Toutefois, il n'en est ainsi que pour les actes de greffe prévus par les codes et par les lois sur la procédure (Décis. min. fin. 9 août 1877, D. P. 78. 3. 48).

3470. D'après la loi du 18 mars 1806 (art. 14) relative aux *dessins de fabrique*, tout fabricant qui veut s'assurer la propriété d'un dessin de son invention, est tenu d'en déposer un échantillon aux archives du conseil des prud'hommes ou au greffe du tribunal de commerce. Le certificat délivré par le greffier, constatant ce dépôt, est exempt du droit de greffe.

3471. De même, le droit de rédaction n'est pas applicable aux extraits, délivrés sous forme de *certificat*, par les greffiers des tribunaux de commerce, du registre tenu au greffe de ce tribunal pour constater le dépôt de *marques de fabrique* (L. 23 juin 1857, art. 4, D. P. 57. 4. 97; Sol. adm. enreg. 9 août 1877, D. P. 78. 3. 48).

3472. Mais, ladite loi du 23 juin 1857 sur les *marques de fabrique et de commerce*, citée *supra*, n° 3471, a autorisé la perception, par le greffier, d'un droit fixe de 1 fr. pour la rédaction du *procès-verbal de dépôt* de chaque marque (Instr. adm. enreg. 6 oct. 1858, n° 2133). Le même fabricant, le même commerçant, peut, s'il a plusieurs *marques*, en faire le dépôt dans un seul procès-verbal ; mais le droit de rédaction est dû autant de fois qu'il y a de marques déposées (Même instruction).

3473. Les certificats délivrés par les greffiers au vu des bulletins des *casiers judiciaires*, sont affranchis du droit de greffe (Décis. min. fin. et just. 27 nov. et 6 déc. 1852; Instr. adm. enreg. 16 mars 1853, n° 1957).

3474. L'acte de *dépôt de titres* de créances pour la distribution de deniers par *contribution* ou par *ordre* est soumis au droit fixe de rédaction de 1 fr. 50 cent. (*Rép.* n° 5887, et v° *Ordre*, n° 500; Instr. adm. enreg. 5 févr. 1844, n° 1704, D. P. 45. 3. 33).

La remise des titres produits par les créanciers est constatée, aux termes de l'art. 754 c. proc. civ., par une mention du juge-commissaire sur le procès-verbal d'ordre. Cette mention fait partie intégrante du procès-verbal et donne lieu à autant de droits de greffe de rédaction à 1 fr. 50 cent. qu'il y a de productions, conformément à l'art. 2 du décret du 12 juill. 1808 (Même instruction du 5 févr. 1844).

Mais l'art. 1er, n° 2, du décret du 12 juill. 1808 d'après lequel il est dû 1 fr. 50 cent. par production, ne doit recevoir son application *qu'à défaut d'ordre amiable* (Instr. adm. enreg. 12 sept. 1860, n° 2181, § 5).

---

(1) D'après l'art. 3 du décret du 12 juill. 1808, le droit de greffe n'est exigible pour les licitations « que sur la valeur de la part acquise par le colicitant. » Il n'y a pas lieu, pour l'application de cet article, de distinguer si le colicitant est héritier pur et simple ou héritier bénéficiaire ; car l'héritier bénéficiaire représente le défunt, et la vente qu'il consent des biens de la succession a le même effet que celle consentie par l'héritier pur et simple. L'excédant du prix, déduction faite des dettes, lui appartient même dans le cas d'abandon de la succession aux créanciers (*Rép.* v° *Succession*, n°s 757, 771). Si l'héritier bénéficiaire qui veut vendre ou conserver les immeubles de la succession doit observer les formes prescrites par les lois sur la procédure (c. civ. art. 806), c'est uniquement pour sauvegarder l'intérêt des créanciers. L'art. 3 du décret lui est donc applicable, ainsi que l'Administration l'a reconnu par de nombreuses solutions. —

Sans doute, dans l'espèce, l'adjudicataire est seul héritier ; mais l'adjudication n'en a pas moins tous les caractères d'une véritable licitation : c'est ce qui ressort tant du cahier des charges que du jugement par lequel le tribunal, ordonnant la vente, a exprimé que les immeubles « seraient licités » en deux lots. On ne voit pas, d'ailleurs, pour quels motifs l'art. 3 du décret, applicable dans le cas où il y aurait plusieurs héritiers, cesserait de l'être lorsque le défunt n'a qu'un seul héritier. Dans ce dernier cas, la valeur acquise par l'adjudicataire se réduit à néant, et le droit fixe de 1 fr. 25 cent., minimum fixé par le même article, est seul exigible. — Quant au droit fixe d'enregistrement, il est de 3 fr., car les jugements d'adjudication, quand ils ne statuent pas sur des incidents, sont toujours rendus en dernier ressort (c. proc. civ. art. 730) (*Rép.* v° *Vente publique d'immeubles*, n° 2148). ...

Du 19 févr. 1868.-Sol. adm. enreg.

3475. Le droit de rédaction de 3 fr. est encore dû sur l'acte de dépôt de l'*état* de toutes les *inscriptions* subsistantes, délivré par le conservateur des hypothèques et qui doit être annexé au procès-verbal d'ordre (*Rép.* n° 5886 et v° *Ordre*, n° 1044; Instr. 5 févr. 1844 citée *suprà*, n° 3474).

3476. En ce qui concerne les *ordres amiables*, la loi du 21 mai 1858 porte que l'état des inscriptions sera déposé au greffe; mais, comme elle a eu pour but de diminuer les frais des ordres, ce serait aller contre les intentions du législateur que d'exiger autre chose qu'une *mention* de l'annexe de l'état dont il s'agit. C'est dans ce sens, d'ailleurs, que s'est prononcé le garde des sceaux dans sa circulaire adressée, le 2 mai 1859, aux procureurs généraux pour faciliter l'application de la loi du 21 mai 1858. Cette mention donne lieu au droit de greffe de 3 fr. aux termes de l'art. 1er, n° 2, du décret du 12 juill. 1808 (Instr. adm. enreg. 12 sept. 1860, n° 2181, § 5, n° 1).

SECT. 4. — DU DROIT D'EXPÉDITION (*Rép.* n°s 5895 à 5909).

3477. Les règles établies au *Rép.* n°s 5895 et suiv. pour la perception de ce droit sont toujours les mêmes : limitation du nombre de lignes et de syllabes que chaque page peut contenir (*Ibid.*); tarif (*Rép.* n°s 5897 et suiv.).

Nous n'avons à mentionner ici que quelques décisions particulières intervenues depuis la publication du *Répertoire*.

3478. Il a été jugé que le greffier auquel une expédition est demandée a le droit d'exiger la consignation préalable d'une somme représentant approximativement le coût de cette expédition (Paris, 8 mars 1865, aff. Fougerat, D. P. 66. 2. 42; Trib. Poitiers, 13 juin 1865, aff. Frémy, D. P. 66. 3. 55).

3479. En matière de *dessins de fabrique*, l'expédition du procès-verbal de dépôt au conseil des prud'hommes ou au greffe du tribunal de commerce est exempte du droit de greffe (Instr. adm. enreg. 22 juin 1846, n° 1755, § 5, D. P. 47. 4. 467).

3480. Il n'est pas dû de droit de greffe pour l'expédition du procès-verbal de dépôt de *marques de fabrique et de commerce* (L. 23 juin 1857, D. P. 57. 4. 97; Instr. adm. enreg. 6 oct. 1858, n° 2133).

3481. Mais, lorsqu'il est procédé à un *règlement* modificatif additionnel d'ordre à la suite d'une adjudication sur folle enchère intervenue après le règlement définitif et la délivrance des bordereaux de collocation et dont le prix est inférieur à celui de l'adjudication primitive, le droit d'expédition est dû par chaque bordereau complémentaire délivré (Trib. Saint-Amand, 24 août 1882, cité *suprà*, n° 3462).

TIT. 3. — DES DROITS D'HYPOTHÈQUE
(*Rép.* n°s 5910 à 6057).

3482. Il a été traité au *Répertoire*, sous ce titre, des *droits* perçus au profit du Trésor, tant pour l'inscription des privilèges et hypothèques que pour la transcription des actes emportant mutation d'immeubles, en outre, incidemment, de quelques-uns des *salaires* alloués aux conservateurs des hypothèques pour les formalités qu'ils remplissent (*Rép.* n° 5910). Cette dernière matière a été étudiée postérieurement *in extenso* au t. 37 du *Répertoire*, v° *Privilèges et hypothèques*, dans un paragraphe spécial, chap. 10, sect. 1re, art. 1er, § 3, n° 2859 et suiv. Elle sera traitée *infrà*, eod. v°. Nous la laisserons, par suite, de côté pour nous occuper exclusivement ici des *droits d'hypothèque*.

Ces droits sont au nombre de deux établis, l'un, sur les inscriptions de privilèges et hypothèques, l'autre, sur la transcription, au bureau des hypothèques, des actes emportant dépossession de propriété immobilière.

Le *Répertoire* renferme, en ce qui concerne la perception de ces droits, outre le traité auquel se rapporte la présente étude, un paragraphe consacré spécialement au droit de transcription, au t. 42, 1er part., v° *Transcription hypothécaire*, p. 781, chap. 6, n°s 668 et suiv. Ce paragraphe présente, d'une part, les solutions de la doctrine et de la jurisprudence intervenues, relativement au droit de transcription, depuis la publication du t. 22 du *Répertoire* jusqu'à celle du t. 42, c'est-à-dire de 1850 à 1861, et, d'autre part, le commentaire de l'art. 12 de la loi du 23 mars 1855, qui n'assu-

jettit qu'à un simple droit fixe de 1 fr. « la transcription des actes ou jugements qui n'étaient pas soumis à cette formalité (de la transcription) avant la présente loi (du 23 mars 1855) ». Nous n'aurons, en conséquence à rapporter ici que les solutions de la doctrine et de la jurisprudence intervenues, pour le droit d'inscription, depuis la publication du t. 22 du *Répertoire*, c'est-à-dire depuis 1850, et pour le droit de transcription, depuis la publication du t. 42, c'est-à-dire depuis 1861.

La matière sera divisée, comme au *Répertoire*, en trois sections se rapportant, la première à la *législation*, la seconde, au *droit d'inscription*, la troisième, au *droit de transcription*

Division.

SECT. 1. — **Historique et législation** (n° 3483).

SECT. 2. — **Des droits d'inscription des privilèges et hypothèques** (n° 3486).

  ART. 1. — Tarif (n° 3486).
  ART. 2. — Exigibilité (n° 3487).
  ART. 3. — Liquidation (n° 3499).
  ART. 4. — Exemption (n° 3505).
  ART. 5. — Payement (n° 3507).
  ART. 6. — Prescription (n° 3509).

SECT. 3. — **Des droits de transcription** (n° 3511).

  ART. 1. — Tarif (n° 3511).
  ART. 2. — Droit proportionnel (n° 3513).
    § 1. — Caractères (n° 3513).
    § 2. — Exigibilité (n° 3518).
    N° 1. — Actes de nature à être transcrits. — Perception du droit à l'enregistrement (n° 3518).
      A. — Mutations entre vifs à titre gratuit (n° 3519).
      1°. — Donation sous condition suspensive (n° 3519).
      2°. — Substitutions (n° 3520).
      3°. — Partage anticipé (n° 3523).
      4°. — Réunion de l'usufruit à la nue propriété (n° 3527).
      5°. — Déclaration de dotalité (n° 3528).
      B. — Mutations à titre onéreux (n° 3529).
      1°. — Transactions (n° 3529).
      2°. — Licitations (n° 3531).
        a. — Cessation de l'indivision (n° 3532).
        b. — Héritier bénéficiaire (n° 3536).
        c. — Titre commun (n° 3542).
      3°. — Promesse de vente (n° 3549).
      4°. — Remploi (n° 3553).
      5°. — Rente foncière (n° 3555).
      6°. — Révocation de donation (n° 3556).
      7°. — Retrait d'indivision (n° 3557).
      8°. — Retrait de réméré (n° 3558).
      9°. — Retrait successoral (n° 3560).
      10°. — Acte de société (n° 3561).
    N° 2. — Présentation volontaire à la transcription. — Perception du droit au bureau des hypothèques (n° 3562).
      1°. — Principe (n° 3562).
      2°. — Concession de carrière (n° 3564).
      3°. — Acte de société (n° 3565).
      § 3. — Liquidation (n° 3570).
      N° 1. — Principe (n° 3570).
      N° 2. — Acte complexe (n° 3572).
      N° 3. — Licitation (n° 3577).
      N° 4. — Partage d'ascendant (n° 3580).
      N° 5. — Actions immobilisées (n° 3583).
      N° 6. — Déclaration estimative (n° 3584).
  ART. 3. — Droit fixe (n° 3585).
  ART. 4. — Payement des droits (n° 3587).
  ART. 5. — Contrôle de l'Administration; Expertise (n° 3595).
  ART. 6. — Restitution (n° 3596).
  ART. 7. — Prescription (n° 3598).

SECT. 1re. — HISTORIQUE ET LÉGISLATION (*Rép.* n°s 5911 à 5916).

3483. Les dispositions législatives intervenues relativement aux droits d'hypothèque depuis la publication du *Répertoire*, sont en très petit nombre. On trouve, après l'art. 12 de la loi du 23 mars 1855 sur la transcription hypothécaire,

mentionné *supra*, n° 3482, un décret du 17 oct. 1860 intervenu à la suite de l'annexion de la Savoie et du comté de
Nice, et qui a rendu applicables aux départements de la
Savoie, de la Haute-Savoie, et des Alpes-Maritimes, les lois,
ordonnances et décrets concernant les droits d'hypothèque
(D. P. 60. 4. 153) ;... une loi du 18 juill. 1866 qui a réduit au
droit fixe de 1 fr. la transcription des actes relatifs au desséchement des étangs de la Dombes (D. P. 66. 4. 127) ;... la
loi du 23 août 1871 dont l'art. 5 dispose que « le droit d'hypothèque fixé à 1 pour mille par l'art. 60 de la loi du 28 avr.
1816, sera perçu lors de l'inscription des hypothèques
garantissant les ouvertures de crédit » (D. P. 71. 4. 54) ;...
les lois des 27 juill. 1870 (art. 4, D. P. 70. 4. 59) ; 21 juin
1875 (art. 4, D. P. 75. 4. 108) ; 3 nov. 1884 (D. P. 85. 4. 17),
concernant les échanges d'immeubles ruraux que nous avons
déjà étudiées au point de vue de la perception des droits
d'enregistrement *supra*, n°s 1698 et suiv., et d'après lesquelles le droit de transcription étant compris, pour ces
échanges, dans le droit perçu à l'enregistrement, il n'en est
dû aucun lors de l'accomplissement de la formalité au
bureau des hypothèques ;... l'art. 1er de ladite loi du 21 juin
1875 qui a « réduit à 50 cent. pour 100 fr. » « le droit sur
la transcription des actes de donation contenant partage faits
entre vifs, conformément aux art. 1075 et 1076 c. civ. », et
contient, en outre, la disposition suivante : « Ce droit sera
perçu lors de l'enregistrement de l'acte de donation, mais la
formalité de la transcription au bureau des hypothèques ne
donnera plus lieu qu'au droit fixe déterminé par l'art. 61 de
la loi du 28 avr. 1816 » ;... l'art. 2 de la même loi aux termes
duquel « dans tous les cas où, conformément à l'art. 15 de
la loi du 22 frim. an 7 le revenu doit être multiplié par
vingt et par dix, il sera, à l'avenir multiplié par vingt-cinq
et par douze et demi. Cette disposition ne s'appliquera
qu'aux *immeubles ruraux* ».

3484. Les dispositions de lois qui ont ajouté, à différentes époques, des *décimes* au principal des droits d'enregistrement (V. l'énumération de ces lois *supra*, n° 24), ont
étendu la perception de ces taxes additionnelles aux droits
d'hypothèque. Dans l'état actuel de la législation, il est
perçu deux décimes et demi en outre du droit principal.

3485. Une loi du 28 juin 1872 (D. P. 72. 4. 120) avait
édicté une contribution de deux pour cent sur le revenu des
créances hypothécaires ; mais cette loi, abrogée quelques
mois après sa promulgation (L. 20 nov. 1872, art. 20, D. P.
73. 4. 2), n'a pas été mise à exécution.

Sect. 2. — Des droits d'inscription des privilèges et hypothèques (*Rép.* n°s 5917 à 5962).

Art. 1er. — *Tarif.*

3486. Le tarif du droit d'inscription est toujours celui
de 1 pour 1000 fixé par les art. 20 de la loi du 21 vent.
an 7, et 60 de la loi du 28 avr. 1816 (*Rép.* n° 5917).
Mais, tandis qu'à l'époque de la publication du *Répertoire*

il n'était ajouté à ce droit qu'un seul décime et que, par
suite, il ne s'élevait, décime compris, qu'à 1 fr. 10 cent. pour
1000, il y est ajouté actuellement, comme il est dit *supra*,
n° 3484, deux décimes et demi, en sorte qu'il s'élève, décimes compris, à 1 fr. 25 cent. pour 1000.

Quelques inscriptions sont exemptées exceptionnellement
du droit de 1 pour 100. Ces exceptions sont mentionnées au
Rép. n°s 5938 et 5939 (V. aussi *Rép.* v° *Hospices*, n° 71, et
infra, n°s 3505 et suiv.).

Art. 2. — *Exigibilité.*

3487. Il n'est dû qu'*un seul droit* d'inscription, quel que
soit le nombre des créanciers requérants, quel que soit le
nombre des débiteurs grevés. L'art. 21 de la loi du 21 vent.
an 7, le dit en propres termes (*Rép.* n° 5924). Suivant l'administration de l'enregistrement, cette disposition « n'a eu
en vue que les inscriptions requises au même bureau, au
sujet de la même créance et sur les mêmes biens ». Ainsi,
l'inscription collective prise contre trois débiteurs solidaires
d'une même créance, ne donne lieu qu'à un seul droit. Mais
si, dans ce même cas, trois inscriptions sont prises au
même bureau contre chacun des débiteurs distinctement sur
ses biens personnels, le droit doit être perçu trois fois, par
application du principe qu'il est dû un droit particulier,
comme salaire de la formalité, autant de fois que cette formalité est requise volontairement (Sol. adm. enreg. 8 mai
1874) (1), chacune des trois inscriptions étant nulle à l'égard
des deux débiteurs solidaires qu'elle ne concerne pas et
devant être considérée comme indépendante aussi bien que
si les trois inscriptions concernaient des débiteurs non
solidaires. — Cette décision paraît contestable. Dans l'espèce, il est vrai, chaque inscription avait été prise contre un
débiteur distinct et sur des immeubles différents ; mais il
s'agissait dans les trois inscriptions de la même créance. Or
l'art. 21 précité de la loi de ventôse dispose en termes formels qu'il ne doit être payé qu'un seul droit d'inscription
pour chaque créance (V. *infra*, n° 3489).

3488. L'Administration a statué, par une autre solution,
dans le même sens que par la solution du 8 mai 1874,
supra, n° 3487. Cette nouvelle solution a été rendue dans
les circonstances suivantes. A la suite d'une ouverture de
crédit consentie par un établissement financier à une entreprise de travaux, une inscription fut prise par le créancier
sur tous les terrains appartenant à la société ainsi que sur les
constructions à y édifier en bordure. L'acte d'ouverture de
crédit portait que, ce crédit étant destiné à assurer l'escompte des billets souscrits à l'ordre de la société par les
acquéreurs ou locataires des terrains, le créancier interviendrait aux contrats d'acquisition ou de location pour être
subrogé à la société avec droit de préférence et priorité,
afin qu'il pût prendre, après chaque acte, une nouvelle
inscription d'hypothèque spéciale tant contre la société que
contre les tiers qui auraient contracté avec elle. La société
loua, avec promesse de vente, à un tiers, le créancier étant

---

(1) En vertu d'un jugement du tribunal de commerce de la
Seine portant condamnation solidaire des sieurs Witouk, Luzin
et Potel à payer à la Société de Fives-Lille une somme de
109,637 fr. en principal et accessoires, pour fournitures de machines et appareils, trois inscriptions distinctes ont été requises,
le 30 janv. 1874, au bureau des hypothèques de Laon, pour la
totalité de la créance et sur les biens de chacun des débiteurs.
Le droit de 1 p. 1000 ayant été perçu sur chaque inscription et,
par suite, trois fois, la restitution de deux des droits a été réclamée par le motif que les sieurs Witouk, Potel et Luzin, ayant
été condamnés solidairement, les trois bordereaux avaient pour
objet une seule et même créance et que, par suite, il n'aurait dû
être perçu qu'un seul droit. L'Administration a repoussé cette
demande par une solution ainsi conçue :

L'art. 21 de la loi du 21 vent. an 7 n'a eu en vue que les inscriptions requises au même bureau, au sujet de la même créance
et sur les mêmes biens. Il cesse d'être applicable lorsque plusieurs inscriptions concernant la même dette ont pour objet des
immeubles différents. — C'est que c'est pour le ministre des
finances a décidé, le 29 juill. 1806, qu'il est dû un nouveau droit
proportionnel sur une inscription qui, relative à la même
créance, frappe néanmoins sur d'autres immeubles que ceux désignés dans une première inscription (Instr. 316, § 5), et, le 23 déc.
1843, que le droit proportionnel est dû sur l'inscription prise contre la caution solidaire, quoique pareil droit ait déjà été perçu,

dans un autre bureau d'hypothèques, sur l'inscription prise contre le débiteur principal *Journ. enreg.* art. 4810. Dans l'espèce, il
aurait donc fallu, pour profiter de la disposition de l'art. 21 de la
loi de ventôse, prendre une inscription collective contre les trois
débiteurs solidaires. — L'art. 22 de cette même loi admet une seconde exception, « quand il y a lieu à inscription d'une même
créance dans plusieurs bureaux ». — Au cas actuel, le bénéfice de
cette exception ne pourrait être réclamé qu'au profit des inscriptions qui seraient prises contre les mêmes débiteurs, et en vertu
du même jugement, dans d'autres bureaux que celui de Laon. —
Mais, s'agissant de trois inscriptions prises à ce même bureau,
contre chacun des trois débiteurs séparément et sur ses biens
personnels, il y a lieu d'appliquer le principe d'après lequel il est
dû un droit particulier, comme salaire de la formalité, autant de
fois que cette formalité est requise volontairement. — En effet,
la désignation du débiteur et l'énonciation des biens grevés constituent des formalités substantielles, et toute inscription qui ne
donnerait pas ces deux indications, serait entachée de nullité
(Pont, *Privilèges et hypothèques*, t. 2, p. 940). — Il est donc vrai
de dire que, dans l'espèce, chacune des trois inscriptions, étant
nulle à l'égard des deux débiteurs solidaires qu'elle ne concerne
pas, doit être considérée comme indépendante et donner ouverture à un droit particulier aussi bien que si les trois inscriptions
concernaient des débiteurs non solidaires.

Du 8 mai 1874.-Sol. adm. enreg.

présent, une parcelle de terrain à charge d'y élever des constructions pour l'exécution desquelles elle ouvrit au preneur un crédit à réaliser au fur et à mesure de l'avancement des travaux. Deux inscriptions furent prises le même jour, en vertu de l'acte de bail, l'une par la société de travaux contre le preneur sur les constructions à édifier par lui, l'autre par le créditeur tant contre la société de travaux que contre le preneur sur le terrain loué ainsi que sur les constructions qui devaient y être élevées. Il a été décidé que le droit de 1 pour 1000 était dû pour chacune de ces inscriptions, bien qu'elles eussent été prises en vertu du même titre, attendu que, d'une part, celle du créditeur prorogeait notablement la durée de sa première inscription à l'égard de la parcelle louée, et que, de plus, elle avait été prise à la fois, contre le débiteur primitif, la société de travaux et un nouveau débiteur, le preneur, sur les constructions à élever ainsi que sur le terrain loué, et que, d'autre part, l'inscription de la société prise seulement contre le preneur et sur les constructions à édifier, était complètement distincte de celle du créditeur (Sol. adm. enreg. 1ᵉʳ juin 1874, *Journ. enreg.*, art. 19586).

3489. Doit-on percevoir également deux fois le droit de 1 pour 1000, lorsqu'une dette hypothécaire est *cautionnée* par un tiers qui affecte également ses immeubles aux payements de l'obligation, et que deux inscriptions sont prises, l'une contre le débiteur, l'autre contre la caution? Il est enseigné au *Rép.*, n° 5929 que, lorsque le droit a été payé sur l'inscription prise en premier lieu contre le débiteur, il ne peut plus être perçu sur celle prise ensuite contre la caution, car cela résulte de l'art. 24 de la loi du 24 vent. an 7, qui porte qu' « il ne sera payé qu'un seul droit d'inscription pour chaque créance, quel que soit, d'ailleurs, le nombre des créanciers requérants et celui des débiteurs grevés »; qu'il n'y a, au cas dont il s'agit, qu'une seule créance. Les rédacteurs du *Dictionnaire des droits d'enregistrement*, vᵒ *Hypothèques*, n° 24, critiquent cette opinion et sont d'avis que le droit doit être perçu aussi bien sur l'inscription prise contre la caution, que sur celle concernant le débiteur, parce qu'elles sont distinctes, que le droit est afférent, non à la créance, mais à la formalité hypothécaire, et que, quand la formalité est double, la perception doit l'être aussi. « Il n'y aurait donc pas de doute, ajoutent-ils, si deux inscriptions distinctes étaient prises en vertu du même titre, contre le débiteur et contre la caution, dans le même bureau; la difficulté n'est sérieuse que lorsque les biens du débiteur et ceux de la caution étant situés dans deux arrondissements, le créancier est dans la nécessité de procéder comme il le fait lorsque le débiteur possède des biens dans deux arrondissements. Mais c'est précisément dans un cas semblable qu'a la décision de 1813 (Décis. min., fin. 28 déc. 1813, *Journ. enreg.*, art. 4810) a été rendue, et elle semble devoir servir de règle ».

La décision ministérielle du 28 déc. 1813, citée *suprà*, n° 3489 porte que l'inscription requise par le même bordereau contre le débiteur et la caution ne donne qu'un seul droit, mais que l'inscription prise séparément et postérieurement contre la caution doit un nouveau droit. L'opinion enseignée au *Rép. loc. cit.*, que, dans ce dernier cas comme dans le premier, le droit ne peut être perçu qu'une seule fois, nous paraît mieux justifiée, plus conforme à la loi dans

sa lettre comme dans son esprit. En effet, la doctrine du *Dictionnaire des droits d'enregistrement* repose uniquement sur ce fondement que le droit d'inscription est une taxe spécialement attachée à l'accomplissement de la formalité (vᵒ *Hypothèques*, n° 15), afférente, non à la créance, mais à la formalité (*Ibid.*, n° 24); que cette taxe est due pour toute inscription; que c'est la règle générale, et que cette règle ne souffre d'autres exceptions que celles résultant de la loi ou dérivant de la nature même des choses (*Ibid.*, n° 27). Il est vrai que la taxe dont il s'agit, représente, selon les termes mêmes de la loi qui l'a établie, « un droit sur l'inscription des créances hypothécaires » (L. 21 vent. an 7, art. 9), et qu'on doit admettre, par suite, en règle générale, que toute inscription donne lieu à ce droit. Mais, en posant ce principe, le législateur a ajouté aussitôt qu'il ne serait payé qu'un seul *droit* d'inscription pour *chaque créance*, quel que soit le nombre tant des créanciers requérants que des *débiteurs grevés* (art. 21), et que, « s'il y a lieu à inscription d'une même créance dans plusieurs bureaux, le droit sera acquitté en totalité dans le premier bureau; il ne sera payé, pour aucune des autres inscriptions, que le simple salaire du préposé » (art. 22). Or, il résulte clairement du rapprochement de ces différents textes de la loi de ventôse que, si le droit d'inscription est établi « sur l'inscription », et si, par suite, toute inscription distincte donne lieu à sa perception, cette règle souffre exception à l'égard des inscriptions se rapportant à la *même créance*, la volonté du législateur étant que, dans ce cas, il ne soit payé qu'un seul droit (art. 21) aussi bien lorsque les différentes inscriptions sont prises dans le même bureau que lorsque la formalité est remplie dans des bureaux différents (art. 22). La loi de ventôse ne le dit expressément, il est vrai, que pour ce dernier cas, auquel se rapporte son art. 22, d'inscriptions prises pour la même créance dans des bureaux différents, mais elle l'exprime en termes nets et précis, bien qu'implicitement seulement, dans son art. 21 pour le cas où les inscriptions se rapportant à la même créance sont prises dans le même bureau. Si tel n'était pas, en effet, le sens de l'art. 21, quelle serait, en présence de l'art. 22, sa signification? Et, puis, pourquoi le droit serait-il dû lorsque les inscriptions se rapportant à la même créance seraient prises dans le même bureau et ne le serait-il pas lorsqu'elles seraient prises dans des bureaux différents? Ce serait une véritable anomalie. Pourquoi admettre cette anomalie, alors qu'elle disparaît avec l'interprétation naturelle et logique que nous soutenons?

3490. Mais, comme cela est enseigné au *Rép.* n° 5931, le droit de 1 pour 1000 est dû pour chaque *renouvellement* d'inscription à l'expiration du délai décennal ou antérieurement, car l'inscription nouvelle donne, en quelque sorte, une nouvelle existence à l'hypothèque (V. en ce sens : Trib. Seine, 4 juill. 1868, aff. Comp. de la rive gauche, *Rép. pér. enreg.*, art. 3146; 3 avr. 1869, aff. Comp. des docks de Saint-Ouen, *ibid.*, art. 3146; Trib. Mulhouse, 18 févr. 1869, aff. Soc. Wehrlin, Hofer et comp., *ibid.*; Trib. Pontoise, 16 juin 1870) (1).

3491. Aux termes d'une décision ministérielle du 5 sept. 1809, toute inscription, qu'elle ait pour objet la conservation de l'hypothèque ou le renouvellement d'une inscription antérieure ou la rectification d'erreurs pouvant vicier les précédentes inscriptions, doit être assujettie à un nouveau

---

(1) (Félix). — Le tribunal; — Attendu qu'aux termes des art. 1 et 2 de la loi du 5 mess. an 7, le droit proportionnel de 1 fr. par 1000, établi par les lois des 29 vend. an 7 et 28 avr. 1816, n'est pas exigible lorsque l'inscription a pour objet la conservation d'un simple droit d'hypothèque éventuel, sans créance existante, mais qu'il est dû lorsque le droit éventuel se convertit en créance réelle; — Attendu qu'aucune disposition de la loi n'exempte de ce droit les inscriptions qui sont prises en renouvellement d'autres antérieures; — Attendu qu'une inscription d'hypothèque légale a été prise au bureau des hypothèques de Pontoise le 15 janv. 1869, vol. 914, n° 98, au profit de Victor-Gabriel Félix, mineur, à la requête du sieur Lemonyer, notaire à Paris, subrogé tuteur, contre le sieur Jacques Félix, propriétaire à Montmorency, pour sûreté de sa gestion comme père et tuteur légal de son fils, et des sommes dont il pourrait devenir débiteur en vertu du compte de tutelle à rendre; — Attendu que par acte passé devant Mᵉ Lemonyer, notaire à Paris, le 28 avr. 1869, le reliquat de ce compte a été fixé à 159732 fr. 11 cent.; que, par suite, le droit proportionnel, qui n'avait pas été perçu

sur l'inscription du 15 janv. 1869, à raison du caractère éventuel qu'avait originairement la créance, est devenu exigible; — Attendu que si, à la date du 17 mai 1869, il a été pris, vol. 919, n° 788, au bureau de Pontoise, pour la même créance, une nouvelle inscription sur laquelle un droit proportionnel a été perçu, ce droit était spécial à cette nouvelle inscription, qui était prise tant pour valoir à sa date qu'au renouvellement de celle du 15 janv. 1869; que le conservateur pouvait d'autant moins se dispenser d'exiger un nouveau droit que cette seconde inscription était essentiellement différente de la première; qu'en effet, celle-ci grevait en masse, tous les biens présents et à venir du tuteur seul, tandis que la seconde, spéciale et restreinte à certains immeubles nommément désignés, contient un engagement solidaire de la dame Félix, qui a subrogé l'ayant compte dans les effets de son hypothèque légale; qu'ainsi il n'y a pas double emploi, un droit distinct étant dû par inscription;

Par ces motifs, etc.

Du 16 juin 1870. Trib. civ. de Pontoise.

droit proportionnel comme salaire de la garantie qu'elle opère au profit du requérant (Sol. adm. enreg. 9 janv. 1874, D. P. 75. 5. 255). — Ainsi, le droit de 1 pour 1000 étant exigible, aux termes de l'art. 5 de la loi du 23 août 1871 (V. *supra*, n° 3483), sur les inscriptions hypothécaires prises pour sûreté des ouvertures de crédit, doit être perçu sur l'inscription en renouvellement d'une précédente inscription de cette nature (Sol. adm. enreg. 19 févr. 1874, D. P. 75. 5. 236). Et si le droit afférent à l'inscription primitive, prise antérieurement à la loi du 23 août 1871, n'a pas été payé, la perception faite sur l'inscription en renouvellement ne met pas obstacle à ce qu'il soit répété dès qu'il peut être établi que le crédit a été réalisé en totalité ou en partie (Même solution).

3492. La décision ministérielle du 5 sept. 1809 et la solution du 9 janv. 1874 citées *supra*, n° 3491, portent que le droit de 1 pour 1000 est dû également pour les *inscriptions rectificatives*, c'est-à-dire pour les inscriptions qui ont pour objet la rectification d'erreurs pouvant vicier de précédentes inscriptions. Toutefois, comme cela est dit au *Rép.* n° 5934, les inscriptions de cette nature ne donnent pas lieu au droit de 1 pour 1000, lorsqu'elles sont prises par les conservateurs eux-mêmes, afin de rectifier des irrégularités qu'ils auraient commises dans une première inscription. D'un autre côté, l'Administration a autorisé plusieurs fois, par application du principe posé dans l'art. 21 de la loi de ventôse qu'il n'est dû qu'un seul droit pour chaque créance, la restitution du droit perçu sur une seconde inscription prise au même bureau, au sujet de la même créance, sur les mêmes biens que la première, lorsqu'il était manifeste que la seconde inscription n'avait été requise que par erreur, sans aucune utilité, et, du reste, à un court intervalle de la première (Sol. adm. enreg. 9 janv. 1874, citée *supra*, n° 3491; 26 mars 1874, *Journal des conservateurs*, art. 2903). Ainsi elle a décidé que le droit proportionnel n'était pas dû... pour une inscription requise uniquement afin de rectifier une *erreur dans les noms* du grevé (Décis. min. fin. 15 mai 1816, D. P. 75. 5. 255, note) ;... pour une inscription qui avait uniquement pour objet d'établir qu'une inscription prise antérieurement était en renouvellement (Sol. adm. enreg. 24 févr. 1819, D. P. 75. 5. 255, note) ;... pour l'inscription d'*hypothèque légale* d'une femme mariée prise avant la liquidation de ses reprises, pour un capital indéterminé et sans payement du droit (V. *infra*, n° 3496), alors que ce droit a été perçu sur une seconde inscription prise pour le même objet, après liquidation des reprises et mentionnant la somme à laquelle cette liquidation a été arrêtée (Sol. adm. enreg. 26 mars 1874, *Journ. enreg.*, art. 19412) ;... pour l'inscription de l'hypothèque légale d'une femme mariée prise à la requête du ministère public, à la suite de la saisie des immeubles de son mari, lorsque cette hypothèque légale a été inscrite antérieurement à la requête de la femme elle-même et que le droit dû pour cette dernière inscription a été payé (Sol. adm. enreg. 25 juin 1874, *Journ. enreg.*, art. 19520).

3493. Mais, lorsque ce n'est ni par inadvertance, ni sans motifs, que la seconde inscription a été portée sur le registre du conservateur, lorsque c'est, au contraire, dans le dessein réfléchi et bien arrêté de rectifier une erreur commise dans l'inscription première, le droit de 1 pour 1000 est dû (Sol. adm. enreg. 9 janv. 1874, citée *supra*, n° 3491),... alors surtout que la seconde inscription doit valoir, au besoin, comme inscription première et à sa date, c'est-à-dire produire des effets propres et distincts, cette circonstance particulière suffisant, à elle seule, pour justifier la perception (Même solution).

3494. Aux termes d'un décret du 24 mars 1848 (D. P. 48. 4. 58) qui a créé des sous-comptoirs de garantie pour servir d'intermédiaires entre l'industrie, le commerce et l'agriculture, d'une part, et les comptoirs nationaux d'escompte, de l'autre, « tous actes qui auront pour objet de constituer les nantissements au profit des sous-comptoirs par voie de transport ou autrement, et d'établir leurs droits comme créanciers, seront enregistrés au droit fixe de 2 fr. 20 cent. » (art. 10). On a vu *supra*, n° 727, que l'exemption du droit proportionnel d'enregistrement résultant de cette disposition ne s'étendait pas aux prêts consentis sur hypothèque. A plus forte raison ne peut-elle être appliquée

au droit d'hypothèque. Jugé, en effet, qu'il est de principe, particulièrement en matière fiscale, que les exemptions sont de droit étroit et qu'il n'est pas permis de les étendre, par voie d'induction ou d'analogie, des cas prévus par la loi à ceux qui ne le sont pas ; que, spécialement, l'exemption établie par les décrets des 24 mars et 2 juill. 1848 en faveur des prêts consentis par le sous-comptoir des entrepreneurs, ne portant que sur les droits d'enregistrement, ne peut être étendue au droit proportionnel d'hypothèque dû sur une inscription hypothécaire prise au profit du sous-comptoir relativement à un crédit ouvert sur hypothèque par cet établissement et réalisé (Civ. rej. 19 janv. 1869, aff. Sous-Comptoir des entrepreneurs, D. P. 69. 1. 155. Conf. Trib. Seine, 13 juin 1868, aff. Sous-Comptoir des entrepreneurs, D. P. 68. 3. 78).

3495. Une loi du 6 mess. an 7, relative aux inscriptions hypothécaires sur les comptables publics, dispose que « l'*inscription indéfinie* qui a pour objet la conservation d'un simple droit d'hypothèque éventuel, sans créance existante, n'est point sujette au droit proportionnel » (art. 1er) ; que « si le droit éventuel qui a donné lieu à l'inscription indéfinie se convertit en créance réelle, le droit proportionnel est dû sur le capital de la créance » (art. 2) ; que « l'enregistrement d'aucune transaction ou quittance de payement de ladite créance ne peut être requis que le droit proportionnel d'inscription n'ait été préalablement acquitté » (art. 3) (*Rép.* n°s 5912 et 5953).

Il a toujours été reconnu que bien que cette loi porte, dans son intitulé, qu'elle n'est relative qu'aux inscriptions hypothécaires sur les comptables publics, ses dispositions sont générales et s'appliquent à tous les cas où l'inscription est indéfinie (*Rép.* n° 5953).

3496. Il a été décidé, par application de ladite loi du 6 mess. an 7, que l'inscription d'*hypothèque légale* prise au profit de la *femme* pendant la durée de la communauté, ne peut donner lieu à la perception du droit de 1 pour 1000, alors même que les reprises, objet de l'inscription, sont évaluées, soit dans le bordereau, soit dans un acte par lequel le mari a cédé à sa femme des biens de communauté au payement de ses reprises (Sol. adm. enreg. 25 oct. 1867, D. P. 68. 5. 251).

3497. Les créances résultant d'actes d'*ouverture de crédit*, étant purement éventuelles, les inscriptions prises en vertu de ces actes ne donnaient pas lieu, avant que l'art. 5 de la loi du 23 août 1871 eût autorisé la perception du droit sur les inscriptions de l'espèce (*supra*, n° 3483), à la perception immédiate du droit proportionnel ; ce droit ne devenait exigible que lorsque la réalisation du crédit était dûment constatée (Req. 19 janv. 1869, aff. Société de la rive gauche, D. P. 69. 1. 353 ; Trib. Seine, 3 févr. 1866, aff. Lefaure, D. P. 66. 3. 54 ; Sol. adm. enreg. 19 févr. 1874, citée *supra*, n° 3491). Décidé, notamment, que lorsqu'un crédit ouvert au profit d'une société consiste uniquement dans l'engagement souscrit par le créditeur, de procurer le placement des obligations émises par la société créditée, et que les déclarations du gérant de cette société au bureau du timbre pour la perception du droit de timbre sur ces obligations constatent que la totalité a été souscrite, la réalisation est prouvée par ces déclarations et le droit proportionnel, réservé lors de l'inscription de l'hypothèque consentie dans l'acte d'ouverture de crédit pour garantie du remboursement, est exigible (Arrêt précité du 19 janv. 1869).

3498. La loi du 23 août 1871 a modifié cet état de choses en disposant, par son art. 5, que le droit d'hypothèque serait « perçu lors de l'inscription des hypothèques garantissant les ouvertures de crédit » (D. P. 71. 4. 62 ; Instr. adm. enreg. 25 août 1871, n° 2413, § 3, n° 2, D. P. 71. 3. 40).

Il s'ensuit que l'inscription requise postérieurement à la loi du 23 août 1871, en renouvellement d'une inscription concernant une ouverture de crédit et prise antérieurement à ladite loi, donne lieu à la perception du droit de 1 pour 1000, encore bien que le crédit n'ait pas été réalisé (V. *supra*, n° 3491).

Art. 3. — *Liquidation.*

3499. Le droit d'inscription se perçoit de 20 fr. en 20 fr. (*Rép.* n°s 5917 et 5918).

3500. A l'époque de la publication du *Répertoire*, l'Administration de l'enregistrement reconnaissait bien que le oit d'inscription ne devait pas être perçu sur les *intérêts et arrérages à échoir*, alors même qu'ils étaient liquidés dans les bordereaux (*Rép.* n° 5919), mais elle soutenait qu'il. était dû sur les *intérêts et arrérages échus*, dès qu'ils étaient réservés et alors même qu'ils n'étaient pas liquidés dans les bordereaux (*Rép.* n° 5919). Cette prétention a été condamnée par un jugement rapporté au *Rép.* n° 5920. L'Administration l'a définitivement abandonnée. Elle a décidé, en effet,... que lorsque l'inscription a été prise pour le capital, plus que les intérêts de deux ans et de l'année courante conservés par la loi, le droit d'inscription n'est pas dû sur deux années d'intérêts (Sol. adm. enreg. 20 mars 1854, D. P. 68. 3. 19, note 1);... quelque l'inscription emporte la collocation de plein droit de deux années d'intérêts, qu'elles soient échues ou à échoir (Sol. adm. enreg. 28 janv. 1867, D. P. 68. 3. 19);... que les intérêts échus d'un prix de vente d'immeuble, étant conservés par la loi elle-même, et non par l'inscription de la créance au bureau des hypothèques, le droit d'inscription à 1 pour 1000 ne leur est pas applicable (Sol. adm. enreg. 6 févr. 1886, D. P. 89. 3. 16);... qu'à l'égard des créances hypothécaires ordinaires, l'inscription ne pouvant produire effet pour les intérêts échus: qu'autant que le montant en est indiqué dans le bordereau, c'est dans ce cas seulement que le droit proportionnel peut être perçu sur ces intérêts (Même solution);... que la simple mention pour mémoire, dans un bordereau d'inscription, des intérêts échus, n'étant susceptible de produire aucun effet, l'Administration n'est pas fondée à les évaluer d'office pour les assujettir au droit proportionnel, l'exigibilité de ce droit ne pouvant se justifier, audit cas, en l'absence de tout avantage pour la partie (Même solution).

3501. A l'égard des *frais et accessoires*, de la créance mentionnés dans les bordereaux des inscriptions, il y a lieu de distinguer entre ceux déjà *exposés* et ceux à *faire*. Les premiers, constituant une créance actuelle, doivent être réunis au principal pour la liquidation du droit d'inscription : mais les seconds, ne constituant qu'une créance éventuelle, ne peuvent être soumis à l'impôt (*Rép.* n° 5923). En effet, aux termes de l'art. 1er de la loi du 6 mess. an 7, le droit de 1 pour 1000 n'est pas applicable à « l'inscription indéfinie qui a pour objet la conservation d'un simple droit d'hypothèque *éventuel*, sans créance existante ». Toutefois, si les frais déjà faits sont confondus avec les frais éventuels dans une seule et même évaluation, le droit de 1 pour 1000 est perçu, à défaut de ventilation, sur le chiffre total de l'évaluation (Sol. adm. enreg. 6 févr. 1877, *Journ. enreg.*, art. 20392 ; *Diction. droits d'enreg.*, v° *Hypothèques*, n°s 42 et 78. V. D. P. 86, 3. 134, note).

3502. La question du mode à suivre pour la liquidation du droit d'inscription sur les frais et accessoires de la créance mentionnés dans les bordereaux, a été soulevée au sujet des prêts faits par le *Crédit foncier*. Pour se mettre à l'abri de tout recours à cet égard, le Crédit foncier exige que ses représentants s'assurent, au moment de la signature des actes, que l'emprunteur a payé les frais de toute nature relatifs à ces actes et aux formalités qui en sont la suite. Les frais d'expertise, et autres dont la société a dû faire l'avance sont prélevés sur le montant du prêt (Josseau, t. 1, n° 200), Il en résulte que le Crédit foncier ne fait, en aucun cas, l'avance d'une somme supérieure au montant du prêt

et que la créance actuelle et existante contre le débiteur, au moment de l'inscription, ne peut jamais excéder le montant de ce prêt. La mention, dans les bordereaux de l'inscription, de frais mis par le contrat à la charge de l'emprunteur, lors même que ces frais sont évalués cumulativement avec ceux de poursuites, de mise à exécution et de transport de fonds, ne peut donc s'appliquer qu'à des frais à faire dans les cas déterminés prévus au contrat. Ces frais ont un caractère purement éventuel. Il a été décidé, en conséquence, qu'à l'égard des inscriptions prises au profit du Crédit foncier, le droit proportionnel de 1 pour 1000 doit être liquidé seulement sur le principal de la créance, et non sur les frais accessoires mis par le contrat à la charge de l'emprunteur et tous autres, encore bien qu'ils figurent dans les bordereaux des inscriptions, tous ces frais constituant une créance purement éventuelle (Sol. adm. enreg. 6 juill. 1885, D. P. 86. 3. 134).

3503. Conformément à la doctrine dont l'exposé précède, l'administration de l'enregistrement a déterminé d'une manière générale, dans les termes suivants, le mode à suivre pour la liquidation du droit de 1 pour 1000 sur les frais et accessoires des créances mentionnés dans les bordereaux. Le droit proportionnel de 1 pour 1000 est dû à l'enregistrement des bordereaux d'une inscription hypothécaire au bureau des hypothèques, sur les frais faits à ce moment lorsque le montant en est exprimé... soit que le bordereau mentionne des *frais taxés* ou bien seulement *énoncés dus*... soit qu'il porte : *frais faits ou à faire*, ou bien *frais, frais de mise à exécution* évalués à... *frais de poursuite et de mise à exécution et autres accessoires*, ou *et autres* (Sol. adm. enreg. 15 mars 1886, D. P. 87. 3. 54). — S'il est dit dans le bordereau : *frais de poursuite et de mise à exécution* évalués à..., le droit est dû dans le cas où le titre est ancien ; il ne l'est pas, lorsque le titre porte avec lui la preuve qu'il n'a pu encore être fait de poursuites pour sa mise à exécution (Même solution). Ces règles sont applicables au cas où le bordereau porte *frais* ou *frais de mise à exécution et loyaux coûts* évalués approximativement à... *sauf compte*, *sauf à diminuer* ou à *augmenter, sauf liquidation sous toutes réserves* (Même solution). Mais le droit n'est pas dû toutes les fois que la mention renferme l'expression « *s'il y a lieu* ». ;... A moins toutefois, que cette expression ne se trouve placée de telle sorte qu'elle ne s'applique qu'à une partie des frais, comme lorsqu'il est dit : *frais de mise à exécution, s'il y a lieu, et autres accessoires* (Même solution).

3504. On s'est demandé si le droit de 1 pour 1000, devenu exigible sur l'inscription de l'hypothèque légale d'une femme mariée prise antérieurement au jugement qui avait prononcé la séparation de biens d'entre elle et son mari, devait être liquidé sur le montant des reprises constatées par le procès-verbal de liquidation intervenu à la suite du jugement, ou seulement sur le reliquat constaté à la charge du mari dans ce même procès-verbal par suite des payements qu'il mentionnait. Il a été décidé que le droit devait être perçu sur la totalité des reprises, attendu qu'elles constituaient une créance de la femme contre son mari et que les biens qu'elle avait reçus lui avaient été attribués, non à titre de partage, mais à titre de dation en payement, ce qui supposait nécessairement la préexistence d'une dette du mari garantie par l'hypothèque légale que l'inscription avait eu pour objet de conserver (Sol. adm. enreg. 29 sept. 1875) (1).

---

(1) Après avoir formé sa demande en séparation de biens, la dame D... avait fait inscrire, le 8 avr. 1873, son hypothèque légale contre son mari. La séparation a été prononcée par jugement, et il a été procédé, en vertu de ce jugement, suivant acte notarié du 5 sept. 1874, à la liquidation des reprises de la dame D... qui avait renoncé à la communauté. Lesdites reprises ont été fixées, au jour de la dissolution,

en capital à 127 601,36
Intérêts courus depuis la dissolution 832,81
　　　　　　　　　　　　　　　　　Total... 128 434,17

Par le même acte, le mari abandonna
à sa femme des valeurs évaluées 128.136 20
　　　　　　　　　　　　　　　　　　　　　　　　　　　　　297 97
Il demeura reliquataire de
qu'il s'obligea à payer à une époque déterminée.

La question s'est élevée de savoir si le droit de 1 pour 1000 exigible sur l'inscription devait être perçu sur l'intégralité des reprises, soit sur 128 434 17 ou seulement sur le reliquat, c'est-à-dire sur 297,97.

L'Administration a statué sur cette question dans les termes suivants :

Il est vrai que le droit de 1 pour 1000 n'est perçu généralement que sur le reliquat non payé des comptes de tutelle, parce que, les fonctions du tuteur lui imposant l'obligation de conserver les biens du pupille, il en résulte, d'une part, qu'il est censé remettre à celui-ci sa propre chose, lorsque l'excédent d'actif est payé, séance tenante, en argent; et que d'autre part, s'il y a terme pour le payement, c'est par le compte même de tutelle que le tuteur est constitué débiteur du reliquat (V. Pont, *Privilèges et hypothèques*, n° 501). — Mais cette règle — spéciale aux comptes de tutelle et qui souffre exception dans certains cas,

Art. 4. — Exemption.

3505. Nous avons déjà dit *suprà*, n° 3486, que quelques inscriptions mentionnées au *Rép.* n°ˢ 5938 et 5939 étaient affranchies du droit proportionnel. Le *Répertoire* en mentionne deux catégories. L'une, concernant les inscriptions prises pour transfert sur des biens ruraux des inscriptions dont étaient grevées des maisons qu'un décret du 27 févr. 1811 a autorisé les hospices de Paris à vendre, est aujourd'hui sans objet. L'autre se rapporte aux inscriptions prises en vertu des art. 22 et 31 de la loi du 16 sept. 1807 relative au dessèchement des marais. Ces inscriptions ne sont soumises qu'à un droit fixe de 1 fr. Mais, dans les cas de l'espèce, les travaux sont toujours déclarés d'utilité publique, et, dès lors, la formalité est accomplie gratis. Il résulte, en effet, de l'art. 58 de la loi du 3 mai 1841 que toutes les formalités hypothécaires remplies au sujet de l'exécution de travaux déclarés d'utilité publique, ont lieu *gratis* (Sol. adm. enreg. 6 sept. 1869, *Diction. droits d'enreg.*, v° *Expropriation*, n° 113).

3506. Une loi du 15 nov. 1848 (D. P. 48. 4. 191) exempte de tout droit les inscriptions prises concernant les *associations ouvrières* encouragées en exécution du décret du 5 juill. 1848, mais seulement pour les actes et formalités admis au bénéfice de la loi par une décision du ministre de l'agriculture et du commerce. L'exemption s'étend aux droits de timbre des bordereaux et du registre de formalité (Instr. adm. enreg. 29 déc. 1848, n° 1826, § 1ᵉʳ, D. P. 49. 3. 47).

Art. 5. — Payement.

3507. Les droits dus pour les formalités hypothécaires, porte l'art. 27 de la loi du 21 vent. an 7, « seront payés d'avance par les requérants ». D'autre part, l'art. 2155 c. civ. met les frais de l'inscription à la charge du débiteur, s'il n'y a stipulation contraire, mais l'inscrivant doit toujours en faire l'avance (*Rép.* n°ˢ 5946 et suiv.).

Lorsqu'il s'agit d'une créance éventuelle, le droit ne peut être perçu sur l'inscription : il demeure en suspens et l'Administration le réclame dès que l'éventualité s'est réalisée. Dans ce cas, elle est autorisée à agir contre les personnes, inscrivants ou grevés, dénommées dans l'inscription. C'est ce qui a été reconnu pour les inscriptions garantissant des ouvertures de crédits antérieurement à la loi du 23 août 1871, alors qu'à raison de l'éventualité de la créance le droit demeurait réservé, lorsque l'inscription était prise. Jugé, en effet, que l'administration de l'enregistrement a action contre le crédité aussi bien que contre le créditeur pour le recouvrement du droit proportionnel, d'inscription devenu exigible par suite de la réalisation d'un crédit, sur l'inscription prise en vertu de l'acte d'ouverture de crédit (Req. 19 janv. 1869, aff. Société de la rive gauche, D. P. 69. 1. 353).

3508. La disposition de l'art. 27 de la loi de ventôse qui impose à celui qui requiert une inscription l'obligation de consigner préalablement le droit dû au Trésor et le salaire alloué au conservateur, a été édictée dans l'intérêt de l'un et de l'autre. Elle rend le conservateur comptable envers le Trésor du droit d'inscription. Elle confère à ce fonctionnaire un droit à l'égard des tiers; mais elle n'implique aucune obligation corrélative envers eux. Lorsque le conservateur ne s'y conforme pas, il accorde, par cela même aux tiers, en fait, à ses risques et périls, des facilités de payement que rien ne l'oblige à leur donner. Ceux-ci ne peuvent s'en plaindre comme d'un grief. Jugé, en conséquence, que le conservateur des hypothèques n'est pas res-

ponsable du détournement par un de ses commis, de sommes remises directement à cet employé par un notaire, en vue de l'accomplissement de formalités hypothécaires, par cela seul qu'il n'a pas exigé la consignation préalable des droits et salaires exigibles pour ces formalités (Paris, 13 mars 1886, aff. Bernard, D. P. 88. 5. 123).

Art. 6. — Prescription.

3509. La prescription relative au droit d'inscription est la même que pour les droits d'enregistrement (*Rép.* n° 5959). Ainsi, toute demande, soit en payement d'un *supplément de droit* exigible par suite d'insuffisance de perception lors de l'accomplissement de la formalité, soit en *restitution* d'un droit indûment perçu, se prescrit par deux ans à compter de la date de l'inscription (*Ibid.*).

3510. Mais, lorsqu'il s'agit d'un droit simple d'hypothèque demeuré en suspens à raison du caractère éventuel de la créance, la prescription est de trente ans (*Rép.* n° 5472). Jugé en ce sens:... que la preuve de la réalisation d'un crédit permet d'exiger le droit proportionnel de 1 pour 1000 sur l'inscription prise originairement (avant la loi du 23 août 1871) pour garantie du crédit non réalisé, alors même qu'il se serait écoulé plus de deux ans depuis cette inscription, la prescription ne courant qu'à partir du moment où le droit est devenu certain (Trib. Seine, 3 févr. 1866, aff. Lefaure, D. P. 66. 3. 54);... que si, aux termes des lois des 22 frim. an 7 et 24 mars 1806, la prescription biennale peut être opposée à l'Administration lorsque, ayant omis de percevoir un droit d'hypothèque, elle n'en a poursuivi le recouvrement qu'après deux années écoulées depuis la date de l'inscription, cette courte prescription n'est applicable que dans le cas où le droit pouvait être réclamé immédiatement sur l'inscription (Civ. cass. 8 juin 1875, aff. Sous-Comptoir des entrepreneurs, D. P. 75. 1. 423);... que, spécialement, à l'égard du droit proportionnel d'hypothèque exigible, par suite de la réalisation d'un crédit, sur l'inscription prise en vertu de l'acte d'ouverture de crédit, lorsqu'il n'est pas justifié que les actes présentés à l'enregistrement dussent, par eux-mêmes et indépendamment de toutes recherches ultérieures, servir de base à la perception immédiate de ce droit, l'application de la prescription biennale manque de base juridique (Même arrêt).

La question jugée par cet arrêt ne peut se produire aujourd'hui que pour les inscriptions antérieures à la loi du 23 août 1871, puisque, d'après l'art. 5 de cette loi, le droit proportionnel est perçu lors de l'inscription des hypothèques garantissant les ouvertures de crédits.

Sect. 3. — Des droits de transcription
(Rép. n°ˢ 5963 à 6037).

Art. 1ᵉʳ. — Tarif.

3511. Les dispositions législatives qui régissent la perception des droits de transcription sont mentionnées au *Rép.* n°ˢ 5963 et suiv. et v° *Transcription hypothécaire*, n°ˢ 668 et suiv. (V. aussi *suprà*, n° 3483). Il résulte de l'ensemble de ces dispositions que les droits de transcription sont au nombre de deux: l'un, *proportionnel*, de 1 pour 100, se perçoit, soit à l'enregistrement pour les actes portant transmission immobilière et qui, par les dispositions qu'ils renferment, sont de nature à être transcrits, soit au bureau des hypothèques, lorsque la formalité est requise et que la perception du droit n'a pas été faite au bureau de l'enregistrement; l'autre, *fixe*, tarifé à 1 fr., se perçoit au bureau des hypothèques, lorsque la transcription est requise et que le

---

notamment pour les sommes provenant d'aliénations faites par le tuteur, sans autorisation (Instr. 374, p. 63) — ne s'applique jamais aux liquidations entre époux. — A l'égard de ces derniers actes, l'instruction 374 ne se borne pas, en effet, à mentionner le reliquat, mais elle prescrit de répéter le droit d'inscription sur les diverses sommes que la femme peut avoir à revendiquer contre son mari, personnellement, à un titre ou pour une cause quelconque. — Or il est aujourd'hui constant que toutes les reprises, sauf celles des propres encore existants de la femme renonçante, dégénèrent en créances personnelles contre le mari (Ch. réun. rej. 16 janv. 1858, aff. Moinet, D. P. 58. 1. 5) et que

les biens qu'elle reçoit en nature à ce sujet lui sont attribués non à titre de partage, mais à titre de dation en payement, ce qui suppose nécessairement la préexistence d'une dette du mari, garantie par l'hypothèque légale que l'inscription a eu pour effet de conserver dans l'intervalle de sa date au payement de la dette. (V. Rouen, 4 août 1857, aff. Boucherot, D. P. 57. 3. 88).

D'après ces motifs, le droit de 1 p. 1000 à répéter a été déclaré dû sur le capital des reprises de la dame D..., montant à 127601 fr. 36 cent.

Du 29 sept. 1875.-Sol. adm. enreg.

droit proportionnel a été perçu au bureau de l'enregistrement, et encore lorsqu'il s'agit d'un acte qui n'est sujet à la transcription que par l'effet des dispositions de la loi du 23 mars 1855 (V. Rép. n° 5966, et suprà, n° 3482, infrà, n° 3513; Instr. adm. enreg. 31 déc. 1863, n° 2274, § 8 et 9).

3512. Les augmentations que les lois des 18 mai 1850 art. 8), 28 févr. 1872 (art. 4), 19 févr. 1874 (art. 2), ont successivement apportées aux droits fixes d'enregistrement, n'ont pas été étendues au droit fixe de transcription, qui est un droit d'hypothèque, et non d'enregistrement (Sol. adm. enreg. 25 mars 1872, D. P. 73. 5.470); mais, comme nous l'avons dit suprà, n° 3484, les décimes successivement ajoutés aux droits d'enregistrement s'ajoutent également au droit de transcription, en sorte qu'il s'élève actuellement, décimes compris, à 1 fr. 25 cent.

Art. 2. — *Droit proportionnel.*

§ 1er. — *Caractères.*

3513. Sous la législation de l'an 7, les ventes d'immeubles étaient soumises à l'enregistrement, au droit proportionnel de mutation à 4 pour 100 (L. 22 frim. an 7, art. 69, § 7, n° 1), et, lors de la formalité de la transcription au bureau des hypothèques, toutes les fois qu'elles y étaient présentées par les parties, au droit proportionnel de transcription à 1 fr. 50 cent. pour 100 (L. 21 vent. an 7, art. 25). La loi du 28 avr. 1816 modifia, par son art. 52, cet état de choses. « Le droit d'enregistrement des ventes d'immeubles, porte cette disposition, est fixé à cinq et demi pour 100; mais la formalité de la transcription au bureau de la conservation des hypothèques ne donnera plus lieu à aucun droit proportionnel. » (V. suprà, n° 1074). D'autre part, d'après l'art. 54 de ladite loi de 1816, le droit proportionnel de transcription est dû à l'enregistrement, sur *tout acte de nature à être transcrit*, Enfin, l'art. 61 de cette même loi dispose que l'acte qui a été assujetti lors de l'enregistrement au droit proportionnel de transcription, ne donne plus lieu qu'au droit fixe de 1 fr., lorsqu'il est présenté à la transcription au bureau des hypothèques.

L'application de l'art. 54 de la loi du 28 avr. 1816 a soulevé d'innombrables difficultés par suite de l'interprétation que la jurisprudence a donnée tant à cette disposition qu'à l'art. 25 précité de la loi de ventôse.

Aux termes de cet art. 25, « le droit sur la transcription des actes *emportant mutation de propriétés immobilières*, sera de 1 et demi pour 100 du prix intégral desdites *mutations*, suivant qu'il aura été réglé à l'enregistrement ». La cour de cassation, se fondant sur ce que cette disposition a eu pour but de régler la perception du droit proportionnel de transcription, a établi qu'elle doit être entendue dans un sens s'accordant avec l'objet de la transcription, lequel est de purger les hypothèques. Elle en a induit que les actes *emportant mutation* dans le sens de la loi de ventôse, sont, non pas seulement les *actes translatifs*, selon l'acception rigoureuse et absolue de ce mot, mais les actes de nature à être transcrits dont parle l'art. 54 de la loi de 1816, c'est-à-dire *tous* les titres de propriété indistinctement qui permettent à un nouveau possesseur de revendiquer la qualité de tiers détenteur, en d'autres termes, *tout acte de nature à être purgé* (Rép. n° 6022). Et, comme les conservateurs des hypothèques ne peuvent se faire juges de l'utilité que la purge peut présenter pour un acte, la cour a établi qu'il suffit que l'acte soit présenté par les parties à la transcription au bureau des hypothèques, pour que cet acte soit considéré comme étant de nature à être purgé et comme donnant lieu au droit proportionnel de transcription (Ibid.).

A l'époque de la publication du *Répertoire*, la jurisprudence de la cour de cassation était déjà entrée complètement dans cette voie (V. Rép. n° 6023). Elle s'y est affermie de plus en plus depuis lors, et elle a attribué, par suite, au droit proportionnel de transcription les caractères que nous allons déterminer.

3514. En premier lieu, d'après la jurisprudence de la cour de cassation, le droit proportionnel de transcription est la *rémunération* du service rendu par l'Etat et consis-

tant à assurer la publicité et la conservation de l'acte par sa reproduction dans un registre public dont la tenue et le dépôt sont confiés à un préposé spécial : la rémunération étant acquise par l'accomplissement des faits qui constituent le service, la perception du droit ne dépend ni de l'obligation où était la partie de soumettre l'acte à la transcription, ni du plus ou moins d'utilité qu'elle retire de la transcription, lorsqu'elle la requiert sans y être obligée (Motifs, Req. 2 juin 1863, aff. Chauvin, D. P. 63. 1. 468. Conf. Req. 9 août 1860, aff. Legendre, D. P. 60. 1. 451 ; Civ. cass. 20 mai 1863, aff. de Lacuée, D. P. 63. 1. 239; Req. 6 déc. 1864, aff. Compagnie des polders, D. P. 65. 1. 144; 10 juill. 1865, aff. Duboys; D. P. 66. 1. 15; Civ. cass. 5 nov. 1867, aff. Regnobert de Guyenro, D. P. 68. 1. 97).

3515. D'autre part, le droit proportionnel de transcription et le droit proportionnel d'enregistrement, sont *distincts* l'un de l'autre : ils n'ont ni le même fondement, ni les mêmes règles. Si le droit proportionnel d'enregistrement repose sur le fait d'une transmission actuelle de propriété et est conséquemment, suspendu jusqu'à l'événement de cette transmission, le droit proportionnel de transcription est le *prix d'une formalité* et est, par conséquent, exigible au moment où cette formalité s'accomplit, hors les cas où il a été perçu auparavant, conformément aux art. 52, 54 et 61 de la loi du 28 avr. 1816 (Civ. cass. 5 nov. 1867, aff. Regnobert de Guyenro, D. P. 68. 1. 97. V. dans le même sens : Civ. cass. 7 nov. 1849, aff. Duval, aff. Noireterre, D. P. 49. 1. 289; 16 avr. 1850, aff. Blanchon, aff. Chaumée, et aff. Durckeim, D. P. 50. 1. 119; 10 juin 1850, aff. Chuart, D. P. 50. 1. 185; 3 juill. 1850, aff. Saphary, D. P. 50. 1. 283; 2 déc. 1850, aff. Fourcade-Prunet, D. P. 50. 1. 342; 2 déc. 1851, aff. Lallier, D. P. 51. 1. 323; 23 nov. 1853, aff. Chevallier, D. P. 53. 1. 344, Rép. n° 6024-11° et v° *Transcription hypothécaire*, n°s 693-1° et 714.).

L'art. 25 de la loi du 21 vent. an 7, porte un autre arrêt dont nous rapportons le texte à raison de sa netteté et de sa précision, « en disposant que le droit de transcription des actes de mutation des propriétés immobilières sera perçu sur le prix intégral desdites mutations suivant qu'il aura été réglé à l'enregistrement, n'a point entendu subordonner le droit de transcription au droit d'enregistrement; en effet, il n'existe point de corrélation nécessaire entre ces deux droits, lesquels diffèrent par leur nature comme par leur objet, et sont indépendants l'un de l'autre; aussi ne saurait-on induire de la disposition des lois susvisées qu'on ne peut exiger le droit de transcription qu'autant que celui d'enregistrement serait perçu, et dans les mêmes proportions; la loi rattachant la nécessité de la transcription et la perception du droit auquel elle donne lieu à la nature même de l'acte à transcrire, la seule induction à tirer des dispositions précitées, c'est que le législateur a entendu donner pour base au droit de transcription le prix intégral de mutation tel qu'il devait être évalué et composé à l'enregistrement, s'il s'agissait de la perception du droit d'enregistrement pour le tout » (Civ. cass. 6 déc. 1871, aff. Marchandon, D. P. 72. 1. 84. — V. dans le sens contraire : Observations de M. Ch. Beudant, D. P. 68. 1. 97, note).

3516. En troisième lieu, le droit proportionnel de transcription est *indivisible* comme la formalité dont il représente le prix ; les contrats présentés à la transcription, devant être transcrits en entier sur le registre hypothécaire, le droit applicable à cette formalité est indivisible comme elle, et doit être perçu, en conséquence, sur l'*intégralité* du prix qui y est stipulé (Civ. cass. 13 août 1862, aff. Gorsse, D. P. 62. 1. 351; 17 janv. 1865, aff. Weber, D. P. 65. 1. 34; 6 déc. 1871, cité suprà, n° 3515. V. Rép. n° 6024, et v° *Transcription hypothécaire*, n° 695).

3517. En résumé, le droit proportionnel de transcription est entièrement distinct et indépendant du droit proportionnel d'enregistrement; il en diffère par sa nature comme par son objet; il représente le salaire de la formalité et, comme la transcription est indivisible, il est également indivisible et se perçoit sur l'intégralité du prix stipulé dans l'acte transcrit.

Tels sont les caractères attribués par la jurisprudence de la cour de cassation au droit proportionnel de transcription. On verra bientôt les graves conséquences qu'elle en a tirées au profit du Trésor public.

§ 2.   Exigibilité.

N° 1. — *Actes de nature à être transcrits.* — *Perception du droit*
à l'enregistrement.

3518. Le *Répertoire* (n°ˢ 5971 et suiv.), s'est occupé,
en premier lieu, des actes de nature à être transcrits et
auxquels s'applique, par conséquent, l'art. 54 de la loi du
28 avr. 1816 qui dispose que, pour les actes de l'espèce, le
droit proportionnel de transcription est perçu au bureau de
l'enregistrement. On a vu *suprà*, n° 3513, que la jurisprudence de la cour de cassation a interprété l'art. 54 précité
de la loi de 1816 dans un sens très large ; que, d'après ses
décisions, ces mots : *tout acte de nature à être transcrit*,
sont synonymes de ceux-ci : *tout acte de nature à être*
purgé. De là, de nombreuses difficultés.

A. — Mutations entre vifs à titre gratuit.

1°. — *Donation sous condition suspensive.*

3519. Toute donation immobilière de *biens présents* est
assujettie, à l'enregistrement, au droit proportionnel de
transcription qui se trouve confondu avec le droit proportionnel de mutation (*Rép.* n° 5971). S'il s'agit d'une
donation sous condition suspensive, telle qu'une donation de *biens à venir*, elle est enregistrée au droit fixe,
sauf à percevoir ultérieurement le droit proportionnel, s'il
y échet (*Ibid.*) ; mais si cette donation est volontairement
présentée à la transcription au bureau des hypothèques, le
droit proportionnel de transcription est exigible. Décidé, en
effet, qu'une donation d'immeuble soumise à une condition
suspensive, spécialement une donation de biens présents
faite entre futurs époux sous condition de survie du donataire, quoique passible seulement d'un droit fixe à l'enregistrement, est sujette immédiatement au droit proportionnel
de transcription, lorsqu'elle est présentée à la formalité au
bureau des hypothèques (Civ. cass. 5 nov. 1867, aff. Regnobert de Guyenro, D. P. 68. 1. 97).

2°. — *Substitutions.*

3520. Les substitutions, qu'elles aient lieu par *actes*
entre vifs ou *testamentaires*, sont, comme les donations,
assujetties à la transcription au bureau des hypothèques et
passibles, en conséquence, du droit proportionnel de transcription à l'enregistrement de l'acte contenant la disposition
(*Rép.* n°ˢ 5978 et suiv., et v° *Transcription hypothécaire*,
n° 690). Le droit de transcription est dû à l'enregistrement
d'un testament, lors même que la substitution qu'il contient
est prohibée et nulle aux termes de l'art. 896 c. civ. (Trib.
Dreux, 9 mai 1855, aff. Badier, D. P. 55. 5. 185).
3521. Il n'y a pas d'indivision entre le grevé de substitution et les appelés ; par suite, lorsque le grevé se rend
adjudicataire d'immeubles compris dans la substitution, il
n'est pas copartageant. L'adjudication est sujette à transcription, tant pour avertir les tiers que les biens vendus
sont affranchis de la substitution et libres de toutes charges
entre les mains de l'adjudicataire, que pour purger lesdits
biens des hypothèques qui pourraient les grever du chef des
appelés. Jusqu'à l'ouverture de la substitution, le grevé est
propriétaire sous condition résolutoire ; l'appelé, n'ayant
qu'une espérance de recueillir l'objet du fidéicommis, ne
peut exercer aucune action supposant un droit acquis (*Rép.*
v° *Substitution*, n°ˢ 393, 394, 436). Toutefois, il a la faculté
de prendre des mesures conservatoires (*Ibid.*, n° 438) et
même de vendre son espérance (*Ibid.*, n° 439). A plus forte
raison, peut-il l'hypothéquer (*Rép.* v° *Privilèges et hypothè-*
ques, n° 1201). Il y a donc lieu, notamment, pour purger
ces hypothèques, à transcription de l'adjudication, prononcée
au profit du grevé, d'immeubles compris dans la substitution

et, dès lors, cette adjudication est sujette au droit de transcription, à l'enregistrement de l'adjudication, quoiqu'elle
n'emporte pas mutation de propriété et ne donne pas lieu
au droit de mutation. Jugé, en conséquence... que l'adjudication d'immeubles légués à charge de restitution constitue,
lorsqu'elle est prononcée au profit du grevé, un acte de
nature à être transcrit, et sujet, par suite, au droit proportionnel de transcription à l'enregistrement du procès-verbal.
Ce droit de transcription est dû, à plus forte raison, lorsque
le procès-verbal d'adjudication est soumis à la formalité au
bureau des hypothèques (Trib. Nantes, 12 juin 1873, aff.
Querbez, D. P. 75. 3. 55. Conf. Trib. Seine, 17 mars 1865,
aff. Audifret, D. P. 66. 3. 40) ; ... Que l'adjudication sur
licitation de biens immeubles dépendant d'une succession,
au profit de l'héritier unique, légataire de la quotité disponible à charge de la conserver et de la rendre à ses enfants
nés et à naître, est de nature à être transcrite, et passible,
en conséquence, lors de l'enregistrement, du droit de transcription à 1 fr. 50 cent. pour 100 (Trib. Seine, 22 juin 1883,
et sur pourvoi, Req. 18 mars 1884, aff. Norès, D. P. 84. 1.
419 ; Trib. Seine, 28 nov. 1884, aff. Boland, D. P. 85. 5.
465 ; Req. 7 avr. 1886, aff. Dubertret, D. P. 87. 1. 220).
3522. Ainsi que l'exprime un arrêt de la cour de cassation du 28 nov. 1848 rapporté au *Rép.* n° 5981, le droit
proportionnel de transcription n'a pas changé de nature,
bien que maintenant, en vertu de l'art. 54 de la loi du
28 avr. 1816, on le perçoive au moment de l'enregistrement
de l'acte de nature à être transcrit ; il reste toujours un droit
d'hypothèque. Il suit de là qu'on ne peut l'ajouter au droit
d'enregistrement pour régler le montant de l'amende exigible, en vertu de l'art. 38 de la loi de frimaire, sur les testaments contenant substitution non enregistrés en temps
utile. Décidé, en conséquence, que la pénalité du double
droit applicable à un testament contenant charge de restitution, à défaut d'enregistrement dans le délai prescrit, ne
s'étend pas au droit de transcription à 1 fr. 50 cent. pour 100
dont cet acte est passible à l'enregistrement (Sol. adm.
enreg. 7 nov. 1867, D. P. 70. 5. 360).

3°. — *Partage anticipé.*

3523. A l'époque de la publication du *Répertoire*, les
donations à titre de partage anticipé faites en conformité des
art. 1075 et 1076 c. civ., n'étaient soumises au droit proportionnel de transcription que lorsqu'elles étaient présentées
à la formalité au bureau des hypothèques ; elles supportaient
alors le droit ordinaire de 1 fr. 50 cent. pour 100 (*Rép.*
n° 5983, et v° *Transcription hypothécaire*, n° 672). On a vu
suprà, n° 3483, qu'aujourd'hui, d'après la loi du 24 juin 1875,
le droit de transcription a été réduit à 50 cent. pour 100 à
l'égard des partages anticipés, mais que ce droit est perçu
à l'enregistrement de l'acte de donation, que la formalité
de la transcription au bureau des hypothèques ne donne
plus lieu qu'au droit fixe de 1 fr. (art. 1er de la loi), et,
d'autre part, qu'en ce qui concerne les *immeubles ruraux*,
le revenu, qui était multiplié autrefois par vingt et par dix,
par application de l'art. 15 de la loi du 22 frim. an 7, pour
la perception du droit, est multiplié maintenant par vingt-
cinq et par douze et demi (art. 2 de la loi).
Relativement à la détermination des caractères qui constituent les *immeubles ruraux*, V. *suprà*, n° 1714.
3524. L'usufruit viager ne peut faire l'objet d'une *démis-*
sion de biens, parce que, comme l'exprime, dans ses motifs,
une solution de l'Administration de l'enregistrement du
31 mai 1881 (D. P. 82. 3. 70), l'ascendant ne peut être réputé
abandonner, à titre de présuccession, un droit que son décès
ferait nécessairement évanouir (V. en ce sens : Trib. Nérac,
4 août 1883, *infrà*, n° 3526, V. en sens contraire : Trib.
Blois, 31 déc. 1878) (1). Lors donc qu'après avoir donné
à titre de partage anticipé ses immeubles à ses enfants

(1) (Dupuy et Deschamps.) — Le tribunal ; — Attendu que les
difficultés qui existent entre l'administration de l'enregistrement
et les dames Dupuy et Deschamps portent : 1° .... 2° sur
une somme de 17 fr. 10 cent. pour droit de transcription, à raison d'un abandon d'usufruit par le sieur Charron père à ses
deux filles, ladite somme réclamée par l'administration de l'enregistrement dans un mémoire signifié le 23 févr. 1877, au lieu

de celle de 5 fr. 70 cent., réclamée tout d'abord dans la contrainte ; — Sur le deuxième chef ; — Attendu que les dames
Dupuy et Deschamps ne contestent pas qu'elles doivent un droit
de transcription pour l'abandon d'usufruit que leur a fait leur
père ; qu'elles ne contestent pas non plus la base sur laquelle la
Régie a assis le droit, en estimant 90 fr. le revenu de cet usufruit ; qu'elles prétendent seulement que cet abandon d'usufruit

en s'en réservant l'usufruit, l'ascendant donateur *renonce* à cet usufruit, l'acte constatant cette renonciation ne donne pas lieu au droit de 1 fr. 50 cent. établi pour les donations de l'espèce et qui comprend le droit de transcription. Mais cet acte est de nature à être transcrit et, par suite, sujet au droit de transcription (*Rép.* n° 5986). A quel taux doit être perçu ce droit? Au taux ordinaire de 1 fr. 50 cent. pour 100 ou bien au taux réduit de 50 cent. pour 100 établi pour les démissions de biens? Il est généralement admis que la renonciation, dans le cas où il s'agit, a le caractère d'un simple complément de partage anticipé, participant de la nature de cet acte, et que, conséquemment, elle donne lieu au droit fixe d'enregistrement de 4 fr. 50 cent. applicable aux actes portant réunion d'usufruit à la propriété (L. 22 frim. an 7, art. 68, § 1er, n° 42; 28 avr. 1816, art. 44, n° 4; 28 fév. 1872, art. 4), le droit proportionnel de mutation ayant été perçu par anticipation sur la donation primitive, et seulement au droit de transcription au taux réduit de 50 cent. pour 100 établi par la loi du 21 juin 1875 (Garnier, *Rép. gén. enreg.*, n° 12611 ; *Diction. droits d'enreg.*, v° *Partage d'ascendant*, n° 345; Trib. Blois, 31 déc. 1878 précité. — V. toutefois, Naquet, t. 2, n° 849).

3525. L'administration de l'enregistrement a décidé, en ce sens, que le droit de transcription à 50 cent. pour 100 établi par la loi du 21 juin 1875, est seul exigible, outre

le droit fixe de 4 fr. 50 cent., sur les partages anticipés contenant abandon par un ascendant de l'usufruit auquel il avait droit, comme légataire de sa femme, sur les immeubles précédemment recueillis par eux en nue propriété (Sol. adm. enreg. 11 mars 1879, *Rép. pér. enreg.*, art. 5515).

3526. Mais si un usufruit viager ne peut faire l'objet d'une donation à titre de partage anticipé, il n'en est pas de même de l'usufruit qui doit survivre au disposant et se trouver au nombre des valeurs composant sa succession. Lorsqu'un père de famille fait donation d'un semblable usufruit à ses enfants et en règle entre eux la dévolution, le caractère de partage anticipé doit être reconnu à l'acte constatant cet abandon et ce règlement, par les mêmes motifs qui le font admettre pour les démissions de biens en toute propriété. Jugé, en conséquence, que c'est, en ce cas, le tarif réduit de 1 fr. 50 cent. pour 100, y compris le droit de transcription, qui est applicable (Trib. Nérac, 4 août 1883) (1).

4°. — *Réunion de l'usufruit à la nue propriété.*

3527. On a vu *supra*, n°s 2576 et suiv., que pour la perception à établir à l'enregistrement d'un acte constatant la *réunion de l'usufruit d'immeubles à la nue propriété*, il faut se reporter à la perception faite lorsque le démembrement de la propriété s'est accompli ; que si, comme la loi fiscale

---

n'est qu'un second partage anticipé et qu'elles ne doivent que le droit de 50 cent. pour 100 réclamé primitivement en vertu de la loi du 21 juin 1875, tandis que la Régie demande à percevoir le droit proportionnel de 1 fr. 50 cent. pour 100, conformément à l'art. 54 de la loi du 8 avr. 1816, alléguant qu'il n'y a pas partage d'ascendant ; — Attendu que l'art. 1075 c. civ. autorise le père ou la mère, ou autres ascendants, à faire entre leurs enfants et descendants la distribution et le partage de leurs biens; que cet article ne distingue pas entre la nature des biens, qu'il s'agit de meubles, d'immeubles, de la nue propriété ou d'usufruit; — Attendu que l'usufruit est un bien qui fait, au même titre que les autres, partie du patrimoine de l'usufruitier, dont il peut même constituer tout le patrimoine ; — Qu'aux termes de l'art. 526, il est immeuble quand il est établi sur des immeubles et peut être hypothéqué suivant l'art. 2118 c. civ. ; qu'il est à remarquer que c'est même par cette raison qu'un droit de transcription est dû, ainsi que le reconnaissent les dames Dupuy et Deschamps, puisque l'usufruit que s'était réservé leur père par acte du 16 févr. 1872 était assis sur des immeubles; — Attendu qu'il résulte de ce qui précède que l'usufruit peut, comme tout autre bien, faire l'objet d'un partage d'ascendant; que, comme tout partage d'ascendant, il peut être purement gratuit ou grevé de charges; qu'on ne trouve, en effet, aucun texte de loi duquel il résulte que, pour qu'un abandon d'usufruit puisse faire l'objet d'un partage anticipé, il soit nécessaire, ainsi que le prétend la Régie, que cet abandon soit fait à titre gratuit; — Attendu que l'administration de l'enregistrement prétend, en outre, que la loi du 21 juin 1875 ne doit s'appliquer qu'aux partages ayant le caractère de présuccession ; qu'un usufruit étant destiné à prendre fin à la mort de l'usufruitier, et ne se trouvant pas, dès lors, dans sa succession, ne peut être l'objet de sa part d'un partage d'ascendant prévu par la loi du 21 juin 1875; — Mais, attendu que la loi du 21 juin 1875, en se référant aux art. 1075 et 1076 c. civ., ne fait point la distinction que fait l'administration de l'enregistrement; que, s'il est certain qu'un tel partage d'usufruit ne peut se faire par testament, on ne voit pas pourquoi il ne pourrait se faire par donation entre vifs; — Attendu que l'abandon que le sieur Charron a fait de son usufruit revêt le caractère de partage d'ascendant; — Que la donation, en effet, est faite collectivement à ses deux filles, ses seuls enfants, qui l'ont acceptée; — Qu'elle est faite à raison de son grand âge et de ses infirmités; que ce sont bien là les signes distinctifs de la donation-partage; — Attendu qu'il n'y a pas à s'arrêter à l'objection que l'acte de 1876 ne fait pas de partage et ne pouvait pas en faire, puisque la nue propriété était déjà partagée; — Attendu que dans les démissions de biens le partage n'est pas de l'essence de la donation prévue par les art. 1075 et 1076 et suiv. c. civ., qui ne statuent que *de eo quod plerumque fit*, qui ne font que prévoir le cas, qui se présente le plus souvent où l'ascendant fait le partage, par le même acte, des biens qu'il a donnés; — Attendu, d'ailleurs, en fait, qu'on peut dire, dans l'espèce, que Charron père a fait le partage de son usufruit et adopté implicitement comme base de ce partage celui de la nue propriété opéré par l'acte du 16 févr. 1872; — Que cette intention du père de famille apparaît notamment dans l'annulation de la soulte de 6 fr. que devait payer annuellement la dame Deschamps à sa sœur la dame Dupuy, de telle sorte que cette soulte, qui, dans l'acte de 1872, était destinée à égaliser les charges de l'usufruit, devait, dans l'acte de 1876, servir à rétablir l'égalité dans le par-

tage; — Qu'à tous ces points de vue, sur ce chef, la demande de l'administration de l'enregistrement doit être écartée. Du 31 déc. 1878.-Trib. civ. de Blois.

(1) (Laterrade.) — LE TRIBUNAL ; — Attendu que, par acte du 13 avr. 1882, au rapport de Me Courdon, notaire à Sos, les époux Laterrade ont fait donation entre vifs, à titre de partage anticipé, à leurs deux filles, demoiselle Louise Laterrade, épouse Couvrat, et à demoiselle Augustine Laterrade, décédée peu de jours après épouse Bachy, de l'usufruit pendant la vie des donataires et à chacune par moitié d'une rente de 1000 fr. 3 pour 100 sur l'Etat français, appartenant en propre à la dame Laterrade, et d'une autre rente de 500 fr. 3 pour 100 appartenant à la communauté existant entre les donateurs, ladite donation contenant une clause d'imputation ainsi conçue : « La présente donation n'est faite qu'à la condition que l'usufruit des rentes abandonnées à leurs enfants s'imputera sur la succession du prémourant des donateurs et subsidiairement, en cas d'insuffisance, sur les biens du survivant; par suite, les donataires seront irrévocablement saisis de l'usufruit des rentes précitées, mais le survivant des donateurs sera indemnisé, par la succession du prémourant, de la valeur des biens qui seront entrés de son chef dans la présente donation »; — Attendu que, lors de la présentation de cet acte à l'enregistrement, le receveur, appréciant qu'un usufruit ne pouvait faire l'objet d'un partage anticipé, a perçu le droit de 2 fr. 50 cent. pour 100, soit, en principal et décimes, la somme de 658 fr. 75 cent. ; que Me Courdon, notaire, invoquant la qualification extérieure et légale donnée à l'acte de donation à titre de partage anticipé, a demandé la restitution de la somme de 395 fr., pour droit indûment perçu, concluant ainsi que cet acte comportait l'application du tarif réduit de 1 pour 100, porté à la loi du 16 juin 1824 (art. 3); — Attendu que l'administration de l'enregistrement s'est refusée à accorder cette restitution, qui aujourd'hui lui est demandée judiciairement, et qu'ensuite de l'assignation deux mémoires ont été respectivement signifiés, les 21 mai et 21 juin 1883 ; En droit : — Attendu que les époux Laterrade avaient le droit de constituer un usufruit, pendant toute la durée qui leur convenait, sur les rentes perpétuelles sur l'Etat, leur appartenant, conformément à l'art. 581 c. civ.; que l'on conçoit facilement l'intérêt qu'ils avaient à ne pas se dessaisir de la nue propriété de ces titres de rente, comme l'intérêt bien appréciable qu'avaient les donataires, dont l'une allait se marier, à être gratifiées d'un usufruit qui ne devait pas cesser avec la vie des donateurs, ceux-ci pouvant, en effet, aliéner leur nue propriété, qui ne se trouverait pas alors dans leurs successions; — Qu'il est manifeste que cet usufruit diffère totalement d'un usufruit viager, constitué par un tiers sur la tête des donateurs et que ceux-ci auraient ensuite donné; — Attendu que, s'il est exact de dire que des biens pouvant faire l'objet d'un partage anticipé doivent être de nature à exister lors du décès des donateurs et à faire partie de l'actif de leur hérédité, il faut reconnaître que la principale condition du partage anticipé, l'attribution et partage de cet usufruit entre les enfants se prolongeant au delà de la mort des donateurs, valeur appréciable et cessible, se rencontre dans l'acte du 13 avr. 1882, puisque les coupons de ces titres de rentes à échoir depuis le décès des donateurs jusqu'à celui des donataires ne pourront être de nouveau partagés ni attribués à l'une des donataires dans une proportion différente de celle que

le prescrit au cas de *vente* ou de *donation*, l'impôt a été perçu, non seulement sur la valeur de la nue-propriété transmise, mais aussi, et par anticipation, sur la valeur de l'usufruit, il ne peut plus être perçu de nouveau sur l'acte constatant la transmission de l'usufruit par sa réunion à la nue-propriété. L'acte constatant cette réunion étant de nature à être transcrit, donne ouverture au droit proportionnel de transcription. Il en est de ce droit comme du droit proportionnel de mutation. S'il a été perçu en même temps que ce dernier, lors du démembrement de la propriété, comme cela a lieu au cas où ce démembrement s'opère par *vente* ou *donation*, il ne peut pas plus être perçu que celui de mutation sur l'acte qui réalise la réunion de l'usufruit à la nue propriété; mais ledit acte est sujet au droit proportionnel de transcription toutes les fois que ce droit n'a pas été perçu par anticipation ainsi que cela se produit au cas où l'usufruit est séparé de la propriété par l'effet d'une *mutation par décès* (*Rép.* n°s 5985, 5990, 5992, et 5993, et v° *Transcription hypothécaire*, n° 679). Ainsi, l'acte portant cession de l'usufruit d'un immeuble par le légataire de cet usufruit, aux héritiers de la nue propriété, moyennant une rente viagère, donne lieu lors de son enregistrement, à la perception du droit proportionnel de transcription à 1 fr. 50 cent. pour 100 sur le capital de la rente viagère, indépendamment du droit fixe d'enregistrement, lorsque le démembrement de la propriété s'étant opéré par suite d'une mutation par décès, le droit de mutation a été payé, alors par anticipation, mais non celui de transcription (Trib. Guéret, 31 août 1870, aff. C..., et R.., D. P. 71. 5. 386).

5°. — *Déclaration de dotalité.*

3528. D'après un arrêt (Civ. cass. 28 mai 1845, *Rép.* n° 5994), l'acte par lequel une femme dotale substitue à l'un de ses *biens dotaux* un *bien paraphernal*, dans le but de convertir le bien paraphernal en bien dotal et le bien dotal en paraphernal, donne lieu au droit proportionnel de transcription. L'administration de l'enregistrement a décidé, en sens contraire, que le jugement portant qu'une partie des immeubles recueillis par une femme dotale dans la succession de son père, serait dotale à concurrence du montant de la dot constituée, mais non réalisée, ne donne pas lieu au droit proportionnel de transcription lors de l'enregistrement (Sol. adm. enreg. 20 nov. 1880, D. P. 81. 5. 368). « Quels que

soient, en droit civil, porte cette solution, les effets de la dotalisation autorisée par le tribunal (Aubry et Rau, *Cours de droit civil français*, 4° éd., t. 5, § 534, p. 537 *b*), il est hors de doute qu'elle n'a pas un caractère translatif. D'autre part, il ne semble pas que la dame Vaïse ait la faculté de remplir les formalités de la purge telle qu'elle a été organisée par les art. 2181 et suiv. c. civ., c'est-à-dire de payer les dettes hypothécaires à concurrence seulement du prix d'estimation des immeubles dotalisés (c. civ. art. 2184). Du moment, en effet, où cette dame représente activement et passivement son père décédé, elle est tenue de tout le passif hypothécaire grevant les immeubles compris dans son lot, sans qu'il lui soit permis de préjudicier aux droits des tiers par des conventions de la nature de celle que le tribunal a sanctionnée. Dès lors, quelle que soit l'utilité que puisse offrir la transcription au cas particulier, on ne saurait, en l'absence de toute disposition formelle dans la loi, percevoir par anticipation le droit de 1 fr. 50 cent. pour 100, puisqu'il ne s'agit ni d'un acte translatif, ni d'un acte devant être transcrit à fin de purge. » Il s'ensuit que les actes de cette nature ne sont passibles du droit proportionnel de transcription que lorsqu'ils sont présentés volontairement à la transcription au bureau des hypothèques.

B. — *Mutations à titre onéreux.*

1°. — *Transactions.*

3529. Une jurisprudence, aujourd'hui bien établie, soumet les *transactions* à l'application du principe qui assujettit au droit proportionnel de mutation tout acte constatant un déplacement de valeurs, et prend les droits apparents des parties comme point de départ de l'appréciation des changements que la transaction introduit dans leur situation respective (V. *suprà*, n°s 655 et suiv.). Ainsi, pour les transactions en matière de legs, elle distingue entre le cas où le légataire se trouvait déjà saisi, au moment de la transaction, soit par la force de la loi, soit par une ordonnance d'envoi en possession, ou un acte de délivrance, et celui où il n'avait pas encore, à ce moment, la possession légale. Dans le premier cas, l'abandon que le légataire consent au profit de l'héritier est réputé translatif; il n'est que déclaratif, dans le second.

---

lui assigne l'acte du 13 avr. 1882; — Attendu que les événements ultérieurs indiqués par l'administration de l'enregistrement et présentés, sous forme d'arguments, dans le mémoire, tels que le prédécès des donataires et l'existence dans leur succession de la nue propriété qui, selon la Régie, entraînerait la réunion de l'usufruit à cette nue propriété, ne peuvent être d'aucun effet sur le caractère légal et la constitution des actes civils, car ainsi que l'écrit Garnier (*Rép. gén. enreg.*, v° *Partage d'ascendants*, n° 12587) : « C'est un principe constant en matière fiscale que les droits acquis au Trésor par l'existence d'un acte doivent être liquidés d'après les stipulations et les effets de cet acte au jour de sa présentation à la formalité et sans qu'il y ait à se préoccuper des événements ultérieurs, la modalité sous laquelle la donation peut être résolue, le prédécès des donateurs par exemple, n'a par lui-même d'autre caractère juridique que celui d'une condition résolutoire ; or, les conditions de cette nature demeurent sans influence sur la formation actuelle des contrats et leur exécution » (*Adde:* Jugement du tribunal civil de Nancy, relaté dans les instructions de l'administration de l'enregistrement du 12 oct. 1876, n° 2562, § 7); qu'il y a tout lieu de penser même que les donataires survivront aux donateurs et que c'est, sans conteste, dans cet esprit que la donation du 13 avr. 1882 est intervenue; — Attendu que la clause d'imputation contenue dans cet acte, conçue dans les termes plus haut relatés, n'est pas contraire à l'essence du partage anticipé, ainsi que le décide la jurisprudence de la cour de cassation (Civ. rej. 7 mars 1876, aff. Matisse, D. P. 76. 1. 310); — Attendu que vainement on objecterait que cette donation à titre de partage anticipé est tout simplement un augment, supplément ou égalisation de dot, puisque les demoiselles Laterrade avaient reçu dans leur contrat de mariage des 15 févr. 1877 et 13 avr. 1882 une constitution de dot égale ; car l'administration de l'enregistrement reconnaît elle-même le bénéfice de cette loi du 16 juin 1824 est applicable, lorsqu'une père donne à chacun de ses enfants une somme égale à titre d'augment de dot, ou d'égalisation de dot par acte contenant partage anticipé (Délib. adm. enreg. 22 juin 1827, Garnier, *Rép. gén. enreg.*, v° *Partage d'ascendants*, n° 12577); — Attendu, au

surplus, que la Régie reconnaît elle-même que le véritable motif de la jurisprudence qui a prévalu en matière de donation d'usufruit, c'est que l'ascendant ne peut être réputé abandonner, à titre de présuccession, un droit que son décès ferait nécessairement évanouir; que ce principe, déjà mis en vigueur par la Régie du 31 mai 1881 (D. P. 82. 3. 70), dont elle n'a pas fait état malgré son importance dans son mémoire, donne présentement lieu d'examiner quelle est la véritable nature du droit ainsi cédé à titre gratuit et partagé par les époux Laterrade; — Attendu que les arrérages d'une rente sur l'État constituent des fruits civils; que l'art. 584 c. civ. est formel sur ce point; que l'ensemble de ces arrérages constitue une véritable créance d'un caractère propre, dont le payement ne peut être douteux, puisque le débiteur est l'État français, d'une solvabilité qui ne s'est jamais démentie; que la cour de cassation, dans son arrêt du 27 janv. 1875 (Req. aff. Plantier, D. P. 75. 1. 363), reconnaît elle-même que sous le rapport des droits incorporels, il n'y a aucune distinction à faire entre les créances échues et celles à échoir, ni entre les créances de capitaux, ni les créances d'intérêts; qu'il s'agit, dans l'acte du 13 avr. 1882, d'une sorte de capital détaché de la nue propriété, formant un bien absolument distinct dans le patrimoine des donateurs, ne pouvant être remis dans l'indivision ni partagé à nouveau; que l'exactitude de ce principe a été proclamée par la Régie elle-même dans la solution précitée du 31 mai 1881, aux termes de laquelle les fermages à échoir, dus à un bailleur, peuvent faire l'objet d'une donation à titre de partage anticipé, et ne sont alors sujets qu'au tarif réduit à 1 pour 100; que les arrérages des rentes sur l'État sont des fruits civils comme les fermages et qu'il est exact de dire que cette solution s'applique exactement à l'espèce soumise au tribunal; que, par suite, les arrérages des rentes sur l'État pouvaient être donnés à titre de partage anticipé par les époux Laterrade à leurs filles, comme aussi doit être appliquée la maxime : « *Ubi eadem ratio, ibi idem jus* », et la demande en restitution de la somme de 393 fr. est fondée.

- Par ces motifs, etc.

Du 4 août 1883.-Trib. civ. de Nérac.

Le légataire, qui renonce à son legs, après le jugement qui lui en a fait délivrance et après appel de ce jugement par l'héritier, est-il, au moment de la transaction, en possession de son legs? L'administration de l'enregistrement soutient qu'il n'y a aucun compte à tenir de l'appel, car l'examen des circonstances qui concourent à rendre un jugement définitif se rattache à la question de validité des actes, et rentre, par conséquent, dans le domaine interdit aux agents. On allègue, à l'appui de l'opinion contraire, différents arguments. L'administration, dit-on, est tenue de prendre les actes tels qu'ils sont, sans s'enquérir de leur validité. Elle doit donc tenir compte de l'acte d'appel, qui existe tout aussi bien que le jugement. L'appel, ajoute-t-on, se borne à suspendre l'exécution du jugement, sans en anéantir les effets. Il suspend donc l'envoi en possession du légataire qui, au moment où il transige, n'est pas nanti, et, dès lors, ne transmet pas à l'héritier la possession légale de l'objet légué. Quoi qu'il en soit de sa valeur juridique, ce système aurait, dans la pratique, deux inconvénients sensibles. D'une part, il jetterait l'administration dans de graves difficultés, en l'obligeant à rechercher et à discuter la validité de l'acte d'appel. D'autre part, et à supposer qu'une pareille recherche ne lui fût pas interdite, il mettrait la perception de l'impôt à la discrétion des parties qui, avant de transiger et pour échapper au payement des droits, interjetteraient ou non appel du jugement, suivant les circonstances.

Le tribunal de la Seine a jugé, dans le sens de l'opinion suivant laquelle l'on ne doit pas avoir égard à l'appel pour déterminer le caractère de la transaction, qu'un jugement, bien que frappé d'appel, n'en constitue pas moins, jusqu'à son infirmation, le titre apparent qui, dans le cas d'une transaction ultérieure, doit déterminer la situation juridique des parties et servir de base à la liquidation de l'impôt (c. proc. civ. art. 457). En conséquence, l'appel interjeté contre un jugement qui a ordonné la délivrance du legs de l'usufruit d'un immeuble, ne fait pas obstacle à ce que la renonciation à ce legs, par voie de transaction convenue après ledit appel, ne soit translative de propriété et ne donne, en conséquence, ouverture au droit de transcription (Trib. Seine, 27 juill. 1877, aff. Laroze, D. P. 77. 3. 79).

La jurisprudence de la cour de cassation relative à la détermination du droit d'enregistrement auquel la transaction donne lieu dans le cas dont il s'agit, est fixée en ce sens (V. supra, n°s 668 et suiv.).

3530. Il a été jugé, d'autre part, que la transaction par laquelle un légataire universel fait abandon de divers immeubles de la succession à un enfant naturel du défunt dont la reconnaissance était l'objet de la contestation terminée par cette transaction, donne ouverture au droit proportionnel de transcription à 1 fr. 50 cent. pour 100, la transcription présentant alors cette double utilité : 1° de rendre sans effet les hypothèques non encore inscrites qui auraient été consenties par le légataire universel, en sa qualité de propriétaire apparent ; 2° de même égard les hypothèques déjà inscrites, du chef du même légataire, au moment où elle a eu lieu ; et ce droit est exigible, alors surtout que la formalité de la transcription a été volontairement requise (Civ. cass. 20 mai 1863, cité supra, n° 3514).

2° — *Licitations.*

3531. Le droit d'enregistrement des ventes d'immeubles que la loi du 22 frim. an 7 (art. 69, § 7, n° 1) avait fixé à 4 pour 100, a été porté à 5 1/2 pour 100 par l'art. 52 de la loi du 28 avr. 1816 qui a disposé que, moyennant cette addition, la formalité de la transcription de l'acte de vente au bureau des hypothèques ne donnerait plus lieu « à aucun droit proportionnel ». En d'autres termes, la loi de 1816 a réuni, pour en former « le droit d'enregistrement des ventes d'immeubles », le droit proportionnel de transcription au droit proportionnel de mutation (V. supra, n°s 1074 et 3513). D'autre part, on a vu ibid., que, d'après l'art. 54 de cette même loi de 1816, le droit proportionnel de transcription se perçoit à l'enregistrement pour tous les actes de nature à être transcrits, et que l'art. 61 de ladite loi dispose que l'acte qui a été assujetti, lors de son enregistrement, au droit propor-

tionnel de transcription, ne donne plus lieu qu'au droit fixe de 1 fr., lorsqu'il est présenté à la transcription au bureau des hypothèques.

L'art. 52 de la loi de 1816 ne faisant point mention des licitations, on en a conclu que, depuis comme avant ladite loi, l'adjudication sur licitation ne donnait lieu, à l'enregistrement, qu'au droit proportionnel de mutation à 4 pour 100 (Rép. n°s 6024 et 6025). Mais la jurisprudence a admis que l'art. 54 de la même loi, suivant lequel tout acte de nature à être transcrit donne lieu, à l'enregistrement, au droit proportionnel de transcription à 1 fr. 50 cent. pour 100, est applicable aux actes de licitation dans deux cas, savoir : celui où la licitation ne met pas fin à l'indivision, et celui où les colicitants n'ont pas un titre commun.

a. — Cessation de l'indivision.

3532. En premier lieu, il faut, pour que la licitation ne donne pas lieu, lors de l'enregistrement, à la perception du droit proportionnel de transcription, qu'elle ait pour effet de mettre fin complètement à l'indivision. Il est de jurisprudence que toutes les fois que l'adjudication de l'immeuble indivis est faite à plusieurs des colicitants entre lesquels l'indivision continue, l'acte n'a pas les caractères d'un partage ; que, dès lors, il s'opère entre ceux qui sortent d'indivision et ceux qui y demeurent, une véritable mutation de propriété qui laisse subsister les charges créées par les premiers, d'où résulte la nécessité de la purge et de la transcription, et, par suite, l'exigibilité du droit proportionnel de transcription, lors de l'enregistrement de l'acte (Rép. n° 6024-10° et 11°, et 6029, et v° Transcription hypothécaire, n°s 150, 693 et suiv. et 698 ; Privilèges et hypothèques, n° 939. Conf. Civ. cass. 21 juin 1848, aff. Riant, D. P. 48. 1. 156 ; 12 juill. 1848, aff. Baslez, ibid. ; 13 août 1862, aff. Gorsse, D. P. 62. 1. 351 ; 3 janv. 1865, aff. Usquin, D. P. 65. 1. 32).

3533. Il en est ainsi depuis comme avant la loi du 23 mars 1855, cette loi ayant laissé subsister les principes antérieurement admis quant à l'utilité de la transcription des mutations immobilières au point de vue de la purge des hypothèques (Civ. cass. 3 janv. 1865, cité supra, n° 3532).

3534. Le transport de droits successifs dans plusieurs hérédités est passible, à l'enregistrement, du droit proportionnel de transcription à 1 fr. 50 cent. pour 100 sur la totalité du prix stipulé, lorsqu'il ne fait pas cesser l'indivision pour toutes les successions, encore bien que le prix ait été divisé dans l'acte en deux portions déclarées applicables, l'une aux successions pour lesquelles l'indivision cessait, l'autre à celles à l'égard desquelles l'indivision subsistait (Trib. Saint-Pons, 18 févr. 1868, aff. Taffanel, D. P. 72. 3. 7). Cette décision paraît rigoureuse. Le prix stipulé ayant été divisé dans l'acte même entre les successions pour lesquelles l'indivision cessait et celles à l'égard desquelles elle subsistait, il y avait, en réalité, deux cessions : l'une ne faisant pas cesser l'indivision, et par conséquent de nature à être transcrite ; l'autre faisant cesser l'indivision, et non, dès lors, de nature à être transcrite. Il semble que la perception du droit de transcription aurait pu être restreinte à la portion du prix se rapportant aux successions demeurées indivises.

3535. Mais l'acte par lequel, à la suite du décès de sa mère, l'un des enfants acquiert de ses frères et sœurs et de son père les droits leur appartenant indivisément avec lui dans les immeubles dépendant de la communauté, doit être considéré comme faisant cesser l'indivision, quoique le père se soit réservé l'usufruit d'un logement et d'une boutique faisant partie des biens cédés ; ledit acte ne donne pas lieu, en conséquence, à la perception du droit proportionnel de transcription (Sol. adm. enreg. 30 août 1869, D. P. 70. 5. 359). En effet, dans l'espèce, toute indivision avait cessé entre le père et le fils, car, l'usufruit réservé au profit du père grevant une partie déterminée des immeubles, le cessionnaire conservait la pleine propriété du surplus, sans qu'il fût nécessaire de procéder à la licitation ou au partage de l'usufruit pour régler l'étendue des droits de chaque partie, qui étaient connus et indiqués d'une manière définitive.

b. — Héritier bénéficiaire.

3536. L'héritier pur et simple étant tenu de toutes les dettes de la succession, ne peut être admis à la purge des hypothèques; par conséquent, l'adjudication d'un immeuble de la succession à son profit ne donne pas lieu à la perception du droit proportionnel de transcription à l'enregistrement (*Rép.* v° *Transcription hypothécaire,* n° 711). Ainsi, le droit proportionnel de transcription n'est pas dû à l'enregistrement d'une adjudication sur licitation, lorsque l'immeuble licité provient d'une succession recueillie par deux héritiers purs et simples, dont l'un est décédé après avoir fait, au profit de l'autre, un legs universel, alors même que celui-ci n'a accepté que sous bénéfice d'inventaire; dans ce cas, le colicitant adjudicataire ayant procédé au titre d'héritier pur et simple de l'auteur commun et étant censé tenir directement l'immeuble entier de sa succession, la purge est inadmissible ou inutile, et le procès-verbal d'adjudication, n'étant point, dès lors, de nature à être transcrit, ne donne pas lieu à la perception du droit de transcription (Civ. rej. 3 févr. 1874, aff. Couturier de Versan, D. P. 74. 1. 361). — Il a été jugé, en sens contraire, dans une espèce semblable, que l'adjudication sur licitation, au profit de l'un des héritiers, d'un immeuble dépendant pour partie d'une succession bénéficiaire, donne lieu au droit de transcription lors de l'enregistrement du jugement d'adjudication, lors même que l'immeuble provient d'une succession recueillie par le défunt ainsi que par le colicitant adjudicataire et acceptée par eux purement et simplement (Trib. Rouen, 24 févr. 1876, aff. Sement, D. P. 77. 3. 53).

3537. La cour de cassation a établi, par une longue suite d'arrêts dont le premier remonte à 1823, que l'adjudication d'immeubles d'une succession au profit d'un héritier bénéficiaire, majeur ou mineur, est un acte de nature à être transcrit, soit pour purger les privilèges et hypothèques dont les biens adjugés peuvent être grevés du chef du défunt, soit pour fixer définitivement le prix de l'adjudication, si l'héritier adjudicataire ne veut pas s'exposer à l'acquittement de toutes les créances hypothécaires de la succession, soit dans l'intérêt des créanciers de l'hérédité; elle en a tiré la conséquence que cette adjudication donne lieu à la perception, lors de l'enregistrement, du droit proportionnel de transcription (*Rép.* n°s 5968, 6024, 6038, et v° *Transcription hypothécaire,* n°s 707 et suiv.; Civ. cass. 26 févr. 1862, aff. de Pradier, D. P. 62. 1. 182; Civ. rej. 28 juill. 1862, aff. du Barry de Merval, D. P. 62. 1. 371; Civ. cass. 22 juin 1870, aff. Rattier, D. P. 70. 1. 443; 12 nov. 1872, aff. Villoutreys, D. P. 73. 1. 497; 27 nov. 1872, aff. de Luynes, *ibid.*; Civ. rej. 3 févr. 1874, aff. Couturier, D. P. 74. 1. 361; Ch. réun. cass. 12 janv. 1876, aff. de Luynes, D. P. 76. 1. 52; Trib. Limoges, 6 juin 1860, aff. Gérardin, D. P. 61. 3. 16; Trib. Seine, 12 janv. 1861, aff. Barry de Merval, D. P. 61. 3. 31; Trib. Châlon-sur-Saône, 20 mars 1862, aff. de Pradier, D. P. 63. 3. 24. — *Contra :* Trib. Dijon, 31 mars 1858, aff. de Pradier, D. P. 58. 3. 56; Trib. Seine, 6 août 1870, aff. de Chevreuse, D. P. 71. 3. 43; Trib. Seine, 6 août 1870, aff. de Villoutreys, D. P. 72. 3. 30. V. aussi *Rép.* n° 6036, et v° *Transcription hypothécaire,* n°s 372, 373, 709 et 710; Consultation de M. Valette, D. P. 73. 1. 197; Dissertation, D. P. 74. 1. 361).

3538. Et il en est ainsi, même depuis la loi du 23 mars 1855, cette loi ne dispensant de la transcription les jugements d'adjudication intervenus au profit d'un copartageant, qu'au point de vue de la translation de la propriété, et leur laissant le caractère d'actes de nature à être transcrits, en tant qu'il s'agit de la purge des hypothèques (Arrêts des 26 févr. 1862, 28 juill. 1862, 22 juin 1870, 12 nov. 1872, 27 nov. 1872 ; et jugements des 6 juin 1860, 12 janv. 1861, 20 mars 1862 cités *suprà,* n° 3537). « Attendu, porte l'arrêt du 27 nov. 1872, que la loi du 23 mars 1855 sur la transcription n'a nullement innové à cet égard; — Qu'elle a eu pour but principal de réglementer la transmission de la propriété; que si elle a dispensé de la transcription les partages et jugements d'adjudication sur licitation au profit d'un copartageant, elle a prononcé cette dispense au point de vue du dessaisissement de l'ancien propriétaire et par application du principe déjà posé dans l'art. 883 c. civ.; —

Mais que rien n'établit qu'elle ait entendu accorder aussi cette dispense au point de vue de la purge des hypothèques; qu'en effet, elle ne modifie point d'une manière générale la procédure de la purge; — Que si elle abroge expressément les art. 834 et 835 c. proc. civ., elle ne porte aucune atteinte aux art. 2181 et 2183 c. civ., aux termes desquels la transcription est toujours nécessaire pour donner aux créanciers inscrits le premier avertissement qui ouvre la purge, et pour porter l'acte à la connaissance du public ».

3539. Décidé, par application de la doctrine établie pour l'adjudication au profit de l'héritier bénéficiaire, que l'adjudication d'un immeuble légué à titre particulier à plusieurs individuellement, au profit de l'un des légataires, donne lieu au droit de transcription à 1 fr. 50 cent. pour 100 sur la totalité du prix (Sol. adm. enreg. 1er mars 1880, D. P. 81. 5. 369). En effet, dans ce cas, la situation du légataire au profit duquel l'adjudication a lieu, est la même que celle de l'héritier bénéficiaire qui se rend adjudicataire d'un immeuble de la succession; comme ce dernier, qui est tenu sur ses biens personnels, des dettes du testateur, il n'est obligé qu'hypothécairement (c. civ. art. 1024), et n'est qu'un tiers détenteur; à ce titre, peut offrir aux créanciers hypothécaires le prix déterminé par l'adjudication pour parvenir à la purge des privilèges et hypothèques.

3540. De même, l'adjudication sur licitation au profit du donataire des droits successifs d'un héritier bénéficiaire, est de nature à être transcrite et donne lieu, par suite, à la perception du droit proportionnel de transcription à l'enregistrement du procès-verbal d'adjudication (Civ. cass. 12 nov. 1872, cité *suprà,* n° 3537).

De même encore, l'adjudication sur licitation d'un immeuble dépendant d'une succession, au profit du légataire particulier d'une part indivise de cet immeuble, étant de nature à être transcrite pour la purge des hypothèques qui peuvent grever l'immeuble du chef du testateur, donne lieu au droit proportionnel de transcription à 1 fr. 50 cent. pour 100 à l'enregistrement du procès-verbal d'adjudication (Civ. cass. 6 févr. 1889, aff. Chaumont, D. P. 89. 1. 299).

3541. Mais l'administration de l'enregistrement a toujours reconnu que le droit de transcription n'est pas dû sur la licitation amiable d'un immeuble consenti au profit d'un héritier mineur (Sol. adm. enreg. 29 sept. 1865 et 9 avr. 1866, D. P. 68. 3. 19; 14 oct. 1869, D. P. 72. 3. 443). En effet, dès que la licitation n'est pas précédée des formalités judiciaires prescrites par la loi, le prix n'est pas définitif au point de vue de la purge. La transcription ni la notification de l'acte ne pourraient conduire à la surenchère ni à la radiation des inscriptions. La succession demeurant bénéficiaire, les créanciers ne sont pas tenus d'accepter le prix d'une vente faite sans les formalités rigoureusement prescrites par la loi; ils ont toujours le droit absolu de provoquer une adjudication régulière. Le mineur ne pouvant pas perdre sa qualité de bénéficiaire, ne peut pas offrir aux créanciers le prix de son acquisition amiable; cette acquisition n'est pas de nature à être transcrite.

c. — Titre commun.

3542. La seconde condition qui doit être remplie pour que l'adjudication sur licitation ne soit pas soumise, lors de l'enregistrement, au droit proportionnel de transcription, est que le colicitant adjudicataire ait été copropriétaire *au même titre* avec les autres colicitants, qu'ils aient eu tous un *titre commun.*

3543. Il serait inutile de chercher le texte de loi d'où ressort cette condition. On ne le trouverait ni dans la législation civile, ni dans la législation fiscale. Comme l'exprime un arrêt de la cour de cassation rendu en matière civile (Civ. rej. 27 juin 1857, aff. Mesplès, D. P. 57. 1. 5), aucune disposition de loi n'exige, pour l'application du principe de l'art. 883 c. civ., que les héritiers ou associés le soient devenus au même titre. Il a été décidé, en conséquence, par cet arrêt, que l'adjudication sur licitation d'un immeuble indivis prononcée au profit du cessionnaire de la part indivise de l'un des cohéritiers, équivaut à un partage, comme elle aurait eu ce caractère, si elle avait eu lieu en faveur d'un cohéritier (*Rép.* v° *Transcription hypothécaire,* n° 183). « Nous ne voyons pas, dit M. Demolombe, pourquoi il n'en serait pas de même en matière fiscale. L'art. 883 c. civ., y reçoit son application directe, excepté dans les cas où il y a été dérogé comme pour les retours de lots ou les licitations. Nous n'apercevons, entre les matières civiles et les matières fiscales, aucune raison de principe sur laquelle on puisse fonder une différence » (*Traité des successions*, n° 290). Il n'y en a aucune effectivement. Dans le principe, la cour de cassation et l'administration de l'enregistrement elle-même reconnaissaient que, du moment où une adjudication sur licitation faisait cesser l'indivision, elle ne donnait pas lieu à la perception du droit proportionnel de transcription à l'enregistrement, alors même qu'elle était prononcée au profit d'un tiers concessionnaire ou acquéreur de l'une des parts indivises, « attendu que, lorsque l'un des coacquéreurs d'un immeuble acquis en commun vend à un tiers une part indivise dans cet immeuble, l'effet de cette vente est de subroger entièrement l'acquéreur de cette part, aux droits de son vendeur et de le rendre copropriétaire, comme l'était ce dernier, de l'immeuble indivis ; d'où il suit que la licitation qui s'opère ensuite entre ce nouvel acquéreur et les autres copropriétaires, doit être assimilée à celle qui aurait eu lieu entre ceux-ci et le vendeur de ladite part » (Req. 22 févr. 1827, *Rép.* n° 6026 ; Civ. cass. 6 nov. 1827, *ibid.*, et v° *Transcription hypothécaire*, n° 698 ; Instr. adm. enreg. 22 mars 1828, n° 1236, § 5).

Lors donc que l'on s'en tient aux principes, on s'étonne, comme M. Demolombe, que l'adjudication sur licitation qui met fin à l'indivision n'est point, par ce motif, sujette à transcription, soit néanmoins considérée comme étant de nature à être transcrite et passible, à ce titre, lors de l'enregistrement, du droit proportionnel de transcription toutes les fois que les indivisaires n'étaient pas copropriétaires au même titre, lorsqu'ils n'avaient pas un titre commun. D'où vient cette exigence ? Quelle est sa raison d'être ? Simplement, la nécessité de déjouer la fraude. En effet, comme nous en avons rencontré plus d'un exemple pour les droits d'enregistrement (V. en ce qui concerne, notamment… les donations à titre de partage anticipé avec réserve, au profit des ascendants donateurs et du survivant d'eux, de l'usufruit des biens donnés, *supra*, n°s 238 et suiv. ; … les délégations de créances sans le concours du délégataire, *supra*, n° 680), c'est l'appréhension de la fraude qui a amené la cour de cassation à abandonner la voie des principes et à établir des théories sans véritable fondement juridique.

3544. Déjà, dans l'ancien droit, cette même considération avait fait repousser l'application aux licitations prononcées au profit d'un tiers cessionnaire ou acquéreur de la part de l'un des copropriétaires, l'immunité que l'art. 80 de la coutume de Paris avait établie en faveur des partages et licitations. « Pour jouir, disait Guyot, l'un des meilleurs jurisconsultes de ce temps, de la faveur de l'art. 80 étendu aux copropriétaires que les loix appelent communs, *cum societate*, il faut que le copropriétaire adjudicataire soit acquéreur, *primario, ab initio*, et non copropriétaire acquéreur intermédiaire ; c'est-à-dire qu'il faut que l'adjudicataire soit celui qui, par lui-même, a commencé la société. Si c'est un homme qui ait acquis d'un des cohéritiers, colégataires, codonataires (ou de copropriétaires, c'est-à-dire qui *pariter eamdem rem emerant*, qui ont, par leur acquisition, formé la société), voilà l'acquéreur intermédiaire ; et s'il est adjudicataire…, il doit les droits des portions qu'il acquiert par licitation ; on présume la fraude. Un homme acquerrait un dixième d'une propriété où il n'aurait rien, et ensuite liciterait, et, par là, ne payerait les droits que du dixième » (*Traité des fiefs, sur les licitations*, chap. 3, § 5).

De même actuellement, pour le droit de transcription. Un individu, après avoir acheté une portion minime d'une propriété indivise entre plusieurs, se rendrait adjudicataire sur licitation de la propriété entière. Si les principes du droit étaient appliqués, il payerait le droit de vente à 5 fr. 50 cent. pour 100 sur le prix de la fraction qu'il aurait acquise en premier lieu, et seulement celui de 4 pour 100 sur la portion du prix de l'obligation afférente aux parts acquises. Il échapperait ainsi au payement du droit proportionnel de transcription à 1 fr. 50 cent. pour 100 sur la majeure partie du prix de son acquisition. Voilà le véritable

motif qui a fait admettre par la cour de cassation que l'adjudication sur licitation donne lieu, en ce cas, au droit proportionnel de transcription à l'enregistrement de l'acte (V. la jurisprudence rapportée au *Rép.* n° 6027, et v° *Transcription hypothécaire*, n° 704. V. aussi Démante, t. 2, n°s 733 et suiv. Naquet, t. 1, n° 433 ; Garnier, *Rép. gén. enreg.* n° 10856 ; *Diction. droits d'enreg.*, v° *Partage - licitation*, n°s 290 et suiv.).

3545. « Tout en rendant hommage aux principes de l'ancien droit, dirons-nous avec M. Garnier, *loc. cit.*, il est toutefois permis de regretter leur introduction dans la législation nouvelle. L'avantage financier qu'on en retire ne justifie pas les complications sans nombre que la règle du titre commun produit journellement dans la perception de l'impôt et il n'y a pas de plus grand inconvénient, pour une loi bursale, que de placer le recouvrement aux prises avec toutes les subtilités du droit ». Ajoutons avec M. Naquet, *loc. cit.*, que, « dans une matière où le principe adopté résulte, moins de la loi que d'une interprétation très contestable, d'ailleurs, de la volonté du législateur, il faut surtout consulter les motifs qui ont inspiré le législateur pour déterminer la portée du principe. Or le motif unique est le désir d'éviter des fraudes. Il serait donc rationnel de décider que, quand la fraude n'est pas à craindre, la règle cesse de s'appliquer ». C'est ce que proposaient Championnière et Rigaud, t. 3, n°s 2793 et suiv., et, avec eux, M. Demolombe. « Cette raison d'empêcher la fraude, dit M. Demolombe, *loc. cit.*, est infiniment grave, sans doute, en matière fiscale, mais suffirait-elle pour faire écarter, d'une manière absolue, l'application d'un principe vrai en soi ? Et n'aurait-il pas fallu, comme le proposent MM. Championnière et Rigaud, distinguer entre le cas où le premier acte, sincère et de bonne foi, a eu pour but d'établir un état de communauté et d'indivision entre les parties, et le cas où les parties, au contraire, n'ont voulu faire qu'une vente de tout l'immeuble en deux actes successifs » ? L'illustre jurisconsulte ajoutait que, tant que cette doctrine existerait dans la jurisprudence fiscale, la doctrine contraire ne lui paraîtrait pas solidement affermie dans la jurisprudence civile, et il citait un arrêt (Douai, 2 mai 1848, aff. Pannier, D. P. 49. 2. 184) qui a fait, en matière civile, la distinction qui n'avait été admise jusque-là qu'en matière fiscale. — Les appréhensions de M. Demolombe se sont réalisées. Aujourd'hui, ce n'est plus seulement la cour de Douai, c'est la cour suprême elle-même qui applique dans les matières civiles la distinction que la crainte de la fraude lui a fait introduire autrefois dans sa jurisprudence fiscale. Jugé, en effet, entre parties, que la dispense de transcription de l'adjudication sur licitation au profit d'un cohéritier ou copartageant, est inapplicable au cas où l'adjudicataire est un *tiers étranger* qui est entré dans l'indivision, non en vertu d'un *titre commun* à tous les propriétaires primitifs, mais en vertu de cessions consenties par quelques-uns d'entre eux, de leurs parts indivises ; que, dans ce dernier cas, il y a lieu à la transcription de l'adjudication et à la purge des hypothèques inscrites ou dispensées d'inscription qui peuvent grever l'immeuble licité, soit du chef des cédants, soit du chef de l'auteur commun ou des propriétaires antérieurs (Civ. cass. 29 mai 1876, aff. Secourgeon, D. P. 76. 1. 377).

3546. La jurisprudence de la cour de cassation est depuis longtemps fixée en ce sens que l'adjudication sur licitation n'est affranchie du droit de transcription que lorsqu'elle est prononcée au profit de l'un des copropriétaires investis d'un titre commun ; qu'elle est, au contraire, soumise au droit de transcription, lorsqu'elle a lieu en faveur du cessionnaire de la portion indivise de l'un de ces copropriétaires (*Rép.* n° 6027, et v° *Transcription hypothécaire*, n° 704 ; Req. 21 juill. 1835, aff. Massif, D. P. 58. 1. 456 ; Civ. cass. 13 août 1861, aff. Gorsse, D. P. 62. 1. 351 ; 17 janv. 1865, aff. Weber, D. P. 65. 1. 31 ; 15 mars 1870, aff. Houel, D. P. 70. 1. 230 ; 6 déc. 1871, aff. Marchandon, D. P. 72. 1. 84 ; 17 janv. 1881, aff. Mousnier-Aumaître, D. P. 81. 1. 168 ; 30 nov. 1885, aff. Vatin, D. P. 86. 1. 86 ; 4 juin 1890, aff. Pannetier, D. P. 91, 1re part. ; Trib. Ribérac, 30 août 1878, aff. Labrousse de Beauregard D. P. 80. 5. 167)… Et il en est ainsi même depuis la loi du 23 mars 1855, qui ne dispense de la transcription que les jugements d'adjudication prononcés au profit de cohéritiers ou de copartageants (Req. 21 juill. 1858, précité).

Spécialement : 1° l'acte par lequel un immeuble appartenant indivisément à plusieurs, aux uns en vertu d'une donation et aux autres par suite de vente. est licité au profit d'un de ces derniers, n'a pas le caractère de licitation, bien qu'il fasse cesser l'indivision, et est sujet, par suite, non seulement au droit de mutation à 4 pour 100, mais encore au droit de transcription à 1 fr. 50 cent. pour 100, les colicitants n'ayant pas tous un titre commun (Civ. cass. 15 mars 1870, précité) ; — 2° Le tiers acquéreur de parts indivises d'un immeuble n'ayant pas un titre commun avec ses copropriétaires et étant, dès lors, soumis, lorsqu'il acquiert leurs parts, à l'obligation de purger les hypothèques qui ont pu être consenties tant par eux que par leur auteur et les précédents propriétaires, l'adjudication sur licitation à son profit de l'immeuble entier est de nature à être transcrite et rend exigible, en conséquence, le droit de transcription à 1 fr. 50 cent. pour 100 (Civ. cass. 17 janv. 1881, précité) ; — 3° L'adjudication sur licitation d'un immeuble au profit d'un tiers qui s'était rendu précédemment acquéreur de parts indivises dans l'immeuble licité donne lieu, lors de l'enregistrement, au droit de transcription sur la totalité du prix (Trib. Ribérac, 30 août 1878, aff. Labrousse de Beauregard, D. P. 80. 5. 167) ; — 4° L'adjudication sur licitation, au profit d'un *enfant naturel* reconnu, d'immeubles dépendant d'une succession qui lui est échue pour partie, est de nature à être transcrite pour la purge des hypothèques du chef du défunt, l'enfant naturel adjudicataire n'étant pas héritier (c. civ. art. 756) et n'étant point, dès lors, tenu personnellement du payement des dettes hypothécaires ; en conséquence, cette adjudication donne lieu, lors de l'enregistrement, au droit de transcription sur le prix intégral (L. 28 avr. 1816, art. 54) (Sol. adm. enreg. 8 janv. 1883, D. P. 84. 3. 77) ; — 5° La disposition du tarif de l'enregistrement qui soumet seulement au droit de 4 pour 100 les parts et portions indivises de biens immeubles acquises par licitation est spéciale aux adjudications prononcées au profit d'un colicitant dont la propriété résulte d'un titre commun avec le vendeur ; il n'y a pas titre commun entre deux sœurs auxquelles un domaine a été donné par leur mère à chacune pour moitié, suivant actes distincts ; en conséquence, l'acquisition, à titre de licitation, par l'une d'elles, de la moitié revenant à sa sœur dans le domaine, étant de nature à être transcrite pour la purge des hypothèques dont l'immeuble pouvait être grevé du chef de la mère, donne lieu, à l'enregistrement, au droit proportionnel de transcription à 1 fr. 50 cent. pour 100 (Civ. cass. 4 juin 1890, aff. Pannetier, D. P. 91, 1ᵉ part.).

3547. Le donataire ou légataire en usufruit de partie d'une succession doit être considéré comme se trouvant, quant à l'usufruit, en état d'indivision avec l'héritier investi de la nue propriété des biens soumis à l'usufruit et de la pleine propriété du surplus de l'hérédité ; il a, par suite, l'action en partage quant à l'usufruit (V. *Rép.* n° 2625, et vⁱˢ *Succession*, nᵒˢ 1572 et 1737 ; *Usufruit*, n° 784). — Cela a été reconnu de la façon la plus explicite, en matière civile, par un arrêt qui a décidé, spécialement, que la licitation des immeubles d'une succession grevés d'usufruit pour partie au profit d'un légataire peut être ordonnée, même vis-à-vis de lui, si les biens grevés sont reconnus impartageables aussi bien à son égard qu'entre les nus propriétaires : « Attendu, porte cet arrêt, qu'à considérer spécialement l'usufruit desdits immeubles, il existe une véritable indivision entre la demanderesse, légataire du quart de cet usufruit, et les héritiers nus propriétaires, entre les trois quarts de ce même usufruit » (Civ. rej. 24 juin 1863, aff. Balihaut-Utarre, D. P. 63. 1. 285).

3548. Il a été jugé, conformément à cette doctrine, que le droit de jouissance, même lorsqu'il a pour cause la possession de la nue propriété et se trouve ainsi réuni au droit de propriété dans les mains du plein propriétaire, est, aussi bien que l'usufruit constitué au profit d'un tiers, un droit réel distinct ; de sorte, quand il appartient à plusieurs qui l'exercent à des titres divers, il y a, quant à ce droit, indivision entre ses copossesseurs. Spécialement, la cession par un héritier de tous ses droits dans l'hérédité, à son unique cohéritier, ne peut être considérée comme faisant cesser com-

plètement l'indivision, alors que l'usufruit des biens héréditaires demeure pour moitié entre les mains de l'époux survivant en vertu d'un legs du *de cujus* ; en conséquence, cette cession, étant de nature à être transcrite, donne lieu, lors de l'enregistrement, au droit proportionnel de transcription (Civ. cass. 25 août 1879, aff. Tassy, D. P. 79. 1. 449).

Il a été jugé, en sens contraire, que l'acte par lequel un individu, déjà acquéreur, par suite de cession ou de donation, de la part de l'un des copropriétaires, d'un immeuble possédé par indivis, achète ensuite en totalité les parts des autres copropriétaires, est affranchi du droit de transcription dans le cas même où le titre qui, à l'origine, l'a fait succéder à l'un des copropriétaires, n'aurait pas été transcrit (Trib. Angers, 20 juill. 1860, aff. Vinay, D. P. 61. 3. 64).

3ᵉ. — Promesse de vente.

3549. On a agité dans ces dernières années la question de savoir si l'acte contenant une *promesse de vente* d'immeuble est de nature à être transcrit et donne lieu à la perception du droit proportionnel de transcription, soit à l'enregistrement, soit au bureau des hypothèques, lorsqu'il y est présenté pour être transcrit. On a étudié déjà les différents aspects sous lesquels peuvent se présenter les promesses de vente (V. *suprà*, nᵒˢ 1098 et suiv.). Il reste seulement à examiner si le droit de transcription peut être perçu sur l'acte, tel qu'un bail, renfermant une promesse unilatérale de vente acceptée, mais sans engagement d'acheter.

3550. Au point de vue de la formalité de la transcription, une semblable promesse opérant conditionnellement, suivant les uns, le dessaisissement de la propriété dès le jour où elle a été souscrite, est sujette à transcription, d'après le principe que tout acte translatif de propriété immobilière ou de droit réel susceptible d'hypothèque est de nature à être transcrit, aussi bien lorsque la transmission est soumise à une condition suspensive que lorsqu'elle est pure et simple (V. *Rép.* v° *Transcription hypothécaire*, n° 91, et les autorités qui y sont citées. *Adde* : Pont, *Privilèges et hypothèques*, sur l'art. 2125, n° 636, et sur l'art. 2181, n° 1285). Dans un second système, la promesse unilatérale de vente n'est point par elle-même sujette à la transcription ; elle ne le devient qu'à partir du moment où le bénéficiaire déclare vouloir acheter (Rivière et Huguet, *Questions théoriques et pratiques sur la transcription*, n° 53 ; Troplong, *De la transcription*, n° 52 ; Flandin, *De la transcription*, t. 1, n° 61). — A l'égard du droit proportionnel de transcription, la doctrine soutenue dans le premier système conduirait logiquement à en admettre la perception, non pas seulement lors de la présentation de l'acte renfermant la promesse de vente à la transcription au bureau des hypothèques, mais bien à l'enregistrement. En effet, cet acte est considéré, dans l'opinion dont il s'agit, comme étant de nature à être transcrit, bien que ne renfermant qu'une mutation conditionnelle, et, suivant l'art. 54 de la loi du 28 avr. 1816, tout acte de nature à être transcrit donne lieu au droit proportionnel de transcription, lors de son enregistrement (V. en ce sens : Verdier, *Traité de la transcription*, 2ᵉ éd., t. 2, n° 866). Cependant, le droit proportionnel de mutation n'est exigible que pour les transmissions actuelles de propriété, et est suspendu, à l'égard des transmissions éventuelles, jusqu'à l'événement de la condition, et que l'art. 52 de la loi précitée de 1816 a confondu, pour les ventes d'immeubles, cet effet et celui de transcription en un droit unique de 5 fr. 50 cent. pour 100, le droit de transcription n'est perçu à l'enregistrement d'une mutation conditionnelle telle que celle résultant de la promesse de vente d'immeuble acceptée sans engagement d'acheter.

3551. Mais si l'acte renfermant une stipulation de l'espèce, est présenté à la transcription au bureau des hypothèques, le droit proportionnel de transcription est perçu par le motif que ce droit représente le salaire de la formalité et est exigible, à ce titre, par le seul fait de l'accomplissement de cette formalité (Garnier, *Rép. gén. enreg.*, n° 17427 ; Sol. adm. enreg. 19 mai 1874, Garnier, *Rép. pér. enreg.*, art. 3963). Cependant cette perception ne paraît pas pouvoir se concilier avec le caractère d'acte constitutif d'une simple créance attribué, dans le second système, à la promesse unilatérale de ventes d'immeubles. On a soutenu, par ce motif, devant la cour de cassation, que le droit de transcription n'est pas dû dans le cas dont il s'agit. La cour en a jugé autrement. Tout en reconnaissant, conformément à sa jurisprudence antérieure, que la stipulation n'opère qu'un simple droit de créance, elle a décidé que l'art. 25 de la loi du 21 vent. an 7, qui fixe le droit de transcription à 1 1/2 pour 100 du prix intégral des mutations, ne soumet à ce droit que les actes emportant mutation de propriétés immobilières, mais que cette perception n'en constitue pas moins le droit commun de la matière (Civ. cass. 18 juill. 1882, aff. Flon et Bellanger, D. P. 83. 1. 233; Civ. rej. 18 juill. 1882, aff. Simon, ibid.); qu'elle doit donc être appliquée, à moins d'une exception écrite dans la loi, chaque fois qu'un acte est transcrit au bureau des hypothèques, sans distinction entre les cas où la formalité est volontairement requise et ceux où elle est imposée par la loi (Mêmes arrêts); que le droit est dû spécialement pour la promesse unilatérale de vente immobilière présentée à la transcription, bien qu'une semblable promesse, tant qu'elle n'a pas été acceptée par le stipulant, n'emporte pas mutation de la propriété de l'immeuble et ne soit pas, par suite, de nature à être obligatoirement transcrite (Mêmes arrêts. Conf. Trib. Agen, 20 juill. 1878, aff. M° D.., D. P. 80. 3. 120. — Contrà: Trib. Fontainebleau, 14 janv. 1880, ibid., jugement cassé par l'arrêt précité Civ. cass. 18 juill. 1882); qu'il en est ainsi depuis comme avant la loi du 23 mars 1855 sur la transcription (Arrêt précité du 18 juill. 1882. — Contrà: Jugement précité du 14 janv. 1880).

3552. Ainsi, dans l'un comme dans l'autre des deux systèmes qui se sont produits sur la nature et les effets de la promesse unilatérale de vente acceptée sans engagement d'acheter, l'acte renfermant la stipulation n'est passible du droit proportionnel de transcription qu'autant qu'il est soumis à la formalité au bureau des hypothèques; le droit est perçu, en ce cas, non pas en raison du caractère de la stipulation, mais parce qu'il est considéré comme le salaire de la formalité.

4°. — Remploi.

3553. La cession, à titre de remploi, par un mari à sa femme, d'immeubles de leur communauté, ne donne pas lieu au droit proportionnel de mutation; ce droit n'est exigible que dans le cas où la femme renonce à la communauté (V. suprà, n°s 1848 et suiv.). La cour de cassation a décidé que si le droit proportionnel de mutation n'est pas dû sur l'acte de cession, à titre de remploi, d'immeubles communs, cet acte donne lieu à la perception du droit proportionnel de transcription. Les motifs de ses arrêts sur ce point sont que le remploi fait « sortir irrévocablement de la communauté l'immeuble » pour en constituer un propre de la femme, « non en vertu d'une sorte de partage anticipé d'une chose qui aurait été commune, mais à titre d'acquisition opérant le dépouillement absolu du cédant »; que la transcription étant nécessaire pour purger l'immeuble des hypothèques dont il peut être grevé du chef du mari ou des précédents propriétaires, le droit de transcription est dû; « que ce droit est exigible, encore que celui de mutation ne le soit pas, la loi voulant, par une faveur spéciale, que la dispense de celui-ci puisse faciliter entre les époux les arrangements de famille », et, d'ailleurs, aucune corrélation n'existant entre les deux espèces de droits « indépendants l'un de l'autre et différents à la fois par leur nature et par leur objet » (Civ. cass. 3 juill. 1850, aff. Saphary, D. P. 50.1.283; 18 avr. 1853, aff. de Saint-Pardoux, D. P. 53. 1. 145; 7 juin 1853, aff. Brey-Delettrey, D. P. 53. 1. 204; Rép. n° 6024-8°, et v° Transcription hypothécaire, n°s 714 et suiv.).

3554. La déclaration du mari, dans l'acte d'acquisition d'un immeuble, que cette acquisition est destinée à servir à sa femme de remploi de propres non encore aliénés, n'empêche pas que l'immeuble acheté ne soit, en réalité, qu'un conquêt de la communauté, jusqu'à l'aliénation des propres et à l'acceptation du remploi par la femme; en conséquence, l'acte ultérieur par lequel la femme, après l'aliénation de ses propres, accepte le remploi offert, est passible du droit de transcription (Trib. Abbeville, 12 juin 1855, aff.

Lermechin, D. P. 57. 3. 87). — Jugé, dans le même sens, que l'acte de remploi, quand il s'est écoulé un intervalle entre l'acquisition et l'acceptation, est de nature à être transcrit et donne lieu, à l'enregistrement, à la perception du droit proportionnel de transcription (Trib. Tarascon, 27 nov. 1862, aff. Fouqué, D. P. 68. 1. 101).

5°. — Rente foncière.

3555. Les rentes foncières constituées avant la loi du 11 brum. an 7, pouvant être hypothéquées, la cession d'une rente de l'espèce donne lieu au droit de transcription ;... encore bien que la rente transportée ait fait l'objet d'une cession antérieure réalisée depuis la promulgation de la loi de brumaire, si cette cession n'a pas été transcrite (Trib. Yvetot, 17 janv. 1880, aff. Pasquier, D. P. 81. 5. 369. V. Rép. n°s 6015 et suiv.).

6°. — Révocation de donation.

3556. La révocation d'une donation pour cause d'ingratitude ne préjudicie ni aux aliénations faites par le donataire, ni aux hypothèques et autres charges réelles qu'il a pu imposer sur l'objet de la donation jusqu'au jour de l'inscription de la demande de révocation en marge de la transcription de la donation (c. civ. art. 958). Le jugement portant révocation de la libéralité est donc de nature à être transcrit, et il est sujet, par suite, au droit de transcription lors de son enregistrement. Décidé, en conséquence, que le jugement qui prononce la révocation d'une donation pour cause d'ingratitude est sujet, non à un simple droit fixe, mais au droit proportionnel de vente immobilière; et ce droit comprend, outre le droit de mutation à 4 pour 100, celui de transcription à 1 fr. 50 cent. pour 100 (Sol. adm. enreg. 18 juill. 1876, D. P. 78. 3. 8).

7°. — Retrait d'indivision.

3557. Il est aujourd'hui de jurisprudence, en matière civile, que, dans le cas de l'art. 1408 c. civ., l'acquisition par le mari en son nom personnel, au cours de la communauté, de parts indivises d'un immeuble dont le surplus appartient à sa femme, doit être considérée comme faite pour le compte et dans l'intérêt de celle-ci, tant qu'elle ne l'a pas répudiée en exerçant le droit d'option que la loi lui accorde (V. suprà, n°s 1350 et suiv.). L'Administration a pris cette doctrine pour règle de perception et a déclaré « en accepter toutes les conséquences au point de vue de la perception des droits », soit de mutation entre vifs (V. ibid.), soit de mutation par décès (V. suprà, n° 2349). Il en doit être nécessairement de même pour la perception du droit proportionnel de transcription. L'Administration l'a reconnu en décidant que l'acquisition faite par le mari, dans le cas en question, de parts indivises d'un immeuble appartenant à sa femme, pour le surplus, constituant une licitation qui fait cesser l'indivision, ne donne pas ouverture au droit proportionnel de transcription à l'enregistrement de l'acte qui la constate (Sol. adm. enreg. 4 sept. 1886, D. P. 88. 3. 79. V. Rép. v° Transcription hypothécaire, n° 712).

8°. — Retrait de réméré.

3558. L'acte constatant un retrait de réméré dans le temps convenu, n'étant pas de nature à être transcrit, ne donne pas lieu à la perception, lors de l'enregistrement, du droit proportionnel de transcription; il n'est dû que le droit de libération à 0 fr. 50 cent. pour 100, comme on l'a vu suprà, n° 1354. L'administration de l'enregistrement a décidé, dans le principe, que la transcription d'un acte constatant l'exercice du réméré dans le délai fixé, ne donne pas lieu au droit proportionnel de transcription (Rép. n° 6011). Mais elle est revenue sur cette décision et, se fondant sur la jurisprudence suivant laquelle tout acte présenté volontairement à la transcription donne ouverture au droit proportionnel de 1 fr. 50 cent. pour 100, elle a décidé que ce droit est exigible audit cas (Sol. adm. enreg. 31 mai 1881, D. P. 82. 3. 64). Toutefois, porte cette solution, les retrayants qui exercent leur droit de rachat dans les délais stipulés peuvent toujours éviter le payement du droit proportionnel de transcription, en usant de la faculté de ne requérir qu'une simple mention de l'acte de retrait en marge de la transcription de l'acte de vente à réméré (Même solution).

3559. La faculté de réméré constitue entre les mains du vendeur un droit qu'il peut céder à prix d'argent. S'il consent cette cession, soit à l'acquéreur lui-même, soit à un tiers, c'est d'une vente immobilière qu'il s'agit et l'acte donne lieu, à l'enregistrement, non seulement au droit de transcription, mais encore au droit de mutation, c'est-à-dire au droit de vente d'immeuble à 5 fr. 50 cent. pour 100 (V. *supra*, n°s 1357 et suiv.).

9°. — Retrait successoral.

3560. Le retrait successoral n'opère pas vente (V. *supra*, n° 1362) ; il ne fait que mettre le retrayant à la place de l'acheteur ; il s'ensuit que l'acte constatant le retrait n'est pas de nature à être transcrit (*Rép.* v° *Transcription hypothécaire*, n° 208) et ne donne pas lieu, par suite, à la perception du droit proportionnel de transcription à l'enregistrement (Trib. Pont-l'Evêque, 10. janv. 1867, aff. Dupin des Vastisses, D. P. 67. 3. 24). Mais il en est de l'acte constatant le retrait successoral comme de celui renfermant un retrait de réméré (V. *supra*, n° 3558) ; lorsqu'un tel acte est présenté au conservateur des hypothèques pour être transcrit, il y a lieu de percevoir le droit proportionnel de 1 fr. 50 cent. pour 100 (Même jugement).

10°. — Acte de société.

3561. Les actes de société constatant des apports d'immeubles, n'étant pas de nature à être transcrits, ne donnent pas lieu à la perception du droit proportionnel de transcription à l'enregistrement. Mais lorsque l'acte est présenté volontairement à la formalité au bureau des hypothèques, le droit est exigible (V. *infrà*, n°s 3565 et suiv.).

N° 2. — Présentation volontaire à la transcription.

1°. — Principe.

3562. De ce que le droit proportionnel de transcription est le prix de la formalité, il résulte nécessairement qu'il doit être perçu par le conservateur des hypothèques sur tout acte présenté *volontairement* à la formalité, encore bien que les dispositions de cet acte ne donnent pas ouverture à ce droit. Il en était déjà ainsi à l'époque de la publication du *Répertoire* (V. n°s 5967 et suiv., 6039 et suiv.; et v° *Transcription hypothécaire*, n°s 718 et 728). Cette doctrine a été confirmée par la jurisprudence postérieure. Décidé, en effet, conformément à l'arrêt de la chambre des requêtes du 9 août 1860 (*Rép.* v° *Transcription hypothécaire*, n° 732), que tout acte présenté volontairement à la transcription, est passible du droit proportionnel de transcription, alors même qu'il ne serait pas sujet à être transcrit, et que sa transcription serait, dès lors, sans intérêt, comme lorsqu'il s'agit d'un partage entre cohéritiers, sans soulte ni retour de lot, ce droit proportionnel étant la rémunération du service rendu par l'État et qui consiste à assurer la publicité et la conservation de l'acte transcrit, par sa reproduction dans un registre public (Req. 20 nov. 1861, aff. Amoudru, D. P. 62. 1. 132 ; Civ. cass. 20 mai 1863, aff. de Lacuée, D. P. 63. 1. 239 ; Req. 2 juin 1863, aff. Chauvin, D. P. 63. 1. 468 ; Civ. cass. 27 juill. 1863, aff. Bane Valin, D. P. 63. 1. 281 ; Civ. rej. 27 juill. 1863, aff. Hauts fourneaux de Franche-Comté, et aff. Société du quartier neuf du Luxembourg, D. P. 63. 1. 283-284 ; Civ. cass. 27 juill. 1863, aff. Grimaldi, D. P. 63. 1. 285 ; Req. 6 déc. 1864, aff. Compagnie des polders, D. P. 65. 1. 144 ; 10 juill. 1865, aff. Duboys, D. P. 66. 1. 15 ; Trib. Lyon, 12 déc. 1867, aff. Lecomte, D. P. 71. 5. 385 ; Civ. cass. 24 mars 1868, aff. Decaux, D. P. 68. 1. 244 ; Sol. adm. enreg. 4 mai 1872, D. P. 75. 3. 118 ; Civ. cass. 18 juill. 1882, aff. Flon et Bellanger, D. P. 83. 1. 233 ; Civ. rej. 18 juill. 1882, aff. Simon, *ibid.*; 1er avr. 1884, aff. Compagnie générale de canaux, D. P. 84. 1. 345).

« Il est vrai, sans doute, porte l'arrêt du 6 déc. 1864, que la

transcription n'est obligatoire que pour les actes emportant mutation de propriété immobilière, mais il n'est pas moins certain que lorsque les parties, qui pourraient ne pas requérir la transcription, croient de leur intérêt de soumettre un acte à cette formalité et le présentent à cet effet au conservateur des hypothèques, il doit se rendre à la réquisition qui lui est faite, sans se permettre d'en apprécier les motifs ou l'utilité ; cela étant, le droit proportionnel ne peut manquer d'être exigible, ce droit n'étant que la rémunération du service rendu par l'accomplissement matériel de la formalité requise ».

Et il en est ainsi depuis comme avant la loi du 23 mars 1855 qui porte, dans son art. 12, que la transcription des actes et jugements non soumis à la transcription avant cette loi sera faite moyennant le droit fixe de 1 fr., jusqu'à ce qu'une loi spéciale détermine le droit à percevoir, cette disposition transitoire ne s'appliquant qu'aux actes devenus sujets à la transcription en vertu de la loi nouvelle, et non à ceux qui en sont restés affranchis, et qui ne se trouvent transcrits que sur la réquisition volontaire des parties (*Rép.* v° *Transcription hypothécaire*, n° 732 ; Arrêts des 20 nov. 1861, 2 juin 1863, 27 juill. 1863, 10 juill. 1865, 18 juill. 1882, précités).

3563. Toutes les fois qu'un acte présenté à la transcription au bureau des hypothèques n'a pas été assujetti, pour une cause quelconque, au droit de 1 fr. 50 cent. pour 100 lors de l'enregistrement, ce droit doit être perçu au moment de sa présentation au bureau des hypothèques, sans qu'il y ait à distinguer entre les actes pour lesquels le droit de transcription est exigible à l'enregistrement, et ceux pour lesquels il n'est dû qu'autant que la formalité est volontairement requise (Civ. rej. 1er avr. 1884, aff. Compagnie générale des canaux et des travaux publics, D. P. 84. 1. 345).

Ainsi, un *partage* entre cohéritiers, sans soulte ni retour, donne lieu au droit proportionnel de transcription, lorsqu'il est présenté à la transcription au bureau des hypothèques (*Rép.* v° *Transcription hypothécaire*, n° 732 ; Req. 2 juin 1863 ; 10 juill. 1865, cités *supra*, n° 3562).

2°. — Concession de carrière.

3564. La concession du droit d'exploiter, pendant un temps déterminé, une carrière ou minière, est en dehors des termes de la loi du 23 mars 1855 ; elle échappe à la nécessité d'une transcription. Si la transcription est volontairement requise, on ne saurait faire application de l'art. 12 de ladite loi, et ne percevoir que le droit fixe de 1 fr. édicté par cette disposition. Il ne s'agit pas ici d'une vente clairement et incontestablement mobilière que, d'après l'opinion de divers auteurs (MM. Flandin, n° 791 ; Rivière et Huguet, *Question* 135), un conservateur pourrait refuser de transcrire. Il s'agit d'un acte d'une nature douteuse, auquel Troplong, par exemple, attribue, dans certains cas, le caractère de cession immobilière (*Privilèges et hypothèques*, t. 2, n° 404 *bis*). Un conservateur, dans une telle hypothèse, ne saurait certainement se faire juge de l'utilité de la formalité ; il doit y procéder, dès qu'elle est requise ; mais, en même temps, il doit percevoir le droit que la loi a attaché à l'accomplissement de cette formalité. Décidé, en conséquence, que la présentation volontaire à la formalité de la transcription d'un acte portant concession, pour un temps et moyennant un prix déterminés, du droit d'exploiter une carrière de phosphate de chaux existant dans une propriété désignée, donne lieu au droit proportionnel de transcription de 1 fr. 50 cent. pour 100 (Sol. adm. enreg. 4 mai 1872, D. P. 75. 3. 118).

3°. — Acte de société.

3565. L'administration de l'enregistrement a soutenu que l'apport d'un immeuble en société opère une véritable transmission de l'associé propriétaire à l'être moral de la société, que ce n'est que par une faveur de la loi fiscale que cette transmission a été exceptée du droit proportionnel de mutation, mais que cette faveur devant être limitée aux termes mêmes de la loi, le droit proportionnel de transcription à l'égard duquel il n'existe pas de dispense, reste exigible, lors de la présentation du contrat à l'enregistrement, l'acte étant de la nature de ceux qui, aux termes de l'art. 54 de la loi du 28 avr. 1816, sont de nature à être transcrits Instr. adm. enreg. 11 févr. 1843, n° 1686, *Rép.* n° 6030. V. dans le même sens : *Rép.* v° *Transcription hypothécaire*, n° 721). Mais la cour de cassation a constamment repoussé cette doctrine et décidé que toutes les fois que l'apport d'immeuble est pur et simple, l'acte le constatant n'est pas de nature à être transcrit ni sujet, par suite, au droit proportionnel de transcription à l'enregistrement. « Attendu, suivant les termes mêmes de cinq arrêts de la cour de cassation du 23 mars 1846 (*Rép.* n° 6030), que l'art. 54 de ladite loi du 28 avr. 1816 qui porte que le droit sera augmenté de 1 1/2 pour 100 dans tous les cas où les actes seront de nature à être transcrits, s'applique aux actes dont on ne requiert pas la transcription lors de l'enregistrement, mais qui, contenant transmission de propriété immobilière, doivent nécessairement être soumis à cette formalité, si l'on veut purger une propriété des charges hypothécaires antérieures, conformément aux dispositions des art. 2181 et suiv. c. civ. ; attendu que l'on ne peut reconnaître un tel caractère à l'acte de société dont il est question, par cela seul qu'il constate l'apport d'immeubles dans le fonds social ; qu'un tel apport a bien pour effet, selon les art. 1832 et 1845 c. civ., de mettre en commun l'immeuble en vue du bénéfice à recueillir de l'entreprise sociale et d'obliger en conséquence l'associé propriétaire à en garantir à la société la libre disposition; mais qu'il n'y aurait mutation qu'autant que, lors de la dissolution de la société, l'immeuble, par suite du partage, serait attribué à un autre associé, tandis que si ledit propriétaire le reprend en vertu de ce partage, la propriété sera censée n'avoir pas cessé de résider en sa personne, aux termes des art. 883 et 1872 c. civ. » (V. *Rép. loc. cit.*, et v° *Transcription hypothécaire*, n° 160, 716 et 721).

3566. Si, en principe, l'acte de société constatant des apports d'immeubles n'est point considéré, par cela seul, comme donnant lieu, à l'enregistrement, au droit proportionnel de transcription, en est-il de même, et le droit de transcription n'est-il pas exigible, lorsqu'il a été stipulé dans l'acte de société qu'il sera procédé aux formalités de transcription et de purge pour les immeubles apportés par un ou plusieurs des associés? L'exigibilité du droit proportionnel de transcription, lors de l'enregistrement de l'acte, a été admise, en ce cas, par différents arrêts (Req. 3 et 4 janv. 1848, 4 déc. 1849, *Rép.* n° 6030), motivés sur ce que, il est vrai que l'acte de société qui se borne à constater l'apport d'un immeuble en société, alors même que le sociétaire qui a fait cet apport a stipulé l'obligation d'en garantir à la société la libre disposition, n'est pas assujetti à la transcription par la raison qu'il ne renferme point une transmission actuelle de la propriété dudit immeuble, il en est autrement lorsque les stipulations de l'apport constituent cette transmission ou contiennent la convention de faire transcrire.

Mais il a été décidé, en sens contraire, que l'acte constatant l'apport d'un immeuble en société n'est pas passible du droit de transcription, bien que l'associé qui a fait cet apport se soit engagé à livrer l'immeuble libre de tous privilèges et hypothèques et que la société ait stipulé la faculté de purger, encore qu'il s'agisse d'une société anonyme dont les statuts rendraient la purge obligatoire, sous peine de révocation de l'autorisation de cette société par le Gouvernement (Civ. rej. 5 févr. 1850, aff. Blanc, D. P. 50. 1. 41. V. *Rép.* v° *Transcription hypothécaire*, n° 718). — L'Administration a renoncé à soutenir l'exigibilité du droit de transcription dans le cas dont il s'agit. Cela résulte d'une de ses instructions générales ainsi conçue : « Cet arrêt (Civ. cass. 5 févr. 1850 précité) qui se trouvait en désaccord avec ceux de la chambre des requêtes précités également, n'a pas déterminé l'Administration à abandonner la perception du droit de 1 fr. 50 cent. pour 100 sur les actes de société renfermant la condition de purge ou de transcription, et trois jugements du tribunal de la Seine en date des 26 juill. 1854, 27 juill. 1855 et 7 janv. 1859, lui ont donné gain de cause. Le dernier de ces jugements, rendu dans un cas semblable à celui qui a donné lieu à l'arrêt du 5 févr. 1850, a été attaqué devant la cour de cassation, et la chambre des requêtes, s'écartant de sa jurisprudence, a admis le pourvoi de la société. Afin d'éviter un nouvel échec devant la chambre

civile, l'Administration a autorisé, par une solution du 16 sept. 1859, la restitution du droit proportionnel de transcription. Les préposés cesseront donc, à l'avenir, de percevoir ce droit, *lors de l'enregistrement* des contrats de société constatant des apports d'immeubles avec condition de purge ou de transcription » (Instr. adm. enreg. 5 déc. 1859, n° 2163, § 6).

3567. Dans tous les cas, si l'acte de société constatant des apports d'immeubles est présenté volontairement à la transcription au bureau des hypothèques, le droit proportionnel de transcription devient exigible sur la valeur des immeubles (*Rép.* n°ˢ 5967 et suiv., et 6039 et suiv., et v° *Transcription hypothécaire*, n°ˢ 728 et suiv.). C'est l'application de la règle établie par la jurisprudence, comme on l'a vu *suprà*, n° 3562, et suivant laquelle le droit de transcription représente le salaire de la formalité (Req. 20 nov. 1861 ; 2 juin 1863 ; Civ. cass. 27 juill. 1863, trois arrêts ; Civ. rej. 27 juill. 1863 ; Req. 6 déc. 1864, cités *suprà*, n° 3562).

3568. Dans ce même cas, si le droit de transcription a été perçu indûment à l'enregistrement de l'acte de société, il ne peut plus être restitué (*Rép.* n° 6047, et v° *Transcription hypothécaire*, n° 729). Et il en est ainsi, même depuis la loi du 23 mars 1855, dont l'art. 12 assujettit au droit fixe les actes et jugements qui, pour la première fois, ont été déclarés par la loi nouvelle sujets à la transcription, mais non ceux qui, avant cette loi, étaient déjà, comme les actes de société, susceptibles de transcription par l'effet d'une réquisition volontaire de la formalité (Sol. impl., Req. 20 nov. 1861 ; Civ. cass. et rej. 27 juill. 1863, quatre arrêts, tous cités *suprà*, n° 3562). — Un acte de société est réputé avoir été volontairement présenté à la formalité de la transcription et devient, dès lors, passible du droit proportionnel de transcription, lorsqu'il a été stipulé qu'il serait transcrit, encore que la transcription n'ait été requise qu'après une contrainte en payement du droit proportionnel, signifiée à la société en vertu de cette stipulation (Civ. rej. 27 juill. 1863, cité *suprà*, n° 3562).

3569. Mais si l'apport d'immeubles en société n'est pas pur et simple, s'il est stipulé un équivalent quelconque à fournir ou à payer par la société, cet apport opère vente et donne lieu, non seulement au droit proportionnel de transcription, mais aussi à celui de mutation, c'est-à-dire au droit de vente à 5 fr. 50 cent. pour 100, comme on l'a vu *suprà*, n°ˢ 1898 et suiv. (V. *Rép.* n° 6030, et v° *Transcription hypothécaire*, n° 727). Ainsi, en ce sens, que l'apport d'un immeuble en société, avec stipulation que cette société en payera le prix, constitue, non une simple mise sociale, mais une véritable vente et est, dès lors, passible du droit proportionnel de mutation et de transcription (Req. 20 nov. 1861, aff. Amoudru, D. P. 62. 1. 131).

§ 3. — Liquidation

N° 1. — *Principe.*

3570. La jurisprudence a établi en principe, ainsi qu'il est dit *suprà*, n° 3515, que le droit proportionnel de transcription est indivisible comme la formalité dont il représente le prix ; que les contrats présentés à la transcription devant être transcrits en entier sur les registres hypothécaires, le droit applicable à cette formalité est indivisible, comme elle, et doit être perçu, en conséquence, sur l'intégralité du prix qui y est stipulé. Cette règle a été principalement appliquée aux adjudications sur licitation prononcées au profit d'un ou de plusieurs des colicitants et donnant lieu au droit de transcription. Il a été décidé, par une longue suite d'arrêts, que le droit de transcription auquel se trouve soumise l'adjudication sur licitation prononcée au profit d'un ou plusieurs des colicitants doit être perçu sur l'intégralité du prix de l'adjudication, qu'il n'y a pas lieu à en défalquer la portion afférente au droit de copropriété qui appartenait au colicitant adjudicataire avant l'adjudication, et à raison duquel il n'est pas dû de droit de mutation (*Rép.* n° 6028, et v° *Transcription hypothécaire*, n°ˢ 693, 701 ; Civ. cass. 13 août 1862, aff. Gorsse, D. P. 62. 1. 352 ; 3 janv. 1865, aff. Usquin, D. P. 65. 1. 31 ; 17 janv. 1865, aff. Weber, *ibid.* ; 6 déc. 1871, aff. Marchandon, D. P. 72. 1. 84; 30 nov. 1885, aff. Vatin, D. P. 86. 1. 86 ; Trib. Grenoble, 27 août 1863, aff. Eyraud, D. P. 64. 3. 15) : « Attendu, porte l'arrêt du 3 janv. 1865, qu'il résulte des dispositions combinées de l'art. 54 de la loi du 28 avr. 1816 et de l'art. 2181 c. nap. que, dans tous les cas où les actes sont de nature à être transcrits, il y a lieu à la perception d'un droit proportionnel de 1 fr. 50 cent. pour 100 fr. ; que ces actes doivent être transcrits en entier par le conservateur des hypothèques ; que ce droit est indépendant de celui dû pour mutation de la propriété et peut être exigé séparément ; que si, lors d'une adjudication sur licitation, les propriétaires qui se rendent adjudicataires d'un immeuble indivis entre eux et d'autres copropriétaires n'ont pas à payer le droit de mutation sur les parts qui leur appartenaient avant l'adjudication, ils n'en doivent pas moins le droit de transcription sur l'intégralité du prix ; que la transcription étant destinée en effet à opérer la purge des hypothèques, le droit à percevoir sur cette transcription doit être indivisible comme les hypothèques qu'elle a pour objet de purger et qui reposent indivisément sur toutes les parties de l'immeuble ».

3571. Cette doctrine a été vivement contestée, spécialement dans son application au cas où c'est un *tiers acquéreur de parts indivises* qui se rend adjudicataire sur licitation de la totalité de l'immeuble. On faisait observer qu'il avait déjà payé le droit proportionnel de transcription à l'enregistrement de l'acte qui l'avait fait entrer dans l'indivision, que déclarer ce même droit exigible sur la totalité du prix de l'adjudication, c'était le lui faire payer deux fois sur la portion de ce prix afférente aux parts précédemment acquises par lui. La cour de cassation ne s'est pas arrêtée à l'objection et, se fondant toujours sur l'indivisibilité de la transcription et sur ce que le droit de transcription a le même caractère, elle a sanctionné, toutes les fois que la question lui a été soumise, la perception du droit de transcription sur l'intégralité du prix de l'adjudication (Civ. cass. 13 août 1862, cité *suprà*, n° 3570; 17 janv. 1865, *ibid.* ; 6 déc. 1871, *ibid.* ; 30 nov. 1885, *ibid.* ; Trib. Ribérac, 28 août 1878, aff. Labrousse de Beauregard, D. P. 80. 5, 167). « Attendu, porte l'arrêt du 30 nov. 1885, qu'aux termes de ces deux articles (25 de la loi du 21 vent. an 7, et 54 de la loi du 28 avr. 1816), les actes portant transmission de propriété immobilière doivent être transcrits en entier, et que le droit de transcription de 1 fr. 50 cent. pour 100 doit être calculé et perçu sur le prix total énoncé auxdits actes ; — Que la transcription étant ainsi indivisible, le droit à percevoir, à ce titre, doit être le même, quelles que soient les distinctions contenues dans les actes quant à l'affectation soit de l'usufruit, soit de la nue propriété du prix des biens compris dans la transmission ; — Attendu, en conséquence, que lorsqu'un acte susceptible d'être transcrit est présenté à l'enregistrement, le droit de transcription, dont la perception immédiate est autorisée par l'art. 54 précité de la loi du 28 avr. 1816, et qui est distinct du droit d'enregistrement, doit être calculé, dans tous les cas, sur le prix total porté audit acte ».

Jugé spécialement : 1° que l'adjudication sur licitation de la totalité d'un immeuble au profit d'un tiers acquéreur qui en avait déjà acquis les onze douzièmes par contrat enregistré et transcrit, et qui avait déjà, par conséquent, acquitté le droit de transcription à 1 fr. 50 cent. pour 100 sur les onze douzièmes de la valeur de la propriété, n'en doit pas moins être soumise à ce droit de transcription sur l'intégralité du prix, et non pas seulement, comme il en est pour le droit proportionnel d'enregistrement, sur le prix de la portion indivise acquise par l'adjudicataire (Civ. cass. 6 déc. 1871 précité) ; — 2° Que la transcription étant indivisible, le droit proportionnel qui lui est applicable doit être liquidé, lors de l'enregistrement de l'acte donnant lieu à cette perception, sur le prix intégral qui y est énoncé, quelles que soient les distinctions contenues audit acte quant à l'affectation soit de l'usufruit, soit de la nue-propriété de ce prix ; que, spécialement, l'adjudication d'un immeuble dépendant d'une succession au légataire de l'usufruit de moitié de cette succession donne lieu à la perception du droit de transcription sur l'intégralité du prix, lors même qu'un partage, à l'enregistrement en même temps, attribue à l'usufruitier adjudicataire, pour le remplir de son legs, l'usufruit de la totalité de ce prix (Civ. cass. 30 nov. 1885, *ibid.*).

N° 2. — *Acte complexe.*

3572. Des difficultés se sont produites au sujet de la liquidation du droit proportionnel de transcription dans le cas où l'acte présenté à la formalité renferme des dispositions qui sont, les unes, de nature à être transcrites, les autres, non sujettes à transcription. Il a été jugé, à cet égard : 1° que, si la présentation volontaire à la transcription d'un acte ayant à la fois pour objet des immeubles et des biens meubles, et, par exemple, d'un acte de société renfermant une déclaration d'apports mobiliers et immobiliers, suffit pour autoriser la perception du droit proportionnel de transcription, ce droit ne peut être perçu que sur les valeurs immobilières, les mutations de biens meubles n'étant jamais soumises à la transcription (Civ. cass. 27 juill. 1863, aff. de Grimaldi, D. P. 63. 1. 284-285) ; — 2° Que toute réquisition volontaire de la transcription d'un acte au bureau des hypothèques donne ouverture au droit proportionnel de 1 fr. 50 cent. pour 100, encore qu'il s'agisse d'un acte pour lequel la transcription ne serait pas obligatoire, le conservateur étant tenu de déférer à cette réquisition par cela seul qu'elle lui est faite, sans qu'il ait qualité pour en apprécier les motifs ou l'utilité ; que le droit proportionnel est exigible même dans le cas où l'acte présenté à la transcription aurait pour objet une valeur purement mobilière, et, constaterait, par exemple, l'apport en société d'une concession d'eaux, surtout si les parties ont considéré cette concession comme portant sur un droit immobilier, en en soumettant l'apport à la purge,... alors, d'ailleurs, que l'acte présenté à la transcription n'énonçant, en outre, aucune transmission d'immeubles situés dans le ressort du bureau, la réquisition de la transcription ne pouvait se référer qu'à cette chose mobilière (Req. 6 déc. 1864, aff. Compagnie des Polders, D. P. 65. 1. 144).

3573. A la suite de ces arrêts, l'administration de l'enregistrement a adressé aux conservateurs des hypothèques relativement à la transcription, soit des actes contenant à la fois des transmissions d'immeubles et de valeurs mobilières, soit des adjudications d'immeubles renfermant des ventes et des licitations, une instruction générale en date du 20 déc. 1865, n° 2324, § 4 (D. P. 75. 3. 118, note), dans laquelle elle a établi dans les termes suivants comment la doctrine desdits arrêts lui a paru devoir être appliquée : « En thèse générale, a-t-elle dit, le conservateur remplit un rôle passif. Il n'a ni le droit ni la faculté de discuter les motifs de la réquisition, et son refus l'exposerait aux peines prononcées par l'art. 2197 c. nap. Que si, néanmoins, comme la cour semble l'admettre, le conservateur est appelé à vérifier les énonciations de l'acte à transcrire, ce ne peut être que dans le cas tout à fait exceptionnel où cet acte renfermerait une transmission de valeurs d'une nature si évidemment mobilière que la formalité de la transcription ne pourrait, sous aucun rapport, être censée avoir été requise par les parties intéressées ou en leur nom. Il n'en serait plus de même si les valeurs comprises dans l'acte étaient d'une nature douteuse ou indéterminée, telle, par exemple, que les objets mobiliers dépendant d'une usine, et qui peuvent être considérés tantôt comme de simples meubles, tantôt comme des immeubles par destination (c. civ. art. 524 et suiv.) ; ou le droit à la concession, soit d'un canal, soit d'un chemin de fer, dont le caractère juridique n'est point encore définitivement fixé. Mais, pour prévenir toute difficulté, les conservateurs devront se faire remettre une *réquisition limitative* accompagnée d'un extrait de la partie de l'acte que les requérants ou leurs mandataires veulent réellement soumettre à la formalité, sauf à se conformer aux prescriptions de l'instruction n° 1569, relatives aux transcriptions partielles. La même règle sera observée à l'égard des adjudications contenant à la fois des ventes et des licitations... A défaut de réquisition, le droit proportionnel de 1 fr. 50 pour 100 devra être perçu sur tous les prix qui ne l'auraient pas supporté à l'enregistrement, et les conservateurs seront immédiatement forcés en recette du montant des droits qu'ils auraient omis de percevoir, sauf le recours que les parties ou les conservateurs se croiraient fondés à exercer les uns contre les autres (Délib. adm. enreg. 5-10 sept. 1862). »

3574. Des dispositions de l'instruction rapportée *suprà*, nº 3573, comme des motifs des arrêts des 27 juill. 1863 et 6 déc. 1864, cités *supra*, nº 3572, se dégage le principe que la transcription n'est réputée requise que pour les stipulations de l'acte qui la rendent légalement nécessaire; que, si l'acte présenté à la formalité contient une transmission de valeurs mobilières, le conservateur doit s'abstenir de percevoir le droit proportionnel de transcription sur ces valeurs.

Jugé en ce sens que la présentation volontaire à la formalité de la transcription, sans réquisition limitative, de l'expédition entière d'un contrat de mariage renfermant une donation immobilière et un ameublissement, autorise le conservateur à percevoir le droit proportionnel de transcription à 1 fr. 50 cent. pour 100 sur la valeur de l'immeuble ameubli comme sur celle de l'immeuble donné; mais non sur la valeur de l'achalandage attaché à ces immeubles et séparément estimé (Trib. Lyon, 12 déc. 1867, aff. Lecomte, D. P. 71. 5. 385).

3575. Jugé, d'autre part : 1º qu'il y a lieu à transcription et, par conséquent, à la perception du droit proportionnel de 1 fr. 50 cent., alors même qu'il s'agit d'un acte qui n'est pas translatif de propriété, comme d'un partage, lorsque cet acte a été présenté volontairement à la formalité par les parties; que les parties manifestent suffisamment l'intention de soumettre à la transcription toutes les dispositions d'un acte, lorsqu'elles présentent à la formalité une expédition de l'acte entier, alors même que cet acte contient des dispositions non sujettes à transcription (Civ. cass. 24 mars 1868, aff. Decaux, D. P. 68. 1. 243); — 2º Que la présentation, sans distinction ni réserves, à la formalité de la transcription au bureau des hypothèques, de l'expédition entière d'un acte renfermant tout à la fois un partage d'immeubles et la cession d'un droit immobilier d'usufruit, rend exigible le droit proportionnel de transcription sur la valeur de tous les immeubles partagés (Même arrêt); — 3º Que l'acte renfermant plusieurs dispositions indépendantes dont les unes sont assujetties à la transcription et les autres en sont dispensées, peut n'être soumis à la formalité que pour les premières, à l'exception des autres; mais les parties doivent, en ce cas, ou ne présenter au conservateur que des extraits littéraux renfermant les dispositions sujettes à la transcription, ou, si elles présentent l'acte tout entier, limiter expressément leurs réquisitions aux parties qu'elles entendent faire transcrire; autrement, elles sont censées avoir requis la transcription de l'acte tout entier et doivent, par conséquent, acquitter les droits que comporte sa transcription intégrale; ainsi, la présentation à la transcription, sans distinction ni réserve, d'un acte renfermant un bail d'immeubles pour vingt ans avec quittance des cinq premières années de loyer et une promesse de vente de l'immeuble loué, donne lieu au droit proportionnel de transcription sur cette dernière disposition (Civ. rej. 18 juill. 1882, aff. Simon, D. P. 83. 1. 233); — 4º Que lorsqu'un contrat portant transmission de différentes valeurs est présenté à la transcription sans réquisition limitative, le conservateur, en règle générale, peut et doit opérer la transcription intégrale; mais que cette règle cesse d'être applicable au cas où il s'agit d'un acte constatant à la fois, une transmission d'immeubles et de valeurs mobilières; en ce cas, le conservateur ne doit percevoir le droit que sur les immeubles, la transcription devant être réputée requise exclusivement pour les stipulations de l'acte qui la rendent légalement nécessaire (Civ. cass. 20 juill. 1886, aff. Morel, D. P. 87. 1. 302); — 5º Que spécialement, quand un acte présenté à la transcription, sans réquisition limitative, comprend à la fois la cession d'un embranchement de chemin de fer, et celle de certains terrains accessoires, le conservateur ne doit percevoir des droits que relativement à ces derniers terrains, les concessions de chemins de fer n'ayant pas, dans la législation française, le caractère de valeurs immobilières. Si, à raison du doute que ce dernier point a pu lui faire éprouver, le conservateur a perçu des droits sur l'intégralité de l'acte, le tribunal saisi de la demande en restitution ne peut se borner à alléguer, pour la repousser, que la réquisition de transcription n'était pas limitative; il est, au contraire, de son devoir de constater, au fond, que les concessions de chemins de fer n'ont qu'un caractère mobilier, et d'en tirer la conséquence que les droits perçus de ce chef doivent être restitués (Même arrêt). — Le jugement cassé par ce der-

nier arrêt avait décidé, au contraire, que la présentation volontaire à la transcription au bureau des hypothèques de deux actes constatant, l'un, la vente d'une concession de chemin de fer et des immeubles en dépendant, moyennant un prix unique, l'autre, la ventilation de ce prix, donne lieu au droit de transcription à 1 fr. 50 cent. pour 100 sur la totalité du prix stipulé, alors que la partie n'a pas manifesté, par une déclaration écrite, l'intention de remplir la formalité que pour la vente des immeubles (Trib. Béthune, 3 juill. 1884, aff. Lozé, D. P. 85. 3. 112).

3576. Les règles suivantes se dégagent de la jurisprudence dont l'exposé précède: Si l'acte entier est présenté purement et simplement à la transcription, le droit proportionnel est dû sur chacune des dispositions indépendantes qu'il renferme; mais les parties ont la faculté de requérir la transcription des unes et d'exclure celle des autres. Deux moyens sont à leur disposition pour manifester leur volonté à cet égard; elles peuvent ou ne présenter à la formalité que des extraits littéraux renfermant les dispositions qu'elles veulent faire transcrire, ou bien présenter au conservateur l'acte entier accompagné d'une réquisition indiquant, avec la plus grande précision, les dispositions qu'elles entendent soumettre à la transcription et, d'autre part, celles qu'elles veulent en exclure et qui, par conséquent, ne devront pas être transcrites sur le registre.

Nº 3. — *Licitation.*

3577. Dans le cas où deux époux se sont rendus conjointement adjudicataires d'un immeuble appartenant en partie à une succession à laquelle le mari est appelé, et, quant au surplus, pour une part à la communauté et pour l'autre à la femme, il y a lieu, lors de l'enregistrement, de percevoir le droit de transcription sur la totalité du prix. On prétendrait à tort que, l'indivision ne cessant pas dans ce cas, la vente n'ayant pas été restreinte à la part qui dépendait de la succession, la perception ne doit pas porter sur la somme représentant la part dont l'acquéreur sur licitation était originairement propriétaire (Trib. Seine, 17 févr. 1866, aff. Flury, D. P. 67. 3. 32).

3578. Lorsqu'un immeuble a été légué à titre particulier à plusieurs individuellement, l'adjudication de cet immeuble au profit de l'un des légataires, rend le droit de transcription exigible, et ce droit doit être perçu sur la totalité du prix (Sol. adm. enreg. 1ᵉʳ mars 1880, D. P. 81. 5. 369).

3579. Il a été jugé que l'adjudication sur licitation d'un immeuble de la succession d'un époux, au profit du conjoint survivant légataire en usufruit de moitié des biens du défunt, ne donne lieu au droit de transcription, comme au droit de mutation, que sur la moitié, et non sur la totalité du prix, cette moitié représentant la valeur de la nue propriété acquise, alors qu'un partage définitif, présenté à l'enregistrement en même temps que l'adjudication, attribue à l'époux adjudicataire l'usufruit de son prix pour le remplir des droits dans la succession de son conjoint (Trib. Seine, 1ᵉʳ févr. 1884, aff. Vatin, D. P. 84. 5. 221). — Mais cette décision a été cassée par un arrêt de la cour suprême du 30 nov. 1885 (D. P. 86. 1. 86) qui a décidé, comme l'avait fait le tribunal de la Seine lui-même, par un autre jugement, en date du 13 mai 1881 (Garnier, *Rép. pér. enreg.*, art. 5797), rendu dans une espèce identique, que le droit de transcription, étant indivisible de sa nature, comme la formalité dont il représente le salaire, devait être perçu, dans le cas en question, sur la totalité, et non pas seulement sur la moitié du prix de l'adjudication.

Nº 4. — *Partage d'ascendant.*

3580. Le droit de transcription pour les *donations à titre de partage anticipé* d'immeubles *ruraux* se perçoit actuellement, d'après une loi du 21 juin 1875, sur le revenu capitalisé au denier vingt-cinq (V. *supra*, nº 3483). Il a été décidé, à cet égard, que l'art. 2 de la loi du 21 juin 1875, suivant lequel, dans tous les cas où le revenu d'immeubles ruraux doit être capitalisé par vingt ou dix pour la perception du droit de mutation, la capitalisation sera effectuée par vingt-cinq ou douze et demi, n'a pas d'effet rétroactif (Sol. adm. enreg. 14 juill. 1875, D. P. 75. 3. 104 ; Instr.

adm. enreg. 23 juin 1875, n°•2517, D. P. 75. 4. 109-110, note); qu'en conséquence, à l'égard des partages d'ascendant faits antérieurement à la loi et qui, soumis à la transcription dans l'année à dater de sa promulgation, ne donnent lieu, dès lors, d'après son art. 1er, § 3, qu'au droit réduit de 50 cent. pour 100, la perception doit être établie sur la base du revenu capitalisé, non par vingt-cinq ou douze et demi, mais seulement par vingt ou dix, conformément à la législation antérieure (Même solution du 14 juill. 1875).

3581. Il ressort de ce que la loi du 21 juin 1875 n'a pas d'effet rétroactif, que si, à l'égard des partages anticipés faits antérieurement à la loi nouvelle, qui n'ont été soumis à la transcription qu'après l'expiration du délai de faveur qu'elle a accordé pour l'application du tarif réduit à ces partages, le droit de transcription est dû au taux ordinaire de 1 fr. 50 cent., la perception doit en être établie sur le revenu capitalisé par vingt ou dix, conformément à l'art. 15 de la loi du 22 frim. an 7, et non par vingt-cinq ou douze et demi conformément à la loi nouvelle, et, d'autre part, que les décimes doivent être perçus conformément au tarif en vigueur à la date de l'acte, et non d'après le tarif actuel.

3582. Lorsqu'en présentant à la transcription au bureau des hypothèques une expédition d'un partage d'ascendant renfermant la désignation de tous les immeubles donnés, plus un extrait de l'acte se rapportant seulement à quelques-uns de ces immeubles, on exprime formellement, dans la réquisition, que la formalité n'est demandée que pour ces derniers biens, la perception du droit proportionnel de transcription ne doit être établie que sur la valeur de ces biens, et non sur la valeur de tous les biens donnés (Trib. La Roche-sur-Yon, 22 déc. 1875, aff. Brodu, D. P. 77. 3. 52).

N° 5. — Actions immobilisées.

3583. La loi fiscale portant que le droit de transcription doit être perçu de la même manière que le droit de mutation, et ce dernier droit étant dû sur les *actions immobilisées de la Banque de France* transmises par décès, d'après leur revenu capitalisé par vingt, comme pour tous les immeubles (V. Req. 22 mai 1833, *Rép.* n° 1794), il est logique que le droit de transcription soit perçu également sur le capital, au denier vingt, du revenu des actions immobilisées. Jugé, en conséquence, que le droit proportionnel de transcription exigible, à l'enregistrement d'un testament, sur un legs d'actions immobilisées de la Banque de France, doit être perçu, non sur l'évaluation des actions d'après le cours de la Bourse au décès, mais sur leur revenu capitalisé par vingt (Trib. Seine, 11 avr. 1874, aff. Bessièves, D. P. 76. 3. 16).

N° 6. — Déclaration estimative.

3584. Le droit proportionnel de transcription à percevoir sur un acte qui n'a pas donné ouverture au droit proportionnel d'enregistrement, et qui n'est transcrit que sur réquisition volontaire, doit, à défaut de la base prescrite par la loi du 21 vent. an 7, être établi par une déclaration estimative des parties, conformément à l'art. 16 de la loi du 22 frim. an 7; par suite, le conservateur peut exiger cette déclaration, sauf réquisition ultérieure d'une expertise, si la sincérité de l'évaluation est contestée dans une instance judiciaire entre le contribuable et l'administration de l'enregistrement (Req. 2 juin 1863, aff. Chauvin, D. P. 63. 1. 467. V. Trib. Pont-l'Evêque, 29 août 1867, *infrà*, n° 3595; V. *Rép.* n° 6032).

Il a été jugé, d'autre part, que, dans le cas où il y a lieu à déclaration estimative du revenu des immeubles pour le payement de la déclaration estimative du revenu des immeubles pour le payement du droit de transcription, si une estimation provisoire est complétée après l'expiration du délai légal, il n'est dû qu'un droit simple, et non le double droit (Rouen, 16 mars 1870, aff. Fauquet, D. P. 71. 1. 215).

Art. 3. — Droit fixe.

3585. Le droit fixe de transcription est un droit d'hypothèque, et non un droit d'enregistrement. Il s'ensuit que l'augmentation de tarif résultant de l'art. 4 de la loi du 28 févr.

1872 pour les droits fixes d'enregistrement ne lui est point applicable (Sol. adm. enreg. 25 mars 1872, D. P. 73. 5. 470).

L'art. 61 de la loi du 28 avr. 1816 dispose que « les actes de transmission d'immeubles et droits immobiliers, susceptibles de transcription, ne seront assujettis à cette formalité que pour un droit fixe d'un franc, outre le droit du conservateur, lorsque les droits en auront été acquittés de la manière prescrite par les art. 52 et 54 de la présente loi » concernant, l'un, les ventes d'immeubles, l'autre, les actes de nature à être transcrits, et suivant lesquels, pour ces deux catégories d'actes, le droit proportionnel de transcription doit être perçu à l'enregistrement.

Suivant une interprétation, l'art. 61 de la loi de 1816 n'autorise pas la perception du droit de transcription au bureau des hypothèques dans tous les cas indistinctement où il n'a pas été perçu à l'enregistrement; le conservateur des hypothèques ne serait pas fondé à demander ce que le receveur de l'enregistrement n'aurait pu percevoir; le droit proportionnel de transcription ne doit être réclamé au bureau des hypothèques qu'autant qu'il était exigible et aurait dû être perçu au bureau de l'enregistrement (Dissertation de M. Ch. Beudant, D. P. 68. 1. 97, note). — Cette interprétation n'a pas été admise par la jurisprudence. Elle a établi, par de nombreux arrêts, que toutes les fois qu'un acte présenté à la transcription au bureau des hypothèques, n'a pas été assujetti, lors de l'enregistrement, au droit de transcription à 1 fr. 50 cent. pour 100, ce droit doit être perçu par le conservateur des hypothèques, sans qu'il y ait à distinguer entre les actes pour lesquels le droit de transcription est exigible à l'enregistrement et ceux auxquels il n'est applicable qu'autant qu'ils sont soumis volontairement à la transcription (V. *suprà*, n°s 3662 et suiv.).

3586. Lors de la transcription au bureau des hypothèques d'un contrat de vente au profit de plusieurs acquéreurs non solidaires, qui ont payé distinctement les droits d'enregistrement à raison de 5 fr. 50 cent. pour 100 fr. sur leurs lots respectifs, il doit être exigé autant de droits fixes qu'il y a d'acquéreurs qui requièrent la transcription ou auxquels cette formalité profite (Décis. min. fin. 18 mai 1821; Instr. adm. enreg. 31 mai 1821, n° 980; *Rép.* n° 6043). De même, la transcription d'un acte contenant vente, au profit d'un seul acquéreur, par plusieurs vendeurs non solidaires, d'immeubles différents et moyennant des prix distincts, donne lieu à autant de droits fixes de 1 fr. qu'il y a de vendeurs (Sol. adm. enreg. 13 sept. 1861; Instr. adm. enreg. 3 févr. 1862, n° 2210, § 2, D. P. 62. 3. 32).

Art. 4. — Payement des droits.

3587. Les droits dus pour les formalités hypothécaires doivent être payés d'avance par les requérants. Telle est la règle exprimée dans l'art. 27 de la loi du 21 vent. an 7. D'autre part, l'art. 2155 c. civ. porte : « les frais de la transcription qui peut être requise par le vendeur, sont à la charge de l'acquéreur ». Cette dernière disposition est relative à la détermination de celle des parties qui doit supporter définitivement les frais de la transcription. Nous n'avons pas à nous en occuper ici. Nous avons seulement à établir les règles suivant lesquelles le droit de transcription doit être payé, soit lors de l'accomplissement de la formalité, soit postérieurement, lorsque, pour une cause quelconque, il n'a pas été acquitté au moment de la présentation de l'acte à la transcription.

3588. La loi imposant à ceux qui requièrent la formalité d'en consigner préalablement les frais, comme en matière d'enregistrement (V. *suprà*, n° 3507), il ne peut surgir de difficulté que dans les cas où cette consignation n'a pas été faite. Il arrive souvent que le conservateur ne l'exige pas. Lorsque ce fonctionnaire agit ainsi, il le fait à ses risques et périls. Il demeure comptable envers le Trésor public du montant des droits auxquels donnent lieu les actes soumis à la formalité; s'il lui plaît d'accorder aux déposants des facilités que rien ne l'oblige à leur donner, il recouvre ensuite sur eux le montant de ses avances (V. Paris, 13 mars 1886, rapporté au sujet du payement du droit d'inscription, *suprà*, n° 3508).

Il a été décidé que, dans ce cas, le conservateur peut agir par voie de *contrainte* en sa qualité d'agent de l'Administration (V. *Rép.* n° 6041).

3589. Lorsque le droit de transcription, quoique exigible, n'a pas été perçu, pour une cause quelconque, lors de l'accomplissement de la formalité, ou que la perception opérée par le conservateur a été insuffisante, suivant quelles règles doit être suivi le recouvrement du droit ou du supplément de droit? La loi de ventôse est muette sur ce point. En matière d'enregistrement, l'officier ministériel qui a passé l'acte soumis à la formalité, est tenu de le présenter au bureau de l'enregistrement dans un délai déterminé (V. *suprà*, n° 2780), et de faire l'avance des droits (V. *suprà*, n° 2924); mais il est dégagé de toute responsabilité pour le payement des droits non perçus et des suppléments de droits qui peuvent être exigibles (V. *suprà*, n° 2924). Rien de semblable en matière de transcription hypothécaire. Aucun délai n'est prescrit pour le payement du droit proportionnel de transcription; aucune disposition de loi n'oblige le notaire rédacteur d'un acte sujet à transcription à remplir cette formalité. Les actes sont donc présentés au bureau des hypothèques, lorsque bon semble aux intéressés, tantôt par le notaire rédacteur ou par l'avoué qui s'est porté adjudicataire au nom de son client, s'il s'agit d'un jugement d'adjudication, tantôt au nom de toutes les parties ou bien de l'une d'elles, tantôt enfin par des tiers. — Le débiteur du droit, c'est principalement celui qui requiert la formalité (*Rép.* n° 6039). Ainsi jugé, dans une espèce où le conservateur avait perçu le droit fixe de 1 fr. au lieu du droit proportionnel de 1 fr. 50 cent. pour 100, que le droit à percevoir pour la transcription, n'étant que la rémunération d'un service et ne dépendant pas du plus ou moins d'utilité que retirent de ce service les diverses personnes au nom desquelles il est requis, peut être exigé solidairement de ces personnes, sans qu'il soit nécessaire de rechercher dans quelles mesures chacune d'elles a profité de la transcription demandée (Req. 10 juill. 1865, aff. Duboys, D. P. 66. 1: 15).

3590. Si, au lieu d'être requise au nom de toutes les parties qui ont figuré dans l'acte transcrit, la formalité est demandée par l'une d'elles, celle-là seule pourra être poursuivie en payement du droit. Jugé, en ce sens, que lorsque les biens donnés dans un même acte à plusieurs codonataires sont des biens indivis, la transcription réclamée par l'un d'eux dans son intérêt personnel doit porter nécessairement sur la totalité des biens, et que, par suite, ce codonataire, auquel seul, en cas pareil, le payement du droit peut être demandé, doit l'acquitter, non seulement à raison de la mutation qui le concerne, mais à raison de l'ensemble des mutations (Trib. Vesoul, 2 juill. 1855, aff. Guillaume, D. P. 55. 3. 69).

3591. Si la formalité a été requise par un officier ministériel, il faut rechercher en quelle qualité il a agi. Il a été jugé, à cet égard, que l'action de l'Administration en recouvrement d'un supplément de droit dû par suite de la transcription d'un acte au bureau des hypothèques, doit être dirigée contre le notaire, et non contre les parties, alors que l'acte a été soumis à la formalité par le notaire sans qu'il eût reçu des parties mandat de faire opérer la transcription, et que, d'autre part, l'utilité de la transcription était contestable (Trib. Ribérac, 31 déc. 1869, aff. D..., D. P. 70. 5. 360). « Attendu, porte ce jugement, que si des obligations du notaire envers les parties, surtout illettrées, et du fait

du dépôt de l'expédition, on peut induire qu'il avait reçu d'elles le mandat général de faire le nécessaire pour régulariser l'acte, on ne peut en conclure que les parties actuelles qui n'ont vraisemblablement pas une idée, même confuse, de la transcription et de son utilité, aient chargé le notaire de la faire opérer pour l'acte dont il s'agit; attendu, dès lors, que le notaire aurait mal interprété le mandat général qu'il avait reçu, en faisant transcrire un acte de ratification auquel n'avaient pas comparu toutes les parties, et dont la transcription ne pouvait pas avoir tous les effets de celle de l'acte de donation ».

3592. Il a encore été jugé que l'avoué qui présente à la transcription au bureau des hypothèques un acte donnant lieu au droit proportionnel de transcription à 1 fr. 50 cent. pour 100, est personnellement débiteur du droit vis-à-vis de l'Administration (Trib. Montargis, 23 juin 1879, aff. Francheterre, D. P. 80. 3. 46. Conf. Trib. Ribérac, 30 août 1878, aff. Boyer, D. P. 80. 5. 369). Si la formalité est susceptible de produire un effet utile pour l'une des parties, celle-ci est également débitrice du droit envers l'Administration, et elle est tenue de le rembourser à l'avoué, lorsqu'il en a fait l'avance (Même jugement du 30 août 1878). Mais si l'acte renferme deux dispositions, l'une (une licitation) non sujette à transcription, l'autre (adjudication au profit d'un tiers cessionnaire de l'un des copropriétaires) de nature à être transcrite, le droit proportionnel de transcription perçu sur les prix réunis des deux adjudications, ne peut être demandé à l'adjudicataire que pour la partie afférente à la licitation (Même jugement du 23 juin 1879).

Suivant un autre jugement, le droit proportionnel de transcription non perçu, quoique exigible, à la transcription d'un bail d'immeuble renfermant une promesse unilatérale de vente (V. *suprà*, n° 3549 et suiv.), ne peut être demandé qu'au notaire rédacteur de l'acte qui l'a présenté à la formalité au bureau des hypothèques, alors que celui-ci n'a agi que comme *negotiorum gestor ;* il ne peut être réclamé aux parties contractantes, quoique la formalité ait eu pour elles une utilité réelle (Trib. Valenciennes, 6 mai 1885) (1). Mais cette décision, contraire au jugement du tribunal de Ribérac du 30 août 1878 cité *suprà*, n° 3592, ne paraît pas fondée. Il semble que du moment où la transcription avait eu un effet utile pour la partie, celle-ci se trouvait engagée par le fait de son gérant d'affaires et qu'elle était tenue au payement de tous les frais occasionnés par la formalité.

Jugé, d'autre part, que le notaire, devenu volontairement le conseil d'un client qui manque des connaissances et de la prudence nécessaires, est responsable du dommage que sa faute a occasionné (c. civ. art. 1382) (Rouen, 16 mars 1870, aff. Fauquet, D. P. 71. 1. 215); que, spécialement, le notaire qui s'est chargé de soumettre un testament à l'enregistrement et qui a rédigé la déclaration estimative sur laquelle a été perçu le droit de transcription d'une substitution, répond des conséquences de l'évaluation démesurément exagérée du revenu des biens, lorsque cette erreur a été causée par la précipitation avec laquelle il s'est cru obligé d'agir (Req. 10 juill. 1871, aff. Fauquet, *ibid.*)... Alors même que le notaire aurait été entraîné par la pensée qu'en cas d'insuffisance dans l'évaluation des biens, le légataire serait passible d'un double droit sur le supplément de

---

(1) (Bultot et Trinquet.) — LE TRIBUNAL; — Attendu, au fond, que suivant acte passé en l'étude de M° Bultot, notaire à Valenciennes, en date du 31 déc. 1878, les époux Fontaine-Gléneur ont accordé à bail à loyer, pour dix-huit années consécutives, commençant le 1er janv. 1879, aux époux Ernest Trinquet-Burleigh, marchands brasseurs à Valenciennes, dix maisons à usage de cabarets, situées à Valenciennes, Trith-Saint-Léger et Marly, moyennant un loyer total de 6150 fr. par an, payable par trimestre échu; — Attendu qu'il a été, en outre, expressément stipulé audit acte que, comme convention intégrante dudit bail, il était entendu entre les parties que les preneurs auront la faculté, pendant toute la durée du bail, de se rendre acquéreurs, en une ou plusieurs fois, des maisons louées désignées à leur choix, moyennant un prix spécialement déterminé pour chaque maison et s'élevant ensemble à 146000 fr., au cas où ces acquisitions ne seraient réalisées que dans le courant des dix premières années, et moyennant d'autres prix également déterminés pour chaque maison et s'élevant ensemble à 160600 fr. au cas où ces acquisitions ne seraient réalisées que dans le courant des huit dernières

années; — Attendu que cet acte a été enregistré à Valenciennes, le 4 janv. 1879, f° 34, v° c° 4, par le receveur qui a perçu les droits; — Attendu qu'en outre, le 19 févr. 1879, la grosse dudit acte a été présentée pour la transcription, au nom de M° Bultot notaire, et qu'elle a été effectivement transcrite à ladite date, vol. 862, n° 25, moyennant perception du droit de 1 fr.; — Attendu qu'aujourd'hui l'administration de l'enregistrement et des domaines prétend que cette perception est insuffisante; qu'il y a lieu de la remplacer par la perception d'un droit proportionnel de 1 fr. 50 cent. pour 100, lequel, calculé sur le prix maximum stipulé en la promesse de vente pour les huit dernières années s'élève à la somme de 3910 fr.; — Attendu qu'aux termes de l'art. 25 de la loi du 21 vent. an 7, le droit sur la transcription des actes emportant mutation de propriété immobilière sera de 1 1/2 pour 100 du prix intégral desdites mutations, selon qu'il aura été réglé à l'enregistrement; — Attendu que l'accomplissement de la formalité de la transcription était à cette époque entièrement facultatif;

Mais attendu qu'aux termes des art. 52, 54 et 68 de la loi du

valeur (Même arrêt du 16 mars 1870); — Que, toutefois, le notaire ne doit pas être condamné à payer intégralement l'excédent des droits perçus, s'il a été de bonne foi, et si le client était dans une ignorance inexcusable du revenu des biens à lui légués (Même arrêt).

3593. En résumé, lorsque l'officier ministériel justifie qu'il lui a été donné mandat en forme, par les parties de remplir la formalité, comme cela est souvent stipulé dans les actes, il y a lieu d'appliquer les règles du mandat. L'officier ministériel est dégagé de ses obligations par l'accomplissement de la formalité et, comme il n'est nullement engagé vis-à-vis de ceux avec lesquels il a contracté au nom du mandant (c. civ. art. 1997), l'administration de l'enregistrement n'a aucune action contre lui pour le recouvrement du droit non perçu ou du supplément de droit exigible; elle ne peut s'adresser qu'aux parties. Si l'officier ministériel requérant ne justifie pas d'un mandat en forme, s'il n'a reçu qu'un mandat verbal ou tacite, et surtout si ce mandat lui a été donné par des personnes illettrées, il ne peut se soustraire à l'action de l'Administration; il est débiteur, sauf son recours contre les parties; mais celles-ci ne sont obligées au payement du droit de transcription qu'autant que la formalité leur a été réellement utile (V. *Diction. droits d'enreg.*, v° *Hypothèques*, n°s 198 et suiv.; Garnier, *Rép. gén. enreg.*, n° 17462).

3594. Toutes les fois qu'il y a lieu à transcription du même acte *dans plusieurs bureaux*, la perception se fait, d'après l'art. 26 de la loi du 21 vent. an 7, comme pour les inscriptions qui se trouvent dans le même cas. Le droit fixe ou proportionnel est acquitté en totalité dans le premier bureau, et il n'est payé dans les autres que le salaire du conservateur (*Rép.* n° 6042. V. *Diction. droits d'enreg.*, v° *Hypothèque*, n° 203). Il a été jugé que la règle d'après laquelle, lorsqu'un acte donne lieu à la transcription dans plusieurs bureaux, le droit doit être acquitté en totalité dans le pre-

mier bureau, est applicable au droit qui n'est devenu exigible que par suite de réquisition volontaire de la transcription, la perception du droit ne pouvant, pas plus dans ce cas que dans celui où la perception a lieu par la volonté de la loi, être restreinte aux immeubles situés dans la circonscription du bureau (Req. 2 juin 1863, aff. Chauvin, D. P. 63. 1. 467).

Art. 5. — *Contrôle de l'Administration; Expertise.*

3595. On s'est demandé si l'administration de l'enregistrement a la faculté de requérir l'*expertise*, afin d'établir l'insuffisance d'une évaluation faite au bureau des hypothèques pour la perception du droit de transcription et de parvenir ainsi au recouvrement d'un supplément de droit (V. *Rép.* n° 6053). La négative résulte d'une lettre du grand-juge ministre de la justice adressée le 14 mars 1809 au ministre des finances, en réponse à une demande d'avis sur la question de savoir si les conservateurs des hypothèques pouvaient, conformément aux art. 17, 18 et 19 de la loi du 22 frim. an 7, requérir l'expertise des immeubles compris dans un acte de vente transcrit, en vue d'établir l'insuffisance du prix exprimé et de parvenir au recouvrement d'un supplément de droit de transcription. « L'art. 17 de la loi du 22 frim. an 7, porte la lettre en question qui est rapportée dans une instruction de l'administration de l'enregistrement du 6 juin 1809, n° 433, § 3, accorde à la Régie la faculté de requérir l'estimation des biens pour fixer les droits d'enregistrement du contrat de vente. L'art. 25 de la loi de ventôse, loin d'accorder le même droit aux conservateurs, leur ordonne, au contraire, de régler leur perception sur celle de l'enregistrement. Il me semble que c'est le cas d'en conclure que cet acte nominativement accordé aux uns est refusé implicitement aux autres, et qu'après avoir donné aux préposés de l'enregistrement tous les moyens de

---

28 avr. 1816, lorsque l'acte de transmission d'immeubles et de droits immobiliers est de nature à être transcrit, le droit proportionnel de transcription de 1 1[2 pour 100 est perçu au moment de l'enregistrement de l'acte, de telle sorte que l'impôt est obligatoire; — Que lorsque l'acte n'est pas de nature à être transcrit, l'impôt proportionnel est facultatif et n'est perçu que lorsque la formalité est requise et accomplie, — Attendu qu'il est reconnu par toutes les parties en cause que l'acte susdaté du 31 déc. 1878 n'était pas de nature à être transcrit; qu'il ne l'était pas à titre de bail, puisque la loi des 23-26 mars 1855, qui a énuméré tous les actes qui sont de nature à être transcrits, ne range parmi ces actes que les baux d'une durée de plus de dix-huit ans; — Qu'il ne l'était pas davantage à titre de promesse unilatérale de vente, puisque cette promesse n'opère aucune transmission actuelle de propriété, jusqu'au moment de l'acceptation de la vente promise; — Mais attendu que l'acte susdaté du 31 déc. 1878 a été volontairement présenté à la transcription; — Attendu que les opposants sont en quelque sorte d'accord pour reconnaître qu'en ce cas la jurisprudence, principalement celle de la cour de cassation, est en ce moment favorable à la prétention de l'Administration à assujettir au payement du droit proportionnel la transcription volontaire d'une promesse unilatérale de vente, le droit de transcription représentant particulièrement la rémunération d'un service rendu; — Attendu, d'ailleurs, que, dans l'espèce, la promesse de vente avait été acceptée comme promesse, dans l'acte le contenant et par celui à qui elle était faite; — Attendu que la question principale à juger est celle de savoir lequel des deux opposants est obligé vis-à-vis de l'Administration ou s'ils le sont tous les deux, l'un, M° Bultot, comme débiteur direct, et Trinquet, comme partie intéressée;

Attendu qu'en principe et aux termes de l'art. 27 de la loi du 21 vent. an 7, c'est celui qui présente l'acte pour en requérir la transcription, qui est personnellement tenu d'acquitter d'avance les droits et salaires à raison de cette formalité; — Attendu qu'aucune loi n'est venue modifier cette obligation, notamment la loi invoquée du 24 mars 1816, qui n'a eu d'autre but que de rendre applicables aux perceptions des droits d'inscription et de transcription hypothécaires, établies par la loi du 21 vent. an 7, les dispositions de l'art. 61 de la loi du 22 frim. an 7 concernant la prescription des droits d'enregistrement; — Attendu qu'aucune des prescriptions prévues par ledit art. 61 de la loi du 22 frim. an 7 n'est acquise dans l'espèce; — Qu'il n'est pas soutenable que de ce que celui qui requiert la transcription est tenu, aux termes de l'art. 27 de la loi du 21 vent. an 7, d'acquitter d'avance les droits dus, il en résulte qu'on ne peut plus rien lui demander après; — Que les prescriptions et les déchéances ne se présument point; que la demande contre M° Bultot est donc

recevable et fondée; — Mais attendu que Trinquet n'a pas requis la transcription d'un acte qui n'y était pas assujetti; — Qu'il prétend qu'il n'avait chargé personne de la réquérir; que le contraire n'est pas prouvé contre lui; qu'il n'est pas prouvé, quant à présent du moins, qu'il ait donné mandat à cet effet à M° Bultot; que l'Administration, afin de justifier sa demande contre Trinquet, allègue seulement que M° Bultot a agi en qualité de *negotiorum gestor* au nom de Trinquet et qu'il a géré utilement l'affaire de ce dernier; qu'elle invoque, en conséquence, l'art. 1375 c. civ. ainsi conçu : « Le maître dont l'affaire a été bien administrée doit remplir les engagements que le gérant a contractés en son nom, l'indemniser de tous les engagements personnels qu'il a pris et lui rembourser toutes les dépenses utiles ou nécessaires qu'il a faites »; — Mais attendu que l'Administration ne trouve pas que M° Bultot ait agi comme gérant des affaires de Trinquet, que l'affaire de ce dernier ait été bien administrée, dans son intérêt, et qu'il doive en retirer un avantage appréciable; — Qu'il n'est pas établi que Trinquet eût soumis l'acte susdaté à la formalité de la transcription, s'il eût été, sous ce rapport, abandonné à lui-même; — Que M° Bultot n'eût pas, vraisemblablement, de son côté, requis cette formalité, sans consulter Trinquet, s'il eût pressenti que ladite formalité entraînerait une dépense de plus de 3000 fr.; — Que Trinquet, consulté, aurait apprécié un pour seul arbitrer si les avantages éventuels que pouvait lui procurer la transcription valaient, pour lui, une dépense de cette importance; — Que la transcription avait, il est vrai, dans une certaine mesure, pour effet de le garantir contre les aliénations ultérieures que pourrait consentir son contractant; mais que, tout en ne requérant pas cette formalité dispendieuse, il n'en avait pas moins une action personnelle en dommages-intérêts contre ledit contractant, dont il pouvait, d'ailleurs, quant à lui, considérer l'honorabilité et la solvabilité comme des garanties suffisantes; — Que la demande de l'Administration contre Trinquet n'est donc pas justifiée; — En ce qui concerne les conclusions subsidiaires de M° Bultot contre Trinquet : — Attendu que la demande en garantie dirigée contre Trinquet, dans un mémoire signifié, conformément à la procédure toute spéciale prescrite en matière d'enregistrement, n'est pas recevable en la forme; — Que cette demande en garantie est une affaire ordinaire qui, alors surtout que le défendeur l'exige, doit être intentée et suivie, d'après les règles de la procédure ordinaire, par le ministère des avoués et avec le droit de défense orale; — Que la fin de non-recevoir opposée par Trinquet est péremptoire; qu'il n'y a donc pas lieu actuellement de rechercher si les conclusions subsidiaires de M° Bultot contre Trinquet sont fondées et doivent être admises...

Du 6 mai 1885.-Trib. Valenciennes.

constater le véritable prix de vente, la loi a voulu interdire toutes recherches ultérieures en assujettissant les conservateurs à régler leur droit de transcription sur celui de l'enregistrement... » Le grand-juge ajoute, comme lui paraissant « décisif », que l'art. 17 de la loi du 22 frim. an 7, qui donne aux préposés de l'enregistrement le droit d'expertise, « n'a jamais été déclaré applicable aux conservateurs ».

L'état de choses fondé par la loi du 21 vent. an 7 a été profondément modifié par les art. 52, 54 et 61 de la loi du 28 avr. 1816, d'après lesquels, comme on l'a vu suprà, n° 3513, le droit proportionnel de transcription est payé presque toujours à l'enregistrement. Toutefois, ce droit est encore perçu au bureau des hypothèques sur les actes présentés à la formalité et qui n'ont pas été assujettis à ce droit à l'enregistrement. Par suite, la question de savoir si les conservateurs des hypothèques ont la faculté de requérir l'expertise, en cas d'insuffisance du prix ou du revenu déclaré pour servir de base à la perception du droit de transcription, se pose depuis comme avant la loi de 1816.

Contrairement à la décision ministérielle précitée du 14 mars 1809, la cour de cassation s'est prononcée implicitement pour la solution affirmative par son arrêt du 2 juin 1863, cité suprà, n° 3594. Il a été jugé, dans le même sens, ... que la perception du droit de transcription hypothécaire devant, d'après la loi, lorsque le droit est payé au bureau des hypothèques, être établie conformément aux règles fixées pour les droits d'enregistrement, la faculté de requérir l'expertise, attribuée à l'administration de l'enregistrement pour le cas où elle soupçonne que le prix exprimé dans un acte de vente immobilière enregistré est insuffisant, lui appartient également à l'égard des immeubles compris dans un acte tel qu'un acte de société constatant des apports immobiliers, assujetti au droit de transcription au bureau des hypothèques sur l'évaluation en valeur vénale faite par les parties (Trib. Pont-l'Évêque, 29 août 1867, aff. Société de Deauville, D. P. 69.3.93); ... que l'administration de l'enregistrement a la faculté de recourir aux preuves et aux présomptions du droit commun pour établir l'insuffisance, et de décerner contrainte pour le recouvrement du supplément de droit de transcription, même après l'expiration du délai dans lequel elle aurait pu requérir l'expertise (Même jugement). — La décision du tribunal de Pont-l'Évêque, en ce qui concerne l'expertise, est la conséquence logique de la jurisprudence de la cour de cassation d'après laquelle le droit de transcription, représentant le salaire de la formalité, doit être perçu sur tout acte pour lequel la transcription est requise. Cela étant admis, il faut reconnaître aussi que le conservateur des hypothèques peut exiger des parties une déclaration estimative, lorsqu'elle est nécessaire pour l'assiette de l'impôt, et requérir l'expertise pour le contrôle de cette estimation, lorsqu'elle lui paraît insuffisante. Cette doctrine constitue, à la vérité, une application extensive des art. 16, 17, 18 et 19 de la loi de frimaire sur l'enregistrement; mais c'est la conséquence obligée de l'interprétation non moins extensive donnée par la jurisprudence à l'art. 25 de la loi du 21 vent. an 7, car, du moment où le droit est reconnu exigible, il faut nécessairement donner aux agents du fisc les moyens de le percevoir et de le contrôler les déclarations des parties.

Art. 6. — Restitution.

3596. Le droit de transcription perçu indûment lors de l'enregistrement d'un acte de société constatant des apports d'immeubles, n'est pas sujet à restitution si l'acte a été présenté ultérieurement à la transcription, ce fait ayant rendu le droit exigible (Rép. n°s 6047 et v° Transcription hypothécaire, n°s 690, 729; Civ. cass. 24 août 1850, aff. Fossone-Allegro, D. P. 50. 1. 278. V. aussi Civ. cass. 20 mai 1863, aff. Lacuée, D. P. 63. 1. 239).

3597. De même, le droit de transcription perçu sur un legs avec charge de substitution, n'est pas restituable, quoique, par suite de la vente de l'immeuble légué, faite pour l'acquit des charges de la succession et notamment pour l'exécution de donations de sommes d'argent non existantes dans cette succession, la condition de substitution soit devenue sans objet (Civ. cass. 2 janv. 1850, aff. d'Argence, D. P. 50. 1. 11).

Art. 7. — Prescription, Poursuites et instances.

3598. La prescription, soit pour le payement, soit pour la restitution des droits d'hypothèque, spécialement du droit de transcription, est la même que celle établie par l'art. 61 de la loi du 22 frim. an 7 (Rép. n° 5959). Ainsi, les conservateurs ne peuvent former aucune demande en supplément des droits perçus depuis plus de deux ans, et, de même, après ce délai, les parties n'ont plus d'action pour obtenir la restitution de droits indûment perçus. Jugé, à cet égard, que, toutes les fois qu'un acte présenté à la transcription au bureau des hypothèques n'a pas été assujetti, lors de l'enregistrement, au droit de transcription à 1 fr. 50 cent. pour 100, ce droit doit être perçu par le conservateur des hypothèques, sans qu'il y ait à distinguer entre les actes pour lesquels le droit de transcription est exigible à l'enregistrement et ceux auxquels il n'est applicable qu'autant qu'ils sont soumis volontairement à la transcription; qu'en admettant, à l'égard d'un acte enregistré, puis transcrit sans perception du droit de transcription, que ce droit aurait pu être perçu à l'enregistrement, et que la prescription biennale a couru du jour où cette formalité a été remplie, cette prescription ne saurait être opposée à la réclamation du droit de transcription par le conservateur des hypothèques, alors qu'elle est faite avant l'expiration du délai calculé du jour de l'enregistrement et augmentée du temps pendant lequel la prescription s'est trouvée suspendue par suite d'une guerre (Civ. rej. 1er avr. 1884, aff. Compagnie générale des canaux et des travaux publics, D. P. 84. 1. 345).

3599. En ce qui concerne les poursuites et instances relatives aux droits d'hypothèque, les règles sont les mêmes qu'en matière d'enregistrement (Rép. n° 5667. V. suprà, n°s 3284 et suiv.).

3600. Décidé, spécialement, que toute demande en restitution de droits d'hypothèque doit être portée devant le tribunal civil dans le ressort duquel ces droits ont été perçus; que ce tribunal est seul compétent (Trib. Seine, 27 nov. 1869, aff. Jacques Félix, D. P. 73. 5. 212).

3601. Lorsqu'un acte de partage, présenté volontairement à la transcription, a été transcrit intégralement, et frappé, dès lors, du droit proportionnel sur la totalité des immeubles partagés, le moyen tiré de ce que la transcription n'avait été requise que dans l'intérêt d'un seul des copartageants, et, par exemple, pour porter à la connaissance des tiers une stipulation de l'acte qui limitait à un immeuble déterminé un usufruit à titre universel légué à ce copartageant, ne peut être soulevé devant la cour de cassation, si cette divisibilité de l'acte et de sa transcription n'a pas été invoquée devant les juges du fait (Req. 10 juill. 1865, aff. Duboys, D. P. 66. 1. 15).

Table sommaire

des matières contenues dans le Supplément et le Répertoire.

(Les chiffres précédés de la lettre S renvoient au Supplément; les chiffres précédés de la lettre R renvoient au Répertoire.)

Abandonnement de biens S. 488 s.; — R. 793 s. — V. Biens. **Abandonnement de** biens volontaires S. 490.	**Abonnement** — timbre S. 100. **Abordage** — dommages-intérêts S. 806. **Absence** — effets S. 2169; R. 3984.	— envoi en possession, droits (débiteur) S. 2964; (restitution) S. 3126; R. 5342. — envoi en possession provisoire S. 2169;	R. 3984; (effets) S. 2170; (héritiers, prise de possession, droits de mutation, délai) S. 2169; R. 3080. **Acceptation** S. 267 s.;	R. 164 s., 297, 415 s., 767, 6215. — caractère R. 170, 172. — délégation S. 885 s.; R. 786, 1665 s.; 1700 s., 1705 s.	— droit fixe S. 267 s.; — R. 415 s. — erreur S. 220. — indivisibilité S. 267. — pluralité des droits S. 267 s.; R. 415 s. — procuration, droit

unique S. 270 ; R. 416.
— succession S. 185, — 2172.
— V. Contrat de mariage, Donation, Offres, Succession.
Acceptation après renonciation S. 218 ; R. 349.
Acceptation bénéficiaire
— effets S. 102.
Acceptation formelle S. 222.
Acceptation tacite S. 221.; R. 315, 338, 352 s.
Acceptilation S. 2074 ; R. 3767 s.
Accessoire
— convention R. 1371 s.
— disposition S. 84 ; R. 110.
— dommages-intérêts, indemnité R. 1545 s.
— solidarité R. 1380.
Accident
— ouvrier, indemnité S. 811.
Accroissement
— associé S. 5.
— clause (mutation par décès) S. 2185 ; (société) S. 1936, 1971.
— communauté religieuse S. 2480 s.
— congrégations S. 2480 s.
— droit d'accroissement S. 2061.
— legs conjoint S. 195.
— mutation par décès S. 2185 s.
— société civile, adjonction de nouveaux membres S. 2254.
— valeurs mobilières S. 2485 s.
— V. Communauté religieuse, Congrégation, Contrat de mariage, Donation, Legs, Société.
Accroissement entre époux S. 2186.
Accroissement S. 2463.
Accroissement par décès S. 2462.
Achalandage. V. Fonds de commerce.
Acompte R. 478, 1252 s.
Acquéreur
— signification, purge S. 255 ; R. 436.
Acquêts
— société d'acquêts, renonciation S. 254.
Acquiescement R. 448, 450, 1700, 5690, 5848.
Acquisition
— administrations locales S. 1770 ; R. 3270 s.
— communauté religieuse S. 1773.
— commune S. 1770 ; R. 3270 s.
— département S. 1770; R. 3270 s.
— État S. 1766 s.; R. 3268.
Acquisition en commun
— accroissement S. 1941 s.; (droit proportionnel, quotité) S. 1954.
— communiste, retraite S. 1948.
— pacte tontinier S. 1943.
— société S. 1880 s.; R. 3327, 3535, 4045 s.
Acquittement antérieur. V. Droits d'enregistrement.
Acte
— administration publique S. 2792; R. 4971 s.

— collation S. 272 s.; R. 420 s.
— complément (mainlevée d'hypothèque) S. 527; (stipulation d'intérêts) S. 2513 ; R. 4480.
— dépôt S. 358 s.; R. 534 s.; (droits) S. 302 s.; R. 454 s.
— disposition principale S. 226 s.; R. 304 s.
— droits, loi, application S. 104; R. 140.
— établissements publics S. 2792 s.; R. 4971 s.
— exécution S. 226 s., 255 s.; R. 364 s., 393 s.; (dépôt) S. 357; R. 522.
— faillite S. 413 s.; R. 720 s.
— instance correctionnelle, ministère public S. 2706, 2708 s.; R. 4849.
— intérêt privé S. 2384; R. 4333 s.
— libération S. 640 s.; R. 1016 s.
— matière civile, enregistrement en débet S. 2720 s.; R. 4851 s.
— nullité, effets S. 115.
— ordre public S. 2384 ; R. 4333.
— police générale S. 2777; R. 4952.
— présomption de mutation S. 1037; R. 2124 s.; (exemples) S. 1037 s.; R. 2124 s.
— prestation de serment S. 396 s.
— retenue S. 3009.
— titre de mutation S. 1036 ; R. 2149.
— vindicte publique S. 2384, 2777 ; R. 4333 s., 4952.
— V. Contrat, Donation, Nullité.
Acte-dispositions accessoires S. 226 s.; R. 304 s.
— abandonnement de biens S. 254.
— acte de partage S. 254.
— acte respectueux S. 254.
— acte de société S. 254.
— avis de parents S. 254.
— bail S. 248, 1675; R. 3114.
— caractères S. 227; R. 369.
— chemin de fer, cession S. 248.
— compromis S. 254.
— contrat de mariage S. 254.
— déclaration S. 254.
— libéralité secondaire S. 233.
— mainlevée S. 254.
— notoriété S. 254.
— prorogation de délai S. 254.
— quittance S. 226, 228; R. 368.
— renonciation S. 254.
— réversibilité S. 236.
— société S. 248.
— titre nouvel S. 254.
— vente S. 248 s.
Acte - dispositions accessoires dépendantes S. 227; R. 368.
— caractères S. 229.
— donations entre vifs S. 2057 s.; R. 3753 s.
— partage S. 699, 700, 1309.
— rente viagère S. 2060; R. 3759.

Acte-dispositions accessoires indépendantes S. 227, 922; R. 368, 1908.
— caractères S. 228.
— contrat de mariage S. 1864 s.; R. 3808 s.
— donations S. 2046; R. 3738.
— jugement S. 2360.
— partage S. 1309; R. 2712.
— réversibilité S. 238 s.
— remploi S. 1849; R. 3477.
— société S. 1693 s.; R. 3551 s.
Acte administratif S. 19, 27, 172, 565 s.; R. 790, 4279.
— définition S. 5202, 5206.
— délibération du conseil de famille S. 3025.
— désistement S. 3023.
— enregistrement, exemption S. 3028 ;
— enregistrement en débet S. 3028.
— marché passé à l'étranger S. 3020.
— mémoire S. 3023.
— note manuscrite S. 3026.
— ordonnance S. 3028.
— titre perdu ou détruit S. 3022; R. 5203.
Acte de décès S. 2760;
— droit fixe S. 176, 178 s.; R. 298 s.
— renonciation S. 179 s.; R. 300 s.
— V. Acte écrit S. 93.
Acte de l'état civil
— divorce S. 515.
— esclave S. 40.
— étranger, traduction S. 2766.
— V. Droits de greffe.
Acte d'exécution S. 226 s.; R. 364 s.
Acte extrajudiciaire S. 32.
Acte extrajudiciaire innommé S. 565.
— renonciation à succession S. 185 ; R. 309.
Acte d'héritier
— pluralité de droits S. 288; R. 439.
— légitimation S. 2768.
Acte de naissance
— enregistrement, exemption S. 2766;
— acte notarié S. 117;
— R. 212; (répertoire) S. 123.
— acte sous seing privé S. 120; R. 230 s.
— caractère S. 225.
— délai R. 123.
Acte imparfait R.800.
Acte imparfait innommé S. 566
Acte imparfait notarié S. 567; R. 800.
Acte inexistant S. 141.
Acte innommé S. 156, 583; R. 702 s., 812.
— acte (colonies, usage en France) S. 1758; R. 3259; (droits prescrits) S. 574; R. 801.
— acte administratif S. 565; R. 799.
— acte imparfait S. 566 s.; R. 800 s.
— adjudication préparatoire S. 590; R. 2387.
— bail d'ouvrage ou d'industrie S.945; R. 1942.
— caractères S. 797 s.
— concession d'eau S. 1000 s.

registres S.3012, 3014 s.; R. 90, 253 s., 1177 s., 5195 s.
— acte public S. 3012.
— acte sous seing privé S. 2013.
— acte enregistré en débet S. 3098.
— assistance judiciaire S. 3098.
— assurance S. 3015 s.; R. 5202.
— cahier de charges S. 3028.
— chèque protesté S. 3023.
— complément R. 5207 s.
— définition S. 3014 s.; R. 5202, 5206.
— délibération du conseil de famille S. 3025.

— condition suspensive S. 569.
— définition S. 565; R. 799.
— droit fixe S. 105, 179, 565 ; R. 298, 797 s.
— état estimatif S. 582; R. 810, 811, 2902.
— mainlevée, condition suspensive S. 580.
— ouverture de crédit S. 569.
— partage provisionnel, jouissance S. 1269; R. 2662.
— prestation de serment S. 397, 407 s., 412, 584; R. 663 s., 687, 702 s., 813.
— prêt, crédit foncier S. 569.
— prêt fait à l'industrie S. 570.
— prêt à usage S. 716; R. 1317.
— promesse de ne pas vendre S. 1102.
— promesse de préférence S. 1102.
— promesse unilatérale d'acheter S. 1102.
— promesse unilatérale de vendre S. 1102.
— prorogation de délai S. 541 s.; R. 817 s., 1510, 1643.
— renonciation S. 179, 586; R. 301, 819.
— vente conditionnelle S. 573.
— V. Acte non dénommé.
Acte judiciaire S. 27, 172; R. 4260, 4270 s., 4864.
— caractères R. 4970 s.
— copie collationnée S. 274 s.
— définition S. 2790; R. 4857.
— droits, payement S. 2047 s.; R. 5148 s.
— enregistrement, délai S. 2790 s.; R. 4957, 4967 s.
— expédition R. 4263.
— V. Acte non dénommé.
Acte judiciaire innommé S. 565.
Acte de mariage
— enregistrement, exemption S. 2766; R. 4857.
Acte non dénommé
— droit fixe S. 66.
— droit proportionnel S. 66; R. 84.
— V. Acte innommé.
Acte non enregistré S. 3012 s.; R. 949 s., 5195 s.
— annexion, acte public S. 3013.
— compte R. 1162 s., 1172.
— dépôt au greffe S. 2387.
— énonciation S. 3012; R. 5195.
— exemption S. 3028; R. 5189.
— force majeure R. 5229.
— jugement S. 2816.
— jugement préparatoire, urgence R. 5230.
— mentions (acte administratif) S. 3027 ; (inventaire) S. 3025; (liquidation) S. 3026; (partage) S. 3026.
— production en justice S. 2809 s.; R. 4333

ment S. 2907 s. R. 5071 s.
— dates multiples S. 2786.
— mention, partage S. 3026.
— pluralité de droits S. 288; R. 439.
— promesse de mariage S. 590; R. 3359.
— renonciation à legs S. 193.
— renonciation à succession S. 183; R.306.
Acte notarié imparfait S.567; R.800.
Acte de notoriété S. 39, 2736.
Acte nul S. 124, 139, 3080 s.; R. 226, 240 ; (annulation) S. 130.
Acte passé à l'étranger S. 107, 452 s., 1730; R. 760 s., 3218s.; (bureau d'enregistrement) S. 2910; R. 5075.
Acte de police générale
— enregistrement gratuit S. 2706; R. 4848 s.
Acte de police ordinaire
— enregistrement en débet S. 2706 ; R. 4848 s.
Acte de publication S. 2736.
Acte rectificatif S. 253.
Acte refait S. 178, 497 s.; R. 251 s., 827 s.; (partage) S. 1315; R. 2715.
Acte résilié S. 335; R. 490.
Acte respectueux S. 575; R. 802 s.
— dispositions accessoires S. 254.
Acte séparé
— affectation hypothécaire S. 261 s.; R. 804.
Acte sans valeur S. 147.
Acte de société S. 27, 178.
— droit gradué S. 174.
— V. Droit de transcription.
Acte sous seing privé
— annexion, acte public S. 3013.
— bureau d'enregistrement S. 2910 s.; R. 5075 s.
— caractère R. 4978 s.
— conversion, acte public S. 2932.
— date certaine S. 58 R. 73, 153 s.
— défaut de signature S. 121 s.
— dépôt S. 367; R. 553; (somme) S. 355; R. 553.
— enregistrement (délai) S. 2801 s.; R.4978s., 5195 s.; (copie intégrale) S. 3007 ; R. 5189.
— mention (acte de partage) S. 96; (acte public) S. 96; (liquidation) S.96; (production, autorité constituée S. 2806.
— production en justice S. 2807 s.
— prorogation de délai S. 541 s.
— renonciation à legs S. 193.
— renonciation à succession S. 184.
— signature, reconnaissance S. 248.
— usage en justice S. 24, 2802 s., 2807 s.; R. 4990.

— usage par acte public S. 2802 s.; R. 4090 s.; (droits, payement) S. 2925; R. 5107. V. Enregistrement, Usage par acte public.

Acte sous seing privé imparfait S. 120; R. 220 s.

Acte de sûreté et vindicte publique — enregistrement gratuit S. 2700; R. 4846 s. — exemption S. 2700.

Acte translatif R. 135, 246, 643 s. — droit gradué S. 174.

Acte unilatéral — libération S. 596 s.; R. 852 s.

Acte verbal S. 93; (mention, acte authentique) S. 97.

Actif — composition, déclaration S. 74.

Actions — cautionnement, affectation S. 2308 — cession S. 5, 894 s., 2581; R. 1769 s.; (droit de transmission) S. 1449 s. — cession à titre onéreux ou gratuit S. -901; R. 1792. — constitution S. 2530; R. 4503. — V. Société, Valeurs mobilières.

Actions de capital S. 1462.

Action immobilisée. V. Droit de transcription.

Action de jouissance S. 1462.

Action judiciaire — acte introductif R. 5651. — objet R. 5667 s. — mutation, présomption légale S. 1034. — qualité R. 5648, 5730 s., 5613 s.

Action non libérée — cession S. 1454.

Adjudication S. 1114 s.; R. 2382 s. — acquéreur S. 1121, 1135; R. 2391, 2417; (défaut de transcription) S. 1121. — annulation S. 3064; R. 5345. — adjudicataire (créancier inscrit) S. 645, 648; R. 1018; (débiteur) S. 649; R. 1035. — caractère S. 1118; R. 2387. — cautionnement S. 978. — condition S. 165; R. 281, 2388. — condition résolutoire S. 1118. — condition suspensive S. 1118; R. 2388. — consignation des droits S. 1119. — copropriétaire S. 1120; R. 2369. — donataire S. 1136; R. 2417. droits d'enregistrement, payement S. 2922. — enregistrement, délai S. 1133; R. 2412. — expertise S. 2636; R. 4705 s. — folle enchère S. 327 s.; R. 473 s. — frais (avoué poursuivant) S. 3026; (taxe, enregistrement) S. 3026.

— héritier bénéficiaire S. 1120; R. 2390. — immeuble, frais, taux S. 2447. — licitation S. 583, 1338 s.; R. 812, 2722 s., 2754. — prix (dissimulation) S. 1122; (simulation) S. 1136. — procès-verbal, dépôt au greffe S. 305; R. 457. — produits forestiers domaniaux, taxe S. 2451. — service maritime postal S. 982. — signature (acquéreur) S. 1115; R. 2384; (vendeur) S. 46 s.; R. 2384. — surenchère S. 142, 1132; (droit, perception) S. 1132 s.; R. 2410 s.; (droit fixe) S. 1134. — V. Command, Droit de transcription, Vente judiciaire.

Adjudication devant notaire S. 1115 s.; R. 2383 s.

Adjudication devant notaire commis S. 1122.

Adjudication forcée S. 1114 s.; R. 2382.

Adjudication forcée devant notaire S. 1116.

Adjudication immobilière S. 78. — chose acquise S. 78.

Adjudication judiciaire S. 1115; R. 2383. — V. Droits de greffe.

Adjudication préparatoire S. 590; R. 2587.

Adjudication au rabais S. 650, 957 s.; R. 1908 s.

Adjudication sur surenchère S. 1114 s., 1126 s.; R. 2382, 2408 s. — droits, restitution S. 1137; R. 2415. — effets S. 1136. — second décime S. 1139; (taxe de transcription) S. 1138.

Adjudication volontaire S. 1114 s.; R. 2382 s.

Adjudication volontaire devant notaire S. 1115; R. 2382 s.

Administrateur S. 42; R. 57.

Administrateur légal — décharge S. 604; R. 871 s. — mutation par décès, peine S. 2285, 2946.

Administrateur provisoire — nomination, jugement S. 2356. — mutation par décès, R. 2847.

Administration de l'enregistrement S. 42 s.; R. 48 s. — attributions S. 55 ; R. 66. — colonies S. 48. — droits (chose jugée) S. 78; (contrôle) S. 63 s., R. 2247, 3529, 3583; (effets des contrats) S. 76; (interprétation) S. 69 s., R. 86 s.; (perception, modération) S. 2336; (production de livres) S. 760; (vérification) S. 74. — organisation S. 42's.;

R. 57 s.; (administration centrale) S. 42; (administration départementale) S. 42; (Algérie) S. 48 s.; (emploi) S. 50; R. 64 s.

Administration publique — acte S. 2792; R. 4971 s.

Adoption — jugement S. 513; R. 4063 s.

Affectation hypothécaire S. 66, 576 s.; R. 804, 1130, 1328, 1575, 1908. — droit fixe S. 576. — État S. 1766 s.; R. 3268. — lettre de change S. 1977.; R. 1579.

Affiche R. 6244.

Affranchissement — effets S. 2590; R. 4563.

Age R. 65.

Agent d'affaires — clientèle, cession S. 1536.

Agent de change — dépôt, somme S. 356; R. 513 s.

Agent des contributions V. Droit fixe-prestation de serment.

Agent de contrôle S. 42, 46. — garde-magasin, contrôleur de comptabilité S. 46. — inspecteur S. 46. — receveur - contrôleur S. 46. — receveur-rédacteur S. 46. — sous-inspecteur S. 46.

Agent de l'enregistrement V. Droit fixe-prestation de serment.

Agent de perception S. 46. — conservateur des hypothèques S. 46. — receveur S. 46.

Agent des forêts. V. Droit fixe-prestation de serment.

Agent des ponts et chaussées V. Droit fixe - prestation de serment.

Agent des postes. V. Droit fixe-prestation de serment.

Agent des prisons. V. Droit fixe-prestation de serment.

Agréé — Algérie S. 45, 63 s. — office, cession S. 1536.

Agrier — V. Bail.

Algérie S. 1754. — acte de notoriété S. 39. — agréé R. 45, 63 s. — bail à rente perpétuelle S. 2597. — banque, pôt sur dépôt S. 737. — banque algérienne S. 39. — biens, assurance S. 848. — concession de terres, notoriété S. 539. — décime S. 39. — législation S. 39 s. — mutation par décès S. 157, 2590. — partage S. 1295. — succession S. 9.

Aliéné — admission R. 805. — entretien R. 2022. — internement, enregistrement en débet S. 2727.

Alignement — rue S. 1799 s.; R. 3345 s.

Aliments — acquittement, mode S. 3042's.; R. 3713 s. — constitution S. 2042; (donation) S. 2044; R. 3720. — convention R. 2022 s. — donation, charge S. 2053; R. 3740. — jugement S. 2394; R. 2019, 4341. — V. Bail à nourriture.

Allégation R. 2208.

Allonge R. 5187.

Alluvion — propriété, valeur vénale S. 3322. — divorce S. 517. — enregistrement S. 2830. — enregistrement en débet S. 517, 2721 s.; (étendue) S. 2725; (recouvrement de l'impôt) S. 2725. — formalités hypothécaires S. 2722. — prescription biennale S. 3225. — titre exécutoire S. 2723. — V. Droits de greffe.

Alsace-Lorraine — compétence S. 3331 s.

Amende — augmentation, décime S. 3226. — condamnation S. 2369; R. 4299. — dépôt des répertoires S. 3259. — greffier R. 5026. — mention des patentes S. 3259. — notaire S. 3259. — octroi S. 2369. — prescription biennale S. 3234 s.; R. 5303 s. — V. Droits de greffe, Peine, Prescription.

Annexe R. 337 s., 5197 s.

Annulation — convention S. 138 s.; R. 320 s., 489 s., 2401, 2581. — effets R. 229.

Antichrèse S. 246, 1691, 2607; R. 3153. — caractères S. 1692, 2607. — mutation verbale S. 1694, 2607.

Apéritif — assurance maritime S. 832.

Appel — acte d'appel R. 4570 s. — déclaration S. 590; R. 4871. — jugement correctionnel S. 2706 s. — justice de paix S. 477. — transaction S. 668 s.; R. 1119. — tribunal de première instance S. 477.

Appel en garantie. V. Droits de greffe.

Apport — déclaration S. 590; R. 3362. — V. Contrat de mariage, Droit de transcription, Société.

Apprentissage S08 s.; R. 1965 s. — brevet S. 650. — définition S. 506. — ouvrier S. 506. — résiliation S. 507.

Approvisionnements. V. Marché.

Aqueduc — commune S. 1776.

Arbitre — responsabilité, droit d'enregistrement S. 2385, 2946; R. 4333, 5144.

Arpentage — procès-verbal S. 295 s.; R. 448 s.

Arrérages. V. Droit d'inscription.

Arrêt — divorce S. 513. — V. Droits de greffe, Jugement.

Arrêté de compte S. 678 s.; R. 397, 1145 s., 4476.

— droit proportionnel S. 678, 683; R. 1151, 1199; (liquidation) S. 2321. — fermages échus S. 652; R. 1185. — reliquat, règlement, effets de commerce S. 665 s.

Assignat R. 24 s.

Assignation — absence d'audience S. 3318.

Assistance judiciaire. — demande S. 2743. — divorce S. 517. — enregistrement S. 2830. — enregistrement en débet S. 517, 2721 s.; (étendue) S. 2725; (recouvrement de l'impôt) S. 2725. — formalités hypothécaires S. 2722. — prescription biennale S. 3225. — titre exécutoire S. 2723. — V. Droits de greffe.

Associations ouvrières S. 2743. — V. Droit d'inscription.

Assurance S. 815 s.; R. 1571 s., 6171. — abandon, délaissement R. 1580 s. — agence, enregistrement, cession S. 1540. — assuré, déclaration S. 846. — assureur étranger, succursale en France S. 839 s. — avenant S. 831. — compagnie, substitution S. 1538. — contrat S. 5; (usage public) S. 815. — droit proportionnel S. 816. — enregistrement S. 815; R. 1571 s. — enregistrement non obligatoire S. 2805, 2815. — indemnité, délégation S. 280. — police (communication) S. 3063; (copie) S. 821. — police, mention (acte notarié) S. 3015 s.; R. 5202; (exploit d'huissier) S. 3018. — police non enregistrée, mention, liquidation S. 3026. — police souscrite en Algérie, biens en Algérie S. 848. — police souscrite à l'étranger S. 820, 835, 841 s.; (assureurs français) S. 842; (biens appartenant à des Français) S. 841 s.; (biens situés en France) S. 841 s.; (publicité, usage) S. 838, 845. — police souscrite en France, biens en Algérie S. 848. — police souscrite ou France, biens à l'étranger S. 835, 847 s.; (publicité, usage) S. 847. — prescription S. 3254. — prime, indemnité R. 1571 s.; (payement, exploit) S. 3018. — réassurance S. 820. — taxe (évaluation) S. 836; (payement, époque) S. 882, 834.'' — taxe annuelle S. 3020.

— taxe obligatoire S. 816 s.; (liquidation) S. 822 s.; (payement) S. 831 s.; (perception insuffisante, prescription) S. 3226; (recouvrement) S. 831. — timbre S. 821.

Assurance contre les accidents S. 816.

Assurance contre l'épizootie S. 816.

Assurance contre la grêle S. 816.

Assurance contre l'incendie S. 26, 815 s. — acte, enregistrement S. 2743. — enregistrement non obligatoire S. 2805, 2815. — immeubles hypothéqués S. 2808. — mutuelle S. 816. — production en justice S. 2815. — taxe (liquidation) S. 822, 825; (recouvrement) S. 833. — usage par acte public S. 2805.

Assurance étrangère S. 838 s.

Assurance maritime S. 26, 815 s., 819; R. 1573. — actes, enregistrement S. 2743. — application S. 832. — avenant S. 832. — enregistrement gratuit S. 821. — enregistrement non obligatoire S. 2805, 2815. — police, transcription S. 3044. — police d'aliment S. 816. — police flottante S. 832. — police provisoire S. 832. — production en justice S. 2815. — taxe (liquidation) S. 822, 824; (payement) S. 832. — usage par acte public S. 2805.

Assurance mutuelle — co-associés, exploit S. 282. — société (caractère) S. 1874; (directeur, traitement) S. 1909. — taxe obligatoire, payement S. 834.

Assurance sur la vie S. 30, 816. — assuré, non-bénéficiaire S. 2318. — capital, mutation par décès S. 2102, 2314 s. — cession à titre gratuit S. 2318. — cession à titre onéreux S. 2318. — déclaration de succession S. 2814 s. — mutation par décès, déclaration, prescription S. 3244. — prescription S. 3244. — tiers bénéficiaire S. 2320.

Atermoiement — droit fixe S. 413; R. 732. — droit proportionnel S. 428.

Aumône S. 2022 s. — acceptation, autorisation S. 2025. — don manuel S. 2022

Autorisation R. 278, 285.

— administration R.4919.
Autorisation d'acceptation R. 6099.
Autorisation de plaider R. 4019.
Autorisation illégale R. 181.
Aval R. 6234.
Avances R. 5083.
— V. Greffier, Notaire.
Aveu
— arbitrage S. 1054.
— contre-lettre S. 2887.
— indivisibilité R. 2193.
— interrogatoire sur faits et articles S. 1054.
— présomption légale S. 1054 ; R. 2186.
— testament S. 1054.
Aveu judiciaire S. 1054.
Avis de parents S. 455 s. ; R. 763 s.
— dispositions accessoires S. 254.
Avocat V. Droit fixe-prestation de serment.
Avocat au conseil d'Etat
— dépôt, somme, S. 356; R. 313 s.
Avoué
— amende S. 3023 ; R. 5208, 5236.
— collation d'acte S. 274.
— constitution R. 3712 s.
— dépôt, somme S. 356; R. 513 s.
· ministère non obligatoire S. 3343.
— obligations S. 3023.
— récépissé, enregistrement, dispense S. 550.
— V. Droit fixe-prestation de serment.
Ayant cause
— tiers, régie R. 3192.

Bail S. 1398 s., 2597 s.; R. 2996 s., 4009 s.
— agrier S. 1650 ; R. 3059.
— annulation S. 1673.
— appartement meublé S. 1621.
— bancs et chaises d'églises S. 1661 ; R. 3089.
— causes suspensives de perception S. 1604, 1670 s.; R. 3015, 3105 s.
— cautionnement S. 250, 1604, 1677 s. ; R. 3121 s.; (caractère) S. 1679; R. 3124; (loyers échus) S. 1679 ; R. 3126.
— cession S. 1543, 1604, 1677, 1680 s., 2607 ; R. 3121 s., 3127 s., 4632 ; (acte de société) S. 1687; (bailleur) S. 1682 s.; R. 3134; (preneur) S. 1685; R. 3134.
— cession du matériel S. 250.
— champart S. 1607, 1650 ; R. 3011, 3059.
— charges S. 2601 ; R. 4627.
— chasse S. 1667 ; R. 3093.
— chose pouvant être louée S. 1658; R. 3086 s.
— chose ne pouvant pas être louée S. 1659; R. 3089.
— circulation de voitures S. 1664.
— clauses exclusives de perception S. 1604, 1670 s.; R. 3015, 3105 s.
— commune S. 994.
— condition suspensive

S. 1671 ; R. 3106, 3108.
— consentement S. 1655 s.; R. 3073 s.
— contrat de superficie S. 1650 ; R. 3054.
— coupe de bois S.1390; R. 2854.
— déclaration S. 1068.
— dispositions accessoires S. 248; (cautionnement)S.250.
— dispositions accessoires dépendantes S. 1675; R. 3114.
— dispositions accessoires indépendantes S. 1675; R. 3114.
— droits, exigibilité S. 1060 ; R. 2937.
— droits, payement, fractionnement S. 1639, 1641 s. ; (réquisition) S. 1642.
— droit au bail, cession S. 1522, 1543 s., 1680 ; (acte séparé) S. 1544 s.
— droits d'octroi S. 1667.
— droits de péage S. 1667 s. ; R. 3095.
— droit proportionnel, exigibilité S.1604;
R. 3008 s.
— durée (convention des parties) S. 1616; (loi et usage des lieux) S. 1616; R. 3039.
— élément constitutif S. 1604, 1654 s.; R. 3012, 3072 s.
— enregistrement double S. 152, 1674; R. 3112.
— existence preuve S. 1604, 1606 s. ; R. 3008.
— faculté d'achat S. 166, 168, 1097, 1100, 1103.
— faculté de fractionner le payement du droit S.1639,1641.
— immeuble S. 5, 26.
— location verbale S. 1021 s., 1056, 1619; R. 2061.
— loyer (payement, délai) S. 250; (réduction) S. 250.
— maison meublée, souslocation S.1542.
— marchand forain S. 1660.
— meubles S. 1605; R. 3007.
— modifications, effet S. 2657 ; R. 4740.
— pêche S. 1667 ; R. 3093.
— place dans les halles et marchés S. 1663.
— pluralité d'immeubles S. 2650.
— présomption légale S. 1043 s.; R. 2164, 2166.
— preuve S. 1067 s. ; R. 3021.
— preuve, présomption S. 1067; R. 2256 s.; (preuve contraire) S. 1067.
— prix S. 1669 s.; R. 2041 s., 3096 s.; (composition) S. 2648; R. 4682; (dissimulation) S. 2634; R. 4605;(payement) S. 614; R. 914.
— prix à la charge de l'Etat S. 1618; R. 3050 s.
— promesse de vente S. 168,1100; (cession) S. 1104; (inexécution) S. 810.
— prorogation S. 1640; (enregistrement) S. 2835.
— récolte S. 1388 s.; R. 2644, 2847.

— résiliation S. 1688 s.; (indemnité) S. 814.
— résolution anticipée S. 1688 ; R. 3142 s.
— rétrocession S. 1604, 1677, 1688 s.; R. 3121 s., 3141.
— sépulture, concession S. 1622, 1665 ; R. 3091 s.
— services des pompes funèbres S. 1676.
— servitude S. 1607; R. 3093.
— sous-bail S. 1604, 1677, 1680 s.; R. 3121 s., 3127 s.
— subrogation S. 1604, 1677, 1680 s., 2606; R. 3121 s., 3127 s.
— tarif, application S. 1604; R. 3008.
— terrage S. 1650 ; R. 3059.
— terrain, exploitation de mines S. 1663.
— usage et habitation S. 1667.
— usufruit S. 1667; R. 3093 s.
— V. Droits de greffe, Droits de transcription, Fonds de commerce.
Bail de chasse S. 324.
Bail à cheptel S.1014 s., 2602; R. 4041 s.
— stipulation de vente S. 1015; R. 2045.
Bail à cheptel de fer S. 1015; R. 2045.
Bail à cheptel simple
— droit proportionnel S. 1014; R. 2041.
Bail à colonage S. 105, 1628 s.; R. 4686.
— enregistrement, délai S. 2601.
Bail à complant S. 1027, 1650; R. 3011, 3053.
Bail à convenant S. 1650; R. 3063.
Bail à culture perpétuelle S. 1650; R. 3060.
Bail à domaine congéable S. 1607, 1650,1652; R.3011, 3063, 3067.
— congément, effets S. 1653; R. 3068.
Bail à durée illimitée S. 1599, 1608 s., 2607; R. 3001, 3013
— caractères S. 1615 ;
R. 3088.
— exemples S. 1617; R. 3042.
— location verbale S. 1620.
Bail à durée limitée S. 1599 s. ; R. 3000, 3004 s.
— caractère S. 1610 ; R. 3021.
— exemples S. 1615.
Bail courant S. 2649 s.
— bail verbal S.2651; R. 4731.
— définition S. 2651; R. 4731.
Bail écrit S. 1019, 1022 ; R. 2060.
— défaut d'enregistrement, peineS.2832.
Bail écrit postérieur à déclaration S. 2599.
Bail emphytéotique S. 1607,1612, 2604; R. 3041, 3025 s., 3035, 4618 s.
— caractères S. 1618 s. ; R.3036.
— déclaration estimative S.2604s., 2600 ;R. 4618 s.
— droits S. 2606 ; R. 4639.

— effets S. 1612.
Bail expiré S. 2655 ; R. 4784.
Bail à ferme
— fermages échus, arrêté de compte S. 682 ; R. 1185.
Bail héréditaire S. 1607, 1650 ; R. 3011, 3055.
— caractères S. 1651 ; R. 3055, 3061.
Bail immobilier
— preuve S. 94.
Bail inexistant S. 1672; R. 3110.
Bail à locatairie S. 3061.
Bail à locatairie perpétuelle S. 1607; R. 3011.
Bail à métairie perpétuelle S. 1650; R. 3061.
— caractères S. 1651; R. 3055, 3061.
Bail à moitié fruits S. 105.
Bail à nourriture S. 84, 650, 910, 1009 s.; R. 91, 2011 s., 8540.
— animaux S. 1014 s. ; R. 2027 s.
— durée illimitée S. 1009 ; R. 2014.
— durée limitée S. 856, 1009 ; R. 2014.
— exemples S. 1010 s. ; R. 2025 s.
— personnes S. 1009 s. ; R. 2011 s.
Bail d'ouvrage ou d'industrie S. 944 s.; R. 1940 s.
— droit fixe S. 945 ; R. 1942.
— droit proportionnel S. 945 ; R. 1942.
— exemples S. 946.
Bail de pâturage S. 1014 s. ; R. 2037 s.
Bail à périodes S. 1644, 2654;
— cession S. 1645.
Bail à portion de fruits S. 1628 s.;
R. 4686.
Bail à rente S. 2436.
Bail à rente perpétuelle S. 1599, 1600, 2257 ; R. 3000, 4011, 6014.
Bail résilié S. 2655 ; R. 4736.
— de trois, six, neuf ans
— droit,payement S.1639.
— droit cumulé S. 1643.
— enregistrement S. 1631.
Bail verbal S. 5, 1619.
— déclaration S. 1002.
— V. Bail.
Bail à vie S. 1599, 2598 ; R. 3001.
— caractère S. 1609; R. 3016.
— location verbale S.1620.
Bailleur
— obligations S. 1022.
Bailleur de fonds
— déclaration S. 304 s., 469 ; R. 645 s.; (droit fixe) S. 304; R. 646; (privilège de second ordre) S. 395; R. 775.
— V. Cautionnement de fonctionnaires.
Banque algérienne S. 39.
Banque de France
— action, évaluation S. 2618 ; R. 4673.
Bateau-dragueur
— vente S. 435.
Bateau-école
— vente S. 435.
Bateau-lavoir
— vente S. 435 ; R. 746.
Bâtiment
— caractère S. 1308 s. ; R. 2981 s.

Belgique
— administration de l'enregistrement S. 1746; R. 3245.
— procédure spéciale, suppressionS.3333
Bénéfice d'inventaire. V. Acceptation bénéficiaire.
Bibliographie S. 13 s.
Biens
— abandonnement S. 488 s.; R. 793 s.; (dispositions accessoires) S. 254;(union des créanciers) S. 415; R. 723.
— dénission S. 129, 1984, 2116 s.; R. 237, 3646, 3690 s. V. Partage d'ascendant.
— nature, donation entre vifsS.1985;R.3660.
— transmission, modes divers S. 2166 s. ;
R. 3978 s.
Biens de communauté S. 339.
Biens dotaux. V. Droit.
Biens étrangers
— détermination, conflit de lois S. 3203.
— partage S. 1236 s.
— succession S. 2259 s.
Biens à l'étranger S. 2260; R. 4153.
— transmission S. 482 s. ; R. 760 s.
Biens héréditaires S. 2172 ; R. 3997.
Biens de mainmorte
— taxe annuelle S. 134, 2001.
Biens nationaux
— prix, recouvrement S. 3388 ; R. 5698.
Bien rural
— V. Echange.
Bilan
— dépôt S. 413 ; R. 723; (droit de greffe) S. 414 ; R. 5873.
— droit fixe S. 413 ; R. 721.
Billet S. 674 s. ; R. 1121 s.
— définition S. 675 ; R. 1132, 6271.
— droit proportionnel S. 675 ; R. 1132.
— signature R. 1125.
Billet à domicile S. 1975; R. 3620 s.
Billet non négociable S. 675.
— ordre de payer S. 374.
— droit cumulé S. 1643.
— enregistrement, époque S. 1975.
Billet à ordre nul S. 675.
— rétablissement S. 600.
Bois
— évaluation S. 2700 ;
R. 4835.
— semis et plantations, impôt, exemption S. 2755.
— sol et superficie, ventes successives S. 1053, 1412 s.; R. 2909.
— superficie. réserve S. 2965 ; R. 4581-2°.
Boissons
— débitant, succession S. 2341.
Bons de délégation S. 1978.
Bons de liquidation
— droit de transmission S. 1453.
Bonne foi
— contravention S.1432, 2898 ; R. 5037 s., 5021.

Bornage
— procès-verbal S. 296;
R. 449.
Brevet d'apprentissage S. 680, 944, 955 ; R.1940, 1965.
Brevet d'invention
— cession annulée S. 1386.
— exploitation, cession S. 1386.
Buffet des gares
— bail S. 1632.
Bureau de bienfaisance
— donation entre vifs S. 581.
— don manuel S. 2023.
Bureau d'enregistrement S. 2006 s.
— R. 5070 s.
— acte des greffiers S. 2900 ; R. 5073.
— acte d'huissier S. 2908 ; R. 5072.
— acte notarié S. 2907 s.;
R. 5073.
— acte passé en pays étranger S. 5075.
— acte des secrétaires d'administrationS. 2909 ; R. 5073.
— acte sous seings privés S. 2910 ; R. 5075.
— canton R. 5073.
— inventaire R. 5071.
— mutation par décès S. 2246.
— mutation verbale S. 2911 s.
— ouverture, durée, jour férié R. 5076 s.
— payement fractionné et successif S.2912.
— procès-verbal S.2908 ;
R. 5072.
— rapport S. 2908 ; R. 5072.
— receveur R. 5076.

Cahier des charges R. 564, 725, 806, 2074.
Caisse d'amortissement R. 3204.
Caisse des consignations S. 362 ; R. 530, 543 s.
— décharge S. 611.
— décharge pure et simple S. 557.
— dépôt S. 362 s.; R. 543 s.;(quittance)S. 364 ; R. 390, 540, 557, 4897; (retrait, clauses accessoires) S. 364; R. 540, 664, 4897; (retrait pur et simple) S. 364; R. 390, 857, 4897.
— dépôt, reconnaissance (caractère) S. 363; (droit fixe) S. 362 ; R. 544, 546; (enregistrement) S. 363.
— quittance S. 611; (enregistrement gratuit) S. 2738; R. 4897.
— V. Dépôt.
Caisse d'épargne
— dépôt, bulletin, perte, déclaration S.388 ;
R. 613, 855.
— V. Consignation.
Caisse des retraites pour la vieillesse.
— acte, enregistrement gratuit S. 2743.
— capital réservé, droits des époux S. 75.
— mutation par décès S. 2322.
— versement S. 2322.
Caisse de secours
— statuts, appréciation S. 3321.

Canal
— acquisition, exemption R. 3280.
— concession S. 1774 ; R. 3280.
Canal d'irrigation
— concession S. 1078.
Capacité S. 113 ; R. 162 s., 195, 197.
Capital
— conversion en rentesS. 843,852 ; R.1595 s.
Capitalisation
— intérêts S. 859 ; R. 1634.
Carrière. V. Droit de transcription, Mines.
Casier judiciaire
— droit fixe S. 511.
— enregistrement, exemption S. 511.
— extrait, enregistrement, exemption S. 2754.
— V. Droits de greffe.
Cassation
— acquiescement, remise de titre R. 5818.
— appréciation R. 80 s., 2142 s., 5562, 5815, 5818, 5833 s.
— moyen nouveau (prescription) R. 3811 ; (droit de transcription, divisibilité) S. 3601.
— qualification R. 96 s., 5834 s.
— recours S. 477, 492 s. ; R. 795 s., (droit multiple) S. 326 ; (droit unique) S. 491 ; (matière criminelle) S. 3753 ; R. 4011.
Cause
— obligation S. 652 ; R. 1045.
Cause fausse R. 204.
Cause licite R. 203 s.
Cautionnement S. 66, 146, 650 ; R. 208, 790, 1353, 4478, 4481 s., 5141,6008, 6233.
— absence d'obligation principale S. 779.
— actions, affectation S. 2308, 2309.
— adjudication S. 978 ; (droit graduel) S. 766.
— affectation hypothécaire S. 780 ; R. 1614 ; (copropriété) S. 780.
— bail S. 250, 1504, 1677 s. ; R. 3121 s.
— certificateur R. 1425.
— cession d'office, prix S. 786.
— condition R. 1433.
— contrat de mariage S. 784 ; R. 1455, 1456, 3510, 4483.
— covendeur S. 792.
— discussion S. 778 s. ; R.1403 ; (renonciation) S.770 ;R.1428.
— disposition dépendante du contrat S. 783 ; R. 1442.
— dot, restitution S. 784 s. ; R. 1455 s., 4483.
— droits d'enregistrement (perception) S.782s. ; R.1442 s.
— droit d'hypothèque, inscription S.3489; R. 5029.
— droit fixe S. 766 ; R. 1375.
— droit proportionnel S. 766 ; (liquidation) S. 2516 ; R. 4493.
— femme S. 778 ; R. 370, 1396, 1398.
— forme S. 766 ; R. 1419, 1425 s.
— garantie (hypothèque) R. 1473 s., 1491 s., 1494 ; (tiers) R. 1812.

— jugement, exécution provisoire S. 781.
— marché S. 978 ; R. 1072 ; (acte de commerce) S. 787 ; (droit gradué) S. 766.
— marché et traité, acte de commerce S. 963.
— mutation par décès S. 2312.
— novation R. 1657.
— obligation (conditionnelle) R. 1487 s. ; (future) R. 1439 s. ; (naturelle) R. 1410.
— réitération, droit fixe S. 504 ; R. 1443 s.
— renonciation à usufruit S. 780 ; R. 1414.
— rentes, dépôt R. 1452 s.
— solidarité S. 767 s., 778 s. ; R. 1380, 1402 ; (droits d'enregistrement) S. 778 ; R.1402 ; (droit d'obligation) S. 779 ; R. 1428 ; (effets) S. 778 ; R. 1402 ; (époux) R. 1392 s.
— somme R. 1375 s.
— usage forestier S. 1254.
— vente, covendeur S. 775 ; R. 1570.
Cautionnement conditionnel S.781.
Cautionnement de fonctionnaires
— bailleur de fonds, déclaration S. 805 ; R. 645.
— comptables S. 788 s. ; R. 1450 s. ; (cautionnement immobilier) S. 788 s. ; R. 1402 s. ; (cautionnement en numéraire) S. 788 ; R. 1461.
— décès S. 2312.
— privilège de second ordre S. 805.
Cautionnement hypothécaire. V. Droit d'inscription.
Cautionnement immobilier S. 780 ; R. 1414.
Cautionnement judiciaire S. 781 ; R. 1425.
— droit fixe S. 781.
— droit proportionnel S. 781.
Cautionnement mobilier
— droits d'enregistrement, quotité S. 1414.
Cautionnement solidaire S. 778 s. ; R. 1402 s.
Cédule R. 30, 4935.
Centime denier S. 126, 138.
Certificat S. 178, 568, 2747 s. ; R. 4270, 4900 s., 6245.
— acte de dépôt S. 2754.
— dépôt, copie collationnée, vente S. 513.
— non-pourvoi S. 519.
— pension de l'État S. 2747 ; R. 4001.
— stage S. 514.
— V. Droits de greffe.
Certificat d'imprimeur S. 509 s.
Certificat d'inscription R. 4934.
Certificat de propriété S. 2747.
— épargne postale S. 2750.
— répertoire S. 3040 s. ; R. 5281.
— V. Valeurs mobilières.

Certificat de résidence S. 404 ; R. 771.
Certificat de vie S. 464, 2748 ; R. 771.
— épargne postale S. 2750.
— répertoire S. 3040 s. ; R. 5281.
Cession
— action S. 5, 891 s. ; R. 1769 s.
— bail S. 1604 ; R. 3121.
— charges S. 2440 ; R. 4417.
— droit au bail S. 1686.
— droit proportionnel, liquidation S.2517 s. ; R. 4496 s.
— droits successifs S. 2441.
— obligation S. 5.
— part sociale S. 73.
— remède secret S. 127, 144.
— rétrocession S. 918 s. ; R. 1888 s.
— V. Clientèle, Fonds de commerce.
Cession de biens. V. Biens-abandonnement.
Cession de créance S. 71.
— V. Créance.
Cession de créances à terme S. 85.
Cession immobilière S.72.
Cession mobilière
— époux survivant S.147.
Cession d'office S. 136, 163.
Cession à titre gratuit S. 901 ; R. 1792.
Cession à titre onéreux S. 71, 901 ; R. 1792 ; (usufruit) S. 204.
Chambre des avoués R. 540, 4923.
Chambre de commerce.
— adjudication de travaux S. 2793.
— caractère S. 1007.
Chambre hypothécaire. V. Droit d'inscription.
Champart S. 1607, 1650 ; R. 3011, 3059.
Charges
— caractère S. 2439 ; R. 4417.
— cession S. 2440 ; R. 4417.
— contribution foncière S. 4424.
— définition S. 2487.
— dettes du vendeur S. 2441 ; R. 4420.
— distraction (dot) S. 2499 ; (dot en nature) S. 2502 ; (fruits non échus) S. 2536 ; (legs) R. 4450 ; (libéralité) R. 4454 ; (mode) S. 2508 ; (part sociale) S. 2540 ; (usufruit) S. 2491 s.
— frais de vente S.2444; R. 4433.
— licitation S. 2446;R. 4417.
— non-déduction (mandat ou dépôt) S. 2487 ; (retour conventionnel) S. 2493 ; (retour successoral) S. 2493 ; (usufruit) S. 2491.
— non-distraction S. 2485 s. ; R. 4454 (legs, sommes non existantes) S. 2495 ; (part sociale) S. 2541 ; (prélèvements) S. 3501 ; (reprises) S.2496 s.

(suppression du principe, projet de loi) S. 2483 ; (usufruit, novation S. 2494.
— rétrocession S. 2440 ; R. 4417.
— vente S. 2440 s. ; R. 4417 s.
Chasse
— bail S. 1667 ; R.3093.
— droit S. 2699.
Chemin de fer
— agent, commission S. 2785.
— concession (cession) S.167, 1008, 1372 ; (droit de la compagnie) S. 1080.
— construction S. 186.
— livraison, retard, dommages-intérêts S. 808.
— procès-verbal S. 2719.
— récépissé S. 554.
— subvention, cession S. 255, 857, 1063.
— terrains, acquisition S. 1767.
— transports militaires, règlement S. 2760.
— V. Droit de greffe, Droit de transcription.
Chemin de fer concédé S. 32.
Chemin de fer exploité par l'Etat S. 32, 985.
Chemin de fer d'intérêt local S. 32.
— concession S. 2617.
— marché S. 1777.
Chemin rural S. 34, 1778.
Chemin vicinal
— actes S.1775 ; R. 3283.
— commission départementale, délibération S. 2793.
— souscription volontaire,enregistrement, exemption S. 2754.
Cheptel de fer S. 1015 ; R. 2045.
Cheptel simple S. 1014 ; R. 2041.
Chèque S. 1979.
Chose
— bail S. 1658 s. ; R. 3086 s.
— domaine public S. 1659 ; R. 3059.
— vente S. 1084, 1090 ; R. 3059.
Chose d'autrui
— vente S. 1107 ; R. 2354, 2837 ; (annulation judiciaire) S. 1145 ; (annulation volontaire) S. 1145 ; (nullité) S. 1145.
Chose future S. 114 ; R. 201.
— échange S. 1090.
— vente S. 1090.
Chose jugée S. 3357 s.
— droits de l'Administration S. 3357 s.
— opposition à contrainte, rejet S. 3359.
— ouverture de crédit S. 763.
Cimetière
— concession S. 590, 1032 ; R. 3001.
Clause compromissoire R. 3577.
— nullité S. 402.
Clause pénale R. 271, 2340.
— addition S. 561.
— promesse de vente S. 1101 ; R. 2340.
Clientèle
— agent d'affaires S. 1536.
— établissement thermal S. 1536.
— mutation S. 1020 s., 1023.

— officier ministériel S. 1536.
— vente S. 1072, 1363, 1365, 1522 s. ; (enregistrement, délai) S. 2801, 2838.
— vente publique, déclaration préalable S. 1436.
— V. Fonds de commerce.
Clientèle civile S. 1536.
Clientèle commerciale S. 1536.
Codicille R. 6227.
Coïntéressé
— briquetier S. 263.
— créanciers inscrits, ordre, sommation S. 286 ; R. 432.
— définition S. 261 s. ; R. 429 s.
— ouvriers S. 263.
Collation
— acte S. 272 s. ; R. 420 s., 4902 ; (officier public) S. 273 ; R. 5102.
— acte administratif, droit fixe S. 272.
— acte civil, droit fixe S. 272.
— acte translatif, avoué S. 274.
— conditions S. 2380 ; R. 4328.
— jugement S. 2875 ; R. 2664, 4318.
Colonies S. 40, 48, 1753 s. ; R. 11, 45, 63, 5075.
— acte, usage en France S. 1758.
— acte translatif, immeuble R. 3249 s.
— banque coloniale S. 1759.
— bien, acte translatif S. 452.
— enregistrement établi S. 1748, 1753 ; R. 3257 s. ; (acte passé en France) S. 1757 ; (conséquences) S. 1755 ; (déclaration de succession) S. 2255 s. ; (droits) S. 1750 ;(effets)S.3257.
— enregistrement non établi S. 1760 s., 2258 ; (immeubles) S. 1761 ; (meubles) S. 1762.
— Ile Bourbon R. 3236.
— mutation à titre onéreux R. 3216 s.
— notaire S. 3236.
— Nouvelle - Calédonie S. 1754.
— partage S. 1295.
— Saint-Pierre et Miquelon S. 1753.
— tarifs S. 1756 ; R. 3259.
— vente devant notaire S. 1910 ; R. 3237.
— vente judiciaire (délai) S. 1216 ; R. 2600 ; (notification) S. 1221 ; R. 2608.
— vente volontaire, délai S. 1217 ; R. 2597.
Commerçant
— contrat de mariage, dépôt S. 814.
Commis-greffier
— prestation de serment S. 401.
Commissaire - priseur
— dépôt, somme S. 336 R. 513 s.
— frais de vente S. 2448.
— vente publique S. 1428 ; R. 2920.
Commission départementale
— délibération, enregistrement, délai S. 2759.

R. 2561 s. ; (procès-verbal d'adjudication) S. 1207 ; R. 2574 ; (seconde enchère) S. 1209 ; (vente judiciaire) S. 1207 s. ; (vente volontaire) S. 1202 ; R. 2550 s.
— vendeur S. 1197.
Command - déclaration
— acceptation S. 1219 ; R. 2543.
— acte de vente S.1206 ; R. 2568.
— avoué R. 2571 s.
— caractère S. 1195 ; R. 2541 s.
— cautionnement S. 1215 ; R. 2590.
— conditions S. 1211 s. 1214 s. ; R.2578 s., 2590.
— déclaration irrégulière S. 1199.
— déclaration nouvelle S. 1196 ; R. 2544.
— déclaration pure et simple S. 1214 ; R. 2585.
— déclaration à titre onéreux S. 1212 ; R. 2580.
— délai S. 1206, 1217 s. ; R. 2597 ;(avoué) S. 1219 ; (jour férié) S. 1220 ; R. 2605.
— divisibilité S. 1216 ; R. 2593.
— droit S. 1194 ; R. 2540.
— droit fixe, condition S. 1194 s.
— droit proportionnel S. 1198 ; R. 2550 s. ; (quotité) S. 1199 ;R. 2554.
— effets R. 2546 s.
— enchérisseur S. 1196 ; R. 2548.
— forme S. 1213 ; R. 2583.
— gratuite S. 1212 ; R. 2580.
— mandat R. 2579 s.
— meubles S. 1388 ; R. 2611.
— modalités S. 1214;R. 2556.
— non - exemption S. 1196.
— notification S. 1221 s. ; R. 2606 s. ; (délai) S. 1221 s. ; R. 2614 s. ; (dispense) S. 1230 ;(équipollents) S. 1226 ; R. 2611 s. ; (formes) S. 1224 s. ; R. 2606 s. ; (preuve) S. 1231 ; R. 2616 ; (vente de biens nationaux) S. 1222 ; R. 2609, 2616.
— vente devant notaire S. 1910 ; R. 2537.
— vente judiciaire (délai) S. 1216 ; R. 2600 ; (notification) S. 1221 ; R. 2608.
— vente volontaire, délai S. 1217 ; R. 2597.
Command
— capacité S. 1211 s. ; R. 2570.
— colicitant S. 1199, 1333 ; R. 2725.
— commande, obligation S. 1195 s. ; R. 2453.
— contrats applicables S. 1200 ; R. 2556.
— débiteur saisi S. 1197.
— élection S. 636 ; (mandat) S. 378 ; R. 578 ; (meubles) S. 1368 ; R. 2611.
— obligation S. 1197 ; R. 2546.
— réserve d'élire S. 1201 s. ; R. 2558 s. ; (forme) S. 1203 ; (non-obligation) S.1206; R. 2558 s. ; (obligation) S. 1202 s. ;

Commission roga-
toire R. 4887.
— V. Droits de greffe.
Commodat
— V. Prêt à usage.
Communauté. V. Con-
trat de mariage.
Communauté reli-
gieuse S. 33.
— accroissement S. 1952,
1972, 2051 s., 2187,
2254, 2480 s. ;
R. 3254, 3548,
3566 ; (droits de do-
nation) S. 2063 ;
(droits de muta-
tion par décès) S.
2061, 2187 ; (exper-
tise) S. 2632 ; (ta-
rif) S. 2064.
— acquisition S. 1773,
1994, 1996 ; R.
3665.
— apport, somme S.
1010 ; R. 2025.
— cession de part, tiers
S. 2069.
Communauté reli-
gieuse non au-
torisée
— acquisition S. 1994 ;
R. 3665.
Commune
— acquisition S. 1770 s ;
R. 36, 140, 3770 s.
— bail S. 994.
— donation S. 1772 ; R.
3278 s., 3664.
— donation entre vifs S.
581, 1993, 2034 ;
R. 3664.
— emprunt S. 999.
— marché et traité S.
1771.
— poursuites, mémoire
au préfet S. 3294 ;
R. 3751.
— prêt de consommation
S. 719.
Communication S.
3050 s. ; R. 5222 s.
— acte, existence, preu-
ve S. 3073.
— acte sous seing privé
S. 3051.
— caisse d'épargne S.
3061.
— compagnies d'assu-
rances S. 3063,
3069, 3071.
— compagnie de chemin
de fer S. 3067.
— congrégation reli-
gieuse S. 3060.
— courtier S. 3067.
— délibération, conseil
d'administration S.
3075.
— entrepreneurs de
transports S. 3070,
3073.
— établissement public
S. 3059 s.
— étendue S. 3039, 3072 s.
— extrait R. 5339 s.
— lieu S. 3077.
— magasins généraux S.
3066.
— mode S. 3076.
— notaire S. 3051 s. ;
(assurances mari-
times, polices) S.
3064.
— police d'assurance S.
3068.
— refus (amende) S.
3065, 3073 ; R. 5335;
(procès-verbal) S.
3065.
— secret professionnel S.
3074.
— sociétés industrielles,
commerciales S.
3065.
— timbre S. 3062 ; R.
6074.
— valeurs mobilières,
registres à souche
S. 3063 ; R.
6074.
Communication obli-
gatoire S. 3074.
Compagnie. V. So-
ciété.

Compagnie d'assu-
rances
— substitution S. 1538.
Comparution R. 4906.
Compensation
— droits d'enregistre-
ment S. 3112 s. ;
R. 5435 ; (condi-
tions) S. 3114 ; R.
5425 ; (impossibi-
lité) S. 3118.
— libération S. 640 s. ;
R. 1016 s.
— ordre amiable S. 642 ;
R. 1020, 1030.
— prix de vente S. 646 ;
R. 906 s.
— vente, prix S. 248.
Compensation con-
ventionnelle S.
644 ; R. 1018.
Compensation légale
S. 158, 640 s. ; R.
1016 s.
Compensation par-
tielle
— jugement S. 2378.
— option R. 3827.
Compétence S. 3320
s. ; R. 5465, 5680 s.
— bureau R. 8686.
— connexité S. 3329.
— conseil d'Etat S. 3320.
— domicile R. 5656, 5686.
— incident S. 5703 s.
— juge de paix S. 3327.
— opposition S. 5691.
— pays annexés S. 3331,
3332.
— ratione loci S. 3328.
— recouvrement, prix,
biens nationaux S.
3338 ; R. 5698.
— restitution de sommes
perçues S. 4601 ;
R. 5704.
— saisie-arrêt, validité
S. 3329.
— succession R. 5692,
5699.
— tribunal, section S.
3320.
— V. Droits d'hypothè-
que.
Compétence admi-
nistrative R.
5681 s.
— spéciale R. 5698.
Compétence judi-
ciaire S. 3320 ;
R. 5681.
— acte administratif S.
3321.
— failli S. 3323.
Compétence person-
nelle S. 3331 ;
R. 5704.
Complément
— acte antérieur S. 255 ;
R. 263 s.
Compromis
— dispositions accessoi-
res S. 254.
— droit fixe S. 460 s. ;
R. 770.
Comptable
— cautionnement S. 788
s. ; R. 1459 s.
— décharge S. 604 ; R.
298.
— prestation de serment
S. 396 ; R. 689, 695.
— recouvrement R. 951.
Compte S. 680 s. ; R.
380, 1164 s.
— balance R. 1158 s.,
1202 s.
— dépenses S. 680 s. ;
R. 1164 s.
— pièces justificatives
S. 680 ; R. 1164 ;
(timbre) S. 681.
— reddition, décharge
R. 875.
— reliquat S. 682 s. ; R.
873, 1156, 1170 s.
— tutelle S. 675 s. ; R.
1151 s., 1189, 6240.
Comptoir d'escompte
— nantissement S. 728.
Comptoir d'escompte
Concession R. 3274 s.
V. Mines, Mutation,
titre onéreux, Droit
de transcription.

Concordat S. 2076.
— abandon d'actif S.
415, 423.
— absence de faillite S.
421 ; R. 733.
— droit fixe S. 413, 421 ;
R. 732.
Concordat amiable
S. 422.
Condamnation
— droit proportionnel,
caractères S. 2361
s.
Conditions S. 160 s. ;
R. 272 ; (contrat
irréalisable) S.
170 ; (effet rétro-
actif) S. 169 ; R.
293 ; (nullité) R.
288 ; (tarif applica-
ble) S. 169.
— adjudication S. 165 ;
R. 261, 2388.
Condition accomplie
R. 292 s., 408.
Condition alterna-
tive R. 3814.
Condition casuelle
R. 272, 287.
Condition impossi-
ble R. 861 s.
Condition potesta-
tive R. 279, 274,
287 s., 2339, 3780.
Condition résolutoi-
re S. 1141 ; R.
273 s., 2426.
— adjudication S. 1118.
— caractères R. 2370 s.
— donation entre vifs S.
2080 ; R. 3775.
— droit S. 1183 ; R.
2524 ; (non-restitu-
tion) R. 8087.
— effets S. 161 ; R. 273.
— legs S. 2220 ; R. 4110.
— marché S. 2528.
— résolution de plein
droit S. 1184 ; R.
2525.
— résolution volontaire
ou par jugement
S. 1185 s. ; R.
2565, 2567.
Condition suspensi-
ve S. 137 ; R. 191
s., 273, 276 s., 1046,
1139, 2282, 2429,
4401, 5357 s.
— acte innommé S. 569.
— adjudication S. 1118 ;
R. 2388.
— bail S. 1671 ; R. 3105,
3108.
— caractères R. 2365
s.
— donation entre vifs S.
2091 ; R. 3808.
— droits (non-exigibilité)
S. 164 ; R. 278 s. ;
(restitution) S.
3088 ; R. 5397.
— échange S. 1705 ; R.
740.
— effets S. 162 ; R. 277,
298.
— garantie R. 1488 s.
— legs S. 77, 2219 ; R.
4107.
— legs de eo quod super-
erit S. 103.
— legs de sommes S.
103.
— mainlevée S. 530.
— marché S. 2528.
— obligation S. 652 ; R.
1046.
— payement des droits
S. 163.
— prix S. 2432.
— promesse R. 1348 s.
— réalisation S. 137;
(effets) S. 163.
— résolution S. 1142 ; R.
2429, 2431.
— société S. 1873.
— vente S. 167, 1085 ;
R. 2303, 2306.
Confirmation S. 385;
R. 241, 405, 616.
Confusion S. 158, 647
s. ; R. 1033 s.

Congrégation
— V. Communauté reli-
gieuse.
Connaissement S.
276 s. ; R. 422,
1337.
— droit multiple S. 277.
Contexité S. 3329.
Conseil d'adminis-
tration R. 61.
Conseil de discipline
R. 4890.
Conseil d'Etat
— compétence S. 3320.
— recours S. 477, 492
s. ; R. 795 s. ;
(droit multiple) S.
326 ; (droit unique)
S. 494 ; (expro-
priation) S. 1763.
Conseil de famille
— délibération, enregis-
trement gratuit S.
2736 ; R. 4894.
— délibération non enre-
gistrée S. 3026.
— dépenses du mineur
S. 2016.
Conseil général
— délibération, enregis-
trement, délai S.
3793.
Conseiller municipal
— élections S. 35.
Consentement S. 110
s. ; R. 166 s.
— vente S. 1093 s. ; R.
2322.
Conservateur des
hypothèques S.
46 ; R. 62.
— salaire S. 1769 ; R.
3308 ; (expropria-
tion) S. 1781 ; R.
3308.
Consignation. V. Caisse
des consignations.
Droits d'enregis-
trement, Droit
d'inscription, Droit
de transcription.
Consolidation S. 2576
s., 2590 s. ; R. 4602 s.
Consommation
— acte antérieur S. 255.
Constitution de ren-
te. V. Rente.
Constructions
— caractères S. 1398 s. ;
R. 2881.
— fermier S. 1404.
— immeuble propre S.
1406.
— incorporation au sol
S. 1400 ; R. 2888.
— terrain d'autrui S.
2611 ; (abandon) S.
1403 ; (caractères
S. 1401 s. ; R.
2891 s. ; (cession)
S. 802 ; (fermier)
S. 1404 s.
Construction à dé-
molir S. 1308
s. ; R. 2885,
2887.
Consul
— dépôt, somme S. 356 ;
R. 513 s.
Contrainte S. 3288 s.;
R. 5643.
— agents compétents S.
3295.
— amende R. 5667 s.
— avertissement préala-
ble S. 3296.
— caractère S. 3294 ; R.
5655.
— commune débitrice S.
3294 ; R. 5751.
— contravention, vente
publique S. 1448.
— déclaration de suc-
cession non sous-
crite S. 2271.
— département débiteur
S. 3294.
— désistement S. 3302.
— date, omission S. 3310.
— dommages-intérêts S.
3317.
— élection de domicile
S. 3296 s. ; R.
5656, 5663.

— étranger, signification
S. 3313.
— exécution S. 3316;
(opposition) S.
3319 ; R. 5644 s. ;
(opposition, rejet)
S. 3359.
— formule exécutoire S.
3274, 3308 ; R.
5650 ; (forme) S.
3300.
— inscription hypothé-
caire S. 3316.
— irrégularité S. 3309.
— jugement, copie R.
5560.
— mentions S. 3297 ;
R. 5633.
— nom, prénoms du dé-
biteur, erreur S.
3312.
— opposition S. 2271,
3293 ; R. 5644 s.,
5652 ; (défaut profit
joint) S. 3290 ;
(élection de domi-
cile) S. 3314 ; (en-
registrement gra-
tuit) S. 2735 ; R.
4883 ; (irrégularité
S. 3315 ; (motifs) S.
3315 ; (motifs) S.
3401 ; R. 5642 ;
(motifs, insuffisan-
ce) S. 3315 ; (mo-
tifs donnés séparé-
ment) S. 3315 ;
(rejet) S. 3359.
— opposition nouvelle S.
3319.
— opposition nulle S.
3402.
— poursuivant S. 3300.
— qualité des parties S.'
3304 ; R. 5650,
5686.
— rédaction S. 3297 ; R.
5633.
— remise, époux S.
5656.
— société S. 3305.
— société anonyme S.
3306.
— somme en bloc S.
3307.
— somme déterminée S.
3311.
— somme évaluée S. 3301
s. ; R. 5650.
— supplément du juge de
paix, visa S. 3311.
— visa du juge de paix
S. 3274, 3303 ; R.
5650 ; (exécution
parée) R. 5688 ;
(forme) S. 3310.
Contrat de greffe.
Contravention, Droits
de greffe.
Contrat S. 674 s. ; R.
1121 s.
— acte notarié R. 1121 s.
— acte translatif S.
246 s.
— annulation S. 138 s.,
145 ; R. 220 s.,
489 s., 2401, 2581 ;
(jugement, renon-
ciation) S. 587 ;
R. 827.
— annulation amiable S.
189 s.
— annulation judiciaire
S. 140, 147.
— caractère R. 73.
— complexité R. 1354.
— condition S. 160 s.
— disposition accessoire
S. 94, 226 ; R.
95, 864.
— dispositions corréla-
tives S. 86.
— dispositions indépen-
dantes S. 84.
— disposition principale
S. 84 ; R. 110.
— droits de l'Administra-
tion (caractères,
effets dégrevés S.
73 s. ; (chose jugée)
S. 78.
— exécution S. 134 ; R.
123 ; (compromis)
S. 453 ; R. 3574.

— extinction S. 132 s. ;
R. 243.
— forme, choix des par-
ties S. 83 ; R. 105
— inexécution (droit pro-
portionnel) S. 814
(force majeure) S
136.
— intérêt général S.
1764 s. ; R. 3262 s.
— interprétation S. 69
s. ; R. 88.
— nullité S. 113.
— nullité relative S. 113
R. 197.
— objet S. 114 ; R. 201
118 s.
— qualification S. 81;
R. 95, 2855 ; (dis-
positions contrai-
res) S. 82 ; R. 104.
— résolution S. 144, 331
s., 1140 s., 2039 ;
R. 479 s. ; (cause)
S. 1156 ; R. 5442 ;
(condition résolu-
toire) S. 1141 ; R.
2426 ; (condition
suspensive) S.
1142 ; R. 2429,
2431 ; (défaut de
payement) S. 1177
s. ; R. 2505 ; (droit,
quotité) S. 1186 s. ;
R. 2520 s. ; (droit
proportionnel) S.
1159 ; R. 2464 ;
(effets) S. 1147 s. ;
R. 2444 s. ; (élé-
ments) S. 1141 ; R.
2424 ; (forme) S.
1156 s. ; R. 2456
s. ; (inexécution
des conditions) S.
1183 s., R. 2524 s. ;
(jugement) S. 139 ;
(jugement d'expé-
dient) S. 1158 ; R.
2468 ; (nullité ra-
dicale) S. 1154 s. ;
R. 2455 s. ; (pro-
cès-verbal de con-
ciliation) S. 1157 ;
R. 2459 s. ; (sen-
tence du juge de
paix) S. 1157 ; R.
3461.
— résolution judiciaire
S. 1154 s. ; R. 2455
s.
— résolution pure et
simple S. 1154 ; R.
2455.
— résolution volontaire
S. 1157 ; R. 2459 ;
(droit fixe) S. 1159;
— validité (capacité) S
113 ; R. 197 ; (con-
sentement) S. 110
s. ; R. 166 ; (élé-
ments) S. 1082 ; R.
2282.
— V. Acte, Convention.
Contrat commutatif
— éléments S. 1082 ; R.
2282.
— libération S. 613 s.;
R. 906 s.
Contrat enregistré
— reproduction S. 151 ;
R. 251 s.
Contrat irréalisable
S.' 170.
Contrat de mariage
— S. 1803 s. ; R.
80, 70, 255, 284 s.,
318, 3551 s.
— acte sous seing privé
S. 590 ; R. 3301
— acte au cours du
mariage S. 1848 s.;
(rem-
ploi) S. 1849 s.;
R. 3477 s.
— apport des époux S.
1803 s. ; R. 3558
s. ; (biens donnés)
S. 1810 ; (biens
propres) S. 1806 s.;
(déclaration) S.
1865, 1813 ; R. 3905,
3864 ; (déduction
des dettes, droit

gradué) S. 1810;
(dissimulation) S.
1811; (droit gra-
dué, application)
S. 1809; (inéga-
lité, communauté
universelle) S.
1821; R. 3403;
(nue propriété et
usufruit, déclara-
tion estimative) S.
1812.
— apport de la future
épouse S. 70.
— cautionnement S. 784;
R. 1455 s., 4483.
— commerçant (dépôt
S. 514; (publica-
tion) S. 3259.
— condition alternative
R. 3814 s.
— condition suspensive
S. 2092; R. 3810.
— contrat postérieur au
mariage S. 890; R.
3362.
— déclaration de dettes
S. 690; R. 1232.
— déclaration de dot
S. 1813.
— disposition (effet im-
médiat) S. 164;
R. 291, 2339; (effet
suspendu) S. 164;
R. 291, 2339.
— dispositions accessoi-
res S. 254.
— dispositions accessoi-
res indépendantes
S.1854 s.; R.3506 s.
— dispositions addition-
nelles R. 3516.
— donation S. 1151 s.,
2094 s.; R. 2450
s.,3356, 3821 s.
— donation, abandon R.
3463 s.
— donation, convention
R. 3442 s.
— donation, date R.2244.
— donation mutuelle S.
1820; R. 3427 s.;
(bénéfices de com-
munauté) S. 1820;
(biens personnels)
S. 1830; R. 3431.
— donation mutuelle
cumulative, biens
propres et com-
muns S. 1832; R.
3482, 3424 s.
— droits d'enregistre-
ment, restitution
S. 1666 s., 3096
s.; R. 3513 ; (jus-
tifications) S.1667;
R. 3521.
— droit fixe S. 572;
R. 2428, 3351 s.
— droit gradué S. 174,
784.
— enregistrement S.572.
— formalité, salaire S.
1666; S. 3517 s.
— mari, pouvoir S. 376.
— perception des droits
S. 163.
— propres de la femme,
mari (reconnais-
sance) S. 257;
R. 1179, 1294,
1302; (restitution)
S. 257; R. 1179,
1294, 1302.
— reconnaissance de
dette S. 690 ; R.
1232.
— régime dotal (biens pa-
raphernaux, mari,
reconnaissance) S.
257 ; (emploi, de-
niers du mari) S.
257; (acquêts, gain
de survie) S.1810;
(immeuble dotal,
vente) S. 776 ;
(mari, pouvoir de
vendre) S. 376 ;
R. 3370; (rem-
ploi, acceptation
ultérieure) S. 1853;
(remploi, expro-
priation publique)
S. 1793 ; R. 3327 ;

(reprises) S. 2409 ;
(société d'acquêts)
S. 1819 ; R. 3304;
(vente) S. 622;
(vente, confirma-
tion) S. 392.
— régime exclusif de
communauté (dé-
claration) S. 1813;
R. 3371; (reprises)
S. 1285, 2499.
— rente viagère, reversi-
bilité S. 2194.
— reprises matrimoniales
(reconnaissance de
dette) S. 708 s.;
R. 1298 s.; (resti-
tution, droit fixe)
S. 597, 711; R.
860, 892.
— séparation de biens
S.1815 s.; R. 3371;
(déclaration) S.
1813; R. 3571.
— séparation de biens ju-
diciaire S. 1814;
R. 3372 ; (cessa-
tion) S. 1810; R.
3388.
— usufruit S. 157.
— V. Remploi.
Contrat de mariage-
communauté
— acceptation S. 267 s.,
1855 s.; R. 415 s.,
3388 s.; (caractè-
res) S. 1277, 1279;
(effets) S. 1856 ;
(implicite) R. 353;
(remploi) S. 1850;
R. 3479.
— acquêts S. 2305, 2309 ;
R. 3391 s.
— attribution totale S.
1281 s.
— clause d'ameublisse-
ment S. 1820, 1822;
R. 3402, 3407, 3418
s.
— clause d'apport franc
et quitte S. 1822;
R. 3419,-3423.
— clauses extensives S.
1820 s.; R. 3402.
— clause de préciput S.
1823; R. 3420; (re-
nonciation à com-
munauté) S. 1824;
R. 3425.
— clause de réalisation
S. 1816; R. 3390.
— clauses restrictives S.
1817 s.; R. 3389 s.
— communauté réduite
aux acquêts S.
1818 ; R. 3390.
— communauté à titre
universel S. 1820 ;
R. 3403; (apports iné-
gaux) S. 1821; R.
3405.
— communauté univer-
selle S. 1820 ; R.
3403; (apports iné-
gaux) S. 1821; R.
3405.
— dissolution R. 3487 s.
— donation mutuelle S.
1820 s.; R. 3427,
4531.
— effets, clauses modifi-
catives S. 1823;
R. 3417.
— époux survivant, ces-
sion d'immeubles
S. 147.
— exclusion du mobilier
S. 1818; R. 3300.
— forfait S. 2007 ; R.
3835.
— forfait de communauté
S. 1825, 1827 ; R.
3437 s.;(charge de
dettes) S. 1827 ;
R. 3436.
— gain de survie, biens
communs S. 1857.
— immeuble, cession à
titre de remploi S.
1851; R. 3480.
— immeuble indivis S.
1860.
— liquidation S.1825;(ju-
gement) S. 2377 s.
— partage S. 1049, 1274
s.; R.3504 s.;(biens

étrangers) S. 1751;
(dation en paye-
ment) S. 1827 ;
(déclaration) R.
4239 s.; (prélève-
ment) S. 1329 ; R.
3309 s.,3497 s.;(re-
prises) S. 1330 ;
(soulte) S. 1326,
1852; R. 2685 s.
— partage par moitié S.
1817; R. 3390;
(dérogation)S.1825
s., 1828 ; R. 3423,
3427 s., 3430, 3435;
(dérogation, dona-
tion) S. 1833.
— préciput S.2093,2097;
R. 3835.
— récompense S. 74 s.,
227, 1287, 2189,
2193.
— régime, modification
S. 2097; R. 3835.
— renonciation S. 179,
223 s., 207 s.,1140,
1855 s.; R. 351 s.,
415 s., 2447, 2488
s.; (effets) S.1856;
(indivision) R.
4257; (mari) S.
225; R.363; (men-
tion,liquidation) S.
3026; (remploi) S.
1850; R.3479; (re-
prises) S. 1285,
1856, 1858, 2498;
R. 4258, 4457.
— renonciation condi-
tionnelle S. 203.
— renonciation pure et
simple S. 1855; R.
3492.
— reprises S. 257, 1275
s., 1330 ; (biens
étrangers) S.1284;
(caractère) S.
1276;(prélèvement)
S. 1856 s. ; R.
3494 s.
— reprise en deniers
comptants S. 1283.
— rétablissement S.1816;
R. 3388.
— séparation des dettes
S. 1823; R. 3448 s.
Contrat pignoratif
S. 1691; R. 3158,
3174.
Contrat verbal
— mention, acte authen-
tique S. 97.
Contravention
— bonne foi S.1432,2897.
— excuse R. 5037.
— procès-verbal R. 5331
s.
— vente publique S.
1446; R. 2016 s.;
(procès-verbal) S.
1446; R. 2058.
— V. Peine, Prescrip-
tion biennale.
Contre-lettre S. 1193,
2644,2876 s.,R. 26,
220, 222 s., 290,
2536 s.; 5060 s.
— amende S. 2877 ; R.
2535, 5060 ; (débi-
teur) S. 2004; R.
5067 s.; (quotité)
S. 2005.
— aveu S. 2867.
— conditions S. 2884; R.
5055.
— convention verbale S.
2882 ; R. 5065.
— fraude S. 2883 ; R.
2885.
— intérêts futurs S.
2513.
— remise, abandonne-
ment de biens S.
491.
— report S. 722.
— titre nouvel S. 485.
— transport S. 20 ; (dé-
claration de suc-
cession) S. 2329;
(délai,prorogation)
S. 253. V. Créan-
ce-cession.
Contre-lettre annu-
lée S. 147.
Contributions
— quittance, enregistre-
ment, exemption
S. 531.
— recouvrement S.2734;
R. 4581; (exploit)
S. 477.

Contributions di-
rectes
— décharge, rapports et
mémoires S. 2761.
— réclamation, mandat
S. 2775 s.
Contributions indi-
rectes. V. Droit
d'inscription.
Contrôle R. 9 s.
— exploit R. 13 s.
— greffe R. 14.
Convention
— V. Contrat.
Convention nulle
— jugement, droit de ti-
tre S. 2401.
Convention présu-
mée
— jugement, droit de ti-
tre S. 2400.
Convention verbale
— jugement,droit de titre
S.2393,2404,2931;
R. 119 s., 630 s.,
4211 s., 1880, 1902,
4385, 4357, 4860.
— mutation immobilière
s.; (effets) S.1856;
— usage en justice S.24.
— V. Bail verbal.
Copie collationnée
S. 274 s.; R.5189
s. V Collation.
Copropriétaire
— exploit S. 276 s.; R.
437.
Corse S. 41, 1763 ; R.
3261.
Cote de la Bourse
— actions et obligations
(droit de transmis-
sion) S. 1483;
(mutation à titre
gratuit et par dé-
cès) S. 2533 s.,
2559.
Coulisse
— cours, droit propor-
tionnel, liquida-
tion, base S. 2527.
Coupes
— forêt, réserves S. 2459
s.; R. 4872.
Coupe de bois
— bail S. 1390; R.2854.
Cour d'assises
— arrêt, enregistrement,
exemption S. 2777.
Courtier
— dépôt, somme S. 356;
R. 513 s.
— vente publique, pro-
cès verbal S.1442.
Courtier de com-
merce
— acte, enregistrement,
délai S. 2789 ; R.
3405.
Courtier de mar-
chandises
— vente publique S.
1428.
Créance
— affirmation, faillite S.
418 ; R. 728.
— déclaration de suc-
cession S. 2323 s.;
R. 4195, 4218.
— délégation, constitu-
tion de rente S.
912 ; R. 1840
s.
— droit proportionnel,
liquidation S. 2512
s.; R. 4478 s.
— extinction, preuve S.
2885.

— acceptation, droit fixe
S. 890; R. 1700.
— cession à forfait S.
2518.
— conditions S. 888; R.
1753.
— condition suspensive
S. 887; R. 1738.
— créance à terme S.
85, 866, 886 ; R.
1660, 1733; (accep-
tation, droit mul-
tiple) S. 259.
— droit proportionnel
S. 886; R. 1732.
— faillite, mutation par
décès S. 2339.
— forme S. 890; R.
1732.
— prorogation de délai
S. 544.
— rente S. 909; R.1818,
1819 s.
— signification, désiste-
ment S. 471.
Créance de l'État
— hypothèque, mainle-
vée S. 531.
— quittance, enregistre-
ment, exemption
S. 531.
Créance éventuelle
— mainlevée d'hypothè-
que S. 529.
Créance irrécouvra-
ble
— recouvrement posté-
rieur S. 2338.
— renonciation S. 2337.
— V. Créance-cession.
Créance à terme
— délégation S. 867, 874
s.; R. 1661, 1696
s.
— V. Créance-cession.
Créance verbale
— droit de titre R. 2405.
— jugement S. 2515; R.
4493.
Créancier
— union (abandonne-
ment de biens) S.
415; R. 725; (faill-
te) S. 413, 410 ; R.
724 s.
Créancier inscrit
— adjudicataire S. 645,
648 ; R. 1018.
Crédit foncier
— lettre de gage S. 178,
521.
— obligations, droit de
transmission S.
1454.
— opérations, sous-
comptoir des en-
trepreneurs S. 735.
— prêt S. 163 ; (acte conditionnel) S. 529 ;
(acte immoral) S.
569; (intervention,
tiers) S. 251.
— prêt conditionnel S.
137, 163.
— société (lettre de gage)
S. 521 s. (obliga-
tions) S. 521 s.
— V. Droit d'inscription.
Croupier
— société S. 1872.
Curateur
— décharge S. 604; R.
871 s.
— déclaration de succes-
sion S. 2286; R.
4478.
— nomination S. 291,
458, 2356; R. 371,
766 s.
— succession vacante S.
2177,2350; R.4025;
(payement des
droits) S. 2176 ; R.
4035.
Curateur au ventre
S. 2847.
Date R. 5060 s.
— certaine R. 3, 153 s.,
2316, 2218.
— enregistrement R. 70
s.
Dates multiples
— V. Acte notarié.

Dation en payement
S. 866, 916 s. ; R.
503, 1660, 1757,
1875 s.
— caractères S. 916 ;
R. 1876.
— délivrance de legs S.
340, 342.
— donation S. 2077 ; R.
3771 s.
— droit S. 1082 ; R.
2283, 3771.
— droit proportionnel S.
340, 342, 916 ; R.
1876.
— échange S. 3196.
— partage S. 1309 ;
(communauté) S.
1327 ; (société) S.
1960.
— rente sur l'État S.
2774 ; R. 4945.
— vente R. 3949.
Débitant de boissons
— succession S. 888 ; R.
1753.
Débitant entrepo-
seur de poudre
à feu.
— V. Droit fixe-presta-
tion de serment S.
406.
Débitant de tabac
— V. Droit fixe-presta-
tion de serment.
Décès. V. Mutation par
décès.
Décharge S. 548 s.
— 553 ; R. 504, 520,
545, 867, 940, 1010
s., 6241.
— comptables R. 871 s.
— dépositaire, remise S.
556.
— tuteur R. 1162.
Décime S. 21.
— addition S. 2415.
— Algérie S. 89.
— augmentation S. 5.
— droits de mutation S.
247.
— V. Droits de greffe,
Droits d'hypothè-
que.
Décime double S.
2415, 2418.
Décime de guerre S.
171 ; R. 22, 298.
— augmentation R. 173.
— application S. 2416.
Décime nouveau
— application S. 2416.
Déclaration S. 454 s.;
R. 74, 155 s., 400,
725, 771 s., 1700,
2182 s.
— bailleur de fonds S.
469.
— cessation de fonctions
S. 468.
— dispositions accessoi-
res S. 254.
— droit multiple S. 466.
— location verbale S.
1068.
— matière civile S. 464;
R. 771.
— matière criminelle S.
464.
— mutation entre vifs S.
1018.
— mutation par décès S.
19.
— omission de biens,
prescription S. 19.
— remploi S. 467 ; R.
773.
— V. Déclaration- esti-
mative, Déclara-
tion de succession.
Déclaration (défaut
de) S. 49.
Déclaration condi-
tionnelle S. 465 ;
R. 773.
Déclaration de dota-
lité. V. Droit de
transcription.
Déclaration estima-
tive S. 2608 s.;
R. 4449 s., 4645 s.
— absence d'écrit S.
2608; R. 4646.
— absence de prix S.
2609 ; R. 4647.
— action,cession S. 2531.

— application S. 2610; R. 3079, 4521.
— bail emphytéotique S. 2603 s., 2609; R. 4618 s.
— base S. 2617; R. 4667.
— cession, droits successifs S.2609.
— complémentaire R. 4487.
— créance, chiffre supérieur S. 3242.
— crédit réalisation S. 2609.
— dissimulation R. 4497 s.
— échange S. 2619; R. 4652.
— équivalent R. 4663 s.
— erreur S. 3101.
— évaluation définitive S. 3226.
— évaluation fausse, prescription biennale S. 3220 s.; R. 5494 s.
— évaluation provisoire S. 3226.
— force probante S. 2612
— formes R. 4665 s.
— insuffisance (offre complémentaire)S. 2667; (rente sur l'Etat) S. 3236.
— insuffisance du revenu, preuve S.2652.
— inutilité S. 3017; R. 5416.
— location verbale S. 2608, 2678; (effet) S. 2652 s.
— mandataire S. 2615.
— marché S. 2526 s.
— marché administratif S. 3091
— notaire rédacteur S. 2615; R. 4661.
— obligation S. 2608, R. 4438, 4646.
— omission (prescription) S. 3238 s.; R. 5506 s.; (rente sur l'Etat) S. 3236.
— part sociale S. 2546.
— partie intéressée S. 2615.
— prix non exprimé R. 4647 s.
— vente verbale, fonds de commerce S. 2608.
— V. Droit de transcription.
Déclaration de location verbale S. 1052.
Déclaration de mutation S. 1018.
— présomption légale S. 1032; R. 2182 s.
Déclaration pure et simple S. 464 s.; R. 771 s.
Déclaration de succession S. 1052, 2239 s.; 2183, 2185, 4007 s., 4139 s.
— absence de qualité et mandat S. 2282; R. 4169.
— absent R. 4188 s.
— administrateur provisoire S. 2647.
— assurance sur la vie S. 2314 s.
— avertissement S. 2242, 2287.
— biens à déclarer S. 2301 s.; R. 4195 s.
— biens coloniaux S. 2255 s.
— biens étrangers S. 2259 s.; (meubles) S. 2264 s.
— biens, ventes, promesse S. 2269.
— biens rentrés dans l'hérédité S. 2292.
— biens vendus R. 4204 s.

— brevet de maître de poste S. 2334.
— bureau S. 2243 s.; R. 4140, s., 5042, 5075; (absence de domicile du défunt) S. 2249; (biens coloniaux) S. 2255 s.; (biens étrangers) S.2259; (billet de banque) S. 2247; (domicile du débiteur) S. 2249; R. 4146; (numéraire) S. 2247; (rentes sur l'Etat) S. 2249; (reprises de la femme) S. 2246; (valeurs françaises) S. 2245 s., 2251; R. 4147 s.; (valeurs mobilières étrangères) S. 2270.
— caractère S. 2240 s.; R. 4139.
— communauté religieuse S. 2254.
— conseil judiciaire S. 2847.
— créances S. 2223 s.; R. 4195, 4218; (existence, preuve) S. 2659; (extinction, preuve) S. 2855; (nature) S. 2334.
— créance frappée d'opposition S. 2330.
— créance incertaine S. 2336; R. 4222.
— créance mauvaise ou douteuse S. 2336.
— curateur S. 2286; R. 4178.
— curateur à succession vacante S. 2844; R. 4036.
— curateur au ventre S. 2847.
— défaut, amende, remise S. 2917.
— délai S. 2242, 2287 s.; R. 4179 s.; (calcul) S. 2289; (curateur à succession vacante) S. 2297; (dies à quo) S. 2289; R. 4108, 4994, 5634 s.; (dimanche et jour férié) S. 2289; (legs, établissements publics) S. 2298; (point de départ) S. 2290, 2299; R. 4190; (point de départ, décès, exceptions) S. 2291 s.; R. 4487; (prorogation) S. 2300; (prorogation,guerre) S. 2288; (rentes sur l'Etat, succession étrangère) S. 2296; (suspension, guerre) S. 2288.
— délais divers S. 2290; R. 4179.
— dépôt S. 2234.
— donataire S. 2843.
— donation S. 2334.
— donation de biens à venir R. 4215.
— dot, valeurs mobilières S. 2867.
— droits éventuels S. 2340 s.; R. 4214, 4225 s.
— droits litigieux S. 2340 s.; R. 4225 s.
— écriture, signature R. 4160.
— énonciation S. 2274; R. 5049.
— estimation S. 2466 s.; R. 4450 s.; (base) S. 2467; R. 4452.

— état détaillé S. 2277 s.; R. 4164 s.
— faillite antérieure au décès S. 2339; R. 4221.
— femme dotale S. 2334.
— formalité obligatoire S. 2271 s.
— forme S. 2277 s.; R. 4164 s.
— indemnité S. 2323; (faits de guerre) S. 2335.
— insuffisances S. 2841 s., 2870; R. 5042 s.; (expertise) R. 4274 s.; (meubles) S. 2872; (preuve) S. 2853; R. 5054; (preuve, présomption) S. 2856 s.; (preuve testimoniale) S. 2854, 2856.
— legs, établissement public S. 2293.
— legs nul S. 2868.
— mandat S. 2281,2283; R. 4168.
— mandataire S. 2281; R. 4168.
— mari S. 2845; R. 3044.
— communauté de biens S. 2284.
— meubles S. 2872.
— meubles étrangers S. 2264 s.
— obligation de souscrire S. 2271; R. 4159, 4057 s.
— office S. 2248; R.4234, 4251; (mutation) S. 2253.
— omission, preuve S. 2861; (présomption) S. 2856 s.; (transport sous seing privé) S. 2862; (preuve testimoniale) S. 2854, 2856.
— omission, rectification S. 2882; R. 5053.
— omission de biens S. 2850; S. 5052; (preuve) S. 2853; R. 5054.
— partage antérieur S. 4239; (convention particulière) S. 2346.
— partage postérieur S. 2347; (droits supplémentaires) S. 2347; R. 4247.
— partie intéressée S. 2280 s.; R. 4020 s.
— peines S. 2641 s.; R. 5042 s.
— père, administrateur légal S. 2285, 2846.
— prix déclaré S. 2334; R. 4206.
— prix dû S. 2324; R. 4206.
— qualité S. 2280, 2282; R. 4020, 4169.
— réception S. 2273; (refus) S. 2272
— rente, déduction R. 4213 s.
— rentes sur l'Etat S. 2249.
— rentes sur l'Etat inscrites dans les départements S.2250.
— reprises S. 2450; S. 2851.
— reprises de la femme S. 2246.
— retard S. 2841, s.; R. 5043.
— retrait d'indivision S. 2349.
— signature S. 2274; R. 4160.
— société civile, adjonction de nouveaux membres S. 2254.

— sommes, mandat ou dépôt S. 2487; R. 4464.
— titres, déclaration contraire S. 2322.
— transport de créance S. 2229.
— tuteurS. 2843; R.4022, 4178.
— valeurs françaises S. 2245 s.
— valeurs mobilières, preuve S. 2856.
— V. Propriété apparente.
Déclaration de succession complémentaire S. 2238.
Déclaration de succession négative S. 2276.
Déclaration de succession non souscrite — contrainte S. 2271.
Déclaration de succession pour mémoire S.2276.
Déclaration de succession supplémentaire S. 2238.
Défense — avoué R. 5712 s. — délai, sursis R. 5734. — plaidoirie R. 5771
Défrancisation S.430.
Degré de juridiction.
— V. Compétence.
Délai — acte administratif R. 4971 s. — acte imparfait R. 123. — acte judiciaire R.4966. — déclaration de succession S. 2287 s.; R. 4179. — prorogation S. 253, 541 s., 585, 2916; R. 617 s., 960; (acte sous seing privé) S. 541 s.; R. 4978; (dispositions accessoires) S. 254; (droit gradué) S. 174, 176,541; (quittance subrogative) S. 545; (rapport, payement) S. 1341; (sous-comptoir des entrepreneurs) S. 546; (sous-comptoir de garantie) S. 730; (transport de créance) S. 2275. — prorogation conditionnelle S. 543. — prorogation pure et simple S. 541, 534 s. — V. Déclaration de succession, Droits d'enregistrement.
Délai de grâce R. 5089 s.
Délégation S. 840,866 s.; R. 508, 1615, 1659 s. — acceptation S. 887 s.; R. 786, 1605 s., 1700 s., 1705 s.; (droit fixe) S. 885; R. 1700. — cautionnement R. 5654. — créance, constitution de rente S. 912; R. 1640 s. — créance à terme S. 807,874 s.;R.1601, 1696 s.; (ordre amiable) S. 874. R. 1715 s. — date, acte distinct R. 883. — déposant, décès — droit de mutation S. 2334.

— formation, conditions S. 885; R. 1710. — loyer S. 887; R. 1789. — prix S. 867 s.; R. 1661, s.; (acceptation de la créancier) S. 871; R. 1673; (adjudication, saisie immobilière) S. 873; (conditions) S. 872;R.1678,1685; (créanciers inscrits) S. 872; R. 1683. — prix, droits (exemption) (restitution) S. 870. — promesse unilatérale S. 878 s.; R. 1704 — rente S. 912 s.; R. 1531 s., 1540, s. — transport R. 1752. Délégation imparfaite S. 876 s.; R. 1703 s. Délégation parfaite S. 874, s.; R. 1696, 1699. Délibération R. 4916, 4923. — somme donnée ou léguée S. 605 s.; R. 885 s. Demi-décime S. 21, 171. — addition S. 173. Démission de biens S. 1984; R. 233, 3646. — V. Droit de transcription. Denrées alimentaires — vente publique S. 1413. Département — acquisition S. 1770; R. 2270. — débiteur S. 3294. — donation S. 1772; R. 3664. — donation entre vifs S. 581, 1993; R. 3664. — legs S. 1773; R. 3664. — meublé S. 990 s.; R. 3664. — mutation R. 3264 s. — prêt S. 719. Dépens — liquidation S. 2752, 2791. — parties S. 2370; R. 4304. Dépôt S. 332 s.; R. 507 s., 1320, 183, 1339. — acte S. 303 s.; R. 454 s.; (droit fixe) S. 358; R. 536; (enregistrement, exemption) S. 2754; (greffe) S. 358 s.; R.354 s.; (obligation) S. 3080; R. 5265; (officier public) S. 358 s.; R. 534 s. — caisse des consignations S. 362 s.; R. 543 s.; (quittance) S. 364; R. 390, 857, 4897; (retrait) S. 354; R. 390, 549, 857, 964, 4897. — chambre des notaires, récépissé S. 361; R. 541 s. — conversion en prêtS. 1589 s. — décharge S. 357, 364, S. 357; R. 529, 549, 857, 964, 4897. — distinction S. 357. R. 509. — exécution, droit fixe S. 357; R. 522. — gage S. 364. — mandat S. 370. — Déposant, décès

— notaire S. 3080; R. 5265. — objets mobiliers S. 372; R. 558; (décharge) S. 372. — officier public S. 353 s.; (actes) S. 356 s.; R. 358 s.; (acte authentique) S.,367; R. 553; (acte sous seing privé) S. 367; R. 353; (conditions) S. 372;R.553; (avocat au conseil d'Etat) S. 356; R. 513 s.; (avoué) S. 356; R. 513 s.; (commissaire - priseur) S. 356; R. 513 s.; (consul) S. 356; R. 513 s.; (trésorier-payeur général) S. 356; R. 513 s.; (huissier) S. 356; R. 513s.; (notaire) S. 356; R. 513 s.; (sommes) S. 353 s.; R. 510 s.; (trésorier de caisse d'épargne) S. 356; R. 513 s.; (trésorier-payeur général) S. 356; R. 513 s. — particulier (décharge) S. 371; R. 554; (somme) S. 365 s.; (somme) S. 369. — prêt R. 854. — sommes S. 353 s.; R. 510 s. — somme, officier public S. 354 s.; R. 511 s.; (acte authentique) S. 355; R. 353; (acte sous seing privé) S. 355; R.553; (constatation) S. 355; R. 353; (droit fixe) S. 354. — somme, particulier S. 365 s.; R. 551 s.; (droit proportionnel) S. 357 s., 551; (récépissé) S. 552. — somme, remise (dépositaire) S. 357; R. 522; (tiers, droit proportionnel) S. 357; R. 522 s. — testament S. 3080, s.; R. 5265 s. — testament olographe, notaire S. 360; R. 539. — V. Caisse des consignations. Dépôt à titre de garantie S. 368 s. Dépôt de titres. V. Droits de greffe. Désistement S. 44, 470 s.; R. 281, 774 s., 777, 959, 5654, s. — appel S. 470. — cession de créance, signification S. 471. — enregistrement S. 474. — libération du débiteur S. 478; R. 777. — V. Poursuite. Désistement pur et simple R. 774. Desséchement de marais. V. Droit d'inscription. Dessin de fabrique. V. Droits de greffe. Dette — charge, partage S. 1295 s.; R.3685 s. — déclaration, inventaire S. 293. — exigibilité, changé-

ment S. 860 s. ; R. 1640 s.
— extinction (compensation légale) S. 158 ; (confusion) S. 158; (confusion, partage) S. 1298 ; (prescription) S. 158 ; V. Libération.
— forme, changement S. 849, 862 s. ; R. 1645 s.
— payement, mandat S. 1296.
— reconnaissance S. 686 s., 871 ; R. 1205 s., 1673 ; (donation déguisée S. 70 ; (mandat) S. 111 ; R. 579. V. Reconnaissance de dettes.
— remise S. 2074 ; R. 3767 s.; (concordat) S. 2076.
— substitution S. 849, 858 s. ; R. 1587, 1637 s.
— succession S. 7, 9.
— sûreté nouvelle, addition S. 861 ; R. 1644 s.
— V. Succession novation.
Dette commerciale S. 9.
Dette liquide S. 9.
Devis S. 475 s. ; R. 778 s.
— acte administratif S. 476.
— chemins vicinaux S. 475.
Directeur S. 42.
Directeur général S. 42 s.
— attributions S. 44 ; R. 60 ; (désistement) S. 44.
— désistement S. 3292.
— droit de poursuite S. 3292.
Dispositions accessoires S. 226 s. ; R. 364 s.
— V. Acte.
Dispositions entre vifs. V. Donation, Dispositions entre vifs.
Disposition principale S. 226 s. ; R. 364 s.
— V. Acte.
Dissimulation S. 2874.
— disposition à titre gratuit S. 70.
— preuve S. 70, 98, 2885.
— preuve testimoniale, durée S. 2885.
Distribution par contribution.
— droit de titre S. 2405.
Divorce S. 36, 515 s.
— acte S. 178 ; (droit fixe) S. 515.
— acte de l'état civil S. 515.
— arrêt S. 515.
— assistance judiciaire S. 517.
— certificat de non-pourvoi S. 519.
— indigents S. 518.
— jugement S. 515.
— jugement interlocutoire S. 515.
— jugement préparatoire S. 515.
Dol S. 139, 147, 1172 s. ; R. 2489 s.
Domaine. V. Droit d'inscription, Droit de transcription.
Domaine national
— vente S. 1779 s. ; R. 3288 s.
Domicile étranger
— V. Étranger décédé en France.
Dommages - intérêts S. 802 s., 805 ; R. 190, 1545 s., 4271.

— abordage S. 806.
— chemin de fer, livraison, retard S. 808.
— droit proportionnel S. 805 ; R. 1550.
— indemnité R. 1550 s.
— mandataire, négligence S. 808.
Don manuel. V. Donation.
Donataire
— charges S. 233 ; R. 5150 s.
Donation S. 1061 ; R. 2238 s.
— acceptation R. 168, 808 s., 3692 s.; 3697 s.
— avancement d'hoirie S. 258 ; R. 2764, 4038.
— caractère R. 3647 s., 3668, 3711, 4408.
— congrégations religieuses S. 33.
— déclaration (insuffisance, omission) S. 3673 ; R. 5058.
— déclaration de succession S. 2334.
— don manuel S. 5, 113, 146, 2006 s. ; R. 1007, 3675 s., 3693, 3694 ; (acte) S. 2007, 2008 ; (acte administratif) S. 2020; (acte privé) S. 2020 ; (acte public) S. 2030 ; (annulation) S. 2025 ; (aumône) S. 2022 s. ; (délibération, conseil d'hospice) S. 2019 ; (donateur inconnu) S. 2022 ; (effet non réalisé) S. 2021; (existence, preuve) S. 2007 s., R. 3693 s. ; (femme mariée, non autorisée) S. 2018 ; (partage testamentaire) S. 2037 ; (reconnaissance judiciaire) S. 2015, 2018; (réduction) S. 146; (titres au porteur) S. 2011.
— don manuel, déclaration (acte de procédure) S. 2015 ; (interrogatoire sur faits et articles) S. 2015 s. ; (inventaire) S. 294, 2008 s. ; (partage) S. 2010, 2013 ; (procès-verbal de conciliation) S. 2010 ; (procès - verbal d'enquête) S. 2015 s. ; (testament) S. 2013 s.
— don manuel, droits (application) S. R. 3681.
— don manuel, droits (application) S. 2019 ; (caractère) S. 2006 s. ; (quotité) S. 2027.
— droit proportionnel S. 19, 70 s.
— imputation, succession du prémourant S. 2109.
— navire S. 431.
— partage anticipé S. 6, 19, 239, 1291 ; R. 2672, 2674, 2678 s., 2681 ; (réserve d'usufruit) S. 2569 ; (transcription) S. 2231.
— quotité disponible S. 2231.
— renonciation S. 1150, 2172 ; R. 2448 s. ; (biens présents) S. 1151 ; R. 2450 ; (biens présents et à venir) S. 1152 ; R. 2451, 3815 ; (contrat de mariage) S. 1151 ; R. 2450, 2631.

— révocation (ingratitude) S. 1187 ; (survenance d'enfant) S. 141, 1184 ; R. 2525.
— révocation judiciaire S. 1102 ; R. 2531 s.
— révocation volontaire S. 1192 ; R. 2530.
— société à durée illimitée S. 33.
— V. Donation entre vifs, Partage anticipé.
Donation à cause de mort S. 2099 ; R. 3839, 3848.
Donation à cause de mort entre époux S. 2102 ; R. 3848.
Donation contractuelle S. 1984, 2094 s. ; R. 150, 3445 s., 3646, 3631 s.
— acceptation R. 3854 s.
— avantages S. 3832, 3852 s.
— biens S. 2105 ; R. 3853.
— biens à venir S. 2106 ; R. 3837 s., 3855.
— biens présents S. 2106 ; R. 3854.
— biens présents et à venir S. 2106 ; R. 3854.
— caractère R. 3831 s., 3867.
— chose future R. 3853.
— condition suspensive R. 3534, 3686 s.
— décès R. 4066.
— imputation, succession du prémourant S. 2109.
— institution contractuelle S. 2105 ; R. 3852.
— rente viagère, reversibilité S. 2188 ; (conjoint) S. 2113 ; (conjoint et enfants) S. 2114.
— somme d'argent S. 2105.
— tiers donateur S. 2105 ; R. 3852 s.
— V. Rente viagère-usufruit.
Donation contractuelle éventuelle S. 2108.
Donation déguisée S. 70 s.
— cession à titre onéreux S. 71.
— constitution de rente S. 72.
— reconnaissance de dette S. 70.
Donation en faveur du mariage
— acte séparé S. 2115 ; R. 3881.
Donation entre époux S. 1986, 2005 s. ; R. 3832 s.
— biens présents S. 2098 ; (caractère) S. 2788 ; R. 4077.
— biens présents et à venir S. 2098.
— biens à venir S. 2098.
— prédécès du donateur S. 2098 ; R. 3837.
— quotité disponible S. 2231.
— rente viagère, quotité disponible R. 917 s.
— révocation S. 1192.
— survie du donataire S. 2099 s. ; R. 3880.
— usufruit, (quotité disponible) S. 917 ; (renonciation) S. 104.
— V. Rente-viagère-usufruit.
Donation entre époux actuelle S. 2098 ; R. 3848.

Donation entre époux à cause de mort S. 2102 ; R. 3848.
Donation entre époux éventuelle S. 2099.
Donation entre époux mutuelle S. 245 s., 2051.
— universalité des biens S. 2233.
— V. Donation entre vifs, Partage anticipé.
Donation entre époux par contrat S. 2096 s. ; R. 581.
— renonciation pure et simple S. 2101.
Donation entre époux pendant le mariage S. 2102 s. ; R. 3844 s.
— caractère S. 2102 ; R. 3844.
— partage d'ascendant S. 2102, 2104.
Donation entre vifs S. 1984 ; R. 3646.
— acceptation S. 2032 s. ; R. 3697 s.; (établissement public) S. 2034 ; R. 3706; (interdit) S. 2034 ; R. 3703 ; (majeur capable) S. 2034 ; R. 3702 ; (mineur non émancipé) S. 2034 ; R. 3704 ; (sourd-muet) S. 2034 ; R. 3705.
— accessoire, contrat onéreux S. 2035 ; R. 3708.
— acte écrit S. 2002 s. ; R. 3672.
— entre étrangers S. 1986 ; R. 3652.
— acte sous seing privé S. 2030 ; R. 3695 ; (ratification) S. 2030 s. ; R. 3696.
— actualité S. 2079, 2083 ; R. 3774, 3785 s.
— aliments, constitution S. 2044 ; R. 3720.
— alliance S. 1990 ; R. 3662.
— avancement d'hoirie, dispense de rapport S. 2072 ; R. 3764.
— caractères S. 2002 ; R. 3672.
— caractère translatif S. 2070 ; R. 3760.
— charges S. 2045 s. ; R. 3734 s.; (alliments) S. 2053; R. 3749; (donateur bénéficiaire) S. 2049 ; R. 3745 ; (meubles) S. 2052; R. 3747; (obligation de faire) S. 2055 ; R. 3751; (tiers bénéficiaire) S. 2056 s.; R. 3752 s., 3755.
— charge de payer S. 2045 s.
— clauses accessoires indépendantes S. 2046 ; R. 3733.
— clause de retour S. 2080, 3183 ; R. 3776, 4041.
— commune S. 1772, 1993, 2094; R. 3664.
— conditions S. 2045 ; R. 3734 s.
— condition casuelle S. 2081; R. 3780.
— condition potestative S. 2081 ; R. 3780.
— condition résolutoire S. 2080; R. 3775.

— condition suspensive S. 590, 2091 ; R. 3808, 3809 ; (décès) S. 2091 ; R. 3809.
— dation en payement S. 2077 ; R. 3771 s.
— degré de parenté S. 1985; R. 3660.
— délivrance S. 605 s. ; R. 881 s.
— département S. 1772, 1993; R. 3664; (communes, hospices, bureaux de bienfaisance) S. 581.
— dette, alimentaire, payement S. 2042 ; R. 3715.
— deux donateurs, double droit S. 2079 ; R. 3765.
— disposition accessoire dépendante S. 2037 ; R. 3755.
— don manuel, déclaration, acte notarié S. 2008.
— donataire (acceptation) S. 2032 ; R. 3697 ; (acceptation ultérieure, notification) S. 2033 ; R. 3700; (charges) S. 233.
— donateur, volonté expresse S. 2039 s. ; R. 3695 ; (acte sous seing privé) S. 2030 ; R. 3695.
— donation mutuelle S. 2049 ; R. 3746.
— droit proportionnel S. 1985 ; R. 3658.
— droit de transcription S. 4987 ; R. 3653.
— effets mobiliers S. 2036 s.; R. 3709.
— éléments essentiels S. 2029 s.; R. 3692 s.
— enfant naturel reconnu S. 1991; R. 4086.
— établissement public S. 579 s., 1772, 1993; R. 809, 3664.
— état estimatif, R. 2036 s.; R. 3709 s.
— fondation S. 1997 s.
— fonds de commerce S. 1989.
— forme S. 2029 s.; R. 3692.
— gratuité S. 2038 ; R. 3711 ; (exemples) S. 3038 s.
— immeubles S. 2004.
— irrévocabilité S. 2079, s.; R. 3774 s.
— legs verbal, délivrance S. 2041; R. 3712.
— libéralité secondaire S. 223 s.; R. 3755 s.; (survie) S. 235.
— meubles et immeubles S. 2037 ; R. 3710.
— nature des biens S. 2036 ; R. 3660.
— nue propriété S. 2082; R. 3765.
— obligation civile ou naturelle S. 2041 ; R. 3711, 3714, 3733.
— partage anticipé S. 2030 ; R. 3492
— partage d'ascendant S. 2130 s.
— payement au décès du donateur S. 2082 ; R. 3790.
— petit-fils légitime enfant naturel reconnu S. 1991 ; R. 4087.
— prêt, père à fils S. 2071
— prêt à usage S. 716.

— promesse de donner S. 2070 ; R. 3761.
— rapport à succession du donateur S. 3086.
— réduction, rapport S. 2182; R. 4040.
— remise de dette S. 2074 ; s. ; R. 3767 s.
— remise de prix de vente S. 2075 ; R. 3770.
— réserve d'usufruit S. 3080.
— révocation S. 562 ; R. 2528.
— terme S. 2082; R. 3789.
— tiers désigné S. 2188.
— transmission actuelle et irrévocable S. 2079 s. ; R. 3774 s.
— usufruit S. 2082 ; R. 3765.
— vente S. 2052 ; R. 3747.
— V. Donation.
Donation entre vifs en ligne directe S. 1985.
Donation entre vifs entre collatéraux S. 1986 ; R. 3652.
Donation entre vifs entre étrangers S. 1986 ; R. 3652.
Donation entre vifs éventuelle S. 2084.
— exécution S. 2077.
Donation entre vifs incertaine S. 2083.
Donation entre vifs non acceptée S. 579 s. ; R. 808 s.
Donation entre vifs non payée
— succession, charge S. 2085 ; R. 4462.
Donation entre vifs sur les biens laissés au décès S. 2088 ; R. 3803.
Donation entre vifs rémunératoire S. 2055 s., 3751.
Donation entre vifs sans effet S. 2033.
Donation entre vifs secondaire S. 2036 s.; R. 3752
Donation entre vifs verbale
— clientèle S. 2005.
— fonds de commerce S. 2005.
— immeubles S. 2004.
Donation éventuelle S. 235.
Donation immobilière. V. Droit de transcription.
Donation mobilière S. 246.
Donation mutuelle S. 2049 ; R. 3746.
Donation mutuelle entre époux S. 127, 2051.
Donation non acceptée S. 4150 ; R. 2448.
Donation par précipput et hors part S. 2126.
Donation propter nuptias S. 198.
Donation secondaire S. 2168, 2553.
— mutation par décès S. 2188.
— survie S. 235, 2188.
— survie du donataire S. 2009.
Donation verbale S. 1061 ; R. 2238.

Dot
— aliénation, remploi S. 623.
—.apport, déclaration S. 2008.
— bien dotal, vente S.622.
— constitution S. 1305, 1638 s., 2008.; R. 3445; (caractères) S.76,1827;(droits, exemption) S. 1837 s.; R. 3446; (frère du conjoint) S. 1844; R. 3461; (libéralité, présomption) S. 1839; (pension alimentaire) S. 1845; R. 2468; (renonciation à partage) S. 1842s.; R. 3451 s.; (rente viagère) S. 1834; (réserve d'usufruit) S. 246; (vie à frais communs) S. 1845; R. 3464.
— constitution, biens du conjoint S. 1638; R. 3446; (partage) S. 1840 s.; R. 3460 s.; (preuve) S. 1839.
— constitution à titre gratuit S. 1837.
— constitution à titre onéreux S. 1837; R. 3445.
— déclaration S. 1813; R. 3365.
— déduction S. 2499 s.
— estimation S. 1813; R. 3365.
— exigibilité R. 893 s.
— garantie, ascendants du futur S. 1837.
— immeuble dotal, vente, ratification S. 892.
— imputation (renonciation) S. 2040; (succession du prémourant) S.2232 s.
— payement, partage S. 1305, s.
— prêt au mari S. 710.
— quittance S. 607 s.; R. 887 s.; (célébration) S. 2088; (célébration, preuve contraire) S. 2088.
— rapport, reconnaissance S. 2072.
— réception, reconnaissance S. 1835 s.; R. 3443 s.; (future épouse) S. 1835; R. 3443 s.
— remploi S. 948; R. 3472; (acceptation) S. 467; R. 772.
— restitution S. 597 s.; (cautionnement) S. 785 ; R. 1455 s.
— valeurs au porteur S. 2602.

Douanes
— procès-verbal S.2710.

Double décime
— décime de guerre S. 173.

Double droit. V. Pénalité.

Droit acquis S. 101; R. 149.

Droit apparent R. 1078.

Droit casuel R. 23.

Droit d'acte S. 61,146; R. 79, 156 s., 203, 293, 846, 1041 s., 1486, 2537 s., 2802, 8010; (loi, application). S. 104; (transmission immobilière) S. 1364; R. 3195.

Droit d'adjudication
— jugement S. 3264.

Droits de l'administration
— communication S. 3050 s.; R. 5322 s.

— droit de préférence S. 2073 s.; R. 5175.
— droit de suite S. 2976; R. 5166.
— expertise S. 2629 s.; R. 4688 s.; (délai) S. 2399; (vente de fonds de commerce) S. 1568.
— faillite S. 3323 s.
— inventaire, production S. 2546.
— location verbale, expertise S. 1602.
— mutation par décès, recherches S.2164.
— notaire, décès S. 3055.
— poursuites, délai S. 1728.
— privilège S. 2969 s.; R. 5179 s.
— prix, simulation S. 1185.
— production de livres S. 2614.
— solution S. 3286 s.; R. 5634.
— V. Expertise, Solution.

Droit de collocation
— jugement S. 2352, 2380 s.; R. 4328.

Droit de condamnation
— amende S. 2362; R. 4299 s.
— condamnation indéterminée S. 2371 s.; R. 4307 s.
— condamnation récursoire S. 2374.
— dommages-intérêts S. 2361.
— exigibilité S. 2362, 2364 s.; R. 27, 116, 4273.
— interprétation S. 2362.
— jugement S. 2352, 2361 s.; R. 4271 s.
— restitution de titres et valeurs S. 2366.
— titre enregistré S. 2362 ; R. 4274.
— titre exécutoire, commandement, débouté d'opposition, S. 2367; R. 4192.
— validité de saisie-arrêt S. 2373.
— V. Jugement.

Droit de condamnation perçu antérieurement S. 2363 ; R. 4275.

Droit de contrôle S. 126.

Droits d'enregistrement S. 17 s. ;
R. 5 s., 7 s., 25 s.
— acquittement antérieur S. 151 s.; R. 249 s., 409.
— consignation S. 2914; R. 5080 s.; (notaire) S. 2926.
— consignation préalable à l'instance S. 3266.
— dispense S. 2918.
— dommages-intérêts S. 2936; R. 5124.
— droit unique (exploit) S. 278 s. ; R. 424 s.; (mandat) S. 315; R. 461; (notoriété) S. 540; (procuration) S. 270; R. 416 ; (recours en cassation) S. 494.
— exemption S. 6, 132, 157 s., 2705 s., 2747 s.; R.1172 s., 1184 s.,2819,3439, 4126, 4343, 4398, 4844 s., 4899 s.; (acquisition à la charge de l'État) S. 1618; R. 3264; (actes, intérêt général) R. 1764 s.; R. 3262; (acte de procédure) S.

1802 ; (bail à la charge de l'État) S. 1618 ; R. 3080 s.; (casier judiciaire) S. 311; (délégation de prix) S. 870; (état estimatif,mutation S. 582; (expropriation) S. 1780 s.; R. 3305 s.; (gage) S. 800 s.; R.1540; (locations verbales) S. 1637; (mandat administratif) S. 624; (retour conventionnel) S. 2390; (transfert, vente sur l'État) S. 159 ; (vente, Mont-de-Piété) S. 1369; (vente publique, poisson de mer) S. 1885.
— exigibilité S. 62 s.; R.81s.,161s.;(acte non dénommé) S.65; (base) S.62 s.; R.81s.;(conditions) S.63; (exceptions) S. 131 s.; R. 242 s.; (exception péremptoire) S. 182 s.; R. 243 s.; (intention des parties) S. 69 s.; R. 86; (nullité des actes) S. 113 s.; R.197 s.;(suspension) S. 131.
— imputation S. 3112; R. 3823 ; (legs, révocation) S.3117.
— liquidation S. 2413 s.; R. 4367 s.
— location verbale, expertise S.1647.
— minimum de perception, suppression d'office S. 929; R. 1018 s.
— modération S. 2336, 2916; (compétence) S. 2918.
— non-exigibilité S. 131.
— non - imputation S. 3117.
— non-restitution S.3081, S. 3084; (contrat conditionnel) S. 3085 ; R. 5393 ; (contrat de mariage) S. 3096; (déclaration tardive) S. 3107 ; R. 5416; (donation) S.3097; (erreur) S. 3100 s. ; (jugement, réformation) S. 3084; R. 5345 ; (legs, révocation) S. 3084; (legs universels) S. 3096 ; (marché administratif) S. 3091 ; (marché de fournitures) S. 3092; (mutation par décès) S. 3101 ; R. 5414, s.; (partage) S. 1347; (prix, diminution) S. 3087.
— payement S. 2914 s.; R. 5086 s.; (bureau) S. 2913; (contribution) S.2919 ; (délai, prorogation) S. 2916; (obligation) S.2949;(offres réelles) S. 2914 ; (preuve) S.3008 s.; (acte d'émancipation) S. 147; (soumission) S. 147.
— payement antérieur S. 152 ; R. 243.
— payement fractionné S. 2912.
— payement successif S. 2912.

— payement volontaire S. 121.
— perception (acte annulé) S. 147; (acte nul) S. 3080 s.; (cautionnement) S. 782 s. R. 1442 s.; (contrat de mariage) S.163 ; R. 285, 2428, 3516, 5404; (difficultés, compétence) S. 495; (effet propre de la loi) S. 158; R. 1172 s., 1184 s., 2519, 3439, 4342, 4398; (erreur) S. 3100; S. 5413 s.; (exception dilatoire) S. 1109 s.; R. 2360 s.; (exception péremptoire) S. 1109 s.; R. 2360 s.; (tarif applicable) S. 169.
— perception, base (absence) S. 2610; (nature du contrat) S. 82; (qualification des contrats) S. 81 s.
— perception indue, restitution, prescription S. 3220 s.; R.5496 s.
— perception insuffisante S. 3216; R. 5483.
— perception multiple S. 256 s.; R. 411 s.; (acceptation) S. 267 s.; R. 415 s.; (acte d'émancipation) S. 290 s.; R. 444; (acte de dépôt) S. 302 s.; R. 454 s.; (collation d'actes) S. 272; R. 420; (conditions) S. 466; R. 411 s.; (consentement) S. 276 s.; R. 422; (déclaration) S. 466; (délivrance de legs) S. 297, 351; R. 451, 860; (dépôt) S. 359 ; (exploits) S. 278 s.; R. 424; (lettre de voiture) S. 276 s.; R. 423 s.; (maunlevée d'hypothèque) S. 307; R. 458;(mandat) S. 313 s., 384; R. 460 s.; (ouverture de crédit) S. 762 ; (ratification) S. 324, 359; R. 465 ; (recours en cassation) S. 326; (recours au conseil d'État) S. 326.
— recouvrement (actes judiciaires) S. 2947 s. ; R. 5143 s. ; (action personnelle) S. 3004 ; (action réelle) S.2968; (action réelle, étendue) S. 2978 ; R. 5172 ; (biens de la succession, aliénation) S. 2985 s. ; (droit de suite) S. 2976 ; R. 5166; (hypothèque, mainlevée) S. 8010; (mutation par décès, fruits et revenus) S. 2978; R. 411 s.; (poursuites) S. 2938 s.; R. 5135 s.; (poursuite solidaire) S. 2938, 2942 ; R. 5136 ; (privilège) S. 2969 s. ; R. 5179 s., (rente, arrérages) S. 2982 ; R.5162; (séparation des patrimoines) S. 3005.
— recouvrement, droit de préférence S. 2972 s. ; R. 5175 ; (étendue) S. 2981 s., 2984, 2999 s. ; (faillite) S. 2975 ; (rang) S. 3000 s.
— remboursement S. 59.
— remise S. 2916 ; (acte d'huissier) S. 2918.
— supplément S. 136, 2642, 3216 ; (partage) S. 1349.
— usufruit S. 2330.

Droits d'enregistrement-débiteur S. 2919 s.; R. 5057, 5096 s., 5130.
— acte passé en pays étranger S. 2929.
— acte public S. 2920, s.
— acte sous seing privé S. 2929.
— acquéreur S. 3118 s.
— convention particulière S. 2931 s. ; R. 5121 s.
— curateur S. 2960 ; R. 5152.
— dommages-intérêts S. 2936 ; R. 5124.
— don manuel, déclaration S. 2023.
— donataire S. 2930, 2955 ; R. 5151.
— donation à cause de mort S. 2934.
— envoi en possession S. 2964.
— établissement public, hospice S. 2966.
— exécuteur testamentaire S. 2961.
— héritier S. 2955 ; R. 5151 ; (solidarité) S. 2999.
— héritier bénéficiaire S. 2957; R. 5153.
— héritier de l'héritier S. 2965.

— jugement S. 2952 ; R. 5149; (double droit) S. 2953 ; R. 5149; (solidarité) S. 2054.
— légataire S. 2955, 2966 ; R. 5151.
— légataire à titre universel S. 2962 ; R. 5160.
— légataire universel S. 2962 ; R. 5160.
— mutation par décès S. 2955 s. ; R. 5151 s. ; (solidarité) S. 2953.
— nouveau possesseur S. 2930.
— officier public S. 2920 s.
— poursuite S. 2938 s. ; R. 5135 s.
— recours en garantie S. 2945 ; R. 5134.
— saisie immobilière S. 2951.
— sentence arbitrale S. 2961.
— signature S. 2930 s.
— solidarité, caractère S. 2944 ; R. 5135.
— soumissionnaire S. 2930.
— successeur irrégulier S. 2962.
— supplément S. 2924.
— syndic S. 2961.
— testament S. 2921.
— tuteur S. 2960 ; R. 5152.
— usufruitier, recours S. 2980 ; R. 5174.
— vendeur S. 2936 s. ; R. 5124.

Droit d'enregistrement - restitution S. 37, 126, 139, 145; 153, 2347, 3078 ; R. 5341 s.
— absent, retour S. 3126 ; R. 5342.
— acquisition amiable, arrêté ministériel S. 1791.
— adjudication sur surenchère S. 1137 ; R. 2415.
— bail, perception double S. 1074.
— cession d'office S. 3095.
— chiffre maximum S. 3110.
— condition suspensive S. 3088 ; R. 5397.
— contrat de mariage S. 163, 573, 1560 s., 3096; R. 285,3428, 3513, 3518, 5404.
— déclaration de succession, erreur S. 3100.
— découverte de testament S. 3102 ; R. 5408.
— délégation de prix S. 870.
— demande S. 2785 ; R. 4883 ; (prescription) S. 3271.
— expropriation S. 1788, s. ; R. 3312 ; (délai) S. 1791.
— expropriation publique S.3122 s. ;R. 3342 s.; (prescription) S. 8230.
— intéressé S. 3119 s. R. 5420.
— intérêts S. 3121; R. 5432.
— mandataire S. 3120 R. 5426.
— marché avec l'État, annulation S.3090; R. 5412.
— mutation d'office S. 938's.; R. 1934 s. ; (délai) S. 942 ; R. 1935.
— partage non exécuté S. 3099.

— partage testamentaire, annulation S. 2149.
— prohibition S. 3078 s. ; R. 3541 s.
— promesse de vente S. 1099 ; R. 170.
— réduction de prix S. 1092 ; R. 2221.
— restitution indue, répétition S. 3233.
— vente, marchandises neuves S. 1530.
— vente judiciaire, inférieure à 2000 fr. S. 3127 s.
Droits d'enregistrement dus S. 145, 1848.
Droits d'enregistrement non perçus
— prescription S. 59.
Droits d'enregistrement perçus S. 145, 1848.
Droits éventuels
— déclaration de succession S. 3340 s. ; R. 4325 s.
— réalisation S. 2342 ; R. 4226.
Droits d'expédition.
V. Droits de greffe.
Droit fixe S. 171 s. ; 295 s.
— abandonnement de biens S. 488 ; R. 793.
— acceptation S. 267 s. ; R. 413 s.
— acte, condition suspensive S. 530.
— acte administratif S. 172.
— acte civil S. 172.
— acte de commerce S. 2517.
— acte de complément, stipulation d'intérêts S. 2513 ; R. 4480.
— acte dénommé S. 176, 178 s. ; R. 298 s.
— acte extrajudiciaire S. 172.
— acte imparfait S. 123.
— acte innommé S. 105, 176 ; R. 298.
— acte judiciaire S. 172.
— acte non dénommé S. 66, 105, 176 ; R. 298.
— acte passé à l'étranger S. 452 s. ; R. 760 s.
— acte refait S. 497 s. ; R. 827 s.
— acte respectueux S. 575 ; R. 802 s.
— adjudication, surenchère S. 1184.
— affectation hypothécaire S. 261 s., 675, 797 ; R. 804.
— Algérie S. 39.
— arpentage, procès-verbal S. 295.
— arrêté de compte S. 678 ; R. 1134 ; (tutelle) S. 678 ; R. 1153.
— atermoiement, faillite S. 413 ; R. 732.
— avis de parents S. 455 s. ; R. 763 s.
— bail d'ouvrage ou d'industrie S. 945 ; R. 1942.
— bailleur de fonds, cautionnement, déclaration S. 394 s. ; R. 646.
— biens étrangers, acte translatif S. 1730 ; R. 3223.
— bilan S. 413 ; R. 721.
— bornage, procès-verbal S. 296 ; R. 449.
— brevet d'apprentissage S. 505, 956 ; R. 1965.

— casier judiciaire S. 511.
— cautionnement S. 766.
R. 1375 ; (réitération) S. 504 ; R. 1443, s.
— cautionnement judiciaire S. 731.
— certificat S. 598.
— cession, acceptation S. 890 ; R. 1760.
— chemin rural S. 34 ; (acte) S. 1778.
— chemin vicinal (acte) S. 1775 ; R. 3282.
— collation d'actes S. 272.
— command, déclaration S. 1194 ; R. 2540.
— communauté, acceptation ou renonciation (acte civil) S. 1855 ; (acte judiciaire) S. 1855.
— compromis S. 460 s. ; R. 770.
— concordat S. 413, 421 ; R. 732.
— condition résolutoire S. 1183 ; R. 2524.
— condition résolutoire de plein droit S. 1184 ; R. 2525.
— confirmation S. 390 ; R. 635.
— contrat innommé S. 565 s. ; R. 797.
— contrat de mariage S. 573, 1804 ; R. 2423, 3356.
— décharge S. 548.
— déclaration S. 464 ; R. 771.
— délégation (acceptation) S. 885 ; R. 1700 ; (créance à terme) S. 874.
— dépôt (acte) S. 358 ; R. 536, s. ; (caisse des consignations) S. 362 s. ; (exécution) S. 357 ; R. 543 s. ; (exécution) S. 323 ; (somme, officier public) S. 354.
— dépôt du bilan S. 413 ; R. 732.
— désistement S. 470 ; R. 774.
— devis S. 413 ; R. 778.
— divorce S. 515.
— donation, révocation, survenance d'enfant S. 1184 ; R. 2525.
— donation entre époux S. 2096 ; R. 3832 ; (révocation) S. 1192.
— enregistrement provisoire S. 24, 99.
— exploit S. 477 s. ; R. 780 s.
— folie enchère S. 827 ; R. 476 s. ; (revente) S. 1123 ; R. 2395.
— inscription, réduction S. 523.
— institution contractuelle S. 2105, 2110 ; R. 3852, 3862.
— inventaire S. 593.
— jugement S. 139, 2251, 2354 s. ; R. 4250, 4278 s. ; (résolution de contrat) S. 1145, 1155 ; R. 2436.
— legs S. 2150 ; (délivrance) S. 297, 336 ; R. 451 s.
— lettre de gage, crédit foncier S. 521.
— mainlevée S. 307, 533 ; R. 458.
— mandat S. 314, 378, 1296 ; R. 460, 562 ; (décharge) S. 257, 322 ; (reddition de compte) S. 322.
— marché S. 24, 99 ; (acte de commerce) S. 958 s. ; (dépar-

tements) S. 974, 990 ; R. 1906, 1998 ; (trésor public) S. 974 ; R. 1996.
— marché et traité S. 534.
— nantissement (sous-comptoir des entrepreneurs) S. 546, 731 s. ; (sous-comptoir de garantie) S. 726.
— nomination d'expert S. 461.
— nomination de tuteur et curateur S. 458 ; R. 766 s.
— notoriété S. 539.
— offres non acceptées S. 686 ; R. 1218.
— ordre amiable S. 884.
— ouverture de crédit S. 739.
— partage (acte) S. 1064 ; (acte préliminaire S. 1263 ; R. 2645.
— partage pur et simple S. 1234 ; R. 2621.
— perception, base S. 171 ; R. 295.
— prestation de serment S. 396 ; R. 635, 689, 695 ; (employé S. 403 ; (agent des contributions) S. 403 ; (agent de l'enregistrement) S. 403 ; (agent des forêts) S. 403 ; (agent des ponts-et-chaussées) S. 403 ; (agent des postes) S. 403 ; (agent des prisons) S. 403 ; (avocat) S. 396, 400, 412 ; R. 662, 687, 689, 695 ; (avoué) S. 396, 400, 412 ; R. 662, 687, 689, 695 ; (débitant entreposeur de poudres) S. 404 ; (débitant de tabac) S. 404.
— prêt sur dépôt S. 720 ; R. 1320 ; (récépissé) S. 720.
— procès-verbal d'affirmation S. 413 ; R. 728.
— promesse de prêt S. 738 ; R. 1348.
— protêt S. 477.
— quittance de répartition, faillite S. 413, 426 ; R. 739.
— ratification S. 313, 386, s. ; R. 464, 617, s.
— récépissé S. 548 ; (chemin de fer) S. 584 ; (magasins généraux) S. 548.
— recours en cassation S. 492 ; R. 793.
— renonciation S. 267 s. ; R. 415 s.
— résolution S. 431 s. ; R. 479 s.
— résolution de contrat volontaire S. 1159 ; R. 2464.
— résolution de convention S. 1140 s. ; (condition suspensive S. 1142 ; R. 2429, 2431.
— restitution des reprises S. 597 s.
— rétractation S. 500.
— révocation S. 560 ; (donation entre vifs) S. 562 ; (testament) S. 563.
— société (acte) S. 1062 ; (acte complémentaire) S. 1884 ; R. 3543 ; (acte de dissolution) S. 1955 ; R. 3579 ;

(assurances mutuelles) S. 1874 ; (constitution) S. 1868 ; R. 3524 ; (partage) S. 1087 ; R. 3581.
— testament S. 563 ; 2295 ; R. 4080.
— titre nouvel S. 482 ; R. 785.
— traité S. 24, 99 ; (acte de commerce) S. 958 s.
— transaction S. 655, 665.
— transmission, biens situés à l'étranger S. 452 s. ; R. 760 s.
— tutelle officieuse S. 459 ; R. 769.
— union des créanciers, faillite S. 413 ; R. 724.
— vente S. 1085 ; (chose d'autrui, annulation judiciaire) S. 1145 ; (navires) S. 425, 1577 ; R. 743 ; (navire naufragé) S. 444 s. ; (résolution) S. 1177 s. ; R. 2505 s.
V. Droits de greffe, Droit d'inscription, Droit de transcription.
Droit gradué. S. 27, 60, 174.
— acte translatif (immeuble) S. 174 ; (immeubles étrangers) S. 1744 s.
— adjudication, service postal S. 982.
— antériorité hypothécaire S. 524.
— application S. 174.
— bail à cheptel S. 105.
— bail à moitié fruits S. 105.
— biens étrangers, acte translatif S. 1730.
— caractère S. 175.
— cautionnement (adjudication, trésor public) S. 766 ; (marché, trésor public) S. 766.
— contrat de mariage S. 174, 784 ; (apport des époux) S. 1804.
— délai, prorogation S. 174, 178.
— délivrance de legs S. 336.
— jugement S. 2259.
— legs, délivrance S. 174, 297, 336.
— liquidation S. 2414 s. ; (marché) S. 174.
— loi, application S. 174.
— mainlevée S. 174, 178.
— mainlevée d'hypothèque S. 523.
— marché S. 174 ; (forêts) S. 983 ; (guerre) S. 984 ; (lycée) S. 986 ; (marine) S. 984 ; (ponts et chaussées) S. 984 ; (trésor public) S. 974.
— minimum S. 979.
— partage S. 174, 699 ; (acte) S. 1064 ; (application) S. 1255 s. ; (liquidation) S. 1256 s. ; (meubles) S. 1377 ; R. 2821.
— partage d'ascendant S. 2117.
— partage provisionnel S. 1269.
— partage pur et simple S. 1235.
— partage sous seing privé S. 105.
— partage testamentaire S. 2148 s.
— pluralité, délivrance de legs S. 297.

— prorogation de délai S. 252, 541.
— rapport S. 1257.
— rente, reconnaissance S. 482.
— société (acte) S. 105, 1062 ; (acte de dépôt) S. 105 ; (apport) S. 1530 ; (apport, retrait) S. 1923 ; (associé, retraite) S. 1923 ; (augmentation du capital) S. 106 ; (constitution) S. 1868 ; (dissolution, partage des biens) S. 1955 ; (lotissement) S. 1929 ; (partage) S. 1957 ; R. 3581 ; (partage partiel) S. 1929 ; (prorogation) S. 1868, 1919 ; R. 3545 ; (souscription, actions nouvelles) S. 1145 ; (navires) S. 441, 444 ; R. 734 s. ; (navires naufragés) S. 441.
Droit de greffe S. 3427 s. ; R. 5849 s.
— acte de dépôt, bilan S. 414 ; R. 5873.
— caractères S. 3426 ; R. 5854.
— division S. 3427 ; R. 5849.
— droit d'expédition S. 3427, 3477 s. ; R. 5849, 5895 s. ; (actes de l'état civil) R. 5907 ; (arrêtés) R. 5878 s. ; (caractères) S. 3477 ; R. 5895 s. ; (commission rogatoire) R. 5889, 5906 ; (consignation préalable) S. 3478 ; (dessin de fabrique) S. 3479 ; (exécutoire) R. 5903 ; (jugements) R. 5900 s. ; (marque de fabrique) S. 3480 ; (ordonnances) R. 5904, 5908 ; (pièces arguées de faux) R. 5902 ; (procès-verbaux) R. 5905 ; (règlement d'ordre) S. 3481.
— droit de mise au rôle S. 3427, 5347 s. ; R. 5861 s. ; (appel en garantie) R. 5869 ; (caractères) R. 5861, 5872 ; (définition) R. 5861 ; (double décime) S. 3449 ; (hospices) R. 5865 ; (intervention) S. 5860 ; (justice de paix) S. 3448, 3450, 3453 s. ; (matières sommales) R. 5864 s. ; (opposition) R. 5870 ; (référés) S. 3450 ; R. 5862 s. ; 5866 s. ; (simple police) S. 3451 ; (simple requête) R. 5871 ; (taux) R. 5861 s.
— droit de rédaction et de transcription (caractères) S. 3458 ; R. 5873 s. ; (divi-

sion) S. 3459 ; R. 5875.
— droit de rédaction et de transcription, droit fixe S. 3468 s. ; R. 5886 s. ; (actes de l'état civil) R. 5892 ; (casier judiciaire) S. 3473 ; (certificats) S. 3469 s. ; R. 5890 ; (cessation de fonctions) R. 5894 ; (communication de pièces) R. 5891 ; (dépôt de titres, inscription, ordre, contribution) S. 3474 s. ; R. 5886 s. ; (dessin de fabrique) S. 3470 ; (marque de fabrique) S. 3471 s. ; (prestation de serment) R. 5893.
— droit de rédaction et de transcription, droit proportionnel S. 3480 s. ; R. 5875 s. ; (adjudication en justice) S. 3463 s. ; R. 5877 s. ; (adjudication en plusieurs lots) S. 5879 ; (héritier bénéficiaire) S. 3466 ; (licitation) S. 3465 s. ; R. 5880 ; (mandements ou bordereaux de collocation) S. 3461 s. ; R. 5876 ; (résolution de vente) R. 5883.
— exemption, expropriation S. 3462.
— historique et législation S. 3429 s. ; R. 5850 s. ; (amendes, condamnations pécuniaires) S. 3441 ; R. 5860 ; (assistance judiciaire) S. 3437 ; (capitaines de navire) S. 3439 ; R. 4859 ; (chemins de fer) S. 3434 ; (contrainte) S. 3445 ; R. 5667 ; (décimes, demi-décimes) S. 3432 ; R. 5857 ; (établissement) S. 3429 ; R. 5850 ; (exemptions) S. 3435 s. ; (justice de paix) S. 3431 ; (marques de fabrique) S. 3462 ; (modes de perception, remises) S. 3440 s. ; R. 5850 ; (prescription) S. 5572 ; (définition) R. 5561 ; (double décime) S. 5453, 5525, 5862 ; (procédure d'office) S. 3438 ; R. 4851, 4856 ; (restitution) S. 3443, 3449 s. ; R. 5854.
— ordre S. 2382.
— restitution S. 37 ; (vente judiciaire) S. 3173.
Droits d'hypothèque S. 3482 s. ; R. 5911 s.
— assistance judiciaire S. 2723.
— compétence, demande en restitution S. 3600.
— exemption, expropriation S. 1781 ; R. 3307.

— historique et législation S. 3485 s. ; R. 5911 s.
— ouverture de crédit S. 163.
— perception S. 138.
— poursuites et instances S. 3599 ; R. 5669.
— prêt, crédit foncier S. 163.
— restitution, vente judiciaire, inférieure à 2000 fr.) S. 37, 3173.
— vente immobilière, prix,intérêts S.158.
— V. Droit d'inscription.
Droits incorporels
— échange S. 1706 ; R. 3208.
— meubles étrangers S. 1740.
Droit d'inscription S. 3485 s.; R. 5917 s.
— caractères, droit proportionnel R. 5938.
— dessèchement des marais R. 5939.
— droit fixe R. 5942.
— droit proportionnel (contributions indirectes) R. 5961 ; (éviction) R. 5952.
— exemption S. 2505 s. ; R. 5938 s. ; (associations ouvrières) S. 3506.
— exigibilité S. 3487 s. ; R. 5924 s. ; (cautionnement hypothécaire) S. 3489 ; R.5929 ; (droit distinct, divisibilité) S. 3487 ; R. 5924 s. ; (droit proportionnel) S.3491; R. 5929 s. ; (hypothèque générale, conversion) R. 5932 ; (inscription indéfinie) S. 3495 s. ; (inscription d'office) R. 5935 s. ; (inscription rectificative) S. 3492 s.; R. 5934 ; (novation) R. 5930; (ouverture de crédit) S. 3488, 3497 s. ; (renouvellement) S. 3490 ; R. 5934, 5933 ; (solidarité, indivisibilité) R. 5925s.;(sous-comptoir de garantie)S. 3494.
— liquidation S. 3499 s. ; R. 5917 s. ; (crédit foncier) S. 3502 ; (frais et accessoires) S. 3501, 3503; R. 5928; (intérêts, arrérages) S. 3500; R. 5919 s. ; (séparation de biens) S. 3504.
— obligations des conservateurs R. 5943.
— ouverture de crédit S. 741.
— payement, S. 3507 s.; R. 5946 s. ; (avances, formalités) R. 5950 ; (consignation) S. 3508 ; (créance indéterminée) R. 5954 ; (faillite) R. 5955 s.
— payement, frais (énumération)R. 5945 ; (hypothèque légale) R. 5946 s. ; (matière criminelle) S. 5949 ; (trésor, domaine) R. 5948.
— prescription S. 3509 s.; R. 5920 s.
— prêt hypothécaire, sous-comptoir de garantie S. 729.
— radiation R. 5940 s.

— saisies immobilières R. 5944.
— tarif S. 3486 ; R. 5917 s.
Droit de liquidation S. 2275 s.
— compensation partielle S. 2276.
— jugement S. 2352, 2275 s.; R. 4318 s.
— ordre amiable S.2351.
— sentence arbitrale S. 2378.
— syndic, indemnité S. 2379 ; R. 4327.
Droits litigieux
— déclaration de succession S. 2340 s.; R. 4325 s.
— réalisation S. 2342 ; R. 4326.
Droit de mise au rôle.
V. Droits de greffe.
Droit de mutation S. 61, 146, 1016 s. ; R. 79 s., 202, 2537 s., 2802, 3010.
— cautionnement S. 2312.
Droit de présentation
— droit proportionnel, liquidation, acte complexe, apport mobilier et immobilier S. 3572.
Droit proportionnel S. 591 s., 25, 77 s., 837 s.
— accroissement, communauté religieuse, congrégation S. 2051 s. ; R. 2254, 3348, 3586.
— acte non dénommé S. 66; R. 84.
— acte non enregistré, usage en justice S. 2817.
— adjudication S. 1115 ; R. 2384 ; (immeuble, société) S. 1967; (surenchère, perception) S. 1132 s.; R. 2410 s.
— adjudication immobilière S. 78.
— affectation hypothécaire S. 66.
— antichrèse S. 1691; R. 3153.
— arrêté de compte S. 676, 653; R.1145, 1151, 1199; (reliquat) S. 676 s.,682; R. 1170 s.
— assurance S. 816.
— avis de parents S. 457 ; R. 765.
— bail S. 2597 s.; R. 4609 s. ; (cession) S. 1543 s. ; 1677 ; R. 3121; (exigibilité) S. 1604; R. 3008 s. ; (rétrocession) S. 1677 ; R. 3121 ; (sous-bail) S. 1677 ; R. 3121; (subrogation) S. 1677 ; R. 3121.
— bail à cheptel S.1014; R. 2041.
— bail à colonage ou à portion de fruits S. 1628 s. ; R. 4686.
— bail à durée limitée S. 1600 ; R. 3004 s.
— bail emphytéotique S. 2603 s.; R.4039.
— bail à nourriture S. 1009 s., 1014 s.; R. 2011 s., 2037 s.; (durée limitée) S. 856.
— bail d'ouvrage ou d'industrie S. 381, 945 ; R. 1942.
— bail à vie S. 609; R. 3020, 3043.
— billet S. 675 ; R. 1121, 1132.

— billet à domicile S. 1975.
— billet à ordre S. 1975.
— brevet d'apprentissage S. 956 ; R. 1365.
— caractères S. 591 ; R. 837 s.
— cautionnement S. 148, 766; R. 1375.
— cautionnement judiciaire S.781.
— cession d'actions et obligations S. 891 s. ; R. 1769.
— cession de créance S. 866, 886 ; R. 1732.
— cession de créance à terme S. 85.
— cession immobilière S. 72.
— cession d'intérêts S. 892; R. 1778.
— cession d'office S. 136.
— cession de part sociale S. 73.
— chèque S. 1979.
— commandé, déclaration S. 1194, 1198 ; R. 2550, s.
— concordat amiable S. 421, s.
— condamnation S. 152, 2361 s. ; R. 4271
— condition résolutoire S. 1185 s. ; R. 2365, 2367.
— constitution d'hypothèque, tiers S. 795 s. ; R. 1517,
— constitution de rente S. 72, 852 ; R. 1925, s.
— construction de chemin de fer S. 136.
— contrat pignoratif S. 1691 ; R. 3153, 3174.
— convention, inexécution S. 814.
— dation en payement S. 340, 916, 1083 ; R. 1876, 2283.
— délégation S. 866 ; R.1659 ; (créance à terme) S. 867 ; R. 1661.
— délégation de prix S. 870.
— dépôt (particulier, décharge) S. 371 ; R. 554; (remise, tiers) S. 357; R. 522 s. ; (somme, particulier) S.365; R. 531.
— désistement, libération du débiteur S. 473 ; R. 777.
— dommages-intérêts S. 805, 2365 ; R. 1550
— don manuel S. 113, 146; 2007; (caractère)S.2008; (quotité) S. 2258.
— donation S. 19, 70, 72; (révocation, ingratitude) S. 1187.
— donation contractuelle S. 2105; R. 3552.
— donation entre époux S. 2098 ; R. 3838.
— donation entre vifs S. 1983 ; R. 3652, 3686; (application) S. 579, s.; R. 809.
— donation entre vifs en ligne directe S. 1985 ; R. 3652.
— donation entre vifs entre collatéraux S. 1968 ; R. 3652.
— donation à l'étranger S. 2058 s.; R. 3652.
— droit au bail, cession S. 1548 s.

— droit de liquidation S. 2275 s.; R. 4318 s.
— droit d'obligation S. 70.
— droit de titre S. 2384 s., 2393; R. 4329 s., 4337 s.
— échange — S. 1697 s.; R. 3186 s.
— engagement immobilier S. 1690 s.; R. 3151 s.
— exemption S. 6 ;(chemins ruraux) S. 1778 ; (chemins vicinaux, actes) S. 1776; R. 3383; (folle enchère) S. 329; R. 478; (résolution de contrat) S. 1135 s.; R. 2456 s.
— exigibilité S. 592 s.; R. 840 s.
— exploit S. 480.
— folle enchère S. 143; (revente) S. 1123 ;
— fondation S. 2391, 2394 s.
— fondation pieuse S. 1998; R. 3662.
— gage S. 800; R. 1540.
— garantie mobilière S. 791 s.; R. 1473 s.
— hypothèque, acte de constitution S. 66.
— immeuble, mutation S. 1074; R. 2263 s.
— indemnité S. 803, 805, 1006 ; R. 1550 s. ; R. 4276 s.
— legs, délivrance S. 337 ; R. 492, 499.
— lettre de change S. 27, 1975; R. 3605
— lettre de change notariée S. 1977.
— libération S. 136, 593 s., 2774 ; R. 883 s., 4645.
— libération de somme ou valeur S. 90.
— licitation S. 1332 ; R. 2717.
— location S. 2600.
— louage, marché S. 1370 s.
— louage d'industrie S. 1370 s.
— louage de service S. 67.
— loyer, réduction S. 256; R. 3118.
— mainlevée, inscription hypothécaire S. 627; R. 957.
— marché S. 24, 135, 2623 s. ; (acte de commerce) S. 958 s. ; (administrations locales) S. 974; R. 1992; (caractère) S. 991 ; R. 1983; (cession) S. 1375; (départements) S. 990; (louage) S. 948, 1370, s. ; (trésor public) S. 974; R. 1992; (vente) S. 949 s., 1370, s.
— marché administratif S. 972 s.
— marché pour construction S. 994.
— marché entre particuliers S. 958 s.; 991 ; R. 1983.
— marché et traité S. 538.
— meubles (mutation) S. 1368; R. 2811; (transmission) S. 1364 s.
— meubles à l'étranger, cession S. 1552.
— mine (redevance, cession) S. 589 ; R. 836.
— mutation entre particuliers S. 2865; (sol, transmission) S. 1391.
— mutation entre vifs, rente sur l'Etat S. —

2768 ; R. 4926 s.
— mutation immobilière S. 103.
— mutation d'office S. 920 ; R. 1901.
— mutation par décès (rente sur l'Etat) S. 2768 ; R. 4926 s.; (valeurs mobilières, étrangères) S. 2769.
— navire, mutation de propriété S. 27.
— non-exigibilité S. 164 ; R. 278 s.
— novation S. 849 s.; R. 1586 s.
— obligations S. 650 s.; R. 1038 s.
— obligation de somme S. 20.
— office S. 2348; R. 4234, 4251 s.
— offres non acceptées S. 686; R. 1219.
— ordre S. 265.
— ordre amiable S. 883, s. ; R. 1715 s.
— ordre consensuel S. 91 ; R. 116, s.
— ouverture de crédit S. 25, 163, 740, 2519; (réalisation) S. 761; R. 1315.
— part acquise S. 78.
— partage pur et simple S. 1234; R. 2621.
— payement, subrogation S. 636, s. ; R. 978, 980, 987.
— perception, suspension S. 6, 2706 ; (assistance judiciaire) S. 9; (marché d'intérêt) S. 444 s.; R. 754 s.;(domaine national) S. 1779 s.; R. 3288 s.; (fonds de commerce) S. 1365, 1522 ; (marchandises neuves) S. 1522, 1547 s.; (valeurs mobilières) S. 1547.
— prêt S. 712; R. 1302.
— prêt de consommation S. 717.
— prêt sur dépôt S. 2403.
— prix, immeuble S. 1084; R. 2282, 3208, 4405.
— procès-verbal d'ordre amiable S. 27, 890.
— promesse de payer S. 636; R. 1137 s.
— promesse de prêt S. 738; R. 1348.
— promesse de vente S. 1098; R. 2334 s.; (cession) S. 1104.
— quittance, caisse des consignations S. 384; R. 549, 904, 4897.
— quotité S. 592 s.; R. 840 s.; (réduction) S. 6.
— reconnaissance de dette, mandat-procuration S. 589.
— rémérés, meubles S. 1370, s.
— rente perpétuelle, constitution S. 85.
— rente viagère (constitution) S. 84; (réduction) S. 256.
— report S. 722.
— résolution de contrat S. 1140 ; (quotité) S. 1188 s.; R. 2520.
— retrait de réméré S. 1354; R. 2762.
— retrait successoral S. 1362; R. 2798.
— rétrocession S. 1140 ; R. 2528.
— servitude, constitution S. 589; R. 836.
— société S. 1892; (action, cession) S. 1391. 1968 ; (apport, attribution) S. 1965; —

R. 3589; (associé-retraite) S. 1924; R. 3582 ; (cession de part) S. 1926, s. ; (cession de part, quotité) S. 1934, s.; (part, accroissement sans prix) S. 1937 ; (part, cession) S. 1983 ; (traitement du directeur) S. 1909; (traitement du gérant) S.1906.
— soulte S. 1265, 1289; R. 2655, 2665 ; (partage testamentaire) S. 2160.
— sous-ordre S. 265.
— subrogation S. 913 ; R. 1858.
— taxe des dépens S. 2370 ; R. 4304.
— titre nominatif S. 28.
— titre au porteur S. 28.
— traité S. 24; (acte de commerce) S. 958.
— transaction S. 655 s.; R. 1049 s., 1082.
— transmission de meubles S. 84.
— transport de créance S. 20, 71.
— vente (biens de l'Etat) S. 1779 s.; R. 3288 s.; (chose d'autrui) S. 1168; R. 3258 ; (chose d'autrui, annulation volontaire) S. 1145; (clientèle) S.1365, 1522; (débris de navires) S. 1365, 1522; (marchandises neuves) S. 1522, 1547 s.; (valeurs mobilières) S. 1547.
— vente en gros, marchandises neuves S. 413.
— vente mobilière S. 27; (faillite) S. 413; R. 730.
— vente de navires S. 27,428 s. ; R. 748.
— vente publique (marchandises neuves) S. 1420; (meubles) S. 1417 s.; R.2916
— vente à réméré S. 1354 ; R. 2759.
V. Droits de greffe, Droit d'inscription, Droit de transcription.
Droit proportionnel liquidation S. 2413 s.; R. 4367 s.
— action (cession) (constitution) S. 2530; R. 4508 s.
— antichrèse S. 2607.
— arrêté de compte S. 2521.
— bail S. 2597 s.; R. 4609 s., 4614; (cession) S. 2000; R. 4632; S. 2001; R. 4627; (subrogation) S. 2000; R. 4632.
— bail à cheptel S.2602.
— bail emphytéotique S. 2603 s.; R. 4618 s.
— bail illimité S. 2597; R. 4611.
— bail à périodes S. 2654.
— bail à terme S. 2548.
— bail à rente perpétuelle S. 2597; R. 4611.
— bail à vie S. 2598.

— but S. 2430; R. 4370 s.
— cautionnement S. 2516; R. 4482 s.
— cession S. 2517 s.; R. 4496 s.
— chemin de fer d'intérêt local, concession S. 2617.
— constructions, terrain d'autrui S. 2611.
— créances S. 2513 s.; R. 4478 s.
— droit d'accroissement S. 2481.
— échange S. 2619 s.; R. 4652 s.; (immeubles) S. 2463.
— habitation (constitution) S. 2596; R. 4605 s.; (vente) S. 2596; R. 4605 s.
— immeubles S. 2643 s.; (engagement) S. 2607; R. 4541 s.
— intérêt, constitution S. 2530; R. 4503 s.
— jugement S. 7.
— libération S. 2505 s.; R. 4496 s.
— licitation, part acquise S. 2463.
— location S. 2600.
— marché S. 2623 s.
— minimum à percevoir S. 2420; R. 4370 s.
— mode S. 7.
— mutation par décès S. 2464 s.; R. 4449 s.; (base) S. 2466 s.; R. 4452.
— mutation à titre gratuit S. 2464 s.; R. 4449 s.; (immeubles) S. 2647.
— mutation à titre onéreux S. 2422 s.; R. 4388 s.
— nue-propriété (cession) S. 2573; R. 4549; (constitution) S. 2562 s.; R. 4534; (réunion à l'usufruit) S. 2591.
— obligation de somme S. 2511 s.; R. 4477 s.
— ouverture de crédit S. 2519 s.
— part sociale S. 2490; R. 4509; (cession) S. 2531 s.; 2538 s.; (constitution) S. 2530 s.; R. 4503.
— partage anticipé S. 2463.
— partage testamentaire S. 2463.
— prêt S. 2519 s.
— prix S. 2423 s.; R. 4386 s.
— quittance S. 2507 s.; R. 4469 s.
— rente (cession) S. 2549; (cession à titre gratuit) S. 2550; (constitution) S. 2548 s.; R. 4510 s.; (constitution à titre gratuit) S. 2550; (rachat) S. 2553.
— rente à durée indéterminée, constitution S. 2552; R. 4526 s.
— rente sur l'État, cession S. 2559.
— rente viagère, reversibilité S. 2557.
— servitude (cession) S. 2596; R. 4605 s.; (constitution) S. 2596; R. 4605 s.
— soulte S. 2463, 2628.
— transmission de jouissance S. 2500 s.; R. 4533 s.
— transport S. 2517 s.; R. 4496 s.
— usage (cession) S. 2596; R. 4605 s.; (constitution) S. 2596; R. 4605 s.

— usufruit (constitution) S. 2561 s.; R. 4534 s.; (extinction) S. 2576 s.; R. 4502 s.; (réunion à la nue-propriété) S. 3576 s.; R. 4602 s.
— valeur imposable, fractionnement S. 2420; R. 4370 s.
— valeurs mobilières, cession S. 2532 s.
— vente S. 2422 s.; R. 4287 s.; (fonds de commerce) S. 2460.
— vente immobilière S. 2443.

Droit de rédaction.
V. Quittance.

Droit de rédaction et de transcription S. 3427, 3458 s.; R. 5873 s.

Droit de résolution
— jugement S. 2362.

Droit de rétrocession
— jugement S. 2333.

Droits successifs
— cession S. 202, 1254, 2609; R. 307; (acte étranger, mention, acte public) S. 3026; (caractère) S. 2879; (donation) R. 316; (mobiliers et immobiliers, estimation) S. 1892; R. 2984; (partage) S. 1301 s.; R. 2693 s.; (partage avec soulte) s. 1575; (prix, dissimulation) S. 2821; (soulte, imputation) s. 1302 s.; 1324; (soulte) S. 1324; (soulte, montant, détermination) S. 1305; R. 2697 s.; (transaction) R. 323, 2639; (vente simultanée, meubles et immeubles) S. 1379 R. 2986.

Droit de titre
— acte antérieur enregistré S. 2398; R. 4349.
— aliments S. 2394; R. 2019, 4341.
— billets S. 2402.
— convention nulle S. 2401.
— convention présumée S. 2400.
— convention verbale S. 2391, 2393, 2404 s.; R. 1943, 4338, 4399, 4385, 4357, 4360, 4362.
— exemption S. 2394, 2396 s.; R. 4341, 4348 s.
— exigibilité S. 2390; R. 4338.
— juge, responsabilité S. 2385 s.; R. 4336.
— jugement S. 2352, 2384 s.; R. 4339 s.; (application) S. 2403; R. 4352 s.
— mandat S. 2396; R. 4347, 4350.
— marché, nullité S. 2406.
— marché et traité, acte de commerce S. 2407 s.
— nature S. 2392.
— obligation légale S. 2394; R. 4341 s.
— perception S. 2386 s.; R. 4336 s.
— prix S. 2402 s.; (réduction) S. 2406.
— procès-verbal de distribution par contribution S. 2405.
— procès-verbal d'ordre S. 2405.
— quotité S. 2392.

— sentence arbitrale S. 2385.
— solde de prix S. 2463.
— titre, date certaine S. 2397; R. 4348.
— vente verbale S. 2405.

Droit de transcription S. 2511 s.; R. 5963 s.
— démission de biens R. 5983.
— division S. 3511.
— donation entre-vifs S. 1985, 1987; R. 3653, 3656.
— donation immobilière R. 3976 s.; (pauvres, hôpitaux) R. 3977.
— droit fixe (caractères) S. 3585 s.; (domaine) R. 6004.
— échange S. 1725's.
— exemption S. 1769 (expropriation) S. 1781; R. 3307; (vente immobilière, résolution) S. 1182; R. 6051.
— expertise, réquisition S. 3595; R. 6053.
— jour férié R. 5965.
— legs R. 5982.
— majorats R. 6054 s.
— non - restitution S. 3108.
— ordre S. 2382.
— payement des droits S. 3587 s.; R. 6039 s.; (consignation) S. 3588; R. 6041; (pluralité de bureaux) S. 3594; R. 6042; (recouvrement, règles) s. 3589; (réquisition, gestion d'affaires, mandat) S. 3592 s.; (réquisition) officier ministériel) S. 3589 s.; (vente immobilière) R. 6043.
— partage d'ascendant S. 246; (valeurs mobilières) S. 2116.
— prescription S. 3598; R. 5959, 6053.
— restitution S. 3596 s.; R. 6045 s.; (acte de société, substitution) S. 3596 s.; R. 6047; (adjudication) R. 6049; (vente) R. 6050 s.
— substitution S. 2205, 2921.
— tarif S. 3511 s.; R. 5964, 5965 s.
— transcription, définition R. 5963.

Droit de transcription, droit proportionnel S. 3513
— actes assujettis S. 3513, 3516 s.; R. 5958, 5970 s.
— indivisibilité S. 3516.
— mutation S. 3513; R. 6032 s.
— rémunération, prix S. 3514 s.

Droit de transcription-droit proportionnel-exigibilité S. 3518
— licitation S. 3581; R. 6031 s.; 6025; (adjudication) S. 3583 s.; (héritier bénéficiaire) S. 3596 s.; R. 6024, 6036 s.; (indivision, cession) S. 3532 s.; R. 6024, 6029; (titre commun) S. 3542 s.
— mutation à titre gratuit S. 2519 s.; (déclaration de dotalité) S. 3528;

— R. 5994; (donation immobilière) S. 3510; R. 5971 s.; (nue-propriété) S. 3527; R. 5985, 5990's.; (partage anticipé, donation) S. 3523 s.; R. 5983; (partage anticipé, usufruit) S. 3524 s.; R. 5983 s.; (renonciation) R. 5985 s.; (substitution) S. 3520; R. 5978 s.; (substitution, adjudication) S. 3521; (substitution, testament) S. 3522; R. 5979 s.
— mutation à titre onéreux S. 3529 s.; (acte de société) S. 3561; (adjudication, surenchère) R. 6034 s.; (bail) s.; R. 5510.; (bases de la perception) R. 6032 s.; (biens dotaux) R. 5994; (cession de droit réel immobilier) R. 5998; (donation, révocation) S. 3556; (échange) R. 6007 s.; (expropriation) R. 5996, 6006; (indivision, retrait) S. 3557; (mine, concession) R. 5995; (promesse de vente) S. 3549 s.; (réméré) S. 3558 s.; R. 6011; (remploi) S. 3552 s.; R. 6034-8; (rente foncière) S. 3555; R. 6015 s.; (retrait successoral) S. 3560; (titre commun, adjudication) S. 3543 s.; (titre commun, indivision) S. 3548; (titre commun, usufruit) S. 3547 s.; (transaction) S. 3529 s.; (transaction, légataire universel) S. 3530; (vente avec réserve d'usufruit) R. 6033; (ventes judiciaires) S. 5996 s.; (vente verbale) R. 6003; (vente volontaire) R. 5991 s.; 5998.
— réquisition S. 3562 s., 8567; R. 6039 s.; (acte de société) S. 3565 s.; R. 6030; 6047; (acte de société, apport immobilier) S. 3565 s.; R. 6030; (carrière, concession de) S. 3564; (partage) S. 3563.

Droit de transcription-droit proportionnel - liquidation S. 3570 s.
— acte complexe S. 3572 s.; (chemin de fer concession) S. 3575; R. 6005; (partage) S. 3575; (réquisition) S. 3572's.
— actions immobilisées S. 3583 s.; R. 6054.
— adjudication S. 3574.
— déclaration estimative S. 3584; R. 6032.
— indivisibilité S. 3570 s.; R. 6058.
— licitation S. 3577 s.; (vente de droits héréditaires) R. 6026 s.
— partage d'ascendant

S. 3580 s.; R. 5984 s.

Droit de transmission S. 1449 s.
— application S. 1463.
— bon de liquidation S. 1463.
— caractère S. 1495.
— certificat nominatif, échange S. 1465.
— contravention S. 1512 s.; (bonne foi) S. 1517; (pénalités) S. 1515.
— contravention, amende de (prescription) S. 1519; (quotité) S. 1515; (remise) S. 1517; R. 5091.
— conversion de titres S. 1464.
— déclaration S. 1477; (contrôle) S. 1478; (omission, prescription) R. 5510.
— déclaration nouvelle S. 1482.
— fonds publics étrangers, S. 1496.
— évaluation, omission S. 1515.
— évaluation insuffisante S. 1513.
— exemption S. 1490 s.
— exigibilité S. 1483 s.; (cessation) S. 1467; (cessation, valeurs étrangères) S. 1508 s.
— liquidation S. 1483; (déclaration estimative) S. 1483; (titres cotés) S. 1483; (titres dépréciés) S. 1485; (titres non cotés) S. 1485; (titres non libérés) S. 1486.
— mutation à titre gratuit S. 1490.
— mutation à titre onéreux S. 1490's.
— non-payement, valeurs étrangères S. 1502.
— obligation notariée S. 1466.
— payement S. 1501; (délai) S. 1501.
— pénalités S. 1503.
— perception S. 1488; (valeurs étrangères) S. 1498 s.
— prescription S. 1515 s.
— prescription biennale S. 1519.
— prescription quinquennale S. 1520.
— prescription trentenaire S. 1519, 1821.
— relevé trimestriel S. 1479 s.; (erreur) S. 1480.
— relevé trimestriel négatif S. 1481.
— société (débitrice) S. 1488, 1493; (dissolution) S. 1497; (faillite) S. 1467 s.; (forme) S. 1459; (liquidation) S. 1497; (objet) S. 1467, 1470; S. 1460.
— tarif S. 1452 s.
— taxe annuelle S. 1452; (exigibilité) S. 1457 s.; (exigibilité, point de départ) S. 1458.
— transfert (héritier) S. 1490; 1495; (jugement) S. 1494.
— transfert pour ordre S. 1466.
— transfert à titre de garantie S. 1466; valeurs étrangères S. 1495 s.
— valeurs mobilières S. 1363 s.

Eau
— concession S. 1077, 1372; (droit réel)

transmission) S. 1077; R. 2270; (durée illimitée) S. 1078; R. 2270; (traité, caractère) S. 1000's.
— distribution, concession S. 1004.
— fourniture (consommation; force motrice) S. 947.

Échange S. 1695 s.; R. 3180 s.
— caractères S. 1702 s.; R. 105 s., 3193 s., 4405.
— chose future S. 1090.
— condition suspensive S. 1705; R. 3201.
— convention verbale R. 3212.
— déchéance R. 6066.
— déclaration (insuffisance, omission) S. 2873; R. 5056.
— mode d'évaluation S. 2619 s.; R. 4652.
— donation entre vifs S. 2049; R. 3745.
— droits, exigibilité S. 1708; R. 3208.
— droits incorporels S. 1708; R. 3208.
— droit de transcription S. 1735.
— éléments constitutifs S. 1706; R. 3205.
— État S. 1768; R. 3269.
— éviction S. 1148.
— expertise S. 2646, 2685; R. 4700, 4703.
— frais S. 2628.
— fraude R. 3188, 3206.
— immeubles S. 1697, 1702 s.; R. 3186 s., 3200, 3745; (résolution) S. 1704.
— immeubles ruraux S. 1697 s., 1711 s., 2630; R. 3187 s.; (communes limitrophes) S. 1710; (contiguïté) S. 1717 s.; (dissimulation) S. 1724; (justification) S. 1720's., (même commune) S. 1716; (possession) S. 1718; (tarif réduit, condition) S. 1711, 1720 s.
— immeubles urbains S. 1715.
— lots, partage S. 256.
— meubles S. 1707 s.; R. 3206 s.
— nue propriété S. 2625.
— obligation de faire S. 1708; R. 3209.
— partage S. 1307; R. 2702 s.
— porte-fort S. 1705.
— prestation S. 1708; R. 3209.
— preuve R. 2151.
— prix S. 1706; R. 3205.
— rescision S. 3199.
— résolution S. 1148; R. 2447, 3199.
— résolution judiciaire, droit, quotité S. 1190; R. 6001, 6051.
— résolution volontaire, droit, quotité S. 1189; R. 6012, 6051.
— soulte S. 1709 s.; R. 1140, 3213; (dissimulation) S. 1122; (frais) S. 2628.
— stipulations incompatibles S. 1705; R. 3201.
— transmission R. 4389.
— V. Droit de transcription.

Échange avec soulte S. 2622 s.; R. 4676, 4701.

Eclairage
— marché, cession S.
954.
Ecoles
— caisses, traité S. 2743.
Ecole de médecine
— inscriptions, registre,
enregistrement, ex-
emption S. 2754.
Ecole de pharmacie
— inscription, registre,
enregistrement, ex-
emption S. 2754.
Ecrit
— libération S. 640 s. ;
R. 1016 s.
Ecriture R. 119 s., 846,
1123 ; (marge) R.
936.
Effet de commerce
S. 557 ; R. 1121.
— arrêté de compte,
règlement S. 685.
— nantissement S. 718.
— prêt de consommation
S. 717.
— reconnaissance de
dette S. 707 ; R.
1519 s., 1649 s.
Effet négociable
S. 1975 s. ; R.
3605 s.
— bon de délégation S.
1978.
— caractère R. 3609 s.
— chèque S. 1979.
— endossement S. 1980
s.; R. 3609 s.
— enregistrement, épo-
que S. 1975.
— protêt R. 3606.
— récépissé, magasins
généraux S. 1979.
— warrant S. 1979.
Effet non négociable
— endossement S. 1981.
Effets publics R.
1334, 4936; (visa)
R. 23.
Elections
— enregistrement gratuit
S. 2743 ; R. 4892.
Emancipation
— acte, pluralité de
droits S. 290 s. ; R.
42, 371, 441.
— curateur, nomination
S. 391 ; R. 371.
Employé
— V. Prestation de ser-
ment.
— traitement S. 402.
Emprunt
— commune S. 999.
— enregistrement, ex-
emption S. 2756.
— établissement public
S. 999.
— payement avec subro-
gation S. 251 ; R.
979.
Enchère
S. 998.
Enfant naturel
— défaut de parents S.
2208 ; R. 4088.
— légitimation S. 2767 ;
(indigents) S. 20.
— personne non parente
S. 2208; R. 4088.
— reconnaissance S.
556 s. ; (acte) S.
2736, 2767 ; (capa-
cité) S. 1993.
— retrait de l'hospice,
indigents S. 20.
— succession S. 2206 s. ;
R. 4086 s.
Enfant naturel re-
connu
— donation entre vifs S.
1991; R. 4086.
— frère S. 2209.
— légataire universel S.
2206 ; R. 4088.
— mutation par décès S.
2206 ; R. 4086 s.
— partage d'ascendant
S. 2120 ; R. 3899.
Engagement immo-
bilier
S. 1690 s. R.
3151 s.
— clauses exclusives de

perception S. 1693;
R. 3178.
— clauses suspensives de
perception S. 1693;
R. 3178.
— preuve S. 1693 ; R.
3178.
Engagement théâ-
tral S. 947.
Enquête.
— contravention, preuve,
forme S. 3355.
Enregistrement -dé-
lai S. 2779 s. ; R.
228, 2060, 4958 s.
— acte (administration
publique) S. 2792;
R. 2050, 4971 s. ;
(dates multiples)S.
2822 s. ; R. 4999
s. ; (établissement
public) S. 2792 ; R.
4971 s.
— acte administratif S.
1007.
— acte administratif, au-
thentique S. 2794.
— acte de courtier de
commerce S. 2789;
R. 4960.
— acte d'huissier S.2781;
R. 4960.
— acte judiciaire S.2790
s.; R. 4967 s.
— acte notarié S. 2783 ;
R. 4063 ; (dates
multiples) S. 2786,
2822 ; R. 4999 s. ;
(point de départ)
S. 2784 s. ; R.
5003.
— acte public S.2780 s.;
R. 4960 s.
— acte de révocation, testament S. 2787.
— acte sous seing privé
S. 2801 s. ; R. 2132,
4978 s.
— adjudication S. 1133 ;
R. 2412.
— adjudication de tra-
vaux S. 2793.
— assurance R. 1575 s.
— bail S. 2832.
— bail à colonage par-
tiaire S. 2801.
— chambres de commer-
ce S. 1007, 2793.
— commission des hos-
pices, actes S.
2793.
— délai de grâce R. 5089.
— délai exceptionnel, ac-
te notarié S. 2787.
— délibération, conseil
général, commis-
sion départemen-
tale S. 2793.
— donation entre époux,
biens présents S.
2788 ; R. 4977.
— emprunt S. 999.
— expiration S. 2820;
(jour férié) S. 2821;
R. 4934.
— exploit S. 2781 ; R.
4960 s.
— fourniture d'eau S.
2793.
— heure R. 5077.
— jour férié R. 5079.
— location verbale - S.
2819.
— marché S. 999.
— marché administratif
S. 2795.
— marché aux enchères
S. 2795.
— marché pour cons-
truction S. 2795.
— marché sur soumission
S. 2795.
— mutation entre vifs,
immeuble S. 1027.
— mutation entre vifs à
titre gratuit S.
2818; R. 4992 s.
— mutation immobilière
S. 1019; R. 2060.
— mutation par décès S.
2818 ; R. 4992.
— mutations verbales S.
2819 s.; R. 2053.
— mutation verbale con-

ditionnelle S.
2819.
— nullité R. 5008 s.
— ordre (ordonnance, ju-
ge commissaire)
S. 2790; (procès-
verbal) S. 2790 ;
R. 4967.
— point de départ (acte
notarié) S. 2764 s.,
2792 ; R. 4963 ;
(actes administra-
tif) S. 2796 s. ; R.
4972 s. ; (assistan-
ce judiciaire) S.
2830; (dates mul-
tiples) S. 2822 s. ;
R. 4999 s. ; (dies a
quo) S. 2820; R.
4993; (mutations
verbales) S. 2819.
— possession S. 1027;
R. 2065 s., 2069
s.
— procès-verbal S.2718 ;
S. 2819.
— suspension S. 2821.
— testament S. 2205,
2787; R. 4010,4975.
— vente de clientèle S.
2801, 2838.
— vente de fonds de
commerce S. 1592
s., 1563, 2801,2819,
2838.
— vente immobilière S.
1024; R. 2060.
Enregistrement-
exemption S.
2747 s. ; R. 4845 s.,
4899 s.
— acte administratif S.
565, 2767 s. ; R.
799; 4913 s.
— acte de dépôt S.2754.
— acte de naissance,
mariage et décès
S. 2766; R. 4887.
— acte de police généra-
le S. 2777; R.
4952.
— acte de vindicte pu-
blique S. 2777; S.
4952.
— arrêt, cour d'assises
S. 2777.
— arrêté, maire S.2762.
— assurances S. 2805.
— caisse d'épargne pos-
tale S. 2750.
— casier judiciaire, ex-
trait S. 2754.
— certificats S. 2747 s. ;
R. 4901 s.
— certificat de vie S.
2748;
— contribution, quittan-
ce S. 531.
— contributions direc-
tes, mandat S.
2775, 2776.
— créance du trésor,
quittance S. 531.
— emprunt S. 2758.
— inscriptions, écoles de
médecine et phar-
macie S. 2754.
— jugement (continua-
tion d'audience) S.
2731 ; R. 4306;
(tenue de cause)
S. 2751 ; R. 4306.
— liquidation des dépens
S. 2752.
— notes d'audience S.
2751.
— notoriété S. 529.
— pièces justificatives,
compte S. 680 ; R.
1164.
— pourvoi, matière cri-
minelle S. 2753 ;
R. 4878 s.
— prêt sur dépôt S. 730
R. 1328.
— procédure criminelle
S. 2777; R. 4952.
— quittance justificative
S. 531.
— récépissé, avoué S.
550.

— récépissé et warrant
S. 1963.
— rente sur l'Etat S.
2770 s.
— souscription volontai-
re, chemins vici-
naux S. 2754.
Enregistrement en
débet S. 2705 s.;
R. 35, 4846 s.,
5089.
— actes, matière civile
S. 4851 s.
— actes divers S. 2711
s. ; R. 4847 s.
— actes du ministère pu-
blic S. 2705.
— acte de police ordi-
naire S. 2706 ; R.
4846 s.
— assistance judiciaire
S. 517, 2791 s.
— conseil des prud'hom-
mes S. 2727, 2726.
— exploit S. 478.
— extraction de sable S.
2729.
— gens de travail ou de
service S. 2726.
— jugement correction-
nel S. 2706.
— jugement de simple
police S. 2706.
— omission S. 2728.
— nourrices S. 2728.
— placement d'un aliéné
S. 2727.
— procès-verbal S. 2706 ;
(garde du génie)
S. 2714; R. 4860
s.; (grande voirie,
roulage) S. 2752.
— rapport, agent de po-
lice S. 2713.
— recouvrement de l'im-
pôt S. 2726.
Enregistrement gra-
tuit S. 2705 s.,
2730 s. ; R. 4844
s., 4878 s.
— acquisition par l'Etat
S. 2730, 2731; R.
4879.
— acte de consentement
S. 2736.
— acte de notoriété S.
2736 ; (expropria-
tion) R. 1602.
— acte de police géné-
rale S. 2706; R.
4846 s.
— acte de poursuite d'im-
pôt R. 4881 s.
— acte de publication
S. 2736.
— acte de sûreté et vin-
dicte publique S.
2706 ; R. 4846 s.
— associations ouvrières
S. 2743.
— assurances S. 821,
2743, 2805, 2815 s.
— autorisation spéciale
S. 2743.
— caisse des retraites S.
2743.
— caractère S. 4878.
— colons, indemnité S.
s., 5800.
— conseil de famille,
délibération S.
2736.
— déclaration, titre de
rente S. 2789.
— enfant naturel, recon-
naissance S. 2736.
— exploit S. 478.
— exposition universelle
S. 2745.
— expropriation S. 1781.
— expropriation publi-
que S. 2730 s.; R.
4878 s.
— impôts, recouvrement
S. 2788; R. 4881 ;
(poursuites collec-
tives) S. 2732 s.;
indigents, état civil S.
518; (acte de divor-
ce) S. 2736; (légiti-
mation) S. 2736;
(mariage) S. 2736.
— jugement, prud'hom-

mes S. 2355 ; R.
4278.
— louage de service S.
2742.
— mariage, dispenses S.
2736.
— matière électorale S.
2743 ; R. 4892.
— mise en accusation,
procédure S. 2742.
— mont-de-piété, recon-
naissance S. 2743.
— omission S. 2838.
— opposition à contrainte
S. 2735; R. 4883.
— prestation de serment
S. 410; R. 704.
— prud'hommes, acte de
procédure S.2743.
— quittance, caisse des
dépôts et consigna-
tions S. 2735 ; R.
4897.
— registre de l'état civil,
extrait S. 2736.
— rentes sur l'Etat S.
2743.
— service militaire, cer-
tificat de libération
S. ; R. 232, 2478,
2481.
— société de secours mu-
tuels, actes S. 2740.
— traité, caisse, des écoles et communes S.
2743.
— vente publique, pois-
son de mer S.
2744.
Enregistrement obli-
gatoire
— usage par acte public
S. 2802, 2805 s. ;
R. 4090.
— usage en justice S.
2802 s.; R. 4890.
Enregistrement d'of-
fice S. 2809.
Enregistrement par
extrait S. 5089.
Enregistrement pro-
visoire S. 24, 99.
— acte de commerce S.
2817.
— marché et traité S.
534.
Enseigne
— fonds de commerce S.
1537.
Envoi en possession
— absence, déclaration
de succession S.
2299 ; R. 4190.
— ordonnance S. 2208.
— V. Absence.
Epargne postale
(Caisse d')
— certificat de propriété
S. 2730.
— certificat de vie S.
2750.
— enregistrement, exem-
ption S. 2750.
— timbre, exemption S.
2750.
Epoux survivant
— réversibilité S. 227.
Equivalent R. 70,
3132, 3867, 4663
s., 5800.
Erreur S. 1164 ; R.
100 s.,2479,5037 s.,
5047.
— acceptation S. 220.
— chose (dénomination)
S. 1169 ; R. 2486 ;
(matière) S. 1169 ;
R. 2485.
— bonne foi R. 5092.
— contenance S. 1170 ;
R. 2485.
— déclaration, revenu
des biens S. 3101.
— déclaration estimative
S. 3101.
— déclaration de succes-
sion S. 3100.
— effet S. 3100 s.; R.
5413 s.
— motifs S. 1166; R. 2482.

— nature du contrat S.
1165 ; R. 2481.
— nullité radicale R.
3473 s.
— objet S. 1168 ; R.
2484.
— personne S. 1167 ; R.
2483.
— prix, acte rectificatif
S. 3101.
— qualité de la chose S,
2485.
— rectification R. 2116.
— substance S. 1169 ; R.
2485.
Erreur de droit S.
40.
Erreur de fait S. 1164
s. ; R. 232, 2478,
2481.
Erreur des parties
S. 73.
Esclave
— acte de l'état civil S.
40.
Estimation. V. Décla-
ration estimative.
Etablissements pu-
blics
S. 1770 ;
R. 3268.
— acte S. 2792 ; R. 4971
s.
— caractères S. 1007.
— donation S. 1772 ; R.
3664.
— donation entre vifs S.
579, 1993; R. 809,
3664 ; (acceptation)
S. 2094 ; R. 3705.
— emprunt S. 999.
— legs S. 1772; R. 136
s., 3664.
— prêt de consommation
S. 719.
Etablissement ther-
mal
— clientèle, cession S.
1536.
Etat
— acquisitions et échan-
ges S. 1766 s.; R.
3268 s.
— biens, vente S. 1779
s. ; R. 3288 s.
Etat civil
— registres (extrait) S.
2736; (rectification,
notariété) S. 539 s.
Etat estimatif S. 582;
R. 810 s.
— acte innommé S. 582.
— V. Déclaration estima-
tive.
Etranger
— certificat de domi-
cile S. 2267.
— domicile S. 2268.
— loi applicable S.
2266.
— résidence accidentelle
S. 2268.
Evaluation. V. Décla-
ration estimative.
Eviction
— échange S. 1148.
— V. Droit d'inscription.
Exception
— connexité R. 5699.
— droits d'enregistre-
ment S. 121 s.
— garantie R. 5746.
— incompétence maté-
rielle R. 5683 s.
— nullité couverte R.
5557.
— peremptoire S. 83,
242 s., 2760 s.
Exécuteur testamen-
taire S. 2218 ; R.
497 s., 1147 s.,
5152.
— légataire S. 2223 ; R.
4119 s.
Exécution
— acte antérieur S. 255;
R. 263, 395.
Exécutoire. V. Droits
de greffe.
Exemption. V. Droits

d'enregistrement, Droits d'inscription. 1802.

Exigibilité. V. Droits d'enregistrement, Droit d'inscription.

Expert
— nomination S. 461.

Expertise S. 2629 s.; R. 26, 30 s., 79, 153, 4433 s., 4688, s., 5494.
— accroissement S. 2633.
— adjudication S. 2636; R. 4703 s.
— bail S. 2634; R. 4625.
— base d'estimation S. 2794 s.; R. 4766; (accessoires) S. 2698; R. 4840; (bois) S. 2700; R. 4885; (droit de chasse) S. 2699; (droit de pêche) S. 2699; (produit brut, net) R. 2703; R. 4844.
— délai S. 2674 s.; R. 4780 s.; (dies à quo) S. 2675; R. 4790.
— demande en nullité, non-recevabilité S. 3422.
— échange S. 2646, 2685; R. 4703.
— évaluation distincte S. 2647.
— experts (avis obligatoire) S. 2661; R. 4760; (nombre) S. 2678; (nomination) S. 2677 s.; R. 4809; (nomination, jugement) S. 2681; (obligations) S. 2697; R. 4832; (pouvoirs) S. 2693 s.; R. 4766; (récusation) S. 2680.
— forme S. 2672 s., 2676 s.; R. 4779 s., 4793 s.; (loi nouvelle rétroactivité) S. 2673; (procédure ordinaire) S. 2673.
— frais S. 2646, 2654 s., 2671; R. 4704, 4767.
— jugement, opposition S. 2683; R. 4814.
— location verbale S. 2634, 2670 s.
— mode S. 2692 s.; R. 4829 s.
— mutation entre vifs S. 2665; R. 4701 s., 4732 s.
— mutation immobilière S. 2630; R. 4690.
— mutation mobilière S. 2630; R. 4690.
— offres S. 2668; R. 4775 s.
— partage S. 1248, 2685; R. 4709.
— partage d'ascendant S. 2639.
— prix (dissimulation, insuffisance) S. 2643.
— qualité pour la requérir S. 2659; R. 4570 s.
— rapport d'experts (dépôt) S. 2687; R. 4827; (rédaction) S. 2686; (rédaction séparée) S. 2658; (supplément) S. 2689; R. 4765, 4711.
— récusation R. 4815 s.
— revenu S. 2666.
— supplément de droit S. 2642.
— surcis S. 2660; R. 4756.
— tiers expert S. 2683; R. 4823; (avis) S. 2690; (récusation) S. 2684.
— usufruit R. 4577 s., 4695 s.
— valeur vénale S. 2666, 2696; R. 4829 s.
— vente, fonds de commerce S. 2631, 2671.
— vente judiciaire S. 2636.
— vente publique devant notaire S. 2636.
— vente publique devant notaire commis S. 2637.
— vente, rachat S. 4715.
— ventilation par les parties S. 2636.
— V. Droit de transcription.

Expertise nouvelle S. 2663; R. 4759, 4764; (forme) S. 2691.

Expertise d'office S. 2659.

Exploit S. 278 s., 477 s.; R. 423 s., R. 760 s., 5008, 5663.
— cointéressés S. 281 s.; R. 429 s.
— copie R. 421 s., 436, 6101.
— co propriétaire S. 278 s.; R. 427.
— conseil des prud'hommes S. 477.
— cour d'appel S. 477.
— cour de cassation et conseil d'État S. 477.
— date certaine R. 71.
— droit proportionnel S. 480.
— droit unique S. 278 s.; R. 424 s.
— enregistrement, délai S. 2781.
— enregistrement en débet S. 478.
— justice de paix S. 477.
— matière civile S. 477.
— matière criminelle S. 477.
— police d'assurance, mention S. 3048.
— pluralité de droits S. 278 s.; 479; R. 423 s.
— protêt S. 477.
— recouvrement des contributions S. 477.

Expropriation forcée
— adjudication, surenchère, nullité S. 3081.
— V. Adjudication, Droits de greffe.

Expropriation publique S. 1780 s.; R. 41, 3808 s., 4880.
— acquisition totale, réquisition S. 1792; R. 3318.
— acte (date) S. 1785 s.; R. 3309; (forme) S. 1792 s.; R. 3318; (nature) S. 1794 s.; R. 3322; (objet) S. 1795 s.; R. 3312.
— alignement des rues S. 1799 s.; R. 3345.
— canal S. 1774; R. 3280.
— concession de travaux S. 995.
— droits d'enregistrement (exemption) S. 1780 s. 1785 s.; R. 3305 s.; (exemption, application) S. 1785 s.; R. 3306 s.; (restitution, expropriation) S. 1788 s.; R. 3312.
— droits de greffe, exemption S. 1782.
— droit de préemption S. 1792.
— droits, restitution S. 3122 s.; R. 5242 s.; (étendue) S. 3124.
— droits de transcription, dispense S. 1781; R. 3307.
— enregistrement gratuit S. 1781, 2730 s.; R. 4878 s.; (acquisition, concessionnaire) S. 1793; R. 3321, 3330; (acte de notoriété) S. 1802.
— immeubles dans le périmètre des travaux, incorporation partielle S. 1801.
— immeubles hors du périmètre des travaux S. 1798; S. 3331 s.
— indemnité amiable S. 1794.
— indemnité, répartition S. 2878.
— mémoires, officiers ministériels S. 1784.
— parcelles étrangères au tracé S. 3123.
— parcelles non employées S. 1793.
— procuration S. 1794; R. 3324.
— recours au conseil d'État S. 1783.
— remploi (bien donné) S. 1796; (bien dotal) S. 1795; R. 3327; (biens de mineurs ou interdits) S. 1796; R. 3328; (biens paraphernaux) S. 1795; R. 3328; (biens propres) S. 1795; R. 3328.
— rétrocession S. 1792.
— salaire des conservateurs S. 1781; R. 3308.
— terrains, désignation S. 1787.
— timbre (dispense) S. 1781; R. 3307; (restitution) S. 1790.
— travaux (achèvement) S. 1787; (autorisation) S. 1787.
— V. Droit de transcription, Expropriation publique.

Fabrique
— rente perpétuelle S. 908; R. 1610.
— factures ruraux R. 699.

Faillite S. 413 s.; R. 720 s.
— admission, administration de l'enregistrement S. 3322.
— affirmation, procès-verbal S. 413; R. 728; (double droit) S. 417; (droit unique) S. 419.
— atermoiement S. 413; R. 732, 755.
— bilan S. 413; R. 721; (droit de greffe) S. 414; R. 5373.
— certificat, poste S. 512.
— concordat S. 413, 2076; R. 732; (abandon d'actif) S. 413.
— déclaration de succession S. 2339; R. 4221.
— dépôt du bilan S. 413; R. 723.
— dépôt de pièces, récépissé S. 416; R. 573.
— dépôt de titres, récépissé S. 551.
— failli, décès, mutation S. 1020.
— fonds de commerce, vente S. 1531.
— production, administration de l'enregistrement S. 2433.
— quittance de répartition S. 413, 426; R. 739.
— scellé, inventaire R. 720.
— transaction S. 423.
— union des créanciers S. 413, 415; R. 724 s.
— vente S. 420; R. 780.
— vente en gros, marchandises neuves S. 413.
— vente de meubles S. 413; R. 780.
— vérification, jugement S. 418.
— vérification et affirmation, administration de l'enregistrement S. 3324.
— V. Droit d'inscription.

Femme
— cautionnement S. 775; R. 1298 s.

Femme dotale
— déclaration de succession S. 2334.

Femme mariée
— incapacité S. 127.
— préciput, mari bénéficiaire S. 2093.

Femme mariée non autorisée
— don manuel S. 2018.

Fermage d'annonces S. 947.

Folle enchère S. 143, 327 s.; R. 251, 473 s., 2363, 2391, 2394.
— adjudication (prix inférieur) S. 327; R. 476 s.; (prix supérieur) S. 327.
— caractère R. 474 s.
— colicitant S. 1125.
— droit proportionnel S. 329; R. 478.
— fol enchérisseur, défaut d'enregistrement S. 1125.
— meubles S. 1368; R. 2841.
— revente S. 1114, 1123; R. 2382, 2394 s.
— vente amiable S. 328; R. 477.
— vente judiciaire, inférieure à 2000 fr. S. 3185 s., 3168 s.
— V. Droits de greffe.

Fonctions
— cessation, déclaration S. 468.
— changement, nouveau serment S. 411 s.; R. 706 s.
— formalité de l'enregistrement S. 58 s.

Fondation S. 1997 s.; R. 3666, 3668 s.
— lits, hospices S. 1999.
— messes, legs S. 2214.

Fonds de commerce
— achalandage S. 1522, 1536, 1530, 1554.
— apport, société S. 1530, 1695; R. 3558.
— bail, cession S. 1543 s.
— composition S. 1536.
— droit au bail S. 1522, 1536, 1543 s.; (absence) S. 1554.
— enseigne S. 1537.
— entreprise de transport S. 1542.
— faillite S. 1531.
— marchandises neuves S. 2633.
— matériel S. 1530.
— mutation S. 1020; (inscription au rôle des patentes) S. 1560; (pénalités) S. 1569; (preuve) S. 94, 1555.
— mutation conditionnelle S. 1529, 1535.
— mutation de jouissance S. 1535.
— mutation par décès S. 1527.
— mutation de propriété S. 5, 27, 1524 s.
— mutation à titre gratuit S. 1525, 1526.
— mutation d'usufruit S. 1525.
— nom S. 1537.
— pays étranger S. 1532.
— produit manufacturé S. 1541.
— rétrocession S. 1562.
— V. Clientèle, Présomption légale, Vente.

Fond de commerce
— vente S. 1072, 1363 s., 1522 s.; R. 3139.
— ancien possesseur, obligations S. 1566 s.
— déclaration S. 1562 s.; (lieu) S. 1565.
— droit proportionnel, perception S. 1563 s.
— enregistrement, délai S. 2619; (délai) S. 1522, 1563, 2601, 2638.
— expertise S. 1568, 2631.
— loi, application S. 105.
— marchandises neuves S. 1360, 1522, 1547 s.; 3693; (acte séparé) S. 1551; (détail et estimation) S. 1547 s.; (droits, restitution) S. 1550; (état estimatif) S. 1349.
— matières premières S. 1552 s.
— prix, dissimulation S. 98, 1522, 1567; R. 4895; (preuve) S. 2890.
— prix, insuffisance S. 2631; (expertise) S. 1568; (preuve) S. 1522.
— publicité S. 1556, 1559.
— revente S. 2461.
— vente antérieure à 1872 S. 1533 s.
— vente publique, déclaration préalable S. 1435.
— vente verbale, déclaration estimative S. 2608.

Fonds publics V. Mutation par décès.

Force majeure R. 5310 s., 5619 s.

Force motrice
— fourniture S. 947.

Force probante
— formalité de l'enregistrement S. 58 s.

Forêt
— marché S. 988.
— produits forestiers domaniaux, vente S. 2451.

Formalité substantielle S. 139.

Fournitures. V. Marché.

Fournitures périodiques V. Marché.

Frais S. 189.
— affiches S. 2445.
— insertion S. 2445.
— publication S. 2445.
— purge S. 2450.
— remploi S. 2451 s.
— taxe, mention, enregistrement, notaire, adjudication S. 3025; R. 5239.
— taux S. 2447.
— vente S. 2444, 2474; R. 4442.
— V. Droit d'inscription, Jugement définitif.

Frais et accessoires.
— V. Droit d'inscription.

Frais d'aide S. 402.
— V. Traitement.

Frais de contrat S. 2445.

Frais de déplacement S. 402.
— V. Traitement.

Frais d'habillement S. 402.
— V. Traitement.

Frais de loyer S. 402.
— V. Traitement.

Frais de poursuite
— vente judiciaire inférieure à 2000 fr. S. 3139.

Francisation
— déclaration S. 430.

Fraude S. 139, 1178; R. 2227 s., 2490.
— preuve S. 70.

Fruits
— réserves S. 2460; R. 4445.

Gage S. 368, 600 s.; R. 1340, 1533 s.
— débiteur S. 800; R. 1533, 1536, 1539.
— définition S. 800.
— droits d'enregistrement, exemption S. 800; R. 1533, 1536, 1559.
— droit proportionnel S. 800; R. 1340.
— réalisation S. 889; R. 1765 s.
— tiers S. 800; R. 1533, 1536, 1539.

Gain de survie
— acception S. 221; R. 3101; R. 3979 s.
— exercice impossible S. 2333.
— renonciation S. 2101.
— renonciation conditionnelle S. 203.

Garantie
— caractère R. 147 s.
— conditions R. 1487 s.
— date R. 1476.
— demande, instruction S. 3334.

Garantie immobilière R. 780; R. 1516.

Garantie mobilière S. 650, 791 s.; R. 1473 s., 1535 s., 1543 s.
— définition S. 791; R. 1474.

Garde champêtre
— V. Serment.

Garde des douanes
— V. Serment.

Garde du génie
— V. Serment.

Garde forestier
— V. Serment.

Garde-messier
— V. Serment.

Garde-vente
— V. Serment.

Gestion d'affaires. V. Droit de transcription.

Glace
— vente, maison S. 1409, 1580; R. 2977.

Grade
— changement S. 411.
— V. Traitement.

Gratification S. 402.
— V. Traitement.

Greffe
— communication R. 5891.
— dépôt (actes) S. 358 s.; R. 554 s.; (acte non enregistré S. 2387 s.; (certificat) S. 306.

Greffier
— communication R. 5891.
— acte non enregistré S. 3012, 3026; R. 5195.
— dépôt S. 3030; R. 5265.
— obligations S. 3012 s.; R. 5195 s.; (acte de dépôt) S. 3030; R. 5265.

— pénalité S. 3029 ; R.
3204, 5073 s., 5225.
— prestation de serment
S. 396, 400 ; R.
655 s., 672.
— remplacement, presta-
tion de serment S.
401 ; R. 673.
— responsabilité S.
3029 ; R. 3204 s.,
5225.
— vente publique S.
1428 ; R. 2920.
Grosse
— acte de dépôt S. 2754.
— délivrance S. 2450.
Groupage
— connaissement S. 277.
Guerre
— marché S. 981.

Habitation
— bail S. 1667.
— constitution S. 2596 ;
R. 4605 s.
— droit, cession S. 1075,
2596 ; R. 2267,
4605 s.
Héritier
— qualité (irrévoca-
bilité) R. 326 s. ;
(preuve) S. 2172 ;
R. 4201.
Héritier bénéficiaire
— S. 2175 ; R. 5153
— mineur S. 2176 ; R.
4022 s.
— payement, mutation
par décès, droits
S. 2936 s.; R. 5153.
— succession, accepta-
tion, S. 2174.
— V. Droits de greffe,
Droit de transcrip-
tion.
Hoirie
— avancement (dispense
de rapport) S.
2072 ; R. 3764 ;
(partage) S. 1236 ;
(rapport) S. 2181 ;
R. 4088; (rembour-
sement) S. 2039.
Homologation
— partage S. 1341 s. ;
R. 2745.
Hôpitaux. V. Droit de
transcription.
Hospice
— aumône S. 2023 s.,
— biens, mutation S.
1771.
— décédé, biens, aban-
don S. 2167.
— don manuel S. 2021
s.; (donateur in-
connu) S. 2023.
— donation entre vifs S.
581.
— fondation de lits S.
1999.
— malade, biens, attri-
butions S. 2167.
— V. Droits de greffe.
Huissier
— acte non enregistré
S. 3012 ; R. 3195.
— amende, prescription
trentenaire S.3236.
— collation d'actes S.275.
— dépôt, mention S. 356;
R. 513 s.
— obligations S. 3012 ;
R. 5195 s.
— pénalité S. 3029 ; R.
5204 s., 5225.
— prestation de serment
S. 396, 400 ; R.
655 s., 678.
— procès-verbal R.
4860 s.
— responsabilité S.3029;
R.3204, 5205,5225.
— vente publique S.1428;
R.2920.
Hypothèque
— affectation hypothé-
caire S. 794 s.; R.
1491 s.; (acte sépa-
ré) S. 261; (cau-
tionnement) S.
780 ; R. 1414;
(cautionnement de
comptables) S. 789.

— antériorité, droit gra-
dué S. 524.
— assistance judiciaire
S. 2723.
— constitution S. 794 s. ;
R. 1491 s ; (acte)
S. 66; (créance
conditionnelle) S.
795; (débiteur) S.
794; R. 1505 s.;
(droit fixe) S. 797.
(tiers) S. 795 s.;
R. 1512 s.; (usu-
fruit immobilier)
S. 798.
— dation S. 794 s.; R.
1491 s.
— droits, perception S.
— inscription (biens du
redevable) S.3389 ;
(contrainte) S.3316;
(réduction) S. 307.
— lettre de change, billet
à ordre S. 799,
862 ; 1519 s.
— mainlevée S. 522 s.
(acte de complé-
ment) S. 527;
(créance éventuel-
le) S. 532; (droit
gradué) S. 307 s.;
(pluralité de droits)
S. 307 s.; R.436 s.;
(receveur d'enre-
gistrement) S.
3010.
— mainlevée partielle S.
806 s.
— ouverture de crédit S.
789 s.
— purge (dépôt au greffe,
procès-verbal d'ad-
judication) S. 305;
R. 457 ; (significa-
tion, acte d'acqui-
sition) S.-285 ; R.
436.
— réduction S. 312.
— subrogation, droit gra-
dué S. 524.
— tiers détenteur, obligation personnelle S.
798.
— transfert S. 312.
— V. inscription.
Hypothèque générale. V. Droit d'inscription.
Hypothèque légale
— renonciation S. 248,
588 ; (droit multi-
ple) S. 310 s. ; R.
5176 s., 5181.
Immeuble
— abandon, jouissance
S. 1691.
— adjudication, frais,
taux S. 2447.
— Algérie, bail à rente
perpétuelle S.2597.
— bail S. 5, 26.
— caractère, détermina-
tion S. 1735 s.; R.
— colonies (acte transla-
tif) S. 174 ; (enre-
gistrement non
établi) S. 1761.
— contenance, indica-
tions diverses S.
1091 ; R. 2316 s.
— détermination, conflit
de lois S. 2263.
— donation entre vifs
S. 1985; R. 3552,
3656.
— donation verbale S.
2005.
— droit de transcription
S. 1985; R. 3656.
— échange S. 30, 1697,
1703 s.;R. 3186 s.;
3745.
— engagements S. 1690
s., 2603 s.; R.3151
s., 4641 s.
— évaluation R. 4635.
— jouissance, mutation
S. 1066; R. 2257.
— licitation S. 1332; R.
2717.
— mutation S. 1074 s.;
R. 2263 s.; (exper-

tise) S. 2630 ; R.
4690; (loi, non-ré-
troactivité) S. 103.
— mutation par décès
S. 2151; R. 3971.
— partage d'ascendant
S. 2116.
— promesse de vente S.
1081 ; R. 2280.
— propriétaire apparent
S. 2803 ; (décès)
S. 2304; (porte-
fort) S. 2306.
— propriété, mutation,
preuve S. 94, 1026
s.; R. 2062 s.
— revenu, calcul S.2647;
R. 4724
— saisie, transcription S.
127.
— société anonyme, taxe
annuelle S. 154.
— transmission S. 454.
— usufruit, — mutation,
preuve S. 94, 1026
s.; R. 2062 s.
— valeur, détermination
S. 2475 s.; R. 4453
s.
— vente S. 1081 s.; R.
2280 s.; (prix dis-
simulation) S. 98.
— vente et achat, société
S. 1898.
— vente judiciaire S. 6,
37.
— vente judiciaire infé-
rieure à 2000 fr.
S. 3127 s.
— vente à la mesure S.
136.
— V. Constructions, En-
gagement immo-
bilier.
Immeuble dotal
— vente, défaut de rati-
fication S. 1163 ;
R. 2476.
**Immeuble à l'étran-
ger**
— acte translatif S. 174,
1729 s., 1744 s.; R.
3217 s., 3646 s.,
3960 s.; (disgra-
dué) S. 1730.
— mutation par décès S.
2261 ; R. 4146.
— partage, communauté
S. 1751.
— pays annexés, acte
translatif S. 1732.
**Immeubles étran-
gers** fictifs. V.
Mutation par décès
**Immeubles hypo-
théqués**
— assurance contre l'in-
cendie S. 2803.
— tiers détenteur, obli-
gation S. 798.
**Immeuble de main-
morte** S. 18.
**Immeuble par desti-
nation** S. 1407
s., 1410; R. 2903,
2907, 1407 s.
— glacos S. 1580; R.2977.
— vente séparée S. 1411.
Immeuble rural
— bail à vie S. 2698.
— caractères S. 2476, s.
— échange S. 24, 38,
1697, 1713 s., 2690;
R.3186 s.
— revenu S. 2650.
— transmission S. 30.
— valeur, détermination
S. 2475.
Immeuble urbain
— caractères S.2478.
— échange S. 1693, 1715.
— exemples S. 2479.
— revenu S. 1650.
Impôt
— recouvrement, acte,
enregistrement gra-
tuit S. 2733 ;
R. 3352, 4881.
Imprimeur
— certificat S. 509 s.
Imputation. V. Droits
d'enregistrement.
Incapacité S. 1163 ;
R. 2473.

Incendie
— assurance S. 815 s.
— caisse de secours S.
817.
— préjudice, réparation
S. 805.
Indemnité S. 650, 802
s., 3055 ; R. 1545 s.
— abordage S. 806.
— accident (chemin de
fer) S. 811 s. ;
(ouvrier) S. 811.
— bail (promesse de ven-
te, inexécution) S.
810 ; (résiliation)
S. 814.
— construction, terrain;
d'autrui S. 803;R.
1546 s.
— droit proportionnel S.
805,805;R.1550 s.
— incendie, préjudice S.
805.
— promesse S. 813 ; R.
1563 s. ; (acte ci-
vil)S.1561;R.1554.
— société (associé, avan-
ce) S. 804 ; (gé-
rant) S. 803.
**Indemnité de dépla-
cement** S. 402.
— V. Traitement.
Indemnité judiciaire
S. 807.
Indemnité mobilière
— défaillon S. 802 ; R.
1546.
Indigent
— acte de divorce S.
2736 ; (enregistre-
ment gratuit) S.
518.
— assistance judiciaire
S. 2787.
— enfants (légitimation)
S. 2736 ; (retrait
de l'hospice) S.
2736.
— mariage, pièces S.
2736.
Indivisibilité. V. Droit
de transcription.
Indivision S. 78, 1233,
1237 s.; R.279,429,
4045.
— acquisition en com-
mun, part indéter-
minée S. 1251; R.
4045.
— cessation S. 1238; R.
2623.
— meubles R. 2821 s.
— promesse S. 1361.
— propriété, jouissance
2625 s.
— retrait (caractère) S.
1230 s.
— solidarité R. 4053.
— usufruit, nue pro-
priété S. 1240 ; R.
2624.
— V. Droit de transcrip-
tion, partage.
Indivision forcée
— partage S. 1239 s. ;
R. 2619 s.
Inscription
— créance du Trésor,
mainlevée S. 531.
— crédit foncier, acte
conditionnel S.
3350.
— mainlevée S. 627 ; R.
957.
— réduction, droit fixe
S. 523.
— rôle des contributions
(erreur) S. 1033 ;
R. 2103, 2117 ;
(payement) S.1030,
1034 ; R. 2082,
2117;(présomption
légale) S. 1025,
1026 s. ; R. 2062,
2082 s. V. Présomp-
tion légale.
**Inscription d'hypo-
thèque.** V. Hy-
pothèque.
**Inscription irrégu-
lière**
— rôle des contributions
S.1033;R. 2108.

**Inscription non auto-
risée**
— rôle des contributions
S. 1033.
Inspecteur S. 46 ; R.
59 s.,4864.
Instance S. 3285 s. ;
R. 5643 s.
— conclusions nouvelles
S. 3293.
— engagement S. 3293;
R. 5645.
— solution S. 3285 s. ;
R. 5643 s.
— V. Instruction
**Institution contrac-
tuelle** S. 2105 ;
R. 3518 s., 3852.
— promesse S. 2110 s.;
R. 3863.
— V. Donation contrac-
tuelle.
Instruction S. 3333 s. ;
R. 5708 s.
— avoué, ministère non
obligatoire S. 3343
— cause en état S. 3360.
— conclusions du minis-
tère public S. 3351;
R. 5727 s.
— demande en garantie
S. 3334.
— disjonction S. 3334.
— dissimulation de prix
S. 3570.
— dissimulation de soul-
te S. 3362 s.
— droit commun S. 3333
s. ; R. 5739.
— enquête S. 3355.
— expertise, demande en
nullité, non rece-
vabilité S. 3422.
— formes spéciales S.
3738 s., 3341, 5737;
R. 5710.
— interprétation de con-
trats S. 3339.
— intervention (chambre
des notaires) S.
3353 ; (débiteurs
solidaires) S. 3352;
(tiers) S. 3352.
— jugement, délai S.
3361 ; R. 5770.
— mémoire (dépôt au
greffe après l'au-
dition du ministère
public) S. 3423 ;
(signification) S.
3341 ; R. 5710;
(signification obli-
gatoire) S. 3377 s.;
(signification sépa-
rée) S. 3342.
— nullité, caractère S.
3356.
— pièces à l'appui (dé-
pôt au greffe) S.
3345; (jonction aux
mémoires) S. 3345;
(signification) S.
3345.
— plaidoirie S. 3354,
3372 ; R. 5774,
5775.
— rapport S. 3349, 3389;
R. 5719,5764,5769;
(indication du jour)
S. 3350.
— recouvrement, prix,
biens nationaux S.
3338; R. 5698.
— renvoi devant un autre
tribunal S. 3340.
— saisie- arrêt, validité
S. 3385 ; R. 5738.
— validité du contrat S.
3339.
Instruction orale
— interdiction S.3372 s.;
R.
Instruction par écrit
— S. 3372 ; R. 5771,
5857.
Interdiction
— jugement, dépôt S.
514.
— procédure R. 4855.
Intérêts S. 2513 ; R.
1129, 1626, 4480.
— annuités R. 1921 s.
— avances R. 5112 s.

— capitalisation S. 859 ;
R. 1684.
— cession S. 892 ; R.
1778.
— condamnation de l'Ad-
ministration S.
3121; R. 5432.
— constitution S. 2530 ;
R. 5503.
— forfait S. 2513.
— restitution, condamna-
tion S. 3121; R.
5432.
— V. Droit d'inscription.
Intérêts échus S.2514.
Intérêts futurs S.2513;
R. 4480.
Interprétation
— analogie S. 88; R.
113.
— contrats S. 79 ; R.
86, 87; (défaut de
qualification) S. 84,
89 ; R. 110, 113;
(disposition acces-
soire) S. 84; R.
95 ; (dispositions
corrélatives) S. 86;
(dispositions indé-
pendantes) S. 84 ;
(disposition princi-
pale) S. 84; R.
110.
— clause obscure S. 80 ;
R. 90, 98.
— disposition à titre gratuit S. 70 s.
— doute S. 87; R. 93.
— intention R. 86 s.
Interrogatoire sur
faits et articles
R. 5080.
Intervention. V.Droits
de greffe.
Inventaire
— billets et reconnais-
sances sous seing
privé S. 3026.
— déclaration R. 943 s.;
(dette) S. 293 ;
(don manuel) S.
294, 2009, 2010.
— droit fixe S. 693.
— intitulé, testament non
enregistré S. 3026.
— jugement, délai S.
943 s., 2905.
— meubles, vacations S.
292 s.; R. 442 s.
— présomption R. 2125.
— reconnaissance de
dette S. 603 s. ;
R. 1214; (notaire
rédacteur) S. 595
(tuteur) S. 796.
— représentation S.2890.
Irrigation
— canal, concession S.
1078.
— travaux, traité S.1000,
1901.
Jouissance
— immeuble S. 1066 s.;
R. 2257 s.
Jour férié R. 2604,
4994, 5306, 5319,
5439. V. Droit de
transcription,Pres-
cription.
Juge
— responsabilité, droit
de titre S. 2285 s.;
R. 4336.
Juge de paix
— sentence, résolution
de contrat, S.1157;
R. 2461.
Jugement S. 2351 s.;
R.72,4260 s.,5040.
— adoption S. 515.
— aliments S. 2394; R.
2109, 4341.
— billet à ordre S. 253.
— billet à ordre non
payé S. 2374.

— chose jugée S. 78.
— collocation. S. 2375 ; R. 2664, 4318.
— compensation partielle S. 2378.
— condamnation S. 059, 2409 ; R. 4292 s., 4494.
— condamnation indéterminée S. 2371 s. ; R. 4307 s.
— condamnation récursoire S. 253, 2374.
— continuation d'audience S. 2751 ; R. 4306.
— créance verbale S. 2515 ; R. 4403.
— débouté d'opposition S. 2963; R. 4192.
— dispositions indépendantes S. 2360.
— divorce S. 515.
— droits (payement) S. 2952 ; R. 5149 ; (perception multiples) S. 2360 ; 2374, R. 4274, 4317.
— droit de collocation S. 2352, 2375, 2380 s. ; R. 4328.
— droit de condamnation S. 2352, 2361 s. ; R. 4271 s.
— droit fixe S. 139, 2351, 2354 s. ; R. 4260 s., 4278 s.
— droit gradué S. 2359.
— droit de liquidation S. 2352, 2373 s. ; R. 4318 s.
— droit de résolution S. 2352.
— droit de rétrocession S. 2352.
— droit de titre S. 2352, 2384 s.; R. 4329 s.
— droit proportionnel S. 2351, 2352 ; R. 4278, 4288.
— enregistrement en débet S. 2705 ; (expédition) S. 2710.
— enregistrement sur expédition S. 2353 ; R. 4263.
— enregistrement sur minute S. 2353 s ; R. 4263 s.
— exécution provisoire S. 761.
— expédition S. 2710 ; R. 4252.
— incompétence S. 2363 ; R. 4273.
— liquidation S. 2375 ; R. 2664, 318.
— liquidation de communauté S. 2377 ; 2378.
— liquidation de succession S. 2377.
— mentions R. 5758, 5778 s.
— obligation alimentaire S. 1012 ; R. 2019.
— obligation légale S. 2304 ; R. 4341 s.
— prorogation de délai S. 542.
— provision S. 2377 ; R. 4320.
— prud'hommes S. 2355; R. 4278.
— rapport S. 2877.
— réformation S. 3084 ; R. 5345.
— remise de cause S. 2751; R. 4306.
— renonciation S. 587 ; R. 627.
— renvoi de demande S. 2367.
— résolution de contrat S. 1154, 1155 ; R. 2455, 2456 ; (droit fixe) S. 1145.
— restitution de titres et valeurs S. 2366.
— séparation de biens S. 2357 ; R. 4384.
— séparation de corps S. 2357, 2358 ; R. 4284, 4285.

— signification S. 477.
— titre S. 2356.
— tribunal incompétent S. 129 ; 337.
— validité de saisie-arrêt S. 2373.
— V. Droit de condamnation, Droits de greffe, Droit de titre.
Jugement annulé S. 2363.
Jugement contradictoire S.3403,3404.
Jugement définitif S. 2355, 3305 s.; R. 4281. 5758 s.
— appel S. 3396.
— défaut S. 3400 s. ; R. 5837 s.
— demande et interprétation S. 3407.
— expédition R. 5508.
— frais (condamnation) S. 3419, 3420 ; (recouvrement, faillite privilège) S. 3377.
— mentions S. 3365 s. ; R.5758 s., 5778 s. ; (audition du ministère public) S. 3366 s.; R.5794 s.; (composition du tribunal) S. 3382; (conclusions des parties)S.3387; R.5799 s. ; (date de l'audience) S. 3371 ; (points de fait et de droit) S. 3388 ; R. 5801 s. ; (présence du juge rapporteur) S. 3384, (profession et demeure des parties) S. 3390 ; (rapport) S. 3369 ; R. 5764, 5709; (signification des mémoires) S. 3377.
— mise au rôle R. 5864, 3664.
— motifs S. 3391.
— motifs erronés S.3894.
— motifs implicites, S. 3993.
— nullité S. 3363, 3366, 3372, 3374, 3389 ; R. 5794 s. ; (d'ordre public) S.3418.
— opposition S. 3400 ; R. 5836 s.
— pourvoi en cassation S. 3408 s. ; R. 5832 ; (admission par la chambre des requêtes) S. 3425; (intérêt du demandeur) S. 3410 ; (moyens nouveaux) pourvoi en cassation S. 3445 ; (moyens nouveaux, prescription biennale) S. 3516 ; (pièce non produite en première instance) S. 3424 ; (qualité, intérêt) R. 5813 ; (recevabilité) S. 3600.
— publicité S. 3895 ; R. 5804.
— qualités, rédaction S. 3385.
— requête civile S. 3406; R. 5835.
— tierce opposition S. 3405.
— voies de recours S. 3396 s.
Jugement en dernier ressort S. 3397.
Jugement en dernier ressort S. 3591; R. 4281.
Jugement d'expédient S. 139.
— résolution de contrat S. 1188; R. 2463.
Jugement interlocutoire S.2356; R. 4281.
— divorce S. 515.

— pourvoi en cassation S. 3411.
Jugement interprétatif S. 2362.
Jugement de police correctionnelle
— appel S. 2706.
— enregistrement en débet S. 2706.
Jugement en premier ressort S. 2356 ; R. 4282.
Jugement préparatoire S. 2356; R. 4281.
— divorce S. 515.
Jugement de simple police
— enregistrement en débet S. 2706.
Jugement sur convention non enregistrée S. 2384 ; R. 4330, 4332.

Légataire
Légion d'honneur. V. Droits de greffe.
Légitimation
— acte de mariage S. 2705.
Législation. S. 10, 17 s.; R. 7 s.
Legs S. 2210 s.; R. 4096 s.
— acceptation S, 267 s.; R. 415 s.
— bien de la succession. S. 2212.
— charges S. 2213 s. ; charge de payer R. 4102; (conserver et rendre) S. 2232 s. ; R. 4112 s. ; (exécution) S. 2213; (legs secondaire) S. 2213.
— chose de l'héritier S. 341.
— commune S. 1772 ; R. 3664.
— condition résolutoire S. 2220 s.; R.4410.
— condition suspensive S.77,2219; R.4407.
— conjoint (accroissement, effets) S. 195; R. 334.; (usufruit) S. 2571.
— créancier S. 2211.
— débiteur S. 2212.
— délivrance S. 397 s., 336 s., 605 s.; R. 451 s.; 491 s., 861 s.; (caractère) S. 336; R. 491, 499 ; (consentement) S. 345; (dation au payement) S. 340, 342; (droit, détermination) S. 301; (droit fixe) S. 339; (droit gradué) S. 174, 330; (droit unique) S. 298 s.; R. 453; (effets) S. 319; (partage testamentaire, société) S. 297; S, 431, 890 S. 343 ; R. 496.
— département S. 1772 ; R. 3604.
— droit fixe S. 2150; — envoi en possession S. 349.
— établissement public S. 1772 ; R. 3664.
— exécuteur testamentaire S. 2223 s. ; R. 4119 s.
— faculté d'acquérir S. 2217.
— gratuité S. 2213 ; R. 4102.
— jouissance S; 2226.
— objet légué en nature S. 2224.
— quotité disponible S. 2231.
— reconnaissance de dette S. 2211.

— renonciation S. 179, 193 s., 207 s., 1149 2172 ; R. 333 s., 243, 415 s., 2447.
— rente (imputation) S. 2570 ; (remboursement du capital) S. 844 ; R. 495.
— rente viagère, délivrance S. 347 ; R. 4480.
— répudiation R. 349.
— révocation, jugement S. 3084.
— sommes (condition suspensive) S. 103 ; (payement, décès de l'héritier ou légataire) S. 2236 s.; (terme) S. 2239.
— somme d'argent, délivrance S. 346; R. 497.
— somme non existante S. 2224, 2438 ; R. 4134; (distraction) S. 2224.
— usufruit (droits de mutation) S. 2227; R. 4131; (exemples) S. 2229; R. 631, 931.
— usufruit sans garantie S. 2567.
— V. Droit de transcription, Substitution, Succession, Testament.
Legs conditionnel S. 2219 s.; R. 4406 s.
— nue propriété S. 2221.
— transaction S. 201.
— usufruit S. 2221.
Legs de eo quod supererit
— condition suspensive S. 103, 2220.
— reversibilité, prescription S. 3246.
— usufruit S. 2198.
Legs aux pauvres S. 2210.
Legs de libération S. 2212.
Legs par préciput
— charges S. 2157, 2158.
Legs particulier S. 2217.
— évaluation excessive S. 2350.
— nullité, délivrance S. 318.
— renonciation partielle S. 214 s.; R. 344, 345.
— substitution S. 2222.
Legs secondaire S. 2213.
— exemple S. 2214 s.
Legs à titre universel
— renonciation partielle S. 212; R. 346.
— titre de créance S. 619 ; R. 936.
Legs universel
— charges S. 2236.
— enfant naturel S. 2208; R. 4088.
— envoi en possession S. 349.
— renonciation partielle S. 211 ; R. 346.
V. Droit de transcription.
Legs d'usufruit
— renonciation S. 194.
Legs verbal
— délivrance S. 337, 2401 ; R. 492,3712.
— effets S. 337.
— exécution S. 2210; R. 4096.
— fraude S. 338.
Lésion S. 1176 ; R. 2497.
Lettre de change S. 1975 s.; R. 3604 s., 4478, 4957.
— acquêt S. 1980 s.; R. 3689 s.
— acte notarié (enregistrement préalable) R. 1976 (affectation hypothécaire) R. 1977.

— droit proportionnel S. 97.
— endossement S. 1980 s.; R. 3629 s.
— enregistrement, époque S. 1975.
— hypothèque S. 799; R. 1519.
— mention, acte public S. 3026.
Lettre de change tirée de l'étranger S. 1975.
Lettre de gage
— crédit foncier S. 178. 521 s.
Lettre missive
— libération S. 619; R. 631, 931.
Lettre de voiture S. 276 s.; R. 422.
Libéralité
— réversibilité S. 242 s.
Libéralité secondaire S. 233.
— V. Donation.
Libération S. 20, 2508, 2506 s.; R. 245, 205, 504, 637, 4468 s.
— acte S. 640 s.; R. 1016 s. ; (sous-comptoir des entrepreneurs) S. 734.
— actes unilatéraux S. 596 s. ; 852 s.
— arrêté de compte R. 1151.
— compensation S. 158, 640.
— confusion S. 158, 647 s. ; R. 1033 s.
— contrats commutatifs S. 613 s. ; R.906 s.
— droit S. 135.
— droit proportionnel S. 593 s.; R. 853 s.
— écrit S. 640 s.; R. 1016 s.
— lettre missive S. 619 ; R. 931.
— libéralité S. 2510.
— livre de commerce S. 619 ; R. 931.
— mainlevée d'hypothèque S. 627 s.; R. 957 s.
— partage S. 620 ; R. 942.
— payement par un tiers S. 634 ; R. 974.
— payement translatif S. 594, 595 s.; R. 847 s.
— registres et papiers domestiques S. 619 ; R. 935.
— remboursement de rentes S. 594, 595 ; R. 848.
— titre S. 619 s. ; 640 s.; R. 937 s. ; 1008 s.; (condition) S. 620 ; R. 938 s.
— titre de créance S. 619 ; R. 936.
Licitation S. 593 ; R. 812, 813.
— acte de partage, production S. 1338 ; R. 2736.
— adjudication (colicitant) S. 1333, 2444.
— renonciation S. 194.
— caractère S. 1334 s. ; R. 2737, 2741, 2745.
— charges S. 2440 ; S. 4417.
— command, colicitant S. 1333 ; R. 2725.
— frais S. 2444.
— immeubles S. 1332 ; R. 2747.
— meubles S. 1332 ; R. 2747.
— partage, droits, non restitution S. 1347 s.
— partage, définitif S. 1339 s. ; R. 2740 s.

— partage postérieur S. 1249.
— retrait d'indivision S. 1350 s.
— V. Droits de greffe, Droit de transcription, Partage.
Licitation judiciaire inférieure à 2000 fr. S. 3133, 1336; R.
Licitation judiciaire partielle S.1336 ; R. 2734.
Licitation partielle S. 1334 s.; R. 1337 ; R. 2735.
— immeubles divers S. 1337 ; R. 2745.
Licitation volontaire partielle S. 1336 ; R. 2734.
Liquidation
— conditions S. 2376.
— définition S. 2375.
— jugement S. 2375 ; R. 2664, 4318.
— V. Droit gradué d'inscription, Droit de transcription, Droit de transmission.
Livre de commerce
— libération S. 619 ; R. 932.
— preuve, partage S. 1248.
— représentation S.2890.
Location
— droit proportionnel S. 2600.
Location verbale S. 1619, 1021, s., 1066, 1619 ; R. 2261.
— appartement meublé S. 1621.
— bail à colonage ou à portion de fruits S. 1638, s.
— bail courant S. 2651 s.
— bail à durée illimitée S. 1620.
— bail à vie S. 1620.
— buffet des gares S. 1638.
— déclaration S. 1068, 1071, 1602; (délai) S. 1603, 1619 ; (omission) S. 3873; (usage des lieux) S. 1633 s.
— déclaration estimative S. 2608 ; (insuffisance) S. 2670.
— déclaration insuffisante S. 1602, 2873 ; (expertise) S. 1647.
— double droit S. 2671.
— droits (exigibilité) S. 1633, 1686 ; (payement, fractionnement) S. 1639.
— enregistrement S. 2839 ; (délai) S. 2849.
— expertise S. 2634, 3670 ; (prescription) S. 3223.
— habitation en commun S. 1625, immeuble, prescription S. 3223.
— place dans les églises S. 1693.
— présomption légale S. 1045 s.
— preuve S. 1069.
— sépulture, concession S. 1622.
— terme, définition S. 1633.
Locations verbales de 100 à 300 fr. S. 1637.
Location verbale inférieure à 100 fr. S. 1637.
Location verbale inférieure à un an S. 1638.
Location verbale inférieure à trois ans S. 1637.

Location verbale multiple
— déclaration collective S. 1640.
Location verbale à titre gratuit S. 1624.
— agent des contributions indirectes S. 1626.
— agent des postes S. 1626.
— directeur d'école S. 1626.
— employé de chemin de fer S. 1627.
— fonctionnaires S. 1626.
— gens de service S. 1627.
Lods S. 138.
Loi fiscale
— application S. 99 s.; R. 133 s.
— application littérale S. 88, s.; R. 113.
— interprétation S. 92, 100; R. 1712.
— non rétroactivité S. 19, 99 s.; R. 133 s.; (dérogation) S. 93, s.
— rétroactivité S. 100.
Lot
— attribution, testament S. 1262.
— changement, partage anticipé S. 1315.
— échange S. 1261 s.; R. 2641; s.; (acte de partage) S. 1262; (partage consommé) S. 1261; R. 2641.
— partage d'ascendant S. 2145, s.
— partage testamentaire S. 2154, s.
— tirage S. 1273; R. 2662.
Lotissement S. 1257.
Louage
— V. Bail, Marché
Louage de choses S. 919.
Louage d'industrie S. 67.
Louage d'ouvrage S. 381, 650, 919, 944 s.; R. 597, 1940 s.
— caractère S. 381; R. 598.
Lonage de services S. 67, 947.
— enregistrement gratuit S. 2743.
Loyer.
— cession S. 887; R. 1739.
— délégation S. 887, 1692, 2457; R. 1739, 3161.
— payement, délai S. 256.
— réduction S. 256.
Loyers perçus par anticipation
— réserves S. 2454; R. 4447.
Lycée
V. Marché administratif.

Magasins généraux
— dépôt, récépissé S. 849.
— récépissé S. 23, 720, 1979.
Mainlevée S. 307 s., 523 s.; R. 458, s.
— condition suspensive S. 530.
— dispositions accessoires S. 354.
— droit fixe S. 307, 523; R. 458.
— droit gradué S. 174, 178.
— droit multiple S. 307 s.; R. 458 s.
— hypothèque S. 523; (créance de Trésor) S. 531.
— inscription hypothécaire S. 627; R. 957; (administra-

tion de l'enregistrement, créance) S. 3011.
— opposition S. 523.
— ordre de justice S. 523.
Mainmorte
— biens (mutation, taxe) S. 1772; R. 3664; (taxe) S. 2001.
Maire
— arrêté S. 2762.
— élections municipales S. 35.
Maison meublée
— sous-location S. 1542.
Majorat S. 18.
— V. Droit de transcription.
Mandat S. 111, 313 s., 373 s., 674 s.; R. 177 s., 460 s., 560 s., 1131 s., 4095.
— clause accessoire dépendante S. 374; s.; R. 562, 571.
— clause accessoire indépendante S. 374; R. 562 s., 571.
— command, élection S. 378; R. 578.
— contrat dissimulé S. 377; R. 574.
— contrat de mariage S. 376.
— dation de quittance S. 379; R. 580.
— décharge S. 257; R. 866; (droit fixe) S. 322; (translation de propriété) S. 602.
— droit fixe S. 814, 373; S. 460, 562.
— droit multiple S. 274, 315 s.
— droit de titre S. 2398; R. 4347, 4350.
— droit unique S. 315; R. 461, 963 s.
— invitation S. 874; R. 570.
— mandants, mari et femme S. 320.
— mandataires solidaires S. 316.
— pluralité de mandants S. 317.
— pluralité de mandataires S. 316.
— prête-nom S. 111; R. 2555.
— preuve R. 180, 231 s.
— réclamation, contributions directes S. 2775, s.
— recommandation S. 374.
— reconnaissance de dette S. 111; R. 579.
— reddition de compte, droit fixe S. 322.
— révocation S. 561, 3082; R. 583.
— vente S. 380; R. 582, 595.
— V. Droit de transcription, Procuration.
Mandat administratif
— enregistrement, exemption S. 624.
— payement, acte notarié S. 624.
Mandat-procuration
— reconnaissance de dette S. 689; R. 579, 1043.
Mandat salarié S. 361; R. 597.
— caractère S. 381; R. 596.
Mandat de vendre
— vente secrète S. 1039 s.; R. 582 s.; 2143 s., 2159, s.
Mandat verbal
— décharge S. 601.
Mandataire S. 111; R. 178.
— négligence, dommages-intérêts S. 808.
— remise S. 597 s.; R. 853 s.
— vente S. 1103; R. 2363.

Mandements ou bordereaux de collocation. V. Droits de greffe.
Marchand forain
— bail S. 1660.
Marchandise
— prêt sur dépôt, définition S. 722; R. 1336.
Marchandise avariée
— destruction S. 450.
— V. Vente.
Marchandises avariées en mer
— V. Vente.
Marchandise en gros
— V. Vente.
Marchandises neuves
— V. Fonds de commerce.
Marché S. 67, 381, 650, 944; R. 597, 778, 1940.
— administrations locales S. 944, 957, 972, 990 s.; R. 1940, 1998 s.; (définition) S. 990.
— administrations locales étrangères S. 993.
— approvisionnement et fourniture S. 957.
— associé S. 1913; R. 3574.
— cautionnement S. 978.
— cession S. 953, 1008, 1375; R. 1990, 2204 s.
— concession d'eau S. 1000 s.
— condition résolutoire S. 2528.
— condition suspensive S. 953, 2528.
— constructions S. 951, 994; R. 1976.
— déclaration estimative S. 2525, 2529.
— département S. 944, 990 s.; R. 1996, 1998 s.
— distribution d'eau S. 1004.
— droit S. 235.
— droit fixe S. 24, 99.
— droit proportionnel S. 24.
— enchère S. 998.
— enregistrement, délai S. 999.
— établissements publics S. 972, 990 s.; R. 1998 s.
— fournitures, maximum S. 2526.
— fournitures périodiques S. 1005.
— guerre S. 981.
— louage S. 948, 1370; (droits, exigibilité) S. 981, 1084; (Trésor public) S. 980.
— marine S. 981.
— nullité, droit de titre S. 2406.
— pavage des rues S. 989.
— payement par le Trésor, droit gradué S. 174.
— prix (déclaration insuffisante) S. 2529; (détermination) S. 2525 s.
— rabais S. 998.
— service maritime postal S. 982.
— soumission S. 998.
— théâtre municipal, exploitation S. 1006.
— travaux de grande voirie S. 989.
— travaux publics S. 995; R. 2003.
— trottoirs, entretien S. 989.
— V. Traité.
Marché-acte de commerce S. 6, 178,

534 s., 957 s., 1368; R. 1973 s.
— acte public S. 960; (énonciation) S. 1293.
— cautionnement S. 787, 963.
— conditions S. 962.
— définition S. 534.
— dépôt, notaire S. 965, 967.
— double droit S. 970.
— droit fixe S. 534, 958.
— droit proportionnel S. 534, 538, 958; (exigibilité) S. 964 s.; (perception) S. 960.
— droit de titre S. 2407 s.
— jugement S. 960.
Marché-trésor public S. 944, 957, 972, 974 s.; R. 1940, 1992 s.
— cautionnement S. 978.
— droits, minimum S. 979.
— droit fixe S. 974; R. 1996.
— droit gradué S. 974.
— droit proportionnel S. 974.
— payement indirect S. 976, 980; R. 1992.
— payement partiel S. 988; R. 1997.
Marché-vente S. 949 s., 1370 s.
— administrations locales S. 992; R. 1998.
— caractère S. 1371 s.; R. 2817 s.
— droit S. 1371.
— exécution, résolution S. 1374.
— résolution S. 1374; R. 2819.
— trésor public S. 980.
— vente entre particuliers S. 987.
Marché administratif S. 231, 957 s., 972 s., 1370; R. 1368 s., 1992 s.
— appréciation S. 2800.
— caractères S. 973 s., 2795.
— déclaration estimative S. 3091.
— définition S. 973, 2795.
— enregistrement, délai S. 2795.
— forêts S. 963.
— guerre S. 981.
— lycée S. 986.
— marine S. 981.
— ponts et chaussées S. 984.
Marché avec l'État
— annulation S. 3090; R. 5412.
Marché à la charge de l'État S. 977.
Marché à aux enchères au rabais
— enregistrement, délai S. 2795.
Marché de fournitures
— droits (non restitution) S. 3093; (supplément) S. 3093.
Marché entre particuliers S. 944, 957 s., 1370; R. 1940, 1968 s., 1973 s.
— droit proportionnel S. 994; R. 1968.
— marché - vente S. 957.
Marché de l'État. V. Marché.
Marché-trésor public.
Marché à périodes
Marché sur soumission
— enregistrement, délai S. 2795.

Mari
— administrateur, biens de la femme S. 597 s., 708, 711; R. 1293.
— biens dotaux, reconnaissance S. 706.
— biens paraphernaux, reconnaissance S. 257, 708; R. 1293, 1302.
— déclaration de succession S. 2284, 2845; R. 5044.
— 'pouvoirs, contrat de mariage S. 376; R. 3370.
— propres de la femme (reconnaissance) S. 257; R. 1179, 1294, 1302; (restitution) S. 237; R. 1179; 1294, 1302.
— régime dotal, pouvoir de vendre S. 376; R. 3370.
— renonciation à communauté S. 225; R. 369.
— usufruitier, reprises S. 2494.
— vendeur, immeuble de la communauté S. 1041.
Mariage
— célébration à l'étranger S. 3097.
— contrat S. 27.
— dispense, acte S. 2736.
— indigents S. 20.
— non - célébration S. 168.
Marine
— V. Marché.
Marque de fabrique.
— V. Droits de greffe.
Matériel. V. Fonds de commerce.
Matières premières
— V. Fonds de commerce.
Matières sommaires.
— V. Droits de greffe.
Mémoire. V. Instruction.
Mention
— acte authentique S. 96, s.
— acte non enregistré R. 128 s.
Mère naturelle
— réserve S. 2207.
Meubles
— apport, société S. 1895; R. 3583.
— bail, enregistrement, délai S. 1605; R. 3007.
— caractère, détermination S. 1735 s.; R. 3216.
— cession, époux survivant S. 147.
— command S. 1368; R. 2811.
— déclaration estimative S. 2466; R. 4450.
— dépôt S. 372; R. 558.
— détermination, conflit de lois R. 2263.
— donation entre vifs S. 1985; R. 3652.
— échange S. 1707, s.; R. 3207, s.
— folle enchère S. 1868; R. 3412.
— immobilisation, mutation par décès S. 2262.
— inventaire, vacation S. 322 s.; R. 446 s.
— licitation S. 1332; R. 2717.
— mutation S. 1363 s.; R. 2801 s.; (expertise) S. 2680; R. 4090.
— mutation par décès S. 19, 1364, 2151 s.; R. 3974.
— partage S. 1368; R. 2811; (retour) S. 1368; R. 2811.

— partage d'ascendant S. 2116.
— partage par licitation S. 1350; R. 2832.
— partage pur et simple S. 1377; R. 2821.
— partage avec soulte S. 1378; R. 2825.
— propriétaire apparent S. 2307.
— succession, vente S. 30.
— transmission S. 1052.
— transmission entre vifs S. 19, 84.
— valeur, détermination S. 2465 s.; R. 4450 s.
— vente S. 1381; R. 2835 s.; (faillite) S. 413; R. 730; (quittance) S. 134; R. 2608.
— vente publique S. 1416 s.; R. 2916 s.; (frais, taux) S. 2447.
Meubles étrangers
— acte passé à l'étranger, usage en France S. 1743.
— acte passé en France S. 1743; R. 3238.
— acte translatif, caractère S. 1737, s.; R. 3254.
— acte translatif à titre onéreux S. 1736; R. 3236, s.
— déclaration de succession S. 2264 s.
— droits incorporels S. 1740.
Meubles étrangers corporels S. 1742.
Meubles à l'étranger
— acte translatif S. 1730, 1734, s.; R. 3216 s.
Militaire.
— remplacement, quittance S. 134; R. 1964.
Mine S. 1391 s.; R. 278, 2850, 2863 s.
— bail, cession S. 1391.
— carrières S. 1391; R. 1307; R. 2863, 2871.
— droits d'exploitation, cession S. 1394; R. 2872, 2875 s., 2880.
— redevance S. 1392; R. 2865.
— société, actions et intérêts de vente S. 1392; R. 2871.
— sol S. 1394; R. 2863; terrains, location S. 1662.
— vente S. 2433.
— V. Droit de transcription.
Minerai.
— extraction, cession S. 1395.
Mineur
— incapacité S. 127.
— obligation S. 1163.
Ministère public
— actes d'office R. 4851.
— cession R. 5725, 5759.
— poursuites R. 4888.
Mise en accusation
— procédure, enregistrement gratuit S. 2743.
Mont-de-piété S. 737.
— reconnaissance S. 2743.
— vente S. 2069.
Moulin S. 1402.
— caractère S. 2889.
Mutation.
— assiette, époque S. 2154.
— clientèle S. 1029 s., 1023.
— droit S. 2407.
— droit (application) S. 102; R. 140, s.; (liquidation) S. 7; (loi, application

S. 102 s.; R. 140 s.
— fonds de commerce S. 5, 1020; (droits) S. 1020.
— jouissance S. 1597 s.; R. 2996 s.
— législation S. 1019 s.; R. 2060 s.
— meubles, droits S. 1364 s.
— nue propriété S. 7.
— présomption, acte S. 1087; R. 2124 s.
— titre S. 1036 s.; R. 2149 s.
— usufruit S. 7.
— V. Droit de transcription.
Mutation entre vifs
— compagnies étrangères, fonds, actions et obligations S. 452.
— meubles S. 1363 s.; R. 2801 s.
— office S. 923; R. 1912.
Mutation entre vifs à titre gratuit S. 1984 s.; R. 3646.
— acte à l'étranger S. 3000.
— charge, non-distraction S. 2485 s.; R. 4454 s.
— déclaration estimative S. 2466 s.; R. 4450 s.
— enregistrement, délai S. 2818; R. 4092.
— expertise S. 2665; R. 4772.
— fonds de commerce S. 1525, 1528 s.
— fonds publics étrangers, S. 19.
— immeubles, expertise S. 2634 s.; R. 5695 s.
— passif, non-déduction S. 2485 s.; R. 4454 s.
— rente sur l'État S. 2768; R. 4926 s.
— résolution S. 1192; R. 2530 s.
— valeurs mobilières étrangères S. 1730.
Mutation entre vifs à titre onéreux S. 1073 s.; R. 2262 s.; 4388 s.
— adjudication, vente, revente, cession, rétrocession d'immeubles S. 1074;
— biens étrangers S. 1729 s.; R. 3217 s.
— canal d'irrigation, concession S. 1078.
— eau, concession S. 1077 s.; R. 2270.
— expertise S. 2665.
— fonds de commerce S. 1364, 1369, 1524.
— habitation, vente S. 1075; R. 2267.
— immeuble (enregistrement délai) S. 1027; (expertise) S. 2634 s.; R. 4695 s.; (prescription) S. 3222; (vente et promesse de vente) S. 1081 s.; R. 2280 s.
— jouissance S. 1597 s.; R. 2096 s.
— meubles corporels étrangers S. 1749.
— meubles étrangers S. 1736; R. 3236.
— meubles et immeubles S. 1571; R. 2963.
— rente sur l'Etat S. 1947, 2772; R. 4933.
— servitude, concession S. 1076; R. 2269.
— transmission immobilière S. 1074 s.; R. 2263 s.
— usage S. 1075; R. 2267.

— usufruit S. 1075; R. 2266.
— valeurs mobilières étrangères S. 1730.
— vente immobilière S. 1081 s.; R. 2280 s.
Mutation immobilière S. 1074 s.; R. 2263 s.
— convention verbale S. 1018.
— enregistrement, délai S. 1019.
— loi, non-rétroactivité S. 103.
Mutation mobilière S. 1053, 1363.
Mutation par décès S. 2161 s.; R. 3960 s.
— absence, envoi en possession provisoire S. 2169; R. 3984.
— accroissement S. 2185 s.; (congrégations et communautés religieuses) S. 2187.
— Algérie S. 157; (affranchissement) S. 2590.
— Alsace-Lorraine S. 2548.
— assurance sur la vie S. 2162, 2314 s.; (capital) S. 2162.
— bail à périodes S. 2554.
— biens hors du territoire S. 2260; R. 4153.
— caractères S. 2955 s.
— charges, non-distraction S. 2485 s.; R. 4454 s.
— communauté S. 1277; R. 4258.
— compagnies étrangères, fonds, actions et obligations S. 452.
— congrégations religieuses S. 33.
— décharge S. 257.
— déclaration S. 38, 74, 2165; R. 74; (état estimatif) S. 582; (prescription) S. 2163.
— degré de parenté S. 2163.
— donation secondaire S. 2188.
— droit naturel S. 2224.
— enfant naturel reconnu S. 2206; R. 4086, s.
— enregistrement, délai S. 2818; R. 4992 s.
— envoi en possession, absence S. 2169, 2252.
— failli S. 2305; R. 4204.
— fonds de commerce S. 1527.
— fonds publics S. 19.
— fonds publics étrangers S. 2262.
— immeubles S. 2161; R. 3971.
— immeubles étrangers S. 1729, 2261; R. 3960 s., 4440.
— immeubles étrangers fictifs S. 2262.
— legs S. 2210 s.; R. 4096 s.
— legs verbal, exécution S. 2210; R. 4096.
— meuble S. 1364, 2161; R. 3971; (vente) S., 2143 s., 2159 s.
— meubles immobiliers S. 2262.
— navire S. 481.
— nue propriété S. 2221.
— office S. 924; R. 1914.
— ordre de succession S. 2163.
— passif S. 7, 9; (non-déduction) S. 2485 s.; R. 4454 s.

— prescription biennale S. 3227.
— propriété apparente S. 2302.
— quittance S. 2279.
— rapport (biens, avancement d'hoirie) S. 2181; R. 4036; (biens donnés, réduction) S. 2182; R. 4040.
— renonciation à succession S. 182, s.; R. 306.
— rente sur l'État S. 19, 2162, 2249, 2768; R. 4926 s.
— rente viagère, réversibilité S. 2190; R. 4045, s.; (partage d'ascendant) S. 2191.
— retour conventionnel, donation S. 2183; R. 4041.
— retour légal S. 2184.
— retour successoral S. 2184; R. 4042.
— retrait d'indivision S. 2349.
— société à durée illimitée S. 33.
— substitution S. 2222; R. 4112.
— succession double S. 2201; R. 4210.
— succession d'un étranger en France S. 453.
— succession vacante S. 2177; R. 4025 s.
— tarif, historique S. 2161 s.; R. 3960 s.
— usufruit S. 2221; (réversibilité) S. 2195 s.; R. 4058 s.
— usufruit légal S. 2295.
— usufruit successif S. 2197 s.; R. 1568; (droits, quotité) S. 2200; (droits, tarif) S. 2200.
— valeurs mobilières étrangères S. 2162, 2769.
Mutation par décès-droits
— base, déclaration de succession S. 2241.
— caractère S. 2163, 2173; (statut réel) S. 2252.
— enfant naturel S. 2206 s.; R. 4086 s.
— exigibilité S. 2162; (conditions) S. 2167 s., 2172 s.; R. 3974 s., 3996.
— ligne directe S. 2206 s.; R. 2049 s.
— liquidation S. 7, 30, 2252.
— payement S. 2955; R. 5151; (succession) S. 2165.
— perception S. 2165.
— propriété apparente S. 2163.
— quotité (enfant naturel) S. 2908; R. 4090; (époque) S. 2180 s.; R. 4037 s.; (succession vacante) S. 2178.
— restitution S. 2347.
— succession vacante, payement S. 2179; R. 4035.
Mutation secrète S. 1017 s.; R. 120, 2049 s.
— mandat de vendre S. 1039 s.; R. 582 s., 2143 s., 2159 s.
— nature, détermination S. 1059 s.; R. 2228 s.
— présomption S. 2063 s.
— preuve S. 1017, 1025 s.; R. 2050, 2061.
Mutation à titre gra-

tuit. V. Droit de transcription.
Mutation à titre onéreux S. 1073 s.; R. 2262 s. V. Droit de transcription.
Mutation verbale R. 119, 155, 2053 s.
— bureau d'enregistrement S. 2911 s.
— défaut d'enregistrement S. 2689 s.
— enregistrement, délai S. 2819 s.
— immeubles S. 1018, 2819.
— meubles S. 2819.

Nantissement
— comptoir d'escompte S. 726.
— effet de commerce S. 718.
— retrait S. 725.
— sous-comptoir de garantie S. 726.
— V. Gage.
Navire
— acte de francisation S. 430.
— acte de vente S. 430; débris, vente S. 441 s. R. 754 s.
— mutation à titre gratuit S. 431.
— prêt sur dépôt S. 723; R. 1236.
— propriété, mutation S. 27.
— vente S. 427 s., 1577; R. 743 s.; (déclaration en douane) S. 429; (déclaration à l'inscription maritime) S. 429; (droit fixe) S. 428; R. 743 (droit proportionnel) S. 428; R. 743.
— vente, prix (cautionnement) S. 436; R. 747; (compensation) S. 440; R. 753; (rente viagère) S. 439; R. 753.
— vente verbale S. 438; R. 752-2e.
Navire étranger
— vente S. 434; R. 744.
Nom
— fonds de commerce S. 1587.
Non bis in idem S. 151 s.; R. 249 s., 409.
— conditions S. 154.
Non-conciliation
— procès-verbal S. 147.
Non-retroactivité
— droit acquis S. 101.
— loi fiscale S. 19,99 s.; R. 246.
— V. Rétroactivité.
Notaire
— acte non enregistré S. 3012; R. 5195, 5231.
— adjudication, frais, taxe S. 3026, amende S. 3012, 3015 s., 3048; R. 5193, 5202; (colonies) S. 3236; (jugement) S. 3396; (prescription biennale) S. 3236; R. 5504.
— assurance maritime, police, transcription S. 3044.
— avance S. 2009; (droits d'enregistrement, recours) S. 2987 s.; R. 5111; (recouvrement, jugement) S. 3897.
— chambre des notaires, réceptisé S. 361; R. 541 s.
— communication S. 3051 s.
— décès, droits de l'administration S. 3055.

— dépôt S. 3030; R. 5265; (somme) S. 356; R. 513 s.; (testament olographe) S. 360; R. 539.
— obligations S. 26, 31, 3012 s.; R. 5195 s.; (acte de dépôt) S. 3030; R. 5265.
— pénalité S. 3029; R. 5204 s., 5225.
— prestation de serment S. 396, 409; R. 682, 689, 695.
— protêt S. 481; R. 114.
— reconnaissance de dettes, inventaire S. 695.
— répertoire S. 3033 s.; R. 3268 s.
— responsabilité S. 3029; R. 5204 s., 5225.
— vente publique S. 1428; R. 2920.
Note manuscrite S. 3026.
Notoriété S. 539 s.
— acte, enregistrement gratuit, expropriation S. 1802.
— co-intéressés, droit unique S. 540.
— dispositions accessoires S. 254.
— droit fixe S. 539.
— enregistrement, exemption S. 539.
— juge de paix, Algérie concession de terres S. 539.
— registres de l'état civil, rectification S. 539 s.
Novation S. 264, 650, 849 s.; R. 406, 1014 s., 1585 s.
— addition de sûretés nouvelles S. 861; R. 4644.
— dette (forme, cautionnement) S. 849, 862 s.; R. 1645 s.; (quotité, changement) S. 849, 859 s.; R. 1633 s.; (substitution) S. 849, 858; R. 1587, 1637, s.
— exigibilité, changement S. 860; R. 1640.
— formes diverses S. 862 s.; R. 1645 s.
— intervention d'un tiers S. 849; s. 1653 R.
— séparations de patrimoines S. 849, 865; R. 1652 s.
— titre nouveau S. 863.
— usufruit S. 2048.
— V. Droit d'inscription.
Nue-propriété
— acquisition avec usufruit S. 2584 s.
— apport des époux, déclaration estimative S. 1812.
— cession S. 2573; R. 4549.
— consolidation S. 8.
— constitution S. 2561; R. 4534; (titre gratuit) S. 2566 s.; (titre onéreux) S. 2566.
— donation entre vifs S. 2082; R. 3785.
— droits de mutation S. 2230.
— échange S. 1240, 2625; R. 2624.
— legs conditionnel S. 2221.
— legs de sommes, payement différé S. 2227.
— mutation S. 7.
— mutation par décès S. 2221.
— partage S. 1240.
— réunion à l'usufruit S. 2591.
— transmission S. 8.

— V. Droit de transcription, Usufruit.
Nullité
— effets S. 115, 139; R. 208.
— incapacité S. 113; R. 197.
— vente S. 1105 s.; R. 2349 s.
— V. Peine.
Nullité absolue S. 124 s., 1160, 3081; R. 228 s.
Nullité radicale S. 124 s., 139, 1160 s.; R. 226 s., 925, 2349 s., 2354 s., 2472 s., 3494.
— causes S. 1162 s.; R. 2473 s.
— rescision du contrat R. 2498 s.
— résolution du contrat S. 1155 s.; R. 2456 s.
Nullité relative S. 124, 1160, 3082; R. 226 s., 2472 s., 5349.
Obligation S. 650 s.; R. 295, 1038 s.
— accessoire S. 650, 765 s.; R. 1371 s.
— annulation S. 3081.
— augmentation R. 1624 s.
— capacité R. 195 s., 250, 2473.
— caractère R. 83, 226 s., 1038 s., 1196, 2645, 6273.
— cause non exprimée S. 652.
— cession S. 5, 891 s.; R. 1769 s.
— cession à titre onéreux ou gratuit S. 901; R. 1792.
— condition suspensive S. 652; R. 1645 s.
— condition de validité S. 651; R. 1042 s., 2472.
— crédit foncier S. 521 s.
— droit proportionnel S. 650 s.; R. 1038 s.
— forme, changement S. 849, 862 s.; R. 1645 s.
— garanties, addition S. 264.
— payement, terme, échéance S. 2089.
— prescription S. 158.
— reconnaissance R. 1538 s.
— somme S. 20, 651; R. 200, 397, 521, 570, 1041 s., 1121 s., 1318 s., 4479; (contrat synallagmatique) S. 712; R. 1304, 1307; (contrat unilatéral) S. 712; R. 1303; (reconnaissance, procuration) S. 651;
— terme, échéance S. 2089.
— V. Société, Valeurs mobilières.
Obligation alimentaire S. 1012 s.; R. 2016 s.
— conversion en rente S. 855 s. 1616, 1618.
— payement, prestation S. 1013; R. 2016.
Obligation alternative R. 267, 1878, 2368.
Obligation à terme R. 270.
Obligation conditionnelle R. 265, 1046.
Obligation corrélative R. 110 s., 906.
Obligation commerciale
— conversion civile S. 862; R. 1650.

Obligation de faire S. 650, 913, 919 s.; R. 1693 s., 3209.
Obligation de loger nourrir et entretenir S. 2092.
Obligation légale
— Jugement, droit de titre S. 2394; R. 4341.
Obligation morale S. 651; R. 1043.
Obligation de payer R. 256.
— délégation R. 1694 s.
Obligation principale S. 650, s.; R. 1041 s.
Obligation solidaire S. 767 s.; R. 1380 s. V. Solidarité.
Octroi
— amende, condamnation S. 2369.
— droits, bail S. 16.
— préposé, prestation de serment S. 395, 403; R. 655 s., 695.
Office
— caractère, bien meuble S. 925.
— cession S. 163; (non-réalisation) S. 3095 ; (prix, cautionnement) S. 786; R. 4484.
— changement de classe S. 936 ; R. 1927.
— changement de résidence S. 936; R. 1927.
— communauté légale S. 925.
— communauté réduite aux acquêts S. 926 ; (plus-value) S. 927 s.
— conditions R. 254.
— création S. 935 s. ; R. 1921, 1927 s.
— droits de mutation S. 2348; R. 4234, 4251, s.
— mariage S. 927.
— mutation S. 650, 919 s., 1596 ; R. 1894 s. ; (contre-lettre) S. 931 ; R. 1919; (dispositions indépendantes) S. 922 ; R. 1908 ; (double droit) S. 932, s. ; (droit proportionnel) S. 931; R. 1901; (évaluation insuffisante, amende) S. 930; R. 1919; (minimum de perception) S. 929; R. 1918 s. ; (non-rétroactivité) S. 943 ; R. 1939 s. ; (prestation de serment) S. 938 ; (réduction du prix) S. 939, s. ; (restitution des droits) S. 938 s. ; R. 1931 s. ; (restitution, demande, délai) S. 942 ; R. 1935.
— mutation entre vifs S. 923; R. 1912.
— mutation par décès S. 924 s.; R. 1914 s. ; (déclaration) S. 2252.
— mutation à titre gratuit entre vifs S. 923; R. 1912.
— mutation à titre gratuit par décès S. 924 s.; R. 1914 s.
— mutation à titre onéreux S. 921 ; R. 1906.
— nomination sans présentation S. 935 s.; R. 1927 s.
— plus-value S. 927.
— suppression S. 929, 935; R. 1918, 1926.

— transmission, caractère R. 1939.
Officier ministériel
— cautionnement, décès S. 2312.
— clientèle, cession S. 1536.
— mémoire, expropriation S. 1784.
— prestation de serment S. 400 s.; R. 662 s.
— V. Droit de transcription.
Officier public
— acte, collation S. 273.
— dépôt, somme S. 853 s. ; R. 510 s.
— énumération S. 356 ; R. 513 s.
— obligations S. 3012 s. ; R. 5195 s.
— pénalité S. 3029 ; R. 5204, s., 5225.
— responsabilité S. 3029; R. 5204, s., 5225.
Offres
— acceptation R. 165 s., 3685, 1218.
— intérêts R. 1684 s.
— procès-verbal S. 686 s.
— refus S. 110.
Offres au cours d'expertise S. 2668 ; R. 4775 s.
Offres complémentaires S. 2667.
Offres insuffisantes
— refus S. 688.
Offres non acceptées S. 686 ; R. 1215.
— droit fixe S. 686 ; R. 1218.
— droit proportionnel S. 686 ; R. 1210.
— rétractation S. 687 ; R. 170, 1222.
Omnibus
— concession S. 1664.
Opposition
— assignation, compétence R. 5652, 5673 s.
— débenté, jugement S. 2367 ; R. 4492.
— mainlevée S. 523.
— V. Droits de greffe.
Ordonnance. V. Jugement.
Ordre S. 2380 s., 2382; R. 4328.
— collocation modificative S. 265; R. 4326.
— ordonnance, juge-commissaire S. 2790.
— procès-verbal S. 265, 2381 ; R. 4328 ; (droit de titre) S. 2405 ; (enregistrement, délai) S. 2790 ; R. 4967.
— production R. 816.
— règlement S. 2382.
— sommation de produire S. 286 ; R. 432.
— sous-ordre S. 265.
Ordre amiable S. 883, 2381 ; R. 1715 s., 1721.
— compensation S. 642; R. 1020, 1030.
— droit de liquidation S. 2381.
— droit de quittance S. 2383.
— procès-verbal S. 27, 590 ; R. 116, 117.
Ordre consensuel
— collocation S. 91 ; R. 116, s.
Ouverture de crédit S. 25, 137, 632, 738 s. ; R. 1341 s.
— acte innommé S. 569.
— Caractère S. 743 s.
— chose jugée S. 763.
— demi-droit proportionnel S. 168.
— dispositions accessoires S. 762.
— droits d'enregistre-

ment, prescription S. 764.
— droit fixe S. 739.
— droit d'hypothèque S. 163.
— droit d'inscription S. 741.
— droits multiples S. 762.
— droit proportionnel S. 721, 739 s.; (liquidation) S. 2519 s.
— hypothèque S. 739, s.
— non-réalisation S. 163.
— prescription S. 3213.
— réalisation, droit proportionnel S. 761 ; R. 1318.
— réalisation, preuve S. 747 ; R. 1357 s. ; (bilan) S. 751 ; R. 1361 ; (compte courant) S. 752 ; (déclaration des parties) S. 756 ; (émission d'obligations) S. 753, s. ; (encaissement) S. 752, 758 ; garantie, revendication S. 757; (jugement) S. 752 ; (mode) S. 748 s. ; R. 1359, 1361 ; (saisie) S. 757; (jugement) S. 757.
— remboursement partiel S. 3521.
— V. Droit d'inscription.
Ouverture de crédit en pays étranger S. 759.
Ouvrage S. 475 s.; R. 778 s.
Ouvrier
— cointéressé S. 283.

Pacte commissoire R. 2377 s.
Pacte de préférence
— promesse d'indivision S. 1361.
Papier timbré S. 46.
Parenté
— degré, donation entre vifs S. 1088; R. 3660. V. Donation.
Paris
— V. Voirie.
Part
— sociale, constitution S. 2530 ; R. 4503.
Part acquise
— droit proportionnel S. 78.
Partage S. 27, 1064, 1233 s.; R. 2247, 2619 s., 6214.
— acte (dispositions accessoires) S. 254 ; (exemples) S. 1049; (présomption légale) S. 1047 s. ; R. 2177 s.; (production, licitation) S. 1338 ; R. 2736 ; (tarif) S. 1064.
— acte déclaratif R. 2619 s., 2667 s.
— acte équipollent S. 1253; R. 2636.
— acte indivisible S. 1263 ; R. 3645.
— acte à titre onéreux S. 1247 ; R. 2639.
— acte à titre gratuit S. 1273.
— attribution, usufruit et nue propriété S. 1244 ; R. 2625.
— biens (existence, preuve) S. 1346 s.; R. 2630, 2633 s., 2685; (mode) S. 1247 ; R. 2638 s.; (origine, justification) S. 1249 s. ; (origines diverses) S. 1291 s., 1315; R. 2639.
— biens en Algérie S. 1295.

— biens en France, propriétaire étranger S. 1295.
— biens étrangers S. 1236 s.
— cantonnement, usage forestier S. 1254.
— colonies S. 1295.
— communauté S. 1049, 1274 s., 1326 s. ; R. 2685 s., 3504 s.; (dation en payement) S. 1327 ; (prélèvement) S. 1274 s., 1280 s., 1329 s.; (rapport) S. 1287 ; (reprises) S. 1330; (reprises en deniers) S. 1276 ; (reprise en nature) S. 1275.
— constitution dotale, payement S. 1305
— copartageant, droits S. 1246 ; R. 2030, 2682 ; (preuve) S. 1250 ; R. 3531.
— copropriété, titre, preuve S. 1243 ; S. 2634.
— copropriété antérieure S. 1243 s.; R. 2638 s.
— date R. 137.
— dation en payement S. 1309.
— demande en rescision, transaction S. 1315.
— dettes (charge) S. 1296 s.; R. 2685 s. ; (déclaration) R. 1223 ; (extinction, confusion) S. 1298; (solde, acquit) S. 1299.
— dispositions accessoires dépendantes S. 699, s.
— disposition indépendante S. 1309.
— don manuel, déclaration S. 2011, 2013; R. 3684 s.
— droits, supplément S. 1349.
— droit gradué S. 174, 699., 1377 ; R. 2821 ; (application) S. 1265 s.
— droits successifs (cession) S. 1301 ; R. 2693 ; (vente) R. 2689 ; (payement de somme) S. 2143, s.; (rente viagère) S. 2139, 2191 ; (rente viagère, reversibilité) S. 2195; (usufruit) S. 2195 ; R. 3952 ; (usufruit, reversibilité) S. 2196.
— échange S. 1307 ; R. 2702.
— échange de lots S. 1261 s.; R. 2641 s., 2702 s.
— enregistrement S. 1346.
— expertise S. 2635 ; R. 4709.
— formes S. 2635 s.
— fruits, revenus et intérêts S. 1260, 1321 ; R. 2826 ; (meubles) S. 1257.
— homologation S. 1271 ; R. 2668 ; (majeurs) S. 1344 ; (majeurs S. 1344 ; R. 2691; (majeurs) S. 1341 s.; R. 2745; (portefort) R. 1343; (tirage des lots) S. 1273 ; R. 2663.
— libération S. 820 ; R. 942.
— lots, échange S. 256.
— lotissement S. 1367.
— meubles S. 1368, 1877 s.; R. 2811, 2821 s.
— passif, déduction S. 1289
— prélèvement S. 1280.
— prescription S. 3218, s.
— rapports S. 1286 ; R. 1347 s.; R. 2716 s. ; (payement, terme) S. 1311 ; (soulte) S. 1318.

— rapport fictif S. 1319.
— reconnaissance de dette S. 697 s. ;
— règlement amiable S. 1243.
— rente, charge S. 1300 , R. 2690.
— répartition inégale S. 1292 s.
— rescision, transaction S. 1335.
— retrait d'indivision S. 1350 s.
— soulte S. 19, 103, 1064, 1745 ; R. 2709 ; (dissimulation) S. 98, 1122.
— succession (biens français et étrangers) S. 1745 ; R. 3244, 3246 ; (rapport, terme) S. 547.
— successions multiples S. 1312 ; R. 2713.
— testament, attribution de lot S. 1262.
— valeurs étrangères S. 1747.
— V. Droits successifs, Droit de transcription, Indivision, Licitation.
— V. Partage d'ascendant.
Partage d'ascendant S. 19, 77, 239, 1331, 2116 s.; R. 3646, 3743, 3890, s.
— acte notarié S. 2137; R. 3941 s.
— acte sous seings privés S. 2137; R. 3941 s.
— actes successifs S. 3124 ; R. 3914.
— biens S. 2128 s.; R. 3926 s.; (ascendant prédécédé) S. 2129; R. 3929; (origine diverse) S. 1201, 1314; R. 2076 s., 2713; (portion) S. 2128; R. 3926, 3928.
— biens présents S. 2134.
— changement de lot S. 1315.
— charges S. 2139 ; R. 3043; (caractère) S. 2142; (exemples) S. 2143; (indemnité) S. 2143 ; R. 3926.
— clause d'imputation S. 2135.
— clause de rapport S. 2134.
— clause de réversibilité (rente viagère) S. 2196; (usufruit) S. 2195, 2196.
— condition suspensive S. 3947.
— contrat à titre onéreux S. 2138.
— demande en rescision, transaction S. 664.
— disposition universelle R. 3296 s.
— division matérielle S. 2135.
— donation entre vifs S. 2130 s. (acte sous seing privé) S. 2130.
— enfant naturel reconnu S. 2120; R. 3899.
— enfant unique S. 2121, s.; R. 3900; (charges) S. 2125; R. 3920.
— expertise S. 2639.

— forme extérieure S. 2137; R. 3941 s.
— héritiers, représentation S. 3124; R. 3917, 3920.
— héritiers onéreux S. 2123 ; R. 3909, s.
— indivision S. 2136.
— lésion, résolution S. 1176.
— libéralité entre époux S. 2102, 2139 s.; R 3952.
— lots (cession) S. 2143; (inégalité) S. 2146 s.
— nullité, transaction S. 661.
— ordre de succession, intervention S. 2119; R. 3902.
— rapport S. 2146 s.
— rapport en deniers S. 2147.
— réduction de droits R. 3890, 3893 s.
— rente perpétuelle réserve S. 2556.
— réserve de rente viagère S. 241, 246, 2569 ; R. 3743 ; (réversibilité) S. 241.
— réserve d'usufruit S. 239, 2109, 2569, R. 3951, 4057.
— résolution S. 334 R.; 485.
— somme donnée, rapport S. 609.
— soulte S. 1269, 2141 s.; R. 2689 s., 2682; (caractère) S. 2142; (caractère) S. 2143 s.
— transcription S. 80.
— validité, conditions S. 2127 ; R. 3925.
— V. Droit de transcription, Partage testamentaire.
Partage avec soulte S. 1269 s.; R. 2665 s.
— biens, origine diverse S. 1291.
— biens étrangers S. 1294.
— caractère S. 1290; R. 2667.
— communauté S. 1326 s.; R. 2685 s.
— dette, charge S. 1296 s.
— disposition indépendante S. 1309; R. 2713.
— droits successifs, cession S. 1301; R. 2693, s.
— échange S. 1307; R. 2702.
— meubles S. 1378 ; R. 2825.
— prélèvement S. 1340.
— rapport S. 1311 ; R. 2716 s.; (corps certain) S. 1320.
— rapport en moins prenant S. 1319.
— rapport en nature S. 1320.
— rente, charge S. 1300; R. 2690.
— répartition inégale S. 1292 s.
Partage déclaratif S. 1235.
Partage définitif
— caractères S. 1340 s.; R. 2745 s.
— homologation S. 1341, s.; R. 2745.
— licitation S. 1339 s.; R. 2746 s.
Partage définitif partiel S. 1345.
Partage à homologuer S. 590; R. 2663.
Partage par licitation S. 1254, 1382; R. 2662 s., 2717 s.

— meubles S. 1380 ; R. 2882.
— tarif S. 1382 ; R. 2717.
Partage partiel S. 1263 s. ; R. 2645 s., 2649.
— caractère S. 1345.
Partage partiel avec soulte S. 1308 ; R. 2704 s.
Partage provisionnel S. 590, 1269 s., 1341 ; R. 2662 s.
— caractère S. 1270.
— jouissance S. 1269 ; R. 2662.
— majeurs et mineurs S. 1269 ; (homologation) S. 1271 ; R. 2665.
Partage pur et simple S. 1234 s. ; R. 2620 s.
Partage refait S. 1315 s. ; R. 2715 s.
Partage sous seing privé S. 105.
Partage testamentaire S. 19, 1331, 2126.
— annulation S. 2149.
— ascendant S. 2149 ; (collatéraux) S. 2131.
— caractère S. 2148 s.
— charges S. 2156 s.
— droits (application) S. 2157 ; (ouverture) S. 2158.
— lots, inégalité S. 2154 s.
— modification S. 259.
— préciput S. 2157.
— quotité disponible, legs S. 2150.
— renonciation à succession S. 2149.
— soultes S. 343, 1289, 2141 s., 2152 s., 2153 s., R. 406, 2669, 2075, 3082 ; (droits) S. 2160.
Partage testamentaire refait S. 1316.
Partage à titre gratuit S. 1253.
Partage à titre onéreux S. 1253 ; R. 2637.
Partie civile
— pluralité, exploit S. 282 ; R. 4850.
Passif
— déduction (partage) S. 1256 ; (sommes données) S. 605.
— succession, non-déduction S. 7, 9.
— dette R. 1337.
Patente
— mention S. 3259.
Payement
— acte de vente S. 613, 615 ; R. 905 s., 1340, 5083 s., 5086 s.
— dation S. 866, 916 s. ; R. 4876 s.
— indication S. 866.
— subrogation S. 251.
— V. Droits d'enregistrement, Droits d'inscription.
Payement des droits. V. Droit de transcription.
Payement fait par un tiers S. 684 ; R. 974.
— subrogation S. 636 ; R. 978.
Payement non translatif S. 896 s. ; R. 852 s.
Payement sans réserves
— V. Pourvoi en cassation.
Payement translatif
— libération S. 504 s. ; R. 847 s.
Péage
— droits, bail S. 1667 s. ; R. 3095.

— exploitation, cession S. 1387.
Pêche
— acte de procédure R. 4889.
— bail S. 1667 ; R. 3093.
— droit S. 2699.
Peine S. 2826 s. ; R. 5005 s., 5042 s., 5045, 5060.
— acte de greffier S. 2830 ; R. 5026 s.
— acte sous seing privé S. 2824 ; R. 5014.
— administrateur provisoire S. 2847.
— amende S. 2826 ; (acte non enregistré) S. 3012 ; (acte notarié) S. 2826 s. ; R. 5006, 5011 ; (bonne foi) S. 2898 ; R. 5087 ; (greffier) S. 2830 ; R. 5026 s. ; (quart) S. 2886 s. ; (quotité) S. 2826 s. ; R. 5006, 5011 ; (recouvrement, compétence) S. 2892 ; (remise) S. 2917.
— bail écrit S. 2832.
— conseil judiciaire S. 2847.
— contre-lettre S. 2877, 5006.
— curateur, succession vacante S. 4951.
— curateur au ventre S. 2847.
— déclaration de succession S. 2844 s. ; R. 5042 s.
— demi-droit S. 2826 ; R. 5005.
— dissimulation S. 2874 ; (prix) S. 2876 ; (valeur) S. 2870.
— double droit S. 2668, 2674, 2834, 2836, 2889 ; R. 5014, 5034, 5188 ; (application) S. 2849 ; R. 5049 ; (calcul) S. 2900 ; R. 5036 ; (débiteur) S. 2941 ; (exigibilité) S. 2838 ; R. 5053.
— droit en sus S. 2836 ; 2830 ; R. 5008.
— enregistrement en défaut S. 2628.
— enregistrement gratuit S. 2828.
— étranger S. 2848.
— excuse, bonne foi S. 1432 ; R. 5004 s.
— exploit d'huissier S. 2829 ; R. 5008, 5010.
— mari S. 2845 ; R. 5044.
— mutations verbales S. 2826.
— nullité de l'acte S. 2826, 2829 ; (contre-lettre) S. 2877 ; R. 5060.
— omission S. 2826 ; R. 5005 s.
— père administrateur légal S. 2846.
— procès-verbal d'huissier ; S. 2829 ; R. 5751.
— renonciation, transaction S. 5010.
— solidarité S. 2807.
— transmission, héritiers S. 2899 ; R. 5021.
— triple droit S. 2877 ; R. 5060 ; (caractère) S. 2902.
— tuteur S. 2843.
— vente S. 2881.
— vente de fonds de commerce et de clientèle S. 1238.
— V. Déclaration de succession, Pénalité.
Peine personnelle S. 2832, 2898 ; S. 5037.
Pension alimentaire
— acquittement, mode

S. 2043 ; R. 1345, 2035, 3715.
— constitution S. 207, 2042.
— jouissance d'immeuble, abandon S. 2043 ; R. 3717.
— renonciation à communauté S. 224.
— renonciation à succession S. 207.
— usufruit d'immeuble S. 2043 ; R. 3718.
— V. Obligation alimentaire.
Pension de l'État
— héritiers, certificat S. 2747 ; R. 4904.
Perception. V. Droits d'enregistrement.
Plaidoirie R. 5771 s.
Plan
— travaux S. 475.
Poisson de mer
— vente S. 1385.
— vente publique S. 5607 s. ; (contrainte) S. 3274 ; R. 5608 ; (demande en justice) S. 3272 ; R. 5607 ; (demande en justice nulle) S. 3975 ; (effets) S. 3278 ; R. 5618 ; (enregistrement) S. 3276 ; (proposition des agents de l'Administration) S. 3279 ; (requête en expertise) S. 3272 ; R. 5606.
— acte suspensif S. 3260 s. ; R. 5607 s. ; (guerre de 1870) S. 3263 ; (impossibilité d'agir) S. 3280.
— amende S. 3212 ; R. 2960, 5486.
— condition S. 3256.
— condition suspensive S. 3217 ; R. 5587.
— conséquences S. 561.
— contravention S. 3259 ; R. 5544.
— défaut de déclaration S. 10.
— délai (jour ad quem) S. 3208 ; R. 5469 ; (jour a quo) S. 3205 ; R. 4109, 5444, 5478 ; (jour férié) S. 3208.
— délai franc S. 3271.
— don manuel S. 155.
— droits d'enregistrement S. 132, 155 s., 1314 s., 2190 ; (effet) S. 574 ; (ouverture de crédit) S. 764 ; R. 5486.
— droits en sus S. 3212 ; R. 5486.
— droits non perçus, point de départ S. 89.
— droits simples S. 3212 ; R. 5486 s.
— effet libératoire S. 3200 ; (étendue) S. 3200 ; R. 5440.
— instance liée S. 3207 ; R. 5457.
— interruption R. 4794, 5455 s., 5608 s.
— mutation à titre onéreux, immeubles S. 3222.
— omission de biens S. 49.
— point de départ S. 2190, 3255 s. ; R. 5538 s. ; (amende) S. 3256 s., 3259 ; R. 5537, 5541 ; (contravention) S. 3259 ; (droit en sus) S. 3256 ; R. 5597 ; (droits simples) S. 3256 ; R. 5587 ; (jour a quo, enregistrement) S. 3270 ; R. 5604.
— poursuites, renouvelle-

3424 ; (signification) S. 3426.
— certificat de non-pourvoi S. 519.
— désistement S. 2384.
— jugement interlocutoire S. 3411.
— matière correctionnelle S. 2706.
— V. Jugement définitif.
Préciput. V. Renonciation.
— dispense de rapport S. 3072.
— legs, partage, S. 1253.
Prescription S. 19, 3197 s. ; R. 5436 s.
— accomplissement S. 3225 s. ; R. 5535 s.
— acquisition immobilière S. 155 ; R. 5597.
— acte interruptif S. 3206, 3272 s. ; R. 5607 s. ; (contrainte) S. 3274 ; R. 5608 ; (demande en justice) S. 3272 ; R. 5607 ; (en justice nulle) S. 3975 ; (effets) S. 3278 ; R. 5618 ; (enregistrement) S. 3276 ; (proposition des agents de l'Administration) S. 3279 ; (requête en expertise) S. 3272 ; R. 5606.
— acte suspensif S. 3260 s. ; R. 5607 s. ; (guerre de 1870) S. 3263 ; (impossibilité d'agir) S. 3280.
— amende S. 3212 ; R. 2960, 5486.
— condition S. 3256.
— condition suspensive S. 3217 ; R. 5587.
— conséquences S. 561.
— contravention S. 3259 ; R. 5544.
— défaut de déclaration S. 10.
— délai (jour ad quem) S. 3208 ; R. 5469 ; (jour a quo) S. 3205 ; R. 4109, 5444, 5478 ; (jour férié) S. 3208.
— délai franc S. 3271.
— don manuel S. 155.
— droits d'enregistrement S. 132, 155 s., 1314 s., 2190 ; (effet) S. 574 ; (ouverture de crédit) S. 764 ; R. 5486.
— droits en sus S. 3212 ; R. 5486.
— droits non perçus, point de départ S. 89.
— droits simples S. 3212 ; R. 5486 s.
— effet libératoire S. 3200 ; (étendue) S. 3200 ; R. 5440.
— instance liée S. 3207 ; R. 5457.
— interruption R. 4794, 5455 s., 5608 s.
— mutation à titre onéreux, immeubles S. 3222.
— omission de biens S. 49.
— point de départ S. 2190, 3255 s. ; R. 5538 s. ; (amende) S. 3256 s., 3259 ; R. 5537, 5541 ; (contravention) S. 3259 ; (droit en sus) S. 3256 ; R. 5597 ; (droits simples) S. 3256 ; R. 5587 ; (jour a quo, enregistrement) S. 3270 ; R. 5604.
— poursuites, renouvelle-

ment S. 3207 ; R. 5457.
— renonciation S. 3198 ; R. 5487 ; (non-présomption) S. 3199.
— société S. 155.
— succession non déclarée S. 2199.
— usufruit successif S. 2199.
— V. Droits de greffe, Droit d'inscription, Droit de transcription, Obligation.
Prescription annale S. 3204 s. ; R. 5448 s.
— expertise S. 3204 ; R. 5448, 5495.
— interruption R. 5449 s.
— restitution S. 3205 ; R. 5456.
Prescription biennale S. 1519, 3209 s. ; R. 5470 s., 5491 ; R. 5487, 5503 s.
— application S. 3209, 3237 ; R. 5470, 5502.
— assistance judiciaire S. 3225.
— condition suspensive R. 5472 s.
— dissimulation S. 3226.
— don manuel S. 3214.
— donation par contrat de mariage S. 3218.
— droits en sus S. 3234 s., 3240 ; R. 5503 s.
— droit non perçu S. 3210 s. ; R. 5475 s. ; (amende) S. 3212 ; R. 5486 ; (droits en sus) S. 3212 ; R. 5486 ; (droit simple) S. 3212 ; R. 5486 s.
— échange S. 3220, s. ; R. 5464 s.
— évaluation définitive S. 3226.
— évaluation fausse R. 5494.
— évaluation provisoire S. 3226.
— expertise S. 3220 s. ; 3223 ; R. 5494.
— expropriation publique S. 3220.
— fausse évaluation S. 3220 s. ; R. 5494 s.
— location verbale, immeubles S. 3223.
— mutation, valeurs mobilières S. 3224.
— mutation par décès S. 3227 ; (droit en sus) S. 3240.
— ouverture de crédit S. 3218.
— partage S. 3218.
— perception insuffisante S. 3216 s. ; (fausse déclaration) S. 3220 ; (taxe, assurance) S. 3228.
— point de départ S. 3226 ; R. 5537 ; (adjudication de fournitures) S. 3256 ; (cession d'office) S. 3228 ; (contrat d'assurance) S. 3262 ; (convention verbale) S. 3256 ; (dissolution de société) S. 3258 ; (donation entre époux) S. 3258 ; (legs d'usufruit) S. 3258 ; (mutation secrète d'immeubles) S. 3258 ; (partage

d'ascendant) S. 3258 ; (renonciation à la communauté) S. 3258 ; (restitution de droits perçus) S. 3263 ; R. 5575 ; (valeurs soumises au droit gradué) S. 3261.
— restitution de droits S. 3229 ; R. 5467, 5591.
— restitution de droits indue, répétition S. 3233.
— restitution de droits indûment perçus S. 3229 s. ; R. 5696 s. ; (compensation) S. 3278 ; (interruption) S. 3232.
— supplément de droits R. 5216.
Prescription décennale S. 3243 s. ; R. 5511 s.
— assurance sur la vie, déclaration S. 3244.
— partage de communauté (droit supplémentaire) S. 3244.
— point de départ S. 3266 ; R. 5592 ; (militaire en activité, décès hors du département) S. 3266.
— réversibilité, legs de eo quod super erit S. 3246.
— réversibilité de rente viagère S. 3248.
— réversibilité d'usufruit S. 3245.
— succession non déclarée S. 3243 s. ; R. 5511 s.
Prescription quinquennale S. 4521.
— biens rendus à la succession S. 3264.
— mutation entre vifs, inclusion S. 3241 ; R. 5507.
— mutation par décès, omission de biens S. 3238 s. ; R. 5506 s.
— point de départ S. 3264 ; R. 5592.
Prescription trentenaire S. 155, 4516, 4521, 3247 s. ; R. 5519 s., 5597.
— accomplissement S. 3267 ; R. 5524.
— acte judiciaire, loi générale R. 5534.
— acte non enregistré S. 3210, 3213, 3220 ; R. 5520 s.
— amende, (huissier) S. 3236 ; (notaire, cédules) S. 3236 ;
— application S. 3213, 3217, 3247's., 3258 ; R. 5519 s.
— assurance S. 3254.
— comptabilité R. 5533.
— contravention R. 5530.
— dissolution de société (faillite d'un membre) S. 3249.
— droits simples S. 3212 ; R. 5486 s.
— mutation secrète S. 3254.
— point de départ S. 3257 ; R. 5524 ; (location verbale) S. 3269 ; R. 5598 ; (mutation de jouissance) S. 3269 ; (mutation secrète d'immeubles) S. 3258.

— possession, témoins R. 5525.

— rente sur l'Etat S. 3260.

Prescription triennale S. 2238 s.; R. 5506 s. V. Prescription quinquennale.

Présomption

— mutation secrète S. 1025 s.; R. 2061 s., 2201 s., 2260 s.

— renonciation simulée S. 202 s.

— V. Preuve.

Présomption légale S. 1025 s.; R. 2049, 2056 s., 2061 s.

— actes divers S. 1025, 1035 s.; R. 2062, 2124 s.

— acte de partage S. 1047; R. 2177.

— action judiciaire S. 1054.

— apport en société S. 1050, s.

— aveu S. 1053; R. 2186.

— bail S. 1043; R. 2164.

— déclaration de mutation S. 1052; R. 2182, s.

— inscription au rôle des contributions S. 1025, 1029 s.; R. 2062, 2060, 2082, 2085; . (fonds de commerce, mutation) S. 1359; (irrégularité) S. 1033; R. 2108, 2116; (payement) S. 1030, 1034; R. 2060, 2117; (vente de fonds de commerce) S. 1522.

— location verbale, déclaration S. 1045, s.

— mandat de vendre S. 1039; R. 582 s.; 2143 s., 2159, s.

— mutation de fonds de commerce S. 1555 s.; (preuve contraire) S. 1557, 1561; (publication) S. 1550, 1559.

— partage S. 1031; R. 2100, 2246.

— possession S. 1025; R. 2062, 2065 s.

— preuve contraire S. 1055 s.; R. 2062 s., 2201 s., 2237; (acte sous seing S. 2216; (allégation, S. 1057; R. 2221; (caractère) S. 1055; R. 2202 s.; (présomption) S. 1057; R. 2208.

— transaction S. 1043; R. 2164.

— vente S. 1041; R. 2149, 2152 s. (sol et superficie) S. 1415.

— V. Inscription – rôle des contributions, Possession.

Prestation de serment. V. Droits fixes, Droit de greffe, Serment.

Prêt S. 712 s., 716 s.; R. 199, 1303 s., 1311 s.

— conversion en dépôt S. 849, 850 s.; R. 1589 s.

— Crédit foncier S. 163, 566; (acte innommé) S. 569.

— droit proportionnel S. 712; R. 1303; (liquidation) S. 2519 s.

— père à fils S. 2071.

— promesse S. 652.

Prêt d'argent S. 93.

Prêt conditionnel S. 742.

— Crédit foncier S. 137.

Prêt de consommation S. 716; R. 1814, 1818.

— commune S. 719.

— département S. 719.

— droit proportionnel S. 717.

— effet de commerce S. 718.

— établissement public S. 719.

— obligation négociable S. 719.

— société S. 719.

Prêt fait à l'industrie

— acte innommé S. 570.

Prêt hypothécaire

— sous-comptoir des entrepreneurs S. 736.

— sous-comptoir de garantie S. 727.

Prêt sur dépôt S. 720 s.; R. 1320 s.

— banque algérienne S. 737.

— créance antérieure S. 724; R. 1338.

— enregistrement, exemption S. 720, s.; R. 1328.

— marchandises, définition S. 723; R. 1336.

— mont-de-piété S. 737.

— navire S. 723; R. 1336.

— retrait S. 725.

Prêt à usage S. 590, 716; R. 1311, 1317.

— acte innommé S. 716; R. 1317.

— caractères S. 716.

Prête-nom S. 111, 1208; R. 2565, 3532.

— vente S. 1145.

Preuve

— acte écrit S. 93. R. 79,

— acte verbal S. 93.

— aveu S. 2887; R. 2166

— bail d'immeuble S. 94.

— circonstances de fait S. 96.

— commencement R. 122

— commune S., 1126, 1590.

— contre-lettre S. R. 118 s. ; R. 5060 s.

— déclaration R. 5066.

— déclaration S. 1347 s., 1985.

— dissimulation S. 96, 2885.

— mode S. 94, s.

— mutation de fonds de commerce S. 94.

— mutation de propriété immobilière S. 94.

— mutation d'usufruit immobilier S. 94.

— présomptions S. 95.

— procédure, loi, rétroactivité S. 101.

— serment S. 95 ; R. 122, 2052.

— serment décisoire S. 98.

Preuve contraire

— présomption légale S. 1055 s.; R. 2201 s., 2052, 2261.

Preuve littérale S. 95; R. 122, 1122 s.

Preuve testimoniale S. 95; R. 122, 5165.

— durée S. 2885.

— usage, durée S. 98.

Privilège. V. Droits d'enregistrement-recouvrement.

Privilège de second ordre

— déclaration S. 305.

— V. Bailleur de fonds, Cautionnement de fonctionnaires.

Prix S. 1081, 1084 ; 2424 s. ; R. 2286, 4391 s.

— annuité S. 2426 s.

— arbitrage S. 1085 s.; R. 5203, 2805.

— augmentation S. 2430 s.; (constatation) S. 2691.

— bail S. 1669 s.; R. 3099 s.

— caractères S. 1085; R. 1782, 2292 s., 2295.

— cession, action S. 2531.

— charges S. 2423, 2440 s.; R. 4387 s., 4417 s.; (cession, part sociale) S. 2542; (dissimulation) S. 2593; (frais) R. 4433 s.

— compensation S. 248.

— condition suspensive S. 2432 ; R. 4401.

— créance S. 2435; R. 4406.

— dation en payement R. 4408.

— défaut de payement, résolution S. 1177 s.; R. 2505 s.

— délégation S. 867, s., 2224 ; R. 1661 s.; 4206.

— délégation antérieure au décès S. 2324, 2325.

— dépôt R. 921.

— dissimulation S. 147, 1123; (absence) S. 2889; (amende) S. 2879; (compétence) S. 3327; (conséquences, lecture aux intéressés) S. 2393, s. ; (contre-lettre) S. 2644; (expertise) S. 2643; (interrogation) S. 3362 s.; (preuve) S. 2643; (vente de fonds de commerce) S. 1522, 1567.

— échange S. 1706, s. ; R. 3205.

— estimation, experts S. 1085 s.; R. 2302, 2805.

— frais de poursuite, vente judiciaire inférieure à 2000 fr. S. 3139.

— indication de payement S. 2327.

— insuffisance S. 2341; (expertise) S. 2399, 2648; (preuve) S. 2643.

— marché, détermination S. 2325 s.

— meubles, reconnaissance S. 1366 ; R. 2805.

— modalités S. 1085, 2298.

— obligation S. 226, 228; R. 368.

— payement S. 228; R. 1180; R. 2513; (novation) S. 2513.

— payement partiel S. 1180; R. 2511.

— prestation S. 1084.

— promesse de vente S. 2448.

— quittance S. 228, 2509; R. 368, 4469

— réduction S. 1092; R. 2321; (droit de titre) S. 2406.

— rente S. 2075 ; R. 3770.

— rente S. 2436 ; R. 4410.

— rente perpétuelle S. 4410.

— rente viagère S. 2437; R. 4410; (réversibilité) S. 2050.

— réserves S. 2423 s.; R. 4387 s., 4441.

— simulation S. 1136.

— somme d'argent S. 2424, 2425 s.; R. 4391 s.

— supplément S. 667 ; R. 1105 s., 4396, 4459.

— vente immobilière, intérêts S. 158.

— vente judiciaire, inférieure à 2000 fr. S. 3138 s.

— vente mobilière non enregistrée S. 712; R. 1304.

— vileté, transaction S. 667.

— V. Vente.

Prix conditionnel S. 1085 ; R. 2298.

Procédure R. 5842 s., 5708.

— acte, don manuel, déclaration S. 2016.

Procédure criminelle R. 4848.

Procès-verbal

— arpentage S. 295 s.; R. 448 s.

— boissons S. 2718.

— bornage S. 296; R. 446.

— bureau d'enregistrement, S. 2908; R. 5072.

— capitaine R. 4859.

— chemins de fer S. 2719.

— commissaire de police R. 4647.

— conciliation, résolution du contrat S. 1157 ; R. 2459

— contravention S. 1447 s.; R. 2958.

— défaut d'enregistrement S. 2716.

— distribution par contribution, droit de titre S. 2405.

— douanes S. 2719.

— enregistrement, délai S. 2781 s.; R. 4960 s.

— garde champêtre, enregistrement en débet S. 2706, 2712.

— garde forestier, enregistrement en débet S. 2706.

— garde du génie, enregistrement en débet S. 2714.

— gendarme (enregistrement, délai) S. 2782; (enregistrement en débet) S. 2706.

— huissier, enregistrement en débet S. 2706.

— lignes télégraphiques S. 2719.

— non-conciliation S. 147.

— ordre S. 2381; R. 4328; (droit de titre) S. 2405.

— prud'homme R. 4895.

— roulage S. 2715 s.

— saisie-brandon S. 289; R. 440.

— saisie-exécution S., 289; R. 440.

— simple police S. 2778.

— vente mobilière S. 1416, 1437 s; R. 1104.

— V. Droits de transcription, Vente.

Procès-verbal d'adjudication

— dépôt au greffe R. 305; R. 357.

Procès-verbal d'offres S. 688 s.

Procuration S. 373 s.; R. 550 s. 4905.

— acceptation de succession, droit unique S. 270; R. 416.

— dépôt, droit multiple S. 303; R. 454

— droit multiple S. 271.

— expropriation S. 1794; R. 3324.

— reconnaissance, obligation de sommes S. 651; R. 1044.

— révocation S. 501.

— succession, droits S. 270.

— V. Mandat.

Production devant une autorité constituée

— acte non enregistré S. 2809.

— acte sous seing privé S. 2800.

Production en justice

— acte non enregistré S. 2808, 2814.

Prix conditionnel S. 1085; R. 2298.

— assurance S. 2815.

— peine S. 2680, s.; R. 5034, 5133.

— présomption S. 2813.

— preuve S. 2811 s.; (exécution provisoire) S. 2814.

— V. Usage en justice.

Promesse d'acheter unilatérale S. 1101.

Promesse de bail S. 1657 ; R. 3079-

Promesse de donation S. 2410 ; R. 3751 s., 3863.

Promesse d'égalité S. 2070 ; R. 3863, 3606.

Promesse d'exécution R. 1379.

Promesse de garantie R. 1379.

Promesse d'indemnité R. 1564 s.

Promesse d'instituer S. 2070, 2111; R. 3863, 3865.

Promesse de mariage S. 590; R. 3339.

Promesse de ne pas vendre S. 1102.

Promesse de payer S. 674 s.; R. 1121 s., 1133 s., 1187 s., 4478.

— droit proportionnel S. 676; R. 1187 s.

Promesse de préférence

— vente S. 1102.

Promesse de prêt S. 652, 738 s.; R. 1313, 1342 s.

— caractère obligatoire S. 738; R. 1342.

— droit fixe S. 738; R. 1348.

— droit proportionnel S. 738; R. 1348.

Promesse de vente S. R. 170 s., 191, 2279, 2322, 2334 s., 4395, 5890.

— acceptation S. 1100; R. 2337.

— annulation, droits, restitution S. 3088.

— bail S. 166, 1100, 1168, 1386, 1656; R. 3075; (inexécution) S. 210.

— cession S. 1104, 1147, 1168.

— droit S. 1098; R. 2334 s.

— immeuble S. 1081, 1586; R. 2280.

— prix S. 2439.

— renonciation S. 616, 1104.

— résolution S. 1147.

Promesse de vente acceptée S. 1100; R. 2337.

Procès-verbal d'offres S. 688 s.

Promesse de vente conditionnelle S. 1095, 1101.

Promesse de vente non acceptée S. 1090 ; R. 2336.

Promesse de vente synallagmatique S. 1103; R. 2343.

— bail S. 1103.

Promesse de vente unilatérale S. 1099, 1101, 2436; R. 2335.

— clause pénale S. 1101; R. 2340.

Propriété

— immeuble, mutation, preuve S. 1026 s.; R. 2062 s.

— mutation, fonds de commerce S. 1524 s.

— part S. 1453.

Propriété apparente S. 1032; R. 2565.

— meubles S. 2307 s.

— mutation par décès S. 2168; 2302 s.

— titres nominatifs S. 2310.

— titres au porteur S. 2310.

Propriété indivise S. 78.

Protêt S. 18, 477, 1975; R. 37, 6235.

— notaire S. 481. R. 114.

— titre, enregistrement S. 3023.

Prud'hommes

— enregistrement en débet S. 2727 s.

— jugement S. 2355; R. 4278.

Purge

— frais S. 2450.

— notification de contribution S. 3088.

— V. Hypothèque.

Purge légale

— certificat d'imprimeur, non enregistré S. 3026.

Qualification

— contrat S. 81 s.; R. 96 s., 2545, 2680 s., 3177.

— erronée R. 1098 s., 1102, 2160.

Qualités

— rédaction, greffier S. 3385.

Quittance S. 84, 593 s.; R. 110, 255, 844 s., 5537, 6218, 6927 s.

— actes exempts d'enregistrement S. 617; R. 922.

— caisse des consignations S. 611.

— compensation S. 640 s.

— contributions, enregistrement, exemption S. 531.

— créance du Trésor, enregistrement, exemption S. 531.

— dot S. 607 s.; R. 887 s.

— droit, liquidation S. 2307; R. 4409 s.

— droits de mutation S. 2279.

— droit proportionnel S. 364 ; R. 949, 964, 4607.

— intérêts échus S. 2508; R. 956, 1037.

— lettre missive. R. 931

— mandat R. 279; R. 580, 2123.

— prix S. 226, 228, R. 368.

— prix de vente S. 646, 2505 s.; R. 964.

— rente viagère S. 632.

— répartition, faillite S. 426; R. 739.

— sous-comptoir des entrepreneurs S. 617.

— sous seing privé, mention, acte public S. 3026; R. 5219.

— subrogation (emprunt) S. 914 s.; R. 1871.

— transcription littérale S. 3032.

Quittance justificative — enregistrement, exemption S. 2756.

Quittance pour solde S. 2507.

Quittance de répartition — faillite S. 413 s.; N. 739.

Quittance subrogative R. 977. — prorogation de délai S. 545.

Quotité disponible — détermination S. 2231. — donation S. 2231. — donation entre époux S. 2231. — legs S. 2231.

Rabais S. 908.

Rachat de rentes et de redevances S. 593 s.; R. 843 s.; 850.

Radiation. V. Droit d'inscription.

Rapport — agent de police, V. Enregistrement en débet. — capitaine R. 4859. — médecin R. 4953.

Rapport fictif S. 1319. — partage S. 1256.

Rapport en moins prenant S. 1319. — partage S. 1256.

Rapport en nature S. 1320. — partage S. 1256.

Rapport à succession S. 609 s.; R. 896 s., 3730, 4904. — avancement d'hoirie (dispense) S. 3073; R. 3764; (renonciation) S. 2072. — biens, avancement d'hoirie S. 2181; R. 4038. — bureau d'enregistrement S. 2907 s.; R. 5072. — clause, partage d'ascendant S. 2134. — corps certain S. 1320. — dispense S. 238; 2072 R. 3764. — donation entre vifs, réduction S. 2182; R. 4040. — jugement S. 2377. — partage S. 1317 s.; R. 2716 s. — partage d'ascendant S. 609, 2146 s. — payement, terme S. 1311. — prêt, père à fils S. 2071. — sommes données S. 2086. — sommes prêtées S. 1289. — terme, prorogation de délai S. 547.

Ratification S. 328 s., 385 s.; R. 191 s. 251 s., 404 s., 464 s. 516 s., 6230. — actes multiples S. 325; R. 470 s. — confirmation S. 385, 390 s.; R. 616, 633 s.; (dispositions nouvelles) S. 390; R. 637; (droit fixe) S. 390; R. 635. — date R. 626 s. — droit fixe S. 328 s.; R. 464. — pluralité de droits S. 335. — vente de biens d'autrui S. 391. — vente nulle R. 1108.

Ratification proprement dite S. 385 s.; R. 616 s.

— droit fixe S. 386; R. 617. — intervention S. 386.

Réassurance S. 820. — assurance à l'étranger S. 820. — assurance maritime S. 820. — compagnie étrangère, succursale en France S. 820.

Récépissé S. 548 s.; R. 541, 5332. — avoué, enregistrement, exemption S. 550. — chemin de fer S. 554. — dépôt, somme, particulier S. 552. — dépôt de pièces, faillite S. 416. — endossement S. 1962. — greffier, dépôt de titres, faillite S. 551. — magasins généraux S. 549, 720. — prêt sur dépôt, droit fixe S. 720.

Receveur S. 46; R. 52 s., 5078.

Receveur buraliste — V. Serment.

Receveur-rédacteur S. 46.

Receveur des hospices — V. Serment.

Récolte — bail S. 1368, s.; R. 2844, 2847 s. — vente S. 1388; R. 2843, s., 2847.

Récolte pendante par racines S. 1432; R. 2929. — V. Droit de transcription.

Récompense — rente viagère S. 237. — V. Contrat de mariage.

Reconnaissance de dette S. 686 s.; R. 397, 905, 948, 1035, 1159 s., 1205 — biens paraphernaux S. 708; R. 1302. — contrat de mariage S. 990; R. 1223. — effets de commerce S. 707; R. 1519 s.; 1649 s. — inventaire S. 693 s.; R. 1214 s. — mandat, procuration S. 2682; R. 579, 1043. — mari, biens de la femme S. 708 s.; R. 1293, 1302. — offres S. 686 s.; R. 1215 s. — partage S. 697 s.; R. 1224 s. — parties contractantes S. 702 s.; R. 1255. — reprises matrimoniales S. 708 s.; R. 1293 s. — testament S. 691 s.; R. 1242 s.; (acte séparé) S. 692.

Rédacteur S. 42.

Registres d'enregistrement. — foi S. 3008; R. 3100.

Registres et papiers domestiques. — libération S. 619; R. 935.

Remboursement S. 594 s.; R. 844 s. — cession S. 144. — vente S. 144, 147.

Réméré. — cession, faculté S. 1357 s.; (acquéreur) S. 1357; (tiers) S. 1358. — retrait S. 593, 1353 s.; R. 843, 2762 s.; (cessionnaire du vendeur) S.

1356; R. 2774; (créance) S. 1375; R. 2820; (créancier du vendeur) S. 1360; R. 2777; (forme) S. 1355; R. 2768; (meuble) S. 1376; R. 2820; (vendeur) S. 1356. — vente S. 1353 s.; R. 2757 s.; 2759 s. — V. Droit de transcription, Vente.

Remplacement militaire S. 944, 955; R. 1940, 1951 s., 3732.

Remploi S. 1849 s.; R. 386, 3466 s. — acceptation de communauté S. 3479; R. 3479. — déclaration S. 248, 467, 652; R. 772; (caractère) S. 1640; R. 3470; 3471 s. (propres) R. 1284. — expropriation S. 1795 s.; R. 3327 s. — frais S. 1854, 2451 s.; R. 3486. — immeuble de communauté S. 1650; R. 3479; (cession) S. 1851; R. 3480. — immeuble du mari S. 1852; R. 3480 s., 3488. — indivision S. 4250. — régime dotal S. 1852. — renonciation à communauté S. 1849; R. 3477. — V. Droit de transcription.

Renonciation S. 179 s.; 267 s., 580 s.; R. 300 s.; 315 s., 819 s. — absence de libéralité S. 197; R. 312. — acceptation S. 560; R. 320, 322 s. — acte innommé S. 179, 586; R. 301, 819. — communauté S. 179, 203, 223 s.; R. 351 s. (legs) R. 301 s.; (mari) S. 225; R. 363. — conditions S. 186; R. 310, 316. — dispositions accessoires S. 254. — donation S. 2172. — donation entre époux, usufruit S. 194. — donation entre vifs, révocation S. 587. — don manuel S. 821, 1057. — droit d'enregistrement S. 180; R. 301. — droit fixe S. 267. — frais S. 159. — gain de survie S. 203; R. 588. — hypothèque légale S. 588. — jugement S. 587; R. 827. — legs S. 179, 193 s., 217; R. 332 s.; (effets) S. 194; (legs S. 221; R. 349; (forme) S. 193; R. 332. — legs conditionnel, transaction S. 201. — legs conjoint, accroissement S. 195; R. 334. — libéralité S. 193; R. 339. — prix R. 341 s., 354. — précipit S. 259; pluralité de droits S. 267; R. 415. — promesse de vente S. 616. — procuration, droits S. 270; R. 416. — réméré S. 590; R. 534.

— servitude S. 589; R. 336. — succession S. 179, 185 s., 2173; R. 200 s., 302 s.; (acte d'héritier) S. 185; R. 309; (acte notarié) S. 183; R. 306; (acte sous seing privé) S. 184; (déclaration à l'Administration) S. 184; (effets) S. 182; (forme) S. 183; R. 306; (greffe) S. 183; R. 306. — transaction S. 201. — V. Contrat de mariage, Donation, Droit de transcription, Succession.

Renonciation à communauté. — Contrat de mariage-communauté.

Renonciation conditionnelle S. 186, 200; R. 312, 315, 326.

— droit, quotité S. 188. — legs S. 200; R. 322, 322.

— pension alimentaire S. 207.

Renonciation frauduleuse R. 219.

Renonciation gratuite. — legs S. 190; R. 335; (absence de libéralité) S. 197; R. 337; (libéralité) S. 198.

— succession S. 187; R. 310 s.

Renonciation in favorem S. 199; R. 340.

Renonciation moyennant un prix S. 186, 202; R. 312.

— legs S. 202; R. 341.
— legs S. 202; R. 341.
— succession S. 186; R. 310.

Renonciation partielle S. 186, 210 s.; R. 320, 343.
— legs S. 210 s.
— legs particulier S. 214 s.; R. 344 s.
— legs à titre universel S. 212; R. 346.
— legs universel S. 211; R. 346.

Renonciation prématurée S. 186; R. 814 s., 353.

Renonciation au profit de cohéritiers S. 186; R. 315.

Renonciation pure et simple S. 186; R. 310, 316.
— communauté S. 224.

Renonciation simulée S. 203.
— legs S. 203; R. 341.
— présomptions S. 202 s.

Renonciation tardive S. 186, 221; R. 326, 349, 357.
— effets S. 190; R. 326.
— legs S. 221; R. 349.
— succession S. 185.

Renonciation à titre onéreux
— communauté S. 224.

Renouvellement. V. Droit d'inscription.

Rente
— capital, droit gradué S. 482.
— cession S. 912, 2549; R. 1742, 1831 s.; (droits, affranchissement) R. 1947.
— cession à titre gratuit S. 2550.
— charge, partage S. 1300; R. 2690.
— constitution S. 908 s.; R. 1798 s.; (cession

de créance) S. 909; R. 1813, 1819, s.; (donation) S. 911; R. 1829; (donation déguisée S. 72; (douaire) R. 3505 (droit proportionnel) S. 72; (fabrique) S. 908; R. 1810; (fondation pieuse) S. 1998; R. 3668 s.
— constitution à titre gratuit S. 2550, s.; R. 4523.
— conversion en créance S. 853; R. 1394 s.; 1601 s.
— conversion en obligation alimentaire S. 853; R. 1616, 1618.
— conversion en rente différente S. 849, 854 s.; R. 1614
— délégation S. 912; R. 1599.
— durée indéterminée S. 2532; R. 4526 s.
— novation R. 1594 s.
— prix de vente S. 852; R. 1599.
— rachat S. 2553.
— reconnaissance S. 482 s.; R. 765 s.
— remboursement du capital S. 344; R. 495.
— reconnaissance R. 788.
Rente constituée S. 1799, 1801 s.
Rente foncière. V. Droit de transcription.
Rente perpétuelle
— constitution R 1808 s.; (fabrique d'église) S. 1998.
— conversion en créance S. 853; R. 1601 s.
— conversion en rente viagère S. 854; R. 1615.
— legs S. 2234 s.; R. 4130.
— prix S. 2436; R. 4410.
— rachat R. 1611, 1815.
Rente sur l'Etat
— actes, enregistrement gratuit S. 2743.
— cession, droit proportionnel S. 2559.
— colonies, déclaration de succession S. 2255
— dation en payement S. 2774; R. 4945.
— déclaration (défaut) S. 3243; (prescription trentenaire) S. 3250 s.
— déclaration estimative (insuffisance) S. 3238; (omission) S. 3238.
— déclaration de succession, colonies S. 2255 s.
— enregistrement, exemption S. 2770 s.; (conditions) S. 2772; R. 4935, 4940.
— mutation par décès S. 19, 2162, 2249, 2768; R. 4926 s.
— mutation entre vifs S. 2768; R. 4926.
— mutation à titre onéreux S. 2772; R. 4933.
— succession étrangère, déclaration, délai S. 2296.
— transfert S. 1739, 2768.
— transmission entre vifs S. 19.
— usufruit, réunion à la nue propriété S. 2590.

— usufruit successif S. 2199.
Rente sur l'Etat inscrites de créance dans les départements S. 2230.
Rente viagère
— caractères S. 910; R. 1828.
— communauté, récompense S. 237.
— constitution S. 84, s., 910; (accident, indemnité) S. 811 s.; (tiers bénéficiaire) S. 2060; R. 3759.
— conversion en créance S. 853; R. 1601 s.
— conversion en rente perpétuelle S. 854;
— dispositions accessoires, dépendantes S. 2060; R. 3759.
— donation, charge S. 2053; R. 3749.
— donation entre époux, quotité disponible S. 917.
— legs S. 2234 s.; R. 4130 s.; (délivrance) S. 245; (imputation, usufruit) S. 2570.
— partage d'ascendant S. 2139; R. 3951.
— prix S. 2436; R. 4410.
— prix de vente S. 2548; R. 4511.
— quittance S. 632
— réduction S. 256, 2076.
— réserve, partage anticipé S. 241.
— réversibilité S. 233, 238, 241, 2060, 2199; (caractère) S. 2112; R. 3759, 4045, 4074; (conjoint) S. 1835, 2113; (conjoint et enfants) S. 2114; (contractants) S. 2190; (contrat de mariage) S. 1835, 2194; (décès) R. 4070 s.; (donation contractuelle) S. 2188; (enfants du mariage) S. 1835; (mutation par décès) S. 2190; R. 4045 s.; (partage d'ascendant) S. 2194, 2196; (partie contractante) S. 2060; (prescription) S. 2444; (prix de vente) S. 2190; (tiers) S. 2190; R. 4046.
Répertoire S. 3033 s.; R. 5268 s.
— acte (double date) S. 3037; R. 5280; (double minute) S. 3036.
— actes antérieurs à la nomination S. 3047.
— acte de dépôt S. 3039.
— acte notarié imparfait S. 123.
— actes successifs R. 5281 s.
— amende distincte R. 5308, 5305 s.
— certificat de propriété S. 3040 s.; R. 5281.
— certificat de vie S. 3040 s.; R. 5281.
— date R. 5269, 5272, 5281.
— déjeis, taxe S. 3043.
— dépôt S. 3047, 3359; (retard) S. 3048; R. 5317.
— forme S. 3046.
— mention S. 3034 s.
— testament (dépôt, ou-

.verture) S. 3043 ;
R. 5279.
— vérification, refus R.
5335.
— visa R. 5304, 5307,
5310-5313, 5315.
Report
— créance S. 722.
Reprises
— biens de communauté
S. 2496.
— biens du mari S.
2497 ; (insuffisance
de biens communaux) S 2498 ; R.
4456 ; (renonciation à communauté) S. 2498 ; R.
4457.
— charges, non-distraction S. 2496.
— déclaration de succession S. 2350 ; R.
4258.
— exercice, caractère S.
1863.
— mari usufruitier S.
2494.
— prélèvement (argent
comptant) S. 1861 ;
R. 3497 ; (biens
communs) S. 1856 ;
R. 3405 ; (biens
communs, renonciation à communauté) S. 1858 ;
(biens du mari) S.
1858 ; (ordre) S.
1861.
— régime dotal S. 2499.
— régime sans communauté S. 2499.
— règlement entre époux
S. 608.
— restitution S. 507 ; R.
866, 802.
— V. Contrat de mariage.
Requête civile. V. Jugement définitif.
Réquisition. V. Droit
de transcription.
Réserves S. 2453.
— loyers perçus par anticipation S. 2454 ;
R. 4447.
— mère naturelle S.2207.
— vente S. 2453 s. ; R.
4441 s. ; (fonds de
commerce) S.
2460 ; (forêt, coupe)
S. 2489 ; R. 4445.
Réserve d'élire. V.
Command.
Réserve légale
— mère naturelle S. 656,
2207.
Résidence
— changement, prestation de serment S.
412 ; R. 707.
Résiliement. V. Résolution.
Résolution
— acte authentique S.
332 ; R. 483.
— acte résilié, enregistrement S. 335 ;
490.
— acte sous seing privé
S. 333 ; R. 487.
— contrat S. 139.
— droit fixe S. 331 ; R.
479.
— partage anticipé S.
334 ; R. 485.
— V. Contrat.
Résolution dans les
vingt - quatre
heures S. 331 s. ;
R. 479 s.
Résolution de vente.
V. Droits de greffe.
Restitution. V. Droit de
transcription.
Retour conventionnel
— clause, donation S.
2183 ; R. 4041.
— enregistrement, dispense S. 2590.
— valeurs, déduction S.
2493.
Retour légal S. 2184.
Retour successoral

S. 2184, 2493 ; R.
4042.
Rétractation S. 560
s. ; R. 170.
Retrait
— indivision S. 1350 s.
— réméré S. 1353 s. ; R.
2762 s.
— vente S. 1353 ; R.
2800.
Retrait d'indivision
— droit de mutation S.
2349 ; R. 4254 s.
Retrait litigieux S.
1353 s. ; R. 2790.
Retrait successoral
S. 1353 s. , 1362
s. ; R. 2794 s.,
2798.
— V. Droit de transcription.
Rétroactivité
— loi de compétence S.
101.
— loi interprétative S.
100.
— loi de procédure S.
101 ; (preuve) S.
101.
— V. Non-rétroactivité.
Rétrocession S. 806,
918 s., 1140 ; R.
1883 s., 2230 s.,
2492.
— charges S. 2440 ; R.
4417.
— conditions S. 918 ; R.
1888.
— fonds de commerce S.
1552.
— vente mobilière R.
2819 s.
— vente nulle R. 2438 s.
Revente
— folle enchère S. 1114,
1123 s. ; R. 2382,
2301, 2394 s.
Revenu
— bail courant S. 2648 ;
R. 4682.
— détermination S.
2658.
— évaluation S. 2658 ;
R. 4742.
— expertise S. 2666.
— immeuble (bail à périodes) S. 2664 ;
(calcul) S. 2647 ;
R. 4724.
— immeuble rural S.
2650.
— immeuble urbain S.
2630.
Réversibilité S. 233.
— caractères S. 242.
— copropriétaires S.
237.
— époux survivant S.
237.
— partie contractante S.
237.
— rente viagère S. 233,
236, 238, 241 ; R.
3759, 4045, 4071.
— tiers S. 236.
— usufruit S. 238, 241 ;
R. 4058 s.
Réversion S. 238 ; R.
4058 s.
Révocation S. 500 s. ;
R. 829.
— acte, enregistrement,
délai S. 2787.
— caractères S. 2787.
— donation entre vifs S.
502 ; R. 2626.
— mandat S. 561.
— procuration S. 561.
— testament S. 563.
Roulage
— procès-verbaux S.
2715 s., 2762.
Rue
— entretien, marché S.
980.
— pavage, marché S.
980.
Sable
— extraction, autorisation S. 2729.
Saisie-arrêt
— formes (dénonciation)
S. 3336 ; (contre-

dénonciation) S.
3336.
— titre S. 3336.
— validité (compétence)
S. 3329; (effet) S.
3330; (instruction)
S. 3335 ; R. 5738 ;
(jugement) S. 2373.
Saisie-brandon
— procès-verbal S. 289.
Saisie-exécution
— procès-verbal, double
droit S. 289; R.
704.
Saisie immobilière
— pouvoir S. 3024.
— subrogation, jugement
S. 639.
— V. Droit d'inscription.
Secours mutuels
— société, actes S. 2740.
Sentence arbitrale
— droits, payement, obligation S. 2046 ; R.
5144.
— droit de liquidation S.
2378.
— droit de titre S. 2385.
Séparation de biens
— jugement S. 2357, 2371
s. ; R. 4284, 4307 s ;
(dépôt) S. 514.
— renonciation S. 590 ;
R. 3371, 3388.
— V. Contrat de mariage.
Séparation de corps
S. 2357 s. ; R. 4284.
Séparation de patrimoines S. 849,
855 ; R. 432, 1652 s.
Séparation des pouvoirs S. 3320 s ;
R. 5081 s.
Sépulture
— concession S. 1622,
1605 ; R. 3094 s.
Séquestre
— déclaration de succession S. 2298 ; R.
4189, 4909.
Serment
— acte, distinction S. 396.
— acte administratif S.
408 ; R. 703.
— acte civil S. 408 ; R.
703.
— acte innommé S. 397,
401, 407 s., 412 ;
R. 663, 673, 687,
702 s.
— agent des contributions
S. 403 ; R. 680 s.
— agent de l'enregistrement S. 403 ; R.
691.
— agent des ponts et
chaussées S. 403 ;
R. 657.
— agent des postes S.
403 ; R. 689.
— agent des prisons S.
403 ; R. 700.
— avocat S. 396, 400,
412 ; R. 662, 687,
689, 695.
— avoué S. 396, 400, 412 ;
R. 662, 687, 689,
695.
— caissier du Trésor S.
396 ; R. 689, 695.
— changement de grade
S. 411.
— changement de résidence S. 412 ; R.
707.
— commis-greffier S.401.
— comptable S. 396 ; R.
403.
— débitant-entreposeur de
poudre à feu S.406.
— débitant de tabac S.
403.
— droit fixe S. 396 ; R.
655, 689, 695.
— employé S. 402 s. ; R.
685 s. ; (droit fixe)
R. 402.
— employé d'établissement public S. 404.
— enregistrement, dispense S. 410 ; R.
705.
— enregistrement gratis
R. 410 ; R. 704.

— garde champêtre S.
403 ; R. 686.
— garde des douanes S.
396, 403 ; R. 685 s.,
684.
— garde forestier S. 396,
403 ; R. 655 s., 685.
— garde-messier S. 409 ;
R. 704.
— greffier S. 396, 400 ;
R. 655 s., 672.
— huissier S. 396, 400 ;
R. 655 s., 678.
— notaire S. 396, 400 ; R.
662, 689, 695.
— officier ministériel S.
400 s. ; R. 662 s.
— préposé d'octroi S. 396,
403 ; R. 655 s., 695.
— prestation S. 396 s.,
584 ; R. 619 s., 813.
— receveur-buraliste S.
405.
— receveur des hospices
S. 404 ; R. 694.
— renouvellement S. 412;
R. 667 s.
— surveillant des lignes
télégraphiques S.
403.
— trésorier-payeur S.
396 ; R. 689, 695.
— vétérinaire S. 403 ; R.
701.
— V. Preuve.
Serment décisoire S.
98, 2643.
Serment nouveau
— changement de fonction S. 411 s. ; R.
706 s.
Serment supplétoire
S. 2643.
Service militaire
— certificat de libération
S. 2736.
Servitude
— bail S. 1667 ; R. 3093.
— cession S. 2596 ; R.
4605 s.
— concession S. 1076 ; R.
2260.
— constitution S. 589,
2696 ; R. 836, 4603
s.
— renonciation S. 589;
R. 3358.
— zone militaire S. 1802.
Signature
— défaut (acte notarié)
S. 117 s. ; R. 278
(acte sous seing
privé) S. 121 s.
Signification
— avocat au Conseil d'Etat S. 477.
— avoué à avoué (appel)
S. 477 ; (première
instance) R. 477.
Simple police
— V. Droits de greffe.
Simulation S. 1173 s.;
R. 2227, 2490,
2491, 2405, 3496.
Société S. 1062, 1868 s.;
R. 3245, 3524 s.
— absence de bénéfices
S. 1874, 1879 ; R.
3526.
— accroissement S.2165.
— acquisition en commun
S. 1880 ; R. 3527,
3535.
— acte S. 20, 178 ; (dispositions accessoires) S. 254 ; (droit
gradué) R. 174 ;
(enregistrement) S.
105 ; (indemnité,
gérant) S. 803 ; (publication, pouvoir)
S. 376 ; R. 365 ;
(tarif) S. 1062.
— acte d'adhésion S.
1882 s. ; R. 3542.
— acte complémentaire
S. 1884 ; R. 3543.
— acte au cours de la
société S. 1918 s.
— acte de dépôt S. 105.
— actif, abandon, associé
S. 1961.

— action S. 19 ; (cession)
S. 5, 22, 578, 891
s. ; 1363, 1963, 1973;
R. 1769 s. V. Action (souscription,
remboursement) S.
806, 808 ; (timbre)
S. 100 ; (versement
du quart) S. 370.
— apport S. 1530 ; (attribution, dissolution) S. 1965 s. ;
R. 3589 ; (bail) S.
1904 ; R. 3509;
(concession) S.
1895 ; (créance
douteuse) S. 1888 ;
(créances et marchandises) S.1896 ;
(déduction) S.
2544 ; (déduction
des dettes) S.
1886 ; (droit au
bail) S. 1904 ; R.
3509 ; (effets) S.
1968 ; (évaluation
insuffisante) S.
2874 ; (fonds de
commerce) S.1530 ;
(industrie personnelle) S. 1678 ;
(jouissance) S.1904
s. ; R. 3509;
(meubles et valeurs
mobilières) S.1895;
R.3553 ; (présomption) S. 1877 ; (présomption légale) S.
1050 ; (retrait) S.
1923 ; (stipulation
de retour) S.1690 ;
R. 3548 ; (transmission) S. 1890 ;
R. 3548 ; (vente)
S. 1895 s. ; R.
3553 s.
— apport immobilier S.
1898 ; R. 3587;
(vente) S. 1872.
R. 3587, 3563 s. ;
(vente, non collectif) S. 1899.
— associé (accroissement) S. 5 ; (avances et prêts) S.
1894 ; R. 3549,
3551 ; (avantages)
S. 1894 ; (décès,
dissolution) S.
1936 ; (directeur)
S. 1909 ; (fournitures) S. 1915 ;
(gérant, traitement) S 1907 ; R.
3572 ; (logement)
R. 3578 ; (marché)
S. 1913 ; R. 3574;
(non associé) S.
1917.
— associé prédécédé,
part, attribution S.
1923 s., 1969 s. ;
(cession de part)
R. 1769 s. V. Obligations.
— associé, retraite S.
1923 s., 1969 s. ;
(cession de part)
S. 1926 ; (dissolution) S. 1969 s. ;
(remplacement) S.
1970 ; (reprise
d'apport) S. 1923
s. ; R. 3583.
— assurances mutuelles
S. 1874.
— augmentation du capital S. 106.
— avances et prêts, associé S. 1894 ; R.
3549, 3551.
— avantages stipulés S.
1887.
— bénéfices (déduction)
S. 2844 ; (partage)
S. 1900.
— biens, partage S.1957
s. ; R. 3581 s.
— capital, augmentation
S. 106.
— caractère R. 3525 s.
— clause compromissoire
R. 3577.
— commandite par actions, transformation, anonyme S.
1020.
— condition suspensive
S. 1873.

— constitution (acte) S.
1809 s. ; R. 3525
s. ; (acte à l'étranger) S. 1876 ; (effets) S. 1868 ; R
3524.
— croupiers S. 1872.
— définition S. 1870 ; R.
3525.
— dettes sociales S
2540.
— directeur, traitement
S. 1909.
— dispositions accessoires S. 246.
— dispositions accessoires indépendantes
S. 1893 s. ; R.
3551 s.
— dissolution (acte) S.
1955 ; R. 3579 ;
(apport, attribution) S. 1956 s. ;
R. 3589 ; (cession
entre associés) S.
1973 s. ; (part, accroissement) S.
1953 ; (part, cession) S. 902 s. ; R.
1795 ; (partage des
biens) S. 1955 ;
(prorogation) S.
907 ; (retraite d'associé) S. 1960 s.
— dissolution conventionnelle S. 1956 ;
R. 3580.
— droit gradué, application S. 1886 s.
— éléments essentiels
S. 1890 s. ; R. 3546.
— existence, preuve S.
1892 ; R. 3602,
3603 ; (écrit) S.
1964 ; 3603.
— fonds social, transmission S. 1050 ;
R. 1796.
— gérant (associé) S.
1907 ; R. 3572 ;
(frais de déplacement) S. 1911 ;
(traitement) S.
1906, 1907 ; (traitement, acte sous
seings privés) S.
1912.
— immeubles, adjudication S. 1907.
— inventaire, production
S. 2545.
— liste de souscription,
annulation S. 3081.
— lotissement S. 1929.
— marché (associé) S.
1913 ; R. 3574 ;
(non associé) S.
1917.
— nationalité, détermination S. 1504.
— obligation, cession S.
522, 891 s., 1363 ;
R. 1769 s. V. Obligations.
— partage (copropriété,
preuve) S. 1963 ;
R. 3602, 3603 ;
(droits) S. 1963 ;
R. 3598 ; (soulte)
S. 1957, 1958 s.
— partage déclaratif S.
1962 ; R. 3599 s.
— partage partiel S.
1929.
— partage translatif S.
1962 ; R. 3599 s.
— prêt de consommation
S. 719.
— prorogation S. 1868,
1919 s. ; R. 3545.
— sous-société S. 1872.
— souscription d'actions
nouvelles S. 106.
— syndicat S. 1871.
— titre, partage, droit
de transmission,
taxe annuelle S.
28, 1496.
— titre nominatif, droit
de transmission S.
20, 28, 1470.
— titre non libéré, droit
de transmission S.
28, 1454, 1486.

— titre au porteur, taxe annuelle S. 20,-28; 1476.
— transformation S. 1920 s.
— vente et achat d'immeubles S. 1893.
— V. Valeurs mobilières.
Société-part d'intérêt.
— accroissement S. 1971, 2061 ; (associé survivant) S. 1988 ; R. 4053 ; (associé survivant, tontine) S. 1940; (droit proportionnel, payement) S. 1949 ; (droit proportionnel, quotité) S. 1950.
— accroissement sans prix S. 1987 s. ; R. 4049 s.
— actif net S. 2490 ; R. 4509.
— attribution (associé prédécédé) S. 1928; (associés survivants) S. 2002; R. 3254, 3548, 3586 ; (contrat de société) S. 1971 ; R. 3593, 3594.
— cession S. 891, 892, 1920, 1963 ; R. 4769, 1778 ; (associé) S. 2538 s. ; (charges) S. 2542 ; (décès de l'associé) S. 894, 903, 905 ; (dissolution) S. 903 s. ; R. 1708 ; (société civile) S. 895.
— cession conditionnelle S. 1928, 1931, 1971.
— cession déguisée S. 1970.
— clause attributive S. 1928 s. ; (obligatoire ou facultative) S. 1930.
— déduction du passif S. 2540.
— évaluation S. 2490 ; R. 4509.
— part sociale, cession S. 73.
— transfert S. 1452 s.
Société d'acquêts.
— renonciation S. 224.
Société anonyme S. 1873.
— acte d'adhésion S. 1892 ; R. 3542.
— autorisation du gouvernement S. 1873.
— défaut d'autorisation S. 3089 ; R. 5401.
— immeubles, taxe annuelle S. 154.
Société civile.
— adjonction de nouveaux membres S. 1952, 1973, 2061, 2257, 2254 ; R. 3254, 3548, 3586 ; (accroissement) S. 2480 s. ; (accroissement, expertise) S. 2033 ; —
— constitution, condition S. 900.
— durée indéfinie S. 2062; R. 3254, 3548, 3586.
— part, cession S. 895.
— réversion S. 2066.
Société en commandite
— remboursement de la commandite S. 4897.
Société en commandite par actions
— transformation, société anonyme S. 1902.
Société coopérative S. 2066.
Société à durée illimitée S. 33.
Société étrangère
— action S. 49.

— représentant en France S. 1499.
— succession française S. 2254.
Société française
— caractères S. 1460.
Société minière
— action et intérêts S. 1893 ; R. 3871.
Société mutuelle
— risques de guerre et d'émeute S. 816.
Société en nom collectif
— acte d'adhésion S. 1883.
— apport immobilier, vente S. 1899.
— prélèvements S. 1901.
— transformation, commandite S. 1921.
Société nouvelle
— membres anciens S. 1902.
Société en participation S. 1871.
— part, cession S. 898, 899 ; R. 1788.
Société préexistante
— transformation S. 1902, 1922.
Société tontinière S. 1940, 2066.
Société verbale
— part, cession S. 696 s. ; R. 3559.
Sol
— vente S. 1412 ; R. 2909.
Solidarité
— cautionnement S. 768; R. 4386.
— condamnation successives S. 153.
— débiteur (discussion) S. 778 ; (époux) S. 774, 775; R. 1396, 1398 ; (intérêt, preuve) S. 773 ; (intérêt illusoire) S. 768; (intérêt nul) S. 770 ; R. 1387, 1388 ; (part égale) S. 768 ; (part inégale) S. 768 ; R. 771 ; R. 1389.
— intention des parties S. 771 ; R. 1389.
Solution
— abandon, effets S. 2236 s.
— caractère S. 3280 ; R. 5649.
Somme
— délivrance, don au legs S. 605 s. ; R. 881 s.
— dépôt (officier public) S. 353 s. ; R. 510 s. ; (particulier) S. 365 s.; R. 551 s.
— donation contractuelle S. 2105.
— donation entre vifs, payement au décès du donateur S. 2082; R. 3790.
— donation entre vifs à prendre sur les biens laissés au décès S. 2083; R. 3803.
— legs, terme S. 2229.
— obligation S. 651, 2512 s. ; R. 1041 s., 4477 s.; (contrat synallagmatique) S. 712 ; R. 1306, 1307; (contrat unilatéral) S. 712; R. 1283 (ratification) S. 324.
— obligation payable à l'étranger S. 1737.
— partage, fruits, revenus, intérêts S. 1200 (rapports) S. 1256; (reprises) S. 1276.
— payement (annuité) S. 2514; (époque fixe) S. 2514; (prime de remboursement) S. 2514.
Soulte S. 1064, 1289 ; R. 2665, 2709.

— caractère S. 1290 ; R. 2667 s., 2683.
— dissimulation S. 4122; (amende) S. 2879; (compétence) S. 3327 ; (instruction) S. 3362 s.
— droit S. 2623.
— échange S. 1709 s.; R. 3213; (donation entre vifs) S. 2049 s. ; R. 3745 s.
— imputation S. 1302, 1322; R. 2964, 2705; (droits successifs, cession) S. 1324.
— meubles et immeubles S. 1823 ; (vente simultanée) S. 1573 ; R. 2964.
— montant, détermination S. 1305 ; R. 3697 s.
— partage, communauté S. 1326 s. ; R. 2688 s.
— partage d'ascendant S. 1389, 2141 s.; R. 2669 s.; 3682.
— partage refait S. 1315 s. ; R. 2715 s.
— partage testamentaire S. 343, 2141, 2152 s.; R. 496, 2675.
— payement S. 621.
— rapport S. 1317.
— société, partage S. 1957 s.
— V. Partage.
Soumission S. 998.
Sourd-muet
— donation entre vifs, acceptation S. 2034; R. 3703.
Sous-comptoir des entrepreneurs S. 18, 726 s., 781 s.
— acte de libération S. 734.
— nantissement S. 546; (droit fixe) S. 781 s.
— prêt, fonds, usage S. 732 s.
— prêt hypothécaire S. 736.
— quittance S. 617.
— V. Sous-comptoir de compte.
Sous-comptoir de compte S. 18.
— droit proportionnel, exemption S. 2742.
— V. Sous-comptoir de garantie.
Sous-comptoir de garantie S. 726 s.
— créance, exemption de droits S. 8.
— nantissement, droit fixe S. 726.
— prorogation de délai S. 730.
— V. Droit d'inscription.
Sous-inspecteur S. 46.
Stage
— certificat S. 514.
Stipulation pour autrui S. 112 s.; R. 176 s., 2252.
Subrogation S. 156, 913 s. ; R. 255, 1600, 1855 s., 4496 s.
— bail S. 1604 ; R. 3121.
— droit proportionnel S. 913 ; R. 1858.
— emprunt S. 914 ; R. 1871.
— hypothèque, droit gradué S. 524.
— payement S. 251; R. 979 (tiers) S. 636, 975, 976, 980, 987.
— quittance S. 915; R. 1871 (prorogation de délai) S. 545.
— saisie immobilière, jugement S. 639.
Subrogation conven-

tionnelle S. 566, 913 s.; R. 1856 s.
Substitution S. 18, 2205, 2222 s.; R. 412 s., 4082, 4112 s.
— legs particulier S. 2222.
— mutation par décès S. 2222 ; R. 4412.
— renonciation R. 855.
— transcription S. 2921.
— V. Droit de transcription, Legs.
Substitution prohibée S. 128.
Subvention
— cession S. 250.
Succession
— absent, déclaration, délai S. 2299; R. 3984 s., 4490.
— acceptation S. 185, 267 s. ; R. 415 s., 4013 s., 4078; (bénéfice d'inventaire) S. 2174 ; R. 4017 (déclaration de succession) S. 2240 (mineur) S. 2176 ; R. 4022.
— accroissement S. 2185 s. ; 74 ; (déduction, donation) S. 2087; bénéfice d'inventaire, acceptation; effets S. 2174; R. 4017 s.
— biens, recouvrement postérieur au décès S. 2340 s.; R. 4225 s.
— biens français et étrangers S. 1745 ; R. 3244, 3246.
— biens héréditaires, preuve S. 2172; R. 3998.
— biens rendus à la succession, droit nouveau S. 3364.
— charges (distraction, legs) S. 2237 ; R. 4125 s. ; (donation non payée) S. 2085.
— R. 4462 ; (droits de mutation) S. 2226 ; (legs) S. 2176 s. ; (legs, sommes non existantes) S. 2224 ; R. 4094, 4123, 4134, 4137.
— créances (droit proportionnel) S. 3242 ; (irrecouvrables, dispense de droits) S. 3242.
— débiteur (failli) S. 3242; (solvabilité) S. 3242.
— déclaration S. 2289 s.; R. 4139 ; (erreur) S. 3100 ; (évaluation) S. 3242; (fraudeuse) S. 3242 ; (succession double) S. 2201 ; R. 4310 ; (valeurs omises) S. 3242.
— étranger, dévolution S. 2172 s., 2202 ; R. 749.
— étranger en France S. 2252.
— héritier, qualité, preuve S. 2172 ; R. 4001.
— impôt, droit réel S. 2252.
— liquidation, jugement S. 2377.
— militaire mort en activité hors de son territoire S. 3256.
— ouverture S. 2172 ; R. 3995 ; (preuve) S. 2172; R. 3997.
— partage, rapport, terme S. 547.
— passif (dette commerciale) S. 9 ; (dette

te liquide, preuve) S. 9 ; (non-déduction) S. 7, 9, 257.
— renonciation S. 83, 179, 183 s., 267 s. ; R. 303 s., 413 s., 2447, 4078.
— soulte S. 1745.
— transmission, distinction S. 2166 s. ; R. 3973 s.
— transmission à titre gratuit S. 2185 ; R. 4044.
— valeurs françaises, dévolution S. 2252.
— V. Déclaration de succession.
Succession ab intestat S. 2166 s., R. 3973, s.
Succession contractuelle S. 2166 s.; R. 3973 s.
Succession légitime S. 2166 s.; R. 3973 s.
Succession non déclarée
— prescription S. 3243 s.; R. 5511 s.
— vente sur l'État S. 3243.
Succession non ouverte
— vente S. 141.
Succession testamentaire S. 2166 s., 2172, 2204 s.; R. 3973 s., 4044 s., 4079 s.
Succession vacante S. 2177 s. ; R. 4095 s.
— curateur (déclaration, délai) S. 2297 ; (obligation) S. 2177.
— déclaration S. 2286; R. 4178.
— droits, quotité S. 2178.
— privilège R. 5479.
— V. Acceptation, Déclaration, Renonciation, Legs, Testament.
Superficie
— contrat S. 1650; R. 3054.
— vente S. 1412; R. 2909.
Surenchère S. 142; R. 2412, 5236, 6242.
— adjudication S. 1114, 1128 s. ; R. 2362, 2408 s.
— déclaration S. 1129 s. ; (vente judiciaire inférieure à 2000 fr.) S. 3154, 3159 s.
— effets S. 1134; R. 2411.
— sixième, vente judiciaire inférieure à 2000 fr.; S. 3153.
— vente judiciaire inférieure à 2000 fr. S. 3153 s., 3159 s.
— V. Droit de transcription.
Surnuméraire S. 46; R. 749.
Surveillant des lignes télégraphiques
— Serment S. 403.
Syndic
— indemnité, jugement S. 2379; R. 4327, 5110.
— rapport, enregistrement S. 2749.
Syndicat
— V. Droit gradué.

Tabac
— droits R. 3296.
Tarif
— application S. 99 s.; R. 183 s.; (droits de mutation) S. 102; R. 140, 141.

— V. Droit d'inscription, Droit de transcription.
Taxe
— biens de mainmorte S. 154.
V. Frais.
Taxe annuelle. V. Assurance, Droit de transmission, Valeurs mobilières.
Témoin. V. Preuve.
Terme
— location verbale S. 1634.
Terrasse S. 1650; R. 3059.
Testament
— aveu S. 1054.
— découverte S. 3102; R. 5408.
— dépôt S. 2208, 3030 s.; R. 5257; (procès-verbal) S. 3043; R. 5279.
— disposition, modification S. 339.
— don manuel, déclaration S. 2014.
— enregistrement S. 2205 s. ; R. 4080 s., 4583 s.; (caractère) S. 2205 ; (délai) S. 2178, 2205, 4787 ; (substitution) S. 2205 ; R. 4082.
— ouverture, procès-verbal S. 3043; R. 5279.
— partage S. 19 ; (attribution de lot) S. 1262.
— reconnaissance de dette S. 691 s. ; R. 1242 s.
— révocation S. 563.
— transaction S. 563.
— usage, renonciation S. 4081.
— vice de forme (exécution) S. 339; (ratification) S. 191.
— V. Droit de transcription, Legs, Succession.
Testament mystique
— envoi en possession S. 349.
Testament non enregistré
— mention, intitulé d'inventaire S. 3026.
Testament nul
— exécution S. 339.
Testament olographe
— dépôt, notaire S. 360; R. 539, 5263, 5265, 5279 s.
— envoi en possession S. 349.
Théâtre municipal
— exploitation, marché S. 1000.
Timbre
— acquit-à-caution R. 6153.
— amende R. 6191 s.; 6201 s., 6255 s.
— assurance S. 821; R. 6074; 6159 s.
— avantages S. 4.
— dispense (expropriation) S. 1781 ; R. 3307.
— droit proportionnel S. 22.
— exemption (actes administratifs) S. 2787 s.; R. 4913 s. ; (épargne postale) S. 2780.
— pièces justificatives, compte S. 681.
— rapport de syndic S. 2749.
— restitution (expropriation) S. 1790; (vente judiciaire inférieure à 2000 fr.) S. 3178.
— société, action S. 100.

— valeur mobilière, obligation négociable S. 719.
— visa S. 2709, 2746.
— V. Timbre.
Timbre gratuit. V. Visa.
Timbre mobile
— débit S. 46.
Timbre proportionnel
— valeurs mobilières S. 2632.
Titre
— libération S. 619 s. ; R. 927 s.
Titre commun. V. Droit de transcription.
Titre coté S. 1483.
Titre déprécié S. 1485.
Titre négociable
— valeur mobilière S. 1456.
Titre nominatif
— conversion S. 1464.
— emprunt communal R. 3253.
— impôt S. 1453.
— propriété apparente S. 2310.
— transfert S. 1452.
Titre non coté S. 1485.
Titre nouvel S. 482 s. ; R. 785 s.
— créance S. 485.
— dispositions accessoires S. 254.
— droit fixe S. 482 ; R. 785.
— droit graduel S. 174.
— droit unique S. 486 ; R. 791.
Titre au porteur
— conversion S. 1464.
— don manuel S. 2012.
— impôt S. 1453.
— propriété apparente S. 2310.
Titres au porteur perdus ou volés S. 2310.
— acquisition en commun S. 1945.
Tontine S. 1941.
Tourbières. V. Mines.
Traité
— acte de commerce S. 6, 178, 854 s., 957 s., 1368 ; R. 1973 s. ; (acte public) S. 986 ; (cautionnement) S. 968 ; (conditions) S. 962 ; (définition) S. 954 ; (dépôt, notaire) S. 965, 967 ; (double droit) S. 970 ; (droit fixe) S. 530, 534 ; (droit proportionnel) S. 958 ; (droit proportionnel, perception) S. 969 ; (droit de titre) S. 2408 s. ; (exigibilité) S. 964 s. ; (jugement) S. 980.
— concession d'eau S. 1006.
— droit fixe S. 24, 99.
— droit proportionnel S. 24.
— réalisation S. 161.
— travaux d'irrigation S. 1000 s.
— travaux de voirie de Paris S. 281 ; R. 2003.
— V. Marché.
Traitement
— accessoires S. 402.
— emploi S. 402.
— frais d'aide S. 402.
— frais de déplacement S. 402.
— frais d'habillement S. 402.
— frais de loyer S. 402.

— frais de tournée S. 402.
— gratification S. 402.
— indemnité de déplacement S. 402.
Tramway S. 23.
Transaction S. 178, 655 s. ; R. 314; 1049 s., 4478.
— appel R. 668 s. ; R 1119.
— droit fixe S. 655.
— droit proportionnel S. 658, 661, 665 ; R. 1082.
— legs R. 4073 s.
— nature S. 656 ; R. 1057 s.
— novation R. 1063.
— partage, demande en rescision S. 1315.
— partage anticipé, nullité S. 661.
— partage d'ascendant, demande en rescission S. 664.
— pourvoi en cassation S. 672.
— présomption légale S. 1043 ; R. 2164.
— preuve R. 2164 s.
— renonciation, legs conditionnel S. 201 ; R. 1064 s.
— testament S. 662.
— transcription hypothécaire S. 673.
— vente (nullité) S. 667 ; (prix, vileté) S. 667.
— vente immobilière S. 668 ; R. 1094 s.
— V. Droit de transcription.
Transcription
— actes de nature à être transcrits S. 3518.
— donation, partage anticipé S. 30.
— échange S. 30.
— saisie, immobilière S. 127 ; R. 230.
— substitution prohibée S. 128.
Transcription hypothécaire
— transaction S. 673.
Transfert. V. Société.
Transmission
— V. Droit de transmission, Mutation entre-vifs, Mutation par décès.
Transport
— créance, droit proportionnel, liquidation S. 2517 s. ; R. 4496 s.
— entreprise S. 1542
— V. Créance - cession.
Travaux S. 475 s. ; R. 778 s.
— prix, quittance S. 135.
Travaux publics
— concession, expropriation S. 995.
— marché S. 995 ; R. 2003.
Trésor
— caissier. V. Droit d'inscription.
Trésorier de caisse d'épargne
— dépôt, somme S. 356 ; R. 513 s.
Trésorier-payeur général
— dépôt, somme S. 356 ; R. 513 s. ; (compte-courant) S. 356.
— V. Serment.
Tutelle
— compte (héritiers du tuteur) S. 3026 ; (projet, enregistrement) S. 3026 ; (tuteur créancier) S. 683 s. ; R. 1499.
— compte, arrêté S. 260, 678 s. ; R. 1151 s. ; (droit fixe) S. 678 ; R. 1153.
— veuve tutrice, débitri-

ce des mineurs S. 2294.
Tutelle officieuse S. 459 ; R. 769.
Tuteur
— décharge S. 604 ; R. 874 s.
— déclaration de succession S. 2843 ; R. 4022, 4478.
— nomination S. 458 ; R. 766 s. ; (délibération non enregistrée, conseil de famille) S. 3026.
— reconnaissance de dette, inventaire S. 696.

Usage
— bail S. 1667.
— cession S. 1075, 2596 ; R. 2267, 4605 s.
— constitution S. 2596 ; R. 4505 s.
Usage en justice
— acte sous seing privé S. 24, 2502 s. ; 2807 s. ; R. 4999.
— assurance S. 2843.
— convention verbale S. 24.
— enregistrement obligatoire S. 2802 s. ; R. 4990 s.
— marché et traité S. 6.
— peine S. 2836 s. ; R. 5034, 5133.
— plaidoiries S. 2810.
— présomptions S. 2813
— preuve S. 2811 s.
— V. Production en justice.
Usage par acte public
— acte sous seing privé S. 2502 s. ; R. 4999 s. ; (droits, payement) S. 2925 ; R. 5107.
— approbation préfectorale S. 2804 ; R. 4990.
— assurance S. 2805.
— dépôt, secrétariat de préfecture S. 2804.
— enregistrement obligatoire S. 2502 s., 2805 ; R. 4990 ; (exception) S. 2805.
Usufruit
— acquisition avec nue propriété S. 2584 s.
— apport des époux, déclaration estimative S. 1612.
— bail S. 1667 ; R. 3093 s.
— biens composant la succession S. 2232.
— cession à titre onéreux S. 204 ; R. 95.
— constitution S. 2561 s. ; R. 4534 s. ; (titre gratuit) S. 2563 ; R. 4536 s. ; (titre onéreux) S. 2563 ; R. 4534.
— convention matrimoniale S. 2477.
— conversion, pleine propriété S. 2572.
— conversion en rente viagère S. 849, 857 ; R. 1650 s. ; 4334 s., 4556 s.
— déduction S. 2491.
— donation entre époux (quotité, disponible) S. 917 ; (renonciation) S. 2494.
— donation entre vifs S. 2083 ; R. 3453, 3786.
— droits de mutation S. 2230.
— échange S. 2240 ; R. 3644.
— extinction S. 8, 2577 s. ; R. 4602 ; (abus de jouissance) S. 2579.
— hypothèque S. 796.
— immeuble, mutation,

preuve S. 1026 s. ; R. 2062 s.
— legs (droits de mutation) S. 2227 ; R. 4131; (renonciation) S. 194.
— legs conditionnel S. 2224.
— legs conjoint S. 2371.
— legs sans garantie S. 2367.
— mutation S. 7, 1005; R. 2253, 2255; (fonds de commerce) S. 1525.
— mutation par décès S. 2221.
— novations, charges, non-distraction S. 2494.
— renonciation, cautionnement S. 780; R. 1414.
— reprises de la femme, mari S. 2494.
— réserve S. 2563; (donation entre vifs) S. 2080; (partage anticipé) S. 230, 2569 (partage d'ascendant) S. 2139; R. 3951 (vente judiciaire inférieure à 2000 fr.) S. 3142.
— résolution S. 1153; R. 2454.
— réunion à la nue propriété S. 2576 s.; R. 4591, 4602 s.; (rente sur l'État) S. 2590.
— réversibilité S. 233, 238, 241, 2195 s.; R. 4058 s. (caractère) S. 2113; (conjoint) S. 2113; (partage d'ascendant) S. 2196; (prescription) S. 3245.
— transmission S. 8.
— universalité des biens, époux S. 2233.
— valeur S. 2592; R. 4571.
— vente S. 1075; R. 2266; (compensation) S. 2587.
— V. Droit de transcription.
Usufruit légal
— caractère S. 2166; R. 3075.
— mutation par décès S. 2295.
Usufruit successif S. 2197 s.; R. 5558.
— droits (quotité) S. 2200; (tarif) S. 2200.
— legs de quod supererit S. 2198.
— rente sur l'État S. 2199.
Utilité publique
— acquisitions, déclaration S. 2628.
— déclaration S. 1767, 1770; (canal) S. 1774.
— V. Expropriation publique.

Vacation
— durée, inventaire S. 203; R. 442 s.
Valeurs mobilières
— accroissement S. 2481.
— action, cession S. 1454, 1462.
— actions de capital S. 1462.
— actions de jouissance S. 1462.
— apport, société S. 1695; R. 3553.
— bon de liquidation S. 1464.
— certificat de propriété S. 1464.
— cession S. 891 s.; R. 1769 s.; (acte sous seing privé S. 1367, 1452.
— droit de transmission S. 1452 s.

S. 1368 s., 1369, 1449 s., 1452.
— émission, point de départ S. 1488.
— émission occulte S. 1458.
— mutation, prescription S. 3224.
— obligations (communes); (département) S. 1454; (emprunt communal) S. 2253; (établissement public) S. 1454.
— obligation négociable, timbre S. 719.
— partage d'ascendant S. 2116.
— récépissé nominatif, échange S. 1465.
— revenu, taxe S. 53.
— société, existence S. 1456.
— taxe S. 1989.
— timbre proportionnel S. 2309 s.
— titre (forme) S. 1461; (nature) S. 1505; (qualification) S. 1451.
— titre négociable S. 1456.
— titre nominatif S. 1483; (conversion) S. 1463 (transfert) S. 1452.
— titre au porteur S. 1483; (conversion) S. 1464.
— transmission S. 454; R. 3237.
— vente simultanée, meubles et immeubles S. 1584.
— V. Action, Droit de transmission.
Valeurs mobilières-taxe annuelle
— avance S. 1488.
— cours moyen, détermination S. 1487, 1501.
— déclaration S. 1477; (contrôle) S. 1478.
— exigibilité, cessation S. 1508 s.
— liquidation S. 1483.
— payement S. 1484; (délai) S. 1488 s.
— titres cotés S. 1483.
— titres dépréciés S. 1485.
— titres non cotés S. 1485.
— valeurs étrangères S. 1500.
Valeurs mobilières étrangères S. 25, 1454, 1496 s., 1749.
— admission à la cote S. 1506.
— définition S. 2269.
— droit de transmission S. 1498 s.; (exigibilité) S. 1506.
— émission en France S. 1499, 1506.
— exposition en vente S. 1506.
— immobilisation S. 2262.
— mutation entre vifs S. 1730.
— mutation par décès S. 2162, 2769.
— négociation S. 1500 s.
— nombre, détermination S. 1499.
— partage S. 1747; R. 3247.
— pénalité S. 1503.
— succession française S. 1506.
— taxe annuelle S. 1500; (exigibilité) S. 1506 s.; (quotité) S. 1510.
— timbre S. 1507.
Valeurs mobilières françaises
— droit de transmission S. 1452 s.

Vente
— acte provisoire R. 2327 s., 2346 s.
— acte rectificatif S. 263.
— acte sous seing privé, acte authentique S. 1094 s.; R. 2337 s.
— adjudication S. 1114; R. 2383 s.
— affectation hypothécaire, acte séparé S. 262; R. 804.
— apport, société S. 1695 s.; R. 3553.
— biens d'autrui, confirmation S. 391.
— biens de l'État S. 1779 s.; R. 3288 s.
— biens nationaux S. 1222; R. 2609, 2616.
— charges S. 2440 s.; R. 3377, 4417 s.
— chose S. 1090 s.; R. 2383.
— chose d'autrui S. 129, 1107; R. 337, 2334, 2357; (annulation judiciaire) S. 1145; (annulation volontaire) S. 1145; (nullité) S. 1145.
— chose future S. 1090.
— clause exclusive de perception S. 1081, 1109 s.; R. 2360 s., 2366.
— clause suspensive de perception S. 1081, 1109 s.; R. 2360 s.
— clientèle S. 1072, 1522 s.
— condition S. 166.
— condition résolutoire S. 1113.
— condition suspensive S. 167, 1085, 1112; R. 2303, 2365 s.
— consentement S. 1098 s.; R. 2322 s.
— constructions et bâtiments S. 1388 s.; R. 2681 s.
— contrat en main S. 2452; R. 4437.
— contre-lettre S. 1193; R. 2536.
— copie collationnée, dépôt, certificat S. 513.
— coupes de bois, taillis et haute futaie S. 1388; R. 2843.
— covendeur (héritier présomptif, immeuble dotal) S. 776; 1495; R. 1570.
— déclaration estimative S. 1813.
— dédit S. 167.
— dispositions accessoires S. 248 s.
— domaine national S. 1779 s.; R. 3288 s.
— donation entre vifs S. 2052; R. 3747.
— droit proportionnel S. 1085.
— droits successifs S. 202, 2441 s.; R. 1104, 4420.
— effets S. 1704; R. 3197 s.
— enregistrement, délai S. 1022, 2831.
— entrée en jouissance S. 2455.
— époux, survivant S. 2771.
— état estimatif S. 582; R. 810 s., 2992.
— faculté d'achat S. 166; (bail) S. 1091.
— faillite S. 420; R. 780.
— fonds de commerce S. 5, 27, 1072, 1522 s.; (loi, application); S. 105;

(prix, dissimula-
tion) S. 96, ;
— forêt S. 1053.
— frais S. 2444 ; R.
4433 ; (commis-
saire-priseur) S.
2448 ; (vendeur) S.
2452 ; R. 4487.
— frais antérieurs S.
2445 s.
— frais postérieurs S.
2445 s. ; R. 4443.
— frais préparatoires S.
2445.
— fraude des droits des
créanciers S. 1121.
— grosse, délivrance S.
2450.
— immeuble, contenan-
ce S. 1091 ; R.
2316 s.
— immeuble dotal (con-
firmation) S. 392 ;
(covendeur, héri-
tier présomptif) S.
776.
— maison avec glaces S.
1580 s. ; R. 2977.
— mandat S. 380 ; R.
382, 595.
— mandataire S. 1105 ;
R. 2363.
— marchandises avariées
S. 174 ; R. 743 s.
— marchandises variées
en mer S. 427 s.,
444 ; R. 734.
— marchandises neuves
en détail S. 1426.
— marchandises neuves
en gros S. 1419 s.
— marché S. 948, 1370 s.
— meubles (déclaration,
partage) S. 1384 ;
(prix, reconnais-
sance) S. 1366 ; R.
2605 ; (quittance)
S. 134 ; R. 2608 ;
(réméré) S. 1376 ;
R. 2820.
— mine S. 2433.
— usines, carrières, tourbières S. 1391 s. ;
R. 2363 s.
— navires S. 427 s.,
1577 ; R. 743 s. ;
(débris) S. 441 s. ;
R. 754 s. ; (prix,
cautionnement) S.
436 ; R. 747.
— navire étranger S.
434 ; R. 744.
— navire et immeubles
S. 437 ; R. 749.
— navire naufragé S.
441.
— nullité S. 1105 s. ; R.
2242 s. ; (transac-
tion) S. 657.
— objet S. 1090 ; R.
2309.
— objet certain S. 1382 ;
R. 2837.
— objet indéterminé S.
1090 ; R. 2310.
— perfection, conditions
S. 1081 s. ; R. 2280
s. ; (prix) S. 1081
s. ; R. 2280 s.
— porte-fort S; 1105 ;
R. 2332.
— prête-nom S. 1145.
— prix S. 1081, 1084 s. ;
R. 2286 s. ; (com-
pensation) S. 248,
645 ; R. 906 s. ;
(contestation) S.
110 ; (conversion
en rente) S. 852 ;
(dépôt à la caisse
des consignations,
décharge) S. 635 ;
R. 1306 ; (dissimu-
lation) S. 26, 92,
1123 ; (dissimula-
tion, compétence)
S.3327; (évaluation
insuffisante) S.
2473 s. ; (vilité,
nullité) S. 657.
— prix, payement (acte

de vente) S. 612,
615 ; R. 906, 910 ;
(créanciers ins-
crits) S. 642 ; R.
1030, 1036 ; (inter-
vention, tiers) S.
249 ; (versement à
l'un des vendeurs)
S. 376 ; R. 572 ;
(tiers, créancier)
S. 615 ; R. 910.
— projet S. 1094, 1096 ;
R. 2327.
— quittance S. 2509.
— réalisation (expropria-
tion) S. 2988 ;
(saisie immobi-
lière) S. 2987 ;
(vente volontaire)
S. 2989.
— réalisation condition-
nelle S. 166.
— récolte sur pied S.
1388 s. ; R. 2843 s.
— remède secret S. 147.
— remploi, déclaration
S. 248.
— renouvellement de
l'acte S. 2935.
— réserves S. 2453 s. ;
R. 4441 s. ; (jouis-
sance) S. 2458.
— réserve de rente via-
gère S. 2195 s. ;
R. 4045 s., 4071.
— réserve d'usufruit S.
2195 s. ; R. 4058 s.
— résolution (cession-
naire du vendeur)
S. 1191 ; R. 6001
s. ; (défaut de paye-
ment) S. 1177 s. ;
R. 5505 s. ; (inexé-
cution des condi-
tions) S. 1183 s. ;
R. 2524 s. ; (droit
de transcription)
S. 1182 ; R. 6051 ;
(tradition réelle)
S. 1181 ; R. 2516
s.
— résolution judiciaire,
droit, quotité S.
1190 ; R. 6001,
6051.
— résolution volontaire,
droit, quotité S.
1189 ; R. 6012,
6051.
— rétrocession S. 1140 ;
R. 2318
— revente S. 1042.
— simulation (annula-
tion) S. 1174 s., R.
2496 s. ; (nullité)
S. 3083.
— sol S. 1053.
— succession non ouverte
S. 141.
— superficie d'un bois S.
1053.
— surenchère S. 142 ; R.
2412.
— tradition réelle S.
1181 ; R. 2516
— usufruit, compensa-
tion S. 2587.
— vendeur (défaut de
droit) S. 1196 ; R.
2353 ; (non proprié-
taire) S. 1041 ; R.
2140, 2153 ; (obli-
gations) S. 1032 ;
(solidaire) S. 1105 ;
R. 2363.
— V.-Clientèle, Droits
successifs, Fonds
de commerce, Mar-
ché, Prix, Préfé-
rence de vente, Pro-
messe, Vente pu-
blique, Vente si-
multanée, meubles
et immeubles.
Vente amiable
— folle enchère S. 328 ;
R. 477.
Vente condition-
nelle S. 1024, 1111
s. ; R. 2060, 2304 s.

— acte innommé S. 573.
— immobilière S. 1024 ;
(inférieure à 2000
fr.) S. 3127 s.
Vente consommée S.
1383 ; R. 2840.
Vente en détail
— marchandises neuves
S. 1426.
Vente à l'encan S.
1380.
Vente aux enchères
— marchandises neuves
S. 1419 s.
— meubles S. 1368.
Vente aux enchères
en gros S. 1419
— marchandises neuves
S. 413.
Vente à l'essai après
dégustation S.
1383 ; R. 2840.
Vente immobilière S.
1081 s. ; R. 2280 s.
— acte, dépôt au greffe
S. 1036 ; R. 220,
229, 2133, 2183,
2326.
— déclaration estimative,
erreur S. 3401.
— enregistrement, délai
S. 1024 ; R. 2060.
— nullité absolue S.
3081.
— prix (dissimulation) S.
98 ; (intérêts) S.
158 ; (supplément)
S. 667 ; R. 1105 s.
— procuration S. 2934 ;
R. 5226.
— résolution S. 1182 ; R.
2522 ; (cession-
naire du vendeur)
S. 1182 ; R. 6091.
— sol S. 88 ; R. 107.
— superficie S. 83 ; R.
107.
— transaction S. 666 s.;
R. 1094 s.
Vente immobilière
conditionnelle
S. 1024.
Vente immobilière
inférieure à
2000 fr. S. 3127
Vente imparfaite S.
1091 ; R. 2318
Vente judiciaire S.
23.
— immeuble S. 6, 37.
— remise proportionnelle
S. 245 l.
— V. Droit de transcrip-
tion, Vente aux en-
chères.
Vente judiciaire aux
enchères en
gros S. 1421.
Vente judiciaire infé-
rieure à 2000
fr. S. 3127 s.
— actes de poursuite S.
3170.
— adjudication sans ré-
sultat S. 3146 s. ;
(baisse de mise à
prix) S. 3146.
— caractères S. 3133
— demande en distrac-
tion S. 3164 s.
— distraction S. 3144 s.
— droits, non-perception
S. 3174.
— émoluments, réduction
S. 3176.
— folle enchère S. 3153,
3155, 3162 s.
— historique S. 3128.
— incidents S. 3131, 3157
s. ; (frais) S. 3165.
— instance en nullité
d'exploit S. 3164.
— instance en radiation
de saisie S. 3164.
— licitation S. 3171.
— liquidation S. 3171.
— meubles S. 3137.

— meubles et immeubles
S. 3136.
— objet S. 3136.
— partage S. 3171.
— partage judiciaire S.
3133 s.
— pluralité de lots S.
3144, 3146.
— poursuite commencée,
définition S. 3196.
— prix S. 3138 ; (consta-
tation) S. 3171 ;
(frais de poursuite)
S. 3139.
— prix définitif S. 3153 s.
— prix ne dépassant pas
1000 fr. S. 3136.
— propriétaires diffé-
rents S. 3150 s.
— réserve d'usufruit S.
3142.
— subrogation S. 3157
— substitution, vente
amiable S. 3145.
— surenchère S. 3159 s.
— surenchère du dixième
S. 3194.
— surenchère du sixième
dises S. 1428.
— valeur supérieure S.
3173.
— vente volontaire S.
3182.
Vente judiciaire infé-
rieure à 2000 fr.,
droits - restitu-
tion S. 3165 s.
— amendes S. 3175.
— avoué poursuivant S.
3194.
— bureau compétent S.
3182.
— délai S. 3193.
— droits d'enregistre-
ment S. 3176.
— droits de greffe S.
3173.
— droits d'hypothèque S.
2920.
— droits de recherches
S. 3175.
— droits en sus S. 3175.
— droits simples S. 3175;
— état taxé S. 3181.
— étendue S. 3166 s.
— formalités S. 3190.
— justifications S. 3191.
— liquidation S. 3181.
— nature S. 3173.
— opposition (délai) S.
3184, 3186 s. ; (dé-
lai, point de départ)
S. 3186 ; (forme)
S. 3187 ; (frais)
S. 3189 ; (procé-
dure) S. 3185 ;
(tribunal compé-
tent) S. 3188.
— opposition à l'admi-
nistration S. 3181.
— ordonnance S. 3179
s. ; (opposition) S.
3184 s.
— prescription S. 3195
— procédure S. 3177 s.
— salaire des conserva-
teurs S. 3175.
— timbre S. 3173.
Vente à la mesure
S. 136, 1091 ; R.
2218 s.
Vente mobilière S.
1381 s. ; R. 373,
2834 s.
— faillite S. 413 ; R.
730.
— nullité, transaction S.
667.
— résolution S. 1180.
— vilité de prix, ratifi-
cation S. 393.
Vente non enregis-
trée
— peine S. 2681.
— prix, obligation S.
712 ; R. 1304.
Vente par autorité
de justice S.
1424.
Vente parfaite

1091   R. 2316,
s.
Vente au poids, au
compte et à la
mesure S. 1382 ;
R. 2836 s.
Vente publique S. 23,
1416 s.; R.20,2916
s., 5074.
— association particu-
lière S. 1430.
— adjudication au pro-
priétaire S. 1439.
— billets et reconnais-
sances, enregis-
trement préalable
S. 3026.
— clientèle S. 1435.
— comestibles S. 1418.
— commissaire - priseur
S. 1428.
— contravention S. 1444
s. ; R. 2956 s. ;
(amende) S. 1416 ;
R. 2956 ; (con-
trainte) S. 1448 ;
(procès-verbal) S.
1446.
— courtier de marchan-
dises S. 1428.
— décharge S. 1443 ; R.
2953 s.
— déclaration préalable
S. 1416, 1431 s. ;
R. 2927 s. ; (af-
franchissement) S.
1431 ; R. 2927
(obligation) S.1432;
R. 2928 ; (omission,
pénalité) S. 1445 ;
R. 2928 ; (vente
diverses) S. 1433 ;
(ventes diverses) S.
1434.
— denrées alimentaires
S. 1418.
— fonds de commerce
S. 1435.
— greffier S. 1426 ; R.
2920.
— huissier S. 1428 ; R.
2920.
— marchandises neuves
S. 1410 s. ; (vente
volontaire) S. 1421
— meubles S. 1368 ;
(frais, taux) S.
2447 ; (tarif) S.
1447 s. ; R. 2948 s.
— meubles
incorporels
S. 1435.
— notaire S. 1428 ; R.
2920.
— objets donnés en gage
S. 1421.
— officier public S. 1416,
1427 s. ; R. 2920 ;
(ministère obliga-
toire) S. 1429 ; R.
2921.
— pénalités S. 1444 s. ;
R. 2956 s.
— poisson de mer S.
1385, 1416 ; (enre-
gistrement gratuit)
S. 2744.
— procès-verbal (cour-
tier) S. 1442 ;
(forme) S. 1416 ;
R. 2942.
— procès-verbal, enregis-
trement S. 1416,
1437 ; R. 2944,
2943 ; (bureau) S.
1438 ; R. 2946 ;
(délai) S. 1442,
2789 ; R. 2950,
4965 ; (liquidation
du droit) S. 1438
s. ; R. 2947 ; (tarif)
S. 1439 ; R. 2947
s.
— retrait par le proprié-
taire S. 1441.
— tarif S. 1416 ; R. 2916.
— V. Vente aux enchè-
res, Vente judi-
ciaire.
Vente publique mul-
tiple
— même officier public,

— déclaration préalable
S. 1434.
Vente publique de
récoltes S. 248 ;
R. 375.
Vente à réméré S.
593, 1353 s. ; R.
843, 2757 s., 2789
s.
— meubles S. 1376 ; R.
2820.
— renonciation pure et
simple S. 590 ; R.
834.
— V. Réméré.
Vente secrète
— mandat de vendre S.
1039 ; R. 582 s.,
2143 s., 2159, 2160.
Vente simultanée,
meubles et im-
meubles S. 1579
s., 1582 s.; R. 2961
s.
— adjudication S. 1596.
— conditions S. 1587.
— droits incorporels S.
1582, 1585 ; R. 2737,
2990.
— droits successifs, ces-
sion S. 1574 s. ;
R. 2986 s.
— estimation S. 1588 ;
R. 2979 ; (forme)
S. 1593 ; R. 2992
(mode) S. 1591 s. ;
R. 2981, 2983.
— exemples S. 1582 s. ;
R. 2963, 2985.
— forme S. 1573.
— immeubles par desti-
nation S. 1578,
1581 ; R. 2960,
2976 s.
— nature S. 1577 ; R
2067 s.
— office S. 1582 ; R.
2965.
— partage S. 1573 ; R.
2964.
— prix particulier S.
1590 ; R. 2080 ;
(stipulation) S.
1593, 1595 ; R. 2992.
— valeurs respectives S.
1584.
— vente inférieure à
2000 fr. S. 3135.
Ventes successives
— sol et superficie S.
1412 s. ; R. 2009
s. ; (acquéreurs di-
vers) S. 1414.
Vente verbale S.
1026.
— droit de titre S. 2406.
— jugement S. 2452.
— meubles et immeubles,
vente simultanée
S. 1576 ; R. 2965.
— V. Droit de transcrip-
tion.
Vente volontaire. V.
Droit de transcrip-
tion.
Vétérinaire
— prestation de serment
S. 403 ; R. 701.
Vice rédhibitoire S.
1169 ; R. 2486.
Violence S. 139, 1171 ;
R. 2488.
Visa pour timbre. V.
Timbre gratuit.
Voie publique
— actes et contrats S.
1780.
Voirie
— travaux de Paris, trai-
té S. 231 ; R.
2003.
Voirie grande
— marché S. 980.

Warrant S. 1975, 1982.
— endossement S. 1982.

Yacht
— vente S. 435.

Table des articles des lois relatives à l'enregistrement et du code civil.

Loi du 22 frim. an 7.

Art. 1ᵉʳ.1°. S. 59; R. 67.
—2. R. 79.
—3. S. 171, 563, 569, 883; R. 77, 112, 2549, 2667, 4338, 4365.
—4. S. 66, 162, 569, 502, 650, 795, 1597, 2642, 3005; R. 77, 79, 113, 840 s., 1038, 1605 s., 1544, 2549, 2667, 2996, 3351, 3705s., 4028 s., 4482, 5494.
—5. S. 3167, 3442; R. 4373.
—6. R. 4373.
—7. S. 512, 515, 558, 2333; R. 3619, 4263, 5181.
—5289, 5527.
—8. S. 274; R. 3278, 4263.
—9. S. 437, 582, 1604, 1213 s., 1391, 1547 s., 1570 s., 1577 s., 1581 s., 1593, 1595 s., 2037, 2460, 2632, 3126; R. 2885, 2961 s., 2984 s., 3710, 4328, 4691.
—10. S. 84, 237 s., 489, 618, 691, 866, 1351; R. 258, 907, 3250.
—11. S. 84 s., 227, 229 s., 307, 791, 868, 987, 3730, 3417; R. 261 s., 365, 368 s., 736, 1020 s., 1494 s., 1538 s., 3114 s., 3213, 3470, 3641, 4040, 5142, 5276 s., 5471 s.
—12. S. 94, 1019 s., 1021, 1024, 1029, 1037, 1044, 1053, 1035, 1051, 1068, 1198, 1415, 1558, 1520, 2169, 3646, 3267 s.; R. 119 s., 2059 s.; 2421, 2544, 2965, 5137, 5567.
—13. S. 1019, 1024, 1068 s., 1069, 1597, 1603, 1690, 1694, 2607; R. 119 s., 2256 s., 3010.
—14. S. 1068, 2464, 2467, 2474, 2493.
—1°. R. 4611 s.
—2°. S. 1083, 2483, 2512, 2503; R. 1625, 4220, 4472.
—3°. S. 2506; R. 4569.
—4°. S. 2523, 2619, 2617.
—5°. S. 2422, 2451; R. 3710, 4504, 4516.
—6°. S. 2423, 2548, 2551; R. 4511 s.
—7°. S. 595, 2549 s., 2593; R. 4513 s.
—8°. S. 595, 2336, 2465, 2467, 2483, 2527; R. 3710, 4167, 4449, 4504, 4927.
—9°. S. 595, 2092, 2437, 2548, 2551, 2537, 2593, 3224; R. 1827, 4413, 4513 s., 4683 s.
—10°. R. 4493.

—15. S. 2464, 2474 s., 2563, 2566, 2593, 2598, 3483, 3523, 3581.
—1°. S. 1628; R. 3103 s., 4610 s.
—2°. S. 2436, 2548; R. 2013 s., 3044, 4471, 4611 s., 4652.
—3°. R. 2012 s., 3020, 4019.
—4°. S. 2582, 2604, 2619, 2623 s., 2646, R. 3813, 4370, 4359, 4676 s.
—5°. R. 4890, 4641.
—6°. S. 2364, 3224; R. 2236, 2454, 2466, 3020, 3120 s., 3710 s., 4390, 4418, 4569 s., 4695 s., 6033.
—7°. S. 2230, 2483, 2499, 2573 s., 2583, 2604, 3442, 3224; R. 2920, 3710, 4440, 4340 s., 4619 s., 4607 s.
—8°. S. 2230, 2483; R. 4530 s., 4619, 4667 s.
—16. S. 1084, 1235, 1483, 1510, 1594, 1726, 1604, 1807, 2406, 2412, 2437, 2462, 2587, 2603 s., 2606 s., 2615, 3126, 3220, 3224, 3584, 3595; R. 738, 1209 s., 2302, 3241, 3330, 4139, 4307 s., 4409 s., 4471 s., 4624 s., 5376, 5494.
—17. S. 2427, 2593, 2694 s., 2665, 2697, 3354, 3595 s.; R. 70, 2900, 4433, 4491, 4689 s., 5448, 5494, 6032.
—18. S. 2604 s., 2679, 2682, 3654, 3595 s.; R. 4441, 4757 s., 4795 s.
—19. S. 1603, 2634, 2664 s., 2670, 2697, 3354, 3595 s.; R. 2286 s., 4491, 4600 s., 4731 s., 4824 s., 6032.
—20. S. 563, 2780 s., 2782 s., 2788, 2792; R. 1575 s., 2051 s., 3610 s., 4059 s., 5058, 5527.
—1°. S. 2781.
—5°. S. 2790.
—21. S. 563, 2788; R. 3519, 4010 s., 4193, 4974 s., 5095, 5142, 5528.
—22. S. 1646, 1730, 1742, 2801, 3200; R. 130, 2132, 2254, 2550, 3218, 3239, 4978 s., 5014, 5058, 6312.
—S. 361, 474, 821, 1507, 1730, 1507, 1790, 1742, 1742, 2803, 2805, 2815, 2015, 3018 s., 3023 s., 3028 s., 122, 128, 952, 1154, 1162 s., 3218, 3299, 3624, 4083, 5107, 5195 s., 5265 s.
—43. S. 2387, 2809, 3030, 3053; R. 536, 5145.

—24. S. 1820, 3254, 2287, 2290, 2296, 2843; R. 4179, 4992, 5528, 5629 s., 6312.
—25. S. 1489, 2289, 2820, 3208, 3270; R. 491 s., 2791, 4179, 4993 s., 5604, 5905.
—26. S. 1565, 3616, 3998; R. 535 s., 3610 s., 5070 s., 5137.
—2°. S. 2903.
—27. S. 582, 2243, 2253 s., 2250, 2258, 2274, 2277, 2280, 2465, 2955, 2960, 3118, 3298; R. 511 s., 4028, 4140 s., 4508, 4658, 5076, 5516 s., 6314.
—28. S. 2913 s., 2915, 3200, 3268; R. 5007, 5086 s., 5643 s.
—29. S. 2008, 2843, 2921 s., 2947 s., 2960; R. 130, 214, 3616, 5025 s., 5075, 5112 s.
—30. S. 3397; R. 5111 s.
—31. S. 2030 s., 2936, 2941, 2947 s., 2955; R. 948, 1153, 2072 s., 2548, 3486, 4950, 5067, 5111 s., 6194.
—32. S. 2177, 2843, 2952, 2955, 2959, 2962 s., 2974 s., 2976, 2978, 2989 s., 2999 s.; R. 4028, 5043, 5150 s., 5466, 6814.
—33. S. 2828, 2932, 2948, 2968; R. 122, 214, 3616 s., 5005, 5058.
—34. S. 139, 2778; R. 70, 4960, 5007 s.; 6136.
—35. R. 2102 s., 5013 s., 5145.
—36. R. 5013.
—37. S. 2922, 2947 s., 2952; R. 5036 s., 5097, 5145, 5309.
—38. S. 2828, 2631, 2842, 2899 s., 2947, 3232; R. 2264, 2550, 4833, 5014 s., 5058 s., 5597.
—39. S. 1515, 1502, 2472, 2634, 2664 s., 2669 s., 2704, 2843, 2847 s., 2853, 2873 s., 3240, 3242; R. 4181, 5043 s., 5067.
—40. S. 139, 931 s., 2677, 2879, 2882; R. 479 s., 1919, 2535 s., 5060 s., 5411.
—41. S. 1197, 1346, 1507, 3012, 3023 s., 3026; R. 128, 2546, 3610 s., 4983, 3195 s.
—42. S. 96, 474, 821, 1507, 1730, 1742, 2803, 2805, 2815, 2015, 3018 s., 3023 s., 3028 s., 3053; R. 122, 128, 952, 1154, 1162 s., 3218, 3299, 3624, 4083, 5107, 5195 s., 5265 s.
—43. S. 2387, 2809, 3030, 3053; R. 536, 5145.

—44. S. 2032; R. 5260 s., 5531.
—46. R. 5264.
—47. S. 2384, 2607; R. 652, 4334 s., 5010, 5144, 5706, 5785 s.
—48. R. 5342, 5541.
—49. S. 59; R. 3619, 5260 s., 5322.
—50. R. 3619, 5271, 5299.
—51. R. 5304 s.
—52. S. 3077; R. 5323 s.
—53. R. 5312.
—54. S. 1082, 3050, 3058, 3061, 3063, 3067, 3077; R. 5324 s., 5595, 5622.
—55. R. 3997 s., 5622.
—56. S. 3009; R. 5082 s.
—57. R. 5184 s.
—58. S. 3026; R. 5339.
—59. S. 3286; R. 2548, 4756, 4805, 5091 s.
—60. S. 126, 139, 145, 725, 941, 1271, 1347 s., 1788, 2033, 2843, 2347, 2473, 2527, 3078 s., 3082, 3091, 3094, 3097, 3100 s., 3103 s., 3111, 3117, 3122, 3176, 3242, 3376; R. 1527, 3728, 3312, 3823, 4034, 4247, 4417, 5341, 6046.
—61. S. 942, 1791, 3195, 3204, 3521, 3224, 3334, 3541, 3247, 3270, 3276, 3280, 3416, 3452, 3508; R. 5420, 5959, 6053.
—1°. S. 1519, 1608, 3209, 3213, 3223, 3256, 3263; R. 1515, 3522, 4347, 4701 s., 5470 s., 5535 s.
—2°. S. 1520; R. 5445 s., 5517.
—3°. R. 5445 s.
—62. R. 5509 s.
—63. S. 2915, 3285 s., 3288; R. 1050 s., 5643 s.
—64. S. 1448, 2915, 3284, 3288 s., 3303, 3314; R. 5086, 5161, 5458, 5650 s., 6197.
—65. S. 2892, 3188, 2284, 3286, 3317, 3353, 3389, 3360 s., 3377 s., 3396 s., 3400, 3437; R. 5666, 2882; R. 479 s., 1919, 2535 s., 65. S. 5. 3391, 65. S. 3284, 68. S. 659, 689, 877, 1343, 2593, 68. § 1ᵉʳ.1°. 179 s., 267, 564, 1853; R. 31, 113, 415 s., 2424, 3491.
—2°. S. 267, 1859; R. 81.
—3°. S. 874, 883, 885, 890; R. 1067, 1702 s., 1759, 1836.
—5°. S. 539.
—6°. S. 255, 682, 883, 2136, 2369; R. 233, 263, 365, 393 s., 844 s., 1175 s., 1497, 4274.

—7°. S. 497, 1315; R. 251, 409, 828, 4273.
—8°. S. 337; R. 251, 475 s., 2494 s.
—11°. S. 455.
—13°. S. 413; R. 724 s., 1361 s.
—14°. S. 505, 956 s., 3619.
—15°. R. 1375.
—16°. R. 1375, 1425 s.
—17°. S. 508, 2747; R. 771.
—18°. S. 272, 274; R. 420 s.
—19°. S. 460 s., 5770.
—20°. S. 276 s., 5622.
—21°. S. 523; R. 458.
—22°. S. 548; R. 1184 s.
—23°. S. 464, R. 771, 3474.
—24°. S. 1194, 1221; R. 2540 s.
—25°. S. 336, 358; R. 453, 681.
—26°. S. 302; R. 436 s.
—27°. S. 854, 2396; R. 1590 s.
—28°. S. 470; R. 774 s.
—29°. S. 475; R. 778.
—30°. S. 278, 477, 494, 686; R. 370 s., 423 s., 780 s., 1318 s., 4884 s., 6046.
—33°. R. 251, 394.
—35°. R. 449 s.
—36°. S. 315, 373; R. 460 s., 563 s., 1406.
—37°. R. 1665 s.
—38°. S. 386; R. 464 s., 618 s.
—40°. S. 381; R. 2257, 3421 s., 2453.
—41°. S. 560; R. 3524; R. 2454, 3143.
—44°. S. 482; R. 785 s.
—45°. S. 565, 658, 665, 669 s.; R. 1050 s.
—46°. S. 358, 451; R. 334, 2617, 4955.
—47°. S. 405, 768, 791, 802, 3308, 3314; R. 477; R. 536, 771, 4299.
—51°. S. 66, 358, 897, 405, 564 s., 569, 716; R. 76, 84, 536, 655 s., 760 s., 798 s., 1317 s., 1942, 2648, 2755, 3538, 3464 s., 3545, 4845 s.
—68. § 2-1°. S. 292, 413, 693 s.; R. 442.
—3°. S. 413, R. 442, 727, 1996 s.
—4°. S. 413, R. 727, 766 s.
—5°. R. 179, 461, 1198, 1655; R. 4281 s.
—7°. S. 445 s.
—8°. S. 515; R. 1545.
—69. § 2-1°. R. 3141 s.

—572, 607, 784 s.; R. 1704, 1803, 1837; R. 888 s., 1274 s., 3356, 3443 s., 3832.
—2°. S. 1064, 1235, 1306; R. 2021 s., 2606, 3581 s., 6021.
—3°. S. 396, 1947; R. 635 s.
—4°. S. 1062, 1068, 1931; R. 3363, 3524 s.
—5°. S. 2843; R. 3651, 3632 s.
—6°. S. 413, 415; R. 724, 3374, 3968, 4084.
—7°. S. 139, 461, 1148, 1155, 1161, 1704, 1367; R. 479 s., 728, 2421, 2455 s.
—68.§4-1°. S. 488, 490; R. 793 s.
—2°. S. 290.
—68. § 5. S. 477, 1235, 1306; R. 1198.
—68. § 6-1°. S. 477, 515; R. 726.
—2°. S. 2357, 2372; R. 4284.
—3°. S. 477, 492; R. 409, 726.
—4°. S. 396, R. 655 s., 662 s.
—68. § 7; R. 4285.
—69. § 1ᵉʳ-1°. S. 116, 2010, 2038 s., 2040.
—2°. S. 945, 2519, 3698.
—69.§2-1°. R. 1380.
—2°. S. 950, 937, 973 s., 990; 1744 s., 1970 s., 4617.
—4°. S. 421, 428; R. 732, 1477 s., 1643, 2919 s.
—5°. S. 945; R. 2012 s., 891, 893, 895, 1332, 4449, 1400, 1924, 1951; R. 1769 s., 1955 s., 2810, 3604, 3619.
—6°. S. 505, 956, 1979; R. 1655, 1883 s., 2263 s., 2303, 2382 s., 708, 791, 802, 807, 2510; R. 1309, 1374, 1415 s., 1473 s., 1565 s., 1735, 2437 s., 4480, 4582.
—70°. S. 590, 959 s., 2661, 2372, 2379, 2381, 2404, 2412; R. 116, 1181, 2404, 4362 s., 4393 s.
—11°.S.20, 593, 641, 1354 s., 2738; R. 126, 739 s., 842 s., 848 s., 926 s., 1013 s., 1318 s., 1336 s., 1884 s., 2445 s., 2762 s., R. 727, 3966 s., 67, 584, 945 s., 958 s., 963, 964, 2047; R. 776, 1970 s., 2816, 4356.
—2°. S. 945, 1602, 1631, 1641, 1688 s., 2795; R. 1943, 3005 s.

—3°. S. 20, 85.
—R. 4878.
—3°. S. 478; R. 4836.
—7°. § 8-1°. R. 5258.
—2°. S. 2757; R. 4873, 4914.
—3°. S. 159, 2768, 2772; R. 922, 1799, 4926 s., 5342.
—4°. S. 2775; R. 4948 s.
—5°. S. 531; R. 4049 s.
—5° S. 2783.
—7°. R. 1440, 1461, 5258.
—8°. S. 558, 2766.
—2°. S. 478, 2777; R. 4849, 4941, 4951 s.
—10°. R. 4958.
—11°. R. 4956.
—15°. S. 1980.
R. 1782, 3604 s., 4957.
—16°. S. 1782; R. 709, 2225, 4957, 5358.
—70. § 5. S. 817.
—70. § 7. S. 817.
—73. R. 135, 743.

Loi du 27 vent. an 9.

Art. 2. S. 2905; R. 5918.
—3. S. 979; R. 4374.
—4. S. 94, 1019, 1021, 1024, 1061, 1066, 1068, 1620, 2483, 2828, 2928, 2941; R. 119, 186 s., 631 s., 2228 s., 2965, 2010, 4668 s., 4633, 5078, 3597.
—5. S. 3664, 2877; R. 4778 s.
—7. S. 1429.
—8. R. 2010, 3005, 3890.
—9. R. 1375, 3122, 3890.
—11. S. 2361; R. 1550.
—12. S. 1177 s.; R. 478 s., 2485, 2506 s., 3143 s., 4281, 4417.
—13. R. 4871.
—14. R. 655 s., 662 s.
—15. R. 477.
—17. S. 3338, 3377; R. 5711 s.

Loi du 28 avr. 1816.

Art. 4. S. 2299.
—10. R. 538.
—30. S. 2369.
—37. S. 3908.
—38. S. 3383, 3947; R. 4270, 5287.
—89. R. 4885.
—40. S. 2169, 2290, 3126; R. 727, 3968, 4170, 5842.
—41-1°. S. 477; R. 788.
—2°. S. 477; R. 3356 s.
—13°. S. 477; R. 331, 539; R. 479.
—3°. S. 470, 497; R. 251, 409, 1959, 2405.

— 4°. S. 455; R. 753.
— 6°. R. 4864.
— 7°. S. 523;
R. 457 s., 470.
— 8°. S. 548,
655; R. 401, 845,
1050 s., 4973.
— 9°. S. 383,
404; R. 771 s.
— 10°. S. 258;
R. 525, 602.
— 11°. S. 354;
R. 511 s.
— 12°. S. 470;
R. 774 s.
— 13°. S. 477;
R. 385, 429,
4884.
— 14°. R. 125,
931, 5124.
— 15°. S. 461.
— 16°. S. 205;
R. 549, 4861.
— 17°. R. 460,
562, 1009.
— 19°. R. 1207.
— 20°. R. 2421.
— 21°. S. 500.
— 22°. S. 516,
558.
— 44-1°. R. 254,
476, 2304.
— 2°. S. 460;
R. 770.
— 3°. S. 1194;
R. 410, 2540 s.,
2606 s.
— 4°. S. 3524;
R. 4591.
— 5°. S. 482;
R. 4378.
— 6°. S. 276.
— 7°. S. 470,
477; R. 453.
— 9°. R. 4281.
— 10°. S. 358,
413, 461; 1128;
R. 536, 723,
798, 2408, 3874,
4228.
— 11°. S. 477.
— 45-1°. S. 477.
— 3°. S. 1235;
R. 2624 s., 3862
s.
— 4°. R. 3800
s., 4080, 4193.
— 5°. S. 461,
1155; R. 2423,
4283.
— 6°. S. 358;
R. 536, 2422,
2450, 4282.
— 7°. S. 516,
558.
— 8°. S. 515 s.,
520; R. 4282.
— 17°. S. 373.
— 46-1°. S. 1155;
R. 479, 4283.
— 2°. S. 1155;
R. 4283.
— 3°. R. 4283.
— 47-1°. S. 477,
402.
— 3°. R. 4286.
— 48-1°. S. 450; R.
769.
— 2°. S. 515 s.;
R. 4287.
— 17°. S. 381.
— 49-1°. R. 4288.
— 2°. S. 515 s.
— 50. S. 1075; R.
1973, 3004 s.
— 51. S. 098; R.
1944, S. 5000,
5065.
— 1°. R. 1580.
— 2°. S. 515 s.;
R. 4571.
— 3°. S. 973 s.,
990, 2795; R.
4470, 1972.
— 52. S. 1009, 1700,
1987, 3513, 3531,
3550, 3595; R.
2353 s., 3382 s.,
2554 s., 3070,
3150 s., 3453,
4590, 5006, 6051.
— 53. S. 3205 s.,
3531; R. 2239,

— 5°. S. 106,
699, 1235, 1272,
1377, 2148.
— 6°. S. 297,
338, 350.
— 7°. S. 307,
346, 523.
— 8°. S. 541.
— 9°. S. 766,
974, 990, 996,
2533, 3090.
— 10°. S. 482.
— 2. S. 27, 174,
527, 1604, 1807,
1671, 1886, 1888.
— 3. S. 27, 174,
1814, 2674, 2675,
3227, 3361.
— 4. S. 27, 29, 173,
180, 273, 276,
290, 302, 295,
314, 323, 327,
331, 354, 358,
362, 373, 383,
386, 394, 396 s.,
402, 405, 409,
411, 413, 436,
455, 459 s., 464,
470, 475, 488,
497, 505, 508,
522 s., 534, 530,
548 s., 558, 560,
564, 655, 720,
726, 766, 955,
959, 1128, 1153,
1194, 1855, 1955,
2094, 2410, 2505,
2854, 2512, 3524,
3585.
— 5. S. 2381, 2460.
— 1° S. 91, 301.
— 2°. S. 428,
431, 451.
— 6. S. 94, 1045,
1069, 1092, 2182,
2639.
— 7. 1020, 1864,
1360, 1532, 1524
s., 1526, 1531,
1536 s., 1543,
1547, 1989, 2460,
2032.
— 8. S. 94, 98, 274,
409, 1020, 1022,
1304, 1522, 1528,
1537, 1553, 1565,
1080, 2630, 2634,
2573, 2890, 2894,
2941.
— 1°. S. 1563,
2828.
— 2°. S. 1563,
2011.
— 3° S. 1568,
1569.
— 14. S. 26, 94, 1092,
1058, 1092, 1047,
2483, 2670, 2831
s., 2835, 2839,
2930, 2941.
— 1° S. 1092,
1522, 1566, 2838.
— § 2. S. 1092,
1522, 1566.
— § 3. S. 1022,
1522, 1566.

**Loi du 16 juin
1824.**

Art. 1er. S. 656,
647, 1014, 2602;
R. 1375, 1943
s., 2010 s., 2853,
2875, 3005 s.,
3062 s., 3132,
4611.
— 2. S. 1697, 1714,
2623; R. 105
3136 s., 6007 s.
— 3. S. 1369, 2110,
3127, 2133, 513
s., 2133, 2117
R. 1387, 2147,
2268, 3550, 3800
s., 5983.
— 4. S. 482 s., 1730
s., 1733, 1733,
1744, 1760, 1762;
R. 701 s., 2216
s., 3246 s.
— 5. S. 515.
— 6. S. 477, 2732,
2735; R. 4881,
5285.
— 7. S. 1994; R.
1448, 3267 s.,
3270, 5977.
— 8. R. 6254.
— 9. R. 632.
— 10. R. 2090 s.,
5003, 5011,
5095, 5166, 6195,
6100, 6123, 6133,
6201.
— 11. R. 5289.
— 2. R. 3093.
— 12. R. 6396 s.
— 13. S. 3013; R.
1163, 5197.
— 14. S. 3213, 3235,
3356; R. 5433,
3433; S. 5592,
5530 s., 5850.
— 15. R. 136.

**Loi du 28 févr.
1872.**

Art. 1er-4°. S. 27,
174, 340, 1002,
1064, 1235, 1868,
1874, 1919, 1955,
2030.
— 2°. S. 453,
1730, 1739, 1742,
1791.
— 3°. S. 491,
440.
— 4°. S. 765,
1804.

— 238. S. 520.
— 330. S. 520.
— 240. S. 520.
— 244. S. 520.
— 245. S. 520.
— 246. S. 520.
— 247. S. 529.
— 248. S. 520.
— 249. S. 520.
— 350. S. 520.
— 255. S. 520.
— 258. S. 517.
— 259. S. 520.
— 261. S. 519.
— 264. S. 517.
— 3. S. 27, 174,
3729.
— 350. R. 4084.
— 351. R. 4042.
— 352. R. 4042.
— 364. R. 700.
— 368. R. 4055.
— 360. R. 1550.
— 384. R. 4342,
5989.
— 392. R. 666.
— 397. R. 666.
— 398. R. 666.
— 407. R. 3662.
— 410. R. 3662.
— 421. R. 1550,
4853.
— 453. R. 876 s.
— 455. R. 4342.
— 454. R. 658, 2415
s.
— 465. S. 270.
— 466. S. 1209,
1341; R. 2562.
— 470. R. 1153.
— 471. R. 950 s.,
1153.
— 472. R. 950 s.,
1153.
— 401. R. 4855.
— 501. R. 9245.
— 518. R. 2881 s.
— 519. R. 2888 s.
— 520. R. 2266,
2843, 2912.
— 521. R. 2843.
— 522. R. 2903.
— 523. R. 2001.
— 524. S. 1400,
1066, 3575; R.
2804 s., 2978 s.
— 525. S. 1380
R. 2894 s., 2976
s.
— 526. R. 2372.
— 528. R. 2646 s.,
2882.
— 539. S. 895,
1303; R. 1727,
1769, 4143.
— 530. R. 1609,
3013.
— 531. R. 2888.
— 532. R. 2882 s.
— 533. R. 2033.
— 552. R. 1551.
— 553. R. 2891 s.,
4602.
— 555. S. 1402,
1404; R. 1550,
2894 s.
— 583. R. 2843.
— 591. S. 2702.
— 592. S. 2702.
— 600. R. 2007.
— 608. R. 5174.
— 610. S. 2570.
— 611. R. 2454.
— 612. R. 4174.
— 631. R. 3093.
— 634. S. 1075;
R. 3092.
— 645. R. 1550.
— 646. S. 296.
— 658. R. 1551.
— 574. S. 1076.
— 682. R. 1551.
— 686. R. 3003.
— 708. S. 3138.
— 611. R. 2089.
— 718. R. 3000.
— 735. S. 3556.
— 735. R. 4002.
— 744. R. 1551.
— 747. R. 2023,
4041 s., 4227.
— 748. R. 2628.
— 756. S. 3540.
— 757. R. 4088.

— 758. S. 2208.
— 762. R. 3721.
— 766. S. 2209; R.
4088 s., 4536.
— 778. S. 213, 220;
R. 4013.
— 780. R. 312, 319,
330.
— 784. S. 183, 193
s., 213; R. 305
s., 4013.
— 790. R. 4031.
— 791. R. 300 s.
— 792. S. 2015.
— 793. R. 6024.
— 705. R. 328.
— 797. R. 305,
834.
— 800. R. 328.
— 801. S. 2015.
— 802. R. 330 s.,
4021.
— 803. R. 1718.
— 804. R. 1718.
— 806. R. 1718.
— 808. S. 2071.
— 815. S. 1615,
1842; R. 9450.
— 819. R. 2063.
— 898. S. 690; R.
2063.
— 829. R. 897 s.
— 834. R. 6024.
— 838. S. 3134;
R. 5273.
— 839. S. 3134.
— 840. S. 1269,
3350.
— 841. R. 2794 s.
— 843. R. 2441.
— 854. S. 1255.
— 872. R. 4610.
— 873. R. 346.
— 875. R. 1868.
— 877. R. 1691.
— 878. R. 1652.
— 879. R. 1582.
— 883. S. 1254,
1399, 3538, 3543,
3595; R. 897,
2637 s., 5371,
6021 s.
— 884. S. 1265.
— 888. S. 4253; R.
2635, 2604, 6021,
6026.
— 889. R. 2605 s.
— 896. S. 3002; R.
166, 808, 3647,
s.
— 905. R. 4095 s.
— 896. S. 428.
— 910. S. 581,
2293, 2906; R.
3668.
— 912. S. 917.
— 913. R. 2628.
— 917. S. 917; R.
5414.
— 918. R. 771.
— 919. S. 2157.
— 920. R. 4040.
— 921. R. 4040.
— 931. S. 139, 2030,
2082; R. 3694,
5373, 5963.
— 932. S. 581; R.
165, 166, 808,
2446, 3697 s.,
3702.
— 936. R. 3705.
— 937. R. 3706.
— 938. S. 605; R.
166, 808, 3692.
— 939. R. 5963.
— 941. R. 5971.
— 943. S. 2132.
— 945. R. 1230,
3743.
— 948. S. 3036;
R. 810, 2804,
3709 s.
— 940. S. 311; R.
3785.
— 951. R. 4041.
— 954. R. 5263.
— 955. R. 319.
— 956. S. 3556.
— 960. R. 319.
— 984. S. 4371.
— 1000. R. 4147.
— 1004. S. 300, 658.
— 1003. S. 300.
— 1000. S. 340;
R. 1064.

— 1007. S. 3031;
R. 2308, 4976.
— 1008. S. 340.
— 1009. R. 340.
— 1011. S. 300.
— 1012. R. 346,
2308.
— 1014. S. 300,
342, 340; R. 491,
2840.
— 1016. S. 2226
R. 4470.
— 1024. S. 3530.
— 1042. S. 220.
— 1044. S. 195;
R. 334.
— 1045. S. 195. R.
834.
— 1069. R. 5975.
— 1075. S. 244;
2116, 2149, 2192
s., 2128, 2480;
2133, 2148, 3523;
R. 237, 406,
2674 s., 3800 s.
— 1076. S. 2110,
2119, 2123, 2128,
2130, 2132 s.,
3523; R. 237,
2662, 3590 s.
— 1077. R. 3926.
— 1078. R. 3009.
— 1079. S. 2697.
— 1082. S. 347,
1003.
— 1083. S. 3793.
— 1083. S. 70; R.
1003.
— 1341. R. 1230,
3793.
— 1088. R. 2462,
5404.
— 1091. R. 3454.
— 1093. S. 3098
s.
— 1004. S. 917 et
3007.
— 1009. R. 3846 s.
— 1097. S. 126,
244.
— 1104. R. 2294.
— 1107. R. 797,
1572, 1981.
— 1108. R. 102 s.,
198.
— 1400. S. 1164
R. 102 s., 2479
s.
— 1410. S. 1168
1958.
— 1412. S. 1171;
R. 2468.
— 1417. S. 139
R. 163.
— 1410. R. 177 s.,
617.
— 1430. R. 178 s.,
617, 2586.
— 1431. S. 877,
2035; R. 178 s.,
1236, 3706, 1429,
3743.
— 1423. R. 2579.
— 1424. R. 2473.
— 1428. R. 3086.
— 1439. R. 198,
3083.
— 1430. S. 242.
— 1432. R. 205,
1045.
— 1433. R. 162.
— 1434. R. 1342.
— 1435. R. 86.
— 1442. R. 4343.
— 1444. R. 485.
— 1446. S. 808.
— 1452. R. 1040.
— 1458. R. 1049,
5431.
— 1454. R. 1040.
— 1456. S. 98; R.
86 s., 3735.
— 1457. S. 242,
3704.
— 2114; R. 86.
— 1458. R. 86 s.,
1040.
— 1459. R. 86.
— 1461. R. 86.
— 1462. S. 87; R.
86 s., 1145.
— 1164. R. 86.
— 1193. R. 86.
— 1164. R. 86.
— 2114; R. 86.
— 4166. S. 2053
R. 5423.

— 1160. S. 100;
R. 272 s.
— 1170. R. 287.
— 1171. R. 287.
— 1174. R. 274 s.
— 1176. R. 3397.
— 1179. S. 346.
— 1185. S. 276 s.,
2840.
— 1184. S. 160, 165;
R. 272 s., 2840.
— 1162. S. 160.
— 1183. S. 460 s.,
335, 1111; R.
273, 3166, 6051.
— 1184. S. 160, 165;
R. 273, 3154.
— 1185. R. 270.
— 1187. R. 287.
— 1188. R. 284.
— 1189. R. 267.
— 1200. R. 1389.
— 1202. S. 779.
— 1203. S. 769.
— 1208. S. 2002.
— 1211. R. 165.
— 1216. S. 770,
776; R. 370,
1384 s.
— 1220. S. 3965;
R. 1003.
— 1221. S. 580; R.
1003.
— 1226. R. 270.
— 1230. R. 270;
R. 1230 s., 1014 s.,
3406 s.
— 1235. S. 191,
339; R. 5381.
— 1236. R. 973 s.
1856 s.
— 1238. S. 844.
— 1230. R. 969 s.
— 1241. R. 972.
— 1242. R. 972.
— 1244. R. 4950,
6194.
— 1240. R. 977.
— 1250. S. 252;
R. 1857.
— 4°. S. 545.
— 2°. S. 545.
— 1251. S. 637 s.,
2067; R. 981 s.,
1865 s.
— 1255. S. 1322,
1958.
— 1257. R. 969.
— 1261. S. 687;
R. 4587.
— 1269. S. 451.
— 1271. S. 849.
— 1273. R. 1588,
1654.
— 1283. R. 967,
3674.
— 1288. R. 966.
— 1289. R. 1016.
— 1200. S. 644;
R. 1016 s., 3152.
— 1300. R. 1033.
— 1302. S. 1498.
— 1304. R. 241,
623, 2503.
— 1305. R. 2501.
— 1313. R. 2501.
— 1315. R. 1201.
— 1316. S. 95;
R. 119.
— 1218. R. 214.
— 1221. S. 2877,
2870; R. 2588,
5000.
— 1323. R. 2190.
— 1326. S. 500,
2999; R. 1251 s.,
6971.
— 1357. R. 1127.
— 1328. S. 1355,
2883.
— 1320. R. 983.
— 1330. R. 933.
— 1331. R. 204, 933.
— 1332. S. 619;
R. 935 s., 3133.
— 1933. R. 204.
— 1386. R. 70, 3483,
510.
— 1388. S. 394; R.
241, 683.
— 1340. S. 191,
339; R. 3006.

—1341. R. 79,929 s., 1399 s., 5525.
—1351. R. 3368.
—1353. S. 202.
—1357. R. 3370.
—1372. R. 974.
—1376. R. 1210.
—1377. S. 3278 ; R. 1210.
—1382. S. 9936.
—1391. R. 3363.
—1396. R. 3514 s.
—1397. R. 3514 s.
—1403. R. 1551, 2677.
—1406. R. 1651, 2849, 3357.
—1407. R. 4903.
—1408. S. 1350, 4284 s., 6025.
—1418. R. 1184, 4284 s., 6025.
—1421. R. 888.
—1428. S. 2984 ; R. 5044.
—1429. R. 3036.
—1431. S. 774 ; R. 370, 1392.
—1432. R. 1184.
—1435. R. 3468 s.
—1437. S. 1406.
—1453. S. 225 ; R. 363, 3488.
—1454. S. 225 ; R. 3490.
—1455. S. 225.
—1456. S. 225.
—1468. S. 1287.
—1469. S. 1287.
—1990.

—1470. S. 928 . R. 3500.
—1471. S. 1861 ;
R. 4949.
—1475. S. 267.
—1477. R. 1300.
—1496. S. 998.
—1508. R. 3415.
—1509. S. 1832.
—1514. R. 3419 s., 3835.
—1515. R. 424, 3835.
—1516. R. 3420.
—1520. S. 1825, 1829, 1833 ; R. 3424 s.
—1521. S. 1825.
—1522. S. 1825.
—1523. S. 1825.
—1524. S. 1825.
—1525. S. 1825, 1827 s., 1833.
—1857 ; R. 3427 s., 2661.
—1536. S. 1821.
—1540. R. 1274.
—1545. R. 3461.
—1549. R. 3231.
—1552. R. 3211.
—1558. R. 3468.
—1559. R. 3468.
—1569. R. 1287.
—1576. R. 1303.
—1577. S. 708 ;
R. 1303.
—1578. S. 708.
—1585. S. 1382;
R. 1302.
—1582. R. 1729.

—1583. R. 1752, 2517.
—1585. R. 2836.
—1587. R. 2840.
—1588. S. 1383 ;
R. 2840.
—1589. S. 1098.
—1590. S. 2384 s., 3761.
—1591. S. 1971 ;
R. 1731, 2300 s., 2305, 3100.
—1592. S. 1086, 1974 ; R. 1978, 2841, 2301 s., 2305 s., 3101.
—1593. S. 165.
—1595. S. 1651, 2451 ; R. 2350.
—1596. R. 2350.
—1597. R. 2350.
—1599. R. 1761, 2351 s.
—1600. R. 2350, 2661.
—1606. R. 2517.
—1617. S. 1091 ;
R. 2313, 5417.
—1618. S. 4091 ;
R. 2318.
—1619. S. 1091 ;
R. 2316, 2488, 5417.
—1630. R. 2487.
—1654. R. 2513.
—1659. R. 2756 s.
—1660. R. 2784.
—1661. R. 2788.
—1662. R. 2785.
—1664. R. 2782.

—1667. R. 2763.
—1670. R. 2781.
—1671. R. 2781.
—1673. R. 2756 s., 6011.
—1674. R. 2498, 8199.
—1681. R. 4225.
—1683. R. 3199.
—1686. R. 2717, 2831 s., 6025.
—1689. R. 3674.
—1690. S. 893 ; R. 4747 s., 6307.
—1699. R. 1116, 2794.
—1700. R. 1116.
—1702. R. 3189 s.
—1706. S. 1704;
R. 3199.
—1707. S. 1696;
R. 3181.
—1709. R. 1893, 2680, 2096 s., 3100.
—1716. S. 050, 2393, 2705 ; R. 1940 s., 3000.
—1711. S. 2393.
—1713. S. 1656;
R. 3086 s.
—1719. R. 2997.
—1720. R. 2997.
—1728. R. 3044.
—1743. R. 2037.
—1746. R. 1551.
—1768. R. 3039, 8064.
—1763. S. 1628.
—1768. S. 375.

—1770. R. 1949, —1774. R. 2997.
—1776. R. 3044.
—1779. S. 2293;
R. 1941 s.
—1787. S. 946, 930,3795;R.1975.
—1791. R. 4470.
—1795. R. 1989.
—1804. R. 2041.
—1805. S. 1015.
—1811. R. 2369.
—1818. R. 2042.
—1820. R. 2042.
—1821. R. 2043.
—1826. S. 1015.
—1832. S. 1870,
R. 1650 s., 3708.
—1877. 3365 ; R. 2619, 3525 s.
—1833. S. 1870, 1878.
—1834. S. 896 ;
R. 3578.
—1841. S. 1902.
—1842. S. 1902.
—1845. S. 1903.
—1846. R. 3547.
—1849. R. 888, 4036.
—1851. R. 3591.
—1853. S. 1251.
—1861. S. 1474.
—1867; R. 3591.
—1872. S. 3505 ;
R. 6025.
—1875. R. 199, 1841.
—1892. R. 199, 1311.

—1893. R. 847.
—1908. R. 936, 4472.
—1909. R. 848, 1251, 1501.
—1910. R.1807.
—1941. R. 1815.
—1942. R. 1605, 1737, 1815 s.
—1943. R. 4815.
—1915. R. 507, 854.
—1968. R. 1825.
—1969. R. 1613.
—1972. R. 1830.
—1973. S. 2035 ;
R. 1850 s., 3708.
—1974. R. 2482.
—1975. R. 2482.
—1984. S. 374 ;
R. 178, 560 s., 2816.
—1986. S. 381 ; R. 2580.
—1988. R. 1279.
—1991. R. 560.
—1992. R. 1279, 1506 s., 3151.
—1993. R. 1506.
—2001. R. 3112.
—2002. R. 5111.
—2011. R. 1372.
—2012. R. 1416.
—2013. R. 1433.
—2015. R. 1294.
—3021. S. 778 s.

R. 1402 s.,5107.
—2044. R. 1049, 1094 s.
—2045. R.1049.
—2052. S. 658.
—2055. R. 2482.
—2056. R. 3482.
—2057. R. 2482.
—2073. S. 800,
—2074. S. 3029.
—2075. S. 800.
—2077. R. 1534 s.
—2085. S. 1694;
R. 2998.
—2088. R. 2379 s.
—3092. R. 1277.
—2093. R. 1506.
—2101. R. 5181.
—2102. S. 3001;
R. 5181.
—2103. S. 732.
—2105. R. 5177, 5181.
—2108. R. 5935.
—2114. R. 3151.
—2121. R. 5947.
—2125. S. 335.
—1190, 3550; R. 6025, 6051.
—2132. R. 5953 s.
—2137. R. 5941.
—2144. S. 310, 5508.
—2148. R. 4416, 5922.
—2151. R. 5919.
—2153. S. 3507.
—3587 ; R. 5946, 6044, 6194.

—2161. S. 525, 1138.
—2172. R. 1656.
—2176. S. 2989 s.
—2180. R. 1744.
—2181. S. 3528, 3538,3550, 3565, 3570; R. 1651, 2274, 5963, 6007.
—2183. S. 2989, 8538; R. 4206, 6016.
—2184. S. 2989, 3528.
—2185. S. 3154, 3156, 3161; R. 2408.
—2189. S. 1138.
—2194. R. 2274.
—2197. R. 3573.
—2214. R. 5459.
—2220. S. 3498 ;
R. 300, 5437.
—2221. R. 5487.
—2227. R. 5523.
—2244. R. 5454 s., 5614.
—2246. R. 5466.
—2247. R. 5467.
—2248. R. 1251, 2255.
—2249. R. 3468, 5508.
—2262. S. 1521 ;
R. 3436, 5523 s.
—2277. S. 1520 s.; R. 956, 4473.
—2281. S. 3203 ;
R. 5445.

Table chronologique des Lois, Arrêts, etc.

1319

... Ord. 3429 c.

1723

13 juin. Décis. cons. 1256 c.

1730

17 juin. Arrêt. cons. 680 c.

1738

22 juill. Arrêt. cons. 680 c.
18 oct.Décis. cons. 1256 c.

1790

... Loi. 1608 c.
18 oct. Décr. 3453 c.

1791

10 juill.Loi.2335 c.
29 sept. Loi.3398 c.
6 oct.Loi. 3047 c., 3398 c.

1792

20 sept.Loi. 515 c-

An 2

14 frim. Décr.1587 c.

An 4

16 flor. Loi. 3047c.

An 7

26 vend. Loi.1222 c.
11 brum. Loi.3555 c.
13 brum. Loi. 416 c., 1641 c.,2281 c.
22 frim. Loi. V. Table des articles.

22 pluv. Loi. 1380 c.,1388c.,1416 c., 1418 c.,1422 c., 1423 c.,1497 c., 1429 c.,1431 c., 1432 c.,1435 c., 1437c.,1436 c., 1439c.,1440 c., 1444c.,1446 c., 1447 c.,1448 c.
21 vent. Loi. 3429 c., 3447 c., 3453 c., 3454 c., 3456 c., 3487 c., 3489 c., 3490 c., 3492 c., 3507 c.,3508 c., 3513 c.,3531 c., 3571 c.,3584 c., 3587 c.,3594 c., 3595 c.
21 (et non 25) vent. Loi. 414 c.
22 vent. Arrêté. 693 c., 694 c.
25 vent. Loi. 3513 c. V. 21 vent. an 7.

An 8

22 frim. Loi. 41 c., 1763 c.
27 vent. Loi. V. Table des articles.
1er flor. Règl. 1763 c., 2717 c.

21 prair. Arrêté. 1763 c., 2717 c.
21 prair. Règl. 1763 c.
3e jour compl. Arrêté. 44 c.

An 10

13 vend. Civ.1161 c.

An 11

21 pluv.Arrêté.477 c.
25 vent. Loi. 509 c., 566 c., 3053 c., 3236 c., 3259 c., 3398 c.
30 flor. Décis. 694 c.
5 prair. Arrêté. 2022 c.

An 12

23 prair. Décr.946 c
26 mess. Décis. 2427 c.
29 therm. Instr. 1884 c.

An 13

14 niv. Délib. 2787 c.
4 mess.Décr.3050 c., 3059 c., 3061 c.
8 fruct. Instr. 694 c.

An 14

10 brum.Av.Cons. d'Et. 1730 c.

1806

24 mars. Loi. 3510 c.
18 juill.Décis.2699 c.
22 juill. Décr. 494 c.
25 juill. Délib. 483 c.

12 août.Décis.2336 c.
21 août.Décr. 2748 c.
12 sept.Décr. 2022 c.
15 nov. Av. Cons. d'Et. 1730 c., 1742 c., 1743 c.
25 nov. Décis. 1302 c., 1322c., 1324 c., 1573 c.

1807

10 févr. Décr. 2880 c.
16 févr. Décr. 3187 c.
20 avr. Civ. 63 c.
30 juin. Décis.494 c.
12 août. Décr.2799 c.
16 sept. Loi. 1800 c., 3505 c.
22 sept. Décis. 680 c.
22 sept.Instr. 1322 c.

1808

12 janv. Décr.3467 c.
22 févr. Instr. 494 c.
30 mars.Décr.3326 c.
12 avr. Décis. 3100 c., 3101 c.
20 avr. Décis. 183 c.
2 mai. Civ. 1250 c.
7 mai. Décis. 183 c.
29 juin. Instr. 2799 c., 3100 c.
11 juill. Décr. 3465 c.
12 juill. Décr. 3452 c.,3456 c., 3458 c., 3462c., 3466 c., 3474 c., 3476 c.

2 sept. Av. Cons. d'Et. 234 c., 235 c., 2224 c., 2227 c.
12 sept. Décr.3458 c.
10 sept. Av. Cons. d'Et. 151 c., 3570 c.
13 oct. Civ. 392 c.
18 oct. Av. Cons. d'Et. 139 c.
23 oct. Av. Cons. d'Et. 3084 c.
10 nov. Instr. 2496 c.
12 déc.Loi.3450 c.

1809

3 janv. Civ. 3001 c.
14 mars. Lett.3595 c.
24 mars.Décr. 514 c.
19 avr. Civ. rej. 155 c.
6 juin.Instr.3595 c.
20 juin. Décis. 291 c., 3255 c.
4 juill. Instr. 550 c.
29 juill.Instr. 2277 c.

1810

9 févr. Av. Cons. d'Et. 2847 c.
21 avr. Loi. 1893 c., 1662 c., 1735 c., 2433 c., 2484 c.
12 juill.Décr.3025 c.
23 mai. Décr. 47 c.
3 sept. Civ. 2850 c.

1811

27 févr. Décr. 3505 c.
21 oct. Civ. 1382 c., 1585 c.
11 nov. Civ.3025 c.
12 nov. Civ. 923 c.

1812

17 avr. Décr. 1424 c., 1425 c.
22 avr. Nîmes. 2237 c.
22 déc. Décr. 394 c., 395 c.

1813

30 mars. Civ. 2273 c.
14 juin. Décr. 3236 c.
28 déc. Civ.3025 c.
28 déc. Décis. 3489 c., 3490 c.

1814

24 janv. Civ. 1116 c.
31 août. Instr. 291 c.
22 mars. Civ. 694 c.

1815

13 févr. Civ. 3405 c.
2 mai. Civ. 2949 c.
31 juill. Civ. 155 c.

1816

28 avr. Loi. V. Table des-articles.
8 mai. Civ. 36 c., 515 c., 516 c.
15 mai.Décis. 3492 c.
27 août. Décis. 2534 c.

4 sept. Av. Cons. d'Et. 2976 c.
21 sept. Av. Cons. d'Et. 2984- c., 2985 c.

1817

18 janv. Ord. 2416 c.
25 mars. Loi.2713 c., 2714 c.

1818

14 mars. Délib. 1047 c.
21 avr. Civ. 428 c., 429 c., 434 c., 435 c., 448 c., 444 c., 448 c., 447 c., 449 c., 450 c.
15 mai.Loi. 361 c., 363 c., 476 c., 565 c., 624 c., 766 c., 973 c., 974 c., 976 c., 976 c., 987 c., 990 c., 996 c., 998 c., 999 c., 1420 c., 1424 c., 1425 c.,2019 c., 2720 c., 2743 c., 2757 c., 2758 c., 2760 c., 2762 c., 2792 c.,2795 c., 2801 c., 2804 c., 3090 c.

1819

19 févr.Décis.1441 c.
24 févr. Sol. 3492 c.

1820

28 févr. Civ. 142 c., 1133 c.
5 juill. Civ. 92 c.
17 juill. Civ. 630 c.

1821

3 janv. Ord. 44 c.
2 mars. Décis.441 c., 444 c.

1822

16 janv. Civ. 2364 c.
27 févr.Décis.2751 c.
11 juill.Civ.3406 c.
11 sept.Délib.1879 c.
11 nov. Civ. 92 c.
10 déc. Civ. 320 c.

1823

28 févr. Civ. 2205 c.
14 mai.Civ.1084 c.
21 mai.Décis.3464 c.
11 juin.Instr.8464 c.
13 déc.Civ.1181 c.
31 déc. Civ. 92 c.

1824

16 févr. Civ. 861 c.
15 mars. Av.Cons. d'Et. 281 c.
16 juin. Loi. V. Table des articles.
16 juin. Civ. 1241 c.
28 juin. Loi. 2130 c., 2131 c.
18 déc. Instr. 2447 c., 2452 c.

1825

24 mai,Loi.1010 c.
6 juill. Req. 3415 c.
1er oct. Loi.1170 c.
13 déc. Sol. 340 c.

1826

7 janv.Délib.1376 c.

24 avr. Délib. 1544 c.

30 sept. Instr. 2447 c.

7 nov. Civ. 159 c.

1827

16 févr. Délib. 502 c.

22 févr. Req. 3543 c.

4 avr. Civ. 92 c.

6 nov. Civ. 3548 c., 104 c.

5 déc. Civ. 854 c.

1828

22 mars. Instr. 3543 c.

24 juin. Civ. 574 c.

5 août.Req.127 c.

4 déc. Décis. 54 c.

31 déc. Ord. 1899 c.

1829

14 janv. Civ. 157 c.

11 juin. Trib. Nancy. 3101 c.

28 juin. Instr. 3464 c.

1830

5 janv.Délib.2347 c.

11 mars. Décis. 54 c.

17 mars. Civ. 2365 c.

5 mai. Sol. 542 c.

12 mai. Civ. 2804 c.

8 sept. Loi. 720 c., 721 c., 722 c., 723 c., 724 c., 725 c., 2403 c.

10 sept. Instr. 721 c.

12 sept. Instr. 1840 c.

30 sept. Décis. 981 c.

1er déc. Civ. 3250 c.

24 déc. Instr. 2498 c.

1831

29 janv. Loi. 3195 c.

1er févr. Civ. 2458 c.

17 févr. Sol. 1254 c.

9 mars. Civ. 63 c.

19 mars. Sol. 318 c.

18 avr. Loi. 1994 c.

30 avr. Sol. 2813 c., 2814 c.

2 déc. Délib. 499 c., 3104 c.

1832

5 févr. Civ. 2459 c.

22 févr.Civ.2554 c.

21 avr. Loi. 786 c., 1986 c., 1987 c.

9 mai. Civ. 1380 c., 1440 c.

10.mai. Délib. 361 c.

2 juin.Req.286 c.

27 juin. Av. Cons. d'Ét. 774 c., 778 c.

25 juill. Trib. Havre. 103 c.

21 nov. Req. 2208 c.

28 déc. Délib. 636 c., 3104 c.

1833

12 févr. Délib. 540 c.

---

7 mars. Req. 2696 c.

8 mars. Délib. 303 c.

22 mai. Req. 3583 c.

7 juill. Loi. 3122 c.

1834

5 janv. Civ. 84 c., 242 c.

4 févr. Civ. 102 c., 104 c.

4 avr. Délib.375 c.

14 avr. Req. 1872 c.

12 mai. Civ. 1400 c.

22 mai. Loi. 418 c., 413 c., 419 c., 420 c., 421 c., 423 c., 425 c., 1531 c., 1697 c., 1098 c., 1711 c.

11 oct.Décis.383 c.

5 nov. Sol. 1991 c.

11.nov. Délib.3087 c.

30 déc. Req. 2197 c., 2199 c.

31 déc. Civ. 2774 c.

1835

29 juin. Civ. 159 c.

31 juill. Instr. 383 c.

18 nov. Civ. 2236 c.

1836

22 janv. Trib. Vigan. 343 c.

22 févr. Trib. Bernay. 2552 c.

26 avr. Civ. 690 c., 2123 c.

21 mai. Loi. 34 c., 475 c., 1775 c., 1777 c., 1778 c.

27 mai. Délib. 340 c.

3 juin. Trib. Corbeil. 306 c.

5 juin.Loi. 2877 c.

18 juill. Loi. 2533 c., 2559 c.

8 août. Civ. 1241 c.

20 août. Trib. Saint-Dié. 579 c.

1837

8 avr. Trib.Seine. 645 c.

5 juin. Instr.8297 c.

18 juill. Loi. 581 c., 2034 c., 2799 c., 3224 c.

29 août. Civ. 2244 c.

1838

5 janv. Délib. 2649 c.

7 févr.Civ.1032 c.

25 janv. Trib. Abbeville. 1198 c.

31 mai.Ord.3428 c.

18 juin. Instr. 3249 c.

11 août. Trib. Argentan. 413 c.

16 août. Paris. 630 c.

17 août. Décis. 3122 c.

31 août. Instr. 3122 c.

12 nov. Req. 231 c., 995 c., 1793 c.

14 nov.Ord.2799 c.

1839

7 janv. Civ. 1585 c.

20 févr. Civ. 325 c.

13 mars. Req.2934 c.

8 avr. Ch. réun. 685 c.

24 avr. Ch. réun. 159 c.

30 avr. Req. 1085 c.

21 mai.Trib.Caen. 1679 c.

3 juill. Civ. 63 c.

25 nov. Civ. 1575 c.

3 déc. Civ. 2969 c.

1840

17 mars. Ord. 50 c.

23 mars. Civ. 3099 c.

31 mars. Req. 510 c.

7 avr. Civ. 3079 c.

5 juin. Civ. 159 c.

7 juill. Civ. 2009 c.

6 août. Trib. Versailles. 2687 c.

1841

3 févr. Trib. Dreux 2824 c.

3 mai. Loi. 995 c., 1056 c., 1057 c. 1770 c., 1774 c., 1780 c., 1782 c., 1786 c., 1787 c., 1792 c., 1795 c., 1798 c., 1799 c., 1800 c., 1801 c., 2780 c., 3122 c., 3123 c., 3167 c., 3276 c., 3280 c., 3357 c., 3505 c.

8 mai. Délib.1224 c.

17 mai. Civ. 775 c.

25 mai. Civ. 163 c.

25 mai.Trib.Lyon. 1034 c.

2 juin. Loi. 590 c., 1134 c.

25 juin.Loi.136 c., 786 c., 930 c., 922 c., 923 c., 929 c., 930 c., 931 c., 933 c., 934 c., 935 c., 936 c., 938 c., 939 c., 940 c., 942 c., 943 c., 1420 c., 1426 c., 1531 c., 1536 c., 2348 c., 2695 c., 3280 c.

2 août. Rég. 2347 c.

10 oct. Tarif. 3136 c., 3176 c.

19 oct. Ord. 89 c., 848 c.

1842

5 janv. Délib. 2649 c.

7 févr.Civ.1032 c.

25 janv. Trib. Abbeville. 1198 c.

24 févr. Trib. Amiens. 363 c.

29 mars. Sol. 388 c.

31 mai. Trib. Alençon. 2687 c.

6 juin. Ch. réun. 1965 c.

26 juin. Instr. 2727 c.

5 juill. Trib.Alençon. 2687 c.

12 juill. Civ. 899 c.

29 oct. Décis.2747 c.

1843

11 févr. Instr. 3665 c.

6 mars.Civ. 1322 c.

27 mars. Trib. Mâcon 2884 c.

3 avr.Civ. 1821 c.

3 avr. Trib.Seine, 471 c.

18 juin.Loi.2448 c.

21 août. Trib. Nantes. 463 c.

29 août.Sol.1425 c.

1844

2 janv.Civ. 666 c.

22 janv.Trib. Alençon. 935 c.

24 janv. Req. 1165 c.

29 janv. Instr.1756 c.

31 janv. Délib. 310 c.

1er févr. Instr. 3389 c.

5 févr. Instr. 2381 c., 2790 c., 3474 c., 3475 c.

6 mars. Civ. 1293 c.

9 avr. Civ. 333 c.

30 avr. Sol. 785 c.

1er août.Trib.Chaumont. 3029 c.

7 août. Trib. Seine. 471 c.

27 août. Civ. 2578 c.

12 nov. Req. 1266 c.

4 déc.Trib. Saint-Mihiel. 1321 c.

17 déc. Ord. 48 c., 44 c., 50 c.

18 déc. Trib. Seine. 775 c., 783 c.

1845

22 janv. Req. 2980 c.

12 mars. Trib. Lyon. 3029 c.

15 mars. Trib. Saint-Omer.211 c.

21 mars. Rouen. 2957 c.

9 avr. Trib. Limoges. 510 c.

22 avr. Civ. 1337 c.

22 avr. Civ. 127 c.

29 avr. Civ. 1266 c., 3275 c.

22 mai. Instr.2727 c.

23 mai. Sol. 253 c., 2374 c.

28 mai. Civ. 3526 c.

7 juin. Loi. 989 c.

20 juin. Civ. 628 c.

21 juin. Trib. Seine. 1661 c.

22 juin.Sol.690 c.

25 juin. Trib. Seine. 369 c.

19 juill. Loi. 290 c., 455 c., 458 c.

25 août. Civ. 1337 c.

23 sept. Décis. 2913 c.

30 sept. Sol. 468 c.

12 nov. Civ. 3025 c.

19 nov. Civ.1266 c.

17 déc. Trib. Limoges. 3359 c.

20 déc. Instr. 253 c., 2374 c., 3030 c.

1846

5 janv. Arrêté. 50 c.

10 mars. Civ. 92 c.

23 mars. Civ. 3505 c.

---

24 mars. Req. 2853 c.

14 avr. Trib. Seine. 788 c., 1206 c.

14 avr. Trib. Tournai. 1429 c.

15 avr. Civ. 1332 c.

20 avr. Civ. 3389 c.

6 mai. Trib. La Châtre. 3081 c.

22 mai. Trib. Vigan. 3025 c.

22 juin.Instr.3479 c.

30 juin. Délib. 1317 c.

1er juill. Trib. Saint-Quentin. 206 c.

26 août. Trib. Dreux. 2929 s.

26 août. Trib. Saint-Quentin. 1440 c.

10 nov. Délib. 703 c.

11 nov. Req. 169 c.

16 nov. Civ. 688 c., 913 c.

25 nov. Ord. 3068 c.

14 déc. Sol. 2627 c.

22 déc. Civ. 2693 c., 2695 c.

31 déc. Instr. 3435 c.

1847

11 janv. Req. 1206 c.

11 févr. Trib. Agen. 387 c.

8 mars. Trib. Tours. 225 c.

16 mars. Trib. Grenoble. 785 c.

31 mars. Civ. 441 c., 442 c., 786 c.

6 avr. Req. 2938 c.

9 avr. Trib. Seine. 3026 c.

20 avr. Trib. Seine. 889 c.

5 mai. Trib. Rouen. 2805 c.

5 mai. Trib. Seine. 471 c.

27 mai. Trib. Rouen. 774 c.

8 juin.Trib.Versailles. 364 c.

21 juin. Instr. 2093 c., 2695 c.

17 juin. Trib. Seine. 834 c.

21 juill. Trib. Maurice.1010 c.

30 juill. Trib. Vendôme.938 c.

6 août.Trib.Rambouillet. 690 c.

14 août. Trib. Bourgoin. 2305 c.

19 août. Trib. Espalion. 116 c.

23 août. Trib. Guéret. 1705 c.

14 oct. Trib. Vienne. 3026 c.

29 oct. Délib. 1424 c.

9 nov. Civ. 112 c.

10 nov. Civ. 214 c.

13 nov. Décis. 2747 c.

16 nov. Civ. 813 c., 1006 c.

17 nov. Req. 736 c., 3357 c.

26 nov. Trib. Mâcon. 344 c.

---

6 déc. Civ. 229 c., 249 c., 2078 c.

28 déc.Civ.1215 c.

30 déc. Trib. Angers. 1049 c., 1261 c.

31 déc. Instr. 2115 c., 2743 c.

1848

3 janv. Req. 3566 c.

4 janv. Req. 3566 c.

4 janv. Trib. Sarreguemines. 2964 c.

29 janv. Sol. 1485 c.

3 févr. Trib. Havre. 1990 c.

9 févr. Trib. Dieppe. 207 c.

17 févr. Trib. Havre. 2922 c.

23 févr. Trib. Seine. 951 c.

7 mars. Décr. 728 c.

8 mars. Limoges. 1010 c.

8 mars. Trib. Seine. 2100 c.

18 mars. Arrêté. 2598 c., p. 157.

15 mars. Trib. Seine. 3466 c.

16 mars. Trib. Rodez. 1214 c.

17 mars. Instr. 2598 c.

20 mars. Arrêté.43 c.

21 mars. Décr.720 c.

22 mars. Trib. Seine. 752 c.

23 mars. Décr. 18 c., 477 c., 481 c., p. 157.

24 mars. Décr. 18 c., 546 c., 617 c., 618 c., 726 c., 727 c., 728 c., 731 c., 732 c., 734 c., 735 c., 736 c., 2742 c., 3494 c., p. 157.

24 mars. Délib 2735 c.

26 mars. Arrêté. 720 c.

29 mars. Décr. p. 157.

31 mars. Crim. 2816 c., 2829 c.

14 avr. Arrêté 2696 c.

14 avr. Délib. 1766 c.

20 avr. Décis. 1766 c.

2 mai.Douai.3545 c.

10 mai. Civ. 2581 c., 2584 c.

15 mai. Req. 936 c., 2936 c., 2939 c.

18 mai. Trib. Compiègne. 2874 c.

7 juin. Req. 2946 c., 2934 c.

10 juin. Sol. 347 c.

21 juin. Trib. Saint-Quentin. 1805 c., 1904 c.

24 juin. Trib. Nogent-le-Rotrou. 245 c.

2 juill. Décr.3494 c.

2 juill. Trib. Avranches.2114 c.

---

4 juill. Décr. 18 c., 546 c., 617 c., 727 c., 731 c., 732 c., 733 c., 734 c., 735 c., 736 c., p.157.

5 juill. Décr.2743 c., 3506 c.

12 juill. Civ. 3532 c.

9 août. Civ. 84 c., 2139 c.

17 août.Trib.Saint-Malo. 401 c.

21 août. Civ. 666 c.

23 août. Décr. 720 c.

25 août. Trib. Wassy. 490 c.

26 août. Civ. 1745 c.

10 oct. Décis. 425 c.

3 nov. Crim. 2753 c.

7 nov. Trib. Châlon-sur-Saône. 245 c.

16 nov. Loi. 2743 c., p. 157.

20 nov. Trib. Bordeaux. 941 c.

26 nov. Civ. 3522 c.

1er déc. Trib. Seine. 1384 c.

5 déc. Trib. Blois. 2294 c.

7 déc. Trib. Seine. 225 c.

20 déc. Besançon. 3399 c.

20 déc. Instr. 2939 c.

1849

15 janv. Civ. 1302 c.

17 janv. Trib. Strasbourg. 1204 c.

23 janv. Trib. Bordeaux. 211 c.

30 janv. Civ. 363 c., 2683 c., 2688 c.

15 févr. Trib. Bordeaux. 2957 c.

19 févr.Trib. Tulle. 1609 c.

26 févr. Loi.18 c., 154 c., 1772 c., 2004 c., p. 157.

22 févr. Trib. Seine. 225 c.

9 mars. Sol. 1254 c.

14 mars. Req. 1165 c., 1161 c., 3082 c.

15 mars. Loi. 2743 c., p. 157.

20 mars. Req.1971 c.

20 mars. Poitiers. 2934 c.

21 mars. Trib. Seine. 607 c., 622 c.

22 mars. Trib. Seine. 892 c.

26 mars. Civ. 3108 c.

2 avr.Sol. 3467 c.

4 avr.Req.3026 c.

4 avr. Civ. 221 c.

7 avr. Civ. 2921 c.

30 avr. Loi. 2743 c., p. 157.

2 mai. Civ. 88 c., 181 c., 187 c.

---

2 mai.Trib.Seine. 2204 c.

7 mai. Loi. 18 c., p. 157.

16 mai. Civ. 1099 c., 3088 c.

1er juin.Trib.Montdidier. 1904 c.

11 juin.Trib.Gien. 421 c., 423 c.

20 juin.Trib.Saint-Quentin. 783 c.

26 juin.Civ.3382 c.

29 juin.Trib.Limoges. 249 c., 615 c.

30 juin. Instr. 2683 c., 2688 c., 3108

9 juill.Caen. 2933 c.

15 juill. Req. 888 c.

26 juill.Trib.Lyon. 938 c.

10 août. Sol. 1254 c.

1er sept. Trib. Tours. 713 c.

7 nov.Civ.3515 c.

13 nov.Loi. 425 c., 862 c.

26 nov. Req. 225 c.

4 déc. Req. 3566 c.

6 déc.Trib.Seine. 2549 c.

7 déc.Trib.Saint-Girons. 2636 c.

19 déc. Trib. Seine. 2182 c.

26 déc.Bastia.58 c.

31 déc. Instr. 2921 c., 3026 c.

1850

2 janv. Civ. 3597 c.

3 janv.Trib.Dunkerque. 2332 c.

7 janv. Civ. 1305 c., 1939 c., 1940 c., 2440 c.

9 janv. Décis. 981 c.

17 janv. Sol. 392 c.

22 janv. Paris.2024 c.

23 janv. Trib. Brive. 1142 c.

29 janv.Civ.236 c., 2100 c.

15 janv. Civ. 1895 c., 1898 c.

30 janv. Sol. 2088 c.

5 févr. Civ. 3566 c.

5 févr. Trib. Meaux. 1615 c.

12 févr. Civ. 2402 c., 3079 c.

12 févr. Civ. 1041 c.

26 févr.Civ. 355 c., 357 c., 3026 c.

6 mars. Civ. 1612 c., 2603 c., 2406 c.

11 mars. Martinique. 2743 c.

14 mars.Trib.Marseille. 877 c.

19 mars. Civ. 1085 c., 1086 c.

21 mars.Grenoble. 2987 c.

23 mars.Trib.Châteaudun.2738 c.

8 avr. Civ. 2370 c.

10 avr.Trib.Seine. 1321 c.

11 avr. Paris.1406 c.

15 avr.Civ.2133 c.

15 avr.Civ. 3515 c.

16 avr. Délib. 2278 c.

20 avr.Trib.Beau-
vais. 2738 c.
22 avr. Civ. 62 c.,
95 c.,1266 c.
24 avr. Civ. 2001
c.
20 avr. Civ. 673 c
6 mai. Loi. 2007
c.
6 mai. Trib.
Rennes. 770 c.
18 mai. Loi. 19 c.,
90 c., 140 c.,
172 c., 180 c.,
272 c., 270 c.,
297 c., 323 c.,
336 c., 362 c.,
386 n., 394 c.,
397 c., 413 c.,
449 c., 452 c.,
464 c., 475 c.,
565 c., 508 c.,
564 c., 706 c.,
974 c.,1260 c.
1291 c.,1520 c.,
1523 c.,1742 c.,
1775 c.,1865 c.,
1085 c.,1986 c.,
1987 c.,2006 c.,
2007 c.,2000 c.,
2010 c.,2012 c.,
2013 c.,2015 c.,
2018 c.,2019 n.,
2020 c.,2021 c.,
2023 c.,2024 c.,
2032 c.,2025 c.,
2141 c.,2142 c.,
2152 c.,2153 c.,
2154 c.,2161 c.,
2255 c.,2250 c.,
2262 c.,2264 c.,
2266 c.,2267 c.,
2485 c.,2533 c.,
3550 c.,2590 c.,
2747 c.,2768 c.,
2769 c.,2770 c.,
2771 c.,2772 c.,
2898 c.,2923 c.,
3101 c.,3238 c.,
2936 c.,3242 c.,
3243 c.,3251 c.,
3265 c.,3266 c.,
3512 c., p. 157.
24 mai. Req. 1832
c., 1833 c.
27 mai. Civ. 3897
c.
5 juin. Loi. 22 c.,
710 c., 817 c.,
821 c., 828 c.,
831 c., 832 c.,
836 c., 836 c.,
839 c., 840 c.,
1408 c.,1409 c.,
2532 c.,3033 c.,
3044 c.,3063 c.,
3064 c.,3077 c.,
p. 158.
5 juin. Trib. Sei-
Meaux. 1842 c.
5 juin. Trib.
Seine. 368 c.
10 juin. Loi. 2743
c.
10 juin. Civ. 3515
c.
17 juin. Civ. 1709
c.
18 juin. Loi. 2322
c., 2743 c., p.
158.
20 juin. Sol. 455
c.
30 juin. Instr.
3026 c.
2 juill. Délib. 481
c.
5 juill. Civ. 1850
c., 8515 c.,
3553 c.
5 juill. Trib.
Condom. 2674
c.
6 juill. Trib. Nan-
tes. 1181 c.
19 juill. Trib.
Seine. 1692 c.
22 juill. Trib.
Nantes. 779 c.
25 juill. Trib.
Seine. 203 c.,
2687 c.
28 juill. Trib. Tou-
louse. 377 c.

1er août. Trib.
Saintes. 770 c;
8 août. Trib. Sau-
mur. 2748 c.
7 août. Loi. 20 c.,
477 c., 593 c.,
2154 c., 2727
c., p. 158.
8 août. Trib. Sei-
ne. 931 c.
14 août. Civ. 3239
c.
16 août. Trib. Châ-
teaudun.1238 c.
17 août. Instr. 2727
c.
20 août. Civ. 777
c., 783 c., 1215
c.
21 août. Civ. 3108
c., 3596 c.
21 août. Trib. Sei-
ne. 2004 c.
28 août. Trib. Cos-
ne. 259 c.
20 sept. Délib. 341
c.
26 sept.Trib.Laon.
87 c.
8 oct. Délib. 1615
c., 1842 c.
12 oct. Délib.376 c.
18 nov. Trib. Alen-
çon. 203 c.
19 nov. Civ. 2651 c.
26 nov. Civ. 2630 c.
20 nov. Trib. Nan-
tes. 2339 c.
4 déc. Trib. Sei-
ne. 3118 c.
6 déc. Loi. 40 c.
10 déc. Civ. 20 c.,
3435 c., p. 158.
30 déc. Civ. 2168
c., 2295 c.
31 déc. Instr. 2661
c., 3045 c.,3108
c., 3239 c.

1851

7 janv. Civ. 95 c.,
3015 c., 3018 c.
9 janv. Délib. 606
c.
22 janv. Loi. 517
c., 2721 c.,2723
c., 2726 c.,2728
c., 2748 c.,2880
c., 3437 c., p.
158.
24 janv. Trib. Sei-
ne. 1691 c.
29 janv. Civ. 938 c.
31 janv. Trib.
Mans. 401 c.
1er févr. Cons.d'Et.
2716 c., 2820 c.
3 févr. Trib. Avi-
gnon. 1112 c.
11 août. Trib. Mar-
seille. 1112 c.
12 févr.Loi. 505 c.,
506 c., 950 c.,
p. 158.
16 févr. Req. 2658
c.
20 févr. Trib.Gray.
214 c.
22 août. Trib. Mâ-
con. 1207 c.
25 août. Civ. 2010
c.
30 août. Instr.2743
c.
3 sept. Décr.1007
c.
20 août. Sol. 936 c.
31 oct. Sol. 270 c.
6 nov. Ch. réun.
1334 c., 1337 c.
8 nov. Sol.2880 c.
17 nov. Req. 1987
c.
18 nov. Civ. 211 c.,
221 c., 3304 c.,
3373 c.,3376 c.,
3882 c., 3418 c.
19 nov. Civ. 1942
c., 2597 c.
10 mars. Civ.3515 c.
12 déc. Sol.2721 c.
17 déc. Trib. Sei-
ne. 421 c.
28 déc. Instr.2715
c.
26 déc. Délib.2200
c.
27 déc. Décr. 2710
c., p. 158.
30 déc. Décr. 44 c.
30 déc. Req.3334 c.
31 déc. Trib.Lyon.
423 c.

10 avr. Trib. Sa-
verne. 1142 c.
11 avr. Trib. Châ-
teaudun. 1640
c., 3274 c.,3305
c.
24 avr. Sol. 267 c.
29 avr.Civ.2526 c.,
3350 c., 3414 c.
7 mai. Trib. Sei-
ne.3092 c.
7 mai.Sol. 1737 c.
9 mai.Trib.Seine.
329° c.
15 mai. — Trib.
Rouen. 2038 c.
30 mai. Loi. 1763
c., 2715 c.,2716
c., 2717 c.,2829
c., p. 158.
4 juin. Req. 2366
c., 2375 c.,2388
c., 2393 c.
4 juin. Trib. Sei-
ne. 485 c.
6 juin. Trib.Seine.
ne. 103. c.,2200
c.
17 juin. Civ. 285 c.
21 juin. Loi. 737
c., 1390 c.,2743
c., p, 158.
24 juin. Rennes.
3840 c., 3858 c.
30 juin. Instr. 3018
c., 3213 c., 3258
c., 3345 c.
2 juill. Civ. 1403
c. 4088 c.
7 juill. Civ. 2371
c.
15 juill. Civ.2213c.
21 juill. Civ. 1291
c., 1300 c.,2119
c.,2141 c.,2356
c.
23 juill. Trib. Sei-
ne. 2454 c.
28 juill. Civ. 2961
c., 2069 c.,3323
c.
4 août.Loi. 39 c.,
737 c.,
7 août.Loi.581 c.
11 août. Trib.Mar-
seille. 1112 c.
19 août.Civ.212 c.
19 août.Trib.Blois.
2650 c., 2883 c.
20 août. Trib.
Saint-Quentin.
770 c.
22 août.Trib.Sei-
ne. 1197 c.

31 déc. Décis. 809
c.
31 déc. Instr. 2520
c., 2710 c.,3213
c., 3323 c.

1852

9 janv.Décr.2743
c., p. 158.
13 janv. Req. 1096
c., 1096 c.
14 janv. Civ.725 c.
14 janv. Instr. 809
c.
20 janv.Décis.3031
c.
28 janv. Trib.
Troyes. 931 c.
31 janv.Loi.1994 c.
31 janv. Décr.1995
c.
2 févr. Décr.2743
c., p. 158.
10 févr. Civ. 142
c., 1136 c.
16 févr. Instr. 1136
c.
17 févr. Req. 2650
c.
19 févr.Trib. Sei-
ne. 2942 c.
28 févr. Décr. 521
c., 3003 c., p.
158.
9 mars. Req. 204
c.
11 mars. Trib.
Seine. 2038 c.
14 mars. Décr.
2743 c., p.158.
17 mars. Instr.
3031 c.
22 mars. Instr.
2743 c.
23 mars. Trib. Bri-
vos. 1384 c.
26 mars.Décr.1780
c., 1798 c.,1799
c., 1800 c.,2740
c., 2743 c.,3123
c., p. 158.
28 mars.Décr.2715
c.
30 mars. Civ. 302
c., 304 c., 305
c., 306 c., 315
c., 334.c., 2664
c.
31 mars.Instr.3373
c.
3 avr. Civ. 2130
c., 2131 c.,2135
c., 2208 c.
6 avr. Trib. Mon-
tauban. 245 c.
23 avr. Décr. 39 c.
8 mai. Trib. Ha-
zebrouck. 245 c.
25 mai. Trib. Tar-
bes. 1125 c.,
2951 c.
28 mai. Trib.
Dreux. 1151 c.,
2039 c.
31 mai.Décis.1775
c.
31 mai. Instr. 3418
c.
14 juin.Trib. Mont-
pellier. 2339 c.
17 juin. Trib. Sei-
ne. 931 c.
25 juin.Décis.1994
c.,1996 c., 2305
c.
29 juin. Trib. Sei-
ne. 1961 c.
7 juill. Civ. 1590
c.
7 juill. Trib. Sei-
ne. 2494 c.
8 juill. Loi. 47
c.,2162 c.,2255
c., 2768 c.,3303
c., 3350 c.,3251
c.
13 juill. Req. 3317
c.
20 juill.Civ.3833 c.
22 juill. Instr.1775
c.
5 août.Instr.2293
c.,2740 c.

7 août.Instr. 3251
c.
11 août. Civ. 2451
c., 3109 c.
16 août. Civ. 1048
c., 3213 c.,3412
c.
18 août. Trib. Sei-
ne. 1672 c.
20 août. Décis. 163
c.,.789 c.
25 août. Décr. p.
158.
25 août. Civ. 1050
c.
25 août. Trib.Lan-
gres 3016 c.
14 oct. Sol. 301 c.
15 oct. Crim. 2710
c., 3210 c.,3829
c.
23 oct. Instr. 1994
c.
25 oct. Sol. 282 c.
15 nov.Civ.2685 c.
24 nov. Civ. 2305
c., 3336 c.
27 nov. Décis. 511
c., 3473 c.
6 déc. Décis.3473
c.
7 déc. Paris:2024
c.
8 déc. Trib.
Rouen, 3400 c.
10 déc. Décr. 1449
c.
15 déc. Civ. 1942
c., 1946 c.
15 déc.Trib.Tulle.
214 c.
23 déc.Trib.Seine.
1829 c.
29 déc. Douai.
3052 c., 3055 c.
30 déc. Décis. 2743
c.
29 déc. Instr. 2715
c.

1853

4 janv. Civ. 3360
c.
5 janv. Civ. 861
c., 1898 c.,1908
c.,2538 c., 3214
c.
17 janv. Civ. 2308
c., 2400 c.
18 janv.Req. 3420
c.
7 févr. Req. 902
c., 2939 c.,3370
c., 3888 c.
8 févr.Civ.1770 c.
16 févr. Trib. Par-
thenay. 2501 c.
21 févr. Civ. 1965
c.
21 févr. Trib. Ren-
nes. 1338 c.
23 févr. Civ. 1612
c.
23 févr. Instr. 2024
c.
5 mars. Sol.(Bel-
gique). 2627 c.
8 mars. Trib. Le
Blanc. 3031 c.
9 mars.Civ. 3843
c.
10 mars. Décis.
2240 c., 2250 c.,
2255 c.
16 mars. Instr.
511 c.
18 mars. Instr.
3473 c.
18 mars. Trib.
Fontenay. 2004.
c.
23 mars. Civ. 285
c., 700 c., 1238
c., 1308 c.,1319
c., 1327 c.
23 mars. Instr.
2685 c.
6 avr. Trib. Lo-

dève. 1407 c.,
1578 c.
13 avr. Trib.
Orange.2276 c.,
2340 c.
18 avr. Civ. 1850
c., 3553 c.
20 avr. Civ. 1334 c.
26 avr. Civ. 1612
c., 3212 c.
29 avr. Décis. 2722
c.
3 mai. Paris, 2969
c.
8 mai. Trib. Au-
tun. 1429 c.,
3355 c.
6 mai. Trib. Le
Mans. 2890 c.,
2771 c.
7 mai.Loi.3041 c.
7 mai. Trib. Ab-
beville. 930 c.
23 mai.Req.828 c.
23 mai. Civ. 121 c.,
802 c., 1093 c.,
1367 c., 3350 c.
24 mai.Trib.Tulle.
2372 c.
24 mai.Trib.Lille.
1630 c.,1833 c.
26 mai. Trib.
vray. 1856 c.
26 mai.Décis.2240
c., 2296 c.,2842
c., 2848 c.
31 mai. Trib. Ab-
boville.2957 c.,
3963 c. 2300 c.
1er juin. Civ. 62 c.,
1318 c.
5 juin. Sol. (Bel-
gique). 1429 c.
7 juin. Civ. 1850
c.
9 juin. Civ. 3553 c.
7 juin. Trib. Ab-
beville. 203 c.
9 juin. Trib. Pri-
vas. 3326 c.
10 juin. Loi. 18 c.,
726 c., p. 158.
10 juin. Trib.
Castelnaudary.
2363 c.
10 juin.Sol.1134 c.
11 juin. Amiens.
2970 c., 2071 c.
29 juin.Cons.d'Et.
2829 c.
30 juin. Instr. 2823
c., 2038 c.,3039
c., 3214 c.,3345
c.
5 juill. Civ. 2450
c., 1334 c.
6 juill. Civ. 1333
c., 667 c., 948
c.
11 juill. Instr. 103
c., 509 c., 739
c., 742 c., 3117
c.
12 juill. Civ. 1942
c., 1946 c.
13 juill. Trib. Va-
lence. 83 c.,187
c.
14 juill.Trib. Pon-
toise. 579 c.
14 juill. Trib.
Seine. 2601 c.
18 juill. Ch. réun.
1041 c.
19 juill. (et non
27 août) Trib.
Seine. 2771 c.
20 juill. Civ. 3389
c.
26 juill. Civ. 2038
c.
27 juill.Req. 2520
c., 3258 c.
28 juill. Trib.
Lyon. 2810 c.
1er août.Civ. 3218
c., 3289 c.
2 août. Civ. 285
c.,1574 c.,1582

c., 1594 c.,1595
c.
8 août. Civ. 127
c., 239 c., 2051
c., 2195 c.
10 août. Décr.2335
c., 2714 c., p.
158.
10 août. Civ. 1030
c., 1946 c., 2888
c., 2300 c.,2398
c., 2402 c., 2400
c.
12 août.Trib.Mire-
court. 3026 c.
16 août. Décr. 2714
c.
17 août.Délib.2347
c.
18 août. Trib.
Douai. 1828 c.
18 août. Trib.
Seine. 2378 c.
23 août. Civ. 1942
c.
23 août. Trib.
Seine. 2638 c.
24 août. Civ. 143
c., 1124 c., 1125
c., 1435 c.,3084
c.
27 août. Trib. Cl-
vray. 1856 c.
27 août.Trib. Lille.
1827 c.,1805 c.,
V. 10 juill.Trib.
Tulle. 2956 c.
29 août. Sql. 1267
c.
31 août.Civ.289 c.,
1152 c., 2103 c.,
2140 c.,2195 c.,
2788 c., 3258 c.,
3408 c.
31 août. Trib.
Blois. 2327 c.
7 nov. Civ. 3026
c., 1136 c.
8 nov. Civ. 1965
c., 1966 c.
22 nov. Civ. 1352
c., 1859 c.
23 nov. Civ. 1044
c., 3351 c.,3374
c.
28 nov. Instr. 3350
c.
30 nov. Sol. 923 c.
30 nov. Civ. 3454
c.
10 déc. Sol. 3023
c.
12 déc. Civ. 78 c.,
1851 c., 1858
c., 3357 c.
11 déc. Trib. Bru-
xelles. 3306 c.
23 déc. Civ. 43 c.,
243 c., 2050 c.,
3388 c.
26 déc. Civ. 3338
c., 3418 c.
28 déc. Civ. 3074
c., 3026 c.,3350
c.
28 déc. Trib.
Reims. 2333 c.,
2850 c.
28 déc. Trib. Sei-
ne. 1042 c.
28 déc. Sol. 474 c.

1854

4 janv. Civ. 3234
c., 3240 c.
9 janv. Trib. Sei-
ne. 793 c.
9 janv. Civ. 1331
c.
17 janv. Civ. 2501
c., 3121 c.
10 janv. Paris.
2957 c.
24 janv. Civ. 2038
c.
25 janv. Trib. Lis-
ieuvu. 3334 c.
30 janv. Civ. 1612
c.,1799 c., 2163
c.
3 mai. Civ. 2252 c.

31 janv. Civ. 3084
c.
1er févr. Civ. 1207
c., 1218 c.
1er févr. Instr.2038
c.
4 févr.Trib.Lyon.
113 c., 128 c.,
2222.c.
7 févr. Req. 1158
c.
9 févr. Trib. A-
miens. 2327 c.
14 févr. Civ. 2357
c.
14 févr. Délib.289
c.
15 févr. Civ. 113
c., 145 c., 124
c., 138 c., 348
c., 502 c., 2222
c., 2808 c.
18 févr. Ch. réun.
127 c.
21 févr. Civ. 1030
c.,1033 c., 3408
c.
21 févr. Instr. 474
c.
22 févr.Trib.Lyon.
2046 c., 2052 c.
22 févr. Trib. Sei-
ne. 2362 c.
22 févr. Instr. 931
c.
22 févr. Trib. Tul-
le. 2956 c.
1er mars. Décr.
2714 c., 2710
c., 2781 c.,
2788 c., 2830 c.,
2908 c., p. 158.
2 mars. Décis.
986 c.
14 mars. Civ. 645
c.
15 mars. Civ. 142
c., 1136 c.
20 mars. Sol. 158
c., 3500 c.
20 mars.Req.1265
c.
20 mars. Trib.Sei-
ne. 81 c.
3 avr. Civ. 789
c.
4 avr. Req. 3034
c.
5 avr. Req. 264
c., 799 c., 1926
c.
5 avr. Civ. 95 c.,
3015 c., 3016
c.
11 avr. Civ. 61 c.
1024 c., 1030
c., 3053 c.
19 avr. Cons. d'Et.
2829 c.
24 avr. Civ. 69 c.,
83 c., 161 c.,
200 c., 228 c.,
883 c.
26 avr. Civ. 1942
c., 1946 c.
27 avr. Instr. 1802
c., 2714 c.
28 avr. Arrêté 30
c., p. 158.
3 mai. Civ. 2675
c., 3208 c.,3270
c.
4 mai. Sol. 1359
c.
5 mai. Trib.
Epernay.2371c.
8 mai. Civ. 1829
c.,3407 c.,3411
c.
9 mai. Sol. (Bel-
gique) 246. c.
10 mai. Civ. 236
c., 2100.c.,
15 mai. Sol. 499 c.

17 mai. Décr. 43 c.
17 mai. Trib. Seine. c.
18 mai. Trib. Vou-
ziers. 3350 c.,
2651 c.
18 mai. Instr. 3026
c., 3350 c., 6374
c., 3377 c., 3388
c.
23 mai. Civ. 258 c.,
682 c., 859 c.
24 mai. Décr. 3173
c.
26 mai. Instr. 3418
c.
30 mai. Civ. 1265
c.
9 juin. Trib. Re-
thel. 1695 c.,
1904 c., 3315 c.
12 juin. Civ. 78 c.,
1108 c., 2402 c.,
3357 c.
13 juin. Instr.
2244 c., 2296 c.,
2255 c., 2296 c.,
2648 c.
14 juin. Trib. Sei-
ne. 723 c.
21 juin. Trib. Sois-
sons. 263 c.
22 juin. Civ. 2714
c., p. 158.
5 juill. Instr. 2714
c.
6 juill. Décr. 321
c.
6 juill. Trib. Is-
soire. 3374 c., c.
12 juill. Trib. Sei-
ne. 918 c., 4856
c.
14 juill. Arrêté. 43
c.
17 juill. Civ. 620
c., 695 c.
19 juill. Trib. Seine.
2770 c.
21 juill. Req. 3346
c.
21 juill. Sol. (Bel-
gique) 487 c.
22 juill. Instr. 43 c.
26 juill. Civ. 1929
c., 1946 c.
26 juill. Trib. Sei-
ne. 1884 c.,
2770 c., 3566 c.
29 juill. Sol. 310
c., 2782 c.
29 juill. Sol. 310
c.
31 juill. Civ. 67 c.,
945 c., 946 c.
1er août. Instr.
2301 c.
14 août. Civ. 3051
c.
16 août. Agen.
2713 c., 3085 c.
19 août. Trib.
Nogent-le-Ro-
trou. 203 c.
21 août. Trib. Cler-
mont-Ferrand.
2028 c.
23 août. Trib. Cor-
beil. 3112 c.
24 août. Trib.
Pithiviers. 2822
29 août. Civ. 142
c., 4196 c.
30 août. Trib. Sei-
ne. 301 c.
31 août. Trib.
Douai. 1143 c.
31 août. Trib. Sei-
ne. 1319 c.,
2028 c.
9 sept. Instr.
2714 c.
7 sept. Décis.
2754 c.
14 sept. Instr.
2868 c., 3084
c.
10 oct. Délib. 283
c.
6 nov. Arrêté. p.
158.
6 nov. Décis. 3046
c.

17 nov. Délib. 1443
c.
22 nov. Civ. 1265
c.
24 nov. Trib. Châ-
teau - Chinon.
3000 c.
29 nov. Civ. 259
c., 2158 c.,
3376 c.
29 nov. Trib.
Seine. 1897 c.,
3026 c.
1er déc. Instr.
2675 c., 2714
c., 2784 c.,
2782 c., 2908 c.,
3015 c., 3016 c.,
3034 c., 3357 c.
4 déc. Civ. 2869
c., 2293 c.,
2404 c.
7 déc. Trib. Alt-
kirch. 1268 c.,
1422 c.
20 déc. Trib.
Liège. 853 c.
27 déc. Décr. 40.
c.
27 déc. Trib.
Seine. 1736 c.,
2956 c.

1855
10 janv. Trib.
Seine. 3765 c.
12 janv. Trib.
Toulouse. 3295
c., 3308 c.
16 janv. Req. 3212
c.
16 janv. Trib. An-
vers. 853 c.
17 janv. Trib.
Saint - Yrieix.
203 c.
18 janv. Trib.
Corbeil. 2765 c.
20 janv. Trib.
Lyon. 1388 c.
22 janv. Trib. Châ-
tellerault. 3026.
c.
22 janv. Trib. Mon-
targis. 3101 c.
22 janv. Trib.
Toulouse. 3295
c.
22 janv. Décis.
3797 c.
24 janv. Trib.
Blois. 3265 c.
29 janv. Trib. Ma-
mers. 2028 c.
30 janv. Civ. 3113
c., 3232 c.
30 janv. Sol. 688
c.
31 janv. Civ. 1029
c., 1030 c., 2319
c., 3345 c.
3 févr. Décis. 3046
c.
6 févr. Civ. 67 c.,
945 c., 946 c.
6 févr. Trib.
Seine. 403 c.,
2108 c., 3200 c.,
3273 c.
7 févr. Trib.
Seine. 921 c.,
3026 c., 3201 c.,
3213 c.
14 févr. Trib. Beau-
vais. 1319 c.
17 févr. Civ. 135 c.,
3366 c.
26 févr. Trib. Bastia.
2937 c.
26 févr. Trib. Stras-
bourg. 2441 c.,
2592 c.
27 févr. Sol. 579
c.
28 févr. Civ. 2203
c.
5 mars. Civ. 1334
c., 1335 c., 1394
c.
6 mars. Civ. 1191
c., 1394 c.

7 mars. Req. 221
c., 2101 c.
8 mars. Instr. 2574
c., 2771 c., 2797
c., 2799 c.
8 mars. Trib.
Compiègne.
3031 c.
13 mars. Paris.
2970 c.
13 mars. Trib.
Lourdes. 118 c.,
568 c., 1417 c.
14 mars. Trib.
Cambrai. 1103
c., 1655 c.
14 mars. Trib.
Seine. 947 c.,
1827 c.
19 mars. Req. 1942
c., 1943 c.
20 mars. Req. 69
c., 70 c., 4898
c.
22 mars. Trib. Bal-
gnères. 1309 c.
22 mars. Trib. Ha-
vre. 775 c.
23 mars. Loi. 673
c., 8482
c., 3483 c., 3511
c., 3533 c., 3528
c., 3546 c., 3551
c., 3552 c., 3564
c., 3568 c., p.
158.
27 mars. Req. 181
c., 187 c., 203
c., 207 c., 224
c.
28 mars. Trib. Sei-
ne. 2236 c.
30 mars. Trib.
Lyon. 2956 c.
31 mars. Décis.
1782 c.
3 avr. Req. 2429
c.
18 avr. Req. 1037
c., 1054 c.
25 avr. Trib.
Noyon. 2144 c.
5 mai. Loi. 20 c.,
99 c., 593 c.,
2154 c., p. 158.
5 mai. Trib.
Dreux. 128 c.,
3520 c.
11 mai. Trib. Ram-
bouillet. 1362 c.
15 mai. Trib. Cler-
mont - Ferrand.
2882 c.
23 mai. Trib. Va-
lenciennes. 3015
c., 3019 c.
25 mai. Trib.
Rouen. 1003 c.,
3247 c.
28 mai. Instr. 2526
c., 3213 c., 3232
c., 3245 c., 3376
c.
29 mai. Trib. Cler-
mont-Ferrand.
780 c., 795 c.,
796 c.
30 mai. Trib. Vás-
sy. 2028 c.
6 juin. Trib. Lyon.
3031 c.
8 juin. Trib. Sei-
ne. 1405 c.
8 juin. Trib. Éper-
nay. 3748 c.
12 juin. Trib. Abbe-
ville. 3554 c.
13 juin. Trib. Sei-
ne. 2843 c.
18 juin. Civ. 2700
c.
19 juin. Trib. Gué-
ret. 2659 c.
19 juin. Req. 2064
c.
19 juin. Trib. Or-
léans. 2970 c.
21 juin. Trib. Ver-
sailles. 1580 c.
23 juin. Trib. E-
vreux. 1810 c.,
1630 c.
23 juin. Décis. 8046
c.

25 juin. Ch. réun.
285 c.
26 juin. Req. 249.
29 juin. Trib. Dax.
390 c.
30 juin. Sol. 239 c.,
2195 c.
2 juill. Trib. Ve-
soul. 3590 c.
3 juill. Civ. 2638
c., 2622 c.
5 juill. Trib. Mon-
tagne. 3019 c.,
3026 c.
7 juill. Trib. An-
gers. 988 c.
9 juill. Civ. 165
c., 1112 c., 1119
c.
9 juill. Arrêté. 50
c., p. 158.
10 juill. Civ. 3417
c.
10 juill. Trib. Ne-
vers. 3087 c.
12 juill. Trib. Cla-
mecy. 1032 c.
14 juill. Civ. 21 c.,
99 c., 102 c.,
173 c., 3154 c.,
3417 c., 3492 c.,
p. 158.
16 juill. Civ. 257 c.,
708 c., 710 c.
17 juill. Trib.
Rouen. 2488 c.
20 juill. Trib. Sei-
ne. 2843 c.
24 juill. Trib. Di-
jon. 1113 c.,
1118 c., 3085 c.
25 juill. Trib. Sei-
ne. 3083 c.
27 juill. Trib. Sei-
ne. 3566 c.
31 juill. Req. 1253
c.
1er août. Civ. 1829
c.
7 août. Civ. 290
c., 1205 c., 1374
c., 3212 c., 3215
c., 3245 c.
7 août. Sol. 929
c.
8 août. Civ. 1334
c.
8 août. Instr.
3046 c.
10 août. Trib. Sei-
ne. 947 c.
17 août. Trib. Sei-
ne. 1627 c.
22 août. Trib. Car-
pentras. 2955 c.
25 août. Trib.
Bayeux. 1142 c.
29 sept. Décr. 2698
c., p. 158.
11 oct. Décis. 2724
c.
19 oct. Instr. 539
c., 929 c.
31 oct. Trib.
Reims. 1350 c.
7 nov. Civ. 1010 c.
9 nov. Sol. 138
c., 148 c.
12 nov. Civ. 1454
c.
12 nov. Paris.
2970 c.
14 nov. Trib. Cler-
mont - Ferrand
2074 c.
15 nov. Trib.
Castelnaudary.
3022 c.
16 nov. Trib. Mau-
riac. 2169 c.
17 nov. Trib. Lil-
le. 947 c.
19 nov. Req. 2948
c.
19 nov. Civ. 2946 c.
19 nov. Décr. p.
158.
23 nov. Décis.
3784 c.
26 nov. Civ. 1031
c., 1056 c.

3360 c., 3869
c., 8395 c.
28 nov. Trib. Vou-
ziers. 1432 c.
10 déc. Req. 2130
c., 2131 c.
11 déc. Req. 380
c., 1039 c., 2941
c.
11 déc. Civ. 68 c.,
1256 c., 1317
c., 1318 c., 1319
c., 1320 c., 2146
c., 2147 c.
14 déc. Trib. Cler-
mont. 2998 c.
14 déc. Trib. Fi-
géac. 1010 c.
15 déc. Instr. 285
c., 2638 c., 3215
c., 3345 c.
17 déc. Caen. 2970
c.
17 déc. Sol. 785 c.
26 déc. Angers.
2970 c.
28 déc. Trib.
Avranches. 183
c.

1856
3 janv. Trib. Dun-
kerque. 2867 c.
9 janv. Civ. 2045
c.
24 janv. Amiens.
199 c.
24 janv. Trib. Pon-
toise. 712 c.
26 janv. Trib. Ven-
dôme. 2622 c.
30 janv. Civ. 239
c., 2140 c., 2195
c., 3258 c.
14 févr. Trib.
Lure. 1946 c.
17 févr. Trib. Sei-
ne. 103 c., 2200
c.
17 févr. Trib.
Rambouillet.
544 c.
12 mars. Civ. 3415 c.
26 mars. Trib. Bé-
ziers. 2340 c.,
3011 c.
12 mars. Instr.
1136 c., 2941
c.
14 mars. Trib. Va-
lenciennes. 2436
c.
17 mars. Sol. 938
c.
18 mars. Req. 1406
c.
22 mars. Sol. 2788
c.
28 mars. Trib.
Boulogne. 3031
c.
29 mars. Req. 1799
c.
3 avr. Civ. 1827 c.
7 avr. Sol. 1593 c.
9 avr. Civ. 1943
c., 1946 c., 3417
c.
16 avr. Civ. 1245
c., 2376 c., 3366
c.
19 avr. Trib. Sei-
ne. 110 c.
21 avr. Décis. 444
c.
22 avr. Civ. 2450 c.
23 avr. Civ. 702 c.
23 avr. Civ. 250 c.,
693 c., 1670 c.,
3081 c.
5 mai. Civ. 212 c.
6 mai. Civ. 1031
c., 1055 c., 1064
c.
7 mai. Civ. 155 c.,
8267 c.
11 mai. Sol. 1782 c.
12 mai. Trib. Gour-
don. 2853 c.
17 mai. Trib. Pé-
rigueux. 986 c.

26 mai. Trib. Sei-
ne. 640 c., 3378
c.
4 juin. Trib. Sei-
ne. 1475 c., 1827 c.
5 juin. Trib. Ro-
dez. 1222 c.

8 janv. Trib. Con-
dé. 147 c.
11 janv. Trib.
Lyon. 251 c.,
915 c.
16 janv. Instr. 539
c., 2783 c.
21 janv. Décis. 1222
c.
23 janv. Trib. Sei-
ne. 62 c., 1317
c.
23 janv. Sol. 4365
c.
27 janv. Sol. 2721 c.
28 janv. Req. 1394
c.
30 janv. Trib. Pé-
ronne. 1163 c.,
2939 c.
9 févr. Instr. 2907
c.
10 févr. Req. 666 c.
10 févr. Trib. Bor-
deaux. 2962 c.
11 févr. Trib. Uzès.
c.
12 févr. Trib. Pé-
ronne. 245 c.
12 févr. Trib. Bar-
sur-Aube. 2282
c., 2859 c.
16 févr. Trib.
Evreux. 245 c.
17 févr. Req. 2324
c.
17 févr. Civ. 2236 c.
18 févr. Civ. 748
c., 3214 c.
24 févr. Trib. Uzès.
3019 c.
24 févr. Instr. 1222
c.
27 févr. Trib. Sei-
ne. 1946 c., 1947
c.
2 août. Trib. An-
gers. 3423 c.
2 août. Sol. 274 c.
4 août. Instr. 3081 c.
7 août. Trib. Caen.
2154 c.
13 mars. Trib. Ro-
croi. 203 c.
17 mars. Trib. Vas-
sy. 147 c.
1er avr. Trib. Sei-
ne. 147 c.
2 avr. Trib. Caen.
1939 c., 1946 c.,
1931 c.
3 avr. Trib. Na-
poléon-Vendée.
1028 c.
5 avr. Trib. Cou-
tances. 204 c.
15 avr. Civ. 490 c.,
491 c.
17 avr. Sol. 1748 c.
18 avr. Trib. Sei-
ne. 207 c., 212
c., 214 c.
20 avr. Trib. An-
goulême. 2131 c.
22 avr. Trib. Alby.
2738 c.
2 mai. Trib. Char-
tres. 712 c.
4 mai. Trib. Col-
mar. 2892 c.
5 mai. Civ. 112 c.,
1203 c.
6 mai. Req. 239
c., 2084 c., 2140
c., 2195 c., 3423
c.
9 mai. Trib. Sei-
ne. 712 c.
13 mai. Sol. 1946 c.
19 mai. Instr. 2494
c., 2914 c.
26 mai. Civ. 725 c.,
724 c.
27 mai. Trib. Cou-
tances. 102 c.,
2154 c.
24 mai. Trib. Mont-
médy. 1202 c.
25 mai. Décis. 4600
c.
6 juin. Loi. p.
159.

10 juin. Trib.
Rouen. 1151 c.,
2030 c.
15 juin. Trib. Châ-
teauroux. 2007
c.
16 juin. Trib. Va-
lenciennes. 901
c.
17 juin. Civ. 231
c., 988 c., 989
c., 995 c., 1793
c.
19 juin. Trib.
Saint - Jean -
d'Angély. 2682
c.
19 juin. Trib. Sei-
ne. 1664 c.
23 juin. Loi. 21 c.,
22 c., 89 c., 99
c., 102 c., 173
c., 578 c., 719
c., 722 c., 893
c., 1803 c., 1449
c., 1452 c., 1453
c., 1454 c., 1458
c., 1465 c., 1467
c., 1469 c., 1470
c., 1472 c., 1476
c., 1479 c., 1483
c., 1488 c., 1490
c., 1494 c., 1496
c., 1497 c., 1498
c., 1506 c., 1507
c., 1510 c., 1515
c., 1516 c., 1530
c., 2417 c., 2522
c., 2535 c., 2719
c., 2876 c., 8006
c., 3209 c., 3236
c., 3253 c., 3436
c., 3471 c., 3472
c., 3480 c., p.
159.
23 juin. Civ. 2956
c., 2957 c., 2971
c., 2973 c.
24 juin. Civ. 2956
c., 2987 c.,
2971 c., 2973 c.,
2985 c., 2987 c.
27 juin. Civ. 3542
c.
27 juin. Trib. Sei-
ne. 147 c.
3 juill. Trib. Sei-
ne. 1212 c.
4 juill. Trib. Crim. 2713
c.
10 juill. Décis. 983
c.
11 juill. Trib. Sei-
ne. 2703 c.
17 juill. Décr. 1454
c., 1460 c., 1473
c., 1476 c., 1483
c., 1464 c., 1486
c., 1488 c., 1489
c., 1497 c., 1499
c., 1500 c., 1501
c., 1503 c., 1512
c., 1515 c., 1518
c., 1520 c., 2585
c., 3086 c., 3077
c., p. 159.
29 juill. Req. 1265
c., 3388 c.
31 juill. Trib. Dun-
kerque. 950 c.
31 juill. Sol. 2155
c.
4 août. Trib.
Rouen. 2887. c.
4 août. Décis.
1788 c.
5 août. Trib. Sei-
ne. 2377 c., 3313
c.
10 août. Trib. Châ-
teauroux. 148
c.
10 août. Trib.
Strasbourg.
2760 c.
10 août. Instr. 1487
c.
13 août. Civ. 1755
c., 2255 c., 2256
c., 2257 c., 2258
c.
18 août. Instr. 1488
c.

19 août. Civ. 236 c., 2490 c.
19 août. Trib. A- lais. 3287 c.
20 août.Trib.Char- leville. 2147 c.
24 août. Civ. 1613 c., 3869 c.
27 août.Trib.Neuf- châtel. 256 c., 2072 c.
29 août. Trib. Auxerre. 147 c.
29 août. Trib. Sei- ne. 914 c., 915 c.
2 sept.Instr. 1788 c., 1800 c.
14 sept. Sol. 2370 c., 2782 c., 2791 c., 3026 c., 3045 c.
22 sept. Sol. 1975 è.
2 oct.Délib.420 c.
9 oct. Sol. 1484 c.
4 nov.Décis. 1490 c.
14 nov.Sol. 1134 c.
17 nov. Civ. 63 c., 78 c., 1056 c., 1963 c., 3118 c., 3378 c.
17 nov. Trib. Li- moux. 855 c.
18 nov. Civ. 1916 c.
20 nov. Trib. Sei- ne. 2384 c., 2845 c.
24 nov. Civ. 194 c.
25 nov. Civ.2406 c.
26 nov.Trib.Pithi- viers. 3036 c.
1er déb.Trib.Stras- bourg. 3041 c.
7 déc. Trib. Cas- tres. 2723 c.
8 déc.Délib. 1604 c.
10 déc. Trib. All- kirch. 1350 c.
11 déc.Instr. 1490 c., 1975 c.
14 déc. Sol.2900 c.
15 déc.Civ.1407 c., 1378 c., 2429 c.
29 déc. Req. 95 c., 2887 c., 2897 c., 3591 c.
30 déc. Sol. 273 c.
31 déc. Instr. 2195 c., 3388 c.
31 déc.Sol.(Belgi- que) 1691 c.

1858

4 janv.Civ. 167 c., 1112 c.
5 janv. Trib. An- goulême. 2949 c.
6 janv. Civ. 2305 c.
9 janv. Trib. Sei- ne. 1066 c.
16 janv. Ch. réun. 1276 c., 1280 c.
19 janv.Civ.251 c., 636 c., 914 c., 915 c.
20 janv. Req. 1738 c., 2230 c., 2251 c., 2331 c.
22 janv. Sol. 1143 c.
23 janv. Trib. Pra- des. 2234 c.
27 janv. Civ. 726 c.
9 févr. Trib. Mu- ret. 194 c.
10 févr.Sol.1466 c.
17 févr.Civ.3026 c.
19 févr. Trib. Mar- seille. 1199 c., 1209 c., 1318 c., 3403 c.
21 févr. Trib. Mar- seille. 798 c.
22 févr.Sol.1573 c.
25 févr.Trib.Lyon. 544 c., 788 c., 790 c., 890 c.

26 févr. Trib. Mu- ret.194 c.
9 mars. Trib. Sci- ne. 2363 c.
10 mars. Civ. 2940 c.
14 mars. Trib.Sar- reguemines. 2384 c.
16 mars. Civ. 3237 c.
16 mars. Trib. Sei- ne. 2984 c.
16 mars.Trib.com. Seine. 2974 c., 982 c.
30 mars. Civ. 344 c., 2396 c., 2225 c.
31 mars. Trib. Di- jon.3537 c.
22 avr. Décis. 986 c.
23 avr. Trib. Mar- seille. 869 c.
24 avr. Décis. 2716 c.
27 avr. Civ. 1256 c., 1317 c., 1318 c., 1819 c., 1820 c., 2146 c., 2147 c.
27 avr.Décis. 2732 c.
1er mai. Instr. 3278 c.
4 mai. Civ.1788 c.
8 mai.Trib.Seine. 3101 c.
10 mai. Civ. 2406 c.
11 mai. Trib. Bé- ziers. 636 c., 914 c.
16 mai. Trib. 914 c.
17 mai. Trib. Bel- fort. 2158 c.
18 mai. Loi. 1571 c.
21 mai. Loi. 590 c., 884 c., 2381 c.
28 mai. Loi. 23 c., 413 c., 445 c., 546 c., 720 c., 1420 c., 1421 c., 1422 c., 1423 c., 1428 c., 1979 c., 1982 c., 3067 c., p. 159.
1er juin. Civ. 1941 c., 2066 c.
4 juin. Trib. Seine. 779 c.
5 juin.Trib. Lille. 3036 c., 3213 c.
11 juin.Instr. 986, 2739 c.
12 juin. Trib. Sei- ne. 2364 c.
14 juin. Civ. 1942 c., 1946 c.
18 juin. Trib. Mu- ret. 2044 c., 2115 c.
23 juin. Trib. Cha- lon-sur-Saône. 2363 c.
24 juin. Sol. 1134 c.
26 juin. Trib. Orléans. 3048 c.
28 juin. Civ. 3366 c., 3369 c.
30 juin. Décis. (Belgique) 298 c.
2 juill. Trib. Re- thel. 3051 c.
9 juill. Trib. Chartres. 2144 c.
12 juill. Trib. Châtillon. 2007 c.
17 juill. Trib. Sei- ne. 2364 c., 3092 c.

21 juill. Req. 3546 c.
26 juill. Décr. p. 159.
31 juill. Trib. Château-Thier- ry. 3661 c.
3 août. Civ. 1276 c., 1278 c., 1280 c., 1856 c.
4 août. Trib. Se- dan. 245 c.
13 août. Trib. Re- thel. 930 c., 982 c.
13 août. Trib. Sei- ne. 1467 c.
14 août. Trib. Sei- ne. 2250 c., 3121 c.
20 août. Trib. Sei- ne. 154 c., 578 c., 1320 c., 1907 c.
24 août. Civ. 1276 c., 1856 c.
24 août. Décis. 2829 c.
27 août. Trib. Châtillon. 2284 c.
27 août. Trib. Sei- ne. 102 c., 2417 c., 2465 c.
27 août. Délib. 2766 c.
31 août. Civ. 727 c., 728 c., 748 c., 2520 c., 2742 c.
4 sept. Décis. 2714 c.
16 sept. Décis. 3059 c.
2 oct. Instr. 493 c., 2714 c., 2782 c.
6 oct. Instr. 3436 c., 3472 c., 3480 c.
10 nov. Civ. 783 c., 1215 c.
11 nov. Trib. Ta- rascon. 328 c.
14 nov. Sol. 802 c.
24 nov. Civ. 989 c., 2585 c., 3084 c.
29 nov. Req. 2511 c., 2812 c.
29 nov. Civ. 1736 c., 2251 c.
4 déc. Trib. Ro- morantin. 3401 c.
4 déc. Instr. 2940 c., 3026 c., 2237 c., 3366 c.
6 déc. Civ. 2236 c., 2491 c., 2499 c.
7 déc. Req. 1791 c., 3282 c.
9 déc. Sol. 282 c.
11 déc. Trib. Mons. 3439 c.
13 déc. Civ. 1388 c.
13 déc.Décis.2022 c.
15 déc. Civ. 1284 c., 1329 c., 1751 c.
15 déc. Trib. Au- xerre. 773 c.
17 déc. Trib. Sei- ne. 1384 c.
22 déc. Civ. 95 c., 2687 c.
24 déc. Trib. Sei- ne. 3339 c.
27 déc. Regl. 1780 c.
30 déc. Trib. Ar- cis-sur-Aube. 1060 c.

1859

7 janv. Trib. Sei- ne. 3566 c.
17 janv. Civ. 1580 c.

22 janv. Trib. Sei- ne. 378 c., 689 c.
1er févr. Civ. 62 c., 1054 c.,2940 c., 3211 c., 3249 c.
8 févr. Trib. An- delys. 694 c.
10 févr. Trib. Châ- tellerault. 208 c.
25 févr. Trib. Seine 2313 c.
26 févr. Trib. Sei- ne. 877 c.
3 mars. Sol. 388 c.
4 mars. Trib. Charleroi. 2433 c.
4 mars. Trib. Ter- monde. 1024 c.
9 mars. Civ. 3040 c., 3041 c.
12 mars. Décr. 445 c., 1420 c.
24 mars. Civ. 942 c., 3263 c.
25 mars. Trib. Chartres. 2331 c.
28 mars. Req. 2546 c., 2614 c., 3026 c., 3302 c.
9 avr. Trib. Sau- mur. 206 c.
14 avr. Instr. 2022 c., 2249 c., 2250 c.
18 avr. Req. 1931 c.
18 avr. Trib. Ba- gnères. 2182 c.
21 avr. Trib. Cla- mecy. 1842 c.
2 mai. Circ. 3476 c.
4 mai. Sol. 420 c.
11 mai. Civ. 1051 c., 1898 c.
11 mai. Instr. 1979 c., 1983 c.
11 mai. Sol. 3039 c.
12 mai. Trib. Mar- seille. 325 c.
23 mai. Req. 614 c., 749 c., 1588 c., 1595 c., 1673 c., 3089 c.
23 mai. Civ. 901 c.
27 mai. Trib. Tou- louse. 3083 c.
30 mai. Sol. 1254 c.
3 juin. Trib. Sei- ne. 1175 c.
8 juin. Req. 1931 c.
10 juin. Trib. Sei- ne. 1479 c.
11 juin. Loi. 24 c., 29 c., 99 c., 534 c., 535 c., 536 c., 537 c., 538 c., 737 c., 959 c., 960 c., 961 c., 962 c., 963 c., 964 c., 965 c., 966 c., 967 c., 970 c., 971 c., 1007 c., 1368 c., 1771 c., 2386 c., 2407 c., 2408 c., 2410 c., 2411 c., 2412 c., 2516 c., 2817 c., 2898 c., p. 159.
18 juin. Circ. 537 c.
22 juin. Loi. 968 c.
5 juill. Civ. 3017 c., 3019 c.
5 juill. Trib. Ba- zas. 1386 c.
7 juill.Trib. Mar- seille. 1779 c., 3319 c., 3359 c.
14 juill. Trib. Vou- ziers. 1430 c.
19 juill. Instr. 2826 c.
30 juill. Req. 1174 c., 1193 c., 2383 c.

21 juill. Trib. Sei- ne. 2809 c.
26 juill. Req. 102 c., 2417 c.
29 juill. Trib. Seine. 110 c.
2 août. Civ. 1158 c., 3084 c.
4 août. Req. 2810 c., 2836 c., 2939 c., 2949 c.
12 août. Trib. Mans. 2439 c.
12 août.Trib. Puy. 2682 c.
13 août. Trib. Seine. 1473 c., 1474 c.
16 août. Civ. 2236 c.
18 août.Crim. 2884 c.
22 août. Civ. 2236 c., 2237 c., 2491 c., 2499 c.
30 août. Trib. Nîmes. 201 c.
31 août. Trib. Re- thel. 2456 c.
5 sept. Instr.2940 c., 3026 c., 3089 c., 3302 c.
16 sept. Sol. 3596 c.
7 nov. Civ.744 c., 767 c., 2704 c.
9 nov. Trib. Mou- lins. 1400 c.
11 nov.Trib.Seine. 152 c.
28 nov. Civ. 146 c., 2007 c.
5 déc. Instr. 3017 c.
7 déc. Cons. d'Et. 2710 c.
27 déc. Civ. 2277 c., 3213 c., 3235 c., 3258 c.
28 déc. Req. 2705 c.

1860

10 janv. Trib. Car- cassonne. 154 c., 3001 c.
11 janv. Décr. 89 c.
17 janv. Civ. 2824 c.
24 janv. Civ. 239 c., 241 c., 2140 c., 2195 c.
31 janv. Civ. 1339 c., 1344 c.
6 févr. Civ. 73 c., 892 c., 1393 c., 1963 c.
7 févr. Trib. Brionde. 3051 c.
8 févr. Req. 2841 c.
17 févr. Trib. La- vaur. 890 c.
17 févr.Trib.Ram- bouillet. 890 c.
23 févr. Trib. Ha- zebrouck. 704 c.
25 févr. Nancy. 1256 c.
29 févr. Civ. 1025 c., 2834 c., 2855 c.
2 mars. Trib. Lyon. 544 c., 890 c.
13 mars. Civ. 220 c., 3345 c., 3346 c.
14 mars. Civ. 3114 c.
16 mars.Trib.Châ- lons-sur-Mar- ne. 1054 c.
16 mars. Trib.

Seine. 1455 c., 1473 c., 1474 c.
17 oct. Décr. 3483 c., p. 159.
6 nov.Civ. 2987 c.
13 nov.Civ.2084 c.
26 nov.Civ.3084 c.
27 nov. Sol. 544 c., 890 c.
28 nov. Civ. 930 c., 1006 c.
5 déc. Civ. 1276 c., 3031 c.
7 déc. Trib. Ver- vins. 658 c.
11 déc. Civ. 77 c., 124 c., 128 c., 3223 c.
12 déc. Décr. 3125 c.
14 déc.Trib.Mons. 2433 c.
15 déc.Trib. Seine. 2935 c.
19 déc. Civ. 337 c., 338 c., 339 c.
19 déc.Instr. 2854 c., 3101 c., 3345 c.
21 déc. Trib. Bour- ges. 3213 c.
24 déc. Civ. 1276 c., 1856 c., 2498 c., 3234 c., 3258 c.
27 déc. Trib. Mi- rande. 3258 c., 3368 c.

1861

2 janv. Trib. Châ- teau - Thierry. 1787 c.
3 janv. Trib. Etampes. 376 c.
9 janv. Trib. Bé- ziers. 2820 c.
12 janv. Trib. Sei- na.2262 c., 3587 c., 3588 c.
18 janv.Trib. Sei- ne. 192 c., 2175 c., 2956 c.
24 janv. Civ. 3832 c., 890 c.
31 janv.Instr. 2577 c., 2581 c.
7 févr. Trib. Tul- le. 2626 c.
9 févr.Trib. Aves- nes. 2656 c.
11 févr. Décis.2707 c.
12 févr.Req.575 c., 1490 c., 1494 c.
15 févr.Décis. 2707 c.
7 mars.Instr.2488 c., 3030 c., 3031 c., 3084 c.,3258 c.
8 mars. Trib. Lyon. 2944 c.
9 mars.Crim.2829 c.
9 mars.Trib.Sei- ne. 374 c., 1981 c.
10 mars. Lyon. 3323 c.
9 avr.Civ. 934 c., 2952 c., 2953 c.
4 avr. instr. 3410 c.
16 août. Req. 2936 c.
21 août. Trib. Morlaix. 2159 c., 2517 c., 2610 c., 3242 c.
25 août. Trib. Vi- try-le-François. 3101 c.
29 août. Civ. 1406 c.
12 sept. Instr. 581 c., 3084 c., 6474 c., 3476 c.
18 sept. Sol. 1320 c.
13 oct. Décr. 3430 c.

1er juin. Trib. Tours. 317 c.
1er juin.Décis: 1490 c.
4 juin. Décis. 570 c.
5 juin. Civ. 199 c., 658 c., 662 c.
7 juin.Sol. 923 c.
8 juin. Trib. Sei- ne. 2950 c., 2952 c.
14 juin. Trib. Evreux. 340 c.
16 juin. Sol. 1200 c.
19 juin. Trib. Reims. 3403 c.
21 juin.Trib. Lille. 855 c.
28 juin. Loi. 1442 c., 2789 c., p. 159.
29 juin. Décr. p. 159.
1er juill. Req. 986 c., 989 c., 1618 c.
3 juill. Loi.22 c., 413 c., 445 c., 1421 c., 1423 c., 1424 c., 1428 c., 1442 c., p. 159.
4 juill. Trib. Cha- lon - sur - Saô- ne. 1067 c.
13 juill. Trib. Sei- ne. 3208 c., 3307 c.
23 juill.Bordeaux. 1129 c.
30 juill. Req. 1694 c.
31 juill. Trib. Ber- nay. 2012 c.
31 juill.Trib.Diep- pe. 1212 c.
3 août. Trib. Saint - Quentin. 245 c.
14 août.Civ.1779 c.
21 août. Civ. 1001 c.
21 août. Civ. 2228 c., 2404 c., 2404 c.
22 août.Délib. 2347 c.
29 août.Trib. Mor- tagne. 245 c.
31 août.Paris. 2971 c.
3 sept.Décis. 2736 c.
5 sept.Décis. 2709 c.
13 sept.Sol.3084 c.
15 sept.Instr. 1490 c., 2337 c., 2517 c., 2822 c.
8 oct. Instr. 2709 c.
14 nov. Civ. 1614 c.
14 nov. Trib. Mul- house. 1474 c.
15 sept.Trib.Mul- house. 779 c.
15 nov. Circ. 2022 c.
23 nov.Trib.Seine. 2911 c., 2917 c., 2956 c., 2963 c.
29 nov.Trib.Seine. 535 c., 780 c., 795 c., 796 c., 1174 c.
24 avr. Trib. Ber- nay. 782 c.
6 mai. Sol. 502 c.
7-10 mai. Trib. 3231 c.
11 mai. Trib. Sei- ne.2179 c.
13 mai.Civ.124 c., 127 c., 167 c., 248 c., 1008 c., 1080 c., 1113 c.
17 mai. Sol. 376 c., 3013 c.

1862

9 janv. Trib. Toulouse. 341 c.
11 janv. Trib. Seine. 1297 c.
11 janv. Décr. 1499 c., p. 159.
24 janv. Trib. Seine. 3023 c.
25 janv. Trib. Seine. 590 c., 2381 c., 3461 c.
1er févr. Trib. 2020 c.
3 févr. Req. 722 c.
3 févr. Instr. 3586 c.
6 févr. Décr. p. 159.
11 févr. Trib. Mâcon. 3052 c.
11 févr. Trib. Toulon. 892 c.
12 févr. Loi. 2748 c., p. 159.
14 févr. Instr. 2743 c.
17 févr. Trib. Nancy. 206 c.
26 févr. Civ. 6537 c., 3536 c.
27 févr. Trib. Pontoise. 1200 c.
3 mars. Grenoble. 3259 c.
3 mars. Sol. 812 c.
7 mars. Trib. Seine. 1800 c.
14 mars. Trib. Tours. 2179 c.
15 mars. Trib. Seine. 3260 c.
19 mars. Civ. 1025 c., 2855 c.
20 mars. C. cass. Belgique. 2435 c.
20 mars. Trib. Châlon-sur-Saône. 3537 c., 3538 c.
21 mars. Trib. Chambon. 1651 c.
21 mars. Sol. 1400 c.
22 mars. Trib. Seine. 757 c.
24 mars. Civ. 694 c., 3416 c.
27 mars. Trib. Bergerac. 2514 c.
29 mars. Trib. Seine. 2901 c., 3323 c.
31 mars. Trib. Saint-Gaudens. 2901 c.
2 avr. Trib. Marmande. 2738 c.
5 avr. Trib. Seine. 3542 c.
7 avr. Req. 600 c., 1887 c.
8 avr. Trib. Brives. 3047 c.
9 avr. Req. 2048 c.
15 avr. Sol. 320 c.
5 mai. Loi. 1220 c., 3428 c.
12 mai. Civ. 3121 c.
13 mai. Req. 1247 c.
15 mai. Trib. Châlon-sur-Saône. 3570 c.
27 mai. Civ. Instr. 3570 c.
30 mai. Trib. Seine. 3324 c.
31 mai. Décr. 2023 c.
31 mai. Sol. 1633 c.
2 juin. Req. 1276 c.
2 juin. Trib. Foix. 1794 c.
3 juin. Trib. Marseille. 1473 c., 3384 c.
5 juin. Trib. Valence. 871 c.
6 juin. Trib. Seine. 734 c.
18 juin. Req. 63 c., 1393 c., 1962 c.
20 juin. Trib. Saint-Quentin. 1202 c.
25 juin. Civ. 346 c.,

2236 c., 2237 c., 2491 c., 2499 c.
25 juin. Instr. 2494 c., 2853 c.
26 juin. Crim. 2408 c.
2 juill. Loi. 21 c., 99 c., 173 c., 838 c., 839 c., 2416 c., 2419 c., 3432 c., p. 159.
2 juill. Décr. p. 159.
12 juill. Trib. Vendôme. 1209 c.
28 juill. Civ. 2262 c., 2263 c., 3587 c., 3538 c.
30 juill. Civ. 2082 c., 2084 c., 2085 c., 2086 c.
8 août. Sol. 2080 c.
13 août. Civ. 3382 c., 3516 c., 3582 c., 3546 c., 3570 c., 3571 c.
21 août. Trib. Toulouse. 503 c., 1315 c.
24 août. Req. 2694 c.
29 août. Trib. Lyon. 544 c., 597 c.
5 sept. Trib. Reims. 590 c., 884 c., 2381 c., 3121 c.
5 sept. Délib. 3573 c.
19 sept. Sol. 1843 c.
9 oct. Trib. Mans. 373 c.
11 nov. Civ. 2630 c.
15 nov. Instr. 2084 c., 2226 c., 2227 c., 2491 c.
17 nov. Req. 2525 c., 3012 c.
23 nov. Trib. Lyon. 147 c.
25 nov. Sol. 1873 c.
27 nov. Trib. Tarascon. 3554 c.
28 nov. Trib. Seine. 3828 c.
2 déc. Civ. 2305 c., 2973 c., 2975 c., 2976 c., 3000 c.
6 déc. Trib. Seine. 1455 c.
9 déc. Sol. 2405 c.
17 déc. Trib. Mâcon. 2188 c.
17 déc. Trib. Milhau. 3100 c.
23 déc. Ch. réun. 236 c., 237 c., 238 c., 3190 c.
24 déc. Req. 748 c., 750 c.

1863

8 janv. Trib. Charleville. 2416 c.
11 janv. Trib. Auxerre. 2668 c.
12 janv. Sol. 310 c., 316 c., 375 c.
13 janv. Instr. 570 c., 2405 c.
14 janv. Trib. Strasbourg. 3026 c.
17 janv. Trib. Seine. 1485 c.
20 janv. Trib. Senlis. 206 c.
21 janv. (et non 1865). Trib. Seine. 2508 c., 2909 c., 2514 c.
27 janv. Sol. (Belgique) 2564 c.
29 janv. Trib. Seine. 718 c.
31 janv. Sol. 59 c.
2 févr. Civ. 1473 c., 1474 c.

6 févr. Trib. Seine. 2466 c.
11 févr. Décr. 40 c.
3 mars. Civ. 2936 c.
6 mars. Trib. Lyon. 643.
9 mars. Req. 590 c., 2398 c.
11 mars. Civ. 236 c., 617 c., 618 c., 734 c., 2190 c., 2741 c.
20 mars. Req. 2635 c.
25 mars. Req. 1995 c., 2305 c.
1er avr. Trib. 2452 c.
1er avr. Trib. Semur. 877 c.
14 avr. Req. 1005 c., 2035 c.
22 avr. Trib. Carcassonne. 304 c.
24 avr. Trib. Saint-Dié. 2293 c., 2741 c.
28 avr. Instr. 590 c., 2381 c.
29 avr. Trib. Cholet. 3118 c.
1er mai. Trib. Valenciennes. 2416 c.
4 mai. Civ. 1042 c., 1141 c., 3387 c.
4 mai. Sol. 2721 c.
6 mai. Civ. 160 c., 1095 c., 1112 c.
11 mai. Décis. (Belgique) 420 c.
13 mai. Loi. 21 c., 99 c., 173 c., 1428 c.
13 mai. Civ. 1742 c., 3264 c., 2419 c., 3533 c., 3559 c., 2769 c., 3088 c., p. 159.
16 mai. Loi. 445 c.
20 mai. Civ. 2528 c., 2016 c., 3108 c., 3514 c., 3530 c., 3562 c., 3596 c.
20 mai. Trib. Châtillon-sur-Seine. 2957 c.
22 mai. Sol. 713 c.
23 mai. Loi. 413 c., 1421 c., 1423 c., 1428 c.
25 mai. Trib. Condom. 2416 c.
30 mai. Décr. 445 c., 1420 c., p. 159.
2 juin. Req. 2659 c., 3563 c., 3567 c., 3584 c., 3594 c.
3 juin. Trib. Bruxelles. 3298 c., 3314 c.
6 juin. Décr. 1431 c.
8 juin. Trib. Rennes. 2368 c.
10 juin. Trib. Lyon. 3068 c.
12 juin. Trib. Seine. 943 c.
16 juin. Req. 3367 c., 3388 c.
16 juin. Instr. 3068 c.
23 juin. Délib. 2133 c.
24 juin. Civ. 1242 c., 3547 c.
6 juill. Décr. 2798 c.
7 juill. Civ. 2241

c., 2271 c., 2273 c., 3413 c.
10 juill. Sol. 2405 c.
12 juill. Décr. 44 c., p. 159.
18 juill. Trib. Seine. 739 c.
20 juill. Req. 3329 c., 3398 c.
23 juill. Trib. Marseille. 59 c., 877 c.
24 juill. Trib. Sens. 203 c.
25 juill. Trib. Seine. 628 c., 2774 c.
27 juill. Civ. 3385 c., 3388 c., 3562 c., 3567 c., 3568 c., 3569 c., 3572 c., 3574 c.
27 juill. Sol. 163 c.
29 juill. Req. 1894 c.
31 juill. Sol. 2513 c.
6 août. Trib. Toulouse. 2520 c., 3217 c.
14 août. Trib. Marseille. 877 c.
17 août. Civ. 203 c., 218 c., 2101 c.
18 août. Req. 1794 c.
18 août. Sol. 341 c.
22 août. Trib. Seine. 1139 c., 2417 c.
24 août. Trib. Marseille. 2626 c.
27 août. Trib. Grenoble. 1888 c.
11 nov. Arrêté. 50 c., p. 159.
13 nov. Trib. Yvetot. 3055 c.
18 nov. Civ. 127 c., 3081 c.
21 nov. Trib. Seine. 2945 c.
24 nov. Instr. 2279 c.
27 nov. Trib. Seine. 892 c.
28 nov. Trib. Seine. 2391 c., 2406 c., 2462 c.
5 déc. Trib. Seine. 1683 c.
17 déc. Trib. Riom. 597 c.
19 déc. Trib. Montauban. 363 c.
22 déc. Instr. 2405 c.
22 déc. Trib. Rambouillet. 245 c.
23 déc. Arrêté. 54 c., 1822 c., p. 159.
26 déc. Trib. Seine. 2080 c.
31 déc. Instr. 3526 c., 2659 c., 3388 c., 3511 c.

1864

18 janv. Sol. 103 c., 2198 c., 2200 c., 2220 c., 2567 c.
21 janv. Trib. Rouen. (et non Rennes) 135 c., 952 c.
25 janv. Trib. Lille. 120 c., 122 c., 3051 c.
30 janv. Toulouse. 2932 c.
30 janv. (ou 4 août) Trib. Seine. 1795 c., 2628 c.
2 févr. Trib. Sarreguemines. 2088 c.

3 févr. Trib. Belfort. 2251 c.
3 févr. Sol. 2900 c.
4 févr. Trib. Seine. 701 c.
10 févr. Civ. 2356 c., 3408 c.
13 févr. Trib. Hazebrouck. 2311 c., 2805 c.
13 févr. Trib. Tours. 877 c.
19 févr. Sol. 2690 c.
24 févr. Bourges. 2973 c., 2975 c.
24 févr. Circ. 2798 c.
27 févr. Trib. Seine. 862 c.
29 févr. Trib. Alby. 2668 c.
4 mars. Sol. 885 c., 2160 c., 3099 c.
5 mars. Trib. Chinon. 245 c.
7 mars. Trib. Angoulème. 3664 c.
8 mars. Trib. Nevers. 863 c.
12 mars. Trib. Seine. 2466 c.
3 avr. Sol. 3247 c.
4 avr. Civ. 1349 c., 2520 c., 3117 c., 3217 c.
4 avr. Sol. 3217 c.
8 avr. Civ. 2583 c.
6 avr. Trib. Avalon. 1031 c., 1113 c.
8 avr. Trib. Lectoure. 1199 c., 1217 c.
14 avr. Sol. 3748 c.
14 avr. Trib. Bricy. 2698 c.
15 avr. Trib. Vitry-le-François. 2191 c.
15 avr. Sol. 1206 c.
19 avr. Civ. 96 c., 1400 c., 3026 c.
28 avr. Trib. Toulon. 413 c., 491 c.
28 avr. Sol. 1267 c.
29 avr. Trib. Seine. 2391 c., 2400 c.
3 mai. Civ. 257 c., 709 c., 893 c.
9 mai. Civ. 601, 903 c., 1924 c., 2540 c.
11 mai. Technique. 3055 c., 3055 c.
15 mai. Sol. 320 c.
15 mai. Trib. Lyon. 605 c.
26 mai. Trib. Versailles. 1212 c.
21 mai. Trib. Metz. 3052 c., 3055 c.
28 mai. Trib. Seine. 2416 c.
8 juin. Loi. 21 c., 173 c., 1776 c., p. 159.
13 juin. Civ. 3291 c.
14 juin. Civ. 1795 c., 3350 c., 3351 c., 3350 c., 3861 c., 3403 c.
14 juin. Civ. 1776 c.
14 juin. Sol. 2124 c.
16 juin. Trib. Mulhouse. 2458 c.
18 juin. Trib. Seine. 1578 c., 1581 c.
21 juin. Sol. 590 c., 884 c., 3081 c.
22 juin. Trib. Rouen. 2286 c.
29 juin. Civ. 2701 c.
6 juill. Civ. 1129 c.

7 juill. Sol. 1169 c.
8 juill. Trib. Besançon. 2137 c.
9 juill. Trib. Seine. 2952 c.
13 juill. Trib. Lyon. 922 c.
15 juill. Délib. 2416 c.
18 juill. Trib. Grasse. 910 c.
20 juill. Trib. Gray. 2137 c.
22 juill. Sol. 1976 c., 3026 c.
26 juill. Trib. Toulon. 1956 c.
28 juill. Décr. 2798 c.
3 août. Civ. 2996 c.
4 août. (ou 30 janv.) Trib. Seine. 1795 c., 2628 c.
16 août. Trib. Gaillac. 1060 c.
18 août. Trib. Tours. 698 c., 712 c., 1366 c., 1384 c.
22 août. Trib. Aix. 3020 c.
22 août. Trib. Ruffec. 3084 c.
22 août. Instr. 2856 c., 3081 c.
23 août. Civ. 3091 c., 3117 c., 3291 c., 3350 c., 3360 c.
27 août. Trib. Agen. 3202 c.
30 août. Civ. 658 c., 1782 c.
5 sept. Sol. 367 c.
21 sept. Décr. 40 c.
28 sept. Sol. 2385 c.
12 oct. Sol. 1790 c.
31 oct. Sol. 2457 c.
8 nov. Civ. 904 c., 1808 c., 1965 c., 1966 c., 1974 c.
15 nov. Arrêté. 40 c.
21 nov. Sol. 2450 c.
21 nov. Civ. 3384 c.
24 nov. Circ. 46 c.
27 nov. Circ. 2798 c.
29 nov. Paris. 3024 c.
6 déc. Req. 3514 c., 3562 c., 3567 c., 3572 c., 3574 c.
11 déc. Décr. 1499 c., p. 159.
13 déc. Civ. 1276 c., 1283 c., 1751 c., 18.6 c.
20 déc. Civ. 3425 c.
20 déc. Trib. Vesoul. 2748 c., 3042 c.
23 déc. Civ. 756 c.
26 déc. Trib. Havre. 135 c., 952 c.
28 déc. Trib. Rouen. 3104 c.

1865

3 janv. Civ. 68 c., 766 c., 769 c., 903 c., 1963 c., 3532 c., 3533 c., 3570 c.
4 janv. Req. 92 c., 3073 c.
4 janv. Civ. 1241 c., 2163 c., 2344 c., 2572 c.
4 janv. Trib. Cognac. 628 c., 630 c.
5 janv. Trib. Seine. 641 c., 1273 c., 1668 c.
12 janv. Angers. 2933 c.

13 janv. Trib. Seine. 683 c., 684 c.
15 janv. Instr. 2908 c.
16 janv. Trib. Gand. 1439 c.
17 janv. Civ. 3516 c., 3546 c., 3570 c., 3571 c.
21 janv. Trib. Seine. 879 c., 802 c.
V. 21 janv. 1863.
27 janv. Trib. Mans. 2570 c.
29 janv. Trib. Reims. 1960 c.
30 janv. Req. 666 c., 687 c.
30 janv. Civ. 1450 c., 2985 c.
1er févr. Civ. 419 c.
3 févr. Trib. Saverne. 1036 c.
3 févr. Trib. Seine. 2401 c., 2439 c.
7 févr. Civ. 2388 c., 2389 c., 2391 c.
11 févr. Trib. Seine. 750 c., 751 c., 1043 c.
14 févr. Trib. Tulle. 661 c.
20 févr. Req. 113 c., 2077 c., 2107 c.
22 févr. Instr. 1822 c.
23 févr. Trib. Saint-Amand. 2084 c.
24 févr. Trib. Constantine. 1158 c.
25 févr. Trib. Seine. 537 c., 2391 c.
28 févr. Civ. 2401 c.
8 mars. Paris. 3478 c.
8 mars. Trib. Marmande. 3400 c.
10 mars. Trib. Seine. 634 c.
11 mars. Décis. 3529 c.
14 mars. Trib. Rennes. 567 c.
17 mars. Trib. Seine. 3521 c.
17 mars. Sol. 878 c.
18 mars. Trib. Seine. 2452 c., 2509 c.
21 mars. Trib. Lyon. 225 c.
23 mars. Sol. 2856 c.
8 mars. Trib. Seine. 536 c., 746 c., 755 c.
25 mars. Décis. 2798 c., 2799 c.
31 mars. Trib. Seine. 761 c., 900 c.

1865

3 janv. Trib. 3213 c.
4 avr. Trib. Beauvais. 689 c.
4 avr. Trib. Lyon. 1665 c.
13 avr. Sol. 1205 c.
20 avr. Crim. 2816 c., 2829 c.
20 avr. Sol. 248 c., 376 c.
21 avr. Délib. 769 c.
21 avr. Sol. 417 c.
23 avr. Trib. La Roche-sur-Yon. 567 c.

25 avr. Trib. Yvetot. 1937 c., 2582 c.
5 mai. Trib. Seine. 2194 c.
5 mai. Trib. Tarascon. 3400 c.
9 mai. Trib. Bourg. 598 c.
10 mai. Req. 1710 c., 1795 c., 2628 c.
12 mai. Trib. Montagne. 120 c.
13 mai. Trib. Seine. 735 c.
20 mai. Trib. Seine. 2391 c., 2406 c., 2452 c.
20 mai. Req. 535 c., 903 c., 2410 c.
29 mai. Sol. 2551 c.
30 mai. Trib. Toulon. 1249 c.
7 juin. Trib. Lyon. 2877 c.
13 juin. Trib. Poitiers. 8478 c.
14 juin. Loi. 3023 c.
17 juin. Décr. 40 c.
17 juin. Trib. Seine. 1737 c., 2499 c.
21 juin. Civ. 934 c., 2942 c., 2952 c.
29 juin. Trib. Nivelles. (Belgique) 1212 c.
4 juill. Trib. Verdun. 704 c.
6 juill. Instr. 1979 c.
8 juill. Loi. 21 c., 173 c., 1644 c., p. 159.
8 juill. Trib. Seine. 2391 c., 2406 c., 2462 c.
10 juill. Req. 3514 c., 3562 c., 3563 c., 3589 c., 3601 c.
11 juill. Req. 1029 c., 1037 c., 2519 c.
11 juill. Sol. 1146 c.
12 juill. Loi. 1777 c.
14 juill. Sol. 2312 c.
21 juill. Trib. Seine. 114 c., 1090 c.
22 juill. Paris. 1936 c.
2 août. Trib. Mende. 2683 c.
4 août. Trib. Seine. 1974 c.
5 août. Trib. Seine. 2612 c.
5 août. Trib. Barle-Duc. 3051 c.
10 août. Instr. adm. enreg. 2794 c., 2798 c., 2799 c.
10 août. Sol. 3087 c.
12 août. Sol. 767 c., 775 c.
17 août. Req. 1966 c.
19 août. Trib. Seine. 2273 c., 2914 c.
22 août. Sol. 2639 c.
25 août. Trib. Clamecy. 1271 c., 3219 c.
25 août. Trib. Seine. 3383 c.
26 août. Sol. 200 c.
26 août. Décr. 39 c.
26 août. Trib. Tours. 2496 c.

29 août. Civ. 100 c.
29 août. Sol. 2383 c., 3120.
29 août. Sol. (Belgique) 3036 c.
31 août. Sol. 2790 c.
15 sept. Sol. 1909 c.
20 sept. Sol. 3541 c.
10 oct. Sol. (Belgique). 2113 c.
13 oct. Sol. 2387 c.
16 oct. Décl. 2357 c.
25 oct. Décr. 47 c., p. 159.
4 nov. Décis. 2307 c.
14 nov. Civ. 127 c., 239 c., 240 c., 243 c., 2051 c., 2140 c., 2195 c.
17 nov. Trib. Arras. 2652 c.
18 nov. Crim. 2816 c., 2829 c.
20 nov. Sol. 322 c.
23 nov. Trib. Bourges. 2466 c.
25 nov. Trib. Yvetot. 2614 c.
29 nov. Req. 1801 c., 2936 c.
4 déc. Civ. 1211 c., 1250 c.
6 déc. Civ. 893 c., 1872 c., 1897 c.
8 déc. Trib. Seine. 2692 c.
8 déc. Civ. 1573 c.
12 déc. Ch. réun. 78 c., 199 c., 658 c., 662 c., 665 c., 2307 c.
15 déc. Trib. Seine. 1181.
20 déc. Instr. 3578 c.
22 déc. Instr. 769 c., 772 c.
24 déc. Instr. 2628 c., 2397 c.
26 déc. Civ.108 c., 2397 c.
26 déc. Sol. 3026 c.

1866

2 janv. Instr. 445 c.
4 janv. C. cass. Belgique. 1360 c., 1439 c.
6 janv. Trib. Seine. 2256 c.
8 janv. Req. 117 c., 2927 c.
13 janv. Trib. Seine. 912 c.
15 janv. Trib. Belfort. 2377 c.
15 janv. Trib. Calvi. 3264.
16 janv. Sol. 596 c.
17 janv. Req. 187 c., 224 c., 2203 c.
17 janv. Trib. Valence. 2971 c.
17 janv. Trib. Valenciennes. 640 c.
18 janv. Trib. Cambrai. 104 c.
22 janv. Req. 249 c., 922 c., 2075 c.
26 janv. Sol. 1907 c.
27 janv. Trib. Seine. 1934 c., 2651 c.

29 janv. Sol. 1809 c.
30 janv. Civ. 257 c., 597 c., 599 c., 661 c., 662 c., 711 c., 3387 c.
3 févr. Trib. Seine. 748 c., 755 c., 3497 c., 3510 c.
7 févr. Req. 906 c., 1931 c., 1935 c.
10 (ou 18) févr. Trib. Seine. 757 c., 858 c., 2284 c., 2520 c., 2609 c.
13 févr. Sol. 234 c., 235 c.
14 févr. Civ. 1965 c., 1966 c.
15 févr. Angers. 166 c.
15 févr. Sol. 792 c.
17 févr. Trib. Seine. 3577 c.
19 févr. Civ. 3223 c.
19 févr. Sol. 3026 c.
20 févr. Civ. 3339 c.
20 févr. Décis.1418 c.
21 févr. Trib. Pamiers. 785 c.
22 févr. Trib. Rouen. 2211 c.
27 févr. Civ. 1473 c., 1474 c.
28 févr. Sol. 1358 c.
5 mars. Civ. 77 c., 124 c., 128 c., 2329 c.
5 mars. Sol. 306 c., 513 c.
7 mars. Civ. 893 c., 1883 c.
10 mars. Sol. 3026.
12 mars. Rennes. 3356.
19 mars. Civ. 2570 c.
20 mars. Sol. 417 c., 568 c., 1117 c.
22 mars. Trib. Toulouse. 3298 c.
3 avr. Civ. 2980 c., 3005 c.
3 avr. Trib. Bourg. 2491 c.
9 avr. Req. 3387 c., 3388 c.
9 avr. Civ. 1032 c., 1203 c., 3371 c.
9 avr. Sol. 3541 c.
11 avr. Civ. 661 c., 663 c.
16 avr. Req. 1474 c.
16 avr. Civ. 669 c., 670 c.
16 avr. Req. 2758 c.
17 avr. Req. 1001 c.
19 avr. Trib. Briey. 1360 c.
20 avr. Trib. Seine. 1031 c.
22 avr. Sol.1215 c.
23 avr. Sol. 2584 c., 2587 c.
8 mai.Trib.Lyon. 2190 c.
8 mai. Sol. 2444 c., 2445 c., 2447 c.
11 mai. Req. 1086 c., 3081 c.
15 mai. Civ.490 c., 236 c., 237 c., 1142 c., 2190 c., 3217 c.
15 mai. Sol. 457 c.

19 mai. Trib. Seine. 1743 c.
24 mai. (et non août) Trib. Louviers. 2074 c., 2510 c.
29 mai.Sol.(Belgique) 816 c.
30 mai. Civ. 1336 c., 1339 c., 1342 c., 1340 c.
2 juin. Trib. Seine. 2074.
4 juin. Req. 1001 c.
4 juin.Civ.158 c., 1410 c., 3365 c., 3370 c., 3395 c.
9 juin.Trib. Lille. 2859 c.
20 juin. Trib. Corbeil. 3120.
23 juin. Trib. Seine.1891 c.
27 juin. Trib. Châtillon-sur-Seine. 3216 c.
5 juill.Trib.1485 c.
7 juill. Trib. Seine. 2955.
18 juill. Loi. 21 c., 173 c., 1498 c., 2419 c., 3033 c., 3483 c., p. 139.
21 juill. Trib. Seine. 258 c., 1587, 2072 c.
23 juill.Civ.236 c., 2190 c.
23 juill. Sol. 3199 c.
4 août. Trib. Seine.1910 c., 3101 c.
6 août. Civ. 2689 c.
6 août. Sol. 3010 c.
13 août. Req. 1791 c., 3125 c., 3230 c.
16 août. Req. 748 c., 755 c.
18 août.Sol. 324 c.
18 août. Trib. Louvéac. 641 c.
23 août.Crim. 2742 c., 2713 c.
24 août. V. 24-mai.
12 sept.Sol;318 c., 376 c.
27 oct.Sol.1975 c.
5 nov.Civ.3053 c., 3054 c.
20 nov. Req. 1244 c., 2347 c.
21 nov. Sol. 811 c.
22 nov. Trib. Carpentras. 2993 c.
26 nov. Req. 2886 c., 3415 c., 3416 c.
26 nov.Req.2693 c.
28 nov.Req.1474 c.
1er déc. Trib. Mauriac. 1011 c., 1845 c.
5 déc. Req. 1121 c., 1631 c., 2539 c., 2546 c., 3117 c., 3301 c., 3387 c.
11 déc. Trib. Montauban. 283 c.
12 déc. Instr. 3442 c.
13 déc. Trib. Lyon. 3004 c.
18 déc. Instr. 1872 c.
20 déc. Instr. 3217 c.
20 déc.Sol.3026 c.
21 déc. Instr. 2669 c., 3371 c., 3387 c.
23 déc. Civ. 187 c.

1867

3 janv. Trib. Bergerac. 2312 c.
10 janv. Trib.Pont-

l'Évêque. 3560 c.
12 janv. Trib. Seine. 2607 c.
13 janv.Sol.2618 c.
13 janv. Trib.Château - Thierry. 2614 c.
15 janv. Civ. 1858 c.
19 janv. Sol. 514 c.
21 janv. Sol. 604 c.
22 janv. Trib. Auch. 3298 c.
22 janv. Sol. 2205 c., 2921 c.
23 janv. Civ. 752 c., 758 c.
23 janv. Trib. Toulon. 527 c.
26 janv. Trib. Seine. 1181 c., 2365.
28 janv. Sol. 188 c., 3500 c.
30 janv. Req. 2601 c., 2648 c., 2649 c.
31 janv.Sol.1124 c.
1er févr. Trib. Saint - Quentin. 3289 c.
2 févr. Trib. Château-Thierry. 2857 c.
2 févr. Trib. Seine. 2072 c.
4 févr. Civ. 2082 c.
5 févr. Civ. 1791 c., 3280 c., 3276 c.
5 févr. Trib. Clermont-Ferrand. 1665 c.
6 févr. Civ. 893 c., 899 c.
6 févr. Metz. 1129 c.
7 févr. Trib. Seine. 1242 c., 1326 c.
11 févr.Req.2466 c.
12 févr. Civ. 600 c., 1276 c., 1281 c., 1856 c., 1857 c.
13 févr. Sol. 908 c.
13 févr.Trib.Bourgoin. 3258 c.
18 févr. Civ. 1276 c., 3366 c.
21 févr. Sol. 2419 c.
4 mars.Trib.Foix. 3197 c., 2188 c., 2200 c., 3567 c.
5 mars.Req.2439 c.
5 mars. Civ. 1473 c., 2121 c.
6 mars. Civ. 2698 c.
9 mars. Trib Seine. 2466 c.
9 mars. Sol. 2419 c.
18 mars. Civ. 2024 c.
22 mars. Sol. 283 c.
23 mars. Trib. Seine. 1104 c.
23 mars. Req. 2410 c.
6 avr. Trib. Angers. 2190 c., 3307 c.
7 avr. 2996 c.
8 avr. Civ. 2989 c.
8 avr. Trib. Cognac. 1460 c.
9 avr. Trib. Cosne. 2499 c.
10 avr. Trib. Soissons. 2283 c.
13 avr. C. cass. Belgique. 1278 c.
13 avr. Trib. Grenoble. 2379 c.

13 avr. Trib. Seine. 2773 c.
17 avr. Trib. Meaux. 1583 c.
19 avr. Sol.2333 c.
23 avr. Civ. 2045 c., 2125 c., 2128 c., 2143 c., 2144 c., 1458 c.
24 avr. Req. 1457 c., 1458 c.
26 avr.Sol.1287 c., 1862 c.
3 mai. Sol. 2292 c., 2339 c.
5 mai.Sol.1867 c.
10 mai.Sol. 2601 c.
13 mai.Trib.Lyon. 1999 c.
19 mai. Instr. 2416 c.
27 mai. Ch. réun. 96 c., 3026 c.
27 mai.Sol.2794 c., 1058 c., 1248 c., 2673 c.
3 juin.Civ.535 c.
5 juin.Trib.Alby. 2499 c.
5 juin. Trib. Reims. 629 c.
7 juin. Trib. Bergerac. 1373 c., 1658 c.
15 juin. Bruxelles. 380 c., 1040 c.
2 juill. Toulouse. 190 c.
20 juin. Trib. Havre. 1385 c.
29 juin. Trib. Seine. 2800 c.
6 juill.Trib.Mans. 537 c.
6 juill. Sol. 267 c.
7 juill.Sol.1951 c.
8 juill. Sol. 793 c.
11 juill. Crim. 2713 c.
14 juill.Paris.2045 c.
18 juill. Sol. 340 c.
17 juill.Trib.Beauvais. 2665 c.
22 juill. Bordeaux. 917 c.
24 juill. Loi. 967 c., 1873 c., 1889 c., 2874 c., 3081 c.
25 juill. Trib. Besançon. 237 c., 2190 c.
27 juill. Trib. Seine. 930 c.
27 juill. Sol. 2627 c.
28 juill. Trib. Havre. 1828 c.
31 juill.Sol. 21 c., 173 c., p. 159.
3 août.Trib.Milrecourt. 908 c.
3 août. Sol. 1040 c.
9 août.Trib.Angoulème. 2419 c.
14 août. Sol. 2211 c.
16 août. Trib. Clermont (Oise). 1962 c.
16 août. Trib. Bergerac. 2377 c.
19 août. Trib. Péronne. 2669 c.
24 août.Trib.Seine. 586 c., 889 c., 967 c., 1180 c., 1181.

27 août. Trib. Seine. 2987 c.
28 août.Trib.Castres. 3026 c.
29 août.Trib.Pont-l'Évêque. 3584 c., 3595 c.
30 août. Trib. Boulogne. 2193 c.
31 août. Sol. 2724 c.
13 sept. Sol. 769 c., 1777 c.
27 sept. Sol. 2405 c., 2515 c.
8 oct. Sol. 401 c.
11 oct. Sol. 2215 c.
14 oct. Sol. 341 c.
19 oct. Sol. 3026 c.
25 oct. Sol. 3496 c.
2 nov. Sol. 590 c., 884 c., 2381 c.
5 nov. Civ. 3514 c., 3515 c., 3519 c.
7 nov.Sol.3522 c.
11 nov. Trib. Beauvais. 2191 c.
16 nov. Sol. 265 c., 2382 c.
19 nov. Civ. 536 c., 1771 c., 2617 c.
7 juin. Trib. Bergerac. 2793 c.
24 nov. Trib. Seine. 1736 c.
27 nov.Sol.3208, c.
28 nov. Instr.597 c.
30 nov. Instr. 2546 c., 2686 c., 3117 c., 3387 c., 3415 c.
30 nov.Sol.2907 c.
5 déc.Req.1474 c.
5 déc. Sol. 355 c., 695 c.
11 déc. Trib. Seine. 537 c.
12 déc.Trib.Lyon. 3562 c., 3574 c.
13 déc. Trib. Boulogne. 2559 c.
14 déc. Trib. Seine. 3403 c., 3230 c., 3391 c.
15 déc. Instr. 2849 c.
16 déc. Instr. 2439 c., 3026 c.
18 déc. Trib. Cambrai. 940 c.
18 déc. Sol. 2387 c.
19 déc.Sol.3043 c., 2874 c., 3081 c.
27 déc.Trib.Saint-Jean- d'Angély. 2490 c.
28 déc. Trib. Seine. 1738 c.
28 déc. Req. 858 c.
31 déc.Trib.Blanc. 3989 c.
31 déc.Trib.Lyon. 1797.

1868

8 janv. Civ. 3339 c., 3356 c.
11 janv.Sol.2316 c.
14 janv.Civ.1852 c.
15 janv.Instr.1770 c.
16 janv. Sol. 2284 c.
17 janv.Instr. 2793 c.
14 août. Sol. 2211 c.
22 janv.Trib.Seine. 751 c., 757 c.
20 août. Trib. Bernay. 2377.
24 août.Trib.Pé-

903 c., 1965 c., 1906 c., 2509 c.
4 févr.Sol.2702 c.
6 févr. Trib.Caen. 2578 c.
6 févr.Trib.Lyon. 1920 c.
12 févr.Sol.3147 c.
17 févr. Trib. Bagnères. 2725 c., 3028 c., 3258 c.
15 févr. Trib. Saint - Pons. 3534 c.
19 févr. Trib. Bergerac. 1144 c.
20 févr.Trib.Lyon. 2963 c.
20 févr. Sol. 319 c.
24 févr. Trib. Cognac. 192 c., 2175 c.
26 févr. Req. 1276 c., 1856 c., 3258 c.
28 févr. Sol. 2749.
29 févr. Trib. Seine. 1907 c.
3 mars. Req.1898 c.
10 mars. Req. 166 c., 1036 c., 1096 c.
11 mars. Trib. Sedan. 2669 c.
11 mars. Sol. 1209 c.
14 mars. Trib. Louviers. 2499 c.
20 mars. Sol. (Belgique). 2832 c.
22 mars. Civ. 101 c., 3562 c.
26 mars. Trib. Seine. 1904 c.
30 mars. Req. 124 c., 127 c., 2102 c.
31 mars. Sol. 1573 c.
1er avr. Civ.1299 c.
4 avr. Trib. Dreux. 3044 c.
3 avr. Trib.Saint-Amand. 8467 c.
3 avr. Trib.Seine. 2997 c.
28 déc. Trib. Seine. 930 c.
4 avr. Sol.2830 c.
4 avr.Sol.1979 c., 2267, 3023 c.
7 avr. Civ. 2301 c., 2699 c.
17 avr. Sol.343 c., 631 c.
9 avr.Trib.Mons. 2445 c.
29 avr. Trib. Gap. 1692 c.
29 avr.Sol.1789 c.
4 mai. Trib. Rennes. 687 c.
10 mai. Sol. 1924 c.
15 mai.Trib.Lyon. 732 c., 793 c.
15 mai.Trib.Seine. 2443 c.
19 mai. Civ. 4981 c., 1932 c., 2545 c.
20 mai. Req. 3255 c., 2222 c., 3224 c.
23 mai. Sol. 578 c., 1486 c., 3043 c.
28 mai. Civ. 3382 c.
3 févr. Civ.647 c., 809 c.

27 mai. Req. 3471 c., 9857 c.
28 mai.Trib.Lyon. 1459 c.
9 juin. Req. 2696
13 juin. Trib. Seine. 245 c., 729 c., 786 c., 2742 c., 3218, 3494 c.
24 juin. Civ. 601 c., 646 c., 1032 c., 1315 c.
25 juin. Sol. 2360
1er juill. Req. 2197 c., 2198 c., 3246 c.
1er juill. Civ.3360 c.
2 juill. Trib. For- calquier. 2499 c.
3 juill. Trib. Seine. 3490 c.
4 juill. Sol. 694 c., 696 c.
11 juill. Loi. 2743 c., p. 159.
13 juill. Civ. 3370 c.
15 juill. Civ. 752 c., 2521 c.
16 juill. Délib.2642 c., 2221 c.
23 juill. Req. 1385 c., 2744 c.
27 juill. Req. 1401 c., 1675 c.
28 juill. Req. 934 c., 2941 c., 3258 c.
29 juill. Req. 1085 c., 2426 c., 2513 c., 2518 c.
30 juill. Req. 2643 c., 2663 c., 2696 c.
1er août. Trib. Seine. 2658 c.
2 août. Loi. 21 c., 173 c., p. 159.
4 août. Sol. 309 c.
4 août.Trib.Rennes. 2955 c.
4 août. Trib. Seine. 3809 c.
11 août.Sol.Décr. 2743
11 août. Trib. Joigny. 2060 c.
11 août. Trib. Nérac. 2331 c.
18 août. Trib. Nérac. 284 c.
19 août. Civ. 670 c., 671 c., 3098 c.
20 août. Instr.2509 c., 2793 c.
20 déc. Civ. 84 c., 2040 c., 2047 c.
27 août. Trib. Havre. 2657 c.
31 août. Trib. Melun. 2186 c., 2193 c.
2 sept.Instr.3258 c.
5 sept. Instr. 858 c.
9 sept.Sol.3231 c.
9 sept. Req. 2246 c.
15 sept. Instr.2887 c., 3240 c.
20 sept. Instr. 2641 c.
24 sept. Sol. 248 c., 613 c., 646 c.
25 sept. Instr. 3258 c.
30 oct.Sol.250 c., 614 c., 2419 c.
31 oct.Sol. 580 c., 3120 c.
7 nov. Sol. 1209
14 nov. Sol. 1144 c., 1163 c.
15 nov.Req. 893 c.
17 nov. Req. 2209 c.
25 nov. Req. 67 c., 809 c., 948

c., 1738 c., 3432 c.
26 nov. Sol. 609 c., 1259 c.
27 nov. Trib. Coulommiers. 2186 c.
1er déc. Req. 721 c., 751 c.
3 déc. Trib. Saint-Jean-d'Angély. 940 c.
4 déc. Sol. 164 c., 2092 c.
9 déc. Civ. 3258 c.
10 déc. Trib. Seine. 2850 c.
12 déc. Trib. Seine. 372 c., 502 c.
15 déc. Req. 3337 c.
15 déc. Civ. 1898 c., 1903 c., 1920 c., 1922 c.
21 déc. Sol. 1705 c.
22 déc. Req. 1738 c.
22 déc. Civ. 903 c., 905 c., 1898 c., 1902 c., 1920 c., 1922 c.
22 déc. Sol. 1207 c., 2277 c.
23 déc. Sol. 1683 c.
24 déc. Trib. Lille. 2316 c.
29 déc. Ch. réun. 893 c., 1924 c., 1931 c.
29 déc. Civ. 85 c., 487 c., 909 c.
29 déc. Trib. Jonzac. 926 c., 927 c.
30 déc. Req. 3422 c.

1869
5 janv. Civ. 648 c.
7 janv. Trib. Pithiviers. 195 c.
11 janv. Req. 281 c., 286 c., 535 c., 2440 c., 3446 c.
12 janv. Civ. 3200 c.
13 janv. Civ. 168 c., 1104 c.
13 janv. Sol. 772 c., 798 c.
16 janv. Trib. Angers. 3203 c.
18 janv. Trib. Strasbourg. 2126 c.
19 janv. Req. 738 c., 3393 c., 3497 c., 3507 c.
19 janv. Civ. 736 c., 3494 c.
21 janv. Sol. 607 c., 623 c.
23 janv. Civ. 768 c., 3763 c.
26 janv. Civ. 1470 c., 1473 c.
27 janv. Trib. Arras. 3026 c.
28 janv. Sol. 248 c.
30 janv. Trib. Saint-Malo. 2552 c.
2 févr. Trib. Lons-le-Saulnier. 3113 c.
5 févr. Civ. 3341 c., 2772 c.
9 févr. Trib. Carcassonne. 1480 c.
10 févr. Civ. 1759 c., 2285 c., 3345 c.
11 févr. Sol. 3118 c.

15 févr. Trib. Seine. 3292 c.
16 févr. Trib. Angers. 2273 c.
16 févr. Trib. Bourg. 864 c., 2738 c.
17 févr. Civ. 905 c., 1897 c.
18 févr. Trib. Gray. 2009 c.
18 févr. Trib. Mulhouse. 3490 c.
22 févr. Req. 1203 c.
23 févr. Sol. 2308 c.
24 févr. Civ. 2256 c.
2 mars. Sol. 2072 c.
6 mars. Trib. Seine. 246 c., 1865 c.
10 mars. Trib. Nérac. 1850 c.
12 mars. Trib. Bayeux. 245 c., 2440 c.
12 mars. Trib. Lisieux. 3218 c., 3231 c.
12 mars. Trib. Marseille. 2284 c., 2285 c.
12 mars. Sol. 409 c.
15 mars. Trib. Grenoble. 698 c.
15 mars. Civ. 893 c., 1872 c., 1897 c.
16 mars. Civ. 124 c., 127 c.
17 mars. Trib. Tournon. 1298 c.
18 mars. Trib. Rouen. 2186 c., 2191 c.
20 mars. Trib. Seine. 3253 c.
23 mars. Req. 2197 c., 2201 c.
23 mars. Civ. 2601 c.
24 mars. Trib. Seine. 3270 c.
25 mars. Circ. 3300 c.
3 avr. Trib. Seine. 2274 c., 3490 c.
3 avr. Trib. Versailles. 359 c., 603 c.
8 avr. Sol. 303 c.
13 avr. Trib. Narbonne. 641 c.
15 avr. C. cass. Belgique. 1008 c.
15 avr. Instr. 3258 c.
17 avr. Trib. Ayes-nes. 3101 c.
19 avr. Civ. 1401 c., 1583 c., 1583 c.
20 avr. Req. 256 c., 887 c., 1186 c., 1305 c., 1312 c.
22 avr. Sol. 1470 c., 157 c., 1329 c.
28 avr. Trib. Seine. 537 c.
28 avr. Instr. 8416 c., 3422 c.
30 avr. Bruxelles. 309 c.
4 mai. Civ. 2046 c., 2057 c.
7 mai. Trib. Saint-Omer. 2558 c., 3386 c.
7 mai. Décis. 2777 c.
8 mai. Loi. 21 c., 173 c., p. 219.
8 mai. Trib. Seine. 2614 c.
11 mai. Trib. Arras. 3115 c.

18 mai. Civ. 1105 c.
2587 c.
13 mai. Sol. 168 c., 1100 c.
15 mai. Décis. 3724 c.
16 mai. Sol. 1921 c.
18 mai. Sol. 291 c.
20 mai. Trib. Compiègne. 802 c., 1404 c.
21 mai. Trib. Saverne. 2315 c.
21 mai. Trib. Lure. 1326 c.
22 mai. Sol. 2308 c.
28 mai. Sol. (Belgique) 318 c.
31 mai. Trib. Ruffec. 1047 c., 1058 c.
2 juill. Civ. 2163 c., 2173 c., 3174 c., 2177 c., 2973 c., 3005 c.
5 juin. Sol. 2310 c.
10 juin. Sol. 540 c., 609 c., 1259 c., 1312 c.
13 juin. Civ. 281 c., 993 c., 997 c., 998 c., 999 c., 1799 c., 1801 c., 2755 c., 2795 c., 2798 c.
13 juin. Besançon. 1920 c.
13 juin. Instr. 2250 c., 2293 c.
18 juin. Sol. 781 c.
19 juin. Trib. Seine. 2052 c.
21 juin. Civ. 63 c., 144 c., 1090 c., 1708 c., 2237 c., 2624 c., 2669 c., 3391 c.
23 juin. Civ. 93 c., 3419 c.
30 juin. Trib. Seine. 809 c.
1er juill. Trib. Custaff. 2890 c.
1er juill. Trib. Nice. 4796 c.
3 juill. Trib. Seine. 3312 c.
7 juill. Décis. 2777 c.
8 juill. Trib. Bar-sur-Seine. 235 c.
12 juill. Trib. Havre. 3126 c.
13 juill. Civ. 3163 c., 2232 c.
16 juill. Req. 3329 c., 3330 c.
16 juill. Trib. Péronne. 2923 c., 3020 c.
17 juill. Sol. 1683 c.
20 juill. Civ. 1276 c.
26 juill. Civ. 127 c., 239 c., 240 c., 248 c., 240 c., 2169 c., 3408 c.
27 juill. Trib. Havre. 2928 c., 3389 c.
27 juill. Trib. Issoudun. 309 c.
28 juill. Req. 1067 c.
29 juill. Bruxelles. 1640 c.
30 juill. Trib. Chartres. 1024 c.
4 août. Civ. 250 c., 536 c., 987 c., 2340 c., 1242 c., 2373 c., 2075 c., 1708 c., 1895 c., 2496 c., 2340 c.
4 août. Grenoble. 3102 c.

3349 c., 3350 c., 3361 c., 3381 c., 3424 c.
20 déc. Civ. 1339 c.
20 déc. Trib. Sisteron. 2354 c.
24 déc. Trib. Andelys. 205 c.
21 déc. Trib. Étampes. 3022 c.
26 déc. Trib. Bruxelles. 1390 c.
29 déc. Trib. Castelsarrazin. 2502 c.
31 déc. Trib. Bédarc. 3591 c.

1870
6 janv. Trib. Forcalquier. 2680 c.
11 janv. Req. 1067 c.
12 janv. Civ. 2019 c.
14 janv. Trib. Brives. 2399 c., 2642 c.
15 janv. Trib. Seine. 736 c., 2377 c., 2587 c., 2697 c., 781 c.
19 janv. Req. 722 c.
21 janv. Sol. 2308 c.
22 janv. Trib. Seine. 84 c., 1486 c.
26 janv. Civ. 236 c., 287 c., 2190 c.
29 janv. Instr. 2401 c.
2 févr. Trib. Sarlat. 3026 c.
3 févr. Trib. Grenoble. 3005 c.
17 févr. Civ. 63 c., 73 c., 82 c., 893 c., 895 c., 1989 c., 1962 c., 1963 c., 3391 c., 3408 c.
15 févr. Req. 1049 c., 1061 c., 2010 c., 2012 c.
15 févr. Trib. Rambouillet. 2378 c.
26 févr. Instr. 2500 c., 3117 c., 3226 c., 3349 c., 3381 c.
28 févr. Civ. 256 c., 2075 c.
1er mars. Civ. 2989 c.
2 mars. Toulouse. 2035 c.
12 mars. Trib. Seine. 1924 c.
14 mars. Req. 1129 c.
15 mars. Civ. 1474 c., 3545 c.
15 mars. Trib. Toulouse. 1250 c.
15 mars. Trib. Versailles. 2870 c., 759 c.
16 mars. Rouen. 3584 c., 3592 c.
19 mars. Mons. (Belgique). 2865 c.
19 mars. Trib. Seine. 2234 c., 2444 c.
23 mars. Req. 1390 c.
23 mars. Bruxelles. 380 c., 1040 c.
25 mars. Sol. 280 c., 1585 c.
27 mars. Loi. 31 c., 34 c., 30 c., 39 c., 173 c., 1598 c., 1600 c., 1700 c., 1711 c., 1712 c., 1714 c., 1715 c., 1720 c., 1728 c., 3221 c., 3483 c., p. 460.
7 juill. Civ. 895 c.
3414 c.
Sol. 163 c.

6 avr. Civ. 1457 c., 1486 c.
16 avr. Crim. 2716 c., 2839 c.
20 avr. Civ. 1273 c., 1917 c.
25 avr. Instr. 3391 c., 3408 c.
27 avr. Civ. 2275 c.
27 avr. Req. 2292 c., 2389 c., 3242 c., 3284 c.
3 mai. Trib. Bergerac. 1014 c.
4 mai. Décr. 2736 c.
7 mai. Trib. Seine. 155 c., 3214 c.
7 mai. Instr. 2858 c., 2860 c.
12 mai. Ch. réun. 1339 c., 1341 c., 1342 c., 1346 c., 1347 c.
16 mai. Req. 641 c.
22 mai. Civ. 535 c., 903 c., 1467 c.
22 mai. Sol. 1209 c.
24 mai. Trib. Nevers. 2085 c., 2162 c.
28 mai. Trib. Seine. 1796 c.
31 mai. Trib. Strasbourg. 2367 c.
3 juin. Circ. 3027 c., 2736 c.
25 juin. Sol. 1267 c.
29 juin. Sol. 2310 c.
30 juin. Trib. Versailles. 917 c., 2053 c.
2 juill. Trib. Seine. 2426 c.
5 juill. Req. 127 c., 877 c., 1396 c.
6 juill. Civ. 1276 c.
8 juill. Décr. 2736 c.
8 juill. Trib. Boulogne. 2864 c.
8 juill. Trib. Saint-Omer. 3842 c.
9 juill. Trib. Seine. 608 c., 994 c., 1103 c., 1655 c., 1708 c., 2482 c.
9 juill. Sol. 679 c., 1829 c.
12 juill. Civ. 1266 c.
13 juill. Sol. 775 c., 1349 c., 2229 c., 2217 c., 3412 c.
19 juill. Req. 2225 c., 3310 c.
20 juill. Trib. Bayeux. 375 c.
23 juill. Trib. Seine. 1401 c., 1585 c.
23 juill. Sol. 775 c.
24 juill. Civ. 173 c., 1698 c., 1690 c., 1700 c., 1714 c., 1715 c., 1720 c., 1728 c., 8321 c., 3483 c.

c., 2548 c., 3212 c., 3317 c.
27 juill. Trib. Orange. 2680 c.
30 juill. Trib. Avranches. 2089 c., 2863 c.
30 juill. Instr. 1608 c., 1711 c.
30 juill. Sol. 361 c.
30 juill. Trib. Privas. 2861 c.
4 août. Instr. 3281 c.
8 août. Req. 2280 c., 3446 c.
8 août. Douai. 58 c.
4 août. Trib. Boulogne. 2362 c.
6 août. Trib. Seine. 3465 c., 2527 c.
8 août. Sol. (Belgique) 266 c., 370 c.
8 août. Civ. 1468 c.
8 août. Trib. Clermont-Ferrand. 639 c.
14 août. Civ. 1405 c., 1859 c.
14 août. Sol. 249 c.
17 août. Civ. 893 c., 1853 c., 1907 c., 1908 c.
24 août. Air. 2945 c.
26 août. Trib. Falaise. 2377 c.
30 août. Trib. Versailles. 231 c., 997 c.
31 août. Loi. p. 160.
31 août. Trib. Avesnes. 3023 c.
31 août. Trib. Guéret. 3527 c.
sept. Sol. 1263 c.
3 sept. Instr. 3736 c.
7 sept. Décr. 425 c.
9 sept. Décr. 2288 c., 2821 c., 3283 c.
9 oct. Décr. 2288 c., 2824 c., 3283 c.
11 oct. Trib. Largentière. 63 c., 2216 c.
21 oct. Trib. Doullens. 325 c.
8 nov. Trib. Largentière. 2089 c.
16 nov. Civ. 1027 c., 1056 c., 2619 c.
20 nov. Trib. Beauvais. 3101 c.
7 déc. Civ. 157 c.
14 déc. Civ. 48 c., 1206 c., 1785 c., 4256 c., 3217 c.
15 déc. Trib. Lille. 1104 c.
24 déc. Civ. 2009 c., 2077 c., 2927 c., 2989 c., 2982 c.
26 déc. Trib. Montpellier. 2172 c., 2205 c.
27 déc. Loi. 31 c., 34 c., 30 c., 39 c.
28 déc. Civ. 1899 c., 4900 c., 4901 c.

1871
4 janv. Trib. 3197 c., 3198 c., 3199 c., 3252 c.

4 janv. Trib. Bordeaux. 1987 c., 2589 c.
5 janv. Crim. 1734 c.
11 janv. Civ. 1476 c.
17 janv. Trib. Nantes. 1024 c.
18 janv. Req. 2546 c.
18 janv. Civ. 1087 c., 1896 c., 1904 c., 2546 c., 3614 c., 3412 c.
3 févr. Trib. Saint-Amand. 1838 c., 2647 c.
10 févr. Trib. Seine. 641 c., 3271 c.
2 mars. Traité. 2248 c., 2788 c.
4 mars. Crim. Bourganœuf. 3650 c.
5 mars. Civ. 2402 c.
14 mars. Trib. Louvain. 1292 c.
21 mars. Sol. 2306 c.
c. Trib. Moissac. 2212 c.
9 avr. Trib. Seine. 1859 c.
10 avr. Loi. 2743 c.
11 avr. Loi. 425 c.
1er mai. Trib. Montpellier. 2887 c.
9 mai. Caen. 2988 c.
17 mai. Trib. Péronne. 3046 c.
26 mai. Sol. 2288 c., 3231 c., 2283 c.
2 juin. Sol. 1865 c.
3 juin. Trib. Bourg. 2019 c.
8 juin. Trib. Cusset. 256 c.
13 juin. Trib. Saint-Gaudens. 2979 c.
28 juin. Grenoble. 2989 c., 2990 c., 2991 c.
juill. Sol. 1209 c.
6 juill. Civ. 2213 c., 2216 c.
7 juill. Paris. 3281 c., 3383 c.
10 juill. Req. 3592 c.
20 juill. Trib. Rouen. 2466 c.
Trib. Quimperlé. 380 c., 1040 c.
28 juill. Sol. 2446 c.
29 juill. Trib. Seine. 732 c., 783 c., 2741 c.
août. Sol. 2766 c.
13 août. Civ. 2112 c.
3 août. Trib. Meaux. 1413 c.
8 août. Trib. Bruxelles. 2399 c.
8 août. Trib. Pamiers. 2916 c.
9 août. Civ. 2221 c.
10 août. Loi. 581 c., 2703 c., 2942 c.
13 août. Trib. Seine. 1917 c.
20 août. Sol. 1303 c.
22 août. Civ. 17 c.
22 août. Loi. 1872 c.
22 août. Loi. p. 160.
28 août. Trib. Tarbes. 3298 c.
28 août. Civ. 1899 c.
3054 c.
28 août. Sol. 709 c.
28 août. Instr. 178 c., 889 c., 1092 c., 1062 c., 4122 c.
V. Table des articles.
23 août. Civ. 69 c., 72 c., 909 c.
13 août. Trib. Seine. 709 c.

c., 1602 c., 1603 c., 1621 c., 1638 c., 1642 c., 2387 c., 2418 c., 2516 c., 2645 c., 2670 c., 2671 c., 2678 c., 2743 c., c., 2831 c., 2897 c., 2893 c., 3069 c., 3498 c.
26 août. Trib. Seine. 3119 c.
28 août. Trib. Nice. 159 c., 2067 c.
29 août. Instr. 3412 c.
31 août. Trib. Puy. 2849 c.
31 août. Sol. 219 c.
6 sept. Lol. 2335 c.
9 sept. Loi. 425 c.
11 sept. Loi. p. 161.
15 sept. Loi. 2745 c., p. 161.
15 sept. Sol. 291 c.
16 sept. Loi. 28 c., 39 c., 1453 c., 1454 c., 1472 c., 1476 c., 2532 c., 3209 c., p. 161.
18 sept. Instr. 1636 c., 1641 c., 1642 c., 1648 c., 2911 c.
18 sept. Sol. 1267 c.
19 sept. Sol. 306 c.
23 sept. Instr. 2858 c., 2860 c., 3217 c.
25 sept. Instr. 1904 c., 2256 c., 2546 c., 2927 c., 2930 c.
4 oct. Instr. 1472 c., 1476 c.,
12 oct. Sol. 1638 c.
17 oct. Sol. 1661 c.
21 oct. Sol. 2450 c.
25 oct. Sol. 2896 c.
26 oct. Décis. 1626 c.
27 oct. Circ. 2243 c.
27 oct. Décis. 2768 c.
31 oct. Sol. 1633 c.
3 nov. Sol. 1026 c.
6 nov. Civ. 473 c., 630 c.
6 nov. Sol. 1600 c., 1617 c.
7 nov. Sol. 829 c.
14 nov. Sol. 1689 c., 2600 c.
19 nov. Sol. 2834 c.
21 nov. Arrêté. 2820 c., p. 161.
22 nov. Instr. 4624 c., 1640 c., 1648 c., 1649 c., 2830 c., 2834 c., 2911 c.
24 nov. Décr. 3173 25 c.
25 nov. Décr. 620 c., 825 c., 826 c., 830 c., 831 c., 832 c., 833 c., 834 c., 835 c., 837 c., 839 c., 840 c., 848 c., 1874 c., 3070 c., 3254 c., 3262 c., p. 161.
25 nov. Décis. 1661 c.
25 nov. Sol. 816 c., 1638 c.
30 nov. Sol. 1627 c.
1er déc. Sol. 1397 c., 1661 c.
2 déc. Instr. 828 c., 829 c., 839 c., 3070 c.
3 déc. Sol. 1636 c.
4 déc. Civ. 892 c., 894 c., 1931 c., 1935 c., 1951 c., 3424 c.
5 déc. Civ. 1295 c., 1858 c., 2252 c.
5 déc. Trib. Argentan. 1365 c.

6 déc. Sol. 1625 c.
12 déc. Décr. 39 c., 848 c.
13 déc. Instr. 2745 c.

1872
2 janv. Req. 1055 c., 2426 c., 2427 c., 2610 c.
4 janv. Angers. 3930 c.
10 janv. Sol. 1466 c.
10 janv. Sol. 1643 c., 3107 c.
11 janv. Sol. 2959 c.
12 janv. Lett. 1623 c., 1661 c.
13 janv. Trib. Seine. 2800 c., 2837 c.
15 janv. Trib. Lyon. 2614 c.
16 janv. Ch. réun. 755 c., 2521 c.
19 janv. Trib. Brives. 2016 c.
12 nov. Sol. 2387 c.
13 avr. Sol. 1629 c., 2289 c.
15 avr. Req. 893 c., 894 c., 906 c., 1926 c., 1931 c.
26 janv. Sol. 1620 c., 1643 c.
31 janv. Trib. Seina. 1908 c.
6 févr. Trib. Compiègne. 2214 c.
6 févr. Trib. Largentière. 2349 c.
6 févr. Délib. 3122 c.
7 févr. Req. 2610 c., 904 c., 905 c., 1931 c., 1939 c., 1954 c., 1974 c., 2541 c.
7 févr. Civ. 2301 c., 2316 c.
13 févr. Sol. 1069 c.
17 févr. Sol. 1644 c.
23 févr. Sol. 840 c.
24 févr. Sol. 3124 c.
26 févr. Sol. 1609 c., 1617 c.
27 févr. Req. 1176 c., 3082 c.
28 févr. Loi. p. 161. V. Table des articles.
29 févr. Instr. 105 c., 174 c., 297 c., 396 c., 400 c., 429 c., 431 c., 443 c., 446 c., 525 c., 599 c., 975 c., 1027 c., 1533 c., 1543 c., 1555 c., 1556 c., 1567 c., 1588 c., 1639 c., 2381 c., 2838 c., 2839 c., 2874 c., 2890 c.
5 mars. Civ. 235 c., 2188 c.
9 mars. Civ. 68 c., 893 c., 897 c., 1620 c., 1920 c., 1921 c., 1942 c., 1948 c., 1949 c., 1964 c., 2819 c., 3317 c.
9 mars. Instr. 1122 c., 2541 c., 2637 c.
9 mars. Sol. 2894 c.

13 mars. Req. 2934 c., 2935 c.
17 mars. Sol. 1543 c., 1544 c.
20 mars. Trib. Lodève. 2133 c.
20 mars. Trib. Troyes. 938 c.
21 mars. Sol. 105 c., 627 c., 680 c.
23 mars. Décr. 39 c.
25 mars. Civ. 166 c., 1097 c., 2410 c., 2914 c.
26 mars. Sol. 3512 c., 2585 c.
26 mars. Sol. 775, c., 840 c., 1645 c.
27 mars. Civ. 1834 c., 2100 c., 2113 c., 2114 c., 2558 c.
27 mars. Trib. Arras. 2816 c.
28 mars. Lett. 336 c.
29 mars. Sol. 1682 c.
30 mars. Loi. 28 c., 39 c., 100 c., 154 c., 449 c., 1453 c., 1454 c., 1486 c., 1496 c., 1497 c., 1507 c., 1510 c., 1772 c., 2532 c., 3071 c., p. 162.
2 avr. Sol. 1637 c.
4 avr. Instr. 3071 c.
9 avr. Req. 1085 c.
10 avr. Sol. 2967 c.
12 nov. Sol. 2387 c.
13 avr. Sol. 1629 c., 2289 c.
15 avr. Trib. Bagnères. 1846 c.
16 avr. Civ. 587 c.
16 avr. Sol. 824 c.
17 avr. Req. 4322 c.
17 avr. Instr. 2898 c.
22 avr. Trib. Quimper. 3403 c.
25 avr. Trib. Rouen. 2301 c.
25 avr. Trib. Vannes. 886 c.
27 avr. Sol. 2450 c.
29 avr. Civ. 991 c., 998 c., 1793 c., 1801 c., 2758 c.
1er mai. Sol. 691 c.
2 mai. Trib. Bordeaux. 2999 c.
2 mai. Sol. 1635 c.
4 mai. Sol. 105 c., 3562 c., 3564 c.
8 mai. Sol. 2883 c.
10 mai. Trib. Caen. 3288 c., 3357 c.
10 mai. Trib. Vouziers. 1907 c.
10 mai. instr. 430 c.
10 mai. Sol. 1809 c.
13 mai. Sol. 1740 c., 1744 c.
15 mai. Civ. 1001 c.
18 mai. Sol. 1152 c.
21 mai. Sol. 1805 c., 1810 c.
24 mai. Décr. 1407 c., 1499 c., 1501 c., 1502 c., 1503 c., 1509 c., p. 162.
25 mai. Sol. 3217 c.
1er juin. Sol. 1636 c.
6 juin. Sol. 2977 c.
7 juin. Sol. 105 c., 274 c., 548 c.
8 juin. Trib. Seine. 161 c., 1833 c., 1829 c.
8 juin. (et non

1873). Trib. Yvetot. 2288 c., 2821 c., 2283 c.
18 mars. Sol. 475 c., 990 c., 1775 c.
10 juin. Sol. 837 c.
13 juin. Civ. 1824 c.
15 juin. Loi. 2310 c.
15 juin. Trib. Seine. 2288 c., 2821 c., 3283 c.
17 juin. Instr. 2914 c., 3322 c., 3387 c.
17 juin. Sol. 1792 c.
22 juin. Décr. 39 c.
23 juin. Instr. 992 c.
25 juin. Sol. 2821 c., 3283 c.
26 juin. Sol. 2600 c.
26 juin. Loi. 3488 c.
29 juin. Loi. 1 c., 28 c., 39 c., 55 c., 1453 c., 1454 c., 1496 c., 1497 c., 1498 c., 1506 c., 1510 c., 2532 c., 2898 c., 3209 c., p. 162.
29 juin. Toulouse. 2987 c., 2990 c., 2993 c.
2 juill. Sol. 153 c., 1127 c., 1674 c.
6 juill. Sol. 1122 c., 2896 c.
13 juill. Délib. 300 c.
17 juill. Sol. 545 c., 2670 c.
19 juill. Sol. 1634 c.
23 juill. Civ. 1271 c., 1339 c., 1242 c., 1831.
23 juill. Délib. 346 c.
27 juill. Loi. 955 c.
27 juill. Trib. Montluçon. 2655 c.
27 juill. Civ. 986 c.
30 juill. Sol. 1267 c., 1689 c.
31 juill. Trib. Issoudun. 871 c., 877 c.
31 juill. Sol. 527 c.
2 août. Sol. 1583 c.
2 août. Trib. Lille. 2894 c.
2 août. Sol. 1615 c., 1617 c., 2888 c.
3 août. Sol. 1615 c., 1617 c.
6 août. Sol. 1685 c., 1644 c., 1841 c., 2214 c., 2551 c., 2875 c.
7 août. Trib. Châteauroux, 908 c., 1996 c.
9 août. Sol. 105 c.
10 août. Sol. 2879 c., 2892 c., 2905 c.
13 août. Délib. 105 c.
13 août. Sol. 1683 c.
14 août. Trib. Nimes. 2238 c.
14 août. Sol. 1573 c.
16 août. Trib. Guéret. 3806 c.
16 août. Req. 2622 c., 2623 c., 2624 c.
20 août. Sol. 2615 c.
21 août. (et non 1871). Civ. 297 c., 246 c., 1788 c., 2199 c., 2589 c.
28 août. Civ. 805

o., 806 c., 808 c.
29 août. Trib. Avignon. 2316 c.
29 août. Trib. Havre. 2968 c., 2965 c.
31 août. Trib. Seine. 1461 c., 1485 c.
31 août. Sol. 2282 c.
3 sept. Délib. 572 c., 1886 c.
6 sept. Sol. 420 c., 836 c., 1531 c., 2606 c.
8 sept. Sol. 827 c.
14 sept. Sol. 105 c., 2129 c., 2446 c.
15 sept. Sol. 843 c.
17 sept. Sol. 620 c., 836 c.
18 sept. Sol. 2599 c., 3112 c.
19 sept. Sol. 821 c., 2289 c.
22 sept. Sol. 1609 c., 1617 c.
23 sept. Sol. 545 c., 3124 c.
27 sept. Sol. 1258 c., 1287 c.,
28 sept. Sol. 105 c., 1644 c.
4 oct. Sol. 1867 c., 2888 c., 3364 c.
10 oct. Sol. 1923 c.
19 oct. Instr. 803 c., 821 c., 1908 c., 2623 c., 2805 c.
19 oct. Sol. 1644 c., 2815 c.
21 oct. Sol. 2308 c.
29 oct. Sol. 2679 c.
9 nov. Sol. 2895 c.
12 nov. Sol. 3537 c., 3538 c., 3540 c.
12 nov. Sol. 533 c.
13 nov. Civ. 63 c., 898 c., 899 c., 1582 c., 1963 c.
13 nov. Sol. 2838 c.
14 nov. Sol. 2487 c.
20 nov. Loi. 3485 c.
23 nov. Sol. 2143 c.
25 nov. Civ. 1894 c.
25 nov. Sol. 1626 c.
26 nov. Loi. 3 c.
27 nov. Req. 1493 c., 3116 c.
27 nov. Civ. 2912 c., 3537 c.,
30 nov. Sol. 2226 c.
2 déc. Sol. 2581 c.
3 déc. Civ. 2410 c.
4 déc. Trib. Langres. 194 c., 197 c., 216 c., 3343 c.
4 déc. Trib. Troyes. 924 c.
4 déc. Sol. 1626 c.
6 déc. Décr. 55 c., 1497 c., 1499 c., 1509 c., p. 162.
7 déc. Trib. Vendôme. 1792 c.
9 déc. Sol. 2454 c., 2458 c., 2565 c.

9 déc. Sol. 2893 c.
10 déc. Sol. 2860 c.
13 déc. Trib. Seine. 2128 c.
14 déc. Sol. 2452 c.
17 déc. Civ. 2821 c., 3283 c.
17 déc. Trib. Gand. 1292 c.
21 août. Sol. 2282 c.
27 déc. Trib. Valenciennes. 63 c., 1964 c.
30 déc. Civ. 2164 c.
31 déc. Req. 224 c.
31 déc. Civ. 2437 c., 3548 c.

1873
.. janv. Sol. 1252 c.
4 janv. Sol. 1252 c.
7 janv. Civ. 2016 c., 2923 c.
7 janv. Sol. 2200 c.
8 janv. Civ. 1787 c.
10 janv. Crim. 101 c.
10 janv. Sol. 1682 c.
14 janv. Req. 1792 c., 3387 c.
14 janv. Sol. 1548 c., 1615 c.
18 janv. Trib. Seine. 1900 c., 1905 c.
20 janv. Sol. 1629 c.
21 janv. Trib. Arras. 1122 c., 2894 c.
24 janv. Sol. 840 c.
25 janv. Sol. 2310 c.
28 janv. Req. 994 c., 1103 c., 1655 c., 1708 c., 3409 c.
28 janv. Trib. Orthez. 341 c.
31 janv. Sol. 1616 c., 2835 c.
1er févr. Trib. Pontoise. 1137 c., 3084 c.
1er févr. Trib. Reims. 2135 c.
12 févr. Civ. 168 c., 618 c., 1104 c., 1147 c.
18 févr. Sol. 8123 c.
18 févr. Trib. Tonnerre. 1849 c.
19 févr. Civ. 92 c., 1583 c., 1585 c., 1594 c., 1595 c., 1682 c.
20 févr. Sol. 164 c.
24 févr. Trib. Seine. 1284 c., 1829 c., 1748 c.
23 févr. Trib. Seine. 1271 c.
23 févr. Instr. 226 c., 2437 c., 3116 c.
26 févr. Sol. 1634 c.
27 févr. Trib. Châlon-sur-Saône. 2377 c.
3 mars. Civ. 670 c., 745 c.
5 mars. Trib. Amiens. 2500 c.
10 mars. Civ. 917 c.
11 mars. Trib. Guingamp. 103 c.
12 mars. Sol. 2339 c.
14 mars. Délib. 1280 c.

15 mars. Loi. p. 162.
15 mars. Trib. Seine. 2128 c.
17 mars. Sol. 2122 c.
19 mars. Sol. 529 c.
24 mars. Décis. 846 c.
24 mars. Sol. 2899 c.
26 mars. Civ. 124 c., 127 c., 142 c., 144 c., 146 c., 161 c., 724 c.
29 mars. Trib. Seine. 546 c.
1er avr. Sol. 164 c., 2092 c.
2 avr. Sol. 2899 c.
3 avr. Trib. Lyon. 805 c.
5 avr. Trib. Seine. 837 c.
7 avr. Trib. 1463 c.
8 avr. Bourges. 1139 c.
11 avr. Sol. 347 c.
12 avr. Sol. 105 c., 1629 c., 2801 c.
14 avr. Civ. 782 c., 733 c., 2741 c.
18 avr. Sol. 870 c.
19 avr. Sol. 105 c., 219 c., 1534 c.
21 avr. Civ. 1795 c.
22 (ou 27 avr.) Trib. Bruxelles. 877 c.
23 avr. Sol. 105 c., 1534 c.
24 avr. Délib. 2552 c.
27 avr. Trib. Bruxelles. V. 23 avr.
30 avr. Trib. Semur. 1122 c., 2139 c., 2560 c.
3 mai. Trib. Seine. 2231 c., 2316 c.
5 mai. Req. 1792 c.
7 mai. Trib. Argentan. 113 c., 2016 c., 2017 c.
9 mai. Instr. 3257 c.
10 mai. Sol. 1267 c., 2678 c.
12 mai. Sol. 316 c.
14 mai. Trib. Mulhouse. 3831 c.
16 mai. Civ. 2166 c.
21 mai. Trib. Seine. 1078 c.
21 mai. Trib. Gand. 1292 c.
21 mai. Trib. Marseille. 2667 c.
22 mai. Sol. 2387 c., 2810 c.
24 mai. Instr. 3082 c.
30 mai. Trib. Mantes. 1123 c., 2894 c.
8 juin. Trib. Yvetot. V. 8 juin 1872.
11 juin. Trib. Valenciennes. 2144 c.
11 juin. Sol. 248 c.
15 juin. Trib. Hazebrouck. 349 c.
18 juin. Sol. 219 c.
17 sept. Sol. 544 c., 545. c., 1273 c.
20 sept. Sol. 1257 c.
24 sept. Instr. 1947 c.
30 sept. Décis. 1663 c.
26 oct. Sol. 1196 c., 2129 c.
1er oct. Paris. 2957 c.
30 oct. Sol. 412 c., c.
2 oct. Instr. 3091 c.

9 juill. Trib. Tarbes. 270 c.
9 juill. Trib. Verdom. 1122 c., 2204 c.
11 juill. Décis. 411 c.
11 juill. Trib. Autun. 2310 c.
17 juill. Trib. Nogent-sur-Seine. 700 c.
18 juill. Angers. 704 c.
18 juill. Trib. Seine. 2471 c.
19 juill. Sol. 1484 c.
22 juill. Sol. 1992 c., 2205 c.
23 juill. Req. 259 c., 389 c., 1316 c., 1745 c.
24 juill. Trib. Annecy. 1615 c., 1842 c.
26 juill. Loi. 39 c., 1463 c.
26 juill. Trib. Evreux. 1407 c., 1548 c., 1553 c., 1578 c.
26 juill. Sol. 787 c., c., 963 c.
26 juill. Trib. 849 c.
30 juill. Civ. 66 c., 780 c., 795 c.
30 juill. Trib. Tarascon. 780 c.
4 août. Trib. Chartres. 1250 c.
3 août. Sol. 840 c.
3 août. Trib. Lectoure. 1057 c.
7 août. Trib. Angouleme. 346 c.
6 août. Sol. 2501 c.
7 août. Sol. 3867 c.
8 août. Cons. d'Et. 493. c., 3320 c.
9 août. Trib. Brives. 1629 c.
9 août. Trib. Angouleme. 401 c.
18 août. Req. 2252 c.
27 août. Trib. Largentière. Arras. 527 c.
28 août. Décr. p. 162.
28 août. Trib. Seine. 1896 c., 1898 c., 1901 c., 1905 c.
28 août. Trib. Marseille. 2567 c.
28 juill. Sol. 528 c., 843 c.
29 août. Trib. Mirande. 2338 c.
30 août. Trib. Mantes. 1123 c., 2894 c.
4 sept. Sol. 2228 c.
9 sept. Sol. 872 c.
11 sept. Sol. 248 c.
18 sept. Sol. 219 c.
17 sept. Sol. 544 c., 545. c., 1273 c.
20 sept. Sol. 1257 c.
24 sept. Instr. 1947 c.
30 sept. Décis. 1663 c.
26 oct. Sol. 1196 c., 2129 c.
1er oct. Paris. 2957 c.
30 oct. Sol. 412 c., c.
2 oct. Instr. 3091 c.

2 oct. Sol. 1663 c.
5 oct. Instr. 2858 c., 2864 c., 3872 c., 3377 c., 3387 c.
5 oct. Sol. 347 c.
9 oct. Sol. 1999 c.
18 oct. Décis. 2740 c.
20 oct. Sol.1264 c., 1845 c.
25 oct. Sol. 2320 c.
26 oct. Sol. 2387 c.
27 oct. Décis. 2754 c.
28 oct. Sol. 2144 c.
29 oct. Sol. 291 c.
31 oct. Sol. 480 c.
.. nov. Sol. 1589 c.
5 nov.Civ.1085c., 2431 c.
11 nov. Civ. 1329 c.
12 nov. Trib. La Réole. 911.
13 nov. C. cass. Belgique. 1908
19 nov. Trib. Chôlet. 2570 c.
19 nov.Sol.1354 c.
26 nov. Req. 90 c., 947 c., 1000 c.
26 nov. Sol. 1812 c., 1885 c.
1er déc.Sol.1767 c.
2 déc. Civ. 1905 c., 1966 c., 2212 c., 2234 c., 3258 c., 3391 c.
3 déc. Civ. 2440 c., 2609 c.
5 déc. Trib. Loches. 1617 c., 1645 c., 3000 c.
6 déc. Trib. Nogent-le-Rotrou. 2454 c.
6 déc. Sol.1616 c.
8 déc. Req. 857 c.
11 déc. Crim.101c.
11 déc.Trib.Saint-Dié. 3331 c.
18 déc. Trib. Charleville. 1122 c., 2894 c.
20 déc.Trib.Avesnes. 2570 c.
26 déc. Cons. d'Et. 1782 c.
20 déc. Sol. 872 c.
27 déc. Trib.Montbrison. 2148 c., 2149 c., 3160 c.
27 déc. Trib. Seine. 1876 c.
27 déc.Sol.1658 c.
28 déc. Trib. Epernay. 2582 c., 2625 c.
29 déc. Loi. 55 c., 3046 c., 3441 p. 163.
30 déc. Loi. 21 c., 39 c., 173 c., 822 c., 3423 c., 3449 c., p. 162.
30 déc. Décr. Seine. c.
30 déc. Civ. 73 c., 74 c., 3186 c.
30 déc. Décis. 2248 c., 2768 c.
30 déc. Instr. 3441 c.
31 déc. Trib. Pontoise. 2571 c.
31 déc. Instr. 3046 c.

1874

5 janv. Dépêche 1009.
5 janv.Sol.2427c.
9 janv.Trib.Avesnes. 1122 c., 2894 c.
9 janv. Sol. 3491 c., 3402 c., 3493 c.
10 janv.Gand.1292 c.
10 janv. Trib. Seine. 1281 c.

13 janv. Sol. 1803 c., 1809 c., 1815 c., 3377 c.
21 janv.Trib.Grasse. 1122 c., 2894 c.
24 janv. Sol. 312 c.
27 janv. Civ. 3366 c., 3870 c.
27 janv. Sol. 873 c.
3 févr. Req. 780 c.
3 févr. Civ. 3536 c., 3537 c.
3 févr.Trib.Arras. 2315 c.
4 févr. Req. 2378 c.
4 févr.Sol.1445 c.
6 (ou 16) févr. Req. 338 c., 339 c., 1253 c., 1268 c., 1839 c., 2027 c.
6 févr. Trib. Amiens. 2978 c.
7 févr. Sol. (Belgique). 853 c.
10 févr. Trib. Valognes. 84 c., 1011 c.
10 févr. Sol. 2613 c., 2694 c.
11 févr.Sol.2617 c.
14 févr. Sol. 1740 c.,1887 c., 1893 c.
16 févr. Req. V. 6 févr.
17 févr. Civ. 3536 c., 3377 c.
17 févr. Trib. Versailles. 1122 c., 2894 c., 3353 c.
19 févr. Sol. 347 c.
19 févr.Loi. 20 c.,
39 c., 172 c., 460 c., 461 c., 470 c., 477 c., 492 c., 564 c., p. 162.
19 févr. Trib. Rouen. 2018 c.
19 févr. Sol. 2762 c., 3491 c., 3497 c.
24 févr. Req. 2335 c.
24 févr.Trib.Moissac. 1638 c.
24 févr. Civ. c.
25 févr. Req. 256 c., 987 c., 916 c., 1083 c.
25 févr. Trib. Gex. 947 c.
10 mars. Sol. 543 c.
13 mars. Sol. 2651 c., 2903 c.
18 mars. Trib. Limoges. 1413 c.
19 mars. Trib. Riom. 2484 c.
24 mars. Trib. Abbeville. 2315 c.
24 mars. Req. 3207 c.
25 mars.Trib.Bordeaux. 105 c.
25 mars. Trib. Epinal. 1805 c.
26 mars. Sol. 3492 c.
27 mars. Sol. (Belgique). 1220 c.
30 mars. Trib. Montpellier. 1097 c.
31 mars. Instr. 2440 c., 3212 c., 3258 c., 3391 c.
.. avr. Sol. 2143 c.
1er avr. Décr. 39 c.
9 avr. Sol. 2537 c.
11 avr. Trib. Seine. 3583 c.
13 avr. Trib. Lyon. 691 c.
18 avr. Sol. 1550 c.
20 avr. Décr.p.162.

2 avr.Trib.Saint-Étienne. 1487 c.
24 avr. Sol. 1626 c.
28 avr. Civ. 2821 c., 2016 c., 2017 c.
1er mai. Trib. Angers. 79 c., 2041 c.
1er mai. Trib. sup. com. . Leipzig. 1907 c., 3331 c.
5 mai. Trib. Bayonne. 2997 c.
8 mai. Sol. 3487, 3488 c.
9 mai. Trib.Charleroi. 2315 c.
9 mai. Trib. Seine. 1589 c.
11 mai. Sol. 542 c.
13 mai. Trib. Montauban. 219 c.
16 mai. Trib. Seine. 1122 c., 2894 c.
18 mai. Décr. 39 c.
19 mai. Ch. réun. 2019 c., 2020 c., 2022 c., 2024 c., 2025 c., 2321 c.
19 mai. Sol.3551 c.
20 mai. Trib. Meaux. 1122 c., 2694 c.
22 mai. Trib. Saint-Lô. 8077 c.
22 mai. Sol. 273 c., 321 c.
26 mai. Trib. Mamers. 927 c., 928 c.
27 mai. Sol. 818 c., 1874 c.
28 mai. Trib. Montluçon. 349 c.
1er juin. Sol. 3488 c.
6 juin. Trib. Seine.1463 c.,1832 c.
10 juin. Civ. 1462 c., 1505 c., 1508 c.
16 juin. Paris. 3957 c.
18 juin. Trib.Nantes. 349 c.
24 juin. Loi. 1759 c. 2741 c.
25 juin.Sol.3492 c.
1er juill.Req.231 c.
2 juill. Arrêté. 50 c., p. 162.
6 juill. Sol. 509 c.
7 juill.Loi.2743 c.
7 juill. Req. 1276 c.
8 juill. Civ. 194 c., 197 c., 214 c., 216 c., 217 c., 8343 c.
9 juill. Crim.2713 c.
9 juill. Trib. Joigny. 1122 c.
9 juill. Trib. Remiremont. 3021 c.
10 juill.Trib.Charleville. 528 c.
11 juill.Trib.Mons. (Belgique).1916 c.
11 juill.Trib. Seine. 1663 c., 2667 c.
14 juill.Sol. 873 c.
15 juill.Trib.Saintes. 1805 c.
16 juill. Sol. 1597 c., 3890 c.
17 juill. Trib. Melun. 1465 c.
24 juill. Sol. 347 c.
25 juill.Trib.Grasse. 2075.
25 juill. Trib. Seine. 2197 c.
25 juill. Instr. 780 c., 2307 c.
29 juill. Trib. Rouen. 487 c.
3 août. Sol. 821.

4 août.Sol.1255 c.
5 août. Trib. Péronne. 1917 c.
6 août. Req. 113 c., 2016 c.,2017 c.
6 août. Trib. Valenciennes.1389 c., 1344 c.
7 août. Trib.Montauban. 2387 c.
14 août. Trib. Hazebrouck. 1805 c.
17 août. Req.2821 c., 3283 c.
17 août.Trib. Carcassonne.527 c.
19 août. Trib. Andelys. 245 c.
19 août.Trib.Bordeaux. 896 c., 900 c.
20 août.Sol.2021 c.
24 août. Civ. 1391 c., 1572 c., 3240 c., 3248 c., 3258 c.
24 août. Trib. Limoges. 2022 c.
27 août.Trib.Neufchâtel. 1181 c.
28 sept.Sol.1319 c.
25 sept. Sol. 312 c.
13 oct. Sol. 2439 c.
21 oct. Instr. 2242 c.
28 oct.Décis.977 c.
4 nov. Sol. 167 c., 1101 c.
8 nov.Trib.Chartres. 1348.
9 nov.Civ.3378 c.
9 nov. Lettr. 2017 c.
10 nov. Civ. 2284 c., 2285 c., 2899 c.
16 nov. Trib. Bagnères. 1036 c.
17 nov. Trib. Narbonne. 2441 c.
20 nov. Sol. 350 c.
25 nov. Sol. 1573 c.
27 nov. Trib. Lille. 192 c., 2175 c.
27 nov. Sol. 2310 c.
2 déc. Trib. Corse. 2088 c.
2 déc. Trib. Reims. 1113 c.
5 déc. Trib. Seine. 1257 c.
9 déc.Trib.Saint-Étienne.1878 c.
6 déc.Loi. p.162.
10 déc.Trib.Seine. 530 c.
17 déc. Trib. Avignon. 1273 c.
18 déc.Trib.Avesnes. 1075 c.
13 déc.Trib. Saint-Lo. 1345 c.
19 déc. Trib. Seine. 212 c., 701 c.
23 déc. Trib. Arras. 528 c.
24 déc. Trib. Versailles. 2131 c.
26 déc. Trib. Seine. 787 c., 963 c.
26 déc. Trib. Bagnères. 2083 c.

1875

2 janv. Trib. Seine. 649 c.
5 janv.Trib.Nice. 1151 c., 2089 c.
13 janv. Trib. Seine. .. 1806 c.,
1808 c.
11 janv. Civ. 904 c., 1037 c., 1071 c., 1974 c., 2339 c., 2541 c.
12 janv.Sol.3430 c.
15 janv. Trib. Largentière. 501 c.
15 janv.Sol.1813c.
16 janv. Trib. Seine. 1560 c.
19 janv. Trib. Dreux. 895 c., 1929 c., 1931 c.
19 janv. Trib. Seine. 1560 c.
21 janv. Décr. 1759 c.
23 janv. Crim. 41 c., 1763 c., 2717 c.
29 janv.Sol.2492c.
30 janv.Décis.2529 c.
.. févr. Sol 1312c. 2957 c.
1er févr. Civ. 1468c.
2 févr. Trib. Mamers. 1005 c., 1998 c., 2038 c.
2 févr. Sol. 1540c.
4 févr. Lyon.1466 c.
8 févr. Civ. 1468 c., 1680 c., 1684 c.
9 févr.Req.1632c.
10 févr. Req. 1037 c., 1039 c., 1054 c.
12 févr. Trib. Seine. 102c.,2175c.
17 févr.Req.8352c.
22 févr. Sol. 2308c.
23 févr. Req. 63 c., 1455c.,1953c.
24 févr. Civ. 349 c., 542 c., 546 c., 780c., 3387 c.
24 févr. . Trib. Auch. 2395.
26 févr. Trib. Chäteaudun.1542 c.
.. févr. Trib. Seine. 1261 c., 1971 c., 1974 c., 2539 c., 2542 c., 2544 c., 2545 c., 3374 c.
4 mars. Sol. 2301 c.
6 mars. . Trib. Seine. 756 c., 763 c., 3358 c.
8 mars. Req. 2231 c.
3 mars. . Instr. 2539 c.
10 mars. Sol. 2293 c.
12 mars.Trib.Clermont (Oise). 669 c.
13 mars. . Trib. Seine. 895 c.
13 mars. Sol. 1319 c.
15 mars. Civ. 1256 c., 1319 c., 1408 c.
17 mars. Req. 965 c., 1738 c.
18 mars. . Trib. Laon. 027 c., 028 c.
20 mars. Trib. Amiens. 1271 c.
23 mars. Trib. Abbeville. 206 c.
27 mars. Sol. 2860 c., 2892 c.
29 mars. Sol. 3003 c.
.. avr. Sol. 4589 c.
1er avr. Sol. 2010 c., 991 c., 1801 c.
14 avr. Civ. 724 c.

15 avr. Trib. Toncerre. 633 c.
17 avr.Trib.Seine. 106 c., 1885 c.
20 avr. Civ. 2821 c., 3283 c.
27 avr. Arrêté. 50 c., p. 162.
27 avr. Instr. 349 c., 1765 c., 2277 c., 2264 c., 2541 c., 2740 c., 3010 c., 3110c., 3387 c.
29 avr. Trib. Avignon. 3000 c.
1er mai. Sol. 8198 c.
3 mai. Trib. Nantes. 434 c.
4 mai. Trib. Sentis. 1100 c.
5 mai. Civ. 438 c.
12 mai. Req. 1663 c.
12 mai.Civ.199 c., c.
12 mai. Trib. Seine. c.
24 mai. Req. 1898 c.
24 mai. . Trib. Saint-Étienne. 1271 c., 1272 c.
25 mai. Civ. 2276 c., 2378 c., 2757 c.
28 mai.Trib.Monidiidier. 1273 c.
2 juin. Civ. 2757 c.
6 juin. Civ. V. 6 juin. 1877.
8 juin. Civ. 2419 c., 3386 c.
11 juin. Sol. 1418 c.
12 juin. Trib. Aurillac. 1069 c.
12 juin. Instr. 1644 c.
15 juin. Trib. Châteaubriant 895 c.,1936 c., 1951 c.
15 juin. Trib. Saint - Girons. 2435 c.
16 juin.Civ.1468 c.
19 juin. Sol. 1755 c., 2257 c., 2258 c.
21 juin. Loi. 30 c., 39 c., 101 c., 760 c., 1699 c., 1700 c., 1711 c., 1714c.,2116 c., 2162 c., 2314 c., 2317 c., 2321 c., 2436 c., 2437 c., 2464 c.,2465 c., 2467 c., 2468 c., 2473 c., 2474c., 2475 c.,2477 c., 2478 c., 2479 c., 2483 c., 2485 c., 3548 c., 2566 c., 2620 c., 2630 c., 2640 c., 2650 c., 2672 c., 2878 c., 2898 c., 3058 c., 3060 c., 3072 c., 3073 c., 3076 c., 3077 c., 3103 c., 3227 c., 3483 c., 3523 c., 3524 c., 3526 c., 3580 c., 3581 c., p. 162.
21 juin. Trib. Seine. 812 c., 814 c.
23 juin. Instr. 2116 c., 2317 c., 2318 c., 2321 c., 2468 c., 2472 c., 2473 c., 2475 c.,2904 c., 3103 c., 3874 c., 3580 c.

25 juin. Sol. 2240 c., 2305 c., 3104 c.
26 juin. Sol. 2289 c.
3 juill. Trib. Vervins. 2923 c.
6 juill. Civ. 2100 c.
10 juill. . Décis. 2844 c.
10 juill. Sol. 2428 c.
12 juill. Ch. réun. 931 c., 908 c., 2795 c., 3321 c.
14 juill. Sol. 3580 c.
19 juill. Req. 1487 c.
19 juill. Ch. réun. 3321 c.
22 juill.Trib.Gourdon. 1273 c.
27 juill. Req. 535 c., 965 c.
27 juill. Sol. 2452 c.
28 juill. Civ. 1520 c.
29 juill.Trib.Boulogne. 4260 c.
3 août. Sol. 31 c.,4122 c., 2894 c., p. 163.
7 août. Trib. Seine. 1806 c., c., 845 c., 1885 c.
9 août. Req. 1049 c.
11 août. . Trib. Saint - Amand. 3358 c.
12 août. Trib. Dieppe. 1806 c.
12 août.Trib.Marseille. 813 c.
16 août.Req.1024 c., 1329 c., 1535 c., 1564 c., 1980 c., 1971 c., 2546 c.
16 août. Civ. 990 c.
17 août. . Instr. 1807 c., 1808 c., 3386 c.
22 août. Décr. 383 c.
23 août. Civ. 90 c.
23 août. . Trib. Mortagne. 2837 c.
28 août.Trib.Confolens. 939 c.
28 août. . Trib. Seine. 2584 c.
30 août. . Trib. Montpellier. 2301 c.
.. sept. Sol. 1163 c.
1er sept. Sol. 409 c.
7 sept. . Instr. 2311 c.
14 sept. Instr. 434 c.
29 sept. Sol. 1175 c., 3504.
30 sept. Sol. 1170 c., p. 162.
11 oct. Instr. 383 c.
23 oct. Sol. (Belgique). 418 c.
23 oct. Instr. 2795 c.
.. nov.Sol.1758 c.
13 nov. Req. 227 c., 1405 c., 2145 c.
16 nov. Loi. 3431 c.,3446 c., 3454 c.
17 nov. . Trib.

Mayenne. 1069 c.
20 nov. Civ. 62 c., 758 c., 3121 c.
.. Seine. 70 c., 2071 c.
30 nov. Loi. 2743 c.
8 déc. Trib. Toulon. 1627 c.
9 déc. Sol. 2943 c.
9 déc. Instr. 3446 c., 3448 c., 3449 c., 3450 c., 3451 c., 3452 c., 3453 c., 3454 c.
11 déc.Trib.Seine. 3382 c.
14 déc.Décr.p.163.
16 déc. Paris. 2934 c.
22 déc. Trib. Roche-sur-Yon. c.
23 déc. . Trib. Rouen. 3296 c.
20 déc. Req. 1349 c., 2629 c., 3217 c.
29 déc. Civ. 528 c.

1876

.. janv. Sol. 1758 c.
11 janv. . Trib. Tournon. 147 c.
12 janv. Ch. réun. 3537 c.
15 janv.Trib.Seine. 965 c., 2378 c.,2410 c.
19 janv. Req. 106 c.
22 janv. Trib. Seine. 770 c., 776 c.
24 janv. Req. 1686 c., 1888 c., 1889 c., 2874c., 3201 c.
29 janv.Instr.2989 c.
31 janv. Civ. 107 c., 1273 c., 1733 c.
4 févr. Trib. Châlons-sur-Marne. 1271 c., 1272 c.
5 févr. Trib. Seine. 685 c.
7 févr. Civ. 1495 c., 3918 c.
9 févr. . Nimes. 3001 c.
9 févr. Trib. Béziers. 527 c.
9 févr. Sol. 2226 c.
14 févr. Req. 834 c.
21 févr. Civ. 1917 c.
24 févr. . Trib. Rouen. 3536 c.
26 févr. Trib. Seine.1216c., 1413 c.
28 févr. Req. 1895 c.
.. févr. Civ. 1474 c.
1er mars.Trib. Havre. 430 c.
.. mars. Trib. Lille. 1560 c.
4 mars. Sol. 367 c., 2551 c.
7 mars. Civ. 2134 c., 2135 c.
7. mars. Trib. Corse. 2203 c.
.. mars. Sol. 1519 c., 3236 c., 3260 c.
13 mars. Montpellier. 2990 c.
17 mars. . Trib. Douai. 1407 c.,

1411 c., 1578 c.
17 mars.Trib.Dun-kerque. 2184 c.
23 mars. Trib. Ta-rascon. 3348 c.
24 mars.Trib.Lou-viers. 1619 c.
24 mars.Trib.Mont-treuil. 586 c.
25 mars. Décr. 47 c., p. 163.
25 mars.Trib.Sei-ne. 808 c.
27 mars.Req.3084 c.
28 mars. Civ. 3366 c., 3370 c.
29 mars. Décr. 47 c.
29 mars. Trib. Moulins.2654 c.
.. avr. Sol, 1267 c.
1er avr. Trib. Sei-ne. 1561 c.
3 avr. Sol.1442 c.
4 avr. Trib. Or-léans. 1315 c., 1325 c.
9 avr. Trib. Cas-tres. 1045 c.
10 avr.Trib. Lille. 1897 c.
26 avr.Sol.1711 c.
29 avr.Nancy.2810 c.
1er mai. Req.199 c.
3 mai.Sol.2293 c.
8 mai.Sol.1075 c.
9 mai. Trib. Ys-singeaux.127 c.
10 mai.Civ.2316 c.
12 mai.Trib.Seine. 1809 c.
13 mai.Sol.2212 c.
15 mai.Trib. Beau-vais. 2047 c.
15 mai.Instr. 2874 c., 2918 c.,3084 c., 3866 c.
16 mai. Trib. Rouen. 2961 c.
19 mai. Sol. 2748 c.
24 mai.Trib. Dôle. 1248 c., 1960 c.
24 mai. Trib. Rouen. 1473 c., 1474 c.,1476 c.
29 mai.Civ. 3545 c.
.. juin. Sol. 1267 c.
4 juin. Trib. Paimbœuf. 1888 c., 1432 c.
12 juin.Trib. Albi. 1865 c.
13 juin.Trib. Sen-lis. 2367 c.
14 juin. Règl.1780 c.
14 juin. Sol. 1591, 1595 c.
16 juin.Trib.Bour-ges. 292 c.
18 juin.Trib.Dun-kerque. 1832 c.
19 juin.Sol.2303 c.
22 juin. Trib. Va-lenciennes.2438 c.
24 juin.Trib.Mar-gan. 118 c.
28 juin.Civ. 253 c., 807 c., 808 c., 2374 c.
.. juill. Sol. 691 c.
5 juill. Civ. 1832 c., 1833 c.
3 juill. Trib. la Flèche. 1344 c.
6 juill. Trib. Sei-ne. 1097 c.
7 juill. Trib. Mor-tagne. 2016 c.
7 juill. Sol. 2479 c.
9 juill. Trib. Pau. 3202 c.
12 juill. Sol. 1831 c.
13 juill. Trib. Vi-gan. 2083 c.

17 juill.Sol.2151 c.
18 juill. Sol. 1187 c., 1192c.,3555 c.
22 juill. Trib. Sei-ne. 952 c.,1097 c., 1914 c.
22 juill. Sol. 3209 c., 3228 c., 3254 c., 3262 c.
24 juill. Sol. 1882 c.
25 juill. Sol.531 c.
26 juill. Trib. Troyes. 1526 c., 1560 c.
28 juill. Sol. 1689 c.
.. juill. Trib. Rouen. 1586 c.
29 juill. Loi. 2745 c., p. 163.
29 juill. Trib. Sei-ne. 532 c.
31 juill. Req. 1898 c.
3 août.Trib. Bau-me - les- Dames. 2176 c.
4 août. Trib. Lec-toure. 1045 c.
5 août. Trib. La-Rochelle. 1271 c.
12 août.Trib. Sei-ne. 1405 c., 1563 c.
14 août. Trib. Niort. 1589 c., 3803 c.
16 août. Trib. Pé-ronne. 1413 c.
19 août. Sol. 345 c.
21 août. Req. 2181 c., 2133 c.
21 août. Civ. 1032 c., 3248 c., 3258 c.
22 août. Civ. 175 c., 528 c.
24 août. Trib. 2148 c.
25 août.Trib. Péri-gueux. 860 c.
30 août.Trib. Foix. 60 c., 1254 c.
12 sept. Sol. 1920 c.
15 sept. Délib. 253 c., 2374 c.
21 sept. Instr. 979 c.
16 sept. Trib. Lo-ches. 219 c.
18 sept. Sol. 1395.
19 sept.Décis. 2716 c.
30 sept. Trib. Es-palion. 1220 c.
12 oct. Instr. 253 c., 2374 c.,2718 c., 3258 c.
17 oct. Sol. 430 c.
8 nov. Req. 760 c.
14 nov.Sol.2203 c.
20 nov. Req. 337 c.
21 nov.Trib.Beau-vais. 1536 c.
.. nov. Sol. 860 c.
23 nov. Sol. 2282 c.
23 nov.Sol 500 c., 3292 c.
29 nov. Trib. Brioude.2999 c.
29 nov.Trib.Saint-Quentin.2135 c.
6 déc.Décis. 2706 c.
8 déc.Trib. Lille. 1407 c.,1411 c., 1573 c.
6 déc. Trib. Seine. 978.
12 déc.Trib.Bres-suire. 114 c.
13 déc. Civ. 1569 c., 1315 c.,2441 c.

15 déc.Sol, (Belgi-que). 319 c.
22 déc. Trib. Char-tres. 1264 c., 1273 c., 2120 c.
22 déc.Trib.Seine. 1809 c.
26 déc.Sol.2289 c.
26 déc. Trib. Bé-ziers. 219 c.
27 déc.Req.124 c., 127 c., 3080 c.
27 déc. Trib. Non-tron. 1705 c.
28 déc. Trib. Rouan. 1536 c.
29 déc. Trib. Évreux. 2501 c.
29 déc. Trib. Sei-ne. 2188 c.,2190 c.
29 déc. Circ. 2706

1877
8 janv.Sol. 456 c.
9 janv. Civ. 90 c.
10 janv. Trib.Cam-brai. 2144.
18 janv. Trib. Douai. 246 c.
20 janv. Trib. Lil-le. 1535 c.
20 janv. Circ. 1784 c.
22 janv. Trib. Auch. 2145 c.
24 janv.Civ.3369 c.
25 janv. Sol. 860 c.
25 janv.Sol.1418 c.
27 janv. Trib. Reims. 1898 c.
27 janv. Civ.199 c.
31 janv. Trib. Samur. 2371 c.
.. févr. Sol. 1758 c.
6 févr.Sol.3501 c.
7 févr. Civ. 680 c., 2756 c.,2811 c.
8 févr.Trib.Vitry-le-François. 1220 c.
10 févr.Trib. Gan-nat. 2646 c.
12 févr. Req. 1472 c., 1474 c.,1476 c.
16 févr.Trib. Mor-laix. 284 c.
17 févr.Civ.2121 c.
17 févr. Trib. Gre-noble. 545 c., Civ. 3121 c.
22 févr. Trib. Rouen. 1537 c.
23 févr. Trib.Lille. 2108 c.
24 févr. Trib. Nérac. 2330 c.
1er mars. Trib. Caen. 631 c.
2 mars.Trib.Sei-ne. 104 c., 760 c., 3060 c.
8 mars. Civ. 1340 c.
8 mars. Sol. 2123 c.
9 mars.Trib.Dun-kerque. 807 c.
13 mars. Trib. Chambéry. 2382 c.
.. mars. Sol. 2334 c.
14 mars. Trib. Reims. 421 c.
16 mars. Trib. Saint-Amand. 2184 c.
16 mars.Trib.Yve-tot. 1646 c.
22 mars. Trib.Avi-gnon. 1584 c.
28 mars.Trib.Châ-teanbriant.2139 c.
23 mars. Trib. Laon. 1591 c.
23 mars.Trib.Lec-toure. 3043 c.

24 mars. Trib. Melle. 2119 c.
.. avr. Sol. 1589 c.
9 avr.Req.2568 c.
10 avr. Trib. Ven-dôme. 219 c.
11 avr. Civ. 1082 c., 1203 c., 2163 c., 2303 c.,2304 c., 3258 c.
12 avr. Trib. Epi-nal. 743 c.
13 avr.Trib.Seine. 1842.
20 avr.Trib. Seine. 2489 c.
23 avr. Req. 92 c., 3073 c., 3074 c.
25 avr.Sol.1429 c., 2129 c.
30 avr.Req.307 c., 308 c.
2 mai. Trib. Mont-télimart.2371 c.
2 mai.Sol. 2554 c.
4 mai. Trib. No-gent-le-Rotrou. 695 c., 1287 c., 1309 c.
4 mai.Trib.Seine. 1319 c.
5 mai.Trib.Gail-lac. 547 c.,1260 c.,1311 c.
11 mai.Trib.Lyon. 2555 c.
17 mai. Trib. Pau. 2993 c.
22 mai.Sol. 103 c., 2540 c.
24 mai. Trib. Ar-bois. 1084 c.
28 mai.Civ.2585 c.
28 mai. Trib. Cler-mont. 860 c.
31 mai.Sol.103 c., 2840 c.
.. juin.Sol.1589 c.
2 juin. Trib. An-gers. 2300 c.
6 juin. (et nou 1875) Civ. 22 c., 1670 c., 1878 c.
12 juin. Trib. Bayonne. 966 c.
13 juin.Trib.Saint-Quentin. 700 c.
13 juin. Trib. Sois-sons. 2428 c.
22 juin.Trib.Ver-vins. 2046 c.
23 juin. Civ. 945 c., 946 c.
25 juin.Instr.2718 c.
6 juill. Trib. Sei-ne. 1045 c.
6 juill.Sol.2449 c.
20 juill. Trib. Sei-ne.329 c., 707 c.
24 juill.Décis. 544.
25 juill.Civ.1787 c.
25 juill. Trib. Ba-gnères. 1054 c.
26 juill. Sol. 2306 c.
27 juill. Trib. Fon-tenay. 375 c., 700 c.
26 juill. Trib. Sei-ne. 671 c.,1343 c., 3529 c.
27 juill.Sol.2214 c.
4 août.Trib.Haze-brouck. 1337 c.
9 août.Décis.3469 c.
9 août.Sol.3471 c.
10 août. Trib. Sei-ne. 1927 c.
18 août. Req. 1898 c.
17 août.Sol.2492 c.
23 août. Trib. Di-jon. 1001 c., 2793 c.
26 août.Trib.Mu-ret.1069 c.,1070 c.
29 août. Trib. Ha-vre. 3077 c.

29 août. Trib. Sei-ne. 147 c.
26 août.Sol.588 c.
31 août.Trib. Lille. 2218.
31 août. Trib. Lou-hans. 703 c.
31 août. Trib. Mar-seille. 3292 c.
3 sept.Req.1131 c.
10 sept. Sol. 219 c.
9 oct. Sol. 2214 c.
10 oct. Décis. 2760 c.
13 (ou 16) oct. Sol. 706.
15 oct.Sol. 1666 c.
16 oct. Sol. V. 13 oct.
27 oct. Sol. 1152.
14 nov.Civ. 898 c., 1924 c.,1951 c.
23 nov.Sol.2310 c.
30 nov. Trib. Mar-seille. 2509.
30 nov.Trib.Seine. 1809.
5 déc.Trib.Scinc. 3377 c.
6 déc. Sol. 2289 c.
10 déc. Civ. 2008 c., 2023 c.,2923 c.
12 déc. Req. 789 c.
12 déc. Cons. préf. Seine. 2776 c.
13 déc.Sol.2598 c.
17 déc. Trib. Alen-çon. 2479 c.
17 déc. Trib.Mont-pellier. 1560 c.
17 déc. Trib. Rouen. 2366 c.
24 déc. Civ. 1148 c.,1161 c.,1166 c.
36 déc.Trib.Roan-ne. 634 c., 698 c.,1271 c.,1309 c.
27 déc. Ch. réun. 1450 c., 1460 c.
27 déc.Trib.Lyon. 1559 c.

1878
2 janv.Civ.2366 c.
5 janv.Trib.Sei-ne. 2114 c.
7 janv.Req.2585 c., 3073 c.,3074 c.
8 janv.Trib.paix. Monastier. 2692 c.
9 janv. Limoges. 2934 c.
14 janv.Req.1220 c.
14 janv.Civ.1917 c.
15 janv.Trib. Is-soudun. 114 c.
16 janv.Décis.2760 c.
17 janv. Trib. Laon. 2358 c.
21 janv. Req. 329 c.,1123 c.
22 janv.Trib.Lyon. 2114 c.
24 janv.Instr.760.
25 janv.Trib. Di-gne. 3008 c.
26 janv.Trib.Nar-bonne. 2377 c.
26 janv.Trib.Com-piègne. 1303 c.,1397 c.
6 févr.Trib.Nar-bonne.1561 c.,1560 c.,2955 c.
6 févr. Trib. Mu-ret.1069 c.,1070 c.
8 févr.Trib.Sei-ne. 1302 c.

13 févr. Req. 670 c., 674 c, 2568 c., 3277 c.
13 févr. Trib.Cler-mont (Oise). 537 c., 2378 c.
23 févr. Trib. Sei-ne. 1481c.,1814 c.
25 févr.Sol.2474 c.
26 févr. Req. 2367 c., 3410 c.
26 févr. Trib.Ver-sailles. 2268 'c.
15 mars. Décis. 2798 c.
20 mars. Sol. 2903 c.
21 mars. Nancy. 2987.
26 mars. Loi. 2808 c., p. 163.
27 mars. Sol. 184 c.
29 mars. Trib.Seine. 1809 c.
30 mars. Trib. Ha-zebrouck.270 c.
30 mars. Trib. Reims. 2268 c.
8 avr. Trib. La Roche-sur-Yon. 536 c.
10 avr.Trib.Briou-de. 1450 c., 1476 c., 1521 c.
12 avr. Sol. 1418 c.
15 avr. Sol. 212 c.
21 avr. Trib. Bon-neville. 2299 c.
4 mai.Trib.Mons. 3298 c.
10 mai. Trib. Ha-vre. 1561.
10 mai. Trib. Br. Évreux. 770 c.
10 mai. Instr.2558 c.
14 mai. Trib. Pon-tarlier. 2016 c.
15 mai.Trib.Mont-morillon.2232 c.
21 mai. Trib. Gué-ret. 1015 c.
23 mai. Trib. Rouen. 1361 c.
1er juin. Trib. Lo-rient. 420 c., 1531 c.
1er juin.Loi.2743 c.
7 juin. Trib. Sei-ne. 2347 c.
11 juin.Instr.2178 c.
18 juin. Trib.Châ-teaulin.1519 c.
19 juin. Trib. Bé-ziers. 1974 c.
22 juin.Trib. Char-leville. 2148 c.
26 juin. Civ. 106 c.,175 c.,1272 c.
28 juin.Sol.345 c.
1er juill. Civ. 2382 c.
24 juin.Instr. 760.
25 juin.Trib. Ar-gentan. 1560 c.
12 juill. Trib. Di-jon. 3008 c.
12 juill. Trib. Mar-seille. 2650 c.
13 juill. Trib. Châ-teau-Thierry. 535 c., 985 c.
15 juill.Req.2886 c.
18 juill.Sol. 2808 c., 3363 c.
20 juill. Trib. Agen. 3551 c.
25 juill.Trib.Sei-ne. 860.
20 juill.Sol. 2310

31 juill. Sol. 2612 c., 2647 c.
1er août. Req.1349 c., 3217 c., 3292 c.
6 août. Civ. 1459 c., 1463 c.,1464 c.
7 août.Sol.2226 c.
8 août. Trib. Tou-lon. 3290 c.
9 août.Trib.Ayes-nes. 2114 c.
9 août. Trib. Sei-ne.547c.,1211 c.
12 août.Sol.2493 c.
14 août. Trib. Bayeux. 1345 c.
17 août. Trib. Lille. 1158 c.
20 août. Trib. Bor-deaux. 900 c.
20 août. Trib. Bri-ve. 785 c.
22 août. Trib. Nice. 2155 c.
22 août.Sol.2310c., 2992 c.
22 août. Sol. 2479 c.
26 août. Trib. Bor-deaux. 1260 c.
27 août.Trib.Mon-targis. 1519 c.
28 août. Trib. Bri-ve. 1865 c.
29 août. Sol. 2763 c.
39 août. Trib. Hazebrouck.217 c.
30 août. Trib. Ri-bérac. 3546 c., 3874 c., 3592 c.
30 août.Trib. Sei-ne. 2811 c.
31 août. Trib. Saint - Calais. 2047 c.
39 sept. Sol. 2492 c.
18 oct. Décis. 2754 c.
31 oct. Sol. 2452 c.
5 nov. Req. 60 c., 72 c., 73 c.
9 nov. Req. 2898 c.
20 nov. Trib. Cler-mont. 2214 c., 2223 c.
20 nov.Cons.d'Et. 1783 c.
22 nov. Sol. 2299 c.
22 nov. Trib. Vien-ne. 3654 c.
28 nov. Trib. Châ-teau - Thierry. 689.
29 nov. Trib. Châ-teau - Thierry. 878 c.
3 déc. Req. 1037 c., 1051 c.,3256 c.
5 déc. Instr. 2754 c.
6 déc. Trib. Sei-ne. 2612 c.
13 déc. Sol. 2382 c.
18 déc. Trib. Ar-gentan. 1560 c.
18 déc. Trib. La Di-jon. 3008 c.
19 déc. Trib. Oran-ge. 542 c.
12 juill. Civ. 32 c., 535 c., 985 c., 3434 c., p. 163.
27 déc. Trib. Mor-brison. 1176 c.
28 déc. Instr. 535 c., 985 c., 3434 c.
31 déc. Trib.Blois. 855 c., 3524 c.
31 déc. Trib. Re-thel. 1849 c.

1879
7 janv. Sol. 2962 c.
20 janv. Civ. 1931 c., 3345 c.
22 janv. Sol. 2501 c.
23 janv. Sol. 2308 c.
24 janv. Trib. Sei-ne. 2612 c.
28 janv. Trib.Gap. 1231 c.
29 janv. Sol. (Bel-gique), 303 c.
3 févr. Civ. 2944 c., 2982 c.,3367 c.
6 févr.Civ.3540 c.
6 févr. Trib. Vi-try-le-François. 2479.
11 févr.Trib.Blois. 2158 c.
11 févr. Trib. Nice. 2268 c.
14 févr. Trib. Cler-mont (Oise). 745.
15 févr. Civ. 825 c.,2434 c.
18 févr. Sol. 2061 c.
21 févr. Cons. d'Et. 2775 c.
22 févr.Trib.Mont-pellier. 1406 c.
23 févr. Trib. Ver-sailles. 966 c.
1er mars. Rouen. 2981 c.
6 mars. Trib. Gourdon. 1069 c., 1070 c.
9 mars.Trib. Sei-ne. 338 c.
11 mars. Sol. 3525 c.
13 mars. Trib. Havre. 810.
14 mars.Trib. Sei-ne. 1408 c., 1578 c.
14 mars. Décis. 1769 c., 1781 c.
19 mars. Req. 1482 c.,1514c.
19 mars. Civ. 1894 c., 3392 c.
22 mars. Instr. 1769 c., 1781 c.
26 mars. Sol. 405 c.
26 mars. Trib. Sei-ne. Mons. 2676 c.
26 mars. Trib. Lyon. 2330 c.
3 avr. Sol. 406 c.
9 avr. Civ. 92 c., 1461 c.,1463 c.
21 avr. Req. 1898 c.
25 avr. Trib. Man-tes. 205 c., 3315 c.
26 avr. Décis. 985 c.
26 avr. Trib. Tar-bes. 1250 c.
29 avr. Sol. 2310 c.
6 mai. Décis. 2754 c.
12 mai. Sol. 3087 c.
13 mai Req. 1898 c.
14 mai. Civ. 2121 c.
15 mai.Trib.Mont-brison. 1176 c.
16 mai.Trib.Mar-seille. 1309 c.
24 mai. Trib. Lille. 1832 c.
26 mai. Sol. 2428 c.

30 mai. Sol. 2810 c.
6 juin. Sol. 2329 c.
18 juin. Trib. Lyon. 993 c.
22 juin. Décr. 1473 c.
23 juin. Trib. Montargis. 3592 c.
23 juin. Trib. Fontainebleau. 3551 c.
28 juin. Trib. Tours. 217 c.
2 juill. Civ. 1877 c., 1878 c., 3394 c.
7 juill. Trib. Niort. 2019 c.
9 juill. Req. 2136 c.; 2448 c., 2159 c.
15 juill. Req. 462 c.
16 juill. Trib. Langres. 2047 c.
16 juill. Trib. Saint-Quentin. 345 c.
18 juill. Décis. 1506 c., 1509 c.
26 juill. Sol. 2151 c.
29 juill. Civ. 1491 c., 3389 c., 3392 c.
2 août. Trib. Bordeaux. 545 c.
4 août. Sol. 927 c., 1426 c.
11 août. Trib. Marseille. 2310 c.
19 août. Trib. Nantes. 194 c., 339 c.
23 août. Trib. Limoges. 3298 c.
25 août. Civ. 3548 c.
25 août. Trib. Seine. 3350 c., 3360 c., 3400 c.
28 août. Sol. 2073 c.
30 août. Sol. 1426 c., .. 3878 c.
.. sept. Trib. Orléans. 1289 c.
8 sept. Décis. 982 c.
10 sept. Sol. 2226 c.
29 sept. Sol. 2155 c.
3 oct. Décis. 2233 c., .. 3059 c.
20 oct. Sol. 2036 c.
14 nov. Trib. Castelsarrasin. 1625 c.
26 nov. Trib. Avignon. 2994 c., 3002 c.
29 nov. Civ. 3425 c., .. déc. Sol. 1589 c.
5 déc. Cons. d'Et. 3320 c.
9 déc. Trib. Lyon. 1282 c.
8 déc. Sol. 985 c.
14 déc. Sol. 810 c.
16 déc. Trib. Arras. 2033 c.
17 déc. Trib. Nantes. 1483 c.
18 déc. Trib. Valenciennes. 212 c., 217 c.
18 déc. Sol. 1426 c.
19 déc. Décis. 3003 c.
22 déc. Trib. Nice. 2356 c.
24 déc. Civ. 1963 c., 1966 c.
29 déc. Décr. 45 c., 8073 c.
29 déc. Civ. 95 c.
29 déc. Sol. 563 c., 2787 c.
30 déc. Civ. 95 c., 3073 c., 3074 c., 2077 c.
30 déc. Sol. 351.

1880

6 janv. Paris. 2968 c., 8005 c.
13 janv. Civ. 1572 c., 1584 c., 1595 c.
14 janv. Trib. Fontainebleau. 3551 c.
14 janv. Trib. Oloron. 1903 c.
15 janv. Trib. Briey. 2341 c.
15 janv. Sol. 1942 c., .. 1946 c.
1940 c., 2417 c.
17 janv. Trib. Yvetot. 3555 c.
23 janv. Sol. 940 c.
20 janv. Sol. 2309 c., .. 2235 c.
27 janv. Nîmes. 2687 c.
28 janv. Civ. 2209 c., .. 3317 c., 3364 c.
28 janv. Trib. Bordeaux. 2283 c., 2667 c.
5 févr. Trib. Seine. 1013 c., 2044 c.
6 févr. Trib. Seine. 947 c.
9 févr. Req. 338 c., .. 339 c., 1310 c., 3072 c.
11 févr. Civ. 317 c., .. 3354 c., 3321 c.
13 févr. Sol. 2310 c.
18 févr. Décis. 1509 c.
20 févr. Sol. 2432 c.
21 févr. Sol. 2963 c.
24 févr. Trib. Beauvais. 217 c.
1er mars. Sol. 3539 c.
16 mars. Trib. Orléans. 1289 c.
18 mars. Trib. Vienne. 190 c., 2176 c.
22 mars. Req. 462 c.
27 mars. Décis. 2747 c.
3 avr. Décis. 1996 c., .. 2305 c.
5 avr. Sol. 2963 c.
6 avr. Trib. Versailles. 2547 c.
3 avr. Instr. 1996 c.
14 avr. C. cass. Belgique. 2434 c.
20 avr. Trib. Bayonne. 2953 c.
23 avr. Sol. 1426 c.
24 avr. Trib. Saint-Malo. 217 c.
4 mai. Sol. 2448 c., 2449 c.
8 mai. Trib. Alberville. 2053 c.
11 mai. Trib. Versailles. 2952 c.
13 mai. Trib. Corbeil. 626 c., 2759 c.
15 mai. Trib. Hazebrouck. 1158 c.
26 mai. Trib. Langres. 2993 c., 2999 c.
28 mai. Cons. d'Et. 1079 c.
2 juin. Trib. Nontron. 912 c.
4 juin. Trib. Seine. 843 c., 844 c., 2336 c.
10 juin. Trib. Lourdes. 900.

1881

7 janv. Trib. Seine. 1559 c.
14 janv. Trib. Seine. 1563 c.
28 janv. Civ. 3546 c.
18 janv. Req. 1105 c., 1705 c., 2811 c., 3293 c., 3334 c.

11 juin. Loi. 32 c., 2617 c., p. 163.
16 juin. Sol. 3329 c., .. 2251 c.
18 juin. Trib. Seine. 1386 c., 2498 c.
19 juin. Trib. Mantes. 3344 c.
22 juin. Sol. 1280 c.
24 juin. Sol. 1884 c.
30 juin. Trib. Saint-Julien. 2336 c.
3 juill. Trib. Saint-Brieuc. 2053 c.
6 juill. Civ. 69 c., 73 c., 1536 c.
7 juill. Sol. 3242 c.
8 juill. Trib. Epinal. 3022 c.
13 juill. Angers. 3056 c.
16 juill. Trib. Grenoble. 982, 2613 c.
19 juill. Req. 1271 c.
20 juill. Trib. Saint-Yrieix. 2053 c., 2273 c., 2394 c.
23 juill. Trib. Caen. 1257 c.
28 juill. Req. 387 c., 1942 c., 1943 c.
29 juill. Trib. Charleville. 1519 c.
30 juill. Loi. 3731 c., p. 163.
30 juill. Trib. Angers. 2336 c.
31 juill. Sol. 1768 c., 3435 c.
5 août. Trib. Dieppe. 345 c.
7 août. Trib. Angers. 3063 c.
9 août. Sol. 2501 c.
10 août. Sol. 2222 c.
11 août. Trib. Lyon. 2013 c., 2027 c., 2096 c.
14 août. Trib. Rochechouart. 220 c.
22 sept. Sol. 691 c.
6 oct. Sol. 2183 c.
14 oct. Sol. 1626 c.
26 oct. Délib. 3027 c., .. 3926 c.
29 oct. Instr. 2754 c.
8 nov. Civ. 624 c., 3377 c.
17 nov. Civ. 401 c.
30 nov. Sol. 3528 c.
22 nov. Civ. 1001 c.
31 mai. Sol. 2133 c., 2393 c., 3524 c., .. 3731 c.
8 déc. Trib. Briey. 3002 c.
10 déc. Trib. Epernay. 845 c.
13 déc. Sol. 2216 c.
16 déc. Trib. Valenciennes. 2935 c.
20 déc. Loi. 22 c., 39 c., 1952 c., 2062 c., 2064 c., 2065 c., 2067 c., 2068 c., 2069 c., 2187 c., 2480 c., 2481 c., p. 163.
29 juin. Trib. Tarbes. 1175, c.
30 juin. C. cass. Belgique. 1215.
1er juill. Trib. Seine. 1097. c.
6 juill. Civ. 3878
13 juill. Trib. Bernay. 1361 c.
13 juill. Trib. Villefranche. 2989 c.

19 janv. Civ. 63 c., 2490 c.
20 janv. Toulouse. 193 c.
21 janv. Trib. Seine. 1528 c., 2115 c.
29 janv. Loi. 27 c., 428 c., 430 c., 431 c., 432 c., 433 c., 441 c., 447 c., p. 163.
4 févr. Trib. Seine. 756 c., 2854 c.
5 févr. Sol. 2183 c.
7 févr. Civ. 902 c., 904 c., 1974 c.
7 févr. Trib. Bernay. 305.
7 févr. Trib. Nice. 2271 c.
10 févr. Instr. 431, 438 c., 447 c.
16 févr. Req. 3379 c., .. 3380 c.
28 févr. Trib. Châlon-sur-Saône. 2171 c.
24 févr. Trib. Condom. 2305 c.
2 mars. Trib. Nîmes. 595 c., .. 2553 c.
4 mars. Circ. 2748 c.
9 mars. Trib. Falaise. 2588 c.
20 mars. Sol. 1776 c.
23 mars. Req. 2148 c., 1704 c., 3383 c.
23 mars. Civ. 1931 c., .. 2545 c.
2 avr. Sol. 1303 c.
4 avr. Civ. 1220 c.
6 avr. Sol. 2216 c.
8 avr. Trib. Saint-Omer. 1407 c., .. 1578 c.
9 avr. Loi. 2750 c., 3061 c., p. 163.
12 avr. Civ. 1363 c., 2613 c.
13 avr. Trib. Rouen. 1541 c.
19 avr. Sol. 3081 c.
20 avr. Civ. 1120 c.
22 avr. Sol. 2334 c.
7 mai. Sol. 1426 c., .. 2963 c.
9 mai. Req. 756 c., 3212 c.
13 mai. Trib. Seine. 3379 c.
23 mai. Sol. 3088 c.
31 mai. Sol. 2133 c., 2393 c., 3524 c.
17 nov. Trib. Orléans. 3358 c.
17 juin. Trib. Seine. 1153, 1193 c., 2334 c.
20 juin. Req. 1913 c.
20 juin. Instr. 2063 c., 2064 c., 2065 c., 2666 c., 3067 c., 2254 c., 2481 c., 2483 c.
22 juin. Sol. 2450 c.
25 juin. Trib. Lille. 1348 c.
1er juill. Sol. 1776 c.

1882

4 janv. Req. 2428 c.
6 janv. Décis. 2750 c.
20 janv. Trib. Seine. 2398 c., 3524 c.
24 janv. Trib. Orléans. 3358 c.
1er févr. Civ. 2023 c., 2024 c.
1er févr. Trib. Pontivy. 463 c.
2 févr. Trib. Villefranche. 2959 c.
8 févr. Décr. 45 c., 153.
9 févr. Décis. 2767 c.
14 févr. Sol. 2450 c.
19 févr. Trib. Seine. 2729 c.
21 févr. Sol. 2470 c.
26 févr. Sol. 668 c., 1354 c.
28 févr. Sol. 2143 c.
7 mars. Civ. 3392 c.
9 mars. Trib. Mortain. 3213 c.
13 déc. Civ. 2653 c.
16 mars. Trib. Seine. 1537 c.
21 mars. Sol. 2902 c.

22 mars. Trib. Gray. 2989 c.
28 mars. Arrêté 50, p. 163.
1er avr. Trib. Avesnes. 1226 c., 1745 c.
3 avr. Bruxelles. 1057 c.
3 avr. Trib. Sancerre. 1654 c.
4 avr. Instr. 30 c.
12 avr. Sol. 2446 c.
19 avr. Sol. 2902 c.
24 avr. Trib. Seine. 2072 c., 2074 c.
25 avr. Sol. 2143 c.
26 avr. Civ. 1161 c., 1174 c.
26 avr. Sol. 1131.
27 avr. Trib. Pontoise. 2978 c., 2979 c., 3338 c.
28 avr. Trib. Saint-Nazaire. 1219 c.
3 mai. Civ. 2660 c.
5 mars. Trib. Seine. 2181 c., 2292 c., 2347 c., 3243 c., .. 3244 c.
7 mars. Req. 1798 c., .. 3294 c.
8 mai. Civ. 954 c., 963 c., 993 c., 1008 c., 3029 c.
8 mai. Trib. Abbeville. 3317 c.
10 mai. Décr. 40 c.
10 mai. Trib. Bordeaux. 1798 c.
6 juin. Civ. 2366 c., 2213 c.
10 juin. Trib. Beaune. 2188 c.
19 juin. Req. 69 c., 71 c.
20 juin. Instr. 2703 c.
27 juin. Civ. 1410 c., 1578 c., 1965 c., 1966 c.
27 juin. Sol. 2587 c.
4 juin. Décis. 2751 c.
11 juill. Décr. 40 c.
13 juill. Civ. 3562 c.
17 juill. Trib. Bernay. 3385 c.
18 juill. Civ. 3551 c., 3562 c., 3575 c.
21 juill. Trib. Seine. 1168 c., 1383 c.
24 juill. Civ. 1130 c.
26 juill. Sol. 157 c., 2596 c.
29 juill. Loi. 39 c.
2 août. Trib. Lunéville. 1809 c.
7 août. Décis. 512 c.

29 déc. Trib. Seine. 2309 c.

1883

3 janv. Sol. 710 c.
5 janv. Sol. 3546 c.
5 janv. Trib. Versailles. 1552 c.
22 janv. Civ. 2018 c.
26 janv. Trib. Seine. 2406 c.
30 janv. Instr. 2713 c., .. 2778 c.
19 févr. Req. 62 c., .. 1315 c.
20 févr. Civ. 2366 c., 2461 c., 2612 c.
28 févr. Trib. Grasse. 1104 c.
2 mars. Trib. Seine. 1545 c.
5 mars. Civ. 1349 c., 2181 c., 2292 c., 2347 c., 3243 c., 3244 c.
7 mars. Req. 1798 c., 3294 c.
9 mars. Trib. Mans. 526 c., 633 c.
23 mars. Trib. Rouen. 420 c.
30 mars. Trib. Seine. 2014 c.
4 avr. Civ. 2018 c.
4 avr. Trib. Compiègne. 1103 c.
7 avr. Décis. 2451 c.
11 avr. Décis. 2167 c.
13 avr. Trib. Seine. 3316 c.
16 avr. Sol. 2587 c.
18 avr. Civ. 2241 c., 2219 c.
22 avr. Trib. Paris. 1466 c.
3 mai. Civ. 3201 c.
5 mai. Trib. Pont-l'Évêque. 1401 c.
23 mai. Trib. Saïgon. 1759 c.
28 mai. Sol. 1705 c.
27 mai. Trib. Seine. 2058 c.
28 mai. Trib. Nice. 1297 c., 3342 c.
29 mai. Civ. 2581 c.
29 mai. Civ. 1899 c., 4900 c., 1901 c.
30 mai. Sol. 2291 c.
5 juin. Trib. Seine. 2588 c.
8 juin. Instr. 2451 c.
10 août. Décis. 476 c., 2764 c.
22 août. Décis. 3060 c.
24 août. Trib. Saint-Amand. 2382 c., 3462 c., 3481 c.
31 août. Trib. Rouen. 3206 c.
14 sept. Sol. 2605 c., 2609 c.
25 sept. Instr. 3060 c.
14 oct. Sol. 1320 c.
12 oct. Sol. 2587 c.
13 oct. Sol. 1430 c.
16 nov. Sol. 3064 c.
28 nov. Req. 2570 c.
30 nov. Trib. Vannes. 1528 c.
8 déc. Trib. Montbéliard. 1498 c.
3 déc. Trib. Orléans. 987.
11 déc. Sol. 1447 c.
13 déc. Req. 2811 c., 3024 c.
29 déc. Trib. Domfront. 3279 c.

30 juill. Trib. Bordeaux. 2546 c.
31 juill. Req. 1002 c.
31 juill. Trib. Lyon. 2304 c., 2305 c., 3342 c.
31 juill. Trib. Versailles. 1552 c.
31 juill. Sol. 1466 c.
4 août. Trib. Nérac. 3524 c., 3526.
7 août. Trib. Rennes. 925 c.
11 août. Trib. Avesnes. 1902 c.
13 août. Instr. 51.
13 août. Trib. Vire. 1315 c.
18 août. Sol. 1303 c.
18 août. Trib. Bastia. 2906 c.
31 août. Trib. Montlugon. 812 c.
15 sept. Sol. 939 c.
19 sept. Trib. Décis. 3058 c.
19 sept. Sol. 2183 c.
21 sept. Sol. 1776 c.
4 oct. Sol. 402 c.
10 oct. Instr. 2719 c.
15 oct. Décr. 40 c.
19 oct. Sol. 714 c., 715 c.
20 nov. Req. 2221 c.
20 nov. Trib. Saint-Étienne. 2186 c.
30 nov. Trib. Seine. 2697 c.
15 déc. Sol. 1349 c.
19 déc. Trib. Villefranche. 305 c.
20 déc. Trib. Fontainebleau. 2177 c.
24 déc. Décis. 1766 c., 2782 c.
26 déc. Trib. Nancy. 770 c., 778 c.
31 déc. Civ. 1220 c.
31 déc. Toulouse. 199 c.

1884

2 janv. Civ. 3406 c., 3419 c.
10 janv. Trib. Morlaix. 2053 c.
14 janv. Décr. 47 c., p. 163.
17 janv. Req. 522 c., 2024 c.
17 janv. Mayenne. 1270 c.
4 févr. Trib. Seine. 1919 c.
17 févr. Civ. 2811 c., .. 3024 c.
4 févr. Trib. Bar-le-Duc. 2046 c.
1er févr. Trib. Seine. 2208 c., 3579 c.
5 févr. Civ. 819 c., 843 c., 844 c.
5 févr. Décis. 2806 c.
13 févr. Trib. Mayenne. 218 c.
13 févr. Trib. Ribérac. 2402 c.
14 févr. Trib. Limoges. 595 c., 2553 c.
15 févr. Limoger. 199 c.
18 févr. Trib. Valence. 2077 c.
10 juill. Décis. 3719 c.
17 juill. Trib. Saint-Étienne. 624 c., 279 c.
19 juill. Trib. Joigny. 2494 c.
21 juill. Gand. 1278 c.
22 juill. Req. 3217 c.
22 juill. Trib. Guéret. 3377 c.
24 juill. Civ. 3391 c.
27 févr. Civ. 1474 c., 3391 c.
29 juill. Trib. Melun. 206.
29 févr. Trib. Seine. 3580 c.
3 mars. Req. 1375 c., 1226 c., 1297 c.
5 mars. Sol. 2298 c.

7 mars. Trib. Sei-
ne. 1886 c.
14 mars.Instr.3049
c.
18 mars.Req.3524
c.
21 mars. Trib. Sei-
ne. 1362 c.
24 mars. Sol. 1440
c.
26 mars. Trib.
Cherbourg.2750
26 mars.Sol.1211c.
27 mars. C. cass.
Belgique.2615c.
1er avr. Civ. 1078
c.,5283 c., 3562
c.,3563c., 3598
c.
1er avr. Trib. Ribé-
rac.936c.,987 c.
4 avr. Civ.3091 c.
4 avr. Trib. Lyon.
1352 c.
4 avr.Trib. Seine.
916 c., 2114 c.
5 avr. Loi. 35 c.,
581 c.
18 avr. Décis. 2806
c.
25 avr.Trib.Seine.
528 c.
29 avr. Clv. 92 c.
29 avr. Trib. Poi-
tiers. 2230 c.,
3378 c.
30 avr.Clv.3247 c.,
2499 c.
2 mai. Trib. Sei-
ne.1104 c.,3121
c.
5 mai. Req.1913
c.
20 mai. Trib. Nan-
cy. 1089c.,1070
c., 1624 c.
20 mai. Trib. Ren-
nes.1396c.,1552
c.
28 mai.Civ.1537 c.
5 juin.Trib.Bour-
ges. 1366 c.
12 juin. Trib. Bé-
ziers 3226.
16 juin.Sol.1840 c.
18 juin. Clv. 2388
c.,3293 c., 2404
c., 2405 c.
15 juin. Trib. Va-
lenciennes. 535
c., 967 c., 968
c., 1946 c.
19 juin. Trib. Tou-
louse. 2917c.
20 juin. Trib. Sei-
ne. 3328 c.
25 juin.Trib.Saint-
Gaudens.235 c.,
2188 c.
25 juin. Trib. Va-
lence. 537 c.,
1740 c.
27 juin. Ord.prés.
Trib. Château-
Thierry. 3009 c.
30 juin. Req. 3334
c.
2 juill. Trib. Bé-
thune. 3575 c.
4 juill.Trib.Char-
leville. 3534 c.
24 juill. Req. 1898
c.,1903c.,1920
c., 1922 c.
22 juill. Trib. Poi-
tiers. 2452 c.
25 juill. Trib. Ve-
soul.1484 c.,
27 juill. Loi. 36 c.,
515 c., 516 c.
1er août. Trib. Sei-
ne.8077c.,3810
c.
5 août. Instr. 516
c.
11 août. Civ.1236
c.,1399 c.,1462
c.,1407c., 1378
c., 1745 c., 1746
c., 1747 c.,
11 août.Trib.Gras-
se. 667 c.
20 août. Req. 2304

c., 2915c., 3379
c., 3380 c.
26 août.Trib.Cher-
bourg. 244 c.,
245 c., 2196 c.
27 août. Trib. Lo-
rient. 1528 c.
29 août. Trib.
Avesnes.3124c.
29 août. Trib.
Yvetot. 2730 c.
9 sept. Trib.
Dreux. 2231 c.
25 sept.Sol.8024 c.
4 oct..Sol.1454 c.
22 oct. Loi. 37 c.,
3127 c., 8125
c.,3129 c.,3130
c.,3131 c.,3134
c.,3137 c.,3138
c.,3139 c.,3141
c.,3140 c.,3144
c.,3146 c.,3147
c.,3148 c.,3149
c.,3150 c.,3151
c.,3152 c.,3153
c.,3157 c.,3159
c.,3160 c.,3161
c.,3163 c.,3164
c.,3165 c.,3166
c.,3167 c.,3168
c.,3169 c.,3176
c.,3177 c.,3181
c.,3189 c.,3193
c.,3196 c.,3433
c., 3443 c., p.
163.
3 nov. Loi. 38 c.,
99 c., 1700 c.,
1711 c.,1712c.,
1713 c.,1715 c.,
1718 c.,1721 c.,
1722 c.,1723 c.,
1725 c.,2483c.,
p. 163.
4 nov. Instr. 1701
c., 1713 c.,
1715 c.,1716 c.,
1717 c.,1718 c.,
1719 c.,1720 c.,
1721 c.,1723c.,
1724 c.,1725c.,
1726 c., 1727 c.,
1728 c.
27 nov. Trib.
Saint - Amand.
3280 c.
26 nov. Trib. Sei-
ne. 3521 c.
2 déc. Trib. Par-
thenay. 2588 c.
3 déc. Clv.1319 c.
3 déc. Instr. 3130
c.,3136 c.,3143
c.
8 déc.Décis.819 c.
8 déc. Trib.Char-
leville.8169 c.
8 déc.Trib. Lons-
le - Saulnier.
2079 c.
10 déc. Civ.2691 c.
20 déc.Trib. Haze-
brouck. 3297.
20 déc. Trib. Sei-
ne. 39 c., 1932 c.
2064 c., 2065 c.,
2068 c.,2187 c.,
2254 c.,2480 c.,
3060 c., p.163.
29 déc.Trib. Ma-
mers. 208 c.
30 déc. Req. 1930
c., 1931 c.,1933
c., 2542 c.,2648
c.,3379c.,3280c.
30 déc. Clv. 1460
c., 1473 c.,1494
c., 1871 c.,2366
c.

1885
6 janv.Civ.3378 c.
9 janv.Trib. Mul-
hau. 2653 c.
19 janv.Décr.43 c.
19 janv. Clv. 124
c., 127 c.,126 c.,
143 c.,170 c.,953
c.,958 c.,2940 c.
26 janv. Req. 187
c.,994 c.,3200c.,
3394c.

27 janv. Civ. 645 c.
27 janv. Trib.
Quimper.2184c.
29 janv. Trib.
Lyon. 370 c.
29 janv. Trib.
Rouen. 1681 c.,
2606 c.
29 janv.Décis.1722
c.
30 janv. Trib. Sei-
ne. 1087 c.,
1088 c.,3101 c.
3 févr.Trib.Cher-
bourg. 2879 c.,
2880 c., 2892 c.
4 févr.Req.1076c.
9 févr. Circ. 1701
c., 1722 c.
20 févr.Trib.Saint-
Sever. 1176 c.
26 févr.Trib.Lyon.
2176 c.
6 mars. Trib. Pé-
ronne. 2879 c.,
2880 c., 2892 c.
6 mars. Trib. Va-
lenciennes.3334
c.
20 mars.Trib.Bou-
logne. 2999 c.
25 mars. Civ. 645
c., 648 c.
27 mars.Trib.Ber-
gerac. 3434 c.
31 mars.Décr.39 c.
10 avr.Sol.3196 c.
17 avr.Sol.1762 c.
18 avr. Trib. Foix.
3134 c.
23 avr. Décr. 43 c.
4 mai.Sol.1998 c.
4 mai.Req.3076 c.
5 mai. Clv. 3079
c.,.3106 c.
10 mai.Trib.Seine.
1349 c.
6 mai. Trib. Va-
len c i e n n es.
3592.
7 mai. Trib.
Rouen. 809 c.
6 mai.Trib.Lyon.
543 c.
9 mai. Décis. 318
c., 2786 c.
9 mai. Sol. 1474
c., 1477.
11 mai. Trib.
Rennes. 2588 c.
13 mai.Trib.Blois.
3195 c.
13 mai. Trib.
Sainte-Mene-
hould. 8160 c.
22 mai. Trib.Mor-
tagne. 221 c.
3 juin. Instr.2063
c.,2066 c., 2354
c., 2481 c.,2482
c., 2483c.
5 juin. Trib. Sei-
ne. 1458 c.,
1506 c.
9 juin. Sol.817 c.
9 juin.Décr.40 c.
9 juin. Sol. 2159
c.
10 juin. Civ. 1406
c.
12 juin. Trib.Cas-
tellane. 3173 c.
19 juin. Trib.Cler-
mont (Oise).871
c.
19 juin.Sol.2069 c.
22 juin. Req.904
c.,1971c., 2539
c., 2612 c.
27 juin. Trib.
Épernay. 3134
c., 3189.
29 juin. Req. 2310
c.
6 juill.Sol.3502 c.
7 juill. Req. 2755
c.
7 juill.Trib. Dax.
776 c.
8 juill. Trib.Ploërmel.
3139 c.

1886
12 janv.Trib.Mar-
seille. 2402 c.

c., 2262 c., 2255
c.
16 juill. Trib. Fon-
tainebleau. 3176
c.
21 juill.Civ.3870 c.
28 juill. Trib. Pra-
des. 2220 c.
31 juill.Trib.Ram-
bouillet.3160 c.
31 juill. Trib. Sei-
ne.1407 c.,1545
c., 1578 c.
6 août.Trib.Pont-
l'Évêque. 2556
c.
6 août. Trib. Se-
dan. 1257 c.,
1722 c.
10 août. Trib.
Chambon. 1684
c.
11 août. Trib. Car-
pentras.2319 c.
11 août. Décis.
2743 c.
12 août. Trib. An-
necy. 3187 c.
13 août. Trib.
Lons-le-Saul-
nier. 698 c.
14 août. Trib.
Roanne. 2371 c.
22 sept. Trib. Ruf-
fec. 924 c.
25 sept. Instr. 643
c., 1219 c.
23 oct. Trib. Sei-
ne. 1845 c.,
3464 c.
24 oct. Trib. Bau-
me-les-Dames.
3134 c.
28 oct. Req. 1007
c., 2793 c.
30 oct. Trib. Tar-
bes. 8196 c.
4 nov. Trib. Au-
xerre. 3434 c.
10 nov.Trib. Ren-
nes. 2837 c.
11 nov. Trib. Ar-
gentan. 3181 c.
11 nov. Sol. 1622
c.
13 nov. Trib. Aix.
2e canton Bru-
xelles. 3571 c.
24 nov. Trib. Mar-
seille. 1407 c.,
1553 c., 1578 c.
27 nov. Trib. Ver-
sailles. 3515 c.
30 nov. Clv., 3343
c.,3340 c.,3570
c., 3571 c.
1er déc. Trib. Cha-
lon-sur-Saône.
245 c.
4 déc. Trib.Saint-
Lô. 3290 c.
8 déc.Trib.Dijon.
1345 c.
9 déc.Trib.Saint-
Flour. 3187 c.
11 déc. Trib. Ha-
vre. 321 c.
11 déc. Trib. Lille.
927 c., 3075 c.
11 déc. Trib.Mor-
taïn. 1130 c.
14 déc.Sol.3187 c.
14 déc. Req. 69 c.,
73 c., ,76 c.,
2231 c.
16 déc. Req. 69 c.,
73 c., 82 c.,
1270 c.
18 déc. Trib. Gap.
1258 c.
19 déc. Sol. 258 c.
20 déc. Trib. Au-
busson. 3167 c.
26 déc. Trib. Brive.
3167 c.
28 déc.Sol.2093c.

1886
12 janv. Trib.Mar-
seille. 213 c.,
2009 c.
12 juill. Trib. Sei-
ne. 810 c., 814 c.

13 janv. Trib. Dax.
186 c., 936 c.
20 janv.Trib.Blois.
3169 c., 3170 c.
21 janv. Trib.
Bourg. 3134 c.
22 janv. Trib.
Douai. 1833 c.
22 janv. Trib.Sei-
ne. 1966 c.
23 janv.Sol.3187c.
25 janv. Req.1389
c.
25 janv.Civ.1398c.
26 janv. Req. 2083
c.
3 févr.Civ.1078c.,
3321 c.
6 févr. Sol. 158
c., 3500 c.
12 févr. Trib. Ver-
sailles. 2310 c.
17 févr. Civ. 1350
c., 2349 c.
18 févr. Trib. Bou-
logne-sur-Mer.
2411 c.
23 févr. Trib. Tré-
voux. 860 c.
24 févr. Trib. Mar-
seille. 1560 c.,
1563 c.
3 mars. Trib.
Tarbes. 924 c.
4 mars. C. cass.
Belgique. 1250
c.
8 mars. Loi. 2821
c.
10 mars.Req.1095
c.,2438 c.,2697
c.
10 mars. Civ. 1759
c., 2741 c.
13 mars. Paris.
3508 c., 3588 c.
13 mars. Sol. 3503
c.
17 mars. 1776 c.
25.mars. Trib.
Charleville.1255
c.
25 mars. Sol. 1489
c., 1666 c.
26 mars. Trib.
Montluçon.1360
c.
7 avr. Req.3521c.
7 avr. Trib.-Cor-
beil. 4104 c.
9 avr.Trib.Saint-
Lô.3134 c.,3169
c.
9 avr. 'Av. Cons.
d'Et, 228 c.,
2196 c.
16 avr.Trib.Lyon.
1959 c.
16 avr. Trib.Sei-
ne. 967 c.
17 avr.Trib.Saint-
Palais. 2073.
17 avr. Av. Cons.
d'Et. 244.
12 mars. Trib.
Meaux. 2979 c.

1887
21 mai. Trib. Bau-
me-les-Dames-
3184 c.
26 mai. Trib. Mar-
seille. 1465 c.,
1480 c., 1517 c.
8 juin. Trib. Mar-
seille. 752 c.,
2522 c.
6 juin. Trib. Lan-
gres. 1060 c.
25 juin. Trib. Tar-
bes. 3163 c.
30 juin. Trib. Li-
moux. 1591 c.
6 juill. Loi. 2745
c., p. 163.
30 juill. Trib. Tou-
louse. 1890 c.
13 juill. Trib.Mar-
seille. 213 c.,
2009 c.
25 févr.Trib.Lille.
967, 968 c.

20 juill. 3575c.
21 juill. Clv.3375c.
23 juill. Trib.Vien-
ne. 3289 c.
24 juill. Trib.
ne. 2068 c.
26 juill. Civ. 680
c., 2810 c.,2811
c.
27 juill. Trib. Mar-
seille. 2252 c.
2 août. Civ. 1528
c., 1589 c., 2005
c.
4 août.Civ.1397c.
6 août. Trib.
Saint - Omer.
1354 c.
7 août. Trib.
Amiens. 3147
c., 8172 c.
16 août. Trib. Lil-
le. 986 c.
18 sept .Trib. Bar-
sur-Aube. 8026
c.
19 oct.Civ.1018c.,
2163 c., 2178 c.,
2177 c., 3379 c.
25 oct.Civ.3366 c.,
3378 c.,3426 c.
27 oct. Civ. 199 c.
3 nov. Trib.Lille.
334 c.
6 nov. Trib. Ver-
sailles. 1030 c.
8 nov.Trib.Lons-
2837 c.
11 nov. Trib.
Bayeux. 3169
c., 3170 c.
17 nov.Trib.Uzès.
2046 c.
20 nov.Trib.Beau-
vais. 3152 c.,
3167 c.
1er déc. Trib. Ar-
ras. 1004 c.
1er déc. Trib. Or-
léans. 965 c.
7 déc. Req. 413
c., 124 c., 3097
c., 3379 c.
7 déc.Civ.1883 c.
11 déc. Trib. Ren-
nes. 2652 c.
16 déc. Trib. Lo-
dève. 2046 c.
22 déc.Trib. Cler-
mont-Ferrand.
3091 c.
23 déc.Décis.1474
c.
24 déc. Trib.Mor-
tain. 1794 c.
28 déc. Req. 1925
c.
29 déc.Civ.3370 c.,
3382 c.
31 déc.Trib.Seine.
2406 c.

1887
3 janv.Décr.39 c.
11 janv. Trib. Cou-
tances. 3167 c.
13 janv. C. cass.
Belgique 2941
c.
19 janv. Trib. Mi-
rande. 3181 c.
25 janv.Clv.3382c.
25 janv.Trib.Caen.
1560 c.
7 févr. Trib. Car-
cassonne. 1125
c.
19 févr. Sol. 1474
c.,1477c.,1481
c.,1519 c.,2253
c.
22 févr. Clv. 1386
c., 1656 c.
22 févr.Trib.Alais.
607 c.
25 févr.Trib.Lille.
967, 968 c.

3 mars. Sol. 1004
c.
17 mars. Trib. Ar-
ras. 2149 c.
18 mars. Trib. Sei-
ne. 2068 c.
21 mars. Circ.
22 mars. Req.3074
c.
22 mars.Civ. 3341
c.
23 mars. Trib.
Évreux. 02 c.,
246 c.
28 mars. Civ. 437
c.
3 avr. (et non
août). Civ. 69
c., 73 c., 1735
c., 1742 c.,
1743 c., 1749
c., 2263 c.,2612
c.
6 avr. Civ. 92 c.,
3134 c.
26 avr. Trib.
Sainte - Mene-
hould. 3167 c.
28 avr.Sol. 967.
4 mai.Civ.1498 c.
11 mai. Trib.
Chaumont. 1280
c.
11 mai. Trib. Cus-
set.2339 c.,2422
c.
12 mai.Trib. Nice.
1158 c.
17 mai.Civ.3378 c.
18 mai.Civ.3160 c.
18 mai. Trib.
Rouen. 1909 c.
24 mai. Trib. Avi-
gnon. 342 c.
3 juin. Trib.
Laval. 2999 c.
7 juin. Trib.
Bourg. 988 c.,
2617 c.
10 juin. Trib.Lille.
2158, 3286 c.,
3287 c.
10 juin. Trib.
Seine. 1360 c.,
3379 c., 2449 c.
17 juin. Trib.
Seine. 1790 c.
21 déc. Trib.
Seine.879 c.
25 juill. Trib. Sei-
ne. 679 c.
15 juill.Trib.Con-
folens. 682 c.,
1643 c.
19 juill. Civ.,
c., 2375 c.,2292
c., 2301 c.,2347
c.
19 juill.Sol.2338c.,
3242 c.
22 juill.Trib.Lille.
1550 c.
25 juill. Nîmes.
2987 c.
4 août. Civ. V. 5
avr.
4 août.Trib.Cam-
brai. 977 c.
25 janv.Trib.Sel-
ne. 2491 c.

17 nov. Trib. Vi-
gan. 3172 c.
18 nov. Trib.
Douai. 2113 c.,
2556 c.
18 nov.Trib.Lyon.
1532 c.
18 nov.Trib.Seine.
577, 797 c.
18 nov.Trib. For-
calquier.208 c.
29 nov.Sol.1776 c.
1er déc. Trib. Vire.
3169 c.
2 déc. Trib.Doul-
lens. 3189 c.
2 déc. Trib.Lom-
bez. 1091c.
5 déc. Trib.
Saint - Omer.
3147 c., 3167 c.
14 déc. Trib. Pra-
des. 206 c., 208
c.
14 déc. Trib. San-
cerre. 662 c.
20 déc. Civ. 903 c.,
907 c., 1971 c.,
3540 c., 3365 c.
22 déc. Sol. 714
c.,715 c.,1366 c.
30 déc. Trib. Sei-
ne. 2016 c.
30 déc. Trib. Sei-
ne. 2053 c.
31 déc. Trib. Fi-
geac. 1767 c.,
1787 c.

1888
9 janv. Trib. Di-
jon. 3140 c.,
3189 c.
17 janv. Civ. 1458
c., 1493 c.,1506
c., 1508 c.,1809
c.
18 janv. Req. 1621
c.,1833 c.,8213
c.
20 janv. Trib. Pé-
ronne. 2047 c.
24 janv. Caen.2984
c., 2999 c.
27 janv. Trib. Sei-
ne. 1538 c.
2 févr. Trib. Cha-
rolles. 3293 c.
4 févr.Trib.Lille.
1280 c., 1691 c.
7 févr. Trib.
Rouen. 3141 c.,
3189 c.
18 févr. Req. 2324
c.,3394c., 3410
c.
15 juill. Trib. 1898
c., 1902 c.
17 févr. Trib. Va-
lenciennes. 537
c.,816 c.
23 févr. Trib. Les-
parre. 1560 c.
23 févr.Trib.Éper-
nay. 3140 c.,
3189 c.
7 mars. Req.3249
c.
7 mars. C. Trib.
Rouen. 1931 c.,
1937 c.
13 mars. Sol.683 c.
15 mars.Trib.Mor-
laix. 3147 c.
23 mars. Décis.
2748 c.
23 mars. Projet de
loi. 9 c., 2485.
30 mars. Loi. p.
163.
18 avr. Trib. Sei-
ne. 844.
18 avr. Décis. 2457
c.
24 avr.Trib.Espa-
lion. 2328 c.
24 avr.Trib.Req.
967, 968 c.
14er mai. Trib.
Rouen. 208 c.

8 mai. Trib.Nancy. 1340 c.	6 juill. Trib. Marseille. 1469 c., 1478 c.	30 oct. Civ. 2411 c.,2412 c.	31 janv. Trib. Bayeux. 3167 c., 2173 c.	Bourg.3150 c., 2151 c.	8 août. Trib. Dieppe. 3313 c.	6 déc.Trib.Seine. 2502 c.	12 févr.Civ.1352 c.
9 mai. Amiens. 2971 c.	18 juill. Trib. Seine. 44 c.	19 nov. Req. 2168 c.,2173 c.,2225 c.	5 févr. Civ. 168 c., 227 c., 232 c.,1094 c., 1104	26 mars. Civ. 2967 c.	14 août. Trib. Termonde (Belgique). 1327 c.	6 déc. Req. 1834 c., 2118 c.,2114 c., 2558 c.	4 mars. Civ. 2339 c., 2242 c.
15 mai.Décis.2706 c.	19 juill.Trib.Châteauroux. 3161	20 nov. Trib. Gap. 1397 c.	c.,3524 c.,2612 c.,3394 c.	2 avr. Trib. Sedan. 1407 c., 1411 c.,1878 c.	25 oct. Trib.Seine. 1539 c.,1560 c., 2652 c.	11 déc. Trib. Moulins. 3207 c., 3311 c.	8 mars. Trib. Belley. 2845, 2847 c.,3293.
18 mai. Trib. Seine. 137 c.	30 juill. Instr.2293 c.,2457 c.,2750	22 nov. Civ. 1306 c., 2440 c.,3879	15 févr. Trib. Seine. 44 c., 522 c., 3286 c.,3292 c.	3 avr. Trib.Cháteauroux. 3165	28 oct.Civ.2085 c., 2086 c.,2343 c.	16 déc. Trib. Soissons. 2501 c.	22 mars. Trib. conf. 3321 c.
30 mai.Civ.1684c.	30 juill.Sol.2967 c.	7 déc. Trib. Libourne. 3172 c.	19 févr. Trib.SainteMenehould. 3172 c.	10 avr. Civ.3366 c.	31 oct. Trib. Annecy. 2647 c.		19 avr. Trib. Mantes. 2442 c.
2 juin.Sol,2844 c.	8 août. Trib. Villefranche.221 c.	10 déc. Trib. Avignon. 1187 c., 3054 c.,3117 c.	20 févr.Trib.Avallon. 3135 c.	17 avr. Req. 2695 c., 2696 c.	13 nov. Trib. Condom. 3169 c.	**1890**	7 mai. Décr.3129 c.
3 juin. Circ.2706 c.	20 août. Trib. Joigny. 3172 c.	12 déc. Trib. Bordeaux. 3352 c.	21 févr.Trib.Beaune. 3167 c.	25 avr. Trib. Forcalquier.3141 c.	13 nov. Trib. Mayenne. 1549 c.,1580 c.	18 janv. Req.62 c., 124 c.,2187 c., 2640 c.,3379 c.	20 mai. Civ.232 c., 1004 c., 2524 c.,
11 juin.Décis.2750 c.	10 août. Trib. Montluçon. 2640 c.,3879 c.	14 déc. Trib. Havre. 1776 c.	6 mars. Trib. LonsleSaulnier. 2290.	30 avr. Trib. Trévoux. 2147 c.	20 nov. Civ.306 c., 2015 c.,2052 c., 2953 c.	15 janv.Civ.1473 c.	2612 c., 2613 c.
13 juin. Civ.3378c.	14 août. Trib. Carpentras. 3166 c.	28 déc.Trib. SaintMalo. 1723 c.	9 mars. Décr. 47 c., p. 163.	14 mai.Req.3066c.	21 nov. Civ.92 c., 2058 c.	24 janv. Trib. Marseille. 1473 c.	2 juin. Instr. 1471 c.,3390 c.,3394 c.
15 juin.Sol.1776c.	14 août. Trib. Orléans. 1551 c.		13 mars. Trib.Grenoble: 3167 c.,3173 c.	31 mai. Trib. Havre. 701 c.	2 déc. Req. 2271 c.,3205 c.,3826 c.,3361 c.,3891 c.	27 janv. Req. 2148	4 juin.Civ.2346 c.
20 juin.Civ.1754c.	20 août. Sol. 1776 c.	**1889**	18 mars. Req. 3073 c.	14 juin. Trib. Chambéry.1232 c.,3383 c.		28 janv.Civ.145 c., 140 c., 1848 c., 1673 c.,2035 c., 2368 c.,2925 c., 3389 c.	25 juin. Civ. 1909 c., 3417 c.
20 juin. C. cass. Belgique. 2041	28 août.Sol. 448 c.		22 mars. Trib.	17 juin.Civ.2319 c.	4 déc. Trib. Vouziers. 3140 c.		2 juill.Loi.2743c.
25 juin. Civ.73 c., 75 c., 2322 c.	25 oct. Trib. Neufchâteau. 71 c.	9 déc. Trib.3347c. 14 janv.Civ.3169 c. 15 janv. Req. 3258 24 janv. Trib. Lyon. 3148 c.		25 juin. Trib.Cosne. 1591 c.		31 janv. Trib. Seine. 2682 c.	20 juill.Civ.1902 c.
28 juin.Trib.Lille. 1558 c.				10 juill. Req.1474 c.		10 févr. Sol. 2129 c.	29 juill. 1920 c., 1922 c.
28 juin.Trib.Morlaix. 3137 c., 3189 c.				19 juill. Trib. Seine. 2686 c.			1er août. Cons. d'Et. 2673 c.
2 juill. Trib. SaintGaudens. 127 c.							12 août.Civ.3338c.

ESCALADE. — V. *Vol et escroquerie*; — *Rép*. eod. v°, n°s 535 et suiv.

ESCARPE. — V. *Place de guerre*; — *Rép*. eod. v°, n°10.

ESCOMPTE. — V. outre les renvois mentionnés au *Répertoire* : suprà, v^is *Banque-banque de France*, n°s 32 et 43; *Banquier*, n° 7; *Bourse de commerce*, n° 75; infrà, v^is *Faillite et transport*; *Prêt à intérêts*; *Usure*.

ESCLAVAGE. — ESCLAVE. — V. *Droits civils*, n°s 281 et suiv., 337 et suiv.; *Organisation des colonies*; — *Rép*. v^is *Droits civils*, n° 480; *Organisation des colonies*, n°s 20, 942 et suiv., 1012 et suiv.

ESCROQUERIE. — V. *Abus de confiance*, n° 141; *Appel en matière criminelle*, n° 104; *Compétence criminelle*, n°s 34 et 103; *Complice-complicité*, n° 111; *Droit politique*, n°s 49 et 50; *Faillite et banqueroute*; *Faux*; *Fausse monnaie*; *Impôts indirects*; *Instruction criminelle*; *Jugement*; *Octroi*; *Prescription civile*; *Prescription criminelle*; *Presse-outrage*; *Preuve testimoniale*; *Question préjudicielle-sursis*; *Responsabilité*; *Société*; *Témoignage faux*; *Usure*; *Voirie par chemin de fer*; *Vol*; — *Rép*. v^is *Abus de confiance*, n°s 32, 117, 178 et suiv.; *Chose jugée*, n°s 481 et suiv., 579-3°; *Compétence criminelle*, n° 140; *Complice-complicité*, n°s 122 et suiv., 144-3°; *Faux et Fausse monnaie*, n°s 26, 112 et suiv., 231 et suiv., 256 et suiv., 343; *Instruction criminelle*, n° 2506; *Prescription civile*, n°s 285 et suiv.; *Prescription criminelle*, n°s 21 et 71; *Question préjudicielle-sursis*, n° 34; *Responsabilité*, n° 61-3°; *Société*, n°s 806, 1280 et suiv.; *Témoignage faux*, n° 67; *Voirie par chemin de fer*, n°s 603 et 876; *Vol*, *et escroquerie*, n°s 710 et suiv.

ESPION. — ESPIONNAGE. — V. *Crimes et délits contre la sûreté de l'Etat*, n°s 3 et 6, 15 et suiv., 28 et suiv.; *Droit naturel et des gens*, n° 73; *Organisation maritime*; *Organisation militaire*; *Place de guerre*; —*Rép*. v^is *Crimes et délits, contre la sûreté de l'Etat*, n° 62 et suiv.; *Droit naturel et des gens*, n° 119; *Organisation maritime*, n° 904; *Organisation militaire*, n°s 755 et suiv.

ESPLANADE. — V. *Place de guerre*; — *Rép*. eod. v°, n°s 10, 61 et 100.

ESPRIT DE RETOUR. — V. *Droits civils*, n°s 282, 300 et suiv.; — *Rép*. eod. v°, n°s 550 et suiv.

ESSAI. — V. *Brevet d'invention*, n° 289; *Monnaie*, *Vente*; — *Rép*. v^is *Acte de commerce*, n° 158; *Brevet d'invention*, n°s 74 et 297; *Monnaie*, n°s 8 et 38; *Vente*, n°s 256 et suiv.

ESSARTEMENT. — V. *Forêts*; *Voirie par terre*; — *Rép*. v^is *Forêts*, n°s 793 et suiv.; 803 et suiv.; *Voirie par terre*, n° 49.

ESSAYEUR. — V. *Monnaie*; — *Rép*. eod. v°, n° 35.

ESTAMPE. — V. *Bibliothèque*, n° 26; *Douanes*, n° 262; *Presse*; *Propriété littéraire et artistique*; — *Rép*. v^is *Bibliothèque*, n° 32; *Douanes*, n° 421; *Presse*, n°s 625. et suiv.; *Propriété littéraire et artistique*, n°s 281, 385 et 399.

ESTAMPILLE. — V. *Douanes*, n° 62; *Industrie et commerce*; *Vente*; *Voitures publiques*; — *Rép*. v^is *Douanes*, n°s 81 et 492; *Vente*, n° 632; *Voitures publiques*, n°s 155, 286 et suiv., 317 et suiv.

ESTIMATION. — V. *Assurances terrestres*, n°s 174 et suiv.; *Contrat de mariage*, n°s 1221 et suiv., 1484; *Domaines engagés et échangés*, n°s 10 et suiv.; *Droit maritime*, n°s 1722 et suiv.; *Enregistrement*, n°s 1588 et suiv., 2465 et suiv.; *Expert-Expertise*; *Forêts*; *Succession*; *Usufruit*; — *Rép*. v^is *Appel civil*, n° 1140; *Assurances terrestres*, n° 212 et suiv., 225 et suiv.; *Biens*, n° 66; *Contrat de mariage*, n°s 3404 et suiv., 4106 et 4117; *Domaines engagés et échangés*, n°s 64 et suiv., 84-2° c., 100 et suiv.; *Douanes*, n° 434; *Droit maritime*, n°s 1630 et suiv.; *Enregistrement*, n°s 2980 et suiv., 4449 et suiv., 5905; *Succession*, n°s 1688 et suiv.; *Usufruit*, n°s 190 et suiv., 374 et suiv., 473 et suiv.

ETABLE. — V. *Salubrité publique*; — *Rép*. eod. v°, n°s 171 et suiv. et 185.

ÉTABLISSEMENT DE BIENFAISANCE. — V. *Commune*, n°s 286 et 955; *Demande nouvelle*, n° 119; *Droits civils*, n° 205; *Hospices-hôpitaux*; *Impôts directs*; *Industrie et commerce*; *Organisation administrative*; *Organisation de l'Algérie*; *Patente*; *Poids et mesures*; *Secours publics*; *Timbre*; — *Rép*. v^is *Commune*, n°s 95, 126, 142, 152, 159, 343 et 457; *Hospices-hôpitaux*, passim; *Impôts directs*, n° 305; *Industrie et commerce*, n° 185; *Organisation administrative*, n° 300 et suiv., 788-6°, 806-5°; *Organisation de l'Algérie*, n°s 275 et suiv.; *Poids et mesures*, n°s 23, 57; *Secours publics*, n° 36, 44 et suiv., 52, 57 et suiv., 104; *Timbre*, n°s 67 et suiv.

ÉTABLISSEMENT DANGEREUX, INCOMMODE OU INSALUBRE. — V. *Boucher-boucherie*, n° 13; *Commune*, n°s 595 et suiv.; *Compétence administrative*, n°s 188 et suiv.; *Dommage-destruction-dégradation*, n° 91; *Eaux*, n°s 219, 407; *Industrie et commerce*; *Manufactures, fabriques et ateliers dangereux*; *Organisation administrative*; *Organisation de l'Algérie*; *Organisation des colonies*; *Patente*; *Propriété*; *Salubrité publique*; *Tranquillité et sûreté publiques*; — *Rép*. v^is *Boucher-boucherie*, n°s 33, 40 et 57; *Commune*, n°s 118, 133, 688 et suiv., 949, 960 et suiv.; *Compétence administrative*, n°s 62, 100, 479 et suiv.; *Dommage-destruction-dégradation*, n° 152; *Eaux*, n° 293; *Industrie et commerce*, n°s 168, 182 et suiv.; *Manufactures, fabriques et ateliers dangereux*, n°s 45 et suiv., 160 passim; *Organisation de l'Algérie*, n° 306; *Organisation des colonies*, n° 50; *Propriété*, n° 389; *Salubrité publique*, n° 41.

ÉTABLISSEMENT D'ÉPARGNE ET DE PRÉVOYANCE.

Division.

ART. **1.** — Historique et Législation ; Droit comparé (n° 1).

ART. **2.** — Caisses d'épargne ordinaires (n° 11).

§ **1.** — Nature spéciale des caisses d'épargne. — Organisation. — Administration. — Contestations; Autorisation de plaider. — Dons et legs. — Durée. — Dissolution (n° 11).

§ **2.** — Rapports des caisses d'épargne et des déposants avec le crédit public et la caisse des dépôts et consignations (n° 31).

§ **3.** — Rapports des caisses d'épargne avec les déposants. — Versements et dépôts, leur quotité; Exceptions. — Mode d'opérer les versements et dépôts; Livrets. — Intérêts. — Transports et transferts. — Retraits et remboursements. — Achat de rentes. — Prescription; Déshérence; Absence. — Saisies-arrêts (n° 44).

§ **4.** — Immunités accordées aux caisses d'épargne. — Rapport annuel (n° 71).

ART. **3.** — Caisse d'épargne postale (n° 76).

§ **1.** — Organisation et administration de la caisse d'épargne postale (n° 76).

§ **2.** — Rapports de la caisse d'épargne postale et des déposants avec la caisse des dépôts et consignations (n° 82).

§ **3.** — Rapports de la caisse d'épargne postale avec les déposants (n° 86).

§ **4.** — Succursales navales de la caisse d'épargne postale (n° 97).

§ **5.** — Caisses d'épargne scolaires (n° 100).

ART. **1er.** — *Historique et législation; Droit comparé* (Rép. n°s 2 à 51).

1. — I. LÉGISLATION. — Nous avons exposé au Rép. n°s 2 à 48 l'origine de l'institution des caisses d'épargne et la législation qui les a régies jusqu'à la loi organique du 30 juin 1851 (D. P. 51. 4. 115). L'art. 8 de cette loi prescrivait la formation d'un règlement d'administration publique pour déterminer le mode de surveillance de la gestion et de la comptabilité des caisses d'épargne. En exécution de ces dispositions est intervenu un décret du 15 avr. 1852 (D. P. 52. 4. 138), qui confie à un conseil de directeurs ou d'administrateurs la direction et la surveillance de chaque caisse d'épargne.

Le même décret assujettit ces établissements à un mode de comptabilité uniforme dont il détermine les principaux éléments. Les fonds reçus doivent être immédiatement versés à la caisse des dépôts et consignations ou à ses préposés dans les départements. Les agents des caisses d'épargne dans les départements préposés à la direction du service, à la tenue des écritures, à la manutention des fonds et valeurs sont placés sous la surveillance des receveurs des finances qui peuvent vérifier les écritures et la situation quand ils le jugent convenable et doivent procéder à cette vérification au moins une fois par trimestre. La caisse d'épargne de Paris est placée sous la surveillance directe du ministre des finances qui en fait vérifier, toutes les fois qu'il le juge convenable, la situation et les écritures. Les caisses d'épargne sont soumises aux vérifications des inspecteurs des finances. Le cautionnement que doivent fournir les caissiers et les sous-caissiers préposés aux succursales sont fixés par le conseil des directeurs ou des administrateurs, mais ne peuvent être inférieurs à 2 pour 100 de la recette d'une année moyenne. Le cautionnement doit être versé en numéraire. Les caisses peuvent cependant être autorisées à le réaliser en rentes sur l'Etat par une décision spéciale du ministre de l'agriculture et du commerce, rendue sur la demande des directeurs et sur l'avis conforme du ministre des finances.

2. — Une loi du 7 mai 1853 (D. P. 53. 4. 76) a modifié et sur certains points complété la loi du 30 juin 1851. Cette loi ramène l'intérêt du crédit ouvert aux caisses d'épargne par la caisse des dépôts et consignations au taux de 4 pour 100, qui avait été en vigueur jusqu'à la révolution de 1848. D'après l'art. 9 de la loi du 30 juin 1851, tout déposant qui, par le fait de ses versements ou des intérêts composés,

avait eu plus de 1000 fr. à la caisse d'épargne trois mois après la promulgation de cette loi, avait dû cesser de recevoir un intérêt quelconque pour la totalité de son compte jusqu'à ce qu'il fût revenu au-dessous du maximum de 1000 fr. La loi du 7 mai 1853 applique à ces comptes restés improductifs les dispositions de l'art. 2 de la loi du 30 juin 1851 qui avait autorisé la caisse d'épargne, pour l'avenir seulement, à acheter une certaine quantité de rentes sur l'Etat pour le compte de tout déposant qui n'aurait pas réduit son crédit au-dessous du maximum de 1000 fr. toutes les fois que, par suite du règlement annuel des intérêts, ce compte excéderait ce maximum. Cette loi étend également aux certificats de propriété qui sont nécessaires pour constater les droits des héritiers sur les sommes déposées, les immunités accordées par la loi du 28 flor. an 7 pour la transmission des titres de la dette publique. Enfin elle porte qu'au bout de trente années à partir soit du dernier versement ou remboursement, soit de tout achat de rente et de toute autre opération effectués à la demande des déposants, des achats de rente devront avoir lieu d'office pour les sommes inscrites aux livrets non réclamés.

Une instruction du ministre des finances et du ministre de l'agriculture, du commerce et des travaux publics du 4 juin 1857 (D. P. 58. 3. 9), a déterminé le mode de surveillance de la gestion et de la comptabilité des caisses d'épargne.

3. Les événements de 1870 ramenèrent les embarras qui s'étaient produits à la suite de la révolution de 1848 pour le remboursement des fonds déposés à la caisse d'épargne (V. Rép. n°s 37 et suiv.). Un décret du 17 sept. 1870 (D. P. 70. 4. 91) décida que les demandes de remboursement de fonds de caisse d'épargne exigibles à partir du 22 septembre ne seraient provisoirement acquittées en espèces que jusqu'à concurrence de 50 fr. par livret et que, pour le surplus, les déposants auraient droit, à la demande, à un bon du Trésor à trois mois d'échéance et portant 5 pour 100 d'intérêt du jour de la demande. Trois décrets successifs des 16 oct., 17 nov. et 17 déc. 1870 (D. P. 70. 4. 97, 104 et 110) autorisèrent les déposants qui avaient demandé des remboursements en espèces et qui avaient encore à leur compte une provision suffisante, à faire de nouvelles demandes de remboursement en espèces de 50 fr.

Le décret du 17 sept. 1870 a été abrogé par une loi du 12 juill. 1871 (D. P. 71. 4. 140).

4. Les imperfections de l'organisation des caisses d'épargne, malgré les progrès réalisés, frappaient depuis longtemps les meilleurs esprits et avaient suscité de nombreux projets de réforme, lorsqu'en 1872 MM. Henry Fournier, de Chabada-Latour et Talon déposèrent une proposition dont M. Denormandie fut le rapporteur et dont l'art. 1er imposé par l'exemple de l'Angleterre et de plusieurs pays de l'Europe (V. infrà, n° 9) mettait les percepteurs et les receveurs des postes à la disposition des caisses d'épargne comme agents auxiliaires. L'ensemble du projet ne fut pas adopté par l'Assemblée nationale; mais M. Léon Say, alors ministre des finances, s'empressa de mettre en pratique l'idée contenue dans l'art. 1er, et un décret du 23 août 1875 (D. P. 76. 4. 44) autorisa les caisses d'épargne à utiliser le concours des percepteurs et des receveurs des postes comme agents auxiliaires.

Cette première tentative fut suivie, quelques années plus tard, du vote de la loi du 9 avr. 1881 (D. P. 81. 4. 114), qui créa une *caisse d'épargne postale*, instituée sous la garantie de l'Etat et placée sous l'autorité du ministre des postes et des télégraphes. Les fonds de cette caisse devaient être versés à Paris à la caisse des dépôts et consignations; dans les départements, aux caisses des trésoriers-payeurs généraux et des receveurs particuliers préposés à la caisse des dépôts. Ces fonds devaient produire à la caisse d'épargne un intérêt annuel de 3 fr. 25 pour 100; et un intérêt de 3 pour 100 devait être servi aux déposants par la caisse d'épargne. Ce taux ne pouvait être modifié que par une loi. Les mineurs furent admis à se faire ouvrir des livrets sans l'intervention de leur représentant légal, et à retirer sans cette intervention les sommes figurant sur les livrets ainsi ouverts, mais seulement après l'âge de seize ans révolus et sauf opposition de la part de leur représentant légal. Les femmes mariées furent admises à se faire ouvrir des livrets sans l'assistance de leurs maris et à retirer sans cette assistance les sommes inscrites aux livrets ainsi ouverts, sauf opposition de la part de leurs maris. L'art. 12 de la loi prévoyait le cas où, comme cela s'était produit en 1848 et en 1870, des crises exceptionnelles rendraient impossible le remboursement immédiat des fonds déposés : il portait que, dans le cas de force majeure, des décrets rendus, le conseil d'Etat entendu, pourraient autoriser la caisse d'épargne postale à n'opérer le remboursement que par acomptes de 50 fr. au minimum et par quinzaine. Cette clause, dite de sauvegarde, était empruntée à la législation de l'Autriche où elle existait depuis cinquante ans, à celle de la Hollande, de la Prusse, de l'Italie, de la Suisse, de la Belgique, des Etats-Unis, et l'expérience faite à Paris en 1870 en avait démontré l'efficacité (V. Rapport au Sénat, D. P. 81. 4. 116, note 2). Cette disposition, ainsi que plusieurs autres de la même loi, étaient applicables aux caisses d'épargne ordinaires.

5. Un règlement d'administration publique du 31 août 1881 (D. P. 82. 4. 118) a déterminé le mode de contrôle de la caisse d'épargne postale. Un décret du 3 déc. 1881 (D. P. 82. 4. 103) a ouvert à partir du 1er janv. 1882 tous les bureaux de poste de la France continentale, sauf quelques très rares exceptions, au service de la caisse d'épargne postale. Cette mesure a été étendue aux bureaux de la Corse par un décret du 23 févr. 1882 (D. P. 83. 4. 19), et aux bureaux de poste de plein exercice de l'Algérie et de la Tunisie par un décret du 22 déc. 1883 (D. P. 84. 4. 79). — Les règles à suivre pour obtenir un livret de la caisse nationale d'épargne ont été déterminées par un décret du 30 nov. 1882 (D. P. 83. 4. 80).

Plusieurs décrets successifs ont étendu la sphère d'action de la caisse nationale d'épargne. Un décret du 18 mars 1885 (D. P. 85. 4. 24) a établi une succursale de cette caisse dans chacune des divisions des équipages de la flotte et à bord des bâtiments de l'Etat. Les versements effectués dans les bureaux de poste français au profit d'un titulaire de livrets d'une série marine peuvent, aux termes d'un décret du 27 avr. 1885 (D. P. 86. 4. 10), être inférieurs au minimum de 1 franc déterminé par l'art. 8 de la loi du 9 avr. 1881; ou comprendre des fractions de franc. Un décret du 29 oct. 1885 (D. P. 86. 4. 67) a autorisé l'ouverture de succursales de la caisse d'épargne dans les villes à l'étranger où fonctionne un bureau de poste français; les succursales sont gérées par le receveur des postes sous la surveillance du consul ou vice-consul de France.

Une loi du 3 août 1882 (D. P. 82. 4. 120) a autorisé la création de timbres-épargne de valeurs diverses, variant entre 1 fr. et 1000 fr. et permettant de constater les versements affectués à la caisse nationale sans astreindre le déposant à se dessaisir de son livret à la suite de chaque versement.

6. Les infidélités commises par les caissiers ou comptables de quelques caisses d'épargne ont entraîné dans ces caisses, à une certaine époque, un déficit dont l'opinion s'est émue et, bien que ce déficit n'ait eu qu'une assez faible importance, on a vu, dans le cours de 1883, les retraits s'accentuer sensiblement et dépasser le chiffre des versements. Une commission a été nommée dans ces circonstances par le département du commerce d'accord avec celui des finances, à l'effet de rechercher si la législation actuelle des caisses d'épargne nécessitait des modifications et ce qu'il y aurait à faire pour fortifier le contrôle et la surveillance de la gestion des caisses d'épargne. Le Gouvernement a présenté, en outre, sans attendre le résultat de l'étude à laquelle allait se livrer cette commission, un projet de loi tendant à la constitution d'un fonds commun de garantie des caisses d'épargne qui devait être géré par la caisse des dépôts et consignations. La commission de la Chambre des députés a pensé que la loi proposée exigerait un examen approfondi de certaines questions, et qu'il convenait de détacher celles des dispositions projetées qui avaient un caractère particulièrement urgent pour en faire une loi spéciale. La loi du 6 juill. 1883 (D. P. 84. 4. 24.) a autorisé la caisse des consignations à faire provisoirement, et sous la garantie du trésor public, l'avance des sommes nécessaires pour permettre la réouverture des caisses d'épargne dont les opérations seraient suspendues, en lui réservant, d'ailleurs, toute action en répétition et en responsabilité contre qui de droit. Le second article de cette loi

porte que l'administration des caisses d'épargne dont les opérations viendront à être suspendues pourra être confiée, soit aux agents de la caisse d'épargne postale, soit à des agents spéciaux désignés par le ministre des finances et par le ministre du commerce. — Cette dernière disposition a donné lieu à quelques objections. On a fait observer qu'il eût été préférable de ne pas mentionner les agents de la caisse d'épargne postale, qui est une véritable administration publique, comme pouvant être désignés pour la gestion provisoire d'une caisse d'épargne privée. Mais on a répondu que l'art. 2 donnait simplement aux ministres des finances et du commerce la *faculté* de prendre des agents de la caisse d'épargne postale qui, dans ce cas, deviendraient les leurs; et le ministre des finances a ajouté que cette mesure toute provisoire et destinée à disparaître ne servirait pas de précédent pour la loi définitive (Rapport de M. Denormandie au Sénat, D. P. 84. 4. 24, note 1).

7. Les questions réservées en 1883 ont fait l'objet d'un projet de loi soumis aux Chambres par le Gouvernement et dont le texte et l'exposé des motifs ont été publiés dans le *Journal officiel* du 24 mai 1890. Ce projet de loi a pour objet : 1° de modifier le taux de l'intérêt bonifié aux caisses d'épargne par les caisses des dépôts et consignations et, par suite, le taux d'intérêt servi par les caisses d'épargnes aux déposants ; 2° de faire constituer par la caisse des dépôts et consignations un fonds de réserve obligatoire ; 3° d'instituer auprès du ministre du commerce une commission supérieure de vingt membres qui se réunirait annuellement pour donner son avis sur les questions concernant les caisses d'épargne ordinaires ; 4° de réaliser diverses améliorations de détail réclamées à plusieurs reprises.

La loi des 26-27 déc. 1890 (D. P. 91, 4e partie), portant fixation du budget de 1891, renferme (art. 55 à 57) plusieurs dispositions relatives aux caisses d'épargne ; elles seront analysées *infrà*, n° 33.

8. Les questions relatives à d'autres institutions de prévoyance que les caisses d'épargnes seront traitées, comme elles l'ont été au *Rép.* vis *Ouvrier* ; *Secours publics.*

9. — II. Droit comparé. — Nous avons résumé au *Rép.* nos 49 et 50, les principales dispositions législatives qui ont régi en Angleterre les caisses d'épargne et notamment celles des *acts* de 1828, 1833 et 1844. Indépendamment des anciennes caisses d'épargne (*old saving banks*) qui restent régies par les lois précitées et par celles de 1863 (26-27 vict. c. 87), et de 1887 (50 et 51 vict. c. 40), M. Gladstone a fait voter par le parlement le 17 mai 1861 une loi qui établit pour tout le Royaume-Uni une caisse d'épargne d'Etat confiée à l'administration des postes. L'intérêt payé par l'Etat est de 2 et demi pour 100 et rien n'est dû pour les sommes au-dessous de une livre. Les intérêts non touchés sont capitalisés. Toutes les dispositions concernant les anciennes caisses et qui ne sont pas contraires à celles de l'act de 1861, sont applicables à la caisse postale (Block, *Dictionnaire d'administration*, v° *Caisse d'épargne*). Le succès de cette institution a été considérable. Dans les vingt ans qui ont suivi sa création elle a recueilli 36 millions de livres sterling (900 millions de fr.). « La caisse postale, a dit très justement M. Léon Say, joignant à l'universalité du livret l'omni-présence du bureau de recettes, donne à l'épargne le maximum de sécurité et le maximum de mobilité » (Le *Socialisme d'Etat*, p. 165).

10. Ce système a été emprunté à l'Angleterre par la plupart des nations de l'Europe. En Belgique une loi du 15 mars 1865 a créé une *Caisse d'épargne et de retraite de l'Etat* ; un arrêté royal du 8 déc. 1869 a chargé les bureaux de poste de recevoir les dépôts. En Italie, sur la proposition de M. Sella ancien ministre des finances, une caisse d'épargne nationale confiée à l'administration des postes a été créée par une loi du 27 mai 1875 (*Annuaire de législation étrangère*, 1876, p. 554). Des caisses d'épargne postale ont également été créées en Hollande par une loi du 25 mai 1880 (*Ibid.*, 1881, p. 593) ; en Autriche par une loi du 28 mai 1882 (*Ibid.*, 1883, p. 450), modifiée par celle du 19 nov. 1887 (*ibid.*, 1888, p. 434) ; en Suède par une ordonnance du 22 juin 1883 (*Ibid.*, 1884, p. 674). Il faut ajouter que des caisses d'épargne cantonales existent dans plusieurs cantons suisses, et qu'une loi du 26 avr. 1880 a créé en Portugal une caisse d'épargne nationale placée sous la garantie de l'Etat et qui a pour agents les percepteurs (*Annuaire de législation étrangère*, 1881, p. 345).

La plupart des nations étrangères ont repoussé le régime d'emploi exclusif des fonds des caisses d'épargne en titres d'Etat, et par une caisse d'Etat, qui existe en France. Le système du libre emploi de ces fonds a donné en Italie de remarquables résultats qui ont souvent été signalés, et a permis d'affecter ces ressources au développement d'institutions d'intérêt général (Comp. *suprà*, v° *Économie politique*, n° 39). Il est également appliqué en Allemagne, en Australie, en Autriche, au Canada, en Danemark, aux Etats-Unis, en Hollande, en Hongrie, en Norwège, en Suède et en Suisse. Les caisses d'Angleterre emploient leurs dépôts en valeurs dites parlementaires et pupillaires. On consultera avec intérêt sur ce sujet le remarquable rapport présenté par M. Eugène Rostand au congrès des caisses d'épargne réuni à Paris le 8 déc. 1890.

ART. 2. — *Caisses d'épargne ordinaires.*

§ 1er. — Nature spéciale des caisses d'épargne. — Organisation. Administration. — Contestations. — Autorisation de plaider. — Dons et legs. — Durée. — Dissolution (*Rép.* n°s 52 à 85).

11. Le caractère des caisses d'épargne ordinaires a été diversement apprécié. Conformément à une opinion énoncée au *Rép.* n°s 78 et 79, un arrêt de la chambre des requêtes (Req. 3 avr. 1854, aff. Grandguillot, D. P. 54. 1. 244) leur avait attribué le caractère d'établissements publics (V. dans le même sens : Amiens, 29 mars 1855, aff. Devillers, D. P. 55. 2. 306). Mais cette doctrine n'a pas été consacrée par la jurisprudence, et il est admis aujourd'hui que les caisses d'épargne, quoique créées dans un but d'intérêt général et d'utilité publique, sont néanmoins des établissements privés auxquels les principes du droit commun sont applicables (Caen, 18 mai 1854, aff. Grandguillot, D. P. 54. 2. 264, et sur pourvoi, Civ. rej. 5 mars 1856, D. P. 56. 1. 121 ; Paris, 17 mars 1854, aff. Danguin, D. P. 54. 2. 107 ; Civ. cass. 8 juill. 1856, aff. Devillers, D. P. 56. 1. 278 ; Orléans, 20 nov. 1873 (1) ; Crim. rej. 10 févr. 1883, aff. Chardin, D. P. 83. 1. 437 ; Crim. aff. Freydier, D. P. 84. 1. 312).

Il en est autrement de la caisse d'épargne postale qui a incontestablement le caractère d'un établissement public.

12. Il résulte de ce qui précède : 1° que ces caisses peuvent, comme de simples particuliers, plaider devant les tribunaux civils sans recourir à l'autorisation administrative, aucune loi spéciale n'ayant, en ce qui les concerne, exigé cette autorisation (Arrêt du 18 mai 1854, cité *suprà*, n° 11), et que, par suite, les condamnations obtenues contre elles peuvent être exécutées sans qu'il soit nécessaire de se pourvoir administrativement, une semblable voie d'exécution n'étant suivie qu'à l'égard des établissements publics (Même arrêt et arrêt du 5 mars 1856, cité *suprà*, n° 11) ; — 2° Qu'elles n'ont pas d'hypothèque légale sur les immeubles de leurs comptables et notamment des caissiers attachés à leurs succursales (Arrêt du 8 juill. 1856, cité *suprà*, n° 11) ; — 3° Que leurs préposés et agents n'ayant pas le caractère de fonctionnaires publics, les détournements commis par un employé ne peuvent constituer le crime de détournement par des comptables ou fonctionnaires publics, et les fausses mentions apposées sur des livrets ou sur les pièces destinées à obtenir le remboursement des sommes déposées ne constituent pas des faux en écriture publique (Arrêts des 17 mars 1854 et 26 nov. 1873, cités *suprà*, n° 11 ; Crim. cass. 10 sept. 1880, aff. Jeanne, D. P. 81. 1. 48).

(1) (Desnoes.) — LA COUR ; — Attendu que la caisse d'épargne d'Orléans, ainsi que cela résulte de ses statuts et de ses règlements, n'est pas un établissement public ; que, si l'Etat lui a accordé, comme aux autres caisses d'épargne, des avantages spéciaux, conformément aux lois et règlements qui les concernent, ces avantages et la surveillance même qu'il exerce sur ces institutions, à raison de leur objet et de leur but d'intérêt général et d'utilité publique, ne leur ont point imprimé le caractère d'établissements publics de l'Etat ; — Que les caisses d'épargne ont un service spécial aux intérêts privés, dont elles ont pris la protection dans la limite de leurs attributions ; que l'autorité gouvernementale ou administrative n'intervient pas directement dans leur gestion ; qu'elles s'administrent elles-mêmes avec indépendance, en se conformant aux lois et règlements généraux qui les

Il a été également décidé par les mêmes motifs que les tribunaux correctionnels sont compétents pour connaître des poursuites en diffamation intentées par les agents des caisses d'épargne à raison de leurs fonctions qui ne leur confèrent pas le caractère de fonctionnaires publics (Arrêts des 10 févr. 1883 et 7 déc. 1883, cités *suprà*, n° 11).

13. On a exposé au *Rép.* n° 52, l'opinion suivant laquelle les caisses d'épargne devraient être assimilées à des établissements de bienfaisance. Cette opinion ne semble pas devoir être suivie. Les caisses d'épargne ne sont pas des institutions charitables, mais de véritables institutions de crédit, et la cour des comptes l'a reconnu le 6 avr. 1842 en décidant qu'elle n'était pas appelée à connaître des comptes de ces établissements « quels que fussent leurs points de relations avec les établissements dits de bienfaisance » (Wallet, *Administration des caisses d'épargne*, p. 58). Le conseil d'Etat a également refusé de considérer les bâtiments appartenant à une caisse d'épargne et destinés au service de cet établissement comme une propriété d'un établissement de bienfaisance affectée à un service public et exemptée à ce titre de la contribution foncière (Cons. d'Et. 21 déc. 1859, aff. Caisse d'épargne de Strasbourg, *Rec. Cons. d'Etat*, p. 753 ; 21 mars 1860, aff. Caisse d'épargne de Montpellier, *ibid.*, p. 232).

14. Nous avons dit (*Rép.* n° 54) qu'à l'origine les caisses d'épargne avaient été constituées sous des formes très diverses. Mais depuis 1846, le seul mode d'organisation adopté a été celui qui place ces établissements sous le patronage des conseils municipaux. Ce patronage a été étendu à toutes les anciennes caisses qui ont été successivement réorganisées, à l'exception de celle de Paris qui a été reconstituée en établissement d'utilité publique indépendant, par un décret du 6 janv. 1854 (D. P. 54. 4. 183) (V. Wallet, *op. cit.*, p. 71).

15. Ainsi qu'on l'a vu (*Rép.* n° 60), le Gouvernement exige, pour autoriser une caisse d'épargne, que des ressources suffisantes et certaines lui donnent le moyen de faire face à leurs frais d'administration (Av. Cons. d'Et. 24 févr. 1880, aff. Caisse d'épargne d'Argentan, et 4 août 1880, aff. Caisse d'épargne de Châtelus-Malvaleix, Wallet, *op. cit.*, p. 75). Depuis que des circulaires du ministre du commerce des 12 et 16 janv. 1861 ont provoqué la création de caisses d'épargne existantes, le conseil d'Etat a été d'avis de n'autoriser l'ouverture de caisses d'épargne nouvelles dans les villes d'une faible importance que dans le cas où une entente n'a pu s'établir entre le conseil municipal et l'une des caisses les plus voisines pour l'établissement d'une succursale ou d'un service auxiliaire. Cette jurisprudence a toujours été appliquée d'une part dans l'intérêt des petites villes qui peuvent ainsi introduire chez elles à moins le service des caisses d'épargne; et d'autre part, dans l'intérêt des déposants auxquels l'intervention d'une caisse déjà ancienne peut, dans bien des cas, assurer à la fois la garantie d'un fonds de réserve souvent considérable et l'avantage d'un intérêt plus élevé servi sur leurs dépôts (Av. Cons. d'Et. 10 déc. 1879, aff. Caisse d'épargne de Carentan, Wallet, *op. cit.*, p. 78. V. conf. Avis Cons. d'Et. 12 mars 1862, aff. Caisse d'épargne de la Ferté-Macé ; 3 juin 1862, aff. Caisse d'épargne de Cohains ; 18 mai 1863, aff. Caisse d'épargne de Vermenton ; 24 févr. 1880, aff. Caisse d'épargne d'Argentan-le-Château ; 4 août 1880, aff. Caisse d'épargne de Châtelus-Malvaleix ; 5 avr. 1881, aff. Caisse d'épargne de Lisle ; 9 nov. 1881, aff. Caisse d'épargne de Salla-

régissent, et d'après leurs statuts particuliers ; — Que les employés attachés à cet établissement, comme ceux qui les dirigent, n'ont aucun caractère public ; qu'ils ne tiennent pas leur nomination de l'autorité publique et qu'ils ne prêtent pas le serment exigé de tous les fonctionnaires publics ; — Qu'en conséquence, les détournements commis par ces employés ne peuvent constituer le crime de détournement par un comptable ou fonctionnaire public, et que les fausses mentions apposées sur les livrets ou sur les pièces destinées à obtenir le remboursement des sommes déposées ne peuvent constituer que des faux en écriture privée, et non des faux en écriture publique ;
Par ces motifs, etc.
Du 26 nov. 1873.-C. d'Orléans, ch. d'acc. MM. Paulmier, pr.-Chatelain, subst.

chei; 12 janv. 1885, aff. Caisse d'épargne de Chef-Boutonne; Wallet, *op. cit.*, p. 75-77).

16. L'Administration exige, également, depuis 1854 l'adoption de statuts conformes à un type uniformément établi pour toutes les caisses d'épargne (1). Et lorsqu'une caisse constituée antérieurement à 1854 demande une modification à ses statuts, il doit être procédé à une revision complète de ses statuts conformément à ce type (Av. Cons. d'Et. 28 janv. 1879, aff. Caisse d'épargne d'Avallon; 18 nov. 1879, aff. Caisse d'épargne de Condom; 13 mars 1883, aff. Caisse d'épargne de La Flèche). Les caisses d'épargne d'Algérie doivent être constituées sur le même modèle, sauf les modifications ou additions partielles que peuvent justifier des considérations spéciales à la colonie (Av. Cons. d'Et. 7 janv. 1879, aff. Caisse d'épargne de Souk-Ahras).

17. Conformément à ce qui a été dit au *Rép.* n° 69, l'administration des caisses d'épargne appartient, aux termes de l'art. 1er du décret du 15 avr. 1852 (D. P. 52. 4. 138), à un conseil de directeurs et d'administrateurs dont la composition et les fonctions doivent être déterminées par les statuts. D'après l'art. 5 des statuts-types (V. *suprà*, n° 16) ce conseil est composé du maire de la ville et de quinze directeurs dont les fonctions durent trois ans et qui sont renouvelés par tiers chaque année. Les directeurs sortants sont indiqués par le sort pour les deux premières années, et ensuite par l'ancienneté. Ils sont indéfiniment rééligibles. Les quinze directeurs sont à la nomination du conseil municipal; cinq au moins doivent être choisis dans ce conseil (art. 6). En l'absence de dispositions formelles des statuts, le conseil d'Etat a décidé que les élections des directeurs devaient se faire à la majorité absolue, mais que, si les deux premiers tours ne donnaient pas de résultat, l'élection devait avoir lieu à la majorité relative (Av. Cons. d'Et. 13 juin 1877, aff. Caisse d'épargne de Lyon, Wallet, *op. cit.*, p. 82).

18. Pour la caisse d'épargne de Paris, le renouvellement annuel du conseil des directeurs, confié aux directeurs restant en fonctions est, aux termes des statuts, soumis à l'approbation du ministre du commerce (Wallet, *op. cit.*, p. 89).

19. Le conseil des directeurs se réunit au moins une fois par mois (art. 7 des statuts-types). Il règle la composition des bureaux, nomme et révoque les employés et fixe leurs traitements (art. 9). Il arrête, pour l'administration intérieure de la caisse, un règlement qui est soumis à l'approbation du ministre du commerce. Il statue sur toutes les mesures à prendre dans l'intérêt de la caisse, et pour l'exécution des lois, règlements, instructions, etc. Il agit au nom de la Caisse et la représente; il assure la gestion de l'établissement, en vérifie les écritures et en arrête les comptes. Lorsque la caisse d'épargne est ouverte au public, un directeur doit, aux termes de l'art. 3 du décret du 15 avr. 1852, être présent à toutes les opérations et apposer son visa sur les livrets.

20. Ainsi qu'on l'a vu au *Rép.* n° 70, les fonctions des directeurs étant gratuites, ils n'encourent aucune responsabilité, à moins qu'ils n'aient excédé leur mandat ou commis quelques-unes de ces fautes lourdes qui sont assimilées au dol. La cour de cassation a décidé que le juge qui constate qu'un administrateur d'une caisse d'épargne, délégué près d'une succursale, a commis une faute en ne surveillant pas le caissier et en couvrant les actes de celui-ci par l'apposition de sa signature sur des faux livrets, ne peut décharger cet administrateur de toute responsabilité envers la caisse d'épargne par le motif que son mandat était gratuit et qu'il

---

(1) *Texte des statuts adoptés depuis* 1854 :
Extrait du registre des délibérations du conseil municipal :
Statuts de la caisse d'épargne de
Art. 1er. Il est établi à   département d
une caisse d'épargne et de prévoyance, destinée à recevoir et à faire fructifier les sommes qui lui sont confiées.
2. Il sera fait appel aux personnes bienfaisantes pour les inviter à concourir à cette institution philanthropique. Les souscriptions, dons et legs recueillis en faveur de l'établissement sont employés à lui constituer un fonds de dotation. Le fonds de dotation s'accroît de l'excédent annuel des recettes sur les dépenses, conformément au paragraphe 3 de l'art. 3 ci-après. Le capital du fonds de dotation est placé soit en immeubles, soit en rentes sur l'Etat, et ne peut être aliéné sans l'autorisation du Gouvernement.
3. L'excédent annuel des recettes sur les dépenses est employé à constituer à l'établissement un fonds de réserve. Le maximum de ce fonds est fixé à la somme moyenne des dépenses annuelles d'administration ; il est déterminé au mois de janvier de chaque année par une délibération du conseil des directeurs qui établit la somme moyenne des dépenses annuelles, d'après les dépenses acquittées pendant les trois dernières années. Lorsque le fonds de réserve a atteint son maximum, l'excédent des recettes est porté au fonds de dotation.
4. La caisse pourvoit aux dépenses annuelles au moyen de ses recettes ordinaires, qui se composent : 1° Des bonifications accordées à l'établissement sur les dépôts ; — 2° Des intérêts des fonds de dotation et de réserve ; — 3° Des subventions éventuelles du département et des communes ; jusqu'à ce que les bonifications réunies aux intérêts du fonds des dotations suffisent aux frais d'administration, le conseil municipal sera tenu de voter chaque année, sur la demande des directeurs, les sommes nécessaires pour couvrir les dépenses. En cas d'insuffisance des recettes ordinaires, la caisse est autorisée de plein droit à imputer l'excédent de ses dépenses sur le capital réservé ; une salle de l'hôtel de ville sera affectée, sur la demande des directeurs, à l'administration de la caisse.
5. La caisse est administrée gratuitement par un conseil composé du maire de la ville et de quinze directeurs, dont les fonctions durent trois ans, et qui sont renouvelés par tiers chaque année. Les directeurs sortant sont indiqués par le sort pour les deux premières années et ensuite par l'ancienneté ; ils sont indéfiniment rééligibles.
6. Les quinze directeurs sont choisis, savoir : cinq au moins dans le conseil municipal, et les autres parmi les citoyens les plus recommandables de la ville, et particulièrement parmi les souscripteurs. Ils sont à la nomination du conseil municipal.
7. Le conseil des directeurs se réunit au moins une fois par mois. Le maire préside toutes les fois qu'il assiste aux séances. Il peut se faire remplacer par un adjoint. Les délibérations du conseil sont prises à la majorité des membres présents. La présence de la majorité des membres qui composent ce conseil est nécessaire pour constituer les réunions. En cas de partage la voix du président sera prépondérante.
8. Le conseil des directeurs nomme parmi les membres, au scrutin secret et à la majorité des suffrages, un vice-président et un secrétaire. La durée de leurs fonctions est d'une année ils peuvent être réélus.
9. Le conseil règle la composition des bureaux, nomme et révoque les employés et fixe leurs traitements.
10. Le conseil arrête, pour l'administration intérieure de la caisse, un règlement qui est soumis à l'approbation du ministre du commerce. Il statue sur toutes les mesures à prendre dans l'intérêt de la caisse, et, pour l'exécution des lois, statuts, règlements, instructions, etc., il agit en son nom et la représente. — Il assure la gestion de l'établissement, en vérifie les écritures et en arrête les comptes.
11. Le conseil peut établir un bureau d'administration composé de cinq membres, dont au moins un conseiller municipal, lesquels sont choisis parmi les directeurs pour régir la caisse et en surveiller le service.
12. La caisse ne reçoit pas moins de 1 fr. par versement du même déposant.
13. L'intérêt est alloué par la caisse, sur toute somme ronde de 1 fr. Le taux de la retenue à prélever conformément à la loi sur cet intérêt sera déterminé au mois de décembre de chaque année, pour l'année suivante, par le conseil des directeurs. L'intérêt est réglé à la fin de chaque année ; il est capitalisé et produit des intérêts pour l'année suivante.
14. Le livret remis à chaque déposant conformément à la loi et aux règlements est numéroté et contresigné par un directeur et le secrétaire. On y reproduit textuellement les dispositions et la législation en vigueur sur la quotité des versements, le maximum des dépôts, les achats d'inscription de rentes officieuses et volontaires, et la conservation par la caisse de ses inscriptions. On y transcrit une instruction sommaire sur les règles auxquelles sont soumis les versements et les remboursements, et notamment sur les conditions essentielles pour la validité des uns et des autres. Le livret est retenu lors du remboursement intégral.
15. La dissolution de la caisse arrivant pour quelque cause que ce soit, les valeurs qui resteront libres après le remboursement de tous les dépôts et le payement de toutes les dettes demeureront destinées à la prolongation et au renouvellement de l'établissement s'il y a lieu; sinon, elles seront, d'après une délibération du conseil municipal, employées à des œuvres de bienfaisance ou d'utilité publique.
16. Les modifications aux présents statuts seront délibérées par le conseil des directeurs et ne pourront être mises à exécution qu'après avoir été adoptées par le conseil municipal et approuvées par le Gouvernement.

avait partagé la confiance de la caisse pour cet employé (Civ. cass. 28 nov. 1876, aff. Caisse d'épargne de Tonnerre, D. P. 77. 1. 65).

21. L'art. 2 du décret du 15 avr. 1852 autorise le conseil des directeurs, quand leur nombre est insuffisant, à choisir des directeurs adjoints qui remplissent les mêmes fonctions. Ils sont nommés pour un an et peuvent être réélus. Un caissier est chargé, sous l'autorité du conseil des directeurs, du maniement des fonds et de la comptabilité. L'instruction ministérielle du 4 juin 1857 (D. P. 58. 3. 9), invite les caissiers d'épargne à s'attacher en outre un agent indépendant du caissier, qui serait spécialement chargé de toutes les opérations du contrôle et qui pourrait partager celles de la comptabilité avec le caissier.

22. Nous avons dit (*Rép.* n° 73) que le nombre des succursales annexées aux caisses d'épargne est considérable. Le ministre du commerce a adressé, le 12 janv. 1861, aux directeurs de ces établissements une circulaire dans laquelle il définit la nature de ces succursales qui peuvent être fondées sans autorisation, sont régies par les statuts de la caisse fondatrice et agissent sous sa responsabilité. Une circulaire adressée aux préfets le 16 janvier suivant leur demande de faciliter aux caisses d'épargne la création des succursales, en recherchant les communes où cette création serait le plus utile et en engageant à cet effet des négociations officieuses entre les conseils municipaux et les caisses d'épargne (V. Wallet, *op. cit.*, p. 36).

23. Le rapporteur de la loi du 30 juin 1851 (D. P. 51. 4. 115), M. Gouin, insistait sur la nécessité d'assurer pour toutes les caisses une gestion et un mode de comptabilité uniforme, un contrôle régulier et permanent qui prévînt les abus et inspirât toute confiance. « C'est, disait-il, au ministre des finances que doit appartenir le contrôle de la gestion de toutes ces caisses et la surveillance de leur comptabilité ; nul ne saurait remplir plus utilement et avec plus d'expérience cette mission. Le ministère des finances possède déjà tous les éléments de cette organisation, par ses inspecteurs et par tous ses agents comptables dans chaque département. Il ne s'agit que d'en arrêter les bases et de leur donner toute l'autorité nécessaire en les faisant paraître sous la forme d'un règlement d'administration publique ». C'est à la suite de ces déclarations du rapporteur de la loi du 30 juin 1851 et en exécution de l'art. 8 de cette loi qu'est intervenu le décret du 15 avr. 1852. L'art. 6 de ce décret assujettit les caisses d'épargne à un mode de comptabilité uniforme et en détermine les éléments principaux. Les art. 18 à 21 placent les agents des caisses d'épargne des départements sous la surveillance des receveurs des finances, qui peuvent vérifier les écritures et la situation de la caisse toutes les fois qu'ils le jugent convenable et doivent procéder à ces vérifications au moins une fois par trimestre. À Paris, la caisse d'épargne est placée sous la surveillance directe du ministre des finances qui en fait vérifier, quand il le juge convenable, la situation et les écritures.

24. L'art. 4 du même décret soumet également les caisses d'épargne aux vérifications des inspecteurs des finances, qui peuvent porter leur examen et leurs investigations sur toute la gestion des établissements, doivent vérifier la régularité des écritures et l'exactitude de la caisse et du portefeuille, et examiner si l'organisation du personnel présente les garanties convenables, si les procédés de comptabilité employés sont suffisants et remplissent les conditions d'uniformité voulues, enfin si les versements à la caisse des dépôts ont lieu régulièrement. Les inspecteurs rendent compte de leurs vérifications au ministre des finances, qui communique leurs rapports au ministre du commerce et se concerte avec ce dernier sur les mesures à donner à leurs propositions.

25. On a vu *suprà*, n° 4, qu'aux termes d'un décret du 23 août 1875 (D. P. 76. 4. 44) les percepteurs des contributions directes dont le concours aurait été demandé par les administrateurs des caisses d'épargne, pourraient, sur l'avis conforme du ministre de l'agriculture et du commerce, être autorisés par le ministre des finances à recevoir les versements et à effectuer les remboursements pour le compte des caisses d'épargne de leurs départements. Leur concours est rémunéré au moyen d'une remise fixe de 10 centimes pour chacun des versements ou remboursements effectués par

leurs soins, et cette remise est à la charge des caisses d'épargne. Les receveurs des finances sont responsables vis-à-vis des caisses d'épargne de la gestion des percepteurs de leur arrondissement. Le décret précité a été suivi d'un arrêté du ministre des finances en date du même jour, qui a réglé tous les détails du nouveau service (V. Wallet, *op. cit.*, p. 41, note 1).

26. D'après le compte rendu général des opérations des caisses d'épargne en 1888 (*Journ. off.* du 12 mai 1890, p. 2315), quatre cent sept percepteurs ont prêté à ces caisses un concours effectif dans le cours de 1888 ; ils ont délivré 8481 livrets nouveaux, et ont reçu 48773 versements, d'une valeur de 10461866 fr. Ils ont effectué 22466 remboursements d'une valeur de 7660541 fr. La part des percepteurs dans les opérations des caisses d'épargne se tient en moyenne entre 15 et 25 pour 100.

27. Comme on l'a dit au *Rép.* n° 75, les caisses d'épargne étaient tenues, aux termes de l'art. 12 de la loi du 5 juin 1835, de produire au ministre du commerce leurs états de situation, qui doivent servir à dresser le compte rendu général des opérations de ces établissements destiné à être distribué aux Chambres. Une instruction ministérielle du 15 avr. 1883, dans laquelle ont été refondues les circulaires antérieures, indique les éléments que doit renfermer ce compte rendu tant au point de vue de la comptabilité qu'à un point de vue exclusivement statistique, en s'inspirant tant de ce qui a été fait à l'étranger que de l'utilité pour le Gouvernement de posséder des renseignements dont la connaissance répond à l'application de diverses prescriptions législatives (Wallet, *op. cit.*, p. 96).

28. Conformément à ces prescriptions, le compte rendu général des opérations des caisses d'épargne comprend une partie financière et une partie statistique. La partie financière se divise en trois chapitres ; nombre des établissements : opérations des caisses d'épargne avec leurs déposants ; fortune personnelle des caisses d'épargne. La partie statistique forme deux chapitres : développements statistiques sur les opérations ; rapport du nombre des établissements et de leurs opérations avec la superficie territoriale de la population (*Rapport au président de la République sur les opérations des caisses d'épargne ordinaires en 1888, Journ. off.* du 12 mai 1890). Il résulte du dernier compte rendu publié qu'au 31 déc. 1888 les caisses d'épargne ordinaires étaient au nombre de 543, et les succursales au nombre de 1012 ; qu'à la même date le nombre des livrets en circulation était de 5361908, les versements reçus dans l'année s'élevaient à 707896615 fr. et le solde dû aux déposants était de 2495367793 fr.

29. Ainsi que nous l'avons exposé au *Rép.* n° 77, les contestations soulevées à l'occasion des caisses d'épargne sont soumises au droit commun, et ce sont les tribunaux ordinaires qui sont appelés à statuer sur tous les litiges qui s'élèvent soit entre les caisses et les déposants, soit entre les caisses et leurs agents, soit entre les déposants et les administrateurs personnellement, et l'exécution des condamnations obtenues peut être poursuivie contre les caisses comme contre les particuliers (Civ. rej. 5 mars 1856, aff. Grandguillot, D. P. 56. 1. 124. V. *suprà*, n° 11). Nous avons dit également (V. *suprà*, n° 12), que ces caisses n'ont pas besoin de l'autorisation administrative pour ester en justice (Req. 3 avr. 1854, aff. Grandguillot, D. P. 54. 1. 244).

30. On a vu au *Rép.* n°8 81 et suiv. que la durée des caisses d'épargne fondées par les conseils municipaux n'est pas limitée ; mais que l'insuccès d'une caisse d'épargne ou toute autre cause peut rendre nécessaire la dissolution de l'établissement. Cette éventualité a été prévue par l'art. 15 des statuts-types. D'après cet article, les valeurs qui restent libres après le remboursement de tous les dépôts et le payement de toutes les dettes demeureront destinées à la prolongation et au renouvellement de l'établissement, s'il y a lieu ; sinon elles seront, d'après une délibération du conseil municipal, employées à des œuvres de bienfaisance ou d'utilité publique. Le Gouvernement pourrait, dans le cas où une caisse d'épargne ne fonctionnerait pas utilement, retirer l'autorisation et par suite ordonner d'office la dissolution de l'établissement (V. conf. Wallet, *op. cit.*, p. 175 ; Av. Cons. d'Et. 28 janv. 1879, aff. Caisse d'épargne d'Avallon, *ibid.*).

§ 2. — Rapports des caisses d'épargne et des déposants avec le crédit public et la caisse des dépôts et consignations (Rép. nᵒˢ 86 à 102).

31. Ainsi que nous l'avons exposé au Rép. nᵒ 88, la loi du 31 mars 1837 a admis les caisses d'épargne à déposer leurs capitaux à la caisse des dépôts et consignations. Cette faculté a été transformée en une obligation par le décret du 13 avr. 1852 (V. supra, nᵒ 1). L'art. 10 de ce décret prescrit aux caisses d'épargne de verser immédiatement à la caisse des dépôts et consignations les fonds qu'elles reçoivent et de ne conserver que la somme jugée indispensable pour assurer le service jusqu'au plus prochain jour de recette. Aux termes de l'art. 3 de la loi du 9 avr. 1881 (V. supra, nᵒ 4), les versements sont portés au crédit de chaque caisse d'épargne, valeur au 1ᵉʳ ou au 16 de chaque mois, après le jour du versement. Les retraits de fonds opérés à la caisse des dépôts et consignations s'effectuent en vertu d'un avis préalable, donné au moins cinq jours à l'avance au receveur des finances et signé de deux administrateurs dont un seul peut être administrateur adjoint (Décr. 13 avr. 1852, art. 12. V. également : Instr. min. 4 juin 1857, art. 104 et suiv.; D. P. 58. 3. 9).

32. La caisse des dépôts et consignations a, comme on l'a vu (Rép. nᵒ 88), la faculté de placer au Trésor public, soit en compte courant, soit en bons à échéance fixe, les fonds provenant des caisses d'épargne : elle peut également les employer en achats de rentes sur l'État et obligations de chemins de fer garanties par l'État. Une partie des fonds des caisses d'épargne a servi au remboursement de l'emprunt, dit emprunt Morgan, contracté pendant la guerre de 1870 ; et il a été attribué en échange à la caisse des consignations des bons rapportant 4 pour 100 (Wallet, op. cit., p. 166. — V. Décr. 5 juin 1875, D. P. 75. 4. 129).

33. L'art. 1ᵉʳ de la loi du 7 mai 1853 (D. P. 53. 4. 76) avait fixé à 4 pour 100 l'intérêt bonifié aux caisses d'épargne par la caisse des dépôts et consignations. Ce taux n'avait pas été modifié depuis. Or l'intérêt des valeurs achetées par la caisse des dépôts et consignations avec les fonds déposés étant, depuis plusieurs années, inférieur à 4 pour 100, elle a dû prélever la différence sur les intérêts de son fonds de réserve ; mais, par suite de l'augmentation du chiffre des dépôts, cette ressource est devenue insuffisante, et le complément aurait dû être désormais demandé à l'État. Cette situation a déterminé le Gouvernement à proposer au Parlement la réduction à 3 fr. 50 cent. pour 100 du taux de l'intérêt servi aux caisses d'épargne. La disposition insérée en ce sens dans le projet du budget de 1891 a été l'objet d'une assez vive discussion à la Chambre des députés, et a donné lieu à plusieurs amendements (V. Séances des 3 et 4 déc. 1890 ; Journ. off. des 4 et 5 décembre). La Chambre a adopté la disposition suivante, qui forme l'art. 53 de la loi des 26-27 déc. 1890 portant fixation du budget de 1891 : « A partir du 1ᵉʳ janv. 1891, l'intérêt bonifié par la caisse des dépôts et consignations aux caisses d'épargne privées est fixé à 3 fr. 75 cent. pour 100. — Une autre disposition de la même loi (art. 57) se réfère au taux de l'intérêt payé par le trésor sur les fonds des caisses d'épargne nationale et privées en compte courant. Ce taux, qui était précédemment de 4 pour 100 (Rép. nᵒ 88), sera fixé par le ministre des finances ; il ne pourra être supérieur au taux d'intérêt des bons du trésor.

34. Nous avons dit (Rép. nᵒ 89) que la caisse d'épargne pouvait faire des achats de rentes pour le compte des déposants. Ces achats peuvent avoir lieu, soit sur la demande des déposants, soit d'office.

35. Les demandes d'achats de rentes sont soumises aux mêmes formalités que les remboursements. Elles sont transmises par les caisses d'épargne à la caisse des dépôts et consignations avec un bordereau distinct par nature de rente et établi en double expédition : ce bordereau doit indiquer les noms et prénoms du déposant, la somme à convertir en rentes ou le chiffre de la rente à acheter et tous les renseignements nécessaires pour le transfert de la rente et l'immatriculation du nouveau titre (Instr. min. 4 juin 1857, art. 42 et 43). Il ne peut être employé en rentes, au nom d'un déposant, en une même fois une somme supérieure au maximum de 2000 fr. augmenté des intérêts échus (L. 9 avr. 1881, art. 8 et 9).

36. Les achats de rente d'office ont lieu : 1ᵒ pour réduire les comptes qui dépassent le maximum de 2000 fr. fixé par l'art. 8 de la loi du 9 avr. 1881 ; 2ᵒ pour convertir les comptes appartenant à des déposants qui pendant trente ans n'ont fait aucune opération.

37. Aux termes de l'art. 9 de la loi du 9 avr. 1881, lorsqu'un compte dépasse, par les versements et la capitalisation des intérêts, le chiffre de 2000 fr., le déposant en est avisé par lettre chargée ; si, dans les trois mois qui suivent cet avis, il n'a pas réduit son crédit, il lui est acheté d'office et sans frais 20 fr. de rente d'État. Le service des intérêts sur l'excédent est suspendu à partir de la date de l'avis jusqu'au jour de la réduction du compte.

38. D'après l'art. 4 de la loi du 7 mai 1853, lorsque des dépôts sont restés trente ans sans mouvement, ces dépôts doivent être convertis d'office en inscriptions de rente au nom des titulaires : les inscriptions sont consignées à la caisse des dépôts et consignations, où elles restent improductives d'arrérages jusqu'à réclamation de la part des intéressés ; les sommes insuffisantes pour être converties en rente et les reliquats de placements en rente sont acquis aux caisses d'épargne. Le délai de trente ans ne commence à courir qu'à partir du 1ᵉʳ janvier de l'année qui suit celle dans laquelle a été effectuée la dernière opération. Par conséquent, la publication prescrite par la loi ayant lieu le mois avant l'expiration de ce délai est faite dans le numéro du 30 juin du Journal officiel et dans le dernier numéro de juin du journal d'annonces judiciaires de l'arrondissement (Wallet, op. cit., p. 147).

39. Ainsi qu'on l'a dit au Rép. nᵒ 92, les rapports des caisses d'épargne avec le crédit public se résument dans trois modes de placement qui sont : 1ᵒ la consolidation en rentes inscrites au nom de la caisse des consignations, pour le compte des caisses d'épargne ; 2ᵒ le placement par cette dernière au Trésor soit en compte courant, soit en bons du Trésor à échéance fixe ; 3ᵒ la conversion directe par les déposants de leurs fonds.

40. Nous avons dit (Rép. nᵒ 93) que la consolidation en rentes inscrites au nom de la caisse des consignations des capitaux appartenant aux caisses d'épargne et placés en compte courant au Trésor ou en bons du Trésor, a eu lieu à deux reprises, en 1837 et en 1845. Une troisième consolidation a été opérée en 1883 dans les circonstances suivantes. Aucune loi ni aucun règlement n'avait fixé les limites du compte courant ouvert par le Trésor à la caisse des consignations pour les besoins du service des caisses d'épargne : ce compte courant s'était élevé, par suite de l'affluence des fonds versés aux caisses d'épargne, à plus de 500 millions. Pour remédier à cette situation qui pouvait présenter quelques dangers, la loi du 30 déc. 1882 (D. P. 83. 4. 82), portant fixation du budget des dépenses sur ressources extraordinaires de l'exercice 1883, autorisa l'inscription au grand-livre de la dette publique de la somme de rentes amortissables nécessaires pour assurer la consolidation des capitaux et la dette flottante jusqu'à concurrence de 1200 millions ; et une partie de ces rentes fut attribuée à la caisse des dépôts et consignations à titre de remboursement d'une portion de son compte courant sur le Trésor provenant des caisses d'épargne. Cette opération fut réalisée par un décret du 14 mars 1883 (Wallet, op. cit., p. 166).

41. En ce qui concerne les conditions du compte courant ouvert à la caisse des consignations pour le Trésor, et l'achat de rentes pour la caisse des déposants, V. supra, nᵒˢ 32 et 34 et suiv.

42. La loi du 6 juill. 1883 (D. P. 84. 4. 24) a, comme on l'a vu supra, nᵒ 6, autorisé la caisse des dépôts et consignations à faire provisoirement et sous la garantie du trésor public l'avance des sommes nécessaires pour permettre la réouverture des caisses d'épargne dont les opérations seraient suspendues.

43. Le projet de loi actuellement soumis aux délibérations du Parlement a pour objet de parer aux conséquences qui pourraient résulter pour le Trésor de la réalisation en temps de crise des valeurs du portefeuille des caisses d'épargne et d'augmenter en même temps la sécurité des déposants. Il établit, en conséquence, un fonds de réserve obligatoire. Ce fonds doit être alimenté : 1ᵒ par le fonds de réserve actuellement existant à la caisse des dépôts et consignations, et qui atteignait en 1886 le chiffre de 34 millions environ (Wallet, *op. cit.*, p. 167); 2° par la différence entre l'intérêt à servir par la caisse des dépôts aux caisses d'épargne et l'intérêt servi à cette caisse par le Trésor ; 3° par les intérêts et les primes d'amortissement provenant du fonds de réserve lui-même. On ne pourrait imputer sur ce fonds que : 1° les pertes qui viendraient à résulter soit de différences d'intérêts, soit d'opérations ayant pour but d'assurer le service des remboursements; 2° les prélèvements qu'il peut être nécessaire d'opérer soit à titre définitif, soit à titre d'avances, en cas d'insuffisance de la fortune personnelle d'une caisse d'épargne pour faire face aux pertes déjà constatées ou qui seraient ultérieurement reconnues dans sa gestion.

§ 3. — Rapports des caisses d'épargne avec les déposants. — Versements et dépôts, leur quotité ; Exceptions. — Mode d'opérer les versements et dépôts. — Livrets. — Intérêts. — Transports et transferts. — Retraits et remboursements. — Achat de rentes. — Prescription ; Déshérence ; Absence. — Saisies-arrêts (*Rép.* nos 103 à 168).

44. Nous avons examiné (*Rép.* n° 105) la question de savoir quelle est la nature du contrat qui intervient entre la caisse d'épargne et celui qui y verse une somme d'argent. La cour de cassation a décidé, conformément à l'opinion que nous avons adoptée, que ce contrat n'est pas un contrat de dépôt, et que les sommes versées ne demeurent pas la propriété des déposants mais deviennent la propriété de la caisse (Civ. rej. 5 mars 1856, aff. Grandguillot, D. P. 56. 1. 121).

45. — I. QUOTITÉ DES VERSEMENTS; EXCEPTIONS. — La fixation du minimum de chaque versement à 1 franc (*Rép.* n° 107) a été maintenue par l'art. 8 de la loi du 9 avr. 1881, bien que les autres nations aient donné l'exemple d'un chiffre inférieur, afin d'éviter l'aggravation des frais qu'amènerait la multiplicité des petits versements (Rapport au Sénat, D. P. 81. 4. 1, note 1).

46. Quant à la fixation à 300 fr. du maximum des sommes pouvant être versées chaque semaine par les déposants, fixation qui résultait comme on l'a vu (*Rép.* n° 107) de l'art. 4 de la loi du 5 juin 1835 et de l'art. 1er de la loi du 22 juin 1845 (D. P. 45. 3. 161), elle n'a pas été maintenue par la législation postérieure. L'art. 8 de la loi du 9 avr. 1881 porte, en effet, que le compte ouvert à chaque déposant ne pourra excéder le chiffre de 2000 fr. versés en une ou plusieurs fois. Nous avons dit *suprà*, n° 37, que lorsque le compte du déposant dépasse, par les versements et la capitalisation des intérêts, le chiffre de 2000 fr., il lui est acheté d'office 20 fr. de rentes sur l'État. Le service des intérêts sur l'excédent doit, aux termes de l'art. 9 de la loi du 9 avr. 1881, être suspendu à partir de la date de l'avis jusqu'au jour de la réduction du compte.

Pour conserver à l'institution son véritable caractère et prévenir les abus qu'en ont faits certains déposants, qui transforment les comptes ouverts à la caisse d'épargne en véritables comptes courants, le projet de loi actuellement soumis au Parlement limite également à 2000 fr. le montant total des versements autorisés pendant une année, sans tenir compte des remboursements.

47. Par exception à la règle qui vient d'être énoncée, et conformément à la législation antérieure rappelée au *Rép.* n° 119, l'art. 13 de la loi du 9 avr. 1881, qui autorise les sociétés de secours mutuels à faire des versements à la caisse d'épargne, porte que le compte ouvert à ces sociétés pourra atteindre le chiffre de 8000 fr. Il en est ainsi quel que soit le caractère de ces sociétés, qu'elles soient déclarées établissements d'utilité publique, approuvées par les préfets ou simplement autorisées (Wallet, *op. cit.*, p. 131). Le même article étend le bénéfice de cette disposition exceptionnelle aux institutions de coopération, de bienfaisance et autres sociétés de même nature, lorsqu'elles en ont obtenu l'autorisation du ministre. On a soutenu qu'une fabrique d'église munie d'une autorisation préfectorale pourrait également déposer à une caisse d'épargne et jouir de ce maximum exceptionnel autorisé par l'art. 13 de la loi du 9 avr. 1881. Mais cette extension n'est pas admise par M. Wallet qui fait observer qu'une fabrique, établissement public, n'est pas une institution de bienfaisance (*op. cit.*, p. 132).

48. — II. MODE D'OPÉRER LES VERSEMENTS ET DÉPÔTS; LIVRETS. — On a vu au *Rép.* n° 123, qu'antérieurement à la loi du 9 avr. 1881, les femmes mariées n'étaient admises à déposer à la caisse d'épargne qu'avec l'assistance ou l'autorisation de leurs maris. L'art. 6 de la loi du 9 avr. 1881 les admet à se faire ouvrir un livret sans cette assistance, et, ainsi que nous le verrons *infrà*, n° 62, à retirer, sauf opposition de la part de leurs maris, les sommes inscrites aux livrets ainsi ouverts. Lorsqu'une femme mariée déclare, en faisant son premier versement, qu'elle entend verser sans l'assistance de son mari, cette déclaration est consignée sur le registre matriciel et mentionnée sur le livret, ainsi que les noms et prénoms du mari. Dans le cas contraire, elle doit être assistée ou autorisée de son mari (Décr. 31 août 1881, art. 12).

49. Les mineurs sont également admis par l'art. 6 de la loi du 9 avr. 1881 à se faire ouvrir des livrets sans l'intervention de leur représentant légal. L'avantage que leur accorde cet article était, d'ailleurs, ainsi que nous l'avons dit (*Rép.* n° 123), toléré dans la pratique par quelques-unes des anciennes caisses, notamment par celle de Paris (D. P. 81. 4. 115, note 3). Lorsque le mineur se place sous le régime édicté par l'article précité, le livret contient une mention qui constate le versement direct opéré en vertu de la loi du 9 avr. 1881, et l'époque à laquelle le mineur aura 16 ans, âge auquel il peut retirer les sommes déposées (V. *infrà*, n° 63).

50. Ainsi que nous l'avons reconnu (*Rép.* n° 124), un livret peut être ouvert pour le compte d'un tiers : dans ce cas, aux termes de l'instruction ministérielle du 4 juin 1857 (art. 7), le tiers qui fait un premier versement doit, autant que possible, produire l'autorisation de la personne pour laquelle il verse, à moins que ce ne soit un bienfaiteur qui désire rester inconnu. L'autorisation est mentionnée dans la colonne des signatures au registre matriciel.

51. D'après l'art. 1er de l'instruction ministérielle du 4 juin 1857, le premier versement de chaque déposant donne lieu à une inscription sur le registre matriciel. Ce registre est destiné à recevoir tous les renseignements que la caisse doit conserver sur chaque déposant, et à servir à la comparaison des signatures et à l'interrogatoire des porteurs de livrets dans tous les cas de doute, afin de se prémunir contre les tentatives d'abus, de fraude ou de falsification qui pourraient être la suite de la perte ou de la soustraction du livret.

52. La clause dite de sauvegarde, inscrite dans l'art. 12 de la loi du 9 avr. 1881 (V. *suprà*, n° 4) et d'après laquelle, dans les cas de force majeure, des décrets rendus, le conseil d'État entendu, peuvent autoriser les caisses d'épargne à n'opérer le remboursement que par acomptes de 50 fr. au minimum et par quinzaine, doit être inscrite à la place la plus apparente du livret. Le rapporteur de la loi au Sénat a applaudi à cette mesure annoncée dans l'exposé des motifs, et qui « doit avoir le mérite d'apprendre au déposant le plus ignorant dans quelles conditions l'État contracte avec lui » (D. P. 81. 4. 116, note 2).

53. — III. INTÉRÊTS. — L'art. 13 des statuts-types est ainsi conçu : « l'intérêt est alloué par la caisse sur toute somme ronde de 1 fr. Le taux de cette intérêt à prélever, conformément à la loi, sur cet intérêt, sera déterminé, au mois de décembre de chaque année, pour l'année suivante par le conseil des directeurs. L'intérêt est réglé à la fin de l'année ; il est capitalisé et produit des intérêts pour l'année suivante. » La retenue dont il est question, et que font les caisses d'épargne sur l'intérêt qui leur est bonifié par la caisse des dépôts et consignations, a été rendue obligatoire pour un quart pour cent par l'art. 7 de la loi du 30 juin 1851, ainsi qu'on l'a vu au *Rép.* n° 133. Elle est facultative pour un autre quart : elle ne peut en aucun cas dépasser 1/2 pour 100. Toutefois, pour la caisse d'épargne de Paris, la retenue facultative est fixée à 3/4 pour 100, sans que la retenue totale puisse jamais dépasser 1 pour 100. — L'art. 8 du projet de loi dont les Chambres sont actuellement saisies porte que la retenue opérée par les caisses d'épargne peut être ou uniforme sur tous les comptes ou graduée suivant l'importance des comptes. Dans le premier cas, elle est obligatoire pour 0 fr. 25 cent. pour 100 et ne peut dépasser 0 fr. 50 cent. pour 100. Dans le second cas, les comptes ne dépassant pas 500 fr. peuvent être dispensés de toute retenue. Le maximum de la retenue à opérer sur les autres comptes est de 1 fr. 50 cent.

pour 100. Le taux ainsi gradué doit être approuvé par le ministre du commerce et publié trois mois au moins avant son application.

54. La loi du 30 juin 1851 n'avait pas déterminé le point de départ des intérêts alloués aux déposants ni le terme où ils devaient cesser de courir à leur profit. Nous avons dit (*Rép.* n° 134) qu'une circulaire ministérielle du 16 déc. 1851 avait décidé que l'intérêt des fonds versés aux caisses d'épargne devrait courir seulement à partir du dimanche qui suivait le dépôt et cesser le dimanche qui précède le remboursement. Cette règle a été modifiée par l'art. 3 de la loi du 9 avr. 1881, aux termes duquel cet intérêt doit partir du 1er ou du 16 de chaque mois après le jour du versement et cesser de courir à partir du 1er ou du 16 qui aura précédé le jour du remboursement.

55. Le taux de l'intérêt servi aux déposants se règle par celui que la caisse des dépôts sert aux caisses d'épargne et qui a été fixé, comme nous l'avons dit (V. *suprà*, n° 33) à 3 fr. 75 pour 100 par l'art. 55 de la loi du 26 déc. 1890. Il est, d'ailleurs, réduit par suite du frais fait par les caisses d'épargne ainsi qu'on l'a vu *suprà*, n° 53.

56. M. Wallet, *op. cit.*, p. 138, indique dans les termes suivants comment s'opère le calcul des intérêts servis aux déposants : ce calcul est fait par les caisses d'épargne pour chaque compte, d'abord sur le solde créditeur au 1er janvier jusqu'au 31 décembre de l'année, puis sur tous les versements à partir de la date à laquelle l'intérêt part jusqu'au 31 décembre. Ce sont là les intérêts sur versements, ou *créditeurs* ; ils courent au profit du déposant contre la caisse d'épargne. L'intérêt est pareillement calculé sur tous les remboursements du jour où l'intérêt doit être arrêté jusqu'au 31 décembre ; ce sont les intérêts sur remboursements, ou *débiteurs*, qui courent au profit de la caisse et contre le déposant. La différence entre les intérêts créditeurs et les intérêts débiteurs forme le montant des intérêts auxquels a droit le déposant. Le calcul des intérêts est fait en détail sur le compte courant du déposant tenu à la caisse d'épargne. Mais on se contente de porter en bloc sur le livret les intérêts de l'année, lorsque ce livret est présenté à l'établissement.

57. — IV. Transports et transferts. — Nous avons dit (*Rép.* n° 140) que la cession du montant d'un livret est valable. L'art. 35 de l'instruction du 4 juin 1857 reconnaît implicitement la validité de cette cession en réglant les conditions dans lesquelles sera fait le remboursement au cessionnaire. L'art. 8 de cette instruction permet, d'ailleurs, à un donateur de stipuler l'incessibilité des sommes qu'il dépose à la caisse d'épargne au profit d'un tiers, d'où il résulte qu'en thèse générale les livrets de caisses d'épargne ne sont pas incessibles.

58. Quant au transfert des fonds des déposants d'une caisse à l'autre, on a vu (*Rép.* n° 141) qu'il est autorisé par l'art. 8 de la loi du 5 juin 1835. Les art. 67 à 76 de l'instruction ministérielle du 4 juin 1857 déterminent les conditions de ce transfert.

59. — V. Retraits et remboursements. — D'après l'art. 23 de l'instruction ministérielle du 4 juin 1857 (D. P. 58. 3. 9), les caisses d'épargne peuvent recevoir les demandes de remboursement tous les jours de la semaine ; mais les bordereaux de ces demandes ne sont clos que le jour de la séance hebdomadaire, et les caisses d'épargne ne sont tenues d'effectuer les remboursements que quinze jours après la clôture des bordereaux. Le déposant ou son représentant remet le livret et souscrit la demande de remboursement sur la première partie d'une formule dont la seconde partie est destinée à la quittance. Ces deux parties restent adhérentes l'une à l'autre et sont pliées de manière qu'en signant la seconde le déposant ne puisse voir la première.

60. Le déposant doit, en principe, donner quittance de tout remboursement qu'il reçoit. Lorsqu'il ne se présente pas lui-même, le tiers qui le remplace doit produire une procuration sous seing privé, à moins qu'il ne soit porteur du brevet original ou de l'expédition d'une procuration authentique, générale ou spéciale, contenant pouvoir de toucher et de donner quittance. Si le déposant ne sait ni ne peut signer et que son identité soit constante, la quittance peut être remplacée par un certificat signé de deux témoins

et sur lequel l'administrateur de service appose également sa signature, afin d'attester que la formalité s'est accomplie en sa présence (V. Wallet, *op. cit.*, p. 139).

61. En cas de décès d'un déposant, ses héritiers doivent produire un certificat de propriété pour obtenir le remboursement de son livret. Ces certificats, aux termes de l'art. 3 de la loi du 7 mai 1853, doivent être délivrés dans les formes et suivant les règles prescrites par la loi du 28 flor. an 7, c'est-à-dire, suivant les cas, par un notaire ou par le juge de paix du domicile sur attestation de deux citoyens.

62. Si le livret est ouvert au nom d'une femme mariée placée sous le régime spécial de la loi du 9 avr. 1881 (V. *suprà*, n° 48), le remboursement est fait à la femme qui, aux termes de l'art. 6 de cette loi, peut recevoir les sommes inscrites à son livret sans l'assistance de son mari, sauf opposition de ce dernier. Dans le cas d'opposition du mari, M. Wallet ne pense pas que ce dernier ait le pouvoir de retirer seul le dépôt fait par sa femme (*op. cit.* p. 141). Mais les tribunaux n'ont pas encore été appelés à se prononcer sur cette question.

63. L'art. 6 de la loi du 9 avr. 1881 autorise également les caisses d'épargne à rembourser aux mineurs le montant de leurs dépôts, lorsqu'ils ont déclaré vouloir bénéficier des dispositions de cette loi et qu'ils sont âgés de seize ans révolus, mais sauf opposition de leur représentant légal.

64. La loi n'a déterminé ni la forme ni les effets de l'opposition formée, dans les cas prévus par l'art. 6, par les maris ou les tuteurs. Suivant M. Wallet, *op. cit.*, p. 155, cette opposition doit être effectuée, comme toute autre, par acte extrajudiciaire, et la caisse d'épargne ne doit vider ses mains, à la suite d'une semblable opposition, que du consentement mutuel des parties ou en vertu de l'autorité de justice. Cette interprétation nous paraît devoir être adoptée. Le projet de loi soumis aux Chambres propose de la consacrer.

65. D'après les circulaires ministérielles du 27 avr. 1877 et du 10 oct. 1883, le montant des livrets des militaires décédés au corps est remboursé au conseil d'administration pour être remis aux ayants droit. Quant aux condamnés militaires libérés, les fonds déposés par eux ne peuvent leur être remboursés, sans d'une autorisation du conseil d'administration, qu'à l'expiration de leur temps de service et sur la production du congé définitif. Mais il a été décidé que le militaire recevrait à sa libération, au lieu d'un remboursement en espèces, un mandat sur le Trésor, à son ordre, payable à la trésorerie générale du département où serait situé son nouveau domicile et ne pouvant être passé à l'ordre d'un tiers. La légalité de ces mesures a été contestée (Wallet, *op. cit.*, p. 143).

66. Les remboursements aux sociétés de secours mutuels et aux autres associations admises à verser des fonds aux caisses d'épargne sont faits au délégué ou mandataire, porteur de toutes les pièces suffisantes pour justifier de l'accomplissement des formalités exigées par les statuts en ce qui concerne les retraits de fonds. Dans le cas où les statuts ne contiendraient aucune disposition à cet égard, le mandataire devrait être porteur d'une procuration revêtue des signatures de tous les membres composant le conseil d'administration de la société (Décr. 31 août 1881, art. 21) (Wallet, *op. cit.*, p. 140).

67. — VI. Achat de rentes. — On a vu *suprà*, n° 36, dans quelles conditions les caisses d'épargne sont tenues de faire des achats de rentes pour le compte de leurs déposants. Les caisses d'épargne peuvent également, aux termes de l'art. 10 de la loi du 18 juin 1850 (D. P. 50. 4. 138), servir d'intermédiaires entre leurs déposants et la caisse des retraites pour la vieillesse. Les règles qu'elles doivent observer dans l'exercice de cette entremise ont été déterminées par les art. 54 à 66 de l'instruction ministérielle du 4 juin 1857 (D. P. 58. 3. 9).

68. — VII. Prescription. — L'art. 4 de la loi du 7 mai 1853 dispose, ainsi que nous l'avons dit (V. *suprà*, n° 38), que lorsqu'il s'est écoulé un délai de trente ans, à partir tant du dernier versement ou remboursement que de tout achat de rentes et de toute autre opération effectuée à la demande des déposants, les sommes que détiennent les caisses d'épargne aux comptes de ceux-ci sont placées en rentes sur l'État, et que les titres de ces rentes sont remis à la caisse des dépôts et consignations pour le compte des déposants. Aux termes du même article, les reliquats des placements en rentes ci-dessus énoncés et les sommes qui, à raison de leur insuffisance, n'auraient pu être converties en rentes.sur l'Etat, demeureront à la même époque acquis définitivement aux caisses d'épargne. M. Wallet, *op. cit.*, p. 170, fait observer qu'au point de vue où s'est placé le législateur de 1853 et qui s'éloigne des idées admises en 1835, ainsi qu'on l'a vu au *Rép.* n° 163, on ne saurait considérer cet abandon des reliquats à la caisse d'épargne comme un effet de la prescription trentenaire ; mais, dans l'impossibilité où s'est trouvé le législateur de faire de ces sommes, d'ailleurs peu importantes, un emploi au profit du déposant, il a paru naturel de les abandonner à la caisse d'épargne qui, pendant trente ans, avait géré les comptes et qui les recueille par une sorte de déchéance prononcée contre le titulaire (Wallet, *op. cit.*, p. 170).

69. — VIII. CONTESTATIONS ; SAISIES-ARRÊTS. — Il n'est pas douteux, ainsi que nous l'avons exposé (*Rép.* n° 167), que les sommes versées aux caisses d'épargne peuvent faire l'objet d'une saisie-arrêt. C'est ce qui a été reconnu par un arrêt de la cour de Caen du 18 mai 1854 (aff. Grandguillot, D. P. 54. 2. 264).

70. On a dit au *Rép.* n° 168 que les caisses d'épargne ne peuvent être tenues de communiquer leurs registres ou de délivrer des certificats des inscriptions qu'ils contiennent à tout requérant, mais que les héritiers ou les créanciers d'un déposant ont le droit, en justifiant de leur qualité, de requérir le certificat des sommes déposées par leur auteur ou leur débiteur. — On a vu, d'ailleurs, *suprà*, v° *Enregistrement*, n° 3061, que les caisses d'épargne ne sont pas tenues de donner communication aux préposés de l'Enregistrement des pièces et documents qu'elles détiennent, attendu que ce sont des institutions privées.

§ 4. — Immunités accordées aux caisses d'épargne. Rapport annuel (*Rép.* n°s 169 à 172).

71. L'art. 9 du décret du 23 août 1875 (D. P. 76. 4. 44) porte que les quittances de sommes déposées aux caisses d'épargne ainsi que les quittances de sommes remboursées aux déposants sont exemptes de timbre. Deux décisions du ministre des finances, du 14 déc. 1875 et du 16 janv. 1876, ont étendu cette exception à tous les récépissés et reçus échangés entre la caisse d'épargne et la caisse des dépôts et consignations (Wallet, *op. cit.*, p. 168).

72. D'après une solution de l'administration de l'enregistrement du 30 mars 1882 (D. P. 83. 3. 428-429), il y a lieu de faire également bénéficier de cette exemption les affiches que les administrations des caisses d'épargne font apposer pour publier le relevé de leurs opérations, ainsi que les indications relatives à la situation, aux heures d'ouverture et de clôture des bureaux (Wallet, *op. cit.*, p. 168).

73. L'art. 20 de la loi du 9 avr. 1881 exempte des formalités du timbre et de l'enregistrement les imprimés, écrits et actes de toute espèce nécessaires pour le service des caisses d'épargne. On a exposé *suprà*, v° *Enregistrement*, n° 2750, la difficulté qui s'est élevée sur le point de savoir si cette exemption doit être restreinte aux actes et écrits qui sont strictement indispensables au service de la caisse d'épargne, c'est-à-dire à son fonctionnement régulier et à l'accomplissement de ses opérations, ou si elle s'étend aux actes rédigés simplement dans l'intérêt des parties (V. aussi sur ce point: Wallet, *op. cit.*, p. 169).

74. En ce qui concerne le rapport annuel qui doit être distribué aux Chambres sur la situation et les opérations des caisses d'épargne (*Rép.* n° 171), V. *suprà*, n° 27.

75. Le projet de loi soumis au Parlement propose d'instituer une commission supérieure dans laquelle trouveront place les représentants les plus autorisés des caisses d'épargne et l'Etat. Il créera un intermédiaire compétent entre ces caisses et l'Etat. Il contient également une disposition qui interdit de donner le nom de caisse d'épargne à tout établissement qui n'aurait pas été autorisé conformément aux prescriptions de la loi du 5 juin 1835.

ART. 3. — *Caisse d'épargne postale.*

§ 1er. — Organisation et administration de la caisse d'épargne postale.

76. La caisse d'épargne postale est régie par la loi du 9 avr. 1881 (V. *suprà*, n° 4), par un règlement d'administration publique du 31 août suivant, et par des instructions du ministre des postes et télégraphes et du ministre des finances du 31 oct. 1881 et 23 avr. 1884 (Wallet, *op. cit.*, p. 177).

77. Le rapport de M. Le Bastard au Sénat sur la loi du 9 avr. 1881 expose dans les termes suivants les motifs qui ont déterminé le législateur à créer la caisse d'épargne postale. « Malgré les progrès incontestables réalisés dans les dernières années, les caisses qui fonctionnent aujourd'hui ne peuvent suffire à opérer la transformation qui est réclamée … Si l'on veut sérieusement rapprocher la caisse d'épargne du déposant, de façon à ce que dans toute la France chacun puisse, sans un déplacement trop coûteux, sans une perte de temps trop dommageable, placer en lieu sûr ses économies, il n'y a qu'un moyen: créer une caisse d'épargne nationale administrée par l'Etat. L'Etat seul peut offrir au public des bureaux permanents, ouverts tous les jours et à toute heure, reliés entre eux de façon à permettre de supprimer les difficultés et les lenteurs des transferts et de créer un livret national. Il offre aussi aux déposants une sécurité absolue, à un degré que ne peut atteindre aucune institution privée » (D. P. 81. 4. 114).

78. A la différence des caisses d'épargne ordinaires, la caisse d'épargne postale constitue un véritable établissement public. Elle peut, aux termes de l'art. 15 de la loi du 9 avr. 1881, recevoir des dons et legs dans les formes et selon les règles prescrites pour les établissements d'utilité publique. L'art. 16 porte qu'elle possédera une dotation qui sera formée : 1° du boni réalisé sur les frais d'administration, lorsque ceux-ci n'atteindront pas le produit du prélèvement de 0 fr. 25 destiné à couvrir ces frais; 2° des dons et legs consentis par des tiers; 3° des produits des reliquats des dépôts attribués à la caisse d'épargne dans les conditions prévues à l'avant-dernier alinéa de l'art. 14; 4° de la capitalisation des intérêts de ces divers fonds demeurés libres après le prélèvement autorisé par l'art. 5; enfin de la différence entre l'intérêt produit par les arrérages des valeurs achetées en exécution de l'art. 19 et le taux de 3 fr. 25 pour 100 servi à la caisse postale, après le prélèvement autorisé par l'art. 5. Les fonds constituant cette dotation ne peuvent être aliénés qu'en vertu d'une loi.

79. Le siège de la caisse d'épargne postale est à Paris, au ministère des finances (depuis la suppression du ministère des postes et télégraphes). Les opérations effectuées par les receveurs des postes et télégraphes sont centralisées par un agent justiciable de la cour des comptes et astreint au versement d'un cautionnement déterminé par décret et réalisable en numéraire. Cet agent, qui est nommé par décret du président de la République, prend le titre d'*agent comptable de la caisse d'épargne postale.* La direction et la surveillance desdites opérations sont confiées à un service administratif institué au ministère des postes et télégraphes sous le titre de *direction de la caisse d'épargne postale.* Le directeur de la caisse d'épargne postale doit, à des époques indéterminées et au moins une fois par mois, procéder à la vérification du portefeuille de l'agent comptable et en dresser procès-verbal. Le directeur de la caisse d'épargne est administrativement responsable; quant à l'agent comptable, il est pécuniairement et personnellement responsable des valeurs de portefeuille, dont il est détenteur. En cas de vol ou de perte résultant de force majeure, il est statué sur sa demande en décharge par une décision du ministre des finances, sauf recours au conseil d'Etat par la voie contentieuse (Décr. 31 août 1881, art. 1er à 5).

80. L'agent comptable est chargé de la tenue de la comptabilité, de l'administration centrale dont les règles sont déterminées par les art. 6 à 10 du décret du 31 août 1881. En dehors du contrôle permanent exercé par les ministres et de la vérification sur pièces faite par la direction générale de la comptabilité publique, la gestion de l'agent comptable et de ses préposés dans les départements est soumise aux vérifications de l'inspection générale des finances (Décr. 31 août 1881, art. 38).

81. Aux termes de l'art. 17 de la loi du 9 avr. 1881, le ministre doit présenter chaque année un rapport sur la situation et les opérations de la caisse d'épargne postale. Ce rapport doit être publié au *Journal officiel* et distribué aux Chambres.

§ 2. — Rapports de la caisse d'épargne postale et des déposants avec la caisse des dépôts et consignations.

82. Les fonds de la caisse d'épargne postale doivent, aux termes de l'art. 2 de la loi du 9 avr. 1881, être versés à Paris, à la caisse des dépôts et consignations, dans les départements aux caisses des trésoriers généraux et des receveurs particuliers préposés à la caisse des dépôts. Ils produisent à la caisse d'épargne, à partir du jour de leur versement jusques et non compris le jour du retrait, un intérêt égal à celui qui est servi par le Trésor, conformément aux art. 56 et 57 de la loi du 26 déc. 1890.

83. La caisse des dépôts doit, d'après l'art. 19 de la loi du 9 avr. 1881, faire emploi en valeurs de l'État français de toutes les sommes déposées par la caisse d'épargne postale. La différence d'intérêt produit par les arrérages de ces valeurs et le taux d'intérêt servi à la caisse postale est destinée à accroître la dotation dont il a été parlé *suprà*, n° 78, après prélèvement, s'il y a lieu, des sommes nécessaires pour couvrir les frais d'administration. Néanmoins, pour satisfaire aux remboursements qui pourraient être réclamés, la caisse des dépôts et consignations doit conserver, par son compte courant au Trésor, une réserve d'un cinquième des versements qui lui sont effectués, sans que cette réserve puisse excéder 100 millions de francs.

84. Le décret du 31 août 1881 (art. 31 et suiv.) règle les rapports que la caisse d'épargne postale est appelée à avoir avec la caisse des dépôts et consignations et le Trésor pour le placement et le retrait des fonds, le compte courant d'intérêts, les achats de rente et l'emploi des fonds versés par la caisse d'épargne postale.

85. Comme les caisses d'épargne ordinaires, la caisse d'épargne postale peut servir d'intermédiaire entre les déposants et la caisse des retraites pour la vieillesse. Les versements et remboursements, soumis aux mêmes règles que ceux qui sont effectués dans les caisses d'épargne ordinaires, sont en outre soumis à des formalités spéciales déterminées par l'instruction ministérielle du 7 janv. 1885 et nécessitées par la régularité des opérations de l'administration postale (Wallet, *op. cit.*, p. 208).

§ 3. — Rapports de la caisse d'épargne postale avec les déposants.

86. Les règles qui ont été précédemment exposées (n°s 44 et suiv.), et qui fixent les rapports des caisses d'épargne ordinaires avec les déposants, sont également applicables à la caisse d'épargne postale. Il y a lieu seulement de mentionner quelques dispositions spéciales à cette dernière caisse.

87. Le déposant qui fait pour la première fois un versement à la caisse d'épargne postale doit former en même temps une demande de livret, dans laquelle il énonce ses nom, prénoms, âge, date et lieu de naissance et dans laquelle il déclare qu'il n'est titulaire d'aucun autre livret soit de la caisse d'épargne postale, soit d'une caisse d'épargne privée (Décr. 31 août 1881, art. 11). Le livret est délivré gratuitement dans les trois jours (non compris le jour du versement et les dimanches et jours fériés) ; il est toujours nominatif (Décr. 31 août 1881, art. 14). Tout déposant muni d'un livret de la caisse d'épargne postale peut, aux termes de l'art. 1er de la loi du 9 avr. 1881, continuer ses versements et opérer ses retraits dans tous les bureaux de poste français dûment organisés en agences de cette caisse.

88. En autorisant les agents de tous les bureaux de poste, au nombre de six mille environ, à recevoir dans leurs caisses les épargnes confiées à l'État, le Gouvernement devait se préoccuper des moyens d'entourer de toutes les garanties désirables la constatation de ces dépôts. Le règlement d'ad-

ministration publique du 31 août 1881 disposait, dans ce but, que l'inscription sur les livrets des sommes versées entre les mains des receveurs devait avoir lieu exclusivement au chef-lieu du département, par les soins du receveur principal, dont la signature devait en outre être contresignée par le directeur départemental (art. 14 et 15). Mais ces dispositions, destinées à sauvegarder d'une manière absolue contre toute chance d'erreur, de fraude ou de malversation les intérêts de l'État comme ceux des particuliers, parurent avoir pour effet de ralentir d'une manière fâcheuse les opérations de la caisse d'épargne postale et avoir fait naître chez un certain nombre de déposants des appréhensions de nature à nuire au développement de l'institution (Exposé des motifs de la loi du 3 août 1882, D. P. 82. 4. 120, note 3).

89. La loi du 3 août 1882 (V. *suprà*, n° 5), substitua, en conséquence, au système consacré par le décret du 31 août 1881 la combinaison suivante : l'inscription des versements devait être faite instantanément par le receveur même qui recevait le dépôt. Le montant de la somme versée devait être constaté par l'apposition de timbres spéciaux dits *timbres épargne* de 1 à 1000 fr. Pour former titre envers la caisse, les *timbres épargne* devaient être frappés du timbre à date du bureau de poste et être revêtus de la signature du receveur. Un décret du 10 mars 1883 (D. P. 83. 4. 91) portait qu'il serait fait usage de ces timbres à partir du 1er avr. 1883.

90. Ce système a été l'objet de graves observations critiques de la part de la cour des comptes, dans son rapport public présenté en 1887 au président de la République (*Journ. off.* du 21 oct. 1889). « Le timbre-épargne, dit ce rapport, ne paraît pas avoir réalisé une amélioration dans le fonctionnement de la caisse nationale d'épargne. A la gêne qu'imposaient aux déposants les premières instructions en les obligeant à faire inscrire leurs versements au chef-lieu du département, il a substitué des inconvénients et des dangers de plus d'une sorte. Il impose aux comptables une responsabilité très grave, soit que ceux-ci appliquent sur les livrets des figurines représentant une valeur supérieure à celle du versement, soit qu'ils en égarent : la petite dimension d'un papier qui peut valoir jusqu'à 500 fr. n'est pas faite pour diminuer les chances de perte... Mais ce n'est pas là le seul inconvénient que présente l'emploi des figurines. Ce serait, à notre avis, une erreur que d'y chercher un moyen efficace de contrôle sur la gestion des comptables. Il serait facile en effet à un receveur infidèle d'abuser soit de figurines qu'il aurait reçues en excédent et non prises en charge, ou provenant d'une perte simulée (on vient de voir la facilité avec laquelle l'administration en accuse la décharge), soit encore des figurines détachées d'un livret, pour constater au profit d'un déposant un versement réellement effectué à sa caisse, sans en faire recette dans ses écritures. Une telle soustraction serait impraticable si, lors des retraits de fonds, le livret était rapproché des écritures tenues par l'administration centrale au compte de chaque déposant ; mais c'est une vérification qui ne pourrait se faire qu'autant que le livret serait communiqué au siège central ; et on a vu plus haut que l'Administration attachait une haute importance à affranchir le public de cette obligation. Dans l'état actuel, les remboursements partiels ou totaux sont effectués sans autre formalité que la présentation à l'administration centrale d'une simple demande de fonds acquittée. Il pourrait donc se faire que des déficits importants causés par le remboursement aux parties de sommes versées par elles, mais que la caisse n'aurait pas reçues, vinssent à se prolonger indéfiniment et à n'être révélés que lors d'une liquidation générale et totale de l'institution... Les considérations ci-dessus exposées ont sans doute décidé les États étrangers (la Belgique et la Suède exceptées) à repousser le *timbre-épargne* comme un moyen de contrôle. Elles nous paraissent de nature à appeler la plus sérieuse attention de l'Administration sur la question de son maintien ou de sa suppression. »

91. La cour des comptes termine ses observations en recommandant la méthode de contrôle pratiquée avec succès, depuis 1861, par la caisse postale d'Angleterre. Cette méthode comprend deux procédés, qui se complètent l'un par l'autre. Le *post-master* local inscrit sur le livret du déposant la somme reçue en lettres et en chiffres; il signe et appose le timbre du bureau, puis il rend le livret portant ce reçu au déposant. Il est tenu d'adresser chaque jour au directeur général des postes un bordereau des dépôts reçus la veille avec le nom de chaque déposant, le numéro du livret et la somme reçue. Il doit ajouter l'adresse à laquelle le déposant désire que le directeur général lui envoie dans les dix jours un avis constatant que telle somme, déposée par lui, à tel bureau, a été inscrite à son avoir dans les grands livres des comptes courants. Par la délivrance de ce reçu qui confirme celui du receveur local, le directeur général garantit le dépôt, et il est tenu d'envoyer au déposant, quand celui-ci veut retirer ses fonds, le mandat de remboursement basé sur le grand-livre. Un second procédé de contrôle garantit l'exactitude des opérations faites sur tout livret par versements et par remboursements : une note insérée sur le livret recommande au déposant d'envoyer directement son livret au directeur général une fois par an, pour le rapprocher du compte-courant de grand-livre et pour inscrire sur le livret les intérêts de l'année.

Une proposition tendant à l'abrogation de la loi du 3 août 1882 et fondée sur les considérations qui précèdent a été soumise en 1888 à la Chambre des députés par M. de Heredia, mais elle n'a pas été discutée.

92. Les versements ne peuvent être inférieurs à 1 fr. ni supérieurs à 2000 fr. (L. 9 avr. 1881, art. 8). Cependant le rapporteur de la loi au Sénat recommandait à l'attention du Gouvernement un système pratiqué en Hollande et en Angleterre et qui permet de recueillir les plus petites épargnes au moyen de timbres. Ce système a été mis en vigueur par un décret du 30 nov. 1882 (D. P. 83. 4. 80), qui autorise à mettre gratuitement à la disposition du public des formules dites *bulletins d'épargne* sur lesquelles toute personne qui désire obtenir un livret de la caisse nationale d'épargne ou tout déposant déjà titulaire d'un livret de cette caisse peut apposer des timbres poste. Lorsque ces timbres atteignent la somme de 1 fr., le possesseur du bulletin d'épargne peut faire le versement de ce bulletin à un bureau de poste qui le reçoit pour comptant, pourvu que lesdits timbres ne soient ni altérés, ni maculés, ni déchirés. Il ne peut être versé au moyen de timbres-poste, pour le compte d'une même personne, plus de 10 fr. par mois.

93. Les remboursements doivent être demandés à l'avance et sont effectués sur la production de l'autorisation de la direction centrale. Aux termes de l'art. 11 de la loi du 9 avr. 1881, ils doivent avoir lieu dans un délai de huit jours au maximum pour la France continentale. Toutefois à Paris, le remboursement est immédiatement opéré au siège de la caisse d'épargne postale (Wallet, *op. cit.*, p. 189).

94. Les achats de rente pour le compte des déposants sont effectués soit sur la demande de ces derniers, soit d'office par la caisse d'épargne postale dans les mêmes conditions que par les caisses d'épargne ordinaires (V. *supra*, nos 34 et suiv.). Les rentes achetées sur la demande des déposants sont *nominatives* ou *mixtes* au choix des parties, sauf en ce qui concerne les incapables pour lesquels les rentes sont toujours nominatives (Décr. 31 août 1881, art. 35).

95. L'art. 3 de la loi du 9 avr. 1881 fixe à 3 pour 100 l'intérêt servi aux déposants par la caisse d'épargne postale. Ce taux ne peut être modifié que par une loi. Au 31 décembre de chaque année, l'intérêt acquis s'ajoute au capital et devient productif d'intérêt. Les fractions de franc ne produisent pas d'intérêt. La différence entre le taux de l'intérêt servi par la caisse des dépôts à la caisse d'épargne postale et le taux de l'intérêt servi par celle-ci aux déposants est destinée à couvrir les frais d'administration.

96. L'instruction ministérielle du 25 avr. 1884 (art. 224) a déterminé les conditions dans lesquelles s'opèrent les transferts entre la caisse d'épargne postale et les caisses d'épargne ordinaires. Le principe adopté pour les transferts de cette nature est celui d'un remboursement effectif suivi d'un versement. Lorsque le transfert a lieu d'une caisse d'épargne privée sur la caisse postale, le remboursement est demandé à la première et le versement effectué à la seconde. Dans le cas, au contraire, où le transfert a lieu de la caisse d'épargne postale sur une caisse privée, la première rembourse et la seconde encaisse. Dans l'un et l'autre cas, c'est le receveur des postes qui agit par procuration des déposants (Wallet, *op. cit.*, p. 195 et 196).

§ 4. — Succursales navales de la caisse d'épargne postale.

97. Le décret du 18 mars 1885, que nous avons cité plus haut (*supra*, nº 5), a constitué à bord de chacun des bâtiments de l'État une succursale de la caisse d'épargne postale. Cette succursale est gérée par le conseil d'administration ou par le capitaine comptable, et ses opérations sont centralisées par l'agent comptable de la caisse nationale d'épargne. Elles sont constatées sur des livrets de plusieurs séries spéciales, intitulées *séries marines*.

98. Ces opérations ne sont effectuées qu'aux jours fixés pour le payement de la solde des équipages. Les déclarations de versements et les demandes de remboursements doivent être remises trois jours au moins à l'avance. Aux termes du décret du 27 avr. 1885 (D. P. 86. 4. 10), les versements peuvent être inférieurs au minimum d'un franc déterminé par l'art. 8 de la loi du 9 avr. 1881 ou comprendre des fractions de franc ne produisant pas d'intérêt en faveur des déposants.

99. Une circulaire collective des ministres de la marine, des finances et des postes en date du 6 mai 1885 a donné les instructions de détail nécessaires au fonctionnement régulier des succursales navales (Wallet, *op. cit.*, p. 225).

§ 5. — Caisses d'épargne scolaires.

100. Les caisses d'épargne scolaires, dit M. Wallet, *op. cit.*, p. 215, dont l'idée première revient à la France où elle avait été appliquée dès 1834 dans l'école municipale du Mans, ont pris naissance en 1866 en Belgique sous l'impulsion de M. Laurent; elles ont acquis rapidement une très grande extension ce pays et se sont ensuite répandues en Allemagne, en Hollande, en Angleterre, en Italie, et en France à partir de 1873, grâce à l'initiative et au zèle de M. de Malarce. Ces caisses sont fondées par le libre initiative des instituteurs et des particuliers, et aucun règlement n'a établi les prescriptions relatives à leur organisation.

101. L'Administration a voulu apporter l'appui spécial de la caisse d'épargne postale aux caisses d'épargne scolaires; et les instructions adressées aux bureaux de poste ont simplifié à cet effet, et pour l'usage des instituteurs, le fonctionnement général de la caisse postale (Wallet, *op. cit.*, p. 223). Les caisses d'épargne scolaires rattachées à la caisse nationale peuvent, notamment, trouver de grandes facilités dans l'application des dispositions du décret du 30 nov. 1882, qui a institué les *bulletins d'épargne* (V. *supra*, nº 92). L'Administration met gratuitement à la disposition des instituteurs, dans toutes les recettes de poste et de télégraphe, des formules de bulletins d'épargne, de demandes de livret et de demandes de transfert (Wallet, *loc. cit.*).

Table sommaire

des matières contenues dans le Supplément et le Répertoire.

(Les chiffres précédés de la lettre S renvoient au Supplément; les chiffres précédés de la lettre R renvoient au Répertoire.)

Absence R. 163.	**Angleterre** S. 10, 92.	**Belgique** S. 10.	— caisse d'épargne scolaire S. 101.	— achat de rentes S. 31.	— retrait S. 31.
Algérie S. 5.	— caisse d'épargne postale S. 91.	— caisse d'épargne scolaire S. 100.		32.	— taux S. 2, 4, 33; (intérêt bonifié) S.
— caisse d'épargne S. 16.	— caisse d'épargne scolaire S. 100.	**Bulletin d'épargne** S. 92.	— caisse d'épargne scolaire S. 101.	— achat de valeurs S. 32, 33.	32; R. 88.
Allemagne	**Autriche** S. 10.		**Caisse des dépôts** S. 1, 31, 82; R. 88.	— placement des fonds S. 32; R. 88.	**Caisse d'épargne**
— caisse d'épargne scolaire S. 100.					— achat de rente S. 34 s.

R. 89 s.; (formalités) S. 35.
— action en justice S. 12, 29.
— administrateur (fonctions gratuites) S. 20; R. 70; (responsabilité) S. 20.
— administration S. 17 s.; R. 69.
— affiches, exemption de timbre S. 72.
— agents S. 1; (caractère) S. 12.
— agents auxiliaires S. 25, 26.
— Algérie S. 16.
— autorisation, condition S. 15; R. 60.
— caissier S. 21; (cautionnement) S. 1.
— capital, consolidation en rente S. 39, 40 s.; R. 92, 93 s.
— caractère S. 11 s.; R. 78, 79.
— compétence S. 29; R. 77.
— comptabilité S. 1; (surveillance) S. 2.
— comptabilité uniforme S. 23.
— compte rendu des opérations S. 27, 28; R. 76.
— condamnation, exécution S. 12.
— conseil des directeurs (attributions) S. 19; (composition) S. 17; R. 69; (réunion) S. 19.
— contestations S. 29; R. 77.
— contrôle S. 23.
— dépôt (certificat) S. 70; R. 105; (clause incessibilité) S. 57; (immobilisation pendant trente ans) S. 38; (nature) S. 44; R. 105; (retrait) S. 59 s.; (saisie-arrêt) S. 69; R. 167.
— dépôt, intérêts S. 53 s.; R. 133 s.; (calcul) S. 56; (point de départ) S. 54; R. 134; (retenu) S. 53; R. 133; (taux) S. 55.
— dépôt supérieur à 2.000 fr. S. 36, 37, 45.
— directeur (fonctions gratuites) S. 20; R. 70; (responsabilité) S. 20; R. 79.

— directeurs-adjoints S. 21.
— direction S. 1.
— dissolution S. 30; R. 81 s.
— durée S. 30; R. 81 s.
— état de situation, production S. 27; R. 75.
— fonds S. 1; (remboursement) S. 3; (versement, conséquences) S. 44; R. 105; (versement à la caisse des retraites pour la vieillesse) S. 67.
— fonds, versement à la caisse des dépôts S. 1, 2, 31 s., 41; R. 88 s.; (emploi) S. 32; R. 86; (intérêts, taux) S. 2, 32, 33; R. 88.
— formes S. 14; R. 54, 55.
— gestion, surveillance S. 2.
— immunités S. 71.
— imprimés, exemption de timbre et d'enregistrement S. 73.
— législation S. 1 s.; R. 2 s.
— opération, suspension S. 6.
— organisation S. 14; R. 66.
— origines S. 1 s.; R. 2 s.
— quittance, dépôt, exemption de timbre S. 71.
— rapport annuel S. 74; R. 174.
— réouverture, somme nécessaire, avance S. 42.
— sous-caissier, cautionnement S. 1.
— statuts S. 16, 17.
— succursale S. 5, 15; (fondation) S. 22; (nature) S. 22; (nombre) S. 22; R. 73.
— succursale à l'étranger S. 5.
— surveillance S. 1, 2, 23.
— type S. 16.
— vérification S. 1; (inspecteur des finances) S. 24; (receveur des finances) S. 23.
— versement, quotité S. 4 s.; R. 107.
— V. Caisse des dépôts, Remboursement, Versement.

Caisse d'épargne de Paris S. 1.
— conseil des directeurs, composition S. 18.

— établissement d'utilité publique S. 14.
— intérêts, retenue S. 53.
— surveillance S. 23.
Caisse d'épargne postale.
— achat de rente sur l'État S. 83, 94.
— agent comptable S. 79; (fonctions) S. 80; (responsabilité) S. 79.
— Algérie S. 5.
— caractère S. 11; (établissement public) S. 78.
— contrôle S. 5.
— Corse S. 5.
— création S. 4; (motifs) S. 77.
— dépôt S. 86 s.; (intérêts) S. 82; (intérêt, taux) S. 55.
— directeur, responsabilité S. 79.
— direction S. 79.
— dons et legs S. 78.
— dotation S. 78.
— fonds, versement à la caisse des dépôts S. 4, 82; (taux) S. 4.
— fonds, versement à la caisse de retraite pour la vieillesse S. 85.
— frais d'administration S. 95.
— livret; S. 86, 87 s.; (série marine) S. 97.
— rapport annuel S. 81.
— règlement S. 76.
— remboursement, délai S. 93.
— retrait S. 87.
— siège S. 79.
— succursale navale S. 97.
— surveillance S. 79.
— Tunisie S. 5.
— versement, quotité S. 92.
Caisse d'épargne scolaire S. 100, 101.
Cautionnement
— agent comptable de la caisse d'épargne postale S. 79.
— caissier et sous-caissier S. 1.
— numéraire S. 1.
— rente sur l'État S. 1.
Certificat de propriété S. 2.
Chance aléatoire R. 2 s.
Chose cessible R. 140.
Corse S. 5.
Détournement S. 12.

Diffamation
— agents de caisses d'épargne S. 12.

Endossement R. 139 s.
Équipage de la flotte
— succursale, caisse d'épargne S 5.
Établissement d'utilité publique R. 81 s.

Faux
— livret S. 12.
— pièces de remboursement S. 12.
Femme mariée
— autorisation maritale S. 48.
— livret S. 4, 48; R. 123.
— remboursement S. 62; (opposition) S. 64.
— retrait de sommes S. 4.
Fonds de garantie S. 6.
Fonds de réserve obligatoire S. 7.
— constitution S. 43.

Hollande S. 10, 92.
— caisse d'épargne scolaire S. 100.
Italie S. 10.
— caisse d'épargne scolaire S. 100.

Législation S. 1 s.; R. 2 s.
— Angleterre S. 9; R. 49, 50.
— Autriche S. 4, 10.
— Belgique S. 4, 10.
— États-Unis S. 4.
— Hollande S. 4, 10.
— Italie S. 4, 10.
— Portugal S. 10.
— Prusse S. 4.
— Suède S. 10.
— Suisse S. 4, 10.
Livret
— caisse d'épargne postale S. 87.
— caisse d'épargne scolaire S. 101.
— cession S. 57; R. 140.
— compte d'un tiers S. 50; R. 124.
— cumul S. 113 s.
— faux S. 12.
— femme mariée S. 4; R. 123.
— militaire S. 65.
— mineur S. 4, 49; R. 123.
— obtention S. 4.
— ouverture S. 4.

— série marine S. 5, 97.

Mineur
— livret S. 4, 49; R. 123.
— remboursement S. 63; (opposition du tuteur) S. 64.
— retrait de sommes S. 4.
Mont-de-piété R. 47, 86.
Mort civile R. 134.

Navire de l'État
— succursale (caisse d'épargne) S. 5, 97 s.

Percepteur
— agent auxiliaire S. 4.
— remboursement S. 4, 25.
— versement S. 4, 25.
Portugal S. 10.
Prescription S. 68; R. 163.
— intérêts R. 138.

Receveur des postes
— agent auxiliaire S. 4.
Remboursement
— acompte S. 4.
— caisse d'épargne postale, forme S. 90.
— cas de force majeure S. 4, 62.
— délai, caisse d'épargne postale S. 93.
— demande S. 59.
— femme mariée S. 62; (opposition du mari) S. 64.
— formalités S. 59.
— héritiers, certificat de propriété S. 61.
— militaire condamné libéré S. 65.
— militaire décédé au corps S. 65.
— mineur S. 63; (opposition du tuteur) S. 64.
— mode S. 3.
— percepteur S. 4, 25.
— quittance S. 60; (exemption de timbre) S. 71.
— société de secours mutuels S 66.
— succursale navale S. 98.
— tiers S. 60.
Rente sur l'État
— achat S. 2, 32, 67; (caisse d'épargne postale) S. 83, 94.

— achat d'office S. 2, 34, 36 s., 45, 94.
— achat de rente S. 34 s.; R. 89 s.
— cautionnement S. 1.
— consolidation S. 39, 40 s.; R. 92, 93 s.
— conversion R. 11 s., 90.
Retrait
— femme mariée S. 4.
— mineur S. 4.

Saisie-arrêt S. 69; R. 166 s.
Société
— forme R. 55.
Société anonyme R. 52, 58.
Société commerciale R. 52 s.
Société de secours R. 109.
Société de secours mutuels
— versement à la caisse d'épargne S. 47; R. 119.
Succession vacante R. 163.
Suède S. 10.
Suisse S. 10.

Timbre-épargne S. 89 s.
— inconvénients S. 90.
Transfert de caisse S. 55; R. 141.
— caisse d'épargne scolaire S. 101.
— caisse d'épargne postale et caisses d'épargne ordinaires S. 96.
Transport S. 57; R. 140.
Tunisie S. 5.

Versement
— caisse d'épargne postale S. 88, 89 s.; (quotité) S. 92.
— intérêts S. 53 s.; R. 133 s.
— minimum S. 3.
— percepteur S. 4, 25.
— quotité S. 45; R. 107, (caisse d'épargne postale) S. 92; (fabrique d'église) S. 47; (institution de bienfaisance) S. 47; (maximum) S. 45; (société de secours mutuels) S. 47; R. 119.
— registre matriciel S. 51.
— succursale navale S. 98.
— V. Caisse d'épargne.

Table chronologique des Lois, Arrêts, etc.

An 7. 28 flor. Loi. 2 c., 61 c.
1835. 5 juin. Loi. 27 c., 40 c., 58 c., 75 c.
1837. 31 mars. Loi. 31 c.
1842. 6 avr. C. comptes. 13 c.
1845. 22 juin. Loi. 46 c.
1850. 18 juin. Loi. 67 c.
1851. 30 juin. Loi. 1 c., 2 c., 23 c., 56 c., 75 c.
—16 déc. Circ. 54 c.
1852. 15 avr. Décr. 1 c., 17 c.

19 c., 21 c., 23 c., 31 c.
1853. 7 mai. Loi. 2 c., 33 c., 38 c., 61 c., 68 c.
1854. 6 janv. Décr. 14 c.
—17 mars. Paris. 11 c., 12 c.
—3 avr. Req. 11 c., 29 c.
—18 mai. Caen. 11 c., 12 c., 69 c.
1855. 20 mars. Amiens. 11 c.
1862. 5 mars. Civ. 11 c., 12 c.
—8 juill. Civ. 11 c., 12 c.

1857. 4 juin. Instr. 2 c., 21 c., 31 c., 35 c., 50 c., 51 c., 57 c., 58 c., 59 c., 67 c.
1859. 21 déc. Cons. d'Ét. 13 c.
1860. 21 mars. Cons. d'Ét. 13 c.
1861. 12 janv. Circ. 15 c., 22 c.
1862. 12 mars. Av. Cons. d'Ét. 15 c.
—3 juin. Av. Cons. d'Ét. 15 c.

1863. 18 mai. Av. Cons. d'Ét. 15 c.
1870. 17 sept. Décr. 3 c.
—16 oct. Décr. 3 c.
—17 nov. Décr. 3 c.
—17 déc. Décr. 3 c.
1871. 12 juill. Loi. 3 c.
1873. 26 nov. Orléans. 11, 12 c.
1875. 5 juin. Décr. 32 c.
—23 août. Décr. 4 c., 25 c., 74 c.
—14 déc. Décis. 71 c.

1876. 16 janv. Décis. 71 c.
—28 nov. Civ. 20 c.
1877. 27 avr. Circ. 65 c.
—13 juin. Av. Cons. d'Ét. 17 c.
1879. 7 janv. Av. Cons. d'Ét. 16 c.
—28 janv. Av. Cons. d'Ét. 16 c., 50 c.
—18 nov. Av. Cons. d'Ét. 15 c.
—10 déc. Av. Cons. d'Ét. 15 c.
1880. 24 févr. Av. Cons. d'Ét. 15 c.
—4 août. Av. Cons. d'Ét. 15 c.

—10 sept. Crim. 12 c.
1881. 5 avr. Av. Cons. d'Ét. 15 c.
—9 avr. Loi. 4 c., 9 c., 31 c., 35 c., 36 c., 37 c., 45 c., 46 c., 47 c., 48 c., 49 c., 52 c., 54 c., 62 c., 63 c., 64 c., 73 c., 76 c., 77 c., 78 c., 81 c., 82 c., 83 c., 87 c., 92 c., 93 c., 95 c., 98 c.
—31 août. Décr. 5 c., 48 c., 66 c.
79 c., 80 c., 84 c., 87 c., 88 c., 89 c., 94 c.
—31 oct. Instr. 76 c.

—9 nov. Av. Cons. d'Ét. 15 c.
1881. 5 déc. Décr. 5 c.
1882. 23 févr. Décr. 5 c.
—30 mars. Sol. 72 c.
—3 août. Loi. 5 c.
88 c., 89 c., 91 c.
—30 nov. Décr. 5 c.
—30 déc. Loi. 40 c.
1883. 10 févr. Crim. 11 c., 12 c.
—11 mars. Décr. 89 c.
—13 mars. Av. Cons. d'Ét. 16 c.
—14 mars. Décr. 40 c.
—15 avr. Instr. 5 c.

—6 juill. Loi. 6 c., 42 c.
—10 oct. Circ. 65 c.
1882. 23 févr. Décr. 5 c., 12 c.
—22 déc. Décr. 5 c.
1884. 25 avr. Instr. 76 c., 96 c.
1885. 7 janv. Instr. 85 c.
—13 janv. Av. Cons. d'Ét. 15 c.
—18 mars. Décr. 5 c., 97 c.
—27 avr. Décr. 5 c., 98 c.
—8 mai. Circ. 99 c.
—29 oct. Décr. 5 c.
1890. 26 déc. Loi. 7 c., 33 c., 55 c., 82 c.

ÉTABLISSEMENT FRANÇAIS. — V. *Organisation des colonies;* — *Rép.* eod. v°, n°ˢ 727 et suiv. et 830 et suiv.

ÉTABLISSEMENT PUBLIC. — 1. Les *établissements publics* sont définis par M. Aucoc, *Conférences de droit administratif*, 3ᵉ éd., t. 1, p. 351, « des personnes civiles ayant une existence distincte et des ressources propres, créées pour la gestion d'un service public ». Ces établissements ne doivent pas être confondus avec les *établissements d'utilité publique* qui ne sont, suivant le même auteur, que « des établissements privés fondés par des sociétés de particuliers, mais auxquels il a paru convenable de conférer le bénéfice de l'existence civile à cause de l'intérêt, de l'utilité qu'ils peuvent présenter ». Cette distinction a été également mise en lumière par M. Batbie, *Traité de droit public et administratif*, 2ᵉ éd., t. 5, n° 1, et par M. Ducrocq, *Cours de droit administratif*, 6ᵉ éd., t. 2, n° 1331. Elle se trouve nettement indiquée dans des textes assez nombreux, notamment dans les lois des 6 juill. 1860 (D. P. 60. 4. 81) et du 26 févr. 1862 (D. P. 62. 4. 26) sur le Crédit foncier, dans l'art. 1ᵉʳ du règlement d'administration publique du 30 juill. 1863 (D. P. 63. 3. 143), dans l'art. 7, § 4, du décret du 2 août 1879 (D. P. 79. 4. 73) portant règlement intérieur du conseil d'Etat. Toutefois, cette distinction n'a pas toujours été exactement observée par le législateur. C'est ainsi que l'art. 910 c. civ. désigne à la fois sous le nom d'*établissements d'utilité publique* les deux catégories d'établissements, et que la loi du 20 févr. 1849 (D. P. 49. 4. 46), qui a créé la taxe dite des biens de mainmorte, les confond sous la dénomination d'établissements publics.

2. On a examiné au *Rép.* n° 2 quels sont les établissements qu'il convient de comprendre dans la classe des établissements publics. Les services en vue desquels ces établissements sont institués sont les services du culte, de l'instruction publique, de l'assistance publique, ceux qui sont destinés à pourvoir aux besoins de l'agriculture et du commerce. Ils sont, pour la plupart, préposés à la gestion de services d'intérêt local; toutefois, quelques-uns sont chargés de gérer des services d'intérêt général. Dans la première catégorie on doit ranger : 1° les fabriques, les cures, les évêchés, les séminaires, les consistoires protestants et israélites (V. *supra*, v° *Culte*, n°ˢ 403 et suiv.) ; — 2° les bureaux de bienfaisance, les hôpitaux et hospices (V. *infrà*, v° *Secours publics*); les asiles d'aliénés ayant un caractère autonome (Cons. d'Et. 12 mars 1875, aff. Asile de Bailleul, D. P. 76. 3. 7 ; 3 déc. 1886, aff. Asile d'Armentières, D. P. 88. 5. 228), à la différence des asiles départementaux, qui n'ont aucune personnalité (V. *supra*, v° *Aliéné*, n°ˢ 6 et suiv., 18 et suiv.); — 3° les établissements d'instruction publique de l'Etat et des communes, tels que les lycées et collèges, les facultés et écoles d'enseignement supérieur dont la personnalité civile a été reconnue par les décrets du 25 juill. 1885 (D. P. 86. 4. 11) (V. *infrà*, v° *Organisation de l'instruction publique*), l'Institut de France et les académies qui en font partie; — 4° les chambres consultatives d'agriculture instituées par le décret du 25 mars 1852 (D. P. 52. 4. 100) et les chambres de commerce (Req. 28 oct. 1885, aff. Cazentre, D. P. 85. 1. 397. V. *infrà*, v° *Organisation économique*).

3. Les monts-de-piété ne sont pas des établissements publics, mais des établissements d'utilité publique puisque cela résulte des termes formels de l'art. 1ᵉʳ de la loi du 24 juin 1851 (D. P. 51. 4. 134). On s'est demandé si cette disposition est applicable au mont-de-piété de Paris, qui pourrait être considéré comme une annexe de l'assistance publique. Mais un avis du conseil d'Etat du 26 déc. 1852 a déclaré qu'elle devait être étendue à tous les monts-de-piété sans distinction (D. P. 80. 3. 72, note 1) (V. conf. Cons. préf. Seine, 26 avr. 1880, aff. Mont-de-piété de Paris, D. P. 80. 3. 72). Il en est de même des caisses d'épargne, des sociétés de prévoyance et de secours mutuels, des congrégations religieuses de femmes consacrées à l'enseignement et à l'assistance publique, de certaines associations religieuses d'hommes consacrées à l'enseignement primaire, des associations ou établissements libres formés en vue de l'enseignement supérieur, des sociétés littéraires et scientifiques, des sociétés pour l'encouragement de l'agriculture et de l'industrie (V. Aucoc, *op. cit.*, p. 364). — On a examiné ailleurs (V. *supra*, v° *Association syndicale*, n° 124) la question de savoir si les associations syndicales autorisées doivent être

considérées comme des établissements publics ou comme des établissements d'utilité publique ; et on les a rangées dans cette dernière catégorie conformément à l'opinion consacrée par la cour de cassation (Civ. cass. 1ᵉʳ déc. 1886, aff. Compagnie française d'irrigation du canal des Alpines, D. P. 87. 1. 183).

4. Les établissements publics préposés à la gestion de services d'intérêt général sont, d'après M. Aucoc, *op. cit.*, p. 360, la caisse des dépôts et consignations, la caisse des invalides de la marine, la caisse des retraites pour la vieillesse créée par la loi du 18 juin 1850 (D. P. 50. 4. 138), la caisse d'assurance en cas de décès et la caisse d'assurances en cas d'accidents créées par la loi du 11 juill. 1868 (D. P. 68. 4. 93) enfin l'ordre de la Légion d'honneur.

5. Les établissements publics et les établissements d'utilité publique ont, malgré les différences qui les séparent plusieurs caractères communs. Ils ont, les uns comme les autres, un caractère d'utilité générale : ils ont également la qualité de personnes civiles ; ils ne peuvent, comme on l'a vu au *Rép.* n° 4, se former sans l'autorisation des pouvoirs publics ; leurs biens sont également soumis à la taxe des biens de mainmorte (V. *infrà*, v° *Impôts directs*). Il y a lieu d'appliquer aux uns comme aux autres : 1° l'art. 910 et l'art. 937 c. civ. (V. *infrà*, n° 11) ; 2° l'art. 619 du même code ; 3° les art. 539 et 713 du même code ; 4° le décret règlementaire du 30 juill. 1863 relatif aux formalités imposées aux notaires en matière de dons et legs faits à ces établissements (Ducrocq, *Cours de droit administratif*, 6ᵉ éd., t. 2, p. 475, n° 1335).

L'établissement public et l'établissement d'utilité publique durent indéfiniment et survivent à tous les membres qui ont pu en faire partie à l'origine, jusqu'au moment où il plaît à la puissance publique qui a créé ou autorisé l'établissement de lui retirer, en le supprimant, l'existence civile qu'elle lui avait donnée (Batbie, *op. cit.*, 2ᵉ éd., t. 5, n° 1). Lorsque, par suite de ce retrait d'autorisation, l'être moral cesse d'exister, les membres qui en faisaient partie n'ont aucun droit à exercer sur ses biens ; et ceux-ci appartiennent à l'Etat comme biens vacants et sans maître, à moins qu'une clause des statuts de l'établissement ne l'autorise, en cas de dissolution, à demander au Gouvernement l'attribution de ces immeubles, meubles et capitaux à un autre établissement public ou d'utilité publique (Ducrocq, *op. cit.*, n° 1337).

6. La création d'un établissement public ou d'un établissement d'utilité publique ne peut, en règle générale, aux termes de l'art. 3, § 4, du décret du 21 août 1872 (D. P. 72. 4. 101), être autorisée que par un décret rendu en assemblée générale du conseil d'Etat. Cette règle comporte cependant des exceptions : les bureaux de bienfaisance, qui sont des établissements publics, peuvent, aux termes de l'art. 14 de la loi du 24 juill. 1867 (D. P. 67. 4. 89), être autorisés par arrêté préfectoral ; et, d'un autre côté, le conseil d'Etat a décidé que les congrégations religieuses d'hommes qui se consacrent à l'enseignement ne peuvent être autorisées que par une loi, même comme établissement d'utilité publique (Av. Cons. d'Et. 16 juin 1881, aff. Société de Marie, D. P. 82. 3. 21).

7. Les établissements publics, par cela même qu'ils gèrent un service public, peuvent, lorsque leurs ressources sont insuffisantes, obtenir des subventions de la commune, du département ou de l'Etat, et ils ont, dans certains cas, droit à ces subventions. Par le même motif, la puissance publique, qui peut être appelée à leur venir en aide, a le droit d'exercer un contrôle sur leur administration. — Ce droit de contrôle est beaucoup moins étendu lorsqu'il s'agit d'un établissement d'utilité publique. Les droits de l'Administration sur un établissement de cette catégorie sont limités, d'une part, à la tutelle et à la surveillance imposées dans un intérêt d'ordre public à toutes les personnes civiles (notamment en ce qui concerne les acquisitions ou aliénations) et, d'autre part, aux pouvoirs qui lui sont conférés par les statuts particuliers de chaque société. En dehors des cas où son intervention est consacrée par les lois générales ou par les statuts, l'Administration est sans qualité pour s'ingérer dans le fonctionnement de l'établissement (Cons. d'Et. 18 août 1856, aff. de Meillac, D. P. 57. 3. 19) ; à plus forte raison le préfet ne peut-il décider dans quelles conditions se feront

les élections du conseil d'administration de l'établissement, ni statuer sur la validité des élections (Cons. d'Et. 27 juill. 1870, aff. Lallier, D. P. 72. 3. 53).

8. Nous avons dit (*Rép.* n° 7) que les établissements publics sont habiles à posséder des biens meubles et immeubles. Mais ils ne le sont que dans l'intérêt des services qui leur ont été spécialement confiés par les lois et dans les limites des attributions qui en dérivent (Av. Cons. d'Et. 13 juill. 1881, aff. Fabrique de Saint-Jean-Baptiste de Belleville, D. P. 82. 3. 23 ; C. sup. just. Luxembourg, 18 déc. 1885, *suprà*, v° *Dispositions entre vifs*, n° 30). Le conseil d'Etat en a tiré cette conséquence contraire à la jurisprudence qu'il avait inaugurée en 1873 (Av. Cons. d'Et. 6 mars 1873, aff. Fabrique de Villegenon, D. P. 73. 3. 97) que les conseils presbytéraux et les fabriques, n'ayant point été institués pour le soulagement des pauvres et pour l'administration des biens qui leur sont destinés, ces établissements ne peuvent être autorisés à accepter des legs qui leur ont été faits pour le service des pauvres (Avis précité du 13 juill. 1881. V. *suprà*, v° *Culte*, n° 495).

9. — I. ADMINISTRATION. — Les biens des administrateurs des établissements publics sont, comme on l'a vu (*Rép.* n° 10) frappés d'hypothèque légale en vertu de l'art. 2121 c. civ. Mais la disposition de cet article et celle de l'art. 29 du décret sur la comptabilité publique du 31 mai 1862 (D. P. 62. 4. 83), conçue dans les mêmes termes, ne sont pas applicables aux établissements d'utilité publique (Civ. cass. 8 juill. 1856, aff. Devillers, D. P. 56. 1. 278. V. *suprà*, v° *Etablissement d'épargne et de prévoyance*, n° 11).

10. — II. ACQUISITIONS. — Si, comme nous l'avons dit (*Rép.* n° 7), les établissements publics peuvent recevoir des dons et legs, le législateur n'a pas cru devoir leur permettre d'accumuler librement une trop grande quantité de propriétés. Leurs acquisitions par dons et legs, et même leurs acquisitions à titre onéreux, sont donc subordonnées à l'autorisation du Gouvernement qui se préoccupe, d'une part, des intérêts économiques de la nation, et d'autre part, quand il s'agit de legs, des intérêts des familles des testateurs (Aucoc, *op. cit.*,

p. 362). Lorsque le gouvernement est appelé à autoriser un établissement public à accepter un legs, il est en droit de limiter comme il l'entend, le bénéfice que cet établissement sera autorisé à recueillir (Civ. rej. 23 févr. 1886, aff. Bureau de bienfaisance de Châteauroux, D. P. 86. 1. 242. V. *suprà*, v° *Dispositions entre vifs et testamentaires*, n° 148).

11. Quant aux établissements d'utilité publique, ils ne peuvent, aux termes de l'art. 910 c. civ., faire d'acquisitions à titre gratuit sans une autorisation du Gouvernement. Il en est autrement des acquisitions à titre onéreux, pour lesquelles ces établissements ne sont tenus de se munir d'une autorisation qu'autant qu'une disposition expresse de leurs statuts ou d'une loi spéciale leur en impose formellement l'obligation.

12. — III. ALIÉNATIONS. — Ainsi que nous l'avons dit (*Rép.* n° 12), les établissements publics ne peuvent aliéner leurs biens sans une autorisation. Cette obligation n'est pas imposée aux établissements d'utilité publique, sauf le cas où elle résulte de leurs statuts ou d'une loi spéciale.

13. — IV. EMPRUNTS. — Ce qui vient d'être dit des aliénations est également applicable aux emprunts. La loi du 26 févr. 1862 permet aux établissements publics d'emprunter au Crédit foncier dans les conditions de la loi du 6 juill. 1860, c'est-à-dire sans constitution d'hypothèque ; cette faculté exceptionnelle n'est pas accordée aux établissements d'utilité publique, à l'exception des associations syndicales.

14. — V. ACTIONS JUDICIAIRES. — Ainsi qu'on l'a vu au *Rép.* n° 15, les établissements publics sont soumis, pour ester en justice, à la nécessité d'une autorisation du conseil de préfecture. Quant aux établissements d'utilité publique, ils ne sont tenus de se pourvoir de cette autorisation que lorsqu'elle est exigée par un texte spécial (Civ. rej. 5 mars 1856, aff. Granguillot, D. P. 56. 1. 124 ; Civ. rej. 18 déc. 1866, aff. Wittersheim, D. P. 67. 1. 122 ; Cons. préf. Seine. 26 avr. 1880, aff. Mont-de-Piété de Paris, D. P. 80. 3. 72. V. conf. Ducrocq, *op. cit.*, n° 1338 ; Aucoc, *op. cit.*, p. 365 ; *Ecole des communes*, 1854, p. 145 et suiv., article de M. Reverchon).

Table sommaire

des matières contenues dans le Supplément et le Répertoire.

(Les chiffres précédés de la lettre S renvoient au Supplément ; les chiffres précédés de la lettre R renvoient au Répertoire.)

Acquisition à titre gratuit. *S.* 10, 11.
Acquisition à titre onéreux *S.* 10, 11.
Action judiciaire. *S.* 14 ; *R.* 15.
Administration *S.* ; *R.* 10 s.
Aliénation *S.* 12 ; *R.* 12.
Asile d'aliénés *S.* 2 ; *R.* 2.
Asile d'aliénés départemental *S.* 2.
Assistance publique *S.* 2.
Association libre
— enseignement supérieur *S.* 3.
Association religieuse
— enseignement primaire *S.* 3 ; (autorisation) *S.* 6.
Association syndicale *S.* 3.
Autorisation *S.* 5, 6 ; *R.* 4.
— acquisition *S.* 10, 11 ; *R.* 7.
— action judiciaire *S.* 14 ; *R.* 15.

— aliénation *S.* 12 ; *R.* 12.
— association religieuse *S.* 6.
— bureau de bienfaisance *S.* 6.
— retrait *S.* 5.

Biens
— propriété *S.* 5.
Bureau de bienfaisance *S.* 2 ; *R.* 2.
— autorisation préfectorale *S.* 6.

Caisse d'assurance en cas d'accident *S.* 4.
Caisse d'assurance en cas de décès *S.* 4.
Caisse des dépôts et consignations *S.* 4.
Caisse d'épargne *S.* 3.
Caisse des invalides de la marine *S.* 4.
Caisse des retraites

pour la vieillesse *S.* 4.
Chambre de commerce *S.* 2.
Chambre consultative d'agriculture *S.* 2.
Collège *S.* 2 ; *R.* 2.
Comptabilité *S.* 9.
Congrégation religieuse *S.* 3.
Conseil d'administration
— élection *S.* 7.
Consistoire *S.* 2 ; *R.* 2.
Contrôle *S.* 7.
Corporation civile *S.* 2.
— avocat, notaire, huissier, etc., *S.* 3.
Culte *S.* 2 ; *R.* 2.
Cure *S.* 2 ; *R.* 2.

Dons et legs *S.* 5.
— autorisation *S.* 10 ; *R.* 7.
— établissement d'utilité publique *S.* 11.
— limitation *S.* 10.

— service des pauvres *S.* 8.

Ecole *S.* 2 ; *R.* 2.
Emprunt *S.* 13 ; *R.* 13.
Enseignement primaire
— association religieuse *S.* 3.
Enseignement supérieur
— association libre *S.* 3.
Etablissement public
— caractère *S.* 5.
— contrôle *S.* 7.
— création *S.* 6.
— définition *S.* 1.
— durée *S.* 5.
— énumération *S.* 2 ; *R.* 2.
— régime *S.* 5 ; *R.* 4.
Etablissement public d'intérêt général *S.* 2, 4 ;
Etablissement public d'intérêt local *S.* 2 ; *R.* 2.
Etablissement d'utilité publique *S.*

— association syndicale *S.* 3.
— caractère *S.* 5
— contrôle *S.* 7.
— création *S.* 6.
— dons et legs *S.* 11.
— durée *S.* 5.
— régime *S.* 5 ; *R.* 4.
Evêché *S.* 2 ; *R.* 2.

Fabrique *S.* 2 ; *R.* 2.
— dons et legs, service des pauvres *S.* 8.
Faculté *S.* 2 ; *R.* 2.

Hôpital *S.* 2 ; *R.* 2.
Hospice *S.* 2 ; *R.* 2.
Hypothèque légale *S.* 9 ; *R.* 10.

Instruction publique *S.* 2 ; *R.* 2.
— établissement *S.* 2 ; *R.* 2.

Lycée *S.* 2 ; *R.* 2.

Mainmorte *S.* 5 ; *R.* 2.

Mont-de-piété *S.* 3.
Mont-de-piété de Paris *S.* 3.

Ordre de la Légion d'honneur *S.* 4.

Personnalité civile *S.* 5.
Propriété *S.* 8, 10 s. *R.* 7.

Séminaire *S.* 2 ; *R.* 2.
Société anonyme *R.* 3.
Société littéraire et scientifique *S.* 3.
Société de prévoyance *S.* 3.
Société de secours mutuels *S.* 3.
Subventions *S.* 7.

Transaction *R.* 14.
Tutelle *S.* 7.

Table chronologique des Lois, Arrêts, etc.

1849. 20 févr. — Loi. 1 c.
1850. 13 juin. — Loi. 4 c.
1851. 24 juill. — Loi. 3 c.
1852. 25 mars. — Décr. 2 c.

26 déc. Av. Cons. d'Et. 3 c.
1856. 5 mars. — Civ. 14 c.
— 8 juill. Civ. 9 c.
— 18 août. Cons. d'Et. 7 c.
1860. 6 juill.

Loi. 1 c., 13 c.
1862. 26 févr.
Loi. 14 c., 13 c.
— 31 mai. Décr. 9 c.
1863. 30 juill. Décr. 1 c., 5 c.

1866. 18 déc. Civ. 14 c.
1867. 24 juill. Loi. 6 c.
1868. 11 juill. Loi. 4 c.
1870. 27 juill. Cons. d'Et. 7 c.

1872. 21 août. Décr. 6 c.
1873. 6 mars. Av. Cons. d'Et. 8 c.
1875. 12 mars. Cons. d'Et. 3 c.

1879. 2 août. Décr. 1 c.
— 26 avr. Cons. préf. Seine. 3 c., 14 c.
1881. 16 juin. Av. Cons. d'Et. 6 c.

13 juill. Av. Cons. d'Et. 8 c.
1885. 25 juill. Décr. 2 c.
— 26 oct. Req. 2 c.
— 18 déc. C. sup.

just. Luxembourg. 8 c.
1886. 23 févr. Civ. 10 c.
— 1er déc. Civ. 3 c.
— 3 déc. Cons. d'Et. 2 c.

ÉTABLISSEMENT RELIGIEUX. — V. *Culte*, nᵒˢ 271 et suiv., 405 et suiv., 653 et suiv.; *Dispositions entre vifs et testamentaires*, nᵒˢ 93, 101 et suiv., 128 et suiv., et 140; *Domaine de l'État*, nᵒ 16, *Enregistrement*, nᵒˢ 1952 et suiv.; 2061 et suiv.; *Valeurs mobilières*; — *Rép.* vⁱˢ *Culte*, nᵒˢ 49, 400 et suiv., 668 et suiv. et 685 et suiv.; *Dispositions entre vifs et testamentaires*, nᵒˢ 327 et suiv.; 390 et suiv.; 397 et suiv.; *Enregistrement*, nᵒˢ 30, 138 et suiv., 3264 et suiv., 4861 et 4924.

ÉTALON. — V. *Haras; Poids et mesures; Rép.* vⁱˢ *Haras; Poids et mesures*, nᵒˢ 2, 7 et 47.

ÉTANG. — V. *Domaine de la couronne*, nᵒ 11; *Domaine public*, nᵒˢ 23 et suiv.; *Eaux*, nᵒˢ 8, 51, 216 et suiv., 229 et suiv. et 406 et suiv.; *Impôts directs; Louage; Marais; Organisation maritime; Pêche fluviale; Pêche maritime; Propriété; Servitude; Société; Usage-usage forestier; Usufruit; Vente; Vente administrative; Vol et escroquerie;* — *Rép.* vⁱˢ *Action possessoire*, nᵒˢ 356 et suiv.; *Domaine public*, nᵒ 34; *Dommage-destruction-dégradation*, nᵒˢ 330 et suiv.; *Eaux*, nᵒˢ 246 et suiv.; *Impôts directs*, nᵒˢ 26 et suiv.; *Louage*, nᵒ 826-2ᵒ; *Marais*, nᵒ 11; *Organisation maritime*, nᵒˢ 587 et suiv., 753, 766 et suiv. et 801; *Pêche fluviale*, nᵒˢ 238 et suiv.; *Pêche maritime*, nᵒ 47; *Propriété*, nᵒˢ 83 et suiv.; *Servitude*, nᵒˢ 85, 258 et suiv. et 1211-1ᵒ; *Société*, nᵒ 126; *Usage-usage forestier*, nᵒˢ 21, 346, 353, 595 et 636 et suiv.; *Usufruit*, nᵒˢ 263 et 661; *Vente*, nᵒ 647-2ᵒ; *Vente administrative*, nᵒ 136; *Vol et escroquerie*, nᵒˢ 393 et suiv., 407 et 416.

ÉTAT D'IMMEUBLES. — V. *Succession; Usufruit;* — *Rép.* vⁱˢ *Absence-absent*, nᵒˢ 328 et 519; *Usufruit*, nᵒˢ 372 et suiv.

ÉTAT CIVIL — **1.** On a expliqué au *Rép.* nᵒ 1 ce qu'il faut entendre par ces mots et l'on en a indiqué les différentes acceptions (Comp. *Rép.* vᵒ *Droit civil*, nᵒˢ 69 et suiv. — L'état civil se constate par les actes de l'état civil dont il a été traité vᵒ *Acte de l'état civil;* — *Rép.* eod. vᵒ); c'est même au point de vue de cette constatation que le mot *état civil* a donné lieu à la plupart des décisions de la jurisprudence. Sans revenir sur ce qui a été dit *suprà*, vᵒ *Acte de l'état civil*, nous indiquerons ici sommairement les principaux arrêts intervenus en matière d'actes de l'état civil depuis la publication du tome 1 du *Supplément*.

2. L'officier de l'état civil n'est tenu de recevoir les déclarations qui lui sont faites par les parties et d'obtempérer à leurs réquisitions que si les unes et les autres sont conformes à la loi (V. *suprà*, vᵒ *Acte de l'état civil*, nᵒˢ 27 et suiv.). Aussi a-t-il été jugé avec raison que l'officier de l'état civil qui refuse de déférer à une réquisition de transcription d'un jugement de divorce après l'expiration du délai fixé par la loi agit prudemment et ne doit pas être condamné aux dépens (Paris, 30 mai 1888, aff. Monpiou, D. P. 90. 2. 17). Ce cas peut être assimilé à l'hypothèse où la naissance d'un enfant est déclarée à l'officier de l'état civil plus de trois jours après l'accouchement, hypothèse dans laquelle on décide que la naissance ne peut plus être alors inscrite sur les registres qu'en vertu d'un jugement (V. *suprà* vᵒ *Acte de l'état civil*, nᵒ 62. Comp. *suprà*, vᵒ *Divorce et séparation de corps*, nᵒˢ 524 et suiv., 530 et 540).

3. On a exposé *suprà*, vᵒ *Acte de l'état civil*, nᵒˢ 34 et suiv. l'état de la doctrine et de la jurisprudence relatives à l'art. 46 c. civ. qui traite de la preuve des actes de l'état civil lorsqu'il n'aura pas existé de registres ou qu'ils seront perdus. A propos du décès des marins survenus en mer et dont il a été impossible d'administrer la preuve, on a rapporté *ibid.*, nᵒ 43, plusieurs arrêts desquels il résulte que le défaut d'acte de décès peut être suppléé par des présomptions suffisantes. Depuis, il a été jugé, dans le même ordre d'idées : 1ᵒ qu'à défaut de preuve directe du décès d'un marin disparu en mer, il suffit, pour que le décès puisse être constaté conformément à l'art. 46 c. civ., que des présomptions graves, précises et concordantes donnent au juge la conviction de la mort du marin (Bordeaux, 15 févr. 1888 aff. Gaureau, D. P. 89. 2. 197, et la note); — 2ᵒ Que le décès des marins composant l'équipage d'un navire peut être déclaré constant par les tribunaux, lorsque la perte du navire n'est pas douteuse, par exemple, lorsqu'il était parti pour une courte traversée, qu'il n'avait emporté que peu de

vivres, et qu'on n'a pas reçu de ses nouvelles depuis près de deux années, alors surtout qu'une violente tempête a éclaté après son départ dans les parages où il naviguait et y a causé la perte de navires d'un tonnage beaucoup plus fort que le sien (Rouen, 11 oct. 1889, aff. Procureur général de Rouen, D. P. 90. 2. 305, et la note de M. Planiol qui accompagne cet arrêt).

4. Aux termes de l'art. 78 c. civ. l'acte du décès sera dressé sur la déclaration de deux témoins; c'est là une disposition de droit étroit qui ne peut être suppléée par aucun équivalent (V. *suprà*, vᵒ *Acte de l'état civil*, nᵒ 70). Décidé, en ce sens, que l'officier de l'état civil n'est tenu de dresser un acte de décès que lorsque la déclaration lui en est faite dans les termes de l'art. 78 c. civ.; la demande de permis d'inhumer ne peut équipoller à cette déclaration (Limoges, 15 mai 1889, aff. Arpuillère, D. P. 90. 2. 307, et la note).

5. Les règles concernant l'état civil des Français en pays étranger ont été rappelées *suprà*, vᵒ *Acte de l'état civil*, nᵒˢ 85 et suiv., et un certain nombre de décisions judiciaires y ayant trait ont été mentionnées. Décidé, depuis lors et dans le même ordre d'idées, que l'acte de naissance passé en pays étranger et rédigé suivant les formes du pays a force probante en France; ainsi, dans l'État de la Louisiane dont la législation jusqu'en 1855 n'a contenu aucune disposition relative aux constatations des actes de l'état civil, la naissance peut être établie par un acte de baptême dressé avant 1855 et dont l'exactitude est certifiée par l'autorité locale (Bordeaux, 21 déc. 1886, aff. Justamond, D. P. 87. 2. 163). Il en est de même de l'acte de mariage fait en pays étranger et rédigé dans les formes usitées en ce pays. Dans ce même état de la Louisiane dont le code de 1808 valide tout mariage contracté par des personnes pouvant et voulant exprimer un consentement, devant un ministre du culte comme devant un officier public, sans indiquer aucune forme particulière pour l'acte de célébration, l'acte constatant que le mariage a été célébré, sous l'empire de ce code, par un ministre du culte catholique, et d'ailleurs régulier, est suffisant pour attester le fait du mariage et la filiation légitime (Même arrêt).

6. Le soin que le législateur prend d'assurer la conservation de l'état civil des citoyens donne une grande importance, tant en doctrine qu'en jurisprudence, à tout ce qui touche de près ou de loin à la rectification des actes de l'état civil (V. *suprà*, vᵒ *Acte de l'état civil*, nᵒˢ 101 et suiv.). En matière d'omission de nom, notamment, outre les décisions rapportées *ibid.*, nᵒ 103, il a été jugé que les descendants d'une famille qui avait, avant 1789, joint à son nom patronymique un nom de terre, ne sont pas fondés à demander le rétablissement de ce dernier nom dans les actes de l'état civil où il a été omis, s'il est établi qu'il n'a été porté que pendant quelques années à de rares intervalles et par quelques membres seulement de la famille, à titre purement honorifique ou distinctif, et non comme nom patronymique (Bourges, 8 janv. 1888, aff. Girard, D. P. 89. 2. 270). — V. *infrà*, vᵒ *Nom-prénom*.

7. Conformément aux règles établies *suprà*, vᵒ *Acte de l'état civil*, nᵒ 101, il a été jugé que les inexactitudes commises dans les actes de l'état civil relativement à l'orthographe des noms des parties, ou à leur âge, ou encore à leur lieu de naissance, peuvent être rectifiées, en vue d'établir l'identité des parties, soit par d'autres actes de l'état civil réguliers, soit par des actes authentiques, soit de toute autre manière, surtout lorsqu'il s'agit de documents anciens et étrangers (Paris, 24 janv 1888, aff. O'Rorke, D. P. 89. 2. 117).

8. Nous avons examiné *suprà*, vᵒ *Acte de l'état civil*, nᵒˢ 109 et suiv., le rôle du ministère public relativement à la rectification des actes de l'état civil, et rapporté de nombreuses décisions judiciaires auxquelles cette question a donné lieu. Jugé, depuis lors, que le ministère public, ayant l'action civile en matière d'actes de l'état civil, a qualité pour demander, au nom de l'État qu'il représente la condamnation aux frais de la procédure en rétablissement d'un acte omis, contre le maire qui par sa faute a rendu ce rétablissement nécessaire (Limoges, 15 mai 1889, cité *suprà*, nᵒ 4).

C'est en vain que, lorsqu'il s'agit d'indigents, le maire prétendrait être déchargé de tous les dépens. La gratuité de la procédure établie par la loi du 10 déc. 1850 n'existant qu'en faveur des indigents, l'officier de l'état civil ne peut en bénéficier, et l'État est recevable à répéter contre lui les frais dont s'agit, comme le serait la partie elle-même, si elle avait provoqué directement le rétablissement de l'acte omis (Même arrêt).

9. La loi du 3 mai 1862 (D. P. 62. 4. 43) qui a réduit les délais d'appel est-elle applicable en matière de rectification d'acte d'état civil? Jugé à cet égard que cette loi, en restreignant le délai de l'appel à deux mois, n'a pas modifié la disposition spéciale de l'art. 858 c. proc. civ., relatif à l'appel des jugements qui statuent sur les demandes en rectification d'actes de l'état civil; en conséquence, l'appel de ces jugements peut être interjeté pendant un délai de trois mois à partir du jour où ils ont été prononcés (Bordeaux, 15 févr. 1888, cité supra, n° 3). La doctrine de cet arrêt se base sur ce que la loi de 1862 n'ayant pas compris l'art. 858 c. proc. civ. dans ceux auxquels s'applique la nouvelle modification des délais d'appel, il s'ensuit que l'on reste à cet égard sous l'empire de l'ancienne législation. Elle paraît cependant contestable. L'art. 858 a donné au délai d'appel un point de départ spécial, le jour du prononcé du jugement. Il a donc pour objet, non pas de modifier le délai ordinaire d'appel, mais de fixer l'époque à partir de laquelle il commence à courir; il ne parle du délai de trois mois que pour arriver à faire connaître son point de départ. Si donc l'art. 858 c. proc. civ. n'a pas pour objet de modifier le délai ordinaire d'appel, il est évident que, sous ce rapport, il a été atteint par la loi de 1862 (Boitard, Colmet-Daage et Glasson, Leçons de procédure civile, 14e éd., t. 2, n° 1105, p. 564; Rousseau et Laisney, Dictionnaire de procédure, v° Acte de l'état civil, n° 22).

10. En ce qui concerne les crimes et délits relatifs à l'état civil, V. Acte de l'état civil, n°s 124 et suiv.; Crimes et délits contre les personnes, n°s 350 et suiv.; Faux-fausse monnaie; — Rép. v°s Faux-fausse monnaie, n°s 173 et suiv., 234. 243 et suiv. et 271 et suiv.

Table chronologique des Lois, Arrêts, etc.

1862. 3 mai. Loi. 9 c.	1886. 21 déc. Bordeaux. 5 c.	—28 mars. Paris. 7 c.	1889. 8 janv. Bourges. 6 c.	—1 oct. Rouen. 3 c.
1882. 18 janv. Circ. 4 c.	1888. 15 févr. Bordeaux. 8 c., 9 c.	—30 mai. Paris. c.	—15 mai. Limoges. 4 c., 8 c.	1890. 2 avr. C. cass. Belgique. 7 c.

ÉTAT ESTIMATIF. — V. Contrat de mariage, n°s 978 et suiv.; Dispositions entre vifs et testamentaires, n°s 384 et suiv., 578 et suiv.; Enregistrement, n° 582; Louage; Succession; — Rép. v°s Contrat de mariage, n°s 4106 et 4117; Dispositions entre vifs et testamentaires, n°s 1516 et suiv., 1527 et suiv., 1535 et suiv.; Enregistrement, n°s 4449 et suiv., 4487 et suiv., 4645 et suiv., 5046, 5051 et suiv.

ÉTAT HYPOTHÉCAIRE. — V. Privilèges et hypothèques; Transcription hypothécaire; — Rép. v°s Privilèges et hypothèques, n°s 2899 et suiv.; Transcription hypothécaire, n°s 655 et suiv.

ÉTAT DES LIEUX. — V. Louage; Servitude; — Rép. v°s Louage, n°s 291, 341 et 749; Servitude, n°s 1170 et suiv. et 1210 et suiv.

ÉTAT-MAJOR. — V. Organisation de l'Algérie; Organisation maritime; Organisation militaire; Place de guerre; — Rép. v°s Organisation de l'Algérie, n° 54; Organisation maritime, n°s 111 et suiv.; Organisation militaire, n°s 73 et suiv. et 144.

ÉTAT DE SIÈGE. — V. Organisation de l'Algérie; Organisation des colonies; Organisation maritime; Organisation militaire; Place de guerre; Presse-outrage-publication; — Rép. v°s Droit constitutionnel, n° 60; Organisation des colonies, n° 278; Organisation maritime; passim; Organisation militaire, n°s 817, 891 et 940; Place de guerre, n°s 8, 28 et suiv., 32 et 42.

ÉTAT DE GUERRE. — V. Abus de confiance, n° 46; Compétence administrative, n°s 108 et suiv., 430; Droit constitutionnel, n°s 85 et suiv.; Droit naturel et des gens, n° 47 et suiv.; Effets de commerce, n°s 441 et suiv.; Faillite et banqueroute; Force majeure-cas fortuit; Forêts; Louage; Marché de fournitures; Obligation; Office; Place de guerre; Prescription civile; Prises maritimes; Responsabilité; Souveraineté; Ville de Paris; Voirie par chemin de fer; Vol et escroquerie; — Rép. v°s Assurances terrestres, n° 41; Compétence administrative, n° 543; Droit maritime, n°s 491, 1715, 1842 et suiv.; Droit naturel et des gens, n°s 66, 400 et suiv., 142 et 167; Force majeure-cas fortuit, n°s 1, 4, 9 et suiv.; Impôts indirects, n° 125; Marché de fournitures, n° 74; Organisation maritime, passim; Organisation militaire, n° 890, et passim; Place de guerre, n° 23; Prises maritimes, n° 12 et suiv., 49 et suiv.; Traité international, n°s 174 et suiv.

ÉTAT SOMMAIRE. — V. Notaire-notariat; — Rép. eod. v° n°s 511 et 625.

ÉTIQUETTE. — V. Industrie et commerce; — Rép. v° Brevet d'invention, n° 378.

ÉTRANGER. — V. Absence-absent, n°s 5 et 17; Acte de commerce, n° 454; Acte de l'état civil, n°s 50, 73, 90; Adoption et tutelle officieuse, n° 16; Appel civil, n°s 57, 86 et 159; Arbitrage-arbitre, n° 37; Associations illicites, n° 50; Assurances terrestres, n° 21; Avocat, n° 26; Brevet d'invention, n°s 197 et suiv.; 335; Cassation-cour de cassation, n°s 46, 295 et suiv., 300 et 437; Chasse-louveterie, n° 378; Chose jugée, n° 13; Commerçant, n°s 110 et suiv.; Commissionnaire, n°s 159 et 176; Compétence administrative, n°s 149 et 287; Compétence civile des tribunaux d'arrondissement et des cours d'appel, n°s 11, 19 et suiv., 31 et suiv., 44, 89, 125 et suiv.; Compétence commerciale, n°s 89 et 158; Compétence criminelle, n°s 46, 63 et suiv., 91 et suiv.; Contrat de mariage, n°s 43 et suiv., 160 et suiv., 167, 445 et suiv. et 625; Crimes et délits contre la sûreté de l'État, n° 14; Culte, n°s 36, 450 et 698; Dispositions entre vifs et testamentaires, n° 100; Divorce et séparation de corps, n°s 125, 134, 140 et suiv., 525; Domicile, n°s 4, 22 et suiv., 87 et 92; Droits civils, passim; Droit politique, n°s 6 et 329; Echelles du Levant et de Barbarie, n°s 24 et suiv.; Effets de commerce, n°s 389 et suiv., 402 et suiv.; Enregistrement, n°s 2552, 2266 et suiv.; Évasion; Exceptions et fins de non-recevoir; Expert-expertise; Exploit; Expropriation pour cause d'utilité publique; Faillite et banqueroute; Forêts; Industrie et commerce; Instruction criminelle; Interdiction-conseil judiciaire; Jugement; Lois; Mariage; Médecine; Mines, minières et carrières; Minorité-tutelle-émancipation; Nom-prénom; Obligations; Ordres civils et militaires; Organisation de l'Algérie; Organisation de l'instruction publique; Organisation judiciaire; Organisation maritime; Organisation militaire; Ouvriers-artisans-apprentis; Patente; Paternité et filiation; Pension; Presse-outrage-publication; Prises maritimes; Privilèges et hypothèques; Propriété littéraire et artistique; Puissance paternelle et usufruit légal; Secours publics; Société; Succession; Témoin; Timbre; Traité international; — Rép. v° Acte de l'état civil, n°s 195 et suiv. et 306; Action possessoire, n° 574; Adoption et tutelle officieuse, n°s 49, 98, 111 et suiv.; Agent diplomatique, n° 32; Aliéné, n° 56 et suiv.; Appel civil, n°s 384 et suiv., 777 et suiv., 817, 891 et suiv.; Arbitrage, arbitre, n°s 340, 392, 552, 634, 896, 1196 et n°s 89 et 112; Brevet d'invention, n°s 98, 209, Cassation-cour de cassation, n°s 445 et suiv., 503 et suiv., 2252; Commerçant, n° 223; Compétence administrative, n° 37; Compétence civile des tribunaux d'arrondissement et des cours d'appel, n°s 78 et suiv., 195 et suiv., 201 et suiv.; Compétence commerciale, n° 547 et suiv.; Compétence criminelle, n°s 106 et suiv., 114 et suiv.; Conciliation, n°s 76, 117 et 142; Contrainte par corps, n°s 517 et suiv., 520 et suiv., 529, 548 et suiv., 554 et suiv., 568, 576 et suiv., 591 et suiv., 599 et suiv., 603 et suiv.; Contrat de mariage, n°s 524 et suiv., 1232,

2343 et suiv. ; *Crimes et délits contre la sûreté de l'Etat*, n° 17 ; *Culte*, n° 75 ; *Dispositions entre vifs et testamentaires*, n°* 322 et suiv. ; *Domicile*, n° 22 ; *Droits civils, passim ; Droit politique*, n° 643 ; *Effets de commerce*, n°* 876 et suiv., 885 et suiv., 890 et suiv. ; *Evasion*, n° 36 ; *Exceptions et fin de non-recevoir*, n°* 12, 25 suiv., 35 et suiv., 42 et suiv. et 149 ; *Expert-expertise*, n° 64 ; *Exploit*, n°* 14, 222 et suiv., 475 et suiv., 482, 557, 583 et suiv. ; *Expropriation pour cause d'utilité publique*, n° 45 ; *Faillite et banqueroute*, n°* 56, 575, 583, 589, 725, 779, 990, 1129, 1139 et 1350 ; *Forêts*, n° 1902 ; *Industrie et commerce*, n°* 23, 161, 269 et suiv., 287, 325 et 355 ; *Instruction criminelle*, n°* 77, 89 et suiv., 166 et suiv., 479 ; *Interdiction-conseil judiciaire*, n° 34 ; *Lois*, n°* 100, 212, 362, 385 et suiv., 418, 443, 448 et suiv. ; *Mariage*, n°* 7, 16, 50 et suiv., 80 et suiv., 86 et suiv., 330, 384, 454, 506, 750 et suiv., 759 et suiv., 793, 810 et 870 ; *Médecine*, n°* 9, 27, 59, 118 et 218 ; *Minorité-tutelle-émancipation*, n° 33 ; *Nom-prénom*, n°* 29 et 89 ; *Obligations*, n°* 2306 et suiv., 2324, 3295 et 3522 ; *Ordres civils et militaires*, n°* 194 et suiv. ; *Organisation de l'Algérie*, n°* 328 et suiv., 334, 540 et suiv., 594 et suiv., 605, 823, 828, 832 et 848 ; *Organisation de l'instruction publique*, n°* 208. 342 et suiv., 390 ; *Organisation judiciaire*, n°* 481, 756 et suiv. ; *Organisation maritime*, n°* 181, 410, 428, 498 et suiv., 620, 1126 et suiv. ; *Organisation militaire*, n°* 161, 213 et suiv., 768, 830 et suiv. et 885 ; *Ouvriers-artisans-apprentis*, n°* 120 et 154 ; *Patente*, n°* 118, 216 et 312 ; *Paternité et filiation*, n°* 470 et 644 ; *Pension*, n° 53 ; *Presse-outrage-publication*, n°* 52, 232 et suiv., 243, 1103, 1108 et 1509 ; *Prises maritimes*, n°* 36, 189 et suiv., 259 et suiv. ; *Priviléges et hypothèques*, n°* 750, 867 et suiv., 1040 et suiv.; *Propriété littéraire et artistique*, n°* 16, 90 et suiv., 158, 190, 252, 268 et 330 ; *Puissance paternelle et usufruit légal*, n° 50 ; *Secours publics*, n°* 297 et 424 ; *Société*, n° 1724 ; *Succession*, n°* 5 et suiv., 102 et suiv., 1673 et suiv. ; *Témoin*, n°* 69 et 76 ; *Traité international, passim.*

FIN DU SEPTIÈME VOLUME

Paris. — Typographie P. MOUILLOT, 13, quai Voltaire, 13

Publié par Victor Masson et fils.　　　　Imprimé par Salmon.　　　　Dessiné et gravé par A.F. Lemaître.

DEAUVILLE, ÉTABLISSEMENT THERMAL.

PRINCIPAUX OUVRAGES DU MÊME AUTEUR

TOILETTE D'UNE ROMAINE AU TEMPS D'AUGUSTE ET CONSEILS A UNE PARISIENNE SUR LES COSMÉTIQUES. 2ᵉ édition. Hachette. Paris.

MÉMOIRES SUR L'EMPOISONNEMENT PAR L'ACIDE ARSÉNIEUX, LES ALTÉRATIONS DU SANG DANS LE SCORBUT, et L'EMPLOI DE L'ÉLECTRICITÉ GALVANIQUE DANS LE TRAITEMENT DE LA PARALYSIE DES MEMBRES INFÉRIEURS.

DISCOURS SUR LA PHRÉNOLOGIE.

CAS DE GUÉRISON D'UNE PARALYSIE DE LA SENSIBILITÉ DE LA FACE, AVEC PERTE DE LA VUE, DU GOUT, DE L'OUÏE ET DE L'ODORAT, présenté à l'Académie impériale de médecine.

CAS DE GUÉRISON D'UNE PARALYSIE DU MOUVEMENT DE LA TOTALITÉ DE LA FACE, traitée avec Magendie.

DES NÉVRALGIES ET DE LEUR TRAITEMENT.

LEÇONS SUR LES PHÉNOMÈNES PHYSIQUES DE LA VIE, professées au Collége de France par M. Magendie, rédigées par M. Constantin James. 3 volumes.

LEÇONS SUR LE SYSTÈME NERVEUX. Id. 2 volumes.

Imprimerie générale de Ch. Lahure, rue de Fleurus, 9, à Paris.

GUIDE PRATIQUE

AUX

EAUX MINÉRALES

ET AUX

BAINS DE MER